Matemáticas	**[illegible]**	[illegible]
Mecánica	**Mec, Mech Eng**	[illegible] Engineering
Medicina	**Me[illegible]**	[illegible]icine
Metalurgia	**Me[illegible]**	Metallurgy
Meteorología	**M[illegible]**	Meteorology
México	**M[illegible]**	Mexico
masculino y femenino	**m[illegible]**	masculine and feminine
masculino, femenino	**m, f**	masculine, feminine
Militar	**Mil**	Military
Minería	**Min**	Mining
Mitología	**Mit**	Mythology
masculino plural	**mpl**	masculine plural
Música	**Mús, Mus**	Music
Mitología	**Myth**	Mythology
nombre, sustantivo	**n**	noun
Náutica	**Náut, Naut**	Nautical
negativo	**neg**	negative
New Zealand	**NZ**	Nueva Zelanda
Nicaragua	**Nic**	Nicaragua
Física nuclear	**Nucl Phys**	Nuclear Physics
obsoleto	**obs**	obsolete
Ocultismo	**Occult**	Occult
Ocio	**Ocio**	Leisure
Odontología	**Odont**	Dentistry
Óptica	**Ópt, Opt**	Optics
Panamá	**Pan**	Panama
Paraguay	**Par**	Paraguay
participio pasado	**past p**	past participle
peyorativo	**pej**	pejorative
Perú	**Per**	Peru
lenguaje periodístico	**period**	journalese
Periodismo	**Period**	Journalism
peyorativo	**pey**	pejorative
Farmacología	**Pharm**	Pharmacology
Filosofía	**Phil**	Philosophy
Fotografía	**Phot**	Photography
Física	**Phys**	Physics
Fisiología	**Physiol**	Physiology
plural	**pl**	plural
sustantivo plural	**pl n**	plural noun
poético	**poet**	poetic
Política	**Pol**	Politics
Correo	**Post**	Post
participio pasado	**pp**	past participle
Puerto Rico	**PR**	Puerto Rico
prefijo	**pref**	prefix
preposición	**prep**	preposition
participio presente	**pres p**	present participle
Imprenta	**Print**	Printing
pronombre	**pron**	pronoun
pronombre demostrativo	**pron dem**	demonstrative pronoun
pronombre personal	**pron pers**	personal pronoun
pronombre relativo	**pron rel**	relative pronoun
Psicología	**Psic, Psych**	Psychology
Industria editorial	**Publ**	Publishing
Química	**Quím**	Chemistry
marca registrada	**®**	registered trade mark
Radio	**Rad**	Radio
Ferrocarriles	**Rail**	Railways
República Dominicana	**RD**	Dominican Republic
recíproco	**recípr**	reciprocal
reflexivo	**refl**	reflexive
Religión	**Relig**	Religion
Relaciones Laborales	**Rels Labs**	Labor Relations
Río de la Plata	**RPl**	River Plate area
[illegible] Salvador	**[illegible]**	[illegible]
alguien	**sb**	somebody
inglés de Escocia	**Scot**	Scottish English
Servicios Sociales	**Servs Socs**	Social Administration
singular	**sing**	singular
argot	**sl**	slang
Servicios Sociales	**Soc Adm**	Social Administration
Sociología	**Sociol**	Sociology
Deporte	**Sport**	Sport
algo	**sth**	something
sufijo	**suf, suff**	suffix
Tauromaquia	**Taur**	Bullfighting
Fisco	**Tax**	Tax
también	**tb**	also
Teatro	**Teatr**	Theater
Tecnología	**Tec, Tech**	Technology
lenguaje técnico	**téc, tech**	technical language
Telecomunicaciones	**Telec**	Telecommunications
Textiles	**Tex**	Textiles
Teatro	**Theat**	Theater
Turismo	**Tourism**	Tourism
Transporte	**Transp**	Transport
Televisión	**TV**	Television
no numerable	**u**	uncountable
Unión Europea	**UE**	European Union
no numerable	**uncount**	uncountable
Uruguay	**Ur**	Uruguay
verbo	**v**	verb
verbo auxiliar	**v aux**	auxiliary verb
verbo	**vb**	verb
Venezuela	**Ven**	Venezuela
Veterinaria	**Vet, Vet Sci**	Veterinary Science
verbo intransitivo	**vi**	intransitive verb
Vídeo	**Vídeo, Video**	Video
verbo impersonal	**v impers**	impersonal verb
Vinicultura	**Vin**	Wine
verbo modal	**v mod**	modal verb
verbo pronominal	**v pron**	pronominal verb
verbo reflexivo	**v refl**	reflexive verb
verbo transitivo	**vt**	transitive verb
vulgar	**vulg**	vulgar
Zoología	**Zool**	Zoology
Cross-reference to a section of the Guide to effective communication	➔📖	Remisión a una sección de la Guía para la comunicación eficaz

* **Proprietary names** This dictionary includes some words which are, or are asserted to be, proprietary names or trademarks. Their inclusion does not imply that they have acquired for legal purposes a non-proprietary or general significance, nor is any other judgement implied concerning their legal status. In cases where the editor has some evidence that a word is used as a proprietary name or trademark this is indicated by the symbol ® but no judgement concerning the legal status of such words is made or implied thereby.

* **Marcas registradas** [illegible] palabras que [illegible] registradas [illegible] a [illegible] supone [illegible] Cuando [illegible] registrada o [illegible] símbolo [illegible] ca de la [illegible]

The Oxford Spanish Dictionary
Gran Diccionario Oxford

Gran Diccionario Oxford

Español–Inglés • Inglés–Español

Dirección editorial
Beatriz Galimberti Jarman • Roy Russell

Cuarta edición, editada por
Nicholas Rollin • Carol Styles Carvajal

The Oxford Spanish Dictionary

Spanish–English • English–Spanish

Chief Editors
Beatriz Galimberti Jarman • Roy Russell

Fourth edition, edited by
Nicholas Rollin • Carol Styles Carvajal

OXFORD
UNIVERSITY PRESS

Great Clarendon Street, Oxford OX2 6DP

Oxford University Press is a department of the University of Oxford.
It furthers the University's objective of excellence in research, scholarship, and education by publishing worldwide in

Oxford New York

Auckland Cape Town Dar es Salaam Hong Kong Karachi Kuala Lumpur Madrid Melbourne Mexico City Nairobi New Delhi Shanghai Taipei Toronto

With offices in

Argentina Austria Brazil Chile Czech Republic France Greece Guatemala Hungary Italy Japan Poland Portugal Singapore South Korea Switzerland Thailand Turkey Ukraine Vietnam

Oxford is a registered trade mark of Oxford University Press in the UK and in certain other countries

Published in the United States
by Oxford University Press Inc., New York

First edition 1994
Second edition published 1998
Second edition, revised with supplements, published 2001
Third edition published 2003
Fourth edition 2008

British Library Cataloguing in Publication Data
Data available

Library of Congress Cataloging in Publication Data
Data available

ISBN 978-0-19-954340-3 (UK English cover edition)

ISBN 978-0-19-920897-5 (US English cover edition)

ISBN 978-0-19-954735-7 (Spanish cover edition for Spain)

ISBN 978-0-19-536749-2 (Latin American Spanish cover edition)

10 9 8 7 6 5 4 3 2 1

Typeset in Swift, Arial, and Meta by Interactive Sciences Ltd
Printed in Italy
by Legoprint S.p.A.

Preface
Prólogo

Preface to the fourth edition

This new edition has been driven by two priorities. Firstly, the opportunity has been taken to update the dictionary's coverage in specialist and general vocabulary. This process has included adding many new words, additional senses of existing words, and the revision of existing entries. The opportunity has also been taken to enhance the dictionary's coverage of EU terminology.

Secondly, in response to numerous requests the sections dealing with communication in Spanish and English have been expanded. In addition information on the practicalities of living in Spanish- and English-speaking countries has been added. Taken together they provide an enormous amount of valuable background information for students of Spanish, and anyone who is contemplating studying, working or living in a Spanish-speaking country, or who uses Spanish professionally.

The Editors

Preface to the first edition

This completely new Spanish and English dictionary is the product of almost ten years of work by teams of lexicographers based in Madrid and London, supported by contributors and consultants in the USA and Latin America.

The resulting text provides modern idiomatic coverage, with many new words and specialist terms, extensive treatment of colloquial expressions, and thousands of example sentences to show real language in action.

The editorial team has tried to ensure that this dictionary reflects the Spanish and English spoken and written in the 1990s on both sides of the Atlantic, as well as covering a wide range of vocabulary found in the literary heritage of both cultures. We are confident that as a result this dictionary will meet the needs of the present generation of translators, students at all levels, teachers and business people.

The Editors

Prólogo de la cuarta edición

Esta nueva edición ha sido motivada por dos objetivos prioritarios. Primeramente, se ha aprovechado la oportunidad para actualizar la cobertura del diccionario en cuanto al vocabulario especializado y general. En este proceso se han agregado muchos términos nuevos, significados adicionales a palabras ya incluidas y se han revisado entradas existentes. También se ha aprovechado la oportunidad para mejorar la cobertura de la terminología de la UE en el diccionario.

En segundo lugar, y en respuesta a numerosas peticiones, se han ampliado las nuevas secciones que tratan de la comunicación en español y en inglés. Además, se ha agregado información acerca de los aspectos prácticos de vivir en los países de habla española e inglesa. En conjunto proporcionan una cantidad enorme de valiosa información de trasfondo para estudiantes de inglés y cualquiera que piense estudiar, trabajar, vivir en un país de habla inglesa o que usa el inglés en forma profesional.

Los editores

Prólogo de la primera edición

Este totalmente nuevo diccionario español e inglés es el fruto de casi diez años de labor llevada a cabo por equipos de lexicógrafos basados en Madrid y Londres con la colaboración de corresponsales y asesores de los Estados Unidos y diversos países latinoamericanos.

El texto resultante ofrece un tratamiento actualizado del inglés y el español modernos, incluyendo numerosos vocablos de nuevo cuño y términos especializados así como una amplia cobertura de la lengua coloquial y miles de ejemplos tomados de la realidad.

Uno de los objetivos del equipo editorial ha sido que el diccionario, además de incluir el vocabulario del patrimonio literario de ambas culturas, sea un fiel reflejo de la lengua que se habla y se escribe en la década de los 90, tanto en Europa como en el continente americano. Tenemos plena confianza en que, en consecuencia, la presente obra podrá satisfacer las necesidades tanto del traductor como del docente, la persona de negocios y el estudiante de cualquier nivel.

Los editores

List of contributors
Lista de colaboradores

Fourth Edition/ Cuarta edición

Chief Editors/ Dirección editorial
Nicholas Rollin
Carol Styles Carvajal

Project Management/ Dirección
Nicholas Rollin

Editors/Redactores
Amanda Leigh
Alison Curr
Pat Bulhosen
Ximena Castillo
Pablo Pérez d'Ors
Meic Haines
Joanna de la Cruz
Christine Somerville
Oriana Orellana Jordán

First Edition/ Primera edición

Chief Editors/ Dirección editorial
Beatriz Galimberti Jarman
Roy Russell

Project Management/ Dirección
Michael Clark
Nicholas Rollin

Senior Editors/ Editores
Carol Styles Carvajal
Stephanie Parker
Cristina Hülskamp

Editors/Redactores
Michael Britton
Sally Grieve
Clarisa Rucabado Butler
Juan Manuel Pombo
Haydn Kirnon
Richard Weyndling
Victoria Ordóñez Divi
Amanda Leigh
Teresa Fuentes Peris
Victoria Alonso Blanco

Contents
Índice

The structure of Spanish-English entries
Estructura del artículo Español-Inglés

1 Headword and sense divisions/Vocablo cabeza de artículo y sus distintas acepciones

headword — vocablo cabeza de artículo

aborregarse [A3] *v pron* to cloud over

abotagarse [A3], **abotargarse** [A3] *v pron* «*cara*» to swell up; «*cuerpo*» to become bloated

variant form of headword — variante del vocablo cabeza de artículo

abstemio[1] **-mia** *adj* teetotal
abstemio[2] **-mia** *m,f* teetotaler*

identical headwords with different parts of speech — homógrafos con diferente función gramatical

abbreviation — abreviatura

aC (**= antes de Cristo**) BC, before Christ

ACNUR /ak'nur/ *m* (**= Alto Comisionado de las Naciones Unidas para los Refugiados**) UNHCR

acronym — sigla

sense divisions — divisiones correspondientes a las distintas acepciones

acusar [A1] *vt*
A **1** (culpar) to accuse; **¿me estás acusando a mí?** are you accusing *me*?; **cada vez que falta algo me acusan a mí** every time something goes missing they blame *o* accuse me; **~ a algn DE algo** to accuse sb OF sth; **me acusan de haber faltado a mi palabra** they accuse me of breaking my word, they say I didn't keep my word **2** (Der) **~ a algn DE algo** to charge sb WITH sth; **lo han acusado de cuatro delitos de estafa** he has been charged with four counts of fraud; **está detenido acusado de espionaje** he is being held on charges of spying *o* he is charged with spying **3** (fam) (delatar): **lo acusó a** *or* **con la maestra** she went to the teacher and told on him (colloq), she snitched to the teacher (AmE colloq)
B (mostrar, revelar) to show signs of; **acusaban el cansancio del viaje** they were showing signs of fatigue after their journey
C (reconocer): **~ recibo de algo** (Corresp) to acknowledge receipt of sth

adherir [I11] *vi* to stick, adhere (frml)
■ **adherir** *vt* to stick
■ **adherirse** *v pron* **1** (a una superficie) to stick, adhere (frml); **~se A algo** to stick *o* adhere TO sth; ...

change of part of speech of verb — cambio de categoría gramatical dentro de un verbo

falso -sa *adj*
A **1** ‹*billete*› counterfeit, forged; ‹*cuadro*› forged **2** ‹*documento*› (copiado) false, forged, fake; ...
B **1** (no cierto) ‹*dato/nombre/declaración*› false; **eso es ~, nunca afirmé tal cosa** that ...

compounds — sustantivos compuestos

Compuestos
- **falsa alarma** *f* false alarm
- **falsa modestia** *f* false modesty
- **falso testimonio** *m* (Der) false testimony, perjury; **no levantar ~ ~** (Relig) thou shalt not bear false witness

senses restricted to a particular form of a noun
acepciones limitadas a una de las formas de un sustantivo

plural form
plural

masculine form
masculino

facción *f*
A (Pol) faction
B **facciones** *fpl* (rasgos) features (*pl*); **es de** *or* **tiene facciones delicadas** he has delicate features

fiador -dora *m,f*
A (Com, Der, Fin) guarantor; **salir ~ por algn** to stand surety for sb, to act as guarantor for sb
B **fiador** *m* (de una puerta) bolt; (de una escopeta) safety catch

2 Grammatical information/Información gramatical

part of speech
función gramatical

abadesa *f* abbess

irregular plurals
plurales irregulares

abrebotellas *m* (*pl* ~) bottle opener
abrecartas *m* (*pl* ~) paper knife, letter opener
argot *m* (*pl* **-gots**) slang; **el ~ estudiantil** student slang

reference to verb tables
remisión a la tabla de conjugaciones

absolver [E11] *vt* **1** (Relig) to absolve; **~ a algn DE algo** to absolve sb OF sth; **yo te absuelvo de tus pecados** I absolve you of your sins; **la absolvieron de toda culpa** she was absolved of all blame **2** (Der) ‹*acusado*› to acquit, find … not guilty

use of ser or estar
uso de ser o estar

aburrido[1] **-da** *adj*
A ‹*persona*› **1** [**ESTAR**] (sin entretenimiento) bored; **estoy muy ~** I'm bored stiff **2** [**ESTAR**] (harto) fed up; **me tienes ~ con tus quejas** I'm fed up with your complaints; **~ DE algo** tired OF sth, fed up WITH sth; **estoy ~ de sus bromas** I'm tired of *o* fed up with her jokes; **~ DE + INF** tired of -ING; **estoy ~ de pedírselo** I'm tired of asking him for it
B [**SER**] ‹*película/persona*› boring; **es un trabajo muy ~** it's a really boring *o* tedious job; **la conferencia fue aburridísima** the lecture was really boring

feminine noun that takes the masculine article in the singular
sustantivo femenino usado con artículo masculino en el singular

alma *f*‡
A (espíritu) soul; **encomendó su ~ a Dios** he commended his soul to God; ...

grammatical construction
construcción gramatical

asentir [I11] *vi* to agree, consent; **asintió con la cabeza** she nodded, she nodded her head in agreement, she nodded assent *o* her agreement; **~ A algo** to agree *o* consent TO sth; **~án a cuanto les propongamos** they will agree *o* consent to anything we propose

syntactical information regarding the translation
información sintáctica relativa a la traducción

attrezzo, atrezzo /a'treso/ *m* props (*pl*), properties (*pl*) (frml)

ausentista *adj* absentee (*before n*)

3 Labels/Indicadores

sense indicators — indicadores semánticos

calado[2] *m*
A 1 (en costura) openwork 2 (en la madera, el cuero) fretwork
B 1 (de un barco) draft; **un barco de gran/poco ~** a ship with a deep/shallow draft 2 (altura del agua) depth 3 (profundidad) depth; **un análisis de mayor ~** a deeper *o* more profound analysis
C 1 (importancia) significance 2 (Chi fam) (tamaño) size; **una sandía de este ~** a watermelon about this big *o* this size

field labels — indicadores de campo semántico

cápsula *f*
A (Farm) capsule
B (Bot) capsule
C (Audio) cartridge
D (Espac) capsule

regional labels — indicadores de uso regional

carapálida *mf* (AmL) paleface

caravana *f*
A 1 (de tráfico — retención) backup (AmE), tailback (BrE); (— hilera) convoy; ...
2 (remolque) trailer (AmE), caravan (BrE)
B (Ur) (pendiente) earring
C (Méx) (reverencia) bow

stylistic/register labels — indicadores de estilo/registro idiomático

cascarrabias[1] *adj inv* (fam) cantankerous, grumpy

casorio *m* (fam & hum): **mañana estamos de ~** we've got a wedding on tomorrow (colloq); **¿cuándo es el ~?** when's the big day? (colloq)

regional and stylistic labels of translation — indicadores de uso regional y de estilo de la traducción

compadre *m*
A (padrino) *godfather of one's child or father of one's godchild*
B (fam) (amigo) buddy (AmE colloq), mate (BrE colloq); ***a lo ~*** (fam): **entró a lo ~ a la oficina** he got a job in the office by pulling a few strings *o* by knowing the right people, he got a job in the office by having useful contacts *o* friends in the right places

concho[2] *interj* (euf) shoot! (AmE euph), sugar! (BrE euph)

4 Phrases/Ejemplos de uso

examples (with a swung dash representing the headword) — ejemplos (la tilde representa el vocablo cabeza de artículo)

deficiencia *f* 1 (defecto) fault; **~s técnicas** technical faults *o* defects 2 (insuficiencia) deficiency; **el trabajo presenta serias ~s** the work has serious shortcomings *o* deficiencies; **una ~ en el sistema de seguridad** a weakness *o* flaw *o* shortcoming in the security system; **~s en nuestra alimentación** deficiencies in our diet; **~ inmunológica** immune deficiency

idiomatic phrase — modismo

desierto[2] *m* desert; ***predicar*** or ***clamar en el ~*** to preach in the wilderness

proverb
proverbio

despacio *adv*
A (lentamente) slowly; **habla más ~ que no te entiendo** speak more slowly, I can't understand you; ***vísteme ~ que tengo prisa*** haste makes waste (AmE), more haste, less speed (BrE)

use of headword in signs, notices, warnings, etc.
ejemplo del uso del vocablo cabeza de artículo en letreros, anuncios, advertencias, etc.

duelo *m*
A 1 (dolor) sorrow, grief; (luto) mourning; **la familia está de ~** the family is in mourning; **S cerrado por duelo** (AmL) closed owing to bereavement

5 Translations/Traducciones

translation
traducción

ancestro *m* ancestor

barullo *m*
A (alboroto) racket (colloq), ruckus (AmE); **estos niños siempre están armando ~** these children are always making a racket *o* creating a ruckus

universally valid translation followed by regional alternative(s)
traducción universalmente válida seguida de alternativa(s) regional(es)

words often used with the headword, shown to help select the best translation for each context
palabras que pueden acompañar al vocablo cabeza de artículo y que ayudan a elegir la traducción que corresponde a cada contexto

brusco -ca *adj* 1 ‹*movimiento/cambio*› abrupt, sudden; ‹*subida/descenso/viraje*› sharp, sudden, abrupt; **el ~ giro de los acontecimientos** the sudden turn of events; **se deben evitar las frenadas bruscas** you should avoid braking suddenly *o* sharply 2 ‹*carácter/modales*› rough; ‹*tono/gesto*› brusque, abrupt; ‹*respuesta*› curt, brusque; **no seas tan ~ que lo vas a romper** don't be so rough or you'll break it

nouns modified by an adjective
sustantivos calificados por un adjetivo

calurosamente *adv* ‹*recibir/saludar*› warmly; ‹*aplaudir*› enthusiastically, warmly; **defendió ~ esta tesis** she defended this idea passionately *o* fervently *o* ardently

verbs (or adjectives, etc) modified by an adverb
verbos (o adjetivos, etc) modificados por un adverbio

ejecutar [A1] *vt*
A ‹*condenado/reo*› to execute
B 1 ‹*plan*› to implement, carry out, execute (frml); ‹*orden/trabajo*› to carry out; ‹*sentencia*› to execute, enforce 2 ‹*ejercicio/salto*› to perform 3 ‹*sinfonía/himno nacional*› to play, perform

objects of a verb
complementos de un verbo

■ **malograrse** *v pron*
A «*proyecto*» to fail, miscarry; «*sueños*» to come to nothing; «*cosecha*» to fail; **todos nuestros esfuerzos se ~on** all our efforts came to nothing *o* were in vain
B 1 «*persona*» (morir joven) to die young *o* before one's time 2 «*cría*» to be stillborn 3 (Per) «*reloj*» to stop working; «*lavadora*» to break down

subjects of a verb
sujetos de un verbo

contextualized examples preceded by a colon where it is not possible to give a general translation
dos puntos preceden a los ejemplos contextualizados cuando no es posible dar una traducción general

promediar [A1] *vt* [1] (Mat) ‹*cifras*› to average out, find the average of [2] (tener un promedio de): **el costo ~á cinco dólares** the average cost will be five dollars, the cost will average five dollars
■ **promediar** *vi*: **al ~ la semana** halfway through the week; **promediando los años cincuenta** halfway *o* midway through the fifties

sanfermines *mpl fiesta in Pamplona in which bulls are run through the streets*

definition
definición

sietemesino[2] **-na** *m,f* premature baby (*esp when born two months early*)

additional information to clarify meaning
acotación que aclara el significado

indication of approximate equivalence
equivalente aproximado

- **sociedad anónima** ≈ public corporation (*in US*), ≈ public limited company (*in UK*)
...
- **sociedad de crédito hipotecario** ≈ savings and loan institution (*in US*), ≈ building society (*in UK*)
...
- **sociedad de responsabilidad limitada** ≈ limited corporation (*in US*), ≈ (private) limited company (*in UK*)

expansion of an acronym or abbreviation
expansión de una sigla o abreviatura

UGT *f* (en Esp) = **Unión General de Trabajadores**

6 Cross-references/Remisiones a otros artículos

cross-reference to another entry with the same meaning
remisión a un sinónimo

reservación *f* (AmL) ▸**reserva**[1] **A**

residual *adj* ‹*sustancia/valor*› residual; ▸**agua**

cross-reference to the entry where a particular expression is treated
remisión al artículo donde se trata determinada expresión

sardina *f* sardine; ***como ~s en lata*** (fam) like sardines (colloq); **íbamos como ~s en lata en el tren** we were packed into the train like sardines (colloq) *ver tb* **sardino**

cross-reference for additional information
remisión a otro artículo donde se hallará información complementaria

tobillo *m* ▸❶ **p.231** ankle; ***no te/le llega ni al ~*** *or* ***a los ~s*** he's not even fit to tie your/her shoelaces *o* (BrE) bootlaces (colloq); **juega bien, pero no le llega ni al ~ a Ricardo** he's a good player but he is nowhere near as good as Ricardo *o* he can't hold a candle to Ricardo

the symbol ❶ followed by an arrow and a page number directs the user to a usage box containing additional information
El símbolo ❶ seguido de una flecha y número de una página remite al usuario a un recuadro donde encontrará información adicional

Cross-reference to a section of the Guide to effective communication
Remisión a una sección de la Guía para la comunicación eficaz

- **mensajería de texto** ➡📖 text messaging

Estructura del artículo Inglés-Español

The structure of English-Spanish entries

1 Vocablo cabeza de artículo, pronunciación y distintas acepciones/ Headword, pronunciation and sense divisions

vocablo cabeza de artículo (lema)
headword

aardvark /ˈɑːrdvɑːrk || ˈɑːdvɑːk/ *n* cerdo *m* hormiguero

aback /əˈbæk/ *adv see* **take aback**

pronunciación
pronunciation

abolish /əˈbɑːlɪʃ || əˈbɒlɪʃ/ *vt* ‹*institution/practice*› abolir*, suprimir; ‹*law*› derogar*, abolir*; ‹*slavery*› abolir*

pronunciación en inglés británico
British English pronunciation

abovementioned[1] /əˈbʌvˌmentʃənd || əˌbʌvˈmenʃənd/ *adj* ‹*fact/name/person*› antedicho, citado anteriormente, susodicho (frml o hum); **please consult the ~ publications** consulte las publicaciones mencionadas más arriba
abovementioned[2] *n* (*pl* ~): **the ~** el antedicho, la antedicha; (*pl*) los antedichos, las antedichas

homógrafos con diferente función gramatical
identical headwords with different parts of speech

variante del vocablo cabeza de artículo
variant form of headword

accouter, (BrE) **accoutre** /əˈkuːtər || əˈkuːtə(r)/ *vt* (liter) (*usu pass*) equipar; (with clothes) ataviar*

ACLU *n* = **American Civil Liberties Union**

sigla
acronym

Adm (title) = **Admiral**

abreviatura
abbreviation

divisiones correspondientes a las distintas acepciones
sense divisions

bald /bɔːld/ *adj* **-er, -est**
A **1** ‹*man*› calvo, pelón, pelado (CS); ‹*animal*› pelado, sin pelo; **he's ~** es calvo (*or* pelón *etc*); **to go ~** quedarse calvo (*or* pelón *etc*); **he's gone ~** está *or* se ha quedado calvo (*or* pelón *etc*); **~ patch** calva *f*; **his ~ head shone in the sunlight** la calva le brillaba al sol **2** (worn) ‹*carpet/lawn*› pelado, con calvas; ‹*tire*› gastado, liso
B (plain): **he made a ~ statement of fact** no hizo más que constatar un hecho; **he told me the ~ truth** me dijo la verdad pura y simple

divider /dəˈvaɪdər || dɪˈvaɪdə(r)/ *n* **1** (screen) mampara *f*; (in filing system) separador *m* **2** **dividers** *pl* (Math): **(pair of) ~s** compás *m* de puntas fijas

plural de un sustantivo con significado especial
plural form with different meaning to the singular form

domino /ˈdɑːmənəʊ || ˈdɒmɪnəʊ/ *n* (*pl* **-noes**)
A **1** (counter) ficha *f* de dominó; (*before n*): **~ effect** efecto *m* dominó **2** **dominoes** (+ *sing vb*) dominó *m*
B (mask) dominó *m*

ejemplo(s) de uso de un sustantivo con función adjetival
example(s) of the use of a noun as a modifier

drum[2] **-mm-** *vt* ‹*table/floor*› golpetear; **to ~ one's fingers** tamborilear con los dedos
■ **drum** *vi* **1** (Mus) tocar* el tambor **2** (vibrate) ‹‹*sound*›› resonar* **3** (beat, tap) ‹‹*person*›› dar* golpecitos, tamborilear; ‹‹*rain/hail/hooves*›› repiquetear

verbos con partícula
phrasal verbs

Phrasal verbs
- **drum into** [v + o + prep + o]: **to ~ sth into sb** *o* **sb's head** hacerle* aprender algo a algn a fuerza de repetírselo *or* (fam) de machacárselo; **she has had it ~med into her that she mustn't ...** le han hecho aprender a fuerza de repetírselo *or* (fam) de machacárselo que no debe ...
- **drum out of** [v + o + adv + prep + o] ‹*of army/school*› expulsar de
- **drum up** [v + adv + o] ‹*support*› conseguir*, obtener*; **she's trying to ~ up enthusiasm for the scheme** está tratando de despertar entusiasmo por el plan

Estructura del artículo Inglés-Español

dry² **dries, drying, dried** *vt* 1 (with cloth, heat) ‹*clothes/crockery*› secar*; **to ~ oneself** secarse*; **to ~ one's eyes/tears** secarse* *or* (liter) enjugarse* las lágrimas; **S dry on a flat surface** no colgar, secar extendido sobre una superficie 2 (preserve) ‹*fish/fruit/meat*› secar*
■ **dry** *vi*
A (become dry) ‹‹*washing/dishes/paint/concrete*›› secarse*; **you wash and I'll ~** tú lavas y yo seco; **I hung it out to ~** lo tendí para que se secara; (BrE): ***to hang sb out to ~*** abandonar a algn a su suerte
B ▸**dry up A3**

- **cambio de categoría gramatical dentro de un verbo**
  change of part of speech of verb

2 Información gramatical/Grammatical information

- **función gramatical**
  part of speech

abbot /'æbət/ *n* abad *m*

baby-sit /'beɪbisɪt/ (*pres p* **-sitting**; *past & past p* **-sat**) *vi* cuidar niños, hacer* de canguro (Esp); **I'll ~ for you** yo te cuido a los niños (*or* al niño *etc*)
■ **baby-sit** *vt* ‹*child*› cuidar

- **inflexiones irregulares**
  irregular inflections

bacillus /bə'sɪləs/ *n* (*pl* **-li** /-laɪ/) bacilo *m*

- **comparativo y superlativo de un adjetivo**
  comparative and superlative of an adjective

baggy /'bægi/ *adj* **-gier, -giest** ‹*sweater/coat/trousers*› ancho, suelto, guango (Méx); **they're a bit ~ at the knees** hacen bolsas en las rodillas

- **acepciones numerables/no numerables de un sustantivo**
  countable/uncountable senses of a noun

beauty /'bju:ti/ *n* (*pl* **-ties**)
A 1 [u] (quality) belleza *f*, hermosura *f*; **~ *is in the eye of the beholder*** todo es según el color del cristal con que se mira; (*before n*): **~ competition** *o* **contest** *o* (AmE) **pageant** concurso *m* *or* certamen *m* de belleza; **~ (care) products** productos *mpl* de belleza; **~ queen** reina *f* de la belleza; **~ treatment** tratamiento *m* de belleza 2 [c] (advantage) (colloq): **the ~ of the plan/method is that ...** lo bueno del plan/método es que ...
B [c] 1 (woman) belleza *f*, beldad *f*; **B~ and the Beast** la Bella y la Bestia 2 (fine specimen) (colloq) preciosidad *f*, preciosura *f* (AmL), maravilla *f*

checkers /'tʃekərz || 'tʃekəz/ *n* (AmE) (+ *sing vb*) damas *fpl*; *see also* **Chinese chequers**

- **información sintáctica**
  syntactical information

- **construcción gramatical**
  grammatical construction

dream² (*past & past p* **dreamed** *or* BrE also **dreamt** /dremt/) *vi*
A 1 (in sleep) soñar*; **to ~ ABOUT *o* OF sth/sb** soñar* CON algo/algn 2 (daydream) soñar* (despierto), estar* en las nubes; **stop ~ing!** ¡baja de las nubes!
B 1 (imagine) **to ~ OF sth** soñar* CON algo; **I ~ed of going to live in the country** soñaba con irme a vivir al campo 2 (contemplate) **(not) to ~ OF sth/-ING**: **I wouldn't ~ of borrowing money** ni se me ocurriría pedir dinero prestado; **would you do that? — I wouldn't ~ of it!** ¿harías eso? — ¡ni pensarlo! *or* ¡de ninguna manera! *or* ¡ni en sueños!

Phrasal verbs

- **drum into** [v + o + prep + o]: **to ~ sth into sb** *o* **sb's head** hacerle* aprender algo a algn a fuerza de repetírselo *or* (fam) de machacárselo; **she has had it ~med into her that she mustn't ...** le han hecho aprender a fuerza de repetírselo *or* (fam) de machacárselo que no debe ...
- **drum out of** [v + o + adv + prep + o] ‹*of army/school*› expulsar de
- **drum up** [v + adv + o] ‹*support*› conseguir*, obtener*; **she's trying to ~ up enthusiasm for the scheme** está tratando de despertar entusiasmo por el plan

● **información sobre el comportamiento sintáctico de un verbo con partícula (ver xxviii)**
syntactical pattern of phrasal verb (see xxviii)

elect[1] /ɪ'lekt/ *vt*
A (Adm, Govt) **1** **elegir***; **if ~ed, I promise to ...** si salgo elegido, prometo ...; **he was ~ed president** lo eligieron *or* fue elegido presidente; **to ~ sb TO sth elegir*** a algn PARA algo **2** **elected** *past p* ‹*representative/government*› elegido (por el pueblo)

● **un asterisco señala los verbos irregulares en la traducción al español**
an asterisk indicates an irregular verb in the Spanish translation

3 Indicadores/Labels

indicadores semánticos ●
sense indicators

banger /'bæŋər || 'bæŋə(r)/ *n* (BrE colloq) **1** (sausage) salchicha *f* **2** (firework) petardo *m* **3** (car) (*old* ~) cacharro *m* (fam), cachila *f* (Ur fam)

barge[1] /bɑːrdʒ || bɑːdʒ/ *n* **1** (Transp) barcaza *f*, gabarra *f* **2** (Mil) lancha *f* **3** (old vessel) (colloq & pej) barcucho *m* (fam & pey)

● **indicadores de campo semántico**
field labels

indicadores de uso regional ●
regional labels

candy /'kændi/ *n* (*pl* **-dies**) (AmE) **1** [u] (confectionery) golosinas *fpl*, dulces *mpl* (AmL exc RPl); (*before n*): **~ bar** *golosina en barra* **2** [c] (individual piece) caramelo *m*, dulce *m* (AmL exc RPl)

candyfloss /'kændiflɑːs || 'kændiflɒs/ *n* [u c] (BrE) algodón *m* (de azúcar)

indicadores de estilo/ registro idiomático ●
stylistic/register labels

fain /feɪn/ *adv* (arch *or* poet) de buen grado

never-never /'nevər'nevər || 'nevə'nevə(r)/ *n* (BrE colloq & hum): **to pay for/buy sth on the ~** pagar*/comprar algo a plazos *or* (fam & hum) a plazoletas

slammer /'slæmər || 'slæmə(r)/ *n* (sl) cárcel *f*, chirona *f* (fam), cana *f* (AmS arg), trullo *m* (Esp arg), bote *m* (Méx arg), guandoca *f* (Col fam)

● **indicadores de uso regional y de estilo de la traducción**
regional and stylistic labels of translation

4 Ejemplos de uso/Phrases

ejemplos (la tilde representa el vocablo cabeza de artículo)
examples (with a swung dash representing the headword)

kill[1] /kɪl/ *vt*
A (cause death of) ⟨*person/animal*⟩ matar, dar* muerte a (frml); **you'll get yourself ~ed** te van a matar; **he ~ed himself** se suicidó; **you'll ~ yourself driving like that** te vas a matar manejando *or* (Esp) conduciendo de esa manera; **he was ~ed by the rebels** lo mataron los rebeldes, fue muerto por los rebeldes (frml); **she was ~ed in a car crash** se mató *or* murió en un accidente de coche; **nine people were ~ed in the fire** nueve personas resultaron muertas en el incendio; **he was ~ed in the war** murió en la guerra; **the disease ~s thousands every year** la enfermedad se cobra miles de víctimas anualmente ...

modismos
idiomatic phrases

land[1] /lænd/ *n*
A [u] 1 (Geog) tierra *f*; **~ reclaimed from the sea** tierra ganada al mar; **over ~ and sea** por tierra y por mar; **we sighted ~** divisamos *or* avistamos tierra; **on dry ~** en tierra firme; **~ ho!** ¡tierra a la vista!; ***to know the lie*** *o* ***lay of the ~*** saber* qué terreno se pisa; ***to see how the ~ lies*** tantear el terreno; ***to spy out the ~*** reconocer* el terreno; ...

meat /miːt/ *n* 1 [u c] carne *f*; **a plate of cold** *o* **cooked ~s** un plato de fiambres; ***the ~ and potatoes*** (AmE) lo básico; **a ~ and potatoes repertoire** un repertorio básico; ***to be ~ and drink to sb*** ser* la pasión de algn; ***to be strong ~*** ser* demasiado fuerte; ***one man's ~ is another man's poison*** lo que a uno cura a otro mata; ...

proverbio
proverb

ejemplo del uso de la palabra cabeza de artículo en letreros, anuncios, advertencias, etc.
use of headword in signs, notices, warnings, etc

permit[2] /ˈpɜːrmɪt || ˈpɜːmɪt/ *n* permiso *m* (*por escrito*); **work/residence ~** permiso de trabajo/de residencia; **gun ~** (AmE) licencia *f* de armas; **S permit holders only** estacionamiento *or* (Esp) aparcamiento reservado

5 Traducciones/Translations

amnesty /ˈæmnəsti/ *n* (*pl* **-ties**) amnistía *f*; **general ~** amnistía general; **to declare/grant an ~** declarar/conceder* una amnistía; **under the ~** bajo la amnistía

traducción
translation

traducción universalmente válida, seguida de alternativas regionales
universal Spanish translation followed by regional alternatives

automobile /ˈɔːtəməbiːl/ *n* (esp AmE) coche *m*, carro *m* (AmL exc CS), auto *m* (esp CS), automóvil *m* (frml); ...

bean[1] /biːn/ *n*
A 1 (fresh, in pod) ▸**green bean** 2 (dried) frijol *m or* (Esp) alubia *f or* judía *f or* (CS) poroto *m or* (Ven) caraota *f*; ...

traducción de uso extendido, excepto en las regiones, que se especifican a continuación (ver xxxi)
translation used in all areas except those specified (see xxxi)

effect[2] *vt* (frml) 1 ‹*reconciliation/cure*› lograr 2 ‹*plan/escape*› llevar a cabo 3 ‹*repairs*› efectuar* (frml), hacer* 4 ‹*payment/withdrawal*› efectuar* (frml), hacer*

complementos de un verbo
objects of a verb

fade[1] /feɪd/ *vi*
A «*color/star*» apagarse*, perder* intensidad; «*fabric/paper*» perder* color, desteñirse*; **the light was beginning to ~** empezaba a oscurecer *or* a irse la luz
B 1 (disappear) «*feeling/memories*» desvanecerse*; «*strength/sight*» debilitarse; «*beauty*» marchitarse; «*interest/enthusiasm*» decaer*; «*hope/optimism*» desvanecerse*; ...

sujetos de un verbo
subjects of a verb

palabras que pueden acompañar al vocablo cabeza de artículo y que ayudan a elegir la traducción que corresponde a cada contexto
words often used with the headword, shown to help select the best translation for each context

gargantuan /gɑːr'gæntʃuən || gɑː'gæntjʊən/ *adj* ‹*meal/appetite*› pantagruélico; ‹*problem*› gigantesco, descomunal; ‹*effort*› titánico

sustantivos calificados por un adjetivo
nouns modified by an adjective

handsomely /'hænsəmli/ *adv*
A ‹*illustrated/bound/designed*› magníficamente
B 1 ‹*contribute*› con generosidad *or* esplendidez; ‹*win/lose*› por un amplio margen; **I profited ~ from my modest investment** obtuve un excelente beneficio de mi pequeña inversión 2 (graciously, nobly) noblemente
C (with skill) (AmE) hábilmente

adjetivos, verbos, etc. modificados por un adverbio
adjectives, verbs, etc. modified by an adverb

performing /pər'fɔːrmɪŋ || pə'fɔːmɪŋ/ *adj* (*before n*) 1 (Mus, Theat): **the ~ arts** las artes interpretativas; **~ artists** artistas *mpl* del espectáculo; **~ rights** derechos *mpl* de interpretación 2 ‹*seal/poodle*› amaestrado

dos puntos preceden a los ejemplos contextualizados cuando no es posible dar una traducción general
contextualized examples preceded by a colon where it is not possible to give a general translation

PGA *n* = **Professional Golfers' Association**

expansión de una sigla o abreviatura
expansion of an acronym or abbreviation

Phi Beta Kappa /'faɪ,beɪtə'kæpə || 'faɪ,biːtə 'kæpə/ *n* (in US) *asociación de personas que se han distinguido en sus estudios*

definición
definition

DPP *n* (in UK) (= **Director of Public Prosecutions**) ≈ fiscal *mf* general del Estado

equivalente aproximado
indication of approximate equivalence

pointing /'pɔɪntɪŋ/ *n* [u] 1 (process) rejuntado *m* (*de una pared de ladrillos*) 2 (joints) juntas *fpl*

acotación que aclara el significado
additional information to clarify meaning

Estructura del artículo Inglés-Español

6 Remisiones a otros artículos/Cross-references

remisión a un sinónimo
cross-reference to another entry with the same meaning

railway /ˈreɪlweɪ/ *n* (BrE) ▸**railroad**[1]

right[2] *adv*
A (correctly, well) ‹*answer/pronounce*› bien, correctamente; **I had guessed ~** había adivinado, no me había equivocado; **she's not wearing the hat ~** no lleva bien puesto el sombrero; **nothing goes ~ for them** todo les sale mal, nada les sale bien; **you did ~ to tell me this** hiciste bien en decírmelo; ***to do ~ by sb*** portarse bien con algn; ***to see sb ~*** (BrE colloq) velar por algn; **his father will see him ~** su padre velará por él, su padre siempre estará allí para ayudarlo; ▸**serve**[1] **B**

remisión al artículo donde se trata determinada expresión
cross-reference to the entry where a particular expression is treated

round[4] *adv* (esp BrE)
A 1 (in a circle): **we walked all the way ~** dimos toda la vuelta; **they ran ~ and ~** dieron vueltas y vueltas corriendo; **all year ~** durante todo el año 2 (so as to face in different direction): **the wind veered ~** el viento cambió de dirección; *see also* **turn round** ...

remisión a otro artículo donde se hallará información complementaria
cross-reference for additional information

snow[1] /snəʊ/ *n*
A ▸❶ **p.1878** 1 [u] nieve *f*; ***as pure as the driven ~*** puro y virginal; ***as white as ~*** blanco como la nieve, níveo (liter); (*before n*): **~ shower** nevada *f*, precipitación *f* de nieve (period) 2 [c] (snowfall) nevada *f*
B [u] (TV, Video) nieve *f*
C [u] (sl) (cocaine) nieve *f* (arg)

El símbolo ❶ seguido de una flecha y número de una página remite al usuario a un recuadro donde encontrará información adicional
the symbol ❶ followed by an arrow and a page number directs the user to a usage box containing additional information

Remisión a una sección de la Guía para la comunicación eficaz
Cross-reference to a section of the Guide to effective communication

mobile phone ➔📖 *n* (teléfono *m*) celular *m* (esp AmL), (teléfono *m*) móvil *m* (Esp)

Remisiones a otros artículos/Cross-references

How to use this dictionary
Cómo usar este diccionario

Order of entries

Headwords

Entries are listed in strict alphabetical order. This includes abbreviations, acronyms, and geographical and proper names, which are treated as normal headwords.

keyword
kg
KGB
khaki
Khartoum

Variant spellings which are not alphabetically adjacent are given a separate entry in the alphabetical listing and are usually cross-referred to the entry where the headword is treated.

colour *etc* (BrE) ►**color**[1] *etc*

- American English spellings are used throughout the dictionary, with British spellings presented as variants. In the Spanish–English section, an asterisk indicates a main translation that has an alternative British English spelling.
- In the Spanish–English section the only exception to the alphabetical rule is the case of pronominal verbs (marked *v pron*). These appear after the transitive and intransitive forms, introduced by the symbol ■.

coronar [A1] *vt*
A ...;
B ...
C ...
■ **coronarse** *v pron*
coronario -ria *adj* ...
coronel -nela *m,f* ...

- In the English–Spanish section, the only exception to the rule of strict alphabetical order is the treatment of phrasal verbs. These are listed after their root verb and preceded by the symbol •.

screen[2] *vt*
A ...
B ...
C ...
Phrasal verbs
• **screen off** ...
• **screen out** ...
screen-based
screen capture
screen door
screen dump
screen editing
screen editor
screening

El orden de las entradas

Las palabras cabeza de artículo

Las entradas aparecen en riguroso orden alfalbético, incluyendo siglas, abreviaturas y nombres propios.

copear
copec
COPEC
Copenhague
copeo

Las variantes ortográficas de los vocablos ocupan el lugar que les corresponde en el orden alfabético y generalmente remiten al lector a la entrada donde se trata el vocablo.

- El diccionario sigue las normas ortográficas del inglés norteamericano, presentando las grafías británicas como variantes. En la parte Español–Inglés, las traducciones que tienen una grafía diferente en el inglés británico se señalan con un asterisco.
- En la parte Español–Inglés la única alteración del orden alfabético es el caso de los verbos pronominales (indicados como *v pron*). Estos aparecen después de las formas transitivas e intransitivas, precedidos por el símbolo ■.
- En la parte Inglés–Español, la única alteración del orden alfabético es el tratamiento de los verbos con partícula. Éstos se presentan a continuación del verbo núcleo, precedidos por el símbolo •.

Identical headwords (homographs) that have different parts of speech are differentiated by raised numbers.

Los homógrafos (palabras cabeza de artículo con la misma grafía) se distinguen mediante números volados.

adolescent[1] /ˌædəˈlesnt/ *n* adolescente *mf*
adolescent[2] *adj*

- In the Spanish–English section, when there is no difference in translation between two such identical words, they appear as one entry with the parts of speech separated by a slash.

- En la parte Español–Inglés, cuando no hay diferencia en la traducción de tales homógrafos, éstos aparecen en una sola entrada con las categorías gramaticales separadas por una barra.

absolutista *adj/mf* absolutist
albino -na *m,f* albino

- Homographs that have the same part of speech are included in a single entry even if they have very different meanings, pronunciation or linguistic derivation. For example, the entry for the English noun 'row' includes both the meaning of 'line' (pronounced /rəʊ/) and the meaning of 'argument' (pronounced /raʊ/).

- Los homógrafos que tienen la misma categoría gramatical se incluyen en la misma entrada aun cuando tengan significados, pronunciaciones o etimologías muy distintos. Por ejemplo el artículo correspondiente al sustantivo inglés 'row' incluye tanto el significado de 'hilera' (que se pronuncia /rəʊ/) como el de 'pelea' (que se pronuncia /raʊ/).

row[1] *n*
(Sense I) /rəʊ/
A 1 (straight line) hilera *f*; (of people) fila *f*; ...
(Sense II) /raʊ/ 1 (noisy argument) pelea *f*, riña *f*;

- Plurals and verb forms which differ substantially from their roots are entered in the alphabetical listing and cross-referred to the root form where they are treated.

- Las formas plurales y verbales que difieren considerablemente de sus raíces figuran como entradas en el listado alfabético con remisiones a sus respectivas raíces donde se las trata.

children /ˈtʃɪldrən/ *pl of* **child**
tuve, tuviera, etc ▸**tener**

Compounds

Spanish–English

Established compounds appear under the headword which forms their first element, regardless of whether this is a noun or not. They are usually placed at the end of the sense division to which they relate semantically. All compounds are preceded by (Compuesto) or (Compuestos) and the symbol •.

Los compuestos

Español–Inglés

Los sustantivos compuestos aparecen bajo la palabra cabeza de artículo que constituye su primer elemento, independientemente de si se trata de un sustantivo o no. Generalmente se encuentran al final de la acepción con la cual estan relacionados semánticamente. Los sustantivos compuestos van precedidos de (Compuesto) o (Compuestos) y del símbolo •.

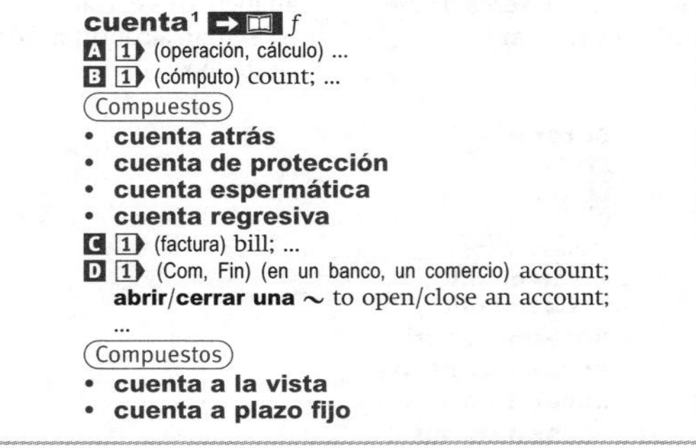
cuenta[1] *f*
A 1 (operación, cálculo) ...
B 1 (cómputo) count; ...
(Compuestos)
- **cuenta atrás**
- **cuenta de protección**
- **cuenta espermática**
- **cuenta regresiva**

C 1 (factura) bill; ...
D 1 (Com, Fin) (en un banco, un comercio) account; **abrir/cerrar una ~** to open/close an account; ...
(Compuestos)
- **cuenta a la vista**
- **cuenta a plazo fijo**

– In certain cases, where it would be difficult for the reader to decide which sense to look under, all the compounds have been placed together at the end of the article.

– En aquellos casos en los que resultaría difícil para el lector decidir bajo qué acepción buscar, todos los compuestos están agrupados al final del artículo.

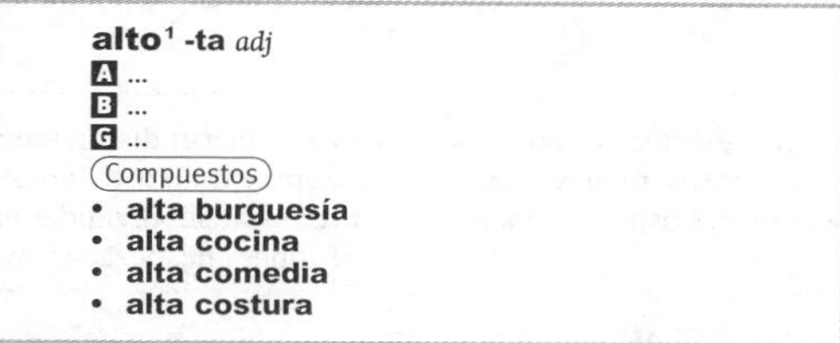

English–Spanish

Compounds that are considered established enough to be treated as headwords appear in strict alphabetical order, regardless of whether they are open (e.g. **king penguin**) or hyphenated (**king-size**).

Inglés–Español

Los compuestos muy establecidos se han tratado como palabras cabeza de artículo y aparecen en el listado alfabético, independientemente de si se escriben sin guión (**king penguin**) o con guión (**king-size**).

kingmaker
king penguin
kingpin
kingship
king-size

– Less established compounds are given as phrases under the headword which constitutes their first element.

– Los compuestos menos establecidos aparecen bajo la palabra cabeza de artículo que constituye su primer elemento.

male[1] /meɪl/ *adj* ...
... ~ **menopause** andropausia *f*; ~ **model** modelo *m* (masculino); ~ **nurse** enfermero *m*; ~ **pill** píldora *f* anticonceptiva masculina; ~ **prostitute** prostituto *m*, chapero *m* (arg); ...

– If the first element is a noun, the compounds will be found in a section beginning (*before n*), which shows instances of the noun used as a modifier.

– Si el primer elemento es un sustantivo, los compuestos se tratan en la sección precedida por (*before n*), que agrupa ejemplos del uso del sustantivo con función adjetival.

amusement /ə'mju:zmənt/ *n* ...
... (*before n*): ~ **arcade** sala *f* de juegos recreativos; ~ **park** parque *m* de diversiones *or* (Esp) atracciones *or* (Chi) entretenciones

Long entries

Very long entries are provided with an index to enable the user to identify the correct section of the entry in which to look for the required information.

Entradas largas

En las entradas muy largas se da un índice a fin de que el usuario identifique la sección correcta de una entrada en la cual encontrar la información que se necesita.

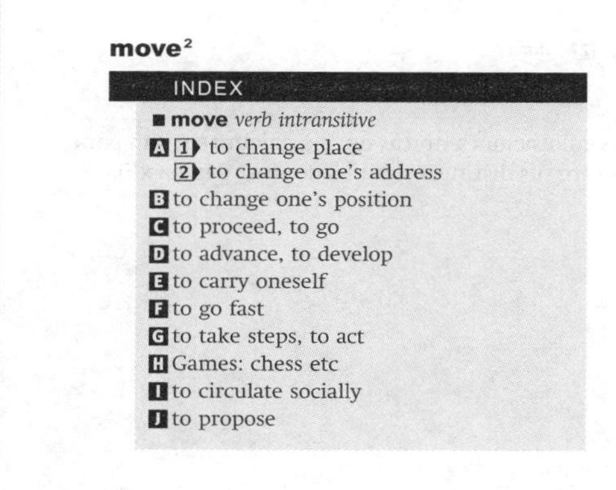

mirar [A1]
GUÍA DE BÚSQUEDA
■ **mirar** *verbo transitivo*
A 1 contemplar: dibujo, etc
2 mirar: programa, partido
B fijarse
C considerar: problema, cuestión
D ser cuidadoso con
E 1 expresando incredulidad etc
2 en advertencias

Division of entries

When distinctions have to be made between the different senses of a word, letter divisions are used. These may serve as integral sense blocks or may be sub-divided into narrower senses using numbered sub-divisions.

Las divisiones de las entradas

Para establecer distinciones entre las distintas acepciones de una palabra se usan divisiones encabezadas por letras. Éstas pueden a su vez estar subdivididas en significados más restringidos mediante divisiones encabezadas por números.

coral² *m*
A 1 (Zool) coral 2 (en joyería) coral; **una pulsera de ~(es)** a coral bracelet 3 ▶ℹ **p.181**; **color ~** coral, coral-colored•
B (Mús) (composición) chorale

- Where the text needs even broader sense divisions, bold Roman numerals (Sense **I**, Sense **II**, etc.) are used. This usually only occurs in long articles containing many senses (e.g. *get, over, tomar, dar*, etc).
- Regional or less frequently used senses are usually placed at the end of the entry or of one of its numbered divisions.

- Cuando el texto necesita divisiones semánticas aún más amplias se usan números romanos en negrita (Sentido **I**, Sentido **II** etc.). Esto ocurre por lo general en artículos largos correspondientes a vocablos con un gran número y variedad de acepciones como *get, over, tomar, dar* etc.
- Las acepciones regionales o menos frecuentes generalmente se tratan al final del artículo o al final de una de las divisiones encabezadas por números.

Indicators

In order to distinguish between different senses of a word, sense indicators are provided. These appear in round brackets and may come in the form of:

Los indicadores semánticos

Para distinguir los distintos significados de una palabra se dan indicadores semánticos entre paréntesis. Éstos pueden ser:

(*a*) near synonyms

(*a*) sinónimos aproximados

Phrasal verb
- **keel over** [v + adv] 1 (capsize) «*ship*» volcar(se)• 2 (collapse) (colloq) «*person*» caer• redondo (fam), desplomarse

(*b*) guiding words or explanations

(*b*) palabras guiadoras o explicaciones

kernel /'kɜːrnl || 'kɜːnl/ *n* (of nut, fruit) almendra *f*; (of corn, wheat) grano *m*; ...

(*c*) abbreviated subject-field labels

(*c*) abreviaturas de indicadores de campo semántico

emisión *f*
A (Tec) emission
B (Fin) issue
...
C (Rad, TV) 1 (acción) broadcasting 2 (frml) (programa) program•, broadcast

Collocators are also used to distinguish between different senses of a word (see page xli).

También las colocaciones típicas de una palabra se usan para distinguir entre sus distintos significados (ver página xli).

Pronunciation

Pronunciación

Spanish

Spanish pronunciation follows regular rules that are covered on page xliv. Therefore phonetic transcriptions are only given for words borrowed or adapted from other languages, e.g. **laissez faire**, **match** or for abbreviations which are not read letter by letter, e.g. **OTAN**, **LADECO**.

Español

La pronunciación del español, que sigue normas muy regulares, se trata en la página xliv. Por lo tanto en el diccionario sólo se dan las transcripciones fonéticas de palabras tomadas o adaptadas de otras lenguas, como **laissez faire** o **match** o de abreviaturas que no se leen letra por letra, como **OTAN** y **LADECO**.

English

English pronunciation has so many irregularities that every headword is given a transcription using the symbols of the International Phonetic Association. The only exceptions are open compounds where both elements can be found elsewhere in the dictionary as headwords and numbered identical headwords where the pronunciation remains the same.

Inglés

La pronunciación del inglés es muy irregular, por lo cual cada palabra cabeza de artículo va seguida de su transcripción fonética. Se han utilizado los símbolos del Alfabeto Fonético Internacional. Las únicas excepciones son los compuestos que se escriben sin guión y cuyos diversos elementos tienen entrada independiente en el diccionario y los homógrafos en los que la pronunciación no varía.

> **overnight bag** *n*
>
> **memorial**[1] /məˈmɔːriəl/ *n*
> **memorial**[2]

Where there are significant differences between American and British English, the British variant is given after vertical bars.

En los casos en que hay diferencias muy marcadas entre las pronunciaciones norteamericana y británica, se da la variante británica precedida por barras verticales.

> **stalagmite** /stəˈlægmaɪt, ˈstæləg- || ˈstæləgmaɪt/

Pronunciations are also given for inflected forms of headwords where these are hard to predict.

También se dan las pronunciaciones de los plurales y formas verbales irregulares que pueden dar lugar a duda.

> **abacus** /ˈæbəkəs/ *n* (*pl* **-cuses** *or* **-ci** /-saɪ/)

Grammatical information

Información gramatical

1 Nouns

1 Sustantivos

Gender

The gender of Spanish nouns is always indicated, both in the Spanish–English section and when they appear as translations of English nouns or phrases. The labels used are as follows:

Género

Siempre se indica el género de los sustantivos españoles, tanto en la parte Español–Inglés como cuando éstos aparecen como traducciones. Se dan a continuación los indicadores usados:

f feminine noun (e.g. **noche**)	*la/una noche cálida*	*f* sustantivo femenino (e.g. **noche**)
f‡ feminine noun used with a masculine article in the singular (e.g. **alma**)	*el/un alma pura*	*f‡* sustantivo femenino que va precedido por artículo masculino en el singular (e.g. **alma**)
m masculine noun (e.g. **día**)	*el/un día hermoso*	*m* sustantivo masculino (e.g. **día**)
mf noun with identical forms for the masculine and feminine gender (e.g. **estudiante**)	*el/un estudiante aplicado, la/una estudiante aplicada*	*mf* sustantivo que tiene la misma desinencia para el masculino y el femenino (e.g. **estudiante**)
m,f masculine noun with feminine inflection (e.g. **abogado -da**)	*el/un abogado famoso, la/una abogada famosa*	*m,f* sustantivo masculino con su forma femenina (e.g. **abogado -da**)
m or f noun which can be used with either masculine or feminine articles, adjectival inflections, etc. (e.g. **armazón**)	*el/un armazón sólido, la/una armazón sólida*	*m or f* sustantivo que se usa tanto con artículo, adjetivo, etc. femeninos como masculinos (e.g. **armazón**)
fpl feminine plural nouns (e.g. **rebajas**)	*las rebajas de verano*	*fpl* sustantivo femenino plural (e.g. **rebajas**)
mpl masculine plural noun (e.g. **anales**)	*los anales de la medicina*	*mpl* sustantivo masculino plural (e.g. **anales**)

Plurals

Plural forms are given where it is not immediately clear how they are formed.

Plurales

Los plurales se dan cuando no resulta obvia su formación.

> **tabú**[2] *m* (*pl* **-búes** *or* **-bús**) taboo
>
> **reposabrazos** *m* (*pl* ~) armrest
>
> **basis** /ˈbeɪsəs || ˈbeɪsɪs/ *n* (*pl* **bases** /ˈbeɪsiːz/)

Countability

In the English–Spanish section of the dictionary, the symbol [**u**] indicates that a noun (or one of the senses of a noun) is uncountable, i.e. that it is not normally used in the plural, or with the indefinite article or with a number.

Numerabilidad

En la parte Inglés–Español, el símbolo [**u**] indica que un sustantivo (o una de las acepciones de un sustantivo) es no numerable, es decir que no se lo usa normalmente en plural, ni con el artículo indefinido ni con un número.

> **furniture** /ˈfɜːrnɪtʃər || ˈfɜːnɪtʃə(r)/ *n* [u]

This means that we can say 'we bought some furniture' but *not* 'we bought a furniture' *or* 'two or three furnitures'.

Esto quiere decir que podemos decir 'we bought some furniture' pero *no* 'we bought a furniture' *ni* 'two or three furnitures'.

Many nouns have both countable and uncountable senses and the former are marked by the symbol [**c**].

Muchos sustantivos tienen acepciones numerables y acepciones no numerables; las acepciones numerables llevan el simbolo [**c**].

> **bloom**[1] /bluːm/ *n*
> **A** **1** [c] (flower) flor *f* **2** [u] (time of flowering) floración *f*; ...
> **B** [u] (on fruits, leaves) ...

Attributive uses

English nouns are often used attributively to modify other nouns, as in 'college student', 'information desk'.

- In the English–Spanish section these adjectival uses are introduced by (*before n*).

El sustantivo como modificador directo de otro sustantivo

En inglés los sustantivos tienen a menudo una función adjetival, es decir que modifican a otros sustantivos como en 'college student' o 'information desk'.

- En la parte Inglés–Español estos usos adjetivales van precedidos por el indicador (*before n*).

> **steel**[1] /sti:l/ *n* ...
> ... (*before n*) ‹*girder/helmet*› de acero; **the ~ industry** la industria siderúrgica;
> ...

- The same label is used in the Spanish–English section to indicate that the translation of an adjective can only be used attributively.

- El mismo indicador se usa en la parte Español-Inglés para señalar que la traducción de un adjectivo sólo puede preceder al sustantivo que modifica y no constituir el predicado de una oración.

> **cervecero -ra** *adj* 1 ‹*industria*› brewing (*before n*), beer (*before n*); ...

2 Verbs

2 Verbos

Irregular forms

For English verbs the irregular forms are given at the headword.

Las formas irregulares

Las formas irregulares de los verbos ingleses se dan en la entrada correspondiente.

> **get**[1] /get/ (*pres p* **getting**; *past* **got**; *past p* **got** *or* AmE also **gotten**)

Spanish verb entries are cross-referred to the verb tables (page 1955). [A1], [E1], [I1] mean the verb is regular.

- Los verbos españoles llevan una referencia que remite al usuario a las tablas de conjugación (pagina 1915). Las referencias A1, E1, I1 indican que se trata de un verbo regular.

> **comercializar** [A4]

Spanish irregular verbs, even those with minor spelling irregularities, are marked with an asterisk when they appear as translations of English verbs and phrases.

- Los verbos españoles irregulares, aun aquéllos que tienen pequeñas irregularidades ortográficas, llevan un asterisco cuando aparecen como traducciones de verbos y frases ingleses.

> **steam**[2] *vt* 1 (Culin) ‹*vegetables/rice*› cocinar *or* cocer* al vapor; ...

Spanish pronominal verbs

Some senses of Spanish pronominal verbs are labeled according to whether they are reflexive (*refl*), reciprocal (*recípr*), emphatic (*enf*) or causative (*caus*):

Los verbos pronominales españoles

Algunas acepciones de los verbos pronominales españoles llevan indicadores que denotan si son reflexivas (*refl*), recíprocas (*recípr*), enfáticas (*enf*) o causativas (*caus*):

> **me peiné** (*refl*) I combed my hair
> **cómetelo todo** (*enf*) eat it all up
> **me corté las uñas** (*refl*) I cut my nails
> **se hicieron una casa en el pueblo** (*caus*) they had a house built in the village
> **no se hablan** (*recípr*) they don't talk to each other

- These labels help to differentiate between apparently identical constructions such as:

- Estos indicadores sirven para diferenciar construcciones aparentemente idénticas como:

se corta el pelo ella misma (*refl*) she cuts her own hair
and
se corta el pelo en una peluquería del centro (*caus*) she has her hair cut at a salon in town
or
se mató tirándose del quinto piso (*refl*) he committed suicide by jumping from the fifth floor
and
se mató en un accidente he was killed in an accident

- The majority of senses are unlabelled, as they do not belong in any of the above categories and function as ordinary intransitive verbs:

- La mayoría de las acepciones no llevan ningún indicador, ya que no pertenecen a ninguna de las categorías enumeradas más arriba y funcionan como verbos intransitivos normales:

acordarse to remember
caerse to fall down
jactarse to boast
quedarse to stay

+ me/te/le etc

This indicates senses of Spanish verbs which are typically used with the indirect object pronouns *me*, *te*, *le*, *nos*, *os* and *les*.

+ me/te/le etc

Este indicador señala las acepciones de los verbos españoles en las que éstos suelen ir acompañados de los pronombres personales de objeto indirecto *me*, *te*, *le*, *nos*, *os* y *les*.

sentar	el café no me sienta bien	coffee doesn't agree with me
	les sentó mal que no se lo dijeran	they were upset that they hadn't been told
parecer	me parece terrible	I think it's terrible
	¿qué te/les parecieron mis primos?	what did you think of my cousins?
importar	a Daniel no le importa	Daniel doesn't care
	¿te/le importa si fumo?	do you mind if I smoke?

English phrasal verbs

The syntactic behavior of English phrasal verbs is indicated by formulae which show the possible combinations of root verb [v], adverb [adv] and/or preposition [prep] and object [o], if any, for each of the senses of the verb. In the illustrative examples below the objects have been underlined:

Los verbos ingleses con partícula

El comportamiento sintáctico de los verbos ingleses con partícula se indica mediante fórmulas que muestran las posibles combinaciones de verbo núcleo [v], adverbio [adv] y/o preposición [prep] y complemento [o], si lo hubiera, para cada una de las acepciones del verbo. En los ejemplos que se dan a continuación se han subrayado los complementos:

[v + adv]	turn up	they never turned up
[v + prep + o]	take to	he didn't take to <u>life in the country</u>
[v + adv + prep + o]	look forward to	I'm really looking forward to <u>the trip</u>
[v + o + adv, v + adv + o]	hand in	I handed <u>my essay</u> in/I handed in <u>my essay</u>/ I handed <u>it</u> in

- Note that for cases like 'hand in' the second alternative, [v + adv + o], is ruled out when the object is a pronoun. You cannot say 'I handed in it'.

- Obsérvese que en el último caso la segunda alternativa, [v + adv + o], no es válida cuando el complemento es un pronombre. No se puede decir 'I handed in it'.

[v + o + adv]	push around	he thinks he can push <u>people</u> around
[v + adv + o]	give up	we haven't given up <u>hope</u>
[v + o + prep + o]	let off	he let <u>me</u> off <u>my homework</u>
[v + o + adv + prep + o]	take out on	he takes <u>it</u> out on <u>the children</u>

3 Adjectives

Spanish-English

Different senses of Spanish adjectives may require the use of either the verb *ser* or the verb *estar* when used predicatively. This is indicated as follows:

> **ordenado -da** *adj* 1 [ESTAR] (en orden) tidy; ...
> 2 [SER] ‹*persona*› (metódico) organized, orderly; (para la limpieza) tidy; ...

- We say 'la habitación está ordenada' (not 'es ordenada'), 'Pedro es muy ordenado' (not 'está muy ordenado').
- This indication does not of course mean that the adjective cannot be used attributively, as in 'una habitación ordenada' or 'un chico muy ordenado'.
- Neither does it rule out the use of other verbs which act as copulas and may be substituted for *ser* and *estar*:

> **el chico está cansado, el chico quedó cansado**
> **el trabajo es aburrido, el trabajo parece aburrido**

- No indication is made when the adjective can be used with both *ser* and *estar*:

> **es gordo** he's fat
> **está gordo** he's got/gotten fat, he's put on weight

- (*delante del n*) indicates the exceptional cases when a Spanish adjective, when used attributively, must precede the noun it modifies.

> **último**[1] **-ma** *adj* (*delante del n*)
> A 1 (en el tiempo) last; **los ~s años de su vida** the last years of her life, her last years; ...

English–Spanish

Comparative and superlative forms of adjectives are given if they can be formed by inflection.

> **tiny** /'taɪni/ *adj* **tinier, tiniest**

- (*before n*) indicates that an adjective (or a particular sense of an adjective can only be used in an attributive position, i.e. before a noun.

> **maiden**[2] *adj* (*before n*)

- (*before n*) is also used to introduce attributive uses of nouns. See page xxvii.
- (*after n*) indicates those exceptional cases where an English adjective can only be used immediately following the noun.

> **galore** /gə'lɔːr || gə'lɔː(r)/ *adj* (*after n*) en abundancia; **apples ~** muchísimas manzanas, manzanas en abundancia; ...

3 Adjetivos

Español–inglés

Las distintas acepciones de los adjetivos españoles pueden requerir el uso ya sea del verbo *ser* o del verbo *estar* como cópula de la oración. Esto se indica de la siguiente manera:

- Se dice 'la habitación está ordenada' (y no 'es ordenada'), 'Pedro es muy ordenado' (y no 'está muy ordenado').
- Esta indicación no significa por supuesto que el adjetivo no pueda ser usado como modificador directo de un sustantivo, como en 'una habitación ordenada' o 'un chico muy ordenado'.
- Tampoco descarta el uso de otros verbos copulativos que pueden reemplazar a *ser* y *estar*:
- Cuando el adjetivo se puede usar tanto con *ser* como con *estar*, no se da ninguna indicación:
- (*delante del n*) indica aquellos casos excepcionales en los que un adjetivo español, al ser usado como modificador directo, debe ir delante del sustantivo al que modifica.

Inglés–Español

Se dan los comparativos y superlativos cuando se pueden formar con desinecias.

- (*before n*) indica que un adjetivo (o una determinada acepción de un adjetivo) sólo puede usarse delante de un sustantivo (y no en el predicado de una oración).
- (*before n*) se usa tambien para introducir los usos de un sustantivo como modificador directo de otro sustantivo. Ver página xxvii.
- (*after n*) indica aquellos casos excepcionales en los que un adjetivo inglés sólo puede ser usado inmediatamente después del sustantivo.

- (*pred*) indicates that an adjective (e.g. *nuts*), or a particular sense of an adjective, can only be used in the predicate of a sentence, (i.e. following a verb like to be, to look, to remain, etc). So we can say 'that guy's nuts' but not 'he's a nuts guy'.
- Some English adjectives are spelled differently depending on whether they are used in an attributive (*before n*) or predicative (*pred*) position. This is indicated as follows:

- (*pred*) indica que un adjetivo (p. ej. *nuts*), o una determinada acepción de un adjetivo, sólo puede usarse en el predicado de una oración, es decir después de un verbo copulativo como to be, to look, to remain, etc., de tal modo que se puede decir 'that guy's nuts' pero no 'he's a nuts guy'.
- Algunos adjetivos ingleses se escriben de manera diferente según se los use delante de un sustantivo (*before n*) o en el predicado de una oración (*pred*). Esto se indica de la siguiente manera:

> **out-of-date** /ˌaʊtəv'deɪt/ *adj* (*pred* **out of date**)

4 Adverbs

The abbreviation (*indep*) indicates that an adverb is used as a sentence modifier i.e. that it does not modify any particular verb, adverb or adjective within the sentence.

4 Adverbios

La abreviatura (*indep*) indica que un adverbio se usa como modificador de toda una oración, y no de un verbo, adverbio o adjetivo determinado de la misma.

> **francamente** *adv* 1 ‹*decir*› frankly, honestly, truthfully; ‹*hablar*› frankly, openly 2 (*indep*) frankly, quite honestly; **~, me parece una estupidez** quite honestly *o* (quite) frankly, I think it's stupid ...

5 Grammatical constructions

Particular grammatical constructions in which the headword commonly occurs are presented as formulae, using small capitals to highlight the key features of the structure. The structure is translated by the equivalent structure in the target language and/or followed by illustrative examples and their translations.

5 Construcciones gramaticales

Las estructuras sintácticas en las que suele aparecer el vocablo cabeza de artículo se presentan como fórmulas cuyos elementos clave se destacan mediante versalitas. Estas construcciones se traducen por estructuras equivalentes en la lengua de destino y/o van seguidas de ejemplos que las ilustran, con sus respectivas traducciones.

> **soñar** [A10] *vt* 1 (durmiendo) to dream; ...
> ■ **soñar** *vi* 1 (durmiendo) to dream; ~ **CON algo/algn** to dream ABOUT sth/sb;
>
> **depender** [E1] *vi* ...
> ... ~ **DE algo/algn** to depend ON sth/sb; ...

Regional labels

Words and expressions restricted to particular areas of the Spanish-speaking or English-speaking worlds are labeled accordingly.

timberland (AmE)
crazy paving (BrE)
to take the mickey out of sb (BrE)

The following labels are used:

English		Inglés
American English	AmE	Inglés norteamericano
Australian English	Austral	Inglés australiano
British English	BrE	Inglés británico
Canadian English	Can	Inglés de Canadá
Indian English	Ind	Inglés de la India
Irish English	IrE	Inglés de Irlanda
New Zealand English	NZ	Inglés de Nueva Zelanda
South African English	S Afr	Inglés sudafricano
Scottish English	Scot	Inglés de Escocia

Spanish		Español
Central America	AmC	América Central
Latin America	AmL	América Latina
South America	AmS	América del Sur
Andean Region (Chile, Bolivia, Peru, Ecuador & Colombia)	Andes	Región andina (Chile, Bolivia, Perú, Ecuador & Colombia)
Argentina	Arg	Argentina
Bolivia	Bol	Bolivia
Chile	Chi	Chile
Costa Rica	CR	Costa Rica
Southern Cone (Argentina, Chile, Paraguay & Uruguay)	CS	Cono Sur (Argentina, Chile, Paraguay & Uruguay)
Cuba	Cu	Cuba
Ecuador	Ec	Ecuador
Spain	Esp	España
Guatemala	Guat	Guatemala
Honduras	Hon	Honduras
Mexico	Méx	México
Nicaragua	Nic	Nicaragua
Panama	Pan	Panamá
Paraguay	Par	Paraguay
Peru	Per	Perú
Puerto Rico	PR	Puerto Rico
River Plate area (Argentina & Uruguay)	RPl	Río de la Plata (Argentina & Uruguay)
El Salvador	Sal	El Salvador
Uruguay	Ur	

(*a*) 'exc' stands for 'excluding'. A word labeled 'AmL exc CS' is used throughout Latin America with the exception of the Southern Cone area.
(*b*) 'esp' stands for 'especially'. The label 'esp Méx', for example, indicates a word which is used more frequently in Mexico than in other areas.

Los indicadores regionales

Las palabras o expresiones cuyo uso se limita a determinadas regiones del mundo hispanohablante o del anglohablante llevan el indicador regional correspondiente.

botana (Méx)
cortina de hierro (AmL)
hablar de bueyes perdidos (RPl)

Se usan los siguientes indicadores:

(*a*) 'exc' es la abreviatura de 'excepto'. Un vocablo que lleve el indicador 'AmL exc CS' se usa en toda América Latina excepto en el Cono Sur.
(*b*) 'esp' significa 'especialmente'. El indicador 'esp Méx', por ejemplo, señala un vocablo cuyo uso es de mayor frecuencia en México que en otras regiones.

ESTADOS UNIDOS
MÉXICO
Ciudad de México
La Habana
CUBA
REPÚBLICA DOMINICANA
HAITÍ
San Juan
PUERTO RICO
Santo Domingo
GUATEMALA
BELIZE
Ciudad de Guatemala
HONDURAS
San Salvador
EL SALVADOR
NICARAGUA
Tegucigalpa
Managua
San José
COSTA RICA
PANAMÁ
Ciudad de Panamá
Caracas
VENEZUELA
GUYANA
SURINAM
GUAYANA FRANCESA
Bogotá
COLOMBIA
Quito
ECUADOR
BRASIL
PERÚ
Lima
La Paz
BOLIVIA
Sucre
PARAGUAY
Asunción
CHILE
ARGENTINA
URUGUAY
Santiago de Chile
Buenos Aires
Montevideo
Spanish speaking countries
países de habla hispana
0 200 400 600 800 1000 miles
0 400 800 1200 1600 km

- Regional variants of a headword are presented as follows (American English spellings are used throughout the dictionary, with British spellings presented as variants):

- Las variantes regionales de una palabra cabeza de artículo se presentan de la siguiente manera (el diccionario sigue las normas ortográficas del inglés norteamericano, presentando las grafías británicas como variantes):

> **defense,** (BrE) **defence**

- This means that 'defense' is the American English form while 'defence' is the British English form.

- Esto significa que 'defense' es la forma correspondiente al inglés norteamericano mientras que 'defence' es la grafía británica.

> **programmer,** (AmE also) **programer**

- This indicates that 'programmer' is used in British and American English while 'programer' is limited to the latter.

- Esto indica que 'programmer' se usa tanto en el inglés británico como en el norteamericano mientras que 'programer' se usa sólo en el inglés norteamericano.

> **béisbol,** (Méx) **beisbol** *m* baseball

- In this example 'béisbol' is used almost everywhere but in Mexico the form 'beisbol' is preferred.
- Note that if a word or sense of a word is labeled, the regional label is not repeated in example sentences.
- In the English-Spanish section regional irregularities in inflections are shown as follows:

- En este caso 'béisbol' se usa prácticamente en todo el mundo hispanohablante, aunque en México se prefiere la forma 'beisbol'.
- Obsérvese que si una palabra o acepción lleva un indicador regional, éste no se repite en los ejemplos.
- En la parte Inglés–Español las inflexiones regionales se indican de la siguiente manera:

> **label**[2] *vt* BrE **-ll-**

- This shows that speakers of American English use forms like 'labeled' or 'labeling' whereas in British English 'labelled' and 'labelling' are used.

- Esto significa que los hablantes de inglés norteamericano usan formas como 'labeled' o 'labeling' mientras que en el inglés británico se escribe 'labelled' y 'labelling'.

Labeling of translations

Spanish–English

Regional translations are followed by the corresponding label. If a translation is not labeled, the reader may assume that it is acceptable in both American and British English.

Los indicadores regionales en las traducciones

Español–Inglés

Las traducciones regionales van seguidas del indicador correspondiente. Si una traducción no lleva indicador, el lector debe inferir que es aceptable tanto en el inglés norteamericano como en el inglés británico.

> **cara** *f*
> **A** ...
> **D** **1** (fam) (frescura, descaro) nerve (colloq), cheek (BrE colloq); ...

- In this case 'nerve' can be used everywhere but 'cheek' is an acceptable alternative only in British English.
- An asterisk (*) following a translation indicates an American English spelling (the British spelling can be found in the English–Spanish section as a variant of the word in question). The asterisk is not repeated in the translations of examples.

- En este caso 'nerve' tiene validez universal mientras que 'cheek' es una alternativa que se acepta sólo en el inglés británico.
- Si una traducción va seguida de un asterisco (*), la grafía que se ofrece es la norteamericana (la versión británica puede hallarse como variante del vocablo en la parte Inglés–Español). El asterisco no se repite en las traducciones de los ejemplos.

> **defensa** *f*
> **A** **1** (protección) defense*; ...

- If there is no universally acceptable translation, regional variants are given.

- De no existir una traducción de aceptación universal, se dan variantes regionales.

> **rotonda** *f* 1 (glorieta) traffic circle (AmE), roundabout (BrE) ...

- When translating example sentences the regional label is placed at the end of the sentence if it applies to the whole sentence.

- En las traducciones de los ejemplos el indicador regional va al final de la oración si éste se aplica a toda la oración.

> **lengua** *f* ... ... **tengo la ~ pastosa** *or* **estropajosa** I have a cotton mouth (AmE colloq), I've got a furry tongue (BrE colloq); ...

- If the regional label refers to one alternative within the sentence it is placed before this alternative.

- En cambio, cuando el indicador regional se refiere a una alternativa determinada dentro de la oración, éste precede a dicha alternativa.

> **regalar** [A1] *vt* ... ... **le ~on un reloj de oro para su despedida** he was given a gold watch as a leaving gift *o* (BrE) present ...

- The above format means that 'gift', which is unlabeled, is universally accepted, whereas 'present', is only used in British English.
- When a translation includes one element acceptable only in American English and another acceptable only in British English, the format is as follows:

- Esto significa que 'gift', que no lleva indicador alguno, es de uso universal, mientras que 'present' sólo se usa en el inglés británico.
- Cuando una traducción incluye un elemento exclusivamente norteamericano y otro exclusivamente británico, el formato es el siguiente:

> **siniestro**² *m* ... ... **el coche fue declarado ~ total** the car was declared a total wreck (AmE) *o* (BrE) a write-off

- I.e. the first regional label (AmE) is placed after the element to which it refers 'a total wreck' and the second label (BrE) is placed before the element to which it refers 'a write-off'.
- If a word appears as a main translation with a regional label, this label is not normally repeated if the word then appears in the translation of an example.

- Es decir que el primer indicador regional (AmE) va después del elemento al que se refiere 'a total wreck' mientras que el segundo indicador (BrE) precede a la expresión a la cual se aplica 'a write-off'.
- Si una palabra aparece como traducción general con un indicador regional, normalmente no se repite este indicador en las traducciones de los ejemplos.

> **basura** *f*
> A 1 ...
> ... 2 (desechos) garbage (AmE), trash (AmE), rubbish (BrE); (en sitios públicos) litter; **sacar la ~** to take out the garbage *o* trash *o* rubbish; ...

- Brackets have been used to mark certain translation differences which,though relatively minor, occur frequently in the translation of Spanish example sentences. Thus 'got(ten)' covers the preferred American form of the participle 'gotten' and the British English form 'got' while 'toward(s)' is used to show that American English prefers the form 'toward'.

- Se han usado paréntesis para señalar diferencias regionales menores pero que se dan con frecuencia en la traducción de ejemplos. Así 'got(ten)' cubre la forma norteamericana del participio 'gotten' y la británica 'got' y 'toward(s)' refleja el hecho de que 'toward' es la forma usada normalmente en el inglés norteamericano, mientras que en Gran Bretaña esta variante se usa sólo en el lenguaje formal.

English–Spanish

Where there is a universally acceptable translation, this is given first, followed by the most important regional variants.

> **bus**[1] /bʌs/ *n* (*pl* **buses** *or* AmE also **busses**)
> **A** (Transp) **1** (local) autobús *m*, bus *m*, camión *m* (AmC, Méx), colectivo *m* (Arg, Ven), ómnibus *m* (Per, Ur), micro *f* (Chi), guagua *f* (Cu); ...

- This means that 'autobús' or 'bus' will be understood everywhere in the Spanish-speaking world, but the variants that follow are the preferred forms in the specific linguistic areas indicated.

If there is no universally understood translation, the form used in the widest area is given first, linked by *or* to the variants used in the areas specified afterwards.

> **pea** /piː/ *n* arveja *f or* (Esp) guisante *m or* (AmC, Méx) chícharo *m*; ...

- This means that 'arveja' is used in a wide area of Latin America but 'guisante' is the form used in Spain and 'chícharo' the term used in Mexico. Note that in these cases the regional label precedes the form to which it refers.

The same format is used to show regional alternatives within the translation of an example.

> **left**[4] ▸**1** p.1110 *adv* ...
> ... **~ *and right*** o (BrE) **~, *right and centre*** (colloq): **he was hitting out ~ and right** repartía golpes a diestra y siniestra *or* (Esp) a diestro y siniestro (fam); ...

- This format means that 'a diestro y siniestro' is only used in Spain while the rest of the Spanish-speaking world uses 'a diestra y siniestra'.
- The abbreviation *tb* (también) is added to show that the alternative that follows is used in a particular area as well as the first translation:

> **negotiation** ...
> ... **to enter into ~s/be in ~ with sb** entrar/estar* en negociaciones *or* (CS tb) en tratativas con algn; ...

(In Argentina, Chile, Paraguay, and Uruguay you can say both 'estar en negociaciones con algn' and 'estar en tratativas con algn').

Inglés–Español

Cuando existe una traducción de uso universal, ésta aparece en primer lugar, seguida de las variantes regionales más importantes.

- Esto quiere decir que 'autobús' y 'bus' se entienden en todo el ámbito hispanohablante, mientras que las variantes dadas a continuación son las formas preferidas en las regiones lingüísticas especificadas.

Cuando no hay una traducción universalmente válida, la forma usada en la región más amplia aparece en primer lugar, seguida de *or* y las traducciones correspondientes a las regiones que se especifican a continuación.

- Esto significa que 'arveja' se usa en gran parte de América Latina, mientras que 'guisante' es la forma que se usa en España y 'chícharo' el término que se usa en México. Obsérvese que en estos casos el indicador regional precede a la forma a la que se refiere.

Se usa el mismo formato para distinguir alternativas regionales en la traducción de un ejemplo.

- Este formato significa que 'a diestro y siniestro' se usa sólo en España mientras que el resto del mundo hispanohablante usa 'a diestra y siniestra'.
- La abreviatura *tb* (también) se agrega al indicador regional para señalar que la alternativa que se da a continuación se usa en esa región además de la traducción que se ha dado en primer término:

(En Argentina, Chile, Paraguay y Uruguay se puede decir tanto 'estar en negociaciones con algn' como 'estar en tratativas con algn').

Style and register labels

Labels are used to mark all words and expressions which are not neutral in style or idiomatic register, both in the source and the target language. These labels show:

Degree of formality

(formal)	Formal – language used only in formal speeches and writing (e.g. *the deceased*)
(colloq)	Colloquial – everyday colloquial language which would not cause offense or ridicule but which is rarely used in writing (e.g. *guy*)
(used to or by children)	Language used by children or when speaking to children (e.g. *bow-wow*)
(sl)	Slang – especially colloquial and expressive terms, often used by particular groups (e.g. *dude*)
(vulg)	Vulgar – coarse, offensive language (e.g. *fuck*)

Emotive register

(euph)	Euphemistic term (e.g. *loss (=bereavement)*)
(hum)	Humorous language (e.g. *the Pearly Gates*)
(iro)	Ironic usage, expressing the opposite of what the term actually means (e.g. *a likely story*)
(pej)	Pejorative – the word or phrase in question has a contemptuous or disapproving tone (e.g. *commie*)

Different styles of written language

(liter)	Literary language (e.g. *olden*)
(poet)	Poetic language (e.g. *morn*)
(journ)	Journalese – language characteristic of newspaper articles (e.g. *mother of three killed in bomb blast*)

Note that '*lit*' is the abbreviation of 'literally' and not 'literary'. It is used to show the literal sense of an idiomatic phrase

Los indicadores de estilo y registro

Se han usado indicadores para distinguir todas aquellas palabras y expresiones que no son neutras en cuanto a estilo o registro idiomático, tanto en la lengua de partida como en la de destino. Estos indicadores expresan:

Grado de formalidad

(formal)	Formal – lenguaje que sólo se usa en discursos o escritos formales (p.ej. *exequias*)
(fam)	Familiar – lenguaje coloquial cotidiano, que no resulta ofensivo ni ridículo pero que rara vez se usa por escrito (p.ej. *chiflado*)
(leng infantil)	Lenguaje infantil (p.ej. *guau guau*)
(arg)	Argot – lenguaje particularmente coloquial y expresivo, a menudo usado solamente por ciertos grupos sociales (p.ej. *guita*)
(vulg)	Vulgar – lenguaje soez, grosero (p.ej. *carajo*)

Registro emotivo

(euf)	Término eufemístico (p.ej. *partes (=órganos genitales externos)*)
(hum)	Lenguaje humorístico (p.ej. *en paños menores*)
(iró)	Uso irónico, con sentido opuesto al significado usual del término (p.ej. *cuidado, no te vayas a herniar*)
(pey)	Peyorativo – la palabra o frase tiene un tono despectivo o de desaprobación (p.ej. *marica*)

Diferentes estilos de la lengua escrita

(liter)	Lenguaje literario (p.ej. *antaño*)
(poét)	Lenguaje poético
(period)	Lenguaje periodístico (p.ej. *las fuerzas del orden*)

Obsérvese que '*lit*' es la abreviatura de literalmente y no de literario. Se usa para indicar el sentido literal de un giro idiomático

> **oil**[1] /ɔɪl/ *n*
> **A** [u] **1** (petroleum) petróleo *m*; ***to strike ~*** (colloq) dar* con una mina de oro *or* con la gallina de los huevos de oro (fam); (lit: reach oil) encontrar* petróleo; ...

Time register

(dated)	Dated – used to indicate that a word is old-fashioned, probably still used but only by older people (e.g. *looking glass*)
(arch)	Archaic – used to indicate a word which is no longer in current usage but which may be found in literature or used in certain expressions for humorous effect (e.g. *bawd*)
(Hist)	History – used to indicate a term which is still current for an object, institution, etc. which no longer exists (e.g. *the League of Nations*)

Other

(crit)	Criticized usage – considered by some people to be incorrect (e.g. *due to (as preposition)*)
(set phrase)	Set phrase – fixed expression, less flexible than an idiom but not expressing a moral like a proverb (e.g. *tall, dark and handsome*)
(tech)	Technical usage – used when a more technical translation is given as well as the everyday term (e.g. *German measles, rubella* (tech))

Note that it is not always possible to give a translation in the same register as the source language – an idea expressed in a certain way in one language may not have an equivalent tone in the vocabulary of the other language.

Registro temporal

(ant)	Anticuado – se usa para indicar que una palabra es anticuada, probablemente usada sólo por personas mayores (p.ej. *biógrafo (=cine')*)
(arc)	Arcaico – se usa para indicar que una palabra ya no es de uso corriente pero que se la encuentra en escritos literarios o usada en expresiones de efecto humorístico y/o arcaizante (p.ej. *pardiez*)
(Hist)	Historia – se usa para indicar un término de uso corriente para nombrar un objeto, una institución, etc. que ya no existe (p.ej. *la Unión Soviética*)

Otros

(crit)	Uso criticado – considerado incorrecto por algunos hablantes (p.ej. *en base a*)
(frase hecha)	Frase hecha – expresión fija, menos elástica que un giro idiomático y que no expresa una sentencia como un proverbio (p.ej. *lo acompaño en el sentimiento*)
(téc)	Uso técnico – se usa cuando se da una traducción más técnica además del término corriente (p.ej. *de hoja caduca, caducifolio* (téc))

Obsérvese que no siempre resulta posible dar una traducción en el mismo registro que el de la lengua de partida; una idea expresada de cierta manera en un idioma puede no tener un tono equivalente en el léxico del otro.

Labeling of headwords and examples

Headwords and example phrases which are not labeled are neutral in style and idiomatic register. If a label appears at the beginning of an entry or sense division, it applies to all the examples in that entry or sense division and is not repeated in these examples.

Registro idiomático de las palabras cabeza de artículo y de los ejemplos

Las palabras cabeza de artículo y los ejemplos que no llevan ningún indicador son neutros en cuanto a estilo y registro idiomático. Si un indicador aparece al principio de una entrada o de una de sus acepciones, éste se aplica a todos los ejemplos de esa entrada o acepción y por lo tanto no se repite en los ejemplos.

> **hereby** /hɪr'baɪ || hɪə'baɪ/ *adv* (frml) ...
> **I ~ pronounce you man and wife** ...

- If an unmarked or neutral headword includes an example which is not neutral, this example is labeled.

- Si una palabra de registro neutro incluye un ejemplo que no es neutro, éste llevará indicador.

> **obligación** *f*
> **A** (deber) obligation; **tiene (la) ~ de mantenerlos** it is his duty to support them, he has an obligation to support them; ...
> ... **adquirir** *or* **contraer una ~** (frml) to contract an obligation (frml); ...

Labeling of translations

When translations are given which are not neutral in style or idiomatic register, they are followed by the appropriate label.

Registro idiomático de las traducciones

Cuando se dan traducciones que no son neutras en cuanto a estilo o registro idiomático, éstas van seguidas del indicador correspondiente.

> **masticar** [A2] *vt* to chew, masticate (frml); ...
>
> **destiny** /'destəni || 'destɪni/ *n* [c u] (*pl* **-nies**) destino *m*, sino *m* (liter)

- When alternatives which differ in register are given within the translation of an example phrase, the label precedes the form to which it refers.

- Cuando en la traducción de un ejemplo se dan alternativas que difieren en cuanto a registro, el indicador va delante de la expresión a la que se refiere.

> **mouth**[1] /maʊθ/ *n* ...
> ... **he didn't open his ~ all evening** no abrió la boca *or* (fam) no dijo ni pío en toda la noche; ...

Examples, translations and collocators

Ejemplos, traducciones y colocaciones

Examples, idioms, and proverbs

Los ejemplos, los giros idiomáticos y los proverbios

Example phrases illustrating uses of the headword appear in bold roman typeface. Any idioms will follow the examples and appear in alphabetical order in bold italics, followed by the proverbs, if any, also in bold italics.

Los ejemplos que ilustran los usos de la palabra cabeza de artículo aparecen en negritas redondas. A continuación se encuentran los giros idiomáticos, que aparecen en orden alfabético y en negrita cursiva, seguidos de los proverbios, si los hubiera, también en negrita cursiva.

> **melting pot** *n* crisol *m*; **a ~ ~ of different cultures** un crisol de culturas diversas; ***to be in the ~ ~*** estar* sobre el tapete

- However, when contextualized examples of an idiom or a proverb are given as well, they appear in bold roman.

- Sin embargo, cuando también se dan ejemplos contextualizados de un giro idiomático o de un proverbio, éstos aparecen en negritas redondas.

> **engaño** *m* ...
> ... ***llamarse a ~*** to claim one has been cheated *o* deceived; **para que luego nadie pueda llamarse a ~** so that no one can claim *o* say that they were deceived/cheated

- The swung dash usually replaces the headword wherever it appears in examples, idioms, etc. However, if the spelling of the headword is changed in any way at all, the inflected form is spelled out in full.

- En los ejemplos, giros idiomáticos, etc. la tilde sustituye a la palabra cabeza de artículo. Cuando la ortografía de la palabra cabeza de artículo está de algún modo alterada, se da el vocablo escrito por entero.

> **jugar** [A15] *vi*
> **A** 1 (divertirse) to play; **¿puedo salir a ~?** can I go out to play?; ...
> ... **¿a qué jugamos?** what shall we play?; **juegan a las cartas por dinero** they play cards for money; ...

- Compound headwords are represented in examples by two or more swung dashes.

- Los vocablos compuestos que son palabras cabeza de artículo se representan en los ejemplos con dos o más tildes.

> **ad hoc**[1] /ˈædˈhɑːk || ˈædˈhɒk/ *adj* ...
> ... **the problems are dealt with on an ~ ~ basis** los problemas se van tratando según van surgiendo; ...

- Two complete phrases separated by a comma are synonymous and share a translation.

- Cuando se dan dos frases completas separadas por una coma, éstas son sinónimas y por lo tanto tienen una misma traducción.

> **pretend**[1] /prɪˈtend/ *vt* ...
> **he ~s he doesn't care, he ~s not to care** ...

- A slash (/) is used to show non-synonymous alternatives within an example phrase or translation.

- La barra (/) se usa para distinguir alternativas que no son sinónimas en un ejemplo o una traducción.

> **pasado**[1] **-da** *adj*
> **A** (en expresiones de tiempo): **el año/mes/sábado ~** last year/month/Saturday; ...

- Where portions of an example phrase or translation are separated by *or* or *o*, they are synonymous and interchangeable.

- Cuando se usa *or* o *o* para separar partes de un ejemplo o una traducción, éstas son sinónimas e intercambiables entre sí.

> **garantía** *f* ...
> ... **estar bajo** *or* **en ~** to be under guarantee *o* warranty
>
> **gallows** /'gæləʊz/ *n* (*pl*, ~ (+ *sing o pl vb*)) horca *f*; **he was sent** *o* **sentenced to the ~** lo condenaron a la horca

- When several regional alternatives are given as main translations of a headword, they are not all repeated in the translation of an example phrase. The information is presented as follows:

- Cuando se dan varias alternativas regionales como traducciones generales de una palabra cabeza de artículo, no se repiten todas ellas en la traducción de un ejemplo. La información se presenta de la siguiente manera:

> **bow**[3] /bəʊ/ *n*
> **A** (knot) lazo *m*, moño *m* (esp AmL), moña *f* (Ur), rosa *f* (Chi); **to tie a ~** hacer* un lazo (*or* moño *etc*); ...

- This format is also used to suggest alternatives which depend on situational context, etc.

- Este formato también se usa para sugerir alternativas que dependen del contexto situacional, etc.

> **might**[2] *n* ... **to push with all one's ~** empujar con todas sus (*or* mis *etc*) fuerzas; ...

- A portion of an example phrase enclosed within parentheses may be omitted if the corresponding portion is omitted from the translation.

- Se puede omitir la parte de un ejemplo que se da entre paréntesis si se omite la parte correspondiente de la traducción.

> **brains** /breɪnz/ *n* ...
> ... ***to rack*** *o* ***cudgel one's*** **~ (*over sth*)** devanarse los sesos (con algo)

- If the bracketed portion of the example is not reflected in the translation or viceversa, the phrase means the same with or without that portion.

- Si el ejemplo tiene una parte entre paréntesis que no se refleja en la traducción o viceversa, la frase quiere decir lo mismo con o sin esa parte.

> **now**[1] /naʊ/ *adv* ...
> **4** (*in phrases*): **(every) now and then** *o* **again** de vez en cuando;

- Italics are used to show stressed elements within an example phrase or its translation.

- Los elementos de un ejemplo o de una traducción que se pronuncian con énfasis aparecen en cursiva.

> **his**[1] /hɪz *weak form* /ɪz/ *adj*
> ... **it's *his* house, not hers** es la casa de él, no la de ella; ...

- The symbol Ⓢ is used to mark language used on signs, notices, etc.

- El símbolo Ⓢ denota que se trata del lenguaje usado en carteles, letreros, etc.

> **ajeno -na** *adj* ...
> ... **Ⓢ prohibido el paso a toda persona ajena a la empresa** staff only; ...
>
> **dry clean** ... *vt* ...
> ... **Ⓢ dry clean only** limpiar en seco

How to find idioms and proverbs

Idioms and proverbs generally appear in the article corresponding to their first noun—so 'to bend sb's ear' will be entered under the headword *ear* and 'to fight like cat and dog' is treated in *cat*; similarly in the Spanish–English section 'la manzana de la discordia' appears in the entry for *manzana*. Where there is no noun, the idiom is located in the article corresponding to the first verb, adjective, or adverb. E.g. 'to ask for it' is entered under the headword *ask*. If for any reason the above rules have not been followed a cross-reference will direct the user to the correct entry. E.g. 'to go hat *o* (BrE) cap in hand to sb' has been entered under *hand* with cross-references at *hat* and *cap*.

Cómo buscar los giros idiomáticos y los proverbios

En general, los giros idiomáticos y los proverbios aparecen dentro del artículo correspondiente al primer sustantivo de los mismos, de tal modo que 'to bend sb's ear' aparece bajo la palabra cabeza de artículo *ear* y 'to fight like cat and dog' bajo *cat*. Del mismo modo, en la parte Español–Inglés 'la manzana de la discordia' aparece bajo *manzana*. Cuando el giro idiomático o proverbio no contiene un sustantivo, debe buscarse bajo su primer verbo, adjetivo o adverbio. 'To ask for it', por ejemplo, se trata bajo el verbo *ask*. Cuando por algún motivo no se han respetado estas reglas, se remite al lector al artículo donde aparece la expresión. Por ejemplo 'to go hat *o* (BrE) cap in hand to sb' está tratado bajo *hand*, mientras que tanto en *hat* como en *cap* el lector hallará una remisión a dicho sustantivo.

Translations

A main translation for a headword or sense is provided when it is thought to be genuinely valid in a majority of contexts. The examples that follow it may illustrate typical uses of the headword where the main translation is valid and/or show exceptional contexts in which a different translation occurs. Care has been taken to provide the user with a realistic appreciation of the differences between the two languages and thus avoid false and misleading main translations that do not actually work in a majority of contexts. Where it is not possible to give a main translation, a colon leads directly to illustrative examples.

Traducciones

Sólo se da una traducción general para una palabra cabeza de artículo o para una acepción determinada cuando ésta es válida en la mayoría de los contextos. Los ejemplos que se dan a continuación de la misma pueden ilustrar usos típicos de la palabra cabeza de artículo en los que la traducción general es válida y/o mostrar contextos excepcionales en los que se requiere una traducción distinta. Se ha tratado de transmitir al usuario una apreciación realista de las diferencias entre los dos idiomas y por lo tanto se han evitado traducciones generales falsas o engañosas que en realidad no funcionan en una gran cantidad de contextos. Cuando resulta imposible dar una traducción general, se pasa directamente a los ejemplos ilustrativos. En estos casos, los ejemplos van precedidos de un signo de dos puntos.

> **ocupado**[2] **-da** *m,f*: **el número de ~s** the number of people in employment *o* in work
>
> **like**[1] /laɪk/ *vt*
> **A** ... **I/we ~ tennis** me/nos gusta el tenis; ...

- Where no equivalent exists in the target language, a definition is provided.

- Cuando no existe una palabra equivalente en la lengua de destino, se da una definición.

> **indiano** *m* (ant) *Spaniard who returned to Spain having made his fortune in Latin America*
>
> **haggis** /'hægəs || 'hægɪs/ *n* [c u] (*pl* **-gis** *or* **-gises**) *plato escocés hecho con vísceras de cordero y avena*

- Sometimes an additional explanation is added to a translation in order to give a clearer idea of the meaning of the headword.

- A veces la traducción va seguida de una pequeña acotación que aclara el significado del vocablo cabeza de artículo.

> **interina** *f* (Esp) maid (*who does not live in*)
>
> **barrister** /'bærəstər || 'bærɪstə(r)/ *n* (BrE) abogado, -da *m,f* (*habilitado para alegar ante un tribunal superior*)

- When an approximate equivalent exists in the target language, the symbol ≈ precedes the translation.

- Cuando existe en la lengua de destino un equivalente aproximado, la traducción va precedida del signo ≈.

> **bachiller** *mf* **1** (de la escuela secundaria) ≈ high school graduate (*in US*), ≈ school leaver with A levels (*in UK*) ...
>
> **money order** *n* ≈ giro *m* postal

Collocators

Where the translation varies depending on the words that the headword is combined with, collocators (words that often occur with the headword) are given to help select the best translation for each context. These appear in italics.

- Nouns that occur with an adjective appear between single angle brackets.

> **empedernido -da** *adj* ‹*bebedor/fumador*› hardened, inveterate; ‹*jugador*› compulsive; ‹*solterón*› confirmed
>
> **tempting** /'temptɪŋ/ *adj* ‹*offer*› tentador, atractivo; ‹*dish/cake*› tentador, apetecible; ...

- Verbs and adjectives that occur with an adverb are also given between single angle brackets.

> **negativamente** *adv*
> **A** ‹*responder*› in the negative
> **B** (con espíritu negativo) ‹*jugar/reaccionar*› negatively; **todo lo mira ~** she takes a negative *o* pessimistic view of everything
>
> **evenly** /'i:vənli/ *adv*
> **A** **1▸** ‹*spread*› uniformemente; ‹*progress*› de manera *or* modo constante; ‹*breathe/move*› acompasadamente, regularmente **2▸** (calmly) ‹*say/speak*› sin alterarse ...

- Objects of a verb also appear between single angle brackets.

> **desatar** [A1] *vt*
> **A** **1▸** ‹*nudo/lazo*› to untie, ...
> **B** (desencadenar) **1▸** (liter) ‹*cólera/pasiones*› to unleash **2▸** ‹*crisis*› to spark off, trigger, precipitate (frml); ‹*revuelta*› to cause, spark off; ‹*polémica*› to provoke, give rise to; ...
>
> **suffer** /'sʌfər || 'sʌfə(r)/ *vt* **1▸** (undergo) ‹*injury/damage/loss/defeat*› sufrir; ‹*pain*› padecer*, sufrir; ‹*hunger*› padecer*, pasar; ...

- Subjects of a verb appear between double angle brackets.

> ■ **desarrollarse** *v pron*
> **A** **1▸** (crecer) «*niño/cuerpo/planta*» to develop, grow **2▸** «*adolescente*» to develop, go through puberty **3▸** «*pueblo/industria/economía*» to develop **4▸** «*teoría/idea*» to develop, evolve ...
>
> **evaporate** /ɪ'væpəreɪt/ *vi* **1▸** (change into vapor) evaporarse **2▸** (disappear) «*hope/fear*» desvanecerse*; «*support/opposition*» evaporarse, esfumarse

- Prepositional objects appear within single angle brackets preceded by the preposition in question.

> **adhere** /æd'hɪr || əd'hɪə(r)/ *vi* (frml) **1▸** (stick) ... ... **2▸** **to ~ STH** ‹*to principles/cause*› adherirse* A algo; ‹*to regulations*› observar algo, cumplir CON algo

Colocaciones típicas

Cuando la traducción de un vocablo varía según con qué otros vocablos se lo combine, se incluyen colocaciones (palabras que se dan frecuentemente en combinación con otra) para ayudar a escoger la traducción más apropiada. Estas colocaciones aparecen en cursiva.

- Los sustantivos modificados por un adjetivo aparecen entre paréntesis angulares simples.

- Los verbos y adjetivos modificados por un adverbio también se dan entre paréntesis angulares simples.

- Los complementos de un verbo también aparecen entre paréntesis angulares simples.

- Los posibles sujetos de un verbo aparecen entre paréntesis angulares dobles.

- Los complementos introducidos por una preposición aparecen entre paréntesis angulares simples.

Cross-references

- An arrow directs the user to a synonymous variant where the word or sense is treated,

mocho[3] **-cha** *m,f*
A (Col, Méx) ▸**manco**[2] **A**

medalist, (BrE) **medallist**

or where a compound or an idiomatic expression is to be found.

costura *f* 1 (acción) sewing; ▸**alto**[1] ...

bun /bʌn/ *n*
A 1 (sweetened) bollo *m*; **currant ~** bollo con pasas; ▸**oven** ...

- '*ver tb*' and '*see also*' direct the user to a headword where additional information may be found.

off[3] *adj*
A ...
D (Culin) (*pred*): **to be ~** «*meat/fish*» estar* malo *or* pasado; «*milk*» estar* cortado; «*butter/cheese*» estar* rancio; *see also* **go off Sense IB**

- Examples for certain groups of words, (e.g. numbers, days of the week), have been provided at one of the entries belonging to that group. The user will find a cross-reference to the headword where the illustrative phrases are to be found.

martes *m* (*pl* ~) ▸❶ **p.371** Tuesday; **~ (y) trece** ≈ Friday the thirteenth; ***en ~, ni te cases ni te embarques*** *proverb suggesting that it will bring bad luck to start a new venture on a Tuesday; para ejemplos ver* **lunes**

- the symbol ❶ followed by an arrow and a page number directs the user to a usage box containing additional information

tobillo *m* ▸❶ **p.231** ankle; ***no te/le llega ni al ~*** *or* ***a los ~s*** he's not even fit to tie your/her shoelaces *o* (BrE) bootlaces (colloq); ...

snow[1] /snəʊ/ *n*
A ▸❶ **p.1878** 1 [u] nieve *f*; ***as pure as the driven ~*** puro y virginal; ***as white as ~*** blanco como la nieve, níveo (liter); (*before n*): **~ shower** nevada *f*, precipitación *f* de nieve (period) 2 [c] (snowfall) nevada *f*
B [u] (TV, Video) nieve *f*
C [u] (sl) (cocaine) nieve *f* (arg)

Remisiones de un artículo a otro

- Se utiliza una flecha para remitir al usuario a una variante sinónima donde se trata la palabra o acepción buscada,

o al vocablo donde se ha de encontrar un compuesto o un giro idiomático.

- '*ver tb*' y '*see also*' remiten al usuario a una palabra cabeza de artículo donde se puede encontrar información adicional.

- Para ciertos grupos de palabras (como p. ej. los números, los días de la semana, etc.) los ejemplos se dan en una sola de las entradas pertenecientes al grupo. En estos casos, se remite al usuario a la palabra cabeza de artículo donde se encuentran los ejemplos.

- El símbolo ❶ seguido de una flecha y número de una página remite al usuario a un recuadro donde encontrará información adicional

The pronunciation of Spanish

Symbols used in this dictionary

The pronunciation of Spanish words is directly represented by their written form and therefore phonetic transcriptions have only been supplied for loan words which retain their original spelling.

The phonetic symbols used in Spanish pronunciations given in the dictionary are listed below. Each symbol is followed by an example and a brief description of the sound, where possible by approximating it to an English sound. These approximations are intended only as a guide and should not be taken as strict phonetic equivalents.

1 Consonants and semi-vowels

Symbol	Example	Approximation
/b/	**boca** /'boka/ **vaso** /'baso/	English *b* in *bin* but without the aspiration that follows it.
/β/	**cabo** /'kaβo/ **ave** /'aβe/	Very soft bilabial sound, produced with the lips hardly meeting.
/d/	**dolor** /do'lor/	English *d* in *den*, but articulated with the tip of the tongue against the upper teeth rather than against the alveolar ridge. There is no aspiration.
/ð/	**cada** /'kaða/ **arde** /'arðe/	English *th* in *rather*.
/f/	**fino** /'fino/	English *f* in *feat*.
/g/	**gota** /'gota/	English *g* in *goat*.
/ɣ/	**pago** /'paɣo/ **largo** /'larɣo/	Very soft continuous sound produced in the throat like /g/ but without the sudden release of air.
/ɹ/	**mayo** /'maɹo/ **llave** /'ɹaβe/	English *y* in *yet*, pronounced slightly more emphatically when at the beginning of an utterance. For regional variants see points 7 and 14 of **General Rules of Spanish Pronunciation** on page xliv.
/j/	**tiene** /'tjene/	English *y* in *yet*. Only found in diphthongs and triphthongs.
/k/	**cama** /'kama/ **copa** /'kopa/ **cuna** /'kuna/ **que** /ke/ **quiso** /'kiso/ **kilo** /'kilo/	English *c* in *cap* but without the aspiration that follows it.
/l/	**lago** /'laɣo/	English l in lid, without the vocalic resonance it often has in American English.
/m/	**mono** /'mono/	English *m* in *most*.
/n/	**no** /no/	English *n* in *nib*.
/ŋ/	**banco** /'baŋko/	English *ng* in *song*.
/ɲ/	**año** /'aɲo/	Like *gn* in French *soigné*, similar to the *ni* in *onion*, pronounced with the tongue flat against the palate.
/p/	**peso** /'peso/	English *p* in *spin* (rather than the aspirated *p* in *pin*).
/r/	**aro** /'aro/ **árbol** /'arβol/	A single flap with a curved tongue against the palate, similar to the voiced pronunciation of *tt* in *pretty, better* which is common in American English.
/rr/	**rato** /'rrato/ **parra** /'parra/	A rolled 'r' as found in some Scottish accents.
/s/	**asa** /'asa/ **celo** /'selo/ } Latin-American Spanish **cinco** /'siŋko/ } **azote** /a'sote/ }	English *s* in *stop*. Some speakers of Peninsular Spanish use a sound which tends toward /ʃ/, articulated with the tip of the tongue slightly curved back.
/θ/	**celo** /'θelo/ } European Spanish **cinco** /'θiŋko/ } **azote** /a'θote/ }	English *th* in *thin*. Not used in Latin American Spanish.
/t/	**todo** /'toðo/	English *t* in *step* (rather than the aspirated *t* in *toy*). Pronounced with the tongue against the front teeth rather than against the alveolar ridge.
/tʃ/	**chapa** /'tʃapa/	English *ch* in *church* but without the aspiration that follows it.
/w/	**cuatro** /'kwatro/	English *w*. Only found in foreign words or diphthongs and triphthongs.
/x/	**jota** /'xota/ **general** /xene'ral/ **gigante** /xi'ɣante/	*ch* in Scottish *loch* or German *auch*.
/z/	**desde** /'dezðe/	English *s* in *is*. Only occurs in some dialects of Spanish.

2 Vowels

The five Spanish vowels are uniformly pronounced throughout the Spanish-speaking world but none of them corresponds exactly to an English vowel.

It should be noted that Spanish vowels are not noticeably weakened when in unstressed positions as they are in English. They have the same quality as stressed vowels. The slight variations that can be heard are allophonic i.e. they are determined by their context, but never serve to distinguish one word from another (e.g. the /e/ in **perro** is slightly more open than that in **pero** but it is the difference between /rr/ and /r/ that distinguishes the noun from the conjunction).

Symbol	Example	Approximation
/a/	**casa** /'kasa/	Shorter than *a* in *father*, slightly more open than *u* in *cup*.
/e/	**seco** /'seko/	English *e* in *pen*.
/i/	**fin** /fin/	Shorter than English *ee* in *seen*, longer and more closed than English *i* in *sin*.
/o/	**oro** /'oro/	Shorter than English *o* in *rose*, and without the /ʊ/ sound. When in a syllable which ends in a consonant, it is closer to British English *o* in *dot*.
/u/	**uña** /'uɲa/	Shorter than English *oo* in *boot*, longer and pronounced with more rounded lips than English *oo* in *foot*.

The symbol /ʌ/, (the English *u* in *cup*), has also been used in the transcription of certain words which maintain their English pronunciation.

3 Diphthongs and triphthongs

These are combinations of the above vowels and the semi-vowels /j/ and /w/:

cuando /'kwando/
tiene /'tjene/
indio /'indjo/
fui /fwi/
actuáis /ak'twajs/

4 The stress mark

When phonetic transcriptions of Spanish headwords are given in the dictionary, the symbol ' precedes the syllable that carries the stress:

footing /'futin/

For information about where other words should be stressed, see section **2 Stress** on the next page.

General rules of Spanish pronunciation

1 Consonants

1 *B,V* The letters *b* and *v* are pronounced in exactly the same way: /b/ when at the beginning of an utterance or after *m* or *n* (**barco** /'barko/, **vaca** /'baka/, **ambos** /'ambos/, **en vano** /em'bano/) and /β/ in all other contexts (**rabo** /'rraβo/, **ave** /'aβe/, **árbol** /'arβol/, **Elvira** /el'βira/).

2 *C* is pronounced /k/ when followed by a consonant other than *h* or by *a*, *o* or *u* (**acto** /'akto/, **casa** /'kasa/, **coma** /'koma/, **cupo** /'kupo/). When it is followed by *e* or *i*, it is pronounced /s/ in Latin America and parts of southern Spain and /θ/ in the rest of Spain (**cero** /'sero/, /'θero/; **cinco** /'siŋko/, /'θiŋko/).

3 *D* is pronounced /d/ when it occurs at the beginning of an utterance or after *n* or *l* (**digo** /'diɣo/, **anda** /'anda/, **el dueño** /el'dweɲo/) and /ð/ in all other contexts (**hada** /'aða/, **arde** /'arðe/, **los dados** /loz'ðaðos/). It is often not pronounced at all at the end of a word (**libertad** /liβer'ta(ð)/, **Madrid** /ma'ðri(ð)/).

4 *G* is pronounced /x/ when followed by *e* or *i* (**gitano** /xi'tano/, **auge** /'awxe/). When followed by *a*, *o*, *u*, *ue* or *ui* it is pronounced /g/ if at the beginning of an utterance or after *n* (**gato** /'gato/, **gula** /'gula/, **tango** /'taŋgo/, **guiso** /'giso/) and /ɣ/ in all other contexts (**hago** /'aɣo/, **trague** /'traɣe/, **alga** /'alɣa/, **águila** /'aɣila/). Note that the *u* is not pronounced in the combinations *gue* and *gui*, unless it is written with a diaeresis (**paragüero** /para'ɣwero/, **agüita** /a'ɣwita/).

5 *H* is mute in Spanish, (**huevo** /'weβo/, **almohada** /almo'aða/) except in the combination *ch*, which is pronounced /tʃ/ (**chico** /'tʃiko/, **leche** /'letʃe/).

6 *J* is always pronounced /x/ (**jamón** /xa'mon/, **jefe** /'xefe/).

7 *LL* The pronunciation of *ll* varies greatly throughout the Spanish-speaking world.
(*a*) It is pronounced rather like the *y* in English *yes* by the majority of speakers, who do not distinguish between the pronunciation of *ll* and that of *y* (e.g. between *haya* and *halla*). The sound is pronounced slightly more emphatically when at the beginning of an utterance.
(*b*) In some areas, particularly Bolivia, parts of Peru and Castile in Spain, the distinction between *ll* and *y* has been preserved. In these areas *ll* is pronounced with the tongue against the palate, the air escaping through narrow channels on either side. (The nearest sound in English would be that of *lli* in *million*).
(*c*) In the River Plate area *ll* is pronounced /ʒ/ (as in English *measure*), with some speakers using a sound which tends toward /ʃ/ (as in *shop*).
When phonetic transcriptions of Spanish headwords containing *ll* are given in the dictionary, the symbol /ɹ/ is used to represent the range of pronunciations described above.

8 *Ñ* is always pronounced /ɲ/.

9 *Q* is always followed by *ue* or *ui*. It is pronounced /k/, and the *u* is silent (**quema** /'kema/, **quiso** /'kiso/).

10 *R* is pronounced /r/ when it occurs between vowels or in syllable-final position (**aro** /'aro/, **horma** /'orma/, **barco** /'barko/, **cantar** /kan'tar/). It is pronounced /rr/ when in initial position (**rama** /'rrama/, **romper** /rrom'per/). The double consonant *rr* is always pronounced /rr/.

11 *S* is pronounced /s/ but it is aspirated in many dialects of Spanish when it occurs in syllable-final position (**hasta** /'ahta/, **los cuatro** /loh'kwatro/). In other dialects it is voiced when followed by a voiced consonant (**mismo** /'mɪzmo/, **los dos** /loz'ðos/).

12 *V* see 1 above.

13 *X* is pronounced /ks/, although there is a marked tendency to render it as /s/ before consonants, especially in less careful speech (**extra** /'ekstra/, /'estra/, or in some dialects /'ehtra/, see 11 above).
In some words derived from Nahuatl and other Indian languages it is pronounced /x/ (**México** /'mexiko/) and in others it is pronounced /s/ (**Xochimilco** /sotʃi'milko/).

14 *Y* (*a*) When followed by a vowel within the same syllable *y* is pronounced rather like the *y* in English *yes* (slightly more emphatically when at the beginning of an utterance). In the River Plate area it is pronounced /ʒ/ (as in English *measure*), with some speakers using a sound which tends toward /ʃ/ (as in *shop*).
When phonetic transcriptions of Spanish headwords containing *y* are given in the dictionary, the symbol /ɹ/ is used to represent both pronunciations described above.
(*b*) As the conjunction *y* and in syllable-final position, *y* is pronounced /i/.

15 *Z* is pronounced /s/ in Latin America and parts of southern Spain and /θ/ in the rest of Spain.

2 Stress

When no phonetic transcription is given for a Spanish headword, the following rules determine where it should be stressed:

1 If there is no written accent:
(*a*) a word is stressed on the penultimate syllable if it ends in a vowel, or in *n* or *s*:
arma /'arma/
mariposas /mari'posas/
ponen /'ponen/

(*b*) words which end in a consonant other than *n* or *s* are stressed on the last syllable:
cantar /kan'tar/
delantal /delan'tal/
libertad /liβer'ta(ð)/
maguey /ma'ɣei/
perdiz /per'dis/ (in Latin America) /per'diθ/ (in Spain)

2 If a word is not stressed in accordance with the above rules, the written accent indicates the syllable where the emphasis is to be placed:
balcón /bal'kon/
salí /sa'li/
carácter /ka'rakter/
hágase /'aɣase/

It should be noted that unstressed vowels have the same quality as stressed vowels and are not noticeably weakened as they are in English. For example, there is no perceptible difference between any of the e's in *entenderé* or between the a's in *Panamá*.

3 Combinations of vowels

A combination of a strong vowel (*a*, *e* or *o*) and a weak vowel (*i* or *u*) or of two weak vowels forms a diphthong and is therefore pronounced as one syllable. The stress falls on the strong vowel if there is one. In a combination of two weak vowels, it falls on the second element:
cuando /'kwando/ (stressed on the /a/)
aula /'awla/ (stressed on the /a/)
viudo /'bjuðo/ (stressed on the /u/)

A combination of two strong vowels does not form a diphthong and the vowels retain their separate values. They count as two separate syllables for the purposes of applying the above rules on stress:
faena /fa'ena/ (stressed on the /e/)
polea /po'lea/ (stressed on the /e/)

La pronunciación del inglés

La transcripción fonética que sigue a cada palabra cabeza de artículo corresponde a la pronunciación norteamericana de uso más extendido en los Estados Unidos. Se ha incluido la pronunciación británica (precedida por el símbolo ||) únicamente en aquellos casos en que ésta difiere sustancialmente y de manera imprevisible de la pronunciación norteamericana. Ejemplo:

address[2] /'ædres ||ə'dres/
induce /ɪn'du:s ||ɪn'dju:s/

Se reconoce la validez de muchas variantes regionales, tanto norteamericanas como británicas, pero éstas no se han incluido por razones de espacio.

Los símbolos empleados en las transcripciones son los del Alfabeto Fonético Internacional (AFI). Éstos se enumeran a continuación, seguidos de un ejemplo y una breve aproximación o descripción del sonido que representan. Las descripciones se han formulado sin recurrir a términos cuya comprensión requiera conocimientos especializados y por lo tanto no siguen criterios fonéticos estrictos.

1 Consonantes y semivocales

Símbolo	Ejemplo		Aproximación
/b/	**bat**	/bæt/	Sonido más explosivo que el de una *b* inicial española.
/d/	**dig**	/dɪg/	Sonido más explosivo que el de una *d* inicial española, articulado con la punta de la lengua sobre los alvéolos (en lugar de sobre la cara posterior de los incisivos superiores). En el inglés norteamericano existe una tendencia a pronunciar la /d/ intervocálica seguida de vocal no acentuada (ladder /'lædər/, leader /'li:dər/) de manera semejante a la *r* española de *pero*.
/dʒ/	**jam**	/dʒæm/	Como una *ch* pronunciada haciendo vibrar las cuerdas vocales, similar al sonido inicial de Giuseppe en italiano.
/f/	**fit**	/fɪt/	Como la *f* española.
/g/	**good**	/gʊd/	Sonido más explosivo que el de una *g* inicial española.
/h/	**hat**	/hæt/	Sonido de aspiración más suave que la *j* española, articulado como si se estuviera intentando empañar un espejo con el aliento.
/hw/	**wheel**	/hwi:l/	Una /w/ con la aspiración de la /h/ (muchos hablantes no distinguen entre /hw/ y /w/ y pronuncian *whale* de la misma manera que *wail*).
/j/	**yes**	/jes/	Como la *y* española en *yema* y *yo* (excepto en el español rioplatense).
/k/	**cat**	/kæt/	Sonido más explosivo que el de una *c* española.
/l/	**lid**	/lɪd/	Como la *l* española.
/l̩/	**tidal**	/'taɪdl̩/	*l* alargada y resonante, similar a la pronunciada por los catalanohablantes.
/m/	**mat**	/mæt/	Como la *m* española.
/n/	**nib**	/nɪb/	Como la *n* española.
/n̩/	**threaten**	/'θretn̩/	*n* alargada y resonante.
/ŋ/	**sing**	/sɪŋ/	Como la *n* española en *banco* o *anca* (para notar la diferencia con una *n* como la de *nene*, interrumpir la articulación de *banco* o *anca* al final de la primera sílaba).
/p/	**pet**	/pet/	Sonido más explosivo que el de una *p* española.
/r/	**rat**	/ræt/	Entre la *r* y la *rr* españolas, pronunciado con la punta de la lengua curvada hacia atrás y sin llegar a tocar el paladar.
/s/	**sip**	/sɪp/	Como la *s* española.
/ʃ/	**ship**	/ʃɪp/	Sonido similar al de la interjección *¡sh!*, utilizada para pedir silencio (ver también tʃ).
/t/	**tip**	/tɪp/	Sonido más explosivo que el de una *t* española, articulado con la punta de la lengua sobre los alvéolos (en lugar de sobre la cara posterior de los incisivos superiores). En el inglés norteamericano existe una tendencia a sonorizar la pronunciación de la /t/ intervocálica seguida de vocal no acentuada (como la de *liter* o *better*), que entonces se asemeja a la *r* española de *pero*.
/tʃ/	**chin**	/tʃɪn/	Como la *ch* española.
/θ/	**thin**	/θɪn/	Como la *c* o la *z* del español europeo en *cinco* o *zapato*.
/ð/	**the**	/ðə/	Sonido similar a una *d* intervocálica española como la de *cada* o *modo* (mucho más suave que una *d* inicial: comparar los sonidos de las dos consonantes de la palabra *dedo*).
/v/	**van**	/væn/	Sonido sonoro que se produce con los incisivos superiores sobre el labio inferior.

Símbolo	Ejemplo		Aproximación
/w/	**win**	/wɪn/	Similar al sonido inicial de *huevo* (no debe articularse en la garganta, sino con los labios).
/x/	**loch**	/lɑːx/	Como la *j* española.
/z/	**zip**	/zɪp/	*s* sonora (con zumbido), similar a la del español europeo en *desde.*
/ʒ/	**vision**	/ˈvɪʒən/	Sonido similar al de la *y* o la *ll* del español rioplatense en *yo* o *llave*, o al de la *j* francesa en *je* (ver también /dʒ/).

2 Vocales y diptongos

(El símbolo ː indica que la vocal precedente es larga)

Símbolo	Ejemplo		Aproximación
/ɑː/	**father**	/ˈfɑːðər/	Sonido más largo que el de una *a* española, articulado en la parte posterior de la cavidad bucal.
/æ/	**fat**	/fæt/	Sonido producido con los labios más extendidos que para articular una *a* española, en una posición que se acerca a la adoptada para pronunciar la *e*.
/ʌ/	**cup**	/kʌp/	Sonido algo más breve y neutro que el de la *a* española.
/e/	**met**	/met/	Sonido parecido a la *e* española en *mesa*.
/ə/	**ago**	/əˈgəʊ/	Sonido muy breve y neutro, similar al de la *e* francesa en *je* (ver también /əʊ/).
/ɜː/	**fur**	/fɜːr/	Sonido similar al de *eur* en la palabra francesa *fleur* (intentar pronunciar una *e* con los labios redondeados como para una *o*).
/ɪ/	**bit**	/bɪt/	Sonido más breve y más neutro (tirando hacia la *e*) que el de la *i* española.
/iː/	**beat**	/biːt/	Sonido más largo que el de la *i* española.
/i/	**very**	/ˈveri/	Sonido similar al de la *i* española en *papi*.
/ɔː/	**paw**	/pɔː/	Sonido más largo que el de la *o* española, articulado con los labios bien redondeados.
/uː/	**boot**	/buːt/	Sonido más largo que el de una *u* española.
/ʊ/	**book**	/bʊk/	Sonido más breve y más neutro (tirando hacia la *o*) que el de la *u* española.
/aɪ/	**fine**	/faɪn/	Como *ai* en las palabras españolas *aire, baile*, el segundo elemento algo más débil que en español.
/aʊ/	**now**	/naʊ/	Como *au* en las palabras españolas *pausa, flauta*, el segundo elemento algo más débil que en español.
/eɪ/	**fate**	/feɪt/	Como *ei* en las palabras españolas *peine, aceite*, el segundo elemento algo más débil que en español.
/əʊ/	**goat**	/gəʊt/	Como una *o* pronunciada sin redondear demasiado los labios y seguida de una *u* débil.
/ɔɪ/	**boil**	/bɔɪl/	Como *oy* en *voy, coypu*, pero sin redondear demasiado los labios para el primer elemento.
/uə/	**sexual**	/ˈsekʃuəl/	Como una *u* pronunciada sin redondear demasido los labios y seguida de una /ə/.

3 Símbolos adicionales utilizados en la transcripción de sonidos vocálicos británicos

Símbolo	Ejemplo		Aproximación
/ɒ/	**dog**	/dɒg/	Similar a una *o* española, pero con los labios menos redondeados.
/eə/	**fair**	/feə(r)/	Como una *e* española seguida de /ə/.
/ɪə/	**near**	/nɪə(r)/	Como una *i* española seguida de /ə/.
/ʊə/	**tour**	/tʊə(r)/	Como una *u* española pronunciada sin redondear demasiado los labios y seguida de /ə/.

4 Acentuación

El símbolo ˈ precede a la sílaba sobre la cual recae el acento tónico primario:

ago /əˈgəʊ/
dinosaur /ˈdaɪnəsɔːr ||ˈdaɪnəsɔː(r)/

El símbolo ˌ precede a la sílaba sobre la cual recae el acento tónico secundario:

trailbreaker /ˈtreɪlˌbreɪkər ||ˈtreɪlˌbreɪkə(r)/

5 Diferencias entre la pronunciación norteamericana y la británica

A continuación se señalan los rasgos que distinguen a la pronunciación británica estándar de la norteamericana.

1 (*a*) En el inglés británico no se pronuncia la *r* final de un vocablo, excepto cuando éste va seguido de una palabra que comienza con vocal:

	Pronunciación norteamericana	Pronunciación británica
teacher	/ˈtiːtʃər/	/ˈtiːtʃə/
veneer	/vəˈnɪr/	/vəˈnɪə/
fire	/faɪr/	/faɪə/
fire away	/ˈfaɪrəˈweɪ/	/ˈfaɪərəˈweɪ/

Cuando se ofrece la transcripción británica de un vocablo, esta *r* final se presenta entre paréntesis:

	Pronunciación norteamericana	Pronunciación británica
condor	/ˈkɑːndər/	/ˈkɒndɔː(r)/

(*b*) Tampoco se pronuncia la *r* en el inglés británico cuando va seguida de una consonante:

	Pronunciación norteamericana	Pronunciación británica
bird	/bɜːrd/	/bɜːd/
harm	/hɑːrm/	/hɑːm/
lord	/lɔːrd/	/lɔːd/

2 Cuando la letra *o* se pronuncia /ɑː/ en inglés norteamericano, su pronunciación británica es /ɒ/:

	Pronunciación norteamericana	Pronunciación británica
got	/gɑːt/	/gɒt/

3 Cuando la sílaba final no acentuada de una palabra contiene la letra *i*, ésta suele pronunciarse /ə/ en inglés norteamericano y /ɪ/ en inglés británico:

	Pronunciación norteamericana	Pronunciación británica
rabbit	/ˈræbət/	/ˈræbɪt/
service	/ˈsɜːrvəs/	/ˈsɜːvɪs/

4 El sufijo *-ization* de ciertos sustantivos verbales se pronuncia /-əˈzeɪʃən/ en el inglés norteamericano y /-aɪˈzeɪʃən/ en el inglés británico:

	Pronunciación norteamericana	Pronunciación británica
authorization	/ˌɔːθərəˈzeɪʃən/	/ˌɔːθəraɪˈzeɪʃən/

5 El sufijo *-ory* de ciertos adjetivos se pronuncia /-ɔːri/ en el inglés norteamericano y /-əri/ o /-ri/ en el inglés británico:

	Pronunciación norteamericana	Pronunciación británica
laudatory	/ˈlɔːdətɔːri/	/ˈlɔːdətəri/ *o* /ˈlɔːdətri/

6 Las palabras que empiezan con *wh-* se suelen pronunciar /hw-/ en gran parte del territorio norteamericano y en Escocia y /w-/ en el inglés británico estándar:

	Pronunciación norteamericana	Pronunciación británica
wheel	/hwiːl/	/wiːl/
why	/hwaɪ/	/waɪ/

Aa

a, A *f read as* /a/ (*pl* **aes**) (the letter) a, A

a *prep*

> ⚠ La preposición *a* suele emplearse precedida de ciertos verbos como *empezar, ir, oler, sonar* etc, en cuyo caso ver bajo el respectivo verbo.
>
> No se traduce cuando introduce el complemento directo de persona (ser humano, pronombres personales que lo representan como *quien, alguien*, etc) o un nombre con un objeto o animal personalizado: **amo a mi patria** = I love my country, **pasear al perro** = to walk the dog.
>
> En los casos en que precede al artículo definido *el* para formar la contracción *al*, ver bajo la siguiente entrada, donde también se encontrarán otros ejemplos y usos de *a*.

A (en relaciones de espacio, lugar) **1** (indicando dirección) to; **voy a México/a la fiesta** I'm going to Mexico/to the party; **voy a casa** I'm going home; **dobla a la derecha** turn right; **se cayó al río** she fell into the river *ver tb* **entrar**, **llegar**, etc **2** (indicando posición) at; **estaban sentados a la mesa** they were sitting at the table; **a orillas del Ebro** on the banks of the Ebro; **se sentó al sol** he sat in the sun; **se sentó a mi derecha** he sat down to the right of me *o* on my right; **a la vuelta de la esquina** around the corner; **queda al norte de Toledo** it's (to the) north of Toledo *ver tb* **costado**, **lado** **3** (indicando distancia): **está a diez kilómetros de aquí** it's ten kilometers from here, it's ten kilometers away; **está a unos 20 minutos de aquí** it takes *o* it's about 20 minutes from here, it's a 20 minute drive (*o* walk *etc*) from here

B (en relaciones de tiempo) **1** (señalando hora, momento, fecha) at; **abren a las ocho** they open at eight o'clock; **¿a qué hora vengo?** what time shall I come?; **a eso de las dos** at around *o* about two o'clock; **a la hora del almuerzo** at lunchtime; **a mediados de abril** in mid-April; **hoy estamos a 20** it's the 20th today; **al día siguiente** the next *o* following day; **empezó a hablar a los diez meses** he started talking when he was ten months old *o* at ten months; **llegó a la mañana/noche** (RPl) he arrived in the morning/at night **2** **al + INF**: **se cayó al bajar del autobús** she fell as she was getting off the bus; **al verlo me di cuenta de que ya no lo quería** when I saw him *o* on seeing him, I realized that I no longer loved him; **al salir de la estación torcí a la izquierda** I turned left out of the station **3** (indicando distancia en el tiempo): **a escasos minutos de su llegada** (después) just a few minutes after she arrived; (antes) just a few minutes before she arrived; **trabajan de lunes a viernes/de una a cinco** they work (from) Monday to Friday/from one to five; **a los diez minutos del primer tiempo** ten minutes into the first half *o* after ten minutes of the first half; **estaré en París de martes a jueves** I'll be in Paris from Tuesday until Thursday, I'll be in Paris Tuesday through Thursday (AmE)

C (en relaciones de proporción, equivalencia): **tres veces al día/a la semana** three times a day/a week; **sale a 2.000 euros por cabeza** it works out at 2,000 euros per person; **iban a 100 kilómetros por hora** they were going (at) 100 kilometers per hour; **nos ganaron cinco a tres** they beat us by five points to three, they beat us five three *o* (AmE) five to three

D (indicando modo, estilo): **fuimos a pie/a caballo** we walked/rode, we went on foot/on horseback; **pollo al horno/a la brasa** roast/barbecued chicken; **un peinado a lo Rodolfo Valentino** a Rudolph Valentino hairstyle; **a crédito** on credit; **ilustraciones a todo color** full-color illustrations; **una tela a rayas** a piece of striped material

E (en complementos verbales) **1** (introduciendo el complemento directo de persona): **¿viste a José?** did you see José?; **la policía está buscando al asesino** the police are looking for the murderer; **no he leído a Freud** I haven't read (any) Freud [*the personal* ▸**a** *is only used when a specific person or persons are involved* **busca una secretaria bilingüe** he's looking for a bilingual secretary] **2** (introduciendo el complemento indirecto): **le escribió una carta a su padre** he wrote a letter to his father, he wrote his father a letter; **dáselo/dáselos a ella** give it/them to her; **les enseña inglés a mis hijos** she teaches my children English; **suave al tacto** soft to the touch; **agradable al oído** pleasing to the ear **3** (indicando procedencia): **se lo compré a una gitana** I bought it from *o* (colloq) off a gipsy

F **1** (en complementos de finalidad) to; **enséñale a nadar** teach him to swim; **fue a preguntar** he went to ask; **a que + SUBJ**: **los instó a que participaran** he urged them to take part; **voy a ir a que me hagan un chequeo** I'm going to go and have a checkup **2** (fam) (para): **¿a qué tanta ceremonia?** what's all the fuss for?; **¿a qué le fuiste a decir eso?** what did you go and tell him that for? **3** **a por** (Esp fam): **bajo a por pan** I'm going down to get some bread *o* for some bread (colloq); **¿quién va a ir a por los niños?** who's going to fetch *o* get the children?

G (señalando una acción que ha de realizarse) **a + INF**: **los puntos a tratar en la reunión de mañana** the points to be discussed at tomorrow's meeting; **es una idea a tener en cuenta** it's an idea to bear in mind *o* that should be borne in mind; **total a pagar** total payable; **horario a convenir** hours to be arranged

H **1** (en órdenes): **¡a la cama, niños!** off to bed, children!; **¡a callar!** shut up! (colloq); **vamos ¡a trabajar!** come on, let's get some work done! **2** (con valor condicional) **a + INF**: **a decir verdad** to tell you the truth; **a juzgar por lo que tú dices** judging from what you say **3** (fam) (en cuanto a): **a tozudo no hay quien le gane** when it comes to being stubborn there's nobody like him **4** (indicando causa): **a petición del interesado** (frml) at the request of the interested party; **al + INF**: **al no saber idiomas está en desventaja** as he doesn't speak any languages he is at a disadvantage, he's at a disadvantage not speaking any languages **5** (expresando desafío): **¿a que no sabes qué nota me puso?** you'll never guess what mark she gave me!; **tú no te atreverías — ¿a que sí?** you wouldn't dare — do you want to *o* a bet? (colloq); **¡a que no puedes!** bet you can't! (colloq)

A *m* (Med) A ▸**grupo sanguíneo**

a- *pref* a- (*as in* **amoral**, **asexuado**, etc); **evolución atípica** atypical *o* unusual development

(a)

A = **alias**

B = **ausente**

A- *f* = **autopista**

A.A.A. *f* (*read as: triple A*) = **Alianza Anticomunista Argentina**

AA.EE *mpl* = **Asuntos Exteriores**

AB *m* (Med) AB ▸**grupo sanguíneo**

ab absurdo *loc adv* ab absurdo

abacá *m* manila, abaca

abacial *adj* abbatial

ábaco *m* **1** (para calcular) abacus **2** (Arquit) abacus

abad *m* abbot

abadejo *m* pollack

abadengo[1] **-ga** *adj* of an abbot/abbess, abbatial

abadengo[2] *m* abbacy

abadesa *f* abbess

abadía *f* **1** (monasterio) abbey **2** (dignidad) abbacy

abajeño -ña *adj* (Per) from the coastal area

abajo *adv*

A **1** (lugar, parte): **está ahí/aquí ~** it's down there/down here; **en el estante de ~** (el siguiente) on the next shelf down, on the shelf below; (el último) on the bottom shelf; **la sábana de ~** the bottom sheet; **colócalo un poco más ~** put it (down) a little lower, put it a little lower down *o* a little further down; **S** **ver el cuadro más abajo** see table below; **yo vivo en el 42 y ella un poco más ~** I live at number 42 and she lives a little further down the street; **la parte de ~ es de plástico** the bottom *o* the bottom part is plastic; **~ llevaba un vestido de seda** (esp AmL) underneath she was wearing a silk dress **2** (en un edificio) downstairs; **está ~ en la cocina** he's downstairs in the kitchen; **los vecinos de ~** the people downstairs *o* below us **3** (en una escala, jerarquía): **de capitán para ~** from the rank of captain down *o* downward(s); **todos tenían de 20 años para ~** they were all 20 or under *o* 20 or younger; **si ganas de $1.000 para ~** if you earn $1,000 or less; **los que tengan de siete para ~** those with seven or under *o* seven or below; **poco les importa a los jefes lo que opinemos los de ~** the bosses couldn't care less what ordinary workers like us think *o* (iro) what rabble like us think

(Compuesto) **abajo firmante** *mf*: **el/la ~ ~** the undersigned; **los ~ ~s** the undersigned

B (expresando dirección, movimiento) down; **calle ~** down the street; **cuesta ~** downhill; **río ~** downstream, downriver; **cayó rodando escaleras ~** he tumbled down the stairs; **tire hacia ~** pull down *o* downward(s); ***venirse* ~** «*estantería/edificio*» to collapse; «*empresa*» to collapse; «*persona*» to go to pieces

C **abajo de** (AmL) under; **~ de la cama** under the bed; **no cuesta ~ de un millón** it costs at least a million

D (en interjecciones) down with; **¡~ la dictadura!** down with the dictatorship!

abalanzarse [A4] *v pron*: **la gente se abalanzó hacia las salidas** people rushed *o* surged toward(s) the exits; **~ SOBRE algn/algo** to leap ON sb/sth; **dos hombres se abalanzaron sobre el ladrón** two men leapt on *o* threw themselves upon the thief; **se abalanzaron sobre el dinero** they leaped on *o* fell upon the money

abalear [A1] *vt* (Andes fam) to shoot; **el cuerpo abaleado del asesino** the bullet-riddled body of the assassin

abaleo *m* (Andes fam) shoot-out

a

abalizar [A4] *vt* to buoy
abalorio *m* glass bead
abancalamiento *m* terrace
abanderado -da *m,f* 1▸ (deportista, soldado) standard-bearer; **el ~ del movimiento ecologista** the standard-bearer *o* torchbearer of the ecology movement 2▸ (defensor) champion 3▸ (Méx) (Dep) linesman
abanderamiento *m* registration
abanderar [A1] *vt* to register
abanderizarse [A4] *v pron* (Chi) to declare one's support
abandonado -da *adj*
A [ESTAR] (deshabitado) ‹*pueblo/casa*› deserted, abandoned
B [ESTAR] ‹*niño/perro/coche*› abandoned
C 1▸ [ESTAR] (desatendido, descuidado): **el jardín está muy ~** the garden is really neglected *o* overgrown; **nos tienes muy ~s, ya no nos visitas** you've forgotten *o* deserted *o* abandoned us, you never come and see us anymore; **tiene a su familia muy abandonada** he hardly spends any time with *o* he neglects his family 2▸ (dejado, desaliñado) ‹*persona*› **es muy ~ en el vestir** he's very sloppy in the way he dresses, he dresses very scruffily; **últimamente está muy abandonada** she's really let herself go recently; **no seas ~ y pon un poco de orden en esta habitación** don't be a slob, straighten up this room a bit; **¡qué ~ es! hace años que no va al dentista** he doesn't look after himself, he hasn't been to the dentist for years; **es tan ~, todo lo deja para mañana** he's so slack about everything, he's always putting things off
abandonar [A1] *vt*
A 1▸ (frml) ‹*lugar*› to leave; **el público abandonó el teatro** the audience left the theater; **se le concedió un plazo de 48 horas para ~ el país** he was given 48 hours to leave the country; **miles de personas abandonan la capital durante el verano** thousands of people leave the capital in the summer; **las tropas han comenzado a ~ el área** the troops have started to pull out of *o* leave the area; **abandonó la reunión en señal de protesta** he walked out of the meeting in protest 2▸ ‹*persona*› **abandonó a su familia** he abandoned *o* deserted his family; **lo abandonó por otro** she left him for another man; **abandonó al bebé en la puerta del hospital** she abandoned *o* left the baby at the entrance to the hospital; **~ a algn A algo** to abandon sb TO sth; **decidió volver, abandonando al grupo a su suerte** he decided to turn back, abandoning the group to its fate 3▸ ‹*coche/barco*› to abandon
B «*fuerzas*» to desert; **las fuerzas lo ~on y cayó al suelo** his strength deserted him and he fell to the floor; **la suerte me ha abandonado** my luck has run out *o* deserted me; **nunca lo abandona el buen humor** he's always good-humored, his good humor never deserts him
C ‹*actividad/propósito*› to give up; **abandonó los estudios** she abandoned *o* gave up her studies; **¿vas a ~ el curso cuando te falta tan poco?** you're not going to drop out of *o* give up the course at this late stage, are you?; **abandonó la lucha** he gave up the fight, he abandoned the struggle; **ha abandonado toda pretensión de salir elegido** he has given up *o* abandoned any hopes he had of being elected; **abandonó la terapia** he gave up his therapy, he stopped having therapy
■ **abandonar** *vi* (Dep) 1▸ (antes de iniciarse la carrera, competición) to withdraw, pull out 2▸ (una vez iniciada la carrera, competición) to retire, pull out; (en ajedrez) to resign; (en boxeo, lucha) to concede defeat, throw in the towel
■ **abandonarse** *v pron*
A (descuidarse): **desde que tuvo hijos se ha abandonado** since she had her children she's let herself go; **no te abandones y ve al médico** don't neglect your health, go and see the doctor
B (entregarse) **~se A algo** ‹*a vicios/placeres*› to abandon oneself TO sth; **se abandonó al ocio** she gave herself up to *o* abandoned herself to a life of leisure; **se abandonó al sueño** he gave in to *o* succumbed to sleep, he let sleep overcome him, he surrendered to sleep
abandono *m*
A 1▸ (frml) (de un lugar): **la policía ordenó el ~ del recinto** the police ordered everyone to leave *o* vacate the premises; **el capitán ordenó el ~ del barco** the captain gave the order to abandon ship 2▸ (de una persona) abandonment

(Compuestos)
• **abandono escolar** noncompletion, dropping out
• **abandono del hogar** desertion
• **abandono del trabajo** abandonment of employment

B (Dep) 1▸ (antes de iniciarse la carrera, competición) withdrawal 2▸ (una vez iniciada la carrera, competición): **el ~ de Garrido se produjo en la quinta vuelta** Garrido pulled out *o* retired on the fifth lap, Garrido's retirement came on the fifth lap; **el ~ del campeón se produjo en la jugada número 30** the champion's resignation came *o* the champion resigned on move 30
C (descuido, desatención): **el edificio se halla en un lamentable estado de ~** the building is in a sorry state of neglect; **da lástima ver el ~ en que se encuentran estos jardines** it's terrible to see how overrun *o* overgrown these gardens have become, it's terrible to see how these gardens have been allowed to fall into neglect; **dejó a su familia en el más completo ~** he left his family utterly destitute; **la ropa que lleva da una imagen de ~** the clothes he wears make him look slovenly *o* scruffy
abanicar [A2] *vt*
A (para refrescar) to fan
B (Dep) to fan
■ **abanicar** *vi* (Dep) to fan
■ **abanicarse** *v pron* to fan oneself; ***~se con algo*** (Chi fam): **se abanica con el inglés** English is no problem for her; **yo me abanico con lo que le pasa** I couldn't care less *o* give a damn what happens to him (colloq)
abanico *m*
A 1▸ (utensilio) fan; **los policías se desplegaron en ~** the police fanned out; **puso las cartas en ~** he fanned out his cards 2▸ (de un pavo real) fan
B (gama) range; **un amplio ~ de temas** a wide range of subjects; **~ salarial** *or* **de salarios** wage scale; **un ~ de efectos secundarios** a series *o* range of side effects
abaniquear [A1] *vt* (Andes) ▸**abanicar**
abaniqueo *m* fanning
abanto *mf* 1▸ (Zool) vulture 2▸ (fam) dope (colloq), nitwit (colloq)
abaratamiento *m* (de precios) reduction; **el ~ del petróleo** the fall *o* reduction in the price of oil
abaratar [A1] *vt* ‹*precios*› to reduce, lower, cut; ‹*costos*› to reduce, cut; ‹*producto*› to make … cheaper, reduce the price of
■ **abaratarse** *v pron* «*costos*» to drop, come down; «*producto*» to become cheaper, come down in price
abarca *f* sandal
abarcar [A2] *vt* 1▸ ‹*temas/materias*› to cover; **el programa abarca desde la Reconquista hasta el siglo XIX** the program takes in *o* covers *o* spans the period from the Reconquest to the 19th century; **sus tierras abarcan desde el río hasta la sierra** his land stretches *o* extends from the river up to the mountains; **abarcaba todo el territorio que ahora se conoce como Uruguay** it extended over *o* embraced *o* spanned *o* included all the territory now known as Uruguay 2▸ (dar abasto con) ‹*trabajos/actividades*› to cope with; **se ha echado encima más de lo que puede ~** he's bitten off more than he can chew, he's taken on more than he can cope with; ***quien mucho abarca poco aprieta*** don't try to take on too much (*o* you've/he's taken on too much *etc*) 3▸ (con los brazos) to embrace, encircle; **no le abarco la muñeca con la mano** I can't get my hand around his wrist 4▸ (con la mirada) to take in
abaritonado -da *adj* baritone (*before n*)
abarquillarse [A1] *v pron* 1▸ (arrollarse) to curl up, roll up; (arrugarse) to crinkle 2▸ «*madera/estante*» to warp
abarrotado -da *adj* crammed, packed; **~ DE algo** packed *o* crammed WITH sth; **estanterías abarrotadas de adornos** shelves crammed with ornaments; **el foyer estaba ~ de gente** the foyer was packed with people
abarrotar [A1] *vt* ‹*sala/teatro*› to pack; **centenares de admiradores abarrotaban la sala** hundreds of fans packed the hall, the hall was packed with hundreds of fans
abarrotería *f* (Méx) grocery store
abarrotero -ra *m,f* 1▸ (Chi, Méx) (tendero) storekeeper (AmE), shopkeeper (BrE) 2▸ (Méx pey) (inmigrante) ignorant (Spanish) immigrant
abarrotes *mpl* (AmC, Andes, Méx) (comestibles) groceries (*pl*); grocer's (BrE); **tienda de ~** grocery store (AmE); grocer's shop (BrE)
abastecedor -dora *m,f* supplier, purveyor (frml)
abastecer [E3] *vt* to supply; **una zona bien abastecida de agua** an area with a plentiful water supply; **~ a algn DE algo** to supply sb WITH sth, to supply sth TO sb; **esta región abastece de cereales a todo el país** this region supplies *o* provides the whole country with cereals
■ **abastecerse** *v pron* **~se DE algo** (obtener) to obtain sth; (almacenar) to stock up WITH sth
abastecimiento *m* supply; **~ de agua** water supply; **las líneas de ~ del ejército** the army's supply lines
abasto *m* 1▸ (aprovisionamiento) supply; ***no dar ~***: **no dan ~ con el trabajo que tienen** they can't cope with all the work they have 2▸ (provisiones) *tb* **~s** *mpl* basic provisions (*pl*) (*esp foodstuffs*); ▸**mercado**
abatatarse [A1] *v pron* (RPl fam) 1▸ (confundirse) to get flustered 2▸ (acobardarse) to lose one's nerve
abate *m* abbé
abatible *adj* ‹*respaldo*› reclining (*before n*); (hacia adelante) folding (*before n*); ‹*asiento*› tip-up (*before n*); **una mesa de alas ~s** a drop-leaf table
abatido -da *adj* 1▸ [ESTAR] (deprimido, triste) depressed; **está muy ~ por su muerte** her death has left him very depressed *o* feeling very low; **siempre ha sido tan alegre y ahora lo veo tan ~** he's always been such a cheerful person and now he seems so dejected *o* downhearted *o* despondent; **la enfermedad lo tiene muy ~** he's feeling very low *o* very down because of his illness 2▸ [ESTAR] (desanimado) depressed, downhearted, dispirited, despondent
abatimiento *m*
A (desánimo) depression, despondency
B (destrucción) destruction
abatir [I1] *vt*
A (derribar) ‹*pájaro/avión*› to shoot down, bring down; ‹*muro/edificio*› to knock down, pull down, demolish; ‹*árbol*› to fell, cut down; **nuestro objetivo es ~ la violencia** our objective is to stamp out *o* eradicate violence; **fue abatido a tiros por la policía** he was gunned down by the police
B (deprimir, entristecer): **la enfermedad lo abatió mucho** his illness made him feel very low *o* really laid him low; **la angustia que abate a los supervivientes de las grandes catástrofes** the distress suffered by survivors of disasters; **no te dejes ~ por las preocupaciones** don't let your worries get you down
C (inclinar, bajar) ‹*cabeza*› to bow, lower; ‹*asiento*› to recline
■ **abatirse** *v pron*
A (deprimirse) to get depressed
B (frml) **~se SOBRE algo/algn** «*pájaro/avión*» to swoop down ON sth/sb; «*desgracia*» to befall sth/sb (frml); **el águila se abatió sobre su presa** the eagle swooped down on its prey; **el hambre se abate sobre los habitantes** the inhabitants are falling victim to starvation; **el**

caos se abatió sobre el país the country was plunged into chaos; **un temporal de gran intensidad se abatió sobre la costa** a violent storm struck *o* hit the coast

ABC

One of Spain's best-selling newspapers (circulation over 290,000), the staunchly monarchist *ABC* was founded in 1905. It supported the Nationalists in the Civil War and since Spain's return to democracy, has supported the center-right ►**PP**. Available on line at www.abc.es.

abdicación *f* abdication

abdicar [A2] *vi* 1 «*soberano*» to abdicate; **~ EN algn** to abdicate IN FAVOR OF sb 2 (frml) (renunciar) **~ DE algo** to abdicate sth (frml); **abdicó de sus responsabilidades/derechos** she abdicated her responsibilities/rights

■ **abdicar** *vt* 1 ‹*trono/corona*› to give up, abdicate 2 ‹*creencias/ideales*› to renounce

abdomen *m* abdomen

abdominal[1] *adj* abdominal

abdominal[2] *f or m* sit-up

abdominoplastia *f* (Med) abdominoplasty

abducción *f* abduction

abductor *m* abductor

abecé *m*

A (abecedario) alphabet; **¿ya te sabes el ~?** do you know your ABCs (AmE) *o* (BrE) your ABC yet?

B (fundamento, base) basics (*pl*); **el ~ de nuestra especialidad** the basics of our speciality; **salsas que son el ~ de la buena cocina** sauces which are the basis of good cooking

abecedario *m* alphabet

abedul *m* birch

abeja *f* bee

(Compuestos)
- **abeja obrera** worker bee
- **abeja reina** queen bee

abejar *m* apiary

abejarrón *m* bumblebee

abejaruco *m* bee-eater

abejorro *m* bumblebee

aberración *f* 1 (disparate, extravío): **es una ~ decir eso** that's a ridiculous *o* an absurd thing to say; **¿qué ~ te hizo pegarle?** whatever possessed you to hit him?; **en un momento de ~** in a moment of aberration 2 (Biol, Fís) aberration

aberrante *adj* 1 ‹*conducta*› aberrant 2 (Biol) ‹*desarrollo*› abnormal, aberrant

abertura *f* (en general) opening; (agujero) hole; (de forma alargada) slit; (en una falda) slit; **por una ~ que había en la valla** through a gap *o* an opening in the fence; **queda una ~ entre los dos postigos** there's a gap between the two shutters

abertzale[1] *adj: of/relating to the radical Basque nationalists*

abertzale[2] *mf* radical Basque nationalist

Abertzale Sozialisten Batasuna *m* (Pol) *Basque nationalist party*

abetal *m* fir wood

abeto *m* fir, fir tree

(Compuestos)
- **abeto blanco** silver fir
- **abeto falso** *or* **rojo** *or* **del norte** spruce

abiertamente *adv* openly; **se mostró ~ hostil** he was openly hostile.

abierto[1] **-ta** *adj*

A 1 ‹*ventana/ojos/boca*› open; **la puerta estaba abierta de par en par** the door was wide open; **¡entra! está ~** come in! it's open; **me miró con los ojos muy ~s** she looked at me with eyes wide open; **no dejes la botella abierta** don't leave the top off the bottle; **mándalo en un sobre ~** send it in an unsealed envelope; **la carta venía abierta** the letter was already open *o* had already been opened when it arrived; **dejó el libro ~ sobre la mesa** he left the book open on the table; **deja las cortinas abiertas** leave the curtains open; **los espacios ~s de la ciudad** the city's open spaces 2 ‹*válvula*› open; **has dejado el grifo ~** you've left the tap running *o* on 3 (desabrochado) undone; **llevas la blusa abierta** your blouse is undone 4 ‹*herida*› open 5 ‹*madera/costura*› split; **tengo todas las puntas abiertas** I have a lot of split ends

B ‹*comercio/museo/tienda*› open; **no había un solo restaurante ~** there wasn't a single restaurant open; **estará abierta al público a partir del próximo lunes** it will be open to the public from next Monday

C (Ling) ‹*vocal*› open

D 1 (espontáneo) open; **tiene un carácter muy ~** she has a very open nature 2 (receptivo) open-minded; **tiene una mente muy abierta** she has a very open mind, she's very open-minded; **~ A algo** open TO sth; **es una persona muy abierta al diálogo/a ideas nuevas** she's very open to dialogue/to new ideas; **estoy ~ a toda clase de sugerencias** I'm open to all kinds of suggestions

E (manifiesto, directo) open; **la orden se dio con la abierta oposición de los militares** the order was given despite overt *o* open opposition from the military; **se convirtió en un enfrentamiento bélico ~** it escalated into open warfare

F (Méx, Per vulg): **ésa ya está abierta** she's lost her cherry (vulg)

abierto[2] *m*

A (Dep) open, open tournament (*o* championship *etc*)

B (Col) (claro) clearing

abigarrado -da *adj* 1 (multicolor) multicolored*, rainbow-colored*; **el balcón se abría sobre la abigarrada perspectiva portuaria** the balcony looked out onto the colorful scene of the port below 2 (mezclado, heterogéneo) motley

abigeato *m* (Der) (de ganado) rustling; (de herramientas) stealing

abintestato -ta, **ab intestato -ta** *adj* (frml) intestate

abiogénesis *f* abiogenesis, spontaneous generation

abiótico -ca *adj* abiotic

abisal *adj* deep-sea (*before n*), abyssal (tech)

Abisinia *f* (Hist) Abyssinia

abisinio -nia *m,f* (Hist) Abyssinian

abismado -da *adj* 1 (absorto) engrossed, lost in thought; **miraban ~s tanta belleza** they were lost in contemplation of so much beauty 2 (sorprendido) amazed, atonished; **nos dejó ~s con su respuesta** her reply stunned us; **quedé absolutamente ~ con su pregunta** I was absolutely astonished at *o* by his question

abismal *adj* 1 ‹*diferencia*› enormous, vast 2 ►**abisal**

abismalmente *adv* abysmally

abismante *adj* (Andes) ‹*valentía*› extraordinary, astounding; ‹*belleza*› breathtaking; **alcanzará cifras ~s** it will reach staggering proportions

abismar *vt* [A1]

A (lit) (sumir) **~ a algn EN algo** to submerge sb IN sth; **recuerdos que lo abismaban en la congoja** memories which plunged him into sorrow

B (Andes sorprender) to amaze

■ **abismar** *vi* (Andes): **tiene un desparpajo que abisma** she has an incredible *o* extraordinary nerve (colloq)

■ **abismarse** *v pron* (lit) **~se EN algo** to become absorbed IN sth; **poder abrir un libro y ~se en él** to be able to open a book and become absorbed in it; **se abismó en sus pensamientos** he became absorbed in thought

abismo *m* abyss; **al borde del ~** on the edge of the abyss; **el ~ que existe entre el ejército y el pueblo** the gulf which exists between the army and the people; **entre la teoría y la práctica hay un ~** there is a world of difference between theory and practice

Abjazia *f* (Geog) Abkhaz ; Abkhazia

abjuración *f* (frml) abjuration (frml)

abjurar [A1] *vi* (frml) **~ DE algo**: **~on de la fe** they renounced *o* (frml) abjured the faith; **abjuró de su herejía** he recanted his heresy; **abjuró de su error** she admitted her mistake

ablación *f* ablation, surgical removal (frml)

(Compuestos)
- **ablación femenina** female circumcision
- **ablación de mama** mastectomy
- **ablación por láser** laser ablation

ablandador *m* softener

(Compuestos)
- **ablandador de agua** water softener
- **ablandador de carne** meat tenderizer

ablandamiento *m* 1 (de cera, cuero, agua) softening 2 (de persona) softening 3 (CS) (Auto) running in

ablandar [A1] *vt* 1 ‹*cera/cuero*› to soften; ‹*carne*› to tenderize, make … tender 2 ‹*persona*› to soften; ‹*corazón*› to melt; **sus súplicas no lograron ~lo** her pleading failed to soften him 3 (CS) (Auto) to run … in

■ **ablandarse** *v pron* 1 «*cera/cuero*» to go soft, get softer 2 «*persona*» to give in, relent; «*mirada*» to soften

ablande *m* (CS) (Auto) running in; **está en ~** it's running in, I'm running it in

ablativo[1] **-va** *adj* ablative

ablativo[2] *m* ablative

(Compuesto) **ablativo absoluto** ablative absolute

-able *suf* -able (*as in* **justificable**, **lavable**, etc); **mesa plegable** folding table

ablución *f* (frml) ablution (frml); **hacer sus abluciones** to perform one's ablutions (frml *or* hum)

ablusado -da, **ablusonado -da** *adj* bloused, in the shape/style of a blouse

abnegación *f* self-denial, abnegation (frml); **cuidó a su madre con ~** she selflessly took care of her mother

abnegado -da *adj* self-sacrificing, selfless

abobado -da *adj* 1 (que parece bobo) stupid 2 (embobado) bewildered, in bewilderment

abocado -da *adj*

A 1 (encaminado) **~ A algo**: **un plan ~ al fracaso** a plan doomed to fail *o* to failure, a plan destined to fail; **están ~s a un desastre** they are heading for a disaster 2 (CS frml) (dedicado) **~ A algo**: **la gran tarea a la que se hallan ~s** the great task upon which they have embarked *o* which they have taken upon themselves; **estamos ~s a la reorganización del partido** we have set about the task of reorganizing the party

B ‹*vino*› smooth and slightly sweet

abocar [A2] *vi*: **el automóvil abocó a una calleja estrecha** the car turned into *o* entered a narrow side street

■ **abocarse** *v pron* 1 (dirigirse) **~se HACIA algo** to head TOWARD(S) *o* FOR sth; **las negociaciones parecían ~se hacia el bloqueo** the negotiations seemed to be heading for deadlock 2 (CS frml) (dedicarse) **~se A algo** to address oneself TO sth; **hemos de ~nos a la tarea de la reconstrucción del país** we must address *o* apply ourselves to the task of rebuilding the country (frml); **se encuentran abocados a la búsqueda de una solución pacífica** they are channeling *o* directing their efforts into seeking a peaceful solution

abocetar [A1] *vt* to sketch, do a sketch of

■ **abocetar** *vi* to sketch

abochornado -da *adj*

A (avergonzado) embarrassed; **sonrió ~** he gave an awkward smile, he smiled uncomfortably

B (Chi) (Meteo) muggy

abochornar [A1] *vt* to embarrass, make … feel embarrassed

■ **abochornarse** *v pron*

A (avergonzarse) to feel embarrassed

B (Chi) (Meteo) to become overcast and muggy

abofetear [A1] *vt* to slap

abogacía *f*

A (profesión de abogado) law; **nunca ejerció la ~ en**

este país he never practiced law in this country

B (abogados) legal profession

abogado -da *m,f* (en general) lawyer, solicitor (BrE); (ante un tribunal superior) attorney (AmE), barrister (BrE); **no necesito ~s, yo me sé defender** (fam) I don't need anyone to defend me, I can stand up for myself

(Compuestos)
- **abogado criminalista, abogada criminalista** *m,f* criminal lawyer
- **abogado defensor, abogada defensora** *m,f* defense lawyer (AmE), defence counsel (BrE), counsel for the defence (BrE)
- **abogado del diablo** *m* devil's advocate
- **abogado de oficio, abogada de oficio** *m,f lawyer provided under the legal aid scheme*, public defender (AmE)
- **abogado general, abogada general** (UE) *m,f* advocate general
- **abogado del estado, abogada del estado** *m,f* ≈ district attorney (AmE); ≈ public prosecutor (BrE)
- **abogado laboralista, abogada laboralista** *m,f lawyer who specializes in workers' rights*
- **abogado matrimonialista, abogada matrimonialista** *m,f* divorce lawyer
- **abogado penalista, abogada penalista** *m,f* criminal lawyer
- **abogado procesalista, abogada procesalista** *m,f lawyer in a court of first instance*, trial lawyer (AmE)

abogar [A3] *vi* (frml) ~ POR *or* EN FAVOR DE **algn** to defend sb; ~ POR *or* EN FAVOR DE **algo** to champion sth, fight FOR sth; **abogaba por los derechos de los inmigrantes** he fought for *o* championed immigrants' rights

abolengo *m* ancestry; **una familia de rancio ~** a family of noble ancestry *o* descent

abolición *f* abolition

abolicionismo *m* abolitionism

abolicionista *mf* abolitionist

abolir [I32] *vt* to abolish

abolladura *f* dent

abollar [A1] *vt* **1** ‹*coche/chapa/cacerola*› to dent **2** (Per fam) (golpear) to thump (colloq)

■ **abollarse** *v pron* to get dented

abollón *m* (fam) ▸**abolladura**

abombado -da *adj*

A (AmL fam) (atontado) dopey (colloq), dozy (colloq); **se levantó ~ de la siesta** he got up, still feeling dopey *o* dozy after his nap; **¡no seas ~!** don't be such a dope! (colloq)

B (AmL) (en mal estado): **esta carne está abombada** this meat has gone bad *o* (BrE) is off

C **1** ‹*superficie*› convex; ‹*techo*› domed **2** ‹*ojos*› bulging (*before n*)

abombarse [A1] *v pron* (AmL) to go bad, go off

abominable *adj* abominable; **el ~ hombre de las nieves** the Abominable Snowman

abominación *f* abomination

abominar [A1] *vt* to detest, abominate (frml)

abonable *adj* (frml) payable

abonado -da *m,f* (del teléfono) subscriber, customer; (del gas) consumer, customer, user; (a un espectáculo, transporte) season-ticket holder; **anteponer el código al número del ~** dial the code and then the number you require

abonar [A1] *vt*

A ‹*tierra/campo*› to fertilize; ▸**terreno² C**

B (frml) **1** (pagar) ‹*cantidad/honorarios*› to pay; **me abonó $500** she paid me $500; **¿cómo lo quiere ~?** how would you like to pay?; **Ⓢ las reparaciones se abonan por adelantado** repairs are payable *o* must be paid for in advance; **el cheque se lo ~án en caja** you can cash the check at the cash desk **2** (depositar) to credit; **hemos abonado en su cuenta las siguientes cantidades** we have credited your account with the following amounts **3** (Andes, Méx) (dar a cuenta) to give … on account

C (avalar) ‹*hipótesis*› to lend weight to, give *o* lend credence to

■ **abonarse** *v pron* **~se A algo** ‹*a un espectáculo*› to buy a season ticket FOR sth; ‹*a una revista*› to subscribe TO sth

abonaré *m* promissory note, IOU

abonero -ra *m,f* (Méx)

A (*m*) door-to-door salesman (*selling on credit*)

B (*f*) door-to-door saleswoman (*selling on credit*)

abono *m*

A (Agr) fertilizer

(Compuestos)
- **abono inorgánico** *or* **químico** inorganic *o* chemical fertilizer
- **abono orgánico** organic fertilizer

B (para espectáculos) season ticket; (para transporte) season ticket; **sacar un ~** to buy *o* get a season ticket

C (frml) **1** (pago) payment **2** (en una cuenta) credit; **procederemos al ~ de intereses en su cuenta** the interest will be credited to your account **3** (Col, Méx) (cuota) installment*

aboquillado -da *adj* tipped, filter-tipped

abordaje *m*

A (de un asunto): **no es un problema de fácil ~** it's a problem which is not easy to come *o* (BrE) get to grips with

B (Náut) **1** (choque) collision **2** (acercamiento) mooring **3** (ataque) boarding

abordar [A1] *vt*

A ‹*asunto/tema/problema*› to tackle, deal with; **el libro aborda todos estos temas difíciles** the book deals with *o* tackles all these difficult subjects; **tendrán que ~ estos problemas** they will have to tackle *o* deal with these problems, they will have to come *o* (BrE) get to grips with these problems; **no se abordó el tema de la construcción del puente** the question of the construction of the bridge was not raised

B ‹*persona*› to approach; (agresivamente) to accost; **un hombre la abordó la calle** she was approached *o* accosted by a man in the street

C (Náut) **1** (chocar con) to collide with; (embestir) to ram **2** (acercarse a) to come alongside **3** «*guardacostas/piratas*» to board

D (Méx) «*pasajero*» ‹*barco/avión*› to board; ‹*automóvil*› to get into

■ **abordar** *vi*

A (atracar) to tie up, moor

B (Col, Méx) (subir a bordo) to board

aborigen¹ *adj* aboriginal, indigenous; **la población ~** the aboriginal *o* indigenous population

aborigen² *mf* aborigine, aboriginal; **los aborígenes de Samoa** the indigenous *o* aboriginal population of Samoa; **los aborígenes de Australia** (Australian) Aborigines

aborrascarse [A2] *v pron* to become stormy

aborrecer [E3] *vt*

A ‹*persona/actividad*› to detest, loathe

B ‹*crías*› to reject

aborrecible *adj* ‹*persona*› loathsome, detestable; ‹*objeto*› hideous

aborrecido -da *adj* loathed, detested

aborrecimiento *m* loathing, abhorrence (liter)

aborregado -da *adj*: **cielo ~** mackerel sky

aborregarse [A3] *v pron* to cloud over

abortar [A1] *vi*

A (Med) (de forma espontánea) to have a miscarriage, miscarry, abort; (de forma provocada) to have an abortion, abort

B «*plan/conspiración*» to miscarry

■ **abortar** *vt*

A ‹*maniobra/aterrizaje*› to abort; **la policía abortó estas acciones de protesta** the police quashed these protests

B (Inf) ‹*programa/proceso*› to abort

abortero -ra *m,f* abortionist

abortista¹ *adj* pro-abortion, pro-choice (AmE euph)

abortista² *mf*

A **1** (Med) *doctor who carries out abortions*; **~ ilegal** back-street abortionist **2** (partidario) pro-abortionist, pro-choicer (AmE euph)

B **abortista** *f woman who has had an (illegal) abortion*

abortivo¹ -va *adj* ‹*método*› abortion (*before n*); ‹*droga*› abortion-inducing, abortifacient (tech); **detenida como presunta autora de prácticas abortivas** arrested on suspicion of having carried out illegal abortions

abortivo² *m* (Med) abortifacient

aborto *m*

A (Med) (espontáneo) miscarriage; (provocado) abortion

(Compuestos)
- **aborto clandestino** backstreet abortion
- **aborto espontáneo** miscarriage
- **aborto ilegal** illegal abortion
- **aborto libre** free abortion, freedom to have an abortion
- **aborto terapéutico** therapeutic abortion

B **1** (de un plan): **esto produjo el ~ de la revolución** this caused the revolution to miscarry *o* to abort **2** (fam) (persona fea): **es un ~** he's grotesque *o* hideous

abotagado -da, **abotargado -da** *adj* ‹*cara/ojos*› swollen; ‹*cuerpo*› bloated

abotagarse [A3], **abotargarse** [A3] *v pron* «*cara*» to swell up; «*cuerpo*» to become bloated

abotinado -da *adj*: **zapatos ~s** ankle boots

abotonadura *f*: **una chaqueta con ~ simple/doble** a single-breasted/double-breasted jacket; **un vestido con ~ atrás** a dress which buttons down the back

abotonar [A1] *vt* to button up, do up

■ **abotonarse** *v pron* ‹*chaqueta/camisa*› to button up, do up

abovedado -da *adj* vaulted

abovedar [A1] *vt* to arch the roof of, to vault

abr. (**= abril**) Apr.

abra *f‡* **1** (ensenada) cove, inlet **2** (RPl, Méx) (claro) clearing

abracadabra *m* abracadabra

Abrahán, Abraham Abraham

abrasador -dora *adj* burning (*before n*)

abrasar [A1] *vt* **1** (quemar) to burn; **cuatro personas murieron abrasadas** four people were burned to death **2** «*bebida*» to scald, burn; «*comida*» to burn **3** (liter) «*pasión*» to consume (liter)

■ **abrasar** *vi* «*sol*» to burn, scorch; **este café abrasa** this coffee is very hot, this coffee's boiling (hot) (colloq)

■ **abrasarse** *v pron* «*bosque*» to be burned (down); «*planta*» to get scorched; **nos abrasábamos en aquella habitación** we were sweltering in that room; **se abrasaba en deseo** (liter) he was aflame with desire (liter)

abrasión *f* abrasion

abrasivo¹ -va *adj* abrasive

abrasivo² *m* abrasive

abrazadera *f* clamp; (redonda) hose clamp, hose clip (BrE), jubilee clip (BrE)

(Compuesto) **abrazadera hinchable** inflatable cuff

abrazar [A4] *vt*

A **1** ‹*persona*› to hug, embrace; **abrázame fuerte** hold me tight **2** ‹*tronco/columna*› to encircle

B (liter) ‹*religión/causa*› to embrace

■ **abrazarse** *v pron* **1** (recípr) to hug each other, embrace each other **2** **~se A algn/algo** to hold on *o* cling TO sb/sth

abrazo ➡▯ *m* **1** (con los brazos) hug, embrace; **me dio un ~** he gave me a hug, he hugged *o* embraced me; **dale un ~ a tu mujer de mi parte** give my love to your wife; **se fundieron en un cálido ~** (liter) they held each other in a warm embrace; **un ~, Miguel** *or* **un fuerte ~, Miguel** (en una carta) best wishes, Miguel, regards, Miguel; (más íntimo) love, Miguel **2** (euf) (coito) carnal embrace, sexual act

abrebocas *m* (*pl* ~) (Col) (Coc) appetizer; **la primera charla fue sólo un ~** the first talk was just to whet our appetites

abrebotellas *m* (*pl* ~) bottle opener

abrecartas *m* (*pl* ~) paper knife, letter opener

abrelatas *m* (*pl* ~) can opener, tin opener (BrE)

➡▯ *ver* Correspondencia

abrevadero *m* [1] (pila) trough, water trough [2] (lugar natural) watering hole [3] (para ganado) watering place

abrevar [A1] *vt* to water

abreviación *f* [1] (acción) abbreviation [2] (texto) abridgment [3] (Ling) shortening

abreviar [A1] *vt* [1] ‹*estancia/visita*› to cut short; ‹*plazo*› to shorten; ‹*texto/artículo*› to abridge; **tuvo que ~ su visita** he had to cut short his visit [2] ‹*palabra*› to abbreviate

■ **abreviar** *vi*: **abrevia, que se hace tarde** cut it short, it's getting late; **abreviando, no sabemos nada todavía** in short, we don't know anything yet

abreviatura *f* abbreviation

abridor[1] **-dora** *adj* (Dep) starting (*before n*)

abridor[2] *m*

A (de botellas) bottle opener; (de latas) can opener, tin opener (BrE)

B (Per) (fruta) apricot

abrigada *f* shelter

abrigadero *m* shelter

abrigado -da *adj* [1] [ESTAR] ‹*lugar*› sheltered; **~ DE algo**: **una bahía abrigada del viento** a bay sheltered *o* protected from the wind; **un rincón ~ del frío/de la lluvia** a sheltered spot out of the cold/the rain [2] [ESTAR] ‹*persona*› **si llevas los pies ~s no sientes el frío** if you keep your feet warm, you don't feel the cold; **¿estás bien ~ con esas mantas?** are you warm enough with those blankets?; **este niño está demasiado ~** this child has too many clothes on; **hacía frío pero iba bien ~** it was cold but he was wrapped up warm [3] [SER] (RPl) ‹*ropa*› warm

abrigador -dora *adj* [SER] (Andes, Méx) ‹*ropa*› warm; **ponte algo más ~, hace frío** put something warmer on, it's cold

abrigaño *m* ▸**abrigo B**

abrigar [A3] *vt*

A (con ropa): **abriga bien al niño** wrap the child up warm *o* well; **el pañuelo me abriga el cuello** the scarf keeps my neck warm

B ‹*idea/esperanza*› to cherish; ‹*sospecha/duda*› to harbor*, entertain

■ **abrigar** *vi* «*ropa*» to be warm; **este suéter abriga mucho** this sweater is really warm

■ **abrigarse** *v pron* (*refl*) to wrap up warm *o* well; **abrígate (bien) que hace frío** wrap up warm *o* well, it's cold; **abrígate el pecho** keep your chest warm

abrigo *m*

A [1] (prenda) coat; **~ de invierno/entretiempo** winter/light coat; **un raído vestido era todo su ~** (liter) all she was wearing was a threadbare dress [2] (calor que brinda la ropa): **este niño necesita más ~** this child needs to be wrapped up warmer, this child needs some more clothes on; **yo con una manta no tengo suficiente ~** I'm not warm enough with one blanket; **ropa de ~** warm clothes; **de ~** (Esp fam): **es un niño de ~** he's a real handful (colloq); **le dieron una paliza de ~** they gave him a real going-over (colloq)

B (refugio, protección) shelter; ***al ~ de algo/algn:*** **al ~ de los árboles, esperaron que pasara la lluvia** they sheltered under the trees while they waited for the rain to stop; **comimos al ~ de la lumbre** we ate by the fireside; **siempre se pone al ~ de los más poderosos** he always makes sure he's in with the most influential people; **corrió al ~ de su madre** she ran to her mother for protection

abril *m* ▸ⓘ **p.371** April; **tenía quince ~es** she was 15, she was a girl of 15 summers (liter); *para ejemplos ver* **enero**; ***para*** **~** (Chi fam): **como van las cosas estará listo para ~** at this rate it'll be next Christmas before it's ready (colloq)

abrileño -ña *adj* ‹*sol/mañana*› April (*before n*)

abrillantado[1] **-da** *adj* [1] ‹*superficie/metal*› polished [2] (RPl) ‹*fruta*› glazed

abrillantado[2] *m* [1] (acción de encerar) polishing [2] (acción de sacar brillo) shining, buffing

abrillantador *m* (para suelos) polish, floor polish; (para lavavajillas) rinse aid

abrillantar [A1] *vt* [1] (encerar) ‹*calzado/suelo/muebles*› to polish [2] (sacar brillo a) ‹*calzado/suelo*› to shine, buff [3] ‹*metal*› to polish, buff [4] ‹*piedra preciosa*› to cut

abrir [I33] *vt*

A [1] ‹*puerta/ventana/armario*› to open *ver tb* **puerta** [2] ‹*ojos/boca*› to open *ver tb* **ojo**, **abrir**, etc [3] ‹*paquete/maleta*› to open; ‹*carta/sobre*› to open [4] ‹*botella/frasco/lata*› to open [5] ‹*paraguas*› to open, put up; ‹*abanico*› to open; ‹*mapa*› to open out, unfold; ‹*libro*› to open; ‹*mano*› to open [6] ‹*cortinas*› to open, draw back; ‹*persianas*› to raise, pull up

B ‹*grifo/agua/gas*› to turn on; ‹*válvula*› to open

C [1] ‹*zanja/túnel*› to dig; ‹*agujero*› to make; **la bomba abrió un boquete en la pared** the bomb blew *o* blasted a hole in the wall; **abrieron una entrada en la pared** they made *o* smashed a hole in the wall; **abrieron una zanja en la calzada** they dug a trench in the road; **le abrió la cabeza de una pedrada** he hit her with a stone and gashed her head; **abrió un abismo insondable entre los dos países** it created a yawning gulf between the two countries [2] ‹*absceso*› to open ... up; ‹*paciente*› **va a haber que ~lo** (fam) they're going to have to open him up *o* cut him open (colloq)

D [1] ‹*comercio/museo/restaurante*› (para el quehacer diario) to open; (inaugurar) to open (up); **¿a qué hora abren el mercado?** what time does the market open?; **¿a qué hora abren la taquilla?** what time does the box office open?; **van a ~ un nuevo hospital** they're going to open a new hospital; **la exposición se ~á al público mañana** the exhibition will open to the public tomorrow [2] ‹*carretera/aeropuerto*› to open; ‹*frontera*› to open (up); ▸**camino B1**, **paso**[1] [3] (Com) to open up; **con el fin de ~ nuevos mercados para nuestros productos** with the aim of opening up new markets for our products [4] (Inf) ‹*documento/fichero*› to open

E (iniciar) ‹*cuenta bancaria*› to open; ‹*negocio*› to start, set up; ‹*suscripción*› to take out; ‹*caso*› to open; ‹*investigación*› to begin, set up; **el plazo para la presentación de solicitudes se ~á el 2 de junio** applications will be accepted from June 2; **todavía no se ha abierto la matrícula** registration hasn't begun yet

F [1] (dar comienzo a) ‹*acto/debate/ceremonia*› to open; **abrieron el baile los novios** the bride and groom opened the dancing; **¡abran fuego!** open fire! [2] ‹*desfile/cortejo*› to head, lead [3] ‹*paréntesis/comillas*› to open

G ‹*apetito*› to whet; **la caminata me abrió el apetito** the walk whetted my appetite

H ‹*perspectivas*› to open up; **el acuerdo abre un panorama desolador para la flota pesquera** the agreement points to *o* (frml) presages a bleak future for the fishing fleet; **este descubrimiento abre nuevas posibilidades en este campo** this discovery opens up new possibilities in this field; **~ía una etapa de entendimiento mutuo** it was to mark the beginning of *o* to herald the beginning of *o* to usher in a period of mutual understanding

I (hacer más receptivo): **le había abierto la mente** it had made her more open-minded; **~ algo A algo** to open sth up TO sth; **para ~ nuestro país a las nuevas corrientes ideológicas** to open our country up to new ways of thinking

■ **abrir** *vi*

A «*persona*» to open up; **¡abre! soy yo** open the door *o* open up! it's me; **llaman al timbre, ve a ~** there's someone ringing the bell, go and answer it

B «*puerta/ventana/cajón*» to open; **esta ventana no abre/no abre bien** this window doesn't open/doesn't open properly

C «*comerciante/comercio/oficina*» to open; **no abrimos los domingos** we don't open on Sundays, we're not open on Sundays; **la biblioteca abre de nueve a tres** the library is open from nine till three; **el museo ~á al público el próximo lunes** the museum will open to the public next Monday

D [1] «*acto/ceremonia*» to open [2] (Jueg) to open

E (fam) (para operar): **va a haber que ~** we're going to have to open him up (colloq), we're going to have to cut him open (colloq)

■ *v impers* (fam) (Meteo): **parece que quiere ~** it looks as if it's going to clear up

■ **abrirse** *v pron*

A [1] «*puerta/ventana*» to open; **la puerta se abrió violentamente** the door flew open; **~se A algo** to open INTO/ONTO sth; **las habitaciones se abren a un corredor/a un patio interior** the rooms open onto a corridor/into a courtyard [2] «*flor/almeja*» to open [3] «*paracaídas*» to open

B [1] (*refl*) ‹*chaqueta/cremallera*› to undo [2] (rajarse): **se cayó y se abrió la cabeza** she fell and split her head open [3] (*refl*) ‹*venas*› **se abrió las venas** he slashed his wrists [4] ‹*muñeca/tobillo*› to sprain [5] «*madera/costura*» to split; **la tela se está abriendo en las costuras** the fabric's going *o* beginning to go *o* beginning to split at the seams; ▸**camino B1**, **paso**[1]

C [1] (liter) (ofrecerse a la vista): **un espléndido panorama se abrió ante sus ojos** the most beautiful view unfolded before their eyes (liter); **al final de la calle se abría una plazuela** the end of the street opened out into a little square [2] «*perspectivas*» to open up; **con este descubrimiento se abren nuevos horizontes** this discovery opens up new horizons; **un maravilloso porvenir se abre ante nosotros** a wonderful future lies ahead of us, we have a wonderful future ahead of us

D ‹*período*› to begin; **con este tratado se abre una nueva etapa en las relaciones bilaterales** this treaty marks *o* heralds a new era in bilateral relations

E [1] (confiarse) **~se A algn** to open up TO sb [2] (hacerse más receptivo) **~se A algo** to open up TO sth; **nuestro país debe ~se a las influencias externas** our country must open up to outside influences

F [1] (arg) (marcharse) to be off (colloq), to take off (AmE colloq); **yo a las cinco me abro** come five o'clock I'm off *o* I'll be off *o* I'm taking off [2] (AmL fam) (echarse atrás) to back out, get cold feet

abrochar [A1] *vt* [1] ‹*chaqueta/botón*› to fasten, do up; ‹*collar/cinturón*› to fasten [2] (AmL) ‹*papeles*› to staple

■ **abrocharse** *v pron*

A ‹*chaqueta/botón*› to fasten, do up; ‹*collar*› to fasten; Ⓢ **abróchense los cinturones de seguridad** fasten your seatbelts

B (Méx arg) [1] (joder) to lay (sl) [2] (vencer) to thrash (colloq)

abrogación *f* abrogation

abrogar [A3] *vt* to abrogate

abrojo *m* [1] (Bot) burr [2] **abrojos** *mpl* (Náut) reef

abrótano *m* artemisia

abrumador -dora *adj* [1] ‹*victoria/mayoría*› overwhelming [2] ‹*trabajo/tarea*› exhausting, tiring; ‹*responsabilidad/carga*› onerous, heavy

abrumadoramente *adv* overwhelmingly; **el voto fue ~ en su favor** the vote was overwhelmingly in his favor

abrumar [A1] *vt* to overwhelm; **la ~on con tantas atenciones** she was overwhelmed by all their kindness; **me abruma con sus preguntas/quejas** he wears me out with his constant questions/complaints; **estaba abrumado de trabajo** he was snowed under with work; **abrumado por las preocupaciones** weighed down with worry

abruptamente *adv* abruptly

abrupto -ta *adj* [1] (escarpado) ‹*camino/pendiente*› steep [2] (áspero, escabroso) ‹*terreno*› rough [3] ‹*tono*› abrupt [4] (repentino) ‹*cambio/descenso*› abrupt, sudden

abrutado -da *adj* brutish

ABS *m* (**= antilock braking system**) ABS

absceso *m* abscess

abscisa *f* abscissa (tech), x coordinate; **el eje de las ~s** the horizontal *o* x axis

absenta *f* (planta) wormwood, absinthe; (bebida) absinthe

absentismo *m* (Esp) absenteeism

(Compuesto) **absentismo escolar** (Esp) truancy, absenteeism

absentista *adj* (Esp) absentee (*before n*)

ábside *m* apse

absintio *m* wormwood, absinthe

absolución *f* [1] (Relig) absolution; **dar la ~** to give absolution [2] (Der) acquittal; **decretar la libre ~** to acquit; **solicitó la total ~ de su cliente** he asked the court to acquit his client on all counts

absolutamente *adv* absolutely, totally; **me resulta ~ imposible asistir** it's absolutely *o* totally impossible for me to attend; **no se ve ~ nada** you can't see a thing, you can't see anything at all; **no encontró ~ nada que le gustara** she didn't find a single thing she liked; **no vino ~ nadie** not a soul came, not a single person came; **es completa y ~ falso** it is completely and utterly untrue; **¿estás segura? — absolutamente** are you sure? — absolutely *o* I'm positive

absolutismo *m* absolutism

absolutista *adj/mf* absolutist

absoluto -ta *adj*

[A] ‹*monarca/poder*› absolute

[B] (no relativo) ‹*valor*› absolute

[C] [1] (total) ‹*silencio*› total, absolute; ‹*reposo*› complete, absolute; ‹*confianza*› complete, total, absolute; ‹*miseria*› utter, absolute; **los dejó en la ruina más absoluta** he left them absolutely *o* utterly penniless; **tengo la absoluta certeza de que lo encontraremos allí** I am absolutely convinced that we'll find him there [2] **en absoluto** (*loc adv*): **¿te gustó? — en ~** did you like it? — no, not at all; **no lo consentiré en ~** there is absolutely no way I will agree to it; **no hizo nada en ~** he didn't do a thing, he did absolutely nothing; **es un caso en ~ aislado** it is by no means an isolated case

[D] ‹*adjetivo/construcción*› absolute; **un uso ~ de un verbo transitivo** a transitive verb used absolutely

absolutorio -ria *adj*: **un fallo ~** a verdict of not guilty

absolver [E11] *vt* [1] (Relig) to absolve; **~ a algn DE algo** to absolve sb OF sth; **yo te absuelvo de tus pecados** I absolve you of your sins; **la absolvieron de toda culpa** she was absolved of all blame [2] (Der) ‹*acusado*› to acquit, find ... not guilty

absorbencia *f* absorbency

absorbente *adj*

[A] ‹*esponja/papel*› absorbent

[B] [1] ‹*persona*› demanding; **ella es tan ~** she demands so much of his time and attention [2] ‹*hobby/tarea*› time-consuming; **es un trabajo ~** it's a job which takes up a lot of time and energy

absorber [E1] *vt*

[A] [1] ‹*líquido*› to absorb, soak up; ‹*humedad*› to absorb; ‹*ruido/calor/luz*› to absorb; **la vitamina D ayuda a que se absorba el calcio** vitamin D helps to absorb calcium; **las plantas absorben el oxígeno del aire** plants take in *o* absorb oxygen from the air [2] ‹*tiempo*› to occupy, take up; ‹*recursos/energía*› to absorb; **absorben un tercio del total de nuestras exportaciones** they take *o* absorb a third of our total exports; **es un tipo de actividad que te absorbe totalmente** it's the sort of activity that takes up all your time and energy; **los salarios absorben un 70% del presupuesto** salaries take up *o* swallow up 70% of the budget

[B] ‹*empresa*› to take over

absorbible *adj* absorbable

absorción *f*

[A] (de un líquido) absorption; (de calor, ruido) absorption; **pañales con alto grado de ~** extra-absorbent diapers (AmE) *o* (BrE) nappies

[B] (Fin) takeover

absorto -ta *adj* engrossed, absorbed; **~ en su tarea** engrossed *o* absorbed in what he was doing; **quedarse ~** to become engrossed in one's thoughts

abstemio[1] **-mia** *adj* teetotal

abstemio[2] **-mia** *m,f* teetotaler*

abstención *f* abstention

abstencionismo *m* abstentionism

abstencionista[1] *adj* pro-abstention (*before n*)

abstencionista[2] *mf* (persona — que se abstiene) *person who abstains*; (— que propugna la abstención) pro-abstentionist

abstenerse [E27] *v pron* [1] (en una votación) to abstain [2] (frml) (de un acto): **en la duda lo mejor es ~** (fr hecha) if in doubt, don't; Ⓢ **abstenerse intermediarios** no agencies; **~ DE algo**: **conviene ~ del alcohol** it is advisable to avoid alcohol *o* to refrain from drinking alcohol; **~ DE + INF** to refrain FROM -ING; **el juez debe ~ de expresar una opinión** the judge should refrain from expressing an opinion

abstinencia *f* abstinence; ▸**síndrome**

abstinente *adj* (Rel) abstinent

abstracción *f*

[A] (acción) abstraction; (idea abstracta) abstraction (frml), abstract idea

[B] **hacer ~ de algo** to leave sth aside; **si hacemos ~ de estos factores creo que el resultado es bastante positivo** leaving these considerations aside I think the result is a fairly positive one

abstracto -ta *adj* abstract

abstraer [E23] *vt* to abstract

■ **abstraerse** *v pron*: **consigue ~se de todo lo que la rodea** she manages to detach herself from everything around her

abstraído -da *adj*: **estaba ~ en sus meditaciones** he was deep *o* lost in thought, he was engrossed *o* absorbed in his own thoughts; **lo noté como ~** he seemed rather preoccupied

abstruso -sa *adj* abstruse

absuelto -ta *pp see* **absolver**

absurdez, absurdidad *f* absurdity

absurdo[1] **-da** *adj* absurd, ridiculous; **eso es a todas luces ~** that is absolutely preposterous *o* absurd *o* ridiculous; **esto es el colmo de lo ~** this is totally absurd *o* the height of absurdity; **es ~ que te comportes así** it's ridiculous *o* absurd of you to behave like that

absurdo[2] *m* [1] (absurdez): **es un ~ que trates de ocultarlo** it's ridiculous *o* absurd (of you) to try to hide it [2] (Fil, Mat): **un ~** an absurdity; **reducción al ~** reductio ad absurdum

abubilla *f* hoopoe

abuchear [A1] *vt* to boo

abucheo *m* booing; **fue recibido con un ~** he was booed *o* there was booing when he came on

Abu Dabi *m* Abu Dhabi

abuelito -ta *m,f*

[A] (*m*) grandpa (colloq), granddad (colloq)

[B] (*f*) grandma (colloq), granny (colloq)

abuelo -la *m,f*

[A] (pariente) (*m*) grandfather; (*f*) grandmother; **mis ~s** my grandparents; **~ paterno/materno** paternal/maternal grandfather; **uno de mis ~s era taxista** one of my grandfathers was a taxi driver; ***como*** *or* ***tras que éramos pocos, parió la abuela*** (fam & hum) that is/was all we needed (colloq), as if we didn't have enough problems (colloq); **y encima perdí el dinero — tras que éramos pocos ...** and to cap it all I lost the money — that's all we needed! *o* as if we didn't have enough problems!; ***¡cuéntaselo*** *or* (Chi) ***anda a cantarle a tu abuela!*** (fam) pull the other one (it's got bells on)! (colloq), go tell it to the Marines! (AmE); ***no necesitas abuela*** *or* ***no tienes abuela*** (Esp fam & hum) you *are* modest! (iro), you're very full of yourself (iro), you're always blowing your own trumpet (colloq); ***no tener abuela*** (Méx fam) (ser muy bueno) to be incredible; (ser muy malo) to be terrible; ***¡tu abuela!*** (fam): **¿los lavas tú? — sí, tu abuelita** will you wash them? — like hell I will! *o* get lost! (colloq)

[B] (fam) (persona mayor) (*m*) old man, old guy (colloq); (*f*) old woman, old lady (esp BrE); **el teatro estaba lleno de abuelitos** the theater was full of old folk (colloq); **¡oiga ~, por la otra puerta!** hey, granddad, use the other door! (colloq)

abulense *adj* of/from Avila

abulia *f* extreme apathy, abulia (tech)

abúlico -ca *adj* apathetic

abullonado -da *adj* puffed: **una blusa de mangas abullonadas** a blouse with puff sleeves

abulón *m* abalone

abultado -da *adj* [1] ‹*ojos/vientre*› bulging; ‹*labios*› thick; ‹*cartera*› bulging; ‹*libro*› thick [2] (abundante) ‹*deuda/suma*› enormous, huge; **su abultada ficha personal** his extensive record; **una derrota abultada** (period) a crushing defeat [3] (exagerado) ‹*cifra/cantidad*› inflated

abultar [A1] *vi* [1] (formar un bulto): **¿qué tienes en el bolsillo que te abulta?** what have you got in your pocket that's making it stick out?; **la pistola le abultaba debajo de la chaqueta** the gun made a bulge under his jacket [2] (ocupar lugar): **abulta mucho pero no es pesado** it takes up a lot of room *o* it's very bulky but it's not heavy; **dóblalo bien para que no abulte** fold it neatly so that it lies flat; **ponle un poco de verde al ramo para que abulte más** add some greenery to fill the bouquet out a bit

■ **abultar** *vt* to inflate; **abultan artificialmente las cifras** they inflate *o* (colloq) beef up the figures artificially

abundamiento *m*: **a** *or* **para mayor ~** furthermore, moreover

abundancia *f*

[A] (gran cantidad) abundance; **está documentado con ~ de estadísticas** it is documented with a wealth of statistics; **hay ~ de aves en la región** the area abounds in *o* with birdlife, the area is rich in birdlife; **hay comida en ~** there's plenty of food

[B] (riqueza): **tiempos de ~** times of plenty; **viven en la ~** they're very affluent; **la sociedad de la ~** the affluent society; ***nadar en la ~*** to be made of money (colloq), to be rolling in money (colloq)

abundante *adj* [1] ‹*reservas/cosecha*› plentiful, abundant; **la comida es buena y ~** the food is good and plentiful, the food's good and there's plenty of it; **las porciones son ~s** the portions are generous; **la pesca es ~ en estos arroyos** the fishing's good in these streams; **~ EN algo: aguas ~s en especies marinas** waters rich in *o* which abound in marine life; **un informe ~ en datos estadísticos** a report containing ample statistical data [2] (*en pl*) (numerosos) plenty of, abundant; **tengo ~s razones para votar en contra de la propuesta** I have plenty of *o* abundant reasons for voting against the proposal

abundantemente *adv* ‹*darse/crecer*› abundantly; ‹*sangrar*› heavily; ‹*transpirar*› profusely; **se utiliza ~ en la cocina india** it is used a great deal in Indian cooking

abundar [A1] *vi*

[A] [1] (existir en gran número o cantidad) to abound, be abundant; **esta planta abunda en los climas tropicales** this plant grows in abundance *o* abounds in tropical climates; **aquí lo que abunda son los problemas** there's certainly no shortage of problems here; ***lo que abunda no daña: ya sé que lo he dicho antes, pero lo que abunda no daña*** I know I've said this before, but there's no harm in repeating it [2] (tener mucho) **~ EN algo** to be rich IN sth; **el país abunda en recursos naturales** the country is rich in *o* abounds in natural resources; **la traducción abunda en errores** the translation is full of mistakes

[B] (extenderse al hablar) **~ EN algo** to go into great detail ABOUT sth; **abundó en el tema** he talked about the subject at great length; **abundó en detalles sobre su viaje** she discussed her trip in great detail

[C] (en una opinión) **~ EN algo: los dos partidos abundan en la opinión de que la reforma es insuficiente** both parties share the view *o* agree that the reform does not go far enough; **abundo en la opinión de mi colega de que ...** I share my colleague's opinion that ...

aburguesado -da *adj* bourgeois, middle-class

aburguesamiento *m*: *adoption of bourgeois ways*

aburguesarse [A1] *v pron* to become bourgeois *o* middle class

aburrición *f* (Col, Méx) ▸**aburrimiento**

aburrido[1] **-da** *adj*

A ‹*persona*› 1 [ESTAR] (sin entretenimiento) bored; **estoy muy ~** I'm bored stiff 2 [ESTAR] (harto) fed up; **me tienes ~ con tus quejas** I'm fed up with your complaints; **~ DE algo** tired OF sth, fed up WITH sth; **estoy ~ de sus bromas** I'm tired of *o* fed up with her jokes; **~ DE + INF** tired of -ING; **estoy ~ de pedírselo** I'm tired of asking him for it

B [SER] ‹*película/persona*› boring; **es un trabajo muy ~** it's a really boring *o* tedious job; **la conferencia fue aburridísima** the lecture was really boring

aburrido[2] **-da** *m,f* bore

aburridor -dora *adj* (AmL) ▸**aburrido**[1] **B**

aburrimiento *m* 1 (estado) boredom 2 (cosa aburrida): **¡qué ~!** what a bore!, what a drag! (colloq)

aburrir [I1] *vt* to bore; **estas reuniones me aburren** these meetings bore me, I find these meetings boring *o* tedious; **no aburras a la abuela con tus historias** don't bore Granny with your stories

■ **aburrirse** *v pron* 1 (por falta de entretenimiento) to get bored; **nunca me había aburrido tanto** I'd never been so bored; ▸**ostra** 2 (hartarse) **~se DE algo/algn** to get tired OF *o* fed up WITH sth/sb; **se aburrió de hacer lo mismo todos los días** he got tired of *o* fed up with doing the same thing every day, he tired of doing the same thing every day

abusado[1] **-da** *adj* (Méx fam) bright (colloq), smart; **es muy ~ para las ciencias** he's very hot on science (colloq); **(ponte) ~ con la bolsa, aquí asaltan mucho** be careful with *o* watch your bag, there are a lot of muggers around here; **si no te pones ~ te van a quitar la novia** you're going to lose that girlfriend of yours if you don't get your act together *o* smarten your ideas up *o* (BrE) buck your ideas up (colloq)

abusado[2] *interj* (Méx fam) watch out!, look out!; **¡~ con los alacranes!** watch out for the scorpions!

abusador[1] **-dora** *adj* 1 (aprovechado): **¡qué ~es! se quedaron ocho días** they stayed for a week, which was really abusing his hospitality; **no seas ~, ya ha trabajado diez horas hoy** don't be so demanding, she's already done ten hours' work today 2 (egoísta) selfish

abusador[2] **-dora** *m,f* 1 (aprovechado) user (colloq) 2 (egoísta): **es un ~** he's so selfish 3 (valentón) bully

abusar [A1] *vi*

A 1 (aprovecharse) **~ DE algo/algn** to take advantage OF sth/sb; **no quisiera ~ de su amabilidad** I don't want to impose (on you); **abusa de su autoridad** he abuses his authority 2 (sexualmente) **~ DE algn** to sexually abuse sb; (violar) to rape sb

B (usar en exceso): **no tomes más de dos al día, no conviene ~** don't have more than two a day, it's best not to take too many; **~ DE algo**: **abusa de tranquilizantes** he takes too many tranquilizers; **el alcohol no es nocivo si no se abusa de él** alcohol is not harmful if drunk in moderation *o* as long as it is not drunk to excess; **usa y abusa de cifras y estadísticas** she overuses *o* she makes excessive use of figures and statistics

abusivo -va *adj* ‹*precio/interés*› outrageous; **el contrato incluye dos cláusulas francamente abusivas** the contract has two clauses which are blatantly unfair

abuso *m* 1 (uso excesivo) abuse; **el ~ en la bebida** alcohol abuse; **se ha hecho uso y ~ de esta metáfora** this metaphor has been used time and again 2 (injusticia) outrage; **es un ~ que nos traten así** it's outrageous *o* an outrage that we should be treated in this way

(Compuestos)

- **abuso de autoridad** *m* abuse of authority
- **abuso de confianza** *m* (Der) breach of trust *o* confidence; **¡qué ~ de ~!** (fam) what a nerve! (colloq)
- **abusos deshonestos** *mpl* indecent assault
- **abuso sexual** sexual *o* sex abuse
- **abuso sexual infantil** *m* child abuse; **para prevenir el ~ ~ ~** to prevent child abuse, to prevent children being sexually abused

abusón -sona *adj/m,f* (Esp fam) ▸**abusador**[1], **abusador**[2]

abyección *f* 1 (acto abyecto) despicable act 2 (cualidad): **caer en la ~** to debase oneself

abyectamente *adv* abjectly

abyecto -ta *adj* ‹*persona/conducta*› contemptible, despicable; **un crimen ~** a heinous crime

aC (= **antes de Cristo**) BC, before Christ

a/c = a cuenta

ACA /'aka/ *m* = **Automóvil Club Argentino**

acá *adv*

A (en el espacio) [*where the location is more precise and no comparison is involved European Spanish prefers* ▸**aquí**] **¡ven ~!** come here!; **viven por ~** they live around *o* near here; **ya viene para ~** he's on his way over; **~ y allá** here and there; **nos pasamos el día de ~ para allá** we spent the whole day going to and fro *o* going from one place to another; **un poquito más ~** a little closer *o* nearer (to me), a little more this way; **Marcela ~ se ha ofrecido para hacerlo** Marcela here has offered to do it

B (en el tiempo): **del verano (para) ~ han pasado muchas cosas** a lot has happened since the summer; **¿de cuándo ~ eres tú el que manda aquí?** since when have you been in charge around here?

acabado[1] **-da** *adj* 1 [ESTAR] ‹*trabajo*› finished; **esto tiene que estar ~ para mañana** this has to finished by tomorrow; **son todos productos muy bien ~s** they are all well-finished products 2 [ESTAR] ‹*persona*› finished; **políticamente está ~** politically, he's finished

acabado[2] *m* finish; **fotos con ~ mate/satinado** photos with a matt/satin finish

acaballado -da *adj* (Chi fam) boorish.

acabar [A1] *vi*

(Sentido I)

A 1 (terminar) «*reunión/partido/película*» to finish, end; **¿te falta mucho? — no, ya casi acabo** do you have much to do? — no, I've nearly finished; **todavía no he acabado** I haven't finished yet, I'm not through yet (colloq) 2 **~ CON algo/algn** to finish WITH sth/sb; **¿has acabado con esto?** have you finished with this?; **ven cuando acabes con lo que estás haciendo** come as soon as you've finished what you're doing; **espera, que todavía no he acabado contigo** wait a minute, I haven't finished with you yet; **cuando acabes con Cristina ¿me puedes atender a mí?** when you've finished with *o* (colloq) when you're through with Cristina, can you help me? 3 «*novios*» to split up, break up; **~ CON algn** to break up *o* split up WITH sb, finish WITH sb; **he acabado con ella** I've broken up with *o* split up with *o* finished with her, I'm through with her (colloq) 4 **~ DE + INF**: **cuando acabes de leer el libro me lo pasas ¿vale?** will you lend me the book when you've finished (reading) it?; **todavía no he acabado de pagar la casa** I still haven't finished paying for the house; **para ~ de arreglarlo, se puso a llover** and to top it all *o* cap it all *o* make matters worse, it began to rain; **¡acabáramos!** (fam) now I get it! (colloq); **¡acabáramos! así que lo que quería era dinero** now I get it! it was money he was after; **es que vivió siete años en Tokio — ¡acabáramos! con razón habla tan bien japonés** she lived in Tokyo for seven years, you know — oh, I see! that's why she speaks Japanese so well 5 **~ + GER** *or* **~ POR + INF** to end up -ING; **~án por aceptarlo** *or* **aceptándolo** they'll end up accepting it, they'll accept it in the end

B (+ *compl*): **la palabra acaba en** *or* **por 'r'** the word ends in 'r'; **por este lado acaba en punta** this side ends in a point; **acabamos cansadísimos** by the end we were dead tired; **¿en qué acabó lo de anoche?** how did things end up last night?; **tanta historia para ~ en nada** all that fuss for nothing; **siempre decía que ese chico iba a ~ mal** I always said that boy would come to no good; **no te metas que esto puede ~ mal** don't get involved, things could turn nasty *o* get ugly; **la película acabó bien** the movie had a happy ending

C (AmS arg) (tener un orgasmo) to come (colloq)

(Sentido II)

A **acabar con** (terminar, destruir): **acabó con todos los bombones** he finished off *o* (colloq) polished off all the chocolates; **en dos años acabó con la herencia** he went through his inheritance in two years; **si tratas así los zapatos vas a ~ con ellos en dos días** if you treat your shoes like that, they'll be ruined *o* you'll wear them out in a couple of days; **estás acabando con mi paciencia** you're trying my patience, I'm running out of patience with you; **este escándalo puede ~ con su carrera** this scandal could ruin *o* finish his career; **hay que ~ con este tipo de discriminaciones** this sort of discrimination must be eliminated *o* eradicated, we/they must do away with *o* put an end to *o* put a stop to this sort of discrimination

B (fam) (matar): **sabe demasiado, hay que ~ con él** he knows too much, we're going to have to eliminate him *o* (colloq) get rid of him; **este clima/niño va a ~ conmigo** this weather/child will be the death of me

(Sentido III) **acabar de**

A (para referirse a una acción reciente) **~ DE + INF**: **acaba de salir** she's just gone out; **acababa de meterme en la cama cuando sonó el teléfono** I had just got into bed when the telephone rang; **acabo de comer** I've just eaten

B **no ~ DE + INF**: **no acaba de convencerme la idea** I'm not totally convinced by the idea; **no acabo de entenderlo** I just don't understand; **el color no me acaba de gustar** *or* (Esp fam) **no me acaba** I'm not too sure I like the color, I'm not too sure about the color

■ **acabar** *vt*

A ‹*trabajo*› to finish; **ya acabé el libro** I've finished the book; **no logró ~ el curso** he didn't manage to finish *o* complete the course; **iré cuando acabe lo que estoy haciendo** I'll go when I've finished what I'm doing

B (destrozar): **el esfuerzo lo acabó y tuvo que abandonar la carrera** he was exhausted by the effort and had to drop out of the race; **la tragedia la acabó** the tragedy destroyed *o* killed her

■ **acabarse** *v pron*

A (terminarse): **se nos ha acabado el café** we've run out of coffee, the coffee's run out, we're out of coffee (colloq); **se le ~on las fuerzas** he ran out of energy *o* (colloq) steam; **se me está acabando la paciencia** I'm running out of patience; **el trabajo de la casa no se acaba nunca** housework is a never-ending *o* an endless job; **se fue él y se ~on los problemas** as soon as he left, the problems ended; **¡esto se acabó! no lo aguanto más** that's it! I can't take any more; ***y (san) se acabó*** (fam) and that's that; **le dices que no quieres y (san) se acabó** tell him you don't want to and that's that; **te he dicho que no vas y (san) se acabó** I've told you you're not going and that's all there is to it! *o* and that's that! *o* and let that be an end to it!

B 1 (liter) (morir): **se fue acabando poco a poco** she slowly slipped away, her life's breath slowly ebbed away (liter) 2 (Méx) (quedar destrozado): **se acabó en ese trabajo** that job finished him off *o* did for him (colloq)

C (*enf*) (comer) to finish, finish up; **acábate todas las lentejas** finish (up) all the lentils

acabóse, acabose *m* (fam): **¡esto es el ~!** this is the end *o* limit! (colloq); **es el ~ de feo** he's incredibly ugly; **como administrador es el ~** as an administrator he's a complete disaster; **¿qué tal la fiesta? — fue el ~** (fue muy mala) how was the party? — it was terrible *o* awful *o* (colloq) the pits; (fue muy buena) how was the party? — it was fantastic *o* incredible

acachado -da *adj* (Chi fam) **~ CON algo**: **sigo ~ con ellos** I can't get rid of them, I'm stuck *o*

(BrE) lumbered with them (colloq)

acachetear [A1] *vt* to slap

acacia *f* acacia

acacito, acasito *adv* (AmL fam) ▸ **acá A**

academia *f* 1 (sociedad) academy; **Asociación de A~s de la Lengua Española** Association of Academies of the Spanish Language 2 (Educ) school 3 (RPl) (mundo académico): **la ~** academia, the academic world

Compuestos

- **academia de baile** dance academy, school of dancing
- **academia de conductores** *or* (AmL) **choferes** driving school
- **academia de corte y confección** dressmaking school
- **academia de idiomas** language school, school of languages
- **academia de música** music school
- **academia de peluquería** hairdressing school (BrE), ≈ beauty academy (AmE)
- **academia militar** military academy

academicismo *m* academicism

academicista *adj/mf* academicist

académico¹ -ca *adj* 1 ‹*estudios/año*› academic (*before n*) 2 ‹*sillón/normas*› Academy (*before n*) (*esp of the Royal Academy of the Spanish language*) 3 ‹*estilo/lenguaje*› academic

académico² -ca *m,f* academician

Compuestos

- **académico correspondiente, académica correspondiente** *m,f* corresponding member (*esp of the Royal Academy of the Spanish language*)
- **académico de número, académica de número** *m,f* permanent member (*esp of the Royal Academy of the Spanish language*)

acaecer [E3] *vi* (*en tercera persona*) (frml) to happen; **los sucesos acaecidos el pasado viernes** the events which took place *o* happened *o* occurred last Friday; **inspirado en un incidente acaecido a la actriz** based on an incident which happened to *o* (liter) befell the actress; **entonces acaeció que ...** (liter) and so it came about *o* it happened that ... (liter)

acalambrante *adj* (RPl) ‹*precio*› shocking; **hacía un frío ~** it was freezing (colloq)

acalambrarse [A1] *v pron* to get cramp; **se me acalambró la pierna** I got cramp in my leg

acalaminado -da *adj* (Chi, Per) rutted, full of ruts

acallamiento *m* silencing

acallar [A1] *vt* ‹*voces/gritos*› to silence, to quiet (AmE), to quieten (BrE); ‹*rumor/clamor*› to quieten down; ‹*críticas/protestas*› to silence; **no lograba ~ la voz de su conciencia** she couldn't silence the voice of her conscience

acaloradamente *adv* heatedly

acalorado -da *adj*

A [SER] ‹*discusión/riña*› heated

B [ESTAR] ‹*persona*› 1 (enfadado) worked up, hot under the collar 2 (con calor) hot

acaloramiento *m* heatedness, heat

acalorar [A1] *vt* 1 (enfadar) to make ... angry 2 (sofocar) to make ... hot

acalorarse [A1] *v pron* 1 (enfadarse) to get worked up, get hot under the collar; **es incapaz de discutir sin ~** he is incapable of discussing anything without getting worked up *o* all hot under the collar 2 (sofocarse) to get hot

acampada *f* camp; **ir de ~** to go camping

acampanado -da *adj* ‹*falda*› flared; ‹*pantalones*› flared, bell-bottomed

acampante *mf* camper

acampar [A1] *vi* to camp

acanalado -da *adj* ‹*columna*› fluted; ‹*techo/cartón*› corrugated

acanaladura *f* (en una columna) groove, striation; (en una tabla, plancha) corrugation

acanalar [A1] *vt* (rebajar) to groove, flute; (doblar) to corrugate

acantilado *m* cliff

acantinflado -da *adj* (CS hum) 1 ‹*pantalones*› baggy 2 ‹*discurso/explicación*› rambling

acanto *m* acanthus

acantonar [A1] *vt* to station

acantopterigio -gia *adj* acanthopterygian

acaparador¹ -dora *adj* 1 (egoísta) selfish, greedy 2 (posesivo) possessive

acaparador² -dora *m,f* 1 (de productos) hoarder 2 (persona egoísta) selfish person

acaparamiento *m* hoarding, stockpiling

acaparar [A1] *vt* 1 ‹*productos/existencias*› to hoard, stockpile 2 ‹*atención/interés*› to capture; **el trabajo acapara todo su tiempo** work takes up all his time; **acaparó todas las miradas** all eyes were on her 3 (fam) (monopolizar) to hog (colloq)

a capella /a ka'pela/ (*loc adv*) ‹*cantar*› a capella, unaccompanied; **el coro dio un concierto ~ ~** (*loc adj*) the choir gave a concert of unaccompanied singing

acápite *m* (AmL) 1 (sección) section; (encabezamiento) heading 2 (párrafo) paragraph

acapulqueño -ña *adj* of/from Acapulco

acaramelado -da *adj* 1 [ESTAR] ‹*novios/pareja*› lovey-dovey (colloq), all over each other (colloq) 2 ‹*voz*› sugary 3 (Coc) toffee-coated; **manzanas acarameladas** toffee apples

acaramelar [A1] *vt* to coat ... with caramel

acariciador -dora, acariciante *adj* 1 ‹*brisa*› caressing (*before n*) (liter) 2 ‹*voz/mirada*› tender

acariciar [A1] *vt*

A 1 ‹*persona*› to caress; ‹*mejilla/pelo*› to stroke, caress; ‹*perro/gato*› to stroke 2 (liter) «*sol/brisa*» to caress (liter)

B ‹*idea/plan*› to nurture

■ **acariciarse** *v pron* (*refl*): **se acariciaba la barba** he was stroking his beard

acaricida *m* mite killer

acárido *m* mite; (que chupa la sangre) tick

ácaro *m* mite

acarraladura *f* (Per) run (AmE), ladder (BrE)

acarreado -da *m,f* (Méx) *voter who is given an incentive to support the government and bussed to the polls to vote*

acarrear [A1] *vt* 1 ‹*desgracia/problema*› to give rise to, lead to, result in; **acarrea un peligro real de pérdida de identidad** it brings with it *o* it gives rise to *o* it leads to a genuine risk of loss of identity 2 ‹*materiales/paquetes*› (en un camión) to carry, truck (AmE); (cargar, llevar en peso) to cart, carry, lug (colloq) 3 (Chi fam) (en el auto) to take, drive 4 (Méx) (movilizar) to mobilize

■ **acarrear** *vi* (Chi fam) 1 (arrasar) **~ CON algo** to sweep sth away 2 (robar) **~ CON algo** to make off WITH sth

■ **acarrearse** *v pron* (Chi fam) to move; **acarréate para acá** come *o* move over this way

acarreo *m* 1 (de materiales, paquetes — en camión) trucking, haulage, transport; (con esfuerzo físico) carrying, lugging (colloq) 2 (Dep) carry

acartonado -da *adj* 1 ‹*piel/cara*› wizened 2 ‹*estilo*› stilted; ‹*actuación/interpretación*› wooden; ‹*modales*› stuffy, stilted; ‹*sociedad*› stultified 3 (Chi fam) ‹*persona*› stiff

acartonar [A1] *vt* to make ... wizened

■ **acartonarse** *v pron* 1 «*piel/cara*» to become wizened 2 «*estilo*» to become stilted

acaserarse [A1] *v pron* (Chi, Per fam) to become a regular customer

acasito *adv* (AmL fam) ▸ **acá A**

acaso *adv*

A (en preguntas): **¿cómo lo sabes? ¿~ estabas allí?** how do you know? were you there by any chance?; **¿~ tengo yo la culpa de que se averió?** is it *my* fault it broke down?; **¿~ no sabes que lo que has hecho es un delito?** don't you know that what you've done is a crime?

B (*en locs*) 1 **por si acaso** just in case; **yo me haría un seguro, por si ~** I'd take out some insurance, just in case; **por si ~ no te lo han dicho** (just) in case nobody's told you; ***ni por si ~*** (CS fam): **ése no te ayuda ni por si ~** you'll never get him to help you (colloq) 2 **si acaso: si ~ me necesitaras, estaré en mi oficina** if you should need me, I'll be in my office; **no fue tan horrible, si ~ un poco cansador** it wasn't that bad, a little tiring maybe *o* perhaps; **si ~ dile que lo vas a pensar** maybe *o* perhaps you could tell her you'll think about it; **si ~ cómpralo y si no te sirve lo devuelves** you could always buy it and bring it back if it's not right

C (liter) (quizás) **~ + SUBJ** maybe, perhaps; **~ sea cierto lo que dijo** maybe *o* perhaps what she said is true

acatamiento *m* (de una ley, orden): **el ~ de las leyes** compliance with the laws; **dictó una orden para su inmediato ~** he issued an order to be carried out *o* implemented immediately

acatar [A1] *vt* ‹*leyes/orden*› to obey, comply with; **~ la voluntad de la mayoría** to comply with the wishes of the majority; **~ la Constitución** to abide by *o* comply with the Constitution

acatarrado -da *adj*: **estar ~** to have a cold; ***tener*** *or* ***traer a algn ~*** (Méx fam) to be driving sb crazy (colloq)

acatarrar [A1] *vt* (Méx fam) to hassle (colloq);
acatarrarse *v pron* (resfriarse) to catch a cold

acato *m* ▸ **acatamiento**

acaudalado -da *adj* wealthy, rich, affluent

acaudillar [A1] *vt* to lead

acceder [E1] *vi*

A 1 (entrar, llegar) **~ A algo** to gain access TO sth; **un jardín al cual se accede por dos entradas** a garden with access from *o* which you can enter from two points; **para ~ a la base de datos** to access the database, to gain access to the database; **pretendían ~ a los secretos del Pentágono** they were trying to gain access to Pentagon secrets; **sólo pueden ~ al premio los menores de 15 años** only under-15s are eligible for the prize; **con esta victoria accede a las semifinales** with this win she goes through to the semifinals 2 (a un cargo) **~ A algo** to accede TO sth (frml); **no pudo ~ a la presidencia** he was unable to accede to *o* to assume the presidency; **accedió al trono** he came *o* succeeded to the throne

B (consentir) to agree; **accedió a regañadientes** he agreed with great reluctance, he reluctantly gave in; **~ A algo** to agree TO sth, to accede TO sth (frml); **accedió a sus deseos** she bowed *o* agreed *o* acceded to his wishes; **accedieron al pago de la deuda** they agreed to pay what was owed; **~ A + INF** to agree TO + INF; **accedió a contestar preguntas del público** she agreed to answer questions from the audience

accesibilidad *f* accessibility

accesible *adj* 1 ‹*lugar*› accessible; **difícilmente ~ a pie** not easily accessible on foot 2 ‹*persona*› approachable 3 ‹*precio*› affordable; **~ a todos los bolsillos** within everyone's price range 4 ‹*novela/música*› accessible; ‹*lenguaje*› accessible, easily comprehensible; ‹*explicación*› easily comprehensible

accesión *f*

A (frml) (consentimiento) assent (frml)

B (Der) 1 (modo de adquirir) accession 2 (a tratado, acuerdo) accession; **~ A algo** accession TO sth; **la ~ del Perú al pacto** the accession of Peru to the pact

C ▸ **acceso B1**

accésit *m* second prize, consolation prize

acceso *m*

A 1 (a un lugar) access; **el ~ al edificio no presenta ningún problema** there is no problem gaining access to *o* getting into the building; **rutas de ~** approach roads; **los ~s a la ciudad están bloqueados** roads into *o* approaches to the city are blocked; **esta puerta es el único ~ al jardín** this door is the only way into *o* the only means of access to the garden; **rampa para ~ con silla de ruedas** ramp for wheelchair access 2 (a una persona) access 3 (a un documento) access 4 (Inf) access

(Compuestos)
- **acceso aleatorio** random access
- **acceso secuencial** sequential access

B **1** (a un puesto, cargo) accession (frml); **desde su ~ al poder** since coming to *o* assuming power **2** (a un curso) entrance; **pruebas de ~** entrance examinations; **curso de ~** preparatory course

(Compuesto) **acceso directo** direct entry

C (Med) attack; **~ de tos** coughing fit; **~ de fiebre** attack of fever; **en un ~ de ira** in a fit of rage; **~ de celos** fit of jealousy

accesorio[1] **-ria** *adj* incidental

accesorio[2] *m* accessory; **~s del vestir** accessories; **~s del automóvil** car *o* automobile accessories; **~s de baño** bathroom fittings

accidentado[1] **-da** *adj*

A **1** ‹*viaje*› eventful, full of incident; **la accidentada historia española de este período** the troubled *o* turbulent history of Spain during this period; **su accidentada carrera diplomática** his checkered (AmE) *o* (BrE) chequered diplomatic career **2** ‹*terreno/camino*› rough, rugged; ‹*costa*› broken

B ‹*persona*› hurt, injured; **no hubo ningún pasajero ~** none of the passengers was hurt

accidentado[2] **-da** *m,f*: **los ~s fueron trasladados al hospital** those injured *o* hurt in the accident *o* the injured were taken to hospital

accidental *adj* ‹*encuentro*› chance (*before n*), accidental; ‹*circunstancias*› coincidental, fortuitous (frml)

accidentalidad *f* accident rate; **normas para disminuir la ~ vial** regulations to reduce the accident rate on the roads

accidentalmente *adv* (sin querer) accidentally, unintentionally; (de casualidad) by chance

accidentarse [A1] *v pron* to have an accident

accidente *m*

A (percance) accident; **tuvo** *or* **sufrió un ~** he had an accident

(Compuestos)
- **accidente aéreo** *or* **de avión** plane crash, air accident (frml)
- **accidente de auto** (AmL) car *o* (AmE) automobile accident
- **accidente de circulación** traffic *o* road accident
- **accidente de coche** car *o* (AmE) automobile accident
- **accidente de trabajo** industrial accident
- **accidente de tráfico** traffic *o* road accident
- **accidente ferroviario** train crash, rail accident
- **accidente laboral** industrial accident

B (hecho fortuito) coincidence; **se encontraron por ~** they met by chance *o* coincidence; **el hecho de que el director sea una mujer es un mero ~** the fact that the director is a woman is purely coincidental

(Compuesto) **accidente gramatical** inflected form

C (del terreno) unevenness

(Compuesto) **accidente geográfico** geographical feature

acción *f*

A (acto, hecho) act; **hacer una buena ~** to do a good deed; **una ~ audaz** a bold act; **acciones dignas de elogio** praiseworthy acts *o* actions

(Compuesto) **acción de gracias** thanksgiving

B (actividad) action; **pusieron el plan en ~** they put the plan into action; **pasaron a la ~** they took action; **mecanismo de ~ retardada** delayed action mechanism; **un hombre de ~** a man of action; **novela de ~** adventure story; **¡luces, cámara, ~!** lights, camera, action!

C (Mil) action; **entrar en ~** to go into action; **las acciones del ejército contra los insurgentes** the action taken by the army against the rebels, the raids *o* attacks by the army on the rebels; **~ defensiva/ofensiva** defensive/offensive action; **no se descarta una ~ militar contra ellos** military action against them has not been ruled out; **muerto en ~** killed in action

(Compuesto) **acción de armas** *or* **de guerra** military action

D (influencia, efecto) action; **está bajo la ~ de un sedante** she is under sedation; **la ~ erosiva del agua** the erosive action of water

E (Cin, Lit) (trama) action, plot; **la ~ se desarrolla** *or* **transcurre en Egipto** the action *o* the story *o* the plot takes place in Egypt

F (Der) action, lawsuit

(Compuesto) **acción judicial** legal action, lawsuit

G (Fin) share; **acciones en alza** rising stocks *o* shares; **tiene el 51% de las acciones** she holds 51% of the shares *o* stock; **emitir acciones** to issue shares *o* stock

(Compuestos)
- **acción con derecho a voto** voting share
- **acciones con cotización oficial** *fpl* listed *o* quoted stock, listed *o* quoted shares *o* stocks (*pl*)
- **acciones en circulación** *fpl* issued stock, issued shares (*pl*)
- **acciones liberadas** *fpl* bonus stock, bonus shares (*pl*)
- **acciones nominales** *or* **nominativas** *fpl* registered stock, registered shares (*pl*)
- **acciones ordinarias** *fpl* ordinary stock, ordinary shares (*pl*)
- **acciones preferentes** *or* **de preferencia** *fpl* preference stock, preference shares (*pl*)
- **acciones prioritarias** priority stock, priority shares (*pl*)
- **acciones sin cotización oficial** *fpl* unlisted *o* unquoted stock, unlisted *o* unquoted shares *o* stocks (*pl*)

H (Per) (de una rifa) ticket

accionado *m* stock, shares (*pl*), shareholding

accionamiento *m* start; **tire de la palanca para su ~** pull the lever to start; **de ~ manual/por control remoto/automático** manual/remote controlled/automatic start

accionar [A1] *vt* **1** ‹*palanca*› to pull **2** ‹*mecanismo/dispositivo*› (a propósito) to operate, activate, trigger; (sin querer) to trigger, activate; **esto accionó el dispositivo que produjo la explosión** this triggered *o* activated the device that caused the explosion; **un simple roce puede ~ la alarma** merely touching it can set the alarm off *o* can activate the alarm

accionariado *m* stockholders (*pl*), shareholders (*pl*)

accionarial *adj* stock (*before n*), share (*before n*); **participación** *or* **paquete ~** stockholding, shareholding

accionario -ria *adj* (AmL) stock (*before n*); **mercado ~** stock market; **aumentó la actividad accionaria** the volume of stocks *o* shares traded increased; **un paquete ~** a stockholding *o* shareholding

accionista *mf* stockholder, shareholder; **~ mayoritario** majority stockholder *o* shareholder

accisa *f* excise duty

acebo *m* holly; (árbol) holly tree

acebuche *m* wild olive

acechadera *f* hiding place

acechante *adj*: **un tigre ~** a tiger lying in wait for its prey

acechar [A1] *vt* ‹*enemigo/presa*› to stalk, to lie in wait for; **somos conscientes del peligro que nos acecha** we are aware of the danger that awaits us *o* that lies ahead of us

acecho *m*: **al ~** lying in wait

acedar [A1] *vt* to sour, to turn ... sour

■ **acedarse** *v pron* **1** (agriarse) to turn *o* go sour **2** «*planta*» to wither

acedera *f* sheep sorrel, sour dock

acedía *f*

A (Med) acidity

B (Coc, Zool) *type of plaice or flounder*

acéfalo -la *adj* **1** (sin cabeza) headless, acephalous (tech) **2** (sin líder) leaderless

aceitada *f* **1** (AmL fam) (lubricación) oiling **2** (Chi fam) (soborno) backhander (colloq), kickback (colloq)

aceitar [A1] *vt* **1** (Mec) ‹*máquina/gozne*› to oil **2** (Coc) ‹*molde*› to grease **3** (Chi fam) (sobornar) to bribe, give ... a backhander (colloq)

aceite *m* **1** (Coc) oil **2** (Mec, Tec) oil; **el motor está perdiendo** *or* (Col) **pasando ~** the engine is leaking *o* losing oil; **~ lubricante** lubricating oil; ***medirle el ~ a algn*** (Col fam) to knife sb (colloq) **3** (para la piel) oil; **~ de bebé** *or* **para niños** baby oil

(Compuestos)
- **aceite de ballena** whale oil, train oil
- **aceite de colza** rapeseed oil
- **aceite de hígado de bacalao** cod-liver oil
- **aceite de linaza** *or* (AmL) **lino** linseed oil
- **aceite de oliva** olive oil
- **aceite de oliva (extra) virgen** (extra) virgin olive oil
- **aceite de parafina** mineral oil (AmE), liquid paraffin (BrE)
- **aceite de ricino** castor oil
- **aceite de soja** *or* (AmL) **soya** soy oil, soya oil (BrE)
- **aceite multigrado** multigrade oil
- **aceite solar** suntan oil
- **aceite vegetal** vegetable oil

aceitera *f* **1** (Tec) oilcan **2** (Coc) cruet

aceitero -ra *adj* oil (*before n*)

aceitoso -sa *adj* oily

aceituna *f* olive; **~s rellenas** stuffed olives; **~s sin hueso** pitted olives

(Compuestos)
- **aceituna gordal** queen olive
- **aceituna negra/verde** black/green olive

aceitunado -da *adj* ▸ⓘ **p.181** olive (*before n*), olive-colored•

aceitunero -ra *m,f* olive-picker

aceituno[1] **-na** *adj* olive, olive-colored•

aceituno[2] *m* **1** (Bot) olive tree **2** (Esp arg) (guardia) Civil Guard

aceleración *f* acceleration

acelerada *f* (esp AmL) burst of acceleration

aceleradamente *adv* rapidly

acelerado -da *adj*

A ‹*curso*› intensive, crash (*before n*); **íbamos a paso ~** we were walking at a brisk pace

B (fam) ‹*persona*› nervous

acelerador *m* **1** (Auto) accelerator; **pisar** *or* **apretar el ~** to put one's foot on *o* press the accelerator **2** (Fís) accelerator

(Compuestos)
- **acelerador de gráficos** graphics accelerator
- **acelerador de partículas** particle accelerator

acelerar [A1] *vt* **1** ‹*coche/motor*› **aceleró el coche** (en marcha) he accelerated; (sin desplazarse) he revved the engine *o* car (up) **2** ‹*proceso/cambio*› to speed up; ‹*paso*› to quicken; **acelera el paso, que es tarde** walk a bit faster, it's getting late; **el gobierno ha acelerado la marcha de las reformas** the government has speeded up *o* stepped up the pace of the reforms **3** (Fís) to accelerate

■ **acelerar** *vi* **1** (Auto) to accelerate **2** (fam) (darse prisa) to hurry, hurry up; **acelera, que vamos a llegar tarde** hurry up *o* (colloq) get a move on, we'll be late!

■ **acelerarse** *v pron* (AmL fam) to get overexcited, lose one's cool (colloq)

acelerómetro *m* speedometer

acelerón *m* burst of acceleration; **no des** *or* **pegues esos acelerones tan bruscos** don't accelerate suddenly like that

acelgas *fpl* Swiss chard

acémila *f* **1** (Zool) mule **2** (torpe) oaf (colloq), jackass (AmE colloq), ass (BrE colloq)

acendrado -da *adj* ‹*cariño*› pure; ‹*honradez*› unblemished; ‹*vocación*› true

acendrar [A1] *vt* to refine

acento *m*

A **1** (Ling) accent; **el ~ recae en la última sílaba** the stress falls on *o* the accent is on the last syllable; **no lleva ~** it doesn't have an accent on it **2** (énfasis) emphasis; **pondremos**

a

especial ~ en la enseñanza we will be putting special emphasis *o* stress on education

(Compuestos)

- **acento agudo** acute accent
- **acento circunflejo** circumflex accent
- **acento ortográfico** written accent
- **acento prosódico** prosodic accent

B 1 (deje, pronunciación) accent; **habla con/tiene ~ francés** he speaks with/he has a French accent; **tiene un ~ raro** she has a funny accent 2 (tono) tone; **con ~ solemne** solemnly, in a solemn tone of voice, in solemn tones (frml); **de marcado ~ europeo** markedly European in tone *o* emphasis

acentuación *f* accentuation

acentuado -da *adj* ‹*diferencia/cambio*› marked, distinct *ver tb* **acentuar**

acentuamiento *m*
A (incremento) increase; **se ha producido un ~ de** *or* **en las ventas** there has been an increase in sales; **debido a un ~ del efecto invernadero** due to an intensification of the greenhouse effect
B (frml) (énfasis) emphasis, accentuation

acentuar [A18] *vt* 1 (Ling) (al hablar) to stress, accent; (al escribir) to accent; **¿esta palabra va acentuada?** should this word have an accent *o* be accented? 2 (intensificar, hacer resaltar) to accentuate, emphasize; (Inf) to highlight; **maquillaje que acentúa los ojos** makeup which accentuates *o* highlights the eyes
■ **acentuarse** *v pron* to become accentuated; **nuestras diferencias se han ido acentuando últimamente** our differences have become more accentuated *o* pronounced *o* marked recently

acepción *f* sense, meaning

aceptabilidad *f* acceptability

aceptable *adj* acceptable, passable

aceptación *f* 1 (éxito) success; **ha tenido gran ~ entre los jóvenes** it has been very popular *o* successful with young people; **la película encontró poca ~** the movie was badly received *o* had little success 2 (acción) acceptance

aceptar [A1] *vt* ‹*excusas/invitación/cargo*› to accept; **¿acepta a Luis como** *or* **por legítimo esposo?** (frml) do you take Luis to be your lawful wedded husband? (frml); **aceptan cheques de viaje** they take traveler's checks; ⊘ **no aceptamos devoluciones** no refunds; **~ + INF** to agree to + INF; **aceptó acompañarme** he agreed to accompany me; **~ QUE + SUBJ**: **no acepto que me diga eso** I can't accept him saying that to me

acequia *f* irrigation ditch *o* channel

acera *f* 1 (para peatones) sidewalk (AmE), pavement (BrE) 2 (lado de la calle): **viven en la misma ~** they live on the same side of the street; ***ser de la ~ de enfrente*** (fam) to be gay

acerado -da *adj* 1 ‹*navaja/hoja*› steel (*before n*) 2 ‹*cielo*› steely; **azul/gris ~** steel blue/gray

acerar [A1] *vt* 1 (recubrir) to coat ... in steel; **~ la punta de algo** to steel-tip sth 2 ‹*persona*› to toughen, harden

acerbamente *adv* harshly, caustically

acerbidad *f* harshness, acerbity

acerbo -ba *adj* 1 ‹*tono/crítica*› harsh, caustic, acerbic 2 ‹*sabor*› sharp

acerca de *loc prep* about

acercamiento *m* (entre posturas, países) rapprochement; (entre personas): **a raíz de ese incidente se produjo un ~ entre ellos** that incident brought them closer together; **lograron un ~ entre las dos posturas** they went some way towards reconciling the two differing points of view

acercar [A2] *vt*
A 1 (aproximar): **acerca la lámpara un poco más** bring the lamp a little closer *o* nearer; **intentaron ~ la mesa a la puerta** they tried to move (*o* pull *etc*) the table closer *o* nearer to the door; **acercó la silla a la mesa** she drew her chair up to the table; **acercó las manos al fuego** he held his hands closer to the fire; **¿puedes ~me ese libro?** can you pass *o* give me that book? 2 (unir) ‹*posturas/países*› to bring ... closer; **su primer hijo los acercó mucho** their first child brought them much closer together
B (llevar): **mi madre nos acercó a la parada** my mother gave us a lift to *o* dropped us at the bus stop; **¿te acerco a la estación?** do you want a lift to *o* can I give you a lift to the station?; **esta tarde te acerco los libros** I'll bring the books round this afternoon
■ **acercarse** *v pron*
A 1 (aproximarse) to approach, to come/go/get closer *o* nearer; **acércate más** (acercándose al hablante) come closer *o* nearer; (alejándose del hablante) go *o* get closer *o* nearer; **¡no te acerques!** keep away!, don't come/go any closer *o* nearer!; **~se A algo/algn** to approach sth/sb, to come/go/get closer TO sth/sb; **según nos acercábamos a la ciudad** as we got closer to *o* approached the city, as we drew near to the city; **no te acerques tanto al micrófono** don't get so close to the microphone; **se le ~on dos policías** two policemen came up to *o* approached him; **se están acercando a una solución** they are getting close to *o* edging towards a solution 2 «*amigos/países*» to draw *o* come closer together 3 «*hora/momento*» to draw near, approach; **se acercaba la fecha de su partida** the day of her departure was drawing near *o* approaching; **ahora que se acercan las Navidades** now that Christmas is coming
B (ir, pasar): **acércate una tarde a tomar café** come around for coffee some afternoon; **ya que estaba en Londres me acerqué a la oficina a saludarlo** as I was in London I went round to his office *o* (AmE) I dropped by his office to say hello
C «*postura/ideas*» (asemejarse) **~se A algo** to lean *o* tend TOWARD(s) sth

ácere *m* maple

acerería *f* ▸ **acería**

acerero -ra *adj* steel (*before n*)

acería *f* steelworks (*sing or pl*)

acerico *m* pincushion

acero *m* 1 (Metal) steel 2 (liter) (arma) blade (liter)

(Compuestos)

- **acero inoxidable** stainless steel
- **acero colado** *or* **fundido** cast steel
- **aceros especiales** special steels

acerola *f* haw

acerolo *m* hawthorn

acérrimo -ma *adj* ‹*partidario/defensor*› staunch; ‹*enemigo*› bitter

acertado -da *adj*: **el suyo fue un comentario muy ~** his remark was very much to the point *o* was very relevant; **no me parece muy acertada su decisión** I don't think it was a very good decision; **no estuviste muy ~ en decirle eso** it wasn't very clever *o* smart of you to tell her that; **¡qué poco ~s estuvimos en la elección!** we didn't make a very good choice at all; **ha sido la compra más acertada que he hecho en mi vida** it's the best buy I've ever made

acertante[1] *adj* winning (*before n*)

acertante[2] *mf* winner; **los máximos ~s de las quinielas** ≈ top dividend (sports) lottery winners (*in US*), ≈ top dividend pools winners (*in UK*)

acertar [A5] *vt* ‹*respuesta/resultado*› to get ... right; **sólo acertó tres respuestas** she only got three answers right, she only answered three questions correctly; **a ver si aciertas quién es** see if you can guess who it is
■ **acertar** *vi*
A (atinar) to be right; **¿no te dije que iban a perder? pues acerté** didn't I tell you they were going to lose? well, I was right; **dijo varios nombres pero no acertó** she said several names but didn't get it right; **acertaste al no comprarlo** it was a good decision not to buy it, you did the right thing not buying it; **~ CON algo** to get sth right; **¿acerté con la talla?** did I get the size right?; **has acertado con el regalo, es justo lo que necesitaba** your present's perfect, it's just what I needed; **no acerté con la calle/casa** I couldn't find the street/house
B (lograr, atinar) **~ A + INF** to manage to + INF; **no acertó a decir palabra** she didn't manage to say a single word, she was unable to utter a single word; **no acierto a comprender qué es lo que pretende** I just can't see *o* I fail to see what he hopes to achieve
C (liter) (suceder casualmente) **~ A + INF** to happen to + INF; **acertó a pasar por allí** he happened to pass that way

acertijo *m* riddle, puzzle

acervo *m*: **el ~ cultural de su país** the cultural heritage of their country; **el ~ familiar** the family fortune

(Compuesto) **acervo comunitario** (UE) acquis

acetato *m* 1 (Tex) acetate rayon 2 (Quím) acetate 3 (disco) acetate

acético -ca *adj* ▸ **ácido**[2]

acetileno *m* acetylene

acetilo *m* acetyl

acetona *f* 1 (Quím) acetone 2 (quitaesmaltes) nail-polish remover

acezante *adj* puffing and panting, out of breath; **llegó ~, empapado en sudor** he arrived puffing and panting *o* out of breath and dripping with sweat

acezar [A4] *vi* to puff and pant

ACHA /'atʃa/ *f* = **Asociación Chilena Anticomunista**

achacar [A2] *vt*: **le ~on la responsabilidad del accidente** he was held responsible for the accident; **debemos ~les el problema a los especuladores** the speculators are the ones we must blame *o* the ones who must take the blame, we must lay the blame at the speculators' door

achacoso -sa *adj*: **un viejo ~** an old man suffering from all sorts of (minor) ailments; **estaba tan ~** he had so many aches and pains *o* so many ailments; **un pobre caballo ~** a poor worn-out old nag; **el carro está un poco ~** (Col fam) the car is a bit dilapidated

achaflanar [A1] *vt* to bevel, chamfer

achampañado -da *adj* sparkling

achancharse [A1] *v pron* (Per, RPl fam) to get fat, put on weight

achantado -da *adj* (Col fam) down (colloq), low (colloq)

achantar [A1] *vt* (fam) to intimidate
■ **achantarse** *v pron* (fam) to back down

achaparrado -da *adj* (fam) ‹*persona*› squat; ‹*árbol*› stunted

achaplinarse [A1] *v pron* (Chi fam) to back out

achaque *m*: **los ~s de la vejez** the ailments of old age, the aches and pains of old age; **te quejas de tus ~s como un viejo de ochenta años** you're like an eighty-year old, the way you go on about your aches and pains

achaquiento -ta *adj* ▸ **achacoso**

acharolado -da *adj* lacquered; **de piel acharolada** with jet-black skin

achatamiento *m*
A (aplanamiento) flattening, leveling
B (AmL) (intelectual, moral) decline; **factores que contribuyen al ~ intelectual de la juventud** factors which contribute to the intellectual decline of young people

achatar [A1] *vt* to flatten

achicador *m* (cubo) bailer; (bomba) bilge pump

achicar [A2] *vt*
A 1 ‹*chaqueta/vestido*› to take in 2 ‹*persona*› **los reveses que ha sufrido lo han ido achicando** the setbacks he's suffered have gradually diminished his confidence; **nada lo achica** nothing daunts him, he's not daunted by anything; **intentaron ~nos a base de patadas** they tried to intimidate us by playing rough
B ‹*agua*› to bail out
■ **achicarse** *v pron*: **no te achiques y dile lo**

que piensas don't be intimidated *o* don't feel daunted, tell him what you think

achicharrante *adj* ‹sol› scorching; **hacía un calor ~** it was scorching

achicharrar [A1] *vt* [1] (quemar): **achicharró la carne** he burned the meat to a cinder *o* crisp; **vio las plantas achicharradas por el sol** he saw the plants scorched and shriveled by the sun; **hace un sol que achicharra** the sun is scorching hot [2] (Chi fam) (aplastar) to crush; (deformar) to buckle

■ **achicharrarse** *v pron* [1] «*persona*» to fry (colloq), to get frazzled (BrE colloq); «*planta*» to get scorched [2] «*carne/salchichas*» to be burned to a cinder *o* crisp (colloq)

achichincle, achichinque *mf* (Méx fam & pey) hanger-on (colloq & pej)

achicopalar [A1] *vt* (Col, Méx fam) to intimidate

■ **achicopalarse** *v pron* (Col, Méx fam) to feel intimidated; **ándele niño, no se me achicopale, salude a sus primas** go on, say hello to your cousins, don't be scared *o* shy

achicoria *f* chicory

(Compuesto) **achicoria roja** radicchio

achilar [A1] *vt* (Col fam) to get ... down

■ **achilarse** *v pron* (Col) to wither

achinado -da *adj* ‹ojos› slanting; ‹cara› oriental-looking

achiote *m* (AmL) (Coc) annatto; (Tex) annatto, annatto dye

achiquillado -da *adj* childish

achís *interj* atchoo!, atishoo! (BrE)

achispado -da *adj* (fam) tipsy (colloq), merry (BrE colloq)

achisparse [A1] *v pron* (fam) to get tipsy (colloq), get merry (BrE colloq)

achocado -da *adj* (Chi) ‹sombrero/boina› **~ hacia adelante** pulled down over one eye; **usa el sombrero ~** he wears his hat at an angle

achocharse [A1] *v pron* (fam) to go (a bit) gaga (colloq)

achoclonar [A1] *vt* (AmS fam) to group ... together

■ **achoclonarse** *v pron* (*refl*) (AmS fam) [1] «*personas*» to crowd together; **todos se ~on a su alrededor** everyone crowded around him [2] «*palabras/ideas*» to get mixed up (colloq)

achocolatado -da *adj* chocolate colored, chocolate-brown

acholado -da *adj* [1] (Andes) (mestizo) mestizo (*of mixed European and Amerindian ancestry*) [2] (Chi fam) (tímido) shy

acholar [A1] *vt* (Chi fam) (avergonzar) to make *o* get ... embarrassed, to embarrass

■ **acholarse** *v pron*

A (Chi fam) (avergonzarse) to get embarrassed

B (Andes) (hacerse cholo) to go native *o* local (*adopting* ▸**cholo**[2] *ways*)

achorado -da *adj* (Chi fam) brave, gutsy (colloq)

achote *m* (AmL) ▸**achiote**

achuchado -da *adj* [1] (Esp fam) (difícil) hard, tough [2] (RPl fam) ‹persona› feverish

achuchar [A1] *vt*: **nos achuchó los perros** he set the dogs on us

■ **achucharse** *v pron* (RPl fam) to get scared

achuchón *m*

A (fam) (empujón): **me dieron muchos achuchones en el tren** there was a lot of pushing and shoving *o* a lot of jostling on the train

B (fam) (abrazo) squeeze; **los vi dándose achuchones en el portal** I saw them hugging each other in the doorway

C (fam) (indisposición repentina): **le dio un ~** she suddenly felt a little ill

achulado -da *adj* (Esp) cocky

achulapado -da *adj* ▸**achulado**

achumarse [A1] *v pron* (RPl) to get drunk

achunchar [A1] *vt* (Chi fam) (turbar) to embarrass

■ **achuncharse** *v pron* (Chi fam) (turbarse) to get embarrassed; (por algo reprensible) to feel ashamed

achuntar [A1] *vi*

A (Chi fam) (dar, pegar) **~(le) A/EN algo**: **lo tiró y le achuntó a la caja** he threw it and got it in the box *o* and it landed right in the box; **tiró a la canasta pero no le achuntó** he shot at the basket but he missed (it); **achúntale bien en el medio** hit it smack dab (AmE) *o* (BrE) smack bang in the middle (colloq); ***~le medio a medio con algo*** (Chi fam) to get sth just right *o* spot-on; **le achuntó medio a medio con ese corte de pelo** that haircut really suits him

B (Chi fam) (acertar): **le achuntaste con el regalo** your present was perfect; **~(le) A algo** to get sth right; **le achuntó al número premiado** she got the winning number; ***no ~le a una*** (fam): **no le achunta a una** he gets it wrong every time; **no le achunta a una con la ortografía** she can't seem to spell anything right *o* correctly

achuñuscar [A2] *vt* (Chi fam) ‹papel› to crumple up, to scrunch up (colloq), to screw up (BrE); ‹tela› to wrinkle (AmE), to crumple (BrE); **tiene la piel achuñuscada por la edad** her skin has wrinkled *o* (colloq) gone wrinkly with old age; **unas papas todas achuñuscadas** some really shriveled (up) old potatoes (colloq)

■ **achuñuscarse** *v pron* (Chi fam) «*papel/tela*» to get wrinkled (AmE), to get crumpled (BrE); «*piel*» to get wrinkled; **una vieja achuñuscada** a wizened *o* wrinkly old woman

achurar [A1] *vt* (RPl fam) (matar) to kill; (uso hiperbólico) to kill, to claw my/your/his eyes out (AmE colloq), to have my/your/his guts for garters (BrE colloq)

achuras *fpl* (RPl) offal

achurrascar [A2] *vt* (Chi fam) ‹sombrero/lata› to squash, crush; ‹fruta› to squash; ‹mano/dedos› to crush; ‹papel/carta› to scrunch up (colloq), to screw up (BrE colloq)

■ **achurrascarse** *v pron* (Chi fam) to get crushed *o* squashed

achús *interj* atchoo!, atishoo! (BrE)

aciago -ga *adj* (liter) tragic; **aquel ~ día** that tragic *o* fateful day

aciano *m* cornflower

acíbar *m* (planta) aloe; (jugo) bitter aloes

acicalado -da *adj* dressed up

acicalarse [A1] *v pron* to dress up, get dressed up, put on one's glad rags (colloq & hum)

acicate *m* [1] (estímulo): **el ~ de su existencia** his reason for living, what gives meaning to his life [2] (espuela) spur

acicatear [A1] *vt* to spur ... on

acid[1] /'æθid, 'asid/ *adj inv* acid house; (*before n*): **música ~** acid house music

acid[2]**, acid house** *m* acid house

acidez *f* [1] (Quím) acidity [2] (Med) (en el estómago) acidity; (en el esófago) heartburn

acidificar [A2] *vt* to acidify

■ **acidificarse** *v pron* to acidify

ácido[1] **-da** *adj* [1] ‹sabor› acid; ‹fruta› acid, tart, sharp; ‹vino› sharp [2] ‹carácter/tono› acid, caustic; ‹palabras› sharp, caustic

ácido[2] *m* [1] (Quím) acid [2] (arg) (droga) acid (sl)

(Compuestos)

- **ácido acético** acetic acid
- **ácido acetilsalicílico** acetylsalicylic acid
- **ácido ascórbico** ascorbic acid
- **ácido carbólico** *or* **fénico** carbolic acid
- **ácido carbónico** carbonic acid
- **ácido cianídrico** hydrocyanic acid
- **ácido cítrico** citric acid
- **ácido clorhídrico** hydrochloric acid
- **ácido desoxirribonucleico** deoxyribonucleic acid, DNA
- **ácido láctico** lactic acid
- **ácido lisérgico** lysergic acid
- **ácido málico** malic acid
- **ácido nítrico** nitric acid
- **ácido nitroso** nitrous acid
- **ácido nucleico** nucleic acid
- **ácido oxálico** oxalic acid
- **ácido prúsico** prussic acid
- **ácido retinoico** retinoic acid
- **ácido ribonucleico** ribonucleic acid, RNA
- **ácido sulfúrico** sulfuric* acid
- **ácido tánico** tannic acid
- **ácido úrico** uric acid

acidófilo -la *adj* [1] (Biol, Quím) acidophilic [2] (Coc) acidophilous

acidulante *m* acidifier

acidular [A1] *vt* to acidulate, make ... taste sharp

acídulo -la *adj* sharp-tasting, acidulous (tech)

acierta, aciertas, etc ▸**acertar**

acierto *m*

A (decisión correcta) good (*o* sensible *etc*) decision, good *o* wise move; **su mayor ~ fue ...** her best decision *o* move was ..., the best decision *o* move she made was ...

B (tino, habilidad) skill; **con gran ~** with great skill, very skillfully

C (respuesta correcta) correct answer

ácimo -ma *adj* ▸**pan**

acimut *m* azimuth

acinturado -da *adj* (Chi): **una mujer muy acinturada** a woman with a very slim waist; **la moda viene acinturada** tight-fitting clothes are in fashion

acitrón *m* candied citron

acitronar [A1] *vt* (Méx) to fry ... until golden brown

aclamación *f* acclaim; **fue elegido por ~ popular** he was chosen by popular acclaim; **salió al escenario entre las aclamaciones del público** she came on stage to great applause *o* acclaim from the audience

aclamar [A1] *vt* to acclaim, applaud

aclaración *f*: **escribió una ~ al margen** he wrote a note in the margin to clarify it, he wrote an explanation in the margin; **quisiera hacer una ~, yo no tuve nada que ver con esto** I'd like to make one thing clear *o* I'd like to clarify one thing, I had nothing to do with this; **le pediré aclaraciones sobre las circunstancias del accidente** I will ask him for an explanation of *o* for clarification of the circumstances surrounding the accident

aclarado *m* (Esp) rinse

aclarar [A1] *v impers* [1] (amanecer): **cuando nos levantamos estaba aclarando** dawn *o* day was breaking when we got up, it was starting to get light when we got up [2] (escampar) to clear up; **si aclara, podemos salir** if the weather *o* if it clears up, we can go out

■ *vi* [1] «*día*» (empezar) to break, dawn [2] «*día/tiempo*» (escampar) to clear up

■ **aclarar** *vt*

A ‹color› to lighten

B [1] ‹duda/problema› to clarify; **intentaré aclarárselo** I'll try to clarify it for you, I'll try to explain it to you; **me aclaró varias dudas que tenía** she clarified several points I wasn't sure of, she cleared up several queries I had; **no pudo ~me nada sobre el tema** she couldn't throw any light on the subject; **quiero ~ que yo no sabía nada sobre el asunto** I want to make it clear that I didn't know anything about the matter [2] (Chi) ‹persona› (fam) to tell ... straight, tell ... a few home truths (colloq)

C [1] ‹salsa› to thin [2] ‹vegetación/bosque› to clear

D (Esp) (enjuagar) ‹ropa/vajilla› to rinse; ‹pelo› to rinse

■ **aclararse** *v pron* [1] ‹pelo› to lighten; **se aclaraba el pelo** she lightened her hair [2] **~se la voz** to clear one's throat [3] (Esp fam) «*persona*»: **explícamelo otra vez, sigo sin ~me** explain it to me again, I still haven't got it straight *o* I still don't understand; **comparemos las listas, a ver si nos aclaramos** let's compare the lists and see if we can sort things out *o* get things straight; **no me aclaro con esta máquina** I can't work out how to use this machine, I can't get the hang of this machine (colloq); **lleva una borrachera que no se aclara** he's so drunk he doesn't know what's going on; **tengo un sueño que no me aclaro** I'm so tired I can't think straight; **unos días de descanso para ~me las ideas** a few days' rest to get my ideas straight

aclaratorio -ria *adj* explanatory

aclimatación *f* acclimatization

aclimatarse [A1] *v pron* to acclimatize, get *o* become acclimatized

acné *m or f* acne

ACNUR /ak'nur/ *m* (= **Alto Comisionado de las Naciones Unidas para los Refugiados**) UNHCR

acobardar [A1] *vt* ‹*persona*› to unnerve, intimidate; **su presencia los acobardó** they found his presence unnerving *o* intimidating

■ **acobardarse** *v pron* to get frightened *o* scared, lose one's nerve; **~se ANTE algo** ‹*ante una dificultad/un obstáculo*› **no hay que ~se ante el peligro** we must not flinch in the face of danger; **no se acobarda ante nada** nothing daunts her, she isn't frightened *o* daunted by anything

acocil *m* (Méx) (fresh-water) shrimp

acocote *m* (Méx) bottle gourd, calabash

acodado -da *adj* L-shaped; **tubo ~** elbow joint

acodar [A1] *vt* 1 ‹*tubería*› to bend … into an elbow *o* an L-shape 2 (Agr) ‹*planta/vástago*› to layer

■ **acodarse** *v pron* **~se SOBRE algo** to lean (one's elbows) on sth; **tomaba su cerveza acodado sobre el mostrador** he was leaning on the bar drinking his beer

acodo *m* layering

acogedor -dora *adj* 1 ‹*casa/habitación*› cozy*; ‹*ambiente*› warm, friendly 2 ‹*persona/actitud*› friendly, warm; **me recibió de una manera nada ~a** he didn't give me a very friendly *o* warm welcome

acoger [E6] *vt*

A (dar refugio a, albergar) ‹*huérfano/anciano*› to take in; **nos acogió en su casa** he took us in; **Italia acogió a 5.000 refugiados** Italy gave refuge to *o* accepted *o* admitted 5,000 refugees; **estos hoteles acogen a miles de turistas** these hotels cater for *o* provide accommodation for thousands of tourists; **que el Señor lo acoja en su seno** may the Lord receive his Spirit

B (+ *compl*) ‹*propuesta/idea*› to receive; ‹*persona*› to receive; **la noticia fue acogida con gran satisfacción** the news was very well received; **fue acogido con grandes ovaciones** it was received with great applause; **me acogieron con cortesía** they received me politely

■ **acogerse** *v pron* **~se A algo**: **se acogieron a la ley** they had recourse to the law; **me acogí a su protección** I turned to them for protection, I availed myself of their protection; **se acogió al régimen de jornada reducida** he opted for the shorter working day, he took advantage of *o* accepted the option of working a shorter day; **se acogió al derecho de asilo** he claimed asylum; **se acogieron a la amnistía** they accepted the offer of an amnesty

acogida *f*

A (recibimiento — de una persona) welcome; (— de una noticia, propuesta) reception; **fue objeto de la más calurosa ~** he received *o* was given the warmest of welcomes, he was given the warmest of receptions; **el proyecto tuvo una ~ favorable** the project was favorably received *o* got a favorable reception

B (de un huérfano) taking in; (de un refugiado) acceptance, admittance

acogimiento familiar *m* fostering, fosterage

acogotar [A1] *vt* 1 ‹*animal*› to kill (*with a blow to the back of the neck*); ‹*persona*› (fam): **si lo encuentro, lo acogoto** if I find him, I'll break his neck (colloq) 2 (CS fam) (estrangular) to throttle, choke (colloq) 3 (CS fam) (abrumar): **está acogotado de deudas/trabajo** he's up to his eyes in debt/work (colloq); **nos están acogotando de trabajo** they're piling *o* heaping work onto us (colloq)

acojonamiento *m* ▸ **acojone**

acojonante *adj* (esp Esp) 1 (fam) (atemorizador) frightening, terrifying 2 (arg) (estupendo, impresionante): **es un tío ~** he's a really great *o* an incredible guy (colloq); **tenía un coche ~** she had an amazing *o* incredible car (colloq)

acojonar [A1] *vt* (esp Esp) 1 (fam) (asustar) to scare *o* frighten the life out of (colloq), to scare … stiff (colloq) 2 (arg) (asombrar): **los acojonó con su vestimenta** she blew their minds *o* knocked them out with the clothes she was wearing (colloq)

■ **acojonarse** *v pron* (esp Esp fam) to get scared

acojone, acojono *m* (esp Esp fam): **¡qué ~ me entró!** I was scared stiff! (colloq)

acolchado[1] **-da** *adj* 1 ‹*bata/tela*› quilted 2 ‹*pared*› padded

acolchado[2] *m* 1 (de una puerta, pared) padding 2 (RPl) (colcha) eiderdown

acolchar [A1] *vt* 1 ‹*bata/tela*› to quilt 2 ‹*pared/puerta*› to pad

acolchichi *m* (Méx) redwing (*American bird*)

acolchonar [A1] *vt* ▸ **acolchar**

acolitar [A1] *vi* (Col) to serve (*as an altar boy*)

■ **acolitar** *vt* (Col fam) to cover for

acólito *m* 1 (Relig) (eclesiástico) server; (monaguillo) altar boy 2 (ayudante) helper

acollar [A10] *vt* to earth up

acollerarse [A1] *v pron* (Per fam) to hang around (colloq)

acomedido -da *adj* (Chi, Méx, Per) obliging, helpful; ***estar** or **ir** or **andar de ~ con algn*** (Méx fam & pey) to suck up to sb (colloq)

acomedirse [I14] *v pron* (Méx) to offer to help

acometer [E1] *vt*

A (atacar) to attack

B ‹*empresa/proyecto*› to undertake, tackle; ‹*reforma*› to undertake

C (asaltar) «*temor/deseo*» to seize, take hold of; **me acometió el sueño** sleep came over me; **de repente me acometió la duda** I was suddenly assailed by doubt

■ **acometer** *vi* to attack; **~ CONTRA algo/algn** to attack sth/sb

acometida *f* (de un animal) attack; (de un ejército) attack, assault

acometividad *f* 1 (energía) energy 2 (agresividad) aggressiveness; (de un toro) fierceness

acomodadizo -za *adj* ▸ **acomodaticio**

acomodado[1] **-da** *adj*

A ‹*familia*› well-off, well-to-do; **de posición acomodada** well-off, well-to-do

B (CS, Méx fam) (que tiene palanca): **está ~ con el gobernador** he has contacts *o* connections in the governor's office, he (*o* his father *etc*) knows the governor

acomodado[2] **-da** *m,f* (CS, Méx fam): **el departamento está lleno de ~s** the department is full of people who got their jobs through having connections *o* by pulling strings *o* by having friends in high places

acomodador -dora *m,f*

A (*m*) usher

B (*f*) usher, usherette

acomodar [A1] *vt*

A (adaptar, amoldar) to adapt; **~ la ley a las realidades sociales** to bring the law into line with the realities of society, to adapt the law to the realities of society; **no puedes ~ las reglas a tu antojo** you can't bend the rules just to suit you; **deberías tratar de ~ tus pretensiones a la realidad** you should try to be more realistic in your aims

B ‹*huésped*› to put … up

C 1 (esp AmL) (colocar): **acomoda los juguetes en el armario** put your toys away in the cupboard; **voy a ~ el equipaje en el auto** I'm going to put the bags in the car 2 (fam) ‹*persona*› (en un puesto): **su tío lo acomodó en su departamento** his uncle got him a job in *o* (colloq) got him into his department

■ **acomodarse** *v pron* 1 (ponerse cómodo) to make oneself comfortable; **se acomodó en el sillón** he settled himself (comfortably) in the armchair 2 (adaptarse, amoldarse) **~se A algo** to adapt TO sth; **se tendrá que ~ a nuestra manera de hacer las cosas** he will have to adapt to *o* adjust to *o* fit in with our way of doing things; **no se acomoda a la realidad de la situación** it doesn't fit in with the reality of the situation 3 (AmL) (arreglarse) ‹*ropa/anteojos*› to straighten; **se acomodó los anteojos** he straightened his glasses

acomodaticio -cia *adj* 1 ‹*persona/actitud*› (que se adapta con facilidad) accommodating, obliging, easygoing; (pey) pliable (pej) 2 (pey) ‹*acuerdo/arreglo*› cozy* (pej)

acomodo *m* 1 (AmL fam) (palanca, amiguismo) string-pulling 2 (Esp) (trabajo) job (*obtained through string-pulling*)

acompañado -da *adj* accompanied; **bien/mal ~** in good/bad company; **~ DE algn/algo: llegó ~ de su familia** he arrived with *o* accompanied by his family; **aparece en la foto ~ de varios amigos** he appears in the photograph with several friends; **todos los platos vienen ~s de guarnición** all dishes are served with vegetables (*o* rice etc)

acompañamiento *m* 1 (Mús) accompaniment; **con ~ de piano** with piano accompaniment, accompanied on the piano; **canta sin ~** she sings unaccompanied 2 (Coc) complement; **¿con qué ~ lo quiere?** what do you like it served with?

acompañante *mf* 1 (compañero): **los ~s por favor esperen aquí** would all those accompanying the children (*o* patients *etc*) please wait here?; **se ha convertido en asiduo ~ de la actriz** he has become a constant companion of the actress; **no necesito ~** I don't need anyone to go with me 2 (Mús) accompanist

acompañar [A1] *vt*

A 1 (a un lugar) to go/come with, accompany (frml); **si quieres te acompaño al dentista** I'll go with you to the dentist if you like; **acompáñalo hasta la puerta** see him to the door, see him out; **¿me acompañas a hablar con él?** will you come with me to talk to him? 2 (hacer compañía): **¿por qué no vamos a ~la?** why don't we go and keep her company?; **gracias por ~nos en este coloquio radiofónico** thank you for being with us on the show; **siempre lo acompañó la buena suerte** he was always very lucky; **el tiempo no nos acompañó** we didn't get very good weather, we weren't very lucky with the weather 3 (en el dolor, la desgracia) **~ a algn EN algo: todos acompañamos a la familia en su dolor** we all join with the family in their grief; **le acompaño en el sentimiento** (fr hecha) my deepest sympathy; **acompañó a la madre en su dolor** he comforted his mother in her grief 4 (Mús) to accompany

B ‹*comida*› to accompany, go with

C (frml) (adjuntar) to enclose; **nos es grato ~le la información por usted solicitada** we are pleased to enclose the information which you requested; **la solicitud ha de ir acompañada del certificado médico** the application must be accompanied by the medical certificate

■ **acompañarse** *v pron* 1 (Mús) to accompany oneself; **cantó acompañándose al piano** she sang, accompanying herself on the piano 2 (*recípr*): **no se llevan muy bien pero se acompañan** they don't get along very well but they're company for each other *o* they keep each other company

acompasado -da *adj* ‹*ritmo/paso*› measured, regular; ‹*movimiento*› rhythmic

acompasar [A1] *vt*: **~ el paso** to keep in step; **deben ~ los movimientos a la música** they must keep their movements in time to the music *o* make their movements fit in with the music

acomplejado[1] **-da** *adj*: **está ~ por su gordura** he has a complex about being fat

acomplejado[2] **-da** *m,f*: **es un ~** he's a mass of *o* he has so many complexes

acomplejante *adj* (AmL fam): **es bien ~ ver lo buenos que son los demás** it makes you feel inadequate *o* it gives you a complex to see how good the others are

acomplejar [A1] *vt* to give … a complex, make … feel inadequate (*o* ignorant *etc*); **nos vas a ~ con tus conocimientos** you know so much, you're going to give us all a complex *o* make us all feel very ignorant

■ **acomplejarse** *v pron* to get a complex, feel inadequate (*o* ignorant *etc*)

aconchabar *vt* (AmL) (Agr) ‹*peón*› to hire, take on (colloq)

aconcharse [A1] *v pron* (Chi) to clear

acondicionador *m tb* : **~ de pelo** conditioner, hair conditioner

(Compuesto) **acondicionador de aire** air conditioner

acondicionamiento *m* fitting-out

acondicionar [A1] *vt*

A **1** ‹*vivienda/local*› to equip, fit out; **~on la sala para congresos** they fitted out *o* equipped the hall for conferences; **un centro sanitario debidamente acondicionado** a properly-equipped health center **2** (Col) ‹*carro*› to soup up

B ‹*pelo*› to condition

acondroplastia *f* achondroplasia

aconfesional *adj* non-denominational

acongojado -da *adj* upset, distressed

acongojar [A1] *vt* (liter) to grieve (liter), to distress

■ **acongojarse** *v pron* (liter) to become distressed (liter); **¡no te acongojes!** don't distress yourself!

acónito *m* aconite

aconsejable *adj* advisable

aconsejar [A1] *vt* to advise; **¿qué me aconsejas?** what do you suggest *o* advise?, what do you think I should do?; **has sido mal aconsejado** you've been badly advised, you've been given bad advice; **necesito que alguien me aconseje** I need someone to advise me, I need advice from someone; **el médico le aconsejó reposo** the doctor advised her to rest; **el mal tiempo aconseja precaución en las carreteras** the bad weather calls for caution on the roads; **~le a algn + INF** to advise sb to + INF; **el médico le aconsejó comer menos** the doctor advised her to eat less; **se aconseja utilizar cadenas** snowchains are advisable; **~le a algn QUE + SUBJ: le ~on que no dejara su trabajo** they advised him not to leave his job; **le aconsejo que se vaya** I advise you to go

■ **aconsejarse** *v pron* to seek advice; **~se CON** *or* **DE algn** to seek advice FROM sb

acontecer[1] [E3] *vi* (*en tercera persona*) (frml) to take place, occur (frml), happen; **los sucesos acontecidos ayer** the events which took place *o* occurred *o* happened yesterday

acontecer[2] *m*: **el ~ diario de la vida de un país** the everyday events *o* occurrences in the life of a country

acontecimiento *m* event; **dieron una fiesta para celebrar el ~** they gave a party to celebrate the occasion *o* event; **fue todo un ~** it was quite an event; **no te adelantes** *or* **anticipes a los ~s** don't get ahead of yourself

acopiar [A1] *vt* to stockpile

acopio *m*: **haciendo ~ de todas sus fuerzas** gathering all his strength; **hizo ~ de todo su valor** he mustered all his courage; **hicieron gran ~ de víveres** they stockpiled large quantities of provisions

acoplado -da *m,f* **1** (Chi fam) (en una fiesta) gatecrasher **2** **acoplado** *m* (CS) (remolque) trailer

acoplador *m* coupler

(Compuesto) **acoplador acústico** acoustic coupler

acoplamiento *m* **1** (de piezas) fitting together **2** (Elec) connection **3** (Ferr) coupling **4** (Espac) docking

(Compuestos)

- **acoplamiento en paralelo/en serie** connection in parallel/in series
- **acoplamiento universal** universal joint

acoplar [A1] *vt* **1** ‹*piezas*› to fit *o* put together **2** (Elec) to connect **3** (Ferr) to couple

■ **acoplarse** *v pron*

A **1** (adaptarse) to adapt; **se acopló enseguida al nuevo trabajo** he soon adapted to *o* settled into *o* (colloq) got the hang of his new job; **se acopló muy bien en México** she adapted very well to life in Mexico **2** (CS): **~se A algo** ‹*a una huelga*› to join sth; ‹*a una excursión*› to go along ON sth; **se ~on a la huelga** they joined the strike; **se acopló al paseo** he came/went along on the walk

B (Audio) to produce feedback

C (Aviac, Espac) to dock

acoquinar [A1] *vt* to intimidate, cow

■ **acoquinarse** *v pron* to be *o* feel intimidated *o* cowed

acorazado *m* battleship

acorazar [A4] *vt* (Mil) to armor-plate*; **cámara acorazada** strongroom

■ **acorazarse** *v pron* **1** (defenderse, escudarse) to protect oneself **2** (hacerse insensible) to become hardened, become inured

acorazonado -da *adj* heart-shaped; **hoja acorazonada** heart-shaped leaf

acordar [A10] *vt*

A (convenir) to agree; **~on los términos del contrato** they agreed the terms of the contract; **se acordó reanudar las conversaciones** it was agreed that discussions should be restarted; **~on que los gastos correrían por cuenta de la empresa** they agreed that the costs would be met by the company

B (esp AmL frml) ‹*premio*› to award; **la distinción le fue acordada por decisión unánime** the decision to award him the honor *o* to confer the honor on him was unanimous

C (recordar): **háganme ~ de llamarlo** (RPl) remind me to phone him; **acuérdeme de llamarlo/de que hay que comprar pan** (Andes) remind me to phone him/that we have to buy some bread

■ **acordarse** *v pron* to remember; **no me acuerdo** *or* **no me puedo ~** I don't *o* can't remember; **si mal no me acuerdo fue un jueves** if I remember right it was a Thursday; **~se DE algn/algo** to remember sb/sth; **¿no te acuerdas de Elena?** don't you remember Elena?; **no quiero ni ~me de lo que pasó** I don't even want to think about what happened; **si lo vuelves a hacer te vas a ~ de mí** (fam) if you do it again I'll give you something to remember me by *o* I'll teach you a lesson *o* you'll be sorry (colloq); **~se DE + INF** (de una acción que hay/había que realizar) to remember to + INF; (de una acción que ya se realizó) to remember *o* recall -ING; **acuérdate de dárselo** remember to give it to him; **ni me acordé de decírselo** I completely forgot to tell him; **se acordó de haberlo visto allí** she remembered *o* recalled seeing him there, she remembered *o* recalled having seen him there; **no me acuerdo de haber dicho semejante cosa** I don't remember *o* recall saying such a thing; **~se (DE) QUE ...** to remember THAT ...; **¿te acordaste (de) que me lo había llevado?** did you remember that I'd taken it?

acorde[1] *adj* **1** (en armonía): **tienen posturas ~s** they hold the same views; **estamos todos ~s** we are all agreed *o* in agreement; **colores ~s** colors that go *o* blend well together; **con un salario ~** with a salary to match; **~ CON** *or* **A algo** appropriate TO sth, in keeping WITH sth; **en un lenguaje poco ~ con la ocasión** in terms which were hardly appropriate to *o* in keeping with the occasion; **una vestimenta más ~ a las circunstancias** a more suitable outfit for the occasion, an outfit more in keeping with the occasion **2** ‹*sonidos*› harmonious; **los instrumentos están ~s** the instruments are in tune *o* in harmony

acorde[2] *m* chord; **a los ~s de una marcha militar** to the strains of a march

acordeón *m*

A (Mús) accordion

B (Méx fam) (para un examen) crib

acordeonista *mf* accordionist

acordonado -da *adj*: **zapatos ~s** lace-up shoes

acordonamiento *m* cordoning off

acordonar [A1] *vt* **1** ‹*lugar*› to cordon off **2** ‹*zapatos*› to lace, lace up

acorralar [A1] *vt* **1** (rodear) to corner; **cuando se vio acorralado sacó el revólver** when he saw he was cornered he drew his revolver; **acorralado por la jauría** brought to bay *o* cornered by the hounds **2** (intimidar) to corner; **todos lo atacaron y se sintió acorralado** they all attacked him and he felt cornered; **se sentía acorralado por el pánico** he felt panic-stricken **3** ‹*ganado*› to round up

acortamiento *m* (de un vestido, texto) shortening; (de una distancia) reduction

acortar [A1] *vt* ‹*falda/vestido*› to shorten; ‹*texto/artículo*› to cut, shorten; ‹*vacaciones/estancia*› to cut short; **vamos por aquí, para ~ camino** let's go this way, it's quicker *o* shorter; **~on la distancia de la prueba** they reduced the length of the race

■ **acortarse** *v pron* to get shorter

acosador -dora *m,f*

A (hostigador) stalker; **la actriz sufría el asedio de un ~** the actress was being subjected to the attentions of a stalker

B (en el colegio, trabajo) bully

C (perseguidor) persecutor; tormentor

acosar [A1] *vt* **1** ‹*persona*› to hound; **lo acosan sus acreedores** his creditors are hounding him *o* are after him; **un compañero que la acosaba sexualmente** a colleague who was sexually harassing her; **se ven acosados por el hambre y las enfermedades** they are beset by hunger and disease; **me ~on con preguntas sobre su paradero** they plagued *o* bombarded me with questions regarding his whereabouts **2** ‹*presa*› to hound, pursue relentlessly

acosijar [A1] *vt* (Méx) to badger, pester

acoso *m* **1** (de una persona) harassment; **el ~ sexual en el trabajo** sexual harassment in the workplace **2** (en el colegio, trabajo) bullying; **el problema del ~ escolar** the problem of bullying at school; **niegan la existencia de ~ laboral** they deny the existence of bullying in the workplace **3** (de una presa) hounding, relentless pursuit

acostada *f* (Chi fam) nap, lie-down (BrE colloq)

acostar [A10] *vt*

A ‹*niño*› to put ... to bed

B ‹*nave*› to moor

■ **acostar** *vi* (Náut) to moor

■ **acostarse** *v pron* **1** (irse a la cama) to go to bed; **¡niños, es hora de ~se!** children, it's time for bed!; **me voy a ~ un ratito** I'm going to lie down for a while; ***nunca te ~ás sin saber una cosa más*** you learn something new every day **2** (tenderse, tumbarse) to lie down; **para este ejercicio, ~se boca abajo** for this exercise, lie face down **3** (tener relaciones sexuales) to go to bed together, sleep together; **~se CON algn** to go to bed WITH sb, sleep WITH sb **4** (liter) ‹‹*sol*›› to set

acostón *m* (Méx arg) lay (sl); **un buen ~** a good lay; **echarse un ~** to get laid (sl)

acostumbrado -da *adj* **1** (habituado): **lo tiene muy bien ~** she has him very well trained; **los niños estan muy mal ~s** the children are very spoilt; **~ A algo** used TO sth; **estoy ~ al frío** I'm used to the cold; **~ A + INF** used TO -ING; **estamos ~s a cenar temprano** we're used to having dinner early; **está acostumbrada a encontrárselo todo hecho** she's accustomed *o* used to having everything done for her; **~ A QUE + SUBJ: está ~ a que se lo lleven enseguida** he's used to having it taken to him right away; **no estoy ~ a que me traten así** I am not accustomed *o* used to being treated like that **2** (habitual) customary, usual; **con su acostumbrada tranquilidad** with her usual *o* customary calmness

acostumbramiento *m* (CS): **puede producir ~** it can be habit-forming

acostumbrar [A1] *vt* **~ a algn A algo** to get sb used TO sth; **para ~lo al ruido de los motores** to get him used to *o* accustomed to the noise of the engines; **lo ~on a tomarlo** *or* **a que lo tomara desde pequeño** they got him used to taking it *o* into the habit of taking it from when he was small

■ **acostumbrar** *vi* **~ (A) + INF** to be accustomed TO -ING, be in the habit OF -ING; **acostumbraba (a) dar un paseo después de comer** I usually went for *o* I used to go for a walk after lunch, I was in the habit of *o* I was accustomed to going for a walk after lunch

■ **acostumbrarse** *v pron* **~se A algo/algn** to get used TO sth/sb; **se acostumbró muy pronto al nuevo horario** she very quickly got used to the new schedule; **~se A + INF** to get used TO -ING; **no me puedo ~ a comer sin sal** I can't get used to eating food without salt

acotación *f* (de un texto) margin note, annotation; (al hablar) comment; **¿me permite hacer una ~?** could I just make a comment?

acotado *adj* 1 ‹*terreno*› fenced, fenced-in 2 ‹*mapa/plano*› contour (*before n*)

acotamiento *m* (Méx) shoulder (AmE), hard shoulder (BrE)

acotar [A1] *vt*
A 1 ‹*terreno*› to fence in 2 (mencionar) to mention; ‹*texto*› to annotate 3 ‹*plano/mapa*› to mark the contour lines on
B (decir) to comment

ACPM *m* (Col) (= **aceite combustible para motores**) diesel, DERV (BrE dated)

acracia *f* anarchy

ácrata[1] *adj* anarchist (*before n*)

ácrata[2] *mf* anarchist

acre[1] *adj* 1 ‹*olor*› acrid 2 ‹*humor/tono*› caustic; ‹*crítica*› harsh, biting

acre[2] *m* ▸ⓘ **p.0000** acre

acrecencia *f* accretion

acrecentamiento *m* growth, increase

acrecentar [A5] *vt* to increase
■ **acrecentarse** *v pron* to increase, grow

acrecer [E3] *vi* to accrue

acrecimiento *m* accrual

acreditación *f* 1 (acción) accreditation 2 (documento) credentials (*pl*)

acreditado -da *adj* 1 (de renombre) ‹*establecimiento/marca*› reputable, well-known 2 ‹*diplomático/periodista*› accredited; ‹*agente/representante*› authorized, official; **el embajador ~ ante la Santa Sede** the ambassador accredited to the Holy See

acreditar [A1] *vt*
A ‹*diplomático/periodista*› to accredit; ‹*representante*› to authorize
B (frml) (probar, avalar) to prove; **el presente recibo no acredita el pago de los anteriores** this receipt does not provide evidence of payment *o* does not prove payment of previous bills; **los documentos que lo acreditan como residente** the papers which prove that you are a resident; **este libro lo acredita como un gran pensador** this book confirms him as a great thinker; **una empresa acreditada como líder en su campo** a firm recognized as the leader in its field
C (Fin) ‹*suma*› to credit; ‹*cuenta*› to credit; **hemos acreditado su cuenta en la suma de 5.000 pesos** we have credited your account with the sum of 5,000 pesos, we have credited the sum of 5,000 pesos to your account
■ **acreditarse** *v pron* 1 ‹*victoria/logro*› to achieve 2 (lograr buena fama) to get *o* gain a good reputation, prove one's worth

acreditativo -va *adj* (frml) supporting (*before n*); **no posee ningún documento ~** he does not have any supporting documents *o* any documents to prove it; **~ DE algo**: **los documentos ~s de la propiedad del inmueble** the documents certifying *o* which certify *o* which accredit ownership of the building; **presentó el recibo ~ de haber efectuado el pago** he presented the receipt that proved he had paid

acreedor[1] **-dora** *adj* **~ A algo** worthy *o* deserving OF sth; **se hizo ~ al primer premio** he won first prize; **una institución que es ~a a efusivos elogios** an institution which deserves high praise

acreedor[2] **-dora** *m,f* creditor
(Compuesto) **acreedor privilegiado, acreedora privilegiada** *m,f* preferential *o* preferred creditor

acreencia *f* (AmL) credit; **~s** borrowings

acribillar [A1] *vt* 1 (llenar de agujeros): **lo ~on a balazos** they riddled him with bullets; **los mosquitos me han acribillado** the mosquitoes have bitten me all over 2 (asediar): **me ~on a preguntas** they fired a barrage of questions at me, they bombarded me with questions

acrílico[1] **-ca** *adj* ‹*tejido/fibra*› acrylic; ‹*mantel/alfombra*› acrylic

acrílico[2] *m* 1 (Tex) acrylic 2 (plástico) acrylic, methacrylate 3 (Art) (sustancia) acrylic; (cuadro) acrylic 4 (AmL) (para techos) Plexiglas® (AmE), Perspex® (BrE)

acriminar [A1] *vt* 1 (Der) to incriminate 2 (fam) (comprometer) to get … into trouble
■ **acriminarse** *v pron* 1 (Der) to incriminate oneself 2 (fam) (comprometerse) to get into trouble

acrimonia *f* bitterness, acrimony; **respondió con ~** he replied bitterly *o* acrimoniously

acrimonioso -sa *adj* acrimonious

acriollarse [A1] *v pron: to adopt native ways*

acrisolar [A1] *vt* 1 ‹*metal*› to refine 2 (liter) ‹*virtud/amor*› to purify

acristalado -da *adj* glazed

acristalamiento *m* glazing; ▸**doble**[1]

acristalar [A1] *vt* to glaze

acritud *f* (frml) asperity (frml), harshness

acrobacia *f* (arte) acrobatics; **hacer ~s** to perform acrobatics; **el balón fue cogido en una ~ por el zaguero** the back caught the ball after an acrobatic leap; **tuvo que hacer un par de ~s financieras** he had to do some deft financial juggling
(Compuesto) **acrobacia aérea** aerobatics

acróbata *mf* acrobat

acrobático -ca *adj* acrobatic

acrobatismo *m* acrobatics

acrofobia *f* acrophobia

acromático -ca *adj* achromatic

acromatismo *m* achromatism

acromatizar [A4] *vt* to achromatize

acrónimo *m* acronym

Acrópolis *f*: **la ~** the Acropolis

acróstico *m* acrostic

acta ➡📖 *f*‡ 1 (de una reunión) minutes (*pl*); **no consta en (el) ~** it does not appear in the minutes, it has not been minuted; **levantó ~ de la reunión** she took the minutes of the meeting 2 (acuerdo) agreement, accord (frml); **el ~ que se firmó en Ginebra** the Geneva agreement *o* accord, the agreement *o* accord signed in Geneva 3 (de exámenes) certificate
(Compuestos)
- **acta constitutiva** *or* **de constitución** memorandum of association
- **acta de defunción** (Col) entry in the register of deaths
- **acta de diputado** certificate of election
- **acta de matrimonio** (Méx) marriage certificate
- **acta de nacimiento** (Méx) birth certificate
- **acta notarial** notarial deed, deed executed by notary
- **Acta Única Europea** Single European Act

actinia *f* actinia

actínico -ca *adj* actinic

actinio *m* actinium

actitud *f* 1 (disposición) attitude; **tiene una ~ muy negativa hacia su trabajo** he has a very negative attitude to his work; **¿cuál fue su ~ cuando se lo planteaste?** what was his reaction when you put it to him?; **necesitamos adoptar una nueva ~ frente a este problema** we need to adopt *o* take a new approach to this problem; **su ~ lo hace parecer más joven** he seems younger because of his outlook on life *o* his attitude to life; **si no adoptas una ~ más firme no te obedecerá** if you're not firmer she won't do what you say; **~es que revelan una absoluta falta de idealismo** attitudes *o* views which reveal a total lack of idealism 2 (postura): **estaban todos en ~ de estudiar** they were all bending over their work; **pasaba horas en el sillón en ~ pensativa** he would spend hours sitting in the armchair looking pensive *o* in a thoughtful pose; **adoptó una ~ de amenaza** he adopted a threatening attitude *o* stance

activación *f* 1 (de un proceso): **con la reforma se pretende dar una mayor ~ a los procesos** the idea of the reform is to speed up proceedings; **medidas para la ~ de la economía** measures to stimulate *o* revitalize the economy 2 (de un dispositivo) activation 3 (Quím) activation

activador *m* activator

activamente *adv* actively

activar [A1] *vt* 1 (estimular): **medidas que ~án la economía** measures to stimulate *o* revitalize the economy; **para ~ la circulación** to stimulate the circulation; **esto ayudará a ~ las negociaciones** this will help to give fresh impetus to the negotiations; **una ráfaga activó las llamas** a gust of wind fanned the flames 2 (poner en funcionamiento) ‹*alarma*› to activate, trigger, set off; ‹*dispositivo*› to activate; ‹*máquina*› to set … in motion 3 (Quím) to activate
■ **activarse** *v pron* 1 «*alarma*» to go off; «*dispositivo*» to start working 2 (Méx) «*obreros/disidentes*» to take active steps

actividad *f* 1 (ocupación) activity; **~es extraescolares** extracurricular activities; **su ~ profesional** her work 2 (vida, movimiento) activity; **había mucha ~ en el aeropuerto** there was a lot of activity at the airport; **todavía queda algo de ~ artesanal en estos pueblos** there are still some crafts being practiced in these villages; **se registró escasa ~ en la Bolsa** trading was slow *o* there was little movement on the Stock Exchange; **un volcán en ~** an active volcano; **su ~ mental es continua** her mind is constantly active

activismo *m* activism

activista *mf* activist

activo[1] **-va** *adj* 1 ‹*persona/participación*› active; **tomar parte activa en algo** to take an active part in sth 2 ‹*población/edad*› active; **en servicio ~** on active service 3 (Ling) active; **la voz activa** the active (voice) 4 ‹*volcán*› active

activo[2] *m* 1 (bien, derecho) asset; **~s líquidos** liquid assets 2 (conjunto) assets (*pl*); **el ~ y el pasivo de la empresa** the assets and liabilities of the company
(Compuestos)
- **activo circulante** current assets (*pl*)
- **activo congelado** frozen assets (*pl*)
- **activo corriente** current assets (*pl*)
- **activo de explotación** working assets
- **activo fijo** fixed assets (*pl*)
- **activo flotante** floating assets (*pl*)
- **activo inmaterial** *or* **intangible** intangible assets (*pl*)
- **activo inmobiliario** property assets (*pl*), real-estate assets (*pl*)
- **activo inmovilizado** fixed assets (*pl*)
- **activo invisible** invisible assets (*pl*)
- **activo neto** net assets (*pl*), net worth
- **activo oculto** hidden assets (*pl*), concealed assets (*pl*)
- **activo operante** operating assets (*pl*)
- **activo de la quiebra** bankrupt's estate
- **activo social** corporate assets (*pl*)
- **activo tangible** tangible assets (*pl*)

acto *m*
A 1 (acción) act 2 (*en locs*): **acto seguido** immediately after, immediately afterward(s); **en el acto: murió en el ~** he died instantly; **me cambiaron la rueda en el ~** they changed my wheel there and then *o* then and there; **los bomberos acudieron en el ~** the firefighters arrived immediately; Ⓢ **llaves/fotocopias en el acto** keys cut/photocopies while you wait
(Compuestos)
- **acto bélico** act of war
- **acto carnal** (frml): **el ~ ~** the sexual act (frml)
- **acto de contrición** act of contrition
- **acto de desagravio** act of atonement
- **acto de fe** act of faith
- **acto de guerra** act of war
- **acto de presencia**: **hacer ~ de ~** to put in an appearance
- **acto de servicio**: **morir en ~ de ~** «*soldado*» to die on active service; «*policía/bombero*» to die in the course of one's duty
- **acto fallido** Freudian slip

➡📖 *ver* El inglés que funciona

- **acto jurídico** legally binding act
- **acto público** public engagement
- **acto religioso** religious service
- **acto reflejo** reflex action
- **acto sexual** sexual act (frml); **durante el ~ ~** during sexual intercourse *o* the sexual act

B (ceremonia): **~ inaugural/de clausura** opening/closing ceremony; **los ~s conmemorativos de ...** the celebrations to commemorate ...; **asiste a todos los ~s oficiales** he attends all official functions

C (Teatr) act; **una comedia en tres ~s** a comedy in three acts

actor[1] *m* actor; ►**primero[1]**

(Compuestos)
- **actor de reparto** supporting actor
- **actor trágico** tragedian

actor[2] -tora *m,f* plaintiff

actriz *f* actress; ►**primero[1]**

(Compuesto) **actriz trágica** tragedienne

actuación *f*

A 1 (acción) performance; **el premio a la mejor ~** the prize for the best performance; **es un buen guión pero la ~ es pésima** the script is good but the acting is appalling; **la brillante ~ del equipo/del abogado** the team's/lawyer's brilliant performance; **criticó la ~ de la policía** he criticized the conduct of the police 2 (recital, sesión) performance 3 (Ling) performance

B **actuaciones** *fpl* (Der) proceedings (*pl*); **podría dar lugar a actuaciones penales** it could give rise to criminal proceedings

actual *adj* present; **el ~ primer ministro** the present prime minister, the incumbent prime minister (frml); **el ~ campeón** the current *o* present *o* reigning champion; **en las circunstancias ~es** in the present circumstances; **la acción transcurre en el Chile ~** the action takes place in present-day Chile; **en el mundo ~** in the modern world, in today's world; **datos del ~ ejercicio** data for the current *o* present financial year; **una moda ~ para la mujer moderna** an up-to-the-minute fashion for the modern woman; **la legislación ~** the current *o* present legislation; **su carta del 20 del ~** (Corresp) your letter of the 20th of this month, your letter of the 20th inst. (frml)

actualidad *f* 1 (tiempo presente): **profesionales que están en la ~ exiliados** professional people who are currently *o* at present *o* presently in exile; **no se sigue haciendo así en la ~** nowadays *o* today it is no longer done that way 2 (period): **la ~** (sucesos actuales) current events, current affairs; (situación actual) current situation; **la ~ cubana** the current situation in Cuba; **la ~ informativa está centrada en los siguientes temas** the main points of today's news (*o* this evening's news *etc*) are as follows 3 (de un tema, una noticia) topicality; **las noticias de ~** today's (*o* this week's *etc*) news; **un tema de palpitante** *or* **candente ~** (period) a highly topical subject, a subject that is on everyone's lips 4 **actualidades** *fpl* (Period) current affairs (*pl*)

actualización *f* 1 (puesta al día) updating; **un curso para la ~ de conocimientos** a refresher course 2 (Inf) upgrade

actualizador -dora *adj* modernizing (*before noun*)

actualizar [A4] *vt* 1 ‹*salarios/pensiones/legislación*› to bring ... up to date; (Inf) ‹*software*› to upgrade 2 (Fil, Ling) to realize

actualmente *adv*: **antes era un lujo pero ~ es una necesidad** it used to be a luxury but nowadays it is a necessity; **se encuentra ~ en Suecia** she is currently *o* presently in Sweden, she is in Sweden at the moment *o* at present; **~ la situación es mucho más grave** the situation today *o* nowadays is much more serious, the situation is now much more serious

actuar [A18] *vi* 1 «*persona*» (obrar) to act; **actuó de** *or* **como mediador** he acted as a mediator; **no entiendo tu forma de ~** I don't understand the way you're behaving *o* acting 2 «*medicamento*» to work, act; **dejar ~ a la naturaleza** let nature take its course 3 «*actor*» to act; «*torero*» to perform; **¿quién actúa en esa película?** who's in that movie? 4 (Der) to act; **actúa por la parte demandada el abogado Sr. Ruiz** Sr. Ruiz is acting for the defendant

actuarial *adj* actuarial

actuario -ria *m,f* 1 (en un tribunal) clerk of the court 2 *tb* **~ de seguros** actuary

acuache *m* (Méx fam) buddy (colloq), mate (BrE colloq)

acuafortista *mf* etcher

acualón *m* (Méx) aqualung

acuanauta *mf* aquanaut

acuaplano *m* hydrofoil

acuarela *f* watercolor*; **pintar a la ~** to paint in watercolor(s)

acuarelista *mf* watercolorist*

acuariano[1] -na *adj* Aquarian

acuariano[2] -na *m,f* Aquarian, Aquarius

acuario *m* aquarium

(Compuesto) **acuario tropical** tropical aquarium

Acuario[1] Aquarius; **es (de) ~** he's an Aquarius *o* Aquarian

Acuario[2], acuario *mf* (persona) Aquarian, Aquarius

acuartelado -da *adj* ‹*escudo*› quartered *ver tb* **acuartelar**

acuartelamiento *m*

A 1 (alojamiento) billeting, quartering 2 (en previsión de disturbios) confining to barracks

B (cuartel) barracks (*sing or pl*)

acuartelar [A1] *vt* 1 (alojar) to billet, quarter 2 (en previsión de disturbios) to confine ... to barracks

■ **acuartelarse** *v pron* to withdraw to barracks

acuático -ca, acuátil *adj* aquatic

acuatinta *f* aquatint

acuatizaje *m: landing on water*

acuatizar [A4] *vi* to land on water, land in the sea (*o* on a lake *etc*)

acuchillado *m* sanding

acuchillamiento *m* stabbing

acuchillar [A1] *vt* 1 ‹*persona*› to stab; **fue acuchillado repetidamente en el pecho** he was stabbed repeatedly in the chest; **lo ~on al salir del bar** he was stabbed *o* knifed as he came out of the bar 2 ‹*suelo*› to sand, sand down; ‹*mueble*› to scrape (*using a cabinet scraper*)

acuchillear [A1] *vt* ►**acuchillar**

acuciante, acucioso -sa *adj* ‹*necesidad/problema*› urgent, pressing; ‹*deseo*› burning (*before n*), ardent; **había algo ~ en la manera como hizo la pregunta** there was something urgent in the way he asked the question; **lo atormentaba una sed/un hambre ~** he was tormented by a raging thirst/a gnawing hunger

acuciar [A1] *vt* 1 (apremiar, agobiar): **los problemas que acuciaban a la pobre mujer** the problems that plagued *o* beset the poor woman; **acuciada por el hambre, la fiera atacó** driven by hunger, the beast attacked; **la curiosidad que lo acuciaba** the curiosity that was gnawing away at him 2 «*persona*» to pester, hassle (colloq)

acuclillarse [A1] *v pron* to squat, squat down

ACUDE *f* = **Asociación de Consumidores y Usuarios de España**

acudir [I1] *vi*

A (frml) (a un lugar): **nadie acudió en su ayuda** nobody came to his aid; **no acudió a la hora prevista** she did not come *o* arrive at the arranged time; **deberá ~ en ayunas** you should not eat anything before attending; **miles de personas acudieron para apoyarlo** thousands of people turned out *o* came to support him; **~ A algo**: **no acudió a la cita** he failed to keep the appointment *o* (BrE) to turn up for the appointment; **no acudió a la reunión** she did not attend the meeting; **millones de personas ~án hoy a las urnas** millions of people will go to the polls today; **la policía acudió al lugar de los hechos** the police went to the scene (of events); **los recuerdos acuden a mi mente** (liter) memories come flooding back to me; **señorita Fernández, acuda al teléfono** Miss Fernández, telephone call *o* telephone call for Miss Fernández

B (recurrir) **~ A algn**: **acudió a su padre para que lo ayudara** he turned *o* went to his father for help; **antes que ~ a las armas** rather than resort to the use of arms; **acudieron a un árbitro para intentar resolverlo** they went to arbitration to try to resolve it

acueducto *m* aqueduct

ácueo ácuea *adj* aqueous

acuerdo *m*

A 1 (arreglo) agreement; **llegar a** *or* **alcanzar un ~** to reach an agreement; **se separaron de común ~** they separated by mutual agreement 2 (pacto) agreement; **un ~ verbal** a verbal agreement; **los ~s de paz** the peace agreements *o* (frml) accords

(Compuestos)
- **acuerdo de asociación** (UE) association agreement
- **acuerdo marco** outline agreement
- **acuerdo prematrimonial** prenuptial agreement
- **acuerdo salarial** wage settlement

B (en locs) 1 **de acuerdo** (*loc adv*): **todos estamos de ~** we all agree; **al final se pusieron de ~** in the end they came to *o* reached an agreement; **de ~ EN algo**: **están de ~ en todo** they agree on everything; **estamos de ~ en que va a ser difícil** we all agree *o* we're all agreed that it's going to be difficult; **estar de ~ CON algn/algo** to agree WITH sb/sth; **sobre ese punto estoy de ~ con ellos** I agree with them on that point; **no estoy de ~ contigo** I don't agree with you, I disagree with you; **no estoy de ~ con pagarle tanto** I don't agree *o* I disagree with paying him so much; **no estoy de ~ con lo que acabas de decir** I don't agree with what you've just said 2 **de acuerdo** (*indep*) OK, okay; **¿mañana a las ocho? — de ~** tomorrow at eight? — OK *o* all right; **salimos a las 6 ¿de ~?** we leave at 6, OK *o* okay? 3 **de acuerdo con** *or* **a** (*loc prep*) in accordance with; **de ~ con lo establecido en el contrato** in accordance with what is laid down in the contract (frml), as laid down in the contract

acuerpado -da *adj* (Col) muscular; burly (fam)

acuerparse *vpr* (Méx) to join forces; **buscan ~ para llegar al poder** they are seeking to join forces to gain power

acuesta, acuestas, etc ►**acostar**

acuícola *adj* aquatic, water-dwelling (*before n*)

acuicultura *f* aquiculture, aquaculture

acuífero[1] -ra *adj* water-bearing, aquiferous (frml)

acuífero[2] *m* aquifer

acuitadamente *adv* sorrowfully, with regret

acuitado -da *adj* (ant) grief-stricken

acuitar [A1] *vt* to afflict

aculatado -da *adj* (Chi) nose/tail to the curb*

acullá *adv* (arc) yonder (arch); **aquí, allá y ~** here, there and everywhere

acullico *m* 1 (ceremonia) *gathering at which coca leaves are chewed* 2 (coca) *small ball of coca leaves*

acumulación *f* accumulation

acumulador *m* accumulator, storage battery

(Compuesto) **acumulador de calor** storage heater

acumulamiento *m* ►**acumulación**

acumular [A1] *vt* ‹*riquezas/poder*› to accumulate, amass; ‹*experiencia*› to gain

■ **acumularse** *v pron* to accumulate; **se acumula mucho polvo aquí** a lot of dust accumulates *o* gathers here; **los intereses se van acumulando** the interest is accumulating *o* (frml) accruing, the interest is piling up (colloq);

a

el trabajo se iba acumulando work was piling *o* mounting up

acumulativo -va *adj* cumulative

acunar [A1] *vt* to rock

acuñación *f* (de monedas) minting; (de palabras, frases) coining

acuñamiento *m* (Chi) ▸**acuñación**

acuñar [A1] *vt* 1 ‹*moneda*› to mint; ‹*frase/palabra*› to coin 2 ‹*puerta/ventana*› to wedge open/shut

acuosidad *f* 1 (de fruta) juiciness 2 (de fluido, mezcla) wateriness

acuoso -sa *adj* watery

acupuntor -tora *m,f* acupuncturist

acupuntura *f* acupuncture

acupunturista *mf* acupuncturist

acure, acurí *m* (Ven) guinea pig

acurrucarse [A2] *v pron* to curl up; **acurrucados junto al fuego** curled up in front of the fire

acusación *f*
A 1 (imputación) accusation; **una serie de acusaciones contra el gobierno** a series of accusations against the government 2 (Der) charge; **negó la ~** he denied the charge; **un crimen sobre el cual no existe ninguna ~ formal** a crime for which no-one has ever been charged; **formular una ~ contra algn** to bring charges against sb
B (parte): **la ~** the prosecution
(Compuesto) **acusación particular** private prosecution

acusado¹ -da *adj* ‹*tendencia*› marked, pronounced; ‹*semejanza/contraste*› marked, striking, strong; **un ~ rasgo de su personalidad** a prominent feature of his personality; **un ~ descenso de la temperatura** a marked drop in temperature; **un ~ sentido competitivo** a strong *o* keen competitive spirit

acusado² -da *m,f*: **el ~** the accused, the defendant; **los ~s** the accused, the defendants

acusador¹ -dora *adj* accusing, accusatory (frml); **me dirigió una mirada ~a** she gave me an accusing look

acusador² -dora *m,f* prosecuting attorney (AmE), prosecuting counsel (BrE)

acusar [A1] *vt*
A 1 (culpar) to accuse; **¿me estás acusando a mí?** are you accusing *me*?; **cada vez que falta algo me acusan a mí** every time something goes missing they blame *o* accuse me; **~ a algn DE algo** to accuse sb OF sth; **me acusan de haber faltado a mi palabra** they accuse me of breaking my word, they say I didn't keep my word 2 (Der) **~ a algn DE algo** to charge sb WITH sth; **lo han acusado de cuatro delitos de estafa** he has been charged with four counts of fraud; **está detenido acusado de espionaje** he is being held on charges of spying *o* he is charged with spying 3 (fam) (delatar): **lo acusó a** *or* **con la maestra** she went to the teacher and told on him (colloq), she snitched to the teacher (AmE colloq)
B (mostrar, revelar) to show signs of; **acusaban el cansancio del viaje** they were showing signs of fatigue after their journey
C (reconocer): **~ recibo de algo** (Corresp) to acknowledge receipt of sth
■ **acusarse** *v pron* (*refl*) **~se DE algo** to confess TO sth

acusativo *adj/m* accusative

acusatorio -ria *adj* accusatory

acuse de recibo *m* acknowledgment of receipt

acusetas *mf* (*pl* ~), **acusete** *mf* (fam) tattletale (AmE colloq), snitch (AmE colloq), telltale (BrE colloq)

acusica *mf* (Esp) ▸**acusetas**

acusón -ona *m,f* ▸**acusetas**

acústica *f* 1 (ciencia) acoustics 2 (de un local) acoustics (*pl*)

acústico -ca *adj* acoustic

AD *f* (en Ven) = **Acción Democrática**

ADA *f* (en Esp) = **Ayuda del Automovilista**

ADAC *m* (= **avión de despegue y aterrizaje cortos**) STOL aircraft

adagio *m*
A (Mús) adagio
B (máxima) adage, saying

adalid *m* champion

adamascado -da *adj* damask

adán *m*: **ir hecho un ~** to look a sight *o* mess (colloq), to look like something the cat dragged in (colloq)

Adán Adam

adaptabilidad *f* adaptability

adaptable *adj* adaptable

adaptación *f* 1 (proceso) adaptation, adjustment; **admiro tu capacidad de ~** I admire your ability to adapt *o* your adaptability 2 (cosa adaptada) adaptation; **la ~ cinematográfica** the screen *o* movie *o* film version, the screen *o* movie *o* film adaptation; **es una ~ del sistema usado por Parker** it is an adaptation of the system used by Parker

adaptador *m* adaptor

adaptar [A1] *vt* 1 ‹*cortinas/vestido*› to alter; ‹*habitación*› to convert; ‹*pieza/motor*› to adapt; **~on el dormitorio para usarlo como aula** the bedroom was converted into a classroom *o* for use as a classroom; **adaptó la obra al** *or* **para el cine** he adapted the play for the screen 2 (Inf) to convert
■ **adaptarse** *v pron* to adapt; **~ A algo/+ INF** to adapt TO sth/-ING; **hay que saber ~se a las circunstancias** you have to learn to adapt to circumstances; **un coche que se adapta a cualquier terreno** a car which is well suited to any terrain; **no se adapta a vivir sola** she can't adapt to living alone

adaptativo -va *adj*: **el cerebro como órgano ~** the brain as an adaptative organ; **la capacidad adaptativa del individuo** the individual's capacity to adapt

adaraja *f* toothing stone

adarga *f* leather shield

adarme *m*: **no hay un ~ de verdad en lo que dices** there isn't an ounce *o* a grain of truth in what you say

ADDA *f* (en Esp) = **Asociación para la Defensa de los Animales**

addenda *f or m* addendum

addéndum *m* (*pl* **addenda**) addendum; **addenda et corrigenda** addenda (et corrigenda)

Addis-Abeba *m* Addis Ababa

a. de C. (= **antes de Cristo**) BC, before Christ

adecentar [A1] *vt* ‹*habitación*› to straighten up, tidy up; **una reforma que pretende ~ este sistema corrupto** a reform aimed at cleaning up this corrupt system

adecuación *f* adaptation

adecuadamente *adv* adequately

adecuado -da *adj* 1 (apropiado): **me parece poco ~ para una ocasión así** I don't think it is very suitable for such an occasion; **es la persona más adecuada para este trabajo** she is the best person *o* the most suitable person for the job *o* to do the job; **éste no es el momento ~** this is not the right moment; **no disponemos de los medios ~s para realizar el trabajo** we do not have adequate *o* the necessary resources to carry out the work 2 (aceptable) adequate

adecuar A1 *or* **A18** *vt* **~ algo A algo**: **~on sus métodos de trabajo al uso de computadoras** they adapted *o* adjusted their working practices to fit in with the use of computers; **el sistema puede ~se a las necesidades particulares del cliente** the system can be tailored to (meet) the individual needs of the client; **hay que modernizar el sistema para ~lo al creciente número de pasajeros** the system has to be modernized to cope with *o* accommodate *o* handle the growing number of passengers
■ **adecuarse** *v pron* **~se A algo** to fit in WITH sth; **el plan que me propuso no se adecuaba a nuestras necesidades** the plan he proposed to me did not fit in with our needs *o* did not take account of our needs

adefesiero *adj* (Per fam) (en el vestir) outlandishly dressed; (en el comportamiento) outrageous

adefesio *m*: **estar/ir hecho un ~** to look a sight *o* fright; **un ~ de sombrero, con cintas y plumas** a hideous hat, with ribbons and feathers; **¿cómo han permitido construir ese ~ ahí?** how could they allow an eyesore *o* a monstrosity like that to be built there?; **¿y por ese ~ dejó a Lola?** and he left Lola for that ugly bag? (colloq); **este cuadro es un verdadero ~** this picture is a monstrosity *o* is absolutely hideous

a. de J.C. (= **antes de Jesucristo**) BC, before Christ

adelantado¹ -da *adj*
A 1 (desarrollado) ‹*país*› advanced; **una filosofía muy adelantada para su época** a philosophy well ahead of its time 2 (precoz): **está** *or* **va muy ~ en sus estudios** he is doing very well in his studies; **va un poco ~ para su edad** he's somewhat ahead of his age 3 ‹*cosecha*› early
B (Com, Fin): **como pago ~ del flete** as advance payment *o* payment in advance for the charter; **por ~** in advance; **pago por ~** payment in advance, advance payment; **quiere cobrar por ~** he wants to be paid in advance
C (avanzado): **las obras ya están muy adelantadas** the work is already well advanced; **llevo muy ~ el libro** I'm quite far into *o* quite a way into the book; **lo llevamos bastante ~** we're getting on pretty well with it
D ‹*reloj*› fast; **estar** *or* **ir ~** to be (running) fast
E (Dep) ‹*pase*› (en rugby) forward; (en fútbol): **estupendo pase ~ de Bertini a Higuera** a magnificent pass forward from Bertini to Higuera

adelantado² *m* governor (*of a border province under Spanish colonial rule*)

adelantamiento *m* passing maneuver (AmE), overtaking manoeuvre (BrE); **muchos accidentes son causados por ~s antirreglamentarios** many accidents are caused by illegal passing maneuvers *o* overtaking manoeuvres *o* by drivers passing *o* overtaking illegally

adelantar [A1] *vt*
A 1 ‹*pieza/ficha*› to move … forward; ‹*cinta*› to wind … forward 2 ‹*fecha/viaje*› to bring forward
B (pasar) 1 (Auto) to pass, overtake 2 ‹*corredor*› to overtake, pass; **me adelantó en la recta** she overtook me *o* passed me *o* got past me *o* got ahead of me on the straight
C 1 ‹*información*› **por el momento no podemos ~ ninguna noticia/información** at the moment we cannot release any news/release *o* disclose any information; **te adelanto que la obra no es ninguna maravilla** I can tell you now *o* I warn you, the play is nothing special; **les adelantamos la programación de mañana** here is a rundown of tomorrow's programs; **les adelantamos que el próximo lunes no habrá servicio** (frml) we wish to advise you that there will be no service next Monday (frml) 2 ‹*dinero*› **te adelanto 1.000 a cuenta de lo que te debo** I'll give you 1,000 toward(s) what I owe you; **no me quiso ~ nada sobre el sueldo** she wouldn't give me an advance on my salary; **la empresa te adelanta el dinero para comprar un billete anual** the company lends you the money *o* gives you a loan to buy an annual season ticket
D ‹*reloj*› to put … forward
E ‹*balón*› to pass … forward
F ‹*trabajo*› to get on with
G 1 (conseguir) to gain; **llorando** *or* **con llorar no adelantas nada** crying won't get you anywhere 2 (en una clasificación) ‹*puestos*› to go up, move up, climb
■ **adelantar** *vi*
A 1 (avanzar) to make progress; **la ciencia ha adelantado mucho en los últimos años** science has advanced a great deal in recent years; **con tanto ruido no he adelantado nada** with

all this noise, I've made absolutely no progress *o* I haven't managed to get on with anything [2] «*reloj*» to gain
B (Auto) to pass, overtake (BrE); **Ⓢ prohibido adelantar** no passing (AmE), no overtaking (BrE)
■ **adelantarse** *v pron*
A [1] (avanzar) to move forward [2] (ir delante) to go ahead; **se adelantó para ir comprando las entradas** she went (on) ahead to buy the tickets
B (ocurrir antes de lo esperado): **este año el verano/la nieve se ha adelantado** summer/the snow is early this year; **un intelectual que se adelantó a su tiempo** an intellectual who was ahead of his time
C (anticiparse): **no nos adelantemos a los acontecimientos** let's not get ahead of ourselves, let's not jump the gun (colloq); (+ *me/te/le etc*): **yo iba a pagar, pero él se me adelantó** I was going to pay, but he beat me to it; **cuando me decidí por el piso alguien se me había adelantado** when I decided to take the apartment, someone had beaten me to it *o* got in ahead of me
D «*reloj*» to gain

adelante *adv*
A (en el espacio) [1] (expresando dirección, movimiento) forward; **muévelo para/hacia ~** move it forward; **sigamos ~** let's go on; ***llevar algo ~*** to carry on with sth; **desistí de llevar ~ mis averiguaciones** I decided not to carry on with my inquiries *o* (frml) not to pursue my inquiries further [2] (lugar, parte): **más ~ la calle se bifurca** further on, the road forks; **Ⓢ ver explicación más adelante** see explanation below; **la fila dos es muy ~** the second row is too far forward *o* is too near the front; **¿cuál es la parte de ~?** which is the front?; **tiene un bolsillo ~** (esp AmL) it has a pocket at the front
B (en el tiempo): **más ~** later; **trataremos ese tema más ~** we will deal with that subject later (on) *o* at a later date; **en ~** from now on, in future; **de ahora en ~** from now on; **de hoy en ~** as from today
C **adelante de** (*loc prep*) (AmL) [1] (en lugar anterior a) in front of; **~ de mí/ti/él** *or* (crit) **~ mío/tuyo/suyo** in front of me/you/him; **colocó su silla ~ de la mía** she put her chair in front of mine [2] (en presencia de) in front of
D **¡~!** (*como interj*) (autorizando la entrada) come in!; (ordenando marchar) foward!; (invitando a continuar) go on!, carry on!

adelanto *m*
A (avance) advance; **los ~s de la ciencia** the advances of science; **con los ~s de hoy en día no existen las distancias** advances in modern day communications mean that distances no longer mean anything; **los ordenadores suponen un gran ~** computers represent a great step forward; **el sistema de los cajeros automáticos fue un gran ~** the automatic cash dispenser system was a huge breakthrough *o* step forward
B (del sueldo) advance; (depósito) deposit; **pidió un ~** she asked for an advance; **hay que abonar un ~ del 10%** you have to pay a 10% deposit
C (en el tiempo): **lleva un ~ de tres minutos con respecto a los otros corredores** he has a three minute lead over the rest of the field, he is three minutes ahead of the rest of the field; **el tren llegó con un poco de ~** the train arrived slightly *o* a little early

adelfa *f* oleander
adelgazador -dora *adj* ▸ **adelgazante**
adelgazamiento *m* slimming
adelgazante *adj* weight-reducing (*before n*), slimming (*before n*) (BrE)
adelgazar [A4] *vt* ‹*caderas/cintura*› to reduce, slim down; **me gustaría ~ unos kilos** I'd like to lose *o* shed a few pounds, I'd like to slim down a few pounds
■ **adelgazar** *vi* to lose weight; **¡cómo has adelgazado!** you've really lost weight!, you've lost such a lot of weight!; **ejercicios para ~** exercises to lose weight, slimming exercises (BrE)
ADELPHA /a'ðelfa/ *f* (en Esp) = **Asociación de Defensa Ecológica y del Patrimonio Histórico-artístico**

ademán *m*: **hizo ~ de levantarse** he made as if to get up; **levantó los hombros en ~ de indiferencia** she shrugged indifferently; **hace muchos ademanes al hablar** he waves his hands around a lot *o* he gestures a lot when he's talking

además *adv*
A **estudia y ~ trabaja** she's working as well as studying; **es caro y ~ no te queda bien** it's expensive, and anyway *o* besides, it doesn't look right on you; **~ ¿a mí qué me importa?** anyway, what do I care?; **recuerdo, ~, que iba vestida de azul** I remember, moreover, that she was wearing blue *o* furthermore, I remember that she was wearing blue; **señaló, ~, que su objetivo era ...** he indicated, furthermore *o* moreover, that his aim was to ... (frml); **se casó con ella por el dinero, ... y es que ~ te lo dice** he married her for her money, and what's more, he'll tell you so himself
B **además de** besides, apart from; **~ de caro, es feo y demasiado grande** not only is it expensive, it's also ugly and too big, besides being expensive, it's also ugly and too big; **~ de + INF**: **~ de hacerte mal, engorda** apart from *o* as well as *o* besides being bad for you, it's also fattening

ADENA /a'ðena/ *f* (en Esp) = **Asociación para la Defensa de la Naturaleza**
adenda *f* end matter
adenoideo -dea *adj* adenoidal
adenoides *fpl* adenoids (*pl*)
adentrarse [A1] *v pron* **~ EN algo**: **a medida que la carretera se adentra en las montañas** as the road goes up into the mountains; **según nos adentrábamos en la selva** as we went deeper into the jungle; **nos adentraremos en este tema más tarde** we will go into this subject in more depth *o* in greater detail later; **intentar ~ en las profundidades de la mente humana** to try to penetrate the recesses of the human mind

adentro *adv*
A [1] (expresando dirección, movimiento): **vamos para ~** let's go in *o* inside; **ven aquí ~** come in here; **mar ~** out to sea; **tierra ~** inland [2] (lugar, parte) inside; [*European Spanish prefers* ▸ **dentro** *in many of these examples*] **¡qué calor hace aquí ~!** it's so hot in here!; **¿comemos ~?** shall we eat indoors *o* inside?; **por ~ es esmaltado** it is enameled on the inside; **la parte de ~** the inside; ***ser bien de ~*** (Per fam) to be a good sort
B **adentro de** (AmL) in, inside; **tenía una piedrita ~ del zapato** I had a little stone in my shoe; **una vez ~ del edificio** once inside *o* in the building; **~ de los límites de nuestras aguas jurisdiccionales** inside *o* within our territorial waters

adentros *mpl*: **dije para mis ~** I said to myself; **pensó para sus ~** she thought to herself; **se rió para sus ~s** he laughed inwardly, he chuckled to himself
adepto[1] -ta *adj*: **un político ~ al** *or* **del monetarismo** a politician who espouses/espoused monetarism; **cientos de jóvenes ~s a** *or* **de la secta** hundreds of young followers of the sect
adepto[2] -ta *m,f* (de una secta) follower; (de un partido) supporter; **una idea que tiene muchos ~s** an idea which has a lot of supporters *o* adherents *o* which a lot of people are in favor of; **es una gran adepta de la conservación de la naturaleza** she is a great advocate of *o* believer in nature conservation
aderezar [A4] *vt* [1] ‹*guiso*› to season; ‹*ensalada*› to dress [2] ‹*pieles*› to cure, pickle
aderezo *m* [1] (de un guiso) seasoning; (de una ensalada) dressing [2] (de pieles) curing, pickling [3] (joyas) (matching set of) jewelry*
adeudar [A1] *vt* [1] (deber) to owe [2] (frml) ‹*cuenta*› to debit (frml); **hemos adeudado su cuenta en la suma de 50 euros** we have debited your account with the sum of 50 euros, we have debited the sum of 50 euros to *o* from your account
adeudo *m* [1] (frml) (débito) debit (frml); **el ~ efectuado en su cuenta** the sum debited to *o* from your account [2] (Méx) (deuda) debt

adherencia *f* [1] (acción) adherence [2] (Auto) grip, roadholding [3] (Med) adhesion [4] **adherencias** *fpl* (objetos adheridos) accretions (*pl*)
adherente *adj* adhesive
adherir [I11] *vi* to stick, adhere (frml)
■ **adherir** *vt* to stick
■ **adherirse** *v pron* [1] (a una superficie) to stick, adhere (frml); **~se A algo** to stick *o* adhere TO sth; **estos neumáticos se adhieren bien a la carretera** these tires grip *o* hold the road well, these tires give good adhesion *o* roadholding [2] (a una moción, idea) **~se A algo**: **el gobierno se adhirió de manera incondicional a la propuesta** the government gave its unconditional support to the proposal; **quisiera ~me a lo expresado por el señor director** I would like to express my support for what the director said [3] (a una organización, un partido) to join; **~se A algo** to join sth, become a member of sth
adhesión *f* [1] (a una superficie) adhesion [2] (apoyo): **recibí miles de muestras de ~** I received thousands of letters of support; **su ~ al proceso democrático** his commitment *o* steadfast adherence to the democratic process [3] (a una organización) joining; (a un tratado) accession (frml); **criticaron su ~ al grupo** his joining the group was criticized; **con la ~ de Turquía a la organización** when Turkey joins (*o* joined *etc*) the organization [4] (contribución) donation
adhesividad *f* adhesiveness
adhesivo[1] -va *adj* adhesive, sticky
adhesivo[2] *m* adhesive
ad hoc *loc adj* ad hoc
ad honorem: **lo nombraron consultor ~ ~** (*loc adj*) he was appointed honorary consultant; **estoy harta de trabajar ~ ~** (*loc adv*) (fam) I'm fed up of working for nothing
adiabático -ca *adj* adiabatic
adicción *f* addiction; **~ a la heroína** heroin addiction
adición *f* [1] (acción) addition; **con la ~ de un prefijo** with the addition of a prefix, by adding a prefix [2] (parte añadida) addition; **las últimas adiciones a su colección** the latest additions to his collection [3] (Mat) addition [4] (RPl) (cuenta) check (AmE), bill (BrE)
adicional *adj* additional; **hay que pagar una cantidad ~** you have to pay a supplement *o* pay extra
adicionalidad *f* (UE) additionality
adicionar [A1] *vt* (frml) to add
adictivo -va *adj* addictive; **un fármaco no ~** a non-addictive drug
adicto[1] -ta *adj*
A (a la bebida, la droga) addicted; **~ A algo** addicted TO sth; **es ~ al juego/a los crucigramas** he is addicted to gambling/to crosswords
B (a un régimen, una ideología) **~ A algo**: **los que son ~s al régimen** those who support the regime
adicto[2] -ta *m,f* addict; **los ~s a la cocaína** cocaine addicts, people addicted to cocaine; **los ~s a las drogas por vía parenteral** drug addicts who inject themselves intravenously *o* parenterally
adiestrador -ora *m,f* trainer
adiestramiento *m* training
adiestrar [A1] *vt* [1] ‹*animal*› to train [2] ‹*persona*› to train; **~ a algn EN algo** to train sb IN sth
adinerado -da *adj* wealthy, moneyed
ad infinítum *loc adv* ad infinitum; **y así ~ ~** and so on ad infinitum *o* for ever and ever
ad ínterim *loc adv* (frml) ad interim (frml), in the meantime
adiós *m/interj* (al despedirse) goodbye, bye (colloq); (al pasar) hello; **¡adiosito!** (AmL fam) bye-bye (colloq); **decirle ~ a algn** to say goodbye to sb *ver tb* **decir[2] C2**
adiposidad, adiposis *f* adiposity
adiposo -sa *adj* adipose
aditamento *m* (de un aparato) accessory; (de un informe) appendix

a

aditar [A1] *vt* (Chi frml) to add

aditivo *m* additive

adivinación *f* 1 (por conjeturas, al azar) guessing, guesswork 2 (por magia) prediction; **la ~ del futuro** fortune-telling

(Compuesto) **adivinación del pensamiento** mind-reading

adivinador -ora *m,f* guesser

(Compuestos)
- **adivinador del porvenir** fortune-teller
- **adivinador del pensamiento** mind reader

adivinanza *f* riddle; **jugar a las ~s** to play at guessing riddles

adivinar [A1] *vt* 1 (por conjeturas, al azar) to guess; **¿a que no adivinas con quién me encontré hoy?** you'll never guess who I met today; **¡me adivinaste el pensamiento!** you read *o* you must have read my mind! 2 (por magia) to foretell, predict 3 (entrever): **el gesto dejó ~ su escepticismo** the gesture suggested *o* betrayed a certain skepticism; **se adivinaba a lo lejos la silueta borrosa de una aldea** in the distance they could just make out the blurred outline of a village

■ **adivinar** *vi* to guess; **¡adivina!** let's see if you can guess!

adivinatorio -ria *adj* divinatory (frml); **sus facultades adivinatorias** his powers of divination, his divinatory powers

adivino -na *m,f* fortune-teller

adj. (Corresp) (= **adjunto**) enc.

adjetivación *f* 1 (de un sustantivo) adjectival use, attributive use 2 (conjunto de adjetivos) adjectives (*pl*), use of adjectives

adjetival *adj* adjectival; **un sustantivo en función ~** a noun with an adjectival *o* attributive function

adjetivar [A1] *vt* to use … adjectivally *o* attributively

adjetivo[1] **-va** *adj* 1 ‹*locución/frase*› adjectival 2 (Fil) adjectival

adjetivo[2] *m* adjective; **se puede usar como ~** it can be used adjectivally

(Compuestos)
- **adjetivo calificativo** qualifying adjective
- **adjetivo demostrativo** demonstrative adjective
- **adjetivo posesivo** possessive adjective

adjudicación *f* 1 (de un premio, contrato) awarding; (de viviendas) allocation; **llamaron a concurso para la ~ de las obras** tenders were invited for the contract to carry out the work, the work was put out to tender 2 (en una subasta) sale

adjudicador[1] **-dora** *adj* adjudicative

adjudicador[2] **-dora** *m,f* adjudicator

adjudicar [A2] *vt* 1 ‹*premio/contrato*› to award; ‹*vivienda*› to allot, allocate; **el número de minutos adjudicados a cada candidato** the number of minutes allotted *o* allocated to each candidate 2 (en una subasta): **le ~on la alfombra al anticuario** the carpet was sold to *o* went to the antique dealer; **¡adjudicado!** sold!

■ **adjudicarse** *v pron* (period): **el equipo chileno se adjudicó la victoria** the Chilean team won; **consiguió ~se el trofeo por tercera vez** she succeeded in winning the trophy for the third time

adjudicatario -ria *m,f* 1 (de un premio) recipient (frml), winner; (de una obra): **la empresa fue adjudicataria del contrato para la obra** the company was awarded the contract for the work 2 (en una subasta) buyer

adjuntar [A1] *vt* to enclose; **le adjunto una fotocopia del documento** I enclose *o* attach a photocopy of the document

adjunto[1] **-ta** *adj* 1 ‹*director*› deputy (*before n*); **un profesor ~ a la cátedra de historia** an associate history professor (AmE), a senior history lecturer (BrE) 2 (en carta) ‹*lista/copia*› enclosed, attached; **archivo** *or* **fichero ~** (Inf) attachment

adjunto[2] *adv* enclosed; **~ les envío una copia de la factura** please find enclosed *o* I enclose *o* I attach a copy of the invoice

adjunto[3] **-ta** *m,f*

A (en un cargo): **~ a la cátedra de filosofía** associate philosophy professor (AmE), senior philosophy lecturer (BrE); **el cargo de ~ del director** the post of deputy director

B **adjunto** *m* 1 (Ling) adjunct 2 (Inf) attachment

adlátere *m* (pey) crony (pej)

ADM *f(pl)* (= **Arma(s) de Destrucción Masiva**) WMD

adminículo *m* (frml) accessory

administración *f*

A (de una empresa, organización) management, running; (de bienes) management, administration

(Compuesto) **administración de empresas** (CS) business studies

B 1 (conjunto de personas) management; Ⓢ **bajo nueva administración** under new management 2 (oficina, departamento) administration, administrative *o* (colloq) admin department 3 (Esp) (de lotería) *office or kiosk where lottery tickets are sold*

(Compuestos)
- **administración desleal** malfeasance
- **Administración Federal de Ingresos Públicos** (en Arg) (Fisco) *Argentinian tax authorities*
- **administración pública** civil service

C (Pol) administration; **durante la ~ de Nixon** during the Nixon years *o* the Nixon administration

D (Med): **está desaconsejada la ~ de este fármaco durante el embarazo** it is not advisable to take this drug during pregnancy, the use of this drug during pregnancy is not advised; Ⓢ **administración por vía oral** to be taken orally

administrador -dora *m,f* 1 (de una empresa, organización) manager, administrator; (de bienes) administrator; **es buen ~** (fam) he's good with money 2 (Inf) *tb* **~ de web** webmaster

(Compuesto) **administrador judicial, administradora judicial** administrator

administrar [A1] *vt* 1 ‹*organización/empresa*› to manage, run; ‹*bienes/propiedades*› to manage, administer (frml); **sabe ~ bien sus asuntos** she knows how to manage her affairs 2 (dar) ‹*sacramentos*› to give, administer (frml); ‹*inyección/medicamento*› (frml) to give, administer (frml)

■ **administrarse** *v pron*: **lo que pasa es que te administras mal** the problem is that you're no good with money *o* you don't know how to handle your money

administrativo[1] **-va** *adj* administrative

administrativo[2] **-va** *m,f* administrative assistant (*o* officer *etc*); (que desempeña funciones más rutinarias) clerk

admirable *adj* admirable; **una actuación ~** an impressive *o* admirable performance

admiración *f* 1 (respeto) admiration; **siento gran ~ por usted/su obra** I have great admiration for you/your work; **su comportamiento es digno de ~** his behavior is admirable; **es la ~ de propios y extraños** she is greatly admired by friends and strangers alike 2 (sorpresa) amazement; **para sorpresa y ~ de todos** to everyone's surprise and amazement; **no salgo de mi ~ ¡cuánto ha adelgazado!** I can't get over how much weight he's lost

admirado -da *adj* 1 (reconocido) admired; **un pintor muy ~ en su época** a painter much admired in his time 2 (sorprendido) amazed; **me quedé admirada al verla** I was amazed when I saw her; **¿pero cómo lo lograste? me preguntó ~** but how did you do it? he asked me, amazed *o* in amazement

admirador -dora *m,f* 1 (adepto) admirer; **el cantante estaba rodeado de ~es** the singer was surrounded by admirers *o* fans; **soy un gran ~ de Gandhi/de la cultura japonesa** I'm a great admirer of Gandhi/of Japanese culture 2 (hum) (pretendiente) admirer (hum)

admirar [A1] *vt* 1 (respetar) ‹*persona/cualidad*› to admire 2 (contemplar) to admire 3 (sorprender): **me admira la ignorancia de esta gente** I'm amazed at the ignorance of these people *o* (at) how ignorant these people are, it amazes me how ignorant these people are, the ignorance of these people amazes me

■ **admirarse** *v pron* **~se DE algo** to be amazed AT *o* ABOUT sth; **se admiró de que hubiéramos podido hacerlo sin su ayuda** she was amazed that we'd managed to do it without her help

admirativo -va *adj* admiring

admisibilidad *f* admissibility

admisible *adj* ‹*comportamiento*› admissible, acceptable; ‹*excusa*› acceptable

admisión *f*

A 1 (aceptación) admission; **examen** *or* **prueba de ~** entrance examination *o* test; **el plazo de ~ de solicitudes finaliza mañana** the closing date for receipt of applications is tomorrow; Ⓢ **reservado el derecho de admisión** right of admission reserved, the management reserves the right to refuse admission 2 (de un error) admission

B (Auto, Mec) inlet; **válvula de ~** inlet valve; **ciclo de ~** induction cycle

admitir [I1] *vt*

A 1 (aceptar) ‹*candidato*› to accept; ‹*comportamiento/excusa*› to accept; **no lo admitieron en el colegio** he wasn't accepted by the school; **no fue admitido en el club** he wasn't accepted for membership of the club, his application for membership of the club was rejected; **el recurso fue admitido a trámite** leave was granted for an appeal to a higher court; **no pienso ~ que llegues a estas horas** I will not have you coming home at this time; Ⓢ **no se admiten propinas** no gratuities accepted, no tipping allowed; Ⓢ **se admiten tarjetas de crédito** we take *o* accept credit cards; Ⓢ **admite monedas de 1 euro** accepts 1 euro coins 2 (dar cabida a): **un discurso que admite varias interpretaciones** a speech which may be interpreted in several different ways, a speech which allows of *o* admits of several different interpretations (frml); **la situación no admite paralelo con la del año pasado** the present situation cannot be compared with the situation last year; **lo que dijo no admite discusión** there can be no arguing with what she said; **el asunto no admite demora** the matter must be dealt with immediately

B (confesar, reconocer) to admit; **admitió su culpabilidad** she admitted her guilt; **admito que me equivoqué** I admit I was wrong *o* that I made a mistake; **admitió haberla visto** he admitted having seen her

C «*local*» to hold; **el estadio admite 4.000 personas** the stadium holds 4,000 people *o* has a capacity of 4,000

Admón. *f* = **Administración**

admonición *f* (frml): **el director le hizo una severa ~** he was given a severe reprimand by the director, he was severely reprimanded by the director; **un alumno que ya ha recibido varias admoniciones** a pupil who has already been admonished several times (frml)

admonitorio -ria *adj* (frml) admonitory (frml); **levantó un dedo ~** she raised an admonishing *o* admonitory finger; **palabras admonitorias** admonitory words, words of admonishment

ADN *m* (= **ácido desoxirribonucleico**) DNA

adobar [A1] *vt* 1 ‹*carne/pescado*› (condimentar) to marinade; (para conservar) to pickle; (para curar) to cure 2 ‹*pieles*› to tan

adobe *m* adobe; **una casa de ~** an adobe (house); ***sólo te/le falta hacer ~s*** (Chi fam) you certainly don't/he certainly doesn't believe in sitting around!

adobera *f* (Méx) (queso) *type of mature cheese*; (molde) mold* (*in which this cheese is made*)

adobo *m* 1 (Coc) (condimento) marinade; (para conservar) pickle 2 (de pieles) tanning

adocenado -da *adj* (pey) run-of-the-mill (pej)

adocenarse [A1] *v pron* (pey) to become mediocre

adoctrinador -ora *adj* indoctrinatory
adoctrinamiento *m* indoctrination
adoctrinar [A1] *vt* to indoctrinate
adolecer [E3] *vi* (de una enfermedad, un defecto) ~ **DE algo** to suffer FROM sth; **adolece de indiscreción** he is prone to indiscretion; **el informe adolece de muchos errores** the report contains *o* has many mistakes
adolescencia *f*: **un comportamiento típico de la ~** typical adolescent behavior; **durante su ~** (when he was) in his teens, in adolescence (frml)
adolescente[1] *adj* adolescent; **tiene dos hijos ~s** she has two teenage *o* adolescent children
adolescente[2] *mf* (en contextos no técnicos) teenager; (Med, Psic) adolescent
adolorido -da *adj* (esp AmL) ▸**dolorido**
adonde *adv*: **la ciudad ~ habíamos llegado** the city we had arrived in; **el lugar ~ se dirigían** the place they were going to, the place where *o* to which they were going; ***~ fueres haz lo que vieres*** when in Rome, do as the Romans do
adónde *adv* where; **¿~ vamos?** where are we going?; **no sé ~ ir** I don't know where to go
adondequiera *adv* ~ **QUE** wherever; **te seguiré ~ que vayas** I'll follow you wherever you go
Adonis Adonis; **no es ningún ~** he's no Adonis *o* no great beauty
adopción *f* **1** (de una medida, actitud) adoption **2** (de un niño) adoption **3** (de una nacionalidad) adoption, taking
adoptado -da *m,f* adopted child
adoptar [A1] *vt* **1** ‹*actitud/costumbre*› to adopt; ‹*decisión*› to take; **habrá que ~ medidas drásticas** drastic measures will have to be taken; **la decisión fue adoptada por unanimidad** the decision was unanimous; **adoptó la resolución de no volver a verla** he took the decision *o* resolved not to see her again; **desde que se adoptó el sistema decimal** since decimalization was introduced *o* adopted; **si la mecanógrafa adopta una postura incorrecta** if the typist sits badly *o* (frml) adopts an incorrect posture **2** ‹*niño*› to adopt **3** ‹*nacionalidad*› to take, adopt; ‹*apellido*› to adopt, take
adoptivo -va *adj* **1** ‹*hijo*› adopted; ‹*padres*› adoptive; **lo declararon hijo ~ de la ciudad** he was given the freedom of the city **2** ‹*patria/país*› adopted
adoquín *m* **1** (de piedra) paving stone, sett; (de madera) block **2** (fam) (tonto) blockhead (colloq); ***ser burro como un ~*** (fam) to be as dumb as an ox (AmE colloq), to be as thick as two short planks (BrE colloq) **3** (Per) (helado) Popsicle® (AmE), ice lolly (BrE)
adoquinado *m* paving
adoquinar [A1] *vt* to pave
adorable *adj* adorable
adoración *f* **1** (de una persona) adoration; **siente ~ por su padre** she worships *o* adores her father; **una mirada de ~** an adoring look **2** (de una deidad) adoration, worship; **la A~ de los Reyes Magos** the Adoration of the Magi
adorador[1] **-dora** *adj* adoring (*before n*)
adorador[2] **-dora** *m,f* **1** (hum) (pretendiente) admirer (hum) **2** (de una deidad) worshipper, worshiper (AmE)
adorar [A1] *vt* **1** ‹*persona/cosa*› to adore **2** ‹*deidad*› to worship, adore
adormecedor -dora *adj* soporific; **esta droga tiene un efecto ~** this drug has a soporific effect *o* sends you to sleep
adormecer [E3] *vt* **1** ‹*persona*› to make ... sleepy *o* drowsy; **una droga que adormece los sentidos** a drug which numbs *o* dulls the senses **2** ‹*pierna/mano*› to numb; **la picadura le adormeció la pierna** the sting numbed his leg, the sting made his leg go numb
■ **adormecerse** *v pron* to fall asleep, doze off
adormecimiento *m* **1** (somnolencia) sleepiness, drowsiness **2** (de un miembro) numbness
adormidera *f* poppy

adormilarse [A1] *v pron* to doze; **estás adormilado** you're half asleep
adornar [A1] *vt* **1** «*persona*» ‹*habitación*› to decorate; ‹*vestido/sombrero*› to trim, decorate; ‹*plato/comida*› to garnish, decorate; **~on la iglesia con flores** they decorated *o* (liter) decked the church with flowers **2** ‹*relato/discurso*› to embellish **3** «*flores/banderas*» to adorn; **las banderas que adornan la fachada del hotel** the flags which adorn the facade of the hotel; **las virtudes/cualidades que lo adornan** (liter) the virtues/qualities with which he is blessed (liter)
■ **adornarse** *v pron* (*refl*): **los domingos se adornan y salen de paseo** on Sundays they get dressed up and go out for a stroll; **se adornó los brazos con pulseras** she adorned her arms with bracelets
adorno *m* **1** (objeto) ornament; **los ~s de Navidad** the Christmas decorations **2** (decoración): **su único ~ eran unos pendientes** a pair of earrings was her only adornment; **una tela tan rica no necesita ~ ninguno** such a rich fabric doesn't need any decoration *o* adornment; **una falda con ~ de pasamanería** a skirt trimmed with frills; **de ~** for decoration; **le puso unas aceitunas de ~** she added a few olives for decoration; **lo tenemos de ~** (hum) it's just for show
adosado -da *adj* **~ A algo: el armario estaba ~ a la pared** the cupboard was against the wall; **un invernadero ~ a la casa** a greenhouse attached to *o* built onto the house; ▸**casa, chalet**
adosar [A1] *vt* **1** ‹*armario/escritorio*› **~ algo A algo** to put *o* place sth AGAINST sth; **adosó el piano a la pared** she put *o* placed the piano (up) against the wall; **la bomba fue adosada a los bajos del vehículo** the bomb was attached to the underside of the vehicle **2** (Méx) ‹*documento*› to enclose, attach
adquiera, adquirió, etc ▸**adquirir**
adquirente *adj*: **la parte ~** (frml) the buyer, the purchaser (frml)
adquirir [I13] *vt* ‹*artículo/propiedad*› to acquire, obtain; ‹*cultura/conocimientos*› to acquire; ‹*experiencia*› to gain, acquire; ‹*nacionalidad*› to acquire, obtain; ‹*lengua*› to acquire; **ha adquirido el 13% de las acciones de Bianco** he has acquired *o* obtained *o* purchased 13% of Bianco's shares; **adquiera su nuevo coche antes del día 30** purchase *o* buy your new car before the 30th; **ha adquirido renombre internacional** he has attained *o* achieved international renown; **con el tiempo ha ido adquiriendo madurez y aplomo** over the years he has gained in maturity and assurance; **derechos adquiridos** vested *o* acquired rights
adquisición *f* **1** (objeto, cosa) acquisition; **¿has visto mi última ~?** have you seen my latest acquisition *o* purchase?; **la última ~ de los Lakers** (Dep) the Lakers' latest acquisition; **este coche ha sido una buena ~** this car was a good buy **2** (acción): **la ~ de la casa** the purchase of the house; **la ~ de la lengua materna** acquisition of the mother tongue; **el Picasso es de reciente ~** the Picasso is a recent acquisition *o* purchase
(Compuesto) **adquisición apalancada** leveraged buyout
adquisidor[1] **-dora** *adj* acquisitive
adquisidor[2] **-dora** *m,f* purchaser (frml), buyer
adquisitivo -va *adj*: **la capacidad adquisitiva del obrero** the purchasing power of the worker; ▸**poder**[2]
adrede *adv* deliberately, intentionally, on purpose
adrenalina *f* adrenaline
Adriano Hadrian
Adriático -ca *adj*: **el mar ~** the Adriatic (Sea)
adrizar [A4] *vt* to right
adscribir [I34] *vt* **~ a algn A algo** to assign *o* attach sb TO sth; **los oficiales adscritos** *or* (esp RPl) **adscriptos a la dirección** the officials attached to head office

■ **adscribirse** *v pron* to join, become a member
adscripción *f* **1** (a un trabajo) attachment, assignment **2** (a una organización) joining **3** (en Arg, Ur) *office or post of an* ▸**adscripto**[2]
adscripto[1] **-ta** *adj ver* **adscribir**
adscripto[2] **-ta** *m,f* (RPl) (en Arg) *graduate student who also teaches in the department;* (en Ur) *person who carries out certain administrative tasks in a secondary school*
adscrito -ta *pp ver* **adscribir**
adsorber [E1] *vt* to adsorb
ADUA *m,f* (**= amigo/amiga de un amigo/amiga**) FOAF
aduana *f* customs; **¿dónde está la ~?** where is customs?, where is the customs building (*o* shed *etc*)?; **todas las ~s españolas se vieron afectadas por la huelga** all the customs points in Spain were affected by the strike; **libre de derechos de ~** duty free
aduanal *adj* customs (*before n*)
aduanero[1] **-ra** *adj* customs (*before n*)
aduanero[2] **-ra** *m,f* customs officer
aducir [I6] *vt* ‹*razones*› to give, put forward, adduce (frml); ‹*argumentos*› to put forward, adduce (frml); ‹*pruebas*› to provide, furnish; **adujo no haber sido informado del cambio de fechas** he claimed that he had not been informed of the change of dates
adueñarse [A1] *v pron* **1** «*persona*»: **~ DE algo** to take over sth; **se adueñó de su corazón** she won his heart **2** «*pánico/tristeza/pesimismo*»: **~ DE algn: el pánico se adueñó de ellos** they were overcome by panic, panic got the better of them
adujar [A1] *vt* to coil
adulación *f* flattery
adulador[1] **-dora** *adj* flattering, sycophantic
adulador[2] **-dora** *m,f* flatterer, sycophant
adular [A1] *vt* to flatter; **me da asco cómo adulan al jefe** it's revolting how they crawl to *o* suck up to the boss (colloq)
adulón[1] **-lona** *adj* (fam) ‹*empleado*› fawning; **se pone ~ cuando quiere pedirles dinero a los padres** he starts fawning to his parents when he wants money from them
adulón[2] **-lona** *m,f* (fam) crawler (colloq); **es un ~ de la maestra** he's always sucking up to *o* crawling to the teacher (colloq)
adulteración *f* **1** (de un producto) adulteration **2** (de la información) falsification
adulterar [A1] *vt* **1** ‹*alimento/vino*› to adulterate **2** ‹*información*› to falsify
adulterino[1] **-na** *adj* (frml) ‹*relación*› adulterous; ‹*hijo*› born of an adulterous relationship, adulterine
adulterino[2] **-na** *m,f* child born of an adulterous relationship
adulterio *m* adultery
adúltero[1] **-ra** *adj* adulterous
adúltero[2] **-ra** *m,f* adulterer
adultez *f* adulthood
adulto[1] **-ta** *adj* **1** ‹*persona/animal*› adult (*before n*) **2** ‹*reacción/opinión*› adult, mature
adulto[2] **-ta** *m,f* adult
adustez *f* harshness
adusto -ta *adj* ‹*persona/expresión*› austere, severe; ‹*paisaje*› bleak, harsh
ad valorem *adv* ad valorem
advenedizo[1] **-za** *adj* upstart (*before n*)
advenedizo[2] **-za** *m,f* social climber
advenimiento *m* advent; **el ~ del heredero al trono** the accession of the heir to the throne; ▸**santo**[1]
adventicio -cia *adj* adventitious
adventista[1] *adj* Adventist
adventista[2] *mf* Adventist; **un ~ del Séptimo Día** a Seventh Day Adventist
adverbial *adj* adverbial
adverbio *m* adverb
adversario[1] **-ria** *adj* opposing (*before n*)
adversario[2] **-ria** *m,f* opponent, adversary; **el Atlético se enfrentaba con un ~ muy poderoso** Atlético were facing very strong opposition

a

adversidad *f* 1 (hecho) adversity; **sufrió todo tipo de ~es** he suffered all sorts of setbacks *o* adversities 2 (situación): **se conoce a los amigos en la ~** when times are hard, you find out who your friends are 3 (cualidad) harshness, severity; **la ~ del clima** the severity *o* harshness of the climate

adverso -sa *adj* ‹*circunstancias/resultado*› adverse; **la suerte le fue adversa** (liter) fortune did not favor him (liter)

advertencia *f*, **advertimiento** *m* 1 (amonestación) warning; **es la última ~ que te hago** this is your last warning; **que les sirva de ~** let it be a warning to them 2 (consejo): **no hizo caso de mis ~s** he ignored my advice

advertir [I11] *vt* 1 (avisar) to warn; **quedas/estás advertido para la próxima vez** you've been warned so don't do it again; **~ A algn DE algo** to warn sb OF sth; **¿no le advertiste del riesgo que corría?** didn't you warn him of the risk he was running?; **~ A algn QUE + INDIC**: **te advierto que no lo consentiré** I warn you that I won't stand for it; **le advertí que le resultaría difícil encontrarlo** I warned him that he'd have difficulty (in) finding it; **te advierto que yo no tuve nada que ver con eso** I want you to know I had nothing to do with that; **te advierto que no me sorprendió nada** I must say I wasn't at all surprised; **~ A algn QUE + SUBJ**: **le advertí que tuviera cuidado** I warned him to be careful 2 (notar) to notice; **nadie advirtió su presencia** her presence went unnoticed, nobody noticed she was there

adviento *m* Advent

advierta, advirtió, etc ▸**advertir**

advocación *f*: **una iglesia bajo la ~ de la Virgen** a church dedicated to the Virgin Mary

ADVP *m,f* = **adicto a las drogas por vía parenteral**

adyacencias *fpl* (CS) vicinity; **evacuaron a la gente de las ~ del volcán** they evacuated people from the immediate vicinity of the volcano

adyacente *adj* adjacent

AEBU /a'eβu/ *f* = **Asociación de Empleados Bancarios del Uruguay**

aedo *m* (liter) *epic poet of Ancient Greece*; **como dijo el ~** in the words of the poet

AEE *f* (= **Agencia Europea del Espacio**) ESA

aeración *f* aeration

aéreo -rea *adj* ‹*fotografía/vista*› aerial; ‹*tráfico*› air (*before n*)

aereofotográfico -ca *adj* aero-photographic

aereofotogrametría *f* aerial photogrammetry

aero- *pref* aero- (*as in* **aerodinámico, aeronáutica**; air- (*as in* **aerolínea, aeropuerto**; **~generador** wind turbine *o* generator

aerobic /e'roβik/ *m* (Méx) **aerobics** *mpl* aerobics

aeróbico -ca *adj* aerobic

aerobio -bia *adj* aerobic

aerobismo *m* (CS) aerobics

aerobús *m* airbus

aeroclub *m* flying club

aerodeslizador *m*
A (Náut) hovercraft
B (Chi) (Dep) hang glider

aerodeslizante *m* hovercraft

aerodinámica *f* aerodynamics

aerodinámico -ca *adj* aerodynamic

aeródromo *m* aerodrome, airfield

aeroespacial *adj* aerospace (*before n*)

aerofagia *f* aerophagia

aerofobia *f* fear of flying

aerofoto, aerofotografía *f* aerial photograph

aerofumigación *f* crop-dusting

aerogenerador *m* wind turbine

aerografía *f* airbrushing

aerografista *mf* spray-paint artist

aerógrafo *m* airbrush

aerograma *m* aerogram, air letter, air mail letter

aeroligero *m* microlight

aerolínea *f* airline

aerolito *m* (meteorito) meteorite; (estrella fugaz) shooting star

aerómetro *m* aerometer

Aeroméxico = Aeronaves de México

aeromodelismo *m* model airplane making

aeromodelista *mf* model airplane enthusiast

aeromodelo *m* model airplane (AmE), model aeroplane (BrE)

aeromotor *m* aero-engine

aeromozo -za *m,f* (AmL) flight attendant

aeronauta *mf* aeronaut

aeronáutica *f* 1 (ciencia) aeronautics 2 (RPl) (aviación militar) air force

aeronáutico -ca *adj* aeronautic, aeronautical

aeronaval *adj* air and sea (*before n*)

aeronave *f* 1 (globo dirigible) airship 2 (frml) (avión) airliner, airplane, aeroplane (BrE)

aeronavegabilidad *f* airworthiness

aeronavegable *adj* airworthy

aeronavegación *f* air travel

aeropirata *mf* hijacker, skyjacker (journ)

aeroplano *m* (ant) airplane (AmE), aeroplane (BrE)

aeropuerto *m* airport

aerosol *m* aerosol, spray can; **desodorante en ~** spray deodorant

aerostación *f* ballooning

aeróstata *mf* balloonist

aerostática *f* aerostatics

aerostato, aeróstato *m* aerostat

aerotaxi *m* air taxi

aerotransportado -da *adj* airborne

aerotransportar [A1] *vt* to airlift

aerovía *f* airway

a/f. = a favor

afabilidad *f* affability

afable *adj* affable

afablemente *adv* affably

afamado -da *adj* famous

afán *m*
A 1 (anhelo) eagerness; **su ~ de aventuras** his thirst for adventure; **su ~ de superación** her eagerness to better herself; **~ DE + INF**: **su ~ de agradar** their eagerness *o* anxiousness *o* keenness to please; **tiene ~ de aprender** she's keen to learn; **~ POR + INF**: **su ~ por alcanzar la fama** his desire to become famous *ver tb* **lucro** 2 (empeño) effort; **pone mucho ~ en todo lo que hace** he puts a lot (of effort) into everything he does; **¡tanto ~ para nada!** all that effort for nothing!
B (Col fam) (prisa) hurry; **tengo un ~ horrible** I'm in a terrible hurry

afanadamente *adv* ▸**afanosamente**

afanado -da *adj*
A 1 [SER] (afanoso) painstaking 2 [ESTAR] ‹*persona*› **~ EN algo** intent ON sth
B [ESTAR] (Col, Per fam) (con prisa) in a hurry

afanador -dora *m,f*
A (arg) (ladrón) thief
B (Méx) (limpiador) cleaner

afanar [A1] *vt*
A (arg) (robar) to swipe (colloq), to nick (BrE colloq), to pinch (BrE colloq)
B (Col fam) 1 (apurar) to rush; **¡afánale!** (fam) get a move on! (colloq) 2 (preocupar) to worry
C (Per fam) ‹*chica*› to hit on (AmE colloq), to try to get off with (BrE colloq)
■ **afanarse** *v pron*
A (esforzarse) to work, toil; **~se EN** *or* **POR + INF** to strive to + INF; **~se POR QUE + SUBJ**: **siempre se afana por que todos se sientan como en su casa** she always goes to great pains *o* to a lot of trouble to make everyone feel at home
B (*enf*) (arg) (robar) ‹*cigarrillos/radio*› to swipe (colloq), to nick (BrE colloq), to pinch (BrE colloq)

afano *m* (RPl arg) rip-off

afanosamente *adv* ‹*trabajar*› painstakingly; ‹*luchar*› determinedly; **estudió ~ para el examen** she studied very hard for the exam

afanoso -sa *adj* 1 ‹*búsqueda/tarea*› painstaking; ‹*empeño/dedicación*› unflagging 2 ‹*persona*› industrious

afasia *f* aphasia

afásico[1] -ca *adj* aphasic

afásico[2] -ca *m,f* aphasiac

AFD *f* (en Chi) = **Agrupación de Familiares de Detenidos y Desaparecidos**

AFE /'afe/ *f*
A (en Esp) = **Asociación de Futbolistas Españoles**
B (en Ur) = **Administración de Ferrocarriles del Estado**

afear [A1] *vt* 1 ‹*persona*› to make ... look ugly; ‹*paisaje*› to spoil; **esos grandes hoteles que afean la costa** those big hotels which spoil the coastline; **los anteojos no lo afean** glasses don't look bad on him 2 ‹*conducta*› to criticize
■ **afearse** *v pron* to lose one's looks

afección *f* (frml) complaint; **una ~ cardíaca** a heart condition

afectación *f* affectation; **habla con ~** he has an affected way of talking

afectadamente *adv* affectedly

afectado -da *adj* affected

afectar [A1] *vt*
A 1 (tener efecto en) to affect; **la nueva ley no afecta al pequeño empresario** the new law doesn't affect the small businessman; **está afectado de una grave enfermedad pulmonar** (frml) he is suffering from a serious lung disease; **la enfermedad le afectó el cerebro** the illness affected her brain; **las zonas afectadas por las inundaciones** the areas hit *o* affected by the floods 2 (afligir) to affect (frml); **lo que dijiste lo afectó mucho** what you said upset him terribly 3 (Der) ‹*bienes*› to encumber
B (fingir) ‹*admiración/indiferencia*› to affect, feign; **~ + INF** to pretend to + INF

afectísimo -ma *adj* (Corresp) (frml): **suyo ~** yours truly

afectividad *f* affectivity

afectivo -va *adj* ‹*lazos/vida*› emotional

afecto[1] -ta *adj*
A 1 [SER] (simpatizante) **~ A algo** ‹*a ideas/un régimen*› sympathetic TO sth 2 [SER] (aficionado) **~ A algo** keen ON sth; **~ A + INF** given TO -ING
B (frml) (sujeto, ligado) **~ A algo**: **los empleados ~s a esa sucursal** employees belonging to that branch, those employed at that branch; **la adquisición de bienes ~s a actividades profesionales** the purchase of goods for professional use
C (frml) (afectado) **~ DE algo** afflicted WITH sth (frml)

afecto[2] *m*
A (cariño) affection; **le tiene gran ~ a** *or* **siente gran ~ por su viejo profesor** she has great affection for *o* she is very fond of her old teacher
B **afectos** *mpl* (period) (en necrológicas): **familiares y ~s** family and close friends

afectuosamente *adv* affectionately

afectuoso -sa *adj* ‹*persona*› affectionate; **recibe un ~ saludo** (Corresp) with warm *o* kind regards

afeitada *f* (esp AmL) shave

afeitado *m* 1 (de la barba) shave; **~ húmedo/en seco** wet/dry shave 2 (Taur) shaving

afeitadora *f* shaver, electric razor

afeitar [A1] *vt* 1 ‹*persona*› to shave; ‹*barba*› to shave off; ‹*cabeza/piernas*› to shave; ‹*crines/cola*› to trim 2 (Taur) ‹*cuernos*› to shave 3 (fam) (rozar) to scrape; **ibas afeitando los coches estacionados** you were just scraping past the parked cars

■ **afeitarse** *v pron* (*refl*) to shave; **no me dio tiempo de ~me** I didn't have time to shave *o* to have a shave *o* for a shave; **se afeitó la barba y el bigote** he shaved off his beard and mustache; **se afeitó la cabeza** he shaved his head

afeite *m* (ant *o* hum) makeup

afelpado -da *adj* velvety

afeminado -da *adj* effeminate

afeminar [A1] *vt* to make ... effeminate

■ **afeminarse** *v pron* to become effeminate

aferente *adj* afferent

aféresis *f* apheresis

aferrar [A1] *vt* (con el ancla) to anchor; (con el bichero) to grapple

■ **aferrar** *vi* to grip, bite

■ **aferrarse** *v pron* **~se A algo/algn** to cling (ON) TO sth/sb; **estaba aferrada a la falda de su madre** she was clinging to her mother's skirt; **sigue aferrada a esa esperanza/ese recuerdo** she still clings to that hope/memory

afestonado -da *adj* (Arquit) festooned

affaire, affair /a'fer/ *m* (period) 1 (AmL) (relación amorosa) affair 2 (caso) affair, matter

affidávit *m* (*pl* **~s**) affidavit

affmo. affma. (Corresp) (frml) = **afectísimo, -ma**

Afganistán *m* Afghanistan

afgano¹ -na *adj* Afghan

afgano² -na *m,f* 1 (persona) Afghan 2 (perro) Afghan (hound)

AFI *m* (= **Alfabeto Fonético Internacional**) IPA

afianzamiento *m* consolidation

afianzar [A4] *vt* ‹*prestigio/relación*› to consolidate; **para ~ su posición en la empresa** to consolidate her position in the firm; **las tareas sirven para ~ lo explicado en clase** the purpose of the homework is to reinforce *o* consolidate what has been taught in class; **esta novela lo ha afianzado como escritor** this novel has consolidated his reputation as a writer; **afianzó un pie en la cornisa** he got a firm foothold on the ledge

■ **afianzarse** *v pron* «*prestigio/sistema*» to consolidate itself, to become consolidated; **se fue afianzando cada vez más en esa convicción** he became more and more convinced of it

afiche *m* (esp AmL) poster

afición *f* 1 (inclinación, gusto) love, liking; **siente/tiene una gran ~ por la pintura** she has a great love of painting; **~ a la lectura/música** love of reading/music; **¿cuáles son tus aficiones?** what are your interests?; **escribe por ~** she writes as a hobby; **le ha tomado ~ a la bebida** he's taken to drink 2 (Dep, Taur): **la ~** the fans (*pl*)

aficionado¹ -da *adj* [SER] 1 (entusiasta) **~ A algo** fond OF *o* keen ON sth; **es muy ~ a los deportes náuticos** he's very keen on water sports; **las personas aficionadas al teatro** keen theatergoers 2 (no profesional) amateur

aficionado² -da *m,f* 1 (entusiasta) enthusiast; **~ A algo**: **para los ~s al bricolaje** for do-it-yourself enthusiasts; **los ~s a los toros** bullfighting aficionados 2 (no profesional) amateur

aficionar [A1] *vt* **~ a algn A algo** to get sb interested IN sth; **hay que ~ a los jóvenes a la lectura** we must get young people interested in reading

■ **aficionarse** *v pron* **~se A algo** to become interested IN sth; **se aficionó a correr** he took up running

áfido *m* aphid

afiebrado -da *adj* feverish; **estaba un poquito ~** he was a little feverish, he had a slight temperature (BrE)

afijo *m* affix

afilado¹ -da *adj*

A 1 ‹*borde/lápiz/cuchillo*› sharp 2 ‹*nariz*› pointed; ‹*rasgos*› sharp; ‹*dedos*› long; **una vieja de rostro ~** an old woman with a long, thin face

B (mordaz) ‹*lengua*› sharp; ‹*pluma*› biting

afilado² *m* sharpening

afilador -dora *m,f* 1 (persona) knife grinder 2 **afilador** *m* (utensilio) sharpener

afilalápices *m* (*pl* ~) pencil sharpener

afilar [A1] *vt* 1 ‹*navaja/cuchillo*› to sharpen, hone 2 (RPl fam & ant) (cortejar) to court (dated)

afiliación *f* affiliation; **~ a un sindicato** union membership

afiliado -da *m,f* member

afiliar [A1] *vt* **~ a algn A algo** to make sb a member of sth, enroll* sb as a member of sth

■ **afiliarse** *v pron* **~se A algo** ‹*a un partido/un sindicato*› to become a member OF sth, to join sth; ‹*a un seguro médico/un sistema de pensiones*› to join sth; **los trabajadores afiliados al sindicato** workers who are members of *o* who belong to the union; **el club no está afiliado a la asociación nacional** the club isn't affiliated to *o* with the national association

afilón *m* (correa) strop; (de metal) steel

afín *adj* ‹*problemas/temas*› related; ‹*culturas/ideologías*› similar; ‹*lenguas*› related; **nuestros intereses son muy afines** we have very similar interests *o* many interests in common; **~ A algo**: **ideas afines a las nuestras** ideas which are very close to *o* which have a lot in common with our own

afinación *f* tuning

afinador -dora *m,f* tuner

afinar [A1] *vt*

A 1 ‹*instrumento*› to tune 2 ‹*coche*› to tune up; ‹*motor*› to tune 3 ‹*concepto/definición*› to perfect, refine, hone

B ‹*punta*› to sharpen

■ **afinar** *vi*

A 1 (cantar, tocar en el tono debido) «*cantante*» to sing in tune; «*músico*» to play in tune 2 (ajustar el instrumento) to tune up

B (estar alerta) to be/keep on one's toes

■ **afinarse** *v pron* to become thinner

afincarse [A2] *v pron* 1 «*persona*» to settle 2 «*creencias/valores*» to become established, take root

afinidad *f* 1 (entre personas, caracteres) affinity; **no tengo ninguna ~ con él** I have nothing in common with him 2 (Fís, Quím) affinity

AFIP ➡📖 *f* (en Arg) (Fisco) = **Administración Federal de Ingresos Públicos**

afirmación *f* 1 (declaración) statement, assertion 2 (respuesta positiva) affirmation

afirmar [A1] *vt*

A (aseverar) to state, declare, assert (frml); **afirmó haberla visto allí** he stated *o* said *o* declared *o* asserted that he had seen her there; **no afirmó ni negó que fuera así** she neither confirmed nor denied that this was the case

B ‹*escalera*› to steady; **asegúrate de que esté bien afirmada** make sure it's steady

■ **afirmar** *vi*: **afirmó con la cabeza** he nodded

■ **afirmarse** *v pron* (físicamente) to steady oneself; **la necesidad de ~se como persona** the need to assert oneself

afirmativa *f* affirmative answer

afirmativamente *adv* affirmatively; **respondió ~** she said yes, she replied in the affirmative (frml)

afirmativo -va *adj* ‹*respuesta/frase*› affirmative; **en caso ~, escríbanos inmediatamente** (frml) if this is the case please write to us immediately (frml)

aflautado -da *adj* high-pitched, fluty

aflicción *f* (liter) grief, sorrow

afligido -da *adj* [ESTAR] upset; **quedó muy ~ por lo que le dijiste** he was very upset by what you said; **su afligida viuda** his grief-stricken widow

afligir [I7] *vt* 1 (afectar, perjudicar) to afflict; **los problemas que afligían al país** the problems afflicting the country 2 (apenar) to upset

■ **afligirse** *v pron* to get upset

aflojar [A1] *vt*

A ‹*cinturón/nudo/tornillo*› to loosen; ‹*cuerda*› to slacken (off); ‹*puño/mandíbula*› to unclench; **la cuerda está muy tensa, aflójala** the rope's very tight, let out some slack; **afloja la tensión nerviosa** it eases nervous tension; **sin ~ la marcha** *or* **el paso** without slowing down

B (fam) ‹*dinero*› to hand over; **no aflojó ni un centavo para la colecta** he didn't part with *o* give a penny *o* (AmE) a cent for the collection

C (AmL) ‹*motor*› to run in

■ **aflojar** *vi*

A «*tormenta*» to ease off; «*fiebre/viento*» to drop, ease; **mañana ~á el calor** the temperature will drop *o* ease tomorrow

B (ceder) to budge, give way; **diles que no y no les aflojes por más que insistan** say no and don't give in to them no matter how much they insist; **¡aflójale al acelerador!** ease up on the accelerator; **aflójale un poco al pobre chico** ease up on the poor boy a little, don't be so hard on the poor boy

■ **aflojarse** *v pron*

A 1 (*refl*) ‹*cinturón*› to loosen 2 «*tornillo/tuerca*» to come *o* work loose

B (Méx) «*estómago*»: **se me aflojó el estómago** *or* (fam) **la panza** I got diarrhea *o* (colloq) the runs

afloración *f* 1 (Geol) outcrop 2 (apariencia) emergence

afloramiento *m* 1 (Geol) outcrop 2 (de sentimientos) outburst

aflorar [A1] *vi* 1 «*filón/mineral*» to surface; (sobresaliendo) to crop out, outcrop 2 «*agua*» to rise, appear on the surface 3 «*sentimientos*» to come to the surface; «*tensiones*» to erupt

■ **aflorar** *vt* ‹*ingresos/activos*› to enter

afluencia *f* 1 (de personas, dinero) influx; **la ~ de público al estreno desbordó todas las previsiones** the number of people at the first night surpassed all expectations; **una masiva ~ de turistas** a massive influx of tourists; **la ~ de capital extranjero al país** the influx of foreign capital into the country 2 (de agua, sangre) flow

afluente *m* tributary, affluent

afluenza *f* (Psic) affluenza

afluir [I20] *vi* 1 «*gente/público*» to flock 2 «*agua/sangre*» to flow; **los ríos que afluyen al Ebro** the rivers which flow into the Ebro

aflujo *m* afflux

afmo. afma. ▸**afectísimo**

afonía *f* loss of voice, aphonia (tech)

afónico -ca *adj*: **está/se ha quedado ~** he's lost his voice

aforado -da *adj* 1 ‹*persona*› privileged (*with rights granted by charter*) 2 ‹*ciudad/territorio*› *which holds a royal charter*

aforador -dora *m,f* estimator, assessor

aforar [A1] *vt* 1 (valorar) to assess, value 2 (Tec) to gauge

AFORE *f* (en Méx) = **Administradora de Fondos para el Retiro**

aforismo *m* aphorism

aforístico -ca *adj* aphoristic

aforo *m* (frml) capacity; **el estadio tiene un ~ de 3.000 personas** the stadium has a capacity of *o* holds 3,000 people

aforrar [A1] *vt* (Chi fam) 1 (pegar): **me aforró una cachetada** she slapped my face; **le aforró un combo en la nariz** he landed a punch on his nose 2 (cobrar mucho) to rip off (colloq); **me ~on por este vino** this wine was a real rip-off (colloq)

■ **aforrarse** *v pron* (Chi fam) 1 (forrarse) to make a mint *o* fortune (colloq) 2 (pederse) to fart

afortunadamente *adv* fortunately, luckily

afortunado -da *adj* 1 ‹*persona*› lucky, fortunate 2 ‹*encuentro/coincidencia*› happy, fortunate; **fue una decisión/elección poco afortunada** it was a rather unfortunate decision/choice

➡📖 *see* Living in a Spanish-speaking country

AFP *f*
A = **Agencia France Presse**
B (en Chi) = **Administradora de Fondos Previsionales**

afrancesado¹ -da *adj* **1** (pey) ‹*modas/costumbres*› Frenchified (pej) **2** (pey) (Hist) ‹*persona*› *who supported the French during the Peninsular War*

afrancesado² -da *m,f* (pey) (Hist) *supporter of the French during the Peninsular War*

afrancesamiento *m* **1** (Hist) *movement supporting France in the Peninsular War* **2** (de las costumbres) Frenchification

afrancesarse [A1] *v pron* (pey) to become Frenchified (pej)

afrechillo *m* (Chi) (fine-ground) bran

afrecho *m* bran

afrenta *f* (frml) affront (frml), insult; **lo considero una ~ a mi honor/dignidad** I consider it an affront to my honor/dignity

afrentar [A1] *vt* (frml) to insult, affront (frml)

África *f‡ tb* **el ~** Africa

Compuestos
- **África austral** *or* **meridional** southern Africa
- **África del Norte** North Africa
- **África negra** Black Africa
- **África Occidental** *or* **del Oeste** West Africa
- **África Oriental** *or* **del Este** East Africa

africada *f* affricate

África del Sur *f‡* South Africa

africado -da *adj* affricative

africanista *mf* Africanist

africano -na *adj/m,f* African

afrikaans *m* Afrikaans

afrikaner *adj/mf* (*pl* **-ners**) Afrikaner

afro *adj inv* Afro

afro- *pref* Afro-; **~caribeño** Afro-Caribbean; **~americano** African-American, Afro-American

afrodisíaco¹ -ca, **afrodisiaco -ca** *adj* aphrodisiac

afrodisíaco², **afrodisiaco** *m* aphrodisiac

Afrodita Aphrodite

afrontar [A1] *vt* ‹*problema/tarea*› to face up to; ‹*desafío*› to face; **tienes que ~ tus responsabilidades** you have to face up to your responsibilities

afrutado -da *adj* fruity

afta *f‡* aphtha, ulceration

after shave /afterˈʃeiβ/ *m* aftershave (lotion)

aftosa *f* foot-and-mouth disease

afuera *adv*
A **1** (expresando dirección, movimiento) outside; **vámonos ~** let's go outside; **ven aquí ~** come out here; **¡~!** get out of here!, get out! **2** (lugar, parte) outside; [*European Spanish prefers* ▸**fuera¹** *in many of these examples*] **aquí ~ se está muy bien** it's very nice out here; **comimos ~** (en el jardín) we ate out in the garden *o* outside *o* outdoors; (en un restaurante) we ate out; **por ~ es rojo** it's red on the outside; **de ~ parece muy grande** it looks very big from the outside; **¿qué derecho tienen los de ~ a criticar?** what right do outsiders have to criticize?; **lavaba para ~** she used to take in washing
B **afuera de** (AmL): **está ~ del país** he's out of the country; **~ del edificio** outside the building
C (RPl) (el campo) the country; **la gente de ~** country people, people from the country

afuerano -na *m,f* outsider

afueras *fpl*: **las ~** the outskirts; **en las ~ de Madrid** on the outskirts of Madrid; **un barrio de las ~s** an outlying district

afuerino -na *m,f* (Chi) outsider

afutarda *f* bustard

afutrado -da *adj* (Chi fam) natty (colloq)

agachadiza *m* snipe

agachar [A1] *vt* ‹*cabeza*› to lower
■ **agacharse** *v pron* **1** (ponerse en cuclillas) to crouch down; (inclinarse) to bend down; **lo vi tirar la piedra y me agaché** I saw him throw the stone so I ducked **2** (Méx fam) (rebajarse) to eat dirt *o* humble pie (colloq)

agachón -chona *m,f* (Méx fam) chicken (colloq)

agalla *f*
A (Zool) gill
B (Bot) gall, oak apple
C **agallas** *fpl* (fam) (valor) guts (*pl*) (colloq); **una chica con ~s** a gutsy girl (colloq), a girl with guts; **hay que tener ~s** it takes *o* you need guts (colloq)

agalludo -da *adj*
A (AmL fam) (valiente) gutsy (colloq), spunky (colloq)
B (Col fam) (codicioso) grasping

agandallarse [A1] *v pron* (Méx fam) **1** ‹*comida/libro*› **se agandalló la pizza mientras hablábamos** he scoffed the pizza while we were talking (colloq); **le presté un lápiz y se lo agandalló** I lent him a pencil and he walked off with it (colloq) **2** (portarse mal) to behave very badly; **~ con algn** to treat sb very badly

ágape *m* agape, love feast; **¿y a mí no me invitan al ~?** (hum) and don't I get invited to the banquet? (hum)

agárico *m* agaric

agarrada *f* (fam) run-in (colloq), fight (colloq), row (BrE colloq); **tuvo una ~ con su cuñado** he had a fight *o* a run-in with his brother-in-law

agarradera *f*
A **1** (en un autobús, tren) strap, handgrip **2** (AmL) (de una taza, olla) handle **3** (AmL) (paño) pot holder; (guante) oven glove
B (Chi fam) (persona, influencia): **lo consiguió gracias a una buena ~** he got it because he has friends in high places *o* he knows people in the right places

agarrado¹ -da *adj* **1** (fam) ‹*persona*› tight (colloq), tightfisted (colloq) **2** (CS fam) (enamorado): **está muy ~ de ella** he's crazy about her (colloq)

agarrado² -da *m,f* (fam) skinflint (colloq), tightwad (AmE colloq), tight-ass (AmE colloq)

agarrado³ *adv*: **bailar ~** to dance closely, dance cheek to cheek

agarrador¹ -dora *adj* (Chi, Per fam) ‹*bebida*› strong; **está bien ~ este trago** this is strong stuff (colloq), this has a real kick to it (colloq)

agarrador² *m* (paño) pot holder; (guante) oven glove

agarrar [A1] *vt*
A (sujetar) to get hold of, grab; **lo agarró de** *or* **por las solapas** he grabbed him *o* took hold of him by the lapels; **agárralo, que se va a caer** grab him, he's going to fall; **me agarró del brazo** (para apoyarse) she took hold of my arm; (con violencia, rapidez) she grabbed me by the arm, she seized my arm; **ya agarra bien el sonajero** she can already hold her rattle properly
B (esp AmL) ‹*objeto*› (tomar) to take; (atajar) to catch; **agarra el dinero de mi cartera** take the money out of my wallet; **agarra un papel y toma nota** get a piece of paper and take this down; **¿alguien agarró el libro que dejé en la mesa?** did anyone pick up *o* take the book I left on the table?; **¿puedo ~ una manzana?** may I take an apple?; **agarró las llaves/sus cosas y se fue** he took the keys/his things and left; **te lo tiro ¡agárralo!** I'll throw it to you, catch!; **este capítulo es dificilísimo, no hay** *or* **no tiene por dónde ~lo** (fam) this chapter is really difficult, I can't make head nor tail of it (colloq)
C **1** (AmL) (pescar, atrapar) to catch; **si te agarra el profesor, ya verás** if the teacher catches you, you'll be for it; **si lo agarro, lo mato** if I get *o* lay my hands on him, I'll kill him; **se acaba de ir, pero si corres, lo agarras** he's just left, but if you run, you'll catch him; **me agarró desprevenido/de buen humor** she caught me off guard/in a good mood; ***~la con algn*** (AmL fam) to take it out on sb **2** (CS fam) (con una pregunta) to catch … out, stump **3** (CS) ‹*televisión/emisora*› to get, pick up
D **1** ‹*resfriado*› to catch; **no salgas así, vas a ~ una pulmonía** don't go out like that, you'll catch your death of cold **2** ‹*velocidad*› to gather, pick up **3** ‹*asco/odio/miedo*› (+ *me/te/le etc*): **se ha caído tantas veces que le ha agarrado miedo al caballo** she's had so many falls that now she's afraid of the horse; **con los años le he ido agarrando cariño** over the years I've grown fond of her **4** (entender) ‹*indirecta/chiste*› to get **5** (RPl) ‹*calle*› to take

■ **agarrar** *vi*
A (asir, sujetar) to take hold of, hold; **toma, agarra** here, hold this; **agarra por ahí** take *o* get hold of that part
B **1** ‹‹*planta/injerto*›› to take **2** ‹‹*tornillo*›› to grip, catch; ‹‹*ruedas*›› to grip **3** ‹‹*tinte*›› to take
C (esp AmL) (ir) **~ POR algo** ‹*por una calle/la costa*› to go ALONG sth; **~ PARA algo** to head FOR sth; **~on para la capital** they headed for the capital; **tiene tantos problemas, que no sabe para dónde ~** he has so many problems, he doesn't know which way to turn
D (esp AmL fam): **~ y …: un buen día agarró y lo dejó todo** one fine day she upped and left everything; **cuando ya había hecho la reserva agarra y me dice que no quiere ir** I had already made the reservations when he goes and tells me he doesn't want to go; **así que agarré y presenté la renuncia** so I gave in my notice on the spot *o* there and then

■ **agarrarse** *v pron*
A (asirse) to hold on; **agárrate bien** *or* **fuerte** hold on tight; **¿sabes cuánto dinero nos queda? ¡agárrate!** (fam) do you know how much money we have left? wait for it! *o* prepare yourself for a shock! (colloq); **~se A** *or* **DE algo** to hold on TO sth; **se agarró al** *or* **del pasamanos** she held on to *o* gripped the handrail; **iban agarrados del brazo** they were walking along arm in arm; **se agarró de eso para no venir** he latched on to that as an excuse not to come; **se ha agarrado a esa promesa/esperanza** she's clinging to that promise/hope
B (pillarse): **me agarré el dedo en el cajón** I caught my finger in the drawer
C (esp AmL): **se agarró una borrachera de padre y señor mío** he got absolutely blind drunk; **se agarró una rabieta** he got *o* flew into a temper; **¡qué disgusto se agarró cuando se enteró!** she got really upset when she heard!
D (AmL fam) **1** (pelearse, reñir) **~se CON algn** to have a fight *o* an argument WITH sb (colloq); **no vale la pena ~se con él por esa estupidez** there's no point arguing with him over a silly thing like that; ***agarrársela(s) con algn*** (AmL fam) to take it out on sb (colloq); **se las agarró conmigo** he took it out on me **2** (pelearse): **se ~on a patadas/puñetazos** they started kicking/punching each other; **por poco se agarran de los pelos** they almost came to blows
E (pegarse) ‹‹*comida*›› to stick

agarre *m* (de un neumático) grip; (de un coche) road-holding

agarrochar [A1] *vt* to goad

agarrón *m* **1** (en fútbol): **hubo ~ de Ramírez a García** Ramírez grabbed García's shirt *o* was holding García **2** (AmL fam) (discusión, pelea) fight (colloq), row (BrE colloq); **se dieron un ~** (Méx) they had a fight *o* row

agarroso -sa *adj* (Méx fam) sharp, tart

agarrotamiento *m*
A **1** (de músculos) stiffness, tightness **2** (Mec) seizure
B (ejecución) garrotte

agarrotar [A1] *vt*
A ‹*piernas/músculos*› to make … stiff; **el frío le iba agarrotando los músculos** the cold was making his muscles stiffen up *o* stiff
B (ejecutar) to garrotte
■ **agarrotarse** *v pron* **1** ‹‹*manos/músculos*›› to stiffen up; **tengo las manos agarrotadas** my hands are stiff **2** ‹‹*motor/máquina*›› to seize up

agasajado -da *m,f* (frml) guest of honor

agasajar [A1] *vt* (frml) to fête (frml); **la ~on con una magnífica fiesta** a splendid party was given in her honor

agasajo *m* (frml) **1** (acción): **una cena en ~ del nuevo embajador** a dinner in honor of the new ambassador 2 (atención, homenaje): **nos recibieron con todo tipo de ~s** we were received with great hospitality *o* in great style, they lavished attention on us

ágata *f‡* agate

agateador *m tb* : **~ común** treecreeper

ágave, agave *f‡, f‡,* **agave** *f* agave

(Compuesto) **ágave sisalana** sisal

agazaparse [A1] *v pron* 1 «*animal*» (para atacar) to crouch 2 «*persona*» (para esconderse) to crouch down, crouch

agencia *f*

A (oficina) office; (sucursal) branch

(Compuestos)

- **agencia de acompañantes** escort agency
- **agencia de cobro** debt-collection agency
- **agencia de colocaciones** employment agency *o* bureau (*generally for domestic staff*)
- **agencia de contactos** dating agency
- **agencia de crédito** credit agency
- **agencia de edecanes** (Méx) escort agency
- **agencia de empleos** employment agency *o* bureau
- **agencia de prensa** *or* **de noticias** press *o* news agency
- **agencia de publicidad** advertising agency
- **agencia de transportes** freight forwarding agency *o* company
- **agencia de viajes** (local) travel agent's; (negocio) travel agency
- **agencia funeraria** funeral director's, funeral parlor*
- **agencia inmobiliaria** ➜📖 real estate agency (AmE), realtors (*pl*) (AmE), estate agent's (BrE)
- **agencia matrimonial** marriage bureau
- **agencia noticiosa** (Andes, RPl) press *o* news agency
- **agencia publicitaria** advertising agency

B (Chi) (casa de empeños) pawnshop, pawnbroker's

Agencia Espacial Europea *f* (UE) European Space Agency

agenciar [A1] *vt* (fam) (conseguir) to wangle (colloq), to get

■ **agenciarse** *v pron* 1 (fam) (robar) ‹*radio/lápiz*› to swipe (colloq), to pinch (BrE colloq) 2 (fam) (conseguir) to get hold of, get one's hands on; ***agenciárselas*** (fam): **se las agenció para que le dieran un trabajo/para conseguir un coche nuevo** he managed to wangle himself a job/get himself a new car (colloq); **agénciatelas como puedas** you'll have to get by as best you can *o* work something out as best you can (colloq)

agenda ➜📖 *f* 1 (libreta) diary 2 (programa) agenda; **establecer una ~ para las negociaciones** to draw up an agenda for the negotiations; **el último tema en la ~** the last item on the agenda

(Compuestos)

- **agenda cultural** entertainment guide, listings (*pl*)
- **agenda de bolsillo** pocket diary
- **agenda de despacho** *or* **de mesa** desk diary
- **agenda de trabajo** engagement book
- **agenda electrónica** electronic address book

agente *mf*

A (Com, Fin) agent

(Compuestos)

- **agente artístico** artistic agent
- **agente comercial** sales representative, sales rep (colloq)
- **agente de bolsa** *or* **de cambio** stockbroker
- **agente de exportación** export agent
- **agente de la propiedad inmobiliaria** real estate agent (AmE), realtor (AmE), estate agent (BrE)
- **agente de patentes** patent agent
- **agente de publicidad** advertising agent
- **agente de seguros** insurance broker
- **agente de ventas** sales agent
- **agente de viajes** travel agent
- **agente inmobiliario** real estate agent (AmE), realtor (AmE), estate agent (BrE)
- **agente inteligente** (Inf) intelligent agent
- **agente literario** literary agent
- **agente publicitario** advertising agent

B (frml) (funcionario) employee

(Compuestos)

- **agente del orden** (period) police officer
- **agente de policía** police officer
- **agente de seguridad** security guard
- **agente de tráfico** ≈ traffic policeman (*in US*), ≈ traffic warden (*in UK*)
- **agente de tránsito** (Arg, Méx) ▸**agente de tráfico**
- **agente encubierto** undercover agent
- **agente especial** special agent
- **agente provocador** agent provocateur
- **agente secreto** secret agent

C **agente** *m* 1 (Med, Tec) agent 2 (Ling) agent 3 (Quím) agent; **~ oxidante/químico** oxidizing/chemical agent

agentivo *m* agent

agigantado -da *adj* ‹*proporciones/figura*› gigantic; ▸**paso¹ C1**

agigantar [A1] *vt* 1 ‹*ritmo/rendimiento*› to increase ... considerably; **agigantados por su público** boosted by their supporters 2 (exagerar) to exaggerate, give an exaggerated account of

■ **agigantarse** *v pron* 1 «*rendimiento*» to increase considerably 2 «*problema*» to take on huge proportions

ágil *adj* 1 ‹*persona/movimiento*› agile 2 ‹*estilo*› lively; ‹*programa/presentación*› dynamic, lively

agilidad *f* (de una persona) agility; (de estilo) liveliness; **necesita más ~ en la presentación** the presentation needs to be livelier *o* more dynamic

agilipollado -da *adj* (Esp fam o vulg) dopey (colloq), dumb (colloq)

agilización *f* speeding up, streamlining

agilizar [A4] *vt* 1 ‹*gestiones/proceso*› to expedite (frml), to speed up; **~ los trámites burocráticos** to speed up *o* streamline bureaucratic procedures 2 ‹*pensamiento/mente*› to sharpen 3 ‹*ritmo/presentación*› to make ... livelier *o* more dynamic

■ **agilizarse** *v pron* ‹*gestiones/proceso*› to speed up; ‹*pensamiento/mente*› to sharpen up

ágilmente *adv* with agility, agilely

agiotaje, agio *m* speculation

agiotista *mf* 1 (ant) (cambista) moneychanger 2 (AmL) (usurero, especulador) shark (colloq)

agitación *f* 1 (Pol) agitation; **preocupados por la ~ reinante** worried by the prevailing state of unrest 2 (nerviosismo) agitation 3 (de una calle, ciudad) bustle

agitado -da *adj* 1 ‹*mar*› rough, choppy 2 ‹*día/vida*› hectic, busy 3 (Pol): **una época agitada** a period of unrest 4 ‹*persona*› worked up *o* agitated

agitador -dora *m,f*

A (provocador) agitator

B **agitador** *m* (varilla) stirring rod

agitanado -da *adj* gypsy-like

agitar [A1] *vt* 1 ‹*líquido/botella*› to shake; Ⓢ **agítese antes de usar** shake well before use 2 ‹*brazo/bandera/pañuelo*› to wave; **el pájaro agitaba las alas** the bird was flapping its wings; **el viento agitaba las hojas** the leaves rustled in the wind, the wind rustled the leaves 3 ‹*sociedad/país*› to cause unrest in

■ **agitarse** *v pron* 1 «*barca*» to toss; «*toldo*» to flap 2 (inquietarse) to get worked up

aglomeración *f*: **se produjo una ~ en torno a la estrella** a crowd gathered around the star; **para evitar que se produzcan aglomeraciones en el centro de la ciudad** to avoid buildups of traffic in the city center; **la mayoría vive en las aglomeraciones urbanas** the majority live in the built-up urban areas

aglomerado *m* chipboard

aglomerar [A1] *vt* to pile up

■ **aglomerarse** *v pron* to crowd (together)

aglutinación *f* agglutination

aglutinador -dora *adj* agglutinative, agglutinating (*before n*)

aglutinante¹ *adj* agglutinative, agglutinating (*before n*)

aglutinante² *m* agglutinating agent, agglutinin

aglutinar [A1] *vt* (Med, Tec) to agglutinate; **una organización que aglutina varios grupos de izquierda** an organization which draws together several left-wing groups

■ **aglutinarse** *v pron* 1 «*glóbulos/corpúsculos*» to agglutinate 2 «*partidos/organizaciones*» to unite 3 (Ling) to combine, agglutinate (tech)

agnosticismo *m* agnosticism

agnóstico -ca *adj/m,f* agnostic

ago. (= **agosto**) Aug., August

agobiado -da *adj* 1 (abrumado): **estamos ~s de trabajo** we're rushed off our feet with work (colloq), we're snowed under with work; **están ~s de deudas** they are burdened with debts, they're up to their ears in debt (colloq); **estaba agobiada con tantos problemas** she was weighed down by so many problems 2 (RPl) (encorvado): **~ de hombros** round-shouldered; **camina ~ de hombros** he walks with a stoop 3 (esp Esp) (angustiado) uptight (colloq)

agobiante *adj,* **agobiador -dora** *adj* ‹*trabajo/día*› exhausting; ‹*calor*› stifling; **hacía un calor ~** it was stifling *o* oppressively hot; **resultó ser una carga ~ para él** it turned out to be a terrible *o* crushing burden on him

agobiar [A1] *vt* 1 (abrumar) «*problemas/responsabilidad*» to weigh *o* get ... down; «*calor*» to oppress, get ... down; **te agobia con tanta amabilidad** she overwhelms *o* smothers you with kindness; **este niño me agobia** this child is too much for me 2 (esp Esp) (angustiar) to get ... down; **no me agobies, dame tiempo y te lo haré** don't keep on at me, give me time and I'll do it

■ **agobiarse** *v pron* (esp Esp fam) to get worked up, get uptight (colloq); **se agobió con tanto ruido y se fue** the noise got too much for him and he left

agobio *m* (esp Esp fam): **Madrid a estas horas es un ~** at this time of day Madrid is a real nightmare; **¡qué ~! no vamos a terminar nunca** this is terrible *o* a nightmare, we'll never finish this; **me entró un ~ espantoso** a terrible panicky feeling came over me (colloq)

agolpamiento *m* (de gente) crowd; (de ideas, problemas) rush

agolparse [A1] *v pron* «*personas*» to crowd; **las ideas se me agolpaban en la cabeza** my mind was *o* my thoughts were racing, ideas *o* thoughts crowded into my head; **últimamente se han agolpado las desgracias sobre ellos** they've had one misfortune after another recently

agonía *f* 1 (de un moribundo) death throes (*pl*) 2 (sufrimiento) suffering; **las ~s de las tropas** the sufferings of the troops; ***ser (un) ~s*** (Esp fam) to be a complainer *o* (colloq) whiner *o* (BrE colloq) moaning Minnie

agónico -ca *adj* dying (*before n*); **estaba en estado ~** he was dying; **estertores ~s** death rattle

agonizante¹ *adj* ‹*persona*› dying (*before n*); ‹*imperio/régimen*› crumbling (*before n*); **la luz ~ del crepúsculo** (liter) the fading light of dusk

agonizante² *mf* dying person

agonizar [A4] *vi* «*persona*» to be dying, be in the throes of death; «*imperio/régimen*» to crumble, be in its death throes; «*luz*» (liter) to fade

ágora *f‡* (Hist) agora

agorafobia *f* agoraphobia

agorafóbico -ca *adj/m,f* agoraphobic

agorar [A12] *vt* to prophesy, predict

agorero¹ -ra *adj* ominous; **ave agorera** bird of ill omen

agorero² -ra *m,f* soothsayer (arch); **los ~s que pronostican calamidades** the prophets of doom

➜📖 *ver* Vivir en un país de habla inglesa; *ver* El inglés que funciona

agostar [A1] *vt* ‹*campos*› to parch; ‹*plantas*› to wither, parch

■ **agostarse** *v pron* «*campo*» to become parched; «*vegetación*» to wither, become parched; **su imaginación no se agosta** (liter) his imagination is inexhaustible

agosto *m* ▸ⓘ **p.371** August *para ejemplos ver* **enero**; ***hacer su*** ∼ to make a fortune, to make a killing *o* bomb *o* (BrE) packet (colloq)

agotado -da *adj* 1 ‹*recursos*› exhausted; ‹*edición*› sold out; ‹*pila*› dead, flat; **las existencias de carbón están casi agotadas** coal stocks are almost exhausted, we have almost used up our stocks of coal; Ⓢ **agotadas todas las localidades** sold out 2 ‹*persona*› exhausted

agotador -dora *adj* exhausting

agotamiento *m* 1 (cansancio) exhaustion 2 (de recursos) exhaustion; (de una mina) exhaustion; **el** ∼ **de las provisiones les obligó a rendirse** they were forced to surrender when their supplies ran out

agotar [A1] *vt* 1 ‹*recursos*› to exhaust, use up; ‹*pila*› to wear out, run down; ‹*mina/tierra*› to exhaust; **el público agotó la edición en cuatro semanas** the edition sold out in four weeks; **agotó sus fuerzas durante los primeros 5.000 metros** he used up all his strength *o* he burnt himself out in the first 5,000 meters; ∼**on todos los temas de conversación** they exhausted all topics of conversation 2 (cansar) ‹*persona*› to exhaust, tire … out, wear … out

■ **agotarse** *v pron* 1 «*existencias/reservas*» to run out, be used up; «*pila*» to run down; «*mina/tierra*» to become exhausted; «*edición*» to sell out; **se me está agotando la paciencia** my patience is running out *o* wearing thin 2 «*persona*» to exhaust oneself, wear *o* tire oneself out

agraciado[1] **-da** *adj* 1 ‹*rostro/persona/figura*› attractive; **tiene un físico muy poco** ∼ he's not very attractive *o* good-looking 2 (frml) (en un sorteo): **resultó** ∼ **con el primer premio** he was the lucky winner of the first prize

agraciado[2] **-da** *m,f* winner, prizewinner

agradable *adj* 1 ‹*persona*› pleasant, nice; ‹*carácter*› pleasant; **es** ∼ **(para) con todo el mundo** she's nice to everybody 2 ‹*sensación/efecto*› pleasant, pleasing, nice; ‹*sabor/olor*› pleasant, nice; **pasamos un día muy** ∼ we had a very nice *o* enjoyable day; ∼ **a la vista** pleasing to the eye; **no fue un espectáculo** ∼ it wasn't a pretty sight

agradablemente *adv* pleasantly, agreeably

agradar [A1] *vi* (frml): **¿éste le agrada, señora?** is this one to your liking, madam? (frml); **la idea no me agrada** the idea doesn't appeal to me; **aquí su presencia siempre agrada** it's always a pleasure to see you here; **me** ∼**ía mucho verlos allí** I would be very pleased to see you there

agradecer [E3] *vt* 1 (sentir gratitud por): **se lo agradezco de veras** I'm very grateful to you; **le** ∼**ía me llamara lo antes posible** (frml) I would be grateful *o* I would appreciate it if you would call me as soon as possible (frml); **su ayuda es muy de** ∼ your help is most appreciated; **¡y así es como me agradece!** and this is all the thanks I get! 2 (dar las gracias por) to thank; **escribió para** ∼**me el regalo** he wrote to thank me for the gift; **ni siquiera me lo agradeció** she didn't even thank me *o* say thank you; **practica un deporte, te lo** ∼**á el cuerpo** take up a sport, you'll feel better for it

agradecido -da *adj* 1 ‹*persona*› grateful; **está muy** ∼ he's very grateful; **¡qué poco** ∼ **eres!** you're so ungrateful!; **le quedo muy** ∼ I'm very grateful, I appreciate it very much; **sonrió agradecida** she smiled gratefully 2 [SER]: **es una planta muy agradecida** it's a plant which is very easy to look after

agradecimiento *m* gratitude; **con nuestro más sincero** ∼ with our most sincere thanks; **en** ∼ **por todo lo que ha hecho** in appreciation of all you have done

agradezca, agradezcas, etc ▸**agradecer**

agrado *m* (frml): **no veo con** ∼ **su relación con él** I'm not pleased *o* happy about her relationship with him; **tengo el** ∼ **de dirigirme a Vd. para informarle que …** (Corresp) (frml) I am pleased to inform you that … (frml); **siento que no sea de su** ∼ I'm sorry that it's not to your liking; **lo haré con sumo** ∼ I'll gladly do it, I'd be only too glad to do it

agrafia *f* agraphia

agrandar [A1] *vt* 1 ‹*casa*› to extend; ‹*agujero/pozo*› to make … larger *o* bigger, enlarge; ‹*original/fotocopia*› to enlarge, blow up; **no te pongas mi suéter que me lo agrandas** (fam) don't wear my sweater, you'll stretch it 2 (en costura) ‹*vestido*› to let out 3 (exagerar) to exaggerate; **no hay que** ∼ **la importancia de lo que ha pasado** don't get what has happened out of perspective, don't blow these events up out of proportion

■ **agrandarse** *v pron* «*agujero/bulto*» to grow larger, get bigger; **se había agrandado aún más el abismo que los separaba** the gulf between them had widened still further; **el equipo se agrandó con aquel triunfo** the team grew in stature after that victory

agrario -ria *adj* ‹*sector/política*› agricultural (*before n*); ‹*sociedad*› agrarian; ▸**reforma**

agrarismo *m* agrarian reform movement (*in Mexico*)

agrarista *mf* advocate of agrarian reform (*in Mexico*)

agravación *f*, **agravamiento** *m* worsening

agravante[1] *adj* aggravating

agravante[2] *f or m* (Der) aggravating factor *o* circumstance; **con la** ∼ **de que sabía muy bien lo que hacía** what makes it even worse is that he knew very well what he was doing

agravar [A1] *vt* to make … worse, aggravate

■ **agravarse** *v pron* «*problema/situación*» to become worse, worsen; «*enfermo*» to deteriorate, get worse

agraviante *adj* (frml) offensive

agraviar [A1] *vt* (frml) ‹*persona*› to offend, affront (frml); **se sintió agraviado** he felt offended *o* insulted; **eso agravia mi dignidad** that is an affront to my dignity, I am deeply affronted

agravio *m* (frml) 1 (ofensa) affront (frml), insult; **considero esas palabras un** ∼ **a mi persona** I take those words to be *o* as a personal insult 2 (Der) grievance

agravioso -sa *adj* (frml) offensive

agraz *m* (uva) unripe grape; (zumo) sour grape juice, verjuice

agredir [I32] *vt* (frml) to attack, assault; **lo agredió de palabra** she insulted him, she launched a verbal assault on him

agregación *f*: *post of* ▸**agregado B**

agregado -da *m,f*

A (de embajada) attaché

B (Educ) 1 (en Ur) *assistant head of department* 2 (en Esp) senior teacher *o* lecturer

Compuestos

- **agregado comercial, agregada comercial** commercial attaché
- **agregado cultural, agregada cultural** cultural attaché
- **agregado militar, agregada militar** military attaché
- **agregado naval, agregada naval** naval attaché

C (Col) (arrendatario) sharecropper

D **agregado** *m* 1 (mezcla) aggregate 2 (añadido) addition

agregaduría *f*

A (en una embajada) 1 (puesto) post of attaché 2 (oficina) attaché's office

B (Educ) ▸**agregación**

agregar [A3] *vt*

A 1 (incorporar) to add; ∼ **algo A algo** to add sth TO sth 2 (al hablar) to add; **—el fallo es inapelable —agregó** the verdict is final, he added

B ‹*empleado*› ∼ **a algn A algo** to attach *o* appoint sb TO sth

■ **agregarse** *v pron* (*refl*) ∼**se A algo** to join sth; **se agregó al grupo** he joined the group

agremiación *f* (AmL) 1 (sindicato) union, labor union (AmE), trade union (BrE) 2 (proceso) unionization

agremiar [A1] *vt* (AmL) to unionize

■ **agremiarse** *v pron* (AmL) to form a union

agresión *f* aggression; **el ejército responderá a toda** ∼ **por parte extranjera** the army will respond to any foreign aggression; **fue víctima de una** ∼ **brutal** he was the victim of a brutal attack *o* assault

Compuesto **agresión sexual** sex attack, sexual assault

agresivamente *adv* 1 ‹*reaccionar/actuar*› aggressively 2 ‹*vender/promocionar*› aggressively

agresividad *f* 1 (ferocidad, violencia) aggression, aggressiveness 2 (dinamismo) aggressiveness, drive

agresivo -va *adj* 1 (feroz, violento) aggressive 2 ‹*campaña/publicidad*› aggressive, forceful

agresor[1] **-sora** *adj* ‹*ejército*› attacking (*before n*); ‹*país*› aggressor (*before n*)

agresor[2] **-sora** *m,f* aggressor; **no pudo identificar a su** ∼ (frml) she was unable to identify her attacker *o* (frml) assailant

agreste *adj* ‹*terreno/camino*› rough; ‹*paisaje*› rugged; ‹*vegetación/animal*› wild

agriar A1 *or* **A17** *vt* 1 ‹*leche/vino*› to sour, to turn … sour 2 ‹*carácter/persona*› to make … bitter

■ **agriarse** *v pron* 1 «*leche/vino*» to turn *o* go sour 2 «*carácter/persona*» to become bitter *o* embittered

agrícola *adj* ‹*técnicas*› agricultural, farming (*before n*); **maquinaria** ∼ farm *o* agricultural machinery; **el mundo** ∼ the farming *o* agricultural world, the world of farming *o* agriculture

agricultor -tora *m,f* farmer

agricultura *f* agriculture

Compuestos

- **agricultura alternativa** alternative farming
- **agricultura biológica** organic farming
- **agricultura de montaña** hill farming
- **agricultura de subsistencia** subsistence farming *o* agriculture
- **agricultura ecológica** *or* **orgánica** organic farming

agridulce *adj* bittersweet

agriera *f*, **agrieras** *fpl* (Col): **tener** ∼ to have wind

agrietamiento *m* cracking; **el temblor produjo el** ∼ **de las paredes** the earthquake caused cracking *o* cracks in the walls

agrietar [A1] *vt* ‹*tierra/pintura*› to crack; **labios agrietados** chapped lips

■ **agrietarse** *v pron* «*pintura/tierra/pared*» to crack; «*labios/manos*» to chap, become chapped

agrimensor -sora *m,f* surveyor

agrimensura *f* surveying

agringado -da *adj* (AmL pey) *like a* ▸**gringo**[2] **1**; **habla un castellano bien** ∼ his Spanish is full of English *o* (colloq & pej) Yankee words

agringarse [A3] *v pron* (AmL pey) to become like a ▸**gringo**[2] **1**

agrio agria *adj* 1 ‹*manzana*› sour, tart; ‹*naranja/limón*› sour, sharp; **este vino está** ∼**/es muy** ∼ this wine has gone sour/is very vinegary 2 ‹*tono/persona*› sour, sharp; ‹*disputa*› bitter

agrios *mpl* citrus fruits

agriparse [A1] *v pron* (Andes) to get the flu (AmE), to get flu (BrE); **está agripado en cama** he's in bed with (the) flu

agro *m* agriculture; **países que aplican subsidios a su** ∼ countries which subsidize their agricultural industry; **invertir en el** ∼ to invest in agriculture *o* farming

agroalimentario -ria *adj* food and agriculture (*before n*)

agrobiología *f* agrobiology

agrociencia *f* agriscience
agroecosistema *m* agricultural ecosystem
agrogenética *f* (agricultural) phytogenetics
agroindustria *f* agribusiness (*agriculture and related industries*)
agroindustrial *adj* agroindustrial; agribusness (*before n*)
agromonetario -ria *adj*: **la extinción del sistema ~** the disappearance of the farm income support system
agronomía *f* agronomy
agrónomo¹ -ma *adj* agronomic
agrónomo² -ma *m,f* agronomist
agropecuario -ria *adj* 1 ‹*producción*› agricultural and livestock 2 ‹*política*› agricultural, farming (*before n*)
agroproducto *m* (AmL) agriproduct
agroquímico¹ -ca *adj* agrichemical
agroquímico² *m* agrichemical
agrotecnología *f* agrotechnology
agroturismo *m* rural tourism
agroturístico -ca *adj* rural tourism (*before n*)
agrumarse [A1] *v pron* to go lumpy
agrupación *f*
A (grupo) group; (asociación — profesional) association; (— cultural) society, association; **una ~ terrorista** a terrorist group
(Compuesto) **agrupación coral** choral group, choir
B (acción) grouping (together)
agrupamiento *m* grouping (together)
agrupar [A1] *vt*: **~on a los niños por edades** they divided *o* put the children into groups according to their ages; **agrupa esos libros por autores** group those books by author; **la coalición agrupa a siete partidos distintos** the coalition is made up of seven different parties; **agrupó a varias organizaciones ecologistas** it brought together several ecologist groups
■ **agruparse** *v pron* 1 (formar un grupo) «*niños/policías*» to gather, form a group; «*partidos*» to come together, join forces 2 (dividirse en grupos) to get into groups
agruras *fpl* (Méx) heartburn
agú *m/interj* (Andes) goo-goo, gaga
agua *f‡*
A water; **esta ~ no es potable** this isn't drinking water; **~ de la llave** *or* (Esp) **del grifo** *or* (RPl) **de la canilla** *or* (Per) **del caño** *or* (AmC, Ven) **del chorro** tap water; **~ de lluvia** rainwater; **~ de mar** seawater; **nos han cortado el ~** our water's been cut off; ***bailarle el ~ a algn*** (Esp fam) (adularlo) to suck up to sb (colloq); (Méx fam) (coquetearle) to give sb the come-on (colloq); ***cambiarle el ~ a las aceitunas*** *or* ***al canario*** (fam & hum) to take *o* have a leak (colloq & hum); ***como ~ para chocolate*** (Méx fam) furious; ***de primera ~*** (Chi): **una noticia de primera ~** firsthand news; **lo supo de primera ~** he got it straight from the horse's mouth; ***echar a algn al ~*** (Chi fam) to blow the whistle on sb (colloq); ***estar con el ~ al cuello*** (en un aprieto) to be up to one's neck in problems (colloq) (muy apurado) to be up to one's eyes in work; ***estar más claro que el ~*** to be as plain as day, be (patently) obvious, be as plain as the nose on your face (colloq); **no pienso hacerle más favores, eso está más claro que el ~** I'm not doing him any more favors, that's for sure; ***hacer ~*** «*embarcación*» to take in water; «*negocio/institución*» to founder; **la teoría hace ~ por todos lados** the theory doesn't hold water at all, the theory has a lot of flaws; ▸**boca A2**; ***ha corrido*** *or* ***pasado mucha ~ bajo el puente*** a lot of water has flowed under the bridge since then; ***llevar el ~ a su molino*** to turn things to one's advantage; ***lo que por ~ viene, por ~ se va*** (Col) easy come, easy go; ***más claro, échale*** *or* ***echarle ~*** it's as plain as day, it's obvious, it's as plain as the nose on your face (colloq); ***quedar en ~ de borrajas*** to come to nothing; **había interés pero todo quedó en ~ de borrajas** there was some interest but nothing came of it *o* but it all came to nothing; ***sacar ~ de las piedras*** to make something out of nothing; ***ser ~ pasada:* olvídalo, ya es ~ pasada** forget it, that's water under the bridge; **su amor por él ya es ~ pasada** her love for him is a thing of the past; ***sin decir ~ va*** without so much as a by-your-leave; ***venirle a algn como ~ de mayo*** (Esp): **este dinero me viene como ~ de mayo** this money is a real godsend *o* has come just at the right moment; ***~ pasada no mueve molino*** it's no use crying over spilt milk; ***~ que no has de beber déjala correr*** if you're not interested, don't spoil things for me/for other people; ***algo tendrá el ~ cuando la bendicen*** (refiriéndose a una persona) there must be something about him/her; (refiriéndose a una cosa) there must be something in it; ***del ~ mansa líbreme Dios que de la brava me libro yo*** still waters run deep; ***nunca digas de esta ~ no beberé*** you never know when the same thing might happen to you
(Compuestos)
- **agua bendita** holy water
- **agua blanda** soft water
- **agua corriente** running water
- **agua de cebada** barley water
- **agua de colonia** eau de cologne
- **agua (de) cuba** (Chi) bleach
- **agua de escorrentía** run-off rainwater
- **agua de espliego** *or* **de lavanda** lavender water
- **agua de lluvia** rain water
- **agua de mar** sea water
- **agua (de) panela** (Col) *drink made with hot water and unrefined sugar*
- **agua de rosas** rosewater
- **agua de Seltz** soda (water), seltzer (water) (AmE)
- **agua destilada** distilled water
- **agua dulce** fresh water; **un pescado de ~** a freshwater fish
- **agua dura** hard water
- **agua fuerte** aqua fortis, nitric acid
- **agua Jane®** (Ur) bleach
- **agua mineral** mineral water; **~ ~ con gas** sparkling *o* carbonated mineral water, fizzy water (BrE); **~ ~ sin gas** still mineral water
- **agua oxigenada** peroxide, hydrogen peroxide (tech)
- **agua perra** (Chi fam) boiled water (*drunk for health reasons*)
- **agua pesada** heavy water
- **agua potable** drinking water
- **agua regia** aqua regia
- **agua salada** salt water
- **aguas bautismales** *fpl* baptismal waters
- **aguas negras** *fpl* sewage
- **aguas pluviales** *fpl* rainwater
- **aguas residuales** *fpl* sewage
- **aguas servidas** *fpl* (CS) sewage
- **agua tónica** tonic water

B (lluvia) rain
(Compuesto) **agua nieve** sleet
C (AmC, Andes) 1 (fam) (bebida gaseosa) soda (AmE), pop (AmE), fizzy drink (BrE) 2 (infusión) tea, infusion (frml); **tómate un agüita para el dolor de estómago** have an herb (AmE) *o* (BrE) herbal tea for your stomachache; **se tomó un ~ de menta** she had a cup of mint tea
D **aguas** *fpl* 1 (mares) waters (*pl*); (de un río) waters (*pl*); **los derechos de pesca en estas ~s** fishing rights in these waters; **la zona bañada por las ~s del Nilo** the area through which the waters of the Nile flow; ***estar*** *or* ***nadar entre dos ~s*** to sit on the fence; **los últimos esfuerzos para atraer a los votantes que están entre dos ~s** the last-minute efforts to pick up the votes of those who are still undecided; ***volver las ~s a su cauce:* una vez que las ~s vuelvan a su cauce hablaremos del asunto** we'll talk the matter over once things settle down *o* return to normal 2 (de balneario, manantial) waters (*pl*); **tomar las ~s** to take the waters
(Compuestos)
- **aguas jurisdiccionales** *fpl* territorial waters (*pl*)
- **aguas litorales** *fpl* coastal waters
- **aguas subterráneas** *fpl* ground water
- **aguas superficiales** *fpl* surface water
- **aguas termales** *fpl* thermal waters (*pl*)
- **aguas territoriales** *fpl* territorial waters (*pl*)

E **aguas** *fpl* (reflejos): **una tela brillante y con ~s** a shiny, watered fabric; **un topacio con hermosas ~s** a sparkling topaz
F **aguas** *fpl* (Fisiol) *tb* **~s amnióticas** amniotic fluid; **rompió ~s** her waters broke
(Compuestos)
- **aguas mayores** (euf) *fpl*: **hacer ~~** to defecate (frml), to move one's bowels (euph)
- **aguas menores** (euf) *fpl*: **hacer ~~** to urinate (frml), to pass water (euph), to relieve oneself (euph)

G **aguas** *fpl* (vertientes) slope; **tejado a dos ~s** gable *o* apex *o* saddle roof; **cubrir ~s** to put the roof on
aguacate *m*
A 1 (árbol) avocado 2 (fruto) avocado (pear)
B **aguacates** *mpl* (Méx vulg) (testículos) balls (*pl*) (vulg)
aguacatillo *m*: *tree of the avocado family*
aguacero *m* downpour; **no salgas con este ~** don't go out in this downpour; **el ~ causó grandes daños** the cloudburst *o* downpour caused a great deal of damage
aguachado -da *adj* (Chi fam) 1 (en un lugar): **está ~ allí** he's quite settled there, he's become very fond of the place 2 (domesticado) tame
aguachento -ta *adj* (CS) ‹*sopa/bebida*› watery
aguachirle *f or m* (Esp fam) dishwater (colloq) (*watery drink or soup*); **esto no es café, es ~** this isn't coffee, it tastes like *o* it's like dishwater
aguada *f*
A (Art) 1 (técnica) wash; **un dibujo a la ~** a wash drawing 2 (dibujo) wash drawing
B (bebedero) watering hole, spring
aguadilla *f* (Esp fam) ducking (colloq); **le hicieron una ~** they gave him a ducking, they ducked him
aguado -da *adj*
A ‹*leche/vino*› watered-down; ‹*sopa*› watery, thin; ‹*café*› weak; ‹*salsa*› thin
B (AmC, Méx fam) (aburrido): **la fiesta estaba muy aguada** the party was very dull (colloq); **no seas aguada** don't be so miserable, don't be such a bore
aguador -dora *m,f*
A (vendedor) water carrier
B (Zool) tyrant flycatcher
C (Méx arg) (para un robo) lookout
aguafiestas *mf* (*pl* ~) (fam) wet blanket (colloq), spoilsport (colloq), party pooper (AmE colloq)
aguafuerte¹ *m* (grabado) etching
aguafuerte² *f‡* (ácido) aqua fortis, nitric acid
aguaguado -da *adj* (Chi fam) childish; **es muy ~ todavía** he's still a real baby; **lenguaje ~** baby talk
aguaitada *f* (Chi, Per fam) (vistazo): **dar una ~ a algo/algn** to have a quick look at sth/sb (colloq)
aguaitar [A1] *vt* (Chi, Per fam) 1 (espiar) to spy on 2 (vigilar) to keep an eye on
■ **aguaitar** *vi* (Chi, Per fam) 1 (espiar) to snoop (colloq); **lo sorprendió aguaitando por la cerradura** she caught him peeping *o* snooping through the keyhole 2 (mirar) to have a look
aguaje *m* drinking trough; (natural) water hole, watering hole *o* place
aguamala *f* (Col, Méx) jellyfish
aguamanil *m* 1 (para el aseo — jarra) pitcher, jug; (— palangana) basin, bowl; (— mueble) washstand 2 (para la mesa) finger bowl
aguamar *m* jellyfish
aguamarina *f* aquamarine
aguamiel *f‡* 1 (agua con miel) *water sweetened with honey* 2 (Méx) (jugo de maguey) maguey juice (*used to make mescal and tequila*)

aguanieve *f* sleet
aguanoso -sa *adj* tasteless, watery
aguantable *adj* bearable
aguantaderas *fpl* (fam): **¡hay que tener ~s!** you need the patience of a saint! (colloq)
aguantado *adj* (Per fam): **está ~ desde que su mujer lo dejó** he hasn't been getting any *o* getting it since his wife left him (sl)
aguantador -dora *adj* (AmL)
A (fam) (resistente) ‹*tela/ropa*› hard-wearing, tough, long-wearing (AmE); ‹*coche*› sturdy; ‹*zapatos*› hard-wearing, sturdy; **un boxeador ~** a boxer with stamina
B (fam) (paciente, tolerante): **no se enoja nunca, es muy ~** he never gets annoyed, he's very patient *o* long-suffering *o* he puts up with a lot (colloq)
C (fam) (de dolor, sufrimiento) tough (colloq)
aguantar [A1] *vt*
A 1 (tolerar, soportar): **aguanto bien el calor** I can take the heat; **tuvieron que ~ temperaturas altísimas en el desierto** they had to endure extremely high temperatures in the desert; **y como no tengo donde ir tengo que ~ sus bromas estúpidas** and since I have nowhere to go I have to put up with *o* suffer his stupid jokes; **aguantó el dolor con gran fortaleza** she bore *o* endured the pain very bravely; **lo aguantó durante años** she put up with him for years; **no tengo por qué ~ que me traten así** I don't have to stand for this kind of treatment, I don't have to put up with being treated like this; **a ése le aguantan todo porque es el hijo del jefe** he gets away with anything because he's the boss's son; **aguantó su mirada un momento y desvió los ojos** he held her stare for a moment, then averted his eyes 2 (uso hiperbólico): **este calor no hay quien lo aguante** this heat is unbearable; **no sabes ~ una broma** you can't take a joke; **no puedo ~lo** I can't stand him; **no puedo ~ este dolor de muelas** this toothache's unbearable
B 1 ‹*peso/presión*› **aguanta todo el peso del tejado** it supports *o* bears the whole weight of the roof; **el puente no aguanta más de cierto tonelaje** the bridge will only withstand *o* take *o* stand a certain tonnage; **no aguantó la presión** it didn't take *o* withstand the pressure; **el mástil no ~ía otra embestida del viento** the mast wouldn't stand up to *o* take another gust; **ella aguanta el doble que yo bebiendo** she can take twice as much drink as I can 2 (durar): **estas botas ~án otro invierno** these boots will last (me/you/him) another winter; **construcciones que han aguantado el paso del tiempo** buildings that have survived the passing of time; **aguantó tres meses en ese trabajo** he lasted three months in that job
C (sostener) to hold; **aguántame los paquetes mientras compro las entradas** hold (on to) the parcels for me while I buy the tickets; **una cuña para ~ la puerta** a wedge to hold the door open
D (contener, reprimir) ‹*risa/lágrimas*› to hold back; **aguanta la respiración todo lo que puedas** hold your breath for as long as you can; **ya no aguanto las ganas de decírselo** I can't resist the temptation to tell him any longer
■ **aguantar** *vi*: **¡ya no aguanto más! yo renuncio** I can't take any more! I quit; **con ese tren de vida no hay salud que aguante** that sort of lifestyle would be enough to destroy anyone's health; **¿puedes ~ hasta que lleguemos?** can you hang *o* hold on until we arrive?; **no puedo ~ hasta enero con este abrigo** I can't last till January with this coat, this coat won't last me till January; **tenemos que ~ hasta fin de mes con este dinero** we have to make this money last *o* stretch till the end of the month, we have to get by on *o* manage on *o* survive on this money till the end of the month; **no creo que este clavo aguante** I don't think this nail will hold
■ **aguantarse** *v pron*
A (conformarse, resignarse): **no me apetece ir pero me tendré que ~** I don't feel like going, but I'll just have to grin and bear it *o* put up with it; **si no le gusta, que se aguante** if he doesn't like it, he can lump it (colloq); **me he quedado sin cena — te aguantas, por no haber llegado antes** there's no dinner left for me — tough, you should have got(ten) here earlier (colloq)
B (euf) (reprimirse, contenerse): **aguántate un poquito que enseguida llegamos** just hold *o* hang on a minute, we'll soon be there; **ya no se aguanta las ganas de abrir los paquetes** he can't resist the temptation to open the packages any longer; **se aguantó hasta que no pudo más y se lo dijo todo** she kept quiet as long as she could and then she told him everything
C (AmL fam) (esperarse) to hang on (colloq)
aguante *m*
A (tolerancia, paciencia): **el ~ de este pueblo no parece tener límites** the people of this country seem to have limitless powers of endurance; **no se enoja nunca, tiene mucho ~** she never gets annoyed, she's very patient *o* long-suffering
B (resistencia): **¡qué poco ~ tienes!** you don't have *o* you haven't got much stamina!; **es una máquina de mucho ~** it is a very sturdy machine
aguaquina *f* (Ven) tonic water
aguar [A16] *vt* 1 ‹*leche/vino*› to water down 2 (fam) (estropear) to put a damper on (colloq), to spoil
■ **aguarse** *v pron* (fam) to be spoiled
aguardar [A1] *vt* ‹*persona*› to wait for; ‹*acontecimiento*› to await; **aguardaban la llegada del Mesías** they awaited the coming of the Messiah; **~ (A) QUE + SUBJ: aguardó (a) que le respondiera** she waited for him to reply
■ **aguardar** *vi* «*noticia/destino*» to await; **nos aguardan tiempos duros** hard times lie ahead of us; **les aguardaba una grata sorpresa** there was a pleasant surprise in store for them
aguardentoso -sa *adj* ‹*aliento*› smelling *o* reeking of alcohol; ‹*voz*› drunken
aguardiente *m* eau-de-vie (*clear brandy distilled from fermented fruit juice*)
(Compuesto) **aguardiente de cerezas** kirsch
aguaribay *m* terebinth
aguarrás *m* turpentine, turps (colloq)
aguatarse [A1] *v pron* (Méx): **se aguató las manos** he got his hands covered in prickles, he got prickles in his hands
aguate *m* (Méx) prickle
aguatero -ra *m,f* (CS) water carrier
aguatinta *m* aquatint
aguatoso -sa *adj* (Méx) prickly
aguaturma *f* Jerusalem artichoke
aguaviva *f* (RPl) jellyfish
aguayo *m* (Bol) *multicolored cloth*
agudeza *f*
A 1 (de una voz, un sonido) high pitch; (irritante) shrillness 2 (de un dolor — duradero) intensity; (— momentáneo) sharpness
B 1 (perspicacia) sharpness 2 (de la vista) keenness, sharpness; (del oído) keenness, sharpness, acuteness; (de un sentido, instinto) keenness, sharpness
C (comentario ingenioso) witticism, witty comment
agudización *f*, **agudizamiento** *m* 1 (de los sentidos) sharpening; (de una sensación) heightening 2 (de una crisis) worsening, intensification
agudizar [A4] *vt* 1 ‹*sensación*› to heighten; ‹*crisis/conflicto*› to intensify, make worse 2 ‹*instinto*› to heighten; ‹*sentido*› to sharpen; **ha agudizado su olfato para estas cosas** she's sharpened up her instinct for this sort of thing
■ **agudizarse** *v pron* 1 «*sensación*» to heighten; «*dolor*» to get worse, intensify; «*crisis/conflicto*» to worsen, intensify 2 «*instinto*» to become heightened; «*sentido*» to become sharper; **se le ha agudizado el ingenio** he's become sharper
agudo -da *adj*
A 1 ‹*filo/punta*› sharp 2 ‹*ángulo*› acute
B 1 ‹*voz*› high-pitched; (irritante) shrill; ‹*sonido*› high-pitched; (irritante) piercing; ‹*nota*› high 2 ‹*dolor*› (duradero) intense, acute; (momentáneo) sharp 3 ‹*crisis*› severe 4 ‹*aumento/descenso*› sharp; **un ~ descenso del índice de mortalidad** a sharp fall in the death rate
C 1 (perspicaz) ‹*persona*› quick-witted, sharp; ‹*observación/comentario*› shrewd; ‹*pregunta*› shrewd, searching 2 (gracioso) ‹*comentario/persona*› witty 3 ‹*vista*› sharp; ‹*oído*› sharp, acute; ‹*sentido/instinto*› keen, sharp
D 1 ‹*palabra*› stressed on the last syllable 2 ‹*acento*› acute
agudos *mpl* treble
agüeitar *vt* ▸**aguaitar**
agüero *m* 1 (presagio): **es de mal/buen ~** it's a bad/good omen 2 (causa): **es de mal ~** it brings bad luck, it's unlucky
aguerrido -da *adj* (lit)
A (valiente) valiant; **logró vencer a su ~ oponente** he succeeded in overcoming his valiant adversary; **suspiraba por su apuesto y ~ príncipe** she longed for her handsome and valorous prince
B ‹*soldados/ejército*› hardened, battle-hardened
agüevado -da *adj* (AmC fam) upset; **estoy agüevada por lo que pasó** I'm very upset *o* (colloq) I feel really sick about what happened
aguijón *m* 1 (vara) goad 2 (Zool) sting; **sintió el ~ de los celos** (liter) he was stung by jealousy, he felt a sharp stab of jealousy (liter)
aguijonear [A1] *vt* 1 ‹*animal*› to goad 2 (apremiar) «*sospecha/incertidumbre*» to gnaw at; **lo aguijoneaba el remordimiento** he felt stabs of remorse, his conscience was pricking him
águila *f*‡ 1 (ave) eagle; ***ser un ~*** to be very sharp; **es un ~ para los negocios** he has a good head for business, he's a sharp businessman 2 (Méx) (de moneda) ≈ heads (*pl*); **¿qué escoges, ~ o sol?** what do you want? heads or tails?
(Compuestos)
- **águila barbuda** ▸**quebrantahuesos**
- **águila bastarda** booted eagle
- **águila blanca** white-headed eagle
- **águila calzada** booted eagle
- **águila caudal** golden eagle
- **águila culebrera** short-toed eagle
- **águila imperial** imperial eagle
- **águila perdiguera** Bonelli's eagle
- **águila osífraga** lammergeier
- **águila pescadora** fish eagle
- **águila ratonera** buzzard
- **águila real** golden eagle

aguileña *f* columbine
aguileño -ña *adj* ‹*nariz*› aquiline
aguilera *f* eyrie
aguilucho *m* 1 (cría de águila) eaglet, young eagle 2 (AmL) (halcón) ornate hawk-eagle
aguinaldo *m*
A 1 (propina) tip *given at Christmas*, Christmas box (BrE) 2 (de un niño) pocket money 3 (AmL) (paga extra) *extra month's salary paid at Christmas*
B (Ven) (canción) ≈ Christmas carol
agüita *f* ▸**agua C2**
aguja *f*
A 1 (de coser, tejer) needle; (para inyecciones) needle; (de un tocadiscos) stylus, needle; ***buscar una ~ en un pajar*** to look for a needle in a haystack 2 (Inf) pin 3 (Arquit) spire, steeple
(Compuestos)
- **aguja de calceta** knitting needle
- **aguja de crochet** crochet hook
- **aguja de ganchillo** crochet hook
- **aguja de mechar** trussing needle
- **aguja de punto** knitting needle
- **aguja de tejer** knitting needle
- **aguja hipodérmica** hypodermic needle

B (de un instrumento) needle; (de una balanza) pointer, needle; **las ~s del reloj** the hands of the clock
(Compuesto) **aguja de marear** *or* **de bitácora** ship's compass
C **agujas** *fpl* (Ferr) switches (*pl*) (AmE), points (*pl*) (BrE)

D 1 (corte de carne) rib roast (AmE), fore rib (BrE) 2 (empanada) tuna/ground-beef pie
E (Vin): **vino con ~** slightly sparkling wine

agujereado -da *adj* ‹*orejas*› pierced; **está todo ~** it's full of *o* riddled with holes; **el fondo está ~** the bottom has holes/a hole in it

agujerear [A1] *vt* ‹*papel/pared*› to make holes/a hole in; ‹*orejas*› to pierce

agujero *m* 1 (en una prenda, pared) hole; **tiene más ~s que un colador** it's riddled with holes; **hacerse ~s en las orejas** to have one's ears pierced 2 (Fin) shortfall, hole; ***tapar ~s*** (fam) to pay off one's debts

(Compuesto) **agujero negro** black hole

agujeta[1] *adj* (Méx arg) sharp; **ponte bien ~** look sharp (colloq), wise up (sl)

agujeta[2] *f*
A (Méx) (de zapato) lace, shoe lace
B agujetas *fpl* (Esp) (en los músculos) stiffness; **tengo ~s** my muscles are aching; **tengo ~s tras la caminata de ayer** I'm stiff *o* my legs ache from yesterday's walk

agusanado -da *adj* ‹*cadáver/carne*› full of maggots; ‹*fruta*› wormy

agusanarse [A1] *vpr* «*carne*» to become infested with maggots; «*fruta*» to become infested with worms

Agustín: **San ~** Saint Augustine

agustino -na, agustiniano -na *adj/m,f* Augustinian

agutí *m* agouti

aguzado -da *adj* (Méx fam) ▸ **abusado**[1]

aguzar [A4] *vt* to sharpen; **aguzó el oído** he pricked up his ears; **la necesidad aguza el ingenio** necessity is the mother of invention; **tendrá que ~ la inteligencia para resolverlo** she'll have to sharpen up if she's going to find a solution

ah *interj* 1 (expresando — desilusión, lástima) oh!, aw!, oh dear!; (— sorpresa) oh!; (— asentimiento) oh!, ah! 2 (Andes) (expresando advertencia) eh?, huh?, OK? 3 (Andes, Ven) (contestando un llamado, una pregunta) eh?, what?

ahechaduras *fpl* chaff

ahí *adv*
A 1 (en el espacio) there; **¿qué tienes ~?** what have you got there?; **¿y Juan? — ~ está/viene** where's Juan? — there he is/here he comes now; **~ arriba/abajo** up/down there; **¡bájate de ~!** get down from there!; **no, ~ no, allí** no, not there, (over) there; **está ~ nomás** *or* **no más, a la vuelta** (AmL) it's only just around the corner; **lo dejé ~ mismo** *or* (Méx) **~ mero** I left it right *o* just there; **para egoísta ~ tienes a tu primo** if we're talking about selfishness you need look no further than your cousin 2 (*en locs*): **por ahí** somewhere; **he debido dejarlo por ~** I must have left it somewhere; **siempre anda por ~** she's always out somewhere; **por ~ hay quien dice que ...** there are those who say that ...; **debe estar como a 2 euros — sí, por ~ anda** it must be about 2 euros — yes, that's about right *o* yes, round about that; **tendrá unos 35 años o por ~** he must be 35 or so, he must be around 35; **por ~ se le da por venir** (RPl) he may decide to come; **~ sí que** (AmL): **~ sí que me cogiste** *or* (RPl) **agarraste** *or* (Chi) **pillaste** you've really got me there! (colloq); ***~ me/se las den todas*** (fam) I/he couldn't care less *o* couldn't give a damn (colloq); ***no estar ni ~*** (Chi fam): **no estoy ni ~** (no me importa) I couldn't care less (colloq) (no me interesa) it leaves me cold (colloq); ▸ **nada**[1] **A**
B 1 (refiriéndose a un lugar figurado): **~ está el truco** that's the secret, that's where the secret lies; **de ~ a la drogadicción sólo hay un paso** from there it's just a short step to becoming a drug addict; **de ~ a decir que es excelente hay un buen trecho** there's a big difference between that and saying it's excellent; **hasta ~ llego yo** (al resolver un problema) I worked that much out myself; (al negarse a hacer algo) that's as far as I'm prepared to go; ***hasta por ~ no más*** (CS): **mi paciencia llega hasta por ~ no más** there's a limit to my patience, my patience only goes so far; **es generoso hasta por ~ no más** he's only generous up to a point 2 **de ahí** hence; **de ~ la importancia de esta reunión** hence the importance of this meeting; **de ~ que** (+ *subj*) that is why; **de ~ que haya perdido popularidad** that is why her popularity has declined
C (en el tiempo) then; **de ~ en adelante** from then on, from that time *o* point on; **~ es cuando debió decírselo, no después** that's when he should have told her, not later; **~ cambié de táctica** then *o* at that point I changed my tactics; **~ mismo** there and then
D (AmL) (más o menos): **¿cómo sigue tu abuelo? — ~ anda** how's your grandfather getting on? — oh, so-so

ahijado -da
A (en el bautizo) (*m*) godson; (*f*) goddaughter; **mis ~s** my godchildren
B (protegido) (*m*) protegé; (*f*) protegée

ahijar [A1] *vt* to adopt

ahijuna *interj* (RPl fam) damn it! (colloq), goddamn it! (AmE sl), bloody hell! (BrE sl)

ahínco *m* 1 (empeño): **trabajaron con ~** they worked diligently *o* industriously *o* hard; **estudiaba con ~** she studied hard *o* diligently; **se dedicó con ~ a ello** he worked hard at it, he put a great deal of effort into it 2 (resolución) determination

ahíto -ta *adj* (liter) sated (liter)

ahogadero *m*: **esto es un ~** it's stifling in here

ahogadilla *f* ▸ **aguadilla**

ahogado -da *adj*
A (en agua) drowned; **murieron ~s** they drowned; ▸ **huevo**
B 1 ‹*voz/llanto*› stifled 2 (agobiado): **está ~ de deudas** he's overwhelmed with debts, he's up to his ears *o* eyes in debt (colloq)
C (Méx fam) (borracho) blind *o* rolling drunk (colloq)

ahogador *m* (Chi, Méx) (Auto) choke

ahogar [A3] *vt*
A 1 (en agua) to drown 2 (asfixiar) to choke; **el humo me ahogaba** the smoke was choking me 3 ‹*motor*› to flood
B 1 ‹*palabras/voz*› to drown, drown out; ‹*llanto/gemido*› to stifle 2 ‹*penas*› to drown; **ahogaba sus penas bebiendo** he drowned his sorrows in drink 3 (en ajedrez): **~ el rey** to stalemate
■ **ahogarse** *v pron* 1 «*persona/animal*» (en agua) to drown; **me ahogaba en un mar de formalidades** I was drowning in a sea of bureaucracy 2 (asfixiarse) to choke; **se tragó una espina y casi se ahoga** she swallowed a fishbone and almost choked to death; **me ahogo con el humo** the smoke's making me choke *o* suffocating me; **cualquier esfuerzo y se ahoga** the slightest exertion and she's gasping for breath 3 «*motor*» to flood

ahogo *m* breathlessness; **una sensación de ~** a feeling of breathlessness *o* of not being able to breathe properly; **tiene ~s** she gets out of breath

ahondar [A1] *vi* to go into (greater) detail; **~ EN algo**: **en la próxima clase ~emos en este tema** we will look at this subject in (greater) detail *o* in depth in the next class; **mencionó una serie de problemas sin ~ en ninguno** he touched on a series of problems without examining any of them in detail *o* going into any of them in depth
■ **ahondar** *vt* ‹*pozo*› to make ... deeper

ahora *adv*
A 1 (en el momento presente) now; **entonces ganaba más que ~** I was earning more then than (I am) now; **¡~ me lo dices!** now you tell me!; **~ que está lloviendo se le ocurre salir** now that it's raining he wants to go out; **¡~ sí que la hemos hecho buena!** (fam) *now* we've done it! (colloq), now we've really gone and done it! (colloq); **la juventud de ~** young people today, the youth of today; **~ que lo pienso** now I come to think of it; **~ que lo dices** now you (come to) mention it; **problemas hasta ~ insolubles** hitherto insoluble problems; **hasta ~ sólo hemos recibido tres ofertas** so far *o* up to now we have only received three offers; **de ~ en adelante** *or* **desde ~** from now on; **de entonces a ~** *or* **desde entonces hasta ~** since then, between then and now; **por ~ va todo bien** everything's going all right so far; **¿te puedes arreglar con 1.000 pesos por ~?** can you make do with 1,000 pesos for the time being *o* for now? 2 (inmediatamente, pronto): **hazlo ~ mismo** do it right now *o* right away *o* this instant *o* this minute; **~ te lo muestro** I'll show it to you in a minute *o* second *o* moment; **¡~ voy!** I'm coming!; **¡hasta ~!** see you soon! 3 (hace un momento) a moment ago; **lo acabo de comprar ~** I've just this minute bought it, I just bought it a few moments *o* minutes ago; **~ último** (Chi) recently; **~ tiempo** (Chi) not so long ago
B 1 (*indep*) (con sentido adversativo): **ésta es mi sugerencia. A~, si tú tienes una idea mejor ...** that's my advice. Of course, if you have a better idea ...; **no pagan mucho. A~, el trabajo es muy fácil** they don't pay very well. Mind you, it's very easy work 2 **ahora bien** (*indep*) however

ahorcado -da *m,f* 1 (persona) hanged person 2 **el ahorcado** *m* (Jueg) hangman

ahorcajarse [A1] *v pron* **~ EN algo** to sit astride sth

ahorcamiento *m*, **ahorcadura** *f* hanging

ahorcar [A2] *vt* to hang; **que me ahorquen si lo entiendo** (ant *o* hum) damn me *o* blow me if I can understand it (colloq), I'm hanged *o* darned if I can understand it (dated); **este cuello me ahorca** this collar's choking me
■ **ahorcarse** *v pron* (*refl*) to hang oneself

ahorita *adv* (esp AmL fam) 1 (en este momento) just *o* right now; **~ que lo dices** now you (come to) mention it 2 (inmediatamente, pronto): **~ te lo doy** I'll give it to you in a second *o* moment *o* minute; **~ mismo se ponen a trabajar** get on with your work right now *o* this instant *o* this minute 3 (hace un momento) a moment ago; **~ nomás la vi** (AmL) I've just this minute *o* this second *o* this instant seen her

ahoritica *adv* (AmC, Col, Méx, Ven) ▸ **ahorita**

ahorquillado -da *adj* forked

ahorquillar [A1] *vt* 1 (apoyar) to prop up 2 (formar) to shape ... like a fork

ahorrador[1] **-dora** *adj* thrifty; **no soy muy ~a** I'm not very good at saving (money)

ahorrador[2] **-dora** *m,f* saver, investor

(Compuesto) **ahorrador de tiempo** *m* timesaver

ahorrante *mf* (Chi) saver, investor

ahorrar [A1] *vt*
A 1 ‹*dinero*› (guardar) to save; (pagar de menos) to save; **el dinero que hemos ahorrado para cuando me jubile** the money we've set aside *o* put by *o* saved for my retirement; **compre dos y ahorre 500 pesos** buy two and save 500 pesos 2 ‹*energía/agua*› to save; **para ~ tiempo** to save time; **quiero ~ energías para el viernes** I want to save *o* conserve my energy for Friday; **los atacó a todos sin ~ críticas a su propio equipo** he attacked everyone without sparing his own team (from criticism)
B ‹*molestia*› (+ *me/te/le etc*) to save, spare; **quisiera poder ~le ese mal rato** I wanted to save *o* spare you (from) having to go through that; **me ~ías el viaje** you would save me a trip
■ **ahorrar** *vi* to save; **si lo quieres comprar vas a tener que ~** if you want to buy it you're going to have to save up *o* save some money; **en lugar de ~ se lo gasta todo en discos** instead of saving (his money) he spends it all on records
■ **ahorrarse** *v pron* (*enf*) 1 ‹*dinero*› to save (oneself) 2 ‹*disgusto/viaje*› to save oneself; ‹*molestia*› to spare oneself, save oneself; **si no se lo cuentas te ~ás problemas** you'll save yourself a lot of trouble if you don't tell him; **te podrías haber ahorrado el viaje** you could have saved yourself the trip

ahorrativo -va *adj* thrifty

ahorrista *mf* (RPl) saver, investor

ahorro *m* 1 (acción) saving; **medidas para fomentar el ~** measures to encourage saving;

supone un gran ~ de tiempo it saves a lot of time; **le supuso un ~ del 15%** it saved him 15%, it meant a saving of 15% [2] **ahorros** *mpl* (cantidad) savings (*pl*); **tengo unos ~s para cuando me jubile** I have some money set aside *o* put by *o* I have some savings for when I retire

ahuchar [A1] *vt* (Col) to urge on

ahuecar [A2] *vt*

A [1] ‹*tronco/calabaza*› to hollow out [2] ‹*mano*› to cup [3] ‹*almohadón*› to plump up; ‹*lana*› to fluff up; ‹*pelo*› to give volume to; ‹*tierra*› to break up

B ‹*voz*› to deepen

■ **ahuecar** *vi*: **¡ahueca!** (fam) push off! (colloq), beat it! (sl)

ahuesarse [A1] *v pron* (Per fam) «*persona*» to get into a rut; **se ha ahuesado en ese trabajo** he has got stuck *o* got into a rut in that job; **ese modelo se ha ahuesado en las tiendas** that model just hasn't sold

ahuevado[1] **-da**, **ahuevonado -da** *adj* (Chi, Per vulg) dim, dopey (colloq), dumb (colloq)

ahuevado[2] **-da**, **ahuevonado -da** *m,f* (Chi, Per vulg) dimwit (colloq), numskull* (colloq)

ahuizote *m* (Méx fam) scourge; **es nuestro ~** he's the bane of our lives

ahumado[1] *adj* [1] (Coc) smoked [2] ‹*cristal*› smoked; ‹*gafas*› tinted

ahumado[2] *m* [1] (acción) smoking [2] **ahumados** *mpl* (Esp) (comida) smoked fish/meats

ahumar [A23] *vt* [1] ‹*jamón/pescado*› to smoke [2] ‹*colmena*› to smoke out; ‹*habitación*› to fill … with smoke, smoke out (colloq) [3] ‹*paredes/techo*› to blacken

■ **ahumarse** *v pron* [1] «*paredes/cristal*» to become blackened [2] «*casa/habitación*» to fill with smoke, get smoked out (colloq)

ahusado -da *adj* tapering

ahuyentar [A1] *vt* [1] (hacer huir) ‹*ladrón/animal*› to frighten off *o* away [2] (mantener a distancia) ‹*fiera*› to keep … away; ‹*mosquitos*› to repel, ward off [3] ‹*dudas*› to dispel; **debes ~ los malos pensamientos** you must banish evil thoughts from your mind

AI (= **Amnistía Internacional**) AI, Amnesty International

AIF *f* (= **Asociación Internacional de Fomento**) IDA

aikido *m* aikido

aimará[1], **aimara** *adj* Aymara

aimará[2], **aimara** *mf* ▸ **aimará** [1] (indio) Aymara Indian [2] **aimará** *m* (lengua) Aymara

> **aimará**
>
> A large Indian ethnic group living on the harsh Titicaca plateau in the Andes in southern Peru and northern Bolivia, who speak Aymara. They were conquered by the Incas, then by the Spaniards. Inca influence remains in religious beliefs, folklore, food, and art. The Aymara are mostly farmers and keep herds of llamas.

aindiado -da *adj* (AmL) Indian-like, Indian-looking

airadamente *adv* angrily

airado -da *adj* angry, irate; **—es injusto —protestó ~** it's not fair, he complained angrily

airar [A19] *vt* to anger

airbag /'erbag/ *m* airbag

aire[1] *m*

A air; **sintió que le faltaba el ~ en aquel cuarto tan pequeño** she felt as if she was going to suffocate in that tiny room; **abre la ventana, que entre un poco de ~** open the window and let some (fresh) air in; **voy a salir a tomar el ~** I'm going outside for a breath of fresh air; **tengo que ponerles ~ a las ruedas** I have to put some air in the tires; **el globo se elevó por los ~s** the balloon rose up into the air; **una piscina al ~ libre** an outdoor pool, an open-air pool (BrE); **debería pasar más tiempo al ~ libre** he ought to spend more time outdoors *o* out of doors *o* in the open air; **un vestido con la espalda al ~** a backless dress; **deja la herida al ~** leave the wound uncovered; **disparar un tiro al ~** to fire a shot into the air; ***a mi/tu/su ~:*** **ellos salen en grupo, yo prefiero ir a mi ~** they go out in a group, I prefer doing my own thing (colloq); ***cambiar*** *or* ***mudar de ~(s):*** **lo que necesitas es cambiar de ~s** (cambio temporal) what you need is a change of scene *o* change of air; (cambio permanente) what you need is a change of scene; ***estar/dejar/quedar en el ~:*** **todo quedó muy en el ~** everything was left very much up in the air; **su futuro quedó en el ~** a question mark hung over his future, his future hung in the balance; **no me contestó ni sí ni no, dejándome en el ~** he left me in suspense, not giving me a definite yes or no; **estamos todos en el ~ sin saber qué hacer** we're all at a loss as to what to do; ***saltar*** *or* ***volar por los ~s*** to explode, blow up; ***vivir del ~*** (sin dinero) to live on thin air; (sin comer) to live on air

(Compuestos)

- **aire acondicionado** air-conditioning; **local con (instalación de) ~ ~** air-conditioned premises
- **aire comprimido** compressed air; **una escopeta de ~ ~** an air rifle

B (viento) wind; (corriente) draft (AmE), draught (BrE); **un ~cillo fresco** a cool breeze; **¡qué calor! no corre nada de ~** it's so hot! there's not a breath of wind; **se daba ~ con un abanico** she was fanning herself; ***darle un ~ a algn*** (fam): **le dio un ~ y quedó con la boca torcida** he had some sort of stroke which left his mouth twisted

C (Rad, TV): **estar en el** *or* (Méx) **al ~** to be on the air; Ⓢ **en el aire** on air; ***salir al ~*** to go out; **sale al ~ en dos canales** it goes out *o* is shown on two different channels

D [1] (aspecto): **ese pequeño detalle le da un ~ distinguido** that little touch gives him a distinguished appearance; **tiene un ~ extranjero** she has a foreign air about her; **su rostro tiene un ~ infantil** his face has a childish look about it; **sus composiciones tienen un ~ melancólico** her compositions have a melancholy feel to them; **esto tiene todo el ~ de tratarse de una broma** this looks for all the world like a joke; **con ese ~ de superioridad/inocencia que tiene** with that air of superiority/innocence he has; **la protesta tomó ~s de revuelta** the protest began to look like a revolt; ***darse ~s*** to put on *o* give oneself airs [2] (parecido): **¿no le encuentras un ~ con Alberto?** don't you think he looks (a bit) like Alberto?; **se dan** *or* **tienen un ~** they look a bit alike, there is a slight likeness *o* resemblance between them

(Compuesto) **aire de familia** family resemblance

E (Mús) tune, air; **~s populares castellanos** traditional Castilian tunes *o* airs

aire[2] *interj* (fam) scram! (colloq)

aireación *f* aeration

aireado *m* [1] (de la tierra) aeration; (de la masa) aeration; **una buena época para el ~ de la tierra** a good time to aerate the soil [2] (de un cuarto) airing, ventilation

airear [A1] *vt* [1] (ventilar) ‹*manta/colchón*› to air; ‹*casa/cuarto*› to air [2] ‹*masa/tierra*› to aerate [3] (hacer público) ‹*cuestión/tema*› to air; **una revista que airea las intimidades de los famosos** a magazine that publishes *o* makes public details about the private lives of famous people; **tienen mucho cuidado en no ~ sus diferencias** they are very careful not to air their differences in public *o* not to let people see their differences

■ **airearse** *v pron* [1] «*persona*» to get some (fresh) air [2] «*manta/abrigo*» to air; «*lugar*»: **abre la ventana, que se airee esto un poco** open the window to let some air in here *o* to air this place a bit

airosamente *adv* gracefully

airoso -sa *adj* graceful; ***salir ~ de algo*** to acquit oneself well (in sth)

aislación *m* ▸ **aislamiento B**

aislacionismo *m* isolationism

aislacionista *adj/mf* isolationist

aislado -da *adj*

A [1] (alejado) remote, isolated [2] (sin comunicación) cut off; **el pueblo quedó ~ durante varios días** the village was cut off for several days; **~ DE algo** cut off *o* isolated FROM sth; **desde que ella murió vive ~ del mundo** since she died he's cut himself off from the world; **una zona aislada de la civilización** an area cut off *o* isolated from civilization [3] ‹*caso*› isolated

B (Elec) insulated

aislador -dora *adj* ▸ **aislante**[1]

aislamiento *m*

A [1] (acción) isolation; **el ~ de un virus** the isolation of a virus [2] (estado) isolation [3] (en la cárcel) isolation, solitary confinement

B (Elec) insulation

(Compuestos)

- **aislamiento acústico** soundproofing
- **aislamiento térmico** insulation, thermal insulation

aislante[1] *adj* insulating, insulation (*before n*); ▸ **cinta**

aislante[2] *m* insulator

aislapol® *m* (Chi) polystyrene

aislar [A19] *vt*

A [1] (apartar, separar): **conviene ~ a los enfermos** the patients should be isolated *o* kept in isolation; **las riadas ~on el pueblo** the village was cut off by the floods; **sus amigos los han aislado** their friends have turned their backs on them *o* have cut themselves off from them [2] ‹*preso*› to place … in solitary confinement [3] ‹*virus*› to isolate

B (Elec) to insulate

■ **aislarse** *v pron* (*refl*) to isolate oneself, cut oneself off

ajá *interj* (expresando — asentimiento) uh-huh; (— satisfacción) aha!

ajado -da *adj* [1] (gastado, deslucido) ‹*ropa*› worn; ‹*manos*› ‹*piel*› wrinkled; **el sofá está muy ~** the sofa's very shabby *o* very much the worse for wear; **las flores están ya un poco ajadas** the flowers are a bit withered *o* past their best now; **sus encantos estaban algo ~s** her charms had faded somewhat [2] (RPl) (arrugado) ‹*billete/ropa*› wrinkled (AmE), crumpled (BrE)

ajamonarse [A1] *v pron* (fam) to get fat, to get porky (colloq)

ajar [A1] *vt* [1] (estropear): **el tiempo había ajado la pintura** time had taken its toll on the paintwork; **aja las manos** it makes your hands rough, it's rough on the hands [2] (RPl) (arrugar) to crease, to wrinkle (AmE), to crumple (BrE)

■ **ajarse** *v pron* [1] (estropearse): **la chaqueta se había ajado** the jacket had worn; **se le ~on las manos** his hands became rough; **las flores se han ajado** the flowers have withered [2] (RPl) (arrugarse) to get creased, to get wrinkled (AmE), to get crumpled (BrE)

ajardinado -da *adj* ‹*terreno*› landscaped; **hermosas zonas ajardinadas** areas of beautiful parks and gardens

ajardinar [A1] *vt* to landscape

ajedrecista *mf* chess player

ajedrecístico -ca *adj* chess (*before n*)

ajedrez *m* (juego) chess; (tablero y fichas) chess set

ajenjo *m* [1] (planta) wormwood, absinthe [2] (licor) absinthe

ajeno -na *adj*

A [SER] [1] (que no corresponde, pertenece): **dos generaciones cuyos ideales son totalmente ~s** two generations whose ideals are completely alien to each other *o* have nothing in common; **un asunto que le era ~** a matter that was *o* had nothing to do with him; **el ambiente en que ella se mueve me es totalmente ~** the world she moves in is quite alien *o* foreign to me; **~ A algo**: **por razones ajenas a nuestra voluntad** for reasons beyond our control; Ⓢ **prohibido el paso a toda persona ajena a la empresa** staff only; **intereses ~s a los de la empresa** interests not in accord with those of the company [2] (que pertenece, corresponde a otro): **se servía de una tarjeta de crédito ajena** he was using another person's *o* someone else's credit card; **por el bien ~** for the good of others; **el domingo juegan en campo ~** on Sunday they're on the road (AmE) *o* (BrE) they're playing away (from home); **las desgracias ajenas no me interesan** I'm not interested in other people's misfortunes; ▸**amigo²**

B 1 [ESTAR] (inatento) **~ A algo** unaware OF sth, oblivious TO sth; **trabajaba totalmente ~ a lo que pasaba a su alrededor** he worked on, completely unaware of *o* oblivious to what was going on around him 2 [ESTAR] (indiferente) **~ A algo**: **siempre permaneció ~ a sus problemas** he never got involved with her problems, he always remained aloof from her problems 3 [SER] (no involucrado) **~ A algo**: **irregularidades a las que han sido ~s** irregularities to which they have not been party *o* in which they have not been involved

ajerezado -da *adj* sherry-like

ajete *m* young garlic

ajetreado -da *adj* hectic, busy

ajetrearse [A1] *v pron* to rush around

ajetreo *m*: **con tanto ~ es imposible concentrarse** it's impossible to concentrate with all this activity going on; **el ~ de los grandes almacenes** the hustle and bustle of the department stores; **un día de mucho ~** a hectic day

ají *m* 1 (chile) chili*; ***ponerse como un ~ (picante)*** (AmS fam) to get furious 2 (Andes) (salsa) chili* sauce 3 (RPl) (pimiento) pepper

(Compuesto) **ají morrón** (RPl) red pepper

ajiaceite *m* (Esp) olive oil and garlic sauce

ajiaco *m: spicy potato dish*

ajilimójili *m* (Esp) piquant sauce

ajillo *m*: **al ~** with garlic; **champiñones al ~** garlic mushrooms

ajo *m*

A (Coc) garlic; **un diente de ~** a clove of garlic; **esto tiene mucho ~** there's a lot of garlic in this, this is really garlicky (colloq); **puse unos ajitos** I added a little garlic *o* a few cloves of garlic; ***¡~ y agua!*** (fam & euf) I'll/you'll/she'll have to grin and bear it *o* put up with it; ***como el ~*** (Chi fam) terrible, awful; ***echar*** *or* ***soltar ~s (y cebollas)*** (AmL fam) to cuss (AmE colloq), to eff and blind (BrE colloq), to swear; ***estar en el ~*** (fam) to be in the know; ***estar metido en el ~*** (fam) to be involved; **varios senadores están (metidos) en el ~** several senators are mixed up in it *o* are involved; ***pelar el ~*** (Chi fam) to work one's butt off (AmE colloq), to slog one's guts out (BrE colloq); ***el que se pica, ~s come*** (Esp fam) if the cap fits, wear it

B (Esp) (sonido) goo-goo, gaga

ajó *m/interj* (RPl fam) goo-goo, gaga

ajoaceite *m* oil and garlic sauce; (mayonesa) garlic mayonnaise

ajoarriero *m: cod cooked with eggs and garlic*

ajonjolí *m* sesame

ajorca *f* bracelet

ajotado -da *adj* (Méx fam) camp (colloq)

ajuar *m* (de novia) trousseau; (de bebé) layette

ajuiciar [A1] *vt* to bring … to his/her senses

ajuntar [A1] *vt* (leng infantil) to be friends with; **ya no te ajunto** I'm not playing with you any more

Ajuria Enea *m: seat of the Basque government*

ajustado¹ -da *adj*

A 1 (ceñido) tight; **lleva ropa bien ajustada** she wears very tight *o* tight-fitting *o* (BrE) close-fitting clothes; **este vestido me queda muy ~** this dress is very tight on me *o* too tight for me 2 ‹*presupuesto/precio*› **la competencia nos obliga a venderlos a precios muy ~s** the competition means we have to sell them with a very low profit margin; **un presupuesto muy ~ para un proyecto tan importante** a very tight budget for such an important project

B (en correspondencia con) **~ A algo**: **una decisión ajustada a su política general** a decision in keeping with their general policy

ajustado² *m* ▸**ajuste A**

ajustador -dora *m,f*

A 1 (Méc) adjuster 2 (Impr) impositor

B (AmL) (Com, Fin) adjustor, adjuster

(Compuesto) **ajustador de seguros** loss adjustor

C **ajustador** *m* 1 (Mec) adjustable spanner 2 (Cu) (Indum) *tb* **~es** bra, brassiere

ajustamiento *m* settlement

ajustar [A1] *vt*

A 1 (apretar) ‹*tornillo/freno*› to tighten (up) 2 (regular) ‹*tornillo/dispositivo*› to adjust; **~ la entrada de agua** to regulate the flow of water 3 ‹*retrovisor/asiento/cinturón*› to adjust 4 (encajar) ‹*piezas*› to fit 5 ‹*página*› to make up

B (en costura) to take in

C 1 ‹*gastos/horarios*› **~ algo A algo** to adapt sth TO sth; **tenemos que ~ los gastos a los ingresos** we have to tailor our expenditure to our income 2 ‹*sueldo/jubilación*› to adjust; **les ajustan el sueldo con la inflación** their wages are adjusted in line with inflation

D (acordar) ‹*precio/alquiler/sueldo*› to fix, set; **~on el precio en 120 euros** the price was fixed *o* set at 120 euros, they agreed on a price of 120 euros; **todavía falta ~ el alquiler** we still have to reach an agreement on *o* agree on *o* fix *o* set the rent

E ‹*cuentas*› 1 (sacar el resultado de) to balance 2 (saldar) to settle *ver tb* **cuenta¹ E**

■ **ajustar** *vi* to fit

■ **ajustarse** *v pron*

A (*refl*) ‹*cinturón*› to adjust

B (encajarse, alinearse) «*piezas*» to fit

C (a una condición, un horario) **~se A algo**: **una distribución jerárquica que no se ajusta a las necesidades reales** a hierarchical structure that does not meet real needs; **esta decisión no se ajusta a su política de apertura** this decision is out of line with *o* not in keeping with their policy of openness; **tenemos que ~nos al horario** we must keep to *o* work within the timetable; **ajustémonos al tema** let's keep to the subject; **su declaración no se ajusta a la verdad** his statement is not strictly true; **siempre tengo que ~me a sus caprichos** I always have to go along with his whims; **deberá ~se a las condiciones aquí descritas** it will have to comply with the conditions laid down here; **una sentencia que no se ajusta a derecho** a verdict which is legally flawed *o* which is wrong in law

ajuste *m*

A 1 (apretamiento) tightening (up) 2 (regulación) adjustment 3 (de páginas) makeup, composition

(Compuesto) **ajuste automático de línea** (Inf) word wrap

B 1 (de gastos, horarios) readjustment; **~ de plantilla** redeployment of labor/staff 2 (de sueldos) adjustment

C (de precio) fixing; **sólo falta el ~ del precio** all that remains is to fix the price

(Compuesto) **ajuste de cuentas** settling of scores

ajusticiable *mf* (*m*) condemned man; (*f*) condemned woman

ajusticiado -da *m,f*

A (*m*) executed man

B (*f*) executed woman

ajusticiamiento *m* execution

ajusticiar [A1] *vt* to execute

al ▸**❶ p.1, p.69** *contraction of* ▸**a** *and* ▸**el**

ala¹ *f‡*

A (de un ave) wing; (de un avión) wing; ***ahuecar el ~*** (fam) to beat it (colloq); ***arrastrarle*** *or* (Chi) ***menearle el ~ a algn*** (fam) to come on to sb (colloq), to make a pass at sb (colloq); ***cobrar ~s*** to spread one's wings; ***cortarle las ~s a algn***: **se toma muchas libertades, habrá que cortarle las ~s** he takes a lot of liberties, he needs to have his wings clipped *o* he needs taking down a peg or two; **si alguien muestra tendencias artísticas, le cortan las ~s** any artistic tendencies are soon nipped in the bud; ***darle ~s a algn***: **dale ~s y verás cómo mejora cuando tenga más experiencia** let him do things his way and he'll improve with experience, you'll see; **tú sigue dándole ~s al niño y luego no podrás controlarlo** if you keep letting him have his own way, you won't be able to control him later; ***del ~*** (Esp fam): **tuve que soltar** *or* **aflojar 12 euros del ~** I had to fork out *o* shell out 12 euros (colloq); ***estar tocado del ~*** (fam) to be nutty *o* crazy (colloq), to be dotty (BrE colloq); ***irse de ~*** (Chi fam) to come to blows; ***por abajo*** *or* ***debajo del ~*** (RPl fam) at the very least; ***sacar/traer/llevar de un ~*** (Chi fam): **me llevó de un ~ para mi casa** he dragged me home; **la saqué de un ~ del auto** I pulled *o* (colloq) yanked her out of the car

(Compuesto) **ala delta** (deporte) hang gliding; (aparato) hang glider

B (de un sombrero) brim

C 1 (de un edificio) wing 2 (facción) wing 3 (flanco) flank, wing 4 (Dep) (posición) wing

ala² *mf* (jugador) wing, winger

(Compuestos)

- **ala abierta** wide receiver
- **ala cerrada** tight end

ala³ *m/interj* (Esp) ▸**hala**

ALA *f‡* = **Alternativa para la Liberación Animal**

Alá Allah

alabador -dora *adj* eulogistic, approving

alabanza *f* praise; **su actitud es digna de ~** his attitude is praiseworthy *o* laudable

alabar [A1] *vt* to praise; **¡alabado sea Dios!** praise be to God!; **su gesto fue muy alabado** his gesture was widely praised; **siempre la está alabando** he's always singing her praises

alabarda *f* halberd

alabardero *m* 1 (Mil) halberdier 2 (Teatr) member of the claque

alabastrino -na *adj* alabastrine, alabaster (*before n*)

alabastro *m* alabaster

álabe *m* (en una rueda hidráulica) paddle, vane; (en una turbina) blade, vane

alabear [A1] *vt* to warp

■ **alabearse** *v pron* to warp

alacalufe *mf* Alacaluf

alacena *f* larder

alacrán *m* scorpion

alacridad *f* (liter) alacrity (liter)

alada *f* flutter

aladar *m* earlock

ALADI /a'laði/ *f* = **Asociación Latinoamericana de Integración**

Aladino Aladdin

alado -da *adj* 1 (con alas) winged 2 (liter) (veloz) swift

ALALC /a'lalk/ *f* (= **Asociación Latinoamericana de Libre Comercio**) LAFTA

alamar *m* decorative fastening

alambicado -da *adj* ‹*lenguaje/estilo*› complicated, convoluted; ‹*personaje*› complex

alambicamiento *m* labyrinthine complexity

alambicar [A2] *vt*

A ‹*líquido*› to distill*

B ‹*estilo*› to complicate

alambique *m* still

alambrada *f* (valla) wire fence; (material) wire netting, wire fencing

alambrado *m* (AmL) 1 (acción) fencing in/off 2 ▸**alambrada**

alambrar [A1] *vt* to fence, wire *o* fence in/off

alambre *m*

A (hilo metálico) wire; **barreras de ~ electrificado** electrified *o* electric fences

(Compuestos)

- **alambre de púas** *or* **espino** barbed wire, barbwire (AmE)
- **alambre tejido** (Arg) wire gauze
- **alambre de tierra** ground wire (AmE), earth wire (BrE)

B (CS) (cable) cable; ***irse/tirarse por el ~*** (Chi fam) to go without eating *o* without food; ***se le pelaron los ~s*** (Chi fam) he/she went nuts

(colloq), he/she lost his/her marbles (colloq); ***tener los ~s pelados*** (Chi fam) to be nuts *o* crazy (colloq)
C (Méx) (Coc) kebab
alambrera *f* (Col) wire screen
alambrista *mf*
A (en el circo) tightrope walker
B (inmigrante) illegal immigrant (*who crosses from Mexico into the U.S.*)
alameda *f* **1** (avenida) tree-lined avenue **2** (terreno con álamos) poplar grove
álamo *m* poplar
(Compuesto) **álamo temblón** aspen (tree)
alano *mf* mastiff
alar *m* eave
alarde *m* show, display; **haciendo ~ de su fuerza** making a show of *o* showing off *o* displaying his strength
alardeado -da *adj* much-trumpeted
alardeador -dora *adj* boastful
alardear [A1] *vi* ~ **DE algo** to boast ABOUT sth; **alardea de rico** he boasts about how rich he is; **alardeaba de tener amigos influyentes** she boasted of having influential friends
alardeo *m* ▸**alarde**
alargadera *f* ▸**alargador**
alargado -da *adj* **1** ‹*forma*› elongated **2** ‹*hoja*› elongate
alargador *m* extension cord (AmE), extension lead *o* cable (BrE)
alargamiento *m* **1** (de un cable) lengthening **2** (de un período) extension
alargar [A3] *vt*
A **1** ‹*vestido/pantalón*› to let down, lengthen; ‹*manguera/cable*› to lengthen, extend; **ese peinado te alarga la cara** that hairstyle makes your face look longer **2** ‹*cuento/discurso*› to drag out, prolong, spin out (BrE); ‹*vacaciones/plazo*› to extend; **el tratamiento puede ~le la vida** the treatment could prolong her life **3** ‹*riendas*› to let out; ‹*soga*› to pay out, let out **4** ~ **el paso** to lengthen one's stride
B **1** (extender) ‹*mano/brazo*› to hold out; **alargó la mano en espera de la propina** she held out her hand for a tip **2** (alcanzar) **~le algo A algn** to hand *o* give *o* pass sth TO sb; **alárgale el bastón al abuelo** hand *o* give *o* pass your grandfather his walking stick
■ **alargarse** *v pron* **1** «*cara/sombra*» to get longer **2** «*días*» to grow longer; «*reunión/fiesta*» to go on, continue; **se alargó más de lo previsto** it went on *o* continued longer than expected **3** (Méx) «*bola*» to go too far; **se alargó por la tercera base** it went past third base
alargue *m* (RPl) ▸**alargador**
alarido *m* (de miedo) shriek, scream; (de dolor) scream, howl; **daba ~s de miedo/dolor** she was shrieking with fear/howling with pain
alarma *f*
A (ante un peligro) alarm; **la noticia sembró la ~ en** *or* **entre la población** the news caused alarm among the population; **dar la voz de ~** to sound *o* raise the alarm
B (dispositivo) alarm; **el timbre de la ~** the alarm bell; **poner la ~** to set the alarm
(Compuestos)
- **alarma amarilla** yellow alert
- **alarma antiaérea** air-raid warning
- **alarma antirrobo** antitheft *o* burglar alarm
- **alarma contra incendios** fire alarm
- **alarma contra intrusos** intruder alarm
- **alarma de seguridad** security alarm
- **alarma personal** personal alarm
- **alarma roja** red alert

alarmado -da *adj* alarmed
alarmante *adj* alarming
alarmantemente *adv* alarmingly
alarmar [A1] *vt* to alarm
■ **alarmarse** *v pron* to be alarmed
alarmismo *m* alarmism
alarmista *adj/mf* alarmist
Alaska *f* Alaska
alaskeño -ña *adj/m,f* Alaskan
alauí, alauita *adj* Alaouite; (period) Moroccan
alazán -zana *adj/m,f* sorrel
alazor *m* safflower
alba *f*‡
A (del día) dawn, daybreak; **al rayar** *or* **romper el ~** (liter) at first light, at the break of day (liter); **levantarse al** *or* **con el ~** to get up at the crack of dawn
B (Relig) alb
albacea *mf* executor
albacora *f* **1** (atún) albacore **2** (Chi) (pez espada) swordfish
albahaca *f* basil
albal® *adj* ▸**papel**
albanés¹ -nesa *adj* Albanian
albanés² -nesa *m,f* **1** (persona) Albanian **2** **albanés** *m* (idioma) Albanian
Albania *f* Albania
albanokosovar *adj/m,f* Kosovar Albanian
albañal *m* (Col) sewer, drain
albañil *m* (constructor) builder; (que coloca ladrillos) bricklayer
albañilería *f* **1** (profesión) building; (de colocar ladrillos) bricklaying **2** (obra) brickwork; **para cualquier trabajo de ~** for any building work
albar *adj* (liter) white
albarán *m* delivery note
albarca *f* clog
albarda *f* packsaddle
albaricoque *m* (Esp) apricot
albaricoquero *m* (Esp) apricot tree
albariño *m: type of Galician wine*
albatros *m* (*pl* ~)
A (Zool) albatross
B (en golf) albatross
albayalde *m* white lead, ceruse
albedrío *m* (free) will; **lo hizo a su ~** he did it of his own free will; **una nación privada de su libre ~** a nation deprived of its right to self-determination; **lo dejo a tu libre ~** I leave it entirely up to you
alberca *f* **1** (embalse) reservoir **2** (Méx) (piscina) swimming pool; **una ~ techada** an indoor swimming pool **3** (Col) (lavadero) sink (*for washing clothes*) **4** (Bol, Per) (comedero) trough
albérchigo *m* clingstone peach
albergar [A3] *vt*
A ‹*personas*› to house, accommodate; ‹*biblioteca/exposición*› to house; **el edificio alberga a 30 ancianos** the building is home to *o* houses 30 old people; **el nuevo hotel podrá ~ a 2.000 turistas** the new hotel will sleep *o* accommodate 2,000 tourists; **el parque alberga una fauna muy variada** the park is home to many different species of wildlife; **el nuevo centro comercial ~á 200 tiendas** the new shopping center will provide space for *o* will house 200 shops; **esta parte de la ciudad alberga la mayoría de sus teatros** most of the city's theaters are located in this area
B (liter) ‹*duda/odio*› to harbor*; **alberga un sentimiento de culpa** he harbors feelings of guilt; **todavía albergaban esperanzas de que se curara** they were still holding out hope that *o* they were still hoping that he would recover
■ **albergarse** *v pron* **1** (hospedarse) to lodge **2** (refugiarse) to shelter, take refuge
albergue *m* **1** (alojamiento, cobijo): **le dimos ~ en nuestra casa** we took her in; **encontró ~ en casa de unos parientes** he was taken in by some relatives **2** (hostal) hostel **3** (en la montaña) refuge, shelter **4** (para vagabundos, mendigos) shelter, refuge (BrE)
(Compuestos)
- **albergue de** *or* **para animales** animal refuge
- **albergue de carretera** road house
- **albergue juvenil** *or* **de la juventud** youth hostel
- **albergue nacional** (Esp) *state-owned hotel*
- **albergue transitorio** (Arg) hotel (*where rooms are rented by the hour*)

alberguismo *m* youth hosteling*
alberguista *mf* youth hosteler*; **carné de ~ internacional** international youth hostel card
albiceleste¹ *adj* (de la selección Argentina) of the Argentinian national team; (no sólo la de fútbol) skyblue; **fue un gran triunfo ~** it was a great victory for the Argentinian team; **miles de hinchas ~s llenaron el estadio** thousands of Argentinian supporters filled the stadium
albiceleste² *f* (camiseta): **su sueño es ponerse la ~** his dream is to wear the Argentinian jersey
albiceleste³ *mf* (Dep) Argentinian player
albicelestes *mpl* (Dep): **los ~** the Argentinian team; **los ~ ganaron con una goleada** the Argentinian team won in a feast of goals
albinismo *m* albinism
albino -na *adj/m,f* albino
Albión *f* Albion
albis: **me quedé in ~** I didn't understand a thing
albo -ba *adj* (liter) white
albóndiga *f* meatball
albor *m* **1** (comienzo): **los ~es de la civilización** the dawn of civilization (liter); **todavía está en el ~ de la vida** she is still in the springtime of her life **2** (liter) (alba) dawn, daybreak **3** (liter) (blancura) whiteness
alborada *f* **1** (liter) (alba) dawn **2** (Lit, Mús) aubade
alborear [A1] *v impers* (liter): **alboreaba cuando se levantaron** day was breaking *o* dawning when they rose (liter)
■ *vi* (liter) to dawn (liter); **alborea una nueva época** a new age is dawning
albornoz *m* bathrobe
alborotadamente *adv* **1** (con animación) excitedly **2** (ruidosamente) noisily, rowdily
alborotadizo -za *adj*: **es muy ~** he gets worked up very easily
alborotado -da *adj*
A **1** (nervioso) agitated; (animado, excitado) excited **2** ‹*grupo/muchedumbre*› (ruidoso) noisy, rowdy; (amotinado) riotous
B **1** ‹*mar*› rough, choppy **2** ‹*pelo*› untidy, disheveled*
C (precipitado) hasty, reckless, rash
alborotador¹ -dora *adj* rowdy, noisy
alborotador² -dora *m,f* troublemaker
alborotar [A1] *vi* to make a racket
■ **alborotar** *vt* **1** (agitar) to agitate, get ... agitated; (excitar) to get ... excited; **alborota al resto de la clase** he causes trouble among the rest of the class **2** ‹*muchedumbre*› to incite, stir up
■ **alborotarse** *v pron*
A **1** (agitarse) to get agitated *o* upset; (excitarse) to get excited **2** (amotinarse) to riot
B «*mar*» to get rough *o* choppy
alboroto *m*
A **1** (agitación, nerviosismo) agitation; (excitación) excitement **2** (ruido) racket
B **1** (disturbio, jaleo) disturbance, commotion, ruckus (AmE colloq) **2** (motín) riot
alborozado -da *adj* (liter) jubilant
alborozar [A4] *vt* (liter): **la noticia alborozó a toda la familia** the whole family was overjoyed at *o* (liter) the whole family rejoiced at the news
■ **alborozarse** *v pron* to rejoice (liter)
alborozo *m* (liter) rejoicing (liter); **la buena nueva causó ~ entre ellos** the good news was cause for much rejoicing *o* jubilation amongst them; **saludamos con ~ esta decisión** we greet this decision with joy
albricias *interj* (arc) (enhorabuena) congratulations!; (exclamación de júbilo) hooray!, hoorah!
albufera *f* lagoon
álbum *m*
A **1** (de fotos, sellos) album; **un ~ de recortes** a scrapbook **2** (libro de historietas) comic book
B (disco) album
albumen *m* albumen, endosperm

albúmina *f* albumin

albuminoso -sa *adj* albuminous

albur *m*

A (liter) (azar, riesgo): **dejar algo al ~** to leave sth to chance; **corren el ~ de perderlo** they run the risk of losing it

B (pez) bleak, dace

C (Méx) (doble sentido) double meaning, double entendre; (juego de palabras) play on words, pun

albura *f* (liter) whiteness

alburear [A1] *vt* (Méx fam): **te lo albureas y ni se entera** you say something with a double meaning/you make a pun and he doesn't even notice

alburero -ra *m,f* (Méx fam) *person fond of making puns or using double entendres*

alca *f‡* auk

ALCA *f‡* **(= Área de Libre Comercio de las Américas)** FTTA

alcabala *f*

A (Hist) sales tax

B (Ven) (en carretera) check point

alcachofa *f* [1] (Bot, Coc) artichoke [2] (de ducha) shower head; (de regadera) head, rose (BrE)

alcahuete -ta *m,f* [1] (ant) (mediador) go-between, procurer (arch) [2] (CS fam) (chismoso) gossip (colloq); (soplón) tattletale (AmE colloq), telltale (BrE colloq)

alcahuetear [A1] *vi* [1] (hacer de mediador) to act as a go-between, to procure [2] (CS fam) (chismear) to gossip (colloq)

■ **alcahuetear** *vt*

A (fam) (delatar) to tell *o* snitch on (colloq)

B (Andes fam) (auspiciar): **el abuelo les alcahuetea las travesuras** their granddad lets them get away with all kinds of things; **nos alcahueteaba los paseos** she covered for us when we went for walks together

alcahuetería *f* [1] (ant) (de una celestina) procurement [2] (RPl fam) (chismorreo) gossip

alcaide *m* (ant) (carcelero) jailer; (director) keeper (arch)

alcaldada *f* (pey) abuse of authority

alcalde -desa *m,f*

A (Gob) mayor

(Compuesto) **alcalde pedáneo** *mayor of a small village*

B **alcaldesa** *f* (mujer del alcalde) mayor's wife, mayoress

alcaldía *f* [1] (cargo) mayoralty, post of mayor; (oficina) mayor's office; **los comunistas han perdido la ~** the communists have lost control of the council *o* of city hall (AmE) *o* (BrE) of the town hall [2] (ayuntamiento) city hall (AmE), town hall (BrE)

álcali *m* alkali

alcalinidad *f* alkalinity

alcalinizar [A4] *vt* to turn/make ... alkaline

alcalino -na *adj* alkaline

alcaloide *m* [1] (Quím) alkaloid [2] (period) (cocaína) cocaine

alcaloideo -dea *adj* alkaloid

alcalosis *f* alkalosis

alcance *m*

A [1] (de una persona) reach; **un pugilista menos alto pero de mayor ~** a boxer who is shorter but has a longer reach; **Ⓢ mantenga los medicamentos fuera del ~ de los niños** keep all medicines out of reach of children; **está totalmente fuera de mi ~** it is completely beyond my means [2] (de un arma, una emisora) range; **misiles de corto/largo ~** short-range/long-range missiles [3] (ámbito): **el ~ de una ley** the scope of a law; **todavía no sabemos el ~ que puedan tener sus declaraciones** as yet we do not know the full implications of his statement; **una política educativa de largo ~** a far-reaching education policy [4] (*en locs*): **al alcance de** within reach of; **se trata de poner la cultura al ~ de todos** the idea is to bring culture within everybody's reach *o* to make culture accessible to everyone; **un país en el que tener televisión no está al ~ de cualquiera** a country where owning a television is not within everyone's reach; **tarifas al ~ de su presupuesto** prices to suit your pocket; **eso no está a mi ~** that's not in my power; **es un lujo que no está a mi ~** it's a luxury I can't afford; **tiene a su ~ los mejores medios para la investigación** he has the best research facilities available to him; **estos conceptos no están al ~ de nuestra inteligencia** these concepts are unintelligible to us *o* are beyond our grasp; **cuando la Estatua de la Libertad estuvo al ~ de la vista** when the Statue of Liberty was visible/came into view; ***al ~ de la mano*** (literal) at hand; (fácil de conseguir) within reach, within one's grasp; ***hacer un ~*** (Chi) to add/clarify sth

(Compuesto) **alcance de nombres** (Chi): **hubo una confusión por un ~ de ~** there was a mix-up because their names were the same

B (Fin) deficit

alcancía *f* (AmL) [1] (hucha) piggy bank, coin bank (AmE), money box (BrE) [2] (para colectas) collection box [3] (Ur) (útil escolar) pencil box

alcanfor *m* camphor; **bolitas de ~** mothballs

alcanforado -da *adj* camphorated

alcantarilla *f* [1] (cloaca) sewer; (sumidero) drain [2] (Ven) (fuente) fountain

alcantarillado *m* sewer system, drains (*pl*)

alcantarillar [A1] *vt* to lay sewers in

alcantarillero -ra *m,f* (CS) sewer worker

alcanzado -da *adj* (Col) short of money

alcanzar [A4] *vt*

A [1] ‹*persona*› (llegar a la altura de) to catch up with, to catch ... up (BrE); (pillar, agarrar) to catch; **a este paso no los vamos a ~ nunca** at this rate we'll never catch up with them *o* catch them up; **¡a que no me alcanzas!** bet you can't catch me! (colloq) [2] (en los estudios, en una tarea) to catch ... up, to catch up with; (en estatura) to catch up with; **empecé después que tú y ya te alcancé** I started after you and I've caught up with you already; **¡qué alto está! cualquier día ~á a su hermano** look how tall he's getting! he'll be catching up with his brother soon!

B [1] ‹*lugar*› to reach, get to; **los bomberos habían logrado ~ el segundo piso** the firemen had managed to reach *o* get up to the second floor; **a pesar del tráfico alcancé el avión/tren** despite the traffic I managed to catch the plane/train; **lo alcancé con un palo** I used a pole to get at it *o* reach it [2] ‹*temperatura*› to reach; ‹*edad/pubertad*› to reach; **el termómetro alcanzó los 40 grados** the thermometer got up to *o* reached *o* registered 40 degrees; **estos árboles alcanzan una gran altura** these trees can reach *o* grow to a great height; **algunos lagos alcanzan los 300 metros de profundidad** some lakes are as deep as 300 meters *o* reach depths of 300 meters; **un libro donde la estupidez alcanza su máxima expresión** a book in which stupidity reaches its peak *o* which is the ultimate in stupidity; **el aire expulsado alcanza una velocidad de 120 km/h** the air expelled reaches a speed of 120 kph; **el proyectil alcanzaba distancias de casi 1.000 metros** the projectile could reach distances of *o* had a range of almost 1,000 meters; **~ la mayoría de edad** to come of age, to reach the age of majority [3] (conseguir, obtener) ‹*objetivo/resultado*› to achieve; ‹*acuerdo*› to reach; ‹*fama/éxito*› to achieve; **alcanzó todas las metas que se propuso en la vida** he achieved all the goals he set himself in life; **los resultados alcanzados hasta ahora son excelentes** the results achieved *o* attained up to now have been excellent; **los acuerdos alcanzados en materia de desarme** the agreements reached in the field of disarmament; **se pretende ~ una recaudación de 100 millones de pesos** they are hoping to take in (AmE) *o* (BrE) take as much as 100 million pesos; **los candidatos no alcanzaban el nivel requerido** the candidates did not reach *o* meet the required standard

C (acercar, pasar) **~le algo A algn** to pass sb sth, to pass sth to sb; **¿me alcanzas ese libro?** could you pass me that book?

D [1] ‹‹*bala/misil*›› to hit; **el número de barcos alcanzados por misiles** the number of ships hit by missiles [2] (afectar): **la medida ha alcanzado a la clase trabajadora** the measure has affected the working classes

■ **alcanzar** *vi*

A (llegar): **está muy alto, no alcanzo** it's too high, I can't reach it; **hasta donde alcanzaba la vista** as far as the eye could see; **~ A + INF** to manage to + INF; **no alcanzó a terminar** she didn't manage to finish; **hasta donde alcanzo a ver, la situación no tiene arreglo** as far as I can see there's no solution; **algo que la mente humana no alcanza a entender** something which the human mind cannot comprehend

B (ser suficiente): **el pollo no ~á para todos** there won't be enough chicken for everyone *o* to go round; **el sueldo no le alcanza** he can't manage *o* get by on his salary; **me ~á hasta final de mes** it will see me through to the end of the month; **no me alcanza el papel para envolver el regalo** I haven't got enough paper to wrap the present in; **con que le des una limpiadita, alcanza** if you give it a quick clean, that will do *o* that will be good enough

alcaparra *f* caper

alcaraván *m* stone curlew

alcaravea *f* caraway

alcatraz *m* [1] (Zool) gannet [2] (Bot) arum

alcaucil *m* (esp RPl) artichoke

alcayata *f* hook

alcayota *f* (Chi) Malabar gourd

alcazaba *f* citadel, castle

alcázar *m* [1] (fortaleza) fortress; (palacio) palace [2] (Náut) quarterdeck

alce *m* (especie europea) elk; (especie norteamericana) moose

alcista *adj* ‹*tendencia*› upward; ‹*mercado*› rising, bullish, bull (*before n*)

alcoba *f* bedroom, bed chamber (liter)

alcohol *m*

A [1] (Quím) alcohol [2] (Farm) *tb* **~ de 90 (grados)** rubbing alcohol (AmE), surgical spirit (BrE)

(Compuestos)

- **alcohol absoluto** absolute alcohol
- **alcohol azul** methanol, methyl alcohol, methylated spirits (BrE)
- **alcohol de quemar ▸alcohol azul**
- **alcohol etílico** ethyl alcohol
- **alcohol metílico** methyl alcohol
- **alcohol puro** pure alcohol
- **alcohol vínico** vinic alcohol

B (bebida) alcohol, drink; **intenté dejar el ~** I tried to give up drinking *o* alcohol *o* drink; **ahogar las penas en ~** to drown one's sorrows in drink

alcoholemia *f*: **tasa de ~** blood alcohol level, level of alcohol in the blood; **▸prueba[1] C**

alcoholero -ra *adj* alcohol (*before n*)

alcohólico[1] -ca *adj* [1] ‹*bebida*› alcoholic; ‹*producción*› alcohol (*before n*), of alcoholic drinks [2] ‹*persona*› alcoholic

alcohólico[2] -ca *m,f* alcoholic

(Compuesto) **Alcohólicos Anónimos** *mpl* Alcoholics Anonymous

alcoholímetro *m* Breathalyzer®, drunkometer (AmE)

alcoholismo *m* alcoholism

alcoholizado -da *adj*: **está totalmente ~** he has become an alcoholic

alcoholizarse [A4] *v pron* to become an alcoholic

alcohómetro *m* Breathalyzer®, drunkometer (AmE)

alcohotest *m* breath test, Breathalyzer® test, drunkometer test (AmE)

alcornoque *m* [1] (árbol) cork oak [2] (fam) (persona) idiot, blockhead (colloq)

alcorque *m* basin, pit (*around base of tree to retain water*)

alcotán *m* hobby

alcurnia *f* ancestry, lineage (liter); **de alta ~** of noble birth *o* ancestry *o* lineage; **una familia**

a

de ~ an old family, a family whose ancestry *o* lineage can be traced back a long way

alcuza *f* (Chi) cruet, cruet stand

aldaba *f* doorknocker

aldabilla *f* latch

aldabón *m* doorknocker

aldabonazo *m*: **dio tres ~s** he knocked three times; **la noticia fue un ~** the news came as a tremendous blow/shock

aldea *f* small village, hamlet

aldeano[1] **-na** *adj* village (*before n*)

aldeano[2] **-na** *m,f* villager

aldehído *m* aldehyde

aleación *f* alloy; **~ ligera** light alloy

alear [A1] *vt* to alloy

aleatoriamente *adv* randomly; **seleccionados ~** randomly selected, selected at random

aleatorio -ria *adj* 1▸ ‹*suceso/resultado*› fortuitous; ‹*muestreo*› random 2▸ ‹*contrato*› conditional

aleatorizar [A4] *vt* to randomize

alebrestar [A1] *vt* 1▸ (Col) (poner nervioso) to startle, spook (AmE colloq) 2▸ (Ven fam) (animar) to get ... excited; (excesivamente) to get ... overexcited: 3▸ (Méx) ‹*emoción*› to awaken, arouse

■ **alebrestarse** *v pron* 1▸ (Col) (ponerse nervioso) to get nervous, get jumpy (colloq); (excitarse) to get excited 2▸ (Ven fam) (animarse) to get excited; (excesivamente) to get overexcited

aleccionador -dora *adj* ‹*palabras/discurso*› instructive; **fue una experiencia ~a** the experience taught me a lesson, I learned my lesson from the experience

aleccionar [A1] *vt* to lecture

aledaño -ña *adj* neighboring* (*before n*), bordering (*before n*)

aledaños *mpl*: **los ~ de la ciudad** the outskirts of the town, the area around the town; **había varios coches de policía en los ~ del banco** there were several police cars in the area around *o* in the vicinity of the bank

alegación *f* declaration, statement

alegador *adj* (Andes fam) argumentative

alegal *adj* unregulated

alegante *mf* plaintiff

alegar [A3] *vt* ‹*razones/motivos/causas*› **las razones que alegó para justificar su ausencia** the reasons he cited *o* put forward to justify his absence; **alegó que no oyó el despertador** she claimed not to have heard the alarm clock; **rechazó el trago, alegando su embarazo** she refused the drink on the grounds that she was pregnant

■ **alegar** *vi* 1▸ (AmL) (discutir) to argue; **~ DE algo** to argue ABOUT sth; **se pasaron toda la noche alegando de política** they spent the whole night arguing about politics; **~ CON algn** to argue *o* quarrel WITH sb 2▸ (AmL) (protestar) to complain, to gripe (colloq), to moan (BrE colloq); **no alegue tanto y póngase a trabajar** stop griping and get on with some work; **le dieron todo lo que pidió, alega por ~** he was given everything he asked for: he's complaining for the sake of it; **~ POR algo** to complain ABOUT sth

alegata *f* (Méx) argument

alegato *m* 1▸ (exposición): **el discurso fue un ~ contra el racismo** the speech denounced racism; **su ~ a favor de los presos** her speech in defense of the prisoners, her plea on behalf of the prisoners 2▸ (Der) (escrito) submission; (en primera instancia) (Méx) summing-up; (en segunda instancia) (Chi) speech (*in appeal court*) 3▸ (Andes) (discusión) argument

alegoría *f* allegory

alegórico -ca *adj* allegorical

alegrar [A1] *vt* 1▸ (hacer feliz) ‹*persona*› to make ... happy; **me alegró mucho su visita** her visit made me very happy; **los nietos ~on su vejez** his grandchildren brought happiness to *o* brightened up his old age; **me alegra saber que todo salió bien** I'm glad *o* pleased to hear that everything turned out all right 2▸ (animar): **¡alegra esa cara!** don't look so glum!, cheer up!; **con sus bromas alegró la fiesta** she livened up the party with her jokes; **unas flores ~ían la habitación** some flowers would brighten up the room 3▸ (Taur) to excite

■ **alegrarse** *v pron* 1▸ (ponerse feliz, contento): **me alegro tanto por ti** I'm so happy for you; **está mucho mejor — me alegro, déle saludos míos** she's much better — that's good *o* I'm glad, give her my best wishes; **se alegró muchísimo cuando lo vio** she was really happy when she saw him; **¡cuánto me alegro!** I'm so happy *o* pleased!; **nos alegramos tanto con la noticia** we were so pleased at the news; **~se DE algo** to be glad *o* pleased ABOUT sth; **se alegró de nuestra victoria** she was glad *o* pleased about our win *o* that we had won; **se alegran de las desgracias ajenas** they take pleasure in other people's misfortunes; **~se DE + INF** to be pleased to + INF; **se alegró de recibir la carta** she was pleased *o* glad to get the letter; **me alegro de verte** it's good *o* nice to see you; **¿no te alegras de haber venido?** aren't you glad *o* pleased you came?; **~se DE QUE + SUBJ**: **me alegro de que todo haya salido bien** I'm glad *o* pleased that everything went well 2▸ (animarse) to cheer up; **¡vamos! ¡alégrate! si no es para tanto** come on, cheer up! it's not that bad 3▸ (por el alcohol) to get tipsy (colloq), to get merry (BrE colloq)

alegre *adj* 1▸ ‹*persona/carácter*› happy, cheerful; ‹*color*› bright; ‹*fiesta*› lively; ‹*música*› lively; **su habitación es muy ~** her room is very bright; **es muy ~, siempre está de buen humor** she's very cheerful *o* she's a very happy person, she's always in a good mood; **se puso muy ~ con la noticia** the news made him very happy; ▸**vida** 2▸ [ESTAR] (por el alcohol) tipsy (colloq), merry (BrE colloq)

alegremente *adv* 1▸ (con alegría) cheerfully, happily 2▸ (con ligereza) blithely, gaily

alegría *f*

A (dicha, felicidad) happiness, joy; **¡qué ~ verte por aquí!** it's great to see you!, how lovely to see you!; **no sabes qué ~ me das con esa noticia** you don't know how happy that news makes me, you can't imagine how glad *o* happy *o* pleased I am to hear that; **para gran ~ nuestra** to our great delight; **estaba que saltaba de ~** he was jumping for joy

(Compuesto) **alegría de vivir** joie de vivre

B (Bot) sesame

(Compuesto) **alegría del hogar** *or* **de la casa** patient Lucy (AmE), busy Lizzie (BrE)

alegrón[1] **-grona** *adj* (Col fam) tipsy (colloq)

alegrón[2] *m* (fam) thrill (colloq); **¡qué ~ me dio!** it gave me such a thrill!, I was thrilled to bits (colloq)

alejado -da *adj* 1▸ ‹*lugar*› remote; **su casa está algo alejada** her house is a little remote *o* out of the way 2▸ (distanciado) ‹*persona*› **~ DE algo/algn**: **hace tiempo que está ~ de la política** he's been away from *o* out of politics for some time; **desde que pasó, está ~ de su familia** he's been estranged from his family since it happened, there's been a rift between him and his family since it happened

alejamiento *m* 1▸ (de un lugar, cargo): **su ~ del cargo** his removal from the post; **después de un ~ temporal de la universidad** after a short absence from the university 2▸ (entre personas): **aquel ~ sirvió para demostrarles que se querían de verdad** that separation helped them see that they really did love each other; **el ~ entre los dos se profundizó** the rift between them deepened, they became increasingly remote from each other

Alejandría *f* Alexandria

alejandrino *m* alexandrine

Alejandro Magno Alexander the Great

alejar [A1] *vt*: **lo alejó para que no lo tocara** he moved (*o* put *etc*) it further away so that I wouldn't touch it; **~ algo/a algn DE algo/algn**: **aleja esas sospechas de tu mente** banish those suspicions from your mind; **aleja al niño de la barandilla** get the child away from the banister; **la policía trataba de ~ a la multitud del lugar del incendio** the police tried to move the crowd away from the scene of the fire; **aquella discusión lo alejó de su padre durante varios años** that quarrel distanced him from his father for several years, that quarrel caused a rift between him and his father that lasted several years

■ **alejarse** *v pron* to move (*o* walk *etc*) away; **~se DE algo/algn**: **¡aléjate de allí!** get away from there!; **no se alejen de la orilla** don't go too far from the shore; **la borrasca se aleja de nuestra zona** the area of low pressure is moving away from our region; **nada hará que me aleje de ti** nothing will take me away from you; **no te alejes nunca del buen camino** don't stray from the path of virtue; **quiere ~se de la política por un tiempo** she wants to get out of *o* away from politics for a while; **se fue alejando cada vez más de sus padres** he gradually drifted apart from his parents

alelado -da *adj* 1▸ (fascinado, absorto) spellbound, transfixed 2▸ (atontado) dazed; **¡date prisa, que estás como ~!** get a move on, you're in a daze!; **es tan ~ que ...** he's so scatterbrained *o* (colloq) dopey that ... 3▸ (fam) (sorprendido) speechless, amazed

alelar [A1] *vt* (dejar estupefacto) to overwhelm, stupefy; (dejar confuso) to bewilder

■ **alelarse** *v pron* (quedar estupefacto) to be overwhelmed, be stupefied; (quedar confuso) to be bewildered

alelí *m* wallflower

aleluya[1] *m* (Mús) halleluja, alleluia

aleluya[2] *interj* 1▸ (Relig) halleluja! 2▸ (fam) (expresando alegría) halleluja! (colloq), hurray! (colloq)

alemán[1] **-mana** *adj* German

alemán[2] **-mana** *m,f* 1▸ (persona) German 2▸ **alemán** *m* (idioma) German

(Compuestos)

- **alemán occidental, alemana occidental** *m,f* (Hist) West German
- **alemán oriental, alemana oriental** *m,f* (Hist) East German

Alemania *f* Germany

(Compuestos)

- **Alemania Occidental** *or* **Federal** (Hist) West Germany
- **Alemania Oriental** *or* **del Este** (Hist) East Germany

alentado -da *adj*

A (AmL fam) (con buena salud): **se ve de lo más ~** he looks a lot better

B (Chi fam) (listo) bright

alentador -dora *adj* ‹*noticia/resultado*› encouraging; **fue ~ saber que no les había pasado nada** it was a relief to know that nothing had happened to them

alentar [A5] *vt* 1▸ (con gritos, aplausos) to cheer ... on; (dar valor) to encourage; **miles de hinchas ~on al equipo** thousands of fans cheered the team on; **sus palabras me ~on a seguir luchando** his words inspired *o* encouraged me *o* gave me strength to carry on fighting 2▸ (albergar) ‹*esperanza*› to cherish; **alentaban esperanzas de bienestar** they cherished hopes of a comfortable life

■ **alentar** *vi* (liter) (respirar) to breathe

■ **alentarse** *v pron* (AmL fam) (mejorarse) to get better

aleonado -da *adj* 1▸ ‹*color*› reddish-gold 2▸ (Chi) ‹*peinado*› mane-like

aleonar [A1] *vt* (Chi fam) to stir up

alerce *m* larch

alergénico -ca *adj* allergenic

alergeno, alérgeno *m* allergen

alergia *f* allergy; **le produce ~** she's allergic to it, she has an allergy to it; **~s alimentarias** food allergies; **~ A algo** allergy TO sth; **tiene ~ a la penicilina** he's allergic to penicillin, he has an allergy to penicillin; **les tiene ~ a los intelectuales** (fam & hum) he's allergic to intellectuals (colloq & hum), he's got a thing about *o* a phobia about intellectuals (colloq)

(Compuesto) **alergia a la primavera** hay fever

a

ℹ Algo

Algunas observaciones respecto del pronombre algo

En términos generales para su correcta traducción, se debe hacer la siguiente distinción:

En oraciones afirmativas *algo* se traduce por *something*:

he perdido algo
= I've lost something

vi algo que quiero comprar
= I've found something I want to buy

En oraciones interrogativas su traducción es *anything*, salvo cuando encierra una suposición por parte del hablante, en cuyo caso la traducción puede ser *something*:

¿sabes algo de coches?
= do you know anything about cars?

¿queda algo?
= is there anything left?

estás un poco inquieto ¿te pasa algo?
= you're a bit restless, is something the matter?

¿quieres comer algo?
= would you like something to eat?

En oraciones condicionales su traducción es *anything*, salvo cuando la oración encierra una sugerencia, en cuyo caso su traducción puede ser *something*:

si algo sale mal
= if anything goes wrong

si crees que algo está mal, dímelo
= if you think something's wrong, tell me

Para otros ejemplos y usos, ver bajo la respectiva entrada

alérgico -ca *adj* 1 [SER] ‹*persona*› allergic; **~ A algo** allergic TO sth 2 ‹*afección/reacción*› allergic

alergista *mf*, **alergólogo -ga** *m,f* allergist

alergología *f* study and treatment of allergies

alero *m* 1 (de un tejado) eave; ***estar en el ~*** to be up in the air 2 (Dep) winger 3 (Chi) (protección, amparo) protection; **buscan ~ en organismos internacionales** they look to international bodies for protection; **un colegio nacido bajo el ~ de los jesuitas** a school set up under the auspices of the Jesuits

alerón *m* aileron
(Compuestos)
- **alerón de cola** tail flap
- **alerón trasero** (Auto, Aviac) spoiler

alerta[1] *adj or adj inv* alert; **tenemos que estar ~(s)** we have to be on the alert; **mantener el ojo ~** to keep watch, keep an eye out (colloq); **mantener el oído ~** to keep one's ears open

alerta[2] *adv* on the alert

alerta[3] *f*: **en estado de ~** on alert; **una llamada telefónica puso en ~ a la policía** a telephone call alerted the police; **alguien dio la (voz de) ~** someone raised the alarm; **se oyeron gritos de ~** people could be heard shouting to raise the alarm

(Compuesto) **alerta roja** red alert

alertar [A1] *vt* **~ a algn DE algo** to alert sb TO sth; **nos alertó del peligro** he alerted us to the danger

alerto -ta *adj* ▸**alerta**[1]

aleta *f* 1 (de un pez) fin; (de una foca) flipper 2 (para natación) flipper 3 (de la nariz) wing 4 (de una flecha) flight 5 (de una hélice) blade 6 (Auto) quarter panel (AmE), wing (BrE)
(Compuestos)
- **aleta caudal** (Zool) tail fin
- **aleta de cola** (Aviat) tail fin

aletargado -da *adj* lethargic, drowsy

aletargamiento *m* (apatía) lethargy; (somnolencia) drowsiness

aletargar [A3] *vt* ‹*persona*› to make … feel lethargic *o* drowsy

■ **aletargarse** *v pron* to feel lethargic *o* drowsy

aletazo *m* 1 (de un ave) wingbeat, flap (of the wing); **dando ~s** flapping *o* beating its wings 2 (de un pez) movement of the fin

aletear [A1] *vi*: **la gallina aleteaba** the hen was flapping its wings

aleteo *m*: **el ~ de las palomas** the flapping of the pigeons' wings

aleudar [A1] *vt* to leaven

Aleutianas *fpl*: **las ~** the Aleutian Islands

aleve *adj* (liter) treacherous

alevín, alevino *m*
A (Zool) fry, young fish
B 1 (principiante) beginner 2 (Dep) junior

alevosía *f* (traición) treachery; (premeditación) ≈ premeditation, ≈ malice aforethought

alevoso[1] **-sa** *adj* 1 (Der) premeditated 2 (Col fam) (arrogante) cocky (colloq)

alevoso[2] **-sa** *m,f* 1 (Der) *person who commits a premeditated crime* 2 (Col fam) (arrogante) cocky person (colloq)

alfa *f*‡ alpha; **~ y omega** Alpha and Omega

alfabéticamente *adv* alphabetically

alfabético -ca *adj* alphabetical; **en** *or* **por orden ~** in alphabetical order

alfabetización *f* teaching of basic literacy; **campaña de ~ de adultos** adult literacy campaign

alfabetizador[1] **-dora** *adj* literacy (*before n*)

alfabetizador[2] **-dora** *m,f* literacy teacher

alfabetizar [A4] *vt* 1 (Educ) to teach … to read and write 2 ‹*sistema/fichero*› to put … in alphabetical order, to alphabetize (frml)

alfabeto *m* alphabet; **en el ~ Morse** in Morse (code); **el ~ griego/cirílico** the Greek/Cyrillic alphabet; **el ~ de los sordomudos** sign language

alfaguara *f* wellspring

alfajor *m*: *type of candy or cake varying from region to region*

alfalfa *f* alfalfa, lucerne

alfalfal, alfalfar *m* alfalfa *o* lucerne-grass field

alfandoque *m* (Col, Per) caramel bar

alfanje *m* scimitar

alfanumérico -ca *adj* alphanumeric

alfaque *m* sandbank, sandbar

alfar *m* 1 (taller) pottery 2 (arcilla) clay

alfarería *f* 1 (actividad) pottery 2 (taller) pottery

alfarero -ra *m,f* potter

alféizar *m* sill; **el ~ de la ventana** the windowsill

alfeñique *m* 1 (fam) (persona) wimp (colloq), weed (BrE colloq) 2 (golosina) caramel bar

alférez *m* second lieutenant
(Compuestos)
- **alférez de fragata** *ensign* (*in US*), midshipman (in UK)
- **alférez de navío** ensign (*in US*), sub-lieutenant (*in UK*)

alfil *m* bishop

alfiler *m* (en costura) pin; (broche) brooch, pin; ***no caber ni un ~:*** **no cabía ni un ~ en la sala** you couldn't have squeezed anyone else into the hall, the hall was absolutely packed (out); **ya no cabe ni un ~ en esta caja** I/we can't get another thing in this box; ***prendido con ~es*** ‹*teoría*› shaky; **tengo el examen prendido con ~es** I've done the bare minimum for my exam
(Compuestos)
- **alfiler de corbata** tiepin
- **alfiler de gancho** (CS, Ven) safety pin
- **alfiler de nodriza** (Col) safety pin

alfiletero *m* (estuche) needlecase; (almohadilla) pincushion

alfolí *m* (Hist) (de granos) tithe barn; (de sal) salt store

alfombra *f*
A (suelta) rug; (más grande) carpet; **~ de pie de cama** bedside rug; **una ~ de hojas** a carpet of leaves
(Compuestos)
- **alfombra de bienvenida** welcome mat
- **alfombra mágica** magic carpet

B (AmL) (de pared a pared) carpet
C ▸**alfombrilla A**

alfombrado[1] **-da** *adj* (AmL) carpeted; **la casa estaba totalmente alfombrada** (AmL) the house was fully carpeted *o* had wall-to-wall carpeting throughout

alfombrado[2] *m* carpeting; **con un suntuoso ~** with luxurious carpeting

alfombrar [A1] *vt* to carpet

alfombrilla *f*
A 1 (de coche) mat 2 (de baño) bath mat 3 (Inf) *tb* **~ para ratón** mouse mat, mouse pad
B (Med) *type of measles*

alforja *f* 1 (para caballerías) saddlebag 2 (sobre el hombro) knapsack

alforza *f* (CS) tuck; (poco profunda) pintuck

alga *f*‡ (en el mar) seaweed; (en agua dulce) weed, waterweed; (nombre genérico) alga

algalia *f* civet

algarabía *f* 1 (alboroto, regocijo) rejoicing, jubilation 2 (Hist) Arabic

algarada *f* brawl, commotion

Algarbe, Algarve *m*: **el ~** the Algarve

algarroba *f* carob, carob bean

algarrobo *m* carob, carob tree

algazara *f* joy, jubilation

álgebra *f*‡ algebra

algebraico -ca *adj* algebraic

álgido -da *adj*
A ‹*punto/momento*› culminating (*before n*), decisive; **el punto ~ del festival** the climax *o* high point of the festival
B ‹*clima*› icy; ‹*temperatura*› freezing

algo[1] ▸ℹ p.33 *pron* 1 something; (en frases interrogativas, condicionales, etc) anything; (esperando respuesta afirmativa) something; **~ le debe haber molestado** something must have upset her; **si llegara a pasarle ~, no me lo perdonaría** if anything happened to her, I'd never forgive myself; **¿quieres ~ de beber?** do you want something *o* anything to drink?; **si no te creyó, por ~ será** if he didn't believe you there must be some *o* a reason; **quiero que llegues a ser ~** I want you to *be* somebody; **le va a dar ~ cuando lo vea** he'll have a fit (*o* go crazy *etc*) when he sees it; **~ así** something like that; **~ es ~** it's better than nothing; **que esté arrepentido ya es ~** he's sorry, that's something at least; **~ DE algo: ¿queda ~ de pan?** is there any bread left?; **hay ~ de cierto en lo que dice** there's some truth in what he says 2 (en aproximaciones): **serán las once y ~** it must be some time after eleven; **pesa tres kilos y ~** it weighs three kilos and a bit, weighs just over three kilos

algo[2] *adv* a little, slightly; **se siente ~ cansada** she feels slightly *o* a little tired; **son ~ parecidos** they're somewhat similar; **es ~ más caro, pero es mejor** it's slightly *o* a little *o* a bit more expensive, but it is better; **¿te duele? — algo** does it hurt? — a little *o* a bit

algo[3] *m*
A 1 **un ~** (un no sé qué) something; **tiene un ~ que me recuerda a su madre** she has something of her mother about her 2 (un

ⓘ Alguien

En oraciones afirmativas el pronombre *alguien* se traduce por *somebody* o *someone*:

pregúntale a alguien con más experiencia
= ask somebody more experienced

necesito que alguien me ayude
= I need somebody to help me

En oraciones interrogativas se traduce normalmente por *anybody*:

¿alguien ha visto mi bolso?
= has anybody seen my handbag?

¿alguien más?
= anybody else?

¿sospechas de alguien?
= do you suspect anybody?

Sin embargo, cuando la pregunta encierra una suposición o una sospecha, la traducción suele ser *somebody* o *someone*:

¿es que alguien te dio la respuesta?
= did somebody give you the answer?

¿alguien ha estado usando mi vaso?
= has somebody been using my glass?

o bien cuando encierra una petición:

¿alguien me acompaña?
= will somebody come with me?

¿podría alguien contestar el teléfono?
= could somebody answer the telephone?

En oraciones condicionales se traduce generalmente por *anybody*, salvo cuando la oración encierra una suposición, en cuyo caso puede traducirse por *somebody* o *someone*:

si alguien te pregunta dónde estoy ...
= if anybody asks you where I am ...

¿y si alguien se entera?
= what if somebody finds out?

ⓘ Alguno, Alguna

En términos generales, para la correcta traducción del adjetivo *alguno*, *alguna*, se debe hacer la siguiente distinción:

– En oraciones afirmativas *alguno*, *alguna* se traduce por *some*

algún día te arrepentirás
= some day you'll regret it

hemos tenido algunos problemas
= we've had some problems

algunos turistas
= some tourists

– En oraciones interrogativas o condicionales su traducción suele ser *any*

¿tienes alguna pregunta?
= do you have any questions?

si encuentras algún error, dímelo
= if you find any mistakes, tell me

Alguno, *alguna* como pronombre en singular, en términos generales, tanto referido a cosas como a personas, se suele traducir por *one*:

alguna de las baratas
= one of the cheap ones

alguno de ellos lo tiene
= one of them has it

En plural, referido a cosas, suele traducirse por *some*:

algunas estaban maduras
= some were ripe

Referido a personas, suele traducirse por *some*:

para algunos es lo más importante
= for some, it's the most important thing

a algunos les gusta frío
= some like it cold

algunos se quejaron de que era caro
= some (people) complained that it was expensive

En oraciones interrogativas suele traducirse por *any*:

vi muchísimos zapatos – ¿te compraste alguno?
= I saw a lot of shoes – did you buy any?

había muchos traductores – ¿hablaste con alguno?
= there were a lot of translators – did you speak to any (of them)?

Para otros usos y ejemplos suplementarios, ver entradas

poco): **hay un ~ de verdad en lo que dice** there's a grain of truth *o* some truth in what she says
[B] (Col) (merienda) mid-afternoon snack, tea (BrE)

algodón *m*
[A] [1] (Bot) cotton [2] (tela) cotton
[B] (Farm) [1] (material) *tb* **~ hidrófilo** cotton (AmE), cotton wool (BrE) [2] (trozo) piece of cotton (AmE), piece of cotton wool (BrE), cotton (wool) ball; ***entre algodones:* vivía/lo criaron entre algodones** he was pampered
(Compuestos)
- **algodón de azúcar** cotton candy (AmE), candy floss (BrE)
- **algodón en rama** raw cotton

algodonal, algodonar *m* cotton field

algodoncillo *m* milkweed

algodonero¹ -ra *adj* cotton (*before n*)

algodonero² -ra *m,f* [1] (agricultor) cotton planter *o* farmer; (vendedor) cotton dealer [2] **algodonero** *m* cotton plant

algodonosa *f* cotton grass

algodonoso -sa *adj* cottony

algoritmo *m* algorithm

algoterapia *f* algae therapy

alguacil -cila, alguacil -cilesa *m,f*
[A] (oficial) bailiff
[B] **alguacil** *m* [1] (araña) jumping spider [2] (RPl) (libélula) dragonfly

alguacilillo *m* official (*who leads the parade and hands trophies to the bullfighter*)

alguicida *m* algicide

alguien ▸ⓘ **p.34** *pron* somebody, someone; (en frases interrogativas, condicionales, etc) anybody, anyone; (esperando respuesta afirmativa) somebody, someone; **~ se lo debe haber dicho** somebody *o* someone must have told her; **~ con experiencia** somebody *o* someone with experience; **¿ha llamado ~?** has anybody *o* anyone called?; **si ~ preguntara por qué** if anybody *o* anyone should ask why; **¿cómo llegaste? ¿te trajo ~?** how did you get here? did somebody *o* someone bring you?

algún *adj apocopated form of* **alguno¹** *used before masculine singular nouns*

alguno¹ -na *adj* ▸ⓘ **p.34**
[A] (*delante del n*) [1] (indicando uno indeterminado) some; **siempre surge algún contratiempo** something *o* some problem always crops up; **algún día** some *o* one day; **en algún lugar seguro** somewhere safe [2] (*en frases interrogativas, condicionales, etc*) any; **¿tocas algún instrumento?** do you play an instrument *o* any instruments?; **¿tiene alguna falta?** are there any mistakes?; **¿te dio algún recado para mí?** did she give you a message for me?; **si tienes algún problema me lo dices** if there's any problem *o* if you have any problems *o* if you have a problem, let me know [3] (indicando una cantidad indeterminada): **esto tiene alguna importancia** this is of some importance; **hace ~s años** some years ago *o* a few years ago; **sólo me quedan tres tazas y algún plato** I only have three cups and a plate or two left; **fuera de algún artículo de crítica no ha escrito casi nada** apart from the odd review *o* apart from one or two reviews he has hardly written anything; **algún** *or* **alguno que otro/alguna que otra: me gustó alguna que otra de sus acuarelas** I liked a few *o* one or two of her watercolors; **algún** *or* **~ que otro lujo** the odd luxury; **alguna que otra vez** once or twice, on the odd occasion
[B] (*detrás del n*) (con valor negativo): **esto no lo afectará en modo ~** this won't affect it in the slightest *o* at all

alguno² -na ▸ⓘ **p.34** *pron* [1] (una cosa indeterminada) one; (una persona indeterminada): **no hay semana en que ~ de ellos no me dé un disgusto** not a week passes without one of them upsetting me; **siempre hay ~ que no está conforme** there's always someone who doesn't agree; **fue en alguna de esas revistas que lo leí** I read it in one of those magazines [2] (en frases interrogativas, condicionales, etc): **buscaba una guía ilustrada ¿tiene alguna?** I was looking for an illustrated guide, do you have one *o* any?; **si tuviera ~ te lo prestaría** if I had one I'd lend it to you [3] (una cantidad indeterminada — de personas) some (people); (— de cosas) some; **~s creen que fue así** some (people) believe that was the case; **para ~s, es lo más importante** for some, it's the most important thing; **he visto alguna** *or* **algunas** I've seen some

alhaja *f* [1] (joya, objeto valioso) piece of jewelry*; **iba cargada de ~s** she was laden with jewels *o* jewelry [2] (persona) gem, treasure

alhajar [A1] *vt* [1] ‹*persona*› to adorn (*with jewels*) [2] (CS) ‹*casa*› to decorate
■ **alhajarse** *v pron* (*refl*) to deck oneself out with jewels

alhajero *m*, **alhajera** *f* (AmL) jewel case, jewelry* box

alharaca *f* fuss; **después de hacer muchas ~s** after making a lot of fuss

alharaco¹ -ca *adj* ▸**alharaquiento**

alharaco² *m* (Col) ▸**alharaca**

alharaquiento -ta *adj* melodramatic, histrionic

alhelí *m* wallflower

alheña *f* privet

alhóndiga *f* corn exchange

alhucema *f* lavender

aliado¹ -da *adj* allied

aliado² -da *m,f*
[A] (Hist, Pol) ally; **los A~s** the Allies
[B] **aliado** *m* (Chi) (bebida) *drink containing two different spirits* (sandwich) ham and cheese sandwich

aliancismo *m* pro-alliance stance, pro-coalition stance

aliancista¹ *adj* pro-alliance, pro-coalition

aliancista² *mf* pro-alliance *o* pro-coalition politician (*o* delegate *etc*)

alianza *f*
[A] (pacto, unión) alliance
(Compuestos)
- **Alianza Atlántica**: **la ~ ~** the Atlantic Alliance, NATO
- **alianza matrimonial** (frml) holy matrimony (frml)

[B] (anillo) wedding ring

aliar [A17] *vt* to ally
■ **aliarse** *v pron* to join forces; **~se CON algn** to

form an alliance WITH sb, ally oneself WITH sb

alias[1] *adv* alias; **Juan Pérez, ~ 'el Rubio'** Juan Pérez alias 'el Rubio', Juan Pérez also known as *o* a.k.a. 'el Rubio'

alias[2] *m* (*pl* ~) **1** (apodo) alias **2** (Inf) alias

alibí *m* alibi

alicaído -da *adj* (fam) down in the dumps (colloq)

alicatado *m* (Esp) **1** (acción) tiling **2** (azulejos) tiles (*pl*), tiling

alicatar [A1] *vt* (Esp) to tile; **cuarto de baño alicatado** tiled bathroom

alicate *m*, **alicates** *mpl* **1** (Tec) pliers (*pl*) **2** (para uñas) nail clippers *o* pliers (*pl*); (para cutícula) cuticle clippers *o* pliers (*pl*)

alicatero -ra *m,f* (Chi fam) electrician

aliciente *m* **1** (incentivo) incentive; **los resultados fueron un ~ para seguir adelante** the results gave him/us an incentive to carry on; **no tienen ningún ~ para estudiar** they have no incentive to study **2** (atracción) attraction; **volver a su pueblo no tiene/no representa ningún ~ para ella** going back to her village holds no attraction for her

alícuota *adj* proportional; **en partes ~s** proportionally

alienación *f*

A (Psic, Sociol) alienation; **dice que la televisión produce ~** she says that television causes alienation *o* is dehumanizing

(Compuesto) **alienación mental** insanity

B (Der) alienation

alienado[1] **-da** *adj* (Psic, Sociol) alienated

alienado[2] **-da** *m,f* (Med, Psic) *tb* **~ mental** mentally-ill person

alienador -dora *adj* alienating, dehumanizing

alienante *adj* alienating, dehumanizing

alienar [A1] *vt*

A (Psic, Sociol) to alienate

B ‹*apoyo/simpatía*› to alienate

C ‹*propiedad/derecho*› to alienate

alienígena *mf* alien

aliento *m*

A **1** (respiración, aire) breath; **el esfuerzo lo dejó sin ~** he was really out of breath *o* breathless from the effort; **al llegar a la cima le faltaba el ~** by the time he reached the summit he was out of breath *o* short of breath; **tomó ~ antes de subir otro tramo de escaleras** she stopped to catch her breath *o* to get her breath back before climbing the next flight of stairs; **recuperar el ~** to get one's breath back **2** (aire espirado) breath; **tiene mal ~** she's got bad breath; **su ~ olía a alcohol** his breath smelled of alcohol, there was alcohol on his breath; **le huele el ~** his breath smells **3** (inspiración) inspiration; **cuentos de ~ gótico** tales with a Gothic flavor

B (ánimo, valor): **darle ~ a algn** to encourage sb; **aquellas palabras me dieron ~ para seguir adelante** those words gave me the strength to carry on; **ni siquiera esta enfermedad ha logrado quitarle el ~** not even this illness has managed to break his spirit; **ya no existe ese gran ~ inversor** there is no longer that great enthusiasm for investment

aligátor *m* alligator

aligeramiento *m* lightening

aligerar [A1] *vt* **1** ‹*carga*› to lighten; **se deshizo de algunos libros para ~ la maleta** he got rid of a few books to make his suitcase lighter *o* to lighten his suitcase; **lo hizo para ~ su conciencia** he did it to ease his conscience; **~ a algn DE algo** to relieve sb OF sth; **su socio lo aligera de muchas responsabilidades** his partner relieves him of a lot of responsibilities *o* takes a lot of responsibilities off his shoulders **2** (acelerar): **~ el paso** to quicken one's pace

■ **aligerarse** *v pron* **~se DE algo**: **se aligeró de la capa** he removed his cape; **para ~me de estos bultos** to get rid of these parcels

ali i oli *m* ▸**alioli**

alijar [A1] *vt* **1** ‹*contrabando*› to smuggle ashore, land **2** ‹*carga/embarcación*› to unload

alijo *m* (de contrabando) consignment; **descubrieron un importante ~ de armas** they discovered a sizable arms cache; **se capturó un ~ de tres toneladas de hachís** a consignment of three tons of hashish was seized

alimaña *f* pest; **~s** vermin

alimentación *f*

A **1** (nutrición, comida) diet; **una ~ rica en proteínas** a protein-rich diet, a diet rich in protein(s); **la importancia de una buena ~** the importance of a good diet; **la ~ integral sigue ganando adeptos** health food *o* (BrE) wholefood is still growing in popularity **2** (acción): **medidas para atender a la ~ de la población** measures to provide food for the population; **pastos destinados a la ~ de los animales** pastures for grazing the animals

B (de una máquina, motor) fuel supply

alimentador *m* feeder

(Compuesto) **alimentador de papel** sheet feeder

alimentar [A1] *vt*

A (nutrir) ‹*persona/animal*› to feed; **tengo tres hijos que ~** I have three children to feed; **alimentan a los animales con piensos** the animals are fed on pellets; **estas tierras ~on a mi familia durante generaciones** my family lived off this land for generations, this land supported my family for generations; **Extremadura alimentó durante largo tiempo este flujo emigratorio** for a long time Extremadura contributed to *o* fed this flow of emigrants

B **1** ‹*ilusión/esperanza*› to nurture, cherish; **varios años de enfrentamiento ~on el odio entre los dos bandos** several years of confrontation fueled the hatred between the two sides; **alimentó mi curiosidad con aquella historia** the story she told fed my curiosity **2** ‹*ego*› to boost; **contribuyó a ~ su ego** it helped to boost his ego

C ‹*máquina/motor*› to feed; ‹*caldera*› to stoke; **algodón para ~ la industria textil** cotton to supply the textile industry, cotton for the textile industry

■ **alimentar** *vi* to be nourishing

■ **alimentarse** *v pron* «*persona/animal*» to feed oneself; **este chico no se alimenta bien** this boy doesn't feed himself *o* eat right (AmE), this boy doesn't feed himself *o* eat properly (BrE); **~se CON *or* DE algo** to live ON sth; **se alimenta con frutas y verduras** she lives on fruit and vegetables; **se alimenta de energía solar** it runs on solar energy

alimenticio -cia, **alimentario -ria** *adj* **1** ‹*industria*› food (*before n*); **productos ~s** foodstuffs; **las leyes que regulan la industria alimenticia** the laws which regulate the food industry; **el cultivo de esta planta con fines ~s** the cultivation of this plant as a foodstuff; **la introducción de este tubérculo en los hábitos ~s europeos** the introduction of this root vegetable into the European diet; **ha tenido que cambiar sus hábitos ~s** she's had to change her eating habits *o* her diet **2** (nutritivo) ‹*valor*› nutritional; ‹*comida/plato*› nutritious, nourishing

alimento *m*

A (frml) (comida) food; **lleva varios días sin tomar *or* ingerir ~s** she hasn't eaten anything *o* (frml) taken any food for several days; **es delicioso, pero como ~ es pobre** it's delicious, but it has little nutritional value; **la leche es un ~ completo** milk is a complete food; **~s para diabéticos** diabetic foods

(Compuestos)

- **alimento chatarra** (AmL) junk food
- **alimentos integrales** wholefood
- **alimentos naturales** health food

B (valor nutritivo): **es un plato de mucho ~** it's a very nutritious dish; **estos refrescos no tienen ~ ninguno** these soft drinks have no nutritional value

C **alimentos** *mpl* (Der) alimony

alimoche *m* Egyptian vulture

alimón *m* (Esp): **al ~** together; **contestaron al ~** they replied together *o* simultaneously

alindar [A1] *vt* ▸**deslindar 1**

■ **alindar** *vi* ▸**lindar 1**

alineación *f*

A (Dep) (de un equipo) lineup; (de un jugador) selection; **la ~ no la daré hasta mañana** I'm not announcing the team *o* lineup until tomorrow; **la ~ de Parra causó sorpresa** Parra's selection caused some surprise

B (Pol) alignment; **su política de no ~** their policy of nonalignment

C (Tec) alignment; **~ de la dirección *or* de las ruedas** wheel alignment

D (puesta en fila) lining up

alineamiento *m*

A (Pol) alignment

B (Arqueol) alignment

alinear [A1] *vt*

A ‹*equipo/jugador*› to select, pick

B (poner en fila, línea) ‹*personas*› to line up; ‹*objetos*› to line up, arrange (*o* put *etc*) ... in a line

C (Tec) to align, line up; **~ la dirección *or* las ruedas del coche** to align the wheels of the car

■ **alinearse** *v pron* **1** «*tropa*» (Mil) to fall in; «*niños/presos*» to line up **2** (Pol, Rels Labs) **~se CON algo/algn** to align oneself WITH sth/sb; **países no alineados** nonaligned countries

aliñar [A1] *vt* ‹*ensalada*› to dress; ‹*carne/pescado*› to season

aliño *m* (para ensalada) dressing; (para otros alimentos) seasoning

alioli *m* (mayonesa) garlic mayonnaise; (salsa) garlic and olive oil vinaigrette

alionín *m* blue tit

alirón *m/interj*: *soccer fans' victory chant*

alisado *m* (de papel) smoothing out, smoothing flat; (del pelo) straightening

alisar [A1] *vt* ‹*colcha/papel*› to smooth out; ‹*pared/superficie*› to smooth down

■ **alisarse** *v pron* (*refl*) **1** ‹*vestido/falda*› to smooth out **2** ‹*pelo*› (con la mano) to smooth down; (quitar los rizos) to straighten

alíscafo, aliscafo *m* (Náut) hydrofoil

alisios *mpl* trade winds

aliso *m* alder, alder tree

alistamiento *m* **1** (acción) enlistment, recruitment; **lo han llamado para su ~** he has been called up *o* (AmE) drafted **2** (soldados alistados) call-up, draft (AmE)

alistar [A1] *vt* (AmL) to get ... ready

■ **alistarse** *v pron* **1** (Mil) to enlist, join up; **~ en la marina/el ejército** to join the navy/army **2** (AmL) (prepararse) to get ready

alita *f*

A (para nadar) water wing, armband

B (niña) Brownie

aliteración *f* alliteration

aliterar [A1] *vi* to alliterate

aliviadero *m* spillway, overflow channel

alivianado -da *adj* (Méx fam) lively, cheerful

alivianar [A1] *vt* ‹*carga/maleta*› to lighten

■ **alivianarse** *v pron* (Méx fam) to liven up

aliviar [A1] *vt*

A ‹*dolor*› to relieve, alleviate, ease, soothe; ‹*síntomas*› to relieve; ‹*tristeza/pena*› to alleviate; **esta medicina te ~á** this medicine will make you feel better; **Neumega alivia el dolor de cabeza al instante** Neumega brings instant relief from headaches; **han hecho lo posible por ~nos el peso del trabajo** they've done everything possible to lighten our workload

B (fam) (robar) **~le algo A algn** to relieve sb OF sth (hum), to lift sth FROM sb (colloq); **le ~on la cartera en el apretujón** in the crush he got *o* was relieved of his wallet *o* he had his wallet lifted

■ **aliviarse** *v pron*

A **1** «*dolor*» to let up, ease off *o* up **2** «*persona*» to get better

B (Méx fam & euf) (parir): **¿cuándo te aliviaste?** when was the happy event? (colloq & euph), when was the baby born?

alivio *m*

A (del dolor, de un síntoma) relief

B (de un problema, una preocupación) relief; **¡qué ~!** what a relief!; **sintió un gran ~ cuando al fin se solucionó el problema** it was a great relief to him *o* he felt a great sense of relief when the problem finally got sorted out; **dio un suspiro de ~** he heaved *o* breathed a sigh of relief; ***de ~*** (Esp fam) ‹*catarro*› stinking (colloq); **nos han tocado unos vecinos de ~** we've got horrendous neighbors (colloq); ***irse de ~*** (Chi fam) to take it easy (colloq)

aljaba *f* **1** (carcaj) quiver **2** (RPl) (fucsia) fuchsia

aljama *f* **1** (barrio — de moros) Moorish quarter; (— de judíos) Jewish quarter **2** (mezquita) mosque; (sinagoga) synagogue **3** (reunión) gathering (*of Moors or Jews*)

aljamía *f: Spanish written in Arabic characters*

aljibe *m*

A **1** (pozo) well **2** (depósito de agua) cistern, tank

B (Per) (cárcel) dungeon

aljófar *m* seed pearl; **~ de rocío** (liter) dewdrop

alka-seltzer® *m* Alka-Seltzer®

allá *adv*

A **1** (en el espacio): **ya vamos para ~** we're on our way (over); **~ en América** over in America; **están muy ~** they're a long way off *o* away; **lo pusiste tan ~ que no alcanzo** you've put it so far away I can't reach it; **~ va tu hermana** there goes *o* there's your sister; **¡~ voy!** here I come/go! **2** (*en locs*): **más allá** further away; **ponte más ~** move further over that way *o* further away; **más allá de** (más lejos que) beyond; (aparte de) over and above; **más ~ de nuestras fronteras** beyond our frontiers; **su importancia va más ~ de las consideraciones de orden económico** its significance goes beyond economic considerations; **más ~ del peligro que encierra** over and above the danger which it entails; **siguió protestando, que si esto, que si lo otro, que si el más ~** he went on and on, complaining about one thing and another; **~ *tú*/*él*** that's your/his lookout *o* problem (colloq), that's up to you/him (colloq); **~ se las componga ella con sus problemas** she can sort out her own problems; ***muy ~*** (fam): **no está muy ~** it isn't up to much (colloq), it's nothing to write home about (colloq); **no está muy ~ con su familia** she isn't getting on too well with her family

B (en el tiempo): **~ por los años 40** back in the forties; **sucedió ~ por el año 1395** it happened back in the year 1395; **~ para enero quizás podamos mudarnos** we might be able to move around January

allanamiento *m* **1** (AmL) (por parte de la policía) raid; **la policía hizo varios ~s** the police carried out *o* made several raids; **orden de ~** search warrant **2** (Esp, Méx) (sin autorización judicial) breaking and entering; **los acusaron de ~ (de morada** *or* **vivienda)** they were charged with breaking and entering

allanar [A1] *vt*

A ‹*casa/edificio*› **1** (AmL) «*autoridad/policía*» to raid **2** (Esp) «*delincuente*» to break into

B **1** ‹*problemas*› to solve, resolve; ‹*obstáculo*› to remove, overcome; **un intento de ~ las diferencias entre ellos** an attempt to resolve the differences between them **2** ‹*terreno*› to level out; **~le el terreno a algn** to smooth the way *o* path for sb

■ **allanarse** *v pron* **~se A algo** ‹*a condiciones/exigencias*› to agree TO sth, agree to accept sth ‹*a la demanda*› (Der) to allow sth

allegado[1] **-da** *adj* **1** (próximo) close; **según fuentes allegadas a la presidencia** (period) according to sources close to the President; **las personas allegadas al actor** those close to the actor; **sólo había invitado a los amigos y parientes más ~s** she had only invited close family and friends **2** (Chi) (huésped): **vive ~ en casa de unos amigos** he's staying/living with some friends

allegado[2] **-da** *m,f* **1** (amigo, pariente): **sólo los ~s del difunto** only those closest to the deceased; **un ~ de la familia** a close friend of the family **2** (Chi) (huésped): **tiene varios ~s en su casa** he has several people staying with him; **vive de ~ en casa de su cuñado** he's staying with his brother-in-law

allegar [A3] *vt* ‹*medios/recursos*› to gather together; ‹*datos*› to collect, gather

■ **allegarse** *v pron* (Chi): **tuvo que ~se donde una vecina** she had to stay with a neighbor

allegretto /ale'ɣreto/ *m* allegretto

allegro /a'leɣro/ *m* allegro

allende *prep* (liter) beyond; **~ los mares** overseas

allí *adv*

A (en el espacio) there; **siéntate ~** sit there; **~ arriba/abajo/fuera/dentro** up/down/out/in there; **no, ~ no, allá** no, not there, over there; **aquí había un plato sucio, ~ un calcetín ...** there was a dirty plate here, a sock there ...; **~ donde estés/vayas** wherever you are/go

B (en el tiempo): **~ es cuando empezaron los problemas** that's when the problems started

alma *f*‡

A (espíritu) soul; **encomendó su ~ a Dios** he commended his soul to God; **entregó su ~ a Dios en la madrugada de ayer** (liter) he departed this life in the early hours of yesterday morning (liter); **tiene ~ de artista/poeta** he has an artistic soul/a poetic spirit; **es un hombre con ~ de niño** he's a child at heart; **~ mía** *or* **mi ~** (*como apelativo*) my love; ***clavársele en el ~ a algn:*** **lo que me dijo se me clavó en el ~** I've never forgotten what he said; **lleva clavado en el ~ no haber podido estudiar una carrera** he's never got(ten) over the fact that he couldn't go to college; ***como (un) ~ en pena*** like a lost soul; ***con el ~ en un hilo*** worried to death; **hasta que el avión aterrizó estuvimos con el ~ en un hilo** until the plane landed our hearts were in our mouths; **está con el ~ en un hilo porque aún no ha tenido noticias suyas** she's worried sick *o* to death because there's still no news of him; ***con toda el*** *or* ***mi/tu/su ~*** with all my/your/his/ heart; **lo siento con toda el ~** I'm truly sorry; **lo odiaba con toda su ~** she hated him intensely *o* vehemently; **te lo agradezco con toda mi ~** I want to thank you with all my heart *o* from the bottom of my heart; ***del ~:*** **su amigo del ~** his bosom friend; ***de mi ~:*** **¡hijo de mi ~, qué pesadito te pones a veces!** oh, Ian (*o* Ben *etc*), darling, you can be such a nuisance sometimes; **¿qué te han hecho, hija de mi ~?** what have they done to you, my darling?; ***en el ~:*** **lo siento en el ~ pero no puedo ayudarte** I'm truly *o* really *o* terribly sorry but I can't help you; **me duele** *or* **pesa en el ~** it hurts me deeply; **se alegró en el ~ de que todo hubiera salido bien** she was overjoyed that everything had turned out well; **te lo agradezco en el ~** I can't tell you how grateful I am; ***hasta el ~*** (fam): **¡la inyección me dolió hasta el ~!** the injection was excruciating *o* excruciatingly painful; **se le vio hasta el ~** you could see everything *o* she bared her all (colloq); **me mojé hasta el ~** I got soaked to the skin (colloq); ***llegarle a algn al ~:*** **aquellas palabras me llegaron al ~** (me conmovieron) I was deeply touched *o* affected *o* moved by those words; (me dolieron) I was deeply hurt by those words; ***me/le parte el ~*** it breaks my/his heart; ***no poder con su ~*** to be ready to drop (colloq), to be tired out *o* worn out; **estoy agotada, no puedo con mi ~** I'm exhausted, I'm ready to drop; ***romperle el ~ a algn*** (AmS fam) to beat the living daylights out of sb (colloq); ***romperse el ~*** (AmS fam) to break one's neck (colloq); ***salir/ir como ~ que lleva el diablo*** to run like a bat out of hell, to run hell for leather; ***salirle a algn del ~:*** **siento habérselo dicho pero me salió del ~** I'm sorry I said that to him, it just came out; **me salió del ~ regalárselo** I just gave it to him on an impulse; ***se me/le cayó*** *or* ***fue el ~ a los pies*** my/his heart sank (into my/his boots); ***vender el ~ al diablo*** to sell one's soul (to the Devil); **ése es capaz de vender su ~ al diablo para conseguirlo** he'd sell his soul (to the Devil) for it, he'd do anything to get it, he'd sell his grandmother to get it (colloq); ***volverle a algn el ~ al cuerpo:*** **al oír que lo habían encontrado vivo le volvió el ~ al cuerpo** when she heard that he had been found alive, she felt a great sense of relief; **después de aquella comida me volvió el ~ al cuerpo** I felt human again after that meal

B **1** (persona) soul; **no hay un ~ por la calle** there isn't a soul on the streets; **un pueblecito de 600 ~s** a little village of 600 inhabitants *o* people; ***ni un ~ viviente*** not a single *o* living soul; ***ser ~s gemelas*** to be soul mates; ***ser un ~ bendita*** *or* ***de Dios*** to be kind-hearted, be a kind soul **2** (centro, fuerza vital): **el ~ de la fiesta** the life and soul of the party; **el ~ del movimiento nacionalista** the driving force behind *o* the key figure of the nationalist movement

C (sentimiento) feeling; **baila sin ~** there's no feeling in her dancing

D (Const) strut

E (de un cable) core

almacén *m* **1** (depósito) warehouse **2** (CS) (de comestibles) grocery store (AmE), grocer's (shop) (BrE) **3** (AmC, Col, Ven) (de ropa, etc) store (AmE), shop (BrE) **4** (de mayorista) wholesaler's **5** **almacenes** *mpl* department store; ▸**grande**[1]

(Compuesto) **almacén de ramos generales** (CS) general store

almacenable *adj* storable

almacenado *m* ▸**almacenamiento**

almacenaje *m* ▸**almacenamiento**

almacenamiento *m* storage; **me cobraron $50 por el** *or* **de ~** they charged me $50 (for) storage *o* for storing it; **~ de datos** data storage, storage; **~ de residuos nucleares** storage of nuclear waste; **hicieron un buen ~ de provisiones** they laid in *o* built up a good stock of provisions

almacenar [A1] *vt* ‹*mercancías*› to store; ‹*fortuna*› to amass; ‹*datos/información*› to store; **tenían almacenadas enormes cantidades de armas** they had huge stockpiles of weapons, they had stockpiled huge quantities of weapons

almacenero -ra *m,f* (CS) grocer

almacenista *mf* wholesaler

almáciga *f* **1** (semillero) seedbed **2** (resina) mastic, mastic resin

almácigo *m* **1** (semillero) seedbed **2** (Bot) mastic tree

almádena *f* sledgehammer

almadraba *f* **1** (red) trap-net **2** (sistema) trap netting **3** (lugar) trap-net site

almagre *m* red ocher*

alma-máter *f*‡ **1** (centro, fuerza vital) driving force; **el ~ del programa** the driving force behind the program **2** (universidad): **el ~** the university; **la editorial quiere penetrar en el ~** the publishing house wants to break *o* get into the university market

almanaque *m* (calendario — de escritorio) almanac, desk calendar; (— de pared) calendar

almazara *f* **1** (fábrica) olive-oil mill **2** (aparato) oil press

almeja *f* clam

almena *f* merlon; **~s** battlements

almenado -da *adj* crenelated*

almenara *f* **1** (fogata) beacon **2** (para teas, antorchas) holder **3** (candelabro) candelabra, candelabrum

almendra *f*

A (fruta) almond

(Compuesto) **almendra amarga** bitter almond

B (centro) kernel

almendrado[1] **-da** *adj* almond-shaped; **de ojos ~s** almond-eyed

almendrado[2] *m: nut and chocolate-covered ice cream bar*

almendral *m* almond grove

almendro *m* almond tree

almiar *m* haycock, hayrick

almíbar *m* syrup; **piña en ~** pineapple in syrup; ***estar hecho un ~*** to be as sweet as pie (colloq)

a

(Compuesto) **almíbar de pelo** (Chi) heavy syrup
almibarado -da *adj* ‹*tono de voz*› sugary; **palabras almibaradas** honeyed words
almibarar [A1] *vt* ‹*fruta*› to preserve … in syrup; ‹*pastel*› to soak … in syrup
almidón *m* starch
almidonado -da *adj*
A ‹*ropa/mantel*› starched
B (fam) ‹*persona*› (estirado) stuffy (colloq), starchy (colloq); (demasiado acicalado): **sus niños van siempre tan ~s** her children are always dressed so neat and tidy
almidonar [A1] *vt* to starch
alminar *m* minaret
almirantazgo *m* **1** (cargo) admiralship **2** (jurisdicción) admiralty
almirante *m* admiral
(Compuesto) **almirante de la flota** Fleet Admiral (AmE), Admiral of the Fleet (BrE)
almirez *m* mortar
almizcle *m* musk
almizcleña *f* grape hyacinth
almizcleño -ña *adj* musky
almizclera *f* muskrat
almizclero *m* musk deer
almohada *f* pillow; ***consultarlo con la ~*** to sleep on it
almohade *mf* Almohad, Almohade
almohadilla *f*
A **1** (para alfileres) pincushion **2** (para entintar) ink pad **3** (para sellos) damper
B **1** (para sentarse) cushion **2** (en béisbol) bag
C (Arquit) bolster
almohadón *m* **1** (cuadrado, redondo) cushion; (cilíndrico) bolster **2** (en la iglesia) kneeler, hassock (BrE) **3** (Esp) (funda) pillowcase, pillow slip
almohaza *f* currycomb
almohazar [A4] *vt* to rub down
almojábana *f: cheese-flavored roll made with maize flour*
almóndiga *f* (crit) ▸**albóndiga**
almoneda *f* **1** (subasta) auction **2** (liquidación) clearance sale
almonedista *mf* dealer in secondhand goods
almorávide *mf* Almoravid, Almoravide
almorranas *fpl* (fam) piles (*pl*)
almorta *f* grass pea, vetch
almorzar [A11] *vi* **1** (a mediodía) to have lunch; **salimos almorzados** we had lunch before we left **2** (en algunas regiones) (a media mañana) to have a mid-morning snack, have elevenses (BrE colloq)
■ **almorzar** *vt* **1** (a mediodía) to have … for lunch **2** (en algunas regiones) (a media mañana) to have … mid-morning, have … for elevenses (BrE colloq)
almuecín, almuédano *m* muezzin
almuerza, almuerzas, etc ▸**almorzar**
almuerzo *m* **1** (a mediodía) lunch; **~ de negocios** business lunch; **~ de trabajo** working lunch **2** (en algunas regiones) (a media mañana) mid-morning snack, elevenses (*pl*) (BrE colloq)

> **almuerzo**
>
> In Mexico and Spain, *almuerzo* is the midday meal, also known as *comida*, or a light mid-morning snack.
>
> In most of Latin America it means lunch, and *comida* refers to the evening meal (*cena* in Mexico and Spain).

aló *interj* ▸**El teléfono** (AmS exc RPl) (al contestar el teléfono) hello?
alocado¹ -da *adj* (irresponsable, imprudente) crazy, wild, reckless; (irreflexivo, impetuoso) rash, impetuous; (despistado) scatterbrained; **corría ~ por la calle pidiendo socorro** he was running up the street like a madman, calling for help
alocado² -da *m,f* (persona — imprudente) crazy *o* reckless fool; (— irreflexiva) rash fool; (— despistada) scatterbrain

alocución *f* (frml) speech, address (frml); **la ~ presidencial** the presidential speech *o* address; **la ~ papal** the papal address
alodial *adj* allodial
alodio *m* allodium
áloe, aloe *m* **1** (planta) aloe **2** (sustancia) aloes
alojado -da *m,f* (Chi) guest; **pieza de ~s** guestroom
alojamiento *m* accommodations (*pl*) (AmE), accommodation (BrE); **un amigo nos dio ~** a friend put us up *o* gave us accommodations *o* accommodation
(Compuesto) **alojamiento de página(s) web** (Inf) web hosting
alojar [A1] *vt*
A **1** (en un hotel): **los hemos alojado en el hotel Plaza** we've booked them into *o* got them rooms at the hotel Plaza; **el hotel en el que estaban alojados los turistas** the hotel which the tourists were staying at **2** (en una casa particular) to put … up; **si vienen a Lima los ~emos gustosos** if you come to Lima, we'd be delighted to put you up *o* to have you to stay with us *o* we'll be glad to have you stay with us
B (albergar): **la residencia aloja a 70 estudiantes** the hostel is home to *o* houses *o* can accommodate 70 students; **la sala aloja pinturas decimonónicas** the room houses 19th century paintings
C ‹*evacuados/refugiados*› to house
■ **alojarse** *v pron* **1** (hospedarse) to stay; **siempre se aloja en el mismo hotel** she always stays at the same hotel **2** «*proyectil/bala*» to lodge
alojo *m* (Chi, Méx) ▸**alojamiento**
alón¹ *m* wing
alón² *adj* wide-brimmed
alondra *f* lark
alopatía *f* allopathy
alopático -ca *adj* allopathic
alopecia *f* alopecia
alotropía *f* allotropy
alotrópico -ca *adj* allotropic
alpaca *f*
A **1** (Zool) alpaca; **lana de ~** alpaca (wool) **2** (Tex) alpaca
B (Metal) nickel silver, German silver
alpargata *f* espadrille; ***a golpe de ~*** on shanks's mare (AmE) *o* (BrE) pony
alpargatería *f* shoe store (*selling espadrilles*)
Alpes *mpl*: **los ~** the Alps
alpestre *adj* alpine
alphorn *m* alpenhorn
ALPI /'alpi/ *f*‡ (en Arg) = **Asociación para la Lucha contra la Parálisis Infantil**
alpinismo *m* mountaineering, (mountain) climbing
alpinista¹ *adj* mountaineering (*before n*)
alpinista² *mf* mountaineer, (mountain) climber
alpinístico -ca *adj* climbing (*before n*), mountaineering (*before n*)
alpino -na *adj* Alpine
alpiste *m*
A (planta) canary grass; (semillas) birdseed
B (RPl fam) (bebida) drink, booze (colloq)
alquería *f* (Esp) (granja) farm, farmstead; (casa) farmhouse
alquilar [A1] ➡ *vt*
A (dar en alquiler) ‹*casa/local*› to rent (out), let; ‹*televisor*› to rent; ‹*coche/bicicleta*› to rent (out) (AmE), to hire out (BrE); **S se alquila piso** apartment for rent (AmE), flat to let (BrE); **S se alquilan esquís** skis for rent (AmE) *o* (BrE) hire
B (tomar en alquiler) ‹*casa/local/televisor*› to rent; ‹*coche/bicicleta/disfraz*› to rent (AmE), to hire (BrE)
C (contratar) ‹*orquesta/banda de música*› to hire; **~on los servicios de un fotógrafo profesional** they hired a professional photographer
alquiler ➡ *m* **1** (precio, cantidad): **el ~ del apartamento** the rent on the apartment; **el ~ del televisor** the television rental **2** (acción de alquilar — una casa) renting, letting (BrE); (— un televisor) rental; (— un coche, disfraz) rental (AmE), hire (BrE); **se dedica al ~ de coches** he's in the car-rental (AmE) *o* (BrE) car-hire business; **el tema del ~ de úteros** the subject of commercial surrogacy; **tomar una casa en ~** to rent a house; **contrato de ~** tenancy agreement; **ese piso lo tengo en ~** I've rented that apartment out; **tiene varios pisos de ~** she has several apartments that she rents out; **no había coches de ~** there were no rental cars (AmE) *o* (BrE) hire cars
alquimia *f* alchemy
alquimista *mf* alchemist
alquitara *f* still
alquitrán *m* (brea) tar; (del tabaco) tar
(Compuesto) **alquitrán mineral** *or* **de hulla** coal tar
alquitranado *m* **1** (acción) tarring **2** (superficie) tarmac
alquitranar [A1] *vt* to tar
alrededor *adv*
A (en torno) around; **una mesa con ocho sillas ~** a table with eight chairs around it; **a mi/tu/su ~** *or* (crit) **~ mío/tuyo/suyo** around me/you/him
B **alrededor de** (*loc prep*) **1** (en torno a) around; **corrían ~ de la fuente** they ran around the fountain **2** (aproximadamente) around, about; **tendrá ~ de 40 años** she must be around *o* about 40
alrededores *mpl* **1** (de edificio, calle) surrounding area (*sing*); **la policía está rastreando los ~** the police are combing the surrounding area; **en los ~ del estadio** in the area around the stadium **2** (de ciudad) outskirts (*pl*); **vive en los ~ de Madrid** she lives in the outskirts of Madrid **3** (de otras lugares) surroundings (*pl*); **el pueblo y sus ~** the village and its surroundings
Alsacia *f* Alsace
alsaciano -na *adj/m,f* Alsatian
alta *f*‡
A (Med) discharge; **dar el ~ a** *or* **dar de ~ a un enfermo** to discharge a patient
B (Esp) **1** (Fisco, Servs Socs): **no los dieron de ~ en la Seguridad Social** they did not register them with Social Security; **darse de ~ en Hacienda** *to register with* ▸**hacienda B2** *for taxation purposes* **2** (ingreso) membership; **solicitó el ~ en la organización** she applied for membership in (AmE) *o* (BrE) of the organization; **causar ~ en el ejército** to enlist in the army; **hubo muchas ~s en noviembre** (en una sociedad, organización) a lot of new members joined in November; (en un colegio) a lot of new students enrolled *o* registered in November
altamente *adv* highly; **es ~ recomendable/inflamable** it is highly recommended/inflammable
altanería *f*
A (arrogancia) arrogance, haughtiness, disdain; **contestó con ~** she replied arrogantly *o* haughtily *o* disdainfully
B (arc) (cetrería) falconry
altanero -ra *adj* arrogant, haughty
altar *m* altar; **la llevó al ~** he made her his wife, he married her; ***elevar a algn a los ~es*** to canonize sb
(Compuesto) **altar mayor** high altar
altavoz *m* **1** (Audio) loudspeaker; **lo anunciaron por el ~** they announced it over the loudspeaker *o* (BrE) over the Tannoy® **2** (megáfono) megaphone, bullhorn (AmE), loudhailer (BrE)
alterabilidad *f* (de material) instability; (de alimento, medicina) perishability; (de colorido) tendency to discolor* *o* fade
alterable *adj* volatile
alteración *f*
A (cambio, modificación) change, alteration; **se han producido alteraciones en el horario** there

➡ *ver* Vivir en un país de habla inglesa

have been some alterations *o* changes (made) to the timetable

B 1 (agitación) agitation; **su voz demostraba su ~** her agitation showed in her voice 2 (del orden, de la paz) disturbance

(Compuesto) **alteración del orden público** breach of the peace

alterado -da *adj* [ESTAR] ‹*persona*› upset; **salieron de la reunión visiblemente ~s** they came out of the meeting visibly shaken *o* upset; **con la voz alterada por la emoción** in a voice shaking *o* faltering with emotion

alterar [A1] *vt*

A (cambiar, modificar) 1 ‹*plan/texto/información*› to change, alter; **el orden de los factores no altera el producto** the order of the factors does not alter *o* affect the product; **está alterando los hechos** he is distorting the facts; **el sentido de mis palabras ha sido alterado** what I said has been misinterpreted *o* misrepresented 2 ‹*alimento*› to make … go off, turn … bad; **la exposición al sol puede ~ el color** exposure to the sun can affect the color

B (perturbar) 1 ‹*paz*› to disturb; **fue acusado de ~ el orden público** he was charged with causing a breach of the peace 2 ‹*persona*› to upset; **traten de no ~ al enfermo** try not to upset the patient in any way; **la noticia del golpe alteró visiblemente al embajador** the ambassador was visibly shaken by the news of the coup; **no debes dejar que esas cosas te alteren** you shouldn't let those things upset you *o* (colloq) get to you

■ **alterarse** *v pron*

A «*alimentos*» to go off, go bad

B «*pulso/respiración*»: **con la emoción se le alteró la voz** her voice shook *o* faltered with emotion

C «*persona*» to get upset

altercado *m*, **altercación** *f* argument, altercation (frml); **tener un ~ con algn** to have an argument with sb

altercar [A2] *vi* to argue

álter ego *m* alter ego

alteridad *f* (Fil) otherness

alternación *f* alternation

alternador *m* alternator

alternadora *f* (Chi) hostess (euph)

alternancia *f* alternation; **~ de cultivos** crop rotation

alternar [A1] *vt* to alternate; **~ algo CON algo**: **el relato alterna la primera persona verbal con la tercera** the story alternates between the first and third person forms; **alternamos sesiones en el gimnasio con carreras de fondo** we alternate sessions in the gym with long-distance runs; **hay que intentar ~ el trabajo con las diversiones** you must try to alternate periods of work and leisure; **alternan la cebada con la remolacha** they rotate crops of barley and beet

■ **alternar** *vi*

A (turnar, cambiar) to alternate; **alternaba entre la euforia y momentos de desespero** he alternated between euphoria and moments of despair, his mood kept changing from euphoria to despair; **~ CON algo** to alternate WITH sth; **los robles alternan con los olmos** oak trees alternate with elms

B «*persona*» to socialize; **no alternan mucho** they don't socialize much; **alterna en círculos artísticos** he moves in artistic circles; **~ CON algn** to mix WITH sb; **suele ~ con personajes famosos** she often mixes with famous people

■ **alternarse** *v pron* to take turns; **se alternan para cuidarla** they take turns looking after her, they take it in turns to look after her (BrE)

alternativa *f*

A (opción) alternative; **no tienes ~** you have no choice *o* alternative; **no les quedó más ~ que admitirlo** they were left no alternative but to admit it; **una clara ~ democrática** a clear democratic alternative; **la ~ es clara** the choice is clear; **una ~ a los métodos tradicionales** an alternative to traditional methods

B (Taur) *ceremony in which a* ▸**novillero** *becomes a fully-fledged bullfighter*; **tomar la ~** *to become a fully-fledged bullfighter*

C **alternativas** *fpl* **siguió con gran interés las ~s del campeonato** she followed the ups and downs of the championship with great interest; **tras soportar las ~s de una larga enfermedad** (frml) having borne the vicissitudes of a long illness (frml)

alternativamente *adv* 1 (con alternancia) alternately 2 (*indep*) alternatively

alternativo -va *adj* 1 ‹*medicina/prensa/música*› alternative; **el desarrollo de las energías alternativas** the development of alternative sources of energy 2 (en alternancia) in rotation; **cultivos ~s** crops in rotation

alterne *m*: **chica de ~** hostess; **bar de ~** hostess bar; **vive del ~** she makes her living as a hostess

alterno -na *adj*

A ‹*ángulos*› alternate; ‹*hojas*› alternate; **sólo trabaja (en) días ~s** she only works alternate days, she only works every other day

B (Col) 1 ‹*director*› acting (*before n*) 2 (anexo): **en la sala alterna del museo** in the museum annex 3 (alternativo) alternative; ▸**corriente**[2] **D**

alteza *f*

A (liter) (de sentimientos, pensamientos) nobility, nobleness

B **Alteza** (tratamiento) Highness; **sí, (su) A~** yes, your Highness; **su A~ real** His/Her/Your Royal Highness

altibajos *mpl* 1 (cambios bruscos) ups and downs (*pl*); **los ~s de la vida** the ups and downs of life, life's ups and downs 2 (del terreno) undulations (*pl*)

altillo *m*

A 1 (desván) attic 2 (en una habitación) (sleeping) loft

B (Esp) (armario) storage cupboard (*over a built-in closet*)

altilocuencia *f* grandiloquence

altilocuente *adj* grandiloquent

altimetría *f* altimetry

altímetro *m* altimeter

altiplanicie *f*, **altiplano** *m* high plateau, high plain; **el altiplano boliviano** the Bolivian altiplano

altiplánico -ca *adj* of the Andean high plateau

altiro *adv* (Chi fam) right away, immediately, straightaway; **~ vengo** I'll be right back

altísimo *m*: **el A~** the Most High, the Almighty

altisonancia *f* floridness

altisonante *adj* highflown

altitud *f* altitude; **el pueblo está a 300m de ~ sobre el nivel del mar** the village is 300m above sea level

altivez *f* 1 (altanería) pride, haughtiness 2 (dignidad, orgullo) pride

altivo -va *adj* 1 (altanero) ‹*mirada/gesto*› arrogant, haughty 2 (noble, orgulloso) proud

alto[1] **-ta** *adj*

A 1 [SER] ‹*persona/edificio/árbol*› tall; ‹*pared/montaña*› high; **zapatos de tacones ~s** *or* (AmS) **de taco ~** high-heeled shoes; **es más ~ que su hermano** he's taller than his brother; **una blusa de cuello ~** a high-necked blouse 2 [ESTAR]: **¡qué ~ estás!** haven't you grown!; **mi hija está casi tan alta como yo** my daughter's almost as tall as me now *o* almost my height now

B (indicando posición, nivel) 1 [SER] high; **los techos eran muy ~s** the rooms had very high ceilings; **un vestido de talle ~** a high-waisted dress 2 [ESTAR]: **ese cuadro está muy ~** that picture's too high; **ponlo más ~ para que los niños no alcancen** put it higher up so that the children can't reach; **el río está muy ~** the river is very high; **la marea está alta** it's high tide, the tide's in; **los pisos más ~s del edificio** the top floors of the building; **salgan con los brazos en ~** come out with your hands up *o* with your hands in the air; **eso deja muy en ~ su buen nombre** (CS) that has really boosted his reputation; **últimamente están con** *or* **tienen la moral bastante alta** they've been in pretty high spirits lately, their morale has been pretty high recently; **a pesar de haber perdido, ha sabido mantener ~ el espíritu** he's managed to keep his spirits up despite losing; **Dios te está mirando allá en lo ~** God is watching you from on high; **habían acampado en lo ~ de la montaña** they had camped high up on the mountainside; **en lo ~ del árbol** high up in the tree, at the top of the tree; ***por todo lo ~*** in style; **celebraron su triunfo por todo lo ~** they celebrated their victory in style; **una boda por todo lo ~** a lavish wedding

C (en cantidad, calidad) high; **tiene la tensión** *or* **presión alta** she has high blood pressure; **cereales de ~ contenido en fibra** high-fiber cereals; **ha pagado un precio muy ~ por su irreflexión** he has paid a very high price for his rashness; **productos de alta calidad** high-quality products; **S imprescindible alto dominio del inglés** good knowledge of English essential; **el nivel es bastante ~ en este colegio** the standard is quite high in this school; **el ~ índice de participación en las elecciones** the high turnout in the elections; **embarazo de ~ riesgo** high-risk pregnancy; ***tirando por lo ~*** at the most, at the outside; **tirando por lo ~ costará unas 200 libras** it will cost about 200 pounds at the most *o* at the outside

D 1 [ESTAR] (en intensidad) ‹*volumen/radio/televisión*› loud; **pon la radio más alta** turn the radio up; **¡qué alta está la televisión!** the television is so loud! 2 **en voz alta** *or* **en alto** aloud, out loud; **estaba pensando en voz alta** I was thinking aloud *o* out loud

E (*delante del n*) (en importancia, trascendencia) ‹*ejecutivo/dirigente/funcionario*› high-ranking, top; **un militar de ~ rango** a high-ranking army officer; **uno de los más ~s ejecutivos de la empresa** one of the company's top executives; **conversaciones de ~ nivel** high-level talks

F (*delante del n*) ‹*ideales*› high; **tiene un ~ sentido del deber** she has a strong sense of duty; **es el más ~ honor de mi vida** it is the greatest honor I have ever had; **tiene un ~ concepto** *or* **una alta opinión de ti** he has a high opinion of you, he thinks very highly of you

G (*delante del n*) 1 (Ling) high; **el ~ alemán** High German 2 (Geog) upper; **el ~ Aragón** upper Aragon; **el A~ Paraná** the Upper Paraná

(Compuestos)

- **alta burguesía** *f* upper-middle classes (*pl*)
- **alta cocina** *f* haute cuisine
- **alta comedia** *f* high comedy
- **alta costura** *f* haute couture, high fashion
- **alta definición** *f* high definition; **de** *or* **en ~ ~** high-definition (*before n*)
- **alta Edad Media** *f* High Middle Ages (*pl*)
- **alta escuela** *f* dressage
- **alta fidelidad** *f* high fidelity, hi-fi
- **alta frecuencia** *f* high frequency
- **alta mar** *m or f* **el pesquero fue apresado en (el** *or* **la) ~ ~** the trawler was seized on the high sea(s); **se hundió cerca de la costa y no en (el** *or* **la) ~ ~** it sank near the coast and not on the open sea *o* not out at sea; **la flota de ~ ~** the deep-sea fleet
- **alta peluquería** *f* hairstyling
- **altas esferas** *fpl* upper echelons (*pl*)
- **altas finanzas** *fpl*: **las ~ ~** high finance
- **alta sociedad** *f* high society
- **altas presiones** *fpl* high pressure; **un sistema de ~ ~** a high-pressure system
- **alta tecnología** *f* high technology
- **alta tensión** *f* high tension *o* voltage
- **alta traición** *f* high treason
- **alto cargo** *m* (puesto) high-ranking position, important post; (persona) high-ranking official
- **alto comisario, alta comisaria** *m,f* high commissioner
- **alto comisionado** *or* **comisariado** *m* high commission
- **alto horno** *m* blast furnace
- **alto mando** *m* high-ranking officer
- **alto relieve** *m* high relief, alto relievo

a

- **Alta Velocidad Española** ▸**AVE**
- **alto voltaje** *m* high voltage *o* tension

alto[2] *adv*

A ‹*volar/subir/tirar*› high; **tírala más ~** throw it higher

B ‹*hablar*› loud, loudly; **habla más ~ que no te oigo** can you speak up a little *o* speak a bit louder, I can't hear you; ***pasar por ~*** *ver* **pasar Sense IF**

alto[3] *interj* halt!; **¡~ (ahí)!** (dicho por un centinela) halt!; (dicho por un policía) stop!, stay where you are!; **¡~ ahí! ¡eso sí que no estoy dispuesto a aceptarlo!** hold on! I'm not taking that!; **¡~ el fuego!** cease fire!

(Compuesto) **alto el fuego** *m* (Esp) (Mil) cease-fire

alto[4] *m*

A **1** (altura): **de alto** high; **un muro de cuatro metros de ~** a four-meter high wall; **tiene tres metros de ~ por dos de ancho** it's three meters high by two wide **2** (en el terreno) high ground; **siempre se edificaban en un ~** they were always built on high ground

B **1** (de un edificio) top floor; **viven en un ~** they live in a top floor apartment *o* (BrE) flat **2** **los altos** *mpl* (CS) (en una casa) upstairs; **viven en los ~s del taller** they live above the workshop

C (parada, interrupción): **hacer un ~** to stop; **hicieron un ~ en el camino para almorzar** they stopped off *o* they stopped on the way for lunch; **dar el ~ a algn** (Mil) to stop sb, to order sb to halt

D (Méx) (Auto) **1** (señal de pare) stop sign; **pasarse el ~** to go through the stop sign **2** (semáforo) stoplight; **pasarse el ~** to run the red light (AmE), to jump the lights (BrE)

E **1** (Chi fam) (de cosas) pile, heap **2** (Chi) (cantidad de tela) length

altocúmulo *m* altocumulus

altoparlante *m* (AmL) ▸**altavoz**

Alto Perú *m*: **el ~ ~** (Hist) *name applied to Bolivia until its independence in 1825*

altorrelieve *m* high relief

Altos del Golán *mpl* Golan Heights (*pl*)

Alto Volta *m* (Hist) Upper Volta

altozano *m*

A (Geog) hillock

B (Col) (de una iglesia) parvis

altramuz *m* **1** (planta) lupin **2** (semilla) lupin seed

altruismo *m* altruism

altruista[1] *adj* altruistic

altruista[2] *mf* altruist

altura *f*

A **1** (de una persona, un edificio) height; (de una figura geométrica) height; **la ~ mínima exigida es de 1,60m** the minimum height requirement is 1.60m; **el muro tiene un metro de ~** the wall is one meter high; **el faro mide 35 metros de ~** the lighthouse is 35 meters high *o* tall; **un edificio de ~** a tall building **2** (de un techo) height

B (indicando posición) height; **pon los dos cuadros a la misma ~** put the two pictures level with each other *o* at the same height; **el tableado nace a la ~ de las caderas** the pleats begin at the hips, it's pleated from the hips; **quiero pintar la pared hasta esta ~** I want to paint the wall up to here; **tiene una cicatriz a la ~ de la sien** he has a scar on his temple; **a la ~ de los ojos** at eye level; **cayó de** *or* **desde una ~ de 20 metros** he fell from a height of 20 meters; ***a la ~ del betún*** *or* (RPl) ***de un felpudo*** *or* (Chi) ***del unto*** (fam)**: nos dejaste a la ~ del betún** you made us look really bad; **no contestó ni una pregunta, quedó a la ~ de un felpudo** he couldn't answer a single question, he looked really stupid; ***estar/ponerse a la ~ de algo/algn*:** **lo que permitirá ponernos a la ~ de los países más avanzados** which will enable us to put ourselves on a par with the most developed countries; **supo estar a la ~ de las circunstancias** he managed to rise to the occasion; **no estuvo a la ~ de lo que se esperaba** he didn't live up to their expectations; **no está a la ~ de su predecesor** he doesn't match up to his predecessor; **si le contestas con palabrotas te estás poniendo a su ~** by swearing at her you're just lowering yourself *o* sinking to her level; ***no llegarle a algn a la ~ del tobillo*** (fam): **ése no te llega a la ~ del tobillo** he can't compare to you, he isn't a patch on you (BrE colloq)

C **1** (Aviac, Geog) (altitud) altitude; **volamos a una ~ de 10.000 metros** we are flying at an altitude of 10,000 meters; **el avión empezó a perder ~** the plane started to lose height *o* (frml) altitude; **fue construida en una meseta a 2.240 metros de ~** it was built on a plateau at an altitude of 2,240 meters; **montañas que sobrepasan los 4.000 metros de ~** mountains that rise to (a height of) over 4,000 meters **2** **de altura** ‹*pesquero/flota*› deep-sea (*before n*); **remolcador de ~** oceangoing tug

D (dignidad): **se lo dijo con mucha ~** she told him in a very dignified manner; **reaccionó con mucha ~** he reacted with great dignity

E (en sentido horizontal) **1** (en una calle): **¿a qué ~ de Serrano vive?** how far up *o* along Serrano do you live?; **cuando la procesión llegó a la ~ del Ayuntamiento** when the procession reached City Hall; **viven a la ~ de la Plaza de Colón** they live up by Plaza de Colón **2** (latitud): **situada en el Adriático, a la ~ de Florencia** situated on the Adriatic, on the same latitude as Florence *o* (colloq) as far up/down as Florence

F (en sentido temporal): **a estas/esas ~s: a estas ~s ya deberías haber aprendido cómo se hace** you should have learned how to do it by now; **¡a estas ~s me vienes con esas preguntas!** it's a bit late to be asking questions like that now!; **a estas ~s ya nadie se escandaliza por esas cosas** nobody is shocked by that kind of thing anymore; **a estas ~s ya deben haber llegado** they should have arrived by now *o* by this time; **a estas ~s del año** this late on in the year, so late on in the year; **a estas ~s de la campaña electoral ya no pueden dar marcha atrás sobre eso** they can't go back on that at this (late) stage of the election campaign; **a esas ~s ya había perdido las esperanzas** by that stage he had already lost all hope; ***a estas ~s del partido*** (fam) by now, at this stage of the game (colloq)

G (Mús) (de un sonido) pitch; (de la voz) pitch

H (Esp period) (piso) story*

I **alturas** *fpl* **1** (cimas) heights (*pl*) **2** (Relig): **las ~s** the highest; **gloria a Dios en las ~s** glory to God in the highest *o* on high

alturado -da *adj* (Per) calm

alubia *f* bean, haricot bean

alucinación *f* **1** (imagen falsa) hallucination **2** (fam) (sorpresa, asombro): **¡qué ~!** that's amazing! (colloq), wow! (colloq)

alucinado -da *adj* (fam): **dejó a todos ~s con su teoría** she stunned everyone with her theory

alucinador -dora *adj* ▸**alucinante**

alucinamiento *m* ▸**alucinación**

alucinante *adj* **1** (Med) hallucinatory **2** (fam) (increíble) fantastic (colloq), amazing (colloq), incredible (colloq); **su parecido contigo es ~** she looks incredibly *o* amazingly like you (colloq)

alucinar [A1] *vi* **1** ‹‹*enfermo/drogadicto*›› to hallucinate **2** (Esp fam) (delirar): **estás alucinando** you're crazy

■ **alucinar** *vt* (Esp fam) (asombrar, impresionar): **me alucina lo caradura que es** I'm amazed at her nerve; **si quieres ~la, ponte ese sombrero** if you really want to freak her out, put that hat on (colloq)

alucine *m* (Esp, Méx arg): **¡qué ~!** far-out! (colloq); **de ~** incredible (colloq), fantastic (colloq), amazing (colloq); **fue un show sensacional, de ~** it was a fantastic show, absolutely mind-blowing (colloq)

alucinógeno[1] **-na** *adj* hallucinogenic

alucinógeno[2] *m* hallucinogen

alud *m* (de nieve) avalanche; (de tierra) landslide, landslip

aludido[1] **-da** *adj*: **las personas aludidas en el reportaje** the people mentioned in the report; **el individuo anteriormente ~** the person previously mentioned *o* referred to; **se sonrojó, debió sentirse ~** he turned red so he must have thought we were referring to *o* alluding to *o* talking about him; **darse por ~: lo dije varias veces pero no se dio por ~** I said it several times but he didn't take the hint; **no te des por ~, no nos referíamos a ti** don't take it personally, we weren't referring to you

aludido[2] **-da** *m,f*: **el ~/la aludida no reaccionó al oír su nombre** the person in question/we were talking about, didn't react when he/she heard the name

aludir [I1] *vi* **1** (sin nombrar) **~ A algn/algo** to refer TO sb/sth, allude TO sb/sth **2** (mencionar) **~ A algn/algo** to refer TO sb/sth, mention sb/sth; **no aludió a la cuestión de las licencias** she didn't refer to *o* mention the question of the licenses

aluego *adv* (AmC fam) ▸**luego**[1]

alumbrado *m* lighting

(Compuestos)
- **alumbrado eléctrico** electric lighting
- **alumbrado público** street lighting

alumbramiento *m* (frml) birth

alumbrar [A1] *vt*

A (iluminar) to light, illuminate; **ese camino está muy mal alumbrado** that road is very poorly lit; **un potente foco alumbra el jardín** a powerful floodlight illuminates *o* lights up the garden; **una habitación alumbrada con velas** a candlelit room; **me alumbró el camino con una linterna** he lit my way with a lamp; **la luz que nos alumbra el sendero del bien** (liter) the light that illuminates us on the path of righteousness (liter)

B (frml) (parir) to give birth to, be delivered of (frml)

C (Ven fam) (tratar de hechizar) to put *o* cast a spell on, to put ... under a spell; **esta mujer te tiene alumbrado** this woman's got you under her spell

■ **alumbrar** *vi*

A ‹‹*sol*›› to be bright; ‹‹*lámpara/bombilla*›› to give off light; **esta bombilla no alumbra nada** this bulb scarcely gives off any light

B (frml) (parir) to give birth

alumbre *m* alum

alúmina *f* aluminum oxide (AmE), aluminium oxide (BrE), alumina

aluminio *m* aluminum (AmE), aluminium (BrE)

aluminizar [A4] *vt* to aluminize

aluminosis *f*

A (Med) aluminosis

B (Constr) *condition found in buildings where aluminous cement has been used*

alumnado *m* (de un colegio) students (*pl*) (AmE), pupils (*pl*) (BrE); (de una universidad) students (*pl*)

alumno -na *m,f* (de un colegio) pupil; (de una universidad) student; **un antiguo ~** *or* **un ex-alumno del colegio** one of the school's old boys; **antiguos ~s** *or* **ex-alumnos de la universidad** ex-students *o* (AmE) alumni of the university

(Compuestos)
- **alumno externo, alumna externa** (*m*) day student (AmE), day boy *o* pupil (BrE); (*f*) day student (AmE), day girl *o* pupil (BrE)
- **alumno interno, alumna interna** boarder

alunarse [A1] *v pron* (RPl fam) ▸**enfurruñarse**

alunizaje *m*

A (Espac) moon landing, landing on the moon

B (Esp arg) (robo — rompiendo escaparate) smash and grab raid; (— rompiendo escaparate con vehículo) ram-raid

alunizar [A4] *vi* to land on the moon

alusión *f* allusion, reference; **hacer ~ a algo** to refer to sth, to make an allusion to sth (frml); **hizo una clara ~ a tu ausencia** he made a clear reference to your absence; **no quiero hacer alusiones personales pero ...** I don't want to point the finger at anyone but ...

alusivo -va *adj* **~ A algo**: **pronunció unas palabras alusivas a la batalla de 1789** he said a few words regarding the battle of 1789;

a

el salón estaba decorado con motivos ~s a la ocasión the room was decorated in keeping with the occasion

aluvial *adj* alluvial

aluvión *m*
A (Geol) alluvium
B (gran cantidad) flood; **le llovió un ~ de cartas** he was inundated with letters, he received a flood of letters; **un ~ de gente** a horde *o* flood of people; **un ~ de insultos** a barrage of insults, a torrent of abuse; **después de la conferencia hubo un ~ de preguntas** after the lecture he was bombarded with questions

álveo *m* bed

alveolado -da *adj* alveolate

alveolar[1] *adj* **1** (Anat) alveolar **2** (Ling) alveolar

alveolar[2] *f* alveolar consonant

alvéolo, alveolo *m* **1** (de los dientes) alveolus, alveolar ridge; (de los pulmones) alveolus **2** (de un panal) cell

alverja *f* (AmL crit) pea

alverjilla *f* (AmL) sweet pea

alza[1] *f‡*
A (subida) rise; **el ~ de los precios** the rise in prices; **al ~: la evolución al ~ de la Bolsa** the rise in the value of shares, the upward trend of the Stock Exchange; **el dólar fluctúa al ~** the dollar is fluctuating but the general trend is upward(s); **jugar al ~** to speculate on a rising *o* bull market; **en ~: precios en ~** rising prices; **una escritora joven en ~** an up-and-coming young writer; **su reputación como director está en ~** he has a growing reputation as a director, his reputation as a director is on the rise (AmE); **dos grandes figuras en ~ del fútbol colombiano** two rising stars of Colombian football
B (en los zapatos) raised insole
C (Arm) rear sight

alza[2] *interj* **1** (fam) (expresando sorpresa) wow! (colloq) **2** (fam) (para dar ánimos) come on!

alzacristales *m* (*pl* ~): **un coche con ~ eléctrico** a car with electric windows

alzacuello *m* clerical collar, dog collar (colloq)

alzada *f* **1** (de un caballo) height **2** (Col) (Arquit) elevation

alzado[1] **-da** *adj*
A (Andes, Ven fam) (levantisco): **la servidumbre anda medio alzada últimamente** the servants have been rather uppity *o* (BrE) bolshy lately (colloq); **un chiquillo ~** a cocky little brat (colloq)
B ‹*animal*› **1** [ESTAR] (CS fam) (en celo) in heat (AmE), on heat (BrE) **2** [SER] (Chi, Méx) (arisco, bravío) savage, vicious
C (Méx, Ven fam) (altivo) stuck-up (colloq), toffee-nosed (BrE colloq)

alzado[2] *m*
A (Arquit) elevation
B **alzados** *mpl* (AmL): **los ~s en armas** the insurgents *o* rebels

alzamiento *m* uprising; **un ~ militar** a military uprising

(Compuesto) **alzamiento de bienes** fraudulent conveyance

alzapaño *m* curtain tie

alzaprima *f* **1** (palanca) lever, crowbar; (cuña) wedge **2** (Mús) bridge

alzar [A4] *vt*
A ‹*brazo/cabeza*› to raise, lift; ‹*voz*› to raise; ‹*telón/barrera*› to raise; ‹*velas*› to hoist; ‹*hostia*› to elevate; ‹*precios*› to raise, put up; **alzó al niño para que viera el desfile** she lifted the little boy up so he could see the parade; **todos ~on sus pancartas** they all held up their placards; **saludaron con el puño alzado** they gave the clenched fist salute; **alzó los ojos al cielo** she raised her eyes heavenward(s) *o* to heaven; **alza la voz, que no te oigo** speak a little louder *o* speak up, I can't hear you; **fue alzado al poder por los militares** he was put in power by the military; **alzó la mirada y lo vio** she looked up and saw him; **el bebé llora, quiere que lo alcen** (AmL) the baby's crying, he wants to be picked up
B ‹*edificio/monumento*› to erect
C (Méx) (poner en orden) ‹*juguetes*› to pick up, tidy up (BrE), tidy away (BrE); ‹*cuarto/casa*› to straighten (up), tidy up (BrE); **tengo que ~ los trastes** I have to clear away the dishes
D (Méx fam) ‹*dinero*› **estuve lavando coches y alcé 500 pesos** I made 500 pesos washing cars; **tiene sus centavitos alzados** she has a few pennies *o* (AmE) cents stashed away (colloq)

■ **alzarse** *v pron*
A (sublevarse) to rise up; **los campesinos se ~on contra los terratenientes** the peasants rose up against the landowners; **~se en armas** to take up arms, to rise up in arms
B (period) (llevarse) **~se CON algo: se alzó con los fondos del club** he ran off with the club funds; **se alzó con el título** he carried off *o* won the title; **el equipo local se alzó con la victoria** the home team triumphed *o* won *o* was victorious
C (liter) (erguirse): **el Aconcagua se alza majestuoso entre los demás picos** Aconcagua rises majestically from the surrounding peaks; **el rascacielos se alza muy por encima de los otros edificios** the skyscraper soars *o* towers high above the other buildings
D (Méx, Ven) (volverse altivo): **se alzó por la fama** fame went to *o* (BrE) turned his head
E (CS) «*animal*» to come into *o* (BrE) on heat

alzaválvulas *m* (*pl* ~) tappet

Alzheimer /als'aimer/ (Esp) /alθ'eimer/ *m* Alzheimer's disease

AM (Fís, Rad) AM

a.m. (**= ante meridiem**) am, AM

ama *f‡* **1** (de un bebé) *tb* **~ de leche** *or* **de cría** wet nurse **2** (de un niño mayor) nanny *ver tb* **amo**

(Compuestos)
- **ama de casa** housewife
- **ama de llaves** housekeeper

amabilidad *f* **1** (cualidad) kindness **2** (gesto): **ha tenido la ~ de invitarnos** she has been kind enough to invite us; **¿querría tener la ~ de cerrar cuando salga?** would you be so kind as to close the door as you leave?; **tenga la ~ de esperar aquí** would you mind waiting here?

amabilísimo -ma *adj* very kind

amable *adj* **1** ‹*persona/gesto*› kind; **es muy ~ de su parte** that's very kind of you; **una persona de trato ~** a kindly person; **gracias por su ~ carta** thank you for your kind letter; **¿sería tan ~ de darle este recado?** could you possibly give him *o* would you be so kind as to give him this message? **2** (AmS) ‹*rato/velada*› pleasant

amablemente *adv* **1** (con cordialidad): **me saludó muy ~** he greeted me in a very friendly way **2** (con generosidad) kindly; **muy ~ me cedió el asiento** he very kindly gave me his seat

amado[1] **-da** *adj* dear, beloved

amado[2] **-da** *m,f* love, sweetheart

amadrinar [A1] *vt* **1** (en un bautizo) ‹*niño*› to be godmother to **2** ‹*boda*› to act as ▸**madrina** at **3** ‹*barco*› to launch, christen, act as patron to

amaestrador -dora *m,f* animal trainer

amaestramiento *m* training (*of animals*)

amaestrar [A1] *vt* ‹*animales*› to train; **un perro amaestrado para detectar la presencia de drogas** a dog trained to sniff out drugs; **¡qué bien amaestrado lo tienes!** (fam & hum) you've got him well trained! (colloq & hum)

amagar [A3] *vi* **1** (amenazar): **amagaba con llover** it looked as though it was going to rain, it looked like rain, it was threatening (to) rain; **le estaba amagando un ataque al corazón** he was showing the warning signs of a heart attack **2** **~ CON algo: amagó con pegarle** she moved as if she was going to hit him, she made as if to hit him; **siempre amaga con que va a pagar pero nunca paga** he always acts like he's going to pay *o* makes as if to pay, but he never does **3** (Dep) to fake, dummy (BrE); **amagó hacia la izquierda** he faked *o* dummied to the left

■ **amagar** *vt* **1** (esbozar): **amagó un saludo** he moved as if he was going to wave, he made as if to wave (BrE) **2** (Méx) (amenazar) to threaten; **lo ~on con pistolas** they threatened him with guns

amago, amague *m*: **tuvo un ~ de infarto** he had a mild heart attack; **un ~ de revuelta** a threat of revolt; **hacer un ~** (Dep) to feint, to fake (AmE), to dummy (BrE); **hizo un ~ de tiro** he moved as if he was going to shoot, he made as if to shoot (BrE); **~ de ataque** (Mil) diversion, diversionary attack

amainar [A1] *vi* **1** «*lluvia*» to ease up *o* off, abate; «*temporal/viento*» to die down, abate **2** «*pasión/enfado*» to abate

■ **amainar** *vt* ‹*velas*› to shorten

amalgama *f* **1** (de influencias, ideas) amalgam, mixture **2** (Odont, Quím) amalgam

amalgamar [A1] *vt* **1** (unir) to unite **2** (Quím) to amalgamate

amamantar [A1] *vt* «*mujer*» to breastfeed, suckle; «*animal*» to suckle; **amamantó a sus cuatro hijos** she breastfed her four children; **una mujer amamantando a su niño** a woman suckling *o* nursing *o* breastfeeding her child

■ **amamantar** *vi* «*mujer*» to breastfeed; **madres que amamantan** mothers who are breastfeeding, nursing mothers; **la cerda está amamantando** the sow is suckling her young

amancebado -da *adj* (ant): **están** *or* **viven ~s** they are living together

amancebarse [A1] *v pron* (ant) to start living together, set up house together

amanecer[1] [E3] *v impers*: **¿a qué hora amanece?** what time does it get light?; **estaba amaneciendo cuando partieron** dawn was breaking *o* it was getting light when they left

■ *vi* (+ *compl*) **1** «*persona*»: **amaneció con fiebre** he woke up with a temperature; **amanecieron bailando** morning found them still dancing, they were still dancing at dawn **2** (aparecer por la mañana): **las calles amanecieron cubiertas de propaganda electoral** in the morning the streets were littered with election pamphlets; **el día amaneció nublado** the day dawned cloudy

■ **amanecerse** *v pron* (Chi, Méx) to stay up all night; **nos amanecimos estudiando** we stayed up all night studying

amanecer[2] *m* **1** (salida del sol) dawn, daybreak; **salieron al ~** they left at dawn *o* at daybreak **2** (liter) (comienzo) dawn

amanecida *f* dawn, daybreak; **llegaron de ~** they arrived at dawn *o* at daybreak

amanecido -da *adj* [ESTAR] (Col fam): **es peligroso manejar ~** it's dangerous to drive if you haven't slept; **la cafetería se llenó de estudiantes ~s** the cafe filled up with students who had been up all night

amanerado -da *adj* **1** (afectado) ‹*estilo/lenguaje*› affected, mannered; ‹*persona*› affected, mannered **2** (fam) ‹*hombre*› (afeminado) mannered, camp (colloq)

amaneramiento *m* affectation

amanerarse [A1] *v pron* to become affected

amanita *f* amanita

amansadora *f* (RPl fam) long wait; **¡qué ~ me tocó en el dentista!** I had to wait for ages *o* I had such a long wait at the dentist's (colloq)

amansar [A1] *vt* **1** ‹*caballo*› to break in; ‹*fiera*› to tame **2** (apaciguar) ‹*persona*› to calm … down; **~on su ira con promesas de justicia** they appeased her anger with promises of justice **3** (Andes fam) ‹*zapatos*› to wear in, break in

■ **amansarse** *v pron* «*fiera*» to become tame; «*caballo*» to quieten down, become quieter

amante[1] *adj*: **su ~ esposo/padre** her loving husband/father; **es muy ~ de la buena mesa** he loves *o* is very fond of good food; **es muy ~ del orden** he's a great one for *o* he's very keen on keeping things tidy (colloq)

amante[2] *mf* **1** (de una persona) lover **2** (aficionado) lover; **los ~s del teatro** theater lovers, lovers of theater

amanuense *mf* scribe, amanuensis (frml)

amañador -dora *adj* (Col) ‹*clima*› pleasant, agreeable; ‹*casa*› cozy*, homely; ‹*conversación*› pleasant, enjoyable

amañar [A1] *vt* (fam) 1 ‹*elecciones*› to rig; ‹*partido/pelea*› 2 ‹*carnet/documento*› to tamper with, doctor; **amañó el informe oficial** he doctored *o* altered the official report 3 ‹*excusa/historia*› to dream *o* cook up, concoct

■ **amañarse** *v pron*

A *tb* **amañárselas** (ingeniarse): **se (las) amañó para llegar a fin de mes** she somehow managed to get by until the end of the month

B (Col) (acostumbrarse) to settle in

amaño *m* cunning *o* crafty trick; **con sus ~s consigue siempre lo que quiere** he's so crafty he always gets what he wants, he always gets what he wants with his crafty *o* cunning tricks

amapola *f* poppy

amar [A1] *vt* to love; **siempre te ~é** I shall always love you; **~ás a Dios sobre todas las cosas** thou shalt love the Lord thy God above all things; **lucharon porque amaban la libertad** they fought out of a love for freedom

■ **amarse** *v pron* (*recípr*) 1 (quererse): **juraron ~se hasta la muerte** they swore to love each other forever; **amaos los unos a los otros** love one another 2 (hacer el amor) to make love

amaraje *m* 1 (Aviac) landing (*on water*) 2 (Espac) splashdown

amaranto *m* amaranth

amarar [A1] *vi* 1 (Aviac) to land (*on water*) 2 (Espac) to splash down

amarga *f* (Col) beer

amargado[1] -da *adj* bitter, embittered

amargado[2] -da *m,f* bitter *o* embittered person

amargamente *adv* bitterly

amargar [A3] *vt* ‹*ocasión*› to spoil; ‹*persona*› to make … bitter; **eso me amargó la tarde** that soured *o* spoiled my evening; **la amarga pensar que lo ha perdido todo** it makes her bitter *o* she feels bitter to think that she's lost everything

■ **amargarse** *v pron* to become bitter; **se ha amargado con los años** she's become bitter in her old age; **no te amargues la existencia** (fam) don't get all uptight about it; **te estás amargando pensando en eso todo el tiempo** you're just upsetting yourself thinking about that all the time

amargo[1] -ga *adj*

A 1 ‹*fruta/sabor*› bitter; ► **almendra** 2 (sin azúcar) unsweetened, without sugar

B ‹*experiencia/recuerdo*› bitter, painful; **me dejó un sabor ~** it left me with a bitter *o* nasty taste in my mouth; **lanzando quejas amargas contra su destino** railing against his fate, complaining bitterly about his fate

amargo[2] *m* 1 (amargor) bitterness 2 (mate) maté without sugar 3 (licor) bitters

amargor *m* bitterness

amargoso -sa *adj* ► **amargo[1]**

amargura *f* bitterness; **lloraba con ~** he wept bitterly; ***llevar*** *or* ***traer a algn por la calle*** *or* ***el camino de la ~*** to make sb's life a misery (colloq), to make sb's life impossible *o* hell (colloq)

amariconado -da *adj* (fam) effeminate, camp (colloq)

amarilis *f* (*pl* ~) amaryllis, belladonna lily

amarillear [A1] *vi* 1 (ponerse amarillo) to go *o* turn yellow 2 (mostrarse amarillo): **en el horizonte amarilleaba el trigo** the wheat glowed *o* shone yellow on the horizon

amarillento -ta *adj* ► ⓘ **p.181** yellowish

amarillismo *m* (pey) 1 (Period) sensationalism, sensationalistic journalism 2 (Rels Labs) collusion with management, pro-management stance

amarillista *adj* (pey) 1 (Period): **prensa ~** sensationalist press, gutter press 2 (Rels Labs): **un sindicato ~** a union which colludes with the management *o* which tends to adopt a pro-management stance

amarillo[1] -lla *adj*

A ► ⓘ **p.181** 1 ‹*color/blusa*› yellow; **el semáforo estaba (en) ~** the light was yellow (AmE), the lights were (on) amber (BrE); ► **prensa**, **sindicato** 2 (*modificado por otro adj: inv*) yellow; **una camisa ~ claro/fuerte** a pale/bright yellow shirt

B 1 ‹*piel*› (de raza oriental) yellow 2 ‹*piel/cara*› (por enfermedad) yellow, jaundiced

amarillo[2] *m* ► ⓘ **p.181** yellow; **el ~ combina bien con el azul** yellow goes well with blue, yellow and blue go well together; **un tapizado de un ~ intenso** deep yellow upholstery

(Compuestos)

- **amarillo canario** 1 *m* canary yellow 2 *adj inv* canary-yellow
- **amarillo patito** *or* **pollito** 1 *m* canary yellow 2 *adj inv* canary-yellow
- **amarillo limón** 1 *m* lemon yellow 2 *adj inv* lemon-yellow; **unos calcetines ~ ~** lemon-yellow socks

amarilloso -sa *adj* ► ⓘ **p.181**; (AmL) yellowish, yellowy

amarizaje *m* 1 (Aviac) landing (*on water*) 2 (Espac) splashdown

amarizar [A4] *vi* 1 (Aviac) to land (*on water*) 2 (Espac) to splash down

amaro *m* 1 (bebida) bitters (*pl*) 2 (Bot) clary sage

amarra *f* mooring rope (*o* cable *etc*); **~s** moorings (*pl*); **echar (las) ~s** to moor; ***soltar (las) ~s*** (Náut) to cast off; (independizarse) to fly the nest; ***tener (buenas) ~s*** to have friends in high places

amarradero *m* 1 (poste) bollard; (argolla) mooring ring 2 (lugar) berth, slip (AmE)

amarrado -da *adj* (Chi, Col, Méx fam) stingy (colloq), tightfisted (colloq)

amarraje *m* wharfage

amarrar [A1] *vt* 1 ‹*embarcación*› to moor; ‹*animal/persona*› to tie up; **amárralo bien para que no se caiga** tie it down *o* on well so that it doesn't fall off; **~ algo/a algn A algo** to tie sth/sb TO sth 2 (AmL exc RPl) ‹*zapatos*› to tie; ‹*paquete*› to tie … up

■ **amarrarse** *v pron* (AmL exc RPl) to tie; **ya aprendió a ~se los zapatos** he's learned to do up *o* to tie his shoelaces now; **amárrate bien los pantalones** fasten your pants properly (AmE), do your trousers up properly (BrE); ***amarrársela*** (Col fam) to get tight (colloq)

amarre *m* 1 (acción) mooring 2 (amarradero) berth, slip (AmE)

amarretas *adj inv/mf* (AmS fam) ► **amarrete[1]**, **amarrete[2]**

amarrete[1] -ta *adj* (AmS fam) stingy (colloq), tightfisted (colloq)

amarrete[2] -ta *m,f* (AmS fam) scrooge (colloq), skinflint (colloq), tightwad (AmE colloq)

amarro *m* (Bol) bundle

amarrocar [A9] *vt* (Arg arg) to hoard

amartelado -da *adj* (fam): **estaban sentados en el rincón muy ~s** they were sitting cuddling *o* (colloq) canoodling in the corner

amartelarse [A1] *v pron* (fam) to cuddle, canoodle (colloq)

amartillar [A1] *vt* to cock

amasado *m* 1 (Coc) kneading 2 (Const) mixing

amasandería *f* (Andes, RPl) *place where bread dough is prepared*

amasar [A1] *vt*

A 1 ‹*pan*› to knead 2 ‹*yeso/argamasa*› to mix

B ‹*fortuna/riquezas*› to amass

amasiato *m* (Méx) (relación amorosa) affair; (conquista) pickup (colloq)

amasijar [A1] *vt* (RPl arg) to beat … to a pulp (colloq)

amasijo *m*

A (Coc) (masa de harina) dough; **preparar el ~** to prepare the dough

B (mescolanza) jumble; **un ~ de ideas inconexas** a jumble of unconnected ideas, a mishmash *o* hodgepodge (AmE) *o* (BrE) hotchpotch of ideas; **había un ~ de ropas en el suelo** there was a jumble of clothes on the floor

amasio -sia *m,f* (Méx) live-in lover

amate *m* (Méx) 1 (árbol) *species of fig tree* 2 (papel) *paper made from the bark of* ► **amate 1** 3 (dibujo) *color* design made on* ► **amate 2**

> **amates guerrenses**
>
> In Mexico, paintings on paper made from the bark of the *amate* tree. Their subjects range from village scenes to fantastic birds.

amateur /ama'ter/ *adj/mf* (*pl* **-teurs**) amateur

amateurismo *m* amateurism

amatista *f* amethyst

amatorio -ria *adj* (liter o hum) ‹*poesía/carta*› love (*before n*); ‹*técnicas*› love-making (*before n*)

amazacotado -da *adj* ‹*azúcar*› lumpy; ‹*arroz*› sticky, stodgy

amazona *f* 1 (Mit) Amazon 2 (Equ) horsewoman

Amazonas *m*: **el ~** the Amazon

Amazonia *f* Amazonia

amazónico -ca *adj* Amazonian, Amazon (*before n*)

ambages: **sin ~** (*loc adv*) ‹*hablar*› without beating about the bush; **tienes que decírselo sin ~** you have to tell him straight *o* outright, you just have to tell him, don't beat about the bush; **fue aceptado sin ~** it was accepted without hesitation

ámbar *m* 1 (piedra) amber 2 ► ⓘ **p.181**; **(de) color ~** amber

ambarino -na *adj* ► ⓘ **p.181** orangish amber (AmE), orangey amber (BrE)

Amberes *m* Antwerp

ambición *f* ambition; **cegado por la ~** blinded by ambition; **jóvenes con muchas ambiciones** *or* **mucha ~** young people with a lot of ambition, very ambitious young people; **su única ~ …** her one ambition

ambicionar [A1] *vt* to aspire to; **sólo ambiciona llegar a la fama** her one ambition is to be famous, all she wants is to be famous; **ambiciona ser el campeón** he aspires to become champion, his ambition/aim is to be champion

ambicioso -sa *adj*

A ‹*persona*› 1 (codicioso) ambitious, overambitious 2 (con empuje) enterprising, ambitious; Ⓢ **se necesita joven ambicioso y dinámico** enterprising *o* ambitious, dynamic young man or woman needed

B ‹*proyecto/plan*› ambitious

ambidextro[1] -tra *adj* ambidextrous

ambidextro[2] -tra *m,f* ambidextrous person

ambidiestro[1] -tra *adj* ambidextrous

ambidiestro[2] -tra *m,f* ambidextrous person

ambientación *f* 1 (creación de una atmósfera) atmosphere; **la ~ está muy lograda** they have captured the atmosphere very well; **la ~ musical corre a cargo de …** mood *o* incidental music is by … 2 (de una persona) adjustment

ambientador *m* air freshener

ambiental *adj* environmental

ambientalismo *m* environmentalism

ambientalista[1] *adj* environmentalist (*before noun*)

ambientalista[2] *mf* environmentalist

ambientar [A1] *vt* 1 ‹*obra/película*› to set 2 ‹*fiesta/local*› **para ~ el lugar** to give the place some atmosphere, to create a festive (*o* romantic *etc*) atmosphere

■ **ambientarse** *v pron* to adjust, adapt

ambiente[1] *adj* ► **medio[3] E2**, **temperatura**

ambiente[2] *m*

A 1 (entorno físico) environment; **la contaminación del ~** environmental pollution; **no sé cómo puedes trabajar en ese ~ tan cargado** I don't know how you can work in such a smoky atmosphere *o* environment 2 (entorno social, cultural) environment; **crecí en un ~ rural** I grew up in a rural environment; **el**

a

~ de diálogo the atmosphere of dialogue; **hay muy mal ~ en el barrio donde viven** it's a pretty rough area where they live; **un club con un ~ muy selecto** a very exclusive club; **se encuentra realmente en su ~** he's really in his element; **no me vendría nada mal cambiar de ~** I wouldn't mind a change of scene; **en la oficina hay un ~ de gran camaradería** the office has a really friendly atmosphere, there's a really friendly atmosphere in the office; **se respiraba una cierta tensión en el ~** there was a feeling of tension in the air; **había ~ de fiesta** there was a festive atmosphere; **el ~ homosexual** the gay scene; ***hacerle buen ~ a algn*** (Col) to put sb at their ease; ***hacerle mal ~ a algn*** (AmS) to make sb feel uncomfortable **3** (creado por la decoración, arquitectura) atmosphere; **los tonos cálidos crean un ~ acogedor** warm tones create a welcoming *o* friendly atmosphere; **la ciudad conserva su ~ colonial** the city retains its colonial atmosphere; **la obra recrea el ~ de la época** the play recreates the atmosphere of the period **4** (animación) life; **no había nada de ~ en la fiesta** the party was really dead, the party had no life *o* atmosphere; **para darle más ~ a la cosa colgaron unas cuantas serpentinas** they hung up a few streamers to liven up *o* brighten up the place; **ambientazo ante el Barcelona-Real Madrid** an electric *o* a tremendous atmosphere for the Barcelona-Real Madrid game

B (CS) (habitación) room

ambigüedad *f* ambiguity

ambiguo -gua *adj* **1** ‹*palabras/respuesta*› ambiguous **2** (Ling): **un sustantivo de género ~** a noun that can be masculine or feminine

ámbito *m* **1** (campo, área de acción) field, area, sphere; **en tres ~s muy distintos** in three very different fields *o* areas *o* spheres; **en el ~ de la investigación** in the field of research; **en el ~ de la política** within the sphere of politics; **han reducido su ~ de acción** they have reduced their sphere of activity **2** (ambiente): **el clima de violencia vivido en el ~ de la familia** the climate of violence experienced within the family; **en el ~ literario** in literary circles **3** (alcance) scope, range; **fuera del ~ de su competencia** beyond the scope *o* range of his authority; **el ~ (de aplicación) de la ley** the scope of the law; **una empresa de ~ nacional** a company with outlets (*o* offices *etc*) throughout the country *o* nationwide

ambivalencia *f* ambivalence

ambivalente *adj* ambivalent

ambo *m* (CS) (two-piece) suit

ambos[1] -bas *adj pl* both; **pacientes de ~ sexos** patients of both sexes; **a ~ lados de la carretera** on both sides of the road; **hubo acuerdo entre ambas partes** the two sides reached agreement

ambos[2] -bas *pron pl* both; **~ aceptaron la propuesta** they both accepted the proposal; **~ me gustan** I like both of them, I like them both

ambrosía *f* **1** (Mit) ambrosia **2** (Bot, Zool) ambrosia **3** (Coc) (RPl) *type of sweet custard*

ambulancia *f* ambulance

ambulanciero -ra *m,f*

A (*m*) ambulance man

B (*f*) ambulance woman; **los ~s** the ambulance crew

ambulantaje *m* (Méx) street vendors (*pl*)

ambulante *adj* traveling* (*before n*); **un grupo de teatro ~** a traveling *o* itinerant theater group; **biblioteca ~** bookmobile (AmE), mobile library (BrE); **es una enciclopedia ~** (hum) she's a walking encyclopedia (hum); ▸**vendedor², venta**

ambulatorio[1] -ria *adj* outpatient (*before n*), ambulatory (frml)

ambulatorio[2] *m* (Esp) outpatients' department

AME *f* (Med) (= **Atrofia Muscular Espinal**) SMA

ameba *f* amoeba

amebiasis *f* amoebic dysentery, amoebiasis

amedrentador -dora *adj* terrifying, frightening

amedrentar [A1] *vt* to terrify; **las grandes olas los amedrentaban** the huge waves filled them with fear *o* terrified them

■ **amedrentarse** *v pron* to be *o* feel terrified; **no se amedrenta ante nada** nothing frightens her

amén *m* amen; **~ de** as well as; **~ de ser injusto, es inconstitucional** as well as being unjust, it's unconstitutional; ***decir ~ a todo*** to agree to everything; ***en un decir ~*** in a flash *o* trice, before you can/could say Jack Robinson (BrE)

amenaza *f* **1** (aviso, intimidación) threat; **no me vengas con ~s** don't threaten me; **~ DE algo**: **intentó asustarlos con ~s de cerrar la fábrica** he tried to frighten them by threatening to *o* with threats to close down the factory; **la ~ de bomba** the bomb threat *o* warning; **~ de muerte** death threat **2** (peligro, riesgo) threat; **con ~ de lluvias en el oeste** with a threat of rain in the west

amenazador -dora *adj*, **amenazante** *adj*, threatening, menacing

amenazar [A4] *vt* **1** ‹‹*persona*›› to threaten; **lo ~on de muerte** they threatened to kill him, they issued a death threat against him; **me ~on con una navaja** they threatened me with a knife; **~ a algn CON + INF**: **nos amenazó con llamar a la policía** he threatened to call the police **2** (dar indicios de): **el edificio amenaza derrumbarse** the building is in danger of collapsing *o* of collapse; **esas nubes amenazan lluvia** those clouds look threatening, it looks like rain (judging from those clouds)

■ **amenazar** *vi* **1** ‹‹*persona*››: **~ CON algo** to threaten sth; **los mineros amenazan con una nueva huelga** the miners are threatening a further strike; **~ CON + INF** to threaten to + INF; **amenazó con dimitir** she threatened to resign **2** (dar indicios de) **~ CON + INF** to threaten to + INF; **el incendio amenazaba con extenderse** the fire threatened to spread

■ *v impers* (Meteo): **amenaza tormenta** there's a storm brewing; **amenaza lluvia** it's threatening to rain, it looks like rain, it looks as if it's going to rain

amenidad *f* pleasantness; **sus clases carecen de ~** his classes lack sparkle *o* interest

amenizar [A4] *vt* ‹*conversación/discurso*› to make ... more enjoyable (*o* interesting *etc*); **la fiesta fue amenizada por la orquesta Santini** the Santini orchestra provided the entertainment *o* the music for the party; **amenizó su conferencia con numerosos ejemplos** she made her lecture livelier *o* more interesting by the use of numerous examples; **estos detalles amenizan la travesía** these little touches make the crossing more enjoyable *o* more pleasant

ameno -na *adj* ‹*reunión/velada*› pleasant, enjoyable; ‹*espectáculo/conversación*› pleasant, enjoyable, entertaining; **pasamos una tarde muy amena allí** we spent a very pleasant *o* nice afternoon there; **es un libro de lectura amena** it's an enjoyable *o* a good read, it's a very readable *o* enjoyable book

amenorrea *f* amenorrhea

amento *m* catkin

América *f*

A (continente) America; **el descubrimiento de ~** the discovery of America; **se usa más en ~ que en España** it's used more in Latin America than in Spain; **flora que sólo se da en ~** flora found only in America *o* in the Americas; ***hacerse la ~*** to make a fortune, get rich

(Compuestos)

- **América Central** Central America
- **América del Norte** *or* **Septentrional** North America
- **América del Sur** *or* **Meridional** South America
- **América Latina** Latin America

B (Esp) (Estados Unidos) America, the States (*pl*)

americana *f* jacket; **~ cruzada** double-breasted jacket *ver tb* **americano¹**, **americano²**

americanada *f* (fam & pey) typical Hollywood movie (*o* show *etc*)

americanismo *m* (término — estadounidense) Americanism; (— latinoamericano) Latin American word/expression

americanista *mf* Americanist

americanización *f* Americanization

americanizar [A4] *vt* to Americanize

■ **americanizarse** *v pron* to become Americanized

americano[1] -na *adj* **1** (del continente americano) American **2** (de Estados Unidos) American; **un corte de pelo a la americana** a crew cut; ***ir*** *or* ***pagar a la americana*** (AmL) to go Dutch

americano[2] -na *m,f* **1** (del continente americano) American **2** (estadounidense) American

americio *m* americium

amerindio -dia *adj/m,f* American Indian, Amerindian

ameritado -da *adj* (AmL) meritorious (frml)

ameritar [A1] *vt* (AmL) to deserve; **un problema que amerita un cuidadoso examen** a problem that merits *o* warrants *o* deserves close scrutiny; **su salario está muy por encima de lo que amerita** he earns far more than he deserves

amerizaje *m* **1** (Aviac) landing (*on water*) **2** (Espac) splashdown

amerizar [A4] *vi* **1** (Aviac) to land (*on water*) **2** (Espac) to splash down

ametralladora *f* machine gun

ametrallamiento *m* machine-gunning; **el ~ del juzgado** the machine-gun attack on *o* the machine-gunning of the courthouse

ametrallar [A1] *vt* to machine-gun; **me ametralló a preguntas** he fired a string of questions at me, he bombarded me with questions

amianto *m* asbestos

amiba *f* amoeba

amigable *adj* ‹*persona*› friendly; ‹*trato*› friendly, amicable; **le habló en tono poco ~** she spoke to him in a rather unfriendly manner

amigablemente *adv* amicably

amigacho *m* ▸**amigote**

amigarse [A3] *v pron* **1** (fam) (reconciliarse) to make up; **se amigaron en seguida** they made (it) up right away **2** (ant) (amancebarse) to set up house together

amígdalas *fpl* tonsils (*pl*)

amigdalitis *f* tonsillitis

amigdalotomía *f* tonsillectomy

amigo[1] -ga *adj*: **son/se hicieron muy ~s** they are/they became good friends; **es muy ~ mío** he's a good *o* close friend of mine; **un país ~** a friendly country; **un médico ~ me recetó estas pastillas** a doctor friend (of mine) prescribed these tablets for me; **ser ~ DE algo**: **es muy ~ de contradecir** he's a great one for contradicting people (colloq), he loves *o* he's fond of contradicting people; **no es amiga de fiestas y reuniones sociales** she doesn't like going to *o* she's not keen on parties and social gatherings; **no soy muy ~ de la comida picante** I'm not a great one for *o* a great fan of spicy food (colloq), I'm not terribly fond of *o* partial to *o* keen on spicy food

amigo[2] -ga *m,f* friend; **un ~ mío** a friend of mine; **somos íntimos ~s** we're very close friends; **una amiga de la infancia/facultad** a childhood/college friend; **su ~ del alma** her best friend, her bosom friend; **el perro es el mejor ~ del hombre** (fr hecha) a dog is a man's best friend; **pregúntale al ~ aquí** ask our friend here; **no son más que ~s** they're just good friends; **A~s del Museo de Bellas Artes** Friends of the Museum of Fine Art; **¡un momento, ~!** now, just a minute, pal *o* buddy (AmE) *o* (BrE) mate! (colloq); **~ de lo ajeno** (hum) thief; **los ~s de lo ajeno abundan en esta zona** this area is full of thieves

amigo[3] *interj*: **¡~!, eso explica ...** ah, so that's it, that explains ...; **¡~! resultó ser pendenciero el muchachito** well, well! the young lad turned out to be a bit of a troublemaker

amigote *m* (fam) crony (colloq & pej), buddy (AmE colloq), mate (BrE colloq)

amiguismo *m*: **un país que funciona a base de ~ y enchufes** a country where everything works through contacts and string-pulling; **en esta empresa hay mucho ~** there's a lot of 'jobs for the boys' in this company

amiguito -ta (fam & pey) *m,f* lover; (*f*) lover, mistress (pej) *ver tb* **amigo**[2]

amilanar [A1] *vt* to daunt; **las múltiples dificultades que le pusieron lo ~on** he was daunted by all the obstacles they put in his way

■ **amilanarse** *v pron* to be daunted; **no se ~on ante el peligro** they were undaunted by the danger; **cuando le dijeron eso se amilanó** when they told him that he lost his nerve

amillarar [A1] *vt* to assess (*for local taxes*)

aminoácido *m* amino acid

aminorar [A1] *vt* to reduce

amistad *f* 1▸ (entre personas, países) friendship; **entabló** *or* **trabó** *or* **hizo ~ con ella** he struck up a friendship with her, he became *o* made friends with her; **nos une una gran ~** there's a great bond of friendship between us; **rompimos las ~es** we stopped being friends, we're not friends any more 2▸ **amistades** *fpl* (amigos) friends (*pl*)

amistarse [A1] *v pron* (Col fam) (hacerse amigos) to make friends; (reconciliarse) to make up

amistosamente *adv* amicably, in a friendly way

amistoso -sa *adj* 1▸ ‹*consejo/palmadita/charla*› friendly 2▸ ‹*partido/torneo*› friendly (*before n*)

amnesia *f* amnesia

amnésico -ca *adj/m,f* amnesiac

amniocentesis *f* amniocentesis

amniótico -ca *adj* amniotic

amnistía *f* amnesty; **conceder/declarar una ~** to grant/declare an amnesty

amnistiado[1] **-da** *adj*: **los guerrilleros ~s** the guerrillas pardoned under the amnesty

amnistiado[2] **-da** *m,f person pardoned under an amnesty*

Amnistía Internacional *f* Amnesty International

amnistiar [A17] *vt* ‹*persona*› to grant an amnesty to; ‹*delito*› to amnesty, to grant amnesty for; **amnistió a todos los presos políticos** he granted an amnesty to all political prisoners; **los delitos amnistiados por esta ley** the offenses for which this law grants an amnesty, the offenses amnestied under this law

amo ama *m,f* 1▸ (de un animal) (*m*) master; (*f*) mistress 2▸ (ant) (de un criado) (*m*) master, employer; (*f*) mistress, employer; **en esta casa el ~ soy yo** I give the orders in this house; **son los ~s del pueblo** they own the whole village; ***hacerse el ~ del cotarro*** (fam) to become leader of the pack *ver tb* **ama**

amoblado *m* (AmL) furniture

amoblamiento *m* (AmL) furnishing

amoblar [A10] *vt* (AmL) to furnish; **amoblado/sin ~** furnished/unfurnished

amodorramiento *m* drowsiness, sleepiness

amodorrar [A1] *vt* to make ... feel drowsy *o* sleepy

■ **amodorrarse** *v pron* to feel sleepy *o* drowsy

amohinarse [A19] *v pron* to get in a sulk

amojonar [A1] *vt* to mark the boundaries of

amolado -da *adj* 1▸ (AmL fam) ‹*persona*› in a bad way, in bad shape; **no se figuran lo ~ que estuve** they have no idea what a bad way I was in; **meterse con él es salir ~** to get involved with him is asking for trouble 2▸ (Méx fam) ‹*objeto*› on its last legs; **tu paraguas ya está ~** your umbrella is on its last legs

amolar [A10] *vt* (AmL fam) 1▸ (perjudicar): **si me pillan me amuelan** if they catch me they'll give me a bad time; **ese tramposo me amoló** that cheating creep really messed things up for me 2▸ (estropear, dañar) to wreck; **me amoló los cassettes** he wrecked my cassettes

■ **amolarse** *v pron*

A (AmL fam) (aguantarse): **el pobre tiene que ~se: no más** the poor guy will just have to put up with it; **no hizo caso ahora ¡que se amuele!** he didn't take any notice, so now it's his problem!

B (Méx fam) (descomponerse) to go wrong, bust; **se amoló la lavadora** the washing machine went wrong *o* bust

amoldable *adj* adaptable

amoldar [A1] *vt* to adjust; **~ los gastos a los ingresos** to adjust one's expenditure to (match) one's income, to live within one's means

■ **amoldarse** *v pron* to adapt; **tardó mucho en ~se a su nuevo trabajo** he took a long time to get used to *o* to settle into *o* to adjust to his new job; **estos zapatos todavía no se me han amoldado al pie** I haven't worn *o* broken these shoes in yet

amonedado -da *adj* (AmC) rich, wealthy

amonedar [A1] *vt* to stamp

amonestación *f*

A (reprimenda) warning; (en fútbol) caution, booking

B (Der, Relig) banns (*pl*); **publicar las amonestaciones** to publish the banns

amonestar [A1] *vt*

A (reprender) to reprimand, admonish (frml); (en fútbol) to caution, book

B (Der, Relig) ‹*novios*› to publish the banns of

amoniacal *adj* ammoniac (*before n*), ammoniacal

amoníaco[1] **-ca**, **amoniaco -ca** *adj* ammoniac (*before n*), ammoniacal

amoníaco[2], **amoniaco** *m* ammonia

amonio *m* ammonium

amonita *f* ammonite

amontillado[1] **-da** *adj* amontillado (*before n*)

amontillado[2] *m* amontillado

amontonamiento *m* (fam) (de objetos) stack, pile; **había un ~ de gente** there were hordes *o* there was a great crowd of people

amontonar [A1] *vt* 1▸ (apilar) to pile up; **ve amontonándolos ahí** pile them up *o* put them in a pile over there 2▸ (juntar) to accumulate; **he ido amontonando tal cantidad de cosas** I've accumulated so many things

■ **amontonarse** *v pron* «*personas*» to gather *o* crowd together; «*objetos/trabajo*» to pile up

amor *m*

A 1▸ (sentimiento) love; **una historia de ~** a love story; **~ no correspondido** unrequited love; **fue ~ a primera vista** it was love at first sight; **tener ~es con algn** (ant) to have a liaison with sb (dated); **¿qué tal andas de ~es?** (fam) how's your love life? (colloq); **~ POR algn: siente un gran ~ por ti** he loves you very much; **~ A algn/algo: ~ al prójimo/a la patria** love for one's neighbor/one's country; **un gran ~ a la vida/a los animales** a great love of life/animals; ***de mil ~es*** with (the greatest of) pleasure; ***hacerle el ~ a algn*** (ant) to court *o* woo sb (dated); ***por ~ al arte*** (fam) just for the fun of it; ***por (el) ~ de Dios*** (mendigando) for the love of God; (expresando irritación) for God's sake!; ***requerir a algn de ~es*** (ant) to pay court to sb (arch); ***~ con ~ se paga*** one good turn deserves another 2▸ (el acto sexual): **el ~** lovemaking; **yacían desnudos después del ~** (liter) they lay naked after making love; **hacer el ~ a/con algn** to make love to/with sb 3▸ (persona amada) love; (cosa amada) love; **él fue el gran ~ de su vida** he was the great love of her life; **tu ~cito está al teléfono** (fam & hum) your beloved is on the telephone (hum); **~ mío** *or* **mi ~** my darling, my love; **su gran ~ es la música** music is her great love 4▸ (esmero, dedicación): **hacer algo con ~** to do sth lovingly; **hay mucho ~ puesto en esto** a lot of love and care has gone into this

Compuestos

- **amor cortés** courtly love
- **amor de hombre** tradescantia, wandering Jew
- **amor libre** free love
- **amor materno** *or* **maternal** maternal love
- **amor propio** pride, self-esteem

B (fam) (persona bondadosa) darling (colloq), dear (colloq), honey (AmE colloq); **sus hijas son un ~** his daughters are real darlings

C **al ~ de la lumbre** by the fireside

amoral *adj* amoral

amoralidad *f* amorality

amoratado -da *adj* 1▸ (de frío) blue 2▸ (por un golpe) ‹*piernas*› bruised, black-and-blue; **ojo ~** black eye

amoratarse [A1] *v pron* 1▸ (por el frío) to turn *o* go blue 2▸ (por un golpe): **se le amoratá un ojo** he got a black eye

amorcillo *m*

A (fam) (amorío) fling (colloq)

B (Art) cupid

amordazar [A4] *vt* 1▸ (con mordaza) ‹*persona*› to gag; ‹*perro*› to muzzle 2▸ «*miedo/amenazas*» to silence

amorfo -fa *adj* 1▸ ‹*cuerpo/masa*› amorphous, shapeless 2▸ ‹*mineral/sustancia*› amorphous 3▸ ‹*persona*› characterless, insipid

amorío *m* love affair; **una vida de escándalos y ~s** a life full of scandal and love affairs; **fue un ~ sin importancia** it was just a brief affair *o* (colloq) fling

amoroso -sa *adj* 1▸ ‹*vida*› love (*before n*); **todas sus relaciones amorosas terminaron en desastre** his relationships always ended disastrously 2▸ (AmL) ‹*persona*› cute, sweet, lovely; ‹*vestido/casa*› cute, sweet, lovely; **Teresa, amorosa, dame un besito** Teresa, darling, give me a kiss

amortajar [A1] *vt* to shroud, wrap ... in a shroud

amortiguación *f* 1▸ (de golpes) absorption, cushioning; **tiene mala ~** (Auto) the shock absorbers aren't very good 2▸ (de sonido) muffling; (de luz) dimming

amortiguador[1] **-dora** *adj* shock-absorbing (*before n*)

amortiguador[2] *m* shock absorber

amortiguar [A16] *vt* 1▸ ‹*golpe*› to cushion, absorb 2▸ ‹*sonido*› to muffle; ‹*luz*› to dim 3▸ ‹*color*› to tone down, soften 4▸ (liter) ‹*dolor*› to deaden; ‹*hambre*› to take the edge off

amortizable *adj* redeemable; **~s en tres años** redeemable in three years

amortización *f*

A 1▸ (de una inversión) recovery 2▸ (de un préstamo) repayment 3▸ (de bonos, de una hipoteca) redemption

B (en un balance) depreciation, amortization

Compuestos

- **amortización acelerada** accelerated depreciation
- **amortización decreciente** *or* **degresiva** reducing balance depreciation
- **amortización lineal** straight line depreciation

C (de puestos) elimination

amortizar [A4] *vt*

A (Com, Fin) 1▸ ‹*compra*› **en poco tiempo ~emos la lavadora** the washing machine will soon pay for itself, we'll soon recoup the cost of the washing machine 2▸ (recuperar) ‹*inversión*› to recoup, recover 3▸ (pagar) ‹*deuda*› to repay, amortize (frml); ‹*valores/hipoteca*› to redeem

B (en un balance) ‹*equipo/material*› to depreciate, write off, amortize (frml); ‹*pérdida*› to write off, charge off (AmE)

C ‹*empleos*› to eliminate

amoscarse [A2] *v pron* (fam) to take the huff (colloq)

amostazar [A4] *vt* (fam) to annoy, bug (colloq)

■ **amostazarse** *v pron* (fam) to take the huff (colloq)

amotinado[1] **-da** *adj* ‹*soldado/ejército*› rebel (*before n*), insurgent (*before n*); ‹*pueblo/ciudadanos*› rebellious, insurgent (*before n*)

amotinado[2] **-da** *m,f* (militar) insurgent, rebel; (civil) insurgent

amotinamiento *m* (de soldados, marineros) mutiny; (de civiles) uprising, insurgency, insurrection

a

amotinar [A1] *vt* ‹*tropa*› to incite … to mutiny *o* rebellion *o* insurrection; ‹*población/pueblo*› to incite … to rebellion

■ **amotinarse** *v pron* «*soldados/oficiales*» to mutiny, rebel; «*población civil*» to rise up

amparar [A1] *vt* 1 (proteger) to protect; **¡que Dios nos ampare!** may the Lord help us!; **me ampara la Constitución** I am protected by *o* under the Constitution 2 (dar refugio) to shelter, give shelter to; **las monjas amparaban a los pobres** the nuns used to give shelter to the poor

■ **ampararse** *v pron* 1 **~se EN algo** ‹*en una ley*› to seek protection IN sth; **se amparó en su inmunidad diplomática** he used his diplomatic immunity to protect himself; **se negó a alistarse amparándose en la objeción de conciencia** he refused to enlist on the grounds of conscientious objection 2 (resguardarse) **~se DE** *or* **CONTRA algo** to shelter FROM sth; **para ~se de** *or* **contra la tormenta** to shelter from *o* take refuge from the storm

amparo *m* 1 (protección) protection; **están bajo mi ~** they're under my protection; **al ~ de** under the protection of; **al ~ de la nueva ley** under the protection of the new law; **viven al ~ de la caridad pública** they live on charity; **al ~ de la noche** under cover of (the) night *o* of darkness 2 (refugio) shelter; **les dio ~ contra sus perseguidores** she sheltered them *o* gave them refuge from their pursuers; **su fe fue su ~ en la desgracia** his faith was his refuge in times of misfortune; **aquella cabaña era ~ de caminantes** that hut provided shelter *o* refuge for travelers 3 (Der) ▸ **recurso de amparo**

ampáyar, ampáyer *mf* (Col) umpire

ampe *interj* (Bol) how terrible!, how awful!

amperaje *m* amperage

ampere *m* amp, ampere (frml)

amperímetro *m* ammeter

amperio *m* amp, ampere (frml)

ampliación *f* 1 (de un local, una carretera) extension; (de negocio) expansion 2 (Com, Fin): **una ~ de capital** an increase in capital; **la ~ de la plantilla** the increase in the number of staff 3 (de conocimientos, del vocabulario) widening; **el debate sobre la ~ de esta ley** the debate on the broadening *o* widening of the scope of this law 4 (de un plazo, período) extension 5 (Fot) (procedimiento) enlargement; (copia ampliada) enlargement

ampliadora *f* enlarger

ampliamente *adv* 1 (con holgura) easily; **ganaron el partido ~** they won the game easily; **paso ~ de ti** (Esp fam) I couldn't care less *o* two hoots what you think (*o* want *etc*) (colloq) 2 (extensamente) at (great) length

ampliar [A17] *vt* 1 ‹*local/carretera*› to extend; ‹*negocio*› to expand 2 ‹*capital/plantilla*› to increase 3 ‹*conocimientos/vocabulario*› to increase, improve; ‹*explicación*› to expand (on); ‹*campo de acción*› to widen, broaden, extend; **una versión ampliada y corregida** an expanded and corrected version; **para ~ sus estudios** to further her studies; **quiere ~ sus horizontes** he wants to broaden his horizons 4 ‹*plazo/período*› to extend 5 ‹*fotografía*› to enlarge, blow up

amplificación *f* amplification

amplificador[1] **-dora** *adj* ‹*aparato/circuito*› amplifying (*before n*)

amplificador[2] *m* amplifier

(Compuestos)

- **amplificador de antena** signal amplifier *o* booster
- **amplificador previo** preamplifier

amplificar [A2] *vt* to amplify

amplio -plia *adj* 1 ‹*calle*› wide; ‹*valle*› wide, broad; ‹*casa*› spacious; ‹*vestido/abrigo*› loose-fitting; ‹*falda/manga*› full; **con una amplia sonrisa** with a broad smile 2 ‹*criterio*› broad; ‹*margen*› wide; **en el sentido ~ de la palabra** in the broad sense of the word; **por amplia mayoría** by a large majority; **tiene amplias facultades para decidir sobre este punto** he has full authority to make a decision on this point; **una amplia gama de colores** a wide range of colors; **les ofrecemos las más amplias garantías** we offer comprehensive guarantees *o* the fullest possible guarantees; **un tema que tuvo una amplia difusión** an issue that received wide media coverage; **un ~ programa de reformas** a full *o* wide-ranging *o* comprehensive program of reforms

amplitud *f* 1 (de una calle) width; (de una casa) spaciousness; (de un vestido) looseness; (de una falda, manga) fullness; **la gran ~ térmica característica del desierto** the huge temperature range characteristic of the desert 2 (de miras, criterios) range; (de facultades, garantías) extent; **la ~ de sus conocimientos** the breadth *o* depth of his knowledge 3 (Fís) amplitude

ampolla *f*

A (por quemadura, rozamiento) blister; **me ha salido una ~ en el pie** I have a blister on my foot; ***levantar ~s:*** **sus comentarios levantaron algunas ~s en el Senado** his remarks riled a few people *o* got a few backs up in the Senate (colloq)

B (recipiente) ampoule (frml), vial (AmE), phial (BrE)

ampollar [A1] *vt* to cause blisters on

■ **ampollarse** *v pron* to blister; **se me ~on los pies** I got blisters on my feet, my feet blistered; **la pintura se ampolló** the paint bubbled up *o* blistered

ampolleta *f* 1 (recipiente) ▸ **ampolla B** 2 (Elec) (Chi) (fam) light bulb; ***se me/le prendió la ~*** (Chi) I/he had a brainwave *o* a bright idea (colloq)

ampulosidad *f* pomposity, pompousness

ampuloso -sa *adj* pompous, bombastic

amputación *f* amputation

amputar [A1] *vt* 1 ‹*brazo/pierna*› to amputate 2 ‹*texto*› to cut (out)

amueblada *f* (RPl fam) hotel (*in which rooms are rented by the hour*)

amueblar [A1] *vt* to furnish; **piso amueblado/sin ~** furnished/unfurnished apartment *o* (BrE) flat

amuermado -da *adj* (Esp fam): **llevas toda la tarde ~** you've been half asleep *o* (colloq) like a zombie all afternoon; **la fiesta fue un rollo, estaba todo el mundo ~** the party was a drag, nobody had any life in them (colloq)

amuermar [A1] *vt* (Esp fam): **la reunión los amuermó a todos** they all felt lifeless *o* half asleep after the meeting

■ **amuermarse** *v pron* (Esp fam): **nos vamos a ~ si nos quedamos aquí** we're going to fall asleep if we stay here

amujerado -da *adj* effeminate

amulatado -da *adj* dark-skinned, dusky

amuleto *m* charm, amulet

amura *f* bow

amurallado -da *adj* walled

amurallar [A1] *vt* to wall, build walls around

amurrarse [A1] *v pron* (Chi fam) ▸ **enfurruñarse**

anabaptismo *m* Anabaptism

anabaptista *adj/mf* Anabaptist

anabólico, anabolizante *m* anabolic steroid

anacarado -da *adj* pearly, mother-of-pearl (*before n*)

anacardo *m* cashew, cashew nut

anacoluto *m* anacoluthon

anaconda *f* anaconda

anacoreta *mf* anchorite

anacrónico -ca *adj* anachronistic

anacronismo *m* anachronism

ánade *mf* duck

(Compuestos)

- **ánade friso** gadwall
- **ánade rabudo** pintail
- **ánade real** mallard
- **ánade silbón** wigeon

anadón *m* duckling

anaeróbico -ca, anaerobio -bia *adj* anaerobic

anafe *m* portable stove

anafiláctico -ca *adj* anaphylactic

anafilaxia, anafilaxis *f* anaphylaxis

anáfora *f* anaphora

anagrama *m* anagram

anal *adj* anal

anales *mpl* 1 (publicación) annals (*pl*), records (*pl*) 2 (historia) annals (*pl*); **nunca en los ~ del ciclismo** never in the history *o* the annals of cycling

analfabetismo *m* illiteracy

(Compuesto) **analfabetismo funcional** functional illiteracy

analfabeto[1] **-ta** *adj* illiterate

analfabeto[2] **-ta** *m,f* 1 (que no sabe leer) illiterate, illiterate person 2 (fam & pey) (ignorante) ignoramus (colloq & pej)

(Compuesto) **analfabeto funcional** functional illiterate

analgesia *f* analgesia

analgésico[1] **-ca** *adj* analgesic, painkilling (*before n*)

analgésico[2] *m* analgesic, painkiller

análisis *m* (*pl* ~)

A (de una situación, un tema) analysis; **hizo un ~ del problema** he analyzed *o* carried out an analysis of the problem

(Compuesto) **análisis de costo-beneficio** *or* (Esp) **coste-beneficio** cost-benefit analysis

B (Med, Quím) analysis; **hacerse un ~ de orina/sangre** to have a urine/blood test

(Compuestos)

- **análisis clínico** clinical analysis
- **análisis espectral** spectrum analysis
- **análisis orgánico** organic analysis

C (Ling) analysis

(Compuestos)

- **análisis del discurso** discourse analysis
- **análisis gramatical** grammatical analysis
- **análisis sintáctico** syntactic analysis

D (Mat) analysis, calculus

E (Psic) analysis

analista *mf* 1 (Psic) analyst 2 (Med, Quím) analyst 3 (period) (experto) analyst

(Compuestos)

- **analista financiero, analista financiera** *m,f* financial analyst
- **analista de inversiones** investment analyst
- **analista de mercado** market analyst
- **analista de presupuestos** budget analyst
- **analista programador, analista programadora** *m,f* computer analyst and programmer
- **analista de sistemas** systems analyst

analítico -ca *adj* 1 ‹*capacidad/mente/método*› analytic, analytical 2 ‹*lengua*› analytic

analizador[2] **-dora** *m,f*

A (persona) analyst, analyzer*

B **analizador** *m* (aparato) analyzer* (Inf, Ling) *tb* **~sintáctico** parser

analizar [A4] *vt*

A (examinar) to analyze*, examine

B (Med, Quím) to analyze*

C (Ling) to parse

■ **analizarse** *v pron* to undergo *o* have analysis; **se está analizando** he's undergoing *o* having analysis, he's seeing an analyst, he's in analysis

análogamente *adv* similarly, in the same way

analogía *f* analogy; **estableció una ~ entre los dos casos** she drew an analogy between the two cases

analógico -ca *adj* 1 (Electrón) analogical, analogue (*before n*) 2 ‹*cambio/relación*› analogical

análogo -ga *adj* analogous, similar

ananá *m* (*pl* **-nás**) (RPl) pineapple

anaquel *m* shelf

anaranjado[1] **-da** *adj* ▸ **i** **p.181** orangish (AmE), orangey (BrE)

anaranjado[2] *m* ▸ **i** **p.181** orangish color (AmE), orangey colour (BrE)

anarco *m* (fam) anarchist
anarcosindicalismo *m* anarcho-syndicalism
anarcosindicalista[1] *adj* anarcho-syndicalist
anarcosindicalista[2] *m,f* anarcho-syndicalist (member or supporter of the anarchist labor movement in Spain)
anarquía *f* 1 (Fil, Pol) anarchy 2 (caos) anarchy, chaos; **sumió al país en la ~** it plunged the country into chaos *o* anarchy
anárquico -ca *adj* 1 (Pol) anarchic 2 (caótico) anarchic, chaotic
anarquismo *m* anarchism
anarquista[1] *adj* anarchist (*before n*)
anarquista[2] *mf* anarchist
anarquizar [A4] *vt* to cause chaos *o* anarchy *o* complete disorder in
■ **anarquizarse** *v pron*: **se anarquizó el país** the country fell into complete disorder *o* was plunged into chaos
anatema *m* (Relig) anathema; **lanzaba ~s contra sus rivales** he hurled abuse *o* insults at his rivals, he railed against his rivals
anatematizar [A4], **anatemizar** [A4] *vt* 1 (Relig) to anathematize 2 (condenar) to condemn
■ **anatematizar** *vi* to rail; **anatemizan contra la relajación de costumbres** they rail against *o* condemn the decline in moral standards
anatomía *f* 1 (ciencia) anatomy 2 (de una persona, un animal) anatomy 3 (fam & hum) (cuerpo) body, anatomy (colloq & hum)
(Compuesto) **anatomía patológica** morbid anatomy
anatómico -ca *adj* 1 (Anat) anatomical 2 ‹*asiento/respaldo*› anatomically designed
anca *f*‡ 1 (de animal) haunch; **las ~s del caballo** the horse's hindquarters *o* haunches *o* rump *o* crupper; **llevar a algn en ~s** (AmL) to take sb on the crupper 2 **ancas** *fpl* (AmL fam) (de persona) behind (colloq), backside (colloq)
(Compuesto) **ancas de rana** *fpl* frogs' legs (*pl*)
ANCAP /aŋ'kap/ *f* (en Ur) = **Administración Nacional de Combustibles, Alcohol y Portland**
ancestral *adj* ‹*costumbre*› ancient; ‹*temor*› primitive, ancient
ancestro *m* ancestor
ancho[1] **-cha** *adj*
A 1 ‹*camino*› wide; ‹*río*› wide, broad; ‹*cama/mesa*› wide; **la entrada no es lo suficientemente ancha** the entrance is not wide enough; **pusieron barricadas a todo lo ~ de la carretera** they put barricades right across the road; **doblar el papel a lo ~** fold the paper breadthways *o* (BrE) widthways 2 ‹*manos/cara/espalda*› broad; **es ~ de espaldas** he's broad-shouldered 3 ‹*pared*› thick 4 ‹*pantalones/chaqueta*› loose-fitting, loose; **la falda me está** *or* **queda** *or* **viene ancha de cintura** the skirt is too big around the waist for me
B (fam) (ufano, orgulloso) proud; **iba todo ~ del brazo de su hija** he was very proud *o* bursting with pride as he walked arm-in-arm with his daughter
C (cómodo, tranquilo): **vamos en mi coche, así estaremos más ~s** (Esp) we'll take my car, that way we'll have more room; **¡qué ~ me quedé después de decírselo!** (Esp) I felt really good *o* I felt I'd got(ten) a real weight off my chest after I'd told him; ***estar/sentirse/ponerse a sus anchas*** to be/feel/make oneself at home; **en su casa me siento a mis anchas** I feel at home *o* at ease at his house; **ahora podemos charlar a nuestras anchas** now we can relax and have a good chat; **llegó al hotel y se puso a sus anchas** he arrived at the hotel and made himself comfortable *o* made himself at home *o* settled himself in; ***quedarse tan ~*** (Esp fam): **lo dijo mal y se quedó tan ~** he said it wrong but just carried on regardless *o* as if nothing had happened *o* but he wasn't at all fazed; **lo echaron del trabajo y se quedó tan ~** they fired him but he wasn't the least bit bothered *o* worried *o* but he was totally unpertubed; **casi se mata y se queda tan ~** he nearly kills himself and then behaves *o* acts as if nothing had happened, he nearly kills himself and he doesn't bat an eyelash (AmE) *o* (BrE) eyelid *o* turn a hair; **me llamó mentirosa y se quedó tan ~** he called me a liar, quite unashamedly; **dijo que se iba a vivir con él, así tan ancha** she quite boldly *o* calmly said she was going to go and live with him, she said she was going to go and live with him, quite brazenly *o* unashamedly
ancho[2] *m* 1 width; **mide el ~ de la alfombra** measure the width of the carpet; **¿cuánto tiene** *or* **mide de ~?** how wide is it?; **tiene** *or* **mide 6 metros de largo por 3 de ~** it's 6 meters long by 3 meters wide 2 (Tex) width; ▸ **doble**[1] **A**
(Compuestos)
• **ancho de banda** bandwidth
• **ancho de vía** gauge
• **ancho ibérico** (Ferr) Spanish broad gauge
• **ancho internacional** (Ferr) standard gauge
anchoa *f*
A (Coc, Zool) anchovy
B (Méx) (rulito) curler, pin curl (AmE)
anchoveta *f* anchoveta
anchura *f* 1 (de un camino) width; (de un río) width, breadth; (de una cama, mesa) width 2 (de una pared) thickness
(Compuesto) **anchura de banda** bandwidth
anchuroso -sa *adj* (liter) ‹*llanura/mar*› wide, vast; ‹*salón*› spacious
ancianato *m* (Col) old people's home, rest home
ancianidad *f* old age
anciano[1] **-na** *adj* elderly; **la mujer más anciana del pueblo** the oldest woman in the village
anciano[2] **-na** *m,f*
A (*m*) elderly man *o* gentleman
B (*f*) elderly woman *o* lady
ancla *f*‡ anchor; **echar el ~** *or* **las ~s** to drop anchor; **levar ~s** to weigh anchor
(Compuesto) **ancla de la esperanza** (Náut) sheet anchor; **fue su ~ de la ~ en aquellos difíciles momentos** it was his lifeline during that difficult time
anclaje *m* 1 (acción) anchorage 2 (impuesto) anchorage dues (*pl*)
anclar [A1] *vt* to anchor
■ **anclar** *vi* to anchor, drop anchor
áncora *f*‡
A (Náut) anchor
(Compuesto) **áncora de salvación** ▸ **ancla de la esperanza**
B (de un reloj) escapement
AND *m* (= **ácido desoxirribonucleico**) DNA
andadas *fpl*: ***volver a las ~*** to go back to one's old ways
andadera *f* (Méx, Ven) 1 (con ruedas) baby walker 2 **andaderas** *fpl* (arnés) baby harness, reins (*pl*)
andado -da *adj*: **ya llevan mucho camino ~** they've already covered a lot of ground; ***desandar lo ~*** to go back to square one
andador *m*
A 1 (con ruedas) baby walker 2 **andadores** *mpl* (arnés) baby harness, reins (*pl*)
B (para ancianos) Zimmer® frame, walking frame (BrE)
andadora *f* baby walker
andadura *f* 1 (viaje, recorrido) journey 2 (curso, trayectoria): **en su larga ~ profesional** in her long professional career; **esta organización comenzó su ~ en el año 1970** this organization began its activity in 1970
Andalucía *f* Andalusia
andaluz -luza *adj/m,f* Andalusian
andamiaje *m* 1 (Const) scaffolding 2 (de una institución) framework, structure
andamio *m tb* : **~s** scaffolding
andana *f* row; **dos ~s de ladrillos** two courses *o* rows of bricks
andanada *f*
A 1 (Arm, Mil) volley 2 (de insultos, palabrotas) stream, volley; **le soltó una ~ de tacos** she unleashed a stream *o* volley of abuse at him
B (gradería) upper tier, bleachers (*pl*) (AmE)
andante[1] *adj* ▸ **caballero**[2] **C**
andante[2] *m* andante
andanzas *fpl* adventures (*pl*)
andar[1] [A24] *vi*
A 1 (esp Esp) (caminar) to walk; **la niña ya anda** the little girl's already walking; **anda encorvado** he stoops, he walks with a stoop; **el perrito venía andando detrás de ella** the little dog was coming along *o* walking along behind her; **se acercó andando de puntillas** she tiptoed up to him, she went up to him on tiptoes; **¿has venido andando?** did you come on foot?, did you walk?; ***a poco ~*** (Chi) before long 2 (Col, CS, Ven) (ir) to go; **anda a comprar el periódico** go and buy the newspaper; **anduvo de aquí para allá intentando encontrarla** he went all over the place trying to find her; ***andá a pasear*** (fam) *or* (vulg) ***a la mierda*** (RPl) get lost! (colloq), go to hell! (sl), piss off! (BrE sl) 3 (AmL) (montar): **no sé ~ a caballo** I can't ride a horse; **fue a ~ a caballo al parque** she went horseriding *o* riding in the park; **los domingos salen a ~ en bicicleta** they go cycling on Sundays, they go for bike rides on Sundays (colloq); **está aprendiendo a ~ en bicicleta** she's learning to ride a bicycle; ▸ **gata B**
B (marchar, funcionar) to work; **el tocadiscos no anda** the record player's not working; **el coche anda de maravilla** the car's running *o* (BrE) going like a dream
C (+ *compl*) 1 (estar) to be; **¿cómo andas?** how are you?, how's it going? (colloq), how are things? (colloq), what's up? (AmE colloq); **¿cómo andas de calcetines?** how are you for *o* (BrE) how are you off for socks?; **¿cómo andamos de tiempo?** how are we doing for time?; **no anda muy bien de salud** he isn't very well; **ando enfermo** I'm ill; **anda un poco tristón** he's (looking) a bit gloomy; **siempre anda con prisas** he's always in a hurry; **anda siempre muy arregladita** she's always very well turned-out; **no andes descalza** don't walk *o* go around without your shoes on; **¿quién anda ahí?** who's there?; **¿y Manolo? — creo que anda por América** what about Manolo? — I think he's in America somewhere; **¿dónde andan mis calcetines?** where have my socks got(ten) *o* gone to? (colloq), what's happened to my socks?; **~ + GER** to be -ING; **anda buscando pelea** he's out for *o* he's looking for a fight; **la policía lo anda buscando** the police are looking for him *o* (colloq) are after him; ***quien mal anda, mal acaba*** if you live like that, you're bound to come to a bad end 2 (juntarse) **~ CON algn** to mix WITH sb; **no me gusta la gente con la que andas** I don't like the people you're mixing with *o* (colloq) you're hanging around with; ***dime con quién andas y te diré quién eres*** you can tell a man *o* a man is known by the company he keeps 3 (salir con): **~ CON algn** to go out WITH sb
D (rondar) **~ POR algo**: **~á por los 60 (años)** he must be around *o* about 60
E **~ DETRÁS DE** *or* **TRAS algn/algo** (buscar, perseguir) to be AFTER sb/sth; **ese sólo anda detrás de tu dinero** he's only after your money; **andan tras la fama y la riqueza** they are looking for *o* (colloq) they are out for fame and fortune
F 1 (fam) **~ CON algo** (llevar) ‹*con revólver/dinero*› to carry sth; ‹*contraje/sombrero*› to wear sth; **sabes que no me gusta que andes con cuchillos** you know I don't like you playing with *o* messing around with knives 2 (revolver) **~ EN algo** to rummage *o* poke *o* ferret around IN sth; **no me andes en el bolso** don't go rummaging *o* poking *o* ferreting around in my bag
G (en exclamaciones) 1 (expresando sorpresa, incredulidad): **¡anda! ¡qué casualidad!** well! *o* good heavens! *o* good grief! what a coincidence!; **¡anda! ¡mira quién está aquí!** well, well! *o* hey! look who's here!; **¡anda ya! ¡eso**

es imposible! go on! *o* (BrE) get away with you! that's impossible! (colloq) 2 (expresando irritación, rechazo): **¡anda! ¡déjame en paz!** oh, leave me alone!; **¡anda! no me vengas con excusas** come on! *o* come off it! I don't want to hear your excuses (colloq); **¡anda! ¡se me ha vuelto a olvidar!** damn! I've forgotten it again! (colloq) 3 (instando a hacer algo): **préstamelo, anda** go on, lend it to me!; **anda, déjate de tonterías** come on, stop being silly!; **ándale, no seas sacón** (Méx fam) go on, don't be chicken (colloq); **¡anda!** *or* (Méx) **¡ándale!** *or* (Col) **¡ándele! que llegamos tarde** come on *o* get a move on *o* let's get moving, we'll be late! (colloq); **¡vamos, andando, que se hace tarde!** come on, let's get a move on, it's getting late!

■ **andar** *vt*

A (caminar) to walk; **tuvimos que ~ un buen trecho** we had to walk a fair distance; **he andado muchos caminos** (liter) I have trodden many paths (liter)

B (AmC) (llevar): **no ando dinero** I don't have any money on me; **siempre ando shorts en casa** I always go around in *o* wear shorts at home

■ **andarse** *v pron*

A **~se CON algo: ése no se anda con bromas** he's not one to joke around *o* not one for jokes; **ándate con cuidado** take care, be careful; ▸**rodeo, rama**

B (*en imperativo*) (AmL) (irse): **ándate de aquí inmediatamente** get out of here this minute; **ándate luego, no vayas a llegar tarde** get going *o* get a move on, otherwise you'll be late (colloq)

andar² *m*

A (modo de andar) gait, walk; **un viejo de ~ pausado** an old man with an unhurried gait *o* walk; **tiene ~es de princesa** she walks like a princess, she has the bearing *o* deportment of a princess (frml)

B **andares** *mpl* 1 (viajes) travels (*pl*); **en mis ~es por Sudamérica** on my travels through South America 2 (aventuras) adventures (*pl*)

andariego -ga *adj* fond of *o* (BrE) keen on walking

andarín -rina *adj* fond of *o* (BrE) keen on walking

andarivel *m*

A 1 (cable) ferry cable *o* rope 2 (pasamanos) handrail 3 (mecanismo) cableway

(Compuesto) **andarivel de salvamento** breeches buoy

B (RPl) (en una piscina — carril) lane; (— soga) lane divider

andas *fpl* portable platform (*used in religious processions*); ***llevar a algn en ~*** (CS) to carry sb on one's shoulders

ándele, ándale *interj ver* **andar¹ G3**

andén *m*

A (en una estación) platform; **el autobús saldrá del ~ número 5** the bus will depart from bay 5

B (AmC, Col) (acera) sidewalk (AmE), pavement (BrE)

Andes ➡ *mpl*: **los ~** the Andes

ANDI /'andi/ *f* (en Col) = **Asociación Nacional de Industriales**

andinismo *m* (AmL) mountaineering, mountain climbing, climbing

andinista *mf* (AmL) mountaineer, mountain climber, climber

andino -na *adj* Andean

Andorra *f* Andorra

andorrano -na *adj/m,f* Andorran

andrajo *m* rag; **va vestido de** *or* **con ~s** he goes about dressed in rags; **este abrigo está hecho un ~** this coat is falling apart *o* is falling to bits *o* is in tatters

andrajoso -sa *adj* ‹*mendigo*› ragged; ‹*ropa*› ragged, in tatters

androcéntrico -ca *adj* androcentric

androceo *m* androecium

androfobia *f* androphobia

androgénico -ca *adj* androgenic

andrógeno *m* androgen

andrógino¹ -na *adj* androgynous

andrógino² -na *m,f* hermaphrodite, androgyne

androide *m* android

andropausia *f* (Med) male menopause, andropause (tec)

androsterona *f* androsterone

andurrial *m*

A (Col) (camino) muddy road (*o* track *etc*)

B **andurriales** *mpl* (fam) godforsaken place *o* spot (colloq); **¿y tú qué haces por estos ~es?** (hum) so what are you doing in this neck of the woods?

anduve, anduviste, etc ▸**andar¹**

anea *f* reed mace, cattail (AmE), cat's-tail (BrE)

aneblarse [A5] *v pron* to get misty

anécdota *f* anecdote

anecdotario *m* collection of anecdotes

anecdótico -ca *adj* 1 anecdotal; **un relato ~** an anecdotal account; **un personaje ~** a colorful character 2 ‹*interés/valor*› incidental

ANEF /a'nef/ *f* (en Chi) = **Asociación Nacional de Empleados Fiscales**

anegadizo -za *adj* prone to flooding

anegamiento *m* flooding

anegar [A3] *vt* 1 ‹*campo/local*› to flood 2 ‹*carburador*› to flood 3 (abrumar) to overwhelm

■ **anegarse** *v pron* «*campo/terreno*» to be flooded; **me miró con los ojos anegados en lágrimas** (liter) she looked at me, her eyes full of tears *o* she looked at me, her eyes bathed in *o* brimming with tears (liter)

anejar [A1] *vt* ▸**anexar B**

anejo¹ -ja *adj* 1 (inherente): **llevar anejo: una profesión que lleva anejas grandes responsabilidades** a profession that carries with it a great deal of responsibility *o* which has a great deal of responsibility attached 2 ▸**anexo¹**

anejo² *m* ▸**anexo²**

anélido *m* annelid

anemia *f* anemia*

(Compuesto) **anemia falciforme** *or* **de células falciformes** sickle-cell anemia*

anémico¹ -ca *adj* anemic*

anémico² -ca *m,f* anemic person*; **los ~s** people who suffer from anemia

anemómetro *m* anemometer, wind gauge

anémona *f* anemone, windflower

(Compuesto) **anémona de mar** sea anemone

aneroide *adj* aneroid

anestesia *f* (proceso) anesthesia*; (droga) anesthetic*; **aún está bajo los efectos de la ~** he's still under (the) anesthetic; **lo operaron con ~** he was operated on under (an) anesthetic; **le sacó la muela sin ~** he took his tooth out without an anesthetic

(Compuestos)

- **anestesia epidural** *or* **peridural** epidural
- **anestesia general/local** (proceso) general/local anesthesia*; (droga) general/local anesthetic*

anestesiar [A1] *vt* ‹*persona*› to anesthetize*, to give ... an anesthetic*; ‹*encía/dedo*› to anesthetize*; **me ~on para quitarme la muela** I had the tooth out under anesthetic

anestésico¹ -ca *adj* anesthetic*

anestésico² *m* anesthetic*

anestesiólogo -ga *m,f* anesthesiologist (AmE), anaesthetist (BrE)

anestesista *mf* anesthetist* (*sometimes not a fully-qualified doctor*)

aneurisma *m or f* aneurysm

anexar [A1] *vt*

A (esp AmL) ‹*territorios*› to annex

B ‹*cláusula*› to add, append (frml)

anexión *f* annexation

anexionamiento *m* (CS) annexation

anexionar [A1] *vt* to annex

■ **anexionarse** *v pron* to annex

anexionismo *m: policy of annexation*

anexionista *adj/mf* annexationist

anexo¹ -xa *adj* 1 ‹*edificio/local*› joined, annexed 2 ‹*cláusula*› added, appended (frml); ‹*documento*› (en un informe) attached; (en una carta) enclosed

anexo² *m* 1 (edificio) annex* 2 (documento — en un informe) appendix, attached document (*o* certificate *etc*); (— en una carta) enclosure, enclosed document (*o* certificate *etc*); Ⓢ **anexos** enc., enclosures 3 (Chi, Per) (del teléfono) extension

anfeta *f* (fam) amphetamine; **~s** speed (colloq)

anfetamina *f* amphetamine

anfibio¹ -bia *adj* 1 (Zool) amphibious 2 ‹*vehículo*› amphibious; **avión ~** seaplane

anfibio² *m* amphibian

anfibología *f* ambiguity, amphibology

anfiteatro *m* 1 (Arquit) amphitheater*; (en la universidad) lecture hall, auditorium (AmE) 2 (Geol) natural amphitheater*

anfitrión -triona *m,f*

A (*m*) host

B (*f*) hostess

ánfora *f*‡ 1 (cántaro) amphora 2 (Bol, Méx, Per) (urna) ballot box 3 (Méx) (botella pequeña) *tb* **anforita** flask, hipflask 4 (Andes) (en una tómbola) drum

angarillas *fpl* 1 (camilla) improvised stretcher 2 (Const) handbarrow 3 (de burro) panniers (*pl*)

angas, (Andes, Méx fam): **por ~ o por mangas, el caso es que nunca estás trabajando** the fact is that, for one reason or another, you're never working; **por ~ o por mangas tengo que salir** I have to go out whether I like it or not

ángel *m* 1 (Relig) angel; **canta como los (propios) ~es** he sings like an angel; **ha pasado un ~** *said when there is a lull in a conversation*; **que sueñes con los angelitos** sweet dreams; **muchas gracias, eres un ~** thank you very much, you're an angel; **se ha caído, pobre ~** *or* **angelito** he's fallen over, poor thing *o* poor little darling; ▸**caer** 2 (encanto) charm; **tiene mucho ~** she's very charming *o* she has a lot of charm

(Compuestos)

- **ángel caído** fallen angel
- **ángel custodio** guardian angel
- **ángel guardián** *or* **de la guarda** guardian angel
- **ángel vengador** avenging angel

Ángela María *interj* (fam & ant) goodness gracious! (dated), my giddy aunt! (colloq & dated)

angélica *f* angelica

angelical *adj* angelic

angelito *m* (AmL) dead child *ver tb* **ángel**

angelote *m*

A (Art) *sculpture or carving of an angel*

B (Zool) angel fish

ángelus *m* angelus

angina *f*

A *tb* **~ de pecho** angina, angina pectoris

B (esp AmL) (de la garganta) *inflammation of the palate, tonsils and/or pharynx*

(Compuestos)

- **angina roja** (esp AmL) sore throat
- **anginas** *fpl*

A (Esp, Méx) (inflamación) sore throat

B (Méx, Ven) (amígdalas) tonsils (*pl*)

anginas *fpl* 1 (Esp, Méx) (inflamación) sore throat 2 (Méx, Ven) (amígdalas) tonsils (*pl*)

angiografía *f* angiography

angiograma *m* angiogram

angioma *m* angioma

angioplastia *f* angioplasty

angiosperma *f* angiosperm

angiotensina *f* angiotensin

anglicanismo *m* Episcopalianism (*in US and Scotland*), Anglicanism (*in UK*)

anglicano -na *adj/m,f* Episcopalian (*in US and Scotland*), Anglican (*in UK*)

anglicismo *m* Anglicism

anglicista¹ *adj* ‹*orientación/tendencia*› toward English; ‹*palabra/construcción*› derived from English; **países no contaminados por la**

➡ *see* Varieties of Spanish

invasión ~ countries uncontaminated by the invasion of English words

anglicista² *mf* Anglist, Anglicist

angliparla *f* (pey) Spanglish

anglo¹ **-gla** *adj* Anglian

anglo² **-gla** *m,f* Angle; **los ~s** the Angles

anglo- *pref* Anglo-; **anglo-uruguayo** Anglo-Uruguayan

anglófilo¹ **-la** *adj* Anglophilic

anglófilo² **-la** *m,f* Anglophile

anglofobia *f* Anglophobia

anglófobo¹ **-ba** *adj* Anglophobic

anglófobo² **-ba** *m,f* Anglophobe

anglófono -na *adj* English-speaking, anglophone (frml)

anglonormando¹ **-da** *adj* (Hist) Anglo-Norman; ‹*arte/arquitectura*› Norman; ▸**Islas Anglonormandas**

anglonormando² **-da** *m,f* Anglo-Norman

angloparlante *adj* English-speaking

anglosajón¹ **-jona** *adj* Anglo-Saxon

anglosajón² **-jona** *m,f* Anglo-Saxon

Angola *f* Angola

angoleño -leña *adj/m,f* Angolan

angora *f* angora; **lana de ~** angora wool; **un suéter de ~** an angora sweater

angorina *f* imitation angora

angostar [A1] *vt* (esp AmL) [1] ‹*carretera/canal*› to narrow [2] ‹*falda/pantalones*› to take ... in

■ **angostarse** *vpr* to narrow

angosto -ta *adj* ‹*calle/pasillo/cama*› narrow; ‹*falda*› tight; **es muy angosta de caderas** she has very narrow hips

angostura *f*

[A] [1] (cualidad) narrowness [2] (Geog, Náut) narrows (*pl*)

[B] (Bot, Coc) [1] (corteza) angostura (bark) [2] (bíter) Angostura bitters®

angstrom *m* (*pl* **~s**) angstrom

anguila *f* eel; **ser escurridizo como una ~** to be as slippery as an eel

angula *f* elver

angular *adj* angular

ángulo *m* [1] (Mat) angle [2] (rincón, esquina) corner; **en un ~ del salón** in a corner of the lounge [3] (punto de vista) angle

(Compuestos)

- **ángulo agudo** acute angle
- **ángulo de incidencia** angle of incidence
- **ángulo de mira** angle of sight
- **ángulo de refracción** angle of refraction
- **ángulo muerto** blind spot
- **ángulo oblicuo** oblique angle
- **ángulo obtuso** obtuse angle
- **ángulo recto** right angle
- **ángulos adyacentes** *mpl* adjacent angles (*pl*)
- **ángulos alternos externos** *mpl* exterior alternate angles (*pl*)
- **ángulos alternos internos** *mpl* interior alternate angles (*pl*)

angulosidad *f* angularity

angurria *f* (CS) greed; **comía con ~** he ate greedily

angurriento¹ **-ta** *adj* (CS) greedy

angurriento² **-ta** *m,f* (CS fam) greedy pig (colloq)

angustia *f*

[A] [1] (congoja) anguish, distress; **sus gritos de ~** his anguished *o* distressed cries, his cries of anguish; **siento una gran ~ al no poder ayudarlos** it causes me great anguish *o* distress not to be able to help them (liter), I feel very distressed at not being able to help them [2] (desasosiego) anxiety; **vive con la ~ de que algún día la despidan** she's constantly worried *o* she lives with the worry that one day she is going to lose her job; ***Doña A~s*** (fam): **hija mía, pareces Doña A~s** you're a born worrier (colloq), you get so worked up *o* (BrE) het up about everything! (colloq), you're such a worrier (colloq) [3] (Psic) anxiety

(Compuestos)

- **angustia existencial** *or* **vital** angst, metaphysical anguish, existential anxiety
- **angustia oral** oral anxiety

[B] (Esp fam) (náuseas): **tengo una ~ ...** I feel sick *o* (AmE) nauseous

angustiado -da *adj* [1] (acongojado) distressed; **estábamos tan ~s, estaba sufriendo tanto** we were so distressed, he was in such pain; **no me olvidaré nunca de la mirada angustiada que me dirigió** I will never forget the anguished look *o* the look of anguish that she gave me [2] (preocupado) worried, anxious; **vive angustiada** she lives in a constant state of anxiety

angustiante *adj* ‹*experiencia*› distressing; **estaban en una situación económica ~** they were in a desperate situation financially

angustiar [A1] *vt* [1] (acongojar) to distress; **me angustiaba verlo tan triste** it distressed me to see him so sad, it caused me great anguish *o* distress to see him so sad [2] (preocupar) to worry, cause ... anxiety, make ... anxious

■ **angustiarse** *v pron* [1] (acongojarse) to get distressed, get upset [2] (preocuparse) to get worried, become anxious

angustiosamente *adv* [1] (con congoja): **lloraba ~** he was crying inconsolably [2] (con preocupación) anxiously

angustioso -sa *adj* ‹*situación*› distressing; ‹*mirada/grito*› anguished

anhelante *adj* (liter): **esperaba ~ su regreso** she longed for him to return, she waited longingly for his return, she yearned for his return; **una mirada ~** a longing look, a look full of longing *o* yearning; **con voz ~** in a voice full of longing *o* yearning

anhelar [A1] *vt* (liter) ‹*fama/gloria/poder*› to yearn for, to long for; **~ + INF** to long to + INF, yearn to + INF; **anhelaba llevar una vida tranquila** she longed *o* yearned to lead a peaceful life; **~ QUE + SUBJ**: **anhelaba que su hijo fuera feliz** his deepest desire *o* greatest wish was for his son to be happy

anhelo *m* (liter) wish, desire; **sus ~s de gloria/paz** their yearning for glory/peace (liter); **que seas feliz es mi mayor ~** my deepest desire *o* greatest wish is that you should be happy

anhídrido *m* anhydride

(Compuestos)

- **anhídrido carbónico** carbon dioxide
- **anhídrido sulfúrico** sulfur* trioxide, sulfuric* anhydride
- **anhídrido sulfuroso** sulfur* dioxide, sulfurous* anhydride

Aníbal Hannibal

anidación *f*, **anidamiento** *m*

[A] (del óvulo fecundado) implantation

[B] (construcción de un nido) nesting; **durante la temporada de ~** during the nesting season

anidar [A1] *vi* «*aves*» to nest; **el odio anidaba en su corazón** (liter) hatred dwelled in his heart (liter)

aniego *m* (Per) flood

anilina *f* aniline

anilla *f* [1] (de una cortina, un llavero) ring; (de un puro) band [2] (de una lata) ringpull, tab [3] (de un ave) ring [4] **anillas** *fpl* (Dep) rings (*pl*)

anillar [A1] *vt*

[A] ‹*ave*› to ring

[B] ‹*motor*› to install* *o* fit new piston rings in

anillo *m*

[A] (sortija) ring; ***caérsele los ~s a algn*** (fam & iró): **no se lo pidas a él que se le pueden caer los ~s** don't ask him to do it, that sort of thing is beneath him *o* he won't dirty his hands with that kind of thing; **no se te van a caer los ~s por hacer las camas** making the beds isn't going to kill you; ***como ~ al dedo*** (fam): **el dinero nos vino como ~ al dedo** the money came at just the right time for us *o* was a real godsend *o* was just what we needed; **esa fecha me viene como ~ al dedo** that date's perfect for me, that date suits me down to the ground; **ese vestido te sienta como ~ al dedo** that dress suits/fits you perfectly

(Compuestos)

- **anillo de boda** wedding ring
- **anillo de compromiso** engagement ring
- **anillo de pedida** engagement ring

[B] [1] (aro, arandela) ring [2] (de una columna) annulet [3] (en un árbol) ring [4] (de un gusano) ring [5] (Astron): **el ~** *or* **los ~s de Saturno** Saturn's rings

(Compuesto) **anillo de dentición** teething ring

ánima *f*‡ [1] (liter) (alma) soul; **las ~s del Purgatorio** the souls in Purgatory [2] (Arm) bore

animación *f*

[A] (bullicio, actividad) activity; **había gran ~ en las calles** the streets were full of life *o* activity, the streets were bustling with life *o* activity; **es un bar en el que hay siempre mucha ~** it's always a very lively bar; **se debatió con gran ~** it was the subject of a lively debate

[B] (de una velada) entertainment

[C] (Cin) animation

animadamente *adv* ‹*charlar/debatir*› animatedly; **bailaron muy ~ toda la noche** they danced gaily *o* merrily all night long

animado -da *adj*

[A] [1] ‹*fiesta/reunión/ambiente*› lively; ‹*conversación/discusión*› lively, animated [2] (optimista, con ánimo) cheerful, in good spirits; **hoy está más ~** he's more cheerful *o* he's in better spirits today; **~ A + INF**: **estoy más ~ a intentarlo ahora** I feel more like trying *o* more up to trying now

[B] (impulsado) **~ DE** *or* **POR algo** inspired *o* motivated BY sth; **un movimiento ~ de excelentes principios** a movement inspired *o* motivated by excellent principles; **actuó ~ de impecables propósitos** he acted with the best of intentions

animador¹ **-dora** *adj* encouraging

animador² **-dora** *m,f*

[A] [1] (de un programa) (*m*) presenter, host; (*f*) presenter, hostess [2] (de un hotel) social director (AmE), entertainments manager (BrE); (de un centro social, cultural) events organizer

[B] **animadora** *f* (de un equipo) cheerleader

animadversión *f* antagonism, hostility; **existe gran ~ entre ellos** there is a lot of antagonism *o* hostility *o* ill-will between them; **~ HACIA** *or* **POR algo/algn** hostility TOWARD(s) sth/sb; **siente gran ~ por todo lo que signifique innovación** he is very hostile toward(s) anything new; **siento gran ~ hacia él** I feel extremely hostile *o* antagonistic toward(s) him, I feel a great deal of hostility *o* antagonism towards him

animal¹ *adj*

[A] ‹*instinto*› animal (*before n*); **grasas de origen ~** animal fats

[B] [1] (fam) (estúpido) stupid; **¡no seas ~, vamos a chocar!** don't be so stupid *o* reckless, we'll crash! [2] (grosero) rude, uncouth

animal² *m*

[A] [1] (Zool) animal; ***comer como un ~*** (fam) to eat like a horse (colloq); ***ser un ~ de bellota(s)*** (fam) to be as thick as two short planks (colloq) [2] (persona con cierta característica): **no soy un ~ político** I'm not a political animal; **es un ~ de costumbres** he's a creature of habit

(Compuestos)

- **animal doméstico** (de granja) domestic animal; (mascota) pet
- **animal salvaje** wild animal

[B] **animal** *mf* (fam) [1] (persona violenta) brute, animal [2] (grosero) lout

animalada *f* (fam): **cuando le llamé la atención me contestó con una ~** when I told him off, he gave me a real mouthful (colloq); **¡qué ~ de comida has hecho!** you've made an incredible *o* a massive amount of food!; **fue una ~ decírselo así** it was outrageous (*o* stupid *etc*) telling him like that (colloq)

animalidad *f* animality

animar [A1] *vt*

[A] [1] (alentar) to encourage; (levantar el espíritu) to cheer ... up; **tu visita lo animó mucho** your visit cheered him up a lot *o* really lifted his spirits; **~ a algn A + INF** to encourage sb to + INF; **me animó a presentarme al concurso** he encouraged me to enter the competition; **~ a algn A QUE + SUBJ** to encourage sb to + INF;

traté de ~lo a que continuara I tried to encourage him to carry on 2 (dar vida a, alegrar) ‹*fiesta/reunión*› to liven up; **los niños animan mucho la casa** the children really liven the house up; (con luces, colores) to brighten up; **el vino empezaba a ~los** the wine was beginning to liven them up *o* to make them more lively; **las luces y los adornos animan las calles en Navidad** lights and decorations brighten up the streets at Christmas

B 1 ‹*programa*› to present, host 2 ‹*club/centro*› to organize entertainment in

C (impulsar) to inspire; **los principios que ~on su ideología** the principles which inspired their ideology; **no nos anima ningún afán de lucro** we are not driven *o* motivated by any desire for profit

■ **animarse** *v pron* 1 (alegrarse, cobrar vida) «*fiesta/reunión*» to liven up, warm up, get going; «*persona*» to liven up, come to life 2 (cobrar ánimos) to cheer up; **se animó mucho al vernos** she cheered up *o* brightened up *o* (colloq) perked up a lot when she saw us; **~se A + INF: si me animo a salir te llamo** if I decide to go out *o* if I feel like going out, I'll call you; **¿no se anima nadie a ir?** doesn't anyone feel like going?, doesn't anyone want to go? 3 (atreverse) **~se A + INF: ¿quién se anima a planteárselo al jefe?** who's going to be brave enough *o* who's going to be the one to tackle the boss about it? (colloq); **yo no me animo a tirarme del trampolín** I can't bring myself to *o* I don't dare dive off the springboard; **a ver si te animas a hacerlo** why don't you have a go?; **al final me animé a confesárselo** I finally plucked up the courage to tell her

anímicamente *adv* emotionally

anímico -ca *adj*: **su estado ~** her state of mind; **variaciones anímicas** changes of mood

animismo *m* animism

animista[1] *adj* animistic

animista[2] *mf* animist

animita *f* (Chi) memorial stone (*in the place where someone has died*)

ánimo *m*

A 1 (espíritu): **no estoy con el ~ para bromas** I'm not in the mood for jokes; **tu visita le levantó mucho el ~** your visit really cheered her up *o* boosted her spirits; **la noticia la dejó con el ~ por el suelo** the news left her in very low spirits *o* feeling very down-hearted, the news left her feeling very down (in the dumps) (colloq); **su presencia contribuyó a apaciguar** *or* **calmar los ~s** his presence helped to calm everyone down; **tengo que ir, pero no me siento con ~** I have to go, but I don't feel up to it; ***hacerse el ~ de hacer algo*** to bring oneself to do sth; **no me hago el ~ de estudiar** I can't bring myself to study 2 (aliento, coraje) encouragement; **darle ~(s) a algn** to encourage sb; (con aplausos, gritos) to cheer sb on; **¡~, que ya falta poco para llegar!** come on! it's not far now!; **sus palabras me dieron** *or* **me infundieron ~(s)** her words gave me encouragement *o* encouraged me *o* heartened me; **el equipo había cobrado ~** the team had rallied; **no tiene ~(s) de** *or* **para nada** she doesn't feel up to anything; **~(s) DE** *or* **PARA + INF: ¿te sientes con ~(s) para seguir?** do you feel up to going on?; **no entiendo cómo aún le quedan ~s de volver a intentarlo** I don't know how he can still find it in him to try again

B 1 (intención, propósito) intention; **es una asociación sin ~ de lucro** it's a non-profit association (AmE), it's a non-profit-making association (BrE); **~ DE + INF: con ~ de calmar las tensiones** with the aim *o* intention of easing tensions; **lo dije sin ~ de ofender** I meant no offense, I didn't mean to offend you, no offense intended (colloq) 2 (mente, pensamiento) mind; **en el ~ del jurado** in the minds of the jury; **su recuerdo está presente en el ~ de todos** his memory lives on in everyone's hearts

animosamente *adv* with spirit

animosidad *f* animosity, hostility, bad feeling; **existe gran ~ entre nosotros** there's a lot of bad feeling *o* animosity *o* hostility between us; **~ CONTRA algn** animosity *o* hostility *o* bad feeling TOWARD(S) sb

animoso -sa *adj* spirited

aniñado -da *adj* 1 ‹*facciones*› childlike 2 (Chi fam) (valentón) cocky (colloq)

aniñarse [A1] *v pron* (Chi fam) to act tough; **no te vengas a aniñar** don't get cocky *o* (try to) act tough with me (colloq)

aniquilación *f* annihilation; **la ~ del ejército enemigo** the annihilation of the enemy forces; **cambios climatológicos que produjeron la ~ de algunas especies** changes in climate which caused the extinction of *o* which wiped out some species

aniquilador -dora *adj* destructive

aniquilamiento *m* annihilation, destruction

aniquilar [A1] *vt* ‹*enemigo/población*› to annihilate, wipe out; ‹*defensas/instalaciones*› to destroy, obliterate; **la gripe que tuvo lo ha aniquilado** that bout of flu he had has left him terribly weak *o* (colloq) has really wiped him out; **los nervios la tienen aniquilada** she's a nervous wreck; **la aniquiló 6-0, 6-0** she crushed her 6-0, 6-0; **me aniquiló con sus argumentos** he crushed *o* annihilated *o* destroyed me with his arguments; **es tan dominante que lo ha aniquilado como persona** she's so domineering that she has completely wiped out *o* destroyed his personality

anís *m* 1 (Bot) (planta) anise; (semilla) aniseed 2 (confite) boiled candy (AmE) *o* (BrE) sweet (*usually aniseed-flavored*) 3 (licor) anisette; ***estar hecho un ~*** (Per fam) to be dressed (up) to the nines; ***llegar a los anises*** (Per fam) to show up *o* turn up (too) late

(Compuesto) **anís escarchado** crystallized aniseed

anisado[1] **-da** *adj* aniseed-flavored*

anisado[2] *m* anisette

aniversario *m* 1 (de un suceso) anniversary; **~ de boda** wedding anniversary 2 (Méx) (cumpleaños) birthday

anjeo *m* (Col) wire gauze

Ankara *f* Ankara

ano *m* anus

(Compuestos)
- **ano artificial** colostomy
- **ano contra natura** (RPl) colostomy

anoche *adv* last night; **~ soñé contigo** I dreamed about you last night; **el periódico de ~** yesterday evening's newspaper

anochecer[1] [E3] *v impers* to get dark; **antes de que anochezca** before it gets dark, before night falls; **ya había anochecido cuando volvió** it was already dark when he returned

■ *vi* «*persona*»: **anochecimos camino a Puebla** when it got dark *o* when night fell we were on our way to Puebla

■ **anochecerse** *v pron* (Chi, Méx): **nos anochecimos estudiando** we stayed up studying till really late

anochecer[2] *m* nightfall; **al ~** at nightfall; **antes del ~** before nightfall, before it gets/got dark

anodino -na *adj* 1 ‹*persona*› bland, insipid, colorless* 2 ‹*cuadro/película/comentario*› anodyne, bland 3 (Med) anodyne

ánodo *m* anode

anofeles[1], **anófeles** *adj inv* anopheline

anofeles[2], **anófeles** *m* (*pl* ~) anopheles

anomalía *f* anomaly

anómalo -la *adj* anomalous

anonadado -da *adj* dumbfounded, speechless; **la noticia me dejó ~** the news left me speechless, I was dumbfounded *o* completely taken aback by the news

anonadar [A1] *vt*: **la noticia lo anonadó** he was dumbfounded *o* completely taken aback by the news

anónimamente *adv* anonymously

anonimato *m* anonymity; **lanzan viles calumnias ocultándose en el ~** they make slanderous accusations while hiding behind a cloak of anonymity; **desea permanecer en el ~** he wishes to remain anonymous; **nunca logró salir del ~** he never managed to make a name for himself, he never managed to rise from obscurity

anonimia *f* anonymity

anónimo[1] **-ma** *adj* 1 ‹*carta/obra*› anonymous; **una obra de autor ~** a work by an anonymous author 2 (normal, no especial) anonymous, unexceptional

anónimo[2] *m* 1 (carta) anonymous letter 2 (obra) anonymous work

anorak /ano'rak/ *m* parka (AmE), anorak (BrE)

anorexia *f* anorexia

(Compuesto) **anorexia nerviosa** anorexia nervosa

anoréxico[1] **-ca** *adj* anorexic

anoréxico[2] **-ca** *m,f* 1 (persona) anorexic 2 **anoréxico** *m* (droga) anorectic

anorexígeno *m* anorectic

anormal[1] *adj* 1 ‹*comportamiento*› abnormal; **no seas ~** (fam) don't be so stupid 2 ‹*situación*› abnormal

anormal[2] *mf* (fam) idiot; **este ~ los dejó salir solos** this stupid idiot let them go out on their own

anormalidad *f* abnormality

anormalmente *adv* abnormally

anotación *f* 1 (nota) note; **anotaciones al margen** notes in the margin 2 (AmL) (en fútbol) goal; (en fútbol americano) touchdown; (en básquetbol) point

anotador -dora *m,f*

A (en básquetbol) scorer; (en fútbol) scorer, goal-scorer; (en fútbol americano) scorer

B **anotador** *m* (RPl) (bloc de notas) notepad

anotar [A1] *vt*

A 1 (tomar nota de) ‹*dirección/nombre*› to make a note of; **anota mi número de teléfono** make a note of my phone number; **ya he anotado lo que tengo que comprar** I've noted down *o* jotted down *o* made a note of what I have to buy; **asegúrate de ~ todos los detalles** make sure you take down *o* make a note of all the details 2 ‹*texto*› to annotate 3 (RPl) (en un curso) to enroll*, put ... down; (para una excursión, actividad) to put ... down; **anotó a su hija en la clase de baile** she enrolled her daughter *o* put her daughter down for the dance class; **anótenme para el partido del sábado** put me down for Saturday's game

B ‹*gol/tanto*› to score

■ **anotar** *vi* to score

■ **anotarse** *v pron*

A (AmL) ‹*tanto*› to score

B (RPl) (para una excursión, actividad) to put one's name down, sign up; (en un curso) to enroll*; **nos vamos a bailar ¿te anotás?** we're going dancing, do you want to come along? *o* (BrE) do you fancy coming?; **estábamos pensando ir al cine — ¡(yo) me anoto!** (fam) we were thinking of going to the movies — you can count me in *o* I'll come!; **~se EN algo: me anoté en la clase de ruso** I enrolled *o* signed up for the Russian class; **¿ya te anotaste en el curso?** have you enrolled on *o* signed up for the course yet?; **me anoté para ir a la excursión** I put my name down *o* put myself down *o* signed up for the trip

anovulatorio[1] **-ria** *adj* anovulatory

anovulatorio[2] *m* anovulant

ANP *f* (en Ur) = **Administración Nacional de Puertos**

anquilosado -da *adj* 1 ‹*articulación*› (atrofiado) ankylosed; (entumecido) stiff 2 ‹*ideas/economía*› stagnant

anquilosamiento *m* 1 (atrofia) ankylosis; (entumecimiento) stiffness 2 (estancamiento) stagnation

anquilosarse [A1] *v pron* 1 «*miembro/articulación*» (atrofiarse) to ankylose; (entumecerse) to get stiff 2 «*ideas/economía*» to stagnate

anquilosis *f* ankylosis

anquilostoma *m* hookworm

ánsar *m* goose

ansí *adv* (crit) ▸ **así²**

ansia *f‡* [1] (deseo, avidez): **comer/beber con ~** to eat/drink eagerly; **desear algo con ~** to want sth desperately; **~ DE algo** longing FOR sth, yearning FOR sth; **~ de conocimientos/libertad** longing *o* thirst *o* yearning for knowledge/freedom; **no lograba satisfacer sus ~s de poder** she was unable to satisfy her thirst *o* lust *o* craving for power; **sentía ~s de volver a verla** he longed *o* yearned to see her again [2] (Psic) anxiety [3] **ansias** *fpl* (Col, Ven fam) (náuseas) nausea

ansiar [A17] *vt* (liter) ‹*paz/libertad/poder*› to long for, yearn for; **el día del tan ansiado reencuentro** the day of the long-awaited reunion; **~ + INF** to long to + INF; **ansía alcanzar el éxito** he longs to achieve success, he yearns after *o* craves success (liter); **~ QUE + SUBJ**: **ansiaba que regresara** he longed *o* yearned for her to return, he longed *o* yearned for her return (liter)

ansiedad *f* [1] (preocupación) anxiety; **esperábamos con ~ alguna noticia sobre su paradero** we anxiously awaited news of his whereabouts [2] (Med, Psic) anxiety

ansina *adv* (RPl, Ven crit) ▸ **así²**

ansiolítico *m* anxiolytic, tranquilizer*

ansiosamente *adv* [1] (con preocupación) anxiously [2] (con deseo, entusiasmo) eagerly [3] ‹*desear*› desperately; **deseaba ~ que fuera niña** she desperately wanted a girl

ansioso -sa *adj* [1] (deseoso) eager; **estar ~ DE** *or* **POR + INF** to be eager to + INF; **está ~ por conocer los resultados** he's eager *o* (colloq) dying to know the results; **estoy ~ de verlos** I can't wait *o* (colloq) I'm dying to see them, I'm really looking forward to seeing them; **estar ~ DE** *or* **POR QUE + SUBJ**: **estoy ansiosa de que lleguen las vacaciones** I can't wait *o* (colloq) I'm dying for the vacation (to come), I'm really looking forward to the vacation [2] [SER] (fam) (voraz) greedy

anta *m* [1] ▸ **ante² A1** [2] (AmL) (tapir) tapir

antagónico -ca *adj* conflicting

antagonismo *m* antagonism

antagonista¹ *adj* [1] (hostil) antagonistic [2] (Anat) antagonistic

antagonista² *mf* [1] (persona) antagonist [2] **antagonista** *m* (Anat) antagonist

antagonizar [A4] *vt* to antagonize

antaño *adv* (liter) in days gone by; **las costumbres de ~** the customs *o* traditions of yesteryear (liter)

antara *f* (Andes) panpipes (pl)

antártico -ca *adj* Antarctic

Antártida *f*: **la ~** Antarctica, the Antarctic

ante¹ *prep*

A [1] (frml) (delante de) before; **comparecer ~ el juez** to appear before the judge; **miles de personas desfilaron ~ su cadáver** thousands of people filed past the body [2] (enfrentado a): **~ la gravedad de la situación** in view of *o* considering *o* given the seriousness of the situation; **~ la proximidad de las elecciones** with the elections so close; **veamos cómo reacciona ~ este problema** let us see how he reacts when faced with this problem; **todos somos iguales ~ la ley** we are all equal in the eyes of the law; **nos hallamos ~ una gran injusticia** we are faced with a grave injustice; **~ la duda, abstente** if in doubt, don't

B **ante todo** (primero) first and foremost; (sobre todo) above all; **se considera ~ todo madre** she thinks of herself as a mother above all else; **la seguridad ~ todo** safety first, safety must come first

ante² *m*

A [1] (Zool) (especie europea) elk; (especie norteamericana) moose [2] (cuero) suede; **una chaqueta de ~** a suede jacket

B (dulce) *Mexican dish made with sweet potato and pineapple*

ante- *pref: prefix which forms part of words such as* **antesala**, **anteponer**, etc

anteanoche *adv* the night before last

anteayer *adv* the day before yesterday

antebrazo *m* ▸ ⓘ **p.231** forearm

antecámara *f* anteroom

antecedente *m*

A [1] (precedente) precedent; **no hay ningún ~ de la enfermedad en mi familia** there's no history *o* no previous case of the illness in my family; **una victoria así no tenía ~s** such a win was completely unprecedented; **no quieren hacer ~ de esto** they don't want to set a precedent with this [2] (causa) cause; **es un problema con profundos ~s históricos** it's an issue which is deeply rooted in history *o* which has deeply rooted historical causes; ***estar/poner a algn en ~s*** to be/to put sb in the picture; **en cuanto llegué me pusieron en ~s** as soon as I arrived, they put me in the picture *o* they filled me in

B (Fil, Ling) antecedent

C **antecedentes** *mpl* (historial) background, record; **como profesional tiene brillantes ~s** she has a brilliant professional record

(Compuesto) **antecedentes penales** *or* **policiales** *mpl* record, police *o* criminal record; **no tenía ~ ~** he did not have a criminal record, he had no previous convictions

anteceder [E1] *vt* to precede, come before; **la persona que me antecedió en el cargo** my predecessor in the post; **~ A algo** to come BEFORE sth, precede sth

■ **anteceder** *vi*: **el párrafo que antecede** the preceding paragraph

antecesor -sora *m,f* [1] (predecesor) predecessor [2] (antepasado) ancestor, forebear (liter)

antecocina *f*: *room adjoining kitchen where dishes, cooking utensils, etc are kept*

antecomedor *m* (Méx) breakfast room

antedatar [A1] *vt* [1] ‹*documento/carta*› to backdate [2] (ser anterior a) to predate, antedate

antedicho¹ -cha *adj* (frml) aforesaid (frml), aforementioned (frml); **los ~s sucesos** the aforementioned *o* aforesaid events

antedicho² -cha *m,f* (frml): **el ~** the aforementioned *o* aforesaid person (frml)

antediluviano -na *adj* (hum) ancient; **esa máquina es antediluviana** that machine must have come out of the ark *o* is positively antediluvian (hum)

antejardín *m* (Chi) front yard (AmE), front garden (BrE)

antelación *f*: **con ~** ‹*avisar/salir*› in plenty of time; ‹*reservar/pagar*› in advance; **avísame con bastante ~** let me know in good time *o* in plenty of time, give me plenty of notice; **saqué la entrada con un mes de ~** I got the ticket one month in advance; **llegó con dos días de ~** she arrived two days early; **el cambio se les comunicará con la debida ~** you will be given sufficient notice of the change, you will be told of the change in good time *o* in plenty of time; **con ~ a algo** prior to sth; **con ~ a su boda** prior to her wedding

antemano: **de ~** (*loc adv*) in advance; **agradeciendo de ~ su colaboración** (Corresp) thanking you in advance for *o* in anticipation of your cooperation; **te va a decir que no, eso te lo puedo decir de ~** he's going to say no, I can tell you that right now; **lo había preparado todo de ~** she had prepared everything beforehand *o* in advance

antena *f*

A (de radio, televisión, coche) antenna (AmE), aerial (BrE); **el programa lleva ya cuatro años en ~** the program has been on the air *o* has been running for four years; ***tener/estar con la(s) ~(s) conectada(s)*** *or* (AmL) ***parada(s)*** (fam) to be listening (eagerly); ▸ **Antena 3**

(Compuestos)

- **antena colectiva** communal antenna *o* aerial
- **antena de conejo** (Méx) rabbit ears, indoor antenna *o* aerial
- **antena de cuadro** loop antenna *o* aerial
- **antena de radar** radar dish
- **antena direccional** directional antenna *o* aerial
- **antena emisora** transmitting antenna *o* aerial
- **antena parabólica** satellite dish, parabolic antenna *o* aerial (tech)
- **antena receptora** receiving antenna *o* aerial
- **antena repetidora** relay mast

B (Zool) antenna

C (Náut) lateen yard

> **Antena 3**
>
> Spain's first private television channel which began broadcasting in 1989. Its proprietors include the conservative newspapers *La Vanguardia* and *ABC* .

antenoche *adv* (AmL) the night before last

antenombre *m* title

anteojeras *fpl* blinders (*pl*) (AmE), blinkers (*pl*) (BrE); ***llevar las ~ puestas*** (fam) to have blinders on (AmE), to be blinkered (BrE); ***ver las cosas con ~*** (fam) to suffer from tunnel vision

anteojo *m* [1] (telescopio) telescope [2] **anteojos** *mpl* (esp AmL) (gafas) glasses (*pl*), spectacles (*pl*) (frml); **me compré unos ~s nuevos** I bought a new pair of glasses *o* spectacles

(Compuestos)

- **anteojos bifocales** (esp AmL) bifocals (*pl*)
- **anteojos de larga vista** (esp AmL) binoculars (*pl*)
- **anteojos de sol** (esp AmL) sunglasses (*pl*)
- **anteojos de teatro** (esp AmL) opera glasses (*pl*)
- **anteojos ópticos** (Chi) prescription glasses *o* (frml) spectacles (*pl*)
- **anteojos oscuros** (esp AmL) dark glasses (*pl*)
- **anteojos progresivos** (esp AmL) varifocals (*pl*)

antepasado¹ -da *adj*: **el año ~** the year before last

antepasado² -da *m,f* ancestor, forebear (liter); **la tierra de mis ~s** the land of my forefathers *o* ancestors *o* forebears

antepecho *m* [1] (de un puente) parapet [2] (de una ventana) ledge, sill; (de un balcón) parapet

antepenúltimo¹ -ma *adj* (*delante del n*) antepenultimate (frml), third from last

antepenúltimo² -ma *m,f*: **llegó el ~ a la meta** he was third from last; **es el ~ en la lista** he's third from bottom on the list

anteponer [E22] *vt* [1] (poner delante) **~ algo A algo** to put sth BEFORE *o* IN FRONT OF sth; **el artículo va antepuesto** *or* **se antepone al sustantivo** the article goes in front of *o* before the noun, you put the article before *o* in front of the noun [2] (dar preferencia) **~ algo A algo** to put sth BEFORE sth; **siempre antepone sus intereses a los de su familia** he always puts his own interests before those of his family

antepresente *m* (Méx) present perfect

anteproyecto *m* draft

(Compuesto) **anteproyecto de ley** bill

antera *f* anther

anterior *adj*

A [1] (en el tiempo) previous; **la había visto el día ~** I had seen her the previous day *o* the day before; **en épocas ~es** in earlier times; **en una vida ~** in a previous life; **~ A algo** prior TO sth; **sucesos ~es a la revolución** events prior to *o* preceding the revolution; **su presidencia fue muy ~ a la de Anaya** he was president a long time before Anaya [2] (en un orden) previous, preceding; **~ A algo**: **el capítulo ~ a éste** the previous chapter, the chapter before (this one), the chapter that precedes this one (frml); ▸ **pretérito²**

B [1] (en el espacio) front (*before n*); **la parte ~** the front (part); **las patas ~es** the forelegs *o* front legs [2] ‹*vocal*› front

anterioridad *f* (frml) anteriority (frml); **el tiempo verbal señala la ~ de este suceso** the tense shows that this event happened *o* took place first; **había solicitado el permiso con ~** (antes) she had applied for the permit before *o* previously; (con antelación) she had applied for the permit beforehand *o* in advance; **~ A algo: ocurrió con ~ a su llegada** it happened before he arrived *o* prior to his arrival *o* (frml) previous to his arrival

anteriormente *adv* (frml) before, previously; **esto le había sido comunicado ~** he had been informed of this previously *o* before; **~ A QUE + SUBJ: ~ a que fuera disuelto el parlamento** prior to the dissolution of Parliament, prior to Parliament being dissolved

antes *adv*

A 1 (con anterioridad) before; **me lo deberías haber dicho ~** you should have told me before *o* earlier; **lo haré lo ~ posible** I'll do it as soon as possible; **los inquilinos de ~ eran más simpáticos** the people who lived there before *o* the previous tenants were nicer; **días ~ había estado con él** I had been with him a few days before; **la había hecho el día ~** she had made it the day before *o* the previous day 2 (*en locs*): **antes de** before; **llegó ~ de las tres/del accidente** she arrived before three/before the accident; **debe estar aquí ~ de las ocho** you must be here before *o* by eight; **unos días ~ de la publicación del libro** a few days before the book was published *o* (frml) prior to the publication of the book; **~ de Jesucristo** before Christ, BC; **no van a llegar ~ de dos horas** they won't be here for two hours; **le daré la respuesta ~ de una semana** I will give you my reply within a week; **antes de anoche** the night before last; **antes de ayer** the day before yesterday; **~ DE + INF** before -ING; **muéstrame la carta ~ de mandársela** show me the letter before you send it to him *o* before sending it to him; **~ (DE) QUE + SUBJ: a ver si podemos terminarlo ~ (de) que lleguen** let's try and finish before they get here; **~ (de) que me olvide, llamó Marisa** before I forget, Marisa called; **no se lo muestres ~ (de) que yo lo vea** don't show it to him until I've seen it; **mucho/poco ~ (de) que tú nacieras** a long time/just before you were born

B (en tiempos pasados) before, in the past; **~ no se veían mendigos por la calle como ahora** you didn't use to see beggars on the streets *o* in the past you didn't see beggars on the streets *o* you didn't see beggars on the streets before, the way you do now; **~ salíamos mucho más que ahora** we used to go out *o* in the past we went out much more than we do now; **ya no es el mismo de ~** he's not the same person any more, he's not the same person he was; **las casas de ~ eran más sólidas** houses used to be *o* in the past houses were more solidly built

C 1 (indicando orden, prioridad) first; **yo estaba ~** I was here first; **~ que** before; **el señor está ~ que yo** this man was here before me *o* is before me; **~ que nada** first of all; **la obligación está ~ que la diversión** duty comes before pleasure; **mis hijos están ~ que tú para mí** my children are more important to me than you are, my children come before you 2 (indicando preferencia): **¿casarme con él? ¡~ me muero!** marry him? I'd rather *o* sooner die!; **cualquier cosa ~ que eso** anything but that; **la muerte ~ que la deshonra** death before dishonor; **~ QUE + INF: ~ que verlos pasar hambre, soy capaz de robar** I'd steal rather than see them go hungry

D (en el espacio) before; **me bajo dos paradas ~** I get off two stops before; **el ejemplo dado líneas ~** the example given a few lines above *o* before; **está ~ de Rocha/del puente** it's before you get to *o* it's this side of Rocha/the bridge

E 1 **antes bien** (liter) on the contrary 2 **antes no** (Chi, Méx fam): **~ no te apuñalaron** you were lucky *o* you can count yourself lucky you didn't get stabbed

antesala *f* 1 (Arquit) anteroom; **en la ~ de la muerte** (liter) on the threshold of death; ***hacer* ~** (frml) to wait (*to be received*); (hum) to wait around, hang around (colloq) 2 (precursor) prelude; **puede ser una de las ~s del infarto** it can be a sign of an imminent heart attack *o* a prelude to a heart attack; **el rumor fue ~ de un gran escándalo** the rumor was the prelude to a great scandal

anteúltimo[1] **-ma** *adj* (RPl) (*delante del n*): **me senté en la anteúltima fila** I sat in the next-to-the-last row (AmE), I sat in the last row but one (BrE)

anteúltimo[2] **-ma** *m,f* (RPl) ▸ **penúltimo**[2]

antevíspera *f* (frml): **los hechos ocurridos en la ~** the events which had taken place two days before *o* previously

anti- *pref* 1 (indicando oposición, hostilidad) anti-; **~franquismo** anti-Franco ideas/movement; **campaña anti-ruido** anti-noise campaign 2 (indicando protección, acción contraria): **~balas** bulletproof; **~inflamatorio** anti-inflammatory; **~tusígeno** cough suppressant 3 (indicando lo opuesto a) anti-; **un sistema ~científico** an anti-scientific system

antiabortista[1] *adj* antiabortion (*before n*)

antiabortista[2] *mf* antiabortionist

antiaborto *adj inv* antiabortion (*before n*)

antiácido[1] **-da** *adj* antacid

antiácido[2] *m* antacid

antiadherente *adj* nonstick

antiaéreo -rea *adj* antiaircraft (*before n*)

antialcohólico -ca *adj* temperance (*before n*)

antialérgico -ca *adj* antiallergenic

antiamericano -na *adj* anti-American

antiapartheid *adj inv* anti-apartheid

antiarrugas *adj inv* anti-wrinkle (*before n*), anti-aging (*before n*)

antiautoritario -ria *adj* anti-authoritarian

antibacteriano[1] **-na** *adj* antibacterial

antibacteriano[2] *m* antibacterial

antibalas *adj inv* bulletproof

antibalístico -ca *adj* antiballistic

antibélico -ca *adj* anti-war

antibiótico[1] **-ca** *adj* antibiotic

antibiótico[2] *m* antibiotic

anticancerígeno -na *adj* anti-carcinogenic, anti-cancer (*before n*)

anticaspa *adj inv* anti-dandruff, dandruff (*before n*)

antichoque *adj inv* 1 ‹*reloj*› shockproof 2 ‹*parabrisas*› shatterproof

anticiclón *m* anticyclone, area of high pressure

anticiclónico -ca *adj* anticyclonic, high-pressure (*before n*)

anticipación *f* 1 (antelación): **con ~** in advance; **tienes que reservarlo con mucha ~** you have to book it a long time in advance *o* well in advance *o* in good time; **¿con cuánta ~ hay que sacar las entradas?** how far in advance do you have to buy the tickets?; **con varios meses de ~** several months in advance 2 (adelanto): **será necesaria la ~ de su regreso** it will be necessary to move up (AmE) *o* (BrE) bring forward his return trip

anticipadamente *adv*: **llegó ~** he arrived early; **agradeciéndole ~ su interés** (Corresp) thanking you in advance for your interest

anticipado -da *adj* ‹*pago*› advance (*before n*); ‹*elecciones*› early; **por ~** in advance; **hay que pagar la mitad por ~** you have to pay half in advance; **dándole las gracias por ~** (Corresp) thanking you in advance *o* in anticipation

anticipar [A1] *vt* 1 ‹*fecha/viaje/elecciones*› to move up (AmE), to bring forward (BrE) 2 ‹*dinero/sueldo*› to advance; **~on dos meses de alquiler** they paid two months' rent in advance 3 ‹*información*› **¿nos podría ~ de qué se trata?** could you tell us *o* give us an idea of what it is about?; **te puedo ir anticipando que ...** I can tell you now that ... 4 (indicar, hacer prever): **esto anticipa un incremento de la población escolar** because of this the number of school-age children is expected to rise; **estas nubes anticipan tormenta** these clouds are a sign that a storm is coming

■ **anticiparse** *v pron* 1 «*verano/lluvias*» to be *o* come early 2 (adelantarse) **~se A algo: el enemigo se había anticipado a nuestros movimientos** the enemy had anticipated our movements; **se anticipó a su tiempo** he was ahead of his time; **no nos anticipemos a los acontecimientos** let's not get ahead of ourselves; (+ *me/te/le etc*): **te le anticipaste** you beat him to it, you got in before him (colloq); **se nos ~on publicando antes su versión** they got in before us *o* (frml) they anticipated us by publishing their version first

anticipo *m*

A 1 (del sueldo, de dinero) advance; **pedir un ~** to ask for an advance; **¿me podría hacer un ~?** could you give me an advance? 2 (pago inicial) down payment; **sin anticipo** no down payment, no deposit required

B (de una noticia, un suceso): **estas imágenes son un ~ de lo que podrán ver esta noche** these pictures give you an idea *o* a taste of what you will be able to see tonight; **nos ofreció un ~ de su colección de verano** he gave us a foretaste *o* preview of his summer collection

anticlerical *adj* anticlerical

anticlericalismo *m* anticlericalism

anticlímax *m* anticlimax

anticlinal[1] *adj* anticlinal

anticlinal[2] *m* anticline

anticoagulante *adj/m* anticoagulant

anticompetitivo -va *adj* anticompetitive

anticomunismo *m* anticommunism

anticomunista *adj/mf* anticommunist

anticoncepción *f* contraception, birth control

anticonceptivo[1] **-va** *adj* contraceptive (*before n*); **la píldora anticonceptiva** the contraceptive *o* birth-control pill; **un dispositivo ~** a contraceptive device; **métodos ~s** methods of contraception

anticonceptivo[2] *m* contraceptive

Compuestos

- **anticonceptivo de barrera** barrier method of contraception
- **anticonceptivo oral** oral contraceptive
- **anticonceptivo oral de emergencia** emergency contraceptive pill
- **anticonceptivo transdérmico** contraceptive patch

anticongelante *adj/m* antifreeze

anticonstitucional *adj* unconstitutional

anticorrosivo[1] **-va** *adj* anticorrosive

anticorrosivo[2] *m* anticorrosive

anticristo *m*: **el ~** the Antichrist

anticuado[1] **-da** *adj* ‹*persona/ideas*› old-fashioned, antiquated; ‹*ropa*› old-fashioned; ‹*sistema/aparato*› antiquated

anticuado[2] **-da** *m,f*: **eres un ~** you're so old-fashioned

anticuario[1] **-ria** *adj* antiquarian

anticuario[2] **-ria** *m,f* 1 (persona) antique dealer 2 **anticuario** *m* (tienda) antique shop

anticucho *m* (Bol, Chi, Per) kebab

anticuerpo *m* antibody

antidemocráticamente *adv* undemocratically

antidemocrático -ca *adj* (poco democrático) undemocratic; (opuesto a la democracia) antidemocratic

antideportivo -va *adj* unsportsmanlike, unsporting (BrE)

antidepresivo *m* antidepressant

antiderrapante *adj* antiskid (*before n*)

antideslizante *adj* 1 (que no resbala) ‹*superficie/suela*› nonslip 2 (Auto) ‹*neumático/freno/superficie*› antiskid (*before n*)

antideslumbrante *adj* anti-glare (*before n*)

antidetonante *m* antiknock agent

antidiarreico *m* antidiarrhea medicine (AmE), diarrhoea remedy (BrE)

antidiftérico -ca *adj* diphtheria (*before n*)

antidiluviano -na *adj* ▸ **antediluviano**

antidisturbios[1] *adj inv* riot (*before n*)

antidisturbios[2] *mpl*: **los ~** the riot police, the riot squad

antidopaje¹**, antidóping** *adj* anti-doping (*before n*)
antidopaje²**, antidóping** *m* dope test
antídoto *m* antidote
antidroga *adj inv* ‹*campaña*› antidrug; **brigada ~** drug squad, antidrug squad
antidúmping *adj inv* anti-dumping (*before n*)
antieconómico -ca *adj* uneconomic
antiemético¹ **-ca** *adj* anti-emetic
antiemético² *m* anti-emetic
antier *adv* (AmL) the day before yesterday
antiespasmódico *m* antispasmodic
antiestático -ca *adj* antistatic
antiestético -ca *adj* unattractive; **la moda actual me resulta antiestética** I think today's fashions are unattractive *o* ugly; **se hizo quitar esas verrugas antiestéticas** he had those unsightly warts removed
antifascista *adj/mf* antifascist
antifatiga *adj inv* ‹*factor/droga*› antifatigue (*before n*); **una crema ~ para los pies hinchados** a cream which relaxes and refreshes swollen feet
antifaz *m* mask
antifeminista *adj/mf* antifeminist
antífona *f* antiphon
antifranquista¹ *adj* anti-Franco
antifranquista² *mf* opponent of Franco, antifrancoist
antifraude *adj inv* anti-fraud (*before n*)
antigás *adj inv* ▸**máscara**
antígeno *m* antigen
antigolpes *adj inv* shockproof
antigripal¹ *adj* ‹*vacuna*› flu (*before n*); **un remedio ~** a flu remedy, a remedy for (the) flu
antigripal² *m* flu remedy, remedy for (the) flu
antigualla *f* (fam) piece of junk (colloq); **quiero deshacerme de estas ~s** I want to get rid of this (old) junk; **¿a esa ~ le llamas coche?** do you call that heap of metal a car? (colloq)
antiguamente *adv* in the past; **~ eso estaba mal visto** that used to be frowned upon in the past *o* in the old days; **como se creía ~** as was once believed, as people believed in olden times *o* in the old days
antigüedad *f* **1** (de un monumento, un objeto) age; **esas ruinas tienen varios siglos de ~** those ruins are several centuries old **2** (en el trabajo) seniority; **por orden de ~** according to seniority *o* length of service **3** **la Antigüedad** (Hist) antiquity; **la A~ Clásica** Classical times **4** **antigüedades** *fpl* antiques (pl); **tienda de ~es** antique shop
antiguo -gua *adj*
A **1** (viejo) ‹*casa/ciudad*› old; ‹*ruinas/civilización*› ancient; ‹*mueble/lámpara*› antique, old; ‹*libro*› old; ‹*coche*› vintage, old; **la parte antigua de la ciudad** the old part of the city; **la antigua Roma** ancient Rome; **una costumbre muy antigua** an ancient *o* a very old custom; **es mejor no reavivar antiguas rencillas** it's best not to revive old quarrels **2** (veterano) old, long-standing; **es uno de nuestros más ~s clientes** he's one of our oldest customers **3** (*en locs*): **a la antigua** in an old-fashioned way; **se viste a la antigua** she dresses in an old-fashioned way *o* style; ***chapado a la antigua*** old-fashioned; **de** *or* **desde antiguo** from time immemorial; **una tradición que viene de ~** a tradition which dates from time immemorial
Compuestos
- **antiguo régimen** *m* ancien régime
- **Antiguo Testamento** *m* Old Testament

B (*delante del n*) (de antes) old (*before n*), former (*before n*); **un ~ novio** an ex-boyfriend *o* old boyfriend; **visitamos mi ~ colegio** we visited my old school; **Río, antigua capital del Brasil** Rio, the former capital of Brazil
C (anticuado) ‹*persona/estilo*› old-fashioned; **tiene una cara muy antigua** she has a very old-fashioned kind of face, her face seems to belong to another era
antiguos *mpl*: **los ~** the ancients
antihéroe *m* antihero
antihigiénico -ca *adj* unhygienic
antihistamínico -ca *adj* antihistamine
antiimperialismo *m* anti-imperialism
antiimperialista *adj/mf* anti-imperialist
antiincendios *adj inv* firefighting (*before n*)
antiinflacionario -ria, antiinflacionista *adj* anti-inflation (*before n*), counter-inflationary (*before n*)
antiinflamatorio *m* anti-inflammatory
antijurídico -ca *adj* unlawful
antillano -na *adj/m,f* West Indian
Antillas *fpl*: **las ~** the West Indies
Compuesto **Antillas Mayores/Menores** Greater/Lesser Antilles
antilogaritmo *m* antilogarithm
antílope *m* antelope
antimacasar *m* antimacassar
antimagnético -ca *adj* antimagnetic
antimanchas *adj inv* stain-resistant; **superficie ~** stain-resistant surface
antimateria *f* antimatter
antimilitarismo *m* antimilitarism
antimilitarista *adj/mf* antimilitarist
antimisil¹ *adj* antiballistic (*before n*), antimissile (*before n*) (BrE)
antimisil² *m* antiballistic missile, antimissile missile (BrE)
antimonárquico¹ **-ca** *adj* antimonarchical, antimonarchist (*before n*)
antimonárquico² **-ca** *m,f* antimonarchist
antimonio *m* antimony
antimonopolista *adj*, **antimonopolio** *adj inv*, antitrust (*before n*)
antimosquitos¹ *adj inv* anti-mosquito (*before n*)
antimosquitos² *m* (*pl* ~) anti-mosquito spray (*o* liquid *etc*)
antimotines *adj inv* (AmL) riot (*before n*)
antinatural *adj* unnatural
antiniebla *adj inv* fog (*before n*)
antinomia *f* antinomy
antinuclear *adj* antinuclear
Antioquia *f* Antioquia
Antioquía *f* Antioch
antioxidante *adj* **1** (Quím) antioxidant (*before n*) **2** ‹*pintura/capa*› antirust (*before n*)
antipapa *m* antipope
antiparasitario -ria *adj* antiparasitic
antiparras *fpl* (fam & hum) specs (pl) (colloq)
antipasto *m* (AmL) hors d'oeuvre
antipatía *f* dislike, antipathy; **le ha cogido una gran ~ al trabajo** he's taken a great dislike to his work
antipático¹ **-ca** *adj* **1** ‹*persona*› unpleasant; **¡qué tipo más ~!** what a horrible *o* an unpleasant man!; **las azafatas estuvieron de lo más antipáticas** the flight attendants were extremely unfriendly *o* unpleasant; **¿por qué estás tan ~ hoy?** why are you being so unfriendly *o* unpleasant today?, why are you in such a bad mood today?; (más fuerte) why are you being so nasty *o* horrible today? **2** (fam) ‹*tarea*› **tener que cocinar todos los días es muy ~** it's a real pain *o* drag having to cook every day (colloq); **esto de planchar es de lo más ~** ironing is such a drag (colloq)
antipático² **-ca** *m,f*: **es un ~** he's very unpleasant *o* very unfriendly, he's horrible (colloq)
antipatriótico -ca *adj* unpatriotic
antipedagógico -ca *adj* pedagogically unsound
antipersonal *adj inv* ‹*mina/bomba*› antipersonnel (*before n*)
antiperspirante¹ *adj* antiperspirant (*before n*)
antiperspirante² *m* antiperspirant, antiperspirant deodorant
antipirético¹ **-ca** *adj* antipyretic (*before n*), antifebrile (*before n*)
antipirético² *m* antipyretic, antifebrile
antípodas *fpl*: **las ~** the antipodes; ***estar en las ~ de algo*** to be diametrically opposed to sth
antipolilla¹ *adj inv* antimoth (*before n*)
antipolilla² *m* antimoth spray (*o* liquid *etc*)
antipolio¹ *adj* anti-polio (*before n*)
antipolio² *f* anti-polio vaccine
antiquísimo -ma *adj* ancient, very old
antirrábico -ca *adj* antirabies (*before n*), rabies (*before n*)
antirracismo *m* anti-racism
antirracista *adj* antiracist
antirreflectante *adj* anti-glare (*before n*)
antirreflejos *adj inv* antiglare
antirreglamentario -ria *adj* (Dep): **una jugada antirreglamentaria** a foul; **estaba en posición antirreglamentaria** (period) he was offside
antirretroviral¹ *adj* anti-retroviral (*before n*)
antirretroviral² *m* anti-retroviral medicine
antirrevolucionario -ria *adj/m,f* antirevolutionary
antirrino *m* antirrhinum
antirrobo¹ *adj inv*: **sistema ~** antitheft system; **alarma ~** antitheft *o* burglar alarm
antirrobo² *m* antitheft device
antirruido *adj inv* anti-noise (*before n*)
antisemita¹ *adj* anti-Semitic
antisemita² *mf* anti-Semite
antisemítico -ca *adj* anti-Semitic
antisemitismo *m* anti-Semitism
antisepsia *f* antisepsis
antiséptico¹ **-ca** *adj* antiseptic
antiséptico² *m* antiseptic
antisida *adj inv* anti-AIDS (*before n*)
antisísmico -ca *adj*: **construcciones antisísmicas** buildings designed to withstand earthquakes
antisistema¹ *adj* anti-establishment (*before n*)
antisistema² *m* (Pol)
A (grupo político) anti-establishment party *o* faction
B *mf* (persona) anti-establishment activist
antisocial¹ *adj* antisocial
antisocial² *mf* (Andes period) criminal, delinquent
antisubmarino -na *adj* antisubmarine (*before n*)
antisudoral¹ *adj* (CS) antiperspirant (*before n*)
antisudoral² *m* (CS) antiperspirant, antiperspirant deodorant
antitabaco *adj inv* anti-smoking (*before n*)
antitanque *adj inv* antitank (*before n*)
antiterrorista *adj* antiterrorist (*before n*)
antítesis *f* (*pl* ~) antithesis
antitetánica *f* antitetanus *o* tetanus injection
antitetánico -ca *adj* antitetanus (*before n*), tetanus (*before n*)
antitético -ca *adj* antithetical, antithetic
antitranspirante *adj/m* ▸**antiperspirante**¹, **antiperspirante**²
antivariólica *f* antismallpox *o* smallpox vaccination
antivariólico -ca *adj* antismallpox (*before n*), smallpox (*before n*)
antivioladores *adj inv* anti-rape (*before n*); **aerosol ~** anti-rape spray
antiviral¹**, antivírico** *adj inv* (Med) antiviral (*before n*), antivirus (*before n*)
antiviral²**, antivírico** *m* (Med) antivirus
antivirus¹ *adj inv* (Inf) antivirus (*before n*)
antivirus² *m* (*pl* ~) (Inf) antivirus program
antiviviseccionista *adj/mf* antivivisectionist
antojadizo -za *adj*: **es muy antojadiza** she wants everything she sees; **no seas tan ~** you

a

can't have everything you see/want, you can't have everything that catches your eye *o* (BrE colloq) that takes your fancy

antojarse [A1] *v pron* (*en tercera persona*)

A (apetecer) (+ *me/te/le etc*): **se me antojó una cerveza** I felt like (having) a beer; **cuando estaba embarazada se me antojaban las cosas más extrañas** when I was pregnant, I had cravings for the strangest things; **se le antojó ir a nadar a medianoche** she had an urge to go swimming at midnight; **se le antojó que le llevaran el desayuno a la cama** he felt like having breakfast brought to him in bed; **hace exactamente lo que se le antoja** he does exactly as he pleases; **no voy porque no se me antoja ¡y se acabó!** I'm not going because I don't feel like it, and that's final!

B (liter) (parecer) (+ *me/te/le etc*): **el camino se les antojaba eterno** the road seemed never-ending to them; **las sombras se le antojaban monstruos** the shadows seemed like monsters; **se me antoja que nos está mintiendo** I've got a feeling that she's lying to us

antojitos *mpl* (Méx) *typical Mexican snacks, usually bought at street stands*

antojo *m* **1** (capricho) whim; **tiene que hacerlo todo a su ~** she has to do everything her own way; **maneja al marido a su ~** she can twist her husband around her little finger **2** (de embarazada) craving; **le dio el ~ de comer natillas** she had a craving for custard **3** (fam) (en la piel) birthmark

antología *f* anthology; **de ~** (muy bueno) excellent, fantastic (colloq), incredible (colloq) (muy malo) terrible; **dijo unos disparates de ~** she said some incredibly stupid things; **el hermano es de ~** her brother's a real case (colloq)

antológico -ca *adj* **1** ‹*recopilación*› anthological; **una exposición antológica de su obra** a retrospective of her work **2** ‹*partido/discurso*› memorable, brilliant

antonimia *f* antonymy

antónimo[1] **-ma** *adj* antonymous

antónimo[2] *m* antonym

antonomasia *f* antonomasia; **por ~** par excellence

antorcha *f* torch

antracita *f* anthracite

ántrax *m* anthrax

antro *m* **1** (local sórdido) seedy bar (*o* club *etc*), seedy joint (colloq), dive (colloq); **~ de perdición** den of iniquity **2** (Esp arg) (bar, discoteca) in-place, trendy bar (*generally seedy*)

antropofagia *f* cannibalism, anthropophagy

antropófago[1] **-ga** *adj* cannibalistic, anthropophagous

antropófago[2] **-ga** *m,f* cannibal

antropografía *f* anthropography

antropográfico -ca *adj* anthropographical

antropoide *adj/m* anthropoid

antropología *f* anthropology

(Compuesto) **antropología social** social anthropology

antropológico -ca *adj* anthropological

antropólogo -ga *m,f* anthropologist

antropometría *f* anthropometry

antropométrico -ca *adj* anthropometric

antropomórfico -ca *adj* anthropomorphic

antropomorfo -fa *adj* anthropomorphic, anthropomorphous

antroposofía *f* anthroposophy

anual *adj* **1** ‹*cuota/asamblea*› annual, yearly; ‹*interés/dividendo*› annual; **me cuesta sesenta euros ~es** it costs me sixty euros a year **2** ‹*planta*› annual

anualidad *f* **1** (inversión) annuity **2** (cuota anual) annual payment (*o* subscription *etc*)

anualmente *adv* annually; **se publica ~** it is published annually *o* once a year *o* yearly; **recibirán dicha cantidad ~** they will receive the said amount annually *o* per year

anuario *m* **1** (publicación) yearbook **2** (Educ) (AmC, Col) yearbook

anubarrado -da *adj* overcast, cloudy

anudar [A1] *vt* ‹*cordón/corbata*› to tie

■ **anudarse** *v pron* (*refl*) ‹*corbata*› to tie; **se anudó el pañuelo al cuello** she tied *o* knotted the scarf around her neck; **llevaba la camisa anudada a la cintura** she wore her shirt knotted at the waist

anuencia *f* (frml) consent, knowledge

anuente *adj* (frml): **adoptó una postura ~** he chose to allow it to happen; **lo hizo con el ~ conocimiento de sus superiores** he did it with the full knowledge of his superiors

anulación *f* **1** (de un contrato, convenio) cancellation; (de un matrimonio) annulment; (de una sentencia) quashing, overturning; **protestó la ~ del gol** he protested when the goal was disallowed **2** (de un viaje, compromiso) cancellation

(Compuesto) **anulación de automatismo** manual override

anular[1] *adj* ‹*forma*› ring-shaped; ▸**dedo**

anular[2] [A1] *vt*

A **1** ‹*contrato*› to cancel, rescind; ‹*matrimonio*› to annul; ‹*fallo/sentencia*› to quash, overturn; ‹*resultado*› to declare … null and void; ‹*tanto/gol*› to disallow **2** ‹*cheque*› (destruir) to cancel; (dar orden de no pagar) to stop **3** ‹*viaje/compromiso*› to cancel

B ‹*persona*› to destroy

■ **anularse** *v pron* (*recípr*): **las dos fuerzas se anulan** the two forces cancel each other out

anular[3] *m* ▸ℹ **p.231** ring finger

Anunciación *f*: **la ~** the Annunciation

anunciador -dora *m,f*, **anunciante** *mf* advertiser

anunciar [A1] *vt*

A **1** ‹*noticia/decisión*› to announce, make … public; ‹*lluvias/tormentas*› to forecast; **nos anunció su decisión** he informed us of *o* told us of his decision, he announced his decision to us; **anunció su compromiso matrimonial** he announced his engagement; **el acto está anunciado para esta tarde** the ceremony is due to take place this afternoon **2** (frml) ‹*persona*› to announce; **¿a quién tengo el gusto de ~?** whom do I have the pleasure of announcing? (frml), what name should I say?

B ‹‹*señal/indicio*›› to herald (frml), to announce; **el tintineo de llaves que anunciaba su llegada** the jingling of keys which announced his arrival; **ese cielo gris anuncia tormenta** that gray sky heralds *o* presages a storm (liter), that gray sky means there is a storm coming

C ‹*producto*› to advertise, promote

■ **anunciarse** *v pron* **1** (prometer ser) (+ *compl*): **la temporada de ópera se anuncia interesante** the opera season promises to be interesting; **el fin de semana se anuncia lluvioso** the weekend looks like being wet, it looks as if the weekend will be wet **2** (*refl*) (frml) ‹‹*persona*››: **sírvase ~se en recepción** (frml) kindly report to reception (frml); **siempre se anunciaba dando un timbrazo largo** he always announced his arrival by giving a long ring on the doorbell

anuncio *m*

A **1** (de una noticia) announcement **2** (presagio) sign, omen; **un ~ de muerte** an augur of death (liter)

B (Com, Marketing) (en un periódico) advertisement, ad (colloq); (en la televisión) commercial, advertisement (BrE); **insertar un ~ en el periódico** to place *o* put an advertisement in the newspaper; **puse un ~ en la facultad** I put an ad *o* (BrE) advert up in the department; Ⓢ **prohibido fijar anuncios** bill stickers *o* posters will be prosecuted, stick no bills

(Compuestos)

• **anuncio de envío** advice of dispatch
• **anuncio destacado** display advertisement
• **anuncios breves** *or* **clasificados** *mpl* classified advertisements (*pl*), classified section
• **anuncios por palabras** *mpl* classified advertisements (*pl*), classified section

anverso *m* obverse

anzuelo *m* hook; **es un ~ para atraer más clientes** it's a gimmick to attract more customers; ***morder*** *or* ***tragarse el ~*** to swallow *o* take the bait, to rise to the bait (BrE)

añada *f* year

añadido *m* extra piece of material (*used to lengthen or widen a garment*)

añadidura: **por ~** (*loc adv*) in addition; **y el resto se os dará por ~** (Bib) and all these things shall be added unto you

añadir [I1] *vt* **1** ‹*sal/agua*› to add; **habrá que ~le un pedazo de tela** we'll have to sew an extra bit of material on; **los niños añadían un toque simpático a la procesión** the children added *o* lent a nice touch to the procession **2** ‹*comentario/párrafo*› to add; **añadió unas palabras de agradecimiento** she added a few words of thanks; **—y eso no es todo —añadió** and that's not all, he added

añares *mpl* (RPl) ages (*pl*), years (*pl*); **hace ~ que no los veo** I haven't seen them for ages *o* for years

añejamiento *m* aging*, maturing

añejar [A1] *vt* to age, mature

añejo -ja *adj* **1** ‹*vino/whisky/queso*› mature **2** ‹*costumbre*› old, ancient; **esa noticia es añeja** (hum) that's old news, that's old hat (hum) **3** (fam) ‹*pan*› stale

añicos *mpl*: **tiró el florero y lo hizo ~** he knocked the vase over and smashed it to smithereens *o* and it smashed to pieces; **el parabrisas se hizo ~ en el choque** the windshield shattered in the collision; **estoy hecho ~** I'm shattered (colloq); **la noticia la dejó hecha ~** she was devastated by the news

añil[1] *adj inv* indigo

añil[2] *m* **1** (Bot) indigo **2** (para lavar) blue, bluing

año *m*

A ▸ℹ **p.371**; (período) year; **eso fue en el ~ 1980** that was in 1980; **en el ~ 1492** in (the year) 1492; **en los ~s 50** in the 50s; **a principios de los ~s 70** at the beginning of the 70s, in the early 70s; **el ~ pasado** last year; **el ~ que viene** next year; **venden millares de ejemplares al ~** they sell thousands of copies a year; **hoy se cumplen 100 ~s de su muerte** it is 100 years today since his death *o* since he died; **al ~ de estar allí, ya se quería volver** after only a year there, he wanted to come back; **mañana hará un ~ que se casaron** tomorrow it'll be a year since they got married; **por ti no pasan los ~s** you don't seem to get any older; **los ~s no pasan en vano** the years take their toll; **hace ~s que no lo veo** I haven't seen him for *o* in years; **a lo largo de este ~** in the course of this year; **a lo largo de los ~s** over the years; **¡qué añito hemos pasado!** what a year we've had!, it's been quite a year!; **en aquellos ~s todo nos parecía tan fácil** in those days *o* at that time everything seemed so easy; **durante aquellos ~s su producción literaria fue prolífica** during that period *o* those years her literary output was prolific; ***el ~ del catapún*** *or* ***de la pera*** *or* ***de la polca*** *or* ***de Maricastaña*** *or* ***de la nana*** (fam): **llevaba un peinado del ~ de la pera** she had a hairstyle that went out with the ark (colloq), her hairstyle was really old-fashioned; **un disco del ~ de la polca** a record that's really ancient *o* that's years old *o* that has been around for years *o* (BrE) that's donkey's years old (colloq); ***el ~ uno*** (RPl fam) the year one (colloq), the year dot (BrE colloq); ***el ~ verde*** (RPl fam) that'll be the day (colloq); ***dentro de cien ~s, todos calvos*** eat, drink and be merry (for tomorrow we die)

B ▸ℹ **p.303**, ▸ℹ **p.234**; (indicando edad): **soltero, de 30 ~s de edad** single, 30 years old *o* (frml) 30 years of age; **¿cuántos ~s tienes?** how old are you?; **tengo 14 ~s** I'm 14 (years old); **esas ruinas tienen más de 1.000 ~s** those ruins are over 1,000 years old; **¿cuándo cumples (los) ~s?** when's your birthday?; **¿cuántos ~s cumples?** how old will you be *o* are you going to be?; **hoy cumple 29 ~s** she's 29 today; **ya debe de tener sus añitos** he must be getting on; **se le han venido los ~s encima de repente** time suddenly seems to have caught up with him, he suddenly seems so much older; **un hombre entrado en ~s** an elderly man; **en sus ~s mozos** in his youth, when he was a boy, when he was young; **tengo ya muchos ~s para ponerme a saltar así** I'm a little old to start leaping around like that; **hay que ver, a sus ~s y todavía sale a bailar** isn't it amazing? he still goes out dancing at his age; ***quitarse ~s:* todos saben que se quita ~s** everyone knows she's older than she admits *o* says; **con ese cambio de peinado se ha quitado veinte ~s de encima** that change of hairdo has taken twenty years off her *o* made her look 20 years younger; ***no hay quince ~s feos*** youth is beauty in itself

C (curso) year; **¿qué ~ haces?** *or* **¿en qué ~ estás?** what year are you in?; **perdí el ~** I had to repeat the year

(Compuestos)

- **año académico** academic year
- **año bisiesto** leap year
- **año civil** calendar year
- **año de gracia** year of grace; **en el ~ de ~ de 1677** in the year of grace 1677, in the year of our Lord 1677
- **año escolar** school year
- **año fiscal** ➡ fiscal year (AmE), tax year (BrE)
- **año lectivo** academic year
- **año luz** light year; **Canadá está a ~s ~ de nosotros en esas cuestiones** Canada is light years ahead of us on things like that
- **Año Nuevo** New Year; **¡Feliz A~ N~!** Happy New Year!; **todavía no le he felicitado el A~ N~** (Esp) I still haven't wished him a happy New Year; **A~ N~, vida nueva** make (*o* I'm making *etc*) a fresh start for the new year
- **año sabático** sabbatical
- **año santo** Holy Year
- **año solar** solar year

añojo *m* (Esp) 1 (animal) yearling 2 (carne) prime beef

añoranza *f* yearning; **~ DE** *or* **POR algo** yearning FOR sth; **tiene ~ de** *or* **siente ~ por su país natal** he yearns for his native land

añorar [A1] *vt* ‹*patria*› to yearn for; ‹*paz/tranquilidad*› to long *o* yearn for; ‹*persona*› to miss

añoso -sa *adj* ‹*persona*› old, elderly; ‹*árbol*› old; ►**primeriza**

aorta *f* aorta

aórtico -ca *adj* aortic

aovar [A1] *vi* to lay eggs

AP *f* 1 (en Per) = **Acción Popular** 2 (en Esp) = **Alianza Popular**

apa[1] *interj* (Méx fam) wow!; **¡~ cochecito!** wow! what a car!

apa[2], (Chi): **al ~** (*loc adv*) (subirse) onto one's shoulders; (llevar) on one's shoulders

apabullante *adj* 1 ‹*victoria*› resounding (*before n*), overwhelming, crushing; ‹*éxito*› resounding (*before n*), overwhelming; ‹*rapidez/habilidad*› incredible, extraordinary 2 ‹*personalidad*› overpowering

apabullar [A1] *vt* (vencer) to overwhelm, crush; (dejar confuso) to overwhelm; **su generosidad me dejó apabullada** his generosity overwhelmed me; **los museos muy grandes me apabullan** I find big museums too much to handle *o* so overwhelming; **lo ~on con tanto consejo** he was bewildered by so much advice

apacentar [A5] *vt* to graze, pasture

apache[1] *adj* Apache (*before n*)

apache[2] *mf* 1 (indio) Apache 2 (Col fam & pey) (canalla) jerk (colloq), swine (colloq)

apacheta *f* shrine (*marked by a pile of stones*)

apachurrar [A1] *vt* (AmL fam) to squash

apacible *adj* 1 ‹*carácter/persona*› calm, placid, even-tempered; ‹*vida*› quiet, peaceful 2 ‹*clima*› mild; ‹*mar*› calm; ‹*viento*› gentle, light

apaciblemente *adv* peacefully

apaciguador -dora *adj* pacifying (*before n*)

apaciguar [A16] *vt* ‹*persona*› to pacify; **este gesto apaciguó los ánimos de los manifestantes** this gesture pacified *o* mollified *o* placated the demonstrators; **está furioso, a ver si tú puedes ~lo** he's furious, see if you can pacify him *o* calm him down; **los ~on con la promesa de volver a investigar el caso** they pacified *o* placated *o* appeased them by promising to reopen the case

■ **apaciguarse** *v pron* 1 «*persona*» to calm down; **sus encuentros se han ido apaciguando** their encounters have become more peaceful *o* more relaxed *o* less fraught 2 «*mar*» to become calm; «*temporal/viento*» to abate, die down

apadrinamiento *m* (de un artista) sponsorship, patronage; (de un político) backing, support; (de una idea) backing, support; (de un barco) launch, christening

apadrinar [A1] *vt* 1 (en el bautizo) ‹*niño*› to be godfather/godparent to 2 ‹*boda*› to act as ►**padrino** at 3 ‹*artista/novillero*› to sponsor, be patron to; ‹*político*› to support, back; ‹*ideas/tendencias*› to support, back; **no sé si ~á mi candidatura** I don't know if she'll support *o* back my candidacy 4 ‹*barco*› to christen, launch, act as patron to 5 (en un duelo) to act as second to

apagado -da *adj*

A ‹*persona*› 1 [SER] spiritless, lifeless 2 [ESTAR] subdued

B 1 ‹*sonido*› muffled; **con voz apagada** in a subdued voice 2 ‹*color*› muted, dull

C 1 (no encendido): **la luz está apagada** the light is off *o* isn't on; **asegúrate de que el fuego esté ~/la cocina esté apagada** make sure the fire is out/the stove is switched off; **con el motor ~** with the engine off 2 ‹*volcán*› extinct

apagador *m* 1 (de velas) snuffer, extinguisher 2 (Méx) (Elec) light switch

apagar [A3] *vt*

A 1 ‹*luz*› to turn off, switch off, put out; ‹*televisión/motor*› to turn off, switch off; ***apaga y vámonos*** (Esp fam) let's call it a day (colloq), let's jack it in (BrE sl) 2 ‹*cigarrillo/fuego/incendio*› to put out, extinguish (frml); ‹*vela/cerilla*› to put out; (soplando) to blow out

B (liter) ‹*sed*› to quench; ‹*ira*› to appease (liter); **los años no habían apagado su pasión** his passion had not faded *o* died with the years

■ **apagarse** *v pron*

A «*luz/fuego/vela*» to go out; **la luz se apagó y se volvió a encender** the light went out *o* off and came on again; **se ha apagado el brillo de sus ojos** (liter) the sparkle has gone out of her eyes

B (liter) «*ira*» to abate; «*pasión*» to fade; «*entusiasmo*» to wane; **se habían apagado los ánimos revolucionarios** their revolutionary fervor had died down *o* waned; **su vida se va apagando lentamente** his life is slowly ebbing away (liter)

apagavelas *m* (*pl* ~) snuffer, extinguisher

apagón *m* power cut, blackout

apaisado -da *adj* landscape (*before n*)

apalabrar [A1] *vt*: **ésa ya está apalabrada** that one's reserved for someone else *o* (colloq) spoken for; **había apalabrado el alquiler de la casa** she had come to an arrangement to rent the house; **lo había apalabrado pero no llegué a firmar nada** it was all arranged *o* fixed but I never actually signed anything; **ya tengo apalabrado a un albañil para que empiece el lunes** (fam) I've already arranged with *o* fixed up with a builder who's going to start on Monday, I already have a builder who's agreed to start *o* who says he'll start on Monday; **~on la venta del campo en $25.000** they agreed on *o* fixed *o* arranged a price of $25,000 for the land

■ **apalabrarse** *v pron*: **se ~on para construirlo juntos** they came to an arrangement to build it together; **ya me he apalabrado** *or* **ya estoy apalabrado** I've already given my word *o* said I'll do it

Apalaches *mpl*: **los (montes) ~** the Appalachians, the Appalachian Mountains

apalancamiento *m* leverage

apalancar [A2] *vt* 1 (para levantar) to jack up (AmE), to lever up (BrE) 2 (para abrir) to force open, to jack open (AmE), to lever open (BrE)

■ **apalancarse** *v pron* (fam Esp) 1 (instalarse) to settle; **se apalanca en el sillón y ya no hay quien lo mueva** he settles into *o* ensconces himself in his armchair and he won't budge; **lleva ocho meses apalancada en mi casa** she came to stay eight months ago and she seems to have taken up permanent residence (colloq) 2 (estancarse) to get stuck (in a rut)

apalear [A1] *vt* 1 ‹*persona*› to beat; ‹*alfombras*› to beat; ‹*árbol*› to beat the branches of; **niños apaleados** battered children 2 ‹*arena/carbón*› to shovel *ver tb* **plata B**

apaleo *m* (de persona) beating; (de alfombra, árbol): **sirve para el ~ de alfombras** it's used for beating carpets; **es la época del ~ de árboles frutales** it's the season when they beat the branches of the fruit trees

apanado *m* (Per fam) beating; **¡~ a Juan por mentiroso!** let's teach Juan a lesson for lying (colloq); **hacer ~ a algn** to give sb a beating, to beat sb up (colloq)

apanar [A1] *vt* (Andes) ►**empanar**

apandillarse [A1] *v pron* to gang together

apando *m* (fam) punishment cell

apantallar [A1] *vt*

A (Méx) (impresionar) to impress

B (RPl) (abanicar) to fan

apantanar [A1] *vt* to flood

apañado -da *adj* 1 (Esp fam) ‹*persona*› resourceful; **¿te lo hiciste tú?, ¡qué apañada!** did you make it yourself? aren't you smart *o* clever!; ***estar*** *or* ***ir ~*** (fam & iró): **estás ~ si crees que puedes vivir con ese sueldo** if you think you can live on that salary, you've got another think coming! (colloq); **si tenemos que esperar a que él acabe estamos ~s** if we have to wait till he's finished we're done for *o* (BrE) we've had it (colloq) 2 (Esp fam) (arreglado) nice, neat; **tiene una cocina muy apañadita** she has a nice little kitchen

apañar [A1] *vt*

A (fam) ‹*elecciones*› to fix (colloq), to rig

B (Esp fam) (arreglar) 1 ‹*radio/antena*› to fix 2 ‹*vestido*› to alter

C (AmS fam) (encubrir) to cover up for

D (Méx fam) (pescar, pillar) to nab (colloq), to nick (BrE sl)

■ **apañar** *vi* (Esp fam) **~ CON algo** to lift *o* swipe sth (colloq), to nick sth (BrE colloq)

■ **apañarse** *v pron* (Esp fam) *tb* **apañárselas** to manage; **no necesito mucho dinero, me apaño con poco** I don't need a lot of money, I can get by on *o* make do with *o* manage with just a little; **se (las) apaña muy bien viviendo solo** he gets by very well on his own; **ya me (las) ~é** I'll manage, I'll be OK; **él se metió en el lío, ahora que se las apañe** he got himself into this mess, now he can get himself out of it

apaño *m* 1 (fam) (chanchullo) scam (colloq), fiddle (BrE colloq); **tiene que tener algún ~** he must be on the take *o* make *o* fiddle (colloq) 2 (Esp fam) (arreglo): **le he hecho un ~** I've done a patch-up job on it (colloq), I've patched it up (colloq) 3 (Esp fam) (amorío) affair, fling (colloq)

apañuscar [A2] *vt* (Col fam) ‹*ropa/papeles*› to stuff, cram; **apañusqué todos los papeles en el cajón** I stuffed *o* crammed all the papers into the drawer

■ **apañuscarse** *v pron* (fam) «*personas*» to squeeze; **si se apañusca un poco cabemos los cuatro** if you squeeze *o* squash up a little, all four of us can fit in

apapachar [A1] *vt* (Méx fam) (abrazar) to cuddle; (acariciar) to stroke, caress

apapacho *m* (Méx fam) 1 (abrazo) cuddle; (caricia) caress 2 **apapachos** *mpl* (alabanzas) praise

aparador *m* 1 (mueble) sideboard 2 (AmL exc CS) (vitrina) store window (AmE), shop window (BrE)

aparato *m*

A 1 (máquina): **tiene la cocina llena de ~s eléctricos** the kitchen is full of electrical appliances; **ese tipo de análisis requiere ~s especiales** that type of test requires special

---

➡ *see* Living in a Spanish-speaking country

a

equipment; **uno de esos ~s para hacer zumo** one of those juicer machines; **el ~ para tomarte la tensión** the apparatus for taking your blood pressure 2 (de televisión) set, receiver; (de radio) receiver
B (para gimnasia) piece of apparatus; **los ~s** the apparatus, the equipment
(Compuesto) **aparato de remo** rowing machine
C 1 (audífono) *tb* **~ auditivo** hearing aid 2 (Odont) *tb* **~s** braces (*pl*), brace (BrE)
D (teléfono) telephone; **ponerse al ~** to come to the phone; **¡al ~!** speaking!
E (frml) (avión) aircraft
F (estructura, sistema) machine; **el ~ del partido** the party machine; **el ~ represivo montado por la dictadura** the machinery of repression set up under the dictatorship
G 1 (ceremonia) pomp; **fue recibido con mucho ~** he was received with great pomp (and ceremony); **todo el ~ que acompañó a la boda del príncipe** all the pageantry which accompanied the prince's wedding 2 (fam) (jaleo, escándalo) fuss (colloq), to-do (colloq)
H (fam & euf) (pene) thing (colloq), weenie (AmE colloq), willy (BrE colloq); (genitales masculinos) equipment (euph)
(Compuestos)
• **aparato circulatorio** circulatory system
• **aparato crítico** critical apparatus
• **aparato digestivo** digestive system
• **aparato eléctrico** thunder and lightning; **una fuerte tormenta acompañada de gran ~ ~** a heavy thunderstorm
• **aparato ortopédico** surgical appliance
• **aparato respiratorio** respiratory system

aparatosamente *adv* ‹*caer/volcarse*› spectacularly; ‹*reírse*› in an exaggerated manner; **se vino ~ al suelo** she fell dramatically to the ground; **fueron detenidos ~ por la policía** the police arrested them in a great show of force

aparatoso -sa *adj* 1 ‹*gestos/ademán*› flamboyant; ‹*sombrero*› showy, flamboyant 2 ‹*caída/accidente*› spectacular, dramatic

aparcacoches *mf* (*pl* ~) (Esp) *hotel or restaurant employee who parks customers' cars*; valet (esp AmE)

aparcamiento *m* 1 (acción) parking 2 (espacio para aparcar) parking space; (recinto) parking lot (AmE), car park (BrE); (en carretera) rest area *o* stop (AmE), lay-by (BrE)

aparcar [A2] *vt* (Esp) 1 ‹*vehículo*› to park; **tuve problemas para ~ el coche** I had problems parking (the car) 2 ‹*proyecto/idea*› to shelve, put ... on ice
■ **aparcar** *vi* (Esp) to park; Ⓢ **prohibido aparcar** no parking

aparcería *f* sharecropping

aparcero -ra *m,f* sharecropper

apareamiento *m* 1 (Zool) mating 2 (de cosas) matching

aparear [A1] *vt* 1 ‹*animales*› to mate 2 ‹*objetos*› to match, pair up
■ **aparearse** *v pron* to mate

aparecer [E3] *vi*
A 1 «*síntoma/mancha*» to appear; **los carteles han aparecido en diversos puntos de la ciudad** the posters have appeared in various parts of the city; **los tesoros arqueológicos que han ido apareciendo durante la excavación** the archaeological treasures which have appeared *o* turned up during the dig 2 «*objeto perdido*» to turn up; **¿aparecieron tus llaves?** have your keys turned up yet?; **hizo ~ un ramo de flores** he produced a bouquet of flowers 3 (en un documento) to appear; **mi nombre no aparece en la lista** my name doesn't appear on the list, my name isn't on the list; **una cara que aparece mucho en las portadas de las revistas** a face that often appears *o* features on the covers of magazines 4 «*revista*» to come out; «*libro*» to come out, be published
B «*persona*» 1 (fam) (llegar) to appear, turn up, show up 2 (fam) (dejarse ver) to appear, show up (colloq); **no ha vuelto a ~ por aquí** he hasn't shown his face round here again 3 (en un espectáculo) «*personaje/actor*» to appear; **apareció en dos o tres películas** he was in *o* he appeared in two or three movies
C (liter) (parecer) to seem; **todo aparecía como un sueño borroso** it all seemed like a hazy dream; **el programa de explotación aparecía oscuro** the operating program did not seem clear
■ **aparecer** *vt* (Méx) to produce, make ... appear
■ **aparecerse** *v pron* 1 «*fantasma/aparición*»: **~se A algn** to appear TO sb; **su padre se le apareció en sueños** his father appeared to him in his dreams 2 (AmL fam) «*persona*» to turn up; **se apareció de vaqueros** she turned up *o* showed up in jeans; **¡y no te vuelvas a ~ por aquí!** and don't you dare show your face round here again!

aparecido *m* 1 (espectro) ghost 2 (Andes fam) (advenedizo) upstart

aparejado -da *adj*: **esto trae aparejada una devaluación de la moneda** this brings with it *o* entails a devaluation of the currency; **la pena lleva aparejada la inhabilitación para cargos públicos** the punishment entails *o* means disqualification from holding public office

aparejador -dora *m,f* quantity surveyor

aparejar [A1] *vt* 1 ‹*embarcación*› to rig 2 ‹*caballos*› (para montar) to saddle; (a un carro) to harness

aparejo *m*
A 1 (de una embarcación) rig 2 (de un caballo) tack 3 (de pesca) tackle 4 (polea) block and tackle
B (Const) bond
(Compuestos)
• **aparejo a soga** stretcher *o* stretching bond
• **aparejo a tizón** header *o* heading bond
• **aparejo inglés** English bond

aparellaje *m* control gear

aparencial *adj* apparent

aparentar [A1] *vt* 1 (fingir) ‹*indiferencia/entusiasmo*› to feign; **aparentaban indiferencia** they feigned indifference, they pretended to be indifferent 2 (parecer): **no aparentas la edad que tienes** you don't look your age; **tiene 15 pero aparenta muchos más** he's 15 but he looks much older; **aparenta ser el que más sabe** he seems *o* appears to be the one who knows most
■ **aparentar** *vi* 1 «*persona*» to show off; **les gusta ~** they like to show off; **sólo por ~** just for show 2 «*regalo*» to look good *o* impressive

aparente *adj*
A (que parece real) ‹*timidez/interés*› apparent (*before n*); **su amabilidad era sólo ~** his kindness was all show; **la ~ victoria se tornó en derrota** what had seemed like victory turned into defeat; **el motivo ~ del crimen** the apparent motive for the crime
B (obvio, palpable) apparent, obvious; **sin motivo ~** for no apparent *o* obvious reason
C (vistoso, elegante): **el vestido es muy barato pero es muy ~** the dress is very cheap but it looks really good; **un restaurante ~** a stylish *o* chic *o* (BrE) smart restaurant

aparentemente *adv* apparently; **¿por qué no vino? — ~ no se sentía bien** why didn't he come? — apparently he wasn't feeling very well; **el esfuerzo ~ rindió sus frutos** it would seem *o* appear that the effort bore fruit, the effort apparently bore fruit; **no sé cómo una mujer ~ inteligente puede comportarse así** I don't know how an apparently intelligent woman can behave like that

aparición *f*
A (acción) appearance; **la ~ de la fotografía en los periódicos** the appearance *o* publishing of the photograph in the press; **dos libros de reciente ~** two recently published books; Ⓢ **intervienen por orden de aparición ...** cast in order of appearance ...; **ya ha hecho varias apariciones en televisión** she has already been *o* appeared on television several times, she has already made several television appearances
B (fantasma) apparition

apariencia *f* appearance; **un hombre de ~ fuerte** a strong-looking man; **en ~, estaba en buenas condiciones** it appeared to be in good condition, by all appearances it was in good condition; **a juzgar por las ~s** judging by appearances; **tenemos que guardar** *or* **cubrir las ~s** we have to keep up appearances; **las ~s engañan** appearances can be deceptive

apartado¹ -da *adj* 1 ‹*zona/lugar*› isolated 2 ‹*persona*› **~ DE algo/algn: se ha mantenido ~ de la vida pública** he has stayed out of public life; **vive muy ~ de la familia** he has very little to do with his family

apartado² *m*
A (Corresp) *tb* **~ de correos** *or* **~ postal** post office box, P.O. Box
B (de un artículo, capítulo) section; **en el ~ de seguridad social, los logros del gobierno han sido mucho menores** as far as social security is concerned *o* as for social security, the government's achievements have been much smaller

apartamentero -ra *m,f* (Col) burglar

apartamento ➡ *m* 1 (AmL) (departamento) apartment, flat (BrE) 2 (Esp) (piso — pequeño) small apartment *o* (BrE) flat; (— frente al mar) apartment

apartamiento *m* (retiro) withdrawal; (separación) removal

apartar [A1] *vt*
A 1 (alejar) to move away; **aparta la ropa del fuego** move the clothes away from the fire; **aparta eso de mi vista** get that out of my sight!; **aparta de ti esos temores** (liter) cast out those fears (liter); **aparta de mí este cáliz** (Bib) take this cup from me; **aquellas amistades lo ~on del buen camino** those friends led him astray *o* off the straight and narrow; **lo ~on de su propósito de estudiar medicina** they dissuaded him from studying medicine; **apartó los ojos** *or* **la mirada** he averted his eyes; **la apartó de un manotazo** he pushed her aside *o* to one side 2 ‹*obstáculo*› to move, move ... out of the way; **aparte ese coche** move that car (out of the way); **le apartó el pelo de los ojos** she brushed the hair out of his eyes 3 (frml) (de un cargo) to remove; **ha sido apartado de su cargo/del servicio activo** he has been removed from his post/from active service 4 (aislar) to separate; **si no los apartamos se van a matar** if we don't separate them they'll kill each other; **se los mete en la cárcel para ~los de la sociedad** they are put in jail to separate them from *o* to keep them away from society
B (guardar, reservar) to set aside; **apartó lo que se iba a llevar** she set aside what she was going to take, she put the things she was going to take on one side; **tenemos que ~ el dinero del alquiler** we must set *o* put aside the rent money; **voy a ~ un poco de comida para él** I'm going to put a bit of food aside for him; **las gambas se pelan y se apartan** peel the prawns and set aside *o* put them to one side; **dejé el libro apartado** I had them set the book aside *o* put the book to one side for me; Ⓢ **se apartan juguetes** layaway available (AmE), a small deposit secures any item (BrE)
■ **apartarse** *v pron* (*refl*) 1 (despejar el camino) to stand aside; **¡apártense! ¡dejen pasar!** stand aside! make way! 2 (alejarse, separarse) **~se DE algo/algn: nos apartamos de la carretera principal** we got off *o* left the main road; **el satélite se ha apartado de su trayectoria** the satellite has strayed from its orbit; **apártate de ahí que te puedes quemar** get/come away from there, you might burn yourself; **¡apártate de mi vista!** get out of my sight!; **¡apártate de mí!** get away from me!; **no te apartes del buen camino** stick to the straight and narrow; **se ha apartado bastante de su familia** she's drifted away from *o* grown apart from her family; **nos estamos apartando del tema** we're getting off *o* straying away from *o* going off the subject

---

➡ *ver* Vivir en un país de habla inglesa

aparte[1] *adv*
A (a un lado, por separado) separately; **¿me lo podría envolver ~?** could you wrap it separately?; **lavar la ropa de color ~** wash coloreds separately; **este asunto lo vamos a tratar ~** we'll deal with this matter separately; **lo llamó ~ y lo reprendió** she called him aside *o* to one side and reprimanded him; **pon las verduras ~** put the vegetables to *o* on one side; **dejando ~ la cuestión del dinero** leaving aside the question of money; **bromas ~** joking aside; **soy muy buena cocinera, modestia ~** I'm a very good cook, although I say so myself; **~ de** apart from, aside from (AmE); **~ de la pensión no tiene ningún otro ingreso** apart from her pension, she has no other income; **~ de que no tiene experiencia, es muy irresponsable** apart from the fact that she has no experience, she's very irresponsible; ▸**punto**
B (además): **y ~ tiene otra casa en el campo** and she has another house in the country as well; **y ~ yo no soy su criada** and anyway *o* besides *o* apart from anything else, I'm not his maid

aparte[2] *adj inv*: **esto merece un capítulo ~** this deserves a separate chapter *o* a chapter to itself; **es un caso ~** he's a special case

aparte[3] *m* aside

apartheid /a'partej/ *m* apartheid

aparthotel /aparto'tel/ *m* ▸**apartotel**

apartotel *m* apartment hotel (AmE), serviced flats (*pl*) (BrE)

apasionadamente *adv* passionately

apasionado[1] **-da** *adj* ‹*amor/temperamento/mujer*› passionate; ‹*discurso/alegato*› impassioned, passionate

apasionado[2] **-da** *m,f* enthusiast; **los ~s de la ópera** opera lovers

apasionamiento *m* passion; **habló con ~ del tema** he spoke passionately about it; **defendió su postura con ~** he defended his position passionately, he made a passionate defense of his position; **describió la situación sin ningún ~** he described the situation dispassionately *o* unemotionally

apasionante *adj* ‹*obra*› exciting, enthralling; ‹*tema*› fascinating, thrilling

apasionar [A1] *vt*: **la música la apasiona** she has a passion for music; **no es un tema que me apasione** the subject doesn't exactly fascinate me
■ **apasionarse** *v pron* **~se POR algo**: **se apasiona por los toros** he's a tremendous bullfighting enthusiast, he has a passion for bullfighting; **se apasionó por la música desde muy temprano** from an early age she developed a passionate interest in music

apaste, apastle *m* (AmC, Méx) earthenware pot

apatía *f* apathy

apático -ca *adj* apathetic

apátrida[1] *adj* [1] (sin patria) stateless [2] (RPl) (que no ama a su país) unpatriotic

apátrida[2] *mf* [1] (sin patria) stateless person [2] (RPl) (que no ama a su país) unpatriotic person

APD *f* **= Asistencia Pública Domiciliaria**

apdo. (**= apartado de Correos**) PO Box

apeadero *m* halt, unstaffed station

apearse [A1] *v pron* [1] (frml) (bajarse) to get off, alight (frml); **~ DE algo** ‹*de un tren*› to alight FROM sth, get OFF sth; **se apeó del caballo** he got off the horse, he dismounted [2] (retractarse) to climb down, back down

apechugar [A3] *vi* (fam) to grin and bear it (colloq), to put up with it (colloq); **~ CON algo**: **vamos a tener que ~ con las consecuencias** we're going to have to put up with *o* suffer *o* take the consequences; **tendrá que ~ con lo que gana** she'll just have to make do with *o* get by on what she earns; **voy a tener que ~ con todo el trabajo yo sola** I'm going to have to cope with *o* tackle all the work myself

apedrear [A1] *vt* [1] (tirar piedras a) ‹*persona/automóvil*› to throw stones at [2] (matar a pedradas) to stone (to death)

> ## ⓘ Los apellidos
>
> En los países de habla inglesa las personas utilizan un solo apellido, el del padre.
>
> Tradicionalmente las mujeres adoptan el apellido del marido al casarse, pero es cada vez mayor el número de mujeres que prefieren conservar su apellido de soltera.
>
> Hasta hace algunos años era usual referirse a una mujer casada utilizando el nombre y apellido del marido, por ejemplo '*Mrs John Ashdown*', pero esta costumbre está cayendo en desuso.
>
> No se suele usar el apellido para dirigirse a un compañero o colega, salvo en algunos colegios privados. Suele usarse, sin embargo, sobre todo entre hombres, para referirse a personas a las que se conoce a través del trabajo pero con quienes no se tiene mayor intimidad.

apegado -da *adj* **~ A algo/algn** to be attached TO sth/sb; **no hay que ser tan ~ a las cosas materiales** you shouldn't be so attached to material things, you shouldn't attach so much value *o* importance to material things; **siempre fue muy ~ a su madre** he was always very close to his mother; **es muy ~ a la casa** he's very home-loving, he's very much a homebody

apegarse [A3] *v pron* **~ A algo** to grow *o* become attached TO sth; **me apego mucho a las cosas** I get very attached to things; **~ A algn** to become close TO sb

apego *m* **~ A algo/algn** attachment TO sth/sb; **el ~ a la familia** attachment to one's family; **le tengo gran ~ a mi antiguo colegio** I feel very attached to my old school; **un pueblo con mucho ~ a sus tradiciones** a nation with a deep attachment to its traditions; **le tiene muy poco ~ al trabajo** she is not very committed to *o* she attaches little importance to her work; **les tiene muy poco ~ a las cosas materiales** he attaches very little importance *o* value to material things; **tenerle ~ a algn** to be fond of sb, to be attached to sb; **le tengo mucho ~ pero la debo dejar ir** I'm very fond of her *o* attached to her but I have to let her go; **actuamos con ~ a la constitución** we acted in accordance with the constitution, we acted constitutionally

apelable *adj* subject to appeal, appealable

apelación *f* [1] (Der) appeal; **presentar** *or* **interponer una ~** to appeal, lodge an appeal; **conceder/denegar la ~** to uphold/reject the appeal [2] (llamamiento) appeal

apelante *mf* appellant

apelar [A1] *vi* [1] (Der) to appeal; **~á ante el Tribunal Supremo** he will appeal to the Supreme Court; **~ DE** *or* **CONTRA algo** to appeal AGAINST sth [2] (invocar, recurrir a) **~ A algo/algn** to appeal TO sth/sb; **apeló a nuestra generosidad** she appealed to our generosity; **apeló a los secuestradores para que le devolvieran a su hijo** he appealed to the kidnappers to release his son; **tendrás que ~ a tu diplomacia** you'll have to call on *o* use all your diplomatic skills [3] (apodar) to call; **Pedro I, apelado el Cruel** Peter I, known as Peter the Cruel

apelativo *m* [1] (sobrenombre) name; **se le conoce por el ~ de ...** he is known as ... [2] (Ling) vocative (frml), form of address; **se usa como ~ cariñoso** it is used as an affectionate form of address

apellidarse [A1] *v pron*: **se apellida López** his surname is López

apellido *m* surname; **~ de soltera/de casada** maiden/married name

apelmazado -da *adj* [1] ‹*arroz/pasta*› stodgy (BrE); **el arroz quedó ~** the rice all stuck together [2] ‹*bizcocho/pan*› heavy, stodgy (BrE) [3] ‹*pelo/lana*› matted; ‹*colchón/cojín*› lumpy

apelmazar [A4] *vt* ‹*arroz/pasta*› to make ... stick; ‹*colchones/lana*› to make ... hard
■ **apelmazarse** *v pron* [1] «*arroz/pasta*» to stick together, go stodgy (BrE); **el bizcocho se apelmazó** the cake didn't rise [2] «*colchón/cojín*» to go lumpy; «*lana*» to get *o* become matted

apelotonar [A1] *vt* to roll ... into a ball
■ **apelotonarse** *v pron* [1] «*animal*» to roll up, curl up (into a ball) [2] «*gente*» to mass, crowd together; **los hinchas se apelotonaban en las puertas del estadio** the fans crowded *o* massed around the entrances to the stadium; **viajamos todos apelotonados en el autobús** we were all packed *o* squashed *o* crammed together in the bus [3] «*sustancia*» to go lumpy

apenar [A1] *vt*
A (entristecer) to sadden; **me apenó mucho que se fuera sin despedirse** it saddened me greatly that he left without saying goodbye; **me apena ver que la situación ha empeorado** I am sorry to see *o* it saddens me to see that the situation has deteriorated
B (AmL exc CS) (hacer sentir vergüenza) to embarrass, make ... feel embarrassed
■ **apenarse** *v pron*
A (entristecerse): **se sintió apenado por su muerte** he was saddened by her death; **se apenó mucho cuando lo supo** he was very upset *o* distressed *o* sad when he learned of it
B (AmL exc CS) (sentir vergüenza) to be embarrassed; **no se apene y entre no más** don't be shy *o* embarrassed, come on in

apenas[1] *adv* [1] (a duras penas) hardly; **~ les alcanza para comer** they've barely *o* hardly *o* scarcely enough to live on; **~ podíamos oír lo que decía** we could hardly *o* barely hear what he was saying, we could only just hear what they were saying; **hace ~ dos horas que empecé** I only started two hours ago; **~ (si) sabe pedir un café en francés** it's as much as he can do to order *o* he can hardly order a cup of coffee in French; **~ (si) nos dirigió la palabra** she hardly spoke to us; **sin ~ trámites** with a minimum of formalities [2] **apenas ... cuando** no sooner ... than; **~ había tomado posesión del cargo, cuando empezaron los problemas** he had no sooner taken up *o* no sooner had he taken up the post than the problems began [3] (Méx, Ven fam) (recién): **~ el lunes la podré ir a ver** I won't be able to go and see her until Monday

apenas[2] *conj* (esp AmL) (en cuanto) as soon as; **~ lo supo, corrió a decírselo** as soon as she found out, she ran to tell him; **~ + SUBJ**: **~ termines, me avisas** let me know as soon as you've finished; **dijo que me llamaría ~ llegara** she said she'd phone me as soon as she arrived *o* the moment she arrived

apencar [A2] *vi* (Esp fam) **~ CON algo**: **tendrá que ~ con la factura** he'll have to foot the bill (colloq); **siempre me toca ~ con las tareas más duras** I always get saddled *o* landed *o* (BrE) lumbered with the hardest jobs (colloq)

apendectomía *f* appendectomy

apendejarse [A1] *v pron* [1] (AmL exc CS fam) (volverse estúpido) to go soft in the head (colloq) [2] (Col fam) (ensimismarse): **se apendejaron mirando el acuario** they became completely absorbed by *o* engrossed in the aquarium; **están como apendejados con la nieta** they are infatuated *o* besotted with their granddaughter

apéndice *m*
A (Anat) (del intestino) appendix; (otro miembro, órgano) appendage; **lo han operado del ~** he has had his appendix removed *o* (colloq) out
(Compuesto) **apéndice vermicular** *or* **vermiforme** vermiform appendix
B (de un texto, documento) appendix

apendicectomía *f* appendectomy

apendicitis *f* appendicitis

Apeninos *mpl*: **los ~** the Appenines

apenitas *adv/conj* ▸**apenas**[1], **apenas**[2]

a

apeñuscar [A2] *vt* ▸**apañuscar**

apepsia *f* indigestion

aperar [A1] *vt*

A (esp AmL) ‹*caballo*› to harness

B (AmL) ‹*persona*› to provide, to equip; **~ a algn DE algo** to provide *o* equip sb WITH sth; **lo ~on de todo lo necesario para el viaje** they provided *o* equipped him with everything he needed for the journey

■ **aperarse** *vpr* (AmL) to equip oneself; **estamos muy aperados para el invierno** we're well equipped for the winter

apercibimiento *m* 1 (advertencia) warning; **el club fue multado con ~ de cierre** the club was fined and warned that *o* given a warning that any further incidents would lead to closure; **se ordenó su comparecencia bajo ~ de arresto** he was ordered to appear on pain of arrest 2 (sanción) disciplinary measure *o* sanction

apercibir [I1] *vt* 1 (advertir) **~ a algn DE algo** to warn sb OF sth 2 (Der) to order

■ **apercibirse** *v pron* **~se DE algo** to notice sth

apercollado -da *adj* (Col fam): **había parejas apercolladas por toda la casa** there were couples necking *o* (AmE) making out all over the house (colloq)

apercolle *m* (Col fam) clinch (colloq), embrace

apergaminado -da *adj* 1 ‹*papel*› parchment-like 2 ‹*piel*› leathery, dry and wrinkled; ‹*cara*› wizened

apergaminarse [A1] *v pron* ‹‹*piel*›› to dry up, go leathery

aperitivo *m* 1 (bebida) aperitif; **nos invitaron a tomar el ~** they invited us for drinks before lunch (*o* dinner *etc*) 2 (comida) snack, appetizer

apero *m* 1 (instrumento, utensilio) implement; **~s de labranza** farming implements (*o* tools *etc*); **~s de pesca** fishing tackle; **~s de caza** hunting gear 2 (AmL) (Equ) harness

apersonarse [A1] *v pron* 1 (comparecer) to appear 2 (Col) **~ DE algo** to take charge OF sth, take sth in hand 3 (RPl, Ven fam) (presentarse) to appear in person

apertura *f*

A 1 (de una caja, un sobre) opening; Ⓢ **caja fuerte con apertura retardada** strongbox with time-delay mechanism 2 (de una cuenta bancaria) opening; (de un testamento) reading 3 (comienzo, inauguración) opening; **en la sesión de ~ del festival** during the opening session of the festival; **todavía no se ha anunciado la ~ del plazo de matrícula** the opening date for registration hasn't been announced as yet; **la ~ de una nueva etapa en las negociaciones de paz** the beginning of a new stage in the peace talks; **la ~ del diálogo con la guerrilla** the commencement of talks between the government and the guerrillas 4 (Fot) aperture 5 (en ajedrez) opening

B 1 (actitud abierta) openness 2 (proceso) opening-up; **la ~ de España a nuevas ideas** Spain's opening-up to new ideas

aperturismo *m* (policy of) openness

aperturista[1] *adj* open, progressive

aperturista[2] *mf*: *supporter of a more open, progressive political system*

apesadumbrar [A1] *vt*: **la noticia lo ha apesadumbrado** the news has saddened *o* distressed him greatly; **apesadumbrado, cerró la puerta por última vez** with a heavy heart, he closed the door for the last time; **no quería ~lo con sus problemas** she did not want to burden him with her problems

apestado -da *adj* 1 (con la peste): **gente apestada** plague victims, people with the plague 2 ‹*lugar*› **~ DE algo**: **la playa está apestada de turistas** the beach is crawling *o* infested with tourists; **el barrio está ~ de propaganda política** the whole area is plastered with political posters 3 (AmS fam) (enfermo): **toda la familia está apestada con la gripe** the whole family has come down with the flu (AmE) *o* (BrE) with flu; **yo me pasé todo el invierno ~** I had the flu (*o* a cold *etc*) all winter; **esta planta está apestada** this plant has blight 4 (Méx fam) (con mala suerte): **estar ~** to be jinxed *o* unlucky

apestar [A1] *vi* (fam) to stink (colloq); **~ A algo** to stink *o* reek OF sth (colloq)

■ **apestar** *vt* (fam) to stink out (colloq)

■ **apestarse** *v pron* 1 (AmS fam) ‹‹*persona*›› to catch (the) flu (*o* a cold *etc*); ‹‹*planta*›› to become blighted 2 (Méx fam) ‹‹*plan/proyecto*›› to fall through

apestoso -sa *adj* 1 (maloliente) stinking 2 (fam) (fastidioso) annoying

apetecer [E3] *vi* (esp Esp): **no me apetece nada ponerme a estudiar** I don't feel at all like studying; **¿qué te apetece cenar?** what do you feel like *o* (BrE) fancy for dinner?; **puedes hacer lo que te apetezca** feel free to do whatever you like; **con esta lluvia no apetece nada salir ¿verdad?** the idea of going out when it's raining like this doesn't really appeal, does it?, you don't feel like going out when it's raining like this, do you?

■ **apetecer** *vt* to feel like, fancy (BrE); **nunca apeteció el dinero ni la fama** (liter) she never sought wealth or fame

apetecible *adj* ‹*manjar*› appetizing, mouthwatering; ‹*puesto*› desirable; **la idea me resulta muy ~** I find the idea very attractive *o* appealing

apetencia *f* **~ DE algo**: **no tiene ~ de nada** nothing appeals to him, he doesn't feel like *o* want anything; **su ~ de poder** (liter) his desire *o* craving for power

APETI *f* = **Asociación Profesional Española de Traductores e Intérpretes**

apetito *m* 1 (ganas de comer) appetite; **no tengo ~** I don't feel *o* I'm not hungry; **tiene muy buen ~** he has a good appetite, he eats well; **comió muy bien, con mucho ~** he ate well, with great relish; **esta caminata me ha abierto el ~** this walk has given me an appetite; **se me ha ido** *or* **quitado el ~** I've lost my appetite 2 **apetitos** *mpl* (liter) (instintos) instincts (*pl*); **los ~s y goces de la carne** the desires and pleasures of the flesh (liter); **la satisfacción de los más bajos ~s** the satisfaction of one's basest instincts

(Compuesto) **apetito sexual** sexual appetite

apetitoso -sa *adj* ‹*plato/manjar*› appetizing, mouthwatering; **una rubia de lo más apetitosa** (fam) a luscious *o* (BrE) tasty blonde (sl)

ápex *m* apex

apiadar [A1] *vt* to move … to pity

■ **apiadarse** *v pron* **~se DE algn** to take pity ON sb; **que Dios se apiade de nosotros** may God have mercy *o* pity on us

apiario *m* (AmL) apiary

ápice *m* 1 **(ni) un ~**: **no piensan ceder ni un ~** they don't intend to give an inch; **lo dijo sin un ~ de malicia** he said it without a hint of malice; **no mostraron (ni) un ~ de interés** they didn't show the slightest bit of *o* one iota of interest; **no tiene un ~ de tonta** she's certainly no fool, there's certainly nothing stupid about her 2 (extremo — de la lengua) tip, apex (tech); (— de una pirámide) apex 3 (punto culminante) peak; **en el ~ de su carrera** at the height *o* peak of her career

apícola *adj* beekeeping (*before n*)

apicultor -tora *m,f* beekeeper, apiarist (tech)

apicultura *f* beekeeping, apiculture (tech)

apilar [A1] *vt* to pile up, put … into a pile

■ **apilarse** *v pron* to pile up

apiñar [A1] *vt* to cram, pack, squash

■ **apiñarse** *v pron* to crowd together; **se apiñaban a la entrada** they crowded together *o* massed around the entrance; **un pequeño pueblo apiñado en torno a una vieja iglesia** a small village clustered *o* huddled around an old church

apiñonado -da *adj* (Méx) pinkish-beige, pinky-beige (BrE)

apio *m* celery

(Compuesto) **apio nabo** *or* **rábano** celeriac

apiolar [A1] *vt* (Esp arg) ‹*persona*› to bump … off (sl)

■ **apiolarse** *v pron* (RPl fam) to wise up (colloq), get one's act together (sl); **¿y recién te apiolás?** you mean to say you've only just caught on? (colloq)

apirético -ca *adj* antipyretic

apisonadora *f* road roller, steamroller

apisonar [A1] *vt* 1 (con apisonadora) to steamroll, roll 2 (con pisón) to tamp

apiterapia *f* apitherapy, bee-sting therapy

aplacar [A2] *vt* 1 ‹*ira/enojo*› to soothe; **para ~ a los dioses** to placate *o* appease the gods; **fue necesaria su intervención para ~ los ánimos** he had to intervene to calm people down 2 ‹*sed*› to quench; ‹*hambre*› to satisfy; ‹*dolor*› to soothe

■ **aplacarse** *v pron* 1 ‹‹*persona*›› to calm down; ‹‹*furia*›› to subside 2 ‹‹*tempestad*›› to abate, die down

aplanacalles *mf* (*pl* ~) (AmL fam) layabout, bum (AmE colloq)

aplanado -da *adj* (Esp fam) down (colloq)

aplanadora *f* (AmL) road roller, steamroller

aplanar [A1] *vt* (con una niveladora) to level, grade (AmE); (con una apisonadora) to roll; ▸**calle**

aplanchado -da *adj* (Col fam) fed up (colloq), down (colloq)

aplanchar [A1] *vt* (AmC, Col) ▸**planchar**

aplasia *f* aplasia

(Compuesto) **aplasia medular** aplastic anemia

aplastamiento *m*

A (de una rebelión) crushing

B (CS) (del ánimo) lethargy; **¡qué ~ tengo hoy!** I feel so lethargic today!

aplastante *adj* ‹*mayoría*› overwhelming; ‹*victoria*› overwhelming, resounding (*before n*); ‹*derrota*› crushing; **rebatió todos sus argumentos con una lógica ~** she refuted all his arguments with devastating logic

aplastar [A1] *vt*

A ‹*sombrero/caja/paquete*› to squash, crush; **lo aplastó del todo** he crushed it completely, he flattened it; **~ los plátanos con un tenedor** mash the bananas with a fork

B 1 ‹*rebelión*› to crush, quash; ‹*rival*› to crush, overwhelm; **lo aplastó con sus argumentos** she overwhelmed him with her arguments 2 (moralmente) to devastate; **quedó aplastado cuando se enteró** he was devastated when he heard; **se dejó ~ por la depresión** he let his depression get the better of him *o* get on top of him

■ **aplastarse** *v pron* 1 (Col, Méx, Per fam) (arrellanarse) to sprawl 2 (Arg, Bol fam) to tire oneself out

aplatanado -da *adj* (Esp fam) wiped out (colloq)

aplaudir [I1] *vt* 1 ‹*actuación/artista*› to applaud; **los aplaudieron a rabiar** they applauded them wildly 2 ‹*decisión*› to applaud; **aplaudo tu sensatez** I admire *o* applaud your good sense

■ **aplaudir** *vi* to applaud, clap

aplauso *m* 1 (ovación) applause; **el público le dedicó un cerrado ~** the audience applauded him enthusiastically, he received an enthusiastic *o* a hearty ovation from the audience; **los ~s duraron varios minutos** the applause went on for several minutes 2 (elogio) praise; **recibió el ~ de la crítica** it received critical acclaim, it was praised by *o* it received praise from the critics; **su tenacidad es digna de ~** his tenacity is commendable *o* praiseworthy

aplazamiento *m* 1 (de una reunión — antes de iniciarse) postponement; (— una vez iniciada) adjournment 2 (de un pago) deferment

aplazar [A4] *vt*

A 1 ‹*viaje*› to postpone, put off 2 ‹*juicio/reunión*› (antes de iniciarse) to postpone; (una vez iniciado) to adjourn 3 ‹*pago*› to defer

B (RPl) ‹*estudiante*› to fail

aplazo *m* (RPl) fail

aplicabilidad *f* applicability

aplicable *adj* applicable

aplicación *f*

A 1 (frml) (de crema, pomada) application (frml); (de

pintura, barniz) coat, application (frml); **le hicieron aplicaciones de cobalto** he was given *o* he had radiotherapy **2** (de una pena, sanción) imposition; (de una técnica, un método) application; (de un plan, una medida) implementation; **en este caso será de ~ el artículo 12** (frml) in this case article 12 shall apply (frml); **la ~ de los métodos audiovisuales en la enseñanza de idiomas** the use of audiovisual techniques in language teaching
B (uso práctico) application, use; **las aplicaciones pacíficas de la energía nuclear** the applications *o* uses of nuclear energy for peaceful purposes
C (esfuerzo, dedicación) application; **~ A algo** application TO sth; **su ~ al estudio** the application she shows/has shown to her studies
D (Com, Inf) application; **paquete de aplicaciones** applications package
(Compuesto) **aplicación de software** software application
E (Andes) (solicitud) application
F **aplicaciones** *fpl* (en costura) appliqué work

aplicado -da *adj* **1** ‹*ciencias/tecnología*› applied (*before n*) **2** (diligente) diligent, hardworking; **es muy ~** he's very hardworking *o* diligent, he works/studies very hard

aplicador *m* applicator

aplicar [A2] *vt*
A (frml) ‹*pomada/maquillaje*› to apply (frml), put on; ‹*pintura/barniz*› to apply (frml); ‹*inyección*› to administer (frml), to give
B ‹*sanción*› to impose; ‹*descuento*› to allow; **en estos casos se ~á todo el rigor de la ley** in such cases the full weight of the law will be brought to bear; **se le ~á la tarifa 4A** you will be charged at rate 4A; **el acuerdo sólo se aplica a los afiliados al sindicato** the agreement applies only to union members
C (frml) ‹*método/sistema*› to put into practice, apply (frml)
D ‹*misa*› to say
■ **aplicar** *vi* (Col, Ven) to apply; **~ a un puesto/una beca** to apply for a job/a scholarship
■ **aplicarse** *v pron* to apply oneself; **tienes que ~te más en tus estudios** you must apply yourself more to your studies; **todos se ~on para que resultara un éxito** they all worked hard to make it a success

aplique, apliqué *m* **1** (lámpara) wall light **2** (adorno — en un mueble) overlay; (— en una prenda) appliqué

aplomado -da *adj* **1** ‹*persona*› self-assured, composed **2** ‹*pared/muro*› plumb

aplomarse [A1] *v pron* **1** (asentarse) to settle down **2** (cobrar aplomo) to compose oneself

aplomo *m* composure; **nunca pierde el ~** he never loses his composure; **tardó bastante en recuperar el ~** she took some time to regain her composure

apnea *f* apnea

apocado -da *adj* **1** [SER] (de poco carácter) timid; **no seas tan ~** have more confidence in yourself *o* don't be so timid **2** [ESTAR] (deprimido) depressed, down (colloq)

apocalipsis *m* apocalypse; **el Libro del A~** Revelations

apocalíptico -ca *adj* apocalyptic; **un sermón ~** a fire-and-brimstone sermon

apocamiento *m* **1** (falta de carácter) timidity, lack of self-confidence **2** (depresión) depression

apocar [A2] *vt* to undermine
■ **apocarse** *v pron*: **se apoca y pierde todo su empuje** she loses all her self-confidence and drive; **no se apoca ante** *or* **por nada** nothing intimidates *o* daunts him, he isn't intimidated *o* daunted by anything

apocopar [A1] *vt* to apocopate

apócope *f or m* **1** (fenómeno) apocope **2** (vocablo) apocopated form

apócrifo -fa *adj* apocryphal

apodar [A1] *vt* to call; **lo apodan El Puma** they call him The Puma; **¿cómo es que lo apodan?** what do they call him?, what's his nickname?

apoderado -da *m,f* **1** (Der) proxy, representative; **nombré a mi hermano ~** I gave my brother power of attorney, I nominated my brother as proxy *o* as my representative **2** (de un deportista) agent, representative, manager

apoderar [A1] *vt* ‹*persona*› to authorize, empower, grant power of attorney to; **la compañía me apoderó para firmar el contrato** the company empowered *o* authorized me to sign the contract
■ **apoderarse** *v pron* **1** «*persona*»: **~ DE algo**: **poco a poco se han ido apoderando de todo** they have gradually taken possession *o* got(ten) control of everything; **se habían apoderado de la planta baja** they had seized *o* taken over the ground floor; **los rebeldes se ~on de la ciudad** the rebels took *o* seized the city; **se han apoderado (del control) de la empresa** they have taken control of the company **2** (liter) «*miedo*»: **~se DE algn** to seize sb; **el pánico se apoderó de los espectadores** panic gripped *o* seized the spectators, the spectators were panic-stricken; **un terrible pensamiento se apoderó de su mente** a terrible thought took hold *o* took possession of him; **la ira se apoderó de ella** she was seized with anger, anger surged up inside her

apodo *m* nickname

apogeo *m* **1** (auge) height, apogee (liter); (de una civilización) height, zenith; **está en el ~ de su carrera** she's at the peak *o* height of her career; **a estas horas las celebraciones estarán en pleno ~** by now the festivities will be at their height *o* in full swing **2** (Astron) apogee

apolillado -da *adj* **1** ‹*ropa*› moth-eaten; ‹*madera*› worm-eaten; **la silla estaba toda apolillada** the chair was worm-eaten *o* riddled with woodworm **2** ‹*teorías/ideas*› antiquated, fusty

apolilladura *f* moth hole

apolillar [A1] *vi* (RPl fam) to snooze (colloq)
■ **apolillarse** *v pron* «*ropa*» to get moth-eaten; «*madera*» to get infested with woodworm

apolillo *m* (RPl fam): **tengo un ~ que no veo** I'm terribly sleepy *o* tired

apolíneo -nea *adj* **1** (Mit) Apollonian **2** (bello) handsome, Apollo-like

apoliticismo *m* apolitical stance *o* posture

apolítico -ca *adj* apolitical

Apolo Apollo

apologética *f* apologetics

apología *f* apologia (frml); **hizo ~ del terrorismo** he made a statement (*o* speech *etc*) justifying *o* defending *o* supporting terrorism; **escribió una ~ del difunto compositor** he wrote a eulogy for the dead composer

apologista *mf* apologist

apoltronarse [A1] *v pron* (en un asiento) to settle oneself; **apoltronado en su palacio** ensconced in his palace; **se consiguió un puesto de notario y se apoltronó** he got a job as a notary and settled into an easy life

apoplejía *f* apoplexy; **ataque de ~** stroke

apoplético -ca *adj* apoplectic

apoquinar [A1] *vi* (Esp fam): **aquí todo el mundo tiene que ~** everybody has to chip in here (colloq); **a ver si consigues que apoquine** see if you can get him to part with the money *o* to cough up (colloq)
■ **apoquinar** *vt* (Esp fam) ‹*dinero*› to cough up (colloq)

aporcar [A9] *vt* **1** ‹*hortalizas*› to earth up **2** ‹*apio/endibia*› to blanch

aporreado -da *adj* **1** (pobre) wretched, miserable **2** (pícaro) rascally

aporrear [A1] *vt* **1** ‹*puerta/mesa*› to bang *o* hammer on; «*piano*» to bang on **2** (fam) ‹*persona*› to beat
■ **aporrearse** *v pron* (Andes fam) to take a tumble (colloq), to come a cropper (BrE colloq)

aportación *f* **1** (contribución) contribution; **su destacada ~ al mundo de la música** her outstanding contribution to the world of music; **agradecemos la ~ de nuevas ideas** we welcome new ideas; **nuestra ~ al fondo** our contribution to the fund; **las aportaciones de la iniciativa privada** contributions from the private sector **2** (de un socio) investment

aportar [A1] *vt* **1** (proporcionar) to contribute; **~on diez millones de dólares al fondo** they contributed ten million dollars to the fund; **su libro no aporta nada nuevo sobre el tema** his book does not contribute *o* add anything new to the subject; **las flores aportan una nota alegre** the flowers add a cheerful touch; **aportó una gran fortuna al matrimonio** she brought a large fortune to the marriage; **aporta hierro, calcio y vitaminas** it provides iron, calcium and vitamins **2** «*socio*» to invest
■ **aportar** *vi*
A (RPl) (a la seguridad social) to pay contributions
B (RPl fam) (aparecer) to show up (colloq), to turn up (colloq)
■ **aportarse** *v pron* (Chi fam) ▸**aportar B 1**

aporte *m* **1** (esp AmL) ▸**aportación 2** (RPl) (a la seguridad social) social security contribution, ≈ National Insurance contribution (*in UK*)

aposentaduría *f* (Chi) seat

aposentarse [A1] *v pron* **1** (arc) (alojarse) to lodge **2** (hum) (instalarse) to settle in

aposento *m* (arc *o* hum) (habitación) room, chamber (dated); **me retiro a mis ~s** (hum) I'm going to retire (hum)

aposición *f* apposition; **en ~** in apposition

apósito *m* dressing; **le pusieron un ~ en la herida** they put a dressing on his wound, they dressed his wound
(Compuesto) **apósito protector** (frml) adhesive strip (AmE), sticking plaster (BrE)

aposta *adv* (Esp fam) on purpose, deliberately

apostadero *m* station

apostador *m* (Col) wishbone

apostar[1] [A10] *vt* to bet; **~ algo POR algo/algn** to bet sth ON sth/sb; **apostó un dineral por Rayo** *or* **le apostó un dineral a Rayo** he bet *o* put a fortune on Rayo; **seguro que gana, te apuesto una cerveza** I bet you a beer he wins; **~ algo (A) QUE: te apuesto lo que quieras (a) que no viene** I bet *o* I'll bet you anything you like he won't come; **~ía cualquier cosa (a) que se ha vuelto a olvidar** I bet you anything she's forgotten again
■ **apostar** *vi*
A to bet; **le gusta ~ a** *or* **en las carreras** he likes to bet on the horses; **~ (A) QUE + INDIC: te apuesto (a) que le dan el premio** I bet you they give him the prize
B (period) (por una opción) **~ POR algo: ha apostado por una solución negociada** he has committed himself to a negotiated settlement; **los delegados ~on decididamente por la renovación del partido** the delegates pledged their firm commitment to the modernization of the party; **diseños que apuestan por la comodidad** designs with an emphasis on comfort; **los diseñadores que apuestan por una línea romántica** the designers who are going for the romantic look
■ **apostarse** *v pron* **1** (recípr): **nos apostamos una comida** we bet a meal on it **2** (enf) to bet; **¡a que vuelve a llegar tarde! ¿qué te apuestas?** what do you bet he turns up late again?; **~se algo (A) QUE + INDIC: ¿qué te apuestas (a) que no vuelve a aparecer por aquí?** I'll bet you *o* I wouldn't mind betting he doesn't show his face around here again

apostar[2] [A1] *vt* ‹*soldados/centinela*› to station, post (BrE)
■ **apostarse** *v pron* (colocarse) «*policía/soldado*» to position oneself, take up position; **con dos policías apostados a la salida** with two policemen positioned at the exit

apostasía *f* apostasy

apóstata *mf* apostate

apostatar [A1] *vi* to apostatize

a posteriori *loc adv* with hindsight; **un argumento ~ ~** (*loc adj*) an a posteriori argument

apostilla *f* comment, note

apostillar [A1] *vt* **1** ‹*texto*› to annotate **2** (agregar) to add

apóstol *m* **1** (Relig) apostle **2** **apóstol** *mf* (de una idea) advocate, apostle (frml)

a

apostolado *m* (Relig) ministry, preaching; **la docencia es un verdadero ~** teaching is a true vocation *o* calling

apostólico -ca *adj* 1 (de los apóstoles) apostolic 2 (del Papa) papal, apostolic

apostrofar [A1] *vt* (frml) 1 (invocar) to apostrophize (frml) 2 (censurar) to upbraid

apóstrofe ➡ *m or f* 1 (Impr, Ling) (crit) apostrophe 2 (invocación) apostrophe 3 (insulto) insult, taunt

apóstrofo *m* apostrophe

apostura *f* (liter) (elegancia) elegance, gracefulness; (porte) bearing; **perdió toda su ~** he lost his fine *o* distinguished looks

apotegma *m* maxim, apothegm (frml)

apotema *f* apothem

apoteósico -ca *adj* tremendous

apoteosis *f* 1 (exaltación) apotheosis; **cuando apareció en escena aquello fue la ~** (fam) the audience went wild when she came on stage (colloq) 2 (Teatr) finale

apoyabrazos *m* (*pl* ~) armrest

apoyacabezas *m* (*pl* ~) headrest

apoyador -dora *m,f* linebacker

apoyalibros *m* (*pl* ~) bookend

apoyamuñecas *f* (*pl* ~) wrist rest

apoyapiés *m* (*pl* ~) footrest

apoyar [A1] *vt*

A (hacer descansar) to rest; **apoya la escalera contra la pared** lean *o* rest the ladder against the wall; **con la cabeza apoyada en su hombro** with her head resting on his shoulder; **no se debe ~ los codos sobre la mesa** you mustn't put *o* rest your elbows on the table; **hay que ~ todo el peso del cuerpo sobre una pierna** you have to put all your weight on one foot

B 1 (respaldar) ‹*propuesta/persona*› to back, support; **¿me vas a ~ si me quejo?** are you going to back me (up) *o* support me if I complain?; **no apoyamos la huelga** we do not support the strike; **nadie la apoyó en su iniciativa** no one backed *o* supported her initiative; **~ técnica y financieramente su desarrollo** to give technical and financial support *o* backing for its development 2 ‹*teoría*› to support, bear out; **no hay pruebas que apoyen esta hipótesis** there is no evidence to bear out *o* support this hypothesis

■ **apoyarse** *v pron*

A (para sostenerse, descansar) **~se EN algo** to lean ON sth; **caminaba lentamente apoyándose en un bastón** she walked slowly, leaning on a walking stick *o* using a walking stick for support; **se apoya demasiado en su familia** he relies too much on his family (for support), he leans too heavily on his family

B (basarse, fundarse) **~se EN algo** to be based ON sth; **se apoyó en estas cifras para defender su teoría** he used these figures to defend his theory; **¿en qué se apoya para hacer semejante acusación?** what are you basing your accusation on?, what is the basis of your accusation?

apoyatura *f* 1 (Mús) appoggiatura 2 (liter) (apoyo) support; **sus personajes son meras ~s del ritmo narrativo** his characters are simply pegs on which to hang the narrative

apoyo *m* 1 (respaldo) support; **no cuentan con el ~ popular** they do not have the support of the people *o* enjoy popular support; **agradezco el ~ que me han brindado en todo momento** I am grateful for the support you have given me throughout; **~ A algo** support FOR sth; **han retirado su ~ a esta iniciativa** they have withdrawn their support for *o* their backing of this initiative; **una campaña de ~ a la investigación científica** a campaign in support of scientific research 2 (Ling): **vocal/consonante de ~** intrusive vowel/consonant

apozarse [A4] *v pron* (Andes, CS) to collect, form a pool

applet /'aplet/ *m* (*pl* **~s**) applet

APRA /'apra/ *m o f* (en Perú) = **Alianza Popular Revolucionaria Americana**

apreciable *adj* 1 ‹*cambio/mejoría*› appreciable, substantial 2 ‹*suma/cantidad*› considerable, substantial

apreciación *f*

A 1 (percepción, enfoque) interpretation; **es cuestión de ~** it is a matter of interpretation, it depends on how you see it 2 (juicio) appraisal, assessment

B (aprecio, valoración) appreciation; **~ musical** musical appreciation

C (frml) (de una moneda) appreciation (frml)

apreciado -da *adj* ‹*amigo*› valued; **su piel es muy apreciada** its fur is highly prized

apreciar [A1] *vt*

A ‹*persona*› to be fond of; **un amigo al que aprecio mucho** a very dear friend

B 1 ‹*interés/ayuda*› to appreciate; **aprecio muchísimo todo lo que has hecho por mí** I really appreciate everything you've done for me 2 ‹*arte/música*› to appreciate; **sabe ~ la buena comida** she appreciates good food; **un café para los que saben ~ lo que es bueno** a coffee for true connoisseurs, a coffee for people who appreciate the good things in life

C (percibir, observar) to see; **en la radiografía se aprecian unas manchas oscuras** some dark areas are visible *o* can be seen on the X-ray; **fue difícil ~ la magnitud de los daños** it was difficult to appreciate the extent of the damage; **este año se ha apreciado un ligero descenso en el número de accidentes** there has been a slight drop in the number of accidents this year

■ **apreciarse** *v pron* (frml) «*moneda*» to appreciate (frml)

apreciativo -va *adj* 1 ‹*persona/gesto/público*› appreciative 2 (estimativo): **hacer un cálculo ~ de los daños** to appraise *o* estimate the damage; **cálculos ~s** estimates

aprecio *m* 1 (estima) esteem; **siente gran ~ por él** she holds him in great esteem; **goza del ~ de todos sus compañeros** she is highly regarded by all her colleagues 2 (valoración) **~ DE algo** appreciation OF sth; **no hace el más mínimo ~ de tus atenciones** (Méx) your attentions are completely wasted *o* lost on him

aprehender [E1] *vt* (frml) 1 ‹*delincuente*› to apprehend (frml), to capture 2 ‹*contrabando*› to seize 3 ‹*idea/concepto*› to grasp

aprehensión *f* (frml) 1 (de un delincuente) apprehension (frml), capture 2 (de contrabando) seizure

apremiante *adj* ‹*necesidad*› pressing, urgent

apremiar [A1] *vt* 1 (presionar): **me están apremiando para que termine el trabajo** they are putting pressure on me to get the job finished, they are pressuring (AmE) *o* (BrE) pressurising me to get the job finished; **estamos apremiados de tiempo** we are pushed for *o* short of time; **lo ~on con preguntas** they badgered *o* harassed him with questions; **no lo apremies que lo vas a poner nervioso** don't hurry *o* rush him, you'll make him nervous 2 (Adm) to present a final demand to; (Der) to obtain a court order *o* liability order against; (recargar) to surcharge

■ **apremiar** *vi*: **apremia enviar estos pedidos** these orders must be sent off urgently *o* as soon as possible; **el tiempo apremia** time is getting on *o* is pressing; **apremia una solución** a solution must be found as a matter of urgency

apremio *m* 1 (apuro, prisa) pressure; **déjales terminar tranquilos, sin ~s** let them finish in their own time, don't pressure (AmE) *o* (BrE) pressurise them; **los ~s policiales que recibió** the pressure *o* harassment to which he was subjected by the police 2 (mandamiento gubernativo) final demand; (procedimiento judicial) legal proceedings (*pl*); (mandamiento judicial) court order, liability order; (recargo) surcharge

(Compuestos)

- **apremios físicos** *mpl* (RPl) physical coercion
- **apremios ilegales** *mpl* (RPl) maltreatment

aprender [E1] *vi* to learn; **¡nunca ~ás!** you'll never learn!

■ **aprender** *vt* ‹*idioma/lección/oficio*› to learn; **tienes que ~lo de memoria** you have to learn it (off) by heart; **~ algo DE algn** to learn sth FROM sb; **los buenos modales los aprendió de su padre** he learned his good manners from his father; **~ A + INF** to learn to + INF; **nunca aprendió a leer** he never learned to read

■ **aprenderse** *v pron* (*enf*): **se aprendió el papel en una tarde** she learned the part in an afternoon; **tienen que ~se la lección para mañana** you have to learn the lesson (by heart) for tomorrow

aprendiz -diza *m,f* apprentice, trainee; **es ~ de mecánico** he's an apprentice mechanic, he's a trainee mechanic; ***ser ~ de todo y oficial de nada*** to be a jack of all trades and master of none

aprendizaje *m* 1 (proceso) learning; **el ~ de una lengua extranjera** learning a foreign language 2 (período como aprendiz) apprenticeship, training period; **hacer el ~** to serve one's apprenticeship *o* one's training period

(Compuestos)

- **aprendizaje asistido por computadora** (AmL) computer-assisted *or* computer-aided learning, CAL
- **aprendizaje asistido por ordenador** (Esp) computer-assisted *or* computer-aided learning, CAL

aprensión *f* 1 (preocupación, miedo) apprehension; **los expertos ven el problema con cierta ~** experts view the problem with some apprehension; **se lo dije con cierta ~** I told him somewhat apprehensively; **entró con ~** he went in nervously *o* apprehensively 2 (asco): **me da ~ beber de un vaso sin saber de quién es** I don't like the idea of drinking out of a glass without knowing whose it is; **siento ~ a bañarme en piscinas públicas** I feel funny about swimming in public pools (colloq)

aprensivo -va *adj* overanxious; **es muy ~** he worries a lot, he's such a worrier

apresador -dora *m,f* captor

apresamiento *m* 1 (de una nave) arrest, seizure 2 (de un delincuente) capture

apresar [A1] *vt* 1 ‹*nave*› to seize, arrest 2 ‹*delincuente*› to capture, catch 3 «*animal*» ‹*presa*› to capture, catch, seize

aprestar [A1] *vt* 1 (preparar) to prepare 2 ‹*tela*› to size

■ **aprestarse** *v pron* (*refl*) (frml) **~se PARA algo** to prepare FOR sth; **se aprestaban para el combate** they prepared for combat; **~se A + INF** to prepare to + INF; **se aprestó a responder** he prepared to reply

apresto *m* foundation, size

apresuradamente *adv* 1 (con prisa) hurriedly; **limpió ~ todo, antes de que llegaran sus padres** she hurriedly cleaned everything up before her parents arrived; **trabajan ~ para terminarlo a tiempo** they are hurrying *o* rushing to get it finished in time; **salió ~ sin despedirse de nadie** she rushed off *o* left in a hurry without saying goodbye to anyone; **~ juntó sus cosas y las metió en la maleta** he hurriedly *o* quickly gathered his things together and put them in the suitcase 2 (precipitadamente) hastily; **creo que actuaste ~** I think you acted hastily *o* you were a little hasty

apresurado -da *adj* 1 ‹*despedida*› quick, hurried; ‹*visita*› rushed, hurried; **como iba muy ~ no estuvo mucho rato** he was in a hurry *o* rush so he didn't stay very long; **caminaba con paso ~** she walked quickly *o* at a brisk pace 2 ‹*decisión*› rushed, hasty; ‹*respuesta/comentario*› hasty

apresuramiento *m* hurry, haste

apresurar [A1] *vt* 1 (meter prisa a) to hurry; **los ~on para que salieran del edificio** they were hurried out of the building 2 (acelerar) to speed up; **apresuré el paso** I speeded up, I quickened my step 3 (precipitar) to hasten, precipitate

■ **apresurarse** *v pron*: **apresúrate, que llegamos tarde** hurry up or we'll be late; **es una decisión que hay que considerar con tiempo, no nos apresuremos** it's a decision that needs a lot of thought, let's not rush into it *o* be hasty; **~se A + INF: se ~on a desmentir la noticia** they were quick to deny the news; **se apresuró a defenderla** he hastened *o* rushed to her defense, he was quick to defend her; **se ~on a subir los precios** they rushed to put their prices up, they wasted no time in putting their prices up

apretadamente *adv*
A (fuertamente) tightly
B (por escaso margen) narrowly; **ganaron ~ el partido** they narrowly won the match/they won the match by a narrow margin; **lo que gana sólo le sirve para vivir ~** his salary is only just enough to live on

apretado -da *adj*
A **1** (ajustado) tight; **esta falda me queda muy apretada** this skirt is very tight on me *o* too tight for me; **este nudo está muy ~** this knot is very tight; **no hagas el punto tan ~** don't knit so tightly; **tiene la letra muy apretada** he has very cramped handwriting **2** (de dinero): **este mes andamos** *or* **estamos ~s** we're a little short of money this month, money's a bit tight this month (colloq) **3** (apretujado) cramped; **íbamos muy ~s** it was *o* we were very cramped; **caben cinco pero bastante ~s** there's room for five but it's a tight squeeze *o* it's a little cramped; **en ese piso tan pequeño viven muy ~s** they're very cramped in that tiny apartment
B **1** ‹*calendario/programa*› tight **2** ‹*victoria*› narrow
C (fam) (tacaño) tight (colloq), tightfisted (colloq)
D (Ven fam) **1** (de carácter fuerte) strict **2** (abusador): **éste sí que es ~** he sure has (some) nerve (AmE), he's really got a nerve (BrE)

apretar [A5] *vt*
A **1** ‹*botón*› to press, push; ‹*acelerador*› to put one's foot on, press, depress (frml); ‹*gatillo*› to pull, squeeze **2** ‹*nudo/venda*› to tighten; ‹*tapa/tornillo*› to tighten; **apretó bien la tapa** he screwed the lid on tightly; **aprieta el puño** clench your fist; **apreté los dientes** I gritted my teeth; ▸**clavija, tornillo 3** **~ el paso** *or* **la marcha** to quicken one's pace *o* step **4** ‹*letra*› to squeeze together (AmE), to squeeze up (BrE); **~ los puntos** to knit tightly
B **1** (apretujar): **apretó al niño contra su pecho** he clasped *o* clutched the child to his breast; **llevaba el osito apretado entre sus brazos** she was clutching the teddy bear in her arms; **me apretó el brazo con fuerza** he squeezed *o* gripped my arm firmly **2** (presionar) to put pressure on; **el profesor nos apretó mucho en los últimos meses** in the last few months the teacher put a lot of pressure on us *o* pushed us really hard

■ **apretar** *vi*
A «*ropa/zapatos*» (+ *me/te/le etc*) to be too tight; **el vestido le aprieta** the dress is too tight for her *o* is very tight on her; **la falda me aprieta en las caderas** the skirt is too tight around the hips; **¡cómo me aprietan estos zapatos!** these shoes are so tight!, these shoes really pinch my feet! *ver tb* **zapato**
B (hacer presión) to press down (*o* in *etc*)
C (ser fuerte): **a las tres de la tarde cuando el calor aprieta** at three o'clock when the heat is at its most intense; **a primeras horas de la mañana el frío aprieta** (Chi, Méx) in the early hours of the morning you really feel the cold; **cuando el hambre aprieta, la gente come cualquier cosa** when people are in the grip of hunger they will eat anything
D **1** (esforzarse) to make an effort; **vas a tener que ~ en la física** you're going to have to knuckle down *o* make more of an effort in physics **2** «*profesor/jefe*» to be demanding; ▸**dios**
E (Chi fam) (irse): **todos ~on a la salida** everyone made a dash for *o* ran for the door (colloq); **tuvimos que salir apretando** we had to make a run for it (colloq); **~ *a correr*** (fam) to break into a run, start running

■ **apretarse** *v pron* to squeeze *o* squash together, to squeeze *o* squash up (BrE); ▸**cinturón**

apretón *m* **1** (abrazo) hug **2** (de gente) crush
(Compuesto) **apretón de manos** handshake; **se dieron un ~ de ~** they shook hands

apretujado -da *adj*: **éramos tantos que tuvimos que comer todos ~s** there were so many of us that we had to eat all squashed together round the table; **~ entre dos gordos** sandwiched *o* squashed between two fat men; **viven muy ~s en ese apartamento tan pequeño** it's *o* they're very cramped in that tiny apartment

apretujar [A1] *vt*: **no me apretujes, que me haces daño** don't squeeze me so hard, you're hurting me; **me ~on mucho en el tren** I got squashed *o* crushed on the train
■ **apretujarse** *v pron* to squash *o* squeeze together, to squeeze *o* squash up (BrE)

apretujón *m* **1** (agolpamiento) crush **2** (abrazo) hug

apreturas *fpl*
A (de gente) crush; **las ~ del metro** the crush on the subway
B (pobreza) tight spot (financially); **pasar ~** to be in a tight spot *o* be hard up

aprieta, aprietas, etc ▸**apretar**

aprieto *m* predicament; **estar/verse en un ~** to be/to find oneself in a predicament *o* a difficult situation *o* a tight spot; **esto lo pone en un ~** this puts him in a predicament *o* in an awkward situation; **un amigo los sacó del ~** a friend got them out of it *o* got them off the hook; **salieron del ~ con su ayuda** they got out of it with her help

a priori *loc adv* a priori (frml); **es difícil decidir ~ ~ cuál es el mejor** it's difficult to decide in advance *o* a priori which is the best one; **un argumento ~ ~** (*loc adj*) an a priori argument

apriorismo *m* apriorism
apriorístico -ca *adj* a priori (*before n*)
aprisa *adv* ▸**deprisa**
apriscar [A2] *vt* to pen, put … in a pen *o* fold
aprisco *m* fold, pen
aprisionar [A1] *vt* to trap; **se siente aprisionado** he feels trapped; **la aprisionó entre sus brazos** he held her tight in his arms
aprismo *m* (en Perú) *policies and doctrines of the APRA party*
aprista¹ *adj* (en Perú) of/relating to APRA
aprista² *mf* (en Perú) APRA member/supporter

aprobación *f* **1** (de un proyecto de ley, una moción) passing; **la ~ de esta moción provocó un escándalo** when this motion was passed it caused an outcry, the passing of this motion caused an outcry **2** (de un préstamo, acuerdo) approval, endorsement **3** (de la actuación, conducta de algn) approval; **cuentas con mi ~** you have my approval

aprobado *m* pass (*gen with a mark between 5 and 5.9*)

aprobar [A10] *vt*
A **1** ‹*proyecto de ley/moción*› to pass **2** (sancionar, dar el visto bueno a) ‹*préstamo/acuerdo/plan*› to approve, sanction, endorse **3** ‹*junta de accionistas/cuentas*› to approve **4** (estar de acuerdo con) ‹*actuación/conducta*› to approve of
B **1** «*estudiante*» ‹*examen*› to pass **2** «*profesor*» ‹*estudiante*› to pass
■ **aprobar** *vi* «*estudiante*» to pass

aprobatorio -ria *adj* ‹*mirada*› approving (*before n*); **un gesto ~** a gesture of approval
aproblemar [A1] *vt* (Chi) to worry
■ **aproblemarse** *v pron* (Chi) to worry, get worried

aprontar [A1] *vt* **1** ‹*dinero*› to make … available **2** (CS) (preparar) to get … ready
■ **aprontarse** *v pron* (CS) (*refl*) to get ready; **se aprontaban para las celebraciones** they were preparing *o* getting ready for the celebrations; **es mejor que nos vayamos aprontando para recibir una mala noticia** we'd better start preparing ourselves for some bad news; **se lo contaré a tu mamá y apróntate** (fam) I'll tell your mother and then you'll be for it (colloq)

apronte *m* (CS) **1** (preparativo) preparation; **los ~s le llevaron dos horas** it took him two hours to get everything ready, the preparations took him two hours **2** (de una novia) bottom drawer, hope chest (AmE)

apropiación *f* appropriation
(Compuesto) **apropiación indebida** misappropriation, embezzlement

apropiadamente *adv* appropriately, suitably

apropiado -da *adj* suitable; **llevaba un vestido muy poco ~ para una boda** the dress she was wearing was very inappropriate *o* unsuitable for a wedding; **el discurso fue muy ~ a la ocasión** the speech was very fitting for the occasion; **la persona apropiada para el cargo** the right person *o* a suitable person for the job; **este libro no es ~ para tu edad** this book is unsuitable for someone of your age; **¡podrías haber elegido un momento más ~!** you could have chosen a better *o* (frml) more appropriate time

apropiarse [A1] *v pron* **~ (DE) algo** to appropriate sth (frml); **es para todos, así que no te lo apropies** *or* **no te apropies de él** (fam) it's for everyone so don't keep it all to yourself *o* don't monopolize it *o* (colloq) don't hog it; **te lo presto, pero no te lo apropies** (fam) I'll lend it to you, but I'd like it back *o* but don't get too attached to it; **no te apropies de la radio** (fam) don't run *o* go off with the radio (colloq); **apropiándose de una frase del Presidente** using *o* borrowing one of the President's phrases

apropósito *m* topical sketch

aprovechable *adj* usable; **no lo tires, todavía es ~** don't throw it away, it's still usable *o* I/you can still make use of it

aprovechado¹ -da *adj*
A (oportunista) opportunist; opportunistic; **estos ladrones son muy ~s** these thieves are real opportunists; **comerciantes ~s** opportunist shopkeepers; **no seas ~** don't take advantage (of the situation)
B ‹*estudiante*› hardworking
C **bien/mal ~: dinero/tiempo bien ~** money/time well spent; **es dinero/tiempo mal ~** it's a waste of time/money; **el espacio está muy mal ~** the space is very badly used

aprovechado² -da *m,f* opportunist; **estos comerciantes son unos ~s** these shopkeepers are real opportunists *o* really take advantage; **es un ~ con sus padres** he takes advantage of his parents; **es un ~, viene aquí sólo a comer y a beber** he's a real scrounger *o* freeloader *o* (BrE) sponger, he just comes here for the food and drink (colloq)

aprovechador -dora *adj/m,f* (CS) ▸**aprovechado¹, aprovechado²**

aprovechamiento *m* **1** (utilización): **el ~ de los recursos naturales** the exploitation of natural resources; **para un mejor ~ del espacio** to make better use of the space; **hay que sacar el máximo ~ de esto** I/we/you must make the most of this **2** (provecho, rendimiento) progress

aprovechar [A1] *vt* ‹*tiempo/recursos/talento*› to make good use of; ‹*situación*› to take advantage of; **sabe ~ muy bien su tiempo** she really knows how to use her time well *o* how to make the most of her time; **para ~ el espacio al máximo** to make maximum *o* best use of the space; **aprovechan la presión de agua para generar electricidad** they make use of *o* take advantage of *o* utilize the water pressure to generate electricity; **~on estos momentos de pánico para saquear varias tiendas** they took advantage of the panic to loot several stores; **aprovechando la ocasión les diré que …** I would like to take *o* (frml) avail myself of this opportunity to tell you that …, may I take this opportunity to tell you that …?; **aprovechó la oportunidad para hacerse publicidad** he used *o* (frml) availed himself of the opportunity to promote himself; **aprovecho la presente para saludarlo atentamente** (I remain) sincerely yours (AmE), (I remain) yours faithfully (BrE); **voy a ~ que hace buen tiempo para ir a escalar** I'm going to take advantage of the good weather to go climbing; **aprovecho que tengo un ratito libre para escribirte** I finally have a spare moment so I thought I'd write to you; **no tira nada, todo lo aprovecha** she doesn't throw anything away, she makes use of everything; **sabe ~ muy bien su belleza** she knows how to make the most of her looks; **~é los restos de pollo para hacer unas croquetas** I'll use the chicken leftovers to make some croquettes; **aprovecha tu juventud y diviértete** make the most of your youth and enjoy yourself

■ **aprovechar** *vi*: **como pasaba por aquí, aproveché para venir a verte** I was passing so I thought I'd take the opportunity to come and see you; **ya que lo paga la empresa, voy a ~ y comprar el más caro** since the company is paying, I'm going to make the most of it and buy the dearest one; **¡que aproveche!** enjoy your meal, bon appétit; **aprovechen ahora, que no tienen niños** make the most of it now, while you don't have children

■ **aprovecharse** *v pron*

A 1 (abusar) **~se DE algo/algn** to take advantage OF sth/sb, to exploit sth/sb; **se aprovechó de que no estaban sus padres para hacer una fiesta** he took advantage of his parents being away to have a party, he exploited the fact that his parents were away to have a party 2 (abusar sexualmente) **~se DE algn** ‹*de una mujer*› to take advantage OF sb; ‹*de un niño*› to abuse sb

B (*enf*): **aprovéchate ahora que eres joven** make the most of it while you're young

aprovechón -chona *m,f* (Esp fam) scrounger (colloq), freeloader (colloq), sponger (BrE colloq)

aprovisionador -dora *m,f* supplier

aprovisionamiento *m* 1 (acción) provisioning 2 (provisiones) supplies (*pl*), provisions (*pl*)

aprovisionar [A1] *vt* ‹*buque/tropas*› to provision, to supply ... with provisions

■ **aprovisionarse** *v pron* **~se DE algo** to stock up WITH sth

aprox. (= **aproximadamente**) approx.

aproximación *f* 1 (Mat) approximation; **esta cifra sólo es una ~** this figure is only an approximation; **lo calcularon con una ~ del 99%** they calculated it with 99% accuracy 2 (acercamiento): **la ~ de los dos países** the rapprochement between the two countries; **un intento de ~** an attempt to improve relations 3 (en una lotería) *prize given to holders of numbers immediately above or below the winning number* 4 (Aviac) *tb* **maniobras de ~** approach

aproximadamente *adv* around, about, approximately; **te costará ~ 120 euros** it'll cost you around *o* about *o* approximately *o* in the region of 120 euros; **tendrá ~ tu misma edad** she must be roughly *o* about the same age as you

aproximado -da *adj*: **un cálculo ~** a rough estimate *o* calculation; **hora aproximada de llegada al aeropuerto** estimated time of arrival *o* ETA at the airport

aproximar [A1] *vt* 1 (acercar): **aproximó la mesa a la ventana** she moved (*o* brought *etc*) the table over to the window; **aproxima la silla** draw up your chair, bring your chair closer 2 (unir) ‹*países/naciones*› to bring ... closer together

■ **aproximarse** *v pron* 1 (acercarse) to approach; **el tren se aproximaba a Toledo** the train was approaching *o* nearing Toledo; **el cometa se aproxima a una velocidad vertiginosa** the comet is heading towards us *o* approaching us at a tremendous speed; **se aproxima un frente frío** a cold front is approaching; **se aproximan malos tiempos** there are hard times ahead; **según se aproxima su cumpleaños** as her birthday draws near *o* approaches; **a medida que nos aproximábamos a nuestro destino** as we approached *o* neared our destination; **se aproximó a mí** she came up to me 2 (asemejarse) **~se A algo** to come close TO sth; **ésta es la versión que más se aproxima a la realidad** this is the version that comes closest to the truth; **el total se aproximaba a los cinco millones** the total came close to *o* approximated to *o* approached five million

aproximativo -va *adj* approximate, rough

aprueba, apruebas, etc ▸ **aprobar**

aptdo. ▸ **apdo.**

áptero -ra *adj* apterous

aptitud *f* flair; **~ PARA algo**: **ha demostrado tener ~ para los negocios** she has shown that she has a real flair for business *o* a good head for business; **carece de ~es para el ballet** she shows no talent for ballet; **tiene ~es para los idiomas** he has a great gift *o* flair for languages

(Compuesto) **aptitud legal** legal competence

apto -ta *adj* 1 ‹*libro/película*› suitable; **ser ~ PARA algo** to be suitable FOR sth; **unos embutidos no ~s para el consumo** sausages not fit for consumption 2 ‹*persona*› **~ PARA algo** fit FOR sth; **no es una persona apta para ejercer esta profesión** he is not fit to practice this profession; **~ para el servicio militar** fit for military service; **no se le considera ~ para el cargo** he's not considered to be suitable *o* right for the job

apuesta[1] *f* 1 (suma de dinero, objeto) bet; **doblar/subir la ~** to double/raise the bet 2 (acción) bet; **le hice una ~** I had a bet with him

apuesta[2], **apuestas, etc** ▸ **apostar**[1]

apuesto -ta *adj* (liter) ‹*hombre/figura*› handsome; **un hombre de apuesta figura** a fine figure of a man (liter)

Apu llapu *Inca rain god*

apunamiento *m* (AmS) altitude *o* mountain sickness

apunarse [A1] *v pron* (AmS) to get altitude *o* mountain sickness

apuntado -da *adj* pointed

apuntador -dora *m,f* prompter, prompt

(Compuesto) **apuntador automático** teleprompter® (AmE), autocue® (BrE)

apuntalamiento *m* (de un edificio) shoring-up, bracing; (de cimientos) underpinning

apuntalar [A1] *vt* ‹*edificio/túnel*› to shore up, brace; ‹*cimientos*› to underpin; **los banqueros que ~on el régimen** the bankers who propped up the regime

apuntamiento *m* summary

apuntar [A1] *vt*

A 1 (tomar nota de) to make a note of, note down; **apunta todo lo que tienes que comprar** make a note of *o* note down *o* jot down everything you have to buy; **apunta en una libreta todo lo que ha hecho en el día** he notes down *o* writes down in a notebook everything he's done during the day, he makes a note of everything he's done during the day in a notebook; **tengo que ~ tu dirección** I must make a note of your address, I must write down your address; **apúntelo en mi cuenta** put it on my account; **apunta todo porque tiene muy mala memoria** he writes everything down because he has a terrible memory 2 (en un curso) to enroll*, put ... down; (para una excursión, actividad) to put ... down; **quiero ~ a la niña a** *or* **en clases de inglés** I want to put my daughter's name down for *o* enroll my daughter for English classes; **apúntame para el sábado** put me down for Saturday

B (Teatr) to prompt; **pasa aquí al frente para que no te apunten las respuestas** (fam) come up to the front so that no one can whisper the answers to you *o* help you with the answers

C (señalar, indicar) to point at; **no la apuntes con el dedo** don't point (your finger) at her; **apuntó con el dedo dónde estaba el error** he pointed (with his finger) to where the mistake was, he pointed (his finger) to where the mistake was; **apuntó con una regla el lugar exacto en el mapa** he used a ruler to point to *o* indicate the exact spot on the map

D (afirmar, señalar) to point out; **el presidente apuntó la necesidad de un cambio radical** the president pointed out the need *o* pointed to the need for a radical change; **apuntó que no se trataba de obtener privilegios** he pointed out that it was not a matter of getting privileges; **—no sólo ocurre en este país —apuntó** this isn't the only country where it happens, he pointed out

■ **apuntar** *vi*

A 1 (con un arma) to aim; **preparen ... apunten ... ¡fuego!** ready ... take aim ... fire!; **apunta hacia** *or* **para otro lado** aim (it) somewhere else; **~ A algn/algo** to aim AT sb/sth; **~ al blanco** to aim at the target; **le apuntó con una pistola** she pointed/aimed a gun at him 2 (indicar, señalar) to point; **la aguja apunta siempre al** *or* **hacia el norte** the needle always points north; **ningún dato parece ~ a la existencia de un compló** there is no information to point to *o* indicate the existence of a plot

B (anotar): **apunta, comprar harina, leche, pan ...** make a note, you need to buy flour, milk, bread ...; **¿tienes papel y lápiz? pues apunta** have you got paper and a pencil? well, take *o* jot this down

C (Teatr) to prompt

D (liter) ‹‹*día*›› to break; ‹‹*barba*›› to appear, begin to show; ‹‹*flor/planta*›› to sprout; **al ~ el alba** at the break of day (liter); **ya apuntan los primeros capullos** the first buds are already appearing

■ **apuntarse** *v pron*

A 1 (inscribirse) **~se A** *or* **EN algo**: **me apunté a** *or* **en un cursillo de natación** I enrolled on *o* signed up for a swimming course; **~se al paro** (Esp) to register as unemployed, to sign on (BrE colloq); **¿te vas a ~ al** *or* **en el torneo?** are you going to put your name down *o* put yourself down for the tournament?; **me apunté para ir a la excursión** I put my name *o* myself down for the outing; **nos vamos a la discoteca ¿te apuntas?** we're going to the disco, do you want to come (along) *o* (BrE) do you fancy coming?; **vamos a salir a cenar — oye, yo me apunto** we're going out for dinner — oh, I'll come!; **me voy a tomar un café ¿quién se apunta?** I'm going out for a coffee, anyone interested? *o* anyone want to join me? (colloq) 2 (obtener, anotarse) ‹*tanto*› to score; ‹*victoria*› to chalk up, achieve, gain; **se apuntó un gran éxito con este libro** she scored a great hit with this book; **el jugador que se apuntó el gol de la victoria** the player who scored the winning goal

B (manifestarse) to become evident; **las tendencias artísticas que ya se apuntaban a finales del siglo pasado** the artistic tendencies which were already becoming evident at the end of the last century; **el festival ha profundizado en una dirección que ya se apuntaba en años anteriores** the festival has continued in a direction which was already becoming evident in previous years

apunte *m*

A 1 (nota) note 2 **apuntes** *mpl* (Educ) notes (*pl*); (texto preparado) handout, prepared notes (*pl*); **no necesitas tomar ~s en clase** you don't need to take notes in class; **sacar ~s** (CS) to take notes; ***no llevar a algn el*** *or* ***de ~*** (CS fam): **reclamamos pero no nos llevaron el** *or* **de ~** we complained but they didn't take a blind bit of notice (colloq)

B 1 (Art) sketch; (Lit) outline 2 (AmL) (Teatr, TV) sketch

C (Com) entry

apuñalar [A1] *vt* to stab; **me apuñalaba con la mirada** she was looking daggers at me (colloq)

apurada *f* (AmL fam) hurry; **darse una ~** to hurry (up), to get a move on (colloq); ***a las apuradas*** (RPl): **lo hizo a las apuradas** she rushed it; **anda siempre a las apuradas** he's always in a rush

apuradamente *adv*

A (con dificultad) with difficulty; **ganaron ~** they won with difficulty, they had an uphill struggle to win

B (AmL) (con prisa) hurriedly; **lo hicieron ~ y sin cuidado** they did it hurriedly *o* in a rush and without taking enough care; **están trabajando ~ para terminar a tiempo** they're rushing *o* hurrying to finish it in time

apurado -da *adj*

A (avergonzado) embarrassed

B (AmL) (con prisa) in a hurry; **no te pudo esperar,**

andaba ~ he couldn't wait for you, he was in a hurry; **se casaron ~s** they got married because she got pregnant

C 1 (en apuros): **se vio muy ~ para contestar las preguntas** he was hard put to answer the questions, he had a lot of trouble answering the questions; **si te encuentras ~, no tienes más que decírmelo** if you run into any difficulties, don't hesitate to let me know 2 ‹*situación*› difficult

D 1 (agobiado) overwhelmed with work; **tengo que ir a ayudarlos porque están muy ~s** I must go and help them because they're really overwhelmed *o* snowed under with work 2 (de dinero): **anda ~ de dinero** he's short of money

E 1 ‹*victoria*› narrow 2 (Esp period) ‹*afeitado*› close, smooth

apurar [A1] *vt*

A (acabar, agotar): **apura esa botella que todavía queda aceite** there's still some oil left in that bottle, use it up; **apuró la cerveza y se fue** he finished (off) his beer and left

B (apremiar): **la actuación es buena, si me apuran, excelente** the acting is good, if pressed, I'd say it was excellent; **nos están apurando para que terminemos de pintar la casa** they're pushing us *o* putting pressure on us to finish painting the house; **no me apures** (AmL) don't hurry *o* rush me

■ **apurar** *vi* (Chi) (+ *me/te/le etc*) (urgir): **no me apura** I'm not in a hurry for it, it's not urgent; **le apura mucho la entrega** he needs it delivered very urgently

■ **apurarse** *v pron*

A (preocuparse) to worry; **no te apures, ya encontraremos alguna manera de arreglarlo** don't worry, we'll find a way of fixing it (colloq)

B (AmL) (darse prisa) to hurry; **¡apúrate!** hurry up!, get a move on! (colloq)

apuro *m*

A (vergüenza): **¡qué ~!** how embarrassing!; **¡qué ~ me hiciste pasar!** you really embarrassed me; **me daba ~ pedirle más dinero** I was too embarrassed to ask him for more money

B (aprieto, dificultad): **se vio en ~s** he found himself in a predicament *o* a difficult situation *o* a tight spot; **está en un gran ~** she's in an awful situation *o* a terrible predicament; **me sacó del ~ prestándome el dinero** he got me out of it *o* off the hook by lending me the money; **no lo tires que pueda servir para sacar del ~** don't throw it away it might come in handy *o* (BrE) useful; **me puso en un ~ cuando me lo preguntó** she put me in a real predicament *o* in an awkward position by asking me; **pasaron muchos ~s para salvar el negocio** they had an uphill struggle *o* they went through a lot to save the business; **se ven en ~s para controlarlos** they have a lot of trouble controlling them

C (AmL) (prisa) rush; **en el ~ lo dejó en el mostrador** in the rush she left it on the counter; **esto tiene ~** this is urgent; ***casarse de ~*** (RPl): **se casó de ~** she had to get married (*because she was pregnant*); **se tuvieron que casar de ~** they had a shotgun wedding

apurón¹ -ona *adj* (AmL fam) 1 (impaciente) impatient, antsy (colloq) 2 (que mete prisa) impatient

apurón² *m* (AmL fam) rush; **no quiero verme en apurones de último momento** I don't want to be in a last-minute rush; ***a los apurones*** (CS fam): **todo fue hecho a los apurones** everything was done in a rush; **andar a los apurones** to be in a rush

apurruñado -da *adj* (Ven fam) squashed together (colloq)

apurruñar [A1] *vt* (Ven fam) ‹*pañuelo/papel*› to crumple up, scrunch up; ‹*persona*› to squeeze

apurruñón *m* (Ven fam) bear hug

aquejado -da *adj* (frml) **~ DE algo** suffering FROM sth; **ingresaron a varias personas aquejadas de triquinosis** a number of people were admitted suffering from trichinosis

aquejar [A1] *vt* (frml): **lo aqueja un fuerte dolor de espalda** he is suffering from severe back pain; **los problemas sociales que aquejan a estas zonas** the social problems afflicting these areas

aquel¹ aquella *adj dem* (*pl* **aquellos, aquellas**) that; (*pl*) those; **las chicas aquellas que te presenté** those girls I introduced you to; **en aquellos tiempos** in those days

aquel² *m* (Esp ant): **tiene un ~** she has a certain something

aquél aquélla *pron dem* (*pl* **aquéllos, aquéllas**) [*According to the Real Academia Española the written accent may be omitted when there is no risk of confusion with the adjective*] 1 (refiriéndose a una cosa) that one; (*pl*) those; **ése no, ~** not that one, the *o* that other one; **aquéllos fueron momentos difíciles** those were difficult times 2 (refiriéndose a una persona): **Federico y Julián, y de los dos sería ~ quien lo lograría** (liter) Federico and Julián, and of the two it was the former who was to be successful; **todo ~ que desee obtener más información** (frml) anyone *o* (frml) any person wishing to obtain further information; **es como el cuento de ~ que ...** it's like the story about the man who ...; **cuando se entere ~, te mata** (fam) when you-know-who finds out, he'll kill you!

aquelarre *m* witches' sabbath

aquello *pron dem* (*neutro*): **¿qué es ~ que se ve allá?** what's that over there?; **~ que te dije el otro día** what I told you the other day; **por fin abrieron las puertas y no sabes lo que fue ~** you can't imagine what it was like when they finally opened the doors

aquellos, aquellas *adj dem ver* **aquel¹**

aquéllos aquéllas *pron dem ver* **aquél**

aquende *prep* (liter) on this side of

aquenio *m* achene

aquerenciarse [A1] *v pron* **~ A algo/algn** to become attached TO sth/sb

aquí *adv*

A (en el espacio) here; **¡ven ~!** come here!; **está ~ dentro/arriba** it's in/up here; **voy a la tienda de ~, de la esquina** I'm going to the shop just here, on the corner; **~ el señor quería hablar con usted** this gentleman (here) wanted to have a word with you; **Martín, ~ Pepe, mi primo** Martín, this is my cousin Pepe; **de ~ a la estación hay dos kilómetros** it's two kilometers from here to the station; **¡Ernesto, tú por ~!** Ernesto, what are you doing here?; **no soy de ~** I'm not from these parts *o* from around here; **pase por ~, por favor** come this way, please; **viven por ~** they live around here; **estuvo todo el día dando vueltas de ~ para allá** she spent the whole day going to and fro *o* going from one place to another; **~ Madrid** (Rad) this is Madrid, Madrid calling; **las reformas tienen que comenzar ~ y ahora** the reforms must begin right here and now; **he ~ el motivo del descontento** (liter) herein lies/lay the cause of their discontent (liter); ***de ~ a la luna*** or ***La Habana*** (fam): **éste es mucho mejor, de ~ a la luna** this one's much better, there's no comparison; **eras la más bonita de la clase, de ~ a La Habana** you were far and away the prettiest girl in the class; ***de ~ te espero*** (Esp fam): **había un atasco de ~ te espero** there was a massive *o* an incredible traffic jam; **le pegaron una paliza de ~ te espero** they beat the living daylights out of him (colloq)

B (en el tiempo) now; **de ~ a 2015** from now until 2015, between now and 2015; **de ~ en adelante** from now on; **de ~ a que termine van a pasar horas** it'll take me hours to finish, I won't finish for hours

aquicito *adv* ▸**aquisito**

aquiescencia *f* (frml) acquiescence (frml); **lo hizo con la ~ del gerente** he did it with the manager's acquiescence *o* approval *o* agreement

aquiescente *adj* (frml) acquiescent

aquietar [A1] *vt* (liter) ‹*temores*› to allay, ease, calm; ‹*conciencia*› to ease; **su discurso aquietó los ánimos de los manifestantes** his speech calmed the demonstrators down

■ **aquietarse** *v pron* (liter) ‹‹*aguas*›› to calm (liter), to become calm; **tras su intervención los ánimos se ~on** once he intervened, people calmed down *o* quieted down (AmE) *o* (BrE) quietened down

aquilatar [A1] *vt* ‹*oro/piedra preciosa*› to assay; **no hemos podido ~ sus méritos** we have been unable to assess her merits; **una persona de aquilatada honradez** a person of proven honesty

Aquiles Achilles; ▸**talón**

aquilino -na *adj* (liter) aquiline (liter)

Aquisgrán *m* Aachen

aquisito *adv* (AmL fam) here; **~ no más** just here

ara¹ *f*‡ (altar) altar; (piedra consagrada) altar stone; **en ~s de** (frml): **en ~s de un mejor entendimiento entre los dos países** in the interests of achieving better understanding between the two countries; **en ~s de un futuro mejor para nuestros hijos** in order to secure a better future for our children; **en ~s del progreso** in the name of progress

ara² *m* macaw

árabe¹ *adj* 1 ‹*países/plato*› Arab; ‹*escritura/manuscritos*› Arabic; **una palabra de origen ~** a word of Arabic origin 2 (Hist) (de Arabia) Arabian; (de los moros) Moorish; **la influencia ~ en el sur de España** the Arab *o* Moorish influence on the south of Spain; **la arquitectura ~ de Granada** the Moorish architecture in Granada

árabe² *mf*

A 1 (de un país árabe) Arab 2 (Hist) (de Arabia) Arabian; (moro) Moor

B **árabe** *m* (idioma) Arabic

arabesco¹ -ca *adj* arabesque

arabesco² *m* arabesque

Arabia *f* Arabia

Arabia Saudí, Arabia Saudita *f* Saudi Arabia

arábigo -ga *m,f* ▸**goma, número**

arabismo *m* Arabic expression

arabista *mf* Arabist

arable *adj* arable

arácnido *m* arachnid

arada *f* 1 (acción) plowing* (AmE), ploughing (BrE) 2 (tierra) plowed land (AmE), ploughed land (BrE)

arado *m* plow* (AmE), plough (BrE); ***ser más bruto que un ~*** to be as dumb as an ox (AmE colloq), to be as thick as two short planks (BrE colloq)

(Compuesto) **arado bisurco** twin furrow plow*

Aragón *m* Aragon

aragonés¹ -nesa *adj* Aragonese

aragonés² -nesa *m,f* person from Aragon; **los aragoneses** the Aragonese

araguaney *m* araguanay (*national tree of Venezuela*)

araguato¹ -ta *adj* (Ven) light-brown

araguato² *m* 1 (Zool) howler monkey 2 (Bot) araguato

arameo *m* Aramaic

arancel *m* 1 (tarifa) tariff; (impuesto) duty; **~es de aduanas** customs duties 2 (de honorarios) list of fees, tariff

arancelario -ria *adj*: **productos que reciben protección arancelaria** products protected by import duties *o* tariffs; **derechos ~s** customs duties; **barreras arancelarias** customs *o* tariff barriers

arándano *m tb* **~ negro** bilberry, blueberry; **~ rojo** or **encarnado** cranberry

arandela *f* washer

araña *f*

A (Zool) spider; ***ser picado de la ~*** (Chi fam) to be a flirt

B (lámpara) chandelier

C (Comput) spider

arañar [A1] *vt* 1 ‹*persona/cara/mano*› to scratch; ‹*suelo/superficie*› to scratch 2 ‹*nota/resultado*› to scrape; **arañó un cinquito en el examen** he barely got a grade five in the

a

exam, he scraped a five in the exam; **tras arduas negociaciones ~on un aumento del 3%** after tough negotiations they managed to squeeze a 3% increase out of them

■ **arañar** *vi* 1 «*gato*» to scratch 2 **arañando** *ger* (Ur fam) (con dificultad): **aprobó el examen arañando** she just scraped through the exam, she passed the exam by the skin of her teeth (colloq)

arañazo *m* (en la piel) scratch; (en el suelo, una mesa) scratch

arañón *m* scratch

arar [A1] *vt* to plow (AmE), to plough (BrE); ***hacer ~ a algn*** (CS fam) (en una pelea) to rough sb up (colloq), to knock sb around *o* (BrE) about (colloq) (en una entrevista, un trabajo) to give sb a hard time (colloq)

■ **arar** *vi* to plow (AmE), to plough (BrE)

araucano -na *adj/m,f* Araucanian

> **araucano**
> ▸ **mapuche.**

araucaria *f* monkey puzzle tree, Chile pine

arbitrador[1] **-dora** *adj* arbitrating (*before n*)

arbitrador[2] **-dora** *m,f* arbitrator

arbitraje *m* 1 (en fútbol, boxeo) refereeing; (en tenis, béisbol) umpiring; **el ~ del partido fue correcto** the match was refereed fairly 2 (Der, Rels Labs) (acción) arbitration; (resolución) decision, judgment; **el asunto fue sometido a ~** the matter went to arbitration

(Compuesto) **arbitraje industrial** industrial arbitration

arbitral *adj*: **el juicio ~** the arbitration, the decision of the arbitrator; **el laudo ~ puso fin al conflicto** the arbitrator's ruling put an end to the conflict; **el papel ~ que desempeñó** the mediating role that he played

arbitrar [A1] *vt*

A 1 (en fútbol, boxeo) to referee; (en tenis, béisbol) to umpire 2 ‹*conflicto/disputa*› to arbitrate (in)

B (frml) ‹*medios/recursos*› to furnish (frml), to provide; ‹*medidas*› to introduce; ‹*solución*› to find

■ **arbitrar** *vi* 1 (en fútbol, boxeo) to referee; (en tenis, béisbol) to umpire 2 (en un conflicto) to arbitrate, act as arbitrator

arbitrariamente *adv* arbitrarily

arbitrariedad *f*

A 1 (cualidad de injusto) arbitrariness, arbitrary nature 2 (acción): **la ejecución de los presos fue una ~** the execution of the prisoners was an arbitrary, unjust act; **ascender a Rojas por encima de Garrido fue una ~** promoting Rojas over Garrido was an injustice

B (cualidad de aleatorio) arbitrary nature, arbitrariness

arbitrario -ria *adj*

A (injusto) ‹*persona/acto/sanción*› arbitrary (and unjust)

B (elegido al azar) arbitrary

arbitrio *m* (frml): **si no hay acuerdo, se somete al ~ del director** if no agreement is reached, the decision is taken by the director; **queda librado al ~ de los accionistas** the decision is now in the hands of the shareholders; **lo dejo enteramente a tu ~** I leave it entirely to your discretion

(Compuesto) **arbitrio judicial** adjudication

árbitro -tra *m,f* 1 (en fútbol, boxeo) referee; (en tenis, béisbol) umpire, ump (AmE colloq); **es el ~ de su propio destino** he is the master of his own destiny; **los ~s de la moda** the arbiters of fashion 2 (en un conflicto) arbitrator

árbol *m*

A (Bot) tree; **el ~ de la ciencia del bien y del mal** the tree of knowledge (of good and evil); ***quien a buen ~ se arrima buena sombra le cobija*** it's always useful to have friends in high places; ***del ~ caído todos hacen leña*** there are always people who will benefit from other people's misfortune; ***los ~es no dejan ver el bosque*** you can't see the forest (AmE) *o* (BrE) wood for the trees

(Compuestos)

- **árbol de la vida**: **el ~ de la ~** the tree of life
- **árbol de Navidad** Christmas tree
- **árbol de Pascua** (Andes) Christmas tree

B (Auto, Mec) shaft

(Compuestos)

- **árbol de hélice** propeller shaft
- **árbol de levas** camshaft
- **árbol de levas en cabeza** overhead camshaft
- **árbol de transmisión** drive shaft

C (diagrama) *tb* **diagrama de ~** tree diagram, tree

(Compuesto) **árbol genealógico** family tree

arbolado[1] **-da** *adj*

A ‹*terreno*› wooded; **una calle arbolada** a tree-lined street

B ‹*mar*› rough, heavy

arbolado[2] *m* trees (*pl*); Ⓢ **respetar el arbolado** respect the woodland *o* the trees

arboladura *f* spars (*pl*)

arboleda *f* grove

arboledo *m* wood, grove

arbóreo -rea *adj* 1 ‹*vegetación*› **una zona de vegetación arbórea** a wooded *o* (frml) an arboreous area, an area of woodland *o* woods 2 ‹*forma*› arboreal (frml), treelike

arborescente *adj* arborescent (liter), tree-shaped

arborícola *adj* arboreal, tree-dwelling (*before noun*)

arboricultor -tora *m,f* forester, arboriculturist (frml)

arboricultura *f* forestry, arboriculture (frml)

arborización *f* 1 (de calle, ciudad) tree-planting 2 (reforestación) reforestation

arborizar [A4] *vt* ‹*calle/ciudad*› to plant with trees; (reforestar) to reforest

arbotante *m* flying buttress

arbustivo -va *adj* shrub-like

arbusto *m* shrub, bush

arca *f*‡

A (cofre) chest

(Compuestos)

- **Arca de la Alianza** Ark of the Covenant
- **Arca de Noé**: **el A~ de N~** Noah's Ark

B **arcas** *fpl* (de una institución) coffers (*pl*); **las maltrechas ~s de la ciudad** the depleted coffers of the city

arcabucero *m* harquebusier

arcabuz *m* harquebus

arcada *f*

A (Med): **hacer ~s** to retch; **aquel olor me dio** *or* **me provocó ~s** that smell made me retch

B 1 (Arquit) arcade 2 (de un puente) arch

arcaico -ca *adj* ‹*palabra/expresión*› archaic; ‹*arma/utensilio*› archaic, antiquated; ‹*régimen*› archaic; **tiene ideas realmente arcaicas** he has some really archaic *o* antiquated ideas

arcaísmo *m* archaism

arcaizante *adj* archaic

arcángel *m* archangel

arcano[1] **-na** *adj* (liter) arcane (liter)

arcano[2] *m* (liter) mystery; **los ~s del alma humana** the secrets *o* mysteries of the human soul

arce *m* maple

arcediano *m* archdeacon

arcén *m* shoulder (AmE)), berm ((AmE), hard shoulder (BrE)

(Compuesto) **arcén blando** soft shoulder

archi- *pref* (fam) super-; **el archiexclusivo club** the super-exclusive club; **está archidemostrado** it has been proved time and again *ver tb* **archiduque**, etc

archibebe *m* redshank

archiconocido -da *adj* ‹*canción*› very well-known; ‹*fiestas*› very well-known, legendary; **el ~ conjunto musical** the legendary group; **¿cómo no lo conoces? es ~** how can you not have heard of him? he's incredibly well-known *o* famous

archidiácono *m* archdeacon

archidiócesis *f* (*pl* ~) archdiocese

archiducado *m* archduchy

archiduque -quesa *m,f*

A (*m*) archduke

B (*f*) archduchess

archienemigo -ga *m,f* archenemy

archifamoso -sa *adj* ▸**archiconocido**

archipámpano *m* (fam) bigwig, panjandrum

archipiélago *m* archipelago

archisabido -da *adj* very well-known; **es ~ que ...** it's a well-known fact that ...

archivador -dora *m,f*

A (persona) filing clerk, file clerk (AmE)

B **archivador** *m* 1 (mueble) filing cabinet 2 (carpeta) ring binder, file

archivar [A1] *vt* 1 ‹*documentos/facturas*› to file 2 ‹*investigación/asunto*› (por un tiempo) to shelve; (para siempre) to close the file on

archivero -ra *m,f*

A (persona) archivist

B **archivero** *m* (Méx) (mueble) filing cabinet

archivista *mf* archivist

archivo *m*

A 1 (local) archive 2 (conjunto de documentos) *tb* **~s** archives (*pl*), archive; **los ~s de la policía** the police files *o* records

(Compuesto) **archivo de imágenes** picture library

B (Inf) file

(Compuestos)

- **archivo comprimido** zip file
- **archivo de firma** signature file
- **archivo de intercambio** swap file
- **archivo fuente** source file
- **archivo** *or* **fichero de autoridad** (Inf, Ling) authority file
- **archivo maestro** master file
- **archivo MP3** *or* **emepetres** MP3 file
- **archivo zip** *or* (AmL tb) **zipeado** zip file

archivolta *f* archivolt

arcilla *f* clay; **~ de alfarería** potter's clay

arcilloso -sa *adj* clayey

arcipreste *m* archpriest

arco *m*

A (Arquit) arch

(Compuestos)

- **arco de herradura** horseshoe arch
- **arco de medio punto** semicircular *o* round arch
- **arco de triunfo** triumphal arch
- **arco iris** rainbow
- **arco ojival** lancet arch, gothic arch
- **arco político** *or* **parlamentario** political spectrum; **todos los partidos del ~ ~** all parties right across the political spectrum

B (AmL) (en fútbol) goal

C 1 (Anat) arch 2 (Mat) arc

D 1 (Arm, Dep) bow 2 (de violín) bow

E (Elec) arc

(Compuesto) **arco voltaico** electric arc

arcón *m* large chest

arder [E1] *vi*

A «*madera/bosque/casa*» (quemarse) to burn; **ardía en deseos de volver a verla** (liter) he burned with desire to see her again (liter)

B (estar muy caliente) to be boiling (hot); ***~ en fiestas:*** **Zaragoza arde en fiestas** the festivities in Zaragoza are in full swing; ***estar algn/algo que arde:*** **tu padre está que arde** your father's fuming *o* seething; **la sopa está que arde** the soup's boiling (hot); **la cosa está que arde** things have reached boiling point; **la fiesta estaba que ardía** (Chi) the party was in full swing; ***va que arde*** (Esp fam): **te pagaré 1.000 euros y vas que ardes** I'll pay you 1,000 euros and that's all you're getting *o* and you can count yourself lucky you're getting that much

C 1 (escocer) «*herida/ojos*» to sting, smart; **le ardían los ojos con el humo** the smoke was making her eyes smart, the smoke was irritating her eyes; **le hizo ~ la herida** (CS) it made the cut sting; **después de tanto sol le ardían los hombros** her shoulders were burning *o* sore after so long in the sun 2 «*estómago*»: **me arde el estómago** I've got heartburn

ardid *m* trick, ruse; **se valió de ~es femeninos para convencerlo** she used her feminine wiles to persuade him

ardiente *adj* ‹*defensor/partidario*› ardent; ‹*deseo*› ardent, burning; ‹*amante*› passionate, ardent (liter); **una ~ defensa de los derechos humanos** an impassioned defense of human rights

ardientemente *adv* fervently

ardilla *f* squirrel

(Compuesto) **ardilla rayada** *or* **listada** chipmunk

ardite *m* (Hist) *coin of little value*; ***me/le importa un ~*** I don't/he doesn't give a damn (colloq), I don't/he doesn't care two hoots (colloq)

ardor *m* 1 (fervor, entusiasmo) ardor* (liter); **defendía su causa con ~** she defended her cause ardently *o* zealously; **trabaja con ~** he works with great zeal 2 (dolor) burning; (escozor) (AmL) smarting; **~ de estómago** heartburn

ardoroso -sa *adj* ‹*pasión*› ardent; ‹*mirada*› passionate, ardent

arduamente *adv* arduously

arduo -dua *adj* ‹*jornada/labor*› arduous, hard; **una ardua tarea** an arduous task

área *f‡*

A 1 (Mat) area 2 ▸❶ **p.0000**; (medida agraria) area, square dekameter* (*100m²*.)

B 1 (zona) area; **las ~s más afectadas por las inundaciones** the areas worst affected by the flooding 2 (campo, ámbito) area; **un ~ de las ciencias donde ha habido poca investigación** an area of science where little research has been carried out 3 (Dep) *tb* **~ de castigo** *or* **penalty** penalty area

(Compuestos)
- **área chica** goal area
- **área de reposo** rest area *o* stop (AmE), lay-by (BrE)
- **área de servicio** service area, services (*pl*)
- **área grande** penalty area
- **área metropolitana** metropolitan area, city
- **área pequeña** goal area
- **área única de pagos en Europa** Single Euro Payments Area

arena *f*

A (Const, Geol) sand; **las ~s del desierto** the desert sands

(Compuesto) **arena movediza** quicksand

B 1 (palestra) arena; **en la ~ política** in the political arena 2 (Taur) ring

ARENA *f* (en Sal) = **Alianza Republicana Nacionalista**

arenal *m* sandy area

arenga *f* stirring *o* rousing speech, harangue

arengar [A3] *vt* to harangue

arenilla *f* 1 (arena menuda) fine sand 2 (Med) *tb* **~s** gravel, stones (*pl*)

arenisca *f* sandstorm

arenoso -sa *adj* 1 ‹*playa/terreno*› sandy 2 ‹*manzana/patata*› floury

arenque *m* herring; **~ ahumado** kipper

areola, aréola *f* areola

areometría *f* hydrometry

areómetro *m* hydrometer

areópago *m* Areopagus

arepa *f*: *cornmeal roll*; **hay que garantizar la ~ al país** (Ven) the nation must be guaranteed its daily bread; ***ganarse la ~*** (Ven fam) to earn one's living; ***la ~ se puso/se nos puso cuadrada*** (Ven fam) we had trouble making ends meet; ***meterle*** *or* ***darle las nueve ~s a algn*** (Ven fam) to shut sb out (AmE), to whitewash sb (BrE)

arepera *f* (Col, Ven arg) dyke (colloq)

arequipe *m* (Col) ▸**dulce de leche**

arete *m* (AmL excl CS) earring

argamasa *f* mortar

Argel *m* Algiers

Argelia *f* Algeria

argelino -na *adj/m,f* Algerian

argén *m* argent

argentado -da, argénteo -tea *adj* (liter) silvery (liter)

argentífero -ra *adj* silver-bearing, argentiferous (tech)

Argentina *f tb* : **la ~** Argentina, the Argentine (dated)

argentinismo *m* Argentinian word (*o* phrase *etc*)

argentino¹ -na *adj*

A ‹*gobierno/presidente*› Argentine (*before n*); ‹*escritor/cuero/música*› Argentinian; **yo, ~** (RPl fam) I'm keeping out of it (colloq)

B (liter) 1 (de plata) silvery, argentine (liter) 2 ‹*risa/timbre/voz*› silvery (liter), clear

argentino² -na *m,f* Argentinian

argolla¹ *f* 1 (aro) ring 2 (AmL) (anillo) ring; ***tener ~*** (AmC fam) to have pull (colloq), to have contacts (colloq) 3 (pendiente) (hoop) earring

(Compuestos)
- **argolla de compromiso** (AmL) engagement ring
- **argolla de matrimonio** (AmL) wedding ring, wedding band (AmE)

argolla² *m* (Ven fam & pey) fag (AmE colloq & pej), poof (BrE colloq & pej)

argón *m* argon

argonauta *m* 1 (Mit) Argonaut 2 (Zool) argonaut, paper nautilus

argot *m* (*pl* **-gots**) slang; **el ~ estudiantil** student slang

argótico -ca *adj* ‹*término*› slang (*before n*); **utiliza un lenguaje muy ~** he uses very slangy language, he uses a lot of slang

argucia *f* cunning argument; **gracias a las ~s de su abogado** thanks to some cunning arguments from *o* some fancy footwork by his lawyer

argüende *m* (Méx fam) 1 (habladuría) gossip 2 (fiesta) party

argüendero -ra *m,f* (Méx fam) gossip

argüir [I19] *vt* 1 ▸**argumentar** 2 «*hechos/pruebas*» to point to; **las pruebas arguyen su inocencia** the evidence points to his innocence

■ **argüir** *vi* «*hechos/pruebas*»: **todos los hechos arguyen a mi favor** all the facts support me; **no hay pruebas que arguyan en contra de lo que hemos oído** there is *o* we have no evidence to contradict what we have heard

argumentable *adj* arguable

argumentación *f* line of argument (frml); **su ~ carece de fundamento** his arguments lack *o* his line of argument lacks foundation

argumental *adj* (Cin, Lit) of the plot *o* storyline

argumentar [A1] *vt* to argue; **no es un problema político, como se suele ~** it is not a political problem, as is commonly claimed *o* argued; **se podría ~ que ...** it could be argued that ...

argumentista *mf* screenwriter

argumento *m* 1 (razón) argument; **me dejó sin ~s** she demolished all my arguments; **esgrimió ~s sólidos y convincentes** he employed solid, convincing arguments 2 (Cin, Lit) plot, story line

aria *f‡* aria

ariano¹ -na *adj* Aries

ariano² -na *m,f* Aries, Arian; **los ~** those born under (the sign of) Aries

arica *f* (Ven) bee

aridez *f* 1 (del clima, terreno) aridity, dryness 2 (de un tema) dryness

árido -da *adj* 1 ‹*clima/terreno*› arid, dry 2 ‹*tema/asignatura*› dry

áridos *mpl* (Com) dry goods (*pl*); (Agr) grain; **medidas para ~** dry measures

Aries¹ (signo, constelación) Aries, Arian; **es (de) ~** she's an Aries *o* an Arian

Aries², aries *mf* (*pl* **~**) (persona) Aries, person born under (the sign of) Aries

ariete *m*

A 1 (Arm, Hist) battering ram 2 (Col) (Tec) *small hydroelectric generator*

(Compuesto) **ariete hidráulico** hydraulic ram

B (period) (Dep) striker

ario aria *adj/m,f* Aryan

arisco -ca *adj* 1 [SER] (huraño) ‹*persona*› unfriendly, unsociable, surly; ‹*animal*› unfriendly 2 [ESTAR] (Méx fam) (enojado) upset, angry

arista *f*

A 1 (Mat) edge 2 (Arquit) (de una viga) arris; (de una bóveda) groin 3 (en montañismo) arête, ridge

B (Bot) beard

C **aristas** *fpl* **las ~s propias de las tensiones socio-culturales** the thorny problems associated with sociocultural unrest; **los años habían limado las ~s de su carácter** time had knocked the rough edges off him, his character had mellowed over the years

aristocracia *f* aristocracy

aristócrata *mf* aristocrat

aristocrático -ca *adj* 1 (noble) aristocratic 2 (pey) (fino) posh (pej), genteel (hum)

Aristófanes Aristophanes

Aristóteles Aristotle

aristotélico -ca *adj* Aristotelian

aritmética *f* arithmetic

aritmético¹ -ca *adj* arithmetic

aritmético² -ca *m,f* arithmetician

arlequín *m* harlequin

arma *f‡*

A 1 (Arm, Mil) weapon; **la venta de ~s** the sale of weapons *o* arms; **tenencia ilícita de ~s** illegal possession of arms; **¡a las ~s!** to arms!; **¡~s al hombro!** shoulder arms!; **¡presenten ~s!** present arms!; **alzarse** *or* **levantarse en ~s** to rise up in arms; **rendir las ~s** to lay down one's arms; **tomar (las) ~s** to take up arms; ***de ~s tomar*** formidable, redoubtable (frml); ***pasar a algn por las ~s*** (fusilar) to shoot sb; (aprovecharse de) (fam) to have one's way with sb; ***ser un ~ de doble filo*** *or* ***de dos filos*** to be a double-edged sword 2 (instrumento, medio) weapon; **la huelga es la única ~ que tenemos** strike action is the only weapon we have; **la única ~ de que dispone este animal para defenderse** the only means this animal has of defending itself; **la sencillez de la película se revela como su mejor ~** the simplicity of the film turns out to be its greatest strength

(Compuestos)
- **arma atómica** atomic weapon
- **arma aturdidora** *or* **de aturdimiento** stun gun
- **arma biológica** biological weapon
- **arma blanca** *any sharp instrument used as a weapon*
- **arma convencional** conventional weapon
- **arma de alto calibre** large-bore gun
- **arma de bajo calibre** small-bore gun
- **arma de destrucción masiva** weapon of mass destruction
- **arma de fuego** firearm
- **arma de grueso** large-bore gun
- **arma de pequeño calibre** small-bore gun
- **arma nuclear** nuclear wepon
- **arma química** chemical weapon
- **arma reglamentaria** regulation firearm
- **arma secreta** secret weapon

B (cuerpo militar) arm; **el ~ de artillería/infantería** the artillery/infantry arm

C **armas** *fpl* 1 (fuerzas armadas) armed forces (*pl*) 2 (profesión militar): **la carrera de ~s** a career in the armed services *o* in the military (services) (AmE), a career in the services *o* the armed forces *o* the forces (BrE)

armada *f* navy; **la A~ Invencible** the (Spanish) Armada

armadía *f* raft

armadijo *m* trap, snare

armadillo *m* armadillo

armado¹ -da *adj* ‹*lucha*› armed; ‹*persona*› armed; **~ DE** *or* **CON algo** armed WITH sth; ▸**hormigón, fuerza, brazo**

armado² *m* (Chi) 1 (armazón) frame 2 (de un traje): **tiene ~** it's tailored

armador -dora *m,f* shipowner

armadura *f*

A (Hist, Mil) armor*

B (Const) framework

armaduría *f* (Chi) assembly plant

armamentismo *m* buildup of arms

armamentista, armamentístico -ca *adj* arms (*before n*); **la industria ~** the arms industry; **la espiral ~ nuclear** the nuclear arms spiral

armamento *m* armaments (*pl*)

armar [A1] *vt*

A [1] (proveer de armas) ‹*ciudadanos/país*› to arm, supply … with arms [2] (equipar) ‹*embarcación*› to fit out, equip

B [1] ‹*mueble/máquina*› to assemble; ‹*tienda/carpa*› to pitch, put up; ‹*aparato/reloj*› to assemble, put together [2] (AmL) ‹*rompecabezas*› to do, piece together [3] (Col, RPl) ‹*cigarro*› to roll [4] (dar cuerpo a) ‹*chaqueta/solapa*› to stiffen

C (fam) ‹*alboroto*› to make; **sigan jugando pero sin ~ alboroto/jaleo** carry on playing but don't kick up *o* make a racket (colloq); **~on un escándalo porque no les quise devolver el dinero** they caused a real scene *o* commotion *o* (AmE) ruckus because I wouldn't give them their money back (colloq), they kicked up a terrible fuss because I wouldn't give them their money back (BrE colloq); **~*la*** (fam): **no quiero hablar de eso, no tengo ganas de ~la otra vez** I don't want to talk about that, I don't want to stir things up again *o* cause any more trouble (colloq); **¡buena la has armado!** you've really done it now! (colloq); **la que me armó porque llegué diez minutos tarde** you should have seen the way he went on *o* (colloq) carried on because I was 10 minutes late

■ **armarse** *v pron*

A [1] (proveerse de armas) to arm oneself [2] (de un utensilio) **~se DE algo** to arm oneself WITH sth; **lo mejor es ~se de paciencia y esperar** the best thing is just to be patient *o* (liter) to arm yourself with patience and wait; **tuvo que ~se de valor y decírselo** he had to pluck up courage *o* (liter) arm himself with courage and tell her

B [1] (fam) «*lío/jaleo*»: **¡qué lío/jaleo se armó! nadie se ponía de acuerdo** there was a real commotion *o* it was pandemonium, nobody could agree on anything (colloq); **se armó una discusión terrible** a terrible argument broke out, there was a terrible argument [2] (fam) «*persona*» ‹*lío*› **me armé un lío con tanto número** I got into a mess *o* (BrE) muddle with all those numbers (colloq), I got confused with all those numbers

C (Méx) (enriquecerse) (fam) to make a fortune, to make a bundle (AmE colloq), to make a packet (BrE colloq); **se armó para el resto de su vida** he made enough to last him the rest of his life

armario *m* [1] (para ropa) closet (AmE), wardrobe (BrE) [2] (de cocina) cupboard, closet (AmE) [3] (de cuarto de baño) cabinet

(Compuestos)

- **armario de luna** *closet/wardrobe with mirrors on both sides of the doors*
- **armario empotrado** (para ropa) built-in closet (AmE), fitted *o* built-in wardrobe (BrE); (de cocina etc) fitted *o* built-in cupboard
- **armario ropero** closet (AmE), wardrobe (BrE)

armatoste *m* (fam) huge *o* hulking great thing (colloq)

armazón *m or f*

A [1] (Const) skeleton [2] (de un avión) airframe; (de un barco) frame [3] (de un mueble, una tienda de campaña) frame [4] (de una escultura) armature, frame [5] (de gafas) frames (*pl*)

B (de una obra literaria) framework, outline

armella *f* eyebolt

Armenia *f* Armenia

armenio[1] **-nia** *adj* Armenian

armenio[2] **-nia** *m,f* [1] (persona) Armenian [2] **armenio** *m* (idioma) Armenian

armería *f* gunsmith's (shop)

armiño *m* [1] (Zool) stoat, ermine [2] (Indum) ermine

armisticio *m* armistice

armonía *f* [1] (Mús) harmony [2] (de colores, estilos) harmony; **accesorios en ~ con las ricas telas de los vestidos** accessories in harmony with *o* which complement the rich fabrics of the dresses [3] (en relaciones) harmony; **conviven en perfecta ~** they live together in perfect harmony; **vivir en ~ con la naturaleza** to live in harmony with nature

armónica *f* harmonica, mouth organ

armónicamente *adv* harmoniously

armónico[1] **-ca** *adj* [1] (Mús) harmonic [2] ▸ **armonioso**

armónico[2] *m* harmonic

armonio *m* harmonium

armoniosamente *adv* harmoniously

armonioso -sa *adj* harmonious

armónium *m* harmonium

armonización *f* [1] (Mús) harmonization [2] (de estilos, colores) blending together [3] (de tendencias, opiniones) harmonization

armonizar [A4] *vt* [1] (Mús) to harmonize [2] ‹*tendencias/opiniones*› to reconcile, harmonize; ‹*diferencias*› to reconcile; **~ algo CON algo** to harmonize sth WITH sth, bring sth into line WITH sth; **se pretende ~ la legislación de nuestro país con la de nuestros vecinos** the aim is to harmonize this country's legislation with *o* to bring this country's legislation into line with that of our neighbors

■ **armonizar** *vi* «*estilos/colores*» to blend in, harmonize; **~ CON algo** «*color*» to blend (in) WITH sth, tone in WITH sth (BrE); «*estilo*» to blend (in) WITH sth, be in tune WITH sth

ARN *m* (= **ácido ribonucleico**) RNA

arnero *m* sieve

arnés *m*

A [1] (para niño) baby reins (*pl*), baby harness [2] (Dep) harness [3] (arreos) harness

B (Hist, Mil) armor*

árnica *f*‡ arnica

aro *m* [1] (Jueg) hoop; ***hacer un ~*** (Chi fam) to stop; ***pasar*** *or* ***entrar por el ~*** (en el circo) to jump through the hoop; (someterse) to toe the line [2] (Arg, Chi) (pendiente, adorno) earring; (Esp) (en forma de aro) hooped earring [3] (en piercing) ring [4] (Ven) (anillo) wedding ring [5] (de servilleta) napkin ring

(Compuesto) **aro de émbolo** piston ring

aroma *m* (de las flores) scent, perfume; (del café, de las hierbas) aroma; (del vino) bouquet, nose

aromaterapeuta, (AmL) **aromaterapista** *mf* aromatherapist

aromaterapia *f* aromatherapy

aromático -ca *adj* aromatic

aromatizador *m* air freshener

aromatizante *adj/m* aromatic

aromatizar [A4] *vt* [1] (Coc) to aromatize [2] ‹*ambiente/aire*› to scent, perfume

arpa *f*‡ harp; ***sonar como ~ vieja*** (CS fam): **le preguntaron sobre Artigas y sonó como ~ vieja** they asked him a question about Artigas and he got it all wrong *o* he made a complete mess of it (colloq)

(Compuestos)

- **arpa eólica** wind harp
- **arpa galesa** Welsh harp

arpegio *m* arpeggio

arpeo *m* grappling iron *o* hook

arpía *f* [1] (mujer perversa) dragon, harpy, harridan [2] (Mit) harpy

arpillera *f* hessian, sacking

> **arpilleras**
>
> Pieces of appliquéd textile folk art, common in South America. Doll characters and animals create a three-dimensional effect representing scenes from daily life.
>
> *Arpilleras* became a symbol of protest for mothers, sisters, and daughters of Chilean ▸**desaparecidos**, as well as a source of income, during the dictatorship of General Pinochet.

arpista *mf* harpist

arpón *m* harpoon

(Compuesto) **arpón submarino** speargun

arponear [A1], **arponar** [A1] *vt* to harpoon

arponero -ra *m,f* harpooner

arqueada ▸**arcada A**

arqueado -da *adj* ‹*espalda*› curved; **tiene las piernas arqueadas** he's bowlegged *o* (BrE) bandy-legged

arquear [A1] *vt*

A [1] ‹*espalda*› to arch; ‹*cejas*› to raise, arch [2] ‹*estante*› to bow, bend, make … sag

B ‹*embarcación*› to calculate the tonnage of

■ **arquear** *vi* to retch

■ **arquearse** *v pron* [1] «*estante*» to sag, bend, bow [2] «*persona*» to arch one's back

arqueo *m*

A (Náut) tonnage

B (Com) *tb* **~ de caja** balance, cashing up (BrE)

arqueolítico -ca *adj* Stone Age (*before n*)

arqueología *f* archaeology

arqueológicamente *adv* archeologically*

arqueológico -ca *adj* archaeological

arqueólogo -ga *m,f* archaeologist

arquería *f*

A (Arquit) series of arches

B (CS) (Dep) archery

arquero -ra *m,f*

A (Hist, Mil) archer

B (AmL) (en fútbol) goalkeeper

arqueta *f* small chest

arquetípico -ca *adj* archetypal

arquetipo *m* archetype; **el ~ de belleza clásica** the archetype *o* perfect example of classical beauty

Arquímedes Archimedes

arquitecto -ta *m,f* architect; **uno de los ~s del plan de paz** one of the architects of the peace plan

(Compuesto) **arquitecto técnico, arquitecta técnica** architect (*who has completed a 3 year course*)

arquitectónico -ca *adj* architectural

arquitectura *f* [1] (Arquit) architecture [2] (Inf) architecture

arquitrabe *m* architrave

arquivolta *f* archivolt

arr. (= **arreglo de**) arr.

arrabal *m* poor quarter *o* area; **se crió en los ~es** he grew up in one of the poor areas of town

arrabalero[1] **-ra** *adj* [1] (del arrabal) *from or relating to the poor areas of a city*; **quiere ocultar su origen ~** he doesn't want people to know he was brought up in one of the poor areas of town; **el lenguaje ~ reflejado en los tangos** the language of the common *o* poor people reflected in the tango [2] (Esp) (ordinario) vulgar, common (pej)

arrabalero[2] **-ra** *m,f* (Esp) vulgar *o* (pej) common person

arrabio *m* pig iron

arracachá *f* arracach, Peruvian carrot

arracada *f* pendant earring, dangly earring (colloq)

arracimarse [A1] *v pron* to bunch together, cluster together

arraigado -da *adj* ‹*costumbre/tradición*› deeply rooted, deep-rooted; ‹*vicio*› deeply entrenched; **no se siente ~ en ningún sitio** he doesn't feel that he really belongs anywhere *o* that he has roots anywhere

arraigar [A3] *vi* [1] «*costumbre/tradición*» to become rooted, take root; «*vicio*» to become entrenched, take hold [2] «*planta*» to take root

■ **arraigarse** *v pron* «*costumbre/tradición*» to take root; «*persona*» to settle; **sus ideas se ~on profundamente en el estudiantado** her ideas really took root *o* caught on among the students; **se ~on en Europa y nunca volvieron** they settled in Europe and never returned

arraigo *m*: **un partido de fuerte ~ popular** a party with strong popular support; **una entidad de ~ y prestigio** a prestigious and well-established firm; **esta tradición tiene mucho** ~ this tradition is very deep-rooted; ▸**orden de arraigo**

arramblar [A1] *vi* ~ **CON algo** to make off WITH sth

arrancadero *m* (Méx) starting gate

arrancar [A2] *vt*

A ‹*hoja de papel/página*› to tear out; ‹*etiqueta*› to tear *o* rip off; ‹*esparadrapo*› to pull off; ‹*botón*› to tear *o* rip *o* pull off; ‹*planta*› to pull up; ‹*flor*› to pick; ‹*diente*› to pull out; **arrancó la planta de raíz** she pulled the plant up by the roots, she uprooted the plant; **le arrancó un mechón de pelo** he pulled out a clump of her hair; **no le arranques hojas al libro** don't tear pages out of the book; **arrancó la venda** he tore off the bandage; **me arrancó la carta de las manos** she snatched the letter out of my hands; **hubo un forcejeo y le arrancó la pistola** there was a struggle and he wrenched the pistol away from her; **le arrancó el bolso** he snatched her bag, he grabbed her bag from her; **cuando se apoltrona no hay quien consiga ~lo de casa** when he gets into one of his stay-at-home moods it's impossible to drag him out; ~ **a algn de los brazos del vicio** (liter) to rescue sb from the clutches of evil (liter); **el teléfono lo arrancó de sus pensamientos** the sound of the telephone brought him back to reality with a jolt

B ‹*confesión/declaración*› to extract; **consiguieron ~le una confesión** they managed to extract a confession from *o* get a confession out of her; **no hay quien le arranque una palabra de lo ocurrido** no one can get a word out of him about what happened; **por fin consiguió ~le una sonrisa** she finally managed to get a smile out of him

C ‹*motor/coche*› to start; (Inf) to boot; (Inf) to boot (up)

■ **arrancar** *vi*

A **1** (Auto, Mec) «*motor/vehículo*» to start; **el coche no arranca** the car won't start; **el tren está a punto de ~** the train is about to leave; **¡no arranques en segunda!** don't try and move off *o* pull away in second gear! **2** (moverse, decidirse) (fam): **no hay quien lo haga ~** it's impossible to get him moving *o* to get him off his backside (colloq); **tarda horas en ~** it takes him hours to get started *o* to get down to doing anything (colloq) **3** (empezar) ~ **A + INF** to start to + INF, to start -ING; **arrancó a llorar** he burst into tears, he started crying *o* to cry

B (provenir, proceder) **1** «*problema/crisis/creencia*»: ~ **DE algo** to stem FROM sth; **esta tradición arranca del siglo XIV** this tradition dates from *o* back to the 14th century; **de allí arrancan todas sus desgracias** that's where all his misfortunes stem from **2** «*carretera*» to start; **la senda que arranca de** *or* **en este punto** the path that starts from this point **3** (Const): **el punto del cual arranca el arco** the point from which the arch springs *o* stems; **de la pared arrancaba un largo mostrador** a long counter came out from *o* jutted out from the wall

C (Inf) to boot up; **volver* a arrancar** to reboot

D «*toro*» to charge

E (Chi fam) (huir) to run off *o* away; ~ **DE algo/algn** to get away FROM sth/sb; **fueron los primeros en ~ del país** they were the first to get out of *o* skip the country (colloq); ~ ***a perderse*** (Chi fam) to be off like a shot (colloq)

■ **arrancarse** *v pron*

A (*refl*) ‹*pelo/diente*› to pull out; ‹*piel*› to pull off; ‹*botón*› to pull off

B **1** (Taur) to charge **2** (Mús): **~se por sevillanas** to break into dance *o* into a sevillana ; ▸**sevillanas**

C **1** (Chi fam) (huir) to run away; **se les arrancó el prisionero** the prisoner got away from them *o* ran away (colloq); **~se DE algo/algn** to run away FROM sth/sb **2** (Chi fam) «*precios*» to shoot up (colloq)

arrancharse *v pron* (Chi, Méx, Ven fam) to put up; **tuvieron que arrancharse en casa de su tío** they had to put up at her uncle's house

arranque *m*

A (Auto, Mec) starting mechanism; **el coche tiene problemas de ~** I have problems starting it *o* getting it started; ▸**motor²**; ***ni para el ~*** (Méx fam): **con un kilo no tenemos ni para el ~** one kilo won't get us far (colloq); **¿jugar contra Juan? ese no me sirve ni para el ~** play Juan? that's not much of a challenge

B (de un arco) base; ▸**punto**

C (Inf) boot: ~ **caliente/frío** warm/cold boot

D **1** (arrebato) fit; **un ~ de celos/ira/locura** a fit of jealousy/rage/madness; **un ~ de actividad/energía** a burst of activity/energy **2** (brío, energía) drive

arrapiezo *m* (arc) rascal (dated), rapscallion (arch)

arras *fpl* **1** (en una boda) coins (*pl*) (*given by the bridegroom to the bride*) **2** (Der) deposit, security

arrasar [A1] *vi*: **Boca Júniors volvió a ~** Boca Juniors swept to victory again; **la película continúa arrasando** the movie continues to be a huge box-office hit; ~ **CON algo**: **la inundación arrasó con las cosechas** the flood devastated *o* destroyed the crops *o* swept the crops away; **las tropas ~on con todo lo que encontraron a su paso** the soldiers laid waste to everything that lay in their path; **~on con toda la comida** they polished off all the food (colloq); **los ladrones ~on con todas las joyas** the thieves made off with all the jewelry; **los cubanos ~on con las medallas** the Cubans walked off with *o* carried off all the medals; **los populares ~on en las urnas** the populares won the elections by a landslide

■ **arrasar** *vt* ‹*zona*› to devastate; ‹*edificio*› to destroy, raze … to the ground; **el granizo arrasó los viñedos** the hail destroyed *o* devastated the vineyards; **el sistema que fue arrasado por la revolución** the system that was swept away by the revolution

■ **arrasarse** *v pron*: **sintió que los ojos se le arrasaban en** *or* **de lágrimas** she felt tears welling up in her eyes; **con los ojos arrasados en** *or* **de lágrimas** with his eyes full of *o* brimming with tears

arrastrado -da *adj* **1** ‹*vida*› wretched, miserable; ***andar ~*** (Esp fam) to be hard up *o* broke (colloq) **2** ‹*persona*› (desgraciado) wretched; (servil) (RPl) groveling*

arrastrar [A1] *vt*

A **1** (por el suelo) to drag; **caminaba arrastrando los pies** she dragged her feet as she walked; **vas a ir aunque te tenga que ~** you are going even if I have to drag you there **2** ‹*remolque/caravana*› to tow **3** (llevar consigo): **el río arrastraba piedras y ramas** stones and branches were being swept along by the river; **la corriente lo arrastraba mar adentro** the current was carrying him out to sea **4** ‹*sector/mercado*› to drag down; **al desplomarse en la Bolsa arrastró a todo el sector** when its stock price collapsed, it dragged down the whole sector; **no hay que dejarse ~ por el pesimismo** there's no need to give way to pessimism

B **1** ‹*problema/enfermedad*› **viene arrastrando esa tos desde el invierno** that cough of hers has been dragging on since the winter, she's had that cough since the winter and she just can't shake it off; **~on esa deuda muchos años** they had that debt hanging over them for many years **2** (atraer) to draw; **está arrastrando mucho público** it is drawing big crowds; **se dejan ~ por la moda** they are slaves to fashion; ~ **a algn A algo**: **las malas compañías lo ~on a la delincuencia** he was led *o* drawn into crime by the bad company he kept; **la miseria lo arrastró a robar** poverty drove him to steal **3** (fam) (Elec) to use; **arrastra mucha corriente** it uses a lot of power **4** (Inf) to drag; ~ **y soltar** to drag and drop

C (en naipes) to draw

■ **arrastrar** *vi*

A «*mantel/cortina*» to trail along the ground; **la gabardina le arrastraba** the raincoat was so long on him that it trailed along the ground

B (en naipes) to draw trumps (*o* spades *etc*)

■ **arrastrarse** *v pron*

A (por el suelo) «*persona*» to crawl; «*culebra*» to slither; **llegué arrastrándome de cansancio** I could hardly put one foot in front of the other by the time I got there; **se arrastró hasta el teléfono** she dragged herself *o* crawled to the telephone

B (humillarse) to grovel, crawl

arrastre *m* **1** (acción) dragging; ***estar para el ~*** (fam) to be done in (colloq), to be dead on one's feet (colloq) **2** (Náut) trawling; **la flota de ~** the trawlers, the trawling fleet **3** (juguete) *pull-along toy* **4** (CS fam) (atractivo) appeal; **un político con poco ~ entre la juventud** a politician with very little appeal among young people; **ese chico tiene mucho ~** that guy's really popular with *o* a real hit with the girls (colloq)

arrastrero *m* trawler

arrayán *m* myrtle

arre *interj* **1** (para hacer andar un caballo) gee up!, giddy up! **2** (Col) (expresando dolor) ow!, ouch!

arreada *f* (RPl) round-up

arreado -da *adv* (Col fam): **pasaron ~s en la moto** they went zooming *o* whizzing past on the bike (colloq); **salió ~** he shot out

arrear [A1] *vt*

A (fam) (pegar): **te voy a ~ un tortazo/puntapié** I'm going to thump you/kick you

B **1** ‹*ganado*› to drive, herd; ‹*caballerías*› to spur, urge on **2** (AmL fam) ‹*gente*› to chivy* (colloq), to hurry … along **3** (AmL fam) (llevar) ~ **CON algo/algn** to cart sth/sb off (colloq)

■ **arrear** *vi*

A (fam) (pegar): **~le A algn** to thump sb (colloq)

B **arreando** *ger* (rápido): **¡venga, arreando, que llegamos tarde!** come on, get moving, we're going to be late! (colloq)

arrebatado -da *adj*

A **1** (exaltado) ‹*discurso*› impassioned; ‹*orador*› passionate; ‹*imaginación*› wild; ~ **de ira** furious, enraged **2** (impetuoso) impulsive

B ‹*rostro/mejillas*› flushed

arrebatador -dora *adj* ‹*belleza*› breathtaking; ‹*sonrisa*› dazzling; ‹*mirada*› captivating

arrebatar [A1] *vt*

A (quitar) to snatch; **me arrebató el periódico de las manos** he snatched the paper out of my hands; **le arrebató el primer puesto en la recta final** he snatched first place from him in the home stretch; **esta experiencia le arrebató la fe** this experience shattered her faith; **su inocencia fue arrebatada a muy temprana edad** he was robbed of his innocence at a very early age

B (embelesar) to enrapture, captivate

C (Coc) to burn … on the outside (*without cooking the inside properly*)

■ **arrebatarse** *v pron*

A «*persona*» to get annoyed, get worked up (colloq)

B (Coc) to burn on the outside (*without cooking properly*)

arrebato *m* **1** (arranque) fit; **un ~ de ira/pasión** a fit of anger/passion; **le dio un ~ y se puso a dar patadas** he flew into a rage and started kicking them, he blew his top and started kicking them (colloq) **2** (éxtasis) ecstasy, rapture

arrebol *m* **1** (liter) (en el cielo) crimson glow (liter) **2** (liter) (en las mejillas) rosy blush (liter) **3** **arreboles** *mpl* red *o* reddish clouds (*pl*)

arrebolar [A1] *vt* (liter) to turn … red *o* crimson

■ **arrebolarse** *v pron* (liter) to turn red *o* crimson

arrebujar [A1] *vt* (liter) **1** ‹*ropa*› to crumple **2** ‹*niño*› to swathe (liter), to wrap up

■ **arrebujarse** *v pron* (liter) to wrap oneself up; (en la cama) to snuggle up

arrechar [A1] *vt*

A (AmL vulg) (excitar sexualmente) to turn … on (colloq)

B (AmL fam) (enojar) to bug (colloq); **me arrecha** it really bugs me, it really gets up my nose (colloq)

■ **arrecharse** *v pron*

A (AmL vulg) (excitarse sexualmente) «*persona*» to get horny (sl); «*animal*» to come on heat

B (AmL fam) (enfurecerse) to get furious, lose one's rag (BrE colloq)

a

arrechera *f*
A 1 (AmL vulg) (excitación sexual): **tenía una ~ impresionante** he was really horny (sl) 2 (Col, Ven fam) (valor) balls (*pl*) (vulg), guts (*pl*) (colloq), spunk (sl)
B (AmL fam) (enojo) bad temper; **le dio una ~ ...** he had a fit! (colloq), he got real mad (AmE colloq)

arrecho -cha *adj*
A 1 (AmL vulg) (sexualmente excitado) ‹*persona*› horny (sl), turned-on (colloq); ‹*animal*› on heat 2 (Col, Ven fam) (valiente) gutsy (colloq)
B (AmL fam) (furioso) furious, mad (AmE colloq)
C 1 (Ven arg) (sensacional) great, fantastic; **el concierto estuvo arrechísimo** the concert was awesome (AmE) *o* (BrE) really ace (sl) 2 (Ven fam) (grande, intenso): **¡qué hambre tan arrecha tengo!** I'm absolutely starving (colloq); **me entraron unas ganas arrechísimas de hacerlo** I got the most incredible urge to do it (colloq) 3 (AmC, Ven fam) (difícil) tough

arrechucho *m* 1 (fam) (indisposición): **me dio un ~** I felt funny (colloq), I had a funny turn (colloq) 2 (fam) (arranque) fit (colloq)

arreciar [A1] *vi* 1 «*tormenta*» to grow worse, get more severe; «*viento*» to get stronger 2 «*críticas*» to become more intense *o* severe

arrecife *m* reef
(Compuesto) **arrecife de coral** coral reef

arredrar [A1] *vt* 1 (intimidar) to intimidate; **a mí no me arredran sus amenazas** I'm not intimidated by their threats 2 (hacer retroceder) to drive back, put ... to flight (frml)
■ **arredrarse** *v pron* to be daunted; **sin ~se dio un paso adelante** undaunted *o* refusing to be intimidated, she took a step forward; **no se ~á ante un pequeño conflicto como ése** he won't be daunted by *o* he won't shrink from a minor conflict like that

arreglado -da *adj*
A 1 (limpio, ordenado) tidy; **siempre tiene la habitación muy arreglada** she always keeps her room very neat *o* tidy 2 (ataviado) smartly turned out, well *o* smartly dressed, smart; **va siempre muy arreglada** she's always very smartly turned out; **¿dónde vas tan arreglada?** where are you going all dressed up like that?; ***estar* ~** (fam): **está ~ si se cree que le voy a prestar el dinero** if he thinks I'm going to lend him the money he's got another think coming *o* he's in for a nasty shock (colloq); **estamos ~s si ahora perdemos el tren** if we miss the train we're in trouble *o* (BrE) we've had it (colloq); **estamos ~s con esta lavadora** this washing machine is more trouble than it's worth
B (AmL fam) ‹*partido/resultado*› (Dep) fixed (colloq); ‹*elecciones*› fixed (colloq), rigged

arreglar [A1] *vt*
A 1 (reparar, componer) ‹*aparato/reloj*› to mend, fix, repair; ‹*ropa/zapatos*› to mend, repair; **van a ~me la televisión** they're going to fix *o* mend *o* repair my television; **tengo que ~ esta falda, me está muy ancha** I must get this skirt altered, it's too big; **se compró la casa muy barata, pero tiene que ~la** she bought the house very cheaply, but it needs a lot of work; **están arreglando la calle** they're repairing the road, they're carrying out roadworks; **el dentista que me está arreglando la boca** (fam) the dentist who is seeing to *o* fixing my teeth (colloq); **esto te ~á el estómago** (fam) this'll sort your stomach out (colloq) 2 (Chi fam) ‹*documento*› to doctor
B 1 ‹*casa/habitación/armario*› to straighten (up), tidy (up) (BrE) 2 ‹*niño/pelo*› **ven aquí que te arregle** come here and let me tidy you up a bit; **ve arreglando a los niños ¿quieres?** can you start getting the children ready?; **mañana voy a ir que me arreglen el pelo** I'm going to have my hair done tomorrow 3 (preparar, organizar): **ya tengo todo arreglado para el viaje** I've got everything ready for the trip; **un amigo me está arreglando todos los papeles** a friend is sorting out *o* taking care of all the papers for me 4 (disponer) to arrange; **~ las rodajas de carne en la fuente** arrange the slices of meat in the serving dish
C (solucionar) ‹*situación*› to sort out; ‹*asunto*› to settle, sort out; **no me iré sin ~ este asunto** I'm not leaving until I get this business sorted out *o* settled; **ya está todo arreglado** it's all sorted out *o* settled *o* straightened out now; **a ver si lo puedes ~ para que venga el jueves** see if you can arrange for her to come on Thursday; **lo quiso ~ diciendo que ...** she tried to put things right *o* make amends by saying that ...
D (acordar) to arrange; **~on volver a reunirse la semana siguiente** they arranged to meet again the following week; **ya arreglé con Pilar que si yo no vengo lo hace ella** I've already arranged with Pilar for her to do it if I don't come, I've already arranged with Pilar that she'll do it if I don't come
E (fam) (como amenaza): **ya te ~é yo a ti** I'll show you! (colloq)
■ **arreglarse** *v pron*
A (*refl*) (ataviarse): **tarda horas en ~se** she takes hours to get ready *o* do herself up; **no te arregles tanto, sólo vamos al pub de la esquina** you don't need to get so dressed up, we're only going to the bar on the corner; **sabe ~se** she knows how to make herself look good *o* nice
B ‹*pelo/manos*› 1 (*refl*): **te has arreglado el pelo muy bien** you've done your hair really nicely, your hair looks really nice; **me tengo que ~ las manos** I have to do my nails (colloq) 2 (*caus*): **tengo que ir a ~me el pelo** I must go and have my hair done; **¿por qué no se ~á la boca?** why doesn't she go and have her teeth seen to?
C 1 (solucionarse) «*situación/asunto*» to get sorted out; **ojalá se arregle pronto lo del permiso de trabajo** I hope this business about your work permit gets sorted out soon; **ya verás como todo se arregla** you'll see, it'll all get sorted out *o* it'll all work out OK *o* everything will turn out all right 2 «*pareja*» (tras una riña) to make (it) up; (empezar una relación) (ant) to start courting (dated), to start dating (AmE)
D (fam) (apañarse): **ya nos ~emos para volver a casa** we'll make our own way home; **es difícil ~se sin coche en una ciudad grande** it's difficult to get by *o* to manage without a car in a big city; **no hay camas para todos, pero ya nos ~emos** there aren't enough beds for everyone, but we'll sort *o* work something out; **aunque la casa es pequeña, nos arreglamos** it's a small house, but we manage; **~se CON algo**: **nos tendremos que ~ con tu sueldo** we'll have to get by *o* manage on your wages; **se tendrán que ~ con esta leche, no queda más** they'll have to make do with this milk, it's all there is left; ***arreglárselas*** (fam): **me pregunto cómo se las arreglan para comprar estas cosas** I don't know how they manage *o* where they find the money to buy all these things; **tú te lo has buscado, así que ahora arréglatelas como puedas** you got yourself into this, now it's up to you to sort *o* work it out as best you can; **sabe arreglárselas solo** he can look after himself; **ya me las ~é para llegar a tiempo** I'll find a way of getting there in time; **no sé cómo se las arregla que siempre llega tarde** I don't know how she does it, but she always manages to arrive late
E «*día/tiempo*» to get better, clear up

arreglista *mf* arranger

arreglo *m*
A 1 (reparación): **el ~ del tocadiscos le costó un pico** it cost him a small fortune to get the record player mended *o* fixed *o* repaired; **con unos pequeños ~s el coche quedará como nuevo** with a few minor repairs the car'll be as good as new, the car just needs fixing up a little *o* just needs a bit of work doing on it and it'll be as good as new (colloq); **la casa necesita algunos ~s** the house needs some work doing *o* done on it; ***tener* ~: este reloj no tiene ~** this watch is beyond repair; **esta chica no tiene ~, nunca cambiará** this girl's a hopeless case, she'll never change; **no te preocupes, todo tiene ~** don't worry, there's a solution to everything; **eso tiene fácil ~** that's easy enough to sort out, that's easily solved 2 (Mús) *tb* **~ musical** musical arrangement

(Compuestos)
- **arreglo floral** flower arrangement
- **arreglo personal** personal appearance

B 1 (acuerdo) arrangement, agreement; **con ~ a** (frml) in accordance with; **con ~ a lo dispuesto por el artículo 149** in accordance with the provisions of Article 149 2 (chanchullo): **los ~s que tenía con uno de los policías** the secret dealings *o* (colloq) the little arrangement he had with one of the policemen
C (fam) (lío amoroso) affair; **tiene un ~ con la vecina** he's having an affair with his neighbor

arregostarse [A1] *v pron* **~ A algo** to acquire a taste FOR sth; **~ EN algo** to take pleasure IN sth

arrejuntarse [A1] *v pron* (fam) to shack up together (colloq); **están arrejuntados** they've shacked up together, they're living together

arrellanarse [A1] *v pron* 1 (en un asiento) to settle; **se arrellanó en un sillón** he settled (himself) into an armchair; **estaba arrellanada en el sofá** she was sprawled on the sofa 2 (en un cargo) to settle

arremangar [A3] *vt* ▸**remangar**

arremeter [E1] *vi* 1 (acometer) to charge; (atacar) to attack; **~ CONTRA algo/algn** to charge AT sth/sb; **la policía arremetió contra los manifestantes** the police charged at the demonstrators; **arremetió a empellones contra los fotógrafos** she rushed forward and pushed the photographers 2 (criticar) **~ CONTRA algo/algn** to attack sth/sb; **arremetió con dureza contra los disidentes** he launched a harsh attack on the dissidents

arremetida *f* (embestida) charge; (ataque) attack, onslaught; **la ~ de las olas** the onslaught of the waves

arremolinarse [A1] *v pron* «*agua/hojas*» to swirl; «*personas/animales*» to mill around; (al bailar) to whirl around; **los rizos se le arremolinaban sobre la frente** his hair fell in curls over his forehead

arrendador -dora *m,f*
A (*m*) landlord, lessor (frml)
B (*f*) landlady, lessor (frml)

arrendajo *m* (europeo) jay; (americano) blue jay

arrendamiento *m* 1 (de una casa, un apartamento) renting, letting (BrE); (de tierras, fincas) renting, leasing; **tomé el local en ~** I leased *o* rented the premises; **contrato de ~** lease, tenancy agreement (BrE) 2 (de otra cosa — por el propietario) renting (out), hiring (out) (BrE); (— por el que la recibe) renting, hiring (BrE) 3 (precio — de una casa, finca) rent, rental; (— de otra cosa) rental, rental charge *o* fee, hire charge (BrE)

(Compuestos)
- **arrendamiento con opción a compra** leasing
- **arrendamiento financiero** leasing

arrendar [A5] *vt*
A (Der) 1 (dar en arriendo) ‹*casa*› to rent, let (out) (BrE); ‹*finca/tierras*› to rent, lease 2 (tomar en arriendo) ‹*casa*› to rent; ‹*finca/tierras*› to rent, lease 3 (contratar) ‹*servicios*› to hire
B (Andes) ‹*coche/máquinas*› 1 (dar en arriendo) to rent, hire (out) (BrE); Ⓢ **se arriendan coches** cars for rent (AmE), car hire (BrE) 2 (tomar en arriendo) to hire, rent

arrendatario -ria *m,f* 1 (de una propiedad) lessee, tenant 2 (de una contrata) contractor

arreo *m*
A (AmL) (Agr) 1 (acción) driving 2 (recorrido) drive 3 (manada) herd, drove
B **arreos** *mpl* 1 (Equ) tack 2 (Méx) (aperos) gear, tackle

arrepanchingarse [A3], **arrepanchigarse** [A3] *v pron* (fam) to sprawl out

arrepentido[1] **-da** *adj* ‹*pecador*› repentant; **un hombre ~ de sus pecados** a man who repents (*o* has repented *etc*) of his sins; **un terrorista ~** a reformed terrorist; **~, prometió no volver a robar** sorry for *o* feeling remorse for what he had done, he promised never to steal again; **estaba muy ~ de haberlo dicho** I very much regretted having said it, I was very sorry I had said it

arrepentido[2] **-da** *m,f* reformed terrorist

arrepentimiento *m* remorse, repentance; **su ~ era sincero** he was truly sorry *o* repentant

arrepentirse [I11] *v pron* 1 (lamentar) to be sorry; **si no lo haces, te arrepentirás** if you don't do it, you'll regret it *o* you'll be sorry; **~ DE algo** to regret sth; **no me arrepiento de nada** I don't regret a thing, I have no regrets; **se arrepintió de sus pecados** he repented of his sins; **~ DE + INF** to regret -ING; **no te arrepentirás de comprarlo** you won't regret buying it; **¿te arrepientes de no haber ido?** do you regret not going *o* not having gone? 2 (cambiar de idea) to change one's mind; **se arrepintió y decidió no comprar la casa** she changed her mind and decided not to buy the house

arrepienta, arrepintió, etc ▸**arrepentirse**

arrestar [A1] *vt* to arrest; **queda arrestado** you're under arrest; **los soldados que están arrestados** the soldiers who are confined to barracks

arresto *m*

A (Der, Mil) 1 (detención) arrest; **se encuentran bajo ~ en la comisaría** they are being held in custody at *o* they are under arrest in the police station 2 (prisión) detention

(Compuestos)

- **arresto domiciliario** house arrest; **se encuentra bajo ~ ~** he is under house arrest
- **arresto mayor** imprisonment (*for a period of between one month and a day and six months*); **fue condenado a seis meses de ~ ~** he was sentenced to six months imprisonment *o* in prison
- **arresto menor** imprisonment (*for a period between one month and thirty days*)
- **arresto preventivo** preventive detention

B arrestos *mpl* (valor, audacia) spirit, boldness, daring; (energía) energy; **no tiene ~s para hacerlo** she's not daring *o* bold enough to do it

arrevesado -da *adj* (CS) ▸**enrevesado**

arriar [A17] *vt*

A 1 ‹*bandera/vela*› to lower, strike 2 ‹*cabo/cable*› (aflojar) to slacken off; (soltar) to let go, release

B (RPl) ‹*ganado*› to drive, herd

arriate *m* 1 (Hort) border 2 (camino) path

arriba *adv*

A 1 (lugar, parte): **está ahí/aquí ~** it's up there/up here; **en el estante de ~** (el siguiente) on the next shelf up, on the shelf above; (el último) on the top shelf; **la sábana de ~** the top sheet; **ponlo un poco más ~** put it (up) a little higher, put it a little further *o* higher up; **tal como se dijo más ~** as stated above; **la parte de ~ es de vidrio** the top (part) is made of glass; ***de ~*** (RPl fam) free; **entramos de ~** we got in free; **vive de ~, la mujer lo mantiene** he doesn't work for a living, his wife keeps him; ***de ~ abajo:*** **me miró de ~ abajo** he looked me up and down; **tengo que limpiar la casa de ~ abajo** I have to clean the house from top to bottom; **me empapé de ~ abajo** I got soaked from head to toe; ***para tirar para ~*** (AmL fam): **tienen dinero para tirar para ~** they have money to burn (colloq), they have loads of money (colloq); **hay hoteles para tirar para ~** there are hotels galore, there are any number of hotels, there are loads of hotels (colloq) 2 (en un edificio) upstairs; **los vecinos de ~** the people upstairs *o* above us; **en la calle hace frío, así que te espero ~** it's cold outside, I'll wait for you in the apartment (*o* office *etc*) 3 (en una escala, jerarquía) above; **órdenes de ~** orders from above; **los de ~ opinan que ...** the people at the top believe that ...; **sólo había gente de 50 para ~** everyone there was 50 or over; **las puntuaciones de 80 para ~** scores of 80 or over *o* of 80 or more; **los Lakers 13 puntos ~** Lakers 13 points up *o* ahead

B (expresando dirección, movimiento): **corrió escaleras ~** he ran upstairs; **calle ~** up the street; **río ~** upstream, upriver; **miró hacia ~** he looked up; ***para ~ y para abajo*** (fam) to and fro, back and forth; **me tuvo todo el día para ~ y para abajo** he had me running back and forth *o* to and fro all day

C arriba de: tiene ~ de 60 años she's over 60; **con ~ de 50 alumnos** with more than *o* with over 50 pupils; **~ del ropero** (AmL) on top of the wardrobe; **~ de la cocina está el baño** (AmL) the bathroom is above the kitchen

D (en interjecciones) 1 (expresando aprobación): **¡~ la democracia!** long live democracy! 2 (expresando estímulo) come on! 3 (llamando a levantarse) get up!

arribada *f* arrival, arrival in port

(Compuesto) **arribada forzosa** emergency call; **hicimos una ~ ~ en San Juan** we were forced to put in to *o* at San Juan

arribar [A1] *vi* 1 (a un lugar) **~ A algo** to arrive AT sth, come TO sth, reach sth; **arribamos al poblado** (liter) we arrived at *o* came to *o* reached the village; **el barco arribó a puerto** the boat put into port *ver tb* **puerto** 2 (a una conclusión, un acuerdo) **~ A algo** to arrive AT sth, come TO sth, reach sth

arribazón *f* 1 (de peces) shoal 2 (de algas) bed, bank

arribeño[1] **-ña** *adj* (Méx) upland (*before n*), highland (*before n*), of/from the highlands *o* uplands

arribeño[2] **-ña** *m,f* (Méx) uplander, highlander

arribismo *m* 1 (ambición) ambition, ambitiousness 2 (ambición social) social ambition; (progreso, movimiento) social climbing

arribista[1] *adj* 1 (ambicioso) ambitious 2 (en sociedad) socially ambitious

arribista[2] *mf* 1 (ambicioso) ambitious person 2 (en sociedad) arriviste, social climber

arribo *m* (liter) arrival

arriendo *m* ▸**arrendamiento**

arriero *m* mule driver *o* skinner

arriesgado -da *adj* 1 (aventurado) ‹*acción/empresa*› risky, hazardous 2 (valiente) ‹*persona*› brave, daring

arriesgar [A3] *vt* 1 ‹*vida/dinero/reputación*› to risk; **arriesgó su vida para salvar al niño** he risked his life to save the child; **arriesgó mucho con esa inversión** he staked a great deal on that investment, he risked a great deal when he made that investment; ***quien nada arriesga nada gana*** nothing ventured, nothing gained 2 ‹*opinión*› to venture

■ **arriesgarse** *v pron*: **¿qué te parece? ¿nos arriesgamos?** what do you think? shall we risk it *o* take a chance?; **vale la pena ~se** it's worth (taking) the risk; **se arriesgan al fracaso** they run the risk of failing *o* of failure, they risk failure; **~se A + INF** to risk -ING; **te arriesgas a perderlo todo** you risk losing everything, you run the risk of losing everything; **~se A QUE + SUBJ: te arriesgas a que te pongan una multa** you risk getting a fine; ▸**mar**

arrimado -da *m,f* (Col, Méx, Ven fam) scrounger, freeloader (colloq), sponger (BrE colloq)

arrimar [A1] *vt*

A (acercar): **arrima la lámpara para ver mejor** if you move (*o* bring *etc*) the lamp nearer you'll be able to see better; **arrima la silla, estás muy lejos** bring your chair closer *o* (BrE) draw your chair up, you're too far away; **arrima una silla** pull up a chair; **arrímala más a la puerta** pull (*o* bring *etc*) it nearer to the door; **arrimó la cama a** *or* **contra la pared** he pushed *o* moved the bed up against the wall

B (Méx fam) ‹*golpe*› **le arrimó una santa tranquiza** he gave him a real beating *o* thrashing (colloq); **me arrimó un codazo** he elbowed me

■ **arrimarse** *v pron*

A (*refl*) (acercarse): **arrímate al fuego para calentarte** come up to *o* come (up) closer to the fire to get warm; **se arrimó a** *or* **contra la pared para dejarlos pasar** he moved up against the wall to let them past; **bailaban muy arrimados** they were dancing very close; **~se A algn** to move closer TO sb; (buscando calor, abrigo) to snuggle up TO sb; **se le fue arrimando poco a poco** she gradually edged up to *o* edged closer to *o* moved closer to him; **se le han arrimado muchos desde que heredó esa fortuna** he's suddenly acquired a lot of new friends since he inherited that fortune; ▸**sol**

B 1 (Méx fam) «*pareja*»: **nunca se casaron, nomás se ~on** they never married, they just moved in together *o* set up house together *o* (colloq) shacked up; **están arrimados** they're living together 2 (Ven fam) (en casa de algn): **se ~on en casa de mi abuela** they went to live *o* stay with my grandmother; **está viviendo arrimado** he's living *o* staying with relatives

arrimo *m* protection; **al ~ de** thanks to, with the help of

arrinconado -da *adj* 1 (bloqueado) blocked in, boxed in; **estoy ~, no puedo sacar el coche** I'm blocked *o* boxed in, I can't get the car out 2 (acorralado, acosado) cornered 3 (arrumbado) lying around; **es demasiado valioso para tenerlo ~ por ahí** it's too valuable to be left lying around *o* sitting in some corner

arrinconar [A1] *vt* 1 (poner en un rincón) to put ... in a corner 2 (acosar, acorralar) to corner; **me arrinconó y le tuve que decir la verdad** she cornered me and I had to tell her the truth; **lo ~on contra una pared** they got him up against *o* they cornered him against a wall 3 (marginar) to exclude; **se preocupa mucho de no ~ a los viejos** she's very concerned that the old people should not be left out *o* excluded 4 (arrumbar) to leave, dump (colloq); **los arrinconó en el cobertizo** she left *o* dumped them in the shed

■ **arrinconarse** *v pron* (fam) to cut oneself off

arriscado -da *adj*

A ‹*paisaje/terreno*› rugged, craggy

B (audaz) bold

C (Chi) ‹*ropa*› wrinkled (AmE), crumpled (BrE), creased (BrE)

arriscar [A2] *vt* (Chi) ‹*ropa*› to wrinkle (AmE), to crumple (BrE), to crease (BrE); **arriscó la nariz en señal de asco** she turned her nose up *o* wrinkled her nose in disgust

■ **arriscar** *vi* (Col) **~ CON algo** to be up to sth; **ese caballo no arrisca con tanta carga** that horse isn't up to carrying a load like that

arritmia *f* arrhythmia

arrítmico -ca *adj* arrhythmic

arrizar [A4] *vt* 1 ‹*vela*› to reef 2 (atar) to lash *o* tie down

arroba

A *f* 1 (medida de peso) *unit of weight of between 11 and 16 kg (24-36 lbs) according to region* 2 (medida de capacidad) *unit of liquid measure of between 12 and 16 liters (US 25-34 pts, Brit. 21-28 pts) according to region*; **por ~s: nos dieron comida/vino por ~s** they gave us large quantities of *o* (colloq) loads of food/wine

B (en dirección electrónica) at, @

arrobado -da *adj* (liter) entranced, enraptured (liter)

arrobar [A1] *vt* (liter) to entrance

■ **arrobarse** *v pron* to become entranced

arrobo *m* (liter) (éxtasis) bliss (liter), rapture (liter); (trance) trance; **se miraban con ~** they looked at each other blissfully *o* in rapture

arrocero[1] **-ra** *adj* ‹*cultivo/producción*› rice (*before n*); ‹*región*› rice-growing (*before n*)

arrocero[2] **-ra** *m,f* rice grower

arrodillarse [A1] *v pron* to kneel (down), get down on one's knees; **estaba arrodillado** he was kneeling *o* on his knees

arrogación *f* arrogation (frml)

arrogancia *f* 1 (soberbia) arrogance; **contestó con ~** she replied arrogantly *o* haughtily 2 (gallardía): **la ~ de su porte** his imposing bearing

arrogante *adj* 1 (soberbio) arrogant, haughty 2 (gallardo) imposing, dashing

arrogantemente *adv* arrogantly, haughtily

arrogarse [A3] *v pron* to assume, arrogate (frml)

arrojadizo -za *adj*: **la azagaya y otras armas arrojadizas** the assegai and other throwing weapons

arrojado -da *adj* brave, daring

arrojar [A1] *vt*

A **1** (tirar) to throw; **~on su cuerpo al mar** they flung *o* threw *o* (liter) cast his body into the sea; **el que esté libre de culpa que arroje la primera piedra** (Bib) let he who is free from guilt cast the first stone; **los manifestantes ~on piedras contra la policía** the demonstrators hurled *o* threw stones at the police; Ⓢ **prohibido arrojar objetos a la vía** do not throw objects out of the window **2** ‹*lava*› to spew (out); ‹*humo*› to belch out; ‹*luz*› to shed; **arrojaba un olor fétido** it gave off a putrid smell **3** (liter) (expulsar) ‹*persona*› to cast out (liter)

B (frml) ‹*resultado/pruebas*› to produce; **el estudio arrojó los siguientes resultados** the results of the study were as follows, the study produced the following results; **la investigación no ha arrojado conclusiones claras** the research has not yielded *o* produced any clear conclusions; **la catástrofe arrojó 18 muertos y más de 100 heridos** the disaster left 18 people dead and more than 100 injured; **el último balance/ejercicio arrojó ganancias brutas de ...** the latest balance sheet showed/the last financial year produced a gross profit of ...; **el sondeo arroja un balance claramente favorable a los Liberales** the poll gives the Liberals a clear lead; ▸**luz**

C (vomitar) to vomit, to throw up, to bring up

■ **arrojar** *vi* to vomit, throw up, bring up

■ **arrojarse** *v pron* (*refl*) to throw oneself; **se ~on al agua** they threw themselves *o* jumped *o* leaped into the water; **se arrojó por la ventana** she threw *o* hurled herself out of the window; **~se SOBRE algo/algn** to throw oneself ONTO sth/sb; **el perro se arrojó sobre el intruso** the dog pounced *o* leaped on the intruder

arrojo *m* bravery, daring; **obró con ~ y decisión** she acted bravely and decisively

arrollado *m* (RPl) **1** (dulce) jelly roll (AmE), Swiss roll (BrE) **2** (de verduras) roulade

(Compuesto) **arrollado de chancho** (Andes, RPl) rolled pork

arrollador -dora *adj* **1** ‹*éxito*› overwhelming, resounding (*before n*); ‹*victoria*› crushing, overwhelming; **ganaron por una mayoría ~a** they won by an overwhelming majority **2** ‹*fuerza/viento/ataque*› devastating **3** ‹*personalidad/elocuencia*› overpowering

arrollar [A1] *vt*

A **1** «*vehículo*» to run over; «*muchedumbre*» to sweep *o* carry away; «*agua/viento*» to sweep *o* carry away **2** (derrotar, vencer) to crush, overwhelm

B ‹*papel/carne/cable*› ▸**enrollar**

■ **arrollar** *vi* (triunfar) to triumph; **arrolló en los mundiales** he achieved a crushing *o* resounding victory *o* he triumphed in the world championships; **dondequiera que iba arrollaba con su simpatía** everywhere he went he won people over with his warmth

arropar [A1] *vt* **1** ‹*niño/enfermo*› (abrigar) to wrap ... up; (en la cama) to tuck ... in **2** (proteger) to protect; **el equipo arropó a su líder durante toda la carrera** the team protected *o* shielded their leader throughout the race

■ **arroparse** *v pron* (abrigarse) to wrap up warm; (en la cama) to pull the covers up around one's head

arrope *m* (de mosto) grape syrup; (de miel) honey syrup

arrorró *m* lullaby; **~ mi niño** hushaby baby

arrostrar [A1] *vt* ‹*peligros/penalidades*› to face up to, confront; ‹*consecuencias*› to face

arroyo *m* **1** (riachuelo) stream **2** (cuneta) gutter; ***estar en el ~*** to be in the gutter, be down and out; ***poner** or **plantar a algn en el ~*** (fam) to kick sb out (colloq); ***sacar a algn del ~*** to take sb from the gutter **3** (AmC) (torrentera) gully **4** (Méx) (Auto) slow lane, crawler lane (BrE)

arroyuelo *m* brook, small stream

arroz *m* rice

(Compuestos)

- **arroz a la cubana** *rice with fried egg, plantain and tomato sauce*
- **arroz blanco** (tipo de arroz) white rice; (arroz hervido) (plain) boiled rice
- **arroz con leche** rice pudding
- **arroz en blanco** (plain) boiled rice
- **arroz integral** brown rice
- **arroz salvaje** wild rice

arrozal *m* ricefield, paddy

arruga *f* **1** (en la piel) wrinkle, line **2** (en tela, papel) crease, wrinkle (AmE)

arrugado -da *adj* **1** ‹*persona*› wrinkled; ‹*cara/manos*› wrinkled, lined; **está muy arrugada** she's very wrinkled, she has a lot of wrinkles **2** (por acción del agua) ‹*manos/piel*› wrinkled, shriveled* **3** ‹*ropa*› wrinkled (AmE), creased (BrE), crumpled (BrE) **4** ‹*papel*› crumpled

arrugamiento *m* crumpling, folding

arrugar [A3] *vt* **1** ‹*piel*› to wrinkle **2** ‹*tela*› to wrinkle (AmE), to crease (BrE), to crumple (BrE); «*papel*» to crumple; **arrugó el sobre y lo tiró** she crumpled *o* (BrE) screwed up the envelope and threw it away **3** ‹*ceño/entrecejo*› to knit; ‹*nariz*› to wrinkle; ‹*cara*› to screw up; **arrugó el entrecejo** he frowned, he knitted his brow

■ **arrugarse** *v pron*

A **1** «*persona*» to grow *o* become wrinkled; «*cara/manos*» to become wrinkled *o* lined **2** (por acción del agua) «*piel/manos*» to shrivel up, go wrinkled **3** «*tela*» to wrinkle *o* get wrinkled (AmE), to crease *o* get creased (BrE); «*papel*» to crumple; **estas sábanas no se arrugan** these sheets don't wrinkle *o* crease

B **1** (fam) (achicarse) to be daunted *o* frightened; **no se arruga ante los problemas** she isn't daunted by problems **2** (Chi fam) (inmutarse): **ni se arruga para mentir** he thinks nothing of lying; **le gritan y ni se arruga** they shout at him and he doesn't bat an eyelid (colloq)

arruinar [A1] *vt*

A (empobrecer) to ruin, bankrupt

B (estropear) ‹*vida/salud*› to ruin, wreck; ‹*proyecto/cosecha*› to ruin; ‹*velada/sorpresa*› to spoil, ruin; ‹*reputación*› to ruin, wreck, destroy; **me ~on el vestido en la tintorería** they ruined my dress at the dry cleaner's

■ **arruinarse** *v pron*

A (empobrecerse): **se arruinó con el crac** he lost everything *o* he was ruined when the market crashed; **por invitarme a una copa no te vas a ~** (hum) buying me one drink isn't going to break you (hum)

B «*proyecto/cosecha*» to be ruined; **se me ~on los zapatos con la lluvia** the rain ruined my shoes, my shoes got ruined in the rain

arrullador -dora *adj* soothing, lulling

arrullar [A1] *vt* **1** (fam) (cortejar) to whisper sweet nothings to **2** (adormecer) to lull ... to sleep; **arrullaba al niño con una nana** he sang the baby to sleep with a lullaby; **se durmió arrullado por el sonido del agua** he fell asleep, lulled by the sound of the water

■ **arrullar** *vi* «*paloma*» to coo

arrullo *m* **1** (de palomas) cooing **2** (para adormecer) lullaby; **se durmió al ~ de las olas** the murmur of the waves lulled him to sleep

arrumaco *m* (fam)

A **1** (de enamorados) petting, kissing and cuddling (BrE); **se hacían ~s como dos tortolitos** they were kissing and petting like a couple of lovebirds **2** (zalamería): **déjate de ~s** stop trying to sweet-talk me *o* to get round me (colloq); **le hace cuatro ~s a su padre** he butters his father up (colloq), he plays up to his father (BrE colloq)

B **arrumacos** *fpl* (adornos) frills and trinkets (*pl*)

arrumaje *m* stowage

arrumar [A1] *vt*

A (Náut) to stow

B (amontonar) to pile up, stack up

■ **arrumarse** *v pron* to cloud over, become overcast *o* cloudy

arrumbar [A1] *vt* ▸**arrinconar 3**, **arrinconar 4**

■ **arrumbar** *vi* to fix a course

arrume *m* (Col) pile, heap

arruncharse [A1] *v pron* (Col) to curl up; **estaban arrunchados, temblando de frío** they were huddled together, shivering with cold

arrurrú *m* (Andes) ▸**arrorró**

arrurruz *m* arrowroot

arsenal *m* **1** (Mil) arsenal **2** (colección) armory*; **cuentan con un ~ de datos** they have an armory *o* mine of information at their disposal **3** (Esp) (Náut) navy yard (AmE), naval dockyard (BrE)

arsenalero -ra *m,f* (Chi) OR nurse (AmE), theatre nurse (BrE)

arsénico *m* arsenic

Art Decó *m* Art Deco

arte (*gen m en el singular y f en el plural*)

A (Art) art; **el ~ medieval/abstracto/contemporáneo** medieval/abstract/contemporary art; **las ~s** the arts; **el ~ por el ~** art for art's sake; **¿te crees que trabajo por amor al ~?** (hum) do you think I'm working for the good of my health *o* for the fun of it? (hum); ***(como) por ~ de magia*** as if by magic; ***no tener ~ ni parte:* no tuve ~ ni parte en el asunto** I had nothing whatsoever to do with it; ▸**bello**

(Compuestos)

- **arte cinético** kinetic art
- **arte dramático** dramatic arts (*pl*)
- **arte poética** poetics (*pl*)
- **artes de pesca** *fpl* nets (*pl*) (*also lines, floats, etc*)
- **artes gráficas** *fpl* graphic arts (*pl*)
- **artes liberales** *fpl* (liberal) arts (*pl*)
- **artes marciales** *fpl* martial arts (*pl*)
- **arte mayor** (Lit) *verse form in which a line has more than eight syllables*
- **arte menor** (Lit) : *verse form in which a line has eight syllables or less*
- **artes menores** *fpl* crafts (*pl*)
- **artes plásticas** *fpl* plastic arts (*pl*)
- **artes y oficios** *fpl* arts and crafts (*pl*)

B **1** (habilidad, destreza): **es maestro en el ~ de mentir/de la diplomacia** he's an expert in the art of lying/of diplomacy; **tiene mucho ~ para arreglar flores** she has a real flair *o* gift for flower arranging; **tengo muy poco ~ para convencer a la gente** I'm no good at persuading people **2** **artes** *fpl* (astucias, artimañas): **usó todas sus ~s para seducirlo** she used (all) her feminine wiles to seduce him; **tuve que usar todas mis ~s para convencerlo** I had to use every trick I could think of to win him over; ▸**malo**[1]

artefacto *m* (instrumento) artefact; (dispositivo) device; **un ~ incendiario** an incendiary device

(Compuestos)

- **artefactos de baño** *mpl* (CS) bathroom fixtures (*pl*), sanitary ware (frml); **voy a cambiar los ~ del baño** I'm going to get a new bathroom suite
- **artefactos de iluminación** *mpl* (RPl) light fittings *o* fixtures (*pl*)
- **artefactos eléctricos** *mpl* (CS) small electrical appliances (*pl*)
- **artefactos sanitarios** *mpl* (CS) ▸**artefactos de baño**

arteramente *adv* cunningly, artfully

arteria *f*

A (Anat) artery

(Compuestos)

- **arteria coronaria** coronary artery
- **arteria femoral** femoral artery
- **arteria pulmonar** pulmonary artery
- **arteria subclavia** subclavian artery

B (vía) artery; **las principales ~s de la ciudad** the city's main arteries *o* thoroughfares; **una importante ~ fluvial** a major artery for river transport

artería *f* artfulness

arterial *adj* arterial

arterioesc... ▸**arteriosclerósico** *etc*

arteriosclerósico -ca *adj* arteriosclerotic

arteriosclerosis *f* hardening of the arteries, arteriosclerosis (tech)

arteriosclerótico -ca *adj* arteriosclerotic

artero -ra *adj* artful, cunning

artesa *f* **1** (para amasar) kneading trough **2** (comedero) trough **3** (para lavar ropa) trough, sink

a

ℹ El artículo definido

En términos generales, el artículo definido masculino o femenino (*el, la, los, las*) se traduce al inglés por *the* (invariable)

No se traduce:

– Cuando se emplea con algunas instituciones

empiezo el colegio mañana
= I start school tomorrow

este año termina la universidad
= he finishes university this year

la Universidad de Oxford
= Oxford University

Nótese que si se refiere al edificio por lo general se traduce

demolieron el colegio
= they demolished the school

lo vi en la universidad
= I saw him at the university

– Cuando precede a un nombre abstracto

la paciencia es una virtud
= patience is a virtue

el tiempo vuela
= time flies

– Con nombres de materiales, nacionalidades o colores, especialmente si éstos tienen el carácter de sujetos de la oración

el oro es un metal precioso
= gold is a precious metal

el lino/el azul está de moda
= linen/blue is in fashion

los latinos son más extrovertidos
= Latin people are more extrovert

– Cuando se emplea con los días de la semana y en expresiones de porcentaje

el lunes/los domingos
= Monday/Sundays

el dos por ciento de la población
= two per cent of the population

– Con apellidos y nombres propios, cuando el artículo precede a la palabra *señor, señora* o *señorita* o a un adjetivo

la señora/señorita López
= Mrs/Miss López

los señores García viajan hoy
= Mr and Mrs García travel today

el pobre Miguel
= poor Miguel

– Con apellidos cuando éstos van precedidos de la profesión

el Dr Ramos la atenderá
= Dr Ramos will see you now

conozco al profesor Ramírez
= I know Professor Ramírez

– Con algunos nombres geográficos

vive en La Habana
= he lives in Havana

el Cairo
= Cairo

– Con nombres geográficos que se califican

el Chile actual
= present-day Chile

la Inglaterra imperial
= imperial England

– Con algunos nombres de equipos deportivos

el Real Madrid
= Real Madrid

el Boca Junior
= Boca Junior

– Cuando precede a un infinitivo

el estudiar es aburrido
= studying is boring

el viajar amplía los horizontes
= travel broadens one's horizons

Cuando se emplea con partes del cuerpo, ver el recuadro **El cuerpo humano**

Otros ejemplos típicos y usos se encontrarán bajo la entrada respectiva

artesanado *m* artisans (*pl*)

artesanal *adj*: **muebles de fabricación ~** handcrafted furniture; **quesos de fabricación ~** farmhouse cheeses; **los productos ~es de la región** the crafts *o* handicrafts typical of the area; **la tradición ~ de México** the Mexican craft tradition; **una feria ~** a craft fair; **vinos de fabricación ~** wines produced using traditional methods

artesanía *f* **1** (actividad): **medidas para fomentar la ~ tradicional** measures to encourage traditional craftsmanship; **una tienda de objetos de ~ popular** a shop that sells traditional craftwork *o* handicrafts **2** (objetos) handicrafts (*pl*), craftwork **3** (habilidad) craftsmanship **4** **artesanías** *fpl* (AmL) (productos artesanos) handicrafts (*pl*), craftwork; **~s en barro/cuero** traditional earthenware/leather goods; **mercado de ~s** craft market

artesano¹ -na *adj* ▸**artesanal**

artesano² -na *m,f*
A (*m*) craftsman, artisan
B (*f*) craftswoman, artisan

artesiano *adj* artesian

artesón *m*
A **1** (panel) coffer, caisson **2** (moldura) molding* **3** (techo) coffered ceiling
B (para fregar) sink

artesonado¹ -da *adj* coffered

artesonado² *m* (conjunto de artesones) coffering; (techo) coffered ceiling

ártico -ca *adj* Arctic

Ártico *m*: **el ~** (región) the Arctic; (océano) the Arctic Ocean

articulación *f*
A **1** (Anat) ▸ℹ **p.231**; joint, articulation (tech) **2** (Mec) joint, articulation **3** (organización) organization, coordination
(Compuesto) **articulación esférica** (Anat) socket joint
B (Ling) articulation; **le resultaba difícil la ~ de algunas consonantes** he found certain consonants difficult to pronounce *o* articulate

articulado¹ -da *adj* **1** (Anat, Zool) jointed, articulated **2** ‹*eje/vehículo*› articulated **3** ‹*lenguaje/sonido*› articulated

articulado² *m* articles (*pl*)

articular¹ *adj* of/in the joint, articular (tech)

articular² [A1] *vt*
A **1** (Tec) to articulate **2** ‹*reglamento*› to formulate, draw up; ‹*ley*› to draft **3** (organizar, coordinar) to organize, coordinate; **para ~ una alternativa a este plan** to draw together *o* organize *o* coordinate an alternative to this plan
B (Ling) to articulate; **no fui capaz de ~ palabra** I couldn't utter *o* say a word

articulista *mf* feature writer, columnist

artículo *m*
A (Com): **~s fotográficos/del hogar** photographic/household goods; **S artículos para regalo** gifts; **grandes rebajas en todos nuestros ~s** huge reductions on all our stock *o* products *o* on all items; **todo ~ eléctrico paga impuesto** duty has to be paid on all electrical goods; **~s de punto** knitwear; ***hacerle el ~ a algn:* los niños me han estado haciendo el ~ para que alquile un video** the children have been trying to talk me into renting a video
(Compuestos)
- **artículo de primera necesidad** essential item, essential
- **artículos de consumo** *mpl* consumer goods (*pl*)
- **artículos de escritorio** *mpl* stationery
- **artículos de tocador** *mpl* toiletries (*pl*)

B **1** (escrito — en periódico, revista) article; (— en diccionario) entry, article **2** (de una ley) article
(Compuestos)
- **artículo de fe** article of faith; **se toman mis opiniones como si fueran ~ de ~** they take everything I say as gospel
- **artículo de fondo** editorial, leader (BrE)
- **artículo de opinión** think piece

C ▸ℹ **p.69** (Ling) article
(Compuestos)
- **artículo determinado** *or* **definido** definite article
- **artículo indeterminado** *or* **indefinido** indefinite article

artífice *mf* **1** (responsable, autor): **fue el ~ y ejecutor material del secuestro** he planned and carried out the kidnapping; **el ~ de esta victoria** the architect of this victory; **los ~s del actual sistema** the architects *o* designers of the present system, those behind the present system; **era el ~ de su felicidad** she was the reason for his happiness, she was the person responsible for his happiness **2** (artista) (*m*) craftsman, artisan; (*f*) craftswoman, artisan

artificial *adj* **1** ‹*flor/satélite*› artificial; ‹*fibra*› man-made, artificial **2** ‹*persona/sonrisa*› artificial, false

artificialidad *f* artificiality

artificialmente *adv* artificially

artificiero -ra *m,f* (experto en explosivos) explosives expert, sapper; (experto en desactivarlos) bomb disposal expert

artificio *m* **1** (truco, artimaña) trick, artful device; **una belleza sin ~s** a natural beauty **2** (afectación) affectation **3** (dispositivo) device; (artilugio) device, contrivance

artificioso -sa *adj* affected, contrived

artillado -da *adj*: **un cuartel ~** a barracks with artillery emplacements; **buques ~s** gunboats; **helicóptero ~** helicopter gunship

artillería *f* artillery
(Compuestos)
- **artillería antiaérea** antiaircraft artillery, antiaircraft guns (*pl*)
- **artillería ligera** light artillery
- **artillería pesada** heavy artillery

artillero¹ -ra *adj* artillery (*before n*)

artillero² -ra *m,f* **1** (Dep) striker **2** **artillero** *m* (Mil) artilleryman, gunner; (Náut) gunner

artilugio *m* **1** (aparato) device, contrivance, contraption **2** (truco) stunt **3** **artilugios** *mpl* (de un oficio) equipment

artimaña *f* trick; **se valió de todo tipo de ~s para conseguirlo** he used every trick *o* (colloq) every dodge he could think of to get it, he used every trick in the book to get it (colloq)

artista *mf*
A **1** (pintor, escultor) artist **2** (fam) (persona habilidosa) artist; **es una ~ cocinando** she's a great cook (colloq), she's a real artist in the kitchen (colloq); **es un ~ para la costura** he's

an expert *o* a real artist with a needle and thread, he's a deft hand (AmE) *o* (BrE) dab hand at sewing (colloq)
B (actor) actor; (actriz) actress; (cantante, músico) artist; **como una ~ de cine** like a movie star (AmE) *o* (BrE) film star; **decenas de ~s famosos** dozens of stars, dozens of famous artists
(Compuestos)
• **artista de variedades** *or* (Esp tb) **varieties** *mf* variety artist
• **artista invitado, artista invitada** *m,f* guest artist

artísticamente *adv* artistically
artístico -ca *adj* artistic
Art Nouveau *m* Art Nouveau
artrítico¹ -ca *adj* ‹dolor› arthritic; ‹enfermo› arthritis (*before n*)
artrítico² -ca *m,f* arthritis sufferer, arthritic
artritis *f* arthritis
(Compuesto) **artritis reumatoide** rheumatoid arthritis
artrópodo *m* arthropod
artrosis *f* degenerative osteoarthritis
artúrico -ca *adj* Arthurian
Arturo: **el rey ~** King Arthur
aruñar [A1] *vt* (AmC, Col, Ven) ▸ **arañar**
arveja *f* **1** (AmL) (guisante) pea
(Compuesto) **arveja china** mangetout
2 (algarroba) tare, vetch
arvejilla, arverjilla *f* (RPl) sweet pea
arzobispado *m* archbishopric
arzobispal *adj* ‹sede/comisión› archiepiscopal (frml); **el palacio ~** the archbishop's palace
arzobispo *m* archbishop
arzón *m* saddle tree
as *m* **1** (Jueg) ace; ***tener/guardar un ~ en la manga*** to have/keep an ace *o* a trick up one's sleeve **2** (fam) (campeón) ace (colloq); **es un ~ del volante** she's an ace *o* a crack driver (colloq); **un ~ de las finanzas** a financial wizard **3** (en tenis) ace
(Compuesto) **as de guía** bowline
asa *f‡*
A **1** (asidero) handle **2** (ocasión) chance, opening
B (jugo) juice
(Compuesto) **asa fétida** asafetida*
ASA /'asa/ *m* (Fot) ASA
asá *adv ver* **así² D**
asadera *f* (RPl) roasting pan *o* (BrE), dish, roaster (AmE)
asadero *m* **1** (Coc) griddle **2** (Col) (restaurante) ▸ **asador¹ 3**
asado¹ -da *adj*
A (en el horno) ‹pollo/ternera› roast (*before n*); (con espetón) ‹conejo/pollo› spit-roast (*before n*); (a la parrilla) ‹sardinas/chorizo› barbecued, grilled; **castañas asadas** roast chestnuts; **papas** *or* **patatas asadas** roast/baked potatoes
B **1** (fam) (acalorado) roasting (colloq) **2** (Chi fam) (malhumorado) annoyed, mad (AmE colloq)
asado² *m* **1** (al horno) roast; **~ de cordero** roast lamb **2** (AmL) (a la parrilla) barbecued meat **3** (AmL) (reunión) barbecue
asador¹ *m* **1** (espetón) spit **2** (aparato — de espetones) rotisserie; (— de parrilla) barbecue **3** (restaurante) grillroom, rotisserie, steakhouse
asador² -dora *m,f* (RPl) cook (*person who cooks the meat at a barbecue*); **no te conocía tus habilidades de ~** I didn't know you were so good at barbecues
asadura, asadurilla *f tb* : **~s** offal
asaetear [A1] *vt* **1** (disparar a) to shoot arrows at; (herir) to wound (*with an arrow*) **2** (acosar): **lo ~on a** *or* **con preguntas** they fired a barrage of questions at him, they bombarded him with questions; **el recuerdo de aquella horripilante visión me asaeteaba** I was plagued by the memory of that horrifying sight; **no la asaeteaba remordimiento alguno** she felt absolutely no remorse; **sus admiradoras lo asaeteaban con peticiones de autógrafos** he was besieged by fans asking for his autograph
asalariado¹ -da *adj* wage-earning (*before n*)
asalariado² -da *m,f* wage *o* salary earner
asalmonado -da *adj* ‹tono/blanco› salmon (*before n*); ▸ **trucha¹**
asaltacunas *mf* (*pl* ~) (Méx fam) cradle-robber (AmE colloq), cradle-snatcher (BrE colloq)
asaltante¹ *adj* attacking (*before n*)
asaltante² *mf* **1** (ladrón) robber; **los ~s del banco** the bank robbers *o* raiders; **una banda de ~s opera en la zona** a gang of muggers is operating in the area; **ese carnicero es un ~** (fam) that butcher charges extortionate prices *o* (colloq) is a rip-off artist *o* (BrE) rip-off merchant **2** (atacante) attacker; **no pudo identificar a su ~** she could not identify her attacker *o* (frml) assailant; **los ~s de la embajada** those who attacked the embassy
asaltar [A1] *vt* **1** (robar) ‹banco/tienda› to rob, hold up; ‹persona› to rob, mug **2** ‹fortaleza/ciudad/embajada› to storm, attack **3** (acosar) to accost, assail (frml); **lo ~on a preguntas** they bombarded him with questions, they fired a barrage of questions at him **4** «idea» to strike; **en el último momento me asaltó una duda/un temor** at the last moment I was struck *o* seized by a sudden doubt/fear; **le asaltaban dudas acerca de su futuro** he was plagued with *o* by doubts about his future
asalto *m*
A **1** (robo) holdup, robbery; **el ~ del banco** the bank raid *o* robbery *o* holdup; **un ~ a mano armada** an armed robbery *o* raid; **¡esto es un ~!** this is a holdup! **2** (ataque) attack, assault, storming; **el ~ a** *or* **de la embajada/fortaleza** the storming of the embassy/fortress, the attack *o* assault on the embassy/fortress; **lo tomaron por ~** they took it by storm
B **1** (en boxeo) round **2** (en esgrima) bout
C **1** (fiesta) (RPl) potluck party *o* dinner (AmE), party (*where guests bring food and drink*) **2** (AmC) (fiesta sorpresa) surprise party
asamblea *f* **1** (reunión) meeting; **una ~ de padres de familia** a parents' meeting; **celebrar una ~** to hold a meeting; **los trabajadores se reunieron en ~** the workers held a (mass) meeting; **la ~ carecía de autorización** the meeting *o* (frml) assembly had not been authorized **2** (cuerpo) assembly; **el comité de huelga se ha constituido en ~ permanente** the strike committee is meeting in permanent session
(Compuestos)
• **asamblea de accionistas** stockholders' *o* shareholders' meeting
• **Asamblea General** (en Ur): **la ~ ~** Parliament, the National Assembly
• **asamblea legislativa** legislative assembly
• **Asamblea Nacional**: **la ~ ~** Parliament, the National Assembly

asambleísmo *m* (pey): **el ~ es un cáncer en la administración de esta universidad** the meetings mentality is a cancer in the administration of this university
asambleísta *mf* assembly member
asao *adv ver* **así² D**
asar [A1] *vt* (en el horno) to roast; (a la parrilla) to grill; (con espetón) to spit-roast
■ **asarse** *v pron*
A (fam) (tener mucho calor) to roast (colloq); **me asaba de calor** I was roasting
B (Chi fam) (enojarse) to get annoyed *o* (AmE colloq) mad
asaz *adv* (liter) (muy) very; (bastante) rather; **una decisión ~ difícil** an exceedingly *o* a very difficult decision
ASB *m* (en Esp) = **Abertzale Sozialisten Batasuma**
asbesto *m* asbestos
asbestosis *f* asbestosis
ascencionista *mf* (frml) **1** (escalador) mountaineer, climber **2** (aeróstata) balloonist
ascendencia *f* **1** (origen, linaje) ancestry; **es de ~ francesa** he is of French descent *o* extraction *o* ancestry; **de ~ noble** of noble ancestry; **su ~ humilde** her humble origins **2** (AmL) ▸ **ascendiente B**
ascendente¹ *adj* ‹movimiento/tendencia› upward; ‹astro› rising; **la marea ~** the flood *o* rising *o* incoming tide
ascendente² *m* ascendant; **es Capricornio con ~ Libra** she's Capricorn with Libra in the ascendant
ascender [E8] *vi*
A (frml) (subir, elevarse) «temperatura/precios» to rise; «globo» to rise, ascend (frml); **ascendieron por la ladera oeste de la montaña** they made their ascent by *o* they climbed the west face of the mountain; **ascendió a los cielos** (Bib) He ascended into Heaven
B (frml) (cifrarse) «gastos/pérdidas»: **~ A algo** to amount TO sth; **sus deudas ascienden a un millón de dólares** his debts amount to *o* run to *o* come to *o* add up to *o* total a million dollars; **el número de detenidos asciende a más de 300** there have been more than 300 arrests; **el número de muertos asciende ya a 48** the number of dead has now reached 48
C «empleado/oficial» to be promoted; **ha ascendido rápidamente en su carrera** he has risen *o* advanced rapidly in his career; **~ A algo**: **después de cuatro años ascendió a director general** after four years he was promoted to *o* he rose to the position of general manager; **ascendió a capitán** he was promoted to the rank of captain; **el equipo ha ascendido a primera división** the team has gone up to *o* has been promoted to the first division; **~ al trono** to ascend the throne
■ **ascender** *vt* ‹empleado/oficial› to promote; **fue ascendido a capitán de fragata** he was promoted to (the rank of) commander
ascendiente *mf*
A (antepasado) ancestor
B **ascendiente** *m* (frml) (influencia) **~ SOBRE algn** influence OVER sb
ascensión *f* **1** (de una montaña) ascent; **la primera ascensión al** *or* **del Aconcagua** the first-ever ascent of Aconcagua **2** (al trono) ascent
Ascensión *f*: **la ~** the Ascension; **la fiesta de la ~** Ascension Day
ascensional *adj* **1** ‹curva/movimiento› upward **2** (Astron) ascendant, rising
ascenso *m* **1** (subida — de temperatura, precios) rise; (— de una montaña) ascent; **se producirá un ~ de las temperaturas** temperatures will rise, there will be a rise in temperatures; **una industria en ~** a growing industry, an industry on the rise (AmE) *o* (BrE) on the up and up **2** (de un empleado) promotion; (Mil) promotion; **el equipo logró el ~ a primera división** the team was promoted to *o* achieved promotion to *o* went up to the first division
ascensor *m* elevator (AmE), lift (BrE)
ascensorista *mf* elevator operator (AmE), lift attendant (BrE)
asceta *mf* ascetic
ascética *f* asceticism
ascético -ca *adj* ascetic
ascetismo *m* asceticism
ASCII /'asθi/ *m* ASCII
asco *m* **1** (repugnancia): **¡qué ~!** how revolting!, how disgusting!; **no pongas cara de ~** don't make a face *o* that face, don't pull a face (BrE); **le dan ~ las zanahorias** he can't stand carrots; **no pude comerlo, me dio ~** I couldn't eat it, it made me feel sick; **la casa estaba tan sucia que daba ~** the house was in a disgusting *o* revolting state; **tanta corrupción da ~** all this corruption is sickening; **le tengo ~ al queso** I can't stand cheese, cheese turns my stomach; **le tengo ~** I really loathe *o* detest him; ***hacerle ~s a algo*** (fam) to turn one's nose up at something; ***morirse de ~*** (Esp fam) to get bored stiff *o* to death (colloq); **en este pueblo uno se muere de ~** it's deathly (AmE) *o* (BrE) deadly boring in this village, you get bored stiff *o* bored to death in this village; ***poner a algn del ~*** (Méx fam) to rip sb to shreds *o* pieces, tear into sb (AmE colloq) **2** (fam) (cosa repugnante, molesta): **la película es un ~, pura**

violencia y sexo the movie is disgusting, nothing but sex and violence; **tienen la casa que es un ~** their house is like a pigsty *o* (BrE) is a tip (colloq); **el parque está hecho un ~** the park is in a real state (colloq), the park looks like (AmE) *o* (BrE) looks a real mess (colloq); **¡qué ~ de tiempo!** what foul *o* lousy weather!; **¡qué ~ de vida!** what a (rotten) life!; **¡qué ~! otra vez lloviendo** raining again! what a drag! *o* what a pain! (colloq)

ascua *f*‡ ember; ***arrimar el ~ a su sardina*** (fam) to work things to one's own advantage; ***estar en*** or ***sobre ~s*** (fam) to be on tenterhooks, be on pins and needles (AmE); ***tener a algn en ~s*** (fam) to keep sb on tenterhooks *o* in suspense

aseado -da *adj* (limpio) clean; (arreglado) neat, tidy

aseador dora *m,f* (Chi) cleaner

asear [A1] *vt* (limpiar) to clean; (arreglar) to straighten (up), to tidy up (BrE)

■ **asearse** *v pron* (*refl*) (lavarse) to wash; (arreglarse) to clean oneself up (AmE), to tidy *o* smarten oneself up (BrE)

asechanza *f* trap

asediar [A1] *vt* [1] (Mil) ⟨*fortaleza/ciudad*⟩ to lay siege to, besiege, blockade; ⟨*ejército*⟩ to surround, besiege [2] (acosar) ⟨*persona*⟩ to besiege; **~on a la cantante con preguntas** they besieged the singer, firing questions at her

asedio *m* [1] (Mil) siege, blockade [2] (acoso): **para escapar del ~ de sus admiradoras** to escape from the mob *o* crowd of fans that surrounded him; **el ~ de sus acreedores** the harassment *o* constant pressure from his creditors

asegún *prep* (AmL crit) ▸**según¹**

asegurable *adj* insurable; **riesgos no ~s** uninsurable risks

asegurado¹ -da *adj* insured; **tengo el coche ~ a** or **contra todo riesgo** I have fully comprehensive insurance for the car; **está ~ en medio millón de dólares** it is insured for half a million dollars

asegurado² -da *m,f* (persona que contrata el seguro) policyholder; (persona asegurada): **el ~/la asegurada** the insured

asegurador¹ -dora *adj* ⟨*compañía*⟩ insurance (*before n*)

asegurador² -dora *m,f* [1] (persona) insurer; **sociedad de ~es** insurance company [2] **aseguradora** *f* (compañía) insurance company

aseguramiento *m* assurance

(Compuesto) **aseguramiento de calidad** quality assurance

asegurar [A1] *vt*

A [1] (afirmar, prometer) to assure; **le aseguro que no habrá ningún problema** I assure you that there will be no problem; **me aseguró que vendría** she assured me that she would come; **vale la pena, te lo aseguro** it's worth it, I assure you *o* I promise you; **asegura no haber visto nada** she maintains *o* says that she did not see anything [2] (garantizar) ⟨*funcionamiento/servicio*⟩ to guarantee; **el gol que les aseguró el partido** the goal that guaranteed them victory, the goal that sewed the game up *o* that ensured victory; **la herencia le aseguró una vida desahogada** the inheritance guaranteed him a comfortable life; **al menos tendremos buen tiempo asegurado** at least we'll be assured of *o* guaranteed good weather

B (Com, Fin) ⟨*persona/casa*⟩ to insure; **aseguró el coche a** or **contra todo riesgo** she took out fully comprehensive insurance for *o* on the car

C [1] (sujetar, fijar) ⟨*puerta/estante*⟩ to secure; **lo ~on con una cuerda** they secured it *o* made it fast with a rope; **aseguró bien el pie en la roca** she got a firm foothold in the rock; **aseguró el poste colocando piedras alrededor de su base** he fixed the post in position by putting stones around the base; **lo ~on con tornillos** they held it in place *o* fixed it *o* secured it with screws [2] ⟨*edificio/entrada*⟩ to secure, make … secure

D (Méx) [1] (decomisar) to seize [2] (capturar) ⟨*delincuente/asaltante*⟩ to capture

■ **asegurarse** *v pron*

A [1] (cerciorarse) to make sure; **asegúrate de que no falta nada** make sure there's nothing missing [2] (garantizarse, procurarse): **con esas medidas se ~on el triunfo** with those measures they guaranteed themselves victory *o* they made sure of victory, those measures assured them of *o* guaranteed them victory

B (Com, Fin) to insure oneself

asemejar [A1] *vt* [1] (hacer parecido) to make … look like; **el nuevo peinado la asemeja a su madre** her new hairstyle makes her look like her mother [2] (comparar) to compare, liken; **asemeja el viento a una mujer** he compares *o* likens the wind to a woman

■ **asemejarse** *v pron* «*personas*» to be *o* look alike; «*objetos*» to be similar; **son hermanas pero apenas se asemejan** they're sisters, but there's hardly any resemblance between them *o* they don't look much alike; **~se A algo/algn** to resemble sth/sb, look like sth/sb; **su figura desgarbada se asemejaba a la de un ave zancuda** his ungainly figure looked like *o* resembled that of a wading bird

asenso *m* (frml) approval, assent (frml); **la comisión dio su ~ al proyecto** the committee gave its approval to *o* assented to *o* approved the plan

asentada *f*: **de una ~** in one go, at a single sitting

asentaderas *fpl* (euf & fam) behind (euph), rear (end) (AmE colloq), backside (BrE colloq)

asentado¹ -da *adj* [1] [ESTAR] (situado): **la ciudad está asentada a orillas de un río** the town lies on the banks of a river; **la sede de la organización está asentada en Nueva York** the organization's headquarters is located *o* situated in New York; **el hotel está ~ sobre la colina** the hotel sits *o* stands on top of the hill; **el colegio está ~ sobre terreno arenoso** the school is built on sandy ground [2] [ESTAR] (establecido) ⟨*creencia*⟩ deep-rooted, deeply rooted, firmly held; ⟨*tradición*⟩ deep-rooted, deeply rooted, well-established; ⟨*persona*⟩ settled (in); **el respeto a las tradiciones está muy ~ en él** he has a deep-rooted *o* deeply rooted respect for tradition; **no está todavía ~ en su nuevo trabajo** he isn't *o* hasn't settled into his new job yet; **todavía no se sienten ~s allí** they haven't really settled in there yet [3] [SER] (esp AmL) (maduro, juicioso) mature

asentado² -da *m,f* (Chi) peasant farmer (*who works his/her own land*)

asentador -dora *m,f* wholesaler

asentamiento *m* [1] (acción) settlement, settling [2] (colonia — de personas) settlement; (— de animales) colony

asentar [A5] *vt*

A [1] ⟨*campamento*⟩ to set up [2] ⟨*damnificados/refugiados*⟩ to place

B [1] ⟨*objeto*⟩ to place carefully (*o* firmly *etc*); **asienta bien la escalera** make sure the ladder's steady [2] ⟨*tierra*⟩ to firm down [3] ⟨*válvula*⟩ to seat [4] ⟨*costura/dobladillo*⟩ to press [5] ⟨*conocimientos*⟩ to consolidate; **tratemos de ~ estos puntos antes de seguir** let's try to consolidate these points before continuing

C (Com, Fin) to enter

D (Méx frml) (afirmar) to affirm, state

■ **asentarse** *v pron*

A «*café/solución/polvo*» to settle; «*terreno/cimientos*» to settle

B (estar situado) «*ciudad/edificio*» to be situated, be built

C [1] (establecerse) to settle [2] (esp AmL) (adquirir madurez) to settle down

asentimiento *m* approval, consent, assent (frml)

asentir [I11] *vi* to agree, consent; **asintió con la cabeza** she nodded, she nodded her head in agreement, she nodded assent *o* her agreement; **~ A algo** to agree *o* consent TO sth; **~án a cuanto les propongamos** they will agree *o* consent to anything we propose

asentista *m* contractor, supplier

aseñorado -da *adj* [1] (fam) ⟨*niña/joven*⟩ grown-up; **se viste de forma aseñorada** she wears clothes that are too grown-up *o* too old for her [2] (fam) (con modales de señor, señora) like a lady/gentleman; **no la reconocí tan aseñorada** I didn't recognise her, she looked so grand *o* ladylike

aseo *m* [1] (limpieza) cleanliness; **~ personal** personal cleanliness *o* hygiene [2] (Esp) (retrete) ▸**baño**; toilet, lavatory; Ⓢ **aseos** restroom (AmE), toilets (BrE)

asepsia *f* asepsis

aséptico -ca *adj* aseptic

asequible *adj* [1] ⟨*precio*⟩ affordable, reasonable; ⟨*meta*⟩ attainable, achievable; ⟨*proyecto*⟩ feasible; **la educación debe ser ~ a todos** education must be accessible to all; **estos tratamientos no son ~s para nosotros** these treatments are not available to us [2] ⟨*persona*⟩ approachable [3] ⟨*obra/estilo/concepto*⟩ accessible

aserción *f* assertion

aserradero *m* sawmill

aserrador -dora *m,f* sawyer

aserrar [A5] *vt* ▸**serrar**

aserrín *m* (esp AmL) sawdust

aserrío *m* (Col, Ec) sawmill

aserruchar [A1] *vt* (Chi) to saw

asertivo -va *adj* affirmative

aserto *m* assertion

asesinar [A1] *vt* to murder; (por razones políticas) to assassinate; **la víctima fue asesinada a sangre fría** the victim was murdered in cold blood; **la adaptación asesina la obra de Lorca** the adaptation mutilates *o* butchers Lorca's play

asesinato *m* murder; (por razones políticas) assassination

(Compuestos)

- **asesinato de** or **por honor** honor* killing
- **asesinato en serie** serial killing

asesino¹ -na *adj* ⟨*instinto/odio*⟩ murderous, homicidal; ⟨*animal*⟩ killer (*before n*); **el arma asesina** the murder weapon; **me lanzó una mirada asesina** (fam) he gave me a murderous look, he looked daggers at me (colloq)

asesino² -na *m,f* murderer; (por razones políticas) assassin

(Compuestos)

- **asesino a sueldo, asesina a sueldo** *m,f* (*m*) hitman, hired killer; (*f*) hired killer
- **asesino convicto, asesina convicta** *m,f* convicted murderer
- **asesino en serie, asesina en serie** *m,f* serial killer
- **asesino serial, asesina serial** *m,f* (AmL) serial killer

asesor¹ -sora *adj* ⟨*consejo/junta*⟩ advisory; **ingeniero ~** consulting *o* consultant engineer

asesor² -sora *m,f* advisor*, consultant

(Compuestos)

- **asesora del hogar** *f* (Chi frml) maid
- **asesor de imagen, asesora de imagen** *m,f* public relations consultant *o* advisor
- **asesor financiero, asesora financiera** *m,f* financial adviser
- **asesor fiscal, asesora fiscal** *m,f* tax consultant *o* advisor*
- **asesor militar, asesora militar** *m,f* military advisor*
- **asesor técnico, asesora técnica** *m,f* technical consultant *o* advisor*

asesoramiento *m* advice; **requerirá el ~ de un experto** you will need to get expert advice *o* the opinion of an expert

asesorar [A1] *vt* to advise; **se hizo ~ por un abogado** she took legal advice, she consulted a lawyer; **todo un equipo de expertos asesora a la comisión** a whole team of experts advises the commission; **asesoro a la compañía en materia de impuestos** I act as *o* I am the company's tax advisor *o* consultant, I advise the company on tax matters

■ **asesorarse** *v pron* **~se CON** or **DE algn** to consult sb; **me asesoré con un abogado** I consulted a lawyer, I took legal advice

a

asesoría *f* 1 (oficina) consultancy, consultant's office 2 (cargo) consultancy 3 (consejos) advice

(Compuestos)
- **asesoría financiera** (oficina) financial consultancy (consejos) financial advice
- **asesoría fiscal** (oficina) taxation consultancy (consejos) taxation advice
- **asesoría jurídica**

A (oficina) legal consultancy
B (consejos) legal advice

asestar [A1] *vt*: **me asestó una puñalada/un puñetazo** he stabbed/punched me; **le asestó un duro golpe a su orgullo** it dealt a harsh blow to his pride

aseveración *f* assertion, statement

aseverar [A1] *vt* (frml) to assert, state

asexuado -da *adj* asexual

asexual *adj* asexual

asfaltado¹ -da *adj* asphalt (*before n*), asphalted

asfaltado² *m* 1 (acción) asphalting 2 (pavimento) asphalt

asfaltar [A1] *vt* to asphalt

asfalto *m* 1 (Min) asphalt 2 (ciudad): **el ~** the city

asfixia *f* 1 (Med) asphyxia; **muerte por ~** death by asphyxia *o* asphyxiation *o* suffocation; **la ~ de las pequeñas empresas** the strangulation of small businesses 2 (fam) (agobio) suffocation; **las ciudades pequeñas me producen una sensación de ~** I find small towns suffocating *o* stifling

asfixiante *adj* 1 ‹*gas/humo*› asphyxiating (*before n*), asphyxiant (*before n*) 2 (fam) ‹*calor*› suffocating, stifling 3 (fam) ‹*ambiente/relación*› oppressive, stifling

asfixiar [A1] *vt* 1 (ahogar) to asphyxiate, suffocate; **murió asfixiado en el incendio** he died of asphyxiation *o* suffocation in the fire; **lo asfixió con una almohada** she suffocated *o* smothered *o* asphyxiated him with a pillow 2 (agobiar) to suffocate, stifle 3 ‹*industria/iniciativa*› to strangle, stifle

■ **asfixiarse** *v pron* 1 (ahogarse) to be asphyxiated, suffocate; (por obstrucción de la traquea) to choke to death; **tosía tanto que se asfixiaba** he was coughing so much that he couldn't get his breath; **abre la ventana, aquí se asfixia uno** (fam) open the window, it's suffocating in here *o* it's stifling in here *o* you can't breathe in here; **nos asfixiábamos de calor** (fam) we were suffocating in the heat, the heat was stifling 2 (fam) (agobiarse) to suffocate, feel stifled; **está asfixiada de trabajo** she's snowed under with work (colloq); **asfixiado por el peso de la deuda externa** strangled *o* stifled by the burden of its foreign debt

asfódelo *m* asphodel

ashram *m* (*pl* **~s**) ashram

así¹ *adj inv* like that; **no discutan por una tontería ~** don't argue over a silly thing like that; **si es ~ te pido disculpas** if that's the case, I'm sorry; **yo soy ~ ¿qué voy a hacer?** that's the way I am, I can't help it; **anda, no seas ~, préstamelo** come on, don't be like that, lend it to me; **~ es la vida** (fr hecha) that's life; **es un tanto ~ de hojas** it's about *that* many pages; **esperamos horas ¿no es ~?** we waited for hours, didn't we?; **estaba contento, tan es ~ que no quería volver a casa** he was happy, so much so that he didn't want to return home

así² *adv*

A (de este/ese modo): **no le hables ~ a tu padre** don't talk to your father like that; **¿por qué me tratas ~?** why are you treating me like this?; **la ayudó un profesional — ¡~ cualquiera!** she got help from a professional — anyone can do it with that kind of help! *o* (colloq & hum) that's cheating!; **¿~ me agradeces lo que hago por ti?** is this how you thank me *o* is this the thanks I get for everything I do for you?; **lo hice muy rápido — ¡y ~ te quedó!** I did it very quickly — yes, it shows *o* yes, it looks like it!; **no te pongas ~, no es para tanto** don't get so worked up, it's not that bad; **le voy a regalar dinero, ~ él se puede comprar lo que quiera** I'll give him some money, that way he can buy whatever he wants; **¿eres 'el Rubio'? — ~ me llaman** are you 'el Rubio'? — that's what people call me; **¿lo perdieron todo? — ~ es** you mean they lost everything? — that's right; **¿está bien ~ o quieres más?** is that enough, or do you want some more?; **¿fue ~ cómo ocurrió?** is that how it happened?; **y ~ sucesivamente** and so on; **¿dimitió? — ~ como lo oyes** you mean he resigned? — believe it or not, yes

B **~ de + ADJ/ADV**: **se enfría y se sirve ¡~ de fácil!** allow to cool and serve, it's as easy as that; **debe ser ~ de grueso** it must be about *this* thick; **¿~ de egoísta me crees?** do you think I'm that selfish?

C (expresando deseo) **~ + SUBJ**: **~ se muera** I hope she drops dead!

D (*en locs*): **así así** (fam) so-so; **¿te gusta? — ~ ~** do you like it? — so-so *o* it's OK; **así como: ~ como el mayor trabaja mucho, el pequeño es un vago** while *o* whereas the older boy works very hard, the younger one is really lazy; **~ como es con el dinero es con el afecto: mezquino** he's (just) as mean with his affection as he is with his money; **~ como en verano el clima es agradable, en invierno te mueres de frío** the weather's very pleasant in summer but, by the same token, in winter you freeze to death; **por su módico precio ~ como por su calidad** both for its low price and its high quality; **~ como él insiste, tampoco ella ceja** the more he insists, the more she refuses to back down; **todos sus familiares, ~ como algunos amigos, estuvieron presentes** his whole family was there, and a few friends as well; **hágase tu voluntad ~ en la Tierra como en el Cielo** Thy will be done on earth as it is in Heaven; **así como así** just like that; **gasta el dinero ~ como ~** he spends money just like that *o* as if it meant nothing to him; **¡así me gusta!** (fr hecha) that's what I like to see!; **¿le dijiste que no? ¡~ me gusta!** you said no? good for you!; **así mismo** ▸**asimismo**: **así nomás** (AmL) just like that; **a ella no la vas a convencer ~ nomás** you're not going to persuade her that easily *o* just like that; **hace los deberes ~ nomás** he dashes his homework off any which way (AmE) *o* (BrE) any old how; **así o asá** *or* **asao** (fam): **puedes ponerlo ~ o asá** *or* **asao, a mí no me importa** (fam) you can put it any way you like, I don't care; **da lo mismo ~ que asá** *or* **asao** (fam) it doesn't matter which way you do it (*o* put it *etc*); **así pues** so; **no me gustaba el trabajo; ~ pues, decidí dejarlo** I didn't like the job, so I decided to give it up; **así que** (por lo tanto) so; (en cuanto) as soon as; **esto no es asunto tuyo, ~ que no te metas** this has nothing to do with you, so mind your own business; **¡~ que te casas!** so, you're getting married ...; **así sea** (Relig) amen; **descanse en paz — ~ sea** rest in peace — Amen; **así y todo** even so; **tiene dos empleos y ~ y todo no le alcanza el dinero** she has two jobs and even then she can't manage on the money she earns; **no así: se mostraron muy satisfechos. No ~ los Vives, que no hicieron más que quejarse** they were very pleased, unlike the Vives, who did nothing but complain *o* they were very pleased. The Vives, on the other hand did nothing but complain *o* they were very pleased. Not so the Vives, who did nothing but complain; **o así: tendrá 30 años o ~** he must be about 30; **gana unas cien mil al mes o ~** she earns around a hundred thousand a month; **por así decirlo** so to speak

así³ *conj* (aunque) **~ + SUBJ**: **lo encontraré, ~ se esconda en el fin del mundo** I'll find him, no matter where he tries to hide; **no pagaré ~ me encarcelen** I won't pay even if they put me in prison

Asia *f*‡ Asia

(Compuesto) **Asia Menor** Asia Minor

asiático -ca *adj/m,f* Asian, Asiatic

asidero *m* 1 (asa) handle 2 (punto de sujeción) hand hold, hold 3 (apoyo): **la religión se convirtió en su último ~** religion became her final support; **una acusación sin ~** an unsupported *o* unfounded accusation; **sin ~s en la realidad** with no grip on reality 4 (Esp fam) (contacto, influencia) contact

asiduamente *adv* regularly, frequently

asiduidad *f* (persistencia) assiduity, assiduousness; (regularidad) regularity; **asiste a los conciertos con ~** she is a regular *o* assiduous concertgoer

asiduo¹ -dua *adj* 1 (persistente) ‹*estudiante/lector*› assiduous; ‹*admirador*› devoted 2 (frecuente) ‹*cliente*› regular, frequent

asiduo² -dua *m,f* regular, habitué (frml); **un ~ del casino** a regular at the casino, a regular *o* frequent visitor to the casino; **~s de la ópera** regular *o* frequent operagoers

asiento *m*

A 1 (para sentarse) seat; **¿hay ~s para todos?** are there enough seats for everybody?; **me cedió su ~** he let me have his seat, he gave up his seat to me; **~ delantero/trasero** front/back seat; **estos ~s están reservados/ocupados** these seats *o* places are reserved/taken; **por favor, tome ~** (frml) please take a seat (frml); ***calentar el ~*** (fam): **lo echaron rápido, no le dieron tiempo ni de calentar el ~** they got rid of him quickly, he was only here two minutes; **venían a clase sólo para calentar el ~** they only came to school to pass the time of day 2 (de una bicicleta) saddle 3 (de una silla) seat 4 (emplazamiento): **una organización con ~ en Roma** an organization based in Rome *o* with its headquarters in Rome; **fue ~ de muchas y muy distintas culturas** it was the home *o* seat of many diverse cultures 5 (base, estabilidad) base; **este jarrón tiene poco/mal ~** this vase has a small/uneven base

(Compuestos)
- **asiento abatible** recliner (AmE), reclining seat (BrE)
- **asiento anatómico** anatomically designed seat
- **asiento expulsor** *or* **proyectable** *or* **de eyección** ejection seat (AmE), ejector seat (BrE)

B (en contabilidad) entry
C (poso) sediment
D (de una válvula) seat
E (Const) settling

asignación *f*

A 1 (de una tarea, función) assignment; **la ~ del puesto a su sobrino** the appointment of his nephew to the post, the designation of his nephew for the post 2 (de fondos, renta) allocation, assignment

B (sueldo) wages (*pl*); (paga) allowance; **la beca supone una ~ mensual de ...** the grant provides a monthly allowance of ...

(Compuesto) **asignación familiar** (CS) benefit (*payable for children and other dependants*)

C (AmC) (Educ) homework

asignar [A1] *vt* 1 (dar, adjudicar) ‹*renta/función/tarea*› to assign; ‹*valor*› to ascribe; ‹*fondos/parcela*› to allocate; **le ~on el papel de mediador** he was assigned the role of mediator, he was appointed *o* designated to act as mediator; **me ~on la vacante** I was appointed to the post; **le ~on una beca** he was awarded a grant; **dos hechos a los que se asigna especial importancia** two facts to which special importance is attached *o* ascribed; **le ~on una parcela colindante con el río** he was allocated a plot adjacent to the river 2 (destinar) ‹*persona*› to assign; **~ a algn A algo** to assign sb TO sth; **lo ~on al departamento de compras** he was assigned to the purchasing department

asignatario -ria *m,f* 1 (de una herencia) heir; (de un legado) legatee 2 (de un bien) assignee

asignatura *f* subject; **aprobar una ~** to pass a subject

(Compuesto) **asignatura pendiente** (Educ) subject which one has to retake *o* (AmE) make up *o* (BrE) resit; (asunto sin resolver) unresolved matter; **tengo una ~ ~ con ella** I have some unfinished business with her

asilado -da *m,f* inmate

(Compuesto) **asilado político, asilada política** political refugee (*who has been granted asylum*)

asilar [A1] *vt* **1** (acoger) ‹*anciano/huérfano*› to take … into care; ‹*refugiado*› to grant … asylum **2** (internar) to put … in a home *o* an institution
■ **asilarse** *v pron* «*anciano/huérfano*» to take refuge; «*refugiado*» to take refuge, seek asylum

asilo *m*
A (Servs Socs) home, institution; **dormía en un ~ para vagabundos** he was sleeping in a shelter *o* (BrE) hostel for down-and-outs
(Compuesto) **asilo de ancianos** *or* **de la tercera edad** old people's home
B (protección) refuge
(Compuesto) **asilo político** political asylum; **pidió** *or* **solicitó ~ ~** she asked for political asylum; **le concedieron ~ ~** he was given *o* granted political asylum

asimetría *f* asymmetry

asimétrico -ca *adj* asymmetric, unsymmetrical

asimilable *adj* ‹*alimentos*› assimilable; ‹*conocimientos/ideas*› **presentar la información de manera fácilmente ~** to present the information in a way that makes it easy to take in *o* to assimilate

asimilación *f* assimilation

asimilado -da *adj* (AmL): **médico ~** military doctor; **sacerdote ~** military chaplain, padre

asimilar [A1] *vt*
A **1** ‹*alimentos*› to assimilate, absorb; ‹*conocimientos/ideas*› to assimilate, take in, absorb; ‹*cultura*› to assimilate **2** (Ling) to assimilate
B (equiparar) **~ algo/a algn con** *or* **a algo/algn**: **~ las industrias estatales con el sector privado** to put state industries on an equal footing with the private sector
C (en boxeo) ‹*golpes*› to take, soak up (colloq)

asimina *f* pawpaw, pawpaw

asimismo *adv* **1** (también) also; **no es suficiente frenar la inflación, es ~ necesario crear empleo** it is not enough to bring down inflation, we must also create jobs **2** (igualmente) likewise; **esto facilitará, ~, un aumento de la productividad** likewise, this will increase productivity

asincrónico -ca, **asíncrono -na** *adj* asynchronous

asintomático -ca *adj* asymptomatic

asir [I10] *vt* (liter) to seize, grasp, grab hold of; **~ a algn de algo**: **la asió de un brazo** he grabbed (hold of) *o* seized *o* grasped her arm
■ **asirse** *v pron* (liter) **~se de** *or* **a algo**: **se asió a la cuerda** she grabbed (hold of) *o* seized the rope; **se asió de una rama** he grabbed (onto *o* hold of) a branch; **caminaban asidos de la mano** they walked hand in hand *o* (liter) they walked, hands entwined; **no tienen más excusas de que ~se** they have no more excuses to fall back on

Asiria *f* Assyria

asirio -ria *adj/m,f* Assyrian

asísmico -ca *adj* earthquake-resistant

asistencia *f*
A (presencia) attendance; **~ a algo** attendance AT sth; **contamos con su ~ a la recepción** we are counting on your presence at the reception, we are relying on you to attend the reception
B (frml) (ayuda) assistance; **prestarle ~ a algn** to give sb assistance
(Compuestos)
• **asistencia en carretera** breakdown service
• **asistencia médica** (servicio) medical care; (atención médica) medical attention
• **asistencia pública**
A (en RPl) (servicio) municipal health service (*esp for emergencies*)
B (en Chi) (establecimiento) accident and emergency center*; (ambulancia) ambulance
• **asistencia pública domiciliaria** (en Esp) home-help service
• **asistencia sanitaria** medical care
• **asistencia social** *university course/degree in social work*
• **asistencia técnica** (Com) after-sales service; (Inf) technical support
C (Dep) assist

asistencial *adj* welfare (*before n*)

asistenta *f* (Esp) cleaning lady *o* woman

asistente[1] *adj*: **entre el público ~ se encontraba el Ministro de Salud** the Minister of Health was in the audience *o* was among those present; **los delegados ~s a la asamblea** the delegates present at *o* attending the conference

asistente[2] *mf*
A **1** (ayudante) assistant **2** (Educ) assistant, language assistant **3** (Mil) batman
(Compuesto) **asistente social** social worker
B (frml): **los/las ~s** (a una reunión) those present; (a un espectáculo) the audience, those present

asistido -da *adj* assisted; ▸**dirección, freno**

asistir [I1] *vi*
A **1** (a una reunión, un acto) **~ a algo** to attend sth, be present AT sth; **diversas personalidades asistieron a la ceremonia** various celebrities were present at *o* attended the ceremony; **asistió a una sola clase** he only came/went to one class, he only attended one class (frml); **para los que no asistieron a la última clase** for those who didn't come/go to *o* (frml) attend the last class, for those who weren't (present) at the last class; **~ a misa** to go to *o* attend Mass **2** (frml) (presenciar) **~ a algo** to witness sth, be witness TO sth (frml); **hemos asistido a cambios profundos en este campo** we have witnessed *o* we have been witness to great changes in this field
B (limpiar) to work as a cleaning lady *o* woman, to clean (BrE)
■ **asistir** *vt*
A (frml) (ayudar): **en el consulado lo ~án debidamente** you will receive the necessary assistance at the consulate (frml); **respira asistida por una máquina** she is breathing with the aid of a respirator, she is on a respirator; **~ a un moribundo/los pobres** to care for a dying person/the poor
B (frml) (en un parto) to deliver
C (frml) «*derecho*»: **lo asiste el derecho de …** you have the right to …

askenazi /aske'nasi/ *adj/mf* Ashkenazi

asma *f*‡ asthma

asmático -ca *adj/m,f* asthmatic

asno[1] **-na** *adj* (fam) dumb (colloq), dense (colloq), thick (BrE colloq)

asno[2] *m* **1** (Zool) donkey **2** (fam) (tonto) dummy (colloq), jackass (AmE colloq), ass (BrE colloq) *para modismos ver* **burro**[2]

asociación *f* **1** (acción) association; **en ~ con la BBC** in association *o* collaboration with the BBC; **derecho de ~** freedom of association *o* assembly; **~ de ideas** association of ideas; **~ de palabras** word association **2** (sociedad, agrupación) association; **~ comercial** trade association; **~ cultural/deportiva** cultural/sports association; **~ en defensa de vida animal** wildlife trust; **una ~ sin ánimo** *or* **afán de lucro** a non-profit association (AmE), a non-profit making association (BrE)
(Compuestos)
• **asociación de padres de alumnos** parents association
• **asociación de vecinos** residents association
• **asociación sindical** labor union (AmE), trade union (BrE)

asociado[1] **-da** *adj* associate (*before n*)

asociado[2] **-da** *m,f*
A (Com) associate; (de un club, una asociación) member
B (Educ) part-time professor (AmE), part-time lecturer (BrE)

asocial *adj* asocial

asociar [A1] *vt* ‹*ideas/palabras*› to associate; **~ algo/a algn con algo/algn** to associate sth/sb WITH sth/sb; **asociaba aquel lugar con su niñez/su madre** he associated that place with his childhood/his mother; **no logro ~la con nada** I can't place her, I can't think where I know her from
■ **asociarse** *v pron* **1** «*empresas/comerciantes*» to collaborate; **~se con algn** to go into partnership WITH sb; **se asoció con su cuñado para montar el negocio** he went into partnership with his brother-in-law to start the business **2** «*hechos/factores*» to combine **3** (a un grupo, club) **~se a algo** to become a member OF sth; **se asoció a un grupo ecologista** he became a member of *o* joined an ecologist group **4** (a una idea, un sentimiento) **~se a algo**: **nos asociamos al duelo nacional** we share in the nation's grief; **me asocio a lo expresado por mi colega** I agree with *o* (frml) concur with the views expressed by my colleague

asocio *m* (Col) association; **en ~ con** (frml) in association with

asolador -dora *adj* devastating

asolapado -da *adj* (crit) ▸**solapado**

asolar [A1] *or* [A10] *vt* «*guerra/huracán/sequía*» to devastate; **el terremoto asoló la ciudad** the earthquake devastated the town; **un país asolado por el hambre** a country ravaged *o* devastated by hunger

asoleada *f* **1** (AmS) (de la ropa) airing (*in the sun*) **2** (Andes) (de una persona): **pegarse una ~** to sunbathe

asoleado -da *adj* sunny; ***tener*** *or* ***traer ~ a algn*** (Ven fam): **me trae ~ con sus problemas** I've had it up to here with him and his problems (colloq)

asolear [A1] *vt* **1** (exponer al sol) ‹*ropa*› to hang … out in the sun; ‹*uvas*› to dry … in the sun **2** (Col fam) (derrotar) to thrash (colloq)
■ **asolearse** *v pron* (AmL) to sunbathe

asomado -da *adj* (Ven) nosy

asomar [A1] *vi* to show; **cuando empiezan a ~ las primeras arrugas** when the first wrinkles begin to show *o* appear; **nació apenas asomado el siglo** (liter) she was born at the very dawn of the century (liter); **asomaba por entre las páginas** it was sticking *o* poking out from between the pages; (+ *me/te/le etc*): **la combinación le asomaba por debajo de la falda** her slip was showing below her skirt; **ya le ha asomado el primer diente** he's just cut his first tooth; **sólo le asomaba la cabeza por entre las sábanas** only her head was sticking out from under the sheets; **una tímida sonrisa le asomó a los labios** (liter) a shy smile flickered across her lips
■ **asomar** *vt* (sacar): **Ⓢ no asomar la cabeza por la ventanilla** do not lean out of the window; **abrió la puerta y asomó la cabeza** she opened the door and stuck her head out/in; **no lo vi bien, apenas si asomó la nariz por la puerta** I didn't see him very well, he barely poked his nose *o* stuck his head round the door; **asomó la cabeza por encima de la valla** he stuck his head over the top of the fence
■ **asomarse** *v pron*: **Ⓢ es peligroso asomarse** do not lean out of the window; **se asomó por la ventana** he leaned out of the window, he put *o* stuck his head out of the window; **~se por algo** to lean out OF sth; **Ⓢ prohibido asomarse por la ventanilla** do not lean out of the window; **~se a algo**: **asómate a la ventana a ver si vienen** (con la ventana abierta) have a look out *o* put your head out of the window and see if they are coming; (con la ventana cerrada) have a look out of *o* go to the window and see if they are coming; **se asomó a la ventana y me hizo adiós con la mano** he came to the window and waved goodbye to me; **cuando se asomó a la ventana le dispararon** when he appeared at the window they fired at him; **estaba asomada a la ventana** she was looking out of the window; **se habían asomado al balcón para ver el desfile** they had come out onto the balcony to watch the procession

asombrar [A1] *vt* to amaze, astonish; **me dejó asombrada** I was stunned *o* amazed *o* astonished, it amazed *o* astonished me; **me asombra que lo haya sabido** I'm amazed *o* astonished that he knew it; **asombra la perseverancia con que trabaja** the perseverance

a

with which he works is quite astonishing *o* amazing *o* incredible; **me asombró su violenta reacción** I was astonished *o* stunned *o* taken aback by his violent reaction; **aunque sea muy normal a mí no deja de ~me** it may be quite normal but I still find it astonishing *o* incredible *o* amazing

■ **asombrarse** *v pron* to be astonished *o* amazed; **~se DE/POR/CON algo**: **se asombró con los resultados/con lo rápido que lo hice** she was amazed *o* astonished at the results/at how quickly I did it; **yo ya no me asombro por nada** nothing surprises me any more; **se asombró de que no hubieras llegado** he was very surprised that you hadn't arrived

asombro *m* astonishment; **el niño miraba con ~ cómo caía la nieve** the boy watched the falling snow in wonderment *o* amazement *o* astonishment; **no salía de su ~** he couldn't get over his surprise *o* astonishment, he couldn't get over it

asombrosamente *adv* amazingly, astonishingly; **lo hizo ~ bien** she did it amazingly *o* astonishingly well

asombroso -sa *adj* amazing, astonishing

asomo *m* (*gen en frases negativas*): **puedo afirmarlo sin el menor ~ de duda** I can state this without a shadow of a doubt; **no tiene el más mínimo ~ de pudor/decencia** he doesn't have an ounce of shame/a shred of decency in him; **al primer ~ de violencia** at the first sign *o* hint of violence; ***ni por ~*: no es el mejor ¡ni por ~!** it isn't the best, not by a long shot *o* (BrE) chalk (colloq); **no se parecen ni por ~** there isn't the slightest resemblance between them, they're as different as night and day, they're like chalk and cheese (BrE); **no se me ocurriría ni por ~ llamarte a las tres de la mañana** I wouldn't dream of calling you at three in the morning; **ni por ~ se le ocurre venir a darnos una mano** it wouldn't even occur to him *o* cross his mind to come and give us a hand

asonada *f* **1** (intentona) attempted coup; **la ~ del año pasado** last year's attempted coup; **la posibilidad de una ~ golpista** the possibility of a coup attempt **2** (motín) violent protest; **la manifestación terminó en una gran ~ en la plaza central** there were violent scenes when the demonstration arrived in the main square

asonancia *f* assonance

asonante *adj* assonant

asorocharse [A1] *v pron* **1** (Chi, Per) (por la altura) to get mountain *o* altitude sickness **2** (Chi) (por el calor, la vergüenza) to flush

aspa *f*‡ **1** (de un molino) sail; (de un ventilador) blade **2** (cruz) cross **3** (Arg) (asta) horn

aspaventero -ra *adj* excitable

aspaviento *m* **1** (alharaca) fuss; **tanto ~ por nada** so much fuss about nothing **2** (movimiento, gesto exagerado): **¡deja de hacer ~s y cuéntame qué pasó!** stop waving *o* flapping your arms around and tell me what happened; **hacía nerviosos ~s con ambos brazos** he was waving frantically *o* wildly with both arms

aspecto *m*

A (apariencia) **1** (de una persona) appearance; (de un objeto, lugar) appearance; **un hombre de ~ distinguido** a distinguished-looking man, a man of distinguished appearance; **la barba le da ~ de intelectual** his beard makes him look intellectual *o* gives him an intellectual look; **no lo recuerdo ¿qué ~ tiene?** I don't remember him, what does he look like?; **tiene buen ~, no parece enfermo** he looks fine, he doesn't look sick at all; **esa herida tiene muy mal ~** that's a nasty-looking wound, that wound looks nasty; **por su ~ exterior la casa parecía deshabitada** the house looked unoccupied from (the) outside **2** (cariz): **no me gusta el ~ que van tomando las cosas** I don't like the way things are going *o* looking

B (rasgo, faceta) aspect; **ése es sólo un ~ del problema** that's only one aspect of the problem; **debemos considerar el ~ legal** we have to consider the legal aspect(s); **me gustaría aclarar algunos ~s del asunto** there are a few aspects of the matter I'd like to get cleared up; **en ciertos ~s la situación no ha cambiado** in certain respects the situation has not changed; **en ese ~ tienes razón** in that respect you're right

C (Ling) aspect

D (Astron) aspect

ásperamente *adv* harshly

aspereza *f*

A (cualidad) **1** (al tacto) roughness **2** (del terreno) roughness, unevenness **3** (de un sabor) sharpness **4** (de la voz) harshness **5** (del clima) harshness

B (parte áspera): **usar papel de lija para quitar las ~s** use sandpaper to remove any roughness *o* rough patches (*o* parts *etc*); **quitar las ~s con una lima** file off the rough edges; **un terreno lleno de ~s** a very uneven *o* rough piece of ground; ***limar ~s*: el tiempo ha limado las ~s de su personalidad** time has knocked the rough edges off her, she has mellowed with age; **en un intento de limar ~s** in an attempt to iron out their differences/problems

C (brusquedad) abruptness, surliness

asperjar [A1] *vt* **1** (Agr) to spray **2** (Relig) to sprinkle … with holy water

áspero -ra *adj*

A **1** ‹*superficie/piel*› rough; **una tela áspera** *or* **de tacto ~** a coarse material, a material which is rough to the touch **2** ‹*terreno*› uneven, rough

B **1** ‹*sabor*› sharp **2** ‹*voz/sonido*› harsh, rasping **3** ‹*clima*› harsh

C **1** (en el trato) abrupt, surly **2** ‹*discusión*› acrimonious

aspersión *f* **1** (Agr) spraying; **riego por ~** watering *o* irrigation by sprinkler **2** (Relig) sprinkling of holy water

aspersor *m* sprinkler

áspid *m* asp

aspidistra *f* aspidistra

aspillera *f* loophole

aspiración *f*

A (deseo, ambición) aspiration; **llegar a ser actriz es su más grande ~** her greatest ambition is to become an actress; **tiene grandes aspiraciones** she has great aspirations

B **1** (Fisiol) inhalation **2** (Ling) aspiration **3** (Mús) breath **4** (Tec) draft (AmE), draught (BrE)

aspiradora *f*, **aspirador** *m* **1** (electrodoméstico) vacuum cleaner, Hoover® (BrE); **pasé la ~ por la habitación** I vacuumed *o* (BrE) hoovered the bedroom **2** **aspirador** *m* (Med) aspirator

aspirante[1] *adj* **1** ‹*persona*› **~ A algo**: **los alumnos ~s a becas deberán pasar un segundo examen** students who wish to be awarded scholarships will have to take a second exam **2** ‹*bomba*› suction (*before n*)

aspirante[2] *mf* **~ A algo**: **otra de las ~s al título** another of the contenders for the title; **los ~s al poder** aspirants to power (frml), those who aspire to power; **tenemos ocho ~s al puesto de redactor** we have eight candidates *o* applicants for the post of editor

aspirar [A1] *vi*

A (desear, pretender) **~ A algo**: **aspira a convertirse en una gran actriz** she hopes to become a great actress; **aspira a (ser) alcalde** he aspires to become mayor; **~ a la mano de una chica** to seek a girl's hand in marriage (frml)

B **1** «*aparato*» to suck; «*aspiradora*» to pick up **2** (Fisiol) to breathe in **3** (AmL) (pasar la aspiradora) to vacuum, hoover (BrE)

■ **aspirar** *vt* **1** «*aparato*» to suck up *o* in; «*aspiradora*» to pick up **2** (Fisiol) to inhale **3** (Ling) to aspirate; **una hache aspirada** an aspirate *o* aspirated 'h'

aspirina *f* aspirin

asqueante *adj* sickening, nauseating

asquear [A1] *vt* (dar asco a) to sicken; (aburrir, hartar): **está asqueado de todo** he's sick of *o* fed up with everything (colloq); **me asquea tanta corrupción** all this corruption sickens me, I find all this corruption sickening, I'm sickened by all this corruption

asquenazi *adj/mf* Ashkenazi

asquerosamente *adv*: **nos trató ~** he treated us appallingly, the way he treated us was disgusting; **es ~ atractivo/rico** (fam & hum) he's sickeningly attractive/disgustingly rich (colloq & hum)

asquerosidad *f*: **¡no vuelvas a decir esa ~!** don't you ever say that filthy word again!; **la película es una ~** it's a disgusting *o* horrible film; **tiene la casa hecha una ~** his house is in an appalling state *o* an absolutely filthy state *o* (colloq) is like a pigsty; **¡que ~ de comida!** what revolting *o* disgusting food!

asqueroso[1] **-sa** *adj*

A **1** ‹*libro/película*› disgusting, filthy **2** ‹*olor/comida/costumbre*› disgusting, revolting, horrible; **el baño estaba ~ de sucio** the bath was absolutely filthy; **¡mira qué asquerosas tienes las manos!** look at the state of your hands! (colloq), look how filthy your hands are!

B (fam) (malo, egoísta) mean (colloq), horrible (BrE colloq); **préstamelo, no seas ~** let me borrow it, don't be so mean *o* horrible

asqueroso[2] **-sa** *m,f*

A (sucio): **es un ~** he's disgusting, he's a filthy pig (colloq)

B (fam) (malo, egoísta) meany (colloq); **es un ~, no me quiere prestar la bici** he's so mean, *o* he's such a meany, he won't lend me his bike

asquiento -ta *adj*

A (AmL) ▸ **asqueroso**[1]

B (Chi fam) (delicado, aprensivo) squeamish

asta *f*‡ **1** (de una bandera) flagpole; **con la bandera a media ~** with the flag at half-mast **2** (cuerno) horn; ***dejar a algn en las ~s del toro*** to leave sb in the lurch **3** (de una lanza) shaft **4** (de una flecha) shaft

astabandera *f* (Méx) flagpole

ástaco *m* crayfish

astado -da *adj* horned

astenia *f* asthenia

asténico -ca *adj* asthenic

áster *m* aster

asterisco *m* asterisk

asteroide *m* asteroid

astigmático -ca *adj* astigmatic

astigmatismo *m* astigmatism

astil *m* **1** (de una herramienta) handle, haft **2** (de una flecha) shaft **3** (de una pluma) shaft, rachis **4** (de una balanza) beam

astilla *f*

A **1** (fragmento) chip, woodchip; **se me ha metido una ~ en el dedo** I have a splinter in my finger **2** **astillas** *fpl* (para el fuego) kindling

B (period) (soborno) sweetener, bribe

astillar [A1] *vt* to splinter

■ **astillarse** *v pron* «*madera*» to splinter; «*hueso*» to splinter; «*piedra*» to chip

astillero *m* shipyard

astilloso -sa *adj* brittle

astracán *m* astrakhan

astracanada *f* comedy; **una obra que en ningún momento llega a la ~** a play which is never really funny; **la reunión fue una ~** the meeting was a farce

astrágalo *m* anklebone, talus (tech), astragalus (tech)

astral *adj* astral

astringente[1] *adj* ‹*loción*› astringent; ‹*alimento/medicamento*› binding (*before n*)

astringente[2] *m* astringent

astringir [I7] *vi* to bind

astro *m* **1** (Astrol, Astron) heavenly body **2** (Espec) star

(Compuesto) **astro rey**: **el ~ ~** the sun

-astro -astra *suf* **1** (indicando parentesco) *suffix which forms part of words such as* **hijastro**, **madrastra**, etc **2** (pey) *suffix which forms part of words such as* **camastro**, **politicastro**, etc

astrofísica *f* astrophysics

astrofísico -ca *m,f* astrophysicist

astrolabio *m* astrolabe

astrología *f* astrology

astrológico -ca *adj* astrological

astrólogo -ga *m,f* astrologist

astronauta *mf* astronaut

astronáutica *f* astronautics

astronave *f* spaceship

astronomía *f* astronomy

astronómico -ca *adj* 1 (Astron) astronomical 2 ‹*suma/precio*› astronomical

astrónomo -ma *m,f* astronomer

astroso -sa *adj* shabby, down at heel

astucia *f* 1 (cualidad — de sagaz) astuteness, shrewdness; (— de taimado) (pey) craftiness, cunning, wiliness; **la ~ del zorro** the slyness of a fox 2 (ardid) ruse, trick, ploy

> **asturiano**
>
> ▸ bable.

asturiano -na *adj/m,f* Asturian

astutamente *adv* 1 (con sagacia) cleverly, astutely 2 (pey) (con malicia) craftily, cunningly

astuto -ta *adj* 1 (sagaz) shrewd, astute; **no la podrás engañar, es demasiado astuta** you won't be able to fool her, she's too shrewd *o* astute *o* (colloq) smart 2 (pey) (taimado) crafty, wily, cunning

Asuán *m* Aswan

asueto *m* time off; **tomarse un día/una semana de ~** to take a day/week off

asumir [I1] *vt*

A 1 ‹*cargo/tarea*› to take on, assume (frml); **no quiere ~ la responsabilidad del cuidado de los niños** he doesn't want to take on *o* assume responsibility for looking after the children; **debe ~ las consecuencias de sus errores** he must accept the consequences of his mistakes; **asumió el mando del regimiento** he assumed command of the regiment; **han asumido el compromiso de reconstruir la ciudad** they have undertaken to rebuild the city; **asumió la defensa del presunto asesino** he took on the defense of the alleged murderer; **no estaban dispuestos a ~ ese riesgo** they were not prepared to take that risk 2 (adquirir) ‹*características*› **la situación ha asumido una gravedad inusitada** the situation has assumed *o* taken on an unwonted gravity (frml), the situation has become unusually serious; **el incendio asumió grandes proporciones** it turned into a major fire 3 (adoptar) ‹*aire/actitud*› to adopt, assume (liter); **asumió un aire de indiferencia** he adopted *o* assumed an air of indifference 4 (aceptar) to come to terms with; **todavía no han logrado ~ esta nueva realidad** they have not come to terms with this new situation yet; **ya tengo totalmente asumido el problema** I've learned to live with *o* I've come to terms with *o* I've come to accept the problem now

B (AmL) (suponer) to assume; **aun asumiendo que estos datos fueran ciertos** even supposing *o* even assuming that these figures were correct, even if we assume that these figures are correct

asunceno[1] **-na, asunceño -ña** *adj* of/from Asunción

asunceno[2] **-na, asunceño -ña** *m,f* person from Asunción

asunción *f*

A 1 (de una responsabilidad) taking on, assumption (frml); **desde su ~ del cargo** since he took on *o* (frml) assumed the post; **la ceremonia de ~ del mando** the inauguration ceremony 2 (aceptación) acceptance; **esto entraña la ~ de valores occidentales** this entails the adoption *o* acceptance of western values; **tenemos que partir de la ~ de esta realidad** we have to start by coming to terms with *o* by accepting this situation

B (Relig) **la Asunción** the Assumption

Asunción *f* (Geog) Asunción

asunto *m* 1 (cuestión, problema) matter; **no hemos hablado del ~ del viaje** we haven't talked about the trip, we haven't discussed the matter *o* question of the trip (frml); **éste es un ~ muy delicado** this is a very delicate matter *o* issue; **se pelearon por el ~ de la herencia** they fell out over the inheritance; **han quedado algunos ~s pendientes** there are still a few matters *o* questions *o* things to be resolved; **está implicado en un ~ de drogas** he's mixed up in something to do with drugs; **están hablando de ~s de negocios** they're talking about business matters; **tengo un ~ muy importante entre manos** I'm dealing with a very important matter; **no es ~ tuyo** it's none of your business; **mal ~, mañana viene el director general** I don't like the look of this, the general manager's coming tomorrow; ***y ~ concluido:*** **ya te he dicho que no y ~ concluido** I've already said no and that's that *o* that's final *o* that's all there is to it; **si se van a pelear por la pelota yo se la quito y ~ concluido** if you're going to fight over the ball, I'll take it away and that'll be the end of that 2 (pey) (relación amorosa) affair; **tuvo un asuntillo con la secretaria** he had a brief fling with his secretary 3 (CS fam) (razón, sentido): **¿a ~ de qué** *or* **con qué ~ se lo dijiste?** what did you go and tell him for? (colloq), why on earth did you tell him? (colloq); **le encuentro muy poco ~ a esto** I don't see much point in this; **¿a ~ de qué me voy a ir hasta allá si no van a estar?** what on earth's the point of my going all the way there if they're not going to be in? (colloq)

(Compuesto) **asuntos exteriores** *fpl* (esp Esp) foreign affairs

asustadizo -za *adj* ‹*persona*› nervous, jumpy, easily frightened; ‹*animal*› skittish, easily frightened, nervous

asustado -da *adj*: **los niños volvieron llorando y muy ~s** the children came back crying and very frightened; **le han dicho que tiene algo del pulmón y está ~** he's been told he has something wrong with his lung and he's really worried *o* scared

asustar [A1] *vt* to frighten; **¡me asustaste!** you made me jump!, you startled *o* frightened me!, you gave me a fright!; **me asustó cuando se puso tan serio** he gave me a fright when he went all serious; **nada lo asusta** he's not frightened *o* scared by anything, nothing frightens *o* scares him; **lo asustó con tanto hablar de casamiento** she frightened *o* scared him off with all her talk of marriage

■ **asustarse** *v pron* to get frightened; **me asusté cuando llegué a casa y no estaba allí** I got a fright *o* I got worried when I arrived home and he wasn't there; **no se asuste, no es nada grave** there's no need to worry *o* to be alarmed *o* frightened, it's nothing serious; **¡no te asustes! soy yo** don't be frightened *o* it's all right, it's only me; **se asustó con lo que le dijo el médico y dejó de fumar** what the doctor said frightened him *o* he got scared *o* frightened about what the doctor said and he stopped smoking

A.T. *m* (= **Antiguo Testamento**) OT

atabal *m* kettledrum

atacador *m* tamper

atacante[1] *adj* (Chi, Ur fam) infuriating, maddening; **su machismo me resulta ~** his male chauvinism really gets on my nerves (colloq), I find his male chauvinism maddening *o* infuriating

atacante[2] *mf* attacker, assailant (frml)

atacar [A2] *vt*

A 1 ‹*país/enemigo*› to attack; **la atacó por la espalda** he attacked her from behind; **su adversario lo atacó por sorpresa** his opponent caught him off guard *o* took him by surprise 2 (verbalmente) ‹*ideas/persona*› to attack; **deja de ~me continuamente** stop attacking me *o* (colloq) getting at me all the time

B «*sustancia*» to attack; «*virus/enfermedad*» to attack; **el ácido ataca el mármol** the acid attacks the marble; **ataca el sistema nervioso** it attacks the nervous system; **me ~on unos dolores de cabeza terribles** I suffered *o* got terrible headaches; **me atacó el sueño** I was suddenly overcome by sleep, I suddenly felt very sleepy

C 1 (combatir) ‹*problema/enfermedad*› to attack; **~ las causas del problema** to attack the causes of the problem; **este problema hay que ~lo de raíz** we need to attack the root of this problem 2 (acometer) ‹*tarea*› to tackle; ‹*pieza musical*› to launch into 3 (Ven fam) (cortejar) to go after; **Julio está atacando a Luisa** Julio's after Luisa (colloq), Julio's trying to get Luisa to go out with him

D (en un cañón) to ram

■ **atacar** *vi* to attack

■ **atacarse** *v pron* (Méx fam) (atiborrarse) **~se DE algo** to stuff oneself WITH sth (colloq)

attaché *m* (RPl) briefcase, attaché case

atacón -cona *m,f* (Ven fam) 1 (persona) (*m*) woman-chaser; (*f*) man-chaser 2 **atacón** *m* (comentario) suggestive remark

atadijo *m* loose bundle

atado *m* 1 (de ropa) bundle 2 (CS) (de espinacas, zanahorias) bunch; ***ser un ~ de nervios*** (CS) to be a bundle of nerves 3 (RPl) (de cigarrillos) pack (AmE), packet (BrE)

ataduras *fpl* ties (*pl*); **se decidió a romper las ~ familiares** she decided to break the family ties *o* the ties with her family

atafagante *adj* (Col fam) hectic

atafagar [A3] *vt* (Col fam) to hassle (colloq)

atafago, atafague *m* (Col fam): **hoy hubo un ~ horrible en la oficina** things were really hectic in the office today; **el ~ de manejar en Bogotá** the hassle of driving in Bogotá (colloq)

ataguía *f* cofferdam, caisson

atajada *f* (CS) save

atajador -dora (Méx) *m,f*

A (*m*) ballboy

B (*m*) ballboy

atajar [A1] *vt*

A 1 (AmL) (agarrar) ‹*pelota*› to catch; **atajó las llaves que le tiré** he caught the keys that I threw him 2 (Esp) (interceptar) ‹*pase/pelota*› to intercept, cut out

B 1 ‹*golpe/puñetazo*› to parry, block 2 ‹*persona*› (agarrar) to stop, catch; (interrumpir, detener) to stop; **¡atájalo!** catch *o* stop him!; **si no los hubiéramos atajado se habrían agarrado a puñetazos** they would have started fighting *o* (BrE) come to blows if we hadn't stopped them; **el presentador tuvo que ~lo** the presenter had to cut him short *o* stop him

C ‹*enfermedad*› to keep … in check, check the spread of; ‹*incendio*› to contain, check the spread of; ‹*rumor*› to quell; **buscan la manera de ~ este problema** they are looking for a way to keep this problem under control *o* in check, they are looking for a way to stop this problem (from) getting worse *o* (from) spreading; **~ el déficit público** to keep the public-sector deficit in check

■ **atajar** *vi*

A (por una calle, un parque): **~on por una calle poco transitada** they took a short cut down a quiet back street; **podemos ~ por el parque** we can cut across the park, we can take a short cut across the park

B (Méx) (en tenis) to pick up the balls

atajo *m*

A (en el camino) short cut; **si vamos** *or* **cortamos por el ~ llegaremos antes** if we take the short cut we'll get there quicker; ***echar*** *or* ***salir por el ~*** to take the easy way out; ***ponerle ~ a algo*** (Chi) to put a stop to sth

B (Inf) short cut; **~ de teclado** shortcut key

atalaya *f*

A 1 (torre) watchtower 2 (lugar) vantage point, lookout

B **atalaya** *mf* (persona) sentinel, lookout

atañer [E7] *vi* (*en tercera persona*) to concern; **es un problema que no nos atañe** it's a problem which does not concern us *o* which has nothing to do with us; **por lo que a mí atañe** as far as I'm concerned

atapuzar [A4] *vt* (Ven fam) to stuff, cram

■ **atapuzarse** *v pron* (Ven fam) to guzzle (down) (colloq); **~se DE algo** to stuff oneself WITH sth (colloq)

ataque *m*
A 1 (Dep, Mil) attack; **~ aéreo** air raid; **~ por sorpresa** surprise attack; **ataque en tres frentes** three-pronged attack 2 (verbal) attack; **la oposición lanzó un duro ~ contra el gobierno** the opposition launched a sharp *o* fierce *o* harsh attack on the government; **interpretó mis críticas como un ~ personal** she took my criticisms personally *o* as a personal attack
B (acceso) fit; **un ~ de celos/ira** a fit of jealousy/rage; **si la ves te va a dar un ~ de risa** you'll die laughing if you see her (colloq); **le dio un ~ de llanto** he burst into tears; **le va a dar un ~ cuando vea esto** (fam) he's going to have a fit when he sees this (colloq); **me dio un ~ de rabia al ver tanta injusticia** it made me furious *o* I was enraged to see so much injustice
(Compuestos)
- **ataque cardíaco** *or* **al corazón** heart attack
- **ataque de ansiedad** anxiety attack
- **ataque de nervios**: **si ese ruido continúa me va a dar un ~ de ~** if that noise carries on I'm going to have a fit; **me da un ~ de ~ cada vez que tengo que hablar en público** each time I have to speak in public, I get into a panic
- **ataque de pánico** panic attack

atar [A1] *vt*
A 1 ‹*caja/paquete*› to tie; ‹*planta*› to tie; **le até el pelo con una cinta** I tied her hair back with a ribbon; **ató la carne antes de meterla en el horno** he tied string around the meat before putting it in the oven; **llevaba un pañuelo atado al cuello** he was wearing a neckerchief, he was wearing a scarf (tied) round his neck 2 ‹*persona*› to tie … up; ‹*caballo*› to tie … up, tether; ‹*cabra*› to tether; **lo ~on a una silla** they tied him to a chair; **lo ~on de pies y manos** they bound him hand and foot *ver tb* **pie**[1] **A2**; **le ~on las manos** they tied his hands together; **ató al perro a una farola** she tied the dog to a lamppost
B «*trabajo/hijos*» to tie … down; **no hay nada que me ate a esta ciudad** there's nothing to keep me in this town; **me hizo una promesa y eso la ata** she made me a promise and that promise is binding; **~ *corto a algn*** to keep sb on a tight rein *o* (AmE) leash
■ **atar** *vi* «*trabajo/hijos*»: **los hijos atan mucho** children really tie you down, children are a real tie; **es un trabajo que ata mucho** it's a job that really ties you down; ***ni ata ni desata*** (es inútil) he's useless; (no tiene autoridad) he has no say *or* authority
■ **atarse** *v pron (refl)* ‹*zapatos/cordones*› to tie up, do up; ‹*pelo*› to tie up; **átate los zapatos** *or* **los cordones** do up your shoelaces!, tie your shoelaces up!

atarantado -da *adj*
A 1 (Col, Méx, Per fam) (tonto) dopey (colloq); **no seas ~** don't be so dopey 2 (Col, Méx, Per fam) (por un golpe) dazed, stunned 3 (Col, Méx, Per fam) (confundido) in a spin, dazed 4 (Andes fam) (precipitado) harum-scarum (colloq)
B (Méx fam) (borracho) plastered (colloq)

atarantar [A1] *vt* (Col, Méx, Per fam): **con tantas preguntas me ~on** they made my head spin with all their questions; **el golpe lo atarantó** the blow left him dazed, he was dazed by the blow
■ **atarantarse** *v pron*
A 1 (Col, Méx, Per fam) (aturdirse, confundirse) to get flustered, get in a dither 2 (Chi fam) (precipitarse): **no te atarantes** don't rush into it (colloq)
B (Méx fam) (atiborrarse) to stuff oneself (colloq)

atarazana *f* shipyard

atardecer[1] [E3] *v impers* to get dark; **ya atardecía cuando salimos** it was already getting dark when we left

atardecer[2] *m* dusk; **al ~** at dusk; **un ~ de otoño** one autumn evening at dusk *o* as the sun was going down

atareado -da *adj* busy

atarraya *f* (Col) fishnet

atarugarse [A3] *v pron* (Méx fam) to get flustered (colloq)

atascadero *m*
A (de tráfico) bottleneck
B ▸ **atolladero**

atascar [A2] *vt*
A ‹*cañería*› to block
B (Méx) ‹*motor*› to stall
■ **atascarse** *v pron*
A 1 «*cañería/fregadero*» to block, get blocked 2 «*tráfico*» to get snarled up; **nos atascamos a la entrada de la ciudad** we got stuck in a traffic jam coming into the city 3 (fam) «*persona*» (al hablar) to dry up; (en un examen) to get stuck; **estamos atascados con esto** we're bogged down *o* stuck on this point
B 1 «*mecanismo*» to jam, seize up; **la cerradura está atascada** the lock's jammed 2 (Méx) «*motor*» to stall

atasco *m* 1 (de tráfico) traffic jam, jam (colloq); (en un proceso) holdup, delay; **no hemos tenido más que problemas y ~s** we've had nothing but problems and holdups 2 (en una tubería) blockage; **hay un ~ en el desagüe** the drain's blocked, there's a blockage in the drain

ataúd *m* coffin

ataviar [A17] *vt* (liter) **~ a algn con algo** to attire sb in sth (liter), to dress sb up in sth
■ **ataviarse** *v pron* (liter) **~se con algo** to attire oneself in sth (liter), to dress oneself up in sth; **iba bien/mal ataviado para la ocasión** he was suitably/unsuitably attired for the occasion (frml)

atávico -ca *adj* atavistic

atavío *m* (liter): **en suntuoso ~** sumptuously attired (liter), in sumptuous attire (liter); **en ~s muy poco adecuados para la ocasión** very unsuitably attired for the occasion (frml); **llegó engalanada con sus mejores ~s** (hum) she came all dressed up *o* all got up in her finery *o* her finest clothes (hum)

atavismo *m* atavism

ataxia *f* ataxia, ataxy

ATC *f* = **Argentina Televisora Color**

ateísmo *m* atheism

atelier *m* studio

atembado -da *adj* (Col fam) dozy (colloq), dopey (colloq); (por un golpe) dazed

atemorizar [A4] *vt* (liter): **no logró ~lo con sus amenazas** she didn't succeed in frightening *o* intimidating him with her threats; **la pandilla de matones había atemorizado al barrio** the gang of thugs had terrorized the neighborhood; **tenía a los vecinos atemorizados** his neighbors lived in fear of him *o* were terrified of him
■ **atemorizarse** *v pron* (liter) to take fright (liter)

atemperar [A1] *vt* to temper

atemporal *adj* atemporal

Atenas *f* Athens

atenazar [A4] *vt* (liter) to grip (liter); **con la conciencia atenazada por el remordimiento** (with her conscience) gripped by remorse (liter); **el miedo los atenazaba** they were gripped by fear (liter)

atención[1] *f*
A 1 (cuidado, concentración) attention; **me gustaría poder dedicarle más ~ a esto** I'd like to be able to give this more attention, I'd like to be able to devote more attention to this; **me escuchó con ~** she listened to me attentively *o* carefully; **pon ~ en lo que haces** concentrate on *o* pay attention to what you're doing; **presta ~ a lo que voy a decir** pay attention *o* listen carefully to what I'm going to say; **trata de atraer la ~ del camarero** try and attract *o* get the waiter's attention; **le gusta ser el centro de (la) ~** she likes to be the center of attention; **esto ha sido todo por hoy, gracias por su ~** that's all for today, thank you for watching/listening 2 **llamar la ~**: **se viste así para llamar la ~** he dresses like that to attract attention (to himself); **¿no ves que estás llamando la ~ con esos gritos?** can't you see that you're attracting attention (to yourself) with your shouting?; **llama la ~ por su original diseño** the originality of its design is striking; **es una chica que llama la ~** she's a very striking girl; **lo dulce no me llama la ~** I'm not very fond of *o* (BrE) keen on sweet things; **nada le llama la ~** nothing seems to interest him; **me llamó la ~ que estuviera sola/no verlo allí** I was surprised she was alone/not to see him there; **llamarle la ~ a algn** (reprenderlo) to reprimand sb (frml), to give sb a talking to; (hacerle notar algo): **les llamé la ~ sobre el precio** I drew their attention to the price 3 (*en locs*): **a la atención de** (Corresp) for the attention of; **en atención a algo** (frml) in view of sth; **en ~ a sus circunstancias familiares** in view of *o* bearing in mind her family circumstances
B 1 (servicio): **no nos podemos quejar de la ~ que recibimos en el consulado** we can't complain about the way we were treated *o* the treatment we received in the consulate; Ⓢ **horario de atención al público** (en un banco) hours of business; (en una oficina pública) opening hours; Ⓢ **departamento de atención al cliente** customer service department (AmE), customer services department (BrE) 2 (cortesía): **nos colmaron de atenciones durante nuestra visita** we were showered with attention *o* (BrE) attentions during our visit, they made a real fuss of us during our visit; **no es necesario gastar mucho, lo importante es tener una ~ con él** we don't have to spend much money, the important thing is that he knows we thought of him; **no tuvo ninguna ~ con nosotros a pesar de nuestra hospitalidad** he didn't show the slightest appreciation despite our hospitality; **¡cuántas atenciones! estoy abrumado** how kind! I'm overwhelmed

atención[2] *interj* 1 (Mil) attention!; **¡~! están dando los resultados** listen! they're reading out the results; **¡~, por favor!** (your) attention, please!, may I have your attention, please? 2 (para avisar de un peligro) look out!, watch out!; Ⓢ **¡atención!** danger!, warning!

atender [E8] *vi*
A 1 (prestar atención) to pay attention; **atiende, que esto es importante** pay attention, this is important; **~ A algo/algn** to pay attention TO sth/sb; **lo explicó pero nadie le atendió** he explained it but nobody paid any attention to him *o* paid him any attention; **atiéndeme cuando te hablo** listen to me *o* pay attention when I'm talking to you 2 (cumplir con) **~ A algo** to meet sth; **no atendía a sus obligaciones** he was not meeting *o* fulfilling his obligations; **no tiene tiempo para ~ a todos sus compromisos** she does not have time to fulfill *o* meet all her commitments; **no pudo ~ a sus deberes** he was unable to carry out his duties; **no disponemos de recursos para ~ a estos gastos** we do not have the resources to meet these costs; **el dinero alcanzará para ~ a sus necesidades más urgentes** the money will be sufficient to meet their most pressing needs 3 (tener en cuenta, considerar) **~ A algo**: **atendiendo a su estado de salud se le hizo pasar enseguida** given his state of health *o* bearing in mind his state of health they let him go straight in; **los premios fueron otorgados atendiendo únicamente a la calidad de las obras** the prizes were awarded purely on the quality of the works; **atendiendo a sus instrucciones/pedido** in accordance with your instructions/order; ▸ **razón** 4 (prestar un servicio): **el doctor no atiende los martes** the doctor does not see anyone on Tuesdays; **en esa tienda/ese restaurante atienden muy mal** the service is very bad in that store/restaurant; **¿quién atiende aquí?** who's helping here? (AmE), who's serving here? (BrE)
B **atender por** (frml) (responder): **atiende por (el nombre de) Sinda** she answers to the name of Sinda
■ **atender** *vt*
A 1 ‹*enfermo*› **¿a usted qué médico la atiende?** which doctor usually sees you?, which doctor do you usually see?; **el médico que atendió a mi madre durante su enfermedad** the doctor who treated my mother while she was sick; **los atendieron enseguida en el hospital** they were seen immediately at the hospital; **está en cama y no tiene quien lo atienda** he's laid up in bed and has no one to look after him; **tiene que haber alguien en**

casa para ~ a los niños someone has to be in the house to take care of *o* look after the children 2 ‹*cliente*› to attend to, see to; (en una tienda) to serve; **¿la atienden?** are you being served?; **tienes que sacar número para que te atiendan** (en una tienda) you have to take a number and wait your turn; (en una oficina) you have to take a number and wait until you are called *o* wait to be seen; **el Sr Romero no lo puede ~ en este momento** I'm afraid Mr Romero can't see you *o* is unavailable at the moment; **no sabe ~ a sus invitados** he doesn't know how to look after his guests 3 ‹*asunto*› to deal with; ‹*llamada*› to answer; ‹*demanda*› to meet; **nunca atienden el teléfono** they never answer the telephone
B ‹*consejo/advertencia*› to listen to, heed (frml)
■ **atenderse** *v pron* (AmL) **~se con algn: ¿con qué médico se atiende?** which doctor usually sees you?, which doctor do you usually see?

atendible *adj* ‹*obra*› notable; ‹*reivindicación/argumento*› worthy of consideration; **las razones que ha dado para explicarlo son muy ~s** the explanation she has put forward for it is certainly worthy of consideration *o* worth thinking about; **su obra narrativa es muy ~** her narrative work is of great merit; **una de las películas más ~s que se han producido en nuestro país** one of the best *o* finest films that has ever been made in this country

ateneo *m* arts and sciences association

atenerse [E27] *v pron* 1 (ajustarse, someterse) **~ a algo: tendrás que atenerte a las reglas** *or* **normas** you will have to abide by *o* comply with the rules; **me atengo a las órdenes/instrucciones recibidas** I am obeying orders/following instructions; **se atuvo a lo que se le había pedido** she did exactly what had been asked of her; **me han dado tantas instrucciones contradictorias que no sé a que atenerme** they've given me so many conflicting instructions I don't know who I should listen to/what I should be doing; **tendrás que atenerte a las consecuencias** you will have to live with *o* abide by the consequences; **tienes que atenerte a tus medios económicos** you must keep within your means 2 (limitarse) **~ a algo: si nos atenemos a lo que dijeron ellos, la situación es muy distinta** if we go by what they said then the situation appears very different; **aténgase a los hechos** confine yourself to *o* (colloq) stick to the facts 3 (reafirmar) **~ a algo: me atengo a lo que declaré la semana pasada** I'm sticking to *o* (AmE) I'm sticking with what I said last week (colloq), I stand by *o* (frml) abide by what I said last week

atenido -da *m,f* (Col fam) impractical person

ateniense *adj/mf* Athenian

atentado *m* 1 (ataque): **murió víctima de un ~ terrorista** she died in a terrorist attack (*o* shooting *etc*); **llevaron a cabo un ~ contra el presidente** they carried out an assassination attempt on the president, they tried to assassinate (*o* shoot *etc*) the president; **un ~ contra la seguridad del Estado** a threat to national security 2 (afrenta) **~ contra** *or* **a algo: su manera de vestir es un ~ a** *or* **contra la moral** the way she dresses is an affront to morality; **esto constituye un ~ a** *or* **contra su dignidad y libertad** this constitutes an attack on his dignity and freedom

atentamente ➡📖 *adv* 1 ‹*escuchar/mirar*› attentively, carefully 2 (amablemente) thoughtfully, kindly; **lo saluda ~** (Corresp) sincerely yours (AmE), sincerely (AmE), yours faithfully/sincerely (BrE)

atentar [A1] *vi* **~ contra algo: ~on contra su vida** they made an attempt on her life, they tried to assassinate (*o* shoot *etc*) her; **fumando de esa manera atentas contra la salud de tu hijo** you're putting your child's health at risk *o* in jeopardy by smoking like that; **una ley que atenta contra los derechos de los inmigrantes** a law which infringes the rights of immigrants; **actos que atentan contra la seguridad del Estado** actions which threaten national security; **tenían como objetivo ~ en la ciudad** their objective was to carry out a terrorist attack in the city

atentatorio -ria *adj* (frml) **~ a** *or* **contra algo: estas medidas se han considerado atentatorias contra la libertad de prensa** these measures have been seen as an attack on the freedom of the press; **actos ~s contra las buenas costumbres** actions which constitute an affront to common decency

atento -ta *adj*
A 1 (que presta atención) ‹*alumno/público*› attentive; **estáte ~** pay attention; **estar ~ a algo** to pay attention to sth; **nunca está ~ a las explicaciones** he never pays attention *o* listens when you explain things to him 2 (alerta): **estáte ~ y avísame si viene alguien** stay alert and let me know if anyone comes; **escuchaba con oídos ~s** she listened attentively *o* carefully; **¡~! ¡que te quemás!** (*como interj*) (RPl) watch out, you'll burn yourself!; **estar ~ a algo** to be on the alert FOR sth; **estaba ~ al menor sonido/movimiento** he listened out for *o* was on the alert for the slightest sound/movement
B (amable) attentive; **un camarero muy ~** a very attentive *o* helpful waiter; **es muy ~, siempre contesta a todas las cartas** he's very courteous, he answers every letter; **se mostró poco atenta con los invitados** she wasn't very attentive to her guests; **en respuesta a su atenta carta** (Corresp) (frml) in reply to your kind letter

atenuación *f* 1 (moderación) toning down 2 (de la responsabilidad) lessening, reduction

atenuante[1] *adj* extenuating

atenuante[2] *m or f* mitigating factor, extenuating circumstance; **un delito sin ~s** a crime with no extenuating circumstances; **con el ~ de la embriaguez** mitigated by the fact that she was drunk

atenuar [A18] *vt* 1 (disminuir, moderar) ‹*luz*› to dim; ‹*color*› to tone down; **quizas deberías ~ el tono de tus críticas** perhaps you should tone down your criticism *o* moderate the tone of your criticism 2 (Der) ‹*responsabilidad*› to reduce, lessen
■ **atenuarse** *v pron* «*dolor*» to ease; **este optimismo se ha visto últimamente atenuado** this optimism has been tempered of late

ateo[1] **atea** *adj* atheistic

ateo[2] **atea** *m,f* atheist

aterciopelado -da *adj* velvety

aterido -da *adj* frozen; **~ de frío** numb with cold, frozen stiff

aterrador -dora *adj* terrifying

aterramiento *m* 1 (por acarreo natural) silting up 2 (presa) earth dam

aterrar [A1] *vt*
A ‹*persona*› to terrify; **le aterra la idea** she's terrified at the thought, the thought terrifies her
B ‹*lugar*› to fill … with earth

aterrizado -da *adj* (Andes fam) down-to-earth; **es muy aterrizada** she's very down-to-earth *o* she has her feet on the ground

aterrizaje *m* landing; **hacer un ~ forzoso** to make a forced *o* an emergency landing; **~ sobre tres puntos** three-point landing
(Compuesto) **aterrizaje suave** soft landing

aterrizar [A4] *vi* to land, touch down

aterrorizado -da *adj* terrified

aterrorizador -dora *adj* terrifying

aterrorizar [A4] *vt* to terrorize

atesoramiento *m* hoarding

atesorar [A1] *vt* ‹*dinero*› to amass; ‹*riquezas*› to amass, store up

atestación *f* attestation (frml), statement

atestado[1] **-da** *adj* packed, crammed; **el salón estaba ~ (de gente)** the hall was packed *o* crammed (with people); **~ de algo** packed *o* crammed full OF sth, packed *o* crammed WITH sth; **tiene cinco o seis cajas atestadas de libros** he has five or six boxes crammed *o* packed full of books, he has five or six boxes crammed *o* packed with books

atestado[2] *m* statement, attestation (frml); **hacer un ~** to make a statement

atestar *vt*
A **A5** *or* **A1** (llenar) ‹*local/plaza*› to pack; **~ algo de algo** ‹*caja/cajón*› to pack sth WITH sth, to pack sth full OF sth
B [A1] (Der) ‹*firma*› to witness
■ **atestar** *vi* [A1] (Der) to testify
■ **atestarse** *v pron* **A5** *or* **A1** **~se de algo** to stuff oneself WITH sth

atestiguar [A16] *vt* 1 (Der) to testify 2 (probar) to bear witness to; **los resultados atestiguan el esfuerzo realizado** the results bear witness to the amount of effort which has been put in; **existen datos que atestiguan estas declaraciones** there are figures to back up *o* support these statements
■ **atestiguar** *vi* to testify

atezado -da *adj* (liter) bronzed

atiborrar [A1] *vt*: **has atiborrado el cajón y ahora no se abre** you've stuffed the drawer so full *o* you've crammed so much into the drawer that now it won't open; **~ algo/a algn de algo** to stuff sth/sb WITH sth; **me atiborró los bolsillos de almendras** he stuffed my pockets with almonds; **nos atiborraba de comida** she stuffed us with food; **la habitación estaba atiborrada de libros** the room was stuffed *o* crammed *o* packed full of books; **hoy venía el autobús atiborrado de gente** the bus was packed *o* jam-packed *o* crammed with people today
■ **atiborrarse** *v pron* **~se de algo** to stuff oneself WITH sth, to stuff oneself full OF sth; **se atiborró de bombones** she stuffed herself with *o* full of chocolates

ático *m* 1 (apartamento) top-floor apartment *o* flat; (de lujo) penthouse; (de techo bajo) garret (AmE), attic flat (BrE) 2 (desván) attic, loft, garret (AmE)

atienda, atiendas, etc ▸ **atender**

atigrado -da *adj* ‹*gato*› tabby; ‹*pelaje*› striped

Atila Attila

atildado -da *adj* (liter): **una mujer elegante y atildada** an elegant woman of immaculate appearance (liter)

atinadamente *adv* ‹*decidir/actuar*› wisely, judiciously (frml)

atinado -da *adj* ‹*respuesta/comentario*› pertinent, spot-on (colloq); ‹*decisión/medida*› sensible, wise; ‹*solución*› sensible; **me pareció muy ~ lo que dijo** I thought what she said was very much to the point *o* was very pertinent *o* was spot-on; **no estuviste muy ~ al decirle eso** it wasn't very clever of you to tell her that, telling her that was not a very clever move

atinar [A1] *vi* 1 (acertar, dar) **~ con algo** ‹*con una solución, respuesta*› to hit ON *o* UPON sth, come up WITH sth, find sth; **al final atinó con la calle que buscaba** she finally found *o* succeeded in finding the street she was looking for; **los médicos no atinan con el diagnóstico** the doctors can't work out what's wrong with her 2 (lograr) **~ a + inf: no atino a enhebrar la aguja** I can't (seem to) get the needle threaded; **estaba tan emocionado que no atiné a decir palabra** I was so overcome, I couldn't say a word *o* get a single word out; **por suerte atinó a agarrarla de un brazo** luckily he managed to grab hold of her arm; **~ en el blanco** to hit the target; **¡atinaste!** you're dead right! (colloq)

atinente, atingente *adj* (frml) **~ a algn/algo** pertaining TO sb/sth (frml), relating TO sb/sth

atingencia *f*
A (AmL) (relación): **no tiene ~ con el tema** it has no bearing on *o* relevance to the subject
B (Per) (acotación) comment, observation (frml)

atípico -ca *adj* atypical

atiplado -da *adj* high-pitched

atirantar [A1] *vt* to tighten

atisbar [A1] *vt* 1 (vislumbrar): **~on a lo lejos las primeras casas del pueblo** (liter) they sighted *o* made out *o* (liter) discerned the first

---

➡📖 *ver* Correspondencia

houses of the town in the distance; **no se atisba ninguna posibilidad de mejora económica** (period) there does not appear to be any chance of an economic recovery; **se atisbaban los primeros indicios de distensión** (period) we were just beginning to detect *o* discern the first signs of a lessening of tension 2 (espiar) to spy on, watch; (mirar furtivamente) to peep at

■ **atisbar** *vi* (liter) to look out; **la vi atisbando desde detrás de las cortinas** I caught sight of her peeping out *o* looking out from behind the curtains

atisbo *m*: **hay ~s de mejoría** there are signs of improvement; **sin el menor ~ de sorpresa** without the slightest hint *o* sign of surprise; **una poesía en general mediocre con pequeñísimos ~s de inspiración** generally mediocre poetry with very occasional glimpses of inspiration

atiza *interj* golly! (dated), yikes! (colloq), wow! (colloq)

atizador *m* poker

atizar [A4] *vt*

A 1 ‹*fuego*› to poke 2 ‹*pasiones/discordia*› to stir up

B (Esp fam) (dar): **le atizó un bofetón en la cara** she slapped him in the face; **nos ~on una comida malísima** they served us up a terrible meal

■ **atizar** *vi* (Méx arg) (fumar marihuana) to smoke dope *o* pot (colloq)

■ **atizarse** *v pron*

A (Esp fam) ‹*comida*› to put away (colloq), to guzzle (down) (BrE colloq); ‹*cerveza/whisky*› to knock back (colloq), to down (colloq); ‹*refresco*› to guzzle

B (Méx arg) (drogarse) to get stoned *o* wasted (sl), to get trashed (AmE sl)

atlante *m* telamon, atlas

atlántico -ca *adj* Atlantic

Atlántico *m*: **el (océano) ~** the Atlantic (Ocean)

Atlántida *f*: **la ~** Atlantis

atlantista *adj/mf* (period) Atlanticist

atlas *m* (*pl* ~)

A (libro) atlas

B (Anat) atlas

Atlas: **el** *or* **los ~** the Atlas Mountains

atleta *mf* athlete

(Compuesto) **atleta de pista** track athlete

atlético -ca *adj* 1 ‹*club/competición*› athletics (*before n*) 2 ‹*cuerpo/figura*› athletic

atletismo *m* athletics

(Compuesto) **atletismo en** *or* **de pista** track athletics

atmósfera *f*

A 1 (Fís, Meteo) atmosphere 2 (en un recinto cerrado) atmosphere; **no puedo respirar en esta ~ tan cargada** I can't breathe in this stuffy atmosphere 3 (ámbito, entorno) atmosphere; **se respira una ~ de tensión** one feels *o* senses an atmosphere of tension; **ha creado una ~ de confianza en el país** he has created a climate of confidence in the country

B (unidad de presión) atmosphere

atmosférico -ca *adj* atmospheric

atochamiento *m* (Chi) 1 (de vehículos) traffic jam, tailback 2 (de mercaderías) backlog, build-up 3 (de personas) crush

atocharse [A1] *v pron* to get filled up

atol *m* (AmC, Ven) ▸ **atole**

atole *m* (Méx) hot maize drink; ***darle ~ con el dedo a algn*** (Méx fam) to string sb along (colloq)

atolladero *m* 1 (lugar cenagoso) mire 2 (aglomeración): **la estación es un ~ a estas horas** the station is horribly congested at this time of day; **la plaza era un ~ de coches** the square was jam-packed *o* was (packed) solid with cars; **a la salida del recital nos perdimos en el ~** as we came out of the concert we lost one another in the mass of people *o* in the crowd 3 (aprieto, apuro) predicament, awkward situation; **me puso en un ~** it put me in a predicament *o* an awkward situation *o* a tight spot

atollarse [A1] *v pron* to get bogged down *o* stuck

atolón *m* atoll

atolondrado[1] **-da** *adj* 1 [SER] (alocado) impetuous; (despistado) scatterbrained 2 [ESTAR] (por un golpe) dazed, stunned

atolondrado[2] **-da** *m,f* scatterbrain

atolondramiento *m* 1 (impetuosidad) impetuousness, rashness 2 (aturdimiento) daze

atolondrar [A1] *vt* 1 (confundir) to fluster 2 «*golpe*» to daze, stun

■ **atolondrarse** *v pron* 1 (precipitarse): **no te atolondres, piensa bien lo que vas a hacer** don't rush into it *o* don't be impetuous, think carefully about what you're going to do 2 (confundirse) to get flustered

atomicidad *f* atomicity

atómico -ca *adj* atomic

atomismo *m* atomism

atomista *mf* atomist

atomizador *m* spray, atomizer; **un perfume en ~** a spray perfume

atomizar [A4] *vt* 1 (fragmentar) ‹*organización*› to fragment; **una reforma agraria que atomizó la tierra** an agrarian reform which split the land up into tiny plots 2 (con atomizador) to spray

átomo *m* atom; ***ni un ~ de*** (fam): **no hay ni un ~ de verdad en lo que dice** there isn't an iota *o* a grain *o* an ounce of truth in what she says; **no tiene ni un ~ de sensatez** he hasn't an ounce *o* an iota of sense

atonal *adj* atonal

atonalidad *f* atonality

atonía *f* lethargy, sluggishness, atony (tech)

atónito -ta *adj* astonished, amazed; **me quedé ~ al enterarme de la noticia** I was amazed *o* astonished *o* astounded *o* (colloq) flabbergasted when I heard the news; **se la quedaron mirando ~s** they stared at her in amazement *o* astonishment

átono -na *adj* atonic, unstressed

atontado -da *adj* 1 (por un golpe, el asombro) stunned, dazed 2 (distraído): **venga hombre, contesta, que estás medio ~** come on, answer me, you're miles away *o* in a daze; **está como ~, nunca se entera de nada** he's in a world of his own, he never knows what's going on

atontamiento *m* 1 (por un golpe, el asombro) daze 2 (distracción) daze

atontar [A1] *vt*: **estas pastillas me están atontando** these pills are making me feel groggy *o* dopey; **tanta televisión va a acabar atontándolos** all this television's going to turn them into vegetables *o* zombies; **el golpe lo atontó** he was stunned *o* dazed by the blow, the blow stunned *o* dazed him

atorar [A1] *vt*

A (esp AmL) ‹*cañería*› to block, block up

B (Méx) (sujetar): **atoramos la puerta con una silla** we jammed the door shut/open with a chair; **atóralo con este alambre** secure it *o* hold it in place with this bit of wire

C (Ven fam) (acosar) to go on at

■ **atorar** *vi* (Méx fam): **atórale, hombre, es un buen negocio** go on, go for it, it's a good deal (colloq); **yo a eso no le atoro** I don't go in for that sort of thing (colloq)

■ **atorarse** *v pron* 1 (esp AmL) (atragantarse) to choke 2 (esp AmL) «*cañería*» to get blocked; «*puerta/cajón*» to jam; (+ *me/te/le etc*): **se me atoró el cierre** my zipper *o* (BrE) zip got stuck; **se le atoró el chicle en la garganta** she got her chewing gum stuck in her throat

atormentar [A1] *vt* 1 «*persona*» (físicamente) to torture; (mentalmente) to torment 2 «*dolor/celos*»: **este dolor de muelas me está atormentando** this toothache is driving me crazy; **atormentado por los celos** tormented by jealousy; **me atormentaba el remordimiento** I was racked with *o* tormented by guilt

■ **atormentarse** *v pron* (*refl*) to torment oneself

atornillador *m* (Chi) ▸ **destornillador**

atornillar [A1] *vt* to screw on (*o* down *etc*); **asegúrate de ~lo bien** make sure you screw it on/down tight, make sure the screws are tight; **~ algo A algo** to screw sth TO sth

atorrante[1] *adj*

A (Andes, RPl fam) (holgazán) lazy; (desaseado) scruffy

B (Bol, RPl fam) (sinvergüenza): **un comerciante medio ~** a storekeeper who's a bit of a crook *o* a bit crooked (colloq), a shopkeeper who's a bit dodgy (BrE colloq)

C (Col, Per fam) (pesado, cargante): **no seas ~, déjame en paz** don't be such a pain in the neck, leave me alone (colloq)

atorrante[2] *mf*

A 1 (Andes, RPl fam) (vagabundo) tramp, hobo (AmE), bum (AmE colloq) 2 (Andes, RPl fam) (holgazán) good-for-nothing, layabout, bum (AmE colloq); (desaseado) slob (colloq)

B (Bol, RPl fam) (sinvergüenza): **es un ~** he's a bit of a crook (colloq); **a ver, ~, que te lavo esa cara** come on you little terror, let's wash that face (colloq)

C (Col, Per fam) (pesado, cargante) pain in the neck (colloq)

atorrantear [A1] *vi* (Ur fam) to loaf around (colloq), to lay around (AmE colloq), to laze around (BrE colloq)

atortolado -da *adj*

A (fam) ‹*enamorados*› lovey-dovey (colloq)

B (Col fam) 1 (sorprendido) flabbergasted (colloq), amazed 2 (nervioso) in a state (colloq), in a flap (BrE colloq)

atortolar [A1] *vt* (Col fam) to amaze; **me atortoló lo rápido que aprendió el inglés** I was amazed *o* (colloq) flabbergasted by how quickly she learned English

■ **atortolarse** *v pron* (Col fam) to lose one's cool (colloq), to get in a state (colloq)

atosigar [A3] *vt* 1 (importunar) to pester, hassle (colloq); **no hacía más que ~me con preguntas** he did nothing but badger me with questions 2 (presionar) to harass, to pressure (AmE), to pressurize (BrE), to hassle (colloq)

■ **atosigarse** *v pron* (*refl*) (Chi) to stuff oneself

atrabancado -da *adj* (Méx fam) rash, reckless

atrabiliario -ria *adj* evil-tempered

atracada *f* (Per fam) ▸ **atracón**

atracadera *f* (Per fam) traffic jam

atracadero *m* mooring

atracador[1] **-dora** *adj* (Chi fam) 1 (que cobra caro): **son harto ~es** they're real sharks *o* rip-off artists (AmE) *o* (BrE) rip-off merchants (colloq) 2 ‹*mujer*› **es más ~a ...** she'll say yes to anybody

atracador[2] **-dora** *m,f* (de un banco) bank robber, raider (journ); (de una persona) mugger

atracar [A2] *vi*

A «*barco*» to dock, berth

B (Per fam) (picar): **ése atraca fácilmente** he'll swallow anything; **quiso besarla pero no atracó** he wanted to kiss her but she wouldn't go for it (AmE) *o* (BrE) wouldn't have it (colloq)

C (Chi fam) «*pareja*» to neck (colloq), to make out (AmE colloq), to snog (BrE colloq)

■ **atracar** *vt*

A (asaltar) ‹*banco*› to hold up; ‹*persona*› to mug; **en ese restaurante te atracan** (fam) they rip you off in that restaurant (colloq)

B (Per, Ven) (atascar) to jam

C (Chi fam) (acercar, aproximar): **están muy separados, atrácalos más** they're too far apart, shove (*o* shift *etc*) them closer together (colloq)

■ **atracarse** *v pron*

A (fam) **~se DE algo** ‹*de comida*› to stuff oneself WITH sth, gorge oneself ON sth, pig out ON sth (colloq)

B (Per, Ven) 1 «*puerta/cajón/ascensor*» to jam, get stuck; **la llave se ha atracado en la cerradura** the key's jammed *o* stuck in the lock 2 (al hablar) to dry up

C (*refl*) (Chi fam) (aproximarse): **atrácate a mí, así no nos perderemos** stick close to me, that way we won't lose each other; **se atracó al fuego** he drew near to the fire

atracción *f* 1 (Fís) attraction 2 (seducción) attraction; **siente una gran ~ por ella** he feels strongly attracted to her; **Nueva York ejerce una ~ irresistible sobre él** New York holds an irresistible attraction for him **3** (persona, cosa) attraction **4** (en una feria) attraction; **es la ~ más concurrida** it is the most popular attraction; **las atracciones están en la playa** the funfair is on the beach

atraco *m* (a un banco) robbery, holdup, raid (journ); (a una persona) mugging; **perpetrar** *or* **cometer un ~** (period) to carry out a robbery *o* raid; **¡qué precios, esto es un ~!** (fam) these prices are ridiculous, it's daylight robbery! (colloq)

(Compuesto) **atraco a mano armada** armed robbery

atracón *m* (fam): **se dio un ~ de paella** he gorged himself on *o* (colloq) stuffed himself with paella, he pigged out on paella (colloq)

atractivamente *adv* attractively

atractivo[1] **-va** *adj* attractive

atractivo[2] *m*: **tiene mucho ~** she's very charming; **es feo, ignorante, totalmente sin ~s** he's ugly, ignorant, he doesn't have a single redeeming feature *o* there isn't a single good thing about him; **el mayor ~ de la ciudad** the city's main attraction *o* appeal; **la oferta no tiene ningún ~ para mí** the offer doesn't attract me *o* appeal to me in the least, I don't find the offer at all attractive

atraer [E23] *vt* **1** (Fís) to attract **2** (traer, hacer venir) to attract; **un truco para ~ al público** a gimmick to attract the public; **la atrajo hacia sí** he drew her toward(s) him **3** (cautivar, gustar): **se siente atraído por ella** he feels attracted to her; **no me atrae para nada la idea** the idea doesn't attract me *o* appeal to me in the least, I don't find the idea at all attractive; **no me atraen mucho las fiestas** I'm not very fond of *o* (BrE) keen on parties, I don't care much for parties **4** ‹*atención/miradas*› to attract

■ **atraerse** *v pron* **1** (ganarse) to gain, win; **~se la amistad de algn** to gain *o* win sb's friendship **2** (*recípr*) to attract (each other); **los polos opuestos se atraen** opposite poles attract

atragantarse [A1] *v pron* **1** (al tragar) to choke; **no comas tan deprisa, que te vas a atragantar** don't eat so fast or you'll choke; **se le atragantó una espina** *or* **se atragantó con una espina** he got a fish bone stuck in his throat, he choked on a fish bone **2** (fam) (caer antipático): **tengo esta asignatura atragantada** I can't stand this subject (colloq); **la mujer esa se me ha atragantado** I can't stomach that woman

atraiga, atrajo, etc ▸ **atraer**

atrancar [A2] *vt* **1** ‹*cañería*› to block (up) **2** ‹*puerta/ventana*› to bar

■ **atrancarse** *v pron* **1** «*cañería*» to get blocked **2** «*persona*» (en una tarea) to get stuck

atrapada *f* catch

atrapamoscas *m* (*pl* ~)

A (Bot) Venus flytrap

B (utensilio) flypaper

atrapar [A1] *vt* ‹*mariposas/conejo*› to catch; **~on al ladrón** they caught the thief; **quedaron atrapados en el interior del local** they were trapped inside the building

atraque *m*

A (Náut) **1** (maniobra) docking **2** (muelle) berth, mooring

B (Chi fam) (besuqueo) necking (colloq), snogging (BrE colloq); **pegarse un ~** to have a necking session, to have a snog (BrE colloq)

atrás *adv*

A (en el espacio) **1** (expresando dirección, movimiento) back; **muévelo un poco para** *or* **hacia ~** move it back a little; **tuvo que volver ~** she had to go back; **da un paso ~** take one step back *o* backward(s) **2** **¡~!** (*como interj*) get back! **3** (lugar, parte): **está allí ~** it's back there; **¿nos sentamos más ~?** shall we sit further back *o* nearer the back?; **la parte de ~** the back; **iba sentado (en la parte de) ~** he was sitting in the rear; **me estaba quedando ~** I was getting left behind; **dejamos ~ la ciudad** we left the city behind us; **tiene los bolsillos ~** (esp AmL) the pockets are at the back; ***estar hasta* ~** (Méx fam) to be as high as a kite (colloq); ***saberse algo de ~ para adelante*** (CS fam) to know sth backwards; ***tente/téngase de* ~** (Col fam) brace yourself, prepare yourself for a surprise

B (en el tiempo): **sucedió tres años ~** it happened three years ago; **había sucedido tres años ~** it had happened three years earlier *o* before

C **atrás de** (*loc prep*) (AmL) behind; **~ de mí/ti/él** *or* (crit) **~ mío/tuyo/suyo** behind me/you/him; **~ de la puerta** behind the door

atrasado -da *adj*

A **1** [ESTAR] ‹*reloj*› slow; **tienes el reloj ~** your watch is slow **2** (con respecto a lo esperado): **estar ~** to be behind; **estamos ~s en el pago del alquiler** we're behind *o* in arrears with the rent; **está muy ~ en los estudios** he's really behind in his studies; **¿que no lo sabías? estás ~ de noticias** didn't you know? where've you been hiding? *o* you're behind the times (colloq); **el proyecto está ~** the project is behind schedule; **¿todavía no camina? está muy ~ para su edad** isn't he walking yet? he's very slow for his age; **el tren llegó/salió ~** (AmL) the train arrived/left late, the train was late arriving/leaving; **no llegues ~** (AmL) don't be late

B (acumulado, pasado): **tengo mucho sueño ~** I have a lot of sleep to catch up on; **todas las cuotas atrasadas** all outstanding payments; **números ~s de la publicación** back numbers of the publication

C **1** (anticuado, desfasado) ‹*ideas*› old-fashioned; **son muy ~s** they're very old-fashioned, they're way behind the times (colloq) **2** ‹*país/pueblo*› backward; **todavía estamos muy ~s con respecto a otros países** we're still very backward in comparison to other countries

atrasar [A1] *vt* **1** ‹*reloj*› to put back; **hay que ~ los relojes una hora** we have to put the clocks back one hour **2** ‹*reunión/fecha/viaje*› to postpone, put back; **han atrasado la salida** the departure has been delayed; **problemas financieros han atrasado la conclusión de las obras** the completion of the work has been held up by financial problems

■ **atrasar** *vi* «*reloj*» to lose time

■ **atrasarse** *v pron*

A «*reloj*» to lose time; **este reloj se atrasa** this watch loses time; **el reloj se me atrasa un minuto cada hora** my watch loses one minute every hour

B (en los estudios, el trabajo) to fall behind, get behind; **se ~on en el pago del alquiler** they fell behind *o* got into arrears with the rent

C «*país/industria*» to fall behind; **durante este período el país se atrasó en ciencia y tecnología** during this period the country fell behind *o* lost ground in the area of science and technology; **nos estamos atrasando respecto a nuestros vecinos** we are falling behind our neighbors

D (esp AmL) (llegar tarde) «*avión/tren*» to be late, be delayed; «*persona*» to be late; **me atrasé porque había mucho tráfico** I was delayed *or* held up by the traffic

E «*menstruación*» to be late

F (Ur) «*enfermo*» to get worse

atraso *m*

A **1** (en el desarrollo) backward state; (en las ideas) backwardness **2** (esp AmL) (retraso) delay; **perdona el ~** sorry for the delay; **~ en el pago de las facturas** delay *o* lateness in payment of invoices; **salió con unos minutos de ~** it left a few minutes late; **tenemos un ~ terrible con el trabajo** we have an awful backlog of work; **sus ~s constantes** his continual lateness

B **atrasos** *mpl* (deudas) arrears (*pl*); **cobrar/pagar los ~s** to collect/pay off the arrears

atravesada *f* (AmL) crossing

atravesado -da *adj*

A (cruzado): **el piano estaba ~ en el pasillo** the piano was stuck (*o* placed *etc*) across the corridor; **había un camión ~ en la carretera** there was a truck blocking the road; ***tener algo/a algn* ~** (fam): **lo tengo ~** I can't stand him (colloq); **tengo atravesada la física** I can't stand *o* (BrE) stomach physics (colloq)

B **1** (AmL fam) (obstinado) bloody-minded; (malintencionado): **es muy ~** he's a real troublemaker **2** (Col fam) (agresivo) vicious, mean (colloq) **3** (Chi fam) (mal humorado) in a bad mood

atravesar [A5] *vt*

A **1** ‹*río/frontera*› to cross; **la carretera atraviesa el pueblo/el valle** the road goes through the town/the valley; **~on la ciudad en coche/a pie** they drove/walked across town, they crossed the town by car/on foot; **atravesó el río a nado** she swam across the river; **~ el umbral de los 40 años** to reach *o* turn 40 **2** «*bala/espada*» to go through; **la bala le atravesó el corazón** the bullet went through her heart **3** ‹*situación/crisis/período*› to go through; **el país atraviesa momentos de gran tensión** the country is going through *o* living a period of great tension

B (colocar) to lay (*o* put *etc*) ... across; **habían atravesado un tronco en la carretera** they had laid *o* placed *o* put a tree trunk across the road

■ **atravesarse** *v pron* «*obstáculo/dificultad*»: **se nos atravesó un camión que salía de un garaje** a truck coming out of a garage crossed right in front of us; **se me atravesó una espina en la garganta** I got a fish bone stuck in my throat; **¡no te vuelvas a ~ en mi camino!** don't (you) get in my way again!; **si no se nos atraviesa ningún obstáculo en el camino** assuming that there are no unforeseen obstacles, assuming no unforeseen obstacles arise

atraviesa, atraviesas, etc ▸ **atravesar**

atrayente *adj* appealing

atreverse [E1] *v pron* to dare; **¡anda, atrévete!** go on then, I dare you (to); **~ CON algn**: **¿a que conmigo no te atreves?** I bet you wouldn't dare take me on; **~ CON algo**: **esto es lo que hay que revisar ¿te atreves con todo?** this is what has to be checked; do you think you can handle *o* tackle it all?; **¿vas a atreverte con ese filete?** do you think you're going to be able to manage that steak?; **~ A + INF**: **¿a que no te atreves a robar uno?** I bet you wouldn't dare (to) steal one; **¿cómo te atreves a contestar así a tu madre?** how dare you talk back to your mother like that?

atrevidamente *adv*

A (con audacia) boldly, daringly

B (con insolencia) insolently

atrevido[1] **-da** *adj* **1** (insolente) mouthy (AmE colloq), sassy (AmE colloq), cheeky (BrE colloq) **2** (osado) ‹*escote/vestido*› daring; ‹*chiste*› risqué; **el ~ diseño del edificio** the bold *o* adventurous design of the building; **me parece algo ~ decir una cosa así** I think it would be rash to say such a thing; **un escritor ~** a daring writer **3** (valiente) brave; **¿te vas a vivir allí? eres muy ~** are you going to live there? that's very brave of you

atrevido[2] **-da** *m,f* **1** (insolente): **ese niño es un ~ y un maleducado** that little boy is mouthy (AmE) *o* sassy (AmE) *o* (BrE) cheeky and bad-mannered (colloq) **2** (valiente): **el mundo es de los ~s** fortune favors the brave

atrevimiento *m* nerve; **tuvo el ~ de decirme que no lo haría** he had the nerve *o* audacity to tell me that he wouldn't do it; **¡qué ~!** what nerve! (AmE), what a nerve! (BrE)

atribución *f* **1** (de un hecho, delito) attribution; **la ~ de este éxito a la cooperación internacional** the attribution of this success to international cooperation **2** (de poderes): **la ~ de estas competencias a la comisión** the conferring of these powers on *o* the vesting of these powers in the committee **3** **atribuciones** *fpl* (poderes, funciones) powers (*pl*); **no está dentro de mis atribuciones cambiar el reglamento** it is not within my powers to change the rules; **las atribuciones de este tribunal** the powers of this court; **este chico se está tomando demasiadas atribuciones** (fam) this young man is getting above himself (colloq)

atribuible *adj* ~ **A algo** attributable *o* ascribable TO sth; **es ~ a su falta de experiencia** it can be put down to *o* attributed to *o* ascribed to his lack of experience, it is attributable *o* ascribable to his lack of experience

atribuir [I20] *vt* 1 ~ **algo A algn/algo** to attribute *o* ascribe sth TO sb/sth; **le atribuyeron algo que no dijo** they attributed words to him which he had not said; **atribuyó el éxito a la colaboración de todos** she attributed *o* ascribed their success to the cooperation of all concerned; **atribuye sus errores a la falta de experiencia** he puts his mistakes down to *o* attributes *o* ascribes his mistakes to lack of experience; **todo lo atribuye a su mala suerte** he blames everything on bad luck 2 ‹*funciones/poder*› to confer; **la constitución le atribuye este poder** this power is vested in him *o* conferred on him by the constitution 3 ‹*cualidades/propiedades*› ~ **algo A algn/algo**: **a esta hierba le atribuyen propiedades curativas** this herb is held *o* believed to have healing powers

■ **atribuirse** *v pron* (*refl*) 1 ‹*éxito/autoría*› to claim; **se ha atribuido los méritos del trabajo de otros** he has claimed the credit for other people's work; **se atribuyeron la autoría del atentado** they claimed responsibility for the attack 2 ‹*poderes/responsabilidad*› to assume

atribulado -da *adj* (frml) ‹*persona*› afflicted (frml); ‹*expresión/mirada*› anguished (frml); **dio el pésame a la atribulada viuda** he offered his condolences to the grieving widow (frml)

atribular [A1] *vt* to trouble

atributivo -va *adj* ‹*adjetivo*› (usado — con cópula) predicative; (— sin cópula) attributive; **verbo ~** copula; linking verb (AmE)

atributo *m*
A 1 (cualidad) attribute, quality 2 (símbolo) insignia
B (Ling) predicate

atrición *f* attrition

atril *m* 1 (para partituras) music stand 2 (para libros) lectern

atrinca *adj* (Ven fam) difficult

atrincado -da *adj* (Ven fam) 1 [ESTAR] (difícil, complicado) difficult, tough 2 [SER] (valiente) tough

atrincar [A2] *vt* (Chi fam) to push

atrincheramiento *m* entrenchment

atrincherar [A1] *vt* to entrench, dig trenches in *o* around

■ **atrincherarse** *v pron* 1 (Mil) to entrench oneself, dig oneself in 2 (escudarse) **~se EN algo** to hide BEHIND sth

atrio *m* 1 (patio interior) atrium 2 (de un templo, palacio) portico, vestibule

atrocidad *f*
A 1 (cualidad) barbarity 2 (acto) atrocity
B (uso hiperbólico): **¿eso le dijo? ¡qué ~!** he said that to her? how atrocious! *o* how awful!; **este nuevo programa es una ~** this new program is terrible *o* awful *o* appalling

atrofia *f* 1 (de un órgano, músculo) atrophy 2 (de una facultad, capacidad) degeneration

atrofiar [A1] *vt* 1 ‹*órgano/músculo*› to atrophy 2 ‹*facultad/capacidad*› to atrophy

■ **atrofiarse** *v pron* 1 «*órgano/músculo*» to atrophy 2 «*facultad/capacidad*» to degenerate

atronador -dora *adj* thunderous, deafening

atronar [A10] *vi*: **empezaron a ~ los teléfonos** the phones started ringing furiously; **atruenan los aviones y es imposible dormir** it's impossible to sleep with the planes thundering *o* roaring overhead

■ **atronar** *vt* ‹*lugar*› **~on el espacio del estadio con gritos de protesta** the stadium rang with shouts of protest

atropelladamente *adv*: **hablaba ~ y no se le entendía** he was gabbling *o* his words came out in a jumble and you could hardly understand him; **todos corrieron ~ hacia las puertas de salida** everyone bolted *o* rushed *o* charged towards the exits

atropellado -da *adj*: **¡qué ~ eres!** you're always in a rush *o* hurry!

atropellador[1] **-dora** *adj* inconsiderate

atropellador[2] **-dora** *m,f*: **no dejes que esa ~dora se aproveche de ti** don't let that pushy so-and-so take advantage of you

atropellar [A1] *vt* 1 «*coche/camión*» to knock … down; (pasando por encima) to run … over; **la atropelló un coche** she was run over/knocked down by a car 2 ‹*libertades/derechos*› to violate, ride roughshod over; **no duda en ~ a quien sea para conseguir sus fines** she has no qualms about riding roughshod over people to get what she wants

■ **atropellarse** *v pron* 1 (al hablar, actuar) to rush; **habla despacio, no te atropelles** speak slowly, don't gabble *o* babble; **cuando se pone nervioso se atropella y lo hace todo mal** when he gets nervous he rushes and makes a mess of everything 2 (*recípr*) (empujarse): **la gente salió corriendo, atropellándose unos a otros** people came running out, pushing and shoving as they went; **salgan despacio, sin ~se** leave slowly and (with) no pushing and shoving, go out slowly, in an orderly fashion

atropello *m* 1 (abuso) outrage; **esto es un ~, me quejaré a las autoridades** this is an outrage, I shall make an official complaint; **~ DE** *or* **A algo** violation OF sth; **los ~s de los derechos humanos cometidos por la dictadura** the human rights violations *o* the violations of human rights committed by the dictatorship 2 **atropellos** *mpl* (empujones) pushing and shoving, jostling; (prisas): **haz las cosas despacio y sin ~s** do things slowly, don't try to rush them

atropina *f* atropine

atroz *adj* 1 (brutal, cruel) appalling, terrible 2 (uso hiperbólico) atrocious, awful, dreadful (BrE); **tengo un dolor de cabeza ~** I have an atrocious *o* an awful headache

atrozmente *adv* 1 (con brutalidad) appallingly, cruelly 2 (uso hiperbólico) atrociously, awfully

ATS *mf* = **Ayudante Técnico Sanitario**

atta. (Corresp) = **atenta**

attaché *m* (Arg) briefcase

atte. (Corresp) = **atentamente le saluda ~** sincerely yours (AmE), sincerely (AmE), yours sincerely/faithfully (BrE)

attrezzista, atrezzista /atre'sista/ *m,f*
A (*fm*) propman, property master (frml)
B (*f*) propwoman, property mistress (frml)

attrezzo, atrezzo /a'treso/ *m* props (*pl*), properties (*pl*) (frml)

atuendo *m* (frml) outfit; **¡mira el ~ con que se ha venido!** (hum) look at the getup he's come in! (hum)

atufado -da *adj* (Méx, RPl fam) grouchy (colloq), grumpy

atufar [A1] *vt* (fam) to make … stink (colloq)

atún *m* tuna, tuna fish, tunny

atunero[1] **-ra** *adj* tuna (*before n*), tuna fishing (*before n*)

atunero[2] *m* tuna (fishing) boat

aturdimiento *m* 1 (confusión, perplejidad) bewilderment 2 (por un golpe) daze 3 (por una noticia, un suceso) daze

aturdir [I1] *vt* 1 «*ruido/música*»: **pone la música tan fuerte que te aturde** he puts the music on so loud that it's deafening *o* that you can't hear yourself think; **este ruido constante me aturde** I can't think straight with this constant noise 2 (confundir, dejar perplejo) to bewilder, confuse 3 «*golpe*» to stun, daze; **el golpe en la cabeza lo dejó aturdido** he was stunned *o* dazed by the blow on the head 4 «*noticia/suceso*» to stun, daze; **cuando se enteró quedó aturdido** he was stunned *o* dazed when he heard

■ **aturdirse** *v pron* 1 (confundirse) to get confused *o* flustered 2 (por un golpe, una noticia) to be stunned 3 (para olvidar la realidad): **buscan ~se y no pensar** they're seeking to escape from reality and not have to think

aturrullar [A1], **aturullar** [A1] *vt* (fam): **tanto trabajo me aturrulla** I'm getting in a state *o* all confused with all this work (colloq)

■ **aturrullarse aturullarse** *v pron* (fam) to get in a state (colloq), to get confused

atusarse [A1] *v pron* ‹*pelo*› to smooth, run one's fingers through; ‹*vestido/falda*› to smooth down, straighten

AU (en Arg) = **Autopista**

audacia *f* 1 (valor) courage, daring, bravery, boldness; **se enfrentó a la situación con ~** she faced up to the situation bravely *o* with courage *o* with bravery 2 (osadía) boldness, audacity

audaz *adj* 1 (valiente) ‹*persona/acción*› brave, courageous, daring, bold 2 (osado) daring, bold, audacious

audazmente *adv* 1 (valientemente) bravely, courageously, boldly 2 (con osadía) boldly, daringly, audaciously

audible *adj* audible

audición *f*
A (facultad de oír) hearing
B (prueba) audition; **le hicieron una ~ para el papel de Hamlet** he auditioned *o* was auditioned *o* had an audition for the role of Hamlet
C (RPl) (Rad) program*

audiencia *f*
A (cita) audience; **fue recibido en ~ por el Rey** he was granted an audience by the King; **pedir/conceder ~** to seek/grant an audience
B (Der) 1 (tribunal) court 2 (sesión) hearing

(Compuestos)
- **audiencia nacional** ≈ supreme court (*in US*), ≈ high court (*in UK*)
- **audiencia provincial** provincial court
- **audiencia pública** public hearing
- **audiencia territorial** ≈ police court (*in US*), ≈ magistrate's court (*in UK*)

C 1 (público) audience 2 (Rad, TV) audience; **un programa de mucha ~** a program with a large audience; **horas de mayor ~** prime time; **cifras de ~ de televisión** TV viewing figures

> **Audiencia Nacional**
>
> The Spanish high court for crimes affecting the national interest, e.g. drug trafficking, large-scale fraud and certain crimes committed abroad. It has powers of extradition.

audífono *m* 1 (para sordos) hearing aid, deaf-aid (BrE) 2 (de una radio) earphone 3 **audífonos** *mpl* (AmL) headphones (*pl*)

audimetría *f* ▸ **audiometría**

audio *m* 1 (campo, área) audio 2 (CS) (Cin, TV) sound

audiofrecuencia *f* audio frequency

audiolibro *m* audiobook, talking book

audiomensajería *f* voice mail

audiometría *f* audiometry (frml); **prueba de ~** hearing test

audiométrico -ca *adj* audiometric

audiómetro *m* audiometer

audiovisual[1] *adj* audiovisual

audiovisual[2] *m* audiovisual presentation

auditar [A1] *vt* to audit

auditivo -va *adj* 1 ‹*nervio/conducto*› auditory 2 ‹*problema*› hearing (*before n*), auditory (tech)

auditor -tora *m,f* 1 (persona) auditor 2 **auditora** *f* (empresa) auditors (*pl*), firm of auditors

auditoría *f* audit

(Compuestos)
- **auditoría administrativa** *or* **de gestión** management audit
- **auditoría de balance** balance sheet audit
- **auditoría externa** external audit
- **auditoría financiera** financial audit
- **auditoría general** general audit
- **auditoría informática** computer audit
- **auditoría interna** internal audit
- **auditoría medioambiental** environmental audit
- **auditoría operativa** operational audit

auditorio *m* 1 (público) audience 2 (sala) auditorium

auditorium *m* auditorium

AUF /a'uf/ *f* = **Asociación Uruguaya de Fútbol**

auge *m* 1 (punto culminante) peak; **estaba en el ∼ de su carrera** he was at the peak *o* height of his career; **un artista que alcanzó su ∼ en los años veinte** an artist who reached his peak *o* had his heyday in the twenties 2 (aumento): **la comida vegetariana está en ∼** vegetarian food is on the increase *o* is enjoying a boom; **el idioma español está tomando un gran ∼ internacional** Spanish is rapidly gaining in importance worldwide; **un período de ∼ económico** a period of economic growth

augur *m* augur

augurar [A1] *vt*: **le auguró un futuro halagüeño** she predicted *o* foretold a promising future for him; **este silencio no augura nada bueno** this silence does not bode *o* (frml) augur well; **esos nubarrones auguran tormenta** those clouds herald a storm

augurio *m* 1 (presagio): **sus ∼s no se cumplieron** his predictions did not come true; **se dice que es un ∼ de mala suerte** it's said to be (a sign of) bad luck *o* a bad omen 2 (deseo): **con nuestros mejores ∼s para el próximo año** with best wishes for the New Year; **recibió los buenos ∼s de sus colegas** his colleagues wished him well for the future

augusto -ta *adj* (liter) august (liter)

Augusto César Augustus Caesar, Caesar Augustus

aula *f*‡ 1 (en la escuela) classroom; **regresan a las ∼s** they go back to school 2 (en la universidad) lecture (*o* seminar *etc*) room

(Compuesto) **aula magna** main lecture theater* *o* hall

aulaga *f* gorse

áulico -ca *adj* court (*before n*)

aullar [A23] *vi* «*lobo/viento*» to howl; **el pobre niño aullaba de dolor** the poor child was howling with pain

aullido *m* howl; **el ∼ del viento** the howling of the wind; **los ∼s del perro** the howling of the dog; **daba ∼s de dolor** he was howling with pain

aumentar [A1] *vt* 1 ‹*precio*› to increase, raise, put up; ‹*sueldo*› to increase, raise; ‹*cantidad/velocidad/tamaño*› to increase; ‹*producción/dosis*› to increase, step up; **el microscopio aumenta la imagen** the microscope enlarges *o* magnifies the image; **no hizo más que ∼ su dolor/miedo** all it did was increase her pain/fear; **esto aumentó la tensión** this added to *o* increased the tension 2 ‹*puntos*› (en tejido) to increase

■ **aumentar** *vi* «*temperatura*» to rise; «*presión*» to rise, increase; «*velocidad*» to increase; «*precio/producción/valor*» to increase, rise; **el niño aumentó 500 gramos** the child put on *o* gained 500 grams; **su popularidad ha aumentado** his popularity has grown, he has gained in popularity; **el costo de la vida aumentó en un 3%** the cost of living rose by 3%; **la dificultad de los ejercicios va aumentando** the exercises get progressively more difficult; **∼á el frío durante el fin de semana** it will become colder over the weekend; **∼ DE algo** to increase IN sth; **aumentó de volumen/tamaño** it increased in volume/size; **ha aumentado de peso** he's put on *o* gained weight

aumentativo[1] **-va** *adj* augmentative

aumentativo[2] *m* augmentative

aumento *m* 1 (incremento) rise, increase; **pedir un ∼** to ask for a pay raise (AmE) *o* (BrE) rise; **las tarifas experimentarán** *or* **sufrirán un ligero ∼** there will be a small increase *o* rise in fares; **la tensión va en ∼** tension is growing *o* mounting *o* increasing; **el ∼ de las cotizaciones en las bolsas** the rise in stock market prices; **la velocidad del cuerpo va en ∼ a medida que ...** the speed of the object increases as ...; **∼ DE algo: ∼ de peso** increase in weight, weight gain; **∼ de temperatura** rise in temperature; **∼ de precio** price rise *o* increase; **∼ de sueldo** salary increase, pay raise (AmE), pay rise (BrE) 2 (Ópt) magnification; **un microscopio de 20 ∼s** a microscope with a magnifying power *o* magnification of 20; **tiene gafas** *or* (AmL) **lentes con** *or* **de mucho ∼** he wears glasses with very strong lenses

aun *adv* even; **ni ∼ trabajando 12 horas al día podríamos hacerlo** we'd never be able to do it, (not) even if we worked 12 hours a day; **∼ así, creo que le debes una explicación** even so, I think you owe him an explanation; **y ∼ así nos costó una fortuna** and it still cost us a fortune, and even then it cost us a fortune; **∼ cuando pudiera, no lo haría** I wouldn't do it even if I could

aún *adv*

A ▸ℹ **p.809** (todavía) 1 (en frases afirmativas o interrogativas) still; **¿∼ estás aquí?** are you still here?; **eso ∼ está por verse** that remains to be seen 2 (en frases negativas) yet; **∼ no ha llamado** she hasn't called yet; **ya son las once y ∼ no ha llamado** it's already eleven o'clock and she still hasn't called; **¿has tenido noticias? — ∼ no** have you had any news? — not yet

B (en comparaciones) even; **el gas ha subido un 7% y la electricidad ∼ más** gas has gone up 7% and electricity even more

C (encima) still; **¿y ∼ tuvo la frescura de pedirte dinero?** you mean she still had the nerve to ask you for money?

aunar [A23] *vt* to combine; **∼ esfuerzos** to join forces; **su interpretación aúna sensibilidad e inteligencia** her performance combines sensitivity with intelligence

■ **aunarse** *v pron* to unite, come together

aunque *conj*

A (refiriéndose a hechos) 1 (+ *indicativo*) although; **∼ llegamos tarde conseguimos entradas** although *o* even though we got there late we managed to get tickets; **por lo menos antes se oía; ∼ mal, se oía** at least before you could hear it, not very well, but you could hear it; **es simpático, ∼ algo tímido** he's very likable, if somewhat shy; **le dije que sí, ∼ la verdad es que no tengo ganas de ir** I said yes, although *o* though to be quite honest I don't feel like going 2 (respondiendo a una objeción) (+ *subjuntivo*): **∼ a ti no te guste, es muy bonito** *you* may not like it, but it's very pretty; **es millonario, ∼ no lo parezca** he's a millionaire though he may not look it; **∼ no lo creas sacó la mejor nota** believe it or not she got the best marks

B (refiriéndose a posibilidades, hipótesis) (+ *subjuntivo*) even if; **come lo que te sirvan, ∼ no te guste** eat whatever you're given, even if you don't like it; **mándales unas flores, ∼ sea** at least send them some flowers; **dale ∼ más no sea unos pesos** (RPl) at least give him a few pesos

aúpa *interj* (fam) (al levantar a un niño) up!, upsadaisy!, up you go/come!; (para animar) come on!; ***de* ∼** (Esp fam) tremendous (colloq)

au pair /o'per/ *mf* (*pl* **-pairs**) au pair

aupar [A23] *vt* 1 (fam) ‹*niño*› to lift up; **mamá, aúpame que no llego** mommy, lift me up, I can't reach 2 ‹*político*› to raise *o* bring ... to power, to put ... in power; **las votaciones de los lectores la han aupado al número uno** the readers' votes have taken *o* lifted her to number one

■ **auparse** *v pron*: **se aupó a una silla** she got up on a chair

aura *f*‡

A (halo) aura; **el incidente quedó envuelto en un ∼ de misterio** the incident was shrouded in mystery *o* surrounded by an aura of mystery

B (liter) (brisa) gentle breeze

C (Zool) turkey buzzard

(Compuesto) **aura tiñosa** turkey buzzard, vulture

áureo -rea *adj* (liter) (de oro) gold; (dorado) golden

aureola *f* 1 (Relig) halo, aureole (liter) 2 (de gloria, fama) aura; **estaba rodeado de una ∼ de poder** he had *o* there was an aura of power about him 3 (Astron) aureole, corona 4 (CS) (de una mancha) ring

aurícula *f* auricle

auricular[1] *adj* ▸**pabellón**

auricular[2] *m* 1 (del teléfono) receiver 2 **auriculares** *mpl* (Audio) headphones (*pl*), earphones (*pl*)

auriculoterapia *f* (Med) auriculotherapy

aurífero -ra *adj* gold-bearing, auriferous (frml)

auriga *m* charioteer

aurora *f* dawn; **la ∼ de una nueva era** the dawning of a new age

(Compuestos)

- **aurora austral** aurora australis, southern lights (*pl*)
- **aurora boreal** aurora borealis, northern lights (*pl*)

auscultación *f* auscultation

auscultar [A1] *vt* to auscultate (tech); **el médico me auscultó** the doctor listened to my chest (with a stethoscope); **∼ el sentir de la nación** to sound out *o* gauge national opinion, to feel the pulse of the nation (journ)

ausencia *f* 1 (de una persona) absence; **ocurrió en ∼ de sus padres** it happened in *o* during his parents' absence *o* while his parents were away; **durante mi ∼** while I was away, in *o* during my absence; **lo condenaron en su ∼** he was sentenced in absentia *o* in his absence; **siente mucho la ∼ de su mujer** he misses his wife a great deal; ***brillar por su* ∼** to be conspicuous by one's absence; **el orden brilla por su ∼** there's a distinct lack of order; ***guardar le (la) ∼ a algn*** (ant) to stay at home (*while one's fiancé is away*) 2 (no existencia) lack, absence; **hay una ∼ total de sentido en el texto** the text is totally lacking in *o* devoid of meaning 3 (frml) (falta de asistencia) absence; **tiene tres ∼s** he has been absent three times

ausentarse [A1] *v pron* (frml) to go away; **se ausentó un mes de su domicilio** he was away from home *o* he went away for a month; **pidió permiso para ∼ un momento** he asked to leave the room (*o* class *etc*); **lo llamaron y tuvo que ∼** he was called away; **con niños chicos uno no puede ∼ ni un minuto** if you have small children you can't leave them for a moment

ausente[1] *adj* [ESTAR] 1 (no presente) absent; **todos los alumnos ∼s** all those pupils who are absent; **llama a Rodríguez — está ∼ hoy** call Rodríguez — he's not in today; **García — ausente** García — he's absent *o* he's away; **estaba ∼ de su domicilio** (period) she was not at home; **∼ con aviso** apology for absence 2 (distraído) distracted; **estaba preocupado, como ∼** he looked preoccupied, as if his mind were elsewhere *o* on other things, he looked preoccupied and rather distracted; **tenía una expresión ∼** he had an absent expression on his face *o* a far-away look in his eyes; **una mirada ∼, ensoñadora** an absent, dreamy look 3 (euf) (difunto): **nuestros hermanos ∼s** our brothers who are no longer with us (euph)

ausente[2] *mf* 1 (persona que falta): **no está bien criticar a los ∼s** it's not right to criticize people in their absence *o* behind their backs; **uno de los grandes ∼s fue ...** one notable absentee was ... 2 (Der) missing person

ausentismo *m* absenteeism

(Compuestos)

- **ausentismo escolar** absenteeism, truancy
- **ausentismo laboral** absenteeism

ausentista *adj* absentee (*before n*)

auspiciador[1] **-dora** *adj*: **la empresa ∼a del concurso** the company sponsoring the competition

auspiciador[2] **-dora** *m,f* sponsor, backer

auspiciar [A1] *vt* 1 (patrocinar) ‹*programa/exposición/función*› to back, sponsor 2 (propiciar, facilitar) to foster, promote, create a favorable atmosphere for; **la patronal auspició el diálogo con los trabajadores** the management fostered dialogue with the workers

auspicio *m*

A (patrocinio, apoyo) sponsorship; **bajo el ∼** *or* **los**

~s de ... under the auspices of ...
B **auspicios** *mpl* (perspectivas): **su carrera/el viaje empezó con buenos ~s** her career/the journey began auspiciously *o* had an auspicious start
auspicioso -sa *adj* auspicious, promising; **el proyecto tuvo un comienzo ~** the project began auspiciously, the project had an auspicious *o* a promising start; **el futuro se presenta bastante ~** the future is looking rather good *o* promising
austeramente *adv* austerely
austeridad *f* (de una vida, de costumbres) austerity; (de un estilo) austerity; **una época de ~ económica** a time of economic austerity
austero -ra *adj* ‹*persona/vida/costumbres*› austere; ‹*decoración/estilo*› austere; **es ~ en el comer** he is frugal in his eating habits
austral[1] *adj* southern
austral[2] *m* austral (*former Argentine unit of currency*)
Australasia *f* Australasia
Australia *f* Australia
australiano -na *adj/m,f* Australian
Austria *f‡* Austria
austríaco -ca, **austriaco -ca** *adj/m,f* Austrian
austro-húngaro *adj* Austro-Hungarian
autarcía *f* self-sufficiency, autarky
autarquía *f* **1** (autosuficiencia) self-sufficiency, autarky **2** (autocracia) autocracy, autarchy
autárquico -ca *adj* **1** (autosuficiente) self-sufficient, autarkic **2** (autocrático) autocratic, autarchical, autarchic
autenticación *f* authentication
auténticamente *adv* authentically, genuinely
autenticar [A2] *vt* **1** ‹*firma/documento*› to authenticate **2** (RPl) ‹*fotocopia*› to attest
autenticidad *f* authenticity
auténtico -ca *adj*
A **1** ‹*cuadro*› genuine, authentic; ‹*perla/piel*› real; ‹*documento*› authentic **2** ‹*interés/cariño*› genuine; ‹*persona*› genuine **3** ‹*pesadilla/catástrofe*› (*delante del n*) real (*before n*); **el resultado es un ~ desastre** the result is an absolute *o* a complete *o* a real disaster; **una auténtica multitud se dio cita frente al banco** a huge *o* real crowd gathered opposite the bank
B (Esp arg) (estupendo) great (colloq)
autentificación *f* authentication
autentificar [A2] *vt* to authenticate
autillo *m* tawny owl
autismo *m* autism
autista *adj* autistic
auto *m*
A (esp CS) (Auto) car, auto (AmE), automobile (AmE)
(Compuestos)
- **autitos chocadores** (CS) *mpl* ▸**autos de choque**
- **auto de carrera** (esp CS) racing car
- **autos de choque** *mpl* bumper cars (*pl*), Dodgems® (*pl*) (BrE)
- **autos locos** *mpl* (Chi) ▸**autos de choque**
- **auto sport** (CS) sports car

B (Der) (resolución) decision; (orden) order, writ
(Compuestos)
- **auto de comparecencia** subpoena, summons
- **auto de embargo** attachment order, writ of attachment
- **auto de fe** auto-da-fé
- **auto de prisión** committal, committal order
- **auto de procesamiento** committal for trial; **se dictó ~ de ~ contra ella** she was committed for trial

C **autos** *mpl* (documentación) proceedings (*pl*); **constar en ~s** to be proven; **el día/la fecha de ~s** the day/date of the offense
D (Lit, Teatr) play
(Compuestos)
- **auto de la pasión** passion play
- **auto sacramental** *17th century allegorical religious play*

auto- *pref* **1** (a sí mismo) self-; **~estima** self-esteem; **así se ~definen** that is how they define themselves; **prisioneros que se han ~lesionado** prisoners who inflicted injuries on themselves **2** (indicando automaticidad) auto-; **con ~inversión de marcha** with auto-reverse; **~controlado** with auto-control **3** (Auto): **autorradio** car radio
autoabandono *m* self-neglect
autoabastecerse [E3] *v pron* to be self-sufficient; **~ DE** *or* **EN algo** to be self-sufficient IN sth
autoabastecimiento *m* self-sufficiency; **~ de petróleo** self-sufficiency in oil
autoadherente *adj* self-adhesive
autoadhesivo -va *adj* self-adhesive
autoadministrarse [A1] *v pron*
A ‹*droga/insulina/medicina*› to take (*without supervision*)
B «*empresa/organización*»: **son organizaciones capaces de ~** they are organizations which are capable of running their own affairs
autoajustable *adj* self-adjusting
autoalarma *f* car alarm
autoaprobación *f* self-approbation
autoasertividad *f* self-assertiveness
autoayuda *f* self-help
autobiografía *f* autobiography
autobiográfico -ca *adj* autobiographical
autobomba *m* (RPl) water tender, fire engine
autobombo *m* (Esp fam) self-glorification; **hacerse** *or* **darse ~** to blow one's own trumpet
autobronceador[1] **-dora** *adj* self-tanning (*before n*)
autobronceador[2] *m* self-tanning lotion (*o* cream, etc)
autobús *m* bus
(Compuestos)
- **autobús articulado** articulated bus, tandem bus
- **autobús de dos pisos** double-decker bus
- **autobús de enlace** shuttle bus
- **autobús de línea** (inter-city) bus, coach (BrE)
- **autobús foráneo** (Méx) intercity bus
- **autobús turístico** tourist bus

autobusero[1] **-ra** *adj* bus (*before n*)
autobusero[2] **-ra** *m,f* bus driver
autocalificarse [A2] *v pron* to describe oneself
autocar *m* (Esp) bus, coach (BrE)
autocaravana *f* camper,, camper van
autocartera *f* treasury stock (AmE), portfolio of repurchased stock (BrE)
autocensura *f* self-censorship
autocine *m* drive-in
autoclave *f or m* autoclave
autocomplacencia *f* self-satisfaction, smugness
autocontrol *m* self-control
autocorrector[1] **-tora** *adj* self-correcting
autocorrector[2] *m* autocorrect facility
autocracia *f* autocracy
autócrata *mf* autocrat
autocrático -ca *adj* autocratic
autocrítica *f* self-criticism
autocross *m* autocross
autóctono -na *adj* ‹*flora/fauna*› indigenous, native, autochthonous (frml); **el elefante es ~ de la India** the elephant is indigenous *o* native to India; **la música autóctona** indigenous music
autocue® *m* teleprompter® (AmE), autocue® (BrE)
autodañarse [A1] *vpr* to self harm
autodaño *m* self harm
autodeclarado -da *adj* self-professed
autodeclarado -da *adj* self-professed
autodefensa *f* self-defence
autodefinirse [I1] *v pron* to define oneself
autodegradación *f* self-abasement
autodenominarse [A1] *v pron* to call oneself
autodescubrimiento *m* self-discovery
autodestrucción *f* self-destruction
autodestruirse [I20] *v pron* to self-destruct
autodeterminación *f* self-determination
autodiagnóstico *m* self-diagnosis
autodidacta[1] *adj* ‹*método*› autodidactic; ‹*persona*› self-taught
autodidacta[2] *mf* self-taught person, autodidact (frml)
autodidacto -ta *adj/m,f* ▸**autodidacta**[1], **autodidacta**[2]
autodisciplina *f* self-discipline
autodisciplinarse [A1] *v pron* to discipline oneself, learn self-discipline
autodisparador *m* self-timer
autodominio *m* self-control
autódromo *m* racetrack, circuit
autoedición *f* desktop publishing
autoempleo *m* self-employment
autoencendido *m* self-ignition
autoengaño *m* self-deception
autoentendimiento *m* self-understanding
auto-escuela, autoescuela *f* driving school
autoestima *f* self-esteem
autoestop *m* ▸**autostop**
autoestopista *mf* hitchhiker
autoestudio *m* self-study
autoevaluación *f* self-appraisal
autoexamen *m* self-examination
(Compuesto) **autoexamen mamario** *or* **de mamas** breast self-examination
autoexplicativo -va *adj* self-explanatory
autoexploración *f* ▸**autoexamen**
autoexpreso *m* Motorail®
autoferro *m* (Andes) railcar
autofertilización *f* self-fertilization
autofinanciación *f*, **autofinanciamiento** *m* self-financing
autofinanciado -da *adj* self-financed
autofinanciarse [A1] *v pron* to finance oneself
autógeno -na *adj* autogenous
autogestión *f* self-management
autogestionar [A1] *vt* ‹*tiempo/esfuerzo*› to self-manage; **esto los capacitará para ~ su empresa** this will enable them to manage their business on their own
■ **autogestionarse** *vpr* to manage one's own affairs
autogiro *m* (Aviac) autogiro
autoglorificación *f* self-glorification
autogobernarse [A5] *v pron* to govern oneself
autogobierno *m* self-government
autogol *m* own goal
autogolpe *m: coup organized by the government itself to allow it to take extra powers*
autografiar [A17] *vt* to autograph
autógrafo *m* autograph
autohipnosis *f* self-hypnosis
autoinculpación *f* self-incrimination
autojustificación *f* self-justification
autolavado *m* car wash
autolesión *f* self-injury
autolesionarse [A1] *v pron* to injure oneself
autolimpiante *adj* self-cleaning
automarginación *f* dropping-out
automarginarse [A1] *v pron*: **~ DE algo** to drop out OF sth; **se automarginó de la sociedad** he cut himself off from society
autómata *m* automaton, automatic machine (*o* device *etc*)
automáticamente *adv* **1** ‹*abrirse/cerrarse*› automatically; ‹*reaccionar/contestar*› automatically **2** (indefectiblemente) automatically; **quedó ~ descalificado** he was automatically disqualified

automaticidad *f* automatic nature

automático¹ -ca *adj* **1** ‹*lavadora/coche/cámara*› automatic **2** ‹*reflejo/reacción*› automatic; **es ~, se sienta a ver la tele y se queda dormido** (fam) it happens every time, he sits down in front of the TV and falls asleep, he sits down in front of the TV and automatically falls asleep

automático² *m* **1** (Fot) self-timer **2** (Elec) circuit breaker, trip switch **3** (corchete) snap fastener (AmE), press stud (BrE), popper (BrE)

automatismo *m* automatism

automatización *f* automation

automatizado -da *adj* automated

automatizar [A4] *vt* to automate

automedicación *f* self-medication

automedicarse [A2] *v pron* to self-medicate; **se automedicaba con antibióticos** he was medicating himself with antibiotics

automercado *m* (AmC) supermarket

automoción *f* self-propulsion

automotivación *f* self-motivation

automotivado -da *adj* self-motivated

automotor¹ -triz *or* **-tora** *adj* **1** (frml) ‹*vehículo*› motor (*before n*) **2** (AmL) ‹*industria*› car (*before n*), automobile (AmE) (*before n*)

automotor² *m*
A (frml) (Auto) motor vehicle (frml)
B (Ferr) railcar (*diesel or electric motor unit*)

automóvil¹ *adj* motor (*before n*)

automóvil² *m* car, automobile (AmE); **la industria del ~** the car *o* motor *o* (AmE) automobile industry
(Compuesto) **automóvil club** automobile club

automovilismo *m* motoring
(Compuesto) **automovilismo deportivo** motor racing

automovilista *mf* motorist

automovilístico -ca *adj* ‹*carrera*› motor (*before n*); ‹*accidente*› car (*before n*), automobile (AmE) (*before n*)

automutilación *f* self-mutilation

autonomía *f* ▸ **comunidad autónoma**
A **1** (independencia) autonomy; (Pol) autonomy, self-government; **el poder judicial goza de ~** the judiciary is independent; **obran con ~** they act autonomously *o* independently **2** (en Esp, comunidad autónoma) autonomous *o* self-governing region **3** (de portátil, teléfono, etc) battery life; **tiempo de ~** standby time
B (Aviac, Náut) range
(Compuesto) **autonomía de vuelo** range

> **autonomía**
> ▸ **comunidad autónoma.**

autonómicas *fpl* (en Esp) (Pol): **las ~** autonomous regional elections

autonómico -ca *adj* **1** (independiente) autonomous **2** ‹*presidente/elecciones*› (en Esp) regional

autonomista *adj/mf* autonomist

autónomo¹ -ma *adj* **1** (independiente) ‹*departamento/entidad*› autonomous **2** (Pol) (en Esp) ‹*región*› autonomous, self-governing **3** ‹*trabajador*› self-employed; ‹*fotógrafo/periodista*› freelance

autónomo² -ma *m,f* (trabajador) self-employed worker *o* person; (fotógrafo, periodista) freelancer

autopatrulla *f* (Chi) police car, patrol car, squad car (AmE)

autopiano *m* (AmL) Pianola®, player piano (AmE)

autopista *f* expressway (AmE), freeway (AmE), motorway (BrE); **~ de peaje** *or* (Méx) **de cuota** turnpike (road) (AmE), tollway (AmE), toll motorway (BrE)
(Compuestos)
- **autopista de datos** (Inf) data superhighway
- **autopista de la información** (Inf) information highway

autopolinización *f* self-pollination

autoprotección *f* self-protection

autopsia *f* autopsy, post mortem; **hacerle la ~ a algn** to perform an autopsy *o* a post mortem on sb

autopullman *m*: *luxury, long-distance bus*

autor -tora *m,f* **1** (de un libro, poema) author, writer; (de una canción) writer; **una obra de ~ anónimo** an anomymous work; **el ~ de la obra** the playwright, the person who wrote the play **2** (de un delito) perpetrator (frml); **los ~es del atraco** the perpetrators of the robbery, those responsible for the robbery; **el ~ del gol** the goalscorer; **el ~ del proyecto** the originator *o* author of the plan, the person who conceived the plan; **el ~ intelectual del robo** (AmL) the brains *o* mastermind behind the robbery, the man who planned the robbery

autoreproche *m* self-reproach

autoría *f* **1** (de un delito) responsibility; **ninguna organización se ha atribuido la ~ del atentado** (period) no organization has claimed responsibility for the attack **2** (de un libro, una canción) authorship

autoridad *f*
A **1** (poder) authority; **no tengo ~ para hacerlo** I do not have the authority to do it; **no tiene ninguna ~ sobre la clase** he has no control *o* authority over the class **2** (persona, institución): **las ~es universitarias/municipales** the university/municipal authorities; **es la máxima ~ en el ministerio** he is the top official in the ministry; **se entregó a las ~es** she gave herself up to the authorities; **la ~ competente** the proper authorities
(Compuesto) **autoridad moral** moral authority; **no tiene ~ ~ para criticarnos** she has no moral authority *o* is in no position to criticize
B **1** (experto) authority; **es considerado una ~ en la materia** he is considered an authority on the subject **2** (competencia) authority; **habla con mucha ~** she speaks with great authority
C (Der): **una sentencia con ~ de cosa juzgada** an executable *o* enforceable sentence; **el tratado tiene ~ de ley** the agreement is legally binding *o* has the power of law

autoritario -ria *adj* **1** ‹*gobierno/doctrina*› authoritarian **2** ‹*persona/carácter*› authoritarian

autoritarismo *m* authoritarianism

autoritativo -va *adj* authoritative

autorización *f* (acción) authorization (frml); (documento) authorization (frml); **los menores de edad necesitan la ~ paterna** minors need their parents' consent; **el padre o tutor debe firmar la ~** the parent or guardian must sign the consent form; **no cuenta con la debida ~** she does not have the requisite authorization

autorizado -da *adj* **1** ‹*fuente/portavoz*› official; ‹*distribuidor*› authorized, official **2** ‹*opinión*› expert (*before n*), authoritative; **las personas autorizadas opinan que ...** the experts are of the opinion that ...

autorizar [A4] *vt* **1** ‹*acto/manifestación*› to authorize; ‹*pago/obra/aumento*› to authorize, approve; **la película está autorizada para todos los públicos** the film has been authorized for general release *o* passed as suitable for all ages **2** ‹*documento/firma*› to authorize **3** ‹*persona*› **~ a algn A** *or* **PARA + INF**: **eso no te autoriza a** *or* **para hablarme de ese modo** that doesn't give you the right to talk to me like that; **el juez lo autorizó a asistir al funeral** the judge granted him permission to attend the funeral; **había sido autorizado para negociar con los acreedores** he had been given the authority to *o* he had been authorized to negotiate with the creditors

autorreferencial, autorreferente *adj* self-referential, self-referring

autorregulación *f* self-regulation

autorregulador *adj* self-regulating

autorregularse [A1] *v pron* to regulate oneself

autorreproche *m* self-reproach

autorretrato *m* self-portrait

autosatisfacción *f* smugness, self-satisfaction

autoservicio *m* **1** (tienda) supermarket **2** (restaurante) self-service restaurant, cafeteria

autosoma *m* (Biol) autosome

autostop, auto-stop /auto'(e)stop/ *m* hitchhiking; **hacer ~** to hitchhike; **me llevó en ~** he gave me a lift *o* ride

autostopismo *m* hitchhiking

autostopista *mf* hitchhiker

autosuficiencia *f* **1** (Econ) self-sufficiency **2** (presunción) smugness

autosuficiente *adj* **1** (Econ) self-sufficient **2** (presumido) smug, self-satisfied

autosugestión *f* autosuggestion

autosuperación *f* self-improvement

autotortura *f* self-torment

autovacuna *f* autovaccine

autovagón *m* (Per) railcar

autovaloración *f* self-appraisal

autovía *f* divided highway (AmE), dual carriageway (BrE)

auxiliar¹ *adj* **1** ‹*profesor/magistrado*› assistant (*before n*); ‹*personal/elementos*› auxiliary (*before n*) **2** ‹*servicios*› auxiliary; **la tripulación ~ del avión** the cabin crew on the aircraft **3** (Tec) auxiliary **4** (Inf) peripheral

auxiliar² *mf*
A **1** (ayudante) assistant; **~ de laboratorio** laboratory assistant **2** (funcionario) assistant
(Compuestos)
- **auxiliar administrativo** administrative assistant
- **auxiliar de vuelo** flight attendant
- **auxiliar técnico sanitario** nurse

B **auxiliar** *f* (RPl) spare tire*

auxiliar³ [A1] *vt* **1** (socorrer) to help **2** ‹*moribundo*› to attend

auxilio *m* **1** (ayuda) help; **pedir ~** to ask for help; **nos prestó ~** he gave us help, he helped us; **¡socorro! ¡~!** help! help!; **acudieron en ~ de los accidentados** they went to the aid of *o* to help the accident victims; **~ en carretera** breakdown *o* recovery service; ▸ **primero¹** **2** (RPl) (grúa) recovery *o* breakdown truck, wrecker (AmE)

auyama *f* (AmC, Col, Ven) pumpkin

Av. *f* (= **Avenida**) Ave.

a/v. = a vista

aval *m* **1** (Com, Fin) guarantee, guaranty **2** (respaldo) backing, support; **contamos con el ~ de 50 años de experiencia** we have 50 years' experience behind us **3** (recomendación) reference
(Compuesto) **aval bancario** bank guarantee

avalancha *f* **1** (de nieve) avalanche **2** (de gente, cartas) avalanche

avalar [A1] *vt* **1** (Com, Fin) ‹*documento*› to guarantee; ‹*persona/préstamo*› to guarantee, act as guarantor for **2** (respaldar): **esto está avalado por la experiencia** this is backed up *o* borne out by experience; **nos avalan 20 años de experiencia** we have 20 years' experience behind us; **estas críticas están avaladas por la mayoría** these criticisms are backed *o* endorsed by the majority

avalista *mf* guarantor

avaluar [A18] *vt* (AmL) to value; **se lo ~on en 1.000 dólares** it was valued at 1,000 dollars

avalúo *m* (AmL) valuation; **hacer un ~** to make a valuation

avance *m*
A **1** (adelanto) advance; **un gran ~ en el campo de la medicina** a great step forward *o* a breakthrough in the field of medicine; **no hubo ~s significativos en las negociaciones** no significant progress was made in the negotiations **2** (movimiento) advance; (Mil) advance; (Dep) move forward; **la lucha contra el ~ del desierto** the struggle against the advancing *o* encroaching desert
B **1** (Esp) (Cin, TV) trailer; **un ~ de la programación del fin de semana** a preview of *o* a look ahead at this weekend's programs **2** **avances** *mpl* (Méx) (Cin, TV) trailer
(Compuesto) **avance informativo** news summary, news headlines (*pl*)
C (Méx) (Hist) (robo) pillage, looting; (botín) booty

avante *adv* ahead; **~ a toda máquina** full speed *o* steam ahead

a

avanzada *f*
A (Mil) advance party, scouting party
B **de avanzada** advanced; **tecnología de ~** advanced technology, cutting-edge technology
avanzadilla *f* ▸**avanzada A**
avanzado -da *adj* **1** ‹*proceso*› advanced; **tenía muy ~ el cáncer** his cancer had reached a very advanced stage; **de avanzada edad** of advanced years, advanced in years; **a horas tan avanzadas** at such a late hour **2** ‹*alumno/curso/nivel*› advanced **3** ‹*ideas*› advanced
avanzar [A4] *vi* **1** ‹‹*tropas/persona/tráfico*›› to advance, move forward; **~ HACIA algo**: **las tropas avanzan hacia la capital** the troops are advancing on the capital; **el país avanza hacia la democracia** the country is moving *o* advancing toward(s) democracy **2** (Fot) ‹‹*rollo*›› to wind on **3** ‹‹*persona*›› (en los estudios, el trabajo) to make progress; ‹‹*negociaciones/proyecto*›› to progress; **no estoy avanzando mucho con este trabajo** I'm not making much progress *o* headway *o* I'm not getting very far with this work **4** ‹‹*tiempo*›› to draw on
■ **avanzar** *vt* **1** (adelantarse) to move forward, advance; **~on unos pasos** they moved forward *o* advanced a few steps, they took a few steps forward **2** (mover) to move … forward, advance; **avanzó un peón** he moved *o* pushed a pawn forward, he advanced a pawn **3** ‹*propuesta*› to put forward
avaricia *f* avarice; ***la ~ rompe el saco*** if you're too greedy you end up with nothing
avariciosamente *adv* greedily, avariciously
avaricioso[1] **-sa**, **avariento -ta** *adj* greedy, avaricious
avaricioso[2] **-sa**, **avariento -ta** *m,f* greedy *o* avaricious person
avaro[1] **-ra** *adj* miserly
avaro[2] **-ra** *m,f* miser
avasallador -dora, **avasallante** *adj* **1** ‹*persona/actitud*› domineering, overbearing; **la fuerza ~a del mar embravecido** the overwhelming *o* overpowering force of the stormy sea **2** ‹*triunfo*› resounding (*before n*)
avasallamiento *m* subjugation
avasallar [A1] *vt* **1** ‹*pueblo*› to subjugate **2** (fam) (apabullar): **no te dejes ~ por ellos** don't let them push *o* shove you around (colloq), don't let them overwhelm you
■ **avasallar** *vi* (Esp) to be pushy
avatar *m* **1** (Relig) avatar **2** **avatares** *mpl* (altibajos) ups and downs (*pl*), vicissitudes (*pl*)
Avda. *f* (= **avenida**) Ave.
ave *f‡* bird
(Compuestos)
• **ave canora** songbird, passerine (tech)
• **ave de corral** fowl; **las ~s de corral** poultry
• **ave del paraíso** bird of paradise
• **ave de mal agüero** bird of ill omen
• **ave de paso** bird of passage, wanderer
• **ave de rapiña** (Zool) bird of prey, raptor; (persona) shark
• **Ave Fénix** phoenix
• **ave fría** lapwing
• **ave lira** lyrebird
• **ave migratoria** migratory bird
• **ave negra** (Ur fam) trickster (colloq)
• **ave nocturna** (Zool) nocturnal bird; (persona) night owl *o* bird, nighthawk (AmE)
• **ave palmípeda** *bird with webbed feet*
• **ave rapaz** ▸**ave de rapiña**
• **ave silvestre** wild bird
• **ave trepadora** treecreeper
• **ave zancuda** wading bird, wader
AVE *m* (= **Alta Velocidad Española**) high-speed train

AVE - Alta Velocidad Española

A high-speed train service linking Madrid with Seville and Huelva via Cadiz, established in 1992 in time for the international exhibition Expo 92 in Seville. Lines under construction include: Madrid-Barcelona, with an extension to France and Barcelona-Valencia. An AVE service is planned for Madrid and Galicia.

avechucho *m* (Col fam) **1** (insecto) bug (colloq), creepy-crawly (colloq) **2** (ave) bird **3** (otro animal) creature, critter (AmE colloq)
avecinarse [A1] *v pron* ‹‹*tormenta/borrasca*›› to approach; **se avecina el fin del siglo** the end of the century draws near *o* approaches
avecindarse [A1] *v pron* to settle
avefría *f* lapwing
avejentado -da *adj*: **la encontré muy avejentada desde la última vez que la vi** she looked much older than when I last saw her, she seemed to have aged a lot since I last saw her; **un rostro ~** an old face
avejentar [A1] *vt* to age, make … look older
avellana *f* hazelnut
avellanador *m* countersink bit
avellanedo *m* hazel wood
avellano *m* hazel
Avemaría *f‡* (Relig) Hail Mary; (Mús) Ave Maria; **rece tres ~s** say three Hail Marys
ave María *interj* (expresando sorpresa, disgusto) (fam) dear me! (colloq); **¡~ ~ Purísima!** (como saludo) (ant) God bless this house; (en la confesión) hail Mary, full of grace
avena *f* oats (*pl*)
avenencia *f* **1** (acuerdo) agreement **2** (Com) deal, agreement
avenida *f* **1** (calle) avenue, boulevard **2** (de un río) freshet, flood
avenido -da *adj*: **bien ~** well-matched; **mal ~** ill-matched
avenimiento *m* agreement, compromise
avenir [I31] *vt* (frml) to reconcile
■ **avenirse** *v pron* **1** (ponerse de acuerdo) **~se EN algo** to agree ON sth; **no se avinieron en el precio** they couldn't agree on the price **2** (aceptar, acceder) **~se A algo**: **no se aviene a razones** you can't reason with him, he won't listen to reason; **se avinieron a negociar** they agreed to negotiate **3** (llevarse bien) **~se CON algn** to get on WITH sb
aventador -ra *m,f*
A (persona) winnower; (bieldo) winnowing rake
B **aventadora** *f* (máquina) winnowing machine
aventajado -da *adj* outstanding, excellent
aventajar [A1] *vt* **1** (estar por delante de) to be ahead of **2** (adelantarse) to overtake, get ahead of
aventar [A5] *vt*
A **1** (Col, Méx, Per) ‹*pelota/piedra*› to throw; **¿me avientas las llaves?** can you throw me the keys?; **le aventé un sopapo** (fam) I thumped him (colloq), I landed a good *o* hefty punch on him (colloq) **2** (Méx) (empujar) to push, shove (colloq)
B **1** ‹*fuego/lumbre*› to fan **2** ‹*grano*› to winnow
■ **aventarse** *v pron* **1** (Méx fam) (atreverse) to dare; **~se A + INF** to dare to + INF **2** (Méx fam) (lograr): **se ~on un partidazo** they produced *o* played a tremendous game **3** (*refl*) (Col, Méx) (arrojarse, tirarse) to throw oneself; **se aventó al agua desde el trampolín** he dived into the water from the diving board; **se aventó por la ventana** he leaped out of *o* threw himself out of *o* hurled himself out of the window
aventón *m* (Méx fam) lift; **darle un ~ a algn** to give sb a lift *o* ride; **pedir** *or* **pescar ~** to hitch *o* thumb a lift *o* ride; **iban a Acapulco de ~** they were hitching to Acapulco; ***al ~*** (fam) any which way (colloq), any old how *o* way (BrE colloq); **está hecho al ~** it's made any which way *o* any old how *o* way (colloq)
aventura *f* **1** (suceso extraordinario) adventure; **novela de ~s** an adventure story; **en busca de ~s** in search of adventure **2** (riesgo) venture; **se embarcaron en** *or* **se lanzaron a esta ~** they embarked on this venture **3** (relación amorosa — pasajera) fling; (— ilícita) affair; **fue sólo una aventurilla de verano** it was just a holiday romance
aventurado -da *adj* risky, hazardous
aventurar [A1] *vt* **1** ‹*suposición/opinión*› to venture, put forward; ‹*conjetura*› to hazard; **sería peligroso ~ las causas del accidente** it would be dangerous to speculate on the causes of the accident; **no hay indicios que permitan ~ cifras** there are no clues which allow us to speculate on the figures; **los sondeos ~on su victoria** the polls predicted their victory **2** ‹*dinero*› to risk, stake; **aventuró todo su dinero en ese negocio** he staked *o* risked all his money on that deal
■ **aventurarse** *v pron* to venture; **se aventuró por el desierto** she ventured into the desert; **~se A + INF**: **no me aventuré a dirigirle la palabra** I didn't dare (to) speak to her; **me ~ía a decir que …** I would go as far as to say that …, I would even venture to say that …
aventurerismo *m* (AmL) adventurism
aventurerista *adj/mf* (AmL) adventurist
aventurero[1] **-ra** *adj* adventurous
aventurero[2] **-ra** *m,f* adventurer
aventurismo *m* adventurism
aventurista *adj/mf* adventurist
average *m* ▸**gol**
avergonzado -da *adj* **1** (por algo reprensible) ashamed; **~ POR** *or* **DE algo** ashamed OF sth **2** (en una situación embarazosa) embarrassed
avergonzar [A13] *vt* **1** (por algo reprensible): **¿cómo no te avergüenza salir así a la calle?** aren't you ashamed to go out looking like that?, you should be ashamed to go out looking like that **2** (en una situación embarazosa) to embarrass, make … feel embarrassed
■ **avergonzarse** *v pron* to be ashamed (of oneself); **~se DE algo** to be ashamed OF sth; **se avergonzó de haberle contestado así** she was ashamed of herself for answering back like that
avergüenza, avergüenzas, etc ▸**avergonzar**
avería *f* **1** (Auto, Mec) breakdown; **el coche sufrió una ~** the car broke down **2** (frml) (de mercancías) damage **3** (Náut) average
(Compuesto) **avería gruesa** general average
averiado -da *adj* **1** ‹*coche/máquina*› **el coche estaba ~** the car had *o* was broken down; **el ascensor estaba ~** the elevator was out of order *o* was not working **2** (frml) ‹*mercancías*› damaged
averiarse [A17] *v pron* to break down
averiguación *f* inquiry; **hacer averiguaciones** to make inquiries; **no te preocupes, yo te hago la ~** don't worry, I'll find out for you
averiguar [A16] *vt* to find out; **se trata de ~ el motivo de esta tragedia** the aim is to establish the cause of *o* to find out what caused this tragedy; **no pudieron ~ su paradero** they couldn't find out where he was, they were unable to ascertain his whereabouts (frml); **averigua a qué hora sale el tren** find out *o* check what time the train leaves
■ **averiguar** *vi* (Méx) to quarrel, argue; ***averiguárselas*** (Méx): **me las ~é para conseguir el dinero** I'll manage to get the money somehow; ***averiguárselas con algn*** (Méx) to deal with sb
averigüetas *mf* (*pl* ~) (Col fam) busybody
averno *m* (liter) inferno (liter), hell
aversión *f* aversion; **le tiene ~ a la carne** he has a strong dislike of *o* an aversion to meat; **siento ~ por ella** I loathe *o* can't stand her, I have a real aversion to her
avestruz *m* ostrich
avezado -da *adj* seasoned; **un combatiente ~ en la lucha** a seasoned *o* an experienced fighter; **un ~ delincuente** a hardened criminal
aviación *f* **1** (civil) aviation **2** (Mil) air force
aviado -da *adj* (ant) (listo) ready; ***estar*** *or* ***ir ~*** (Esp fam & iró): **estás ~ si esperas aprobar sin dar golpe** if you think you're going to pass without doing any work you've got another think coming (colloq); **vamos ~s si tenemos que vivir de tu sueldo** we're really up the creek *o* in trouble if we have to survive on your wages (colloq)
aviador -dora *m,f*
A (Aviac, Mil) pilot, aviator (dated)
B (Chi) (Agr, Min) backer

C (Méx) (empleado) *person who is paid a salary without actually doing any work*

AVIANCA /a'βjaŋka/ = **Aerovías Nacionales de Colombia**

aviar [A17] *vt*
A (ant) ‹*equipaje/caballo*› to prepare
B (AmL) (Agr, Min) to stake
■ **aviarse** *v pron* (*refl*) (ant) 1 (prepararse) to prepare oneself, ready oneself 2 (arreglárselas) to get by, manage

aviario[1] **-ria** *adj* bird (*before n*), avian (tech)

aviario[2] *m* collection of birds

avícola *adj* poultry (*before n*)

avicultor -tora *m,f* poultry farmer

avicultura *f* poultry farming

ávidamente *adv* avidly, eagerly

avidez *f* eagerness, avidity; **comía con ~** she was eating hungrily; **lee con ~** he reads avidly

ávido -da *adj* **~ DE algo** eager FOR sth; **~ de noticias/nuevas aventuras** eager for news/for new adventures; **~ de sabiduría** thirsty *o* greedy for knowledge

aviejarse [A1] *v pron* to age

avieso -sa *adj* (frml *o* liter) ‹*persona*› malicious, wicked; ‹*intenciones*› wicked, evil; **la aviesa manipulación de las cifras** the cynical manipulation of the figures

avifauna *f* birds (*before n*)

avinagrado -da *adj* 1 ‹*vino*› vinegary, sharp 2 ‹*persona/carácter*› sour, bitter

avinagrar [A1] *vt* 1 ‹*vino*› to make … taste vinegary 2 ‹*carácter*› to make … sour *o* bitter, turn … sour
■ **avinagrarse** *v pron* 1 ‹‹*vino*›› to turn *o* go vinegary 2 ‹‹*persona*›› to become bitter *o* sour

Aviñón *m* Avignon

avío *m*
A (utilidad): **me ha hecho mucho ~** it has been very useful, it has come in very handy (colloq); **no es muy bueno pero te hará el ~** it's not very good but it'll do
B (fam) **los avíos** *mpl* (lo necesario) the gear (colloq)
(Compuesto) **avíos de pesca** *mpl* fishing tackle
C (AmL) (Agr, Min) loan, stake

avión *m* (Aviac) plane, aircraft (frml), airplane (AmE), aeroplane (BrE); **no le gusta viajar en ~** he doesn't like flying; Ⓢ **por avión** (Corresp) air mail
(Compuestos)
- **avión a chorro** *or* **a reacción** jet plane, jet
- **avión antiincendios** water-bomber, tanker
- **avión cisterna** (para apagar incendios) water-bomber, tanker; (avión nodriza) tanker aircraft
- **avión de abastecimiento** supply plane
- **avión de ataque** attack aircraft
- **avión de ataque a tierra** *or* **al suelo** ground-attack aircraft
- **avión de carga** freight plane, cargo plane
- **avión de combate** fighter plane
- **avión de despegue vertical** vertical take-off aircraft
- **avión de guerra** war plane
- **avión de hélice** propeller-driven aircraft
- **avión de pasajeros** passenger plane
- **avión de reconocimiento** reconnaissance aircraft
- **avión de transporte** transport plane
- **avión espía** spy plane
- **avión militar** military plane
- **avión nodriza** tanker aircraft
- **avión no tripulado** unmanned aircraft
- **avión observador** spotter plane, spotter aircraft
- **avión remolcador** towplane

avionazo *m* (Méx) plane crash

avioncito *m* paper dart, paper airplane

avioneta
A *f* (Aviac) light aircraft
B (Méx) (Jueg) hopscotch

aviónica *f* avionics

avionístico -ca *adj* aircraft (*before n*) (frml), airplane (*before n*) (AmE), aeroplane (*before n*) (BrE)

avisado -da *adj* 1 [SER] (sagaz) informed; **el lector ~** the informed *o* well-informed reader 2 [ESTAR] (advertido): **quedas** *or* **estás ~** I'm warning you, you've been warned

avisaje *m* (Chi) advertising

avisar [A1] *vt* 1 (notificar): **¿por qué no me avisaste que venías?** why didn't you let me know *o* tell me you were coming?; **nos han avisado que van a cortar el agua** they've notified us that they're going to cut the water off 2 (Esp, Méx) (llamar) to call; **~ al médico/a la policía** to call the doctor/the police 3 (de un peligro): **le ~on que venía la policía** they warned him that the police were coming
■ **avisar** *vi*: **llegó sin ~** she showed up without any prior warning *o* unexpectedly *o* out of the blue; **avísame cuando acabes** let me know when you've finished; **¿le han avisado a la familia?** has the family been told *o* notified *o* informed?; **~le a algn DE algo** to let sb know ABOUT sth, tell sb ABOUT sth, inform *o* notify sb OF sth (frml)

aviso *m*
A 1 (notificación) notice; Ⓢ **aviso al público** notice to the public, public notice; **alguien dio ~ a la policía** someone notified *o* informed the police, someone reported it to the police; **llegó sin previo ~** he arrived without prior warning *o* unexpectedly *o* out of the blue; **hasta nuevo ~** until further notice; **último ~ para los pasajeros …** last call for passengers … 2 (advertencia) warning; ***sobre* ~:** **estás sobre ~** you've been warned; **me puso sobre ~ de lo que ocurriría** he warned me what would happen 3 (Cin, Teatr) bell 4 (Taur) warning
(Compuesto) **aviso de remisión** remittance advice
B (AmL) (anuncio, cartel) advertisement, ad, advert (BrE)
(Compuestos)
- **aviso clasificado** classified advertisement
- **aviso económico** (Chi) ▸**aviso clasificado**
- **aviso fúnebre** death notice
- **aviso oportuno** *or* **de ocasión** (Méx) ▸**aviso clasificado**

avispa *f* wasp

avispado -da *adj* (fam) sharp, bright

avispar [A1] *vt* to make … wise up (colloq), to make … buck one's ideas up (colloq)
■ **avisparse** *v pron* 1 (espabilarse) to wise up (colloq), to buck one's ideas up (colloq), to get one's act together (colloq) 2 (darse prisa) to look lively *o* sharp (colloq)

avispero *m* 1 (nido) wasps' nest; **esa oficina es un ~** (RPl) that office is a madhouse (colloq); ***alborotar*** *or* ***revolver el* ~** to stir up a hornet's nest 2 (lío) mess; **meterse en un ~** to get oneself into a mess *o* into trouble 3 (Med) carbuncle

avispón *m* hornet

avistamiento *m* sighting

avistar [A1] *vt* to sight

avitaminosis *f* vitamin deficiency, avitaminosis (tech)

avituallamiento *m* provisioning, victualing*

avituallar [A1] *vt* to provision, victual, supply … with food

avivado -da *m,f* (CS fam) wise guy (colloq)

avivar [A1] *vt* 1 ‹*fuego*› to get … going 2 ‹*color*› to make … brighter 3 ‹*sentimiento/pasión/deseo*› to arouse; ‹*dolor*› to make … worse, intensify
■ **avivarse** *v pron* 1 ‹‹*fuego*›› to revive, flare up; ‹‹*debate*›› to come alive, liven up 2 (AmL fam) (despabilarse) to wise up (colloq), to buck one's ideas up (colloq), to get one's act together (colloq)

avivato -ta *m,f* (AmS fam) wise guy (colloq)

avizor *adj* ▸**ojo**

avizorar [A1] *vt* ‹*peligro*› to perceive; **otro problema se avizora en el panorama fiscal** another problem looming on the tax front

avocastro *m* (Chi fam) ugly mug (colloq)

avoceta *f* avocet

AVT *f* (en Esp) = **Asociación de Víctimas del Terrorismo**

axial *adj* axial

axila *f* 1 (Anat) ▸❶ **p.231**; armpit, axilla (tech) 2 (Bot) axillary bud

axilar *adj* underarm (*before n*), axillary (tech)

axioma *m* axiom

axiomático -ca *adj* axiomatic

ay *interj* 1 (expresando — dolor) ow!, ouch!; (— susto, sobresalto) oh!; ***hacerse* ~ ~ ~** (Col fam) to hurt oneself 2 (expresando aflicción) oh dear!, oh!, ah!; **¡~ de mí!** (liter) ah me! (liter), woe is me! (liter) 3 (expresando amenaza): **¡~ del que se atreva!** woe betide anyone who tries it!

aya *f*‡ (ant) governess

ayacucho *m* (Hist) *former colonial Spanish army officer who returned to Spain after independence was gained from Spain*

ayatolah, (Esp) **ayatolá** *m* ayatollah

ayer[1] *adv*
A (refiriéndose al día anterior) yesterday; **~ hizo un mes de su muerte** she died a month ago yesterday; **~ por** *o* (esp AmL) **la mañana** yesterday morning; **~ de mañana** *or* **a la mañana** (RPl) yesterday morning; **~ tarde** (period) yesterday afternoon; **antes de ~** the day before yesterday; **todo el día de ~** all day yesterday; **parece que fue ~** it seems (like) only yesterday; **de ~ acá** *or* **a hoy** overnight, since yesterday; **el periódico de ~** yesterday's paper; **este pan es de ~** this bread is yesterday's; ***no nací* ~** I wasn't born yesterday
B (liter) (refiriéndose al pasado): **~ era un joven idealista** he was once a young idealist; **las modas de ~** the fashions of yesteryear *o* of years gone by

ayer[2] *m* past; **deja de pensar en el ~** stop living in the past; **en un ~ muy lejano** (liter) a long, long time ago, in the far distant past (liter)

aymara[1], **aymará** *adj* Aymara (*before n*)

aymara[2], **aymará** *m,f* 1 Aymara Indian 2 **aymara** *m* (idioma) Aymara

ayte. (= **ayudante**) asst.

Ayto. *m* = **Ayuntamiento**

ayuda *f*
A (asistencia, auxilio) help; **le prestaron toda la ~ necesaria** they gave him all the help he needed; **nadie fue** *or* **acudió en su ~** nobody went to help him *o* went to his aid; **no quiso pedir ~** she didn't want to ask for help; **~s para los proyectos de inversión** incentives for investment projects; **ofrecieron ~ económica a los damnificados** they offered financial help *o* aid *o* assistance to the victims; **organizaciones de ~ internacional** international aid agencies; **no tiene ninguna ~ en casa** she has no help at home; **ha sido de gran ~** it has been a great help; **poca ~ no es estorbo** every little helps; ***con* ~ *de un vecino mató mi padre un cochino*** well, with a little help from my/your/his friends …
(Compuestos)
- **ayuda a domicilio** (Esp) home-help service
- **ayuda audiovisual/visual** audiovisual/visual aid
- **ayuda de cámara** *m* valet
- **ayuda humanitaria** humanitarian aid
- **ayuda memoria** *m* aide-mémoire
- **ayuda regional** regional aid
- **ayudas familiares** *fpl* (en Esp) family benefit
B (fam & euf) (enema) enema

ayudado *m*: *bullfighting pass using two hands to hold the cape*

ayudante *mf* assistant; **~ de laboratorio** laboratory assistant; **~ de cocina** kitchen assistant
(Compuestos)
- **ayudante de campo** aide-de-camp
- **ayudante de cátedra** assistant professor (AmE), (junior) lecturer (BrE)
- **ayudante de dirección** assistant to the director, director's assistant
- **ayudante de producción** production assistant

a

- **ayudante digital personal** personal digital assistant, PDA
- **ayudante técnico sanitario** (Esp) Registered Nurse

ayudantía *f* assistant professorship (AmE), (junior) lectureship (BrE)

ayudar [A1] *vt* to help; **~ al prójimo** to help one's neighbor; **¿te ayudo?** do you need any help?, can *o* shall I help you?, can *o* shall I give you a hand? (colloq); **vino a ~me unos días** she came to help me out for a few days; **~ a algn CON algo** to help sb WITH sth; **ayuda a tu hermano con los deberes** help your brother with his homework; **mis padres me ~on con los gastos de la fiesta** my parents helped me (out) with the cost of the party; **~ a algn A + INF** to help sb (to) + INF; **ayúdame a poner la mesa** help me (to) set the table; **lo ayudé a arreglar la moto** I helped him (to) fix his motorbike

■ **ayudar** *vi* to help; **¿puedo ~ en algo?** can *o* shall I give you a hand?, can I do anything to help?, can I help you with anything?; **~ a** *or* **en misa** to serve at mass

■ **ayudarse** *v pron* to help oneself; **tú mismo tienes que ~te** you've got to do something to help yourself; **para ~se empezó a dar clases de inglés** he started giving English classes to earn a bit more money; **~se DE** *or* **CON algo**: **camina ayudándose de** *or* **con un bastón** he walks with the aid *o* help of a stick, he walks with a stick

ayunar [A1] *vi* to fast

ayunas: **en ~** (*loc adv*): **¿está en ~?** you haven't eaten anything, have you?; **debe venir en ~** you should not eat anything before you come; **debe tomarse en ~** it should be taken on an empty stomach; ***estar/quedarse en ~*** to be/to be left completely in the dark

ayuno *m* fast, fasting; **hacer ~** to fast; **~ y abstinencia** fasting and abstinence

ayuntamiento *m* (corporación) town/city council; (edificio) town/city hall

(Compuesto) **ayuntamiento carnal** (ant) carnal knowledge (arch)

ayuntar [A1] *vt* [1] (Náut) to splice [2] (Col) (Agr) to yoke … together

■ **ayuntarse** *v pron* (ant) **~se CON algn** to have carnal knowledge of sb (arch)

azabache *m*

[A] (Min) jet; **negro como el ~** jet black

[B] (Zool) coal tit

azada *f* hoe

azadón *m* mattock

azafata *f*

[A] [1] (en un avión) flight attendant, air hostess, air stewardess (BrE) [2] (en un programa, concurso) hostess

(Compuestos)

- **azafata de congresos** conference hostess
- **azafata de tierra** ground stewardess

[B] (Per) (bandeja) tray

azafate *m* (AmS) tray

azafrán *m* [1] (Bot, Coc) saffron [2] **(de) color ~** saffron-colored, saffron

azagaya *f* assegai, spear

azahar *m* (del naranjo) orange blossom; (del limonero) lemon blossom

azalea *f* azalea

azar *m* [1] (casualidad) chance; **no dejó nada librado al ~** she left nothing to chance; **no es por ~ que estoy aquí** it's no chance *o* coincidence that I'm here; **quiso el ~ que coincidieran en aquel lugar** fate decreed that they should meet in that place; **al ~** at random; **elegí una carta al ~** I chose a card at random [2] **azares** *mpl* (vicisitudes) ups and downs (*pl*), vicissitudes (*pl*)

azaroso -sa *adj* [1] ‹*viaje*› hazardous; ‹*proyecto*› risky [2] ‹*vida*› eventful; **un período ~ de la historia** a turbulent period in history

azerbaijano[1] -na *adj* ▸ **azerbaiyano[1]**

azerbaijano[2] -na *m,f* ▸ **azerbaiyano[2]**

Azerbaiyán, Azerbaiján *m* Azerbaijan, Azerbaidzhan

azerbaiyaní *adj/mf* Azerbaijani, Azeri

azerbaiyano[1] -na *adj* Azerbaijani, Azeri

azerbaiyano[2] *mf* [1] (persona) Azerbaijani, Azeri [2] **azerbaiyano** *m* (idioma) Azerbaijani, Azeri

azerí[1] *adj* Azerbaijani, Azeri

azerí[2] *mf* [1] (persona) Azerbaijani, Azeri [2] **azerí** *m* (idioma) Azerbaijani, Azeri

ázimo *adj* ▸ **pan**

azimut *m* azimuth

-azo *suf* [1] (golpe dado con): **me dio un bastonazo/paraguazo** he hit me *o* (colloq) gave me a whack with his stick/umbrella; **lo corrieron a escobazos** they chased him away, hitting him with their brooms [2] **-azo, -aza** (fam) (aumentativo): **un perrazo** a huge dog, a great big dog; **¡qué golpazo se dio!** he hit himself really hard!

azogado -da *m,f*: **temblaba como un ~** he was shaking like a leaf

azogar [A3] *vt* to silver

azogue *m* mercury, quicksilver

azor *m* goshawk

azorado -da *adj* [1] (turbado) embarrassed [2] (Méx, CS) (asombrado) amazed, astonished [3] (Col) (mareado) dizzy

azorar [A1] *vt* [1] (turbar) to embarrass [2] (Col) (distraer) to distract

■ **azorarse** *v pron* to get embarrassed, be covered in confusion (liter); **se azoró y no logró terminar lo que decía** he became flustered *o* embarrassed and couldn't finish what he was saying

Azores *fpl*: **las (Islas) ~** the Azores

azotacalles *mf* (*pl* **~**) layabout

azotador *m* (Méx) caterpillar

azotaina *f* (fam) spanking, hiding (BrE colloq)

azotar [A1] *vt*

[A] (con un látigo) to whip, flog

[B] ‹‹*viento/mar*›› to lash; **un fuerte temporal azota la ciudad** a violent storm is battering the town; **el hambre/un intenso frío azotaba la zona** the region was in the grips of famine/a severe cold spell; **las olas azotaban las rocas** the waves lashed (against) the rocks

[C] (Méx) ‹*puerta*› to slam; **Ⓢ favor de no azotar la puerta** please do not slam the door

azote *m*

[A] [1] (látigo) whip, lash; (latigazo) lash [2] (fam) (a un niño): **te voy a dar unos ~s** I'm going to spank you *o* give you a spanking

[B] (del viento, mar): **la ciudad sufre cada invierno los ~s de los temporales** every winter the city is lashed by storms; **los ~s de las olas** the lashing of the waves

[C] (calamidad) scourge

azotea *f* terrace roof, flat roof; ***estar mal de la ~*** (fam) to be off one's rocker (colloq), to have bats in the belfry (colloq), to be round the bend (colloq)

azteca *adj/mf* Aztec

> **Aztecas**
>
> A ▸ **náhuatl**-speaking people of Central America who in the fourteenth century established a brilliant but tyrannical civilization in central and southern Mexico. The capital was Tenochtitlán, built on reclaimed marshland which became Mexico City. Renowned for their jewelry, the Aztecs were also skilled architects and used a writing system based on pictographs and hieroglyphs. The Aztec calendar followed a 52-year astronomical cycle. They worshipped the plumed serpent Quetzalcóatl and the war-god Huitzilopochtli, whom their priests appeased by human sacrifice. The Aztec empire collapsed in 1521 after defeat by the Spanish under Hernán Cortés and Pedro de Alvarado.

azúcar *m or f* sugar; **~ de remolacha/caña** beet/cane sugar; **¿tomas ~ en el café?** *or* **¿le pones ~ al café?** do you take sugar in your coffee?; **el nivel de ~ en la sangre** the blood-sugar level; **chicle sin ~** sugar-free gum

(Compuestos)

- **azúcar blanca** *or* **blanco** white sugar
- **azúcar blanquilla** *or* **blanquillo** white sugar
- **azúcar en cubos** sugar lumps *o* cubes (*pl*)
- **azúcar en pancitos** (RPl) sugar lumps *o* cubes (*pl*)
- **azúcar en polvo** (Col) ▸ **azúcar glasé**
- **azúcar en terrones** sugar lumps *o* cubes (*pl*)
- **azúcar flor** (Chi) ▸ **azúcar glasé**
- **azúcar glas** (Méx) ▸ **azúcar glasé**
- **azúcar glasé** confectioners' sugar (AmE), icing sugar (BrE)
- **azúcar granulada** *or* **granulado** granulated sugar
- **azúcar impalpable** (Bol, RPl) ▸ **azúcar glasé**
- **azúcar lustre** castor* sugar
- **azúcar morena** *or* **moreno** brown sugar

azucarado -da *adj* [1] ‹*zumo*› sweetened [2] ‹*miel*› crystallized [3] (pey) ‹*voz/sonrisa*› sugary (pej)

azucarar [A1] *vt* ‹*café/leche*› to add sugar to; ‹*fruta*› to dredge *o* sprinkle … with sugar

■ **azucararse** *v pron* to crystallize

azucarera *f* [1] (AmL) (recipiente) sugar bowl [2] (fábrica) sugar refinery

azucarero[1] -ra *adj* ‹*industria*› sugar (*before n*); ‹*zona*› sugar-growing (*before n*), sugar-producing (*before n*)

azucarero[2] *m* sugar bowl

azucena *f* Madonna lily, Annunciation lily

azuela *f* adz, adze (BrE)

azufrar [A1] *vt* (Agr) to dress with sulfur*

azufre *m* sulfur*

azufroso -sa *adj* sulfurous*

azul[1] *adj* ▸ **Ⓘ p.181** [1] ‹*color/vestido*› blue [2] (*modificado por otro adj: inv*) blue; **ojos ~ verdoso** greenish-blue *o* (BrE) greeny-blue eyes; **una camisa ~ claro/oscuro** a light/dark blue shirt

azul[2] *m* ▸ **Ⓘ p.181** blue; **el ~ le sienta muy bien** blue looks good on you, you look good in blue; **de un ~ intenso** deep blue

(Compuestos)

- **azul añil** (color) indigo blue; (para la ropa) bluing, blue
- **azul azafata** [1] *m* royal blue [2] *adj inv* royal blue
- **azul cielo** *or* **celeste** [1] *m* sky blue [2] *adj inv* sky-blue
- **azul cobalto** [1] *m* cobalt blue [2] *adj inv* cobalt-blue
- **azul de Prusia** [1] *m* Prussian blue [2] *adj inv* Prussian-blue
- **azul (de) ultramar** [1] *m* ultramarine blue [2] *adj inv* ultramarine-blue
- **azul eléctrico** [1] *m* electric blue [2] *adj inv* electric-blue
- **azul Francia** (RPl) [1] *m* royal blue [2] *adj inv* royal-blue
- **azul marino** [1] *m* navy, navy blue [2] *adj inv* navy, navy-blue
- **azul metálico** [1] *m* metallic blue [2] *adj inv* metallic-blue
- **azul turquesa** [1] *m* turquoise [2] *adj inv* turquoise-blue
- **azul zafiro** [1] *m* sapphire blue [2] *adj inv* sapphire-blue

azulado -da *adj* ▸ **Ⓘ p.181** bluish

azulejar [A1] *vt* to tile

azulejo *m* (glazed ceramic) tile

azulete *m* blue, bluing

azulón[1] -lona *adj* bluish

azulón[2] *m* bluish color*

azuloso -sa *adj* ▸ **Ⓘ p.181** bluish

azumagarse [A3] *v pron* (Chi) to go moldy*

azuquita *m* (fam) sugar

azur *adj/m* azure

azurita *f* azurite

azuzar [A4] *vt* [1] ‹*perros*› to sic; **~le los perros a algn** to set the dogs on sb [2] ‹*persona*› to egg … on

Bb

b, B *f read as* /be ('larɣa)/ (the letter) b, B
B *m* (Med) ▸**grupo sanguíneo**
baasista¹ *adj* Baath (*before n*), Baathist
baasista² *m,f* (Pol) Baath party activist
baba *f*
A 1 (de niño) dribble, drool (AmE) 2 (de adulto) saliva; ***caérsele a algn la ~ con*** *or* ***por algn:*** **se le cae la ~ con su nieta** he dotes on *o* he's besotted with his granddaughter; ***estar pegado con ~s*** (Col fam) «*botón*» to be about to fall off, be hanging off; **el proyecto estaba pegado con ~s** the plan didn't really hang together properly *o* (AmE colloq) was stuck on with spit 3 (de perro, caballo) slobber
B 1 (de caracol) slime 2 (de cactus) sap 3 (Zool) *small alligator*
babear [A1] *vi*
A 1 «*persona*» to dribble, drool (AmE) 2 «*animal*» to slaver, slobber
B (Chi, Méx fam) (mirar embelesado): **todos babean por ella** they all drool over her
■ **babearse** *v pron* 1 (*refl*) «*niño*» to dribble, drool (AmE); **el bebé se ha babeado toda la blusa** the baby has dribbled *o* drooled all down (*o* over *etc*) her blouse 2 (RPl) ▸**babear B**
babel *m or f*: **ahí dentro es un ~** it's chaos in there
Babel *m* Babel; ▸**torre**
babeo *m* 1 (de niño) dribbling, drooling (AmE) 2 (de perro, caballo) slobbering, slavering
babero *m* 1 (de bebé) bib 2 (Esp) (de escolar) smock, overall
babi *m* (Esp) smock, overall
Babia *f*: **estar en ~** to have one's head in the clouds
babieca¹ *adj* (fam) dumb (colloq), stupid
babieca² *mf* (fam) idiot
babilla *f*
A (Coc) flank, thigh
B (Zool) *small alligator*
Babilonia *f* (ciudad) Babylon; (reino) Babylonia
babilónico -ca *adj* Babylonian
babilonio -nia *adj/m,f* Babylonian
bable *m Asturian dialect*

> **bable**
>
> Or *asturiano*, *bable* is a variety of Castilian spoken in Asturias. It went into decline when the kingdom of Castile achieved political dominance and imposed Castilian on what became Spain. By the twentieth century it was confined to rural areas.
>
> With the revival of Spanish regional languages *Bable* has seen a resurgence in use.

babor *m* port; **virar a ~** to turn to port; **¡tierra a ~!** land to port!, land on the port side!
babosa *f* slug *ver tb* **baboso²**
babosada *f* (AmC, Col, Cu, Méx) drivel; **los lectores desean una información seria, en vez de tanta ~** the readers want serious news, not all that drivel *o* pap; **deja de decir ~s** stop talking drivel *o* nonsense *o* (BrE) rubbish (colloq); **se pelearon por una ~** they fought over some stupid little thing
babosear [A1] *vt* ‹*ropa*› «*niño*» to dribble down *o* over; «*animal*» to slobber over; **el niño/el perro me baboseó la camisa** the child dribbled/the dog slobbered all over my shirt
■ **babosear** *vi*
A (Col) (decir tonterías) to talk nonsense *o* (BrE) rubbish, to talk drivel, to drivel (AmE)
B (Méx fam) (distraerse) to daydream; **por andar baboseando, por poco me atropellan** I was daydreaming *o* I was miles away and I almost got run over
baboseo *m*
A 1 (de un niño) dribbling, drooling (AmE) 2 (de un animal) slobbering, slavering
B 1 (Col) (tonterías) nonsense, drivel, rubbish (BrE) 2 (Méx fam) (distracción) daydreaming
babosería *f* (Per fam): **era una ~** it was a load of drivel *o* nonsense *o* (BrE) rubbish (colloq); **sólo dice ~s** he talks nothing but drivel *o* nonsense *o* (BrE) rubbish (colloq)
baboso¹ -sa *adj*
A (con babas) slimy
B (CS fam & pey) (pegajoso) lovey-dovey (colloq & pej); **estar ~ CON** *or* **POR algn** to be besotted WITH sb
C (AmL fam) (estúpido) 1 ‹*persona*› stupid, dim (colloq) 2 ‹*libro/espectáculo*› ridiculous
D (RPl fam) (despreciable) mean
baboso² -sa *m,f*
A (AmL fam) (tonto) dimwit (colloq)
B (RPl fam) (mala persona) rat (colloq), creep (colloq)
C **baboso** *m* (Zool) *type of blenny*
babucha *f* 1 (zapatilla) slipper 2 (Chi) (de lluvia) galosh; ***llevar a algn a ~(s)*** (RPl fam) to give sb a shoulder ride, carry sb on one's shoulders
babuino *m* baboon
baby *m* (Esp) ▸**babi**
baby-fútbol /,beiβi'futbol/ *m* (Chi) indoor football (AmE), ≈ five-a-side football (BrE)
baby sitter /'beiβi ,siter/ *m* (*pl* **~ ~s**) (AmL) baby-sitter
baca *f* roof rack, luggage rack
bacaladero¹ -ra *adj* cod (*before n*)
bacaladero² *m* 1 (barco) cod-fishing trawler 2 (pescador) cod fisherman
bacaladilla *f* blue whiting
bacalao *m* cod, codfish (AmE); **~ seco** salt cod; **~ a la vizcaína** *cod and vegetable dish*; ***(aunque vengas disfrazao,) te conozco ~*** (Esp fam) I can see straight through you *o* you can't fool me; ***cortar*** *or* ***partir el ~*** (Esp fam): **en casa mi madre es la que corta el ~** my mother's the one who wears the pants (AmE) *o* (BrE) trousers around the house; **la que realmente corta el ~ es su ayudante** the one who really calls the shots *o* the tune is his assistant (colloq)
bacán¹ -cana *adj* 1 (RPl fam) (cómodo) ‹*horario/vida*› cushy (colloq) 2 (Per arg) (estupendo) terrific (colloq), great (colloq)
bacán² -cana *m,f* 1 (RPl fam) (ricachón) moneybags (colloq); **todos trabajando y ella ahí de bacana** everyone else working and there she is like Mrs Vanderbilt (AmE) *o* (BrE) Lady Muck (colloq) 2 (Per fam & pey) (petimetre, vanidoso) bighead (colloq)
bacanal¹ *adj* Bacchanalian
bacanal² *f* 1 (Hist, Mit) bacchanal 2 (juerga) wild party, orgy (colloq)
bacano -na *adj* (Col fam) ▸**bacán¹ 2**
bacante *f* 1 (Mit) bacchante 2 (borracha) drunken woman
baccará /baka'ra/, **baccarrá** *m* baccarat; ***hacer ~*** (Esp fam) to fail all one's exams
bacenica *f* (Chi) ▸**bacinilla**
bacenilla *f* (Col) ▸**bacinilla**
bacha *f* (Méx arg) butt, stub, fag end (BrE sl)
bachaco¹ -ca *m,f* (Ven fam) *person of mixed race with dark skin and reddish, curly hair*
bachaco² *m* (Ven) *large red ant*; ***para ~, chivo*** (fam) I can give as good as I get
bache *m* 1 (Auto) pothole 2 (Aviac) air pocket 3 (mal momento) bad time *o* (BrE) patch 4 (CS fam) (omisión) gap
bachicha *mf* (CS fam) Italian, wop (colloq & pej)
bachiller *mf* 1 (de la escuela secundaria) ≈ high school graduate (*in US*), ≈ school leaver with A levels (*in UK*) 2 (Per) (licenciado) university graduate
bachillerato *m* 1 (educación secundaria) *secondary education and the qualification obtained*, ≈ high school diploma (in US); **estudié inglés en el ~** I studied English in high school (AmE) *o* (BrE) at secondary school 2 (Per) (licenciatura) bachelor's degree

> **Bachillerato**
>
> A traditional term for secondary education. Today in Spain, under the *LOE - Ley Orgánica de Educación (2006)* it specifically means the last two years of secondary education (16-18 years) following *ESO - Enseñanza Secundaria Obligatoria*, for students who wish to go to university.
>
> In parts of Latin America *Bachillerato* is the examination taken at the end of secondary education. In Peru it means the first university degree. ▸**LOE - Ley Orgánica de Educación (2006)**, ▸**ESO - Enseñanza Secundaria Obligatoria**

bacía *f* barber's bowl
bacilar *adj* bacillary
baciliforme *adj* bacillary
bacilo *m* bacillus
(Compuesto) **bacilo búlgaro** culture
bacín *m* (ant) chamber pot
bacinilla, bacinica *f* (fam) chamber pot, potty (colloq)
backgammon /bakga'mon/ *m* backgammon
Baco Bacchus
bacon /'bejkon/ *m* (Esp) bacon
bacteria *f* bacterium; **~s** bacteria (*pl*)
(Compuestos)
- **bacteria asesina** (CS) (flesh-eating) killer bacterium
- **bacteria transgénica** superbug

bacteriano -na *adj* bacterial
bactericida¹ *adj* bactericidal
bactericida² *m* bactericide
bacteriología *f* bacteriology
bacteriológico -ca *adj* bacteriological; ▸**guerra**
bacteriólogo -ga *m,f* bacteriologist
báculo *m* 1 (bastón) walking stick 2 (liter) (apoyo) support; **el hijo será un ~ para su vejez** his son will be a comfort *o* a support to him in his old age
(Compuesto) **báculo pastoral** crosier

b

badajada *f* 1 (de una campana) stroke 2 (fam) (necedad) stupid comment
badajear [A1] *vi* (fam) to prattle on
badajo *m* clapper
badana *f* 1 (piel) poor-quality leather (*usually used for lining*); ***zurrarle la ~ a algn*** (Esp fam) to give sb a good hiding (colloq) 2 (Chi, Per) (franela) flannel
badea *f* (Col) granadillo fruit
baden *m* (Chi) ▸**badén**
badén *m* 1 (vado) ford 2 (montículo) speed bump, sleeping policeman (BrE); (depresión) dip
badila *f* fire shovel
badilejo *m* (Per) trowel
bádminton /'baðminton/ *m* badminton
badulaque *mf*
A (fam) (tonto) nincompoop (colloq), moron (colloq & pej)
B (Chi fam) 1 (bellaco) rat (colloq), swine 2 (pícaro) rascal
badulaquear [A1] *vi* (fam) to act like an idiot
baffle /'bafle/, **bafle** *m* 1 (pantalla) baffle 2 (altavoz) speaker, loudspeaker
bagaje *m*: **~ cultural** (de una persona) cultural knowledge; (de un pueblo, una nación) cultural heritage; **su ~ de experiencia en este campo** his wealth of experience in this field; **útil tanto para quien posee un ~ previo como para el que no sabe nada** equally useful for those with previous knowledge of the subject and those without; **el ~ cultural de un pueblo** the cultural heritage of a nation
bagatela *f* 1 (alhaja) trinket; (adorno) knick-knack; **se gasta todo el dinero en ~s** he fritters his money away on silly little things 2 (asunto sin importancia): **no perdamos el tiempo discutiendo por ~s** let's not waste time arguing over minor matters *o* trivialities; **traté con ella de alguna ~** I talked to her about unimportant things, I made small talk with her 3 (CS fam) (cosa muy fácil): **es una ~** it's dead easy (colloq), it's a piece of cake (colloq)
bagayero -ra *m,f* (RPl arg) smuggler
bagayo *m* 1 (RPl arg) (bulto) thing; **~s** gear (colloq), stuff (colloq), things 2 (Arg arg) (contrabando) gear (sl) 3 (Arg arg) (carga molesta) pain in the neck (colloq), bind (colloq) 4 (Arg fam & pey) (mujer fea) ugly hag (colloq & pej)
bagazo *m* (de la caña) bagasse; (de aceitunas, uvas) marc; (linaza) linseed husk
Bagdad *m* Baghdad
bagre *m*
A (Coc, Zool) catfish; ***ya me/le pica el ~*** (Arg fam) I'm/he's getting hungry *o* (BrE colloq) peckish
B (AmS fam & pey) (mujer fea) ugly hag (colloq & pej)
bagual -guala *m,f* (RPl)
A 1 (caballo) unbroken horse 2 **bagual** *m* (toro) wild bull
B **baguala** *f* (canción) *Argentinian folk song*
baguette /ba'get/ *f*
A (Coc) baguette, French stick (BrE)
B (piedra preciosa) baguette
bah *interj* (expresando — desprecio) huh!, bah!; (— conformidad) oh well!
Bahamas *fpl*: **las ~** the Bahamas
bahareque *m* (Col) adobe
baharí *f* sparrowhawk
bahía *f* bay
bahorrina *f* (fam) 1 (suciedad) slops (*pl*) 2 (chusma) scum (colloq & pej)
bailable *adj*: **música ~** music you can dance to
bailada *f* (Chi fam) dance; **pegarse** *or* **echarse una ~** to have a dance
bailadero *m* dance hall
bailaor -laora *m,f* flamenco dancer
bailar [A1] *vi*
A (Mús) to dance; **salir a ~** to go out dancing; **la sacó a ~** he asked her to dance; **¿bailas?** *or* **¿quieres ~?** do you want *o* would you like to dance?; **~ suelto** to dance (*without holding on to one's partner, as at a discotheque*); **~ agarrado** to dance (*holding on to one's partner*); ***otro que tal baila*** (fam) another one who's just as bad; ***¡que me quiten lo bailado*** *or* ***bailao!*** (fam) I'm going to enjoy myself while I can; ▸**feo**[1]
B «*trompo/peonza*» to spin
C (fam) (estar flojo) (+ *me/te/le etc*): **tus zapatos me quedan bailando** your shoes are miles too big for me (colloq)
D (Méx fam): **andar/quedar/estar bailando** «*dinero*» to be unaccounted for; **mientras tanto la firma del contrato queda bailando** meanwhile the contract is still up in the air
■ **bailar** *vt*
A (Mús) to dance; **~ un tango/vals** to tango/waltz, to dance a tango/waltz
B (Méx fam) (quitar, robar) to swipe (colloq), to pinch (BrE colloq); **me ~on dos mil pesos** I had two thousand pesos pinched
■ **bailarse** *v pron* (Méx fam): **se los ~on en tres sets** they were thrashed in three sets
bailarín[1] **-rina** *adj* 1 ‹*persona*› fond of dancing; **¡qué ~ te ha salido el chico!** your kid's turned out to be quite a little dancer, hasn't he? (colloq) 2 ‹*mono/perro*› dancing (*before n*)
bailarín[2] **-rina** *m,f*
A (persona) dancer; ▸**primero**[1]
(Compuestos)
- **bailarina de ballet** *f* ballerina, ballet dancer
- **bailarina de la danza del vientre** *f* belly dancer
- **bailarín de ballet** *m* ballet dancer
- **bailarina** *f* **de table dance** (AmL) table dancer

B **bailarina** *f* (zapato) pump
baile *m*
A 1 (acción) dancing; **los novios abrieron el ~** the bride and groom started the dancing 2 (arte) dance; **el ~ moderno/español** modern/Spanish dance 3 (composición) dance; **un ~ típico de Aragón** a typical Aragonese dance 4 (fiesta) dance; **hubo un ~ de gala** there was a gala dance *o* ball 5 (ant) (sala) dance hall
(Compuestos)
- **baile de cañón** pole dancing
- **baile de disfraces** fancy-dress *o* costume ball
- **baile de máscaras** masked ball
- **baile de salón** (actividad) ballroom dancing; (acto) ballroom dance
- **baile de San Vito**: **el ~ de ~ ~** St Vitus's dance, chorea (tech); **parece que tienes el ~ de ~ ~** (fam) you look as if you have St Vitus's dance *o* you can't stop fidgeting

B (de cifras, letras): **hubo un ~ de cifras** the figures were changed around *o* inverted
C (fam) (asunto): **¡en qué ~ nos hemos metido!** we've got ourselves into a right mess! (colloq); **yo no me meto en este ~** I'm not getting involved in this business *o* in all this; **ya que estamos en el ~ ...** while we're about it ...
bailón -lona *adj* 1 ‹*persona*› **es muy ~** he loves dancing, he's a very keen dancer (BrE) 2 ‹*música*› ▸**bailable**
bailongo[1] **-ga** *adj* ▸**bailable**
bailongo[2] *m* (fam) dance
bailotear [A1] *vi* (fam & hum) to dance, bop (colloq)
bailoteo *m* 1 (fam & hum) (acción) dancing, bopping (colloq); **¿nos vamos de ~ esta noche?** are we going dancing *o* bopping *o* for a bop tonight? (colloq) 2 (Chi fam) (fiesta) party (*with dancing*), hop (dated)
baivel *m* bevel
baja *f*
A (descenso) fall, drop; **una ~ en el número de inscripciones** a fall *o* drop in the number of enrollments; **su popularidad está en ~** his popularity is waning *o* declining *o* on the wane; **hubo una ~ de tensión** (RPl) there was a drop in voltage; **a la ~: el precio del crudo sigue a la ~** the price of crude oil continues to fall; **continúa la tendencia a la ~ en las cuatro bolsas** the downward trend continues *o* stocks continue to fall on all four exchanges; **los que jugaban a la ~** those who were selling for a fall, the bears
B 1 (Esp) (Dep): **Pardo es ~ para el partido del domingo** Pardo is out of Sunday's game; **el equipo tiene varias ~s** the team is without several of its usual players 2 (Mil) (muerte) loss, casualty; **los rebeldes tuvieron trece ~s** the rebels lost thirteen men; **registraron varias ~s** they suffered several casualties *o* the loss of several men 3 (Esp) (Rels Labs) (permiso) sick leave; (certificado) medical certificate; **debe presentar la ~** you must produce your medical certificate; **está (dado) de ~ desde hace dos meses** he's been off sick *o* on sick leave for two months
(Compuesto) **baja por maternidad** maternity leave
C 1 (en un club, una organización): **ha habido** *or* **se han registrado** *or* **se han producido varias ~s** (en una clase) several students have dropped out *o* left; (en una asociación) several members have left; **lo dieron de ~ en el club por no pagar la cuota** they canceled his membership of the club *o* threw him out of the club for not paying his subscription; **darse de ~** (en un club) to cancel one's membership, leave; (en un partido) to resign, leave; (en el consulado) to have one's name removed from the register; (de un sitio web) to unsubscribe 2 (Mil) (cese) discharge; **pidió la ~ en el ejército** he applied for a discharge *o* to be discharged from the army; **fue dado de ~** he was discharged 3 (en un puesto): **la empresa lo dio de ~** the company dismissed him, the company cut him (AmE), the company sacked him (BrE); **lo dieron de ~ por invalidez** he was dismissed because of illness *o* on health grounds; **durante los tres meses posteriores a la fecha de la ~** in the three months following termination of employment; **causó ~ en nuestra organización en mayo de 2008** (Esp) he left our employment *o* (frml) employ in May 2008
(Compuestos)
- **baja incentivada** voluntary redundancy (*with incentive payment*)
- **baja vegetativa**: **reducir la plantilla mediante ~s ~s** to reduce the workforce by attrition (AmE) *o* (BrE) natural wastage
- **baja voluntaria** voluntary redundancy

bajá *m* pasha
bajacaliforniano -na *adj* of/from Baja California
bajada *f*
A (acción) descent; **en la ~ me fallaron los frenos** my brakes failed on the way down; **al atardecer emprendimos la ~** as evening fell we began the descent; **iba corriendo en ~ y no pude parar** I was running downhill and couldn't stop; **tuvo una ~ de tensión** his blood pressure dropped
(Compuestos)
- **bajada de aguas** gutter
- **bajada de bandera** minimum fare

B (camino): **la ~ para la playa** the path (*o* road *etc*) down to the beach; **la ~ es muy empinada** it's a very steep descent, the path (*o* road *etc*) down is very steep
bajamar *f* low tide
bajante[1] *f or m* drainpipe, downspout (AmE), downpipe (BrE)
bajante[2] *m* (Ven) 1 (del inodoro) flush 2 (para la basura) garbage chute (AmE), rubbish chute (BrE)
bajar [A1] *vi*
A 1 «*ascensor/persona*» (alejándose) to go down; (acercándose) to come down; **yo bajo por la escalera** I'll walk down *o* take the stairs; **espérame, ya bajo** wait for me, I'll be right down; **¿bajas a la playa?** are you coming (down) to the beach?; **~ A + INF** to go/come down to + INF; **bajó a saludarnos** he came down to say hello; **todavía no ha bajado a desayunar** she hasn't come down for breakfast yet; **ha bajado a comprar cigarrillos** he's gone down to buy some cigarettes 2 (apearse) **~ DE algo** ‹*de un tren/un avión*› to get off sth; ‹*de un coche*› to get out OF sth; ‹*de un caballo/una bicicleta*› to get off sth, dismount FROM sth; **me caí al ~ del autobús** I fell as I was getting off the bus; **yo no bajo, me quedo en el**

coche I'm not getting out, I'll stay in the car; **no sabe ~ sola del caballo** she can't get down off the horse *o* dismount on her own 3 (Dep) ‹‹*equipo*›› to go down, be relegated 4 ‹‹*río/aguas*›› (+ *compl*): **el río baja crecido** the river is (running) high

B 1 ‹‹*marea*›› to go out 2 ‹‹*fiebre/tensión*›› to go down, drop, fall; ‹‹*hinchazón*›› to go down; **han bajado mucho las temperaturas** temperatures have fallen *o* dropped sharply; **no le ha bajado la fiebre** her fever *o* (BrE) temperature hasn't gone down 3 ‹‹*precio/valor*›› to fall, drop; ‹‹*cotización*›› to fall; **el dólar bajó ligeramente** the dollar slipped back *o* fell slightly; **nuestro volumen de ventas no ha bajado** our turnover hasn't fallen *o* dropped *o* decreased; **los precios ~on en un 25%** prices fell by 25%; **los ordenadores están bajando de precio** computers are going down in price; **ha bajado mucho la calidad del producto** the quality of the product has deteriorated badly; **su popularidad ha bajado últimamente** her popularity has diminished recently; **seguro que no baja de los dos millones** I bet it won't be *o* cost less than two million; **ha bajado mucho en mi estima** he's gone down *o* fallen a lot in my estimation 4 ‹‹*período/menstruación*›› (+ *me/te/le etc*) to start 5 (Chi fam) (entrar) (+ *me/te/le etc*): **con el vino le bajó un sueño tremendo** the wine made him incredibly sleepy; **al escuchar tanta estupidez nos bajó una rabia ...** listening to such nonsense made us so angry ...

■ **bajar** *vt*

A ‹*escalera/cuesta*› to go down; **bajó la cuesta corriendo** she ran down the hill

B 1 ‹*brazo/mano*› to put down, lower; **bajó la cabeza/mirada avergonzado** he bowed his head/lowered *o* dropped his eyes in shame 2 (de un armario, estante) to get down; (de una planta, habitación) to bring/take down; **me ayudó a ~ la maleta** he helped me to get my suitcase down; **¿me bajas las llaves?** can you bring down my keys?; **hay que ~ estas botellas al sótano** we have to take these bottles down to the basement; **~ algo/a algn DE algo** to get sth/sb down FROM sth; **bájame la caja del estante** get the box down from the shelf (for me); **bájalo de la mesa/del caballo** get him down off the table/horse 3 ‹*persiana/telón*› to lower; **¿me bajas la cremallera?** will you undo my zipper (AmE) *o* (BrE) zip for me?; **le bajó los pantalones para ponerle una inyección** she took his pants (AmE) *o* (BrE) trousers down to give him an injection; **tengo que ~le el dobladillo** I have to let the hem down; **baja la ventanilla** open the window

C ‹*precio*› to lower; ‹*fiebre*› to bring down; ‹*radio*› to turn down; **bájale el volumen** *or* (Col) **al volumen** turn the volume down; **baja la calefacción/el gas** turn the heating/the gas down; **baja la voz** lower your voice; **lo ~on de categoría** it was downgraded *o* demoted

D (Inf) to download; **estoy bajando música a la computadora** (AmL) *or* **al ordenador** (Esp) I'm downloading music to my computer

■ **bajarse** *v pron*

A (apearse) **~se DE algo** ‹*de un tren/un autobús*› to get off sth; ‹*de un coche*› to get out OF sth; ‹*de un caballo/una bicicleta*› to get off sth, dismount FROM sth; **me bajo en la próxima** I'm getting off at the next stop; **¡bájate del muro!** get down off the wall!

B ‹*pantalones*› to take down, pull down; ‹*falda*› to pull down

C 1 (Arg, Col arg) (liquidar) to rub out (sl) 2 (Arg arg) (tener relaciones sexuales con) to score with (sl)

bajativo *m* (CS) liqueur, digestif

bajel *m* (liter) ship

bajera *f* bottom sheet

bajero -ra *adj*: **sábana bajera** bottom sheet; **falda bajera** underskirt; **bajera de felpa** underblanket

bajetón -tona *adj* (Per fam) short

bajeza *f* 1 (acción) despicable act 2 (cualidad): **nunca creí que fuera capaz de tanta ~** I never thought her capable of such baseness *o* of being so vile

bajial *m* (Per) floodplain

bajinis, bajini: **por lo ~** (*loc adv*) (fam) ‹*hablar*› to oneself; ‹*actuar*› secretly; **siempre está protestando por lo ~** he's always muttering under his breath *o* to himself

bajío *m* 1 (zona de poca profundidad) shallows (*pl*); (banco de arena) sandbank 2 (Chi) (terreno bajo) low-lying area; **los ~s de alrededor** the surrounding lowlands *o* low-lying areas

bajista[1] *adj* downward

bajista[2] *mf* bass player, bassist

bajo[1] **-ja** *adj*

A [SER] ‹*persona*› short; **ese chico bajito que trabaja en el bar** that short *o* small guy who works in the bar

B (indicando posición, nivel) 1 [SER] ‹*techo*› low; ‹*tierras*› low-lying; **un vestido de talle ~** a low-waisted dress 2 [ESTAR] ‹*lámpara/cuadro*› low; **las ramas más bajas del árbol** the lowest branches of the tree; **la parte baja de la estantería** the bottom shelf/lower shelves of the bookcase; **el nivel de aceite está ~** the oil level is low; **¡qué ~ está el río!** isn't the river low!; **la marea está baja** it's low tide, the tide is out 3 (bajado): **la casa tenía las persianas bajas** the house had the blinds down; **caminaba con la mirada baja** she walked (along) looking at the ground *o* with her eyes lowered

C 1 ‹*calificación/precio/número*› low; ‹*temperatura*› low; **~ en nicotina y alquitrán** low in nicotine and tar; **una bebida baja en calorías** a low-calorie drink; **tiene la tensión** *or* **presión baja** he has low blood pressure, his blood pressure is low; **liquidaban todo a precios bajísimos** they were selling everything off really cheap(ly); **artículos de baja calidad** poor-quality goods; ***por lo ~*** *or* (RPl) ***por parte baja*** at least; **les va a costar 10.000 tirando** *or* **echando por lo ~** (fam) it's going to cost them at least 10,000, it's going to cost them 10,000 easily *o* at (the very) least 2 ‹*volumen/luz*› low; **lo dijo en voz baja** he said it quietly *o* in a low voice; **pon la radio bajita** put the radio on quietly 3 ‹*oro*› *below 14 karats*

D **estar ~ DE algo** (falto de): **están ~s de moral** they're in low spirits, their morale is low; **está baja de defensas** her defenses are low

E (grave) ‹*tono/voz*› deep, low

F (vil) ‹*acción/instinto*› low, base; ***caer ~*** *or* ***en lo ~***: **ha caído en lo más ~** she stooped pretty low; **¡qué ~ has caído!** how could you stoop so low?, how low can you get!

(Compuestos)

- **baja cuna** *f* humble origins (*pl*)
- **baja Edad Media** *f*: **la ~ ~ ~** the late Middle Ages (*pl*)
- **baja forma** *f*: **estoy en ~ ~** I'm in bad shape, I'm not on form, I'm feeling below par; **la ~ ~ del equipo nacional** the poor form of the national team
- **baja frecuencia** *f* low frequency
- **baja policía** *f* (Per) garbage (AmE) *o* (BrE) refuse collection and street cleaning service
- **bajas pasiones** *fpl* animal passions (*pl*)
- **bajas presiones** *fpl* low pressure
- **baja tecnología** *f* low technology; **de ~ ~** low-technology (*before n*), low-tech
- **bajo Latín** *m* Low Latin
- **bajo relieve** *m* bas-relief
- **bajos fondos** *mpl* underworld
- **bajo vientre** *m*: **el ~ ~** the lower abdomen

bajo[2] *adv* 1 ‹*volar/pasar*› low 2 ‹*hablar/cantar*› softly, quietly; **canta más ~** sing more softly; **¡habla más ~!** keep your voice down!

bajo[3] *m*

A 1 (planta baja) first (AmE) *o* (BrE) ground floor; (local) commercial premises (*on the first* (AmE) *o* (BrE) *ground floor of a building*) 2 **los bajos** *mpl* (RPl) the first (AmE) *o* (BrE) ground floor

B 1 (de una falda, un vestido) hem; (de un pantalón) cuff (AmE), turn-up (BrE) 2 **bajos** *mpl* (Auto) underbody

C (contrabajo) bass, double bass

D (Chi fam) (fin): **darle el ~ a algn** to do away with sb (colloq), to get rid of sb; **darle el ~ a algo** to polish sth off (colloq)

bajo[4] *prep* 1 (debajo de) under; **corrimos a ponernos ~ techo** we ran to get under cover; **ponte ~ el paraguas** get under *o* underneath the umbrella; **tres grados ~ cero** three degrees below zero; **cuando yo esté ~ tierra** when I'm dead and buried; **~ el cielo estrellado** (liter) beneath the starry sky (liter); **cantando ~ la lluvia** singing in the rain 2 (expresando sujeción, dependencia) under; **está ~ juramento** you are under oath; **~ Alfonso XIII** under Alfonso XIII, during the reign of Alfonso XIII; **~ su mando** under his command; **~ los efectos del alcohol** under the influence of alcohol; **~ ese punto de vista** looking at it from that point of view; **~ el título 'España hoy'** under the title 'España hoy'; ▸ **fianza, garantía, llave**[2], etc

bajón *m* (fam) 1 (descenso fuerte) sharp drop *o* fall; **la Bolsa ha dado un ~** the Stock Exchange index has suffered a sharp fall, the Stock Exchange index has dropped *o* fallen sharply; **ha dado un ~ este semestre** he has gone downhill this semester 2 (de ánimo) depression; **en los últimos meses ha dado un ~** he's gone downhill in the last few months 3 (de salud): **ya estaba mejor y de pronto dio un ~ tremendo** she was getting better when suddenly she took a turn for the worse

bajorrelieve *m* bas-relief

bajuno -na *adj* low, base

bajura *f* ▸ **flota, pesca**

bakala *mf* (Esp fam) ≈ punk (AmE); chav (BrE pej); ≈ chavette (BrE pej)

bakaladero[1] **-ra** *adj* (Esp fam) club (*before n*), rave (*before n*)

bakaladero[2] **-ra** *m,f* (Esp fam) party animal (colloq), clubber (colloq)

bakalao *m* (Esp fam) rave *o* club music; **la ruta del ~** clubbers' weekend trail of discos

bala *f*

A (Arm) (de pistola, rifle) bullet; (de cañón) cannon ball; **a prueba de ~s** bulletproof; **una ~ perdida lo alcanzó en el costado** a stray bullet hit him in the side; ***como (una) ~*** like a shot (colloq); **salió como (una) ~** he left like a shot; **la moto pasó como (una) ~** the motorbike shot past; **llegó como (una) ~ cuando se enteró** he was there in a flash when he heard; ***echar ~*** (Méx) (disparar) to fire shots; (estar furioso): **con lo del matrimonio de su hija está que echa ~** she's really fuming about her daughter's marriage; **no le toques ese asunto, se pone que echa ~** don't touch on that subject or he'll fly off the handle (colloq); ***llevar ~*** (Méx fam) to be in a hurry; ***ni a ~*** (Col, Méx fam): **ni a ~ van a lograr que retire lo dicho** there's no way they're going to make me take back what I said (colloq); **la física no le entra ni a ~** he's absolutely useless at physics; **no paga una cuenta ni a ~** he's terrible when it comes to paying his bills, he doesn't believe in paying his bills (colloq); ***no entrarle ~s a algo/algn*** (Chi fam): **tiene 70 años y no le entran ~s** he's 70 years old and as fit as a fiddle *o* as tough as old boots *o* as strong as an ox; **a este motor no le entran ~s** this engine will stand up to anything; ***ser como ~*** (Chi) *or* (Méx) ***una ~ para algo*** (fam): **es como ~ para las matemáticas** she's a real mathematical genius *o* (colloq) a whizz at math(s), she's brilliant at math(s); **es una ~ para el dominó** he's a tremendous domino player; **ése es como ~ para el trago** (hum) he's got (his) drinking down to a fine art (colloq); ***ser un(a) ~ perdida*** *or* (Méx) ***rasa*** to be a good-for-nothing *o* an idle layabout; ***tirar con ~*** to get straight to the point; **—aquí tiran con ~ —pensé** there's no beating about the bush *o* they get straight to the point here, I thought

(Compuestos)

- **bala de fogueo** blank, blank round
- **bala de goma** rubber bullet
- **bala de plástico** plastic bullet, baton round
- **bala de salva** blank, blank round
- **bala expansiva** dumdum, dumdum bullet
- **bala mágica** magic bullet

B (AmL) (Dep) shot; **lanzamiento de ~** shot put

C (de lana, algodón) bale

balaca *f* (Col) 1 (Indum) hairband 2 (Dep) sweatband, headband

b

balacear [A1] *vt* (Méx) ▸**balear²**

balacera *f* (AmL): **cuando comenzó la ~ en la plaza** when the shooting began in the square; **se le acusa de ser responsable de varias ~s** he is charged with a number of shootings; **se armó una ~ entre policías y asaltantes** there was a shootout between the police and the bank raiders

balada *f* ballad

baladí *adj* petty, trivial

baladista *mf* writer/singer of ballads

baladre *m* oleander, rosebay

baladronada *f*: **dijo/soltó una ~ que no impresionó a nadie** his boasting *o* bragging didn't impress anybody

bálago *m*

A (Agr) straw

B (espuma) lather

balalaica *f* balalaika

balance *m*

A 1 (resumen, valoración): **elaboró un ~ sobre sus dos años en el puesto** she took stock of her two years in the job; **hizo un ~ económico y artístico del festival** he evaluated *o* assessed the festival from a financial and artistic point of view 2 (resultado) result, outcome; **su gestión arroja un ~ positivo/negativo** his management has produced positive/negative results; **un total de 25 muertos es el ~ definitivo del incendio** the final death toll in the fire is 25

B (Com, Fin) 1 (inventario) stocktaking 2 (cálculo, cómputo) balance 3 (documento) balance sheet; **cuadrar un ~** to balance (off) the accounts, to get the accounts to balance 4 (de una cuenta) balance

(Compuesto) **balance de comprobación** *m* trial balance

balanceado -da *adj* balanced

balancear [A1] *vt*

A ‹*paquetes/carga*› to balance

B 1 ‹*pierna/brazo*› to swing 2 ‹*barco*› to rock

■ **balancearse** *v pron* 1 «*árbol/ramas*» to sway; «*objeto colgante*» to swing; **¡deja de ~te en la silla!** stop rocking your chair!; **se balanceaba en la hamaca** she was swinging (herself) in the hammock; **caminaba balanceándose de lo cansado que estaba** he was so tired that he swayed from side to side as he walked 2 «*barco*» to rock

balanceo *m*: **el suave ~ del barco sobre las olas** the gentle rocking of the boat on the waves; **con el ~ de la hamaca se quedó dormida** the swinging of the hammock sent her to sleep; **el ~ de los árboles** the swaying of the trees

balancín *m*

A 1 (mecedora) rocking chair 2 (de jardín) couch hammock 3 (de niños) seesaw, teeter-totter (AmE)

B (de acróbata) balancing pole

C (Auto, Tec) rocker, rocker arm

balandrismo *m* yachting, sailing

balandrista *m,f* (*m*) yachtsman; (*f*) yachtswoman

balandro *m*, **balandra** *f* yacht, sloop

balandronada *f* ▸**baladronada**

bálano, balano *m* glans penis

balanza *f* scales (*pl*); (de dos platillos) scales (*pl*), balance; **esto inclinaría la ~ a favor de los visitantes** this would tip the scales *o* tip the balance in favor of the visitors; ***poner en la ~*** to weigh (AmE), to weigh up (BrE); **hay que poner los pros y los contras en la ~** we must weigh (up) the pros and cons

(Compuestos)

- **balanza comercial** balance of trade, trade balance; **el desequilibrio de la ~ ~** the imbalance in the trade figures
- **balanza de baño** bathroom scales (*pl*)
- **balanza de cocina** kitchen scales (*pl*)
- **balanza de muelle** spring balance
- **balanza de pagos** balance of payments
- **balanza de precisión** precision balance, precision scales (*pl*)
- **balanza por cuenta corriente** balance on current account

balar [A1] *vi* to bleat, baa

balasto *m* (Ferr) ballast

balastro *m* 1 (Ferr) ballast 2 (Méx) (Elec) ballast

balata *f* (Chi) brake lining

balaustrada *f* balustrade

balaústre *m* baluster, spindle

balay *m* 1 (Bol) (canasta) flat wicker basket 2 (Col) (cernedor) wicker sieve

balazo *m* 1 (Arm) (tiro) shot; (herida) bullet wound; **lo mataron de un ~ en la cabeza** he was shot in the head; **lo cosieron a ~s** they riddled him with bullets; ***sacarse los ~s*** (Chi fam) to get round a problem 2 (Chi) (Dep) drive, shot

balboa *m* balboa (*Panamanian unit of currency*)

balbucear [A1] *vt*: **apenas pudo ~ unas palabras de agradecimiento** all he could do was stammer out a few words of thanks; **—me duele mucho —balbuceó entre sollozos** it hurts a lot, she sobbed; **—yo no lo sabía —balbuceó** I didn't know, he stammered

■ **balbucear** *vi*: **un niño que apenas balbuceaba** a child who was only just coming out with his first faltering words; **balbuceaba dormido** he was muttering *o* mumbling *o* babbling in his sleep

balbuceo *m* (de un adulto) mumbling, muttering; **los primeros ~s del niño** the child's first faltering words; **oía el ~ del niño** I could hear the child gurgling away; **los primeros ~s del feminismo** the first stirrings of feminism

balbuciente *adj* stammering (*before n*), stuttering (*before n*)

balbucir [I1] *vt* ▸**balbucear**

Balcanes *mpl*: **los ~** the Balkan Mountains, the Balkans

balcánico -ca *adj* Balkan; **los países ~s** the Balkan states

balcanización *f* Balkanization

balcón *m* 1 (Arquit) balcony; ***estuvo para alquilar balcones*** (RPl fam) it was priceless! (colloq); ***tomar ~*** (Chi fam) to stand by and watch 2 (mirador) observation point 3 (Chi, Ven) (Teatr) circle

balconada *f* 1 (serie de balcones) row of balconies 2 (balcón corrido) continuous balcony

balconearse [A1] *v pron* (Méx fam) 1 (ponerse en evidencia) to make a fool of oneself 2 (poner en evidencia) to make … look ridiculous; **se lo balconearon** they showed him up

balconera *f* (Ur) flag (*of a political party*)

balda *f* (Esp) shelf

baldado¹ -da *adj* 1 (tullido) crippled 2 (Esp fam) (molido) shattered (colloq)

baldado² *m* (Col) bucketful; ***caer como un ~ de agua fría*** *ver* **balde**

baldaquín, baldaquino *m* baldachin, baldaquin

balde *m*

A (cubo) bucket, pail; ***caer como un ~ de agua fría*** to come as a complete shock; **la noticia cayó como un ~ de agua fría** the news came as a complete shock; **me cayó como un ~ de agua fría que me contestara así** his reply was a real slap in the face

(Compuesto) **balde de** *or* **del hielo** (Col, RPl) ice bucket

B (*en locs*): **de balde: no pretenderás que trabaje de ~** I hope you're not expecting me to work for nothing; **viajábamos de ~** we used to ride (for) free; **estoy aquí de ~** there's no point in me being here *o* I'm not needed here; **tus excusas están de ~** it's no good *o* it's no use making excuses; **en balde: los vecinos se han quejado muchas veces, pero en ~** the neighbors have often complained, but to no avail *o* in vain; **no en balde** no wonder; **no en ~ insistía tanto que no fuera** no wonder he was so insistent I shouldn't go

baldear [A1] *vt* to sluice, wash down

baldeo *m* washing down, sluicing down

baldío¹ -día *adj* 1 (sin cultivar): **terreno ~** area of waste ground *o* waste land 2 ‹*esfuerzo*› vain, useless; **cualquier otro camino resultaría ~** any other way would be pointless

baldío² *m* 1 (terreno sin cultivar) area of waste land *o* waste ground 2 (Bol, Méx, RPl) (solar) piece *o* plot of land, vacant lot (AmE)

baldón *m* disgrace

baldosa *f* floor tile; **suelo de ~s** tiled floor

baldosín *m* tile

balduque *m* red tape

baleado -da *m,f* (AmL): **hay varios ~s** several people have been shot *o* have received gunshot wounds; **los médicos atendían a los ~s** the doctors were treating people with gunshot *o* bullet wounds

balear¹ *adj* Balearic

balear² [A1] *vt* (AmL) to shoot; **le ~on el auto en el atentado** his car was hit by bullets in the attack; **murió baleado** he was shot dead; **las personas baleadas fueron llevadas al hospital** those who had been shot were taken to (the) hospital

Baleares *fpl*: **las (Islas) ~** the Balearic Islands (*pl*), the Balearics (*pl*)

baleárico -ca *adj* Balearic

baleo *m* (Chi) ▸**balacera**

balerina *f* (Chi) leotard

balero *m*

A (Méx, RPl) (juguete) *cup-and-ball toy*

B (RPl fam) (cabeza) head; **no le da el ~ para resolverlo** she doesn't have the brains to work it out (colloq)

C (Méx) (rodamiento) bearing

(Compuestos)

- **balero de agujas** (Méx) needle bearing
- **balero de rodillos** (Méx) roller bearing

balido *m* bleat, baa; **las ovejas daban ~s** the sheep were bleating *o* baaing

balín *m*

A (perdigón) pellet; (bala pequeña) shot

B (Méx) (cojinete) ball bearing

balística *f* ballistics

balístico -ca *adj*

A (Arm, Mil) ballistic; **pruebas balísticas** ballistics tests

B (Chi) (Dep) ‹*torneo*› shooting (*before n*)

baliza *f* 1 (Náut) (boya) buoy; (señal fija) marker 2 (Aviac) beacon

balizaje, balizamiento *m* 1 (Náut) buoyage 2 (Aviac) runway lights (*pl*) 3 (Auto) warning lights (*pl*)

balizar [A4] *vt* 1 (Náut) to buoy, mark … with buoys 2 (Aviac) ‹*pista*› to mark

ballena *f*

A (Zool) whale

(Compuesto) **ballena azul** blue whale

B (de un corsé) stay

ballenato *m* whale calf

ballenero¹ -ra *adj* whaling (*before n*)

ballenero² -ra *m,f* 1 (persona) whaler 2 **ballenero** *m* (barco) whaleboat, whaler

ballenita *f* stiffener

ballesta *f* 1 (Arm) crossbow 2 (Auto, Mec) spring, leaf spring

ballestero *m* crossbowman

ballestrinque *m* clove hitch

ballet /ba'le/ *m* (*pl* **-llets**) (disciplina) ballet; (representación) ballet; (agrupación) ballet, corps de ballet

ballico *m* rye grass

balneario¹ -ria *adj* 1 (de aguas medicinales) spa (*before n*) 2 (AmS) (en la costa) resort (*before n*)

balneario² *m*

A (de baños medicinales) spa

B (en la costa) 1 (establecimiento) private beach/club 2 (AmL) (pueblo, urbanización) seaside resort, holiday resort, resort

balneoterapia *f* balneotherapy, hydrotherapy

balompédico -ca *adj* soccer (*before n*), football (*before n*) (BrE)

balompié *m* soccer, football (BrE)

balón *m* 1 (Dep) ball; ***echar*** *or* ***tirar balones fuera*** to dodge the issue, to run away from things 2 (recipiente) cylinder 3 (RPl) (de cerveza) balloon glass

(Compuesto) **balón de oxígeno** oxygen cylinder; (fuerza que reanima) fillip, boost, shot in the arm (colloq)

balonazo *m*: **recibió un fuerte ~ en la cara** he was hit hard in the face by the ball

baloncestista *mf* basketball player

baloncestístico -ca *adj* basketball (*before n*)

baloncesto *m* basketball

balonmanista *mf* (esp Esp) handball player

balonmano *m* handball

balonvolea *m* volleyball

balota *f* 1 (Per) (para votar) ballot 2 (Col, Per) (Jueg) *small numbered ball used in bingo, lotteries, etc*

balotaje *m* (Per) balloting

balotar [A1] *vi* (Per) to vote

balsa *f*

A (embarcación) raft; **~ inflable/neumática** inflatable/rubber raft

(Compuesto) **balsa salvavidas** *or* **de salvamento** life raft

B (Bot) balsa

C (charca) pool (*where water is stored for irrigation purposes*); ***como una ~ de aceite:*** **el mar está como una ~ de aceite** the sea is like a millpond; **todo va como una ~ de aceite** it's all going swimmingly *o* very smoothly

balsámico -ca *adj* soothing; **tuvo un efecto ~ sobre él** it had a soothing effect on him

balsamina *f* touch-me-not

bálsamo *m* 1 (Farm, Med) balsam, balm; **actuó como un ~ para su espíritu** it acted like a balm on *o* had a soothing effect on his spirit 2 (Chi) (para el pelo) conditioner

(Compuesto) **bálsamo labial** *or* **para labios** lip balm, lip salve (BrE)

balsear [A1] *vt* to cross (*on a raft*)

balsero -ra *m,f*

A (conductor de balsa) (*m*) boatman; (*f*) boatwoman

B (refugiado) boatperson; **los ~s** the boatpeople

> **balsero**
>
> A name for Cubans who try to enter the US by sailing to Florida in small boats and rafts. *See also* ▸ **patera**.

Baltasar Balthasar

báltico -ca *adj* Baltic; **el (mar) B~** the Baltic (Sea)

baluarte *m* 1 (Arquit, Mil) bastion; **el último ~ español en América** the last Spanish stronghold in America; **un ~ inexpugnable** an impregnable fortress 2 (de una organización): **un ~ de los valores tradicionales** a bastion of traditional values; **perdieron algunos ~s como Magdalena y Santander** they lost some of their traditional strongholds like Magdalena and Santander; **es uno de los ~s del equipo/del partido** he's one of the mainstays of the team/one of the party stalwarts

balumba *f* heap

balumbo *m* bulky object

balurdo[1] -da *adj* (AmC, Ven arg) ‹*ropa/fiesta*› uncool (sl), naff (BrE sl); ‹*película*› crummy (colloq), schlocky (AmE colloq), naff (BrE sl); ‹*persona*› uncool (sl); **¡qué papá tan ~ tienes! no te deja salir a ningún lado** your dad's so uncool *o* such a stick-in-the-mud *o* such a spoilsport! he doesn't let you go anywhere

balurdo[2] -da *m,f*

A (AmC, Ven arg) (persona) jerk (colloq), twit (BrE colloq)

B **balurdo** *m* (Chi) (fajo) *fake wad of money with real notes at either end*

bamba *f*

A (Mús) *Mexican dance and music*

B (Esp) 1 (Coc) bun; **~ de nata** cream bun 2 (Indum) sneaker (AmE), gym shoe (BrE), pump (BrE)

bambalina *f* 1 (Teatr) drop cloth, drop curtain, drop; ***entre ~s:*** **todo esto ocurrió entre ~s** this all happened behind the scenes; **los militares esperaban entre ~s** the military were waiting in the wings 2 (Ven) (adorno) streamer

bambolear [A1] *vt* to swing; **apoyada en la pared bamboleando la cartera** leaning against the wall, swinging her bag; **camina bamboleando las caderas** she sways *o* swings her hips as she walks

■ **bambolearse** *v pron*

A 1 «*persona*» to sway; «*árbol/torre*» to sway; «*objeto colgante*» to swing; **la lámpara se bamboleaba** the light was swinging; **¡cómo se bambolea el ascensor!** this elevator (AmE) *o* (BrE) lift really lurches from side to side! 2 «*barco/tren*» to rock

B (Chi fam) (en un cargo): **me estoy bamboleando en el puesto** my job's on the line

bamboleo *m* 1 (de un árbol, una torre) swaying; (de un objeto colgante) swinging 2 (de un barco, tren) rocking; (de un avión) lurching

bambolla *f* (fam) fuss; **¡hicieron tanta ~ cuando el niño empezó a caminar!** they made such a song and dance *o* such a fuss when the baby started walking!

bambú *m* (*pl* **-búes** *or* **-bús**) bamboo

bambuco *m*: *Colombian folk dance*

bambula *f* cheesecloth

banal *adj* banal

banalidad *f* banality

banalizar [A1] *vt* to trivialize

■ **banalizarse** *vpr* to become trivialized

Banamex *m* = **Banco Nacional de México**

banana *f* (Per, RPl) banana

bananal, bananar *m* (AmL) banana plantation

bananero[1] -ra *adj* (AmL) banana (*before n*)

bananero[2] *m* (AmL) banana tree

banano *m*

A 1 (árbol) banana tree 2 (AmC, Col) (fruta) banana

B (Chi) (cinturón con bolsa) money belt, bumbag (BrE colloq)

banasta *f* basket

banasto *m* deep basket

banca *f*

A (Econ, Fin): **trabaja en la ~** *or* **es empleado de ~** he's in banking; **la nacionalización de la ~** the nationalization of the banks

(Compuestos)
- **banca a domicilio** home banking
- **banca comercial** commercial banking
- **banca electrónica** electronic banking
- **banca en línea** online banking
- **banca telefónica** *o* **por teléfono** telephone banking

B (Jueg) bank; **gana la ~** the bank wins; **hizo saltar** *or* (AmL) **quebrar la ~** she broke the bank; **tienes la ~** you're banker

C 1 (Col, Méx) (asiento) bench, form (BrE); (pupitre) desk 2 (AmL) (Dep) (asiento) bench; (jugadores) reserves (*pl*)

D (CS) (escaño) seat; ***tener ~*** (RPl fam) to have (a lot of) clout (colloq)

(Compuesto) **banca de hielo** icefield

bancada *f*

A 1 (superficie) worksurface 2 (Mec) bedplate

B (AmL) (Pol) group

bancal *m* 1 (terraza) terrace 2 (huerto) plot

bancar [A2] *vt* (RPl fam)

A ‹*problema*› to put up with; **a ése no lo banca nadie** nobody can stand *o* bear him (colloq)

B (costear) to pay for, fund, bankroll (colloq)

■ **bancarse** *v pron* (*enf*) (RPl fam): **ese viaje no me lo banco más** I can't bear *o* stand that journey any more

bancario[1] -ria *adj* ‹*interés/préstamo*› bank (*before n*); ‹*sector*› banking; **entidad bancaria** (frml) bank

bancario[2] -ria *m,f* (CS) bank employee

bancarrota *f* bankruptcy; **la empresa va a la ~** the company is going bankrupt *o* is heading for bankruptcy; **el país está en ~** the country is bankrupt; **se declararon en ~** they declared themselves bankrupt

banco ➡ *m*

A 1 (asiento — de parque) bench; (— de iglesia) pew; (— de escuela) bench, form (BrE); (— de barca) thwart 2 (taburete) stool 3 (de taller) workbench 4 (Chi) (pupitre) desk

(Compuestos)
- **banco de carpintero** workbench
- **banco de pruebas** (Tec) test bed; **esta guerra sería el ~ de ~ de sus teorías** this war would be the testing ground for their theories

B 1 (Com, Fin) bank 2 (de órganos) bank 3 (de información) bank

(Compuestos)
- **banco central** (Fin) central bank
- **banco de alimentos** food bank
- **banco de compensación** (Fin) clearing bank
- **banco de crédito** (Fin) lending bank
- **banco de datos** (Inf) data base *o* bank
- **banco de esperma** (Med) sperm bank
- **banco de inversiones** (Fin) investment bank
- **banco de memoria** memory bank
- **banco de negocios** (Fin) investment bank
- **banco de órganos** (Med) organ bank
- **banco de sangre** (Med) blood bank
- **banco de semen** (Med) sperm bank
- **banco emisor** (Fin) issuing bank
- **banco en casa** (Fin) home banking
- **banco hipotecario** (Med) mortgage bank
- **banco mercantil** (Fin) merchant bank
- **Banco Mundial** (Fin) World Bank
- **banco por acciones** (Fin) joint-stock bank

C 1 (de peces) shoal 2 (bajío) bar, bank

(Compuestos)
- **banco de arena** sandbank
- **banco de coral** coral reef
- **banco de niebla** fog bank
- **banco de nieve** snowdrift

banda *f*

A 1 (Indum) (en la cintura, cruzando el pecho) sash; (franja, lista) band; (para el pelo) (Méx) hair band; **llevaba una ~ negra en el brazo** he was wearing a black armband 2 (de tierra) strip

(Compuestos)
- **banda ancha** broad band
- **banda de frecuencias** frequency band
- **banda del ventilador** (Méx) fan belt
- **banda de rodamiento** tread
- **banda elástica** (Ven) rubber band, elastic band (BrE)
- **banda impositiva** tax band
- **banda lateral** trim
- **banda magnética** magnetic strip
- **banda presidencial** ceremonial sash (*worn by the president*)
- **banda salarial** salary band
- **banda sonora** (Cin) sound track; (Auto) rumble strip
- **banda transportadora** (Méx) conveyor belt

B 1 (de un barco) side 2 (en el billar) cushion 3 (en fútbol) touchline; **lanzó el balón fuera de ~** he kicked the ball into touch *o* out of play *o* (AmE) out of bounds; ***cerrarse en ~*** to refuse to listen; ***coger a algn por ~*** (Esp fam) to corner sb; ***dejar a algn/andar/quedar en ~*** (RPl fam): **anda en ~** he doesn't know what to do with himself, he's at a bit of a loss; **se fueron y me dejaron en ~** they went off and left me not knowing what to do with myself *o* and left me at a bit of a loss; ***irse en ~*** (CS fam): **el equipo se fue en ~** the team did terribly

C 1 (de delincuentes) gang; **~ armada** armed gang; **~ terrorista** terrorist group 2 (Mús) band 3 (de aves) flock

bandada *f*

A (de pájaros) flock; (de peces) shoal

B (Méx) (de personas) swarm, hordes (*pl*)

Banda Oriental *f*: **la ~ ~** (Hist) *former Spanish territory comprising present-day Uruguay and Southern Brazil*

bandazo *m*: **la bola entró después de dos ~s** the ball went in off two cushions; ***dar ~s:*** **sujeta bien el equipaje para que no dé ~s**

➡ *ver* Vivir en un país de habla inglesa; Correspondencia

b

b

make sure the luggage is tied down properly so that it doesn't move about; **la rueda reventó y el coche empezó a dar ~s** the tire burst and the car started swerving all over the road; **iba dando ~s por el pasillo** he lurched from side to side as he went along the corridor; **daba ~s de un empleo a otro** she was constantly moving from one job to another; ***dar el ~*** (Méx) to change sides

bandear [A1] *vt* (CS) ‹*río/lago*› to cross; ‹*cerco*› to get over

■ **bandearse** *v pron* 1 (valerse por sí mismo) *tb* ***bandeárselas*** to take care of oneself, look after oneself 2 (apañarse) **~se CON algo** to make do WITH sth

bandeja *f* 1 (para servir) tray; **~ de plata** silver salver; ***darle*** *or* ***entregarle*** *or* ***servirle*** *or* ***ponerle algo a algn en ~ (de plata)*** to hand sb sth on a platter (AmE) *o* (BrE) plate (AmE) *o* (BrE) plate; **te están sirviendo la oportunidad en ~** they're handing it to you on a platter *o* plate; **le sirvió el gol en ~** he set him up with a really easy goal 2 (de nevera, horno) tray 3 (en un coche) rear shelf; (en un baúl) tray 4 (para diapositivas) magazine

Compuestos
- **bandeja central** (Chi) ▸**bandejón**
- **bandeja de entrada** in-tray
- **bandeja de salida** out-tray

bandejón *m* (Chi, Méx) *tb* : **~ central** median strip (AmE), central reservation (BrE)

bandera *f*

A 1 (de una nación) flag; (de un regimiento) colors* (*pl*); **izar la ~** to run up *o* raise the flag; **bajar la ~** to lower *o* strike the flag; **con la ~ a media asta** with the flag at half mast; **la ~ americana** the American flag, the Stars and Stripes; **la ~ del Reino Unido** *or* **de Gran Bretaña** the British flag, the Union Flag *o* Jack; **jurar (la) ~** to swear allegiance to the flag; **luchó bajo la ~ republicana** he fought under the Republican flag; **mañana le colocan la ~ al edificio** the building will be topped out tomorrow; ***lleno hasta la ~*** bursting at the seams, packed 2 (para señales) flag, pennant; **el código** *or* **lenguaje de ~s** the flag code 3 (de un taxi): **llevaba la ~ bajada** he didn't have the For Hire light on, he had the meter running; **bajar la ~** to start the meter

Compuestos
- **bandera ajedrezada** *or* **a cuadros** checkered* flag
- **bandera blanca** white flag; **enarbolar la ~ ~** to hoist the white flag
- **bandera de conveniencia** flag of convenience
- **bandera negra** Jolly Roger
- **bandera roja** red flag

B (*como adj inv*) ‹*compañía/industria/producto*› flagship (*before n*); **de ~** *loc adj* (Per) flagship (*before n*); ▸**mujer**

C (Inf) flag

banderazo *m* 1 (Dep) (de salida) starting signal; (de llegada) checkered* flag 2 (Ven fam) (en un taxi) minimum fare

banderilla *f*

A (Taur) banderilla (*barbed dart stuck into the bull's neck*)

B 1 (Esp) (aperitivo) *pickled gherkins, onions etc served on a cocktail stick* 2 (Méx) (pan dulce) *a thin flaky pastry*

banderillear [A1] *vt: to stick the banderillas into the bull's neck*

banderillero *m* banderillero (*person who sticks the banderillas into the bull's neck*)

banderín *m* 1 (banderita de adorno) pennant; (Dep) flag; **adornaron la plaza con banderines de colores** they decorated the square with colored bunting 2 (Mil) pennant bearer, ensign, ensign bearer

banderita *f* flag (*sold for charity*); **día de la ~** flag day

banderola *f* 1 (enseña) banderole 2 (RPl) (encima de una puerta) fanlight, transom (AmE); (en el techo) skylight

bandidaje *m* banditry

bandido -da *m,f* 1 (delincuente) bandit 2 (estafador, granuja) swindler, crook 3 (pillo, pícaro) rascal, horror (colloq), terror (colloq)

bando *m*

A (edicto) edict

B (facción) side, camp; **el país quedó dividido en dos ~s durante la guerra civil** the country was divided into two camps during the civil war; **están en ~s contrarios** they're on opposing sides; ***ser del otro ~*** (fam) to be gay, to be one of them (colloq & pej)

bandola *f* mandolin

bandolera *f*

A (cinturón) Sam Browne, Sam Browne belt; (para llevar cartuchos) bandolier; **en ~** slung across one's shoulder

B (Esp) (bolso) shoulder bag

bandolerismo *m* banditry

bandolero -ra *m,f* bandit

bandolín *m: type of mandolin*

bandolina *f: type of mandolin*

bandolinista *m,f: person who plays the* ▸**bandolín**

bandoneón *m: type of accordion*

bandurria *f* 1 (Mús) *type of mandolin* 2 (Zool) *type of ibis*

Banesto *m* = **Banco Español de Crédito**

Bangkok *m* Bangkok

Bangladesh *m* Bangladesh

bangladesí *adj/mf* Bangladeshi

banjo /ˈbandʒo/ *m* banjo

banner *m* (*pl* **~s**, *tb* **~**) **publicitario** banner (advert)

banquero -ra *m,f* banker

banqueta *f* 1 (taburete) stool; (para los pies) footstool 2 (Méx) (acera) sidewalk (AmE), pavement (BrE)

banquete *m* banquet; **ofrecen un ~ en su honor** a banquet is being held in her honor; **~ de gala** gala reception; **nos dio un verdadero ~** she laid on a real feast for us

Compuesto **banquete de bodas** wedding reception

banquetear [A1] *vi*, **banquetearse** [A1]; *v pron* (fam) to feast

banquetero *m* (Andes) caterer (*for banquets*)

banquillo *m* 1 (Der): **el ~ (de los acusados)** the dock; **me siento como en el ~ (de los acusados)** I feel as if I'm on trial *o* in the dock 2 (Dep) bench; **lleva varios partidos en el ~** he's been on the bench for the last few games

banquina *f* (RPl) 1 (lado) verge; (en autopista) shoulder (AmE), berm (AmE), hard shoulder (BrE) 2 (cuneta) ditch

banquisa *f* icefield

bantú *m* Bantu

banyi *m* bungee jumping

bañadera *f*

A (RPl fam) (Auto) open-top bus

B (Arg fam) (bañera) bath, bathtub

bañado *m* (Bol, RPl) area of marshland

bañador *m* (Esp) (de mujer) bathing suit, swimsuit, swimming costume (BrE); (de hombre) swimming trunks; **he comprado un ~** I've bought a bathing suit/some swimming trunks *o* a pair of swimming trunks; **ponte el ~** put on your bathing suit/trunks

bañar [A1] *vt*

A ‹*niño/enfermo*› (en la bañera) to bath, give … a bath; (en la ducha) to give … a shower; **hay que ~ al** *or* **el perro** we have to give the dog a bath

B 1 ‹*pulsera/cubierto*› to plate; **~ algo EN algo** to plate sth WITH sth; **el anillo está bañado en oro** the ring is gold-plated 2 (cubrir) to cover; **servir la coliflor bañada con** *or* **en salsa de tomate** serve the cauliflower covered with tomato sauce; **llegó bañado en sudor** he arrived bathed *o* covered in sweat; **con el rostro bañado en lágrimas** with his face bathed in tears; **su cadáver bañado en sangre** his dead body covered in blood

C 1 (liter) «*mar/río*» to bathe (liter), wash (liter) 2 (liter) «*luz/sol*» to bathe (liter); **su rostro bañado por la luz de la luna** her face bathed in moonlight

D (Ven fam) (superar): **Julio lo baña en inglés** Julio is way *o* miles *o* streets ahead of him in English (colloq)

■ **bañarse** *v pron* (*refl*) 1 (en la bañera) to have *o* take a bath, to bathe (AmE); (en la ducha) to shower, have *o* take a shower; **¡te has bañado en perfume!** you've certainly splashed on the perfume! 2 (en el mar, un río) to swim, bathe; **no me gusta ~me en el río** I don't like bathing/swimming in the river; **¿te has bañado hoy?** have you been in the water *o* been swimming today?; Ⓢ **prohibido bañarse** no bathing, no swimming; ***mandar*** *or* ***echar a algn a ~se*** (CS fam) to tell sb to get lost (colloq), to tell sb to go to hell (sl); **¡anda a ~te!** go jump in a lake (colloq)

bañera *f* bath, bathtub

bañero -ra *m,f* (RPl) lifeguard

bañista *mf* bather

baño *m*

> ⚠ Con referencia al cuarto de aseo de una casa particular, el inglés americano emplea normalmente *bathroom* . El inglés británico emplea *toilet, lavatory* o (coloquialmente) *loo* . Cuando se habla de los servicios de un edificio público, el inglés americano utiliza *washroom, rest room, men's room* o *ladies' room* . El inglés británico emplea *the Gents, the ladies,* o *the toilets* . En la calle y en los parques públicos se emplea *public toilets*, o en inglés británico más formal *public conveniences*

A (en la bañera) bath; (en el mar, río) swim; **¿vienes a darte un ~ en la piscina?** are you coming for a swim in the pool?; **me desperté en un ~ de sudor** I woke up bathed *o* covered in sweat; ***darle un ~ a algn*** (fam) to wipe the floor with sb (colloq)

Compuestos
- **baño de asiento** hip bath
- **baño de mar**: **le recetaron ~s de ~** he was told to bathe in the sea *o* in sea water
- **baño (de) María**: **calentar al ~ (de) ~** heat in a double boiler *o* in a bain-marie
- **baño de ojos** eyebath
- **baño de pies** footbath
- **baño de sangre** bloodbath
- **baño de sol**: **tomar ~s de ~** to sunbathe
- **baño ocular** eyebath
- **baños medicinales** *mpl* medicinal baths (*pl*)
- **baños públicos** *mpl* public baths (*pl*)
- **baños termales** *mpl* thermal baths (*pl*)
- **baño turco** Turkish bath; **el autobús era un ~ ~** it was like a sauna on the bus

B 1 (cuarto de baño) bathroom 2 (bañera) bath 3 (esp AmL) (wáter): **¿dónde está el ~?** (en una casa privada) where's the bathroom? (AmE), where's the lavatory *o* toilet? (BrE), where's the loo? (BrE colloq) (en un edificio público — de señoras) where's the rest room (AmE) *o* (BrE) toilet?, where's the ladies?; (— de caballeros) where's the rest room (AmE) *o* (BrE) toilet?, where's the men's room (AmE) *o* (BrE) gents?; **¿has ido al ~?** have you been to the bathroom (AmE) *o* (BrE) toilet?

Compuesto **baño público** (AmL) public toilet, public convenience (BrE frml)

C 1 (de metal) plating; **esta pulsera tiene un ~ de oro** this bracelet is gold-plated 2 (Coc) coating; **un ~ de chocolate/limón** a chocolate/lemon coating

bao *m* deck beam

baobab *m* baobab, monkey bread tree

baptista[1] *adj* Baptist (*before n*)

baptista[2] *mf* Baptist

baptisterio *m* baptistry

baque *m* ▸**batacazo B**

baqueador -dora *m,f* linebacker

baqueano -na *adj/m,f* ▸**baquiano**[1], **baquiano**[2]

baquelita *f* Bakelite®

baqueta *f* 1 (Arm) ramrod; ***tratar a algn a la ~*** (fam) ▸**baquetear** 2 (Méx) (Mús) drumstick

baqueteado -da *adj* experienced

baquetear [A1] *vt* (fam): **el periodista lo baqueteó de lo lindo** the reporter gave him a very hard time (colloq); **una mujer baqueteada por la vida** a woman who has taken a few knocks *o* blows in her life; **estos zapatos ya los tengo baqueteados** I've nearly worn these shoes out already

baqueteo *m* (fam): **darle un ~ a algn** to teach sb a lesson

baquetón -tona *m,f* (Méx): **es un ~ sin remedio** he couldn't care less about anything; **todo por ~** all because he couldn't (*o* can't *etc*) be bothered

baquiano[1] **-na** *adj* (RPl fam): **es muy baquiana en esas lides** she's an expert in that area; **un jinete muy ~** a very skillful rider, an expert rider

baquiano[2] **-na** *m,f* (AmL) guide

báquico -ca *adj* 1 (Mit) Bacchanalian 2 ‹*juerga*› drunken

báquiro *m* (Ven) peccary

bar *m*

A 1 (local) bar 2 (mueble) drinks cabinet

(Compuestos)

- **bar de topless** topless bar
- **bar lácteo** (Chi) milk bar

B (Fís) bar

bares

Bars in Spain sell hot and cold drinks, snacks such as ▸**tapas** and ▸**ración**, sandwiches and pastries. They often provide full meals at lunchtime. *Bares* are usually less smart than cafeterías ▸**cafetería** and concentrate on drinks and snacks. They open from early in the morning until late at night.

baraca *f: gift of bringing good luck*

barahúnda *f* pandemonium; **se armó la ~** pandemonium *o* chaos broke out

baraja *f* 1 (conjunto) deck *o* (BrE) pack (of cards); ***jugar con dos ~s*** to play a double game; ***o jugamos todos o se rompe la ~*** either we all do it (*o* go *etc*) or nobody does 2 (naipe) (AmC, Méx, RPl, Ven) card, playing card

baraja española

The deck of cards used in Spain, where the standard deck is called the *baraja francesa* . The four suits are *oros*, *copas*, *espadas*, and *bastos*, corresponding to diamonds, hearts, spades, and clubs. Each suit has nine numbered cards and three face cards - jack (*sota*), knight, and king. There is no queen.

barajadura *f* shuffling

barajar [A1] *vt*

A ‹*cartas*› to shuffle

B ‹*nombres/posibilidades*› **se ~on varias posibilidades/diversas hipótesis** several possibilities/various hypotheses were considered; **estamos barajando varias ideas acerca de la forma de hacer el libro** we are looking at *o* toying with *o* considering various ways of doing the book; **las cifras que se barajan son las de 144 aviones y 22 barcos** the figures being talked about *o* mentioned are 144 airplanes and 22 ships

C 1 (Col, Méx fam) (explicar) to explain; **barájamela más despacio** explain it *o* (colloq) give it to me more slowly 2 (Col fam) (enredar): **el nuevo jefe le barajó la vida** his new boss made life very complicated for him; **el nacimiento del bebé les barajó la vida** the birth of the baby turned their life upside down

D (Chi) ‹*golpe*› to parry, block; ‹*balón*› to stop; ***barajárselas*** (Chi fam) to get by

■ **barajar** *vi* to quarrel

baranda *f*

A (de un balcón) rail; (de una escalera) handrail, banister

B (en el billar) cushion

barandal *m* ▸**baranda A**

barandilla *f* (Esp) ▸**baranda A**

barata *f*

A (Chi) (cucaracha) cockroach

B (Méx) (liquidación) sale

baratero -ra *m,f* (Chi fam) *owner of a cut-price store*

baratija *f* (alhaja) trinket; (adorno) knickknack

baratillo *m* (venta) rummage sale (AmE), jumble sale (BrE); (tienda) cut-price store (AmE), discount shop (BrE); **comer de ~** to eat cheaply *o* on the cheap

barato[1] **-ta** *adj* 1 ‹*vestido/restaurante/viaje*› cheap; ***lo ~ sale caro*** if you buy cheaply, you pay dearly, cheap things work out expensive in the long run 2 ‹*periodismo*› cheap; ‹*música*› commercial 3 (*como adv*) ‹*costar/comprar*› **el viaje no costó tan ~ como pensaba** the trip wasn't as cheap as I thought it would be, the trip cost me more than I thought it would; **las compré baratísimas en una liquidación** I got them really cheap in a clearance sale; **al final, el coche me salió baratísimo** I got the car really cheap in the end

barato[2] *adv* ‹*comer/vivir*› cheaply; **en esa tienda venden muy ~** things are very cheap in that shop; **se compra más ~ en el mercado** prices are lower *o* things are cheaper in the market, you can get things cheaper in the market *ver tb* **barato**[1] **3**

baratura *f* (Chi fam) cheap thing

baraúnda *f* ▸**barahúnda**

barba[1] *f*

A ▸❶ **p.231** 1 (de quien se la afeita) stubble; **llegó con ~ de dos días** he showed up with two days' growth of stubble 2 (de quien se la deja) beard; **se está dejando (la) ~** he's growing a beard; **aquel hombre de la ~** *or* **las ~s** that man with the beard; **está deseando que le salga la ~** he can't wait to start shaving; **~ poblada** *or* **espesa** *or* **cerrada** thick *o* bushy beard; **~ rala** wispy beard; **arreglarse/recortarse la ~** *or* **las ~s** to tidy up/trim one's beard; ***con toda la ~: es un líder con toda la ~*** he's a true *o* real leader; ***en sus (mismísimas*** *or* ***propias) ~s*** (fam): **le robaron el coche en sus mismísimas ~s** they stole his car from right under his nose; ***hacerle la ~ a algn*** (Méx fam) to suck up to sb (colloq); ***mentir con toda la ~*** (fam) to tell a barefaced lie; ***por ~*** (fam) each; **sale** *or* **toca a 1.000 euros por ~** it works out at 1,000 euros a head *o* each; **son capaces de comerse un pollo por ~** they're quite capable of eating a chicken each; ***si sale con ~s San Antón y si no la Purísima Concepción*** it's all the same to me (colloq), I don't mind *o* I'm not bothered one way or the other (colloq); ***subírsele a algn a las ~s*** (fam) to get fresh (AmE) *o* (BrE) cheeky with sb (colloq), to get too familiar with sb (colloq); ***tirarse de las ~s*** (fam) to tear one's hair out (colloq); ***cuando las ~s de tu vecino veas pelar*** *or* ***arder pon las tuyas a remojar*** *or* ***en remojo*** you should learn from other people's mistakes 3 (mentón, barbilla) chin

(Compuesto) **barba** *or* **barbas de chivo** goatee

B *tb* **barbas** *fpl* 1 (de una raíz) beard; (del maíz) beard; (de una alcachofa) choke; (de una pluma) barbs (*pl*) 2 (de una cabra) beard; (de un pez) barbels (*pl*); (de un ave) wattle 3 (de una tela, un papel) frayed edge; (de una madera, un plástico) rough edge *ver tb* **barbas** *m*

C (Chi) (para las camisas) stiffener; (de un sostén) wire; (de un corsé) stay, bone

barba[2] *m: older male character in a play*

Barba Azul Bluebeard

barbacana *f* 1 (fortificación) barbican 2 (abertura) embrasure

barbacoa *f* 1 (parrilla) barbecue; (carne) barbecued meat; **pollo a la ~** barbecued chicken 2 (Méx) *meat roasted in an oven dug in the earth*

barbado -da *adj* (liter): **un hombre ~** a bearded man, a man with a beard

Barbados *m* Barbados

barbaján -jana *m,f* (Méx) boor

bárbaramente *adv* 1 (cruelmente) barbarously, cruelly 2 (fam) (muy bien): **lo pasamos ~** we had a great *o* fantastic time

barbárico -ca *adj* 1 (Hist) barbarian (*before n*) 2 (cruel) barbaric

barbaridad *f*

A (acto atroz) atrocity

B 1 (disparate): **es una ~ salir así con el frío que hace** it's madness to go out like that when it's so cold; **está furioso y es capaz de cualquier ~** he's furious and is quite capable of doing something terrible *o* stupid; **¡qué ~! se ha hecho tardísimo** good heavens, it's late!; **¡cómo puedes decir semejante ~!** how can you say such an outrageous (*o* stupid *etc*) thing!; **¡qué ~! ¡qué caro está todo!** this is incredible, everything's so expensive!; **su examen estaba lleno de ~es** his exam paper was full of terrible mistakes; ***una ~*** (fam): **come una ~** she eats like a horse, she eats a huge amount; **fumaba una ~** she used to smoke like a chimney; **nos costó una ~** it cost us a fortune; **les manda una ~ de deberes** she gives them loads *o* stacks of homework; **la maleta pesa una ~** the suitcase weighs a ton 2 (insulto, obscenidad): **está borracho y no dice más que ~es** he's drunk and he's being really foul-mouthed; **empezó a soltar ~es** she started saying some awful things, she began to get really abusive

barbarie *f* 1 (de una tribu, un pueblo) barbarism, savagery; **viven aún en la ~** they still live in a state of barbarism 2 (brutalidad) barbarity; **la ~ de este ataque** the barbarity of this attack

barbarismo *m* 1 (extranjerismo) loan word, borrowing 2 (solecismo) barbarism

bárbaro[1] **-ra** *adj*

A (Hist) barbarian

B 1 (imprudente): **no seas ~, no te tires de ahí** don't be an idiot *o* don't be so stupid, don't try jumping off there 2 (animal): **el muy ~ la hizo llorar** the brute made her cry; **no seas ~, no se lo digas** don't be crass/cruel, don't tell him

C (fam) 1 (como intensificador): **tengo un hambre bárbara/un sueño ~** I'm starving/absolutely bushed *o* (BrE) whacked (colloq), I'm incredibly hungry/tired (colloq); **hace un frío/calor ~** it's freezing (cold)/boiling (hot) (colloq), it's incredibly cold/hot (colloq) 2 (estupendo, magnífico) super (colloq), fantastic (colloq); **¿te parece bien? — ¡~!** do you think it's a good idea? — fantastic! (colloq)

bárbaro[2] *adv* (fam): **lo pasamos ~** we had a fantastic time (colloq); **me viene ~** it's super!, it's just what I needed!

bárbaro[3] **-ra** *m,f*

A (Hist) Barbarian; **los ~s** the Barbarians

B (fam) (bruto): **estos ~s me destrozaron la alfombra** these louts ruined my carpet; **esos hinchas de fútbol son unos ~s** those football fans behave like animals *o* are just a bunch of thugs; **esos ~s me han roto los cristales del coche** those vandals *o* thugs have smashed my car windows; ***comer como un ~*** (fam) to eat like a horse

barbas *m* (fam): **ese ~ no nos quiere dejar pasar** that guy with the beard won't let us in; **¿quién te lo dijo? — el ~** who told you that? — old hairy face *o* beardy (colloq)

barbechar [A1] *vt* 1 (arar) to plough 2 (dejar en barbecho) to leave … fallow

barbecho *m* 1 (estado): **dejaron la tierra en ~** the land was left fallow; **ese trabajo está en ~** that job's been put on the back burner 2 (campo) *field that is left fallow*

barbecú /barβe'ku/, **barbecúe** /barβe'kue/ *m* (Chi) barbecue

barbera *f* (Col) cutthroat razor

barbería *f* barber's, barber's shop

barbero[1] *m* barber

barbero[2] **-ra** *m,f* (Méx fam) bootlicker (colloq)

barbeta[1] *adj* (Chi fam & pey) moronic (colloq & pej)

barbeta[2] *mf* (Chi fam & pey) moron (colloq & pej)

barbiblanco -ca, barbicano -na *adj* white-bearded, with a white beard

barbijo *m* (RPl) 1 (cinta) chinstrap 2 (mascarilla) surgical mask

barbilampiño -ña *adj* beardless; **es muy ~** he has a very light beard, he hardly has a beard

b

barbilla *f* chin

barbirrojo -ja *adj* red-bearded, with a red beard

barbital *m* barbitone, Barbital® (AmE)

barbitúrico[1] **-ca** *adj* barbituric

barbitúrico[2] *m* barbiturate

barbo *m* barbel

barbón[1] *adj* unshaven

barbón[2] *m* 1 (hombre) man with a beard 2 (Zool) billy goat

barbotar [A1], **barbotear** [A1] *vt* to splutter

barbudo[1] **-da** *adj*: **un hombre ~** a bearded man, a man with a beard

barbudo[2] *m* bearded man, man with a beard

barca *f* boat

(Compuesto) **barca de remos** rowboat (AmE), rowing boat (BrE)

barcada *f* 1 (carga) boatload, cargo 2 (travesía) crossing

barcaje *m* 1 (travesía) crossing 2 (tarifa) ferry charge

barcarola *f* barcarole

barcaza *f* (en canales, ríos) barge; (entre barco y tierra) lighter

(Compuesto) **barcaza de desembarco** landing craft

barcelona *f* (Per) Barcelona chair

Barcelona *f* Barcelona

barcelonés[1] **-nesa** *adj* of/from Barcelona

barcelonés[2] **-nesa** *m,f* person from Barcelona

barchilón -lona *m,f* (Bol, Per fam) auxiliary nurse, nursing auxiliary

barcia *f* chaff

barco[1] *adj inv* (Méx arg): **es una profesora muy ~** that teacher is a real soft touch (colloq)

barco[2] *m*

A (Náut) boat; (grande) ship, vessel (frml); **el viaje en ~ lleva 15 días** the journey by sea (*o* river *etc*) takes 15 days; **viajaron a Europa en ~** they traveled to Europe by sea *o* ship; **no quiso abandonar el ~** he wouldn't abandon ship; ***como ~ sin timón*** like a ship without a rudder, aimlessly

(Compuestos)

- **barco a motor** motorboat
- **barco de apoyo** support ship *o* vessel
- **barco de carga** cargo ship/boat
- **barco de guerra** warship
- **barco de pasajeros** passenger ship/boat
- **barco de pesca** fishing boat
- **barco de vapor** steamboat, steamer
- **barco de vela** sailing boat, sailboat (AmE)
- **barco fantasma** ghost ship
- **barco madre** mother ship
- **barco mercante** merchant ship
- **barco petrolero** oil tanker

B (Geog) shallow ravine

barda *f* (Méx) (de cemento) wall; (de madera) fence

bardana *f* burdock

bardar [A1] *vt* to thatch

bardo *m* bard

baremo *m* 1 (scala) scale 2 (criterio) criterion, yardstick; **aplican ~s distintos para evaluar los trabajos** they use different criteria *o* yardsticks to grade the essays 3 (Com) table

bargueño *m* 1 (escritorio) bureau 2 (aparador) sideboard

bario *m* barium

barista *mf* (Culin) barista

barítono -na *adj/m* baritone

barloventear [A1] *vi* to beat to windward

barlovento *m* windward

barman /'barman/ *m* (*pl* **-mans**) barman, bartender (AmE)

Barna = Barcelona

barniz *m* 1 (para madera) varnish 2 (de cultura, educación) veneer; **su amabilidad es puro ~** (fam) her kindness is just a veneer

barnizado *m* varnishing

barnizar [A4] *vt* to varnish

baro *m* (Méx fam) peso

barojiano -na *adj* of/relating to Pío Baroja

barométrico -ca *adj* barometric

barómetro *m* barometer

barón *m* 1 (título nobiliario) baron 2 (de un partido) influential member

baronal *adj* baronial

baronesa *f* baroness

baronía *f* barony

barquero -ra *m,f*

A (*m*) boatman

B (*f*) boatwoman

barqueta *f* 1 (barca) boat 2 (Esp) (bandeja) tray

barquía *f* skiff, rowing boat

barquilla *f*

A 1 (de un globo) basket, carriage 2 (Náut) log

B (Ven) (de helado) cone

barquillo *m* (galleta) wafer; (cono) ice-cream cone *o* cornet

barra *f*

A 1 (larga y delgada — en un armario) rail; (— para cortinas) rod, pole; (— de bicicleta) crossbar 2 (bloque — de oro) bar; (— de turrón, helado) block; (— de jabón) bar; (— de desodorante) stick 3 (de chocolate — tableta) bar; (— trozo) square 4 (Esp, Méx) (de pan) stick, French loaf; ***no pararse en ~s*** (Esp) to stop at nothing

(Compuestos)

- **barra antirrobo** Krooklok®
- **barra brava** (AmL) soccer club's violent supporters; firm (BrE colloq)
- **barra de acoplamiento** track rod
- **barra de cambios** (Col) gear shift (AmE), gear lever *o* stick (BrE)
- **barra de espaciado** space bar
- **barra de estatus** (Inf) status bar
- **barra de herramientas** (Inf) toolbar
- **barra de labios** lipstick
- **barra de título** (Inf) title bar
- **barra de trabajo** (Inf) task bar
- **barra espaciadora** space bar
- **barra protectora antivuelco** roll bar

B 1 (banda, franja) bar; **las ~s y estrellas** the Stars and Stripes; ▸ **código** 2 (Mús) bar, bar line 3 (signo de puntuación) oblique, slash

(Compuesto) **barra inversa** backslash

C (Dep) (para ballet, gimnasia) bar; **ejercicios en la ~** bar exercises

(Compuestos)

- **barra de equilibrio** beam
- **barra fija** horizontal bar
- **barra de torsión** torsion bar
- **barras asimétricas** *fpl* asymmetric bars (*pl*), uneven bars (*pl*) (AmE)
- **barras paralelas** *fpl* parallel bars (*pl*)
- **barra sueca** beam

D (de un bar, una cafetería) bar; **nos sentamos en la ~** we sat (down) at the bar

(Compuestos)

- **barra americana** hostess bar
- **barra libre** free bar

E 1 (AmL fam) (de hinchas, seguidores): **¿qué grita la ~?** *or* **¿qué gritan las ~s?** what's the crowd *o* what are the fans shouting?; **tiene su propia ~** he has his own group of fans; ***hacerle ~ a algn*** (Andes fam) to cheer sb on 2 (de amigos) gang (colloq); ***tenerle buena/mala ~ a algn*** (Chi fam): **mi jefe me tiene buena/mala ~** I'm in/not in favor with my boss, I'm in my boss's good/bad books; **él es buena gente, pero a mí me tiene mala ~** he's a nice person but he has something against me; ***tomarle buena ~ a algn*** (Chi fam) to take to sb; ***tomarle mala ~ a algn*** (Chi fam) to take against sb

(Compuestos)

- **barra brava** *mf* (CS, Per) hooligan
- **barra de abogados** (Méx) bar

F (Geog) 1 (banco de arena) sandbank, bar 2 (CS) (desembocadura) mouth

barrabasada *f* 1 (fam) (disparate): **¡pero no digas ~s!** don't talk nonsense! *o* (BrE) rubbish!; **¡mira qué ~ has hecho aquí!** look at the mess you've made of this! (colloq) 2 (fam) (travesura) prank; **seguro que preparan alguna ~** I bet they're up to no good

barraca *f*

A (puesto) stall; (caseta) booth

B (Mil) barrack hut

C (casa) cottage (*typical of Valencia and Murcia*)

D (CS) (de materiales de construcción) builders' merchant *o* yard

E (Méx) (casucha) shack

barracón *m* 1 (Mil) barrack hut 2 (construcción rústica) hut, cabin

barracuda *f* barracuda

barrado -da *adj* barred

barragana *f* 1 (concubina) concubine 2 (amante) mistress

barranca *f* 1 (RPl) (pendiente, cuesta) hill, slope; ***~ abajo*** (literal) downhill; (muy mal) downhill 2 ▸ **barranco**

barranco *m* gully; (más profundo) ravine; **se cayó por el ~** it went over a sheer drop *o* into a ravine/gully

barranquismo *m* canyoning

barraquear [A1] *vi* (Chi) to bawl

barredera *f* road sweeper, street sweeper

barredor -dora *m,f* (Per) road sweeper, street cleaner

barredora *f* ▸ **barredera**

barreminas *m* (*pl* ~) minesweeper

barrena *f*

A 1 (punzón) gimlet 2 (taladro, perforadora) drill

B (Aviac) spin; **entrar en ~** to go into a spin

barrenar [A1] *vt* 1 (perforar) to drill 2 (volar) ‹*roca*› to blast

barrendero -ra *m,f* road sweeper, street cleaner

barrenillo *m* borer

barreno *m* 1 (barrena) drill 2 (para explosivo) shot hole

barreño *m* (Esp) washbowl (AmE), washing-up bowl (BrE)

barrer [E1] *vt*

A ‹*suelo/patio/cocina*› to sweep; **el viento que barría las llanuras** the wind that was sweeping across the plains

B 1 (arrastrar): **el viento barrió las nubes** the wind swept away the clouds; **un golpe de mar lo barrió de la cubierta** a large wave swept him off the deck 2 ‹*rival*› to thrash, trounce, wipe the floor with (colloq)

C (Méx) (mirar) to look ... up and down

■ **barrer** *vi*

A (con una escoba) to sweep; ***~ para dentro*** (fam) to put oneself first, look after number one (colloq)

B 1 (arrasar) to sweep the board; **barrieron en las últimas elecciones** they swept the board in the last elections; **ayer barrió al póquer** he cleaned up at poker yesterday (colloq); **barrió en la primera etapa** he swept to victory on the first stage; **~ CON algo**: **los vídeos han barrido con la venta de entradas** videos have drastically reduced ticket sales; **los ladrones barrieron con todo** the thieves cleaned the place out (colloq) 2 **~ CON algn** ‹*con un rival*› to thrash *o* trounce sb, wipe the floor with sb (colloq); ‹*con un enemigo*› to wipe sb out

■ **barrerse** *v pron*

A (Méx) 1 «*vehículo*» to skid 2 (en fútbol, béisbol) to slide

B (Méx) «*tornillo/engranaje*»: **se me barrió el tornillo** I've stripped the thread on the screw, the thread has gone on the screw

barrera *f* 1 (para separar) barrier; (obstáculo) barrier; **~ psicológica** psychological barrier; **ha superado la ~ del 10%** it has gone above the 10% mark; **no logró superar la ~ del idioma** he was unable to overcome the language barrier; **una ~ infranqueable** *or* **insalvable** an insurmountable barrier *o* obstacle; **métodos anticonceptivos de ~** barrier methods of contraception 2 (Ferr) barrier, crossing gate 3 (Taur) (valla) barrier; (localidad) front row

(Compuestos)

- **barrera aduanera** *or* **arancelaria** customs barrier
- **barrera comercial** trade barrier
- **barrera de control de billetes** (Esp) ticket barrier

- **barrera de control de boletos** (AmL) ticket barrier
- **barrera del sonido** sound barrier; **superar** *or* **romper la ~ del ~** to break the sound barrier
- **barrera de peaje** toll barrier
- **barrera de seguridad** safety barrier
- **barrera generacional** generation gap
- **barrera natural** natural barrier
- **barrera protectora** safety barrier

barrero -ra *adj* (Chi fam): **un profesor ~** a teacher who has favorites

barreta *f*
A (de albañil, minero) crowbar
B (Chi fam) (cuento, mentira) tale, tall tale (AmE), tall story (BrE)

barretina *f: traditional Catalan hat*

barretón *m* (Col) pickax*

barriada *f* **1** (barrio) area, district (*often poor or working-class*) **2** (AmL) (barrio marginal) slum area, shantytown

barrial *m* (AmL) quagmire

barrica *f* barrel, cask

barricada *f* barricade; **levantar ~s** to set up barricades

barrida *f*
A **1** (con una escoba) sweep; **dale una barridita a tu cuarto** sweep your room, give your room a quick sweep; ***servir lo mismo para un barrido que para un fregado*** to be a jack of all trades **2** (Cin) wipe
B (en béisbol) slide
C (AmL) (redada) police raid

barrido *m*
A (con una escoba) sweep; **servir lo mismo para un ~ que para un fregado** to be a jack of all trades
B (de escuchas telefónicas) sweep
C (Elec) scan; **~ total** full scan

barriga *f*
A ▸❶ **p.231** (fam) (vientre) stomach, tummy (colloq); **dolor de ~** stomachache, tummy ache (colloq); **tiene mucha ~** she has quite a stomach *o* tummy; **ha echado mucha ~** he's developed quite a paunch *o* (colloq) gut *o* (colloq) pot; **niños desnutridos con la ~ hinchada** undernourished children with swollen stomachs *o* bellies; ***rascarse*** *or* ***tocarse la ~*** (fam) to sit on one's butt (AmE) *o* (BrE) backside (colloq); ***~ llena, corazón contento*** a full stomach makes for a happy heart
B (de una vasija) belly, rounded part

barrigón¹ -gona *adj* **1** (fam) (gordo): **se está volviendo barrigona** she's getting a bit of a stomach *o* (colloq) tummy, she's getting a bit pudgy (AmE) *o* (BrE) podgy round the middle (colloq); **un viejo ~** an old man with a paunch, a pot-bellied old man; ***al que nace ~ es al ñudo que lo fajen*** (RPl) a leopard can't change its spots **2** (Ven fam) ‹*mujer*› (embarazada) pregnant

barrigón² -gona *m,f* (fam): **es un ~** he's got a bit of a paunch *o* stomach *o* (colloq) gut; **es una barrigona** she's got a bit of a stomach (colloq), she's rather pudgy (AmE) *o* (BrE) podgy around the middle (colloq)

barrigudo -da *adj/m,f* (fam) ▸**barrigón¹**, **barrigón²**

barril *m* **1** (de metal) barrel, keg; (de madera) barrel, cask; ***ser un ~ sin fondo*** (AmL fam) to be a bottomless pit (colloq); ▸**cerveza** **2** (de pólvora) powder keg **3** (de petróleo) barrel

barrilería *f* cooperage

barrilero -ra *m,f* cooper

barrilete *m*
A (de un revólver) chamber
B (de un carpintero) clamp, dog
C (cometa) kite

barrillo *m* (grano) pimple, spot; (de cabeza negra) blackhead

barrio *m* (zona) neighborhood*; **la gente del ~** people in the neighborhood, local people; **el mercado del ~** the local market; **ese chico es de mi ~** that boy lives in my neighborhood *o* round my way; **un ~ residencial** a residential district *o* area *o* neighborhood; **lo conozco del ~** I've seen him around in my area *o* in the area I live in; **un comité de ~** neighborhood association; **los ~s más antiguos de la ciudad** the oldest parts *o* areas *o* quarters of the city; **es el hazmerreír del ~** he's the laughing stock of the neighborhood; **vive en un ~ de las afueras** she lives out in the suburbs; **cine/peluquería de ~** local cinema/hairdresser's; ***irse al otro ~*** (Esp fam & hum) to kick the bucket (colloq & hum)

(Compuestos)
- **barrio alto** (Chi) smart neighborhood
- **barrio chino** (de chinos) Chinatown; (zona de prostitución) (Esp) red-light district
- **barrio comercial** business quarter *o* district
- **barrio de chabolas** (Esp) shantytown
- **barrio de invasión** (Col) shantytown
- **barrio del centro** downtown quarter (AmE), town centre area (BrE)
- **barrio de pescadores** fishermen's quarters
- **barrio de tolerancia** (Andes) red-light district
- **barrio espontáneo** (AmC) shantytown
- **barrio latino** Latin Quarter
- **barrio obrero** working-class neighborhood *o* area
- **barrio periférico** suburb
- **barrio residencial** residential neighborhood *o* area
- **barrios bajos** *mpl* poor neighborhoods (*pl*)

> **barrio**
> A city neighborhood, defined by its geographical location, a characteristic of its inhabitants, a particular feature, or its history. Most *barrios* have very strong identities. Buenos Aires is unique, with a total of forty-six distinctive *barrios*, some very well known, such as the oldest, San Telmo, and ▸**La Boca**.

barriobajero -ra *adj* (pey) common (pej)

barrista *mf* (AmL) (Dep) fan, supporter

barritar [A1] *vi* to trumpet

barrito *m* ▸**barrillo**

barrizal *m* quagmire, muddy area

barro *m*
A **1** (lodo) mud; **traes los zapatos llenos de ~** your shoes are covered in mud; **arrastraron su buen nombre por el ~** they dragged his good name through the mud **2** (Art) clay; **una cazuela de ~** a clay *o* an earthenware dish; **~s** earthenware

(Compuestos)
- **barro cocido** fired clay
- **barro refractario** fire clay, refractory clay

B (Med) ▸**barrillo**

barroco¹ -ca *adj* **1** ‹*estilo*› baroque **2** (recargado) overelaborate

barroco² *m* **1** (estilo) baroque, baroque style **2** (período) Baroque period

barroquismo *m* **1** (Arquit, Art, Lit, Mús) baroque style **2** (rebuscamiento) overelaborate language (*o* style *etc*)

barroso -sa *adj* muddy, mud-colored*

barrote *m* **1** (de una celda, ventana) bar; ***poner a algn entre ~s*** to put sb behind bars **2** (en carpintería) crosspiece

barruntar [A1] *vt* to suspect; **barrunté que tramaban algo** I suspected *o* had a feeling that they were plotting something
■ **barruntarse** *v pron* (*enf*) to suspect; **ya me lo barruntaba** I suspected as much; **me barrunto que hay algo entre ellos** I suspect *o* I have a suspicion that there's something going on between them

barrunto *m* **1** (sospecha) suspicion **2** (indicio) sign

bartola *f*: ***echarse*** *or* ***tenderse*** *or* ***tumbarse a la ~*** (fam) (acostarse) to hit the sack *o* hay (colloq) (estar sin trabajar) to do nothing, take it easy (colloq); ***hacer algo a la ~*** (RPl fam) to do sth any old how (colloq); **está muy mal terminado, se ve que lo hicieron a la ~** it's very badly finished, you can see they've just done it any old how *o* they've just thrown it together; ***tomar algo a la ~*** (Chi fam): **todo lo toma a la ~** she doesn't take anything seriously, she's very laid back about everything (colloq)

bartolear [A1] *vi* (Chi fam) to loaf around (colloq), to laze around

bartoleo *m* (Chi fam): **se dio una semana de ~** he spent the week lazing *o* (colloq) loafing around

bártulos *mpl* (fam) gear (colloq), things (*pl*) (colloq), stuff (colloq); ***liar los ~*** (fam) to pack one's bags *o* things

barullento -ta, **barullero -ra** *adj* (RPl fam) noisy

barullo *m*
A (alboroto) racket (colloq), ruckus (AmE); **estos niños siempre están armando ~** these children are always making a racket *o* creating a ruckus
B (desorden) muddle, mess; (confusión): **en el ~ me dejé el bolso** in the confusion I left my bag behind; **se me ha hecho un ~ en la cabeza** I'm in a mess *o* muddle (colloq); **me armé un ~** I got into a mess *o* muddle (colloq), I got all muddled up *o* (AmE) messed up (colloq); **a ~** (fam) galore; **en enero hay rebajas a ~** there are loads of sales *o* sales galore in January (colloq)

basa *f* base

basada *f* cradle

basal *adj* ▸**glucosa, metabolismo**

basáltico -ca *adj* basaltic

basalto *m* basalt

basamento *m* plinth

basar [A1] *vt* ‹*teoría/idea*› **~ algo EN algo** to base sth ON sth; **¿en qué basas tus opiniones?** what are you basing your opinions on?
■ **basarse** *v pron* **1** ‹‹*persona*››: **~se EN algo**: **¿en qué te basas para decir eso?** and what basis *o* grounds do you have for saying that?; **me baso en lo que me han explicado** I'm basing this *o* I'm basing my ideas on what I have had explained to me **2** ‹‹*teoría/creencia/idea*››: **~se EN algo** to be based ON sth; **sus opiniones se basan solamente en prejuicios** his opinions are based entirely on prejudices

basca *f*
A (Esp arg) **1** (gente) people (*pl*) **2** (pandilla) gang, mob (colloq)
B **bascas** *fpl* retching

báscula *f* **1** (para mercancías) scales (*pl*), weighing apparatus **2** (para personas) scales (*pl*); **~ de baño** bathroom scales **3** (Transp) *tb* **~ puente** weighbridge

basculante *adj* ▸**puente²**

bascular [A1] *vi* **1** (oscilar) to swing **2** (levantarse) to tilt **3** (Dep) to weave **4** (Esp fam) ‹‹*persona*››: **a estas horas no basculo** my brain doesn't work properly *o* I don't function properly at this time of the morning/night (colloq)

base¹ *f*
A **1** (parte inferior) base; **la ~ de una columna** the base of a column; **el contraste está en la ~** the hallmark is on the base *o* the bottom **2** (fondo) background; **sobre una ~ de tonos claros** against *o* on a background of light tones **3** *tb* **~ de maquillaje** foundation **4** (permanente) soft perm
B **1** (fundamento): **no tienes suficiente ~ para asegurar eso** you don't have sufficient grounds to claim that; **la ~ de una buena salud es una alimentación sana** the basis of good health is a balanced diet; **esa afirmación carece de ~s sólidas** that statement is not founded *o* based on any firm evidence; **sentar las ~s de un acuerdo** to lay the foundations of an agreement; **un movimiento sin ~ popular** a movement without a popular power base; **tomar algo como ~** to take sth as a starting point; **partiendo** *or* **si partimos de la ~ de que ...** if we start from the premise *o* assumption that ...; **sobre la ~ de estos datos podemos concluir que ...** on the basis of this information we can conclude that ... **2** (componente principal): **la ~ de su alimentación es el arroz** rice is their staple food, their diet is based on rice; **la ~ de este perfume es**

ℹ Bastante

Algunas observaciones generales respecto del adjetivo

Cuando *bastante* tiene el sentido de *suficiente*, se traduce por *enough*:

tenemos bastantes sillas/bastante leche
= we have enough chairs/milk

Cuando tiene el sentido de *una cantidad* o *un número considerable*, su traducción es *plenty of* o *quite a lot of*:

obtuve bastante información/bastantes ideas
= I got plenty of *o* quite a lot of information/ideas

Respecto del adverbio

Cuando bastante tiene el sentido de *suficientemente*, *lo suficiente*, se traduce por *enough*:

no sales bastante
= you don't go out enough

no están bastante maduras
= they're not ripe enough

Cuando *bastante* va seguido de *para* y tiene el sentido de *demasiado*, se traduce por *rather*:

es bastante mayor para tener hijos
= she's rather old to have children

¿no crees que eres bastante mayorcito para estas cosas?
= don't you think you're rather old to be doing things like that?

Cuando se emplea para atenuar un juicio, suele traducirse por *quite*:

toca el violín bastante bien
= she plays the violin quite well

es bastante alto para su edad
= he's quite tall for his age

Nótese que otras posibles traducciones en este caso son *fairly* y *pretty*

Para el pronombre, otros usos y ejemplos, véanse entradas

---

el jazmín this perfume has a jasmine base, this is a jasmine-based perfume; **los diamantes forman la ~ de la economía** the economy is based on diamonds **3** (conocimientos básicos): **tiene una sólida ~ científica** he has a sound basic knowledge of *o* he has a sound grounding in science; **llegó sin ninguna ~** he hadn't mastered the basics when he arrived

(Compuestos)
- **base de datos** database
- **base de datos relacional** relational database
- **base imponible** tax base (AmE), taxable income *o* base (BrE)

C (*en locs*): **a base de: a ~ de descansar se fue recuperando** by resting she gradually recovered; **lo consiguió a ~ de muchos sacrificios** he had to make a lot of sacrifices to achieve it; **un régimen a ~ de verdura** a vegetable-based diet, a diet mainly consisting of vegetables; **una bebida a ~ de ginebra** a gin-based drink; **vive a ~ de pastillas** pills are what keep her going; **de base** ‹*planteamiento/error*› fundamental, basic; ‹*militante*› rank-and-file (*before n*), ordinary (*before n*); ‹*movimiento/democracia*› grass roots (*before n*); **en base a** (crit) on the basis of; **en ~ a las recientes encuestas** on the evidence *o* basis of recent polls; **una propuesta de negociación en ~ a un programa de diez puntos** a proposal for negotiations based on a ten-point plan; ***a ~ de bien*** (Esp fam): **comimos a ~ de bien** we really ate well, we had a really good meal

D (centro de operaciones) base

(Compuestos)
- **base aérea** air base
- **base de lanzamiento** launch site
- **base de operaciones** center* of operations, operational headquarters (*sing o pl*)
- **base militar** military base
- **base naval** naval base

E (Pol) *tb* **~s** rank and file (*pl*)
F (Mat) base
G (Quím) base
H **bases** *fpl* (de un concurso) rules (*pl*), conditions of entry (*pl*)
I **1** (en béisbol) base **2** **base** *mf* (en baloncesto) guard

base² *adj inv* **1** (básico, elemental) ‹*alimento*› basic, staple (*before n*); ‹*documento/texto*› draft (*before n*); **la idea ~ partió de ...** the basic idea stemmed from ...; ▸**salario, sueldo** **2** (de origen) ‹*puerto*› home (*before n*); ‹*campamento*› base (*before n*)

baseball /'bejsβol/ *m* (AmL) baseball

BASIC, Basic /'bejsik/ *m* BASIC

básica *f* primary *o* elementary education

básicamente *adv* basically

básico -ca *adj*
A **1** (fundamental, esencial) basic; **alimento ~** staple food; **para este empleo es ~ saber idiomas** a knowledge of languages is essential *o* fundamental for this job **2** ‹*conocimientos/vocabulario/conceptos*› basic
B (Quím) basic

Basilea *f* Basel, Basle

basílica *f* basilica

basilisco *m* (Mit) basilisk; ***estar hecho un ~*** (fam) to be fuming (colloq), to be hopping mad (colloq); ***ponerse como un ~*** (fam) to blow one's top *o* a fuse (colloq), to hit the roof (colloq)

basketball /'basketβol/, **basket** *m* (esp AmL) basketball

basoto -ta *adj* of/from Lesotho

basquear [A1] *vi* to feel nauseous

basquet, básquet *m* basketball

básquetbol, basquetbol *m* (AmL) basketball

basquetbolero -ra *m,f* (AmL) basketball player

basquetbolista¹ *adj* (AmL) basketball (*before noun*)

basquetbolista² *mf* (AmL) basketball player

basquetbolístico -ca *adj* (AmL) basketball (*before n*)

basquiña *f* skirt

Bass *m* (Pol) Baath party

basset *mf* /'baset/ (*pl* **-ssets**) basset hound

basta *f* **1** (hilván) basting (AmE), tacking (BrE) **2** (Chi) (dobladillo) hem

bastante¹ ▸ℹ p.96 *adj*
A (suficiente) enough; **¿tenemos ~s vasos/~ vino?** do we have enough glasses/wine?
B (una cantidad o un número considerable) plenty of; **compra ~s aceitunas** buy plenty of olives; **necesita ~ sal** it needs plenty of *o* quite a lot of salt; **nos dio ~s ejemplos** he gave us plenty of *o* quite a lot of *o* quite a few examples

bastante² *pron*
A (en cantidad o número suficiente) enough; **vámonos, ya he visto ~** let's go, I've seen enough; **ya tenemos ~s** we already have enough
B (en cantidad o número considerable): **la traducción deja ~ que desear** the translation leaves rather a lot to be desired

bastante³ ▸ℹ p.96 *adv*
A (suficientemente) enough; **no te has esforzado ~** you haven't tried hard enough; **el río no es lo ~ profundo** the river isn't deep enough; **es lo ~ fácil como para que lo pueda hacer sola** it's easy enough for her to do on her own
B (considerablemente) (*con verbos*) quite a lot; (*con adjetivos, adverbios*) quite; **me ayudó ~** he gave me quite a lot of help, he helped me quite a lot; **me pareció ~ aburrido/agradable** I thought he was rather boring/quite pleasant; **llegó ~ cansado** he was pretty *o* quite tired when he arrived; **lo que tiene es ~ fácil de curar** what she has is quite *o* fairly easy to cure; **habla español ~ bien** she speaks Spanish quite *o* pretty well; **los resultados fueron ~ decepcionantes** the results were rather disappointing

bastanteo *m: official acceptance of the credentials of an attorney or proxy*

bastar [A1] *vi*: **¿basta con esto?** will this be enough?; **con eso basta por hoy** that's enough for today; **un mes no basta** a month isn't long enough; **basta con marcar el 101 para comunicarse inmediatamente** just dial 101 to get straight through; **baste con decir que ...** suffice it to say that ...; **¡basta ya!, no aguanto más** that's enough! I can't take any more; **¡basta de tonterías/de hablar!** that's enough nonsense/talking!; (+ *me/te/le etc*): **me basta con tu palabra** your word is good enough for me; **~ *que ... para que ...*: basta que digas una cosa para que él opine lo contrario** whatever you say he's bound *o* sure to say the opposite; **basta que salgamos de paseo para que se ponga a llover** we only have to go out for a walk and you can bet (your life) it'll start raining; ***~ y sobrar*** to be more than enough; **con esto basta y sobra** this is more than enough; ***hasta decir basta*** (fam): **comimos hasta decir basta** we ate until we were ready *o* fit to burst (colloq); **llovió hasta decir basta** it poured *o* bucketed down (colloq), it rained cats and dogs (colloq); **es honesto hasta decir basta** he's as honest as the day is long

■ **bastarse** *v pron*: **él solito se basta y se sobra para sacar el negocio adelante** (fam) he's more than capable of making a go of the business on his own; **no tiene por qué pedir ayuda a nadie, ella sola se basta** she doesn't need to ask anyone for help, she can manage on her own *o* she's quite self-sufficient

bastardear [A1] *vt* to bastardize

bastardilla *f* italic type, italics (*pl*); **en ~** in italics

bastardo¹ -da *adj*
A **1** (ilegítimo) illegitimate, bastard (*before n*) (dated) **2** (Bot) hybrid, bastard
B (innoble) base

bastardo² -da *m,f* bastard

baste *m* (Méx) saddlecloth

bastidor *m*
A (Teatr) wing; ***entre ~es*** (Teatr) offstage, in the wings; (sin trascender al público) behind the scenes, in the wings
B **1** (para construir, montar algo) frame, framework; (de una ventana) frame **2** (de un lienzo) stretcher **3** (para bordar) frame **4** (Esp) (Auto) chassis; **número de ~** chassis number

bastilla *f* **1** (punto en costura) basting (AmE), tacking (BrE) **2** (Méx) (dobladillo) hem, turnup **3** (Chi) (de pantalón) cuff (AmE), turnup (BrE)

bastión *m* bastion

basto¹ -ta *adj* **1** ‹*papel*› coarse; ‹*tela*› rough, coarse; **una casucha de construcción basta** a crudely-built *o* roughly-built shack **2** ‹*persona/modales/lenguaje*› coarse; **contaba chistes ~s** he used to tell crude *o* coarse jokes

basto² *m*
A **bastos** *mpl* **1** (palo) *one of the suits in a Spanish pack of cards* **2** (carta) *any card of the bastos suit*
B (Chi, Méx) (Equ) saddlecloth

bastón *m* **1** (para caminar) walking stick, cane **2** (en desfiles) baton **3** (de esquí) ski stick *o* pole

(Compuestos)
- **bastón de mando** staff, ceremonial staff; **aquí hace falta alguien que sepa llevar el ~ de ~** we need someone to take charge here
- **bastón taburete** shooting stick

bastoncillo *m*
A (de algodón) cotton swab (AmE), Q-Tip® (AmE), cotton bud (BrE)
B (Anat) rod, retinal rod

bastonear [A1] *vt* to beat … with a stick

bastonera *f* umbrella stand

bastonero -ra *m,f*
A 1 (en un desfile) (*m*) drum major; (*f*) majorette, drum majorette 2 (en una recepción) master of ceremonies, MC 3 (en bailes folklóricos) caller
B (fabricante) stick-maker

basuco *m* cocaine base

basura *f*
A 1 (recipiente) garbage *o* trash can (AmE), dustbin (BrE); **echar** *or* **tirar algo a la ~** to throw sth away, to throw sth in the garbage *o* trash (can) *o* dustbin; **¿que no sirve? ¡pues a la ~!** well, if it's no use, throw it out *o* dump it (AmE) *o* (BrE) bin it (colloq) 2 (desechos) garbage (AmE), trash (AmE), rubbish (BrE); (en sitios públicos) litter; **sacar la ~** to take out the garbage *o* trash *o* rubbish; **dejaron el estadio lleno de ~** they left litter all around the stadium; **la recogida de la ~** the garbage *o* rubbish *o* (frml) refuse collection; **hoy no pasa la ~** (fam) the garbage man doesn't come today (AmE colloq), the dustmen don't come today (BrE colloq); ⓢ **prohibido arrojar basura(s)** no dumping, no tipping (BrE)
B 1 (fam) (porquería): **ese programa es una ~** that program is trash (AmE colloq), that programme is rubbish (BrE colloq); **¿cómo puedes leer esa ~?** how can you read trash *o* (BrE) rubbish like that?; **la comida era una ~** the food was lousy (colloq) 2 (fam) (persona) swine (colloq), s.o.b. (AmE colloq)

basural *m* (AmL) garbage dump (AmE), rubbish dump *o* tip (BrE)

basurear [A1] *vt* (CS, Per fam) 1 (tratar mal): **a mí no me vas a venir a ~** I'm not having you insulting me like that *o* treating me like dirt; **me basureaban por ser pobre** they used to give me a hard time because I was poor (colloq) 2 (Dep) (vencer) to thrash, trounce, wipe the floor with (colloq)

basurero -ra *m,f*
A (persona) (*m*) refuse collector (frml), garbage collector (AmE), dustman (BrE); (*f*) refuse collector (frml), garbage collector (AmE), dustwoman (BrE)
B **basurero** *m* 1 (vertedero) garbage dump (AmE), rubbish dump *o* tip (BrE) 2 (Chi, Méx) (recipiente) trash can (AmE), dustbin (BrE)

basuriento -ta *adj* (CS fam) dirty, mucky (colloq)

basurología *f* garbology

bata *f* 1 (para estar en casa) dressing gown, robe; (que se pone encima de la ropa) housecoat; **una ~ de baño** a bathrobe 2 (de médico) white coat; (de farmacéutico) lab coat 3 (de colegio) work coat (AmE), overall (BrE)

batacazo *m*
A (golpe) thump; **se pegó un ~** he fell over and banged his arm (*o* head *etc*)
B (RPl fam) (triunfo inesperado) unexpected win

bataclana *f* (CS) showgirl; **vestida de ~** (pey) dolled-up (colloq), tarted-up (BrE colloq & pej)

batahola *f* (esp AmL fam) pandemonium; **los manifestantes armaron tremenda ~** the demonstrators caused pandemonium; **¿por qué están armando tanta ~?** why are they making such a racket *o* din *o* (AmE) ruckus?

batalla *f*
A 1 (lucha) battle; **la ~ contra la ignorancia** the battle against ignorance; **librar ~** to do battle; **libraron una larga ~ contra el analfabetismo** they waged a long battle against illiteracy; **una gran ~ se estaba librando en su interior** there was a great battle *o* struggle going on within him; **de ~** (fam) ‹*zapatos/abrigo*› everyday (*before n*); **dar ~** (Méx, Ven fam): **estos niños dan ~ todo el día** these kids don't let up for one minute (colloq); **un problema que le ha dado mucha ~** a problem which has caused her a lot of hassle (colloq); ***dar la ~*** to put up a fight 2 (fam) (gran esfuerzo) struggle, battle 3 (fam) (historia) story 4 (Art) battlepiece, battle scene

(Compuestos)
- **batalla campal** pitched battle
- **batalla de flores** *procession in which flowers are thrown at the crowd*
- **batalla naval** (Náut) naval battle; (Jueg) battleships

B (Auto) wheelbase

batallador -dora *adj*: **es muy ~** he's a real battler *o* fighter

batallar [A1] *vi* 1 (luchar) to battle; **el equipo siguió batallando hasta el final** the team kept battling *o* fighting until the end; **estoy cansada de ~ todo el día con estos niños** I'm tired of battling with these kids all day long; **todavía está batallando con el mismo problema** she's still struggling *o* wrestling with the same problem 2 (Mil) to fight

batallón *m* 1 (Mil) battalion 2 (fam) (grupo numeroso) gang (colloq); **tengo que dar de comer a todo este ~** I have to feed all this gang *o* crew *o* lot *o* bunch; **se presentaron todos en ~** they all turned up in a great gang

batán *m* fulling machine

> **batasuna**
> The political wing of ▸**ETA - Euskadi ta Askatasuna**

batasuno¹ -na ▸**batasuna** *adj* (en Esp) (Pol) Batasuna (*before n*), of Batasuna

batasuno² -na ▸**batasuna** *m,f* (en Esp) (Pol) member *or* supporter of Batasuna

batata *f* sweet potato, yam

batatazo *m* 1 (Andes fam) (golpe de suerte) stroke of luck 2 (Chi) (triunfo inesperado) shock *o* surprise win; **el disco se convirtió en un ~** the record became a surprise hit 3 (Col) (idea genial) stroke of genius, brainstorm (AmE)

batazo *m* belt

bate *m* (en béisbol, críquet) bat; ***ser un cuarto ~*** (Ven fam) to be built like a battleship (colloq)

batea *f*
A 1 (bandeja) tray 2 (para mariscos) bed 3 (barco) flat-bottomed boat
B (AmL) 1 (recipiente) shallow pan *o* tray (*for washing etc*); ***salir con su ~ de babas*** (Méx fam) to do something foolish 2 (comedero) trough

bateador -dora *m,f* 1 (en béisbol, softbol) batter 2 (en críquet) batsman

(Compuesto) **bateador designado, bateadora designada** *m,f* designated hitter

batear [A1] *vi* to bat
■ **batear** *vt* to hit

batel *m* skiff

batelero -ra *m,f*
A (*m*) boatman
B (*f*) boatwoman

batería *f*
A (Auto) battery; **se me descargó la ~ del coche** my battery went dead (AmE) *o* (BrE) flat; ***aparcar*** *or* ***estacionar en ~*** to park front/rear to the curb (AmE), to park nose/tail to the kerb (BrE); ***cargar*** *or* ***recargar las ~s*** to recharge one's batteries
B (Mús) drums (*pl*), drum kit; **tocar la ~** to play the drums
C 1 (de artillería) battery; ***dar ~*** (Méx fam) to put up a (good) fight 2 (Teatr) footlights (*pl*) 3 (de preguntas, tests) battery

(Compuesto) **batería de cocina** *set of saucepans and kitchen utensils*

D (Agr) battery; **gallinas/huevos de ~** battery hens/eggs
E **batería** *mf* drummer

baterista *mf* (AmL) drummer

batiburrillo *m* (fam): **tienes un ~ en tu habitación** your bedroom's (in) a mess; **en este ~ de papeles** in this muddle *o* jumble of papers; **un ~ de ideas** a mishmash of ideas (colloq), a ragtag collection of ideas

baticola *f* crupper

batida *f*: **los cazadores dieron una ~** the hunters beat the area; **los detenidos durante la ~** those detained during the raid; **el ejército está haciendo una ~ en la zona** the army is combing *o* searching the area

batido¹ -da *adj*
A ‹*camino*› well-trodden, well-worn
B ‹*seda*› shot (*before n*)

batido² *m*
A 1 (bebida) shake; (de leche) milk shake 2 (postre) whip 3 (AmL) (para rebozar, para panqueques) batter
B ‹*camino*› well trodden
C (del pelo) backcombing; **un peinado con mucho ~** a very bouffant hairstyle

batidor -dora *m,f*
A (Mil) scout
B (en la caza) beater
C **batidor** *m* 1 (manual) whisk, beater; (eléctrico) mixer, blender 2 (peine) wide-toothed comb
D **batidora** *f* (máquina eléctrica) mixer, blender

batiente¹ *adj* ▸**mandíbula**

batiente² *m*
A 1 (marco) jamb 2 (hoja) leaf, panel 3 (Mús) damper
B (en la costa) exposed area/place

batifondo *m* (RPl fam) uproar; **¡qué ~ se armó en la clase cuando lo dijo!** the class went wild when he said it (colloq)

batik /ba'tik/ *m* batik

batín *m* dressing gown

batintín *m* gong

batir [I1] *vt*
A ‹*huevos*› to beat, whisk; ‹*nata/crema*› to whip; ‹*mantequilla*› to churn; **~ las claras a punto de nieve** beat *o* whisk the egg whites until stiff; **~ la margarina con el azúcar** cream the margarine and sugar together
B 1 ‹*marca/récord*› to break; **~ un récord mundial** to break a world record 2 (derrotar) ‹*enemigo/rival*› to beat 3 (Col fam) (verbalmente) to beat, defeat
C 1 ‹*ala*› to beat, flap 2 **~ palmas** to clap 3 ‹*metal*› to beat; ‹*moneda*› to mint 4 (liter) «*viento/lluvia*» to beat against; «*olas/mar*» pound, beat *o* crash against 5 (Mil) ‹*muralla/posición*› to pound, batter
D ‹*lugar*› «*ejército/policía*» to comb, search; «*cazador*» to beat
E ‹*pelo*› to backcomb
■ **batir** *vi* «*viento/lluvia/mar*» to beat; **el agua batía sobre los cristales** the rain beat on *o* against the windows
■ **batirse** *v pron*
A 1 (enfrentarse): **~se a** *or* **en duelo** to fight a duel; ▸**retirada** 2 (Chi fam): ***batírselas*** to manage
B (Méx) (ensuciarse) to get dirty; **llegó batido de lodo** he was covered in mud when he arrived

batiscafo *m* bathyscaph

batisfera *f* bathysphere

batista *f* batiste

batracio *m* batrachian

Batuecas *fpl*: **estar en las ~** to have one's head in the clouds

batuque *m* (RPl) racket, din, ruckus (AmE), row (BrE); **meter ~** to make a racket *o* din

baturrillo *m* ▸**batiburrillo**

baturro¹ -rra *adj* Aragonese

baturro² -rra *m,f* 1 (aragonés) person from Aragon 2 (fam) (bestia) oaf, redneck (AmE colloq)

batuta *f* baton; ***llevar la ~*** (fam) to be the boss (colloq); **en casa es mi madre la que lleva la ~** my mother's the one who wears the pants (AmE) *o* (BrE) trousers in our house, my mother's the boss in our house; ***tomar la ~*** (fam) to take charge; **el hijo tomó la ~ de la empresa** his son took charge of *o* took over the running of the company

baudio *m* baud

baúl *m* 1 (arca) chest 2 (de viaje) trunk 3 (Col, RPl, Ven) (del coche) trunk (AmE), boot (BrE)

b

baulera *f* (Arg) trunk room
bauprés *m* bowsprit
bausa *f* (Per fam): **estar de ~** to be off school (*o* work *etc*)
bautismal *adj* baptismal
bautismo *m* 1 (sacramento) baptism, christening; ▸**fe** 2 (RPl) ▸**bautizo**
(Compuesto) **bautismo de fuego** baptism of fire
bautizar [A4] *vt* 1 (Relig) to baptize, christen; **fue bautizada con el nombre de Ana** she was christened Ana 2 ‹*barco*› to name 3 (fam) (poner mote) to nickname 4 (fam) ‹*vino/leche*› to water down
bautizo *m* 1 (Relig) christening, baptism 2 (de un barco) naming, christening
bauxita *f* bauxite
bávaro -ra *adj/m,f* Bavarian
Baviera *f* Bavaria
baya *f* 1 (Bot) berry 2 (Chi) (bebida) *fermented grape juice*
bayadera *f* bayadère
bayeta *f* 1 (para limpiar) cloth 2 (Bol, Col) (tela) baize 3 (Bol) (pañal) diaper (AmE), nappy (BrE)
bayo[1] **-ya** *adj* cream (*before n*), cream-colored*
bayo[2] **-ya** *m,f* cream horse
Bayona *f* Bayonne
bayoneta *f* 1 (Arm) bayonet; **calar las ~s** to fix bayonets 2 (Mec) bayonet
bayonetear [A1] *vt* (AmL) to bayonet
baza *f*
A (en naipes) trick; **hacer** *or* **ganar una ~** to win a trick; ***meter*** **~** (fam) to butt in (colloq), to stick one's oar in (BrE colloq)
B 1 (recurso, arma): **mi experiencia es la ~ fundamental que puedo aportar a la empresa** my experience is the most important thing I can bring to the company; **parece la mejor ~ del equipo colombiano** he could prove to be the Colombian team's trump card, he seems to be the great hope of the Colombian team; **jugaron su última ~** they played their last card, they used their ultimate weapon; **tomó la determinación de jugar la ~ decisiva** she decided to play her trump card 2 (logro, adelanto) achievement; **su gran ~ ha sido la conquista del mercado escandinavo** their greatest achievement *o* success has been their conquest of the Scandinavian market; **esto constituyó la primera ~ victoriosa de los rebeldes** this represented the first taste of victory *o* first moment of triumph for the rebels 3 (oportunidad): **esta carrera será la última ~ para Romero** this race will be Romero's last chance
bazar *m*
A (mercado oriental) bazaar
B 1 (tienda) hardware store (*often selling a wide range of electrical goods and toys*) 2 (Col) (de caridad) fête, bazaar
bazo *m* spleen
bazofia *f* (fam): **¿cómo se atreven a cobrar tanto por esta ~?** how can they charge so much for this muck? (colloq); **esa película es una ~** that movie is trash (AmE colloq), that film's a load of rubbish (BrE colloq)
bazooka /ba'suka, ba'θuka/, **bazuca** *f* bazooka
bazuka *mf* (AmC arg) wino (sl)
BCE *m* (= **Banco Central Europeo**) ECB
BCH *m* (en Col) = **Banco Central Hipotecario**
Bco. *m* = **Banco**
BCU *m* = **Banco Central del Uruguay**
be[1] *f: name of the letter* b, *often called* be larga *or* be grande *to distinguish it from* **v**
be[2] *m* baa
beagle *mf* /'biɣel/ (*pl* **~s**) beagle
beat /bit/ *adj inv* beat (*before n*)
beatería *f* (pey) 1 (piedad) piousness, piety, devoutness; (santurronería) excessive piousness 2 (acción) pious act
beaterío *m* (pey): **el ~** the devout
beatificación *f* beatification
beatificar [A2] *vt* to beatify
beatífico -ca *adj* beatific
beatísimo *adj*: **el B~ Padre** The Most Holy Father
beatitud *f* beatitude
beatnik /'bitnik/ *mf* (*pl* **-niks**) beatnik
beato[1] **-ta** *adj* 1 (Relig) blessed 2 (piadoso) devout, pious; (santurrón) (pey) overpious, excessively devout
beato[2] **-ta** *m,f* 1 (Relig): **~ Roque González** the blessed Roque González 2 (piadoso) pious *o* devout person; (santurrón) (pey) overpious *o* excessively devout person
bebe -ba *m,f* (Per, RPl) baby
bebé *m* baby; **~ panda/foca** baby panda/seal
(Compuesto) **bebé probeta** test-tube baby
bebedera *f* (AmC, Méx fam) drinking spree
bebedero *m*
A 1 (paraje) watering hole 2 (recipiente) trough 3 (CS, Méx) (para personas) drinking fountain
B (Chi) (de una prenda) facing
bebedizo[1] **-za** *adj* drinkable
bebedizo[2] *m* (bebida — mágica) magic potion, philter*; (— envenenada) poisoned drink; (— medicinal) potion
bebedor -dora *m,f* drinker; **un ~ empedernido** a hardened drinker; **es buen/mal ~** he can/can't hold his drink
beber[1] [E1] *vt* to drink; **¿quieres ~ algo?** do you want something to drink?, do you want a drink?; **bébelo a sorbos** sip it; **bebía sus palabras mientras hablaba** (liter) he drank in her every word (liter)
■ **beber** *vi* to drink; **si bebes no conduzcas** don't drink and drive; **últimamente le ha dado por ~** recently he's taken to *o* started drinking; **ha bebido más de la cuenta** he's had one too many, he's had too much to drink; **~ a la salud de algn** to drink sb's health; **~ POR algn** to drink TO sb, toast sb; **bebieron por los novios** they drank to *o* toasted the bride and groom; **~ POR algo** to drink TO sth; **~ DE algo** to drink FROM sth; **bebimos del grifo** we drank (straight) from the faucet (AmE) *o* (BrE) tap
■ **beberse** *v pron* (*enf*): **bébete toda la leche** drink up all your milk; **nos bebimos la botella entre los dos** we drank the whole bottle between the two of us; **se lo bebió de un trago** he downed it in one *o* in one gulp
beber[2] *m* 1 (bebida) drink; **el buen ~ y el buen comer** good food and drink 2 (acción) drinking
bebercio *m* (Esp fam) booze (colloq), bevvy (BrE colloq)
bebestible[1] *adj* (CS fam & hum) drinkable
bebestible[2] *m* (CS fam & hum) drink; **comestibles y ~s** eats and drinks (colloq)
bebida *f* 1 (líquido) drink, beverage (frml); **~ no alcohólica** non-alcoholic drink; **el consumo de ~s alcohólicas** the consumption of alcoholic drinks *o* of alcohol 2 (vicio) drink; **la ~ va a acabar con él** drink will be the death of him; **darse** *or* **entregarse a la ~** to hit the bottle (colloq); **debe dejar la ~** you must stop drinking 3 (acción) drinking
(Compuesto) **bebida isotónica** sports drink
bebido -da *adj* 1 [ESTAR] (borracho) drunk; **llegó a casa ~** he came home drunk 2 (sin comida): **no tuve tiempo de desayunar, me tomé un café ~** I didn't have time for breakfast, I just had a coffee
beca *f* (ayuda económica) grant; (que se otorga por méritos) scholarship
(Compuestos)
• **beca de estudios** student grant
• **beca de investigación** research grant
becada *f* woodcock
becado -da *m,f* (AmL) ▸**becario**
becar [A2] *vt* «*fundación/instituto*» to give *o* (frml) award a scholarship to; «*gobierno*» to give *o* (frml) award a grant to; **hay muchos estudiantes becados** many of the students get grants; (por méritos) many of the students are on scholarships
becario -ria *m,f* grant holder, recipient of a grant; (por méritos) scholarship holder, scholar
becerrada *f* bullfight (*using young bulls*)
becerrillo *m* calfskin
becerro -rra *m,f* 1 (Agr, Taur) calf, young bull 2 (piel) calfskin
(Compuesto) **becerro de oro** golden calf
bechamel[1] *adj* ▸**salsa**[2]
bechamel[2] *f* white sauce; (con aromatizantes) bechamel sauce
becuadro *m* natural
bedano *m* chisel
bedel *mf* ≈ porter, beadle (ant)
bedelía *f* porters' lodge
beduino -na *adj/m,f* bedouin
beee *m* baa
befa *f* (fam): **la representación fue una ~** the performance was farcical; **todo fue dicho con un tonito de ~** everything was said in a mocking tone of voice; **hace ~ de todo** he makes fun of everything
befo[1] **-fa** *adj* 1 (de labios gruesos) thick-lipped 2 (patizambo) knock-kneed 3 (de los pies) flat-footed
befo[2] *m* lip
begonia *f* begonia
behaviorismo /bexaβjo'rismo/ *m* behaviorism*
behaviorista /bexaβjo'rista/ *adj/mf* behaviorist*
BEI /bei/ *m* (= **Banco Europeo de Inversiones**) EIB
beicon *m* bacon
beige *adj inv/m* /beʒ, beis/ ▸ⓘ **p.231** beige; (más oscuro) fawn
Beijing /bei'ʒin/ *m* Beijing
Beirut /bei'ru/ *m* Beirut
beis *adj inv/m* ▸**beige**
béisbol, (Méx) **beisbol** *m* baseball
beisbolero -ra *adj* baseball (*before n*)
beisbolista *mf* baseball player
beisbolístico -ca *adj* baseball (*before n*)
bejuco *m* liana
bejuquero *m* (Col fam) mess (colloq)
bel canto *m*: **el ~ ~** bel canto
Belcebú Beelzebub
beldad *f* (liter) 1 (mujer bella) beauty 2 (cualidad) beauty; **poseía una gran ~** she possessed great beauty (liter)
belén *m* ▸**belén**
A (Esp) (nacimiento) nativity scene, crib, creche (AmE)
B (lugar desordenado) mess; ***meterse en belenes*** (fam) to get into a jam *o* fix (colloq)
Belén *m* Bethlehem

> **belén**
> A nativity scene. In Spain it is traditional to have a *belén* at home at Christmas. It contains figures representing the Holy Family, animals, the shepherds and the Three Wise Men. Towns and cities in Spain often have a *belén viviente*, with real people playing the characters.

beleño *m* henbane
Belfast /'belfas(t)/ *m* Belfast
belga *adj/mf* Belgian
Bélgica *f* Belgium
Belgrado *m* Belgrade
Belice *m* Belize
beliceño -ña *adj/m,f* Belizean
belicismo *m* warmongering
belicista[1] *adj* militaristic
belicista[2] *mf* warmonger
bélico -ca *adj* ‹*conflicto/material*› military; **preparativos ~s** preparations for war; ▸**juguete**
belicosidad *f* aggressiveness

belicoso -sa *adj* 1 ‹*pueblo*› warlike, bellicose (liter) 2 ‹*persona/carácter*› bellicose, belligerent

beligerancia *f* belligerency

beligerante *adj* belligerent; **los países ~s** the belligerent nations, the nations at war

belinún -nuna *m,f* (RPl fam) half-wit (colloq)

bellaco¹ -ca *adj* (fam & hum) roguish (colloq & hum)

bellaco² -ca *m,f* (fam & hum) rogue (colloq & hum)

belladona /beja'ðona, bela'ðona/ *f* (planta) deadly nightshade, belladonna; (extracto) belladonna

bellamente *adv* beautifully

bellaquería *f* villainy, scoundrelly act; **es incapaz de una ~ así** he's incapable of such villainy *o* such a scoundrelly act

belleza *f*

A 1 (cualidad) beauty 2 (en cosmetología) beauty; **el cuidado de la ~** beauty care

B 1 (cosa bella): **en esta época del año el paisaje es una ~** at this time of year the countryside is beautiful *o* is a beautiful sight; **las ~s que se ven allí** the beautiful things to be seen there 2 (mujer bella) beauty

bellísimo -ma *adj* wonderful; **es una bellísima persona** he is a wonderful person *ver tb* **bello**

bello -lla *adj* (liter) ‹*mujer/paisaje/poema*› beautiful; **la Bella Durmiente (del Bosque)** (Lit) (the) Sleeping Beauty

(Compuestos)

- **bellas artes** *fpl* fine art, beaux-arts (*pl*)
- **bello sexo**: **el ~ ~** the fair sex

bellota *f* acorn

beluga *m* beluga

bemba *f* (AmL fam) thick lips (*pl*)

bembo¹ -ba *adj* thick-lipped

bembo² *m* (AmL) thick lower lip

bembón -bona, bembudo -da *adj* 1 (AmL fam) (de labios gruesos) thick-lipped 2 (Méx fam) (estúpido) dense (colloq), dumb (colloq)

bemol¹ *adj* flat; **si ~** B flat

bemol² *m* (signo) flat, flat sign; (nota) flat; ***tener ~es*** (fam): **parece fácil pero tiene (sus) ~es** it looks easy but in fact it's quite tricky *o* quite difficult *o* it isn't at all simple *o* (BrE) straightforward; **tiene ~s, ahora no me lo quiere devolver** this is too much! now he won't give it back; **el ser famoso tiene sus ~es** being famous has its drawbacks *o* (colloq) its down side

bencedrina® *f* Benzedrine®

benceno *m* benzene

bencina *f* 1 (Quím) benzine, petroleum ether 2 (Andes) (gasolina) gasoline (AmE), petrol (BrE)

bencinera *f* (Andes) filling station, gas station (AmE), petrol station (BrE), garage (BrE)

bencinero¹ -ra *adj* (Andes): **un motor ~** a gasoline (AmE) *o* (BrE) petrol engine; **un camión ~** a gasoline (AmE) *o* (BrE) petrol-engined truck

bencinero² -ra *m,f* (Andes) filling station attendant

bendecir [I25] *vt*

A ‹*persona/objeto/agua*› to bless; **¡que Dios te bendiga!** God bless you!; **~ la mesa** to say grace; **~ el agua** to bless the water

B (expresando agradecimiento): **bendigo la hora en que lo conocí** I bless the day that I met him, I thank the Lord that I met him; **bendecía el hecho de haber salido con vida** he thanked his lucky stars he was still alive

bendice, etc ▸**bendecir**

bendición *f* 1 (Relig) blessing, benediction; **nos dio** *or* (fam) **echó la ~** he gave us the blessing, he blessed us; **~ de la mesa** grace; **bendiciones nupciales** wedding ceremony 2 (aprobación) blessing; **el padre le dio la ~ para que se casara** her father gave his blessing to her marriage 3 (regalo divino) godsend; **esta lluvia es una ~ (de Dios)** this rain is a godsend *o* is heaven-sent; **la hija fue una ~** their daughter was a real godsend to them *o* was a blessing from God

bendiga, bendijo, etc ▸**bendecir**

bendito¹ -ta *adj* 1 (Relig) blessed; ‹*agua/pan*› holy; **~ sea el fruto de tu vientre** blessed is the fruit of thy womb; **¡bendita suerte hemos tenido al no tomar ese tren!** thank God *o* thank heavens we didn't take that train!; **¡~ sea Dios!** (expresando contrariedad) good God *o* grief!; (expresando alivio) thank God! 2 (*delante del n*) (iró) (maldito) blessed (*before n*) (euph), blasted (*before n*) (colloq), damned (*before n*) (colloq); **este ~ teléfono no para de sonar** this blessed *o* blasted *o* damned phone never stops ringing

bendito² -ta *m,f* simple soul; **es un ~ (de Dios)** he's a simple soul, he's so simple; ***dormir como un ~*** to sleep like a baby; ***quedarse como un ~*** to fall fast asleep

benedictino -na *adj/m,f* Benedictine

benefactor¹ -tora *adj* beneficent (frml), charitable

benefactor² -tora *m,f* benefactor

beneficencia *f* 1 (caridad) charity; **asociación/obra de ~** charitable organization/work; **concierto de ~** charity *o* benefit concert 2 (organización) charity, charitable organization

beneficiado *m* (Relig) incumbent

beneficiar [A1] *vt*

A (favorecer) to benefit, be of benefit to; **esto beneficia a ambas partes** this benefits both sides, this is of benefit to both sides; **los que se vieron más beneficiados por el cambio** those who benefited most from the change; **vamos a salir beneficiados con el nuevo horario** we'll be better off with the new timetable; **el país se verá beneficiado con esta nueva medida** the country will benefit from this new measure

B (Fin) ‹*efectos/créditos*› to sell ... below par

C 1 (AmL) ‹*res/cerdo*› to dress 2 (Chi) ‹*mineral*› to extract

■ **beneficiarse** *v pron* 1 (sacar provecho) to benefit; **todos nos beneficiamos con la nueva situación** we all benefit from the new situation; **~se DE algo** to benefit FROM sth; **la zona se beneficia de la benignidad del clima** the area benefits from the temperate climate; **unas ayudas de las que se ~án más de 6.000 estudiantes** aid that will benefit more than 6,000 students, aid from which more than 6,000 students will benefit 2 (arg) (en sentido sexual): **~se a algn** to have it off with sb (sl)

beneficiario -ria *m,f* beneficiary; (de cheque) payee

beneficio *m*

A 1 (Com, Fin) profit; **este negocio produce grandes ~s** this business yields large profits; **una inversión que reportó importantes ~s** an investment that brought significant returns *o* profits; **margen de ~(s)** profit margin 2 (ventaja, bien) benefit; **no va a sacar gran ~ del asunto** he's not going to benefit much from this affair; **una colecta a ~ de las víctimas** a collection in aid of the victims; **en ~ de todos** in the interests of everyone; **todo lo hace en ~ propio** everything he does is for his own gain *o* advantage; **tales mejoras redundarán en ~ del público** these improvements will benefit the public *o* will be in the public interest 3 (función benéfica) charity performance

(Compuestos)

- **beneficio bruto** gross profit
- **beneficio de justicia gratuita** entitlement to legal aid
- **beneficio extrasalarial** fringe benefit
- **beneficio líquido** net profit
- **beneficio neto** net profit
- **beneficio por acción** earnings per share (*pl*)
- **beneficio social** fringe benefit

B (AmL) (de un animal) dressing

C (Chi) (de un mineral) extraction

D (AmC) (Agr) coffee processing plant

beneficiosamente *adv* to good effect, to the good; **influir ~ a algn/en algo** to influence sb/sth to the good *o* to good effect

beneficioso -sa *adj* beneficial

benéfico -ca *adj* 1 ‹*acción*› beneficial; ‹*influencia*› benign, beneficial 2 ‹*espectáculo*› charity (*before n*), benefit (*before n*)

Benelux *m* Benelux

Benemérita *f*: **La ~** the Civil Guard

benemérito -ta *adj* (frml) ‹*profesor/obra*› distinguished; ‹*institución*› meritorious (frml), estimable (frml)

beneplácito *m* approval; **se casó sin contar con el ~ de su familia** she got married without her parents' blessing *o* approval; **acogieron con ~ la decisión** they welcomed the decision

benevolencia *f* 1 (indulgencia) leniency, indulgence; **deben ser juzgados con ~** they should be judged leniently 2 (bondad) kindness, benevolence (frml)

benevolente, benévolo -la *adj* 1 (indulgente) lenient, indulgent 2 (bondadoso) kind, benevolent (frml)

bengala *f* flare; ▸**luz**

bengalí¹ *adj* Bengali

bengalí² *mf* 1 (persona) Bengali 2 **bengalí** *m* (idioma) Bengali

benignidad *f* 1 (del clima) mildness 2 (de un tumor) benignancy

benigno -na *adj* 1 ‹*clima/invierno*› mild 2 ‹*tumor*› benign; ‹*enfermedad*› mild 3 ‹*persona*› benevolent

Benin *m* Benin

beninés -nesa *adj* Beninese

Benito: **San ~** Saint Benedict; **¡vaya San ~ que me ha caído contigo!** (Esp fam) you're being a real pain (in the neck)! (colloq)

benjamín -mina *m,f*

A (*m*) youngest son, Benjamin (liter); (*f*) youngest daughter

B **benjamín** *m* 1 (Esp) (botellín) small bottle (*approx ¼ liter*) 2 (Col) (Elec) adaptor

benjuí *m* benzoin

bentonita *f* bentonite

benzoico -ca *adj* benzoic

beodez *f* drunkenness, inebriation (frml *or* hum)

beodo¹ -da *adj* (frml *o* hum) inebriated (frml *or* hum)

beodo² -da *m,f* (frml *o* hum) drunkard, toper (liter *or* hum)

berberecho *m* cockle

Berbería *f* (arc) Barbary (arch *or* liter)

berberisco -ca *adj/m,f* Berber

berbiquí *m* brace

BERD *m* (**= Banco Europeo para la Reconstrucción y el Desarrollo**) EBRD

beréber, bereber *adj/mf* ▸**berebere**

berebere *adj/mf* Berber

berenjena *f*

A (Bot, Coc) egg plant (AmE), aubergine (BrE); ***como las ~s*** (Chi fam) (*loc adj*) useless (colloq); (*loc adv*) terribly

B (Ven) 1 (fam & pey) (cosa) stupid (*o* damn *etc*) thing (colloq) 2 (fam) (enredo) business (colloq)

berenjenal *m* eggplant field (AmE), aubergine field (BrE); ***meterse en un ~*** *or* ***en ~es*** (fam): **¡en qué ~ se metió!** he got himself into a real mess *o* jam *o* pickle! (colloq); **ahora no estamos para meternos en esos ~es** we don't want to get bogged down with *o* involved in all that now

bergamota *f* 1 (variedad de lima) bergamot 2 (variedad de pera) bergamot 3 (variedad de naranja) ortanique

bergante *m* (fam) scoundrel (colloq), rogue (colloq)

bergantín *m* brigantine

beriberi *m* beriberi

berilio *m* beryllium

berilo *m* beryl

berkelio *m* berkelium

berlín *m* (Chi) *type of doughnut or sweet roll*

Berlín *m* Berlin

(Compuesto) **Berlín Occidental/Oriental** West/East Berlin

berlina *f*
A **1** (Auto) berlin **2** (coche de caballos) berlin, berlin carriage
B (Col) (Coc) jam *o* (AmE) jelly doughnut
berlinés[1] **-nesa** *adj* of/from Berlin
berlinés[2] **-nesa** *m,f* Berliner
berlinesa *f* (RPI) doughnut
berma *f* (Andes) (de asfalto) shoulder (AmE), berm (AmE), hard shoulder (BrE); (de tierra) verge
bermejo -ja *adj* (liter) red; **cabello ~** red hair, reddish hair
bermellón *m* **1** (Quím) vermillion **2** ▸ⓘ **p.181**; (color) vermillion
bermudas *fpl or mpl* Bermuda shorts (*pl*), Bermudas (*pl*)
Bermudas *fpl*: **las ~** Bermuda; **el triángulo de las ~** the Bermuda Triangle
Berna *f* Berne
bernés -sa *adj/m,f* Bernese
berrear [A1] *vi* **1** «*becerro/ciervo*» to bellow **2** (fam) «*niño*» to bawl; **estos cantantes modernos lo único que saben hacer es ~** all these modern singers do is scream and shout
berreo *m* **1** (de un niño): **el ~/los ~s del niño** the child's bawling **2** (de los ciervos) bellowing
berreta *adj inv* (RPI fam): **¿es de una buena marca? — ¡qué va! es ~** is it a good make? — oh, no! it's a cheap imitation
berretín *m* (RPI fam): **tiene el ~ de las vitaminas** he's into vitamins in a big way at the moment (colloq), he's got a thing about taking vitamins at the moment (colloq)
berrido *m* **1** (del becerro) bellow **2** (fam) (de un niño): **deja de dar esos ~s** stop that bawling
berrinche *m* **1** (fam) (rabieta) tantrum; **si le digo que no, le da** *or* (Méx) **hace un ~** if I say no to him, he throws *o* has a tantrum *o* he flies into a temper; ***coger*** *or* ***llevarse un ~*** (Esp fam) to have a fit (colloq) **2** (Ven) (nerviosismo) jumpiness **3** (Ven fam) (alboroto) racket
berrinchudo -da *adj* (Méx fam) temperamental; **se le tiene que quitar lo ~** he has to learn to control his temper
berro *m* watercress
berrueco *m* granite rock *o* crag
berza *f* cabbage; ***estar en la ~*** (Esp fam) to be in a daze (colloq)
berzal *m* cabbage patch
berzotas *mf* (*pl* ~) (Esp fam) moron (colloq & pej)
besamanos *m* (*pl* ~) **1** (recepción) royal audience **2** (saludo) hand-kissing
besamel, besamela *f* white sauce; (con aromatizantes) bechamel sauce
besar [A1] *vt* to kiss; **la besé en la mejilla** I kissed her on the cheek; **le besó la mano** he kissed her hand; **las olas besaban plácidamente la orilla** (liter) the waves gently caressed the shore
■ **besarse** *v pron* (*recípr*) to kiss, kiss each other; **la escena donde los protagonistas se besan** the scene in which the two main characters kiss (each other)
beso *m* kiss; **le dio un ~ en la frente** she kissed him *o* gave him a kiss on the forehead; **¿me das un besito?** how about a little kiss? (colloq); **me tiró un ~** he blew me a kiss; ***comerse a algn a ~s*** (fam): **¡qué bonito es, dan ganas de comérselo a ~s!** he's so cute, I could eat him! (colloq); **cuando llegué casi me comieron a ~s** when I arrived they smothered me with kisses; ***el ~ de Judas*** the kiss of Judas
(Compuestos)
• **beso** *or* **besito de coco** (Ven) coconut cookie
• **beso francés** French kiss
besograma *m* kissogram
besote *m* (fam) smack (AmE colloq), smacker (BrE colloq)
bestia[1] *adj*
A (fam) **1** (ignorante, estúpido): **es tan ~ que no distingue un Picasso de un Velázquez** he's so ignorant he can't tell a Picasso from a Velázquez; **¡no seas ~ que vas a chocar!** don't be so stupid *o* reckless, you're going to crash! **2** (grosero) rude; **mira si es ~, entra sin saludar a nadie** he's so rude, he just comes in without saying hello to anyone; **no seas ~, ¿cómo le vas a decir eso?** don't be so crass, you can't say that to him! **3** (violento, brusco): **¡ay, perdón! ¡qué ~ que soy!** oh, sorry! I'm so clumsy *o* careless!; **¡qué hombre más ~! ha vuelto a pegarle** what a brute *o* an animal! he's hit her again; ***a lo ~*** (fam): **comen a lo ~** they eat an incredible *o* a massive amount!; **el público se puso a gritar a lo ~** the crowd began to shout like crazy (colloq); **todo lo hace a lo ~** he's so slap-dash in everything he does; **conducen a lo ~** they drive like madmen (colloq)
B (fam) (expresando admiración, asombro) amazing (colloq); **¡qué ~! ¡metió seis goles!** that's amazing *o* he's amazing, he scored six goals!; **¡qué ~! se ha comido dos platos enteros de lentejas** this guy's incredible! he's just eaten two whole plates of lentils (colloq)
bestia[2] *f* beast; **~ salvaje** *or* **feroz** wild animal; **~ de carga** beast of burden; ***ser una mala ~*** (fam) to be a nasty character *o* a nasty piece of work (colloq), to be bad news (colloq); ▸**trabajar**
(Compuesto) **bestia negra** bête-noire
bestia[3] *mf*
A **1** (fam) (ignorante): **es un ~ que no sabe ni usar el cuchillo** he's so uncouth, he can't even hold his knife properly **2** (persona violenta) animal, brute
B (expresando admiración) whiz* (colloq); **el ~ de tu hermano ha vuelto a ganar el concurso** your brother's incredible *o* amazing *o* (colloq) a real star! he's won the competition again; **este ~ arrasó con todos los premios en el colegio** this whiz kid walked off with all the school prizes (colloq)
bestiada *f* (Esp fam) ▸**barbaridad B1**
bestial *adj* (fam) **1** (muy grande): **tengo un hambre ~** I'm starving *o* famished (colloq), I'm incredibly hungry; **tiene una capacidad ~ para el trabajo** she has a huge capacity for work; **hizo un calor ~** it was incredibly hot **2** (fantástico) fantastic (colloq), great (colloq)
bestialidad *f*
A **1** (barbaridad): **es una ~ tratar así a un niño** it's disgusting *o* barbaric to treat a child like that; **comimos una ~** we ate a massive *o* an incredible amount **2** (cualidad) brutality
B (sodomía) bestiality
bestialismo *m* bestiality
bestialmente *adv*
A (atrozmente) brutally, savagely; **fueron ~ torturados** they were brutally *o* savagely tortured
B (fam) (tremendamente) terrifically; **es ~ caro** it's terrifically expensive
C (Esp fam) (estupendamente) fantastically, brilliantly; **tocaron ~** they played fantastically *o* brilliantly
bestiario *m* bestiary
best-seller /bes'seler/ *m* (*pl* **-llers**) best-seller
besucón[1] **-cona** *adj* (fam): **la gente de aquí no es nada besucona** people from around here don't kiss each other very much; **es un niño muy cariñoso y ~** he's a very affectionate child who's always giving people kisses
besucón[2] **-cona** *m,f* (fam): **su novio es un ~** her boyfriend is always kissing her *o* giving her kisses
besugo *m*
A (Coc, Zool) red bream
B (Esp fam) (necio) twerp (colloq), twit (colloq)
besuguera *f* (Esp) fish kettle
besuquear [A1] *vt* (fam) to cover *o* smother ... with kisses; **¿no puedes demostrar cariño sin ~me tanto?** can't you be affectionate without slobbering all over me all the time? (colloq & pej)
■ **besuquearse** *v pron* (*recípr*) (fam) to neck (colloq)
besuqueo *m* (fam & pey) kissing and cuddling, necking (colloq)
beta *f*
A (letra griega) beta; ▸**rayo**
B **Beta®** (Vídeo) Beta®
betabel *m* (Méx) beet, beetroot (BrE)
betabloqueador, betabloqueante *m* beta blocker
Betamax® *m* Betamax®
Betania *f* Bethany
betarraga *f* (Chi) beet (AmE), beetroot (BrE)
betatrón *m* betatron
betel *m* betel
beterraga *f* ▸**betarraga**
Bética *f* (Hist) Andalusia
bético -ca *adj/m,f* Andalusian
betonera *f* (Chi) cement mixer
betún *m*
A (para el calzado) shoe polish; **dales ~ a esos zapatos** give those shoes a polish, put some polish on those shoes, polish those shoes; ***quedar a la altura del ~*** (Esp fam): **si te descubren quedarás a la altura del ~** if you're found out you'll look really bad; **me olvidé de su cumpleaños y quedé a la altura del ~** I forgot her birthday, it was so embarrassing!
B (Tec) bitumen
(Compuesto) **betún de judea** asphalt
C (Chi, Méx) (Coc) icing, topping
betunero -ra *m,f* bootblack
bezo *m* thick lower lip
BHU *m* = **Banco Hipotecario del Uruguay**
bi- *pref* bi- (*as in* **bicampeón**, **bifocal**, **bimensual**, etc)
biaba *f* (RPI fam) (paliza) beating; (derrota) hammering (colloq)
bianual *adj* biannual
biatlón *m* biathlon
bibelot *m* (*pl* **-lots**) bibelot, curio
biberón *m* baby's bottle, feeding bottle; **hay que darle el ~** I have to give the baby his bottle *o* feed, I have to feed the baby
biblia *f* bible; **la B~** the Bible; **es la nueva ~ de los intelectuales peruanos** it is the new bible for Peruvian intellectuals; ***la ~ en verso*** (fam): **nos contó la ~ en verso** she gave us a blow-by-blow account, she told us about it in minute detail; **pregúntale a él que se sabe la ~ en verso** ask him, he knows about absolutely everything; ▸**papel**
bíblico -ca *adj* biblical
bibliobús *m* (Esp) mobile library
bibliofilia *f* love of books, bibliophily
bibliófilo -la *m,f* bibliophile
bibliografía *f* **1** (en un libro, informe) bibliography **2** (para un curso) recommended reading
bibliográfico -ca *adj* bibliographic
bibliógrafo -fa *m,f* bibliographer
bibliomanía *f* bibliomania
biblioratо *m* (RPI) lever arch file
biblioteca *f* **1** (institución, lugar) library; **~ universitaria/pública** university/public library; **~ de consulta** reference library; **~ ambulante** *or* **móvil** mobile library; **~ circulante** mobile library; **~ de componentes visuales** (Inf) visual component library, VCL; **~ de depósito legal** copyright library; ▸**ratón**[2] **2** (colección) collection **3** (mueble) bookshelves (*pl*), bookcase
bibliotecario -ria *m,f* librarian
bibliotecología, biblioteconomía *f* librarianship, library science
biblioterapia *f*: *therapy consisting of reading recommended texts on the cause of the disorder*
BIC[1] /bik/ *f* (en Esp) (= **Brigada de Investigación Criminal**) ≈ FBI (*in US*), ≈ CID (*in UK*)
BIC[2] /bik/ *m* = **Banco Internacional de Comercio**
bicameral *adj* bicameral (frml); **los países con un sistema ~** countries with a two-chamber *o* (frml) bicameral system; **el parlamento es ~** the parliament consists of two houses *o* chambers
bicameralismo *m* bicameralism
bicampeón -peona *m,f* twice champion

bicarbonato *m* bicarbonate
(Compuesto) **bicarbonato de soda** *or* **de sodio** (Coc) bicarbonate of soda; (Quím) sodium bicarbonate
bicéfalo -la *adj* two-headed, bicephalous (tech)
bicentenario *m* bicentenary
bíceps *m* (*pl* ~) biceps
bicha *f* (fam) snake
bichar [A1] *vi* ▸ **vichar**
bicharraco -ca *m,f* (fam) [1] ▸ **bicho**[1] **A1** [2] (persona) little terror *o* monster (colloq)
bichero *m* (Náut) boathook; (en pesca) gaff
bicho[1] *m*
A [1] (insecto) (fam) insect, bug (colloq), creepy-crawly (colloq) [2] (animal) (fam) animal, creature, critter (AmE colloq); **me ha picado algún ~** I've been bitten; ***¿qué ~ te/le habrá picado?*** (fam) what's biting *o* eating you/him? (colloq)
(Compuestos)
- **bicho colorado** (RPl) tick
- **bicho de luz** (RPl fam) firefly

B (fam) (persona — maligna) nasty piece of work (colloq), nasty character (colloq), mean son of a bitch (AmE sl); (— fea): **el pobre chico es un ~** the poor guy is so ugly ...; **es un ~ raro** he's an oddball *o* a queer fish (colloq); **me miró como si fuera un ~ raro** he looked at me as if I was from another planet (colloq); **no había ~ viviente en la calle** there wasn't a living soul on the street; **todo ~ viviente** everyone; ***~ malo nunca muere*** (Esp) the devil looks after his own; ***no comas eso que te hará mal — no te preocupes, ~ malo nunca muere*** don't eat that, it'll make you ill — don't worry, I'm as tough as old leather *o* (BrE) boots
C (fam) (aparato) contraption (colloq)
bicho[2] *interj* (Ven fam) (expresando desagrado) ugh! (colloq), yuck! (colloq)
bici *f* (fam) bike (colloq)
bicicleta *f* bicycle; **va en ~ al trabajo** she cycles to work; **¿no sabes montar** *or* (AmL) **andar en ~?** can't you ride a bicycle?; **salimos a pasear en ~** we went for a bicycle *o* cycle *o* (colloq) bike ride, we went out for a ride on our bicycles, we went out cycling, we went for a bike hike (AmE)
(Compuestos)
- **bicicleta de carreras** racing bicycle
- **bicicleta de montaña** mountain bike
- **bicicleta fija** *or* **de ejercicio** exercise bike

bicicross *m* cyclo-cross
bicilíndrico -ca *adj* twin-cylinder (*before n*)
bicilindro *m* twin cylinder
bicimoto *m* (Méx) moped
bicisenda *f* (CS) cycle path
bicoca *f*
A (fam) [1] (ganga): **era** *or* **me costó una ~** I got it really cheap, it was a real bargain *o* (AmE) steal (colloq) [2] (cosa fácil): **este trabajo es una ~** this is a cushy job, this job's a cushy number (BrE colloq)
B (Chi) (de cura) skullcap
bicolor *adj* two-colored*
bicúspide *adj* bicuspid
BID /bið/ *m* (= **Banco Interamericano de Desarrollo**) IDB
bidé, bidet /bi'ðe/ *m* bidet
bidimensional *adj* two-dimensional
bidireccional *adj* bidirectional
bidón *m* [1] (para gasolina, agua) can; (más grande) jerry can [2] (barril) barrel
biela *f* connecting rod
bielda *f* winnowing fork
bieldo *m* winnowing rake
Bielorrusia *f* Belarus, Belorussia, Byelorussia
bielorruso[1] **-sa** *adj* Belorussian, Byelorussian
bielorruso[2] **-sa** *m,f* [1] (persona) Belorussian, Byelorussian [2] **bielorruso** *m* (idioma) Belorussian, Byelorussian
bien[1] *adj inv*
A [ESTAR] (sano) well; **mi padre no anda** *or* **no está ~** my father's not very well; **no me siento** *or* **encuentro ~** I don't feel well; **¡tú no estás ~ de la cabeza!** you're not right in the head!; **estuvo enfermo pero ya está ~** he was ill but he's all right now
B [ESTAR] (económicamente acomodado): **los padres están muy ~** her parents are well off; **no son ricos, pero están ~** they're not rich but they're reasonably well off *o* they're comfortably off
C [ESTAR] (fam) (refiriéndose al atractivo sexual) good-looking, attractive
D [ESTAR] (cómodo, agradable): **estoy ~ aquí** I'm fine *o* all right here; **¿vas ~ allí atrás?** are you all right in the back?; **se está ~ a la sombra** it's nice in the shade
E (agradable) ‹oler/saber› **¡qué ~ huele!** it smells really good!; **¡qué ~ hueles!** you smell nice!; **este café sabe muy ~** this coffee tastes very good *o* nice
F [ESTAR] (satisfactorio): **¿está ~ así, señorita?** is that right *o* all right, miss?; **estás** *or* **quedaste** *or* **saliste muy ~ en esta foto** you look very nice *o* really good in this photograph; **ese cuadro no queda ~ ahí** that painting doesn't look right there; **podríamos ir mañana, si te parece ~** we could go tomorrow, if you like; **la casa está muy ~** the house is very nice; **¿lo has leído? está muy ~** have you read it? it's very good; **¡está ~!, si no quieres hacerlo no lo hagas** all right *o* okay, then! if you don't want to do it, don't; **¡qué ~, mañana es fiesta!** great! tomorrow's a holiday!; **la lavadora no funciona — ¡pues qué ~!** (iró) the washing machine's not working — oh, great! *o* well, that's great! (iro)
G [ESTAR] (correcto, adecuado) right; **está ~ que se premie la iniciativa** it's right *o* good that initiative should be rewarded; **estuviste ~ en negarle la entrada** you did *o* were right to refuse to let him in
H [1] (indicando suficiencia) **estar ~ DE algo: ¿estamos ~ de aceite?** are we all right for oil?; **no ando ~ de tiempo** I'm a bit short of time, I don't have much time [2] **ya está bien** that's enough; **ya está ~ de jugar, ahora a dormir** you've been playing long enough, now go to bed
I [1] (fam) (de buena posición social) ‹familia/gente› well-to-do; **viven en un barrio ~** they live in a well-to-do *o* (BrE) posh area; ▸ **niño**[2] [2] (RPl fam) ‹gente/persona› (honrado) respectable, decent
bien[2] *adv*
A (de manera satisfactoria) ‹dormir/funcionar/cantar› well; **se come de ~ allí ...** the food is so good there!; **¿cómo te va? — ~, ¿y a ti?** how are things? — fine, how about you?; **no le fue ~ en Alemania** things didn't work out for her in Germany; ***quien ~ te quiere te hará llorar*** you have to be cruel to be kind
B (ventajosamente) well; **el local está muy ~ ubicado** the premises are very well situated; **vendió el coche muy ~** she sold the car well *o* for a good price
C (favorablemente): **me habló muy ~ de ti** he spoke very highly of you; **yo prefiero pensar ~ de la gente** I prefer to think well of people
D [1] (a fondo, completamente) well, properly; **¿cerraste ~?** did you make sure the door was locked (properly)?; **el cerdo debe comerse ~ cocido** pork should be well cooked *o* properly cooked before being eaten; **~ sabes que ...** you know perfectly well *o* very well that ... [2] (con cuidado, atención) carefully; **escucha ~ lo que te voy a decir** listen carefully to what I'm going to say
E (correctamente) well; **pórtate ~** behave yourself; **hiciste ~ en decírselo** you did the right thing to tell him; **¡~ dice tu padre que eres un terco!** your father's dead right when he says you're stubborn; **¡~ hecho/dicho!** well done/said!
F (como intensificador) [1] (muy) very; **canta ~ mal** he sings really *o* very badly; **llegó ~ entrada la noche** she arrived very late at night; **¿estás ~ seguro?** are you positive *o* certain?, are you absolutely sure?; **~ por debajo de lo normal** well below average; **ponte ~ adelante** sit close to the front, sit well forward [2] (fácilmente) easily; **vale ~ dos millones** it's worth two million easily; **yo no me acuerdo pero ~ pudo ser** I don't remember but it could well *o* easily have been [3] (en recriminaciones, protestas): **~ podías haberlo ayudado** you *could o might* have helped him! [4] **bien que ...: pero ~ que llama cuando necesita dinero** he's quick enough to call when he needs money, though; **¿por qué no le compras algo?, a ti ~ que te gusta que te hagan regalos** why don't you buy her something? you like it when people give *you* presents
G (*en locs*): **más bien: una chica más ~ delgada** a rather thin girl; **no me cae ~ — di más ~ que no lo puedes ver** I don't like him — what you mean is you can't stand the sight of him; **¿vas a ir? — ¡más ~!** (Arg fam) are you going to go? — you bet! (colloq); **no bien** *or* (RPl) **ni bien.** as soon as; **no ~ llegó, le dieron la noticia** no sooner had he arrived than they told him the news, as soon as he arrived they told him the news; **si bien** although; ***estar a ~ con algn*** to be on good terms with sb; ***tener a ~ hacer algo*** (frml): **le rogamos tenga a ~ abonar esta suma a la mayor brevedad posible** we would ask you to pay this sum as soon as possible (frml); **le ruego tenga a ~ considerar mi solicitud** I would be grateful if you would consider my application
(Compuesto) **bien nacido, bien nacida** *m,f* nice person *ver tb* **bienintencionado, bien parecido**, etc
bien[3] *interj* [1] (como enlace): **~, sigamos adelante** right then *o* fine, let's continue; **~, ... ¿dónde estábamos?** now *o* right, ... where were we?; **y ~ ¿estás dispuesto a hacerlo o no?** so, are you prepared to do it or not?; **pues ~, como te iba diciendo ...** so, as I was telling you ... [2] **¡bien!** (expresando aprobación) well done!; **¡~, muchachos!** well done, boys!; **no habrá clases hoy — ¡bieeeen!** there won't be any lessons today — yippee *o* hurrah!
bien[4] *conj*: **puede abonarse (o) ~ al contado (o) ~ en 12 cuotas mensuales** (frml) payment may be made (either) in cash or in twelve monthly installments; **o ~ te disculpas o te quedas castigado** either you say you're sorry or I'll keep you in
bien[5] *m*
A (Fil) good; **el ~ y el mal** good and evil; ***haz ~ y no mires a quién*** do good to all alike; **un hombre de ~** a good man
B [1] (beneficio, bienestar) good; **es por tu ~** it's for your own good; **trabajar por el ~ de todos** to work for the good of all; **que sea para ~** I hope things go well for you/him/them; **acepté, no sé si para ~ o para mal** I accepted, though I'm not sure if it was a good move or not [2] **hacer ~** (+ *me/te/le etc*): **la sopa te hará ~** the soup will do you good; **sus palabras me hicieron mucho ~** what he said helped me a lot *o* did me a lot of good
C (*apelativo*) dear, darling; **¡mi ~!** *or* **¡~ mío!** (ant *o* hum) my dear *o* darling
D (en calificaciones escolares) *grade of between 6 and 6.9 on a scale of 1-10*
E (posesión): **el único ~ valioso** the only item of value; **la orden afecta a todos sus ~es** the order applies to all his assets *o* possessions *o* goods
(Compuestos)
- **bien comunal** common asset; **~es ~es** common property
- **bien de consumo** consumer article *o* item; **~es de ~** consumer goods
- **bien de equipo** capital item *o* asset; **~es de ~** capital goods *o* assets
- **bienes parafernales** *mpl wife's personal property*
- **bienes semovientes** *mpl* livestock (*sing or pl*)
- **bien ganancial** joint asset (*acquired during marriage*); **~es ~es** joint property, community property (AmE)
- **bien inmueble** immovable item *o* asset
- **bien mostrenco** item of unclaimed property
- **bien mueble** movable item; **~es ~s** movables, personal property, goods and chattels
- **bien raíz** immovable item *o* asset; **~es raíces** real estate, realty (AmE), property (BrE)

b

- **bien vacante** ownerless piece of land (*o* asset *etc*)

bienal[1] *adj* biennial

bienal[2] *f* biennial, biennial exhibition (*o* festival *etc*)

bienalmente *adv* biennially, every two years

bienamado[1] **-da** *adj* (liter) beloved (*before n*)

bienamado[2] **-da** *m,f* (liter) beloved

bienaventurado -da *adj* blessed

bienaventuranzas *fpl* Beatitudes (*pl*)

bienentendido *m* (Chi) understanding; **con el ~ de que ...** on the understanding that ...

bienestar *m* well-being, welfare

Compuestos

- **Bienestar Familiar** (en Col) Welfare Service
- **bienestar social** social welfare

bienhablado -da *adj* polite

bienhadado -da *adj* (liter) 1 ‹*persona*› fortunate 2 ‹*día*› blessed

bienhechor[1] **-chora** *adj* ‹*influencia/efecto*› beneficial; ‹*persona*› beneficent

bienhechor[2] **-chora** *m,f* ▸**benefactor**[2]

bienhumorado -da *adj* 1 [SER] ‹*persona/gesto*› good-tempered 2 [ESTAR] ‹*persona*› in a good mood; **hoy anda/se ha levantado muy ~** he is/he has gotten* up in a very good mood today

bienintencionado -da *adj* well-meaning, well-intentioned

bienio *m* 1 (período) biennium, two-year period 2 (incremento) two-yearly increment

bienoliente *adj* sweet-smelling

bien parecido -da *adj* (ant) well-favored (dated), fine-looking

bienpensante, biempensante *adj* (sin malicia) who sees the best in things; (de acuerdo con la tradición) conservative

bienvenida *f* welcome; **salió a darnos la ~** he came out to welcome us; **les damos la ~ a bordo de este avión** we would like to welcome you aboard this aircraft; **hubo un corto discurso de ~** there was a short welcoming speech *o* speech of welcome

bienvenido -da *adj* welcome; **aquí siempre serás ~** you will always be welcome here; **¡~s a casa!** welcome home!; **toda ayuda será bienvenida** any help will be very welcome

bienvivir [A1] *vi* (vivir con holgura) to live comfortably; (vivir honestamente) to live an honest life

bies *m* bias; **al ~** ‹*colocar/cortar*› on the bias, on the cross

biestable *adj* bistable; **circuito ~** bistable circuit

bifásico -ca *adj* two-phase

bife *m*

A (Bol, RPl) (Coc) steak

Compuestos

- **bife ancho** (RPl) entrecote
- **bife de cuadril** (RPl) rumpsteak
- **bife de lomo** (RPl) fillet steak

B ((esp RPl fam)) (bofetada) slap

bífido -da *adj* forked

bifocal *adj* bifocal

bifocales *mpl or fpl* bifocals (*pl*)

bifurcación *f* (en una carretera) fork; (en la vía férrea) junction

bifurcado -da *adj* forked

bifurcarse [A2] *v pron* «*camino*» to fork, diverge (frml); «*vía férrea*» to diverge

bigamia *f* bigamy

bígamo[1] **-ma** *adj* bigamous

bígamo[2] **-ma** *m,f* bigamist

bígaro, bigarro *m* winkle, periwinkle

big bang *m* big bang

bigote *m*

A (de una persona) *tb* **~s** mustache*; ***arreglarse los ~s*** (Chi fam) to line one's pocket; ***de ~*** (Esp fam) (estupendo) wonderful, amazing (colloq) (difícil) tricky (colloq); **hace un frío de ~** it's absolutely freezing; ***de chuparse*** *or* ***relamerse los ~s*** (Chi fam) ‹*mujer*› gorgeous (colloq); ‹*comida*› yummy (colloq), delicious; ***mover*** *or* ***menear el ~*** (fam) to stuff one's face (colloq)

B (de un gato, ratón) whisker; (del camarón) feeler

bigotón -tona *adj* (Méx) ▸**bigotudo**

bigotudo -da *adj* (fam): **un hombre ~** a man with a big mustache*

bigudí, bigoudí *m* (*pl* **-díes, -dís**) curler, roller

bikini *m* (RPl) *f* bikini

bilabial *adj/f* bilabial

bilateral *adj* bilateral

bilharziosis *f* bilharzia

biliar *adj* biliary; ▸**cálculo**

bilingüe *adj* bilingual

bilingüismo *m* bilingualism

bilioso -sa *adj* 1 (Fisiol) bilious 2 (irritable) bilious

bilis *f* 1 (Fisiol) bile; ***hacer ~*** (Méx fam) (enojarse) to get mad (colloq); (disgustarse): **hizo tal ~ que ...** he took it so badly that ...; ***tragar ~*** (fam): **no tuve más remedio que tragar ~** I had no choice but to take it *o* to put up with it, I just had to lump it (colloq) 2 (fam) (mal humor) bad mood, spleen; **no descargues tu ~ en mí** don't take it out on me (colloq)

billar *m* 1 (con tres bolas) billiards; (con 16 bolas) pool; (con 22 bolas) snooker 2 **billares** *mpl* (sala de juegos) amusement arcade

billarista *mf* billiard player

billete *m*

A 1 (Fin) bill (esp AmE), note (BrE); **~ chico** *or* **pequeño** small denomination bill *o* note; **~ grande** large denomination bill *o* note; **¿no tiene un ~ más chico?** don't you have anything smaller?; **colecciona ~s viejos** he collects old banknotes 2 (Andes, Ven fam) (dinero) money, dough (colloq); **trabaja aquí por el puro ~** she only works here for the money *o* dough; ***~ chico*** (Chi fam): **gana el ~ chico** he earns a pittance *o* next to nothing; ***~ grande*** (Chi fam): **ando con ~ grande** I've got plenty of money (colloq); ***cargado al ~*** (Chi fam) flush (colloq)

Compuesto **billete verde** (Esp fam) (Hist) 1,000-peseta note

B 1 (de lotería, rifa) ticket 2 (Esp) (de avión, barco, bus, tren) ticket; **reservar/sacar/pagar un ~** to book/get/pay for a ticket 3 (Esp) (de museo, cine, circo) ticket; **S no hay billetes** sold out; ▸**medio**[1]

Compuestos

- **billete de ida y vuelta** (Esp) round-trip ticket (AmE), return (BrE), return ticket (BrE)
- **billete sencillo** *or* **de ida** (Esp) one-way ticket, single (BrE), single ticket (BrE)

C (ant) (carta) note

billetera *f*, **billetero** *m* wallet, billfold (AmE); (con monedero) change purse (AmE), purse (BrE) *ver tb* **billetero**

billetero -ra *m,f* (Méx, Ven) lottery ticket vendor; ***dejar a algn/quedar para ~*** (Méx fam): **después de la pelea quedó como para ~** he was in a sorry state after the fight (colloq); **lo atropelló un autobús y lo dejó para ~** he was hit by a bus and ended up in a terrible mess (colloq) *ver tb* **billetera**

billón *m* trillion, billion (BrE dated)

billonario -ria *m,f* billionaire

billullo *m* (Chi fam) money, cash, dough (colloq)

bimensual *adj* 1 (dos veces al mes) twice-monthly, fortnightly (BrE) 2 (cada dos meses) bimonthly, two-monthly

bimestral *adj* 1 (cada dos meses) bimonthly, two-monthly 2 (que dura dos meses) two-month (*before n*)

bimestralmente *adv* bimonthly, every two months

bimestre[1] *adj* bimonthly, two-monthly

bimestre[2] *m* (período de dos meses) two months, period of two months; (pago) two-monthly *o* bimonthly payment

bimetálico -ca *adj* bimetallic

bimilenario[1] **-ria** *adj* bimillenary

bimilenario[2] *m* bimillenary, two thousandth anniversary

bimotor[1] *adj* twin-engined

bimotor[2] *m* twin-engined aircraft

binario -ria *adj* binary

bincha *f* (Per, RPl) ▸**vincha**

bingo[1] *m* 1 (juego) bingo 2 (sala) bingo hall

bingo[2] *interj* (fam) 1 (expresando acierto) bingo! 2 (iró) (expresando enfado) great! (iro)

binguero -ra *m,f* bingo player

binocular[1] *adj* binocular

binocular[2] *m*, **binoculares** *mpl* binoculars (*pl*)

binóculos *mpl* (Col) binoculars (*pl*)

binomio *m* 1 (Mat) binomial 2 (pareja) couple

bio- *pref* bio- (*as in* **biocompatible**)

bioactivo -va *adj* bioactive

bioagricultura *f* organic farming

biobasura *f* organic waste

biocarburante *m* biofuel

biochip *m* (*pl* **~s**) biochip

biocida[1] *adj* biocidal

biocida[2] *m* biocide

biociencia *f* bioscience

biocirugía *f* (Med) biosurgery

biocombustible *m* biofuel

biocompatible *adj* biocompatible

biocomputación *f* (AmL) biocomputing

biocomputador *m*, **biocomputadora** *f* (AmL) biocomputer

biocontrol *m* biocontrol

biodegradabilidad *f* biodegradability

biodegradable *adj* biodegradable

biodegradación *f* biodegradation

biodegradarse [A1] *v pron* to biodegrade

biodiesel *m* bio-diesel

biodinámica *f* biodynamics

biodinámico -ca *adj* biodynamic

biodiversidad *f* biodiversity

bioelectrónica *f* (Biol, Electrón) bioelectronics

bioelemento *m* bioelement

bioética *f* bioethics

bioético[1] **-ca** *adj* bioethical

bioético[2] **-ca** *m,f* bioethecist

biofármaco *m* biodrug

biofilm *m* biofilm

biofísica *f* biophysics

biofísico -ca *adj* biophysical

biogás *m* biogas

biogénesis *f* biogenesis

biogenética *f* genetic engineering

biografía *f* biography

biografiado -da *m,f* subject of a biography

biografiar [A17] *vt* to write a biography of

biográfico -ca *adj* biographical

biógrafo -fa *m,f* 1 (persona) biographer 2 **biógrafo** *m* (AmL ant) (cinematógrafo) movie theater (AmE), cinema (BrE), picture palace (BrE dated)

bioguerra *f* (Mil) biowarfare

bioindicador *m* (Biol) bioindicator

bioinformática *f* biocomputing

bioingeniería *f* bioengineering

biología *f* biology

Compuestos

- **biología celular** cell *o* cellular biology
- **biología marina** marine biology
- **biología molecular** molecular biology

biológico -ca *adj* 1 (Biol) biological 2 ‹*verduras*› organic

biólogo -ga *m,f* biologist

bioluminescencia *f* bioluminiscence

bioma *m* biome

biomagnificación *f* (Biol) biomagnification

biomarcador *m* biomarker

biomasa *f* biomass

biombo *m* folding screen

biomecánica *f* biomechanics
biomedicina *f* biomedicine
biomédico -ca *adj* biomedical
biometría *f* biometrics
biométrico -ca *adj* biometric, biometrical
biomorfo *m* biomorph
biónica *f* bionics
biónico -ca *adj* bionic
bioordenador *m* (Esp) biocomputer
biopsia *f* biopsy
bioquímica *f* biochemistry
bioquímico[1] **-ca** *adj* biochemical
bioquímico[2] **-ca** *m,f* biochemist
biorregión *f* bioregion
biorregional *adj* bioregional
biorritmo *m* biorhythm
bioscopía *f* bioscopy
bioseguridad *f* biosafety
biosensor *m* biosensor
biosfera, biósfera *f* biosphere
biosíntesis *f* biosynthesis
biosintético -ca *adj* biosynthetic
biotecnología *f* biotechnology
biotecnólogo -ga *m,f* biotechnologist
bioterrorismo *m* bioterrorism
bioterrorista *adj/mf* bioterrorist
biótico -ca *adj* biotic
biotipo *m* biotype
biotopo *m* biotope
bióxido *m* dioxide
bip *m* 1 (sonido) pip, beep 2 (Méx fam) (buscapersonas) pager, beeper, bleeper (BrE)
BIP *m* (= **Banco Internacional de Pagos**) BIS
bipartidismo *m* two-party system
bipartidista *adj* two-party (*before n*)
bipartito, 2 *m* (Esp) (Pol) (two party) coalition government
bipartito[1] **-ta** *adj* ‹*comité/acuerdo*› bipartite
bípedo[1] **-da** *adj* biped, bipedal
bípedo[2] *m* biped
bíper *m* (AmL) pager, beeper, bleeper (BrE)
biplano[1] **-na** *adj*: **avión ~** biplane
biplano[2] *m* biplane
biplaza[1] *adj inv* two-seater (*before n*)
biplaza[2] *m* two-seater
bipolar *adj* bipolar
bipolaridad *f* bipolarity
biquini *m* ▸ **bikini**
BIRD *m* /birð/ (= **Banco Internacional para la Reconstrucción y el Desarrollo**) IBRD
birdie /'birði/ *m* birdie
BIRF /birf/ *m* (AmL) (= **Banco Internacional de Reconstrucción y Fomento**) IBRD
birlar [A1] *vt* (fam) to swipe (colloq), to pinch (BrE colloq); **me ~on el paraguas en el bar** I had my umbrella swiped *o* pinched in the bar (colloq)
birlibirloque, (Esp): **por arte de ~** as if by magic
birlocha *f* kite
Birmania *f* Burma
birmano[1] **-na** *adj* Burmese
birmano[2] **-na** *m,f* 1 (persona) Burmese; **los ~s** the Burmese 2 **birmano** *m* (idioma) Burmese
birome *f* (RPl) ballpoint pen, Biro®
birra *f* (fam) beer
birreactor *m* twin-jet plane
birreta *f* biretta
birrete *m* 1 cap (*worn by lawyers, professors, etc*) 2 (birreta) biretta
birria *f*
A (fam) (cosa fea, inútil): **vas hecho una ~** you look a mess; **¡qué ~ de vestido!** what a horrible dress!; **sus poemas son una ~** his poems are crap (sl), his poems are garbage (AmE) *o* (BrE) rubbish (colloq)
B (Méx) (Coc) *goat's meat in chili sauce*
biruji *m* (fam) cold wind
bis[1] *adj* (en direcciones): **vive en el 18 ~** ≈ she lives at number 18A
bis[2] *adv* (en partitura) bis, repeat
bis[3] *m* encore
bis[4] *interj* encore!
bisabuelo -la *m,f* (*m*) great-grandfather; (*f*) great-grandmother; **mis ~s** my great-grandparents
bisagra *f* hinge
bisar [A1] *vt* to encore
bisbisear [A1], **bisbisar** [A1] *vt* to whisper
bisbita *f* pipit
biscote *m* (Esp) piece of melba toast
biscuit *m* biscuit, bisque
bisecar [A2], **bisectar** [A1] *vt* to bisect
bisector -triz *adj* bisecting
bisel *m* bevel, beveled* edge
biselado[1] **-da** *adj* beveled*
biselado[2] *m* 1 (de un espejo) beveling* 2 (Col) (Auto) chrome trim
biselar [A1] *vt* to bevel
bisemanal *adj* twice-weekly
bisemanalmente *adv* twice-weekly
bisexual *adj/mf* bisexual
bisexualidad *f* bisexuality
bisiesto *adj* ▸ **año**
bisílabo -ba, bisilábico -ca *adj* two-syllable (*before n*)
bismuto *m* bismuth
bisne *m* (AmC fam) hustling (colloq), black marketeering
bisnero -ra *m,f* (AmC fam) hustler (colloq), black marketeer
bisnieto -ta *m,f* (*m*) great-grandson; (*f*) great-granddaughter; **mis ~s** my great-grandchildren
bisonte *m* bison
bisoñé *m* toupee, hairpiece
bisoño[1] **-ña** *adj* ‹*empleado/político*› inexperienced, green (colloq); **soldados ~s** raw recruits, rookies (colloq)
bisoño[2] **-ña** *m,f* (novato) novice, greenhorn (colloq); (soldado nuevo) raw recruit, rookie (colloq)
bísquet *m* (Méx) ≈ biscuit (AmE), ≈ scone (BrE)
bistec /bi'stek/ *m* (*pl* **-tecs** *or* Chi, Méx **-teques**) steak, beefsteak; **un ~ término medio** (Méx) a medium-rare steak
(Compuesto) **bistec alemán** (Chi) steak tartare
bisturí *m* scalpel
bisutería *f* costume *o* imitation jewelry*
bit *m* (*pl* **~s**) (Inf) bit
(Compuestos)
- **bit de parada** stop bit
- **bit de paridad** even parity bit

bita *f* bitt
bitácora *f*
A (Náut) binnacle
B (Inf) blog
bitensión *adj inv* dual voltage
bitensional *adj* dual voltage
bíter *m* (*pl* **-ters**) *soft drink tasting of bitters*
bitoque *m* 1 (espita) bung, spigot 2 (Chi, Méx) (Med) cannula
bitter /'biter/ *m* ▸ **bíter**
bituminoso -sa *adj* bituminous
bivalente *adj* bivalent
bivalvo -va *adj* bivalve
bividí, B.V.D.® /biβi'ði/ *m* (Per) undershirt (AmE), singlet (BrE), vest (BrE)
Bizancio *m* Byzantium
bizantino -na *adj* 1 (Hist) Byzantine 2 (insoluble): **nos metimos en una discusión bizantina** we got involved in a protracted and pointless argument *o* a protracted and unresolvable argument
bizarría *f* (liter) dash
bizarro -rra *adj* (liter) dashing
bizbirindo -da *adj* (Méx) ‹*niño*› lively; ‹*ojos*› sparkling, bright
bizco[1] **-ca** *adj* cross-eyed; ***dejar ~ a algn*** (fam) to amaze *o* (colloq) stun sb; ***quedarse ~*** (fam) to be lost for words; **cuando abrí el regalo me quedé bizca** when I opened the present I couldn't believe my eyes *o* I was lost for words
bizco[2] **-ca** *m,f* cross-eyed person
bizcochería *f* (Col) patisserie, cake shop
bizcocho[1] **-cha** *adj* (Bol, RPl fam) cross-eyed
bizcocho[2] *m*
A (Coc) (pastel) sponge, sponge cake; (galleta) sponge finger; (bollo) (Ur) bun
(Compuesto) **bizcocho borracho** *sponge cake soaked in wine and syrup*
B (cerámica) biscuit, bisque
C (Chi) (rombo) diamond
bizcochuelo *m* ((CS, Ven)) (Coc) sponge, sponge cake
biznieto -ta *m,f* ▸ **bisnieto**
bizquear [A1] *vi* to be cross-eyed
bizquera *f*: **no le había notado la ~** I hadn't noticed that he was cross-eyed
bla bla bla *m* (AmL fam) talk; **es puro ~ ~ ~** it's all talk, it's all a load of hot air (colloq)
blanca *f*
A (Mús) half note (AmE), minim (BrE)
B 1 (en dominó) blank 2 (en ajedrez) white piece; **jugaba con las ~s** I was playing white *o* with the white pieces
(Compuesto) **blanca doble** double blank
C (Esp fam) (dinero): **estar sin** *or* **no tener ~** to be broke (colloq)
Blancanieves Snow White
blanco[1] **-ca** *adj*
A 1 ▸ ❶ **p.181** ‹*color/vestido/pelo*› white; **en ~: entregó el examen en ~** she handed in a blank exam (paper); **rellenar los espacios en ~** fill in the blanks; **voté en ~** I returned a blank ballot (AmE) *o* (BrE) a blank voting paper; **deja este espacio en ~** do not write anything in this space, leave this space blank; ***no distingue/distinguen lo ~ de lo negro*** (fam) he doesn't have/they don't have a clue (colloq), he doesn't/they don't know left from right (colloq); ***poner los ojos en ~*** to roll one's eyes; ***quedarse en ~*** *or* ***quedársele a algn la mente en ~***: **me quedé en ~** *or* **se me quedó la mente en ~** my mind went blank; ▸ **noche** 2 (pálido) [SER] fair-skinned, pale-skinned; [ESTAR] white; **ten cuidado con el sol, eres muy ~** be careful of the sun, you're very fair-skinned; **estoy muy ~** I'm very white *o* pale
B ‹*hombre/mujer/raza*› white
blanco[2] **-ca** *m,f* white person
blanco[3] *m*
A (color) ▸ ❶ **p.181**; white; **el ~ es un color muy sucio** white shows the dirt; **de un ~ luminoso** dazzling white; **fotos en ~ y negro** black and white photos
(Compuestos)
- **blanco de España** whiting
- **blanco del ojo** white of the eye; ***no parecerse ni en el ~ de los ojos*** *or* ***del ojo*** (fam) to be like night and day (AmE colloq), to be like chalk and cheese (BrE colloq)
- **blanco y negro** iced coffee with cream

B (Dep, Jueg) (objeto) target; (centro) bullseye; **tirar al ~** to shoot at the target; **fue el ~ de todas las miradas** everyone was looking at her; **se ha convertido en el ~ de todas las críticas** he has become the target for all the criticism; ***dar en el ~*** (literal) to hit the target; (acertar): **¿te has peleado con Ana? — has dado en el ~** have you had a fight with Ana? — you're dead right, I have; **diste en el ~ con ese regalo** you were right on (AmE) *o* (BrE) spot-on with that present (colloq); ▸ **tiro**
C (vino) white, white wine
blancor *m* whiteness
blancuchento -ta *adj* (Chi fam & pey) 1 (pálido) pale 2 (color) dirty white (pej), off-white
blancura *f* whiteness

blancuzco -ca *adj* [1] ▸ℹ p.181 ‹*camisa/pintura*› off-white, whitish [2] ‹*persona*› pale

blandengue¹ *adj* [1] (fam) ‹*mezcla*› soft, runny; **la gelatina me quedó un poco ~** the jello (AmE) *o* (BrE) jelly was a bit runny *o* wasn't set enough; **tiene las carnes muy ~s** he's really flabby [2] (fam) ‹*persona*› soft

blandengue² *mf*
A (fam) (persona débil) softy (colloq)
B **blandengue** *m* (RPl) (Hist) (soldado) lancer

blandiporno¹ *adj inv* (Esp fam) soft-porn (*before n*)

blandiporno² *m* (Esp fam) soft porn

blandir [I1] *vt* to brandish, wave

blando¹ -da *adj*
A [1] ‹*carne*› tender; ‹*queso/mantequilla*› soft; **las galletas se han puesto blandas** the biscuits have gone soft [2] ‹*cama/almohada*› soft; **de carnes blandas** flabby [3] ‹*madera/metal*› soft; **un cepillo de cerdas blandas** a soft brush [4] ‹*agua*› soft
B ‹*carácter*› (débil) weak; ‹*padre/profesor*› (poco severo) soft; **¡qué ~ eres con los niños!** you're so lenient with/soft on the children!

blando² -da *m,f*: **es un ~ en cuanto al tema de la inmigración** he takes a soft line on the question of immigration

blandón *m* [1] (vela) candle, taper [2] (candelero) large candlestick

blandorra *mf* (fam) weakling, wimp (colloq)

blanduchento -ta *adj* (Chi) ▸**blandengue¹**

blanducho -cha *adj* (fam) flabby (colloq)

blandura *f*
A [1] (de carne) tenderness [2] (de cama, almohada) softness [3] (del agua) softness
B (falta de severidad) leniency; **trata a sus alumnos con demasiada ~** she's too lenient with *o* too soft on her pupils

blanduzco -ca *adj* soft, squidgy (BrE colloq)

blanqueada *f*
A [1] (CS) (de pared) whitewashing [2] (de dinero) laundering
B (Méx) (Dep) blank, shutout

blanqueado *m* ▸**blanqueo A**

blanqueador *m* [1] (para visillos) whitener [2] (Col, Méx) (lejía) bleach

blanquear [A1] *vt*
A [1] ‹*ropa*› to bleach; ‹*pared*› to whitewash [2] ‹*dinero*› to launder; ‹*objetos robados*› to fence [3] ‹*verduras*› to blanch
B (Dep) to blank, shut out

blanquecino -na *adj* ▸ℹ p.181 off-white, whitish, dirty white

blanqueo *m*
A (con lejía) bleaching; (de paredes) whitewashing
B (Ven) (Dep) blank, shutout
(Compuesto) **blanqueo de dinero** money laundering

blanqueta *f* blanquette; **~ de ternera** blanquette of veal

blanquiazul *adj* [1] ‹*agua*› white and blue [2] (Dep, Period) ‹*equipo/jugador*› whose colors are white and blue

blanquillo *m*
A (Chi, Per) (Bot) white peach
B (Chi) (Zool) whitefish
C (Méx fam) (huevo) egg

blanquinegro -gra *adj* ▸ℹ p.181 black and white

blasfemador¹ -dora *adj* blasphemous

blasfemador² -dora *m,f* blasphemer

blasfemar [A1] *vi* to blaspheme

blasfemia *f* blasphemy

blasfemo¹ -ma *adj* blasphemous

blasfemo² -ma *m,f* blasphemer

blasón *m* (escudo) coat of arms; (divisa) blazon

blastema *m* blastema

blastodermo *m* blastoderm

blástula *f* blastula

blazer /'blejser/ *m* (*pl* **-zers**) blazer

bledo *m* ▸**importar**

blenorragia *f* blennorrhagia

blenorrea *f* blennorrhea

blindado -da *adj* [1] ‹*coche*› armor-plated*, armored*; ‹*puerta*› reinforced [2] ‹*cable/aparato*› shielded

blindaje *m* armor* plating

blindar [A1] *vt* [1] ‹*barco/coche*› to armor-plate*; ‹*puerta*› to reinforce [2] ‹*cable/aparato*› to shield

blíster¹ *adj*: **cobre tipo ~** blister copper

blíster², blister *m* blister pack

bloc *m* (*pl* **blocs**)
A (de papel) pad; **~ de notas** note pad, writing pad
B (Chi) (Auto) cylinder block

blocaje *m* (Esp) (Dep) save (*drawing the ball to the body*)

blocar [A2] *vt* (Esp) (Dep) ‹*balón*› to stop; ‹*adversario*› to tackle; ‹*golpe*› to block

block /blok/ *m* (*pl* **blocks**) ▸**bloc**

blof *m* (Col, Méx) [1] (Jueg) bluff [2] (fam) (fanfarronería): **ser puro ~** to be all talk (colloq), to be full of hot air (colloq) *o* (sl) bullshit

blofeador -dora, blofero -fera *adj* (Col, Méx): **es muy ~** he's always bluffing

blofear [A1] *vi* (Col, Méx) [1] (en el juego) to bluff [2] (fam) (alardear) to show off

blog *n* (*pl* **blogs**) blog

blogger /'bloger/ *mf* (*pl* **~s**) blogger

blogosfera, blogósfera *f* blogosphere

blonda *f*
A (encaje) blond, blond lace
B (Esp) (tapete de papel) doily
C (CS) (onda) scallop; (conjunto de ondas) scalloping, scalloped edging

blondo -da *adj* (liter) blond, flaxen (liter)

bloody mary /,blʌdi 'meri/ *m* Bloody Mary

bloque *m*
A (de piedra, hormigón) block
B (edificio) block; (conjunto de casas) housing complex (*built around central space, lawn, etc*); **un ~ de apartamentos** *or* (Esp) **pisos** an apartment block, a block of flats (BrE); **un ~ de apartamentos** *or* (Esp) **pisos de alquiler** tenement block
C [1] (period) (de noticias) section [2] (Inf) block
D (fuerza política) bloc; **el ~ del Este** (Hist) the Eastern bloc; **en ~** (*loc adv*) en bloc, en masse
(Compuesto) **bloque comercial** trading bloc
E (Auto) cylinder block

bloqueado -da *adj*: **quedaron ~s en el aeropuerto** they were stuck *o* they were left stranded at the airport; **nos quedamos ~s a causa del temporal** we were cut off by the storm; **un camión ~ en medio del agua** a truck stranded *o* stuck in the floodwater *ver tb* **bloquear**

bloqueador -dora *m,f* blocker
(Compuesto) **bloqueador solar** sun block

bloqueante¹ *adj* inhibiting

bloqueante² *m* inhibitor

bloquear [A1] *vt*
A [1] ‹*camino/acceso*› to block; ‹*entrada/salida*› to block, obstruct; **estamos bloqueados por un camión** there's a truck blocking our way [2] (Mil) ‹*ciudad/puerto*› to blockade [3] ‹*proceso/iniciativa*› to block; **su negativa bloqueó las negociaciones** her refusal blocked negotiations *o* brought negotiations to a standstill [4] (Dep) to block
B [1] ‹*mecanismo*› to jam [2] (Auto) ‹*dirección*› to lock
C ‹*cuenta/fondos*› to freeze, block
■ **bloquearse** *v pron*
A «*mecanismo*» to jam; «*frenos*» to jam, lock on; «*ruedas*» to lock
B «*negociaciones*» to reach deadlock, come to a standstill
C (fam) «*persona*»: **me bloqueé en la entrevista** my mind went blank in the interview; **ahora mismo tengo la mente bloqueada** I can't think straight right now

bloqueo *m*
A [1] (de una ciudad) blockade, siege; (de un puerto) blockade [2] (Dep) block
(Compuestos)
• **bloqueo cardíaco** heart block
• **bloqueo mental** (fam) mental block (colloq); **tuve un ~ ~ en el examen** I had a complete block *o* my mind went blank in the exam
• **bloqueo naval** naval blockade
B (de gestiones) deadlock
C (de un mecanismo) jamming; (de las ruedas) locking
D (Com, Fin) freezing, blocking

bluejean /'blu(d)ʒin/ *m*, **bluejeans** /'blud(ʒ)inz/ *mpl* (AmL) jeans (*pl*); **se compró un ~ de marca** she bought herself a pair of designer label jeans

blues /blus/ *m* blues

bluesero -ra /blu'sero/ *adj* bluesy

blufeador¹ -dora, blufero -ra *adj* (CS) [1] (en el juego) ▸**blofeador** [2] (fam) (fanfarrón): **no le creas, es muy ~** don't believe him, he's all talk *o* he's full of hot air (colloq) *o* (sl) full of bullshit

blufeador² -dora, blufero -ra *m,f* (CS) [1] (en el poker) bluffer [2] (fam) (fanfarrón) show-off (colloq)

blufear [A1] *vi* (CS) ▸**blofear**

bluff /bluf/ *m* (*pl* **bluffs**) [1] (Jueg) bluff [2] (fam) (fanfarronería): **ser puro ~** to be all talk (colloq), to be full of hot air (colloq) *o* (sl) bullshit

blúmer *m pl* **~s** *or* **~es** (AmC, Col, Cu, Ven) panties (*pl*), knickers (*pl*) (BrE)

blusa *f* blouse

blusero -ra *adj* bluesy

blusón *m* loose shirt *o* blouse

bluyín *m tb* **bluyines** *mpl* ▸**bluejean**

blvar. *m* (= **bulevar**) Blvd (*in US*)

BM *m* = **Banco Mundial**

BNG *m* (= **Bloque Nacionalista Galego**)

BNPG *m* (en Esp) (Hist) = **Bloque Nacional Popular Galego**

Bº = **Banco**

boa¹ *f* (Zool) boa; ***comer como una ~*** (Per) to eat like a horse
(Compuesto) **boa constrictor** boa constrictor

boa² *m or f* (Indum) feather boa

boato *m* show, ostentation; **viven con ~** they have an ostentatious lifestyle

bobada *f*: **deja de hacer ~s** stop being so stupid *o* silly, stop acting the fool; **dijo muchas ~s** he said a lot of silly things, he talked a lot of nonsense; **deja de decir ~s** stop talking nonsense *o* being silly; **¡qué ~!** what a silly thing to do/say!

bobales *mf* (fam) nitwit (colloq)

bobalicón¹ -cona *adj* (fam) silly, daft (BrE colloq)

bobalicón² -cona *m,f* (fam) fool, twit (colloq)

bobamente *adv* stupidly, foolishly

bóbilis: **de ~** (*loc adv*) (Esp fam) just like that (colloq); **consiguió el puesto de ~** he got the job just like that, he just walked into the job (colloq)

bobina *f* [1] (de hilo) reel [2] (de un magnetofón) reel, spool [3] (Auto, Elec) coil; **~ del encendido** ignition coil

bobinado *m* winding

bobinadora *f* winding machine

bobinar [A1] *vt* to wind

bobo¹ -ba *adj* (fam) silly

bobo² -ba *m,f* (fam) fool; **deja de hacer el ~** stop playing the fool, stop being so silly

bobsleigh /'bobsleɪ/ *m* bobsleigh

boca *f*
A [1] ▸ℹ p.231 (Anat, Zool) mouth; **no te metas eso en la ~** don't put that in your mouth; **tener la ~ seca/pastosa** to have a dry/furry mouth; **te huele la ~ a ajo** your breath smells of garlic; **tengo que ir a arreglarme la ~** I have to go and get my teeth seen to *o* fixed; **no hables con la ~ llena** don't speak with your mouth full; **como no te calles te voy a partir la ~** if you don't shut up I'll smash your face in (colloq); **pide por esa ~** (fam) just ask *o* all you have to do is ask; **¡esa ~ ...!** language ...!; **blando/duro de ~** (Equ) soft/hard mouthed [2] (*en locs*): **boca abajo/arriba: échate ~ abajo** lie on your stomach *o* front; **duerme**

~ **arriba** he sleeps on his back; **puso los naipes ~ arriba** she laid the cards face up; **boca a boca** ▸**respiración**: **a boca de jarro** ▸**bocajarro 2**: **de boca de** from; **lo supimos de ~ de las mismas personas implicadas** we heard it from the horse's mouth; **uno no espera oír palabras así de ~ de un cura** you don't expect to hear such words from the mouth of *o* from a priest; **en boca de: términos de la psicología que están en ~ de todo el mundo** psychology terms which are part of everyday speech; **la pregunta que anda en ~ de todos los niños** the question which is on every child's lips; **se enteró cuando ya el escándalo andaba en ~ de todos** by the time he heard about the scandal it was already common knowledge, everybody was talking about the scandal by the time he found out about it; **por boca de: la organización ha dejado claro, por ~ de su secretario general ...** the organization has made it clear, through the general secretary ...; **lo supe por ~ de su hermana** I heard it from his sister; ***abrir la ~*** to open one's mouth; **abra más la ~, por favor** open (your mouth) wider please; **mejor es que no abra la ~** it's best if he keeps his mouth shut; **no abrió la ~ en toda la noche** he didn't open his mouth all evening; ***andar/correr de ~ en ~:*** **la noticia ya corría de ~ en ~** the news was by now common knowledge; **desde que se enrolló con él anda de ~ en ~** since she got involved with him she's set a lot of tongues wagging; **su nombre anda de ~ en ~** her name is on everybody's lips; ***a pedir de ~*** just fine; **todo saldrá a pedir de ~** everything will turn out just the way you want it to *o* just fine; ***callar(se) la ~*** to shut up; **¡cállate la ~!** shut up! (colloq), shut your face *o* trap! (sl); **en situaciones así más vale callarse la ~** in situations like that it's best to keep your mouth shut; ***cerrarle*** or ***taparle la ~ a algn*** to keep sb quiet, shut sb up (colloq); ***con la ~ chica*** or ***pequeña:*** **lo dijo con la ~ chica** he didn't mean it *o* he said it insincerely *o* he said it without meaning it; ***coserse la ~:*** **yo te lo digo pero te coses la ~** I'll tell you but you have to keep quiet about it *o* (colloq) keep it under your hat; ***de (la) ~ para afuera:*** **nos apoya de (la) ~ para afuera** he supports us in name only, he *says* he supports us; **es radical sólo de (la) ~ para afuera** he pays lip service to radicalism; ***hablar por ~ de ganso*** to repeat other people's opinions (*o* ideas *etc*) parrot fashion; ***hacer*** or ***abrir ~*** (fam) to whet the *o* one's appetite; ***hacérsele la ~ agua a algn*** or (AmL) ***hacérsele agua la ~ a algn:*** **se le hacía la ~ agua mirando los pasteles** looking at the cakes made her mouth water; ***llenársele la ~ a algn con algo*** (fam): **se le llena la ~ con su apellido** she's always boasting about her surname; ***meterse en la ~ del lobo*** to take one's life in one's hands, put one's head in the lion's mouth; ***no decir esta ~ es mía:*** **no dijo esta ~ es mía** he didn't say a word *o* open his mouth; ***no tener qué llevarse a la ~:*** **no tienen qué llevarse a la ~** they haven't got a penny to their name, they don't have a red cent to their name (AmE), they haven't got two brass farthings to rub together (BrE); ***(oscuro) como ~ de lobo*** pitch-black, pitch-dark; ***parar la ~*** (fam) to cut the cackle (colloq); ***quedarse con la ~ abierta*** to be dumbfounded *o* (colloq) flabbergasted; ***que la ~ se te haga de un lado*** (RPl fam) Heaven forbid!; ***quitarle algo a algn de la ~*** to take the words (right) out of sb's mouth; ***quitarse algo de la ~:*** **se lo quita todo de la ~ para que sus hijos estudien** he goes *o* does without in order to pay for his children's education; ***ser pura ~*** (Chi fam): **eso de sus viajes es pura ~** all that stuff about his travels is all talk *o* is just a lot of hot air; ***tener algo/a algn siempre en la ~*** to go on *o* harp on about sth/sb (colloq); ***tener una boquita de piñón*** (fam) to have a little mouth; ***en ~ cerrada no entran moscas*** if you keep your mouth shut, you won't put your foot in it (colloq); ***por la ~ muere el pez*** talking too much can be dangerous; ***quien*** or ***el que tiene ~ se equivoca*** (fam) to err is human **3** (persona): **muchas ~s comen de ese trabajo** that work provides a living for a lot of people; **tiene muchas ~s que alimentar** she has a lot of mouths to feed **4** (Vin) taste

B **1** (de un buzón) slot **2** (de un túnel) mouth, entrance **3** (de un puerto) entrance **4** (de una vasija, botella) rim

(Compuestos)

- **boca de dragón** or (Ur) **sapo** snapdragon
- **boca de expendio** (RPl frml) sales outlet; **la falta de nafta se presentó en muchas ~s de ~** there was a shortage of gasoline (AmE) *o* (BrE) petrol at many filling stations
- **boca de incendios** fire hydrant, fireplug (AmE)
- **boca del estómago** (fam) pit of the stomach
- **boca de metro** or (RPl) **subte** subway entrance (AmE), underground *o* tube station entrance (BrE)
- **boca de riego** hydrant
- **boca sucia** *mf* (RPl fam): **no seas ~ ~** don't be so foulmouthed

bocacalle *f: entrance to a street*; **la primera ~ a la derecha** the first turning on the right

bocadillería *f* (Esp) sandwich bar, snack bar

bocadillo *m*
A (Esp) (emparedado) sandwich
B (Col, Ven) (dulce) guava jelly
C (en comics) bubble, balloon

bocadito *m* canapé

(Compuesto) **bocadito de nata** profiterole

bocado *m*
A **1** (de comida) bite; **se lo comió de un ~** she ate it all in one bite; **no necesito cuchillo, la como a ~s** I don't need a knife, I'll just bite it; **pégale un ~, está riquísimo** have a bite, it's delicious; **estuve 24 horas sin probar ~** I went for 24 hours without a bite to eat *o* without eating a thing; ***con el ~ en la boca:*** **tuvimos que salir con el ~ en la boca** we had to bolt our food *o* we had to eat and run **2** (comida ligera) snack; **me tomaré un ~ en algún bar** I'll grab a bite to eat *o* a snack in a bar **3** (Chi) vanilla ice cream (*with egg*)
B (mordisco) bite; (herida) toothmarks (*pl*), bite; **le pegó un ~ en el brazo a su hermano** he sank his teeth into *o* he bit his brother's arm
C (Equ) bit

bocajarro, a ~ (*loc adv*) **1** ‹*disparar*› at point-blank range **2** ‹*decir/preguntar*› point-blank; **le dio la noticia a ~** he told her the news point-blank, he came straight out with the news

bocal *m* jug

bocallave *f* keyhole

bocamanga *f* cuff

bocamina *f* pithead, mine entrance

bocana *f* mouth, entrance

bocanada *f* **1** (de humo, aliento) puff, mouthful **2** (ráfaga) gust, blast **3** (de líquido) mouthful

bocarte *m* (Esp) young sardine

bocata *m* (Esp fam) sandwich, sarnie (BrE colloq)

bocatería *f* (Esp fam) sandwich bar, snack bar

bocatoma *f* (Andes) water inlet

bocazas *mf* (*pl* ~) (fam) big mouth (colloq), blabbermouth (colloq)

bocel *m* (Arquit) torus

bocetista *mf* sketcher

boceto *m* **1** (dibujo) sketch **2** (de un proyecto) outline

bocha *f*
A (RPl fam) (cabeza) head, nut (colloq)
B **bochas** *fpl* (RPl) (Jueg) bowls

bochar [A1] *vt* **1** (RPl fam) ‹*sugerencia/propuesta*› to squash (colloq) **2** (RPl arg) (en un examen) ‹*estudiante*› to flunk (AmE colloq), to fail; **me ~on en historia** I flunked history (colloq), they flunked me in history (AmE colloq)

boche *m* (Andes) ▸**bochinche**

bochinche *m*
A (AmL fam) **1** (riña, pelea) fight, brawl **2** (barullo, alboroto) racket (colloq), ruckus (AmE colloq), row (BrE colloq); **los vecinos meten mucho ~** our neighbors make such a row *o* racket (colloq); **tanto ~ para nada** all that fuss about nothing (colloq) **3** (confusión, lío) muddle, mess (colloq)
B (Esp) (sorbo) sip

bochinchear [A1] *vi* (AmL fam) to fight

bochinchero[1] **-ra** *adj* (AmL fam) rowdy

bochinchero[2] **-ra** *m,f* (AmL fam) brawler, troublemaker

bocho *m* (RPl fam) brainbox (colloq), brain (colloq)

bochorno *m*
A (calor) sultry *o* muggy *o* sticky weather
B (vergüenza) embarrassment; **¡qué ~!** how embarrassing!
C (en la menopausia) hot flash (AmE), hot flush (BrE)

bochornoso -sa *adj*
A ‹*tiempo*› sultry, muggy; ‹*calor*› sticky; **hacía un día ~** it was a close *o* muggy day
B ‹*espectáculo/situación*› embarrassing

bocina *f*
A (de un coche) horn; (de una fábrica) hooter, siren; (de un faro) foghorn
B (AmL) (auricular) receiver
C (Méx) (Audio) loud speaker

bocinazo *m* toot, toot on the horn; (más fuerte) blast *o* honk on the horn

bocio *m* goiter*

bock *m* (*pl* **bocks**) schooner (AmE), glass of beer (*approx. half a pint*)

bocón[1] **-cona** *adj* **1** (Andes, Méx fam) (hablador) bigmouthed (colloq); **no seas ~, es muy simpática** don't bad-mouth her, she's really nice (colloq) **2** (Andes, Méx fam) (soplón): **un tipo ~** a squealer (colloq) **3** (Méx fam) (mentiroso) lying (*before n*); **no seas ~** don't lie

bocón[2] **-cona** *m,f* **1** (Andes, Méx fam) (hablador) bigmouth (colloq), blabbermouth (colloq) **2** (Andes, Méx fam) (chivato) squealer (colloq), grass (BrE colloq) **3** (Méx fam) (mentiroso) liar, fibber (colloq)

boconear [A1] *vi* (Chi fam) to gossip

bocoy *m* large barrel

boda *f* wedding; **~s de oro/plata** (de un matrimonio) golden/silver wedding anniversary; (de una organización) golden/silver jubilee

bodega *f*
A **1** (Vin) (fábrica) winery; (almacén) wine cellar; (tienda) wine merchant's, wine store **2** (bar) bar (*gen retailing wines and other alcoholic drinks*) **3** (en una casa) cellar
B **1** (AmC, Per, Ven) (tienda de comestibles) grocery store (AmE), grocer's (BrE) **2** (Chi, Col, Méx) (almacén) store, warehouse
C (Aviac, Náut) hold

bodegaje *m* (almacenamiento) storage; (precio) storage charges (*pl*)

bodegón *m*
A (Art) still life
B (casa de comidas) inn

bodeguero -ra *m,f*
A (Vin) (productor) wine-producer
B **1** (Chi, Per, Ven) (tendero) shopkeeper **2** (de un almacén) warehouseman **3** **bodeguero** *m* (Chi) (mueble) wine rack

bodoque *mf*
A (fam) (tonto) dimwit (colloq)
B (Méx fam) (niño) kid (colloq)
C **bodoque** *m* **1** (en bordado) raised embroidery **2** (de barro) pellet **3** (Col) (usado como proyectil) spitball

bodorrio *m* (Esp fam & pey) *tasteless or styleless wedding*

bodrio *m* (fam): **es un ~** it is garbage (AmE) *o* (BrE) rubbish (colloq)

body /'boði/ *m* (*pl* **-dies**) body

bodyboard /bodi'bor/ *m* (*pl* **~s**) bodyboard

BOE /boe/ *m* (en Esp) = **Boletín Oficial del Estado**

bóer *mf* (*pl* **bóers**) Boer

bofe *m* lights (*pl*); ***echar el ~*** or ***los ~s*** (fam): **llegué echando el ~** when I got there I was worn out *o* (colloq) done for; **lleva 20 años echando los ~s en la fábrica** he has spent 20 years working his butt off (AmE) *o* (BrE) slogging his guts out in the factory (colloq)

bofetada *f* **1** (en la cara) slap; **le di** or **pegué una ~** I slapped him, I slapped his face; ***darse***

de ~s (Esp) ‹‹*colores*›› to clash 2 (desaire) slap in the face

bofetón *m* slap

bofia *f* (Esp arg): **la ~** the filth (+ *sing or pl vb*) (sl), the pigs (*pl*) (sl)

bofo -fa *adj* (Méx fam) flabby

boga *f*: **estar en ~** to be in fashion, be in vogue, be in (colloq)

bogador -dora *m,f* (liter) (*m*) oarsman; (*f*) oarswoman

bogar [A3] *vi* (liter) to row

bogavante *m* lobster

bogey /'bogi/ *m* bogey

Bogotá *m* Bogotá

bogotano -na *adj* of/from Bogotá

Bohemia *f* Bohemia

bohemio¹ -mia *adj* 1 ‹*vida/artista*› bohemian 2 (de Bohemia) Bohemian

bohemio² -mia *m,f* 1 (artista) bohemian 2 (de Bohemia) Bohemian

bohío *m* (AmC, Col) hut

boicot /boj'kot/ *m* (*pl* **-cots**) boycott

boicoteador -dora, **boicotero -ra** *m,f* (AmL) boycotter

boicotear [A1] *vt* 1 ‹*producto/empresa*› to boycott; ‹*reunión/clases*› (no asistir a) to boycott 2 (impedir, dificultar) ‹*reunión/clases*› to disrupt

boina *f* beret

boiserie /bwase'ri/ *f* wainscoting, wood paneling

boite /bwat/ *f* night club

boj, boje *m* (árbol) box; (madera) boxwood

bol *m*
A (recipiente) bowl
B (red) dragnet

bola *f*
A 1 (cuerpo redondo) ball; (de helado) scoop; **se hacen ~s con la masa** form the dough into balls; **el gato estaba hecho una bolita en el sofá** the cat was curled up (in a little ball) on the sofa; **se me hizo una ~ en el estómago** I got a knot in my stomach; **tengo una ~ en el estómago de haber comido tan rápido** I ate too fast, my stomach feels heavy; **te vas a poner como una ~** you're going to get very fat; **algunos tejidos se hacen ~s** some materials get *o* go bobbly; **máquina de escribir de ~** golf ball typewriter; ***dorarle la ~ a algn*** (fam) to sweet-talk sb (colloq) 2 (Dep) ball; (de petanca) boule; (canica) (Col, Per) marble; ***andar como ~ huacha*** (Chi fam): **ando como ~ huacha** I'm at a loss, I don't know what to do with myself; ***como ~ sin manija*** (RPl fam): **me tiene como ~ sin manija** he has me running about from pillar to post; **desde que se mudaron los amigos anda como ~ sin manija** since his friends moved away he's been at a complete loss *o* he's been wandering around like a lost soul *o* he hasn't known what to do with himself; ***echarse la bolita*** (Méx) to pass the buck; ***más calvo que una ~ de boliche*** (Méx) bald as a coot (colloq); ***parar*** *or* ***poner ~s*** (Col fam) to pay attention, listen up (AmE colloq); **pare ~s, que le estoy hablando** pay attention when I'm talking to you; **le advertí, pero no me puso ~s** I warned him, but he didn't take the slightest notice (colloq); ***(pelado) como una ~ de billar*** (RPl) as bald as a coot (colloq), bald as a cue ball (AmE) *o* (BrE) billiard ball; ***tener la cabeza como una ~ de billar*** to be as bald as a coot (colloq), to be as bald as a cue ball (AmE) *o* (BrE) billiard ball 3 **bolas** *fpl* (fam: en algunas regiones vulg) (testículos) balls (*pl*) (fam *or* vulg); ***darle por*** *or* ***romperle las ~s a algn*** (vulg) to get on sb's nerves (colloq), piss sb off (sl); **me da por las ~s que me empujen** it really gets on my nerves *o* up my nose when people push me (colloq), it really pisses me off when people push me (sl); ***estar en ~s*** (fam *o* vulg) to be stark naked (colloq); ***estar hasta las ~s*** (vulg) to be pissed off (sl); ***hacerse ~s con algo*** (Méx) to get in a mess over sth; ***pillar a algn en ~s*** to catch sb on the hop (colloq), to catch sb with their pants (AmE) *o* (BrE) trousers down (colloq) 4 (fam) (músculo — del brazo) biceps; (— de la pantorrilla) calf muscle; **sacar ~** to flex one's muscles; **se me subió la ~** I got a cramp (AmE), I got cramp (BrE)

(Compuestos)
- **bola de cristal** crystal ball
- **bola de nieve** snowball
- **bola de partido** match point
- **bola de set** set point
- **bolas criollas** *fpl* (Ven) *game similar to petanque*

B (fam) (mentira) lie, fib (colloq); (rumor) rumor*; **me metió una ~** he told me a fib; **contar/decir ~s** to fib (colloq), to tell fibs (colloq); **¡se tragó la ~!** she swallowed it! (colloq), she fell for it! (colloq); **corre la ~ de que ...** (the) word is that ..., word has it that ..., it's going round that ...

C (Andes, RPl fam) (atención): **se lo dije pero él no me dio ~** *or* **pero él, ni ~** I told him, but he didn't take the slightest bit *o* (BrE) a blind bit of notice (colloq)

D (Méx fam) (montón): **una ~ de niños** loads of *o* a whole bunch of kids (colloq); **una ~ de libros** stacks *o* loads of books (colloq)

E (Méx fam) (brillo): **¿le doy ~?** shall I polish *o* shine your shoes?

F (Méx) revolution, uprising (*esp the Mexican Revolution*); ***armarse la ~*** (Méx): **cuando marcaron el penalty se armó la ~** when they scored from the penalty all hell broke loose (colloq); **¿por qué se armó la ~? — porque no había boletos** what was all the fuss about? — there were no tickets left (colloq)

bolada *f* (RPl fam): **aprovechar la ~** to take advantage of the situation

bolamen *m* (fam: en algunas regiones) (vulg) balls *pl*

bolardo *m* bollard

bolazo *m* (Arg fam) lie; **lo que decís son puros ~s** you're lying through your teeth (colloq)

bolchevique *adj/mf* Bolshevik

bolcheviquismo, bolchevismo *m* Bolshevism

boldo *m* (Bot) boldo; **una agüita de ~** (Chi) an infusion of boldo tea

boleador -dora *m,f*
A (Méx) (lustrabotas) bootblack
B (en las pampas) *person who uses bolas to catch cattle*

boleadoras *fpl* bolas

bolear [A1] *vi* (Col) to knock up, knock a ball about
■ **bolear** *vt* (Méx) to polish, shine

bolera *f* bowling alley

bolero¹ *m*
A (Mús) bolero
B (Indum) bolero jacket; shrug

bolero² -ra *m,f* (Méx) bootblack

boleta *f* 1 (AmL) (en una rifa) ticket 2 (CS) (de multa) ticket 3 (CS) (recibo) receipt 4 (Col) (entrada) ticket 5 (Esp) (de tarjeta de crédito) voucher

(Compuestos)
- **boleta de calificaciones** (Méx) school report, report card (AmE)
- **boleta de depósito** (RPl) deposit slip (AmE), paying-in slip (BrE)
- **boleta electoral** (Méx, RPl) ballot paper, voting paper (BrE)

boletaje *m* (Méx, Per) tickets (*pl*)

boletería *f* (AmL) 1 (de teatro, cine) box office 2 (de estación, estadio) ticket office

boletero -ra *m,f* 1 (Chi) (vendedor) ticket-seller 2 (Arg fam) (mentiroso) fibber (colloq)

boletín *m* bulletin, report; **~ informativo** *or* **de noticias** news bulletin

(Compuestos)
- **boletín de calificaciones** school report, report card (AmE)
- **boletín de inscripción** registration form
- **boletín de notas** school report, report card (AmE)
- **boletín de suscripción** subscription form
- **Boletín Oficial del Estado** official Gazette

boleto *m*
A 1 (de lotería) ticket; (de quinielas) coupon 2 (de tren, autobús) (AmL) ticket; (de cine, teatro, fútbol) (Chi, Méx) ticket; ***agarrar*** *or* ***sacar ~*** (Méx fam) to get into trouble, come a cropper (colloq); ***darle ~ a algo/algn*** (Chi fam): **nadie le había dado el menor ~ hasta que yo lo descubrí** nobody had given it a second glance *o* had paid any attention to it until I discovered it; **quiere que le den ~ a su idea** he wants them to take his idea seriously; ***de ~*** (Méx fam): **vete de ~ por la leche** dash out and get some milk (colloq)

(Compuestos)
- **boleto de compraventa** (Arg) (Der) binding agreement to buy and sell (*for the sale and purchase of real estate*)
- **boleto de ida** (AmL) one way ticket, single (BrE), single ticket (BrE)
- **boleto de ida y vuelta** (AmS) round trip (ticket), return (ticket) (BrE)
- **boleto de viaje redondo** (Méx) ▸**boleto de ida y vuelta**
- **boleto valor** (CS) multi-trip card

B (Méx fam) (asunto, problema): **no es ~ nuestro** it's not our concern; **eso es otro ~** that's another matter *o* that's different; **sabrá Dios en qué ~s está metido** heaven knows what he's got (himself) mixed up in (colloq)

boli *m* (Esp fam) ballpoint pen, Biro® (BrE)

bolichada *f* (fam) lucky break

boliche *m*
A 1 (en petanca) jack 2 (juguete) *cup-and-ball toy* 3 (Col) (bolo) skittle, tenpin
B (Méx) (juego) bowling, tenpin bowling (BrE); (lugar) bowling alley
C (Bol, RPl) (taberna) bar
D (CS) (tienda pequeña) (fam) small store (AmE), small shop (BrE)

bolichero -ra *m,f* (Chi) small storekeeper (AmE), small shopkeeper (BrE)

bólido *m* 1 (Auto) racing car; ***salió/pasó como (un) ~*** he went out/shot by like greased lightning (colloq); **ir de ~** to be in a hurry 2 (Astron) meteor

bolígrafo *m* ballpoint pen, Biro®; **~ de punta fina/gruesa** fine-tip pen/broad-tip pen

(Compuesto) **bolígrafo (de tinta) gel** gel pen

bolilla *f* 1 (Bol, RPl) (Educ) topic, subject 2 (RPl) (atención): **no me da ~** he doesn't take any notice; **me gusta, pero no me da ~** I like him, but he's not interested in me *o* (colloq) he doesn't give me a second glance

bolillo *m* 1 (en pasamanería) bobbin; **encaje de ~s** bobbin lace 2 (Col) (porra) truncheon 3 (Col) (Coc) rolling pin 4 (Méx) (pan) bread roll

bolina *f* 1 (Náut) bowline; **navegar de ~** to be close-hauled, to sail close to the wind 2 (de una hamaca) hammock rope

bolita *f* 1 (en un tejido) bobble; **se me hicieron ~s en el pullover** my sweater got all balled up (AmE) *o* (BrE) went all bobbly 2 (AmS) (Jueg) marble; **jugar a las ~s** to play marbles; ***por ~s de dulce*** (Chi fam) (en vano) for nothing, in vain; (sin recompensa) for nothing (colloq)

bolívar *m* bolivar (*Venezuelan unit of currency*)

bolivariano -na *adj* ‹*museo*› relating to Simón Bolivar; ‹*presidente/escritor*› who supports Simón Bolivar's ideas

Bolivia *f* Bolivia

bolivianismo *m* Bolivianism, Bolivian word (*or phrase etc*)

boliviano¹ -na *adj/m,f* Bolivian

boliviano² *m* boliviano (*Bolivian unit of currency*)

bollado -da *adj* (fam) broke (colloq)

bollería *f* (tienda) bakery; (bollos) pastries (*pl*); Ⓢ **panadería bollería** bakery

bollo *m*
A (Coc) roll, bread roll, bun; ***ser un ~*** (RPl fam) to be a piece of cake (colloq)
B (Esp fam) (lío): **se armó un ~ tremendo** there was a lot of trouble *o* (AmE) an almighty ruckus (colloq); **me hice un ~ con tantos cables** I got in a muddle with all the wires

C (Esp fam) (bulto) lump, bump
D (Arg fam) [1] (puñetazo) punch, slug (colloq) [2] (pelota) ball; **hizo un ~ con el papel** he screwed the piece of paper up into a ball
E (Andes fam) (de caca) turd (colloq *or* vulg)

bolo[1] **-la** *adj* (AmC fam) [1] (borracho) drunk, sloshed (colloq) [2] (roto): **parece que el motor está ~** looks like the engine's had it (colloq)

bolo[2] **-la** *m,f* (AmC fam) drunkard, old soak (colloq)

bolo[3] *m*
A [1] (palo) skittle, tenpin; ***tumbar ~*** (Col fam): **con este vestido vas a tumbar ~** you'll knock them out *o* wow them in that dress (colloq) [2] **bolos** *mpl* (juego) bowling, tenpin bowling (BrE); **jugar a los ~** to play skittles, to go bowling
(Compuesto) **bolo alimenticio** bolus
B (Méx) [1] (monedas) coins (*thrown by godfather to children at christening*) [2] (recuerdo) *token given to people at christening*

bololó *m* (Col fam) pandemonium; **se armó el ~** there was pandemonium *o* chaos

bolón *m* (Chi) (piedra) stone; (canica) large marble

Bolonia *f* Bologna

bolsa *f*
A [1] (para llevar, guardar algo) bag; (grande, de arpillera) (CS) sack; **~ de plástico/papel** plastic/paper bag; **~ de la compra** shopping bag; **~ de (la) basura** garbage bag (AmE), trash bag (AmE), rubbish bag (BrE), bin liner (BrE); **una ~ del supermercado** a supermarket shopping bag (AmE) *o* (BrE) carrier bag; **~ de deportes** sports bag; **~ de aseo** toilet kit (AmE) *o* (BrE) bag, spongebag (BrE), washbag (BrE); ***~ de gatos*** (Chi fam): **era una verdadera ~ de gatos** it was sheer chaos, it was a shambles; ***hacer ~*** (CS fam) ‹*zapatos/mueble*› to ruin: **después de la clase de gimnasia quedé hecha ~** after the exercise class I was dead *o* bushed *o* (BrE) shattered (colloq); **la noticia lo dejó hecho ~** he was shattered by the news; ***hacerse ~*** (RPl fam) «*zapatos*» to get ruined; «*coche*» to get beaten up [2] (envase) bag; **una ~ de papas** *or* (Esp) **patatas fritas** a bag of chips (AmE), a packet *o* bag of crisps (BrE); **una ~ entera de azúcar** a whole bag of sugar; ***a la ~*** (Chi) at someone else's expense; ***como una ~ de papas*** (AmL): **se cayó como una ~ de papas** he went down like a sack of potatoes; **se dejó caer en el sillón como una ~ de papas** she flopped heavily into the armchair; **este vestido me queda como una ~ de papas** this dress makes me look like a sack of potatoes [3] (Méx) (bolso) handbag, purse (AmE) [4] (dinero) money; **¡la ~ o la vida!** your money or your life!; ***aflojar la ~*** (fam) to put one's hand in one's pocket (colloq), to get one's wallet out (colloq)
(Compuestos)
- **bolsa de agua caliente** hot-water bottle
- **bolsa de cultivo** growbag
- **bolsa de dormir** (RPl) sleeping bag
- **bolsa de hielo** ice pack
- **bolsa del correo** (AmL) mailbag, postbag (BrE)
- **bolsa de supervivencia** survival bag
- **bolsa térmica** thermal bag

B [1] (de un marsupial) pouch [2] (de los testículos) scrotum [3] (pliegue, arruga): **esa camisa te hace ~s a los lados** that shirt bunches up at the sides; **tiene ~s debajo de los ojos** she has bags under her eyes [4] (Méx) (bolsillo) pocket
(Compuesto) **bolsa de aguas** amniotic sac (frml); **rompió la ~ de ~** her waters broke
C [1] (de aire, gas, agua) pocket [2] (zona, agrupación aislada) pocket; **~s de extranjeros ilegales** pockets *o* communities of illegal immigrants
D (Econ, Fin) *tb* **B~** stock exchange, stock market; **jugar a la ~** to play the market; **se cotizará en ~** it will be listed on the stock exchange; **la empresa sacará a ~ el 38% de su capital** the company will float 38% of its share capital
(Compuestos)
- **bolsa de cereales** corn exchange
- **bolsa de comercio** commodities exchange
- **bolsa de empleo** (Col) employment agency
- **bolsa del automóvil** car mart
- **bolsa de trabajo** *job vacancies and the place where they are advertised*
- **bolsa de valores** stock exchange, stock market
- **bolsa negra** (Chi) black market

E (beca) grant; **~ de estudios/de viajes/para libros** study/travel/book grant

bolsear [A1] *vt* [1] (Méx fam) ‹*persona*› **me ~on en el camión** I had my pocket/bag picked in the bus [2] (Chi fam) (gorronear) to scrounge (colloq), to cadge (colloq); **~le algo a algn** to scrounge sth off *o* from sb

bolseo *m* (Chi fam) scrounging (colloq)

bolsero -ra *m,f* (Chi fam) scrounger (colloq)

bolsillo *m* [1] (de un pantalón, un bolso, una chaqueta) pocket; **el ~ interior de la americana** the inside jacket pocket; **sácate las manos de los ~s** take your hands out of your pockets; **echó mano al ~** he put his hand to his pocket; **de ~** pocket (*before n*); **una calculadora/un diccionario de ~** a pocket calculator/dictionary; ▸**libro**; ***meterse algo en el ~: me metí el orgullo en el ~*** I swallowed my pride; **se metió los escrúpulos en el ~** she forgot about her scruples; ***meterse*** *or* (Col) ***echarse a algn en el ~*** to get sb eating out of one's hand; ***tener a algn en el ~*** to have sb twisted *o* wrapped round one's little finger *o* eating out of one's hand, to have sb in one's pocket; ***tener algo en el ~*** to have sth sewn up [2] (dinero, presupuesto) pocket; **de mi/su/tu ~** out of my/his/your own pocket; **lo ha pagado de su ~** she paid for it herself *o* out of her own pocket; ***consultar con el ~*** (fam) to do one's sums (colloq); ***rascarse el ~*** (fam) to dip into *o* put one's hand into one's pocket (colloq)

bolsín *m: small stock exchange*

bolsiquear [A1] *vt* (Per fam): **lo ~on** he had his pocket picked; **la mujer lo bolsiquea** his wife goes through his pockets

bolsista *mf*
A (Fin) stockbroker
B (Méx) (carterista) pickpocket

bolsita *f* small bag; **una ~ de confites** a bag of candies (AmE) *o* (BrE) sweets; **una ~ de pimentón** a sachet of paprika
(Compuesto) **bolsita de té** tea bag

bolso *m* (de mujer) (Esp) bag, purse (AmE)
(Compuestos)
- **bolso de mano** (Esp) handbag, purse (AmE); (de viaje) bag, overnight bag, traveling bag (AmE), holdall (BrE); Ⓢ **sólo un bolso de mano** only one item of hand baggage permitted
- **bolso marinero** (Arg) duffel bag

bolsón[1] *m*
A (de viaje) (RPl) bag, overnight bag, traveling bag (AmE), holdall (BrE); (de deporte) (RPl) sports bag; (de colegial) (Chi) school bag, satchel
B (Andes) (Geol, Min) pocket
(Compuesto) **bolsón de aire** (Andes) air pocket

bolsón[2] **-sona** *adj* (Méx fam) lazy; **es bien ~** he's a real slacker *o* shirker *o* skiver (colloq)

bolsón[3] **-sona** *m,f* (Méx fam) good-for-nothing

bolsudo -da *adj* (Chi fam) ‹*ropa*› baggy; **despertó con los ojos ~s** she woke up with bags under her eyes

boludear [A1] *vi* (Col, RPl vulg) to screw around (AmE sl), to piss around (BrE sl)

boludez *f* (RPl vulg) [1] (acto): **dejate de boludeces y ponete a trabajar en serio** stop screwing around (AmE) *o* (BrE) pissing around and get on with some work (vulg); **nos peleamos por una ~** we fell out over something stupid; **sería una ~ no ir** it would be crazy not to go [2] (dicho): **¡no digas boludeces!** don't talk nonsense *o* crap (vulg) [3] (bagatela) piece of junk; **se gasta la plata en boludeces** he wastes his money on junk *o* crap! (vulg)

boludo[1] **-da** *adj* [1] (Col, RPl, Ven arg *o* vulg) (imbécil): **es tan ~ que ni la sacó a bailar** he's such a jerk (colloq) *o* (vulg) prick he didn't even ask her to dance [2] (Chi vulg) (mayor): **parece tan ~** he seems so grown up; **estás muy ~ para comportarte así** you're old enough to know better (colloq)

boludo[2] **-da** *m,f* (Col, RPl, Ven vulg) asshole (vulg), dickhead (BrE vulg)

bomba *f*
A [1] (Arm, Mil) bomb; **lanzar/arrojar ~s** to drop bombs; **pusieron una ~ en el hotel** they planted a bomb in the hotel; ***caer como una ~: la noticia de su muerte cayó como una ~*** the news of his death was a bombshell; **los mariscos le cayeron como una ~** (fam) the seafood really upset his stomach; ***pasarlo ~*** (fam) to have a great time *o* a ball (colloq); ***ser una ~*** (RPl fam) to be a looker (colloq), to be gorgeous (colloq) [2] (notición) big news [3] (en fútbol americano) bomb; ▸**coche, paquete**[2], etc
(Compuestos)
- **bomba antipersonal** anti-personnel bomb
- **bomba artesanal** home-made bomb
- **bomba atómica** atom *o* atomic bomb
- **bomba cazabobos** booby-trap bomb
- **bomba de acción retardada** time bomb
- **bomba de dispersión** cluster bomb
- **bomba de humo** smoke bomb
- **bomba de metralla** nail bomb
- **bomba de neutrones** neutron bomb
- **bomba de profundidad** depth charge
- **bomba de racimo** cluster bomb
- **bomba de tiempo** *or* **de relojería** time bomb; **este asunto es una ~ de ~** this issue is a time bomb
- **bomba fétida** stink bomb
- **bomba H** *or* **de hidrógeno** hydrogen bomb, H-bomb
- **bomba incendiaria** incendiary bomb
- **bomba inteligente** smart bomb, intelligent bomb
- **bomba lacrimógena** tear gas bomb
- **bomba lapa** car bomb
- **bomba termobárica** thermobaric bomb, vacuum bomb
- **bomba trampa** booby-trap bomb

B (Tec) pump; (para insecticidas, pesticidas) spray
(Compuestos)
- **bomba aspirante/impelente** suction/force pump
- **bomba corazón-pulmón** heart-lung machine
- **bomba de aire** pump
- **bomba de cobalto** cobalt bomb
- **bomba de combustible/agua** fuel/water pump

C (de chicle) bubble; **hacer ~s** to blow bubbles
D (Andes, Ven) (gasolinera) filling station, gas station (AmE), garage (BrE), petrol station (BrE)
E (Chi) (vehículo) fire truck (AmE), fire engine (BrE); (estación) fire station; (cuerpo) fire department (AmE), fire brigade (BrE)
F (Méx) *popular verse recited to music*
G (Col) (en baloncesto) area
H (RPl) (Coc) eclair; **~ de chocolate** chocolate eclair; **~ de crema** cream puff
I (Per fam) (borrachera): **se pegó una ~** he had a skinful (colloq), he got plastered (colloq)

bombacha *f* (CS) [1] (de mujer) panties (*pl*), knickers (*pl*) (BrE) [2] (de gaucho) loose *o* baggy trousers (*pl*)
(Compuesto) **bombacha de goma** plastic pants (*pl*)

bombachos *mpl* baggy trousers (*pl*) (*which come in at the ankle*)

bombardear [A1] *vt* [1] ‹*territorio/ciudad*› (desde un avión) to bomb; (con artillería) to bombard, shell; **me ~on a preguntas** they bombarded me with questions; **nos ~on con propaganda** we were bombarded with propaganda [2] ‹*átomo*› to bombard [3] ‹*nubes*› to seed

bombardeo *m*
A [1] (desde aviones) bombing; (con artillería) bombardment, shelling; **sufrimos un intenso ~ publicitario** we were bombarded with *o* subjected to a barrage of advertising; ***apuntarse al ~*** (Esp fam & hum): **¿alguien viene conmigo? — yo me apunto al ~** does anyone want to come with me? — count me in *o* I'll come [2] (Fís) bombardment

b

(Compuesto) **bombardeo por** *or* **de saturación** carpet bombing, saturation bombing
B (Meteo) seeding

bombardero *m* bomber
(Compuesto) **bombardero furtivo** stealth bomber

bombardino *m* euphonium

bombasí *m* (RPl) napped flannelette, winceyette (BrE)

bombástico -ca *adj* bombastic

bombazo *m*
A (Méx) (explosión) bomb explosion
B (fam) (noticia) bombshell

bombeado -da *adj* (Chi) **1** ‹*disparo*› swerving **2** ‹*frente*› curved

bombear [A1] *vt* to pump

bombeo *m* pumping; **estación de ~** pumping station

bombero *mf*, **bombero -ra** *m,f*
A (de incendios) (*m*) firefighter, fireman; (*f*) firefighter; **llamar a los ~s** to call the fire brigade; **cuerpo de ~s** fire department (AmE), fire brigade (BrE); ▸**idea**
(Compuesto) **bombero torero** comic bullfighter
B (Ven) (de un surtidor de gasolina) filling station attendant

bombilla *f*
A (Esp) **1** (Elec) light bulb **2** (fam) (idea) flash of inspiration, brilliant idea
B (para el mate) *tube through which mate tea is drunk*

bombillo *m* (AmC, Col, Ven) light bulb; ***se me/le encendió el ~*** (Ven fam) I/he had a great idea *o* a flash of inspiration

bombín *m*
A (Indum) derby (AmE), bowler hat (BrE)
B (para inflar) pump; **~ de pie** *or* **a pedal** foot *o* pedal pump

bombita *f* (RPl) **1** (Elec) light bulb **2** (globo) balloon (*filled with water*)

bombo *m*
A (Mús) (instrumento) bass drum; (músico) bass drummer; **tengo la cabeza como un ~** my head's thumping, I've (got) a splitting headache; ***con ~s y platillos*** *or* (Esp) ***a ~ y platillo*** with a great fanfare; **el pacto se firmó con ~s y platillos** a great song and dance was made about the signing of the treaty; ***darle ~ a algo:*** **se le ha dado mucho ~ a la película** the movie's been given a lot of hype (colloq); ***darse ~*** to blow one's own trumpet
B (de un sorteo) drum
C **1** (RPl fam) (de una mujer embarazada): **le hizo un ~** he got her in the family way *o* the club (colloq); **tenía un ~ de película** she was huge **2** (CS fam) (culo) butt (AmE colloq), bum (BrE colloq); ***irse al ~*** (Arg fam) to go to pot (colloq)

bombón *m* **1** (confite) chocolate **2** (fam) (persona) stunner (colloq) **3** (Méx) (malvavisco) marshmallow
(Compuesto) **bombón helado** ice cream (*covered with chocolate*)

bombona *f* gas cylinder *o* bottle *o* canister

bombonera *f* candy box (AmE), sweet box (BrE)

bombonería *f* candy store (AmE), sweet shop (BrE)

bómper *m* (Col) bumper

bonachón[1] **-chona** *adj* **1** (fam) (amable) good-natured, kind **2** (fam) (crédulo) simple (colloq), naive

bonachón[2] **-chona** *m,f* **1** (fam) (persona amable) good-natured *o* kind person; **es un ~** he's a kind, helpful fellow (colloq) **2** (fam) (crédulo) naive *o* (colloq) simple person

bonaerense *adj: of/from the province of Buenos Aires*

bonancible *adj* calm, settled

bonanza *f* **1** (en el mar) fair weather **2** (Min) rich seam *o* deposit **3** (prosperidad) prosperity

bonche *m*
A (AmC fam) (riña) fight, punch-up (BrE colloq); (contienda) contest
B (Ven fam) (fiesta) party, rave-up (BrE sl); **ir de ~** to party (AmE colloq), to have a rave-up (BrE sl)

bonchear [A1] *vi* (AmC fam) to have a fight *o* (BrE colloq) punch-up

bonchón -ona *m,f* (Ven fam) party animal (AmE colloq), raver (BrE sl)

bondad *f* **1** (Fil) goodness; (afabilidad, generosidad) goodness, kindness; **¿tendría la ~ de cerrar la puerta?** (frml) would you mind closing the door?, would you be so kind *o* good as to close the door? (BrE frml); **tengan la ~ de no fumar** (frml) kindly *o* please refrain from smoking (frml) **2** (del clima) mildness

bondadosamente *adv* kindly, kindheartedly

bondadoso -sa *adj* kind, kindhearted, kindly

bonete *m*
A (Hist) hat, cap; (de graduado) mortarboard; (de eclesiástico) biretta
B (Agr, Zool) reticulum

bongó, bongo *m* bongo

bonhomía *f* (frml) kindheartedness, good nature

boniato *m* sweet potato

bonificación *f* **1** (aumento, beneficio) bonus; **con la prueba facultativa se obtiene una ~ de 30 puntos** the optional test is worth an extra 30 points *o* carries a 30-point bonus **2** (descuento) discount; **los pagos al contado llevan una ~ del 10%** there is a 10% discount for cash payments

bonificar [A2] *vt* **1** (dar un subsidio a) to subsidize, pay a subsidy to; (dar una sobrepaga a) to give *o* award a bonus to **2** (dar un descuento de) ‹*cantidad/porcentaje*› to give a discount of; **en las compras al por mayor, bonificamos el 6%** we give a 6% discount on wholesale purchases

bonitamente *adv* just like that; **y me lo dijo así, tan ~** she told me just like that, as cool as you like

bonito[1] **-ta** *adj*
A (hermoso) ‹*vestido/flor*› pretty, nice; ‹*mujer/niño*› pretty; ‹*canción/apartamento*› nice, lovely; **es bonita, pero no es una belleza** she's pretty but she's not what I'd call beautiful; **un ~ pueblo de Vermont** a pretty village in Vermont; **le quedaba muy ~** it really suited her, she looked lovely *o* very nice in it; **¡la has hecho llorar! ¿te parece ~?** you've made her cry, I suppose you think that's clever!; **así que me habías mentido, ¿muy ~, eh?** (iró) so you'd lied to me; that was nice, wasn't it? (iro)
B (*delante del n*) ‹*suma/cantidad*› nice, tidy (*before n*); **había conseguido ahorrar una bonita cantidad** he'd managed to save a tidy *o* nice little sum of money

bonito[2] *adv* (CS) ‹*bailar/cantar*› nicely, well; **borda muy ~** she does lovely embroidery

bonito[3] *m* tuna, bonito

bono *m*
A **1** (vale) voucher **2** (Econ, Fin) bond
(Compuestos)
- **bono contribución** (Arg) charity raffle ticket
- **bono convertible** convertible bond
- **bono de caja** bank bond
- **bono de carbono** carbon credit
- **bono del Estado** Government bond
- **bono del Tesoro** Treasury bond
- **bono de tesorería** debenture bond
- **bono de transporte público** (Esp) ≈ travel card
- **bono metrobús** (Chi) ≈ travel card

B **bonos** *mpl* (Chi) (de un político) prestige; (de un actor) popularity

bono-bus *m* (Arg, Esp) bus pass

bonoloto *m* (en Esp) state-run lottery

> **bonoloto**
>
> A Spanish state lottery established in 1988. The others are the ▸**Lotería Nacional** and the ▸**lotería primitiva**. As with the *Lotería Primitiva* six numbers are marked on a ticket showing forty-nine numbers and win the main prize if all the numbers come up in the draw.

bono-metro *m* (Esp) *10-journey subway ticket*

bonsai *m* bonsai

bonzo *m* bonze

boñiga *f*, **boñigo** *m* **1** (excremento — de vaca) cow dung, dung; (— de caballo) horse dung, dung **2** (porción de excremento — de vaca) cowpat; (— de caballo) pile of horse dung

boom /bum/ *m* boom; **el ~ de las computadoras** the computer boom; **el ~ literario latinoamericano** the boom in Latin American literature

boomerang /bume'ran/ *m* (*pl* **-rangs**) boomerang; **la oferta se ha vuelto como un ~ contra ellos** the offer has boomeranged on them

boqueada *f* gasp; **ya estaba dando las ~s** she was at death's door; **dar la última ~** to breathe one's last

boquear [A1] *vi* **1** (abrir la boca) to open one's mouth **2** (estar moribundo) to be at death's door
■ **boquear** *vt* to utter, pronounce

boquera *f* cold sore

boqueras *mf* (*pl* ~) (Esp arg) warder, screw (sl)

boquerón *m* anchovy

boquete *m* hole; **abrieron** *or* **hicieron un ~ en la pared** they made a hole in the wall; **abrieron un ~ en el muro** (Mil) they breached the wall, they made an opening in the wall

boqueto -ta *m,f* (Col fam): **es un ~** he has a harelip

boquiabierto -ta *adj*: **me quedé ~ cuando vi el retrato** I was astonished *o* speechless when I saw the portrait, the portrait left me speechless; **su desfachatez me dejó ~** I was astonished at *o* by his nerve; **me quedé ~ cuando me agredió de esa manera** I was dumbfounded *o* dumbstruck when she attacked me like that

boquilla *f* **1** (de un instrumento musical) mouthpiece; (de una pipa) stem; (para cigarrillos) cigarette holder; ***de ~*** *see* **boca A2** **2** (de un bolso, monedero) clasp

borato *m* borate

bórax *m* borax

borbollar [A1] *vi* to bubble

borbollón *m* **1** ▸**borbotón** **2** (AmS fam) (tumulto) commotion, confusion

Borbón *mf* Bourbon

borbónico -ca *adj* Bourbon (*before n*)

borborigmo *m* borborygmus

borbotar [A1], **borbotear** [A1] *vi* to bubble

borboteo *m* bubbling

borbotón *m*: **a borbotones** ‹*hervir*› fiercely; **la sopa estaba hirviendo a borbotones** the soup was boiling fiercely *o* furiously; **hablaba a borbotones** the words came tumbling out; **el agua salía a borbotones** the water gushed out

borceguí *m* walking boot

borda *f* gunwale, rail; ***echar*** *or* ***tirar algo por la ~*** to throw sth overboard; **no puedes tirar por la ~ tantos esfuerzos** you can't just waste all the effort you've put into it; ***irse por la ~*** ‹‹*planes/sueños*›› to go out of the window; ▸**fuera de borda**, **motor**[2]

bordada *f* tack; **dar ~s** to tack

bordado[1] **-da** *adj* ‹*mantel/sábana*› embroidered; ***salir ~*** (Esp fam): **la traducción le salió bordada** he did an excellent translation; **bajamos de un tren y subimos al otro, nos salió ~** things worked out really well *o* (BrE colloq) everything worked a treat, we got off one train and straight onto the other one

bordado[2] *m* embroidery

bordador -dora *m,f* embroiderer

bordadura *f* embroidery

bordar [A1] *vt* **1** ‹*sábana/blusa*› to embroider; **lo bordó a mano** she embroidered it by hand *o* hand-embroidered it; **bordado a máquina** machine-embroidered **2** ‹*interpretación/papel*› to play … brilliantly

borde[1] *adj* (Esp fam) **1** (grosero) rude, vulgar, crude; (antipático) rude, stroppy (BrE colloq) **2** (tonto) stupid

borde[2] *mf* (Esp fam) [1] (grosero): **los camareros son unos ~s** the waiters are so rude [2] (tonto) idiot, jerk (colloq), prat (BrE colloq)

borde[3] *m* (de una mesa, cama) edge; (de una moneda, pieza, un plato) edge, rim; (de una taza, un vaso) rim; **no te acerques tanto al ~ del andén** don't go so near the edge of the platform; **llenó el vaso hasta el ~** she filled the glass to the brim; **la página tiene ilustraciones en el ~ inferior** the page has illustrations along the bottom; **nos sentamos al ~ de la piscina** we sat down at *o* by the edge of the swimming pool; **paramos al ~ de la carretera** we stopped at the roadside *o* at the side of the road; **había un sauce al ~ del río** there was a willow tree at the edge of the river *o* on the river bank; **estar al ~ de la locura** to be on the brink of madness; **al ~ de la muerte** on the point of death, at death's door; **al ~ de las lágrimas** on the verge of tears

(Compuesto) **borde de ataque** leading edge

bordear [A1] *vt* [1] (seguir el borde de) ‹*costa/isla*› to skirt, go around; **la carretera que bordea el lago** the road that goes along the edge of the lake; **navegar bordeando la costa** to hug the coast [2] (rodear, lindar con): **un camino bordeado de álamos** a road lined with poplars; **las barriadas pobres que bordean la ciudad** the poor districts on the outskirts *o* edge of the city, the poor districts that flank/surround the city [3] ‹*peligro/fracaso*› to come close to; **bordea los cincuenta** he's approaching *o* around fifty

bordeaux /bor'ðo/ *adj inv/m* (RPl) burgundy

bordelés -lesa *adj* of/from Bordeaux

bordillo *m* curb (AmE), kerb (BrE)

bordo *m*: **a ~** on board; **ya están a ~** they're already on board; **cuando subimos a ~** when we went aboard *o* on board; **¡todos a ~!** all aboard!; **huyeron a ~ de un turismo negro** (period) they made their getaway in a black car; ***de alto ~*** ‹*barco*› ocean-going; ‹*persona*› important; **varias figuras de alto ~** several VIPs

bordó *adj inv/m* (RPl) burgundy

bordón *m* [1] (bastón) staff [2] (de un tejado) ridge [3] (cuerda) bass string

boreal *adj* northern, boreal; ▸**aurora**

bóreas *m* north wind, Boreas (liter)

borgiano -na *adj: of/relating to Jorge Luis Borges*

Borgoña[1] *f* (Geog) Burgundy

Borgoña[2], **borgoña** *m* [1] (Vin) Burgundy, burgundy [2] (Chi) (Coc) *strawberries in red wine*

bórico -ca *adj* boric

Boriquen, Boriquén *m* (PR) Puerto Rico

boriqueño -na *adj/mf* (PR) Puerto Rican

borla *f* [1] (de un gorro) pompom [2] (de una cortina, un birrete) tassel [3] (de una polvera) powder puff

borlote *m* (Méx fam) row (colloq), ruckus (AmE colloq); **armaron un ~ espantoso** they kicked up a real row *o* created a real ruckus

borne *m* terminal

bornear [A1] *vi* to swing at anchor

■ **bornear** *vt* [1] (torcer) to twist [2] (alinear) to align

■ **bornearse** *v pron* «*madera*» to warp; «*pared*» to bulge

boro *m* boron

borona *f* [1] (maíz) maize, corn (AmE) [2] (pan de maíz) corn *o* (BrE) maize bread [3] (AmC, Col) (miga) crumb

borra *f*

A [1] (para relleno) flock [2] (en un discurso) padding, waffle (BrE colloq) [3] (de polvo) fluff [4] (Bot) down

B (sedimento — del café) dregs (*pl*); (— del vino) lees (*pl*), sediment

(Compuesto) **borra de vino** (RPl) burgundy; **color ~ de ~** burgundy, burgundy colored

borrachera *f*: **pegarse** *or* (Esp) **cogerse** *or* (RPl) **agarrarse una ~** to get drunk; **¡tenía una ~ encima ...!** he was so drunk!; **se duchó para quitarse** *or* **sacarse la ~** he took a shower to sober up; **aquélla fue su última ~** that was the last time he got drunk; **en su ~ de poder perdió toda noción de justicia** drunk *o* intoxicated with power, she lost all sense of justice

borrachín -china *m,f* (fam) boozer (colloq); **no es más que un ~** he's nothing but a drunk *o* drunkard *o* boozer *o* lush

borracho[1] **-cha** *adj* [1] [ESTAR] drunk; **~ de gloria/poder/éxito** drunk with glory/power/success [2] [SER]: **es muy ~** he is a drunkard *o* a heavy drinker

borracho[2] **-cha** *m,f* drunk; (habitual) drunkard, drunk

borrado *m* erasure

borrador *m*

A [1] (de una redacción, carta) rough draft; (de un contrato, proyecto) draft; (de un dibujo) sketch; **lo hice en ~** I did it in rough [2] (cuaderno) scratch pad (AmE), rough book (BrE)

B [1] (para la pizarra) eraser (AmE), board rubber (BrE) [2] (Col) (goma de borrar) eraser

borraja *f* borage

borrajear [A1] *vi* to scribble

■ **borrajear** *vt* to scribble; **~ garabatos** to doodle

borrar [A1] *vt* [1] ‹*palabra/dibujo*› (con una goma) to rub out, erase; (con líquido corrector) to white out, tippex out (BrE); (con una esponja) to rub ... off; **~ la pizarra** to clean the blackboard; **había borrado sus huellas digitales** she had wiped off all trace of her fingerprints; **deberían ~ esas pintadas de la pared** they should remove *o* get rid of that graffiti on the wall [2] ‹*cassette/disquete*› to erase, wipe; ‹*canción*› to erase; ‹*información/ficha*› to delete, erase; (Inf) to wipe [3] ‹*recuerdos/imagen*› to blot out; **recuerdos que quería ~ de su mente** memories that he wanted to blot out *o* erase from his mind; **el tiempo todo lo borra** time is a great healer (set phrase) [4] ‹*persona*› (de una clase, un club): **la ~on de la lista** they deleted her name from the list, they took her *o* her name off the list; **la borré de la clase de ballet** I took her out of ballet classes, I stopped her ballet lessons; **lo borramos del club porque nunca quería ir** we canceled his club membership because he never went; **bórrame para lo del domingo** (fam) count me out for Sunday (colloq)

■ **borrarse** *v pron*

A [1] «*inscripción/letrero*» to fade; **se borró con la lluvia** the rain washed it away *o* off [2] «*temores/dudas*» to disappear; «*imagen/recuerdo*»: **con los años se le borró el recuerdo de ese día** over the years his memory of that day faded; **al oír su voz se le borró la sonrisa** when she heard his voice her smile vanished; **no me acuerdo, se me ha borrado totalmente** I can't remember, it's gone right out of my head [3] «*persona*» (de un club) to cancel one's membership, resign; (de una clase) to drop out

B (Méx, RPl arg) (irse) to split (colloq); **yo me borro** I'm taking off (AmE colloq), I'm off (BrE colloq)

borrasca *f* [1] (área de bajas presiones) depression, area of low pressure; **una fuerte ~** a deep depression, an area of very low pressure [2] (tormenta) squall [3] (mala racha) bad spell [4] (lío, jaleo) trouble

borrascoso -sa *adj* [1] ‹*viento*› squally; ‹*tiempo*› stormy, squally [2] ‹*reunión/vida*› stormy, tempestuous

borrego -ga *m,f*

A [1] (cordero) lamb; (oveja) sheep; **lo siguieron todos como ~s** they all followed him like sheep [2] (RPl fam) (niño) kid (colloq)

B **borregos** *mpl* [1] (nubes) fleecy clouds (*pl*) [2] (olas) white horses (*pl*)

C **borrego** *m* (Méx) (noticia falsa) false rumor*; **soltaron** *or* **lanzaron el ~ de que ...** somebody started the rumor that ...

borreguil *adj* (pey) sheeplike (pej)

borreguillo *m* (Esp) sheepskin; **forrado de ~** fleece-lined

borrico -ca *m,f*

A [1] (animal) donkey [2] (fam) (persona tonta) dummy (colloq)

B **borrico** *m* (caballete) sawhorse

borriquete *m* [1] (en carpintería) sawhorse [2] (Art) easel

borrón *m* (mancha) inkblot; (mancha borroneada) smudge; **presentó el trabajo lleno de borrones y tachaduras** she handed in her work with lots of smudges and crossings out; ***~ y cuenta nueva*** let's make a fresh start (*o* he wanted to make a fresh start *etc*)

borronear [A1] *vt* to smudge; **me lo entregó todo borroneado** he handed it in full of smudges *o* full of marks where he had rubbed things out

■ **borronearse** *v pron* to get smudged

borroso -sa *adj* [1] ‹*foto/imagen*› blurred; ‹*inscripción*› worn; ‹*contorno*› indistinct, blurred, fuzzy [2] ‹*idea/recuerdo*› vague, hazy

borujo *m* lump

boscaje *m* thicket

Bosco: **El ~** Bosch

boscoso -sa *adj* wooded

Bósforo *m*: **el (estrecho del) ~** the Bosphorus, the Bosporus

Bosnia *f* Bosnia

Bosnia Herzegovina *f* Bosnia Herzegovina

bosnio -nia *adj/m,f* Bosnian

bosque *m* [1] wood; (más grande) forest, woods (*pl*); **una barba como un ~** a thick, bushy beard [2] (terreno) woodland; **600 hectáreas de ~** 600 hectares of woodland

(Compuesto) **bosque ecuatorial** *or* **pluvial** rainforest, equatorial rainforest

bosquecillo *m* copse, coppice; (plantado) grove

bosquejar [A1] *vt* (Art) to sketch, make a sketch of; ‹*idea/proyecto*› to outline, sketch out

bosquejo *m* (Art) sketch; (de una novela) outline; **presentó** *or* **hizo un ~ de sus planes** he outlined his plans, he gave a brief outline of his plans

bosquete *m* copse, small wood

bosta *f* ▸**boñiga**

bostezar [A4] *vi* to yawn

bostezo *m* yawn; **no podía reprimir los ~s** he couldn't stifle his yawns

bota *f*

A (calzado) boot; **~s de caña alta** knee-high boots; **~s de media caña** calf-length boots; ***colgar las ~s*** to hang up one's boots; ***morir con las ~s puestas*** to die with one's boots on; ***ponerse las ~s*** (fam): **con ese contrato se están poniendo las ~s** they're raking it in with that contract (colloq); **como pagaba la compañía se pusieron las ~s** the company was paying so they really made pigs of themselves

(Compuestos)

- **botas camperas** *fpl* knee-high leather boots (*pl*)
- **botas de agua** *fpl* gum boots (*pl*), rubber boots (*pl*) (AmE), wellingtons (*pl*) (BrE)
- **botas de esquiar** *or* **de esquí** *fpl* ski boots (*pl*)
- **botas de goma** *or* **de lluvia** *fpl* ▸**botas de agua**
- **botas de montar** *fpl* riding boots (*pl*)
- **botas de pesca** *fpl* wading boots *pl*
- **botas de trekking** *fpl* walking boots *pl*
- **botas de vadeo** *fpl* wading boots *pl*
- **botas pantaneras** *fpl* (Col) ▸**botas de agua**
- **botas para caminar** *fpl* walking boots *pl*
- **botas tejanas** *fpl* cowboy boots (*pl*)

B (para vino) *small wineskin*

botadero *m* (Andes) *tb* : **~ de basura** garbage dump (AmE), rubbish dump *o* tip (BrE)

botado -da *adj*

A (Andes fam) (barato) dirt cheap (colloq)

B (Andes fam) (fácil) dead easy (colloq); **el examen estaba ~** the exam was a cinch *o* a piece of cake *o* was dead easy (colloq)

C (Col fam) ‹*persona*› flush (colloq)

botadura *f* launching

b

botafumeiro *m* censer
botagorra *adj* (AmC fam) short-tempered, quick-tempered
botalón *m* boom
botamanga *f* (CS) 1 (del pantalón) cuff (AmE), turn-up (BrE) 2 (de la manga) cuff
botana *f* (AmC, Méx) snack, appetizer; **de ~ te sirven caracoles** they give you snails as an appetizer *o* with your drink; ***agarrar a algn de ~*** (Méx fam) to make fun of sb

> **botana**
> In Central America and Mexico, a small portion of food, olives, peanuts etc, usually served with a drink at parties, bars, or social occasions.

botanear [A1] *vi* (Méx): **no comimos, sólo botaneamos** we didn't have a meal, we just had a few nibbles *o* snacks with our drinks
botánica *f* botany
botánico[1] **-ca** *adj* botanical
botánico[2] **-ca** *m,f* botanist
botar [A1] *vt*
A ‹*barco*› to launch
B ‹*pelota*› to bounce
C 1 (esp AmL fam) (echar — de un lugar) to throw ... out (colloq); (— de un trabajo) to fire (colloq), to sack (BrE colloq); **la ~on del trabajo** she was fired *o* sacked, she got the sack (BrE colloq) 2 ((AmC, Andes, Méx, Ven)) (desechar) to throw ... out; **no lo botes al suelo** don't throw it on the ground; **bótalo a la basura** chuck *o* throw it out (colloq); **⊗ se prohibe botar basura** no dumping *o* (BrE) tipping; **eso sí que es ~ el dinero** now that really is throwing your money away 3 (Per fam) (vomitar) to bring up; ***~ el gato*** (Per arg) to throw up (colloq)
D (AmC, Chi fam) (abandonar) ‹*novio/novia*› to chuck (colloq), to ditch (colloq); ‹*marido/esposa*› to leave; ***dejar botado a algn*** (fam) (en una carrera) to leave sb miles behind; **el tren nos dejó botados** we missed the train
E (Andes fam) (derribar) ‹*puerta/árbol*› to knock down; ‹*botella/taza*› to knock over; **no empujes que me botas** stop pushing, you're going to knock me over
F 1 (AmL exc RPl) (perder) ‹*aceite/gasolina*› to leak 2 (Col, Ven fam) (extraviar) ‹*llaves/lápiz*› to lose
G (Méx) ‹*cerradura*› to force; **entraron botando la cerradura con un desarmador** they got in by forcing the lock with a screwdriver
■ **botar** *vi* (Esp) 1 «*pelota*» to bounce 2 «*persona*» to jump; **botaba de alegría** she was jumping for joy; ***está que bota*** (fam) she's hopping mad (colloq)
■ **botarse** *v pron*
A (AmL exc CS fam) 1 (apresurarse) to rush; **se ~on a la tienda** they rushed to the store; **no te botes, piénsatelo un poco** don't be too hasty *o* don't rush into anything, think it over 2 (arrojarse) to jump; **se botó de cabeza a la piscina** she dived into the pool; ***~se a algo*** (Chi fam): **se bota a duro** he likes to think of himself as *o* (BrE) he fancies himself as a tough guy (colloq)
B (Col fam) «*leche*» to boil over
botaratas *mf* (*pl* ~) (Col fam) spendthrift
botarate *mf* 1 (fam) (irresponsable) irresponsible fool 2 (derrochador) spendthrift
botarel *m* buttress
botavara *f* boom
bote *m*
A (Náut) boat
(Compuestos)
- **bote de** *or* **a remos** rowboat (AmE), rowing boat (BrE)
- **bote inflable** inflatable dinghy
- **bote salvavidas** lifeboat

B 1 (envase — de lata) (Esp) can, tin (BrE); (— de vidrio) jar; **un ~ de mermelada** a jar of jelly (AmE) *o* (BrE) jam; **un ~ de yogur** a carton of yogurt; **¿la salsa es casera o de ~?** is the sauce homemade or did it come out of a tin/jar/bottle?; ***chupar del ~*** (Esp fam) to feather one's nest, line one's pocket; ***de ~ en ~*** packed; **estaba de ~ en ~** it was packed; **llenaron de ~ en ~ la sala** they packed the room; ***tener a algn (metido) en el ~*** (Esp fam): **lo tiene metido en el ~** she's got him twisted around her little finger *o* in the palm of her hand; **tiene al jefe de la policía en el ~** he's got the chief of police in his pocket; ***tener algo en el ~*** (Esp fam): **tenemos el contrato en el ~** the contract's in the bag (colloq) 2 (recipiente — de lata) tin; (— de vidrio, plástico) storage jar; **ponlo en el ~ de las galletas** put it in the biscuit tin *o* barrel *o* (AmE) the cookie jar; **el ~ de la basura** (Méx) trash can (AmE), rubbish bin (BrE) 3 (para gastos comunes, en juegos) kitty; (en un bar, restaurante) box (*for tips*)
(Compuestos)
- **bote de gas lacrimógeno** tear gas canister
- **bote de humo** smoke bomb, smoke grenade

C (Méx, Ven arg) jail, slammer (sl)
D 1 (salto) jump; **dio** *or* **pegó un ~ de alegría** he jumped for joy; **se levantó de un ~** she leapt to her feet; **la piedra rodó dando ~s montaña abajo** the stone went bouncing down the mountainside; ***a ~ pronto*** off the top of one's head (colloq); ***darse el ~*** (Esp arg) to beat it (colloq), to split (colloq) 2 (de una pelota) bounce; **dio dos ~s** it bounced twice 3 (Col) (vuelta, giro): **dar el ~** «*canoa*» to capsize; «*persona*» to somersault, do a somersault
botella *f* 1 (para vino, agua) bottle; **una ~ de litro** a liter* bottle; **una ~ de vino** (recipiente) a wine bottle; (con contenido) a bottle of wine; **una ~ de plástico flexible** a squeeze bottle; ***darle a la ~*** (fam) to drink, hit the bottle 2 (de oxígeno, aire comprimido) cylinder
botellazo *m* blow with a bottle; **me pegó un ~** he hit me with a bottle
botellero *m*
A (para guardar botellas) bottle rack
B (CS) (trapero) ragman (AmE), rag-and-bone man (BrE)
botellín *m* small bottle of beer (*usually one-fifth of a liter*)
botellón *m*
A 1 (botella grande) flagon 2 (Chi) (para la cama) ceramic hot-water bottle
B (Esp) (reunión callejera) (young people's) bottle party (*held in the street*); **hacer** *or* **practicar el ~** to go street-partying
botepronto *m* drop kick
botica *f* 1 (en algunas regiones ant) (farmacia) pharmacy; ***tener la ~ abierta*** *or* ***de turno*** (Per fam & hum) to be flying low (colloq & hum), to have one's fly *o* flies undone 2 (ant) (tienda) store, shop; ***hay/había de todo, como en ~*** (fam) they have/had everything you could possibly want
boticario -ria *m,f* (en algunas regiones ant) pharmacist, druggist (AmE), apothecary (arch)
botija *f*
A (recipiente) pitcher
B **botija** *mf* (Ur fam) (niño) kid (colloq)
botijo *m: drinking jug with spout*; ***estar como un ~*** (fam) to be roly-poly (colloq), to be as round as a barrel (colloq)
botillería *f* (Chi) liquor store (AmE), off licence (BrE)
botín *m*
A 1 (bota corta) ankle boot 2 (de bebé) bootee 3 (CS) (de futbolista) boot
B 1 (de guerra) plunder, booty 2 (de ladrones) haul, loot
botina *f* ankle boot
botiquín *m* 1 (armario — para medicinas) medicine chest *o* cabinet; (— para colonias, jabón, etc) bathroom cabinet 2 (maletín) *tb* **~ de primeros auxilios** first-aid kit 3 (enfermería) sick bay
Botnia *f* Bothnia
boto *m* 1 (Indum) riding boot 2 (para vino) *small wineskin*
botón *m*
A (Indum) button; **pegar** *or* **coser un ~** to sew on a button; ***al divino*** *or* ***santo ~*** (RPl fam) for nothing; ***como ~ de muestra*** (just) to give you an idea; **es un irresponsable: como ~ de muestra ayer perdió las llaves** he's totally irresponsible: just to give you an example *o* for instance, only yesterday he lost the keys
(Compuesto) **botón de presión** (AmL) snap fastener (AmE), press stud (BrE), popper (BrE)
B (de un mecanismo) button; **dale al** *or* **aprieta el ~** press the button; **el ~ del volumen** the volume control
(Compuesto) **botón de silencio** mute button
C (AmL) (insignia) badge, button (AmE)
D (de un florete) button
E (capullo) bud; **las rosas están en ~** the roses are in bud
botones *mf* (*pl* ~) (de hotel) bellboy, bellhop (AmE), page (BrE); (de oficina) (*m*) office boy; (*f*) office girl
bototo *m* (Chi) (bota) boot; (zapato fuerte) strong shoe
Botsuana *f* Botswana
botsuano -na *adj* Botswanan
botulismo *m* botulism
bouquet /bu'ke/ *m* (*pl* **-quets**) 1 (del vino) bouquet 2 (ramillete) bouquet
boutique /bu'tik/ *f* boutique
bóveda *f*
A (Arquit) vault
(Compuestos)
- **bóveda celeste** (frml & liter): **la ~ ~** the vault *o* canopy of heaven (liter), the firmament
- **bóveda craneana** *or* **craneal** cranial vault
- **bóveda de arista** groin vault
- **bóveda de cañón** barrel vault
- **bóveda de crucería** ribbed vault
- **bóveda de seguridad** (AmL) bank vault
- **bóveda palatina** hard palate

B (RPl) (sepulcro) tomb
bóvido *m* bovid; **los ~s** the bovidae
bovino[1] **-na** *adj* bovine
bovino[2] *m* bovine; **~s y ovinos** cattle and sheep
bowling /'boulin/ *m* 1 (juego) bowling, tenpin bowling (BrE) 2 (lugar) bowling alley
box /boks/ *m* (*pl* **boxes**)
A 1 (en carreras de coches) pit; **entrar en ~es** to go/come into the pits 2 (Equ) stall; **los ~es de salida** the starting gates (AmE), the starting stalls (BrE) 3 (en un garaje) parking bay *o* space
(Compuesto) **box de reparación** repair bay
B (CS, Méx) (boxeo) boxing
boxeador -dora *m,f* boxer
boxear [A1] *vi* to box
boxeo *m* boxing
bóxer *mf* (*pl* **-xers**) boxer
boxeril, boxístico -ca *adj* boxing (*before n*)
boya *f* 1 (Náut) buoy 2 (en pesca) float
boyada *f* drove of oxen
boyante *adj* 1 ‹*situación/economía*› buoyant 2 (Náut) high in the water
boyar [A1] *vi* to float
boyardo *m* boyar
boyeriza *f* ox shed
boyero -ra *m,f* oxherd, drover
boy scout /bojes'kau(t)/ *m* (*pl* **boy scouts**) boy scout
boza *f* painter
bozal *m* (de perro) muzzle; (de caballo) halter
bozo *m* down (*on upper lip*)
BPI *m* (= **Banco de Pagos Internacionales**) BIS
bps *mpl* (= **bits por segundo**) bps
BPS *m* (en Ur) = **Banco de Previsión Social**
bracear [A1] *vi* 1 (agitar los brazos) to wave one's arms about; **braceaba intentando soltarse** she flailed about wildly trying to free herself 2 (al nadar): **no braceas bien** your arm movement isn't right; **intenta ~ más largo** try to make your strokes longer
bracero -ra *m,f* temporary farm worker, seasonal farm laborer*
braga-faja *f* (Esp) panty girdle
bragapañal *m* (Esp) disposable diaper (AmE), disposable nappy (BrE)

bragas *fpl* (Esp) 1 (de mujer) panties (*pl*), knickers (*pl*) (BrE); ***dejar a algn en ~s*** (Esp fam) (sin dinero) to leave sb without a penny (colloq) (en una situación difícil) to leave sb in the lurch (colloq); ***pillar a algn en ~s*** (Esp fam) to catch sb with their pants (AmE) *o* (BrE) trousers down (colloq), to catch sb on the hop (colloq) 2 (de bebé) rubber pants (*pl*)

bragazas *m* (*pl* ~) (fam) wimp (colloq)

braguero *m* truss

bragueta *f* fly, flies (*pl*)

braguetazo *m* (Esp, Ven): **dar** *or* **pegar el ~** (fam) to marry for money

braguita *f* (Esp) panties (*pl*), knickers (*pl*) (BrE)

brahmán *m* Brahman, Brahmin

braile *m* ▸**braille²**

braille¹ /'brajle/ *adj* braille (*before n*)

braille² /'brajle/ *m* braille

brama¹ *m* bream

brama² *f* rutting season

bramante *m* twine, string

bramar [A1] *vi* 1 «*toro*» to bellow, roar; «*ciervo*» to bell, bellow; «*elefante*» to trumpet 2 (liter) «*viento*» to howl, roar; «*mar*» to roar 3 «*persona*»: **está que brama** he is fuming *o* seething

bramido *m* 1 (del toro) bellowing, roaring; (del ciervo) bellowing, bell; (del elefante) trumpeting; **dio un ~** it bellowed *o* roared/trumpeted 2 (liter) (del viento) howling, roaring; (del mar) roaring 3 (de una persona) (fam): **entró dando ~s de furia** he came in bellowing angrily

brandy *m* (*pl* **-dies** *or* **-dys**) brandy

branquia *f* gill; **las ~s** the gills, the branchiae (tech)

branquial *adj* branchial

braquial *adj* brachial

braquicéfalo -la *adj* brachycephalic

braquiocefálico -ca *adj* brachiocephalic

braquiterapia *f* (Med) brachytherapy

brasa *f* ember; **carne/pescado a la ~** *or* **a las ~s** charcoal-grilled meat/fish

brasero *m* (de carbón — para interiores) small brazier; (— para la intemperie) brazier; (eléctrico) electric heater

brasier *m* (Col, Méx) bra

Brasil *m*: *tb* **el ~** Brazil

brasileño -ña *adj/m,f* Brazilian

brasilero -ra *adj/m,f* (AmL) Brazilian

Brasilia, Brasília *f* Brasilia

bravata *f* 1 (amenaza) threat 2 (fanfarronada) boast; **es otra más de sus ~s** it's just more of his big talk

braveza *f* ▸**bravura**

bravío¹ -vía *adj* 1 ‹*toro*› fierce, wild; ‹*potro*› wild, unmanageable 2 ‹*carácter*› wild, indomitable

bravío² *m* fierceness

bravo¹ -va *adj*

A 1 [SER] ‹*toro*› fierce, brave; ‹*perro*› fierce; **la cría de toros ~s** the breeding of fighting bulls 2 [ESTAR] ‹*mar*› rough 3 [ESTAR] (AmL fam) (enojado) angry

B (liter) ‹*guerrero*› brave, valiant

C (RPl fam) ‹*situación*› tricky; ‹*examen*› tough, hard; **lo ~ va a ser explicárselo a ella** the tricky *o* hard part's going to be explaining it to her; **hoy los chicos están bravísimos** the children are being really difficult today

bravo² *interj* (expresando aprobación) well done!, good job! (AmE); (tras una actuación) bravo!

bravucón¹ -cona *adj* (fam) bragging (*before n*); **son todos muy bravucones pero ninguno se atrevió a hacerle frente** they all talk big *o* they're all full of bluster but none of them was brave enough to face up to him

bravucón² -cona *m,f* (fam & pey) braggart

bravuconada *f* piece of bravado; **no son más que ~s** it's all just bravado *o* a show of bravado

bravura *f* 1 (de un animal) fierceness; (Taur) fighting spirit 2 (de una persona) bravery; **defendió con ~ a su hermano pequeño** he defended his little brother bravely 3 (del mar) roughness

braza *f*

A (en natación) breaststroke; **nadar a ~** to swim (the) breaststroke

B (medida) fathom

C (cabo) brace

(Compuesto) **braza (de) mayor** mainbrace

brazada *f* 1 (al nadar) stroke; **no sabe hacer la ~ de pecho/mariposa** he can't do (the) breaststroke/(the) butterfly; **en dos ~s llegó a la orilla** with two strokes she reached the shore 2 (cantidad) armful; **una ~ de leña** an armful of firewood

brazado *m* armful

brazal *m* 1 (Dep, Indum) armband 2 (Geog) (brazo de río) channel; (en época de lluvias) (Col) flood stream

brazalete *m* 1 (pulsera — de una pieza) bangle, bracelet; (— de eslabones) bracelet 2 (de tela) armband; **~ negro/de gala** black/ceremonial armband

brazo *m*

A 1 ▸❶ **p.231** (Anat) arm; (parte superior) upper arm; **llevaba una cesta al** *or* **colgada del ~** she had a basket on one arm; **iban del ~** they walked arm in arm; **entró a la iglesia del ~ de su padre** she entered the church on her father's arm; **llevaba al niño en ~s** he was carrying the child in his arms; **en ~s de su amado** in the arms of her loved one; **le dio/ofreció el ~** he gave/offered her his arm; **se echó en ~s de su padre** he threw himself into his father's arms; ***con los ~s abiertos*** with open arms; ***cruzado de ~s*** *or* ***con los ~s cruzados*** (literal) with one's arms crossed; (sin hacer nada): **no te quedes ahí cruzado de ~s** don't just stand/sit there (doing nothing); ***dar el ~ a torcer:*** **no dio el** *or* **su ~ a torcer** he didn't let them/her twist his arm *o* he stood his ground; ***luchar a ~ partido*** (sin armas) to fight hand to hand; (con empeño) to fight tooth and nail; ***ser el ~ derecho de algn*** to be sb's right-hand man/woman 2 (de un caballo) foreleg

B 1 (de un sillón) arm; (de un tocadiscos) arm 2 (de una grúa) jib; (de una cruz) arm; (de un árbol) limb, branch 3 (de un río) branch, channel

(Compuestos)

- **brazo armado** military arm
- **brazo de gitano** jelly roll (AmE), swiss roll (BrE)
- **brazo de mar** inlet, sound; ***estar hecho un ~ de ~*** (fam) (atractivo) to look very attractive, look gorgeous (colloq) (fuerte) to be strong; (saludable) to be fit
- **brazo lector** pickup arm
- **brazo político** political wing

C **brazos** *mpl* (trabajadores) hands (*pl*)

brazola *f* coaming

brazuelo *m* shoulder

brea *f* pitch, tar

break /brek/ *m* (*pl* **breaks**)

A (Auto) station wagon (AmE), estate car (BrE)

B (Mús) breakdancing

breakdance /'brekdans/ *m* breakdancing

brear [A1] *vt* (Esp fam): **su padre lo breó a palos** his father gave him a hiding *o* thrashing; **la ~on a preguntas** they bombarded her with questions

brebaje *m* potion; **un ~ mágico** a magic potion; **¿qué clase de ~ es éste?** (fam) what kind of weird concoction is this? (colloq)

breca *f* sea bream

brecha *f* (en un muro) breach, opening; (en la frente, cabeza) gash; **se hizo una ~ en la cabeza** he gashed his head, he split his head open; **el sol abrió una ~ entre las nubes** the sun broke through the clouds; **se ha abierto una profunda ~ entre el gobierno y el ejército** a deep division has opened up between *o* there is now a serious rift between the army and the government; ***abrir ~*** to break through, blaze a trail; **una investigación que abrió ~ en el tema** research which proved to be a breakthrough in the field, trailblazing research in the field; ***estar en la ~*** to be in the thick of things; ***seguir en la ~*** to stand one's ground

(Compuestos)

- **brecha generacional** (Sociol) generation gap
- **brecha digital** (Inf) digital divide

brecina *f* heath

brécol *m* broccoli

breeches /'britʃes/ *mpl* (Arg, Col) jodhpurs (*pl*)

brega *f* 1 (lucha) struggle 2 (trabajo) work; ***andar a la ~*** to be hard at work

bregar [A3] *vi* 1 (luchar) to struggle 2 (trabajar) to slave away, toil; **se pasó la vida bregando para sacar adelante a sus hijos** she spent her whole life toiling away to bring up her children

breke *m* (AmC) brake

breña *f* scrub, scrubland, rough ground

breque *m* (AmC) brake

bresca *f* honeycomb

Bretaña *f* Brittany

brete *m* 1 (para el ganado) chute, shedder 2 (fam) (situación difícil) jam (colloq), tight spot (colloq); **salieron del ~** they got out of the jam; **nos puso en un ~ con aquellas preguntas** he put us on the spot with those questions

bretel *m* (CS) strap

bretón¹ -tona *adj* Breton

bretón² -tona *m,f* 1 (persona) Breton 2 **bretón** *m* (idioma) Breton

breva *f* 1 (Bot) early fig, black fig; ***no caerá esa ~*** (Esp) chance would be a fine thing (colloq), I (*o* you *etc*) should be so lucky (colloq) 2 **brevas** *fpl* (de una mujer) boobs (*pl*) (arg), tits (*pl*) (arg)

breve¹ *adj*

A 1 (frml) (corto) ‹*discurso/vacaciones*› brief, short; ‹*distancia*› short; **tras un ~ almuerzo continuó la reunión** after a short break for lunch *o* (frml) after a brief lunch, the meeting continued; **dentro de ~s momentos** in a few moments; **sea usted ~, por favor** please be brief; **en ~** shortly, soon; **en ~ recibirán noticias nuestras** you will be hearing from us shortly *o* soon 2 ‹*sonido/vocal*› short

B (liter) ‹*cintura*› dainty, slender

breve² *f* 1 (Mús) breve 2 **breves** *fpl* (noticias) news in brief

brevedad *f* 1 (de un discurso, texto) brevity 2 (frml) (período corto): **rogamos nos lo devuelva con la mayor ~** *or* **a la ~ posible** we would ask you to return it to us as soon as possible *o* (frml) at your earliest convenience 3 (refiriéndose a dimensiones): **la ~ de su falda** the shortness of her skirt; **la ~ de su talle** (liter) the daintiness *o* slenderness of her waist

brevemente *adv* briefly, concisely

brevet /'breβet/ *m* (CS) pilot's license*

brevete *m* (Per) driver's license* (AmE), driving licence (BrE)

breviario *m* breviary

brezal *m* moor, heathland

brezo *m* heather, heath (AmE)

(Compuesto) **brezo veteado** briar

bribón -bona *m,f* (fam) rascal (colloq), scamp (colloq); **ven aquí, ~** come here, you little rascal *o* scamp

bribonada *f* dirty *o* mean trick; **no se olvida de una ~ así** one doesn't forget a dirty trick like that; **es una ~ tratar de robar a un niño** trying to steal from a child is a very mean trick *o* a very low thing to do

bricolaje, bricolage *m* do-it-yourself, DIY

bricolero -ra *m,f,* **bricolagista** *mf* do-it-yourself *o* DIY enthusiast

brida *f* bridle

bridge /bridʒ/ *m* bridge

(Compuestos)

- **bridge contrato** contract bridge
- **bridge subastado** auction bridge

briega *f* (Col) hard work, struggle

brigada¹ *m* warrant officer

brigada² *f* (Mil) brigade; (de policía) squad; (de obreros) gang, team, squad

b

(Compuestos)
- **brigada antiexplosivos** *or* **de explosivos** bomb squad
- **brigada de estupefacientes** drug squad
- **Brigada de Investigación Criminal** ≈ Federal Bureau of Investigation *o* FBI (*in US*), ≈ Criminal Investigation Department *o* CID (*in UK*)
- **brigada de salvamento** rescue team
- **Brigadas Internacionales** *fpl* International Brigades

brigadier *m* 1 (ant) (en el ejército) brigadier general (AmE), brigadier (BrE); (en la marina) rear admiral 2 (Arg) (en la fuerza aérea) brigadier general (AmE), air commodore (BrE)

brigadista *mf* member of a brigade (*o* squad *etc*); **~ internacional** member of the International Brigades

brilladora *f* (Col) floor polisher

brillante[1] *adj* 1 ‹*luz/estrella/color*› bright; ‹*zapatos/metal/pelo*› shiny; ‹*pintura*› gloss (*before n*); ‹*papel*› shiny, glossy; **tenía la platería ~** she kept the silverware gleaming; **son de un color azul ~** they're bright blue; **tenía los ojos ~s de fiebre** her eyes were bright with fever; **sus ~s ojos azules** his sparkling *o* bright blue eyes; **el fregadero está ~ de limpio** the sink is sparkling clean; **tiene el suelo ~** the floor's shining; **una tela ~** material with a sheen 2 ‹*escritor/discurso/porvenir*› brilliant

brillante[2] *m* 1 (diamante) diamond; **un anillo de ~s** a diamond ring 2 **brillantes** *mpl* (Arg) (polvo brillante) glitter

brillantemente *adv* brilliantly

brillantez *f* brilliance

brillantina *f* 1 (para el pelo) brilliantine 2 (Ur, Méx, Ven) (polvo brillante) glitter

brillar [A1] *vi* 1 «*sol/luz*» to shine; «*estrella*» to shine, sparkle; «*zapatos/suelo/metal*» to shine, gleam; «*diamante*» to sparkle; **le brillaba el pelo** her hair shone; **al verlo le ~on los ojos de alegría** when she saw him her eyes lit up with joy; **para que su vajilla brille, use ...** for sparkling dishes, use ...; **te brilla la nariz** your nose is shiny 2 «*inteligencia/cualidad*» to shine; **nunca brilló en sus estudios** he never shined (AmE) *o* (BrE) shone as a student, he was never a brilliant student
■ **brillar** *vt* (Col) to polish

brillo *m* 1 (de zapatos, suelo, metal) shine; (de un diamante) sparkle; (del pelo) shine; (de una estrella) brightness, brilliance; (de seda, satén) sheen; **el ~ de la luz nos sorprendió** the brightness of the light took us by surprise; **sacarle** *or* **darle ~ al suelo** to polish the floor; **¿quiere las fotos con ~?** do you want a gloss finish on the photos?; **dale un poco de ~** (TV) turn the brightness up a bit; **cautivada por el ~ de sus ojos** captivated by the sparkle in his eyes 2 (esplendor, lucimiento) splendor*; **un discurso/una interpretación sin ~** a dull *o* an unexceptional speech/performance 3 (producto — para labios) lip gloss; (— para uñas) clear nail polish

brilloso -sa *adj* (AmL) shiny

brin *m* fine canvas

brincar [A2] *vi* «*niño*» to jump up and down; «*cordero*» to gambol, skip around; **~ de alegría** to jump for joy, leap with joy; **está que brinca** (fam) she's hopping mad (colloq)

brinco *m* jump, leap, bound; **subió los escalones de un ~** he went up the steps in one leap *o* bound; **se despertó de un ~** he woke up with a start; **pegó** *or* **dio un ~ del susto** (fam) he jumped with fright; **entró dando ~s de alegría** she came in jumping for *o* leaping with joy; ***en un ~*** *or* ***dos ~s*** (fam) in a jiffy (colloq), in a tick *o* two ticks (colloq)

(Compuesto) **brinco de cojito** (Méx fam) hop

brindar [A1] *vi* to drink a toast; **~ POR algn/algo** to toast sb/sth, to drink a toast TO sb/sth
■ **brindar** *vt*
A (frml) (proporcionar) (+ *me/te/le etc*) to afford (frml); **no me ~on los medios necesarios** they did not provide me with *o* afford me the necessary resources; **la confianza que me brindan** the trust they are placing in me; **me brindó su apoyo incondicional** she gave *o* (frml) lent me her unconditional support; **les agradezco las atenciones que me han brindado** thank you for the kindness you have shown *o* afforded me; **me brindó una oportunidad única** it gave *o* offered *o* afforded me a unique opportunity; **la protección que les brindaba la organización** the protection that the organization gave them *o* provided *o* (frml) afforded them; **aquel bigotito le brindaba un aire anticuado** that mustache gave *o* (liter) lent him an old-fashioned air; **se le brindó un homenaje especial** they paid special tribute to him
B ‹*toro*› to dedicate
■ **brindarse** *v pron* (frml) to volunteer; **~se A + INF** to offer to + INF, volunteer to + INF; **se brindó a acompañarme** he offered *o* volunteered to accompany me

brindis *m* (*pl* ~) toast; **hicieron un ~ por los novios** they drank a toast to the newlyweds

brío *m* 1 (ánimo, energía) spirit; **un equipo joven y con ~s** a young team with a lot of spirit; **la orquesta atacó el primer movimiento con gran ~** the orchestra launched into the first movement with great gusto *o* verve; **cantaron con ~** they sang with great energy *o* verve *o* gusto; **luchó con ~s** he fought with great spirit *o* determination 2 (de un caballo) spirit

brioche /brj'oʃ/ *m* brioche

briosamente *adv* with spirit

brioso -sa *adj*
A 1 (enérgico) ‹*persona*› energetic, spirited, lively 2 ‹*caballo*› spirited, lively 3 ‹*motor*› lively
B ‹*andar/movimiento*› jaunty

brisa *f* breeze; **una ~ suave** a gentle breeze; **~ marina** sea breeze

brisca *f*: *Spanish card game similar to whist*

británico[1] **-ca** *adj* British

británico[2] **-ca** *m,f* British person, Briton, Britisher (AmE colloq); **los ~s** the British, British people

britano -na *m,f* (Hist) Ancient Briton

brizna *f* 1 (hebra) strand 2 (de hierba) blade 3 (Ven) (llovizna) drizzle

briznar [A1] *v impers* (Ven) to drizzle

broca *f* bit, drill bit

brocado *m* brocade

brocal *m* 1 (de un pozo) curb, parapet 2 (boquilla) tip, nozzle 3 (borde) rim

brocha *f* (de pintor) paintbrush, brush; (de afeitar) shaving brush; (en cosmética) blusher brush; ▸**pintor**

brochazo *m* brushstroke

broche *m* 1 (joya) brooch 2 (de un collar, monedero) clasp; (para tender la ropa) (Arg) clothespin (AmE), clothes-peg (BrE); (para el pelo) (Méx, Ur) barrette (AmE), hair slide (BrE) 3 (Arg) (grapa) staple

(Compuestos)
- **broche de gancho** hook and eye
- **broche de oro** perfect (*o* spectacular *etc*) end; **la jornada tuvo su ~ de ~ con los tradicionales fuegos artificiales** the day was brought to a spectacular close by the traditional firework display; **el ~ de ~ de una buena cena** the perfect finish *o* end to a good dinner
- **broche de presión** (Bol, CS) snap fastener (AmE), press stud (BrE), popper (BrE)
- **broche final** ▸**broche de oro**

brocheta *f* brochette, skewer

brócoli *m* broccoli

broker /'broker/ *mf* (*pl* **-kers**) broker

broma *f*
A 1 (chiste) joke; **hacerle** *or* **gastarle una ~ a algn** to play a (practical) joke on sb; **déjate de ~s** stop kidding around (colloq); **no estoy para ~s** I'm not in the mood for jokes; **una ~ que tuvo trágicas consecuencias** a practical joke which ended in tragedy; **fuera de ~(s)** *or* **~s aparte** joking apart; **lo dije de** *or* **en ~** I was joking, I said it as a joke *o* in jest; **lo dijo medio en serio, medio en ~** she said it kind of half serious, half joking; **¿que vaya yo a decírselo? ¿estás de ~?** me go and tell him? are you kidding? (colloq); ***entre ~s y veras*** half-jokingly; ***ni en ~*** no way (colloq); **¿vas a aceptar el trabajo? — ni en ~** are you going to take the job? — no way! *o* not on your life! 2 (fam & iró) (asunto) business (colloq); **la bromita nos costó un dineral** that little business *o* episode *o* affair cost us a fortune
B (Náut) shipworm

bromatología *f* food science, nutrition

bromear [A1] *vi* to joke; **no es momento para ~** this is no time for jokes; **no está bromeando, es muy capaz de hacerlo** he isn't joking *o* (colloq) kidding, he's quite capable of doing it

bromelia *f* bromeliad

bromista[1] *adj*: **es muy ~** he's always joking; **¡qué ~ eres!** you're such a joker

bromista[2] *mf* joker

bromo *m* bromine

bromuro *m* bromide

bronca *f* (fam)
A 1 (disputa, lío) row; **armar** *or* **montar una ~** to kick up a fuss (colloq), to create a ruckus (AmE colloq); **buscar ~** to look for trouble *o* a fight; **no vengas hoy a casa, que hay ~** don't come over today, there's a row *o* an argument going on 2 (alboroto, bullicio) racket (colloq)
B (esp Esp) (regañina) scolding, telling off (BrE); **siempre le está echando la ~ al** *or* **a su hijo** he's always telling his son off
C (AmL fam) (rabia): **está con una ~ que no ve** he's in a foul mood; **me da mucha ~ que sea tan injusto** he's so unfair, it really bugs *o* gets me (colloq); **dice que la maestra le tiene ~** he says the teacher has it in for him (colloq)

bronce *m* 1 (para estatuas, cañones) bronze; **los ~s del museo** the bronzes in the museum; **una medalla de ~** a bronze medal 2 (AmL) (para llamadores, placas) brass

bronceado[1] **-da** *adj* tanned, suntanned, bronzed

bronceado[2] *m* 1 (de la piel) tan, suntan 2 (Metal) bronzing

bronceador[1] **-dora** *adj* suntan (*before n*), tanning (*before n*)

bronceador[2] *m* suntan lotion

(Compuesto) **bronceador sin sol** artificial tanning lotion

broncear [A1] *vt*
A «*sol/cosmético*» to tan
B ‹*estatua/metal*› to bronze
■ **broncearse** *v pron* to get a tan *o* a suntan; **para ~se el rostro** to tan one's face

broncíneo -nea *adj* (liter) bronze, brazen (liter)

bronco -ca *adj* 1 ‹*sonido*› harsh; ‹*voz*› gruff, rough, gravelly; ‹*tos*› rasping, harsh 2 ‹*terreno*› rugged, rough 3 ‹*caballo*› wild

broncodilatador *m* bronchodilator

bronconeumonía, bronconeumonia *f* bronchopneumonia

broncopulmonar *adj* bronchopulmonary

bronquial *adj* bronchial

bronquio *m* bronchus, bronchial tube; **los ~s** the bronchi, the bronchial tubes; **padecía de los ~s** I used to have trouble with my chest

bronquiolitis *f* bronchiolitis

bronquíolo, bronquiolo *m* bronchiole; **los ~s** the bronchioli

bronquítico -ca *adj* bronchitic

bronquitis *f* bronchitis

brontosaurio *m* brontosaurus

broquel *m* shield

brotar [A1] *vi* 1 «*planta*» to sprout, come up; «*hoja*» to appear, sprout; «*flor*» to come out 2 «*manantial/río*» to rise; **le brotaba sangre de la herida** blood oozed from the wound; **las lágrimas le ~on de los ojos** tears began to flow from her eyes 3 «*duda/sentimiento*» to arise; «*rebelión*» to break out, spring up; **para impedir que vuelva a ~ la violencia** to prevent a fresh outbreak of violence; **una nueva modalidad de delincuencia está brotando en las grandes ciudades** a new form of crime is emerging *o* appearing in large cities

4 «*sarampión/grano*» to appear
■ **brotarse** *v pron* (AmL) to come out in spots, break *o* come out in a rash (BrE)

brote *m* 1 (Bot) shoot; **echar ~s** to sprout, put out shoots 2 (de rebelión, violencia) outbreak 3 (de una enfermedad) outbreak 4 (Col) (sarpullido) rash

BROU *m* **= Banco de la República Oriental del Uruguay**

broum *interj* vroom!, broom!

broza *f* 1 (maleza) undergrowth, scrub 2 (hojarasca) dead leaves (*o* twigs *etc*) 3 (en un discurso) padding, waffle (colloq)

brrr *interj* brrr!

brucelosis *f* brucellosis

bruces: **de ~** (*loc adv*) face down; **tenderse de ~** lie face down, lie flat on your stomach; **se fue** *or* **se cayó de ~ contra el suelo** he fell flat on his face

bruja *f*
A (mujer antipática) (fam) witch (colloq), old hag (colloq) *ver tb* **brujo**[2]
B (AmC, Col) (Zool) moth

Brujas *f* Bruges

brujería *f* 1 (conjunto de prácticas) witchcraft; **gente que cree en ~s** people who believe in witchcraft 2 (acto) spell

brujeril, brujil *adj* (fam) witchlike (*before n*); **rituales ~es** witches' rituals

brujo[1] **-ja** *adj* 1 ‹*ojos*› bewitching, beguiling; ‹*amor*› bewitching 2 (fam) (adivino) psychic 3 (AmC, Méx fam) (sin dinero) broke (colloq)

brujo[2] **-ja** *m,f*
A (*m*) warlock
B (*f*) witch *ver tb* **bruja**

brújula *f* compass

brujulear [A1] *vt*
A ‹*cartas*› to fan ... out carefully
B (fam) (tratar de conseguir) to try to get (colloq)
■ **brujulear** *vi* (Esp fam) to wander

bruma *f* (niebla — marina) sea mist, mist; (— del alba) mist; **en las ~s del tiempo** (liter) in the mists of time (liter)

brumoso -sa *adj* misty

brunch /brʌntʃ/ *m* brunch

bruno -na *adj* (moreno) dark brown; (negro) black

bruñido[1] **-da** *adj* burnished, polished

bruñido[2] *m* 1 (acción) burnishing, polishing 2 (brillo) shine, gloss

bruñir [I9] *vt* ‹*piedra*› to polish; ‹*metal*› to polish, burnish

brusca *f* camber

bruscamente *adv* sharply; **giró ~ a la derecha** she swerved to the right, she turned sharply to the right; **—no hables bobadas —dijo ~** don't talk nonsense, he said brusquely *o* sharply *o* abruptly

brusco -ca *adj* 1 ‹*movimiento/cambio*› abrupt, sudden; ‹*subida/descenso/viraje*› sharp, sudden, abrupt; **el ~ giro de los acontecimientos** the sudden turn of events; **se deben evitar las frenadas bruscas** you should avoid braking suddenly *o* sharply 2 ‹*carácter/modales*› rough; ‹*tono/gesto*› brusque, abrupt; ‹*respuesta*› curt, brusque; **no seas tan ~ que lo vas a romper** don't be so rough or you'll break it

Bruselas *f* Brussels

brushing /ˈbrʌʃin/ *m* blow-dry; **hacerse el ~** to have a blow-dry, to have one's hair blow-dried

brusquedad *f* 1 (en el trato) roughness; **le habló con mucha ~** he spoke very sharply *o* brusquely to her, he was very brusque *o* sharp with her 2 (de movimiento) abruptness, suddenness; **frenó con ~** he braked sharply *o* abruptly

brut /ˈbrut/ *adj* brut, extra dry

brutal *adj*
A ‹*crimen*› brutal; ‹*atentado*› savage
B (fam) (fenomenal, colosal) amazing (colloq), incredible; **hace un calor ~** it's incredibly hot; **¿qué te parece? — ¡~!** what do you think? — terrific! *o* amazing!

brutalidad *f* 1 (violencia) brutality, savageness 2 (acto, dicho): **¡qué ~, pegarle así a la pobre criatura!** what a brutish thing to do, hitting the poor child like that; **¡qué ~, decírselo así de golpe!** how insensitive can you get, just telling him out of the blue like that! 3 (fam) (cantidad exagerada): **hizo una ~ de comida** he prepared tons *o* loads of food (colloq)

brutalismo *m* brutalism

brutalista *adj/mf* brutalist

brutalizar [A4] *vt* to batter, maltreat, brutalize (frml)

brutalmente *adv* brutally

bruto[1] **-ta** *adj*
A ‹*persona*› 1 (ignorante) ▸ **bestia**[1] **A1** 2 (grosero) ▸ **bestia**[1] **A2** 3 (violento, brusco): **¡ay, perdón! ¡qué ~ que soy!** oh, sorry! I'm so clumsy *o* careless!; **¡qué hombre más ~! ha vuelto a pegarle** what a brute! *o* an animal! he's hit her again
B ‹*peso/sueldo*› gross; **en ~** ‹*diamante*› uncut; ‹*mineral*› crude
C (*delante del n*) (RPl fam) (enorme): **gana ~ sueldo** she earns a hell of a salary (colloq), she earns a terrific *o* an enormous *o* an incredible salary

bruto[2] **-ta** *m,f* 1 (ignorante) ignorant person; **¿cómo aprobaron a un ~ como él?** how could they pass someone as ignorant *o* as stupid as him? 2 (grosero): **es un ~** he's very rude 3 (persona violenta) brute, animal; **el ~ de su primo lo empujó por las escaleras** that brute *o* lout of a cousin of his pushed him down the stairs; ▸ **noble**[1]

Bs. As. = Buenos Aires

BSE *m* (en Ur) **= Banco de Seguros del Estado**

b.s.m. (Corresp) (frml & ant) **= besa su mano**

bu[1] *interj* boo!

bu[2] *m* bogeyman

buaa, buah *interj* waaah!

buba *f* bubo

bubón *m* bubo

bubónico -ca *adj* bubonic

bucal *adj* ‹*lesión*› mouth (*before n*), buccal (tech); ‹*antiséptico/higiene*› oral (*before n*)

bucanero *m* buccaneer

bucarán *m* buckram

Bucarest *m* Bucharest

búcaro *m* vase

buccino *m* whelk

buceador -dora *m,f* diver; **el equipo de ~es de la Armada** the Navy diving team; **~ de perlas** pearl diver

bucear [A1] *vi*
A (sumergirse) to dive; (nadar) to swim underwater
B (investigar) to delve

buceo *m* diving, underwater swimming
(Compuesto) **buceo de altura** deep-sea diving

buchaca *f* (Col) pocket

buchada *f* (Chi) ▸ **buche B1**

buche *m*
A 1 (de aves) crop; ***tener ~ de pajarito*** (Méx fam) to eat like a bird 2 (de otros animales) maw 3 (fam) (de una persona) belly (colloq); **¿ya te estás llenando el ~ de nuevo?** are you stuffing your face again already? (colloq); ***guardar*** *or* ***tener algo en el ~*** to keep sth under one's hat; ***sacarse algo del ~*** (Chi fam) to come out with sth; **sácatelo del ~ de una vez** out with it!, tell us about it
B 1 (Med, Odont): **haga ~s con este líquido** rinse your mouth out with this liquid 2 (sorbo) sip, mouthful
C (Méx fam) 1 (papada) double chin 2 (bocio) goiter*
D (Méx fam) (boca) mouth; **cierre el ~** shut your mouth (colloq) *o* (sl) trap

buchinche *m* ▸ **bochinche**

buchón[1] **-chona** *adj* (Col fam) pot-bellied

buchón[2] *m* water hyacinth

bucle *m* 1 (en el pelo) ringlet 2 (en un cable, una cuerda) loop 3 (Auto) intersection (AmE), junction (BrE) 4 (Inf) loop

bucodental, buco-dental *adj* ‹*higiene*› oral, dental; ‹*tratamiento*› dental

bucodentario -ria *adj* dental

bucólica *f* bucolic, pastoral poem

bucólico -ca *adj* bucolic, pastoral

buda *m* 1 buddha 2 **Buda** Buddha, the Buddha

Budapest *m* Budapest

buddleia *f* buddleia

budín *m* 1 (dulce) pudding; **~ de pan/manzana** bread/apple pudding 2 (salado) pie; **~ de pescado/carne** fish/meat pie
(Compuesto) **budín inglés** (RPl) fruit cake

budinera *f* mold*

budismo *m* Buddhism

budista *adj/mf* Buddhist

buen *adj ver* **bueno**[1]

buenamente *adv* 1 (sin demasiado esfuerzo): **trae lo que ~ puedas** bring whatever you can *o* whatever you can manage; **ven si ~ puedes** come if you can *o* if you can manage it 2 (indicando buena voluntad): **yo hago lo que ~ puedo** I do what I can, I do the best I can; **cada uno da lo que ~ puede** everybody gives what they can *o* as much as they can 3 (por las buenas) willingly

buenamoza *adj ver* **buenmozo**

buenaventura *f* 1 (buena suerte) good fortune 2 (futuro): **me dijo/leyó la ~** she told my fortune

buenazo[1] **-za** *adj* kindhearted

buenazo[2] **-za** *m,f* (persona) kindhearted person; **este perro es un ~** this dog's just a big softie (colloq)

buenmozo (*pl* **-zos), buenamoza** (*pl* **-zas**) *adj* ▸ **buen mozo**

buen mozo buena moza *adj* ‹*hombre*› good-looking, handsome; ‹*mujer*› attractive, good-looking; **todavía son muy ~os ~s** they're still very handsome *o* good-looking

buenmozura *f* (AmL) looks (*pl*), good looks (*pl*)

bueno[1] **-na** *adj* [*The form* **buen** *is used before masculine singular nouns.* ▸ **buen**]
(Sentido I)
A 1 [SER] (de calidad) ‹*hotel/producto*› good; **tiene buena memoria** she has a good memory; **siempre lleva ropa buena** he always wears good-quality clothes; **hizo un buen trabajo** she did a good job; **¿es ~ o de bisutería?** is it real or imitation?; ***lo ~ si breve dos veces ~*** brevity is the soul of wit 2 (valioso) good; **¡qué buena idea!** what a good idea!; **me dio muy ~s consejos** she gave me (some) very good *o* useful advice 3 (válido, correcto) ‹*razón/excusa*› good; **¿tienes buena hora** *or* **hora buena?** do you have the right *o* correct time?; **la bola fue buena** the ball was in; **~ *está lo ~ (pero no lo demasiado)*** (fam) you can have too much of a good thing
B 1 [SER] (competente) ‹*médico/alumno*› good; **como secretaria es muy buena** she's a very good secretary; **es muy buena en francés** she's very good at French 2 ‹*padre/marido/amigo*› good 3 (eficaz, efectivo) ‹*remedio/método*› good; **ser ~ PARA algo** to be good for sth; **es ~ para el hígado** it's good for the liver
C (favorable) ‹*oferta/suerte*› good; **traigo buenas noticias** I have good news (for you); **la novela tuvo muy buena crítica** the novel got very good reviews *o* was very well reviewed; **están en buena posición económica** they're comfortably off; ***en las buenas*** (CS) in the good times; ***estar de buenas*** (de buen humor) (fam) to be in a good mood; (afortunado) (Col fam) to be lucky; ***estar en la buena*** (CS) to be having a lucky streak, be on a run of good luck; **hoy no estoy en la buena** it's not my lucky day; ***por las buenas:*** **si no lo hace por las buenas ...** if he won't do it willingly ...; **intenta convencerlo por las buenas** try persuading him nicely
D [SER] (conveniente) good; **no es buena hora para llamar** it's not a good time to phone; **sería ~ que hablaras con él** it would be a good idea *o* thing if you spoke to him; **no es ~ comer tanto** it isn't good for you to eat so much

[E] (ingenioso, divertido) ‹chiste/idea› good, great (colloq); **lo ~ fue que ella tampoco tenía ni idea** the funny thing was she didn't have a clue either

[F] [1]▸ (agradable) nice; **¡qué buena pinta tiene esa ensalada!** that salad looks delicious *o* really good; **hace muy buen tiempo** the weather's lovely *o* very nice; **hace ~** (Esp) it's a nice day [2]▸ (agradable al paladar — en general) **ser ~** to be delicious, be nice; (— de algo en particular) **estar ~** to be good, be delicious, be nice; **el guacamole es buenísimo** guacamole is delicious *o* really nice; **¡qué buena está la carne/esta pera!** the meat/this pear is delicious; **la paella no te quedó** *or* **salió tan buena como la última vez** the paella didn't turn out as well as last time [3]▸ **¡qué ~!** (AmL) great!; **¡qué ~ que se te ocurrió traerlo!** it's a good thing you thought of bringing it

[G] [ESTAR] (en buen estado): **esta leche no está buena** this milk is off *o* has gone off; **estos zapatos todavía están ~s** these shoes are still OK *o* still have some wear in them; **¿este pescado estará ~?** do you think this fish is all right?

[H] [ESTAR] (fam) (sexualmente atractivo): **está muy buena** she's quite a looker (sl), she's gorgeous (colloq), she's a bit of all right (BrE sl); **está buenísimo** he's really gorgeous *o* dishy *o* hunky (colloq), he's a real looker (sl), he's a bit of all right (BrE sl)

[I] (saludable, sano): **tiene muy buen semblante** she looks very well; **háblale por el oído ~** speak to him in his good ear; **aún no está ~ del todo** (Esp) he still hasn't recovered completely *o* isn't completely better; ***~ y sano*** (Chi) (sin novedad) safe and sound; (sobrio) sober

[J] (en fórmulas, saludos) good; **¡~s días!** *or* (RPl) **¡buen día!** good morning; **¡buenas tardes!** (temprano) good afternoon; (más tarde) good evening; **¡buenas noches!** (al llegar) good evening; (al despedirse) good night; **dale las buenas noches a la abuela** say good night to Grandma; **¡buenas! ¿qué tal?** (fam) hi! *o* hullo! how are things? (colloq); **¡buen viaje!** have a good journey!; **¡buen provecho!** enjoy your meal, bon appetit; ***de buenas a primeras*** (de repente) suddenly, all of a sudden, without warning; **no lo puedo decidir así, de buenas a primeras** I can't make up my mind just like that

(Sentido II)

[A] [SER] (en sentido ético) ‹persona› good; ‹conducta/obra/acción› good; **fueron muy ~s conmigo** they were very good to me; **un buen hombre** a good man; **dígame, buen hombre ...** tell me, my good man ...

[B] [SER] ‹niño› good; **sé buenito y no hagas ruido** be a good little boy and don't make any noise

(Sentido III)

[A] (iró & fam): **¡estás tú buena si crees que te va a ayudar!** you must be crazy if you think he's going to help you; **¡estaría ~ que ahora dijera que no!** it'd be just great if he said no now! (iro & colloq); **¡en buena nos hemos metido!** this is a fine mess we've got(ten) ourselves into; ***darle una buena a algn*** (fam) to give sb a good hiding (colloq); ***de los ~s/de las buenas*** (fam): **nos echó un sermón de los ~s** she gave us a real dressing-down (colloq)

[B] (delante del n) (uso enfático): **se llevó un buen susto** she got a terrible fright; **lo que necesita es una buena paliza** what he needs is a good thrashing; **se metió en un buen lío** he got himself into a fine mess; **todavía nos falta un buen trecho** we still have a fair way to go; **una buena cantidad** a lot, a fair amount

[C] **un buen día** one day; **un buen día se va a cansar y ...** one day *o* one of these days she's going to get fed up and ...; **un buen día llegó y dijo ...** one (fine) day she came home and said ...

(Compuestos)

- **buena forma** *f* physical fitness; **está en muy ~ ~** she's very fit, she's in very good shape
- **buena mesa** *f*: **la ~ ~** good cooking; **es un amante de la ~ ~** he's a lover of good food *o* cooking
- **Buena Nueva** *f*: **la ~ ~** the Good News
- **buena pieza** *f* (fam): **¡~ ~ resultó ser Ernesto!** a fine one *o* a right one Ernesto turned out to be! (colloq)
- **buena vida** *f*: **la ~ ~** the good life
- **buen nombre** *m* good name
- **Buen Pastor** *m*: **el ~ ~** the good Shepherd

bueno² -na *m,f* [1]▸ (hum *o* leng infantil) (en películas, cuentos) goody (colloq); **los ~s y los malos** the goodies and the baddies (colloq & hum), the good guys and the bad guys (colloq) [2]▸ (bonachón, buenazo): **el ~ de Juan/la buena de Pilar** good old Juan/Pilar

bueno³ *interj*

[A] [1]▸ (expresando conformidad, asentimiento) OK (colloq), all right; **¿un café? — bueno** coffee? — OK *o* all right [2]▸ (expresando duda, indecisión) well [3]▸ (expresando resignación): **~, otra vez será** never mind, maybe next time [4]▸ (expresando escepticismo) well [5]▸ (intentando calmar a algn) okay, all right; **~, ~, tranquilízate** okay, okay, calm down *o* all right, calm down

[B] [1]▸ (expresando irritación): **~, se acabó, ¡a la cama!** right, that's it, bed!; **¡~, ya está bien! ¡os calláis los dos!** right, that's enough, be quiet the pair of you!; **pero, ~, ¿lo quiere o no lo quiere?** well, do you want it or not?; **¡y ~! ¿qué querías que hiciera?** (RPl) well, what did you expect me to do? [2]▸ (expresando sorpresa, desagrado) (well) really!; **¡~!, ¿qué manera de hablar es ésa?** really! that's no way to talk!; **¡~! esto era lo único que faltaba** (iró) oh, great! that's all we needed (iro)

[C] [1]▸ (introduciendo o reanudando un tema) now then, right then; **~, ¿dónde estábamos?** now (then) *o* right (then), where were we? [2]▸ (calificando lo expresado): **no es un lugar turístico, ~, no lo era** it isn't a tourist resort, well *o* at least *o* at any rate, it didn't use to be; **era amarillo, ~, más bien naranja** it was yellow; well, actually it was more like orange

[D] ➜📖 (Méx) (al contestar el teléfono) **¡~!** hello

buenón -ona *adj* (fam): **es un tipo bien ~** he's a handsome hunk (colloq); **está bien buenona la nueva secretaria** the new secretary's very easy on the eye (colloq)

Buenos Aires *m* Buenos Aires

buey¹ *adj* (Méx fam) dumb (colloq)

buey² *m*

[A] (Agr, Zool) ox; ***habló el ~ y dijo mu*** (fr hecha) when he opened his mouth what he said was a load of nonsense (*o* when you open your mouth you come out with a load of nonsense *etc*); ***hablar de ~es perdidos*** (RPl) to chat; ***saber con qué ~es se ara*** (RPl): **no lo va a hacer, sé con qué ~es aro** she won't do it, I know her *o* I know what she's like *o* I know what I'm talking about; ***el ~ suelto bien se lame*** there's nothing like freedom; ***nunca falta un ~ corneta*** (RPl) there's always one! (colloq); ***entre ~es no hay cornadas*** (RPl) birds of a feather stick together, there's honor among thieves

(Compuesto) **buey almizclero** musk ox; ▸**ojo**

[B] (Méx fam) (idiota) idiot, imbecile (colloq)

bueyada *f* (AmL) drove of oxen

buf *interj* pfff!

bufa *f* joke; **no hagas ~, lo digo en serio** don't joke about it *o* don't mock, I'm serious; **hacía una ~ a la autoridad** he was taking a gibe at authority, he was thumbing his nose *o* (BrE) cocking a snook at authority (colloq)

búfalo¹ -la *adj* (AmC fam) great (colloq), fantastic (colloq)

búfalo² *m* buffalo

bufanda *f*

[A] (Indum) scarf

[B] (Esp fam) (gratificación) perk

bufar [A1] *vi* [1]▸ «*toro/caballo*» to snort [2]▸ (fam) «*persona*» to snort; **—¡tú que vas a entender! —bufó con desprecio** what would you know about it? he snorted contemptuously; **papá está que bufa** dad's hopping mad *o* fuming (colloq)

bufet, bufé /bu'fe/ *m*

[A] [1]▸ (Coc) buffet; **~ frío** cold buffet [2]▸ (restaurante) cafeteria

(Compuestos)

- **bufet de ensaladas** salad bar
- **bufet libre** set price buffet

[B] (Andes) (aparador) sideboard

bufete *m*

[A] (Der) (despacho) lawyer's office; (negocio) legal practice, law firm; **se ha hecho un ~ a base de esfuerzo y trabajo** he has built up his practice through hard work and effort

[B] (mesa) writing desk

buffer /'bʌfer/ *m* (*pl* **~s**) buffer

buffet /bu'fe/ *m* ▸**bufet**

bufido *m* [1]▸ (de un toro, caballo) snort [2]▸ (de una persona) snort

bufo¹ -fa *adj* ‹*espectáculo*› comedy (*before n*); ‹*actor*› comedy (*before n*), comic; ▸**ópera**

bufo² *m* (arg) homosexual

bufón *m* [1]▸ (Hist) jester [2]▸ (fam) (gracioso) clown (colloq)

bufonada *f* stupid joke; **se puso a hacer ~s** he started clowning around

bufonear [A1] *vi* to joke, jest

bufonesco -ca *adj* clownish

bufoso *m* (RPl arg) shooter (sl), piece (sl)

buga *adj* (Méx arg) straight (colloq)

buganvilla, bugambilia *f* bougainvillea

buggy /'buɣi, 'bʌɣi/ *f or m* beach buggy, dune buggy

bugui *m* boogie

bugui-bugui *m* boogie-woogie

buhardilla, buharda *f* [1]▸ (desván) attic [2]▸ (apartamento) attic apartment (AmE) *o* (BrE) flat [3]▸ (ventana) dormer window

búho *m* eagle owl; (como término genérico) owl

buhonería *f* (acción) peddling; (mercancía) wares (*pl*)

buhonero *m* (ant) peddler*

buitre *m* [1]▸ (Zool) vulture [2]▸ (persona avariciosa) vulture; (en el comer) gannet (colloq)

buitrear [A1] *vi* (Chi, Per fam) to throw up (colloq)

■ **buitrear** *vt* (Chi, Per fam) to throw ... up (colloq)

buitrón *m* (Col) flue, chimney flue

bujarra, bujarrón *m* (arg & pey) queer (sl & pej)

buje *m* axle housing, axle casing

bujía *f* [1]▸ (Auto) spark plug [2]▸ (Fís) candela [3]▸ (AmC) (Elec) light bulb [4]▸ (ant) (vela) candle

bula *f* (Relig) bull; **~ papal** papal bull

bulbo *m* [1]▸ (Bot) bulb [2]▸ (Anat) bulb

(Compuestos)

- **bulbo dentario** pulp
- **bulbo raquídeo** medulla oblongata

bulboso -sa *adj* bulbous

buldog *m* (*pl* **~s**) ▸**bulldog**

buldozer, bulldozer /bul'ðoser, bul'ðoθer/ *m* (*pl* **-zers**) bulldozer

bule *m* (Méx) [1]▸ (planta) bottle gourd [2]▸ (vasija) gourd

bulerías *fpl*: *traditional Andalusian song/dance*

bulevar *m* boulevard

Bulgaria *f* Bulgaria

búlgaro¹ -ra *adj* [1]▸ (Geog) Bulgarian [2]▸ (RPl) ‹*dibujo/motivo*› paisley (*before n*)

búlgaro² -ra *m,f* [1]▸ (persona) Bulgarian [2]▸ **búlgaro** *m* (idioma) Bulgarian

bulimia *f* bulimia

bulímico -ca *adj/m,f* bulimic

bulín *m*

[A] (RPl fam) [1]▸ (de soltero) bachelor pad [2]▸ (vivienda): **se compraron un bulincito** they bought a little place of their own (colloq) [3]▸ (habitación) sanctum (colloq), den (colloq)

[B] (Per) (burdel) brothel

bulla *f* [1]▸ (ruido) racket (colloq), ruckus (AmE colloq); (actividad) bustle; **armar** *or* **hacer** *or* (CS) **meter ~** to make a racket, to create a ruckus; ***quitado de ~*** (Chi fam) mild-mannered, good-natured [2]▸ (Esp fam) (prisa) rush; **¿dónde vas con tanta ~?** why the rush? (colloq), what's the big hurry? (colloq); **no me metas ~** don't rush me

---

➜📖 Using the telephone

bullabesa *f* bouillabaisse, fish soup

bullado -da *adj* (Chi) much talked-about

bullanga *f* (fam) disturbance

bullanguero -ra *adj* (fam) ‹*persona*› fun-loving; ‹*música/ambiente*› lively

bullaranga *f* (Col) racket

bulldog, bull-dog *mf* (*pl* **-dogs**) bulldog

bullicio *m* **1** (ruido) racket, noise, ruckus (AmE colloq) **2** (jaleo, actividad): **el ~ de la gran ciudad** the hustle and bustle of the city, the hurly-burly of city life

bulliciosamente *adv* ‹*festejar/protestar*› noisily; ‹*jugar*› boisterously; **abandonaron ~ el estadio** they made a lot of noise as they left the stadium.

bullicioso -sa *adj* ‹*calle/barrio*› busy, noisy; ‹*niño*› boisterous

bullir [I9] *vi*: **me bulle la sangre (en las venas) cuando oigo esas cosas** it makes my blood boil when I hear things like that; **las ideas bullían en su mente** his mind was bubbling (over) with ideas; **el mar bullía embravecido** (liter) the sea seethed furiously (liter); **una nube de abejas bullía alrededor del panal** a cloud of bees swarmed around the honey comb; **la calle bullía de gente** the street was teeming *o* swarming with people; **el lugar bullía de actividad** the place was a hive of activity

bulloso -sa *adj* (Col) busy, noisy

bullying /ˈbu:liin/, /bʊllin/ *m* bullying

bulo *m* (Esp fam) **1** (rumor falso) unfounded rumor*, canard; **corre** *or* **circula el ~ de que ...** there's a rumor going around that ... **2** (noticia, información falsa) false report, (piece of) disinformation; **se filtró/publicó un ~ acerca de un acuerdo inexistente** a false report of a non-existent agreement was leaked/published **3** (engaño) hoax; **muchos han sido víctimas del ~** many people fell for the hoax

bulón *m* (RPl) rivet

bulpen *m* bullpen

bulterrier, bullterrier /bulˈterrjer/ *mf* (*pl* **-rriers**) bull terrier

bulto *m*

A **1** (cuerpo, forma): **a lo lejos vi un ~ que se movía** I saw a shape moving in the distance; **sólo distingo ~s** I can only make out vague shapes; **un toro que va al ~** a bull that goes straight for the body; **se le notaba el ~ de la pistola debajo de la chaqueta** you could see the bulge *o* form of the gun under his jacket **2** (volumen) bulk; **cosas ligeras y de poco ~** light things that don't take up too much space *o* that aren't too bulky; **no pesa pero hace mucho ~** it isn't heavy but it takes up a lot of space *o* it's very bulky; **errores de ~** glaring errors; **a ~** (fam): **no sé las cantidades, siempre lo echo todo a ~** I don't know the quantities, I just guess; **así, a ~, yo diría que hay unas 500 personas** at a guess *o* off the top of my head, I'd say there are about 500 people; ***cuanto*** *or* ***a menos ~ más claridad: déjalo que se vaya, cuanto menos ~ más claridad*** let him go, the fewer, the better; ***tiremos todo esto, cuanto menos ~ más claridad*** let's throw all this out, it's just getting in the way *o* then we may be able to see what we're doing; ***hacer ~*** to swell the numbers

B (Med) lump

C **1** (paquete, bolsa): **¿cuántos ~s llevas?** how many pieces of luggage do you have?; **~ de mano** piece *o* item of hand baggage *o* luggage; **salió de la tienda cargada de ~s** she came out of the shop laden with packages (*o* bags *etc*) **2** (Col) (saco) sack; ***escurrir el ~*** (fam): **en cuanto hay que arrimar el hombro, escurre el ~** when we/they have to get down to some work he ducks out (colloq); **cuando se lo preguntamos trató de escurrir el ~** when we asked her about it she tried to dodge the issue; ***llevar del ~*** (Col fam): **siempre nos toca llevar del ~** we always get the worst of things *o* get a raw deal; **¿cómo anda? — llevado del ~** how are you? — I'm having a bit of a rough time of it (colloq)

D (estatua) statue

bumerán *m* boomerang; **su resolución puede tener efecto de ~** their decision could backfire on them *o* could boomerang

bumerang /bumeˈran/ *m* (*pl* **~s**) ▸**bumerán**

bungalow /bunɣaˈlo/ *m* (*pl* **-lows**) cabin, chalet

bungee /ˈbʌn(d)ʒi/ *m* bungee jumping

búnker, bunker /ˈbuŋker/ *m* (*pl* **-kers**)

A (fortificación) bunker; (refugio) shelter, bunker

B (Esp) (grupo reaccionario) reactionary faction; **el ~ fascista** the last redoubt of fascism; **el ~ médico** the conservative *o* reactionary element of the medical establishment

C (en golf) bunker

bunkeriano -na *adj*

A (pey) ‹*edificio*› bunker-like

B (Esp) (reaccionario) reactionary

búnquer, bunquer /ˈbuŋker/ *m* (*pl* **-quers**) ▸**búnker**

bunqueriano -na *adj* ▸**bunkeriano**

bunyi /ˈbʌnji/ *m* bungee jumping

buñuelo *m* fritter

(Compuesto) **buñuelo de viento** *hollow fritter*

BUP /bup/ *m* (en Esp) **= Bachillerato Unificado Polivalente**

> **BUP - Bachillerato Unificado Polivalente**
>
> Under the old Spanish educational system, the more academic option for fourteen to seventeen-year-olds.

buque *m* ship, vessel

(Compuestos)

- **buque cisterna** tanker
- **buque de abastecimiento** supply ship
- **buque de asalto anfibio** amphibious assault ship
- **buque de apoyo** support ship *o* vessel
- **buque de carga** freighter, cargo ship *o* vessel
- **buque de desembarco** landing craft
- **buque de guerra** warship
- **buque de pasaje** *or* **pasajeros** passenger liner
- **buque de rescate** rescue ship *o* vessel
- **buque escuela** training ship *o* vessel
- **buque factoría** factory ship
- **buque fantasma** ghost ship
- **buque faro** lightship
- **buque insignia** flagship
- **buque mercante** merchant ship *o* vessel
- **buque minador** minelayer
- **buque nodriza** mother ship *o* vessel
- **buque patrullero** patrol boat
- **buque portacontenedores** container ship
- **buque tanque** tanker

buqué *m* ▸**bouquet**

buraco *m* (RPl fam) hole

burbuja *f* **1** (de gas, aire) bubble; **una bebida sin ~s** a still drink; **este vino tiene ~s** this wine is fizzy *o* bubbly **2** (de una piscina, pista de tenis) inflatable dome

burbujeante *adj* bubbly, bubbling

burbujear [A1] *vi* **1** «*champán/agua mineral*» to fizz **2** (al hervir) to bubble

burbujeo *m* bubbling

burdégano *m* hinny

burdel *m* brothel

burdeos[1] *adj inv* ▸**i p.181** burgundy

burdeos[2] *m* **1** (Vin) Bordeaux wine **2** ▸**i p.181**; (color) burgundy

Burdeos *m* **1** (ciudad) Bordeaux **2** (Vin) Bordeaux

burdo -da *adj* **1** ‹*persona/modales*› coarse **2** ‹*mentira*› blatant; ‹*imitación*› crude; **una burda calumnia** a base calumny (frml); **una burda excusa** a flimsy excuse, a cock-and-bull story **3** ‹*paño/tela*› rough, coarse

bureo *m* (Esp fam): **ir/estar de ~** to go/be out on the razzle *o* on the town (colloq)

bureta *f* burette

burger /ˈburɣer/ *m* (*pl* **-gers**) burger restaurant, burger bar

burgo *m* **1** (lugar fortificado) fortified town **2** (aldea) hamlet

burgomaestre *m* burgomaster, mayor

burguer *m* (*pl* **-guers**) ▸**burger**

burgués[1] **-guesa** *adj* **1** (Hist) bourgeois **2** (de clase media) middle class; (pey) bourgeois (pej); **se ha vuelto muy ~** he's become very middle class *o* bourgeois

burgués[2] **-guesa** *m,f* **1** (Hist) member of the bourgeoisie *o* the middle classes, bourgeois; **los burgueses** the bourgeoisie **2** (persona de clase media) member of the middle class; (pey) bourgeois; **los burguesitos que vienen a jugar al golf** the bourgeois types who come here to play golf

burguesía *f* **1** (Hist) bourgeoisie **2** (clase media) middle class, middle classes (*pl*); (pey) bourgeoisie; ▸**pequeño**[1]

buril *m* burin, engraver's chisel

burilar [A1] *vt* to engrave

Burkina Faso Burkina Faso

burla *f* **1** (mofa): **era objeto de las ~s de todos** he was the butt of everyone's jokes; **todos le hacen la ~** everyone makes fun of her *o* mocks her **2** (chanza, broma): **lo dije en son de ~** I said it tongue in cheek; **lo dijo entre ~s y veras** he said it only half in jest *o* he said it half joking, half serious **3** (atropello): **el precio de las entradas es una ~ al público** they're robbing people *o* (colloq) ripping people off charging that much for the tickets; **no le perdonaría esa ~ a su confianza** she would not forgive him that betrayal of her trust; **esto es una ~ del reglamento** this makes a mockery of the regulations

burladero *m: barrier behind which the bullfighter takes refuge*

burlador *m* (ant) seducer, Don Juan

burlar [A1] *vt* ‹*medidas de seguridad/control*› to evade, get around; **el barco se fugó burlando la vigilancia de la marina** the boat escaped despite being under navy surveillance

■ **burlarse** *v pron* **~se DE algo/algn** to make fun OF sth/sb; **¡de mí no se burla nadie!** no-one makes fun of *me*!

burlesco -ca *adj* ‹*género*› burlesque; ‹*espectáculo*› comic

burlesque *m* burlesque

burlete *m* draft* excluder

burlón -lona *adj* **1** (de mofa) ‹*actitud*› mocking; ‹*risa*› sardonic, derisive, mocking; **un hombre cínico y ~** a cynical, sardonic *o* scornful man **2** (de broma) ‹*actitud*› joking, teasing; **hombre, no seas ~** come on, stop teasing

buró *m* **1** (escritorio) writing desk, bureau (BrE) **2** (Méx) (mesa de noche) bedside table

(Compuesto) **buró ejecutivo** *or* **político** executive, politburo

burocracia *f* administration, bureaucracy; (pey) bureaucracy (pej), red tape (pej)

burócrata *mf* **1** (pey) bureaucrat **2** (Méx) (funcionario) civil servant, official

burocrático -ca *adj* **1** (pey) ‹*trámite/proceso*› bureaucratic **2** (Méx) ‹*empleado/jerarquía*› government (*before n*), state (*before n*)

burocratismo *m* (pey) bureaucracy (pej), red tape (pej)

burocratización *f* bureaucratization*

burocratizar [A4] *vt* to bureaucratize

buromática, burótica *f* office automation

burra *f* (Chi fam) jalopy (AmE), old banger (BrE) *ver tb* **burro**[2]

burrada *f* (fam) **1** (necedad, barbaridad): **deja de decir ~s** stop talking nonsense *o* drivel; **me dieron ganas de contestarle una ~, pero me callé** I felt like saying something rude, but I kept quiet; **no sé cómo pudiste hacer semejante ~** I don't know how you could do such a stupid thing **2** (Esp) (gran cantidad): **una ~** loads (*pl*) (colloq); **una ~ de gente** loads of people; **me gusta una ~ este vestido** I absolutely love this dress; **tenía una ~ de cosas que hacer** I had loads *o* a whole load of things to do (colloq); **debe costar una ~** it must cost a fortune *o* packet (colloq)

burrero -ra *m,f*

A (persona) (CS fam) horse racing fan

b

b

B (Chi arg) (que lleva droga) courier, mule (sl)

burro[1] **-rra** *adj*

A **1** (fam) (ignorante) stupid, dumb (AmE colloq), thick (BrE colloq) **2** (fam) (bruto, tosco): **¡no seas ~, me has hecho daño!** don't be so rough, that hurt!; **¡qué ~ es! lo movió él solo con todo lo que pesa** what a brute! he moved it all on his own and it must weigh a ton (colloq & hum) **3** (fam) (obstinado, cabezón) pigheaded (colloq)

B (Col arg) (marihuanero): **son muy ~s** they're real dope fiends (colloq)

burro[2] **-rra** *m,f*

A (Zool) **1** (asno) (*m*) donkey; (*f*) female donkey, jenny; **me tienen de ~ de carga** I'm just a dogsbody *o* drudge around here, I get landed *o* (BrE) lumbered with all the donkey work; **el ~ delante (para que no se espante)** (fr hecha) *expression used to correct children's incorrect word order*; ***apearse*** *or* ***bajarse del ~*** to back down; ***brincar al ~*** (Méx) to play leapfrog; ***no ver tres en un ~*** (fam) to be as blind as a bat (colloq); ***trabajar como un ~*** to work like a dog *o* horse; ***ver ~s negros*** (Chi fam) to be in agony, see stars (colloq); ***~ grande, ande o no ande*** never mind the quality, feel the width (colloq & hum); ***después del ~ muerto la cebada al rabo*** there's no point locking the stable door after the horse has bolted; ***quien nace para ~, muere rebuznando*** a leopard never changes its spots **2** (CS fam) (caballo de carrera) racehorse; **perdió todo en los ~s** he lost everything on the horses

B (fam) **1** (ignorante) idiot **2** (bruto, tosco) oaf; **es un ~ trabajando, aguanta lo que le echen** he's a real brute! he can take any amount of work (colloq & hum) **3** (cabezón, obstinado) stubborn mule, obstinate pig (colloq) *ver tb* **burra**

burro[3] *m*

A **1** (en carpintería) sawhorse, sawbuck (AmE); (en herrería) workbench **2** (Méx) (para planchar) ironing board **3** (Méx) (caballete) trestle **4** (Méx) (escalera) stepladder

B (juego — de naipes) ≈ donkey; (— de niños) *game similar to leapfrog*

C (Méx) (de la mazorca) corncob; ***entre menos ~s más ~s*** (Méx fam) all the more for us/them (colloq)

D (Chi) (de cerveza) *small, squat stein* (AmE) *o* (BrE) *tankard ver tb* **burro**[2]

burrum *interj* vroom

bursátil *adj* stock market *o* exchange (*before n*); **mercado ~** stock market *o* exchange; **la actividad ~** activity on the stock market *o* exchange

bursitis *f* bursitis

burujo *m* (apelotonamiento) lump; (de billetes) wad

burundés -desa *adj* Burundian

Burundi *m* Burundi

bus *m* **1** (Auto, Transp) bus **2** (Inf) bus

(Compuestos)
- **bus articulado** articulated bus, tandem bus
- **bus de control** control bus
- **bus de datos** data bus
- **bus de direcciones** address bus
- **bus oruga** (Chi) articulated bus, tandem bus

busaca *f* ▸ **buchaca**

busca[1] *f*

A (búsqueda) search; **enviaron a un grupo en ~ de ayuda** they sent a group in search of help *o* to look for help; **emigraron en ~ de nuevos horizontes** they emigrated in pursuit *o* search of new horizons (liter); **todos salieron en su ~** they all set out to look for him *o* search for him *o* to try to find him; **varios periodistas llegaron en ~ de una exclusiva** several reporters arrived in search of *o* hoping to get a scoop; **anda en ~ de marido** she's husband-hunting (colloq), she's looking for a husband; **andar a la ~ de algo/algn** (Chi fam) to be after sth/sb (colloq)

B (Méx fam) (trabajillo): **si no fuera porque tengo mis ~s no podría pagar el departamento** if it weren't for my other jobs I couldn't pay the rent (colloq); **hacen ~s fuera de sus trabajos** they do a bit of moonlighting (colloq)

busca[2] *m* (Esp fam) pager, beeper, bleeper (BrE)

buscable *adj* (Inf) searchable

buscabullas *mf* (*pl* ~) (Chi, Méx fam) troublemaker

buscador -dora *m,f*

A **~ de oro** gold prospector; **~ de tesoros** treasure hunter

B **buscador** *m* (Inf) search engine

buscaniguas *m* (Col) jumping jack

buscapersonas *m* (*pl* ~) pager, beeper, bleeper (BrE)

buscapiés *m* (*pl* ~) jumping jack

buscapleitos *mf* (*pl* ~) (fam) troublemaker

buscar [A2] *vt*

A (intentar encontrar) **1** ‹*persona/objeto*› to look for; ‹*fama/fortuna*› to seek; ‹*trabajo/apartamento*› to look for, try to find; ‹*solución*› to look for, try to find; **lo he buscado en** *or* **por todas partes** I've looked *o* searched for it everywhere; **no trates de ~ excusas** don't try to make excuses; **la policía lo está buscando** the police are looking for him, he's wanted by the police; **Ⓢ se busca** wanted; **los hombres como él sólo buscan una cosa** men like him are only after one thing (colloq); **te buscan en la portería** someone is asking for you at reception; **las flores buscan la luz** flowers grow towards the light; **la buscaba con la mirada** *or* **los ojos** he was trying to spot her; **está buscando la oportunidad de vengarse** he's looking for a chance to get his own back (colloq); **busca una manera más fácil de hacerlo** try and find an easier way of doing it **2** (en un libro, una lista) to look up; **busca el número en la guía** look up the number in the directory

B **1** (recoger) to collect, pick up; **fuimos a ~lo al aeropuerto** we went to pick him up from *o* fetch him from *o* collect him from *o* meet him at the airport; **vengo a ~ mis cosas** I've come to collect *o* pick up my things **2** (conseguir y traer) to get; **fue a ~ un médico** he went to get a doctor, he fetched a doctor; **salió a ~ un taxi/el pan** he went to get a taxi/the bread; **sube a ~me las tijeras** go up and get me *o* bring me *o* fetch me the scissors

C **1** (intentar conseguir): **una ley que busca la igualdad de (los) sexos** a law which aims to achieve sexual equality *o* equality between the sexes; **¿qué buscas con eso?** what are you trying to achieve by that?; **tiene cuatro hijas y busca el varón** (fam) she has four girls and she's trying for a boy; **~ + INF** to try to + INF, set out to + INF; **el libro busca destruir ese mito** the book sets out *o* tries *o* attempts to explode that myth **2** (provocar) ‹*bronca/camorra*› to look for; **siempre están buscando pelea** they're always looking *o* spoiling for a fight; **me está buscando y me va a encontrar** he's looking for trouble and he's going to get it

■ **buscar** *vi* to look; **busca en el cajón** look *o* have a look in the drawer; **¿has buscado bien?** have you looked properly?, have you had a proper look?; **¡busca! ¡busca!** (a un perro) fetch!; ***el que busca encuentra*** *or* ***busca y encontrarás*** seek and ye shall find

■ **buscarse** *v pron*

A (intentar encontrar) to look for; **debería ~se a alguien que le cuidara los niños** she should look for *o* find somebody to look after the children

B ‹*complicaciones/problemas*› **no quiero ~me complicaciones** I don't want any trouble; **tú te lo has buscado** you've brought it on yourself, it serves you right; **se está buscando problemas** she's asking for trouble; ***buscársela(s)*** (fam): **te la estás buscando** you're asking for trouble, you're asking for it (colloq); **no te quejes, la verdad es que te la buscaste** don't complain, the truth is you had it coming to you *o* you brought it on yourself (colloq)

buscatesoros *m* (*pl* ~) (Náut) treasure hunter (*ship*)

buscavidas *mf* (*pl* ~) (CS) go-getter (colloq)

buscón -cona *m,f*

A (ant) (rufián) rogue (dated), scoundrel (dated)

B **buscona** *f* (pey) (prostituta) whore (pej)

busero -ra *m,f* bus driver

buseta *f* (Col, Ven) small bus

busilis *m* (Esp fam): **¡ahí está el ~ del asunto!** that's the crux of the matter!, there's the rub! (colloq); **el asunto tiene su ~** there's a knack to it (colloq)

búsqueda *f* search; **~ DE algo/algn** search FOR sth/sb

(Compuestos)
- **búsqueda del tesoro** treasure hunt
- **búsqueda de palabra** (Inf) wordsearch
- **búsqueda en Internet** web search
- **búsqueda y sustitución** (Inf) search and replace

busquillas *mf* (*pl* ~) (Chi, Per) go-getter (colloq)

bustier /busti'e/ *m* (*pl* **~s**) bustier

busto *m* **1** (de mujer) bust; **¿cuánto mide de ~?** what size (bust) are you?, what's your bust size? **2** (Art) bust

(Compuesto) **busto parlante** talking head

butaca *f* **1** (con respaldo) (esp Esp) armchair; (sin respaldo) (esp AmL) stool; ***correrle la ~ a algn*** (Col) to edge sb out **2** (en un teatro, cine) seat; **~ de patio** (Esp) (front) orchestra seat (AmE), stall seat (BrE), seat in the stalls (BrE)

butacón *m* easy chair

butano[1] *m* butane, butane gas

butano[2] *adj inv* (Esp) bright orange

buten: **de ~** (*loc adj*) (Esp arg) fantastic (colloq), awesome (AmE arg), brilliant (BrE colloq)

butifarra *f* **1** (embutido) *type of sausage*; ***hacerle ~ a algn*** ≈ to give sb the finger, ≈ to do a V-sign at sb (*in UK*) **2** (Per) (bocadillo) ham, lettuce and onion sandwich

(Compuestos)
- **butifarra blanca** (Esp) *sausage made without blood*, white pudding (BrE)
- **butifarra negra** (Esp) blood sausage, black pudding (BrE)

butileno *m* butylene, butene

butílico -ca *adj* butyl (*before n*)

butilo *m* butyl

butrón *m* (Esp) break-in (*carried out by making a hole in the wall*)

buu *interj* boo!

buzamiento *m* dip

buzar [A4] *vi* to dip

buzo[1] *adj* (Méx fam) (astuto): **es bien ~** he's really on the ball (colloq); **ponte ~** keep on your toes

buzo[2] *m*

A (Náut) diver

B (Indum) **1** (Chi, Per) (para hacer ejercicio) track suit **2** (Col) (suéter de cuello alto) turtle neck sweater (AmE), polo neck jumper (BrE) **3** (Arg, Col) (camiseta) sweatshirt **4** (Ur) (jersey) sweater, jumper (BrE)

buzo[3] *interj* (Méx fam) **1** (para avisar) look out!, watch out! **2** (expresando enojo) watch it!, watch what you're doing!

buzón *m*

A (en la calle) postbox, mailbox (AmE), letter box (BrE); (en una casa) mailbox (AmE), letter box (BrE); **echar una carta al** *or* **en el ~** to mail (AmE) *o* (BrE) post a letter; ***venderle un ~ a algn*** (RPl fam) to take sb for a ride (colloq), to sell sb a gold brick (AmE colloq); **a ésta un día de éstos le venden un ~** she's so gullible you could sell her a gold brick (AmE) *o* (BrE) Tower Bridge if you tried

(Compuesto) **buzón de sugerencias** suggestion(s) box

B (Inf) mailbox

(Compuesto) **buzón de voz** voice mail

C (persona) go-between, intermediary

buzonear [A1] *vt* to deliver … door-to-door

buzoneo *m* door-to-door delivery

bypass /'baɪpas/ *m* (*pl* ~) (Med) bypass; **operación de ~** bypass operation; **le hicieron tres bypass** he had a triple bypass operation

byte /'bait/ *m* (*pl* **bytes**) byte

Cc

c, C *f* (*read as* /se/ *or* (Esp) /θe/)
A (the letter) c, C
B (= **centígrado** *or* **Celsius**) C, Centigrade, Celsius

c/ (= **calle**) St, Rd

C- *f* (en Esp) (= **carretera comarcal**) **está a 5 km de Benasque por la C-139** it's 5 km from Benasque on the C-139

ca *interj* (fam) nonsense!, garbage! (AmE), rubbish! (BrE)

CA *f* (= **corriente alterna**) AC

cabal *adj* **1** ‹*noción/comprensión*› **estos hechos nos dan una noción ~ del problema** these facts give us a fuller and more exact idea of the problem; **en el ~ sentido de la palabra** in the strict sense of the word; **tenemos conciencia ~ de las dificultades** we are fully *o* completely aware of the difficulties; **hay 12 euros ~es** there are exactly 12 euros; **cuarenta, ~itos** exactly forty (euros) **2** ‹*persona*› fine, upright

cábala *f* **1** (interpretación mística) cabbala; **de** *or* **por ~** out of superstition **2** **cábalas** *fpl* **hacer ~s** (hacer cálculos) to do some calculations (hacer conjeturas) to speculate

cabales *mpl*: **no está en sus ~** he's not in his right mind

cabalgadura *f* (liter) mount (liter)

cabalgar [A3] *vi* (liter) «*jinete*» to ride
■ **cabalgar** *vt* «*semental*» to cover, mount

cabalgata *f* **1** (desfile) parade, procession, cavalcade **2** (Equ) ride; **por la mañana hicimos una ~** in the morning we went for a ride

cabalidad *f*: **a** *or* **con ~** (exactamente, completamente) precisely, exactly; (a conciencia) conscientiously; **la cifra no se ha podido establecer a** *or* **con ~** it has not been possible to establish an exact figure; **hace su trabajo a ~** she does her work conscientiously

cabalista *mf* cabalist

cabalístico -ca *adj* cabalistic

caballa *f* mackerel

caballada *f* (CS) ▸**animalada**

caballaje *m* (Auto, Mec) horse power

caballar *adj* ‹*raza*› equine; ‹*cría*› horse (*before n*); **ganado ~** horses

caballerango *m* (Méx) groom

caballeresco -ca *adj* **1** ‹*comportamiento/modales*› gentlemanly, gallant, chivalrous **2** **literatura caballeresca** literature of chivalry, chivalresque literature

caballerete *m*: **oiga usted, ~, ¿qué hace aquí?** excuse me, young man, what are you doing here?

caballería *f* **1** (Mil) cavalry; ***echarle la ~ encima a algn*** (Chi fam) to come down on sb like a ton of bricks (colloq) **2** (caballo) horse; (montura) mount (liter), steed (liter) **3** (Lit): **libro de ~** chivalresque novel; ▸**orden**[1]

(Compuestos)
- **caballería andante** (actividad) knight-errantry; (gente) knights errant (*pl*)
- **caballería ligera** light cavalry

caballeriza *f* **1** (edificio) stable **2** (caballos) stable, stables (*pl*); **de la ~ Montero** from the Montero stable(s)

caballerizo -za *m,f* groom

caballero[1] **-ra** *adj* ▸**caballeroso**

caballero[2] *m*
A (frml) (hombre, señor) gentleman; **atienda al ~, por favor** serve the gentleman, please; **ropa de ~** menswear; **sección de ~s** men's department; **peluquería de ~s** barber's (shop), gents' hairdresser's (BrE); **¿en qué puedo servirle, ~?** how can I help you, sir?; **damas y ~s** ladies and gentlemen; Ⓢ **caballeros** Men *o* Gentlemen *o* Gents
B (hombre cortés, recto) gentleman; **es todo un ~** he's a perfect gentleman; **un ~ siempre cumple con su palabra** a gentleman always keeps his word
C (Hist) **1** (noble) knight **2** (de una orden) knight; **fue armado ~ por el rey** he was knighted by the king; ***poderoso ~ es don dinero*** money talks

(Compuestos)
- **caballero andante** knight errant
- **caballero blanco** white knight

caballerosamente *adv* chivalrously, gallantly; **siempre se condujo ~** he always behaved like a gentleman

caballerosidad *f* chivalry

caballeroso -sa *adj* gentlemanly, gallant, chivalrous

caballete *m* **1** (de la nariz) bridge **2** (para una mesa) trestle; (para un lienzo, una pizarra) easel **3** (de una moto) kickstand **4** (del tejado) ridge **5** (en carpintería) sawhorse **6** (Chi) (en gimnasia) horse

caballista *mf* (*m*) horseman; (*f*) horsewoman

caballito *m*
A (juguete — que se mece) rocking horse; (— con palo) hobbyhorse; ***hacerle ~ a algn*** to bounce sb up and down on one's knee; ***llevar a algn a ~*** to give sb a piggyback *ver tb* **caballo**[2]
B (fam) (con una moto, bicicleta) wheelie; **hacer ~s** to do wheelies
C **caballitos** *mpl* (Méx) (carrusel) merry-go-round, carousel (AmE)
D (policía) (Cu fam) motorcycle cop (colloq)

(Compuestos)
- **caballito del diablo** dragonfly
- **caballito de mar** sea horse

caballo[1] **-lla** *adj*
A (Chi fam) **1** (estupendo) fantastic (colloq), great (colloq); **¡qué tipo más ~!** he's gorgeous! (colloq) **2** (enorme) ‹*problema*› huge, terrible; **tengo un hambre caballa** I'm so hungry I could eat a horse, I'm incredibly hungry
B (AmC fam) (estúpido) stupid

caballo[2] *m*
A (Equ, Zool) horse; **¿sabes montar** *or* (AmL) **andar a ~?** can you ride (a horse)?; **fueron a ~ hasta el pueblo** they rode to the village (on horseback); **dieron un paseo a ~** they went for a ride (on horseback), they went riding, they went horseback riding (AmE), they went horseriding (BrE); ***como ~*** (Chi fam): **duele como ~** it hurts like hell (colloq); ***el ~ de*** (Chi fam): **un incendio el ~ de grande** a huge fire; **nos comimos una sopa la caballa de rica** we had the most delicious soup; ***a ~ entre ...***: **temas a ~ entre la antropología y la historia** subjects on the borderline between anthropology and history; **la obra está a ~ entre lo documental y la ficción** the play is half documentary and half fiction; ***estar de a ~ en algo*** (Chi fam) to be an expert in sth; ***a ~ regalado no se le miran los dientes*** don't look a gift horse in the mouth

(Compuestos)
- **caballo de batalla** (de una persona) hobbyhorse; (en una discusión) central issue
- **caballo de carga** packhorse
- **caballo de carreras** *or* (CS) **carrera** racehorse
- **caballo de monta** *or* **silla** saddle horse
- **caballo de tiro** carthorse
- **caballo de Troya** Trojan horse

B **1** (en ajedrez) knight **2** (en naipes) ≈ queen (*in a Spanish pack of cards*)

(Compuesto) **caballo blanco** white knight

C (Auto, Fís, Mec) *tb* **~ de vapor** metric horsepower, horsepower

(Compuestos)
- **caballo de fuerza** British horsepower, horsepower
- **caballo fiscal** *fiscal unit for calculation of road tax*; ▸**dos caballos**

D (arg) (heroína) horse (sl)
E (Méx) (en gimnasia) horse
F (AmC fam) **1** (estúpido) idiot **2** (pantalón vaquero) jeans (*pl*), denims (*pl*)

caballón *m* ridge

caballuno -na *adj* **1** ‹*cara/facciones*› horsey **2** (Chi fam) (tremendo) amazing (colloq), incredible (colloq)

cabalmente *adv*: **cumplió ~ las instrucciones** he carried out the instructions exactly *o* to the letter; **para entender ~ la situación** to understand the situation fully

cabaña *f*
A (choza) cabin, shack
B (Agr) **1** (Esp) (conjunto de ganado) livestock (+ *sing or pl vb*) **2** (RPl) (estancia) cattle-breeding ranch
C (Art) pastoral
D (Méx) (Dep) goal

cabañero -ra *m,f* herdsman, drover

cabañuelas *fpl*: *predictions for the year's weather based on weather during the first 12 days of January*

cabaré, cabaret /kaβa're/ *m* (*pl* **-rets**) **1** (establecimiento) cabaret, nightclub **2** (espectáculo) cabaret; **artista de ~** cabaret artist

cabaretera *f* (bailarina) cabaret dancer, showgirl; (camarera) nightclub hostess

cabás *m* (Esp) lunch box

cabe[1] *m* (Per): **me puso ~** he tripped me up

cabe[2] *prep* (arc) beside, next to

cabeceada *f*
A **1** (AmL) (al dormitar): **dar ~s** to nod off; **echarse una ~** to take *o* have a nap **2** (CS) (Dep) header
B (Chi fam) (trabajo mental): **por más ~s que nos dimos** no matter how much we racked our brains

cabecear [A1] *vi* **1** «*persona*» to nod off **2** «*caballo*»: **el caballo empezó a ~** the horse began to toss its head **3** «*barco*» to pitch
■ **cabecear** *vt*
A ‹*balón*› to head
B (fam) ‹*asunto/solución*› to chew *o* mull ... over (colloq)

cabeceo *m* **1** (al dormitar) nod **2** (de un caballo) toss of the head **3** (de un barco) pitching

cabecera *f*
A **1** (de la cama) headboard; **a la ~ del enfermo**

at the patient's bedside; **había un crucifijo en la ~** there was a crucifix over the bed *o* at the head of the bed; **▸ médico²** 2 (de una mesa) head 3 (de un río) headwaters (*pl*) 4 (de una manifestación) head, front; (de una comisión) chairmanship

(Compuesto) **cabecera de pista** end of the runway

B 1 (de un periódico) masthead, flag; (de una página) head; **lo pusieron en ~** they made it their front-page headline, it appeared as the headline on the front page 2 (de un libro) headband

C (Adm, Pol) *tb* **~ de comarca** administrative center*

cabecero *m* headboard

cabecilla *mf* ringleader

cabecita negra *mf* (Arg pey) *offensive term for a person of mixed race*

cabellera *f* 1 (melena) hair, locks (*pl*) (liter) 2 (de un cometa) tail

cabello *m* ▸ ❶ **p.231** hair; **tónico para el ~** hair tonic; **champú para ~s secos** shampoo for dry hair; **sus largos ~s dorados** (liter) her long golden locks (liter) *para modismos ver* **pelo**

(Compuestos)

- **cabello de ángel** *m* (dulce de calabaza) *filling made from Malabar gourd and syrup*; (adorno) (Col) tinsel
- **cabellos de ángel** *mpl* (fideos) vermicelli; (huevos hilados) *egg strands cooked in syrup*

cabelludo -da *adj* hairy, furry; **▸ cuero²**

caber [E15] *vi*

A 1 (en un lugar) to fit; **esto aquí no cabe** this won't fit *o* go (in) here; **no cabemos los cuatro** there isn't room for all four of us; **~ EN algo: en esta botella caben diez litros** this bottle holds ten liters; **no me cabe nada más en el estómago** I couldn't fit in *o* eat *o* manage another thing; **¿cabe otro en el coche?** is there room for one more in the car?, can you fit *o* get one more in the car?; ***no ~ en sí:*** **no cabía en sí de alegría** she was beside herself with joy, she was over the moon; **▸ cabeza, pellejo** 2 (pasar) to fit, go; **~ POR algo: este piano no cabe por la puerta** this piano won't fit *o* go through the door; **yo por ahí no quepo** I'll never get *o* fit through there 3 «*falda/zapatos*» (+ *me/te/le etc*) to fit; **estos pantalones ya no me caben** I can't get into these trousers any more, these trousers don't fit me any more

B (*en tercera persona*) (frml) (ser posible): **cabe la posibilidad de que haya perdido el tren** he might/may have missed the train; **sólo me cabe una solución: renunciar** I have no option but to resign, there's only one option open to me, I'll have to resign; **no me cupo más que decirle la verdad** I had no alternative but to tell him the truth; **es, si cabe, aún mejor que las anteriores** it is even better than the previous ones, if such a thing is possible; **~ + INF: cabe suponer que ha habido un error en el diagnóstico** it is possible that there has been a mistake in the diagnosis; **cabría decir que ...** it could be said that ...; **fue una de las épocas más sangrientas que cabe imaginar** it was one of the bloodiest eras imaginable; **no cabe pensar que no estuviera enterado** there's no question that he didn't know; **cabe esperar que ...** it is to be hoped that ...; **cabría cuestionarse si es la persona adecuada** we need to *o* we should ask ourselves whether he is the right person; **cabe mencionar que ...** it is worth mentioning that ...; ***dentro de lo que cabe:*** **dentro de lo que cabe hemos tenido suerte** all things considered, we've been lucky *o* we've been lucky, considering; **▸ duda**

C (frml) (corresponder) (+ *me/te/le etc*): **me cabe el honor de presentar a ...** it is a great honor for me to introduce ...; **le cupo la satisfacción de quedar entre los finalistas** he had the satisfaction of being amongst the finalists; **el papel que le cabe a la mujer en la sociedad actual** the role of women in society today

D (Mat): **2 entre 3 no cabe** 3 into 2 won't *o* doesn't go; **¿cuántas veces cabe 5 en 25?** how many 5's are there in 25?, how many times does 5 go into 25?

cabernet /kaβer'ne/ *m* cabernet

cabestrante *m* **▸ cabrestante**

cabestrero -ra *m,f* oxherd

cabestrillo *m* sling; **llevaba el brazo en ~** he had his arm in a sling

cabestro *m* 1 (cuerda) halter 2 (buey) bullock (*used for leading fighting bulls into or out of the ring*)

cabeza *f*

A 1 (Anat) ▸ ❶ **p.231**; head; **negó con la ~** she shook her head; **asintió con la ~** he nodded, he nodded his head; **sacó la ~ por la ventanilla** he stuck *o* put his head out of the window; **volvió la ~ para ver si lo seguían** he looked around *o* turned his head to see if he was being followed; **bajó la ~ avergonzado** he lowered his head in shame; **me duele la ~** I've got a headache, my head aches; **es para darse de** *or* **la ~ contra la pared** it's enough to make you cry; **se tiró al agua de ~** she dived into the water (head first); **marcó de ~** he scored with a header *o* with his head, he headed the ball into the net; **un día vas a perder la ~** (fam & hum) you'd lose your head if it wasn't screwed on (colloq & hum); **me unté de grasa de la ~ hasta los pies** I got covered in grease from head to toe *o* foot; **pararse en la** *or* **de ~** (AmL) to stand on one's head, to do a headstand 2 (medida) head; **ganó por una ~** he won by a head; **le lleva una ~ a su hermana** he's a head taller than his sister, his sister only comes up to his shoulder 3 (pelo) hair; **me tengo que lavar la ~** I have to wash my hair 4 (inteligencia): **tiene ~, pero es muy vago** he's bright *o* (AmE) smart *o* he has a good head on his shoulders, but he's very lazy; **al pobre niño no le da la ~** the poor kid doesn't have the brains for it; **usa la ~** use your head; **nunca tuve ~ para las ciencias** I never had a head for science; **no lo copié, salió todo de mi ~** I didn't copy it, it was all out of my own head; **¡qué poca ~!** have you/has he no sense? 5 (mente): **¡que ~ la mía! se me había olvidado completamente su cumpleaños** what a memory! I had totally forgotten her birthday; **tenía la ~ en otra cosa** my mind was elsewhere *o* I was thinking about something else; **tú estás mal** *or* **no estás bien de la ~** you're crazy, you're out of your mind, you're out of (AmE) *o* (BrE) off your head (colloq); **con tantos halagos se le llenó la ~ de humos** all that praise went to his head; **se me ha ido de la ~** it's gone right out of my head; **¿quién te ha metido esas ideas en la ~?** who's put those ideas into your head?; **se le ha metido en la ~ que se quiere casar** she's got it into her head that she wants to get married; **le dije lo primero que me vino a la ~** I said the first thing that came into my head; **jamás se me pasó por la ~ semejante idea** the idea never even crossed my mind; **ya te puedes ir quitando** *or* **sacando a esa mujer de la ~** you'd better start getting that woman out of your head, you'd better start forgetting about that woman; ***andar*** *or* ***ir de ~*** (fam): **ando de ~ con tanto trabajo** I'm up to my eyeballs *o* eyes in work; **anda de ~ por ella** he's crazy about her; ***calentarle a algn la ~ con algo*** (fam) to fill sb's head with sth; ***calentarse la ~*** (fam) to get worked up (colloq); ***como malo de la ~*** (fam): **se puso a comer como malo de la ~** he stuffed himself silly (colloq), he ate like there was no tomorrow (colloq); ***cortar ~s:*** **en cuanto asumió el cargo entró a cortar ~s** as soon as she took up her post, heads started to roll; ***darle por la ~ a algn*** (RPl) to criticize sb, knock sb (colloq); ***darse (con) la ~ contra la pared*** *ver* **cabezazo**: ***esconder la ~*** (Chi fam) to make oneself scarce; ***ir con la ~ alta*** to hold one's head high; ***írsele a algn la ~:*** **se me va la ~** I feel dizzy; ***jugarse la ~*** (RPl fam): **seguro que llega tarde, me juego la ~** you can bet your life *o* your bottom dollar she'll be late (colloq); ***levantar ~*** (fam) to get back on one's feet; **aún tienen muchas deudas pero ya levantarán ~** they've still got a lot of debts but they'll pull through *o* pick themselves up *o* get back on their feet; **la selección no levanta ~** the national team can't get out of its rut; ***levantar la ~:*** **ha estado estudiando todo el día sin levantar la ~** she's had her head buried in her work all day; **¡si tu padre levantara la ~!** your father would turn in his grave!, if your father was alive today ... !; ***meterse de ~ en algo*** (fam) to throw oneself into sth; ***no caberle a algn en la ~*** (fam): **no me cabe en la ~ que te guste vivir aquí** I just can't understand how you like living here; **¡en qué ~ cabe meter un plato de plástico en el horno!** who'd be stupid enough to put a plastic plate in the oven?; ***perder la ~:*** **tranquilidad, no perdamos la ~** keep calm, let's not panic *o* lose our heads; **¿has perdido la ~?** have you gone crazy?, are you out of your mind?; **perdió la ~ por esa mujer** he lost his head over that woman; ***romperse*** *or* (Andes) ***quebrarse la ~*** (fam) (preocuparse) to rack one's brains; (lastimarse) to break one's neck (colloq); ***sentar (la) ~*** (fam) to settle down; ***ser duro de ~*** (fam) to be stupid; ***subírsele a algn a la ~:*** **el vino/éxito se le ha subido a la ~** the wine/her success has gone to her head; ***tener la ~ como un bombo*** (fam): **tengo la ~ como un bombo** (me duele) I have *o* I've got a splitting headache! (colloq), my head feels ready *o* (BrE) fit to burst (colloq) (estoy confundido) my head's spinning, my head feels ready *o* (BrE) fit to burst (colloq); ***tener la ~ como un colador*** to have a head like a sieve; ***tener la ~ en su sitio*** *or* ***bien puesta*** *or* ***sobre los hombros*** (fam) to have one's head screwed on tight (AmE colloq), to have one's head screwed on (BrE colloq); ***tener la ~ llena de pájaros*** (fam) to have one's head in the clouds, be living in a fantasy world, be living in cloud-cuckoo-land; ***traer*** *or* ***llevar a algn de ~*** (fam) to drive sb crazy (colloq); **trae a los hombres de ~** she drives men wild *o* crazy (colloq); ***más vale ser ~ de ratón que cola de león*** it's better to be a big fish in a small pond than a small fish in a big pond; ***nadie escarmienta en ~ ajena*** people only learn from their own mistakes, you have to make your own mistakes

(Compuestos)

- **cabeza caliente** *mf* (Ven fam) pinko (AmE colloq), leftie (BrE colloq)
- **cabeza de chorlito** *mf* (fam) scatterbrain (colloq)
- **cabeza de jabalí** headcheese (AmE), brawn (BrE)
- **cabeza de ñame** *mf* (Ven fam) clumsy idiot (colloq)
- **cabeza de pescado** *f* (Chi fam): **salió con su ~ de ~** he made a silly remark; **hablaban ~s de ~** they were talking a load of nonsense (colloq)
- **cabeza de pollo** *mf* (Chi fam) scatterbrain (colloq)
- **cabeza de turco** *mf* scapegoat
- **cabeza dura**

A *mf* (fam): **es un ~ ~** he's so stubborn *o* (colloq) pigheaded

B *adj* pigheaded (colloq), stubborn

- **cabeza hueca** *mf* (fam) scatterbrain (colloq)
- **cabeza rapada** *mf* skinhead

B 1 (individuo): **por ~** each, a head; **pagamos $50 por ~** we paid $50 a head *o* each 2 (de ganado) head; **tienen más de 600 ~s (de ganado)** they have more than 600 head of cattle

C (primer lugar, delantera): **se hizo con la ~** she got to the front, she went into the lead; **a la** *or* **en ~: estamos a la ~ de las empresas del sector** we are the leading company in this sector; **se colocaron a la ~ de los otros partidos en los sondeos** they took the lead over the other parties in the opinion polls; **iban a la ~ de la manifestación** they were at the front *o* head of the demonstration, they were leading *o* heading the demonstration; **el equipo va en ~ de la clasificación** the team is at the top of *o* leads the division

(Compuestos)

- **cabeza de cordada** *mf* leader, lead climber
- **cabeza de familia** *mf* head of the family
- **cabeza de la Iglesia** *m* head of the Church

- **cabeza de lista** *mf candidate at the top of an electoral list*
- **cabeza de partido** *f administrative center of a* **partido² E**
- **cabeza de playa** *f* beachhead
- **cabeza de puente** *f* bridgehead
- **cabeza de serie** *mf* seed; **derrotó a Guillén, ~ de ~ número cuatro** he beat Guillén, seeded number four *o* the fourth seed *o* the number four seed

D 1 (de un alfiler, un clavo, una cerilla) head 2 (de un misil) warhead

(Compuestos)
- **cabeza atómica** atomic warhead
- **cabeza de biela** *or* **émbolo** main bearing, big end (BrE)
- **cabeza explosiva** warhead
- **cabeza nuclear** nuclear warhead

E (Audio, Video) head

(Compuestos)
- **cabeza de escritura** write head
- **cabeza de grabación** recording head
- **cabeza de reproducción** playback head
- **cabeza lectora** playback head

F (de plátanos) hand, bunch

(Compuesto) **cabeza de ajo** bulb of garlic

G (de un camión) tractor unit

cabezada *f* 1 (movimiento) nod; **iba dormido, dando ~s** he was nodding as he slept; ***dar*** *or* ***echar una ~*** (fam) to have a nap (colloq), to have 40 winks (colloq) 2 (Equ) headstall 3 (Náut) pitch; **las ~s del barco** the pitching of the ship; **daba ~s** it was pitching

cabezal *m*
A (de un torno) headstock
B 1 (almohada) bolster 2 (de un sillón) headrest
C (de grabadora, video) head; (Inf) head

(Compuesto) **cabezal lector** read head

D (AmL) (de una estructura): **se aflojó uno de los ~es de la cama** the headboard/footboard came loose; **iba sentado en el ~ de la carreta** he sat in the front of the cart; **los ~es del puente** the bridge supports
E (AmL) (terminal) terminal

cabezazo *m*
A 1 (golpe): **al levantarse se dio un ~ en el estante** as he got up he hit *o* banged *o* bumped his head on the shelf; **le di un ~** I headbutted him; ***darse (de) ~s contra la pared:*** **y encima he perdido el avión, podría darme ~s contra la pared** and not only that but I've missed the plane, I feel like kicking myself (colloq); **no se lo puedo hacer entender, es como darse ~s contra la pared** I can't get through to him, it's like banging your head against a brick wall (colloq) 2 (Dep) header; **el segundo gol lo marcó de un ~** he scored the second goal with his head *o* with a header, he headed in the second goal 3 (en peleas) head butt
B (Col fam) (buena idea) brainwave, brainstorm (AmE)

cabezo *m*
A 1 (cerro alto) peak 2 (montecillo) hillock
B (en el mar) reef

cabezón¹ -zona *adj*
A 1 (fam) (terco) pigheaded (colloq) 2 (fam) (de cabeza grande): **un chico ~** a boy with a big head; **¡qué ~ es!** what a big head he has! 3 ‹*vino*› heady
B (Ven fam) worried

cabezón² -zona *m,f* (fam): **¡eres un ~!** you're so pigheaded! (colloq)

cabezonada *f* (fam) pigheaded thing to do (colloq)

cabezonería *f* (fam) 1 (cualidad) pigheadedness (colloq) 2 (acto) pigheaded thing to do (colloq)

cabezota¹ *adj* ▸**cabezón¹ A1**

cabezota² *mf* ▸**cabezón²**

cabezudo¹ -da *adj* 1 (de cabeza grande): **es ~** he has a very large head 2 (fam) (obstinado) pigheaded (colloq)

cabezudo² *m: carnival figure with a large head*

cabezuela *f* 1 (de una flor) head 2 (de coliflor) floret 3 (de espárrago) tip

cabida *f*
A (capacidad, espacio): **un recipiente de mayor ~** a larger container, a container with a greater capacity; **el depósito tiene muy poca ~** the tank doesn't hold very much *o* has a very limited capacity; **aquí no tenemos ~ para tanta gente** we don't have room for so many people here; **un coche con ~ para toda la familia** a car big enough for the whole family; **sólo hay ~ para diez pasajeros** there's only room *o* space for ten passengers; **el estadio puede dar ~ a casi 100.000 personas** the stadium can hold almost 100,000 people, the stadium has a capacity of almost 100,000; **una publicación que da ~ a escritores de las tendencias más diversas** a publication which accommodates *o* finds room for writers of many different persuasions; **ese tipo de conducta no tiene ~ en la sociedad actual** there is no place for that kind of behavior *o* that kind of behavior has no place in today's society
B (de un terreno) area

cabildante *m* town councillor

cabildo *m* 1 (Hist) (corporación) town council; (edificio) town hall, city hall (AmE) 2 (en Canarias) inter-island council 3 (Relig) chapter

(Compuesto) **cabildo abierto** open meeting of the council

cabilla *f* belaying pin

cabillo *m* stalk *see also* **cabo C**

cabina *f*
A 1 (de ducha) cubicle, stall (AmE) 2 (de un laboratorio de idiomas) booth

(Compuestos)
- **cabina de control** control room
- **cabina de prensa** press box
- **cabina de proyección** projection room
- **cabina de votación** voting booth
- **cabina electoral** voting booth
- **cabina telefónica** *or* **de teléfonos** telephone booth *o* (BrE) box

B 1 (de un camión, una grúa) cab 2 (Aviac) (para la tripulación) cockpit, cabin; (para los pasajeros) cabin

(Compuesto) **cabina de mando** flight deck

cabinada *f* cabin cruiser

cabinero -ra *m,f* (Col) flight attendant

cabinista *mf* projectionist

cabio *m* 1 (listón) plank, board 2 (viga — del techo) rafter; (— del suelo) joist; (— de una puerta, ventana) lintel

cabito *m* stalk

cabizbajo -ja *adj*: **caminaba ~, abstraído en sus problemas** he walked along, head bowed, deep in thought

cable *m*
A 1 (Elec, Telec) cable; ***andar con*** *or* ***tener los ~s pelados*** (CS fam) to be around the bend (colloq); ***cruzársele*** *or* (Méx) ***cuatrapeársele los ~s a algn*** (fam): **se me cruzaron los ~s** I got mixed up 2 (para levantar, tirar) cable; **el ~ del ancla** the anchor chain; ***echarle un ~ a algn*** (fam) to help sb out, give sb a hand

(Compuestos)
- **cable alimentador** feeder cable
- **cable blindado** shielded cable
- **cable coaxial** *or* **coaxil** coaxial cable
- **cable de abastecimiento** (Elec) supply line

B (ant) (telegrama) cable, wire

cableado *m* wiring

cablear [A1] *vt* to wire up

cablegrafiar [A17] *vt* (ant) to cable, wire

cablegráfico -ca *adj*: **un mensaje ~** a cable

cablegrama *m* (ant) cablegram (dated), cable

cablero *m* cable ship, cable-laying ship

cablevisión *f or m* cable television

cabo *m*
A (Geog) cape

(Compuestos)
- **Cabo Cañaveral** Cape Canaveral
- **Cabo de Buena Esperanza**: **el ~ de ~ ~** the Cape of Good Hope
- **Cabo de Hornos**: **el ~ de ~** Cape Horn

B 1 (Mil) corporal 2 (en remo) stroke

(Compuestos)
- **cabo de primera** petty officer
- **cabo de segunda** seaman (AmE), leading seaman (BrE)
- **cabo primero** corporal

C (extremo) end; (trozo pequeño) bit, piece; **la investigación ha dejado muchos ~s sueltos** the investigation has left a lot of things unexplained *o* a lot of loose ends; **atar los ~s sueltos** to tie up the loose ends; **del lápiz me queda este cabito** this stub's all that's left of my pencil; **al ~ de** after; **al ~ de los tres primeros meses** after the first three months; ***atar*** *or* ***unir ~s*** (fam) to put two and two together; ***de ~ a rabo*** (fam) from start to finish, from beginning to end; **se conoce la ciudad de ~ a rabo** she knows the city inside out *o* like the back of her hand; ***estar al ~ de algo*** to know all about sth; **estaba al ~ de lo que estábamos tramando** she knew exactly what we were planning; ***estar al ~ de la calle*** (fam) to know the score (colloq), to know what one's about (colloq); ***llevar a ~*** ‹*operación/robo*› to carry out; ‹*amenaza*› to carry out, execute (frml); **no sé cómo llevó a ~ tal proeza** I've no idea how he carried out *o* performed *o* (frml) executed such a feat; **llevó a ~ un duro entrenamiento para el combate** he trained very hard for the fight; **llevó a ~ una excelente labor** he did an excellent job

cabotaje *m* (Náut) cabotage; **vuelos de ~** (RPl) domestic flights

caboverdiano¹ -na *adj* of/from Cape Verde; Cape Verdean

caboverdiano² -na *m,f* person from the Cape Verde Islands; Cape Verdean

cabra *f* goat; ***estar como*** *or* ***más loco que una ~*** (fam) to be crazy (colloq), to be nuts (colloq); ***la ~ siempre tira al monte*** a leopard never changes its spots *ver tb* **cabro²**

(Compuesto) **cabra montés** Spanish Ibex

cabrá, cabré, etc ▸**caber**

cabracho *m* scorpion fish

cabrahigar [A22] *vt* (Agr) (arc) to hang strings of wild figs on (*to improve the crop of cultivated figs*)

cabrales *m: very strong soft cheese*

cabreado -da *adj* (fam) furious, livid (colloq), mad (colloq); **anda** *or* **está ~ por lo del otro día** he's furious about what happened the other day

cabreante *adj* (fam) infuriating; **es ~ que siempre nos haga pagar a nosotros** it's infuriating the way he always makes us pay

cabrear [A1] *vt* 1 (fam) (enfadar) to infuriate; **me cabrea tener que hacer su trabajo** it really annoys me *o* it infuriates me having to do her work 2 (Chi fam) (cansar) **~ + INF: me cabreó comer tanta palta** I got fed up with *o* sick of eating avocado all the time

■ **cabrear** *vi* (Chi fam): **cabrea comer siempre lo mismo** you get so fed up with *o* sick of eating the same thing all the time

■ **cabrearse** *v pron* 1 (fam) (enfadarse) to get angry, get mad (colloq); **no te cabrees** keep your shirt *o* (BrE) hair on (colloq), don't lose your rag (colloq) 2 (Chi fam) (cansarse) **~se DE** *or* **CON algo/algn** to get fed up WITH sth/sb, get sick OF sth/sb

cabreo *m* (fam) 1 (enfado, irritación): **¡qué ~ tiene** *or* **lleva encima!** he's in a foul *o* a terrible mood! (colloq); **coger** *or* **agarrarse un ~** to get mad (colloq), to hit the roof (colloq) 2 (Chi) (aburrimiento, cansancio) boredom

cabrería *f* (Chi fam) kids (*pl*) (colloq)

cabreriza *f* goat shed

cabrerizo -za *m,f* goatherd

cabrero¹ -ra *adj* (RPl fam) furious, mad (colloq)

cabrero² -ra *m,f* goatherd

cabrestante *m* 1 (Náut) capstan 2 (en minas) winch

cabria *f* hoist

cabría, etc ▸**caber**

cabrillas *fpl* white horses *o* caps *o* crests (*pl*); **hacer ~** to play ducks and drakes, to skim stones

cabrillear [A1] *vi* [1] «*mar/aguas*» to form white horses *o* caps *o* crests [2] (liter) «*luz*» to glisten

cabrio *m* rafter

cabrío -bría *adj* goat (*before n*), caprine (frml); **ganado ~** goats; ▸**macho³**

cabriola *f*: **hacer ~s** «*niño*» to caper *o* jump around; «*caballo*» to buck, prance around; «*cordero*» to gambol

cabriolar [A1], **cabriolear** [A1] *vi* «*niño*» to caper *o* jump around; «*caballo*» to buck, prance around; «*cordero*» to gambol

cabriolé, cabriolet /kaβrjo'le/ *m* (*pl* **-lets**) [1] (Auto) convertible, cabriolet [2] (carruaje) cabriolet

cabritas *fpl* (Chi) popcorn

cabritilla *f* kid, kidskin

cabrito *m*
A (Zool) kid
B (Esp fam & euf) (cabrón) swine (colloq) *ver tb* **cabro²**

cabro¹ -bra *adj* (Chi fam): **a pesar de ser tan ~, ya es doctor** he's so young *o* he's hardly more than a kid and yet he's already a doctor (colloq)

cabro² -bra *m,f*
A (Chi fam) (niño) kid (colloq)
B (Per vulg & pey) (homosexual) fag (AmE sl & pej), poofter (BrE sl & pej)

cabrón¹ -brona *adj* (Esp vulg: en algunas regiones fam): **el muy ~** the swine (colloq), the bastard (vulg), the son of a bitch (AmE vulg)

cabrón² -brona *m,f*
A (Esp vulg: en algunas regiones fam) son of a bitch (AmE vulg), bastard (sl), swine (colloq)
B **cabrón** *m* [1] (vulg) (cornudo) cuckold [2] (Andes fam *o* vulg) (proxeneta) pimp, ponce (BrE colloq)
C **cabrona** *f* (Bol, Chi fam *o* vulg) (de un prostíbulo) madam

cabronada *f* (fam) dirty trick; **¡qué ~!** that was a mean thing to do *o* a mean trick

cabroncete *m* ▸**cabrón² A**

cabruno -na *adj* goat (*before n*)

cabujón *m* cabochon

cábula *m* (Méx fam) crook (colloq)

cabulear [A1] *vt* (Méx fam) (engañar) to con (colloq); **yo creo que te ~on** I think you've been conned *o* been had *o* been done (colloq)

cabús *m* (Méx) caboose (AmE), guard's van (BrE)

cabuya *f* [1] (Bot) pita [2] (Tex) pita fiber* [3] (Col, Ven) (cuerda) rope (*esp made from pita fiber*); ***tener de esa ~ un rollo*** (Ven fam): **no me hables de divorcios que de esa ~ yo tengo un rollo** don't talk to me about divorce, I'm an expert on the matter *o* I know all about it

caca *f*
A [1] (fam *o* leng infantil) (excremento): **¿has hecho ~?** have you been to the bathroom (AmE) *o* (BrE) toilet? (euph), have you done a poop (AmE) *o* (BrE) a pooh? (used to or by children); **el niño se ha hecho ~** the baby needs changing, the baby's dirtied his diaper (AmE) *o* (BrE) nappy (colloq); **me hice ~** I messed myself, I messed my pants; **~ de perro** dog mess; **¡no toques eso! ¡~!** don't touch that, it's dirty! [2] (fam) (porquería): **su último libro es una ~** his last book is trash, his last book is rubbish *o* a load of rubbish (BrE colloq)
B (Méx fam) (suerte) luck; **¡qué ~!** that was lucky! *o* a stroke of luck!; **de pura ~ alcancé el camión** it was just pure luck that I caught the bus

cacahual *m* cocoa plantation

cacahuete, (Méx) **cacahuate** *m* peanut, monkey nut; ***importarle un ~ a algn*** (Méx fam): **a mí me importa un reverendo ~** I couldn't give a damn (colloq), I couldn't give two hoots (BrE colloq)

cacalote *m* (Méx) crow

cacao *m*
A [1] (Coc) (polvo) cocoa; (bebida) cocoa [2] (Bot) (planta) cacao; (semillas) cocoa beans (*pl*) [3] (Esp) (para los labios) lipsalve, cocoa butter
B (fam) (jaleo) ruckus (AmE), to-do (BrE); **¡menudo ~ se armó!** all hell broke loose (colloq), there was a hell of a ruckus *o* to-do; ***pedir ~*** (Col fam) to give in; ***tener un ~ mental*** (fam) to be all mixed up; **tiene un ~ mental que no se aclara** he doesn't know whether he's coming or going (colloq)

cacaotal *m* cocoa plantation

cacaraña *f* (Méx) pockmark

cacarear [A1] *vi* [1] «*gallo*» to crow; «*gallina*» to cluck [2] (fam) (presumir) to brag, swank [3] (fam) (charlar) to chatter
■ **cacarear** *vt* (fam) ‹*triunfo*› to crow about; **fue una victoria muy cacareada** there was a lot of crowing about the victory, it was a much-trumpeted victory

cacareo *m* [1] (de un gallo) crowing; (de una gallina) clucking [2] (fam) (fanfarroneo) bragging, swanking

cacarizo -za *adj* (Méx) pockmarked

cacatúa *f* [1] (Zool) cockatoo [2] (fam & pey) (vieja) old bag (colloq & pej)

cacaxtle *m* (Méx) wooden frame (*for carrying goods on one's back*)

cacayaca *f* (Méx fam) insult; **echar de ~s a algn** to hurl insults *o* abuse at sb

cacera *f* irrigation ditch

cacería *f* (de zorro, jabalí) hunt; (de conejo, perdiz) shoot; **salir** *or* **ir de ~** to go hunting/shooting

cacerola *f* saucepan, pan; **carne a la ~** pot roast

cacerolazo *m*, **caceroleada** *f* demonstration (*where saucepans are banged as a sign of protest*)

cacerolear [A1] *vi*: *to take part in a* **cacerolazo**

cacha *f*
A [1] (de revólver) butt [2] (de cuchillo) handle
B (Esp arg) (muslo) thigh; ***estar metido en algo hasta las ~s*** (fam) to be up to one's eyes in sth
C (Chi vulg) (acto sexual) screw (vulg)
D (Per fam) (burla): **hacerle ~ a algn** to make fun of sb; **no me hagas cachita** don't make fun of me

cachacascán *f* (CS, Per) catch-as-catch-can, freestyle wrestling (BrE)

cachachá *m* (Ven fam): **cuando empezaron a gritar, cogí mi ~ y me fui** when they started shouting, I upped and left (colloq); **tú mejor coges tu ~ y te vas de esa casa de locos** you'd be better off packing your bags and getting out of that madhouse (colloq)

cachaciento -ta *adj* [1] (Per fam) (bromista): **no seas ~, déjalo tranquilo** don't be such a tease, leave him alone (colloq) [2] ▸**cachazudo**

cachaco -ca *m,f*
A (Col, Ven fam) (bogotano) person from Bogotá
B [1] (Per fam) (policía) cop (colloq), pig (colloq & pej) [2] (Per fam) (soldado) soldier, squaddie (BrE colloq) [3] **cachacos** *mpl* (Per fam & pey) (militares): **los ~s** the military

cachada *f*
A (AmL) (Taur) goring
B (RPl) (broma) joke; **para hacerle una ~ le escondieron las llaves** they hid his keys for a joke *o* a laugh
C (Chi fam) (gran cantidad): **llegó con una ~ de amigos** he showed up with a whole load *o* bunch of friends (colloq)

cachador -dora *m,f* (RPl) joker

cachafaz *m* (RPl fam) rascal (colloq), devil (colloq)

cachalote *m* sperm whale

cachapa *f* (Ven) *corn-based pancake*

cachapera *f* (Ven vulg) dyke (colloq & pej)

cachar [A1] *vt*
A [1] (AmL fam) ‹*pelota*› to catch; ‹*persona*› **la caché del brazo** I caught *o* grabbed her by the arm [2] (AmL fam) (sorprender, pillar) to catch; **el profesor me cachó copiando** the teacher caught me copying [3] (RPl fam) (gastar una broma) to kid (colloq); **me estás cachando** you're kidding me [4] (Andes fam) (enterarse) to get (colloq); **no cachas lo que está pasando ¿cierto?** you don't get *o* understand what's going on, do you? [5] (Chi fam) (mirar) to look at; **¡cacha las piernas de esa mina!** look at those legs! (colloq), get a load of the legs on her! (BrE sl); **¡cachen, qué edificio más feo!** hey look, what an ugly building!
B (Arg) ‹*taza/plato*› to chip
■ **cachar** *vi* (Chi, Per vulg) to screw (vulg)
■ **cacharse** *v pron*: **¡me cacho en diez!** (euf) shoot! (AmE euph), sugar! (BrE euph)

cacharpas *fpl* (RPl fam & hum) junk (colloq)

cacharpaya *f*, **cacharpari** *m Andean farewell party, also music and dancing performed at such a party*

cacharpear [A1] *vt* (Chi fam) to rig … out (colloq), to kit … out (colloq); **anda muy bien cacharpeado** he has plenty of clothes
■ **cacharpearse** *v pron* (*refl*) (Chi fam) to get oneself rigged *o* kitted out (colloq)

cacharra *f* (Ven fam) ▸**cacharro B2**

cacharrazo *m* ▸**cachiporrazo**

cacharrear [A1] *vi* (Chi fam) to crawl along

cacharrería *f* (Col) hardware store, ironmonger's (BrE)

cacharriento -ta *adj* (Chi fam) old and slow

cacharro *m*
A (de cocina) pot; **deja los ~s para mañana** leave the pots and pans for tomorrow
B (fam) [1] (cachivache) thing; **tiene la casa llena de ~s que no sirven para nada** her house is full of junk *o* useless things [2] (coche) jalopy (AmE), old banger (BrE colloq) [3] (aparato) gadget

cachas¹ *adj inv* (Esp fam) strong, muscly (colloq); **un tío ~** a real muscleman (colloq), a strong *o* muscly guy; **está ~** there's plenty of muscle on him (colloq)

cachas² *m* (Esp fam) he-man (colloq), hunk (colloq)

cachativa *f* (Chi fam): **mi ~ me dice que algo anda mal** I have a feeling something's wrong, my instinct tells me there's something wrong

cachaza *f*
A (lentitud): **todo lo hace con esa ~** he does everything so slowly and deliberately; **¡vaya ~ que tienes!** you really take your time!
B (bebida) *type of rum*
C (Ven fam) (descaro) nerve (colloq), cheek (BrE colloq)

cachazo *m* (Col) goring

cachazudo -da *adj* (fam) slow, sluggish

cache¹ *adj* (RPl fam) ‹*ropa/adornos*› tacky (colloq); ‹*persona*› vulgar

cache² /kaʃ/ *f or m* cache, cache memory

caché /ka'tʃe, ka'ʃe/ *m*
A [1] (sello distintivo) prestige, cachet; **ropa de mucho ~** clothes with real cachet [2] (de un artista) fee
B **caché** *f or m* (Inf) ▸**cache²**

cachear [A1] *vt*
A (fam) (registrar) to frisk, search
B (AmL) (Taur) to gore

cachemir *m*, **cachemira** *f* cashmere

Cachemira *f* Kashmir

cacheo *m* (fam) frisking, search

cachet *m* ▸**caché A**

cachetada *f*, **cachetazo** *m* (AmL) (golpe — en la cabeza) smack; (— en la cara) slap; **te voy a dar una ~** I'm going to slap/smack you; ***caer como una ~*** (AmL fam): **que no lo invitaran le cayó como una ~** he was very put out that he wasn't invited

cachete *m*
A [1] (esp AmL) (mejilla) cheek [2] (CS fam) (nalga) cheek
B (esp Esp) ▸**cachetada**

cachetear [A1] *vt* (AmL) to slap

cachetero -ra *m,f*
A (torero) *bullfighter who administers the coup de grâce with the* ▸**cachetero B**
B **cachetero** *m* (puñal) dagger (*used to administer the coup de grâce in a bullfight*)

cachetón -tona *adj*
A (Andes, Méx fam) (carrilludo) chubby-cheeked

B (Chi fam) (fanfarrón) bigheaded (colloq), cocky

cachetonearse [A1] *v pron* (Chi fam) to show off; **~ DE algo** to brag *o* boast ABOUT sth; **se cachetonea de ser el mejor** he brags *o* boasts about being the best *o* that he's the best

cachetudo -da *adj* (RPl fam) chubby-cheeked

cachicamo *m* (Ven) armadillo; **~ *diciéndole a morrocoy conchudo*** (Ven) the pot calling the kettle black; **~ *trabaja para lapa*** (Ven) I always have to/he always has to do all the work

cachicuerno -na *adj* horn-handled

cachifo -fa *m,f* **1** (Col fam) (jovenzuelo) kid (colloq) **2** (Ven fam & pey) (criado) servant; **¿tú crees que yo soy ~ tuyo?** what do you think I am, your slave? (colloq)

cachila *f* (fam) old heap (AmE colloq), old banger (BrE colloq)

cachimba *f*

A (pipa) pipe; **fumar en ~** to smoke a pipe

B (Ur) (pozo) well; ***fregar la ~*** (Chi fam): **friega la ~ con eso de que quiere un auto** he's always going on about how he wants a car (colloq); **le fregó la ~ hasta que lo consiguió** he pestered her until he got it; **déjate de fregar la ~** stop being such a pest (colloq)

cachimbear [A1] *vt* (Chi fam) to pester

cachimbo -ba *m,f*

A (Per) **1** (arg) (novato) freshman (AmE), fresher (BrE) **2** (fam) (músico) musician (*who plays in processions*)

B **cachimbo** *m* **1** (baile) *folk dance from northern Chile* **2** (AmC fam) (montón): **un ~ de** lots of, tons of (colloq); **ese maje gana un ~ de reales** that guy earns tons of money *o* a fortune

cachipolla *f* mayfly

cachiporra[1] *adj* (Chi fam & pey) bigheaded (colloq), cocky

cachiporra[2] *mf*

A (Chi fam) (engreído) bighead (colloq)

B **cachiporra** *f* (palo) billy club (AmE), truncheon (BrE)

cachiporrazo *m* (fam) (choque) crash; (ruido) bang, crash; **me caí de la escalera y me di un ~** I fell off the ladder and banged my arm (*o* head *etc*)

cachiporrearse [A1] *v pron* (Chi fam) to show off

cachirul *m* (Méx) ▸**cachirulo**[2] **D**

cachirulo[1] **-la** *adj* (RPl fam) ▸**cache**[1]

cachirulo[2] *m*

A (en Aragón) neckerchief

B (cosa) ▸**cachivache**

C (Chi fam) **1** (rizo) curl **2** (para rizar) curler, roller

D (Méx fam) (trampa): **me hizo ~** he cheated me, he diddled me (BrE colloq); **en el torneo metieron dos jugadores de ~** they fielded two players who weren't eligible

cachito *m*

A (Méx) (de una lotería) *one twentieth of a lottery ticket* *ver tb* **cacho**

B (Ven) (Coc) croissant

cachivache *m* (fam): **con cuatro ~s es capaz de poner una habitación preciosa** with just a few bits and pieces *o* things he can make a room look really nice; **recoge todos esos ~s que voy a poner la mesa** clear away all that stuff, I'm going to set the table (colloq); **tiró todos los ~s que tenía en el desván** she threw out all the junk she had in the attic (colloq); **esta aspiradora es un ~, nunca funciona** this vacuum cleaner is absolutely useless, it never works; **ese ~ que se compró no sirve para nada** that heap of junk she bought is useless (colloq)

cacho *m*

A **1** (fam) (pedazo) bit; **¿me das un cachito de queso?** can I have a little bit of cheese?; **me perdí un ~ del programa** I missed some of *o* a bit of the program; **se te van a caer los dientes a ~s** your teeth will all start dropping out; ***ser un ~ de pan*** (Esp fam) to be a big softie (colloq) **2** (Esp fam) (*como adj inv*): **¡qué ~ chuleta te estás comiendo!** that's some *o* one hell of a chop you're eating! (colloq); **¡lo vas a romper, ~ bruto!** you'll break it, you great oaf! (colloq)

B **1** (AmS) (cuerno) horn; ***¡fuera ~!*** (Ven fam): **se acabó la discusión, y ¡fuera ~!** the discussion's over, and I don't want to hear another word! *o* and that's final!; ***pararse en los ~s*** (Chi fam) to get annoyed; ***poner*** (Per) *or* (Ven) ***montar ~s a algn*** (fam) to be unfaithful to sb, cheat on sb (AmE colloq); ***recibir en los ~s a algn*** (Chi fam): **llegó tarde y la mujer lo recibió en los ~s** he arrived late and his wife gave him a real earful (colloq); ***tener algo de un ~*** (Col fam): **ya lo tengo de un ~** it's nearly done, I've nearly finished it, I'm almost there *o* (AmE) through (colloq) **2** (Andes) (juego) poker dice; (cubilete) shaker; ***saber a ~*** (Col): **jugaron hasta que les supo a ~** they played until they were sick of it **3** (Chi) (para beber) drinking horn

C (RPl) (de bananas) hand

D (Ec) (escarabajo) beetle

E (Col, Ven arg) (cigarrillo de marihuana) joint (colloq), spliff (sl)

F (Chi fam) (cosa inútil, molesta): **esta mesita es un ~, no hay dónde ponerla** this table's a real nuisance, there's nowhere to put it; **me quedé con el ~** I got stuck with the damned thing (colloq)

cachondearse [A1] *v pron* (Esp fam) **~ DE algn/algo** to make fun OF sb/sth, take the mickey OUT OF sb/sth (BrE colloq)

cachondeo *m* (Esp fam) **1** (juerga, broma): **eso no puede ser, hombre, tú estás de ~** oh come on, that's just not possible, you're putting (AmE) *o* (BrE) having me on (colloq); **todo se lo toma a ~** he treats everything as a joke; **venga, menos ~ y a ver si empezáis a trabajar** come on, less of this fooling around and let's see you get down to some work; **¡qué ~ nos llevábamos en clase de historia!** what a laugh we used to have in the history class!, we used to really lark around in the history class **2** (tomadura de pelo): **el debate fue un ~, todos hablaban al mismo tiempo** the debate was a farce *o* a joke, everyone was talking at once; **¿qué ~ es éste?** what the hell's going on here? (colloq), is this some kind of a joke? (colloq); **esto es un ~, lleva dos horas de retraso** this is ridiculous *o* a joke, it's two hours late!

cachondo[1] **-da** *adj*

A (Esp, Méx fam) (caliente) horny (colloq), randy (BrE colloq)

B (Esp fam) (divertido, gracioso): **es un tío muy ~** he's a real laugh *o* scream (colloq); **su programa es cachondísimo** his program's a scream *o* gas (colloq)

cachondo[2] **-da** *m,f* (Esp fam): **mi tío es un ~ mental** my uncle's a real scream *o* a real laugh (colloq)

cachorro[1] **-rra** *adj* (Col arg) hopping mad (colloq); **ponerse ~** to go berserk

cachorro[2] **-rra** *m,f* (de un perro) puppy, pup; (de un león) cub

cachucha *f*

A (Col, Méx, Ven) (Indum) cap

(Compuesto) **cachucha militar** (fam) military dictatorship

B (Arg vulg) (vulva) cunt (vulg)

cachuchazo *m* (Chi fam) ▸**cachetada**

cachucho *m* sea bream

cachudo[1] **-da** *adj*

A **1** (Andes) ‹*toro*› long-horned **2** (Per fam) (engañado) ▸**cornudo**[1] **2**

B (Chi fam) (desconfiado) suspicious

C (RPl) (vulgar) ▸**cache**[1]

cachudo[2] **-da** *m,f* (Per fam) ▸**cornudo**[2]

cachuelera *f* (Per fam) tart (colloq), hooker (colloq)

cachuelero *m* (Per fam) casual laborer*

cachuelo *m* (Per fam) casual job; **a Juan le salió un ~ ayer** Juan managed to get some casual work yesterday; **hacer ~s** to do odd jobs *o* casual work

cachumbo *m* (Col) ringlet

cachurear [A1] *vi* (Chi fam) to rummage, root around

ℹ Cada

En términos generales, *cada*, adjetivo invariable, se traduce por *each*, cuando se quiere poner el énfasis en los individuos, fenómenos o cosas particulares de un conjunto:

saludó a cada alumno personalmente
= he greeted each pupil individually

Si *cada* se emplea con el énfasis en la totalidad de un conjunto de individuos, fenómenos o cosas la traducción es *every*:

cada minuto cuenta
= every second counts

Se debe hacer presente que *every* sólo se utiliza cuando se habla de más de dos individuos, objetos o fenómenos, por lo que en los ejemplos siguientes, sólo cabe la traducción *each*:

un zapato distinto en cada pie
= a different shoe on each foot

cada equipo empieza en su propio lado
= each team starts on its own side

Para otros usos y ejemplos suplementarios ver entrada.

cachureo *m* (Chi fam) **1** (acción) rummaging, rooting around **2** (cosas inservibles) junk (colloq); **tiene el cajón lleno de ~** his drawer's full of junk *o* rubbish **3** (cosa inservible): **había un pedazo de cordel, una cajita vacía y otros ~s** there was a piece of cord, an empty box and various other bits of junk

cachurero -ra *adj* (Chi fam): **es muy ~** he's such a hoarder

cachuzo -za *adj* (Arg fam): **éste está medio ~** this one's almost had it (colloq), this one's pretty battered

cacicazgo, cacicato *m* ▸**caciquismo**

cacillo *m* **1** (cacerola) small saucepan **2** (cucharón) ladle

cacique *m* **1** (Hist) chief, cacique **2** (Pol) local political boss **3** (hombre poderoso) tyrant

caciquismo *m* **1** (Hist) chieftainship **2** (Pol) position as local political boss **3** (despotismo) tyranny (*by local political bosses*)

caciquismo

Pejorative term for rule by local bosses (*caciques*) in Latin America and Spain. The word *cacique*, of Caribbean origin, was used by the Spanish conquistadors to describe tribal chiefs or district governors in their colonies.

cacle *m* (Méx fam) **1** (zapato) shoe **2** (sandalia) sandal

caco *m* (fam) burglar

cacofonía *f* cacophony

cacofónico -ca *adj* cacophonous

cactácea *f* cactus; **las ~s** the cactus family, the Cactaceae (tech)

cactus (*pl* ~), **cacto** *m* cactus

cacumen *m* (fam) brains (*pl*), nous (colloq); **usa el ~** use your brain *o* your head *o* your nous; **se necesita ~ para hacerlo** you need brains to do it

cada ▸ℹ **p.121** *adj inv*

A **1** (con el énfasis en el individuo o cosa particular) each; (con el énfasis en la totalidad del conjunto) every; **los ganadores de ~ grupo pasan a la final** the winners from each group go on to the final; **hay un bar en ~ esquina** there's a bar on every corner; **~ vez que viene me da un disgusto** every time he comes he upsets me; **les puso un sello a ~ uno** he put a stamp on each one; **hay cinco para ~ uno** there are five each; **volvimos a casa ~ uno por su lado** we each made our own way home; **cuestan $25 ~ uno** they cost $25 each; **~ uno** *or* **~ cual sabe qué es lo que más le conviene** everyone *o* each individual knows what's best for him or her **2** (delante de numeral) every; **parábamos ~ cuatro kilómetros** we stopped every four kilometers; **siete de ~ diez** seven out of (every) ten

B **1** (indicando progresión): **íbamos ~ vez más rápido** we were going faster and faster; **la gente va ~ vez menos a ese tipo de club** people are going less and less to that kind of club; **hace ~ día más calor** it's getting hotter every day *o* by the day **2** (fam) (con valor ponderativo): **¡tú tienes ~ idea ...!** the things you think of!; **le ha regalado ~ cosa más preciosa ...** he's given her such lovely things

cadalso *m* (patíbulo) scaffold; (horca) gallows (*pl*)

cadarzo *m* floss silk

cadáver *m* (de una persona) corpse; (de un animal) carcass; **ingresó ~** he was dead on arrival; **lo encontraron ya ~** he was dead when they found him; ▸**depósito**

cadavérico -ca *adj* cadaverous, ghastly; ▸**rigidez**

caddie, caddy /'kaði/ *mf* (*pl* **-dies**) caddy

CADE /'kaðe/ *f* (en Per) = **Conferencia Anual de Empresarios**

cadena *f*

A **1** (de eslabones) chain; **una ~ de oro** a gold chain; **me olvidé de echar** *or* **poner la ~** I forgot to put the chain on (the door); **los prisioneros iban atados con ~s** the prisoners were chained up; **cuando el pueblo rompa las ~s** when the people throw off their chains; **es necesario el uso de ~s** (Auto) (snow) chains should be used; **una ~ humana** a human chain **2** (del wáter) chain; **tirar de** *or* (Col) **soltar la ~** to pull the chain, flush the toilet **3** (de cartas) chain

(Compuestos)
- **cadena antirrobo** bicycle lock
- **cadena de distribución** (Auto) chain drive, timing chain
- **cadena de seguridad** safety chain
- **cadena de transmisión** drive chain
- **cadena perpetua** life imprisonment; **fue condenado a ~ ~** he was sentenced to life imprisonment, he was given a life sentence
- **cadena sin fin** endless chain

B **1** (de hechos, fenómenos) chain; **una larga ~ de atentados** a long series of attacks; **una colisión en ~** a (multiple) pile-up; **trabajo en ~** assembly-line work; **producción en ~** mass production; **transmisión en ~** (Rad, TV) simultaneous transmission *o* broadcast; ▸**reacción** **2** (Geog) *tb* **~ montañosa** *or* **de montañas** mountain range, chain of mountains **3** (Inf) string **4** (figura de baile) grand chain

(Compuestos)
- **cadena alimentaria** *or* **alimenticia** food chain
- **cadena de fabricación** *or* **producción** production line
- **cadena de mando** chain of command
- **cadena de montaje** *or* (Méx) **de ensamblaje** assembly line
- **cadena hablada** chain of speech
- **cadena trófica** food chain

C (Com) chain; **una ~ de supermercados** a chain of supermarkets; **~ hotelera** hotel chain; **~ de radiodifusión** radio network

(Compuestos)
- **cadena de distribución** distribution chain
- **cadena de suministro** supply chain

D (TV) channel

E (Audio) *tb* **~ de sonido** stack system

F (carta) chain letter

> **Cadena SER**
>
> Spanish commercial radio station, offering a high level of information and political debate. Politically it is considered to be left of center. *See also* **la radio española**.

cadencia *f* **1** (ritmo) cadence, rhythm; **en ~ de vals** in waltz time **2** (terminación de una frase musical) cadence; (para solista) cadenza **3** (frecuencia): **estos trenes tienen una ~ de cinco minutos** these trains run every five minutes *o* at five-minute intervals **4** **cadencias** *fpl* (compases): **se oían las ~ de un tango** the strains of a tango could be heard

cadencioso -sa *adj* ‹*música*› rhythmic, rhythmical; ‹*voz*› lilting, melodious; ‹*ritmo*› lilting

cadeneta *f* **1** (labor) chain stitch **2** (de papel) paper chain

cadera *f* ▸❶ **p.231** hip; **allí estaba con las manos en las ~s** there he stood with his arms akimbo *o* with his hands on his hips

cadete *mf*

A **1** (Mil) cadet **2** (Náut) cadet

(Compuesto) **cadete espacial** space cadet

B (Dep) junior; **el plantel de ~s** the colts, the junior *o* youth team

C **cadete** *m* (RPl) (en una oficina) office junior *o* boy

cadillo *m* (Col, Ven)

A (Bot) bur

B (callosidad) callus

Cádiz *m* Cadiz

cadmio *m* cadmium

caducar [A2] *vi* **1** ‹‹*carné/pasaporte*›› to expire; **¿cuándo te caduca el pasaporte?** when does your passport expire?; **el plazo de la licitación caduca el 17 de noviembre** the closing date for tenders is November 17; **este vale está caducado** this voucher is no longer valid *o* is out of date **2** ‹‹*medicamento*›› to expire (frml); **Ⓢ caduca a los tres meses** use within three months; **este yogur ha caducado** this yogurt is past its sell-by date/use-by date

caducidad *f*

A (Farm, Med) expiration (AmE), expiry (BrE); ▸**fecha**

B (de un testamento, una ley) expiry; **la fecha de ~ del plazo** the closing date

caduco -ca *adj*

A ‹*hoja*› deciduous

B **1** (liter) ‹*belleza*› faded **2** ‹*teoría/costumbres/valores*› outdated, outmoded

C **1** ‹*medicamento*›: **esta crema ya está caduca** this cream is past its use-by *o* expiry date **2** (Der) lapsed, expired

caer [E16]

> **GUÍA DE BÚSQUEDA**
>
> ■ **caer** *verbo intransitivo*
> **A** de una altura
> **B** caer: chaparrón, nevada
> **C** **1** caer: cortinas, falda
> **2** caer: terreno
> **D** **1** incurrir
> **2** en un engaño, un timo
> **E** entender, darse cuenta
> **F** **1** en un estado
> **2** caer en un vicio
> **G** **1** caer: gobierno, plaza etc
> **2** perder el cargo
> **3** caer: soldado
> **4** caer: fugitivo
> **5** caer enfermo
> **H** **1** caer: desgracia, maldición etc
> **2** caer: tarde, noche
> **I** tocar en suerte
> **J** **1** sentarle mal
> **2** en cuestiones de gusto
> **K** **1** presentarse, aparecer
> **2** caer sobre alguien
> **L** **1** estar comprendido
> **2** caer: cumpleaños etc
> **3** estar situado
> **M** caer: precios etc
> **N** aportar dinero
> **O** caer: llamada
>
> ■ **caerse** *verbo pronominal*
> **A** **1** de una altura
> **2** caerse + me/te/le etc
> **B** desprenderse
> **C** equivocarse
> **D** contribuir

vi

A (de una altura) to fall; (de la posición vertical) to fall over; **caí mal y me rompí una pierna** I fell badly *o* awkwardly and broke my leg; **tropezó y cayó cuan largo era** he tripped and fell flat on his face; **cayó de espaldas/de bruces** she fell flat on her back/face; **cayeron de rodillas y le pidieron perdón** they fell *o* dropped to their knees and begged for forgiveness; **cayó el telón** the curtain came down *o* fell; **la pelota cayó en el pozo** the ball fell *o* dropped into the well; **el coche cayó por un precipicio** the car went over a cliff; **cayó muerto allí mismo** he dropped down dead on the spot; **se dejó ~ en el sillón** she flopped into the armchair; **se dejó ~ desde el borde del precipicio** he jumped off from the edge of the cliff; **el avión cayó en picada** *or* (Esp) **en picado** the plane nosedived; **el helicóptero cayó en el mar** the helicopter came down *o* crashed in the sea; **le caían lágrimas de los ojos** tears fell from her eyes *o* rolled down her cheeks; **~ *parado*** (AmL) (literal) to land on one's feet; (tener suerte) to fall *o* land on one's feet; ***dejar ~ algo*** ‹*objeto*› to drop; ‹*noticia*› to let drop *o* fall; **lo dejó ~ así, como quien no quiere la cosa** she just slipped it into the conversation, she just let it drop in passing

B ‹‹*chaparrón/nevada*››: **cayó una helada** there was a frost; **cayó una fuerte nevada** it snowed heavily; **empezó a ~ granizo** it began to hail; **está cayendo un aguacero** it's pouring; **cayeron unas pocas gotas** there were a few drops of rain; **el rayo cayó muy cerca de aquí** the lightning struck very near here

C **1** ‹‹*cortinas/falda*›› (colgar, pender) to hang; **con un poco de almidón la tela cae mejor** a little starch makes the fabric hang better; **el pelo le caía suelto hasta la cintura** her hair hung down to her waist **2** ‹‹*terreno*›› to drop, fall; **el terreno cae en pendiente hacia el río** the land falls away *o* slopes down toward(s) the river

D **1** (incurrir) **~ EN algo**: **no caigas en el error de decírselo** don't make the mistake of telling him; **no nos dejes ~ en la tentación** lead us not into temptation; **cayó en la tentación de leer la carta** she succumbed to the temptation to read the letter; **la obra por momentos cae en lo ridículo** at times the play lapses into the ridiculous; **esos chistes ya caen en lo chabacano** those jokes can only be described as vulgar; **~ *muy bajo*** to stoop very low; **venderse así es ~ muy bajo** I wouldn't stoop so low as to sell myself like that; **¡qué bajo has caído!** you've sunk pretty low!, how low can you get!, that's stooping pretty low! **2** (en un engaño, un timo): **a todos nos hizo el mismo cuento y todos caímos** he told us all the same story and we all fell for it; **¿cómo pudiste ~ en semejante trampa?** how could you be taken in by *o* fall for a trick like that?; **~ *como chinos*** *or* ***angelitos*** (fam): **todos cayeron como chinos** *or* **angelitos** they swallowed it hook, line and sinker

E (fam) (entender, darse cuenta): **¡ah, ya caigo!** oh, now I get it! (colloq); ▸**cuenta[1] G**

F **1** (en un estado): **~ en desuso** ‹‹*palabra*›› to fall into disuse; ‹‹*costumbre*›› to die out; **~ en el olvido** to sink into oblivion; ▸**desgracia A** **2** **~ en un vicio** to get into a bad habit; **~ en el alcohol** to take to drink; **~ en la droga** to start taking drugs

G **1** ‹‹*gobierno/ciudad/plaza*›› to fall; **la capital había caído en poder del enemigo** the capital had fallen into enemy hands; **¡que no vaya a ~ en manos del profesor!** don't let the teacher get hold of it!, don't let it fall into the teacher's hands! **2** (perder el cargo) to lose one's job; **cayó por disentir con ellos** he lost his job *o* (colloq) came to grief because he disagreed with them; **vamos a continuar con la investigación, caiga quien caiga** we are going to continue with the investigation, however many heads have to roll **3** ‹‹*soldado*›› (morir) to fall, die **4** ‹‹*fugitivo*›› (ser apresado) to be caught; **han caído los cabecillas de la pandilla** the gang leaders have been caught **5** **caer enfermo** to fall ill, be taken ill; **cayó en cama** he took to his bed; **yo también caí**

con gripe I went *o* came down with flu as well

H 1 «*desgracia/maldición*»: ~ **SOBRE algn** to befall sb (frml *or* liter); **la tragedia que ha caído sobre nuestro pueblo** the tragedy that has befallen our nation 2 **al caer la tarde/la noche** at sunset *o* dusk/nightfall; **antes de que caiga la noche** before it gets dark *o* before nightfall

I (fam) (tocar en suerte): **le cayó una pregunta muy difícil** he got a really difficult question; **¡te va a ~ una bofetada!** you're going to get a smack!; **le cayeron tres años (de cárcel)** he got three years (in jail); **¿cuántas (asignaturas) te han caído este año?** (Esp) how many subjects have you failed this year?; **el gordo ha caído en Bilbao** the jackpot has been won in Bilbao

J (+ *compl*) 1 (sentar): **el pescado me cayó mal** the fish didn't agree with me; **le cayó muy mal que no la invitaran** she wasn't invited and she took it very badly, she was very upset at *o* about not being invited; **la noticia me cayó como un balde** *or* **jarro de agua fría** the news came as a real shock 2 (en cuestiones de gusto): **tu primo me cae muy bien** *or* **muy simpático** I really like your cousin; **no lo soporto, me cae de gordo/de mal ...** (fam) I can't stand him, he's a real pain (colloq); ▸**gracia Sense IE**

K 1 (fam) (presentarse, aparecer) to show up, turn up (BrE); **no podías haber caído en mejor momento** you couldn't have turned up *o* come at a better time; **de vez en cuando cae** *or* **se deja ~ por aquí** she drops by *o* in now and then; **no podemos ~les así, de improviso** we can't just show *o* turn up on their doorstep without any warning; ***estar al ~:*** **los invitados están al ~** the guests will be here any minute *o* moment (now) 2 (abalanzarse) ~ **SOBRE algn** to fall upon *o* on sb; **tres enmascarados cayeron sobre él** three masked men pounced on him *o* fell on him *o* set upon him; **cayeron sobre el enemigo a medianoche** they fell on *o* (frml) descended on the enemy at midnight; ***~le a algn*** (Per fam) to score with sb, to get off with sb (BrE colloq); ***~le encima a algn*** (fam) to pounce *o* leap on sb

L 1 (estar comprendido) ~ **DENTRO DE algo**: **ese barrio no cae dentro de nuestra jurisdicción** that area doesn't come under *o* fall within our jurisdiction; **su caso no cae dentro de mi competencia** his case falls outside the scope of my powers (frml); **eso cae dentro de sus obligaciones** that's part of her job, that's one of her duties; **cae de lleno dentro de la corriente posmodernista** it fits squarely within the postmodernist style 2 «*cumpleaños/festividad*» to fall; **el 20 de febrero cae en (un) domingo** February 20 falls on a Sunday *o* is a Sunday; **¿el 27 (en) qué día cae** *or* **en qué cae?** what day's the 27th? 3 (Esp fam) (estar situado) to be; **¿eso por dónde cae?** whereabouts is that?

M «*precios/temperatura*» (bajar) to fall, drop; **el dólar ha caído en el mercado internacional** the dollar has fallen on the international market

N (Ven) (aportar dinero) (fam) to chip in (colloq)

O (Ven fam) «*llamada*»: **la llamada no me cayó** I couldn't get through

■ **caerse** *v pron*

A 1 (de una altura) to fall; (de la posición vertical) to fall, fall over; **bájate de ahí, te vas a ~** come down from there, you'll fall; **tropecé y casi me caigo** I tripped and nearly fell (over); **casi me caigo al agua** I nearly fell in *o* into the water; **me caí por las escaleras** I fell down the stairs; **se cayó del caballo** he fell off his horse; **se cayó de la cama** she fell out of bed; **se cayó redondo** (fam) he collapsed in a heap; **está que se cae de cansancio** (fam) she's dead on her feet (colloq), she's ready to drop (colloq); **se cayó y se rompió** it fell and smashed 2 (+ *me/te/le etc*): **oiga, se le ha caído un guante** excuse me, you've dropped your glove; **se me cayó de las manos** it slipped out of my hands; **ten cuidado, no se te vaya a ~** be careful, don't drop it; **por poco se me cae el armario encima** the wardrobe nearly fell on top of me; **se me están cayendo las medias** my stockings are falling down; ***~se con algn*** (Col fam) to go down in sb's estimation; **estoy caída con ella** I'm in her bad books (colloq); ***¡me caigo y no me levanto!*** (fam & euf) (expresando sorpresa) well, I'll be darned *o* (BrE) blowed! (colloq), good heavens! (colloq) (expresando irritación) I don't believe it!; ***no tener donde ~se muerto*** (fam): **no tiene donde ~se muerto** he hasn't got a penny to his name; ***se cae de*** *or* ***por su propio peso*** *or* ***de maduro*** it goes without saying

B (desprenderse) «*diente*» to fall out; «*hojas*» to fall off; «*botón*» to come off, fall off; **se le cayó un diente** one of her teeth fell out; **se le ha empezado a ~ el pelo** he's started to lose his hair *o* go bald; **la ropa se le caía a pedazos de vieja** her clothes were so old they were falling to pieces *o* falling apart

C (Chi fam) (equivocarse) to goof (AmE colloq), to boob (BrE colloq)

D (Méx fam) (contribuir) **~se CON algo**: **me caí con la lana** I chipped in (colloq)

Cafarnaúm *m* Capernaum; ***aquí y en ~*** (Col fam): **las cosas son así aquí y en ~** that's the way things are everywhere; ***ni aquí, ni en ~*** (Col fam): **eso no lo vas a conseguir ni aquí ni en ~** you won't find that anywhere (colloq)

café[1] *adj* (*gen inv*) ▸ⓘ **p.181** 1 (marrón claro) ‹*color*› coffee (*before n*); ‹*vestido/zapato*› coffee-colored* 2 (AmC, Chi, Méx) (marrón) brown; **ojos ~** *or* **~s** brown eyes

café[2] *m*

A (cultivo, bebida) coffee; **me sirvió un ~** he gave me some *o* a cup of coffee, he gave me a coffee (BrE); **granos de ~** coffee beans

Compuestos

- **café americano** large black coffee
- **café cerrero** (Col) large strong black coffee
- **café con leche** regular coffee (AmE), white coffee (BrE)
- **café cortado** *coffee with a dash of milk*
- **café descafeinado** decaffeinated coffee
- **café en grano** coffee beans (*pl*)
- **café exprés** *or* **expreso** espresso
- **café instantáneo** instant coffee
- **café irlandés** Irish coffee
- **café mezcla** medium roast coffee
- **café molido** ground coffee
- **café natural** light roast coffee
- **café negro** (AmL) espresso
- **café puro** (Chi) black coffee
- **café solo** black coffee
- **café soluble** instant coffee
- **café tinto** (Col, Ven) black coffee
- **café torrado** (RPl) roasted coffee
- **café torrefacto** high roast coffee
- **café turco** Turkish coffee
- **café vienés** Viennese coffee

B (cafetería) café

Compuestos

- **café bar** café
- **café cantante** café (*with live music*)
- **café concert** *or* **concierto** café (*with live music*)
- **café teatro** ≈ dinner theater (*in US*), ≈ pub theatre (*in UK*)

C ▸ⓘ **p.181** 1 **(de) color ~** coffee-colored* 2 (AmC, Chi, Méx) (marrón) brown

D (RPl fam) (regañina) telling-off, ticking-off (BrE colloq)

> **café con leche**
>
> Much more milky than might be expected, it is usually made with coffee and milk in equal proportions.

cafeína *f* caffeine

cafesero -ra *adj* (Ven fam): **soy muy ~** I love coffee, I'm a real coffee addict (colloq)

cafetal *m* coffee plantation

cafetalero[1] **-ra**, **cafetalista** *adj* coffee (*before n*)

cafetalero[2] **-ra** *m,f*, **cafetalista** *mf* coffee grower

cafetear [A1] *vt* (RPl fam) to tell ... off, tick ... off (BrE colloq)

cafetera *f* 1 (para hacer café) coffee maker; (para servir café) coffeepot; ***estar como una ~*** (fam) to be off one's rocker *o* head (colloq), to have a screw loose (colloq) 2 (fam) (coche viejo) old heap (colloq), old banger (BrE colloq)

cafetería *f* coffee shop, café, coffee bar (BrE)

> **cafetería**
>
> In Spain, a place to have a coffee, other drinks, and pastries and cakes. *Cafeterías* are frequently combined with ▸**bares** and are very similar. However, *cafeterías* are usually smarter, and serve a wider variety of dishes.

cafetero[1] **-ra** *adj* ‹*industria/finca*› coffee (*before n*); ‹*país*› coffee-producing (*before n*), coffee-growing (*before n*); **soy muy ~** (Esp) I'm a real coffee addict (colloq), I love coffee

cafetero[2] **-ra** *m,f* coffee planter *o* grower

cafetín *m* small café, coffee bar

cafeto *m* coffee tree

cafichar [A1] *vi* (CS fam) to live off the earnings of prostitutes, ponce (BrE colloq)

cafiche, caficho *m* (CS, Per arg) pimp, ponce (BrE colloq)

cafichear [A1] *vi* ▸**cafichar**

caficultor -tora *m,f* (Col) coffee grower

cafiolo *m*

A (CS arg) (cafiche) pimp, ponce (BrE colloq)

B (CS fam) (hombre afectadamente elegante) medallion man

cafisho /ka'fiʃo/ *m* (RPl arg) pimp, ponce (BrE)

cafre[1] *adj*

A (de África) Kaffir (*before n*)

B 1 (ignorante) stupid, idiotic (colloq), moronic (colloq & pej) 2 (vándalo): **no seas ~, devuélvele el chocolate** don't be so horrible *o* such a bully, give him his chocolate back; **los muy ~s destruyeron las cabinas telefónicas** they smashed up the call boxes, the vandals *o* (AmE) hoodlums *o* (BrE) yobs!

cafre[2] *mf*

A (de África) Kaffir

B 1 (ignorante) idiot, moron (colloq & pej) 2 (vándalo) lout, punk (AmE), yob (BrE colloq)

caftán *m* caftan*

cagada *f*

A (vulg) 1 (excremento) shit (sl); **está lleno de ~s de pájaro** it's covered in bird shit (sl); ***quedar la ~*** (Chi vulg): **quedó la ~** the shit hit the fan (vulg) 2 (acción) shit (sl), crap (sl)

B (vulg) 1 (porquería): **el disco es una ~** the record is crap (sl) 2 (metedura de pata) screwup (AmE sl), balls-up (BrE sl), boo-boo (AmE colloq), boob (BrE colloq) 3 (Chi) (insignificancia) pittance 4 (RPl) (inconveniente, percance) drag (colloq), pain in the neck (colloq); **¡qué ~!** what a pain! (colloq)

C (vulg) (persona) shit (vulg), bastard (vulg)

cagadera *f* (AmL vulg) ▸**cagalera**

cagado -da *adj*

A (vulg) ‹*calzoncillos/sábana*› dirty, shitty (colloq & hum); **estaba ~ hasta las orejas** he had messed himself and he was covered in it (colloq), he was filthy

B (vulg) 1 [SER] (miedoso, cobarde) gutless (colloq) 2 [ESTAR] (asustado) scared stiff (colloq), shit-scared (vulg); **estaba/iba ~ de miedo** he was scared shitless *o* shit-scared *o* scared stiff, he was shitting himself (BrE vulg)

C (CS vulg) (jodido): **si llueve mañana, estamos ~s** if it rains tomorrow, we're in deep trouble *o* (vulg) in deep shit

D (Chi) 1 [SER] (tacaño) stingy (colloq), tightfisted (colloq) 2 [ESTAR] (agobiado, deprimido) pissed off (sl)

E (*delante del n*) (Col vulg) (uso enfático) goddamn (AmE sl), bloody (BrE sl)

F (Col fam) (fácil): **el examen estaba ~** the exam was a piece of cake *o* (vulg) piece of piss

G (Méx fam) (gracioso) funny

cagalera *f* (vulg): **andaba con** *or* **tenía una ~** I had the trots (colloq) *o* (sl) the shits, I had the runs (BrE colloq)

cagantina *f* ▸**cagalera**

cagar [A3] *vi*

A (vulg) (defecar) to have a shit (vulg), to have a crap (BrE vulg)

C

B (CS vulg) **1** (embromarse): **si no viene Mario, cagamos** if Mario doesn't come, we've had it (colloq); **cagó la aspiradora** the vacuum cleaner's had it (colloq) **2** (malograrse): **cagó la huelga** the strike flopped (colloq)

■ **cagar** *vt*

A (vulg) (arruinar, estropear) to make a mess of (colloq), to mess up (colloq), to wreck (colloq); **~*la:* ahora sí que la hemos cagado** now we've really messed up (colloq) *o* (sl) screwed up, now we've really ballsed *o* cocked things up (BrE sl) (más grave) now we're really in the shit *o* up shit creek (sl)

B (vulg) ‹*persona*› **1** (RPl) (defraudar, engañar) to cheat, rip ... off **2** (CS) (vencer) to floor; **su respuesta me cagó** her reply floored me **3** (RPl) (en un examen) to fail, flunk (AmE colloq)

■ **cagarse** *v pron*

A (vulg) (defecarse) to shit oneself (vulg); **nos cagábamos de frío** we were absolutely freezing (colloq); **~se de la risa** to die laughing (colloq), to piss oneself laughing (BrE sl); **se estarán cagando de miedo** they'll be scared shitless (sl), they'll be shitting themselves (vulg); **~ *en algn/algo*** (vulg): **él se caga en lo que el pueblo quiere** he doesn't give a damn about what the country wants (colloq), he doesn't give a toss *o* a shit about what the country wants (vulg); **¡me cago en las autoridades!** I don't give a damn about the authorities! (colloq), screw the authorities! (sl), to hell with the authorities! (colloq); ***¡me cago en diez*** *or* ***en la mar!*** (fam o vulg) shit! (vulg), damn! (colloq); ***que te cagas*** (vulg): **hace un frío que te cagas** it's damn freezing (colloq), it's bloody freezing (BrE sl); **tiene un cochazo que te cagas** (Esp) he has an incredible (colloq) *o* (sl) ace car

B **1** (CS vulg) (estropearse) to bust (colloq) **2** (Col vulg) (estropear) to wreck (colloq)

cagarruta *f* pellet; **~s de pájaro/ratón** bird/mouse droppings

cagarruto -ta *m,f* (Col fam) kid (colloq)

cagatintas *mf* (*pl* ~) (Esp fam) penpusher

cagazo *m* (RPl arg): **tenía un ~ que se moría** she was shitting bricks *o* shitting herself (vulg)

cagón[1] **-gona** *adj* (fam o vulg) **1** ‹*persona*› **es muy cagona** she's forever going to the bathroom (AmE) *o* (BrE) toilet (euph) **2** (miedoso) wimpish (colloq), wet (colloq); **¡qué cagona eres!** you're so wimpish! (colloq), you're such a wimp! (colloq) **3** (Méx) (afortunado) lucky, jammy (BrE colloq) **4** (Chi) (malo, insignificante) lousy (colloq), crappy (sl)

cagón[2] **-gona** *m,f* (fam o vulg) **1** (bebé) *baby that keeps dirtying his/her diapers* **2** (miedoso) wimp (colloq) **3** (Méx) (afortunado) lucky *o* (BrE) jammy devil (colloq)

caguama[1] *f* (Cu, PR, Ven) doggerhead turtle

caguama[2] *m* (Méx) *measure of beer roughly equivalent to a liter*

cagüen: **me ~ diez** *or* **la mar** (fam o vulg) damn (colloq), shit! (vulg)

cagueta[1] *adj* (fam o vulg) wimpish (colloq), wet (BrE colloq)

cagueta[2] *mf* (fam o vulg) wimp (colloq)

cahuín *m* (Chi fam): **no quiero cahuines** I don't want any trouble; ***meter a algn en un ~*** (Chi fam) to get sb into trouble

cahuinero -ra *adj* (Chi fam): **ese tipo ~** that troublemaker

caída *f*

A (accidente) fall; **sufrir una ~** «*persona*» to have a fall; **ha sufrido varias ~s y no se ha roto** it's fallen on the floor/it's been dropped several times without breaking; **fue una mala ~** it was a nasty fall, he took a nasty tumble (colloq)

Compuestos

- **caída de ojos**: **hacerle una ~ de ~ a algn** to flutter one's eyelids at sb
- **caída libre** free fall

B (del cabello): **un tratamiento contra la ~ del cabello** a treatment to prevent hair loss

C (de una tela, falda): **para esta falda se necesita una tela con más ~** you need a heavier material for this skirt; **tiene muy buena ~** it hangs very well

D **1** (de un gobierno) fall; (de una ciudad) fall; **la ~ del Imperio Romano** the fall *o* collapse of the Roman Empire **2** **la Caída** (Bib) the Fall

E (descenso) fall, drop; **la ~ del dólar/del precio del petróleo** the fall in the dollar/in the price of oil; **se ha producido una ~ de las exportaciones/la demanda** there has been a fall *o* drop in exports/demand; **la ~ de la temperatura** the drop in temperature; **una ~ de voltaje** *or* **tensión** a drop in voltage

Compuesto **caída de agua** waterfall

F **a la caída del sol** *or* **de la tarde** at sunset, at dusk

G **1** (del terreno) slope; (más pronunciada) drop **2** (de un techo) slope, pitch; (de una superficie) slope, drop

H (Náut) (de un palo, mástil) rake

caído[1] **-da** *adj*

A **1** (tumbado) fallen; **recogieron las manzanas caídas** they picked up the windfalls **2** ‹*pechos*› drooping, sagging; ‹*pantalones*› low-slung; **es muy ~ de hombros** he's very round-shouldered; **tiene el útero ~** she has a prolapsed womb

B (en la guerra): **soldados ~s en combate/acción de guerra** soldiers who fell in combat/action

C (Col) ‹*vivienda*› dilapidated, run-down

caído[2] *m*: **los ~s** the fallen; **monumento a los ~s** cenotaph, monument to the fallen

caiga, caigas, etc ▸**caer**

caimán *m*

A (Zool) caiman, cayman, alligator; ***estar como ~ en boca de caño*** (Ven fam) to be on the lookout

B (Chi, Méx) (Tec) alligator wrench

Caimanes: **las Islas ~** the Cayman Islands, the Caymans

caimito *m* star apple

caín *adj* cruel, heartless

Caín Cain; ***pasar las de ~*** (fam) to go through hell (colloq)

caipiriña, caipirinha /kaipi'riɲa/ *f: drink made with rum, sugar, lemon and ice*

cairel *m* (RPl) teardrop

Cairo *m*: **El ~** Cairo

caixa *f* savings bank (*in names of Catalan savings institutions*)

caja *f*

A **1** (recipiente) box; **una ~ de cerillas** (con cerillas) a box of matches; (vacía) a matchbox; **una ~ de zapatos** a shoe box; **una ~ de vino** a crate of wine **2** (de un reloj) case, casing; (de una radio) housing, casing **3** (Mús) (de un violín, una guitarra) soundbox; (tambor) drum; ***echar*** *or* ***despedir a algn con ~s destempladas*** to send sb packing (colloq), to kick sb out (colloq) **4** (fam) (ataúd) coffin

Compuestos

- **caja anidadera** nesting box
- **caja china** Chinese box
- **caja craneana** skull
- **caja de alquiler** safe-deposit box, safety deposit box
- **caja de acuarelas** paintbox
- **caja de cambios** *or* **velocidades** gearbox
- **caja de caudales** safe, strongbox
- **caja de dientes** (Col) dentures (*pl*)
- **caja de embalaje** packing case
- **caja de empalmes** junction box
- **caja de fondos** (Chi) safe, strongbox
- **caja de fusibles** fuse box
- **caja de herramientas** toolbox
- **caja de ingletes** miter* box
- **caja de la escalera** stairwell
- **caja de los recuerdos** box of memories
- **caja de música** music box
- **caja de Pandora** Pandora's box
- **caja de rayos X** X-ray machine
- **caja de resonancia** (Mús) soundbox; **la organización es una ~ de ~ de los países no alineados** the organization is a sounding board for the non-aligned countries
- **caja de ritmos** drum machine
- **caja de seguridad** safe-deposit box, safety deposit box
- **caja de sorpresas** (juguete) jack-in-the-box; **eres una verdadera ~ de ~** you're full of surprises
- **caja fuerte** safe, strongbox
- **caja negra** black box, flight recorder
- **caja nido** nesting box
- **caja tonta** (fam) idiot box (AmE colloq), goggle-box (BrE colloq)
- **caja torácica** thoracic cavity

B (Com) **1** (lugar — en un banco) window; (— en un supermercado) checkout; (— en una tienda, un restaurante) cash desk, till; **sírvase pagar en** *or* **pasar por ~** pay at the cash desk *o* till; **se lo abonarán en ~** they will give you your money at the window **2** (máquina) till, cash register; **¿cuánto dinero ha ingresado** *or* **entrado en ~ hoy?** how much money have we/you taken today? **3** (dinero) cash; **balance de ~** balance; **hicimos una ~ de medio millón** we took half a million pesos (*o* euros *etc*); ***hacer la ~*** to cash up; ▸**libro**

Compuestos

- **caja chica** petty cash
- **caja de ahorros** savings bank
- **caja de compensación familiar** (Col) benefit society (AmE), friendly society (BrE)
- **caja de pensiones** *or* **jubilaciones** (state) pension fund
- **caja de resistencia** strike fund
- **caja registradora** cash register
- **caja rural** agricultural credit bank

C (Mil): **entrar en ~** to be drafted *o* called up *o* conscripted

Compuesto **caja de reclutas** recruiting office

D (Impr) case

Compuesto **caja alta/baja** upper/lower case

E (Arm) stock

cajero -ra *m,f* cashier

Compuesto **cajero automático** *or* **permanente** *m* cash machine, ATM (AmE), automated *o* automatic teller machine (AmE), cash dispenser (BrE)

cajeta *f* (Méx) ▸**dulce de leche**

cajetilla *f* pack (AmE), packet (BrE)

cajetín *m*

A (sello) stamp (*with spaces for writing date, invoice number, etc*)

B (Elec) junction box

cajilla *f* (RPl) ▸**cajetilla**

cajista *mf* typesetter, compositor

cajón *m*

A **1** (en un mueble) drawer; **el ~ de arriba/abajo** the top/bottom drawer; ***~ de sastre:*** **este capítulo es un ~ de sastre** this chapter is a bit of a hodgepodge (AmE) *o* (BrE) a hotchpotch *o* a jumble of different things (colloq); **esa sección es el ~ de sastre del periódico** that's the miscellaneous *o* oddments section of the newspaper; **mi despacho es como un ~ de sastre adonde van a parar todas estas cosas** my office acts as a kind of dumping ground for all these things; ***de ~*** (fam): **de ~ que les dice que no** he's bound to say no, you can bet your life he'll say no; **eso es de ~** that's for sure, that goes without saying **2** (caja grande) *tb* **~ de embalaje** crate; (para mudanzas) packing case; **~ de fruta** fruit box, orange box **3** (RPl) (para botellas) crate **4** (AmL) (ataúd) coffin, casket (AmE)

Compuestos

- **cajón de arena** sandpit, sandbox
- **cajones de salida** *mpl* starting gate (AmE), starting stalls (*pl*) (BrE)

B **1** (Méx) (en un estacionamiento) parking space **2** (Chi) (Geog) gulley, ravine **3** (Arg) (en gimnasia) box

cajuela *f* (Méx) trunk (AmE), boot (BrE)

cajuelita *f* (Méx) glove compartment

cal *f* lime; **ahogar** *or* **apagar la ~** to slake lime; **a la ~** (RPl): **una pared pintada a la ~** a whitewashed wall; ***cerrar algo a ~ y canto*** to close sth firmly *o* tight; ***de ~ y canto*** (de piedra) stone (*before n*); (sólido) firm, strong; ‹*convicción*› firm; ***una de ~ y otra de arena*** (Esp) something nice followed by something less pleasant; **tienes que aceptar que aquí te dan una de ~ y otra de arena** you have to learn to take the rough with the smooth here

Compuestos

- **cal apagada** slaked lime
- **cal muerta** slaked lime

• **cal viva** quicklime, caustic lime
cala *f*
A (ensenada) cove
B (Náut) hold
C (Bot) arum lily, calla lily
D (fam) (peseta) peseta
calabacín *m* (Méx) **calabacita** *f* zucchini (AmE), courgette (BrE)
calabaza *f*
A (Bot, Coc) 1 (fruto — redondo) pumpkin; (— alargado) squash (AmE), marrow (BrE); ***dar ~s*** (fam) (a un pretendiente) to give … the brush-off (colloq) (a un estudiante) to fail, flunk (AmE colloq) 2 (recipiente) gourd
B (fam) (persona tonta) dimwit (colloq), dummy (colloq)
calabobos *m* (fam) drizzle
calabozo *m* 1 (en una comisaría, cárcel) cell 2 (en un cuartel) guardroom 3 (Hist) dungeon
calabrote *m* hawser
calada *f* (Esp fam) drag (sl), puff (colloq)
caladero *m* fishing ground
calado[1] **-da** *adj*
A (empapado) soaked, drenched; **llegamos ~s hasta los huesos** we arrived soaked to the skin
B ‹*jersey/tela*› openwork (*before n*)
calado[2] *m*
A 1 (en costura) openwork 2 (en la madera, el cuero) fretwork
B 1 (de un barco) draft; **un barco de gran/poco ~** a ship with a deep/shallow draft 2 (altura del agua) depth 3 (profundidad) depth; **un análisis de mayor ~** a deeper *o* more profound analysis
C 1 (importancia) significance 2 (Chi fam) (tamaño) size; **una sandía de este ~** a watermelon about this big *o* this size
calafate *m* caulker, shipwright
calafatear [A1] *vt* to caulk
calafateo *m* caulking
calamar *m* squid; **~es a la romana** squid fried in batter
calambrazo *m* 1 (fam) (Med) attack of cramp 2 (fam) (sacudida) electric shock
calambre *m* 1 (espasmo) cramp; **me ha dado un ~ en el pie** I have a cramp (AmE) *o* (BrE) I've got cramp in my foot; ***dar ~*** (RPl fam): **da ~ ver lo poco que trabajan** it makes you mad *o* sick to see how little they work (colloq); **comimos tan mal, que daba ~** the food was so bad, it was a disgrace 2 (sacudida) shock, electric shock; **me dio un ~** I got *o* it gave me an electric shock
calamidad *f* 1 (desastre, desgracia) disaster, calamity; **¡pobre chico, las ~es que ha tenido que pasar!** the poor boy, the terrible things he's had to go through! 2 (persona inútil) disaster (colloq)
calamina *f*
A 1 (Min) smithsonite, calamine (BrE) 2 (Med) calamine
B 1 (aleación) zinc alloy 2 (Chi, Per) (para techos) corrugated iron 3 (Chi, Per) (en un camino) rut
calamita *f* lodestone
calamitosamente *adv* calamitously, disastrously
calamitoso -sa *adj* disastrous, calamitous
cálamo *m* 1 (liter) (del escritor) quill; **ha vuelto a tomar el ~** she has taken up her pen again 2 (flauta) flute
calamoco *m* icicle
calamorro *m* (Chi) walking shoe
calandra *f* grille
calandraca *f* (RPl fam & pey) old crone (colloq & pej), old hag (colloq & pej)
calandrar [A1] *vt* to calender
calandria *f*
A (Zool) calandra lark
B 1 (torno) treadmill 2 (para prensar) calender 3 (recipiente) calandria
calaña *f*: **si se junta con gente de esa ~** if he mixes with people of that type *o* sort; **yo no me trato con los de tu ~** I don't mix with your sort *o* kind (colloq); **un tipo de mala ~** a bad sort *o* lot (colloq)
calapié *m* toeclip
calar[1] *adj* ▸**calizo**
calar[2] [A1] *vt*
A «*líquido*» (empapar) to soak; (atravesar) to soak through
B 1 ‹*sandía*› to cut a piece out of (*in order to taste it*) 2 (fam) ‹*persona/intenciones*› to rumble (colloq), to suss … out (BrE colloq); **lo calé enseguida** I sussed him (out) *o* rumbled him right away; **te tenemos muy calado** we've rumbled you *o* got you sussed, we've got your number (sl)
C 1 ‹*madera/cuero*› to fret 2 ‹*tela/blusa*› to make openwork in
D (Náut) 1 ‹*velas*› to lower 2 ‹*redes*› to cast 3 «*barco*» to draw; **el barco cala ocho metros** the ship draws eight meters
E ‹*bayoneta*› to fix
F (Esp) ‹*coche/motor*› to stall
G (Chi fam) ‹*gol*› (+ *me/te/le etc*): **desde fuera del área le caló un gol** he put the ball past him from outside the area
■ **calar** *vi*
A «*moda*» (penetrar) to catch on; **estos cambios calan lentamente en la sociedad** these changes permeate society slowly; **los países donde ha calado esta religión** the countries where this religion has taken root *o* become established; **aquellas palabras ~on hondo en él** those words made a deep impression on him; **son experiencias que calan hondo** experiences of this kind affect you deeply *o* have a profound effect
B «*zapatos/botas*» to leak, let water in
■ **calarse** *v pron*
A (empaparse) to get soaked, get drenched; **me calé hasta los huesos** I got soaked to the skin
B ‹*sombrero/gorra*› to pull … down; ‹*gafas*› to put on
C (Esp) «*coche/motor*» to stall
D (Ven arg) (aguantar) to put up with
calarredes *m* (*pl* ~) trawler
calatear [A1] *vt* (Per fam) to make … strip
■ **calatearse** *v pron* (Per fam) to strip, take one's clothes off
calato -ta *adj* (Per fam) naked; ***ver al diablo ~*** (Per fam) to see stars (colloq)
calavera[1] *f*
A (Anat) skull
B (Méx) (Auto) taillight
calavera[2] *m* (fam) rake
calcado -da *adj* 1 [SER] (fam) **~ A algo/algn**: **es ~ a su madre** he's the spitting image of his mother (colloq), he looks just like his mother; **esta canción es calcada a la que ganó el festival** this song's exactly the same as the one that won the festival 2 [ESTAR] (fam): **están ~s** one is a carbon copy of the other, they're identical; **~ DE algo**: **está ~ del de Serra** it's a straight copy of Serra's, it's copied straight from Serra's
calcáneo *m* heel bone, calcaneus (tech)
calcar [A2] *vt*
A ‹*dibujo/mapa*› to trace; ▸**papel**
B (fam) (multar) to fine, slap a fine on (colloq)
calcáreo -rea *adj* calcareous
calce *m* wedge; **la mesa se mueve, hay que ponerle un ~** the table wobbles, we need to wedge something under the leg
calceta *f*
A (labor) knitting; **hacer ~** to knit
B (ant) (media) stocking
C (Chi, Méx) (Indum) kneesock
calcetería *f* hosiery
calcetín *m* sock
Compuestos
• **calcetines altos** *mpl* knee-length *o* long socks (*pl*)
• **calcetines cortos** *mpl* ankle *o* short socks (*pl*)
calcetinera[1] *adj* (Chi): **estaba lleno de niñitas ~s** it was full of teenagers (colloq)
calcetinera[2] *f* (Chi) teenybopper (colloq)
calchunchos *mpl* (fam & hum) panties (*pl*), knickers (*pl*) (BrE)
cálcico -ca *adj* calcic
calcificación *f* calcification
calcificar [A2] *vi* to calcify
■ **calcificarse** *v pron* to calcify, become calcified
calcinación *f* calcination
calcinar [A1] *vt* 1 (abrasar) «*fuego*» to burn; «*sol*» (liter) to scorch; **murieron calcinados** they burned *o* were burned to death; **encontraron varios cadáveres calcinados** they found several charred bodies; **piedras calcinadas por el sol** stones scorched *o* roasted by the sun 2 (Quím) to calcine
calcio *m* calcium
calcita *f* calcite
calco *m* 1 (copia) exact replica; **es un ~ de su padre** he's the spitting image of his father; **la situación es un ~ de lo que ocurrió hace 20 años** the situation is a repeat *o* rerun of what happened 20 years ago 2 (Ling) calque, loan translation
calcografía *f* chalcography
calcomanía *f* transfer, decal (AmE)
calculador -dora *adj* calculating
calculadora *f* calculator; **~ electrónica/de bolsillo** electronic/pocket calculator
calcular [A1] *vt*
A 1 (Mat) ‹*precio/cantidad*› to calculate, work out; **calculando por lo bajo** at a conservative estimate; **calculé mal la distancia** I misjudged *o* miscalculated the distance, I didn't judge the distance right 2 (considerar, conjeturar): **calculo que estaremos de vuelta a eso de las seis** I should think *o* I would estimate we'll be back around six, at a guess we should be back around six; **¿cuánto tiempo calculas que tardarán?** how long do you reckon *o* suppose *o* think it'll take them?; **yo le calculo unos sesenta años** I should think he's about sixty, I reckon *o* guess he's about sixty; **se calcula que más de cien personas perdieron la vida** over a hundred people are estimated to have lost their lives 3 (fam) (imaginar) to imagine; **calcula el disgusto que se habrán llevado** imagine *o* just think how upset they must have been; **tendrás muchas ganas de volver a verlo — ¡calcula!** I expect you're really looking forward to seeing him again — you bet! *o* what do you think?
B (planear) to work out; **lo tenía todo calculado** he had it all worked out; **con un gesto calculado** with a calculated gesture
C ‹*puente/bóveda*› to do the calculations for
cálculo *m*
A (Mat) 1 (operación) calculation; **según mis ~s debe faltar poco para llegar** according to my calculations *o* by my reckoning we must be nearly there; **hizo un ~ aproximado de los gastos** she made a rough estimate of the costs; ▸**regla** 2 (disciplina) calculus
Compuestos
• **cálculo de probabilidades** calculation of probabilities
• **cálculo diferencial** differential calculus
• **cálculo integral** integral calculus
• **cálculo mental** mental arithmetic
B (plan, conjetura): **eso no entraba en mis ~s** I hadn't allowed for that in my plans *o* calculations; **le fallaron los ~s** things didn't work out as he had hoped *o* planned; **superó los ~s más optimistas** it exceeded even the most optimistic estimates; **fue un error de ~** I/he/they misjudged *o* miscalculated
C (Med) stone, calculus (tech)
Compuestos
• **cálculo biliar** gallstone, bilestone
• **cálculo renal** kidney stone, renal calculus (tech)
caldas *fpl* hot springs (*pl*)
Caldea *f* Chaldea
caldeado -da *adj* heated; **los ánimos están ~s** things are getting heated *o* feelings are running high
caldear [A1] *vt* 1 ‹*habitación/local*› to heat, heat … up 2 ‹*ambiente*› to make … more

heated; **sus declaraciones no hicieron más que ~ aún más el ambiente** his words only added fuel to the flames *o* made things more heated; **el orador caldeó los ánimos de los manifestantes** the speaker roused *o* inflamed the feelings of the demonstrators

■ **caldearse** *v pron* 1 «*habitación/local*» to warm up, heat up 2 «*ánimos/ambiente*»: **se estaban empezando a ~ los ánimos** tempers were beginning to fray, things were beginning to get heated, people were beginning to get hot under the collar; **se caldeó el ambiente** feelings started to run high, things became heated

caldeirada *f: salted cod and potatoes in a paprika sauce*

caldera *f*

A (industrial, de calefacción) boiler

(Compuesto) **caldera de vapor** steam boiler

B 1 (caldero) caldron*, copper (BrE); ***las ~s de Pedro Botero*** hell 2 (Bol, Ur) (pava) kettle

C (Geol) crater

calderería *f* (oficio) boilermaking; (lugar) boilermaking shop

calderero -ra *m,f* 1 (que arregla cacerolas) tinker 2 (Náut, Tec) boilermaker

caldereta *f* 1 (de pescado) fish stew 2 (de cordero) lamb stew

calderilla *f* change, small *o* loose change

caldero *m* caldron*, copper (BrE)

calderón *m* pause

calderoniano -na *adj* Calderonian

caldo *m*

A (Coc) (para beber) clear soup; (con arroz etc) soup; (para cocinar) stock; (salsa) juices (*pl*); **cubitos de ~** stock cubes; **~ de pollo/verduras** chicken/vegetable stock; **déle un caldito ligero** give him a thin soup; ***cambiar el ~ a las aceitunas*** (fam & hum) to have *o* take a leak (colloq & hum); ***echar un ~*** (Méx fam) to have a grope (colloq); ***hacerle a algn el ~ gordo*** to make it *o* things easy for sb; ***poner a algn a ~*** (Esp fam) to tell sb what you think of him/her (colloq); ***al que no quiere ~, taza y media*** *or* ***dos tazas*** it never rains but it pours

(Compuesto) **caldo de cultivo** (Biol) culture medium; (ambiente propicio) favorable environment, breeding ground

B (Vin) wine

caldoso -sa *adj* ‹*arroz*› soggy; ‹*salsa*› runny, watery; ‹*sopa*› watery, thin

calé[1] *adj* gypsy (*before n*)

calé[2] *mf* gypsy

calefacción *f* heating; **~ eléctrica** electric heating *o* (AmE) heat; **~ de** *or* **a gas** gas heating

(Compuesto) **calefacción central** central heating

calefaccionar [A1] *vt* (CS) to heat

calefactor *m* heater

calefón *m* (*pl* **-fones** *or* **-fóns**) (RPl) water heater, boiler

caleidoscópico -ca *adj* kaleidoscopic

caleidoscopio *m* kaleidoscope

calendario *m* 1 (sistema) calendar 2 (de pared, mesa) calendar; **~ de taco** tear-off calendar 3 (programa): **~ escolar** school calendar; **el ~ para el proyecto** the timetable *o* schedule for the project; **tiene un ~ de lo más apretado** she has a very tight schedule; **se fijó un ~ preciso para las negociaciones** a detailed agenda was drawn up for the negotiations

(Compuestos)

- **calendario de Adviento** Advent calendar
- **calendario gregoriano** Gregorian calendar
- **calendario juliano** Julian calendar
- **calendario lunar** lunar calendar

calendas *fpl* calends (*pl*)

(Compuesto) **calendas griegas** *fpl* (fam & hum): **te pagará en las ~ ~** he'll never pay you! (colloq); **a este paso terminará en las ~ ~** at this rate he won't finish in a month of Sundays

caléndula *f* pot marigold

calentada *f* ▸ **calentón B**

calentadita *f* (Méx fam): **darle una ~ a algn** to rough sb up (colloq)

calentado *m* (Ven fam) *hot punch made with eau-de-vie, sugar and spices*

calentador *m* 1 (para agua) heater, water heater; (estufa) heater 2 **calentadores** *mpl* (Dep, Indum) legwarmers (*pl*)

(Compuestos)

- **calentador de aire** fan heater
- **calentador de cama** warming pan
- **calentador de inmersión** immersion heater

calentamiento *m* 1 (Dep) warm-up; **ejercicios de ~** warm-up exercises, warming-up exercises 2 (Fís) warming

(Compuesto) **calentamiento global** *or* **del planeta** global warming

calentar [A5] *vt*

A 1 ‹*agua/leche/comida*› to heat, heat up; ‹*sartén/plancha*› to heat; ‹*habitación*› to heat; **~ al rojo** to make … red-hot 2 (Dep): **~ los músculos** to warm up, limber up 3 ‹*motor/coche*› to warm up

B (fam) (zurrar) to give … a good hiding (colloq)

C (vulg) (excitar sexualmente) to turn … on (colloq), to get … going (colloq)

D (AmL fam) (enfadar) to make … mad (colloq); **lo que me calienta es …** what really makes me mad *o* gets up my nose is … (colloq)

E (Chi fam) (atraer, interesar): **el fútbol no lo calienta** he's not into football (colloq)

■ **calentar** *vi*: **¡cómo calienta hoy el sol!** the sun's really hot today!; **la estufa casi no calienta** the heater is hardly giving off any heat

■ **calentarse** *v pron*

A 1 «*horno/plancha*» to heat up; «*habitación*» to warm up, get warm 2 «*motor/coche*» (al arrancar) to warm up; (en exceso) to overheat

B (vulg) (excitarse sexualmente) to get turned on (colloq), to get hot (AmE colloq)

C «*debate*» to become heated; **los ánimos se ~on** things became heated, tempers flared *o* started to run high; **el juego se calentó** the game got violent *o* rough

D (AmL fam) (enojarse) to get mad (colloq), to get annoyed

E (RPl fam) (preocuparse) to get worked up (colloq)

calentera *f* (Ven fam) ▸ **calentura 4**

calentito -ta *adj* (fam) *ver* **caliente A**

calentón -tona *m,f*

A (vulg) (en sentido sexual) horny devil (sl), randy devil (BrE colloq)

B calentón *m* (Per fam) (rabieta) fit (colloq); **se pegó un ~ cuando se enteró** he had a fit when he found out

calentorro -rra *m,f* (Esp vulg) ▸ **calentón A**

calentura *f* 1 (fiebre) temperature 2 (en la boca) cold sore 3 (vulg) (excitación sexual): **tenía una ~** he was feeling really horny (sl), he was feeling really hot (AmE) *o* (BrE) randy (colloq) 4 (RPl fam) (rabia): **se agarró una ~ bárbara cuando se enteró** she had a fit *o* she was livid when she found out (colloq)

calenturiento -ta, **calenturoso -sa** *adj* feverish, fevered (liter)

calera *f* 1 (cantera) limestone quarry 2 (horno) limekiln

calesa *f* calash

calesita *f* (Per, RPl) merry-go-round, carousel

caleta[1] *adj* (Ven arg) mean, stingy (colloq)

caleta[2] *f*

A (ensenada) cove, small bay

B 1 (Col, Ven) (escondite) cache 2 (Ven arg) (reserva) secret store, stash (colloq)

C caleta *mf* (Ven arg) 1 (persona egoísta) selfish person 2 (de productos) hoarder

caletear [A1] *vt* (Ven) to transport, move

■ **caletearse** *v pron* (Per fam) to strip, strip off (BrE)

caletero -ra *m,f* (Ven) (*m*) longshoreman (AmE), docker (BrE); (*f*) longshorewoman, docker (BrE)

caletre *m* 1 (fam) (cacumen) common sense, gumption, nous (BrE colloq) 2 (Ven fam) (para un examen): **estudiar algo al ~** to learn sth parrot fashion *o* by rote *o* (off) by heart

caletrearse [A1] *v pron* (Ven arg) to learn … parrot fashion *o* by rote *o* (off) by heart

caletrero -ra *adj* (Ven arg): **los estudiantes ~s** students who learn everything by rote *o* (off) by heart *o* parrot fashion

calibración *f* calibration, gauging

calibrado, calibraje *m* calibration, gauging

calibrador *m* 1 (para medir) gauge, gage (AmE); **~ de mordazas** caliper* gauge; **~ de profundidades** depth gauge; **~ micrométrico** micrometer, micrometer gauge 2 (de un tubo, cilindro) borer

calibrar [A1] *vt* 1 ‹*arma/tubo*› to calibrate, gauge 2 (sopesar) ‹*consecuencias/situación*› to weigh up, gauge

calibre *m*

A 1 (de una arma, un proyectil) caliber*; **de grueso** *or* **alto ~** large-bore; **de pequeño** *or* **bajo ~** small-bore; **de ~ 22** 22 caliber 2 (de un tubo, conducto) caliber*; (de un alambre) gauge 3 (instrumento) gauge, gage (AmE)

B (importancia) caliber*; (índole) kind; **un artista de ese ~** an artist of that caliber; **no uses palabrotas de ese ~** don't use that kind of language; **de grueso ~** (AmL) ‹*error*› serious; **vocabulario de grueso ~** strong language

caliche *m* (Chi) caliche

calichera *f* (Chi) caliche deposit

calichero -ra *adj* (Chi) caliche (*before n*)

calidad *f*

A (de un producto, servicio) quality; **un artículo de primera ~** a top-quality product; **un vino de ~ superior** a superior wine; **control de ~** quality control; **es una obra de ~** it is a work of high quality

(Compuesto) **calidad de vida** quality of life

B (condición) status; **los documentos que certifiquen su ~ de estudiante** the documents that prove you are a student *o* that prove your student status; **en ~ de** (frml): **asistió a la reunión en ~ de observador** he attended the meeting as an observer; **en su ~ de presidente electo** in his capacity as president elect; **el dinero que recibió en ~ de préstamo** the money he received as a loan

calidez *f* (AmL) warmth; **una persona de gran ~ en el trato** a very warm person

cálido -da *adj* 1 (Meteo) hot; **una cálida tarde de verano** a balmy summer evening (liter) 2 ‹*acogida/bienvenida*› warm; **una voz dulce y cálida** a warm, gentle voice 3 ▸ ❶ **p.181**

‹*color/tono*› warm

calidoscópico -ca *adj* kaleidoscopic

calidoscopio *m* kaleidoscope

calienta, etc ▸ **calentar**

calienta- *pref: prefix which forms part of words such as* ▸ **calientabiberones, calientamanos**

calientabiberones *m* (*pl* ~) bottle-warmer

calientabraguetas *f* (*pl* ~) (Méx, RPl vulg) pricktease (vulg), cockteaser (vulg)

calientafuentes *m* (*pl* ~) hotplate, dishwarmer

calientahuevos *f* (*pl* ~) (Col, Ven vulg) pricktease (vulg), cockteaser (vulg)

calientapiernas *mpl* legwarmers (*pl*)

calientaplatos *m* (*pl* ~) plate warmer

calientapollas *f* (*pl* ~) (Esp vulg) pricktease (vulg), cockteaser (vulg)

caliente *adj*

A ‹*agua/comida*› hot; ‹*motor/plancha/horno*› hot; **un baño ~** a hot bath; **un café calentito** a nice hot cup of coffee; **tápalo para que se mantenga ~** put the lid on to keep it hot; **aquí dentro estaremos más calentitas** we'll be warmer in here; **hacía días que no comía ~** she hadn't had a hot meal in days; **~, ~, que te quemas** (Jueg) you're hot, getting hotter, you're boiling!; **tomó la decisión en ~** she made the decision in the heat of the moment; ***agarrarle a algn en ~*** (Méx fam) to catch sb red-handed; ***pagar en ~ y de repente*** (Méx fam) to pay cash on the nail (colloq); ***ande yo ~ y ríase la gente*** I dress for comfort, not for other people

B (fam) (excitado sexualmente) hot (colloq), horny (sl), randy (colloq)

C (AmL fam) (enojado) mad (colloq), annoyed

caliento ▸**calentar**

califa *m* caliph

califato *m* caliphate

calificación *f*

A (Educ) grade (AmE), mark (BrE); **boletín de calificaciones** school report, report

B 1 (descripción) description 2 (de una película) rating, certificate

calificado -da *adj* (esp AmL) ‹*mano de obra*› skilled; ‹*profesional*› qualified; **los más ~s especialistas en la materia** the most highly qualified specialists in the field; ▸**obrero²**; **estar ~ PARA + INF** to be qualified to + INF; **no está ~ para ser dentista/abogado** he is not qualified to be a dentist/lawyer

calificar [A2] *vt*

A ‹*álbum/blog/película*› to rate; **~ algo/a algn DE algo** to describe sth/sb AS sth; **~on el espectáculo de grotesco** they described the show as grotesque; **la ~on de pintora genial** they rated her a brilliant painter; **lo calificó de burdo imitador** she described him as *o* labeled him (as) a crude imitator

B (Educ) 1 ‹*examen*› to grade (AmE), to mark (BrE); ‹*alumno*› to give a grade (AmE) *o* (BrE) mark to 2 «*título/diploma*»: **~ a algn PARA + INF** to qualify sb to + INF

C ‹*área/suelo/terreno*› to designate; **~ un terreno como urbanizable/rústico** to designate a piece of land as building land/agricultural land

D (Ling) to qualify

■ **calificar** *vi* (Méx) to qualify; **~ PARA algo** to qualify FOR sth; **~on para la final** they qualified for *o* got through to the final

calificativo¹ -va *adj* ▸**adjetivo²**

calificativo² *m*: **no encuentro ~s para describir su bondad** I can find no words to describe her kindness; **se le aplicó el ~ de reaccionario** he was described as *o* labeled (as) a reactionary

califon *m* (*pl* **-fons**) (Chi) water heater

cálifont *m* (*pl* **-fonts**) water heater

California *f* California

californiano -na *adj/m,f* Californian

calígine *f* (liter) 1 (oscuridad) gloom (liter) 2 (niebla) mist

caliginoso -sa *adj* 1 (oscuro) gloomy 2 (neblinoso) misty

caligrafía *f* (arte) calligraphy; (de una persona) writing, handwriting; **ejercicios de ~** handwriting exercises

caligráfico -ca *adj* handwriting (*before n*)

calígrafo -fa *m,f* calligrapher

caligüeba *f* (Ven vulg): **tengo una ~ horrible de ir a la clase de física** I can't be bothered to go to the physics class (colloq)

Calígula Caligula

calilla *f* (Chi fam) debt; **se metió en ~s** he got into debt

calima *f* 1 (nube) cloud of dust (*from the Sahara*) 2 (neblina) mist

calimocho *m* (Esp fam) red wine and cola

calina *f* ▸**calima**

calipso *m*

A (Mús) calypso

B ▸ⓘ **p.181**; **(de) color ~** deep turquoise

calistenia *f* calisthenics*

cáliz *m*

A (Relig) chalice; ***apurar el ~ de la amargura*** (liter) to drink the cup of sorrow (liter)

B (Bot) calyx

caliza *f* limestone

calizo -za *adj* ‹*tierra*› limy; **piedra caliza** limestone

callada *f*: **dio la ~ por respuesta** he said nothing, he kept quiet, he didn't reply

calladamente *adv* (en secreto) secretly; (silenciosamente) silently; **se reía ~** she was laughing quietly *o* to herself

callado -da *adj*

A [ESTAR] (silencioso) quiet; **estuvo ~ durante toda la reunión** he didn't say a thing *o* he kept quiet throughout the whole meeting; **siéntate aquí y estáte calladito** sit here and keep quiet; **lo escucharon ~s y atentos** they listened to him quietly and attentively; ***para ~*** (Chi fam) ‹*contar*› in secret; **que sea para ~** keep it a secret, keep it quiet; ***tenerse algo ~*** *or* ***calladito*** to keep sth quiet; **¡qué calladito te lo tenías!** you kept it very quiet!

B [ESTAR] (reservado) quiet

callampa *f* (Chi) 1 (hongo) mushroom; ***brotar*** *or* ***surgir como ~s*** (fam) to spring up everywhere 2 (vivienda) shanty, shanty dwelling 3 **callampas** *fpl* (poblaciones marginales) shantytown

callamperío *m* (Chi) shantytown

callampero -ra *m,f* (Chi) shanty dweller

callandito *adv* (fam) quietly; **~ ~, que en la clase de al lado están de examen** shh *o* quietly, they're having an exam in the classroom next door; **~ ~, consigue todo lo que quiere** he quietly manages to get everything he wants, he manages, in his own quiet way, to get everything he wants

callar [A1] *vi* to be quiet, shut up (colloq); **calla, que no me dejas oír** be quiet *o* shut up, I can't hear; **lloró toda la noche, no hubo manera de hacerlo ~** he cried all night, nothing we could do would make him stop; **ya tiene tres niños — ¡calla!** (fam) she has three children now — never! *o* she hasn't! (colloq); ***quien calla otorga*** silence implies *o* gives consent

■ **callar** *vt* 1 ‹*secreto*› to keep … to oneself; **intentaron ~ estas cifras** they attempted to keep these figures quiet 2 (AmL) ‹*persona*› **callen a esos niños** get those children to be quiet, shut those kids up, will you? (colloq)

■ **callarse** *v pron* 1 (guardar silencio) to be quiet; **¡cállate!** be quiet!, shut up! (colloq); **¡cállate la boca!** (fam) shut your mouth! (sl); **¿te quieres ~ de una vez?** will you shut up!; **cuando entró todos se ~on** when he walked in everyone went quiet *o* stopped talking; **la próxima vez no me ~é** next time I won't keep quiet 2 (no decir) ‹*noticia*› to keep … quiet, keep … to oneself

calle *f*

A 1 (camino, vía) street; **las principales ~s comerciales** the main shopping streets; **cruza la ~** cross the street *o* road; **esa ~ no tiene salida** that's a no through road, that street *o* road is a dead end; **el colegio está dos ~s más arriba** the school is two blocks up *o* two streets further up 2 (en sentido más amplio): **hace una semana que no salgo a la ~** I haven't been out for a week; **mañana el periódico saldrá a la ~ por última vez** tomorrow the newspaper will hit the newsstands *o* will come out *o* will be printed for the last time; **me he pasado todo el día en la ~** I've been out all day; **me lo encontré en la ~** I bumped into him in the street; **lo que opina el hombre de la ~** what the man in the street thinks; **el lenguaje de la ~** everyday language; **se crió en la ~** she grew up on the streets; **de ~: traje/vestido de ~** everyday suit/dress; ▸**patita**; ***aplanar ~s*** (AmL fam) to loaf around, hang around (on) the streets; ***echar a algn a la ~*** to throw sb out (on the street); ***echarse a la ~*** to take to the streets; ***echar*** *or* ***tirar por la ~ de en medio*** to take the middle course; ***en la ~*** (sin vivienda) homeless; (sin trabajo) out of work *o* out of a job; ***estar en la ~*** «*periódico/revista*» to be on sale; ***hacer la ~*** (fam) to work the streets (colloq); ***llevarse a algn de ~*** (fam): **se las lleva a todas de ~** he has all the girls chasing after him (colloq); ***llevar*** *or* ***traer a algn por la ~ de la amargura*** (fam) to make sb's life a misery (colloq); ***salir a la ~*** «*persona*» to go out; «*periódico/revista*» to go on sale, to come out

(Compuestos)

- **calle ciega** (Andes, Ven) no through road, dead end, cul-de-sac (BrE)
- **calle cortada** (CS) ▸**calle ciega**
- **calle de dirección única** one-way street
- **calle de doble sentido** *or* **dirección** two-way street
- **calle de sentido único** one-way street
- **calle de una mano** (RPl) one-way street
- **calle de una vía** (Col) one-way street
- **calle de un solo sentido** (Chi) one-way street
- **calle mayor** (Esp) ▸**calle principal**
- **calle peatonal** pedestrian street
- **calle principal** main street (AmE), high street (BrE)

B (en atletismo, natación) lane; (en golf) fairway

(Compuesto) **calle de rodadura** *or* **rodaje** taxiway, taxi strip

callejear [A1] *vi* to hang around the streets (colloq), to hang out on the streets (colloq)

callejero¹ -ra *adj* 1 ‹*riña/venta/músico*› street (*before n*); ‹*perro*› stray (*before n*) 2 ‹*persona*› **es muy ~** he's always out, he goes out a lot

callejero² *m* (Esp) street map *o* plan

callejón *m* alley, narrow street

(Compuesto) **callejón sin salida** (literal) dead end, blind alley; (situación difícil) dead end, blind alley; **estábamos en un ~ sin ~** we were at *o* had reached a dead end, we were up a blind alley

callejuela *f* alley, narrow street

callicida *m* corn remover

callista *mf* chiropodist

callo *m*

A (en los dedos del pie) corn; (en la planta del pie) callus; (en las manos) callus; (en una fractura) callus; ***dar el ~*** (Esp fam) to work one's butt off (AmE colloq), to slog one's guts out (BrE colloq), to slave away (colloq)

(Compuesto) **callo plantar** callus (*on the ball of the foot*)

B (pey) (persona fea): **es un ~** he's so ugly

C **callos** *mpl* (Esp) (Coc) tripe

(Compuesto) **callo de hacha** (Méx) (Coc) scallop

callosidad *f* callus

calloso -sa *adj* callused

calma *f* calm; **despacito y con ~** slowly and calmly; **procura mantener la ~** try to keep calm; **tómatelo con ~** take it easy; **ante todo, no hay que perder la ~** above all, the thing is not to lose your cool; **la ~ ha vuelto a la ciudad** the city is calm again, calm has been restored to the city; **en la zona se vive una ~ tensa** (period) an atmosphere of uneasy calm reigns in the area (journ); **el mar está en ~** the sea is calm; **¡~, por favor!** (en situación peligrosa) please, keep calm! *o* don't panic!; (en discusión acalorada) calm down, please!; ***la ~ que precede a la tormenta*** the lull *o* calm before the storm

(Compuesto) **calma chicha** dead calm

calmadamente *adv* (con calma) calmly; (con lentitud) slowly

calmante *m* (para dolores) painkiller; (para los nervios) tranquilizer

calmar [A1] *vt* 1 (tranquilizar) ‹*persona*› to calm … down; ‹*nervios*› to calm; **esto calmó las tensiones/los ánimos** this eased the tension/calmed people down 2 (aliviar) ‹*dolor*› to relieve, ease; ‹*hambre*› to appease (liter), to take the edge off; ‹*sed*› to quench

■ **calmarse** *v pron* 1 «*persona*» to calm down; **ahora que están los ánimos más calmados** now that feelings aren't running so high, now that people have calmed down 2 «*mar*» to become calm

calmo -ma *adj* (esp AmL) ‹*río/mar*› calm; ‹*persona*› calm; **las aguas calmas de la bahía** the calm *o* still waters of the bay

calmosamente *adv* 1 (con calma) calmly 2 (con lentitud) slowly

calmosidad *f* 1 (tranquilidad) calmness 2 (lentitud) slowness

C

C

calmoso -sa *adj* 1▸ (tranquilo) calm, tranquil 2▸ (lento) slow

caló *m* gypsy slang

caló

The Indo-European language spoken by Spanish gypsies. It is not recognized as an official language, but there are many words of *caló* origin in colloquial Spanish, such as *calé* (gypsy) and *payo*, the gypsy word for non-gypsies. *See also* **gitano**.

calor *m* [*Use of the feminine gender, although common in some areas, is generally considered to be archaic or non-standard*]

A (Fís) heat

B 1▸ ▸❶ **p.802** (Meteo) heat; **con este ~ no dan ganas de trabajar** you don't feel like working in this heat; **hoy hace ~** it's hot today; **hacía un ~ agobiante** the heat was stifling *o* suffocating; **hace un ~cillo agradable** it's pleasantly warm 2▸ (sensación): **¿tienes ~?** are you hot?; **en el viaje pasamos un ~ horrible** it was terribly *o* unbearably hot on the journey; **me estoy asando de ~** (fam) I'm baking *o* roasting (colloq), I'm boiling (colloq); **tómate esta sopa para entrar en ~** drink this soup, it'll warm you up *o* drink this soup to warm yourself up; **me puse a saltar para entrar en ~** I started jumping up and down to get warm; **esta chaqueta me da mucho calor** I feel very hot in this jacket; **al ~ del fuego/de la lumbre** by the fireside

C (afecto) warmth; **un hogar falto de ~** a home lacking in warmth and affection

D 1▸ (RPl fam) (vergüenza, apuro): **me da ~ ir a pedirle plata** I'm embarrassed to go and ask him for money 2▸ (RPl fam) **calores** *mpl* (de la menopausia) hot flashes (*pl*) (AmE), hot flushes (*pl*) (BrE)

caloría *f* (Fís) calorie; (Coc, Med) calorie, Calorie

calórico -ca *adj* caloric; **energía calórica** caloric energy; **alimentos con bajo contenido ~** food with a low calorie content, low-calorie foods

calorífero -ra *adj* heat-producing

calorífico -ca *adj* calorific

calorífugo -ga *adj* 1▸ (mal conductor) heat-resistant 2▸ (incombustible) fireproof

calorímetro *m* calorimeter

calorro -rra *m,f* (fam) gypsy

calostro *m* colostrum

calote *m* (RPl arg) swindle

calta *f* marsh marigold

caluga *f*

A (Chi) 1▸ (golosina) toffee 2▸ (saquito plástico) sachet

B (Chi fam) (persona): **esa ~ pasa colgada al cuello de su novio** she's so sloppy, she's all over her boyfriend (colloq)

caluguearse [A1] *v pron* (*recípr*) (Chi fam) to pet, canoodle (BrE colloq)

calumnia *f* (oral) defamation, slander, calumny (frml); (escrita) defamation, libel; **levantaron ~s contra la institución** they spread slanderous rumors about the institution

calumniador -dora *adj* slanderous, defamatory

calumniar [A1] *vt* (por escrito) to libel; (oralmente) to slander

calumnioso -sa *adj* ‹*discurso/rumor*› defamatory, slanderous; ‹*escrito/libro*› defamatory, libelous

calurosamente *adv* ‹*recibir/saludar*› warmly; ‹*aplaudir*› enthusiastically, warmly; **defendió ~ esta tesis** she defended this idea passionately *o* fervently *o* ardently

caluroso -sa *adj* 1▸ ▸❶ **p.802** ‹*día/clima*› hot 2▸ ‹*acogida/recibimiento*› warm; ‹*aplauso*› enthusiastic, warm; **recibe un ~ saludo** (Corresp) best wishes

calva *f* 1▸ (cabeza sin pelo) bald head 2▸ (parte sin pelo) bald patch

calvario *m*

A 1▸ (Relig) Stations of the Cross (*pl*) 2▸ (fam) (sufrimiento, martirio): **vivir con él debe de ser un verdadero ~** it must be torture *o* hell living with him (colloq); **aquel hijo hizo de su vida un ~** that son of hers made her life hell *o* a misery (colloq)

B **el Calvario** (Bib) Calvary

calvarotas *mf* (Esp fam & hum) baldy (colloq & hum)

calvicie *f* baldness; **para ocultar su incipiente ~** to disguise the fact that he's beginning to go bald *o* lose his hair

calvinismo *m* Calvinism

calvinista *adj/mf* Calvinist

Calvino Calvin

calvo[1] -va *adj* 1▸ ‹*persona*› bald; **quedarse ~** to go bald; ▸**tanto[3]** 2▸ ‹*tierra*› bare, barren

calvo[2] -va *m,f* bald person

calypso *m* ▸**calipso**

calza *f*

A (cuña) chock

B (Col) (en una muela) filling

C **calzas** *fpl* 1▸ (medias) hose (*pl*), stockings (*pl*) 2▸ (calzones) hose (*pl*), breeches (*pl*) 3▸ (Arg) (pantalones) leggings (*pl*)

calzada *f* 1▸ (camino) road; **~s romanas** Roman roads 2▸ (de una calle) road; **no juegues en la ~** don't play in the road 3▸ (de una autopista) side, carriageway

calzado[1] -da *adj*: **hay que ir bien ~** you have to wear good shoes; **conviene ir ~** it's best to wear shoes *o* something on your feet

calzado[2] *m* (frml) footwear (frml); **la industria del ~** the shoe industry; **una fábrica de ~** a shoe factory; **taller de reparación de ~** shoe repairer's, cobbler's

calzador *m* shoehorn

calzar [A4] *vt*

A 1▸ ‹*persona*› (proveerla de calzado) to provide ... with shoes; (ponerle los zapatos): **calza a los niños que nos vamos** put the children's shoes on, we're going now; **en vestirlos y ~los se va un dineral** it costs a fortune to keep them in clothes and shoes 2▸ ▸❶ **p.788**; (llevar): **calzo (un) 39** I take (a) size 39, I'm a 39; **calzaba zapatillas de deporte** he was wearing training shoes

B ‹*rueda*› to chock, wedge a block under

C (Col) ‹*muela*› to fill

■ **calzarse** *v pron* (*refl*) 1▸ (ponerse los zapatos) to put one's shoes on 2▸ ‹*zapato*› to put on

calzo *m* chock

calzón *m*, **calzones** *mpl*

A 1▸ (antiguo — de hombre) long underwear, long johns (*pl*) (colloq); (— de mujer) drawers (*pl*) (colloq) 2▸ (AmS) (moderno) panties (*pl*), pants (*pl*) (BrE); ***hablar a ~ quitado*** to put *o* lay one's cards on the table, talk frankly *o* openly

B **calzón** *m* (Esp) (para deporte) shorts (*pl*)

calzonazos *m* (*pl* ~) (fam) 1▸ (marido dominado) henpecked husband (colloq) 2▸ (cobarde) wimp (colloq)

calzoncillos *mpl*, **calzoncillo** *m* underpants, shorts (*pl*) (AmE), pants (*pl*) (BrE)

(Compuesto) **calzoncillos largos** *mpl* long underwear, long johns (*pl*) (colloq)

calzoncitos *mpl* (Col) panties (*pl*), pants (*pl*) (BrE)

calzonudo[1] *adj* (AmL fam) 1▸ (dominado por la mujer) henpecked 2▸ (débil) wimpish (colloq)

calzonudo[2] *m* (AmL) ▸**calzonazos**

cama *f*

A (para dormir) bed; **hacer** *or* (AmL) **tender la ~** to make the bed; **levantar la ~** to strip the bed; **ya es hora de irse a la ~** it's time to go to bed, it's bedtime *o* time for bed; **estirar la ~** to straighten the covers; **¡métete en la ~!** get into bed!; **me voy a ir derechito a la ~** I'm going straight to bed; **el médico le mandó guardar ~** the doctor told her to stay in bed; **¿todavía estás en la ~?** are you still in bed?, aren't you up yet?; **no se encuentra bien y está en ~** she's in bed not feeling very well; ***estar de ~*** (AmL fam) to be dead (colloq), to be knackered (BrE sl); ***irse a la ~ con algn*** (fam) to go to bed with sb (colloq); ***irse con ~s y petacas*** (Chi fam) to leave with all one's possessions; ***llevarse a algn a la ~*** (fam) to get sb into bed (colloq); ▸**ropa**

(Compuestos)

- **cama adicional** extra bed
- **cama camarote** (AmL) bunk bed
- **cama camera** (individual grande) three-quarter bed; (de matrimonio) (Arg) double bed
- **cama de agua** water bed
- **cama de dos plazas** (AmL) double bed
- **cama de matrimonio** double bed
- **cama de una plaza** (AmL) single bed
- **cama doble** double bed
- **cama elástica** trampoline
- **cama individual** single bed
- **cama nido** trundle bed, truckle bed
- **cama redonda** group sex
- **camas gemelas** *fpl* twin beds (*pl*)
- **cama solar** sunbed, solarium
- **cama turca** (sin respaldo) divan bed, divan; (como broma) (Arg) short sheet (AmE), apple-pie bed (BrE)

B (Impr) bed

C (Hort) cold frame

camachuelo *m* bullfinch

camada *f*

A 1▸ (Zool) litter 2▸ (pey) (de ladrones, sinvergüenzas) gang

B (Coc) layer

camafeo *m* cameo

camagua *f* (Méx)

A (tortuga) turtle

B (cerveza) liter* measure of beer

camal *m* (Per) slaughterhouse, abattoir

camaleón *m* chameleon

camama *f* (fam) (mentira) lie; (burla) joke

camanchaca *f* (Chi, Perú) *sea mist on the Tarapacá Desert*

camándula *f* (Col) rosary

camandulero -ra *adj* (Col fam) sanctimonious

cámara *f*

A (arc) (aposento) chamber (frml)

(Compuestos)

- **cámara acorazada** strongroom, vault
- **cámara ardiente** funeral chamber
- **cámara blindada** strongroom, vault
- **cámara de aislamiento** isolation room
- **cámara de gas** gas chamber
- **cámara de refrigeración** (Méx) cold store
- **cámara de torturas** torture chamber
- **cámara frigorífica** cold store
- **cámara mortuoria** funeral chamber
- **cámara séptica** (CS) septic tank

B (Gob, Pol) house

(Compuestos)

- **cámara alta/baja** upper/lower house
- **Cámara de los Comunes** House of Commons
- **Cámara de los Diputados** Chamber of Deputies
- **Cámara de los Lores** House of Lords
- **Cámara de Representantes** House of Representatives
- **Cámara de Senadores** Senate
- **Cámara Nacional de Apelaciones** (Arg) Federal Appeal Court

C (Com, Fin) association

(Compuestos)

- **cámara agraria** *or* **agrícola** farmers' union
- **cámara de comercio** chamber of commerce
- **cámara de compensación** clearing house
- **cámara de cuentas** audit commission
- **cámara de turismo** chamber of tourism

D (aparato) camera; **filmar/pasar una secuencia en** *or* (Esp) **a ~ lenta** to film/show a sequence in slow motion; ***chupar ~*** (fam) to get media attention (colloq)

(Compuestos)

- **cámara cinemática** camera, film camera
- **cámara de cine** film camera
- **cámara de control de velocidad** speed camera
- **cámara de disco** disk camera

- **cámara de televisión/video** *or* (Esp) **vídeo** television/video camera
- **cámara de videovigilancia** CCTV camera
- **cámara de vigilancia** *o* **de seguridad** video surveillance; CCTV
- **cámara de visión térmica** infrared camera
- **cámara digital** digital camera
- **cámara estenopeica** pinhole camera
- **cámara fotográfica** camera
- **cámara réflex** reflex camera
- **cámara web** webcam

[E] **cámara** *mf* (Esp) (camarógrafo) (*m*) cameraman; (*f*) camerawoman

[F] [1] (Fís, Mec) chamber [2] (de un arma) chamber

(Compuestos)

- **cámara de aire** air chamber
- **cámara de combustión** combustion chamber
- **cámara de compresión** compression chamber
- **cámara de descompresión** decompression chamber
- **cámara de oxígeno** oxygen tent
- **cámara de vacío** vacuum chamber

[G] (de un neumático) *tb* **~ de aire** inner tube

> **Cámara de los Diputados**
> ▸Congreso de los Diputados.

camarada *mf* [1] (de un partido político) comrade; **el ~ Nieves** Comrade Nieves [2] (de colegio) school friend; (de trabajo) colleague

camaradería *f* camaraderie, comradeship; **un ambiente de ~** a friendly atmosphere, an atmosphere of camaraderie; **una comida de ~** (CS) a reunion meal, an old boys'/old girls' dinner, an alumni dinner (AmE)

camarero -ra *m,f*
[A] (esp Esp) [1] (en un bar, restaurante) (*m*) waiter; (*f*) waitress [2] (detrás del mostrador) (*m*) barman; (*f*) barmaid
[B] [1] (en un hotel) (*m*) bellboy; (*f*) maid [2] (Transp) (*m*) steward; (*f*) stewardess

camareta *f* cabin

camarilla *f* group; (pey) clique (pej); **el presidente y su ~** the President and his cronies (colloq & pej)

camarín *m*
[A] (CS) [1] (Teatr) dressing room [2] (en vestuarios) changing cubicle [3] **camarines** *mpl* (Chi) (Dep) changing rooms (*pl*), locker rooms (*pl*)
[B] [1] (cuarto) *room where jewels etc belonging to a statue of the Virgin are kept* [2] (capilla) lady chapel

camarlengo *m* camerlengo

camarógrafo -fa *m,f* (*m*) cameraman; (*f*) camerawoman

camarón *m*
[A] (crustáceo) [1] (pequeño) shrimp [2] (más grande) shrimp (AmE), prawn (BrE); ***~ que se duerme, se lo lleva la corriente*** time and tide wait for no man
[B] (Per fam) (en una fiesta, comida) gate-crasher
[C] (Ven fam) (siesta) nap, snooze (colloq); **echó un camaroncito** he had a quick snooze *o* nap, he had forty winks

camaronero *m* shrimper

camarote *m* cabin

camastro *m* (pey) hard old bed

cambalache *m* [1] (fam) (trueque) swap (colloq); **hacer ~s** to swap (colloq) [2] (RPl fam & pey) (tienda) thrift store (AmE), junk shop (BrE)

cámbaro *m* crab

cambeto -ta *adj* (Ven) bowlegged, bandy-legged

cambiable *adv* [1] (variable) changeable [2] ‹*bono/vale*› exchangeable

cambiador *m*
[A] (Tec) *tb* **~ de calor** heat exchanger
[B] (para bebés) changing mat

cambiante[1] *adj* ‹*tiempo*› changeable, unsettled; ‹*persona/carácter*› moody, temperamental; **una chica de un humor muy ~** a very moody girl, a girl whose moods are very changeable

cambiante[2] *mf* moneychanger

cambiar [A1] *vt*
[A] [1] (alterar, modificar) ‹*horario/imagen*› to change; **eso no cambia nada** that doesn't change anything; **esa experiencia lo cambió mucho** that experience changed him greatly [2] (de lugar, posición) **~ algo/a algn DE algo**: **~ los muebles de lugar** to move the furniture around; **voy a ~ el sofá de lugar** I'm going to put the sofa somewhere else *o* move the sofa; **nos van a ~ de oficina** they're going to move us to another office; **me ~on de clase** they put me in another class, they changed me to *o* moved me into another class; **cambié las flores de florero** I put the flowers in a different vase [3] (reemplazar) ‹*pieza/rueda/bombilla/sábanas*› to change; **han cambiado la fecha del examen** they've changed the date of the exam; **~le algo A algo**: **le cambió la pila al reloj** she changed the battery in the clock; **le han cambiado el nombre a la tienda** they've changed the name of the shop; **cámbiale el pañal a la niña** change the baby's diaper (AmE) *o* (BrE) nappy [4] ‹*niño/bebé*› to change
[B] (canjear) ‹*sellos/estampas*› to trade (AmE), to swap (BrE); **si no le queda bien lo puede ~** if it doesn't fit, you can change it; **~ algo POR algo** ‹*sellos/estampos*› to swap *or* (esp AmE) trade sth FOR sth ‹*compra*› **to exchange** *or* **change sth FOR sth**: **quiero ~ esta blusa por otra** *or* **una más grande** I'd like to change *o* exchange this blouse for a larger size; **te cambio este libro por tus lápices de colores** I'll trade this book for your crayons, I'll swap you this book for your crayons; **~le algo A algn**: **¿quieres que te cambie el sitio?** do you want to trade *o* swap *o* change *o* (frml) exchange places?, do you want me to swap *o* change *o* (frml) exchange places with you?
[C] (Fin) to change; **¿dónde puedo ~ dinero?** where can I change money?; **¿me puedes ~ este billete?** can you change this bill (AmE) *o* (BrE) note for me?; **~ algo A** *or* (Esp) **EN algo** to change sth INTO sth; **quiero ~ estas libras a** *or* **en dólares** I'd like to change these pounds into dollars

■ **cambiar** *vi*
[A] [1] «*ciudad/persona*» (variar, alterarse) to change; **ha cambiado para peor/mejor** he's changed for the worse/better; **está/lo noto muy cambiado** he's changed/he seems to have changed a lot; **ya verás como la vida te hace ~** you'll change as you get older; **así la cosa cambia** oh well, that's different *o* that changes things; **le está cambiando la voz** his voice is breaking [2] (Auto) to change gear [3] (hacer transbordo) to change [4] (en transmisiones): **cambio** over; **cambio y corto** *or* **fuera** over and out
[B] **cambiar de** to change; **~ de color** to change color; **la tienda ha cambiado de dueño** the shop has changed hands; **he cambiado de idea** *or* **opinión** *or* **parecer** I've changed my mind; **el avión cambió de rumbo** the plane changed course; **~ de marcha** to change gear; **no cambies de tema** don't change the subject; **cambió de canal** he changed channel(s); ▸**chaqueta**

■ **cambiarse** *v pron* [1] (*refl*) (de ropa) to change, to get changed [2] (*refl*) ‹*camisa/nombre/peinado*› to change; **¿te has cambiado los calcetines?** have you changed your socks? [3] **~se POR algn** to change places WITH sb; **no me ~ía por ella** I wouldn't change places with her, I wouldn't trade (AmE) *o* (BrE) swap places with her (colloq) [4] (*recípr*) ‹*estampas/sellos*› to trade (AmE), to swap (BrE); **nos hemos cambiado los relojes** we've traded *o* swapped watches [5] **cambiarse de** to change; **me cambié de sitio** I changed places; **~se de casa** to move house; **cámbiate de camisa** change your shirt [6] (CS) (mudarse de casa) to move

cambiario -ria *adj* [1] ‹*mercado*› foreign exchange (*before n*) [2] (de las letras de cambio): **una nueva ley cambiaria** a new law relating to bills of exchange

cambiazo *m* (fam) change; **¡pero qué ~ ha dado este niño!** how this boy's changed!; ***darle*** *or* ***hacerle el ~ a algn*** (fam): **no era el collar auténtico, le habían dado el ~** it wasn't the real necklace, they had switched it for a fake one

cambio *m*
[A] [1] (alteración, modificación) change; **el ~ que ha tenido lugar en él** the change he has undergone; **~ DE algo**: **un brusco ~ de temperatura** a sudden change in temperature; **lo que tú necesitas es un ~ de aires** *or* **ambiente** what you need is a change of scene; **ha habido un ~ de planes** there's been a change of plan; **una operación de ~ de sexo** a sex-change operation; **~ de uso del suelo** change of land use (*in urban planning*); ***a la primera de ~*** (fam) at the first opportunity, the first thing you know (colloq) [2] (Auto) gearshift (AmE), gear change (BrE); **hacer un ~** to change gear; **meta el ~** (AmL) put it in gear; **un coche con cinco ~s** (AmL) a car with a five-speed gearbox; ▸**caja**

(Compuestos)

- **cambio climático** climate change
- **cambio de domicilio** change of address
- **cambio de escena** scene change
- **cambio de guardia** change of guard, changing of the guard
- **cambio de jugada** audible
- **cambio de marchas** (dispositivo) transmission (AmE), gearbox (BrE); (acción) gearshift (AmE), gear change (BrE)
- **cambio de marchas automático** automatic gearshift (AmE) *o* (BrE) gearbox
- **cambio de marchas manual** manual gearshift (AmE) *o* (BrE) gearbox
- **cambio de rasante** brow of a hill
- **cambio de seña** audible
- **cambio de sentido** (Auto) junction
- **cambio de velocidades** ▸**cambio de marchas**
- **cambio de vía** switch (AmE), points (*pl*) (BrE)

[B] [1] (canje) exchange; **creo que has salido perdiendo con el ~** I think you've lost out in the deal; **Ⓢ no se admiten cambios ni devoluciones** goods cannot be exchanged or returned [2] (*en locs*): **a cambio** in exchange, in return; **a cambio de** in exchange for, in return for; **estoy dispuesto a hacerlo a ~ de un pequeño favor** I'm prepared to do it in exchange *o* in return for a small favor; **daría cualquier cosa a ~ de un poco de paz** I'd do anything for a bit of peace; **en cambio: a él le parece espléndido; a mí, en ~, no me gusta** he thinks it's wonderful, but personally I don't like it; **el viaje en autobús es agotador, en ~ irse en tren es muy agradable** the bus journey is exhausting whereas *o* but if you go by train it's very pleasant, the bus journey is exhausting; if you go by train, however *o* on the other hand, it is very pleasant
[C] [1] (Fin) (de moneda extranjera) exchange; **~ de divisas** foreign exchange; **¿a cómo está el ~?** what's the exchange rate?; **Ⓢ cambio** bureau de change, change; **al ~ del día** at the current exchange rate; ▸**libre**[1] [2] (diferencia) change; **quédese con el ~** keep the change; **me ha dado mal el ~** he's given me the wrong change [3] (dinero menudo) change; **¿tienes ~ de diez?** can you change ten euros?; **necesito ~ para el teléfono** I need some change for the telephone

(Compuestos)

- **cambio del día** daily exchange rate *o* rate of exchange
- **cambio de moneda** foreign exchange

cambista *mf* money changer

cambote *m* (Ven arg) gang (colloq)

Camboya *f* Cambodia

camboyano[1] **-na** *adj* Cambodian

camboyano[2] **-na** *m,f* [1] (persona) Cambodian [2] **camboyano** *m* (idioma) Cambodian

cambray *m* cambric

cambriano -na, cámbrico -ca *adj* Cambrian

cambrón *m* buckthorn

cambucho *m* (Chi) [1] (cucurucho) paper cone [2] (cesto) laundry basket, dirty linen basket [3] (de botella) straw covering

cambujo -ja *m,f* (AmC, Méx) (Hist) : *person with one parent of Chinese descent, the other of mixed Amerindian and Black descent*

C

cambullón *m* (Chi) plot, scheme

cambur *m* (Ven)
A (fruta) banana
(Compuesto) **cambur manzano** (Ven) apple banana
B (fam) (trabajo) job; ***cortar al ~*** (Ven fam) to fire (colloq), to sack (BrE colloq)

camelar [A1] *vt* (Esp fam) to sweet-talk (colloq); **~ a algn** PARA QUE + SUBJ to sweet-talk sb INTO -ING; **cameló al abuelo para que le diese dinero** she sweet-talked her grandfather into giving her some money, she wheedled some money out of her grandfather

camelear [A1] *vi* (RPl fam) to tell lies, tell fibs (colloq)

camelero -ra *m,f* (RPl fam) liar, fibber (colloq)

camelia *f* camellia

camélido *m* camel

camelista[1] *adj* (Esp fam): **es tan ~** he's such a smooth talker

camelista[2] *mf* (Esp fam) smooth talker (colloq)

camellar [A1] *vi* (Col fam) to work

camellear [A1] *vi* (arg) to push drugs

camelleo *m* (arg) drug pushing

camellero -ra *m,f* camel-driver

camello *m*
A (Zool) camel
B (Náut) camel
C (Col fam) **1▸** (trabajo) work; (empleo) job; **¿sigue buscando ~?** is he still looking for work *o* a job? **2▸** (esfuerzo): **¡qué ~ fue subir esa montaña!** it was hard work *o* a real effort *o* (BrE) a hard slog getting up that mountain (colloq)
D **camello** *mf* (arg) (traficante) pusher (sl), dealer (colloq)

camellón *m*
A (Agr) ridge
B (Méx) (en la calzada — isla peatonal) traffic island; (— división) median strip (AmE), central reservation (BrE)

camelo *m* (fam) **1▸** (timo) con (colloq) **2▸** (mentira) lie; **eso que te ha contado es puro ~** what he's told you is a pack of lies *o* (colloq) a load of bull; **esa noticia me huele a ~** that news sounds *o* smells fishy to me (colloq)

camembert *m* Camembert

camerino *m* **1▸** (Teatr) dressing room **2▸** **camerinos** *mpl* (Col) (Dep) changing rooms (*pl*), locker rooms (*pl*)

camero -ra *adj* ▸**cama**

Camerún *m* Cameroon

camerunés -nesa *adj* Cameroonian

camilla *f*
A **1▸** (de lona) stretcher; (con ruedas) trolley, gurney (AmE) **2▸** (en un consultorio) couch **3▸** (Auto, Mec) cradle, creeper
B (mesa) round table (*with a space for a heater beneath*); ▸**mesa**

camillero -ra *m,f* (en un campo de batalla) stretcher-bearer; (en un hospital) orderly, porter (BrE); **ahora vienen los ~s** now they are bringing the stretchers

caminador *m* (Col) babywalker

caminante *mf* (liter) traveler*

caminar [A1] *vi*
A **1▸** (andar) to walk; **le gusta ~ por el campo** he likes going for walks *o* (going) walking in the country; **salieron a ~** they went out for a walk; **queda muy cerca, podemos ir caminando** it's very close, we can walk *o* we can go on foot; **el nene ya camina** the baby's walking now; **tú corre si quieres, yo voy caminando** you run if you want to, I'm walking *o* going to walk; **¡camina derecho!** stand up straight when you walk *o* don't slouch; **a ti te hace falta alguien que te haga ~ derecho** what you need is someone to keep you in line (colloq) **2▸** (hacia una meta, fin): **caminamos hacia una nueva era social** our society is moving into a new age; **un actor que camina hacia la fama** an actor heading for fame; **el río camina hacia el mar** (liter) the river wends *o* makes its way to the sea (liter); **el sol caminaba hacia el ocaso** (liter) the sun moved westward (liter)
B (AmL) **1▸** «*reloj/motor*» to work **2▸** (fam) «*asunto*»: **el asunto va caminando** the matter is progressing *o* (colloq) things are moving; **si no tienes un conocido allí, el trámite no camina** if you don't know someone who works there, it's difficult to get things moving

■ **caminar** *vt*
A ‹*distancia*› to walk; **caminamos dos kilómetros todos los días** we walk two kilometers every day; **siempre camino ese trecho** I always walk that bit, I always do that bit on foot
B (Col fam) ‹*persona*› to chase (colloq), to be after (colloq)

caminata *f* long walk; (en el campo) long walk, ramble, hike; **después de darme** *or* **pegarme semejante ~** after walking *o* trekking *o* hiking all that way (colloq); **si quieres vete, pero hay una buena ~ hasta allí** go if you like, but it's a long walk *o* (colloq) a fair walk *o* (colloq) quite a trek *o* hike

caminero[1] **-ra** *adj* ▸**peón, policía caminera**

caminero[2] *m* (RPl) runner

camino *m*
A (de tierra) track; (sendero) path; (en general) road; **sigan por ese ~** continue along that path (*o* road *etc*); **han abierto/hecho un caminito a través del bosque** they've opened up/made a path *o* little track through the wood; **están todos los ~s cortados** all the roads are blocked; ***abrir nuevos ~s*** to break new *o* fresh ground; ***allanar*** *or* ***preparar*** *or* ***abrir el ~*** to pave the way, prepare the ground; ***el ~ trillado*** the well-worn *o* well-trodden path; ***la vida no es un ~ de rosas*** life is no bed of roses, life isn't a bowl of cherries; ***tener el ~ trillado:*** **tenía el ~ trillado** he'd had the ground prepared for him; ***todos los ~s llevan*** *or* ***conducen a Roma: por todos los ~s se va a Roma*** all roads lead to Rome; ***el ~ del infierno está empedrado de buenas intenciones*** the road to hell is paved *o* strewn with good intentions
(Compuestos)
- **camino de herradura** bridle path
- **camino de sirga** towpath
- **camino real** (Hist) highway
- **Caminos, Canales y Puertos** civil engineering; ▸**ingeniero**
- **camino vecinal** minor road (*built and maintained by local council*)

B **1▸** (ruta, dirección) way; **tomamos el ~ más corto** we took the shortest route *o* way; **¿sabes el ~ para ir allí?** do you know how to get there?, do you know the way there?; **me salieron al ~** «*asaltantes*» they blocked my path *o* way; «*amigos/niños*» they came out to meet me; **afrontaron todas las dificultades que se les presentaron en el ~** they faced up to all the difficulties in their path; **éste es el mejor ~ a seguir en estas circunstancias** this is the best course to follow in these circumstances; **por ese ~ no vas a ninguna parte** you won't get anywhere that way *o* like that; **al terminar la carrera cada cual se fue por su ~** after completing their studies they all went their separate ways; **sigue ~s muy diferentes de los trazados por sus predecesores** he is taking very different paths from those of his predecessors; **se me fue por mal ~** *or* **por el otro ~** it went down the wrong way; ***abrir(le) ~ (a algo/algn)*** to clear the way (for sth/sb); **los vehículos que abrían ~ a los corredores** the vehicles that were clearing the way for the runners; **abrirse ~** to make one's way; **se abrió ~ entre la espesura/a través de la multitud** she made her way through the dense thickets/through the crowds of people; **no es fácil abrirse ~ en esa profesión** it's not easy to carve a niche for oneself in that profession; **estas técnicas se están abriendo ~ entre nuestros médicos** these techniques are gaining ground *o* are beginning to gain acceptance with our doctors; **tuvo que luchar mucho para abrirse ~ en la vida** he had to fight hard to get on in life; ***buen/mal ~:*** **este niño va por mal ~** *or* **lleva mal ~** this boy's heading for trouble; **ya tiene trabajo, va por buen ~** he's found a job already, he's doing well; **ibas por** *or* **llevabas buen ~ pero te equivocaste aquí** you were on the right track *o* lines, but you made a mistake here; **las negociaciones van por** *or* **llevan muy buen ~** the negotiations are going extremely well *o* very smoothly; **llevar a algn por mal ~** to lead sb astray; ***cruzarse en el ~ de algn:*** **la mala suerte se cruzó en su ~** he ran up against *o* came up against some bad luck; **supo superar todos los obstáculos que se le cruzaron en el ~** he was able to overcome all the problems which arose *o* which he came across; ***errar el ~*** to be in the wrong job *o* the wrong line of work **2▸** (trayecto, viaje): **emprendimos el ~ de regreso** we set out on the return journey; **se me hizo muy largo el ~** the journey seemed to take forever; **lo debí perder en el ~ de casa al trabajo** I must have lost it on my *o* on the way to work; **se pusieron en ~ al amanecer** they set off at dawn; **llevamos ya una hora de ~** we've been traveling for an hour now, we've been on the road for an hour now; **estamos todavía a dos horas de ~** we still have two hours to go *o* two hours ahead of us; **paramos a mitad de ~** *or* **a medio ~ a descansar** we stopped halfway to rest; **por aquí cortamos** *or* **acortamos ~** we can take a shortcut this way *o* this way's shorter; **hizo todo el ~ a pie** he walked the whole way, he did the whole journey on foot; **se ha avanzado mucho en este campo, pero queda aún mucho ~ por recorrer** great advances have been made in this field, but there's still a long way to go; **el ~ será largo y difícil, pero venceremos** the road will be long and difficult, but we shall be victorious; ***quedarse a mitad de*** *or* ***a medio ~:*** **iba para médico, pero se quedó a mitad de ~** he was studying to be a doctor, but he never completed the course *o* he gave up halfway through the course; **el programa de remodelación se quedó a medio ~** the renovation project was left unfinished; **no creo que terminemos este año, ni siquiera estamos a mitad de ~** I don't think we'll finish it this year, we're not even half way through yet **3▸** (*en locs*): **camino de/a: me encontré con él ~ del** *or* **al mercado** I ran into him on the *o* on my way to the market; **ya vamos ~ del invierno** winter's coming *o* approaching, winter's on the way *o* on its way; ***llevar*** *or* ***ir ~ de algo:*** **un actor que va ~ del estrellato** an actor on his way *o* on the road to stardom, an actor heading for stardom, an actor who looks set for stardom; **van ~ de la bancarrota** they are on the road to *o* heading for bankruptcy, they look set to go bankrupt; **una tradición que va ~ de desaparecer** a tradition which looks set to disappear; **de camino: tu casa me queda de ~** I pass your house on my way, your house is on my way; **ve por el pan y, de ~, compra el periódico** go and get the bread and buy a newspaper on the way *o* your way; **de camino a: íbamos de ~ a Zacatecas** we were on our way *o* the way to Zacatecas; **está de ~ a la estación** it is on the way to the station; **en el ~** *or* **de ~ al trabajo paso por tres bancos** I pass three banks on my way *o* the way to work; **en camino: deben estar ya en ~** they must be on the *o* on their way already; **tiene un niño y otro en ~** she has one child and another on the way; **por el camino** on the way; **te lo cuento por el ~** I'll tell you on the way
(Compuestos)
- **camino del Inca** Inca trail
- **Camino de Santiago**: **el ~ de ~** (Hist, Relig) the pilgrims' road to Santiago; (Astron) the Milky Way

Camino de Santiago

A pilgrimage route since the Middle Ages across north-western Spain to Santiago de Compostela in Galicia. The city was founded at a place where a shepherd is said to have discovered the tomb of St James the Apostle, and its cathedral reputedly houses the saint's relics.

camión *m*
A (vehículo de carga) truck, lorry (BrE); (contenido) truckload, lorryload (BrE); **necesitaremos dos camiones de arena** we'll need two truckloads *o* (BrE) lorryloads of sand; ***estar como un ~*** (Esp fam) to be hot stuff (colloq), to be a cracker *o* smasher (BrE colloq)
(Compuestos)
- **camión aljibe** (Chi) ▸**camión cisterna**
- **camión articulado** semi (AmE), semitrailer (AmE), articulated lorry (BrE)
- **camión celular** patrol wagon (AmE), police van (BrE)
- **camión cisterna** tanker, bulk liquid carrier (frml)
- **camión de bomberos** fire truck (AmE), fire engine (BrE)
- **camión de la basura** garbage truck (AmE), dustcart (BrE)
- **camión de mudanzas** moving van (AmE), removal van (BrE)
- **camión de reparto** delivery truck (AmE), delivery lorry (BrE)
- **camión de volteo** (Méx) dump truck
- **camión volteador** (RPl) dump truck
- **camión escoba** (Dep) broom wagon; (en autopista) *official vehicle used when closing a stretch of highway*
- **camión frigorífico** refrigerated truck
- **camión grúa** (de un taller) wrecker (AmE), breakdown lorry (BrE); (de la policía) tow truck

B (AmC, Méx) (autobús) bus

camionada *m* truckload, lorryload (BrE)

camionero -ra *m,f*
A (conductor de vehículo de carga) truck driver, trucker, teamster (AmE), lorry driver (BrE)
B (AmC, Méx) (conductor de autobús) bus driver

camioneta *f*
A (de carga) **1** (furgoneta) van **2** (camión pequeño) light truck, pickup truck **3** (Esp fam) (autobús) bus
B (AmL) (coche familiar) station wagon (AmE), estate car (BrE)

camión-grúa *m* (de un taller) wrecker (AmE), breakdown lorry (BrE); (de la policía) tow truck

camisa *f*
A ▸❶ **p.788** (Indum) shirt; **una ~ de manga larga/corta** a long-sleeved/short-sleeved shirt; **en mangas de ~** in shirtsleeves; ▸**empeñar**; ***cambiar de ~*** to change sides; ***me jugué/se jugó hasta la ~*** I/he put my/his shirt on it; ***meterse en ~ de once varas*** (fam) to get oneself into a mess *o* jam *o* pickle (colloq); ***no llegarle a algn la ~ al cuerpo:* no le llegaba la ~ al cuerpo** he was scared stiff; ***perder hasta la ~*** to lose one's shirt
(Compuestos)
- **camisa de dormir** *f* nightshirt
- **camisa de fuerza** *f* straitjacket
- **camisa negra** *mf* blackshirt
- **camisa parda** *mf* brownshirt

B **1** (de un libro) jacket **2** (de un cilindro) sleeve; (de un horno) lining **3** (de una lámpara) mantle
(Compuesto) **camisa de agua** water jacket
C (de una serpiente) slough

camisería *f* shirtmaker's

camisero -ra *m,f* **1** (persona) shirtmaker **2** **camisero** *m* shirtwaist (AmE), shirtwaister (BrE)

camiseta *f* **1** (prenda interior) undershirt (AmE), vest (BrE) **2** (prenda exterior) T-shirt; (de fútbol) shirt, jersey (AmE); (de atletismo — de manga corta) shirt, jersey (AmE); (— sin mangas) jersey (AmE), singlet (BrE), vest (BrE); ***ponerse la ~*** (RPl fam) to fly the flag; ***sudar la ~*** (fam) to sweat blood

camisola *f* loose-fitting shirt

camisón *m* nightdress; (en forma de camisa) nightshirt; ***es mucho ~ para Petra*** (Ven fam) he/she is not up to it (colloq)

camomila *f* camomile, chamomile

camorra *f* **1** (fam) (bronca, riña) fight; **armar ~** to start a fight; **se metieron en el bar buscando ~** they went into the bar looking for a fight *o* looking for trouble *o* spoiling for a fight (colloq) **2** **la Camorra** the Camorra, the Neapolitan mafia

camorrero -ra *adj/m,f* (AmS) ▸**camorrista**[1]

camorrista[1] *adj* **1** (fam) (pendenciero): **no seas ~** stop trying to start a fight, stop being a troublemaker **2** (mafioso) *of/relating to the Camorra*

camorrista[2] *mf* **1** (fam) (pendenciero) troublemaker (colloq) **2** (mafioso) *member of the Camorra*

camotal *m* (Andes, Méx) sweet potato field

camote *m*
A (Bot) **1** (Andes, Méx) (batata) sweet potato; ***hacerse ~*** (Méx fam) to get mixed up, get in a muddle (colloq); ***poner a algn como ~*** (Méx fam) (darle una paliza) to beat sb up (colloq) (reprenderlo fuertemente) to give sb a telling off (colloq), to tear sb off a strip (colloq), to tear into sb (AmE colloq); ***ser un ~*** (Méx fam) to be a pain in the neck (colloq); ***tragar ~*** (Méx arg) (callarse, aguantarse) to bite one's tongue; (estar distraído) to have one's head in the clouds **2** (Méx) (cualquier tubérculo o bulbo) tuber
B (Andes, Méx) (lío) mess (colloq), fix (colloq)
C (Andes, RPl fam) (con una persona) crush (colloq); **tiene un ~ bárbaro con ese muchacho** she's got a terrible crush on that boy
D (Per) (Jueg) piggy-in-the-middle
E (Méx vulg) (pene) cock (vulg), dick (vulg)
F **camote** *mf* **1** (Chi fam) (persona antipática) jerk (colloq) **2** (Per fam) (persona querida) sweetheart

camotillo *m: Peruvian sweetmeat made with sweet potato*

camotiza *f* (Méx fam): ***ponerle*** or ***darle una ~ a algn*** to give sb a good telling-off (colloq)

camotudo -da *adj* (Chi fam) tough (colloq)

campa[1] *adj* treeless

campa[2] *f* open field *o* piece of land

campal *adj* ▸**batalla**

campamento *m* **1** (lugar) camp; **tenían el ~ armado junto al río** they had set up camp by the river; ***levantar ~*** (CS fam) to make tracks (colloq) **2** (acción) camping; **nos fuimos a Bariloche de ~** we went camping in Bariloche; **hicimos ~ al pie de la montaña** we camped at the foot of the mountain
(Compuestos)
- **campamento base** base camp
- **campamento de instrucción** training camp
- **campamento de verano** summer camp

campana *f*
A **1** (de iglesia) bell, church bell; **a lo lejos se oía repicar las ~s** you could hear the church bells ringing in the distance; **las ~s doblan a muerto** the bells are ringing *o* tolling the death knell; ***echar las ~s al*** or ***a vuelo*** (literal) to set the bells ringing; (anunciar jubilosamente): **no quiere echar las ~s al vuelo hasta no estar seguro** he doesn't want to start shouting about it *o* shouting from the rooftops until he knows for sure; **pero tampoco es como para echar las ~s al vuelo** but it's not worth getting that excited about; ***me/te/lo salvó la ~*** saved by the bell; ***oír ~s y no saber dónde:* ese tío ha oído ~s y no sabe dónde** that guy is talking through his hat (colloq) **2** (en el colegio) bell; **¿ya ha sonado la ~?** has the bell gone yet?; **tocar la ~** to ring the bell
B **1** (de la chimenea) hood; (de la cocina) extractor hood **2** (para proteger alimentos) cover
(Compuestos)
- **campana de buzo** diving bell
- **campana de inmersión** diving bell

C (de un instrumento de viento) bell
D **campana** *mf* (Per, RPl arg) lookout; **estar** or **hacer de ~** to keep watch

campanada *f* **1** (de una campana) chime, stroke; (de un reloj) stroke; **el reloj dio las 12 ~s** the clock struck 12 **2** (fam) (sorpresa): **la noticia fue una ~** the news came like a bolt from the blue (colloq); ***dar la ~*** to cause a stir

campanario *m* bell tower, belfry

campanazo *m* (AmL) ▸**campanada**

campanear [A1] *vi* (arg) **1** (estudiar el terreno) to case the joint (sl) **2** (RPl) (vigilar) to keep watch

campanero -ra *m,f* bell ringer, campanologist (tech)

campaniforme *adj* bell-shaped

campanilla *f*
A (campana pequeña) small bell, hand bell; ***de ~s*** high-class, classy (colloq)
B (Anat) uvula
C (Bot) campanula, bellflower

campanología *f* bell-ringing, campanology

campanólogo -ga *m,f* bell-ringer, campanologist (tech)

campante *adj*: **y se quedó tan ~** he didn't bat an eyelid *o* he acted as if nothing had happened

campanudo -da *adj* **1** ‹*falda*› bell-shaped, full **2** ‹*sonido*› bell-like, resonant

campánula *f* (campanilla) campanula, bellflower; (farolillo) Canterbury bell

campaña *f*
A (en una guerra) campaign
B (Col) (maniobras) maneuvers* (*pl*)
C (Marketing, Pol) campaign; **una ~ pro** *or* **en pro de mejores viviendas** a campaign for better housing; **hacer una ~** to run *o* conduct a campaign
(Compuestos)
- **campaña de imagen** campaign to improve one's image
- **campaña denigratoria** smear campaign
- **campaña electoral** electoral *o* election campaign
- **campaña intimidatoria** scare campaign
- **campaña publicitaria** (sólo con anuncios) advertising campaign; (que incluye otros medios publicitarios) publicity campaign

campañol *m* vole

campar [A1] *vi* **1** (Mil) to camp **2** (andar): **los niños campan a sus anchas por los arriesgados toboganes y trampolines** children can be seen playing freely on the dangerous slides and trampolines; **la violencia ya no campa únicamente en esta zona** violence is no longer confined to this area; ▸**respeto**

campeada *f* raid

campear [A1] *vi*: **en algunos edificios ~on las banderas del partido** party flags could be seen flying on some of the buildings; **las dictaduras campean por la zona** dictatorships abound in the area; **el pesimismo campeaba en el ambiente** pessimism pervaded the atmosphere *o* hung in the air

campechano -na *adj* **1** (sin complicaciones) straightforward; (bondadoso) good-natured **2** (Col fam & pey) (rústico): **es muy ~** he's a real hick (AmE) *o* (BrE) yokel (colloq & pej)

campeón[1] **-peona** *adj* champion (*before n*)

campeón[2] **-peona** *m,f* **1** (Dep, Jueg) champion **2** (defensor) champion; **se convirtió en el ~ de nuestra causa** he became the champion of our cause **3** (Agr) champion

campeonar [A1] *vi* to win the championship

campeonato *m* championship; **ganar/perder un ~** to win/lose a championship; **se clasificó para el ~** she qualified for the championship; ***de ~*** (Esp fam): **tengo una resaca de ~** I have a terrible hangover; ***por el ~*** (Chi fam): **comió por el ~** he stuffed himself silly (colloq); **nos reímos por el ~ con sus chistes** his jokes really cracked us up (colloq)

campeonísimo -ma *m,f* supreme champion, undisputed champion

cámper *f* (Chi, Méx) camper, camper van

campera *f* **1** (RPl) (chaqueta) jacket **2** **camperas** *fpl* (Esp) (botas) cowboy boots

campero[1] **-ra** *adj* ‹*costumbres*› rural; ‹*estilo*› country (*before n*); **un dicho ~** an old country saying; **fiesta campera** party in the country; ▸**bota**

campero[2] **-ra** *m,f*
A (AmL) (persona) farm worker
B **campero** *m* (Col) (Auto) jeep

campesinado *m* peasantry, peasants (*pl*)

campesino[1] **-na** *adj* ‹*vida/costumbre*› rural, country (*before n*); ‹*modales/aspecto*› peasant-like

campesino[2] **-na** *m,f* (persona del campo) country person; (con connotaciones de pobreza) peasant;

tres campesinas vestidas de negro three peasant women dressed in black; **son ~s, gente muy sencilla** they are simple, country people *o* folk; **un ~ me indicó el camino** one of the locals *o* someone from the village showed me the way; **los obreros y los ~s** the manual workers and the agricultural workers

campestre *adj* **1** ‹*escena*› rural, country (*before n*), rustic; ‹*vida*› rural, country (*before n*) **2** ‹*casa/club*› country (*before n*)

camping ➜▭ /'kampin/ *m* (*pl* **-pings**) **1** (actividad) camping; **irse de ~** to go camping **2** (lugar) campsite, campground (AmE)

(Compuesto) **camping para caravanas** *or* **tráilers** trailer park (AmE), caravan park *o* site (BrE)

campiña *f* countryside, landscape

campista *mf* camper

campo *m*

A (campiña): **el ~** the country; **se fue a vivir al ~** he went to live in the country; **la migración del ~ a la ciudad** migration from the countryside *o* from rural areas to the cities; **el ~ se ve precioso con nieve** the countryside looks lovely in the snow; **modernizar el ~** to modernize agriculture; **el ~ no se cultiva de manera eficaz** the land is not worked efficiently; **las faenas del ~** farm work; **la gente del ~** country people; **a ~ raso** out in the open; **~ a través** *or* **a ~ traviesa** *or* **a ~ través** cross-country

(Compuesto) **campo a través** cross-country running; **el campeonato nacional de ~ a ~** the national cross-country championships

B (terreno) **1** (Agr) field; **los ~s de cebada** the barleyfields, the fields of barley **2** (de fútbol) field, pitch (BrE); (de golf) course; **perdieron en su ~** *or* **en ~ propio** they lost at home; **lleno absoluto en el ~** the stadium *o* (BrE) ground is packed **3** **de campo** field (*before n*); **hicieron investigaciones** *or* **observaciones de ~** they did a field study; ▸**trabajo**

(Compuestos)
- **campo corto** *mf* (Ven) shortstop
- **campo de aterrizaje** landing field
- **campo de batalla** battlefield
- **campo de entrenamiento** training ground
- **campo de exterminio** death camp
- **Campo de Gibraltar** *area of Spain around the border with Gibraltar*
- **campo de golf** golf course, golf links (*pl*)
- **campo de honor** field of honor*
- **campo de juego** (period) football field, football pitch (BrE)
- **campo de la muerte** killing field
- **campo de minas** minefield
- **campo de pruebas** testing *o* proving ground
- **campo de tiro** firing range
- **campo de vuelo** airfield
- **campo minado** minefield
- **campo minero** (Per) mine
- **campo petrolífero** oilfield
- **campo santo** cemetery
- **Campos Elíseos** *mpl* (Mit) Elysian fields (*pl*); (en París) Champs Elysées

C (ámbito, área de acción) field; **esto no está dentro de mi ~ de acción** this does not fall within my area *o* field of responsibility; **el ~ de acción de la comisión** the committee's remit; **abandonó el ~ de la investigación** she gave up research work; ***dejarle el ~ libre a algn*** to leave the field clear for sb

(Compuestos)
- **campo de fuego** field of fire
- **campo de fuerzas** force field
- **campo de visión** field of vision
- **campo gravitatorio** *or* **de gravedad** gravitational field
- **campo magnético** magnetic field
- **campo operatorio** operative field
- **campo semántico** semantic field
- **campo visual** field of vision

D (campamento) camp; ***levantar el ~*** (fam) to make tracks (colloq)

(Compuestos)
- **campo de concentración** concentration camp
- **campo de refugiados** refugee camp
- **campo de trabajo** work camp, working vacation (AmE) *o* (BrE) holiday

E (Andes) (espacio, lugar): **hagan** *or* **abran ~** make room; **siempre le guardo ~** I always save her a place

F (Inf) field

G (en heráldica) field

campocorto *mf* (Ven) shortstop

camposanto *m* (liter) graveyard, cemetery

Campsa *f* (en Esp) (Hist) = **Compañía Arrendataria de Monopolios de Petróleos, S.A**

campuroso -sa *adj* (Ven fam): **tiene un marido ~** her husband's a real hick (AmE) *o* (BrE) yokel (colloq & pej)

campus *m* (*pl* ~) campus

camuesa *f*: *type of apple*

camueso *m* **1** (Bot) apple tree **2** (fam) (hombre necio) dolt (colloq)

camuflado -da *adj* camouflaged

camuflaje *m* (de un soldado) camouflage; (de un animal) camouflage; **usan ramas como ~** they use branches as *o* for camouflage; **el negocio servía como ~ de otro más lucrativo** the business was a front *o* cover for another, more lucrative one

camuflajear [A1] *vt* (AmL) ▸**camuflar**

camuflar [A1] *vt* ‹*tanques/contrabando*› to camouflage; ‹*intenciones*› to disguise; ‹*error*› to cover up

■ **camuflarse** *v pron* «*soldado*» to camouflage oneself; «*animal*» to be camouflaged

can *m*

A (perro) (liter *o* hum) hound (liter *or* hum), dog

B (Arquit) (cabeza de viga) corbel; (soporte simulado) modillion

C (Arm) trigger

CAN /kæn/ *f* = **Comunidad Andina de Naciones**

cana *f*

A (pelo) gray* hair, white hair; **ya tiene ~s** she already has gray hairs *o* gray hair, she is already beginning to go gray; ***cargar ~s*** (Chi): **más respeto con él que carga ~s** show some respect for your elders; ***echar una ~ al aire*** to let one's hair down; ***peinar ~s*** (fam) to be getting on (colloq); ***respetar las ~s*** to have respect for one's elders; ***sacarle ~s verdes a algn*** to drive sb to an early grave; ***salirle ~s verdes a algn*** (fam): **me van a salir ~s verdes con estos alumnos** these pupils will be the death of me (colloq)

B (AmS arg) (cárcel) slammer (sl), nick (BrE colloq)

C **1** (RPl arg) (cuerpo de policía): **la ~** the cops (*pl*) (colloq), the pigs (*pl*) (arg & pej) **2** (RPl arg) **cana** *mf* (agente) cop (colloq)

canaca *mf* (Chi, Per fam & pey) chink (sl & pej)

Canacintra *f* (en Méx) = **Cámara Nacional de la Industria de la Transformación**

Canadá *m*: *tb* **el ~** Canada

canadiense *adj/mf* Canadian

canal[1] *m*

A **1** (Náut) (cauce artificial) canal; **el ~ de entrada al puerto** the channel into the harbor **2** (Agr, Ing) channel; **~ de drenaje** drainage channel; **~ de riego** irrigation canal; **~ de desagüe** drain

(Compuestos)
- **Canal de Beagle** Beagle Channel
- **Canal de la Mancha** English Channel
- **Canal de Panamá** Panama Canal
- **Canal de San Lorenzo** St. Lawrence Seaway
- **Canal de Suez** Suez Canal

B **1** (Rad, Telec, TV) channel; **cambia de ~** change *o* switch channels, switch *o* turn over **2** (medio) channel; **~es de distribución** distribution channels

(Compuestos)
- **canal de pago** subscription channel
- **canal deportivo** sports channel
- **canal vía satélite** satellite channel

C (Anat) canal

(Compuestos)
- **canal del parto** birth canal
- **canal digestivo** digestive tract, alimentary canal
- **canal intestinal** intestinal tract *ver tb* **canal[2]**

canal[2] *f or m*

A **1** (canalón) gutter **2** (ranura) groove; **las ~es de una columna** the fluting on a column

B (Coc): **en canal** dressed; **abrir en ~** to slit open

> **Canal + (Canal plus)**
>
> A private subscription television channel in Spain, concentrating on sports events, especially soccer, and recently released movies. Its news style is neutral, but it openly supports the ▸**PSOE - Partido Socialista Obrero Español**. A major shareholder is the Prisa group.

canaladura *f* fluting

canalé *m* rib; **en ~** in rib

canaleta *f* gutter

canalete *m* paddle

canaletear [A1] *vi* (Col, Ven) to paddle

canalización *f* **1** (de un río) canalization **2** (de ideas, esfuerzos, fondos) channeling*

canalizar [A4] *vt*

A ‹*río*› to canalize; ‹*aguas/lluvias*› to channel; ‹*agua de riego*› to channel

B ‹*ayudas/fondos/iniciativas*› to channel

canalla[1] *adj* (fam) rotten (colloq), mean (colloq); **el muy ~ se largó con toda la plata** the rotten swine ran off with all the cash

canalla[2] *mf* **1** (fam) (bribón, granuja) swine (colloq), bastard (sl) **2** **canalla** *f* (pey) (chusma): **la ~** the rabble *o* riffraff; **la ~ periodística** the press mob (pej)

canallada *f* (fam): **¡qué ~! no subirles el sueldo** what a rotten *o* mean thing to do, not giving them a pay rise! (colloq)

canallesco -ca *adj* ‹*comportamiento/acción*› rotten (colloq), mean (colloq); ‹*risa/aspecto*› nasty

canalón *m* (Esp) ▸**canelón**

canana *f* cartridge belt

canapé *m*

A (Coc) canapé

B (sofá) couch

canar [A1] *vi* (Col) ▸**encanecer**

Canarias *fpl*: *tb* **las (Islas) ~** the Canaries, the Canary Islands

canario[1] -ria *adj* of/from the Canary Islands

canario[2] -ria *m,f*

A **1** (de las Canarias) person from the Canary Islands **2** (en Ur) person from Canelones **3** (Ur fam & pey) (pueblerino) country bumpkin (colloq), hick (AmE colloq)

B **canario** *m* (Zool) canary

canasta *f*

A (para la compra) basket; **el primer premio es una hermosa ~** (AmL) the first prize is a beautiful hamper

(Compuestos)
- **canasta de divisas** basket of currencies
- **canasta familiar** (AmL) family shopping basket (*used to calculate the retail price index*)

B (en baloncesto) basket; **meter** *or* **hacer** *or* **anotar una ~** to make *o* score *o* shoot a basket

C (Jueg) canasta

canastero -ra *m,f* (artesano) basketmaker, basketweaver; (vendedor) basket seller

canastilla *f* layette

canasto *m* basket (*gen large and with a lid*)

canastos *interj* (fam) good heavens!

cáncamo *m* eyebolt

cancán *m* **1** (baile) cancan **2** (Indum) frilly petticoat

cancaneo *m* (Esp fam) dogging

cancel *m* **1** (contrapuerta) inner door **2** (Col, Méx) (tabique) partition **3** (Méx) (biombo) folding screen

cancela *f* gate (*of wrought iron*)

cancelación *f*

A (suspensión) cancellation

B (liquidación) payment; **encuentran imposible la**

~ de su deuda externa they find it impossible to pay off o settle their foreign debt; el pasaje se entrega previa ~ del mismo (Andes) the ticket will be issued on receipt of payment

cancelar [A1] *vt*
A (anular) ‹concierto/reunión› to cancel; ‹viaje/vuelo› to cancel; ‹pedido› to cancel
B (pagar) 1 ‹deuda› to settle, pay off; ‹cuenta› to pay 2 (Chi) (en una tienda) to pay for
C (Inf) to cancel
■ **cancelar** *vi* (Chi) to pay

cáncer *m* (Med) cancer; **tiene (un) ~ de pulmón/mama** she has lung/breast cancer; **la violencia es el ~ de nuestra sociedad** violence is the cancer of our society

Cáncer[1] (signo, constelación) Cancer; **es (de) ~** he's a Cancer o Cancerian

Cáncer[2], **cáncer** *mf* (persona) Cancerian, Cancer

cancerbero *m*
A (period) goalkeeper, keeper (colloq)
B **el Cancerbero** (Mit) Cerberus

canceriano[1] **-na** *adj* Cancerian

canceriano[2] **-na** *m,f* Cancerian, Cancer

cancerígeno[1] **-na** *adj* carcinogenic

cancerígeno[2] *m* carcinogen

cancerología *f* (estudio del cáncer) cancer research; (tratamiento) cancer treatment

cancerólogo -ga *m,f* cancer specialist

canceroso[1] **-sa** *adj* cancerous

canceroso[2] **-sa** *m,f* cancer sufferer, cancer patient

cancha *f*
A 1 (Dep) (de baloncesto) court; (de frontón, squash) court; (de tenis) court; (de fútbol, rugby) (AmL) field, pitch (BrE); (de golf) (CS) course; (de polo) (AmL) field 2 (CS) (de esquí) slope 3 (Chi) (Aviac) *tb* **~ de aterrizaje** landing strip, runway
B (AmL fam) (desenvoltura): **es un político con mucha ~** he is a politician with a great deal of presence; **es inteligente pero le falta ~** she's intelligent but she lacks self-confidence; **tiene mucha ~ con los niños** she's very good with children o (colloq) she has a real way with kids
C (CS) (espacio) space, room; **¡abran ~!** make way!; ***abrirse ~ en la vida*** (CS fam) to make one's way in the world; ***darle ~ a algn*** (Col fam) to give sb an advantage; ***darle ~ tiro y lado a algn*** (CS fam) to beat sb hands down (colloq); ***dejarle la ~ libre a algn*** (CS fam) to leave sb room to maneuver; ***sentirse en su ~*** (CS fam) to be in one's element
D (Col) (sarna) mange

canchero[1] **-ra** *adj* (fam)
A (AmL) (experto): **es muy ~ con las mujeres** he has a way with women (colloq); **jugadores bastante ~s** pretty good o skillful players
B (Per, RPl fam) ‹ropa/auto› trendy (colloq)

canchero[2] **-ra** *m,f*
A (Arg fam) (fanfarrón) show-off (colloq)
B (Chi) (obrero) (*m*) groundsman; (*f*) groundswoman

canchita *f* (Per) popcorn

canchoso[1] **-sa** *adj* (Col) mangy

canchoso[2] **-sa** *m,f* (Col fam & pey) mutt (colloq & pej)

cancilla *f* gate

canciller *m* 1 (jefe de estado) chancellor; **el ~ alemán** the German Chancellor 2 (AmS) (ministro) ≈ Secretary of State (*in US*), ≈ Foreign Secretary (*in UK*)

cancillería *f* 1 (de una embajada) chancery, chancellery 2 (AmS) (ministerio) ≈ State Department (*in US*), ≈ Foreign Office (*in UK*)

canción *f* song; ***la misma ~*** (fam): **¡y dale con la misma ~!** you do harp on! (colloq); **ya estamos otra vez con la misma ~** here we go again! (colloq)

(Compuestos)
- **canción de cuna** lullaby
- **canción de gesta** chanson de geste
- **canción nacional** (Chi) national anthem
- **canción protesta** protest song

cancionero *m* 1 (Mús) song book 2 (Lit) anthology (*of 15th/16th century verse*)

canco *m*
A (Chi) (olla, vasija) earthenware/wooden pot
B (Chi fam) (caderas, nalgas) butt (AmE colloq), bum (BrE colloq)

cancón -ona *adj* (Chi fam & pey) big-bottomed

cancro *m* 1 (Med) cancer 2 (Bot) canker

candado *m* 1 (cerradura) padlock; **está cerrada con ~** it is padlocked 2 (en lucha) hammerlock

candanga *adj* (Ven fam) awful (colloq); **es ~ con burrundanga** he's a monster (colloq)

candeal[1] *adj* ▸**pan, trigo**

candeal[2] *m* (CS) eggnog

candela *f* 1 (fuego) fire; **¿tienes ~?** (fam) have you got a light?; **no te acerques a la ~** don't go too near the fire; ***dar ~*** (AmL fam) to be annoying, be a nuisance; ***darle ~ a algn*** (Esp fam) to beat sb up (colloq); ***echar ~*** (Ven fam): **estaba que echaba ~** she was fuming o seething o livid (colloq); ***estar en la ~*** (Ven fam) to be at the center of things (colloq); ***jugar con ~*** (Col) to play with fire; ***ser/estar ~*** (Ven fam): **líderes que son ~** firm leaders; **el discurso estaba ~** the speech was hard-hitting; **el examen estuvo ~** the exam was really tough (colloq); ***toma ~*** (Esp fam) how about that, then?, pretty good, eh? 2 (vela) candle

candelabro *m* candelabra

candelaria *f* mullein

Candelaria *f*: **la ~** Candlemas

candelero *m* candlestick; ***estar en el ~*** to be in the limelight, be the center of attention

candelilla *f*
A (Bot) catkin
B (Chi) (en costura) overcasting

candelita *f* (Ven fam): **jugar a la ~** to play games (colloq)

candencia *f* white heat, candescence

candente *adj* 1 ‹hierro› red-hot 2 ‹tema› burning; ▸**actualidad**

candidatear [A1] *vt* (Chi fam) to nominate, put forward (*as a candidate*)
■ **candidatearse** *v pron* (*refl*) to put oneself forward (*as a candidate*)

candidatizar [A4] *vt* (Andes) to nominate, put forward (*as candidate*)

candidato -ta *m,f* 1 (aspirante) candidate; **~ a la presidencia** presidential candidate 2 (cliente) client

candidatura *f* 1 (propuesta) candidacy, candidature; **presentó su ~ para el puesto** she put herself forward as a candidate for the post 2 (Esp) (lista) list of candidates

candidez *f* (ingenuidad) naivety; (falta de malicia) innocence, naivety

cándido -da *adj* (ingenuo) naive; (sin malicia) innocent, naive

candil *m* oil lamp; ***buscar con un ~*** (fam) to search high and low; ***~ de la calle, oscuridad en la casa*** (Chi) he's never in, he's out more often that he's in

candilejas *fpl* footlights (*pl*)

candiota *f* 1 (barril) cask 2 (tinaja) earthenware vat

candombe *m*: *African-influenced dance*

candonga *f* (Col) dangly earring

candongo[1] **-ga** *adj* (fam) idle, lazy

candongo[2] **-ga** *m,f* (fam) loafer (colloq), lazybones (colloq), layabout (colloq)

candor *m* innocence, naivety

candorosamente *adv* innocently, naively

candoroso -sa *adj* innocent, naive

caneca *f* (Col) 1 (papelera) wastebasket, wastepaper basket (BrE); (cubo de la basura) garbage o trash can (AmE), dustbin (BrE) 2 (tambor) oildrum

canela *f* 1 (Bot, Coc) cinnamon; ***ser ~ fina***: **prueba este vino, es ~ fina** try some of this wine, it's pure nectar; **esa mujer es ~ fina** she is a very special o an exceptional woman 2 ▸❶ p.181; (color) cinnamon; **(de) color ~** cinnamon-colored*

(Compuestos)
- **canela en polvo** ground cinnamon
- **canela en rama** stick cinnamon

canelo, canelero *m* cinnamon tree; ***hacer el ~*** (Esp fam) to act dumb (colloq)

canelón *m*
A (Const) gutter
B **canelones** *mpl* canneloni

canesú *m* yoke

canevá *m* (RPl) canvas

caney *m* (Ven) *rudimentary dwelling roofed with palm leaves*

cangilón *m* bucket

cangrejo *m* (de mar) crab; (de río) crayfish; ***ir para atrás como el ~*** to go from bad to worse; ***ponerse rojo como un ~*** (tomando el sol) to turn o go as red as a lobster; (de vergüenza) to turn as red as a beet (AmE), to go as red as a beetroot (BrE)

canguelo *m* (Esp fam): **entrarle a uno/tener ~** to get/be scared stiff

canguro *m*
A (Zool) kangaroo
B 1 (anorak) cagoule 2 (para llevar a un niño) sling
C (Esp fam) (de la policía) police van, paddy wagon (AmE colloq)
D (Esp) 1 (trabajo): **esta noche tengo que hacer ~** I have to babysit tonight 2 **canguro** *mf* (persona) babysitter; **hace de ~ tres veces por semana** she babysits three times a week

caníbal[1] *adj* 1 (antropófago) cannibal (*before n*), man-eating 2 (Col fam) (bruto): **no sea ~, así no se hace** don't be so rough, that's not the way to do it

caníbal[2] *mf* 1 (antropófago) cannibal 2 (Col fam) (bruto) savage, monster

canibalesco -ca *adj* cannibalistic

canibalismo *m* cannibalism

canibalizar [A4] *vt* to cannibalize

canica *f* marble

caniche *mf* /ka'nitʃe, ka'niʃ/ poodle

canicie *f* grayness* (*of hair*)

canícula *f* (liter) dog days (*pl*) (liter)

canicular *adj* (liter o period): **un día ~** one of the hottest days of the year

canicultura *f* dog-breeding

cánido *m* ▸**canino**[2] **2**

canijo[1] **-ja** *adj*
A (fam) (pequeño) tiny, puny (hum *or* pej)
B (Méx fam) (terco) stubborn, pig-headed (colloq)
C (Méx fam) (intenso) incredible (colloq); **el hambre era canija** I was incredibly hungry, I was ravenous (colloq)

canijo[2] **-ja** *m,f* (fam) shrimp (colloq)

canil *m* (Chi frml) kennel, doghouse (AmE)

canilla *f*
A (AmL) (espinilla) shinbone; ***verle las ~s a algn*** (Chi fam) to try to put one over on sb (colloq)
B (RPl) (del agua) faucet (AmE), tap (BrE); **cerrar la ~** to turn off the faucet o tap; **agua de la ~** tap water; **~ libre** free bar
C (bobina) bobbin

canillera *f* (AmL) shin pad, shinguard

canillita *mf* (Andes, CS) 1 (repartidor) (*m*) newspaper man (*or* boy *etc*); (*f*) newspaper woman (*or* girl *etc*) 2 (vendedor) newspaper seller *or* vendor, newsvendor (BrE)

canino[1] **-na** *adj* 1 (Zool) canine, dog (*before n*); **tengo un hambre canina** (fam) I'm ravenous (colloq); ▸**exposición** 2 (Odont) ▸**diente**

canino[2] *m* 1 (Odont) canine, canine tooth 2 (Zool) canine; **los ~s** the canines, the dog family

canje *m* exchange

canjeable *adj* exchangeable; **este cupón es ~ por un regalo** this coupon can be exchanged for a gift

canjear [A1] *vt* 1 ‹prisioneros/rehenes› to exchange 2 (Fin) to exchange, trade

cannabis *m* (planta) cannabis plant, hemp; (droga) cannabis

cano -na *adj* white; **un hombre de pelo ~** a man with gray/white hair

canoa *f* canoe

canódromo *m* greyhound stadium, dog track (colloq)

C

canoísmo *m* canoeing
canólogo -ga *m,f* dog expert
canon *m*
A (norma) rule, canon (frml); **según los cánones de conducta** according to the norms *o* canons of behavior
B (Mús) canon
C (de la misa) canon
D (Econ, Fisco) levy, tax
canonicato *m* canonry
canónico -ca *adj* canonical, canonic; ▸**derecho**[3]
canónigo *m*
A (Relig) canon
B **canónigos** *mpl* (Coc) lamb's lettuce, corn salad
canonista *mf* canonist, expert in canon law
canonización *f* canonization
canonizar [A4] *vt* to canonize
canonjía *f* **1** (Relig) canonry **2** (sinecura) sinecure, cushy job (colloq)
canoro -ra *adj* ▸**ave**
canoso -sa *adj* ▸❶ **p.181** ‹*persona*› gray-haired*, white-haired; ‹*pelo/barba*› gray*, white
canotaje *m* canoeing
canotier /kano'tje(r)/, **canotié** *m* boater, straw hat
cansadamente *adv* **1** (con cansancio) wearily **2** (con pesadez) tiresomely
cansado -da *adj*
A **1** [ESTAR] (fatigado) tired; **tienes cara de ~** you look tired; **creo que nació ~** (hum) I reckon he was born lazy; **en un tono ~** in a weary tone of voice; **tengo los pies ~s** my feet are tired **2** [ESTAR] (aburrido, harto) **~ DE algo/+ INF** tired OF sth/-ING; **estoy ~ de decirle que me deje en paz** I'm tired of telling him to leave me alone; ***a las cansadas*** (RPl) at long last
B [SER] ‹*viaje/trabajo*› tiring
cansador -dora *adj* (AmS) tiring
cansancio *m* tiredness; **estoy que me caigo** *or* **me muero de ~** I'm absolutely worn out *o* exhausted, I'm dead tired (colloq), I'm ready to drop (colloq); ***hasta el ~*: se lo repitió hasta el ~** she repeated it over and over again *o* until she was blue in the face
cansar [A1] *vt* **1** (fatigar) to tire, tire … out, make … tired; **dar clase me cansa mucho** I find teaching really tiring, teaching really tires me out; **le cansa la vista** it makes her eyes tired *o* it strains her eyes **2** (aburrir, hartar): **¿no te cansa oír siempre la misma música?** don't you get tired of listening to the same music all the time? **3** ‹*tierra*› to exhaust
■ **cansar** *vi* **1** (fatigar) to be tiring; **un trabajo que cansa mentalmente** a job which is mentally tiring **2** (aburrir, hartar) to get tiresome
■ **cansarse** *v pron* **1** (fatigarse) to tire oneself out; **se le cansa la vista** her eyes get tired **2** (aburrirse, hartarse) to get bored; **se cansó y dejó de asistir a las clases** she got bored and stopped going to the classes *o* she got tired of the classes and stopped going; **~se DE algo/algn** to get tired OF sth/sb, get bored WITH sth/sb, tire OF sth/sb; **~se DE + INF** to get tired OF -ING, tire OF -ING
cansera *f* (RPl fam): **¡qué ~ tengo!** I'm dead beat *o* whacked *o* bushed (colloq)
cansinamente *adv* wearily
cansino -na *adj* weary
cansón -sona *adj* (Col, Ven) tiresome
cantábrico -ca *adj* Cantabrian
Cantábrico *m*: **el (mar) ~** the Bay of Biscay
cántabro -bra *adj* Cantabrian
cantado -da *adj*: **su destino estaba ~** his fate was a foregone conclusion; **la fecha se va a adelantar, cosa ya cantada** the date will be brought forward, as has been widely forecast
cantaleta *f*: **la misma ~** the same old story (*o* thing *etc*)
cantaloup *m* ▸**cantalup**
cantalup, cantalupo *m* cantaloupe, cantaloup
cantamañanas *mf* (*pl* ~) (fam & pey): **es un ~** he's all talk and no action (colloq)
cantante[1] *adj* singing (*before n*)
cantante[2] *mf* singer
cantaor -ora *m,f* flamenco singer
cantar[1] [A1] *vt*
A **1** ‹*canción*› to sing **2** (anunciar, pregonar): **los niños cantaban las tablas de multiplicar** the children were reciting *o* chanting their times tables; **cántame las cifras** read *o* shout the figures out to me (colloq) **3** (en béisbol) to call
B (liter) (ensalzar) to sing the praises of, extol the virtues of; **el tan cantado mar** the oft-praised sea (liter)
C (fam) (delatar, descubrir) to give away
D (RPl fam) (avisar) to tell; **¿te dejó plantada? — te lo canté** he stood you up? — what did I tell you? *o* I warned you; **el C~ de los C~es** the Song of Songs *o* of Solomon; **el C~ del Mío Cid** the ballad of El Cid; ***cantárselas claras a algn*** (fam): **se las canté claras** I gave it to her *o* told her straight (colloq)
E (RPl fam) (pedirse): **canto la cama de arriba** bags I *o* bags the top bunk (colloq)
■ **cantar** *vi*
A **1** (Mús) to sing; **habla cantando** she has a singsong voice *o* a lilt in her voice; ▸**coser** **2** ‹‹*pájaro*›› to sing; ‹‹*gallo*›› to crow; ‹‹*cigarra/grillo*›› to chirp, chirrup; ▸**gallo**[2] **3** ‹‹*agua/fuente*›› to babble
B **1** (fam) (confesar) to talk (colloq) **2** (Jueg) to declare **3** (anunciar, pregonar): **canta, que yo anoto** read it out, I'll write it down; **las cifras cantan por sí solas** the figures speak for themselves
C (Esp fam) (apestar) to stink (colloq)
cantar[2] *m* poem (*gen set to music*); ***¡eso es otro ~!*** that's another *o* a different matter, that's a different kettle of fish
(Compuesto) **cantar de gesta** chanson de geste
cántara *f* churn
cantárida *f* **1** (Zool) Spanish fly **2** (Farm) Spanish fly, cantharides (*pl*)
cantarín -rina *adj* ‹*voz/tono/risa*› singsong; ‹*fuente/aguas*› (liter) babbling, tinkling; ‹*persona*› chirpy
cantarino -na *adj* (CS) ▸**cantarín**
cántaro *m* pitcher, jug; ***llover a ~s*** to pour with rain, to rain cats and dogs (colloq); ***tanto va el ~ a la fuente que al fin se rompe*** you/he shouldn't push your/his luck (colloq)
cantata *f* cantata
cantautor -tora *m,f* singer-songwriter
cante *m*
A (Mús) Andalusian folk song; **~ flamenco** flamenco, flamenco singing; ***quedarse con el ~*** (fam) to see what is/was going on
(Compuesto) **cante jondo** *traditional style of flamenco singing*
B (Esp fam) (extravagancia): **dar el ~** (fam) to make an exhibition of oneself
cantegril *m* (Ur) shantytown
cantera *f*
A (de piedra) quarry
B (de deportistas): **los jugadores que salen de la ~ del club** the young players who come up through the club's youth and reserve teams; **la ~ es nuestro principal activo** our (pool of) young players are our main asset
canterano -na *m,f* (Dep) *young player awaiting promotion to the regular team*
cantería *f* masonry, stonework; **fachadas de ~** stone facades
cantero *m* (RPl) flowerbed
cántico *m* canticle, chant
cantidad[1] *adv* (fam): **este suéter abriga ~** this sweater is really warm; **me gustó el libro ~** I really liked the book, I liked the book a lot; **comimos ~** we ate tons *o* loads (colloq)
cantidad[2] *f*
A **1** (volumen) quantity; **no ha calculado la ~ de agua que se necesita** he has not calculated how much water is needed, he has not calculated the quantity *o* amount of water that is needed **2** (suma de dinero) sum, amount; **~ a abonar** amount due **3** (número, volumen impresionante): **había una ~ de mosquitos impresionante** there were an incredible number of mosquitoes; **no te puedes imaginar la ~ de gente que había** you wouldn't believe how many people there were; **mira la ~ de comida que hay** look how much food there is, look at the amount of food there is; **tiene amigos en ~** she has lots *o* loads of friends (colloq); **compra chocolate en ~es industriales** (fam) he buys loads of *o* massive quantities of *o* huge quantities of chocolate (colloq); **¿tenemos más folletos? — ~** *or* **~es** (fam) have we any more leaflets? — loads *o* tons (colloq); ***cualquier ~ de*** (AmS) lots of, loads of (colloq)
B (de un sonido) length
cantiga *f*: *medieval poem set to music*
cantil *m* cliff
cantilena *f* ▸**cantinela**
cantillos *mpl* jacks (*pl*)
cantimplora *f* water bottle, canteen
cantina *f*
A **1** (cafetería — en una estación) buffet, cafeteria; (— en una universidad) refectory; (— en una fábrica) canteen; (— en un cuartel) mess **2** (AmL exc RPl) (bar) bar **3** (RPl) (restaurante italiano) trattoria
B (Col) (para la leche) churn
cantinela *f*: **la misma ~** the same old story (*o* thing *etc*)
cantinero -ra *m,f* (*m*) barman; (*f*) barmaid
cantinflada *f* (fam) babble, gibberish
cantinflear [A1] *vi* (fam) to babble, talk gibberish
cantinfleo *m* ▸**cantinflada**
cantito *m* (AmL) lilt
canto *m*
A (Mús) **1** (acción, arte) singing; **clases de ~** singing lessons **2** (canción) chant
(Compuesto) **canto gregoriano** *or* **llano** Gregorian chant, plainsong
B (de un pájaro) song; (del gallo) crowing; ***al ~ del gallo*** at the crack of dawn, at daybreak, at cockcrow (liter)
(Compuesto) **canto de** *or* **del cisne** swan song
C (Lit) (canción) hymn; (división) canto
D (borde, filo) edge; **el ~ de la mano** the side of my/his/her hand; **colocar el ladrillo de ~** lay the brick on its side; ***al ~*** (fam): **bronca al ~** you can bet your life *o* you can be sure there'll be trouble (colloq); ***faltar el ~ de un duro*: faltó el ~ de un duro para que se le cayera** she came very close to dropping it
E (Geol) *tb* **~ rodado** (roca) boulder; (guijarro) pebble; ***darse con un ~ en los dientes*** (fam) to think *o* count oneself lucky
F (Col) (regazo) lap
cantón *m*
A (de Suiza) canton
B (Méx fam) (casa) place (colloq)
cantonal *adj* cantonal
cantonera *f* **1** (de un libro) corner piece **2** (mueble) corner unit (*o* cupboard *etc*)
cantonés -nesa *adj* Cantonese
cantor[1] **-tora** *adj* singing (*before n*); **pájaro ~** songbird
cantor[2] **-tora** *m,f*
A **1** (cantante) singer; ***de puro ~*** (Chi fam): **está hablando de puro ~** he's just talking off the top of his head (colloq) **2** (Relig) cantor
B **cantora** *f* (Chi fam) potty (colloq)
cantoral *m* choir book
cantorral *m* piece of stony ground
canturrear [A1] *vi* to sing softly to oneself
■ **canturrear** *vt* to sing … softly to oneself
canturreo *m*: **oía su ~ bajo la ducha** I could hear him singing to himself in the shower
CANTV /kan'teβe/ *f* = **Compañía Anónima Nacional de Teléfonos de Venezuela**
cánula *f* cannula
canutillo *m* **1** (en bordado) bugle **2** (Tex): **pana de ~ estrecho** needlecord; **pana de ~ ancho** jumbo cord

canuto[1] **-ta** *adj* (Chi fam & pey) protestant; ***pasarlas canutas*** (Esp fam) to have a terrible time; **las pasé canutas para quitarme el anillo** I had a terrible job *o* time getting my ring off (colloq)

canuto[2] *m*
A (tubo) document tube
B (Esp arg) (de hachís) joint (colloq), spliff (sl)
C (Chi fam & pey) (Relig) protestant

canyengue *m* (RPl arg) rave-up (colloq), bash (colloq)

caña *f*
A 1 (planta) reed 2 (tallo — del bambú) cane; (— del trigo) stalk; **muebles de ~** cane furniture; **un marco dorado de media ~** a gilt baguette picture frame; ***bajarle la ~ a algn*** (Arg fam) (castigar) to tear sb off a strip (colloq), to tear into sb (AmE colloq); (cobrar mucho) to rip sb off (colloq); ***darle*** or ***meterle ~ a algo*** (fam) to get a move on with sth; **hay que darle ~ a este trabajo** we'll have to get a move on with this job; **¡dale ~!** get a move on!; (conduciendo) step on it!; ***darle ~ a algn*** (fam) (criticarlo) to have a go at sb (colloq); (meter prisa) to hurry sb up *o* along (colloq); ***echar*** or ***hablar ~*** (Col fam) (mentir) to tell lies; (charlar) to chat

(Compuestos)
- **caña de la dirección** steering column
- **caña de lomo** *type of spicy pork sausage*
- **caña dulce** or **de azúcar** sugar cane

B 1 (de pescar) rod 2 (de un velero) tiller, helm
C (de la bota) leg; **botas de media ~** calf-length boots
D 1 (vaso): **una ~ (de cerveza)** (Esp) a small beer, a small glass of beer; **una ~ de vino blanco** (Chi, Esp) a tall glass of white wine; **irse* de ~s** (Esp) to go out for a few beers 2 (CS) (aguardiente) eau-de-vie (*made from sugar cane*); ***con la ~ mala*** (Chi fam) with a hangover (colloq); ***estar*** or ***andar con la ~*** (Chi fam) to be drunk
E (de un hueso) shaft; (médula) marrow

cañabrava *f* (AmL) reed (*used in construction of houses*)

cañada *f* 1 (Geog) gully; (más profunda) ravine 2 (camino) cattle (*o* sheep *etc*) track 3 (AmL) (arroyo) stream

cañadilla, cañaílla *f* whelk

cañamazo *m* embroidery canvas

cáñamo *m* 1 (planta) cannabis plant, hemp 2 (tela) canvas 3 (Andes) (cuerda) twine

cañandonga *f* (Ven fam & pey) booze (colloq)

cañaveral *m* 1 (de juncos) reedbed 2 (Col) (de caña de azúcar) sugar-cane plantation

cañería *f* (tubo) pipe; (conjunto de tubos) piping, pipes (*pl*); **la casa tiene toda la ~ nueva** all the plumbing in the house is new

(Compuesto) **cañería principal** or **de distribución** water main

cañero[1] **-ra** *adj*
A (AmL) (Agr) sugarcane (*before n*)
B (Col fam) (mentiroso): **es muy ~** he's always telling lies, he's a terrible liar

cañero[2] **-ra** *m,f*
A (Agr) (propietario) sugar plantation owner; (trabajador) sugar plantation worker, cane cutter
B (Col fam) (mentiroso) liar, fibber (colloq)

cañete *m* small pipe

cañí *adj* (*pl* **-ñís**) (Esp fam) *word used to describe traditional and authentic values of Spain*

cañita *f* (Arg) *tb* : **~ voladora** rocket

cañizal *m* reedbed

caño *m*
A 1 (conducto) pipe 2 (de una fuente) spout 3 (del agua) faucet (AmE), tap (BrE); **agua del ~** tap water
B 1 (Náut) channel 2 (río) river

cañón *m*
A (Arm) 1 (arma) cannon 2 (de una escopeta, pistola) barrel; ***ni a ~ rayado*** or ***ni a cañones*** (CS fam) no way (colloq); **no voy ni a ~ rayado** there's no way I'm going; ***pasárselo ~*** (Esp fam) to have a great time *o* a ball (colloq)

(Compuestos)
- **cañón antiaéreo** anti-aircraft gun
- **cañón antitanque** anti-tank gun
- **cañón de agua** water cannon
- **cañón de campaña** field gun
- **cañón de nieve artificial** snow cannon

B 1 (en un televisor) electron gun 2 (foco) spotlight

(Compuestos)
- **cañón láser** laser gun
- **cañón de proyección** data projector

C (valle) canyon; **el Gran C~ del Colorado** the Grand Canyon
D 1 (de una pluma) quill 2 (de la barba): **se le notaban los cañoncitos de la barba** you could see his stubble
E (RPl) (de masa) shell (*of puff pastry*)

(Compuesto) **cañón de chantillí** (RPl) cream puff

cañonazo *m*
A (Arm, Mil) cannonshot; **una salva de 21 ~s** a 21-gun salute
B 1 (en fútbol) drive 2 (en béisbol) blast
C (Chi fam) (trago) drink

cañonear [A1] *vt* 1 ‹*fortín/plaza*› to shell, bombard 2 (Méx) (encañonar) to point a gun at
■ **cañonearse** *v pron* (Chi fam) to drink; **llegó cañoneado** he was plastered when he arrived

cañoneo *m* shelling, bombardment

cañonera *f* gunboat

cañonero -ra *m,f* (AmL fam) striker

cañonismo *m* canyoning

caoba *f* 1 (árbol) mahogany tree; (madera) mahogany 2 ▸**i** **p.181**; **(de) color ~** mahogany

caobo *m* (AmL) mahogany tree

caolín *m* kaolin, china clay

caos *m* chaos; **esta habitación es un verdadero ~** this room is in complete chaos *o* (colloq) is a complete shambles *o* is in a real mess; **traté de ordenar el ~ de mis ideas** I tried to introduce some order into the chaos of my ideas

caótico -ca *adj* chaotic; **encontré la casa en un estado ~** the house was in chaos *o* was chaotic when I got there

> **CAP - Curso de Adaptación Pedagógica**
> A course taken in Spain by graduates with degrees in subjects other than education, who want to teach at secondary level. Students take a *CAP* in a particular subject, such as mathematics, literature, etc.

cap. *m* (= **capítulo**) ch., chapter

capa *f*
A 1 (revestimiento, recubrimiento) layer; **una ~ de nieve cubría la ciudad** a layer *o* carpet *o* blanket of snow covered the city; **una ~ de hielo** a sheet of ice; **un pastel recubierto de una ~ de chocolate** a cake covered in a chocolate coating; **bajo esa ~ de amabilidad** beneath that friendly exterior, beneath that veneer of friendliness; ***bajo la ~ del cielo*** (fam) in the whole world (colloq) 2 (veta, estrato) layer; **dos ~s de crema de chocolate y una de nata** two layers of chocolate and one of cream; **papel higiénico de tres ~s** 3-ply toilet paper; **la ~ de ozono** the ozone layer; **lleva el pelo cortado en** or (Esp) **a ~s** she has layered hair 3 (de la población) sector; **las ~s altas/bajas de la sociedad** the upper/lower strata of society 4 (Geol) stratum

(Compuestos)
- **capa freática** aquifer, phreatic stratum (tech)
- **capa vegetal** topsoil

B 1 (Indum) cloak, cape; (para la lluvia) cape, rain cape; **una película de ~ y espada** a swashbuckling movie; ***de ~ caída*** downcast, down (colloq); ***defender algo a ~ y espada*** to fight tooth and nail to defend sth; ***hacer de su ~ un sayo*** to make one's own decisions, do as one pleases 2 (Taur) cape

(Compuestos)
- **capa consistorial** cape (*worn by a bishop or archbishop*)
- **capa de agua** raincape
- **capa magna** cape (*worn by a bishop or archbishop*)
- **capa pluvial** chasuble

capacha *f* (Chi fam) slammer (sl), can (AmE sl), nick (BrE colloq)

capacho *m* (cesta) basket; ***llevar a algn a ~*** (Per) to carry sb on one's back, give sb a piggyback (colloq)

capacidad *f*
A 1 (competencia) ability; **nadie pone en duda su ~** no one doubts his ability *o* capability; **una persona de gran ~** a person of great ability, a very able *o* capable person 2 (potencial) capacity; **~ DE algo**: **su ~ de comunicación** their ability to communicate; **~ DE or PARA + INF** capacity *o* ability to + INF; **la ~ de grabar durante 24 horas seguidas** the ability *o* capacity to record non-stop for 24 hours; **están en ~ de despachar más pasajeros** (Col) they have the capacity to handle more passengers 3 (Der) capacity; **~ civil/legal** civil/legal capacity

(Compuestos)
- **capacidad adquisitiva** purchasing power
- **capacidad crediticia** or **de crédito** creditworthiness
- **capacidad de endeudamiento** borrowing capacity
- **capacidad de fuego** firepower
- **capacidad de pago** creditworthiness
- **capacidad de producción** production capacity
- **capacidad física** physical capacity
- **capacidad mental** mental capacity
- **capacidad productiva** production capacity

B ▸**i** **p.998**; (cupo) capacity; **la ~ del depósito es de unos 40 litros** the tank has a capacity of *o* holds about 40 liters

(Compuesto) **capacidad de carga** freight *o* cargo capacity

capacitación *f* training

capacitado -da *adj* **~ PARA algo** qualified FOR sth; **no estoy ~ para hacer este trabajo** I'm not qualified to do *o* for this job

capacitador -dora *adj* (Chi) preparatory

capacitar [A1] *vt* 1 (preparar, formar) to prepare; **esa experiencia me capacitó para enfrentarme con el mundo** that experience prepared me to go out into the world 2 (habilitar) **~ a algn PARA algo** to qualify sb FOR sth; **~ a algn PARA + INF** to qualify *o* entitle sb to + INF; **su título no lo capacita para ejercer en este país** his degree doesn't qualify *o* entitle him to practice in this country
■ **capacitarse** *v pron* (formarse) to train; (obtener un título) to qualify, become qualified

capacitor *m* capacitor, condenser

capar [A1] *vt*
A (castrar) to castrate; **si se enteran, te capan** (vulg) if they find out, they'll chop your balls off (vulg)
B (Col fam) (evadirse de) to get out of, skive off (BrE colloq); **los cogieron capando clase** they were caught playing hooky (esp AmE) *o* (BrE) skiving off (school) (colloq)

caparazón *m or f* shell; **tienes que salir de tu ~** you have to come out of your shell

caparrosa *f* copperas, ferrous sulphate

capataz *mf*, **capataz -taza** *m,f* (*m*) foreman; (*f*) forewoman

capaz *adj*
A 1 (competente) capable, able 2 (Der) **~ PARA + INF** with the capacity to + INF
B (de una hazaña) capable; **¿y diría tal mentira? — le creo muy ~** would he tell a lie like that? — I think he's quite capable of it *o* I wouldn't put it past him; **~ DE algo** capable OF sth; **es ~ de grandes logros** he's capable of great things; **es ~ de cualquier cosa con tal de salirse con la suya** she'll stop at nothing *o* she'll do anything *o* she's capable of anything to get her own way; **~ DE + INF**: **¿te sientes ~ de enfrentarte con ella?** do you feel able to face her *o* up to facing her?; **¿a que no eres ~ de saltar esto?** I bet you can't jump over this; **es (muy) ~ de irse sin pagar** he's quite capable of leaving without paying; **¡qué vago es! no es ~ ni de fregar su propia taza** he's so lazy, he can't

even wash up his own cup *o* he's not even capable of washing his own cup
C (frml) ‹*estadio/sala*› ~ **para más de 20.000 espectadores** with a capacity of over 20,000 *o* with capacity for more than 20,000 spectators
D (AmS fam): **(es)** ~ **que** (puede que, a lo mejor): **llévate el paraguas,** ~ **que llueve** take your umbrella, it may rain; ~ **que se olvidó** maybe *o* perhaps he forgot, it's quite possible that he forgot

capazo *m* **1** (cesta) basket **2** (para un niño) portacrib® (AmE), carrycot (BrE)

capcioso -sa *adj* ‹*razonamiento/palabras*› artful, cunning; **preguntas capciosas** trick questions

capea *f*: *amateur bullfight using young bulls*

capeador¹ -dora *adj* (Chi fam): **es muy capeadora** she's a great hooky player (AmE) *o* (BrE) a great skiver (colloq)

capeador² -dora *m,f*
A (Taur) *bullfighter skilled in the use of the cape*
B (Chi fam) hooky player (AmE colloq), skiver (BrE colloq)

capear [A1] *vt*
A (Taur) to make passes at (*with the cape*); **la empresa es capaz de** ~ **la crisis** the company can ride out *o* weather the crisis
B (Chi fam) ‹*clase/trabajo*› to get out of, skive off (BrE colloq); **los encontró capeando clases** he caught them playing hooky (esp AmE) *o* (BrE) skiving off (school) (colloq)
■ **capear** *vi* (Chi) to play hooky (esp AmE colloq), to skive (BrE colloq)

capelina *f* wide-brimmed hat

capella /ka'pela/: **a** ~ (*loc adv*) a capella

capellán *m* chaplain
(Compuesto) **Capellán de Honor** royal chaplain

capellanía *f* chaplaincy

capelo *m* **1** (sombrero) cardinal's hat **2** (dignidad) cardinalate, cardinalship

Caperucita Roja Little Red Riding Hood

caperuza *f*
A (Indum) pointed hood
B (de un bolígrafo) top, cap; (de una chimenea) cowl
C (Col) (de lámpara de petróleo) wick
D (en cetrería) hood

capibara *f* capybara

capicúa¹ *adj* ‹*palabra/número*› palindromic (frml); **la placa era un número** ~ the registration number read the same both ways *o* is a palindrome (frml)

capicúa² *m* palindromic number

capilar¹ *adj* **1** ‹*loción*› hair (*before n*) **2** ‹*vaso/tubo*› capillary (*before n*)

capilar² *m* capillary

capilaridad *f* capillarity, capillary action

capilla *f*
A (Relig) (edificio, área) chapel; ***estar en*** ~ (en ascuas) to be on tenterhooks; «*condenado a muerte*» to be awaiting execution, to be on death row (*in USA*)
(Compuesto) **capilla ardiente** funeral chapel, chapel of rest
B (Impr) proof sheet, galley proof, galley
C (Chi) (Jueg) home, base

capirotada *f* (Méx) *sweet dish made with fried bread, nuts and raisins*

capirotazo *m* (fam) flick

capirote *m* **1** (Indum) pointed hood; ***ser tonto del*** ~ to be real dumb (AmE colloq), to be as thick as two short planks (BrE colloq) **2** (en cetrería) hood

capital¹ *adj* ‹*importancia*› cardinal, prime; ‹*influencia*› seminal (frml); ‹*obra*› key, seminal (frml)

capital² *m*
A (Com, Fin) capital; **aportó el 40% del** ~ she provided 40% of the capital, she put up 40% of the capital; ▸**grande¹**
(Compuestos)
- **capital circulante** circulating *o* working capital
- **capital emitido** issued capital
- **capital fijo** fixed capital
- **capital flotante** floating *o* current assets (*pl*)
- **capital nominal** nominal capital
- **capital pagado** paid-in *o* paid-up capital
- **capital riesgo** risk *o* venture capital
- **capital social** share capital

B (recursos, riqueza) resources (*pl*)

capital³ *f* **1** (de país) capital; (de provincia) provincial capital, ≈ county seat (*in US*), ≈ county town (*in UK*); **¿eres de Valencia** ~**?** are you from the city of Valencia *o* from Valencia itself *o* from Valencia proper? **2** (centro) capital; **la** ~ **del vino** the wine capital

capitalino¹ -na *adj* (AmL): **las calles capitalinas** the streets of the capital, the capital's streets; **en un bar** ~ in a bar in the capital

capitalino² -na *m,f* (AmL) person from the capital, inhabitant of the capital

capitalismo *m* capitalism
(Compuestos)
- **capitalismo de riesgo** venture capitalism
- **capitalismo estatal** state capitalism

capitalista¹ *adj* capitalist (*before n*)

capitalista² *m,f* capitalist
(Compuesto) **capitalista de riesgo** venture capitalist

capitalizar [A4] *vt*
A (Fin) **1** (incorporar al capital) ‹*ganancias*› to capitalize; ‹*intereses*› to reinvest, compound **2** ‹*empresa*› to capitalize; **las entidades financieras más capitalizadas** the most highly capitalized financial institutions, the financial institutions with the highest capitalization
B ‹*hecho/circunstancia*› to capitalize on, make capital out of

capitán¹ *m* **1** (del ejército) captain; (de la Fuerza Aérea) captain (AmE), flight lieutenant (BrE) **2** (Náut) (de un transatlántico, carguero) captain, master; (de un buque de pesca) skipper; ***donde manda*** ~ ***no manda marinero*** I/you/they have to do as I'm/you're/they're told **3** (Aviac) captain
(Compuestos)
- **capitán de corbeta** lieutenant commander
- **capitán de fragata** lieutenant commander
- **capitán de navío** captain
- **capitán de puerto** harbormaster*
- **capitán general** (del ejército) general of the Army (AmE), field marshal (BrE); (de la fuerza aérea) general of the Air Force (AmE), Marshal of the Royal Air Force (BrE)

capitán² -tana *m,f* (de un equipo) captain
(Compuesto) **capitán de meseros** (Méx) head waiter

capitana¹ *adj* ▸**nave**

capitana² *f* flagship

capitanear [A1] *vt* **1** ‹*soldados*› to command **2** ‹*transatlántico*› to captain; ‹*buque de pesca*› to skipper **3** ‹*expedición*› to lead **4** ‹*equipo*› to captain; ‹*banda/pandilla*› to lead

capitanía *f* **1** (cargo) captaincy **2** (edificio) headquarters (*sing o pl*) **3** (territorio) (Hist) captaincy
(Compuesto) **capitanía de puerto** harbormaster's* office

capitel *m* capital

capitolio *m* **1** (acrópolis) acropolis **2** (edificio grande) large, majestic building **3** (en Washington): **el Capitolio** the Capitol

capitonado -da *adj* (Col) upholstered

capitoné¹ *adj* upholstered

capitoné² *m* removal van

capitoste *m* (fam & pey): **los** ~**s del partido** the party bigwigs (colloq & pej); **el** ~ **de la fábrica** the big boss of the factory (colloq & hum)

capitulación *f* **1** (Mil) surrender, capitulation **2** **capitulaciones** *fpl* (Der) marriage contract

capitular¹ *adj* ▸**sala**

capitular² [A1] *vi* to surrender, capitulate

capitulear *vi* (Chi frml) to lobby

capituleo *m* (Chi frml) lobbying

capítulo *m* **1** (de un libro) chapter; (de una serie) episode; **eso es** ~ **aparte** that is another matter *o* question altogether, that is a separate issue **2** (Econ, Pol) (sector) area; **el** ~ **con el crecimiento más notable** the area of business with the highest growth; **los fondos que se destinaron al** ~ **de la vivienda** the funds which were allocated to housing; **en el** ~ **económico cabe destacar ...** in the economic sphere *o* as regards the economy, it is worth mentioning ... **3** (Relig) chapter; ***llamar a algn a*** ~ to bring *o* call sb to account

capo -pa *m,f*
A (mandamás) boss, chief
B (CS fam) (diestro) hotshot (colloq), whiz* (colloq)

capó *m* hood (AmE), bonnet (BrE)

capocho -cha *adj* (Ven arg) (pasado de moda) old-fashioned; (de mal gusto) uncool (colloq)

capón¹ *adj* castrated

capón² *m*
A **1** (gallo) capon **2** (RPl) (carnero) wether; (carne) mutton
B (fam) (golpe) rap on the head

caporal *m* (Méx) foreman, charge hand (BrE)

capot /ka'po/ *m* hood (AmE), bonnet (BrE)

capota *f*
A (techo — de un automóvil) convertible top *o* (BrE) roof; (de un cochecito de bebé) canopy, hood
B (sombrero) bonnet

capotar [A1] *vi*
A «*coche*» to overturn; «*avión/helicóptero*» to flip over
B (Chi fam) (fracasar) «*proyecto*» to flop (colloq); «*matrimonio*» to collapse

capotasto *m* capo

capotazo *m*: *two-handed pass*

capote *m*
A (capa) cloak; (— de militar) cape; (— de torero) cape; ***darle un*** ~ ***a algn*** (Chi fam) (en el cumpleaños) *to give sb playful slaps* (violar) to gangbang (sl); ***decir algo para su*** ~ to say sth to oneself; ***echarle un*** ~ ***a algn*** (fam) to lend sb a helping hand, give sb a hand (colloq); ***hacer*** ~ (RPl) to be successful
(Compuestos)
- **capote de brega** *short cape used in the early stages of a bullfight*
- **capote de paseo** *ornate cape used in the opening ceremony of a bullfight*

B (Méx) (Auto) hood (AmE), bonnet (BrE)

capotear [A1] *vt* ▸**capear A**

capotudo -da *adj* (Chi) **1** (fam) ‹*ojos/párpados*› heavy, puffy **2** ‹*cielo*› overcast

capricho *m*
A (antojo) whim, caprice (liter); **le consienten todos los** ~**s** they indulge his every whim, they let him have his own way in everything; **un verdadero** ~ **de la naturaleza** a real quirk *o* caprice of nature; **los** ~**s de la moda** the caprices *o* whims of fashion; **se lo compró por puro** ~ he just took it into his head to buy it, he bought it on an impulse; **está acostumbrada a hacer siempre su santo** ~ (fam) she's used to doing whatever takes her fancy *o* exactly what she feels like
B (Mús) capriccio

caprichoso¹ -sa *adj* **1** (inconstante) ‹*carácter/persona*› capricious; ‹*tiempo/moda*› changeable; **¡qué niño más** ~**!** what a capricious child! *o* this child is always changing his mind; **las estalactitas presentaban formas caprichosas** the stalactites formed fanciful shapes **2** (difícil, exigente) fussy

caprichoso² -sa *m,f*: **es un** ~ (es inconstante) he's so capricious *o* he's always changing his mind; (es difícil, exigente) he is so fussy

capricorniano¹ -na *adj* Capricornean

capricorniano² -na *m,f* Capricornean, Capricorn

Capricornio¹ (signo, constelación) Capricorn; **es (de)** ~ she's a Capricorn *o* Capricornean

Capricornio², capricornio *mf* (persona) Capricornean, Capricorn

caprino -na *adj* caprine

cápsula *f*
A (Farm) capsule
B (Bot) capsule
C (Audio) cartridge
D (Espac) capsule
(Compuesto) **cápsula endoscópica** (Med) capsule endoscope ,video pill

captación *f*
A **1** (de recursos) raising **2** (de clientes) winning, gaining; (de miembros) recruitment
B (de aguas) collecting
C (Rad) (de una señal) picking up, reception
(Compuesto) **captación de imágenes térmicas** thermal imaging

captar [A1] *vt*
A **1** ‹*atención/interés*› to capture **2** ‹*clientes*› to win, gain; ‹*partidarios/empleados*› to attract, recruit
B ‹*sentido/matiz*› to grasp; ‹*significado/indirecta*› to get; **no captó la indirecta** she didn't get the hint (colloq); **parecía no ~ las dimensiones del problema** he appeared not to grasp the scale of the problem
C ‹*emisora/señal*› to pick up, receive; **las imágenes que captó nuestro fotógrafo** the shots *o* pictures which our photographer took
D ‹*aguas*› to collect, take in

captor -tora *m,f* captor

captura *f* **1** (de un delincuente) arrest, capture; (de un enemigo) capture; (de un animal) capture **2** (de un alijo) seizure **3** (en pesca) catch
(Compuesto) **captura de pantalla** (Inf) screen capture, screenshot

capturar [A1] *vt* **1** ‹*delincuente*› to arrest, capture; ‹*enemigo*› to capture; ‹*animal*› to capture **2** ‹*alijo/drogas*› to seize, confiscate

capucha *f* hood

capuchino[1] -na *adj* capuchin (*before n*)

capuchino[2] -na *m,f*
A (Relig) capuchin
B (Zool) capuchin
C **capuchino** *m* (café) cappuccino

capucho *m* hood

capuchón *m* **1** (de una pluma, un bolígrafo) top, cap **2** (Indum) hood

capul *f or m* (Col) bangs (*pl*) (AmE), fringe (BrE)

capullo *m*
A (Bot) bud
B (Zool) cocoon
C (Esp) **1** (fam *o* vulg) (idiota) moron (sl), saphead (AmE sl), dickhead (BrE vulg) **2** (vulg) (glande) head

caput *adj* ▸**kaput**

caqui[1] *adj inv* ▸ⓘ **p.181**; khaki; **pantalones ~** khaki pants (AmE) *o* (BrE) trousers

caqui[2] *m*
A (Bot, Coc) (Japanese) persimmon
B ▸ⓘ **p.181**; (color) khaki

cara *f*
A **1** ▸ⓘ **p.231** (Anat) face; **esa ~ me suena** I know that face (from somewhere), that face is familiar; **le encuentro ~ conocida** his face is familiar; **mírame a la ~ cuando te hablo** look at me when I'm talking to you; **las mismas ~s conocidas** the same old faces; **no se atreve a decírmelo a la ~** he doesn't dare say it to my face; **se le rió en la ~** she laughed in his face; **no pienso mirarlo más a la ~** I don't ever want to set eyes on him again **2** (*en locs*): **cara a cara** face to face; **de cara: llevaban el viento de ~** they were running (*o* riding *etc*) into the wind; **no puedo conducir cuando el sol me da de ~** I can't drive with the sun in my eyes; **de cara a: se puso de ~ a la pared** she turned to face the wall, she turned her face to the wall; **la campaña de propaganda de ~ a las próximas elecciones** the advertising campaign for the forthcoming elections; **la importancia de estas reuniones de ~ a su futuro** the importance of these meetings vis-à-vis *o* for their future; **las medidas a tomar (de) ~ a esta situación** the measures to take in view of *o* in the light of *o* vis-à-vis this situation; ***a ~ descubierta*** openly; ***~ de pan*** (Esp): **tiene ~ de pan** he has a round face *o* is moon-faced; ***~ de póquer*** poker face; ***~ de poto*** (Chi fam) (cara — fea) ugly mug (colloq) (— de enfermo) pasty face (colloq); (— larga) long face; ***~ larga*** *or* ***de dos metros*** (fam): **puso ~ larga** (de depresión) he put on *o* pulled a long face; (de disgusto) he pulled a face; ***cruzarle la ~ a algn*** to slap sb's face; ***dar*** *or* (Col) ***poner la ~***: **nunca da la ~, siempre me manda a mí** he never does his own dirty work, he always sends me; **hacen lo que les da la gana y luego tengo que dar la ~ yo** they do what they want and then I'm the one who has to suffer the consequences; ***dar*** *or* ***sacar la ~ por algn*** to stand up for sb; ***echarle*** *or* ***sacarle algo en ~ a algn*** to throw sth back in sb's face; ***echarle ~ a algo*** (Esp fam): **anímate, échale ~ al asunto** go on, have a try; ***echarse algo a la ~*** (Esp fam): ***es lo más antipático que te puedes echar/que me he echado a la ~*** he's the most unpleasant person you could ever wish to meet/I've ever met (colloq); ***hacerle caritas a algn*** (Méx) to give sb the eye; ***lavarle la ~ a algo*** to give sth a quick once-over; ***me/le/nos volteó la ~*** (AmL) *or* (Esp) ***me volvió la ~*** *or* (CS) ***me dio vuelta la ~*** she turned her head away, she turned the other way; ***partirle*** *or* ***romperle*** *or* ***volverle la ~ a algn*** (fam) to smash sb's face in (colloq); ***partirse la ~ por algn***: **yo me parto la ~ por ti** I work myself to death *o* into the ground for you; **se parte la ~ por sus empleados** she really puts herself out for her employees; ***plantarle ~ a algn*** (resistir) to stand up to sb; **no le plantes ~ a tu madre** don't answer your mother back; ***por tu ~ bonita*** *or* (CS) ***tu linda ~***: **si crees que por tu ~ bonita vas a conseguirlo todo ...** if you think everything is just going to fall into your lap ...; ***se te/le debería caer la ~ de vergüenza*** you/he should be ashamed of yourself/himself; ***verse las ~s***: **ha logrado escapar pero ya nos veremos las ~s** he's managed to escape but he hasn't seen the last of me; **los dos boxeadores que se verán las ~s el jueves** the two boxers who will come face to face *o* meet on Thursday; ***volver la ~ atrás*** to look back; **cuando se proponía algo no volvía la ~ atrás** once she decided to do something, she would never look back
(Compuesto) **cara a cara** *m* face-to-face *o* head-to-head debate
B **1** (expresión): **no pongas esa ~ que no es para tanto** don't look like that, it's not that bad; **alegra esa ~, vamos** come on, cheer up; **no pongas ~ de bueno** don't play *o* act the innocent; **puse ~ de circunstancias** I tried to look serious; **siempre anda con ~ de pocos amigos** *or* **de vinagre** he always has such a sour look on his face; **si no pongo ~ de perro** *or* **de sargento no me hacen caso** if I don't look fierce they don't take any notice of me; **puso mala ~ cuando le pedí que me ayudara** he pulled a face when I asked him to help me; **tiene ~ de cansado/de no haber dormido** he looks tired/as if he hasn't slept; **tienes mala ~** you don't look well **2** (aspecto) look; **no me gusta la ~ de esa herida** I don't like the look of that wound; **¡qué buena ~ tiene la comida!** the food looks delicious!; **le cambiará la ~ al país** it will change the face of the country
C **1** (Mat) face **2** (de un disco, un papel) side; **salió ~** it came up heads; **~ o cruz** *or* (Arg) **ceca** *or* (Andes, Ven) **sello** heads or tails; **lo echaron a ~ o cruz** they tossed for it; ***dos ~s de la misma moneda*** two sides of the same coin; ***la otra ~ de la moneda*** the other side of the coin **3** (de una situación) face, side; **la otra ~ del régimen** the other face of the regime
D **1** (fam) (frescura, descaro) nerve (colloq), cheek (BrE colloq); **¡qué ~ (más dura) tienes!** you have some nerve!, you've got a nerve *o* cheek!; **se lo llevó por la ~** he just took it quite openly; **entraron en la fiesta por la ~** they gatecrashed the party (colloq); **lo dijo con toda la ~ del mundo** he said it as cool as you like; **tiene más ~ que espalda** he has such a nerve! (colloq) **2** **cara** *mf tb* **~ dura** (fam) (persona) sassy devil (AmE colloq), cheeky swine (BrE colloq)

caraba *f* (Esp fam): ***ser la ~*** to be the limit, be too much (colloq)

cárabe *m* amber

carabela *f* caravel

carabina *f* **1** (Arm) carbine; ***ser como la ~ de Ambrosio*** (fam) to be worse than useless (colloq) **2** (Esp fam) (acompañante) chaperon; **ir/hacer de ~** to go along as/play chaperon

carabinero -ra *m,f*
A **1** (agente de policía) (*m*) police officer, policeman; (*f*) police officer, policewoman **2** (agente fronterizo) border guard; (agente montado) (*m*) mounted policeman; (*f*) mounted policewoman **3** **carabineros** *mpl* (institución) police, police force; (policía fronteriza) border police; (policía montada) mounted police
B **carabinero** *m* (Coc, Zool) *large red prawn*

cárabo *m* **1** (ave) tawny owl **2** (insecto) carabid, beetle **3** (Náut) caravel

caracará *f* caracara

Caracas *m* Caracas

caracha *f* (Chi) sore

carachento -ta *adj* (Chi fam) scabby (colloq)

caracho *interj* (Col euf) shoot! (AmE euph), sugar! (BrE euph); **¡qué ~s!, si llueve, pues que llueva** what the heck! if it rains it rains (colloq)

caracol *m*
A **1** (Zool) snail **2** (AmL) (concha) conch **3** (Anat) cochlea
(Compuesto) **caracol marino** *or* **de mar** sea snail
B (rizo) ringlet

caracola *f* conch

caracolada *f* snails (*pl*) (*cooked in sauce*)

caracoleante *adj* (AmL) ‹*camino/río*› twisting, snaking; ‹*andar*› zigzagging

caracolear [A1] *vi* **1** (Equ) to caracole **2** (AmL) «*camino/río*» to twist, snake

caracoleo *m* (Chi) twist, bend

caracoles *interj* (euf) gosh! (colloq & euph)

caracolillo *m* spit curl (AmE), kiss curl (BrE)

carácter *m* (*pl* **-racteres**)
A **1** (modo de ser) character; **el ~ latino** the Latin character *o* temperament; **una persona de buen ~** a good-natured person; **tiene un ~ muy abierto** he has a very open nature; **es muy débil de ~** he is a very weak character **2** (firmeza, genio) character; **tiene mucho/poco ~** she has a lot of/doesn't have much personality **3** (originalidad, estilo) character; **una casa antigua con mucho ~** an old house with a lot of character
B **1** (índole, naturaleza) nature; **una visita de ~ oficial/privado** a visit of an official/a private nature, an official/private visit; **el ~ superficial del estudio** the superficial nature *o* the superficiality of the survey; **con ~ gratuito** free of charge; **con ~ retroactivo** retroactively; **heridas de ~ leve** (period) minor wounds; **le daba un ~ especial al cuadro** it lent the painting a special quality; **con ~ devolutivo** (Col, Ven fam & hum): **te lo presto, pero con ~ devolutivo** I'll let you have it, but it's strictly on loan **2** (Biol) characteristic
(Compuestos)
- **carácter adquirido** acquired characteristic
- **carácter dominante** dominant characteristic
- **carácter heredado** inherited characeristic *o* feature
- **carácter recesivo** recessive characteristic

C (Col, Méx) (personaje) character
D (Impr, Inf) character; **escríbalo en caracteres de imprenta** write it in block letters *o* print it; **escrito en caracteres cirílicos/góticos** written in the Cyrillic alphabet/in Gothic script
(Compuestos)
- **carácter alfanumérico** alphanumeric character
- **carácter comodín** wildcard character
- **carácter de petición** prompt

característica *f*
A (rasgo, peculiaridad) feature, characteristic
B (Mat) characteristic
C (RPl) (Telec) exchange code

característico -ca *adj* characteristic

caracterización *f* **1** (descripción) description; **hizo una excelente ~ del acusado** she

C

drew an excellent character sketch of the defendant 2 (Teatr) (por el actor) portrayal; (por el autor) characterization

caracterizar [A4] *vt*
A (distinguir, ser típico de) to characterize; **los síntomas que caracterizan la enfermedad** the symptoms which characterize the illness *o* which are characteristic of the illness; **con la franqueza que lo caracteriza** with his characteristic frankness
B (describir) to portray, depict; **lo caracterizó como el suceso más importante del año** he described it as the most important event of the year
C (Teatr) (encarnar) to play, portray
■ **caracterizarse** *v pron* **~se POR algo** to be characterized BY sth; **se caracteriza por su gran potencia** it is characterized by its great power, its characteristic feature is its great power; **se caracteriza por su franqueza** he is noted *o* known for his frankness; **el discurso se caracterizó por su tono conciliador** the speech was characterized by its conciliatory tone, the main feature of the speech was its conciliatory tone

caracú *m* (*pl* **-cuses**) (RPl) (hueso con tuétano) marrowbone; (tuétano) marrow

caracul *m* karakul

caradura[1] *adj* (fam) sassy (AmE colloq), cheeky (BrE colloq)

caradura[2] *mf*
A (fam) ▸ **cara D2**
B **caradura** *f* (fam) ▸ **cara D1**

caradurez *f* (RPl fam) ▸ **cara D1**

caradurismo *m* (fam) ▸ **cara D1**

carajada *f* 1 (Chi fam) (traición) mean trick (colloq) 2 (Col fam) (tontería) stupid little thing

carajal *m* (Méx): **un ~ de** (vulg) a hell of a lot of (colloq), loads of (colloq)

carajillo *m* 1 (café) *coffee with brandy or similar* 2 (Chi) (aguardiente) eau-de-vie (*made from last pressing of grapes*)

carajito[1] **-ta** *adj* (Ven fam) young

carajito[2] **-ta** *m,f* (Ven fam) 1 (niño) kid (colloq) 2 (adolescente) adolescent, kid (colloq)

carajo[1] **-ja** *adj* (Chi fam) lousy (colloq)

carajo[2] *m*
A (uso expletivo) (vulg *o* fam): **no entiendo ni un ~** I don't understand a damn thing (colloq); **hace un frío del ~** it's goddamn freezing (AmE sl), it's bloody freezing (BrE sl); **¿que le pida yo disculpas? ¡un ~!** me apologize to him? like hell I will! (colloq); **mandó todo al ~** he chucked it all in (colloq); **su nuevo disco es del ~** her new record is awesome (AmE sl) *o* (BrE sl) bloody brilliant *para frases que expresan sorpresa, fastidio, etc, ver* **coño**[1] **B**
B (vulg) (pene) prick (vulg), cock (vulg); ***al ~:*** **todos mis planes se han ido al ~** all my plans have gone to pot *o* gone up in smoke (colloq); **la empresa se fue al ~** the company went bust (colloq); **¡vete al ~!** piss off! (vulg), fuck off! (vulg); **la novela es malísima, yo la mandé al ~** it's an awful novel, I chucked it in (colloq); ▸ **importar**

carajo[3] **-ja** *m,f* 1 (Chi fam) (truhán) bastard (sl), pig (colloq) 2 (Ven arg) (muchacho) (*m*) guy (colloq); (*f*) girl (colloq)

caramanchel *m* (AmC fam) stall

caramba *interj* 1 (expresando — sorpresa, asombro) good heavens!, oh, my! (AmE colloq), jeez! (AmE colloq); (— enfado, disgusto) damn! (colloq) 2 (uso expletivo): **¿qué ~ está pasando aquí?** what on earth *o* (colloq) what the hell is going on here?

carámbano *m* icicle

carambola *f* 1 (en billar) carom (AmE), cannon (BrE) 2 (fam) (casualidad): **fue de ~** it was pure chance *o* it was a fluke 3 (Méx) (choque múltiple) pileup

caramelear [A1] *vi* (Col fam) to beat about the bush
■ **caramelear** *vt* to string … along (colloq)

carameleo *m* (Col fam): **ya basta de ~** stop beating about the bush

caramelizar [A4] *vt* to coat … in caramel

caramelo *m* 1 (golosina) candy (AmE), sweet (BrE); **un ~ de menta** a mint 2 (azúcar fundida) caramel 3 **(de) color ~** caramel-colored*, caramel

caramillo *m*
A (Mús) flageolet, small flute
B (montón) heap, pile

carancho *m* 1 (caracará) caracara 2 (Per) (búho) owl

carantoña *f* caress; **deja de hacerme ~s** stop trying to butter me up (colloq)

caraota *f* (Ven) bean

carapacho *m* shell, carapace

carapálida *mf* (AmL) paleface

carape *interj* ▸ **caramba 1**

carapintada *adj/mf* (AmL) ▸ **golpista**[1], **golpista**[2]

caraqueño -ña *adj* of/from Caracas

carare *m* (Ven) carate

carato *m* (Ven fam) *refreshing drink made from cornflour or rice flour*

carátula *f*
A 1 (página) title page 2 (funda — de un disco) jacket (AmE), sleeve (BrE); (— de un vídeo) case 3 (Andes) (tapa — de un libro) dust jacket *o* cover; (— de una revista) cover
B (Méx) (de un reloj) face, dial
C (máscara) mask; **el mundo de la ~** the stage, the theater*

caratulado -da *adj* (CS) (Der) entitled; **el juicio ~ Ruiz con Lepe** the case of Ruiz vs Lepe

caravana *f*
A 1 (de tráfico — retención) backup (AmE), tailback (BrE); (— hilera) convoy; **fuimos en ~ por la carretera** we drove along in (a) convoy; **había una gran ~ a la entrada de la ciudad** there was a huge backup (AmE) *o* (BrE) tailback on the approach to the city; **una larga ~ siguió al equipo desde el aeropuerto** a long motorcade followed the team from the airport 2 (remolque) trailer (AmE), caravan (BrE)
B (Ur) (pendiente) earring
C (Méx) (reverencia) bow

caravaning /kara'βanɪn/ *m* (Esp) trailering (AmE), caravanning (BrE)

caravanismo *m* trailering (AmE), caravanning (BrE)

caravanista *mf* (Esp) trailerist (AmE), caravanner (BrE)

caray *interj* ▸ **caramba 1**

carbohidrato *m* carbohydrate

carbólico -ca *adj* carbolic

carbón *m*
A (Min) *tb* **~ mineral** *or* **de piedra** coal; ***negro como el ~*** as black as coal, as black as the ace of spades
B 1 *tb* **~ vegetal** *or* **de leña** charcoal 2 (Art) charcoal; **un retrato al ~** a portrait drawn in charcoal, a charcoal portrait 3 (Farm) charcoal
C (de un motor eléctrico) brush

carbonada *f* carbonade

carbonatado -da *adj* carbonated

carbonato *m* carbonate

carboncillo *m* charcoal; **dibujo al ~** charcoal drawing

carbonera *f* 1 (habitación) coal cellar; (depósito) coal bunker 2 (Col) (mina) coalmine

carbonería *f* coalyard

carbonero[1] **-ra** *adj* coal (*before n*)

carbonero[2] *m*
A 1 (vendedor) coal merchant, coalman 2 (barco) collier 3 (receptáculo) scuttle, coal scuttle
B (Zool) coal tit

carbónico -ca *adj* (Quím) carbonic

carbonífero -ra *adj*: **el período ~** the carboniferous period; **un yacimiento ~** a coal *o* a coal-bearing deposit

carbonilla *f* 1 (polvo de carbón) cinders (*pl*) 2 (RPl) (Art) charcoal

carbonización *f* carbonization

carbonizar [A4] *vt* to carbonize
■ **carbonizarse** *v pron* 1 «*edificio*» to burn to the ground, be reduced to ashes; «*muebles*» to be reduced to ashes; **los cuerpos carbonizados de las víctimas** the victims' charred remains; **dejé el asado en el horno y se me carbonizó** (fam) I left the roast in the oven and it burned to a cinder 2 (Quím) to carbonize

carbono *m* carbon

carbonoso -sa *adj* carbonaceous

carbunclo, carbunco *m* anthrax

carburación *f* 1 (Metal) Bessemer process 2 (de un motor) carburation

carburador *m* carburetor*

carburante *m* fuel

carburar [A1] *vi*
A «*motor*» to carburet
B (fam) (funcionar) (*en frases negativas*): **este tipo no carbura bien** this guy's not all there (colloq); **hoy no carburas ¿eh?** you're not with it today, are you?; **la tele no carbura** the TV's not working properly, the TV's on the blink (colloq)
■ **carburar** *vt* (Andes) ‹*motor*› to tune

carburo *m* carbide

carca[1] *adj* (fam) old-fashioned, fuddy-duddy (colloq)

carca[2] *mf* (fam) old fogey (colloq)

carcacha *f* (Andes, Méx fam) (auto viejo) wreck (colloq), old heap (colloq), old banger (BrE colloq); (otro aparato) contraption (colloq)

carcaj *m* quiver

carcajada *f* guffaw; **soltar una ~** to burst out laughing; **reírse a ~s** to guffaw, roar with laughter

carcajeante *adj* ‹*risa*› loud, guffawing (*before n*); ‹*abrazo*› hearty

carcajearse [A1] *v pron* (fam) to roar with laughter; **todos nos carcajeamos con sus chistes** his jokes had us all in stitches, we roared with laughter at his jokes; **permíteme que me carcajee** don't make me laugh!

carcamal[1] *adj* (fam & pey) decrepit

carcamal[2] *m* (fam & pey) (hombre) old crock (colloq & pej); (mujer) old hag (colloq & pej)

carcamán[1] **-mana** *adj* (Méx, RPl) ▸ **carcamal**[1]

carcamán[2] *m* (Méx, RPl) ▸ **carcamal**[2]

carcasa *f*
A 1 (Arm) incendiary device 2 (en pirotecnia) rocket
B 1 (armazón, estructura) framework; **sólo encontraron la ~ del barco** all they found was the ship's carcass 2 (de un aparato, ordenador) casing 3 (de un neumático) *tb* **~ radial** carcass

Carcasona *f* Carcassonne

cárcava *f* rill

carcayú *m* wolverine, carcajou

cárcel *f*
A (prisión) prison, jail; **fue condenado a cinco años de ~** he was sentenced to five years imprisonment *o* in prison; **la metieron en la ~** she was put in prison, she was put inside (colloq); **una ~ de mujeres** a women's prison
B (en carpintería) clamp

carcelario -ria *adj* prison (*before n*)

carcelero -ra *m,f* jailer

carcinógeno -na *adj* carcinogenic

carcinoma *m* carcinoma

carcoma *f* 1 (Zool) woodworm 2 (preocupación, ansiedad) anxiety

carcomer [E1] *vt* 1 «*carcoma*»: **la pata de la mesa está totalmente carcomida** the table leg is completely worm-eaten *o* is riddled with woodworm 2 «*cáncer*» to riddle; **el cáncer le ha carcomido los pulmones** his lungs are riddled with cancer 3 «*envidia*» to consume; **los celos le carcomían las entrañas** he was eaten up *o* consumed with jealousy; **es una duda que me carcome** it is something that constantly preys on my mind

cardado *m* carding

cardador -dora *m,f* 1 (obrero) carder 2 **cardadora** *f* (máquina) card, carding machine

cardamomo *m* cardamom

cardán, cardan *m* (articulación) universal joint, Cardan joint; (suspensión) Cardan mount, gimbal mount; (eje) axle

cardar [A1] *vt* 1 ‹*lana*› to card *ver tb* **lana** 2 ‹*pelo*› to backcomb, tease 3 (vulg) (follar) to screw (vulg)

■ **cardarse** *v pron* (*refl*) to backcomb *o* tease one's hair

cardenal *m*

A (Relig) cardinal

B (Zool) cardinal

C (fam) (moretón) bruise

D (Chi) (Bot) geranium

cardenalato *m* cardinalate

cardenalicio -cia *adj* ▸**púrpura**; **el colegio ~** the cardenals' college; **el anillo/capelo ~** the cardenal's ring/hat

cardenalito *m* (Ven) redpoll

cardencha *f* teasel

cardenillo *m* verdigris

cardíaco¹, cardiaco -ca *adj* heart (*before n*), cardiac (tech); **pacientes ~s** patients with a heart disorder *o* condition, heart patients

cardíaco², cardiaco -ca *m,f* heart patient; **los ~s** heart patients, people with a heart condition; **es una película no apta para ~s** (hum) it's not a movie for the fainthearted

cárdigan *m* (*pl* **-gans**) cardigan

cardinal *adj* cardinal

cardiocirujano -na *m,f* heart surgeon

cardiografía *f* cardiography

cardiograma *m* cardiogram

cardiología *f* cardiology

cardiológico -ca *adj* cardiological

cardiólogo -ga *m,f* cardiologist

cardiovascular *adj* cardiovascular

cardo *m*

A (Bot) thistle

(Compuesto) **cardo borriquero** cotton thistle

B (Esp fam): **esa chica es un ~ borriquero** she's a prickly character (colloq)

cardumen, cardume *m*

A (de peces) school, shoal

B (fam) (de personas) horde; (de insectos) swarm

carear [A1] *vt* to bring … face to face

carecer [E3] *vi* (frml) **~ DE algo** to lack sth; **carecemos de los medios económicos necesarios** we lack *o* do not have the necessary financial means; **el documento carece de interés** the document is lacking in interest, the document lacks *o* is without *o* has no interest; **carece de valor** it has no value, it is worthless; **sus palabras carecen de todo sentido** her words mean absolutely nothing *o* make no sense at all

carel *m* side, edge

carenado *m*, **carena** *f* 1 (Náut) careening 2 (de una moto, un avión) fairing

carenar [A1] *vt* to careen

carencia *f* 1 (escasez) lack, shortage; **~ de recursos financieros** lack of financial resources 2 (Med) deficiency; **tiene una ~ de vitamina A** he has a vitamin A deficiency 3 (de un seguro) exclusion period

carenciado -da *adj* 1 ‹*barrio/sector*› deprived; ‹*niño*› needy, deprived, disadvantaged 2 (CS) (carente): **dietas carenciadas en estos minerales** diets lacking these minerals

carencial *adj* ‹*alimentación*› deficient; **enfermedad ~** deficiency disease

carente *adj* (frml): **una respuesta ~ de todo sentido** a completely nonsensical reply; **son lugares ~s de interés para el turista** they are places which are of no interest to tourists

careo *m* confrontation (*in court*)

carero¹ -ra *adj* (fam) ‹*comerciante/tienda*› pricey (colloq); **en esa tienda son muy ~s** that shop's very pricey

carero² -ra *m,f* (fam) rip-off artist (AmE colloq), rip-off merchant (BrE colloq)

carestía *f* 1 (costo elevado) high cost; **la ~ de la vida** the high cost of living 2 (arc) (escasez) dearth, scarcity

careta¹ *mf* (fam) sassy devil (AmE colloq), cheeky swine (BrE colloq)

careta² *f* mask; ***quitarle la ~ a algn*** to unmask sb, expose sb

careto *m* (Esp arg) ugly mug (sl)

carey *m* 1 (Zool) hawksbill turtle, tortoiseshell turtle 2 (material) tortoiseshell

carga *f*

A 1 (Transp) (de camión) load; (de barco, avión) cargo; **llevaba una ~ de carbón** it was carrying a load/cargo of coal; **la ~ se movió** the cargo/load shifted; **servicios de ~ a toda España** nationwide freight services; Ⓢ **zona de carga y descarga** loading and unloading only 2 (peso): Ⓢ **carga máxima: ocho personas, 550 kilos** maximum load: eight people, 550 kilos; **si te duele la espalda no lleves tanta ~** if your back aches don't carry so much 3 (Arquit, Const) load

(Compuesto) **carga útil** payload

B 1 (de una escopeta, un cañón) charge; **una ~ explosiva** an explosive charge 2 (de una lavadora) load; **al mechero se le está acabando la ~** the lighter is running out of fuel 3 (Metal) charge 4 (de un reactor) charge 5 (Inf) upload

(Compuesto) **carga de profundidad** depth charge

C (Elec) (de un cuerpo) charge; (de un circuito) load

D (de una obra, un discurso): **una obra con una fuerte ~ erótica** a work highly charged with eroticism; **un discurso con una enorme ~ emocional** a very emotional speech; **un lugar que para él tiene una gran ~ afectiva** a place which has very strong emotional associations for him

E (responsabilidad) burden; **es una ~ para la familia** he is a burden to his family; **lleva una gran ~ sobre los hombros** he carries a great deal of responsibility on his shoulders

(Compuestos)

- **carga de la prueba** burden of proof
- **carga familiar** dependent relatives (*pl*), dependants (*pl*)

F (Der, Fin) charge; **una finca libre de ~s** an unencumbered property, a property not subject to any charges

(Compuesto) **carga impositiva** tax burden

G 1 (de tropas, la policía) charge; **¡a la ~!** charge!; ***llevarle la ~ a algn*** (RPl fam) to be after sb (colloq); ***volver a la ~*** «*tropas*» to return to the attack *o* fray; (sobre un tema) to return to the attack 2 (Dep) *tb* **~ defensiva** blitz

cargada *f*

A (RPl fam) practical joke

B (Andes) 1 (de un vehículo) loading 2 (Elec) charge

C (Pol) (en Méx) 1 (apoyo) *unconditional support for a political candidate* 2 (grupo) group of supporters; ***ir*** *or* ***irse a la ~*** (Méx) *to voice support for a candidate*

cargaderas *fpl* (Col) suspenders (*pl*) (AmE), braces (*pl*) (BrE)

cargadero *m* loading bay

cargado -da *adj*

A 1 (que lleva peso): **iba muy cargada** she was loaded down *o* laden (with parcels/shopping), she had a lot to carry; **~ DE algo**: **siempre viene ~ de regalos para los niños** he always comes loaded with presents for the children; **mujeres cargadas de hijos** women weighed down by children; **~ de deudas** heavily in debt; **un salón ~ de adornos** a room full of ornaments; **un ciruelo ~ de fruta** a plum tree laden with fruit 2 ‹*ambiente/atmósfera*› (pesado, bochornoso) heavy, close; (con humo, olores desagradables) stuffy; **mejor no lo menciones, la atmósfera está cargada** better not mention it, the atmosphere's very strained *o* tense; **~ DE algo**: **viven en un clima ~ de tensión** they live in an atmosphere of extreme tension; **una atmósfera cargada de humo** a very smoky atmosphere 3 ‹*dados*› loaded 4 ‹*café*› strong; ‹*combinado*› strong, with plenty of rum/gin

B **~ de hombros** *or* **de espaldas** bowed; **un viejo ~ de hombros** an old man with rounded *o* bowed shoulders; **caminaba ~ de espaldas** he walked with a stoop

C (Col) ‹*oveja/vaca*› pregnant

cargador -dora *m,f*

A 1 (de camiones) loader 2 (de barcos) (*m*) longshoreman (AmE), docker (BrE); (*f*) longshorewoman (AmE), docker (BrE); (de aviones) baggage handler

B **cargador** *m* 1 (Arm) clip, magazine 2 (de pilas, baterías) battery charger; (para carga de mantenimiento) trickle charger

C **cargadores** *mpl* (Col) ▸**cargaderas**

cargamento *m* (de un camión) load; (de un barco, avión) cargo; **llegó el segundo ~** the second shipment arrived

cargante *adj* 1 (CS fam) (antipático) unpleasant, horrible (colloq) 2 (Esp fam) ▸**cargoso**

cargar [A3] *vt*

A 1 ‹*barco/avión/camión*› to load; **~on el camión con 20 toneladas de fruta** they loaded the truck with 20 tons of fruit, they loaded 20 tons of fruit onto the truck 2 ‹*pistola/escopeta*› to load; ‹*pluma/encendedor*› to fill; ‹*cámara*› to load, put a film in; **cargó la lavadora** he loaded the washing machine, he put the washing in the machine; **cargué la estufa de leña** I put some wood in the stove, I filled the stove with wood; **no cargues tanto ese baúl** don't put so much into that trunk, don't fill that trunk so full 3 ‹*batería/pila*› to charge; ‹*condensador/partícula*› to charge 4 (Inf) ‹*programa/aplicación*› to load; (subir) to upload

B 1 ‹*mercancías*› to load; **~on los muebles en el camión** they loaded the furniture into/onto the truck 2 ‹*combustible*› to fuel; **el avión hizo escala en Roma para ~ combustible** the plane stopped in Rome to refuel; **tengo que ~ nafta** (RPl) I have to fill up with gasoline (AmE) *o* (BrE) petrol

C 1 (de obligaciones) **~ a algn DE algo** to burden sb WITH sth; **lo ~on de responsabilidades** they gave him a lot of responsibility *o* burdened him with responsibility 2 ‹*culpa*› (+ *me/te/le etc*): **quieren ~me la culpa de lo que pasó** they're trying to put *o* lay the blame on me *o* they're trying to blame me for what happened 3 (Chi fam) **~ algo A algo**: **carga sus cuadros al azul** she uses a lot of blue in her paintings

D (llevar) 1 ‹*paquetes/bolsas*› to carry; ‹*niño*› (AmL) to carry; **te cargo en mi mente** (liter) you're in my thoughts 2 (Ven fam) (tener consigo): **cargo las llaves** I have the keys on *o* with me; **¿cargas carro?** do you have the car with you? 3 (Chi) ‹*armas*› to carry 4 (Ven fam) (llevar puesto) to wear; **cargaba una camisa azul** he was wearing a blue shirt; **siempre carga una sonrisa de felicidad** she always wears *o* has a happy smile 5 (Ven fam) ‹*fama*› to have; **carga una fama de ladrón** he has a reputation as a thief

E (a una cuenta) to charge; **me lo ~on en cuenta** *or* **lo ~on a mi cuenta** they charged it to my account

F 1 (Esp fam) «*profesor*» to fail, flunk (AmE colloq) 2 (Méx fam) (matar) to kill 3 (RPl fam) (tomar el pelo a) to tease; **lo cargan porque está tan gordo** they tease him *o* (colloq) poke fun at him because he's so fat; **sabía que me estaban cargando** I knew they were pulling my leg (colloq), I knew they were putting (AmE) *o* (BrE) having me on (colloq) 4 (Ur fam) ‹*mujer*› to try to pick … up (colloq)

G «*toro*» to mount, cover

■ **cargar** *vi*

A 1 (con un bulto) **~ CON algo** to carry sth 2 (con una responsabilidad) **~ CON algo**: **tiene que ~ con todo el peso de la casa** she has to shoulder all the responsibility for the household; **vaya a donde vaya tiene que ~ con los niños** wherever she goes she has to take the children with her; **acabó cargando con la culpa** he ended up taking the blame 3 (Arquit) **~ SOBRE algo** to rest ON sth; **la cúpula carga sobre estas cuatro columnas** the dome rests on *o* is supported by these four columns 4 (Indum): **~ a la derecha/izquierda** to dress to the right/left

B 1 «*tropas/policía*» to charge; **~ CONTRA algn** to charge ON *o* AT sb; **la policía cargó contra**

C

los manifestantes the police charged on *o* at the demonstrators **2** ‹‹*toro*›› to charge
C ‹‹*batería*›› to charge
D (fam) (+ *me/te/le etc*) (fastidiar): **me cargan los fanfarrones como él** I can't stand show-offs like him, show-offs like him really annoy me *o* (colloq) get on my nerves; **me carga levantarme temprano** I hate *o* can't stand getting up early

C

■ **cargarse** *v pron*
A **1** ‹‹*pilas/flash*›› to charge; ‹‹*partícula*›› to become charged **2** (de peso, obligaciones) **~se DE algo**: **no te cargues de equipaje** don't take too much luggage, don't weigh yourself down with luggage; **se había cargado de responsabilidades** he had taken on a lot of responsibilities; **se cargó de deudas** he saddled himself with debts, he got deep into debt; **a los pocos años ya se había cargado de hijos** within a few years she already had several children
B **1** (Esp fam) (romper, estropear) ‹*motor*› to wreck; ‹*jarrón*› to smash; **se han cargado el pueblo** they've ruined the village; ***cargársela(s)*** (fam): **si no me dices dónde está te las vas a ~** if you don't tell me where it is you'll be for it *o* you'll get what for *o* you'll be in trouble (colloq) **2** (*enf*) (Esp fam) ‹‹*profesor*›› to fail, flunk (AmE colloq) **3** (fam) (matar) to kill
C (Chi fam) **1** (inclinarse, propender) **~se A algo**: **se cargan a la flojera** they tend to be lazy **2** (favorecer) **~se PARA algn** to favor* sb

cargazón *f* (fam) heaviness

cargo *m*
A (puesto) position (frml), post; **desempeña un ~ importante en la empresa** he has *o* holds an important position in the firm; **tiene un ~ de mucha responsabilidad** she has a very responsible job *o* post *o* position; **hoy toma posesión de su ~** he takes up his post *o* position today, he takes up office today; ▸**alto**[1]
(Compuesto) **cargo público**: **los que ostentan ~s ~s** those who hold public office
B (responsabilidad, cuidado) **1** **a cargo de algn**: **los niños están a mi ~** the children are in my care *o* (frml) charge; **un concierto a ~ de la Orquesta Nacional** (frml) a concert performed by the National Orchestra; **el negocio quedó a su ~** he was left in charge of the business; **dejé/puse las ventas a ~ de Luque** I left/put Luque in charge of sales; **tiene cuatro hijos a su ~** *or* (Col) **a ~** he has four children to support; **tiene a su ~ la división comercial** she is responsible for *o* in charge of the sales department **2** **al cargo de algo** in charge of sth; **quedó/lo pusieron al ~ del departamento** he was left/they put him in charge of the department **3** **correr a ~ de algn**: **los gastos corren a ~ de la empresa** expenses will be paid *o* met by the company; **la organización del concierto corre a ~ de su ayudante** her assistant is responsible for organizing the concert; **el papel principal corre a ~ de Fernando Arias** the main part *o* the leading role is played by Fernando Arias **4** **hacerse ~ de algo** (hacerse responsable) ‹*de un puesto/una tarea*› to take charge of sth; ‹*de gastos*› to take care of sth; (entender) (Esp) to be aware of sth; **¿podría hacerse ~ de nuestra sucursal en Panamá?** could you take charge of *o* head our branch in Panamá?; **mi abuela se hizo ~ de mí** my grandmother took care of me; **me hago ~ de la gravedad de la situación** I am aware of the gravity of the situation; **es un problema difícil — sí, me hago ~** it's a difficult problem — yes, I realize that *o* I am aware of that
(Compuesto) **cargo de conciencia**: **no tengo ningún ~ de ~ por no haber ido a visitarlo** I don't feel at all guilty for not having been to visit him, I feel no remorse at not having been to visit him; **me da/quedó un ~ de ~ horrible** I feel/felt terribly guilty
C (Com, Fin) charge; **sin ~ adicional** at no additional cost, at no extra charge; **sin ~** free of charge; **pidió unos cheques de viaje con ~ a su cuenta** she ordered some traveler's checks to be debited against *o* charged to her account
D (Der) charge; **niega todos los ~s que se le imputan** he denies all the charges against him
E (Chi, Per) *certificate or stamp showing date and time a document is submitted*

cargosear [A1] *vt* (CS, Per fam) to pester, keep on at (colloq)

cargoso -sa *adj* (CS, Per fam) annoying; **no seas ~** don't be so annoying, don't be such a pain (in the neck) (colloq)

cargue *m* (Col) loading; **zona de cargue y descargue** loading and unloading only

carguero[1] **-ra** *adj* cargo (*before n*)

carguero[2] *m* freighter, cargo ship *o* vessel

cariacontecido -da *adj* (fam) down in the mouth (colloq); **lo noto muy ~** he looks very down in the mouth

cariado -da *adj*: **tiene todos los dientes ~s** she has cavities *o* holes in all her teeth

cariancho -cha *adj* (fam) broad-faced

cariar [A1] *vt* to cause … to decay
■ **cariarse** *v pron* to decay; **se me ha cariado este diente** I have a cavity *o* hole in this tooth

cariátide *f* caryatid

caribe[1] *adj* **1** (de los caribes) Carib **2** (del Caribe) Caribbean

caribe[2] *mf* **1** (indio) Carib **2** **caribe** *m* (idioma) Carib

Caribe *m* **1** **el (mar) ~** the Caribbean, the Caribbean Sea **2** (región): **el ~** the Caribbean

caribeño[1] **-ña** *adj* Caribbean

caribeño[2] **-ña** *m,f: person from the Caribbean region*

caribú *m* caribou

caricato *m* (Esp) impressionist, impersonator

caricatura *f* **1** (dibujo) caricature **2** (dibujo animado) cartoon

caricaturesco -ca *adj*: **sus personajes son ~s** his characters are like caricatures; **era una situación muy caricaturesca** it was an absurd *o* a ridiculous situation; **tiene rasgos ~s** he has very exaggerated features

caricaturista *mf* caricaturist

caricaturización *f* caricature; **hace una ~ del ambiente social de su país** he caricatures the social scene in his country

caricaturizar [A4] *vt* to caricature

caricia *f* caress; **le hizo una ~ al perro** she stroked the dog; **le hizo una ~ al niño** she stroked the child's face (*o* cheek *etc*); **sentía la ~ del sol en su piel** he could feel the sun caressing his skin (liter)

caridad *f* charity; **vivía de la ~** she lived on charity; **¡qué falta de ~!** how uncharitable!; **una ayudita, por ~** can you spare some change, for pity's sake?; ***la ~ bien entendida empieza por casa*** (AmL) *or* (Esp) ***por uno mismo*** charity begins at home

caries *f* (*pl* ~) **1** (proceso) tooth decay, caries (*pl*) (tech); **para prevenir la ~ dental** to prevent tooth decay **2** (lesión) cavity; **el dentista me encontró tres ~** the dentist found that I had three cavities

carigordo -da *adj* (fam) fat-faced (colloq)

carilargo -ga *adj* (fam) miserable

carilla *f* side

carillón *m* **1** (de campanas) carillon **2** (instrumento) glockenspiel

cariñena *m: type of red wine*

cariño *m*
A **1** (afecto): **le tengo mucho ~ a este anillo** I'm very fond of *o* attached to this ring; **siento muchísimo ~ por ella** I have a great affection *o* fondness for her, I am very fond of her; **te ha tomado mucho ~** he's become very fond of you; **te lo presto, pero trátalo con ~** I'll lend it to you, but take good care of it; **cuando la veas dale mis ~s** give her my love when you see her; **~s por tu casa/a tu mujer** (AmL) (send my) love to your family/your wife; **niños sedientos de ~** children starved of affection; **~s, Beatriz** (en cartas) (esp AmL) love, Beatriz **2** (AmL) (caricia): **hágale un cariñito a su tía** give your aunt a hug (*o* kiss *etc*); **no pierden la ocasión de hacerse ~** they never miss a chance to have a little cuddle (*o* a hug and a kiss *etc*) **3** (como apelativo) dear, honey, love (BrE); **no llores ~** don't cry, dear
B (Chi fam) (pequeño obsequio): **es sólo un ~** it's just a little something; ***como sea su ~*** (Chi fam) whatever you can spare

cariñosamente *adv* affectionately, fondly

cariñoso -sa *adj* ‹*persona*› affectionate, warm; **es un marido muy ~** he is an affectionate *o* a loving husband; **ser ~ con algn** to be affectionate toward(s) sb; **envíale un ~ saludo de mi parte** send her my love *o* my warmest regards; **recibió una cariñosa bienvenida** she was given a very warm welcome

carioca *adj* of/from Rio de Janeiro

cariparejo -ja *adj* (fam) inscrutable, straight-faced

carirredondo -da *adj* (fam) round-faced

carisellazo *m* (Col) toss-up; **echar un ~** to toss a coin; **perdió el reloj de un ~** they tossed for his watch and he lost

carisma *m* charisma; **tener ~** to have charisma

carismático -ca *adj* charismatic

caritativamente *adv* charitably

caritativo -va *adj* charitable; **es muy ~ con los necesitados** he's very generous to the needy; **una organización con fines ~s** a charitable organization; **un alma caritativa se apiadó de él** a kind *o* charitable soul took pity on him

carite *m: fish found off the coast of Venezuela*

cariz *m*: **esto le ha dado un nuevo ~ a la situación** this has put a new complexion on the situation; **no me gusta nada el ~ que están tomando las cosas** I don't like the way things are going *o* developing; **la situación política está tomando mal ~** the political situation is beginning to look bad

carlanca *f* spiked collar

carlinga *f* **1** (Aviac) cockpit **2** (Náut) mast step

Carlismo

Spain had three civil wars known as the *guerras carlistas* (1833-39, 1860, 1872-76). When Fernando VII died in 1833, he was succeeded not by his brother the Infante Don Carlos de Borbón, but by his daughter Isabel, under the regency of her mother María Cristina. This provoked a mainly northern-Spanish revolt, with local guerrillas pitted against the forces of the central government. The Carlist Wars were also a confrontation between conservative rural Catholic Spain, especially the Basque provinces and Aragón, led by the *carlistas*, and the progressive liberal urban middle classes allied with the army. Carlos died in 1855, but the *carlistas*, representing political and religious traditionalism, supported his descendants' claims until reconciliation in 1977 with King Juan Carlos.

carlista *adj/mf* Carlist

Carlomagno Charlemagne

carmelita *adj/mf* Carmelite

carmelito[1] **-ta** *adj* ▸❶ **p.181**; (Col) brown

carmelito[2] *m* ▸❶ **p.181** (Col) brown

carmen *m* **1** (jardín) walled garden **2** (casa) *traditional Andalusian house with walled garden*

carmesí *adj inv* ▸❶ **p.181** crimson

carmín[1] ▸❶ **p.181** *adj inv* carmine

carmín[2] *m* **1** (para labios) lipstick **2** (Bot) dog rose **3** ▸❶ **p.181**; (color) carmine

carminativo -va *adj* carminative

carmíneo -nea *adj* (liter) carmine

carnada *f* bait

carnal[1] *adj* ‹*amor*› carnal; **deseos ~es** carnal desires, desires of the flesh; ▸**acto**

carnal[2] *m* (Méx arg) buddy (AmE colloq), mate (BrE colloq)

carnaval *m* **1** (Relig) Shrovetide **2** (fiesta) carnival; **si vas a ir a Río, deberías ir en C~** if you're going to Rio, you should go at carnival time; ***ser un ~*** (pey): **¡había cada vestido ...! aquello fue un ~** you should have seen some of the dresses, it was like a fancy-dress party

> **Carnaval**
>
> The three days of festivities preceding Lent, characterized by costumes, masks, drinking, music, and dancing.
>
> Spain's most colorful carnival is in Santa Cruz, Tenerife, and Cadiz's carnival is also famous. In Spanish-speaking Latin America, the carnivals of Uruguay, Bolivia, and Venezuela are very well known.

carnavalesco -ca *adj* carnival (*before n*)

carnaza *f* 1 (Coc) *low grade meat* 2 (carnada) bait

carne *f*

A 1 (de mamífero, ave) meat; (de pescado) flesh; **quítate de ahí, que la ~ de burro no es transparente** (fam & hum) out of the way! I haven't got X-ray vision, you know (colloq); ***echar*** *or* ***poner toda la ~ en el asador*** to put all one's eggs in one basket; ***no ser ni ~ ni pescado*** to be neither one thing nor the other, to be neither fish nor fowl 2 (de fruta) flesh

(Compuestos)
- **carne blanca** white meat
- **carne de cangrejo** crabmeat
- **carne de cerdo** pork
- **carne de chancho** (Andes, RPl) pork
- **carne de cochino** (Ven) pork
- **carne de cordero** lamb
- **carne de jaiba** (Andes) crabmeat
- **carne de membrillo** quince jelly
- **carne de res** (AmL excl CS) beef
- **carne desmechada** *or* **esmechada** (Ven fam) shredded meat
- **carne de ternera** veal
- **carne de vaca** beef
- **carne de venado** venison
- **carne magra** lean meat
- **carne mechada** (con tocino) larded meat; (en hilachas) (Ven) shredded meat
- **carne molida** (AmL exc RPl) ground beef (AmE), mince (BrE)
- **carne picada** (Esp, RPl) ground beef (AmE), mince (BrE)
- **carne roja** red meat
- **carne vacuna** beef

B 1 (de una persona) flesh; **tenía las ~s marchitas** (liter) she had lost her bloom, her bloom had faded; **es ~ de mi ~** he's my flesh and blood; ***de ~ y hueso:*** **que no te dé miedo hablar con la maestra, es de ~ y hueso como tú** don't be afraid to talk to the teacher, she's not a monster *o* she doesn't bite *o* she's quite human; **¿tú te crees que yo no sufro? yo también soy de ~ y hueso** do you think I don't suffer? I have feelings too; ***en ~ propia:*** **lo he vivido/sufrido en ~ propia** I've been through it/suffered it myself; ***en ~ viva:*** **tenía la herida en ~ viva** her wound was raw; **tenía el recuerdo de la tragedia todavía en ~ viva** the memory of the tragedy was still fresh in her mind; ***en ~ y hueso*** in the flesh 2 **carnes** *fpl* (gordura): **de ~s abundantes** of ample proportions (euph), fat; **de pocas ~s** skinny; ***echar ~s*** to put on *o* gain weight; ***entrado*** *or* ***metido en ~s*** fat; ***está un poco metidito en ~s*** he's a bit on the plump side 3 **(de) color ~** flesh-colored* 4 (Relig) (cuerpo) flesh; **la ~ es débil** the flesh is weak; **el Verbo se hizo ~** the Word was made flesh

(Compuestos)
- **carne de cañón** cannon fodder
- **carne de gallina** gooseflesh, goose pimples (*pl*), goose bumps (*pl*); **el sólo pensar en eso me pone la ~ de ~** it gives me the creeps *o* makes my flesh crawl *o* gives me goose pimples just to think about it (colloq)

carné *m* identity card; **sacar/renovar el ~** to have one's identity (*o* membership *etc*) card issued/renewed; **foto tamaño ~** passport-size photograph

(Compuestos)
- **carné de conducir** driver's license (AmE), driving licence (BrE)
- **carné de estudiante** student card
- **carné de identidad** identity card
- **carné de socio** (de un club, una mutual) membership card; (de una biblioteca) library card
- **carné de vacunas** vaccination record card
- **carné escolar** (Chi) bus/train pass
- **carné por puntos** (Esp) *driver's license from which points are deducted for driving offenses*

> **carné de identidad**
>
> Identity card that all residents over a certain age in Spain and Latin America must carry at all times. Holders must quote their identity card number on most official forms. In Latin America the card is also known as the *cédula de identidad*, and in Spain as the *DNI* (*Documento Nacional de Identidad*).

carnear [A1] *vt* (CS) to slaughter

■ **carnear** *vi* (CS) to slaughter a cow (*o* lamb *etc*)

carnecería *f* ▸**carnicería 1**

carneo *m* (CS) slaughter, slaughtering

cárneo -nea *adj* (CS) meat (*before n*)

carnerear [A1] *vi* (RPl fam & pey) to scab (colloq & pej), to be a scab *o* blackleg (colloq & pej)

carnero *m* ram; ***cantar para el ~*** (RPl arg) to croak (sl), to kick the bucket (sl)

Carnestolendas: **las ~** Carnival

carnet /kar'ne/ *m* (*pl* **-nets**) ▸**carné**

carnicería *f* 1 (tienda) butcher's shop (*o* stall *etc*) 2 (fam) (matanza, destrozo) slaughter, massacre

carnicero¹ -ra *adj* carnivorous

carnicero² -ra *m,f* 1 (vendedor) butcher 2 (fam & pey) (cirujano) butcher (colloq & pej)

cárnico -ca *adj* ‹*producto*› meat (*before n*); ‹*industria*› meat-processing, meat (*before n*)

carnita *f* 1 (Ven fam) fried meatball 2 **carnitas** *fpl* (Méx) pieces of barbecued pork (*pl*)

carnívoro¹ -ra *adj* carnivorous, meat-eating

carnívoro² *m* carnivore

carnosidad *f* proud flesh, granulation tissue (tech)

carnoso -sa *adj* ‹*fruta*› fleshy; ‹*pollo*› meaty

carnudo -da *adj* meaty, fleshy

caro¹ -ra *adj*

A 1 ‹*coche/entrada*› expensive; **es demasiado ~** it's too expensive *o* dear; **la fiesta nos salió carísima** the party cost us a small fortune 2 ‹*ciudad/restaurante*› expensive; **la vida está muy cara hoy en día** everything costs so much *o* things are so expensive nowadays; **tú tienes gustos muy ~s** you have very expensive tastes 3 (*como adv*): **pagarás ~ tu error** you'll pay dearly for your mistake; **esa actitud negativa le costó ~** his negative attitude cost him dear; **venden sus tapices carísimos** they sell their tapestries at very high prices, they charge a lot for their tapestries; **las entradas les costaron muy caras** they had to pay a lot of money for the tickets, their tickets were very expensive

B (liter) (querido) dear; **recuerdos que me son muy ~s** memories which are very dear to me; **~s hermanos** dearly beloved

caro² *adv* ‹*comprar/vender*› **en esa tienda venden muy ~** they charge a lot in that store *ver tb* **caro¹ A3**

carolingio -gia *adj* Carolingian

carón -rona *adj* (AmL fam): **es muy carona** she has a very big face

carota *adj/mf* (Esp fam) ▸**caradura¹, caradura²**

caroteno *m* carotene

carótida *f* carotid, carotid artery

carotina *f* ▸**caroteno**

carozo *m* (CS) stone, pit (AmE)

carpa *f*

A 1 (de un circo) big top; (para actuaciones) marquee 2 (AmL) (para acampar) tent 3 (CS) (en la playa) beach tent

(Compuesto) **carpa de oxígeno** (RPl) oxygen tent

B (Zool) carp

> **carpa**
>
> In Mexico, a traveling show held in a kind of circus tent. It included traditional circus acts, satirical sketches, short plays, songs, and monologues. *Carpas* began in the mid-nineteenth century and reached their height between 1930 and 1950.

Cárpatos *mpl*: **los (montes) ~** the Carpathians

carpeta *f*

A 1 (para apuntes, documentos, dibujos) folder; (Inf) folder; ***cerrar la ~*** to close the file; ***dejar algo en ~*** (Chi) to put *o* leave sth on hold; ***tener algo en ~*** (Chi) to have sth under consideration 2 (Esp) (de un disco) jacket (AmE), sleeve (BrE)

(Compuesto) **carpeta de anillos** *or* (Esp)) **anillas** *or* ((RPl) **ganchos** ring binder

B (Col, CS) (tapete — redondo, pequeño) doily; (— rectangular, más grande) runner; (— de otra forma) cover

C (Per) (pupitre) desk

carpetazo *m*: **dieron ~ al incidente** they closed the file on the incident; **han dado ~ al plan** they've shelved the project; **el tratado que dio ~ a aquella guerra** the treaty that brought that war to an end *o* that put an end to that war

carpetovetónico -ca *adj* (Esp pey) *patriotically Spanish in a reactionary and chauvinistic manner*

carpincho *m* capybara

carpintear *vi* to do carpentry *o* woodwork

carpinterear [A1] *vi* (Chi fam) ▸**carpintear**

carpintería *f* 1 (taller) carpenter's workshop, joiner's workshop 2 (actividad) carpentry, joinery 3 (de una construcción) woodwork

(Compuesto) **carpintería metálica** metalwork

carpintero -ra *m,f* carpenter, joiner

(Compuesto) **carpintero de ribera** boatbuilder; ▸**pájaro**

carpir [I1] *vt* (RPl) to hoe; ***me/lo sacó carpiendo*** (RPl fam) she sent me/him packing (colloq); **salí/salió carpiendo** (RPl fam) I/he dashed *o* rushed off (colloq)

carpo *m* carpus

carraca *f*

A 1 (matraca) rattle 2 (de una herramienta) ratchet

B (fam) (trasto, cacharro) wreck (colloq); **mi reloj está hecho una ~** my watch has had it (colloq)

C (Col) (de un animal) jawbone

carracuca: **ser más viejo que ~** (fam) to be as old as the hills (colloq); **ser más feo que ~** (fam) to be as ugly as sin (colloq)

carrada *f* (RPl fam): **gana plata a ~s** he makes loads *o* pots of money (colloq)

carramplón *m* (Col) (de un zapato — de calle) heel/toe protector, seg (BrE), tap (AmE); (— de golf) spike

carrao *m* limpkin

carraplana *f* (Ven fam): **quedar en ~** to be left penniless

carrasca *f* kermes oak

carrascaloso -sa *adj* (Méx fam) grumpy, grouchy (colloq)

carraspa *f* holm oak

carraspear [A1] *vi* to clear one's throat

carraspera *f*: **no tiene tos pero tiene ~** he doesn't have a cough but he has to keep clearing his throat; **fuma mucho, siempre tiene ~** she has a very rough throat from smoking a lot

carrasposo -sa *adj* (Col) ‹*superficie*› rough; **tengo la garganta carrasposa** my throat feels really rough

carré *m* loin; **~ de cerdo** pork loin

carrera *f*

A (Dep) (competición) race; **~ de caballos** horse race; **las ~s** the races; **la ~ de los 100 metros vallas** the 100 meters hurdles; **~ ciclista** cycle race; **todavía quedan en ~ 124 competidores** there are still 124 competitors in the race; **te echo** *or* (RPl) **te juego una ~** I'll race you

(Compuestos)
- **carrera armamentista** *or* **armamentística** arms race
- **carrera contra reloj** (Dep) time trial; **una ~ ~ ~ para salvar el monumento** a race

against time *o* against the clock to save the monument
- **carrera de armamentos** arms race
- **carrera de costales** (Col) sack race
- **carrera de embolsados** (RPl) sack race
- **carrera de ensacados** (Chi) sack race
- **carrera de fondo** long-distance race
- **carrera de obstáculos** (Equ) steeplechase; (en atletismo) steeplechase; (para niños) obstacle race
- **carrera de persecución** pursuit race
- **carrera de relevos** *or* (AmL tb) **de postas** relay race
- **carrera de regularidad** rally
- **carrera de resistencia** long-distance race
- **carrera de sacos** sack race
- **carrera de tres pies** three-legged race
- **carrera de trotones** sulky *o* harness race
- **carrera espacial** space race
- **carrera pedestre** footrace
- **carrera popular** fun run
- **carreras cuatreras** *fpl* gaucho horse races (*pl*)

B **1** (fam) (corrida): **tendremos que echar una ~ si queremos alcanzar el tren** we'll have to get moving *o* get a move on if we want to catch the train (colloq); **darse** *or* **pegarse una ~** to run as fast as one can, run like the clappers (BrE colloq); **me fui de una ~ a casa de la abuela** I tore *o* raced *o* rushed round to my grandmother's house (colloq); ***a la ~*** *or* ***a las ~s:*** **siempre anda a las ~s** she's always in a hurry *o* rush; **se llevó el dinero y huyó a la ~** he took the money and ran; **hice la última parte a las ~s** I really rushed through the last part; ***tomar ~*** to take a run-up **2** (Esp fam): **hacer la ~** to work as a prostitute, turn tricks (AmE sl); **hace la ~ por las Ramblas** she works her beat *o* turns tricks along the Ramblas (sl)

C **1** (Educ) degree course; **seguir** *or* **hacer una ~ universitaria** to do a degree course, to study for a degree; **está haciendo la ~ de Derecho** he's doing a degree in law *o* a law degree; **tiene la ~ de Físicas** she has a degree in physics; **cuando termine la ~ piensa colocarse de profesora** when she finishes her studies *o* degree *o* when she graduates she intends to get a job as teacher; **dejó la ~ a medias** he dropped out halfway through college (AmE), he dropped out halfway through university *o* through his degree course (BrE); **muy pocos podían dar ~ a sus hijos** very few people could afford to put their children through college (AmE) *o* (BrE) university **2** (profesión, trayectoria) career; **es una mujer de ~** she's a career woman; **un diplomático/militar de ~** a career diplomat/officer; **hizo su ~ en el cuerpo diplomático** he pursued a career in the diplomatic corps; ***hacer ~*** to carve out a career; **empieza a hacer ~ en el cine** she is beginning to make a name for herself in movies; ***no poder hacer ~ de*** *or* ***con algn:*** **no puedo hacer ~ de este hijo mío** I can't do a thing with this son of mine

(Compuestos)
- **carrera media** *three-year university course*
- **carrera superior** *five-year university course*

D (recorrido) **1** (de taxi) ride, journey; **el importe de la ~ hasta el aeropuerto** the fare to the airport **2** (de un desfile) route **3** (Astron) course **4** (AmL) (en baloncesto): **hacer ~** to travel **5** (Auto, Mec) (del émbolo) stroke

(Compuestos)
- **carrera ascendente** upstroke
- **carrera descendente** downstroke

E **1** (de puntos) row; (en la media) run, ladder (BrE) **2** (Col, Ven) (en el pelo) part (AmE), parting (BrE); **¿de qué lado te haces la ~?** which side do you part your hair on?

F (Arquit, Const) joist

G **1** (en nombres de calles) street (*that was once a main route out of town*) **2** (en Col) street (*which runs from north to south*)

carrerear [A1] *vt* (Méx fam) to push (colloq)

carrerilla *f* (Esp fam): **de ~** *ver* **corrido**[1] **2**: ***coger ~*** to take a run-up

carrero -ra *m,f* (RPl) cart driver; ***hablar como un ~*** (RPl fam) to swear like a trooper (colloq)

carreta *f*

A (con toldo) wagon; (sin toldo) cart; ***pegarse la ~*** (Chi fam): **me pegué la ~ hasta su casa** I went *o* traipsed all the way over to her house

B (CS fam) (persona lenta) slowpoke (AmE), slowcoach (BrE); (vehículo lento): **ese tren es una ~** that train is very slow *o* takes forever *o* goes at a snail's pace

C **1** (Col fam) (cháchara): **me soltó una ~ larguísima sobre ...** she went on and on about ... (colloq); **¿cuál es la ~?** what are you talking about? **2** (Col fam) (mentira): **no le creas nada, es pura ~** don't believe a word he says, it's all lies; ***echar ~*** (fam) (decir mentiras) to lie, tell lies; (chacharear) to chat

carretada *f* wagonload, cartload

carretazo *m* (Méx) car crash

carrete *m*

A **1** (de hilo, cinta) spool, reel (BrE) **2** (de película) roll of film, film **3** (de una caña de pescar) reel; ***darle ~ a algn*** (fam) to get sb going (colloq)

B (Arg) (Fot) carousel, slide tray

C (Chi fam) (animación, ambiente): **esta zona tiene mucho ~** this part of town has all the action; **irse de ~** to go clubbing

carretear [A1] *vi*

A **1** (AmL) (Aviac) to taxi **2** (Chi fam) «*tren/micro*» to crawl along

B (Chi fam) **1** (trajinar): **estuve carreteando toda la mañana** I was traipsing about all morning (colloq) **2** (visitar discotecas) to go clubbing

■ **carretear** *vt* (Chi fam) **1** (llevar): **¿me carreteas hasta la estación?** can you take me to the station?, can you give me a ride (AmE) *o* (BrE) a lift to the station?; **le carreteé sus cosas en mi auto** I took her things in my car **2** (tramitar) to process

carretel *m*

A **1** (Náut) reel **2** (de una caña de pescar) reel **3** (AmL) (de hilo) spool, reel (BrE)

B (de una máquina de coser) bobbin

carretela *f* (Chi) cart

carretera *f* road; **~ de acceso** access road; **la ~ de Burgos** the Burgos road; **fuimos por ~** we went by road

(Compuestos)
- **carretera circunvalar** (Col) ▸**carretera de circunvalación**
- **carretera comarcal** secondary road, ≈ B-road (*in UK*)
- **carretera de circunvalación** bypass, beltway (AmE), ring road (BrE)
- **carretera de doble calzada** divided highway (AmE), dual carriageway (BrE)
- **carretera general** main road
- **carretera nacional** ≈ highway (*in US*), ≈ A-road (*in UK*)

carretero[1] **-ra** *adj* (Chi fam): **es muy ~** he's a real party animal, he's really into the action (colloq)

carretero[2] **-ra** *m,f*

A (conductor) cart driver; ***fumar como un ~*** (fam) to smoke like a chimney

B (Chi fam) (discotequero) clubber

carretilla *f*

A wheelbarrow; **de ~** *ver* **corrido**[1] **2**: ***hacer la ~*** to do a wheelbarrow

(Compuesto) **carretilla elevadora** forklift truck

B ▸❶ **p.231**; (CS) (quijada) jaw, jawbone

C (Chi) (carrete) *tb* **~ de hilo** spool *o* (BrE) reel of thread

carretonero -ra *m,f* (Chi): **es un ~** he's so uncouth

carricero *m*: *tb* **~ común** reed-warbler

carricito -ta *m,f* (Ven fam) child, kiddie (colloq)

carricoche *m* covered wagon

carriel *m* (Col) *rawhide shoulder bag*

carril *m*

A **1** (Auto) (de tránsito) lane; **conducir por el ~ de la derecha** to drive on the right *o* the right-hand side of the road **2** (Ferr) rail **3** (Andes, Ven) (Dep) lane

(Compuestos)
- **carril bus** bus lane
- **carril de adelantamiento** overtaking lane, fast lane
- **carril de bicicletas** cycleway, cycle path
- **carril de incorporación** access road, on-ramp (AmE), slip road (BrE)

B (Chi fam) (mentira) whopper (colloq); ***tirarse el ~*** (Chi fam) to take potluck (colloq)

carril-bici *m* (Esp) cycle lane

carrilearse [A1] *v pron* (Chi fam) **1** (presumir) to show off (colloq) **2** (improvisar): **se carrileó con la respuesta** she just took a guess at the answer; **se está carrileando** he's making it up as he goes along

carrilera *f* (Col) track

carrilero -ra *m,f* (Chi fam) trickster

carrillera *f* **1** (Zool) jaw **2** (Mil) chinstrap

carrillo *m* cheek; ***comer a dos*** *or* ***cuatro ~s*** (fam) to stuff oneself (colloq)

carriola *f* (Méx) baby carriage (AmE), baby buggy (BrE)

carrito *m* **1** (para el equipaje) baggage cart (AmE), trolley (BrE); (en un supermercado) shopping cart (AmE), trolley (BrE); (de la compra) shopping trolley *o* (AmE) cart **2** (mesita de servir) trolley **3** (Ven fam) (para la venta ambulante) van

(Compuestos)
- **carrito chocón** (Méx, Per, Ven) bumper car, Dodgem® car (BrE)
- **carrito de la compra** shopping cart (AmE) *o* trolley (BrE); (en Internet) shopping cart

carrizo[1] *m*

A (Bot) giant reed

B (Ven fam) (nada): **nadie sabe un ~ de lo que pasó** nobody has a clue what happened (colloq); **¿que hiciste el fin de semana? — un ~** what did you do this week end? — not a lot; ***del ~*** (Ven fam): **esta muchacha del ~ no hace sino llorar** this darned *o* (BrE) blasted girl does nothing but cry (colloq); ***mandar a algn/ir al ~*** (Ven fam) *ver* **infierno**: ***más ... que el ~*** (Ven fam): **esa gente es más sucia que el ~** those people are so filthy! (colloq); **estoy más triste que el ~ con la noticia** I'm really cut up about the news (colloq)

carrizo[2] **-za** *m,f* (Ven fam) good-for-nothing (colloq)

carro *m*

A **1** (carreta) cart; **un ~ de tierra** a cartload of earth; ***aguantar ~s y carretas*** to put up with anything; ***echarle el ~ a algn*** (Ven fam) (culpar) to put the blame on sb; (jugar una mala pasada) to do the dirty on sb (colloq); ***¡para el ~!*** (fam) cool it! (colloq), hang *o* hold on! (colloq), hold your horses! (colloq); ***pararle el ~ a algn:*** **a estos especuladores hay que pararles el ~** these speculators must be dealt with *o* stopped once and for all; **se puso insolente y hubo que pararle el ~** he started being rude and I/they had to put him in his place; ***subirse al ~*** to jump on the bandwagon **2** (AmL exc CS) (Auto) car, automobile (AmE) **3** (Chi, Méx) (vagón) coach, carriage (BrE) **4** (Chi) (tranvía) streetcar (AmE), tram (BrE)

(Compuestos)
- **carro acompañante** (Col) team car
- **carro alegórico** (CS, Méx) float
- **carro bomba** (Col) car bomb
- **carro chocador** (Méx) ▸**carro chocón**
- **carro chocón** (Méx, Per, Ven) bumper car, Dodgem car® (BrE)
- **carro comedor** (Méx) dining car, restaurant car (BrE)
- **carro de bomberos** (Andes, Méx) fire truck (AmE), fire engine (BrE)
- **carro de combate** tank
- **carro dormitorio** (Méx) sleeping car, sleeper
- **carro fuerte** dray
- **carro lanzaagua** (Chi) water cannon
- **carro libre** (Ven) cab, taxi
- **carro loco** (Andes) bumper car, Dodgem® car (BrE)
- **carro neptuno** (RPl) water cannon
- **carro pirata** (Ven) unlicensed cab
- **carro por puesto** (Ven) *minibus or car used for public transport*
- **carro sport** (AmL exc CS) sports car

B (de una máquina de escribir) carriage

carrocería *f* **1** (de automóvil) bodywork **2** (Esp) (en una tienda) baby carriages and strollers (*pl*) (AmE), prams and pushchairs (*pl*) (BrE)

carrocero -ra *m,f* coachbuilder
carrocha *f* eggs (*pl*)
carromato *m* **1** (carro cubierto) covered wagon **2** (pey) (coche) old heap (colloq), old banger (BrE colloq)
carroña *f* **1** (de animal muerto) carrion **2** (gente despreciable) riffraff (+ *sing or pl vb*)
carroñero¹ -ra *adj* carrion, carrion-eating (*before n*)
carroñero² -ra *m,f* scavenger
carroza¹ *adj* (Esp fam) **1** (viejo) old; ‹*música/ambiente*› **esa canción es de lo más ~** that song's really old *o* (colloq) ancient **2** (pasado de moda) old-fashioned
carroza² *f*
A **1** (coche de caballos) carriage **2** (de carnaval) float **3** (Chi, Ur) (coche fúnebre) hearse
B **carroza** *mf* (Esp fam) (persona — anticuada) old fogey (colloq) (— vieja) old codger (colloq); **tiene 80 años pero de ~ no tiene nada** he's 80 but there's nothing fuddy-duddy about him *o* but he's far from being an old fogey
carruaje *m* carriage; ⊘ **prohibido aparcar: paso de carruajes** no parking, access road
carrujo *m* (Méx arg) *tb* **~ de mariguana** *or* **de mota** joint (colloq)
carrusel *m* **1** (para diapositivas) carousel, slide tray **2** **~ deportivo/de noticias** back-to-back sports/news program **3** (Esp) (en un aeropuerto) carousel **4** (AmL) (para niños) merry-go-round, carousel (AmE)
carta ➡📖 *f*
A (Corresp) letter; **¿hay ~ para mí?** are there any letters for me?, is there any mail for me?; **~ de despido/renuncia** letter of dismissal/resignation; **~ de solicitud** letter of application
(Compuestos)
- **carta abierta** open letter
- **carta blanca** carte blanche; **le dieron ~ blanca** she was given carte blanche *o* a free hand
- **carta bomba** letter bomb
- **carta certificada** registered letter
- **carta circular** circular
- **carta comendatoria** (frml) letter of recommendation, reference
- **carta de agradecimiento** thank-you letter
- **carta de amor** love letter
- **carta de apoyo** reference, letter of recommendation
- **carta de ciudadanía** naturalization papers (*pl*); **tradiciones que ya han adquirido ~ de ~ en nuestro país** traditions which have been adopted *o* which are now totally accepted in our country
- **carta de crédito** letter of credit
- **carta de intenciones** letter of intent
- **carta de introducción** letter of introduction
- **carta de nacionalización** *or* **de naturaleza** naturalization papers (*pl*)
- **carta de pago** receipt, official receipt
- **carta de pésame** letter of condolence
- **carta de portes** bill of lading, manifest
- **carta de presentación** letter of introduction
- **carta de recomendación** reference, letter of recommendation
- **carta pastoral** pastoral
- **cartas credenciales** *fpl* credentials (*pl*)
- **carta urgente** special-delivery letter
- **carta verde** green card

B (naipe) card; **baraja de ~s** deck *o* (BrE) pack of cards; **jugar a las ~s** to play cards; **barajar/dar las ~s** to shuffle/deal the cards; ***a ~ cabal:*** **es honrado a ~ cabal** he's completely and utterly honest; **es un caballero a ~ cabal** he's a perfect *o* real gentleman; ***echarle las ~s a algn*** to tell sb's fortune; **fue a que le echaran las ~s** he went to have his fortune told; ***jugar bien las ~s*** to play one's cards right; ***jugarse la última ~*** to play one's last card; **todavía no me he jugado la última ~** I still have one card up my sleeve *o* left to play; ***jugárselo todo a una ~*** to risk everything on one throw; ***no saber a qué ~ quedarse:*** **no sé a qué ~ quedarme** I don't know what to think, I don't know which story (*o* version *etc*) to believe; ***poner las ~s boca arriba*** *or* ***sobre la mesa*** to put *o* lay one's cards on the table; ***tomar ~s en algo*** to intervene in sth; **voy a tener que tomar ~s en el asunto** I'm going to have to step in *o* intervene
(Compuestos)
- **cartas de tarot** *or* **del Tarot** *fpl* Tarot cards (*pl*)
- **cartas españolas** *fpl* Spanish playing cards (*pl*) (*suits: bastos, espadas, copas, oros*)
- **cartas francesas** *or* **de póker** *fpl* French playing cards (*pl*) (*suits: spades, hearts, clubs, diamonds*)

C (de una organización) charter; (de un país) constitution
(Compuestos)
- **Carta Constitucional** *or* **Fundamental** (frml) Constitution
- **carta de derechos humanos** human rights charter, charter of human rights
- **Carta de la ONU** UN Charter
- **Carta de las Naciones Unidas** United Nations Charter
- **Carta de los Derechos Fundamentales de la Unión Europea** (UE) Charter of Fundamental Rights
- **Carta Magna** (Hist) Magna Carta; (constitución) (frml) constitution
- **Carta Social** (UE) social chapter *o* charter

D (en un restaurante) menu; **comer a la ~** to eat à la carte
(Compuesto) **carta de vinos** wine list
E (ant) (mapa) map
(Compuestos)
- **carta astral** astral chart
- **carta de ajuste** test card
- **carta de colores** color* chart
- **carta de flujo** flowchart
- **carta del cielo** astral chart
- **carta de marear** chart
- **carta de navegación** chart
- **carta de viaje** chart
- **carta de vuelo** flight plan
- **carta marina** chart
- **carta meteorológica** weather chart

cartabón *m* **1** (de dibujo) set square, triangle **2** (de un zapatero) foot measure
cartagenero -ra *adj* of/from Cartagena
cartaginense *adj/mf*, **cartaginés -nesa** *adj/m,f*, Carthaginian
Cartago *m* Carthage
cartapacio *m* folder
cartearse [A1] *v pron*: **nos carteamos durante cuatro años** we wrote to each other *o* corresponded for four years; **~ CON algn** to correspond WITH sb, write TO sb
cartel¹ *m* **1** (de publicidad, propaganda) poster; (letrero) sign; ⊘ **prohibido fijar carteles** post *o* stick no bills, ≈ bill stickers *o* bill posters will be prosecuted; **lleva dos meses en ~** «*obra*» it has been on *o* running for two months; «*película*» it has been on *o* showing for two months **2** (fama): **de ~** ‹*cantante/actor*› famous; ‹*torero*› star (*before n*); **una corrida de mucho ~** a bullfight with some big names, a bullfighting bill which will draw a big crowd; **tiene ~** «*actor/político*» he's a big attraction *o* a crowd puller
(Compuesto) **cartel luminoso** neon sign
cartel², cártel *m* cartel

> **cartel de Medellín y cartel de Cali**
>
> The two most important Colombian drug cartels. From 1975, Colombia's role in the narcotics trade has become increasingly important. It is now a major supplier of cocaine to the western world. This has led to great tension within Colombia, and has also affected the country's international relations.

cartela *f* cartouche
cartelera *f*
A **1** (Cin, Teatr) publicity board; **la película sigue en ~** the movie is still on *o* still showing, they're still showing the movie; **la obra estuvo en ~ durante cuatro años** the play ran for four years *o* had a four-year run **2** (en el periódico) listings (*pl*); **~ de espectáculos** entertainment guide
B (AmL) (tablón de anuncios) bulletin board (AmE), notice board (BrE)
(Compuesto) **cartelera de mensajes** (AmL) bulletin board
cartelero -ra *m,f* billposter, billsticker
carteo *m* (esp AmL) correspondence
cárter *m* (del cigüeñal) crankcase, sump; (del embrague) housing
cartera *f*
A **1** (billetera — de hombre) wallet, billfold (AmE); (— de mujer) wallet, purse, billfold (AmE) **2** (para documentos) document case, briefcase; (de un colegial) schoolbag, satchel; (de un cobrador) money bag; (de un cartero) sack, bag **3** (AmS) (bolso de mujer) purse (AmE), handbag (BrE)
B (Com, Fin) portfolio; ***tener algo en ~*** to have sth in the pipeline *o* lined up *o* planned
(Compuestos)
- **cartera de acciones** share portfolio
- **cartera de clientes** client portfolio
- **cartera de pedidos** order book
- **cartera de valores** securities portfolio

C (period) (Pol) (cargo) portfolio (journ); (departamento) department; **le ofrecieron la ~ de defensa** he was offered the post of defense secretary, he was offered the defense portfolio; **el titular de la ~ de Salud** the head of the Department of Health, the Minister for Health, ≈ the Health Secretary (*in UK*); **en la sede de la ~ laboral** at the headquarters of the Department of Employment
D **1** (RPl) (de una blusa) *opening at the neck with two or three buttons* **2** (Chi) (bolsillo) patch pocket
carterear [A1] *vt* (Chi): **me ~on en la micro** I was robbed *o* my handbag was picked on the bus
carterero -ra *m,f* (Chi) thief (*who steals from women's purses/handbags*)
cartería *f* sorting office
carterista *mf* pickpocket
cartero *mf* (*m*) mailman (AmE), postman (BrE); (*f*) mailwoman (AmE), postwoman (BrE)
cartesiano -na *adj/m,f* Cartesian
cartilaginoso -sa *adj* cartilaginous
cartílago *m* cartilage
cartilla *f*
A (para aprender a leer) reader, primer; (manual sencillo) booklet, handbook; ***cantarle*** *or* ***leerle la ~ a algn*** to take sb to task, read sb the riot act; ***darle ~ a algn*** (Col fam) to teach *o* show sb (colloq)
(Compuestos)
- **cartilla de ahorros** passbook, savings book
- **cartilla de desplazado** (Esp) *document for obtaining medical treatment as a temporary resident*
- **cartilla de racionamiento** ration book

B (Chi) (de la quiniela) pools coupon; (Equ) card
C (Méx) (carnet) card; **~ de indentidad** identity card
cartografía *f* cartography
cartográfico -ca *adj* cartographic
cartógrafo -fa *m,f* cartographer
cartola *f* (Chi) **1** (hoja impresa) printout **2** *tb* **~ de banco** *or* **cuenta corriente** bank statement
cartomancia, cartomancía *f* fortune-telling, cartomancy
cartomante *mf* fortune-teller
cartón *m*
A (material) cardboard
(Compuestos)
- **cartón madera** hardboard
- **cartón ondulado** *or* **corrugado** corrugated cardboard
- **cartón piedra** (Esp) papier-mâché

B (de cigarrillos) carton; (de leche) carton; (de huevos) (Ven) tray
C (en bingo) card

➡📖 *ver* Correspondencia. Vivir en un país de habla inglesa

C

D (Chi fam) (título profesional) piece of paper (colloq)

cartoné *m*: **en ~** hardback

cartuchera *f*

A 1 (estuche — para cartuchos) cartridge clip; (— para una pistola) holster 2 (cinturón — para cartuchos) cartridge belt; (— para una pistola) gun belt

B 1 (RPl) (de escolar) pencil case 2 (Chi) (para los anteojos) glasses *o* spectacle case

cartucho[1] **-cha** *adj* (Chi fam) 1 (virgen) sexually inexperienced 2 (recatado) demure

cartucho[2] *m*

A (Arm) cartridge; ***quemar el último ~*** to play one's last card

(Compuesto) **cartucho en blanco** blank cartridge

B (de estilográfica) cartridge

C (Vídeo) cassette

D 1 (de papel) paper cone 2 (para monedas) roll

E (Chi) (Bot) snapdragon, antirrhinum

cartuchón -ona *adj* ▸**cartucho**[1]

cartuja *f* charterhouse, monastery

cartujano -na *adj* 1 ‹monje› Carthusian 2 ‹caballo› Andalusian

cartulario *m* cartulary, chartulary

cartulina *f* card

(Compuesto) **cartulina amarilla/roja** yellow/red card

casa ➡📖 *f*

A 1 (vivienda) house; **está buscando ~** she's looking for somewhere to live; **cambiarse** *or* **mudarse de ~** to move, move house; **todavía no nos han ofrecido la ~** they still haven't invited us to see the house; **~** *or* **casita del perro** ▸**caseta 3** 2 (hogar) home; **a los 18 años se fue de ~** *or* (AmL) **de la ~** she left home at 18; **no está nunca en ~** *or* (AmL) **en la ~** he's never (at) home; **¿por qué no pasas por ~** *or* (AmL) **por la ~?** why don't you drop in *o* by?; **voy a preguntar en ~** *or* (AmL) **en la ~** I'll ask at home; **está en su ~** make yourself at home; **lo invito a cenar a su ~ de usted** (Méx) please come over to dinner; **¿dónde vive? — en Lomas 38, su ~ de usted** (Méx) where do you live? — at number 38 Lomas, where you will always be most welcome; **no soy de la ~** I don't live here; **decidió poner ~ en Toledo** she decided to go and live in Toledo; **le ha puesto ~ a su querida** he's set his mistress up in a house (*o* an apartment *etc*); **los padres les ayudaron a poner la ~** their parents helped them to set up house; ***de andar*** *or* ***para andar por ~*** ‹vestido› house (*before n*), for wearing around the house; ‹definición/terminología› crude, rough; ***caérsele*** *or* ***venírsele a algn la ~ encima:*** **cuando no aprobó el examen se le vino la ~ encima** when she failed the exam, the bottom fell out of her world *o* her whole world came crashing down around her ears; ***como Pedro*** *or* ***Perico*** *or* ***Pepe por su ~*** as if you/he/she owned the place (colloq); ***como una ~*** (fam): **una mentira como una ~** a whopping great lie (colloq), an out-and-out lie; **un error grande como una ~** a glaring *o* terrible mistake; ***echar*** *or* ***tirar*** *or* (Ven) ***botar la ~ por la ventana*** to push the boat out; **para la boda de su hija tiró la ~ por la ventana** he spared no expense *o* he really went overboard *o* he really pushed the boat out for his daughter's wedding; ***empezar la ~ por el tejado*** to put the cart before the horse; ***en la ~ de la Guayaba*** (fam) *or* (vulg) ***de la chingada*** (Méx) miles away (colloq); ***ser muy de su ~*** (hogareño) to be very homeloving, be a real homebody (AmE) *o* (BrE) homelover; (hacendoso) to be very houseproud; ***en ~ del herrero, cuchillo de palo*** *or* (Col) ***azadón de palo*** the shoemaker's son always goes barefoot; ***cada uno en su ~ y Dios en la de todos*** each to his own and God watching over everyone

B (Com) 1 (empresa) company, firm (BrE); **la ~ Mega lanzó ayer su último modelo** Mega launched their latest model yesterday 2 (bar, restaurante): **vino de la ~** house wine; **especialidad de la ~** house specialty (AmE), speciality of the house (BrE); **invita la ~** it's on the house; **es un obsequio de la ~** with the compliments of the management

C (dinastía) house; **la ~ de los Borbones** the House of Bourbon

D 1 (Dep): **Wanderers perdió en ~** Wanderers lost at home; **los de ~ juegan de amarillo** the home team are in yellow 2 (Jueg) home

E (Astrol) house

(Compuestos)

- **casa adosada** semi-detached/terraced house
- **Casa Amarilla** (en CR, Ven) Presidential Palace
- **Casa Blanca** White House
- **casa central** head office, headquarters (*sing o pl*)
- **casa club** clubhouse
- **casa consistorial** town hall
- **casa correccional** (Chi) (reformatorio) reformatory (*for girls*) (AmE), young offenders' institution (*for girls*) (BrE); (cárcel) women's prison
- **casa cuartel** police station (*including living quarters*)
- **casa cuna** children's home
- **casa de acogida** refuge
- **casa de altos** (CS) maisonette
- **casa de asistencia** (Méx) boardinghouse, rooming house (AmE)
- **casa de baños** bathhouse, baths (*pl*)
- **casa de beneficencia** children's home
- **casa de cambio** bureau de change
- **casa de campo** country house, house in the country
- **casa de citas** *hotel where rooms are rented by the hour*
- **casa de comidas** restaurant (*serving economically priced meals*)
- **casa de departamentos** (RPl) apartment house *o* building (AmE), block of flats (BrE)
- **casa de Dios** House of God
- **casa de discos** record company
- **casa de duelo** *home of the deceased's family*
- **casa de estudios** (CS) (universidad) university, college; (facultad) faculty
- **Casa de Gobierno** (en algunos países) Presidential Palace
- **casa de huéspedes** boardinghouse, rooming house (AmE)
- **casa de inquilinato** (RPl) tenement house
- **Casa de la Moneda**

A (Fin) mint

B (en Chi) Presidential Palace

- **casa de lenocinio** (ant) brothel
- **casa de locos** (fam) madhouse (colloq)
- **casa del Señor** House of God
- **casa de menores** (Chi) reformatory (AmE), young offenders' institution (BrE)
- **casa de modas** fashion house
- **casa de muñecas** dollhouse (AmE), doll's house (BrE)
- **casa de orates** lunatic asylum
- **casa de pisos de alquiler** tenement house (Esp)
- **casa de postas** coaching inn
- **casa de putas** (vulg) whorehouse (vulg)
- **casa de reposo** *or* **salud** (CS) nursing home, convalescent home
- **casa de socorro** first-aid post
- **casa de tolerancia** (AmL) brothel
- **casa de vecindad** (Méx) tenement house
- **casa de vecinos** tenement house
- **casa discográfica** record company
- **casa editorial** publishing house
- **casa flotante** house boat
- **casa habitación** (Chi) dwelling
- **casa matriz** head office, headquarters (*sing o pl*)
- **casa modelo** (Col, Méx) ▸**casa piloto**
- **casa mortuoria** *home of the deceased's family*
- **casa piloto** model home (AmE), show house (BrE)
- **casa pública** brothel
- **Casa Real** Royal Household
- **casa refugio** refuge *o* hostel for battered women
- **casa rodante** (CS, Ven) mobile home, trailer (AmE), caravan (BrE)
- **Casa Rosada** (en Arg) Presidential Palace
- **casa rural** (Esp) holiday cottage
- **casa solariega** ancestral home

Casa Amarilla

The headquarters of the Venezuelan State Department in Caracas. It was originally a colonial prison.

President Guzmán Blanco made it the presidential palace in the nineteenth century and had it painted yellow, the color of the Liberal Party, hence the name.

Casa Amarilla is also the name of the Presidential Palace in San José, Costa Rica.

Casa Rosada

The Argentinian president's official residence in the Plaza de Mayo in Buenos Aires. Its façade was painted pink as a sign of national unity by President Sarmiento in the nineteenth century, to symbolize the coming together of two opposing political factions, one of whose banners was red, the other white.

casabe *m* (Col, Ven) cassava bread

casaca *f* 1 (chaqueta) jacket; (Equ) riding jacket, hacking jacket 2 (blusa suelta) smock

casación *f* annulment, cassation (tech); **recurso de ~** appeal for annulment

casadero -ra *adj* marriageable; **está en edad casadera** she is of marriageable age

casado[1] **-da** *adj* ▸ⓘ **p.743**; married; **es** *or* (esp Esp) **está ~** he is married; **está ~ con una japonesa** he's married to a Japanese woman

casado[2] **-da** *m,f* (*m*) married man; (*f*) married woman; **los recién ~s** the newlyweds; **¿qué tal te sienta la vida de casada?** how do you like married life?; ***el ~ casa quiere*** married people need a home of their own

casamata *f* casemate

casamentero[1] **-ra** *adj* (fam) matchmaking (*before n*)

casamentero[2] **-ra** *m,f* (fam) matchmaker, cupid (colloq)

casamiento *m* (unión) marriage; (boda) wedding; **~ de conveniencia** marriage of convenience

Casandra Cassandra

casapuerta *f* entrance, doorway

casar [A1] *vt*

A 1 ‹‹cura/juez›› to marry 2 ‹‹padres›› to marry, marry off; **han casado a todos sus hijos** they've married off all their children; **casó muy bien a su hijo** he made a good marriage for his son

B (Der) ‹sentencia› to quash

■ **casar** *vi* 1 (encajar) ‹‹dibujos›› to match up; ‹‹piezas›› to fit together; ‹‹cuentas›› to match, tally 2 (armonizar) ‹‹colores/estilo›› to go together; **~ CON algo: casa bien con la alfombra** it goes well with the carpet; **su carácter independiente no casa con la rigidez de sus padres** his independent nature clashes with his parents' strictness

■ **casarse** *v pron* to get married; **se ~on ayer** they got married yesterday, they were married yesterday (period); **se casó con un abogado** she married a lawyer; **~se en segundas nupcias** to marry again, to remarry; ***no ~se con nadie:*** **un periodista que no se casa con nadie** an uncompromising journalist, a journalist who refuses to compromise

cascabel[1] *m* 1 (campanita) bell; ***poner el ~ al gato*** to stick one's neck out; ***ser alegre como un ~*** to be as happy as a clam (AmE) *o* (BrE) a sandboy 2 (Chi) (sonajero) rattle

cascabel[2] *f* rattlesnake

cascabelear [A1] *vi* (AmL) to rattle

cascabeleo *m* (AmL) rattle; **el motor tiene un ~** there's a rattle in the engine

cascabillo *m* 1 (cascabel) little bell 2 (del trigo) husk 3 (de una bellota) cup

cascada *f* 1 (Geog) waterfall, cascade 2 (abundancia): **una ~ de malas noticias** a deluge of bad news; **hubo una ~ de aplausos**

➡📖 *ver* Vivir en un país de habla inglesa

there was thunderous applause; **el vestido llevaba una ∼ de volantes de seda** the dress cascaded with silk flounces

cascado -da *adj* 1 ‹*voz*› hoarse 2 (Esp fam) ‹*persona*› worn-out; ‹*coche/radio*› broken-down, clapped-out (BrE colloq)

cascajo *m* (fam)
A (trasto viejo) wreck (colloq), old heap (colloq); **ando hecho un ∼** I'm a real old wreck (colloq)
B (Col) (Const) piece of gravel

cascanueces *m* (*pl* ∼) nutcracker

cascar [A2] *vt*
A ‹*nuez/huevo*› to crack; ‹*taza*› to chip
B (fam) ‹*niño*› to clobber (colloq), to clout (colloq)
C (Esp fam) ‹*multa/pena*› **me ∼on una multa de 30 euros** I got a 30 euro fine, they hit me with a 30 euro fine (colloq); **le ∼on cinco años en chirona** they gave him five years, he got five years (colloq); ***∼la*** (fam) to peg out (colloq), to kick the bucket (colloq)
■ **cascar** *vi*
A (Esp fam) (charlar) to chat, shoot the breeze (AmE colloq)
B (Chi fam) (huir) to run away
■ **cascarse** *v pron* 1 «*huevo*» to crack; «*taza*» to chip 2 (Esp fam) (estropearse) to break, bust (colloq); ***cascársela*** (Esp vulg) to jerk off (vulg), to wank (BrE vulg)

cáscara *f* (de un huevo, una nuez) shell; (del queso) rind; (de naranja, limón) peel, rind; (de un plátano, una papa) skin; (de manzana) peel

cáscaras *interj* (fam) wow! (colloq)

cascarazo *m* (Col, RPl fam) thump (colloq); **me dio un ∼** he whacked me around the head (colloq)

cascarilla *f* 1 (de cacao) roasted cacao husks (*pl*) (*used in infusions*) 2 (de cereal) husk; (de frutos secos) husk

cascarón *m*
A (de un huevo, una nuez) shell; **recién salido del ∼** (fam) wet behind the ears (colloq)
(Compuesto) **cascarón de nuez** cockleshell, flimsy vessel
B (Méx) (con papelillos de colores) *confetti-filled shell*

cascarrabias[1] *adj inv* (fam) cantankerous, grumpy

cascarrabias[2] *mf* (*pl* ∼) (fam) cantankerous *o* grumpy person; **es un viejo ∼** he's a cantankerous old devil (*o* sod *etc*) (colloq)

cascarria *f*
A (fam) (coche viejo) old heap (colloq), old banger (BrE colloq)
B (Chi fam) (mugre) grime, muck (colloq)

cascarriento -ta *adj* (fam) broken-down, clapped-out (BrE colloq)

cascarudo *m* (RPl) beetle

casco *m*
A 1 (para la cabeza) helmet 2 (cuero cabelludo) scalp; ***calentarse los ∼s*** (fam) to agonize, worry; **deja de calentarte los ∼s pensando en eso** stop agonizing over it *o* worrying about it
(Compuestos)
- **casco azul** *mf* blue helmet (*member of the U.N. peacekeeping force*)
- **casco de seguridad** safety helmet, hard hat
- **casco protector** (de obrero) safety helmet, hard hat; (de motorista) crash helmet

B **cascos** *mpl* (Audio) headphones (*pl*)
C (Equ, Zool) hoof; ***ligero de ∼s*** (irreflexivo) irresponsible, reckless; (coqueta) flirtatious
D (Náut) hull
(Compuesto) **casco presurizado** pressure hull
E 1 (de una ciudad) heart, central area 2 (RPl) (de una estancia) farmhouse and surrounding buildings
(Compuestos)
- **casco antiguo** *or* **viejo** old quarter, old part of town
- **casco urbano** urban area, built-up area

F 1 (trozo — de metralla) piece of shrapnel; (— de una vasija) fragment, shard 2 (Col) (gajo) segment
G 1 (Esp, Méx) (envase) bottle; **¿has traído los ∼s?** have you brought the empties *o* bottles? 2 (RPl) (barril) cask, barrel

cascorvo -va *adj* (Col) bowlegged

cascote *m* piece of rubble; **∼s** rubble

caseína *f* casein

caserío *m* 1 (poblado) hamlet 2 (Esp) (finca) farmhouse

casero[1] **-ra** *adj* 1 ‹*vino/flan/chorizo*› homemade; ‹*reparación*› amateur; **no creo en los remedios ∼s** I don't believe in home *o* household remedies; Ⓢ **comidas caseras** homemade food 2 ‹*trabajo*› domestic 3 ‹*persona*› home-loving; **¡a mí me encanta salir, pero mi marido es tan ∼!** I love going out, but my husband's such a homelover *o* (AmE) homebody

casero[2] **-ra** *m,f*
A 1 (propietario) (*m*) landlord; (*f*) landlady 2 (cuidador) caretaker
B (Chi) 1 (cliente) customer; **¡lleve estas flores, casera!** buy these flowers, madam!; ***tener de ∼ a algn*** (fam) to have it in for sb (colloq) 2 (vendedor) storekeeper (AmE), shopkeeper (BrE)

caserón *m* (casa — grande) big, rambling house; (— grande y destartalada) big, run-down house

caseta *f* 1 (en la playa, de guardia etc) hut 2 (en una exposición) stand; (en fiestas populares) *building or marquee gen with music* 3 (para un perro) kennel, doghouse (AmE) 4 (Ferr) gateman's box (AmE), crossing keeper's box (BrE) 5 (en fútbol) dugout; **mandar a algn a la ∼** to send sb off, to throw sb out of *o* eject sb from the game (AmE)

casete *m or f* (Audio, Inf, Vídeo) 1 (cinta) cassette 2 **casete** *m* (Esp) (grabador) cassette recorder/player

casetera *f* (AmL) cassette player

casetero *m* cassette box

cash-flow /'kas'flou/ *m* cash flow

casi *adv*
A 1 (cerca de) almost, nearly; **cuesta ∼ el doble** it costs almost *o* nearly twice as much; **ya eran ∼ las tres** it was almost *o* nearly three o'clock; **es ∼ imposible** it's virtually *o* practically *o* almost impossible; **∼ todos son latinoamericanos** nearly *o* almost all of them are Latin American; **¡uy! ∼ me caigo** whoops! I nearly fell over; ***de ∼ no se muere nadie*** a miss is as good as a mile 2 (*delante del n*) (frml): **la ∼ totalidad de la población** almost the entire population; **los ∼ tres millones de habitantes del país** the country's almost three million inhabitants
B (en frases negativas): **ya ∼ no tiene fiebre** she hardly has a temperature now; **∼ no se le oía** you could hardly hear him; **eso no sucede ∼ nunca** that hardly ever happens; **no nos queda ∼ nada de pan** there's hardly any bread left, there's almost no bread left; **¿pudiste dormir? — ∼ nada** did you manage to sleep? — hardly at all; **sólo cuesta $200 — ¡∼ nada!** (iró) it only costs $200 — is that all? (iro); **no había ∼ nadie** there was hardly anyone there, there was almost nobody there; **me sentía tan mal que ∼ no vengo** I felt so bad I almost didn't come; ***sin (el) ∼:*** **es ∼ indecente — sin ∼** it's almost indecent — almost, no, it *is* indecent
C (expresando una opinión tentativa): **yo ∼ te diría que lo vendas** I'd be inclined to say, sell it *o* I think I'd advise you to sell it; **∼ sería mejor hablar con él antes** maybe it would be better to speak to him first

casilla *f*
A (para cartas, llaves) pigeonhole; ***sacar a algn de sus ∼s*** to drive sb crazy; ***salirse de sus ∼s*** to fly off the handle (colloq), to blow one's top (colloq)
(Compuesto) **casilla postal** *or* **de correo** (CS, Per) post office box, P.O. Box
B (en ajedrez) square; (de un crucigrama) square; (en un formulario) box
C 1 (de un guardia, sereno) hut 2 (de un perro) kennel, doghouse (AmE) 3 (Méx) (de votación) polling booth

casillero *m* 1 (mueble) set of pigeonholes; (compartimento) pigeonhole 2 (CS) (en un formulario, documento) box

casimir *m* (CS) (tela) suiting; (corte) length of suiting

casino *m*
A (de juego) casino
B (club social) club
(Compuesto) **casino de oficiales** officers' mess
C (Chi) (de una empresa, institución) canteen

casis *m* blackcurrant
(Compuestos)
- **casis de negro** blackcurrant
- **casis de rojo** redcurrant

casitas *fpl* (Chi fam & euf) (lavabo) bathroom (euph)

CASMU /'kasmu/ *m* = **Centro Asistencial del Sindicato Médico del Uruguay**

caso *m*
A (situación, coyuntura) case; **en esos ∼s, lo mejor es no decir nada** in cases *o* situations like that, it's best not to say anything; **si ése es el ∼ ...** if that's the case ...; **en último ∼ siempre puedes acudir a tu tío** as a last resort you could always go to your uncle; **en último ∼ nos vamos a pie** if it comes to it *o* if the worst comes to the worst, we'll just have to walk; **es un ∼ límite** it is a borderline case; **aun en el mejor de los ∼s** even at the very best; **en el peor de los ∼s te pondrán una multa** the worst they can do is fine you; **de vez en cuando se da el ∼ de ...** from time to time cases arise of *o* there are cases of ...; **pocas veces se ha dado el ∼ de que hayan tenido que disparar** there have been few cases in which they have had to shoot; **si se diera el ∼ de que tuvieras que quedarte en Londres** if you should have to stay in London; **para el ∼ es igual** what difference does it make?; **yo en su ∼, aceptaría** I'd accept if I were you; **ponte en mi ∼** put yourself in my place *o* position *o* shoes; **lo que dijo no venía** *or* **hacía al ∼** what she said had nothing to do with *o* had no connection with what we were talking about; **pongamos por ∼ que se trata de ...** let's assume *o* suppose *o* imagine we're talking about ...
B (*en locs*): **el caso es que: el ∼ es que están todos bien** the important *o* main thing is that everybody is all right; **el ∼ es que no sé si aceptar o no** the thing is that I don't know whether to accept or not; **en caso de:** Ⓢ **en caso de incendio rómpase el cristal** in case of fire break glass; **en ∼ de no poder asistir le ruego me avise** please inform me if you are unable to attend; **en caso contrario** otherwise; **en ∼ contrario nos veremos obligados a cerrar** otherwise *o* if not, we will have no option but to close down; **en cualquier caso** in any case; **en cualquier ∼ nada se pierde con intentarlo** in any case there's no harm in trying, there's no harm in trying anyway; **en todo caso: en todo ∼ pueden dormir en casa** they can always stay at my place; **no puedo hacerlo para mañana, en todo ∼ para el jueves** I can't get it done for tomorrow, maybe Thursday; **quizá venga, en todo ∼ dijo que llamaría** she might come, in any case she said she'd ring; **llegado el caso** if it comes to it; **llegado el ∼ podemos tomar el tren** if it comes to it we can always take the train; **según el caso** as appropriate; ***no hay/hubo caso*** (AmL fam): **no hubo ∼, la mancha no salió** the stain absolutely refused to budge; **por más que reclamé, no hubo ∼** I complained until I was blue in the face but it didn't do the slightest bit of good (colloq); **no hay ∼, no va a aprender nunca** there's no way he'll ever learn (colloq), it's no good *o* no use, he'll never learn; ***no tiene ∼*** it is absolutely pointless *o* a complete waste of time
C (Der, Med) case; **los implicados en el ∼ Solasa** those implicated in the Solasa affair *o* case; **el suyo constituye un ∼ especial** his is a special case; ***ser un ∼*** (fam): **es un ∼** he's something else (colloq), he's a case (colloq); ***ser un ∼ perdido*** (fam) to be a hopeless case (colloq), to be a dead loss (colloq)
(Compuestos)
- **caso de conciencia** question of conscience

C

- **caso fortuito** (en lo civil) act of God; **muerte por ~ ~** death by misadventure

D (atención): **hacerle ~ a algn** to pay attention to sb, take notice of sb; **maldito el ~ que me hace** she doesn't take the slightest notice of what I say; **hacer ~ DE algo**: **no hizo ~ de las señales de peligro** she ignored *o* didn't heed the warning signs, she took no notice of *o* paid no attention to the warning signs; **hacer ~ omiso de algo** to take no notice of sth, ignore sth; **haces ~ omiso de todo lo que te digo** you ignore everything *o* take no notice of anything I tell you; **hizo ~ omiso de mis consejos** he disregarded *o* ignored *o* didn't heed my advice, he took no notice of my advice

E (Ling) case

casona *f* big house

casorio *m* (fam & hum): **mañana estamos de ~** we've got a wedding on tomorrow (colloq); **¿cuándo es el ~ ?** when's the big day? (colloq)

caspa *f* dandruff

Caspio *m*: **el (mar) ~** the Caspian Sea

cáspita *interj* ▸**caramba 1**

casposo -sa *adj* covered with dandruff

casquería *f* butcher's shop (*selling inferior cuts of meat*)

casquete *m* skullcap

(Compuestos)
- **casquete glaciar** *or* **de hielo** icecap
- **casquete polar** polar icecap

casquijo *m* gravel

casquillo *m* **1** (de una bala, un cartucho) case; ***comer ~*** (Ven fam) to take umbrage; ***darle*** *or* ***meterle ~*** (Ven fam) to rub it in (colloq) **2** (portalámparas) lampholder; (de una bombilla) bulbholder; **~ de rosca/bayoneta** screw-in/bayonet fitting

casquivano -na *adj* flighty, loose (pej)

c.a.s.r. y b.p. = con auxilio de la Santa Religión y bendición papal

cassette *m or f* ▸**casete**

casta *f* caste; **eso le viene de ~** it's in his blood; **de ~** ‹*toro*› thoroughbred; ‹*torero*› top-class, top-ranking

castaña *f*

A (fruto) chestnut; ***sacar las ~s del fuego con mano ajena*** to get sb else to do one's dirty work; ***sacarle las ~s del fuego a algn*** to bail sb out, get sb out of trouble; ***¡toma ~!*** (Esp fam) (expresando regodeo) so there! (colloq) (expresando sorpresa) wow! (colloq), well! (colloq)

(Compuestos)
- **castaña de cajú** (AmL) cashew nut
- **castaña de Indias** horse chestnut
- **castaña de Pará** (RPl) Brazil nut
- **castaña pilonga** dried chestnut

B (Esp fam) (borrachera): **cogió una ~** he got plastered (colloq)

C (Esp) ▸**castañazo 1**

castañazo *m* (fam) **1** (puñetazo, tortazo) thump **2** (golpe) bump

castañero -ra *m,f* chestnut seller

castañeta *f* **1** (castañuela) castanet **2** (con los dedos) click

castañetear [A1] *vi* (+ *me/te/le etc*): **me castañetean los dientes** my teeth are chattering

castañeteo *m* chattering

castaño¹ -ña *adj* ▸ⓘ **p.181** ‹*pelo*› chestnut; ‹*ojos*› brown

castaño² *m*

A (Bot) chestnut tree

(Compuesto) **castaño de Indias** horse chestnut

B ▸ⓘ **p.181**; (color) chestnut; ***pasarse de ~ oscuro*** (fam) «*comentario*» to be out of line (colloq); «*situación*» to be beyond a joke; **esto ya se está pasando de ~ oscuro** this is going too far, this is beyond a joke

castañuela *f* castanet; ***estar como unas ~s*** to be as happy as a clam (AmE) *o* (BrE) a sandboy; ***ponerse como unas ~s*** to jump for joy

castellanizar [A4] *vt* to hispanicize

castellano¹ -na ▸**castellano** *adj* (de Castilla) Castilian; (español) Spanish

castellano² -na *m,f* **1** (persona) Castilian **2** **castellano** *m* (idioma — de Castilla) Castilian; (— español) Spanish

> **castellano**
> In Spain the term *castellano*, rather than *español*, refers to the Spanish language as opposed to Catalan, Basque etc. The choice of word has political overtones: *castellano* has separatist connotations and *español* is considered centralist. In Latin America *castellano* is the usual term for Spanish.

castellanohablante¹, castellanoparlante *adj* Spanish-speaking

castellanohablante², castellanoparlante *m,f* Spanish speaker

casticismo *m*: *quality of being* **castizo**

castidad *f* chastity

castigar [A3] *vt*

A **1** ‹*criminal*› to punish; **serán castigados de acuerdo a la ley** they will be punished according to the law; **fueron castigados con la pena máxima** they received the maximum sentence; **crímenes que son castigados con la pena de muerte** crimes punishable by death **2** ‹*niño*› **lo ~on sin postre** as a punishment he was made to go without dessert *o* they wouldn't let him have any dessert; **me ~on a aprendérmelo de memoria** as a punishment I was made to learn it off by heart *o* they made me learn it off by heart; **se quedó castigado por contestarle al profesor** he was kept in detention for answering the teacher back; **mi padre me ha castigado por llegar tarde** my father's keeping me in *o* my father's grounded me for being late

B **1** «*crisis/enfermedad*»: **castigó duramente su ya débil organismo** it severely affected her already weakened body; **la zona más castigada por la sequía** the area hardest hit *o* worst affected by the drought **2** ‹*caballo*› to ride ... hard **3** ‹*toro*› to inflict a great deal of punishment on **4** ‹*motor/frenos*› to work ... hard

castigo *m*

A (de un delincuente) punishment; (de un niño) punishment; **se les impondrán ~s más severos a estos delincuentes** these criminals will be given harsher sentences *o* will be punished more severely; **si te portas bien, te levantaré el ~** if you behave, I'll let you off *o* lift your punishment

(Compuesto) **castigo corporal** corporal punishment

B **1** (daño, perjuicio): **el ~ que recibió en el último asalto** the punishment he took in the last round; **infligieron un duro ~ al enemigo** they inflicted heavy losses on the enemy; **el ~ que la crisis ha infligido a esta zona** the severe *o* terrible effects the crisis has had on this area **2** (Taur) punishment

Castilla *f* Castile; ***¡ancha es ~!***: **tú sigue gastando, ¡ancha es ~!** you just carry on spending like that, we're made of money! (iro); **se lo ofrecí pero no lo quiso — ¡ancha es ~!** I offered it to him but he didn't want it — it takes all sorts! *o* well, it's up to him ...!; **sí, tú sigue dándome trabajo, ¡ancha es ~!** you just keep on giving me more work, I can cope with twice this amount! (iro)

(Compuestos)
- **Castilla la Nueva** New Castile
- **Castilla la Vieja** Old Castile

castillo *m* castle; ***hacer*** *or* ***construir ~s en el aire*** to build castles in the air

(Compuestos)
- **castillo de arena** sandcastle; ***hacer ~s de ~*** (en la playa) to build *o* make sandcastles; (obrar sin una base sólida) to build on sand
- **castillo de cartas** house of cards
- **castillo de fuego** *or* **fuegos artificiales** firework display
- **castillo de naipes** house of cards
- **castillo de popa** aftercastle
- **castillo de proa** forecastle

casting /'kastin/ *m* (Esp) (Cin, Teatr) casting

castizo -za *adj* **1** (puro, tradicional) ‹*estilo*› pure; **costumbres castizas** traditional customs; **un torero ~** a bullfighter in the old style **2** (de Madrid) *of/from certain areas of Madrid* **3** (típicamente castellano): **un apellido muy ~** a very Spanish/Castilian surname; **usa un lenguaje muy ~** he writes in very pure Castilian/Spanish

casto -ta *adj* chaste

castor *m* beaver

castración *f* castration

castrado *m* castrato

castrante *adj*

A (que reprime) repressive

B (que acompleja) inducing feelings of inadequacy; **es ~ ver lo mucho que sabe** it makes you feel so inadequate when you realize how much he knows

castrar [A1] *vt* ‹*caballo*› to geld; ‹*toro/hombre*› to castrate; ‹*gato*› to neuter, doctor (euph); ‹*gata*› to spay, doctor (euph)

castrense *adj* military, army (*before n*)

castro *m* fort

casual¹ *adj* chance (*before n*); **fue un encuentro ~** it was a chance encounter, we met by chance

casual² *m*: **por un ~** (fam) by any chance

casualidad *f* chance; **lo encontré de** *or* **por pura ~** I found it by sheer chance; **¿no tendrías su dirección por ~?** you wouldn't happen to have her address (by any chance), would you?; **¡qué ~!** what a coincidence!; **da la ~ de que lo voy a ver mañana** as it happens *o* actually I'm going to be seeing him tomorrow; **pues da la ~ que yo también lo vi** (iró) well, it just so happens that I saw him too (iro); **ni por ~: ese cochino no se baña ni por ~** that slob wouldn't dream of having a bath; **ni por ~ se fijará en ella** no way will he look at her (colloq)

casualmente *adv* as it happens; **~ vi el otro día uno igual** as it happens *o* actually I saw one just like it the other day

casuario *m* cassowary

casuca *f* ▸**casucha 1**

casucha *f* **1** (pey) (choza) hovel (pej) **2** (Chi) (del perro) ▸**caseta 3**

casuista *mf* casuist

casuística *f* casuistry

casulla *f* chasuble

cata *f*

A (Coc, Vin) tasting

(Compuesto) **cata ciega** blind tasting

B (Chi) (Zool) budgerigar

cataclismo *m* natural disaster, cataclysm (frml); **si cayera el gobierno ahora sería un ~** it would be disastrous *o* catastrophic if the government fell now

catacumbas *fpl* catacombs (*pl*)

catador -dora *m,f* taster, **~ de vinos** wine taster

catadura *f* **1** (Coc, Vin) tasting **2** (pey) (aspecto) look; **un par de tipos de muy mala ~** (fam) a couple of very shady-looking *o* nasty-looking guys (colloq)

catafalco *m* catafalque

catafaros *m* (*pl* ~) reflector

catalán¹ -lana *adj* Catalan, Catalonian (dated)

catalán² -lana *m,f* **1** (persona) Catalan **2** **catalán** *m* (idioma) Catalan

> **catalán**
> The language of Catalonia. Like Castilian, Catalan is a Romance language. Variants of it include ▸**mallorquín** of the Balearic Islands and ▸**valenciano** spoken in the autonomous region of Valencia.
> Banned under Franco, Catalan has enjoyed a revival since Spain's return to democracy and now has around 11 million speakers. It is the medium of instruction in schools and universities and its use is widespread in business, the arts, and the media. Many books are published in Catalan. *See also* ▸**lenguas cooficiales.**

catalanismo *m* Catalan word/expression

catalejo *m* (ant) telescope, spyglass
catalepsia *f* catalepsy
cataléptico -ca *adj/m,f* cataleptic
catalina *f* 1 (Ven) (Coc) *type of cookie* 2 (Esp fam) (de vaca) cow pat (colloq)
catálisis *f* (*pl* ~) catalysis
catalítico -ca *adj* catalytic
catalizador[1] **-dora** *adj* catalytic; **aquella separación actuó como elemento** *or* **factor ~ de sus sentimientos** that separation acted as a catalyst for his feelings
catalizador[2] *m*
A (Quím) catalyst; **su presencia sirvió de ~ a los disturbios** their presence acted as *o* was a catalyst for the riots (frml), the riots were sparked off by their presence
B (Auto) catalytic converter
catalizar [A4] *vt* to catalyze
catalogable *adj* classifiable
catalogación *f* (de libros, cuadros) cataloguing; (calificación) description
catalogar [A3] *vt* 1 (en un catálogo) ‹*libros/cuadros*› to catalog (AmE), to catalogue (BrE); (en una lista) ‹*estrellas/bacterias/casos*› to record, list 2 (period) (calificar, considerar) to class; **el edificio está catalogado como de interés histórico** the building is classed *o* classified as being of historical interest; **lo ~on de grotesco** they described it as grotesque; **su actuación fue catalogada como brutal** their actions were described as brutal; **estos sucesos se catalogan entre los más trágicos de nuestra historia** these events are among the most tragic in our history
catálogo *m* (Art, Com) catalog (AmE), catalogue (BrE); **compra por ~** mail-order shopping
(Compuesto) **catálogo colectivo** union catalog*
Cataluña *f* Catalonia
catamarán *m* catamaran
catana *f* catana
catanga *f* (Arg) ox-drawn cart
cataplasma *f* poultice, cataplasm (tech)
cataplines *mpl* (Esp fam) nuts (*pl*) (sl), goolies (*pl*) (BrE sl)
cataplum, cataplún *interj* crash!
catapulta *f* catapult
(Compuesto) **catapulta de lanzamiento** catapult
catapultar [A1] *vt* to catapult; **su tercera película lo catapultó a la fama** his third movie shot *o* catapulted him to fame
catapún ►**año**
catar [A1] *vt* 1 ‹*vino*› to taste; ‹*café*› to sample, taste 2 (mirar) to look at
catarata *f*
A (Geog) waterfall; **las ~s del Iguazú/del Niágara** Iguaçú/Niagara Falls
B (Med) cataract
catarina *f* (Méx) ladybug (AmE), ladybird (BrE)
cátaro -ra *m,f* Cathar
catarral *adj* catarrhal
catarriento -ta *adj* (Chi, Méx): **está ~** he has a cold
catarro *m* 1 (resfriado) cold; **tenía un ~ espantoso** he had a terrible cold; **abrígate, no vayas a coger un ~** wrap yourself up, don't catch a cold 2 (inflamación) catarrh; **tiene un ~** she has catarrh
catarsis *f* catharsis
catártico -ca *adj* cathartic
catastral *adj* cadastral
catastro *m* cadastre, land registry
catástrofe *f* catastrophe, disaster
catastrófico -ca *adj* catastrophic, disastrous
catastrofista *mf* doomwatcher, prophet of doom, doomster (colloq)
catatónico -ca *adj* catatonic
catavientos *m* (*pl* ~) telltale
catavino *m* (copa) sherry glass
catavinos *mf* (*pl* ~)
A (persona) wine taster
B **catavinos** *m* 1 (copa) sherry glass 2 (venencia) sampling ladle
Catay (arc *o* liter) Cathay (arch *or* liter)
catcher /'katʃer/ *mf* catcher
cate *m* (Esp) 1 (arg) (suspenso) fail 2 (fam) (golpe) bang, knock
cateada *f* (Chi) ►**cateo 1**
cateador -dora *m,f* (AmS) prospector
catear [A1] *vt*
A (Esp arg) (suspender) ‹*examen*› to fail, flunk (colloq); ‹*estudiante*› to fail, flunk (AmE colloq)
B 1 (Chi fam) (espiar) to peep at; (mirar) to look at; **catéalo como ronca** just look at him snoring 2 (AmS) (Min) to prospect 3 (Méx) (registrar) ‹*persona*› to frisk; ‹*vivienda*› to search
catecismo *m* catechism
catecúmeno -na *m,f* catechumen
cátedra *f* (en la universidad) professorship, chair; (en un colegio) post of head of department; **tiene ocho horas de ~** she has eight teaching hours *o* hours of teaching; **dictar** *or* (AmL) **dar ~** to lecture; ***estar la ~*** (Ven fam): **la comida está la ~** the food is fantastic (colloq); **te está quedando la ~ ese dibujo** your drawing's looking great (colloq); ***sentar ~*** to pontificate, sound off (colloq)
catedral *f* cathedral; ***como una ~*** (fam) huge, massive; **una mentira como una ~** a whopper (colloq), a whopping great lie (BrE colloq)
catedralicio -cia *adj* cathedral (*before n*)
catedrático -ca *m,f* 1 (de la universidad) professor, head of department 2 (en un colegio) head of department
categoría *f* 1 (clase, rango) category; **hotel de primera ~** first-class hotel; **~ profesional** professional standing; **tiene ~ de embajador** he has ambassadorial status, he holds the rank of ambassador; **un huracán de ~ 4** a category 4 hurricane 2 (calidad): **un actor de mucha ~** a distinguished actor; **una revista de poca ~** a second-rate magazine; **el hotel de más ~ de la ciudad** the finest *o* best hotel in town; ***de ~:*** **un espectáculo de ~** a fine *o* a first-rate *o* an excellent show; **artistas de ~** fine *o* first-rate artists; **un producto de ~** a quality *o* prestige product; **gente de cierta ~** people of some standing; **es un imbécil de ~** (Esp fam) he's a first-class *o* complete idiot (colloq); **tiene un genio de ~** (Esp fam) he has a terrible temper (colloq) 3 (Fil) category
(Compuestos)
- **categoría fiscal** tax bracket
- **categoría gramatical** part of speech

categóricamente *adv* categorically
categórico -ca *adj* ‹*respuesta*› categorical; **respondió con un sí ~** his reply was a definite *o* a categorical *o* an unequivocal yes; **afirmó en términos ~s que ...** he stated in no uncertain terms *o* categorically that ...
categorización *f* categorization
categorizar [A4] *vt* to categorize
catenaria *f* overhead power cable
cateo *m* 1 (AmS) (Min) prospecting 2 (Chi) (acción de mirar): **su primera labor es de ~** her first job is to take a look round; **échale un ~ a ver si viene** take a look and see if he's coming; ***estar al ~ de la laucha*** (fam) to be on the lookout 3 (Méx) (cacheo) body search; **orden de ~** (Chi, Méx) search warrant
catequesis *f*: *teaching of the catechism*
catequista *mf* catechist
catequización *f* catechization
catequizar [A4] *vt* to catechize
catering /'katerin/ *m* (*pl* **~s**) (esp Esp) (servicio) catering; (empresa) catering company; **contrataron los servicios de un ~** they engaged the services of a catering company
caterva *f*: **una ~ de imbéciles** a bunch *o* pack of idiots (colloq); **tenemos una ~ de problemas** we have loads of problems (colloq)
catete *adj* (Chi fam) annoying
catéter *m* catheter
cateto[1] **-ta** *m,f*
A (Esp) (paleto) peasant (pej), yokel (colloq), hick (AmE colloq), yokel (BrE colloq)
B **cateto** *m* (Mat) leg
catilinaria *f* tirade, diatribe
catinga *f* (Bol, RPl fam) body odor*, B.O.
catingudo -da *adj* (RPl fam) smelly (colloq)
catión *m* cation
catire[1] **-ra** *adj* (Ven) (de piel blanca) fair-skinned; (de pelo rubio) fair, fair-haired, blond, blond-haired
catire[2] **-ra** *m,f* (Ven) (de piel blanca) fair-skinned person; (de pelo rubio) fair-haired person; **una catira a juro** a peroxide blonde (pej)
catita *f* (CS) budgerigar
catiusca *f* (Esp) wellington, rubber boot (AmE), wellington boot (BrE)
catódico -ca *adj* cathodic, cathode (*before n*)
cátodo *m* cathode
catolicidad *f* 1 (condición de católico) Catholicity 2 (mundo católico) catholicity (frml), universality
catolicismo *m* Catholicism
católico[1] **-ca** *adj* 1 (Relig) Catholic; **es ~** he's a Catholic 2 (ortodoxo) orthodox; **este método no es muy ~ pero ...** this method is rather unorthodox but ...; ***no estar muy ~*** (fam) «*persona*» to feel out of sorts *o* below par *o* under the weather (colloq); «*alimento*» to be past its best, be a bit off (BrE colloq)
católico[2] **-ca** *m,f* Catholic
catón *m* reader
catorce[1] *adj inv/pron* fourteen *para ejemplos ver* **cinco**[1]
catorce[2] *m* ►ℹ **p.575** (number) fourteen
catorceavo[1] **-va** *adj/pron* 1 (partitivo): **la catorceava parte** a fourteenth 2 (crit) (ordinal) fourteenth *para ejemplos ver* **veinteavo**[1]
catorceavo[2] *m* ►ℹ **p.243** fourteenth
catramina *f* (RPl fam) old heap (colloq), old banger (BrE colloq)
catre *m* 1 (cama — plegable) folding bed; (— de campaña) camp bed 2 (CS) (armazón) bedstead; ***caído del ~*** (CS fam) dumb (colloq); **¿qué se cree? ¿que soy un caído del ~?** do you think I was born yesterday? 3 (de bebés) baby bath
(Compuesto) **catre elástico** (Méx) trampoline
catrera *f* (RPl arg) bed
catsup *m* ketchup, catsup (AmE)
caucasiano -na *adj/m,f* Caucasian
caucásico -ca *adj* Caucasian
Cáucaso *m*: **el ~** the Caucasus, the Caucasus Mountains
cauce *m* 1 (Geog): **el río se salió de su ~** the river burst its banks; **el ~ del río está seco** the river bed is dry, the river has dried up; **desviaron el ~ del arroyo** they changed the course of the stream; **las aguas volvieron a su ~** the river returned to a safe level 2 (rumbo, vía): **intentó desviar la conversación hacia otros ~s** he tried to steer the conversation onto another tack; **este acuerdo constituye el ~ para el diálogo** this agreement opens the way for talks, this agreement provides an opening for talks; **no había seguido los ~s establecidos** it hadn't gone through the normal channels
cauchal *m* rubber plantation
cauchera *f*
A (Col) (tirachinas) (fam) slingshot (AmE), catapult (BrE)
B (Ven) (Auto) tire* fitter's
cauchero[1] **-ra** *adj* rubber (*before n*)
cauchero[2] **-ra** *m,f* rubber tapper *o* worker
caucho *m*
A 1 (sustancia) rubber; **~ sintético** synthetic rubber 2 (Col) (árbol) rubber tree; (planta ornamental) rubber plant
B 1 (Ven) (neumatico) tire* 2 (Ven) (impermeable) raincoat 3 (Col) (para sujetar) rubber band, elastic band (BrE)
cauchutar [A1] *vt* to rubberize
caución *f* security, guarantee
caucionar [A1] *vt* to guarantee, stand surety for, act as guarantor for

cauda *f* (Col, Méx) trail; **una ~ de destrucción** a trail of destruction

caudal[1] *adj* caudal

caudal[2] *m* [1]▸ (de un fluido) volume of flow; **el ~ que suministra la bomba** the volume of water provided by the pump; **el río tiene muy poco ~** the water level *o* the river is very low, there is very little water in the river [2]▸ (riqueza) fortune [3]▸ (abundancia) wealth; **tiene un inmenso ~ de conocimientos** she has an immense wealth *o* fund of knowledge

caudaloso -sa *adj*: **el río más ~ del mundo** the biggest *o* largest river in the world; **tuvieron que cruzar un río ~** they had to cross a mighty river (liter), they had to cross a large/wide/fast-flowing river

caudillaje, caudillismo *m* leadership

caudillo *m* (líder) leader; **el C~** *title used to refer to General Franco*

causa *f*

A (motivo) cause; **la ~ de todas mis desgracias** the cause of *o* the reason for all my misfortunes; **sería ~ suficiente de divorcio** it would be adequate grounds for divorce; **se enfadó sin ~ alguna** she got annoyed for no good reason *o* for no reason at all; **aún no se conocen las ~s del accidente** the cause of the accident is still unknown, it is still not known what caused the accident; **relación de causa-efecto** cause and effect relationship; **a** *or* **por ~ de** because of; **el partido se suspendió a ~ del tiempo** the match was postponed because of *o* on account of *o* owing to the weather; **la cosecha se malogró por ~ de las heladas** the crop failed because of the frost

(Compuestos)

- **causa final** final cause
- **causa primera** first cause

B (ideal, fin) cause; **una ~ perdida** a lost cause; **defender una ~** to defend a cause; ***hacer ~ común con algn*** to make common cause with sb

C (Der) (pleito) lawsuit; (proceso) trial; **seguir una ~ contra algn** to try sb; **el juicio por la ~ que se sigue contra ella por estafa** the trial at which she faces charges for *o* is being tried for fraud

(Compuestos)

- **causa civil** lawsuit
- **causa criminal** criminal proceedings (*pl*), trial

D (Coc) *Peruvian dish of spiced mashed potatoes*

causahabiente *m* assignee

causal[1] *adj* causal

causal[2] *f* (frml) reason, grounds (*pl*)

causalidad *f* causality

causante[1] *adj*: **el agente/virus ~ de la enfermedad** the agent/virus responsible for *o* which causes the disease; **los principales factores ~s de la crisis** the main factors which brought about *o* led to *o* caused the crisis

causante[2] *m*

A (causa): **el ~ de la separación** the cause of their separation

B (Der) originator; (de una sucesión) decedent (AmE), deceased (BrE)

causar [A1] *vt* ‹*daños/problema*› to cause; ‹*indignación*› to cause, arouse; **el incidente causó gran inquietud** the incident caused great unease; **verlo así me causa gran tristeza** it makes me very sad *o* it causes me great sadness *o* it fills me with sadness to see him like that; **me causó muy buena impresión** I was very impressed with her, she made a very good impression on me; **este premio me causa gran satisfacción** (frml) I am delighted to receive this prize; **me causó mucha gracia que dijera eso** I thought it was *o* I found it very funny that she should say that

causativo -va *adj/m* (Ling) causative

causeo *m*: *Chilean dish made with cold meat, tomato and onion*

causticidad *f* causticness, causticity

cáustico[1] **-ca** *adj* [1]▸ (Quím) caustic [2]▸ ‹*estilo/lenguaje*› caustic, biting; ‹*humor*› caustic; ‹*comentario*› sharp, caustic

cáustico[2] *m* caustic

cautela *f* caution; **obrar con ~** to act with caution *o* cautiously

cautelar *adj* ‹*acción*› preventative; ‹*medidas*› preventive, precautionary (frml)

cautelosamente *adv* cautiously

cauteloso -sa *adj* [SER] ‹*persona*› cautious; **los primeros ~s pasos** the first cautious *o* tentative steps

cauterio *m* cautery, cauterant

cauterización *f* (acción) cauterization; (efecto) cautery

cauterizador[1] **-dora** *adj* cauterizing

cauterizador[2] *m* cautery

cauterizar [A4] *vt* to cauterize

cautivador -dora *adj* captivating

cautivar [A1] *vt* [1]▸ (atraer) to captivate; **lo cautivó con su sonrisa** she captivated him with her smile, he was captivated by her smile [2]▸ (ant) (hacer prisionero) to capture

cautiverio *m*, **cautividad** *f* captivity; **animales en ~** animals in captivity

cautivo[1] **-va** *adj* captive; **estuvo ~ varios años** he was held captive *o* prisoner for several years

cautivo[2] **-va** *m,f* captive, prisoner

cauto -ta *adj* careful, cautious

cava[1] *f* cellar

cava[2] *m* cava, (*sparkling wine*)

cavado *adj* (RPl): **un escote ~** a plunging neckline; **una sisa cavada** a cutaway sleeve

cavador -dora *m,f* digger

cavadura *f* digging, excavation

cavar [A1] *vt* [1]▸ ‹*fosa/zanja*› to dig; ‹*pozo*› to sink [2]▸ ‹*tierra/huerto*› to hoe; ***~ su propia fosa*** *or* ***tumba*** *or* ***sepultura*** to dig one's own grave

cavatina *f* short aria

caverna *f* cave, cavern

cavernícola[1] *adj* [1]▸ (Hist) cave-dwelling; **hombre ~** caveman [2]▸ (pey) (retrógrado) reactionary

cavernícola[2] *mf* [1]▸ (Hist) cave dweller [2]▸ (pey) (retrógrado) reactionary

cavernoso *adj*

A ‹*montaña*› honeycombed with caves

B ‹*entrada/agujero*› gaping

C ‹*sonido/voz*› deep, booming

caviar *m* caviar

cavidad *f* cavity

(Compuesto) **cavidad bucal** (Anat, Med) buccal cavity; (Ling) oral cavity

cavilación *f*: **su decisión fue fruto de profundas cavilaciones** his decision was taken only after much deliberation *o* consideration *o* deep thought

cavilar [A1] *vi* to ponder, deliberate, think deeply; **llegué a esta conclusión después de mucho ~** I arrived at this conclusion after much thought *o* deliberation *o* consideration, I arrived at this conclusion after thinking about it deeply *o* pondering on it *o* deliberating on it for a long time

cavo -va *adj*: **tiene el pie ~** he has high arches

cayado *m* (de un pastor) crook; (de un obispo) crosier

cayapa *f* (Ven fam) gang; ***caer en ~*** (Ven fam) to gang up (colloq)

cayena *f* cayenne, cayenne pepper

cayera, cayese, etc ▸ **caer**

cayo *m* cay

cayuca *f* (Cu) open boat (*steered with a pole*)

cayuco *m* open boat (*used by illegal immigrants to the Canary Islands*)

cayuquero -ra *m,f*

A (Cu) (barquero) boatman

B (Esp) (inmigrante ilegal) immigrant (*arriving by sea in the Canary Islands*)

caz *m* [1]▸ (de riego) channel [2]▸ (de un molino) millrace

caza[1] *f* [1]▸ (para subsistir) hunting; (como deporte) hunting; (con fusil) shooting; **la ~ del zorro** foxhunting; **la ~ del jabalí** boar hunting; **la ~ de la perdiz** partridge shooting; **permiso** *or* **licencia de ~** hunting permit; **ir de ~** to go hunting/shooting; ***a la ~ de algo/algn:*** **andaba a la ~ de trabajo** I was job-hunting; **anda a la ~ de marido** she's after *o* she's out to get herself a husband (colloq); **salieron a la ~ del ladrón** they set off after *o* in pursuit of the thief; ***dar ~ a algn*** (perseguir) to give chase to sb, to pursue *o* chase sb; (alcanzar) to catch sb, to catch up with sb [2]▸ (animales) game; (carne) game

(Compuestos)

- **caza de brujas** witch-hunt
- **caza del hombre** manhunt
- **caza del tesoro** treasure hunt
- **caza mayor** (acción) hunting, game hunting; (animales) big game
- **caza menor** (acción) hunting, shooting; (animales) small game
- **caza submarina** underwater fishing
- **caza y captura**: **una operación para la ~ y ~ de los delincuentes** an operation to track down and capture the criminals

caza[2] *m* fighter

cazaautógrafos *mf* (*pl* ~) autograph hunter

cazabombardero *m* fighter-bomber

cazacriminales *mf* (*pl* ~) (fam) crimebuster (colloq)

cazador -dora *m,f*

A hunter

(Compuestos)

- **cazador de autógrafos, cazadora de autógrafos** *m,f* autograph hunter
- **cazador de cabezas, cazadora de cabezas** *m,f* headhunter
- **cazador de dotes** *m* dowry hunter
- **cazador de fortunas, cazadora de fortunas** *m,f* fortune hunter
- **cazador de pieles, cazadora de pieles** *m,f* trapper
- **cazador furtivo, cazadora furtiva** *m,f* poacher
- **cazador recolector** *m* hunter-gatherer

B **cazadora** *f* (Esp) (Indum) jacket; **una ~ de piel** *or* **de cuero** a leather jacket

cazafortunas *f* (*pl* ~) (fam) gold digger (colloq)

cazalla *f*: *aniseed liqueur*

cazamariposas *m* (*pl* ~) butterfly net

cazaminas *m* (*pl* ~) minesweeper

cazamoscas *m* (*pl* ~) flycatcher

cazanazis *mf* (*pl* ~) Nazi-hunter

cazanoticias *mf* (*pl* ~) (esp AmL fam) news hawk (colloq), news hound (colloq)

cazar [A4] *vt*

A [1]▸ (para subsistir) to hunt; (como deporte) to hunt; (con fusil) to shoot [2]▸ ‹*mariposas*› to catch

B (fam) [1]▸ (conseguir, atrapar): **ha cazado un buen empleo** he's landed himself *o* got himself a good job; **pretende ~ a un millonario** she hopes to net herself *o* land herself a millionaire (colloq) [2]▸ (percatarse de): **ya le he cazado varios errores** I've heard him make several mistakes already [3]▸ (entender, oír) to catch; **sólo cacé algunas palabras sueltas** I only caught the odd word

■ **cazar** *vi* to hunt; (con fusil) to shoot; **salimos a ~** we went out hunting/shooting

cazarrecompensas *mf* (*pl* ~) bounty hunter

cazatalentos *mf* (*pl* ~) talent scout

cazatanques *m* (*pl* ~) tank killer

cazatendencias *mf* trendwatcher, observer of fashions and trends

cazcarria *f* (fam) old heap (colloq), old banger (BrE colloq)

cazo *m* [1]▸ (cacerola) small saucepan [2]▸ (cucharón) ladle

cazoleta *f* [1]▸ (cazuela pequeña) small saucepan [2]▸ (de una pipa) bowl [3]▸ (de una espada) guard

cazón *m* dogfish

cazonete *m* toggle

cazuela *f*

A (recipiente) casserole

Compuestos
- **cazuela de ave** (Chi) *soup made with chicken and vegetables*
- **cazuela de mariscos** seafood casserole
- **cazuela de pescado** fish casserole
- **cazuela de vacuno** (Chi) *soup made with meat and vegetables*

B (Teatr): **la ~** the gods

cazurro¹ -rra *adj* **1** (fam) (huraño) sullen, surly **2** (tosco) coarse, rough **3** (obstinado) stubborn, pig-headed (colloq)

cazurro² -rra *m,f* (fam) **1** (huraño) sullen *o* surly person **2** (tosco) boor **3** (obstinado) stubborn *o* pig-headed person

CBU *m* (en Ur) = **Ciclo Básico Único**

CC¹ *f* (= **corriente continua**) DC

CC² *m*
A = **Cuerpo Consular**
B (Esp) (Auto) = **Código de la Circulación**
C (en Esp) (Pol) = **Comité Central**

c/c = **cuenta corriente**

c.c. (= **centímetros cúbicos**) cc; **un motor de 1.117 ~** a 1,117 cc engine

CCAA *fpl* (en Esp) (Pol) = **Comunidades Autónomas**

CCE *m* (en Méx) = **Consejo Coordinador Empresarial**

CCI *f* = **Cámara de Comercio Internacional** ICC

CCOO *fpl* (en Esp) = **Comisiones Obreras**

CD *m*
A (= **cuerpo diplomático**) CD
B (= **compact disc**) CD

c/d = **con descuento**

C.D. *m* = **Club Deportivo**

CDG *m* = **compact disc gráfico**

CDH *f* = **Comisión de Derechos Humanos**

CD-I *m* (= **compact disc interactive**) CD-I

CDM *f* = **Confederación Deportiva Mexicana**

CD-ROM *m* (= **compact disc read-only memory**) CD-ROM

CDS *m*
A (en Esp) = **Centro Democrático y Social**
B (en Nic) = **Comité de Defensa Sandinista**

CDV *m* (= **vídeo** *or* **video compact disc**) CDV

ce *f: name of the letter* **c**

CE¹ *f* (Hist) (= **Comunidad Europea**) EC

CE² *m* (= **Consejo de Europa**) Council of Europe

cebada *f* barley

Compuesto **cebada perlada** pearl barley

cebadal *m* barley field

cebado -da *adj* [ESTAR] (fam) gross, very fat

cebador *m* **1** (Elec) starter switch **2** (Arg) (Auto) choke

cebar [A1] *vt*
A ‹*animal*› to fatten … up; **no le des tanto de comer que lo estás cebando** (fam & hum) don't give him so much to eat, you'll make him fat
B ‹*anzuelo/cepo*› to bait
C ‹*motor/bomba*› to prime
D (RPl) ‹*mate*› to prepare (*and serve*)
■ **cebarse** *v pron* **1** (ensañarse) to vent one's anger; **se cebó en** *or* **con su víctima** he took his anger out *o* vented his anger on his victim **2** (alimentarse): **el miedo se ceba en la ignorancia** fear feeds on ignorance

cebellina *f* sable

cebiche *m* ▸**ceviche**

cebo *m* **1** (en pesca, caza) bait; **no es más que un ~ para atraer más clientes** it's just a ploy *o* it's just bait to draw in more customers **2** (Arm) primer

cebolla *f* onion

Compuesto **cebolla larga** (Col) ▸**cebolleta 1**

cebolla de verdeo *f* (Arg) scallion (AmE), spring onion (BrE)

cebollana *f* spring onion

cebollento -ta *adj* (Chi fam) sloppy (colloq), slushy (colloq)

cebolleta *f* **1** (con tallo verde) scallion (AmE), spring onion (BrE) **2** (hierba) chive **3** (chalote) shallot

cebollín *m* (Chi, Méx, Ven) ▸**cebolleta 1**

cebollino *m* ▸**cebolleta 1**, **cebolleta 2**

cebón¹ -bona *adj* fattened (*before n*)

cebón² *m* (pavo) fattened turkey; (cerdo) fattened pig

cebra *f* zebra

cebú *m* (*pl* **-bús** *or* **-búes**) zebu

ceca *f*: **siempre está de la ~ a la meca** he's always rushing from one place to another *o* he's always to-ing and fro-ing; **me tuvieron toda la mañana de la ~ a la meca** they had me running *o* rushing around (from pillar to post) all morning

CECA *f* (Hist) (= **Comunidad Europea del Carbón y del Acero**) ECSC

cecear [A1] *vi* **1** (Ling) *to pronounce the Spanish* [/s/] *as* [▸**T**] **2** (como defecto) to lisp

ceceo *m* **1** (Ling) *pronunciation of the Spanish* [/s/] *as* [▸**T**] **2** (como defecto) lisp

cecina *f* **1** (carne seca) cured meat **2** (Chi) (embutido de cerdo) pork sausage

cedazo *m* sieve; **pasar por el ~** ‹*harina*› to sift; ‹*verduras/salsa*› to sieve, to put … through a sieve

cedente *mf* (Der) grantor, assignor

ceder [E1] *vt*
A **1** (entregar) ‹*derecho*› to transfer, assign, cede (frml); ‹*territorio*› to cede, transfer; **cedieron las tierras al Estado** they transferred the lands to *o* made the lands over to *o* ceded the lands to the State; **el campeón no quiere ~ su título** the champion doesn't want to give up his title; **~á la dirección de la empresa a los empleados** he will hand over *o* transfer the running of the company to the employees; **me cedió el asiento** he let me have his seat, he gave up his seat for me; ▸**palabra**, **paso¹** **2** ‹*balón/pelota*› to pass
B (prestar) **1** ‹*obra*› to loan; **me cedieron una casa en el pueblo** they gave *o* allowed me the use of a house in the village **2** ‹*jugador*› to loan
■ **ceder** *vi*
A (cejar) to give way; **manténte firme y no cedas** stand your ground and don't give way *o* give in; **tuvieron que ~ ante sus amenazas** they had to give in to his threats; **no cedió ni un ápice** she didn't give *o* yield an inch; **~ EN algo** to give sth up; **tuvo que ~ en su empeño** she had to give up *o* abandon the undertaking; **~ A algo** to give in TO sth; **no cedió a la tentación** she did not give in to *o* yield to temptation
B **1** «*fiebre*» to go down; «*dolor*» to ease, lessen; «*tormenta*» to ease up, abate; «*viento*» to drop, die down, abate; «*frío*» to abate, ease **2** «*valor/divisa*» to ease, drift
C **1** «*muro/puente/cuerda*» (romperse, soltarse) to give way; **las tablas cedieron por el peso** the boards gave way under the weight; **el elástico ya está cediendo** the elastic is starting to go *o* is getting loose **2** «*cuero/zapatos/muelles*» (dar de sí) to give; **me está un poco estrecho, pero ya ~á** it's a bit tight but it'll give

cedible *adj* transferable

cedilla *f* cedilla

cedro *m* (árbol) cedar, cedar tree; (madera) cedar, cedarwood

cedrón *m* (CS) cedron

cédula *f* (Fin) bond, warrant

Compuestos
- **cédula de ciudadanía** (Col) identity card
- **cédula de habitabilidad** (Esp) (Adm) certificate of occupancy (AmE), certificate of fitness for habitation (BrE)
- **cédula de identidad** (AmL) identity card
- **cédula de sufragio** (Per) ballot, ballot papper
- **cédula electoral** (Per) ballot, ballot papper
- **cédula hipotecaria** mortgage debenture *o* bond

> **cédula de identidad**
> ▸carné de identidad.

cedulación *f* (Col, Ven) *process of issuing identity cards*

cedular [A1] *vt* (Ven) to issue identity cards to

CEE *f* (UE) (= **Comunidad Económica Europea**) EEC

CEESP /'sesp, 'θesp/ *m* (en Méx) = **Centro de Estudios Económicos del Sector Privado**

cefalalgia *f* headache, cephalalgia (tech)

cefalea *f* migraine, severe headache, cephalalgia (tech)

cefálico -ca *adj* cephalic

cefalópodo *m* cephalopod

céfiro *m* (liter) zephyr (liter)

cegador -dora *adj* blinding

cegar [A7] *vt*
A **1** (deslumbrar) to blind, dazzle **2** (ofuscar, obcecar) to blind; **cegado por los celos/la ira** blinded by jealousy/rage
B ‹*conducto/cañería*› to block

cegato -ta, **cegatón -tona** *adj* (fam) blind (colloq)

ceguera *f* blindness

CEI *f* (= **Comunidad de Estados Independientes**) CIS

ceiba *f* ceiba, silk-cotton tree

ceibo *m* ceibo

Ceilán *m* Ceylon

CEIP *m* (en Esp) = **Colegio de Educación Infantil y Primaria**

> **CEIP**
> ▸colegio estatal.

ceja *f*
A ▸ⓘ **p.231** (Anat) eyebrow; **arquear las ~s** to raise one's eyebrows; ***dejarse las ~s en algo*** (fam) to put a lot of effort into sth; ***metérsele a algn entre ~ y ~*** (fam): **cuando se le mete algo entre ~ y ~ …** when he gets an idea into his head …; ***quemarse las ~s*** (fam) to burn the midnight oil; ***tener a algn entre ~ y ~*** (fam): **me tiene entre ~ y ~** (no me soporta) she can't stand *o* bear me; (me tiene manía) she has it in for me (colloq)
B **1** (Mús) capo **2** (de un libro) flap **3** (Mec, Tec) lip, rim, flange

cejar [A1] *vi* to give up, cease (frml); **no cejó hasta conseguir su propósito** he did not give up *o* let up *o* cease until he achieved his aim; **lucharon sin ~** they fought relentlessly; **~ EN algo**: **no ~emos en nuestros esfuerzos por conseguir la paz** we shall not cease in *o* let up in our efforts to bring about peace, we shall maintain *o* keep up our efforts to bring about peace

cejijunto -ta *adj*: **un hombre ~** a man with eyebrows which meet in the middle

cejilla *f* ▸**ceja B1**

cejudo -da *adj* beetle-browed (colloq); **un muchacho ~** a boy with bushy eyebrows

celada *f* **1** (trampa) trap **2** (de la armadura) helmet

celador -dora *m,f*
A **1** (en un museo, una biblioteca) security guard **2** (en la cárcel) (AmL) prison guard (AmE), prison warder (BrE) **3** (RPl) (Educ) monitor **4** (en un hospital) orderly
B (Elec, Telec) (*m*) lineman (AmE), linesman (BrE); (*f*) linewoman (AmE), lineswoman (BrE)

celaje *m* (liter) cloudscape; ***como un ~*** (Chi) like lightning

celar [A1] *vt* **1** ‹*mujer/marido*› to keep a watchful eye on; **el marido la celaba** her husband kept a watchful *o* jealous eye on her **2** (ocultar) to conceal
■ **celar** *vi* **~ DE algn** to be jealous OF sb

celda *f* cell

Compuestos
- **celda acolchada** padded cell
- **celda de castigo** punishment cell

celdilla *f* cell

celebérrimo -ma *adj* (frml) extremely famous

C

celebración *f*
A 1 (de un éxito, una festividad) celebration 2 (liter) (de una hazaña, un héroe) celebration (liter)
B **celebraciones** *fpl* (festejos) celebrations (*pl*)
C 1 (frml) (de una reunión, un acto): **el mal tiempo impidió la ~ del concurso** bad weather prevented the contest from being held *o* taking place; **antes de la ~ de la próxima reunión** before the next meeting is held; **la ~ anual de este acto de homenaje** the annual celebration of this tribute (frml) 2 (Relig) celebration

celebrado -da *adj* celebrated, famous

celebrante[1] *adj* officiating (*before n*)

celebrante[2] *m* officiating priest, celebrant

celebrar [A1] *vt*
A 1 (festejar) ‹*éxito/cumpleaños/festividad*› to celebrate; **hoy se celebra el centenario** the centenary is being celebrated today; **celebran su fiesta nacional el 14 de julio** they celebrate their national day on July 14; **¡esto hay que ~lo!** this calls for a celebration! 2 (liter) ‹*belleza/valor/hazaña*› to celebrate (liter) 3 ‹*chiste/broma*› to laugh at
B (frml) ‹*noticia/resultado*› to be delighted at, be very pleased at; **lo celebro mucho** I'm absolutey delighted *o* really pleased; **celebro volver a verlo** I am delighted *o* very pleased to see you again
C 1 (frml) ‹*reunión/elecciones/juicio*› to hold; ‹*partido*› to play; **el acto/la reunión se celebró en Caracas** the ceremony/meeting was held *o* took place in Caracas; **~án una reunión a puerta cerrada** they will meet behind closed doors; **la final se celebra este domingo** the final will be played *o* will take place this Sunday; **para ~ una conferencia interurbana** (Esp) to make a long-distance call 2 ‹*misa*› to say, celebrate; ‹*boda*› to perform, solemnize (frml) 3 (frml) ‹*acuerdo/pacto/contrato*› to sign
■ **celebrar** *vi* «*sacerdote*» to say *o* celebrate mass

célebre *adj* 1 (famoso) famous, celebrated 2 (Col) ‹*mujer*› elegant

celebridad *f* 1 (fama) fame 2 (persona) celebrity

celemín *m: dry measure equivalent to approx 4.6 liters*

celentéreo *m* coelenterate

celeri *m* (Ven) celery

celeridad *f* swiftness, speed

celeste[1] *adj*
A (del cielo) heavenly, celestial
B ▸ ❶ **p.181** 1 ‹*ojos*› blue 2 ‹*pintura/vestido*› (claro) light *o* pale blue; (intenso) sky-blue

celeste[2] *m* ▸ ❶ **p.181** (claro) light *o* pale blue; (intenso) sky blue; ***el que quiere ~ que le cueste*** (AmS) there's no easy path to heaven

celestial *adj* 1 (Relig) celestial 2 ‹*placer*› heavenly; **lo que me dijo fue música ~ para mis oídos** his words were sweet music to my ears

celestina *f* (fam & hum) procuress (liter), go-between

celibato *m* celibacy

célibe *adj/mf* celibate

celidonia *f* celandine

cellisca *f* sleet shower

cellista /tʃe'lista/ *mf* cellist

cello[1] /'tʃelo/ *m* (Mús) cello

cello®[2] /'θelo/ *m* (Esp) ▸**celo D**

celo *m*
A 1 (esmero) zeal, conscientiousness 2 (fervor) zeal; **~ religioso/patriótico** religious/patriotic zeal
B (Zool) (de los machos) rut; (de las hembras) heat, estrus*; **la perra está en ~** the bitch is in season, the bitch is in heat (AmE) *o* (BrE) on heat
C **celos** *mpl* jealousy; **siente** *or* **tiene ~s de su hermano pequeño** she feels *o* is jealous of her little brother; **lo hizo para darle ~s** he did it to make her jealous
D (Esp) (cinta adhesiva) Scotch® tape (AmE), Sellotape® (BrE)

celofán *m* cellophane

celosamente *adv* zealously

celosía *f* (para ventanas) lattice, latticework; (para plantas) trellis

celoso -sa *adj*
A ‹*marido/novia*› jealous; **estar ~ DE algn** to be jealous OF sb
B (diligente, esmerado) conscientious, zealous

celta[1] *adj* Celtic

celta[2] *mf* 1 (persona) Celt 2 **celta** *m* (Ling) Celtic

celtibérico -ca *adj* Celtiberian

celtíbero -ra *adj/m,f* Celtiberian

célula *f*
A 1 (Biol) cell 2 (Elec) cell
(Compuestos)
- **célula fotoeléctrica** photoelectric cell
- **célula fotovoltaica** photovoltaic cell
- **célula madre** *or* **primordial** *or* **troncal** stem cell
- **célula parietal** parietal cell
- **célula solar** solar cell
- **célula T** T cell

B (de una organización) cell; **una ~ terrorista** a terrorist cell

celular[1] *adj* cellular, cell (*before n*); ▸**camión**

celular[2] ☎ *m* 1 (AmL) (teléfono) cell phone (AmE), mobile phone (BrE) 2 (Esp) (furgón policial) patrol wagon (AmE), police van (BrE)

celulitis *f* 1 (gordura) cellulite 2 (inflamación) cellulitis

celuloide *m* 1 (Quím) celluloid 2 (Cin) celluloid; **una estrella del ~** a star of the silver screen

celulosa *f* cellulose

CEMA /'sema, 'θema/ *m* (en Chi) = **Centro de Madres**

cementación *f* cementation

cementar [A1] *vt* 1 (Metal) to case-harden 2 (AmL) ‹*patio/suelo*› to cement

cementera *f* cement factory

cementerio *m* cemetery; (al lado de una iglesia) graveyard
(Compuesto) **cementerio de coches** salvage *o* wrecker's yard (AmE), scrapyard (BrE)

cementero -ra *adj* cement (*before n*)

cemento *m*
A (Const) cement
(Compuestos)
- **cemento armado** reinforced concrete
- **cemento Portland** Portland cement

B 1 (AmL) (pegamento) glue, adhesive 2 (Odont) cement

cena *f* (in casa) dinner, supper; (en algunas regiones del Reino Unido) tea; (formal o fuera de casa) dinner; **¿qué hay de ~?** what's for dinner *o* supper?; **llamó a la hora de la ~** she called at dinner *o* supper time; **la ~ se sirve a las nueve** dinner *o* the evening meal is served at nine
(Compuestos)
- **cena de gala** banquet
- **cena de negocios** business dinner
- **cena de trabajo** working dinner
- **cena espectáculo** dinner (*with live entertainment*)

cenáculo *m* 1 (Relig) cenacle 2 (círculo, reunión) circle

cenado -da *adj*: **no me prepares nada, vengo ~** don't make anything for me, I've already eaten *o* I've had dinner; **no te preocupes por los niños, ya están ~s** don't worry about the children, they've had dinner *o* supper; **llegó cenada** she had already had dinner *o* had already eaten when she arrived

cenador *m* bower, arbor*

cenaduría *f* (Méx) *restaurant where local food is served*

cenagal *m* 1 (barrizal) bog, mire 2 (apuro) mess

cenagoso -sa *adj* boggy

cenar [A1] *vi* to have dinner *o* supper; (en algunas regiones del Reino Unido) to have tea; **nos han invitado a ~** they've invited us for *o* to dinner; **el Presidente cenó con la Reina** the President dined *o* had dinner with the Queen; **salimos a ~** we went out for dinner, we ate out; **generalmente cenan a las ocho** they usually eat at eight o'clock, they usually have dinner *o* supper *o* (BrE) tea at eight o'clock; **nos dieron muy bien de ~** they gave us a great meal, they fed us very well (colloq)
■ **cenar** *vt*: **sólo cenó una tortilla** he only had an omelet for dinner *o* supper

cencerro *m* cowbell; ***estar loco como un ~*** (fam) to be nuts *o* crackers (colloq)

cendal *m* sendal

cenefa *f* 1 (en ropa, sábanas) border 2 (en techos, muros) frieze

cenicero *m* ashtray

cenicienta *f* drudge, dogsbody (BrE); **la C~** Cinderella; **es la ~ de la casa** she does all the dirty work around the house

ceniciento -ta *adj* ash-gray*, ashen

cenit *m* zenith; **en el ~ de su carrera** at the peak *o* zenith of her career

cenital *adj* zenithal

ceniza *f* 1 (residuo) ash; ***reducir algo a ~s*** ‹*edificio*› to reduce something to ashes; **todos nuestros planes quedaron reducidos a ~** all our plans came to nothing *o* were thwarted; ***tomar la ~*** *to receive ashes on Ash Wednesday* 2 **cenizas** *fpl* (restos mortales) ashes (*pl*)

cenizo *m* (Bot) goosefoot; ***ser un ~*** (fam) to be a wet blanket (colloq); ***tener el ~*** (fam) to be jinxed

cenobio *m* monastery

cenotafio *m* cenotaph

cenote *m* (Geol) deep pool (*occurring in limestone rock formations*)

cenozoico -ca *adj* Cenozoic

censar [A1] *vt* to take a census of
■ **censarse** *vpr* (Esp) to register to vote

censista *mf* census enumerator

censo *m*
A 1 (de población) census; **hacer un ~** to conduct a census 2 (Esp) *tb* **~ electoral** (registro) electoral roll *o* register; (electorado) electorate
B (Der, Fin) charge; (sobre una finca) ground rent

censor -sora *m,f*
A 1 (Cin, Period) censor 2 (crítico) critic
B (Adm, Gob) enumerator
C (Der, Fin) *tb* **~ de cuentas** auditor
(Compuesto) **censor jurado de cuentas, censora jurada de cuentas** *m,f* certified public accountant (AmE), chartered accountant (BrE)

censual *adj* census (*before n*)

censura *f* 1 (reprobación) censure (frml), condemnation, criticism; **su comportamiento fue objeto de ~ por parte de la prensa** his behavior was criticized *o* condemned by the press, his behavior received criticism *o* condemnation in the press 2 (de libros, películas) censorship

censurable *adj* reprehensible

censurador[1] **-dora** *adj* censorial

censurador[2] **-dora** *m,f* censor

censurar [A1] *vt* 1 (reprobar) to censure (frml), to condemn, criticize 2 (examinar) ‹*libro/película/cartas*› to censor 3 (suprimir) ‹*escena/párrafo*› to cut, censor

centauro *m* centaur

centavo *m* 1 (en AmL) *hundredth part of many currencies*; ***estar sin un ~*** to be broke (colloq); **no tengo ni un ~** I'm broke (colloq), I don't have a red cent (AmE colloq); **no aflojó ni un ~** he didn't give a penny 2 (del dólar) cent

centella *f* 1 (rayo) flash of lightning 2 (chispa) spark

centelleante *adj* ‹*estrella*› twinkling; ‹*luz*› sparkling, twinkling; ‹*joya*› sparkling, glittering; **me miró con ojos ~s** she glared at me, eyes blazing *o* flashing *o* (liter) her eyes ablaze

centellear [A1] *vi* «*estrella*» to twinkle; «*luz*» to sparkle, twinkle; «*joya*» to sparkle, glitter

centelleo *m* (de estrellas) twinkling; (de una luz) sparkling, twinkling; (de una joya) sparkling, glittering

---

☎ *ver* El teléfono

centena *f* ▸ⓘ **p.575**: **unidades, decenas y ~s** units, tens and hundreds; **una ~ de ejemplares** a hundred copies

centenal *m* rye field

centenar *m*: **habría un ~ de personas** there must have been about a hundred people, there must have been a hundred or so people; **recibimos ~es de cartas** we received hundreds of letters

centenario[1] **-ria** *adj* centenarian; **un árbol ~** a hundred-year-old tree

centenario[2] **-ria** *m,f* [1]▸ (persona) centenarian [2]▸ **centenario** *m* (aniversario) centenary, centennial (AmE)

centeno *m* rye

centésima *f* (de un segundo) hundredth; (de un grado) hundredth

centesimal *adj* centesimal

centésimo[1] **-ma** *adj/pron* [1]▸ ▸ⓘ **p.575**; (ordinal) hundredth *para ejemplos ver* **vigésimo** [2]▸ (partitivo): **la centésima parte** a hundredth

centésimo[2] *m* [1]▸ ▸ⓘ **p.243** (Fin, Mat) (partitivo) hundredth [2]▸ (moneda) *hundredth part of the Uruguayan peso and the Panamanian balboa*

centi- *pref* centi-

centígrado -da *adj* ▸ⓘ **p.796**; centigrade, Celsius; **30 grados ~s** 30 degrees centigrade *o* Celsius

centigramo *m* ▸ⓘ **p.630** centigram

centilitro *m* ▸ⓘ **p.998** centiliter*

centímetro *m* ▸ⓘ **p.1376**, ▸ⓘ **p.1757** centimeter*

céntimo *m*: *hundredth part of the euro, the Spanish peseta, the Venezuelan bolivar and the Paraguayan guarani*; ***no tener un ~*** to be broke (colloq); ***no vale ni un ~*** it's totally worthless

centinela *mf* (Mil) guard, sentry; **estar de ~** to be on sentry duty; **este perro es un buen ~** this dog is a good guard dog *o* watchdog; **dejaron a un compinche de ~** they left an accomplice to keep a look out

centolla *f*, **centollo** *m* spider crab

centrado -da *adj* (equilibrado) stable, well-balanced; (en un trabajo, lugar) settled

central[1] *adj* [1]▸ ‹*zona/barrio*› central [2]▸ (principal) ‹*gobierno*› central; ‹*tema/personaje*› main; **provienen de la oficina ~** they come from head office

central[2] *f* head office

(Compuestos)
- **central azucarera** (Per) sugar mill
- **central de correos** general *o* main post office
- **central de teléfonos** telephone exchange
- **central hidroeléctrica** hydroelectric power station
- **central nuclear** nuclear power station
- **central sindical** labor union (AmE), trade union (BrE)
- **central telefónica** telephone exchange
- **central térmica** power station (*fueled by coal, oil or gas*)

centralidad *f* centrality

centralismo *m* centralism

centralista *adj/mf* centralist

centralita *f* switchboard

centralización *f* centralization

centralizador -dora *adj* centralizing (*before noun*)

centralizar [A4] *vt* to centralize

centrar [A1] *vt* [1]▸ ‹*imagen*› to center* [2]▸ (Dep) to center* [3]▸ ‹*atención/interés/investigación*› **~ algo EN algo** to focus sth ON sth; **centré mi atención en ...** I focused my attention on ...; **centró su intervención en el valor histórico del debate** she focused her speech on the historical significance of the debate; **~on las conversaciones en el tema de ...** in their talks they focused *o* concentrated *o* centered on the issue of ...; **había centrado toda su existencia en sus hijos** she had centered her whole life around her children

■ **centrar** *vi* to center*, cross

■ **centrarse** *v pron* **~se EN algo** «*investigación/atención/interés*» to focus *o* center* ON sth; **la acción se centra en la relación entre estos dos personajes** the action centers on *o* revolves around the relationship between these two characters; **todas las miradas estaban centradas en ellos** all eyes were focused on them; **hay que ~se más en este tema** we must focus in greater detail on *o* concentrate more on this subject

céntrico -ca *adj* central; **el local es muy ~** the premises are very central; **un bar ~** a downtown bar (AmE), a bar in the centre of town (BrE)

centrifugado *m* spin

centrifugadora *f* [1]▸ (de ropa) spin-dryer, spinner (colloq) [2]▸ (Tec) centrifuge

centrifugar [A3] *vt* [1]▸ ‹*ropa*› to spin, spin-dry [2]▸ (Tec) to centrifuge

centrífugo -ga *adj* centrifugal

centrípeto -ta *adj* centripetal

centrismo *m* centrism

centrista[1] *adj* centrist, center* (*before n*)

centrista[2] *mf* centrist

centro *m*

A [1]▸ (Mat) center* [2]▸ (área central) center*; **en el ~ de la habitación** in the middle *o* center of the room; **el terremoto afectó al ~ del país** the earthquake affected the central region *o* the center of the country; **los países del ~ de Europa** the countries of Central Europe; **vive en pleno ~ de la ciudad** she lives right in the center of the town/city; **tengo que ir al ~ a hacer unas compras** I have to go downtown to do some shopping (AmE), I have to go into town *o* into the town centre to do some shopping (BrE); Ⓢ **centro ciudad** downtown (AmE), city/town centre (BrE); ▸**delantero**[3]

(Compuestos)
- **centro de gravedad** center* of gravity
- **centro del campo** midfield
- **centro de mesa** centerpiece*
- **centro nervioso** nerve center*
- **centro del poder** center* of power
- **centro neurálgico** (de una organización) nerve center*; (de una ciudad) heart

B (foco) [1]▸ (de atención) center*; **ha sido el ~ de todos los comentarios** it has been the main talking point; **fueron el ~ de todas las miradas** all eyes were on them; **se ha convertido estos días en el ~ de interés** it has become the focus of attention recently; **fue el ~ de atracción durante la fiesta** she was the center of attention at the party; **ha hecho de su marido el ~ de su existencia** she has centered her life around her husband [2]▸ (de actividades, servicios) center*; **~ administrativo** administrative center; **un gran ~ cultural/industrial** a major cultural/industrial center

(Compuestos)
- **centro de interés turístico** center* of interest to tourists
- **centro de llamadas** *or* (AmL tb) **llamados** call center*
- **centro de operaciones** operations center*, operations room (BrE)
- **centro de población** urban center*, population center*
- **centro de vacaciones** holiday center*
- **centro recreacional** (AmL) leisure center*
- **centro turístico** tourist resort *o* center*
- **centro urbano** ▸**centro de población**

C (establecimiento, institución) center*; **el ~ angloperuano** the Anglo-Peruvian center

(Compuestos)
- **centro cívico** civic center*
- **centro comercial** shopping mall (AmE), shopping centre (BrE)
- **centro concertado** (en Esp) private school *o* college (*which receives a state subsidy*)
- **centro de abasto** (Méx) market
- **centro de acogida**: **~ ~ ~ de animales abandonados** animal sanctuary; **~ ~ ~ de menores abandonados** children's refuge; **~ ~ ~ para mujeres maltratadas** refuge for battered women; **~ ~ ~ de refugiados** reception center* for refugees
- **centro de apoyo** support center*
- **centro de atención primaria** primary care center*
- **centro de atención telefónica** call center*
- **centro de atención al usuario** user support center*
- **centro de ayuda** help center*
- **centro de cálculo** computer center*
- **centro de control** control center*
- **centro de convenciones** conference center*
- **centro de coordinación** coordination center*
- **centro de costos** *or* (Esp) **costes** cost center*
- **centro de cultura** cultural center*
- **centro de detención** detention center*
- **centro de enseñanza** (frml) ▸**centro docente**
- **centro de espionaje** spy headquarters
- **centro de estudios** private school, academy
- **centro de gestión** management center*
- **centro de información** information center*
- **centro de internamiento** detention center*
- **centro de investigación** research center*, research establishment
- **centro de logopedia** speech therapy clinic
- **centro de ocio technológico** (Esp) high-tech leisure center*
- **centro de planificación familiar** family planning clinic
- **centro deportivo** sports center*
- **centro de retención** detention center*
- **centro de salud** health center*
- **centro de servicios** service center*
- **centro de telecomunicaciones** telecommunications center*
- **centro de trabajo** (frml) workplace (frml)
- **centro docente** (frml) educational establishment *o* institution (frml)
- **centro espacial** space center*
- **centro hospitalario** (frml) hospital
- **centro médico** medical center*
- **centro penitenciario** (frml) prison, penitentiary (AmE)
- **centro recreacional** (AmL) leisure center*
- **centro recreativo** leisure center*
- **centro sanitario** (frml) hospital

D (Pol) center*

E (en fútbol) *tb* **~ chut** cross, center*

F **centro** *mf* (jugador) center*

Centroamérica [➡📖] *f* Central America

centroamericano -na *adj/m,f* Central American

centrocampista *mf* midfield player

centroeuropeo -pea *adj/m,f* Central European

centroizquierda *f* the center-left*; **un partido de ~** a center-left party

centuplicar [A2] *vt* to multiply by a hundred, centuplicate (frml)

céntuplo *m* centuple, centuplicate

centuria *f* [1]▸ (Hist, Mil) century [2]▸ (liter) (siglo) century

centurión *m* centurion

ceñido -da *adj* tight; **no me gustan las faldas ceñidas** I don't like tight *o* tight-fitting skirts; **esta camisa me queda muy ceñida** this shirt's very tight on me/too tight for me

ceñir [I15] *vt* [1]▸ «*vestido/pantalón*»: **ese pantalón te ciñe demasiado** those pants (AmE) *o* (BrE) trousers are too tight for you; **un vestido ajustado que le ceñía el talle** a tight dress that clung to *o* hugged her waist [2]▸ (liter) «*murallas/defensas*» to surround, encircle (liter) [3]▸ (liter) ‹*espalda*› to gird; ‹*corona*› to take, put on; **ciñó la corona en 1582** he was crowned in 1582

■ **ceñirse** *v pron*

A (limitarse, atenerse) **~se A algo**: **en estos casos hay que ~se al reglamento** in such cases one must adhere to *o* (colloq) stick to the rules; **le ruego que se ciña al tema del debate** I

[➡📖] *see* Varieties of Spanish

would ask you to keep to the subject of the debate; **cíñase a contestar la pregunta** restrict *o* limit yourself to answering the question
B (liter) ‹*espada*› to gird on (liter); ‹*corona*› to take, put on

ceño *m*: **frunció** *or* **arrugó el ~** he frowned, he knit his brow (liter); **me miró con el ~ fruncido** she frowned at me

ceñudo -da *adj* frowning (*before n*)

CEOE /θeo'e/ *f* = **Confederación Española de Organizaciones Empresariales**

cepa *f* [1] (Bot) stump [2] (Vin) stock (*of a vine*); **es un español de pura ~** he's every inch a Spaniard, he's Spanish through and through [3] (Med) (de virus) strain

CEPAL /'sepal, 'θepal/ *f* = **Comisión Económica para América Latina**

cepellón *m* root ball

cepillado *m* [1] (de ropa, pelo, dientes) brush, brushing; **dale un buen ~ al abrigo antes de guardarlo** give the coat a good brush *o* brushing before you put it away [2] (de madera) planing

cepillar [A1] *vt*
A [1] ‹*ropa/zapatos/pelo*› to brush; ‹*teeth*› to brush, clean [2] ‹*madera*› to plane
B (fam) (robar) to swipe (colloq), to pinch (BrE colloq)
C (Esp arg) ‹*estudiante*› to fail, flunk (AmE colloq)
D (Col fam) (adular) to butter … up (colloq)
■ **cepillarse** *v pron*
A (*refl*) ‹*ropa*› to brush; ‹*dientes*› to brush, clean
B (*enf*) (Esp) [1] (arg) (matar) to bump … off (colloq), to wipe … out (sl) [2] (terminar) to polish off (colloq)

cepillero -ra *m,f* (Col fam) crawler (colloq)

cepillo *m*
A (para la ropa, los zapatos, el pelo) brush; (para el suelo) scrubbing brush; **lleva el pelo cortado al ~** he has a crew cut; ***echarle ~ a algn*** (Col fam) to butter sb up (colloq)
(Compuestos)
- **cepillo de dientes** toothbrush
- **cepillo de uñas** nailbrush

B (de carpintería) plane
C (en la iglesia) collection box (*o* plate *etc*)

cepo *m* [1] (para animales) trap [2] (Auto) wheel clamp [3] (Hist) stocks (*pl*)

ceporro[1] **-rra** *adj* (fam) dumb (colloq), thick (colloq)

ceporro[2] *m* [1] (tronco) old vine stock; ***dormir como un ~*** (fam) to sleep like a log; ***estar como un ~*** to be very fat [2] (fam) (persona torpe) dimwit, thickhead (colloq)

CEPSA /'θepsa/ *f* = **Compañía Española de Petróleos, Sociedad Anónima**

CEPYME /θe'pime/ *f* = **Confederación Española de la Pequeña y Mediana Empresa**

cera *f* (para velas) wax; (para pisos, muebles) wax polish, polish; (de las abejas) beeswax; (de los oídos) wax; **le di ~ al suelo** I polished the floor; ***no hay más ~ que la que arde*** that's all there is *o* what you see is what you get
(Compuestos)
- **cera depilatoria** depilatory wax, hair-removing wax
- **cera virgen** pure wax

cerafolio *m* chervil

cerámica *f* [1] (arte) ceramics, pottery [2] (pieza) piece of pottery, ceramic [3] (conjunto) *tb* **~s** pottery, ceramics (*pl*)

cerámico -ca *adj* ceramic

ceramista *mf* ceramicist, ceramist

cerbatana *f* (arma) blowpipe; (juguete) peashooter

cerca[1] *adv*
A [1] (en el espacio) near, close; **su casa queda** *or* **está muy ~** her house is very near *o* very close; **¿hay algún banco ~?** is there a bank nearby *o* close by?; **vamos a pie, queda aquí cerquita** let's walk, it's very near (here) *o* it's very close; **queda cerquísima** it's only just around the corner (*o* just down the road *etc*); **una de estas tiendas que hay aquí ~** one of these shops just up the road *o* around the corner *o* near here; **~ DE algo/algn**: **viven ~ de casa/de Tampico** they live near us/near Tampico; **siéntate ~ de mí** *or* (crit) **~ mío** sit near me; **me siento muy ~ de ti** I feel very close to you [2] **de cerca** close up, close to; **me acerqué para verlo de ~** I went nearer so I could see it close up *o* close to; **no veo bien de ~** I'm longsighted; ***seguir algo de ~*** to follow sth closely
B (en el tiempo) close; **los exámenes ya están ~** the exams aren't far away now, the exams are getting quite close now; **~ DE algo**: **estamos ya ~ de la Navidad** Christmas is not far away; **cuando estemos más ~ de la fecha te lo diré** I'll tell you closer to *o* nearer the day; **estás tan ~ de lograrlo** you're so close *o* near to achieving it
C (indicando aproximación): **~ de** almost, nearly, close on; **vendieron ~ de 1.000 cabezas de ganado** they sold almost *o* nearly *o* close on 1,000 head of cattle

cerca[2] *f* (de alambre, madera) fence; (de piedra) wall

cercado *m*
A [1] (cerca — de alambre, madera) fence; (— de piedra) wall [2] (terreno) enclosure
B (Per) (distrito) district

cercanía *f*
A (en el espacio) closeness, proximity; (en el tiempo) proximity, imminence
B **cercanías** *fpl* **Madrid y sus ~s** Madrid and its environs, Madrid and the surrounding area; **tren de ~s** local *o* suburban train; **hay varios hoteles en las ~s del aeropuerto** there are several hotels in the vicinity of the airport *o* in the area around the airport *o* near the airport

cercano -na *adj*
A [1] (en el espacio) nearby, neighboring*; **~ A algo** near sth, close TO sth; **los pueblos ~s a Durango** the villages in the vicinity of *o* close to *o* near Durango; **una suma cercana al millón** an amount close to *o* close on a million [2] (en el tiempo) close, near; **en fecha cercana** soon; **~ A algo** close TO sth; **se sentía ~ a su fin** he felt the end was near *o* close, he felt he was close to the end
(Compuesto) **Cercano Oriente** *m*: **el ~ ~** the Near East
B ‹*pariente/amigo*› close

cercar [A2] *vt* [1] ‹*campo/terreno*› to enclose, surround; (con una valla) to fence in; **las colinas cercaban el valle** (liter) the hills encircled *o* enclosed the valley (liter) [2] ‹*persona*› to surround; **se vio cercado por una banda de delincuentes** he found himself surrounded by *o* hemmed in by a gang of thugs [3] (Mil) ‹*ciudad*› to besiege, encircle; ‹*enemigo*› to surround, encircle

cercén, a ~ (*loc adv*): **cortar algo a ~** to sever sth, to cut sth off

cercenamiento *m* (frml)
A (de una extremidad) severance
B (de libertades) curtailment; **el ~ del presupuesto** the slashing of the budget *o* the cuts in the budget

cercenar [A1] *vt*
A (frml) (cortar la punta de) to sever; (cortar el borde de) to trim, cut off; **la máquina le cercenó el brazo** the machine severed his arm; **un artículo cercenado por la censura** an article which had been cut by the censor
B (frml) ‹*derecho*› to encroach on

cerceta *f* teal

cercha *f* [1] (aro) truss; (de un barril) hoop [2] (patrón) template

cerchar [A1] *vt*
A ‹*tabla*› to bend, shape
B ‹*vides*› to layer

cerciorar [A1] *vt* **~ a algn DE algo** to convince sb OF sth
■ **cerciorarse** *v pron* **~se DE algo** to make certain OF sth; **la comisión se cercioró de los hechos** the committee made certain of the facts; **se cercioró de que la puerta había quedado bien cerrada** he assured himself *o* made certain that the door was properly closed

cerco *m*
A (asedio) siege; **poner ~ a una plaza** to lay siege to *o* besiege a town; **levantar el ~** to raise the siege; **eludió el ~ policial** he eluded the police cordon; **la rodeaba un ~ de admiradores** she was besieged by a group of admirers; **estrecharon el ~ en torno al grupo** they tightened the net around the group; **el ~ al que se encuentra sometido** the pressure on him
B (de una mancha) ring; (en la bañera) ring
C [1] (borde, aro) rim [2] (Esp) (marco) frame, surround
D (AmL) (valla) fence; (seto) hedge
(Compuesto) **cerco vivo** hedge

cerda *f*
A [1] (animal) sow [2] (fam) (mujer — sucia) slob (colloq); (— despreciable) bitch (sl)
B (pelo) bristle

cerdada *f* (fam) dirty trick (colloq)

Cerdeña *f* Sardinia

cerdo *m*
A (animal) pig, hog (AmE); ***a cada ~ le llega su San Martín*** everyone gets their comeuppance *o* their just deserts sooner or later; ***comer como un ~*** (comer mucho) to stuff oneself (colloq) (comer sin modales) to eat like a pig
(Compuesto) **cerdo hormiguero** aardvark
B (carne) pork
C (fam) (hombre — sucio) slob (colloq); (— despreciable) bastard (sl), swine (colloq)

cereal *m* [1] (planta, grano) cereal [2] (AmL) (Coc) cereal; **desayunó ~** she had cereal *o* cereals for breakfast

cereales *mpl* (Esp) ▸**cereal 2**

cerealista[1] *adj* cereal-producing (*before n*)

cerealista[2] *mf* grain farmer

cerebelo *m* cerebellum

cerebral *adj* [1] ‹*lesión/actividad*› cerebral, brain (*before n*); ‹*tumor/derrame*› brain (*before n*); ▸**conmoción** [2] ‹*persona*› cerebral

cerebro *m* [1] ▸ⓘ **p.231** (Anat) brain; ***estrujarse el ~*** (fam) to rack one's brains (colloq); ***lavarle el ~ a algn*** to brainwash sb [2] (persona) brains (colloq); **el ~ de la operación** the person who masterminded the operation, the brains behind the operation; ***ser un ~*** *or* ***cerebrito*** (fam) to be brainy *o* a brain box (colloq)

ceremonia *f* [1] (acto) ceremony; **la ~ de asunción del mando** the inauguration ceremony; **la ~ de la boda** the wedding service [2] (fam) (solemnidad) ceremony; **no andemos con ~s** let's not stand on ceremony; **lo hizo todo sin ~** she did it all without any fuss (colloq)

ceremonial[2] *m* [1] (normas) ceremonial, protocol, etiquette [2] (libro) ceremonial

ceremonioso -sa *adj* ‹*ademán*› ceremonious; ‹*comportamiento*› formal, ceremonious

céreo -rea *adj* (liter) waxen (liter)

cerería *f* wax and candle shop

cereza *f* [1] (fruta) cherry; **~ silvestre** wild cherry [2] (AmC, Col, Ven) (del café) coffee bean

cerezo *m* cherry tree

cerilla *f*
A (esp Esp) (fósforo) match
B (de los oídos) wax

cerillero -ra *m,f* match seller

cerillo *m* (esp AmC, Méx) match

cernedor *m* sieve

cerneja *f* fetlock

cerner [E8] *vt* (harina) to sift, sieve; (arena) to sieve
■ **cernerse** *v pron* **~se SOBRE algn/algo** «*ave*» to hover OVER sb/sth; «*peligro/amenaza*» to hang *o* hover OVER sb/sth

cernícalo *m*
A (Zool) kestrel
B [1] (fam) (bruto) boor [2] (tonto) dimwit (colloq), idiot; ***coger un ~*** (Esp fam) to get plastered (colloq)

cernidor *m* sieve

cernir [I12] *vt* ▸**cerner**

cero *m* ▸ⓘ p.575 **1** (Fís, Mat) zero; (en números de teléfono) zero (AmE), oh (BrE); **tres grados bajo ~** three degrees below zero, minus three degrees; **se inició a las ~ horas de hoy** it began at midnight last night; **tengo la cuenta a ~** I don't have a penny in my account; **~ coma cinco** zero point five, nought point five (BrE); **empezar/partir de ~** to start from scratch; **volvió a empezar de ~** he started again from scratch; **~ *al as*** (RPl fam): **de electricidad, ~ al as** when it comes to electricity I don't have a clue (colloq); ***es un ~ a la izquierda*** he's useless, he's a walking *o* real zero (AmE colloq) **2** (en fútbol, rugby) zero (AmE), nil (BrE); (en tenis) love; **ganan por tres a ~** they're winning three-nothing, they're winning three-zero *o* three-zip (AmE), they're winning three-nil (BrE); **ganaba 40 a ~** she was winning 40-love **3** (Educ) zero, nought (BrE); **me puso un ~ en física** he gave me zero *o* nought out of ten in physics

(Compuestos)
- **cero absoluto** absolute zero
- **cero kilómetros** (CS) new car

ceroso -sa *adj* **1** ‹*sustancia*› waxy **2** ‹*cara/tez*› waxen (liter) **3** (Méx) ‹*huevo*› lightly boiled

cerote *m*
A (de zapatero) wax
B (AmC fam) (de excremento) stool, turd (vulg)
C (Ur) (en el pelo) tangle, knot, snarl (AmE)

cerquillo *m* **1** (de monje) fringe around the tonsure **2** (AmL) (flequillo) bangs (*pl*) (AmE), fringe (BrE)

cerquísima *adv ver* **cerca**[1]

cerquita *adv ver* **cerca**[1]

cerrado -da *adj*
A **1** ‹*puerta/ventana*› closed, shut; ‹*ojos/boca*› closed, shut; ‹*mejillones/almejas*› closed; **la puerta estaba cerrada con llave** the door was locked; **tenía los ojos ~s** she had her eyes closed *o* shut; **el frasco no está bien ~** the top (*o* lid *etc*) isn't on properly, the jar isn't closed properly; **un sobre ~** a sealed envelope; **las cortinas estaban cerradas** the curtains were drawn *o* closed; **normalmente tenemos la mesa cerrada** we usually keep the table closed/down **2** ‹*válvula*› closed, shut off; **los grifos están ~s** the taps are turned off
B ‹*tienda/restaurante/museo*› closed, shut; Ⓢ **cerrado** closed; Ⓢ **cerrado por defunción/reformas** closed owing to bereavement/for alterations
C **1** (confinado, limitado) ‹*espacio/recinto*› enclosed **2** (cargado) ‹*ambiente*› stuffy **3** ‹*grupo*› **un círculo de amigos muy ~** a very closed circle of friends; **un club de ambiente ~ y snob** a club with a very exclusive and snobbish atmosphere **4** (Mat) ‹*serie/conjunto*› closed; ▸**circuito**
D (Ling) **1** ‹*vocal*› close, closed **2** ‹*acento/dialecto*› broad; **tiene un acento andaluz ~** he has a broad *o* thick Andalusian accent
E ‹*curva*› sharp
F **1** (nublado) overcast **2** (refiriéndose a la noche): **ya era noche cerrada cuando salimos** when we left it was already completely dark
G ‹*barba*› thick
H (enérgico): **lo recibieron con una cerrada ovación** he was given an ecstatic reception; **mantienen una cerrada pugna por el título** they are engaged in a fierce fight for the title
I ‹*persona*› **1** (poco receptivo, intransigente): **son muy ~s y no se adaptan a estas novedades** they're very set in their ways and they won't adapt to these new ideas; **no lo vas a convencer, es muy ~** you'll never persuade him, he's very stubborn *o* he's very set in his ways; **estar ~ A algo**: **está ~ a todo lo que signifique cambiar** his mind is closed to *o* he's against anything that involves change; **el país ha estado ~ durante años a todo tipo de influencias externas** the country has, for years, been shut off from all outside influence **2** (poco comunicativo) uncommunicative **3** (fam) (torpe) dense (colloq), thick (colloq); **es muy ~ de mollera** he's very dense (colloq), he's as thick as two short planks (BrE colloq)
J (Esp) (Fin): Ⓢ **apartamentos de lujo, precio cerrado** luxury apartments, price guaranteed

cerradura *f* lock; **el ojo de la ~** the keyhole

(Compuestos)
- **cerradura de combinación** combination lock
- **cerradura de seguridad** security lock
- **cerradura horaria de bloqueo** time delay lock

cerrajería *f* locksmith's shop

cerrajero -ra *m,f* locksmith

cerrar [A5] *vt*
A **1** ‹*armario/puerta/ventana*› to close, shut; **cerró la puerta de un portazo** she slammed the door; **cierra la puerta con llave** lock the door **2** ‹*ojos/boca*› to shut, close **3** ‹*maleta*› to close; ‹*sobre/paquete*› to seal **4** ‹*botella*› to put the top on/cork in; ‹*frasco*› to put the top (*o* lid *etc*) on; **un frasco herméticamente cerrado** an airtight container **5** ‹*paraguas*› to close, put … down; ‹*abanico*› to close; ‹*libro*› to close, shut; ‹*puño*› to clench; ‹*mano*› to close **6** ‹*cortinas*› to close, draw; ‹*persianas*› to lower, pull down; ‹*abrigo*› to fasten, button up, do up (BrE); **ciérrame la cremallera** can you zip me up?, can you do my zip up? (BrE)
B ‹*grifo*› to turn off; ‹*válvula*› to close, shut off; ‹*agua/gas*› to turn off
C **1** ‹*fábrica/comercio/oficina*› (en el quehacer diario) to close, shut; (por obras, vacaciones) to close; (definitivamente) to close, close down **2** ‹*aeropuerto/carretera*› to close; ‹*frontera*› to close; **la calle está cerrada al tráfico** the street is closed to traffic **3** ‹*terreno*› to fence off
D **1** (en labores de punto) to cast off; (en costura) to sew up **2** (fam) (al operar) to close … up
E **1** ‹*plazo/matrícula*› **han cerrado el plazo de inscripción** the enrollment period has closed *o* finished **2** ‹*cuenta bancaria*› to close **3** ‹*caso/juicio*› to close; ‹*acuerdo/negociación*› to finalize
F **1** (poner fin a) ‹*acto/debate*› to bring … to an end; ‹*jornada*› to end; **antes de ~ nuestra programación de hoy …** before ending today's programs …, before bringing today's programs to a close …; **los trágicos acontecimientos que han cerrado el año** the tragic events with which the year has ended; **estas declaraciones ~on una jornada tensa** these statements ended *o* came at the end of a tense day **2** ‹*desfile/cortejo*› to bring up the rear of **3** ‹*circunferencia*› to close up; ‹*circuito*› to close **4** ‹*paréntesis/comillas*› to close

■ **cerrar** *vi*
A (hablando de una puerta, ventana): **cierra, que hace frío** close *o* shut the door (*o* window *etc*), it's cold; **¿cerraste con llave?** did you lock the door?, did you lock up?
B «*puerta/ventana/cajón*» to close, shut; «*grifo/llave de paso*» to turn off; «*abrigo/vestido*» to fasten, do up (BrE); **la puerta no cierra bien** the door won't shut *o* close properly, the door doesn't shut *o* close properly; **esta botella no cierra bien** I can't get the top back on this bottle properly, the top won't go on properly; **¿la falda cierra por detrás o por el lado?** does the skirt fasten at the back or at the side?
C «*comercio/oficina*» (en el quehacer diario) to close, shut; (por obras, vacaciones) to close, shut; (definitivamente) to close, close down, shut down; **¿a qué hora cierran?** what time do you close?; **no cerramos al mediodía** we are open *o* we stay open at lunchtime, we don't close for lunch; Ⓢ **cerramos los lunes** closed Mondays, we are closed on Mondays
D (en labores de punto) to cast off
E (Fin) to close; **el dólar cerró a …** the dollar closed at …
F (en dominó) to block; (en naipes) to go out

■ **cerrarse** *v pron*
A **1** «*puerta/ventana*» (+ *compl*): **la puerta se cerró de golpe/sola** the door slammed shut/closed by itself **2** «*ojos*» (+ *me/te/le etc*) to close; **se me cierran los ojos de cansancio** I'm so tired I can't keep my eyes open **3** «*flor/almeja*» to close up **4** «*herida*» to heal, heal up, close up
B (*refl*) ‹*abrigo*› to fasten, button up, do up (BrE); **ciérrate la cremallera** zip yourself up, zip up your dress (*o* jacket *etc*), do your zip up (BrE)
C (terminar) «*acto/debate*» to end, conclude; «*jornada*» to end; **el libro se cierra con unas páginas dedicadas a …** the book ends *o* closes *o* concludes with a few pages on the subject of …; **otro año que se cierra sin que se resuelva** another year ends *o* comes to an end without a solution
D (mostrarse reacio, intransigente): **se cerró y no quiso saber nada más** she closed her mind and refused to listen to any more about it; **se cerró en su actitud** he dug his heels in; **~se A algo**: **sería ~se a la evidencia negar que …** we would be turning our back on the evidence if we were to deny that …; **se cerró a todo lo nuevo** she refused to consider anything new, she closed her mind to anything new

cerrazón *m* (terquedad) stubbornness; (mentalidad poco flexible) blinkered attitude, narrow-mindedness

cerrero -ra *adj* **1** ‹*animal*› wild; ‹*persona*› uncouth, rough **2** ‹*pan/bizcocho*› plain

cerril *adj*
A ‹*ganado*› wild; ‹*caballo*› wild, unbroken
B ‹*persona*› (basto) uncouth, rough; (obstinado) stubborn; (simple) simple-minded
C ‹*comportamiento*› rude

cerrilismo *f* (basteza) uncouthness; (obstinación) stubbornness; (simpleza) simple-mindedness

cerro *m* **1** (Geog) hill; ***irse por los ~s de Úbeda*** to go off at a tangent **2** (Andes fam) (montón) heap (colloq), mountain (colloq)

cerrojazo *m*: **dar (el) ~ a algo** to put an end to sth, slam the door on sth (journ)

cerrojo *m* **1** (de una puerta) bolt; **echar** *or* **correr el ~** to bolt the door **2** (de un fusil) bolt **3** (Dep) defensive tactics (*pl*); **jugaban al ~** they were playing defensively

certamen *m* competition, contest; **certamen de whist** whist drive (BrE); **~ literario** literary competition *o* contest

certeramente *adv* accurately

certero -ra *adj* **1** ‹*tiro*› accurate; ‹*golpe*› well-aimed; **es un tirador ~** he's a crack shot **2** ‹*juicio*› sound; ‹*respuesta*› good

certeza *f* certainty; **lo puedo afirmar con toda ~** I can state it with absolute certainty *o* in all confidence; **tengo la ~ de que …** I'm quite sure *o* certain that …, I know for sure *o* for certain that …; **no lo sé con ~** I'm not sure, I don't know for sure *o* with certainty

certidumbre *f* ▸**certeza**

certificación *f* certification

certificado[1] **-da** *adj* ‹*paquete/carta*› registered; **mandé la carta certificada** *or* **por correo ~** I sent the letter by registered mail *o* (BrE) registered post

certificado[2] *m* certificate

(Compuestos)
- **certificado de acciones** share certificate
- **certificado de defunción** death certificate
- **certificado de estudios** school-leaving certificate
- **certificado médico** medical certificate

certificar [A2] *vt* to certify

certificativo *m* (Chi) sick note

certitud *f* ▸**certeza**

cerúleo -lea *adj* (liter) azure (liter), cerulean (liter)

cerumen *m* cerumen (tech), earwax

cerval *adj* (relativo a los ciervos) deer (*before n*); (parecido a un ciervo) deer-like; **sintió un miedo ~** (liter) she was terrified *o* terribly afraid

cervantino -na, **cervantesco -ca** *adj* Cervantine (frml), of/relating to Cervantes

cervantista *mf* Cervantes scholar

cervatillo *m* fawn

cervato *m* fawn

cervecera *f* brewery

cervecería *f* bar (*gen selling a wide variety of beers*)

cervecero -ra *adj* **1** ‹*industria*› brewing (*before n*), beer (*before n*); ‹*vaso*› beer (*before n*)

C

[2] (fam) ‹*persona*› **no toma vino, es más bien** ~ he doesn't drink wine, he's more of a beer-drinker

cerveza *f* beer; **un litro de** ~ a liter of beer; **¿quieres una** ~**?** do you want a beer?

(Compuestos)
- **cerveza de barril** draft beer (AmE), draught beer (BrE)
- **cerveza negra** dark beer
- **cerveza rubia** lager
- **cerveza tirada** ▸**cerveza de barril**

cervical *adj* [1] ‹*músculo/vértebra*› neck (*before n*), cervical (tech) [2] (del útero) cervical

cérvido *m* cervid

cerviz *f* nape of the neck; ***bajar*** *or* ***doblar la*** ~ to give in; ***ser duro de*** ~ to be stubborn

cesación *f* ▸**cese A**

(Compuesto) **cesación de pagos** (CS)▸**suspensión de pagos**

cesante[1] *adj* [1] (frml *o* period) (en un cargo): **quedó** ~ he lost his job; (por racionalización, reducción de plantilla) he was laid off, he was made redundant (esp BrE); **el director** ~ the outgoing director [2] (Chi) (sin empleo) unemployed, out-of-work

cesante[2] *mf* [1] (frml o period) (en un cargo) *person who has lost his or her job* [2] (Chi) (sin empleo) unemployed person; **el número de** ~**s** the number of unemployed, the number of people out of work

cesantía *f* [1] (Chi) (desempleo) unemployment [2] (RPl frml) (despido) dismissal [3] (Col) (pago) severance pay

cesar [A1] *vi*

[A] (parar) to stop; **un ruido infernal que no cesa ni de noche** an infernal noise that doesn't stop even at night; ~ DE + INF to stop -ING; **no cesó de interrumpirme mientras hablaba** he continually interrupted me *o* he kept interrupting me all the time I was talking; **le contestó las preguntas sin** ~ **de correr** she kept on running while she answered his questions; **sin** ~ without stopping, nonstop; **trabajaron sin** ~ **durante 36 horas** they worked for 36 hours nonstop

[B] (frml o period) (dimitir): **cesó en su cargo por problemas de salud** she left her job *o* she resigned because of health problems

■ **cesar** *vt* (frml o period) (despedir) to dismiss; **fue cesado en** *or* **de su cargo** he was dismissed from his post, he was relieved of his duties (frml)

César Caesar; **al** ~ **lo que es del** ~ (Bib) render unto Caesar the things which are Caesar's

Cesarea Caesarea

cesárea *f* cesarean*, cesarean* section; **le tuvieron que hacer una** ~ she had to have a cesarean; **nació con** *or* **por** ~ he was born by cesarean section

cese *m*

[A] (frml *o* period) (fin, interrupción) cessation (frml); **el** ~ **de las hostilidades** the cessation of hostilities; **el** ~ **de pagos de la deuda externa** the suspension of foreign debt repayments; **amenazaron con el** ~ **por tiempo indefinido de la actividad laboral** they threatened an indefinite stoppage of work

(Compuesto) **cese del fuego** (AmL) ceasefire

[B] (frml *o* period) [1] (despido) dismissal; **sabía que mis declaraciones podrían costarme el** ~ I knew my comments could get me dismissed *o* could cost me my job; **darle el** ~ **a algn** to dismiss sb [2] (renuncia) resignation

CESID /θe'sið/ *m* (en Esp) = **Centro Superior de Información de la Defensa**

cesio *m* cesium*

cesión *f* (de un derecho) assignment, transfer, cession (frml); (de un territorio) transfer

(Compuestos)
- **cesión arrendamiento** leaseback
- **cesión de bienes** surrender *o* (frml) cession of goods

cesionario -ria *m,f* grantee, assignee

cesionista *mf* grantor, assignor

césped *m* [1] (planta) grass; (extensión) lawn, grass; **cortar el** ~ to cut the grass, mow the lawn; Ⓢ **prohibido pisar el césped** keep off the grass [2] (Dep) field, pitch (BrE) [3] (AmL) (en tenis): **juega mejor sobre** ~ she plays better on grass

cesta *f*

[A] (en Internet) shopping cart

[B] (canasta) basket; **una** ~ **de mimbre** a wicker basket

(Compuestos)
- **cesta de la compra** (Esp) (canasta) shopping basket; (Econ) *average cost of a week's shopping*; (en Internet) shopping cart
- **cesta de Navidad** Christmas hamper
- **cesta punta** (deporte) pelota; (canasta) basket (*for playing pelota*)

[C] (Econ) basket

[D] (esp AmL) (en baloncesto) ▸**cesto B**

cestería *f* [1] (tienda) basketwork shop (*o* factory *etc*) [2] (artesanía) basketwork, basketry, wickerwork

cestero -ra *m,f* (fabricante) basketmaker, basketweaver; (vendedor) basketseller

cesto *m*

[A] (esp Esp) (recipiente) basket; **el** ~ **de la ropa sucia** the laundry basket; **el** ~ **de la costura** the sewing basket

(Compuesto) **cesto de la compra** (en Internet) shopping cart

[B] (esp AmL) (en baloncesto) basket; **tiró al** ~ she took a shot at the basket; **marcó dos** ~**s** he scored two baskets

cesura *f* caesura

cetáceo[1] **-cea** *adj* cetacean, cetaceous

cetáceo[2] *m* cetacean; **los** ~**s** the whale family, the cetaceans

cetárea, cetaria *f* oyster (*o* mussel *etc*) bed

cetona *f* ketone

cetorrino *m* basking shark

cetrería *f* falconry

cetrero -ra *m,f* falconer

cetrino -na *adj* ‹*rostro/piel*› (de aspecto sano) olive; (de aspecto enfermizo) sallow

cetro *m* (del rey, emperador) scepter*; **el campeón retuvo su** ~ (period) the champion retained his title; **ostentan el** ~ **del arte culinario** they reign supreme in the art of cooking; ***empuñar el*** ~ to ascend the throne

CEU *m* (en Esp) = **Centro de Estudios Universitarios**

ceugma *f* zeugma

ceviche *m* ceviche, seviche (*raw fish marinated in lemon juice*)

cf. (= **confróntese**) cf

CFC *m* (= **clorofluorocarbono**) CFC

CFE *f* (en Méx) = **Comisión Federal de Electricidad**

cg. (= **centigramo**) cg

CGPJ *m* (Esp) = **Consejo General del Poder Judicial**

cgr (= **centígrado**) cgr, C

CGT *f* = **Confederación General del Trabajo**

CGTP *f* = **Confederación General de Trabajadores del Perú**

Ch, ch *f read as* /tʃe *or* /se 'atʃe/ *or* (Esp) /θe 'atʃe/ *combination traditionally considered as a separate letter in the Spanish alphabet*

cha *m* shah

chabacanada *f* ▸**chabacanería**

chabacanería *f* [1] (cualidad) tackiness (colloq), vulgarity; **la** ~ **de su ropa** the vulgar *o* gaudy *o* (colloq) tacky way he dresses [2] (acto): **contestar así fue una** ~ what you said was in very bad taste, that was a very crass thing to say; **no dice más que** ~**s** he says one coarse *o* crude *o* tasteless thing after another

chabacano[1] **-na** *adj* [1] ‹*ropa/decoración*› gaudy, tasteless, tawdry, vulgar, tacky (colloq); ‹*espectáculo*› vulgar, tasteless; ‹*persona*› vulgar; ‹*chiste/cuento*› coarse, tasteless [2] (Méx) (simple, ingenuo) gullible

chabacano[2] *m*

[A] (Ling) pidgin Spanish (*spoken in the Philippines*)

[B] (Méx) (árbol) apricot tree; (fruta) apricot

chabola *f* (Esp) [1] (en los suburbios) shack, shanty, shanty dwelling; **medidas para erradicar las** ~**s** measures to get rid of the shantytowns [2] (cabaña) little house, hut

chabolismo *m* (Esp): **para resolver la cuestión del** ~ in order to find a solution to the shantytown problem

chacal *m* jackal

chácara *f* [1] (Ven) (Hist) *leather pouch for money or ammunition*; ***llenarle la*** ~ ***a algn*** (Ven fam) to lay into sb (colloq), to give sb a piece of one's mind (colloq) [2] (Col) (monedero) change purse (AmE), purse (BrE)

chacarera *f*: *South American folk dance*

chacarero -ra *m,f* (CS, Per) farmer (*who works a* **chacra**)

chacha *f* (fam) maid, housemaid

chachachá *m* cha-cha, cha-cha-cha

chachalaca *f* chachalaca (*type of guan*)

cháchara *f*

[A] (fam) (conversación): **se pasa la mañana de** ~ **con las vecinas** she spends the whole morning chattering *o* (BrE colloq) nattering with the neighbors; **basta de** ~ **y a trabajar** that's enough chatter *o* (colloq) chitchat, get down to some work

[B] (Méx) (objeto de poca importancia): Ⓢ **compro ropa usada, y cháchara(s) en general** secondhand clothing and general bric-a-brac bought; **tiene el cajón lleno de** ~**s** his drawer's full of junk *o* of odds and ends; **¿y esa** ~**?** what's that bit of old junk?

chacharear [A1] *vi* (fam) to chatter, to gab (AmE colloq), to natter (BrE colloq)

chacharero[1] **-ra** *adj* (fam): **es muy chacharera** she's a real chatterbox *o* gasbag (colloq)

chacharero[2] **-ra** *m,f*

[A] (fam) (charlatán) chatterbox (colloq), gasbag (colloq)

[B] (Méx) (de baratijas) junk dealer

chachi[1] *adj* (Esp fam) great (colloq), cool (colloq), brilliant (BrE colloq)

chachi[2] *adv* (Esp fam): **lo pasamos** ~ **en la fiesta** we had a fantastic *o* great time at the party (colloq)

chacho -cha *m,f* [1] (fam) (muchacho) boy, lad; (muchacha) girl; **¡**~**, ven acá!** (hey!) come here! [2] (Col fam) (persona importante) big shot (colloq), big gun (colloq); (en un deporte, juego) champ (colloq), ace

chacina *f* [1] (carne) pork (*used in salami, etc*) [2] **chacinas** *fpl* (embutidos) cold cuts (*pl*) (AmE), cold meats (*pl*) (BrE), (*especially salami and other pork products*)

chacinería *f* pork butcher's shop (*o* stall *etc*)

chacinero -ra *m,f*: *person who makes/sells salami, sausages etc.*

chaco *m*

[A] (Arm) nunchaku

[B] (Ven) (empalizada) cayman trap

Chaco *m*: *tb* **Gran** ~ *region of scrub and swamp plains covering parts of Paraguay, Bolivia and Argentina*

chacolí *m*: *light, sharp wine*

chacolotear [A1] *vi* to clatter

chacoloteo *m* clatter, clattering

chacona *f* chaconne

chacota *f* (fam): **para él todo es motivo de** ~ everything is just a (big) joke to him (colloq); ***tomar(se) algo a (la)*** ~ to treat sth as a joke

chacotear [A1] (fam) *vi* (esp AmL) to have fun; **lo dijo sólo por** ~ she only said it in fun

■ **chacotearse** *v pron* ~**se** DE **algo/algn** to make fun of sth/sb, poke fun at sth/sb

chacoteo *m* (esp AmL fam): **¡basta de** ~**s!** that's enough joking around!

chacotero[1] **-ra** *adj* (esp AmL fam): **es muy** ~ he likes a (good) laugh (colloq), he's very fond of a joke

chacotero[2] **-ra** *m,f* (esp AmL fam) joker (colloq)

chacra *f* (CS, Per) [1] (granja) small farm [2] (casa) farmhouse

chacuaco *m* (Méx) [1] (chimenea) factory chimney; ***fumar como (un)*** ~ (Méx) to smoke like a chimney 2 (horno) furnace

Chad *m* Chad

chadiano -na *adj* Chadian

chafa *adj* (Méx fam) ‹*reloj/radio*› useless, crummy (colloq); ‹*profesor/jugador*› useless, lousy (colloq); **una revista más bien ~** a trashy magazine

chafaldete *m* clew line

chafalonía *f* old jewelry* (*sold to be melted down*)

chafar [A1] *vt*

A (fam) 1 (aplastar) ‹*peinado*› to flatten; ‹*plátano/pulpa*› to mash; ‹*huevos*› to break, crush; ‹*ajo*› to crush; ‹*uvas*› to tread 2 ‹*vestido/falda*› to wrinkle (AmE), to crumple (BrE)

B (Esp fam) 1 (en una conversación) to squash (colloq), to crush; **me dejó chafado** I felt crushed (by what he said), he squashed me with his remark 2 (abatir) to get ... down (colloq); **la enfermedad lo dejó chafado** the illness really took it out of him (colloq) 3 (estropear) to spoil, ruin, mess up (colloq); **nos van a ~ los planes** they're going to mess up *o* spoil *o* ruin our plans; **me chafó el chiste** he spoiled *o* ruined my joke 4 (robar) ‹*idea*› to steal, pinch (BrE colloq)

■ **chafarse** *v pron* to get squashed

chafarote *m* (Col fam & pey) army officer; **cuando los ~s están en el poder** when the military are in power

chafarrinón *m* (fam) 1 (mancha) mark 2 (cuadro) daub

chafear [A1] *vi* (Méx fam): **el viaje chafeó porque perdí el trabajo** the trip fell through because I lost my job (colloq); **mi coche anda chafeando** my car's giving out (colloq); **ese sindicato ya chafeó** that union's gone to the dogs (colloq)

chafirete *m* (Méx fam): **ya manejas como todo un ~** you drive like a madman (colloq)

chaflán *m* 1 (Tec) chamfer, beveled* edge 2 (esquina) corner; **el banco que hace ~** the bank on the corner; **decidimos colocar la cama haciendo ~** we decided to put the bed across the corner of the room

chaflanar [A1] *vt* to bevel, chamfer

chagrín *m* shagreen

chagualo *m*, **chaguala** *f* (Col fam & hum) shoe

chaguaramo *m*, **chaguarama** *f* (Ven) *ornamental palm tree*

chaira *f* 1 (para afilar) steel 2 (navaja) knife

chaise longue /ʃes'loŋ/ *f or m* chaise longue

chajá *m* crested screamer

chal *m* shawl, wrap

chala *f* (RPl) corn husk

chalado¹ -da *adj* (fam) [ESTAR] crazy (colloq), nuts (colloq); **está ~, no le hagas ni caso** he's nuts *o* crazy, don't take any notice of him (colloq); **¿qué te pasa? estás ~, tío** what's the matter with you? you're out of your mind *o* you're crazy *o* you're nuts

chalado² -da *m,f* nutter (colloq)

chalán *m* 1 (Col) (jinete) skilled horseman 2 (Méx) (barca) barge

chalana *f* barge

chalanear [A1] *vi* to bargain, haggle

chalaneo *m*

A (en los negocios) shady deals (*pl*), wheeler-dealing

B (Col, Per) (Equ) 1 (doma) horsebreaking 2 (adiestramiento) training 3 (exhibición) display of horsemanship

chalarse [A1] *v pron* (fam) to go nuts (colloq); **~ POR algo/algn** to go nuts ABOUT sth/sb; **el pobrecito se chaló por ella** the poor guy has gone nuts about her

chalaza *f* chalaza

chalchiuite *m* (Méx) (jade) jade; (esmeralda) emerald

chale¹ *mf* (Méx fam & pey) Chink (pej)

chale² *interj* (Méx fam) you're kidding! (colloq)

chalé *m* ▸ **chalet**

chaleca *f* (Chi) cardigan

chaleco *m* 1 (de un traje) vest (AmE), waistcoat (BrE) 2 (jersey sin mangas) sleeveless sweater 3 (acolchado) body warmer, sleeveless jacket 4 (CS) (rebeca) cardigan; ***a ~*** (Méx fam): **tienes que dar una mordida, eso es a ~** you have to give a bribe, that's a must (colloq); **a ~ quieren ganar, no les importa cómo** they're determined to win by hook or by crook; ***quedar como ~ de mono*** (Chi fam) to make a fool of oneself

(Compuestos)
- **chaleco antibalas** bulletproof vest
- **chaleco de fuerza** straitjacket
- **chaleco salvavidas** life jacket, life vest (AmE)

chalequear [A1] *vt*

A (Ven fam) ‹*cuento*› to butt in on (colloq)

B (Ven fam) 1 ‹*negocio/idea*› to muscle in on (colloq); **llegó el sobrino del jefe y me chalequeó el puesto** the boss's nephew arrived and did me out of my job (colloq) 2 (destruir) to spoil, mess up (colloq)

chalet /tʃa'le/ *m* (*pl* **-lets**) (en una urbanización) house; (en el campo) house; (más pequeño) cottage; **tienen un chalecito junto al lago** they have a little house *o* a cottage by the lake

(Compuestos)
- **chalet adosado** (Esp) semi-detached house
- **chalet independiente** (Esp) detached house
- **chalet pareado** (Esp) semi-detached house

chalina *f* 1 (para los hombros) shawl; (para el cuello) (AmL ant) scarf 2 (corbata) cravat

Chalma *f* Chalma; ***ni yendo a bailar a ~*** (Méx fam) never in a million years! (colloq)

chalón *m* (Chi) woolen* shawl

chalona *f* (Per) jerked mutton

chalote *m*, **chalota** *f* shallot, scallion (AmE)

chalupa¹ *adj* (Esp fam) nuts (colloq), crazy (colloq)

chalupa² *f*

A 1 (barca) skiff 2 (AmL) (canoa) small canoe

B (Méx) (Coc) stuffed tortilla

C (Chi) (zapato de payaso) clodhopper (colloq & hum); ***estirar las ~s*** (Chi fam) to pop one's clogs (colloq)

chamaco -ca *m,f* (Méx fam) 1 (niño, muchacho) kid (colloq), youngster (colloq) 2 (novio) (*m*) boyfriend; (*f*) girlfriend

chamagoso -sa *adj* (Méx fam) dirty, filthy

chamal *m* woolen* tunic (*worn by Araucanian women*)

chamamé *m*: *Argentinian dance music*

chamanto *m*: *short multicolored blanket worn by Chilean peasants*

chamarasca *f* brushwood, kindling

chamarra *f* 1 (chaqueta) jacket 2 (Ven) (capa de lana) poncho

chamarrero -ra *m,f* (Ven fam) quack (colloq)

chamarreta *f* (Ven) light poncho

chamba *f*

A (Méx, Per, Ven fam) (trabajo) work; (lugar) work; **está buscando/consiguió ~** she's looking for/she got work *o* a job; **ha conseguido una buena ~** he has got(ten) himself a good job; **no puedo ir al cine porque tengo mucha ~** I can't go to the movies because I have a lot of work to do; **en la ~** at work

B (Col) 1 (zanja) ditch 2 (herida) wound, gash; **se abrió una ~ en la cabeza** he gashed his head, he split his head open

C (Ven) (hoz) sickle

D (Esp fam) (suerte) luck; **¡qué ~ que tienes!** you lucky devil! (colloq)

chambeador -ra *adj* (Méx, Per fam) hard-working

chambear [A1] *vi* (Méx, Per fam) to work; **¿dónde chambeas?** where do you work?; **entro a ~ a las 9** I start work at 9

chambelán *m* chamberlain

chambergo *m* wide-brimmed hat

chambero -ra *m,f* (Andes) scavenger

chambismo *m* (Méx) moonlighting (colloq)

chambista *mf* (Méx): **aquí no queremos ~s** we don't want any moonlighting around here (colloq), we don't want anybody here doing other jobs *o* work on the side

chambón¹ -bona *adj* (AmL fam) clumsy, klutzy (AmE colloq), cack-handed (BrE colloq)

chambón² -bona *m,f* (AmL fam) clumsy clot (colloq), clod (colloq), klutz (AmE colloq)

chambonada *f* (AmL fam) botch (colloq), botched job (colloq)

chambonear [A1] *vi* (Andes fam) to do a botched job (colloq), to make a botch (colloq)

chamboneo *m* (Col fam) botched job (colloq), botch (colloq), hash (BrE colloq)

chambra *f* (Méx) matinée coat, matinée jacket

chambreado -da *adj* chambré, at room temperature

chamico *m* (AmL) jimson weed (AmE), thorn apple (BrE); ***darle ~ a algn*** (fam) to cast a spell on sb

chamín *m* (Ven fam) buddy (AmE colloq), mate (BrE colloq)

chamizo *m*

A 1 (leña quemada) charred log 2 (Col) (ramas secas) *tb* **~s** brushwood

B (choza) thatched hut

C (Esp) (mina) coalmine

D (Per) (carroza) palm leaf

chamo¹ -ma *adj* (Ven fam) young

chamo² -ma *m,f*

A (Ven fam) (niño, muchacho) kid (colloq)

B (Ven arg) (amigo) buddy (AmE colloq), mate (BrE colloq); **quiero presentarles al ~ aquí, Carlos** I want you to meet my buddy *o* mate Carlos; **mira chama, a mí me parece que no te conviene** look honey *o* (BrE) love, I don't think it's a good idea (colloq)

champa *f*

A 1 (Andes) (de hierba) piece of turf 2 (Andes fam) (de pelo) tuft

B (Chi vulg) (vello púbico) pubes (*pl*) (sl)

C (AmC) (choza) hut

champán *m*, **champaña** *m or f* champagne

champanera *f* wine cooler

champañazo *m* (CS) (celebración) champagne party; (brindis) champagne toast

champañero -ra *adj* champagne (*before n*)

champazo: **al ~** (*loc adv*) (Per fam) any which way (AmE colloq), any old how (BrE colloq)

champiñón, champignon *m* mushroom

champión® *m* (RPl) sneaker (AmE), plimsoll (BrE)

champú *m* (*pl* **-pús** *or* **-púes**) shampoo

(Compuesto) **champú anticaspa** dandruff *o* anti-dandruff shampoo

champurrado *m*

A (Méx) (Coc) *thick hot drink made with ground corn and chocolate*

B (Méx fam) (revoltijo) jumble

champurrear [A1] *vt* (CS) ▸ **chapurrear**

chamuchina *f* (AmS)

A (fam) (chusma) rabble (colloq), riffraff (colloq)

B (fam) (desorden, alboroto) rumpus (colloq), ruckus (AmE colloq)

chamuco *m* (Méx fam) devil; **dice que se le aparece el ~** he says the devil *o* (colloq) old Nick appears to him

chamullar [A1] *vi* (Chi fam) 1 (contar cuentos) to tell stories 2 (hablar) to talk; (de manera confusa) to burble on

chamullero -ra *m,f* (Chi fam) liar

chamullo *m* (Chi fam) 1 (mentira) cock and bull story (colloq) 2 (expresión confusa) gibberish 3 (acción ilícita) fiddle (colloq), scam (colloq)

chamuscar [A2] *vt* to scorch, singe; **madera chamuscada** charred wood

■ **chamuscarse** *v pron*: **se chamuscó el pelo** she singed her hair

chamusquina *f* singeing, scorching; ***oler a ~*** (Esp fam) to smell fishy (colloq)

chamuyar [A1] *vi* (RPl fam) to chatter

■ **chamuyar** *vt* (RPl fam) to mutter; **¿qué cosas ~án esos dos?** what can those two be muttering about?; **apenas chamuyaba el idioma** he could barely speak the language

chan *m* (AmC) mountain guide

chanar [A1] *vi* (Esp arg) ~ **DE algo** to be well up on sth (colloq)

chanca *f* (Chi fam) beating; **le pegó** *or* **dio una ~** he beat her up *o* gave her a beating (colloq)

chancabuque *m* (Per fam) clodhopper (colloq)

chancaca *f* **1** (Andes) (melaza) brown sugar-loaf; ***ser ~*** (Chi fam) to be a piece of cake (colloq) **2** (Per) (dulce de maíz) maize cake

chancacazo *m* **1** (Andes fam) (a una persona) wallop (colloq) **2** (Chi fam) (contra algo) bang

chancadora *f* (Chi) crusher, grinder

chancar [A2] *vt*
A (Andes) (triturar) to crush, grind; **la chancó un auto** (fam) she was run over by a car
B (Chi fam) (pegar) to beat … up (colloq)
C (Per arg) (estudiar) to cram, to swot up on (BrE colloq)
■ **chancar** *vi* (Andes arg) to cram, to swot (BrE colloq)
■ **chancarse** *v pron* (Andes fam) to squash

chancay *m* (*pl* **-cáis**) (Per) *type of cookie*

chance *f or m*
A (AmL) (oportunidad) chance; **no me dio ~ de defenderme** he didn't give me the chance to defend myself; **no hay ningún ~ de que se salve** he has no chance of escaping; **este caballo tiene pocas ~s de ganar** this horse doesn't have *o* stand much chance of winning
B chance *m* **1** (Ven fam) (romance): **tengo un ~ con ella** I've got a thing going with her (colloq); **le salió un ~ con una muchacha del pueblo** he got involved with one of the village girls (colloq) **2** (Col fam) (lotería) lottery ticket

chancear [A1] *vi* (Col fam) to joke, kid around (colloq)
■ **chancearse** *v pron* **~se DE algn** to make fun OF sb

chancero -ra *adj* (Chi fam): **es muy ~** he's always joking, he's very fond of a joke

chanchada *f* (AmL fam) **1** (porquería, suciedad) mess; **deja de hacer ~s** stop making such a mess **2** (acción indigna) dirty trick (colloq); **su socio le ha hecho una ~** his partner played a dirty trick on him, his partner did the dirty on him (colloq)

chanchería *f* (AmL) pork butcher's shop

chanchero -ra *m,f* (AmL) (criador) pig farmer; (vendedor) pork butcher

chanchi *adj/adv* ▸**chachi**[1], **chachi**[2]

chanchito[1] **-ta** *adj* (Chi fam): **lo pillaron ~** they caught him red-handed *o* in the act; **cayó ~ a la cama** he collapsed onto the bed; **cayó chanchita en la trampa** she fell right into the trap

chanchito[2] *m* (fam)
A (Andes, CS) (Zool) woodlouse
B (CS) (alcancía) piggy bank

chancho[1] **-cha** *adj* (Andes, RPl fam) **1** (sucio) filthy, gross (colloq) **2** (miserable, ruin) mean, despicable

chancho[2] **-cha** *m,f*
A (Andes, RPl) (Zool) pig; **come como un ~** he eats like a pig; ***estar como ~s*** (RPl fam) to be thick as thieves (colloq); ***gordo como un ~*** (CS fam) as fat as a pig (colloq); ***hacerse el ~ rengo*** (RPl fam) to act dumb (colloq), to play the innocent (colloq); ***querer la chancha y los cinco reales*** *or* ***los veinte*** (RPl fam) to want to have one's cake and eat it (colloq); ***a cada ~ le llega su sábado*** (AmC) everyone gets their just deserts sooner or later; ***~ limpio nunca engorda*** (Bol, CS fam) a few germs never hurt anyone (colloq)
B **1** (AmL fam) (persona sucia) dirty *o* filthy pig (colloq), slob **2** (Chi fam) (persona glotona) greedy pig (colloq)

chancho[3] *m*
A (Andes, RPl) (Coc) *tb* **carne de ~** pork
B (Chi, Per fam) (gases): **tengo un ~** I've got wind; **botar el chanchito** to bring up wind
C (Chi, Per vulg) (trasero) butt (AmE colloq), bum (BrE colloq)
D (Chi) (utensilio) buffing mop
(Compuesto) **chancho eléctrico** (Chi) polisher
E (Chi) (en dominó) double; **el ~ seis** the double six

chanchullero[1] **-ra** *adj* (fam) shady (colloq), crooked (colloq)

chanchullero[2] **-ra** *m,f* (fam) crook (colloq)

chanchullo *m* (fam) racket (colloq), fiddle (BrE colloq); **está metido en no sé qué ~s** he's involved in all kinds of fiddles *o* rackets (colloq)

chancla *f* **1** (sandalia) thong (AmE), flip-flop (BrE) **2** (Col) (pantufla) slipper

chancleta *f*
A **1** (sandalia) thong (AmE), flip-flop (BrE) **2** (Chi fam) (zapato viejo) worn-out old shoe
B (Andes, CS fam) (niña) baby girl
C (Ven fam) (acelerador) accelerator; ***apretar*** *or* ***pisar la ~*** (Ven fam) to step on the gas *o* step on it (colloq), to put one's foot down (colloq) (huir) to skedaddle (colloq), to take to one's heels (colloq)
D (Ven fam) **1** (persona torpe) nerd (colloq) **2** (cosa inservible) white elephant

chancletear [A1] *vi*
A (CS) (al caminar) to slop around
B (Ven fam) (acelerar) to step on the gas *o* step on it (colloq), to put one's foot down (colloq)

chancletero -ra *adj* (Andes fam): **es una familia muy chancletera** it's a family of girls

chancletudo -da *adj* (CS, Ven fam & pey) common (pej)

chanclo *m* (de madera) clog; (de goma) galosh, overshoe

chancludo -da *adj* (Méx fam) scruffy, sloppy

chancón[1] **-cona** *adj* (Per arg) hardworking, swotty (BrE colloq); **es muy ~** he's always got his nose in a book (colloq)

chancón[2] **-cona** *m,f* (Per arg) grind (AmE colloq), swot (BrE colloq)

chancro *m* chancre

chancuco *m* (Col fam) swindle; **me hicieron ~** they swindled *o* (BrE colloq) diddled me

chándal *m* (*pl* **-dals**) (Esp) tracksuit, jogging suit

chanfaina *f* (fam) **1** (Per) (lío) shambles (colloq) **2** (Col) (cargo oficial) post

chanfle *m* (AmL) spin; **darle ~ a la pelota** to put spin on the ball; **la pelota iba con ~** the ball was spinning *o* had spin on it

chanfleado -da *adj* **1** (AmL) ‹*tiro*› curving **2** (RPl fam) ‹*azulejo/cuadro*› crooked, skew-whiff (BrE colloq)

changa *f* (RPl fam) odd job; **vive de ~s** he makes a living doing odd jobs

changador *m* (RPl) porter

changarro *m* (Méx) small store

chango -ga *m,f* (Méx) monkey

changuito® *m* (Arg) **1** (para las compras) shopping cart (AmE), shopping trolley (BrE) **2** (para el bebé) stroller (AmE), pushchair (BrE)

chanquetes *mpl* whitebait (*pl*)

chanta[1] *adj* (RPl arg) **1** (informal) unreliable **2** (mentiroso) deceitful; **todos son tan ~s** they're all so deceitful *o* such liars

chanta[2] *mf* (RPl arg) **1** (informal) unreliable person; ***tirarse a ~*** (RPl arg) to do sweet f.a. (colloq) **2** (mentiroso) liar; (estafador) fraudster, conman

chantaje *m* blackmail; **le hacen ~** he is being blackmailed

chantajear [A1] *vt* to blackmail

chantajista *mf* blackmailer

chantar [A1] *vt*
A (Andes): **le chantó el sombrero hasta las orejas** he jammed her hat firmly on her head
B (Chi fam) ‹*persona*› to walk out on (colloq); ***dejar chantado a algn*** (Chi fam) to stand sb up (colloq)
C (Andes, RPl fam) (dar) to give; **le chantó un coscorrón** she whacked him on the head *o* gave him a whack on the head (colloq); **me chantó un pellizco** she pinched me
D ‹*comentario/impertinencia*› to come out with; **le chanté lo que pensaba de él** I told him exactly what I thought of him
E (Andes, RPl fam) ‹*trabajo/tarea*› **siempre me chantan estos trabajos** I always get landed with these jobs (colloq)
■ **chantarse** *v pron*
A (Chi, Per fam) ‹*vestido*› to put on
B (Chi fam) **1** (quedarse) to instal* oneself **2** (detenerse) to stop dead **3** (dejar un vicio): **hace tiempo que se chantó** she quit *o* gave up some time ago; **no tomo más, me chanto por hoy** I'm not drinking any more, I've had enough for today

chantillí, chantilly /ʃanti'ʏi, tʃanti'ʏi/ *m*: *tb* **crema ~** whipped cream, chantilly

chantre *m* precentor

chanza *f* derisive comment

chao *interj* ▸**chau**

chapa *f*
A **1** (plancha — de metal) sheet; (— de madera) panel; **una casa humilde de techo de ~** a humble house with a corrugated iron roof; **colocar sobre ~ enmantecada** (RPl) place on a greased baking sheet *o* (BrE) tray **2** (lámina de madera) veneer **3** (carrocería) bodywork; **hubo que hacerle ~ y pintura** they had to repair the bodywork and respray it
B **1** (prendedor) badge **2** (de un policía) shield (AmE), badge (BrE) **3** (de un profesional) nameplate, plaque **4** (de un perro) identification disc *o* tag **5** (RPl) (de matrícula) license plate (AmE), numberplate (BrE)
C **1** (de una botella) cap, top **2** **chapas** *fpl* (Jueg) *game played with bottle tops*
D (AmL) (cerradura) lock
E (Esp arg) (relación sexual) trick (sl); **para vivir hacen ~s** they live by prostitution *o* (sl) by turning tricks
F **chapas** *fpl* (AmL fam) (en las mejillas): **le han salido ~s** her cheeks are all flushed; **el aire fresco le había sacado** *or* **encendido las ~s** his cheeks were red *o* rosy from being out in the fresh air
G (Ven fam) (burla, broma) leg-pulling (colloq); **¡deja ya esa ~!** stop pulling my leg! (colloq)
H (AmC fam) **1** (pendiente) earring **2** (dentadura postiza) false teeth (*pl*)

chapado -da *adj* plated; **un reloj ~ en oro** a gold-plated watch; ▸**antiguo**

chapalear [A1] *vi* (en el agua) to splash, splash around; (en el barro) to squelch, squelch around

chapaleo *m* (en el agua) splashing; (en el barro) squelching

chapar [A1] *vt*
A ‹*mueble*› to veneer; ‹*reloj/pulsera*› to plate
B (Per fam) **1** (agarrar) to catch **2** (apresar) ‹*ladrón*› to catch, to nick (BrE colloq) **3** (sorprender, pillar) to catch; **lo ~on fumando** he was caught smoking
■ **chapar** *vi*
A (Esp arg) (estudiar) to cram, to swot (BrE colloq)
B (RPl vulg) (manosear) to grope (colloq)

chaparral *m* chaparral, thicket

chaparrastroso -sa *m,f* (Méx) ▸**zarrapastroso**[2]

chaparreras *fpl* (Méx) chaps (*pl*)

chaparro[1] **-rra** *adj* (AmC, Andes, Méx fam) short, squat; **casas chaparras y pobretonas** squat, shabby houses; **dicen que si fumas te quedas ~** they say that smoking stunts your growth

chaparro[2] **-rra** *m,f*
A (AmC, Andes, Méx fam) shorty (colloq), titch (colloq)
B **chaparro** *m* **1** (arbusto) dwarf evergreen oak **2** (Ven) (rama) switch

chaparrón *m* (Meteo) downpour, cloudburst; **un ~ de insultos** a barrage of insults

chape *m* (Chi) (trenza) braid (AmE), plait (BrE); (pelo atado) bunch; ***enfermo del ~*** (Chi fam) soft in the head (colloq)

chapeado -da *adj* (Col, Méx) flushed

chapear [A1] *vt* ▸**chapar**

chapeau /ʃa'po, tʃa'po/ *m* (fam *o* period): **la organización del certamen merece un ~ de reconocimiento** we should take our hats off to the organizers of the contest (journ); **~ para el director por su brillante idea** hats off to the director for his brilliant idea; **he conseguido el permiso para todos — ¡~!** I've got the permit for all of us — bravo! *o* well done!

chapela *f* (Esp) beret

chapero *m* (Esp arg) male prostitute, ass peddler (AmE sl), rent boy (BrE colloq)

chaperón -rona *m,f* chaperon; **trajo al hermanito de ~** she brought her little brother along as a chaperon

chapetes *mpl* (Méx) ▸**chapa F**

chapetón¹ -tona *adj*
A (Andes pey) (Hist) *of/relating to a* **chapetón² A**
B (Per fam) (inexperto) green (colloq)

chapetón² -tona *m,f*
A (Andes pey) (Hist) *Spaniard recently arrived in America*
B (Per fam) (inexperto) novice

chapín *adj* (Col fam) bowlegged, bandy-legged (colloq)

chapiollo -lla *adj* (AmC fam) humble

chapista *mf* panel beater, auto bodyworker (AmE)

chapistería *f*
A (oficio) body work (AmE), panel beating (BrE)
B (taller) body worker's shop (AmE), panel beater's workshop (BrE)

chapita *f* (RPl) (en los zapatos) heel/toe protector, tap (AmE), seg (BrE) *ver tb* **chapa**

chapitel *m* **1** (de una torre) spire **2** (de una columna) capital

chaplín -plina *m,f* (Chi fam) **1** (incumplidor) unreliable person **2** (aguafiestas) wet blanket (colloq)

chapó *m* ▸**chapeau**

chapola *f* **1** (Col) (Zool) *large black moth* **2** (Col arg) (panfleto) pamphlet

chapopote *m* (Méx) (alquitrán) tar; (asfalto) asphalt

chapotear [A1] *vi* (en el agua) to splash, splash around; (en el barro) to squelch, squelch around

chapoteo *m* (en el agua) splashing; (en el barro) squelching

chapucería *f* ▸**chapuza 1**

chapucero¹ -ra *adj* ‹*persona*› sloppy, slapdash; ‹*trabajo/reparación*› botched, shoddy

chapucero² -ra *m,f*: **es un ~** his work is very slapdash, he's a shoddy workman, he botches things

chapulín *m*
A (AmC, Méx) (Zool) locust
B (Méx fam) (niño) kid (colloq)

chapurrear [A1], **chapurrar** [A1] *vt* (fam): **chapurreaba el inglés** he spoke broken *o* poor English

chapuza *f* **1** (fam) (trabajo mal hecho) botched job (colloq), botch (colloq), hash (BrE colloq); **me hizo una ~ y ahora funciona peor** he botched the repair and now it's worse than before (colloq) **2** (Esp fam) (trabajo ocasional) odd job **3** (Méx) (trampa) trick

chapuzas *mf* (*pl* ~) (Esp) ▸**chapucero²**

chapuzón *m* dip; **se dio un ~ en el mar** she went for a dip in the sea

chaqué *m* ▸**chaquet**

chaquet *m* (*pl* **-quets**) morning coat

chaqueta *f*
A (Indum) jacket; ***cambiar de ~*** *or* (Chi) ***darse vuelta la ~*** (fam) to change sides; ***hacerse una ~*** (Méx vulg) to jerk off (vulg), to have a wank (BrE vulg); ***ser más vago que la ~ de un guardia*** (Esp fam) to be bone idle
(Compuesto) **chaqueta americana** (Esp) blazer
B (Col) (Odont) crown

chaquete *m* backgammon

chaquetear [A1] *vi* (Esp fam) to change sides
■ **chaquetear** *vt* (Chi fam) to bring … down

chaquetero -ra *m,f*
A (Esp fam) (en la política) turncoat, opportunist
B (Chi fam) (envidioso) envious person

chaquetilla *f* bolero

chaquetón *m* three-quarter length coat

charada *f* charade

charadrio *m* plover

charal *m* (Méx) *small lake fish*; ***como*** *or* ***hecho un ~*** (Méx fam) as thin as a rake (colloq)

charamusca *f*
A (Méx) (Coc) candy twist
B (Méx fam) (mujer fea) ugly woman

charanga *f* brass band; (militar) military band; **la España de ~ y pandereta** the Spain of bullfighters and flamenco dancers

charango *m* small five-stringed guitar

charapa *mf* **1** (Per) (tortuga) turtle **2** (fam) (persona) *person from Loreto, Peru*

charape *m* (Méx) *fermented drink made from cactus juice and brown sugar*

charca *f* pond, pool

charcha *f*
A (Chi) (Coc) scrag end
B (Chi fam) **1** (papada) jowl **2** (en la barriga) spare tire* (colloq)

charchazo *m* (Chi fam) slap

charco *m* **1** puddle, pool; **un ~ de sangre** a pool of blood **2** **el ~** (fam) (océano Atlántico) the Atlantic, the Pond (colloq & hum)

charcutería *f* delicatessen, charcuterie (AmE)

charcutero -ra *m,f* pork butcher

charla *f* **1** (conversación): **estábamos de ~** we were having a chat *o* we were chatting; **su ~ me aburre** his chatter bores me **2** (conferencia) talk
(Compuesto) **charla electrónica** chat

charlador -dora *adj* talkative, chatty (fam)

charlar [A1] *vi* to chat, talk, gab (AmE colloq)

charlatán¹ -tana *adj* (fam) talkative, chatty (colloq)

charlatán² -tana *m,f*
A (fam) (parlanchín) chatterbox (colloq)
B **1** (vendedor — ambulante) hawker; (— deshonesto) dishonest *o* cunning salesperson **2** (curandero deshonesto) charlatan

charlatanear [A1] *vi* to chatter away

charlatanería *f* **1** (locuacidad) talkativeness **2** (arte de vender) clever *o* cunning salesmanship; (palabras) patter, spiel

charlestón *m* charleston

charleta *mf* (RPl fam) chatterbox (colloq)

charlista *mf* speaker

charlotada *f* **1** (Taur) comic bullfight **2** (Esp fam) (payasada) piece of clowning *o* buffoonery

charlotear [A1] *vi* (fam) to chat

charloteo *m* (fam) chatting, chatter, nattering (BrE colloq); **se pasan la mañana de ~** they spend the whole morning chatting *o* nattering

charlotte, charlot /tʃar'lot/ *m* (RPl) ice-cream charlotte

charme /ʃarm/ *m* charm; **una chica con ~** a charming girl

charnego -ga *m,f* (pey) : *person from another region of Spain living in Catalonia*

charnel *m* (AmC) piece of shrapnel

charnela, charneta *f* hinge

charol *m*
A **1** (barniz) lacquer **2** (cuero) patent leather
B (Col, Per) (bandeja) tray

charola *f* (Bol, Méx, Per) tray

charolado -da *adj* lustrous (liter)

charolar [A1] *vt* to varnish

charque *m* ▸**charqui**

charquear [A1] *vt*
A (Bol, Chi) ‹*carne*› to jerk
B (Chi fam) ‹*persona*› to beat … up, knock the stuffing out of

charqui *m* (AmS) charqui, jerked beef; ***estar hecho un ~*** (Per fam) to be shriveled (up); ***hacer ~ a algn*** (Chi fam) to knock the stuffing out of sb

charquicán *m* (Bol, Chi) *stew made with charqui and vegetables*

charral *m* scrubland

charrasca *f*: *rhythm instrument played with a metal rod*

charrasquear [A1] *vt*
A (AmL) ‹*guitarra*› to strum
B (Méx) ‹*persona*› to stab

charré *m* trap

charrería *f* (Méx) *the culture of horsemanship and rodeo riding*

charretera *f* epaulette

charro¹ -rra *adj*
A (en Méx) ‹*tradiciones/música*› of/relating to the ▸**charro² A**
B (AmL fam) (de mal gusto) gaudy, garish
C (Méx) ‹*político*› corrupt; ‹*sindicato*› pro-management (colloq)
D (Méx fam) (torpe) dim; **es bien charra para multiplicar** she's useless at multiplication
E (Esp fam) (de Salamanca) of/from Salamanca

charro² -rra *m,f*
A (en Méx) (jinete) (*m*) horseman, cowboy; (*f*) horsewoman, cowgirl
B (Méx) (Pol) traitor, turncoat
C (Méx fam) (persona torpe) dimwit (colloq)
D (Esp fam) (salmantino) person from Salamanca

> **charro**
>
> A Mexican cowboy or cowgirl skilled in horsemanship. The traditional *charro* costume is very elaborate and trimmed with silver. A man's outfit consists of a high-crowned, wide-brimmed hat, tight trousers, a white shirt, waistcoat and short jacket. A woman's outfit is a similar but with a long, wide skirt. *Charros* originated *charrerías*, the culture associated with horse-riding and rodeo skills. They also take part in festivals known as *charreadas* .

charrúa *adj/mf* **1** (Hist) Charrua **2** (CS period) (uruguayo) Uruguayan

chárter¹ *adj inv* charter (*before n*)

chárter² *m* charter flight, charter

chartista *adj* chartist; **análisis ~** chartist analysis

chas *interj* smack!

chasca *f* (Chi fam) mop of hair

chascar [A2] *vt* ▸**chasquear**

chascarrillo *m* (fam) joke, funny story

chas chas *m*
A (RPl leng infantil): **mamá va a hacer ~ ~** Mommy's going to smack your bottom
B (Méx) (efectivo): **tiene que dar dos millones y al ~ ~** he has to pay two million pesos cash on the nail; **si pagas al ~ ~ te hacen una rebaja** if you pay cash they give you a discount

chasco *m*
A (decepción) disappointment, let-down (colloq); **me llevé** *or* **pegué un buen ~** I felt really let down *o* disappointed
B (broma) joke; **una tienda que vende ~s** a joke shop

chascón -cona *adj* (Chi fam): **¡qué ~ estás!** your hair's a mess! (colloq); **quedé chascona con tanto viento** my hair got all messed up *o* tangled *o* (AmE) mussed up in the wind

chasconear [A1] *vt* (Chi fam) to mess up *o* (AmE) muss up sb's hair (colloq)

chasis, chasis *m* (*pl* ~) **1** (Auto) chassis; ***quedarse en el ~*** (fam) to get as thin as a rake (colloq) **2** (Fot) plateholder

chasque *m* ▸**chasqui**

chasquear [A1] *vt* **1** ‹*lengua*› to click; ‹*dedos*› to click, snap **2** ‹*látigo*› to crack

chasqui *m* (Andes, RPl) courier, messenger

chasquido *m* **1** (de la lengua) click; (de los dedos) click, snap **2** (de un látigo) crack; (de una rama seca) crack, snap

chasquilla *f* (Chi) bangs (pl) (AmE), fringe (BrE)

chat *m* (Inf) chat room

chata *f* bedpan

chatarra¹ *adj inv* (Méx): **comida ~** junk food; **productos ~** cheap *o* shoddy goods; **empresas ~** second-rate companies

chatarra² *f*
A (Metal) scrap, scrap metal; **el coche es pura ~** the car is just a heap of scrap
B (fam) (calderilla) change, small *o* loose change

chatarrería *f* scrapyard

chatarrero -ra *m,f* scrap merchant

chateador -dora *m,f* (fam) chatroom member

chatear [A1] *vi*
A (Inf) to chat; **~ CON algn** to chat WITH *o* TO sb

C

B (Esp fam) (beber chatos) to have a few glasses of wine (colloq)

chatel -tela *m,f* (AmC fam) (*m*) little boy, little kid (colloq); (*f*) little girl, little kid (colloq)

chateo *m*
A (Inf) (fam) chat
B (Esp fam) (de chatos): **ir de ~** go out for a few glasses of wine; **bares de ~** bars selling cheap wine by the glass

chatitas *fpl* pumps (*pl*)

chato¹ -ta *adj*
A 1 ‹*nariz*› snub (*before n*) 2 ‹*embarcación*› flat-bottomed 3 ‹*mujer*› (RPl fam) flat-chested 4 (Per fam) (bajo) short
B (AmS) ‹*nivel*› low; ‹*obra*› pedestrian; **un ambiente ~** an atmosphere lacking intellectual/artistic interest

chato² *m* (Esp) *tb* : **~ de vino** glass of wine

chato³ -ta *m,f* (Esp fam) (apelativo) ▸**chaval 2**

chatura *f* (AmS) low intellectual/artistic level

chau *interj* (fam) bye (colloq), bye-bye (colloq); **~cito, hasta mañana** bye, see you tomorrow; ***y ~ pinela*** (RPl fam): **dale un chocolate y ~ pinela** just give him a chocolate and have done with it; **le puse sacarina y ~ pinela** I put saccharin in it and that was that *o* and that will have to do

chaucha¹ *adj* (RPl fam) deadly dull (colloq)

chaucha² *f*
A (RPl) (Bot, Coc) French bean; ***costar ~(s) y palitos*** (RPl fam) to be dirt cheap (colloq)
B (Chi fam) (moneda) (Hist) 20 centavo coin; **se quedó sin una ~** she was left without a cent *o* a penny (colloq) *o* a bean; ***caerle la ~ a algn*** (fam): **al final le cayó la ~** the penny finally dropped

chauchera *f* (Bol, Chi fam) change purse (AmE), purse (BrE)

chauffeur /tʃo'fer, 'tʃofer/ *m* ▸**chofer**

chauiztle *m* (Méx) (Agr) 1 (hongo del trigo, maíz) *fungoid disease of wheat and maize* 2 (plaga) blight; **~ del manzano** apple tree blight

chauvinismo /tʃoβi'nismo/ *m* chauvinism

chauvinista¹ /tʃoβi'nista/ *adj* chauvinistic

chauvinista² /tʃoβi'nista/ *mf* chauvinist

chaval -vala *m,f* 1 (esp Esp fam) (niño) kid (colloq), youngster; ***estar hecho un ~*** (fam) to look/be very young 2 (Esp fam) (como apelativo) (*m*) kid (colloq), buddy (AmE colloq), mate (BrE colloq); (*f*) kid (colloq), honey (colloq), love (BrE colloq)

chavalo -la *m,f* (AmC, Méx) ▸**chaval**

chaveta *f* 1 (clavija) pin, cotter pin; ***estar mal de la ~*** (fam) to have a screw loose (colloq); ***perder la ~*** (fam) to go off one's rocker (colloq); **perdió la ~ por ella** he lost his head over her 2 (Per fam) (navaja) switchblade (AmE), flick-knife (BrE)

chavetear [A1] *vt* (Per fam) to knife (colloq)

chavismo *m* (Pol) (política) policies and ideology of Hugo Chávez; (periodo) the Chávez years; (régimen) Chávez regime

chavo¹ -va *adj* (Méx fam) young

chavo² -va *m,f*
A 1 (Méx fam) (muchacho) guy (colloq); (muchacha) girl 2 (Méx) (como apelativo) ▸**chaval 2**
(Compuesto) **chavos banda** *mpl* (Méx) street gang
B **chavo** *m* (fam) (dinero): **estoy** *or* **me quedé sin un ~** I'm broke (colloq)

chaya *f* (Chi) 1 (papel picado) confetti 2 (juegos): **la ~** the fun and games

chayote *m* (planta) chayote, mirliton; (fruto) chayote, mirliton; ***parir ~s*** (Méx fam) to have a terrible time of it

che¹ *interj* (RPl fam): **no te hagas el bobo, ~** come on, don't act the innocent; **~, ¿qué te parece si lo dejamos para mañana?** look *o* hey, why don't we leave it until tomorrow?; **¡qué frío hace, ~!** brrr, it's so cold!; **~, qué calor hace aquí** phew *o* whew! it's so hot here; **~, vos, el de la bufanda colorada** hey, you with the red scarf!; **~, ¿qué hacemos con esto?** look, what are we going to do with this?; **~, Marta, ¿qué tal estuvo la fiesta?** hey Marta, what was the party like?; **déjense de joder, ~** (vulg) stop hassling me, for Pete's sake! (colloq); **¡pero ~! ¡cómo le dijiste eso!** for Heaven's sake! whatever made you tell him that?

che² *mf* (Chi fam) Argentinian

checada *f* 1 (Méx, Per) (comprobación) check; **una ~ de los datos** a check on the figures; **tengo que hacer una ~ de los frenos** I have to check the brakes 2 (Méx) (Med) checkup

checar [A2] *vt* (Méx) 1 (revisar, mirar) to check; **~on la presión del aceite** they checked the oil pressure; **me chequé la presión** (Med) I had my blood pressure checked; **¿por qué no vas a que te chequen?** why don't you go for a checkup?; **¡checa eso! ¡qué sombrero!** (fam) look at that! *o* take a look at that! *o* (colloq) check that out! what a hat! 2 (verificar) to check; **¿~on el saldo?** did you check the balance?; **¿llegó el correo? — ahorita se lo checo** has the mail come? — I'll go and check right now 3 (vigilar) to check up on; **no me gusta que me anden checando** I don't like people checking up on me; **su trabajo consiste en ~ que los demás trabajen** his job is to check *o* make sure that everybody else is working 4 (marcar): **no olvides que te chequen el boleto del estacionamiento** don't forget to get the parking ticket stamped; **tengo que ~ tarjeta a las 9** I have to clock in at nine o'clock

chechén¹ *adj* Chechen

chechén² *mf* 1 (persona) Chechen 2 **chechén** *m* (idioma) Chechen

Chechenia *f* Chechnya

chechenio ¹ na *adj* Chechen

checheno² -na *m,f*
A (persona) Chechen
B **checheno** *m* (idioma) Chechen

chécheres *mpl* (Col fam): **recoge tus ~, que nos vamos** get your things *o* gear *o* stuff together, we're leaving (colloq); **el cuarto de los ~** the junk *o* lumber room

checo¹ -ca *adj* Czech

checo² -ca *m,f* 1 (persona) Czech 2 **checo** *m* (idioma) Czech

checoslovaco¹ -ca (RPl) **checoeslovaco -ca** *adj* (Hist) Czechoslovak, Czechoslovakian

checoslovaco² -ca (RPl) **checoeslovaco -ca** *m,f* (Hist) Czechoslovakian

Checoslovaquia, (RPl) **Checoeslovaquia** *f* (Hist) Czechoslovakia

chef /ʃef, tʃef/ *m* chef

chela *f* (Chi, Méx, Perú fam) beer

chele¹ -la *adj* (AmC) (de piel) light-skinned; (de pelo) blond-haired, fair-haired

chele² -la *m,f* (AmC) (de piel blanca) light-skinned person; (de pelo rubio) blond-haired *o* fair-haired person

cheli¹ *adj* slang (*before n*)

cheli² *m*
A (Ling) slang (*used in certain areas of Madrid*)
B (Esp fam) (tipo) guy (colloq)

chelín *m* 1 (Hist) (moneda británica) shilling 2 (Hist) (moneda austríaca) schilling

chelista *mf* cellist

chelo *m* cello

chepa *f*
A (fam) (joroba) hump
B (Col fam) (suerte) luck, good luck
C (Per fam) (tregua): **pedía ~ pero le seguían pegando** he begged them to lay off *o* stop but they carried on hitting him (colloq); **papi, ~** give me a break, Dad! (colloq)

chepibe *m* (RPl fam & hum) errand boy; **¿y yo acá quién soy? ¿el ~?** who do you think I am, the office boy *o* the general dogsbody?

chépica *m* (Chi) turf

cheque ➡ *m* check (AmE), cheque (BrE); **me extendió un ~ por valor de 500 dólares** she made me out *o* wrote me a check for 500 dollars; **girar un ~** to draw a check; **¿puedo pagar con ~?** can I pay by check?; **cobrar un ~** to cash a check; **un ~ a nombre de ...** a check made out to ... *o* made payable to ...
(Compuestos)
- **cheque a fecha** (Chi) postdated check*
- **cheque a la orden** negotiable *o* order check*
- **cheque al portador** bearer check*
- **cheque bancario** banker's draft, bank draft
- **cheque certificado** certified check*
- **cheque comida** meal ticket
- **cheque conformado** certified check*
- **cheque cruzado** crossed check*
- **cheque de gerencia** (AmL) ▸**cheque bancario**
- **cheque de viaje** *or* **de viajero** traveler's check (AmE), traveller's cheque (BrE)
- **cheque en blanco** blank check*
- **cheque nominativo** order check*; **un ~ ~ a favor de Don Juan Sánchez** a check made out to *o* made payable to Mr Juan Sánchez
- **cheque regalo** gift voucher, gift token
- **cheque sin fondos** bad *o* (frml) dishonored* check*

chequeada *f* (Chi, Per fam) check; **dale una chequeadita al sistema eléctrico** check the electrics

chequear [A1] *vt*
A 1 (revisar) to check; **~on los frenos** they checked the brakes 2 (verificar) to check; **hay que ~ la hora de salida** we must check the departure time; **déjame ~lo en mi agenda** let me check (in) my diary 3 (cotejar) **~ algo con algo** to check sth AGAINST sth; **hay que ~ la copia con el original** you have to check the copy against the original
B (AmL) ‹*equipaje*› to check in
■ **chequearse** *v pron* 1 (Col, Ven) (Aviac) to check in 2 (Ven) (Med) to have a checkup

chequeo *m* 1 (Med) checkup; **debe someterse a un ~ médico antes de viajar** you must have a checkup *o* (BrE) a medical before you travel; **se hará un ~ a fondo de la población infantil** all children will be given thorough medical examinations *o* checkups 2 (control, inspección) check; **rigurosos ~s de precios** rigorous price-checks; **mostradores de ~ de tiquetes** (Col) check-in desks

chequera *f* checkbook (AmE), cheque book (BrE)

cherna *f* wreck fish, stonebass

cherva *f* castor oil plant

cheto -ta *adj* (RPl) grand, posh (BrE colloq)

cheve *f* (Méx fam) beer

chévere *adj* (AmL exc CS fam) great (colloq), fantastic (colloq); **no sabía ¡qué ~!** I didn't know, that's great!; **sería muy ~ que te pudieras venir** it would be great *o* fantastic if you could come

cheviot /ʃe'βjo(t)/ *m* cheviot

chibcha¹ *adj* Chibchan, Chibcha (*before n*)

chibcha² *mf* Chibcha

chibolo -la *m,f* (Per fam) kid (colloq)

chic¹ /ʃik, tʃik/ *adj inv* chic, fashionable

chic² /ʃik, tʃik/ *m* chic; **la mujer latina tiene ~** Latin women are very chic; **se viste con mucho ~** she dresses very stylishly *o* chicly *o* with great chic

chica *f* (fam) maid *ver tb* **chico²**
(Compuestos)
- **chica de alterne** hostess
- **chica de conjunto** chorus girl
- **chica de servicio** maid

chicane /'(t)ʃikan/ *f* chicane

chicanear [A1] *vi* (Andes, Méx): **deja de ~** cut out the tricks *o* the funny business (colloq), stop trying to con me/us (colloq)

chicanero -ra *adj* (Col) tricky, crafty, cunning

chicano¹ -na *adj* Chicano

chicano² -na *m,f* (*m*) Chicano; (*f*) Chicana

> **Chicano**
>
> *Chicanos* are Mexican Americans, the descendants of Mexican immigrants living in the United States. For long looked down on by Americans of European descent, Chicano society has found a new pride in its origins and culture. There are numerous Chicano radio stations and cultural organizations in the United States and many universities and colleges now offer courses in Chicano Studies.

➡ *ver* Vivir en un país de habla inglesa

chicarrón -rrona *m,f* (Esp fam) strapping *o* sturdy kid (colloq)

chicha[1] *adj* ▸**calma**

chicha[2] *f*

A (bebida alcohólica) *alcoholic drink made from fermented maize, also called chicha bruja*; ***blanco como la ~*** (Ven) white as a sheet (colloq); ***ni ~ ni limonada*** (fam) neither one thing nor the other, neither fish nor fowl; ***sacarle la ~ a algn*** (Ven fam): **pagan bien pero nos sacan la ~** they pay well but they make you work for your money *o* they get their pound of flesh; ***volver ~ a algn*** (fam) to beat sb to pulp; ***volverse (una) ~*** (Ven fam) to get in a muddle (colloq)

Compuestos

- **chicha andina** *alcoholic drink made with corn flour and pineapple juice*
- **chicha de manzana** *alcoholic drink made from apple juice*
- **chicha de uva** *alchoholic drink made from grape juice*

B (bebida sin alcohol) *cold drink made with maize or fruit*

C 1 (Esp leng infantil) (carne) meat 2 (Esp fam): **la ~** (el cuerpo): **llevaba toda la ~ al aire** she was showing everything she had (colloq) 3 (Esp fam) (gordura): **¡tiene unas ~s!** she's so fat!

D (AmC vulg) (teta) tit (sl)

> **chicha**
>
> A Latin American drink, typically alcoholic, made of fermented maize. In some South American countries, *chicha* is drunk out of a bull's horn during ▸**fiestas patrias.**
>
> In Peru, the term *lo chicha* is used to denote anything relating to ordinary life and the common people. It also refers to a mixture of *cumbia*, a fast music of Colombian origin, and *huayno*, Andean music.

chícharo *m* (esp Méx) pea

Compuesto **chícharo chino** *or* **japonés** mangetout

chicharra *f* 1 (Zool) cicada; ***quien nace ~ muere cantando*** (Chi fam) a leopard never changes its spots 2 (timbre) buzzer 3 (monedero) wallet, billfold (AmE)

chicharrera *f* (Esp fam): **esta habitación parece una ~** this room's like an oven *o* furnace

chicharrero -ra *adj* (Esp fam) of/from Tenerife

chicharrón[1] *adj* (Ven fam) curly

chicharrón[2] *m*

A (Coc): **chicharrones** cracklings (*pl*) (AmE), pork scratchings (*pl*) (BrE); ***darle ~ a algo/algn*** (Méx fam) (eliminar) to get rid of sth/sb; **le dieron ~ para que no hablara** they got rid of him *o* bumped him off so that he wouldn't talk (colloq); **le dieron ~ a muchos proyectos** they axed *o* got rid of many projects (colloq); ***el primer ~*** (Ven fam) the first person to arrive; ***estar como un ~*** (fam) to be as red as a lobster; ***tronar los chicharrones*** (Méx) to crack the whip

B (Ven fam) (rizo) curl

chicharronero -ra *adj* (Méx fam) bungling

chiche[1] *adj* (AmC fam) dead easy (colloq); **me salió ~** it was dead easy *o* a pushover (colloq)

chiche[2] *m*

A 1 (CS fam) (juguete) toy 2 (Chi) (adorno) trinket

B (CS fam) (primor): **tiene la casa que es un ~** she keeps her house looking really nice *o* like a picture

C (AmC, Méx) (pecho) breast, tit (sl)

chichero -ra *m,f* chicha seller

chichi[1] *f* (Méx fam) 1 (de una mujer) tit (sl) 2 (de un animal) teat

chichi[2] *m* (Esp) ▸**coño**[1]

chichí[1] *m* (Col leng infantil) wee wee (used to or by children); **hacer ~** to do a wee wee (colloq)

chichí[2] *f* (Col leng infantil) thing (colloq), weeny (AmE colloq), willy (BrE colloq)

chichicaste, chichicastle *m* (AmC, Méx) nettle

chichicuilote *m* (Méx) sandpiper; ***tener piernas de ~*** to have very long, thin legs

chichifear [A1] *vi* (Méx arg) to work as a prostitute, peddle ass (AmE vulg)

chichifo *m* (Méx arg) male prostitute, ass peddler (AmE sl), rent boy (BrE colloq)

chichigua *f* (Col fam) pittance (colloq); **gana una ~** he earns absolute peanuts *o* a pittance

chichiguatero[1] **-ra** *adj* (Col fam) tight (colloq), stingy (colloq)

chichiguatero[2] **-ra** *m,f* (Col fam) skinflint (colloq), tightwad (AmE colloq)

chichimeca[1] *adj* Chichimecan, Chichimec (*before n*)

chichimeca[2] *mf* Chichimec

chichinga *interj* (AmC leng infantil) tee hee!, hee hee hee!

chicho -cha *adj* (Méx fam) 1 (bonito) nice, neat (AmE colloq) 2 ‹*persona*› **es muy chicha para los deportes** she's brilliant at sport (colloq)

chichón *m* swelling *o* bump on the head

chichona *adj* (AmC fam & hum) well-endowed (colloq & hum), busty (colloq)

chichonera *f* 1 (gorro) helmet 2 (Col fam) (gentío) crowd

chicle, chiclé *m*

A (para mascar) chewing gum; ***pegarse a algn como un ~*** to stick to sb like glue

Compuestos

- **chicle de bomba** (Col, Ven) bubble gum
- **chicle de globos** *or* **de globito** bubble gum
- **chicle globero** (Ur) bubble gum

B (Bot) gum

C (Ven) (ruego constante): **¡deja ya el ~!** stop pestering me! (colloq)

chiclero -ra *m,f*

A (Méx) (vendedor) street vendor (*selling chewing gum, candy, etc*)

B (AmC) (Agr) rubber tapper

chico[1] **-ca** *adj* (esp AmL) 1 (joven) ‹*persona*› young; **es muy ~ para salir solo** he's too young to go out on his own; **una playa a la que íbamos de ~s** *or* **cuando éramos ~s** a beach we used to go to as children *o* when we were young, a beach we used to go to when we were small *o* little (colloq) 2 (bajo) ‹*persona*› small; **es muy ~ para su edad** he's very small for his age; **chiquita** *or* **chiquitita pero cumplidora** (CS) she may be small but she's good (*o* clever *etc*); ▸**matón**[1]; ***dejar ~ a algn*** (fam) to put sb to shame; **se puso a hablar de filosofía y nos dejó ~s a todos** she started talking about philosophy and put us all to shame *o* (colloq) showed us all up; **las dejarás chicas a todas con ese vestido** with that dress you'll put everyone else in the shade (colloq); ***quedarse ~:*** **en física me quedo ~ junto a él** he puts me to shame when it comes to physics 3 (pequeño) small; **es un bar muy ~** it's a very small bar; **los pantalones le quedan ~s** the trousers are too small for him; **me dio un pedacito chiquitito** he gave me a tiny piece

chico[2] **-ca** *m,f*

A 1 (niño) (*m*) boy; (*f*) girl; **es un ~ muy bueno** he's a very good boy, he's very good; **tengo que recoger a los ~s del colegio** I have to pick the children *o* (colloq) kids up from school; **~ de la calle** street urchin; ▸**zapato** 2 (hijo) (*m*) son, boy; (*f*) daughter, girl; **mis ~s van a ese colegio** my children go to that school; **mi ~ mayor está haciendo la mili** my eldest boy *o* son is doing his military service 3 (joven) (*m*) guy (colloq), boy (colloq), bloke (BrE colloq); (*f*) girl; **ayer te vi con tu ~** I saw you with your boyfriend yesterday 4 (empleado joven) (*m*) boy; (*f*) girl 5 (como apelativo): **chica, no te puedes imaginar lo que me pasó** hey, you'll never guess what happened to me; **¡~! ¿tú por aquí?** well, well! what brings *you* here?; **~, no seas tonto, todo te lo crees** come on, don't be so silly, you'd believe anything

Compuesto **chico de los recados** messenger boy

B **chico** *m* (AmL) (en billar) frame; (en bolos) game

chicoco -ca *m,f* (Chi fam) (niño) kid (colloq); (persona baja) short person (*o* man *etc*); **sale con una chicoca de pelo rubio** he's going out with a short blonde woman (*o* girl *etc*)

chicoria *f* chicory

chicotazo *m* (AmL) whipping; **les impuso la obediencia a ~s** he whipped them into obedience

chicote *m* (fam)

A (AmL) (látigo) whip; **darle ~ a algn** to give sb a whipping, to whip sb

B (Náut) (de un cabo) end

C (Col) 1 (fam) (cigarrillo) cigarette, fag (BrE colloq) 2 (fam) (colilla) butt, fag-end (BrE colloq)

chicotear [A1] *vt* (AmL) to whip

chicotera *f* (Chi) half belt

chicuco *m* delivery boy, errand boy

chicuelo -la *m,f* little kid

chido -da *adj* (Méx fam) fantastic (colloq), great (colloq)

chifa *m* (Per fam) (restaurante) Chinese restaurant, Chinese (colloq); (comida) Chinese food, Chinese (colloq); **me gusta el ~** I like Chinese food

chiffon /tʃi'fon/ *m* chiffon

chiffonier *m* (*pl* **-niers**) chiffonier

chifla *f* whistling, catcalls (*pl*)

chifladera *f* 1 (Andes fam) (chifla) whistling 2 (Méx fam) ▸**chifladura**

chiflado[1] **-da** *adj* (fam) crazy (colloq), mad (BrE); **ese viejo está ~** that old guy's crazy *o* mad *o* nuts (colloq), that old guy's a nutter *o* off his rocker *o* round the bend (colloq); **estar ~ POR algo/algn** to be crazy *o* nuts *o* mad ABOUT sth/sb (colloq); **está ~ por ti** he's crazy *o* nuts *o* mad about you (colloq)

chiflado[2] **-da** *m,f* (fam) nutcase (colloq), nutter (colloq)

chifladura *f* (fam): **¡qué ~ la de este tipo!** this guy's completely nuts *o* off his rocker! (colloq); **ahora le ha dado la ~ de que lo persiguen** now he's got this crazy idea into his head that he's being followed (colloq)

chiflamicas *m* (*pl* ~) (Col fam) bad musician

chiflar [A1] *vt* ‹*actor/cantante*› to whistle at (*as sign of disapproval*), ≈ to boo

■ **chiflar** *vi*

A 1 (AmL) (silbar) to whistle; **¿sabes ~?** can you whistle?; **le ~on cuando pasó por la obra** they whistled at her *o* wolfwhistled when she went past the building site; **chíflale a ver si nos ve** whistle to him *o* give him a whistle and see if he sees us 2 (con los dedos) to whistle; **chifló para detener a un taxi** she whistled to get a taxi to stop

B (fam) (gustar mucho): **le chiflan los coches** he's crazy about cars (colloq), he's mad on *o* about cars (BrE colloq); **ese chico me chifla** I'm crazy *o* (BrE) mad about that guy (colloq)

■ **chiflarse** *v pron* (fam) **~se POR algo/algn**: **se chifla por las motos** he's crazy about motorbikes (colloq), he's mad about *o* on motorbikes (BrE colloq), he's motorbike-crazy *o* (BrE) motorbike-mad (colloq); **se chifló por esa chica** he flipped his lid *o* he went nuts over that girl (colloq)

chifle *m* powder horn

chiflete *m* (RPl fam) ▸**chiflón**

chiflido *m* whistle; **pegar un ~** to whistle

chiflón *m* draft (AmE), draught (BrE)

chigüín -güina *m,f* (AmC fam) kid (colloq)

chigüire *m* (Ven) capybara

chigüiro *m* (Col, Ven) capybara

chihuahua *mf* chihuahua

chiíta[1], **chiita** *adj* Shiite

chiíta[2], **chiita** *mf* Shiite; **los ~s** the Shia

chilaba *f* djellaba

chilacayote *m* chilacayote (*type of gourd*)

chilango -ga *adj* (Méx) of/from Mexico City

chilaquiles *mpl* (Méx) *corn tortilla in tomato and chili sauce*

chilca *f* ▸**chirca**

chilcano *m* (Per) pisco/cherry brandy with cola

chile *m*

A (AmC, Méx) (Bot, Coc) chili, hot pepper; ***andar a***

C

medios ~*s* (Méx fam) to be tipsy
(Compuesto) **chile con carne** chili con carne
B (AmC fam) (chiste) joke
C (Méx vulg) (pene) prick (vulg)
Chile *m* Chile
chilear [A1] *vi* (AmC fam) to tell jokes
chilena *f* (AmL) (Dep) scissors kick
chilenismo *m* Chileanism, Chilean word/expression
chileno -na *adj/m,f* Chilean
chilicote *m* (AmS) cricket
chilindrina *f* (Méx) sugar-coated bun
chilindrón *m* tomato and pepper sauce; **pollo al** ~ chicken in tomato and pepper sauce
chilla *f*
A (tabla) thin board; ***andar en la quinta*** ~ (Méx fam) to be broke (colloq)
B (Chi) (Zool) fox
chillar [A1] *vi*
A «*pájaro*» to screech; «*cerdo*» to squeal; «*ratón*» to squeak
B 1 (gritar) to shout, yell (colloq); (de dolor) to scream; (de miedo) to scream, shriek; **chillaban como locos** they were shouting their heads off, they were shouting like crazy *o* (BrE) mad; ~**le A algn** to yell *o* shout AT sb; **no hace falta que me chilles, no estoy sorda** there's no need to shout *o* yell, I'm not deaf; **si llega tarde le** ~**án** (fam) if he's late he'll get a real earful *o* he'll get bawled out *o* he'll get yelled at (colloq) 2 «*oídos*» to ring 3 «*bebé/niño*» (llorar) to scream
C (Col) «*colores*» to clash
chillería *f* shouting, yelling
chillido *m*
A (de un ave) screech; (de un cerdo) squeal; (de un ratón) squeak
B (grito) shout, yell; (de dolor) scream; (de miedo) scream, shriek; **no hace falta que des** *or* **pegues esos** ~**s** (fam) there's no need to shout *o* yell; **daba unos** ~**s que ni que la estuvieran matando** the way she was screaming *o* shrieking, you'd have thought that someone was trying to kill her (colloq)
chillón -llona *adj* (fam) 1 ‹*niño*› **es muy** ~ he never stops screaming (colloq) 2 ‹*voz*› shrill, piercing 3 ‹*color*› loud; **un amarillo** ~ a loud *o* lurid yellow
chilote¹ *adj* of/from Chiloé
chilote² *m* (AmC) baby sweetcorn
chilpayate *m* (Méx fam) kid (colloq)
chiltoma *f* (AmC) sweet pepper
chimango *m* chimango (*type of hawk*); ▸**pólvora**
chimba *f* (Col vulg) ▸**coño¹**
chimbear [A1] *vt* (Col fam) to con
chimbo -ba *adj* 1 (Col fam) (falsificado) ‹*perfume*› fake (*before n*); ‹*whisky/grabación*› bootleg (*before n*); **un cheque** ~ a dud check (colloq) 2 (Ven arg) (malo) lousy (colloq)
chimbó *m* chewing tobacco
chimbomba *f* (AmC) balloon
chimenea *f*
A 1 (de una casa) chimney; (de un barco) smokestack (AmE), funnel (BrE); (de una locomotora, fábrica) smokestack (AmE), chimney (BrE); ***fumar como (una)*** ~ (fam) to smoke like a chimney (colloq) 2 (de un volcán) vent; (en una mina) chimney, shaft; (en alpinismo) chimney 3 (de un paracaídas) vent
(Compuestos)
- **chimenea de aire** air shaft
- **chimenea de ventilación** ventilation shaft
- **chimenea refrigeradora** cooling tower

B (hogar) fireplace, hearth; **sentados frente a la** ~ sitting in front of the fireplace *o* hearth *o* fire; **echar un leño a la** ~ to put a log on the fire
chimento *m* (RPl fam) story; **te voy a contar un** ~ I've got a story *o* some gossip to tell you
chimichurri *m* (RPl) hot sauce
chimiscolear [A1] *vi* (Méx fam) to gossip
chimiscolero¹ -ra *adj* (Méx fam) gossipy (colloq)
chimiscolero² -ra *m,f* (Méx fam) gossip
chimpancé *mf* chimpanzee
chimpún *m* (Per) football boot
chimuchina *f* (Chi fam) riffraff (colloq)
chimuelo *adj* (Méx fam) toothless
china *f*
A 1 (piedra) pebble, small stone; ***me/te/le tocó la*** ~ I/you/he got *o* drew the short straw 2 (Ven) (honda) slingshot (AmE), catapult (BrE) 3 (Esp arg) (de hachís) lump, piece, ball
B (AmL) (en el folklore de algunos países) *wife or girlfriend of a* ▸**gaucho** *or of a* ▸**charro**
C (Esp) (porcelana) porcelain
D (Col) (abanico) fan
E (Chi pey) (sirvienta) serving girl
China *f*: *tb* **la** ~ China; **la** ~ **Roja** *or* **comunista** Red *o* Communist China; **la** ~ **nacionalista** Nationalist China; ***acá y en la*** ~ (fam): **las cosas funcionan así acá y en la** ~ that's the way things work, not just here but all over the world; ***ni aquí*** *or* ***acá ni en la*** ~ (fam) neither here nor anywhere
chinamo *m* (AmC fam) 1 (en una feria) stall 2 (bar) small bar
chinampa *f* (Méx) 1 (terreno) man-made island 2 (embarcación) riverboat

> **chinampas**
> ▸**Xochimilco.**

chinampas *fpl* ▸**Xochimilco**
chinchar [A1] *vt* (fam) to pester (colloq)
■ **chincharse** *v pron* (fam): **para que te chinches: yo aprobé y tú no** I passed and you didn't, so there! (colloq); **antes no lo quisiste, así que ahora chínchate, me lo quedo yo** you didn't want it before so tough luck, I'm keeping it now (colloq)
chinche¹ *adj* 1 (fam) (pesado) irritating 2 (fam) (quisquilloso) fussy 3 (Chi fam) (hediondo) smelly (colloq)
chinche² *f or m*
A 1 (insecto) bedbug; ***caer*** *or* ***morir como*** ~***s*** (fam) to drop like flies (colloq) 2 (Ven) (mariquita) ladybug (AmE), ladybird (BrE)
B (RPl fam) (mal humor) bad mood; **¡hoy está con una** ~ **...!** she's in such a bad mood today!
chinche³ *mf*
A 1 (fam) (pesado) nuisance, pain in the neck (colloq) 2 (fam) (quisquilloso) nit-picker (colloq)
B **chinche** *f* (AmC, Méx, RPl) ▸**chincheta**
C **chinche** *m* (Andes) ▸**chincheta**
chincheta *f* (Esp) thumbtack (AmE), drawing pin (BrE)
chinchilla *f* chinchilla
chin-chin¹ *interj* (fam) cheers!
chin-chin² *adv* (Ven fam) in cash; **le pagué** ~ I paid cash for it, I paid for it in cash
chinchinero -ra *m,f* (Chi) street performer, busker (BrE)
chinchón *m: type of rummy*
chinchona *f* quinine
chinchorrero¹ -ra *adj* (fam) irritating
chinchorrero² -ra *m,f* (fam) pain in the neck (colloq)
chinchorro *m* 1 (bote — de remos) rowboat (AmE), rowing boat (BrE); (— de motor) motorboat 2 (red) fishnet (AmE), fishing net (BrE) 3 (Col, Ven) (hamaca) hammock
chinchosear [A1] *vi* (Chi fam) to flirt
chinchoso -sa *m,f*
A (fam) (pesada) pest (colloq)
B (Chi fam) (coqueto) flirt
chinchudo¹ -da *adj* (Arg fam) grumpy; **hoy está** ~ he's grumpy *o* in a bad mood today
chinchudo² -da *m,f* (Arg fam) grouch (colloq)
chinchulines *mpl* (Bol, RPl) chitterlings (*pl*), chitlins (*pl*)
chincol *m*
A (Chi) (pájaro) crown sparrow
B (Chi) (bebida) eau-de-vie with water/soda
chinear [A1] *vt*
A (Per arg) (mirar, vigilar) to look at, check out (colloq)
B (AmC) ‹*niño*› to cradle ... in one's arms
■ **chinear** *vi* (Chi fam) to have an affair (*with a maid*)
chinela *f* 1 (pantufla) slipper 2 (AmC) (chancla) thong (AmE), flip-flop (BrE)
chinerío *m* (Chi fam) servants (*pl*)
chinesco -ca *adj* Chinese; ▸**sombra**
chinga *f* (Méx fam): **es una** ~ **mudarse de casa** moving house is a nightmare; **la vida es una** ~ life's a bitch (sl)
chingada *f* (Méx vulg): **estos libros están pa' la** ~ these books are useless *o* (sl) crap; **¡vete a la** ~**!** screw you! (vulg); **¿dónde estamos? — en la** ~ where are we? — in the middle of nowhere (colloq); **¡vas a ver, hijo de la** ~**!** just you wait, you son-of-a-bitch! (sl); **¡es una hija de la** ~**!** she's a low-down bitch! (sl); ***estar de la*** ~ (Méx vulg) to be in deep shit *o* up shit creek (vulg)
chingadazo *m* (Méx fam): **¡qué** ~ **me di!** I gave myself a real bang *o* smack on the head (colloq); **cállate, que te voy a dar un** ~ shut up or I'll thump you (colloq)
chingadera *f* (Méx vulg) trash (colloq), crap (sl); **esa tienda vende puras** ~**s** that shop sells nothing but trash *o* crap; **ya no digas tanta** ~ stop talking crap
chingado -da *adj* (Méx vulg): **¿de dónde** ~**s quieres que lo saque?** where the hell (colloq) *o* (vulg) where the fuck do you expect me to get that from?; **¿qué** ~**s va a entender ése?** what in hell's name is he going to know about it? (colloq); **¡chingada madre! te dije que no se lo dijeras a nadie** you jerk! (sl) *o* (colloq) you stupid idiot! I told you not to tell anyone
chingana *f* (Andes) dive (colloq)
chingaquedito -ta *adj* (Méx fam) weasly, two-faced (colloq), scheming (*before n*)
chingar [A3] *vi*
A (esp Méx vulg) (copular) to screw (vulg), to fuck (vulg)
B (Méx vulg) (molestar): **no le hagas caso te lo dijo para** ~ **nada más** don't take any notice of him, he only said it to annoy you; **¡deja de** ~**!** stop being such a pain in the ass! (vulg), get off my back! (colloq); **me caso mañana — ¡no (me) chingues!** I'm getting married tomorrow — you're kidding! (colloq)
C (RPl fam) «*vestido/pollera*» (+ *me/te/le etc*): **la pollera te chinga de atrás** your skirt doesn't hang straight at the back
■ **chingar** *vt*
A (AmL vulg) (en sentido sexual) to fuck (vulg), to screw (vulg); ▸**madre² A2**
B (Méx vulg) (jorobar) to screw (vulg); **si no lo haces te van a** ~ if you don't do it, they'll screw you (vulg); **ése no más se pasa chingando a todo el mundo** that guy spends his life screwing people *o* shitting on people (vulg); ~***la:*** **¡no la chingues! ya cerraron el banco** (Méx vulg) shit! the bank's already closed! (vulg); **no sabés cómo la chingué** (RPl fam) I really put my foot in it (colloq)
■ **chingarse** *v pron*
A (*enf*) (AmL vulg) (en sentido sexual) to fuck (vulg), to screw (vulg)
B (esp Méx vulg) (jorobarse): **creyó que le darían el premio pero se chingó** he thought he'd be given the prize but he got a shock *o* he was disappointed; **se chingó el motor** the engine's had it (colloq), the engine's knackered (BrE sl); **encendió el cohete pero se chingó** he lit the rocket but it didn't go off *o* it fizzled and went out (colloq)
C (Méx vulg) (aguantarse): **si no te gusta, te chingas** if you don't like it, that's tough (colloq), if you don't like it, you can lump it (BrE colloq); **no quisiste hacerme caso, ahora te chingas** you wouldn't listen, so tough shit! (vulg)
D (Méx vulg) 1 (castigar) to give ... a hard time 2 (robar) to rip ... off (colloq)
chingaste *m* (AmC) coffee grounds (*pl*)
chingo¹ -ga *adj*
A (AmC fam) (desnudo) stark naked (colloq)
B (Ven fam) (con la nariz aplastada) snub-nosed, flat-nosed
chingo² *m* (Méx fam): **te quiero un** ~ I'm crazy about you (colloq); **hubo un** ~ **de gente en la**

fiesta there were loads of people at the party (colloq); **esa mesa me costó un ~** that table cost me a packet *o* a bomb (colloq); **me gustó un ~ la película que pasaron anoche** I thought that movie they showed last night was great (colloq)

chingo[3] **-ga** *m,f* (Ven fam) flat-nosed *o* snub-nosed person (*o* guy *etc*); ***si no lo agarra el ~, lo agarra el sin nariz*** (Ven fam) it's Hobson's choice

chingón[1] **-gona** *adj* (Méx vulg) ‹*partido/película*› fantastic (colloq); ‹*persona*› gorgeous (colloq)

chingón[2] **-gona** *m,f* (Méx vulg): **es un ~ con las mujeres** he's a real hit with women (colloq); **es una chingona bailando** she's a hell of a dancer (colloq), she's a shit-hot dancer (sl)

chingue *m*
A (Chi) **1** (Zool) skunk **2** (fam) (persona hedionda) smelly person
B (Col) (traje de baño — de hombre) swimming trunks (*pl*); (— de mujer) swimsuit, bathing suit

chinguear [A1] *vi/vt* (AmC) ▸**chingar**

chinguero *m* (Méx vulg): **tengo un ~ de trabajo** I have loads of work to do (colloq); **en la bodega hay un ~ de ratas** the cellar is swarming with rats (colloq); **tiene un ~ de dinero** he's absolutely loaded (colloq), he has loads *o* stacks of money (colloq); **comimos un ~** we stuffed ourselves (colloq)

chinguetas *mf* (Méx vulg): **ese cuate es un ~** that guy's hot shit *o* shit hot (vulg)

chinguirito *m* (Méx) *alcoholic drink made from sugar cane*

chinita *f* (Chi) ladybug (AmE), ladybird (BrE)

chino[1] **-na** *adj*
A (de la China) Chinese; ***estar ~ de risa*** (Per fam) to be in stitches (colloq)
B (Méx) ‹*pelo*› curly

chino[2] **-na** *m,f*
A (de la China) (*m*) Chinese man; (*f*) Chinese woman; **los ~s** the Chinese, Chinese people; ***engañar a algn como a un ~*** to take sb for a ride; ▸**trabajar B**
B **1** (Arg, Per) (mestizo) mestizo, person of mixed Amerindian and European parentage **2** (Col fam) (joven) kid (colloq) **3** (Méx) (de pelo rizado) curly-haired person, person with curly hair

chino[3] *m*
A (idioma) Chinese; ***es ~ para mí*** *or* ***me suena a ~*** (hablando de un tema) it's all Greek to me; (hablando de un idioma) it sounds like double Dutch to me; ▸**caer**
B (Esp) (Coc) vegetable mill
C **1** (fam) (de hachís) lump, piece **2** **chinos** *mpl* (juego) spoof; **jugar a los ~s** to play spoof
D (Méx) **1** (pelo rizado) curly hair **2** (para rizar el pelo) curler, roller
E (Per) (tienda) (fam) convenience store, corner shop (BrE)

chintz /'tʃints/, **chinz** *m* chintz

chip *m* (*pl* **chips**) **1** (Inf) (silicon) chip; ***te/le falta un ~*** (Esp fam) you have/he has a screw loose (colloq); ***cambiar el ~*** (Esp fam) to change one's outlook *o* attitude; **la gente tiene que cambiar el ~ al respecto** people need to change their attitudes about this **2** (papa frita) potato chip (AmE), crisp (BrE) **3** (Arg) (pancito) bridge roll

Compuestos
- **chip de RAM** RAM chip
- **chip informático** computer chip
- **chip ROM** ROM chip

chipe *m* (Chi fam): **ando sin un ~** I haven't a penny to my name (colloq); **~ *libre*** (Chi fam): **le dieron ~ ~ para actuar** they gave him carte blanche; **ese niño tiene ~ ~** that child does just as he pleases

chipear [A1] *vt* (Chi fam) to cough up (colloq)

chipén *adj* (Esp fam & ant) spiffing (colloq & dated); **de ~** (fam & ant) spiffingly (colloq & dated); **lo pasamos de ~** we had a marvelous *o* spiffing time

chipi[1] *adj inv* (Méx fam) down (colloq)

chipi[2] *m* (Per) ▸**chip 2**

chipichipi *m* **1** (Col, Ven) (Coc, Zool) baby clam **2** (Méx fam) (llovizna) drizzle

chipil *adj* (Méx fam) down (colloq)

chipirón *m* small cuttlefish

chipo *m* (Ven) assassin bug, conenose

chipocludo *adj* (Méx) fantastic (colloq), great (colloq)

chiporro *m* (Chi) **1** (Coc) lamb **2** (piel) fleece

chipote *m* (Méx fam) bump, lump

Chipre *f* Cyprus

chipriota *adj/mf* Cypriot

chiqueado[1] *adj* (Méx fam) spoilt

chiqueado[2] *m* (Méx fam) spoilt brat (colloq)

chiqueador -dora *m,f*
A (Méx fam) (persona) indulgent person
B (Méx) (parche) herbal compress

chiquear [A1] *vt* (Méx fam) to spoil
■ **chiquearse** *v pron* (Méx fam) to play hard to get (colloq)

chiquero[1] **-ra** *adj* (fam) fond of kids (colloq)

chiquero[2] *m* **1** (Taur) pen **2** (AmL) (pocilga) pigpen (AmE), pigsty (BrE); **tiene el cuarto hecho un ~** (fam) his room is a pigsty (colloq)

chiquihuite *m* (Méx) small reed basket

chiquilicuatro *m* (fam) nobody (colloq); **es un ~** he's a nobody

chiquilín[1] **-lina** *adj* (AmL fam): **tiene ya 18 años, pero es muy ~** he's 18, but he's still very childish *o* (colloq) he still acts like a kid; **no seas chiquilina, llama al dentista** don't be such a baby and call the dentist (colloq)

chiquilín[2] **-lina** *m,f* (fam) **1** (AmL) (persona inmadura) big kid (colloq) **2** (Ur) (niño) kid (colloq)

chiquilinada *f* (RPl): **estoy harto de sus ~s** I'm tired of her childishness *o* her childish behavior

chiquillada *f*: **no vamos a pelearnos por una ~ así** we're not going to fight over a childish *o* silly thing like this; **a ver si te dejas de ~s** why don't you stop being childish

chiquillería *f* (fam) kids (*pl*) (colloq)

chiquillo[1] **-lla** *adj*: **es muy chiquilla para pensar en casarse** she's too young to be thinking of getting married; **no seas ~** don't be childish

chiquillo[2] **-lla** *m,f* (joven) youngster, kid (colloq); (niño) child; **tiene una chiquilla preciosa** he has a lovely daughter; **¡pero si todavía es un ~!** but he's just a child *o* a boy!

chiquirritico -ca, **chiquirritín -tina** *m,f* (fam) cute little thing (colloq); **es un ~ precioso** he's a cute little thing, he's a real little cutie (colloq)

chiquito[1] **-ta**, **chiquitito -ta** *adj* **1** (esp AmL fam) (pequeño) small; **la casa es chiquita pero cómoda** the house is small but comfortable; **un niño ~** a little *o* small child **2** (esp AmL fam) (muy pequeño) very small, tiny (colloq)

chiquito[2] *m* **1** (Esp) (de vino) small glass **2** (RPl fam) (pedacito) little bit (colloq); **dame un ~ de torta** give me a little bit of *o* just a sliver of cake (colloq)

chiquito[3] **-ta** *m,f* (esp AmL fam) (niño) (*m*) little boy; (*f*) little girl; **espera un ~** (RPl) she's expecting a baby; ***no andarse con chiquitas*** (fam): **no se anduvo con chiquitas para decírselo** she certainly didn't mince her words *o* beat about the bush when it came to telling him (colloq); **no se anduvo con chiquitas para pedirme el dinero** he just came straight out and asked me for the money

chirca *f* knitted bag

chircal *m* (Col) brickworks

chiribita *f* **1** (chispa) spark; ***echar ~s*** (fam) to be livid (colloq) **2** **chiribitas** *fpl* (en la vista) spots in front of the eyes

chiribitil *m* tiny room

chirigota *f*
A **1** (fam) (broma) joke; **hacen ~ de todo** they joke about everything; **todo se lo toma a ~** he never takes anything seriously, he takes everything as a joke; **están siempre de ~** they're always kidding around (colloq) **2** (canción) satirical song
B (Chi fam) (expresión grosera) swearword

chirimbolo *m* (fam) thingamajig (colloq)

chirimiri *m* fine drizzle

chirimoya *f* custard apple

chirimoyo *m* **1** (Bot) custard apple tree **2** (Chi fam) (cheque sin fondos) rubber *o* dud check* (colloq)

chiringuito *m* (Esp) stall, kiosk (*selling drinks and snacks*)

> **chiringuito de playa**
>
> In Spain, a kiosk or stall on a beach, selling drinks and simple meals. Some have become well-known restaurants, serving fish, seafood, and paella.

chiripa *f*
A (casualidad) fluke; **de** *or* **por ~** (fam) by pure *o* sheer luck; **aprobé por ~** I passed by sheer *o* pure luck, it was pure fluke *o* it was a fluke that I passed
B (Ven) **1** (insecto) cockroach **2** (palmera) palm

chiripá *m* **1** (de gaucho, indio) *garment worn by gauchos over trousers* **2** (de bebé) *garment worn to hold diaper in place*

chiripazo *m* (AmL fam) stroke of luck

chirivía *f* **1** (Bot, Coc) parsnip **2** (Zool) wagtail

chirla *f*
A (Coc, Zool) baby clam
B (arg) (atraco) armed hold-up

chirle *adj* (RPl) watery, thin

chirlo[1] **-la** *adj* (RPl) watery, thin

chirlo[2] *m* (CS fam) smack around the head (colloq), clip around the ear (BrE colloq)

chiro -ra *adj* (Méx fam) cool (sl)

chirola *f* (Arg fam): **costar ~s** to be dirt cheap (colloq)

chirona *f* (Esp fam) jail; **lo metieron en ~** they put him in the can (AmE colloq), they put him inside *o* in the nick (BrE colloq)

chiros *mpl* (Col) rags (*pl*)

chiroso -sa *adj* (Col) ragged

chirriado -da *adj* (Col) decent (colloq), nice

chirriar [A17] *vi* «*puerta/gozne*» to squeak, creak; «*frenos/neumáticos*» to screech

chirrido *m* (de una puerta) squeaking, creaking; (de frenos, neumáticos) screech, screeching, squeal

chirrión *m* (Méx) whip; ***¡ay*** *or* ***ah ~!*** (Méx) you're kidding! (colloq), you must be joking!; ***se me/le volteó el ~ por el palito*** (Méx fam) I/he had the tables turned on me/him, I/he got a taste of my/his own medicine

chirusa *f* (RPl fam) vulgar *o* common woman

chis *interj* **1** (para hacer callar) shush!, ssh!, hush! **2** (para llamar la atención) psst!

chischás *m* clash

chiscón *m* boxroom

chisgarabís *mf* (*pl* ~) (Esp fam) **1** (persona insignificante) pipsqueak (colloq), squirt (colloq) **2** (persona entrometida) busybody (colloq)

chisme *m* **1** (cotilleo) piece of gossip; **~s** gossip, tittle-tattle (colloq); **no me vengas con ~s** don't come gossiping to me, don't come to me with your tittle-tattle *o* tales **2** (Esp, Méx fam) (trasto, cacharro) thing, thingamajig (colloq); **¿cómo funciona este ~?** how does this thing work?; **¿dónde está el ~ para cambiar de canal?** where's the thing *o* thingamajig for changing channels?; **tiene su cuarto lleno de ~s** his room's full of junk *o* stuff (colloq)

chismear [A1] *vi* (fam) to gossip; **se juntan a ~** they get together for a gossip (colloq)

chismografía *f* gossip, scandal; **la página de ~** the gossip page

chismorrear [A1] *vi* ▸**chismear**

chismorreo *m* (fam) gossip, tittle-tattle (colloq)

chismosear [A1] *vt* (Col, CS) ▸**chismear**

chismoso[1] **-sa** *adj* **1** (cotilla) gossipy (colloq); **es terriblemente ~** he's a terrible gossip; **no he visto un pueblo más ~ que éste** I've never known such a place for gossip, I've never known such a gossipy place **2** (curioso) nosy

chismoso[2] **-sa** *m,f* **1** (cotilla) gossip, scandalmonger (colloq) **2** (curioso) nosy person, nosy parker (BrE colloq)

chispa[1] *adj inv* (Esp fam) tipsy (colloq), merry (BrE colloq)

chispa[2] *f*
A **1** (del fuego) spark; ***está/están que echa/echan ~s*** (fam) he's/they're hopping mad (colloq), he's/they're fuming! (colloq) **2** (Auto, Elec) spark; **cuando lo enchufé empezaron a saltar ~s** when I plugged it in it started sparking *o* giving off sparks; **tiene la ~ atrasada** the ignition timing needs adjusting
B (fam) (pizca): **¿te sirvo más vino? — una chispita** would you like some more wine? — just a drop; **vio en sus ojos una ~ de ironía/esperanza** she saw a flicker of irony/hope in his eyes; **no tiene ni ~ de inteligencia** he doesn't have an ounce *o* an iota *o* a spark of intelligence
C (gracia, ingenio) wit; **sus chistes tienen mucha ~** his jokes are very funny *o* witty
D (Chi) (para pescar) spinner

chisparse [A1] *v pron* (Méx) to come loose

chispazo *m* (Elec, Tec) spark; **fue un ~ de ingenio** it was a stroke of genius

chispeante *adj* **1** ‹*leña/fuego*› crackling **2** (gracioso) witty; **su nueva comedia es ~ y original** her new play is witty and original; **su ingenio ~** his lively *o* sparkling wit **3** ‹*ojos*› (de alegría) sparkling; (de ira) flashing

chispear [A1] *vi* **1** «*leña*» to spark **2** (Elec) to spark, give off sparks
■ *v impers* (fam) (lloviznar) to spit, spot

chispero[1] **-ra** *adj: of/relating to working-class Madrid*

chispero[2] *m* (AmC) **1** (fam) (encendedor) lighter **2** (vulg) (culo) asshole (AmE vulg), arsehole (BrE vulg) **3** (Auto) spark plug; ***ver un ~*** (Col fam): **me dejó viendo un ~** *or* **me quedé viendo un ~** I was left none the wiser

chispón -pona *adj* (Col fam) tipsy (colloq), merry (BrE colloq)

chisporrotear [A1] *vi* «*leña/fuego*» to spark, crackle; «*aceite*» to spit, splutter; «*carne/pescado*» to sizzle, spit

chisporroteo *m* (de la leña, fuego) sparking, crackling; (del aceite) spitting, spluttering; (de la carne) sizzling, spitting

chisquete *m* squirt, jet

chist *interj* ▸ **chis**

chistar [A1] *vi* **1** (rechistar): **¡a la cama, niños! ¡y sin ~!** off to bed children and not another word; **soportó el dolor sin ~** he bore the pain without a word of complaint; **pagó la multa sin ~** she paid her fine without protest; **no chistó** he didn't say *o* utter a word **2** (llamar la atención) to go 'psst' (*to get sb's attention*); **le chisté para que viniera** I went 'psst' to call him

chiste *m*
A (cuento gracioso) joke; **contar** *or* (Col) **echar un ~** to tell a joke; **¡suena a ~!** it's unbelievable!, it's incredible!; **no le veo el ~** I don't see what's so funny, I don't see the joke, I don't get it (colloq); **¡es de ~!** it's a joke! (colloq)
(Compuestos)
• **chiste colorado** (Bol, Méx) dirty joke
• **chiste picante** dirty joke
• **chiste verde** dirty joke
B (Bol, CS, Méx) (broma) joke; **vamos a hacerle un ~** let's play a joke *o* trick on her; **no es ~, le debo más de un millón de pesos** it's no joke *o* I'm not joking, I owe her more than a million pesos; **¿me lo estás diciendo en ~?** are you joking?, is that a joke?; ***ni de ~*** (Méx fam) no way (colloq); **ni de ~ le vuelvo a prestar dinero** there's no way I'm going to lend him money again, I'm not going to lend him money again, no chance *o* no way!
C (Col, Méx fam) (gracia): **el ~ es hacerlo en menos de un minuto** the idea *o* point is to do it in less than a minute; **tiene el ~ del paisaje y nada más** (Méx) it has the countryside but that's about it; ***tener su ~*** (Méx) to be tricky; **se ve fácil pero tiene su ~** it looks easy but it's quite tricky *o* it's not at all straightforward
D **chistes** *mpl* (RPl) (historietas) comic strips (*pl*), funnies (*pl*) (AmE colloq)

chistera *f* (Esp) top hat

chistorra *f: spicy sausage (for frying)*

chistosear [A1] *vi* (Chi fam) to make jokes

chistoso[1] **-sa** *adj* funny, amusing; **lo más ~ fue cuando ...** the funniest thing was when ...

chistoso[2] **-sa** *m,f* comic, joker; ***hacerse el ~*** (hacerse el gracioso) (Andes) to act up, play the fool; (hacerse el loco) (Méx) to act dumb (colloq)

chistu *m: Basque flute*

chistulari *mf: Basque flute player*

chit *interj* shush!, ssh!, hush!

chita[1] *f* cheetah; ***a la ~ callando*** (furtivamente) (Esp fam) on the quiet, on the sly; (sin llamar la atención) quietly

chita[2] *interj* (Chi fam) (expresando — sorpresa, admiración) wow! (colloq); (— disgusto, preocupación) hell! (colloq); ***¡por la ~ (diego)!*** (Chi fam) damn it! (colloq), for goodness sake!, bloody hell! (BrE sl)

chitas *interj* ▸ **chita**[2]

chite *interj* (Col fam) shoo! (colloq)

chito, chitón *interj* shush!, ssh!, hush!

chiva[1] *adj*
A **1** (AmC arg) (listo) smart (colloq), on the ball (colloq) **2** (Ven fam) (con mucha suerte) lucky, jammy (BrE colloq)
B (*como interj*) (AmC arg) watch out! (colloq); **¡~ con ese maje!** you'd better watch your step with that guy (colloq)

chiva[2] *f*
A (AmL) (barba) goatee
B (Col) (bus) rural *o* country bus
C (Col period) (primicia) scoop, exclusive
D (Chi fam) (mentira) cock-and-bull story (colloq); **me salió con la ~ de que había estado enfermo** he gave me some cock-and-bull story about how he'd been ill (colloq); **son puras ~s** it's all a bunch *o* pack of lies (colloq)
E (Ven fam) (suerte) luck; ***de ~*** (Ven fam): **nos salvamos de ~** it was sheer luck that we weren't hurt; ***ser una ~ para algo*** (Ven fam): **mi hermana es una ~ para la lotería** when it comes to the lottery my sister has the luck of the devil
(Compuesto) **chiva negra** *mf* (Ven fam) lucky devil (colloq)
F **chivas** *fpl* **1** (Méx fam) (cachivaches) junk (colloq) **2** (Ven fam) (ropa usada) secondhand clothes (*pl*)

chivarse [A1] *v pron*
A (Esp fam) (a la policía) to squeal (sl), to grass (BrE sl), to rat (sl); **la policía encontró la droga porque alguien se chivó** the police found the drugs because somebody squealed *o* grassed; **se chivó al profesor** he ratted to *o* told the teacher; **me voy a chivar a mamá** I'm going to tell Mom
B (Arg fam) (transpirar) to sweat; **estaba todo chivado** he was drenched in sweat
C (Ven fam) (enfurecerse, enojarse) to get mad (colloq), to get annoyed

chivatazo *m* (Esp fam) tip-off (colloq); **dieron el ~** the police were tipped off

chivatear [A1] *vi*
A (Col fam) (molestar) to be a pest (colloq)
B (Chi fam) **1** (berrear) to howl **2** (gritar) to scream and shout (colloq)
C (Per fam) (corretear) to run around
■ **chivatear** *vt* (Ven fam) to cheat, pull a fast one on (colloq)

chivato[1] **-ta** *m,f*
A (Esp, Ven fam) **1** (informador) informer, stool pigeon, nark (sl), grass (BrE colloq) **2** (acusica) tattletale (AmE colloq), telltale (BrE colloq)
B (Col fam) (niño travieso) rascal, little horror (colloq)
C (Ven fam) (persona prominente) big shot (colloq)

chivato[2] *m*
A (Esp fam) **1** (aparato) bleeper (colloq) **2** (luz piloto) pilot light
B (Chi, Ven) (macho cabrío) billy goat
C (Per fam & pey) (maricón) fag (AmE colloq & pej), poof (BrE colloq & pej)

chiveado -da *adj* (Col fam): **era un reloj ~** it was a dud watch (colloq); **llevaba un pasaporte ~** she was carrying a false passport

chivear [A1] *vi* (RPl fam) to run around
■ **chivear** *vt* (Méx fam) to scare, give ... a fright
■ **chivearse** *v pron* (Méx) **1** (fam) (turbarse) to get embarrassed **2** (fam) (asustarse, acobardarse) to get scared, get a fright

chivera *f*
A (Col) (barba) goatee
B (Ven) (Auto) wrecker's yard (AmE), scrapyard (BrE)

chivero -ra *m,f* (Chi fam) liar, bullshitter (sl)

chivito *m*
A (Arg) (carne) goat's meat
B (Ur) (bocadillo) steak sandwich

chivo -va *m,f*
A **1** (cría de la cabra) kid **2** (Ven) (cabra) goat; ***estar como una chiva*** (fam) to be crazy (colloq) **3** **chivo** *m* (AmL) (macho cabrío) billy goat; ***hacerle de ~ los tamales a algn*** (Méx fam) (estafar) to cheat sb, take sb for a ride (colloq) (ser infiel) to be unfaithful to sb, cheat on sb (AmE colloq); ***largar el ~*** (RPl fam) to throw up (colloq), to puke up (sl); ***perder el ~ y el mecate*** (Ven fam) to gamble everything and lose; ***ser como ~ en cristalería*** (Méx fam) to be like a bull in a china shop (colloq); ***~ que se devuelve se desnuca*** (Ven fam) what's done is done
(Compuesto) **chivo expiatorio** *or* **emisario** scapegoat
B **chivo** *m* **1** (Méx fam) (salario) wages (*pl*), pay **2** (Per fam & pey) (maricón) fag (AmE colloq & pej), poof (BrE colloq & pej)

chivudo *adj* (Ven fam) bearded; **cuando estaba ~** when he had a beard

choapino *m* (Chi) woolen* rug

choca *f* (Chi) hot drink

chocado -da *adj* (Chi, Per fam) dented

chocancia *f* (Ven fam) nasty remark

chocante *adj* **1** (que causa cierta impresión): **una costumbre que a un extranjero le puede resultar ~** a custom that could come as a shock to a foreigner; **su reacción me pareció ~** I was shocked *o* taken aback by his reaction, his reaction shocked me **2** (en cuestiones morales) shocking; **me resulta ~ que se besen así en público** I find it shocking the way they kiss in public like that **3** (llamativo) (fam): **tenía un vestido amarillo y verde muy ~ a la vista** she was wearing a really loud yellow and green dress (colloq) **4** (Col, Méx, Ven fam) (desagradable) unpleasant; **los empleados son muy ~s** the staff are very unpleasant *o* (colloq) are horrible

chocantería *f* (Ven fam) rude remark

chocar [A2] *vi*
A **1** (colisionar) to crash, collide; **los trenes ~on de frente** the trains collided *o* crashed head-on; **los dos coches ~on en el puente** the two cars crashed *o* collided on the bridge; **cuatro coches ~on en el cruce** there was a collision at the crossroads involving four cars; **nunca he chocado** (CS) I've never had an accident *o* a crash; **~ CON algo** «*vehículo*» to collide WITH sth; **el expreso chocó con un tren de mercancías** the express collided with *o* ran into *o* hit a freight train; **~ CON algn** «*persona*» to run INTO sb, collide WITH sb; **chocó con el árbitro** he ran into *o* collided with the referee; **~ CONTRA algo/algn** to run *o* crash INTO sth/sb; **~on contra un árbol** they crashed *o* ran into a tree; **el tren chocó contra los topes** the train crashed into *o* ran into the buffers; **el balón chocó contra el poste** the ball hit the goalpost; **la lluvia chocaba contra los cristales** the rain lashed against the windows; **las olas chocaban contra el espigón** the waves crashed against the breakwater **2** (entrar en conflicto) **~ CON algn/algo**: **chocó con el gerente** he clashed *o* (colloq) had a run-in with the manager; **es tan quisquilloso que choca con todo el mundo** he's so touchy he falls out *o* clashes with everyone; **esta idea choca con su conservadurismo** this idea conflicts with *o* is at odds with his conservatism **3** **~ CON algo** ‹*con un problema/un obstáculo*› **~on con la oposición de los habitantes de la zona** they met with *o* came up against opposition from local people
B **1** (causar impresión, afectar) to shock; (+ *me/te/le etc*): **le chocó la noticia de que se habían**

divorciado he was very shocked to hear that they had divorced, it came as a real shock to him to hear that they had divorced; **me chocó que invitara a todos menos a mí** I was taken aback that he invited everybody except me; **le chocó que lo recibieran de esa manera** he was taken aback by the reception he was given **2** (escandalizar) to shock; **me chocó que dijera esa palabrota** I was shocked *o* it shocked me to hear him use that word
C (Col, Méx, Ven fam) (irritar, molestar) (+ *me/te/le etc*) to annoy, bug (colloq); **me choca que me trate así** I can't stand it *o* it really annoys me when he treats me like that, it really gets me *o* bugs me when he treats me like that (colloq); **me choca todo este tramiterío** all this red tape really annoys *o* (colloq) gets me

■ **chocar** *vt* **1** ‹*copas*› to clink; **~la: estaban enojados pero ya la ~on** (Méx fam) they had fallen out but they've made it up again now (colloq); **¡chócala!** *or* **¡choca esos cinco!** (fam) put it there! (colloq), give me five! (colloq) **2** (AmL) ‹*vehículo*› **te lo presto pero no me lo vayas a ~** I'll lend it to you but you'd better not crash it *o* have a crash; **al estacionar choqué el auto del vecino** as I was parking I ran into *o* hit my neighbor's car

■ **chocarse** *v pron*
A (Col) (en un vehículo) to have a crash *o* an accident
B (Col fam) (molestarse) to get annoyed

chocarrero -ra *adj* coarse, crude; **es tan ~** he's so coarse *o* crude *o* he's always telling dirty jokes

chocha *f*
A (Coc, Zool) woodcock
B (Col vulg) (vagina) ▸**chocho**[2]

chochada *f* (AmC fam) silly little thing (colloq)

chochaperdiz *f* woodcock

chochear [A1] *vi* (fam) **1** «*anciano*» to be gaga (colloq) **2** (sentir adoración) **~ POR algn** to dote ON sb

chochera *f*
A **1** (fam) (de un anciano): **el pobre tiene una ~** the poor man's gone a bit soft in the head *o* a bit gaga (colloq) **2** (fam) (adoración): **tiene ~ por el pequeño** he dotes on the little one (colloq)
B (Per fam) (amigo) buddy (AmE colloq), mate (BrE colloq)

chochez *f* (fam) **1** (de un anciano) senile prattle **2** (tontería) nonsense; **¡no digas chocheces!** don't talk nonsense *o* (colloq) drivel

chochín *m* wren

chocho[1] **-cha** *adj*
A **1** (fam) ‹*viejo*› gaga (colloq) **2** (fam) (encantado, entusiasmado): **está ~ por** *or* **con su hijita** he dotes on his daughter; **se quedó ~ con el regalo** he was delighted with his present; **lo trasladaron a México y está ~ de la vida** he's been transferred to Mexico and he's over the moon about it (colloq); **estaba ~ de que se hubiera acordado** he was so happy *o* (colloq) he was tickled pink that she had remembered, he was really chuffed that she had remembered (BrE)
B (*como interj*) (AmC fam): **¡~! ¡qué carro!** wow! that's some car! (colloq); **¡~! ¡qué montón de trabajo tenemos que hacer!** boy, have we got a lot of work to do! (colloq)

chocho[2] *m* (Esp vulg) cunt (vulg), beaver (AmE sl), fanny (BrE sl)

choclera *f* (Chi fam & hum) mouth

choclero *m* (Chi fam & hum) tooth

choclo *m*
A (AmS) (mazorca) corn cob; (granos) sweet corn; (planta) corn (AmE), maize (BrE)
B (Méx fam) (Indum) brogue
C (RPl fam) (texto largo) screed (colloq); **me tuve que leer todo este ~** I had to read this whole screed; **no pude terminar el examen, era un ~** I could not finish the exam, it went on for ever (colloq)
D (Chi fam) (pierna de mujer) leg

choclón *m* (Chi fam) **1** (grupo) crowd **2** (reunión política) rally **3** (Chi) (Per fam) (montón) pile, mass; **un ~ de cuentas que pagar**; a pile of bills to pay

choclonero[1] **-ra** *adj* (Chi fam) populist

choclonero[2] **-ra** *m,f* (Chi fam) hanger-on (colloq)

choco[1] **-ca** *adj* (Chi fam) **1** (de rabo corto) short-tailed; (sin rabo) tailless **2** (manco) one-armed

choco[2] *m* cuttlefish

chocolatada *f* (fam) *a gathering at which hot chocolate is served*

chocolate *m*
A **1** (para comer) chocolate; **una pastilla** *or* **barra de ~** a bar of chocolate; **sirvieron unos ~s con el café** (AmL) they gave us chocolates with our coffee; ***¡~ por la noticia!*** (RPl fam) you don't say! (iro) **2** (bebida) hot chocolate; ***darle a algn agua*** *or* ***una sopa de su propio ~*** (Méx fam) to give sb a taste of his/her own medicine **3** **(de) color ~** chocolate-colored*

(Compuestos)
- **chocolate blanco** white chocolate
- **chocolate con leche** milk chocolate
- **chocolate de algarroba** carob
- **chocolate negro** plain chocolate, dark chocolate

B (Esp arg) (hachís) dope (sl), pot (colloq)
C (Chi fam) (sangre) blood; ***sacarle ~ a algn*** (Chi fam) to make sb bleed

chocolatera *f*: *a vessel for making and/or serving hot chocolate*

chocolatería *f* **1** (tienda) confectioner's **2** (cafetería) *café serving hot chocolate as a speciality*

chocolatero -ra *adj* (fam): **es muy chocolatera** she loves chocolate, she's a real chocolate addict *o* (colloq & hum) chocaholic

chocolatina *f* (RPl) **chocolatín** *m* chocolate bar

chocoyo *m* (AmC) parakeet

chocozuela *f* (Ven) shank

chofer *mf* (AmL) **1** (asalariado — de un coche particular) chauffeur; (— del transporte colectivo) driver; **el ~ del taxi** the taxi driver; **alquiler de coches con ~** chauffeur-driven car rental; **alquiler de coches sin ~** drive-yourself (AmE) *o* (BrE) self-drive cars for rent **2** (persona que maneja) driver

(Compuesto) **chofer pirata** (Ven fam) *unlicensed taxi driver*

chófer *mf* (Esp) ▸**chofer 1**

chola *f* (Ven fam) thong (AmE), flip-flop (BrE)

chole *interj* (Méx fam): **¡ya ~!** that's it, I've had enough!

cholería *f* (Andes pey) *group of cholos* ▸**cholo**[2]

cholga *f* (Chi) mussel

cholguán® *m* (Chi) chipboard

cholla *f* (Méx fam) head

chollo *m* (Esp fam) (trabajo fácil) cushy job *o* number (colloq); (cosa fácil) piece of cake (colloq); (ganga) steal (colloq), bargain; **¡vaya ~ de casa!** this house is a real find! (colloq)

cholo[1] **-la** *adj*
A (Andes) of/relating to a ▸**cholo**[2]
B (Chi fam) (tímido, vergonzoso) shy, timid

cholo[2] **-la** *m,f* (Andes) **1** (persona) *term used throughout Andean region to refer to person of mixed race, sometimes used pejoratively* **2** (fam) (apelativo) dear, honey (AmE colloq)

chomba *f* **1** (Chi) (sin botones) sweater **2** (Arg) (con botones) polo shirt

chompa *f* **1** (Col, Ec) (chaqueta) jacket **2** (Bol, Per) (suéter) sweater

chompipe *m* (AmC) turkey

chompón *m* (Per) baggy jumper

choncho -cha *adj* (Méx fam)
A ‹*problema/situación*› serious; **la cosa está choncha** things are really bad, things are getting serious
B ‹*persona*› hefty (colloq), big

chonchón *m* (Chi) **1** (farol) oil lamp **2** (juguete) paper kite

chongo *m*
A (Chi fam) **1** (muñón) stump **2** (resto) stub
B (Méx) (moño) bun; **se ve muy bien de ~** she looks very nice with her hair up (in a bun); ***agarrarse del ~*** (fam) to scratch each other's eyes out (colloq)
C (Méx) (Coc) *dessert made of fried bread, topped with cheese or cinnamon*

(Compuesto) **chongos zamoranos** *mpl junket with honey*

chonta *f* (Andes) palm tree

chop *m* (Chi) ▸**schop**

chopazo *m* (Chi fam) punch

chopera *f* poplar grove

chopo *m*
A (Bot) black poplar
B (arg) (fusil) piece (AmE sl), shooter (BrE sl)

choque *m*
A **1** (de vehículos) crash, collision; **el ~ se produjo en el cruce** the crash *o* collision occurred at the crossroads; ▸**auto, coche** **2** (conflicto) clash; **se produjeron algunos ~s violentos** there were some violent clashes; **fuerzas de ~** shock troops; **se produjo un ~ entre ellos sobre el tema de las subvenciones** they clashed over the question of subsidies

(Compuestos)
- **choque conjunto** pile-up
- **choque frontal** (Auto) head-on collision; **esta política ha producido un ~ frontal con los sindicatos** this policy has led to head-on confrontation with the unions *o* has brought them/us into direct conflict with the unions
- **choque múltiple** pileup

B **1** (sorpresa, golpe) shock; **ha sido un ~ muy fuerte para él** it has come as a terrible shock to him **2** (Med, Psic) shock; **en estado de ~** in a state of shock

(Compuesto) **choque térmico** thermal shock

choqueado -da *adj* (Chi) in a state of shock; **lo que vio lo dejó ~** what he saw left him in a state of shock

chorar [A1] *vt* (fam) to rip … off (colloq), to nick (BrE colloq)

chorbo -ba (Esp arg) *m,f*
A guy (colloq), bloke (BrE sl)
B (*f*) doll (sl), (*f*) woman

chorcha *f* (Méx fam): **hacer (la) ~** to have a get-together, hang out (colloq); **andar** *or* **estar en la ~** to party (colloq)

choreado -da *adj* (Chi fam)
A ‹*cosa/joya*› stolen, nicked (BrE colloq)
B [ESTAR] ‹*persona*› **1** (aburrido) fed up (colloq) **2** (enojado) annoyed, pissed off (sl)

chorear [A1] *vt* (fam)
A (CS, Per) (robar) to swipe (colloq), to pinch (BrE colloq)
B **1** (Chi) (aburrir) (+ *me/te/le etc*): **estos zapatos ya me ~on** I'm already fed up with *o* bored of these shoes (colloq) **2** (Chi) (molestar, enojar) (+ *me/te/le etc*) to annoy

■ **chorear** *vi* (fam)
A (CS) (robar) to steal
B (Chi) (aburrir) to be boring

■ **chorearse** *v pron* (fam)
A (CS) (robarse) to swipe (colloq), to pinch (BrE colloq)
B **1** (Chi fam) (aburrirse) to get bored, get fed up **2** (Chi) (molestarse, enojarse) to get annoyed

choreo *m* (fam)
A (CS, Per) (robo) stealing; **se dedica al ~** he's a thief, he steals things for a living, he rips things off (AmE) *o* (BrE) nicks things for a living (colloq); **el producto del ~** stolen goods
B (Chi) (aburrimiento): **tengo un ~** I'm so bored, I'm bored stiff (colloq), I'm fed up

choreto -ta *adj* (Ven fam) crooked

choreza *f* (Chi fam): **desafiar a sus padres lo considera una ~** he thinks it's cool to answer his parents back; **dejó asombrados a todos con sus ~s** he amazed everyone with his bold *o* daring feats

choricear [A1] *vt* (Esp fam) to swipe (colloq), to pinch (BrE colloq)

chorito *m* (Chi) baby mussel

chorizar [A4] *vt* ▸**choricear**

chorizo *m*
A **1** (embutido curado) chorizo (*highly-seasoned pork sausage*) **2** (RPl) (salchicha) sausage **3** (Méx, Ur) (corte de carne) *cut of beef*
B (vulg) (de excremento) turd (vulg)

C (Esp) **1** (fam) (ratero) petty thief, small-time crook (colloq) **2** (arg) (gamberro) punk (AmE), yob (BrE colloq)
D (Chi fam) (Elec) element

chorlito *m* plover; ▸**cabeza**

chorlo *m* (CS) plover

choro[1] **-ra** *adj* (Chi fam) **1** (resuelto, audaz) gutsy (colloq) **2** (digno de admiración) great (colloq), cool (sl), neat (AmE colloq)

choro[2] *m*
A (Chi, Per) (Coc, Zool) mussel; ***sacar(le) los ~s del canasto a algn*** (Chi fam) to push sb too far (colloq)
(Compuesto) **choro zapato** (Chi) giant mussel
B (Chi, Per fam) (delincuente) crook (colloq)
C (Chi vulg) (de la mujer) ▸**chucha A1**

chorra[1] *adj* (Esp fam) silly

chorra[2] *mf* (Esp fam)
A (tonto) fool, idiot; **deja de hacer el ~** stop playing the fool
B **chorra** *f* (suerte) luck; **tiene una ~ increíble** he's a lucky *o* (BrE) jammy devil (colloq), he has incredible luck

chorrada *f* (Esp fam) **1** (estupidez): **deja de decir ~s** stop talking drivel *o* twaddle (colloq) **2** (cosa insignificante): **no te enfades por una ~ así** don't get angry over a silly little thing like that; **¿qué le vas a regalar? — no sé, cualquier ~** what are you going to give her? — I don't know, just some little thing

chorreadura *f* stain, splodge (colloq)

chorrear [A1] *vi* to drip; **ten cuidado, que esa tetera chorrea** be careful, that teapot drips; **las sábanas todavía están chorreando** the sheets are still dripping wet; **tengo el pelo chorreando** my hair is soaking wet; **llegó chorreando de sudor** she arrived dripping with sweat; **la sangre le chorreaba por la nariz** blood was pouring from his nose
■ **chorrear** *vt*
A **1** (gotear): **las sábanas chorrean agua** the sheets are dripping wet; **esta pluma está chorreando tinta** this pen's leaking; **chorreaba sudor** he was dripping with sweat **2** (AmL fam) (manchar): **el mantel está todo chorreado de café** the tablecloth is covered in coffee stains; **tienes el abrigo chorreado de pintura** you've got paint all over your coat
B (Col, RPl arg) (robar) to filch (colloq), to swipe (colloq)
■ **chorrearse** *v pron*
A (*refl*) (CS, Per fam) (mancharse): **cuidado con ~te** mind you don't spill *o* get it all over yourself
B (Col, RPl arg) (robar) to swipe (colloq), to filch (colloq)

chorreo *m* gushing, spouting

chorrera *f*
A (de una camisa) frill
B (AmS fam) (montón): **una ~ de: tengo una ~ de cosas que hacer** I've got loads *o* masses of things to do (colloq); **una ~ de mentiras** a pack of lies; **las cosas malas siempre vienen en ~** it never rains but it pours (colloq); ▸**jamón**

chorrillo *m* (Méx fam) diarrhea*; **tener ~** to have diarrhea, to have the trots (colloq), to have the runs (BrE colloq)

chorro[1] *m*
A (de agua) stream, jet; (de vapor, gas) jet; **sólo sale un chorrito de agua del grifo** there's only a trickle of water coming from the faucet; **agregar un chorrito de vino** add a splash of wine; **una ducha con un ~ muy potente** a shower with a very strong spray, a high-pressure shower; **un ~ de luz entraba por la ventana** a shaft of light came in through the window; **se abrió y cayó un ~ de monedas** it came open and coins poured out; **a ~** ‹*motor/avión*› jet (*before n*); **con propulsión a ~** jet-propelled; **a ~s: la sangre salía a ~s** blood poured *o* gushed out; **sudaba a ~s** he was sweating buckets (colloq); ***a todo ~*** (Ven fam): **pasó a todo ~** he went rushing past, he shot past at top speed; ***como los ~s del oro*** (Esp fam) as clean *o* bright as a new pin
(Compuestos)
- **chorro de arena** sandblasting
- **chorro de voz** strength of voice

B (AmC, Ven) (del agua) faucet (AmE), tap (BrE)
C (Méx fam) (diarrea) ▸**chorrillo**
D (Méx fam) (cantidad): **¡qué ~ de gente!** what a lot of people!; **tiene ~s de dinero** he's got loads *o* stacks *o* pots of money (colloq); **me gusta un ~ salir** I really love going out; **te extraño un ~** I miss you like crazy (AmE) *o* (BrE) like mad (colloq)

chorro[2] **-rra** *m,f* (CS arg) thief; **cuidado, que aquí abundan los ~s** watch it, there are lots of thieves *o* pickpockets around here (colloq); **la echaron por chorra** she was fired for stealing

chorvo -va *m,f* ▸**chorbo**

chota *f* (Méx arg): **la ~** the cops (*pl*) (sl), the bill (BrE sl)

chotacabras *m or f* (*pl* ~) nightjar, nighthawk (AmE)

chotear [A1] *vt* (fam) to make fun of
■ **chotearse** *v pron* (fam) **1** (burlarse) **~se DE algn** to make fun OF sb, take the mickey OUT OF sb (BrE colloq) **2** (Méx fam) (quemarse) to lose one's mystique

choteo *m* (Esp fam): **se lo toma todo a ~** he treats everything as a joke

chotis *m* schottische; ***ser más agarrado que un ~*** (Esp fam) to be really tightfisted (colloq), to be a scrooge

choto[1] **-ta** *adj* (RPl arg) stupid

choto[2] **-ta** *m,f*
A (Esp) **1** (cabrito) kid; ***estar como una chota*** (Esp fam) *ver* **cabra** **2** (ternero) calf; **un filete de ~** a fillet of veal
B **choto** *m* (RPl) **1** (Coc): **~s** chitterlings (*pl*) **2** (vulg) (pene) cock (vulg), dick (vulg)

chotuno -na *adj*: **oler a ~** (Esp fam) to stink to high heaven (colloq)

chovinismo *m* chauvinism

chovinista[1] *adj* chauvinist, chauvinistic

chovinista[2] *mf* chauvinist

chow-chow *mf* /tʃau'tʃau/ (*pl* ~) chow

choza *f* hut, shack

christmas /'krismas/ *m* (*pl* ~) (Esp) Christmas card

chubasco *m* heavy shower; ***aguantar el ~*** (Chi) to weather the storm

chubasquero *m* raincoat

chúcaro -ra *adj* (AmL) unfriendly

chucha *f*
A **1** (AmS vulg) (de la mujer) cunt (vulg), beaver (AmE sl), fanny (BrE sl); ***¡por la ~ (diego)!*** (Chi fam) shit! (vulg), dammit! (colloq), bloody hell! (BrE sl); ***ser un ~ de su madre*** (Chi vulg) to be a bastard *o* an asshole (vulg) **2** (*como interj*) (Chi vulg) shit! (vulg), dammit! (colloq), bloody hell! (BrE colloq) **3** (Chi vulg) (uso expletivo): **¿cómo ~ pudiste hacerme eso?** how the hell could you do that to me (colloq)
B (Col fam) (olor corporal) B.O. (colloq) *ver tb* **chucho**

chuchear [A1] *vi*
A (Chi vulg) (decir groserías) to swear, eff and blind (BrE colloq)
B (Ven fam) (comer golosinas) to stuff oneself with sweets (colloq)

chuchería *f* **1** (alhaja) trinket; (adorno) knick-knack **2** (dulce) tidbit (AmE), titbit (BrE)

chucho -cha *m,f*
A (fam) (perro) mutt (colloq), mongrel
B **chucho** *m* **1** (RPl fam) (escalofrío) shiver; **tengo ~s de frío** I have the shivers (colloq) **2** (Chi) (Zool) pygmy owl **3** (Chi fam) (cárcel) slammer (colloq), jail

chuchoca *f* (Chi)
A (Coc) *dried maize flour*
B (pey) (en la política) wheeling and dealing (colloq)
C (fam) (ordinariez) vulgarity

chuchumeca *f* (Per fam) hooker (colloq), tart (BrE colloq)

chuchumeco -ca *adj* (Chi, Ven fam) doddery (colloq)

chucrut *m* sauerkraut

chu-cu-chu(-cu) *m* (leng infantil) choo-choo (used to or by children)

chucuto -ta *adj* (Ven fam) **1** (incompleto): **las obras quedaron chucutas** the building work was left half-finished; **me dieron un pago ~** my wages were short **2** (deficiente) inadequate

chueca *f*
A (Chi) (juego) *game similar to hockey, also the stick with which it's played*
B (Méx fam): **la ~** (mano izquierda) the left hand; (pie izquierdo) the left foot

chueco[1] **-ca** *adj*
A (AmL) (torcido) crooked; **este cuadro está ~** this picture's crooked *o* not straight
B (Chi, Méx fam) **1** (desleal, deshonesto) ‹*persona*› untrustworthy, crooked, bent (BrE sl) **2** (fam) ‹*negocio*› shady (colloq), crooked (colloq); ‹*escritura/documento*› false; ‹*elecciones*› rigged; **comprar/vender de ~** (Méx fam) to buy/sell *o* (colloq) fence stolen goods; **tiene un stereo comprado de ~** he bought his stereo from a fence (colloq), his stereo fell off the back of a lorry (BrE colloq)
C **1** (Méx, Ven fam) (cojo) lame **2** (RPl) (patizambo) knock-kneed **3** (Per) (patituerto) bow-legged, bandy-legged

chueco[2] **-ca** *m,f*
A (Chi, Méx fam) (desleal, deshonesto) double-crosser; **aquí los ~s son los políticos** all the politicians here are crooked (colloq); **eres una chueca, dijiste que participarías** you're so unreliable, you told me you would take part
B (Méx fam) (cojo) cripple (pej)

chueco[3] *adv* (AmL fam) **1** (torcido): **camina/escribe ~** he can't walk/write straight **2** ‹*jugar/pelear*› dirty (colloq); **seguro que la consiguió ~** I'm sure she came by it dishonestly (colloq)

chuecura *f* (Chi fam) double-dealing

chuequear [A1] *vi* (Chi, Ven fam) to limp, hobble

chuequera *f* (Ven fam) limp, hobble

chufa *f* tiger nut

chufla *f*, **chufleo** *m* (Esp) joke; **siempre está de ~** he's always telling *o* (colloq) cracking jokes

chuic *interj* smack!

chuico *m* (Chi) demijohn; ***caerse al ~*** (Chi fam) to hit the bottle (colloq)

chulada *f* (fam) **1** (Esp, Méx) (cosa bonita): **¡qué ~ de casa tienes!** what a gorgeous house you have!, what a neat (AmE) *o* (BrE) lovely house you have!; **ese vestido es una ~, me encanta** that dress is gorgeous *o* really nice, I love it **2** (Méx) (persona bonita): **¡qué ~ de chamaca!** what a cute *o* sweet girl!

chulapo -pa, **chulapón -pona** *m,f* ▸**chulo**[2] **A**

chulear [A1] *vt*
A (Esp fam) ‹*prostituta*› to pimp for
B **1** (Esp fam) (ponerse impertinente con) to get nervy *o* smart *o* mouthy with (AmE colloq), to get cheeky *o* cocky with (BrE colloq) **2** (Arg fam) (provocar) to needle (colloq), to goad
C (Méx fam) (piropear) ‹*persona*› to compliment; ‹*vestido/peinado*› to make nice comments about
D (Col) (con un signo) to check (AmE), to tick (BrE)
■ **chulearse** *v pron* (Esp fam) **1** (fanfarronear) to brag, boast; **~se DE algo** to brag *o* boast ABOUT sth **2** (ponerse impertinente) **~se DE algn** to get nervy *o* smart WITH sb (AmE colloq), to get cheeky *o* cocky WITH sb (BrE colloq)

chulería *f* (Esp fam) **1** (bravata) threat; **a mí no me vengas con ~s** don't you threaten me (colloq) **2** (fanfarronería) bragging; **¡no te andes con ~s!** that's enough of your bragging!, stop bragging *o* boasting!

chuleta *f*
A (Coc) chop; **~ de cordero** lamb chop
B (arg) (para copiar) crib (colloq)
C **chuleta** *mf* (persona) ▸**chulo**[2]
D (Chi fam) (patilla) sideburn, sideboard (BrE)
E (Chi fam) (puntapié) kick

chuleteo *m* (Chi fam): ***tomar*** *or* ***agarrar a algn para el ~*** to make fun of sb

chuletón *m* T-bone steak

chulillo *m* (Per) delivery boy, errand boy

chulito *m* (Col) check mark (AmE), tick, (BrE)

chulla[1] *adj* (Andes) 1 ‹*calcetín/zapato*› odd 2 (soltero) single

chulla[2] *mf*
A (Andes) (soltero) (*m*) single man, bachelor; (*f*) single woman
B (Ec) (quiteño) *person from Quito*

chullo *m* (Andes) *woolen* cap (with earflaps)*

chullpa *f* Aimaran mummy

chulo[1] **-la** *adj*
A (fam) (bonito) 1 (Esp, Méx) ‹*vestido/casa*› neat (AmE colloq), lovely (BrE); **tiene una casa más chula ...** she has a gorgeous house!, she has a neat *o* lovely house!; **¡qué chulas flores te regalaron!** (Méx) what nice flowers they gave you! 2 (Méx) ‹*hombre*› good-looking, cute (esp AmE); ‹*mujer*› pretty, cute (esp AmE); **mira qué niño tan ~** what a lovely-looking *o* cute *o* sweet little boy; **¿por qué llora, chula?** why are you crying, sweetheart *o* love?
B (Esp fam) (bravucón) nervy (AmE colloq), smart (AmE colloq), mouthy (AmE colloq), cocky (BrE colloq), cheeky (BrE colloq); **no te me pongas ~** don't get nervy *o* cocky with me (colloq)
C (Esp) (satisfecho, garboso): **¡mira qué chula va con su vestido nuevo!** doesn't she look pretty parading around in her new dress!
D (Chi fam) (de mal gusto) tacky (colloq)

chulo[2] **-la** *m,f*
A (madrileño castizo) *traditional working-class figure from certain areas of Madrid*
B (Esp fam) (bravucón) flashy type, flash harry (BrE colloq)

chulo[3] *m* (Esp fam)
A (proxeneta) *tb* **~ de putas** pimp
B (Col) (Zool) black vulture
C (Col) (marca, signo) check mark (AmE), tick (BrE)

chumacera *f* 1 (Tec) ball bearing 2 (Náut) oarlock (AmE), rowlock (BrE)

chumbar [A1] *vi* «*perro*»: **¡chúmbale!** get 'em! *o* attack!

chumbe *m* (Col) woven sash

chumbera *f* prickly pear

chumbo[1] *adj* ▸**higo**

chumbo[2] *m* (RPl) pellet

chumero -ra *m,f* (AmC) apprentice

chuminada *f* (Esp arg) ▸**chorrada**

chumino *m* (Esp vulg) ▸**chocho**[2]

chumpipe *m* (AmC) turkey

chunche *m* (AmC)
A (fam) (cosa) thing, thingamajig (colloq); **¿para qué sirve ese ~?** what's that thing *o* thingamajig for? (colloq); **pásame el ~** pass me the whatsit *o* thingamajig (colloq)
B (vulg) (vagina) ▸**chucha A1**

chuncho[1] **-cha** *adj* (Per fam) unsociable, unfriendly

chuncho[2] **-cha** *m,f*
A (indio) chuncho (*member of a tribe indigenous to Peru*)
B **chuncho** *m* (Chi) 1 (Zool) pygmy owl 2 (fam) (persona) jinx; ***matar el* ~** (fam) to get rid of a/the jinx

> **chunchos y collas**
>
> A festival held near Cuzco, Peru, featuring reenactments of pre-colonial battles between the Chuncho and Colla tribes.

chunchules, chunchulines *mpl* (CS) chitterlings (*pl*), chitlins (*pl*)

chunga *f* (fam): **se lo toma todo a ~** he treats everything as a joke; **no le hagas caso, te lo dijo en ~** don't take any notice, he was only joking *o* he only said it in fun; **estar de ~** to be in high spirits

chungo -ga *adj* (Esp arg) 1 [SER] (antipático) ‹*persona*› mean (colloq) 2 [ESTAR] ‹*persona*› in a bad way (colloq), out of sorts (colloq) 3 ‹*aparato/coche*› on the blink (colloq); ‹*situación/asunto*› dicey (colloq), dodgy (BrE colloq); **la cosa está chunga** things aren't too good

chunguero -ra *m,f*, **chunguista** *mf* (Esp fam) joker (colloq), comedian (colloq)

chuña *f* (Chi) waste; ***irse a la* ~** (Chi fam) *ver* **diablo**[2]: ***tirar algo a la* ~** (Chi fam): **tiró monedas a la ~** he threw some coins in the air; **tiró a la ~ la herencia** he squandered his inheritance; **tiene joyas para tirar a la ~** she has more jewelry than she knows what to do with (colloq)

chuño *m* (CS) (fécula de papa) potato flour; (maizena) cornstarch (AmE), cornflour (BrE)

chuñusco -ca *adj* (Chi fam) wrinkled, wrinkly (colloq)

chupa *f*
A 1 (Esp ant) doublet 2 (Esp fam) jacket; **una ~ de cuero** a leather jacket; ***poner a algn como* ~ *de dómine*** (fam) to attack sb, to lay into sb (colloq), to have a go at sb (colloq)
B (Col) (desatascador) plunger
C (Ven fam) ▸**chupete A1**

chupa-chupa *m* (RPl) lollipop

Chupa Chups®, chupachups *m* (*pl* ~) (Esp) lollipop

chupada *f* (fam) 1 (de un helado) lick; (de un cigarrillo) puff; **le dio unas ~s a la pipa** he puffed on his pipe a few times; **¿me das una ~ de tu cigarrillo?** can I have a puff *o* (colloq) drag of your cigarette?; ***creerse la última* ~ *del mate*** (Chi fam) to think one is the bee's knees (colloq) 2 (vulg) (en sentido sexual): **darle una ~ a algn** to give sb head (sl), to give sb a blow job (BrE sl)

chupado[1] **-da** *adj*
A [ESTAR] (fam) (flaco): **tiene la cara chupada** he's looking gaunt *o* hollow-cheeked, his face is very thin; **está todo ~, debe haber perdido 10 kilos** he's terribly skinny *o* he's all skin and bone, he must have lost 10 kilos
B [ESTAR] (Esp fam) (fácil) dead easy (colloq); **el examen estaba ~** the exam was dead easy *o* a cinch *o* (BrE) a doddle (colloq); **¡claro que sé hacerlo! ¡está ~!** of course I can do it! it's dead easy *o* there's nothing to it *o* it's child play (colloq)
C [ESTAR] (AmL fam) (borracho) plastered (colloq)
D 1 [ESTAR] (Chi, Per) (inhibido) withdrawn 2 [SER] (Chi, Per fam) (tímido) shy 3 [ESTAR] (Ur arg) (enojado) pissed off (sl)

chupado[2] **-da** *m,f* (Per fam) shy person, mouse (colloq)

chupaflor *m* hummingbird

chupalla *f* (Chi) straw hat; ***por la* ~** (Chi fam): **llegué tarde otra vez ¡por la ~!** I'm late again, dammit! (colloq); **por la ~ que hace calor ¿no?** hell, it's hot, isn't it? (colloq)

chupamedias *mf* (*pl* ~) (CS, Ven fam) bootlicker (colloq), creep (colloq), apple-polisher (AmE colloq)

chupar [A1] *vt*
A 1 ‹*biberón/chupete/teta*› to suck, suck on; ‹*naranja*› to suck 2 ‹*caramelo*› to suck 3 ‹*pipa*› to suck on, puff on; ‹*cigarrillo*› to puff at *o* on 4 (absorber) to absorb; **los polvos de talco chupan la grasa** talcum powder absorbs grease; **un papel que chupa la tinta** paper which absorbs *o* soaks up ink 5 (AmL fam) (beber) to drink; **se pasaron la noche chupando whisky** they spent the night drinking whiskey *o* (colloq) knocking back the whiskey
B 1 (Esp fam) ‹*televisión*› **están todo el día chupando televisión** they spend the whole day glued to *o* in front of *o* watching the television 2 (RPl) ‹*frío*› **¿qué hacés ahí chupando frío?** what are you doing out there getting cold? 3 (fam): **chupó un viaje pagado a Nueva York** he wangled a free trip to New York (colloq); (+ *me/te/le etc*): **siempre les está chupando dinero a sus padres** she's always getting cash out of her parents (colloq); **los socios le están chupando todo el dinero** his associates are milking him dry (colloq)
C (Chi fam) (robar) to go off with (colloq), to swipe (colloq)

■ **chupar** *vi* 1 «*bebé/cría*» to suckle 2 (AmL fam) (beber) to booze (colloq); ▸**bote**

■ **chuparse** *v pron*
A ‹*dedo*› to suck; **¡chúpate ésa!** (fam) so there! (colloq), put that in your pipe and smoke it! (colloq); ▸**dedo**
B (fam) (soportar): **esta semana me he chupado tres conferencias** I've had to sit through *o* suffer three lectures this week; **tuvimos que ~nos una enorme caravana** we had to sit in a huge jam *o* backup (AmE) *o* (BrE) tailback
C 1 (Andes fam) (inhibirse) to chicken out (colloq), to bottle out (BrE colloq) 2 (Per, Ur arg) (enojarse) to get in a bad mood
D (*recípr*) (Col fam *o* vulg) (besarse) to neck (colloq), to snog (BrE colloq)

chupasangre *mf* (CS fam & pey) bloodsucker (pej)

chupatintas *mf* (*pl* ~) (fam & pey) pen-pusher (colloq & pej)

chupe *m*
A (Esp fam & pey) (parasitismo) sponging (colloq), scrounging (colloq)
B (Andes) (Coc) chowder

chupeta *f*
A (Náut) roundhouse
B (Col) (golosina) lollipop, Popsicle® (AmE)

chupete *m*
A 1 (de bebé) pacifier (AmE), dummy (BrE) 2 (CS) (del biberón) nipple (AmE), teat (BrE)
B (Chi, Per) (golosina) lollipop, Popsicle® (AmE)
(Compuesto) **chupete helado** (Andes) Popsicle® (AmE), ice lolly (BrE)
C (Chi) (Auto) choke
D (Méx fam) hickey (colloq), lovebite (BrE)

chupetear [A1] *vt* (fam) ‹*helado*› to lick

■ **chupetearse** *v pron* 1 (*refl*) «*bebé*» ‹*dedo*› to suck 2 (*recípr*) (Per fam *o* vulg) (besarse) to neck (colloq), to snog (BrE colloq)

chupetín *m* (RPl) ▸**chupa-chupa**

chupetón *m* (fam) 1 (chupada) lick 2 (marca) hickey (AmE colloq), lovebite (BrE)

chupi *adv* (Esp leng infantil) great (colloq); **pasarlo ~** to have a great time (colloq)

chupín *m* (CS) *tb* : **~ de pescado** fish stew

chupinazo *m* 1 (fam) (Dep) fierce shot 2 (en pirotecnia) burst of fireworks

chupo *m*
A (Per fam) (Med) boil
B (Col fam) ▸**chupete A1**

chupón[1] **-pona** *m,f* (Esp fam) (aprovechado) scrounger (colloq), sponger (colloq)

chupón[2] *m*
A (Bot) sucker
B 1 (AmL) ▸**chupete A1** 2 (Méx) (del biberón) nipple (AmE), teat (BrE)
C 1 (CS fam) (beso) kiss 2 (CS fam) (marca en la piel) hickey (AmE colloq), lovebite (BrE) 3 (Col) (chupada) lick
D (Chi fam) (furúnculo) boil

churrasco *m* 1 (filete a la parrilla) barbecued steak 2 (CS) (filete) steak 3 (Chi) (sandwich) steak sandwich

churrasquera *f* (Bol, Ur) barbecue

churrasquería *f* (AmS) steak house

churre *m* grease, grime

churrera *f*: *machine for making churros*; ▸**churro**[2] **A**

churrería *f*: *shop or stall selling churros*; ▸**churro**[2] **A**

churrero -ra *m,f*: *person who makes and sells churros*; ▸**churro**

churrete[1] *adj* (Chi) ▸**churriento**

churrete[2]**, churretón** *m* (Esp fam) spot, stain

churrias *fpl* (Col fam) ▸**chorrillo**

churriento -ta *adj* (Andes fam): **estaba ~** I had the trots (colloq), I had the runs (BrE colloq)

churrigueresco -ca *adj* churrigueresque

churrines *mpl* (Chi hum) (de mujer) drawers (*pl*) (hum), knickers (*pl*) (BrE colloq & hum); (de varón) underpants (*pl*)

churro[1] *adj* (AmS fam) gorgeous (colloq)

churro[2] *m*
A (Coc) *strip of fried dough*; ***mandar a algn a freír* ~s** (fam) to tell sb to go jump in a *o* the lake (colloq), to tell sb to get stuffed (BrE colloq); **¡vete a freír ~s!** go jump in a *o* the lake!, get stuffed!; ▸**vender**
B (Esp fam) (chapuza) botched job (colloq)
C (AmS fam) (persona) stunner (colloq); ***tirarle el* ~ *a algn*** (Chi fam) to give sb the come-on (colloq)
D (AmC fam) (de marihuana) joint (colloq)

> **churro**
>
> A typical Spanish food, consisting of a long thin cylinder of dough, deep-fried in olive oil and often dusted with sugar. *Churros* are usually eaten with a thick hot drinking chocolate, especially for breakfast.

C

C

churruscarse [A2] *v pron* to get crisp; **está churruscado** it's nice and crisp
churrusco[1] *adj* (Col fam) frizzy (colloq)
churrusco[2] *m*
A (de pan) crusty tip of loaf
B (Col) (Zool) caterpillar; (cepillo) bottle brush
churumbel *m* (Esp fam) kid (colloq), youngster (colloq)
churumbela *f*
A (Mús) flageolet
B (AmL) (para el mate) cup
churupos *mpl* (Ven fam) cash (colloq), dough (colloq)
chus: **no dijo ~ ni mus** (fam) he didn't say a word, he kept mum (colloq)
chusca *f* (Chi fam) floozy (colloq), slag (BrE colloq), tramp (AmE colloq)
chus chus *interj* (RPl fam) heaven forbid! (colloq)
chusco[1] **-ca** *adj*
A (gracioso) ‹*persona*› saucy, earthy; ‹*situación/hecho*› racy
B (Chi, Per fam & pey) 1 (ordinario) ‹*persona*› common (pej); ‹*perro*› mongrel; ‹*barrio/lugar*› plebeian (pej) 2 ‹*mujer*› loose (colloq)
C (Col fam) (agradable, bonito) lovely (colloq)
chusco[2] *m* crust
chusma[1] *adj* (RPl fam) gossipy (colloq)
chusma[2] *f*
A (gentuza) rabble (*pl*), plebs (*pl*) (colloq)
B **chusma** *mf* (RPl fam) (chismoso) gossip (colloq), loudmouth (colloq)
chuspa *f* (Col) (para lápices) pencil case; (para gafas) glasses case
chusquero *adj* (fam) *term applied to a soldier who has been promoted because of long service rather than merit*
chut *m* shot
chuta *interj* (Chi) ►**chita**[2]
chutar [A1] *vi*
A (Dep) to shoot
B (Esp fam) «*máquina*» to work; ***va que chuta*** (Esp fam): **dale 6 euros, y con eso va que chuta** give him 6 euros and that should be more than enough *o* that should be plenty
■ **chutarse** *v pron*
A (*refl*) (arg) (inyectarse) to shoot up (sl)
B (Méx fam) ‹*comida/bebida*› to have
chute *m*
A (Dep) shot
B (Esp arg) (de droga) fix (sl)
chuteador *m* (CS) 1 (Dep) striker 2 (Indum) football boot
chutear [A1] *vt* 1 (CS) ‹*pelota*› to shoot 2 (Chi fam) ‹*novio*› to ditch (colloq), to dump (colloq)
■ **chutear** *vi* (CS) to shoot
■ **chutearse** *v pron* (Col arg) to shoot up (sl)
chuto *adj* (Col fam) frizzy
chuza *f*
A (Méx) (Dep) (jugada) strike; (marca) mark
B **chuzas** *fpl* (RPl fam) (greñas) rats' tails (*pl*) (colloq)
chuzo[1] *adj* (CS fam) 1 ‹*pelo*› dead straight (colloq) 2 ‹*persona*› hopeless (colloq); **es muy ~ para cocinar** he's hopeless at cooking
chuzo[2] *m*
A 1 (de un sereno, vigilante) stick; ***caer ~s (de punta)*** *or* ***llover a ~s*** (fam) to pour, chuck it down (BrE colloq) 2 (Chi) (para cavar) iron bar 3 (Ven) (arma blanca) blade (sl)
B (Col) (del escorpión) sting
C (Chi fam) (persona inhábil): **es un ~ para bailar** he's hopeless at dancing (colloq)
D (Per fam) (zapato) shoe
CI *m* (= **coeficiente intelectual** *or* **de inteligencia**) IQ
CIA /'sia, 'θia/ *f*: **la ~** the CIA
cía *f* hipbone
Cía. *f* (= **Compañía**) Co.
cian *m* cyan
cianhídrico -ca *adj* hydrocyanic
cianosis *f* cyanosis
cianótico -ca *adj* cyanotic
cianotipo *m* blueprint, cyanotype
cianuro *m* cyanide
ciar [A17] *vi* to back water
CIAT /'siat, 'θiat/ *f* (en Chi) = **Comisaría de Investigaciones de Accidentes del Tránsito**
ciática *f* sciatica
ciático -ca *adj* ►**nervio**
ciberarte *m* cyberart
cibercafé *m* Internet café, cybercafé
cibercirugía *f* cybersurgery
ciberciudadano -na *m,f* cybercitizen
cibercomprador -dora *m,f* Internet shopper, cybershopper
ciberconferencia *f* Internet conferencing
cibercultura *f* cyberculture
ciberdelincuente *mf* cybercriminal
ciberdelito *m* Internet crime, cybercrime
ciberespacial *adj* cyberspace (*before n*)
ciberespacio *m* cyberspace
ciberfobia *f* cyberphobia
cibermercado *m* Internet marketplace
cibermundo *m* cyberworld
cibernauta *mf* cybernaut, Internet user
cibernegocio *m* Internet business
cibernética *f* cybernetics
cibernético -ca *adj* cybernetic
ciberniñera *f* cybernanny
ciberokupa, ciberocupa *mf* cybersquatter
ciberpirata *mf* hacker
ciberpunk[1] *adj* ‹*movimiento/corriente/escritor*› cyberpunk (*before n*)
ciberpunk[2] *mf* (*pl* **~s**)
A (miembro) cyberpunk
B **ciberpunk** *m* (movimiento) cyberpunk
cibersexo *m* cybersex
ciberterrorismo *m* (Internet) cyberterrorism
ciberterrorista *mf* cyberterrorist
cibertienda *f* (Internet) cybershop, cyberstore
cicatear [A1] *vt* (fam) to skimp on, be stingy with (colloq)
cicatería *f* (fam) stinginess (colloq), meanness
cicatero[1] **-ra** *adj* (fam) tightfisted (colloq); **se dice ahorrador, pero es más bien ~** he says he's thrifty, but I'd call him a miser
cicatero[2] **-ra** *m,f* (fam) skinflint (colloq), scrooge (colloq), miser, tightwad (AmE colloq)
cicatriz *f* (Med) scar; (de una experiencia) scar; **la herida le dejó ~** the wound left her with a scar
cicatrización *f* scar formation, formation of scar tissue, cicatrization (tech)
cicatrizante *adj* cicatrizant (tech); **una pomada ~** a cream which aids the formation of scar tissue
cicatrizar [A4] *vi*, **cicatrizarse** [A4]; *v pron* to form a scar, cicatrize (tech); **la herida le ha cicatrizado muy bien** the wound has healed up well
Cicerón Cicero
cicerone *mf* (liter) guide, cicerone (liter)
ciceroniano -na *adj* Ciceronian
cicla *f* (Col fam) bike (colloq), bicycle
ciclamato *m* cyclamate
ciclamen, ciclamino *m* cyclamen
ciclamor *m* Judas tree
cíclico -ca *adj* cyclical
ciclismo *m* cycling, biking (colloq)
ciclista[1], (AmL) **ciclístico -ca** *adj* cycle (*before n*)
ciclista[2] *mf* cyclist
ciclo *m* 1 (de fenómenos, sucesos) cycle 2 (de películas) season; (de conferencias) series 3 (Lit) cycle 4 (Educ): **ha terminado el primer ~** he's finished primary school 5 (Elec) cycle

Compuestos

- **ciclo circadiano** circadian cycle
- **ciclo comercial** trade cycle
- **ciclo de instrucción** instruction cycle
- **ciclo del agua** rain *o* water cycle
- **ciclo del nitrógeno** nitrogen cycle
- **ciclo menstrual** menstrual cycle
- **ciclo urbano** urban driving
- **ciclo vital** life cycle

ciclocross *m* cyclo-cross; **bicicleta de ~** mountain bike
cicloide *f* cycloid
ciclomotor *m* moped
ciclón *m* cyclone; ***como un ~*** (fam): **entró como un ~** she burst in; **salió como un ~** he stormed out; **pasó como un ~** she rushed *o* flew past
Compuesto **ciclón tropical** tropical cyclone
ciclónico -ca *adj* cyclonic
cíclope *m* Cyclops
ciclorama *f* cyclorama
ciclosporina *f* cyclosporin
ciclostil, ciclostilo *m* (Esp) 1 (aparato) cyclostyle 2 (cliché) stencil
ciclotrón *m* cyclotron
cicloturismo *m* bicycle touring
cicloturista *mf* touring cyclist
ciclovía *f* (AmL) bicycle track, cycle path
CICR *m* = **Comité Internacional de la Cruz Roja** ICRC
cicuta *f* hemlock
cidiano -na *adj* ‹*estudio/héroe/poema/romance*› about *o* related to ►**El Cid**
cidra *f* citron
cidro *m* citron tree
cidronela *f* citronella, citronella grass
ciegamente *adv* ‹*creer/confiar*› blindly; **confía ~ en él** she has blind faith in him, she trusts him blindly
ciego[1] **-ga** *adj*
A 1 (invidente) blind; **es ~ de nacimiento** he was born blind; **se quedó ~** he went blind; **el accidente lo dejó ~** he was blinded in the accident, the accident left him blind; **¿estás ~?, ¿no ves que está cerrado?** (fam) are you blind? can't you see that it's closed? (colloq); ***a ciegas:*** **no tomes decisiones importantes así, a ciegas** don't rush blindly into important decisions like that; **no me gusta comprar las cosas a ciegas** I don't like buying things without seeing them first; **anduvimos a ciegas por el pasillo** we groped our way along the corridor; ***ir ~*** (en mus) to have a bad hand; ***más ~ que un topo*** as blind as a bat; ***ponerse ~ a*** *or* ***de algo*** (Esp fam) to gorge oneself on *o* (colloq) stuff oneself with sth 2 (ante una realidad) **estar ~ A algo** to be blind TO sth; **está ciega a sus defectos** she is blind to his faults
B (ofuscado) blind; **~ de celos/ira** blind with jealousy/fury
C ‹*fe/obediencia*› blind; **tiene una confianza ciega en sus hijos** she trusts her children blindly, she has blind faith in her children
D ‹*conducto/cañería*› blocked; ‹*arco*› blank; ‹*muro*› blind; ►**calle A**
E (Esp fam) (por el alcohol) blind drunk (colloq), plastered (colloq); (por la droga) stoned (sl)
ciego[2] **-ga** *m,f*
A (invidente) (*m*) blind man; (*f*) blind woman; ***en tierra de ~s*** *or* ***en el país*** *or* ***el reino de los ~s el tuerto es (el) rey*** in the land of the blind the one-eyed man is king
B **ciego** *m* (Anat) cecum*
C **ciego** *m* (Esp arg): **¡qué ~ llevaba!** (por la droga) he was stoned out of his mind (sl) (por el alcohol) he was totally plastered (colloq) *o* (sl) smashed
cielito *m*: *Argentinian folk dance*
cielo *m*
A (firmamento) sky; **~ cubierto/despejado** overcast/clear sky; **el ~ se está despejando** the sky is clearing; **a ~ abierto** (Min) opencast (*before n*); ***a ~ descubierto*** in the open; ***aunque se junten el ~ y la tierra*** not for all the tea in China; ***cambiar del ~ a la tierra*** (Chi) to change out of all recognition; ***como caído*** *or* ***llovido del ~*** (de manera inesperada) out of the blue; (oportunamente): **este dinero me**

viene como caído del ~ this money must be heaven-sent, this money is a godsend; ***poner a algn por los ~s*** to praise sb to the skies; ***remover ~ y tierra*** to move heaven and earth; ***taparle a algn el ~ con un harnero*** (RPl) to pull the wool over sb's eyes; ***tocar el ~ con las manos*** (AmS): **conseguir ese trabajo es tocar el ~ con las manos** that job is way out of my reach *o* I haven't a hope in hell of getting that job (colloq); **sentí que tocaba el ~ con las manos** I was on cloud nine *o* over the moon (colloq)

B (Relig) **1** **el ~** (Paraíso) heaven; **ir al ~** to go to heaven; ***clama al ~:* una injusticia que clama al ~** a gross injustice, an outrage; **clama al ~ que ...** it's outrageous *o* a gross injustice that ...; ***estar/sentirse en el séptimo ~*** to be in seventh heaven, be over the moon; ***ganarse el ~*** to earn oneself a place in heaven; ***ver el ~ abierto*** to see one's chance **2** (Dios): **el ~** God; **quiera el ~ que sea así** please God it may be so (liter), let's hope so; **¡que el ~ no lo permita!** heaven *o* God forbid! **3** (*como interj*): **¡~s!** good heavens!, heavens!; **¡~ santo!** *or* **¡santo ~!** heavens above!

C (techo) ceiling; **una sala amplia, de ~s altos** a large room with a high ceiling

(Compuesto) **cielo raso** ceiling

D **1** (aplicado a personas) angel **2** (como apelativo) sweetheart, darling; **¡mi ~!** *or* **¡~ mío!** my love, my darling

cielorraso *m* ceiling

ciempiés *m* (*pl* ~) centipede

cien[1] *adj inv/pron* a/one hundred; **~ euros** a/one hundred euros; **~ mil** a/one hundred thousand; **es ~ por ~ algodón** it's pure cotton, it's a hundred percent cotton; **no estoy convencido al ~ por ~** I'm not totally convinced; ***poner a algn a ~*** (Esp) to get sb annoyed *ver tb* **ciento**[1]

cien[2] *m* ▸ℹ **p.575**: **el ~** one hundred, number one hundred

ciénaga *f* swamp

ciencia *f* **1** (rama del saber) science; (saber, conocimiento) knowledge, learning; **los adelantos de la ~** scientific advances, the advances of science; ***a ~ cierta*** for sure, for certain; ***no tiene ninguna ~*** there's nothing difficult *o* complicated about it **2** **ciencias** *fpl* (Educ) science

(Compuestos)
- **ciencia del suelo** soil science
- **ciencia espacial** space science
- **ciencia ficción** science fiction
- **ciencia infusa**: **tiene la ~ ~** (iró) he has God-given intelligence (iro)
- **Ciencias de la Educación** *fpl* Education
- **Ciencias de la Información** *fpl* Media Studies
- **Ciencias Empresariales** *fpl* Business Studies
- **ciencias exactas** *fpl* exact sciences
- **ciencias naturales** *fpl* natural science(s)
- **ciencias ocultas** *fpl* occultism
- **Ciencias Políticas** *fpl* Political Science, Politics

Cienciología *f* Scientology

cienciólogo -ga *m,f* Scientologist

cieno *m* silt, mud

científicamente *adv* scientifically

científico[1] **-ca** *adj* scientific

científico[2] **-ca** *m,f* scientist

(Compuesto) **científico/científica espacial** *m,f* space scientist

cientifismo, cientificismo *m* scientism

cientista social *mf* (CS) social scientist

ciento[1] *adj/pron* ▸ℹ **p.575**; a/one hundred; **~ dos** a hundred and two; **~ cincuenta mil** a/one hundred and fifty thousand *para ejemplos ver tb* **quinientos**[1]

ciento[2] *m* **1** ▸ℹ **p.575**; (número): **~s de libros** hundreds of books; **~s de miles de dólares** hundreds of thousands of dollars; **a ~s: vinieron a ~s a verlo** they came to see him in the (AmE) *o* (BrE) in their hundreds; ***(el) ~ y la madre*** (Esp fam): **se juntaron allí el ~ y la madre** a whole crowd of people met up there, everyone and his brother was there (AmE), the world and his wife were there (BrE) *para ejemplos ver* **quinientos**[2] **2** ▸ℹ **p.243**; **por ciento** percent; **el 10% de 9.300** 10% of 9,300; **un descuento del 20%** a 20% discount

cientología *f* Scientology

cientólogo -ga *m,f* Scientologist

ciernes: **en ~** (*loc adv*) in the making; **era un escritor en ~** he had great potential as a writer, he was a writer in the making; **una revuelta en ~** a potential revolt

cierra, cierras, etc ▸**cerrar**

cierre *m*

A (acción) **1** (de una fábrica, empresa, hospital) closure **2** (de un establecimiento) closing; **la hora de ~** closing time **3** (de una frontera) closing **4** (de una emisión) end, close; **al ~ de esta edición** at the time of going to press; **hora de ~** close, closedown **5** (de una negociación) end **6** (Fin) close; **precio al ~** closing price

(Compuesto) **cierre patronal** lockout

B **1** (dispositivo): **¿me abrochas el ~ del vestido?** will you fasten/zip up my dress *o* (BrE) do my dress up?; **el ~ de esta pulsera** the clasp on this bracelet; **frasco con ~ hermético** airtight container **2** (cremallera) zipper (AmE), zip (BrE)

(Compuestos)
- **cierre centralizado** central locking
- **cierre cler** *or* **eclair** (Chi) zipper (AmE), zip (BrE)
- **cierre de dirección** steering lock
- **cierre metálico** (en una tienda) metal shutter *o* grille; (en una prenda) (AmL) ▸**cierre relámpago**
- **cierre relámpago** (CS, Per) zipper (AmE), zip (BrE)

cierro[1] *m* (Chi) fence

cierro[2] ▸**cerrar**

ciertamente *adv* certainly; **un tema ~ polémico** a subject which is certainly controversial

cierto -ta *adj*

A (verdadero) true; **no hay nada de ~ en sus declaraciones** there is no truth in his statement; **una cosa es cierta: cuando vino no lo sabía** one thing's certain *o* for sure: he didn't know when he came; **tengo que ir al médico — ¡ah!, es ~** I have to go to the doctor's — oh yes, of course *o* that's right; **parece más joven, ¿no es ~?** he looks younger, doesn't he *o* don't you think?; **estabas en lo ~** you were right; **lo ~ es que ha desaparecido** the fact is that it has gone, what's certain is that it has gone, one thing's for sure *o* for certain and that is that it has gone; **por ~** by the way, incidentally; **por ~, si la ves dile que me llame** by the way *o* incidentally, if you see her tell her to call me; **le presté el dinero que, por ~, nunca me devolvió** I lent him the money which, incidentally, he never paid back

B (*delante del n*) (que no se especifica, define): **en cierta ocasión** on one occasion, once; **cierta clase de gente** a certain kind of people; **la noticia causó sensación en ~s sectores sociales** the news caused a sensation in some circles; **en ~ modo comprendo lo que dices** in some ways I can understand what you're saying; **hasta ~ punto tiene razón** up to a point you're right; **ese pueblecito tiene un ~ encanto** that little village has a certain charm; **se respiraba un ~ malestar en el ambiente** you could sense a degree of *o* a slight unease in the atmosphere; **durante un ~ tiempo** for a time; **camina con cierta dificultad** she has some difficulty walking, she has a certain amount of difficulty walking; **una persona de cierta edad** an elderly person

ciervo -va *m,f* (especie) deer; (macho) stag; (hembra) hind

(Compuesto) **ciervo volante** *or* **volador** *m* stag beetle

cierzo *m* North wind (*in Aragon and Navarre*)

CIF /sif, θif/ *f*

A (Transp) (= **cost, insurance, freight**) CIF

B (Esp) = **Cédula de Identificación Fiscal**

cifra *f*

A **1** (guarismo, dígito) figure; **un número de cinco ~s** a five-figure number; **el año se escribe en ~s** the year is written in numbers *o* figures *o* numerals **2** (número, cantidad) number; **la ~ de muertos asciende a 45** the number of dead stands at 45; **las ~s de desempleo** the unemployment figures **3** (de dinero) figure, sum; **pagaron una ~ astronómica** they paid an astronomical amount *o* sum of money; **se barajan diversas ~s** various figures are being suggested *o* discussed

B (clave) code, cipher; **un mensaje en ~** a message in code, a coded message

cifrar [A1] *vt*

A ‹*mensaje/carta*› to write ... in code, encode (frml); (Inf) to encrypt

B ‹*esperanza*› to place, pin; **tenía cifrada toda su ilusión en aquel encuentro** he had pinned all his hopes on that meeting

■ **cifrarse** *v pron*

A «*esperanza*»: **~se EN algo** to be pinned ON sth, be concentrated ON sth

B «*sueldo/beneficios*»: **~se EN algo**: **se cifra en un 12%** it stands at 12%; **la pensión se cifra en 22.700 pesos** the pension is set at 22,700 pesos; **los beneficios se cifran en 700 millones** the profits amount to 700 million

CIG *m* (UE) (= **Conferencia Intergubernamental**) IGC

cigala *f* crawfish, crayfish

cigarra *f* cicada

cigarral *m* country house

cigarrera *f* **1** (de mesa — para puros) cigar box; (— para cigarrillos) cigarette box **2** (de bolsillo — para puros) cigar case; (— para cigarrillos) cigarette case

cigarrería *f* (Andes) tobacco shop (AmE), tobacconist's (BrE)

cigarrero[1] *adj* (de cigarrillos) cigarette (*before n*); (de cigarros) cigar (*before n*)

cigarrero -ra[2] *m,f*

A (vendedor) tobacconist

B (persona que hace cigarros) cigar maker

C (obrero) worker in a cigarette factory

cigarrillo *m* cigarette; **~ con filtro** filter-tipped cigarette; **tiene que dejar el ~** he has to stop smoking

cigarro *m* **1** (puro) cigar **2** (cigarrillo) cigarette

cigarrón *m* (Ven) large bee

cigomático -ca *adj* zygomatic

cigoto *m* zygote

cigüeña *f* stork; **la ~ me ha traído un hermanito** the stork's brought me a little brother

cigüeñal *m* crankshaft

Cihuacóatl *Aztec goddess of fertility*

cija *f* sheepfold

cilantro *m* coriander; ***es bueno*** *or* ***está bien ~, pero no tanto*** (Chi, Ven) you can have too much of a good thing

ciliado -da *adj* ciliate

cilicio *m* hair shirt

cilindrada *f*, **cilindraje** *m* cubic capacity; **un motor de pequeña ~** a small engine; **huyeron en una motocicleta de gran ~** they escaped on a powerful motorcycle

cilíndrico -ca *adj* cylindrical

cilindrín *m* (Esp fam) cigarette, fag (BrE colloq)

cilindro *m*

A (Mat) cylinder

B **1** (Auto, Mec) cylinder; **un motor de cuatro ~s** a four-cylinder engine **2** (Impr) cylinder

cilio *m* cilium

cilla *f* tithe barn

cima *f* **1** (de una montaña) top, summit; (de un árbol) top; (de una profesión) top; (de una carrera) peak, height; **empeñada en llegar a la ~ sólo pensaba en el trabajo** determined to get to the top, she thought about nothing but work; **está en la ~ de su carrera** she is at the peak of her career; ***dar ~ a algo*** to round sth off **2** (Bot) cyme

cimarra *f* (Chi fam): **hacer la ~** to play truant, to play hooky, to skive off (school) (BrE colloq)

cimarrón[1] **-rrona** *adj*
A ‹*ganado/planta*› wild
B (AmL) (Hist) ‹*esclavo*› runaway (*before n*), fugitive (*before n*)

cimarrón[2] **-rrona** *m,f*
A (animal) wild animal
B (AmL) (Hist) (esclavo) runaway, fugitive
C **cimarrón** *m* (CS) (mate) *unsweetened maté*

cimbalero -ra *m,f*, **cimbalista** *mf* cymbalist

címbalo *m* cymbal

cimbel *m* decoy

cimborio, cimborrio *m* dome

cimbrear [A1], **cimbrar** [A1] *vt* **1** ‹*vara*› to shake **2** ‹*caderas*› to sway
■ **cimbrearse cimbrarse** *v pron* to sway

cimbreo *m* swaying

cimbrón *m* (AmL) ▸**cimbronazo**

cimbronazo *m*, **cimbronada** *f* (AmL) (sacudida) jolt; (de un temblor de tierra) tremor, shake (colloq); **no vi nada, sólo sentí el ~ cuando le dimos al árbol** I didn't see anything, I just felt the jolt when we hit the tree; **la escopeta le dio un ~** the rifle recoiled on him *o* kicked back at him; **el ~ de la explosión** the shock of the explosion

cimentación *f* **1** (acción) foundation laying **2** (cimientos) foundations (*pl*)

cimentar [A1] *or* [A5] *vt* **1** ‹*edificio*› to lay the foundations of **2** (consolidar) ‹*posición*› to consolidate, strengthen; **un acuerdo que cimentó las buenas relaciones entre los dos países** an agreement which cemented good relations between the two countries **3** (basar, fundamentar) **~ algo EN algo** to base sth ON sth; **un régimen cimentado en la opresión** a regime based *o* built on oppression
■ **cimentarse** *v pron* **1** (consolidarse): **la paz no se puede ~ sin la justicia social** peace cannot be cemented *o* consolidated without social justice; **la democracia se ha cimentado** democracy has established *o* consolidated itself *o* has become firmly established **2** (basarse) **~se EN algo** to be based ON sth

cimera *f* crest

cimero -ra *adj* **1** ‹*ramas*› highest, topmost, uppermost **2** ‹*obra*› outstanding

cimientos *mpl* **1** (de un edificio) foundations (*pl*); **abrir** *or* **excavar los ~** to dig the foundations **2** (de una institución, operación) foundations (*pl*); **poner** *or* **echar los ~ de algo** to lay the foundations of sth; **sanearon la empresa desde los ~** they rationalized the company starting at the very bottom

cimitarra *f* scimitar

cinabrio *m* cinnabar

cinc *m* ▸**zinc**

cincel *m* (de escultor) chisel; (de orfebre) graver; (de albañil) chisel, cold chisel

cincelado *m* (de piedra) chiseling*; (de metal) engraving

cincelar [A1] *vt* ‹*piedra*› to chisel, carve; ‹*metal*› to engrave

cincha *f* **1** (Equ) girth, cinch (AmE) **2** (en tapicería) webbing **3** (Chi) (cinturón) belt

cinchada *f* (RPl) tug-of-war

cinchar [A1] *vt* to girth, cinch (AmE)
■ **cinchar** *vi* (RPl fam) **1** (tirar) to tug **2** (trabajar duro) to work hard, slog (BrE colloq) **3** (en juegos, deportes) **~ POR algn** to support sb; **yo cincho por Peñarol** I support Peñarol, I'm a Peñarol fan; **yo cincho por Elisa** I'm on Elisa's side

cincho *m* hoop

cinco[1] *adj inv/pron* ▸ⓘ **p.575**, ▸ⓘ **p.431**; five; *nótese que algunas frases requieren el uso del número ordinal 'fifth' en inglés* **noventa y ~** ninety-five; **quinientos ~** five hundred and five; **la fila ~** row five, the fifth row; **vinieron los ~** the five of them came; **nos invitó a los ~** he invited the five of us; **somos ~** there are five of us; **en grupos de (a) ~** in groups of five; **iban entrando de ~ en ~** they went in five at a time; **la habitación es de ~ por ocho** the room is five by eight; **me costó ~ libras y pico** I paid five pounds something for it; **es el número ~ en la lista** he's fifth on the list; **son las ~ de la mañana/tarde** it's five (o'clock) in the morning/afternoon; **las dos menos ~** *or* (AmL exc RPl) **~ para las dos** five to two; **las ocho y ~** five past eight; **llegó a (las) y ~** she arrived at five after (AmE) *o* (BrE) past; **serían las ~ y pico** it must have been just after five (o'clock); **son las ~ pasadas** it's just after five, it's just past five (AmE), it's just gone five (BrE); **hoy estamos a** *or* **hoy es ~** today is the fifth; **el día ~ es su cumpleaños** her birthday is on the fifth, the fifth is her birthday; **calzo el ~** I take (a) size five; **vive en el número ~** he lives at number five; **en el siglo ~** in the fifth century; ***ni* ~** (fam): **no tengo ni ~** I'm broke (colloq), I don't have a red cent (AmE colloq); **no sabe/entendió ni ~** (AmL) he doesn't know/he didn't understand a thing; ***venga*/*choca esos* ~** (fam) put it there! (colloq), give me five! (colloq)

cinco[2] *m*
A ▸ⓘ **p.575**; (número) five; **me tocó el ~** I got number five; **aprieta el ~** press (number) five; **hace los ~s al revés** he writes his fives backward(s); **el ~ de corazones** the five of hearts
B (Per) (momento) moment

cincuenta[1] *adj inv/pron* ▸ⓘ **p.575**; fifty; **en los (años) ~** in the fifties; **la década de los ~** the fifties; **tiene unos ~ años** she's about 50 years old; **~ y tantos/pico** fifty-odd, fifty something; **había unas ~ personas** there were about 50 people there; **~ y cinco** fifty-five; **ciento ~** a hundred and fifty; **el número/la página ~** number/page fifty; **el ~ aniversario de su muerte** the fiftieth anniversary of his death

cincuenta[2] *m* ▸ⓘ **p.575** fifty, number fifty

cincuentavo[1] *adj/pron* **1** (partitivo): **la cincuentava parte** a fiftieth **2** (crit) (ordinal) fiftieth *para ejemplos ver* **veinteavo**[1]

cincuentavo[2] *m* ▸ⓘ **p.243** fiftieth

cincuentena *f*: **habría una ~ de personas** there must have been about fifty people there; **ya entró en la ~** he's already turned fifty

cincuentenario *m* fiftieth anniversary

cincuentón[1] **-tona** *adj* (fam) ▸ⓘ **p.303**; **es cincuentona** she is in her fifties

cincuentón[2] **-tona** *m,f* (fam) ▸ⓘ **p.303**; **una cincuentona** a woman in her fifties

cine *m* **1** (arte, actividad) cinema; **respetado por todos en el mundo del ~** respected by everyone in the movie *o* film world; **siempre he querido hacer ~** I've always wanted to make movies *o* films; **actor de ~** movie *o* film actor; **pantalla de ~** movie *o* (BrE) cinema screen **2** (local) movie house *o* theater (AmE), cinema (BrE); **¿vamos al** *or* (Col) **a ~?** shall we go to the movies (AmE) *o* (BrE) cinema?; **¿qué ponen** *or* (AmL) **dan en el ~ Rex?** what's on at the Rex?

(Compuestos)
- **cine de acción** action cinema, action movies
- **cine de arte y ensayo** avant-garde cinema, avant-garde movies
- **cine de aventuras** adventure cinema, adventure movies
- **cine de barrio** local movie theater (AmE) *o* (BrE) cinema
- **cine de estreno** *movie theater where new releases are shown*
- **cine de género** genre cinema
- **cine de madrugada** late-night movie theater (AmE), late-night cinema (BrE)
- **cine de pueblo** neighborhood movie theater (AmE), local cinema (BrE)
- **cine de verano** open-air movie theater (AmE), open-air cinema (BrE)
- **cine hablado** talkies (*pl*)
- **cine mudo** silent movies *o* films (*pl*)
- **cine negro** film noir
- **cine sonoro** talkies (*pl*)
- **cine verdad** cinéma vérité

cineasta *mf* filmmaker, moviemaker (AmE)

cineclub, cine-club *m* film club

cinéfilo[1] **-la** *adj* movie-going (*before n*), cinema-going (BrE) (*before n*)

cinéfilo[2] **-la** *m,f* movie buff, cinema buff (BrE)

cinegética *f* (frml) cynegetics (frml), the chase (frml)

cinegético -ca *adj* (frml) hunting (*before n*)

cinemascope® *m* Cinemascope®

cinemateca *f* (local) cinematheque; (colección) movie *o* film library

cinemática *f* (Fís) kinematics

cinemático -ca *adj* **1** (Fís) kinematic **2** (Cin) cinematic

cinematografía *f* cinematography; **la ~ española actual** current Spanish movie *o* film making

cinematografiar [A17] *vt* to make a movie *o* film (version) of

cinematográfico -ca *adj* movie (*before n*), film (BrE) (*before n*)

cinematógrafo *m* (ant) **1** (proyector) projector **2** (arte) cinema **3** (sala) movie house *o* theater (AmE), cinema (BrE)

cinerario -ria *adj* ▸**urna**

cinéreo -rea *adj* ash-colored*, ashen

cineteca *f* (Chi, Méx) ▸**cinemateca**

cinética *f* kinetics

cinético -ca *adj* kinetic

cingalés[1] **-lesa** *adj* Sinhalese

cingalés[2] **-lesa** *m,f* **1** (persona) Sinhalese; **los cingaleses** the Sinhalese **2** **cingalés** *m* (idioma) Sinhalese

cíngaro -ra *adj/m,f* gypsy

cinglar [A1] *vt* to shingle

cínicamente *adv* cynically

cínico[1] **-ca** *adj* cynical

cínico[2] **-ca** *m,f* cynic

cinismo *m* cynicism; **¡qué ~!** how cynical!, what cynicism!

cino- *pref*: **~fobia** hatred for dogs; **un cinólogo** an expert on dogs

cinocéfalo *m* yellow baboon

cinofilia *f* love of dogs; **el fascinante mundo de la ~** the fascinating world of dogs

cinoglosa *f* hound's-tongue

cinólogo -ga *m,f* dog expert, cynologist (tech)

cinta *f*
A **1** (para adornar, envolver) ribbon **2** (en gimnasia rítmica) ribbon **3** (en carreras) tape; **tocar/romper la ~** to breast/break the tape

(Compuestos)
- **cinta adhesiva** (en papelería) adhesive tape, sticky tape; (Med) sticking plaster
- **cinta aisladora** (CS) ▸**cinta aislante**
- **cinta aislante** insulating tape, friction tape (AmE)
- **cinta americana** (Esp) heavy-duty tape
- **cinta correctora** correction tape *o* ribbon
- **cinta de andar** *or* **de correr** treadmill
- **cinta de celo** *or* **cello®** (Esp) ▸**cinta scotch**
- **cinta durex®** (AmL) ▸**cinta scotch**
- **cinta métrica** tape measure
- **cinta negra** (Méx) ▸**cinturón negro/verde/azul**
- **cinta pegante** (Col) ▸**cinta scotch**
- **cinta perforada** tickertape
- **cinta scotch®** (AmL) Scotch tape® (AmE), Sellotape® (BrE)
- **cinta transportadora** conveyor belt
- **cinta trotadora** (Chi) treadmill

B (Bot) spider plant
C **1** (Audio, Vídeo) tape **2** (period *o* ant) (Cin) *tb* **~ cinematográfica** movie (AmE), film (BrE)

(Compuestos)
- **cinta de video** *or* (Esp) **vídeo** videotape
- **cinta limpiadora** head-cleaning tape
- **cinta magnetofónica** magnetic tape
- **cinta virgen** blank tape

D (Coc) *tb* **~ de lomo** loin of pork

cintillo *m*
A (para el pelo) alice band, hair-band; (sobre la frente) headband; (Dep) sweatband, headband
B (RPl) (sortija) ring

cinto *m* belt
(Compuesto) **cinto negro** black belt

cintra *f* arch

cintura *f* **1** ▸ **p.231**; (de la persona) waist; **ejercicios para adelgazar la ~** exercises to reduce the waistline; **de la ~ para arriba/abajo** from the waist up/down; **me tomó** *or* **cogió de la ~** he grabbed me round the waist; **¿cuánto tienes de ~?** what do you measure round the waist?, what's your waist measurement? **2** (de una prenda) waist; **me queda grande de ~** it's too big for me round the waist; ***meter a algn en ~*** (Esp fam) to take sb in hand, sort sb out (BrE) **3** (de una guitarra) waist

(Compuesto) **cintura de avispa** wasp waist

cinturilla *f* waistband

cinturón *m*

A (Indum) belt; ***apretarse el ~*** to tighten one's belt

(Compuestos)
- **cinturón de castidad** chastity belt
- **cinturón de pesas** weight belt
- **cinturón de seguridad** seat belt, safety belt; **~ de ~ de inercia** inertia-reel seat belt
- **cinturón negro/verde/azul**

A *m* (cinto) black/green/blue belt
B *mf* (persona) black/green/blue belt

B (de una ciudad) belt; **el ~ industrial** the industrial belt; **los cinturones de miseria de las grandes capitales** the poor areas around large capital cities

(Compuesto) **cinturón verde** green belt

cipayo *m* sepoy

cipo *m* **1** (monumento) memorial stone **2** (Auto) signpost

cipolino *m* cipolin

cipote[1] *adj*

A (fam) (estúpido) stupid
B (*delante del n*) (Col fam) (como intensificador) fabulous, fantastic; **¡~ carro el que se compró!** what a fantastic car he's bought!; **¡~ mujer la amiga de Juan Manuel!** Juan Manuel's friend is really something! (colloq); **¡~ estupidez con la que viene a salir!** what a stupid thing to say!

cipote[2] *m* (Esp vulg) **1** (pene) prick (vulg), cock (vulg) **2** (idiota) jerk (sl)

ciprés *m* cypress

CIR /θir/ *m* (en Esp) = **Centro de Instrucción de Reclutas**

circadiano -na *adj* circadian

Circe Circe

circense *adj* circus (*before n*)

circo *m*

A **1** (Espec) circus **2** (Hist) circus
B (Geol) cirque

circón *m* zircon

circonio *m* zirconium

circuitería *f* circuitry

circuito *m*

A **1** (pista) track, circuit; **el ~ de Monza** the Monza circuit **2** (de un circo, una exposición) circuit

(Compuesto) **circuito urbano** urban cycle

B (Elec, Electrón) circuit

(Compuestos)
- **circuito cerrado** closed circuit; **~ ~ de televisión** closed-circuit television
- **circuito en serie** series *o* serial circuit
- **circuito impreso** printed circuit
- **circuito integrado** integrated circuit

circulación *f*

A **1** (movimiento) movement; **la libre ~ de los extranjeros** the free movement of foreign nationals **2** (Auto) traffic

(Compuesto) **circulación rodada** vehicular traffic

B (Biol, Med) circulation; **la ~ sanguínea** *or* **de la sangre** the circulation of the blood; **tener buena/mala ~** to have good/bad circulation

C (Fin) circulation; (de un periódico, una revista) circulation; **el último número fue retirado de la ~** the last issue was withdrawn from circulation; **estar en/fuera de ~** to be in/out of circulation; **la gripe lo tiene fuera de ~** (the) flu has put him out of circulation

(Compuesto) **circulación fiduciaria** fiduciary money, fiat money (AmE)

circulante[1] *adj*

A ‹*líquido/corriente*› flowing
B ‹*tráfico*› moving
C ‹*rumor/noticia*› **los rumores/las noticias ~s en la política** the rumors*/news going around in political circles
D (Econ): **pasivo ~** current liabilities (*pl*); **dinero ~** money in circulation; ▸**activo**[2], **capital**[2] **A**, **moneda A**

circulante[2] *m* (Econ) money supply

circular[1] *adj* **1** ‹*movimiento*› circular; **de forma ~** circular, round **2** ‹*ruta*› circular

circular[2] [A1] *vi*

A «*sangre/savia*» to circulate, flow; «*agua/corriente*» to flow
B **1** «*transeúnte/peatón*» to walk; **el tráfico circulaba a 25 km/h** the traffic was traveling at 25 kph; **circulan por la izquierda** they drive on the left; **apenas circulaba gente por las calles** there was hardly anybody (walking) in the streets; **¡circulen, por favor!** move along please! **2** «*autobús/tren*» (estar de servicio) to run, operate; **el autobús que circula entre estas dos poblaciones** the bus which runs *o* operates between these two towns
C «*dinero/billete/sello*» to be in circulation
D «*noticia/rumor*» to circulate, go around (colloq); **circulan rumores sobre su divorcio** there are rumors going around *o* circulating about their divorce

■ **circular** *vt* to circulate

circular[3] *f* circular

circularidad *f* circularity

circulatorio -ria *adj* circulatory (frml), circulation (*before n*); **tiene problemas ~s** she has problems with her circulation, she has circulation *o* circulatory problems

círculo *m*

A **1** (Mat) circle **2** (circunferencia) circle; **coloca las mesas en ~** arrange the tables in a circle

(Compuestos)
- **círculo de giro** turning circle
- **círculo de viraje** turning circle
- **círculo máximo** great circle
- **Círculo Polar Antártico** Antarctic Circle
- **Círculo Polar Ártico** Arctic Circle
- **círculo vicioso** vicious circle

B **1** (grupo) circle **2** (ambiente, esfera) circle; **en (los) ~s teatrales** in theatrical circles **3** (asociación): **el ~ francés** the French Society *o* Club; **~ de Bellas Artes** Fine Arts Association *o* Society

circuncidar [A1] *vt* to circumcise

circuncisión *f* circumcision

circunciso -sa *adj* circumcised

circundante *adj* surrounding (*before n*); **el paisaje ~** the surrounding countryside

circundar [A1] *vt* to surround, encircle, girdle (liter); **un halo circundaba la luna** the moon was encircled by a halo

circunferencia *f* circumference

circunflejo *adj* ▸**acento**

circunlocución *f* circumlocution (frml)

circunloquio *m*: **contestar con ~s** to answer in a roundabout way, be evasive in one's reply

circunnavegación *f* circumnavigation

circunnavegar [A3] *vt* to circumnavigate, sail around

circunscribir [I34] *vt* to circumscribe

■ **circunscribirse** *v pron* (frml) **1** (ceñirse) **~se A algo** to limit *o* confine oneself TO sth; **circunscríbase a la pregunta** limit yourself to answering the question; **se circunscribió al período de la posguerra** she limited *o* confined herself to the post-war period **2** «*problema/competencia*»: **~se A algo** to be limited TO sth; **el problema se circunscribe a esta zona de la ciudad** the problem is restricted *o* limited to this area of the town; **la tormenta se circunscribió al noreste del país** the storm was limited *o* confined to the northeast of the country

circunscripción *f* (distrito) district

(Compuesto) **circunscripción electoral** electoral district, constituency (BrE)

circunscrito -ta, **circunscripto -ta** *adj* **1** [ESTAR] (frml) (limitado) **~ A algo** limited TO sth; **el problema está ~ al sector rural** the problem is limited *o* restricted to the rural sector **2** (Mat) circumscribed

circunspección *f* circumspection, caution; **obró con ~** he acted cautiously *o* circumspectly

circunspecto -ta *adj* ‹*persona/actitud*› circumspect, cautious; ‹*comentario*› guarded

circunstancia *f*

A (factor, particularidad): **si por alguna ~ no puede asistir** if for any reason you cannot attend; **la nacionalidad no es una ~ relevante en este caso** nationality is not a relevant factor in this case; **bajo** *or* **en ninguna ~** under no circumstances; **se da la ~ de que el acusado es diplomático** the accused happens to be a diplomat, as it happens the accused is a diplomat

(Compuestos)
- **circunstancia agravante** aggravating circumstance
- **circunstancia atenuante** extenuating circumstance
- **circunstancia eximente** exonerating circumstance

B **circunstancias** *fpl* (situación) circumstances (*pl*); **en estas/tales ~s** in these/such circumstances; **sus ~s familiares se lo impidieron** her family situation prevented her from doing so; **se adapta bien a las ~s** he adapts well to circumstances; **en ~s en** *or* **de que** (CS frml) as; **en ~s en** *or* **de que se disponía a salir** as he was preparing to leave

circunstanciado -da *adj* detailed

circunstancial *adj*

A ‹*factor/hecho*› circumstantial, incidental; **fue testigo ~ de los hechos** she was a chance witness to the events; **lo que me dijo es absolutamente ~ y no influirá en mi decisión** what he told me is completely incidental and will have no influence on my decision
B (Ling): **complemento ~** adverbial complement

circunstante *mf* (frml): **los ~s** those present, the people present

circunvalación *f*: **un autobús de ~** a bus which does a circular route; ▸**carretera**, **ronda**

circunvolar [A10] *vt* to circle, fly around

circunvolución *f* (frml) circumvolution (frml)

(Compuesto) **circunvolución cerebral** convolution of the brain

cirial *m* candlestick

cirílico -ca *adj* Cyrillic

cirio *m* candle; ***armar*** *or* ***montar un ~*** (Esp fam) to kick up *o* raise *o* create a stink (colloq)

cirquero -ra *m,f* (Chi, Méx) circus performer

cirrípedo *m* cirriped, cirripede

cirro *m* cirrus

cirrocúmulo *m* cirrocumulus

cirrópodo *m* ▸**cirrípedo**

cirrosis *f* cirrhosis; **~ del hígado** *or* **hepática** cirrhosis of the liver

cirrostrato *m* cirrostratus

ciruela *f*

A (Bot, Coc) plum

(Compuestos)
- **ciruela damascena** damson
- **ciruela pasa** *or* (CS) **seca** prune
- **ciruela verdal** greengage

B **(de) color ~** plum-colored*

ciruelo *m* plum tree

cirugía *f* surgery; **se hizo la ~ en la nariz** (RPl fam) she had a nose job (colloq), she had her nose done (colloq)

(Compuestos)
- **cirugía ambulatoria** *or* **de alta precoz** day surgery
- **cirugía estética** cosmetic surgery

C

• **cirugía laparoscópica** laparoscopic surgery (frml), keyhole surgery (BrE)
• **cirugía plástica** plastic surgery

ciruja *mf* (RPl) 1 (trapero) junkman (AmE), rag-and-bone man (BrE) 2 (fam) (pillo) little devil (colloq)

cirujano[1] **-na** *adj* ▸ **médico**[2]

cirujano[2] **-na** *m,f* surgeon

(Compuesto) **cirujano dentista, cirujana dentista** *m,f* dental surgeon

ciscarse [A2] *v pron* (Esp fam) to shit oneself (vulg)

cisco *m* (Min) slack; ***armar un*** ~ (Esp) to kick up *o* raise *o* create a stink (colloq); ***hacerle*** *or* (Col) ***volverle*** ~ ***a algn*** (fam) (en una pelea) to flatten *o* floor sb (colloq) (en un partido) to wipe the floor with sb (colloq); ***hacerse*** *or* (Col) ***volverse*** ~ (fam) to smash to pieces; ***hecho*** ~ (Esp fam): **tiene las manos hechas** ~ his hands are in a real state (colloq); **he tenido tantos problemas que estoy hecha** ~ I've had so many problems that I feel completely drained *o* (colloq) shattered

Cisjordania *f* the West Bank

cisjordano -na *adj* West Bank (*before n*)

cisma *m* (en una iglesia) schism; (en un partido) split, rift

cismático -ca *adj/m,f* schismatic

cisne *m*

A (Zool) swan

B (RPl) (para polvos) powder puff

Císter *m*: **el** ~ the Cistercian order

cisterciense *adj/mf* Cistercian

cisterna *f* 1 (depósito) tank; (subterránea) cistern 2 (del retrete) cistern; ▸ **buque, camión, vagón, avión**

cistitis *f* cystitis

cisura *f* incision

cita *f*

A 1 (con un profesional) appointment; **el abogado me ha dado** ~ **para el lunes** I have an appointment to see the lawyer on Monday; **pedir** ~ to make an appointment; **llámeme por teléfono para concertar una** ~ call me to arrange an appointment 2 (con un amigo, novio): **tengo una** ~ **con mi novio** I have a date with *o* I'm going out with *o* I'm meeting my boyfriend; **no llegues tarde a la** ~ don't be late for our rendezvous 3 (period) (reunión) meeting; **el embajador acudió a la** ~ **con el presidente** the ambassador attended the meeting with the president; ***darse*** ~: **se dieron** ~ **en la estación** they arranged to meet at the station; **cientos de famosos se dieron** ~ **en el estreno de la obra** (period) hundreds of celebrities came together at the premiere

(Compuestos)
• **cita a ciegas** blind date
• **citas por computadora** *or* (Esp) **ordenador** computer dating

B (en un texto, discurso): **una** ~ **del diario** a quote from the newspaper; **una** ~ **de Cervantes** a quotation *o* (frml) citation from Cervantes

citable *adj* quotable

citación *f* subpoena, summons

citadino[1] **-na** *adj* (AmL) urban, city (*before n*)

citadino[2] **-na** *m,f* 1 (AmL) (ciudadano) city dweller 2 (Méx) (defeño) *inhabitant of Mexico City*

citado -da *adj*: **el caso anteriormente** ~ the aforementioned case (frml); **el** ~ **abajo** ~ the author mentioned below (BrE); **tras los hechos acaecidos en la citada ciudad** in the wake of the events which took place there *o* in that town (frml)

citar [A1] *vt*

A 1 (convocar): **el jefe nos ha citado a las 11 en su oficina** the boss wants to see us at 11 o'clock in his office; **nos citó a todos a una reunión** she called us all to a meeting 2 (Der): **el juez lo citó a declarar** the judge summoned him to give evidence; **la defensa lo citó como testigo** the defense called him as a witness 3 (Taur) to incite

B 1 (mencionar) to cite; **por** ~ **sólo algunos ejemplos** to quote *o* cite but a few examples; **no quiero** ~ **nombres** I don't want to mention any names 2 (repetir textualmente) to quote; ‹*frase/pasaje*› to quote

■ **citarse** *v pron* 1 ~**se CON algn** to arrange to meet sb 2 (*recípr*): **se** ~**on para verse al día siguiente** they arranged to see each other the following day

cítara *f* zither

citatorio *m* subpoena, summons

citófono *m* (Andes) internal phone system

citogenética *f* cytogenetics

citología *f* 1 (ciencia) cytology 2 (análisis) smear test; **hacerse una** ~ to have a smear test

citoplasma *m* cytoplasm

citotóxico -ca *adj* cytotoxic

citrato *m* citrate

cítrico[1] **-ca** *adj* citrus (*before n*); ▸ **ácido**[2]

cítrico[2] *m* citrus

citrícola *adj* (Agr) citrus (*before n*), of citrus fruit

citricultura *f* citriculture, cultivation of citrus fruit

CIU, CiU *f* /'θiu/ (en Cataluña)

> **CiU - Convergència i Unió**
>
> A Catalan nationalist political party. Its influence on central government has been considerable, as the main party in power has often had to make a pact with it in order to outvote the opposition.

ciudad *f* town; (de mayor tamaño) city; **la gran** ~ the (big) city; ~ **natal** native town/city; **es una** ~ **sagrada** a holy city; Ⓢ **centro ciudad** town *o* city center; Ⓢ **mantenga limpia su ciudad** keep your city clean

(Compuestos)
• **ciudad balneario** (AmL) coastal resort
• **Ciudad Condal** *name often used to refer to Barcelona*
• **ciudad digital** digital city
• **ciudad dormitorio** bedroom community (AmE), dormitory town (BrE)
• **ciudad estado** city-state
• **Ciudad Eterna**: **la** ~ ~ the Eternal City, Rome
• **ciudad hermana** sister city (AmE), twin city (BrE)
• **ciudad jardín** garden city
• **Ciudad Luz**: **la** ~ ~ the City of Light, Paris
• **ciudad perdida** (Méx) shantytown
• **ciudad periférica** *or* **de la periferia** dormitory town, suburb
• **Ciudad Prohibida**: **la** ~ ~ the Forbidden City
• **ciudad residencial** *town or development in the commuter belt*
• **ciudad sanitaria** hospital complex
• **Ciudad Santa**: **la** ~ ~ the Holy City
• **ciudad satélite** satellite town
• **ciudad universitaria** university campus

ciudadanía *f* 1 (nacionalidad) citizenship 2 (conjunto de ciudadanos) citizenry (frml), citizens (*pl*) 3 (civismo) civic responsibility

ciudadano[1] **-na** *adj*: **la vida ciudadana** town *o* city life; **la inseguridad ciudadana** the lack of safety in towns *o* cities; **el deber** ~ **de acudir a las urnas** the duty of every citizen to use his or her vote; **la colaboración ciudadana** the cooperation of the people

ciudadano[2] **-na** *m,f*

A (habitante) citizen; **el alcalde ha pedido la colaboración de todos los** ~**s** the mayor has asked everyone in the town *o* all of the townspeople *o* all of the residents to help; **la seguridad de todos los** ~**s** the security of all citizens *o* of the population as a whole

(Compuesto) **ciudadano de a pie**: **el** ~ **de a** ~ the man in the street, the ordinary *o* average person

B 1 (Ven frml) (al dirigirse — a un hombre) sir; (— a una mujer) madam; **ciudadana, ¿me permite su licencia de conducir?** could I see your license please, madam?; **todos los** ~**s deben acudir a la taquilla** all visitors *o* everyone should go to the ticket office 2 (Ven iró) (individuo) character (iro)

Ciudad del Cabo *f* Cape Town

Ciudad del Vaticano *f* Vatican City

Ciudad de México *f* Mexico City

ciudadela *f*

A (fortificación) citadel, fortress

B (Col) (de viviendas) residential complex, condominium (AmE)

civeta *f* civet

cívico -ca *adj* 1 ‹*deberes/derechos*› civic 2 ‹*acto*› public-spirited, civic-minded

civil[1] *adj* 1 ‹*derechos/responsabilidades*› civil; ▸ **estado, guerra, registro** 2 (no religioso) civil; **una boda** ~ a civil marriage; **se casaron por lo** ~ *or* (Per, RPl, Ven) **por** ~ *or* (Chi, Méx) **por el** ~ they were married in a civil ceremony (AmE), they had a registry office wedding (BrE) 3 (no militar) civilian (*before n*); **la población** ~ the civilian population; **iba (vestido) de** ~ he was in civilian clothes *o* dress

civil[2] *mf*

A 1 (persona no militar) civilian 2 (Esp) (guardia civil) Civil Guard

B **civil** *m* (RPl) (matrimonio civil) *civil marriage ceremony*

civilidad *f* 1 (calidad) civilian *o* non-military nature 2 (conjunto de civiles) civilians (*pl*) 3 (civismo) public-spiritedness, civic-mindedness 4 (estado civil) civil status

civilismo *m* (CS) antimilitarism

civilista *mf* lawyer (*specializing in civil law*)

civilización *f* civilization; **las civilizaciones precolombinas** pre-Columbian civilizations

civilizado -da *adj* civilized

civilizador -dora *adj* civilizing (*before n*)

civilizar [A4] *vt* 1 ‹*país/pueblo*› to civilize 2 ‹*persona*› **a ver si te civilizan un poco en el colegio** I hope they teach you some manners at school; **costó trabajo** ~**los** it took a while to get *o* teach them to behave properly

■ **civilizarse** *v pron* 1 «*pueblo*» to become civilized 2 «*persona*» to learn to behave properly

civismo *m* public-spiritedness, civic-mindedness

cizalla *f* 1 (tijeras) metal shears (*pl*) 2 (máquina) guillotine

cizaña *f* darnel; ***meter*** *or* ***sembrar*** ~ to cause trouble; **metieron** ~ **entre los dos amigos** they caused trouble *o* a rift between the two friends

cl. (= **centilitro**) cl.

clac *m* crack!

clamar [A1] *vi* ~ CONTRA **algo** to protest AGAINST sth; **clamaban contra la sentencia/semejante atropello** they protested against the sentence/such an outrage; ~ POR **algo** to clamor* FOR sth, cry out FOR sth; **clamaban por el fin de la guerra** they clamored for *o* cried out for an end to the war

■ **clamar** *vt*: ~ **venganza** to cry out for vengeance

clámide *f* chlamys

clamor *m* clamor*; **el** ~ **de la multitud** the clamor *o* roar of the crowd; **el** ~ **de los aplausos llenaba el teatro** thunderous applause filled the theater

clamorosamente *adv* ‹*demandar/pedir*› noisily; **ha triunfado** ~ she has been resoundingly successful; **fueron** ~ **recibidos** they got a rousing reception; **ha vuelto** ~ **a las pantallas** she has returned to the screen in triumph

clamoroso -sa *adj* ‹*acogida*› rousing; ‹*ovación*› rapturous, thunderous; **el equipo tuvo una acogida clamorosa al regresar a la ciudad** the team got a rousing reception when they returned to the city; **el éxito** ~ **del cantante en Brasil** the resounding success of the singer in Brazil

clan *m* clan

(Compuesto) **clan escocés** tartan

clandestinamente *adv* clandestinely

clandestinidad *f* secrecy, secret nature; **siguieron trabajando en la ~** they continued working underground *o* in secret; **pasar a la ~** to go underground

clandestino[1] **-na** *adj* ‹*reunión/relación*› clandestine, secret; ‹*periódico*› underground

clandestino[2] **-na** *m,f*
A (fam) illegal immigrant
B **clandestino** *m* (Chi) (bar) *illegal bar*

claque *f* 1 (en el teatro) claque 2 (camarilla) clique

claqué *m* tap dancing, tap

claqueta *f* clapperboard

clara *f*
A (de huevo) white; **batir las ~s a punto de nieve** beat the egg whites until they form stiff peaks
B (calva) bald patch
C (Esp) (bebida) shandy

claraboya *f* skylight

claramente *adv* clearly

clarear [A1] *v impers* 1 (amanecer): **clareaba cuando se pusieron en camino** it was getting light *o* day was breaking when they set out 2 (Meteo): **comenzó a ~** the sky/the clouds began to clear
■ *vi* to go gray*/white

clarete *m* 1 (rosado) rosé 2 (tinto) claret

claridad *f*
A 1 (luz) light; **en la ~ del crepúsculo** in the twilight; **la ~ me despertó** the light/daylight woke me 2 (luminosidad) brightness
B 1 (de una explicación) clarity; **lo explicó con ~ meridiana** she explained it with great clarity *o* very clearly 2 (de una imagen) sharpness, clarity; (de un sonido) clarity; **lo oí con toda ~** I heard it very clearly

clarificación *f* 1 (de una situación) explanation, clarification 2 (de un líquido) clarification

clarificador -dora *adj* illuminating, enlightening

clarificante[1] *adj* ‹*información/explicación*› clarifying (*before n*); **se presentó un documento bastante ~ del asunto** a document was presented which helped to clarify the matter

clarificante[2] *m* clarifier, clarifying *o* clearing agent

clarificar [A2] *vt* 1 ‹*situación/declaraciones*› to clarify; **aún quedan varios puntos por ~** there are still several points that need clarifying 2 ‹*vino*› to clarify, clear
■ **clarificarse** *v pron* 1 «*situación*» to become clearer 2 «*vino*» to clarify, clear

clarín *m* bugle

clarinazo *m* 1 (Mús) bugle call 2 (advertencia) warning sign

clarinete *m* 1 (instrumento) clarinet 2 **clarinete** *mf* (músico) clarinetist

clarinetista *mf* clarinetist

clarisa *f* nun of the Order of Saint Clare

clarividencia *f* 1 (percepción paranormal) clairvoyance 2 (perspicacia) discernment, clearsightedness

clarividente[1] *adj* 1 (que adivina el futuro) clairvoyant 2 (perspicaz) discerning, clear-sighted

clarividente[2] *mf* clairvoyant

claro[1] **-ra** *adj*
A (luminoso) ‹*cielo*› bright; ‹*habitación*› bright, light; **el día amaneció ~** the day dawned bright and clear
B (pálido) ‹*color/verde/azul*› light, pale; ‹*piel*› fair, white; **tiene los ojos ~s** she has blue/green/gray eyes; **el típico sueco rubio y de ojos ~s** the typical blue-eyed, blond Swede
C ‹*salsa/sopa*› thin; ‹*café/té*› weak
D ‹*agua/sonido*› clear; **habló con voz clara** she spoke in a clear voice
E ‹*ideas/explicación/instrucciones*› clear; ‹*situación/postura*› clear; **consiguieron una clara ventaja** they gained a clear advantage; **tiene muy ~ lo que quiere en la vida** she is very clear *o* sure about what she wants out of life, she knows exactly what she wants out of life; **que quede bien ~ que ...** I want it to be quite clear that ...; **lo harás como yo te diga, ¿está ~?** you'll do it the way I say, is that clear *o* do I make myself clear?; **quiero dejar (en) ~ que ...** *or* **que quede bien (en) claro que ...** I want to make it very *o* quite clear that ..., let it be very *o* quite clear that ...; ***a las claras:* no me lo dijo a las claras** she didn't tell me in so many words *o* straight out *o* (AmE) right off; **no seas cobarde y díselo a las claras** don't be a coward, tell her straight; ***llevarlo ~*** (Esp fam) (estar equivocado) to be in for a shock *o* a disappointment; (enfrentarse a algo difícil) to have one's work cut out (colloq); ***pasar la noche en ~*** to lie *o* be awake all night; ***sacar algo en ~ de algo*** to make sense of sth; **¿tú sacaste algo en ~ de lo que dijo?** did you manage to make any sense of what he said?
F (evidente) clear, obvious; **hay pruebas claras de que miente** there is clear evidence that he is lying; **está ~ que ella es la culpable** it is clear *o* obvious that she is the culprit, she is clearly *o* obviously the culprit; **... a no ser, ~ está, que esté mintiendo** ... unless, of course, he's lying

claro[2] *adv*
A ‹*hablar/ver*› **voy a hablarte ~** I'm not going to beat around *o* about the bush, I'm going to give it to you straight (colloq); **ahora lo veo ~** I see it all clearly now, now I get it! (colloq); **me lo dijo muy ~** he made it very *o* quite clear (to me); **~ *y raspado*** (Ven fam) straight; **me lo dijo todo ~ y raspado** he told me straight, he didn't beat around *o* about the bush
B (*indep*) 1 (en exclamaciones de asentimiento) of course!; **¡~ que lo sabe!** of course she knows!; **¿te gustaría verlo? — ¡~!** would you like to see it? — yes, I'd love to *o* (colloq) sure!; **¿lo hizo? — ¡~ que no!** did he do it? — no, of course not! *o* no, of course he didn't! 2 (como enlace) mind you; **nadie le creyó, ~ que conociéndolo no es de extrañar** nobody believed him. Mind you, knowing him it's not surprising; **lo ayudó la madre — ~, así cualquiera** his mother helped him — well, of course anyone can do it like that; **anda, díselo tú — ~, para que me eche a mí la bronca ¿no?** (iró) go on, you tell him — oh sure *o* oh fine *o* I see, so that way it's me he gets mad at, right? (iro)

claro[3] *m*
A (en un bosque) clearing; (en el pelo, la barba) bald patch; **había algunos ~s en las gradas** there were a few empty spaces in the stand
B (Meteo) sunny spell *o* period *o* interval

(Compuesto) **claro de luna** moonlight

claroscuro *m* chiaroscuro

clase[1] *f*
A 1 (tipo) kind, sort, type; **sin ninguna ~ de explicaciones** with no explanation of any kind, without any kind of explanation; **te deseo toda ~ de felicidad** I wish you every happiness 2 (categoría): **productos de primera ~** top-quality products
B (Transp) class; **viajar en primera/segunda ~** to travel (in) first/second class

(Compuestos)
- **clase económica** economy *o* tourist class
- **clase ejecutiva** *or* **preferente** business class
- **clase turista** ▸ **clase económica**

C (Sociol) class; **gente de todas las ~s sociales** people of all (social) classes; **la ~ política** politicians

(Compuestos)
- **clase alta** upper class
- **clase baja** lower class
- **clase dirigente** ruling class
- **clase media** middle class
- **clase media alta/media baja** upper-middle/lower-middle class
- **clase obrera** working class
- **clases pasivas** *fpl*: **las ~ ~** *people receiving state pensions*
- **clase trabajadora** working class

D (distinción, elegancia) class; **tiene mucha ~** she has a lot of class, she's very classy (colloq)
E (Educ) 1 (lección) class; **este año ha faltado a ~ diez veces** this year he's missed ten classes; **la ~ que más me gusta es la de historia** my favorite class *o* (BrE) lesson is history; **se porta muy mal en ~** she behaves very badly in class; **¿a qué hora sales de ~?** what time do you get out of class (*o* school *etc*)?; **los centros en los que se imparten las ~s** (frml) the centers where classes are held; **~s de conducir** *or* **manejar** driving lessons; **dicta ~ de filosofía** (AmL) she teaches philosophy, she gives philosophy classes; **dar ~** «*profesor*» (en el colegio) to teach; (en la universidad) to lecture, teach; «*alumno*» (Esp) to have classes; **da ~s particulares** he gives private classes, he teaches privately; **¿quién te da ~ de latín?** who do you have for *o* who takes you for Latin?; **da ~s de matemáticas en la Universidad** she lectures in *o* teaches mathematics at the University; **dio la ~ de mi parte** he gave *o* took the class for me; **doy ~s de música con un profesor particular** (Esp) I have music lessons with a private teacher; **hace ~s de piano en el conservatorio** (Chi) he teaches piano at the conservatory 2 (grupo de alumnos) class; **invitó a toda la ~ a la fiesta** she invited the whole class to the party; **es el primero de la ~** he's top of the class, he's the best in the class; **un compañero de ~** a classmate, a school friend 3 (aula — en una escuela) classroom; (— en una universidad) lecture hall *o* room, lecture auditorium (AmE), lecture theatre (BrE); **¿en qué ~ es la conferencia?** which room is the lecture in?

(Compuestos)
- **clase magistral** master class
- **clase nocturna** evening class
- **clase particular** private class *o* lesson

F (Bot, Zool) class

clase[2] *m* (Mil) ≈ NCO, ≈ noncommissioned officer

clásicas *fpl* classics; **hizo ~** she studied classics

clasicismo *m* classicism

clasicista[1] *adj* classicistic

clasicista[2] *mf* classicist

clásico[1] **-ca** *adj* 1 ‹*decoración/estilo/ropa*› classical 2 ‹*método*› standard, traditional; ‹*error/malentendido*› classic; **el ~ remedio para la gripe** the traditional cure for flu; **es el ~ caso de la niña pobre que se casa con un hombre rico** it's the classic case of the poor girl who marries a rich man 3 ‹*lengua/mundo*› classical

clásico[2] *m* 1 (obra) classic 2 (autor): **los Beatles y otros ~s de la música pop** the Beatles and other giants of pop music *o* other all-time great pop stars 3 (AmL) (Dep) traditional big game

clasificable *adv* classifiable

clasificación *f*
A (de documentos, libros) classification; (de cartas) sorting; **el ordenador que hace la ~ del correo** the computer that sorts the mail
B (de una película — acción) classification; (— certificado): **¿qué ~ (moral) tiene?** what certificate has it got?
C (de un elemento, una planta) classification
D (Dep) 1 (para una etapa posterior) qualification; **peligra nuestra ~ para la final** we are in danger of not making *o* of not qualifying for the final; **esta victoria le supone la ~ para la fase final** this victory means that he will go through to *o* has qualified for the finals 2 (tabla) placings (*pl*); (puesto) position, place; **quinto en la ~ final del rally** fifth in the final placings for the rally

clasificado -da *adj* ▸ **anuncio, aviso**

clasificador *m* 1 (carpeta) ring binder 2 (de una máquina) sorter 3 (mueble) filing cabinet

clasificadora *f* sorter

clasificar [A2] *vt* 1 ‹*documentos/datos*› to sort, put in order; ‹*cartas*› to sort; **clasificaba las fichas por orden alfabético** she was sorting *o* putting the cards into alphabetical order 2 ‹*planta/animal/elemento*› to classify 3 ‹*hotel*› to class, rank; ‹*fruta*› to class; ‹*persona*› to class, rank; **está clasificado entre los mejores del mundo** it ranks *o* it is ranked *o* it

is classed among the best in the world
■ **clasificar** *vi* (AmL) to qualify
■ **clasificarse** *v pron* (Dep) 1 (para una etapa posterior) to qualify; **se ~án los tres primeros** the first three will qualify; **el equipo se clasificó para la final** the team qualified for *o* got through to the final 2 (en una tabla, carrera): **se clasificó en octavo lugar** he finished in eighth place, he came eighth, he was placed eighth; **con esta victoria se clasifican en quinto lugar** with this victory they move into fifth place

clasificatorio -ria *adj* qualifying (*before n*)

clasismo *m* classism

clasista *adj* ‹*actitud/sociedad*› classist; **es un hombre muy ~** he's very class-conscious

claudia *f* greengage

claudicación *f* 1 (de principios) renunciation, abandonment; **eso significaría una ~ de mis principios** that would mean abandoning my principles 2 (rendición) capitulation

claudicar [A2] *vi* 1 (ceder, transigir) to give in; **no ~emos ante estas amenazas** we shall not give in to these threats 2 **~ DE algo** to abandon sth; **no claudicó de su postura** she did not abandon her position, she did not give in *o* give way

Claudio (Hist) Claudius

claustral *adj* monastic

claustro *m*
A (Arquit) cloister
B (Educ) (de una universidad) senate; (de un colegio) staff; (reunión) senate/staff meeting
(Compuesto) **claustro materno** (liter) womb

claustrofobia *f* claustrophobia; **sufre de ~** he suffers from claustrophobia; **siento ~ cada vez que me meto allí** I get claustrophobia *o* claustrophobic every time I go in there

claustrofóbico -ca *adj* claustrophobic

cláusula *f* 1 (Der) clause; **según lo dispuesto en la ~ segunda** as stipulated in clause 2; **establecer las ~s de un contrato** to establish the terms of a contract 2 (Ling) clause
(Compuestos)
• **cláusula de exclusividad** exclusivity clause; lock-in clause
• **cláusula de no participación** opt-out clause
• **cláusula subordinada** subordinate clause
• **cláusula subsidiaria** subsidiary clause

clausura *f*
A 1 (de un congreso, festival) closing ceremony; **ceremonia/sesión de ~** closing ceremony/session 2 (de un local) closure; **el juez ordenó la ~ del bar** the judge ordered the closure of the bar
B (Relig) cloister; **una monja de ~** a cloistered nun

clausurar [A1] *vt* 1 ‹*congreso/sesión*› «*acto/discurso*» to bring … to a close; «*persona*» to close 2 ‹*local/estadio*› to close … down; **fue clausurado por insalubre** it was closed down for health reasons

clava *f* club

clavada *f* 1 (en ajedrez) pin 2 (de un motor) seizing up 3 (Méx) (en natación) dive

clavadista *mf* diver; **los ~s de Acapulco** the cliff divers of Acapulco

clavado¹ -da *adj*
A (fijo) **~ EN algo**: **con la vista clavada en un punto del horizonte** staring at *o* with his gaze fixed on a point on the horizon; **tenía los ojos ~s en el libro** she was glued to her book (colloq)
B 1 (fam) (muy parecido) **ser ~ A algn/algo**: **eres ~ a tu padre** you're the spitting image of your father (colloq); **es clavada a una amiga mía** she's the spitting image *o* double of a friend of mine, she's a dead ringer for a friend of mine (colloq); **esos zapatos son ~s a los míos** those shoes are identical to mine 2 (fam) (en punto): **a las cinco clavadas estaba ahí** he was there on the dot of five (colloq), he was there dead on five (colloq) 3 (fam) (seguro): **si no llevo paraguas ~ que llueve** it's bound *o* sure to rain if I don't take an umbrella; **como le digas que no haga algo ~ que lo hace** if you tell him not to do something you can bet *o* guarantee he'll do it *o* you can be sure he'll do it (colloq)

clavado² *m* (AmL) dive

clavar [A1] *vt*
A 1 **~ algo EN algo** ‹*clavo*› to hammer sth INTO sth; ‹*palo/estaca*› to drive sth INTO sth; **le clavó el puñal en el pecho** she drove *o* plunged the dagger into his chest; **una estaca clavada en el suelo** a stake driven into the ground; **me clavó los dientes/las uñas** he sank his teeth/dug his nails into me 2 ‹*cartel/estante*› to put up (*with nails etc*) 3 ‹*ojos*› to fix … on; **clavó en ella una mirada de odio** he fixed her with a look of hate
B (fam) 1 (cobrar caro) to rip … off (colloq) 2 (CS fam) (engañar) to cheat 3 (Méx fam) (robar) to swipe (colloq), to filch (colloq)
C (RPl fam) (dejar plantado) to stand … up (colloq)
D (Ven arg) ‹*golpe*› **le ~on sus buenos coñazos en la cara** he got whacked in the face (colloq)
E (Ven fam) ‹*estudiante*› **lo ~on en física** he failed (in) physics, he flunked physics (colloq)
F (Ven vulg) ‹*mujer*› to screw (vulg), to poke (vulg), to shaft (vulg)
■ **clavarse** *v pron*
A 1 ‹*aguja/espina*› **me clavé la aguja** I stuck the needle into my finger (*o* thumb *etc*); **me clavé el destornillador en la mano** I stuck the screwdriver in my hand; **se clavó una astilla en el dedo** she got a splinter in her finger 2 (*refl*) ‹*cuchillo/puñal*› **se clavó el puñal en el pecho** he drove *o* plunged the dagger into his chest
B 1 (CS fam) (con algo inservible) **~se CON algo** to get stuck WITH sth (colloq); **me clavé con las entradas** I got stuck with the tickets; **se clavó con el auto que compró** the car he bought turned out to be a bad buy *o* a real lemon (colloq) 2 (RPl fam) (fastidiarse): **me tuve que ~ toda la tarde allí porque el cerrajero no vino** I was stuck there all afternoon because the locksmith didn't come (colloq)
C (Per fam) (colarse): **se clavó en la cola** he jumped the line (AmE), he jumped the queue (BrE); **siempre se clava en las fiestas** he's always gatecrashing parties (colloq)
D (Col arg): **~se estudiando** *or* **a estudiar** to study like crazy (colloq)
E (Méx) (Dep) to dive

clave¹ *adj* (*pl* **~** *or* **-ves**) key (*before n*); **un autor/una obra ~ de la literatura mexicana** a key author/work in Mexican literature; **los sectores ~(s) de la economía** the key sectors of the economy

clave² *f*
A 1 (código) code; **transmitir en ~** to transmit in code; **un mensaje en ~** a coded message, a message in code 2 (de un problema, misterio) key
(Compuestos)
• **clave de acceso** (Inf) password
• **clave de bóveda**
A (Arquit) keystone
B (fundamento, base) cornerstone
• **clave de búsqueda** (Inf) key word
• **clave de clasificación** (Inf) sort key
• **clave secreta** (Inf) password; **número de ~ ~** (Chi, Per) PIN number
• **clave de usuario** (AmL) user's password
• **clave LADA** (Méx) (Tel) area code
B (signo) clef; **~ de fa/sol** bass/treble clef; **no quiso que su visita se interpretase únicamente en ~ económica** he did not wish his visit to be viewed as being motivated purely by economic factors
C (Arquit) keystone

clave³ *m* harpsichord

clavecín *m* spinet, harpsichord

clavel *m* carnation
(Compuestos)
• **clavel del aire** Spanish moss
• **clavel reventón** double carnation

clavelito *m* pink

clavellina *f* pink

clavelón *m* marigold

clavero *m* clove tree

claveta *f* peg

clavete *m* plectrum

clavetear [A1] *vt* to decorate *o* adorn … with studs

clavicémbalo *m* harpsichord

clavicordio *m* clavichord

clavícula *f* ▸❶ **p.231** collarbone, clavicle (tech)

clavija *f* 1 (Mec) pin 2 (Elec) (enchufe) plug; (de un enchufe) pin 3 (de una guitarra) tuning peg; ***apretarle las ~s a algn*** (fam) to tighten up on sb; ***echar ~*** (Col fam) to cheat

clavijero *m* pegbox

clavo *m*
A 1 (Tec) nail; ***agarrarse a un ~ ardiendo:*** **está tan necesitado que se agarraría a un ~ ardiendo** he's so desperate he'd take (*o* do *etc*) anything; **se agarró a ella como a un ~ ardiendo** he clung to her as if she were his last hope; ***dar en el ~:*** **diste en el ~, de eso se trata** you've hit the nail on the head, that's exactly it; **diste en el ~ con tu regalo** your present was just what I/he/they wanted; **siempre da en el ~ con sus predicciones meteorológicas** his weather forecasts are always right on the mark *o* (BrE) spot on; ***dar una en el ~ y ciento en la herradura*** to be wrong nine times out of ten; ***no dar*** *or* ***pegar ni ~*** (fam): **se pasa todo el día mirando la tele, sin dar ni ~** he spends all day watching TV, he doesn't do a stroke of work; **mi marido no pega ni ~ en casa** my husband doesn't lift a finger at home (colloq); ***¡por los ~s de Cristo!*** for heaven's sake!; ***remachar el ~*** to make matters worse; ***sacarse el ~*** (Col, Ven) to get even (colloq), get one's own back (BrE colloq); ***un ~ quita*** *or* ***saca otro ~*** one shoulder of mutton drives another one down (arch), a new boyfriend (*o* worry *etc*) helps you forget an old one 2 (Med) pin 3 (en montañismo) piton
B (Bot, Coc) *tb* **~ de olor** clove
C (de un forúnculo) core
D (CS fam) (expresando fastidio): **tener animales es un ~** having animals is a bind (colloq); **resultaron ser un ~, no vendimos ni uno** they turned out to be a dead loss, we didn't sell a single one; **el auto que me vendió es un ~** the car he sold me is a dead loss *o* a lemon (colloq); **tener que ir hasta allá es un ~** it's a pain in the neck *o* a drag having to go all that way (colloq); **su secretaria es un ~** his secretary is hopeless *o* a dead loss

claxon /'klakson/ *m* (*pl* **-xons**) horn; **tocar el ~** to sound *o* blow *o* honk one's horn, to honk

claxonazo *m* toot, hoot, honk

clemátide *f* clematis

clemencia *f* mercy, clemency (frml); **le imploró ~** he begged her for mercy

clemente *adj* (liter) clement (liter)

clementina *f* clementine

Cleopatra Cleopatra

clepsidra *f* clepsydra, water clock

cleptocracia *mf* (Pol) kleptocracy

cleptomanía *f* kleptomania

cleptómano -na *m,f* kleptomaniac

clerecía *f* ▸**mester**

clergy *m* ▸**clergyman**

clergyman /'klerʒiman, 'klerximan/ *m* (*pl* **-mans**) 1 (traje) clericals (*pl*), clergyman's suit 2 (alzacuello) clerical collar, dog collar (colloq)

clerical *adj* clerical

clericalismo *m* clericalism

clericó *m* (RPl) claret cup

clérigo -ga *m,f*
A (en el clero protestante) (*m*) clergyman, cleric; (*f*) clergywoman, cleric
B **clérigo** *m* 1 (en el clero católico) clergyman, priest 2 (ant) (estudioso) scholar, clerk (arch)

clero *m* clergy
(Compuestos)
• **clero regular** regular clergy
• **clero secular** secular clergy

clic *m* (*pl* **clics**)
A (al cerrarse algo) click; (al romperse algo) snap
B (Inf) click; **hacer ~ (en** *or* **sobre algo)** to click (on sth); **hacer doble ~ (en** *or* **sobre algo)** to double-click (on sth)

cliché *m*
A (expresión) cliché
B 1 (de multicopista) stencil 2 (Impr) plate 3 (Fot) negative

cliente -ta *m,f* 1 (de una tienda) customer; (de una empresa) client, customer; (de un restaurante) customer, patron; (de un hotel) guest; (de un abogado, arquitecto) client; (en un taxi) fare, customer; **~ asiduo** *or* **habitual** regular customer (*o* client *etc*) 2 **cliente** *m* (Inf) client

clientela *f* (de un restaurante) clientele, customers (*pl*); (de un hotel) guests (*pl*); (de un abogado) clients (*pl*)

clientelismo *m* (AmL) *practice of obtaining votes with promises of government posts etc*

clima *m*
A (Meteo) climate; **un ~ malsano** an unhealthy climate
(Compuestos)
- **clima continental** continental climate
- **clima marítimo** maritime climate
- **clima mediterráneo** Mediterranean climate
- **clima polar** polar climate
- **clima templado** temperate climate
- **clima tropical** tropical climate

B (ambiente) atmosphere; **en un ~ festivo** in a festive atmosphere; **el ~ económico** the economic climate; ***al*** **~** (Col) at room temperature; **una cerveza al ~** a beer served at room temperature, a beer that isn't chilled
(Compuestos)
- **clima de inversión** investment climate
- **clima de opinión pública** climate of public opinion

climatérico -ca *adj* menopausal, climacteric (tech)

climaterio *m* menopause, climacteric (tech)

climático -ca *adj* climatic; **cambios ~s** climatic changes, changes in the climate

climatización *f* air conditioning

climatizado -da *adj* ‹*local/casa*› air-conditioned; ‹*piscina*› heated

climatizador *m* climate control, air-conditioning unit

climatizar [A4] *vt* ‹*local*› to air-condition; ‹*piscina*› to heat

climatología *f* climatology

climatológico -ca *adj* climatological

clímax *m* (*pl* ~) climax

clínica *f*
A (establecimiento) private hospital *o* clinic; **ingresó en la ~** he was admitted to (the) hospital
(Compuestos)
- **clínica dental** dental office (AmE), dental surgery (BrE)
- **clínica de reposo** convalescent *o* rest home
- **clínica psiquiátrica** psychiatric hospital

B (especialidad) clinical medicine

clínicamente *adv* clinically

clínico¹ -ca *adj* ‹*ensayo*› clinical (*before n*); ▸**análisis, ojo**

clínico² -ca *m,f* (RPl) general practitioner

clip *m* (*pl* **clips**)
A 1 (sujetapapeles) paperclip 2 (para el pelo) bobby pin (AmE), hairgrip (BrE) 3 (cierre) clip; **pendientes** *or* **aros de ~** clip-on earrings
B (Vídeo) video, pop video

clíper *m* clipper

cliqueable *adj* clickable

cliquear [A1] *vi* (fam) to click; **~ EN** *or* **SOBRE algo** to click ON sth; **~ con el botón derecho (del ratón) en algo** to right-click sth
■ **cliquear** *vt* ‹*ícono*› to click; **~ aquí** click here

clisado *m* 1 (acción) stereotyping 2 (molde) stereotype

clisar [A1] *vt* to stereotype

clisé *m* ▸**cliché B**

clitoridiano -na *adj* clitoral

clítoris *m* (*pl* ~) clitoris

Cll. (Corresp) (en Col) (= **calle**) St; **~ 30** 30th Street, 30th St

clo *m* clucking; **hacer ~ ~** to cluck

cloaca *f*
A (alcantarilla) sewer; **tiene una mente de ~** he has a filthy mind, he has a mind like a sewer
B (de un ave, un reptil) cloaca

clocar [A9] *vi* to cluck

cloche *m* (Ven) clutch

clon *m* clone

clonación *f*, **clonaje** *m* cloning

clonar [A1] *vt*
A (Biol) to clone
B ‹*tarjeta de crédito*› to skim

clónico -ca *adj* clonal, clone (*before n*); **la oveja clónica** the clonal sheep *o* the sheep produced by cloning

cloquear [A1] *vi* to cluck

cloración *f* chlorination

clorar [A1] *vt* to chlorinate

clorhidrato *m* hydrochloride

clorhídrico -ca *adj* hydrochloric

clorinar [A1] *vt* to chlorinate; **agua clorinada** chlorinated water

cloro *m* 1 (Quím) chlorine 2 (AmC, Chi) (lejía) bleach

clorofila *f* chlorophyll

clorofílico -ca *adj* chlorophyllous

clorofluorocarbono *m* chlorofluorocarbon, CFC

cloroformizar [A4], **cloroformear** [A1] *vt* to chloroform

cloroformo *m* chloroform

cloruro *m* chloride; **~ de sodio** sodium chloride

clóset *m* (*pl* **-sets**) (AmL exc RPl) 1 (en un dormitorio) built-in closet (AmE), fitted *o* built-in wardrobe (BrE) 2 (en la cocina) kitchen cupboard 3 (en el baño) bathroom cabinet

clotch /ˈklotʃ/ *m* (AmC) clutch

clotear [A1] *vi* (Chi fam) 1 «*jarrón*» to smash; «*aparato*» to break 2 «*negocio*» to fall through

clown /ˈklaun/ *m* (*pl* **~s**) clown

club *m* (*pl* **~s** *or* **~es**) (asociación) club; (local) club; **~ de tenis** tennis club; **~ náutico** yacht club
(Compuesto) **club nocturno** nightclub

clueca *adj* broody; **parecían gallinas ~s** they sounded like a lot of broody hens

cluniacense¹ *adj* Cluniac

cluniacense² *m* Cluniac monk

clutch *m* /ˈklotʃ/ (AmC, Col, Méx) clutch

cm. (= **centímetro**) cm.

CMCC *f* = **Comunidad y Mercado Común del Caribe**

CMT *f* (en Esp) = **Comisión del Mercado de las Telecomunicaciones**

CN- *f* (en Esp) = **carretera nacional**

CNA *m* (= **Consejo Nacional Africano**) ANC

CNC *f* (en Méx) = **Confederación Nacional Campesina**

CNEA /koˈnea/ *f* (en Arg) = **Comisión Nacional de Energía Atómica**

Cnel. *m* = **Coronel**

CNI *f* (en Chi) = **Central Nacional de Informaciones**

CNMV *f* (en Esp) = **Comisión Nacional del Mercado de Valores**

CNOP *f* (en Méx) = **Confederación Nacional de Organizaciones Populares**

CNT¹ *f*
A (en Esp) = **Confederación Nacional del Trabajo**
B (en Ur) = **Convención Nacional de Trabajadores**

CNT² *m* (en Chi) = **Comando Nacional de Trabajadores**

co- *pref* co- (*as in* **coautor**), joint (*as in* **copropiedad**)

coa¹ *f* (Méx) hoe

coa² *m* (en Chi) underworld slang

coacción *f* coercion; **confesó bajo ~** he was coerced *o* (AmE) pressured into making a confession, he confessed under duress

coaccionador -dora *adj* constraining, compelling

coaccionar [A1] *vt* to coerce; **lo ~on para que interviniera** he was coerced *o* (AmE) pressured into intervening
■ **coaccionar** *vi* (Chi frml) to work together, cooperate

coach /ˈkou:tʃ/ *mf* (Com) trainer, teacher

coaching /ˈkou:tʃɪŋ/ *m* (Com) coaching

coactivo -va *adj* coercive; **por medios ~s** by coercion

coadjutor¹ -tora *adj* coadjutant

coadjutor² *m* coadjutor

coadyuvante *adj* (frml) contributory

coadyuvar [A1] *vt* (frml) to contribute

coagulación *f* coagulation, clotting

coagulante¹ *adj* clotting (*before n*), coagulative

coagulante² *m* coagulant

coagular [A1] *vi*, **coagularse** [A1] *v pron* 1 (Med) to clot, coagulate 2 (Quím) to coagulate
■ **coagular** *vt* to clot, coagulate, make … clot

coágulo *m* 1 (Fisiol, Med) clot, coagulum (tech) 2 (grumo) clot

coalescencia *f* coalescence

coalescente *adj* coalescent

coalición *f* coalition; **gobierno de ~** coalition government; **formar una ~** to form a coalition

coalicionarse [A1] *v pron* to form a coalition

coaligar [A3] *vt* ▸**coligar**

coartada *f* alibi

coartar [A1] *vt* 1 ‹*persona*› to inhibit; **su presencia lo coartaba** he found her presence inhibiting, her presence inhibited him 2 ‹*libertad/voluntad*› to restrict

coaseguro *m* co-insurance

coatí *m* coati, coati-mondi

Coatlicue *Aztec goddess of the earth*

coautor -tora *m,f* coauthor

coaxial *adj* coaxial

coba *f* (Ven arg) (mentira, engaño) lie; ***darle ~ a algn*** (adular) (Esp, Méx, Ven fam) to suck up to sb (colloq) (timar) (Esp fam) to take sb for a ride (colloq), to con (colloq)

cobalto *m* cobalt

cobarde¹ *adj* cowardly

cobarde² *mf* coward

cobardía *f* cowardice

cobaya *f*, **cobayo** *m* guinea pig

cobear [A1] *vi* (Ven arg) to lie, bullshit (sl)

cobero¹ -ra *adj* (Ven arg): **esa gente es muy cobera** those guys are full of crap (sl)

cobero² -ra *m,f* (Ven arg) liar, bullshitter (sl)

cobertizo *m* shed

cobertor *m* (colcha) bedspread; (manta) blanket

cobertura *f*
A 1 (de un seguro) cover 2 (Fin) hedge; **una ~ frente a la inflación** security *o* a hedge against inflation
B (Period, Rad, TV) coverage; **la amplia ~ del evento** the extensive coverage of the event; **~ informativa** news coverage; **programación de ~ regional** regional programing; **el área de ~ de esta emisora** the area covered by this station
C (Coc) coating, frosting (AmE), icing (BrE)

cobija *f* (AmL) 1 (manta) blanket 2 **cobijas** *fpl* (ropa de cama) bedclothes (*pl*); ***arroparse hasta donde alcance la ~*** (Ven fam) to live within one's means

cobijar [A1] *vt*
A ‹*persona*› 1 (proteger) to shelter; **cobijó al niño**

C

con su cuerpo she sheltered *o* protected the child with her body [2] (hospedar) to give … shelter, take … in

B (liter) ‹*sentimientos/esperanzas*› to harbor*

■ **cobijarse** *v pron* to shelter, take shelter; **para ~se de la tormenta** to shelter from the storm

cobijo *m* [1] (refugio, albergue) shelter [2] (protección) shelter; **una familia les dio ~ en su casa** a family sheltered them in their house

cobista *mf* (Esp fam) (zalamero) sweet-talker, bootlicker (colloq); (estafador) swindler, conman

Coblenza *f* Koblenz

cobol, COBOL *m* COBOL

cobra *f* cobra

cobrable *adj* recoverable

cobrador -dora *m,f* [1] (a domicilio) collector [2] (de autobús) bus conductor, conductor

Compuestos
- **cobrador/cobradora de alquileres** rent collector
- **cobrador/cobradora de deudas** *or* **de morosos** debt collector

cobranza *f* collection; **presenté el cheque para su ~** I presented the check for payment

cobrar [A1] *vt*

A [1] ‹*precio/suma*› to charge; **me cobró $1.000** she charged me $1,000; **nos cobran 30.000 pesos de alquiler** they charge us *o* we pay 30,000 pesos in rent; **~ algo POR algo** to charge sth FOR sth; **me cobró una barbaridad por la comida/por cambiar el aceite** he charged me a ridiculous amount for the meal/for changing the oil; **cobran 500 pesos por kilómetro** they charge 500 pesos per kilometer [2] ‹*sueldo/pensión*› **cobra 2.000 euros al mes y no hace nada** he earns 2,000 euros a month and does nothing; **todavía no hemos cobrado la paga de junio** we still haven't been paid for June; **cobra el sueldo por el banco** his salary is paid straight into the bank; **todavía no ha ido a ~ la pensión** she still hasn't been to collect *o* draw her pension; **cobró el subsidio de desempleo durante seis meses** he received unemployment benefit for six months

B [1] ‹*alquiler/impuesto*› to charge; **nos cobra un alquiler altísimo** he charges us *o* we pay him a very high rent; **te ~án el IVA** you will be charged sales tax/VAT; **no nos cobran la electricidad** they don't charge us for electricity; **vino a ~ el alquiler** she came for the rent *o* to collect the rent; **el departamento que se encargará de ~ el nuevo impuesto** the department which will be responsible for the collection of the new tax [2] ‹*bebidas/fruta*› **¿me cobras estas cervezas, por favor?** can you take for these beers, please?, can I pay for these beers, please?; **se equivocó y me cobró el vino dos veces** he made a mistake and charged me twice for the wine; **está cobrando las entradas** he's taking the money for the tickets

C [1] ‹*deuda*› to recover; **vengo a ~ esta factura** I've come for payment of this bill; **nunca llegó a ~ esas facturas** he never received payment for those bills; **vino a ~ la factura de la cocina** she came to collect payment for the stove; **lo único que hago es ~ deudas** all I do is collect debts [2] ‹*cheque*› to cash

D (Chi) (pedir): **le cobré los libros que le presté** I asked him to give back *o* return the books I'd lent him *o* I asked him for the books I'd lent him; **~*le la palabra a algn*** (Chi fam) to hold sb to his/her/their word

E (Chi) (Dep) (conceder) ‹*gol/falta*› to give, award; (Per) (sacar) ‹*tiro libre/penal*› to take

F [1] (adquirir): **~ importancia/fama** to become important/famous; **las negociaciones ~on un nuevo impulso** the negotiations were given fresh impetus; **cobran especial relieve los trabajos del Instituto cuando …** the work done by the Institute takes on special significance when …; **se detuvo a ~ fuerzas** he stopped to get his strength back; **cobró ánimos y fue a decírselo** he plucked up the courage and went and told her [2] (tomar): **cobrarle cariño a algn** to grow fond of sb; **con el tiempo le fui cobrando cariño** as time went by I grew fond of her; **~*le sentimientos a algn*** (Chi) to be upset with sb

G (en caza) [1] (matar) to shoot, bag [2] «*perro*» to retrieve

H [1] (period) ‹*vidas/víctimas*› to claim [2] ‹*botín*› to carry off [3] (Náut) to haul in

■ **cobrar** *vi* [1] (por un servicio, unas mercancías): **vino el lechero a ~** the milkman came to be paid; **¿me cobra, por favor?** can I have the check please?, can you take for this, please?, can I pay, please?; **llámame por ~** (Chi, Méx) call collect (AmE), reverse the charges (BrE) [2] (recibir el sueldo) to be paid; **llevamos dos meses sin ~** we haven't been paid for two months [3] (fam) (recibir una paliza): **¡como no te estés quieto, vas a ~!** if you don't keep still you're going to get it! (colloq)

■ **cobrarse** *v pron*

A (recibir dinero): **tenga, cóbrese** here you are; **cóbrese las cervezas de aquí** can you take for these beers?, can I pay for these beers?

B ‹*víctimas*› to claim

cobre *m* [1] (Metal, Quím) copper; ***enseñar*** *or* ***pelar el ~*** (Col, Méx) to show one's true colors [2] **(de) color ~** copper (*before n*), copper-colored* [3] (AmL fam) penny; **estoy sin un ~** I'm broke (colloq); **no le debo un ~ a nadie** I don't owe a cent *o* a penny to anybody

cobrizo -za *adj* ▸ℹ **p.181** coppery, copper-colored*

cobro *m* [1] (de un cheque) cashing, encashment (frml); (del sueldo, de una pensión): **para el ~ de la pensión** in order to collect *o* draw your pension; **el ~ de la suscripción se efectuará a domicilio** the subscription will be collected at your home address [2] (Telec): **llamó a ~ revertido** she called collect (AmE), she reversed the charges (BrE)

coca *f*

A [1] (Bot) coca [2] (arg) (cocaína) coke (sl)

B (Col) (juguete) *cup and ball toy*

C (Coc) flat sponge cake

D (fam) (bebida) Coke®

> **coca**
>
> Andean peasants in Peru, Bolivia, and Ecuador chew coca leaves mixed with bicarbonate of soda to combat cold and tiredness while working. They also make *mate de coca*, an infusion effective against altitude sickness.
>
> Much of the coca grown in the region goes to Colombia and reaches Europe and the US as cocaine. Governments in the region are now under heavy international pressure to stop its cultivation, but coca farmers defend their right to grow it, both for their own use and because it is so profitable.

cocacho *m* (fam) smack on the head (colloq)

cocada *f* coconut cookie

cocaína *f* cocaine

cocainomanía *m* cocaine addiction

cocainómano -na *m,f* cocaine addict

cocal *m* coca plantation

cocalero[1] **-ra** *adj* (of) coca farming

cocalero[2] **-ra** *m,f* coca farmer

cocaví *m* (Chi) supplies (*pl*), provisions (*pl*)

cocazo *m* (Col fam) ▸**cocacho**

cocción *f* [1] (Coc) cooking; **necesita 20 minutos de ~** it needs 20 minutes cooking time, it has to cook for 20 minutes [2] (de ladrillos, cerámica) firing

cóccix *m* (*pl* ~) coccyx

cocear [A1] *vi* to kick

cocer [E10] *vt*

A (Coc) (cocinar) to cook; (hervir) to boil; **~ algo a fuego lento** to cook sth over a low heat *o* to simmer sth

B ‹*ladrillos/cerámica*› to fire

C (Chi) ‹*bebé*› to give … a rash; **tiene el potito cocido** she has diaper rash (AmE) *o* (BrE) nappy rash

■ **cocerse** *v pron*

A [1] «*verduras/arroz*» (hacerse) to cook; (hervir) to boil; **tardan unos 15 minutos en ~se** they take 15 minutes to cook [2] (fam) «*persona*» to bake (colloq), to roast (colloq), to boil (BrE colloq); **¿no te cueces con ese jersey?** aren't you roasting *o* boiling *o* baking in that sweater?

B (fam) (tramarse) to brew (colloq); **algo se está cociendo** something's brewing *o* cooking (colloq)

C (Chi fam) (emborracharse) to get plastered (colloq)

cochambre *f or m* (fam) filth, muck (colloq); **¡que ~ de cocina!** this kitchen is filthy!; **un montón de ~** a load of trash (AmE colloq), a load of rubbish (BrE colloq)

cochambroso -sa *adj* (fam) filthy

cochayuyo *m* edible seaweed; ***estar como ~*** (Chi fam) to be as brown as a berry (colloq)

coche *m*

A (Auto) car, auto (AmE), automobile (AmE); **nos llevó en ~ a la estación** he drove us to the station, he took us to the station in the car; **~s usados** *or* **de segunda mano** *or* **de ocasión** used *o* (BrE) secondhand cars; ***en el ~ de San Fernando*** on Shanks's mare (AmE) *o* pony (BrE)

Compuestos
- **coche antiguo** veteran *o* vintage car
- **coche bomba** car bomb
- **coche cabina** (Esp) bubble car
- **coche celular** patrol wagon (AmE), police van (BrE)
- **coche de bomberos** fire truck (AmE), fire engine (BrE)
- **coche de carrera** (RPl) racing car
- **coche de carreras** racing car
- **coche de choque** bumper car, Dodgem® car (BrE)
- **coche de cortesía** courtesy car
- **coche de época** veteran *o* vintage car
- **coche de juguete** toy car
- **coche de la compañía** company car
- **coche de línea** long-distance bus (AmE), coach (BrE)
- **coche deportivo** sports car
- **coche escoba** broom *o* sag wagon
- **coche familiar** (Esp) station wagon (AmE), estate car (BrE)
- **coche fúnebre** hearse
- **coche K** (Esp) unmarked police car
- **coche mortuorio** hearse
- **coche patrulla** patrol car, police car
- **coche radio-patrulla** radio patrol car
- **coche Z** (en Esp) police car, patrol car

B [1] (Ferr) car (AmE), carriage (BrE), coach (BrE) [2] (de bebé) baby carriage (AmE), pram (BrE); (en forma de sillita) stroller (AmE), pushchair (BrE) [3] (carruaje) coach, carriage

Compuestos
- **coche cama** sleeper, sleeping car
- **coche comedor** ▸**coche restaurante**
- **coche correo** mail car
- **coche de caballos** carriage
- **coche dormitorio** (CS) sleeper, sleeping car
- **coche restaurante** dining car, restaurant car (BrE)

cochecho -cha *adj* (Chi fam) sloshed (colloq)

cochecito *m* [1] (de bebé) baby carriage (AmE), pram (BrE); (en forma de sillita) stroller (AmE), pushchair (BrE) [2] (de juguete) toy car

cochera *f* [1] (para autobuses) depot, garage [2] (para trenes) shed; **las ~s** the depot, railroad (AmE) *o* (BrE) railway yard [3] (en una casa) (Hist) coach house; (garaje) (Esp, Méx) garage

cochería *f* (RPl) undertaker's

cochero *m* coachman

cochinada *f* (fam) [1] (palabra, cosa obscena): **¡no digas esas ~s!** don't use such filthy language!; **no digas eso, es una ~** don't say that, it's a filthy *o* disgusting word; **las ~s que ponen en la televisión** the filth they show on TV [2] (mala pasada) mean *o* lousy thing to do (colloq) [3] (cosa sucia): **eso es una ~** that's a disgusting *o* filthy thing to do

cochinamente *adv* (fam): **se portó ~ con nosotros** he was a real swine to us (colloq), he treated us very shabbily *o* badly

Cochinchina *f* Cochin China; ***a/en/por la ~*** (en un lugar — lejano) on the other side of the world, miles away (colloq), in Outer Mongolia (hum) (— aislado) in the back of beyond (colloq), out in the Boonies (AmE colloq), out in the sticks (BrE colloq)

cochinería *f* (fam) **1** (cualidad) filthiness **2** ▸**cochinada 1**

cochinilla *f* **1** (crustáceo) woodlouse **2** (Coc, Tex) (colorante) cochineal; (insecto) cochineal insect

cochinillo *m* suckling pig, sucking pig

cochino[1] -na *adj*

A **1** (fam) (sucio) ‹*persona/manos*› filthy **2** (fam) (indecoroso) ‹*persona*› disgusting; ‹*revista/película*› dirty (colloq); **estuvo toda la noche contando chistes ~s** he spent the whole evening telling dirty *o* smutty jokes; **tienes una mente cochina** you've got a filthy mind (colloq) **3** (Chi) (Dep, Jueg) (violento) dirty (colloq); (tramposo): **es muy ~** he's a terrible cheat

B (fam) (malo, asqueroso): **¡estoy harto de esta cochina vida!** I'm tired of this damn *o* goddamned *o* lousy life! (colloq)

cochino[2] -na *m,f*

A (Zool) pig, hog (AmE); ***a cada ~ le llega su sábado*** or ***San Martín*** everyone gets his comeuppance *o* his just deserts in the end

B (fam) **1** (persona sucia) filthy pig (colloq), slob (colloq) **2** (persona grosera) dirty beast (colloq) **3** (Chi) (jugador — violento) dirty player (colloq); (— tramposo) cheat

cochiquera *f* pigsty; **esta habitación es una ~** (fam) this room is like a pigsty (colloq)

cocido[1] -da *adj*

A (Coc) **1** (hervido) ‹*huevos/verduras*› boiled **2** (RPl) (no crudo) cooked; **me gusta la carne muy/poco cocida** I like my meat well done/rare; **esas salchichas ya vienen cocidas** those sausages are ready-cooked

B ‹*arcilla*› fired

C (fam) (borracho) plastered (colloq)

cocido[2] *m* stew (*made with meat and chickpeas*); ***ganarse el ~*** (fam) to earn a living

cociente *m* quotient

(Compuesto) **cociente intelectual** or **de inteligencia** IQ, intelligence quotient

cocimiento *m* cooking

cocina *f*

A (habitación) kitchen; **armario/mesa de ~** kitchen cupboard/table; **ella lleva la ~ y el marido el bar** she does the cooking and her husband runs the bar

B (aparato) stove, range (AmE), cooker (BrE)

(Compuestos)
- **cocina de campaña** field kitchen
- **cocina de** or **a gas** gas stove *o* range *o* cooker
- **cocina económica** range
- **cocina eléctrica** electric stove *o* range *o* cooker

C (arte) cookery; **la ~ vasca** Basque cuisine *o* cookery; **libro de ~** cookbook, cookery book (BrE); **curso de ~** cookery course

D (Ven fam) (en un avión) tail; (en un autobús) back

cocinar [A1] *vt* ‹*arroz/cena/plato*› to cook; **¿qué estarán cocinando?** what do you think they're up to *o* plotting *o* scheming? (colloq)

■ **cocinar** *vi* to cook

■ **cocinarse** *v pron* **1** (Coc) «*carne/arroz*» to cook **2** (fam) «*persona*» to bake (colloq), to roast (colloq), to boil (BrE colloq); **me estoy cocinando en esta oficina** it's baking *o* roasting *o* boiling in this office (colloq)

cocinero -ra *m,f* cook

cocineta *f*

A (Méx) (cocina) kitchenette

B (Col) ▸**cocinilla**

cocinilla *f* camp stove (AmE), camping stove (BrE)

(Compuesto) **cocinilla de alcohol** alcohol stove (AmE), spirit stove (BrE)

cocker /'koker/ (*pl* **-ckers**) *mf* cocker spaniel

cocktail /'koktel/ *m* (*pl* **-tails**) ▸**cóctel**

coco[1] -ca *adj* (AmC) bald

coco[2] *m*

A (Bot, Coc) coconut; ***caerse de un ~*** (Ven fam) to be disappointed

B (fam) (cabeza) head; **anda** or **está mal del ~** he's off his head (colloq); **no voy a romperme el ~** I'm not going to lose any sleep over it; ***comerle el ~ a algn*** (Esp fam): **no me comas el ~** stop trying to get round me; **le comí el ~ a mi padre para que me prestara el coche** I soft-soaped my father into lending me the car (colloq); **durante la dictadura nos comían el ~ a todos** during the dictatorship we were all brainwashed; ***comerse el ~*** (Esp fam): **no te comas más el ~** stop worrying (your head) about it (colloq); ***echar*** or ***hacer ~s*** (Ven fam) (pensar) to rack one's brains; (alardear) to show off (colloq); ***exprimirse el ~*** (fam) to rack one's brains

C **1** (fam) (fantasma, espantajo) boogeyman (AmE), bogeyman (BrE) **2** (fam) (persona fea) ugly person; **es un ~** he's so ugly, he's butt ugly (AmE colloq), he's plug ugly (BrE colloq)

D (bacteria) coccus

E (RPl) (del pan) end, heel

F **cocos** *mpl* (CS vulg) (testículos) balls (*pl*) (sl *or* vulg), nuts (*pl*) (sl *or* vulg); **no me rompas los ~s** get off my case *o* back (sl), don't break my balls (AmE vulg)

G (Ven fam) (obsesión): **anda con un ~ que quiere comprarse un perro** she has a real thing about wanting to buy a dog (colloq)

cocoa *f* (AmL) cocoa

cococha *f* cheek (*of cod or hake*)

cocodrilo *m* crocodile

cocol *m* (Méx) (bizcocho) cookie (*covered in sesame seeds*); ***del ~*** (fam) (muy mal) terrible, dreadful; **¿cómo van las cosas? — del ~** how are things? — dreadful *o* terrible

cocolazos *mpl* (Méx fam): **le pusieron sus ~** he got beaten up (colloq); **se van a armar los ~** there's going to be a fight

cocoliche *m* (RPl pey) pidgin Spanish (*spoken by Italian immigrants*)

cocoricó, cocorocó *m* cock-a-doodle-doo

cocorita *f* (RPl fam): **no te hagas la ~** don't start acting the little madam with me (colloq)

cocoroco -ca *adj* (Chi fam) full of oneself (colloq)

cocorota *f* (Esp fam) head

cocotal *m* coconut plantation

cocotazo *m* (Col fam) smack on the head

cocotero *m* coconut palm

cóctel *m* (*pl* **-teles** or **-tels**)

A (bebida) cocktail

(Compuestos)
- **cóctel de frutas** (AmC, Col) fruit salad, fruit cocktail
- **cóctel de gambas** (Esp) shrimp (AmE) *o* (BrE) prawn cocktail
- **cóctel de langostinos** shrimp (AmE) *o* (BrE) prawn cocktail
- **cóctel Molotov** Molotov cocktail

B (fiesta) cocktail party

coctelera *f* cocktail shaker; **el autobús parecía una ~** the bus was shaking *o* jolting around like crazy (colloq)

cocuiza *f* (Ven) henequen fiber*

cocuy *m* (Ven) henequen, agave

cocuyo *m* **1** (AmL) (insecto) firefly, lightning bug (AmE) **2** (Col, Ven) (Auto) parking light (AmE), sidelight (BrE)

coda *f* coda

codal *m* **1** (Arquit) strut, prop **2** (de una armadura) elbow

codaste *m* sternpost

codazo *m*: **darle un ~ a algn** (leve) to nudge sb, give sb a nudge; (fuerte) to elbow sb; **me dio un ~ para avisarme que había llegado** she nudged me to let me know he had arrived; **me dio un ~ en el ojo** he stuck his elbow in my eye *o* he elbowed me in the eye; **se abrió camino a ~s** he elbowed his way through, he elbowed people out of the way

codear [A1] *vt* ‹*persona*› (ligeramente) to nudge; (con fuerza) to elbow

■ **codearse** *v pron* **~ CON algn**: **se codea con la alta sociedad** he rubs shoulders with *o* he hobnobs with people in high society, he moves in high circles

codeína *f* codeine

CODELCO /ko'ðelko/ *f* (en Chi) = **Corporación del Cobre**

codependencia *f* (Psic) codependency

codependiente *mf* (Psic) codependent

codera *f*

A (Indum) elbow patch

B (Náut) mooring cable

codeso *m* laburnum

códice *m* codex

codicia *f* **1** (avaricia) greed, avarice; (de bienes ajenos) covetousness **2** (Taur) aggressiveness

codiciable *adj* desirable

codiciado -da *adj* coveted

codiciar [A1] *vt* ‹*riquezas/poder*› to covet, lust after; ‹*bienes ajenos*› to covet

codicilo *m* codicil

codiciosamente *adv* covetously

codicioso[1] -sa *adj* ‹*persona*› covetous, greedy; ‹*mirada*› covetous

codicioso[2] -sa *m,f* covetous *o* greedy person

codificación *f*

A (de leyes) codification

B **1** (de información) coding **2** (de un mensaje) encoding; **~ de barras** bar coding

codificador *m*, **codificadora** *f* encoder

codificar [A2] *vt*

A ‹*leyes/normas*› to codify

B **1** (Inf) ‹*información*› to code **2** (Ling) ‹*mensaje*› to encode

código *m*

A (de signos) code; **descifrar un ~** to decipher a code

(Compuestos)
- **código barrado** or **de barras** bar code
- **código fuente** source code
- **código genético** genetic code
- **código morse** morse code
- **código postal** zipcode (AmE), postcode (BrE)
- **código de sucursal** branch code, sort code (BrE)
- **código territorial** area code, dialling code

B (de leyes, normas) code

(Compuestos)
- **código civil** civil law
- **código de comercio** commercial law
- **código de conducta** (en cuanto a normas) code of practice; (en cuanto a comportamiento) code of conduct
- **código de la circulación** Highway Code
- **código del honor** code of honor*
- **código militar** military law
- **código napoleónico** Napoleonic Code
- **código penal** penal code

codillo *m* **1** (Zool) elbow **2** (Coc) knuckle

codirector -tora *m,f* codirector

codirigir [I7] *vt* to codirect

codo[1] -da *adj* (Méx fam) tightfisted (colloq), stingy (colloq)

codo[2] *m* **1** ▸**i** **p.231** (Anat) elbow; (de una prenda) elbow; **se te han roto los ~s del suéter** you've gone through the elbows of your sweater; ***a fuerza*** or ***a base de ~s*** (fam) through sheer hard slog *o* graft (colloq); ***borrar con el ~ (lo que se escribe con la mano)*** (RPl) to give with one hand and take away with the other; ***~ con ~*** or ***~ a ~*:** **vamos a tener que trabajar ~ con ~ para conseguir estos objetivos** we're going to have to work together very closely to achieve these aims; **el director trabajó ~ a ~ con los empleados en esta tarea** the director worked side by side with the employees in this task; ***empinar el ~*** (fam): **a estas horas estará empinando el ~** he'll be propping up the bar by now (colloq), he'll be having a few drinks *o* (BrE colloq) jars by now; ***hablar (hasta) por los ~s*** (fam) to talk nineteen to the dozen (colloq); ***hincar*** or ***romperse los ~s*** (fam): **si quieres aprobar ya puedes empezar a hincar los ~s** if you want to pass you'd better knuckle down (colloq); **se pasó el fin de semana hincando los ~s para el examen** she spent all weekend grinding (AmE) *o* (BrE) swotting for her exam (colloq); **se rompieron los ~s para terminar el trabajo a**

tiempo they really worked their butts off (AmE) *o* (BrE) slogged their guts out to get the work finished in time (colloq); ***ser del ~*** *or* ***duro de ~*** (Arg fam) to be tightfisted *o* stingy (colloq) **2** (medida) cubit

(Compuesto) **codo de tenista** tennis elbow

codorniz *f* quail

COE *m* = **Comité Olímpico Español**

coedición *f* joint publication, copublication

coeditar [A1] *vt* to copublish

coeducación *f* coeducation

coeducacional *adj* coeducational

coeficiente *m* (Mat) coefficient

(Compuestos)
- **coeficiente de amortización** amortization rate
- **coeficiente de caja** cash ratio, liquidity ratio
- **coeficiente de endeudamiento** capital to debt ratio
- **coeficiente de incremento** rate of increase
- **coeficiente de inteligencia** ▸ **coeficiente intelectual**
- **coeficiente de penetración aerodinámica** drag coefficient
- **coeficiente intelectual** IQ, intelligence quotient

coendú *m* coendou

coercer [E2] *vt* (frml) to constrain (frml), to restrict

coerción *f* constraint

coercitivo -va *adj* coercive

coestrella *f* co-star

coetáneo -nea *adj/m,f* contemporary, coeval (frml)

coevo -va *adj* contemporary

coexistencia *f* coexistence

coexistente *adj* coexistent

coexistir [I1] *vi* to coexist

cofa *f* top

COFE /'kofe/ *f* (en Ur) = **Confederación de Organizaciones de Funcionarios del Estado**

cofia *f* cap

cofinanciación *f* joint financing, cofinancing

cofinanciar [A1] *vt* to cofinance, finance … jointly

cofrade *mf* member (*of a* **cofradía**)

cofradía *f* **1** (Relig) brotherhood **2** (Hist) (gremio) guild; **una ~ de ladrones** (hum) a gang of thieves

cofre *m*

A **1** (joyero) jewel case, jewelry* box **2** (baúl — para ropa) trunk; (— para dinero, joyas) chest

(Compuesto) **cofre del tesoro** treasure chest

B (Méx) (capó) hood (AmE), bonnet (BrE)

cofundador -dora *m,f* cofounder

cogeculo *m* (Ven vulg): **tenemos un ~ horrible** it's total chaos *o* havoc

cogedor *m* shovel

cogeolla *f* (Col) potholder, oven cloth (BrE)

coger [E6] *vt*

(Sentido I)

A **1** (tomar) to take; **coge lo que quieras** take what you like; **a la salida coge un folleto** pick up *o* take a leaflet on the way out; **lo cogió del brazo** she took him by the arm; **no ha cogido una brocha en su vida** she's never used *o* picked up a paintbrush in her life; **esto no hay** *or* **no tiene por donde ~lo** (fam) I just don't know where to start with this, I can't make head or tail of this (colloq) **2** (quitar) (+ *me/te/le etc*) to take; **siempre me está cogiendo los lápices** she's always taking my pencils **3** (recoger) to pick up; ‹*flores/moras/uvas*› to pick; **coge esa revista del suelo** pick that magazine up off the floor; **¿quién ha cogido el dinero que dejé aquí?** who's taken the money I left here?; **cogió sus cosas y se largó** she got her things together *o* picked up her things and left; **~ los puntos** pick up the stitches; **cogió al niño en brazos** she picked the child up in her arms; **no cogen el teléfono** they're not answering the phone

B (alcanzar, atrapar) **1** (esp Esp) ‹*ladrón/terrorista*› to catch; **como te coja, ya verás** you'll be sorry if I catch you **2** ‹*pelota*› to catch **3** ‹*pescado*› to catch; ‹*liebres/faisanes*› to catch, bag **4** (esp Esp) «*toro*» to gore; «*coche*» to knock … down

C **1** (esp Esp) (descubrir) to catch; **lo cogieron in fraganti/robando** he was caught red-handed/stealing; **los cogieron con 100 gramos de cocaína** they were caught with 100 grams of cocaine **2** (encontrar) (esp Esp) to catch; **no quiero que me coja la noche en la carretera** I don't want to be driving when it gets dark; **la noticia nos cogió en París** we were in Paris when we got the news; **me cogió de buenas/malas** she caught me in a good/bad mood; **nos cogió desprevenidos** it took us by surprise, it caught us unawares

D **1** ‹*tren/autobús/taxi*› to catch, take; **no me apetece ~ el coche** I don't feel like taking the car; **hace años que no cojo un coche** I haven't driven for years **2** ‹*calle/camino*› to take; **coge la primera a la derecha** take the first right

E **1** (Esp fam) (sacar, obtener) ‹*billete/entrada*› to get; **tengo que ~ hora para ir al médico** I have to make an appointment to see the doctor **2** (ocupar): **ve pronto y coge sitio** get there early and save a place; **coge la vez en la cola** take your turn in the line (AmE) *o* (BrE) queue; **cogió la delantera** he took the lead

(Sentido II)

A (aceptar) **1** ‹*dinero/propina*› to take **2** ‹*trabajo/casa*› to take; **cogió una casa en las afueras** she took a house in the outskirts; **no puedo ~ más clases** I can't take on any more classes **3** (Esp) (admitir, atender): **ya no cogen más niños en ese colegio** they're not taking any more children at that school now; **estuvimos haciendo autostop durante horas hasta que nos cogieron** we were hitching for hours before someone picked us up; **no pudieron ~me en la peluquería**, they couldn't fit me in at the hairdresser's; **entrevistó a cinco personas, pero no cogió a ninguno** she interviewed five people, but she didn't give the job to any of them *o* she didn't take any of them on

B (adquirir) **1** ‹*enfermedad*› to catch; ‹*insolación*› to get; **vas a ~ frío** you'll catch cold **2** ‹*borrachera/berrinche*› **cogí una borrachera** I got plastered (colloq); **cogió un berrinche** she had a temper tantrum **3** ‹*polvo/suciedad*› to collect, gather; **con dos días en la playa ya cojo algo de color** it only takes me a couple of days on the beach to start to tan *o* to get a bit of color; **los tejidos sintéticos no cogen bien el tinte** synthetic fabrics don't dye well **4** ‹*costumbre/vicio/acento*› to pick up; ‹*ritmo*› to get into; **le cogí cariño** I got quite fond of him; **si le gritas te va a ~ manía** if you shout at him he'll take against you; ***~la con algn*** to take it out on sb; ***~la por hacer algo*** (Ven fam) to take to doing sth

C (captar) **1** ‹*sentido/significado*› to get; **no cogió el chiste/la indirecta** he didn't get the joke/take the hint **2** ‹*emisora*› to pick up, get **3** ‹*programa/frase*› to catch; **cogí el programa por la mitad** I only caught the second half of the program **4** ‹*apuntes/notas*› to take; **le cogió las medidas para el vestido** she measured her *o* took her measurements for the dress

D (Méx, RPl, Ven vulg) (acostarse con) to screw (vulg), to fuck (vulg)

■ **coger** *vi*

A **1** «*planta*» to take **2** «*tinte/permanente*» to take; **el tinte no cogió** the dye didn't take

B **1** **coge/cogió y …** (fam): **si empiezas con ese tema cojo y me voy** if you're going to start talking about that, I'm off *o* (AmE) I'm taking off (colloq); **de repente cogió y se fue** suddenly he upped and went (colloq); **cogió y se puso a llorar** she (suddenly) burst into tears **2** (por un camino): **cogieron por el camino más corto** they took the shortest route; **coge por esta calle** go down this street **3** (Esp fam) (caber) to fit

C (Méx, RPl, Ven vulg) (copular) to screw (vulg), to fuck (vulg)

■ **cogerse** *v pron* **1** (agarrarse, sujetarse) to hold on; **cógete de la barandilla** hold on to the railing **2** (*recipr*): **iban cogidos de la mano** they were walking along hand in hand

cogestión *f* joint management

cogida *f*

A (Taur) goring; **sufrió una mala ~** he was badly gored

B (Agr) harvest

cogido *m* fold, tuck, gather, pleat

cogitativo -va *adj* (frml) cogitative (frml)

cognac *m* brandy

cognado[1] **-da** *adj* cognate

cognado[2] *m* cognate

cognición *f* cognition

cognitivista[1] *adj* cognitive; **teoría ~** cognitive theory

cognitivista[2] *mf* cognitive scientist

cognitivo -va *adj* cognitive

cognoscible *adj* cognizable

cognoscitivo -va *adj* cognitive

cogollo *m*

A (Bot) **1** (de una lechuga, col) heart; (de hinojo) bulb **2** (brote) bud **3** (tallo) shoot

B (fam) (meollo) heart; **el ~ de la cuestión** the heart *o* crux of the matter

C (Ven fam) (de una organización) bigwigs (*pl*) (colloq)

D (Chi) **1** (copla) *moral or humorous comment added to the end of a song* **2** (poema breve) *short poem added to the end of a chapter or book*

cogorza *f* (fam): **agarró una ~** she got plastered (colloq)

cogote *m*

A (fam) (nuca) scruff of the neck; (cuello) (AmL) neck; ***taparse hasta el ~*** (fam) (para salir) to wrap (oneself) up warm; (en la cama) to pull the covers up under one's chin

B (Ur fam) (altanería): **¡le contestó con un ~ …!** he answered so snootily!; **tener ~** to be full of oneself; ***bajar el ~*** to swallow one's pride

cogotear [A1] *vt* (Chi fam) to mug

cogoteo *m* (Chi fam) mugging

cogotero -ra *m,f* (Chi fam) mugger

cogotudo -da *adj* **1** (CS) (de cuello largo) long-necked **2** (Chi) (adinerado, influyente) (fam & pey) rich and powerful **3** (Ur fam) stuck-up (colloq)

cogujada *f* crested lark

cogulla *f* cowl

cohabitación *f* (frml) cohabitation (frml)

cohabitar [A1] *vi* (frml) to cohabit (frml), to live together

cohechar [A1] *vt* to bribe

cohecho *m* bribery

coheredero -ra *m,f*

A (*m*) coheir, joint heir

B (*f*) coheiress, joint heiress

coherencia *f*

A **1** (congruencia) coherence, logic; **expuso sus ideas con ~** she expressed her ideas coherently *o* logically **2** (consecuencia) consistency; **hay que actuar con ~** you have to be consistent; **la falta de ~ entre lo que predican y lo que hacen** the lack of consistency between what they preach and what they do

B (Fís) coherence

coherente *adj*

A **1** (congruente) ‹*discurso/razonamiento/ideas*› coherent, logical **2** (consecuente) consistent; **han mantenido una actitud ~ al respecto** he has always been consistent on this matter; **esto no es ~ con sus intentos de modernizar el país** this is not in keeping with *o* consistent with their attempts to modernize the country

B (Fís) coherent

coherentemente *adv* **1** ‹*discutir/hablar*› coherently **2** ‹*comportarse/actuar*› consistently

cohesión *f*

A **1** (de ideas, pensamientos) coherence **2** (en un grupo) cohesion, unity

B (Fís) cohesion; ~ **molecular** molecular cohesion

cohesionar [A1] *vt* (frml) to unite

cohesivo -va *adj* cohesive

cohete *m*

A **1** (Espac, Mil) rocket **2** (en pirotecnia) rocket; (de aviso) flare

(Compuestos)

- **cohete anticarro** *or* **antitanque** anti-tank rocket
- **cohete borracho** jumping jack
- **cohete de señales** flare
- **cohete espacial** space rocket
- **cohete sonda** space probe

B **cohetes** *mpl* fireworks (*pl*) *ver tb* **cuete**[2]

cohetería *f* fireworks factory/shop

cohibido -da *adj* (tímido) shy; (inhibido) inhibited; (incómodo) awkward, embarrassed, uncomfortable

cohibir [I22] *vt* (inhibir) to inhibit; (hacer sentir incómodo): **hablar en público lo cohíbe** he feels embarrassed *o* shy *o* awkward about speaking in public; **la presencia masiva de nacionales no cohibió a los pocos extranjeros** the huge presence of nationals did not inhibit the few foreigners

■ **cohibirse** *v pron*: **el niño se cohibió al ver tanta gente** the child came over *o* went all shy when he saw so many people (colloq)

cohombro *m* **1** (planta) cucumber **2** (fruto) cucumber

(Compuesto) **cohombro de mar** sea cucumber

cohorte *f* cohort

C.O.I *m* (= **Comité Olímpico Internacional**) IOC

coihué *m* coigue

coima *f*

A (CS, Per fam) **1** (soborno) bribe **2** (acción) bribery

B (Col fam & pey) (muchacha de servicio) maid

coime *m* (Col fam & pey) waiter

coimear [A1] *vt* (CS, Per fam) (sobornar) to bribe; (aceptar sobornos de) to get *o* take bribes from; **coimean a todos los automovilistas** they get *o* take bribes *o* (colloq) kickbacks from all the motorists

■ **coimear** *vi* (CS, Per fam): **coimeando se hizo rico** he got rich through bribes *o* (colloq) kickbacks; **coimeó para obtener el permiso** he got the license by bribing people *o* by bribery (colloq)

coimero[1] **-ra** *adj* (CS, Per fam) bent (colloq), corrupt; **hay muchos empleados ~s** there are lots of bent employees *o* employees who take bribes *o* (colloq) kickbacks

coimero[2] **-ra** *m,f* (CS, Per fam): **son todos unos ~s** they all take bribes *o* (colloq) kickbacks, they are all bent (colloq)

coincidencia *f* **1** (casualidad) coincidence; **dio la ~ de que él también estaba allá** by coincidence *o* chance he was there too, as chance would have it, he was there too, he happened to be there too; **¡que ~!** what a coincidence!; **fue una ~ (el) que nos encontráramos allí** it was a coincidence our meeting there, it was a coincidence that we should have met there **2** (de opiniones) agreement

coincidencial *adj* (Col) coincidental, chance (*before n*)

coincidencialmente *adv* (Col) by chance, coincidentally

coincidente *adj* **1** ‹*líneas*› coincident **2** ‹*opiniones*› **en esto tenemos opiniones ~s** we are of the same opinion in this matter (frml), we are in agreement on this matter (frml), our opinions coincide on this matter (frml)

coincidir [I1] *vi*

A «*fechas/sucesos*» to coincide; «*versiones/resultados*» to coincide, match up, agree, tally; **las declaraciones de los testigos coinciden** the witnesses' statements match up *o* agree *o* tally *o* coincide; ~ CON **algo** to coincide (*o* match up *etc*) WITH sth

B «*personas*» **1** (en opiniones, gustos) ~ EN **algo**: **coinciden en sus gustos** they share the same tastes; **todos coincidieron en que ...** everyone agreed that ...; ~ CON **algn** to agree WITH sb; **coincido con usted en esto** I am in agreement with you on this *o* I agree with you on this **2** (en un lugar): **a veces coincidimos en el supermercado** we sometimes see each other *o* meet in the supermarket; **muchos nombres famosos han coincidido aquí esta semana** a lot of famous people have come together *o* congregated here this week

C «*líneas*» to coincide; «*dibujos*» to line up, match up

cointérprete *mf* **1** (Cin, Teatr) (m) co-actor, (f) co-actress; **fueron ~s en esa obra** they were on the same bill in that play **2** (Mús) co-singer

coinversión *f* joint investment

coipo *m* coypu, nutria

coirón *m* (Andes) thatch

coito *m* intercourse, coitus (frml)

(Compuesto) **coito interrupto** coitus interruptus

coitus interruptus *m* coitus interruptus

cojear [A1] *vi*

A **1** «*persona/animal*»: **cojea del pie derecho** (ahora) she's limping on her right foot; (permanentemente) she's lame in her right leg; **entró cojeando** he limped *o* hobbled in; ▸**pie**[1] **A2** **2** «*silla/mesa*» to wobble, rock

B (fam) «*explicación/definición*»: **así la explicación cojea** as it stands, the explanation falls short *o* doesn't stand up *o* is lacking

cojera *f* limp

cojín *m* cushion

cojinete *m*

A (Mec) bearing

(Compuestos)

- **cojinete de bancada** *or* **de apoyo** main bearing
- **cojinete de bolas** ball bearing
- **cojinete de rodillos** roller bearing

B (Ferr) chair, rail clip

cojo[1] **-ja** *adj*

A **1** ‹*persona/animal*› lame; **está ~ del pie derecho** he's lame in his right leg; ***andar a la pata coja*** (fam) to hop; ***brincar de cojito*** (Méx fam) to hop; ***no eres/es ni ~ ni manco*** (fam) you've/he's got your/his head screwed on (colloq), you're/he's no fool **2** ‹*mesa/silla*› wobbly

B (fam) ‹*razonamiento*› shaky, weak; **la definición queda coja** the definition is lacking; **anda un poco ~ en inglés** he's rather weak at English, he's struggling a little in English

cojo[2] **-ja** *m,f* lame person; ***el ~ siempre le echa la culpa al empedrado*** a bad workman always blames his tools

cojones *mpl*

A (vulg) (testículos) balls (*pl*) (sl *or* vulg); ***estar hasta los ~*** (vulg) to be pissed off (sl); ***hincharle los ~ a algn*** (vulg) to piss sb off (sl), to get up sb's nose (BrE colloq); ***salirle a algn de los ~*** (vulg): **yo digo lo que me sale de los ~** I say what I damn well like! (colloq), I say what I bloody well like! (BrE sl); ***tener ~*** (vulg) to have guts (colloq), to have balls (sl); ***tocarse los ~*** (vulg): **nosotros aquí trabajando como monos y él en casa tocándose los ~** we're here slaving away and he's at home sitting on his butt (AmE) *o* (BrE) backside (colloq), we're here slaving away and he's at home doing damn *o* (BrE) sod all (sl)

B (vulg) (uso expletivo): **hoy le toca a él, ¡qué ~!** it's *his* damned turn today! (colloq); **encima dice que yo tengo la culpa, ¡manda ~!** and to cap it all, he says it's my fault, what a nerve! *o* (BrE) what a bloody cheek! (colloq); **tiene que pasar por aquí por ~** he has to come this way whether he likes it or not, he has to come this way, he's got no bloody choice (BrE sl); **este coche de los ~** this damned car (colloq), this sodding *o* bloody car (BrE sl)

cojonudo -da *adj*

A (arg) (estupendo) ‹*tío/película/fiesta*› great (colloq), amazing (colloq), awesome (AmE sl), brilliant (BrE colloq); **es una tía cojonuda** she's an incredible *o* amazing woman (colloq)

B **1** (Col, RPl fam) (valiente) gutsy (colloq), feisty (colloq) **2** (RPl fam) (tonto) dense, dumb (AmE colloq), thick (BrE colloq)

cojudez *f* (Andes vulg) **1** (dicho): **¡no digas cojudeces, hombre!** don't talk nonsense *o* balls! (vulg) **2** (acto): **¡déjate de cojudeces y ponte a trabajar!** stop screwing around (AmE) *o* pissing about (BrE) and get on with your work! (vulg)

cojudo -da *adj*

A ‹*animal*› uncastrated

B (Andes vulg) (bobo) stupid

cok, coke *m* coke

cokizar [A4] *vt* to coke

col *f* (Esp, Méx) cabbage; ***el que quiere la ~ quiere las hojas de alrededor*** you have to take the rough with the smooth

(Compuestos)

- **col de Bruselas** Brussels sprout
- **col lombarda** red cabbage
- **col rizada** curly kale
- **col roja** red cabbage

Col. = **Colonia**

cola[1] *f*

A **1** (de un animal, pez) tail; ***traer*** *or* ***tener ~:*** **este asunto va a traer ~** this is going to have repercussions; **no lo van a olvidar, te aseguro que esto va a traer ~** they aren't going to forget it easily, I'll bet we haven't heard the last of it yet; ***el que tiene ~ de zacate no puede jugar con lumbre*** (AmC, Méx) people who live in glass houses should not throw stones **2** (de un vestido) train; (de un frac) tails (*pl*) **3** (de un avión) tail; (de un cometa) tail **4** (AmL fam) (nalgas) bottom (colloq), behind (BrE colloq), backside (BrE) **5** (Esp fam) (pene) thing (colloq), weenie (AmE colloq), willy (BrE colloq) **6** (Chi fam) (cóccix) tail bone (colloq); (zona) lower back **7** (Chi fam) (de un cigarrillo) cigarette butt, butt, cigarette *o* (BrE colloq) fag end

(Compuestos)

- **cola de caballo** ponytail
- **cola de milano** dovetail, dovetail joint
- **cola de mono** (Chi) *rum punch with milk, coffee and vanilla*; ▸**vagón, paja**[2]

B **1** (fila, línea) line (AmE), queue (BrE); **podemos esperar, no hay mucha ~** we could wait, there isn't much of a line *o* queue; **tuvimos que hacer ~ durante dos horas** we had to wait in line *o* we had to queue for two hours; **¡a la ~!** get in line!, get in the queue!; **pónganse a la ~ por favor** please join the (end of the) line *o* queue; **brincarse** *or* **saltarse la ~** (Méx) to push in (colloq), to cut the line (AmE), to jump the queue (BrE) **2** (de una clasificación, carrera): **un partido entre dos equipos en la ~** a game between two bottom-of-the-league teams *o* two teams at the bottom of the division; **en lo que se refiere a la investigación científica estamos a la ~** as far as scientific research is concerned, we are at the bottom of the pile *o* the league (colloq); **a la ~ del pelotón** at the tail end of the group

C (pegamento — para papeles) glue, gum; (— para madera) glue; ***no pegar ni con ~:*** **esa falda y esa blusa quedan fatal, no pegan ni con ~** that skirt and blouse look terrible, they just don't go together; **esos cuadros aquí no pegan ni con ~** those paintings just don't look right *o* (colloq) don't go in here

(Compuestos)

- **cola de carpintero** wood glue *o* adhesive
- **cola de contacto/impacto** contact/impact adhesive
- **cola de pescado** fish glue, isinglass (tech)

D (bebida) Coke®, cola; **refresco de ~** cola drink

E (Ven) (Auto): **pedir ~** to hitchhike; **¿me puedes dar la ~?** can you give me a lift *o* a ride?

cola[2] *m* (Chi fam & pey) fag (AmE colloq & pej), poof (BrE colloq & pej)

colaboración *f* collaboration; **lo escribió en ~ con dos colegas suyos** he wrote it in collaboration with two of his colleagues; **cuento con su ~** I am counting on your assistance *o* help

colaboracionismo *m* collaboration

colaboracionista *mf* collaborator

C

colaborador -dora *m,f* (en una revista) contributor; (en una tarea) collaborator, coworker

colaborar [A1] *vi* 1 (en una tarea, un libro) to work, collaborate; **colaboró con nosotros en el proyecto** he collaborated *o* worked with us on this project; **colabore con nosotros, mantenga limpia la ciudad** help us keep the city clean; ~ **EN algo**: **colabora en la lucha contra el hambre** help fight hunger; **colaboró activamente en la resistencia** she was active in the resistance; **colabora en una revista de fotografía** he contributes to a photography magazine 2 (contribuir) ~ **A algo** to contribute TO sth, help sth; **el deporte colabora al desarrollo físico del niño** sport contributes to *o* helps a child's physical development; **el nuevo reglamento ha colaborado a mejorar la situacion** the new legislation has helped to improve the situation *o* has contributed to an improvement in the situation

colaborativo -va *adj* collaborative, cooperative

colación *f*
A (conversación): **sacar** *or* **traer algo a** ~ to bring sth up
B 1 (frml) (comida ligera) light meal (*o* lunch *etc*) 2 (Col) (galleta) cookie (AmE), biscuit (BrE)
C (Arg) (Educ): **ceremonia de** ~ **de grados** graduation ceremony

colada *f*
A (Esp) (lavado): **hacer la** ~ to do the laundry *o* (BrE) washing; **hago dos** ~**s por semana** I do the laundry twice a week, I do two washes a week; **tender la** ~ to hang out the washing; ***meter a algn en la*** ~ (Chi fam) to drag sb into an argument (*o* fight *etc*); ***meterse en la*** ~ (Chi fam) to get in on the act (colloq)
B (Metal) tapping (*of molten metal in a blast furnace*)

coladera *f* 1 (Méx) (sumidero) drain 2 (Col) ▸**colador**

coladero *m* (arg): **ese examen es un** ~ that exam's a cinch *o* (BrE) doddle (colloq); **esta universidad es un** ~ anyone can get a degree from that university; **existe el peligro de que esta ley se convierta en un** ~ there's a danger that this law will be used as a loophole

coladicto -ta *m,f* (Esp fam) glue sniffer

colado¹ -da *adj*: **estar** ~ **por algn** (Esp fam) to be crazy *o* nuts about sb (colloq)

colado² -da *m,f* (fam) (en una fiesta) gatecrasher; (en una cola) line (AmE) *o* (BrE) queue jumper; **viajaba de** ~ **en el autobús y tuvo que pagar la multa** he was fined for dodging his bus fare

colador *m* (para té) tea strainer; (para pastas, verduras) colander; (tamiz) sieve; ***dejar algo/algn como un*** ~: **las polillas me han dejado el suéter como un** ~ (fam) the moths have eaten great holes in my sweater; **lo dejaron como un** ~ (fam) they riddled him with bullets; ***tener la cabeza como un*** ~ (fam) to have a head like a sieve

colágeno *m* collagen

colapís, colapiz *mf* (Chi) ▸**cola de pescado**

colapsar [A1] *vt*
A (paralizar) ‹*tráfico*› to bring ... to a standstill, paralyze*; **el tráfico estaba colapsado** traffic was at a complete standstill; **el incendio colapsó durante varias horas el aeropuerto** the fire brought the airport to a standstill *o* paralyzed the airport for several hours
B (Chi) ‹*construcción/casa*› to cause ... to collapse
■ **colapsar** *vi* (Chi) to collapse

colapso *m* 1 (Med) collapse; **sufrió/le dio un** ~ he collapsed 2 (paralización) standstill; **la huelga provocó un** ~ **en todo el país** the strike completely paralyzed the country *o* brought the country to a standstill
(Compuestos)
- **colapso cardíaco** heart failure
- **colapso nervioso** nervous breakdown
- **colapso respiratorio** respiratory failure

colar [A10] *vt* 1 ‹*verdura/pasta*› to strain, drain; ‹*caldo*› to strain; ‹*té/infusión*› to strain 2 ‹*billete falso*› to pass; **intentó** ~ **un cheque sin fondos** he tried to pass a dud cheque *o* (AmE) to kite a check 3 ‹*cuento/historia*› **les coló el cuento de que era abogado** he spun them a yarn about his being a lawyer (colloq) 4 (Metal) to cast
■ **colar** *vi* (fam) «*cuento/historia*»: **no le vayas con esa historia porque no va a** ~ don't try telling him that because it won't wash (colloq)
■ **colarse** *v pron*
A (fam) 1 (en una cola) to push in (colloq), to cut the line (AmE), to jump the queue (BrE); **ojo que no se te cuele nadie** make sure nobody pushes in (in) front of you (colloq) 2 (en una fiesta) to gatecrash; (en el cine) to sneak in without paying (colloq); (en un autobús) to sneak on without paying (colloq); **los ladrones se** ~**on por una ventana** the burglars slipped *o* sneaked in through a window; **se** ~**on en el autobús** they sneaked on to the bus without paying
B 1 (fam) (entrar, penetrar): **se cuela una corriente de aire por debajo de la puerta** there's a draft coming in under the door; **no dejes la puerta entreabierta porque se cuela el olor** don't leave the door open, it'll let the smell in 2 (Esp fam) (equivocarse) to get it wrong (colloq), to be wrong 3 (Esp fam) (enamorarse): ~**se por algn** to fall for sb (colloq)

colateral¹ *adj* 1 ‹*calle/pasillo*› side (*before n*) 2 ‹*pariente/línea*› collateral 3 ‹*efecto*› collateral (frml), secondary; **los efectos** ~**es del medicamento** the side effects of the drug

colateral² *f* group company

colcha *f* bedspread, counterpane
(Compuesto) **colcha de retazos** (Col) patchwork quilt; **la propuesta era una** ~ **de** ~ the proposal was a real hotchpotch (colloq)

colchón *m* 1 (de cama) mattress; ~ **de espuma/lana/muelles** foam/wool/sprung mattress 2 (en una crisis) cushion, buffer
(Compuesto) **colchón de aire** (Tec) air cushion; (colchoneta) air bed, Lilo® (BrE)

colchonería *f*: *store selling mattresses*

colchoneta *f* 1 (de playa) air bed, Lilo® (BrE) 2 (de gimnasia) mat

cole *m* (fam) school

colear [A1] *vi* 1 (fam) «*asunto/problema*»: **todavía colea el tema de la herencia** the question of the inheritance is still dragging on (colloq); **aún colean algunos asuntos de esa época** certain questions from that period still haven't been sorted out 2 (Col, CS) «*auto*» to fishtail 3 (Chi fam) (ir último): **iba coleando** he was in last place; **el equipo va coleando** the team is trailing at the bottom of the league (*o* division *etc*); ***salir coleado*** (Chi fam) to come last; ▸**vivito**

colección *f* 1 (de sellos, monedas, cuadros) collection; **hace** ~ **de mariposas** she collects butterflies 2 (fam) (gran cantidad): **no sé cómo quiere otro hijo, si ya tiene una** ~ I can't imagine why she wants another child, she already has a whole brood (hum); **tiene una** ~ **de pulseras** she has a huge collection of bracelets 3 (Lit) collection 4 (de modas) collection; **colecciones infantiles** children's fashions *o* wear

coleccionable¹ *adj* collectable; **fichas** ~**s de recetas de cocina** recipe cards to collect

coleccionable² *m* pull-out section

coleccionar [A1] *vt* to collect

coleccionismo *m* collecting

coleccionista *mf* collector

colecta *f*
A (de donativos) collection; **hicimos una** ~ **para comprarle el regalo** we had a collection *o* (BrE colloq) whip-round to buy him the present
B (oración) collect

colectar [A1] *vt* to collect

colectivamente *adv* collectively

colectivero -ra *m,f* (de un autobús) (Arg) bus driver; (de un taxi) (Chi) driver of a collective taxi

colectividad *f* group, community

colectivismo *m* collectivism

colectivista *adj/mf* collectivist

colectivización *f* collectivization

colectivizar [A4] *vt* to collectivize

colectivo¹ -va *adj* 1 ‹*responsabilidad/interés*› collective 2 (Ling) collective

colectivo² *m*
A (period) (agrupación) group; **suman un** ~ **de más de 800 trabajadores** they make up a group of more than 800 workers
B (Ling) collective noun
C 1 (Andes) (taxi) collective taxi (*with a fixed route and fare*) 2 (Arg) (autobús) bus
D (Per, Ur) (para un regalo) collection, whip-round (colloq)

colector *m*
A (cañería) sewer
(Compuesto) **colector de drenaje** drainpipe
B (Elec) collector
C (Auto, Tec) manifold
(Compuestos)
- **colector de admisión** inlet manifold
- **colector de escape** exhaust manifold

colédoco *m* common bile duct, choledochus (tech)

colega *mf* 1 (compañero de profesión) colleague, co-worker (AmE) 2 (homólogo) opposite number, counterpart 3 (fam) (amigo) buddy (AmE), mate (BrE colloq)

colegiado¹ -da *adj* collegial

colegiado² -da *m,f* 1 (profesional) member (*of a professional association*) 2 (period) (en fútbol) referee

colegial¹ -giala *adj* ‹*asociación/reunión/resolución*› *of or relating to a professional association, body or society* college (*before n*)

colegial² -giala *m,f* 1 (de un colegio) (*m*) schoolboy, schoolchild; (*f*) schoolgirl, schoolchild; **un grupo de** ~**es** a group of schoolchildren 2 (de un colegio mayor) resident

colegialidad *f* 1 (cuerpo) college 2 (cualidad) collegiality

colegiarse [A1] *v pron* to become a member (*of a professional association*)

colegiata *f* collegiate church

colegiatura *f* (Méx) school fees (*pl*)

colegio *m*
A (Educ) school; **va a un** ~ **de monjas** she goes to a convent school; **un** ~ **de curas** a Catholic boys' school
(Compuestos)
- **colegio concertado** (en Esp) private school (*receiving state subsidy*)
- **colegio de pago** ▸**colegio privado**
- **colegio estatal** *or* **del estado** public school (AmE), state school (BrE)
- **colegio mayor** (Esp) residence hall (AmE), hall of residence (BrE)
- **colegio privado** fee-paying *o* private school
- **colegio público** public school (AmE), state school (BrE)
- **Colegio Universitario** University College

B (de profesionales): **C**~ **de Abogados** ≈ Bar Association, college of lawyers; **C**~ **Oficial de Médicos** ≈ Medical Association
(Compuestos)
- **colegio cardenalicio** *or* **de cardenales** College of Cardinals
- **colegio electoral** electoral college

colegio concertado

In Spain, a school that is privately owned but receives a government grant. Parents pay monthly fees, but not as much as in a ▸**colegio privado.** *Colegios concertados* normally cover all stages of primary and secondary education and often have religious connections.

colegio estatal

In Spain, *colegios estatales* offer compulsory primary education for children aged from six to twelve. Some also offer non-compulsory classes for three to six-year-olds. Part of the free state school system, their official name is *CEIP* (*Colegios de Educación Infantil y Primaria*).

colegio privado

A privately owned school that receives no government funds. Parents pay monthly fees. *Colegios privados* cover all stages of primary and secondary education.

colegir [I8] *vt* to deduce

coleóptero *m* coleopteran; **~s** coleoptera

cólera[1] *m* cholera

cólera[2] *f* rage, anger; **descargó su ~ en la pobre criada** she vented her anger *o* rage on the poor maid; **al oírlo, montó en ~** he was enraged *o* he became furious *o* he flew into a rage when he heard it

colérico -ca *adj* 1 [ESTAR] (furioso) furious 2 [SER] (malhumorado) quick-tempered, choleric (liter)

colero[1] **-ra** *adj* (Col) bottom

colero[2] *m* (Chi) (Indum) top hat

colerón *m* (Col, Per fam) rage; **estaba con un ~ terrible** he was really furious *o* (AmE) mad (colloq), he was in a terrible rage

colesterol *m* cholesterol

coleta *f* 1 (de pelo — una) ponytail; (— dos) bunch: **se peina con ~s** she wears her hair in bunches 2 (de torero) braid (AmE), pigtail (BrE); ***cortarse la ~*** (Taur) to retire from bullfighting; (abandonar una tarea) (fam) to pack it in (colloq), to quit (colloq), to drop it (colloq)

coletazo *m* 1 (con la cola): **volcó la embarcación de un ~** it capsized the boat with a swipe of its tail; **intentando evitar los ~s de los tiburones** trying to avoid the lashing *o* thrashing tails of the sharks 2 (Auto): **al salir de la curva dio un ~** the car fishtailed *o* the rear of the car skidded as we came out of the curve 3 (de un movimiento, régimen): **la dictadura está dando los últimos ~s** the dictatorship is in its death throes

coletilla *f* tag, filler (tech); **~ interrogativa** question tag, tag question

coleto *m*

A (Indum) jerkin; ***decir algo para su ~*** (fam) to say sth to oneself, to mutter; ***echarse algo al ~*** (fam) ‹*comida*› to put away; ‹*bebida*› to knock back (colloq), to down (colloq); ‹*libro*› to get through

B (Chi) (golpe, puñetazo) (fam) punch, thump (colloq)

C 1 (Ven) (tela) canvas 2 (Ven fam) (trapo) floorcloth; **pasar el ~** to clean

colgado[1] **-da** *adj* (*ver tb* **colgar**)

A (plantado): **me dejó colgada con la comida hecha** I had the food all ready and he didn't show *o* turn up; **me dejó ~ y tuve que hacerlo todo yo** she didn't turn up *o* she left me in the lurch *o* she let me down and I had to do it all myself

B 1 (arg) ‹*asignatura*› **¿te ha quedado alguna asignatura colgada para septiembre?** do you have to do any retakes in September? 2 (arg) (por drogas) spaced out (colloq) 3 (Chi fam) (que no entiende, no sabe): **quedé más ~ con su explicación ...** his explanation left me completely in the dark; **en física estamos todos ~s** none of us has a clue about physics 4 (Col fam) (atrasado) behind; **estoy ~ de trabajo** I'm behind with my work 5 (Col fam) (de dinero) short of money; **viven ~s** they're always short of money, they live from hand to mouth

colgado[2] **-da** *m,f* (Chi fam) moron (colloq & pej), halfwit (colloq)

colgajo *m* (fam): **llevaba un ~ de forro arrastrando por el suelo** part of the lining was hanging down and trailing on the ground; **una cortina con ~s** a curtain with dangly bits hanging from it (colloq)

colgante[1] *adj* hanging

colgante[2] *m* pendant

colgar [A8] *vt*

A ‹*cuadro*› to hang, put up; ‹*lámpara*› to put up; **colgó el abrigo detrás de la puerta** he hung his coat up behind the door; **está en el jardín, colgando la ropa** she's in the garden, hanging the washing out; **~on banderas en todas las calles** they put flags up in every street; **~ algo DE algo** to hang sth ON sth; **cuelga el calendario de ese clavo** hang the calendar on that nail

B (ahorcar) to hang; **lo ~on en 1807** he was hanged in 1807

C ‹*teléfono/auricular*› to put down; **cuelga este teléfono cuando yo coja el otro** put this phone down when I've picked up the other one; **tienen el teléfono mal colgado** their phone is off the hook

D (Internet) ‹*fotos/archivo de sonido*› to post

■ **colgar** *vi*

A (pender) to hang; **el vestido me cuelga de un lado** my dress is hanging down on one side *o* is hanging unevenly; **llevas un hilo colgando de la chaqueta** there's a loose thread hanging off *o* from your jacket; **una araña de cristal colgaba del centro de la habitación** a crystal chandelier hung from the center of the room; **adelgazó mucho y ahora le cuelgan las carnes** she lost a lot of weight and now her skin just hangs off her; **lleva dos asignaturas colgando** (arg) he has two retakes to do, he has two exams to make up; ▸**hilo**

B ➡📖 (Telec) to hang up; **no cuelgue, por favor** hold the line please *o* please hold; **me ha colgado** he's hung up on me, he's put the phone down on me

C (Inf) to post

■ **colgarse** *v pron* (*refl*)

A (ahorcarse) to hang oneself

B (agarrarse, suspenderse) **~se DE algo: te he dicho mil veces que no te cuelgues de ahí** I've told you a thousand times not to hang off there; **no te cuelgues de mí, estoy cansada** don't cling on *o* hang on to me, I'm tired; **se le colgó del cuello y le dio un beso** he put his arms around her neck and gave her a kiss; **se pasó la tarde colgada del teléfono** (fam) she spent all afternoon on the phone

C (Chi) 1 (Telec): **se ~on al satélite** they linked up with the satellite; **varios canales se ~on de la transmisión** several channels took the broadcast 2 (Elec): **se cuelgan del suministro eléctrico** they tap into the electricity supply

D (Inf) to hang

colibrí *m* hummingbird

cólico *m* colic

(Compuestos)

- **cólico hepático** hepatic *o* biliary colic
- **cólico nefrítico** *or* **renal** renal colic

colifato -ta *adj* (RPl fam) nuts (colloq)

coliflor *f or* (RPl) *m* cauliflower

coligar [A3] *vt* (frml) to unite

■ **coligarse** *v pron* (frml) to form an alliance

coligüe, colihue *m* (CS) colihue cane

colilla *f* 1 (de un cigarrillo) cigarette end *o* butt 2 (Chi) (de un documento) stub, counterfoil

colimba[1] *f* (Arg fam) military *o* (BrE) national service

colimba[2] *m* (Arg fam) conscript

colimbo *m* diver

colín *m*

A (Coc) bread stick

B (Zool) bobwhite

colina *f* hill

colinabo *m* kohlrabi

colindante *adj* ‹*terreno*› adjacent, adjoining; ‹*edificio*› adjoining

colindar [A1] *vi* ‹‹*terrenos*›› to adjoin, be adjacent; ‹‹*edificios*›› to adjoin; **~ CON algo** ‹‹*terreno*›› to adjoin sth, be adjacent TO sth; ‹‹*edificio*›› to adjoin sth

colirio *m* eye drops (*pl*)

colirrojo *m* redstart

coliseo *m* (Andes) stadium

Coliseo *m* Colosseum

colisión *f* 1 (de trenes, aviones) collision, crash; **se produjo una ~ entre dos trenes** two trains collided *o* crashed 2 (conflicto) conflict, clash; **~ de intereses/ideas** clash *o* conflict of interests/ideas; **ha entrado en ~ con la directiva** he has come into conflict *o* clashed with the board

colisionador de partículas *m* (Fís) particle accelerator

colisionar [A1] *vi* (frml) ‹‹*coches/trenes/aviones*›› to collide; **colisionó con un camión** he collided with a truck

colista *m* bottom team

colitis *f* colitis

colla *mf*: *Indian from the Andean region of Bolivia, Peru and the NW of Argentina*

collado *m* 1 (colina) hill 2 (entre montañas) pass

collage /ko'laʒ/ *m* (*pl* **-llages**) collage

collalba *f*

A (Zool) wheatear

B (mazo) mallet

collar *m*

A 1 (alhaja) necklace; (condecoración) chain; **~ de perlas** string of pearls 2 (para animales) collar 3 (plumaje) collar, ruff

(Compuestos)

- **collar antipulgas** flea collar
- **collar ortopédico** surgical collar, cervical collar

B (Tec) collar, hose clip

collarín *m* surgical collar, cervical collar

collarino *m* necking, gorgerin

colleja *f*

A (golpe) slap (*on the back of the neck*)

B (Bot) bladder campion

collera *f*

A (Agr) horse collar

B (Per fam) (pandilla) gang (colloq)

C **colleras** *fpl* (Chi) (gemelos) cuff links (*pl*)

D (Chi fam) (pareja — de animales) pair; (— de personas) couple; **está en edad de buscarse ~** he's old enough to be looking for a girlfriend

E (Chi fam) (competencia): **siempre está en ~ con su hermano** there is constant rivalry between him and his brother, he's always competing with his brother

collie *mf* /'koli/ collie

collón *mf* (Méx fam) chicken (colloq), coward, yellowbelly (colloq)

colmado[1] **-da** *adj* ‹*cucharada*› heaped *ver tb* **colmar**

colmado[2] *m* (Esp ant) grocery store (AmE), grocer's shop (BrE)

colmar [A1] *vt* 1 ‹*vaso/cesta*› to fill ... to the brim; **le sirvió el vaso bien colmado** she filled his glass to the brim, she filled his glass right up 2 ‹*deseos/aspiraciones*› to fulfill* 3 ‹*paciencia*› to try 4 (de orgullo, atenciones): **una vida colmada de éxitos/felicidad** a life filled with *o* full of success/happiness; **se han visto colmados de elogios** praise has been heaped on them, they have been showered with praise; **me ~on de atenciones** they lavished attention on me

colmatación *f* silting

colme *m* (Méx): **el ~ lo marca el hecho de que me mintió** what makes it worse is the fact that he lied to me, the worst thing about it is the fact that he lied to me

colmena *f* beehive

colmenar *m* apiary

colmenero -ra *m,f* beekeeper

colmenilla *f* morel

colmillo *m* (de una persona) eyetooth, canine (tech); (de un elefante, jabalí, una morsa) tusk; (de un perro, lobo) canine; ***enseñar los ~s:*** **el perro enseñaba los ~s** the dog would show *o* or bare its teeth; **no sabía hacerse respetar sino enseñando los ~s** the only way he could command respect was by being aggressive; ***escupir por el ~*** to brag, boast; ***tener más ~s que un caimán*** (Ven fam) to be as cunning *o* sly as a fox (colloq)

colmo *m*: **el ~ de la vagancia** the height of laziness; **para ~ de desgracias** to top *o* cap it all; **sólo falta que para ~ (de males) nos corten el gas** all we need now is for them to cut the gas off; **llegó al ~ de ...** he even went as far as to ...; **¡esto es el ~!** this is the last straw!; **¡esto ya es el ~ de los ~s!** this really is the end *o* the limit *o* the last straw!

colocación *f*

A (empleo) job; **buscar ~** to look for a job

B 1 (acción) positioning, placing; (de losas, baldosas) laying; **la ~ de la primera piedra** the laying of the foundation stone; **la ~ de azulejos requiere mucha paciencia** tiling requires a lot of patience 2 (Fin) investment, deposit

➡📖 *see* Using the telephone

C

colocado -da *adj*
A (en un trabajo): **está muy bien ~** he has a very good job; **seguro que dentro de un mes ya está ~** I'm sure that he'll have found a job within a month; ***estar ~ con algn*** (Chi fam) to be well in with sb (colloq)
B (Equ): **apostó 6 euros a ~ al número cinco** he bet 6 euros across the board on number five (AmE), he bet 6 euros each way on number five (BrE)
C (Esp) **1** (fam) (borracho) plastered (colloq) **2** (arg) (con drogas) stoned (colloq)

colocar [A2] *vt*
A **1** (en un lugar) to place, put; ‹*losas/alfombra*› to lay; ‹*cuadro*› to hang; **coloca el cuadro un poco más arriba** put *o* hang the picture a little higher up; **colocó los sillones a ambos lados del sofá** he placed *o* arranged *o* positioned the armchairs on both sides of the sofa; **los libros estaban colocados por orden alfabético** the books had been placed *o* arranged in alphabetical order; **colocó el jarrón en el centro de la mesa** she placed *o* put *o* positioned the vase in the center of the table; **colócalo de manera que no obstruya el paso** put it somewhere it's not going to get in people's way **2** (Com, Fin) ‹*acciones*› to place; ‹*dinero*› to place, invest; **colocó el dinero al 9%** she placed *o* invested the money at 9%; **~ un producto en el mercado** to launch a product on to the market
B ‹*persona*› **1** (en un lugar) to put; **la ~on en primera fila** they put her in the front row; **colocó a los niños por orden de estatura** he put *o* arranged the children in order of height **2** (en un trabajo): **un amigo lo colocó en el banco** a friend got him a job at the bank; **el padre lo colocó como jefe de departamento** his father placed him in charge of the department **3** ‹*hija*› to marry off

■ **colocarse** *v pron*
A (ponerse, situarse): **entró y se colocó al lado del director** she came in and stood/sat beside the director; **se ~on en primera fila** they sat in the front row; **con esta victoria el equipo se coloca en tercer lugar** after this win the team moves into third place
B (en un trabajo) to get a job; **se colocó como secretaria** she got a job as a secretary; **se colocó en una casa muy buena** she found a position in a very good household; **en cuanto acabó la carrera se colocó** as soon as she finished studying she found *o* got a job
C **1** (fam) (emborracharse) to get plastered (colloq) **2** (arg) (con drogas) to get stoned (colloq)
D (*refl*) (Chi) ‹*reloj/abrigo/sombrero*› to put on

colocata *mf* (Esp arg) **1** (borracho) plastered (colloq) **2** (con drogas) stoned (colloq)

colocho -cha *m,f*
A (AmC) (persona) curly-haired person
B **colocho** *m* (AmC) (rizo) curl

colocolo *m* (en Chi) *type of wildcat*

colocón *m* (Esp fam): **lleva un ~ tremendo** he's stoned out of his head *o* mind (colloq)

colofón *m* **1** (culminación, término): **aquel acto fue el ~ de una semana llena de actividades** that ceremony marked the end of a week full of activities; **un nombramiento que es el ~ de una brillante carrera** an appointment which represents the culmination of a brilliant career; **el congreso tuvo como ~ una cena de gala** the convention was rounded off with a gala dinner; **como ~ a estos acontecimientos** as a coda to these events **2** (Impr) colophon

colofonia *f* colophony, rosin

coloidal *adj* colloidal

coloide[1] *adj* colloidal

coloide[2] *m* colloid, colloidal solution

Colombia *f* Colombia

colombianismo *m* Colombianism, Colombian word/expression

colombiano -na *adj/m,f* Colombian

colombicultor -tora *m,f* pigeon breeder

colombicultura *f* pigeon breeding

colombina *f* (Col) lollipop

colombino -na *adj* of/relating to Columbus

colombofilia *f* pigeon breeding, pigeon-fancying (BrE)

colombófilo[1] **-la** *adj*: **asociación colombófila** pigeon breeding association, pigeon fanciers' club (BrE)

colombófilo[2] **-la** *m,f* pigeon breeder, pigeon fancier (esp BrE)

colon *m* colon

colón *m* colon (*Costa Rican and Salvadoran unit of currency*)

Colón **1** (Hist) Columbus; **Cristóbal ~** Christopher Columbus **2** (*como interj*) (Per fam): **¡~!** obviously!

colonia *f*
A (Hist, Pol) colony; **data de la época de la ~** it dates back to colonial times
B (conjunto — de personas) community; (— de animales) colony; (— de células) colony; **la ~ española en Londres** the Spanish community in London; **una ~ de hormigas** a colony of ants
C **1** (de viviendas) residential development; **~ militar** housing estate (*for service families*); **~ obrera** housing estate (*for working-class families*) **2** (Méx) (barrio) suburb **3** (campamento) camp; **~ de verano/de vacaciones** summer/holiday camp

Compuestos
- **colonia de paracaidistas** (Méx) shantytown (*of squatters*)
- **colonia penal** (Per) penal colony
- **colonia proletaria** (Méx) shantytown

D (perfume) cologne, eau de cologne

Colonia *f* (en Alemania) Cologne; (en Uruguay) Colonia

coloniaje *m* (AmL) (período) colonial period; (sistema de gobierno) colonial government

colonial *adj* colonial

colonialismo *m* colonialism

colonialista *adj/mf* colonialist

colonización *f* settling, colonization; (de un territorio extranjero) colonization

colonizador[1] **-dora** *adj* colonizing

colonizador[2] **-dora** *m,f* colonizer

colonizar [A4] *vt* ‹*tierras deshabitadas*› to colonize, settle; ‹*territorio extranjero*› to colonize; ‹*pueblo/indígenas*› to colonize

colono *m*
A (inmigrante) colonist
B (Agr) (en tierras baldías) settler; (en tierras arrendadas) tenant farmer

coloquial *adj* colloquial

coloquio *m*
A **1** (debate) discussion, talk; (simposio) (AmL) colloquium, symposium **2** (*como adj inv*): **conferencia ~** talk (*followed by discussion*); **un almuerzo ~ sobre el tema** a lunch meeting to discuss the subject
B (Lit) dialogue, colloquy (frml)

color[1] *m*
A **1** color*; **¿de qué ~ vas a pintar la puerta?** what color are you going to paint the door?; **ha cambiado de ~** it has changed color; **¿de qué ~ es?** what color is it?; **~es fríos/cálidos/vivos/apagados** cold/warm/bright/subdued colors; **un sombrero de un ~ oscuro/claro** a dark/light hat; **~es pastel** pastel colors *o* shades; **las banderitas de ~ amarillo/verde** the yellow/green flags; **una blusa (de) ~ carne/salmón** a flesh-colored/salmon blouse; **encaje (de) ~ crudo** écru lace; **es del ~ de la sangre/del trigo maduro** it is blood red/the color of ripened wheat; **ilustraciones a todo ~** full color illustrations; **dejó el luto y empezó a comprarse ropa de ~** she came out of mourning and began buying clothes in different colors; **no lo laves con la ropa de ~** don't wash it with the colored things *o* coloreds; **una chica de ~** (euf) a colored girl (dated); **lápices/cintas de ~es** colored pencils/ribbons; **había globos de todos los ~es** *or* (CS) **de todos ~es** there were balloons of all different colors; **un globo de todos los ~es** *or* (CS) **de todos ~es** a multicolored balloon; **fotos en ~es** *or* (Esp) **en ~** color photos; **película en ~es** *or* (Esp) **en ~** color film, film for color photos; **televisión en ~es** *or* (Esp) **en ~** *or* (Andes) **a ~** color television; **pintó la situación con ~es trágicos** she painted a very tragic picture of the situation; ***~ de hormiga*** (AmL): **la cosa se puso ~ de hormiga** things started looking pretty grim *o* black; ***correr con ~es propios*** (Chi, Ven) to act alone *o* off one's own bat *o* on one's own initiative; ***ponerse de mil ~es*** *or* ***de todos los ~es*** to blush to the roots of one's hair, turn *o* (BrE) go bright red; ***subir de ~*** ‹‹*discusión*›› to become *o* get heated; **un chiste subido de ~** a risqué joke; ***subírsele el ~*** *or* ***los ~es a algn*** (por un esfuerzo) to flush, become flushed; (por vergüenza) to blush, turn red, go red (BrE); ▸**rosa**[2] **2** **tomar** *or* (esp AmL) **agarrar** *or* (esp Esp) **coger ~** ‹‹*pollo*›› to brown; ‹‹*cebolla frita/pastel*›› to turn golden-brown; ‹‹*fruta*›› to ripen, turn red (*o* yellow *etc*); ‹‹*piel*›› to become tanned **3** (pintura) color*; (tintura) color*, dye; **mezcló los ~es en la paleta** he mixed the colors on his palette; **las telas sintéticas no agarran** *or* (Esp) **cogen bien el ~** synthetic fabrics do not dye well *o* take dye well **4** **colores** *mpl* (lápices) colored* pencils (*pl*), crayons (*pl*) **5** **colores** *mpl* (señal distintiva) colors* (*pl*); **los ~es nacionales** the national colors; **vistió los ~es nacionales por primera vez en 1990** he first represented his country in 1990, he first played (*o* ran *etc*) for his country *o* for the national team in 1990

Compuestos
- **color complementario** complementary color*
- **color fundamental** *or* **primario** primary color*
- **color secundario** secondary color*

B (raza) color*; **sin distinción de credo ni ~** regardless of creed or color
C (colorido — de un relato) color*; (— de una fiesta) color*; **una celebración de gran ~ local** a celebration full of local color
D (cúrcuma) turmeric
E **1** (Ven fam) (tamaño): **se le pusieron los ojos de este ~** his eyes popped out of his head (colloq); **tiene las manos de este ~** he has hands this big (colloq) **2** (Ven fam) (expresión de cariño) honey (AmE colloq), darling (BrE colloq)

color[2] *f* (Chi, Ven fam): **comerle la ~ a algn** to be unfaithful to sb, cheat on sb (colloq)

coloración *f* **1** (color): **la preparación adquiere una ~ rojiza** the preparation takes on a reddish color; **la ~ característica de la especie** the characteristic coloration *o* markings of the species **2** (acción) coloring*

colorado[1] **-da** *adj* **1** ▸❶ **p.181**; red; ***ponerse ~*** to blush, turn red, go red (BrE); **se puso ~ como un tomate** he turned (as) red as a beet (AmE colloq), he went as red as a beetroot (BrE colloq) **2** (Méx fam) ‹*chiste*› risqué

colorado[2] *m* ▸❶ **p.181** red

colorante[1] *adj* coloring*

colorante[2] *m* coloring*; **S no contiene colorantes** no artificial colors; **~ para madera** wood stain

coloratura *f* coloratura

coloreado[1] **-da** *adj* colored*

coloreado[2] *m* coloring*

colorear [A1] *vt* **1** (Art) to color*; **dibujos para ~** pictures for you to color (in) **2** (teñir) to dye, stain

colorete *m* blusher, rouge

colorido *m* (de un pájaro, una flor) coloring*, colors* (*pl*); (de un cuadro, una tela) color*, colors* (*pl*); **un plumaje de brillante ~** a brilliantly colored plumage; **el ~ de las fiestas locales** the colorful atmosphere *o* the color of the local festivities

colorín[1] **-rina** *adj* (Chi) red, ginger

colorín[2] **-rina** *m,f* (Chi) red-haired *o* ginger-haired person

colorín[3] *m*
A (fam) (color llamativo) bright color*; **lo pintó de colorines** she painted it in bright colors; **y ~ colorado, este cuento se ha acabado** (fr hecha) and that is the end of the story
B (Zool) goldfinch

colorinche[1] *adj* (RPl fam) colorful*, bright-colored*; (pey) garish (pej), gaudy (pej), loud (pej)

colorinche[2] *m* (AmL): **una manta llena de ~s** a really colorful *o* bright-colored blanket; (pey)

i Los colores

En las explicaciones siguientes se empleará el color azul en los ejemplos; los otros adjetivos y nombres de colores se utilizan de igual manera

Los adjetivos

¿de qué color es/son?
= what color is it/are they?

es azul
= it's blue

son azules
= they're blue

es un vestido azul
= it's a blue dress

Cuando en español se emplea la palabra *color* antepuesta al vocablo que lo señala, ésa no se traduce al inglés:

el color azul
= blue

un coche (de) color azul
= a blue car

son de color azul
= they're blue

Los nombres

En inglés, por lo general, los nombres de los colores no se usan con el artículo definido:

prefiero el azul
= I prefer blue

el azul no combina con marrón
= blue doesn't go with brown

está de moda el azul
= blue is in fashion

odio el azul
= I hate blue

La expresión *de azul*, cuando se utiliza como locución adverbial o adjetiva, se traduce al inglés por *in blue*:

vestirse de azul
= to dress in blue

vestido de azul
= (dressed) in blue

pintado de azul
= painted in blue

el hombre de azul
= the man in blue

los niños de azul
= the boys in blue

Otros usos:

¿la tienen en azul?
= do you have it in blue?

las hay en azul y verde
= they do them in blue and green

la tienen en todos los azules
= they have it in all shades of blue

Los matices

Los matices en español se suelen expresar con un adjetivo invariable:

azul intenso/oscuro
= deep/dark blue

un sombrero azul claro
= a light blue hat

zapatos azul oscuro
= dark blue shoes

un azul más oscuro
= a darker blue

el vestido era de un azul más claro
= the dress was a lighter blue

Tanto en inglés como en español se pueden expresar matices utilizando el nombre de una cosa cuyo color es típico. Nótese que el adjetivo en inglés lleva un guión, no así el sustantivo:

el azul cielo
= sky blue

una tela azul cielo
= a sky-blue material

el azul marino
= navy blue

zapatos azul marino
= navy-blue shoes

Asimismo tenemos *verde manzana* (*apple green*), *verde botella* (*bottle green*) etc. En caso de dudas consultar el diccionario, bajo la correspondiente entrada

En estos casos cuando en español se utiliza la palabra *color*, el inglés utiliza un adjetivo compuesto, formado por el sufijo *-colored* (AmE) o (BrE) *-coloured*, y el nombre respectivo:

medias color carne
= flesh-colored stockings

un vestido color fresa
= a strawberry-colored dress

una camisa (de) color crema
= a cream-colored shirt

Otras maneras de expresar colores:

azulado or ***azuloso***
= bluish

verdoso
= greenish

rojizo
= reddish

negruzco
= blackish

azul verdoso
= greenish blue

verde azuloso
= bluish green

Para otras expresiones, consultar el diccionario

El color del pelo

pelo negro/marrón
= black/brown hair

pelo castaño/rojizo
= chestnut/reddish hair

pelo rubio
= blond *o* fair hair

pelo blanco
= white hair

El color de los ojos

ojos azules
= blue eyes

ojos azul claro
= light blue eyes

ojos azul verdoso
= greenish blue eyes

ojos marrones/color avellana
= brown/hazel eyes

Nótense las siguientes traducciones:

ojos negros
= dark eyes

ojos claros
= blue/green/gray eyes

Para otros colores, ver bajo respectiva entrada

---

a really garish *o* gaudy *o* loud blanket (pej)

colorista[1] *adj* coloristic*

colorista[2] *mf* colorist*

colorterapia *f* colortherapy*

colosal *adj* 1 ‹*estatua/palacio*› colossal, gigantic; ‹*empresa/obra*› huge; ‹*riqueza/fortuna*› colossal, enormous, vast 2 (fam) ‹*ambiente/película/idea*› great (colloq)

colosense *mf* Colossian

coloso *m* 1 (estatua) colossus 2 (gigante) giant

(Compuesto) **coloso de Rodas**: **el ~ de ~** the Colossus of Rhodes

colostomía *f* colostomy

colt® /'kolt/ *m or f* (*pl* **colts**) colt®

coludido -da *adj* **estar ~ CON algn** to be in collusion *o* connivance WITH sb, to be in league *o* cahoots WITH sb (colloq)

coludir [I1] *vi* to collude; **~ CON algn** to collude WITH sb

coludo -da *adj*

A (Chi fam) 1 ‹*animal*› long-tailed 2 ‹*falda/abrigo*› uneven 3 ‹*auto*› huge

B (Chi fam) ‹*persona*› **¡cierra la puerta, ~!** shut the door! were you born in a field *o* a stable *o* a barn or something? (colloq)

columbrar [A1] *vt* (liter) ‹*casa/objeto*› to make out; ‹*solución/salida*› to perceive, begin to see; **la esperanza de que se columbre un líder más fuerte** the hope that a stronger leader will emerge *o* can be found

columna *f*

A (Arquit) column, pillar; **~ dórica/jónica/corintia** Doric/Ionic/Corinthian column

(Compuesto) **columna de dirección** steering column

B (Anat) ▸ i **p.231**; spine, backbone

(Compuesto) **columna vertebral** (Anat) spine, spinal *o* vertebral column; (de un sistema) backbone

C (Impr, Period) column; **un artículo a dos ~s** a two-column article

D (Mil) column; **marchar en ~ de a cuatro** to march four abreast; ▸ **quinto**[1]

E (de un termómetro) column

columnata *f* colonnade

columnista *mf* columnist

columpiar [A1] *vt* to push (*on a swing*)

■ **columpiarse** *v pron* (*refl*) to swing

columpio *m* 1 (Jueg, Ocio) swing; **vamos a los ~s** (fam) let's go on the swings 2 (sofá de jardín) couch hammock

(Compuesto) **columpio basculante** teeter-totter (AmE), seesaw (BrE)

colusión *f* collusion; **actuaron en ~** they were in collusion

colutorio *m* (frml) mouthwash

colza *f* rape, colza; **aceite de ~** rapeseed oil

Com. *m* (= **comandante**) Comdr.

coma[1] *m* coma; **estar/entrar en (estado de) ~** to be in/go into a coma; **~ profundo** deep coma

(Compuesto) **coma diabético** diabetic coma

C

coma[2] *f*
A **1** (Ling) comma; **nos lo contó todo, sin dejarse ni una ~** he told us all about it in great detail; ▸**punto** **2** (Mat) point; **~ decimal** decimal point; **cero ~ cinco** nought point five
(Compuesto) **coma flotante** floating point
B (Mús) comma
C (de un cometa) coma

comacate *m* (Ven) middle-ranking officer

comadre *f*
A (madrina) *godmother of one's child or mother of one's godchild*
B (fam) (amiga, vecina): **las ~s del pueblo** the village women; **¿cómo está, ~?** how are you, dear *o* (BrE) love?

comadrear [A1] *vi* (fam) to chat, to gossip

comadreja *f* **1** (mustélido) weasel **2** (CS) (oposum) opossum

comadreo *m* (fam) chatting, nattering (BrE colloq)

comadrona *f* midwife

comal *m* (Méx) *ceramic dish or metal hotplate for cooking tortillas* ▸**tortilla B1**

comandancia *f*
A (edificio) command headquarters (*sing o pl*); (territorio) command; **~ de marina** naval command
B (RPl) (mando) command; **ejercía la ~ del ejército** he was in command of the army, he commanded the army

comandanta *f* flagship

comandante *mf*
A **1** (en el ejército) major; (en las fuerzas aéreas) major (AmE), squadron leader (BrE) **2** (oficial al mando) commanding officer, commander
(Compuesto) **comandante en jefe** commander in chief
B (Aviac) captain

comandar [A1] *vt* ‹*tropa*› to command; ‹*operación*› to command, direct

comandita *f* ▸**sociedad**

comanditario -ria *adj* ▸**sociedad**, **socio**

comando *m*
A **1** (grupo de combate) commando, commando group; **~ de reconocimiento** reconnaissance commando; **~ terrorista** terrorist cell *o* squad **2** (AmL) (mando militar) command
(Compuestos)
- **comando autónomo** autonomous cell
- **comando de acción** active-service unit
- **comando de información** intelligence unit
- **comando legal** *terrorist cell whose members do not have criminal records*
- **comando suicida** suicide squad

B (Inf) command
(Compuesto) **comando vocal** speech command

comarca *f* region; **en una lejana ~ vivía un rey ...** (liter) in a far-off land there lived a king ... (liter)

> **comarca**
> In Spain, a geographical, social, and culturally homogeneous region, with a clear natural or administrative demarcation. *Comarcas* are normally smaller than ▸**regiones.** They are often famous for some reason, for example Ampurdán (Catalonia) for its wines, or La Mancha (Castile) for its cheeses.

comarcal *adj* regional; ▸**carretera**

comarcano -na *adj* neighboring*

comatoso -sa *adj* comatose

comba *f*
A (Esp) (Jueg) (cuerda) skip rope (AmE), jump rope (AmE), skipping rope (BrE); (juego) skipping; **dar a la ~** to turn the skip *o* skipping rope; **jugar** *or* **saltar a la ~** to skip rope (AmE), to jump rope (AmE), to skip (BrE); ***no pierdes/pierde ~*** (fam) you don't/he doesn't waste any time (colloq), you don't/he doesn't hang about (colloq)
B (de una viga, un cable) sag; (de una pared) bulge

combado -da *adj* ‹*viga/cable*› sagging; ‹*pared*› bulging; **hombres de espaldas combadas** (liter) men with bent backs

combarse [A1] *v pron* «*viga/cable*» to sag; «*pared*» to bulge; «*disco*» to warp, get warped; «*espalda/piernas*» to bend

combate *m* **1** (Mil) combat; **zona de ~** combat zone **2** (en boxeo) fight; **un ~ a quince asaltos** a 15-round fight; ***dejar a algn fuera de ~*** (en boxeo) to knock sb out; (en un debate, una competición) to crush sb

combatiente[1] *adj* combatant (*before n*) (frml), fighting (*before n*)

combatiente[2] *mf* combatant (frml); **antiguo** *or* **ex ~** veteran; **los ~s caídos durante la guerra** the soldiers who fell in the war, the war dead

combatir [I1] *vi* **1** «*soldado/ejército*» to fight; **combatió con los Nacionales** he fought on the Nationalist side *o* with the Nationalists **2** «*viento*» to blow
■ **combatir** *vt* ‹*enemigo*› to combat (frml), to fight; ‹*enfermedad*› to combat, fight; ‹*proyecto/propuesta*› to fight; **la mejor manera de ~ el fuego** the best way of fighting fire; **una crema para ~ la sequedad de la piel** a cream to combat *o* counteract skin dryness; **corrían alrededor del patio para ~ el frío** they were running around the patio to keep warm

combatividad *f* fighting spirit

combativo -va *adj* **1** (luchador) spirited, combative; **espíritu ~** fighting spirit **2** (agresivo) aggressive, combative

combava *f* (Bot) kaffir lime

combi®[1] *f* (Méx, Per, RPl) combi, combi van

combi[2] *m* (Esp) refrigerator-freezer (AmE), fridge-freezer (BrE)

combinación *f*
A **1** (de colores, sabores) combination; **la película es una ~ de amor, intriga y suspense** the movie is a combination *o* mixture of love, mystery and suspense **2** (Quím) compound **3** (Mat) permutation **4** (de una caja fuerte) combination
B (Indum) slip
C (Transp) connection; **hay que hacer ~ en Diagonal** (Arg) you have to change at Diagonal

combinacional *adj* combinational, combinatory

combinada *f* (Col) combine harvester

combinadamente *adv*: **~ con algo** in combination with sth

combinado *m* **1** (bebida) cocktail **2** (Andes period) (Dep) team, line-up (journ) **3** (RPl) (Audio) radiogram

combinar [A1] *vt* **1** ‹*ingredientes*› to combine, mix together **2** ‹*colores*› to put together; **no se puede ~ esos dos colores** you can't put those two colors together; **no sabe ~ la ropa** he isn't very good at coordinating clothes; **~ algo con algo**: **me gusta la falda pero no tengo con qué ~la** I like the skirt but I have nothing to wear with it *o* to go with it; **¿a quién se le ocurre ~ el rojo con el violeta?** how could you think of putting red and purple together?; **no puedes ~ esa falda con ese jersey** you can't wear that skirt with that sweater **3** (Quím) to combine **4** (reunir) to combine
■ **combinar** *vi* «*colores/ropa*»: **~ con algo** to go WITH sth; **quiero un bolso que combine con estos zapatos** I want a bag that goes with *o* to go with these shoes
■ **combinarse** *v pron* **1** «*personas*» (ponerse de acuerdo): **se ~on para sorprenderlo** they got together to give him a surprise; **se ~on para gastarle una broma** they got together *o* ganged up to play a trick on him; **nos combinamos para estar allí a las seis** we all arranged to be there at six **2** (Quím) to combine

combinatoria *f* combinatorial analysis

combinatorio -ria *adj* combinatorial

combo[1] **-ba** *adj* ▸**combado**

combo[2] *m*
A (Chi, Per) (mazo) sledgehammer
B (Chi, Per fam) (puñetazo): **le dio un ~ en la nariz** he punched him *o* (colloq) landed him one on the nose; **decidieron la discusión a ~ limpio** they settled the argument with their fists
C (Col) **1** (Mús) band **2** (fam) (pandilla) gang (colloq)
(Compuesto) **combo de televisión y DVD** DVD/TV combo

combustible[1] *adj* combustible

combustible[2] *m* **1** (Fís, Quím) combustible **2** (Transp) (carburante) fuel; **~s líquidos/sólidos** liquid/solid fuels
(Compuesto) **combustible fósil** fossil fuel

combustión *f* combustion; **~ espontánea** spontaneous combustion

comecocos[1] *adj inv* (Esp fam): **las técnicas ~ que usan estas sectas** the brainwashing techniques that these sects use

comecocos[2] *m* (*pl* ~)
A (Esp fam) **1** (engaño): **dice que la religión es un ~** he says religion is just a form of brainwashing *o* (colloq) just a big con **2** **comecocos** *mf* (persona): **es un ~** he's very good at getting round people *o* softsoaping people; **¡qué ~ eres! ¿por qué no me dices directamente lo que quieres?** stop trying to get round me *o* butter me up *o* softsoap me, just tell me straight what you want (colloq)
B (Esp) (Jueg) Pacman®

COMECON *m* (Hist) (**= Consejo de Asistencia Económica Mutua**) Comecon

comedero *m* **1** (Agr) (para el ganado) feeding trough; (para pájaros) feeder **2** (Col) (taberna, restaurante) roadside cafe, diner (AmE); **eso no era un restaurante, era un ~** (pey) I wouldn't call that a restaurant, it was just a greasy spoon (colloq) *o* (AmE) a roadside diner

comedia *f* **1** (Teatr) (obra) play; (cómica) comedy **2** (serie cómica) comedy series **3** (AmL) (telenovela) soap opera, soap; (radionovela) radio serial
(Compuestos)
- **comedia de capa y espada** cloak-and-dagger drama
- **comedia de costumbres** comedy of manners
- **comedia de enredo** comedy of intrigue
- **comedia musical** musical

comediante -ta *m,f* **1** (Teatr) (*m*) actor; (*f*) actress **2** (farsante) fraud; **es un ~, mira la que está armando por una heridita de nada** he's such a fraud *o* he's always playacting, look at the fuss he's making over a tiny little cut

comedidamente *adv*
A (con moderación) in moderation
B (AmL) (en forma servicial) obligingly

comedido[1] **-da** *adj* **1** (moderado) moderate, restrained; **es muy ~ con la bebida** he's a very moderate drinker; **lo dijo de una manera muy comedida** she said it in a very restrained tone of voice **2** (AmL) (atento) obliging, well-meaning

comedido[2] **-da** *m,f* (AmL) well-meaning person *o* soul, obliging person *o* soul; ***no hay ~ que salga bien*** helping people brings nothing but trouble

comedieta *f* light comedy

comediógrafo -fa *m,f* playwright, dramatist

comedirse [I14] *v pron* **1** (moderarse) to show *o* exercise restraint **2** (CS) (ofrecerse) to offer; **se comedió a acompañarme** he offered to go with me

comedón *m* blackhead

comedor[1] **-dora** *adj* (fam): **son todos muy ~es** they're all big eaters

comedor[2] *m*
A **1** (sala — en una casa, un hotel) dining room; (— en un colegio) dining hall; (— en una fábrica) canteen, cafeteria; (— en una universidad) dining hall, refectory (BrE) **2** (conjunto de muebles) dining-room furniture
(Compuesto) **comedor (de) diario** breakfast room
B (Ur fam) (dientes) false teeth (*pl*)

comedura de coco *f* (Esp fam): **¡qué ~ de ~ que es la publicidad en la tele!** all these commercials on TV are just trying to con *o* brainwash you into buying things you don't need; **no me vengas con ~s de ~** don't give me any of your excuses *o* far-fetched stories; **¡vaya ~ de ~ que tienes!** you really have been brainwashed, haven't you?

comején *m* (Col) termite

comejenera *f* (Col) termite nest

comelón[1] **-lona** *adj* (AmL fam): **un bebé sano y ~** a healthy baby with a big appetite; **es muy ~** he's a big eater

comelón[2] **-lona** *m,f* (AmL fam): **no lo aparenta, pero es un ~** he may not look it, but he's a big eater; **es un ~, por eso está gordo** he eats too much *o* (colloq) he's a greedy guts, that's why he's fat

comendador *m* commander

comensal *mf* (frml) guest; **seremos diez ~es** there will be ten (of us) for dinner

comentador -dora *m,f* (Per) commentator

comentar [A1] *vt* 1 ‹*suceso/noticia/película*› to talk about, discuss; ‹*obra/poema*› to comment on 2 (mencionar) to mention; **comentó que había crecido mucho** he commented *o* remarked that she had grown a lot 3 (CS) (Rad, TV) ‹*partido*› to commentate on

■ **comentar** *vi* (AmS fam): **ya sabes que la gente comenta** you know how people talk

comentario *m*

A 1 (observación) comment; **¿quiere hacer algún ~?** do you have any comments?; **ese ~ fue de muy mal gusto** that remark *o* comment was in very bad taste; **sin ~(s)** no comment; **sobran** *or* **huelgan los ~s** it's best not to say anything, there's no need to say anything 2 (análisis) commentary; **~ de texto** textual analysis, practical criticism

B (Rad, TV) commentary

comentarista *mf* commentator

comenzar [A6] *vt* to begin, commence (frml)

■ **comenzar** *vi* to begin; **al ~ el día** at the beginning of the day; **~é contigo** I will begin *o* start with you; **~ + GER** to begin BY -ING; **comenzó diciendo que ...** she began *o* (frml) commenced by saying that ...; **~ A + INF**: **~on a disparar** they started firing *o* to fire, they opened fire; **~ POR algo** to begin WITH sth; **comencemos por la catedral** let us begin with the cathedral; **~ POR + INF** to begin BY -ING; **~on por amenazarme** they began by threatening me

comer[1] [E1] *vi*

A 1 (tomar alimentos) to eat; **no tengo ganas de ~** I'm not hungry *o* I don't feel like eating anything; **no hay nada para ~** there's nothing to eat; **este niño no me come nada** (fam) this child won't eat anything (I make for him) (colloq); **las palomas comían de su mano** the pigeons were eating out of *o* from her hand; **el sueldo apenas si les alcanza para ~** he hardly earns enough to feed them; ***~ como un sabañón*** *or* (Esp) ***una lima*** *or* (Méx) ***un pelón de hospicio*** (fam) to eat like a horse; ***~ como un pajarito*** (fam) to eat like a bird 2 **dar de ~** to feed; **todavía hay que darle de ~ (en la boca)** we still have to spoonfeed him; **darle de ~ al gato** to feed the cat; **tengo que darles de ~ a los niños** I have to get the kids something to eat, I have to feed the kids; **nos dieron de ~ muy bien** they fed us very well; **ni siquiera nos dieron de ~** they didn't even give us anything to eat; ***darle a algn de ~ aparte*** (fam) to treat sb with kid gloves

B 1 (tomar una comida): **todavía no hemos comido** we haven't eaten yet, we haven't had lunch (*o* dinner *etc*) yet; **hace mucho tiempo que no salimos a ~ (fuera)** we haven't been out for a meal *o* eaten out for ages; **¿dónde comieron anoche?** where did you go for dinner *o* have dinner last night?; **no queremos ~ en el hotel** we don't want to have our meals in the hotel *o* to eat at the hotel; **¡niños, a ~!** lunchtime (*o* dinnertime *etc*), children!; **¿qué hay de ~?** (a mediodía) what's for lunch?; (por la noche) what's for dinner *o* supper?; **aquí se come muy bien** the food here is very good; ***donde comen dos, comen tres*** there's always room for one more at the table 2 (esp Esp, Méx) (almorzar) to have lunch, have dinner (BrE colloq); **nos invitaron a ~** they asked us to lunch 3 (esp AmL) (cenar) to have dinner; **comemos a las nueve** we have *o* eat dinner at nine; **nos invitaron a ~** they asked *o* invited us to dinner

■ **comer** *vt*

A ‹*fruta/verdura/carne*› to eat; **como mucha fruta** I eat a lot of fruit; **no puedo ~ chocolate** I can't have *o* eat chocolate; **come un poco de queso** have a little cheese; **tienes que ~ todo lo que te sirvan** you must eat (up) everything they give you; **¿puedo ~ otro?** can I have another one?; **no tienen qué ~** they don't have anything to eat; **nadie te va a ~** (fam) nobody's going to bite your head off, nobody's going to eat you; **mira el suéter, me lo comió la polilla** look at my sweater, the moths have been at it *o* it's really moth-eaten; **como un cáncer que le come las entrañas** (liter) like a cancer gnawing away at his insides; ***sin ~lo ni beberlo*** *or* ***sin ~la ni beberla:*** **me llevé el castigo sin ~lo ni beberlo** I got punished even though I didn't have anything to do with it *o* any part in it; ***¿(y) eso con qué se come?*** (fam) what on earth's that? (colloq), what's that when it's at home? (BrE colloq)

B (fam) (hacer desaparecer): **ese peinado le come mucho la cara** that hairstyle hides half her face; **estos zapatos me comen los calcetines** my socks keep slipping down with these shoes; **estos gastos nos han empezado a ~ los ahorros** these expenses have started eating into our savings; **el alquiler me come la mitad del sueldo** the rent swallows up half my salary, half my salary goes on the rent; **si seguimos así nos va a ~ la mugre** if we go on like this we'll be swallowed up by dirt

C (en ajedrez, damas) to take

■ **comerse** *v pron*

A ‹*acento/palabra*› **te has comido todos los acentos** you've left off *o* forgotten *o* (BrE) missed off all the accents; **me comí dos líneas** I missed out *o* skipped two lines; **se comen la 's' final** they don't pronounce the final 's', they leave off *o* drop the final 's'; **se come la mitad de las palabras** he swallows *o* he doesn't pronounce half his words

B 1 (*enf*) ‹*comida*› to eat; **cómetelo todo** eat it all up; **se lo comió de un bocado** he gulped it down in one go; **está para comérsela** (fam) she's really tasty (colloq), she's a real dish (colloq); **no te comas las uñas** don't bite your nails; **¿se te ha comido la lengua el gato?** (fam) have you lost your tongue?, has the cat got your tongue? (colloq); **se lo come la envidia** he's eaten up *o* consumed with envy; **se comió cuatro años de cárcel** (fam) he did four years in prison *o* inside (colloq); ***~se a algn vivo*** (fam) to skin sb alive (colloq); **si se entera mi madre me come viva** if my mother finds out she'll skin me alive *o* have my guts for garters *o* make mincemeat of me (colloq) 2 (estrellarse contra) ‹*árbol/poste*› to smash *o* crash into 3 (ser muy superior) to surpass, overshadow; **nadando y corriendo, él se come a su hermano** (fam) he can beat his brother hollow at swimming and running (colloq), he knocks spots off his brother when it comes to swimming and running (colloq)

C (fam) (hacer desaparecer): **el sol se ha ido comiendo los colores de la alfombra** the sun has faded the colors in the carpet; **el mar se ha comido casi toda la arena** the sea has washed away nearly all the sand; **el ácido se come el metal** the acid eats into *o* eats away the metal; **el colegio de los niños se me come casi todo el sueldo** almost all my salary goes on the children's school fees, the children's school fees eat up almost all of my salary

D (Col fam) (poseer sexualmente) to have (colloq)

comer[2] *m* eating; **una persona de buen ~** someone who enjoys his/her food; **el arte del buen ~** the art of good eating; ***el ~ es como el rascar, todo es cuestión de empezar*** once you start eating, you don't want to stop

comerciabilidad *f* marketability

comerciable *adj* marketable; **acciones no ~s** unmarketable stocks *o* shares

comercial[1] *adj* 1 ‹*distrito/operación*› business (*before n*); **una importante firma ~** an important company; **el desequilibrio ~ entre los dos países** the trade imbalance between the two countries; **un emporio ~ fenicio** a Phoenician trading post; **algunos critican su agresividad ~** some people criticize their aggressive approach to business; **el déficit ~** the trade deficit; **una carta ~** a business letter; **nuevas iniciativas ~es** new business initiatives; **nuestra división ~** our sales *o* marketing department; **el derribo de un avión ~** the shooting down of a civil aircraft *ver tb* **agente comercial**, **centro comercial**, **galería**, etc 2 ‹*película/arte*› commercial

comercial[2] *m* (AmL) commercial, advert (BrE)

comercial[3] *f or m*

A (tienda): Ⓢ **Comercial Hernández** Hernandez's Stores

B (CS) (Educ) business school

comercializable *adj* marketable

comercialización *f* 1 (de un producto) marketing 2 (de un lugar, deporte) commercialization; **la ~ de las fiestas navideñas** the commercialization of Christmas

comercializar [A4] *vt* 1 ‹*producto*› to market 2 ‹*lugar/deporte/arte*› to commercialize

■ **comercializarse** *v pron* to become commercialized

comercialmente *adv* comercially

comerciante *mf* 1 (Com) (dueño de una tienda) storekeeper (AmE), shopkeeper (BrE); (negociante) dealer, trader 2 (mercenario) money-grubber (colloq); **es un ~, incapaz de dar por dar** he's so mercenary *o* he's such a money-grubber, he'd never give anything away just for the sake of it

Compuestos

- **comerciante maderero** *or* **de madera** timber merchant
- **comerciante filatélico, comerciante filatélica** *m,f* stamp dealer

comerciar [A1] *vi* to trade, do business; **comercian con los países árabes** they trade *o* do business with the Arab countries; **comercia con su cuerpo** (euf) she sells her body; **~ EN algo** to trade *o* deal IN sth; **comerciaban en pieles** they were trading *o* dealing in skins

comercio *m* 1 (actividad) trade; **durante este período se desarrolló el ~ entre los dos países** during this period trade between the two countries developed; **el mundo del ~** the world of commerce, the business world; **el ~ de armas/pieles** the arms/fur trade; ▸**libre**[1] 2 (conjunto de establecimientos): **hoy cierra el ~** the stores (AmE) *o* (BrE) shops are closed today; **el ~ no secundó la huelga** the storekeepers (AmE) *o* (BrE) shopkeepers did not support the strike 3 (tienda) store (AmE), shop (BrE)

Compuestos

- **comercio carnal** sexual intercourse
- **comercio electrónico** e-commerce
- **comercio exterior** foreign trade
- **comercio interior** domestic trade
- **comercio justo** (Econ) fair trade

comestible[1] *adj* edible

comestible[2] *m*: **tienda de ~s** grocery store (AmE), grocer's (shop) (BrE); **este tipo de ~** this sort of food; **llevaron ~s suficientes para tres meses** they took enough food for three months

cometa[1] *m* comet

cometa[2] *f* kite; **hacer volar** *or* (RPl) **remontar una ~** to fly a kite

cometer [E1] *vt* ‹*crimen/delito*› to commit; ‹*error/falta*› to make; ‹*pecado*› to commit; **cometí la estupidez de decírselo** I made the stupid mistake of telling him

cometido *m* 1 (tarea, deber) task, mission; **cumplió (con) su ~** she carried out her mission *o* task 2 (Chi) (actuación) performance

comezón *f* [1] (Med) itching; **tenía ~ en la espalda** his back was itching [2] (desasosiego): **lo acosaba la ~ del remordimiento** he was beset by feelings of remorse; **ya le estaba empezando la ~ de** *or* **por irse** he was already itching to leave; **una ~ indefinible se apoderó de él** an indefinable malaise took hold of him

(Compuesto) **comezón del séptimo año** seven-year itch

comible *adj* (fam) eatable

comic /ˈkomik/, **cómic** *m* (*pl* **-mics**) (esp Esp) (tira ilustrada) comic strip; (tebeo) comic

comicial *adj* election (*before n*)

comicidad *f* humor*

comicios *mpl* elections (*pl*)

cómico[1] **-ca** *adj* ‹*actor/género/obra*› comedy (*before n*), comic (*before n*); ‹*situación/mueca*› comical, funny; **lo ~ de la historia es ...** the funny thing about the story is ...

cómico[2] **-ca** *m,f* [1] (actor) comedy actor, comic actor [2] (humorista) comedian, comic

comida *f*

A (alimentos) food; **gastamos mucho en ~** we spend a lot on food; **¿te gusta la ~ china?** do you like Chinese food *o* cooking?; **~ para perros/gatos** dog/cat food

B [1] (ocasión en que se come) meal; **hago tres ~s al día** I have *o* eat three meals a day; **come mucho pan con la ~** she eats a lot of bread with her meals *o* food; **aquí la ~ fuerte es la del mediodía** here the main meal is at midday [2] (menú, platos) food; **en este bar no sirven ~s** they don't serve *o* (BrE) do meals in this bar; **está haciendo** *or* **preparando la ~** he's getting the food ready *o* cooking the food

(Compuestos)
- **comida basura** junk food
- **comida de negocios/de trabajo** business/working lunch
- **comida escolar** school lunch *o* dinner (BrE)

C [1] (esp Esp, Méx) (almuerzo) lunch, dinner (BrE) [2] (esp AmL) (cena) dinner, supper; (en algunas regiones del Reino Unido) tea

comidilla *f*: **sus amoríos son la ~ del pueblo** her love affairs are the talk of the town; **no debería ser ~ de las revistas de corazón** it should not be a subject for gossip in women's magazines

comido -da *adj*: **volvió/llegó ~** when he returned/arrived he had (already) eaten; ***lo ~ por lo servido:*** **me tienen que pagar, lo ~ por lo servido** they've got to pay me, I've earned it *o* after all, I've done the work!

comience, comienza, etc ▸**comenzar**

comienzo *m* beginning; **al ~** at first, in the beginning; **el proceso fue muy lento en sus ~s** initially, the process was very slow; **dio ~ al año lectivo** it marked the beginning of the academic year; **dieron ~ a la función con la tocata** they began the performance with the toccata; **el concierto dará ~ a las nueve** the concert will begin at 9 o'clock; **los ~s son siempre difíciles** the first months (*o* steps *etc*) are always difficult

comillas *fpl* quotation marks (*pl*), inverted commas (*pl*) (BrE); **poner algo entre ~** to put sth in quotation marks *o* in inverted commas; **abran/cierren ~** open/close quotation marks *o* inverted commas; **dijo que era, entre ~, una maravilla** he said it was, and I quote, a marvel

comilón[1] **-lona** *adj* (CS, Esp fam) ▸**comelón**[1]

comilón[2] **-lona** *m,f* (CS, Esp fam) ▸**comelón**[2]

comilón[3] *m* (Méx fam) ▸**comilona**

comilona *f* (fam) feast (colloq); **organizaron una ~ de antología** they laid on a magnificent spread *o* a great feast *o* a lavish meal; **nos dimos/pegamos una gran ~ para celebrarlo** we had a blowout *o* (BrE) a slap-up meal to celebrate

comino *m*

A (Bot, Coc) cumin; ***(no) me/le importa un ~*** (fam) I/he couldn't care less, I/he couldn't give a damn (colloq); ***no valer (ni) un ~*** (fam): **ese coche no vale un ~** that car isn't worth anything

B (Esp fam) (mocoso) little squirt (colloq), pipsqueak (colloq)

comiquita *f* (Ven fam) [1] (historieta) comic strip [2] (dibujos animados) cartoon

comisaría *f*

A (edificio) *tb* **~ de policía** police station, station, precinct (AmE)

B (Gob) (en Col) province

comisariado *m* commission; ▸**alto**[1]

comisario *m*

A (de policía) captain (AmE), superintendent (BrE)

(Compuestos)
- **comisario de carreras** steward
- **comisario de la quiebra** official receiver

B (delegado) commissioner; ▸**alto**[1]

C (de una exposición) organizer

comiscar [A2] *vi/vt* (fam) to nibble

comisión *f*

A (delegación, organismo) committee; **~ gubernamental** government commission

(Compuestos)
- **comisión de control** regulatory commission
- **comisión de derechos humanos** commission on human rights, human rights commission
- **comisión de investigación** investigating *o* investigation committee, commission of inquiry
- **Comisión de las Comunidades Europeas** European Commission
- **comisión del congreso** congressional committee
- **comisión del parlamento** parliamentary committee
- **comisión de nombramientos** appointments committee
- **comisión de presupuestos** budgetary commission *o* committee
- **comisión de seguimiento** review committee
- **comisión de servicio** secondment
- **comisión de valores** securities commission
- **Comisión Europea** European Commission
- **Comisiones Obreras** (en Esp) *communist labor union*
- **comisión mixta** joint committee
- **comisión negociadora** negotiating committee
- **comisión organizadora** organizing committee
- **comisión permanente** standing committee

B (Com) commission; **trabajar a ~** to work on a commission basis; **cobra un 20% de ~ sobre las ventas** she gets 20% commission on her sales; **mercancía en ~** goods on commission

C (misión) assignment; **en ~** on assignment

(Compuestos)
- **comisión de servicio(s)** (Esp) secondment; **la destinaron al instituto en ~ de ~** she was seconded to the institute
- **comisión rogatoria** (Der) request

D (frml) (de un delito) perpetration (frml), commission (frml)

comisionado -da *m,f* commissioner

comisionar [A1] *vt* to commission

comisionista *mf* commission agent

comiso *m* (Col) packed lunch

comisquear [A1] *vi* (fam) to nibble

■ **comisquear** *vt* to nibble at, nibble

comistrajo *m* [1] (comida mala) swill (colloq) [2] (Chi fam) (comida) grub, eats (*pl*) (colloq)

comisura *f* commissure; **la ~ de los labios** the corner of the mouth

comité *m*

A (comisión) committee; **el ~ ejecutivo** the executive committee

(Compuestos)
- **Comité Económico y Financiero** (UE) Economic and Finance Committee
- **comité de empresa** (Esp) works committee
- **comité de redacción** editorial board/committee
- **Comité de Representantes Permanentes** (UE) Committee of Permanent Representatives
- **comité de selección** selection board/committee

B (RPl) (sede) local headquarters (*sing o pl*)

comitiva *f* [1] (séquito) procession; **~ fúnebre** cortège, funeral procession [2] (grupo) delegation

Commonwealth /ˈkomonwelθ/ *f or m*: **el** *or* (Esp) **la ~** the Commonwealth

como[1] *prep*

A [1] (en calidad de) as; **usando el paraguas ~ bastón** using his umbrella as a walking stick; **quiero hablarte ~ amigo y no ~ abogado** I want to speak to you as a friend and not as a lawyer; **el director tendrá ~ funciones ...** the director's duties will be ...; **está considerado ~ lo mejor** he's considered (to be) the best; **lo presentó ~ su ex-marido** she introduced him as her ex-husband [2] (con el nombre de) as; **la flor conocida allí ~ 'Santa Rita'** the flower known there as 'Santa Rita' [3] (por ejemplo) like; **en algunas capitales ~ Londres** in some capital cities such as London *o* like London; **necesitamos a alguien ~ tú** we need someone like you; **tengo ganas de comer algo dulce — ¿~ qué?** I fancy something sweet — like what?

B (en comparaciones, contrastes) like; **quiero un vestido ~ el tuyo** I want a dress like yours; **pienso ~ tú** I agree with you; **fue ella, ~ que me llamo Beatriz** it was her, as sure as my name's Beatriz; **se portó ~ un caballero** he behaved like a gentleman; **la quiero ~ a una hija** I love her like a daughter *o* as if she were my own daughter; **bailó ~ nunca** she danced as *o* like she'd never danced before; **me trata ~ a un imbécil** he treats me like an idiot *o* as if I were an idiot; **se llama algo así ~ Genaro o Gerardo** he's called something like Genaro or Gerardo; **¡no hay nada ~ un buen coñac!** there's nothing like a good brandy!; **era verde, un verde ~ el de la alfombra de la oficina** it was green, the color of the office carpet; **~ PARA + INF: es ~ para echarse a llorar** it's enough to make you want to cry, it makes you want to cry

C (*en locs*): **así como** (frml) as well as; **por esto, así ~ por muchas otras razones** because of this, and for many other reasons as well *o* as well as for many other reasons; **sus abundantes recursos naturales, así ~ su importancia estratégica** its abundant natural resources, together with *o* as well as its strategic importance; **como él solo/ella sola: es egoísta ~ él solo** he's so *o* he's incredibly selfish!; **como mucho** at (the) most, at the outside; **como poco** at least; **como nadie: hace la paella ~ nadie** she makes wonderful paella, nobody makes paella like her; **como que ...: conduce muy bien — ~ que es piloto de carreras** he drives very well — well, he *is* a racing driver, after all; **le voy a decir cuatro cosas — sí, sí, ~ que te vas a atrever ...** I'm going to give him a piece of my mind — oh, yes? I'll believe that when I see it; **y no me lo dijiste — ¡~ que no sabía nada!** and you didn't tell me about it — that's because I didn't know anything about it myself!; **como ser** (CS) such as, for example, like; **como si** (+ *subj*) as if, as though; **actuó ~ si no le importara** she acted as if *o* as though she didn't care; **ella está grave y él ~ si nada** *or* **~ si tal cosa** she's seriously ill and he doesn't seem at all worried *o* he behaves as if it's nothing (to worry about); **él ~ si nada** *or* **~ si tal cosa, ni se inmutó** he just stood there without batting an eyelid

como[2] *conj*

A (de la manera que) as; **no me gustó el modo** *or* **la manera ~ lo dijo** I didn't like the way she said it; **llegó temprano, tal ~ había prometido** he arrived early, just as he had promised; **ganó Raúl, ~ era de esperar** Raúl won, as was to be expected; **así en la tierra ~ en el cielo** on Earth as it is in Heaven; **~ dice el refrán** as the saying goes; **(tal y) ~ están las cosas** as

ℹ Cómo

Algunas observaciones generales sobre el adverbio

Cuando significa *de qué manera*, el adverbio se traduce generalmente por *how*:

no sé cómo pasó
= I don't know how it happened

¿cómo se escribe?
= how is it spelled?

Nótese que en este tipo de oraciones cuando se emplea el verbo *llamar*, *cómo* se traduce al inglés por *what*:

¿cómo te llamas?
= what's your name?

no sé cómo se llama
= I don't know what her name is

En oraciones en que *cómo* aparece seguido del verbo *ser* o *estar* más la preposición *de* más un adjetivo, por lo general el inglés emplea *how* inmediatamente seguido del adjetivo correspondiente:

¿cómo es de grande?
= how big is it?

¡(si) hubieras visto cómo estaba de sucio!
= you should have seen how dirty he was

Nótense en las traducciones anteriores, la falta de equivalencia en inglés de la preposición *de*

Cuando *cómo* seguido del verbo *ser* o *estar* sugiere una descripción, la traducción al inglés suele ser *what... like?*:

¿cómo es su novio?
= what's her boyfriend like? (como persona)
= what does her boyfriend look like? (físicamente)

¿cómo está el tiempo allí?
= what's the weather like there?

En oraciones exclamativas que expresan cierta sorpresa, *cómo* puede traducirse por *what*:

¡cómo! ¿no lo sabías?
= what! you mean you didn't know?

Se encontrarán otros usos y ejemplos suplementarios en la respectiva entrada

things stand, the way things are; (+ *subj*): **hazlo ~ quieras** do it any way you like *o* how you like; **no voy — ~ quieras** I'm not going — please yourself *o* as you like; **me dijo que me las arreglara ~ pudiera** he told me to sort things as best I could; **la buganvilla, o ~ quiera que se llame** bougainvillea or whatever it's called; **~ quiera que sea, ellos se llevaron la copa** anyway, the point is they won the cup

B (puesto que) as, since; **~ todavía era temprano, nos fuimos a dar una vuelta** since *o* as it was still early, we went for a walk, it was still early so we went for a walk

C (+ *subj*) (si) if; **~ te vuelva a encontrar por aquí** if I catch you around here again

D (en oraciones concesivas): **cansado ~ estaba, se ofreció a ayudarme** tired though *o* tired as he was, he offered to help me; **joven ~ es, tiene más sentido común que tú** he may be young but he has more common sense than you

E (que): **vimos ~ se los llevaban en una furgoneta** we saw them being taken away in a van, we saw how they were taken away in a van; **vas a ver ~ llega tarde** he'll be late, you'll see

como³ *adv*

A (expresando aproximación) about; **~ a la mitad del camino** about half way there; **está ~ a cincuenta kilómetros** it's about fifty kilometers away; **vino ~ a las seis** she came at around *o* about six; **tiene un sabor ~ a almendras** it has a kind of almondy taste, it tastes something like *o* a bit like almonds; **un ruido ~ de un motor** a noise like that of an engine

B (uso expletivo) kind of (colloq); **es que me da ~ vergüenza ...** I find it kind of embarrassing ...

cómo¹ *adv* ▸ℹ p.185

A (de qué manera) how; **¿~ estás?** how are you?; **¿~ está tu novia?** how's your girlfriend?; **¿~ es tu novia?** what's your girlfriend like?; **¿~ es de grande?** how big is it?; **¿~ te llamas?** what's your name?; **¿~ se te ocurre decirle eso?** whatever made you tell her that?; **¿~ se escribe?** how do you spell it?; **¿~ lo sabes?** how do you know?; **no me explico ~ lo aguanta** I don't understand how she puts up with him; **ya sabes ~ es** you know what he's like

B (por qué): **¿~ no me lo dijiste antes?** why didn't you *o* (colloq) how come you didn't tell me before?

C (al solicitar que se repita algo) sorry?, pardon?, excuse me? (AmE); **perdón, ¿~ dijo?** sorry, what did you say?

D 1 (en exclamaciones): **¡~ llueve!** it's really raining!, boy, is it raining hard! (AmE); **está nevando — ¡y ~!** it's snowing — and how! *o* you're not kidding! (colloq); **¡~ te has puesto los zapatos nuevos!** (just) look what you've done to your new shoes! 2 (*como interj*) what!; **¡~! ¿no te lo han dicho?** what! haven't they told you?

E (*en locs*): **¿a cómo ...?: ¿a ~ están los tomates?** (fam) how much are the tomatoes?; **¿a ~ estamos hoy?** (AmL) what's the date today?; **¿cómo así?** (Col) how come? (colloq); **¡cómo no!** (esp AmL) of course!; **¿puedo pasar? — ¡~ no!** can I come in? — of course *o* please do!; **¿cómo que ...?** *or* **¡cómo que ...!: ¿~ que no fuiste tú? ¡si te vio todo el mundo!** what do you mean it wasn't you? everybody saw you!; **aquí no está — ¡~ que no!** it isn't here — what do you mean it isn't there?

cómo² *m*: **el ~** the how; **sólo me interesa el resultado, el ~, el dónde y el cuándo son problemas tuyos** I'm only interested in the result, the how, where and when are your problem

cómoda *f* chest of drawers

cómodamente *adv* 1 (cómodamente) comfortably 2 (convenientemente) conveniently

comodidad *f*

A 1 (confort) comfort; **compre desde la ~ de su hogar** shop in the comfort of your own home 2 (conveniencia) convenience; **te lo traen a casa y eso es una ~** they deliver it to your own home, which is very convenient; **la ~ de vivir en una zona céntrica** the convenience of living centrally; **a su ~** whenever it suits you, at your convenience; **los compro a veces por ~** I sometimes buy them for the sake of convenience *o* because they're handy

B **comodidades** *fpl* (aparatos, servicios) comforts (*pl*); **las ~es de la vida moderna** the comforts of modern life; **un piso con todas las ~es** a well-appointed *o* fully-equipped apartment, a flat with all mod cons (BrE)

comodín *m* 1 (jueg) (mono) joker; (otra carta) wild card; **en este juego el dos es ~** twos are wild in this game; **esa excusa se está convirtiendo en un ~** that excuse seems to be getting used *o* (colloq) wheeled out rather a lot recently; **en Colombia usan esta palabra como** *or* **de ~** in Colombia this word is used to refer to anything and everything; **este banquito nos hace de ~** we use this stool for all sorts of things; **en esta oficina es el ~** in this office she's the general factotum *o* she does all sorts of jobs 2 (Inf) wild card

cómodo -da *adj*

A 1 (confortable) comfortable, comfy (colloq); **me siento** *or* **estoy cómoda con esta blusa** I feel comfortable in this blouse; **ponte ~** make yourself at home; **no me siento ~ cuando hablan de tales cosas** I feel uncomfortable when they talk about things like that 2 (conveniente, fácil) ‹*horario/sistema*› convenient; **ésa es una actitud/solución muy cómoda** that's a very easy attitude to take/a very easy solution; **es muy ~ no tomar responsabilidades** it's very easy not to take on responsibility, not taking on any responsibility is the easy way out; **eligió el camino más ~** she took the soft option

B (holgazán) lazy, idle

comodón -dona *adj* (fam) lazy, idle

comodoro *m* (Náut) commodore; (Aviac) brigadier general (AmE), air commodore (BrE)

comoquiera, como quiera ▸**querer² B2**

Comp. (= **compárese**) cf

compa *mf* (fam) friend, buddy (AmE colloq), mate (BrE colloq)

compact /'kompak(t)/ *m* (*pl* **-pacts**) ▸**compact disc**

compactar [A1] *vt* to crush, flatten

compact disc /kompak'ðis(k)/ *m* (*pl* **-discs**) 1 (disco) compact disc, CD

(Compuesto) **compact disc interactivo** compact disc interactive 2 (aparato) compact disc player, CD player

compacto¹ -ta *adj* 1 ‹*tejido*› close; ‹*estructura*› compact 2 ‹*muchedumbre*› dense, thick 3 ‹*coche*› compact

compacto² *m* stack system

compadecer [E3] *vt* to feel sorry for; **no quiero que me compadezcan** I don't want anyone feeling *o* to feel sorry for me; **¿tienes que ir al dentista? — te compadezco** you have to go to the dentist? — I feel for you *o* I sympathize; **compadezco a su familia que lo tiene que aguantar todo el día** I feel sorry for *o* I pity his family having to put up with him all day long

■ **compadecerse** *v pron* 1 (apiadarse) **~se DE algn** to take pity ON sb; **¡compadézcase de mí!** have pity on me! (liter); **no hace sino ~se de sí mismo** he's always feeling sorry for himself 2 (frml) (concordar) **~se CON algo** to be in keeping WITH sth, fit in WITH sth, accord WITH sth (frml)

compadrazgo *m*

A (relación) (*m*) godfatherhood (*f*) godmotherhood

B (amiguismo) cronyism

compadre *m*

A (padrino) *godfather of one's child or father of one's godchild*

B (fam) (amigo) buddy (AmE colloq), mate (BrE colloq); ***a lo ~*** (fam): **entró a lo ~ a la oficina** he got a job in the office by pulling a few strings *o* by knowing the right people, he got a job in the office by having useful contacts *o* friends in the right places

compadrear [A1] *vi* (RPl) to show off

compadreo *m*

A (RPl) (fanfarroneo) showing off

B (Esp) ▸**amiguismo**

compadrismo *m* ▸**amiguismo**

compadrito¹ -ta *adj* (RPl fam) cocky (colloq)

compadrito² *m* (RPl fam) show-off (colloq)

compaginable *adj* compatible

compaginación *f*

A 1 (concordancia) combining, combination 2 (CS) (organización): **la ~ de los folios les tomó horas** it took them hours to sort out the sheets of paper *o* to put the sheets in order

B (Impr) makeup, page makeup

compaginar [A1] *vt*

A 1 (armonizar, conciliar) ‹*ocupaciones/actividades*› to combine; ‹*intereses/soluciones*› to combine; **no es fácil ~ el trabajo con los estudios** combining work with studying is not easy; **¿cómo te las arreglaste para ~ la universidad y el rodaje?** how did you manage to combine being in college and filming?, how did

❶ Comparaciones

En términos generales las comparaciones con *más* se construyen en inglés con *more*, salvo el caso de adjetivos y adverbios como *small*, *big etc.*, que tienen en inglés un comparativo irregular:

necesito más tiempo
= I need more time

se compró un coche más pequeño/grande
= he bought a smaller/bigger car

Las comparaciones con *menos* en términos generales se construyen en inglés con *less*:

ponle menos leche
= put less milk in it

deberías trabajar menos
= you should work less

Nótese que si el adjetivo se refiere a *menos* en número su traducción es *fewer*:

tenemos menos sillas
= we have fewer chairs

hoy hay menos trenes
= there are fewer trains today

Las comparaciones de desigualdad que se expresan por *más ... que o menos ... que* se construyen en inglés por *more ... than* y *less ... than* respectivamente:

tiene más dinero que yo
= he has more money than me

es menos inteligente que él
= she's less intelligent than him

más ... de o *menos ... de* seguido de números o de cantidades se traducen de igual manera:

más/menos de cien casos
= more/less than a hundred cases

En oraciones en las que la comparación se expresa por *más ... del, de la/de lo que* o *menos ... del, de la/de lo que*, el inglés, por lo general, emplea la construcción *more ... than* o *less ... than* respectivamente. *Del, de la* y *de lo* no tienen equivalencia en inglés:

gasta más dinero del que gana
= she spends more money than she earns

es menos caro de lo que pensaba
= it's less expensive than I thought

En algunos casos en que el español utiliza el comparativo de desigualdad, el inglés prefiere emplear el comparativo de igualdad *as ... as* con un negativo:

mi coche es menos potente que ése
= my car is not as powerful as that one

es menos difícil de lo que crees
= it's not as hard as you think
= it's less hard than you think

En comparaciones tales como más terco que una mula o más blanco que la nieve el inglés también emplea la construcción *as ... as*: *as stubborn as a mule, as white as snow*

Nótese que en muchas ocasiones más que se puede traducir al inglés por *rather than*:

más que comer devora
= he devours his food rather than eat it

Los comparativos irregulares con *mayor, menor, peor* etc., y las comparaciones con *tan/tanto ... como*, se tratan bajo las respectivas entradas, así como otros usos y ejemplos típicos de *más y menos*

you manage to fit filming in with being in college? 2 (CS) (ordenar, organizar) ‹*folios/pliegos*› to put ... in order, sort out; ‹*trabajo*› to arrange
B (Impr) to make up
■ **compaginar** *vi* 1 (combinar) to go together; **el trago y el coche no compaginan** drinking and driving do not mix *o* do not go together; **esta idea compagina muy bien con su propuesta** this idea fits in very well with her proposal 2 (llevarse bien): **ella y yo no compaginamos** she and I do not get on
■ **compaginarse** *v pron* 1 (armonizar): **dos estilos que no se compaginan** two styles which do not complement each other *o* which do not go together; **sus horarios se compaginan bastante bien** their work schedules fit in with each other quite well 2 (CS) (organizarse) to get oneself organized

compaña *f* (Esp fam): **buenos días, don Ramón y la ∼** morning (don) Ramón, morning all (colloq)

compañerismo *m* comradeship

compañero -ra *m,f* 1 (en una actividad): **un ∼ de equipo** a fellow team member, another member of the team; **es una compañera que trabaja en la fábrica** she works with me at the factory, she's a worker from the factory (AmE), she's a workmate of mine at the factory; **∼ de clase** classmate; **mi ∼ de banco** *or* **pupitre** the boy who sits next to me at school; **fuimos ∼s de universidad** we were at college together; **éramos compañeras de clase** we were schoolmates, we were at school together; **∼ de piso** roommate (AmE), flatmate (BrE); **∼ de cuarto** *or* **habitación** roommate; **∼ de trabajo** (en una fábrica) workmate, fellow worker, coworker (AmE) (en una oficina) colleague, workmate, coworker (AmE) 2 (en naipes) partner; **siempre que jugamos de ∼s perdemos** every time we play together *o* as partners we lose 3 (pareja) partner 4 (fam) (de un guante, calcetín) pair; **¿dónde está el ∼ de este guante/pendiente?** where's the pair for this glove/earring?, where's the glove/earring that goes with this one?
(Compuestos)
• **compañero de armas** comrade-in-arms
• **compañero de viaje** (en un viaje) traveling* companion; (Pol) fellow traveler*

compañía *f*
A 1 (acompañamiento) company; **llegó en ∼ de sus abogados** he arrived accompanied by his lawyers; **el gato me hace mucha ∼** the cat keeps me company, the cat is good company for me; **me quedé un rato para hacerle ∼** I stayed a while to keep him company; **Rosario y ∼, esto es un examen** (fam & hum) Rosario and co., this is an exam (colloq & hum) 2 **compañías** *fpl* (amistades): **trata de evitar las malas ∼s** be careful of the company you keep; **se dejó llevar por las malas ∼s** he fell in with the wrong kind of people
B (empresa) company, firm; **S Muñoz y Compañía** Muñoz and Co.
(Compuestos)
• **compañía de agua** water company
• **compañía de electricidad** electricity company
• **compañía de fachada** (AmL) front company
• **compañía de gas** gas company
• **compañía registrada** registered company
• **compañía de seguros** insurance company
• **compañía de software** software house
• **compañía testaferro** front company
C (Mil) company
D (Teatr) company; **la actriz formó su propia ∼** the actress formed her own company
(Compuestos)
• **compañía de repertorio** repertory company
• **compañía de teatro** theater* company
E (agrupación): **una ∼ religiosa** a religious society

(Compuesto) **Compañía de Jesús** Society of Jesus

comparabilidad *f* comparability

comparable *adj* comparable; **∼ A** *or* **CON** comparable TO *o* WITH

comparación *f* ▸❶ p.186
A (acción, efecto) comparison; **hacer/establecer una ∼** to make *o* draw a comparison; **no hay ∼** there's no comparison; **en ∼ con el año pasado** compared to *o* with last year; **este vino no tiene ni punto de ∼ con el Rioja** you cannot even begin to compare this wine with Rioja; **el café de filtro no admite ∼ con el instantáneo** there's simply no comparison between filter coffee and instant; **(todas) las comparaciones son odiosas** comparisons are odious; **adverbio de ∼** comparative adverb
B (Lit) simile

comparado -da *adj* ‹*gramática/estudio*› comparative *ver tb* **comparar**

comparar [A1] *vt* 1 (contrastar) to compare; **∼ algo/a algn CON algo/algn** to compare sth/sb WITH sth/sb; **comparado con los de ayer, este ejercicio es fácil** this exercise is easy compared with *o* to yesterday's 2 (asemejar) to compare; **∼ algo/a algn A algo/algn** to compare sth/sb TO sth/sb; **en el poema la compara a una diosa griega** in the poem he compares her to a Greek goddess
■ **comparar** *vi* to make a comparison, compare

comparativo[1] **-va** *adj* 1 ‹*estudio/método*› comparative 2 (Ling) comparative

comparativo[2] *m* comparative

comparecencia *f* appearance in court; **orden de ∼** subpoena, summons

comparecer [E3] *vi* to appear, appear in court; **compareció ante los periodistas** (period) he appeared at a press conference

compareciente *mf* (Der) (testigo) witness; (declarante) deponent; **el notario identificó a los ∼** the notary identified those present by name

comparecimiento *m* appearance (*in court*)

comparsa *mf* 1 (Teatr) extra; **fui a la reunión de ∼** (fam) I just sat in on the meeting 2 **comparsa** *f* (conjunto musical) group

compartimentación *f* compartmentalization

compartimentado -da *adj* compartmentalized

compartimentar [A1] *vt* to compartmentalize, departmentalize

compartimento, compartimiento *m* 1 (Ferr) compartment; **un ∼ para no fumadores/de primera clase** a no-smoking/first-class compartment 2 (de una cartera, un cajón) section, compartment; **el ∼ superior del armario** the top part *o* section of the cupboard
(Compuesto) **compartimento estanco** (Náut) watertight compartment; **los distintos departamentos son ∼s ∼s** there is no communication between the various departments

compartir [I1] *vt* 1 ‹*oficina/comida*› to share; **compartimos las ganancias** we share the profits; **comparten los gastos de teléfono entre todos** they split the phone bill between them; **∼ algo CON algn** to share sth WITH sb; **comparto la habitación con mi hermana** I share the room with my sister; **compartí mi almuerzo con él** I shared my lunch with him, I let him have some of my lunch; **S se comparte casa** room to let in shared house 2 ‹*opinión/criterio/responsabilidad*› to share; **no comparto tu optimismo** I don't share your optimism

compás *m*
A (Mús) 1 (ritmo) time, meter (esp AmE); **marcar/llevar el ∼** to beat/keep time; **perder el ∼** to get out of time, to lose the beat *o* the time; **se movía al ∼ de la música** she moved in time to *o* she moved to the beat of the music 2 (división) measure (AmE), bar (BrE); **∼ de dos por cuatro** two-four time; **se oyeron los primeros compases de un tango** the opening

bars of a tango could be heard

(Compuestos)

- **compás de espera** (Mús) bar rest; **creyeron aconsejable abrir un ~ de ~** they thought it advisable to call a temporary halt; **las negociaciones se encuentran en un ~ de ~** the negotiations are on hold
- **compás mayor** four-four *o* common time
- **compás menor** two-four time

B (Mat) (instrumento) compass, pair of compasses
C (Náut) compass

compasillo *m* two-four time

compasión *f* pity, compassion; **¡tenga ~ de mí!** have pity on me! (liter); **lo dejan quedarse por ~** they let him stay out of compassion *o* because they feel sorry for him; **no siente ~ por nadie** she has no sympathy for anybody; **imágenes que despiertan la ~** *or* **mueven a ~** images which arouse compassion *o* pity

compasivamente *adv* compassionately, with compassion

compasivo -va *adj* compassionate

compatibilidad *f* compatibility

compatibilizar [A4] *vt* **~ algo CON algo**: **~ el derecho a informar con el respeto a la vida privada** to reconcile the right to inform with respect for people's privacy; **compatibilizó la dirección con la composición** he successfully combined conducting with composing

■ **compatibilizar** *vi* (Chi) to get along *o* on, be compatible

compatible *adj* **1** ‹*opiniones/criterios/ocupaciones*› compatible; **tienen caracteres muy poco ~s** they're not at all compatible *o* suited; **un trabajo ~ con sus estudios** a job that fits in well with *o* that is compatible with his school (*o* college *etc*) timetable **2** (Inf) compatible

compatriota *m,f* (*m*) fellow countryman, compatriot; (*f*) fellow countrywoman, compatriot

compeler [E1] *vt* (frml) to compel, oblige; **fue compelido a declarar** he was compelled *o* obliged to testify

compendiar [A1] *vt* to summarize; **una versión compendiada de su obra** a compendium of her work; **para ~ el siglo XIX recomiendo la lectura de ...** for an overview *o* a summary of the nineteenth century I recommend you to read ...

compendio *m* **1** (texto) textbook, coursebook; **~ de historia universal** a course in world history **2** (resumen) summary

compenetración *f*
A (con una persona) rapport, understanding; **la ~ que existe entre ellos** the rapport *o* (mutual) understanding between them
B (Quím) interpenetration

compenetrarse [A1] *v pron*
A «*persona*» **1** **~ CON algo**: **el actor no ha logrado ~ con el personaje** the actor hasn't managed to get into the part successfully; **hay que ~ muy bien con el tema** you have to familiarize yourself thoroughly with the subject; **está muy compenetrada con las ideas de la revolución** she identifies closely with the ideas of the revolution **2** **~ CON algn** to reach a good understanding WITH sb; **los dos bailarines se han compenetrado a la perfección** the two dancers have reached a perfect mutual understanding; **las dos hermanas están muy compenetradas** the two sisters have a very harmonious relationship
B (Quím) to interpenetrate

compensación *f*
A **1** (resarcimiento) compensation; **acepto el traslado si en ~ me aumentan el sueldo** I'll accept the transfer if my salary is increased by way of compensation; **¿qué puedo ofrecerles como ~?** how can I make it up to you? **2** (pago) compensation; **exijo una ~ por los perjuicios sufridos** I demand compensation for the damage done
B (Fin) clearance, clearing; ▸**cámara de compensación**

compensar [A1] *vi*: **no compensa hacer un viaje tan largo para quedarse sólo tres días** it's not worth making such a long journey just to stay three days; (+ *me/te/le etc*): **no me compensa hacerlo por tan poco dinero** it's not worth my while doing it for so little money; **no creo que le compense venirse hasta aquí para trabajar dos horas** I don't think it's worth her coming here (just) to work two hours

■ **compensar** *vt*
A **1** ‹*pérdida*› to compensate for, make up for; ‹*efecto*› to offset **2** ‹*persona*› **~ a algn POR algo** to compensate sb FOR sth; **lo ~on con $2.000 por los daños** he was awarded $2,000 compensation in damages; **quisiera ~te de alguna manera por la molestia** I would like to repay you in some way for all your trouble
B ‹*cheque*› to clear

■ **compensarse** *v pron* **1** «*fuerzas*» (*recípr*) to compensate each other, cancel each other out **2** «*pérdida/efecto*»: **~se CON algo**: **esto se compensa con una rebaja en los impuestos** this is offset by *o* compensated for by tax cuts

compensatorio -ria *adj* **1** ‹*financiación*› compensatory; **indemnización compensatoria** compensatory damages (*pl*); **pago ~** deficiency payment **2** ‹*enseñanza/educación*› remedial

competencia *f*
A **1** (pugna) competition, rivalry; **siempre ha habido ~ entre ellos** there's always been rivalry *o* a lot of competition between them; **las dos compañías se hacen la ~** the two companies are rivals *o* are in competition; **has sacado muy malas notas, ¿le estás haciendo la ~ a tu hermano?** (iró) you got very low grades, are you trying to compete with your brother? (iro); **~ desleal** unfair competition; **en ese campo la ~ es feroz** competition is fierce in that field **2** (persona, entidad): **la ~ se nos adelantó** our competitors *o* the competition got in first; **se fue a trabajar para la ~** he went to work for the opposition *o* for one of our competitors *o* for a rival company

(Compuesto) **competencia desleal** unfair competition

B (incumbencia, poder): **no aceptó que el tribunal tuviera ~ para fallar** he did not accept the court's competence to pass judgment *o* the court's authority *o* the court's jurisdiction; **es ~ directa del consejo** the council has direct responsibility for it *o* is directly responsible for it; **este asunto no es de mi ~** I have no authority *o* say in this matter, this matter is outside my jurisdiction *o* my competence *o* my area of responsibility; **tienen ~s plenas en materia educativa** they have complete authority on *o* absolute power regarding educational issues
C **1** (habilidad, aptitud) competence, ability; **no dudo de su ~ como profesional** I have no doubts about his professional competence **2** (Ling) competence
D (AmL) (Dep) (certamen) competition

(Compuestos)

- **competencia de atletismo** track and field meet (AmE), athletics meeting (BrE)
- **competencia de atletismo en** *or* **de pista** track meet (AmE), track events competition (BrE)

competencial *adj* competition (*before n*)

competente *adj* **1** ‹*empleado/profesional*› competent, able **2** ‹*autoridad/tribunal*› competent (frml), proper (*before n*)

competentemente *adv* competently

competer [E1] *vi* (*en tercera persona*) **~ A algn** «*responsabilidad*» to be incumbent on sb (frml); «*decisión*» to be the responsibility of sb; **esta decisión compete al gobierno provincial** this decision is the responsibility of the provincial government; **eso no me compete** that's not my responsibility, that is not within my competence *o* jurisdiction (frml), that's not up to me (colloq); **compete al Estado responder por estas pérdidas** it is the State's responsibility to make good these losses

competición *f* (Esp) **1** (acción): **juegos de ~** competitive games; **espíritu de ~** competitive spirit **2** (Dep) (certamen) competition

(Compuestos)

- **competición de atletismo** track and field meet (AmE), athletics meeting (BrE)
- **competición de atletismo en** *or* **de pista** track meet (AmE), track events competition (BrE)

competidor¹ -dora *adj* rival (*before n*)

competidor² -dora *m,f* competitor, rival

competir [I14] *vi* **1** (pugnar, luchar) to compete; **~ CON algn** to compete WITH sb; **no pueden ~ con las cadenas de supermercados** they can't compete with the supermarket chains; **~ CON/CONTRA algn POR algo** to compete WITH/AGAINST sb FOR sth; **competíamos con Rospesa por el contrato** we were competing with/against Rospesa for the contract; **~án contra rivales europeos por esta copa** they will be competing against teams from Europe for this trophy **2** (estar al mismo nivel) **~ EN algo**: **los dos modelos compiten en calidad y precio** the two models rival each other in quality and price

competitivamente *adv* competitively

competitividad *f* competitiveness

competitivo -va *adj* competitive

compilación *f*
A **1** (acción) compilation, compiling **2** (de leyes) compilation; (de cuentos) collection, anthology
B (Inf) compiling

compilador -dora *m,f*
A (de datos, hechos) compiler
B **compilador** *m* (Inf) compiler

compilar [A1] *vt*
A ‹*datos/hechos/información*› to compile
B (Inf) to compile

compinche¹ *adj* (fam): **somos muy ~s** we're great buddies (AmE) *o* (BrE) mates (colloq)

compinche² *mf* (fam) buddy (AmE colloq), mate (BrE colloq)

complacencia *f* **1** (agrado) satisfaction, pleasure; **no miraba la relación de su hija con ~** she did not look upon her daughter's relationship with any pleasure, she wasn't happy about her daughter's relationship **2** (excesiva tolerancia) indulgence

complacer [E3] *vt* to please; **es difícil ~ a todos** it's hard to please everyone; **nos complace comunicarle que ...** (frml) we are pleased to inform you that ...; **me complace presentarles a ...** (frml) it gives me great pleasure to welcome ... (frml)

■ **complacerse** *v pron* **~se EN algo** to take pleasure IN sth; **se complace en ayudar a los demás** he takes pleasure in helping others; **los señores Varela se complacen en anunciar el compromiso de ...** (frml) Mr and Mrs Varela have great pleasure in announcing the engagement of ... (frml)

complacido -da *adj* pleased; **se mostró/quedó muy ~ con el regalo** he was very pleased with the present; **sonrió ~** he smiled, obviously pleased *o* he smiled with pleasure

complaciente *adj* indulgent; **tiene una actitud demasiado ~ para con él** she over-indulges him

complejidad *f* complexity

complejo¹ -ja *adj*
A (complicado) complex; **un mecanismo ~** a complex mechanism; **un problema bastante ~** a rather complex *o* complicated problem; **un sistema muy ~** a very complex *o* complicated system
B ‹*número*› complex (*before n*)
C ‹*oración*› complex (*before n*)

complejo² *m*
A (de edificios) complex

(Compuestos)

- **complejo deportivo/hotelero** sports/hotel complex
- **complejo industrial** industrial complex
- **complejo turístico** tourist development/resort
- **complejo vacacional** vacation (AmE) *o* (BrE) holiday complex

B (Quím) complex

(Compuesto) **complejo vitamínico** vitamin complex

C (Psic) complex; **tiene ~ porque es bajito** he's

got a complex about being short

(Compuestos)
• **complejo de culpa** *or* **culpabilidad** guilt complex
• **complejo de inferioridad/superioridad** inferiority/superiority complex
• **complejo edípico** Oedipus complex

complementar [A1] *vt* to complement; **el sombrero complementa su atuendo a la perfección** the hat complements *o* sets off her outfit perfectly; **hay que ~ la dieta con vitaminas** one must supplement one's diet with vitamins
■ **complementarse** *v pron* (*recípr*) to complement each other

complementariamente *adv* additionally

complementariedad *f* complementarity

complementario -ria *adj*
A 1 ‹*trabajos/personalidades*› complementary 2 (Mat) ‹*ángulos/conjuntos*› complementary 3 (Fís) ‹*colores*› complementary
B (adicional) additional; **allí te pueden dar información complementaria** they will be able to give you additional information there; **notas complementarias** additional *o* supplementary notes

complemento *m*
A (Ling) complement
(Compuestos)
• **complemento circunstancial de tiempo/lugar** adverbial of time/place
• **complemento directo/indirecto** direct/indirect object
B (Mat) complement
C (del sueldo) supplementary payment; **les pagan un ~ por peligrosidad** they get paid danger money
D 1 (acompañamiento) accompaniment; **el ~ esencial de toda buena comida** the essential accompaniment to every good meal 2 (parte que completa): **un hijo sería el ~ perfecto de su dicha** a child would complete her happiness 3 **complementos** *mpl* (Auto) accessories (*pl*); (Indum) accessories (*pl*)

completamente *adv* completely; **está ~ loca** she's completely insane; **están ~ borrachos** they're blind drunk (colloq); **es ~ sordo** he is stone deaf; **me parece ~ fuera de lugar** I think it's totally out of place

completar [A1] *vt*
A (terminar) to finish, complete; **le faltan dos meses para ~ sus estudios** she'll be finishing *o* completing her course in two months; **con este cromo completo la colección** this sticker completes my collection; **los fuegos artificiales ~on las fiestas** the fireworks rounded off the festivities
B (AmL) (rellenar) to complete, fill out *o* in; **~ un formulario** to fill out *o* in a form; **~ en letra de imprenta** complete in block capitals

completas *fpl* compline

completo¹ -ta *adj*
A 1 (con todas sus partes) complete; **esta baraja no está completa** this deck isn't complete, there's a card/there are some cards missing from this deck; **las obras completas de Neruda** the complete works of Neruda; **la serie completa** the whole series; **la gama más completa** the fullest *o* most complete range; ▸**pensión, jornada** 2 (total, absoluto) complete, total; **no hay felicidad completa** there's no such thing as complete happiness; **por ~** completely; **lo olvidé por ~** I completely forgot about it, I forgot all about it 3 (exhaustivo): **una explicación muy completa** a very full *o* detailed explanation; **uno de los diccionarios más ~s** one of the most comprehensive dictionaries; **un trabajo muy ~** a very thorough piece of work 4 ‹*deportista/actor*› complete, very versatile
B (lleno) full; **el tren iba ~** the train was full; **el hotel está ~** the hotel is full *o* fully booked; **Ⓢ completo** (en un hostal) no vacancies; (en una taquilla) sold out

completo² *m* (Chi) hot dog (*with all the trimmings*)

complexión *f* constitution; **es de ~ débil/robusta** he has a weak/robust constitution

complicación *f*
A 1 (contratiempo, dificultad) complication; **existe otra ~** there is a further complication; **surgió una ~ y no pudimos llegar** a problem *o* complication arose and we couldn't get there; **con tantas complicaciones prefiero no ir** if things are going to be that complicated, I'd rather not go 2 (Med) complication 3 (cualidad) complexity; **la ~ del asunto** the complexity of the matter
B (esp AmL) (implicación) involvement

complicado -da *adj* 1 ‹*problema/historia/situación*› complicated, complex; ‹*sistema*› complicated, complex, involved 2 ‹*carácter*› complex; ‹*persona*› complicated 3 (rebuscado): **¡no seas tan ~!** don't make life difficult for yourself!, don't make things so complicated! 4 ‹*diseño*› elaborate, complex, intricate; ‹*adorno*› elaborate

complicar [A2] *vt*
A ‹*situación/problema/asunto*› to complicate, make … complicated; **no me compliques la vida** don't make life difficult for me
B (implicar) ‹*persona*› to involve, get … involved; **no me quieras ~ a mí en esa componenda** don't try to get me mixed up *o* involved in that shady deal
■ **complicarse** *v pron*
A «*situación/problema/asunto*» to get complicated; **no era grave pero se le complicó con un problema respiratorio** it wasn't serious but he developed respiratory complications
B (implicarse) **~se EN algo** to get involved IN sth, to get involved WITH sth (AmE)

cómplice¹ *adj* conspiratorial; **le hizo un guiño ~** she gave him a conspiratorial wink

cómplice² *mf* accomplice; **ser ~ de algn** to be sb's accomplice; **era ~ en un asesinato** he was (an) accomplice to a murder

complicidad *f*
A (en sentido negativo) complicity; **actuar en ~ con algn** to act in complicity with sb; **cruzaron una mirada de ~** they gave each other a knowing look
B (en sentido positivo) support; **cuentan con su absoluta ~** they have his absolute support

compló, complot *m* (*pl* **-plots**) plot, conspiracy

complotado¹ -da *adj*: **estaban ~s contra él** they were plotting against him

complotado² -da *m,f* conspirator

complotar [A1] *vi* to plot
■ **complotarse** *v pron* to plot; **se habían complotado contra él/para derrocarlo** they had plotted against him/to oust him

complutense *adj* of/from Alcalá de Henares

compondré, compondría, etc ▸**componer**

componedor¹ -dora *adj* (Chi fam): **una sopita caliente bien ~a** a hot soup to put you right *o* set you up (colloq)

componedor² -dora *m,f* (Andes) *person who sets broken bones, etc*

componenda *f* shady deal; **~s políticas** political chicanery *o* wheeler dealing

componente¹ *adj* ‹*elemento*› component (*before n*), constituent (*before n*)

componente² *m* 1 (de una sustancia) constituent, constituent part, component, component part; (de un equipo, una comisión) member 2 (Tec) component

componente³ *f* (Fís) component; **viento de ~ norte** northerly wind

componer [E22] *vt*
A (constituir) ‹*jurado/equipo*› to make up; **componen el conjunto una falda, una chaqueta y un abrigo** the outfit consists of *o* comprises a skirt, a jacket and a coat; **todos los pilotos que componen nuestra plantilla** all the pilots who make up *o* (frml) constitute our staff; **el tren estaba compuesto por ocho vagones** the train was made up of *o* formed of eight cars
B 1 ‹*canción/sinfonía*› to compose; ‹*versos*› to compose, write 2 ‹*cuadro/fotografía*› to compose 3 (Impr) ‹*texto*› to compose
C 1 (esp AmL) (arreglar) ‹*reloj/radio/zapatos*› to repair; **a este muchacho no hay quien lo componga** this boy is past hope *o* is a hopeless case 2 (AmL) ‹*hueso*› to set
■ **componer** *vi* to compose
■ **componerse** *v pron*
A (estar formado) **~se DE algo** to be made up OF sth; **el menú se compone de platos típicos de la región** the menu is made up of typical regional dishes; **estaba compuesta por dos representantes de cada ciudad** it consisted of *o* it was composed of *o* it was made up of *o* comprised two representatives from each city; **el jurado se compone de doce personas** the jury is made up of *o* is composed of twelve people
B 1 «*tiempo*» (arreglarse) to improve, get better, clear up; **¡ojalá se componga para mañana!** let's hope it clears up *o* improves *o* gets better for tomorrow 2 (esp AmL fam) «*persona*» to get better; **cuando me componga** when I'm better *o* when I get better; **de niña era feúcha pero con los años se ha compuesto** she was rather a plain child but she's improved with time; ***componérselas*** (fam): **que se las componga/allá se las componga como pueda** that's *his* problem, he'll have to sort that out himself; **no sé cómo se las compone para trabajar y estudiar a la vez** I don't know how she manages to work and study as well

comportamental *adj* behavioral*

comportamiento *m* 1 (conducta) behavior*; **el maestro lo castigó por mal ~** the teacher punished him for bad behavior *o* for misbehaving; **su ~ en la fiesta dio mucho que hablar** everyone was talking about his conduct at the party *o* the way he behaved at the party 2 (Mec) performance 3 (Fin) (de valores) performance

comportar [A1] *vt* (frml): **la operación no comporta ningún riesgo** there is no risk involved in the operation; **estas actividades deportivas comportan grandes beneficios para la salud** these sporting activities are very beneficial to one's health
■ **comportarse** *v pron* to behave; **no sabe ~se en público** he doesn't know how to behave *o* (frml) conduct himself in public; **tienes que aprender a ~te** you have to learn to behave yourself *o* to behave

composición *f*
A 1 (de un grupo, equipo) composition, makeup; **la actual ~ de la junta** the present composition *o* makeup of the board 2 (de una sustancia) composition
B 1 (obra) composition, work 2 (Mús) (disciplina) composition 3 (ejercicio) composition 4 (Art, Fot) composition; ***hacerse una ~ de lugar:*** **para que te hagas una ~ de ~, la cocina es la cuarta parte de ésta** just to give you an idea *o* to help you picture it, the kitchen is a quarter of the size of this one; **se hizo una ~ de ~ y decidió irse** he took stock of *o* sized up the situation and decided to leave
(Compuesto) **composición de textos** typesetting

compositor -tora *m,f* composer

compostelano -na *adj* of/from Santiago de Compostela

compostura *f* 1 (circunspección) composure; **guardar** *or* **mantener la ~** to maintain *o* keep one's composure; **jamás pierde la ~** she never loses her composure 2 (RPl) (arreglo) repair; **taller de ~s** repair shop; **este niño no tiene ~** this child is past hope *o* is a hopeless case

compota *f* compote

compotera *f* dessert dish

compra *f* 1 (acción): **hemos estado muy ocupados con la ~ de la casa** we've been very busy with buying the house *o* (frml) with the house purchase; **has hecho una excelente ~** that was a good buy; **ir de ~s** to go shopping; **hicimos algunas ~s** we did some shopping *o* we bought a few things; **hacer la ~** (Esp) *or* (AmL) **las ~s para la semana** to do the weekly shopping *o* (colloq) shop; **la lista de la ~** (Esp) *or* (AmL) **las ~s** the shopping list; **jefe de ~s** chief buyer; **la ~ de dos o más artículos le**

da derecho a participar en nuestro sorteo if you purchase two or more items you will be eligible *o* the purchase of two or more items makes you eligible to take part in our draw; ***estar de* ~s** (fam & euf) to be in the family way (colloq & euph) **2** (cosa comprada) buy, purchase (frml); **este vestido fue una buena/mala ~** this dress was a good/bad buy; **pon la ~ en la cocina** (Esp) put what you've bought in the kitchen, put the shopping in the kitchen (BrE)

comprador[1] -dora *adj*
A (Der): **la parte ~a** the buyer *o* (frml) purchaser
B (RPl fam) ‹*niño*› adorable; ‹*sonrisa*› winning (*before n*)

comprador[2] -dora *m,f* buyer, purchaser (frml)

(Compuesto) **comprador compulsivo compradora compulsiva** *m,f* compulsive shopper, shopaholic (colloq)

comprar [A1] *vt*
A ‹*casa/regalo/comida*› to buy, purchase (frml); **~le algo A algn** (a quien lo vende) to buy sth FROM sb; (a quien lo recibe) to buy sth FOR sb; **le compré estas flores a una gitana** I bought these flowers from *o* (colloq) off a gypsy; **¿quieres vender el coche? ¡te lo compro!** do you want to sell your car? I'll buy it from you!; **les compré caramelos a los niños** I bought the children some candy, I bought some candy for the children; **se lo voy a ~ para su cumpleaños** I'm going to buy it for his birthday; **~ algo al por menor** *or* **al detalle** to buy *o* purchase sth retail; **las compran al por mayor** they buy *o* purchase them wholesale; **~ dólares a plazo fijo** to buy dollars forward
B (fam) (sobornar) to buy (colloq); **no se deja ~** he won't be bought; **un árbitro comprado** a crooked *o* (BrE colloq) bent referee

compraventa, compra-venta *f* buying and selling; **contrato de ~** contract of sale; **se dedica a la ~ de coches** he's a car dealer; **una casa de ~ de joyas** a store that buys and sells jewelry

comprender [E1] *vt*
A (entender) to understand; **comprendo tus temores/su reacción** I understand your fears/his reaction; **nadie me comprende** nobody understands me; **vuelve a las once ¿comprendido?** I want you back at eleven, do you understand?, I want you back at eleven, do you have that? (AmE) *o* (BrE) have you got that? (colloq); **entonces comprendió que lo habían engañado** he realized then that he had been tricked; **como usted ~á, no podemos hacer excepciones** as I'm sure you will appreciate, we cannot make exceptions; **designios que la mente humana no alcanza a ~** designs that the human mind cannot comprehend
B (abarcar, contener): **el segundo tomo comprende los siglos XVII y XVIII** the second volume covers the 17th and 18th centuries; **los gastos de calefacción están comprendidos en esta suma** the heating costs are included in this total; **IVA no comprendido** not including VAT, excluding VAT, exclusive of VAT (frml); **jóvenes de edades comprendidas entre los 19 y los 23 años** young people between the ages of 19 and 23

comprensible *adj* understandable; **es ~ que quiera decírselo ella** it's understandable that she would want to tell him herself

comprensiblemente *adv* understandably

comprensión *f* **1** (de una idea, un texto) understanding; **un texto de difícil/fácil ~** a text which is difficult/easy to understand; **capacidad de ~** comprehension **2** (de personas, actitudes) understanding

(Compuesto) **comprensión auditiva** listening comprehension

comprensivo -va *adj* understanding

compresa *f* **1** (Med) compress **2** *tb* **~ higiénica** *or* **femenina** sanitary napkin (AmE), sanitary towel *o* pad (BrE)

compresible *adj* compressible

compresión *f* compression

compresita *f* panty liner

compresor[1] -sora *adj*: **cámara ~a** compression chamber; **un aparato ~** a compressor

compresor[2] *m*, **compresora** *f* compressor

comprimible *adj* compressible

comprimido[1] -da *adj* compressed

comprimido[2] *m*
A (Farm) pill, tablet
B (Col, Per fam) (para un examen) crib (colloq)

comprimir [I1] *vt* **1** ‹*gas*› to compress; **comprimió la vena** she applied pressure to the vein; **es imposible ~ toda esta información en cuatro renglones** it's impossible to squeeze *o* cram *o* compress all this information into four lines **2** (Inf) to compress, zip

■ **comprimirse** *v pron* (hum) to squash together, squash up; **si nos comprimimos cabemos todos** if we squash together *o* up we can all fit in

comprobable *adj* demonstrable, verifiable

comprobación *f* **1** (acción) verification, checking **2** (Col) (examen) test

comprobante *m* proof; **¿tiene algún ~ de identidad?** do you have any identification *o* proof of identity?; **tienes que presentar un ~ de que vives en esta zona** you have to prove *o* provide proof that you live in this area; **~ de pago** proof of payment, receipt; **~ de compra** proof of purchase, receipt

comprobar [A10] *vt* **1** (verificar) ‹*operación/resultado*› to check; **¿le compruebo el nivel del aceite?** shall I check the oil for you?; **compruébalo tú mismo si no me crees** check *o* see for yourself if you don't believe me; **voy a ~ si funciona** I'm going to see *o* check if it works **2** (demostrar) to prove; **¿tiene algún documento que compruebe su identidad?** do you have any proof of identity *o* any identification? **3** (darse cuenta) to realize; **al examinarlo comprobó que le faltaba una pieza** when he examined it he realized that there was a part missing; **comprobé con tristeza que era cierto** I was sad to discover that it was true **4** «*prueba*» (confirmar) to confirm

comprometedor -dora *adj* ‹*situación/asuntos*› compromising; **quiso deshacerse de los documentos ~es** she wanted to get rid of the incriminating *o* compromising documents

comprometer [E1] *vt*
A **1** (poner en un apuro) to compromise; **encontraron documentos que lo comprometían** they found documents which compromised him **2** ‹*vida/libertad*› to jeopardize, threaten, endanger; **el acuerdo compromete la soberanía de la nación** the agreement jeopardizes *o* endangers *o* threatens national sovereignty
B (obligar) **~ a algn A algo** to commit sb TO sth; **no me compromete a nada** it does not commit me to anything; **esto no te compromete a aceptarlo** this does not commit you to accept *o* to accepting it, this does not put you under any obligation to accept it
C ‹*pulmón/hígado*› **la puñalada le comprometió el pulmón** the stab wound affected the lung; **el cáncer ya le ha comprometido el riñón** the cancer has already spread to *o* reached *o* affected the kidney

■ **comprometerse** *v pron* **1** (dar su palabra) **~se A + INF** to promise to + INF; **se comprometió a terminarlo para el sábado** she promised *o* (frml) undertook to finish it by Saturday; **me comprometo a cuidarlo como si fuera mío** I promise to look after it as if it were my own; **ya me he comprometido para salir esta noche** I've already arranged to go out tonight; **se ha comprometido para empezar en enero** he has committed himself to starting in January **2** «*autor/artista*» to commit oneself politically **3** «*novios*» to get engaged; **~se CON algn** to get engaged TO sb

comprometido -da *adj*
A [SER] ‹*asunto/situación*› awkward, delicate
B [SER] ‹*cine/escritor/literatura*› engagé, politically committed
C [ESTAR] (para casarse) engaged; **~ CON algn** engaged TO sb
D [ESTAR] (involucrado) implicated; **~ EN algo** implicated IN sth

compromisario -ria *m,f* elector, delegate

compromiso *m*
A **1** (obligación): **no respetó el ~ adquirido con el electorado** he reneged on the commitment *o* pledge he had made to the electorate; **ha contraído el ~ de educarlos en la fe católica** she has undertaken *o* pledged to bring them up in the Catholic faith; **solicite, sin ~ alguno, nuestro folleto informativo** ask/send for our brochure without obligation; **los invitó por ~** she felt obliged to invite them, she invited them out of a sense of duty; **no les voy a regalar nada, yo con ellos no tengo ningún ~** I'm not going to give them anything, I'm under no obligation to them; **no le regales nada, lo pones en un ~** don't buy him anything or you'll make him feel he has to buy *you* something; **soltero y sin ~** free and single; (hum) footloose and fancy-free (hum) **2** (de un artista, escritor) political commitment
B (cita) engagement; **no pudo ir porque tenía otro ~** he couldn't go because he had arranged to do something else, he was unable to attend as he had a prior engagement (frml); **tiene muchos ~s sociales** she has a lot of social engagements *o* commitments
C (de matrimonio) engagement, betrothal (frml); **romper el ~** to break off the engagement; **han anunciado su ~ matrimonial** (frml) they have announced their engagement
D (acuerdo) agreement; (con concesiones recíprocas) compromise; **llegaron a un ~** they came to *o* reached an agreement/a compromise; **una solución de ~** a compromise (solution)
E (apuro) awkward situation; **me pones en un ~** you're putting me in an awkward position
F (Med): **un golpe en la cabeza con ~ cerebral** a blow to the head affecting the brain

compuerta *f* **1** (de una presa) sluicegate; **~ de esclusa** lockgate **2** (de un submarino) hatch

compuesto[1] -ta *adj*
A **1** ‹*oración/sustantivo*› compound (*before n*) **2** ‹*interés/número*› compound (*before n*) **3** ‹*flor*› compound; ‹*hoja*› composite
B (acicalado) dressed up, spruced up (colloq)
C (sereno) composed *ver tb* **componer**

compuesto[2] *m* compound

compulsa *f* **1** (acción) certification **2** (copia) certified *o* (frml) attested copy

compulsar [A1] *vt* to certify, attest (frml); **una fotocopia compulsada** a certified *o* an attested photocopy

compulsión *f* **1** (impulso) compulsion; **roba por ~** he is a compulsive thief **2** (presión) compulsion; **actuó por ~** he acted under compulsion

compulsivamente *adv* compulsively

compulsivo -va *adj* **1** ‹*necesidad/impulso*› pressing, urgent **2** (Der) (obligatorio) compulsory

compungido -da *adj* (arrepentido) remorseful, contrite; (triste) sad

compungirse [I7] *v pron* (arrepentirse) to feel remorseful *o* sorry; (entristecerse) to feel sad

compuse, compuso, etc ▸ **componer**

computable *adj*: **estos años no son ~s para la jubilación** these years do not count toward(s) a pension

computación *f* **1** (Inf) computing; **experto en ~** an expert in computers, a computer expert; **curso de ~** a computer course, a course in computing **2** (cálculo) ▸ **cómputo 1**

computacional *adj* computational, computer (*before n*)

computadora *f*, **computador** *m* computer

(Compuestos)
- **computadora central** central computer, mainframe computer
- **computadora cuántica** quantum computer
- **computadora de a bordo** onboard computer
- **computadora de bolsillo** palmtop
- **computadora de mano** palmtop
- **computadora de mesa** desktop computer
- **computadora digital** digital computer
- **computadora doméstica** home computer

C

- **computadora personal** personal computer, PC
- **computadora portátil** portable computer; (más pequeña) laptop computer

computadorización *f* computerization
computadorizado -da *adj* computerized
computadorizar [A4] *vt* to computerize
computar [A1] *vt* (frml) to count; **los años de servicio en el extranjero no se computan** years of service abroad do not count *o* are not taken into account
computerización, computarización *f* computerization
computerizado, computarizado -da *adj* computerized
computerizar [A4], **computarizar** [A4] *vt* to computerize
computista *mf* (Ven) computer programer*
cómputo *m* 1 (frml) (cálculo) calculation; (recuento) count; **realizaron el ~ de los votos** they calculated/counted the number of votes 2 (Col) (de calificaciones) overall average mark
computólogo -ga *m,f* (AmL) computer specialist
comulgante *mf* communicant
comulgar [A3] *vi*
A (Relig) to receive *o* take communion
B (coincidir) **~ CON algn EN algo**: **no comulgo con ella en nada** I have nothing in common with her; **comulgaban en los mismos principios** they shared the same principles; **todos comulgamos en la necesidad de ...** we are all agreed on the need for ...
comulgatorio *m* communion rail
común[1] *adj*
A 1 ‹intereses/características› common (*before n*); ‹amigo› mutual; **trabajar por el bien ~/un objetivo ~** to work for the common good/a common objective; **características comunes a toda la especie** characteristics common to *o* shared by the whole species; **un sentimiento ~ a todos los hombres** a sentiment shared by all mankind 2 (*en locs*): **de común acuerdo** by common consent; **lo decidimos de ~ acuerdo** (frml) it was decided by common agreement *o* consent; **se separaron de ~ acuerdo** they separated by mutual agreement *o* common consent; **la decisión fue tomada de ~ acuerdo con nuestros aliados** the decision was taken in agreement *o* (frml) in concert with our allies; **en común: tienen una cuenta bancaria en ~** they have a joint bank account; **le hicimos un regalo en ~** we gave her a joint present; **no tengo nada en ~ con él** I have nothing in common with him; **no está acostumbrada a la vida en ~ con otras personas** she is not used to living with other people *o* to communal living
B (corriente, frecuente) common; **Juan Gómez es un nombre muy ~** Juan Gómez is a very common name; **un modelo fuera de lo ~** a very unusual model; **no es ~ que un niño sepa leer a esa edad** it is unusual for a child to be able to read at that age; **es ~ que haya inundaciones en esta zona** flooding is frequent *o* common in this area; **tiene una inteligencia poco ~** she is unusually intelligent; **por lo ~** as a rule; **~ y corriente** *or* (AmL) **silvestre** ordinary (*before n*); **una blusa ~ y silvestre** a fairly ordinary blouse
común[2] *m*: **murió como el ~ de los mortales** he died just like any common mortal *o* ordinary person
comuna *f*
A (de convivencia) commune
B (CS, Per) (municipio) town, municipality (frml)
comunal *adj*
A (de todos) communal
B (CS, Per) (del municipio) town (*before n*), municipal
comunero *m* (Hist) 1 (en Castilla) Comunero (*in the uprising against Carlos I*) 2 (en Colombia, Paraguay) rebel (*in uprisings against the Spanish Crown*)
comunicación *f*
A 1 (enlace) link; **una apreciable mejora en las comunicaciones por carretera** a significant improvement in road communications *o* links; **el barrio tiene muy buena ~ con el centro** the city center is easily accessible by road or by public transport, the neighborhood is within easy reach of the city center; **intentaban encontrar una ~ entre los océanos** they were trying to find a passage between the two oceans 2 (contacto) contact; **estar en ~ con algn** to be in contact *o* touch with sb; **en cuanto tenga noticias me pondré en ~ contigo** I'll get in touch *o* in contact with you as soon as I have any news, I'll contact you as soon as I have any news; **estamos en ~ permanente con ellos** we are in constant contact *o* communication with them 3 (por teléfono): **se ha cortado la ~** I've/we've been cut off; **no consiguió ~** she couldn't get through 4 **comunicaciones** *fpl* (por carretera, teléfono, etc) communications (*pl*); **restablecer las comunicaciones** to re-establish communications; **todas las comunicaciones quedaron cortadas** all means of communication were cut off
B (entendimiento, relación) communication; **tiene problemas de ~** she has problems communicating
C 1 (frml) (escrito, mensaje) communication (frml); **mandar** *or* **cursar una ~** to send a communication 2 (en un congreso) paper; **presentar una ~** to give *o* present a paper
comunicacional *adj* communication (*before noun*)
comunicado *m* communiqué
(Compuesto) **comunicado de prensa** press release, communiqué
comunicante[1] *adj* ▸**vaso**
comunicante[2] *mf* (period) informant; **un ~ anónimo** an anonymous *o* unnamed source
comunicar [A2] *vt*
A (frml) 1 (informar) to inform; **siento mucho tener que ~le que ...** I regret to inform you that ...; **se comunica a los señores socios que ...** shareholders should note that ...; **le ~on la noticia por teléfono** they informed him of *o* told him *o* gave him the news over the telephone; **acaban de ~nos el resultado** we have just been informed of *o* given *o* told the result 2 (AmL) (por teléfono) ‹persona› to put ... through; **¿me comunica con la sección de ventas?** can you put me through to the sales department?
B (transmitir) 1 ‹optimismo/entusiasmo› to convey, communicate, transmit; ‹miedo› to communicate, transmit 2 ‹conocimientos› to impart, pass on; ‹información› to convey, communicate; **intenté ~les mis ideas** I tried to tell them my ideas 3 (Fís) ‹fuerza/movimiento› to transmit, impart; ‹calor› to transmit
C ‹habitaciones/ciudades› to connect, link; **es una zona muy bien comunicada** the area is easily accessible by road or by public transport; **~ algo CON algo** to connect sth WITH sth; **un pasillo comunica su despacho con el mío** a corridor connects his office with mine
■ **comunicar** *vi*
A (Esp) 1 (ponerse en contacto) **~ CON algn** to get in touch *o* contact WITH sb; **estoy intentando ~ con él** I'm trying to get in contact *o* touch with him; **marque el número del abonado con el que desee ~** dial the number you require *o* the number of the person you wish to speak to 2 «teléfono» to be busy (AmE) *o* (BrE) engaged; **está comunicando** it's busy *o* engaged
B «habitaciones» to be connected
■ **comunicarse** *v pron*
A 1 (*recípr*) (relacionarse) to communicate; **se comunican por señas** they communicate using sign language; **se comunican en alemán** they talk to each other *o* they communicate in German; **~se CON algn** to communicate WITH sb; **siempre le ha resultado difícil ~se con los demás** he has always had problems communicating with *o* relating to people 2 (ponerse en contacto) **~se CON algn** to get in touch *o* in contact WITH sb
B «habitaciones/ciudades/lagos» (*recípr*) to be connected; **~se CON algo** to be connected TO sth; **la cocina se comunica con el comedor** the kitchen is connected to the dining room, the kitchen leads onto *o* adjoins the dining room
comunicatividad *f* communicativeness
comunicativo -va *adj* communicative
comunicología *f* communication theory
comunidad *f*
A 1 (sociedad) community; **para el bien de la ~** for the good of the community 2 (grupo delimitado) community; **la ~ polaca** the Polish community; **vivir en ~** to live with other people 3 (Relig) community 4 (asociación) association
(Compuestos)
- **Comunidad Británica de Naciones** (British) Commonwealth
- **Comunidad Económica Europea** (Hist) European Economic Community
- **Comunidad Europea** (Hist) European Community
- **Comunidad Europea del Carbón y del Acero** European Coal and Steel Community

B (coincidencia) community; **no existe ~ de ideales/objetivos entre ambos grupos** there is no community of ideals/objectives between the two groups, the two groups do not share common ideals/objectives
C **Comunidades** *fpl* (Hist): **la sublevación de las C~es** the Revolt of the Comuneros

> **comunidad autónoma**
>
> Spain has long been been a diverse country, made up of different kingdoms and territories with their own languages, political institutions and legal systems. Periods of central control and uniformity, such as the Franco era, nurtured nationalist and separatist feeling in the Basque Country, Catalonia and Galicia. The 1978 Constitution changed Spain into a country consisting of 19 autonomous regions, known as *comunidades autónomas* or *autonomías* . These replaced the old ▸**regiones**. Each of them has its own parliament and government, and its relationship with the central government is governed by an *estatuto* . Some have more autonomy than others.
>
> The *comunidades autónomas* are: Andalusia, Aragon, Asturias, the Balearic Islands, the Basque Country , the Canary Islands, Cantabria, Castilla y León, Castilla-La Mancha, Catalonia, Extremadura, Galicia, Madrid, Murcia, Navarre, La Rioja, Valencia and the North African cities of Ceuta and Melilla.
> ▸**Estatuto/Estatut**

comunión *f*
A (Relig) 1 (sacramento) communion; **recibir la ~** to receive *o* take communion; **dar la ~** to administer *o* take communion; **hizo la primera ~ la semana pasada** she made her first Holy Communion last week, she received *o* took communion for the first time last week 2 (parte de la misa) communion 3 (comunidad): **la ~ de los Santos** the communion of saints
B (de ideas, principios) communion, community
comunismo *m* communism
comunista *adj/mf* communist
comunistoide *adj* (fam) communist, commie (*before n*) (colloq & pej)
comunitariamente *adv* ‹vivir/trabajar› communally; **luchar ~ por el cambio** to strive as a community to bring about change
comunitario -ria *adj* 1 ‹bienes› communal; **trabajos ~s** community work; **tener espíritu ~** to have community spirit 2 (de la UE) ‹presupuestos/normas› UE (*before n*), Community (*before n*); **los países ~s** the EU countries
comúnmente *adv* commonly; **~ se lo conoce con el nombre de ...** it is commonly known as ...
con *prep* ▸ⓘ p.191
A 1 (expresando relaciones de compañía, comunicación, reciprocidad) with; **vive ~ el** *or* **su novio** she lives with her boyfriend; **¿quieres que hable ~ él?** do you want me to talk to him?; **está casada ~ un primo mío** she's married to a cousin of

Con

En términos generales la preposición *con* se traduce por *with*

Cuando indica *manera* a menudo puede traducirse por un adverbio:

con cuidado/violencia
= carefully/violently

En ciertas regiones y en el lenguaje coloquial, se debe prestar atención a ejemplos como:

lo hicimos con María
= María and I did it

lo hicimos con un amigo
= a friend and I did it

lo estábamos diciendo con mi marido
= my husband and I were saying just that

Para otros usos y ejemplos suplementarios, ver entrada respectiva

mine 2 (indicando el objeto de un comportamiento, una actitud): **te portaste muy mal ~ ellos** you behaved very badly toward(s) them; **se mostró muy amable (para) ~ nosotros** he was very kind to us; **he tenido mucha paciencia ~tigo** I have been very patient with you 3 (fam) (yo y): **eso es lo que estábamos diciendo ~ Lucía** that's what Lucía and I were saying 4 (indicando el acompañamiento de algo) with; **se sirve ~ arroz** serve with rice; **para mí ~ leche y sin azúcar, por favor** milk and no sugar for me, please; **pan ~ mantequilla** bread and butter 5 (Mat): **2,5** *read as: dos con cinco* 2.5 (*léase: two point five*)

B 1 (indicando una relación de simultaneidad): **una cápsula ~ cada comida** one capsule with each meal; **se levanta ~ el alba** he gets up at the crack of dawn 2 (indicando una relación de causa): **¿cómo vamos a ir ~ esta lluvia?** how can we go in this rain *o* while it's raining like this?; **me desperté ~ el ruido** the noise woke me; **~ todo lo que pasó me olvidé de llamarte** what with everything that happened I forgot to ring you; **ella se lo ofreció, ~ lo que** *or* **~ lo cual me puso a mí en un aprieto** she offered to do it for me, which put me in an awkward position 3 (a pesar de): **¿no lo vas a llevar, ~ lo que le gusta el circo?** aren't you going to take him? you know how much he likes the circus; **¿cómo te olvidaste? ¡~ las veces que te lo dije!** how could you forget? the (number of) times I told you!; **~ ser tan tarde** *or* **lo tarde que es, no estoy cansada** it's very late and yet I'm not at all tired, I'm not at all tired, even though it's so late; **~ todo (y ~ eso) me parece que es bueno** even so *o* in spite of all that *o* all the same *o* nonetheless I think he's good

C (indicando el instrumento, medio, material) with; **córtalo ~ la tijera** cut it with the scissors, use the scissors to cut it; **agárralo ~ las dos manos** hold it with both hands; **lo estás malcriando ~ tanto mimo** you're spoiling him with all this pampering *o* by pampering him so much; **~ estos retazos se puede hacer una colcha** you can make a quilt out of these bits of material; **¡caray ~ la niña! y parecía tan modosita** well fancy that! *o* well would you believe it! and she seemed so demure; **~ + INF: ~ llorar no se arregla nada** crying won't solve anything; **no hay necesidad de escribir, ~ llamarlo ya cumples** there's no need to write; as long as *o* if you call him, that should do; **¡~ decirte que un café cuesta el triple que aquí!** I mean, to give you an example, a cup of coffee costs three times what it costs here; **~ que + SUBJ: me contento ~ que apruebes** as long as you pass I'll be happy; **~ tal de/~ tal (de) que** provided (that), as long as, so long as (colloq); **no importa cómo lo hagas ~ tal (de) que lo hagas** it doesn't matter how you do it, just as long as you do it; **~ tal (de) que me lo devuelvas antes de marzo** as long as *o* provided I get it back by March; **es capaz de cualquier cosa ~ tal de llamar la atención** he'll do anything to attract attention

D 1 (indicando relaciones de modo) with; **andaba ~ dificultad/cuidado** she was walking with difficulty/with care *o* carefully; **¡~ mucho gusto!** with pleasure! 2 (al describir características, un estado): **amaneció ~ fiebre** he had a temperature when he woke up, he woke up with a temperature; **ya estaba ~ dolores de parto** she was already having labor pains; **andaba ~ ganas de bronca** he was looking *o* spoiling for a fight; **~ las manos en los bolsillos** with his hands in his pockets; **¿vas a ir ~ ese vestido?** are you going in that dress?; **me gusta más ~ el pelo suelto** I like her better with her hair down; **una niña ~ ojos azules** a girl with blue eyes, a blue-eyed girl; **una mujer ~ aspecto de extranjera** a foreign-looking woman; **un monstruo ~ un solo ojo** a one-eyed monster; **una casa ~ piscina** a house with a swimming pool

E (AmL) (indicando el agente, destinatario): **me peino ~ Gerardo** Gerardo does my hair; **me lo mandé hacer ~ un sastre** I had it made by a tailor; **se estuvo quejando ~migo** she was complaining to me

CONAC /koˈnak/ *m* (en Ven) = **Consejo Nacional de la Cultura**

Conacyt *m* (en Méx) = **Consejo Nacional de Ciencia y Tecnología**

CONADEP /konaˈðep/ *f* (en Arg) = **Comisión Nacional sobre la Desaparición de Personas**

CONAF /koˈnaf/ *f* (en Chi) = **Corporación Nacional Forestal**

CONAPROLE /konaˈprole/ *f* (en Ur) = **Cooperativa Nacional de Productores de Leche**

Conasupo *f* (en Méx) = **Compañía Nacional de Subsistencias Populares**

conato *m*: **tuvo que sofocar varios ~s de rebelión** he had to put down several attempted uprisings; **varios ~s de violencia** several small *o* minor outbreaks of violence; **hubo un ~ de incendio** there was a small fire which came to nothing; **hubo varios ~s de enfrentamientos** there were several minor skirmishes *o* incidents

CONAVI /koˈnaβi/ *f* (en Col) = **Corporación Nacional de Vivienda**

Concamin *f* (en Méx) = **Confederación de Cámaras Industriales**

Concanaco *f* (en Méx) = **Confederación de Cámaras Nacionales de Comercio**

concatenación *f* (acción) linking, concatenation (frml); (serie) chain, series, concatenation (frml)

concatenar [A1] *vt* to link together, to concatenate (frml)

concavidad *f* 1 (cualidad) concavity 2 (hueco) hollow; **la ~ del ojo** the eye socket

cóncavo[1] **-va** *adj* concave

cóncavo[2] *m* hollow, cavity

concebible *adj* conceivable

concebir [I14] *vt*

A (Biol) to conceive

B ‹*plan/idea*› to conceive; **llegó a ~ un odio tremendo hacia él** she developed a violent hatred for him; **me hizo ~ falsas esperanzas** she gave me false hope

C (entender, imaginar): **no concibe la vida sin él** she can't conceive of *o* imagine life without him; **no concibo que le hayas dicho semejante cosa** I can't believe that you said a thing like that (to him); **yo concibo la amistad de modo distinto** I have a different conception *o* understanding of friendship

■ **concebir** *vi* to conceive

conceder [E1] *vt*

A 1 ‹*premio/beca*› to give, award; ‹*descuento/préstamo*› to give, grant (frml); ‹*privilegio/favor*› to grant; **los jueces concedieron el triunfo al irlandés** the judges awarded victory to the Irishman, the judges pronounced the Irishman the winner; **abuchearon al árbitro por no ~ el penalty** the referee was booed for not giving *o* awarding the penalty; **sin ~ un solo tanto** without conceding a single point; **me concedieron permiso** they gave me permission; **el honor que me concedieron** the honor they conferred *o* bestowed on me; **nos concedió una entrevista** she agreed to give us an interview *o* to being interviewed by us; **terminó por ~le la razón a su contrincante** he ended up admitting *o* conceding that his opponent was right; **¿me podría ~ unos minutos de su tiempo?** could you spare me a few minutes of your time? 2 ‹*importancia/valor*› to give; **no le concedió demasiada importancia** she did not give it too much importance *o* attach too much importance to it

B (admitir, reconocer) to admit, acknowledge, concede; **tuvo que ~ que se había equivocado** he had to admit *o* concede *o* acknowledge that he was wrong

concejal -jala *m,f* (*m*) town/city councilor*, councilman (AmE); (*f*) town/city councilor*, councilwoman (AmE)

concejalía *f* 1 (cargo) post of town/city councilor*, councilorship*, seat on a town/city council 2 (departamento) department

concejero -ra *m,f* (AmL) ▸**concejal**

concejil *adj* council (*before n*)

concejo *m* council; **~ municipal** town/city council

concelebrar [A1] *vt* to concelebrate

concentración *f*

A (Psic) concentration; **tiene un gran poder de ~** she has great powers of concentration

B 1 (Quím) concentration 2 (acumulación) concentration; **la ~ de la riqueza en manos de unos pocos** the concentration of wealth in the hands of a few; **grandes concentraciones urbanas** large conurbations, large urban areas

C (Pol) rally, mass meeting

D (Dep) pre-game *o* pre-match preparation

concentrado[1] **-da** *adj* concentrated (*before noun*)

concentrado[2] *m* concentrate; **~ de tomate** tomato concentrate; **~ de carne** meat extract

concentrar [A1] *vt*

A 1 ‹*solución/caldo*› to concentrate, make … more concentrated 2 ‹*esfuerzos*› to concentrate; ‹*atención*› to focus

B 1 (reunir): **el presidente concentra todos los poderes** the president holds absolute power, absolute power is vested in the president; **el poder está concentrado en manos de tres personas** all the power is held by three people 2 (congregar) ‹*multitud/tropas*› to assemble, bring … together 3 (Dep) to bring … together (*to prepare for a game*)

■ **concentrarse** *v pron*

A (Psic) to concentrate; **~se EN algo** to concentrate ON sth; **no puedo ~me en lo que estoy leyendo** I can't concentrate on what I'm reading

B 1 (Pol) (reunirse) to assemble, gather together 2 (estar reunido) to be concentrated; **la mayor parte de los habitantes se concentra en núcleos urbanos** most of the population is concentrated in urban centers 3 (Dep) ‹‹*equipo/jugadores*›› to gather together (*to prepare for a game*)

concéntrico -ca *adj* concentric

concepción *f*

A 1 (Biol) conception 2 (de un plan) conception

B (idea) conception; **una clara ~ del problema** a clear conception *o* understanding of the problem; **yo tengo una ~ totalmente diferente de su obra** I see her work in a completely different way, I have a completely different conception of her work

conceptismo *m: 17th-century literary style which made extensive use of conceits*

conceptista *mf: exponent of* ▸**conceptismo**

C

C

concepto *m*
A (idea): **el ~ de la libertad/justicia** the concept of freedom/justice; **tiene un ~ equivocado de lo que es la caridad** he has a mistaken idea *o* notion *o* conception of what charity is all about; **tengo (un) muy mal ~ de su trabajo** I have a very low opinion of her work; **como empleado me merece el mejor de los ~s** I have a very high opinion of him as an employee; ***bajo*** *or* ***por ningún*** **~** on no account, under no circumstances
B (Com, Fin): **el dinero se le adeuda por diversos ~s** the money is owed to him in respect of various items/services; **recibieron $50.000 en** *or* **por ~ de indemnización** they received $50,000 in *o* as compensation; **un complemento salarial en ~ de dedicación plena** an incentive payment for full-time work
C (Lit) conceit

conceptual *adj* conceptual
conceptualismo *m* conceptualism
conceptualización *f* conceptualization
conceptualizar [A4] *vt* to conceptualize
conceptuar [A18] *vt* to regard; **está muy mal/bien conceptuada en su profesión** she's very badly/highly thought of *o* regarded in her profession
conceptuoso -sa *adj*
A (Lit): **un estilo ~** a style which makes extensive use of conceits
B (CS) ‹*carta/nota*› **recibió una conceptuosa felicitación** he received warm congratulations; **le enviaron una conceptuosa nota** they sent him a note praising his work (*o* his performance *etc*)
concerniente *adj* **~ A algo** concerning sth; **las disposiciones ~s al derecho a la vida** the provisions concerning the right to life; **todo lo ~ a las finanzas de la empresa** all matters relating to *o* concerning the company's finances; **en lo ~ a este problema** as far as this problem is concerned, with regard to this problem
concernir [I12] *vi* (*en tercera persona*) to concern; **~ A algn** to concern sb; **eso a ti no te concierne** that is no concern of yours, that does not concern you; **por** *or* **en lo que a mí concierne** as far as I'm concerned; **en lo que concierne a su pedido** with regard to your order
concertación *f* ▸**La Concertación** [1] (acto) coordination, harmonizing [2] (pacto) agreement
concertada *f* (Esp) *state-aided private education sector*
concertado -da *adj* ▸**centro concertado**
concertar [A5] *vt*
A (arreglar, acordar) ‹*cita/entrevista*› to arrange, set up; ‹*casamiento*› to arrange; ‹*precio*› to fix, set, agree; **se reunieron para ~ un plan de acción/la venta de la casa** they met to arrange a plan of action/the sale of the house; **ya han concertado el precio** they've already agreed (on) the price; **~ + INF** to agree to + INF; **~on esperar hasta junio** they agreed *o* arranged that they would wait until June, they agreed *o* arranged to wait until June
B (Mús) ‹*instrumentos*› to tune, tune up; ‹*voces*› to harmonize
■ **concertar** *vi* [1] (Ling) to agree [2] ‹‹*voces/instrumentos*›› to be in tune
■ **concertarse** *v pron* **~se (CON algn) PARA + INF**: **se ~on para sorprenderlo** they got together to arrange a surprise for him; **se había concertado con ella para decir lo mismo** he had worked out a story with her so that they'd both say the same thing, he had got together with her to work out their story
concertina *f* concertina
concertino *m* first violin, concertmaster (AmE), leader (BrE)
concertista *mf* soloist; **~ de piano** concert pianist
concerto grosso /kon'tʃerto 'groso/ *m* concerto grosso
concesión *f*
A (de premios) awarding; (de un préstamo) granting
B (en una postura) concession; **no están dispuestos a hacer la menor ~** they are not prepared to make any concessions whatsoever
C (Com) dealership, concession, franchise
concesionario[1] **-ria** *adj* concessionary
concesionario[2] *m* dealer, concessionaire, licensee
concha *f*
A (de moluscos) shell; ***hacer* ~** (Méx) to become hardened *o* toughened; ***meterse en su* ~** to retreat into one's shell; **está siempre metido en su ~** he never comes out of his shell, he's always retreating into his shell; ***tener más ~s que un galápago*** *or* ***tener muchas ~s*** to be a sly one (colloq)
(Compuesto) **concha de perla** (Chi) mother-of-pearl
B (carey) tortoise shell; **gafas/peine de ~** tortoiseshell glasses/comb
C (ensenada) cove
D (Teatr) prompt box
E (Ven) [1] (de un árbol) bark [2] (cáscara — de verduras, fruta) skin; (— del queso) rind; (— del pan) crust; (— de maníes) shell; **~ *de mango*** (Ven fam) trick question; **estaba lleno de ~s de mango** it was full of trick questions; **me caí en una ~ de mango** I fell into a trap
F (Ven arg) (de terroristas, ladrones) safe house
G (Méx) (Dep) protection box, box
H (AmS vulg) (de una mujer) cunt (vulg), beaver (AmE sl), fanny (BrE sl)
(Compuesto) **concha de su madre** *mf* (AmS vulg) (*m*) bastard (vulg), son of a bitch (AmE vulg); (*f*) bitch (vulg); ***¡la ~ de su ~!*** (AmS vulg) shit! (vulg), fucking hell! (vulg)
I (AmL exc CS fam: en algunas regiones vulg) (descaro) nerve (colloq), cheek (BrE colloq); **¡qué (tal) ~ la de Jorge!** Jorge's got a lot of nerve!, Jorge's got a bloody nerve *o* cheek! (BrE sl); ***con ~ y cara de perro*** (Ven arg): **y con ~ y cara de perro vino y me pidió más** and he had the nerve *o* (BrE) cheek *o* (BrE) brass to come and ask me for more! (colloq)
conchabar [A1] *vt*
A (CS fam) ‹*peón*› to hire, take on (colloq)
B (Chi) (trocar) to exchange
■ **conchabarse** *v pron*
A (fam) (confabularse) to plot, conspire; **~se CONTRA algn** to plot *o* conspire AGAINST sb; **el atracador del banco estaba conchabado con un empleado** the bankrobber was in league with *o* (colloq) in cahoots with one of the employees
B (CS fam) (encontrar empleo) to get (oneself) a job
C (Méx fam) (ganarse, conquistarse) ‹*persona*› to get on the right side of (colloq)
conchabo *m*
A (CS fam) (empleo) job
B (Chi) (trueque) exchange
cónchale *interj* (Ven fam) (expresando — asombro) good heavens!, oh, my! (AmE colloq), jeez! (AmE colloq); (— disgusto) damn it! (colloq)
conchito *m* (Chi, Per fam) youngest, baby of the family (colloq)
concho[1] *m*
A (Chi) (del vino) lees (*pl*); (del café) dregs (*pl*)
(Compuesto) **concho de vino** (Chi) (color) burgundy; **zapatos ~ de ~** burgundy-colored shoes
B (Andes fam) (hijo menor) youngest, youngest child
C (Chi) [1] (parte final) end, last bit; **debes tomarte hasta el último ~** you have to drink it down to the last drop [2] **conchos** *mpl* (restos) leftovers (*pl*)
D (Rep Dom) (taxi) (collective) taxi
concho[2] *interj* (euf) shoot! (AmE euph), sugar! (BrE euph)
conchudo[1] **-da** *adj* [1] (AmL exc CS fam o vulg) (aprovechado, caradura): **¡qué tipo tan ~!** he's got a lot of nerve!, he's got a bloody nerve *o* cheek! (BrE sl) [2] (Chi fam) (suertudo) lucky, jammy (BrE colloq)
conchudo[2] **-da** *m,f* (AmL exc CS fam o vulg): **es un ~** he's got a lot of nerve, he's a cheeky sod (BrE sl)
conciencia *f*
A (en moral) conscience; **tener la ~ limpia** *or* **tranquila** to have a clear *o* clean; **tener la ~ sucia** to have a bad *o* guilty conscience; **no podía acallar la voz de su ~** he could not silence the voice of his conscience; **en ~ no puedo quedarme callada** in all conscience I can't remain silent, my conscience won't allow me to remain silent; **me remuerde la ~** my conscience is pricking me, it's on my conscience; **no siente ningún cargo** *or* **remordimiento de ~** she feels no remorse; **muchos crímenes pesan sobre su ~** he has many crimes on his conscience; ***hacer algo a* ~** to do something conscientiously
B (conocimiento) awareness; **lo hizo con plena ~ de que la iba a herir** he did it in the full knowledge that *o* fully conscious that it would hurt her; **tomar** *or* **adquirir ~ de un problema** to become aware of a problem; **quieren crear ~ del peligro entre la población** they aim to make the population aware of *o* to alert the population to the danger, they aim to increase public awareness of the danger
(Compuestos)
• **conciencia de clase** class consciousness
• **conciencia de sí mismo** self-awareness
concienciación *f* (Esp) ▸**concientización**
concienciado -da *adj* (Esp) ▸**concientizado**
concienciador -dora *adj* (Esp) ▸**concientizador**
concienciar [A1] *vt* (Esp) ▸**concientizar**
concientización *f* (esp AmL): **una campaña de ~** a campaign to increase *o* raise public awareness, a campaign to make people more aware
concientizado -da *adj* (esp AmL) aware; **niños muy ~s acerca del daño que produce el tabaco** children who are very aware of the danger of smoking
concientizador -dora *adj* (esp AmL) consciousness-raising (*before n*)
concientizar [A4] *vt* (esp AmL) ‹*población/sociedad*› to make ... aware; **~ a algn DE algo** to raise sb's consciousness ABOUT sth, increase sb's awareness OF sth; **para ~ a los ciudadanos de los problemas ecológicos** to raise people's consciousness about *o* to increase people's awareness of ecological problems
■ **concientizarse** *v pron* (esp AmL) **~se DE algo** to realize sth; **se ~on de que ya era hora de abandonar la lucha** they realized that *o* came to the realization that *o* became aware that the time had come to give up the struggle
concienzudamente *adv* ‹*trabajar/estudiar*› conscientiously; ‹*repasar*› thoroughly, painstakingly
concienzudo -da *adj* ‹*trabajador/estudiante*› conscientious; ‹*estudio/repaso/análisis*› thorough, painstaking
concierto *m*
A (Mús) [1] (obra) concerto; **~ para oboe** oboe concerto [2] (función) concert, recital; **dio un ~ de guitarra** he gave a guitar recital
B (acuerdo) agreement, accord (frml)
C (frml) (conjunto armónico) concord (frml), harmony
conciliable *adj* reconcilable
conciliábulo *m* secret meeting/discussion
conciliación *f* conciliation
conciliador[1] **-dora** *adj* conciliatory
conciliador[2] **-dora** *m,f* arbitrator, conciliator
conciliar[1] *adj* council (*before n*)
conciliar[2] *m* council member
conciliar[3] [A1] *vt*
A [1] ‹*personas*› to conciliate [2] ‹*ideas/actividades*› **son ideas que son imposibles de ~** these ideas cannot be reconciled *o* are incompatible; **la nueva propuesta ~á estas opiniones** the new proposal will reconcile these differing opinions; **no ha podido ~ el trabajo con los estudios** she hasn't been able to combine working with studying *o* to find a balance between working and studying
B ‹*sueño*› **no pude ~ el sueño** I couldn't get to sleep
conciliatorio -ria *adj* conciliatory

concilio *m* council; **~ ecuménico** ecumenical council; **el C~ Vaticano II** the Second Vatican Council

concisamente *adv* concisely, succinctly

concisión *f* concision, conciseness; **escribía con ~** he wrote concisely

conciso -sa *adj* ‹*estilo/respuesta/definición*› concise, succinct; **le pediría que fuera ~ en su exposición** I would ask you to be brief in your explanation

concitar [A1] *vt* **1** ‹*ira/odio/antipatía*› to arouse; **sus palabras ~on la indignación del público** her words aroused indignation in the audience **2** ‹*atención/simpatía*› to arouse; **una idea que concitó su interés** an idea that aroused his interest; **~ las miradas de la concurrencia** to attract the glances of the crowd

conciudadano -na *m,f* **1** (de una misma ciudad) fellow citizen **2** (de un mismo país) (*m*) fellow countryman; (*f*) fellow countrywoman

cónclave, conclave *m* **1** (Relig) conclave **2** (reunión) meeting, conference

concluir [I20] *vt*

A (frml) (terminar, completar) ‹*obras*› to complete, finish; ‹*trámite*› to complete; ‹*acuerdo/tratado*› to conclude; **otra firma se encargó de ~ el proyecto** another company undertook to finish *o* complete the project; **se espera ~ las obras a fin de mes** it is hoped that the work will be concluded *o* completed *o* finished by the end of the month

B (frml) (deducir) to conclude, come to the conclusion; **~ algo DE algo** to conclude sth FROM sth; **de lo dicho se puede ~ lo siguiente: …** from what has been said one can conclude the following *o* draw the following conclusion/conclusions: …

■ **concluir** *vi* (frml) **1** «*congreso/negociaciones*» to end, conclude; **el plazo concluyó el día 17** the time limit expired on the 17th, the deadline was the 17th; **~ EN/CON algo**: **las conversaciones concluyeron en un acuerdo** the talks ended in agreement; **concluyó con una concentración delante del cuartel** it ended with a rally outside the barracks **2** «*persona*»: **~ DE + INF** to finish -ING; **cuando concluyó de hablar** when she finished speaking; **~ CON algo** to finish sth; **piensan ~ con las pruebas a la brevedad** they plan to finish the trials as soon as possible

conclusión *f*

A **1** (terminación) completion **2** **conclusiones** *fpl* (Der) summing-up

B (deducción) conclusion; **no se había llegado a ninguna ~** no conclusion had been reached; **saqué la ~ de que …** I came to the conclusion that …; **lee esto y saca tus propias conclusiones** read this and draw your own conclusions; **lo que saco en ~ es que me engañó** I've come to *o* reached the conclusion that he deceived me, my conclusion is that he deceived me; **o acepta o la echan, (en) ~: no sabe qué hacer** she either accepts or they fire her, so she just doesn't know what to do; **… (en) ~: todo lo que hicimos no sirvió para nada** … to cut a long story short *o* in short, everything we did was a complete waste of time

conclusivo -va *adj* conclusive

concluyente *adj* ‹*razón*› conclusive; ‹*respuesta*› conclusive, categorical; ‹*prueba*› conclusive, incontestable; **sus palabras fueron ~s: no se va a hacer ninguna concesión** he was quite categorical: there are to be no concessions; **fue ~ al decir que no habrá amnistía** he stated categorically that there would be no amnesty

concluyentemente *adv* conclusively

concomitancia *f* (frml) concomitance (frml)

concomitante *adj* concomitant (frml), accompanying

concordancia *f*

A (Ling) agreement, concord (tech)

B (conformidad) consistency, concordance (frml); **no hubo ~ entre las declaraciones de los testigos** there was no consistency *o* agreement *o* concordance between the witnesses' statements, the witnesses' statements did not concur; **actúa en ~ con sus principios** he acts in accordance *o* harmony with his principles

C (listado) concordance

D (Mús) harmony

concordante *adj* concordant (frml), concurrent

concordar [A10] *vi* **1** (Ling) to agree; **~ CON algo** to agree WITH sth **2** «*cifras*» to tally **3** «*versiones*» to agree, coincide; **~ CON algo** to coincide WITH sth, concur WITH sth (frml); **su comportamiento no concuerda con sus principios** his behavior is not in keeping with his principles; **esto concuerda con lo establecido en el documento anterior** this coincides with what was established in the previous document

■ **concordar** *vt* to make … agree, reconcile

concordato *m* concordat

concorde *adj* in agreement; **estar ~s** to agree, to be in agreement

concordia *f* harmony, concord (frml); **desde que él se fue reina la ~ en la casa** harmony has reigned in the house since he left

concreción *f*

A **1** (precisión): **su discurso tuvo el mérito de la ~** his speech had the merit of being to the point; **procura expresarte con más ~** try to be more precise **2** (AmL) (de proyectos, sueños) realization

B **1** (Med) stone **2** (Min) concretion

concretamente *adv*: **vive en Wisconsin, ~ en Madison** he lives in Wisconsin, in Madison to be precise; **los problemas del campo y, más ~ los del pequeño agricultor** problems which affect farmers and, more specifically *o* especially, those of the small farmer; **no sé ~ a qué ha venido** I don't exactly know why he has come

concretar [A1] *vt*

A **1** (concertar) ‹*fecha/precio*› to fix, set; **~ los términos del contrato** to agree on the terms of the contract **2** (precisar, definir): **no fue capaz de ~ lo que quiere hacer** he was unable to be specific about *o* define exactly what he wants to do; **hablamos mucho y largo, pero no concretamos nada** we talked a great deal, but we didn't settle on anything definite *o* decide anything concrete *o* specific **3** (materializar) ‹*esperanzas*› to realize, fulfill*; ‹*sueños*› to realize, make … come true; **nunca concretó su donación** (Chi) his donation never materialized

B (Chi) (Const) to concrete

■ **concretar** *vi*: **a ver si concretas** get to the point; **bueno, concretemos, ¿quién se lo va a decir?** right, let's get things clear, who's going to tell him?; **está bien, pero llámame para ~** that's fine, but give me a call to arrange the details

■ **concretarse** *v pron* «*cambios/hechos/amenazas*» to become a reality; «*sueños*» to be realized, come true; «*esperanzas*» to be realized *o* fulfilled*; **sus ideas se concretan plásticamente en los bronces expuestos** her ideas are given concrete representation in the bronzes on show; **la reunión con ella nunca llegó a ~se** the meeting with her never took place *o* happened; **la ayuda que nos habían prometido nunca llegó a ~se** the help they had promised us never materialized *o* was never forthcoming

concretizar [A4] *vt* (Chi) ▸ **concretar**

concreto¹ -ta *adj* **1** (específico) ‹*política/acusación*› concrete, specific; **en tu caso ~** in your particular case; **por un motivo ~** for a specific reason; **fijemos una fecha/hora concreta** let's fix a definite date/time; **quieren reformas/soluciones concretas** they want real *o* concrete reforms/solutions; **un lugar ~** a specific *o* particular place; **una pregunta concreta** a specific question; **en ~: quiero saber, en ~, cuánto me va a costar** what I want to know specifically is how much it is going to cost; **la conferencia versó sobre pintura española, en ~, Goya y Velázquez** the lecture was on Spanish painting, Goya and Velázquez, to be precise *o* to be more specific; **en una zona en ~** in a particular *o* specific area **2** (no abstracto) concrete; **lo ~ y lo abstracto** the concrete and the abstract

concreto² *m* (AmL) concrete

(Compuesto) **concreto armado** reinforced concrete

concubina *f* **1** (Hist) concubine **2** (Der) common-law wife

concubinato *m* **1** (Hist) concubinage **2** (Der) cohabitation; **vivir en ~** to cohabit

conculcación *f* infringement, violation

conculcar [A2] *vt* (frml) ‹*derecho/ley*› to infringe, violate; ‹*norma*› to violate, break

concuñado -da *m,f*: **es mi ~** he's my wife's brother-in-law/he's my sister-in-law's husband, he's my brother-in-law; **es mi concuñada** she's my husband's sister-in-law/she's my brother-in-law's wife, she's my sister-in-law

concupiscencia *f* lustfulness, concupiscence (liter)

concupiscente *adj* lustful, concupiscent (liter)

concurrencia *f*

A (frml) **1** (público, asistentes) audience; **ante una numerosa** *or* **nutrida ~** before a large audience *o* public **2** (asistencia) attendance

B (frml) **1** (de hechos, circunstancias) combination, concurrence (frml) **2** (de opiniones) concurrence (frml)

concurrente¹ *adj* (frml) **1** ‹*factores/circunstancias*› concurrent (frml) **2** (participante): **los partidos ~s a las elecciones** the parties running (AmE) *o* (BrE) standing in the elections; **los escritores ~s al concurso** the writers taking part in *o* participating in the competition

concurrente² *mf* (frml): **los/las ~s** (a un acto) the audience; (a un concurso) the contestants; **entre los ~s al acto** among those present at the event; **todos los ~s al concurso** all those taking part in the competition, all the contestants

concurrido -da *adj* **1** [ESTAR] (lleno) busy, crowded; **el bar está siempre muy ~** the bar is always very busy *o* crowded; **el concierto estuvo muy ~** the concert was very well-attended **2** (frecuentado) popular; **es un bar/teatro muy ~** it's a very popular bar/theater

concurrir [I1] *vi* (frml)

A **1** (asistir, acudir) **~ A algo** to attend sth; **los que no concurran al acto** those who do not attend the ceremony; **un numeroso público concurrió a la inauguración de la galería** a large number of people attended the opening of the gallery **2** (tomar parte) **~ A algo**: **concurre como candidato conservador a las próximas elecciones** he is running (AmE) *o* (BrE) standing as a conservative candidate in the forthcoming elections; **todos los partidos que concurren a los comicios** all the parties taking part in *o* fighting the election; **50 novelas concurren al Premio Júpiter** 50 novels are in the running for the Jupiter Prize

B (confluir) **1** «*factores/circunstancias*»: **varios factores concurren para que ocurra** a number of factors come together *o* combine for this to occur; **si concurren circunstancias agravantes** in the event of aggravating circumstances, if there are aggravating circumstances; **~ EN algo**: **diversos factores han concurrido en el fracaso de las negociaciones** various factors have combined *o* have come together to bring about the breakdown in negotiations; **las circunstancias que concurren en cada caso particular** the combination of circumstances surrounding each individual case; **~ A algo** to contribute TO sth; **varios factores concurrieron a la pérdida de la cosecha** several factors contributed to the failure of the harvest **2** «*calles/avenidas*» to meet, converge

C (coincidir) to agree; **todos concurrieron en la necesidad de mejores equipos** they all agreed on the need for better equipment; **~ CON algn** to agree WITH sb, be in agreement WITH sb (frml); **concurro con el senador en dos puntos** I agree with the senator on two points

concursado -da *m,f* bankrupt

C

C

concursante *mf* (en un concurso) competitor, contestant; (para un empleo) candidate

concursar [A1] *vi* 1 (en un concurso) to take part 2 (para un puesto) to compete (*through interviews and competitive examinations*)

■ **concursar** *vt* ‹*empresa*› to declare ... insolvent; ‹*persona*› to declare ... bankrupt

concurso *m*

A 1 (certamen) competition; **se presentó a un ~ de cocina** he took part in a cookery competition *o* contest; **un ~ de disfraces** a fancy dress competition 2 (Rad, TV) (programa — de preguntas y respuestas) quiz show *o* program; (—de juegos y pruebas) game show 3 (para puestos, vacantes) *selection process involving interviews and competitive examinations*; **se convoca ~ para cubrir 20 plazas de maestros** applications are invited for 20 teaching posts

(Compuestos)
- **concurso de belleza** beauty contest
- **concurso de méritos** *selection by competitive examination*
- **concurso (de** *or* **por) oposición** *selection process involving competitive examinations and interviews*
- **concurso hípico** horse show, show jumping competition

B (licitación) tender; **las obras se sacarán a ~** the work will be put out to tender

(Compuesto) **concurso subasta** competitive tendering (*with pre-determined maximum price*)

C (frml) 1 (de circunstancias, factores) combination, concurrence (frml) 2 (frml) (reunión) gathering

(Compuesto) **concurso de acreedores** creditors' meeting

D (ayuda, cooperación) help, support

concusión *f* concussion

condado *m* 1 (división territorial) county 2 (dignidad — en Gran Bretaña) earldom; (— en otros países) countship

condal *adj*: **la residencia ~** the count's residence; ▸**ciudad**

conde -desa *m,f* 1 (en Gran Bretaña) (*m*) earl; (*f*) countess 2 (en otros países) (*m*) count; (*f*) countess; **el señor ~** the Count

condecir [I24] *vi* **~ CON algo** to be appropriate TO sth; **una conducta que no condice con su condición de presidente** behavior inappropriate to a president *o* which does not befit a president (frml)

condecoración *f* 1 (insignia) decoration, medal 2 (acción) decoration

condecorar [A1] *vt* to decorate; **fue condecorado por su valentía** he was decorated for bravery

condena *f*

A (Der) sentence; **está cumpliendo su ~** he is serving his sentence; **imponer una ~** to impose a sentence; ***ser la ~ de algn*** to be the bane of sb's life

B (reprobación) **~ DE** *or* **A algo** condemnation OF sth

condenable *adj* reprehensible (frml)

condenación *f* 1 (Relig) damnation; **~ eterna** eternal damnation 2 (reprobación) ▸**condena B**

condenado[1] **-da** *adj*

A 1 (destinado) **~ A algo** doomed TO sth; **una iniciativa condenada al fracaso** an initiative doomed to failure; **costumbres condenadas a desaparecer** customs doomed to disappear 2 (obligado) **~ A + INF** condemned *o* forced to + INF; **familias condenadas a vivir en la miseria** families condemned to live in poverty

B (fam) (expresando irritación) wretched (colloq), damn (colloq); **este ~ catarro me tiene harta** I'm fed up with this wretched *o* damn cold

condenado[2] **-da** *m,f*

A 1 (Der) convicted person; **el ~ a muerte** the condemned man 2 (Relig): **los ~s** the damned; ***como un ~*** (fam): **trabajaron como ~s** they worked like maniacs *o* madmen; **comiste como un ~** you made a pig of yourself (colloq); **corrió como un ~** he ran like hell (colloq)

B (fam) (maldito) wretch; **el ~ de tu hermano** that wretched brother of yours (colloq)

condenar [A1] *vt*

A 1 (Der) to condemn; **~ a algn A algo: lo ~on a tres años de cárcel** he was sentenced to three years imprisonment; **el tribunal lo condenó al pago de una indemnización de $100.000** the court ordered him to pay $100,000 (in) compensation; **lo ~on a muerte** he was condemned *o* sentenced to death; **la ~on en costas** she was ordered to pay costs, costs were awarded against her 2 (obligar) **~ a algn A algo** to condemn sb TO sth; **el desempleo los condena a vivir de la mendicidad** unemployment condemns *o* forces *o* obliges them to live by begging 3 (desaprobar, censurar) to condemn; **condenó el atentado** he condemned the attack

B 1 ‹*puerta/ventana*› (con ladrillos) to brick up; (con tablas) to board up 2 (inhabilitar) ‹*habitación/sala*› to close up

■ **condenarse** *v pron* to be damned, go to hell

condenatorio -ria *adj* 1 ‹*mirada/gesto*› condemnatory 2 (Der): **una sentencia condenatoria** a conviction

condensación *f* condensation

condensado -da *adj* condensed

condensador *m* condenser

condensar [A1] *vt* 1 ‹*gas/vapor*› to condense 2 ‹*texto*› to condense; ‹*cuento*› to abridge

■ **condensarse** *v pron* to condense

condesa *f* ▸**conde**

condescendencia *f* 1 (con aires de superioridad) condescension; **les hablaba a los empleados con ~** she spoke to her staff condescendingly *o* in a condescending manner, she was condescending with her staff; **la miró con ~** he looked at her patronizingly *o* condescendingly, he gave her a condescending *o* patronizing look 2 (con amabilidad, comprensión) understanding; **demostró gran ~ con los niños** he was very good with the children, he was very understanding *o* showed great understanding in the way he dealt with the children

condescender [E8] *vi* 1 (con aires de superioridad) **~ A + INF** to condescend *o* deign to + INF 2 (ceder) to acquiesce, agree, consent

condescendiente *adj* 1 ‹*actitud/respuesta*› (con aires de superioridad) condescending 2 (comprensivo) understanding; **eres muy poco ~** you're not very understanding

condestable *m* constable

condición *f*

A (requisito) condition; **las condiciones del contrato** the terms *o* conditions of the contract; **se rindieron sin condiciones** they surrendered unconditionally; **a ~** *or* **con la ~ de que** on condition (that); **aceptó con la ~ de que le aumentaran el sueldo** he accepted on condition (that) they increased his salary; **te lo presto a ~ de que me lo devuelvas mañana** I'll lend it to you as long as *o* provided (that) *o* providing (that) you give it back tomorrow

(Compuestos)
- **condiciones de entrega** *fpl* terms of delivery (*pl*)
- **condiciones de pago** *fpl* terms of payment (*pl*)
- **condiciones de venta** *fpl* conditions of sale (*pl*)
- **condición de verdad** truth condition
- **condición sine qua non** sine qua non (frml); **dominar el inglés es ~ ~ ~ ~ para el puesto** a thorough knowledge of English is an essential requirement *o* a sine qua non for the job

B 1 (calidad, situación): **en su ~ de sacerdote** as a priest; **en su ~ de jefe de la delegación** in his capacity as head of the delegation; **en su ~ de diplomático tiene inmunidad** as a diplomat, he has immunity, his diplomatic position *o* status gives him immunity; **su ~ de empleado de la empresa le impide participar en el concurso** as *o* being an employee of the company, he is not permitted to enter the competition 2 (naturaleza) condition; **la ~ femenina** the feminine condition 3 (clase social) condition (dated), class; **un hombre de ~ humilde** a man of humble condition *o* origins; **una persona de su ~** someone of your status *o* class

(Compuesto) **condición humana**: **la ~ ~** the human condition

C **condiciones** *fpl* (estado, circunstancias) conditions (*pl*); **viven en condiciones infrahumanas** they are living in subhuman conditions; **condiciones meteorológicas** weather conditions; **competir en las mismas condiciones** to compete on the same terms; **las condiciones económicas son favorables para la inversión** economic conditions are *o* the economic climate is favorable for investment; Ⓢ **refrigerar para conservar en óptimas condiciones** refrigerate to keep (product) at its best; **está en perfectas condiciones** it is in perfect condition; **la carne estaba en malas condiciones** the meat was unfit for consumption, the meat was bad *o* (BrE) off; **se lo dejaremos todo en condiciones** we will leave it in good order; **todo tiene que estar en condiciones para el comienzo del curso** everything must be ready *o* in order for the beginning of the school year; **devolvieron la casa en pésimas condiciones** they left the house in a terrible condition *o* state; **condiciones DE + INF: estará en condiciones de jugar el lunes** he will be fit to play on Monday; **no estoy en condiciones de hacer un viaje tan costoso** I can't afford such an expensive trip, I am not in a position to go on such an expensive trip; **no estás en condiciones de venir con exigencias** you are not in a position to come making demands

(Compuestos)
- **condiciones de trabajo** *or* **laborales** *fpl* working conditions (*pl*)
- **condiciones de vida** *fpl* living conditions (*pl*)

D **condiciones** *fpl* (aptitudes) talent; **tiene condiciones para la música** she has a talent *o* flair for music; **no tiene condiciones para ese trabajo** he is not suited to *o* (colloq) cut out for that job

condicional *adj* conditional

condicionalmente *adv* conditionally

condicionamiento *m*

A (Psic) conditioning

B (factor) influence

condicionante[1] *adj* determining

condicionante[2] *m* determinant (frml), determining factor

condicionar [A1] *vt* 1 (determinar) to condition, determine 2 (supeditar) **~ algo A algo** to make sth conditional ON sth; **estará condicionado a una mayor productividad** it will be conditional on increased productivity

condimentación *f* seasoning

condimentar [A1] *vt* to season

condimento *m* 1 (sazón) condiment (frml); **a esto le falta ~** this needs some seasoning 2 **condimentos** *mpl* (hierbas) *herbs, spices, etc*

condiscípulo -la *m,f* (de escuela) classmate; (de universidad) fellow student

condolencia *f* (frml) condolence (frml); **le expresó sus sinceras ~s** she offered him her sincere condolences

condolerse [E9] *v pron* (frml) to offer one's condolences (frml), to sympathize

condominio *m* 1 (de una propiedad) joint ownership, joint control; **tener algo en ~** to own/control sth jointly 2 (Pol) (territorio) condominium 3 (AmL) (edificio) condominium (esp AmE), block of flats (BrE)

condón *m* condom

condonación *f* (de una pena) lifting; (de una deuda) writing off, cancelation*

condonar [A1] *vt* (frml) ‹*deuda*› to cancel, write off; **le ~on la pena** he was pardoned, his sentence was lifted

cóndor *m* condor

conducción *f*

A 1 (Elec, Fís) conduction 2 (esp Esp) (Auto) driv-

ing; ~ **diurna** daytime driving 3 (frml) (en necrológicas): **la ~ del cadáver tendrá lugar el día 15 a las diez de la mañana** the body will be taken *o* (frml) borne to its final resting place on the 15th at 10 o'clock
B 1 (AmL) (dirección): **si se me confía la ~ de los destinos de la nación** if I am entrusted with managing the nation's destiny; **la ~ de una investigación** the carrying out *o* conducting of an investigation; **una excelente ~ del programa a cargo de Puig** (RPl) Puig's excellent presentation of the program 2 (Arg) (cúpula) leadership
C (tubería) pipes (*pl*), piping

conducente *adj* ~ **A algo** leading TO sth; **los distintos caminos ~s a la verdad** the different paths leading to the truth

conducir [I6] *vi*
A (llevar) ~ **A algo** to lead TO sth; **este sendero conduce a la playa** this path leads to the beach; **puede ~ a error** it can lead to mistakes; **esa actitud no conduce a ninguna parte** *or* **nada** that attitude won't achieve anything *o* (colloq) won't get us anywhere
B (esp Esp) (Auto) to drive; **¿sabes ~?** can *o* do you drive?
■ **conducir** *vt*
A 1 (guiar, dirigir) to lead; ~ **a algn A algo** to lead sb TO sth; **nos condujo al lugar donde se escondía la banda** he led us to the gang's hiding place; **fue elegido para ~ los destinos de la nación** he was chosen to steer the nation's destiny; **condujo la lucha armada contra la dictadura** he led the armed struggle against the dictatorship 2 (frml) ‹*cadáver*› to bear (frml), to take; **el cadáver será conducido al cementerio a las diez** the body will be taken to the cemetery at 10 o'clock 3 (AmL) ‹*programa*› to host, present; ‹*debate*› to chair
B (esp Esp) ‹*vehículo*› to drive
C 1 ‹*electricidad/calor*› to conduct 2 ‹*agua*› to carry, take
■ **conducirse** *v pron* to behave, conduct oneself (frml)

conducta *f* behavior*, conduct; **su ~ es intachable** her conduct is exemplary; **lo expulsaron de la escuela por mala ~** he was expelled from the school for bad behavior *o* (frml) for misconduct; ~ **antideportiva** unsportsmanlike conduct

conductancia *f* conductance

conductibilidad *f* conductivity

conductismo *m* behaviorism*

conductista *adj/mf* behaviorist*

conductividad *f* conductivity

conductivo -va *adj* conductive

conducto *m*
A 1 (Anat) duct, tube; (Odont) root canal 2 (Tec) (canal, tubo) pipe, tube
Compuestos
- **conducto alimenticio** alimentary canal
- **conducto auditivo** ear canal, auditory meatus (tech)
- **conducto de desagüe** drain
- **conducto hepático** hepatic duct

B (frml) (medio, vía) channels (*pl*); **por ~ regular/oficial** through the proper/through official channels; **se la puede hacer llegar por nuestro ~/por ~ de nuestro representante** it can be sent through us/through our representative

conductor[1] -tora *adj* conductive; **materiales ~es de la electricidad/del calor** materials which conduct electricity/heat

conductor[2] -tora *m,f*
A 1 (de un vehículo) driver 2 (de un programa) host, presenter
B **conductor** *m* (Elec, Fís) conductor; **buen/mal ~** good/bad conductor

conductual *adj* behavioral*

condueño -ña *m,f* joint owner

conduje, condujiste, etc ▸**conducir**

conduzca, conduzcas, etc ▸**conducir**

conectable *adj* connectable

conectador *m*
A (Elec, Tec) connector
B (Ling) connective

conectar [A1] *vt*
A ‹*cables/aparatos*› to connect, connect up; ‹*luz/gas/teléfono*› to connect; **antes de ~lo a la red compruebe el voltaje** before connecting to the mains supply *o* plugging it in, check the voltage
B (relacionar) ‹*hechos/sucesos*› to connect, link; **no conectó una cosa con la otra** she didn't make a connection between *o* connect the two things; **el secuestro puede estar conectado con el caso Malla** the kidnapping may be linked *o* connected to the Malla case
C (AmL) (poner en contacto) ~ **a algn CON algn** to put sb in touch *o* in contact WITH sb
■ **conectar** *vi*
A 1 (Rad, TV): **conectamos con el equipo móvil** we're going over to our outside broadcast unit; **conectemos con Juan Mendoza en París** let's go over to *o* let's join Juan Mendoza in Paris 2 (empalmar) to connect, link up 3 (llevarse bien, entenderse) to get along *o* on well; **un cantante/político que conecta bien con la juventud** a singer/politician who relates well to *o* really engages with *o* reaches young people 4 (AmL) (con un vuelo, tren): **en Río conectamos con el vuelo a Asunción** in Rio we took a connecting flight to Asunción *o* we transferred to the Asunción flight; **este vuelo/tren conecta con el de Dublín** this flight/train connects with the Dublin one
B (Méx arg) (conseguir droga) to score (sl), to make a score (sl)

conecte *mf* 1 (Méx arg) (traficante) dealer 2 (AmC fam) (contacto) contact, friend on the inside (colloq)

conectivo -va *adj* connective, connecting (*before n*)

conector *m* connector

coneja *f* (fam): **mi cuñada es una ~** my sister-in-law is a real baby machine (colloq & hum)

conejera *f* 1 (madriguera individual) burrow; (red de túneles) warren 2 (para crianza) rabbit hutch, hutch; (vivienda) (fam) rabbit hutch (colloq), chicken coop (colloq)

conejillo de Indias *m* guinea pig; **fueron los ~s de ~ para probar la nueva droga** they were used as *o* they were guinea pigs for the new drug

conejito *m* (Arg) snapdragon

conejo -ja *m,f*
A (Zool) rabbit; **un abrigo de (piel de) ~** a coney coat; **los cazaron como ~s** they were caught like rats in a trap; ***hacer*** **~** (Col fam) to run off without paying, do a runner (BrE colloq)
Compuesto **conejo de Angora** Angora rabbit
B **conejo** *m* (Esp fam *o* vulg) (de una mujer) pussy (sl), beaver (AmE sl), fanny (BrE sl) *ver tb* **coneja**

conexión *f* 1 (Elec) connection; **~ a tierra** ground (AmE), earth (BrE); **~ a la red** connection to the mains; **hay una mala ~ en el enchufe** there's a loose connection in the plug; **devolvemos la ~ a nuestros estudios** now we are going back to the studios 2 (relación) connection; **no existe ~ entre la explosión y los acusados** the explosion cannot be linked to the accused, there is no connection between the explosion and the accused; **pierde su ~ con el entorno** he loses touch with the world around him 3 (Transp) connection; **perdí la ~ con Roma** I missed my connection to Rome 4 **conexiones** *fpl* (AmL) (amistades, relaciones) connections (*pl*), contacts (*pl*); **una empresa con conexiones en el extranjero** a company with links *o* connections *o* contacts abroad
Compuesto **conexión vía satélite** satellite link

conexo -xa *adj* related, connected

confabulación *f* conspiracy, plot

confabularse [A1] *v pron* to plot, conspire; **se confabularon para matarlo** they plotted to kill him; ~ **CONTRA algn** to plot *o* conspire AGAINST sb

confección *f* 1 (de trajes) tailoring; (de vestidos) dressmaking; **industria de la ~** clothing industry, garment industry, rag trade (colloq); **de ~** ready-to-wear, off-the-peg; **S confecciones** fashions 2 (de artefactos) making 3 (de un folleto, periódico) production; (de una lista) drawing-up; (de una maqueta) construction 4 (de una medicina) preparation, making up

confeccionar [A1] *vt* 1 ‹*falda/vestido*› to make, make up; **un traje muy bien confeccionado** a well-tailored suit 2 ‹*artefactos*› to make 3 ‹*folleto/periódico*› to produce; ‹*lista*› to draw up; ‹*maqueta*› to construct, build 4 ‹*medicina*› to make up, prepare

confeccionista *mf* (fabricante) clothes manufacturer; (vendedor) clothes retailer

confederación *f* (de estados) confederation; (de grupos, asociaciones) confederation
Compuesto **Confederación Helvética** Switzerland, Federal Republic of Switzerland

confederado[1] -da *adj* confederate

confederado[2] *m* confederate

confederarse [A1] *v pron* to confederate, form a confederation

conferencia *f*
A 1 (discurso — formal) lecture; (— más informal) talk; **dar una ~ (SOBRE algo)** to give a lecture/talk (ON sth) 2 (reunión) conference; **celebrar una/reunirse en ~** to hold/have a conference; **~ de desarme** arms talks (*pl*); **la ~ anual del partido laborista** the Labour Party annual conference
Compuestos
- **conferencia de prensa** press conference
- **conferencia (en la) cumbre** summit
- **conferencia episcopal** synod
- **conferencia de ventas** sales conference

B (Esp) (Telec) long distance call; **poner una ~ interurbana/internacional** to make *o* (AmE) place a long-distance/an international call
Compuestos
- **conferencia a cobro revertido** collect call (AmE), reverse charge call (BrE)
- **conferencia persona a persona** person-to-person call

conferenciante *mf* lecturer

conferenciar [A1] *vi* (period) to hold talks

conferencista *mf* (AmL) lecturer

conferir [I11] *vt* (frml *o* liter) 1 ‹*honor/dignidad*› to confer; ‹*responsabilidad*› to confer; **cada uno de esos días de vida que nos han sido conferidos** (liter) every day of life granted to us *o* bestowed upon us (liter) 2 ‹*prestigio*› to confer, bestow; ‹*encanto*› to lend; **la barba le confería un aspecto distinguido** the beard lent him an air of distinction

confesar [A5] *vt* 1 (Relig): **confesé mis pecados** I confessed my sins; **el cura que siempre la confiesa** the priest who always hears her confession 2 ‹*sentimiento/ignorancia*› to confess; ‹*error*› to admit, confess; ‹*culpa/delito*› to confess, admit, own up to; **le confesó abiertamente su amor** he openly confessed his love to her
■ **confesar** *vi* 1 (Relig) to hear confession 2 (admitir culpabilidad) to confess, make a confession
■ **confesarse** *v pron* 1 (Relig) to go to confession; **~se DE algo** to confess sth; **~se CON algn** to go TO sb FOR confession, confess one's sins TO sb 2 (declararse) (+ *compl*) to confess to being, admit to being; **se confiesa amante de la música moderna** she confesses *o* admits to being a lover of modern music

confesión *f*
A 1 (sacramento) confession; **me oyó en ~** he heard my confession 2 (Der) confession 3 (admisión) confession; **le voy a hacer una ~: a mí tampoco me gustó** I must confess *o* admit I didn't like it either
B (credo) faith, creed, denomination

confesional *adj* denominational

confesionalismo *m* denominationalism

confesionario *m* confessional

confeso[1] -sa *adj* 1 (Der) confessed; **un marxista ~** a self-confessed Marxist 2 (Hist) ‹*judío*› converted

confeso[2] **-sa** *m,f* [1] (Der): **un ~ de asesinato** a confessed murderer [2] (Hist) converted Jew

confesor *m* confessor

confeti *m* confetti

confiabilidad *f* reliability, dependability

confiable *adj* (esp AmL) [1] ‹*estadísticas*› reliable [2] ‹*persona*› (cumplido) reliable, dependable; (honesto) trustworthy

confiadamente *adv* confidently

confiado -da *adj* [1] [SER] (crédulo) trusting; **en estos tiempos no es bueno ser tan ~** these days it's not wise to be so trusting; **entró muy ~ sin saber que le habían preparado una trampa** he came in confidently *o* unsuspectingly, not knowing that they had set a trap for him [2] [ESTAR] (seguro) **~ EN algo**: **está muy ~ en que lo van a llevar** he's convinced they're going to take him; **no estés tan ~, esos exámenes pueden ser muy difíciles** don't get over-confident *o* don't be too sure of yourself, those exams can be extremely hard

confianza *f*

A (fe) confidence; **un médico que me inspira ~** a doctor who I have faith in *o* who I trust, a doctor who inspires me with confidence; **su actitud no despierta ~** her attitude does not inspire confidence; **lo considero digno de toda ~** he has my complete trust; **~ EN algn/algo** confidence IN sb/sth; **tiene mucha ~ en sí misma** she is very self-confident, she is full of confidence, she has plenty of self-confidence; **tengo plena ~ en que todo saldrá bien** I have every confidence *o* I'm quite confident that it will all turn out well; **había puesto toda mi ~ en él** I had put all my trust *o* faith in him; **de ~** ‹*persona*› trustworthy, reliable, dependable; ‹*producto*› reliable; **ocupa un puesto de ~ en la compañía** he has a position of trust within the company; **quieren nombrar a alguien de su ~** they want to appoint someone they can trust

B (amistad, intimidad): **tenemos mucha ~** we are close friends, we know each other very well; **díselo tú, yo no tengo tanta ~ con él** you tell him, I don't know him as well as you do; **no les des tanta ~ a los alumnos** don't let your pupils be so familiar with you, don't let your pupils take liberties with you like that; **nada de ceremonias, estamos en ~** there's no need to stand on ceremony, things are pretty informal here; **puedes hablar con franqueza, estamos en ~** you can speak your mind, you're among friends; **unas copas nos hicieron entrar en ~** a few drinks helped us relax *o* set us all at our ease; **es muy tímida y le cuesta entrar en ~ con la gente** she is very shy and it takes her a while to open up with *o* feel confident with *o* feel at home with people; **te lo digo en ~, pero no lo repitas** I'm telling you in confidence, don't repeat it; **hablando en ~, olía muy mal** between you and me, it smelt awful; **puedes venir como estás, ellos son de ~** you can come as you are, they're people we know well *o* they're good friends

C **confianzas** *fpl* (libertades): **no le des tantas ~s** don't let him be so familiar with you, don't let him take liberties with you like that; **¿qué ~s son ésas?** (fam) you've got some nerve! (colloq)

confianzudo -da *adj* (esp AmL fam) forward

confiar [A17] *vi* [1] (tener fe) **~ EN algn/algo** to trust sb/sth; **debemos ~ en Dios** we must trust (in) God; **no confío en sus palabras** I don't trust what she says; **confiamos en su discreción** we rely *o* depend on your discretion, we rely *o* depend on you to be discreet [2] (estar seguro) **~ EN algo** to be confident OF sth; **el equipo confía en la victoria** the team is confident of victory; **~ EN + INF/EN QUE + SUBJ**: **confiamos en poder llevarlo a cabo** we are confident that we can do it *o* of being able to do it; **confío en que todo salga bien** I am confident that it will all turn out well; **confiemos en que llegue a tiempo** let's hope she arrives in time

■ **confiar** *vt* [1] ‹*secreto*› to confide; **siempre me confía sus preocupaciones** she always tells me *o* confides in me about her worries, she always confides her worries to me; **me confió que pensaba huir** she confided to me that she was planning to escape [2] (encomendar) ‹*trabajo/responsabilidad*› to entrust; **le ~on una misión difícil** they entrusted him with a difficult mission; **confió la educación de sus hijos a una institutriz** he entrusted the education of his children to a governess; **confíe el cuidado de su hogar a nuestros productos** you can rely on *o* trust our products to care for your home

■ **confiarse** *v pron* [1] (hacerse ilusiones) to be over-confident; **no te confíes demasiado** don't get overconfident *o* too confident [2] (desahogarse, abrirse) **~se A algn** to confide IN sb; **no tiene a nadie a quien ~se** she doesn't have anyone to confide in [3] (depositar la confianza): **~se EN algo** to put one's trust IN sth; **se confió en sus manos** she put her trust in him

confidencia *f* secret, confidence (frml); **te voy a hacer una ~** I'm going to tell you a secret

(Compuesto) **confidencias de alcoba** *fpl* intimate secrets (*pl*)

confidencial *adj* confidential

confidencialidad *f* confidentiality; **se garantiza absoluta ~** complete confidentiality is guaranteed; **la ~ del asunto** the confidential nature of the matter

confidencialmente *adv* confidentially

confidenciar [A1] *vt* (Chi): **~ algo a algn** to confide sth to sb, to tell sb sth in confidence

confidente *mf* [1] (amigo) (*m*) confidant; (*f*) confidante [2] (de la policía) informer

configuración *f*

A [1] (proceso) shaping; **factores que contribuyen a la ~ de la personalidad** factors that affect the way one's personality is shaped *o* formed, factors that contribute to the shaping of one's personality [2] (forma, estructura) shape, configuration (frml *or* tech); **la ~ del nuevo gabinete de ministros** the composition of the new cabinet; **en la actual ~ del mundo** in the current world situation; **la ~ del terreno** the lie of the land

B (Inf) configuration

(Compuesto) **configuración de memoria** memory configuration

configurar [A1] *vt* [1] (dar forma) to shape, form [2] (constituir, conformar) to make up, form; **el paro y la droga configuran un cuadro alarmante** unemployment and drugs make up *o* form an alarming picture

■ **configurarse** *v pron* to take shape; **los dos grandes bloques ideológicos se ~on en la posguerra** the two great ideological blocks took shape in the post-war period

confín *m* (liter) [1] (lugar lejano): **en los confines del mundo** *or* **de la tierra** at the ends of the earth; **en los confines del horizonte** on the horizon; **su influencia se extendió a todos los confines** *or* **hasta el último ~ del continente** its influence reached the farthest corner *o* the far corners of the continent [2] (límite): **dentro de los confines de la disciplina** within the confines *o* bounds of the discipline [3] (frontera) border; **en los confines de España y Portugal** on the border between Spain and Portugal

confinamiento *m* confinement

confinar [A1] *vt* **~ a algn A algo**; **la parálisis lo ha confinado a una silla de ruedas** he is confined to a wheelchair because of paralysis; **han sido confinados a puntos alejados del país** they have been banished to *o* exiled to remote parts of the country

■ **confinar** *vi* **~ CON algo** to border WITH sth

■ **confinarse** *v pron* to shut oneself away; **tras la muerte del marido se ha confinado en casa** since her husband died she's stayed shut away inside the house *o* she's shut herself away inside the house

confirmación *f*

A [1] (de una noticia) confirmation [2] (de un vuelo, billete) confirmation

B (Relig) confirmation; **hacer la ~** to be confirmed

confirmar [A1] *vt*

A [1] ‹*noticia/sospecha*› to confirm; **es la excepción que confirma la regla** it's the exception that proves the rule [2] ‹*vuelo/regreso*› to confirm; **fue confirmado como director** he was confirmed as the new director [3] (en una idea, opinión) to confirm; **esto me confirma en mis temores** this confirms my fears

B (Relig) to confirm

confirmatorio -ria *adj* confirmatory

confiscación *f* confiscation

confiscar [A2] *vt* [1] ‹*contrabando/armas*› to confiscate, seize [2] (para uso del estado) to requisition

confitar [A1] *vt* to crystallize; **fruta confitada** crystallized fruit

confite *m* dragée; **¿para cuándo los ~s?** (RPl fam) have you named the day?; ***estar a partir un ~*** (fam) to be as thick as thieves

confitería *f* [1] (tienda) patisserie, cake shop (*also selling sweets*) [2] (Bol, RPl) (salón de té) tearoom

confitero -ra *m,f* confectioner

confitura *f* preserve, jam

conflagración *f* (frml) [1] (guerra) war; **una ~ nuclear** a nuclear war; **la ~ bélica 1939-45** World War II [2] (incendio) fire, conflagration (frml)

conflictividad *f* [1] (problemas) disputes (*pl*), conflicts (*pl*); **un alto índice de ~** a high number of disputes *o* conflicts; **~ laboral** labor disputes (AmE), industrial disputes (BrE); **en un clima de ~** in a climate of conflict [2] (cualidad de controvertido) controversial nature

conflictivo -va *adj* [1] (problemático) ‹*situación*› difficult; ‹*época*› troubled; **la zona más conflictiva del país** the area of the country with the most problems [2] (bélico): **se considera zona conflictiva** it is considered an area of conflict *o* a conflict zone [3] (polémico) ‹*tema/persona*› controversial [4] (AmL) (atormentado): **es una persona muy conflictiva** he's a very troubled person, he's a person with many inner conflicts

conflicto *m* [1] (enfrentamiento) conflict; **~ de interests** conflict *o* clash of interests; **~ de ideas** clash of ideas; **estar en ~** to be in conflict; **para llevar a las partes en ~ a la mesa de negociación** in order to bring the warring factions to the negotiating table; **entrar en ~ con algn/algo** to come into conflict with sb/sth [2] (Psic) conflict [3] (apuro) difficult situation

(Compuestos)

- **conflicto armado** *or* **bélico** armed conflict
- **conflicto colectivo** (Esp) industrial dispute
- **conflicto laboral** industrial dispute

confluencia *f* (de dos calles) junction; (de ríos) confluence; (de corrientes, ideologías) convergence, confluence (frml)

confluente *adj* ‹*ríos*› confluent; ‹*calles*› converging; ‹*ideologías*› convergent

confluir [I20] *vi* [1] «*calles/caminos/ríos*» to converge, meet; «*corrientes/ideologías*» to come together, merge; **todos los partidos políticos confluyen en este punto** all the political parties agree *o* concur on this point [2] «*grupos/personas*» to congregate, come together

conformación *f*

A (de estratos sociales) structure; (de gabinete, equipo) composition

B (de cheque) authorization

conformar [A1] *vt*

A (frml) (formar, constituir): **las capas que conforman la superficie de la Tierra** the layers which constitute *o* make up the Earth's surface; **necesitaban ~ un ejército moderno** they needed to form *o* shape a modern army

B (contentar) to satisfy; **no los vas a ~ con tan poco** you won't satisfy them *o* keep them happy with so little

C ‹*cheque*› to authorize payment of

■ **conformarse** *v pron* [1] (contentarse) **~se CON algo** to be satisfied WITH sth; **no se conforma**

con nada he's never satisfied; **se conforma con poco** he's happy with very little, he's easily satisfied; **no se conformó con insultarlo, sino que también le pegó** not content with insulting him, he hit him as well; **se conforma con un aprobado** she'll settle for *o* be happy with *o* be satisfied with a pass; **tuvo que ~se con lo que tenía** he had to make do with what he had 2 (esp AmL) (resignarse): **el niño es anormal y ellos no logran ~se** the child is handicapped and they cannot accept the fact; **no tienes más remedio que ~te** you'll just have to accept it *o* to resign yourself to it

conforme[1] *adj*
A 1 (satisfecho, contento) satisfied, happy; **¡~!** agreed!, fine!; **~ CON algo/algn** satisfied *o* happy WITH sth/sb; **no está ~ con el sueldo** he is not satisfied *o* happy with his salary; **no se quedó muy ~ con el regalo** she wasn't very happy with the present 2 (en regla) in order; **ya he confirmado el vuelo, está todo ~** I have already confirmed the flight, everything is in order; **~ CON algo/algn: eso no está ~ con mis ideas** that doesn't fit in with *o* coincide with my ideas; **eso no está ~ con la línea del partido** that is not in keeping with the party line; **están ~s con el gobierno** they are in agreement with *o* they agree with the government
B **conforme a** (frml) according to, in accordance with (frml); **sucedió ~ a lo previsto** it happened in accordance with forecasts, it happened as predicted; **se pagará ~ al trabajo realizado** payment will be in accordance with the amount of work done; **~ a derecho** in accordance with the law

conforme[2] *m* written authorization; **dar** *or* **poner el ~ a una orden/un documento** to authorize an order/document (*by signing it*)

conforme[3] *conj* as; **~ se entra, está a mano izquierda** as you go in, it is on the left; **ve ordenándolos ~ te los voy dando** put them in order as I give them to you; **recojan los abrigos ~ vayan saliendo** collect your coats as you go out *o* on your way out

conformidad *f*
A (aprobación) consent, approval; **el director dio su ~** the director gave his consent; **de** *or* **en ~ con** (frml) in accordance with (frml)
B (esp AmL) (resignación) resignation

conformismo *m* conformism

conformista *adj/mf* conformist

confort /kom'for/ *m* comfort; **apartamento todo ~** well-appointed *o* fully equipped apartment, flat with all mod cons (BrE); **el ~ de la vida moderna** all the comforts *o* amenities of modern living

confortabilidad *f* comfort

confortable *adj* comfortable

confortar [A1] *vt* to reassure, comfort

confraternidad *f* 1 (sentimiento) fraternity; **existe gran ~ entre ambos pueblos** there is a great spirit of fraternity between the two nations 2 (relación) brotherhood, fraternity

confraternización *f* fraternization

confraternizar [A4] *vi* to fraternize

confrontación *f* 1 (enfrentamiento) confrontation 2 (de textos) comparison 3 (period) (Dep) game, match

confrontacional *adj* (AmL) confrontational

confrontar [A1] *vt* 1 ‹*textos/versiones*› to compare 2 ‹*testigos*› to bring … face to face; **~ a algn CON algn** to bring sb face to face WITH sb 3 ‹*dificultad/peligro*› to confront, face; **~ la realidad** to face up to reality; **este país confronta la situación más difícil de su historia** this country is facing the most difficult situation in its history

■ **confrontarse** *v pron* **~se CON algo** to face up to sth

confucianismo *m* confucianism

confuciano -na *adj* Confucian

Confucio Confucius

confucionismo *m* Confucianism

confucionista *adj* Confucian

confundible *adj* confusable; **dos palabras fácilmente ~s** two words which are easily confused *o* confusable

confundir [I1] *vt* 1 (por error) ‹*fechas/datos*› to confuse, get … mixed *o* muddled up; ‹*personas*› to confuse, mix up; **nos confunden la voz por teléfono** people get our voices mixed up *o* confused on the phone; **no confundas los dos términos** don't confuse the two terms; **~ algo CON algo** to mistake sth FOR sth; **confundió el pimentón dulce con el picante** she mistook the sweet paprika for the hot; **~ a algn CON algn** to mistake sb FOR sb; **la gente siempre me confunde con mi hermano gemelo** people always take *o* mistake me for my twin brother; **creo que me confunde con otra persona** I think you are getting me mixed up *o* confused with somebody else 2 (desconcertar) to confuse; **no confundas al pobre chico con tantos detalles** don't confuse the poor boy with so many details; **tantas cifras confunden a cualquiera** all these numbers are enough to confuse anyone; **el interés que demuestra por ella me confunde** I'm baffled by his interest in her 3 (turbar) to embarrass; **se sintió confundida por tanta amabilidad** she was embarrassed *o* overwhelmed by so much kindness

■ **confundirse** *v pron* 1 (equivocarse): **siempre se confunde en las cuentas** he always makes mistakes in the accounts *o* gets the accounts wrong; **~se DE algo: me confundí de calle/casa** I got the wrong street/house; **se ha confundido de número** you have *o* you've got the wrong number 2 (mezclarse, fundirse): **se confundió entre la multitud** he melted into *o* disappeared into the crowd; **una gran variedad de colores se confunden en el cuadro** the painting is a fusion of many different colors, many different colors are blended together in the painting; **unos policías de civil se confundían con la multitud** plainclothes police mingled with the crowd; **se confundieron en un apretado abrazo** (liter) they melted into a close embrace (liter)

confusamente *adv*: **recuerdo ~ los hechos** I have very confused *o* hazy memories of what happened; **explica ~ los conceptos** he has a confusing way of explaining ideas; **estaba aturdido y hablaba ~** he was dazed and his speech was muddled

confusión *f* 1 (perplejidad) confusion; **para mayor ~ se llaman igual** to add to the confusion *o* to confuse things even more *o* to make things even more confusing, they have the same name 2 (desorden, caos) confusion 3 (turbación) embarrassment; **su inesperada declaración de amor la llenó de ~** his unexpected declaration of love filled her with embarrassment *o* confusion *o* threw her into confusion; **tanta amabilidad me produjo una gran ~** I was embarrassed *o* overwhelmed by so much kindness 4 (equivocación) confusion; **lamentamos la ~ que hubo con la factura** we regret the confusion over the invoice; **sus comentarios se prestan a ~** his comments are open to misinterpretation; **para que no haya más confusiones** to avoid any further confusion *o* any more mix-ups

confusionismo *m* 1 (period) (confusión) confusion 2 (Pol) *policy of spreading confusion in people's minds*

confuso -sa *adj* 1 ‹*idea/texto*› confused; ‹*recuerdo*› confused, hazy; ‹*imagen*› blurred, hazy; **dio una explicación muy confusa** he gave a very confused explanation; **las noticias son confusas** reports are confused 2 (turbado) embarrassed, confused

conga *f*
A (Mús) conga
B (Méx) (bebida) *drink of mixed fruit juices*

congelación *f* 1 (de alimentos, agua) freezing 2 (Med) exposure; (de extremidades) frostbite; **muerte por ~** death from exposure 3 (de precios, salarios) freezing; (de créditos, fondos) freezing; **la ~ de las negociaciones** the deadlock in the negotiations

(Compuesto) **congelación de tierras** (Agr, UE) set-aside 4 (Cin, TV) (de una imagen) freezing

congelado -da *adj* ‹*alimentos*› frozen *ver tb* **congelar**

congelador *m* (en el refrigerador) freezer compartment; (independiente) freezer, deepfreeze

congelamiento *m* frostbite

congelar [A1] *vt* 1 ‹*alimentos/agua*› to freeze 2 ‹*precios/salarios/alquileres*› to freeze; ‹*créditos/fondos*› to freeze; ‹*proyecto*› to put … on ice, freeze 3 (Cin, TV) ‹*imagen*› to freeze

■ **congelarse** *v pron* 1 «*agua*» to freeze; **se le congeló la sangre en las venas** the blood froze in his veins 2 «*dedos/pies*»: **se le ~on los dedos de los pies** he got frostbite in his toes; **enciende la estufa que me estoy congelando** put the heater on, I'm freezing!

congénere *mf*: **mis/tus/sus ~s** my/your/his kind; **el hombre y sus ~s** man and his fellow human beings; **el perro y sus ~s** the dog and animals of its kind

congeniar [A1] *vi* to get along (esp AmE), to get on (esp BrE); **~ CON algn** to get ALONG *o* ON WITH sb; **nunca congeniamos** we never got along *o* on (with each other), we never really hit it off (colloq)

congénitamente *adv* congenitally

congénito -ta *adj* congenital

congestión *f* 1 (Med) congestion 2 (del tráfico) congestion

congestionado -da *adj* 1 (Med) congested, blocked 2 ‹*cara*› flushed 3 ‹*tráfico*› congested

congestionamiento *m* ► **congestión**

congestionar [A1] *vt* 1 ‹*cara*› to make … flushed 2 (Med) to congest

■ **congestionarse** *v pron* 1 «*cara*» to become flushed; **se le congestionó la cara de rabia** his face became flushed with rage 2 (Med) to become congested *o* blocked 3 «*calle/centro*» to become congested; **la gran afluencia de gente hizo que se ~a el tráfico** the huge influx of people brought traffic to a standstill

conglomeración *f* conglomeration

conglomerado *m*
A (acumulación) conglomeration
B 1 (Geol) conglomerate 2 (de madera) conglomerate 3 (de empresas) conglomerate

conglomerar [A1] *vt* to bring together

■ **conglomerarse** *v pron* to conglomerate

Congo *m*: **el ~** (país) the Congo; (río) the Congo (River) (AmE), the (River) Congo (BrE); ***al ~ Belga*** (fam): **qué sé yo adónde se fueron, al ~ Belga** how should I know where they went? they could have gone to Outer Mongolia for all I know (colloq); **si sigues protestando te van a mandar al ~ Belga** if you carry on complaining they're going to tell you to go to hell! (colloq)

congoja *f* (liter) (angustia) anguish, distress; (pena) sorrow, grief

congoleño -na *adj* Congolese

congosto *m* narrow mountain pass

congraciarse [A1] *v pron* to ingratiate oneself; **~ CON algn** to ingratiate oneself WITH sb

congratulaciones *fpl* (frml) congratulations (*pl*); **reciba usted mis sinceras ~** may I offer you my warmest congratulations

congratular [A1] *vt* (frml) to congratulate; **~ a algn POR algo** to congratulate sb ON sth

■ **congratularse** *v pron* **~se DE** *or* **POR algo** (alegrarse) to be pleased ABOUT sth, congratulate oneself ON sth (frml); **se congratuló de que la propuesta hubiera tenido éxito** he was gratified *o* pleased by *o* he congratulated himself on the success of the proposal

congregación *f*
A (junta) assembly, meeting
B 1 (orden religiosa) order 2 (en el Vaticano) congregation

(Compuesto) **congregación de los fieles: la ~ de los ~** the Roman Catholic Church

congregacionalista *adj* congregationalist

congregar [A3] *vt* to bring together; **su recital congregó a mucha gente** his recital was very well attended, his recital attracted *o* drew

C

C

a large audience; **el acto congregó a las figuras más destacadas del mundo literario** the event brought together *o* drew *o* attracted the most prominent literary figures

■ **congregarse** *v pron* to assemble, gather, congregate

congresal *mf* (AmS) ▸**congresista**

congresista *mf* 1 (delegado a una asamblea) congress *o* conference delegate; (en un congreso profesional) conference *o* congress member *o* participant, conventioneer (AmE) 2 (Gob, Pol) (*m*) congressman, congressperson; (*f*) congresswoman, congressperson

congreso *m*

A (de científicos, profesionales) conference, congress; (de un partido político) conference, congress

B **Congreso** (Gob, Pol) 1 (asamblea) Parliament; (*in US*), Congress; **falta la aprobación del C~** it still needs to be approved by Congress 2 (edificio) Parliament (*o* Congress *etc*) building

(Compuesto) **Congreso de los Diputados** (Esp) Chamber of Deputies (*lower chamber of Spanish Parliament*)

> **Congreso de los Diputados**
>
> Also known as the *Cámara de los Diputados*, this is the lower house of the Spanish ▸Cortes Generales. The number of members (*diputados*) can be up to 300 or 400. Generally there are around 250. They are elected every four years by proportional representation. Each of Spain's 52 provinces is treated as an electoral district.
>
> The *Congreso* legislates, approves the Budget, elects the Prime Minister, controls the actions of the executive, and debates current national and international political issues.

congresual *adj* congressional

congrí *m* rice and black beans

congrio *m*

A (Coc, Zool) conger eel

B (Chi fam) (recluta) conscript

congruencia *f* 1 (coherencia, concordancia) coherence; **lo que dices no tiene ninguna ~** what you're saying isn't logical *o* lacks coherence; **la falta de ~ entre lo que dice y lo que hace** the lack of consistency between what he says and what he does 2 (Der) congruence, cohesion 3 (Mat) congruence

congruente *adj* 1 (coherente) coherent; **la charla me pareció poco ~** the talk didn't seem very coherent *o* consistent *o* logical; **ser ~ con algo** to be consistent with *o* in keeping with sth 2 (Mat) congruent

cónica *f* conic section

cónico -ca *adj* ‹*pieza/forma*› conical, conic (tech); ‹*sección*› conic

conidio *m* conidium

conífera *f* conifer

conífero -ra *adj* coniferous

conjetura *f* conjecture, speculation; **sólo podemos hacer ~s** we can only surmise *o* conjecture (frml); **son simples ~s** that's pure conjecture *o* speculation; **aventurar una ~** to hazard a guess *o* (frml) a conjecture

conjeturar [A1] *vi* to speculate, conjecture (frml), to surmise (frml)

■ **conjeturar** *vt* to speculate on *o* about; **se podría ~ el origen de la iniciativa** one could speculate on *o* about *o* (frml) conjecture as to the origin of the initiative, one could hazard a guess at the origin of the initiative

conjugación *f*

A (Ling) conjugation

B (combinación) combination

C (Biol) conjugation

conjugar [A3] *vt*

A (Ling) to conjugate

B (combinar) ‹*esfuerzos*› to combine; **ha logrado ~ elegancia y sencillez** she has managed to combine *o* marry elegance with simplicity

■ **conjugarse** *v pron* to combine

conjunción *f*

A (Ling) conjunction; **~ coordinante/subordinante/adversativa** coordinating/subordinating/adversative conjunction

B (suma, unión) combination; **en ~ con** in conjunction with

C (Astron) conjunction

conjuntamente *adv* jointly; **un comunicado firmado ~ por las dos partes** a communiqué signed jointly by both parties; **fabricado por CARESA ~ con una empresa italiana** manufactured jointly by CARESA and an Italian company, manufactured by CARESA in collaboration with an Italian company

conjuntar [A1] *vt*

A ‹*prendas/ropa*› to coordinate (frml); **puede ~se tanto con faldas como con pantalones** it can be worn with a skirt or with trousers, it goes equally well with a skirt or trousers, it may be coordinated with a skirt or trousers; **una chaqueta azul conjuntada con una falda gris** a blue jacket (teamed) with a gray skirt

B (reunir) ‹*esfuerzos*› to join, combine

conjuntiva *f* conjunctiva

conjuntivitis *f* conjunctivitis

conjuntivo -va *adj*

A (Anat) connective; **tejido ~** connective tissue

B (Ling) ‹*locución*› conjunctive, connecting

conjunto[1] **-ta** *adj* joint (*before n*)

conjunto[2] *m*

A (de objetos, obras) collection; (de personas) group; **el ~ de los magistrados ha decidido que ...** magistrates as a body *o* group have decided that ...

(Compuestos)

- **conjunto monumental** historical monuments (*pl*)
- **conjunto residencial** residential complex *o* development

B (Mús) *tb* **~ musical** (de música clásica) ensemble; (de música popular) pop group

C (Indum) (de un pulóver y una chaqueta) twinset; (de prendas en general): **llevaba un ~ de chaqueta y pantalón** he was wearing matching jacket and trousers; **esa nueva blusa te hace ~ con la falda roja** that new blouse goes well with your red skirt; **un ~ de playa/tenis** a beach/tennis outfit

D (Mat) set

E (totalidad): **visto en ~** *or* **en su ~, es un buen trabajo** overall *o* as a whole, it is a good piece of work; **debemos hacernos una visión de ~ del problema** we must get an overview of the problem, we must look at the problem as a whole

conjura, conjuración *f* conspiracy, plot

conjurado -da *m,f* conspirator

conjurar [A1] *vt* 1 ‹*peligro/amenaza*› to avert 2 ‹*demonio*› to exorcise

■ **conjurar** *vi* to conspire, plot

■ **conjurarse** *v pron* to conspire; **sentíamos que hasta los elementos se habían conjurado contra nosotros** we felt that even the elements had conspired against us; **cree que los críticos se han conjurado en su contra** he thinks that the critics are conspiring against him; **se ~on en contra de la directora del instituto** they plotted *o* conspired against the director of the institute

conjuro *m* 1 (fórmula mágica) spell 2 (liter *o* hum) (poder sugestivo) magic (hum); **al ~ de sus palabras se esfumó su tristeza** her words dispelled his sadness like magic

conllevar [A1] *vt*

A (*en tercera persona*) (comportar, implicar) to entail; **la paternidad y las responsabilidades que conlleva** parenthood and the responsibilities which it brings *o* which it entails *o* which go with it; **el puesto de director conlleva mucha responsabilidad** the position of director carries with it *o* entails *o* involves a great deal of responsibility; **una tarea que conlleva serias dificultades** a task which is fraught with serious difficulties

B ‹*desgracia/enfermedad*› to bear

■ **conllevar** *vi* (Ven) **~ A algo** to lead TO sth; **esto conllevó a la cancelación de varios proyectos** this led to the cancellation of various projects

conmemoración *f* 1 (recuerdo) commemoration; **en ~ de** in remembrance of, in commemoration of, in memory of 2 (ceremonia): **asistió a la ~ del centenario** he was present at the centenary celebrations

conmemorar [A1] *vt* to commemorate

conmemorativo -va, conmemoratorio -ria *adj* commemorative; **una ceremonia conmemorativa de ...** a ceremony in commemoration of *o* to commemorate ...

conmensurable *adj* commensurable

conmigo *pron pers* with me; **va ~ a todas partes** he goes everywhere with me; **ha sido muy bueno ~** he's been very good to me; **no tengo las llaves ~** I don't have the keys with *o* on me; **estoy furiosa ~ misma** I'm furious with myself

conmilitón *m* fellow soldier, comrade-in-arms

conminar [A1] *vt* **~ a algn A + INF** *or* **~ a algn A QUE +SUBJ** to order sb to + INF; **lo ~on a abandonar la sala** *or* **a que abandonara la sala** he was ordered to leave the room

conminatorio -ria *adj* warning

conmiseración *f* commiseration, sympathy; **mostrar/sentir ~ por algn** to commiserate with sb, to show/feel sympathy for sb

conmiserativo -va *adj* (frml) sympathetic

conmoción *f* 1 (Med) concussion 2 (trastorno, agitación): **el siniestro produjo una profunda ~ en el país** the disaster left the country in a state of profound shock; **la separación de Marujita produjo una ~ familiar** Marujita's separation caused great upset in the family 3 (Geol) shock

(Compuesto) **conmoción cerebral** concussion

conmocionar [A1] *vt* to shake; **la noticia de su muerte conmocionó al país** the country was shocked *o* rocked *o* shaken by the news of his death; **la noticia ha conmocionado la bolsa** the news has shaken the stock market

conmovedor -dora *adj* moving, touching

conmovedoramente *adv* movingly, touchingly

conmover [E9] *vt* 1 (emocionar) to move; **su discurso nos conmovió a todos** we were all moved by his speech 2 (inducir a piedad) to move ... to pity; **conmovido por sus lágrimas la perdonó** moved by her tears he forgave her 3 (estremecer, sacudir) to shake, rock; **cambios que conmueven las estructuras sociales** changes which are shaking *o* rocking the social framework

■ **conmoverse** *v pron* 1 (enternecerse, emocionarse) to be moved; **se conmovió hasta las lágrimas** she was moved to tears 2 (estremecerse): **el país se conmovió con la noticia de su muerte** the news of his death shocked *o* rocked the country

conmutación *f*

A 1 (Der) commutation 2 (trueque) substitution

B (Elec) switching

C (Inf) (de datos) switching

(Compuesto) **conmutación de paquetes** packet switching

conmutador *m* 1 (Elec) switch 2 (AmL) (de teléfonos) switchboard

conmutar [A1] *vt*

A 1 (Der) ‹*pena*› to commute 2 (trocar) **~ algo POR** *or* **CON algo**: **es posible ~ el servicio militar por trabajos en la comunidad** it is possible to do community work instead of military service; **conmutó el último año por** *or* **con una tesis** he substituted a thesis for his final year, he did a thesis in place of his final year 3 (Mat) ‹*números/términos*› to commute

B (Esp) (convalidar) **~ algo POR algo** to recognize sth as equivalent to sth

C 1 (Elec) to switch 2 (Tec) (invertir) to invert

conmutativo -va *adj* 1 (Der) commutative 2 (Mat) commutative

connacional *mf* (AmL) (*m*) fellow countryman; (*f*) fellow countrywoman

connatural *adj* innate, inherent; **~ al hombre** inherent in man

connivencia *f* (frml) collusion, connivance; **actuar en ~ con algn** to act in collusion *o* connivance with sb; **un delito cometido en presunta ~ con los aduaneros** a crime allegedly carried out with the connivance of *o* in collusion with *o* in connivance with the customs officials

connotación *f* connotation; **esta palabra tiene connotaciones peyorativas** this word has pejorative connotations

connotado -da *adj*
A (AmS) (destacado) distinguished, eminent; **un ~ político** an eminent *o* a distinguished politician; **una connotada violinista** a famous *o* an outstanding violinist; **un ~ ciudadano** a prominent citizen
B (Ven) ‹*bandido*› notorious
C (Méx) (decidido) strong-willed, with firm views

connotar [A1] *vt* to imply, connote (frml)

connubio *m* **1** (liter) (matrimonio) nuptials (*pl*) (liter) **2** (AmL) (complicidad): **en ~ con** in league with, in cahoots with (colloq)

cono *m* **1** (figura) cone; **~ truncado** truncated cone; **~ volcánico** volcanic cone **2** (Auto) *tb* **~ de encauzamiento** *or* **de balizamiento** traffic cone

(Compuesto) **Cono Sur** ➔▭ Southern Cone (*Argentina, Chile, Paraguay and Uruguay*)

conocedor -dora *m,f* connoisseur, expert; **es un gran ~ del arte español** he's a great expert on *o* connoisseur of Spanish art

conocer [E3]

GUÍA DE BÚSQUEDA

■ **conocer** *verbo transitivo*
A **1** saber cómo es
2 estar familiarizado con
3 dominar
B saber de la existencia de
C **1** conocer por primera vez
2 aprender cómo es
3 dar a conocer
D reconocer
E experimentar
F verbo impersonal
G Derecho: una causa
H tener trato carnal con

■ **conocer** *verbo intransitivo*
A conocer de algo
B Derecho: de una causa
C conocer: enfermo

■ **conocerse** *verbo pronominal*
A **1** tener cierta relación con
2 conocerse por primera vez
3 aprender cómo se es
B **1** llegar a saber cómo se es
2 conocerse a uno mismo
C estar familiarizado con

vt
A **1** (saber cómo es, tener cierta relación con) to know; **¿conoces a Juan? — no, mucho gusto** do you know *o* have you met Juan? — no, pleased to meet you; **no lo conozco de nada** I don't know him at all, I don't know him from Adam (colloq); **dijo que te conocía de oídas** he said he'd heard of you; **lo conozco de nombre** I know the name; **te conozco como si te hubiera parido** (fam) I can read you like a book; **conoce sus limitaciones** he is aware of *o* he knows his limitations; **su generosidad es de todos conocida** her generosity is well known; **trabajamos juntos dos años pero nunca llegué a ~lo** we worked together for two years but I never really got to know him; **conozco muy bien a ese tipo de persona** I know that sort of person only too well **2** (estar familiarizado con) ‹*tema/autor/obra*› to know, be familiar with; **¿conoces su música?** are you familiar with *o* do you know his music?; **¿conoces Irlanda?** do you know *o* have you been to Ireland?; **conozco el camino** I know the way **3** (dominar): **conoce muy bien su oficio** she's very good at her job; **conoce tres idiomas a la perfección** she's completely fluent in three languages, she speaks three languages fluently
B (saber de la existencia de) to know, know of; **¿conoces algún método para quitar estas manchas?** do you know (of) any way of getting these stains out?; **no se conoce ningún remedio** there is no known cure; **no conocía esa faceta de su carácter** I didn't know that side of his character; **¡qué vestido tan bonito, no te lo conocía!** what a lovely dress! I've never seen you in it before; **no le conozco ningún vicio** he doesn't have any vices as far as I know; **conocían sus actividades, pero no había pruebas** they knew of *o* about his activities but there was no proof
C **1** (por primera vez) ‹*persona*› to meet; **quiero que conozcas a mis padres** I want you to meet my parents **2** (aprender cómo es) ‹*persona/ciudad*› to get to know; **quiere viajar y ~ mundo** she wants to travel and see the world; **es la mejor manera de ~ la ciudad** it's the best way to get to know the city; **me encantaría ~ tu país** I'd love to visit your country; ***más vale malo conocido que bueno por ~*** better the devil you know than the devil you don't **3** **dar a ~** (frml) ‹*noticia/resultado*› to announce; ‹*identidad/intenciones*› to reveal; **todavía no se han dado a ~ los resultados** the results have still not been announced *o* released; **estuvo allí pero no se dio a ~** he was there but he didn't tell people who he was *o* but he didn't make himself known; **el libro que lo dio a ~ como poeta** the book which established his reputation as a poet
D (reconocer) to recognize*; **te conocí por la voz** I recognized your voice, I knew it was you by your voice
E (experimentar): **una de las peores crisis que ha conocido el país** one of the worst crises the country has known; **una industria que ha conocido un desarrollo desigual** an industry which has undergone a period of uneven development; **la primera revolución de las que ~ía el siglo veinte** the first revolution that the twentieth century was to see
F (*impers*) (notar): **se conoce que no están en casa** they're obviously not at home; **se conoce que ya llevaba algún tiempo enfermo** apparently he'd been ill for some time; **se conoce que ha estado llorando** you can tell *o* see he's been crying
G (Derecho) ‹*causa/caso*› to try
H (arc) (tener trato carnal con) to know (arch)

■ **conocer** *vi*
A (saber) **~ DE algo** to know ABOUT sth; **conoce del tema** she knows about the subject
B (Der): **~ de** *or* **en una causa/un caso** to try a case
C «*enfermo*»: **está muy mal, ya no conoce** he's in a bad way, he's not recognizing people

■ **conocerse** *v pron*
A (*recípr*) **1** (tener cierta relación con) to know each other; **nos conocemos desde niños** we've known each other since we were children; **ya nos conocemos** we already know each other, we've already met **2** (por primera vez) to meet **3** (aprender cómo se es) to get to know each other
B (*refl*) **1** (llegar a saber cómo se es) to get to know oneself **2** (a uno mismo) to know oneself, know what one is like
C (*enf*) (fam) (estar familiarizado con) to know; **se conoce todas las discotecas de la ciudad** he knows every disco in town

conocido[1] -da *adj*
A (famoso) ‹*actor/cantante*› famous, well-known
B **1** ‹*cara/voz*› familiar; **su cara me resulta conocida** her face is familiar **2** ‹*hecho/nombre*› well-known; **más ~ por el sobrenombre de …** better known as …; **es un hecho ~ que …** it is common knowledge that …, it is a well-known fact that …

conocido[2] -da *m,f* acquaintance; **le pasó lo mismo a un ~ nuestro** the same thing happened to an acquaintance of ours *o* to someone we know

conocimiento *m*
A **1** (saber) knowledge **2** **conocimientos** *mpl* (nociones) knowledge; **tiene algunos ~s de inglés** he has some knowledge of English, he knows some English
B (frml) (información): **dio ~ del suceso a las autoridades** he informed *o* (frml) apprised the authorities of the incident; **puso el hecho en ~ de la policía** she informed the police of the incident, she reported the incident to the police; **pongo en su ~ que …** (Corresp) I am writing to inform you that …; **al tener ~ del suceso** upon learning of the incident (frml); **a esas horas no se tenía todavía ~ de la noticia** at that time we/they still had not heard the news; **ciertas personas tienen ~ de sus actividades** certain people are aware of her activities; **llegar a ~ de algn** to come to sb's attention *o* notice (frml); ***con ~ de causa:*** **obró con ~ de causa** (frml) he took this step, fully aware of what the consequences would be; **te lo digo con ~ de causa** I know what I'm talking about

(Compuesto) **conocimiento de embarque** bill of lading, waybill
C (sentido) consciousness; **perder el ~** to lose consciousness; **cuando recobró el ~** when he regained consciousness, when he came to *o* round; **estar sin ~** to be unconscious
D (entendimiento): **aún es pequeño, no tiene todavía ~** he's not old enough to understand

conoidal *adj* conoid, conoidal

conozca, conozco, etc ▸ **conocer**

conque *conj* so; **~ ya lo sabes** so now you know; **¡~ fuiste tú!** so it was you, was it?

conquense *adj* of/from Cuenca

conquista *f*
A (acción) **1** (de un territorio, un pueblo) conquest; **ir** *or* **salir a la ~ de nuevas tierras/del Everest** to set out to conquer new territories/Everest; **la ~ del espacio** the conquest of space; **lanzarse a la ~ del mercado** to set out to capture the market **2** (de una victoria, la fama): **el equipo salió a la ~ de la medalla de oro** the team set out to win the gold medal; **se lanzó a la ~ del éxito/de la fama** she set out to achieve success/fame **3** **la Conquista** (Hist) the Spanish conquest (*of America*); **la C~ de México/del Perú** the conquest of Mexico/Peru
B (logro) achievement
C **1** (fam) (de un amante) conquest; **siempre está alardeando de sus ~s amorosas** he is always boasting about his conquests; **salieron de ~** they went out trying to pick up women (colloq) **2** (fam) (persona) conquest
D (AmS period) (Dep) goal

conquistador[1] -dora *adj* **1** ‹*ejército*› conquering **2** (fam) ‹*persona*› **tuvo su época de mujer ~a** she was quite a femme fatale in her time; **se creía de lo más ~** he fancied himself (as) a real ladykiller *o* Don Juan **3** (RPl) ‹*personalidad/niño*› captivating

conquistador[2] -dora *m,f* **1** (Hist) conqueror; (en la conquista de América) conquistador **2** (fam) (en el amor) (*m*) lady-killer, Don Juan; (*f*) femme fatale

Conquistadores

The collective term for the succession of explorers, soldiers and adventurers who, from the sixteenth century onward led the settlement and exploitation of Spain's Latin American colonies. Among the best known are Hernán Cortés (Mexico), Hernando de Soto (Florida, Nicaragua), the Pizarro brothers (Panama, Peru, Ecuador), Diego de Almagro (Peru, Chile) and Pedro de Valdivia (Chile).

conquistar [A1] *vt* **1** ‹*territorio/pueblo*› to conquer; ‹*montaña/pico*› to conquer; ‹*mercado*› to capture; **dispuesto a ~ el mundo con su arte** determined to make his art world-famous *o* to conquer the world with his art **2** ‹*victoria/título*› to win; ‹*éxito/fama*› to achieve; **había conquistado el puesto de director a la edad de 30 años** he had achieved the position of director by the age of 30 **3** (AmS period) ‹*gol*› to score **4** ‹*sentimiento/respeto*› to win; **los payasos ~on a los niños** the children were captivated by the clowns; **el actor conquistó el corazón del público** the actor won the

➔▭ *see* Varieties of Spanish

C

affections of *o* captured the hearts of the audience; **los tiene conquistados con su don de gentes** he has won them over with his human touch; **acabó conquistándola** he won her heart in the end

consabido -da *adj (delante del n)* usual, habitual; **bebió su ~ té con limón** she drank her habitual *o* usual lemon tea; **empezó con sus consabidas anécdotas** he started telling the same *o* usual old stories; **te sirven la consabida hamburguesa** they serve up the ubiquitous hamburger

consagración *f*
A (Relig) consecration
B **1** (de un monumento) dedication **2** (de tiempo, esfuerzo) dedication
C **1** (de un artista, un profesional): **aquel éxito teatral contribuyó a su ~ como dramaturgo** the success of that play helped establish him *o* his reputation as a playwright *o* helped him achieve acclaim as a playwright **2** (de una costumbre) establishment, establishing

consagrado -da *adj*
A (Relig) ‹*hostia/iglesia*› consecrated
B ‹*artista*› acclaimed

consagrar [A1] *vt*
A (Relig) to consecrate; **hostia consagrada** consecrated wafer
B **1** ‹*monumento/edificio*› **~ algo A algo/algn** to dedicate sth TO sth/sb **2** ‹*vida/tiempo/esfuerzo*› **~ algo A algo/algn** to dedicate *o* devote sth TO sth/sb; **consagró su vida a sus hijos** she devoted *o* dedicated her life to her children **3** ‹*programa/publicación*› **~ algo A algo/algn** to devote sth TO sth/sb
C (establecer) **1** ‹*artista/profesional*› to establish; **la película que la consagró como una gran actriz** the movie that established her *o* her reputation as a great actress **2** ‹*costumbre*› to establish; **una expresión consagrada por el uso** an expression which has established itself *o* gained acceptability through usage
■ **consagrarse** *v pron* **1** (*refl*) (dedicarse) **~se A algo/algn** to devote oneself TO sth/sb, dedicate oneself TO sth/sb **2** (acreditarse): **con ese triunfo se consagró (como) campeón** that triumph established her as the champion

consanguíneo[1] **-nea** *adj* blood (*before n*)

consanguíneo[2] **-nea** *m,f* blood relation *o* relative

consanguinidad *f* consanguinity (frml); **parentesco por ~** kinship, blood relationship

consciencia *f* ▸ **conciencia B**

consciente *adj* **1** [ESTAR] (Med) conscious **2** (de un problema, hecho) **ser** *or* (AmL) **estar ~ DE algo** to be aware *o* conscious OF sth; **no era** *or* **no estaba ~ de lo que hacía** she was not aware *o* conscious of what she was doing; **una persona plenamente ~ de sus actos** a person who is fully responsible for his/her actions **3** [SER] (sensato) sensible; (responsable) responsible

conscientemente *adv* deliberately, consciously

conscripción *f* draft, conscription

conscripto *m* (AmL) conscript

consecución *f* (frml) (de un objetivo, fin): **la ~ de este contrato** the securing of this contract; **una meta de difícil ~** a goal which is difficult to attain

consecuencia *f* **1** (resultado, efecto) consequence; **esto puede traer** *or* **tener ~s muy graves para nosotros** this may have very grave consequences for us; **haz lo que tú quieras, pero luego atente a las ~s** do what you like, but you'll have to accept the consequences; **las graves ~s de la contaminación** the serious effects *o* consequences of pollution; **una decisión que trajo como ~ su renuncia** a decision which resulted in her resignation *o* in her resigning; **la guerra trajo como ~ la modernización de la industria** the modernization of the industry came about as a result *o* consequence of the war; ***llevar algo hasta sus últimas ~s*** to carry sth to its logical conclusion **2** (*en locs*): **a consecuencia de** as a result of; **murió a ~ de las múltiples heridas de bala** she died from *o* as a result of the multiple bullet wounds she received; **en consecuencia** (frml) (por consiguiente) consequently, as a result, therefore; ‹*actuar/obrar*› accordingly

consecuencialmente *adv* (Chi) consequently, as a result, therefore

consecuente *adj* consistent; **no se puede decir una cosa hoy y otra mañana, hay que ser ~** you can't say one thing one day and something different the next, you have to be consistent; **trato de ser un socialista ~** I try to live according to my socialist principles; **una mujer ~ con sus ideas** a woman who acts according to her beliefs; **estas medidas son ~s con nuestra política general** these measures are consistent with *o* in keeping with *o* in line with our general policy

consecuentemente *adv* **1** (por consiguiente) consequently **2** ‹*obrar*› according to one's beliefs/principles

consecutivo -va *adj* **1** (seguido) consecutive; **cuatro días ~s** four days in a row, four consecutive days **2** (Ling) consecutive

conseguible *adj* attainable, achievable

conseguido -da *adj*: **una película muy conseguida** a very well-made movie; **los efectos especiales están muy ~s** the special effects are very successful *o* very well done *o* come off very well

conseguir [I30] *vt* **1** ‹*objetivo/fin/resultado*› to achieve, obtain; ‹*entrada/plaza/empleo*› to get; **no ~ás nada de él** you won't get anything out of him; **siempre consigue lo que se propone** she always achieves what she sets out to do; **si lo intentas, al final lo ~ás** if you try, you'll succeed in the end; **un artista que ha conseguido un estilo propio** an artist who has developed *o* achieved his own style; **al final consiguió un permiso de trabajo** he finally got *o* managed to get a work permit; **todavía no ha conseguido trabajo** she still hasn't got a job *o* found work; **consiguió el primer premio en el concurso** she won first prize in the competition; **la película consiguió un gran éxito de crítica** the film was very well received by the critics; **consiguieron una mayoría aplastante** they obtained an overwhelming majority; **consiguió la victoria con su último lanzamiento** she won with her last throw **2** **~ + INF** to manage to + INF; **no consigo entenderlo** I can't work it out; **al final conseguí convencer a mis padres** I finally managed to talk my parents round; **consiguió clasificarse para la final** she managed to qualify *o* she qualified for the final **3** **~ QUE + SUBJ**: **si sigues así vas a ~ que me enfade** if you carry on like that, you're going to get me annoyed; **al final conseguí que me dejaran pasar** I finally got them to let me through, I finally managed to persuade them to let me through; **conseguí que me lo prestara** I got him *o* I managed to get him to lend it to me
■ **conseguir** *vi* (RPl) **~ CON algn/algo** to get through TO sb/sth; **no puedo ~ con él/con ese número** I can't get through to him/to that number

conseja *f* tale, fable

consejería *f*
A (Gob, Pol) (en Esp) ministry (*in certain autonomous governments*)
B (de una embajada) department, office; **~ económica/de educación** economic/education department
C (Chi) (de una empresa) directorship

consejero -ra *m,f*
A (asesor) adviser; **mi hermano es buen ~** my brother gives sound advice; **~ matrimonial** marriage guidance counselor
B (Adm, Com) director
(Compuesto) **consejero delegado** chief executive
C (Gob, Pol) (en Esp) minister (*in certain autonomous governments*)
D (en una embajada) counselor*

consejo *m*
A (recomendación) piece of advice; **te voy a dar un ~** I'm going to give you some advice *o* a word of advice *o* a piece of advice; **vino a pedirme ~** he came to ask me for advice *o* to ask (for) my advice; **~s prácticos para la limpieza de su horno** practical tips on how to clean your oven; ***~s vendo, pero para mí no tengo*** I'm not very good at practicing what I preach
B (organismo) council, board
(Compuestos)
• **consejo de administración** board of directors
• **Consejo de Economía y Finanzas** (UE) Economic and Financial Affairs Council, Ecofin
• **consejo de estado** council of state
• **Consejo de Europa** Council of Europe
• **consejo de guerra** court-martial; **le formaron ~ de ~** he was court-martialed
• **consejo de ministros** (grupo) cabinet; (reunión) cabinet meeting; **el ~ de ~ de la UE** the Council of Ministers of the EU
• **Consejo de la Unión Europea** Council of the European Union
• **consejo de redacción** editorial board
• **Consejo de Seguridad** Security Council
• **Consejo Europeo** (UE) European Council
• **consejo escolar** school board (AmE), board of governors (BrE)

consell *m* (*pl* **-sells**) (en Valencia y Mallorca) regional parliament

conselleiría *f* department, ministry (*in the Galician regional government*)

conselleiro -ra *m,f* secretary, minister (*in the Galician regional government*)

conseller -llera *m,f* (*pl* **-llers**) secretary, minister (*in the regional government of Catalonia, Valencia or Majorca*)

consellería *f* (*pl* **-ríes**) department, ministry (*in the regional government of Catalonia, Valencia or Majorca*)

consenso *m* consensus; **intentan llegar a un ~** they are trying to reach agreement *o* a consensus; **todavía no existe ~ sobre qué es lo óptimo** there is still no consensus (of opinion) as to what is best; **fue aprobado por ~** it was carried by general consent *o* assent; **llegaron a una fórmula de ~** they achieved a formula acceptable to all involved; **el proyecto fue sometido a ~ en el parlamento** the bill was put to the vote in Parliament

consensuado -da *adj*: **un texto ~** a text agreed by consensus

consensual *adj* consensual, joint

consensualmente *adj* jointly

consensuar [A1] *vt* to reach a consensus on; **la decisión fue consensuada entre los dos ministerios** the decision was reached jointly by the two ministries, the two ministries reached a consensus on the decision

consentido[1] **-da** *adj* spoiled

consentido[2] **-da** *m,f*: **es un ~** he's spoiled

consentidor -dora *adj*: **una madre muy ~a** a mother who spoils her children, a very indulgent mother

consentimiento *m* **1** (autorización) consent, permission **2** **consentimientos** *mpl* (Col) (mimos) fussing, pampering

consentir [I11] *vt* **1** (permitir, tolerar) to allow; **¡no te consiento que me hables así!** I won't have you speak *o* I won't tolerate you speaking to me like that; **se lo consienten todo** they let him do *o* he's allowed to do whatever he likes **2** (mimar) ‹*niño*› to spoil; **su madre lo consiente demasiado** his mother lets him get away with too much *o* spoils him too much **3** (resistir, aguantar) to take
■ **consentir** *vi* **~ EN algo** to consent *o* agree TO sth; **consintió en apoyarlo** she agreed *o* consented to support him

conserje *mf* **1** (de un establecimiento público) superintendent (AmE), caretaker (BrE) **2** (de un colegio) custodian (AmE), janitor (esp BrE), caretaker (BrE) **3** (de un hotel) receptionist

conserjería *f* reception

conserva *f*: **latas de ~** cans *o* (BrE) tins of food, canned *o* (BrE) tinned food; **fábrica de ~s de pescado** fish canning factory; **carne/**

piña en ~ canned *o* (BrE) tinned meat/pineapple

conservable *adj* (Chi) *which keeps for a long time*; **leche ~** long-life milk

conservación *f* 1 (de alimentos) preserving 2 (Ecol) conservation; **la ~ de la naturaleza** nature conservation; **la ~ de especies protegidas** the protection *o* conservation of endangered species 3 (Arquit, Art) preservation; **la ~ de nuestros monumentos históricos** the conservation *o* preservation of our historical monuments; **el cuadro se halla en un lamentable estado de ~** the painting is in a terrible state of repair *o* preservation

conservacionismo *m* conservation

conservacionista[1] *adj* conservation (*before noun*)

conservacionista[2] *mf* conservationist

conservador[1] **-dora** *adj* 1 (Pol) ‹*partido/gobierno*› conservative 2 (tradicional) ‹*persona/ideas*› conservative; **es muy ~ en sus gustos** he's very conservative in his tastes

conservador[2] **-dora** *m,f* 1 (Pol) conservative 2 (de un museo) curator 3 **conservador** *m* (Coc) preservative

conservadurismo *m* conservatism

conservante *m* preservative

conservar [A1] *vt* 1 (mantener, preservar) ‹*alimentos*› to preserve; ‹*sabor/calor*› to retain; ‹*tradiciones/costumbres*› to preserve; **tenemos que aprender a ~ los recursos de la naturaleza** we must learn to conserve natural resources; **aún conserva algunos amigos de la infancia** he still has *o* he has kept some friends from his childhood; **conservo buenos recuerdos de aquella época** I have good memories of that time; **~ la calma/el buen humor** to keep calm, to keep* one's spirits up; **un régimen para ~ la línea** a diet to help you keep your shape; (+ *compl*): **conserva intactas sus facultades mentales** he is still in full possession of his mental faculties; **todavía conserva vivos los ideales de su juventud** she has kept alive the ideals of her youth 2 (guardar) ‹*cartas/fotografías*› to keep; Ⓢ **consérvese en lugar fresco** keep *o* store in a cool place

■ **conservarse** *v pron* 1 ‹‹*alimentos*›› to keep; **se conserva durante meses** it keeps for months 2 (perdurar) to survive; **aún se conservan algunos restos del palacio** some remains of the palace still survive; **tradiciones que se conservan en el sur** traditions which still endure *o* survive in the south 3 ‹‹*persona*›› (+ *compl*) to keep; **se conserva ágil/joven** she keeps herself in trim/young; **está muy bien conservada** she's very well preserved, she's very good for her age

conservatismo *m* (AmL) ▸**conservadurismo**

conservatorio *m* conservatory, conservatoire

conservero -ra *adj* canning (*before n*); **industria conservera** canning industry

considerable *adj* ‹*pérdidas*› considerable, heavy; ‹*cantidad/ganancia/cambios*› considerable, substantial; ‹*importancia/éxito*› considerable; **la tormenta causó ~s daños** the storm caused considerable *o* extensive damage; **revelaciones de ~ importancia** revelations of some *o* of considerable importance

consideración *f* 1 (atención) consideration; **sometió el tema a la ~ de los allí reunidos** he put the matter to those present for consideration; **en ~ a sus méritos** in recognition of her merits; **no tuvieron** *or* **tomaron en ~ su estado de salud** they did not take into consideration *o* account the state of his health 2 (miramiento) consideration; **tuvieron muchas consideraciones conmigo** they treated me very considerately *o* thoughtfully, they showed me a great deal of consideration; **la trataron sin ninguna ~** *or* **no tuvieron ninguna ~ con ella** they treated her most inconsiderately, they showed her no consideration; **¡qué falta de ~!** how thoughtless!; **no lo denunciaron por ~ a su familia** they didn't report him out of consideration for his family 3 (importancia): **de ~** ‹*problema*› important, serious; ‹*herida/daños*› serious 4 (AmL frml) (Corresp): **De mi mayor ~** Dear Sir/Madam 5 **consideraciones** *fpl* (razonamiento) considerations (*pl*)

considerado -da *adj* [SER] considerate; **es muy ~ con sus empleados** he's very considerate toward(s) his employees

considerando *m* legal reason

considerar [A1] *vt*

A 1 ‹*asunto/posibilidad*› to consider; ‹*oferta*› to consider, give … consideration; ‹*ventajas/consecuencias*› to weigh up, consider; **considera los pros y los contras** weigh up the pros and cons; **bien considerado, creo que …** all things considered, I think that …; **tenemos que ~ que ésta es su primera infracción** we must take into account that this is her first offense; **considerando que ha estado enfermo** considering (that) he's been ill 2 (frml) (tratar con respeto) to show consideration for, to consider

B (frml) (juzgar, creer) (+ *compl*) to consider; **fue considerado como una provocación** it was considered (to be) *o* (frml) deemed (to be) provocative; **eso se considera de mala educación** that's considered bad manners; **considero casi imposible que podamos llegar a un acuerdo** I believe it is *o* I consider it to be almost impossible for us to reach an agreement; **se le considera responsable del secuestro** he is believed to be responsible for the kidnapping; **está muy bien considerado** he is very highly regarded

■ **considerarse** *v pron* ‹‹*persona*›› (juzgarse) (+ *compl*) to consider oneself; **se considera afortunado** he considers himself (to be) very fortunate *o* lucky

consiga, consigas, etc ▸**conseguir**

consigna *f*

A (eslogan) slogan

B (orden) order, instruction; **cumplir/violar una ~** to carry out/defy an order *o* an instruction; **tenían la ~ de …** they had orders to …

C (para equipaje) checkroom (AmE), parcel check (AmE), left-luggage (office) (BrE)

(Compuesto) **consigna automática** (coin-operated *o* automatic) left-luggage locker

consignación *f*

A (depósito) 1 (de mercancías) consignment; **recibieron las cerámicas en ~** they took the ceramics on consignment 2 (Col) (de dinero) deposit 3 (Der) payment into court

B (frml) (envío) shipment, consignment (frml)

C (frml) (Fin) (asignación) allocation

consignador *m* consignor

consignar [A1] *vt*

A (depositar) 1 ‹*mercancías*› to consign 2 (Col) ‹*dinero/cheques*› to deposit 3 ‹*equipaje*› to check (AmE), to place *o* deposit … in left luggage (BrE) 4 (Der) to pay … into court

B (frml) ‹*hecho/dato*› to record; **consigne en sus envíos el código postal** use the zip code (AmE), use the postcode (BrE)

C (frml) (enviar) ‹*paquete/carga*› to dispatch, consign (frml)

D (frml) (asignar) to allocate

E ‹*precio/fecha*› to put in writing

F (Méx) (Der) ‹*presunto delincuente*› to bring … before the authorities

consignatario -ria *m,f* 1 (Com) consignee 2 (Der) trustee 3 (destinatario) addressee

(Compuesto) **consignatario de buques** shipping agent

consigo[1] *pron pers* 1 (con él) with him; (con ella) with her; (con uno) with you *o* one; **llevaba siempre ~ una foto de su difunto marido** she always carried a photograph of her deceased husband with her; **no llevaba todo el dinero ~** he didn't have all the money on him; **hablaba ~ misma** she was talking to herself; **si uno no está satisfecho ~ mismo** if you are not happy with yourself, if one is not happy with oneself; ***llevar*** *or* ***traer ~***: **la reforma trae ~ la necesidad de una remodelación total del sistema** the reform brings with it the need to totally restructure the system, the reform entails a total restructuring of the system 2 (con usted, ustedes) with you; **traiga/traigan ~ todo lo necesario** bring everything you'll need with you

consigo[2] ▸**conseguir**

consiguiente *adj* resulting (*before n*), consequent (*before n*) (frml); **la emigración hacia la ciudad y el ~ crecimiento de las barriadas marginales** migration to the city and the consequent *o* resulting growth of slum areas; **por ~** consequently, as a result, therefore

consiguientemente *adv* consequently, as a result, therefore

consistencia *f* 1 (de una mezcla, masa) consistency; **hasta que tenga la ~ adecuada** until it has the required consistency; **cuando la salsa tome ~** when the sauce begins to thicken 2 (de una teoría, un argumento) soundness, strength; **un argumento sin ~** a flimsy argument

consistente *adj*

A 1 ‹*salsa/líquido*› thick; ‹*masa*› solid 2 ‹*argumentación*› sound, strong, solid; ‹*tesis*› sound 3 (Andes, Méx) ‹*conducta/persona*› consistent; **~ con algo** consistent WITH sth

B (constituido) **~ en algo** consisting OF sth; **un premio ~ en un viaje a París** a prize consisting of a trip to Paris

consistir [I1] *vi*

A (expresando composición) **~ en algo** to consist OF sth; **el mobiliario consistía en una cama y unos estantes para libros** the furniture consisted of a bed and some bookshelves; **en eso consistía todo su vocabulario** that was the full extent of his vocabulary; **en eso consiste todo su capital** that's all his capital

B 1 (expresando naturaleza) **~ en algo**: **¿en qué consiste el juego?** what does the game involve?; **~ en + inf** to involve *o* entail -ING; **el trabajo consiste en traducir artículos de periódicos** the job involves *o* entails translating newspaper articles 2 (radicar) **~ en algo** to lie IN sth; **en eso consiste su gracia** that is what gives it its charm, that is where its charm lies; **el secreto consiste en usar aceite de oliva** the secret is to use olive oil, the secret lies *o* consists in using olive oil

consistorial *adj* 1 (Relig) consistorial 2 (del ayuntamiento) council (*before n*); **un pleno ~** a council meeting; ▸**casa**

consistorio *m* (Hist) consistory

consola *f*

A (mueble) console table

B 1 (panel de controles) console 2 (Mús) (de un órgano) console

consolación *f* ▸**premio**

consolador[1] **-dora** *adj* consoling, comforting

consolador[2] *m* dildo

consolar [A10] *vt* to console, comfort; **trató de ~la con palabras cariñosas** he tried to console *o* comfort her with kindly words; **si en algo te consuela** if it's any consolation to you

■ **consolarse** *v pron* (*refl*): **no se consuela de tan terrible pérdida** he hasn't got(ten) over this terrible loss; **me consuelo pensando que pudo haber sido peor** I take comfort *o* I find some consolation in the thought that it could have been worse; **se consuela emborrachándose** he drowns his sorrows in drink; **me fui de compras para ~me** I went shopping to cheer myself up

consolidación *f* 1 (de una situación, un acuerdo) consolidation; (de una amistad, relación) strengthening 2 (Fin) consolidation 3 (Mil) consolidation

consolidar [A1] *vt*

A 1 ‹*situación/posición/acuerdo*› to consolidate; ‹*amistad*› to strengthen 2 (Mil) to consolidate

B ‹*deuda/préstamo*› to consolidate; ‹*compañías*› to consolidate

■ **consolidarse** *v pron* ‹‹*situación/acuerdo*›› to be consolidated; ‹‹*amistad/relación*›› to grow stronger

consomé *m* consommé

C

consonancia *f* 1 (Ling, Lit) consonance 2 (Mús) harmony 3 **en consonancia con** in keeping with, in accordance with (frml)

consonante[1] *adj* consonant (*before n*)

consonante[2] *f* consonant

consonántico -ca *adj* consonantal

consonar [A10] *vi* 1 (Mús) to be in harmony, harmonize 2 (aconsonantar) to rhyme

consorciarse [A1] *v pron* (asociarse) to join forces, collaborate; (formar un consorcio) to form a consortium, go into partnership

consorcio *m* consortium; **~ bancario/de construcción** banking/construction consortium; **en ~ con la Cruz Roja** in conjunction with the Red Cross

consorte *mf* spouse (frml); ▸**príncipe**[2]

conspicuo -cua *adj* eminent, distinguished, illustrious

conspiración *f* conspiracy, plot

conspirador -dora *m,f* conspirator

conspirar [A1] *vi* to conspire, plot; **~ contra el régimen** to conspire *o* plot against the regime; **todo parece ~ en nuestra contra** everything seems to be conspiring against us; **~ A + algo: muchos factores ~on al fracaso del plan** many factors conspired to ruin the plan

constancia *f*

A (perseverancia) perseverance

B 1 (prueba) proof; **no hay/no tenemos ~ de ello** there is no/we have no proof of it; **una carta en la que dejaba ~ de su agradecimiento** a letter in which she expressed her gratitude; **que quede ~ que yo me opuse** I would like the record to show *o* I would like to place on record that I was opposed 2 (AmL) (documento) documentary *o* written evidence

constante[1] *adj*

A 1 (continuo) constant; **estaba sometido a una ~ vigilancia** he was kept under constant surveillance 2 ‹*tema/motivo*› constant

B (perseverante) persevering

constante[2] *f* 1 (Mat) constant 2 (característica) constant feature; **las escaseces han sido una ~ durante los últimos siete años** shortages have been a constant feature of the last seven years; **durante estas fechas las colas son una ~ en las tiendas** at this time of year queues are a regular feature in the shops; **una ~ en su obra** a constant theme in his work; **el malhumor es una ~ en él** he's always in a bad mood 3 **constantes** *fpl* (Med) *tb* **~s vitales** vital signs (*pl*)

constantemente *adv* constantly; **uno tiene que estar ~ encima de él** you have to be on top of him constantly *o* all the time

Constantino Constantine

Constantinopla *f* Constantinople

constar [A1] *vi*

A 1 (figurar): **como consta en el acta/informe** as stated *o* recorded in the minutes/report; **y para que así conste ...** (frml) *phrase used at end of official certificates (literally: so that this may be officially recorded)*; **hizo ~ su disconformidad** she stated her disagreement, she made her disagreement known; **hizo ~ en acta su oposición** he asked for his opposition to be noted *o* recorded in the minutes 2 (quedar claro): **alguien se lo dio y (que) conste que no fui yo** someone gave it to him and it certainly wasn't me *o* it wasn't me, I can tell you; **lo perdió todo — (que) conste que yo se lo advertí** she lost everything — I did warn her, you know *o* well, I did warn her; **yo nunca dije eso, que conste** just to set the record straight, I never actually said that; **habla muy bien inglés, y conste que hace sólo un año que lo estudia** she speaks very good English, and she's only been studying it for a year, you know; (+ *me/te/le etc*): **me consta que no tuvo nada que ver con este asunto** I know for a fact that she had nothing to do with this matter

B (estar compuesto de) **~ DE algo** to consist OF sth; **consta de una serie de lecciones, respaldadas con películas** it consists of a series of lessons backed up by films; **el juego de mesa consta de 48 piezas** it's a 48-piece dinner service, the dinner service is made up of *o* comprises 48 pieces; **la obra consta de tres volúmenes** the work is in three volumes

constatable *adj* evident

constatación *f* verification

constatar [A1] *vt* 1 (notar) to verify (frml); **usted puede ~ el hecho por sí mismo** you can see for yourself, you can verify the fact for yourself; **pudo ~ que la muerte se había producido por asfixia** he was able to establish that death had been caused by suffocation 2 (afirmar) to state

constelación *f* constellation; **una ~ de estrellas de cine** a galaxy of movie (AmE) *o* (BrE) film stars

constelado -da *adj* starry

consternación *f* consternation, dismay; **lo que dijo me produjo una profunda ~** I was profoundly dismayed at what he said, his words caused me great consternation *o* dismay

consternar [A1] *vt* to fill ... with dismay; **aquella noticia nos dejó consternados** the news filled us with dismay *o* consternation

■ **consternarse** *v pron* to be dismayed; **quedó consternado al oír aquello** he was dismayed to hear that

constipación *f*: *tb* **~ intestinal** *or* **de vientre** constipation

constipado[1] **-da** *adj* 1 (resfriado): **está muy ~** he has a bad cold 2 (AmL) (estreñido) constipated

constipado[2] *m* cold; **pescar/coger/agarrar un ~** to catch a cold

constiparse [A1] *v pron* to catch a cold

constitución *f*

A (establecimiento) setting-up; **la ~ de una sociedad anónima** the setting-up *o* incorporation of a limited company

B (de un país) constitution; **jurar la C~** to swear allegiance to the Constitution

C 1 (complexión) constitution; **un hombre de ~ fuerte/débil** a man with a strong/weak constitution 2 (composición) makeup

> **Constitución Española**
>
> The current Spanish Constitution was approved in the ▸**Cortes Generales** in December 1978. It describes Spain as a parliamentary monarchy, gives sovereign power to the people through universal suffrage, recognizes the plurality of religions, and transfers responsibility for defense from the armed forces to the government.
>
> The Constitution was generally well received, except in the Basque Country, whose desire for independence it did not satisfy. It is considered to have facilitated the successful transition from dictatorship to democracy.

constitucional *adj* constitutional

constitucionalidad *f* constitutionality

constitucionalista *adj* 1 (Der, Gob, Pol): **generales ~s** generals who respect the Constitution 2 ‹*abogado*› constitutional

constitucionalizar [A4] *vt* to enshrine ... in the constitution, write ... into the constitution

constitucionalmente *adv* constitutionally

constituir [I20] *vt* (frml) 1 (componer, formar) to make up; **el consejo está constituido por siete miembros** the board is made up of seven members; **las personas que constituyen el jurado** the people who make up *o* form *o* (frml) constitute the jury 2 (ser, representar) to represent, constitute (frml); **eso no constituye un impedimento** that does not represent *o* constitute an obstacle; **esta acción no constituye delito** this action does not constitute a crime; **recibir este premio constituye un honor para mí** I am very honored to receive this award, I deem it an honor to receive this award (frml); **esto constituye una excepción** this is an exception 3 (crear) ‹*comisión/organismo/compañía*› to set up, establish, constitute (frml) 4 (nombrar) to name; **lo constituyó heredero universal** she named him as her sole heir, she made him her sole heir

■ **constituirse** *v pron* (frml) 1 (erigirse) **~se EN algo** to become sth; **la región se constituyó en una nación independiente** the region became an independent nation 2 (reunirse) **~se EN algo** to form sth, form oneself INTO sth; **los trabajadores acordaron ~se en asamblea permanente** the workers agreed to form a permanent assembly

constitutivo -va *adj* ‹*elemento/parte*› constituent (*before n*); **hechos ~s de delito** acts which constitute a crime

constituyente[1] *adj* 1 ▸**constitutivo** 2 ‹*asamblea/congreso*› constituent (*before n*)

constituyente[2] *m* 1 (Der, Pol) constituent member 2 (Ling) constituent

constreñir [I15] *vt*

A (frml) (forzar) to constrain (frml); **me vi constreñido a aceptar** I felt constrained *o* obliged *o* compelled to accept; **actuó constreñido por las circunstancias** circumstances forced *o* compelled *o* obliged him to act as he did

B (limitar) to restrict; **vivo constreñido a un mísero presupuesto** I live on a very limited budget; **un ámbito de actuación muy constreñido** a very restricted sphere of action; **como el espacio nos constriñe** as we don't have much space, as we're limited by space

C (Med) to constrict

■ **constreñirse** *v pron* to restrict oneself; **he tenido que ~me en los gastos** I've had to cut back on my spending; **~se A algo** to restrict oneself TO sth

constricción *f* constriction

constrictor -tora *adj* constrictor (*before n*)

construcción *f*

A (acción) construction, building; **en ~** under construction; **vivienda de muy mala ~** jerry-built housing, very poorly built *o* constructed housing; **materiales de ~** building *o* construction materials; **usen regla y compás para la ~ del triángulo** use a ruler and compasses to construct the triangle; **trabajemos juntos en la ~ de una sociedad más justa** let's work together to create a fairer society

B 1 (sector) building, construction; **obrero de la ~** a construction *o* building worker; **la industria de la ~ naval** the shipbuilding industry 2 (edificio) building, construction; (otra estructura) construction, structure

C (Ling) construction

constructivismo *m* constructivism

constructivista *adj/mf* constructivist

constructivo -va *adj* constructive

constructo *m* construct

constructor[1] **-tora** *adj* building (*before n*), construction (*before n*); **empresa** *or* **sociedad ~a** construction company

constructor[2] **-tora** *m,f* 1 (Const) builder, building contractor 2 (de coches) manufacturer 3 **constructora** *f* construction company, building firm

construir [I20] *vt* 1 ‹*edificio/barco/puente*› to build 2 ‹*figura geométrica*› to construct 3 ‹*frases/oraciones*› to construct 4 ‹*sociedad/mundo*› to build; **~ un nuevo mundo** to build a new world

construya, etc ▸**construir**

consubstanciación *f* consubstantiation

consubstancial *adj* (frml) **~ A algn** innate IN sb (frml); **~ A algo: la humedad es ~ a las selvas tropicales** humidity is an inherent characteristic of tropical forests

consuegro -gra *m,f*

A (*m*) *father-in-law of one's son or daughter*

B (*f*) *mother-in-law of one's son or daughter*

consuelda *f* comfrey

consuelo *m* consolation, comfort; **palabras de ~** words of comfort *o* consolation; **encontrar ~ en algo/algn** to find comfort *o* consolation in sth/sb; **lloraba sin ~** she was crying inconsolably

consuetudinario -ria *adj* habitual, customary; **es un borracho ~** he's a hardened *o* confirmed drinker; ▸**derecho**[3]

cónsul *mf*
A (agente diplomático) consul
(Compuesto) **cónsul general** consul general
B (Hist) consul
consulado *m* (oficina) consulate; (cargo) consulship
consular *adj* consular
consulta *f*
A (pregunta, averiguación): **¿te puedo hacer una ~?** can I ask your advice *o* ask you something?; **este problema queda pendiente de ~** this matter is awaiting consultation; **de ~** ‹*biblioteca/libro*› reference (*before n*)
(Compuesto) **consulta popular** referendum, plebiscite
B (Med) **1** (entrevista) consultation; **¿cuánto cuesta la ~?** how much does the consultation cost?; **¿a qué horas pasa** *or* **tiene ~s el Dr. Sosa?** what are Dr Sosa's office hours (AmE) *o* (BrE) surgery times?; **Ⓢ horas de consulta** surgery hours; **el doctor está en ~ con un paciente** the doctor is seeing a patient; **~ a domicilio** home *o* house visit **2** (reunión) conference **3** (consultorio) office (AmE), practice (AmE), surgery (BrE); **abrir** *or* **instalar una ~** to open a practice *o* surgery
C (Der) *obligatory review of certain sentences by a higher court*
consultar [A1] *vt*
A **1** ‹*persona/obra*› to consult; **consulté a un abogado/especialista** I consulted a lawyer/specialist; **lo decidió sin ~me** he took the decision without consulting me; **consulta el diccionario** consult the dictionary, look it up in the dictionary **2** ‹*dato/duda*› to look up; **~ algo CON algn** to consult sb ABOUT sth; **tendré que ~lo con mi esposa** I'll have to consult my wife *o* talk to my wife about it
B (Chi frml) (disponer) to provide
■ **consultar** *vi* **~ CON algn** to consult sb; **no tomes una decisión sin antes ~ con él** don't make a decision without consulting him *o* talking to him first
consulting /kon'sultin/ *m* (*pl* **-tings**) ▸**consultoría**
consultivo¹ -va *adj* consultative; **organismo ~** consultative body
consultivo² *m* (Chi) meeting
consultor¹ -tora *adj* consulting (*before n*)
consultor² -tora *m,f* consultant; **~ jurídico** legal consultant *o* adviser
consultoría *f* **1** (servicio) consultancy; **servicio de ~ y auditoría** auditing and consultancy service **2** (oficina) consultancy **3** (empresa) consultancy firm
(Compuesto) **consultoría de administración** *or* **gestión** management consultancy
consultorio *m* **1** (de un médico, dentista) office (AmE), practice (AmE), surgery (BrE); (de un abogado) office **2** (consultoría) consultancy
(Compuesto) **consultorio sentimental** (de una revista) problem page; (en la radio) phone-in (*about personal problems*)
consumación *f* (frml) **1** (de un matrimonio) consummation **2** (de un crimen): **la oportuna intervención policial impidió la ~ del atentado** the timely intervention of the police prevented the attack from being carried out *o* (frml) perpetrated
(Compuesto) **consumación de los siglos** (liter): **la ~ de los ~** the end of time
consumado -da *adj* ‹*deportista/artista*› accomplished, consummate (frml); ‹*mentiroso*› consummate; **es un imbécil ~** (iró) he's an absolute idiot
consumar [A1] *vt* (frml) **1** ‹*matrimonio*› to consummate **2** ‹*crimen/robo*› to carry out, commit, perpetrate (frml); ‹*ataque/atentado*› to carry out, perpetrate (frml)
■ **consumarse** *v pron* (frml): **con este gol se consumó la victoria** this goal sealed their win; **el golpe de estado que se consumó en junio del 78** the coup which took place in June 1978
consumible *adj* consumable
consumibles *mpl* consumables (*pl*)

consumición *f* **1** (acción de consumir) consumption **2** (bebida): **la entrada incluye una ~** the price of admission includes a drink; **el precio de la ~ es de 2 euros** drinks cost 2 euros; **pagó las consumiciones** *or* **la ~** he paid for the drinks/for everything they (*o* we etc) had
(Compuesto) **consumición mínima** minimum charge
consumido -da *adj* [ESTAR] emaciated; **no lo reconocí, lo encontré ~** I didn't recognize him, he looked so thin and drawn *o* he looked emaciated; *ver tb* **consumir**
consumidor¹ -dora *adj* **~ DE algo**: **las empresas ~as de petróleo** oil-consuming companies; **los países ~es de este cereal** the countries which consume this cereal
consumidor² -dora *m,f* consumer; **proteger al ~** to protect the consumer; **somos grandes ~es de carne vacuna** we are great consumers of beef *o* beef consumers, we consume a lot of beef
consumir [I1] *vt*
A **1** (frml) ‹*comida/bebida*› to consume (frml); **si no van a ~ nada no pueden ocupar la mesa** if you're not going to have anything to eat/drink, you can't sit at a table; **consuma productos nacionales** buy home-produced goods; **estos niños consumen cantidades industriales de mermelada** (hum) these children get through vast quantities of jam (colloq & hum); **una vez abierto consúmase en el día** once open, eat *o* consume within one day; **¿cuánto vino se consumió en la recepción?** how much wine was drunk at the reception?, how much wine did they get through at the reception? (colloq) **2** ‹*gasolina/energía/producto*› to consume, use; ‹*tiempo*› to take up; **este coche consume ocho litros a los 100 (kilómetros)** this car does 100km on 8 liters of gasoline, ≈ this car does 35 miles to the gallon; **aquí consumimos grandes cantidades de papel** we use *o* get through vast quantities of paper here; **estás consumiendo mi paciencia** you're trying *o* taxing my patience, my patience is running out *o* wearing thin
B (destruir, acabar con) «*fuego/llamas*» to consume; «*incendio*» to consume, destroy; **la terrible enfermedad que lo está consumiendo** the terrible disease that is making him waste away; **la ambición la consume** she is burning with ambition; **está consumido por los celos** he's eaten up *o* consumed with jealousy
■ **consumirse** *v pron* **1** «*enfermo/anciano*» to waste away; **~se DE algo**: **se consumía de celos** he was consumed *o* eaten up with jealousy; **se consumía de pena** she was being consumed by grief, she was pining away with grief; **~se EN algo**: **se consumía en deseos de volver a verla** (liter) he had a burning desire to see her again (liter), he was consumed with desire to see her again (liter) **2** «*vela/cigarrillo*» to burn down **3** «*líquido*» to reduce; **se deja hervir para que se consuma algo el líquido** boil off *o* away some of the liquid, leave it on the boil to reduce the liquid *o* so that the liquid reduces **4** (achicarse) to shrink
consumismo *m* consumerism
consumista *adj*: **es una sociedad ~ como la nuestra** it is a consumer society like ours; **piensa que la juventud de hoy es muy ~** he thinks that young people today are very materialistic
consumo *m* consumption; **motores de bajo ~** engines with low gas (AmE) *o* (BrE) petrol consumption; **el ~ habitual de este fármaco** taking this drug regularly *o* (frml) regular consumption of this drug; **un alto ~ de grasas animales** a high intake of animal fats; **tenemos que cuidar el ~ de electricidad** we must watch how much electricity we use, we must be careful with our electricity consumption
(Compuesto) **consumo mínimo** (AmL) minimum charge
consunción *f* (enfermedad) consumption; (adelgazamiento) wasting away
consuno *m* (frml): **lo decidieron de ~** they decided by common consent *o* mutual agreement *o* mutual consent; **actuaron de ~** they acted with one accord (frml)
consustanciación *f* ▸**consubstanciación**
consustancial *adj* ▸**consubstancial**
contabilidad *f* **1** (ciencia) accounting **2** (profesión) accountancy **3** (cuentas) accounts (*pl*), books (*pl*); **lleva la ~** she does the accounts *o* the books
(Compuesto) **contabilidad creativa** creative accounting *o* accountancy
contabilizadora *f* adding machine
contabilizar [A4] *vt* **1** (en contabilidad) to enter **2** (contar) to count; **estos casos se contabilizan con los dedos de una mano** cases like these can be counted on the fingers of one hand
contable¹ *adj* countable
contable² *mf* (Esp) accountant
contactar [A1] *vi* **~ CON algn** to contact sb, get in touch WITH sb
■ **contactar** *vt* to contact
contacto *m*
A **1** (entre dos cuerpos) contact; **estar/entrar en ~** to be in/come into contact; **los cables no están haciendo ~** the wires are not making contact **2** (comunicación) contact; **todos nos mantenemos en ~** we all keep in touch *o* contact, we're all still in touch with each other; **me puso en ~ con un abogado** he put me in touch *o* contact with a lawyer; **póngase en ~ con su agencia de viajes** contact your travel agent, get in touch with your travel agent **3** (entrevista, reunión) encounter
B (persona, conocido) contact
C (Auto) ignition
D (foto) contact print; (tira de fotos) contact sheet
E (Méx) (Elec) socket, power point
contada *f* (Chi fam) count; **échales una ~ para ver si están todas** do a quick count *o* headcount to see if everyone's here
contado¹ -da *adj* few; **en contadas oportunidades** on (a) very few occasions; **son ~s los que lo saben** only a very few people know, very few people know; **salimos con los minutos ~s** we left with only a few minutes to spare; **el régimen tenía los días ~s** the days of the régime were numbered, the régime was living on borrowed time
contado² *m*
A **al contado** *or* (Col) **de contado** **1** (*loc adj*) ‹*pago/precio/venta*› cash (*before n*) **2** (*loc adv*) ‹*pagar*› in cash; **lo compré/pagué al ~** I paid cash for it, I paid for it in cash, I paid cash on the line (AmE) *o* (BrE) on the nail (colloq); ***al ~ rabioso*** (hum): **sólo vendo al ~ rabioso** I only take hard cash
B (Col) (cuota, plazo) installment*
contador¹ *m* **1** (de la luz, del gas) meter; (taxímetro) meter, taximeter; **leer el ~** to read the meter **2** (AmL) (ábaco) abacus
(Compuesto) **contador (de) geiger** geiger counter
contador² -dora *m,f* (AmL) accountant
(Compuesto) **contador público, contadora pública** (AmL) certified public accountant (AmE), chartered accountant (BrE)
contaduría *f* **1** (oficina) accounts department *o* office, accounts **2** (AmL) (profesión) acccountancy, accounting
contagiar [A1] *vt* ‹*enfermedad*› (+ *me/te/le etc*) to pass on, transmit (tech); **me ha contagiado la gripe que tenía** she has given me her flu *o* passed her flu on to me; **al final me contagió su miedo** in the end he got me scared as well
■ **contagiarse** *v pron* **1** «*persona/animal*» to become infected; **Pedrito tiene sarampión y ahora se ha contagiado Cristina** Pedrito has measles and now Cristina has caught it; **~se DE algo**: **se contagió de la enfermedad** she caught the disease; **todos se ~on de su alegría** everyone was infected by his cheerfulness **2** «*enfermedad*» to spread, be transmitted; «*manía/miedo*» to spread; **la varicela se contagia con mucha facilidad** chickenpox is very contagious

contagio *m* (por contacto directo) contagion; (por contacto indirecto) infection

contagioso -sa *adj* 1 (que se transmite por contacto — directo) contagious; (— indirecto) infectious; **no es ~** it isn't contagious *o* (colloq) catching 2 ‹*risa/alegría*› infectious

container /kon'tejner/ *m* (*pl* **-ners**) container

contaminación *f* 1 (del mar, aire) pollution; (de agua potable, comida) contamination; (por radiactividad) contamination 2 (de una lengua, cultura) corruption

(Compuestos)
- **contaminación acústica** noise pollution
- **contaminación genética** genetic pollution

contaminador[1] -dora *adj* pollutant

contaminador[2] -dora *m,f* polluter, pollutant

contaminante *m* pollutant, contaminant

contaminar [A1] *vt* 1 ‹*mar/atmósfera*› to pollute; ‹*agua potable/comida*› to contaminate; (por radiactividad) to contaminate 2 ‹*lengua/cultura*› to corrupt

contante *adj*: **no quiero cheques, a mí dame dinero ~ y sonante** I don't want any checks, I'll only take hard cash

contar [A10] *vt*

(Sentido I)

A ‹*dinero/votos*› to count; **15 días a ~ desde la fecha de notificación** 15 days starting from the date of notification; **está contando los días que faltan para que llegues** he's counting the days until you arrive

B 1 (incluir) to count; **a mí no me cuentes entre sus partidarios** don't include me among his supporters; **lo cuento entre mis mejores amigos** I consider him (to be) one of my best friends; **sin ~ al profesor somos 22** there are 22 of us, not counting the teacher; **y eso sin ~ las horas extras** and that's without taking overtime into account *o* without including overtime 2 (llevar): **contaba ya veinte años** (frml o liter) she was then twenty years old; **la asociación cuenta ya medio siglo de vida** (frml) the association has now been in existence for half a century (frml)

(Sentido II) ‹*cuento/chiste/secreto*› to tell; **no se lo cuentes a nadie** don't tell anyone; **cuéntame qué es de tu vida** tell me what you've been doing *o* (colloq) what you've been up to; **¡y a mí me lo vas a ~!** (fam) you're telling me! *o* don't I know! *o* tell me about it! (colloq); **abuelito, cuéntame un cuento** grandpa, tell me a story; **es una historia muy larga de ~** it's a long story; **¡cuéntaselo a tu abuela!** (fam) go tell it to the marines! (AmE colloq), come off it! (BrE colloq); **¿qué cuentas (de nuevo)?** (fam) how're things? (colloq), what's up? (AmE colloq)

■ **contar** *vi*

A 1 (Mat) to count; **cuenta de diez en diez** count in tens; **cuenta hasta 20** count (up) to 20; **cuatro tiendas, dos bares ... y para de ~** four stores, two bars and that's it 2 (importar, valer) to count; **para él lo único que cuenta es el dinero** for him the only thing that counts is money *o* the only thing that matters to him is money; **¿este trabajo cuenta para la nota final?** does this piece of work count toward(s) the final grade?; **este ejercicio cuenta por dos porque es muy largo** this exercise counts as two because it's very long; **a efectos impositivos, estos ingresos no cuentan** this does not count as taxable income; **lo que cuenta es el gesto** it's the thought that counts

B **contar con** 1 ‹*persona/ayuda/discreción*› to count on, rely on; **¿puedo ~ con tu colaboración?** can I count on your help?; **cuento contigo para la fiesta** I'm counting *o* relying on you being at the party; **no cuentes conmigo para mañana, tengo una cita con el médico** don't expect me there tomorrow, I've got a doctor's appointment; **yo me opongo, así es que no cuentes conmigo** I'm against it, so you can count me out 2 (prever) to expect; **no contaba con que hiciera tan mal tiempo** I wasn't expecting the weather to be so bad, I hadn't bargained for *o* allowed for such bad weather; **no habíamos contado con este contratiempo** we hadn't expected *o* anticipated *o* (colloq) we hadn't reckoned on this setback 3 (frml) (tener) to have; **el hotel cuenta con piscina, gimnasio y sauna** the hotel has *o* is equipped with *o* offers *o* boasts a swimming pool, gym and sauna; **no contamos con los elementos de juicio necesarios** we do not have *o* possess the necessary knowledge; **los sindicatos ~án con representación en este organismo** the unions will be represented in this organization

■ **contarse** *v pron* 1 (frml) (estar incluido) **~se ENTRE algo**: **se cuenta entre los pocos que tienen acceso** she is numbered among the few who have access (frml), she is one of the few people who have access; **sus partidarios, entre quienes me cuento** their supporters, and I count myself as one of them *o* (frml) their supporters, and I number myself among them; **su nombre se cuenta entre los finalistas** her name figures *o* appears among the finalists; **su novela se cuenta entre las mejores del año** his novel is among *o* is numbered among the year's best 2 **¿qué te cuentas?** how's it going? (colloq), how's things? (colloq)

contemplación *f*

A 1 (observación) contemplation 2 (Relig) meditation, contemplation; **ha dejado el trabajo, ahora se dedica a la ~** (hum) he has given up his job and now he sits around contemplating his navel (hum)

B **contemplaciones** *fpl* (miramientos): **no te andes con contemplaciones** don't bother with the niceties; **tienes demasiadas contemplaciones con él** you're too soft on *o* lenient with him; **lo echaron sin muchas contemplaciones** they threw him out without ceremony *o* unceremoniously

contemplar [A1] *vt*

A 1 ‹*paisaje/cuadro*› to gaze at, contemplate; **desde el balcón se contempla un panorama precioso** there is a wonderful view from the balcony; **a la izquierda pueden ustedes ~ el Palacio Real** on the left you can see the Royal Palace 2 ‹*obra/artista*› to examine, study 3 ‹*posibilidad/idea*› to consider; **la nueva propuesta contempla un aumento del 5%** the new proposal envisages the possibility of a 5% rise; **la legislación actual no contempla este caso** there is no provision for a situation of this kind in the current legislation *o* the current legislation does not provide for a situation of this kind; **no tengo contemplado ir** I'm not thinking of going

B (complacer) to spoil

contemplativo -va *adj* contemplative

contemporáneo[1] -nea *adj* 1 (coetáneo) contemporary; **ser ~ DE algn** to be a contemporary OF sb, be contemporary WITH sb 2 ‹*historia/arte*› contemporary

contemporáneo[2] -nea *m,f* contemporary

contemporización *f* spirit of compromise; **política de ~** policy of appeasement

contemporizador -dora *adj* accommodating; **~ CON algo/algn** accommodating TOWARD(S) sth/sb, compliant WITH sth/sb

contemporizar [A4] *vi* to be tolerant *o* accommodating; **~ CON algn** to be tolerant WITH *o* accommodating TOWARD(S) sb

contención *f*

A 1 (de gastos, precios): **medidas de ~ del gasto público** measures to limit *o* restrict public spending; **la ~ del desempleo es nuestro principal objetivo** our main aim is to contain unemployment *o* keep unemployment in check 2 (de agua, tierra) containment

B (de pasiones) continence

C (Der) suit

contencioso[1] -sa *adj* 1 ‹*persona*› contentious 2 (Der) litigious; ▸**vía[1]**

contencioso[2] *m* dispute

(Compuesto) **contencioso administrativo** (en Esp) *court case brought against the State by an individual or organization*

contender [E8] *vi* to compete, fight; **~ en unas elecciones** to fight an election

contendiente *mf* (para un título, premio) contender; (en un duelo, combate) adversary

contenedor *m* container; (para basuras) bin, container; (para escombros) dumpster® (AmE), skip (BrE); **~ de basura con ruedas** trash container (with wheels) (AmE), wheely bin (BrE colloq); **~ de recogida de vidrio** bottle bank

contener [E27] *vt*

A «*recipiente/producto/mezcla*» to contain; **la carta contenía acusaciones muy serias** the letter contained some very serious accusations; **Ⓢ contiene lanolina** contains lanolin

B (parar, controlar) ‹*infección/epidemia*› to contain; ‹*respiración*› to hold; ‹*risa/lágrimas*› to contain (frml), to hold back; ‹*invasión/revuelta*› to contain; **la policía intentaba ~ a la gente** the police tried to hold back *o* contain *o* restrain the crowd; **dejó estallar aquella furia contenida** he let out all that pent up *o* bottled up rage

■ **contenerse** *v pron* (*refl*) to contain oneself; **no me pude ~ y me eché a llorar** I couldn't contain myself and I burst into tears; **tuve que ~me para no insultarlo** it was all I could do not to insult him, I had to control myself to stop myself insulting him

contenido[1] -da *adj* self-controlled *ver tb* **contener**

contenido[2] *m*

A (de un recipiente, producto) contents (*pl*); **verter el ~ en una jarra** empty the contents into a jug; **revisaron el ~ de las cajas** they checked the contents of the boxes; **Ⓢ contenido: 20 grageas** contains 20 tablets; **Ⓢ contenido inflamable** inflammable, contents inflammable

B (cantidad contenida) content ; **~ vitamínico** vitamin content; **con bajo ~ de grasa** low in fat

C (de una obra, un discurso) content ; **un libro de alto ~ político y social** a book with important political and social content; **el ~ ideológico de la obra** the ideological content of the work

D **contenidos** *mpl* (Educ, Inf) content; **proveedor de ~s** content supplier

contentar [A1] *vt*: **¡qué difícil de ~ eres!** you're so hard to please!; **es imposible ~ a todos** it's impossible to please everybody; **pretenden ~nos con promesas** they're trying to keep us happy with promises

■ **contentarse** *v pron* **~se CON algo**: **se contenta con muy poco** he's easy to please *o* it doesn't take much to make him happy; **no se contenta con nada** she's never satisfied with anything; **no hay cerveza, así que vas a tener que ~te con jugo de naranja** there's no beer, so you'll have to make do with orange juice; **no se contentó con gritarle, tuvo que humillarlo delante de todos** not content with shouting at him, she then had to humiliate him in front of everyone; **me ~ía con que me llamase** I'd be happy if she just called me

contento[1] -ta *adj* 1 [ESTAR] (feliz, alegre) happy; **se puso muy ~ al oír que venías** he was very happy *o* pleased *o* glad to hear you were coming; **se puso a trabajar con el corazón ~** she set to work happily *o* with a light heart; **está muy ~ en su nuevo trabajo** he's very happy *o* contented in his new job; **~ CON algo/algn** happy WITH sth/sb; **están muy ~s con la casa** they're very happy *o* pleased with the house 2 (satisfecho) happy, content; **~ CON algo**: **no se quedó muy contenta con el regalo** she wasn't very happy *o* pleased with the present; **están ~s con su suerte** they are content *o* happy with their lot; **no ~ con que le prestara el coche, pretendía que pagase el peaje** not content *o* satisfied with me lending him the car, he expected me to pay for the tolls as well; ***darse por ~*** to consider *o* count oneself lucky; ***quedarse tan ~*** (fam): **les enchufas la tele y se quedan tan ~s** you just stick them in front of the TV and they're quite happy (colloq); **lo dijo mal y se quedó tan ~** he said it wrong but just carried on regardless *o* but he wasn't at all fazed (colloq)

contento[2] *m* (liter) happiness, joy; **dando grandes muestras de ~ se dirigió al estrado** she showed great delight as she went up to the stage; **no cabía en sí de ~** he was beside himself with joy, he was overjoyed

conteo *m*
A (de accidentes, de votos) number
B (AmL) (en boxeo) count
(Compuesto) **conteo regresivo** countdown

contera *f* tip, ferrule

contertulio -lia *m,f: member of the same* ▸**tertulia**

contesta *f* (AmL arg) answer

contestación *f*
A (respuesta) answer, reply; **me dio una ~ que no me gustó nada** I didn't like the way he answered one bit; **quedo a la espera de su ~** (Corresp) I look forward to (receiving) your reply
B (oposición) opposition, protest; **~ A algo** opposition TO sth, protest AGAINST sth
C (Der) plea

contestado -da *adj* disputed, controversial

contestador[1] -dora *adj* (CS fam) fresh (AmE colloq), cheeky (BrE colloq); **es muy ~** he's always answering back

contestador[2] -dora *m,f*
A (CS fam) nervy *o* mouthy brat (AmE colloq), cheeky brat (BrE colloq)
B 1▸ **contestador** *m* (Tel) *tb* **~ automático** answering machine, answerphone 2▸ **contestadora** *f* (AmL) (Tel) *tb* **~a automática** *or* **de teléfonos** answering machine, answerphone

contestar [A1] *vt* ‹*pregunta/teléfono*› to answer; ‹*carta*› to answer, reply to; **me contestó que no** he said no
■ **contestar** *vi* 1▸ (a una pregunta) to answer; (a una carta) to answer, reply; **me escribió pero no pienso ~le** she wrote to me but I don't intend writing back; **llamé varias veces, pero no contestaba nadie** I phoned several times but no-one answered; **a ver si me contestas antes del lunes** try to let me have an answer by Monday 2▸ (insolentarse) to answer back; **no me contestes** don't answer (me) back

contestatario[1] -ria *adj* anti-establishment, rebellious

contestatario[2] -ria *m,f* rebel

contestón[1] -tona *adj* (fam) fresh (AmE colloq), cheeky (BrE colloq); **es muy ~** he's always answering back

contestón[2] -tona *m,f* (fam) nervy *o* mouthy brat (AmE colloq), cheeky brat (BrE colloq)

contexto *m* 1▸ (en un texto) context; **fuera de ~** out of context; **poner algo en ~** to put sth into context 2▸ (marco, coyuntura) context

contextualizar [A4] *vt* contextualize

contextura *f* (frml) 1▸ (estructura) make-up, contexture (frml) 2▸ (de una persona) build

contienda *f* (entre países, facciones) conflict; (entre compañías, equipos) competition; **la ~ intensa entre las tres compañías** the fierce competition between the three companies; **mantuvieron una reñida ~ por la presidencia** they fought a fierce contest for the presidency

contigo *pron pers* with you; **¿puedo ir ~?** can I go with you?; **¿ese niño está ~ en la clase?** is that child in your class?; **ha sido muy amable ~** she's been very kind to you; **¿tienes dinero ~?** do you have any money on *o* with you?; **¿estás en paz ~ misma?** are you at peace with yourself?

contigüidad *f* nearness, closeness

contiguo -gua *adj* ‹*propiedad/terreno*› adjoining, contiguous (frml); ‹*habitación*› adjoining, adjacent

continencia *f* continence

continental *adj* continental

continente *m*
A (Geog) continent
B (envase, envoltura) container; **vale más el ~ que el contenido** the container is worth more than the contents

contingencia *f* contingency, eventuality; **debemos prever cualquier ~** we must be prepared for any eventuality *o* contingency; **en una ~ podemos echar mano de los ahorros** if the need arises we can fall back on our savings

contingentación *f* establishment of quotas; **propuso la ~ de las importaciones** he proposed the establishment of import quotas

contingente *m*
A (grupo, cuadrilla) contingent; **fuertes ~s de la policía** a large police contingent
B (cuota, cupo) quota

continuación *f*
A 1▸ (acción) continuation; **la lluvia impidió la ~ del espectáculo** rain made it impossible for the show to continue 2▸ (de una calle) continuation; (de una obra): **la semana que viene podremos ver la ~ de esta serie** this series will be continued next week; **esta novela es la ~ de 'Rosana'** this novel is the sequel to 'Rosana'
B **a continuación** (frml): **por los motivos que se exponen a ~** for the reasons set out *o* stated below; **a ~ pasamos a informar de la actualidad internacional** and now the foreign news; **a ~ hizo uso de la palabra el presidente de la institución** the president of the establishment then addressed the meeting; **a ~ de** after, following; **a ~ del discurso de apertura se procedió a la entrega de premios** after *o* following the opening speech, the prizegiving commenced

continuadamente *adv* continuously

continuado *m* (CS) movie theater (AmE) *o* (BrE) cinema (*with continuous performances*)

continuador -dora *m,f*: **los ~es de su obra** those who will carry on/who continued his work, the continuators of his work (frml); **su labor ha tenido digna ~a en Concepción Pérez** her work has been ably continued by Concepción Pérez; **un ~ de aquella política nefasta y corrupta** a perpetuator of those damaging and corrupt policies

continuamente *adv* 1▸ (con frecuencia, repetidamente) continually, constantly; **el teléfono ha estado sonando ~** the phone has been ringing continually *o* constantly *o* nonstop, the phone hasn't stopped ringing 2▸ (sin interrupción) continuously; **hay que estar ~ pendiente de él** you have to be at his beck and call the whole time *o* all the time; **llovió ~ durante cuatro días** it rained continuously *o* constantly for four days

continuar [A18] *vt* to continue; **va a ~ sus estudios en el extranjero** she's going to continue her studies abroad; **continuó su vida como si nada hubiera pasado** he went on with *o* continued with his life as if nothing had happened; **sus discípulos ~on su obra** her disciples carried on *o* continued her work; **continuemos la marcha** let's go on *o* carry on; **—y eso sería un desastre —continuó** and that would be catastrophic, he went on *o* continued
■ **continuar** *vi* 1▸ «*guerra/espectáculo/vida*» to continue; **si las cosas continúan así** if things go on *o* continue like this; Ⓢ **continuará** to be continued; **la película continúa en cartelera** the movie is still showing; **continúe la defensa** (counsel for) the defense may continue; **~ CON algo** to continue WITH sth; **no pudieron ~ con el trabajo** they couldn't continue (with) *o* go on with the work; **~ + GER: su estado continúa siendo delicado** he is still in a weak condition; **continúa negándose a declarar** she is still refusing to make a statement; **si continúas comportándote así** if you continue to behave *o* go on behaving like this; **continuó diciendo que ...** she went on to say that ..., she continued by saying that ... 2▸ «*carretera*» to continue; **la carretera continúa hasta la parte alta de la montaña** the road continues (on) to the top of the mountain, the road goes on up to the top of the mountain
■ **continuarse** *v pron* (frml) to continue; **el camino se continúa en un angosto sendero** the road continues as a narrow path; **su obra se continuó en la labor de sus discípulos** his work was continued in the labor of his disciples

continuidad *f* 1▸ (de un proceso): **parece improbable su ~ al frente del ministerio** it seems unlikely that he will continue as minister; **la ~ de la línea seguida por el partido** the continuity of party policy 2▸ (Cin) continuity

continuismo *m: the practice of keeping the same group, party or family in power for a long period*, continuism, policy of continuity

continuista[1] *adj* continuist, favoring a policy of continuity

continuista[2] *mf: supporter of the status quo* ▸**continuismo**

continuo[1] -nua *adj* 1▸ ‹*dolor*› (sin interrupción) constant; ‹*movimiento/sonido*› continuous, constant; ‹*lucha*› continual 2▸ (frecuente) ‹*llamadas/viajes*› continual, constant; **estoy harto de sus continuas protestas** I'm fed up of his continual *o* constant complaining 3▸ **de continuo** ▸**continuamente**

continuo[2], continuum *m* (frml) continuum

contonearse [A1] *v pron* to swing one's hips

contoneo *m* swinging of the hips

contorno *m* 1▸ (forma) outline 2▸ (de un árbol) girth; **medir el ~ de cintura/caderas** to take the waist/hip measurement 3▸ (de una ciudad): **en los ~s de la ciudad** on the outskirts of the city, in the area surrounding the city; **Denver y su ~** *or* **sus ~s** Denver and the surrounding area, Denver and its environs 4▸ (en un cuadro) ground

contorsión *f* contortion

contorsionista *mf* contortionist

contra[1] *prep*
A 1▸ (indicando posición, dirección) against; **lo estrellaron ~ la puerta** they threw him against the door; **nos estrellamos ~ un árbol** we crashed into a tree; **nadar ~ la corriente** to swim against the current; **puso el escritorio ~ la ventana** he put the desk under *o* by *o* in front of *o* next to the window 2▸ (con sentido de oposición) against; **dos ~ uno** two against one; **la lucha ~ la tiranía/la ignorancia** the struggle against tyranny/ignorance; **una vacuna ~ la gripe** a flu *o* an anti-flu vaccine; **una política ~ la discriminación racial** a policy to combat racial discrimination; **~ lo que opinan todos** contrary to what everyone thinks 3▸ (*en locs*): **en contra** against; **yo estoy en ~** I'm against it; **40 votos a favor y 23 en ~** 40 votes for and 23 against; **un gol en ~** (RPl) an own goal; **en contra de: está en ~ de mis principios** it's against my principles; **en ~ nuestra** *or* **de nosotros** against us; **se pronunciaron en ~ de estas medidas** they announced that they were opposed to these measures
B 1▸ (Fin): **un cheque girado ~ el Banco de Pando** a check drawn on the Banco de Pando 2▸ (Com) (a cambio de): **~ presentación/entrega de este vale** on presentation/surrender of this voucher; **envíos ~ reembolso** parcels sent cash on delivery

contra[2] *f*
A (esp AmL fam) (dificultad) snag; ***llevarle la ~ a algn:*** **a ella no le gusta que le lleven la ~** she doesn't like to be contradicted; **siempre tiene que llevarme la ~** she always has to disagree; **lo hace sólo por llevar la ~** he does it just to be difficult
B (Col) (antídoto) antidote
C (Hist, Pol) 1▸ (grupo): **la ~** the Contras (*pl*) 2▸ **contra** *mf* (individuo) Contra rebel

contra[3] *m* ▸**pro[1]**

contra- *pref* counter- (*as in* ▸**contrarrevolución, contramanifestación**

contraalmirante *m* rear admiral

contraanálisis *m* (*pl* ~) (Dep) second test, B-test; **pedir/realizar un ~** to request/carry out a second test *o* B-test

contraatacar [A2] *vi* to counterattack

contraataque *m* counterattack

contrabajista *mf* double-bass player, double bassist

C

contrabajo[1] *m* 1 (instrumento) double bass 2 (cantante) basso profundo

contrabajo[2] *mf* double-bass player, double bassist

contrabalancear [A1] *vt* to counterbalance

contrabalanza *f* counterbalance

contrabandear [A1] *vi* to smuggle; **~ EN algo** to smuggle sth; **contrabandea en radios** she smuggles radios

■ **contrabandear** *vt* ‹*cámaras/whisky*› to smuggle; ‹*armas*› to run, smuggle

contrabandista *mf* smuggler

contrabando *m* 1 (actividad) smuggling; **~ de armas** gunrunning; **estaba pasando relojes de ~** he was smuggling watches; **estoy aquí de ~** (fam & hum) I'm a gatecrasher (colloq) 2 (mercancías) smuggled goods (*pl*), contraband

(Compuesto) **contrabando de guerra** contraband of war

contrabarrera *f* second row (of seats)

contracarro *adj inv* anti-tank (*before n*)

contracción *f*

A (Fisiol) contraction

B (Ling) (de palabras) contraction

C (frml) (de una deuda, un compromiso) contracting (frml)

contracepción *f* contraception

contraceptivo *m* contraceptive

contrachapado *m* plywood

contracifra *f* key (*to a code*)

contracorriente *f* crosscurrent; **a ~: un diseñador de moda que siempre va a ~** a fashion designer who is always swimming against the tide; **nunca una obra ha nacido más a ~ de la época** never has there been a work which has been so out of step with the times

contráctil *adj* contractile

contractual *adj* contractual

contractualmente *adv* contractually

contractura *f* contraction, spasm

contracubierta *f* back cover

contracultural *adj* alternative

contradanza *f* contredanse

contradecir [I24] *vt* ‹*persona/argumento*› to contradict; **no le gusta que lo contradigan** he doesn't like being *o* to be contradicted; **sus actos contradicen sus palabras** his actions contradict *o* belie his words, his actions are inconsistent with his words

■ **contradecirse** *v pron* 1 ‹‹*persona*›› to contradict oneself 2 (*recípr*) ‹‹*afirmaciones/órdenes*›› to contradict each other, be contradictory; **~se CON algo** to conflict WITH sth, contradict sth; **sus últimas declaraciones se contradicen con las anteriores** her most recent statements conflict with *o* are at odds with *o* contradict *o* are at variance with previous statements

contrademanda *f* counterclaim

contradicción *f* contradiction; **una persona llena de contradicciones** a person full of contradictions; **eso está en abierta ~ con lo que predica** that is in direct conflict with *o* is a blatant contradiction of what he advocates

contradictorio -ria *adj* ‹*declaraciones/versiones*› contradictory, conflicting; ‹*persona*› contradictory

contradique *m* outer sea wall

contraempuje *m* counter-thrust

contraer [E23] *vt*

A (frml) 1 ‹*enfermedad*› to contract (frml), to catch 2 ‹*obligación*› to contract (frml); ‹*deudas*› to contract (frml), to incur; **~ un compromiso** to make a commitment 3 ‹*matrimonio*› **a la edad de 30 años contrajo matrimonio con doña Eva Sáenz** at the age of 30 he married *o* (frml) contracted (a) marriage with Eva Sáenz; **al casarse contrajo parentesco con la familia más rica de la localidad** he married into the wealthiest family in the area

B 1 ‹*músculo*› to contract, tighten, tauten; ‹*facciones*› to contort; **con la cara contraída en una mueca de dolor** his face contorted into a grimace of pain, his face screwed up with pain; **el miedo le contraía las entrañas** his stomach muscles contracted *o* tightened with fear 2 ‹*metal/material*› to cause … to contract, make … contract

■ **contraerse** *v pron* 1 ‹‹*músculo*›› to contract; **sintió ~se el corazón ante tan triste espectáculo** he felt his heart contract at that pitiful sight (liter) 2 (Fís) ‹‹*metal/material/cuerpo*›› to contract

contraespionaje *m* counterespionage

contrafuerte *m* 1 (Arquit) buttress 2 (de un zapato) heel stiffener; ***esto no tiene ~*** (RPl) this is outrageous!

contragolpe *m* counterattack

contragolpear [A1] *vi* to counterattack

contrahecho -cha *adj* (deforme) twisted, deformed; (jorobado) hunchbacked

contrahuella *f* riser

contraincendios *adj inv* fire-prevention (*before n*)

contraindicación *f* contraindication; Ⓢ **contraindicaciones: insuficiencia renal** should not be administered to patients suffering from renal insufficiency; Ⓢ **no se conocen contraindicaciones** no known contraindications

contraindicado -da *adj* ‹*remedio/preparado*› contraindicated (tech); **esta medicina está contraindicada en aquellos pacientes hipersensibles a la penicilina** this medicine should not be taken by anyone allergic to penicillin

contrainforme *m* counter-report

contrainsurgencia *f* counterinsurgency

contrainsurgente *adj* counterinsurgency (*before n*)

contrainteligencia *f* counter-intelligence

contrainterrogación *f*, **contrainterrogatorio** *m* cross-examination

contrainterrogar [A3] *vt* to cross-examine

contralmirante *m* rear admiral

contralor -lora *m,f* 1 (AmL) (oficial) comptroller 2 **contralor** *m* (RPl) (control): **ejercer el ~ de algo** to control sth

contraloría *f* (AmL) finance office, comptroller's office

contralto *f* contralto, alto; **un joven con voz de ~** a young man with a countertenor voice

contraluz *m or f* back light; **a ~** against the light

contramaestre *m* boatswain

contramandar [A1] *vt* to countermand

contramanifestación *f* counterdemonstration

contramano: **el coche venía a ~** (en calle de dirección única) the car was coming the wrong way down the street; (por el lado contrario) the car was on the wrong side of the road; **se metió a ~ por Independencia** he went the wrong way up Independencia; **no vi el cartel de ~** I didn't see the no-entry sign

contramarcha *f* countermarch

contramedida *f* countermeasure

contraofensiva *f* counteroffensive

contraoferta *f* counteroffer

contraorden *f* countermand (frml); **saldremos a las cinco si no hay ~** we'll leave at five unless we receive orders to the contrary

contraparte *f* (Andes) opposing party

contrapartida *f* 1 (compensación) compensation; (contraste) contrast; **como ~** in contrast 2 (Com) balancing entry

contrapelo: **cepillar a ~** ‹*tela*› to brush … against the nap; ‹*pelo*› to brush … the wrong way; **tú siempre tienes que ir a ~** you always have to be different

contrapesar *vt*

A (hacer contrapeso a) to counterbalance

B (compensar) to compensate, make up for

contrapeso *m* (del ascensor) counterweight; (de un equilibrista) balancing pole; **ponte al otro lado de la barca para hacer ~** sit on the other side of the boat to balance it

contrapié: **a ~** (*loc adv*) on/with the wrong foot, awkwardly

contraponer [E22] *vt* 1 (contrastar) to contrast 2 (como contrapartida) **~ algo A algo**: **a nuestra oferta ellos contrapusieron mejores precios y mayor rapidez de entrega** they countered our offer with better prices and faster delivery; **a las tesis tradicionales el autor contrapone una teoría innovadora** the author challenges traditional theses with an innovative theory

contraportada *f* (de un libro, una revista) back cover; (de un periódico) back page

contraposición *f* comparison; **en ~ al** *or* **con el anterior** in comparison to *o* with the one before

contraprestación *f* consideration; **una ~ económica** a financial consideration

contraproducente *adj* counterproductive

contrapropuesta *f* counterproposal

contrapuerta *f* inner door

contrapuesto -ta *adj*: *see* **contraponer**

contrapuntear [A1] *vi* to perform ▸**contrapunteo A**

contrapunteo *m*

A (Mús) *improvised musical dialogue*

B (Per) (discusión) argument; **estar en ~** to be in competition

contrapunto *m* counterpoint

contrariado -da *adj* 1 (disgustado) upset; (fastidiado) annoyed, put out 2 ‹*amor*› unrequited

contrariamente *adv* **~ A algo** contrary TO sth; **~ a lo que se esperaba** contrary to expectations

contrariar [A17] *vt* (disgustar) to upset; (fastidiar) to annoy; **ya sabes que está algo delicada, procura no ~la** you know she hasn't been very well, try not to upset her; **lo hizo para ~la** he only did it to annoy her

contrariedad *f* 1 (dificultad, problema) setback, hitch; **una serie de ~es nos impidieron llegar a tiempo** a succession of hitches *o* setbacks prevented us getting there on time; **nos ha surgido una ~** something's come up; **¡qué** *or* **vaya ~!** how annoying! 2 (disgusto) annoyance, vexation (frml); **me produce una profunda ~** I find it most aggravating

contrario[1] **-ria** *adj*

A (opuesto) ‹*opiniones/intereses*› conflicting; ‹*sentido/dirección*› opposite; **vientos ~s** headwinds; **palabras de significado ~** words with opposite meanings; **los vehículos iban en direcciones contrarias** the vehicles were traveling in opposite directions; **mientras no se demuestre lo ~, es inocente** she is innocent until proven guilty; **~ A algo**: **mi opinión es contraria a la suya** I feel very differently to you, my opinion is quite the converse of yours (frml); **soy ~ al uso de la violencia** I am opposed to *o* I am against the use of violence; **se manifestó ~ a la idea** she expressed her opposition to the idea; **la propuesta es contraria a los intereses de la compañía** the proposal is against *o* (frml) contrary to the company's interests; **~ a lo que se esperaba la operación fue un éxito** contrary to expectations, the operation was a success; **en sentido ~ al de las agujas del reloj** counterclockwise (AmE), anticlockwise (BrE)

B (adversario) ‹*equipo*› opposing; ‹*bando*› opposite; **pasarse al bando ~** to change sides, join the opposition; **el defensa del equipo ~ estaba en fuera de juego** the opposing team's *o* the other team's back was offside; **la parte contraria** (Der) the opponent

C (*en locs*): **al contrario: no me opongo a que venga; al ~, me parece una idea excelente** I don't mind if he comes; on the contrary *o* quite the opposite *o* far from it, I think it's an excellent idea; **al ~ de su hermano, es negado para los deportes** unlike his brother, he's useless at sport; **al ~ de lo que habíamos pensado, resultó ser agradabilísimo** contrary to (our) expectations, he turned out to be very nice; **de lo contrario** or else, otherwise; **por el contrario: en el sur, por el ~, el clima es seco** the south, on the other hand, has a dry climate; **pensé que era rico — por el ~, no tiene un peso** I thought he was rich — on the contrary *o* far from it *o* quite the opposite, he doesn't have a penny; **todo lo contrario** quite the opposite *o* reverse; **¿te resultó aburrido? — todo lo ~, lo encontré fascinante** did you find it boring? — quite the opposite *o* quite the reverse *o* on the contrary, I found it fascinating; **ella es muy tímida pero el hermano es todo lo ~** she's very shy but her brother's quite the opposite *o* the complete opposite; ***llevar la contraria:* seguro que se opone, porque él siempre tiene que llevar la contraria** he's sure to object, because he always has to take the opposite view; **le molesta sobremanera que le lleven la contraria** she hates being *o* to be contradicted

contrario[2] **-ria** *m,f* opponent

Contrarreforma *f*: **la ~** the Counter-Reformation

contrarreloj *adj* timed; **a ~** against the clock

contrarreplicar [A2] *vi* to reply

contrarrestar [A1] *vt* to counteract

contrarrevolución *f* counterrevolution

contrarrevolucionario -ria *adj* counter-revolutionary

contrarriel *m* guard rail

contrasentido *m* contradiction in terms; **parecerá un ~, pero mientras más duermo, más sueño tengo** it may seem like a contradiction in terms *o* it may seem illogical *o* it may not seem to make sense but the more sleep I get, the more tired I feel

contraseña *f* **1** (Mil) watchword, password **2** (Espec) pass-out ticket

(Compuesto) **contraseña de acceso** (Inf) password

contrastante *adj* contrasting

contrastar [A1] *vi* **~ con algo** to contrast WITH sth

■ **contrastar** *vt*

A (colocar en contraste) to contrast; **~ algo con algo** to contrast sth WITH sth

B ‹*oro/plata*› to hallmark; ‹*pesas/medidas*› to check, verify

contraste *m*

A (relación, aspecto) contrast; **un ~ de luces y sombras** a contrast of light and shade; **dale más ~ a la imagen** (TV) turn the contrast up; **hacer ~ con algo** to contrast with sth; **existe un marcado ~ entre ambos estilos** there is a marked contrast between the two styles; **un país de ~s** a country of contrasts; **en ~ con la década anterior** in contrast to the previous decade; **en ~ con su hermana, ella es extrovertida y charlatana** unlike her sister, she's outgoing and talkative

B **1** (marca) *tb* **sello del ~** hallmark **2** (acción) hallmarking **3** (de pesas) verification

contrata *f* contract

contratación *f* **1** (de personal, un servicio) contracting, hiring; **los problemas que presenta la ~ de personal extranjero** problems which arise when contracting *o* hiring *o* taking on foreign workers **2** (en la bolsa) transactions (*pl*), trading

contratante *adj* contracting (*before n*)

contratar [A1] *vt* **1** ‹*empleado/obrero*› to hire, take on, contract (frml); ‹*artista/deportista*› to sign up; ‹*servicios*› to contract; **ha sido contratado por seis meses** he has been hired *o* taken on for six months, he has been given a six-month contract; **me ~on para terminarlo** I was taken on *o* hired *o* contracted to finish it **2** (Const) ‹*ejecución de una obra*› to put ... out to contract

■ **contratar** *vi* to enter into a contract; **con capacidad para ~** with the capacity to enter into contracts

contratenor *m* countertenor

contraterrorismo *m* counterterrorism

contraterrorista *adj/m,f* antiterrorist (*before noun*)

contratiempo *m* (problema) setback, hitch; (accidente) mishap; **sufrimos** *or* **tuvimos un pequeño ~ en el camino** we had a little mishap on the way

contratista *mf* contractor; **~ de obras** building contractor

contrato *m* contract; **firmar un ~** to sign a contract; **decidió rescindirle el ~** she decided to cancel his contract; **incumplimiento de ~** breach of contract

(Compuestos)
- **contrato de alquiler** rental agreement, lease
- **contrato de compraventa** contract of sale and purchase
- **contrato de mantenimiento** maintenance contract
- **contrato de trabajo** contract of employment
- **contrato matrimonial** marriage contract

contratuerca *f* locknut

contravalor *m* exchange value

contravención *f* contravention; **en ~ de las normas vigentes vendía productos caducados** he was contravening *o* violating the regulations by selling out-of-date products, he was selling out-of-date products in contravention *o* violation *o* breach *o* infringement of the regulations; **estacionar en ~** (RPl) to park illegally

contravenir [I31] *vt* to contravene

contraventana *f* shutter

contravía *m* (Col): **ir en ~** to drive the wrong way down the road; **se estrellaron contra un carro que venía en ~** they crashed into an oncoming car; **la comida me entró en ~** (fam) the meal didn't agree with me, the meal disagreed with me

contrayente *mf* (frml) (*m*) bridegroom; (*f*) bride

contre *m* (Chi) gizzard

contribución *f* **1** (colaboración) contribution **2** (donación) donation, contribution **3** (Fisco) tax

(Compuestos)
- **contribución municipal** ▸**contribución urbana**
- **contribución territorial urbana** ▸**contribución urbana**
- **contribución urbana** local property tax, ≈ council tax (*in UK*)

contribuir [I20] *vi* **1** (aportar) to contribute; **~ con algo: yo ~é con 2 euros** I'll contribute 2 euros **2** (cooperar) to contribute; **~ a algo** to contribute TO sth; **su gestión ha contribuido al éxito de la empresa** his management has contributed to the firm's success; **su silencio sólo contribuye a empeorar la situación** her silence only makes the situation worse **3** (Fisco) to pay taxes

contribuyente *mf* taxpayer

contrición *f* contrition

contrincante *mf* opponent

contristar [A1] *vt* (liter) to sadden, make ... sad

■ **contristarse** *v pron* to be saddened

contrito -ta *adj* contrite

control *m*

A (dominio) control; **la epidemia está bajo ~** the epidemic is under control; **perdió el ~ del vehículo** he lost control of the vehicle; **el coche giró sin ~** the car spun, out of control; **perdí el ~ y le di una bofetada** I lost control (of myself) and slapped him; **no tiene ningún ~ sobre sí mismo** he has no self-control; **se hizo con el ~ de la compañía** he gained control of the company

(Compuestos)
- **control del pensamiento** thought control
- **control presupuestario** budget *o* budgetary control

B (vigilancia, fiscalización): **lleva el ~ de los gastos** she keeps tabs *o* a check on the money that is spent

(Compuestos)
- **control de armamentos** arms control
- **control de calidad** quality control *o* check
- **control de créditos** credit control
- **control de (la) natalidad** birth control
- **control de pasaportes** passport control
- **control del tráfico** *or* **tránsito** traffic control
- **control de sanidad** sanitary control
- **control de seguridad** security check

C (en la carretera) checkpoint; (en un rally) checkpoint

D **1** (de un aparato) control; **el ~ del volumen/brillo** the volume/brightness control **2** **controles** *mpl* (Rad): **con Martín en los ~es** with studio production by Martín

(Compuesto) **control remoto** remote control; **funciona a** *or* **por ~ ~** it works by remote control

E **1** (Educ) test **2** (Med) check-up

(Compuesto) **control antidopaje** *or* **antidoping** dope test, drug test

controladamente *adv* in a controlled manner; **las entradas se efectuaron ~** the entrances proceeded in a controlled manner; **una producción ~ baja** an output which is kept low at a controlled level; **crecen ~ en un laboratorio** they grow in a controlled laboratory environment

controlador -dora *m,f* controller

(Compuestos)
- **controlador aéreo, controladora aérea** *m,f* air traffic controller
- **controlador/controladora del tráfico** *or* **tránsito** *m,f* traffic controller
- **controlador/controladora de vuelo** *m,f* air traffic controller

controlar [A1] *vt*

A (dominar) **1** ‹*nervios/impulsos/emociones*› to control; ‹*persona/animal*› to control; **controlamos la situación** we are in control of the situation, we have the situation under control; **el incendio fue rápidamente controlado por los bomberos** the firemen quickly got *o* brought the fire under control; **controlan ahora toda la zona** they now control *o* they are now in control of the whole area; **pasaron a ~ la empresa** they took control of the company **2** (fam) ‹*tema*› to know about; **estos temas no los controlo** I don't know anything about these things, I'm not too well up on *o* hot on these things (colloq)

B (vigilar): **tiene que ~ su peso** he has to watch *o* check *o* (frml) monitor his weight; **deja de ~ todos mis gastos** stop checking up on how much I spend the whole time; **me tienen muy controlada** they keep a close watch *o* they keep tabs on everything I do, they keep me on a very tight rein; **el portero controlaba las entradas y salidas** the porter kept a check on everyone who came in or out; **controlé el tiempo que me llevó** I timed myself *o* how long it took me

C (regular) to control; **este mecanismo controla la presión** this mechanism regulates *o* controls the pressure; **medidas para ~ la inflación** measures to control inflation *o* to bring inflation under control

D (Dep) (en doping) to administer a test to; **fue controlado positivo tras su victoria** he tested positive after his victory; **lo ~on negativo** he was tested negative

■ **controlarse** *v pron*

A (dominarse) to control oneself; **si no se controla acabará alcoholizado** if he doesn't get a grip *o* a hold on himself he's going to become an alcoholic

B (vigilar) ‹*peso/colesterol*› to check, watch, monitor (frml); **se controla el peso regularmente** she checks her weight regularly, she keeps a regular check on her weight

controller /kon'troler/ *mf* financial controller

controversia *f* controversy; **la decisión suscitó** *or* **provocó una ~** the decision gave rise to *o* caused (a) controversy

controversial *adj* (Ven) ▸**controvertido**

controvertible *adj* debatable

controvertido -da *adj* [SER] controversial; **un escritor muy ~** a highly controversial writer; **el tema más ~ en este momento** the most widely debated subject of the moment; **las negociaciones han sido largas y controvertidas** the negotiations have been long and full of controversy

controvertir [I11] *vt* to debate, discuss, argue about

■ **controvertir** *vi* ~ **SOBRE algo** to discuss *o* debate sth, argue ABOUT sth

contubernio *m* (frml) conspiracy

contumacia *f* 1 (frml) (obstinación) obstinacy, recalcitrance 2 (Der) contumacy, contempt of court

contumaz[1] *adj* 1 (frml) (obstinado) obstinate, recalcitrant 2 (Der) in contempt (of court)

contumaz[2] *mf* person who is in contempt of court

contumazmente *adv* obstinately

contumelia *f* (ant) contumely (arch); ***sacarle la ~ a algn*** (Chi fam) to beat sb black and blue; ***sacarse la ~*** (Chi fam) to clobber oneself (colloq)

contundencia *f* 1 (de un argumento) force, forcefulness, weight 2 (de un golpe) severity, force

contundente *adj* 1 ‹*objeto/instrumento*› blunt; **fue golpeado con un objeto ~** he was hit with a blunt instrument; **le asestó un golpe ~** he dealt her a severe *o* heavy blow 2 ‹*argumento*› forceful, convincing; ‹*prueba*› convincing, conclusive; ‹*victoria*› resounding (*before n*); ‹*fracaso*› crushing, overwhelming; **el candidato fue elegido de forma ~** the candidate was elected by an overwhelming majority; **hizo un ademán ~** he made an emphatic gesture; **fue ~ en sus declaraciones** he was most emphatic *o* categorical in his statements

conturbar [A1] *vt* to perturb

contusión *f* (frml) contusion (frml), bruise; **fue tratado por** *or* **de diversas contusiones** he was treated for contusions *o* bruising

contusionar [A1] *vt* to bruise

contuso -sa *adj* (frml) bruised; **algunos de los pasajeros resultaron ~s** some passengers suffered bruising (frml)

conuco *m* (Ven) smallholding

conuquero -ra *m,f* (Ven) smallholder

conurbación *f* conurbation

conurbano *m* (Arg): **el ~** the suburbs (*pl*)

convalecencia *f* convalescence

convalecer [E3] *vi* to convalesce; **está convaleciendo de una enfermedad** she's recovering from *o* convalescing after an illness; **~ de una intervención quirúrgica** to convalesce after an operation

convaleciente *adj* convalescent

convalidable *adv* which can be validated

convalidación *f* validation; **obtener la ~ de un título** to have one's degree validated *o* recognized

convalidar [A1] *vt* ‹*estudios/título*› to validate, recognize; **tuvo que irse a otra universidad, pero le ~on muchas asignaturas** he had to change universities but they accepted *o* recognized many of the subjects he had already passed

convección *f* convection

convectivo -va *adj* convective

convector *m* convector

convencer [E2] *vt*

A 1 (de un hecho, una idea) to convince; **no se dejó ~** she wouldn't be convinced *o* persuaded; **~ a algn DE algo** to convince sb OF sth; **la convenció de la necesidad de tomar medidas** he convinced her of the need to take action; **no logré ~lo de lo contrario** I couldn't persuade him otherwise; **los convencí de que hablaba en serio** I persuaded *o* convinced them that I was serious; **el artículo me convenció de que era verdad lo que se rumoreaba** the article convinced me that the rumors were true; **me costó ~la de que no tenía razón** I had difficulty convincing her that she was wrong 2 (para hacer algo) to persuade; **yo no quería ir pero mi hermana me convenció** I didn't want to go but my sister persuaded me to *o* talked me into it; **~ a algn PARA** *or* **DE QUE + SUBJ** to persuade sb to + INF; **a ver si la convences para que nos dé las llaves** do you think you can talk her into giving us *o* persuade her to give us the keys?; **no logramos ~lo de que apoyara nuestra moción** we couldn't persuade him to support our motion, we couldn't convince him that he should support our motion; **no pude ~lo de que me prestara dinero** I couldn't persuade him to lend me any money

B (*en frases negativas*) (satisfacer): **es simpático, pero no me acaba de ~** he's nice enough but there's something about him I don't like *o* something about him I'm not sure about; **no me convence del todo la idea** I'm not absolutely sure *o* completely convinced about the idea; **la explicación que dio no convenció a nadie** his explanation wasn't at all convincing; **me cuesta decidirme porque ninguno me convence demasiado** I can't decide because I'm not really sure about any of them *o* because none of them is really what I was after; **será muy buena actriz, pero en ese papel no me convence** she may be a very good actress, but I don't like her in that role

■ **convencerse** *v pron*: **se lo he dicho mil veces pero no se convence** I've told him hundreds of times but he won't be convinced *o* he won't believe it; **¡convéncete, estás equivocado!** believe me, you're wrong!; **~se DE algo**: **¿ahora te convences de que tenía razón?** now do you believe I was right?; **te tienes que ~ de que tu madre tiene razón** you have to accept that your mother is right

convencido[1] **-da** *adj* convinced; **está plenamente ~ de que va a ganar** he's totally convinced that he's going to win

convencido[2] **-da** *m,f* (CS) **ser un ~ DE algo**: **soy una convencida de que a los niños hay que tratarlos con mano dura** I'm a great believer in treating children with a firm hand

convencimiento *m* ~ **DE algo**: **tengo el ~ de que no está diciendo la verdad** I'm convinced she's not telling the truth; **llegó al ~ de que había cometido un gran error** he became convinced that he had made a serious mistake; **actuó en el ~ de que lo que hacía era lo correcto** he acted in the conviction *o* firm belief that he was doing the right thing

convención *f*

A 1 (congreso) convention, conference 2 (acuerdo) convention; **la C~ de Ginebra** the Geneva Convention

B (costumbre, norma) convention; **las convenciones sociales** social conventions

convencional[1] *adj* 1 ‹*persona/ideas/estilo*› conventional; **viste de manera ~** he dresses conventionally 2 ‹*armas*› conventional

convencional[2] *mf* delegate

convencionalismo *m* conventionality

convenenciero -ra *m,f* (Méx fam) user (colloq)

convenible *adj* 1 ‹*solución*› suitable, fitting 2 ‹*precio*› fair, reasonable 3 ‹*persona*› accommodating

conveniencia *f*

A (interés, provecho): **sólo piensa en su ~ personal** he only thinks of his own interests; **te hizo el favor por ~** she only did you the favor because it was in her own interest; **se casó por ~** he made *o* it was a marriage of convenience

(Compuesto) **conveniencias sociales** *fpl* social conventions (*pl*)

B (de un proyecto, una acción) advisability

conveniente *adj* 1 (cómodo) convenient; **hoy o mañana, como le resulte más ~** today or tomorrow, whichever is more convenient for you 2 (aconsejable, provechoso) advisable; **no juzgó ~ aceptar** she did not think it advisable *o* she did not think it was a good idea to accept; **sería ~ que guardaras cama** it would be advisable *o* a good idea for you to stay in bed

convenientemente *adv*

A 1 (ventajosamente) conveniently; **está ~ situado** it's conveniently situated 2 (para la propia conveniencia) conveniently; **había sido ~ olvidado** it had been conveniently forgotten

B (debidamente) duly; **el documento debe ir ~ firmado** the document must be duly signed

convenio *m* agreement

(Compuestos)

• **convenio colectivo** *or* **laboral** collective agreement (*on wages and working conditions*)

• **convenio comercial** trade agreement

convenir [I31] *vi*

A 1 (ser aconsejable): **no conviene beber alcohol durante el tratamiento** it is not advisable to drink alcohol during the treatment; **no conviene que nos vean juntos** it's better that we aren't seen together, it isn't a good idea for us to be seen together; (+ *me/te/le etc*): **te conviene hacer lo que te dicen** you'd better do as you're told; **por ese precio no te conviene venderlo** it's not worth your while selling it at that price; **no le conviene que eso se sepa** it's not in his interest for anybody to know that; **ese hombre no te conviene** that man is not right *o* is no good for you 2 (venir bien) (+ *me/te/le etc*): **a mí el jueves no me conviene** Thursday's no good for me, Thursday doesn't suit me; **te convendría tomarte unas vacaciones** it would do you good to take a vacation, you could do with a vacation

B 1 (acordar) ~ **EN algo** to agree (ON) sth; **hemos convenido en la fecha/el precio** we have agreed (on) *o* reached agreement on a date/a price; **convinieron en que esperarían** *or* **en esperar un mes** they agreed to wait a month 2 (asentir, admitir) (frml) ~ **EN algo**: **convengo en que en este caso es lo mejor** I agree that in this case it is best; **y convengamos en que tenemos muchos motivos para estar contentos** and we should admit *o* concede that we have many reasons to feel pleased

■ **convenir** *vt* ‹*precio/fecha*› to agree, agree on; **nos vimos a la hora convenida** we met at the agreed *o* (frml) appointed time; **le pagó lo convenido** she paid him the agreed amount *o* what they had agreed; **sueldo a ~** salary negotiable; **convinieron empezar el día 3** they agreed to begin on the 3rd

conventillero[1] **-ra** *adj* (CS fam): **¡es tan conventillera ...!** she's a terrible gossip (colloq)

conventillero[2] **-ra** *m,f* (CS fam) gossip, gossipmonger

conventillo *m* (CS) tenement; **esta oficina se ha convertido en un ~** (fam) this office has become a hotbed of gossip

convento *m* (de monjas) convent, nunnery; (de monjes) monastery, convent

conventual *adj* conventual; **vida ~** convent life

convergencia *f* 1 (Fís, Mat) convergence 2 (de ideas, posturas): **ayer se dieron los primeros indicios de ~ entre ambas partes** yesterday saw the first signs of agreement *o* a rapprochement between the two parties 3 (Econ) convergence

convergente *adj* 1 ‹*líneas*› convergent 2 (frml) ‹*esfuerzos/actividades*› convergent (frml)

converger [E6], **convergir** [I7] *vi* (frml) 1 «*líneas/caminos*» to converge; **todas las miradas convergen en este momento sobre nuestro país** at the moment all eyes are on our country 2 «*opiniones*»: **~ EN algo** to coincide ON sth; «*personas*»: **~ EN algo** to concur ON sth (frml); **los dos líderes convergen en su postura de cara al terrorismo** the two leaders share the same attitude to terrorism, the two leaders concur on their attitude to terrorism

conversa *f* (Andes fam) chat (colloq)

conversable *adj* (Chi) negotiable

conversación *f* 1 (charla) conversation; **no me des ~, que tengo mucho trabajo** don't talk to me, I have *o* I've got a lot of work to do; **trabar ~ con algn** to strike up a conversation with sb; **una ~ telefónica** a telephone conversation; **tema de ~** subject *o* topic of conversation; **me las encontré de gran ~** (AmL) I found them chatting *o* (AmE) gabbing away

2 (estilo, arte) conversation; **es una persona de ~ amena** he's always very nice to talk to *o* very chatty; **no tiene ~** she has nothing to say for herself, she has no conversation 3 **conversaciones** *fpl* (negociaciones) talks (*pl*); **mantiene conversaciones con su homólogo francés** he is having talks with his French counterpart

(Compuesto) **conversación electrónica** chat

conversacional *adj* (frml) conversational; **inglés ~** conversational English

conversada *f* (AmL fam) chat (colloq); **nos echamos una buena ~** we had a good chat

conversador[1] **-dora** *adj* 1 (de conversación amena) chatty; **es una chica simpática y ~a** she's a nice, chatty girl; **hoy no estoy muy ~** I'm not feeling very talkative *o* chatty today 2 (AmL pey) (charlatán) talkative; **la maestra lo castigó por ser tan ~** the teacher reprimanded him for being so talkative *o* for talking so much

conversador[2] **-dora** *m,f* 1 conversationalist 2 (AmL pey) (charlatán) chatterbox (colloq)

conversar [A1] *vi* 1 (hablar) to talk; **~on sobre el tema del desarme** (frml) they talked about *o* discussed the subject of disarmament 2 (esp AmL) (charlar) to chat, gab (AmE colloq); **estuvimos conversando hasta las tres de la mañana** we were talking *o* chatting until three o'clock in the morning; **conversé largo rato con ella** I had a long chat *o* talk *o* conversation with her; **la maestra la echó de la clase por ~** (CS) the teacher sent her out of the class for talking

conversión *f*

A (cambio) conversion; **tabla de ~** conversion table

B (Relig) conversion

C (en rugby) conversion

D (Mil) wheel; **hacer ~ a la izquierda** to wheel to the left

converso[1] **-sa** *adj* (frml) converted

converso[2] **-sa** *m,f* convert (*esp Jew who converts to Catholicism*)

conversor *m* ▸**convertidor**

convertibilidad *f* convertibility

convertible[1] *adj* 1 ‹*bonos/divisa*› convertible 2 ‹*mueble*› convertible; **sofá ~ en cama** sofabed

convertible[2] *m* (AmL) convertible

convertidor *m* converter

(Compuestos)
- **convertidor análogo-digital** analog-digital* converter, DAC
- **convertidor catalítico** catalytic converter
- **convertidor de par** *or* (AmL) **torque** torque converter
- **convertidor digital-analógico** digital to analog* converter

convertir [I11] *vt*

A 1 (transformar) **~ algo/a algn EN algo** to turn sth/sb INTO sth; **la soledad lo convirtió en un hombre amargado** loneliness turned *o* made *o* changed him into a bitter man; **la iglesia ha sido convertida en museo** the church has been turned *o* converted into a museum 2 (a una religión) to convert; **~ a algn A algo** to convert sb TO sth 3 ‹*temperatura/distancia/peso*› **~ algo A algo** *or* (Esp) **EN algo** to convert sth INTO sth; **para ~ millas a kilómetros/libras a kilos** to convert miles into kilometers/pounds into kilos

B (period) (Dep) to score

■ **convertir** *vi* (AmL period) to score

■ **convertirse** *v pron* 1 (transformarse) **~se EN algo** to turn INTO sth; **el príncipe se convirtió en rana** the prince turned into a frog; **su sueño se convirtió en realidad** her dream came true *o* became a reality 2 (a una religión) to convert, be converted; **~se A algo** to convert TO sth

convexo -xa *adj* convex

convicción *f* 1 (convencimiento) conviction; **lo dijo con ~** she said it with conviction; **tengo la ~ de que ocultaba algo** I'm certain *o* convinced he was hiding something 2 (persuasión) persuasion; **tiene un gran poder de ~** he has great powers of persuasion, he is very persuasive 3 **convicciones** *fpl* (ideas, creencias) convictions (*pl*); **eso sería ir en contra de sus convicciones** that would mean going against her convictions *o* principles

convicto[1] **-ta** *adj* (frml) convicted; **~ de asesinato** convicted of murder

convicto[2] **-ta** *m,f* prisoner, convict

convidada *f* (fam) round; **pagar una ~** to buy *o* get a round

convidado -da *m,f* **~ A algo**: **los ~s a la boda** the wedding guests; ***como el ~ de piedra:* estaba allí como el ~ de piedra** he just sat there, making everyone feel uncomfortable

convidar [A1] *vt* 1 (invitar) **~ a algn A algo** ‹*a una boda/una fiesta*› to invite sb TO sth; **nos ~on a unas copas en el bar** they invited us to have *o* invited us for a few drinks in the bar; **~ a algn A + INF** to invite sb to + INF; **me convidó a pasar unos días en su casa** she invited me to spend a few days at her house 2 (AmL) (ofrecer) to offer; **¿qué estás comiendo? ¿no me convidas?** what are you eating? aren't you going to offer me any?; **~ a algn CON algo** *or* (Chi) **~le algo A algn** to offer sth TO sb, offer sb sth; **me convidó con bombones** he offered me some chocolates

convincente *adj* convincing; **no estuvo muy ~ en sus explicaciones** his explanations weren't very convincing

convincentemente *adv* convincingly

convite *m* (fam o hum) do (colloq), get-together (colloq)

convivencia *f*

A (vida en común — de etnias, sectas) coexistence; **la ~ pacífica de las naciones** the peaceful coexistence of nations; (— de individuos): **la ~ pone el amor a prueba** living together *o* cohabitation puts love to the test

B **convivencias** *fpl* (encuentro — religioso) retreat; (— de jóvenes) residential weekend (*o* week *etc*)

conviviente *mf* (Chi) live-in lover

convivir [I1] *vi* «*personas*» to live together; «*ideologías/etnias*» to coexist, exist side by side; **aprender a ~** to learn to live (in harmony) with others; **~ CON algn** to live WITH sb; **~ CON algo** to coexist WITH sth, exist side by side WITH sth; **un país donde el catolicismo convive con el marxismo** a country where Catholicism and Marxism coexist *o* exist side by side

convocante[1] *adj*: **el sindicato ~** (de una huelga) the union calling the strike; **los partidos ~s** (de una manifestación) the organizing parties

convocante[2] *mf*: **los ~s de la huelga/manifestación** those who called the strike/organized the demonstration

convocar [A2] *vt* ‹*huelga/elecciones*› to call; ‹*manifestación*› to organize; ‹*concurso/certamen/oposiciones*› to announce; ‹*reunión/asamblea*› to call, convene (frml); **se ~on 10 plazas de enfermeros** applications were invited for 10 vacancies for male nurses; **~ a algn A algo** to summon sb TO sth; **el director convocó a los profesores a una reunión** the principal called *o* summoned the teachers to a meeting; **~on a los accionistas a asistir a la reunión** they called on shareholders to attend the meeting; **~on al pueblo a las urnas** they called an election

convocatoria *f* 1 (llamamiento): **la ~ a huelga** *or* **a la huelga fracasó** the strike call failed; **hubo una ~ para una asamblea** a meeting was called *o* (frml) convened 2 (anuncio — para una reunión) notification; (— de exámenes, concursos) official announcement; **recibió una ~ para la asamblea** she received notification of the meeting, she was notified of the meeting 3 (Educ) (período de exámenes): **aprobó cinco asignaturas en la ~ de junio** she passed five subjects in the June exams

convoluto -ta *adj* convoluted

convólvulo *m* bindweed, convolvulus

convoy *m* 1 (de barcos, camiones) convoy 2 (period) (Ferr) train 3 (vinagreras) cruet, cruet stand

convulsión *f*

A (Med) convulsion

B (trastorno, perturbación): **su asesinato produjo una gran ~ en el ejército** his assassination caused great agitation in the army; **las convulsiones sociales de los años 60** the social upheaval of the sixties; **las convulsiones obreras que se produjeron** the violent unrest *o* disturbances that broke out among the workers

C (de la tierra) tremor

convulsionar [A1] *vt* to convulse (journ), to throw … into confusion

■ **convulsionarse** *v pron* to be thrown into confusion, be convulsed (journ)

convulsivo -va *adj* convulsive

convulso -sa *adj* ‹*persona*› convulsed; ▸**tos**

conyugal *adj* (frml) marital, conjugal (frml); **la felicidad ~** marital bliss; **vida ~** married life; **problemas ~es** marital problems

cónyuge *mf* (frml) spouse (frml); **los ~s** the married couple; **la solicitud debe ser presentada por uno de los ~s** either the husband or the wife should submit the application; **¿los ~s están invitados?** (hum) are other halves invited? (hum)

cónyugue *mf* (crit) ▸**cónyuge**

coña *f* (Esp) 1 (fam o vulg) (broma): **creí que lo decía de ~** I thought she was joking *o* (colloq) kidding, I thought she was putting (AmE) *o* (BrE) having me on *o* (colloq) kidding, he intended to kill her; **mira, esto no va de ~** look, this isn't a joke *o* (colloq) I'm not kidding; **tomarse algo a** *or* **en ~** to treat something as a joke; **¡ni de ~!** no way! (colloq), you must be joking *o* kidding! (colloq) 2 (fam o vulg) (fastidio): **¡qué ~ de tío!** what a pain in the neck he is! (colloq), what a pain in the ass he is! (vulg); **y para más ~ tuvimos que …** and to cap it all we had to … (colloq), and what was even more of a drag was that we had to … (colloq); ***darle la ~ a algn*** (fam) to pester sb; **¡deja de darme la ~, siempre haciendo preguntas!** stop pestering *o* (colloq) bugging me with all these questions 3 (fam o vulg) (estupidez) crap (sl), bull (AmE colloq); **no me vengas con ~(s) marinera(s)** don't give me that crap *o* bull

coñac, coñá *m* brandy, cognac

coñazo *m*

A (Esp fam o vulg) (persona o cosa pesada): **la película fue un ~** the movie was a load of crap (sl); **¡qué ~!** what a drag! (colloq); **¡qué ~ de tía!** what a pain in the neck she is! (colloq), what a pain in the ass she is! (vulg); ***darle el ~ a algn*** (fam): **mira, no me des el ~ con tus desgracias** look, stop going on about your problems (colloq); **deja de darme el ~, ya te he dicho que no lo tengo** stop going on at me *o* pestering me *o* hassling me, I've already told you I haven't got it (colloq)

B (Col, Ven fam) (golpe) blow; **se agarraron a ~s** they had a fight, they had a punch-up (BrE colloq); **me di un ~ en la cabeza con la puerta** I nearly crowned myself on the door (colloq)

C (Ven fam) (gran cantidad): **tengo un ~ de cartas por escribir** I have loads of letters to write (colloq)

coñete[1] **-ta** *adj* (Chi, Per fam) stingy (colloq), tightfisted (colloq)

coñete[2] **-ta** *m,f* (Chi, Per fam) skinflint (colloq), tightwad (AmE colloq)

coño[1] *m*

A (vulg) (de la mujer) cunt (vulg), beaver (AmE sl), fanny (BrE sl); ***del ~*** (Ven): **esa muchacha del ~ no hace sino llorar** that goddamn girl cries all the time (AmE sl), that bloody girl cries all the time (BrE sl); ***del ~ de la madre*** (Ven vulg) (estupendo) fantastic, bloody brilliant (BrE sl); (enorme): **me diste un susto del ~ de la madre** you scared me shitless (vulg); ***en el quinto ~*** (Esp vulg) (en un lugar — aislado) in the back of beyond (colloq), out in the sticks (colloq), out in the Boonies (AmE colloq) (— lejano) miles away (colloq); ***irse al ~*** (Ven vulg): **voy a dejar este trabajo y me voy al ~ de una vez** to hell with it, I'm leaving this job (colloq); **¡vete al ~!** go to hell! (sl), piss off! (vulg); ***más que el ~*** (Ven vulg): **ese tipo es más asqueroso que el ~** that guy's really *o* (BrE sl) bloody disgusting; **estoy más jodido que el ~** I'm shattered (colloq), I'm knackered (BrE sl)

B (*uso expletivo*) **1** (esp Esp fam *o* vulg) (expresando sorpresa) jeez! (AmE colloq), bloody hell! (BrE sl) **2** (esp Esp fam *o* vulg) (expresando fastidio, mal humor): **¡vámonos ya, ~!** for heaven's sake, come on! (colloq); **ya te dije que no voy, ¡qué ~!** I've already told you I'm not going, damn it! *o* for goodness sake! (colloq); **¡~ con el tejado! ya hay otra gotera** that goddamn *o* (BrE) bloody roof! it's sprung another leak (sl); **¿qué/quién/dónde ~ ...?** what/who/where the hell ...? (colloq); **¡qué examen ni qué ~! tú te vienes conmigo** to hell with the exam, you're coming with me! (colloq), screw the exam, you're coming with me! (vulg)

coño[2] **-ña** *m,f*

A (Chi fam & pey) (español) *derogatory term for a Spaniard*

B (Ven vulg) (tipo) jerk (sl)

coño de madre[1] *adj* (Ven vulg) **1** (malo) mean (colloq), low-down (AmE colloq) **2** (sarcástico) sarcastic

coño de madre[2] *m,f* (Ven vulg) **1** (canalla) (*m*) bastard (vulg); (*f*) bitch (vulg) **2** (persona sarcástica) sarcastic bastard (sl)

cooficial *adj* official

cooficialidad *f*: *joint official validity*

cooperacha *f* (Méx fam): **hacer una ~** to have a collection *o* (BrE colloq) whip-round

cooperación *f* cooperation; **agradecemos su ~ en este asunto** we thank you for your cooperation in this matter

cooperador -dora *adj* **1** (que ayuda) cooperative, helpful **2** (Col fam) ‹*mujer*› easy (colloq)

cooperante *mf*

A (Esp) (trabajador) (overseas young) voluntary aid worker

B (Col) (que informa) informant

cooperar [A1] *vi* **1** (en una tarea) to cooperate; **~ (CON algn) EN algo**: **cooperamos con ellos en la introducción del nuevo sistema** we worked with *o* cooperated with *o* helped them to introduce the new system; **~on en las tareas de reconstrucción** they collaborated on *o* they took part in the rebuilding work; **todos debemos ~ en la lucha contra el cáncer** we must all work together in the fight against cancer; **~ para la creación de un mundo mejor** to work together to create a better world **2** (contribuir) **~ A algo** to contribute TO sth; **cooperó al éxito de la campaña** it contributed to the success of the campaign **3** (en una colecta) **~ CON algo** to contribute sth; **~ con 500 pesos** to contribute 500 pesos; **la UE coopera con medicamentos** the EU is contributing medical supplies; **~ con un donativo** to make a contribution *o* donation

cooperativa *f* **1** (asociación) cooperative; **una ~ agrícola** a farming cooperative **2** (tienda) company store

(Compuesto) **cooperativa de consumo** (RPl) company store

cooperativismo *m* cooperativism

cooperativista[1] *adj* cooperative

cooperativista[2] *mf* **1** (miembro de una cooperativa) member of a cooperative **2** (partidario del cooperativismo) supporter of cooperativism

cooperativo -va *adj* cooperative

cooptación *f* (frml) co-option, co-optation

cooptar [A1] *vt* (frml) to co-opt

coordenada *f* coordinate

coordinación *f* coordination; **la ~ de las actividades para los niños pequeños** the organization of the children's activities

(Compuesto) **coordinación motriz** motor coordination

coordinado[1] **-da** *adj* coordinate

coordinado[2] *m* **1** (conjunto) outfit **2** **coordinados** *mpl* (prendas) coordinates (*pl*)

coordinador[1] **-dora** *adj* coordinating

coordinador[2] **-dora** *m,f* **1** (organizador) coordinator, organizer **2** **coordinadora** *f* coordinating *o* organizing committee

coordinar [A1] *vt* **1** ‹*movimientos/actividades*› to coordinate; **no lograba ~ las ideas** he couldn't speak/think coherently; **tenemos que ~ nuestros esfuerzos** we must coordinate our efforts **2** ‹*ropa/colores*› to coordinate; **~ algo CON algo**: **el azul coordinado con el rojo** blue combined with *o* worn with red

■ **coordinar** *vi* **1** (fam) (razonar): **no me hables antes del desayuno porque no coordino** you won't get any sense out of me before breakfast; **tú no coordinas, ¿cómo se te ocurre dejar la estufa encendida?** how could you have left the heater on? you just don't think, do you! **2** «*colores*» to match, go together

copa *f*

A **1** (para vino) glass (*with a stem*); (para postres) goblet; **me llenó la ~ de vino** he filled my glass with wine **2** (contenido): **¿quieres una copita de jerez?** would you like a (glass of) sherry?; **me invitó a una ~** he bought me a drink; **vamos a tomar una(s) ~(s)** let's go for a drink; **lleva** *or* **tiene unas ~s de más** he's had a bit too much to drink, he's had one *o* a few too many (colloq); ***apurar la ~ del dolor/de la amargura*** (liter) to drain the cup of sorrow/bitterness (liter); ***eso me/le llenó la ~*** (Col) that was the last straw; ***irse de ~s*** (fam) to go out for a drink

(Compuestos)
- **copa de balón** balloon glass
- **copa de champán** *or* **champaña** champagne glass; (alargada) champagne flute
- **copa de coñac** brandy glass
- **copa de helado** ice cream sundae
- **copa de jerez** sherry glass
- **copa de vino** wineglass
- **copa flauta** champagne flute
- **copa helada** ice cream sundae
- **copa tulipán** tulip glass

B (Dep) cup

(Compuestos)
- **copa de Europa** European Cup
- **copa del Rey** (en Esp) King's Cup
- **copa de la UEFA** UEFA Cup

C **1** (de un árbol) top, crown; ***como la ~ de un pino:*** **es una estafa como la ~ de un pino** it's a huge swindle; **un músico como la ~ de un pino** a truly great musician; **una mentira como la ~ de un pino** a whopping great lie (colloq) **2** (de un sostén) cup **3** (de un sombrero) crown

D (en naipes) **1** (carta) *any card of the* ▸**copas** *suit* **2** **copas** *fpl* (palo) *one of the suits in a Spanish pack of cards*

copagar [A3] *vt*

A (gastos médicos) to make a copayment for

B (Der) to make a contributory payment to

copago *m* copayment (AmE), payment for healthcare costs

copal *m* copal

copar [A1] *vt*

A **1** (acaparar) to take; **los mejores puestos de trabajo están ya copados** the best jobs are already taken; **viene copando todos los premios** she is winning all the prizes, she's sweeping the board (colloq) **2** (llenar, colmar) to fill; **la muchedumbre copó el estadio** the crowd filled *o* packed the stadium; **la capacidad del aeropuerto se verá copada en el año 2015** the airport will have reached full capacity by the year 2015; **tiene todo su tiempo copado** she has all her time taken up

B (Mil) to take

C (Jueg): **~ la banca** to go banco

D (fam) **1** (RPl) (encantar): **¿esta música no te copa?** don't you think this music's fantastic? (colloq); **Roberto la tiene copada** she's crazy *o* mad about Roberto (colloq) **2** (Chi) (hartar) to get sick *o* tired of

■ **coparse** *v pron* (RPl fam) **~se CON algo** to be wild *o* crazy ABOUT sth (colloq)

Coparmex *f* = **Confederación Patronal de la República Mexicana**

coparticipación *f* participation

copartícipe *mf* (frml): **somos ~s en los beneficios** we share the profits; **fueron ~s en el delito** they committed the crime jointly

copazo *m* (fam) drink

COPE /'kope/ *f* = **Cadena de Ondas Populares Españolas**

> **COPE - Cadena de Ondas Populares Españolas**
>
> A radio network broadcasting on AM and FM. It is the most popular network after ▸**Cadena SER**. The Catholic Church has a majority holding in *COPE*. *See also* **la radio española**

copear [A1] *vi* (fam) to go out drinking *o* for a drink

copec *m* kopeck

COPEC /ko'pek/ *f* = **Compañía de Petróleos de Chile**

Copenhague *m* Copenhagen

copeo *m* (fam): **ir/estar de ~** to go/be out drinking; **fuimos de ~ por los pubs del barrio** we went barhopping around the area (AmE), we went on a pub crawl around the area (BrE colloq)

copera *f* (AmS) hostess

coperacha *f* (Méx fam) (escote) kitty (colloq), collection; (contribución) contribution

Copérnico Copernicus

copero -ra *adj* cup (*before n*)

copete *m*

A **1** (de un ave) crest; ***bajarle el ~ a algn*** to take sb down a peg or two; ***de alto*** *or* ***mucho ~*** ‹*familia*› aristocratic, grand, posh (BrE colloq); ‹*boda*› society (*before n*), posh (BrE colloq) **2** (de pelo) tuft, quiff; ***estar hasta el ~ de algo*** (fam) to be fed up to the back teeth with sth (colloq); **estoy hasta el ~ de sus quejas** I'm fed up to the back teeth with his complaints, I've had it up to here with his complaints (colloq)

B (Coc) peak

C (fam) (bebida) drink

copetín *m* (RPl) aperitif; **nos invitaron a tomar el ~** they invited us round for an aperitif *o* for a drink before lunch (*o* dinner *etc*); **compró queso y aceitunas para el ~** she bought some cheese and olives to have with the aperitif *o* with their drinks

> **copetín**
>
> In the River Plate region of Latin America this can mean an aperitif or light snack, or a social occasion at which these are consumed, generally before the evening meal.

copetinera *f* (Chi) hostess

copetón[1] **-tona** *adj*

A [ESTAR] (Col fam) (achispado) tipsy, merry (BrE colloq)

B [SER] (Chi fam) (arrogante) snooty (colloq), stuckup (colloq), toffee-nosed (BrE colloq)

copetón[2] *m* (Col) sparrow

copetudo -da *adj*

A ‹*ave*› crested

B (fam) ‹*persona*› snooty (colloq), stuckup (colloq), toffee-nosed (BrE colloq)

copeyano -na *adj* (en Ven) *of/belonging to the Partido Social Cristiano (COPEI)*

copia *f*

A (de un documento, una fotografía) copy; **hice** *or* **saqué dos ~s del informe** I made two copies of the report

(Compuestos)
- **copia autentificada** legally validated copy
- **copia certificada** certified copy
- **copia de respaldo** *or* **de seguridad** backup copy
- **copia legalizada** legally validated copy
- **copia temporal** soft copy

B (imitación) copy, imitation; **es una ~ del edificio que hay en París** it's a copy *o* replica of the building in Paris

copiada *f* (Col fam) drag (sl), puff (colloq)

copiadora *f* photocopier, copier

copiante *mf* copyist

copiar [A1] *vt*

A **1** ‹*cuadro/dibujo/texto*› to copy; **copió el artí-**

culo a máquina he typed out a copy of the article **2** (escribir el dictado) to take down
B **1** (imitar) to copy; **me ~on la idea/el invento** they copied my idea/invention; **le copia todo al hermano** he copies *o* imitates his brother in everything **2** ‹*respuesta*› to copy; **lo pillaron copiando el examen** he was caught copying in the exam
■ **copiar** *vi* to copy
copichuela *f* (fam) drink
copihue *m* Chile-bells
copiloto *mf* (Aviac) copilot; (Auto) co-driver
copión[1] **-piona** *adj* (fam): **¡qué copiona!** what a copycat! (colloq)
copión[2] **-piona** *m,f* (fam) copycat (colloq)
copiosamente *adv* heavily, hard
copioso -sa *adj* ‹*cosecha/comida*› abundant, plentiful; ‹*nevada/lluvia*› heavy; ‹*información/ejemplos*› copious; **recibió copiosas llamadas** she received numerous telephone calls
copista *mf* copyist
copla *f*
A **1** (Lit) stanza **2** (Mús) popular folk song; ***andar en ~s*** (fam) to be common knowledge; ***quedarse con la ~*** (Esp) to understand, get the idea (colloq)
B (Chi) (Tec) joint
copo *m* **1** (de nieve) flake, snowflake **2** (de merengue, chantilly) peak **3** (de algodón) ball
(Compuestos)
- **copos de avena** *mpl* rolled oats (*pl*)
- **copos de maíz** *mpl* cornflakes (*pl*)
- **copos de trigo** *mpl* wheatflakes (*pl*)

copón *m* **1** (Relig) ciborium; ***del ~*** (Esp vulg *o* fam): **es un tonto del ~** he's a complete idiot *o* jerk (colloq); **se armó una bronca del ~** there was a hell of a row (colloq); ***y todo el ~*** (arg) the whole caboodle (colloq), and all that crap (vulg) **2** (en naipes) ace of *copas* (*in Spanish playing cards*); ▸**copa D1**
copra *f* copra
copretérito *m* (Méx) imperfect
coproducción *f* coproduction, joint production; **una ~ ítalo-española** a joint Italian-Spanish production, an Italian-Spanish coproduction
coprofagia *f* coprophagy
copropietario -ria *m,f* joint owner, co-owner
coprotagonista *mf* costar
coprotagonizar [A4] *vi* to costar
copto[1] **-ta** *adj* Coptic
copto[2] **-ta** *m,f* **1** (persona) Copt **2** **copto** *m* (lengua) Coptic
copucha *f* (Chi fam) **1** (rumor, chisme) rumor* **2** (curiosidad) nosiness (colloq) **3** (exageración): **no creo que le duela tanto, es pura ~** I can't believe it hurts that much, he's putting it on
copuchar [A1] *vi* (Chi fam) **1** (conversar) to chat (colloq), have a chat (colloq) **2** (curiosear) to nose around (colloq)
copuchento -ta *adj* (Chi fam) **1** (chismoso) gossipy (colloq) **2** (curioso) nosy (colloq) **3** (exagerado): **no seas ~, si no duele tanto** don't go on about it, it doesn't hurt that much; **es muy ~** he's always exaggerating
copudo -da *adj* bushy
cópula *f*
A (Biol, Zool) copulation
B (Ling) copula
copular [A1] *vi* to copulate
copulativo -va *adj* copulative
copyright /kopi'rraj(t)/ *m* (*pl* **-rights**) copyright
coque *m* coke
coquear [A1] *vi* (Bol) to chew coca leaves
coqueluche *m or f* whooping cough, pertussis (tech)
coquera *f* (Bol) **1** (almacén) coca store **2** (bolsa) bag (*for coca*)
coquero -ra *m,f*: *person involved in the cocaine trade*
coqueta *f*
A (chica que flirtea) flirt, coquette (liter); (presumida) vain girl (*o* woman *etc*); **eres una ~, siempre te estás pintando** you are so vain *o* so obsessed with your looks, forever putting makeup on
B (mueble) dressing table
coquetear [A1] *vi* to flirt; **~ con algn** to flirt WITH sb; **coqueteó con el comunismo en su juventud** he flirted with communism in his youth
coqueteo *m* **1** (de una mujer) flirting, coquetry (liter); **se hartó de sus ~s y la dejó** he became fed up with her flirting and left her **2** (con una ideología) flirtation
coquetería *f*: **una casita puesta con mucha ~** a cute *o* sweet little house; **tiene 80 años pero no ha perdido su ~** she's 80 but she still cares about her looks *o* she's still concerned about her appearance
coqueto -ta *adj* **1** ‹*piso/dormitorio*› cute, sweet **2** (en el arreglo personal): **siempre ha sido muy coqueta** she's always been very concerned about her appearance **3** ‹*sonrisa/mirada*› flirtatious, coquettish
coquetón -tona *adj* (Esp fam) ▸**coqueto 1**
coquilla *f* box
coquina *f*: *type of clam*
coquito *m* coquito (*Chilean palm tree*)
(Compuesto) **coquito de Brasil** brazil, brazil nut
Cor. *m* (= **Coronel**) Col.
coracero *m* cuirassier
coraje *m* **1** (valor) courage; **tuvo el ~ de reconocer su error** he had the courage *o* (colloq) guts to admit his mistake **2** (fam) (desfachatez) nerve; **¡qué ~!** what a lot of nerve! (AmE), what a nerve *o* cheek! (BrE) **3** (Esp, Méx fam) (rabia): **me da ~ pensar cómo me engañaron** it makes me mad to think how I was tricked (colloq)
corajudo -da *adj* brave; **hay que ser ~ para meterse en un negocio tan arriesgado** it takes (a lot of) guts to get involved in such a risky business (colloq)
coral[1] *adj* choral
coral[2] *m*
A **1** (Zool) coral **2** (en joyería) coral; **una pulsera de ~(es)** a coral bracelet **3** ▸ⓘ **p.181**; **color ~** coral, coral-colored*
B (Mús) (composición) chorale
coral[3] *f*
A (Mús) (coro) choir
B (Zool) coral snake
coralillo *m* coral snake
coralino -na *adj* (liter) coralline; **de un rosa ~** coral pink
corambre *f* skins (*pl*)
Corán *m*: **el ~** the Koran
coránico -ca *adj* Koranic
coraza *f* **1** (armadura) cuirasse; **su agresividad no es más que una ~** she uses her aggressiveness as a shield *o* as a form of self-defense, her aggressiveness is just a front **2** (Náut) armor-plating* **3** (de tortuga) shell
corazón *m*
A **1** ▸ⓘ **p.231** (Anat) heart; **lo operaron a ~ abierto** he underwent open heart surgery; **sufre del ~** she has heart trouble; ***abrirle el ~ a algn*** to open one's heart to sb; ***con el ~ en la boca*** or ***un puño:*** **estuvimos con el ~ en un puño hasta que ...** our hearts were in our mouths *o* we were on tenterhooks until ...; ***con el ~ en la mano*** (con toda sinceridad) with one's hand on one's heart, from the heart; (angustiado) on tenterhooks; ***me/le dio un vuelco el ~*** my/his heart missed *o* skipped a beat; ***no me/le cabía el ~ en el pecho*** I/he was bursting with pride (*o* joy *etc*); ***se me/le encogió el ~*** (de tristeza) it made my/his heart bleed; (de susto) my/his heart missed *o* skipped a beat; ***ser duro de ~*** to be hard-hearted; ***tener un ~ de oro*** to have a heart of gold; ***tener un ~ de piedra*** to have a heart of stone **2** (sentimientos) heart; **es un hombre de gran ~** he's very big-hearted; **no tienes ~** you're heartless (colloq); **no tengo ~ para hacerlo** I haven't the heart to do it; **pero en el fondo tiene su corazoncito** but his heart's in the right place; **te quiero con todo mi ~** I love you with all my heart; **te lo digo de (todo) ~** I mean it sincerely; **te deseo de (todo) ~ que todo te salga bien** I hope with all my heart that everything works out for you; **le destrozó** *or* **partió** *or* **desgarró el ~** it broke her heart *o* left her heartbroken; **aquellas palabras me llegaron al ~** those words touched me deeply; **haz lo que te dicte el ~** do as your heart tells you, follow (the dictates of) your heart **3** (apelativo cariñoso) (fam) sweetheart (colloq)
B **1** (de una manzana, pera) core; (de una alcachofa) heart; **se quita el ~ a la manzana** core the apple **2** (de una ciudad, un área) heart
C (en naipes) **1** (carta) heart **2** **corazones** *mpl* (palo) hearts (*pl*)
corazonada *f*: **tuve la ~ de que ibas a venir hoy** I had a hunch *o* feeling you'd come today; **tuve la ~ de que debía regresar** I had a strong feeling that I should go back
corbanda *f* cravat
corbata *f*
A (Indum) tie, necktie (AmE); **anudarse la ~** to tie one's tie; **hay que ir de** *or* **con ~** you have to wear a tie; ***tenerlos por*** *or* ***de ~*** (vulg) to be scared shitless (vulg)
(Compuestos)
- **corbata de huma** *or* **humita** (Chi) bow tie
- **corbata de lacito** (Ven) bow tie
- **corbata de lazo** bow tie
- **corbata de moñito** (Arg) bow tie
- **corbata de moño** (AmL) bowtie

B (Col fam) (puesto) cushy job (colloq)
corbatero *m* tie rack
corbatín *m* bow tie
corbeta *f* corvette
Córcega *f* Corsica
corcel *m* (liter) steed (liter), charger (arch)
corchea *f* quaver, eighth note (AmE)
corchero -ra *adj* cork (*before n*)
corcheta *f* eye
corchete *m*
A (Impr) square bracket
B **1** (en costura) hook and eye; (macho) hook **2** (Chi) (para sujetar papeles) staple
corchetear [A1] *vt* (Chi) to staple
corchetera *f*, **corchetero** *m* (Chi) stapler
corcho *m*
A **1** (corteza) cork; **revestimiento de ~** cork tiling **2** (de una botella) cork; **sacar el ~ de una botella de vino** to uncork a bottle of wine **3** (para pescar) float; (para nadar) float
B (*como interj*) (Esp fam & euf) for goodness' sake! (colloq), for crying out loud! (colloq)
corcholata *f* (Méx) bottle top, crown cap
córcholis *interj* good heavens!
corcova *f*
A (Med) hunchback, hump
B (Per fam) (fiesta) party (*lasting for two or more days*)
corcovado[1] **-da** *adj* hunchbacked, humpbacked
corcovado[2] **-da** *m,f* hunchback, humpback
corcovear [A1] *vi* to buck
corcoveo *m* (Col, CS) bucking
corcovo *m* buck; **dar ~s** to buck
cordada *f* (roped) team
cordaje *m* **1** (Náut) cordage, rigging **2** (Mús) strings (*pl*)
cordal *adj* ▸**muela**
cordel *m* **1** (fino) cord, string **2** (cuerda) (Chi) rope; **saltar al ~** (Jueg) to skip rope (AmE), to jump rope (AmE), to skip (BrE)
cordelería *f* **1** (oficio) ropemaking **2** (fábrica) ropeworks **3** (cuerdas) ropes (*pl*) **4** (Náut) rigging
cordelero -ra *m,f* ropemaker
cordero *m*
A **1** (cría) lamb; ***contar corderitos*** to count sheep **2** (carne — de cordero) lamb; (— de oveja) mutton **3** (piel) lambskin; **forrado de corderito** fleece-lined

C

C

(Compuesto) **cordero lechal** suckling lamb
B 1 (Relig) lamb; **C~ de Dios** Lamb of God 2 (fam) (persona dócil) *tb* **corderito: en clase siempre son unos corderitos** they're always as good as gold in class; **en casa es un corderito** he's as quiet as a lamb at home

corderoy *m* (AmS) corduroy; **pantalones de ~** corduroy pants (AmE) *o* (BrE) trousers, cords (*pl*) (colloq); **~ finito** needlecord

cordial[1] *adj*
A (frml) (amistoso) cordial, friendly; **ambos países tienen relaciones ~es** the two countries maintain cordial relations (frml); **recibe un ~ saludo** (Corresp) (kindest) regards; **la reunión transcurrió en un ambiente ~** the meeting took place in a congenial atmosphere; **nuestro anfitrión se mostró muy ~ con nosotros** our host was very friendly, our host treated us very cordially; **calificaron las conversaciones de ~es** the talks were described as friendly *o* cordial
B ‹*odio*› intense

cordial[2] *m* cordial, tonic

cordialidad *f* (frml) cordiality; **trató a sus invitados con ~** she treated her guests with cordiality *o* very cordially

cordialmente ➡📖 *adv*
A (frml) cordially; **nos trató muy ~** he was very friendly to us, he treated us very cordially; **le saluda ~** (Corresp) sincerely yours (AmE), yours sincerely (BrE)
B ‹*odiar*› intensely

cordillera *f* mountain range, range; **la ~ de los Andes** the Andes

cordillerano -na *adj* (esp AmL) Andean, mountain (*before n*)

cordita *f* cordite

córdoba *m* cordoba (*Nicaraguan unit of currency*)

cordobán *m* cordovan

cordobés[1] **-besa** *adj* (en Esp) Cordovan, of/from Cordoba; (en Arg) of/from Cordoba

cordobés[2] **-besa** *m,f* 1 (en Esp) Cordovan, person from Cordoba 2 (en Arg) person from Cordoba

cordón *m*
A 1 (cuerda) cord 2 (de zapatos) shoelace, lace 3 (Elec) cord, flex (esp BrE) 4 (Náut) strand 5 (de personas) cordon
(Compuestos)
- **cordón policial** police cordon
- **cordón sanitario** cordon sanitaire
- **cordón umbilical** umbilical cord
- **cordón verde** green belt

B 1 (RPl) (de la vereda) curb (AmE), kerb (BrE) 2 (CS) (de cerros) chain

cordoncillo *m* 1 (en las monedas) milling 2 (bordado) piping

cordura *f* 1 (Psic) sanity 2 (sensatez) good sense; **obrar con ~** to act sensibly *o* prudently

core *m* (Méx fam) quarterback

corea *f* Saint Vitus's Dance, chorea (tech)

Corea *f* Korea
(Compuesto) **Corea del Norte/Sur** North/South Korea

coreano -na *adj* Korean

corear [A1] *vt* ‹*consignas/insultos*› to chant, chorus; ‹*marcha/estrofa*› to sing ... in unison, sing together; **dio tres vivas que fueron coreados por el público** he gave three cheers which were chorused by the audience; **empezaron a ~ el himno del colegio** they all began singing the school song

corebac *m* (Méx) quarterback

coreografía *f* choreography

coreografiar [A17] *vt* to choreograph

coreográfico -ca *adj* choreographic

coreógrafo -fa *m,f* choreographer

Coreper *m* (UE) (= **Comité de representantes permanentes**) Coreper

CORFO /'korfo/ *f* (en Chi) = **Corporación de Fomento de la Producción**

corgi *mf* corgi

coriandro *m* (Arg) coriander

corifeo *m* coryphaeus

corindón *m* corundum

corintio -tia *adj/m,f* Corinthian

Corinto *m* Corinth

corista *mf* 1 (Mús) chorister 2 **corista** *f* (en una revista musical) chorus girl

coriza *f or m* coryza

cormorán *m* cormorant

cornada *f* (golpe) thrust (*with the horns*); (herida): **murió de una ~ en el estómago** he died after being gored in the stomach; **sufrió una grave ~** he was severely gored; ***nadie muere de ~ de burro*** (fam) don't be so cautious!, be more adventurous!

cornalina *f* carnelian

cornamenta *f* (del toro) horns (*pl*); (del ciervo) antlers (*pl*); ***ponerle la ~ a algn*** (fam & hum) to cuckold sb (liter), be unfaithful to sb, cheat on sb (AmE colloq)

cornamusa *f* 1 (gaita) bagpipes (*pl*) 2 (trompeta) horn

córnea *f* cornea

cornear [A1] *vt* «*toro*» (golpear) to butt (*with the horn(s)*); (herir) to gore

corned beef /korne'bif/ *m* corned beef

corneja *f* 1 (cuervo) crow 2 (buharro) scops owl

córneo -nea *adj* corneous, hornlike

córner *m* (*pl* **-ners**) (Dep) 1 (de la cancha) corner; **desvió la pelota al ~** he kicked the ball into the corner 2 (tiro) corner kick; **tirar** *or* **lanzar un ~** to take a corner kick 3 (AmL) (del ring) corner

corneta[1] *f*
A 1 (Mús) (sin llaves) bugle; (con llaves) cornet 2 (juguete) horn 3 (Ven) (Auto) horn
(Compuesto) **corneta acústica** ear trumpet
B (de un gramófono) horn

corneta[2] *m* bugler

cornetazo *m* (Ven) hoot (colloq), honk (colloq)

corneteo *m* (Ven) hooting, honking

cornetín *m* ▸ **corneta**[1] **A1**

cornetista *mf* (de una corneta sin llaves) bugler; (de una corneta con llaves) cornet player

cornezuelo *m* ergot

corniforme *adj* horn-shaped

cornisa *f*
A (Arquit) cornice
B (Geog): **la ~ atlántica/cantábrica** the Atlantic/Cantabrian coast

cornisamento *m* entablature

corno *m*
A (Mús) horn
(Compuestos)
- **corno de caza** hunting horn
- **corno inglés** English horn (AmE), cor anglais (BrE)

B (RPl fam) (uso expletivo): **me salió hablando en alemán y no entendí un ~** she started to talk to me in German and I didn't understand a word; **sobre eso no sabe un ~** he doesn't have a clue about that (colloq); **no vale un ~** it's completely worthless; **no veo un ~** I can't see a thing; **¡qué viaje ni qué ~s! te quedás en casa a estudiar** never mind the trip, you're staying at home to study!; **¿qué/quién/dónde ~ ...?** what/who/where the hell ...? (colloq); **¿cómo ~ se llamaba el tipo ese?** what the hell was that guy's name?; **¡ése abogado, un ~!** him a lawyer, pull the other! (colloq), a lawyer, my foot! (colloq)

Cornualles *m* Cornwall

cornucopia *f* cornucopia, horn of plenty

cornudo[1] **-da** *adj* 1 ‹*animal*› horned 2 (fam) ‹*marido*› cuckolded (liter), deceived (*before n*); ‹*mujer*› deceived (*before n*)

cornudo[2] **-da** *m,f* (fam) (*m*) cuckold (liter), deceived husband; (*f*) deceived wife

coro *m*
A (Mús) 1 (conjunto — vocal) choir; (— en una revista musical) chorus line; **un ~ de protestas** a chorus of protest; **a ~: los alumnos repetían a ~ la lección** the pupils repeated the lesson together *o* in unison, the pupils chorused the lesson; **lo cantaron a ~** they sang it in chorus *o* together; ***hacerle ~ a algn*** to back sb up 2 (composición) chorus 3 (Arquit) choir; (asientos) choir stall
B (Hist, Lit) (en la tragedia) chorus
C (de ángeles) choir; **todos los ~s celestiales** all the celestial *o* heavenly choirs

corocoro *m* 1 (ave) *bright red marsh bird* 2 (pez) *marine redfish*

corografía *f* chorography

corola *f* corolla

corolario *m* corollary

corona *f*
A 1 (de un soberano) crown; **ciñó la ~ en 1582** he was crowned in 1582; **el heredero de la ~** the crown prince 2 (institución): **la ~** the Crown; **los territorios de la ~** Crown territories 3 (Dep) crown; ***estar hasta la ~*** (Chi fam) to be fed up to the back teeth (colloq)
B (de flores) crown, wreath; (para funerales) wreath; **la ~ de espinas** the crown of thorns
(Compuesto) **corona de caridad** (Chi) donation to charity (*instead of sending a wreath*)
C (Astron) corona
(Compuesto) **corona solar** corona, aureole
D (moneda) 1 (Hist) crown 2 (en Suecia, Islandia) krona, crown; (en Dinamarca, Noruega) krone, crown; (en Checoslovaquia) koruna, crown
E (Odont) (parte visible) crown; (funda) artificial crown, crown
F 1 (de reloj) winder, crown 2 (Auto) crown wheel

coronación *f* 1 (de un soberano) coronation 2 (culminación) culmination; **la ~ de su carrera** the crowning moment of his career

coronamiento *m* cornice

coronar [A1] *vt*
A ‹*soberano*› to crown; **fue coronado rey** he was crowned king
B ‹*montaña/cima*› to reach the top of
C 1 (rematar, completar) to crown; **al final el éxito coronó su carrera** his career was finally crowned with success; **una cúpula corona el edificio** the building is crowned by a dome; ***y para ~la*** (fam) and to crown *o* cap it all (colloq) 2 (en damas) to crown

■ **coronarse** *v pron*
A «*niño*» (en el parto) to crown
B (Per fam) (meter la pata) to put one's foot in it
C (Ven fam) (tenerlo todo) to be set up (colloq); **si consigues ese puesto estás coronado** if you get that job you'll be all set up *o* you'll have it made *o* you'll be laughing (colloq)

coronario -ria *adj* coronary

coronel -nela *m,f* 1 (en el ejército) colonel; (en las fuerzas aéreas) ≈ Colonel (*in US*), ≈ Group Captain (*in UK*) 2 **coronela** *f* (ant *o* hum) colonel's wife

coronilla *f* crown, crown of the head; ***andar*** *or* ***bailar de ~*** to bend over backward(s) (colloq); ***estar hasta la ~*** (fam) to be fed up to the back teeth (colloq); **estoy hasta la ~ de tus manías** I'm fed up to the back teeth *o* I've had it up to here with you and your fads (colloq)

coronta *f* (Chi, Per) *tb* : **~ de choclo** *stripped corn cob*

corotero *m* (Ven fam) things (*pl*), bits and pieces (*pl*) (colloq), stuff (colloq)

coroto *m*
A (Col, Ven fam) (trasto) piece of junk (colloq); **recogí mis ~s y me largué de allí** I got my things *o* stuff *o* bits and pieces together and left
B (Ven) (poder político) political power, power; ***alzarse con el ~*** (Ven fam) to take power; ***entregar el ~*** (Ven fam) to hand over power

corpacho, corpachón *m* (fam): **era delgadito pero ahora ha echado un ~** he used to be thin but now he's got(ten) really solid *o* hefty (colloq); **qué ~s tienen esos nadadores** those swimmers are real hunks (colloq)

corpiño *m* 1 (chaleco) bodice 2 (del vestido) bodice 3 (RPl) (prenda interior) brassière, bra

➡📖 *ver* Correspondencia

corporación *f* 1 (Hist) guild 2 (Der) association 3 (Com, Fin) corporation

(Compuesto) **corporación municipal** municipal council

corporal[1] *adj* ‹*trabajo*› physical; **instituto de estética ~** fitness center; ▸**castigo**

corporal[2] *m* (Relig) corporal, corporale

corporativismo *m* corporatism

corporativo -va *adj* corporate

corpóreo -rea *adj* physical, corporeal (frml)

corpulencia *f* heftiness; **la ~ del elefante lo hace vulnerable** the elephant's sheer bulk *o* the heftiness of the elephant makes it vulnerable; **la ~ típica de los jugadores de rugby** the typical hefty *o* heavy build of rugby players

corpulento -ta *adj*
A ‹*persona*› hefty, burly, heavily built; ‹*animal*› hefty, bulky; ‹*árbol*› solid, sturdy
B ‹*vino*› full-bodied

corpus *m* (*pl* ~) (de datos) corpus; (de obras) body, corpus

Corpus, Corpus Christi Corpus Christi

corpuscular *adj* corpuscular

corpúsculo *m* corpuscle

corral *m* 1 (en una granja) yard, farmyard 2 (para ganado) corral, stockyard 3 *tb* **corralito** (para niños) playpen 4 (Hist, Teatr) open-air theater*

corralón *m* 1 (Arg) (Const) lumberyard, builder's yard 2 (Per) (terreno baldío) piece of waste land (*sometimes with shanty dwellings*) 3 (Méx) (de la policía) car pound

correa *f* 1 (tira) strap; (cinturón) belt; **la ~ del perro** the dog's leash *o* (BrE) lead; **tengo que cambiarle la ~ al reloj** I need a new watchband (AmE) *o* (BrE) watchstrap 2 (para afilar) strop 3 (Mec) belt; ***tener mucha ~*** (fam) to be long-suffering; ***tener poca ~*** (fam) to have a very short fuse

(Compuestos)
- **correa de** *or* **del ventilador** fan belt
- **correa de transmisión** (Mec) drive belt; (Pol) mouthpiece

correaje *m* belts (*pl*)

correazo *m* blow with a belt; **su padre le había pegado unos ~s en las piernas** his father had given him the strap across the legs

correcalles *mf* (*pl* ~) 1 (fam) (holgazán) loafer (colloq) 2 **correcalles** *f* (fam) (prostituta) streetwalker, hooker (colloq)

correcaminata *f* fun run

correcaminos *m* (*pl* ~) roadrunner

corrección *f*
A 1 (buenos modales): **es un hombre de una gran ~** he is very well-mannered *o* correct; **siempre viste con ~** she always dresses very correctly *o* properly; **se comportó con la ~ que lo caracteriza** he behaved with characteristic good manners *o* correctness *o* decorum 2 (honestidad) correctness 3 (propiedad): **habla los dos idiomas con ~** he speaks both languages accurately *o* well *o* correctly

(Compuesto) **corrección política** political correctness

B 1 (de exámenes) correction 2 (enmienda, rectificación) correction

(Compuestos)
- **corrección de pruebas** proofreading
- **corrección ortográfica** spell-checking

C (Fin) *tb* **~ bursátil** correction

(Compuesto) **corrección a la baja** downward correction

correccional *m or f tb* **~ de menores** reformatory (AmE), young offenders' institution (BrE)

(Compuesto) **correccional de mujeres** (reformatorio) correction center* for young women; (cárcel) women's prison

correctamente *adv* 1 (sin errores) correctly 2 (con cortesía) politely

correctivo[1] **-va** *adj* corrective

correctivo[2] *m*: **como ~ por haberlo hecho mal** as a punishment for doing it wrong; **esto servirá de ~ al gobierno** this will serve as a lesson to the government

correcto -ta *adj*
A 1 (educado, cortés) ‹*comportamiento*› correct, polite; ‹*persona*› correct, polite, well-mannered 2 (honesto) correct
B ‹*respuesta/solución*› correct, right; **lo dijo en un ~ alemán** she said it in correct German; **¿nos juntamos mañana? — ¡~, a las diez!** (AmC) so we're meeting tomorrow, then? — (that's) right, at ten
C ‹*funcionamiento/procedimiento*› correct

corrector[1] **-tora** *adj* ▸**líquido**[2], **gimnasia**

corrector[2] **-tora** *m,f*
A (de exámenes) marker

(Compuestos)
- **corrector de estilo** copy editor
- **corrector de pruebas** *or* **galeradas** proofreader

B **corrector** *m* 1 (Odont) braces (*pl*) (AmE), brace (BrE) 2 (líquido) correction fluid; (papel) correction paper; (cinta) correction ribbon

(Compuesto) **corrector ortográfico** (Inf) spell checker, spelling checker, spell check

corredera[1] *adj* ▸**puerta**

corredera[2] *f* (RPl fam): **tengo una** *or* **estoy con una ~** I've got the trots *o* (BrE) runs (colloq)

corredizo -za *adj* ▸**nudo, puerta**

corredor -dora *m,f*
A (Dep) (atleta) runner; (en ciclismo) rider; (en coches de carrera) driver

(Compuestos)
- **corredor de bola, corredora de bola** *m,f* halfback, ballcarrier
- **corredor de coches, corredora de coches** *m,f* racing driver
- **corredor de fondo, corredora de fondo** *m,f* long-distance runner
- **corredor de poder, corredora de poder** *m,f* fullback
- **corredor de vallas, corredora de vallas** *m,f* hurdler

B 1 (agente) agent 2 (RPl) (viajante) sales representative, traveling* salesman

(Compuestos)
- **corredor de Bolsa, corredora de Bolsa** *m,f* stockbroker
- **corredor de fincas, corredora de fincas** *m,f* real estate broker (AmE), estate agent (BrE)
- **corredor de propiedades, corredora de propiedades** *m,f* real estate broker (AmE), estate agent (BrE)
- **corredor de seguros, corredora de seguros** *m,f* insurance broker

C **corredor** *m* 1 (Arquit) corridor 2 (Geog, Pol) corridor

(Compuesto) **corredor de la muerte** *m* death row

corredora *f*
A (Zool) flightless bird
B (Ven fam) (ajetreo) mad rush (colloq)

correduría *f* ▸**corretaje**

corregible *adj* correctable

corregidor *m* (Hist) (magistrado) judge; (alcalde) mayor (*appointed by the king*)

corregimiento *m* (Col) village

corregir [I8] *vt* 1 ‹*error/falta*› to correct; **quiere que lo corrijan cuando se equivoca** he wants to be corrected when he makes a mistake; **tendrás que ~ esos modales** you'll have to improve *o* mend your manners 2 ‹*examen/dictado*› to correct, grade (AmE), to mark (BrE) 3 ‹*galeradas/pruebas*› to correct, read 4 ‹*defecto físico/postura*› to correct 5 ‹*rumbo/trayectoria*› to correct

■ **corregirse** *v pron*
A 1 (en el comportamiento) to change *o* mend one's ways; **hace esfuerzos para ~se de ese hábito** he is trying to get out of that habit 2 (*refl*) (al hablar) to correct oneself; **~se DE algo: se corrigió del error** she corrected her mistake
B «*defecto físico*»: **un defecto que se corrige solo** a defect which corrects itself

correhuela *f* bindweed

correlación *f* correlation

correlacionar [A1] *vt* (frml) to correlate (frml)

correlativo -va *adj* (frml) correlative (frml)

correlato *m* (frml) correlate (frml)

correligionario -ria *m,f*: **Maggiulli y sus ~s** Maggiulli and his fellow Socialists (*o* fellow Democrats *etc*)

correlón -lona *adj* (Ven fam): **¡qué niño tan ~!** that child never stops running around

correntada *f* (CS) current

correntoso -sa *adj* (CS) fast-flowing

correo *m*
A 1 (sistema) mail, post (BrE); **envíamelo por ~** mail (AmE) *o* (BrE) post it to me; **a vuelta de ~** by return of post; **echar una carta al ~** to mail (AmE) *o* (BrE) post a letter; **servicio/huelga de ~s** postal service/strike 2 (tren) mail train; (autobús) postbus (*bus which also transports mail*); (barco) mail boat

(Compuestos)
- **correo aéreo** air mail
- **correo basura** junk e-mail, spam (colloq)
- **correo certificado** registered mail *o* (BrE) post
- **correo de voz** voice mail
- **correo electrónico** (sistema) electronic mail, e-mail; (mensaje) e-mail; **mándamelo por ~ ~** e-mail it to me; **he recibido muchos ~s ~s** I've received many e-mails
- **correo recomendado** (Col, Ur) ▸**correo certificado**
- **correo registrado** (Méx) ▸**correo certificado**
- **correo urgente** special delivery

B (oficina) *tb* **C~s** (Esp) post office; **voy al ~** *or* (Esp) **a C~s** I'm going to the post office
C (persona) 1 (mensajero) messenger 2 (de drogas) courier

> **Correos**
>
> The name of Spain's state-run post office. Stamps can be bought in an ▸**estanco**, although certified or express mail must be sent from a post office (*estafeta* or *oficina de correos*). Postboxes in Spain are silver with red and yellow hoops. There are also red boxes for urgent mail. In Latin America *correo*, in the singular, means both a post office and the mail system.

correosidad *f* toughness, leatheriness

correoso -sa *adj* tough, leathery

correr [E1] *vi*
A 1 to run; **tuve que ~ para no perder el tren** I had to run or I'd have missed the train; **bajó las escaleras corriendo** she ran down the stairs; **los atracadores salieron corriendo del banco** the robbers ran out of the bank; **iba corriendo y se cayó** she was running and she fell over; **corrían tras el ladrón** they were running after the thief; **echó a ~** he started to run, he broke into a run; **cuando lo vio corrió a su encuentro** when she saw him she rushed *o* ran to meet him; ***a todo ~*** at top speed, as fast as I/he could; **salió a todo ~** he went/came shooting out; ***corre que te corre:*** **se fueron, corre que te corre, para la playa** they went tearing *o* racing off to the beach; ***el que no corre vuela*** you have to be quick off the mark 2 (Dep) «*atleta*» to run; «*caballo*» to run; **sale a ~ todas las mañanas** she goes out running *o* jogging every morning, she goes for a run every morning; **corre en la maratón** he's running in the marathon 3 (Auto, Dep) «*piloto/conductor*» to race; **corre con una escudería italiana** he races *o* drives for an Italian team
B 1 (apresurarse): **llevo todo el día corriendo de un lado para otro** I've been rushing around all day long, I've been on the go all day long (colloq); **¡corre, ponte los zapatos!** hurry *o* quick, put your shoes on!; **no corras tanto que te equivocarás** don't rush it *o* don't do it so quickly, you'll only make mistakes; **en cuanto me enteré corrí a llamarte/a escribirle** as soon as I heard, I rushed to call you/write to him; **vino pero se fue corriendo** he came but he rushed off *o* raced off again; **se fueron corriendo al hospital** they rushed to the hospital 2 (fam) (ir, moverse) (+ *compl*): **corre mucho** he drives too/very fast; **esa moto corre mucho** that motorcycle is *o* goes really fast

C

C 1▸ (+ *compl*) «*cordillera/carretera*» to run; «*río*» to run, flow; **corre paralela a la costa** it runs parallel to the coast; **el río corre por un valle abrupto** the river runs *o* flows through a steep-sided valley 2▸ «*agua*» to flow, run; «*sangre*» to flow; **corría una brisa suave** there was a gentle breeze, a gentle breeze was blowing; **corre mucho viento hoy** it's very windy today; **el champán corría como agua** the champagne flowed like water 3▸ «*rumor*»: **corre el rumor de que ...** there is a rumor going around that ..., word *o* rumor has it that ...; **corrió la voz de que se había fugado** there was a rumor that she had escaped 4▸ «*polea*» to run; **la cremallera no corre** the zipper (AmE) *o* (BrE) zip is stuck *o* won't do up/undo; **el pestillo no corre** I can't bolt/unbolt the door, the bolt won't move *o* slide

D «*días/meses/años*» 1▸ (pasar, transcurrir): **corren tiempos difíciles** these are difficult times; **corría el año 1939 cuando ...** it was in 1939 that ...; **con el ~ de los años** as time went/goes by, as years passed/pass; **el mes que corre** this month, in the current month (frml) 2▸ (pasar de prisa) to fly; **¡cómo corre el tiempo!** how time flies!; **los días pasan corriendo** the days fly by *o* go by in a flash

E 1▸ «*sueldo/alquiler*» to be payable 2▸ (ser válido) to be valid; **las nuevas tarifas empezarán a ~ a partir de mañana** the new rates come into effect from tomorrow; **ya sabes que esas excusas aquí no corren** (CS) you know you can't get away with excuses like that here, you know excuses like that won't wash with me/us (colloq); **estos bonos ya no corren** these vouchers are no longer valid 3▸ (venderse) **~ A** *or* **POR algo** to sell AT *o* FOR sth

F **correr con** ‹*gastos*› to pay; **la empresa corrió con los gastos de la mudanza** the firm paid the removal expenses *o* the moving expenses *o* met the cost of the removal; **el Ayuntamiento corrió con la organización del certamen** the town council organized *o* was responsible for organizing the competition

■ **correr** *vt*

A 1▸ (Dep) ‹*maratón*› to run; **corrió los 1.500 metros** he ran the 1,500 meters; **~*la*** (fam) to go out on the town (colloq) 2▸ (Auto, Dep) ‹*prueba/gran premio*› to race in

B 1▸ (fam) (echar, expulsar) to kick ... out (colloq), to chuck ... out (colloq); **lo corrieron del pueblo** they ran him out of town 2▸ (fam) (perseguir) to chase, run after; **acaba de salir, si la corres, la alcanzas** (Col, RPl) she's just gone out, if you run you'll catch her (up)

C 1▸ (exponerse a): **quiero estar seguro, no quiero ~ riesgos** I want to be sure, I don't want to take any risks; **corres el riesgo de perderlo/de que te lo roben** you run the risk of *o* you risk losing it/having it stolen; **aquí no corres peligro** you're safe here *o* you're not in any danger here 2▸ (experimentar): **ambos corrieron parecida suerte** they both suffered a similar fate; **juntos corrimos grandes aventuras** we lived through *o* had great adventures together; ▸**prisa**

D (mover) 1▸ ‹*botón/ficha/silla*› to move 2▸ ‹*cortina*› to draw; **corre el cerrojo** bolt the door, slide the bolt across/back; **corra la pesa hasta que se equilibre** slide the weight along until it balances; ▸**velo** 3▸ (Inf) ‹*texto*› to scroll

E (ant) ‹*territorio*› to raid

F (Chi fam) (propinar): **córreles palo** give them a good beating; **les corrió balas a todos** he sprayed them all with bullets

■ **correrse** *v pron*

A (moverse) 1▸ «*pieza*» to shift, move; «*carga*» to shift 2▸ (fam) «*persona*» to move up *o* over, shift up *o* over (colloq) 3▸ (Chi fam) (escurrirse, escabullir) to slip away

B 1▸ «*tinta*» to run; «*rímel/maquillaje*» (+ *me/te/le etc*) to run, smudge 2▸ (AmL) «*media*» to ladder, run; **se me corrió un punto del suéter** I pulled a thread in my sweater and it ran

C (Esp arg) (llegar al orgasmo) to come (colloq)

correría *f* 1▸ (ant) (Mil) raid, incursion 2▸ (viaje, excursión): **sus ~s por el mundo** her travels all over the world

correspondencia *f*

A 1▸ (relación por correo) correspondence; **mantenemos ~** we stay in contact *o* touch by letter, we keep up a correspondence (frml); **mantiene ~ con chicos extranjeros** he corresponds with penfriends in other countries 2▸ (cartas) mail, post (BrE); **abrir la ~** to open the mail *o* post; **despachar la ~** to deal with *o* attend to the mail *o* post; **~ comercial** business correspondence

B 1▸ (equivalencia) correspondence 2▸ (Mat) correspondence, mapping

C (en el metro) interchange; **esta estación tiene ~ con la línea tres** you can change to line three at this station

corresponder [E1] *vi*

A 1▸ (en un reparto) (+ *me/te/le etc*): **a él le corresponde la mitad de la herencia** half the inheritance goes to him; **ésta es la parte que te corresponde** this is your part *o* share 2▸ (incumbir): **te corresponde a ti preparar el informe** it's your job to prepare the report; **no me corresponde a mí decírselo** it's not my job *o* it's not for me to tell him; **el lugar que le corresponde** his rightful place; **a quien corresponda** (Corresp) to whom it may concern; **fue recibido con los honores que corresponden a su rango** he was received with the honors befitting his rank 3▸ (*en tercera persona*) (ser adecuado): **si no puedes ir, lo que corresponde es que le avises** if you can't go you should let him know; **ahora vas y te disculpas, como corresponde** now go and apologize, you know you should *o* (frml) as is right and proper; **serán juzgados como corresponde** they will be tried according to the due process of the law; **ponlos en el cajón o archívalos, según corresponda** put them in the drawer or file them, as appropriate

B (cuadrar, encajar): **esto aquí no corresponde** this doesn't belong *o* fit *o* go here; **~ A/CON algo: su aspecto correspondía a la descripción que me habían dado** his appearance fitted *o* matched the description I had been given; **su versión no corresponde con la de los demás testigos** his version does not square with *o* tally with *o* match that of the other witnesses; **la leyenda no corresponde a la fotografía** the caption doesn't belong with *o* match this photograph

C (a un favor, una atención) **~ A algo: quisiera ~ a su generosidad** I'd like to repay them for their generosity, I'd like to return *o* repay their generosity; (+ *me/te/le etc*): **lo quiere, pero él no le corresponde** she loves him, but he doesn't return her love *o* feel the same way about her; **la ama y ella le corresponde con desprecio** he loves her but she responds with contempt; **y tú le correspondes con esta grosería** and you repay him with this kind of rudeness

■ **corresponder** *vt* ‹*favor*› to return; ‹*atención*› to return, repay; **la historia de un amor no correspondido** a story of unrequited love

■ **corresponderse** *v pron* **~se CON algo: su versión no se corresponde con los hechos reales** her version doesn't square *o* tally with the facts; **eso no se corresponde para nada con su manera de ser** that's totally out of keeping with her character

correspondiente *adj*: **la etiqueta ~** the respective *o* corresponding *o* relevant label; **al enterarme me llevé el ~ disgusto** naturally I was upset when I found out *o* when I found out I was upset, as you would expect; **haga la solicitud rellenando el impreso ~** to apply, complete the relevant form; **~ A algo: éstas son las cifras ~s al mes de abril** these are the figures for the month of April; **los resultados ~s al año pasado** last year's results

corresponsabilidad *f* joint responsibility

corresponsable *adj* jointly responsible; **~ de algo** jointly responsible for sth

corresponsal *mf* 1▸ (Corresp): **es un pésimo ~** he's a useless correspondent, he's hopeless at writing letters 2▸ (de un periódico, de la radio) correspondent

(Compuestos)

- **corresponsal de guerra** war correspondent
- **corresponsal en el extranjero** foreign correspondent

corresponsalía *f* 1▸ (cargo) post of correspondent 2▸ (CS) (oficina) correspondent's office, office (*in another town*)

corretaje *m*

A 1▸ (de acciones, valores) brokerage 2▸ (Esp) (de pisos) property dealing 3▸ (RPl) (de productos) wholesaling

B (comisión) commission

corretear [A1] *vi* to run around; **el niño correteaba por el jardín** the little boy was running *o* rushing around the garden

■ **corretear** *vt*

A 1▸ (esp AmL) (perseguir) to chase, pursue; **lo correteó hasta atraparlo** she chased it round until she caught it 2▸ (Chi fam) ‹*ladrones*› to keep ... away, deter; **tanto calor corretea a la gente de las calles** the fierce heat keeps people off the streets 3▸ (Chi fam) ‹*trámite*› to chase *o* follow up; **si no correteas la autorización, no te la darán nunca** if you don't start doing something about getting permission, they'll never give it to you

B (RPl) (Com) to wholesale; **se ganaba la vida correteando artículos de escritorio** he worked as a stationery wholesaler

correveidile *mf* (fam) telltale

corrida *f*

A 1▸ (fam) (carrera): **tuve que dar** *or* **echar una buena ~ para no perder el tren** I really had to run *o* (colloq) move (it) to catch the train; **nos pegamos una ~ espantosa** we rushed *o* ran like crazy (colloq); **a las ~s** (RPl) in a rush 2▸ (Fin): **una ~ bancaria** a run on the banks; **una ~ sobre el dólar** a rush into dollars *o* to buy dollars 3▸ (Dep) carry 4▸ (Méx) (viaje) trip, run

B (Taur) bullfight

C (Chi) 1▸ (serie) series 2▸ (fila) row 3▸ (de bebidas) round 4▸ (Min) outcrop

D (Méx) (en póquer) straight

> **corrida**
>
> A bullfight. Bullfighting remains popular in many parts of Spain and some Latin American countries, and is regularly broadcast on television. During the *corrida* three bullfighters (*matadores*) fight a total of six bulls, two each. *See also* ▸**(La fiesta de) los toros.**

corrido[1] **-da** *adj* 1▸ (fam) ‹*persona*› worldly-wise; **es un hombre muy ~** he's a man of the world, he's very worldly-wise, he's been around (colloq) 2▸ ‹*balcón/galería*› continuous; ***de* ~** (fam): **se lo saben de ~** they know it (off) by heart; **me lo dijo de ~** he reeled it off parrot-fashion 3▸ (Esp fam) (avergonzado) embarrassed

corrido[2] *m: Mexican folk song*

> **corrido**
>
> In Mexico, a ballad sung to guitar and trumpet accompaniment on subjects such as battles, heroic deeds, love affairs, the fight for equality, and the lives of historical and fictional characters.
>
> *Corridos* developed from the Spanish ballad tradition. The lyrics are straightforward songs of the common people.

corriente[1] *adj*

A (que ocurre con frecuencia) common; (normal, no extraño) usual, normal; **es un error muy ~** it's a very common mistake; **ese tipo de robo es muy ~ en esta zona** robberies like that are commonplace *o* very common *o* an everyday occurrence in this area; **un método poco ~ en la actualidad** a method not much used nowadays; **lo ~ es efectuar el pago por adelantado** the normal thing is to pay in advance, normally *o* usually you pay in advance; **un cuchillo normal y ~** an ordinary *o* a common-or-garden knife; **es un tipo de lo más ~** he's just an ordinary guy (colloq); **es una tela muy ~** it's a very ordinary material; **~ *y moliente*** (fam) ordinary, run-of-the-mill; **es un vestido ~ y moliente** it's just an ordinary dress; **nos**

hizo una comida ~ y moliente the meal he cooked us was very ordinary *o* run-of-the-mill
B **1** (en curso) ‹*mes/año*› current; **la inauguración está prevista para el día tres del ~** *or* **de los ~s** the opening is planned for the third of this month; **su atenta carta del 7 del ~** (frml) your letter of the 7th of this month *o* (frml) the 7th inst **2** **al corriente: estoy al ~ en todos los pagos** I'm up to date with all the payments; **empezó el curso con retraso pero se ha puesto al ~** she started the course late but she has caught up; **quiero que me tengan** *or* **mantengan al ~ de las noticias que se reciban** I want to be kept informed *o* (colloq) posted about any news that comes in; **ya está al ~ de lo que ha pasado** she already knows what's happened

corriente[2] *f*
A (de agua) current; **~s marinas** ocean currents; ***dejarse arrastrar*** *or* ***llevar por la ~*** to go along with *o* follow the crowd; ***ir*** *or* ***nadar*** *or* ***navegar contra (la) ~*** to swim against the tide; ***seguirle la ~ a algn*** to humor sb, play along with sb
(Compuestos)
- **corriente de la conciencia** stream of consciousness
- **Corriente de Humboldt** Humboldt Current
- **Corriente del Golfo** Gulf Stream
- **corriente del pensamiento** (Psic) stream of conciousness

B (de aire) draft (AmE), draught (BrE); **cierra la ventana que hay mucha ~** shut the window, there's a terrible draft
C (tendencia) trend; **las nuevas ~s de la moda** the latest trends in fashion; **una ~ de pensamiento** a school of thought; **una ~ de opinión contraria a esta tesis** a current of opinion at odds with this idea
D (Elec) current; **una ~ de 10 amperios** a 10 amp current; **me dio (la) ~** *or* (Col) **me cogió la ~** I got a shock *o* an electric shock; **se cortó la ~ en toda la calle** there was a power cut which affected the whole street; **no hay ~ en la casa** there's no electricity *o* power in the house
(Compuestos)
- **corriente alterna** alternating current, AC
- **corriente continua** direct current, DC
- **corriente difásica** two-phase current
- **corriente eléctrica** electric current
- **corriente trifásica** three-phase current

corrientemente *adv* (normalmente) usually, normally; (con frecuencia) commonly, often; **iba vestido ~** he was dressed in ordinary clothes; **se emplea ~ para ...** it is often *o* commonly used for ...

corrillo *m* small group of people

corrimiento de tierras *m* landslide

corro *m*
A **1** (círculo) circle, ring; **se formó un ~ a su alrededor** a circle of people formed around her; **las chicas le hicieron ~** the girls surrounded him *o* gathered round him; **la sardana se baila en ~** the sardana is danced in a ring *o* circle **2** (Jueg): **jugar al ~** *to play a singing game standing in a ring*
B **1** (mancha) patch **2** (terreno) plot
C (Fin) (lugar) pit, ring; (sector): **avances en el ~ eléctrico/farmacéutico** gains in electricals/pharmaceuticals

corroboración *f* corroboration

corroborar [A1] *vt* to corroborate

corroborativo -va *adj* corroborative

corroer [E13] *vt* ‹*metal*› to corrode; ‹*mármol*› to erode, wear away; **la envidia la corroe** she is eaten up with envy; **la desintegración de la familia corroe las bases mismas de la sociedad** the disintegration of the family erodes the very foundations of society
■ **corroerse** *v pron* to corrode

corromper [E1] *vt* **1** ‹*persona/lengua/sociedad*› to corrupt **2** ‹*materia orgánica*› to rot **3** (Inf) ‹*archivo/disco*› to corrupt
■ **corromperse** *v pron* **1** «*costumbres/persona/lengua*» to become corrupted **2** «*materia orgánica*» to rot **3** «*agua*» to become stagnant **4** (Inf) «*archivo/disco*» to become corrupted

corrompido -da *adj* corrupt

corroncho -cha *adj* (Col fam) rough, crude, unpolished

corrosca *f* (Col) straw hat

corrosión *f* corrosion

corrosivo -va *adj* **1** ‹*sustancia/ácido/acción*› corrosive **2** ‹*humor/ironía*› caustic; ‹*crítica*› acerbic, biting

corrugación *f* **1** (arrugamiento) corrugation **2** (contracción) contraction, shrinkage

corrugado -da *adj* corrugated

corrugar [A3] *vt* to corrugate

corrupción *f* **1** (de la materia) decay **2** (de la moral, de una persona) corruption; (de la lengua) corruption
(Compuesto) **corrupción de menores** corruption of minors

corruptela *f* **1** (abuso) corruption, abuse of power; **para terminar con las coimas y ~s** to put an end to the bribery and corruption **2** (corrupción) corruption

corruptible *adj* **1** ‹*persona*› corruptible **2** ‹*materia orgánica*› degradable **3** (Inf) ‹*archivo/disco*› corruptible

corrupto -ta *adj* corrupt

corruptor[1] **-tora** *adj* corrupting

corruptor[2] **-tora** *m,f*: **~ de menores** (hum) cradle snatcher (colloq)

corrusco *m* (fam) end (*of a French loaf*)

corsario *m* corsair, privateer

corsé, corset /kor'se/ *m* (*pl* **-sets**) corset
(Compuestos)
- **corsé de yeso** surgical corset
- **corsé ortopédico** (orthopedic*) corset

corso[1] **-sa** *adj* Corsican

corso[2] **-sa** *m,f*
A Corsican
B **corso** *m* (RPl) carnival parade; ***tener un ~ a contramano*** (RPl fam): **la pobre tiene un ~ a contramano** the poor thing doesn't know whether she's coming or going (colloq)

corta *f* (Chi fam) (cigarette) butt, fag end (BrE)

cortaalambres *m* (*pl* ~) wirecutters (*pl*)

cortabordes *m* (*pl* ~) edger

cortacallos *m* (*pl* ~) corn knife, callus knife

cortacésped *m* lawnmower, turf-cutter

cortacircuitos *m* (*pl* ~) circuit breaker, trip switch

cortacorriente *m* circuit breaker, trip switch

cortacutículas *m* (*pl* ~) (tijeras) cuticle scissors (*pl*); (alicate) cuticle clippers (*pl*) *o* pliers (*pl*)

cortada *f* **1** (Col, Méx) (herida) cut; **hacerse una ~ afeitándose** to cut oneself shaving **2** (RPl) (calle sin salida) no through road, dead end, cul-de-sac (BrE)

cortadera *f* pampas grass

cortado[1] **-da** *adj*
A ‹*persona*› **1** [ESTAR] (Esp) (turbado, avergonzado) embarrassed **2** [ESTAR] (CS) (aturdido) stunned; **me quedé ~ con la respuesta que me dio** I was stunned by her reply, her reply stunned me **3** [SER] (Esp) (tímido) shy; **como es tan ~, no se atrevió a decirle que no** being so shy he couldn't bring himself to say no
B [ESTAR] ‹*calle/carretera*› closed, closed off; **la calle está cortada al tráfico** the street is closed to traffic; **Ⓢ carretera cortada por obras** road closed (for repairs)
C **1** ‹*leche/mayonesa*› **la leche estaba cortada** the milk had curdled, the milk was off *o* had gone off (BrE); **la mayonesa está cortada** the mayonnaise is curdled **2** ‹*café*› with a dash of milk
D ‹*película*› cut
E ‹*estilo*› clipped
F (Chi fam): ***irse ~*** (morirse) to drop dead (colloq)

cortado[2] *m* coffee with a dash of milk

> **cortado**
> Popular in Spain and known also as *café cortado*. Black coffee is "cut" by adding a little milk to it.

cortador -dora *m,f*
A (persona) *tb* **~ de sastre** cutter
B **cortadora** *f* **1** (máquina) cutter **2** (cuchilla) cutter
(Compuestos)
- **cortadora de césped** *f* lawnmower
- **cortadora de chapas** *f* clipper

cortadura *f*
A **1** (corte) cut **2** **cortaduras** *fpl* cuttings (*pl*), clippings (*pl*)
B (Geog) gorge

cortafierro *m* (RPl) cold chisel

cortafrío *m* cold chisel

cortafuego *m* (en un bosque) firebreak, fireguard, fire line; (en un edificio) fire wall

cortagrama *m* (AmC, Ven) lawnmower

cortahumedades *m* (*pl* ~) damp course

cortante *adj* **1** ‹*instrumento/objeto*› sharp **2** ‹*viento*› biting; **hacía un frío ~** it was bitterly cold **3** ‹*respuesta/tono*› sharp; **me respondió ~** she answered sharply

cortapapeles *m* (*pl* ~) **1** (abrecartas) paperknife, letter opener **2** (guillotina) guillotine

cortapastas *m* (*pl* ~) pastry cutter

cortapichas *m* (*pl* ~) (Esp fam & hum) earwig

cortapicos *m* (*pl* ~) earwig

cortapisa *f*: **el proyecto pudo llevarse a cabo sin ~s** they managed to finish the project without any setbacks; **habló sin ~s** she spoke freely; **le está poniendo demasiadas ~s a la iniciativa** he is putting up too many obstacles to the plan

cortaplumas *m or f* (*pl* ~) penknife

cortapuros *m* (*pl* ~) cigar cutter

cortar [A1] *vt*
A (dividir) **1** ‹*cuerda/tarta*› to cut; **corta el cable aquí** cut the wire here; **~ por la línea de puntos** cut along the dotted line; **se pasa horas cortando papeles** he spends hours cutting up pieces of paper; **cortó el pastel por la mitad** he cut the cake in half *o* in two; **¿en cuántas partes lo corto?** how many slices (*o* pieces *etc*) shall I cut it into?; **puedes ir cortando las zanahorias** you could start chopping the carrots; **se cortan los pimientos por la mitad** cut *o* slice the peppers into halves; **~ algo en trozos** to cut sth into pieces; **~ algo en rodajas/en cuadritos** to slice/dice sth; **este queso se corta muy bien** this cheese cuts very easily; **~ la carne en trozos pequeños** chop *o* cut the meat (up) into small chunks **2** ‹*asado*› to carve **3** ‹*leña/madera*› to chop **4** ‹*baraja*› to cut **5** (liter) ‹*aire/agua*› to slice *o* cut through
B (quitar, separar) **1** ‹*rama/punta*› to cut off; ‹*pierna/brazo*› to cut off; ‹*árbol*› to cut down, chop down; ‹*flores*› (AmL) to pick; **córtame una puntita de pan** cut me off a bit of bread, will you?; **me cortó un trozo de melón** she cut me a piece of melon; **~les los tallos y poner a hervir** cut off *o* remove the stalks and boil; **la máquina le cortó un dedo** the machine took off his finger, his finger got cut off in the machine; **~le la cabeza a algn** to chop off *o* cut off sb's head; ▸**sano** **2** ‹*anuncio/receta*› to cut out
C (hacer más corto) to cut; **le cortó el pelo/las uñas** he cut her hair/nails; **~ el césped** to mow the lawn, cut the grass; **hay que ~ los rosales** the rose bushes need cutting back *o* pruning
D «*viento*»: **hacía un viento que me cortaba la cara** there was a biting wind blowing in my face *o* (liter) lashing my face
E (en costura) ‹*falda/vestido*› to cut out
F **1** ‹*agua/gas/luz*› to cut off; ‹*comunicación*› to cut off; **le ~on el teléfono** his phone was cut off; **corta la electricidad antes de tocarlo** switch off the electricity before you touch it; **siempre cortan la película en lo más interesante** they always interrupt the movie at the most exciting moment; **~la** (Chi fam): **córtala con eso** OK, cut it out, now (colloq); **córtenla de hacer ruido** cut out the noise, will you? (colloq) **2** ‹*calle*› (por obras) to close; **los manifestantes ~on la carretera** the demonstrators blocked the road; **la policía cortó la calle**

C

C

the police blocked off *o* closed the street **3** ‹*retirada*› to cut off; **han cortado el tráfico en la zona** they've closed the area to traffic; **la policía nos cortó el paso** the police cut us off **4** ‹*relaciones diplomáticas*› to break off; ‹*subvenciones/ayuda*› to cut off
G ‹*fiebre*› to bring down; ‹*resfriado*› to cure, get rid of; ‹*hemorragia*› to stop, stem
H ‹*persona*› (en una conversación) to interrupt; **me cortó en seco** he cut me short, he cut me off sharply
I ‹*película*› to cut, edit; ‹*escena/diálogo*› to cut out, edit out
J ‹*recta/plano*› to cross; **la Avenida Santa Fe corta el Paseo de Gracia** the Avenida Santa Fe crosses the Paseo de Gracia
K **1** ‹*heroína/cocaína*› to adulterate, cut (colloq) **2** ‹*vermut*› to add water (o lemon *etc*) to **3** ‹*leche*› to curdle
L (RPl) ‹*dientes*› to cut; **está cortando los dientes** he's cutting his teeth, he's teething
M (Chi) ‹*animal*›: **cortó al caballo de tanto galopar** he rode the horse so hard that it collapsed
■ **cortar** *vi*
A «*cuchillo/tijeras*» to cut; **este cuchillo no corta** this knife doesn't cut *o* is blunt
B **1** (por radio): **corto y cambio** over; **corto y fuera** *or* **corto y cierro** over and out **2** (Cin): **¡corten!** cut! **3** (CS) (por teléfono) to hang up; **no me cortes** don't hang up on me, don't put the phone down on me
C (terminar) **1** «*novios*» to break up, split up; **ha cortado con el novio** she's broken *o* split up with her boyfriend **2** ~ **CON algo** to break WITH sth; **decidió ~ con el pasado** she decided to break with *o* make a break with the past
D (en naipes) to cut
E (en costura) to cut out
F (acortar camino) ~ **POR algo**: **cortemos por el bosque/la plaza** let's cut through the woods/across the square, let's take a short cut through the woods/across the square; **~on por el atajo** they took the shortcut
G (Chi fam) (ir, dirigirse): **~on para la ciudad** they headed for *o* made for the city; ***no sabía para dónde*** ~ (Chi fam) I/he didn't know which way to turn (colloq)
■ **cortarse** *v pron*
A (interrumpirse) «*proyección/película*» to stop; «*llamada/gas*» to get cut off; **se cortó la línea** *or* **comunicación** I got cut off; **se ha cortado la luz** there's been a power cut; **no te metas en el agua ahora, que se te va a ~ la digestión** don't go in the water yet, it's bad for the digestion/you'll get stomach cramp; **casi se me corta la respiración del susto** I was so frightened I could hardly breathe
B (*refl*) (hacerse un corte) to cut oneself; ‹*dedo/brazo/cara*› to cut; **iba descalza y me corté el pie** I was barefoot shoes and I cut my foot; **se cortó afeitándose** he cut himself shaving
C **1** (*refl*) ‹*uñas/pelo*› to cut; **se corta el pelo ella misma** she cuts her own hair; **se cortó una oreja** he cut off his ear; **se cortó las venas** he slashed his wrists **2** (*caus*) ‹*pelo*› to have ... cut; **¿cuándo vas a ~te el pelo?** when are you going to have a haircut *o* get your hair cut?
D (*recípr*) «*líneas/calles*» to cross
E «*leche*» to go off, curdle; «*mayonesa*» to curdle
F (Esp) «*persona*» (turbarse, aturdirse): **no le digas eso que se corta** don't say that to her, she'll get all embarrassed; **se corta cuando se ve entre mucha gente** he comes over *o* goes all shy when there are too many people around (colloq)
G (Chi fam) «*animal*» to collapse from exhaustion; **me corto de hambre/sed** I'm dying of hunger/thirst

cortaúñas *m* (*pl* ~) nail clippers (*pl*)
cortavidrios *m* (*pl* ~) glass cutter
cortaviento *m* windbreak
corte[1] *m*
A **1** (tajo) cut; **tenía varios ~s en la cara** he had several cuts on his face; **hazle un pequeño ~ en la parte superior** make a little cut *o* nick in the top; **se hizo un ~ en la cabeza** he cut his head **2** (de carne) cut, cut of meat **3** *tb* ~ **de pelo** haircut, cut
(Compuestos)
• **corte a (la) navaja** razor cut
• **corte de helado** (Esp) ice cream sandwich (AmE), wafer (BrE)
• **corte longitudinal** lengthwise section, longitudinal section (tech)
• **corte transversal** transverse section, cross section
B (interrupción): **un ~ en el suministro de fluido eléctrico** (frml) an outage (AmE) *o* (BrE) a power cut; **este verano hemos tenido varios ~s de agua** the water has been cut off several times this summer; **se produjeron ~s de carretera en toda la provincia** roads were blocked all over the province; **hubo un ~ a una escena donde ...** it cut to a scene where ...
(Compuestos)
• **corte comercial** (AmL) break, commercial break
• **corte de digestión** stomach cramp
• **corte de luz** outage (AmE), power cut (BrE)
• **corte publicitario** commercial break, break
C (Ven) (separación) (fam) break-up, bust-up (colloq); **le dio un ~ a su novia** he broke *o* split up with his girlfriend
D (AmL) (en el presupuesto) cut
E (Cin) (por la censura) cut
F **1** (de tela) length, length of material **2** (en costura): **siempre lleva trajes de buen ~** he always wears well-made *o* well-cut suits
(Compuestos)
• **corte de mangas** ≈ V-sign (*in UK*); **les hizo un ~ de ~** he gave them the finger, he did *o* made a V-sign at them (BrE)
• **corte y confección** dressmaking
G (tendencia, estilo): **canciones de ~ romántico** songs of a romantic kind *o* nature, romantic songs; **un discurso de neto ~ nacionalista** a speech with a clear nationalistic slant *o* bias *o* feeling to it; **en cualquier país de ~ democrático** in any country of democratic persuasion
H (Esp fam) **1** (vergüenza) embarrassment; **me da ~ ir sola** I'm embarrassed to go by myself; **es un ~ tener que pedírselo otra vez** it's embarrassing having to ask him again **2** (respuesta tajante): **¡menudo ~!** what a put-down! (colloq); **le dieron un buen ~ cuando le dijeron que ...** it was a real slap in the face for him *o* it was a real put-down when they told him that ...
I (fam) (Audio) track
J (RPl fam) (atención): **darle ~ a algn** to take notice of sb; ***darse*** ~ (RPl fam) to show off
K (paso) *dance step used in the tango*
L (Elec) cut-off; **voltaje/frecuencia de ~** cut-off voltage/frequency
corte[2] *f*
A (del rey) court; **vive rodeado de una ~ de aduladores** he is constantly surrounded by a circle of admirers; ***hacerle la ~ a algn*** (cortejar) (ant) to woo sb (dated *or* liter), to court sb (dated); (halagar, agasajar) to lick sb's boots; ▸**villa**
B (esp AmL) (Der) Court of Appeal
(Compuestos)
• **Corte Marcial** Military Appeal Court
• **Corte Suprema (de Justicia)** (AmL) Supreme Court
C **las Cortes** *fpl* (Pol) (en Esp) Parliament, the legislative assembly; **las C~s generales se reunieron ayer** Parliament met yesterday; **frente a las C~s** opposite the Parliament building
(Compuesto) **cortes constituyentes** *fpl* constituent assembly

> **Cortes Generales**
> The Spanish Parliament, consisting of two houses, the lower house or ▸**Congreso de los Diputados** and the upper house or ▸**Senado.** It is a legislative body, approves state budgets, and exercises other powers relating to international treaties and agreements, the autonomous regions and appointments to posts in institutions such as the ▸**Tribunal Constitucional.**

cortedad *f* shortness; ~ **de miras** shortsightedness
cortejar [A1] *vt* **1** (arc) ‹*mujer*› to court (dated), to woo (dated *or* liter) **2** (pey) (halagar) to court, woo
cortejo *m*
A (comitiva — de un rey) retinue, entourage; (— de un ministro) entourage
(Compuesto) **cortejo fúnebre** funeral cortege *o* procession
B (acción) courtship, wooing
cortés *adj* polite, courteous; ***lo ~ no quita lo valiente: ¿aún la saludas después de lo que te hizo? — sí, lo ~ no quita lo valiente*** you still say hello to her after what she did to you? — yes, politeness doesn't have to be a sign of weakness *o* you don't lose anything by being polite
cortesana *f* (arc) courtesan
cortesano[1] **-na** *adj* court (*before n*)
cortesano[2] **-na** *m,f* courtier
cortesía *f* **1** (urbanidad, amabilidad) courtesy, politeness; **desconoce las reglas de ~ más elementales** he has no idea of common courtesy; **la trató con ~** he was polite to her, he treated her courteously *o* politely **2** **de cortesía** ‹*entrada*› complimentary; ‹*visita*› courtesy (*before n*); ▸**fórmula** **3** (atención): **le agradezco la ~** (frml) I would like to thank you for your kind invitation (*o* offer *etc*); **es una ~ de la casa** it comes with the compliments of the house; **tuvo la ~ de invitarnos** she was kind enough to invite us
cortésmente *adv* politely, courteously
córtex *m* cortex
corteza *f* **1** (de un árbol) bark; (del pan) crust; (del queso) rind; (de naranja, limón) peel, rind **2** (de un átomo) shell **3** **cortezas** *fpl* (Esp) (Coc) pork rinds *o* scratchings (*pl*)
(Compuestos)
• **corteza cerebral** cerebral cortex
• **corteza terrestre**: **la ~ ~** the earth's crust
cortical *adj* cortical
corticoide *m* corticosteroid, corticoid
cortijero -ra *m,f* (en Esp) **1** (dueño) estate owner **2** (capataz) overseer
cortijo *m* (en Esp) **1** (finca) country estate **2** (casa) country house
cortina *f* curtain, drape (AmE); **correr las ~s** (cerrar) to draw *o* pull *o* close the curtains; (abrir) to draw (back) *o* pull back *o* open the curtains
(Compuestos)
• **cortina de ducha** shower curtain
• **cortina de enrollar** (Arg) blind
• **cortina de hierro** (AmL): **la ~ de ~** the Iron Curtain
• **cortina de humo** smokescreen
• **cortina de voile** (RPl) net curtain
• **cortina metálica** (metal) shutter
• **cortina musical** (CS) theme song (AmE), signature tune (BrE)
cortinado *m* (RPl) ▸**cortinaje**
cortinaje *m* curtains (*pl*), drapes (*pl*) (AmE)
cortisona *f* cortisone
corto[1] **-ta** *adj*
A **1** (en longitud) ‹*calle/río*› short; **el camino más ~** the shortest route; **el niño dio unos pasos cortitos** the baby took a few short steps; **me voy a cortar el pelo bien ~** I'm going to have my hair cut really short; **un jersey de manga corta** a short-sleeved pullover; **el vestido (se) le ha quedado ~** the dress has got(ten) too short for her, she's got(ten) too big for the dress; **fue a la fiesta vestida de ~** she went to the party wearing a short dress/skirt; **en ~** (Dep) short; **recibe un pase en ~ de Chano** he receives a short pass from Chano; ***tener a algn ~*** to keep sb on a tight rein **2** (en duración) ‹*película/curso*› short; ‹*visita/conversación*› short, brief; ‹*viaje*› short; **los días se están haciendo más ~s** the days are getting shorter; **esta semana se me ha hecho muy corta** this week has gone very quickly *o* has flown (by) for me; **un ~ período de auge económico** a brief economic boom; ***a la corta o a la larga*** sooner or later

B (escaso, insuficiente): **tiene hijos de corta edad** she has very young children; **una ración muy corta** a very small portion; **~ DE algo**: **un café con leche ~ de café** a weak white coffee, a milky coffee; **para mí, un gin-tonic cortito de ginebra** I'll have a gin and tonic, but not too much gin; **ando ~ de dinero** I'm a bit short of money; **es muy ~ de ambiciones** he lacks ambition; **~ de vista** near-sighted, short-sighted (BrE); **ando muy ~ de tiempo** I'm really pressed *o* (BrE) pushed for time, I'm very short of time; ***quedarse ~***: **deben haber gastado más de un millón y seguro que me quedo ~** they must have spent at least a million, in fact it could well have been more; **lo llamé de todo y aun así me quedé ~** I called him all the names under the sun and I still felt I hadn't said enough *o* and I still didn't feel I'd said enough; **nos quedamos ~s con el pan** we didn't buy enough bread; **el pase se quedó ~** the pass fell short

C ‹*persona*› **1** (fam) (tímido) shy; ***ni ~ ni perezoso*** as bold as you like, as bold as brass; **ni ~ ni perezoso le dijo lo que pensaba** he told him outright *o* in no uncertain terms what he thought **2** (fam) (poco inteligente) stupid; **~ de entendederas** *or* **alcances** dim, dense (colloq), thick (BrE colloq)

corto² *m*

A (Cin) **1** (cortometraje) short, short movie *o* film **2** **cortos** *mpl* (Col, Ven) (de una película) trailer

B **1** (Esp) (de cerveza, vino) small glass **2** (Chi) (de whisky etc) shot **3** (Esp) (de café) weak black coffee

C (Elec) short circuit, short (colloq)

cortocircuito *m* short circuit; **la plancha hizo ~** the iron short-circuited

cortometraje *m* short, short movie *o* film

cortón *m* mole cricket

cortoplacismo *m* shortermism

cortoplacista *adj* short-term

cortopunzante *adj* (Chi frml) ‹*objeto*› sharp; ‹*herida*› clean

Coruña *f*: **La ~** Corunna

coruscante *adj* (liter) coruscating (liter), sparkling

corva *f* back of the knee

corvadura *f* curve, curvature

corvejón *m*

A (del caballo) hock; (del gallo) spur

B (ave) cormorant

córvido *m*: **los ~s** the crow family, the corvines (tech)

corvina *f* maigre, meagre

corvo -va *adj* ▸**curvo**

corzo -za *m,f* **1** (especie) roe deer **2** (*m*) roebuck; (*f*) roe deer

cosa *f*

GUÍA DE BÚSQUEDA

- **A** **1** objeto
  - **2** acto, acción
  - **3** al hablar
  - **4** detalle, punto
  - **5** asunto, tema
- (Compuestos)
  - **cosa juzgada**
  - **cosa pública**
- **B** cosas
  - **1** pertenencias
  - **2** utensilios, equipo
- **C** situación, suceso
- **D** **1** ocurrencia
  - **2** comportamiento típico
- **E** incumbencia
- **F** pene
- **G** marihuana
- **H** en locuciones

A **1** (objeto) thing; **cualquier ~** anything; **¿alguna otra ~?** *or* **¿alguna ~ más?** anything else?; **pon cada ~ en su sitio** put everything in its place; **te he traído una cosita** I've brought you a little something; **¡pero qué ~ más bonita!** (fam) what a pretty thing!; **queda poca ~** there's hardly anything left; **lo tienen que operar de no sé qué ~** he has to have an operation for something or other, he has to have some sort of operation; **hay muchas ~s que ver** there are lots of things to see, there's plenty to see **2** (acto, acción): **no sé hacer otra ~** it's the only thing I know how to do; **lo siento pero no puedo hacer otra ~** I'm sorry but there's nothing else I can do *o* it's the only thing I can do; **me gusta hacer las ~s bien** I like to do things properly; **no me gusta dejar las ~s a medias** I don't like doing things by halves; **entre una(s) ~(s) y otra(s) se me pasó el tiempo volando** with one thing and another the time just flew by; **me parece la ~ más natural del mundo** I think that's absolutely normal *o* right **3** (al hablar): **¡qué ~s dices, hombre!** really, what a thing to say! *o* you do say some strange (*o* silly *etc*) things!; **dime una ~ ¿tú qué piensas de todo esto?** tell me, what do you make of all this?; **oye, una ~ ... ¿qué vas a hacer esta noche?** by the way ... what are you doing tonight?; **tengo que contarte una ~** there's something I have to tell you **4** (detalle, punto): **aquí habría que aclarar una ~ importante** there's an important point here that I ought to clear up; **aquí hay una ~ que no entiendo** there's something here I don't understand **5** (asunto, tema) thing; **tenía ~s más importantes en que pensar** I had more important things to think about; **hay un par de ~s que me gustaría discutir contigo** there are a couple of things *o* matters I'd like to discuss with you; **no creo que la ~ funcione** I don't think it's *o* this is going to work; **está muy preocupada, y la ~ no es para menos** she's very worried, and so she should be; **¡pues sí que tiene gracia la ~!** (iró & fam) well, that's great, isn't it! (iro & colloq); **no va a ser ~ fácil** it's not going to be easy; **en mis tiempos casarse era ~ seria** in my day getting married was a serious thing *o* matter; **se enfada por cualquier ~** he gets angry over the slightest thing; **si por cualquier ~ no puedes venir, avísame** if you can't come for any reason, let me know; **por una ~ o por otra, siempre llega tarde** for one reason or other he always arrives late; **esto no es otra ~ que nervios** it's just nerves; **esto no es ~ de broma/risa** this is no joke, this is no laughing matter; **la ~ es que no voy a tener tiempo** the thing is that *o* it's just that I'm not going to have time; **la ~ es que si no llega en cinco minutos me voy** look *o* well, if he's not here in five minutes, I'm going; ▸**quicio**

(Compuestos)

- **cosa juzgada** (Der) res judicata
- **cosa pública** res publica

B **cosas** *fpl* **1** (pertenencias) things (*pl*); **se ha llevado todas sus ~s** she's taken all her things *o* belongings **2** (fam) (utensilios, equipo) things (*pl*) (colloq); **las ~s de limpiar** the cleaning things; **mis ~s de deporte** my sports things *o* gear (colloq)

C (situación, suceso): **así están las ~s** that's how things are *o* stand; **la ~ se pone negra/fea** things are getting *o* the situation is getting unpleasant; **¿cómo te van las ~s?** how are things?; **¿cómo está la ~?** (Ven) how are things?; **las ~s no andan muy bien entre ellos** things aren't too good between them; **esas ~s no pasaban antes** things like that never used to happen before; **son ~s de la vida** that's life!; **¡lo que son las ~s!** well, well! *o* fancy that! (colloq); **son ~s que pasan** that's the way things go, these things happen; **además, las ~s como son, conmigo siempre se ha portado bien** besides, I have to admit he's always treated me well; **en mi vida he visto/oído ~ igual** I've never seen/heard anything like it; **~ rara en él, se equivocó** he made a mistake, which is unusual for him; **¡qué ~ más extraña!** how strange *o* funny!; **no hay tal ~** it's not true at all; **esto parece ~ de magia** *or* **de brujería** *or* (RPl) **de Mandinga** this is witchcraft!; **una ~ es que te lo preste y otra muy distinta que te lo regale** lending it to you is one thing, but giving it to you is another matter altogether

D **1** (fam) (ocurrencia): **¡tienes cada ~!** the things you think of!, the ideas you come up with!; **díselo como si fuera ~ tuya** tell him as if it were your idea; **esto es ~ de tu padre** this is your father's doing *o* idea; **¡qué va a ser peligroso! eso son ~s de ella** of course it isn't dangerous! that's just one of her funny notions *o* ideas **2** (comportamiento típico): **no te preocupes, son ~s de niños** don't worry, children are like that *o* do things like that

E (incumbencia): **no te metas, no es ~ tuya** stay out of it, it's none of your business; **no te preocupes, esto es ~ mía** don't worry, I'll handle it; **eso es ~ de mujeres** that's women's work; **déjalo que se vista como quiera, eso es ~ suya** let him wear what he wants, it's up to him *o* that's his business

F (euf) (pene) thing (euph)

G (Col arg) (marihuana) grass

H (en locuciones): **cosa de** (AmS fam) to, so as to; **me fui a dormir ~ de olvidarme** I went to bed (so as) to forget about it; **cosa que** (AmS fam) so that; **lo anotaré aquí, ~ que no se me olvide** I'll jot it down here so (that) I don't forget; **no sea** *or* **no vaya a ser cosa que: llévate el paraguas, no sea ~ que llueva** take your umbrella just in case it rains; **átalo, no sea ~ que se escape** tie it up so that it doesn't get away; **mejor vamos ahora, no sea ~ que nos quedemos sin entradas** we'd better go now, we don't want to get there and find there are no tickets left; **igual cosa** (Chi): **tuvo un hijo varón, igual ~ su hermana** she had a baby boy, and so did her sister *o* just like her sister; **o cosa así** or so; **dos horas/diez toneladas o ~ así** two hours/ten tons or so; ***cada ~ a su tiempo*** one thing at a time; ***como quien no quiere la ~***: **menciónaselo como quien no quiere la ~** mention it to him casually *o* in passing, just slip it into the conversation; ***como si tal ~***: **no puedes irte como si tal ~** you can't go just like that *o* as if nothing had happened; **le dije que era peligroso y siguió como si tal ~** I told him it was dangerous but he just carried on *o* he carried on regardless; **~ *de ...*** (fam): **es ~ de unos minutos** it'll (only) take a couple of minutes; **es ~ de esperar, nada más** it's just a question *o* a matter of time, that's all; **hace ~ de cuatro años que murió** it's about *o* it's some four years since he died; **no está muy lejos, ~ de dos kilómetros** it's not very far, about two kilometers; **~ *fina*** (Esp fam): **los trenes en este país son ~ fina** the trains in this country are really something *o* are something else (colloq); **nos divertimos ~ fina** we had a whale of a time (colloq); ***darle ~ a algn*** (fam): **me da ~ comer caracoles/ver sangre** eating snails/the sight of blood makes me feel funny; **me da ~ pedirle tanto dinero** I feel awkward asking him for so much money; ***decirle a algn un par de*** *or* ***cuatro ~s*** (fam) to tell sb a thing or two; ***decir una ~ por otra*** to say one thing but mean another; ***gran ~*** (fam): **la comida no fue gran ~** the food was nothing to write home about *o* nothing special (colloq); **su novio/la película no es** *or* **vale gran ~** her boyfriend/the movie is no great shakes (colloq); ***poca ~***: **es un niño delgado y poquita ~** he's a thin child, not much to look at; **ella tan brillante y él tan poca ~** she's so brilliant and he's so mediocre, she's so brilliant but he's not up to much *o* he's pretty run-of-the-mill (colloq); **le dejó algo de dinero, pero poca ~** she left him some money, but not a vast amount *o* not much; **un trabajo así es muy poca ~ para ella** a job like that isn't good enough for her; ***poner las ~s en su sitio*** *or* ***lugar*** to put *o* set the record straight; ***ser ~ hecha*** (CS) to be a foregone conclusion; ***ser/parecer otra ~***: **¡esto es otra ~!, ahora sí que se oye bien** this is much better! *o* this is more like it! you can hear it really well now; **con ese nuevo peinado ya parece otra ~** with her new hairstyle she looks a new woman; **¡eso es otra ~! si tú invitas sí que voy** ah, that's different! *o* (colloq) that's another kettle of fish! if you're paying, I will go; ***las ~s claras y el chocolate***

espeso I like to know where I stand; ***las ∼s de palacio van despacio*** these things take time (*gen referring to bureaucracy*)

cosaco -ca *m,f* Cossack; ***beber como un ∼*** (fam) to drink like a fish (colloq)

coscacho *m* (Chi fam) rap on the head (*with the knuckles*)

coscoja *f* Kermes oak

coscolina *f* (Méx) flirt

coscorrón *m* (fam): **darse un ∼** to bump *o* bang one's head; **le dio un ∼** she smacked *o* cuffed him around the head (colloq)

coscurro *m* crouton

cosecante *f* cosecant

cosecha *f*

A [1] (acción, época) harvest; **un vino de la ∼ del 70** a 1970 vintage wine [2] (producto) crop; **el mal tiempo echó a perder la ∼** the bad weather caused the crop to fail; ***de mi/tu/su (propia) ∼:*** **estas zanahorias son de mi propia ∼** I grew these carrots myself, these carrots are from my garden; **unos poemas de su propia ∼** some of his own poems

B (de premios, éxitos): **nuestra ∼ en las olimpíadas fue pobre** our medal tally at the Olympics was poor, we did not win many medals at the Olympics; **después de su ∼ de éxitos en Europa** following his many successes in Europe, following the successes he reaped in Europe (journ)

cosechador -dora *m,f* [1] (persona) harvester [2] **cosechadora** *f* (máquina) combine harvester, combine

cosechar [A1] *vt*

A (Agr) [1] (recoger) ‹*cereales*› to harvest, reap (dated); ‹*legumbres*› to pick [2] (esp Esp) (cultivar) ‹*cereales/patatas/fruta*› to grow

B ‹*aplausos/premios/honores*› to win; ‹*éxitos*› to achieve, reap (journ); ‹*admiración/respeto*› to win, earn; **trabajó con total dedicación y no cosechó más que disgustos** he dedicated himself totally to his work and it brought him nothing but suffering *o* (liter) but he harvested nothing but suffering; **su actitud le cosechó muchos enemigos** his attitude made him many enemies; **una película que cosechó muchos premios** a movie that collected *o* won many awards; ***se cosecha lo que se siembra*** as you sow, so you reap

■ **cosechar** *vi* to harvest

cosechero -ra *m,f* harvester

cosedor -dora *m,f* machinist

coseno *m* cosine

coser [E1] *vt* [1] (Indum, Tex) to sew; **∼ un dobladillo** to sew a hem; **¿me coses este botón?** will you sew this button on for me?; **zapatos de suela cosida** shoes with stitched soles; **cosió la falda a mano** she made the skirt by hand; **cóselo a máquina** use the machine to sew it, sew *o* do it on the machine; ***ser ∼ y cantar*** to be as easy as falling off a log, to be child's play [2] ‹*herida*› to stitch

■ **coser** *vi* to sew; **les cose a los hijos** she makes her children's clothes

cosiaca *f* (Col, CS) ▸**coso² C**

cosido *m* sewing; **el ∼ se hizo a mano** the sewing *o* stitching was done by hand; ***pegarle al ∼*** (Chi fam): **se ve que le pegas al ∼** you're obviously good at it, it's obviously your forte

cosificar [A2] *vt*: **no se puede ∼ a los niños** you can't treat children like objects

cosignatario -ria *m,f* cosignatory

cositas *fpl* (fam): **hacer ∼** to neck (colloq)

cosmética *f* cosmetics (*pl*)

cosmético¹ -ca *adj* [1] ‹*industria/producto*› cosmetic (*before n*) [2] ‹*reforma/cambio*› cosmetic

cosmético² *m* cosmetic

cosmetiquero *m* (Andes) makeup bag

cosmetología *f* cosmetology

cosmetólogo -ga *m,f* beautician, cosmetologist

cósmico -ca *adj* cosmic

cosmódromo *m* cosmodrome, launch site

cosmogonía *f* cosmogony

cosmografía *f* cosmography

cosmógrafo -fa *m,f* cosmographer

cosmología *f* cosmology

cosmológico -ca *adj* cosmological

cosmólogo -ga *m,f* cosmologist

cosmonauta *mf* cosmonaut

cosmonave *f* spacecraft, spaceship

cosmopolita¹ *adj* cosmopolitan

cosmopolita² *mf* cosmopolite, cosmopolitan

cosmopolitismo *m* cosmopolitanism

cosmos *m* cosmos

cosmovisión *f* (frml) view of the world

coso¹ -sa *m,f* (Bol, Col, RPl) [1] (fam & pey) (tipo) jerk (colloq & pej) [2] (fam) (sustituyendo a un nombre): **le dije a ∼/cosa ...** I said to what's-his-name/what's-her-name ... (colloq)

coso² *m*

A (lugar cercado) enclosure, arena

(Compuesto) **coso taurino** bullring

B (carcoma) deathwatch beetle

C (fam) (cosa) thingy (colloq), thingamajig (colloq)

D (Col arg) (de marihuana) joint (sl); **armar/fumarse un ∼** to roll/smoke a joint (sl)

cospel *m* (Arg) token

cosquillas *fpl*: **no le hagas ∼** don't tickle him; **¿tienes ∼?** are you ticklish?; **la hierba le daba ∼ en la planta de los pies** the grass tickled the soles of her feet; ***buscarle las ∼ a algn*** to rile *o* annoy sb

cosquilleo *m* tickling; **tengo un ∼ espantoso en la pierna** I have *o* I've got awful pins and needles in my leg; **tenía un ∼ en la garganta** he had a tickly throat

cosquilloso -sa *adj* [1] (que tiene cosquillas) ticklish [2] (susceptible) touchy

cosquilludo -da *adj* (Méx) ▸**cosquilloso 1**

costa *f*

A (Geog) [1] (del mar): **una ∼ muy accidentada** a very rugged coastline; **a lo largo de la ∼ atlántica** along the Atlantic coast; **veranean en la ∼** they spend their summers on the coast; **la C∼ Azul** the Côte d'Azur [2] (RPl) (de un río) bank; (de un lago) shore

B (*en locs*): **a costa de: lo terminó a ∼ de muchos sacrificios** he had to make a lot of sacrifices to finish it; **a ∼ de los demás** at other people's expense; **¡ya está bien de reírse a ∼ mía!** all right, you've had enough laughs at my expense!; **triunfó a ∼ de su matrimonio** she succeeded at the expense of her marriage; **a toda costa** *or* **a costa de lo que sea: tengo que terminarlo hoy a toda ∼** I must finish it today at all costs *o* whatever happens *o* no matter what

C **costas** *fpl* (Der) costs (*pl*); **condenar a algn en ∼s** to order sb to pay costs

Costa de Marfil *f* Ivory Coast

Costa de Oro *f* Gold Coast

costado *m* side; **tuve que pasar de ∼** I had to go through sideways; **duerme de ∼** she sleeps on her side; **escríbelo aquí al ∼** (RPl) write it here in the margin *o* at the side; ***por los cuatro ∼s:*** **es catalán por los cuatro ∼s** he's Catalan through and through, he's Catalan to the core; **pierde por los cuatro ∼s** it's leaking all over, it's leaking like a sieve

costal *m* sack, bag; ***ser un ∼ de huesos*** to be nothing but skin and bones, be a bag of bones (colloq)

costalada *f*, **costalazo** *m* (fam): **darse una ∼** to fall heavily

costalearse [A1] *v pron* (Chi fam) [1] (caerse) to fall flat on one's face (colloq) [2] (padecer, sufrir): **se ha costaleado mucho en su vida** he's taken a lot of hard knocks in his life

costalero -ra *m,f* (Esp) (Rel) float bearer (*in Holy Week processions*)

costanera *f* (CS) (al lado — de un río) riverside path (*o* road *etc*); (— del mar) promenade; (— de un lago) lakeside path (*o* road *etc*)

costanero -ra *adj* coastal

costar [A10] *vt*

A (en dinero) to cost; **¿cuánto te costó la maleta?** how much did the suitcase cost you?, how much did you pay for the suitcase?; **¿cuánto** *or* (crit) **qué ∼on las entradas?** how much were the tickets?, how much did the tickets cost?; **¿cuánto me ∼á arreglar el reloj?** how much will it be *o* cost to fix my watch?

B (en perjuicios) (+ *me/te/le etc*): **el atentado que le costó la vida** the attack in which he was killed, the attack which cost him his life; **el accidente le costó una pierna** he lost a leg in the accident; **le costó el puesto** it cost him his job; **el robo le costó 10 años de cárcel** he got 10 years for the robbery; **¿qué te cuesta invitarla?** go on, why don't you invite her?

C (en esfuerzo): **me ha costado mucho trabajo llegar hasta aquí** it has taken me a lot of hard work to get this far; **me cuesta trabajo creerlo** I find it hard *o* difficult to believe; **me costó varias noches sin dormir** I lost several nights' sleep over it; **al fin lo logró — sí, pero le costó lo suyo** he managed it in the end — yes, but not without a struggle; **me costó sangre, sudor y lágrimas terminarlo a tiempo** I sweated blood to get it finished on time; **¿tanto te cuesta pedir perdón?** is it really so hard for you to say sorry?; ***cueste lo que cueste*** at all costs, no matter what

D (esp Esp) ‹*tiempo*› to take; **me cuesta 45 minutos llegar a la oficina** it takes me 45 minutes to get to the office

■ **costar** *vi*

A (en dinero) to cost; **el bolso me costó barato/caro** the bag was cheap/expensive, the bag didn't cost much/cost a lot

B (resultar perjudicial): **esto te va a ∼ caro** you're going to pay dearly for this

C (resultar difícil): **me cuesta creerlo** I find it hard *o* difficult to believe; **nos costó convencerla** it wasn't easy to persuade her, we had trouble *o* difficulty persuading her; **cuesta, pero uno se va acostumbrando** it's not easy, but you get used to it; **¿te ha costado mucho encontrar la casa?** did you have much trouble *o* problem finding the house?; **le cuesta mucho la física** he finds physics very difficult *o* hard

Costa Rica *f* Costa Rica

costarricense *adj/mf* Costa Rican

costarriqueño -ña *adj/m,f* Costa Rican

coste *m* (Esp) ▸**costo A**

costear [A1] *vt*

A (financiar) to finance; **le costeó los estudios** she financed *o* paid for his studies

B (Náut) to coast, sail along the coast of

■ **costear** *vi* to sail along the coast

■ **costearse** *v pron*

A (*refl*) (pagarse): **se costeó él mismo los estudios** he paid his own way through college, he financed his own studies

B (Arg) (desplazarse): **me costeé hasta la capital para que me dijeran eso** I went all the way to the capital just to be told that

coste-eficacia *m* (Esp) ▸**costo-eficacia**

costeño¹ -ña *adj* coastal

costeño² -ña *m,f*: **la migración de ∼s al interior** the migration of people from coastal regions to the interior of the country; **muchos ∼s viven de la pesca** many coastal dwellers *o* people who live on the coast make their living from fishing

costero -ra *adj* ‹*camino*› coastal, coast (*before n*); ‹*zona*› coastal; **un pueblo ∼** a coastal town, a town on the coast

costilla *f*

A (Anat) rib; ***hacer algo a ∼s de algn:*** **le encanta reírse a ∼s de los demás** he loves to have a laugh at other people's expense; **se han hecho ricos a ∼s de nuestro trabajo** they've become rich through our hard work

(Compuestos)

- **costilla falsa** false rib
- **costilla flotante** floating rib

B [1] (AmS) (chuleta — de vaca) T-bone steak; (— de cerdo, cordero) chop [2] **costillas** *fpl* (Esp) (Coc) spareribs (*pl*)

C (Náut) rib

D [1] (fam & hum) (cónyuge) better half (colloq & hum), wife [2] (Per fam) (novia) girlfriend, girl (colloq)

costillar *m* [1] (Anat) ribcage [2] (Náut) frame

costino -na *adj/m,f* (Chi) ▸**costeño**[1], **costeño**[2]
costipado -da *adj/m* ▸**constipado**[1], **constipado**[2]
costo *m*
A (Com, Econ, Fin) cost; **ordenadores de bajo ~** low-cost computers, budget computers; **precio de ~** cost price; **están vendiendo todo al ~** they're selling everything at cost price; **el ~ social de las reformas** the cost in social terms *o* the social cost of the reforms
(Compuestos)
- **costo de (la) vida** cost of living
- **costo directo** direct cost
- **costo estándar** standard cost
- **costo fijo** fixed cost
- **costo medio** standard cost
- **costos de fabricación** *mpl* manufacturing *o* production costs (*pl*)
- **costos de funcionamiento** *mpl* operating costs (*pl*)
- **costos de puesta en marcha** *mpl* start-up costs (*pl*)
- **costos financieros** *mpl* financial costs (*pl*)

B (Esp arg) (hachís) hash (sl)
costo-eficacia *m* cost-efficiency, cost-effectiveness
costosamente *adv*
A ‹*iluminado/elaborado*› expensively; **~ vestida** expensively dressed
B (difícilmente) with difficulty; **peligra una paz tan ~ ganada** the peace won with such difficulty is in jeopardy
costoso -sa *adj*
A 1 ‹*casa/coche/joya*› expensive 2 ‹*error*› costly
B ‹*trabajo/tarea*› difficult
costra *f* 1 (del pan) crust 2 (de una herida) scab 3 (de suciedad) layer, coating
costumbre *f*
A (de un individuo) habit; **tenía (la) ~ de madrugar** he was in the habit of getting up early, he used to get up early; **agarró la ~ de estudiar por la noche** she got into the habit of studying at night; **tiene por ~ llamarme a esta hora** he usually calls me at this time; **llegas tarde para no perder la ~** you're late, as always *o* usual; **se van perdiendo las buenas ~s** good manners are becoming a thing of the past; **de costumbre** usual; **se encontraron en el sitio/a la hora de ~** they met at the usual place/time; **lo hizo mal, como de ~** she did it wrong, as usual
B (de un país, pueblo) custom; **según los usos y ~s de nuestra región** according to the customs and traditions of our region; **no es ~ en nuestro país festejar la Navidad** it is not customary *o* it is not the custom to celebrate Christmas in our country
costumbrismo *m: literary genre dealing with local customs*
costumbrista[1] *adj: of or relating to* ▸**costumbrismo**
costumbrista[2] *mf: author who writes about local customs*
costura *f* 1 (acción) sewing; ▸**alto**[1] 2 (puntadas) seam; **medias sin ~** seamless stockings; **deshacer una ~** to undo *o* unpick a seam
costurear [A1] *vi* (Chi fam) to sew
costurera *f* seamstress
costurero *m* 1 (caja, estuche) workbox; (canasta) sewing basket; **~ de viaje** sewing kit 2 (Col) (de caridad) sewing bee
costurón *m* (fam) 1 (costura) cobbled seam (*o* stitching *etc*) 2 (cicatriz) scar
cota *f*
A 1 (altura) height above sea level; **misil de baja ~** low-level missile 2 (en un mapa — punto) spot height; (— línea) contour
B (grado, cifra): **la delincuencia ha alcanzado ~s alarmantes** crime has reached alarming levels; **alcanzó la ~ histórica de 2.500** it reached the historic 2,500 mark *o* level; **quiere alcanzar ~s más altas en su carrera** she wants to scale greater heights in her career
C (Indum) doublet
(Compuestos)
- **cota de mallas** coat of mail
- **cota de nieve** *height at which snow settles*

cotangente *f* cotangent
cotarro *m* (Esp fam): **se armó el ~** there was a real to-do (colloq); **alborotar el ~** to make trouble; **¡cómo está el ~!** what a commotion! (colloq), what a carry-on! (BrE colloq); **dirigir el ~** to be the boss *o* leader, to rule the roost
cotejar [A1] *vt* ‹*documentos*› to compare; ‹*información*› to collate; **~on las respuestas de todos los encuestados** they collated the answers of all those polled; **~ algo CON algo** to check sth AGAINST sth; **la copia se coteja con el original** the copy is compared with *o* checked against the original; **cotejó el número con la lista** he checked the number against the list
cotejo *m*
A (comparación) comparison, collating (frml)
B (AmL period) (Dep) game, match
cotelé *m* (Chi) corduroy
coterráneo[1] **-nea** *adj* compatriot
coterráneo[2] **-nea** *m,f* (*m*) compatriot, fellow countryman; (*f*) compatriot, fellow countrywoman
cotí *m* ticking
cotidianeidad *f* ▸**cotidianidad**
cotidianidad *f* 1 (condición): **la ~ del trabajo** the routine nature of the job 2 (vida cotidiana) everyday life, daily life
cotidiano -na *adj* ‹*vida*› everyday, daily; **mi trabajo ~** my daily work routine, the work I do every day
cotiledón *m* cotyledon
cotilla[1] *adj* (Esp fam): **es muy ~** she's a terrible gossip (colloq)
cotilla[2] *mf* (Esp fam) gossip (colloq)
cotillear [A1] *vi* (Esp fam) to gossip
cotilleo *m* (Esp fam) gossip
cotillón *m* 1 (fiesta) ball; **artículos de ~** party novelties *o* specialities 2 (baile) cotillion
cotín *m*
A (Tex) ticking
B (en tenis) high backhand return
cotización *f*
A (de una moneda) value; (de acciones, valores) price; (de un producto) price; **mantiene su ~ respecto al dólar** it retains its value against the dollar; **su ~ llegó ayer a 500 pesos** it reached 500 pesos yesterday; **las acciones alcanzaron una ~ de 1.20 euros** the shares were quoted at 1.20 euros
B (cuota, prestación) contribution
C (Andes) (evaluación) valuation; (presupuesto) estimate, quotation
cotizado -da *adj*: **nuestros profesionales son muy ~s en el extranjero** our professionals are much sought-after *o* are much in demand *o* are valued very highly abroad; **es un actor muy ~ entre los adolescentes** he is a very popular actor with teenagers; **un artículo ~** a sought-after item, an item much in demand
cotizante[1] *adj* contributing
cotizante[2] *mf* contributor
cotizar [A4] *vt*
A 1 (Fin) ‹*acciones*› to quote; **las acciones se cotizan a 525 pesos** the shares are quoted at *o* are worth 525 pesos, the share price is 525 pesos; **acciones que se cotizan bien últimamente** shares which have been performing well recently; **la libra se cotizaba a 1.51 euros** the pound stood at *o* was worth 1.51 euros; **estos apartamentos se cotizan en $500.000** these apartments are valued at *o* are worth $500,000 2 (apreciar, valorar) to value; **es el idioma que más se cotiza** it is the language most in demand, the most highly-valued language
B (Andes) ‹*cuadro/joyas*› to value; ‹*obra/reparación*› to give an estimate for
C (Chi fam) (prestar atención) to notice
■ **cotizar** *vi* 1 (aportar) to pay contributions 2 «*moneda/valores*»: **las empresas que cotizan en Bolsa** companies which are listed *o* quoted on the Stock Exchange; **al cierre cotizaba a 2,78 euros** it closed at 2.78 euros, at the close it stood at *o* was worth 2.78 euros
■ **cotizarse** *v pron* (Col) to increase in value
coto *m*
A (Dep, Ecol) reserve; ***poner ~ a algo*** to put a stop *o* an end to sth, get sth under control
(Compuesto) **coto de caza/pesca** game/fishing preserve
B (Andes, Ven) (bocio) goiter*
cotón *m* (Chi) 1 (Tex) cotton fabric 2 (Indum) shirt
cotona *f* (Chi) shirt
cotonete *m* (Méx) Q-tip®, cotton swab (AmE), cotton bud (BrE)
cotorra *f*
A 1 (Zool) (loro) parrot; (periquito) (Arg) budgerigar; ***hablar como una ~*** to talk a mile a minute (AmE colloq), to talk nineteen to the dozen (BrE colloq) 2 (fam) (persona) chatterbox (colloq), gasbag (colloq)
B (Méx) (taxi) taxi
C (Ven fam) 1 (conversación) long chat, gas (colloq) 2 (cuento, mentira) tale; **echarle la ~ a algn** to spin sb a yarn *o* tale *o* line
cotorrear [A1] *vi* (fam) to chatter, to gas (colloq)
■ **cotorrear** *vt* (Méx, Ven fam) to smoothtalk (colloq)
cotorreo *m* (fam) chatter (colloq)
cotorro *m* (Méx, Chi) parrot
cototo *m* (Chi fam) bump (*on the head*)
cototudo -da *adj* (Chi fam) tricky, tough
cottolengo /koto'leŋgo/ *m* (RPl) (para ancianos) old people's home; (para niños) children's home; (para drogadictos, desamparados, etc) shelter, refuge
cottonito® *m* (Chi) Q-tip®, cotton swab (AmE), cotton bud (BrE)
cotudo -da *m,f* 1 (Andes, Ven fam) (enfermo) *person with goiter* 2 (Col fam) (tonto) cretin (colloq & pej)
cotufa *f* 1 (chufa) tigernut, chufa 2 (aguaturma) Jerusalem artichoke 3 **cotufas** *fpl* (Ven) (maíz tostado) popcorn
cotutela *f* joint custody
COU /kou/ *m* (en Esp) = **Curso de Orientación Universitaria**

COU - Curso de Orientación Universitaria
Formerly a course that prepared Spanish students for university, now replaced by the ▸Bachillerato.

country /'kantri/ *m* (Mús) country
courier /ku'rje(r)/ *mf* courier
couscous /'kuskus/ *m* couscous
covacha *f* (fam) hovel
covadera *f* (Chi, Per) guano deposit
covalente *adj* covalent; **enlace ~** covalent bond
cowboy /kau'βoj, ko'βoj/ *m* (*pl* **-boys**) cowboy
coxis *m* (*pl* ~) ▸**cóccix**
coy *m* hammock
coya *mf* ▸**colla**
coyote *m*
A (Zool) coyote
B (Méx) 1 (intermediario) fixer (colloq) 2 (para cruzar la frontera) *person who helps illegal immigrants enter the USA*
coyunda *f* 1 (atadura) strap 2 (fam & hum) (del matrimonio) yoke (liter *or* hum)
coyuntura *f*
A (Anat) joint
B (frml *o* period) (situación) situation; **la ~ socioeconómica** the socioeconomic climate *o* situation; **a la espera de una ~ más favorable** awaiting more favorable circumstances; **aprovechó la ~ para irse** he took advantage of the situation *o* opportunity to leave
coyuntural *adj* (frml *o* period) 1 (presente) current; **da una respuesta a la situación ~** it

provides a solution to the immediate *o* current situation **2** (temporal): **un plan ~** an interim plan; **el repunte ~ de los valores ayer** the brief rise *o* technical rally in share prices yesterday; **problemas/factores ~es** temporary problems/factors; **el desempleo estacional o ~** seasonal or short-term unemployment

coz *f* **1** (de un caballo) kick; **dar** *or* **pegar coces** to kick; ***dar coces contra el aguijón*** to kick against the pricks **2** (de un fusil) recoil, kick **3** (Esp fam) (exabrupto): **me soltó una ~** she snapped at me

CP *f* (AmL) (= **computadora personal**) PC

C.P. *m* = **código postal**

CPM *f* (en Ur) = **Corriente Popular Nacionalista**

CPP *m* (en Méx) = **costo porcentual promedio**

cps **1** (= **caracteres por segundo**) cps **2** (= **ciclos por segundo**) cps

Cra. *f* (en Col) (= **carrera**) ≈ Ave, ≈ Avenue

crac *m* (*pl* **cracs**) **1** (sonido) crack, snap **2** (Fin) crash

crack *m* (*pl* **cracks**)
A (droga) crack
B (AmL) (Dep) (persona) star, ace (colloq); (caballo) champion; **es un ~ jugando al polo** he's a crack polo player

crackear [A1] *vi* (Inf) to crack

cracker /ˈkraker/ *m or f* (*pl* **-ckers**)
A (Inf) cracker
B **cracker** *f* (Esp) (Coc) cream cracker

cracking /ˈkrakin/ *m*
A (Quím) cracking
B (Inf) cracking

Cracovia *f* Cracow

crampón *m* crampon

craneal, craneano -na *adj* cranial

cranear [A1] *vt* (Andes fam) ‹*chiste/excusa*› to think up, come up with; **estaban craneando asaltar el banco** they were planning *o* plotting to rob the bank
■ **cranearse** *v pron* **1** (Andes fam) (planear) to figure out, work out **2** (Chi fam) (estudiar mucho) to cram, to swot (BrE colloq) **3** (Chi fam) (pensar) to think, rack one's brains

cráneo *m* ▸ ❶ **p.231** skull, cranium (tech); ***ir de ~/llevar a algn de ~*** *ver* **cabeza**

craneología *f* craniology

crápula *mf* **1** (persona de vida disipada): **es un ~** he leads a dissolute *o* dissipated life **2** (AmL) (canalla) swine **3** **crápula** *f* (libertinaje) licentiousness, dissolute *o* dissipated life

crapuloso -sa *adj* dissolute, dissipated

craquear [A1] *vt* to crack

craqueo *m* cracking

craso -sa *adj*
A (*delante del n*): **¿se lo contaste a él? ¡~ error!** you told him? that was a big mistake!; **decir que México está en Sudamérica es un ~ error** to say that Mexico is in South America is a terrible *o* an inexcusable mistake; **dando muestras de crasa ignorancia** demonstrating his crass ignorance
B (Bot) succulent

cráter *m* crater

crawl /krol/ *m*: *tb* **estilo ~** crawl, front crawl

crayola® *f* wax crayon

crayón *m* (Méx, RPl) wax crayon

creación *f*
A **1** (acción) creation; **la posibilidad de la ~ de un organismo que ...** the possibility of setting up *o* creating a body which ...; **la ~ de 500 nuevos puestos de trabajo** the creation of 500 new jobs; **la ~ de un sistema más equitativo** the creation *o* establishment of a fairer system; **un siglo de espléndida ~ literaria y artística** a century of outstanding creative activity, both literary and artistic **2** (cosa creada) creation; **una de las grandes creaciones literarias de nuestro tiempo** one of the great literary creations *o* works of our time; **una ~ de un famoso modisto francés** a creation by a famous French designer
B (Relig) **la Creación** the Creation

creacionismo *m* creationism

creacionista *adj/mf* creationist

creador¹ -dora *adj* creative

creador² -dora *m,f*
A creator; **uno de los grandes ~es de la moda italiana** one of the great Italian fashion designers
B (Relig) **el Creador** the Creator

cream /krim/ *m* cream sherry

cream cracker /kriŋˈkraker/ *f* (AmL) cream cracker

crear [A1] *vt*
A **1** ‹*obra/modelo*› to create; ‹*tendencia*› to create; **~ una nueva imagen para el producto** to create a new image for the product; **~on un producto revolucionario** they developed *o* created a revolutionary product **2** ‹*sistema*› to create, establish, set up; ‹*institución*› to set up, create; ‹*comisión/fondo*› to set up; ‹*empleo*› to create; **~on una ciudad en pleno desierto** they built a city in the middle of the desert
B ‹*dificultades/problemas*› to cause, create; ‹*ambiente/clima*› to create; ‹*fama/prestigio*› to bring; ‹*reputación*› to earn; **su arrogancia le creó muchas enemistades** his arrogance made him many enemies; **no quiero ~ falsas expectativas en mis alumnos** I don't want to raise false hopes among my students, I don't want to give my students false hopes; **se crea muchas dificultades** he creates *o* makes a lot of problems for himself; **¿para qué te creas más trabajo?** why make more work for yourself?; **será difícil llenar el vacío creado con su desaparición** it will be difficult to fill the gap left by his death

creatividad *f* creativity

creativo¹ -va *adj* creative

creativo² -va *m,f* creative, copywriter

crecer [E3] *vi*
A «*niño/animal/planta*» to grow; «*pelo/uñas*» to grow; **se está dejando ~ el pelo/las uñas** she's letting her hair/nails grow, she's growing her hair/nails; **ha crecido mucho** he's grown a lot; **han crecido rodeados de cariño** they've grown up *o* they've been brought up in a loving atmosphere
B **1** «*río*» to rise **2** «*ciudad*» to grow **3** «*luna*» to wax
C **1** «*sentimiento/interés*» to grow; «*rumor*» to spread; **creció en la estima de todos** he grew in everyone's estimation **2** (en número, monto): **creced y multiplicaos** (Bib) go forth and multiply; **los sueldos no han crecido al mismo ritmo que la inflación** wages have not kept pace with *o* risen at the same rate as inflation; **el número de parados sigue creciendo** the number of unemployed continues to rise; **la economía ha crecido un 4% este año** the economy has grown by 4% this year **3** (en importancia, sabiduría) **~ EN algo** to grow IN sth; **ha ido creciendo en hermosura** she has continued to grow in beauty
■ **crecerse** *v pron*: **se creció hacia el final de la corrida** his performance became more impressive toward(s) the end of the fight; **el equipo se crece en los partidos coperos** the team rises to the challenge in cup games; **~se ANTE algo/algn: hay gente que se crece ante el peligro** some people rise to the occasion *o* come into their own when faced with danger

creces: **superó con ~ la prueba de acceso** she passed the entrance exam with flying colors; **le devolví con ~ el dinero que me prestó** I paid him back the money he lent me and more; **vas a pagar con ~ este error** you will pay dearly for this mistake; **las cifras han superado con ~ todas las previsiones** the figures are way over *o* have far exceeded all estimates; **ha superado con ~ lo que se esperaba de él** he has more than satisfied our expectations of him; **superó con ~ la marca mundial** she smashed the world record

crecida *f*: **el río experimentó una fuerte ~** the river level rose sharply; **las ~s del Paraná produjeron innumerables daños** the flooding of the Paraná caused an enormous amount of damage

crecido -da *adj*
A ‹*persona*› **está muy ~ para su edad** he's very big *o* tall for his age; **ya estás crecidita para jugar con muñecas** you're a bit old to be playing with dolls
B ‹*pelo/barba*› long; **¡qué ~ tienes el pelo!** your hair is so long!, your hair's grown *o* got(ten) so long!
C ‹*río*› high
D ‹*número/proporción*› large

creciente¹ *adj* **1** ‹*interés/necesidad*› increasing, growing **2** (Astron): **luna ~** waxing moon; ▸ **cuarto²**

creciente² *f* ▸ **crecida**

crecimiento *m*
A (Biol, Fisiol) growth; **está en período de ~** he's at that age when children grow quickly, he's at an age where he's growing very quickly; **niños con un retraso en el ~** children suffering from stunted growth
B (aumento) growth; **un bajo ~** a low growth rate; **economías con ~s negativos** negative growth economies; **el ~ de la producción** the increase *o* growth in production; **una industria en ~** a growth industry; **el ~ del PNB** the growth *o* increase in the GNP

(Compuestos)
- **crecimiento cero** zero growth
- **crecimiento vegetativo** natural increase

credencial¹ *adj* ▸ **carta**

credencial² *f* document; **la ~ de su nuevo nombramiento** the document confirming your new appointment; **las ~es que certifiquen su calidad de estudiante** documents *o* documentation proving that you are a student; **su ~ de socio de la biblioteca** (Méx) his library (membership) card

(Compuesto) **credencial cívica** (Ur) voter registration card (AmE), voting card (BrE)

credibilidad *f* credibility

crediticio -cia *adj* credit (*before n*)

crédito *m*
A **1** (en un negocio): **tengo ~ en esa tienda** they let me have credit in that shop; **a ~** on credit, on time (AmE), on hire purchase *o* HP (BrE) **2** (cuenta) account **3** (préstamo) loan; **me concedieron un ~** they gave me a loan

(Compuestos)
- **crédito a la exportación** export credit
- **crédito bancario** (Esp) bank loan
- **credito blando** soft loan
- **crédito de vivienda** mortgage
- **crédito diferido** deferred credit
- **crédito en cuenta corriente** overdraft facility
- **crédito hipotecario** mortgage loan
- **crédito inmediato** instant credit
- **crédito pensión** home income plan
- **crédito puente** bridge loan (AmE), bridging loan (BrE)
- **crédito refinanciado** rollover credit

B **1** (credibilidad): **fuentes dignas de ~** reliable sources; **no di ~ a sus palabras** I didn't believe what he said, I doubted his words (frml); ***no dar ~ a sus ojos/oídos:*** **no di ~ a mis ojos/oídos** I couldn't believe my eyes/ears **2** (prestigio, fama): **fracasos que han venido a empañar su buen ~** failures which have tarnished his reputation; **un médico que goza de mucho ~** a doctor of some *o* good standing
C (Cin, TV) credit; **los ~s de la película** the movie *o* film credits
D (Educ) credit

credo *m* **1** *tb* **C~** (oración) creed, Creed **2** (creencias) creed, beliefs (*pl*)

credulidad *f* credulity, gullibility

crédulo -la *adj* credulous, gullible

creencia *f* belief; **actué en la ~ de que ...** I acted in the belief that ...

creencial *adj*: **cuestiones ~es** questions of belief

creer [E13] *vi*
A **1** (Relig) to believe **2** (tener fe, confianza) **~ EN algo/algn** to believe IN sth/sb; **no creo en los fantasmas/el amor** I don't believe in ghosts/

love; **él fue el único que creyó en nosotros** he was the only one who believed in us *o* who had any faith in us **3** (+ *me/te/le etc*) to believe; **¿y eso te dijo? ¡no te puedo ~!** he said that to you? I don't *o* can't believe it!; **tú me crees, ¿verdad?** you believe me, don't you?

B (pensar, juzgar) to think; **¿estará en casa ahora? — no creo** will she be at home now? — I don't think so; **esto lo terminamos mañana — ¿tú crees?** we'll get this finished tomorrow — do you think so?; **ocurrió en 1965, según creo** I believe *o* understand it took place in 1965; **es más difícil de lo que parece, no creas** believe you me, it's harder than it looks; **esto ya pasaba antes, no crea usted** this used to happen before as well, you know

■ **creer** *vt*

A (dar por cierto) to believe; **¡quién lo hubiera creído!** who would have believed it?; **hay que verlo para ~lo** it has to be seen to be believed; **lo creas o no lo creas** *or* **aunque no lo creas** believe it or not; **si no lo veo no lo creo** if I hadn't seen it with my own eyes I wouldn't have believed it; **¿que si lo voy a aceptar? ¡ya lo creo!** am I going to accept it? of course I am! *o* (colloq) you bet!; **no (le) creas nada de lo que dice** don't believe a thing *o* a word he says; **es una historia de no ~** it's an unbelievable *o* incredible story; **¿tú puedes ~ que ni siquiera me saludó?** would *o* can you believe that he didn't even say hello to me?; **¡no lo puedo ~, nos han puesto otra multa!** I don't believe it, we've got another ticket!; **¿se puede ~ que a nadie se le haya ocurrido?** can you believe that nobody has thought of it before?

B (pensar, juzgar) to think; **¿ya ha terminado la reunión? — creo que sí/creo que no** has the meeting finished yet? — I think so/I don't think so; **creo que va a llover** I think it's going to rain; **creo que es mi deber ayudarlo** I believe it's my duty to help him, I consider it my duty to help him; **quiero ~ que se lo agradeciste** I hope you thanked them; **no vayas a ~ que a mí me resultó fácil** don't get the impression that *o* don't think that it was easy for me; **se cree que el incendio fue provocado** the fire is thought to have been started deliberately; **les hizo ~ que estaba enfermo** he made them think he was ill; **creo que no va a poder resolverlo** I don't believe *o* think she'll be able to sort it out; **no creí necesario avisarte** I did not think it necessary to let you know; **no la creo capaz de semejante cosa** I do not think she is capable of such a thing; **¿me crees tan estúpida?** do you really think I'm that stupid?; **no ~ QUE + SUBJ: no creo que pueda resolverlo** I doubt if *o* I don't think I'll be able to solve it; **no creo/no puedo ~ que lo haya hecho sin ayuda** I don't/can't believe that he did it on his own; **no creo que llueva** I don't think it'll rain; **~ + INF: creí oír un ruido** I thought I heard a noise; **creo recordar que me dijiste que ...** I seem to remember you telling me that ...; **creo haberlo visto antes pero no estoy segura** I think I've seen it before but I'm not sure

■ **creerse** *v pron*

A (dar por cierto, figurarse) **1** (*enf*) (con ingenuidad) to believe; **que no se crea que es tan fácil** he shouldn't think it's so easy; **se cree todo lo que le dicen** she believes everything she's told; **no me creo nada de ti** (Esp) I don't believe a thing *o* word you say **2** (con arrogancia) to think; **¿quién se ~á que es?** who does he think he is?; **¿qué se habrán creído?, ofrecernos esa miseria** what do they take us for, offering us such a pathetic amount?; **¿qué te crees, que soy tu criada?** what do you think I am? your maid or something?; **se lo cree mucho** *or* **se lo tiene muy creído** (Esp fam) he's very full of himself (colloq), he really fancies himself (BrE colloq); **¡que te crees tú eso!** *or* **¡que te lo has creído!** (Esp fam) you must be kidding *o* joking! (colloq)

B (*refl*) **1** (considerarse): **no me creo capaz de hacerlo** I don't think I'm capable of doing it; **se cree el dueño del pueblo** he thinks he owns the whole village; **te crees muy listo ¿verdad?** you think you're really clever, don't you? **2** (CS fam) (estimarse superior) to think one is special (*o* great *etc*)

C (Méx) (fiarse) **~se DE algn** to trust sb

creíble *adj* credible, believable

creíblemente *adv* credibly

creído -da *adj* **1** [SER] (engreído) conceited **2** [ESTAR] (confiado, convencido): **está ~ (de) que va a ganar** he's convinced *o* quite sure he's going to win, he's very confident of victory **3** [SER] (Arg) (crédulo) gullible

crema¹ *adj inv* ▸ **p.181**; cream; **una camisa ~** *or* **una camisa (de) color ~** a cream-colored shirt, a cream shirt

crema² *f*

A (Coc) **1** (plato dulce) *type of custard o blancmange* **2** (esp AmL) (de la leche) cream; ***echarle*** *or* ***ponerle mucha ~ a sus tacos*** (Méx fam) to boast, blow one's own trumpet **3** (sopa) cream; **~ de espárragos** cream of asparagus (soup)

(Compuestos)

- **crema agria** *or* **ácida** (AmL) sour *o* soured cream
- **crema batida** (AmL) whipped cream
- **crema catalana** *dessert similar to crème brûlée*
- **crema chantilly** *or* **chantillí** whipped cream (*with sugar, vanilla and egg white*)
- **crema de cacao** crème de cacao
- **crema de menta** crème de menthe
- **crema doble** (AmL) double cream
- **crema gruesa** (Ven) double cream
- **crema líquida** (AmL) single cream
- **crema liviana** (Ven) single cream
- **crema pastelera** crème pâtissière, confectioner's custard

B **la crema** (lo mejor) the cream; **la ~ de la sociedad** the cream of society

C (en cosmética) cream

(Compuestos)

- **crema antiarrugas** anti-wrinkle cream
- **crema bronceadora** suntan lotion *o* cream
- **crema capilar** hair lotion
- **crema de afeitar** *or* (esp Méx) **de rasurar** shaving cream
- **crema de calzado** (Esp) shoe cream
- **crema depilatoria** hair-removing cream, depilatory cream
- **crema hidratante** *or* **humectante** moisturizer, moisturizing cream

D (Ling) diaeresis, dieresis (AmE)

cremá *f: ceremonial burning of the floats and effigies at the end of the* ▸ **Fallas**

cremación *f* cremation

cremallera *f* **1** (Indum) zipper (AmE), zip (BrE) **2** (Mec, Tec) rack

cremar [A1] *vt* to cremate

crematística *f* (frml) chrematistics (frml)

crematístico -ca *adj* (frml) financial, chrematistic (frml)

crematorio¹ -ria *adj* ▸ **horno**

crematorio² *m* crematorium

crémor *m: tb* **~ tártaro** cream of tartar

cremosidad *f* creaminess

cremoso -sa *adj* ‹*salsa*› creamy; ‹*queso*› soft, creamy

crenchas *fpl* (CS fam & pey) hair

creosota *f* creosote

crep *m* (*pl* **creps**) ▸ **crepe A**

crepa *f* (Méx) ▸ **crepe A**

crepar [A1] *vt* (Esp) to backcomb

crepe /krep/ *m or f*

A (Coc) crepe, pancake (BrE)

B **crepe** *m* ▸ **crepé**

crepé *m*

A (Tex) crepe; ▸ **papel**

(Compuesto) **crepé de china** crepe de Chine

B (caucho) crepe

crepería *f* creperie, pancake restaurant

crepitación *f* crackling

crepitar [A1] *vi* to crackle

crepuscular *adj* (liter) twilight (*before n*); **luz ~** twilight

crepúsculo *m* (del anochecer) twilight; (del amanecer) dawn light; **en el ~ de su vida** in the twilight of his years (liter), in his twilight years (liter)

cresa *f* eggs (*pl*) (*of queen bee*)

crescendo *m* crescendo; **in ~: los aplausos fueron in ~** the applause got louder and louder *o* rose in a crescendo; **el desempleo va in ~** unemployment is rising steadily

Creso Croesus

crespo¹ -pa *adj* (rizado) (AmL) curly; (muy rizado) frizzy

crespo² *m* (AmL) curl; ***con los ~s hechos*** (Andes fam): **me dejaron con los ~s hechos** they let me down; **cancelaron la fiesta y nos quedamos con los ~s hechos** the party was called off and we were left all dressed up with nowhere to go

crespón *m* **1** (tela) crepe **2** (lazo) band

cresta *f*

A **1** (Zool) crest; (de gallo) comb **2** (de una ola) crest; ***estar en la ~ de la ola*** to be on *o* be riding the crest of a wave **3** (de un monte) crest

B (Chi vulg) (uso expletivo): **¿dónde ~(s) dejé las llaves?** where the hell did I leave the keys? (colloq); **¡apúrate por la ~!** get a move on for goodness sake (colloq); **¡por la ~! otra vez me equivoqué** damn it! I've got(ten) it wrong again! (sl); ***¡a la ~!*** (Chi vulg): **¡ándate a la ~!** (Chi vulg) go to hell! (sl); **¡a la ~ con el trabajo!** to hell with work! (colloq); **con esta inflación todos nos vamos a ir a la ~** with inflation like this we're all going to be up shit creek (vulg); **dile que se vaya a la ~** tell him to go to hell (sl); ***más que la ~*** (Chi vulg): **me dolió más que la ~** it hurt like hell (colloq); **gana más que la ~** he earns a hell of a lot (colloq), he earns a goddamn (AmE) *o* (BrE) bloody fortune (sl); ***sacarle la ~ a algn*** (Chi vulg) to beat the shit out of sb (vulg); ***sacarse la ~*** (Chi vulg): **me caí y casi me saco la ~** I fell and nearly broke my neck *o* killed myself (colloq); **se sacó la ~ en moto** he smashed himself up in a motorbike accident (colloq)

crestería *f* cresting

crestomatía *f* anthology, collection of texts

creta *f* chalk

Creta *f* Crete

cretáceo¹ -cea *adj* cretaceous

cretáceo² *m*: **el ~** the Cretaceous

cretense *adj/mf* Cretan

cretinismo *m* cretinism

cretino¹ -na *adj* **1** (Med) cretinous **2** (fam & pey) (estúpido) cretinous (pej), moronic (colloq & pej)

cretino² -na *m,f* **1** (Med) cretin **2** (fam & pey) (estúpido) cretin (colloq & pej), moron (colloq & pej)

cretona *f* cretonne

cretoso -sa *adj* chalky

creyente¹ *adj*: **es muy ~** she has a strong faith

creyente² *mf* believer; **los no ~s** the nonbelievers; **soy ~ pero no practicante** I believe in God but I don't go to church

creyera, creyese, etc ▸ **creer**

cría *f*

A (Agr) rearing, raising; (para la reproducción) breeding

B (Zool) **1** (camada) litter; (nidada) brood **2** (animal): **es una ~ de ciervo** it's a baby deer; **la gata tuvo cuatro ~s** the cat had four kittens; **el macho cuida las ~s** the male looks after the young

criadero *m* farm; **~ de pollos** poultry farm; **~ de salmones** salmon farm **~ de truchas** trout farm *o* hatchery; **~ de perros** dog breeder's, kennel (AmE), kennels (BrE); **~ de ostras/mejillones** oyster/mussel bed; **se ha convertido en un ~ de ratas** it's become a breeding ground for rats; **este hueco es un ~ de mugre** (RPl fam) the dirt really builds up in this gap

criadilla *f* testicle

(Compuesto) **criadilla de tierra** truffle

C

C

criado -da *m,f (m)* servant; *(f)* servant, maid

criador -dora *m,f* breeder

crianza *f*

A (Agr) raising, rearing; (para la reproducción) breeding

B (de niños) upbringing

C (Vin) aging*

> **crianza**
>
> A term which refers both to the process of ageing wines, and to a category of wines, *vinos de crianza*, which have been aged for a minimum of two years, first in barrels or the more modern stainless steel tanks, and then in the bottle.

criar [A17] *vt*

A ‹*niño*› **1** (cuidar, educar) to bring up, raise; **la ~on los abuelos maternos** she was brought up *o* raised by her maternal grandparents; **fui criada en el amor a los libros** I was brought up to love books; **ya tiene a sus hijos criados** her children are grown up now; ▸**malcriado**[1] **2** (amamantar) to breast-feed; **criado con biberón** bottle-fed; **lo crió su madre** his mother breast-fed him

B ‹*ganado*› to raise, rear; (para la reproducción) to breed; ‹*pollos/pavos*› to breed

C (producir): **el pan ha criado moho** the bread has gone moldy; **este perro cría pulgas** this dog is always covered in fleas; **esos libros van a ~ polvo** those books are just going to gather dust

■ **criar** *vi* «*mujer*» to breast-feed; «*animal*» to suckle

■ **criarse** *v pron* to grow up; **nos criamos juntos** we were brought up together, we grew up together; **me crié con mi abuela** I was brought up *o* raised by my grandmother; ***a la que te criaste*** (RPl fam) any old how, any which way (AmE)

criatura *f*

A (niño pequeño) child; **¿casarse?, pero si es una ~** she's getting married? but she's hardly more than a child *o* she's a mere child; **pero ~ ¿cómo te has podido creer eso?** you silly thing, fancy falling for that!

B (cosa creada) creature; **las ~s del Señor** God's creatures

criba *f* **1** (instrumento) sieve; **este paraguas está hecho una ~** this umbrella is full of holes *o* riddled with holes **2** (proceso de selección): **la prueba escrita constituye la primera ~** the written test is the first stage of the selection process; **hicimos una ~ de las solicitudes** we went through the applications

cribado *m* sieving, sifting

cribar [A1] *vt* to sieve, sift

cric *m (pl* **crics**) jack

cricket /'krike(t)/ *m* cricket

Crimea *f* Crimea; **la guerra de ~** the Crimean war

crimen *m* **1** (delito grave) serious crime; (asesinato) murder **2** (fam) (pena, lástima) crime (colloq); **es un ~ tirar así la comida** it's a crime to throw away food like that; **¡qué ~ ponerle ese nombre a la criatura!** it's wicked *o* criminal to give the child a name like that (colloq)

(Compuestos)

- **crimen de guerra** war crime
- **crimen de sangre** violent crime
- **crimen organizado**: **la lucha contra el ~ ~** the fight against organized crime
- **crimen pasional** crime passionel, crime of passion

criminal[1] *adj* ‹*causa/querella*› criminal; **es ~ lo que han hecho con ese edificio tan bonito** (fam) it's criminal what they've done to that beautiful building (colloq)

criminal[2] *mf* criminal

(Compuesto) **criminal de guerra** war criminal

criminalidad *f* **1** (cualidad) criminality **2** (número de crímenes) crime; **ha aumentado la ~ en los últimos años** there has been an increase in crime in recent years

criminalista[1] *adj* criminal (*before n*); **abogado ~** criminal lawyer

criminalista[2] *mf* criminal lawyer

criminalización *f* criminalization

criminalizar [A4] to criminalize

criminología *f* criminology

criminologista *mf*, **criminólogo -ga** *m,f* criminologist

crin *f*

A **1** (del caballo) *tb* **~es** mane **2** (material) horsehair

B (esparto) esparto grass; **un guante de ~** a massage glove, a friction mitt

crineja *f* (Ven) braid (AmE), plait (BrE)

crinolina *f* (tela) crinoline; (enagua) crinoline

crío, cría *m,f* (esp Esp fam) *(m)* boy, kid (colloq); *(f)* girl, kid (colloq); **van a tener otro ~** they are going to have another baby *o* child; **ya tiene dos crías** she already has two little girls; **¡no seas ~!** don't be such a big kid *o* baby!

criobiología *f* cryobiology

criocirugía *f* cryosurgery

criogenética *f* cryogenetics

criogenia *f* cryogenetics

criogénico -ca *adj* cryogenic

criogenización *f* cryopreservation

criogenizar *vt* cryopreserve

criollaje *m* (Hist): **el ~** the Creoles (*of European descent born in a Spanish American colony*)

criollismo *m*

A (Hist) *the culture of the* ▸**criollo**[2] **1**

B (AmL) **1** (Ling) local term (*o* expression *etc*) **2** (Lit) *literary movement celebrating native Latin American tradition and local color*

criollo[1] **-lla** *adj* **1** (Hist) Creole **2** (AmL) (por oposición a extranjero) Venezuelan (*o* Peruvian *etc*); ‹*plato/artesanía/cocina*› national; **nació en Barcelona, pero es tan ~ como el que más** he was born in Barcelona, but he's as Venezuelan (*o* Peruvian *etc*) as they come (colloq); ***a la criolla*** (RPl fam) informal, casual; ▸**viveza** **3** ‹*lengua*› creole

criollo[2] **-lla** *m,f* **1** (Hist) Creole (*of European descent born in a Spanish American colony*) **2** (AmL) (nativo) Venezuelan (*o* Peruvian *etc*) **3** **criollo** *m* (Ling) creole; **como se dice en ~** as we say in Latin America (*o* in Peru *etc*); ***decir algo/hablar en ~*** (AmL fam) to say sth in plain Spanish

criónica *f* cryonics

crioterapia *f* cryotherapy

cripta *f* crypt

criptanálisis *m* cryptanalysis

críptico -ca *adj* **1** (en clave) cryptic; **un mensaje ~** a cryptic *o* coded message **2** (oscuro, hermético) ‹*lenguaje*› obscure, abstruse, cryptic

cripto- *pref* crypto-; **criptocomunismo** cryptocommunism

criptografía *f* cryptography

criptográfico -ca *adj* cryptographic

criptógrafo -fa *m,f* cryptographer

criptograma *m* cryptogram

criptología *f* cryptology

criptón *m* krypton

crique, criquet *m* (Arg) jack

críquet *m* cricket

crisálida *f* chrysalis, chrysalid

crisanta *f* (Chi fam) battleax* (colloq)

crisantemo *m* chrysanthemum

crisis *f (pl* **~**) **1** (situación grave) crisis; **el país sufre/está atravesando una grave ~ energética** the country has/is experiencing a serious energy crisis; **la ~ de la vivienda** the housing crisis *o* shortage; **la economía está en ~** the economy is in crisis; **~ de fe** crisis of faith; **su relación está pasando por una etapa de ~** their relationship is going through a crisis; **la situación hizo ~** the situation came to a head, the situation reached crisis point *o* a crisis level **2** (Med) crisis; **la enfermedad hizo ~ al día siguiente** the illness became critical the next day **3** (period) (remodelación ministerial) *tb* **~ de Gobierno** cabinet reshuffle

(Compuestos)

- **crisis cardíaca** heart failure, cardiac arrest
- **crisis crediticia** *or* **del crédito** credit crunch, credit crisis
- **crisis de identidad** identity crisis
- **crisis de los cuarenta** midlife crisis
- **crisis ministerial** cabinet crisis (*resulting in dismissals or resignations*)
- **crisis nerviosa** nervous breakdown
- **crisis respiratoria** respiratory failure

crisma[1] *m* chrism

crisma[2] *f*: **romperse la ~** (fam) to crack one's head open (colloq), to brain oneself (colloq); **romperle la ~ a algn** (fam) to smash sb's face in (colloq), to knock sb's block off (BrE colloq)

crismas *m (pl* **~**) (Esp) Christmas card

crisol *m* **1** (Tec) crucible **2** (punto de confluencia) melting pot; **la ciudad es un ~ de culturas y razas** the city is a melting pot of different cultures and races

crisólito *m* chrysolite

crispación *f*: **hay un clima de ~** there's an atmosphere of extreme tension *o* agitation, the atmosphere is bristling with tension; **andaba cargando sus crispaciones sobre los demás** he was taking his irritation *o* exasperation *o* frustrations out on others

crispado -da *adj* tense

crispante *adj* ‹*persona/ruido/risa*› infuriating; **¡deja ya de hacer ese ruido! es ~** stop making that noise! it's infuriating *o* really irritating *o* really annoying *o* (colloq) it's getting on my nerves

crispar [A1] *vt* **1** (contraer): **con la expresión crispada por el dolor** his face tensed/contorted with pain **2** (exasperar) to infuriate; **me crispan sus estúpidas bromas** his stupid jokes infuriate *o* really annoy *o* really irritate me; **tiene una risa que me crispa los nervios** her laugh really irritates me *o* gets on my nerves, her laugh sets my nerves jangling *o* jars on me

■ **crisparse** *v pron* **1** «*rostro/expresión*» to tense up; **sintió que se le crispaba el rostro** she felt the muscles of her face tense up **2** «*persona*» to get irritated

crispetas *fpl* (Col) popcorn

cristal *m*

A **1** (vidrio fino) crystal **2** (Esp) (vidrio) glass

(Compuestos)

- **cristal de Baccarat** Baccarat glass
- **cristal de Bohemia** Bohemian crystal
- **cristal de Murano** Venetian glass
- **cristal tallado** cut glass

B **1** (trozo) piece of glass; **había ~es rotos por el suelo** there were pieces of broken glass *o* there was broken glass all over the floor **2** (lente) lens **3** (Esp) (de ventana) pane; **una gamuza para limpiar los ~es** a chamois for cleaning the windows; **detrás de los ~es antibalas/ahumados** behind the bulletproof/smoked glass

(Compuestos)

- **cristal delantero** (Esp) windshield (AmE), windscreen (BrE)
- **cristal trasero** (Esp) rear windshield (AmE), rear windscreen (BrE)

C (Min, Quím) crystal; **~es de cuarzo/sílice** quartz/silica crystals

cristalera *f* **1** (mueble) display cabinet, dresser **2** (escaparate — de una tienda) shop window; (— de un bar, una cafetería) display window **3** (puertas) French windows *(pl)*, French doors *(pl)* (AmE); (ventanas) windows *(pl)*

cristalería *f*

A **1** (taller) glazier's **2** (fábrica) glassworks

B (objetos) glassware; (juego) set of glasses

cristalero -ra *m,f*

A **1** (que instala) glazier **2** (limpiacristales) window cleaner

B **cristalero** *m* (RPl) (vitrina) display cabinet

cristalino[1] **-na** *adj* **1** (liter) ‹*agua/manantial*› crystalline (liter), crystal-clear **2** (Fís, Min) crystalline

cristalino² *m* crystalline lens

cristalización *f* 1 (Fís, Quím) crystallization 2 (de una idea, un proyecto) crystallization

cristalizar [A4] *vi* 1 (Fís, Min) to crystallize 2 «*proyecto*» to crystallize, take shape; «*idea*» to crystallize, to jell (AmE), to gel (BrE); **una idea que no llegó a ~** an idea which never quite crystallized *o* jelled; **~ EN algo: las negociaciones ~on en un acuerdo de cooperación bilateral** the negotiations resulted in *o* bore fruit in the form of an agreement for bilateral cooperation; **la insatisfacción del pueblo cristalizó en una serie de disturbios callejeros** popular discontent manifested itself in *o* took the form of a series of street disturbances; **la influencia de esta ideología cristalizó en obras como ...** the influence of this ideology was embodied in works such as ...

■ **cristalizar** *vt* to crystallize

■ **cristalizarse** *v pron* 1 (Fís, Min) to crystallize 2 «*proyecto*» to crystallize, take shape; «*idea*» to crystallize, to jell (AmE), to gel (BrE)

cristalografía *f* crystallography

cristaloide *m* crystalloid

cristero -ra *m,f* (en Méx) *supporter of a rebellion against secular laws introduced after the Revolution*

cristianamente *adv*: **les enseñaban a vivir ~** they taught them to live as good Christians *o* according to Christian principles; **murió ~** he died in a state of grace

cristiandad *f* Christendom

cristianismo *m* Christianity

cristianizar [A4] *vt* to Christianize

cristiano¹ -na *adj* Christian; **¿eres ~?** are you a Christian?; **sus restos recibirán cristiana sepultura mañana a las diez** she will be laid to rest *o* buried tomorrow at 10 o'clock, the funeral will take place at 10 o'clock tomorrow

cristiano² -na *m,f* 1 (Relig) Christian 2 (fam) (persona): **le habla al perro como si fuera un ~** he talks to the dog as if it were human *o* a person; **¡no hay ~ que la entienda!** absolutely no one can understand her!, she's absolutely impossible to understand!; ***en ~*** (fam) (en español) in Spanish; (sin tecnicismos) in plain Spanish (*o* English *etc*); **ahora estamos en España, así que habla en ~** we're in Spain now, so speak Spanish

Compuestos

• **cristiano viejo** *Christian with neither Jewish nor Moorish ancestry*

• **cristiano renacido, cristiana renacida** *m,f* born-again Christian

cristino -na *m,f*: *supporter of Isabel II (under the regency of María Cristina) against the Carlists*

cristo *m* crucifix

Cristo Christ; ***armar un ~*** (Esp fam) to kick up *o* create a fuss (colloq); ***con el ~ en la boca*** with one's heart in one's mouth; ***~ y la madre*** (fam) everyone and his brother (AmE colloq), the world and his wife (BrE colloq); ***donde ~ dio las tres voces*** *or* ***perdió la gorra*** *or* ***la alpargata*** (en un lugar — lejano) miles away; (— remoto) in the middle of nowhere, in the back of beyond, out in the sticks (colloq), in the Boonies (AmE colloq); ***hasta verte ~ mío*** (fam) down the hatch! (colloq); ***hecho un ~*** (Esp fam): **se puso/iba hecho un ~** he got/he was absolutely filthy *o* in a real mess; **cuando acabaron con él estaba hecho un ~** he was in a real mess by the time they'd finished with him; ***ni ~***: ***ni ~ entiende*** *or* ***no hay ~ que entienda su letra*** absolutely nobody can understand her handwriting; ***poner a algn como un ~*** (Esp fam) to call sb every name under the sun; ***todo ~*** (Esp fam) absolutely everyone

Cristóbal ▸ **San**

cristofué *m*: *type of tyrant flycatcher found in Venezuela*

criterio *m* 1 (norma, principio) criterion; **tenemos que unificar ~s** we have to agree on our criteria; **no se pueden aplicar los mismos ~s a los dos grupos** the same criteria cannot be applied to both groups; **con ese ~ también se podría afirmar que ...** by the same criterion *o* token one could also say that ... 2 (capacidad para juzgar, discernir) discernment (frml), judgment*; **es una persona de buen ~** she is a person of sound judgment; **usa tu propio ~** use your own judgment; **eso lo dejo a tu ~** I leave that to your discretion *o* judgment, I'll leave that for you to decide 3 (opinión, juicio) opinion; **no comparto tu ~** I don't share your opinion; **su ~ es que ...** he is of the view *o* opinion that ..., he takes the view that ..., his opinion is that ...

crítica *f*

A (ataque): **ha sido recientemente objeto de numerosas ~s** she has come in for *o* been the object of a lot of criticism recently; **dirigió duras ~s contra el obispo** he launched a fierce attack on *o* leveled fierce criticism at the bishop, he strongly attacked the bishop

B (Art, Espec, Lit) 1 (reseña) review; (ensayo) critique; **la película ha recibido muy buenas ~s** the movie has had very good reviews *o* (colloq) write-ups 2 **la ~** (los críticos) the critics (*pl*); **su obra ha recibido los elogios de la ~ internacional** her work has been well received by critics worldwide 3 (actividad) criticism

Compuesto **crítica literaria** literary criticism

criticable *adj* reprehensible (frml); **su actitud es de lo más ~** his attitude is to be thoroughly condemned, his attitude is thoroughly reprehensible

criticar [A2] *vt* 1 (atacar) to criticize; **una postura que fue muy criticada por los ecologistas** a position which came in for fierce criticism from *o* which was fiercely criticized by ecologists; **criticó duramente a los especuladores** he strongly attacked *o* criticized the speculators; **un proyecto muy criticado** a plan which has been heavily criticized *o* which has come in for a lot of criticism 2 (hablar mal de) to criticize; **tú no hace falta que la critiques porque eres igual de egoísta que ella** you're in no position to criticize *o* (colloq) you can't talk, you're just as selfish as she is 3 (Art, Espec, Lit) ‹*libro/película*› to review

■ **criticar** *vi* to gossip, backbite

criticastro -tra *m,f* (pey) hack critic (pej), petty critic

crítico¹ -ca *adj*

A ‹*análisis/estudio*› critical; **para desarrollar el sentido ~ en el alumno** to develop the student's critical awareness; **ser ~ de algo** to be critical of sth

B (decisivo, crucial) critical; **se encuentra en estado ~** she is in a critical condition; **el reactor se encuentra en estado ~** the reactor is in a critical state; **está en la edad crítica**; (en la menopausia) (fam & euf) she's going through the change (colloq & euph); (en la adolescencia) she's at that difficult age

crítico² -ca *m,f* critic; **~ literario/de arte** literary/art critic; **~ de cine** *or* **cinematográfico** movie critic, film critic

criticón¹ -cona *adj* (fam & pey) 1 (chismoso): **¡qué ~ es!** he's such a terrible gossip (colloq) 2 (quisquilloso) critical, hypercritical; **es tan criticona** she always finds fault with everything, she's so critical *o* hypercritical

criticón² -cona *m,f* (fam & pey) 1 (chismoso): **es un ~** he's a terrible gossip (colloq) 2 (quisquilloso) faultfinder

Croacia *f* Croatia

croar [A1] *vi* to croak

croata¹ *adj* Croatian, Croat

croata² *mf* Croat; **los ~s** the Croats, Croatian people

CROC /krok/ *f* (en Méx) = **Confederación Revolucionaria Obrera Campesina**

crocante¹ *adj* (esp RPl) crunchy

crocante² *m* 1 (turrón) *candy made with toasted almonds and caramel* 2 (helado, polo) *ice cream coated in nutty chocolate*

croché, crochet /kro'ʃe, kro'tʃe/ *m* crochet; **hacer ~** to crochet

croissant /krwa'san/ *m* (*pl* **-ssants**) croissant

crol *m* crawl

cromado *m* chroming

cromar [A1] *vt* to chromium-plate; **piezas cromadas** chromium-plated parts

cromático -ca *adj* 1 (Mús) chromatic 2 ‹*gama/riqueza*› chromatic (tech); **toda la gama cromática del verde** a complete range of greens, every shade of green 3 (Ópt) chromatic

cromátida *f* (Biol) chromatid

cromatina *f* chromatin

cromatismo *m* 1 (Mús) chromaticism 2 (Ópt) chromatic aberration

cromatografía *f* chromatography

cromo *m* 1 (metal) chromium, chrome 2 (Esp) (estampa) picture card, sticker; **tiene una hija que es un ~** his daughter is stunning (to look at); ***ir hecho un ~*** (Esp) to look a real sight (colloq)

cromolitografía *f* 1 (técnica) chromolithography 2 (estampa) chromolithograph

cromosfera *f* chromosphere

cromosoma *m* chromosome

Compuestos

• **cromosoma X** X chromosome

• **cromosoma Y** Y chromosome

cromosomático -ca, cromosómico -ca *adj* chromosomal

cromoterapia *f* (Med) chromotherapy

crónica *f* 1 (Period) report, article; (Rad, TV) report; **~ deportiva/literaria/de sociedad** sport(s)/literary/society page (*o* section *etc*) 2 (Hist) chronicle

crónico -ca *adj* ‹*enfermedad*› chronic; **la sequía es un problema ~ en la región** drought is a chronic problem in the area; **¡lo suyo es ~, siempre llega tarde!** (fam) she's a hopeless case! she's always late! (colloq)

cronista *mf* 1 (esp AmL) (periodista) journalist, reporter; **~ deportivo** sport(s) journalist *o* writer; **~ de radio** radio broadcaster 2 (Hist) chronicler

crono *m* (Esp) 1 (tiempo) time; **terminó en tercer lugar con un ~ de siete minutos** he finished in third place with *o* in a time of seven minutes 2 ▸ **cronometraje**

cronobiología *f* chronobiology

cronograma *m* (de actividades, trabajo) schedule; (en la historia) time line

cronología *f* chronology

cronológicamente *adv* chronologically, in chronological order

cronológico -ca *adj* chronological; **en orden ~** in chronological order

cronologista *mf*, **cronólogo -ga** *m,f* chronologist

cronometrador -dora *m,f* timekeeper

cronometraje *m* timekeeping; **~ manual/electrónico** manual/electronic timekeeping

cronometrar [A1] *vt* to time; **~ una carrera** to time a race

cronométrico -ca *adj* chronometric

cronómetro *m* 1 (Tec) chronometer 2 (Dep) stopwatch

cronoterapia *f* (Med) chronotherapy

croquet *m* croquet

croqueta *f* 1 (Coc) ≈ croquette; **~s de pescado/carne** ≈ fish/meat croquettes 2 (Méx) (para perros, gatos) pellet

croquis *m* (*pl* **~**) sketch

cross¹ /kros/ *m* 1 (deporte — en atletismo) cross country, cross-country running; (— en motociclismo) motocross, scrambling (BrE) 2 (carrera — a pie) cross country, cross-country race; (— en moto) motocross race

cross² /kros/ *f* motocross bike, scrambling bike (BrE)

cross-country /kros'kʌntri/ *m* (*pl* **~**) (en atletismo) cross country, cross-country running; (en hípica) cross-country

crótalo *m* 1 (Zool) rattlesnake 2 **crótalos** *mpl* (liter) (castañuelas) castanets (*pl*)

C

croto -ta *m,f* (RPl fam): **es un ~, yo con él no pienso jugar** he's useless, I'm not playing with him (colloq)

croupier /kru'pje(r)/ *mf* (*pl* **-piers**) croupier

croûton /kru'ton/ *m* (*pl* **~s**) crouton

cruasán *m* croissant

cruce *m*
A (acción) crossing
B (de calles) crossroads; Ⓢ **cruce peligroso** dangerous junction

(Compuesto) **cruce peatonal** *or* **de peatones** pedestrian crossing

C (Telec): **hay un ~ en las líneas** there's a crossed line; ***tener un ~ de cables*** (fam) to be in a muddle (colloq)
D (Agr, Biol) cross; **es ~ de burro y yegua** it is a cross between a donkey and a mare

cruceiro *m*
A (cruz) stone cross
B (unidad monetaria) cruzeiro (*former Brazilian unit of currency*)

crucería *f* cross ribs (*pl*), ribs (*pl*)

crucero *m*
A (viaje) cruise; **hizo un ~ por el Caribe** he went on a Caribbean cruise
B (barco de guerra) cruiser
C 1 (Arquit) crossing 2 (cruz) stone cross
D (Méx) (de carreteras) crossroads; (Ferr) grade crossing (AmE), level crossing (BrE)

cruceta *f* 1 (Náut) crosstree 2 (Auto, Mec) crosshead

crucial *adj* crucial

crucífera *f* crucifer; **las ~s** the Cruciferae

crucífero -ra *adj* cruciferous

Crucificado *m*: **el ~** Christ, Jesus Christ

crucificar [A2] *vt* to crucify

crucifijo *m* crucifix

crucifixión *f* crucifixion

cruciforme *adj* cruciform

crucigrama *m* crossword, crossword puzzle

crucigramista *mf* 1 (profesional) crossword-puzzle compiler 2 (aficionado) crossword enthusiast

cruda *f* (AmC, Méx fam) hangover

crudeza *f* 1 (del clima) severity, harshness 2 (del lenguaje, las imágenes): **su novela se caracteriza por la ~ del lenguaje** his novel is characterized by the harshness *o* rawness of its language; **la cámara revela con ~ la miseria de las chabolas** the camera reveals the misery of the shantytown in all its crude reality

crudo¹ -da *adj*
A [ESTAR] 1 ‹*carne/verduras/pescado*› (sin cocinar) raw; (poco hecho) underdone; **el pollo está ~** the chicken isn't cooked properly, the chicken is underdone 2 (Chi fam) (nuevo) brand new
B 1 [SER] ‹*invierno/clima*› severe, harsh 2 ‹*lenguaje*› harsh, raw; ‹*imágenes*› harsh; **la película tiene unas escenas muy crudas** the movie has some very harsh scenes in it; **es la cruda realidad** it's the harsh *o* crude reality
C **(de) color ~** natural, unbleached; **encaje/lana (de) color ~** ecru lace/wool
D [SER] 1 (Arg fam) (muy malo) useless (colloq) 2 (Chi fam) (muy bueno) excellent, brilliant (colloq); **es muy ~ para el francés** he's brilliant at French
E [ESTAR] (AmC, Méx fam) (con resaca): **¡estoy ~!** I have a hangover, I'm hung over (colloq)

crudo² *m* crude oil, crude

cruel *adj* cruel; **aquello fue una jugada ~ del destino** that was a cruel twist of fate; **fueron muy ~es con él** they were very cruel to him; **la venganza será ~** (hum) just you wait! (I'll get you!) (colloq)

crueldad *f* 1 (cualidad) cruelty; **es difícil imaginar la ~ con que los trataban** it's hard to imagine just how cruelly they were treated 2 (acción) cruelty; **las ~es cometidas durante la guerra** the cruelties *o* atrocities committed during the war; **es una ~ privar a estos animales de su libertad** it's cruel *o* it's cruelty to deprive these animals of their freedom

(Compuesto) **crueldad mental** mental cruelty

cruelmente *adv* cruelly

cruento -ta *adj* (liter) bloody

crujía *f*
A (Arquit) 1 (de un edificio) space (*between two supporting walls*) 2 (de un piso) *row of rooms which come off one corridor or passage*
B (Náut) central gangway

crujidera *f* (Andes fam): **¡esta cama tiene una ~...!** this bed creaks like crazy! (colloq); **se oyó una ~ de huesos cuando cayó** you could hear the bones crack when he fell; **no me dejó dormir con la ~ de dientes** he kept me awake grinding his teeth (colloq)

crujido *m* 1 (de tablas, muelles, ramas) creaking 2 (de papel, hojas secas) rustling; (de seda) rustle 3 (de la leña ardiendo) crackling 4 (de los nudillos, las rodillas) clicking, cracking 5 (de la grava, nieve) crunching 6 (de los dientes) grinding

crujiente *adj* ‹*galletas/tostadas*› crunchy; **el pan está ~** the bread is nice and crusty

crujir [I1] *vi* 1 «*tabla/muelles/ramas*» to creak 2 «*hojas secas*» to rustle 3 «*leña ardiendo*» to crackle 4 «*nudillos/rodillas*» to crack, click 5 «*grava/nieve*» to crunch; **nuestros pasos hacían ~ la nieve** our footsteps crunched in the snow 6 «*galletas/tostadas*» to be crunchy 7 «*dientes*»: **le crujen los dientes cuando duerme** he grinds his teeth in his sleep

crup *m* croup

crupier *mf* (*pl* **-piers**) croupier

crustáceo *m* crustacean

crutón *m* crouton

cruz *f*
A 1 (figura) cross; **firmó con una ~** he signed with a cross *o* with an X; **marcar con una ~ la respuesta correcta** mark the correct answer with a cross; **ponte con los brazos en ~** stand with your arms stretched out to the sides *o* with your arms outstretched; ***~ y raya*** (Esp fam): **¡con José, ~ y raya!** I'm through with José! (colloq), I've had it with José! (colloq); ***hacerle la ~ a algo/algn*** (CS fam): **a ese restaurante le hemos hecho la ~** we're boycotting that restaurant (colloq), we don't intend setting foot in that restaurant again; **desde aquel día le hizo la ~** from that day on she refused to have anything to do with him; ***hacerse cruces*** (fam): **ya me estoy haciendo cruces** I'm already dreading it; **me hago cruces de pensar en lo que le podría haber pasado** it makes my blood run cold just to think what might have happened to him 2 (ornamento) cross; **una simple ~ de madera** a simple wooden cross 3 (condecoración) cross; **la ~ de la Legión de Honor** the cross of the Legion of Honor 4 **la Cruz** (Relig) the Cross

(Compuestos)
- **Cruz del Sur** Southern Cross
- **cruz de Malta** Maltese cross
- **cruz de San Andrés** St Andrew's Cross
- **cruz gamada** swastika
- **cruz griega/latina** Greek/Latin cross
- **Cruz Roja** Red Cross

B (carga) cross, burden; **cada uno lleva su ~ a cuestas** we all have our cross to bear; **¡qué ~!** (fam) what a pain (in the neck)! (colloq)
C (de una moneda) reverse; **cara o ~** heads or tails
D (Equ) withers (*pl*)

cruza *f* (AmL) cross; **es ~ de burro y yegua** it is a cross between a donkey and a mare; ***hacerle la ~ a algn*** (Chi fam) (enfrentarse a algn) to take sb on; (igualar a algn) to match sb, be as good as sb

cruzada *f* 1 (Hist) crusade 2 (campaña) crusade; **la ~ nacional contra la droga** the nationwide crusade against drugs

cruzado¹ -da *adj*
A (atravesado): **había un árbol ~ en la carretera** there was a tree lying across the road
B ‹*abrigo/chaqueta*› double-breasted
C ‹*cheque*› crossed

cruzado² *m*
A (Hist) crusader
B (en boxeo) cross
C (Fin) cruzado (*Brazilian unit of currency*)

cruzamiento *m*
A (Ferr) crossover
B (Biol) crossing

cruzar [A4] *vt*
A (atravesar) ‹*calle*› to cross; ‹*mar/desierto/puente*› to cross, go/come across; **cruzó el río a nado** she swam across the river; **esta calle no cruza Serrano** this street doesn't intersect with Serrano
B ‹*piernas*› to cross; **se sentó y cruzó las piernas** she sat down and crossed her legs; **con los brazos cruzados** with my/your/his arms crossed *o* folded; **crucemos los dedos** let's keep our fingers crossed
C ‹*cheque*› to cross
D (tachar) to cross out
E ‹*palabras/saludos*› to exchange; **no crucé ni una palabra con él** we didn't say a single word to each other, we didn't exchange a single word
F (llevar al otro lado) to take (*o* carry *etc*) ... across; **la madre cruzó a los niños** the mother took the children across; **el barquero nos cruzó** the boatman took *o* ferried us across
G ‹*animales/plantas*› to cross

■ **cruzar** *vi* (atravesar) to cross; **~on por el puente** they went over *o* across the bridge

■ **cruzarse** *v pron*
A (*recípr*) 1 «*caminos/líneas*» to intersect, meet, cross 2 (en un viaje, un camino): **los trenes se ~on a mitad de camino** the trains passed each other half way; **espero no cruzármelo nunca más** I hope I never set eyes on him again, I hope we never cross paths again; **nuestras cartas se han debido de ~** our letters must have crossed in the post; **seguro que nos ~emos por el camino** (nos veremos) we're sure to meet *o* see *o* pass each other on the way; (no nos veremos) we're sure to miss each other along the way; **~se CON algn** to see *o* pass sb; **me crucé con él al salir de la estación** I saw *o* passed *o* met him as I came out of the station; **me cruzo con ella todos los días** I see her *o* we pass each other everyday; ▸ **brazo**
B (interponerse): **se le cruzó una moto y no pudo frenar** a motorcycle pulled out in front of him and he couldn't brake in time; **se nos cruzó otro corredor y nos caímos todos** another runner cut in front of us and we all fell

cruzeiro *m* ▸ **cruceiro B**

CSCE *f* (= **Conferencia de Seguridad y Cooperación en Europa**) CSCE

CSF, c.s.f. *m* (= **coste, seguro y flete**) CIF, c.i.f.

CSIC /θe'sik/ *m* (en Esp) = **Consejo Superior de Investigaciones Científicas**

CSTC *f* = **Confederación Socialista de Trabajadores de Colombia**

CT *m* (en Méx) = **Congreso del Trabajo**

cta. (= **cuenta**) a/c

CTC *f* = **Confederación de Trabajadores Colombianos**

cte. = **corriente**

CTI *m* (en Ur) (= **Centro de Tratamiento Intensivo**) ICU

CTM *f* = **Confederación de Trabajadores de México**

CTNE *f* = **Compañía Telefónica Nacional de España**

CTP *f* = **Confederación de Trabajadores del Perú**

CTV *f* = **Corporación de Trabajadores de Venezuela**

cu *f*: *name of the letter* ▸ **q**

CU *f* (en Méx) = **Ciudad Universitaria**

c/u = **cada uno/una**

cua, cuac *m* quack

cuaco *m* (Méx fam & pey) nag (colloq & pej), jade (pej & dated)

cuaderna *f* rib

cuadernillo *m* signature

cuaderno *m* (de ejercicios) exercise book; (de notas) notebook

(Compuestos)
- **cuaderno de anillos** (Chi) spiral-bound notebook

- **cuaderno de bitácora** log, logbook, ship's log
- **cuaderno (de) borrador** rough notebook
- **cuaderno de espiral** spiral-bound notebook
- **cuaderno TIR** TIR carnet

cuadra *f*
A (Equ) stable, stables (*pl*); **el ganador es de la ~ Giménez** the winner is from the Giménez stable *o* stables; **tienen el cuarto que parece una ~** (fam) their room looks like a pigsty (colloq)
B (AmL) **1** (distancia entre dos esquinas) block; **el museo queda a dos ~s de aquí** the museum is two blocks from here **2** (Agr) *measurement of agricultural land*
C (en un cuartel) barrack room

cuadrada *f* breve

cuadrado¹ -da *adj*
A **1** (de forma) square **2** (Mat) ▸ ℹ **p.1757** ‹*metro/centímetro*› square (*before n*); **22 metros ~s/kilómetros ~s** 22 square meters/square kilometers
B **1** [**ESTAR**] (fam) (fornido) well-built, big, hefty (colloq) **2** [**ESTAR**] (fam) (gordo) fat
C **1** [**SER**] (AmL) (cerrado de mente) (fam) inflexible, rigid **2** [**SER**] (RPl) (torpe) dense (colloq), thick (colloq)

cuadrado² *m* **1** (figura) square **2** (de un número) square; **25 elevado al ~** 25 squared, the square of 25
(Compuesto) **cuadrado mágico** magic square

cuadrafonía *f* quadraphonics, quadriphony

cuadrafónico -ca *adj* quadraphonic

cuadragenario -ria *adj* forty-year-old (*before noun*)

Cuadragésima *f* Quadragesima (Sunday), first Sunday in Lent

cuadragésimo -ma *adj/pron* **1** (ordinal) fortieth *para ejemplos ver* **vigésimo** **2** (partitivo): **la cuadragésima parte** a fortieth

cuadrangular¹ *adj* **1** ‹*base/forma*› quadrangular **2** (AmL) ‹*torneo*› quadrangular

cuadrangular² *m* (Méx) home run

cuadrángulo *m* quadrangle

cuadrante *m* **1** (Astrol, Mat) quadrant; **nubosidad abundante en el ~ noroeste** thick cloud in the northwest **2** (instrumento) quadrant **3** (esfera — de un instrumento) dial; (— de un reloj) face **4** (Auto) dial
(Compuesto) **cuadrante solar** sundial

cuadrar [A1] *vi*
A **1** «*cuentas*» to tally, balance **2** «*declaraciones*» to tally; **sus testimonios no cuadran** their evidence doesn't tally; **~ CON algo** to fit in WITH sth, tally WITH sth; **su teoría cuadra con lo que surge de la estadística** her theory fits in with *o* tallies with the statistical evidence; **el apelativo le cuadra perfectamente a esta aldea** the name suits this village perfectly; **como cuadra a un hombre** as befits a man **3** «*colores/ropa*» to go together; **esos dos tonos no cuadran** those two colours don't go together; **~ CON algo** to go WITH sth; **la corbata no cuadra con la camisa** the tie doesn't go with the shirt
B **1** (convenir): **si cuadra pasaremos a verlo** if we can fit it in, we'll drop by and see him; **si cuadra engaña también a la madre** he'd cheat his own mother if he got the chance *o* given half a chance; (+ *me/te/le etc*): **lo hará cuando le cuadre** he will do it when it suits him **2** (Ven) (para una cita) **~ CON algn** to arrange to meet sb; **~ PARA + INF** to arrange to + INF
■ **cuadrar** *vt* **1** (Com): **~ la caja** to cash up **2** ‹*figura geométrica*› to square **3** (Andes, Ven) ‹*carro*› to park
■ **cuadrarse** *v pron*
A **1** «*soldado*» to stand to attention **2** «*caballo/toro*» to stand stock-still **3** (fam) (plantarse) to dig one's heels in (colloq), stand firm
B (Col fam) (ennoviarse) to get engaged; **~se CON algn** to get engaged TO sb
C (Chi fam) **1** (solidarizarse) **~se CON algn** to side WITH sb; **yo me cuadro con ustedes en esto** I'm with you *o* I'm on your side on this one, I'm siding with you on this one **2** (colaborar) **~se CON algo** to help out WITH sth
D **1** (Andes fam) (estacionarse) to park **2** (Per fam) (enfrentarse): **cuadrársele a algn** to stand up to sb

cuadratín *m* quad

cuadratura *f* quadrature; ***la ~ del círculo*** squaring the circle

cuadrícula *f* grid, squares (*pl*)

cuadriculado¹ -da *adj* ‹*papel*› squared; **mapa ~** grid map

cuadriculado² *m* grid, squares (*pl*)

cuadricular [A1] *vt* to draw a grid on, divide … into squares

cuadrienio *m* quadrennium

cuadriga *f* chariot

cuadril *m* **1** (hueso) hip bone; (anca) haunch **2** (RPl) (corte de carne) rump steak

cuadrilátero¹ -ra *adj* quadrilateral, four-sided

cuadrilátero² *m* **1** (Mat) quadrilateral **2** (period) (de boxeo) ring

cuadrilla *f* **1** (Taur) cuadrilla (*team of matador's assistants*) **2** (de obreros) team, gang; (de soldados) squad; (de maleantes) gang; **¡vaya ~ de vagos!** what a bunch of layabouts!

cuadrillazo *m* (Chi) gang *o* group attack

cuadrillé *adj* (CS) fine-checked

cuadrillero *m* **1** (obrero) laborer* (*working in a team*) **2** (Chi) gang member

cuadrilongo¹ -ga *adj* rectangular

cuadrilongo² *m* rectangle

cuadrivio *m* quadrivium

cuadro *m*
A **1** (Art) (pintura) painting; (grabado, reproducción) picture; **está pintando un ~** he's doing a painting, he's painting a picture; **un ~ de Dalí** a painting by Dalí **2** (Teatr) scene **3** (gráfico) table, chart **4** (TV) frame
(Compuestos)
- **cuadro de honor** honors board* (*list of outstanding students*)
- **cuadro sinóptico** synoptic chart
- **cuadro vivo** tableau vivant

B **1** (Lit) (descripción) picture, description; **me pintó un ~ muy negro** he painted me a very bleak picture **2** (espectáculo, panorama) scene, sight; **el campo de batalla ofrecía un ~ desolador** the battlefield presented a scene of devastation; **se complica el ~ político** the political picture is becoming complicated; **¡vaya (un) ~!** (fam) what a sight!
(Compuesto) **cuadro de costumbres** *description of local customs*
C **1** (cuadrado) square, check; **tela a** *or* **de ~s** checked material; **tela de cuadritos** gingham; **zanahorias cortadas en cuadritos** diced carrots **2** (en un jardín) flowerbed **3** (en béisbol) diamond
D (Med) manifestations (*pl*); **el ~ patológico** the pathological manifestations; **presentan ~s bronquiales crónicos** their symptoms include chronic bronchial problems, they present with chronic bronchial problems (tech); **uno de los ~s más frecuentes** one of the most common combinations of manifestations *o* symptoms
(Compuesto) **cuadro clínico** clinical manifestation, symptoms (*pl*)
E (tablero) board, panel
(Compuestos)
- **cuadro de distribución** control panel
- **cuadro de mandos** *or* **instrumentos** (Auto) dashboard; (Aviac) instrument panel

F (de bicicleta) frame
G (en una organización): **los ~s directivos del partido** the top party officials; **el grupo ha reestructurado sus ~s** the group has restructured its organization; **~ de profesionales** team of specialists *o* professionals; **los ~s medios de la empresa** the company's middle management; **los ~s inferiores de las fuerzas armadas** the junior officers in the armed forces
(Compuesto) **cuadros de mando** *mpl* (de un ejército) commanders (*pl*), commanding officers (*pl*); (de una organización) leaders (*pl*), leading figures (*pl*)
H (RPl) (Dep) team; ***ser del otro ~*** (Ur fam) to be gay
I **cuadros** *mpl* (Chi frml) (Indum) panties (*pl*) (AmE), briefs (*pl*) (BrE frml)

cuadrúpedo¹ -da *adj* quadruped (*before n*), four-legged

cuadrúpedo² *m* quadruped, four-legged animal

cuádruple¹ *adj* quadruple

cuádruple² *m*: **doce es el ~ de tres** twelve is four times three; **esta cifra es el ~ de la que esperábamos** this figure is four times *o* quadruple what we expected; **su fortuna ha aumentado el ~ en tres años** his wealth has increased four-fold *o* has quadrupled in three years

cuadruplicado *adj*: **por ~** in quadruplicate; **la solicitud deberá hacerse por ~** you should submit four copies of the application form, applications should be submitted in quadruplicate (frml)

cuadruplicar [A2] *vt* to quadruple
■ **cuadruplicarse** *v pron* to quadruple, increase four-fold

cuádruplo¹ -pla *adj* ▸ **cuádruple¹**

cuádruplo² *m* ▸ **cuádruple²**

cuaima *f*: *species of rattlesnake*

cuajada *f* junket, curd

cuajado -da *adj*
A (liter) (lleno) **~ DE algo**: **un cielo ~ de estrellas** a sky studded with stars, a star-studded sky; **un manto ~ de piedras preciosas** a robe studded with precious stones; **una vida cuajada de éxitos** a life crammed with achievements; **tenía la calva cuajada de gotitas de sudor** his bald head was dotted with beads of sweat
B (Col) (musculoso) well-built, hefty (colloq)

cuajaleche *f*
A (Coc) cheese rennet
B (Bot) bedstraw, goose grass

cuajar¹ *m* abomasum, fourth stomach

cuajar² [A1] *vi*
A **1** «*leche*» to curdle; «*flan/yogur*» to set; «*sangre*» to clot, coagulate **2** «*nieve*» to settle
B **1** (afianzarse): **el ecologismo ha cuajado como una alternativa seria** ecology has come to be accepted as a serious alternative; **si cuajan las reformas previstas** if the proposed reforms come about *o* come into being; **este cuento no termina de ~** this story never really comes together; **el proyecto no cuajó** the plan did not come to anything *o* come off; **una moda que no cuajó en este país** a fashion which didn't really catch on *o* take off in this country; **no intentes convencerme, que no cuaja** (fam) don't try and convince me, it won't work *o* (colloq) it won't wash **2** «*persona*» to fit in; **no cuaja en ese grupo** she doesn't fit in with that group
■ **cuajar** *vt* **1** ‹*leche*› to curdle **2** (llenar) **~ algo DE algo** to fill sth WITH sth; **cuajó el artículo de citas** he filled *o* peppered the article with quotations
■ **cuajarse** *v pron* to curdle

cuajo *m*
A (sustancia) rennet
B (raíz): **arrancó la planta de ~** she tore the plant out by its roots; **hay que extirpar de ~ la corrupción** corruption must be completely eradicated

cual¹ *pron*
A **1** **el ~/la ~/los ~es/las ~es** (hablando de personas) (*sujeto*) who; (*complemento*) who, whom (frml); (hablando de cosas) which; **dos señores, con los ~es pasé varios días** two gentlemen, who I spent several days with *o* with whom I spent several days; **medidas con las ~es se desestimula el consumo** measures with which consumption is discouraged; **el motivo por el ~ lo hizo** the reason why he did it; **la regla según la ~ …** the rule by which …; **la mayoría de los ~es** (hablando de cosas) most of which; (hablando de personas) most of whom; **me presentó al hermano y a un primo, el ~ primo resultó ser un plomo** he introduced me to his brother and to a cousin, the latter *o*

C

the cousin turned out to be a real bore **2** **lo ~ which; se disgustó, lo ~ es natural** she got upset, which is only natural; **ese día habrá huelga de transportes, por lo ~ se ha decidido postergar la reunión** there will be a transport strike that day; as a result *o* therefore *o* so, it has been decided to postpone the meeting; **anunció que ella había ganado, con lo ~ se produjo una gran silbatina** he announced that she had won, at which point *o* whereupon there was loud booing

B *(en locs)*: **cada cual** everyone, everybody; **que cada ~ se ocupe de su equipaje** everybody must look after their own luggage, everybody must look after his or her own luggage; **allí nos separamos y cada ~ se fue por su lado** we split up there and each went his separate way *o* everyone went their separate ways; **sea cual sea** *or* **sea cual fuera** *or* **sea cual fuere: sea ~ sea su decisión** whatever their decision is *o* may be; **sean ~es fueren sus motivos** whatever her motives might be *o* may be *o* are; ***cada ~ con su cada ~a*** (fam & hum) each with his or her partner; ▸ **tal**[2]

cual[2] *prep* (liter) like; **el mar, ~ fiera enfurecida ...** the sea, like a raging beast ... (liter); **~ si tuviese alas** as if I had wings

cuál[1] *pron*

A **¿~ quieres?** which (one) do you want?; **dime ~ te gusta más** tell me which (one) you like best; **tendríamos que ir a pie — ¿y ~ es el problema?** we'd have to walk — so, what's wrong with that? *o* so, where's the problem?; **¿~ es su opinión al respecto?** what is your opinion on this matter?; **¡~ no sería su sorpresa al encontrarla allí!** you can imagine how surprised he was to find her there!

B *(en locs)*: **a cuál más: son a ~ más insoportable** they are all equally unbearable, they are all as unbearable as each other; **cuál más, cuál menos: ~ más, ~ menos, todos tenemos problemas** we all have our problems, some more than others, but we all have them; **~ más, ~ menos, todas las soluciones tienen sus inconvenientes** to a greater or lesser degree, all the solutions have their drawbacks

cuál[2] *adj* (esp AmL): **¿a ~ colegio vas?** what *o* which school do you go to?; **las revistas que te presté — ¿~es revistas?** the magazines I lent you — what magazines?

cualesquiera[1] *adj ver* **cualquiera**[1]

cualesquiera[2] *pron ver* **cualquiera**[2]

cualidad *f* **1** (virtud, aptitud) quality; **tiene muy buenas ~es** she has many good qualities; **entre sus ~es no se cuenta la paciencia** patience is not one of his virtues **2** (característica) quality; **las ~es de la lana** the qualities *o* properties of wool

cualificado -da *adj* (Esp) ▸ **calificado**

cualificar [A2] *vt* (Esp) ▸ **calificar**

cualitativamente *adv* qualitatively

cualitativo -va *adj* qualitative

cualquier *adj apocopated form of* **cualquiera**[1] *used before nouns*

cualquiera[1] *adj* (*pl* **cualesquiera** *or* (crit) **cualquiera)** [*see also note under* ▸ **cualquier**] any; **a la altura de cualquier capital europea** on a par with any European capital; **en cualquier momento** (at) any time; **si ves cualquier cosa/persona que te resulte sospechosa** if you see anything/anyone suspicious; **ponlo en cualquier lado** put it anywhere; **de cualquier forma que se haga** whichever way you do it; **de cualquier forma** *or* **manera** *or* **modo te llamaré** anyhow *o* anyway, I'll call you; **lo voy a hacer de cualquier forma** I'm going to do it anyway; **vino a trabajar como cualquier día** *or* **como un día ~** he came to work just like (on) any other day; **tráeme uno ~** bring me any of them *o* any one (at all); **son unos mercenarios cualesquiera** they're nothing but mercenaries

cualquiera[2] *pron* (*pl* **cualesquiera** *or* (crit) **cualquiera)** **1** (refiriéndose — a dos personas o cosas) either (of them); (— a más de dos cosas) any one; (— a más de dos personas) anybody, anyone; **¿cuál de los dos? — cualquiera** which one? — either (of them); **~ de los dos es capaz de hacerlo** either (one) of them could do it; **pregúntaselo a ~** ask anybody *o* anyone (you like); **¿puedo elegir ~?** can I choose any one (I like)?; **~ + QUE: ~ que elijas va a ser mejor que éste** whichever (one) you choose, it'll be better than this one, any one you choose will be better than this one; **cualesquiera que hayan sido sus motivos** whatever his motives may have been **2** (iró) (nadie): **¡a ti ~ te entiende!** I just don't understand you!; **¡~ sabe dónde lo habrá puesto!** heaven knows where he's put it!; **¡~ se atreve!** I don't think anybody would dare!

cualquiera[3] *f* (pey): **una ~** a floozy *o* tart (colloq & pej)

cualquiera[4] *m*: **un ~** a nobody

cualunque *adj* (RPl fam) any, any old (colloq); **un vestido ~** any old dress

cuan *adv apocopated form of* **cuanto**[1] **A** *used before adjectives;* **cayó al suelo ~ largo era** he fell full-length on the floor; **quedó demostrado ~ incapaz es** the full extent of his incompetence was made plain for all to see

cuán *adv* (liter) *apocopated form of* **cuánto**[1] *used before adjectives and adverbs;* how; **le hice ver ~ equivocada estaba** I made her see how wrong she was; **¡~ felices éramos entonces!** how happy we were then!; **lo hizo ~ cuidadosamente pudo** he did it with the utmost care *o* as carefully as he possibly could

cuando[1]

A *conj* ▸ℹ **p.226**; when; **a las siete es ~ me viene mejor** seven o'clock is the best time for me; **~ estoy solo** when I'm alone; **justo ~ la fiesta empezaba a animarse** just as *o* just when the party was beginning to liven up; **¿te acuerdas de ~ éramos pequeños?** do you remember when we were young?; (+ *subj*): **~ se entere me mata** when he finds out he'll kill me!; **ven ~ quieras** come when *o* whenever you like

B **1** (si): **~ él lo dice será verdad** if he says so then it must be true; **~ yo te digo que es un fresco ...** didn't I tell you he had a nerve? **2** (con valor adversativo) when; **se ha molestado ~ soy yo la que debería sentirse ofendida** he's upset when really I'm the one who ought to feel offended; **¿por qué me voy a preocupar ~ a él no le importa?** why should I worry if *o* when he doesn't care?

C *(en locs)*: **cada cuando** every so often, from time to time, now and then; **de vez en cuando** from time to time, every so often, now and then; **cuando más** *or* **mucho** at (the) most, at the outside; **cuando menos** at least; **cuando quiera** whenever; **~ quiera que ocurren estas tragedias ...** whenever these tragedies occur ...

ℹ Cuando

Algunas observaciones sobre la conjunción

En los casos en que *cuando* precede al subjuntivo, se traduce al inglés por *when* seguido de indicativo:

llámame cuando vayas a salir
= call me when you're about to leave

cuando sea viejo
= when I'm old

cuando todos hayan llegado
= when everybody has arrived

Cuando la conjunción significa *siempre que* o *cada vez que* se puede traducir también por *whenever*:

cuando oigas esa canción, te acordarás de mí
= whenever you hear that song, you'll remember me

cuando necesites ayuda, llámame
= whenever you need help, just call me

Para otros usos y más ejemplos ver entradas

---

cuando[2] *prep* (fam): **nos conocimos ~ la mili** we met when we were doing our military service, we met during our military service; **yo estaba allí ~ la explosión** I was there when the explosion happened *o* at the time of the explosion; **una ermita de ~ los moros** a hermitage dating from Moorish times

cuándo[1] *adv* when; **¿~ llegaste?** when did you arrive?; **¿de ~ es esa foto?** when was that photo taken?; **¿para ~ estará terminado?** when will it be ready (by)?; **¿desde ~ lo sabes?** how long have you known?; **¿desde ~ se entra sin golpear?** since when do you come in without knocking?; **nadie sabe ~ se enteró** nobody knows when she found out; **¡~ sentará (la) cabeza!** when is she going to settle down!; **¡~ no!** (AmL) as usual!; **llegó tardísimo — ¡~ no!** he was very late — he always is! *o* (iro) oh, just for a change!, he was very late — typical! *o* as usual!

cuándo[2] *m*: **el ~** the when; **el cómo, el ~ y el dónde no me interesan** I am not interested in the how, the when or the where

cuantía *f* **1** (importe): **la rebaja de las ~s de las pensiones** the reduction in the level of pensions; **se desconoce la ~ de los daños materiales** the extent of the damage is not known; **una ~ mínima de 50.000 euros mensuales** a minimum (amount) of 50,000 euros a month; **la ~ de la deuda asciende a miles de dólares** the total of the debt amounts to thousands of dollars; **un aumento de la ~ de las becas** an increase in the size of grants **2** (importancia) significance, importance; **un asunto de mayor ~** a matter of major significance *o* importance, a highly significant *o* an extremely important matter; **un funcionario de escasa ~** an insignificant civil servant; **de menor ~** unimportant, insignificant **3** (Der) claim, sum *o* amount claimed

cuántico -ca *adj* quantum (*before n*); **mecánica/física cuántica** quantum mechanics/physics; **representa un salto ~ en la tecnología** it represents a quantum leap in technology

cuantificable *adj* quantifiable

cuantificación *f* **1** quantification **2** (Fís) quantization **3** (Fil) quantification

cuantificador *m* quantifier

cuantificar [A2] *vt* **1** ‹valor/daños/pérdidas› to quantify, assess **2** (Fís) to quantize **3** (Fil) to quantify

cuantioso -sa *adj* ‹suma/donación› considerable, substantial, large; ‹pérdidas› substantial, heavy; **la tormenta causó ~s daños** the storm caused extensive *o* considerable *o* substantial damage

cuantitativamente *adv* quantitatively

cuantitativo -va *adj* quantitative

cuanto[1] *adv*

A (tanto como) as much as; **puedes gritar ~ quieras** you can shout all you like *o* as much as you like [*for examples with adjectives see* ▸ **cuan**]

B *(como conj)*: **~s menos seamos, mejor** the fewer of us there are the better; **~ antes empecemos, más pronto terminaremos** the sooner we begin, the sooner we'll finish

C *(en locs)*: **cuanto antes** as soon as possible; **cuanto más: es un trabajo duro para una persona fuerte, ~ más para un enfermo** it's hard work for a healthy person, let alone *o* never mind someone who's ill; **tienen mal tiempo en verano, ~ más en invierno** they have bad weather in summer, and the winter's even worse; **en cuanto** (tan pronto como) as soon as; (como, en calidad de) as; **vendré en ~ pueda** I'll come as soon as I can; **en cuanto a** (en lo que concierne) as for, as regards; **en ~ a rentabilidad** as for *o* as regards profitability; **en ~ a conocimientos del tema, no lo supera nadie** as far as knowledge of the subject is concerned nobody can match him; **no le dieron ninguna indicación en ~ a la forma de hacerlo** he was given no indication as to how to do it; **por cuanto** (liter o frml) insofar as (frml), inasmuch as (frml)

cuanto[2] **-ta** *adj*

A 1 (todo, todos): **llévate ~s discos quieras** take as many records as you want *o* like 2 (*sing*) (con valor plural): **se ha leído ~ libro hay sobre el tema** she's read every book there is on the subject; **le compran ~ juguete se le antoja** they buy him any toy(s) he wants

B **unos cuantos: ponle unas cuantas cucharadas de jugo de limón** add several spoonfuls of lemon juice; **ya había unas cuantas personas** there were already several *o* quite a few people there; **sólo unos ~s amigos** just a few friends

cuanto[3] **-ta** *pron*: **le di todo ~ tenía** I gave her everything I had; **no fuimos todos, sólo unos ~s** we didn't all go, only a few of us; **unos ~s que yo conozco** a few people I can think of *o* I could mention

cuanto[4] *m* quantum

cuánto[1] *adv*

A (en preguntas) how much; **¿~ sabes del asunto?** how much *o* what do you know about the matter?

B (uso indirecto): **si supiera ~ la quiero** if she knew how much I love her; **no sabes ~ lo siento** I can't tell you how sorry I am

C (en exclamaciones): **¡~ nos reímos!** how we laughed!; **¡~ ha sufrido!** she's suffered so much! [*for examples with adverbs and other adjectives see* ▸**cuán**]

cuánto[2] **-ta** *adj*

A (en preguntas) (*sing*) how much; (*pl*) how many; **¿~ café/cuánta harina queda?** how much coffee/flour is there left?; **¿~s alumnos/cuántas alumnas tienes?** how many students do you have?; **¿cuánta gente había?** how many people were there?; **¿~s años tienes?** how old are you?; **¿~ tiempo te piensas quedar?** how long do you intend to stay?

B 1 (uso indirecto) (*sing*) how much; (*pl*) how many; **no sabía ~ dinero/~s kilos iba a necesitar** I didn't know how much money/how many kilos I was going to need 2 (en exclamaciones): **¡~ vino/cuánta comida ha sobrado!** what a lot of wine/food there is left over!; **¡cuántas pecas tienes!** what a lot of freckles you have!; **¡~ tiempo sin verte!** I haven't seen you for ages! (colloq), long time, no see! (colloq); **¡cuánta falta le hace su madre!** how she misses her mother! 3 (*sing*) (con valor plural): **¡~ sinvergüenza anda suelto por ahí!** what a lot of rogues there are in this world!

cuánto[3] **-ta** *pron*

A (en preguntas) 1 (*sing*) how much; (*pl*) how many; **¿~ sobró?** how much was left over?; **¿~s están a favor?** how many are in favor?; **¿~s quieres?** how many do you want?; **¿~ pesas?** how much *o* what do you weigh?; **¿~ mides?** how tall are you?; **¿a ~ estamos hoy?** what's the date today? 2 **cuánto** (refiriéndose a tiempo) how long; **¿~ falta para llegar?** how long before we get there? 3 **cuánto** (refiriéndose a precios, dinero) how much; **¿~ cuesta?** how much is it?; **nada más, ¿~ es?** that's all, how much is that (altogether)?; **¿~ gana?** how much *o* what does she earn?; **¿a ~ están las naranjas?** how much are the oranges?

B 1 (uso indirecto): **pregúntale ~ va a demorar** ask her how long she'll be; **no tengo idea de ~ puede costar** I've no idea how much *o* what it might cost; **no sé cuántas se llevó** I don't know how many he took 2 **no sé ~s** (fam) something-or-other; **se llama Javier no sé ~s** he's called Javier something-or-other

C (en exclamaciones): **¡~s murieron!** so many people were killed!; **¡~ has tardado!** what a long time you've taken!, you've been ages!

cuáquero[1] **-ra** *adj* Quaker (*before n*)

cuáquero[2] **-ra** *m,f* Quaker

cuarcita *f* quartzite

cuarenta[1] *adj inv/pron* forty [*para ejemplos ver* ▸**cincuenta**[1]] ***cantar las ~*** (en naipes) *in certain games, to have the king and queen of trump(s)*; ***cantarle las ~ a algn*** to give sb a piece of one's mind

(Compuesto) **cuarenta principales** *mpl* Top 40, charts (*pl*)

cuarenta[2] ▸ⓘ **p.575** *m* forty, number forty

cuarentavo[1] **-va** *adj/pron* 1 (partitivo): **la cuarentava parte** a fortieth 2 (crit) (ordinal) fortieth *para ejemplos ver* **veinteavo**[1]

cuarentavo[2] *m* ▸ⓘ **p.243** fortieth

cuarentena *f*

A 1 (aislamiento) quarantine; **tener/poner a algn en ~** to keep/put sb in quarantine 2 (después de un parto) *40-day period after giving birth*

B (número): **una ~ de personas** about forty people; **ya entró en la ~** she's already turned forty

cuarentón[1] **-tona** *adj* (fam) ▸ⓘ **p.303**; **una mujer cuarentona** a woman in her forties

cuarentón[2] **-tona** *m,f* (fam) ▸ⓘ **p.303**; person in his/her forties

Cuaresma *f* Lent; **en ~** in *o* during Lent

cuaresmal *adj* Lenten

cuarta *f* 1 (Auto) fourth, fourth gear; **mete la ~** put it in fourth 2 (palmo) span *ver tb* **cuarto**[1]

cuartear [A1] *vt*

A (descuartizar) to cut up

B ‹*camino*› to zigzag up/down

■ **cuartearse** *v pron* 1 (agrietarse) «*pared/cerámica*» to crack; «*cuero*» to crack, split 2 (Taur) to dodge to one side

cuartel *m* 1 (Mil) (campamento — permanente) barracks (*sing o pl*); (— provisional) encampment; ▸**casa** 2 (tregua): **no dieron ~ a los rebeldes** they showed no mercy to the rebels, they gave no quarter to the rebels (dated); **una guerra sin ~** a war in which no mercy was shown *o* (dated) no quarter was given; **una lucha sin ~** a merciless fight, a fight to the finish

(Compuestos)

- **cuartel de bomberos** (RPl) fire station, fire house (AmE)
- **cuarteles de invierno** *mpl* (de un ejército) winter quarters (*pl*); (de una persona) winter residence
- **cuartel general** headquarters (*sing o pl*)

cuartelada *f*, **cuartelazo** *m* putsch, military uprising

cuartelillo *m*

A (de policía) station

B (arg) (parte) share (*that a dealer keeps for himself or herself*)

cuarterón -rona *m,f*

A (mestizo) quadroon (*person of mixed race*)

B **cuarterón** *m* (medida) quarter (pound), four ounces

cuarteta *f* quatrain (*with lines of eight syllables*)

cuarteto *m* 1 (Mús) (conjunto) quartet; (composición) quartet; **un ~ de cuerdas** a string quartet 2 (Lit) quatrain (*with lines of eleven syllables*)

cuartil *m* quartile

cuartilla *f* 1 (tamaño) quarto; (hoja) sheet of paper 2 **cuartillas** *fpl* (manuscrito) manuscript, pages (*pl*)

cuarto[1] **-ta** *adj/pron* 1 ▸ⓘ **p.575**; (ordinal) fourth *para ejemplos ver* **quinto**[1] 2 (partitivo): **la cuarta parte** a quarter

(Compuesto) **cuarta dimensión** *f* fourth dimension

cuarto[2] *m*

A (habitación) room; (dormitorio) room, bedroom; ***hacerle ~ a algn*** (Col fam) to cover (up) for sb

(Compuestos)

- **cuarto de aseo** ≈ downstairs lavatory *o* (BrE) cloakroom, bathroom (AmE)
- **cuarto de baño** bathroom
- **cuarto de costura** sewing room
- **cuarto de estar** living room, parlor (AmE), sitting room (BrE)
- **cuarto de huéspedes** guest room, spare room
- **cuarto de la plancha** ironing room
- **cuarto de los invitados** (Esp) guest room, spare room
- **cuarto de máquinas** engine room
- **cuarto de servicio** maid's room
- **cuarto frío** cold store
- **cuarto intermedio** (RPl) recess; **estar en ~ ~** to be in recess; **pasar a ~ ~** to adjourn, go into recess
- **cuarto oscuro** (Fot) darkroom; (RPl) (Pol) ≈ polling booth
- **cuarto trastero** lumber room, junk room

B 1 ▸ⓘ **p.243**; (cuarta parte) quarter; **un ~ de kilo** *or* (colloq) **un ~ kilo de jamón** a quarter of ham, a quarter (of a) kilo of ham; **un ~ de pollo** a quarter chicken; **un ~ de millón/siglo** a quarter of a million/century; ***de tres al ~*** (fam) third-rate; ***¡qué ... ni qué ocho ~s!*** (fam): **¡qué miedo ni qué ocho ~s!** scared, my foot!; **¡qué vacaciones ni qué ocho ~s!** it was hardly what I'd call a vacation!; ***tres ~s de lo mismo*** (fam): **tu hermana es una vaga ... y tú, tres ~s de lo mismo** your sister's bone-idle ... and you're not much better (colloq); **nunca tengo tiempo para nada — a mí me pasa tres ~s de lo mismo** I never seem to have time to do anything — that makes two of us *o* you're not the only one 2 ▸ⓘ **p.431**; (en expresiones de tiempo) quarter; **un ~ de hora** a quarter of an hour; **las clases son de tres ~s de hora** the classes last three quarters of an hour; **una hora y (un) ~** an hour and a quarter; **la una y ~** (a) quarter after (AmE) *o* (BrE) past one, one fifteen; **son las dos menos ~** *or* (AmL exc RPl) **es un ~ para las dos** it is a quarter to two; ***tener su ~ de hora*** (AmS): **esa moda ya tuvo su ~ de hora** that fashion has had its day; **tuvo su ~ de hora a fines de los 60** he had his heyday in the late 60s

C (Impr) quarto; **en ~, 416 páginas** quarto, 416 pages

(Compuestos)

- **cuarto creciente** first quarter
- **cuarto delantero** forequarter
- **cuarto menguante** last quarter
- **cuartos de final** *mpl* quarterfinals (*pl*)
- **cuarto trasero** hindquarter

D (Esp fam) (dinero): **estoy sin un ~** *or* **no tengo ni un ~** I haven't got a bean, I'm absolutely broke (colloq); **tiene muchos ~s** he's loaded (colloq), he's rolling in money (colloq); **le pagan cuatro ~s** he gets paid peanuts *o* a pittance (colloq); ***dar un ~ al pregonero*** (Esp): **nunca dio un ~ al pregonero** she never breathed a word; ***echar su ~ a espadas*** (Esp) to stick one's oar in (colloq)

cuarto[3] **-ta** *adj* (Col fam) ‹*persona*› generous and easygoing

cuartofinalista *mf* quarterfinalist

cuartones *mpl* dressed timber

cuartucho *m* small, dark (*o* dirty *etc*) room

cuarzo *m* quartz

(Compuestos)

- **cuarzo hialino** rock crystal
- **cuarzo rosa** *or* **rosado** rose quartz

cuasar, cuásar *m* quasar

cuasi- *pref* quasi-

cuasicontrato *m* quasi contract

cuasidelito *m* quasi delict, quasi offense*

(Compuesto) **cuasidelito de homicidio** involuntary manslaughter

Cuasimodo Quasimodo

cuatachismo *m* (Méx) ▸**amiguismo**

cuatacho *m* ▸**cuate 2**

cuate *mf* (Méx) 1 (mellizo) twin; **en esa familia hay dos pares de ~s** there are two sets of twins in that family 2 (fam) (amigo) pal (colloq), buddy (AmE colloq), mate (BrE colloq) 3 (fam) (tipo, tipa) (*m*) guy (colloq), bloke (BrE colloq); (*f*) woman

cuaternario[1] **-ria** *adj* quaternary

cuaternario[2] *m*: **el ~** the Quaternary (period)

cuatrapear [A1] *vt* (Méx) to ruin

■ **cuatrapearse** *v pron* (Méx) «*aparato*» to break; «*planes*» to fall through; ▸**cable**

cuatrero -ra *m,f* rustler

cuatrienal *adj* four-year (*before n*), quadrennial (frml); **un plan económico ~** a four-year economic plan

C

cuatrienio *m* four-year period, four years (*pl*), quadrennium (frml); **durante el ~ de su presidencia** during his four years as president, during his four-year term as president
cuatrillizo -za *m,f* quadruplet, quad
cuatrimestral *adj* 1 (en frecuencia) ‹*exámenes/reuniones*› four-monthly; **reuniones ~es** four-monthly meetings; **las reuniones son ~es** the meetings are held every four months *o* three times a year 2 (en duración) ‹*curso*› four-month (*before n*), four-month long (*before n*)
cuatrimestre *m* four-month period, period of four months
cuatrimotor¹ -tora *adj* four-engined
cuatrimotor² *m* four-engined plane
cuatrisílabo -ba *adj* four-syllable (*before n*)
cuatrista *mf* (Ven) *person who plays the* ▸ **cuatro² B**
cuatro¹ *adj inv/pron* four; **¿llueve? — no, no son más que ~ gotas** is it raining? no, it's just a drop or two *o* just a few drops; **escribe, aunque sólo sean ~ líneas para decirme cómo estás** write and let me know how you are, even if it's only a couple of lines *para ejemplos ver tb* **cinco¹**; ***más de ~*** a fair number, a good number, a fair few (BrE); **más de ~ cayeron en la trampa** a fair number of people *o* a good few people fell into the trap
(Compuestos)
- **cuatro latas** *m* (fam) Renault 4L®
- **cuatro ojos** *mf* (fam) four-eyes (colloq)

cuatro² *m*
A ▸ ❶ **p.575**; (número) four, number four *para ejemplos ver* **cinco² A**
B (Ven) (guitarra) four-stringed guitar
cuatrocientos -tas *adj/pron* ▸ ❶ **p.575**; four hundred *para ejemplos ver* **quinientos¹**
cuatrojos *mf* (fam) four-eyes (colloq)
cuba *f*
A 1 (barril) barrel, cask; ***estar como una ~*** (fam) to be plastered (colloq), to be legless (BrE colloq) 2 (tina) tub, vat 3 (Transp) tanker
B (Col fam) (hijo menor) youngest child; **soy la ~ de la familia** I'm the youngest child, I'm the baby *o* the youngest of the family
Cuba *f* Cuba; ***más se perdió en ~*** (Esp hum) it's not the end of the world (colloq), worse things happen at sea (colloq)

Cuban Revolution

The guerrilla campaign (1956-59) which started the *Revolución cubana* aimed to topple the corrupt regime of Fulgencio Batista and free Cuba from United States economic domination. The new government of January 1959 set in motion wide-ranging social and political reforms. When Fidel Castro Ruz announced the expropriation of foreign-owned companies, the US imposed a trade embargo which has lasted into the new century. After the unsuccessful invasion by CIA-trained Cuban exiles at the Bay of Pigs (Playa Girón), bilateral relations worsened and Cuba sought political and economic support from the communist block. When the USSR collapsed in 1991 the Cuban economy was in ruins. Some recovery was achieved in the 1990s thanks to the growth of international tourism and new industries such as pharmaceuticals.

Cuba is criticized by the US for not adopting parliamentary democracy and the presence of a politically influential Cuban community in the United States has blocked normal relations between the countries. Castro argues that each country has the right to its own political system. In Latin America revolutionary Cuba has inspired political movements seeking to improve the lot of workers and peasants.

cubalibre *m* (de ron) rum and coke, Cuba libre; (de ginebra) gin and coke
cubanismo *m* Cuban word/expression
cubano -na *adj/m,f* Cuban
cubata *m* (fam) ▸ **cubalibre**
cubero -ra *m,f* cooper; ▸ **ojo**
cubertera *f* (CS) cutlery tray
cubertería *f* cutlery; **la ~ es de plata** the cutlery is silver; **nos regalaron una ~ de plata** we were given a set *o* canteen of silver cutlery
cubeta *f* 1 (Fot, Quím) tray; (de paredes más altas) tank 2 (para hielo) ice tray 3 (de un barómetro, termómetro) bulb 4 (barril) keg, small cask 5 (Méx) (balde) bucket
cubetera *f* ice tray
cubicación *f* estimation of cubic capacity
cubicaje *m* cubic capacity
cubicar [A2] *vt* 1 ‹*número*› to cube; **¿qué número se obtiene al ~ cinco?** what is five cubed *o* to the power of three?, what is the cube of five? 2 ‹*recipiente*› to measure the volume *o* capacity of
cúbico -ca *adj* 1 (de forma de cubo) cubic, cube-shaped 2 (Mat) ▸ ❶ **p.1864** ‹*metro/capacidad*› cubic; **2m³** *read as: dos metros cúbicos* 2m³ (*léase: two cubic meters*); ▸ **raíz**
cubículo *m* cubicle
cubierta *f*
A 1 (funda) cover 2 (de un libro) cover, sleeve, jacket
B (Auto) tire*
(Compuesto) **cubierta sin cámara** tubeless tire*
C (Náut) (en un barco) deck; **salió a ~** he went up on deck
(Compuestos)
- **cubierta de aterrizaje** *or* **de vuelo** flight deck
- **cubierta de paseo** promenade deck
- **cubierta de popa** poop deck
- **cubierta de proa** foredeck
- **cubierta inferior** lower deck
- **cubierta principal** main deck
- **cubierta superior** upper deck, top deck

cubierto¹ -ta *adj* ‹*cielo*› overcast, cloudy *ver tb* **cubrir**
cubierto² *m*
A 1 (pieza) piece of cutlery; **se le cayó un ~ al suelo** he dropped his knife/fork/spoon on the floor; **los ~s de plata** the silver cutlery; **el cajón de los ~s** the cutlery drawer 2 (servicio de mesa) place setting; **pon otro ~, por favor** can you set another place, please?, can you set for one more, please? 3 (en un restaurante — cobro adicional) cover charge; (— comida): **¿cuánto cuesta el ~ para la cena de beneficiencia?** how much is it per head *o* how much are the tickets for the charity dinner?
B (*en locs*): **a cubierto: los soldados se pusieron a ~** the soldiers took cover; **ponerse a ~ de la lluvia** to take cover *o* to shelter from the rain; **quedó a ~ de posibles críticas** he was safe from any possible criticism; **bajo cubierto** under cover
cubil *m* lair, den
cubilete *m* 1 (vaso) beaker 2 (para dados) shaker, cup; (de prestidigitador) cup 3 (molde) mold* 4 (Col) (sombrero) top hat
cubismo *m* cubism
cubista *adj/mf* cubist
cubital *adj* ulnar; **nervio ~** ulnar nerve
cubitera *f* 1 (bandeja) ice tray 2 (máquina) ice-cube maker 3 (cubo) ice bucket
cúbito *m* ulna
cubito de hielo *m* ice cube
cubo *m*
A (Esp) 1 (recipiente) bucket, pail 2 (contenido) bucketful, bucket, pail
(Compuesto) **cubo de (la) basura** (de la cocina) garbage can (AmE), rubbish bin (BrE); (de un edificio) garbage can (AmE), dustbin (BrE)
B (cuerpo geométrico) cube; **se corta el queso en cubitos** you dice the cheese
(Compuestos)
- **cubo** *or* **cubito de caldo** stock cube, bouillon cube
- **cubo** *or* **cubito de carne** beef stock cube
- **cubo** *or* **cubito de pescado** fish stock cube
- **cubo** *or* **cubito de pollo** chicken stock cube

C (Mat) cube; **elevar un número al ~** to cube a number
D (Auto) cubic capacity
E 1 (de una rueda) hub 2 (Tec) drum
F (Arquit) turret
G (de un molino) mill pond
H (Arm) bayonet holder
cuboide *adj/m* cuboid
cubrecadena *m* (bicycle) chain cover
cubrecama *m* bedspread, counterpane
cubrecolchón *m* (AmL) under blanket
cubreobjetos *m* (*pl* ~) slide cover
cubrerradiadores *m* (*pl* ~) radiator shelf
cubretetera *m* tea cozy*
cubrimiento *m* 1 (Rad, TV) coverage; **una cadena de ~ nacional** a national station 2 (de una noticia) coverage; **hacer el ~ de un suceso** to cover an event
cubrir [I33] *vt*
A (tapar) to cover; **cubrió al niño con una manta** he covered the child with a blanket, he put a blanket over the child; **el velo le cubría la cara** the veil covered her face; **la niebla cubría el valle** the valley was covered in *o* (liter) shrouded in mist; **~ algo DE algo** to cover sth WITH sth; **han cubierto las paredes de publicidad** the walls have been covered with advertisements; **los muebles están cubiertos de polvo** the furniture is covered with *o* (BrE) in dust; **el escándalo los ha cubierto de oprobio** the scandal has brought great shame on them; **lo cubrió de besos** she smothered him with kisses
B 1 ‹*costos/gastos*› to cover; ‹*daños/riesgos*› to cover; **para ~ los costos de envío** to cover the cost of postage; **los bienes cubiertos por esta póliza** the items covered by this policy 2 ‹*demanda/necesidad*› to meet; ‹*carencia*› to cover 3 ‹*plaza/vacante*› to fill
C 1 (Period) ‹*noticia/suceso*› to cover 2 (recorrer) ‹*etapa/distancia/trayecto*› to cover 3 (Rad, TV) ‹*área*› to cover
D ‹*retirada/flanco*› to cover; **voy a salir, cúbreme** I'm going out there, cover me
E (Zool) to cover
■ **cubrirse** *v pron*
A 1 (*refl*) (taparse) to cover oneself; **se cubrió con una toalla** he covered himself with a towel; **se cubrió la cara con las manos** he covered his face with his hands 2 (ponerse el sombrero) to put one's hat on 3 (protegerse) to take cover; **se cubrieron del fuego enemigo** they took cover from the enemy fire 4 (contra un riesgo) to cover oneself
B (llenarse) **~se DE algo**: **las calles se habían cubierto de nieve** snow had covered the streets, the streets were covered with snow
cuca *f* 1 (fam) (peseta) peseta 2 (AmC, Ven vulg) (vagina) pussy (sl), beaver (AmE sl), fanny (BrE sl) 3 (Esp fam) (cucaracha) roach (colloq) 4 (Chi fam) (furgón policial) paddy wagon (AmE colloq), police van (BrE)
cucalón *m* (Chi) explorer's hat
cucamonas *fpl* (fam) 1 (para conseguir algo): **deja de hacerme ~s que no me vas a sacar dinero** stop buttering me up *o* stop trying to sweet-talk me, you're not going to get any money out of me (colloq) 2 (entre novios — palabras) sweet nothings (*pl*); (— caricias) petting; **se pasan el día haciéndose ~s** they spend all their time petting *o* kissing and cuddling
cucaña *f* 1 (palo) greasy pole 2 (fam) (cosa fácil) piece of cake (colloq), cinch (colloq) 3 (fam) (trabajo) soft *o* cushy job (colloq) 4 (fam) (ganga) bargain
cucaracha *f* 1 (Zool) cockroach; ***estar como ~ en baile de gallina*** (Ven fam) to be a square peg in a round hole 2 (Méx fam) (coche) jalopy (colloq), old banger (BrE colloq)
cucha *f* (CS fam) bed; **el perro estaba en la ~** the dog was in its box (*o* basket *etc*); **ésa es la ~ del perro** that's where the dog sleeps; **chicos, hoy a la ~ temprano** you're going to bed early tonight *o* early to bed with you tonight, kids
cuchara *f*
A spoon; ***de ~*** (Esp arg) ▸ **chusquero**: ***meter (la) ~*** (fam) (en una conversación) to put *o* stick one's

oar in (colloq) (en un asunto) to get in on the act (colloq); ***meterle algo a algn con ~*** (fam) to spoon-feed sb with sth; ***recoger a algn con ~:*** **estoy para que me recojan con ~** I'm exhausted *o* (colloq) I'm ready to drop

Compuestos
- **cuchara de palo** *or* **de madera** wooden spoon
- **cuchara de postre** dessertspoon
- **cuchara de servir** tablespoon, serving spoon
- **cuchara sopera** *or* **de sopa** soup spoon

B 1 (de una excavadora) bucket 2 (para pescar) spinner, spoon 3 (RPl) (de albañil) trowel

cucharada *f* spoonful; ***meter la ~*** *ver* **cuchara**

Compuesto **cucharada sopera** ≈ tablespoonful

cucharadita *f* teaspoon, teaspoonful

cucharilla, cucharita *f*
A (Coc) *tb* **~ de té** teaspoon
Compuesto **cucharilla** *or* **cucharita de café** coffee spoon
B (para pescar) spinner, spoon

cucharón *m* ladle

cuché *adj* ▸ **papel**

cucheta *f* (RPl) truckle bed, trundle bed

cuchi[1] *adj* (Per leng infantil): **¡gorda ~!** fatty! (colloq), fatso! (colloq)

cuchi[2] *m* (Per leng infantil) piggy (colloq)

cuchichear [A1] *vi* (fam) to whisper

cuchicheo *m* (fam) whispering

cuchilla *f*
A 1 (de una segadora, guillotina, batidora) blade; (del arado) coulter, share 2 (de cocina) kitchen knife; (de carnicero) cleaver, butcher's knife 3 *tb* **~ de afeitar** (hoja) razor blade; (maquinilla) razor
B 1 (montaña) ridge 2 (AmL) (de montañas, colinas) range
C (Chi) (en costura — añadidura) gore; (— para estrechar) dart
D (Col fam) (jefe, profesor) tyrant (colloq), slavedriver (colloq); (mujer dominante) harpy (colloq), old bag (BrE colloq)

cuchillada *f*, **cuchillazo** *m* 1 (golpe) stab; **le dio** *or* **asestó una ~ en la espalda** she stabbed him in the back; **lo mataron a ~s** they stabbed him to death 2 (herida — profunda) stab wound; (— superficial) cut

cuchillería *f* 1 (tienda) cutler's store (AmE), cutler's (shop) (BrE), knife store *o* shop 2 (Chi) ▸ **cubertería**

cuchillero -ra *m,f* (fabricante) cutler, knifemaker; (vendedor) cutler, knife-seller

cuchillo *m*
A (utensilio) knife; ***pasar a algn a ~*** to put sb to the sword
Compuestos
- **cuchillo de caza** *or* **de monte** hunting knife
- **cuchillo de cocina** kitchen knife
- **cuchillo de trinchar** carving knife

B (Arquit, Const) *tb* **~ de armadura** truss, support
C (en costura) gore

cuchipanda *f* (fam) (comilona) slap-up meal (colloq); (juerga) binge (colloq); **ir de ~** to go out on the town, paint the town red (colloq)

cuchitril *m* hole (colloq), hovel

cucho[1] **-cha** *adj* (Méx fam) 1 (con labio leporino): **es ~** he has a harelip 2 (torcido) crooked (colloq), twisted; (lisiado) crippled

cucho[2] **-cha** *m,f*
A (Col fam) 1 (padre) dad (colloq), old man (colloq); (madre) mom (AmE colloq), mum (BrE colloq) 2 (profesor) teacher 3 (viejecito) (*m*) old guy (colloq), old codger (colloq); (*f*) old girl (colloq), old biddy (colloq)
B (Chi fam) (gato) puss (colloq); ***hacerse el ~*** to play dumb (colloq)

cuchuco *m* (Col) wheat and pork soup

cuchufleta *f* (fam) joke

cuclillas *fpl*: **en ~** squatting, crouching

cuclillo *m* cuckoo

cuco[1] **-ca** *adj*
A (fam) (bonito) pretty, sweet, cute (colloq)
B (Esp fam) (astuto) crafty (colloq), sneaky (colloq)

cuco[2] *m*
A (Zool) cuckoo
B (de bebé) Moses basket
C (CS, Per leng infantil) bogeyman

cucú *m* cuckoo

cucufato -ta *adj* 1 (Chi fam) (chiflado) nuts (colloq), crazy (colloq) 2 (Per) (beato) sanctimonious, over-devout

cucurbitácea *f* cucurbit; **las ~s** the cucurbits

cucurbitáceo -cea *adj* cucurbitaceus

cucurucho *m*
A 1 (de papel, cartón) cone; (de barquillo) cone, cornet 2 (helado) ice-cream, cone, cornet (BrE)
B (capirote) hood, pointed hat
C (Col fam) (buhardilla) attic

cueca *f*: *Chilean national dance*

cuece, cuecen, etc ▸ **cocer**

cueceleches *m* (Esp) milk pan

cuelgue *m* 1 (arg) (por la droga) high (colloq); **se cogieron un ~ alucinante** they got really high (colloq), they got a real high (sl) 2 (arg) (chasco) bummer (sl)

cuellicorto -ta *adj* short-necked

cuellilargo -ga *adj* long-necked

cuello *m*
A 1 ▸ ❶ **p.231** (Anat) neck; **alargó el ~ para ver mejor** he craned his neck to get a better view; **le cortaron el ~** they slit *o* cut his throat; ***estar metido hasta el ~ en algo*** (fam) to be in sth (right) up to one's neck (colloq); ***jugarse*** *or* ***apostarse el ~*** (fam): **me juego el ~ a que no lo hace** I bet you anything you like he doesn't do it (colloq), you can bet your life he won't do it (colloq) 2 (de botella) neck
Compuestos
- **cuello de botella** (Auto) bottleneck; (en un trámite) bottleneck
- **cuello uterino** *or* **del útero** neck of the womb *o* uterus

B (Indum) 1 (pieza) collar; **una chaqueta sin ~** a collarless jacket; ***hablar para el ~ de su camisa*** (fam) to mumble; ***quedarse con ~*** (Chi fam) to be disappointed; ***ser un ~*** (Andes fam) to be a liar 2 (escote) neck
Compuestos
- **cuello a la caja** square neckline
- **cuello alto** turtleneck (AmE), polo neck (BrE), rollneck (BrE); **un jersey de ~ ~** a turtleneck, a polo-neck (jumper), a rollneck (sweater) (BrE)
- **cuello chino** mandarin collar
- **cuello cisne** ▸ **cuello alto**
- **cuello de pico** V neck
- **cuello mao** mandarin collar
- **cuello ortopédico** surgical *o* cervical collar
- **cuello redondo** round neck
- **cuello tortuga** (AmL) ▸ **cuello alto**
- **cuello volcado** (RPl) ▸ **cuello alto**
- **cuello vuelto** ▸ **cuello alto**

cuenca *f*
A (Geog, Geol) 1 (de un río) basin, catchment area 2 (depresión) basin
B (Min): **la ~ minera de Asturias** the coalfields of Asturias, the coal-mining area of Asturias
C (del ojo) socket

cuenco *m* 1 (recipiente) bowl 2 (concavidad) hollow; **cogió el agua del arroyo con el ~ de la mano** he scooped the water from the stream in his cupped hands

cuenta[1] ➡ *f*
A 1 (operación, cálculo) calculation, sum; **hacer una ~** to do a calculation *o* sum; **saca la ~** add it up, work it out; **voy a tener que hacer** *or* **sacar** *or* **echar ~s** I'm going to have to do some calculations *o* sums; **luego hacemos ~s** we'll sort it out *o* work it out later; ***a*** *or* ***al fin de ~s*** after all; ***las ~s claras y el chocolate espeso*** (hum) short reckonings make long friends; ***las ~s claras conservan la amistad*** (CS) short reckonings make long friends 2 **cuentas** *fpl* (contabilidad): **encárgate tú de organizarlo, yo me ocupo de las ~s** you take care of the organization, and I'll handle the money side (of things) (colloq); **ella lleva las ~s de la casa** she pays all the bills and looks after the money
B 1 (cómputo) count; **ya he perdido la ~ de las veces que ha llamado** I've lost count of the number of times he's called; **¿estás llevando la ~?** are you keeping count?; ***más de la ~*** too much; **he comido/bebido más de la ~** I've eaten too much/had too much to drink; **siempre tienes que hablar más de la ~** why do you always have to talk too much?; **he gastado más de la ~** I've spent too much *o* more than I should have; ***por la ~ que me/te/le trae:*** **¿tú crees que vendrá Pedro? — por la ~ que le trae** do you think Pedro will come? — he'd better! *o* he will if he knows what's good for him! (colloq); ***salir de ~(s)*** (Esp fam) to be due (colloq); ***salir más a*** *or* (RPl) ***en ~*** to work out cheaper; ***traer ~:*** **no me trae ~ venderlo** it's not worth my while selling *o* to sell it; **realmente trae ~ comprar al por mayor** it's really well worth buying wholesale 2 (en béisbol) count
Compuestos
- **cuenta atrás** countdown; **ya ha empezado la ~ ~ de las elecciones** the countdown to the elections has begun
- **cuenta de protección** standing count
- **cuenta espermática** sperm count
- **cuenta regresiva** countdown

C 1 (factura) bill; **¿nos trae la ~, por favor?** could we have the check (AmE) *o* (BrE) bill, please?; **la ~ del gas/teléfono** the gas/phone bill; **no ha mandado/no nos ha pasado la ~** he hasn't sent us the bill; **es de las que te hace un favor y luego te pasa la ~** she's one of those people who do you a favor and then expect something in return; **tengo varias ~s pendientes (de pago)** I've got several bills to pay *o* bills outstanding; **yo no tengo ~s pendientes con nadie** I don't owe anybody anything; **tiene ~s con todo el mundo** he owes everybody money 2 **a cuenta** on account; **entregó $2.000 a ~** she gave me/him/them $2,000 on account; **toma este dinero a ~ de lo que te debo** here's some money toward(s) what I owe you
D 1 (Com, Fin) (en un banco, un comercio) account; **abrir/cerrar una ~** to open/close an account; **depositó** *or* (Esp) **ingresó un cheque en su cuenta** she paid a check into her account; **incluimos las siguientes partidas con cargo a su ~** (Corresp) the following items have been charged to your account; **cárguelo a mi ~** charge it to *o* put it on my account; **tiene ~ en ese restaurante** he has an account at that restaurant 2 (negocio) account; **consiguieron la ~ de Vigarsa** they got the Vigarsa account
Compuestos
- **cuenta a la vista** sight deposit account
- **cuenta a plazo fijo** time deposit (AmE), fixed term deposit (BrE)
- **cuenta central** (Méx) dollar account
- **cuenta conjunta** joint account
- **cuenta corriente** current account
- **cuenta de ahorro(s)** savings account
- **cuenta de crédito** charge account, credit account (BrE)
- **cuenta de demostración** interactive user-guide
- **cuenta eje** (Méx) main account (*in pesos*)
- **cuenta presupuestaria** budget account
- **cuenta de resultados** profit and loss account

E **cuentas** *fpl* (explicaciones, razones): **no tengo por qué darle ~s a ella de lo que hago** I don't have to explain *o* justify to her the things I do, I don't have to answer *o* account to her for the things I do; **vas a tener que rendir ~s** *or* **~ del tiempo que has perdido** you're going to have to account for all the time you've wasted; **hacer lo que uno quiere sin tener que rendirle ~s a nadie** to do as you please without having to answer to anybody; ***ajustarle las ~s a algn*** to give sb a piece of one's mind; ***dar ~ de algo*** (de noticias, sucesos) to give an account of sth; (de alimentos) to polish sth off (colloq); **se reunió con los periodistas para dar ~ de la situación** she met the journalists to explain *o* to tell them about the situation; **el despacho da ~ del accidente aéreo** the press release

➡ *ver* Vivir en un país de habla inglesa

C

C

gives details of the plane crash; ***en resumidas ~s*** in short; **... en resumidas ~s: que casarse sería una locura** ... in short *o* all in all, it would be madness for them to get married; **en resumidas ~s, que hay que seguir esperando** in short *o* in a nutshell, we'll just have to keep waiting

F (cargo, responsabilidad): **por/de ~ de algn: la Seguridad Social corre por ~ de la empresa** Social Security contributions are covered *o* paid *o* met by the company; **los deterioros serán de ~ del inquilino** the tenant will be liable for any damage; **decidí editarlo por mi ~** I decided to publish it at my own expense; **trabajó con un famoso modisto francés y luego se instaló por su ~** she worked for a famous French fashion designer and then she set up (in business) on her own; **ahora trabaja por ~ propia** she works freelance now, she's self-employed now; **los trabajadores por ~ ajena** workers with employment contracts/workers with employee status; **decidí hacerlo por mi propia ~ y riesgo** I decided to do it myself; **la cena corre por mi ~** the dinner's on me (colloq)

G (consideración)

> ⚠ Cuando la frase *darse cuenta* va seguida de una oración subordinada introducida por *de que*, en el español latinoamericano existe cierta tendencia a omitir la preposición *de* en el lenguaje coloquial - **se dio cuenta que no iba a convencerla** = he realized (that) he wasn't going to convince her

darse ~ de algo to realize sth; **lo hizo/dijo sin darse ~** he did/said it without realizing; **ni se dio ~ de que me había cortado el pelo** he didn't even notice I'd had my hair cut; **date ~ de que es imposible** you must see *o* realize that it's impossible; **ella se da ~ de todo** she's aware of everything that's going on (around her); **¡eso me contestó! ¿tú te das ~?** that's what he said! can you believe it *o* can you imagine?; **tener algo en ~: ten en ~ que lleva poco tiempo en este país** bear in mind *o* remember that he's only been in the country a short time; **sin tener en ~ los gastos** without taking the expenses into account, not including the expenses; **teniendo en ~ su situación la eximieron del pago** they exempted her from payment because of her circumstances; **ése es otro factor a tener en ~** that's another factor to be taken into account *o* taken into consideration *o* borne in mind; **tomar algo en ~: no se lo tomes en ~, no sabe lo que dice** don't take any notice of him *o* don't pay any attention to him *o* just ignore him, he doesn't know what he's talking about; **tomaron en ~ mis conocimientos de francés/mi experiencia** my knowledge of French/my experience was taken into consideration; **¿a ~ de qué ...?** (AmL fam) why ...?; **a ~ de que ...** just because ...; ***caer en la ~ de algo*** to realize sth; **entonces caí en la ~ de por qué lo había hecho** that was when I realized *o* saw *o* (colloq) when it clicked why he had done it; **no caí en la ~ de que me había mentido hasta que ...** I didn't grasp the fact that *o* realize that he'd lied to me until ...; ***habida ~ de*** (frml) in view of; ***hacer ~ que:*** **haz (de) ~ que lo has perdido, porque no creo que te lo devuelvan** you may as well give it up for lost, because I don't think you'll get it back; **tú haz (de) ~ (de) que yo no estoy aquí** pretend I'm not here *o* carry on as if I wasn't here; **hagan (de) ~ de que están en su casa** make yourselves at home

H (de un collar, rosario) bead

cuenta², cuentas, etc ▸**contar**

cuentacorrentista *mf* current-account holder

cuentagotas *m* (*pl* ~) dropper; ***dar algo con ~*** (fam): **los permisos los dan con ~** it's very difficult to get a permit out of them, they're very mean with the permits; **nos van dando la información con ~** they just keep feeding us tiny snippets of information

cuentakilómetros *m* (*pl* ~) (de distancia recorrida) odometer, mileometer (BrE); (de velocidad) speedometer

cuentapasos *m* (*pl* ~) pedometer

cuentapropismo *m* self-employment

cuentarrevoluciones *m* (*pl* ~) tachometer, rev counter (BrE)

cuentavueltas *m* (*pl* ~) ▸**cuentarrevoluciones**

cuentero¹ -ra *adj* (Méx, RPl fam) **1▸** (mentiroso): **no le creas, es muy ~** don't believe him, he's always telling stories *o* fibs (colloq) **2▸** (chismoso) gossipy

cuentero² -ra *m,f* (Méx, RPl fam) **1▸** (mentiroso) fibber **2▸** (chismoso) gossip

cuentista¹ *adj* (fam): **no seas ~, que le pongan a uno una inyección no es para tanto** don't exaggerate *o* don't be so dramatic, having an injection's not that bad!; **con lo ~ que es, no sé si creérmelo** he's such a fibber, I'm not sure whether to believe him (colloq)

cuentista² *mf* **1▸** (Lit) short-story writer **2▸** (fam) (exagerado) fibber (colloq); **no te fíes de ese ~, es puro teatro** don't fall for all his play-acting *o* don't trust that fibber, it's all just put on (colloq)

cuentística *f* genre of short-story telling

cuentístico -ca *adj* short-story telling (*before noun*)

cuento¹ *m*

A **1▸** (narración corta) short story; (para niños) story, tale; **escritor de ~s** a short-story writer; **libro de ~s** book of short stories; **el ~ de Caperucita Roja** the tale *o* story of Little Red Riding Hood; **cuéntame un ~** tell me a story; ***aplícate el ~*** (fam) take note; ***contar el ~:*** **un minuto más y no habría contado el ~** one minute more and I wouldn't have been here *o* have lived to tell the tale (colloq); ***el ~ de nunca acabar:*** **¿otra vez nos vamos a mudar? esto es el ~ de nunca acabar** we're going to move again? this is like a neverending story *o* there seems to be no end to this; ***traer algo a ~*** to bring sth up; ***venir a ~:*** **no saques a relucir cosas que no vienen a ~** don't dredge up things that have nothing to do with this *o* which have no bearing on this *o* which are irrelevant; **sin venir a ~** for no reason at all **2▸** (chiste) joke, story; **¿sabes el ~ del elefante que ...?** do you know the joke *o* (colloq) the one about the elephant that ...?

(Compuestos)
- **cuento corto** short story
- **cuento de hadas** fairy story, fairy tale

B **1▸** (fam) (chisme): **se enteró y le fue con el ~ al profesor** she found out and ran off to tell the teacher (colloq); **siempre anda con ~s sobre todo el mundo** she's always gossiping about everybody; ***comer ~s*** (Ven fam): **¡tú sí que comes ~s!** you're so gullible! *o* you'd believe anything! *o* (colloq) you'd fall for anything! **2▸** (fam) (mentira, excusa) story (colloq); **no me vengas con ~s** I'm not interested in excuses *o* stories; ***hacerle al ~*** (Méx fam) to pretend, put sb on (AmE colloq), have sb on (BrE colloq) **3▸** (fam) (exageración): **todos esos lloros son puro ~ para que te perdone** all that crying is just put on to get me to forgive you; **¡qué vas a estar enfermo!, ¡tú lo que tienes es mucho ~!** you're not sick, you're just putting it on! (colloq), you're not sick, stop fibbing! (colloq)

(Compuestos)
- **cuento chino** (fam): **eso de que se va a casar es un ~ ~** all that stuff about getting married is a load of baloney *o* (AmE) bull *o* (BrE) rubbish (colloq); **yo no soy tan ingenuo, así que no me vengas con ~s ~s** I'm not as gullible as you think, so don't give me your cock-and-bull story (colloq)
- **cuento del tío** (CS fam): **el ~ del ~** a con trick; **me quiso hacer el ~ del ~ y no me dejé** he tried to con me *o* pull a fast one on me but I didn't fall for it (colloq)
- **cuento de viejas** (fam) old wives' tale

C (número): **sin ~** countless, innumerable

cuento² ▸**contar**

cuerazo *m*

A **1▸** (Col, Ven fam) (latigazo) lash **2▸** (Col fam) (golpe): **resbalé y me di un ~ terrible** I slipped and hit my arm (*o* head *etc*) really hard

B (Chi, Méx fam) (mujer) stunner (colloq); (hombre) hunk (colloq)

cuerda *f*

A **1▸** (gruesa) rope; (delgada) string; **tres metros de ~** three meters of string/cord/rope; **ató el paquete con una ~** he tied the parcel up with string *o* with a piece of string *o* cord *o* (AmE) with a cord; **escalera de ~** rope ladder; **saltar a la ~** to jump rope (AmE), to skip (BrE) **2▸** (para tender ropa) washing line, clothes line **3▸** (de un arco) bowstring; ***bajo ~:*** **recibieron extras bajo ~** they received backhanders *o* under-the-counter payments; **actuaba bajo ~ para la CIA** she worked undercover for the CIA; ***contra las ~s*** (fam) on the ropes; **lo tenía contra las ~s** I had him on the ropes; **el financiero se encontraba contra las ~s** the financier was on the ropes *o* (colloq) up against it; ***llevarle*** *or* ***seguirle la ~ a algn*** (AmL fam) to humor* sb, play along with sb (colloq); ***una ~ de*** (Ven fam): **una ~ de perros callejeros** a bunch of stray dogs (colloq); **se tomaron una ~ de tragos** they had loads to drink (colloq); ***siempre se rompe la ~ por lo más delgado*** the weakest goes to the wall

(Compuesto) **cuerda floja** (Espec) tightrope; **su futuro está bailando en la ~ ~** its future hangs *o* is in the balance

B (Mús) **1▸** (de una guitarra, un violín) string; **su artículo tocó la ~ exacta** her article struck exactly the right chord; **novelas que tocan la ~ sentimental** novels which tug at your heartstrings **2▸ cuerdas** *fpl* (instrumentos) strings (*pl*) **3▸** (voz) voice

(Compuesto) **cuerdas vocales** *fpl* vocal chords (*pl*)

C **1▸** (de un reloj, juguete): **la ~ de la caja de música** the spring *o* the clockwork mechanism in the music box; **le dio ~ al despertador** she wound up the alarm clock; **un juguete de ~** a clockwork toy **2▸** (impulso, energía): **no le des ~, que luego no hay quien lo haga callar** don't encourage him or you'll never get him to shut up (colloq); **tan viejo no es, todavía tiene ~ para rato** he's not that old, he has a good few years in him yet *o* there's plenty of life in him yet; **a los niños les queda ~ para rato** the children will keep going for a while yet **3▸** (de un tornillo) thread

cuerdamente *adv* sensibly

cuerdo -da *adj* **1▸** [ESTAR] (en su sano juicio) sane; **el pobre no está ~** the poor man is insane *o* isn't in his right mind; ***de ~ y loco todos tenemos un poco*** we're all a little crazy in one way or another **2▸** [SER] (sensato) sensible; **un ~ consejo** a piece of sensible *o* sane advice

cuerear [A1] *vt*

A **1▸** ‹*animal*› to skin **2▸** (AmL) (azotar) to whip

B (CS fam) (criticar) to tear ... to pieces *o* shreds (colloq), to criticize, to slag ... off (BrE colloq)

■ **cuerear** *vi* to gossip

cuerina *f* imitation leather, pleather

cuerito *m* (CS fam) washer

cueriza *f* (Col fam) hiding (colloq), beating; **ligarse una ~** to get a good hiding *o* beating

cuerna *f* **1▸** (Zool) horns (*pl*); (de un ciervo) antlers (*pl*) **2▸** (Mús) hunting horn **3▸** (para beber) drinking horn

cuerno *m*

A **1▸** (de un toro) horn; (de un caracol) feeler; (de un ciervo) antler; ***coger*** *or* ***agarrar al toro por los ~s*** (fam) to take the bull by the horns; ***irse al ~*** (fam) ‹‹*plan*›› to fall through; ‹‹*fiesta*›› to be ruined *o* spoiled, be wrecked (colloq); ***mandar algo/a algn al ~*** (fam): **me mandó al ~** she told me to get lost *o* to go to hell (colloq); **¡vete al ~!** get lost! (colloq); **lo mandó todo al ~** he chucked it all in (colloq); ***me/le supo*** *or* ***sentó a ~ quemado*** (fam) it was a real slap in the face for me/him (colloq); ***oler a ~ quemado*** (fam) to smell (*o* sound *etc*) fishy (colloq); **esas declaraciones me huelen a ~ quemado** those statements sound very fishy to me (colloq); ***ponerle*** *or* (RPl) ***meterle los ~s a algn*** (fam) to be unfaithful to sb, to cheat on sb (AmE colloq); ***¡y un ~!*** (fam) you must be joking! (colloq), no way! (colloq) **2▸** (de la luna) cusp

(Compuesto) **cuerno de la abundancia** horn of plenty, cornucopia

B (RPl fam) (uso expletivo) ▸**corno B**

C (Mús) horn

ℹ El cuerpo humano

En los casos en que el español utiliza el artículo definido para referirse a alguna parte del cuerpo, el inglés usa el adjetivo posesivo:

abrió la boca
= he opened his mouth

se llevó la mano a la boca
= she put her hand over her mouth

le cortó el pelo
= she cut his hair

le brillaban los ojos
= his eyes sparkled

se le cansaron los brazos
= his arms got tired

inclinó la cabeza
= he tilted his head

Cabe señalar, sin embargo, que en estos casos en México y algunos países de América Central, es corriente encontrar en el habla popular, el uso del adjetivo posesivo:

tiene sus pies fríos
= her feet are cold

Para describir a las personas

Cuando el español emplea el verbo *tener* (*tiene el pelo largo*) el inglés utiliza el verbo *to be* (*her hair is long*) o bien el verbo *to have* (*she has long hair*):

tiene los pies grandes
= she has big feet

tiene los ojos verdes
= she has green eyes

Cuando la parte del cuerpo mencionada es un nombre singular, el inglés antepone al artículo indefinido *a* cuando se emplea el verbo *to have*:

tiene la cara redonda
= she has a round face *o* her face is round

tiene el cuello largo
= he has a long neck *o* his neck is long

Nótense los siguientes ejemplos:

el muchacho de los ojos azules
= the boy with blue eyes

un hombre con el pelo rizado
= a man with curly hair

Dolores y dolencias

¿Qué/dónde le duele?
= where does it hurt?

Cuando el español emplea la construcción gramatical *dolerle algo a alguien*, la traducción al inglés debe obtenerse en contexto:

me duele el brazo
= my arm hurts *o* my arm aches

le duelen las piernas
= her legs hurt *o* her legs ache

me dolía la cabeza
= I had a headache
= my head hurt (a causa de un golpe, herida etc.)

le duelen los oídos
= he has (an) earache

me duele el estómago
= I have stomach ache

Nótense las siguientes traducciones:

me duele todo el cuerpo
= I'm aching all over
= my whole body aches

Otros usos:

tengo un fuerte dolor de espalda
= I have a bad backache

fuertes dolores de estómago/pecho
= sharp *o* severe stomach/chest pains

tengo un dolor en la pierna
= I have a pain in my leg

tengo dolor de garganta
= I have a sore throat

tengo el brazo muy dolorido
= I have a very sore arm

tiene los músculos doloridos
= his muscles are sore

Para dolencias nótense las siguientes traducciones:

tiene problemas de corazón/espalda
= he has heart/back trouble *o* problems

sufre** or (frml) **padece del hígado/de los riñones
= she has *o* suffers from a liver/kidney complaint

tuvo** or **le dió un ataque al corazón
= he had a heart attack

Accidentes

Cuando el español emplea los verbos pronominales con el artículo definido (*se quemó la mano*), el inglés utiliza un verbo transitivo, seguido del correspondiente adjetivo posesivo (*he burnt his hand*):

se rompió la nariz
= she broke her nose

me hice daño en** or (AmL) **me lastimé la pierna
= I hurt my leg

se lesionó la rodilla
= he injured his knee

me di un golpe en el brazo
= I hit my arm

me mordí la lengua
= I bit my tongue

En otros casos cuando el español emplea los pronombres complemento indirecto (*me/te/le* etc), el inglés utiliza el correspondiente sujeto (*I/you/he* etc) y el respectivo adjetivo posesivo:

le rompió la nariz
= he/she broke his/her nose

le mordió la mano
= he/she bit his/her hand

les cayó en la cabeza
= it fell on their heads

Nótese el plural en la última traducción

(Compuesto) **cuerno de caza** hunting horn
D (Méx) (Coc) *tb* **cuernito** croissant

cuero[1] *adj* (Méx fam) gorgeous (colloq); **tu amiga está cuerísimo** your friend is gorgeous *o* is really something (colloq)

cuero[2] *m*
A (piel) leather; (sin curtir) skin, hide; **~ adobado** pickled *o* tanned hide; **~ crudo** *or* **en verde** raw hide; **artículos de ~** leather goods; **cazadora de ~** leather jacket; ***dejar a algn como un ~*** (Col fam) to humiliate sb, make sb look small (colloq); ***en ~s (vivos)*** (fam) (desnudo) stark naked (colloq) (sin dinero) broke (colloq); ***no darle a algn el ~*** (CS fam): **ya no me da el ~ para tanta gimnasia** I'm just not up to all that exercise anymore; **no me da el ~ para hacerle un regalo tan caro** I can't run *o* stretch to such an expensive present; ***sacarle el ~ a algn*** (CS fam) to tear sb to pieces *o* shreds (colloq), to criticize sb; ***ser un ~*** (Chi, Méx fam) ‹*mujer*› to be a real stunner (colloq); ‹*hombre*› to be a real hunk (colloq)
(Compuestos)
- **cuero cabelludo** scalp
- **cuero de chancho** (Andes, RPl) pigskin
- **cuero de cocodrilo** (CS) crocodile skin
- **cuero de vaca** cowhide
- **cuero de víbora** (RPl) snakeskin

B (para el grifo) washer
C (odre) wineskin
D (period) (en fútbol) ball
E **1** (Col arg) (papel) skin (sl) **2** (Chi) (de un tomate, durazno) skin

cuerpada *f* (Chi fam) body

cuerpo *m*
A **1** ▸ ℹ **p.231** (Anat) body; **le dolía todo el ~** his whole body ached; **es de ~ muy menudo** she's very slightly built *o* she has a very slight build; **tenía el miedo metido en el ~** (fam) he was scared stiff (colloq); **un retrato/espejo de ~ entero** a full-length portrait/mirror; ***a ~ de rey*** (fam): **vive a ~ de rey** he lives like a king; **nos atendieron a ~ de rey** they treated us like royalty, they gave us real V.I.P. treatment (colloq); ***a ~*** *or* ***en*** *or* ***de ~ gentil*** (fam) without a coat (*o* sweater *etc*); ***~ a ~*** hand-to-hand; **en un combate ~ a ~** in hand-to-hand combat; ***dárselo a algn el ~*** (fam): **me lo daba el ~ que algo había ocurrido** I had a feeling that something had happened; ***echarse algo al ~*** (fam) ‹*comida*› to have sth to eat; ‹*bebida*› to have sth to drink, knock sth back (colloq); ***en ~ y alma*** (fam) wholeheartedly; ***hacer*** *or* ***ir del ~*** (euf) to do one's business (euph); ***hurtarle el ~ a algo*** to dodge sth; **logró hurtarle el ~ al golpe** she managed to dodge the blow; ***pedirle el ~ algo a algn*** (fam): **como cuando me lo pide el ~** I eat when I feel like it; **el ~ le pedía un descanso** he felt he had to have a rest, his body was crying out for a rest; ***pintar*** *or* ***retratar a algn de ~ entero:*** **en pocas líneas pinta al personaje de ~ entero** in a few lines she gives you a complete picture of what the character is like; **eso lo pinta de ~ entero** that shows him in his true colors, that shows him for what he is; ***sacar(le) el ~ a algn*** (AmL fam) to steer clear of sb; ***sacar(le) el ~ a algo*** (AmL fam) (a un trabajo) to get out of sth; (a una responsabilidad) to evade *o* shirk sth; ***suelto de ~*** (CS fam) cool as anything (colloq), cool as you like (colloq) **2** (cadáver) body, corpse; **allí encontraron su ~ sin vida** (frml) his lifeless body was found there; ▸ **misa** **3** (tronco) body
(Compuesto) **cuerpo del delito** corpus delicti
B (Dep, Equ) length; **ganó por tres ~s de ventaja** she won by three lengths
C **1** (parte principal) main body **2** (de un mueble) part; (de un edificio) section; **un armario de dos ~s** a double wardrobe
D (conjunto) **1** (de personas) body; **se negaron a hacer declaraciones como ~** they refused to make any statement as a body *o* group; **su separación del ~** his dismissal from the force (*o* service *etc*) **2** (de ideas, normas) body
(Compuestos)
- **cuerpo de baile** corps de ballet
- **cuerpo de bomberos** fire department (AmE), fire brigade (BrE)
- **cuerpo de doctrina** body of teaching
- **cuerpo de leyes** body of laws
- **cuerpo de paz** peace corps
- **cuerpo de policía** police force
- **cuerpo de seguridad** security corps
- **cuerpo diplomático** diplomatic corps
- **cuerpo electoral** electorate
- **cuerpo legislativo** legislative body
- **cuerpo médico** medical corps

E (Fís) **1** (objeto) body, object **2** (sustancia) substance

(Compuestos)
- **cuerpo celeste** heavenly body
- **cuerpo compuesto** compound
- **cuerpo extraño** foreign body
- **cuerpo geométrico** geometric shape *o* figure
- **cuerpo simple** element

F (consistencia, densidad) body; **una tela de mucho ~** a heavy cloth; **un vino de mucho ~** a full-bodied wine; **le da ~ al pelo** it gives the hair body; ***dar/tomar ~*: la escultura iba tomando ~** the sculpture was taking shape; **hay que dar ~ legal a estas asociaciones** we have to give legal status to these organizations

G (Impr) point size

cuervo *m* raven; (como nombre genérico) crow

(Compuestos)
- **cuervo marino** cormorant
- **cuervo merendero** rook

cuesco *m*

A (Bot) stone; ***buscarle el ~ a la breva*** (fam) to complicate matters

B (fam) (pedo) fart (sl)

cuesta[1] *f*

A (pendiente): **íbamos ~ arriba** we were going uphill; **iba corriendo ~ abajo y no pude parar** I was running downhill and couldn't stop; **estacionar en ~** to park on a hill; **dejé el coche en la ~** I left the car on the hill/slope; **una ~ muy pronunciada** a very steep slope; ***hacérsele muy ~ arriba a algn*: se me hace muy ~ arriba trabajar con este calor** I find it very difficult to work in this heat, it's an uphill struggle working in this heat; ***ir ~ abajo*** «*coche/corredor*» to go downhill; «*negocio*» to go downhill, be on the skids (colloq); ***la ~ de enero*** January (*when people are traditionally short of money*)

B **a cuestas** (encima): **llevaba el bulto a ~s** she was carrying the bundle on her shoulders/back; **no te eches los problemas ajenos a ~s** don't weigh yourself down *o* burden yourself with other people's problems; **parece que llevas los problemas del mundo a ~s** you look as if you have the weight of the world on your shoulders

cuesta[2]**, cuestan, etc** ▸ **costar**

cuestación *f* collection

cuestión *f*

A **1** (tema, problema) question, matter; **es experto en cuestiones de derecho internacional** he is an expert on matters *o* questions of international law; **otra ~ sería que** *or* **si estuviera enfermo** if he were ill, that would be another matter *o* a different matter; **llegar al fondo de la ~** to get to the heart of the matter *o* issue, to get to the root of the problem **2** (*en locs*): **en cuestión** in question; **el museo en ~ va a ser clausurado** the museum in question is going to be closed; **en cuestión de** in a matter of; **aprendió inglés en ~ de meses** she learnt English in a matter of months; **la cuestión es ...** the thing is ...; **la ~ es que no tengo tiempo** the problem *o* thing is that I don't have time; **la ~ es divertirnos** the main thing is to enjoy ourselves; **pide por pedir, la ~ es molestar** she asks just for the sake of asking, she only does it to annoy; **ser cuestión de** to be a matter *o* question of; **es una ~ de principios** it's a matter *o* question of principle; **en taxi es ~ de diez minutos** it's only a ten-minute taxi ride; **si fuera ~ de dinero, no habría problema** if it were a question of money, there'd be no problem; **todo es ~ de darle tiempo al tiempo** it's just a question of waiting; **todo es ~ de poner atención** it's just *o* all a question of concentrating, it's just *o* all a matter of concentration; **será ~ de planteárselo y ver** we'll just have to put it to him and see; **tampoco es ~ de enloquecernos** there's no need to get in a flap (colloq); **ayúdala, pero tampoco es ~ de que lo hagas todo tú** help her by all means, but there's no reason why you should do it all yourself

B (duda): **poner algo en ~** to call sth into question, to raise questions *o* doubts about sth; **este descubrimiento pone en ~ la validez del método** this discovery raises questions about *o* raises doubts about *o* calls into question the validity of the method

C (fam) **1** (problema) disagreement, problem **2** (cosa, objeto) thing, thingamajig* (colloq)

cuestionable *adj* questionable

cuestionar [A1] *vt* to question

■ **cuestionarse** *v pron* to ask oneself; **debemos ~nos si es necesario** we must ask ourselves *o* we must question whether it is necessary

cuestionario *m* **1** (encuesta) questionnaire **2** (Educ) question paper, questions (*pl*)

cuete[1] *adj* (Méx fam) plastered (colloq)

cuete[2] *m*

A **1** (RPl fam & euf) (pedo) fart (sl); **tirarse un ~** to fart (sl), to cut a melon (AmE colloq & euph), to let *o* blow off (BrE colloq); ***al ~*** (RPl arg): **fue un trabajo al ~** the work we did was a waste of time; **nos fuimos hasta allá al ~** we went all that way for nothing **2** (Méx, RPl fam) (borrachera): **agarrar un ~** to get plastered (colloq) **3** (Ur arg) (porro) joint (colloq), spliff (sl)

B (AmL fam) (petardo) rocket; ***como ~*** (AmL fam) like a shot (colloq); **pasó como ~** he shot past; **se levantó como ~ del sillón** she leapt up out of the chair

C (Per fam) (pistola) shooter (colloq), rod (sl)

D (Chi fam) (puñetazo) punch; **se agarraron a ~s** they started hitting each other, they laid into each other (BrE colloq)

E (Méx) (Coc) steak; ***ser un ~*** (Méx fam) to be a real hassle (colloq)

cueva *f* cave

(Compuesto) **cueva de ladrones** rip-off joint (sl), clip joint (sl)

cuévano *m* large basket, pannier

cueza, cuezan, etc ▸ **cocer**

cuezo *m*

A (Const) trough

B (fam) (cuello) neck; ***meter el ~*** (fam) to poke one's nose in (colloq)

cui /kwi/, **cuí** /ku'i/ *m* (*pl* **cuises**) (AmS) guinea pig

cuico -ca *m,f* (Chi fam & pey) *pejorative term for a Bolivian*

cuidado[1] **-da** *adj*: **la cuidada presentación del trabajo** the meticulous *o* careful presentation of the work; **una señora de aspecto muy ~** a lady of impeccable appearance, a lady who takes great care over her appearance; **su dicción es muy cuidada** her diction is very precise

cuidado[2] *m*

A **1** (precaución): **tengan ~, no se vayan a lastimar** be careful, don't hurt yourselves; **tuvo ~ de no hacer ruido** she was careful not to make any noise; **ten ~ al cruzar la calle** be careful *o* take care when you cross the street; **lo envolvió con mucho ~** she wrapped it very carefully; **¡ándate con ~!** watch your step!; **~ CON algn** *or* **algo**: **¡~ con el escalón!** mind the step!; **S ¡cuidado con el perro!** beware of the dog!; **~ con lo que haces** be careful what you do; **ten ~ con él, no es de fiar** watch him, he isn't to be trusted; **¡cuidadito con alzarme la voz!** don't you raise your voice to me!; **cuidadito con decirle nada a nadie** make sure you don't say anything to anyone; ***de ~*** (fam) ‹*problema/herida*› serious; **es un bromista de mucho ~** he's a real joker; **ese tipo es de ~** you have to watch that guy (colloq) **2** (atención) care; **pone mucho ~ en la presentación de su trabajo** he takes a great deal of care over the presentation of his work

B (de objetos, niños, enfermos) **~ DE algo/algn**: **consejos para el ~ de sus plantas** hints on how to care for your plants; **no tiene experiencia en el ~ de los niños** he has no experience of looking after children; **estar al ~ de algn** (cuidarlo) to look after sb; (ser cuidado por él) to be in sb's care; **la han dejado al ~ de los niños** they've left her looking after the children; **los niños están a su ~** the children are in her care; **¿quién va a quedar al ~ de la casa?** who's going to look after the house?; **ha tomado el jardín a su ~** she's taken over the care of the garden; **no te preocupes por la correspondencia, déjala a mi ~** don't worry about the mail, I'll take care of it

C **cuidados** *mpl* (Med) attention, care, treatment; **necesita los ~s de una enfermera** she needs a nurse, she needs to be looked after *o* taken care of by a nurse; **el hospital donde recibió los ~s necesarios** the hospital where he received the necessary treatment *o* attention; **pronto mejoró, gracias a los ~s de su hija** thanks to his daughter's care, he soon got better

(Compuestos)
- **cuidados intensivos** *mpl* intensive care; **unidad de ~ ~** intensive care unit
- **cuidados paliativos** palliative care

D (preocupación) worry; **pierde ~, que no se lo diré a nadie** (AmL) don't worry, I won't tell a soul; **me tiene** *or* **trae sin ~** it doesn't matter to me in the slightest, I couldn't care less (colloq)

cuidado[3] *interj* be careful!, watch out!, look out!; **¡~! ¡viene un coche!** (be) careful *o* watch out, there's a car coming!

cuidador -dora *m,f* **1** (de niños) childminder; (de enfermos, discapacitados) carer **2** (de coches) attendant **3** (de terreno) guard

cuidadosamente *adv* carefully

cuidadoso -sa *adj* **1** ‹*persona*› careful; **no te lo presto porque eres muy poco ~** I'm not going to lend it to you because you don't look after things; **~ CON algo** careful WITH sth; **tienes que ser más ~ con tus juguetes** you have to be more careful with your toys, you have to take better care of your toys *o* look after your toys better; **~ DE algo**: **es muy ~ de su apariencia** he takes great care over his appearance; **es muy ~ de los detalles** he pays great attention to detail **2** ‹*búsqueda/investigación*› careful, thorough

cuidar [A1] *vt* **1** ‹*juguetes/libros*› to look after, take care of; ‹*casa/plantas*› to look after; ‹*niño*› to look after, take care of; ‹*enfermo*› to care for; **señora, le cuido el coche** I'll take care of your car, Madam; **una señora les cuida a los niños** a woman takes care of *o* looks after the children for them; **cuida a su padre enfermo** he cares for *o* looks after his sick father; **no sabe ~ el dinero** he's no good at looking after his money; **hay que ~ la salud** you must look after your health; **cuídame la leche un momentito** would you keep an eye on the milk for a moment?; **tienes que ~ ese catarro** you should look after that cold **2** ‹*estilo/detalles*› to take care over; **debes ~ la ortografía** you must take care over your spelling; **cuida mucho todos los detalles** she goes to a great deal of trouble over every little detail, she pays great attention to detail; **cuida mucho su apariencia** she takes great care over her appearance

■ **cuidar** *vi* **~ DE algo/algn** to take care OF sth/sb; **~é de él como si fuera mío** I'll take care of it *o* look after it as if it were my own; **sabe ~ de sí misma** she knows how to take care of herself; **~ DE QUE + SUBJ**: **cuida de que no les falte nada** make sure they have everything they need; **~é de que todo marche bien** I'll make sure everything goes smoothly

■ **cuidarse** *v pron* **1** (*refl*) to take care of oneself, look after oneself; **¡cuídate!** take care!, look after yourself!; **no se cuidan bien** they don't take care of *o* look after themselves properly; **¡tú sí que sabes ~te!** you certainly know how to look after yourself!, you don't live badly, do you?; **dejó de ~se** she let herself go **2** (procurar no) **~se DE + INF**: **se cuidan mucho de enfrentarse directamente** they are very careful not to clash head-on; **se cuidó mucho** *or* **muy bien de (no) volver por ahí** he took good care not to *o* he made very sure he didn't go back there; **cuídate mucho de andar diciendo cosas de mí** you'd better not go round saying things about me

cuije *mf* (Méx) office junior

cuiqui *m* (Arg fam): **le agarró** *or* **dio** *or* **entró ~** he got the heebie jeebies (colloq)

cuita *f* (liter *o* frml) trouble, problem

cuitlacoche *m* (Méx) corn smut (*edible fungus which grows on the corncob*)

culamen *m* (Col, Esp fam) ▸ **culo 1**

culantrillo *m* maidenhair fern

culantro *m* coriander; ***bueno es ~ pero no tanto*** (Col, Per fam) that's taking things to extremes, that's going a bit far, that's overdoing it

culata *f*

A (de una escopeta, un revólver) butt; (de un cañón) breech

B (de un motor) cylinder head

culatazo *m* **1** (al disparar) kick, recoil **2** (golpe): **le dieron/pegaron un ~** they hit him with the butt of a rifle

culatear [A1] *vt* (Méx) to hit … with the butt of a rifle

culé *mf* Barcelona FC fan

culeado -da *adj* (Chi vulg) fucking (vulg), goddamn (AmE sl), bloody (BrE sl)

culear [A1] *vi* (Andes vulg) to screw (vulg)

culebra *f*

A (Zool) snake; ***matar la ~*** (Ven): **termina esa tesis y mata esa ~** finish that thesis and get that problem out of the way *o* (colloq) knock that problem on the head; ***a la ~ se le mata por la cabeza*** (Ven) you have to/you should take the bull by the horns

B (Col fam) (deuda) debt

C **1** (Ven arg) (asunto turbio): **tienen una ~ entre sí** they're up to something funny, there's something shady going on **2** (Ven arg) (propósito) game (colloq)

D (Ven pey) (Rad, TV) soap opera, soap (colloq)

culebrear [A1] *vi* «*culebra*» to wriggle along; «*camino*» to wind, zigzag

culebrilla *f*

A (Med) shingles

B (Bot) green dragon

culebrina *f*

A (cañón) culverin

B (Meteo) forked lightning

culebrón *m* soap opera, soap (colloq)

culeca *adj* (Col) ▸ **clueca**

culeras[1] *fpl* (Esp) seat

culeras[2] *mf* (*pl* ~) (Esp fam) chicken (colloq), yellow-belly (AmE colloq)

culero -ra *m,f*

A (Esp arg) (contrabandista) mule (sl)

B (Méx vulg) (cobarde) chicken (colloq), yellow-belly (AmE colloq)

culiblanco *m* wheatear

culillo *m* (Col, Ven fam): **¿no te da ~ ir al cementerio?** doesn't it give you the creeps *o* the heebie-jeebies *o* the willies going to the cemetery? (colloq); **le tengo ~ al avión** I'm scared of planes, planes give me the heebie-jeebies (colloq)

culilloso -sa *adj* (Col fam) wimpish (colloq), chicken (colloq)

culilludo -da *adj* (Ven fam) ▸ **culilloso**

culín *m* (Esp fam) **1** (de bebida) drop; **échame un ~** pour me a drop **2** (culo) botty (colloq)

culinario -ria *adj* culinary (frml); **mis conocimientos ~s son muy limitados** my knowledge of cooking *o* my culinary knowledge is very limited

culmen *m* (period): **este crimen es el ~ de la perversidad** this crime is the height of evil; **el ~ de su carrera artística** the high point *o* the peak of her artistic career

culminación *f*

A **1** (clímax): **la ~ de su obra** the crowning achievement of his literary career; **la ~ de las negociaciones** (period) the culmination of the negotiations; **la procesión fue la ~ de los festejos** the procession was the high point *o* the climax of the celebrations **2** (realización) fulfillment*

B (Astron) zenith

culminante *adj*: **en el momento** *or* **punto ~ de su carrera** at the peak *o* the high point of his career; **el punto ~ de la historia** the climax of the story; **las negociaciones han llegado a su punto ~** the negotiations have reached their most crucial stage

culminar [A1] *vi*

A **1** (llegar al clímax): **la novela culmina cuando …** the novel reaches its climax when …; **~ EN** *or* **CON algo**: **las negociaciones ~on en** *or* **con la firma del tratado** the talks culminated in the signing of the treaty **2** (acabar): **con su muerte culmina una etapa trágica de nuestra historia** his death marks the end of a tragic chapter in our history; **~ EN** *or* **CON algo** to end IN *o* WITH sth, to culminate IN sth

B (Astron) to reach the zenith

■ **culminar** *vt* (period) to bring … to a climax

cúlmine *adj* (Andes) ▸ **culminante**

culo *m* (fam: en algunas regiones vulg) **1** (nalgas) backside (colloq), butt (AmE colloq), bum (BrE colloq), ass (AmE vulg), arse (BrE vulg); **te voy a dar unos azotes en el ~** I'm going to spank *o* smack your bottom; **me dan ganas de darle una patada en el ~** I feel like giving him a kick up the backside *o* ass; ***cada cual hace de su ~ un pito*** (RPl vulg) I/you can do what I/you bloody well like; ***caerse*** *or* (AmL) ***irse de ~*** (fam) (literal) to fall on one's backside *o* ass; (asombrarse) to be flabbergasted *o* amazed (colloq); **tiene una casa que te caes** *or* **vas de ~** he has an amazing *o* incredible house; **casi me caigo de ~ cuando la vi entrar** I couldn't believe my eyes *o* I was amazed *o* flabbergasted when I saw her come in; ***darle por (el) ~ a algn*** (vulg) to screw sb (sl), to shaft sb (sl); **¡que te den por ~!** (vulg) screw you! (vulg), piss off! (vulg); ***en el ~ del mundo*** (fam) in the back of beyond, in the sticks (colloq), in the Boonies (AmE colloq); ***ir de ~*** (fam): **el negocio va de ~** the business is going really badly; **voy de ~ con tanto trabajo** (Esp) I'm up to my ears *o* eyes in work (colloq); ***lamerle el ~ a algn*** (vulg) to lick sb's ass (vulg), to brown-nose sb (vulg), to suck up to sb (BrE colloq); ***mandar a algn a tomar por ~*** (Esp vulg) to tell someone to piss off (vulg); **¡vete a tomar por ~!** (Esp vulg) screw you! (vulg), piss off! (vulg); ***mandar algo a tomar por ~*** (Esp vulg) to pack sth in (colloq), to chuck sth in (BrE colloq); ***meterse algo en*** *or* ***por el ~*** (vulg): **métetelo en el ~** you can stick it up your ass (vulg); ***mojarse el ~*** (Esp fam) to get one's feet wet (colloq); ***pasarse algo por el ~*** (vulg): **las reglas me las paso por el ~** I don't give a shit about the rules (vulg); ***perder el ~ por algo/algn*** (fam): **pierde el ~ por él** she's just crazy *o* nuts about him (colloq); **está que pierde el ~ por que la inviten** she's just dying to be asked; ***quedar como el*** *or* ***un ~*** (AmS fam *o* vulg) to look awful *o* terrible; **ese color te queda como el** *or* **un ~** you look a sight in that color, you look bloody awful in that color (BrE sl); **ni la llamó y quedó como el** *or* **un ~** he didn't even call her, it was so rude of him! (colloq); ***romperse el ~*** (fam) to work one's butt off (AmE colloq), to slog one's guts out (BrE colloq); ***ser un ~ de mal asiento*** *or* ***sin asiento*** (fam) to have ants in one's pants (colloq); **es un ~ de mal asiento** *or* **sin asiento** (no se está quieto) he's got ants in his pants; (en cuestiones de trabajo, vivienda) he never stays in one place for long *o* he's a restless soul; ***ser un ~ veo ~ quiero*** (fam): **es un ~ veo ~ quiero** when he sees something he likes, he just has to have it; ***tener ~*** (Esp fam) to have a nerve (colloq); ***traerle de ~ a algn*** (Esp fam *o* vulg) to drive sb bananas *o* nuts (colloq), to drive sb round the bend *o* twist (colloq) **2** (de un vaso, una botella) bottom; **gafas de ~ de vaso** *or* **botella** pebble (lens) glasses (colloq) **3** (RPl fam) (suerte) luck

culombio *m* coulomb

culón -lona *adj* (fam): **ser ~** to have a big bottom (colloq), to be broad in the beam (colloq)

culpa *f* **1** (responsabilidad): **nadie tiene la ~** it's nobody's fault, nobody's to blame; **le echaron la ~ de todo a ella** she was blamed *o* she got the blame for everything, they blamed it all on her; **no fue ~ tuya** it wasn't your fault; **llegó tarde por ~ del tráfico** he arrived late because of the traffic; **no importa de quién es la ~** it doesn't matter whose fault it is, it doesn't matter who's to blame; **¿y qué ~ tengo yo?** and what fault is that of mine?; ***la ~ no la tiene el chancho sino quien le da de comer*** *or* ***quien le rasca el lomo*** (RPl) it's not his/her/their fault (*said when someone else has encouraged them*) **2** (falta, pecado) sin; **aquél que esté libre de ~ que tire la primera piedra** let he who is free from sin cast the first stone; **estamos pagando por las ~s ajenas** we're paying for the sins of others *o* for other people's faults **3** (Psic) guilt; **con mucho sentimiento de ~** with a great feeling of guilt

culpabilidad *f* **1** (Der) guilt **2** (Psic) guilt

culpabilizar [A4] *vt* ▸ **culpar**

culpable[1] *adj* [SER] **1** ‹*persona*› guilty; **él también es ~** he's guilty too *o* he's to blame too; **~ DE algo**: **me siento ~ de lo ocurrido** I feel guilty about what happened; **todos somos ~s de esta situación** we're all to blame for this situation; **se confesó ~ del delito** he pleaded guilty to the crime **2** (Der) ‹*acto*› culpable

culpable[2] *mf* **1** (de un delito) culprit; **todavía no han detenido a los ~s** those responsible *o* the culprits have not yet been arrested **2** (de un problema, una situación): **tú eres el ~ de todo esto** this is all your fault, you're to blame for *o* you're responsible for all of this

culpar [A1] *vt* to blame; **~ a algn DE algo** to blame sb FOR sth, blame sth ON sb; **¡ahora me quieren ~ a mí de lo que pasó!** now they want to blame me for what happened *o* blame it all on me

culposo -sa *adj* culpable

cultamente *adv* in a cultured way

culteranismo *m: elaborate 16th & 17th century literary style*

culterano -na *m,f: exponent of* ▸ **culteranismo**

cultismo *m* learned word/expression

cultivable *adj* cultivable

cultivado -da *adj*

A ‹*persona*› cultivated, cultured; ‹*pueblo*› cultured

B ‹*terreno/campo*› cultivated

cultivador -dora *m,f*

A (persona) grower; **~ de rosas** rose grower; **~ de algodón** cotton grower *o* planter

B **cultivadora** *f* (máquina) cultivator

C **cultivador** *m* (máquina) cultivator

cultivar [A1] *vt*

A (Agr) ‹*campo/tierras*› to cultivate, farm; ‹*plantas*› to grow, cultivate; **un huerto bien cultivado** a well-tended vegetable garden

B **1** ‹*bacterias*› to culture **2** ‹*perlas*› to culture

C ‹*amistad*› to cultivate; ‹*inteligencia/memoria*› to develop; ‹*artes*› to encourage, promote; ‹*interés*› to foster, encourage; **para ~ un espíritu de solidaridad** to foster a spirit of solidarity

D (practicar) to practice*

cultivo *m*

A (Agr) **1** (de tierra) farming, cultivation; (de plantas) growing, cultivation; **~ intensivo/extensivo** intensive/extensive farming; **~ de frutas** fruit growing **2** (cosa cultivada) crop; **~s de secano** dry-farmed crops; **~s de regadío** irrigated crops

B (Biol, Med) (acción) culturing; (producto) culture; ▸ **caldo, perla**[1]

(Compuesto) **cultivo de tejidos** tissue culture

C (de las artes) promotion, encouragement

culto[1] **-ta** *adj* **1** ‹*persona/pueblo*› educated, cultured **2** (Ling) ‹*palabra/expresión*› learned; ‹*literatura/música*› highbrow

culto[2] *m* **1** (veneración) worship; **rendir ~ a algn/algo** to worship sb/sth; **~ a la personalidad** personality cult; **~ al éxito/placer** the worship *o* cult of success/pleasure; **el ~ del dinero** the cult of money **2** (liturgia) worship; **libertad de ~(s)** freedom of worship

cultor[1] **-tora** *adj*: **artistas ~es de la música popular** exponents of popular music

cultor[2] **-tora** *m,f* (de un arte) exponent; **los ~es del yoga** people who practice *o* do yoga

cultrún *m* (Chi) *folk-healer's drum*

cultura *f*

A (civilización) culture; **la ~ europea** European culture; **~ del ocio** leisure culture

B **1** (conocimientos, ilustración): **es una persona de gran ~** she's a highly cultured *o* very educated person; **preguntas de ~ general** general knowledge questions; **~ musical** musical knowledge; **la ~ popular** popular culture **2** (artes) arts (*pl*), culture

cultural *adj* cultural; **un acto ~** a cultural event; **el interés ~ demostrado por los jóvenes** the interest in the arts *o* in culture shown by young people; **bajo nivel ∼** low standard of general education

culturismo *m* bodybuilding

culturista *mf* bodybuilder

culturización *f* (period) education, enlightenment

culturizar [A4] *vt* (period) to enlighten, educate, bring culture to

■ **culturizarse** *v pron* (*refl*) (fam & hum) to get oneself some culture (colloq & hum)

cuma[1] *adj* (Chi fam & pey) common (colloq & pej)

cuma[2] *f* (AmL) curved machete

cumbamba *f* (Col fam) jaw

cumbia *f: music and dance typical of the Caribbean coast of Colombia*

cúmbila *f* (AmC) cup (*made from a gourd*)

cumbo *m* (AmC) cup/bowl (*made from a large gourd*)

cumbre *f*

A 1 (de una montaña) top; **las ∼s coronadas de nieve** the snow-capped peaks *o* mountain tops; **alcanzaron la ∼** they reached the summit *o* the top 2 (apogeo) height; **estaba en la ∼ del éxito** he was at the pinnacle *o* height of his success

B (Pol) summit, summit meeting; ▸**reunión**

C (*como adj inv*): **su novela ∼** his most outstanding *o* important novel; **el momento ∼ de su carrera** the peak *o* the high point of her career

cumbrera *f* ridge, ridge board

cumiche *mf* (AmC fam) baby of the family (colloq), youngest child

cum laude *loc adj/adv* cum laude; **sobresaliente ∼ ∼** summa cum laude

cumpa *m* (AmL fam) buddy (AmE colloq), mate (BrE colloq)

cumpleañero -ra *m,f* (fam) (*m*) birthday boy (colloq); (*f*) birthday girl (colloq)

cumpleaños *m* (*pl* ∼) 1 (aniversario) birthday; **¿qué vas a hacer el día de tu ∼?** what are you going to do on your birthday? 2 (fiesta) birthday party

cumplido[1] **-da** *adj*

A [SER] 1 (atento, cortés) polite; **¡qué raro que no haya llamado con lo ∼ que es!** I'm surprised he hasn't called when he's normally so polite *o* correct; **seguro que te compró un regalo, es muy ∼** he's bound to have bought you a present, he's very thoughtful *o* good that way 2 (Col) (puntual) punctual; **sé ∼** don't be late, be punctual

B [ESTAR] (frml) (completo, amplio) full

cumplido[2] *m*: **es incapaz de hacerle un ∼ a su mujer** he wouldn't dream of paying his wife a compliment; **es una visita de ∼** it's a duty *o* courtesy call; **la invitó solamente por ∼** he only invited her out of duty *o* because he felt he ought to *o* because he felt an obligation to; **no te andes con ∼s, estás en tu casa** don't stand on ceremony, *o* you can drop the formalities, make yourself at home; **es precioso, de verdad, no es un ∼** it's beautiful, really, I'm not just saying that *o* I'm not just being polite

cumplidor -dora *adj* reliable; **seguro que lo hace a tiempo, es muy ∼** I'm sure he'll get it done on time, he's very reliable *o* he always keeps his word

cumplimentar [A1] *vt*

A (frml) 1 ‹*diligencia/trámite*› to perform, carry out 2 ‹*impreso*› to complete, fill out *o* in

B (frml) ‹*autoridad*› to pay one's respects to

cumplimiento *m*

A 1 (de una ley, norma) performance; **falleció en el ∼ del deber** he died in the course of duty *o* (frml) in the pursuance of his duty; **en ∼ con lo dispuesto por la legislación vigente** in compliance with current legislation; **la nueva ley es de obligado ∼ para todas las empresas** the new law is binding on all companies (frml) 2 (logro): **esto favorecerá el ∼ de los objetivos propuestos** this will help to achieve the proposed objectives *o* goals

B (elogio, piropo) ▸**cumplido**[2]

cumplir [I1] *vt*

A 1 (ejecutar) ‹*orden*› to carry out; **para hacer ∼ la ley** to ensure that the law is upheld *o* enforced; **los inquilinos que no cumplen estas normas** tenants who do not abide by *o* comply with *o* observe these rules; **la satisfacción del deber cumplido** the satisfaction of having done one's duty, the satisfaction of having performed *o* (frml) discharged one's duty; **no se cumplió el calendario previsto** they failed to adhere to the proposed schedule 2 ‹*promesa/palabra*› to keep; **no cumple sus compromisos** he doesn't honor *o* fulfill his obligations 3 (llenar, alcanzar): **la solicitud debe ∼ los siguientes requisitos** the application must fulfill the following conditions; **el edificio no cumple las condiciones mínimas de seguridad** the building does not comply with *o* come up to *o* meet minimum safety standards; **los objetivos económicos que han de ∼se cada año** the financial goals which have to be met *o* must be achieved each year; **nunca llegó a ∼ esta ambición** he never achieved *o* managed to achieve this ambition 4 (desempeñar) ‹*papel*› to perform, fulfill*; **la organización no cumple su cometido** the organization is not fulfilling its function; **cumplimos todos nuestros objetivos** we achieved *o* accomplished all our aims

B ‹*condena/sentencia*› to serve; **está cumpliendo el servicio militar** he is doing his military service

C ▸ⓘ p.234; ‹*años/meses*› **mañana cumple 20 años** she'll be *o* she's 20 tomorrow; **¿cuándo cumples años?** when's your birthday?; **¡que cumplas muchos más!** many happy returns!; **¡que los cumplas muy feliz!** have a very happy birthday!; **ése ya no cumple los cuarenta** (hum) he won't see forty again (colloq & hum); **mañana cumplimos 20 años de casados** (AmL) tomorrow we'll have been married 20 years, tomorrow is our 20th wedding anniversary; **la huelga cumple hoy su tercer día** this is the third day of the strike

■ **cumplir** *vi*

A 1 ∼ CON **algo** ‹*con un deber/una obligación*› **cumplimos con nuestro deber** we did our duty; **yo cumplí con lo que se me había asignado** I carried out the task assigned to me, I carried out *o* performed *o* (frml) discharged the duties assigned to me; **no cumplió con los trámites legales previstos** he failed to comply with the relevant legal procedure; **cumple con su trabajo** he does his job 2 (con una obligación social): **lo invité a comer, creo que cumplí** I took him out for lunch, so I think I've done my duty *o* (colloq) my bit; **a ver si por una vez cumples** I hope you'll do as you say *o* you'll keep your word for once; **nos invitó sólo por ∼** she only invited us because she felt she ought to *o* she felt it was the thing to do *o* she felt it was expected of her, she only invited us out of duty; **∼ CON algn: con los Pieri ya hemos cumplido** as far as the Pieris are concerned, we've done what was expected of us *o* we've done our duty by them 3 (euf *o* hum) (en sentido sexual): **se queja de que ya no cumple** she complains that he doesn't do his duty as a husband *o* doesn't fulfill his conjugal duties any more (euph *or* hum)

B (*en tercera persona*) 1 (frml) (corresponder): **me/nos cumple informarle que ...** (Corresp) I am/we are writing to inform you that ... (frml) 2 (frml) (convenir): **le cumple esforzarse más** it behooves (AmE) *o* (BrE) behoves you to make more of an effort (dated *or* frml), it is in your best interest that you should make more of an effort

■ **cumplirse** *v pron*

A «*profecía/predicción*» to come true; **se cumplieron sus deseos** her wishes came true; **se cumplió su gran ambición** her great ambition was realized *o* fulfilled

B «*plazo*»: **mañana se cumple el plazo para pagar el impuesto** tomorrow is the last day *o* is the deadline for paying the tax; **hoy se cumple el primer aniversario de su muerte** today marks *o* is the first anniversary of her death

cumulativo -va *adj* cumulative

cúmulo *m*

A 1 (Meteo) cumulus 2 (Astron) cluster

B (montón, reunión): **surgió un ∼ de problemas** a series *o* host of problems arose; **según ella, su novio es un ∼ de virtudes** according to her, her boyfriend is a catalogue of virtues; **como resultado del ∼ de medidas** as a result of this whole set of measures *o* of all these measures

cumulonimbo, cúmulonimbo *m* cumulonimbus

cuna *f* 1 (tradicional) cradle; (cama con barandas) crib (AmE), cot (BrE); (portabebé) portacrib (AmE), carrycot (BrE) 2 (liter) (estirpe, linaje): **un joven de ilustre/humilde ∼** a young man of noble/humble birth (liter) 3 (lugar de nacimiento) birthplace 4 (origen, principio) birthplace, cradle; **la ∼ de la civilización** the cradle of civilization 5 (juego) cat's cradle; **(jugar a) hacer cunitas** to do *o* play cat's cradle

cunaguaro *m* (Ven) ocelot

cuncho *m* (Col) 1 (poso — del café) grounds (*pl*); (— del vino) lees (*pl*), sediment 2 (fam) (sobras): **queda un ∼ de arroz** there's a little rice left over

cuncuna *f*

A (Chi) (Zool) caterpillar

B (Chi fam) (Mús) accordion

cundido -da *adj* (Méx) ∼ DE **algo**: **estaba cundida de cáncer** she was riddled with cancer; **la casa estaba cundida de insectos** the house was full of *o* swarming with insects; **azoteas cundidas de tendederos** roofs crowded with washing lines

cundidor -ra *adj*: **esta lana es muy ∼a** this wool goes a long way

cundir [I1] *vi*

A «*rumor*» to spread; «*miedo*» to grow; **¡que no cunda el pánico!** don't panic!; **cundió la alarma entre los inversores** there was widespread alarm among investors; **cunde el temor a una reacción violenta** there are growing fears of a violent reaction; **empieza a ∼ el escepticismo entre los electores** skepticism is becoming rife among the electorate, the electorate is becoming increasingly skeptical

B (rendir): **hoy no me ha cundido el trabajo** I haven't got very far with my work today, I haven't got much work done today; **hoy la mañana me cundió** I got a lot done this morning, I did a good morning's work today, I had a profitable morning; **este detergente concentrado cunde más** this concentrated detergent goes further; **agreguémosle más arroz para que cunda** let's add more rice to make it go further; **esta lana cunde mucho** this wool goes a long way

cunear [A1] *vt* to cradle, rock

■ **cunearse** *v pron* to rock, sway

cuneiforme *adj* cuneiform

cunero -ra *adj*: **candidato/diputado ∼** carpetbagger

cuneta *f* 1 (en una carretera) ditch 2 (Chi) (de una calle) curb (AmE), kerb (BrE)

> ## ⓘ Cumplir
>
> ### El verbo cumplir seguido de años (edad), debe traducirse en contexto
>
> ***cuando cumpla 21 años***
> = when I'm twenty one
>
> ***voy a cumplir 21 años el mes que viene***
> = it's my twenty first birthday next month
>
> ***acaba de cumplir 16 años* or *tiene 16 años recién cumplidos***
> = he's just sixteen o he's just turned sixteen
>
> ***al cumplir los 18 años***
> = shortly after her eighteenth birthday
>
> ***cumplió 5 años en diciembre***
> = he was five last December
>
> Para ejemplos suplementarios, ver bajo entrada

cunetear [A1] *vt* (Chi) to park … up against the curb (AmE) *o* (BrE) kerb
■ **cunetearse** *v pron* (Chi) to hit the curb*
cunicultura *f* rabbit-breeding
cunnilinguo, cunnilingus *m* cunnilingus
cuña *f*
A **1** (pieza triangular) wedge; **colocaron una piedra como** *or* **de ~ debajo de la rueda** they put a stone under the wheel as a wedge *o* chock; **en ~** in a V-formation *o* wedge formation; ***no hay peor ~ que la de la misma madera*** servants make the worst masters **2** (Col) (muesca) groove
(Compuesto) **cuña anticiclónica** *or* **de alta presión** ridge of high pressure
B (Rad) slot; **hacerle la ~ a algo** (Ven) to plug sth
C (bacinica) bedpan
D (CS fam) (palanca) contact (colloq)
cuñado -da *m,f*
A (pariente político) (*m*) brother-in-law; (*f*) sister-in-law; **mis ~s** (sólo varones) my brothers-in-law; (varones y mujeres) my brothers and sisters-in-law
B (Per fam) (compañero) buddy (AmE colloq), mate (BrE colloq)
cuño *m* (troquel) die; (sello) stamp; **ostenta el ~ de su personalidad** it bears the stamp *o* mark of her personality; ***de nuevo ~*: es una palabra de nuevo ~** it's a newly-coined word; **empresas de nuevo ~** new-style companies; **políticos de nuevo ~** a new breed of politicians
cuota *f*
A **1** (de un club, una asociación) membership fees (*pl*); (de un sindicato) dues (*pl*); (de un seguro) premium; **pagan una ~ módica por alimentación y hospedaje** they pay a modest amount for board and lodging; **ya pagó su ~ de mala suerte** she's already had her share of bad luck **2** (AmL) (plazo) installment*, payment; **en cómodas ~s mensuales** in easy monthly installments *o* payments **3** (Méx) (Auto) toll
(Compuestos)
- **cuota alimentaria** (Arg) maintenance, alimony (AmE)
- **cuota de conexión** connection charge
- **cuota de enganche** (Esp) connection charge
- **cuota de inscripción** (para un curso) enrollment* fee; (en un club) joining fee, entry fee
- **cuota de mantenimiento** (Méx) service charge
- **cuota de suscripción** subscription fee
- **cuota inicial** (AmL) deposit, down payment; **compre su carro sin ~ ~** buy your car with no down payment *o* on no-deposit finance

B (parte proporcional) quota; **cedieron importantes ~s de poder** they surrendered a significant part *o* proportion of their power; **~s de producción** production quotas
(Compuestos)
- **cuota de mercado** market share
- **cuota de pantalla** quota of screen time
- **cuota patronal** employer's contribution (*to social security*)

cupada *f*, **cupage** *m* (proceso) blending; (vino) blended wine
cupe ▸**caber**
cupé *m* coupé
Cupido Cupid
cupiera, cupiese, etc ▸**caber**
cupimos, cupiste, etc ▸**caber**
cuplé *m* variety song
cupletista *mf: singer or composer of cuplés* ▸**cuplé**
cupo[1] *m* **1** (cantidad establecida) quota; **~s de importación/producción** import/production quotas **2** (AmL) (capacidad) room; **una sala con ~ para 300 personas** a hall which holds 300 people, a hall with room for *o* with capacity for 300 **3** (AmL) (plaza) place
cupo[2] ▸**caber**
cupón *m*
A (vale) coupon, voucher
(Compuestos)
- **cupón de dividendos** dividend coupon *o* voucher
- **cupón de franqueo internacional** international reply coupon
- **cupón de interés** interest warrant *o* coupon
- **cupón de racionamiento** ration coupon
- **cupón federal** ≈ food stamp
- **cupón obsequio** gift certificate (AmE), gift voucher *o* token (BrE)

B (Esp) (de lotería) ticket
cuponazo *m* (Esp) the big one (*weekly lottery prize*)

> **cuponazo**
> ▸**ONCE - Organización Nacional de Ciegos Españoles.**

cuprero -ra *adj* (Chi) copper (*before n*)
cupresácea *f*: **las ~s** the cypress family
cúprico -ca *adj* cupric, copper (*before n*)
cuprita *f* cuprite
cuproníquel *m* cupronickel
cuproso -sa *adj* cuprous, copper (*before n*)
cúpula *f*
A **1** (Arquit) dome, cupola **2** (Mil, Náut) (torreta) turret
(Compuesto) **cúpula de bulbo** onion dome
B (de una organización): **determinaciones tomadas en la ~ del partido** decisions taken by the party leadership; **la ~ militar** the leaders of the armed forces, the highest ranking officers in the armed forces; **grandes cambios en la ~ de la empresa** big changes in the upper echelons of the company
cupulino *m* cupola
cuquería *f*
A (fam) (preciosidad) beauty (colloq)
B (Esp fam) (picardía) craftiness, sneakiness
cuquillo *m* cuckoo
cura[1] *m* **1** (sacerdote) priest; **se metió de** *or* **a ~** he became a priest, he took the cloth; (pey): ***como a un ~ dos pistolas*** (fam & hum): **ese vestido te sienta como a un ~ dos pistolas** that dress really isn't you (colloq) **2** **este ~** (Esp fam & hum) (yo) yours truly (colloq & hum); **este ~ ya se retira** personally, I'm off to bed (colloq), me, I'm off to bed (colloq)
(Compuesto) **cura párroco** parish priest
cura[2] *f* **1** (curación, tratamiento) cure; **una enfermedad que no tiene ~** an incurable disease; **le vendría bien una ~ de humildad** he could do with being taken down a peg or two, he needs cutting down to size **2** (vendaje) dressing, gauze (AmE), bandage (BrE); (tirita) (Col) Band-Aid® (AmE), plaster (BrE), sticking plaster (BrE)
(Compuestos)
- **cura de aguas** hydrotherapy
- **cura de almas** cure of souls
- **cura de sueño** sleep therapy

curable *adj* curable
curaca *m* (Per) cacique, chief
curación *f*
A (tratamiento) **1** (de un enfermo) treatment **2** (de una herida — limpieza) cleansing; (— cambio de vendaje): **le hacen tres curaciones al día** his wound is dressed three times a day
B (recuperación) **1** (de un enfermo) recovery **2** (de una herida) healing
curadera *f* (Chi fam) ▸**borrachera**
curado[1] -da *adj*
A ⟨*jamón/carne*⟩ cured; ⟨*cuero/piel*⟩ tanned
B (fam) (borracho) plastered (colloq), sloshed (colloq)
curado[2] *m* (de jamón) curing; (de cuero, piel) tanning
curador -dora *m,f* **1** (Der) guardian **2** (RPl) (de un museo) curator
curaduría *f* (Der) guardianship
cural *adj*: **la casa ~** the presbytery, the priest's house
curalotodo *m* (fam) cure-all
curandería *f*, **curanderismo** *m* **1** (medicina popular) folk medicine **2** (pey) (medicina) quackery (pej), quack medicine (pej)
curandero -ra *m,f* **1** (en medicina popular) folk healer; (hechicero) witch doctor **2** (pey) (charlatán) quack doctor (pej)
curantearse [A1] *v pron* (*refl*) (Chi fam) to get tipsy (colloq)
curanto *m: Chilean dish made of seafood, meat and vegetables cooked over heated stones in a hole dug in the earth*
curar [A1] *vt*
A **1** (poner bien) ⟨*enfermo/enfermedad*⟩ to cure; ⟨*herida*⟩ to heal **2** (tratar) ⟨*enfermo/enfermedad*⟩ to treat; **no le habían curado la herida** his wound hadn't been cleaned/dressed
B ⟨*jamón/pescado*⟩ to cure; ⟨*cuero/piel*⟩ to tan
■ **curar** *vi* «*enfermo*» to recover, get better; «*herida*» to heal, heal up; **~ DE algo**: **una vez curado de la enfermedad …** once he has/had recovered from his illness …, once over his illness …; **tiene una gripe mal curada** he hasn't got(ten) rid of *o* completely shaken off his flu yet
■ **curarse** *v pron*
A «*persona*» to recover, get better; «*enfermedad*» to get better; **~se DE algo** to get over sth; ▸**salud**
B (fam) (emborracharse) to get plastered *o* sloshed (colloq)
curare *m* curare
curasao *m* curaçao
curativo -va *adj* curative
curato *m* parish
Curazao *m* Curaçao
curco -ca *adj/m,f* (Chi fam) ▸**jorobado[1] A**, **jorobado[2]**
cúrcuma *f* turmeric
curcuncho -cha *m,f* (Chi, Per fam & pey) hunchback
curda[1] *adj inv* (Esp fam) sloshed (colloq), sozzled (colloq)
curda[2] *mf*
A (Esp, RPl fam) (borracho) soak (colloq), lush (colloq)
B **curda** *f* **1** (fam) (borrachera): **tiene una ~ que no ve** he's blind drunk (colloq); **estar en ~** (RPl) to be sloshed *o* sozzled (colloq) **2** (Ven fam) (bebida alcohólica) booze (colloq)
Curdistán *m* Kurdistan
curdo[1] -da *adj*
A (Geog) Kurdish
B (Ven fam) (borracho) ▸**curda[1]**
curdo[2] -da *m,f*
A (Geog) Kurd
B (Ven fam) (borracho) ▸**curda[2] A**
cureña *f* gun carriage
cureta *f* curette, curet
curí *m* (Col) guinea pig
curia *f*
A (Relig) Curia, curia; (Hist) curia
B (Der) bar
curial *adj* Curial
curiara *f* (Ven) dugout canoe, dugout
curio *m* **1** (elemento) curium **2** (unidad de medida) curie
curiosamente *adv* curiously, strangely; **~, estaba pensando en ti** (*indep*) curiously enough *o* strangely enough *o* oddly enough, I was just thinking about you
curiosear [A1] *vi* **1** (fisgonear) to pry; **siempre está curioseando en la vida ajena** he's always prying into other people's affairs; **¿qué haces curioseando entre mis papeles?** what are you doing rummaging *o* looking through my papers? **2** (por las tiendas, en una biblioteca) to browse; **me fui a ~ por las tiendas** I went for a wander *o* look around the shops, I went and browsed around the shops; **me puse a ~ en la biblioteca/entre los archivos** I started browsing around the library/through the files
■ **curiosear** *vt* to check on
curiosidad *f*
A (cualidad) curiosity; **siente/tiene mucha ~** he is very curious, he has a lot of curiosity; **están muertos de ~** *or* **se mueren de ~** they are dying to see him (*o* to know *etc*); **me ha picado la ~** my curiosity has been aroused
B (cosa rara) curiosity; **tienda de ~es** curio *o* curiosity shop
C (pulcritud) neatness
curioso[1] -sa *adj*
A (interesante, extraño) curious, strange, odd; **es**

C

~ que no haya venido it's odd *o* strange *o* curious that she hasn't come; **lo ~ del caso es que …** the strange *o* funny *o* odd *o* curious thing is that …
B 1 [SER] (inquisitivo) inquisitive; (entrometido) (pey) nosy* (colloq) 2 [ESTAR] (interesado) curious; **estoy curiosa por saber qué pasó** I'm curious to know what happened
C (pulcro) neat

curioso² -sa *m,f* 1 (espectador) onlooker; **abstenerse curiosos** (Esp) no timewasters 2 (fam) (fisgón) busybody (colloq)

curita *f* (AmL) Band-Aid® (AmE), bandage (AmE), plaster (BrE), sticking plaster (BrE)

currante *mf* (Esp fam) worker

currar [A1] *vi* 1 (Esp fam) (trabajar) to work 2 (Esp fam) (pegar) to thump (colloq)
■ **currar** *vt* (RPl fam) to rip … off (colloq)

curre *m* (Esp fam) ▸ **curro A**

currelar [A1] *vi* ▸ **currar 1**

currele *m* ▸ **curro A**

curricular *adj* (AmL) curricular; **un cambio ~** a change in the curriculum, a curriculum change

currículo *m* ▸ **curriculum 2**

curriculum, currículum ➡ *m* (*pl* **-lums**) 1 (antecedentes) *tb* **~ vitae** curriculum vitae, CV, résumé (AmE) 2 (programa) curriculum

currinche *mf* cub reporter

currito -ta *m,f* (fam) worker

curro *m*
A (Esp fam) (trabajo) job; **me he quedado sin ~** I've lost my job
B (Esp fam) (golpe) thump (colloq)
C (RPl fam) (timo) rip-off (colloq)

curruca *f* whitethroat

curruña *mf* (Ven fam) buddy (AmE colloq), mate (BrE colloq)

curruscante *adj* 1 ‹*pan*› crusty 2 ‹*voz*› croaky

currusco *m* crust

currutaco¹ -ca *adj* (Col, Ven fam) pint-sized (colloq)

currutaco² -ca *m,f* (Col, Ven fam) shortie (colloq)

curry /'kurri/ *m* (*pl* **-rries**) 1 (polvo) curry powder; **pollo al ~** curried chicken 2 (plato) curry

cursado -da *adj* [SER] **~ EN algo** well-versed IN sth

cursar [A1] *vt*
A (estudiar): **~ estudios universitarios** to do *o* take a university/college course; **cursa segundo de Derecho** she is in her second year at law school; **cursa idiomas** he's studying *o* reading languages
B (frml) ‹*orden/solicitud*› «*autor*» to issue; «*intermediario*» to pass on

cursi¹ *adj* (fam): **se cree muy elegante y refinada pero yo la encuentro ~** she thinks she's so chic and refined but she just seems affected to me; **sus ideas sobre el matrimonio son de lo más ~** her ideas on marriage are terribly romantic and sentimental, she has such twee ideas about marriage (BrE); **llevaba unos lacitos en el pelo de lo más ~** she was wearing some horribly prissy *o* (AmE) cutesy *o* (BrE) twee little ribbons in her hair; **tenía la casa decorada de la manera más ~** the decor in his house was terribly chichi *o* precious *o* fussy; **es muy cursilona** she's terribly precious *o* affected *o* (BrE) twee

cursi² *mf* (fam): **es un ~** he's so affected *o* precious *o* (BrE) twee

cursilería, cursilada *f*: **es difícil hacer una película romántica que no raye en la ~** it's difficult to make a romantic film that doesn't lapse into sentimentality *o* into being schmaltzy; **las invitaciones a la boda le parecieron una ~** she thought the wedding invitations were rather cutesy (AmE) *o* (BrE) twee

cursillista *mf* student (*on a short course*)

cursillo *m* 1 (curso corto) short course; **~ de verano** summer course; **~s de baile flamenco** flamenco classes; **~ de natación** swimming lessons 2 (ciclo de conferencias) series of lectures

cursiva *f* italics (*pl*)

curso *m*
A (Educ) 1 (año académico) year; **está en (el) tercer ~** he's in the third year; **el ~ escolar/universitario** the academic year 2 (clases) course; **está haciendo un ~ de contabilidad** she's doing an accountancy course, she's doing a course in accountancy *o* accounting 3 (grupo de alumnos) year; **una chica de mi ~** a girl in my year

(Compuestos)
• **curso acelerado** *or* **intensivo** crash *o* intensive course
• **Curso de Orientación Universitaria** (en Esp) (Hist) pre-university course
• **curso por correspondencia** correspondence course

B 1 (transcurso, desarrollo): **en el ~ de la reunión** in the course of *o* during the meeting; **seguir atentamente el ~ de los acontecimientos** to follow the development of events very closely; **es su segunda visita en el ~ del año** it is her second visit this year; **el año/el mes/la semana en ~** (frml) the current year/month/week (frml); ***dar ~ a algo*** ‹*a una instancia/solicitud*› to start to process sth; ‹*a la imaginación*› to give free rein to sth; **dio libre ~ a su indignación** he gave vent to his indignation 2 (de un río) course; **ríos de ~ rápido** fast flowing rivers
C (circulación): **monedas/billetes de ~ legal** legal tender, legal currency

cursor *m* cursor

curtido¹ -da *adj* ‹*rostro/piel*› weather-beaten; ‹*manos*› hardened; **la piel curtida por el sol** his skin tanned and hardened by the sun

curtido² *m* 1 (proceso) tanning 2 (cuero, piel) tanned hide; **fábrica de ~s** tannery

curtidor -dora *m,f* tanner

curtiduría *f* 1 (lugar) tannery 2 (acción) tanning

curtiembre *f* (AmL) ▸ **curtiduría**

curtir [I1] *vt*
A ‹*cuero/pieles*› to tan
B ‹*rostro/piel*› **el sol le había curtido la piel** the sun had left his skin tanned and hardened; **una mujer curtida por los sufrimientos** a woman hardened by suffering; **lo curtieron a palos** (CS fam) they gave him a beating
■ **curtirse** *v pron* (por el sol) to become tanned (and hardened); (por el viento, el tiempo) to become weather-beaten

curucutear [A1] *vt* (Ven fam) to rummage (around) in
■ **curucutear** *vi* (Ven fam) to rummage around

curul *f* (Col, Méx, Per) seat

curva *f*
A 1 (línea): **trazar una ~ en el papel** draw a curve on the sheet of paper; **la flecha describió una ~ en el aire** the arrow flew in an arc *o* described a curved path through the air; **~ de temperatura(s)** temperature curve; **la ~ de la felicidad** (fam & hum) middle-age spread (colloq & hum) 2 (en un camino, una carretera) curve; (más pronunciada) bend; **curva peligrosa** sharp bend; **una ~ cerrada/en herradura** a sharp/hairpin bend; ***agarrar a algn en ~*** (Méx fam) to take sb by surprise, catch sb unawares 3 (Dep) curveball

(Compuesto) **curva de nivel** contour line

B curvas *fpl* (de una mujer) curves (*pl*), figure

curvar [A1] *vt* ‹*alambre*› to bend; ‹*estante*› to bow, make … sag
■ **curvarse** *v pron* «*alambre*» to bend; «*estante*» to bow, sag; «*puerta/madera*» to warp

curvatura *f* curvature

curvilíneo -nea *adj* 1 (Mat) curvilinear 2 ‹*mujer/cuerpo*› shapely, curvaceous

curvo -va *adj* curved

cusca *f* ▸ **cuzca**

cuscurro *m* (Coc) crust

cuscús, cus-cus *m*
A (Coc) couscous
B (Col, Ven fam) (miedo) ▸ **culillo**

cusí cusí *adv* (AmS fam) so-so (colloq)

cúspide *f* 1 (de una montaña) top, summit; (de una pirámide) top, apex 2 (apogeo) height, pinnacle; **alcanzar la ~ de la fama/del poder** to reach the height *o* pinnacle of one's fame/power 3 (de una organización) leadership

custodia *f*
A 1 (tutela) custody; **le otorgaron/ejerce la ~ del niño** she was granted/she has custody of the child; **me fue encomendada la ~ de sus bienes** (frml) his possessions were entrusted to my safekeeping *o* custody (frml); **le otorgaron la guarda y ~ de los hijos** she was granted custody of the children 2 (encarcelación, vigilancia) custody; **~ preventiva** preventive custody; **lo tienen bajo ~** he is being held in custody
B 1 (Arg) (escolta) escort 2 **custodia** *mf* (persona) guard
C (Relig) monstrance

custodiar [A1] *vt* 1 (proteger) to guard; (guardar) to guard, look after 2 ‹*preso*› to guard

custodio¹ *adj* ▸ **ángel**

custodio² -dia *m,f* guardian

(Compuesto) **custodio del orden** (Per) police officer, law-enforcement officer (frml)

cusuco *m* (AmC) armadillo

cususa *f* (AmC) *homemade corn liquor*

CUT *f* (en Chi) = **Central Única de Trabajadores**

cutacha *f* ▸ **cuma²**

cutáneo -nea *adj* skin (*before n*), cutaneous

cúter *m*
A (Náut) cutter
B (Esp) (cortador) cutter

cuti *m* (Ven) slang

cutí *m* ticking

cutícula *f* cuticle

cutina *f* cutine

cutirreacción *f* skin test

cutis *m* (*pl* **~**) ▸ ❶ **p.231** skin; **~ suave** smooth complexion *o* skin; **crema para ~ seco** cream for dry skin

cutre *adj* 1 (Esp fam) ‹*hotel*› seedy, shabby; **el bar es un poco ~** the bar is a bit of a dive *o* is pretty seedy (colloq); **es un chico de lo más ~** he's terribly shabby *o* down-at-heel(s) 2 (ant) (tacaño) stingy

cutrería *f* (Esp) seediness, shabbiness

cutrerío *m* (Esp) rabble, lowlife (colloq)

cuy *m* (AmS) guinea pig

cuyano -na *adj/m,f* (Chi fam) Argentinian

cuye *m* (Chi) guinea pig

cuyo -ya *adj*
A (indicando pertenencia) whose; **el conductor, cuya identidad no ha sido revelada** the driver, whose identity has not been disclosed; **vocablos ~ uso es extendido** words which are in widespread use; **en un lugar de ~ nombre no quiero acordarme** in a place, the name of which I prefer not to recall
B (sin sentido posesivo): **en ~ caso se procederá como se indica a continuación** in which case, the procedure will be as follows

cúyo -ya *pron* (arc) whose; **¿~ es ese aposento?** whose is that room?, to whom does that room belong? (frml)

cuzca *f* (Méx fam) greedy guts, greedy pig (colloq)

cuzcuz *m* ▸ **cuscús A**

cuzqueño -ña *adj* of/from Cuzco

CV *m* (= **caballo de vapor**) hp

C.V. *m* (= **curriculum vitae**) CV

➡ *ver* Correspondencia

C

Dd

d

d, D *f* (*read as* /de/)
A (the letter) d, D
B (= **dama**) (en ajedrez) Q, queen
D. = **Don**
D/A *adj* = **digital a análogo** D/A
dable *adj* (frml) feasible, possible
dabuti, dabuten *adj inv* (Esp fam) great (colloq), fantastic (colloq); **la fiesta estuvo ~** it was a fantastic *o* great party
DAC *m* (AmL) (= **diseño asistido por computadora**) CAD
daca ▸**toma y daca**
da capo *loc adv* da capo
dación *f* (Der) handing over; **hacer ~ de algo** to hand sth over
(Compuesto) **dación en pago** payment in kind
dactilar *adj* finger (*before n*); ▸**huella**
dáctilo *m* dactyl
dactilografía *f* typing, typewriting
dactilógrafo -fa *m,f* typist
dactilograma *m* fingerprint
dactilología *f* (frml) dactylology (frml)
dactilológico -ca *adj* dactylogical
dactiloscopia *f* fingerprinting, dactylography (tech)
dactiloscópico -ca *adj* fingerprint (*before n*), dactylographic (tech)
dadaísmo *m* Dadaism
dádiva *f* gift; **no queremos ~s, sino que se nos pague lo que merecemos** we don't want handouts, we just want to be paid what we deserve
dadivosidad *f* generosity
dadivoso -sa *adj* generous
dado[1] -da *adj*
A (determinado) given; **en un momento/punto ~** at a given moment/point
B 1 (*como conj*) given; **dadas las circunstancias** given *o* in view of the circumstances; **~ un círculo de cinco centímetros de radio** given a circle with a radius of five centimeters; **no es extraño que no haya podido resolverlo, dada la complejidad del caso** it's not surprising he hasn't been able to resolve it, given *o* considering the complexity of the case 2 **dado que** (frml) in view of the fact that (frml), given that, since
C [SER] (proclive) **~ A algo** given TO sth; **los vecinos son muy ~s al chismorreo** the neighbors tend to gossip a lot, the neighbors are very fond of *o* are given to gossiping; **en este país la gente es muy dada a criticar** in this country people are inclined to be *o* tend to be critical *o* are given to criticizing; ***ir ~*** (Esp fam): **como sigas sin estudiar vas ~** if you don't start studying, you'll be in trouble (colloq); **si pretendes que pague yo, vas ~** if you think I'm going to pay, you've got another think coming (colloq)
D (RPl) (abierto, extrovertido) outgoing
dado[2] *m*
A 1 (Jueg) dice, die (frml); **echar** *or* **tirar los ~s** to throw the dice; **jugar a los ~s** to play dice; **los ~s estaban cargados** the dice were loaded 2 (cubo): **cortar el queso en ~s** cut the cheese into cubes; **zanahoria cortada en daditos** diced carrot
B (Arquit) dado
C (Fil) given
dador -dora *m,f* drawer
DAFO *f* (= **Debilidades, Amenazas, Fortalezas y Oportunidades**) SWOT; **análisis ~** SWOT analysis
daga *f* dagger
Dagestán *m* Dagestan
daguerrotipo *m* 1 (proceso) daguerreotypy 2 (fotografía) daguerreotype
Daguestán *m* Dagestan
daguestano[1] -na *adj* Dagestanian
daguestano[2] -na *m,f*
A (persona) Dagestanian
B **daguestano** *m* (idioma) Dagestanian
daikiri, daiquiri *m* daiquiri
dalia *f* dahlia
Dalila *f* Delilah
daliniano -na *adj* of/relating to Salvador Dalí
dalle *m* scythe
Dalmacia *f* Dalmatia
dálmata[1] *adj* Dalmatian
dálmata[2] *mf* 1 (persona) Dalmatian 2 (perro) Dalmatian
daltoniano -na *adj/m,f* ▸**daltónico[1]**, **daltónico[2]**
daltónico[1] -ca *adj* color-blind*, daltonic (tech)
daltónico[2] -ca *m,f*: **los ~s** color-blind* people, people suffering from color-blindness*
daltonismo *m* color-blindness*, daltonism (tech)
dama *f*
A (frml) (señora) lady; **~s y caballeros** ladies and gentlemen; **es toda una ~** she's a real lady; **la final de ~s** the ladies' final; **la ~ de sus sueños** (hum) the woman of his dreams (hum); ▸**primera dama**
(Compuestos)
- **dama de honor** (de una novia) bridesmaid; (de una reina) lady-in-waiting
- **dama de noche** night jasmine

B (figura) 1 (en damas) king; **hacer ~** to make a crown *o* king 2 (en ajedrez) queen; **hacer ~** to queen, make a queen 3 (en naipes) queen
C **damas** *fpl* (juego) checkers (AmE), draughts (BrE); **jugar a las ~s** to play checkers *o* draughts
(Compuesto) **damas chinas** *fpl* Chinese checkers (AmE), Chinese chequers (BrE)
damajuana *f* demijohn
damasco *m*
A (Tex) damask
B (AmS) (fruta) apricot; (árbol) apricot tree
Damasco *m* Damascus
damasquinado *m* damascene, damascene work
damasquinar [A1] *vt* to damascene, damask
damasquino -na *adj* 1 (de Damasco) Damascene 2 ‹*espada*› damascene, damask
damero *m* checkerboard (AmE), draughtboard (BrE)
damiana *f* (Bot) damiana
damisela *f* (arc) damsel (arch); **una ~ en apuros** a damsel in distress
damnificado -da *m,f* (frml) victim; **los ~s por la sequía** the victims of the drought, the drought victims
damnificar [A2] *vt* (frml): **las zonas damnificadas por las inundaciones** the areas affected by the floods; **los habitantes damnificados por el terremoto** the victims of the earthquake
Damocles ▸**espada[1]**
dancing /'dansin/ *m* (*pl* **-cings**) dance hall
dandy /'dandi/ (*pl* **-dys**), **dandi** (*pl* **~s**) *m* dandy
danés[1] -nesa *adj* Danish
danés[2] -nesa *m,f* 1 (persona) (*m*) Dane, Danish man; (*f*) Dane, Danish woman; ▸**grande[1]** 2 **danés** *m* (idioma) Danish
danta *f* (AmL) tapir
dantesco -ca *adj* 1 (de Dante) Dantesque 2 (terrible) horrific
danto *m* (AmC) tapir
dantzari /dan'(t)zari/ *mf* (en Esp) *dancer of traditional Basque dances*
Danubio *m*: **el ~** the Danube
danza *f* 1 (arte) dance; **~ moderna** modern dance 2 (pieza) dance 3 (fam) (actividad, ajetreo) rush; **es una ~ continua** it's one long rush; ***estar*** *or* ***andar en ~*** (fam) to be on the go (colloq); ***estar metido en la ~***: **¿quién más está metido en la ~?** who else is involved in this business *o* is mixed up in this? (colloq)
(Compuestos)
- **danza del venado** dance of the deer
- **danza del vientre** belly dance

danzar [A4] *vi* 1 (frml) (bailar) to dance 2 **danzando** *ger* (fam) (en ajetreo) on the go (colloq); **los niños me tienen todo el día danzando de aquí para allá** the children have me running around all day, I'm on the go all day with the children (colloq)
danzarín -rina *m,f* dancer
danzón *m*: *popular dance and music originally from Cuba*
danzonete *m*: *popular dance originally from Cuba*
dañado[1] -da *adj* 1 ‹*mercancías/edificio*› damaged 2 (Col fam) ‹*persona*› sex mad (colloq)
dañado[2] -da *m,f* 1 (Ven fam) (drogadicto) druggy (sl) 2 (Col fam) (obseso sexual) sex maniac (colloq)
dañar [A1] *vt*
A (hacer daño a) 1 ‹*honra/reputación*› to damage, harm 2 ‹*fruta*› to damage; ‹*mercancías*› to damage; ‹*instalaciones/locales*› to damage 3 «*helada/lluvia*» ‹*cosecha*› to damage, spoil 4 ‹*salud/organismo*› to be bad for, damage; **escuchar esa música tan fuerte te puede ~ el oído** listening to loud music like that can be bad for *o* can damage your hearing; **esa luz me daña la vista** that light hurts my eyes
B (Col) ‹*reloj/aparato*› to break
■ **dañarse** *v pron*
A 1 «*cosecha*» to be/get damaged *o* spoiled; «*comestibles/frutas*» to be/get damaged; «*mercancías/muebles*» to be/get damaged 2 «*persona*» ‹*salud*› to damage
B (Col, Ven) (estropearse) 1 «*fruta/carne*» to rot, go bad 2 «*auto*» to break down; «*aparato*» to break

d

dañino -na *adj* 1▸ [SER] ‹*persona*› malicious 2▸ [SER] ‹*planta/sustancia*› harmful; **un animal ~** an animal which causes damage to crops (*o* livestock *etc*), a pest; **~ PARA algo** harmful TO sth; **~ para la salud** harmful to *o* bad for one's health

daño *m*
A 1▸ (a personas): **¿te hiciste ~?** did you hurt yourself?; **no te voy a hacer ~** I'm not going to hurt you; **me he hecho ~ en la espalda** I've hurt my back; **el picante me hace ~** hot, spicy food doesn't agree with me *o* disagrees with me; **sus palabras me causaron un ~ enorme** I was deeply hurt by his words, his words hurt me deeply 2▸ (destrozo) damage; **el ~ causado** *or* **los ~s causados por las lluvias** the damage caused by the rain; **muchas viviendas sufrieron ~s** many houses were damaged *o* suffered damage

(Compuestos)
- **daño colateral**: **víctimas de otro ~ ~** victims of another case of collateral damage; **se hacen esfuerzos para evitar los ~s ~es** efforts are made to avoid collateral damage
- **daños y perjuicios** *mpl* damages (*pl*)

B (CS, Méx fam) (en brujería) curse; **le hicieron un ~** they put a curse on him

DAO *m* (Esp) (= **diseño asistido por ordenador**) CAD

dar [A25]

GUÍA DE BÚSQUEDA
■ **dar** *verbo transitivo*
(Sentido I)
A entregar
B regalar, donar
C en naipes
D 1▸ proporcionar
2▸ Música
E conferir, aportar
F 1▸ aplicar capa de barniz etc
2▸ dar: inyección etc
G 1▸ conceder prórroga etc
2▸ atribuir
3▸ pronosticando duración
4▸ dar: edad, años
H 1▸ expresar, decir
2▸ señalar, indicar
(Sentido II)
A producir
B rendir, alcanzar hasta
C causar, provocar
D arruinar, fastidiar
(Sentido III)
A presentar
B ofrecer, celebrar
C dar: conferencia
(Sentido IV)
A realizar la acción indicada
B dar: limpiada etc
(Sentido V) considerar

■ **dar** *verbo intransitivo*
(Sentido I)
A 1▸ entregar
2▸ en naipes
B ser suficiente, alcanzar
C 1▸ dar a: puerta etc
2▸ llegar hasta
3▸ estar orientado hacia
D comunicar
E arrojar un resultado
F importar
(Sentido II)
A 1▸ pegar, golpear
2▸ darle a algo: tarea
3▸ darle a algo: hacer uso de
4▸ acertar
B 1▸ darle a algo: accionar
2▸ mover
C 1▸ indicando insistencia
2▸ instando a alguien a hacer algo
D dar con
(Sentido III)
A acometer, sobrevenir
B 1▸ darle a alguien por algo
2▸ darle a alguien con algo
C dar en
D dar: sol, viento, luz
E acabar

■ **darse** *verbo pronominal*
(Sentido I)
A producirse
B ocurrir
C resultar
(Sentido II)
A dedicarse, entregarse
B tratarse, ser sociable
(Sentido III)
A realizar la acción indicada
B 1▸ golpearse, pegarse
2▸ darse (de) golpes
3▸ darse (de) patadas etc
(Sentido IV) considerarse

vt
(Sentido I)
A (entregar) to give; **dale las llaves a Jaime** give the keys to Jaime, give Jaime the keys; **se las di a Jaime** I gave them to Jaime; **dale esto a tu madre de mi parte** give this to your mother from me; **deme un kilo de peras** can I have a kilo of pears?; **500 dólares ¿quién da más?** any advance on 500 dollars?; **~ algo A + INF: da toda la ropa a planchar/lavar** she sends all her clothes to be ironed/washed, she has all her ironing/washing done for her; ▸**comer**[1] **A2**, **conocer**, **entender**[1] **A2**, **mamar**

B (regalar, donar) to give; **¿me lo prestas? — te lo doy, yo no lo necesito** can I borrow it? — you can have it *o* keep it, I don't need it; **a mí nunca nadie me dio nada** nobody's ever given me anything; **~ía cualquier cosa por que así fuera** I'd give anything *o* (colloq) I'd give my right arm for that to be the case; ***donde las dan las toman*** two can play at that game; ***estarlas dando*** (Chi fam): **entremos sin pagar, aquí las están dando** let's just walk in without paying, they're asking for it (colloq); **con ese profesor las están dando** they get away with murder with that teacher (colloq); ***para ~ y tomar*** *or* ***vender:*** **coge los que quieras, tengo para ~ y tomar** *or* **vender** take as many as you want, I have plenty to spare *o* (colloq) I've stacks of them

C (en naipes) to deal; **¡me has dado unas cartas horribles!** you've dealt *o* given me a terrible hand

D 1▸ (proporcionar) ‹*fuerzas/valor/esperanza*› to give; **sus elogios me han dado ánimos** his praise has given me encouragement *o* has encouraged me; **eso me dio la idea para el libro** that's where I got the idea for the book, that's what gave me the idea for the book; **me dio un buen consejo** she gave me some useful advice; **mi familia no pudo ~me una carrera** my family weren't in a position to send me to *o* put me through university *o* to give me a university education; **es capaz de robar si le dan la ocasión** given the chance he's quite capable of stealing; **pide que te den un presupuesto/más información** ask them to give you *o* supply you with an estimate/more information 2▸ (Música) to give; **¿me das el la?** can you give me an A?

E (conferir, aportar) ‹*sabor/color/forma*› to give; **las luces le daban un ambiente festivo a la plaza** the lights gave the square a very festive atmosphere, the lights lent a very festive atmosphere to the square; **les dio forma redondeada a las puntas** he rounded off the ends; **necesita algo que le dé sentido a su vida** he needs something that will give his life some meaning

F 1▸ (aplicar) ‹*capa de barniz/mano de pintura*› to give; **dale otra capa de barniz/otra mano de pintura** give it another coat of varnish/paint; **hay que ~le cera al piso** we have to wax the floor; **dale una puntada para sujetarlo** put a stitch in to hold it 2▸ ‹*inyección/lavativa/sedante*› to give, administer (frml); ‹*masaje*› to give

G 1▸ (conceder) ‹*prórroga/permiso*› to give; **te doy hasta el jueves** I'll give you until Thursday; **¿quién te ha dado permiso para entrar allí?** who gave you permission to go in there?, who said you could go in there?; **si usted nos da permiso** with your permission, if you will allow us; **el dentista me ha dado hora para el miércoles** I have an appointment with the dentist on Wednesday; **dan facilidades de pago** they offer easy repayment facilities *o* terms; **nos dieron el tercer premio** we won *o* got third prize, we were awarded third prize; **al terminar el cursillo te dan un diploma** when you finish the course you get a diploma 2▸ (atribuir): **no le des demasiada importancia** don't attach too much importance to it; **yo le doy otra interpretación a ese pasaje** I see *o* interpret that passage in a different way; **tuvieron que ~me la razón** they had to admit I was right 3▸ (pronosticando duración) to give; **no le dan ni dos meses de vida** they've given him less than two months to live; **no le doy ni un mes a esa relación** I don't think they'll last more than a month together 4▸ (RPl) ‹*edad/años*› **¿cuántos años** *or* **qué edad le das?** how old do you think *o* reckon she is?; **yo no le daba más de 28** I didn't think he was more than 28

H 1▸ (expresar, decir): **¿le diste las gracias?** did you thank him?, did you say thank you?; **no me dio ni los buenos días** she didn't even say hello; **dales recuerdos de mi parte** give/send them my regards; **~le la bienvenida a algn** to welcome sb; **tenemos que ir a ~les el pésame** we must go and offer our condolences; **me gustaría que me dieras tu parecer** *or* **opinión** I'd like you to give me your opinion; **le doy mi enhorabuena** I'd like to congratulate you; **¿me da la hora, por favor?** have you got the time, please?; **me tocó a mí ~le la noticia** I was the one who had to break the news to him; **te han dado una orden** you've been given an order, that was an order; **han dado orden de desalojar el edificio** they've ordered that the building be vacated 2▸ (señalar, indicar): **me da ocupado** *or* (Esp) **comunicando** the line's busy *o* (BrE) engaged; **el reloj dio las cinco** the clock struck five; ▸**muestra**

(Sentido II)
A (producir): **estos campos dan mucho grano** these fields have a high grain yield; **esta estufa da mucho calor** this heater gives out a lot of heat; **esta clase de negocio da mucho dinero** there's a lot of money in this business; **esos bonos dan un 7%** those bonds give a yield of 7%; **los árboles han empezado a ~ fruto** the trees have begun to bear fruit; **no le pudo ~ un hijo** she was unable to bear *o* give him a child

B (rendir, alcanzar hasta): **¿cuánto da ese coche?** how fast can that car go?; **da 150 kilómetros por hora** it can do *o* go 150 kilometers an hour; **ha dado todo lo que el público esperaba de él** he has lived up to the public's expectations of him; **el coche venía a todo lo que daba** the car was traveling at full speed; **ponen la radio a todo lo que da** they turn the radio on full blast

C (causar, provocar): **la comida muy salada da sed** salty food makes you thirsty; **¡estos críos dan tanto trabajo!** these kids are such hard work!; (+ *me/te/le etc*): **¿no te da calor esa camisa?** aren't you too warm in that shirt?; **el vino le había dado sueño** the wine had made him sleepy; **me da mucha pena verla tan triste** I can't bear *o* it hurts me to see her so sad; **¡qué susto me has dado!** you gave me such a fright!; **me da no sé qué que se tenga que quedar sola** I feel a bit funny about leaving her on her own; **este coche no me ha dado problemas** this car hasn't given me any trouble *ver tb* **asco**, **hambre**, **miedo**, etc ~**QUE + INF**: **el jardín da muchísimo que hacer** there's always such a lot to do in the garden; **los niños dan que hacer** children are a lot of work; **lo que dijo me dio que pensar** what he said gave me plenty of food for thought *o* plenty to think about *ver tb* **dar Sentido III A**

D (Esp fam) (arruinar, fastidiar) to spoil, ruin; **Isabelita nos dio la noche** we had an awful night thanks to little Isabel

Sentido III

A (presentar): **¿qué dan esta noche en la tele?** what's on TV tonight? (colloq); **en el cine Avenida dan una película buenísima** there's a really good movie on at the Avenida, they're showing a really good movie at the Avenida; **ayer fuimos al teatro, daban una obra de Calderón** we went to the theater yesterday, it was a play by Calderón; **va a ~ un concierto el mes que viene** he's giving a concert next month; **deja de gritar así, estás dando un espectáculo** stop shouting like that, you're making a spectacle of yourself

B (ofrecer, celebrar) ‹*fiesta*› to give; ‹*baile/banquete*› to hold

C ‹*conferencia*› to give; ~ **examen** (CS) to take *o* (BrE) sit an exam; *ver tb* **clase**[1] **E**

Sentido IV

A (realizar la acción indicada): **dieron lectura al comunicado** they read out the communiqué; **estuvo dando cabezadas durante toda la película** he kept nodding off all through the film; **dio un grito/un suspiro** she shouted/sighed, she gave a shout/heaved a sigh; **dio un paso atrás/adelante** he took a step back/forward; (+ *me/te/le etc*): **dame un beso/abrazo** give me a kiss/hug; **me dio un tirón del pelo** he pulled my hair; ▸**golpe**, **paseo**, **vuelta**, etc; ***dársela a algn*** (Esp fam) to take sb in, put one over on sb; ***dárselas a algn*** (Chi fam) to beat sb up

B ‹*limpiada/barrida/planchazo*› **con que le des una enjuagada alcanza** just a quick rinse will do; **hay que ~le una barrida al suelo de la cocina** the kitchen floor needs a sweep *o* needs sweeping; **quiero ~le otra leída a este capítulo** (AmL) I want to run *o* read through this chapter again

Sentido V (considerar) ~ **algo/a algn POR algo**: **lo dieron por muerto** they gave him up for dead; **doy por terminada la sesión** I declare the session closed; **ese tema lo doy por sabido** I'm assuming you've already covered that topic; **si le has prestado dinero ya lo puedes ~ por perdido** if you've lent him money you can kiss it goodbye; **¿eso es lo que quieres? ¡dalo por hecho!** is that what you want? consider it done! *o* (AmE colloq) you got it!; **si apruebo ~é el tiempo por bien empleado** if I pass it will have been time well spent; ▸**sentado**

■ **dar** *vi*

Sentido I

A **1** (entregar): **dame, yo te lo coso** let me have it *o* give it here, I'll sew it for you; **no puedes con todo, dame que te ayudo** you'll never manage all that on your own, here, let me help you; **¿me das para un helado?** can I have some money for an ice cream? **2** (en naipes) to deal; **te toca ~ a ti** it's your deal, it's your turn to deal

B (ser suficiente, alcanzar) ~ **PARA algo/algn**: **este pollo da para dos comidas** this chicken is enough *o* will do for two meals; **con una botella no da para todos** one bottle's not enough to go round; **da para hablar horas y horas** you could talk about it for hours; (+ *me/te/le etc*): **eso no te da ni para un chicle** you can't even buy a piece of chewing gum with that; **no le da la cabeza para la física** he hasn't much of a head for physics; **no me dio (el) tiempo** I didn't have time; ~ ***de sí*** to stretch; **me quedan un poco ajustados, pero ya ~án de sí** they're a bit tight on me, but they'll stretch *o* give; **¡cuánto ha dado de sí esa botella de jerez!** that bottle of sherry's gone a long way!; **¡qué poco dan de sí seis euros!** six euros don't go very far!; **el pobre ya no da más de sí** the poor guy's fit to drop; ***no ~ para más:*** **su inteligencia no da para más** that's as much as his brain can cope with; **yo me voy, esto ya no da para más** I'm leaving, this is a waste of time; **ya no da para más** *or* (CS) **ya no da más de tanto trabajar** he's worked himself into the ground; **estoy que no doy más** I'm all in (colloq), I'm shattered *o* dead beat (colloq), I'm pooped (AmE colloq)

C **dar a** **1** ‹‹*puerta/habitación*›› (comunicar con) to give on to; **la puerta trasera da a un jardín/a la calle Palmar** the back door opens *o* gives onto a garden/onto Palmar Street; **todas las habitaciones dan a un patio** all the rooms look onto *o* give onto a courtyard **2** (llegar hasta) ‹‹*río*›› to go *o* flow into; ‹‹*camino/sendero*›› to lead to; **la calle va a dar directamente a la playa** the street goes right down *o* leads straight to the beach **3** ‹‹*fachada/frente*›› (estar orientado hacia) to face; **la fachada principal da al sur** the main facade faces south; **la terraza da al mar** the balcony overlooks *o* faces the sea

D (RPl) (comunicar) **~le a algn CON algn**: **¿me das con Teresa, por favor?** can I speak to Teresa, please?; **en seguida le doy con el señor Seco** I'll just put you through to Mr Seco

E (arrojar un resultado): **¿cuánto da la cuenta?** what does it come to?; **a mí me dio 247 ¿y a ti?** I made it (to be) 247, how about you?; **el análisis le dio positivo/negativo** her test was positive/negative

F (importar): **¿cuál prefieres? — da igual** which do you prefer? — I don't mind; **da lo mismo, ya iremos otro día** it doesn't matter, we'll go another day; (+ *me/te/le etc*): **¿el jueves o el viernes? — a mí me da igual** Thursday or Friday? — I don't mind *o* it doesn't matter *o* it doesn't make any difference to me *o* it's all the same to me; **la sopa se ha enfriado un poco — ¡qué más da!** the soup's gone a bit cold — never mind *o* it doesn't matter; **¿qué más da un color que otro?** surely one color is as good as another!, what difference does it make what color it is?; (+ *me/te/le etc*): **¡qué más le da a él que otros tengan que hacer su trabajo!** what does he care if others have to do his work?; **¿y a ti qué más te da si él viene?** what difference does it make to you if he comes?, what's it to you if he comes? (colloq); **no quiere venir — tanto da** she doesn't want to come — it makes no difference *o* so what?; (+ *me/te/le etc*): **¿a qué hora quieren cenar? — tanto nos da** what time do you want to have dinner? — it's all the same to us *o* whenever

Sentido II

A **1** (pegar, golpear) (+ *me/te/le etc*): **le dio en la cabeza** it hit him on the head; **dale al balón con fuerza** kick the ball hard; **¡te voy a ~ yo a ti como no me obedezcas!** you're going to get it from me if you don't do what I say (colloq); **le dio con la regla en los nudillos** she rapped his knuckles with the ruler; **cuando te agarren te van a ~ de palos** when they get you they're going to give you a good beating **2** (fam) (a una tarea, asignatura) **~le A algo**: **me pasé todo el verano dándole al inglés** I spent the whole summer working on *o* studying my English (colloq); **vas a tener que ~le más fuerte si quieres aprobar** you're going to have to push yourself harder *o* put more effort into it if you want to pass; **quiero ~le un poco más a esta traducción antes de irme** I want to do a bit more work on this translation before I go **3** (fam) (hacer uso de) **~le A algo**: **¡cómo le da al vino!** he really knocks back *o* (AmE) down the wine (colloq); **¡cómo le han dado al queso! ¡ya casi no queda!** they've certainly been at the cheese, there's hardly any left! (colloq); **¡cómo les has dado a estos zapatos!** you've really been hard on these shoes!, you've worn these shoes out quickly!; ▸**lengua** **4** (acertar) to hit; ~ **en el blanco/el centro** to hit the target/the bull's-eye; ▸**clavo**

B **1** (accionar) **~le A algo**: **dale a esa palanca hacia arriba** push that lever up; **le dio al interruptor** she flicked the switch; **le di a la manivela** I turned the handle; **dale al pedal** press the pedal; **tienes que ~le a este botón/esta tecla** you have to press this button/key **2** (mover) (+ *compl*): **dale al volante hacia la derecha** turn the wheel to the right; **dale para atrás** (Auto) back up

C **1** (fam) (indicando insistencia): **¡y dale! ya te he dicho que no voy** there you go again! I've told you I'm not going (colloq); **estuvo todo el día dale que dale con el clarinete** he spent the whole day blowing away on his clarinet; **¡y dale con lo de la edad! ¿qué importa eso?** stop going on about her age! what does it matter?; ***¡dale que te pego!*** (fam): **he estado toda la mañana dale que te pego con esto** I've been slaving away at this all morning; **yo quiero olvidarlo y él ¡dale que te pego con lo mismo!** I want to forget about it and he keeps on and on about it *o* he keeps banging on about it **2** (RPl fam) (instando a algn a hacer algo): **dale, metete, el agua está lindísima** come on, get in, the water's lovely; **dale, préstamelo** come on *o* go on, lend it to me

D **dar con** (encontrar) to find; **por mucho que buscaron no dieron con él** although they searched high and low they couldn't find him; **creo que ya he dado con la solución** I think I've hit upon *o* found the solution; **cuando uno no da con la palabra adecuada** when you can't come up with *o* find the right word

Sentido III

A (acometer, sobrevenir) (+ *me/te/le etc*): **le dio un mareo** she felt dizzy; **le dio un infarto** he had a heart attack; **como no se calle, me va a ~ algo** (fam) if you don't shut up, I'm going to have a fit (colloq); **¡me da una indignación cuando hace esas cosas ...!** I feel so angry when he does those things!; **me da que ya no vienen** (fam) I have a (funny *o* sneaky) feeling they're not coming (colloq) *ver tb* **dar Sentido II C**, **escalofrío**, **frío**[2] **B**, **gana**, **impresión**, etc

B (hablando de ocurrencias, manías) **1** **~le a algn POR algo**: **le ha dado por decir que ya no lo quiero** he's started saying that I don't love him any more; **le ha dado por beber** he's taken to drink, he's started drinking; **le ha dado por el yoga** she's got into yoga; **¡menos mal que me dio por preguntar por cuánto saldría!** it's just as well it occurred to me to ask *o* I thought to ask how much it would be!; ***~le a algn por ahí*** (fam): **¿ahora hace pesas? — sí, le ha dado por ahí** is he doing weights now? — yes, that's his latest craze *o* that's what he's into now; **¿por qué lo hiciste? — no sé, me dio por ahí** why did you do it? — I don't know, I just felt like it; **cualquier día le da por ahí y la deja** one of these days he'll just up and leave her **2** **~le a algn CON algo**: **le ha dado con que me conoce** he's got it into his head he knows me

C **dar en** (tender a): **ha dado en salir acompañada por galanes jóvenes** she has taken to being escorted in public by handsome young men; **ha dado en esta locura** she has got this crazy idea into her head; **lo que se ha dado en llamar 'drogodependencia'** what has come to be known as 'drug-dependence'

D ‹‹*sol/viento/luz*››: **aquí da el sol toda la mañana** you get the sun all morning here; **siéntate aquí, donde da el sol** sit down here in the sun; **en esa playa da mucho el viento** it's very windy on that beach; **la luz le daba de lleno en los ojos** the light was shining right in his eyes

E (acabar): **ir/venir a ~: la pelota había ido a ~ al jardín de al lado** the ball had ended up in the next door garden; **¿cómo habrá venido a ~ esto aquí?** how on earth did this get here?

■ **darse** *v pron*

Sentido I

A (producirse) to grow; **en esta zona se da bien el trigo** wheat grows well in this area

B (ocurrir) ‹‹*caso/situación*››: **bien podría ~se una situación así** this kind of situation could well arise *o* occur; **se dio la circunstancia de que la alarma estaba desconectada** the alarm happened to be disconnected; **para esto se**

d

d

ℹ De

Algunas observaciones generales

Cuando la preposición *de* introduce el complemento de verbos intransitivos como *hablar de*, *dudar de*, *presumir de*, se debe consultar la respectiva entrada; asimismo cuando introduce el complemento de ciertos sustantivos como *deseo de*, *falta de* etc., o de adjetivos como *lleno de*, *temeroso de*, *harto de* etc.

Expresiones de origen

En las oraciones que denotan origen o pertenencia a cierto lugar, *de* suele traducirse por *in*:

todos los maestros de Lima
= all the teachers in Lima

el mejor vino de Chile/del mundo
= the best wine in Chile/in the world

visitamos varias iglesias de la ciudad
= we visited several churches in the city

Relaciones de pertenencia/posesión

La mayoría de las frases que expresan relaciones de pertenencia o posesión se traducen al inglés mediante el genitivo sajón, cuyas reglas son las siguientes:

Cuando el poseedor en español es un nombre singular o propio, el inglés añade *-'s* (apóstrofo s) a la traducción del mismo:

la casa de mi amiga
= my friend's house

el coche de John
= John's car

Cuando el poseedor en español es un nombre plural, el inglés añade *-'* (apóstrofo) a la traducción de éstos:

la habitación de las niñas
= the girls' room

el coche de mis padres
= my parents' car

Deben tenerse en cuenta los plurales irregulares en inglés que no acaban en *s*, en cuyo caso el genitivo sajón se construye añadiendo *-'s* (apóstrofo s):

los libros de los niños
= the children's books

Son de notar también los siguientes usos del genitivo:

fuimos a casa de Pedro
= we went to Pedro's (place)

la tienda de comestibles
= the grocer's (*BrE*)

así como el uso del genitivo en inglés coloquial:

es una amiga de mi madre
= she's a friend of my mother's

fue una receta de María
= it was a recipe of María's

Para otros usos y ejemplos suplementarios de la preposición *de* ver entrada

tienen que ~ las siguientes circunstancias this requires the following conditions; **¿qué se da?** (fam) what's going on *o* happening? (colloq)

C (resultar) (+ *me/te/le etc*): **se le dan muy bien los idiomas** she's very good at languages; **¿cómo se te da a ti la costura?** how are you at sewing?, how's your sewing?

(Sentido II)

A (dedicarse, entregarse) **~se A algo**: **se dio a la bebida** she took to drink, she hit the bottle (colloq); **se da a la buena vida** he spends his time having fun *o* living it up; **se ha dado por entero a su familia/a la causa** she has devoted herself entirely to her family/to the cause

B (RPl) (tratarse, ser sociable) **~se CON algn**: **no se da con la familia del marido** she doesn't have much to do with her husband's family

(Sentido III)

A (*refl*) (realizar la acción indicada): **voy a ~me una ducha** I'm going to take *o* have a shower; **vamos a ~nos un banquete** we're going to have a feast; ***dárselas de algo:*** **se las da de que sabe mucho** he likes to make out he knows a lot; **va dándoselas de rico y no tiene un duro** he makes out he's rich but he hasn't got a penny; **¿pero ése de qué se las da? si es un obrero como tú y yo** who does he think he is? he's just another worker like you and me; **no te las des de listo** don't act so smart

B **1▸** (golpearse, pegarse): **se dio con el martillo en el dedo** he hit his finger with the hammer; **no te vayas a ~ con la cabeza contra el techo** don't hit *o* bang your head on the ceiling; **se dieron contra un árbol** they crashed *o* went into a tree; **se va a ~ un golpe en la cabeza/espalda** he's going to hit *o* bump his head/hit his back; **se dio con la nariz** *or* **de narices contra la puerta** he ran/walked straight into the door, he went smack into the door (colloq) **2▸** (*refl*): **~se (de) golpes** to hit oneself; **¡podría ~me (de) patadas!** I could kick myself! **3▸** (*recípr*): **se estaban dando (de) patadas/tortazos en plena calle** they were kicking/punching each other right there on the street

(Sentido IV) (considerarse) **~se POR algo**: **con eso me ~ía por satisfecha** I'd be quite happy with that; **no se ~á por vencida hasta que lo consiga** she won't give up until she gets it; **puedes ~te por contento de haber salido con vida** you can count yourself lucky you weren't killed; **no quiere ~se por enterado** he doesn't want to know; ▸**aludir 1**

Dardanelos *mpl*: **(el estrecho de) los ~** the Dardanelles

dardo *m* **1▸** (Jueg) dart; **jugar a los ~s** to play darts **2▸** (arma) small spear

dares y tomares *mpl* squabbling, bickering

Darío (Hist) Darius

dársena *f*

A (Náut) dock

(Compuesto) **dársena de marea** tidal basin

B (Esp) (en terminal de autobuses) bay

darviniano -na, darwiniano -na *adj* Darwinian

darvinismo, darwinismo *m* Darwinism

darvinista, darwinista *adj/mf* Darwinist

data *f* **1▸** (Period) byline **2▸** (de un documento, una carta) *date and place of signing or writing*; **de larga** *or* **vieja** *or* **antigua ~** long-standing; **es un problema de larga ~** it is a long-standing problem, it is a problem which goes back a long way

datación *f* dating; **~ por carbono 14** radiocarbon dating

datáfono *m* dataphone

datar [A1] *vi*: **este manuscrito data del siglo XII** this manuscript dates from the 12th century; **una amistad que data de hace muchos años** a friendship which goes back many years, a long-standing friendship

■ **datar** *vt* ‹*documento*› to date; ‹*artefacto/restos*› to date

datear [A1] *vt* (Chi fam) to inform; **~on a la policía acerca del golpe** the police were informed *o* (colloq) tipped off about the attack

datero -ra *m,f* (Chi fam) **1▸** (de la policía) stool pigeon (AmE colloq), grass (BrE colloq), informer **2▸** (en las carreras) tipster

dátil *m* **1▸** (Bot) date **2▸** (Zool): **~ de mar** date shell, date mussel **3▸** **dátiles** *mpl* (fam) (dedos) fingers (*pl*)

datilera *f* date palm

dativo[1] -va *adj* (Ling) dative; ▸**tutela**

dativo[2] *m* dative

dato *m* **1▸** (elemento de información) piece of information; **no tengo más ~s que el título de la obra** the only thing I know about the work is its title, the only information I have about the work is its title; **no dispongo de todos los ~s** I don't have all the information *o* details *o* facts; **alguien le pasó el ~ a la policía** (CS) somebody informed *o* (colloq) tipped off the police; **me han dado un ~ muy interesante** (CS) I've been given a very interesting piece of information *o* (colloq) a hot tip; **te voy a dar un ~, si no lo enchufas no funciona** (CS hum) let me give you a tip: it won't work unless you plug it in **2▸** **datos** *mpl* (Inf) data (*pl*), information

(Compuesto) **datos personales** *mpl* particulars (*pl*), personal details (*pl*)

David David

davo *m* (AmC fam) problem; **el ~ es que ando palmado** the trouble *o* problem is that I'm broke (colloq)

dB. (= **decibelio**) db, decibel

dC (= **después de Cristo**) AD

DC *f* (en Chi) = **Democracia Cristiana**

Dcha., dcha. = **derecha**

d. de J.C. (= **después de Jesucristo**) AD

DDF *m* (en Méx) = **Departamento del Distrito Federal**

DDT *m* (= **diclorodifeniltricloroetano**) DDT

de[1] *prep* ▸ℹ **p.240**

(Sentido I)

A (en relaciones de pertenencia, posesión): **la casa ~ mi hermano/~ mis padres/~ la actriz** my brother's/my parents'/the actress's house; **el rey ~ Francia** the king of France; **el cumpleaños ~ Luis** Luis's birthday; **el cumpleaños ~ la esposa ~ un compañero** a colleague's wife's birthday, the birthday of the wife of one of my colleagues; **no es ~ él/~ ella/~ ellos** it isn't his/hers/theirs; **su padre ~ usted** (frml) your father; **un amigo ~ mi hijo** a friend of my son's; **es un amigo ~ la familia** he's a friend of the family *o* a family friend; **un estudiante ~ quinto año** a fifth-year student; **el nieto ~ los Arteaga** the Arteagas' grandson; **la mesa ~ la cocina** the kitchen table; **la correa ~l perro** the dog's leash; **un avión ~ Mexair** a Mexair plane; **la tapa ~ la cacerola** the saucepan lid; **las calles ~ la capital** the streets of the capital, the capital's streets; **la subida ~ los precios** the rise in prices; **al término ~ la reunión** at the end of the meeting

B **1▸** (introduciendo un nombre en aposición) of; **la ciudad ~ Lima** the city of Lima; **el aeropuerto ~ Barajas** Barajas airport; **el mes ~ enero** the month of January; **el imbécil ~ tu hermano** that stupid brother of yours, your stupid brother; **el bueno ~ Ricardo le aguanta cualquier cosa** Ricardo is so good, he puts up with anything from her **2▸** (en exclamaciones): **¡pobre ~ él!** poor him!; **¡triste ~ quien no conozca ese sentimiento!** (liter) pity the person who has never experienced that feeling! (liter)

C (con apellidos): **Sra. Mónica Ortiz ~ Arocena** ≈

Mrs Mónica Arocena; **los señores ~ Rucabado** (frml) Mr and Mrs Rucabado; **las señoritas ~ Paz** (frml) the Misses Paz (frml) [**de** *is also part of certain surnames like* **de León** *and* **de la Peña**]

D (Arg crit) (a casa de): **voy ~l médico** I'm going to the doctor's

(Sentido **II**)

A **1▸** (expresando procedencia, origen): **volvía ~ clase/~l banco** I was on my way back from my class/from the bank; **es ~ Bogotá** she's from Bogotá, she comes from Bogotá; **lo saqué ~ la biblioteca** I got it out of the library; **lo recogió ~l suelo** she picked it up off the floor; **mis amigos ~ América** my American friends, my friends from America; **he recibido carta ~ Julia** I've had a letter from Julia; **un hijo ~ su primera mujer** a son by his first wife; **al salir ~ la tienda** as he left the store; **DE ... A ...: ~ aquí a tu casa** from here to your house **2▸** (en el tiempo) from; **un amigo ~ la infancia** a childhood friend; **data ~l siglo XVII** it dates from the 17th century; **la literatura ~ ese período** the literature of *o* from that period; **lo conozco ~ cuando estuve en Rosales** I know him from when I was in Rosales; **~ un día para otro** from one day to the next; **DE ... A ...: está abierto ~ nueve a cinco** it's open from nine to five *o* between nine and five; **~ aquí a que termine tenemos para rato** it'll be a while yet before he finishes, he won't be finished for a while yet

B (expresando causa): **murió ~ viejo** he died of old age; **verde ~ envidia** green with envy; **estaba ronco ~ tanto gritar** he was hoarse from shouting so much; **eso es ~ comer tan poco** that's what comes from *o* of eating so little

(Sentido **III**)

A (introduciendo cualidades, características): **es ~ una paciencia increíble** he is incredibly patient, he is a man of incredible patience; **un chiste ~ muy mal gusto** a joke in very bad taste; **objetos ~ mucho valor** objects of great value; **un pez ~ agua dulce** a freshwater fish; **¿~ qué color lo quiere?** what color do you want it?; **tiene cara ~ aburrido** he looks bored; **ese gesto es muy ~ su madre** that gesture is very reminiscent of his mother; **tienes cosas ~ niño malcriado** sometimes you act like a spoiled child; **una botella ~ un litro** a liter bottle; **un niño ~ tres meses** a three-month-old child; **déme ~ las ~ 200 pesos el kilo** give me some of those *o* some of the ones at 200 pesos a kilo; **la chica ~l abrigo rojo** the girl with *o* in the red coat; **la señora ~ azul** the lady in blue; **un hombre ~ pelo largo** a man with long hair; **un anciano ~ bastón** an old man with a stick [**de** *is part of many compounds like* **cinturón de seguridad, hombre de negocios, válvula de escape** *etc*]

B (al especificar material, contenido, composición): **una mesa ~ caoba** a mahogany table; **una inyección ~ morfina** an injection of morphine, a morphine injection; **el complemento ideal ~ todo plato ~ pescado** the ideal complement to any fish dish; **son ~ plástico** they're (made of) plastic; **un curso ~ secretariado** a secretarial course; **nos sirvió una copa ~ champán** she gave us a glass of champagne; **una colección ~ sellos** a stamp collection, a collection of stamps; **un millón ~ dólares** a million dollars

C (con sentido ponderativo): **¡lo encontré ~ viejo ...!** he seemed so old!; **¡qué ~ coches!** (fam) what a lot of cars!

D (al definir, especificar): **tuvo la suerte ~ conseguirlo** she was lucky enough to get it; **aprieta el botón ~ abajo** press the bottom button

E **1▸** (con cifras): **el número ~ estudiantes es ~ 480** the number of students is 480, there are 480 students; **pagan un interés ~l 15%** they pay 15% interest *o* interest at 15% **2▸** (en comparaciones de cantidad) than; **cuesta más ~ £100** it costs more than *o* over £100; **pesa menos ~ un kilo** it weighs less than *o* under a kilo; **un número mayor/menor ~ 29** a number over/under 29 **3▸** (en expresiones de modo): **lo tumbó ~ un golpe** he knocked him down with one blow; **subió los escalones ~ dos en dos** he went up the stairs two at a time; **~ a poco** (CS) little by little, gradually **4▸** (CS): **de a cuatro/ocho/diez: colócalos ~ a dos/cuatro** put them in twos/fours; **entraron ~ a uno** they went in one by one *o* one at a time [**de** *is part of many expressions entered under* **frente² A2, improviso, prisa** *etc*]

F (en calidad de) as; **está ~ profesor en una academia** he's working as a teacher in a private school; **le ofrecieron un puesto ~ redactor** they offered him a job as an editor; **hace ~ enanito en la obra** he plays (the part of) a dwarf in the play; **le habló ~ hombre a hombre** he talked to him man to man

G **1▸** (limitando lo expresado a determinado aspecto): **es muy bonita ~ cara** she has a pretty face; **es corto ~ talle/ancho ~ hombros** he's short-waisted/broad-shouldered; **es sorda ~ un oído** she's deaf in one ear; **¿qué tal vamos ~ tiempo?** how are we doing for time?; **tiene dos metros ~ ancho** it's two meters wide **2▸** (refiriéndose a una etapa de la vida): **~ niño** as a child, when he was a child

H (en expresiones de estado, actividad): **estaba ~ mal humor** she was in a bad mood; **estamos ~ limpieza general** we're spring-cleaning [**de** *is part of many expressions entered under* **juerga, picnic, obra** *etc*]

I (indicando uso, destino, finalidad): **el cepillo ~ la ropa** the clothes brush; **el trapo ~ limpiar la plata** the cloth for cleaning the silver; **lo sirvió en copas ~ champán** he served it in champagne glasses; **dales algo ~ comer** give them something to eat; **¿qué hay ~ postre?** what's for dessert? [**de** *is part of many compounds like* **cuchara de servir, máquina de coser, saco de dormir** *etc*]

J (introduciendo el complemento agente) by; **una novela ~ Goytisolo** a novel by Goytisolo, a Goytisolo novel; **seguidos ~l resto ~ la familia** followed by the rest of the family; **una casa rodeada ~ árboles** a house surrounded by trees; **viene acompañado ~ arroz** it is served with rice; **acompañado ~ su señora esposa** (frml) accompanied by his wife

(Sentido **IV**)

A **1▸** (sentido partitivo) of; **¿quién ~ ustedes fue?** which (one) of you was it?; **se llevó uno ~ los míos** she took one of mine; **el mayor ~ los Rodríguez** the eldest of the Rodríguez children; **un cigarrillo ~ ésos que apestan** one of those cigarettes that stink **2▸** (con un superlativo): **eligió el más caro ~ todos** she chose the most expensive one of all; **la ciudad más grande ~l mundo** the biggest city in the world

B (refiriéndose a una parte del día): **a las once ~ la mañana/~ la noche** at eleven in the morning/at night; **duerme ~ día y trabaja ~ noche** she sleeps during the day and works at night; **salieron ~ madrugada** they left very early in the morning; *ver tb* **mañana³ A, tarde²**, etc

(Sentido **V**) (con sentido condicional)

A **DE + INF: ~ haberlo sabido, habría venido antes** if I had known, I would have come earlier *o* had I known, I would have come earlier; **~ no ser así no será considerada** otherwise it will not be considered; **~ continuar este estado ~ cosas** if this state of affairs persists

B **SER DE + INF** (expresando necesidad, inevitabilidad): **es ~ esperar que ...** it is to be hoped that ..., one hopes that ...; **no son ~ fiar** they are not to be trusted; **es ~ destacar la actuación ~ Marta Valverde** Marta Valverde's performance is worthy of note

C **de no** (AmL) if not

de² *f: name of the letter* **d**

dé ▸**dar**

deambular [A1] *vi* to roam, wander around *o* about

deambulatorio *m* ambulatory

deán *m* dean

deanato *m* deanery

> **ℹ Deber**
>
> En términos generales, cuando *deber* se emplea como verbo auxiliar para expresar una obligación impuesta por alguien, una recomendación, un objetivo o una hipótesis, se traduce por *must* seguido del infinitivo:
>
> ***debes obedecer mis órdenes***
> = you must obey my orders
>
> ***no debemos decírselo***
> = we mustn't tell her
>
> ***debes (de) estar cansado***
> = you must be tired
>
> ***debe (de) doler mucho***
> = it must be very painful
>
> Cuando *deber* expresa una obligación impuesta por las circunstancias externas, suele traducirse por *to have to* seguido de infinitivo:
>
> ***debo llevar a mi hijo al dentista***
> = I have to take my son to the dentist
>
> ***primero deben llenar un formulario***
> = first they have to fill in a form
>
> Cuando se emplea *deber* en forma condicional la traducción suele ser *should*:
>
> ***deberías descansar más***
> = you should get more rest
>
> ***debería haber hecho más café***
> = I should have made more coffee
>
> Para otros usos del verbo auxiliar, así como *deber* verbo transitivo y pronominal, ver entrada

d

debacle *f* **1▸** (fiasco) debacle, fiasco; **aquello fue la ~** it was absolute chaos **2▸** (derrumbamiento) collapse, downfall

debajo *adv*

A [*Latin American Spanish also uses* **abajo** *in many of these examples*] underneath; **el que está ~** (el siguiente) the one below, the next one down; (el último) the one on the bottom; **no llevo nada ~** I'm not wearing anything underneath

B **debajo de** (*loc prep*) under; **coloca un platito ~ de la maceta** put a saucer under the plant pot; **¿qué haces ~ del coche?** what are you doing under *o* underneath the car?; **cruzó toda la piscina por ~ del agua** he swam right across the pool underwater; **~ de los escombros** under *o* beneath the rubble; **un punto por ~ del 5,20% de ayer** a point down on *o* a point lower than yesterday's 5.20%; **temperaturas muy por ~ de lo normal** temperatures well below average *o* much lower than average; **la enagua se le asomaba por ~ de la falda** her slip was showing below her skirt; **él está por ~ de Cárdenas en la empresa** he's below Cárdenas in the company; **por ~ de mí/ti/él** *or* (crit) **por ~ mío/tuyo/suyo** below me/you/him

debate *m* debate; (más informal) discussion; **~ parlamentario/público** parliamentary/public debate

debatir [I1] *vt* to debate; (más informal) to discuss

■ **debatirse** *v pron*: **se debate entre la vida y la muerte** he's fighting for his life; **se debatía entre sus sentimientos personales y las presiones que recibía** she was torn between her personal feelings and the pressures which were being put on her; **la región se debate en una masa de problemas** the region is struggling to overcome a whole series of problems

debe *m* debit; **el ~ y el haber** the debit side and the credit side

debelar [A1] *vt* (liter) **1▸** (sojuzgar) to subdue, conquer **2▸** (combatir) to combat

deber¹ [E1] ▸ℹ **p.241** *vt* **1▸** ‹*dinero*› to owe; **le deben 15.000 pesos/dos meses de sueldo**

they owe her 15,000 pesos/two months' salary; **quieren que les paguen lo que se les debe** they want to be paid what they are due *o* what is owing to them; **no le debo nada a nadie** I don't owe anything to anyone; **¿cuánto** *or* (fam) **qué se debe?** how much *o* what do I/we owe you?; **te debo las entradas de ayer** I owe you for the tickets from yesterday **2** ‹*favor/visita/explicación*› to owe; **le debo la vida** I owe her my life; **todavía le debo el regalo de cumpleaños** I still owe him *o* haven't given him a birthday present; **me debe carta ella a mí** she owes me a letter, it's her turn to write to me; **les debes respeto y obediencia** you owe them respect and obedience; **España le debe mucho al Islam** Spain owes a great debt to Islam; **esta victoria se la debo a mi entrenador** I have my coach to thank for this victory; **¿a qué debo este honor?** to what do I owe this honor?

■ *v aux*

A (expresando obligación) ~ **+ INF: debes decírselo** you have to *o* you must tell her; **~ías** *or* **debías habérselo dicho** you ought to have *o* you should have told her; **~ás decírselo** you will have to tell her; **~ía** *or* **debiera darte vergüenza** you ought to be *o* you should be ashamed of yourself; **la trató cortés y respetuosamente, como debe ser** he treated her with courtesy and respect, as he should; **no debes usarlo sin antes pedir permiso** you are not to *o* you must not use it without asking first; **no se debe mentir** you mustn't tell lies; **no ~ías** *or* **debías haberlo dejado solo** *or* **no debiste dejarlo solo** you shouldn't have left him alone

B (expresando suposición, probabilidad) **1** ~ **(DE) + INF: ya deben (de) ser más de las cinco** it must be after five o'clock; **¡debes (de) estar muriéndote de hambre!** you must be starving!; **deben (de) haber salido** they must have gone out; **nos hemos debido (de) cruzar** we must have passed each other; **debe (de) estar ganando mucho más que eso** she must be earning a lot more than that; **le debe (de) doler mucho** it must be very painful; **ésos debieron (de) ser** *or* **deben (de) haber sido momentos muy duros** that must have been a very difficult time; **has debido (de) perderlo** *or* **debes (de) haberlo perdido** you must have lost it **2** (en frases negativas): **no deben (de) saber del accidente, si no habrían vuelto** they can't know about the accident or they would have come back; **¿por qué no ha llamado? — no debe (de) haber podido** why hasn't he phoned? — he obviously hasn't been able to; **la conferencia fue en francés, no deben (de) haber entendido nada** the lecture was in French, I bet they didn't understand a word *o* they can't have understood a word; **no les debe haber interesado** *or* **no les debió interesar** they can't have been interested *o* presumably, they weren't interested

■ **deberse** *v pron*

A (tener su causa en) **~se A algo**: **el retraso se debe al mal tiempo** the delay is due to the bad weather; **el accidente se debió a un fallo humano** the accident was caused by *o* was due to human error; **¿a qué se debe este escándalo?** what's all this racket about?; **¿a qué se debe tan agradable sorpresa?** to what do I owe such a pleasant surprise?

B «*persona*» (tener obligaciones hacia) **~se A algn** to have a duty TO sb; **el artista se debe a su público** an artist has a duty to his or her public; **me debo antes que nada a mis pacientes** my first responsibility *o* duty is to my patients; **me debo a mis electores** I have a duty to the people who voted for me

deber[2] *m*

A (obligación) duty; **cumplió con su** ~ he carried out *o* did his duty; **faltó a su** ~ he failed in his duty, he failed to do his duty; **el** ~ **del soldado para con su patria** a soldier's duty to his country; **votar es un derecho y un** ~ **del ciudadano** voting is the right and duty of every citizen; **tengo el triste** ~ **de comunicarles el fallecimiento de ...** (frml) it is my sad duty to inform you of the death of ...; **es un** ~ **de conciencia ayudarlos** I feel morally bound to help them

B deberes *mpl* (tarea escolar) homework, assignment (AmE); **¿has hecho los ~es?** have you done your homework?; **nos ponen** *or* **mandan muchos ~es** they set us a lot of homework

debidamente *adv* ‹*comportarse*› correctly, properly; **los formularios que no estén** ~ **cumplimentados** forms which have not been correctly *o* duly *o* properly completed; **la vacante no fue** ~ **anunciada en la prensa** the vacancy was not advertised in the press as it should have been

debido -da *adj*

A (apropiado): **eso ya lo discutiremos a su** ~ **tiempo** *or* **en su** ~ **momento** we will discuss that in due course; **con el** ~ **respeto, creo que se equivoca** with all due respect, I think you are making a mistake; **díselo con el** ~ **respeto** say it respectfully; **tomó las debidas precauciones** she took the necessary precautions; **no trabaja con el** ~ **cuidado** he isn't careful enough in his work, he doesn't take enough care over his work; **pórtate/siéntate como es** ~ behave/sit properly!, behave/sit right! (AmE); **correspondió como es ~, invitándolos a su casa** she responded in the proper manner by inviting them to her house; **a ver si hoy hacemos una comida como es** ~ let's have a proper *o* real meal today; **un hombre como es** ~ **no se habría comportado de esa manera** a *real* man would not have behaved in that way; **lo** ~ **en estos casos es avisar a las autoridades** what one must do in these cases is inform the authorities; **habló/bebió más de lo** ~ she talked/drank too much

B (*en locs*): **debido a** (frml) owing to, on account of; **no hubo vuelos** ~ **a la niebla** (frml) there were no flights owing to *o* on account of *o* because of the fog; **debido a que** (frml) owing to the fact that (frml), because; **no pudo asistir al sepelio** ~ **a que se encontraba en el extranjero** he was unable to attend the funeral because *o* owing to the fact that he was abroad

débil[1] *adj* **1** ‹*persona*› (físicamente) weak; (falto de — firmeza) soft; (— voluntad) weak; ‹*economía/ejército/gobierno*› weak; **es de complexión** ~ she has a very weak constitution; **aún está** ~ he's still weak; **es muy** ~ **de carácter** he has a very weak character; ▸ **sexo 2** ‹*sonido/voz*› faint; ‹*moneda*› weak; ‹*corriente*› weak; ‹*argumento*› weak; ‹*excusa*› feeble, lame; **da una luz muy** ~ it gives out a very dim *o* feeble *o* weak light **3** (Ling) ‹*sílaba/vocal*› unstressed, weak

débil[2] *mf*: **los ~es** the weak; **es un** ~ **mental** (fam) he's soft in the head (colloq); **eres un debilucho** (fam) you're a wimp (colloq); **los económicamente ~es** (frml) those on low incomes

debilidad *f* **1** (falta de fortaleza física): **el estado de** ~ **en que se encuentra nos impide operarla** the weak state she's in *o* (frml) her debility means that we are unable to operate; **me canso mucho, y siento una** ~ **muy grande** I get very tired and feel very debilitated *o* terribly weak **2** (de carácter): **todos se aprovechan de su** ~ everyone takes advantage of his feeble nature *o* his weak character **3** (inclinación excesiva) weakness; **todos tenemos nuestras pequeñas ~es** we all have our little weaknesses; **el hijo pequeño es su** ~ he has a soft spot for his youngest son; **siente** *or* **tiene** ~ **por el chocolate** she has a weakness for chocolate

debilitador -dora *adj* debilitating

debilitamiento *m*, **debilitación** *f* **1** (de una persona, la salud) weakening, debilitation **2** (de un ejército, una economía) weakening **3** (de una sílaba, vocal) weakening

debilitante *adj* debilitating

debilitar [A1] *vt* **1** ‹*persona*› to weaken, debilitate; ‹*salud*› to weaken; **la quimioterapia lo ha ido debilitando** he's become weaker and weaker with the chemotherapy, the chemotherapy has made him increasingly weak *o* has gradually weakened *o* debilitated him; **contribuyó a** ~ **su salud mental** it contributed to the deterioration of his mental state **2** ‹*voluntad*› to weaken **3** ‹*economía/defensa*› to weaken, debilitate

■ **debilitarse** *v pron* **1** «*persona*» to become weak; «*salud*» to deteriorate; **se debilitó mucho con la enfermedad** the illness made him very weak, he was debilitated by the illness, he became very weak as a result of the illness **2** «*voluntad*» to weaken **3** «*sonido*» to get *o* become faint/fainter **4** «*economía*» to grow *o* become weak/weaker

débilmente *adv*: **—recuérdame —dijo** ~ remember me, he said weakly *o* in a weak voice; **la luz de la vela alumbraba** ~ **el desván** the attic was lit by the faint *o* dim light of the candle; **protestó** ~ he protested feebly *o* half-heartedly *o* weakly

debitar [A1] *vt* to debit

débito *m* debit

(Compuesto) **débito bancario** (AmL) direct debit, direct billing (AmE)

debut /de'βu/ (*pl* **-buts**), **debú** (*pl* **-bús**) *m* debut

debutante[1] *adj*: **es una actriz** ~ she is a newcomer to the stage, she is making her stage debut; **un tenista** ~ a tennis player taking part in his first tournament *o* making his debut

debutante[2] *mf* **1** (Dep, Espec) *artist or player making his/her public debut* **2** **debutante** *f* (en sociedad) debutante; **baile de ~s** debs' party (colloq), coming-out party

debutar [A1] *vi* to make one's debut; **debutó como actor en 1965** he made his acting debut in 1965

deca- *pref* deca-, deka- (AmE)

década *f* ▸ℹ **p.371** decade; **la** ~ **de los ochenta** the eighties

decadencia *f* **1** (proceso) decline; **el período de** ~ **del imperio** the decline of the empire; **caer en** ~ to fall into decline **2** (estado) decadence

decadente *adj* **1** ‹*salud*› declining **2** ‹*moral/costumbres*› decadent

decadentismo *m* the Decadence movement

decadentista[1] *adj* of/relating to the Decadence movement

decadentista[2] *mf* member/supporter of the Decadence movement

decaer [E16] *vi* **1** «*ánimo/fuerzas*» to flag; «*interés/popularidad*» to wane, fall off, diminish; **¡que no decaiga!** keep it up!; **el ritmo de trabajo ha decaído considerablemente** the work rate has fallen off *o* declined considerably **2** «*barrio/restaurante*» to go downhill; «*calidad/popularidad*» to decline; **el prestigio de la compañía ha decaído mucho** the company's prestige has declined *o* waned considerably **3** «*imperio/civilización*» to decay, decline **4** «*enfermo*» to deteriorate

decágono *m* decagon

decagramo *m* ▸ℹ **p.630** dekagram (AmE), decagram (BrE)

decaído -da *adj* [ESTAR] low, down (colloq); **te encuentro muy** ~ you seem in very low spirits *o* very down *o* very low

decaimiento *m* **1** (abatimiento): **tengo un** ~ I feel run-down *o* low **2** (disminución) decline; **un** ~ **del interés del público por estos artículos** a decline *o* fall in public interest for these goods

decalitro *m* dekaliter (AmE), decalitre (BrE)

decálogo *m* decalogue

decámetro *m* ▸ℹ **p.1757** dekameter (AmE), decametre (BrE)

decanato *m* **1** (Educ) (cargo) deanship; (despacho) deanery, dean's office **2** (Astrol) decan

decano -na *m,f* **1** (de una facultad) dean **2** (de una profesión, un grupo) senior member; **son los ~s del grupo** they're the senior members of the group; **el ~/la decana de nuestros críticos de cine** the doyen/doyenne of our movie critics

ℹ Decimales, Fracciones y Porcentajes

Decimales y fracciones

En inglés se utiliza el punto para separar los números enteros de los decimales:

10.5
= ten point five

12.76
= twelve point seven six

Las fracciones se expresan de la siguiente manera:

½ = one half *o* a half
⅓ = one third *o* a third
⅔ = two thirds
¼ = one quarter *o* a quarter
¾ = three quarters
⅕ = one fifth

En todos los demás casos, el denominador se expresa por medio del número ordinal correspondiente:

⅜ = three eighths

Fracciones fuera del contexto estrictamente matemático:

media naranja
= half an orange

quiero la mitad del dinero
= I want half (of) the money

las dos terceras partes de los estudiantes
= two thirds of the students

las tres cuartas partes de la población
= three quarters of the population

Porcentajes

En inglés no se utiliza el artículo delante del numeral:

el 10% de la población
= 10% (ten per cent) of the population

los precios han subido un 15%
= prices have gone up by 15% (fifteen per cent)

si el 40% de los socios vota en contra
= if 40% (forty per cent) of the members vote against

decantación *f*
A (de líquido) decanting
B (inclinación, preferencia): **~ HACIA** *or* **POR algo** leaning TOWARD(S) sth, preference FOR sth; **una ~ del electorado hacia el partido de centro** a swing to the center party

decantar [A1] *vt* to decant
■ **decantarse** *v pron* **1** (mostrar preferencia) **~se POR algo** to choose sth; **se decantó por un modelo intermedio** she opted for *o* chose an intermediate model; **se decantó por estudiar Administración de Empresas** he chose *o* opted to study Business Administration; **se decantan por la segunda hipótesis** they favor the second hypothesis **2** (evolucionar): **la discusión se decantaba a favor de los radicales** the discussion was going in the radicals' favor *o* going the radicals' way; **se decanta como un magnífico jugador** he's developing *o* turning into a great player

decapado *m* (de pintura) stripping; (de metales) rust removal

decapante *m* stripping agent

decapar [A1] *vt* ‹*pintura*› to strip; ‹*metales*› to remove the rust from

decapitación *f* decapitation, beheading

decapitar [A1] *vt* to behead, decapitate

decápodo -da *adj/m,f* Decapoda

decasílabo¹ -ba *adj* decasyllabic

decasílabo² *m* decasyllable

decatleta *mf* decathlete

decatlón *m* decathlon

decatlonista *mf* decathlete

deceleración *f* deceleration

decelerar [A1] *vi* to decelerate

decena *f* ▸ℹ **p.575**: **unidades, ~s y centenas** (Mat) units, tens and hundreds; **los venden por ~** they're sold in tens; **una ~ de personas** about ten people; **~s de personas acudieron en su ayuda** dozens *o* scores of people went to his aid

decenal *adj* ‹*revisión/censo*› ten-yearly, decennial (frml); **un plan ~** a ten-year plan

decencia *f* **1** (honradez) decency; **si tuviera un poco de ~** if he had any decency at all **2** (pudor) decency

decenio *m* decade

decente *adj* **1** (honrado) decent, respectable **2** (decoroso) decent, respectable **3** (aceptable) ‹*sueldo/vivienda*› decent, reasonable **4** (de apariencia aceptable) respectable; **estos zapatos todavía están ~s** these shoes are still quite respectable *o* are still in quite decent condition; **a ver si la casa está ~ cuando vuelva** I want the house looking respectable when I get back; **no lo hagas pasar, no estoy ~** (fam) (no estoy arreglada) don't let him in, I'm not presentable; (estoy medio desnuda) don't let him in, I'm not decent

decentemente *adv* **1** ‹*proceder*› respectably, decently; **hacía tiempo que el equipo no jugaba ~** the team hadn't been playing well *o* hadn't played a decent game for some time; **iba ~ vestida** she was respectably dressed **2** (con dignidad): **el sueldo no les da para vivir ~** the salary isn't enough to lead a decent life on

decenviro *m* decemvir

decepción *f* disappointment, letdown (colloq); **la exposición resultó una verdadera ~** the exhibition was a real disappointment *o* letdown; **ha sufrido muchas decepciones en la vida** she has suffered *o* had many disappointments in her life; **me llevé una gran ~** I was very disappointed, it was a terrible disappointment

decepcionado -da *adj* disappointed; **estar ~ con algo** to be disappointed with sth

decepcionante *adj* disappointing

decepcionar [A1] *vt* to disappoint; **la película me decepcionó** I was disappointed with the movie; **nos has decepcionado** you've disappointed us, you've let us down, we're disappointed in you; **me ha decepcionado tantas veces** he's let me down so many times

decesado -da *m,f* (esp AmL frml): **los ~s** the dead, the deceased (frml); **el ~** the deceased (frml), the dead man

deceso *m* (esp AmL frml) decease (frml), death; **el ~ se produjo a las tres** death occurred at three o'clock; **no hubo ~s que lamentar** there was no loss of life

dechado *m* **1** (muestrario) sampler **2** (arquetipo) model, epitome; **un ~ de perfecciones** *or* **virtudes** a paragon of virtue

deci- *pref* deci-

decibelímetro *m* noise meter

decibelio, decibel *m* decibel

decididamente *adv* **1** ‹*actuar/hablar*› decisively, resolutely; **manifestó ~ su oposición** she made her opposition clear, she made it clear that she was opposed to it **2** (*indep*) (claramente) clearly, obviously; **~, esto no puede continuar así** clearly *o* obviously, this can't go on

decidido -da *adj* **1** [SER] ‹*persona/tono*› (resuelto, enérgico) decisive, determined; **pueden contar con mi ~ apoyo** you can count on my wholehearted support **2** [ESTAR] (a hacer algo): **me voy con él, estoy decidida** I'm going with him, my mind is made up *o* I've made my decision; **~ A + INF: estoy ~ a terminar con esta situación** I've made up my mind *o* I'm determined *o* I've decided to put an end to this situation

decidir [I1] *vt* **1** (tomar una determinación) to decide; **todavía no han decidido nada** they still haven't reached a decision *o* haven't decided anything; **iba a aceptar pero después decidí que no** I was going to accept but then I decided against it *o* decided not to; **hemos decidido que no nos vamos a mudar** we've decided that we're not going to move, we've decided not to move; **~ + INF** to decide to + INF; **decidieron prorrogarle el contrato** they decided to extend his contract **2** ‹*persona*› **eso fue lo que me decidió** that was what made up my mind for me, that was what decided me; **aquel incidente me decidió a actuar** that incident made me decide to act **3** ‹*asunto*› to settle; ‹*resultado*› to decide; **este contrato va a ~ el futuro de la empresa** this contract is going to decide the future of the company; **el gol que decidió el partido** the goal that decided the game
■ **decidir** *vi* to decide; **no sé, decide tú** I don't know, you decide; **otra persona había decidido por él** someone else had made the decision for him; **tiene que ~ entre dos opciones igualmente interesantes** she has to choose *o* decide between two equally attractive options; **~ SOBRE algo** to make *o* take a decision ON sth, decide ON sth; **no es la persona más adecuada para ~ sobre este asunto** she's not the best person to decide on *o* to make *o* to take a decision on this matter; **yo no tengo autoridad para ~ sobre su suerte** I do not have the authority to decide (on) his fate
■ **decidirse** *v pron* to make up one's mind; **aún no me he decidido del todo** I still haven't quite made up my mind *o* decided; **decídete, me tengo que ir** make up your mind, I have to go; **¿va a llover? — no sé, no se decide** is it going to rain? — I don't know, it can't seem to make up its mind; **~se A + INF** to decide to + INF; **~se POR algo** to decide ON sth; **se decidió por el verde** she decided on the green one

decidor¹ -dora *adj*
A ‹*persona*› (ocurrente) witty; (elocuente) eloquent
B (Chi) ‹*hecho/comentario*› telling, significant

decidor² -dora *m,f* (persona — ocurrente) wit; (— elocuente) eloquent speaker

decigramo *m* decigram

decilitro *m* deciliter*

décima *f* (de un segundo) tenth; (de un grado) tenth; **tiene 39 y tres ~s** his temperature is 39.3 (degrees); **no tiene más que unas ~s** he only has a slight fever *o* (BrE) temperature

decimación *f* decimation

decimal¹ *adj* decimal

decimal² *m* ▸ℹ **p.243** (número) decimal, decimal number; **correr la coma un ~** move the decimal point back/forward one place; **para los cálculos usen sólo los dos primeros ~es** calculate to two decimal places only

decimalización *f* decimalization

decimalizar [A4] *vt* to decimalize

decímetro *m* ▸ℹ **p.1757** decimeter*

décimo¹ -ma *adj/pron* **1** ▸ℹ **p.575**; (ordinal) tenth *para ejemplos ver* **quinto¹ 2** (partitivo): **la décima parte** a tenth

décimo² *m* **1** ▸ℹ **p.243**; (partitivo) tenth **2** (de lotería) *tenth share in a lottery ticket*

decimoctavo¹ -va *adj/pron* **1** ▸ℹ **p.575**; (ordinal) eighteenth *para ejemplos ver* **quinto¹ 2** (partitivo): **la decimoctava parte** an eighteenth

decimoctavo² *m* ▸ℹ **p.243** eighteenth

decimocuarto¹ -ta *adj/pron* **1** ▸ℹ **p.575**; (ordinal) fourteenth *para ejemplos ver* **quinto¹ 2** (partitivo): **la decimocuarta parte** a fourteenth

d

decimocuarto[2] *m* ▸ⓘ **p.243** fourteenth

decimonónico -ca *adj* **1** ‹*literatura/arquitectura/autor*› nineteenth-century **2** (anticuado) ‹*educación/costumbres/ideas*› old-fashioned

decimonoveno[1] **-na**, **decimonono -na** *adj/pron* **1** ▸ⓘ **p.575**; (ordinal) nineteenth *para ejemplos ver* **quinto**[1] **2** (partitivo): **la decimonovena parte** a nineteenth

decimonoveno[2], **decimonono** *m* ▸ⓘ **p.243** nineteenth

décimoprimero -ra *adj/pron* (crit) ▸**undécimo**

decimoquinto[1] **-ta** *adj/pron* **1** ▸ⓘ **p.575**; (ordinal) fifteenth *para ejemplos ver* **quinto**[1] **2** (partitivo): **la decimoquinta parte** a fifteenth

decimoquinto[2] *m* ▸ⓘ **p.243** fifteenth

décimosegundo -da *adj/pron* (crit) ▸**duodécimo**[1]

decimoséptimo[1] **-ma** *adj/pron* **1** ▸ⓘ **p.575**; (ordinal) seventeenth *para ejemplos ver* **quinto**[1] **2** (partitivo): **la decimoséptima parte** a seventeenth

decimoséptimo[2] *m* ▸ⓘ **p.243** seventeenth

decimosexto[1] **-ta** *adj/pron* **1** ▸ⓘ **p.575**; (ordinal) sixteenth *para ejemplos ver* **quinto**[1] **2** (partitivo): **la decimosexta parte** a sixteenth

decimosexto[2] *m* ▸ⓘ **p.243** sixteenth

decimotercero[1] **-ra** *adj/pron* **1** ▸ⓘ **p.575**; (ordinal) thirteenth *para ejemplos ver* **quinto**[1] **2** (partitivo): **la decimotercera parte** a thirteenth

decimotercero[2] *m* ▸ⓘ **p.243** thirteenth

decir[1] *m* **1** (manera de expresarse): **en el ~ popular** in popular speech; **¿cientos de personas? — bueno, es un ~** hundreds of people? — well, it's just a manner of speaking *o* a figure of speech; **supongamos, es un ~, que ...** let's assume, just for the sake of argument, that ...; **al ~ de la gente, el clima está cambiando** people say the climate is changing **2** **decires** *mpl* (dichos) sayings (*pl*); (rumores) talk; **no son más que ~es** it's just talk

decir[2] [I24]

GUÍA DE BÚSQUEDA

- **decir** *verbo transitivo*
  - **A** decir: palabra, mentira etc
  - **B** decirle algo a alguien
  - **C** **1** transmitiendo órdenes, deseos etc
    2 decir adiós
  - **D** por escrito
  - **E** llamar
  - **F** sugerir, comunicar
  - **G** decir misa
  - **H** **1** querer decir
    2 digo (al rectificar)
  - **I** opinar, pensar
  - **J** en locuciones
- **decir** *verbo intransitivo*
  - **A** **1** invitando a hablar
    2 al contestar el teléfono
  - **B** decir bien/mal de
- **decirse** *verbo pronominal*
  - **1** reflexivo
  - **2** recíproco
  - **3** para enfatizar

vt

A ‹*palabra/frase*› to say; ‹*mentira/verdad*› to tell; ‹*poema*› to say, recite; ‹*oración*› to say; [*para ejemplos con complemento indirecto ver división 2*] **ya dice 'mamá'** he says 'mama' now; **no digas esas cosas, por favor** please don't say things like that; **no digas estupideces/barbaridades** don't talk nonsense *o* (AmE) garbage *o* (BrE) rubbish; **¿cómo pudiste ~ semejante disparate?** how could you say such a stupid thing *o* make such a stupid comment?; **no me dejó ~ ni una palabra** he didn't let me get a word in edgeways; **¿eso lo dices por mí?** are you referring to me?; **no sé qué ~ ... un millón de gracias** I don't know what to say ... thank you very much indeed; **¡qué callado estás! ¡no dices nada!** you're very quiet, you've hardly said a word!; **¡no lo dirás en serio!** you can't be serious!; **¡no irás a ~ que no lo sabías!** don't try and tell me you didn't know!; **dijo que sí con la cabeza** he nodded; **—no puedo hacer nada —dijo Juan** there is nothing I can do, said Juan *o* Juan said; **como dice el refrán/mi abuela** as the saying goes/as my grandmother says; **lo dijeron por la radio** they said it *o* it was announced on the radio; **no eran ricos, digamos que vivían bien** I don't mean they were rich, let's just say they lived well; **dicen que de joven fue muy guapa** they say she was very beautiful when she was young; **dicen que es el hombre más rico del país** he is said to be the richest man in the country; **¿qué se dice? — gracias/por favor** what do you say? — thank you/please; **no se dice 'andé', se dice 'anduve'** it isn't 'andé', it's 'anduve'; **¡eso no se dice!** you mustn't say that!; **¿cómo se dice 'te quiero' en ruso?** how do you say 'I love you' in Russian?, what's the Russian for 'I love you'?; **bonita, lo que se dice bonita, no es** she's not what you would call pretty; **estoy harta, lo que se dice harta ¿me oyes?** I'm fed up, absolutely fed up, do you hear?; **eso se dice pronto, pero no es tan fácil** that's easier said than done; **palatal: dícese del sonido cuya articulación ...** palatal: of, relating to or denoting a sound articulated ...; **es el sábado; ni que ~ tiene que estás invitado** it's on Saturday; you're invited, of course, but that goes without saying *o* but I don't need to tell you that; **haberlo dicho antes** why didn't you say so before?, you might have said so before!; **¿tendrá tiempo de hacerlo? — dice que sí** will he have time to do it? — he says he will; **¿no lo encontró? — dice que no** didn't he find it? — no, he says he didn't; **digan lo que digan** no matter what people say, whatever people say; **¿qué tal? ¿qué decís?** (RPl fam) hi, how are things? (colloq), hi, what's up? (AmE colloq)

B **~le algo a algn** to tell sb sth; **eso no es lo que me dijo a mí** that's not what he told *me*, that's not what he said to *me*; **¿sabes qué me dijo?** do you know what he told me?; (expresando sorpresa, indignación, etc) do you know what he said to me?; **se lo voy a ~ a papá** I'm going to tell Dad; **hoy nos dicen el resultado** they're going to give us the result today; **me dijo una mentira** he told me a lie, he lied to me; **Andrés me dijo lo de tu hermano** Andrés told me about your brother; **¡a mí me lo vas a ~!** you're telling me!, you don't have to tell me!; **¿sabes lo que te digo? por mí que se muera** look, as far as I'm concerned he can drop dead! (colloq); **¿no te digo? éste se cree que yo soy la sirvienta** see what I mean? he thinks I'm his servant; **¿no te digo** *or* **no te estoy diciendo que hasta le pega?** I'm telling you, he even hits her!; **¿tú qué me aconsejas? — ¿qué quieres que te diga? tienes que tomar tú la decisión** what do you think I should do? — well, to be quite frank *o* honest, I think you have to decide for yourself; **ya te decía yo que no era verdad** I told you it wasn't true, didn't I?; **fue algo espantoso, todo lo que te diga es poco** it was terrible, I just can't describe it *o* I can't begin to tell you; **hace mal tiempo en verano, y no te digo nada en invierno ...** in summer the weather's bad, and as for the winter ...; **¡no me digas que no es precioso!** isn't it beautiful?; **a lo mejor te ofrecen el puesto ¿quién te dice?** (CS) you never know, they might offer you the job; **me resultó ¿cómo te diría? ... violento** I found it ... how shall I put it? *o* I don't know ... rather embarrassing; **¡ya me dirás qué le cuesta escribirnos una carta!** I mean, surely it's not too much trouble for him to write us a letter; **no te creas todo lo que te dicen** don't believe everything people tell you *o* everything you hear; ***dime con quién andas y te diré quién eres*** you can judge a man by the company he keeps

C **1** (transmitiendo órdenes, deseos, advertencias): **¡porque lo digo yo!** because I say so!; **a mí nadie me dice lo que tengo que hacer** nobody tells *me* what to do; **harás lo que yo diga** you'll do as I say; **manda ~ mi mamá que si le puede prestar el martillo** (AmL) mom says can she borrow your hammer?; **Fernando pregunta si puede venir con nosotros — dile que sí** Fernando wants to know if he can come with us — yes, tell him he can *o* say yes; **~ QUE + SUBJ**: **dice papá que vayas** Dad wants you; **dice que llames cuando llegues** she says (you are) to phone when you get there; **dijo que tuviéramos cuidado** she said to be careful, she said we should be careful; **~le a algn QUE + SUBJ** to tell sb to + INF; **diles que empiecen** tell them to start; **le dije que no lo hiciera** I told him not to do it; **nos dijeron que esperáramos** they told us *o* we were told to wait; **te digo que vengas aquí enseguida** I said, come here at once **2** **decir adiós** to say goodbye; **vino a ~me adiós** she came to say goodbye (to me); **di adiós a tu vida de estudiante** that's the end of your student days, you'd better say goodbye to your student days; **¿se lo prestaste? ¡ya le puedes ~ adiós!** you mean you lent it to him? well, you can kiss that goodbye! (colloq)

D (por escrito) to say; **¿qué dice aquí?** what does it say here?; **el diario no dice nada sobre el asunto** there's nothing in the paper about it

E (llamar) to call; **le dicen 'Dumbo' por las orejas** they call him 'Dumbo' because of his ears; **se llama Rosario pero le dicen Charo** her name is Rosario but people call her Charo; **no me digas de usted** there's no need to call me 'usted'

F (sugerir, comunicar): **la forma de vestir dice mucho de una persona** the way someone dresses says a lot *o* tells you a lot about them; **el tiempo lo dirá** time will tell; **por afuera la casa no dice nada** the house doesn't look much from the outside; **el poema no me dice nada** the poem doesn't do anything for me; **algo me decía que no iba a ser fácil** something told me it wasn't going to be easy; **¿te dice algo ese nombre?** does that name mean anything to you?; **la tarta estaba diciendo cómeme** the cake was just asking to be eaten

G **decir misa** to say mass

H **1** **querer decir** to mean; **¿qué quiere ~ esta palabra?** what does this word mean?; **¿qué quieres ~ con eso?** what do you mean by that?; **no entendiste lo que quise ~** you didn't understand what I meant; **¿quieres ~ que ya no te interesa?** do you mean (to say) that you're no longer interested?; **sólo quería ~te que ...** I just wanted to say that ... **2** **digo** (al rectificar) I mean; **el presupuesto asciende a diez mil, digo cien mil de euros** we have a budget of ten thousand, (sorry,) I mean a hundred thousand euros

I (opinar, pensar) to think; **¿y los padres qué dicen?** what do her parents think of it?, how do her parents feel about it?; **podríamos ir mañana ¿tú qué dices?** we could go tomorrow, what do you think?; **¡quién lo hubiera dicho!** who would have thought *o* believed it?; **podría haber mencionado al resto del equipo, vamos, digo yo ...** he could have mentioned the rest of the team ... well I'd have thought so, anyway; **habría que regalarle algo, no sé, digo yo** we ought to buy her a present, well, I think so anyway; **es muy fácil — si tú lo dices ...** it's very easy — if you say so ...

J (*en locuciones*): **a decir verdad** to tell you the truth, to be honest; **como quien dice** so to speak; **el nuevo tren está, como quien dice, a la vuelta de la esquina** the new train is, so to speak *o* to coin a phrase, just around the corner; **la granja es, como quien dice, la razón de su vida** I suppose you could say the farm is his whole reason for living; **con decirte que: no me lo perdonó nunca, con ~te que ni me saluda ...** he's never forgiven me, he won't even say hello to me; **decir por decir: lo dijo por ~** he didn't really mean it; **¡digo!** (Esp fam): **¡qué calor hace! — ¡digo!** it's so hot! — you can say that again *o* I'll say! (colloq); **¿y te gusta? — ¡digo!** do you like it? — you bet I do *o* (AmE) I sure do! (colloq); **es decir** that is; **mi cuñada, es ~ la mujer de Rafael** my sister-in-law, Rafael's wife that is; **no sé si voy a poder ir — es ~ que no vas a ir** I don't know if I'll be able to go — you mean you're not going; **es mucho decir: es la mejor película del año — eso ya es mucho ~** it's the best movie of the year — I wouldn't go that far; **¡he dicho!** that's that!, that's final!; **lo mismo digo: mucho gusto en conocerle — lo mismo digo** pleased to meet you — pleased to meet you *o* likewise; **¡qué alegría verte! — lo mismo digo** it's great to see you! — and you *o* you too; **¡no me digas!** no!, you're kidding *o* joking! (colloq); **¿sabes que se casa Lola? — ¡no me digas!** do you know Lola's getting married? — no! *o* you're joking! *o* really? *o* never!; **por así decirlo** so to speak; **es, por así ~lo, el alma-máter de la empresa** he is, so to speak *o* as it were, the driving force behind the company; **que digamos: no es muy inteligente que digamos** he's not exactly *o* he's hardly what you'd call intelligent; **¿qué me dices?: saqué el primer puesto ¿qué me dices?** I came first, how about that then?; **¿y qué me dices de lo de Carlos?** and what about Carlos then?; **¿sabes que lo van a derribar? — ¿qué me dices?** do you know they're going to demolish it? — what? *o* you're kidding!; **¡que no se diga!** shame on you!; **¿te ganó un niño de seis años? ¡que no se diga!** you were beaten by a six-year-old child? shame on you!; **¡que no se diga que no somos capaces!** I don't want people saying that we can't do it; **se dice pronto** no less; **costó $20.000 ¡se dice pronto!** it cost $20,000, which is no mean sum; **lleva dos meses enferma, que se dice pronto** she has been ill for two months, and that's a long time; **¡y que lo digas!** (Esp) you can say that again!, you're telling me!, don't I know it!; **y (ya) no digamos** *or* (AmL) **y no se diga: le cuestan mucho las matemáticas y no digamos la física** he finds mathematics very difficult, and as for physics ...; ***el/la que te dije*** (fam & hum) you-know-who; ***el qué dirán*** (fam): **siempre le ha importado el qué dirán** she's always been worried what other people (might) think; **¿por qué te preocupa tanto el qué dirán?** why do you worry about what people will *o* might say? *ver tb* **dicho**[1]

■ **decir** *vi*

A **1** (invitando a hablar): **papá — dime, hijo** dad — yes, son?; **quería pedirle un favor — usted dirá** (frml) I wanted to ask you a favor — certainly, go ahead; **tome asiento — gracias — usted dirá** (frml) take a seat — thank you — now, what can I do for you? **2** (Esp) ▸ **❶ p.743** (al contestar el teléfono): **¿diga?** *or* **¿dígame?** hello?

B **~ bien/mal de algn/algo: sus trabajos dicen bien de él** his work has created a good impression; **la manera en que se comportó no dice muy bien de él** the way he behaved doesn't show him in a very good light *o* doesn't say very much for him

■ **decirse** *v pron* **1** (*reflexivo*) to say to oneself; **se dijo que no lo volvería a hacer** he said to himself *o* he told himself that he wouldn't do it again; **me dije para mis adentros que allí había gato encerrado** I said *o* thought to myself, there's something fishy going on here **2** (*recíproco*) to say to each other; **se decían secretos al oído** they were whispering secrets to each other; **se dijeron de todo** they called each other every name under the sun **3** (*enf*): **tú hazme caso que yo sé lo que me digo** you listen to me, I know what I'm talking about; **no sé para qué me preguntas, si tú te lo dices todo** I don't know why you're asking me, you seem to have all the answers

decisión *f* **1** (acción) decision; **la ~ está en tus manos** the decision is in your hands; **tienes que tomar una ~** you must make *o* take a decision, you must make your mind up; **no han podido llegar a una ~** they haven't been able to decide *o* reach a decision; **~ DE + INF: su ~ de marcharse** her decision to leave **2** (cualidad) decisiveness, decision; **una mujer de ~** a decisive woman, a woman of decision **3** (AmL) (en boxeo): **ganó por ~** he won on points *o* by a decision

decisivo -va *adj* ‹*fecha/momento*› crucial, decisive, critical; ‹*prueba*› conclusive; ‹*voto/resultado*› crucial, decisive; **jugó un papel ~ en la resolución de la crisis** she played a decisive role in resolving the crisis

decisorio -ria *adj* (frml) decision-making (*before noun*)

declamación *f* **1** (Teatr) declamation **2** (de poemas) poetry reading

declamar [A1] *vi* to declaim

■ **declamar** *vt* to recite

declamatorio -ria *adj* declamatory

declaración *f*

A **1** (afirmación) declaration; **una ~ de amor** a declaration of love **2** (a la prensa, en público) statement; **el gobierno no ha emitido ninguna ~ al respecto** the Government has issued no statement on the matter; **se negó a hacer declaraciones a la prensa** she refused to talk to the press, she refused to make a statement to the press **3** (proclamación) declaration; **la ~ universal de los derechos del hombre** the universal declaration of human rights

Compuestos

- **declaración de derechos** bill of rights
- **declaración de guerra** declaration of war
- **declaración de la independencia** declaration of independence
- **declaración de principios** declaration of principles
- **declaración de quiebra** declaration of bankruptcy

B (Der) statement, testimony; (ante el juez): **el policía me tomó ~** the policeman took my statement; **tuvo que prestar ~ como testigo** he was called to give evidence *o* to testify *o* as a witness

Compuestos

- **declaración de aduana** customs declaration
- **declaración de la renta** income tax return
- **declaración del impuesto sobre la renta** income tax return
- **declaración jurada** affidavit, sworn statement

declaradamente *adv* openly

declarado -da *adj* declared, professed

declarante *mf* (frml) ▸**deponente**[2]

declarar [A1] *vt*

A **1** (manifestar) ‹*apoyo/oposición*› to declare, state; ‹*noticia/decisión*› to announce, state; **declaró abiertamente su simpatía por el régimen** he openly declared his sympathy with the régime; **declaró que no convocaría elecciones anticipadas** he announced that he would not call early elections **2** (proclamar) to declare; **~ la guerra/el cese de las hostilidades** to declare war/a ceasefire; **~on la comarca zona catastrófica** the region was declared a disaster area; **el presidente declaró abierta la sesión** the chairman pronounced *o* declared the session open; **lo ~on apto para el servicio militar** he was declared *o* passed fit for military service; **yo os declaro marido y mujer** I pronounce you man and wife; **el jurado lo declaró culpable** the jury found him guilty

B **1** (en la aduana) to declare; **¿algo que ~?** anything to declare? **2** (Fisco) ‹*bienes/ingresos*› to declare

■ **declarar** *vi* to give evidence, testify; **fue llamado a ~ como testigo** he was called to give evidence *o* to testify *o* as a witness

■ **declararse** *v pron*

A **1** (manifestarse) to declare oneself; **se declaró partidaria del divorcio** she declared herself (to be) in favor of divorce, she declared *o* stated that she was in favor of divorce; **se declaró culpable** he pleaded guilty; **~se en quiebra** *or* **bancarrota** to declare oneself bankrupt; **~se en huelga** to go on strike **2** (confesar amor) (+ *me/te/le etc*): **se le declaró** he declared his love to her, he told her he loved her

B «*incendio/epidemia*» to break out; **se declaró una emergencia a bordo del barco** an emergency arose on board the ship

declaratoria *f* **1** (frml) (proclamación) declaration **2** (Andes frml) (Der) ruling; **rendir ~ sobre algo** to give a ruling on sth, to rule on sth

declinable *adj* (Ling) declinable

declinación *f* **1** (Ling) declension **2** (Astron, Fís) declination

declinar [A1] *vt* **1** ‹*invitación/oferta/honor*› to turn down, decline (frml); ‹*propuesta*› to reject, turn down; **declinó hacer declaraciones** she declined to make a statement; **Ⓢ la compañía declina toda responsabilidad ...** the company accepts no responsibility ..., the company cannot accept liability ... **2** (Ling) to decline

■ **declinar** *vi* (liter) «*día/tarde*» to draw to a close (liter); «*fuerzas*» to diminish; «*salud*» to decline; **al ~ el día** as the day draws to a close (liter); **cuando los días comienzan a ~** when the days begin to draw in

declive *m* **1** (de una superficie) slope, incline (frml); **terreno en ~** sloping ground; ***tiene buen ~*** (Chi fam) he can drink anybody under the table (colloq) **2** (decadencia) decline; **una economía en ~** a declining economy, an economy in decline; **una especie en ~** a species in decline

decodificación *f* decodification

decodificador *m* decoder

Compuesto **decodificador de señal digital** set-top box

decodificar [A2] *vt* decode

decolaje *m* (AmL) take-off

decolar [A1] *vi* (AmL) to take off

decoloración *f* (del pelo) bleaching; (de la piel) discoloration; (de ropa) fading

decolorante[1] *adj* bleaching

decolorante[2] *m* bleaching agent

decolorar [A1] *vt* ‹*pelo*› to bleach; ‹*piel*› to discolor*; ‹*ropa*› to fade

■ **decolorarse** *v pron* **1** (*refl*) ‹*pelo*› to bleach; **se decolora el pelo** she bleaches her hair **2** «*pelo*» (+ *me/te/le etc*) to get bleached **3** «*ropa*» to fade

decomisar [A1] *vt* to confiscate, seize

decomiso *m* **1** (acción) confiscation, seizure; **venden artículos de ~** they sell confiscated goods **2** (objetos) confiscated goods (*pl*)

deconstrucción *f* deconstruction

deconstruir [I20] *vt* to deconstruct

decoración *f*

A **1** (de pasteles, platos) decoration; **~ de escaparates** *or* **vitrinas** window dressing **2** (interiorismo) *tb* **~ de interiores** interior decoration

B **1** (efecto) decor **2** (Cin, Teatr) scenery, set

decorado *m* set; ***formar parte del ~*** (fam) to be part of the furniture (colloq)

decorador -dora *m,f tb* **~ de interiores** interior decorator

decorar [A1] *vt* ‹*pastel*› to decorate; ‹*escaparate/vitrina*› to dress; ‹*casa/habitación*› to decorate; ‹*árbol de Navidad*› (AmL) to decorate

decorativo -va *adj* decorative

decoro *m* **1** (dignidad): **vivir con ~** to have a decent standard of living **2** (pudor, respeto) decorum; **guardar el debido ~** to maintain a sense of decorum *o* propriety

decorosamente *adv* decorously

decoroso -sa *adj* **1** (digno) ‹*sueldo/aumento*› decent, respectable; **el nivel de la exposición fue apenas ~** the standard of the exhibition was barely acceptable **2** (pudoroso) ‹*conducta/vestido*› decent, respectable

decrecer [E3] *vi* **1** «*afición/interés*» to wane, diminish, decrease; «*importancia*» to diminish, decline, decrease **2** «*número/cantidad*» to decline, fall **3** «*aguas*» to drop, fall

decreciente *adj* ‹*orden*› decreasing (*before n*); **el ~ interés por estos temas** the decreasing *o*

d

diminishing *o* waning interest in these matters

decrecimiento *m* decrease, decline, fall

decremento *m* decrease

decrépito -ta *adj* ‹*viejo*› decrepit; ‹*autobús/coche*› (hum) decrepit, dilapidated, beat-up (AmE colloq), clapped-out (BrE colloq)

decrepitud *f* decrepitude

decretar [A1] *vt* to order, decree (frml); **decretó un día de luto** he declared *o* decreed a day of mourning; **ha decretado que de ahora en adelante ...** he has decreed *o* ordered that from now on ...

decretazo *m* (Esp fam) summary decree

decreto *m* decree

(Compuesto) **decreto con fuerza de ley** (Chi) law-ranking decree

decreto-ley *m* decree-law, ≈ order in council (*in UK*)

decúbito *m* (frml) position; **en ~ prono/dorsal/lateral** in a prone/supine/lateral position

decuplar [A1] *vt* to multiply tenfold, increase tenfold

décuplo *m* (frml) decuple (frml); **el costo ha llegado a ser el ~ de lo que era en 1983** the cost is now ten times what it was in 1983

decurso *m* (frml) course; **en el ~ del presente año** during the course of this year

dedal *m* thimble

(Compuesto) **dedal de oro** (Chi) California poppy

dedalera *f* foxglove

dédalo *m* (liter) labyrinth

Dédalo Daedalus

dedazo *m* (Méx fam) *the appointment of political allies, relatives, friends, etc as civil servants*; **para estos nombramientos no habrá ~** there will be no selection of personal friends/family members for these posts

dedicación *f* **1** (entrega) dedication; **trabaja con ~** she works with dedication; **~ A algo/algn** dedication TO sth/sb **2** (Relig) dedication

(Compuesto) **dedicación exclusiva** full-time commitment; **trabaja en régimen de ~ ~** she works full-time

dedicar [A2] *vt* **1** ‹*esfuerzos/tiempo*› **~ algo A algo** to devote sth TO sth; **dedico mucho tiempo a la lectura** I devote a lot of time to reading; **ha dedicado su vida entera a esta causa** she has dedicated *o* devoted her whole life to this cause **2** (destinar) ‹*habitación/campo*› **~ algo A algo** to give sth over TO sth; **vamos a ~ este cuarto a archivo** we're going to set this room aside for *o* give this room over to the files **3** (ofrendar, ofrecer) to dedicate; **le dedicó la obra a su profesor** she dedicated the play to her teacher; **quisiera ~ esta canción a ...** I'd like to dedicate this song to ...; **me regaló una copia dedicada** she gave me a signed copy **4** (Relig) to dedicate

■ **dedicarse** *v pron* **~se A algo** to devote oneself TO sth; **¿a qué se dedica tu padre?** what does your father do?; **dejó de trabajar para ~se a sus hijos** she gave up work to devote herself to the children; **~se A + INF: se dedica a pintar en sus ratos libres** she spends her free time painting, she paints in her free time; **se dedica a hacerme la vida imposible** he does his best to make my life impossible

dedicatoria *f* dedication

dedicatorio -ria *adj* dedicatory

dedil *m* fingerstall

dedillo *m*: **se conoce la ciudad al ~** she knows the town like the back of her hand; **sabía la lección al ~** I knew the lesson (off) by heart; **es un ambiente que yo conozco al ~** it's a scene that I know inside out (colloq)

dedo *m*

A ▸ **i** **p.231**; (de la mano, de un guante) finger; (del pie) toe; **contaba con los ~s** he was counting on his fingers; **se podían contar con los ~s** they could be counted on (the fingers of) one hand; **señaló con el ~ lo que quería** he pointed to what he wanted; **es de mala educación señalar con el ~** it's rude to point; ***a ~*** (fam): **fuimos a ~ hasta la frontera** we hitchhiked *o* (colloq) hitched to the border; **recorrió Europa a ~** she hitchhiked *o* (colloq) hitched around Europe; **su tío lo colocó a ~** he got a job thanks to some string-pulling by his uncle, his uncle got him the job; **le concedieron la subvención a ~** he was awarded the subsidy without following prodedure; ***chuparse el ~*** (fam) to suck one's thumb; **¿tú qué crees? ¿que me chupo el ~?** do you think I was born yesterday?; ***estar para chuparse los ~s*** (fam) to be delicious; ***hacer*** or (Col) ***echar ~*** (fam) to hitchhike, hitch (colloq); **había dos chicas haciendo ~** there were two girls trying to hitch a ride *o* (BrE) lift; ***mover*** or ***levantar un ~*** (fam): **es incapaz de mover un ~ para ayudarme** he never lifts a finger to help me; ***no quitar el ~ del renglón*** (Méx fam) to insist; ***pillarse los ~s*** (Esp fam) (en una puerta, etc) to get one's fingers caught; (en un negocio) to get one's fingers burned (colloq); ***poner el ~ en el renglón*** (Méx) to put one's finger on the spot; ***poner el ~ en la llaga*** to hit a raw nerve; ***ponerle el ~ a algn*** (Méx arg) to point the finger at sb; ***señalar a algn con el ~*** (literal) to point at sb; (culpar) to point the finger at sb; (censurar) to point the finger of scorn at sb

(Compuestos)

- **dedo anular** ring finger
- **dedo corazón** *or* **del corazón** middle finger
- **dedo gordo** (fam) (del pie) big toe; (de la mano) thumb
- **dedo índice** forefinger, index finger
- **dedo medio** middle finger
- **dedo meñique** little finger, pinkie (colloq)
- **dedo pulgar** thumb

B (como medida): **hay que subirle dos ~s al dobladillo** the hem needs taking up about an inch; **para mí sólo un ~ de whisky** just a drop of whiskey for me; **estuvo a dos ~s de perder el trabajo** he came very close to losing his job, he came within an ace *o* an inch of losing his job (colloq); ***dos ~s de frente*** (fam): **no tiene dos ~s de frente** he hasn't an ounce of common sense; **cualquiera con dos ~s de frente lo habría entendido** anybody with half a brain *o* with any common sense would have understood it (colloq)

dedocracia *f* (fam & hum) *the appointment of political allies, relatives, friends, etc as civil servants*

deducción *f*

A **1** (razonamiento) deduction **2** (conclusión) conclusion

B (descuento) deduction

deducible *adj*

A (que se puede inferir) deducible; **esto no es ~ de la información que tenemos** this cannot be deduced from the information we have

B (Com, Fin) deductible

deducir [I6] *vt*

A (inferir) to deduce; **como no contestaban deduje que no había nadie** as there was nobody reply, I deduced *o* assumed there was nobody there; **~ algo DE algo** to deduce sth FROM sth; **¿qué deduces de todo esto?** what do you deduce from all this?, what conclusions do you draw from all this?; **de lo anteriormente expuesto se deduce que ...** from the above, it may be deduced that ...

B (descontar) to deduct

deductivo -va *adj* deductive

deduje, deduzca, etc ▸ **deducir**

de facto *loc adj* **1** (de hecho) de facto **2** (CS) (dictatorial): **el período ~ ~** the period of the dictatorship

defecación *f* defecation

defecar [A2] *vi* to defecate

defección *f* defection

defeccionar [A1] *vi* (period) to defect

defectible *adj* (frml) superfluous

defectivo *adj* ▸ **verbo**

defecto *m*

A **1** (en un sistema) fault, flaw, defect; **este material tiene un pequeño ~** there's a slight flaw *o* defect in this material; **a todo le encuentra ~s** she finds fault with everything; **el plan tiene muchos ~s** the plan has a lot of defects *o* a lot of things wrong with it; **un ~ en el sistema de frenos** a fault *o* defect in the braking system **2** (de una persona) fault; **es un ~ suyo** it's one of her faults, it's a defect in her character; **tiene el ~ de nunca escuchar lo que se le dice** she has the bad habit of never listening to what people say to her; **me quiere a pesar de mis ~s** he loves me in spite of my faults; ***pecar por ~***: **pecaron por ~ en las previsiones** they were too conservative in their estimates; **antes preparaba demasiada comida y ahora peca por ~** she always used to make too much food but now she's gone to the other extreme *o* too far the other way

(Compuestos)

- **defecto de fábrica** manufacturing fault *o* defect; **tenía un ~ de ~** it was faulty *o* defective
- **defecto físico** physical handicap

B (frml): **en su defecto: limpiar con desinfectante o, en su ~, con agua limpia** clean with disinfectant, or, failing that, use clean water; **el director o, en su ~, su secretaria** the director or, in his absence *o* if he is not available, his secretary

C **por defecto** (Inf) by default; **configurar algo por ~** to configure sth by default; **opción/valor por ~** default option/value

defectuosamente *adv* defectively; **fue ~ construido** its construction was defective; **el producto venía ~ embalado** the product was badly wrapped

defectuoso -sa *adj* faulty, defective

defender [E8] *vt* **1** (proteger) ‹*guarnición/nación*› to defend, protect; ‹*persona*› to defend; **siempre defiende a su hermana** he always defends *o* protects *o* stands up for his sister; **~ a algn DE algo/algn** to defend sb AGAINST sth/sb; **la defendió de las acusaciones/de sus atacantes** he defended her against the accusations/against her attackers **2** ‹*intereses*› to protect, defend; ‹*derechos*› to defend; ‹*título*› to defend **3** (Der) ‹*caso*› to defend; ‹*acusado/cliente*› to defend **4** ‹*idea/teoría/opinión*› to defend, uphold; ‹*causa/ideal*› to champion, defend; **~ la tesis** ≈ to defend one's dissertation (*in US*), ≈ to have a viva on one's thesis (*in UK*)

■ **defenderse** *v pron* **1** (*refl*) (contra una agresión) to defend *o* protect oneself; (Der) to defend oneself; **~se DE algo/algn** to defend oneself AGAINST sth/sb **2** (fam) (arreglárselas) to get by (colloq); **me defiendo bastante bien en francés** I can get by quite well in French; **¿sabes jugar al tenis? — bueno, me defiendo** can you play tennis? — well, I'm not too bad (colloq)

defendible *adj* **1** ‹*ciudad*› defensible **2** ‹*conducta*› justifiable, defensible; ‹*posición/tesis*› defensible

defendido -da *m,f* defendant

defenestración *f* (frml) downfall, defenestration (journ); **desde hacía tiempo venían preparando su ~** they had been preparing his downfall for some time, they had been preparing to oust him for some time

defenestrar [A1] *vt* **1** (por una ventana) to throw ... out of the window, defenestrate (journ) **2** (frml) ‹*político/rival*› to oust, defenestrate (journ)

defensa *f*

A **1** (protección) defense*; **nadie acudió en su ~** nobody went to his defense, nobody went to defend him; **salió en nuestra ~** he came to our defense; **actuó en ~ propia** or **en legítima ~** he acted in self-defense*; **~ DE algo/algn** defense* OF sth/sb; **se manifestaron en ~ de sus derechos** they demonstrated in defense of their rights **2** **Defensa** *f* the Defense Department (AmE), the Ministry of Defence (BrE)

(Compuestos)
- **defensa personal** self-defense*
- **defensas antiaéreas** *fpl* anti-aircraft defenses* (*pl*)
- **defensas marítimas** *fpl* sea defenses* (*pl*)
- **defensas ribereñas** *fpl* river defenses* (*pl*)

B (Der) defense*; **los testigos de la ~** the witnesses for the defense, the defense witnesses
C **defensas** *fpl* (Biol, Med) defenses* (*pl*); **las ~s biológicas del organismo** the organism's biological defenses *o* biological defense mechanisms; **está bajo de ~s** his resistance is low
D **1** (Náut) fender **2** (Cu, Méx) (Auto) bumper **3** (Chi) (Const) barrier
E (Dep) **1** (conjunto) defense* **2** **defensa** *mf* (jugador) defender

defensivo -va *adj* ‹*arma*› defensive; ‹*actitud/táctica*› defensive; **estar/ponerse a la defensiva** to be/get on the defensive; **jugar a la defensiva** to play defensively *o* a defensive game

defensor¹ -sora *adj* **1** ‹*ejército*› defending (*before n*) **2** (Der) ‹*abogado*› defense* (*before n*) **3** (partidario): **los delegados ~es del cambio** the delegates in favor of *o* who advocate change; **organizaciones ~as de los derechos humanos** human-rights organizations

defensor² -sora *m,f* **1** (Mil) defender **2** (de una causa) champion; **un ~ de nuestros recursos naturales** a defender *o* champion of our natural resources; **un ~ de la fe** a defender of the faith **3** (Der) defense counsel (AmE), defence lawyer (BrE)

(Compuestos)
- **defensor de los habitantes** (CR) ombudsman
- **defensor del pueblo** ombudsman

> **Defensor del pueblo**
>
> An ombudsman nominated by the Spanish Parliament to defend the rights of citizens against government maladministration. If he upholds a complaint he advises the administration on appropriate compensation. This post, under the same name, also exists in some Latin American countries.

defeño -ña *m,f* (Méx) person from the ▸**Distrito Federal**

deferencia *f* (frml) deference; **tuvo la ~ de cederme su lugar** he was courteous enough to give up his place to me; **no muestran ninguna ~ hacia** *or* **con los mayores** they do not treat their elders with due deference *o* respect; **el gesto se interpretó como una ~ hacia los visitantes** the gesture was seen as a mark of respect toward(s) the visitors; **no lo dije por ~ a la visita** I refrained from saying it out of *o* in deference to our visitor

deferente *adj* (frml) deferential, respectful

deferir [I11] *vi* (frml) **~ A algo** to defer TO sth

defibrilar [A1] *vt* to defibrillate

deficiencia *f* **1** (defecto) fault; **~s técnicas** technical faults *o* defects **2** (insuficiencia) deficiency; **el trabajo presenta serias ~s** the work has serious shortcomings *o* deficiencies; **una ~ en el sistema de seguridad** a weakness *o* flaw *o* shortcoming in the security system; **~s en nuestra alimentación** deficiencies in our diet; **~ inmunológica** immune deficiency

(Compuesto) **deficiencia mental** mental handicap

deficiente¹ *adj* **1** (insuficiente) poor, inadequate; **~ EN algo** deficient IN sth; **una alimentación ~ en vitaminas** a diet deficient *o* lacking in vitamins; **su conocimiento de la materia es ~** his knowledge of the subject is inadequate *o* poor, he does not know enough about the subject **2** (insatisfactorio) ‹*trabajo*› poor, inadequate; ‹*salud*› poor; ‹*inteligencia*› low; **el ~ estado de las carreteras** the poor *o* unsatisfactory state of the roads

deficiente² *mf*
A (persona) *tb* **~ mental** mentally handicapped person; **nos tratan como si fuéramos ~s mentales** they treat us as if we were subnormal
B **deficiente** *m* (calificación) poor

déficit *m* (*pl* **~** *or* **-cits**) **1** (Com, Fin) deficit; **~ presupuestario** budget deficit **2** (en la producción) shortfall; **este año ha habido ~ en las cosechas de cereales** there has been a shortfall in the cereal harvest this year; **el ~ de lluvias ha sido alarmante** there has been an alarming lack *o* shortage of rain

(Compuesto) **déficit ecológico** ecological deficit

deficitario -ria *adj*
A (Com, Fin) ‹*división/sector*› loss-making (*before n*); **los resultados arrojan un balance ~** the results show a deficit *o* a negative balance; **la producción nacional de trigo sigue siendo deficitaria** there is still a shortfall in the country's wheat production
B (Chi frml) (Psic): **un niño ~** a child with learning difficulties

defienda, defiendas, etc ▸**defender**

definible *adj* definable

definición *f* **1** (de una palabra) definition **2** (de una postura) definition **3** (de un trazo, contorno) definition; **hay que darle más ~ a la imagen** (TV) the picture needs to be made sharper

definido -da *adj* ‹*carácter/ideas*› clearly-defined, well-defined; **no tiene una opinión definida al respecto** he doesn't have a very clearly-defined *o* a definite opinion about it; **líneas muy definidas** sharp lines; **una cara de rasgos muy ~s** a face with very well-defined *o* very strong features; ▸**artículo**

definir [I1] *vt* **1** ‹*palabra/concepto*› to define **2** ‹*postura/actitud*› to define **3** ‹*contorno/línea*› to define, make … sharp

■ **definirse** *v pron*: **aún no se ha definido con respecto a este problema** he has yet to define his position *o* to say where he stands on this issue; **tenemos que ~nos por una u otra opción** we have to come down in favor of *o* choose one or other of the options; **el pueblo se definió por la alternativa pacífica** the people came out *o* decided in favor of a peaceful solution

definitivamente *adv* **1** ‹*resolver/rechazar*› once and for all; **el texto quedó terminado ~ en la sesión de ayer** the text was finalized at yesterday's meeting, the final *o* definitive version of the text was drawn up at yesterday's meeting; **mientras se resuelve ~ el problema** while waiting for a final *o* definitive solution to the problem **2** ‹*quedarse/instalarse*› permanently, for good; **tú quedarás ~ a cargo de esta sección** you will be in charge of this department on a permanent basis; **ha decidido dejar de bailar ~** he has decided to give up dancing permanently *o* for good; **están afincados ~ en Popayán** they have settled permanently in Popayán **3** (*indep*) (decididamente): **~, esto no es para mí** this is definitely not for me

definitivo -va *adj* ‹*texto/solución*› definitive; **su adiós ~ al público** her final farewell to all her fans; **el cierre ~ del local** the permanent closure of the premises; **éstos son los resultados ~s** these are the final *o* definitive results; **ya es ~ que no viene** he's definitely not coming; **se pretende dar una solución definitiva al problema** the idea is to solve the problem once and for all *o* to find a definitive solution to the problem; **necesito una respuesta definitiva hoy** I need a definite answer today; **en definitiva** all in all; **en definitiva, el resultado es muy esperanzador** in short *o* all in all, the result is very hopeful; **ésta es, en definitiva, la mejor opción** all things considered *o* all in all, this is the best option

definitorio -ria *adj* distinctive, defining (*before noun*)

deflación *f* deflation

deflacionar [A1] *vt* to deflate

deflacionario -ria *adj* deflationary

deflacionista *adj* deflationary

deflactar [A1] *vt* to deflate

deflactor *m* deflator

deflagración *f* deflagration

deflagrar [A1] *vi* to deflagrate

deflector *m* **1** (Tec) baffle **2** (Fís) deflector **3** (Esp) (Auto) air vent

deflexión *f* deflection

defoliación *f* defoliation

defoliante *adj/m* defoliant

defoliar [A1] *vt* to defoliate

deforestación *f* deforestation

deforestar [A1] *vt* to deforest

deformable *adj* that loses its shape

deformación *f* **1** (de una imagen) distortion **2** (de un marco, riel) distortion, twisting; **para evitar la ~ del suéter** to stop the sweater losing its shape **3** (de la verdad, los hechos) distortion **4** (Anat, Med) deformity

(Compuesto) **deformación profesional** obsession with one's work

deformar [A1] *vt* **1** ‹*imagen*› to distort **2** ‹*chapa/riel*› to distort, to twist (*o* push *etc*) … out of shape; **la percha ha deformado la chaqueta** the hanger has pulled the jacket out of shape **3** ‹*verdad/realidad*› to distort **4** (Anat, Med) ‹*cara/brazo*› to deform; **la artritis le ha deformado los dedos** her fingers have been deformed by *o* become misshapen with arthritis

■ **deformarse** *v pron* **1** «*imagen*» to become distorted **2** «*puerta/riel*» to distort, become distorted, bend (*o* twist *etc*) out of shape; **los zapatos se me ~on con la lluvia** my shoes got wet in the rain and lost their shape **3** (Anat, Med) «*cara/mano*» to become deformed

deforme *adj* deformed

deformidad *f* deformity

defragmentar [A1] *vt* ▸**desfragmentar**

defraudación *f* fraud

(Compuesto) **defraudación fiscal** *or* **de impuestos** tax evasion

defraudador -dora *m,f* defrauder

(Compuesto) **defraudador fiscal** *or* **de impuestos** tax evader

defraudar [A1] *vt* **1** (decepcionar) to disappoint; **la película me defraudó** I found the movie disappointing, the movie didn't live up to my expectations; **me has defraudado** you've let me down, you've disappointed me, I'm disappointed in you; **todas nuestras esperanzas se vieron defraudadas** all our hopes were dashed **2** (estafar) to defraud; **defraudó al fisco** he defrauded the tax authorities, he evaded his taxes

defunción *f* (frml) death; Ⓢ **cerrado por defunción** closed owing to bereavement

degeneración *f* **1** (deterioro) degeneration **2** (cualidad) degeneracy

degenerado -da *adj/m,f* degenerate

degenerar [A1] *vi* to degenerate; **la discusión degeneró en una violenta riña** the discussion developed *o* degenerated into a violent argument

■ **degenerarse** *v pron* «*persona*» to become degenerate; «*costumbres*» to degenerate

degenerativo -va *adj* degenerative

deglución *f* (frml) swallowing, deglutition (tech)

deglutir [I1] *vt/vi* (frml) to swallow

degollación *f* (de reses) slaughter (*by slitting the throat*); (de persona) killing (*by slitting the throat*)

degollar [A12] *vt* ‹*persona/animal*› **lo ~on** they slit his/its throat; **la miró con cara de cordero** *or* **ternero degollado** he looked at her all doe-eyed (colloq)

degollina *f* (Esp fam) slaughter

degradable *adj* degradable

degradación *f* **1** (Mil) demotion **2** (envilecimiento) degradation **3** (Quím) degradation, decomposition **4** (de monumentos) decay **5** (de la salud, las facultades mentales) decline

d

d

ℹ Dejar

Algunas observaciones generales

En términos generales *dejar*, verbo transitivo, se traduce por *to leave*:

déjalo para mañana
= leave it for tomorrow

Se debe hacer presente que cuando *dejar*, verbo intransitivo, se traduce por *to leave*, éste jamás se utiliza sin complemento:

deja, yo lo haré
= leave it, I'll do it

Cuando *dejar* tiene el sentido de permitir, se traduce al inglés por *to let*

dejar + infinitivo + complemento se traduce al inglés por *to let + object + infinitive*:

la dejó dormir
= he let her sleep

no lo dejó salir
= he didn't let him go out

déjame ver
= let me see

dejar que + complemento + subjuntivo se traduce al inglés por *to let + object + infinitive*:

no dejes que el perro se acerque a los niños
= don't let the dog go near the children

dejaste que se cociera mucho
= you let it overcook

no lo dejó que hablara
= he didn't let him talk

Para otros usos y ejemplos suplementarios ver entrada

degradante *adj* ‹*comportamiento*› degrading; ‹*tortura*› humiliating, degrading

degradar [A1] *vt*

A **1** (Mil) to demote **2** (envilecer) to degrade; **estas prácticas degradan al ser humano** these practices are degrading to human beings **3** (empeorar) ‹*calidad/valor*› to diminish; **el suelo está excesivamente degradado** the soil is too impoverished **4** (Quím) ‹*compuesto*› to degrade

B (Art) to gradate

■ **degradarse** *v pron* **1** «*persona*» (humillarse) to demean oneself, degrade oneself, humiliate oneself **2** (Quím) «*compuesto*» to decompose, degrade

degradé *m* gradation; **verde en ~** gradated green

degüello *m* slaughter, massacre

degustación *f* tasting; **~ de vino** wine-tasting

degustar [A1] *vt* to taste

dehesa *f* **1** (terreno) meadow, pasture **2** (hacienda) farm

dehiscencia *f* dehiscence

dehiscente *adj* dehiscent

deicida *adj* deicidal

deíctico -ca *adj* deictic

deidad *f* deity

deificación *f* (Relig) deification; (de un cantante) idolizing, deification

deificar [A2] *vt* (Relig) to deify; ‹*estrella/cantante*› to idolize, deify

deísmo *m* deism

deísta[1] *adj* deistical, deistic

deísta[2] *mf* deist

deixis, déixis *f* deixis

dejación *f*

A (Der) surrender; **hizo ~ de todos sus bienes** (Relig) she renounced *o* relinquished all her worldly goods

B (AmC, Chi) ▸**dejadez 2**

dejada *f* drop shot; **hacer una ~** to make *o* hit a drop shot

dejadez *f* **1** (en el aseo personal) slovenliness; **mira el aspecto que tienes ¡qué ~!** just look at you, you look really slovenly *o* you're a real mess!; **engordó por pura ~** he let himself go and put on weight **2** (en una tarea, un trabajo) laziness, slackness; **la oportunidad se le fue de las manos por pura ~** he lost the chance because he just couldn't be bothered *o* out of sheer laziness **3** (falta de fuerzas, ánimo) lethargy, sluggishness

dejado[1] **-da** *adj* **1** (en el aseo personal) slovenly; **un hombre joven con un aspecto muy ~** a young man of unkempt *o* slovenly appearance; **¡qué ~s son! mira cómo tienen la casa** they're so untidy! just look at the mess the house is in!; **desde que murió su mujer está muy ~** since his wife died he's let himself go **2** (en una tarea, un trabajo): **se atrasó en los pagos por dejada** she got behind with the payments through laziness; **era tan ~ que acabaron por despedirlo** he had such a couldn't-care-less attitude *o* he was so slack in his work that they ended up firing him

dejado[2] **-da** *m,f* **1** (en el aseo personal): **es una dejada, la casa está que da asco** she's so slovenly, the house is in a disgusting state; **eres un ~, ¿cuánto hace que no te cambias de ropa?** you're such a slob, how long is it since you changed your clothes? **2** (en una tarea, un trabajo): **seguro que no lo hizo adrede, sabes que es una dejada ...** I'm sure she didn't do it on purpose, you know how careless she is ...

dejar [A1]

GUÍA DE BÚSQUEDA

■ **dejar** *verbo transitivo*

Sentido I

A **1** dejar en un lugar
2 olvidar
3 como herencia
4 depositar: persona

B **1** dejar: marca, mancha etc
2 Comercio

C abandonar: novia, marido etc

D **1** en cierto estado
2 dejar algo dicho

E **1** posponer
2 reservar, guardar

F prestar

Sentido II

A **1** permitir
2 esperar

B **1** dejar paso
2 dejar caer

■ **dejar** *verbo intransitivo*

A deja/dejen

B **1** dejar de: omitir, no hacer
2 dejar de: cesar

■ **dejarse** *verbo pronominal*

A abandonarse

B **1** dejarse la barba etc
2 dejarse + infinitivo

C olvidar

D dejarse de

vt

Sentido I

A **1** (en un lugar) to leave; **¿dónde dejaste el coche?** where did you leave the car?; **déjamelo en recepción** leave it in reception for me; **deja ese cuchillo, que te vas a cortar** put that knife down, you'll cut yourself; **dejé un depósito** I put down *o* left a deposit; **¿cuánto se suele ~ de propina?** how much do you normally leave as a tip?; **dejémoslo, no quiero discutir por eso** let's forget *o* drop it, I don't want to argue about it; **déjalo ya, no le pegues más** that's enough *o* stop it now, don't hit him any more; **déjala, ella no tuvo la culpa** leave her alone *o* let her be, it wasn't her fault; **~ *que desear:* la calidad deja bastante/mucho que desear** the quality leaves rather a lot/much to be desired **2** (olvidar) to leave; **dejó el paraguas en el tren** she left her umbrella on the train **3** (como herencia) to leave; **le dejó sus alhajas a su nieta** she left her jewels to her granddaughter **4** (depositar) ‹*persona*› to drop, drop ... off; **dejó a los niños en el colegio** she dropped the children (off) at school

B **1** ‹*marca/mancha/huella*› to leave; **deja un gusto amargo en la boca** it leaves a bitter taste in the mouth; **deja viuda y tres hijos** he leaves a widow and three children **2** (Comercio): **no deja mucho margen** it does not have a very high profit margin; **ese tipo de negocio deja mucho dinero** that type of business is very lucrative *o* yields high returns

C (abandonar) ‹*novia/marido*› to leave; ‹*familia*› to leave, abandon; ‹*trabajo*› to give up, leave; ‹*lugar*› to leave; **lo dejó por otro** she left him for another man; **quiere ~ el ballet** he wants to give up ballet dancing; **no quería ~ esa casa donde había sido tan feliz** he didn't want to leave that house where he had been so happy; **te dejo, que tengo que arreglarme** I must go, I have to get ready

D (+ *compl*) **1** (en cierto estado) to leave; **dejé la ventana abierta** I left the window open; **su muerte los dejó en la miseria** his death left them in absolute poverty; **su respuesta me dejó boquiabierta** I was astonished by her reply; **ese estilo de cine me deja frío** that sort of movie leaves me cold; **el golpe lo dejó inconsciente** the blow knocked *o* rendered him unconscious; **~ los garbanzos en remojo** leave the chickpeas to soak; **dejo el asunto en tus manos** I'll leave the matter in your hands; **me dejó esperando afuera** she left me waiting outside; **el avión/bus nos dejó** (Col, Ven) we missed the plane/bus; **¡déjame en paz!** leave me alone!; **me lo dejó en 1.000 pesos** he let me have it for 1,000 pesos; **quiero ~ esto bien claro** I want to make this quite clear, I want this to be quite clear; **dejando aparte la cuestión de ...** leaving aside the question of ...; **dejó atrás a los otros corredores** she left the other runners behind; **~ *algo/a algn estar*** to let sth/sb be (colloq), to leave sth/sb alone; ▸**lado** **2** (CS): **~ algo dicho** to leave a message; **dejó dicho que lo llamaran** he left a message for them to call him; **¿quiere ~ algo dicho?** do you want to leave a message?

E **1** (posponer) leave; **no lo dejes para después, hazlo ahora** don't put it off *o* leave it until later, do it now; **dejemos los platos para mañana** let's leave the dishes until tomorrow **2** (reservar, guardar) to leave; **deja tus chistes para otro momento** save your jokes for some other time; **dejen un poco de postre para Gustavo** leave some dessert for Gustavo; **deja un margen** leave a margin

F (Esp fam) (prestar) (+ *me/te/le etc*) to lend; **he salido sin dinero — yo te puedo ~ algo** I've come out without any money — I can lend you some *o* let you have some

Sentido II

A **1** (permitir) **~ algo/a algn + INF** to let sth/sb + INF; **¿me dejas ir?** will you let me go?, can I go?; **déjame entrar/salir** let me in/out; **siempre lo han dejado hacer lo que le da la gana** they've always allowed him to do *o* let him do just as he pleases; **deja correr el agua** let the water run, run the water; **tú déjame hacer a mí y no te preocupes** you leave it to me and don't worry; **sacar del horno y ~ reposar** remove from the oven and leave to stand; **su rostro no dejaba traslucir ninguna emoción** his face showed no emotion; **~ que algo/algn + SUBJ** to let sth/sb + INF; **dejó que lo eligiera ella** he let her choose, he left the choice to her; **déjame que te ayude** let me help you; **no dejes que se queme la carne** don't let the meat burn **2** (esperar) **~ que algo/algn + SUBJ**: **~ que espese la salsa** allow the sauce to thicken, wait until the sauce thickens; **deja que se tranquilice un poco primero** wait for him to calm down *o* let him calm down a bit first; **¡deja que te agarre y vas a ver!** just you wait till I get my hands on you!

B **1** **dejar paso** to make way; **dejen paso a la ambulancia** let the ambulance through, make way for the ambulance; **hay que ~ paso a las nuevas ideas** we have to make way for new ideas **2** **dejar caer** ‹*objeto*› to drop; ‹*comentario*› to let … drop; **dejó caer la noticia de que se casaba** she let it drop that she was getting married

■ **dejar** *vi*

A **deja/dejen: deja, me toca pagar a mí** no, no, it's my turn to pay; **toma lo que te debía — deja, deja** here, this is what I owed you — no, it doesn't matter *o* no, forget it *o* no, please; **dejen, no se preocupen** look, leave it, don't bother

B **dejar de** **1** (omitir, no hacer) **~DE + INF**: **no dejes de escribirme en cuanto llegues** don't forget to write *o* make sure you write as soon as you get there; **no deja de llamar ni un solo día** he telephones every day without fail; **no dejes de recordarles que …** be sure to remind them that …; **no por eso voy a ~ de decir lo que siento** that won't stop me from saying what I feel; **yo no puedo ~ de sacar mis propias conclusiones** I can't help but draw my own conclusions; **no deja de sorprenderme que haya venido a disculparse** I still find it surprising that he came to apologize; **lo que hagan o dejen de hacer es cosa suya** whatever they do or don't do is their business; ***por no ~*** (Chi fam) for the sake of it **2** (cesar) **~ DE + INF** to stop -ING; **deja de llorar/importunarme** stop crying/bothering me; **creía que habías dejado de fumar** I thought you had given up smoking

■ **dejarse** *v pron*

A (abandonarse) to let oneself go; **se ha dejado mucho desde que enviudó** he's let himself go terribly since he lost his wife

B **1** ‹*barba/bigote*› to grow; **quiero ~me el pelo largo** I want to grow my hair long **2** **~se + INF**: **se deja dominar por la envidia** he lets his feelings of envy get the better of him; **no me voy a ~ convencer tan fácilmente** I am not going to be persuaded that easily; **quería besarla, pero ella no se dejó** he wanted to kiss her but she wouldn't let him; **se dejó llevar por la música** she let herself be carried *o* swept along by the music; **se dejó abatir por el desánimo** she succumbed to despondency; **no te dejes, tú también pégale** (AmL exc RPl) don't just take it, hit him back (colloq); **¿qué tal el postre? — se deja comer** (fam & hum) what's the dessert like? — it's not bad *o* I've tasted worse (colloq & hum); **de vez en cuando se dejaba caer por el club** he used to drop by *o* into the club now and then; **nunca te dejas ver** we never seem to see you; **~*se estar:*** **no te dejes estar** you'd better do something; **si nos dejamos estar vamos a perder el contrato** if we don't get our act together *o* get a move on we'll lose the contract, if we don't do something, we'll lose the contract (colloq)

C (fam) (olvidar) to leave; **me dejé el dinero en casa** I left my/the money at home

D **dejarse de** (fam): **déjate de rodeos y dime la verdad** stop beating about the bush and tell me the truth; **déjense ya de lamentaciones** stop complaining; **a ver si se dejan de perder el tiempo** why don't you stop wasting time

dejar hacer *m*: **el ~ ~** laissez faire

déjà vu /deʒa'βu/ *m* déjà vu

deje *m*

A ▸**dejo 1**

B (Ven fam): **el ~** *bell announcing the start of Mass*

dejo *m* **1** (acento) accent, lilt; **tiene un ~ aragonés** she has a slight Aragonese accent *o* lilt **2** (de una bebida, comida) aftertaste; **~ A algo** slight taste OF sth **3** (toque) touch, hint; **se expresó con un ~ de arrogancia** he spoke with a touch *o* hint of arrogance **4** (impresión, sensación): **me quedó un ~ triste tras hablar con él** I was left with a feeling of sadness after talking to him **5** (Chi) (semejanza) **~ A algn**: **tiene un cierto ~ a su abuelo** he bears a certain resemblance to his grandfather, he has something of his grandfather about him (colloq)

de jure *loc adj* ‹*gobernar*› de jure; (*loc adv*) by right; **responsabilidades ~ ~** de jure responsibilities; **gobernar ~ ~** to govern by right

del *contraction of* **de** *and* **el**, ▸ℹ **p.240, p.63** [*used instead of* de + el, *except when the article is part of a proper name, e.g.* **los habitantes de El Cairo, un artículo de El País**]

delación *f* denunciation

delantal *m* **1** (para cocinar) apron **2** (de escolar) pinafore

delante *adv*

A (lugar, parte) [*Latin American Spanish also uses* ▸**adelante** *in many of these examples*] **voy yo ~, que sé el camino** I'll go ahead *o* in front, I know the way; **no te pongas ~, que no veo** don't stand/sit in front of me, I can't see; **tengo tu carta ~** I have your letter in front of me; **el asiento de ~** the front seat; **la parte de ~** the front; **la falda cierra por ~** the skirt buttons up at the front; **tienes toda la vida por ~** you have your whole life ahead of you; **cualquier obstáculo que se le pusiera por ~** any obstacle that got in her way; ***llevarse algo/a algn por ~***: **el coche se lo llevó por ~** the car went *o* ran straight into him; **se llevó a todo el mundo por ~** (físicamente) he pushed everybody out of the way; (atropellando sus derechos) he rode roughshod over everybody

B **delante de** (*loc prep*) **1** (en lugar anterior a) in front of; **~ de la ventana** in front of the window; **~ de mí/ti/él** *or* (crit) **~ mío/tuyo/suyo** in front of me/you/him **2** (en presencia de) in front of; **la insultó ~ de todos** he insulted her in front of everyone

delantera *f*

A **1** (Dep) (de un equipo) forwards (*pl*), forward line **2** (Espec) front row seat/seats, seat/seats in the front row **3** (de una prenda) front **4** (fam) (pecho) boobs (*pl*) (colloq)

B **1** (Dep) (primer puesto) lead; ***llevar la ~*** to be in the lead; ***tomar la ~*** to take the lead **2** (ventaja) lead; ***llevarle ~ a algn*** to have a lead over sb; **les lleva una ~ de 30 metros a los otros** he's leading the others by 30 meters, he has a 30 meter lead over the others; **los finlandeses nos llevan la ~ en este campo** the Finns are ahead of us *o* have a lead over us in this field; ***tomarle la ~ a algn*** (en una carrera) to overtake sb; **yo iba a pagar pero él me tomó** *or* **cogió la ~** (fam) I was going to pay but he beat me to it (colloq)

delantero[1] **-ra** *adj* **1** ‹*asiento/rueda*› front (*before n*); **la pata delantera** the front leg, the foreleg **2** (Dep) ‹*línea/posición*› forward (*before n*), offensive (*before n*) (AmE)

delantero[2] *m* (de una prenda) front

delantero[3] **-ra** *m,f* (Dep) forward

(Compuesto) **delantero centro, delantera centro** *m,f* center* forward

delatar [A1] *vt* **1** «*persona*» (acusar) to denounce, inform on *o* against **2** «*mirada/nerviosismo/acento*» (descubrir) to give … away, betray

■ **delatarse** *v pron* (*refl*) to give oneself away

delator[1] **-tora** *adj* **1** ‹*prueba/arma*› incriminating **2** ‹*mirada/sonrisa*› revealing; **una sonrisa ~a** a smile which gave him/her away, a telltale *o* revealing smile

delator[2] **-tora** *m,f* informer

delco® *m* (Esp) distributor

dele *m* deletion mark *o* symbol

deleble *adj* delible

delectación *f* (liter) delight, delectation (frml)

delegación *f*

A (grupo) delegation; **fueron en ~ a hablar con ella** they formed a delegation to go and talk to her

B (Esp) (oficina local) regional *o* local office; **le ofrecieron la ~ de Burgos** he was offered the post of director of the Burgos office

C (de poderes) delegation

D **1** (Méx, Ven) (comisaría) police station **2** (Méx) (barrio) district

delegado -da *m,f*

A (representante) delegate; **los ~s de la asociación** the association's delegates *o* representatives; **el ~ del Gobierno central** the Central Government representative

(Compuestos)

- **delegado apostólico** papal envoy
- **delegado de curso, delegada de curso** *m,f* student representative
- **delegado de gobierno, delegada de gobierno** *m,f* (en Esp) the central government representative in an autonomía; **el ~ del Gobierno en la zona** the Government's representative in the area

B (Esp) (director de zona) regional *o* area director; **el ~ de Sanidad** the director of the regional Health Department

delegar [A3] *vt* **1** ‹*autoridad/poderes*› to delegate; **~ algo EN algn** to delegate sth TO sb; **no puedes ~ todas tus responsabilidades en mí** you can't pass all your responsibilities on to me **2** ‹*persona*› to delegate; ‹*comisión*› to appoint; **~ a algn PARA QUE + SUBJ** to delegate sb to + INF

■ **delegar** *vi* to delegate

deleitar [A1] *vt* to delight

■ **deleitarse** *v pron* **~se + GER** to delight IN -ING, enjoy -ING; **te deleitas haciéndome sufrir ¿no?** you delight in *o* enjoy making me suffer, don't you?

deleite *m* delight; **para ~ de los niños** to the children's delight

deletéreo -rea *adj* (liter) (mortífero) lethal; (dañino) noxious

deletrear [A1] *vt* to spell; **¿me lo deletreas?** could you spell it for me?

deletreo *m* spelling, spelling out

deleznable *adj* **1** ‹*persona/actitud*› despicable **2** (insignificante) ‹*error/diferencia*› insignificant, negligible **3** ‹*sustancia*› crumbly, brittle

délfico -ca *adj* Delphic

delfín *m*

A (Zool) dolphin

B **1** (Hist) dauphin **2** (sucesor) successor

delfinario *m* dolphinarium

delfinio *m* delphinium

Delfos *m* Delphi

delgadez *f* thinness

delgado -da *adj* **1** ‹*persona/piernas*› (esbelto) slim; (flaco) thin; **una mujer alta y delgada** a tall, slim *o* slender woman; **está algo delgaducho** (fam) he's got(ten) rather skinny (colloq) **2** ‹*tela*› thin, fine; ‹*hilo*› fine; ‹*lámina/placa/pared*› thin

deliberación *f* **1** (debate) deliberation; **después de largas deliberaciones** after lengthy deliberations; **todavía están en deliberaciones** they are still deliberating **2** (reflexión) deliberation

deliberadamente *adv* deliberately, on purpose

deliberado -da *adj* deliberate

deliberante *adj* deliberative (frml); **el consejo se reúne hoy con carácter ~** the council meets today for talks *o* discussions

deliberar [A1] *vi* **1** «*comisión/comité*» (debatir) **~ SOBRE algo** to deliberate on sth (frml); **se reunieron a ~ sobre el tema** they met to deliberate on *o* for deliberations on the matter (frml), they met to have talks on *o* to discuss the matter; **el jurado se retiró a ~** the jury retired to consider its verdict **2** (reflexionar) to deliberate; **después de mucho ~** after much deliberation

deliberativo -va *adj* (frml) deliberative (frml)

delicadamente *adv* delicately

delicadeza *f*

A [1] (cuidado, suavidad) gentleness; **con mucha ~** very gently [2] (finura, gracia): **la ~ de sus manos** the daintiness of her hands; **la ~ de su voz** the softness of his voice; **la ~ del bordado** the delicacy of the embroidery

B [1] (tacto, discreción) tact; **me lo pidió con gran ~** she asked me with great tact *o* very tactfully; **fue una falta de ~ imperdonable** it was unforgivably tactless [2] (gesto amable): **tuvo la ~ de acompañarme hasta la estación** she very kindly went with me to the station; **ha sido una ~ de tu parte traerme** it was very good *o* kind of you to bring me; **ni siquiera tuvo la ~ de llamarme** he didn't even have the manners *o* the decency *o* grace to call me

delicado -da *adj*

A (fino) ‹*rasgos/manos*› delicate; ‹*sabor*› delicate, subtle; ‹*lenguaje/modales*› refined; **¡qué delicada eres! ¿qué más da si está un poco quemado?** you're so fussy! what does it matter if it's a little burned?

B (que requiere cuidados) ‹*cerámica/cristal*› fragile; ‹*tela*› delicate; **prendas delicadas** delicates, delicate garments; **una crema para pieles delicadas** a cream for sensitive skin; **la delicada piel del bebé** the baby's delicate skin; **¡qué ~ eres! no lo dijo por molestarte** don't be so touchy! he didn't mean to upset you

C (refiriéndose a la salud) delicate; **está ~ del estómago** his stomach's a little delicate; **tiene el corazón ~** he has a weak *o* delicate *o* bad heart; **después de la operación quedó muy ~** he was very frail *o* weak after his operation

D ‹*asunto/cuestión/tema*› delicate, sensitive; ‹*situación*› delicate, tricky

delicia *f* delight; **estos bombones son una ~** these chocolates are delicious *o* (colloq) divine; **este parque es una ~** this park is lovely *o* delightful; **corría una brisa que era una ~** there was a delightful *o* a very pleasant breeze; ***hacer las ~s de algn*** to delight sb

(Compuesto) **delicia turca** Turkish delight

deliciosamente *adv* deliciously

delicioso -sa *adj* [1] ‹*comida/bebida/sabor*› delicious; ‹*perfume*› exquisite [2] ‹*tiempo/velada*› delightful; **¿no te bañas? el agua está deliciosa** aren't you going to have a swim? the water's lovely [3] ‹*chica/niño/sonrisa*› charming, delightful

delictivo -va *adj* criminal (*before n*)

delictual *adj* (Chi) criminal (*before n*)

delictuoso -sa *adj* criminal (*before n*)

delimitación *f* [1] (de un terreno, espacio) demarcation [2] (de atribuciones, responsabilidades) defining, specifying

delimitar [A1] *vt* [1] ‹*terreno/espacio*› to demarcate (frml), to delimit (frml) [2] ‹*poderes/responsabilidades*› to define, specify

delincuencia *f* crime, delinquency (frml); **la ~ sigue en aumento** crime is on the increase

(Compuestos)
- **delincuencia juvenil** juvenile delinquency
- **delincuencia menor** petty crime

delincuencial *adj* (period) criminal

delincuente[1] *adj* delinquent

delincuente[2] *mf* criminal

(Compuestos)
- **delincuente común** common criminal
- **delincuente habitual** habitual offender
- **delincuente juvenil** juvenile delinquent
- **delincuente menor** minor offender, small-time crook (colloq)

delineación *f* [1] (de un dibujo, plano) outlining, drafting [2] (de un plan, programa) outlining, formulation

delineador *m* eyeliner

delineamiento *m* ▸**delineación**

delineante *mf*

A (*m*) draftsman (AmE), draughtsman (BrE)

B (*f*) draftswoman (AmE), draughtswoman (BrE)

delinear [A1] *vt* [1] ‹*dibujo/plano*› to outline, draft; ‹*contorno*› to delineate; **llevaba los ojos delineados en negro** she was wearing black eyeliner [2] ‹*programa/proyecto*› to formulate, draw up, draft

delinquir [I3] *vi* (Der) to commit an offense*, offend (frml); **es la primera vez que delinque** it is his first offense, he is a first offender; **se ven obligados a ~** they are forced to turn to crime; **maneras de evadir impuestos sin ~** ways of evading taxes without breaking the law

delirante *adj* [1] (Med) delirious [2] ‹*imaginación*› fevered, feverish; ‹*aplausos*› rapturous; ‹*público*› ecstatic

delirantemente *adv* deliriously

delirar [A1] *vi* [1] (Med) to be delirious; **la fiebre lo hacía ~** the fever made him delirious; **¡tú deliras!** (fam) you must be crazy! (colloq) [2] (fam) **~ POR algo/algn** to rave ABOUT sth/sb (colloq)

delirio *m* [1] (Med) delirium [2] (fam) (pasión): **tiene ~ por las fresas** he's crazy *o* (BrE) mad about strawberries (colloq); **la quiere con ~** he's crazy *o* (BrE) mad about her, he loves her madly (colloq) [3] (fam) (frenesí): **cuando apareció en escena aquello fue el ~** when he appeared on stage everyone went wild

(Compuesto) **delirios de grandeza** *mpl* delusions of grandeur (*pl*)

delírium tremens *m* delirium tremens, the DTs (*pl*)

delito *m* crime, offense*; **los ~s contra la propiedad** crimes *o* offenses against property; **cometer un ~** to commit a crime *o* an offense; **evadir impuestos constituye ~** tax evasion is a criminal offense; **ha incurrido en ~** you have committed a crime; **lo dices como si eso fuera un ~** you say it as if that were a crime; ▸**cuerpo, flagrante**

(Compuestos)
- **delito ambiental** environmental crime
- **delito común** common crime, non-political crime
- **delito de cuello blanco** white-collar crime
- **delito de lesiones** (Der) (serious) bodily harm; **acusar a algn de ~ de lesiones** to accuse sb of causing serious serious bodily harm
- **delito de sangre** violent crime
- **delito económico** white-collar crime
- **delito fiscal** tax offense*
- **delito informático** computer crime
- **delito monetario** currency offense*
- **delito político** political offense* *o* crime
- **delito sexual** sex offense* *o* crime

delta[1] *m* (Geog) delta

delta[2] (letra griega) delta

deltaplano *m* hang-glider

deltoideo[1] **-dea** *adj* deltoid

deltoideo[2] *m* deltoid

deltoides *m* (*pl* ~) deltoid

demacrado -da *adj* haggard, drawn

demacrarse [A1] *v pron* to become haggard *o* drawn

demagogia *f* demagogy, demagoguery

demagógico -ca *adj* demagogic

demagogismo *m* demagoguery, demagogy

demagogo -ga *m,f* demagog (AmE), demagogue (BrE)

demanda *f*

A (Com) demand; **la ley de la oferta y la ~** the law of supply and demand; **un producto que tiene mucha ~** a product which is in great demand; **días de mayor ~** days when demand is greatest

B [1] (Der) lawsuit; **ha presentado una ~ contra ellos** he is suing them, he has brought a lawsuit against them; **interponer una ~** to bring a lawsuit, to file suit (AmE) [2] (petición): **lo siento mucho, pero no puedo acceder a su ~** I am very sorry but I cannot agree to your request; **plantearon su ~ al gobierno** they presented their demands to the government; **se volvió hacia ella en ~ de ayuda** he turned to her for help; **se manifestaron en ~ de mejores condiciones de trabajo** they held a demonstration to demand *o* they demonstrated for better working conditions; **me miró, como en ~ de una explicación** she looked at me, as if asking for an explanation

C (liter) (empresa): **morir** *or* **perecer en la ~** to die *o* (frml) perish in the attempt

demandado[1] **-da** *adj*: **la parte demandada** the defendant/defendants

demandado[2] **-da** *m,f* defendant

demandante[1] *adj*: **actúa en representación de la parte ~** he represents the plaintiff/plaintiffs

demandante[2] *mf* plaintiff

demandar [A1] *vt*

A (Der) to sue; **lo demandé por daños y perjuicios** I sued him *o* I brought a lawsuit against him for damages

B [1] (pedir, exigir) to demand; **que Dios y la Patria me lo demanden** (frml) ≈ so help me God (*formula used in certain oaths*) [2] (AmL) (requerir) to require; **un trabajo que demanda mucha dedicación** a job which calls for *o* requires great dedication

demaquillador *m* ▸**desmaquillador**[1]

demaquillarse [A1] *v pron* ▸**desmaquillarse**

demarcación *f* [1] (acción) demarcation; ▸**línea** [2] (distrito) (Adm) district; (Educ) catchment area; **dentro de nuestra ~** within our district, within our boundaries

demarcar [A2] *vt* to demarcate, mark out

demarraje *f* (Esp) (Dep) spurt, burst of speed

demarrar [A1] *vi* (Esp) (Dep) to put on a spurt *o* burst of speed

demás[1] *adj inv* (*delante del n*): **agregar los ~ ingredientes** add the remaining ingredients *o* the rest of the ingredients; **su viuda, hijos y ~ familia** (frml) his widow, children and other members of the family

demás[2] *pron*

A [1] **lo ~** the rest; **lo ~ se puede arreglar con dinero** everything else *o* the rest is just a question of money [2] (*en locs*): **por lo demás** apart from that, otherwise, in all other respects (frml); **por demás** extremely; **le habló en forma por ~ ofensiva** he spoke to her in an extremely offensive manner; **estar por demás: está por ~ insistir** it's no good *o* use insisting, there's no point insisting; **no estaría por ~ intentarlo** there's no harm in trying

B [1] **los/las ~: los/las ~ votaron en contra** the rest *o* everybody else voted against; **las cosas de los ~** other people's things; **se comió los suyos y los de los ~** he ate his own and everybody else's; **me dio dos y se quedó con todos los ~** he gave me two and kept the rest [2] **y demás** and the like; **los crustáceos: langostas, cangrejos y ~** the crustaceans: lobsters, crabs, and the like

demasía *f*: **en ~** ‹*beber*› too much, excessively, to excess; **todo alimento, tomado en ~, es perjudicial** any food, when eaten in excess, can be harmful

demasiado[1] **-da** *adj*

A (*delante del n*): **le dio ~ dinero** he gave her too much money; **había demasiada gente** there were too many people; **trajeron demasiadas cajas** they brought too many boxes; **hace ~ calor** it's too hot; **con demasiada frecuencia** too often; **aquí lo que hay es ~ extranjero** (fam) there are far too many foreigners around here

B (fam) (en interjecciones): **¡qué ~!** wow! (colloq), that's incredible *o* amazing! (colloq)

demasiado[2] *adv*

A ‹*pequeño/caliente/caro*› too; **fue un esfuerzo ~ grande para él** it was too much of an effort for him; **es ~ poco** it isn't enough; **es ~ largo (como) para que lo termine hoy** it's too long for me to finish today

B ‹*comer/hablar*› too much; **trabajas ~** you work too hard

C (Méx) (muy) very

demasiado[3] **-da** *pron*: **no te preocupes, ~ has hecho ya** don't worry, you've done far too much already; **piden ~ por la casa** they're asking too much for the house; **somos ~s** there are too many of us; **hizo ~s** she made too many

demasié *adj inv* (Esp arg) ▸**demasiado**[1] **B**

demencia *f* dementia

Compuestos

- **demencia precoz** schizophrenia, dementia praecox (tech)
- **demencia senil** senile dementia

demencial *adj* (fam) crazy (colloq); **tuvimos un tráfico ~** the traffic was chaotic

demente[1] *adj* insane; **¿es que estás ~?** (fam) are you crazy *o* mad?, are you out of your mind?

demente[2] *mf* insane person; **sólo a un ~ se le ocurre …** (fam) only a madman *o* lunatic would …

demeritar [A1] *vt* (AmL frml) **1** ‹*persona*› to discredit **2** ‹*esfuerzos/trabajo*› to detract from, take away from

demérito *m* (frml) demerit (frml); **sin ~ para sus compañeros** with all due respect to his colleagues; **esto va en ~ del instituto** this brings the institute into disrepute *o* damages the reputation of the institute *o* discredits the institute

demeritorio -ria *adj* (frml) demeritorious (frml), disparaging

demo *f* (fam) demo (colloq)

democracia *f* **1** (sistema) democracy **2** (país) democracy

Compuestos

- **democracia directa** direct democracy
- **democracia popular** popular *o* people's democracy
- **democracia representativa** representative democracy

demócrata[1] *adj* democratic

demócrata[2] *mf* democrat

democratacristiano -na *adj/m,f* Christian Democrat

democráticamente *adv* democratically

democrático -ca *adj* democratic

democratización *f* democratization

democratizador -dora *adj* democratizing (*before n*)

democratizar [A4] *vt* to democratize

■ **democratizarse** *v pron* to become (more) democratic

democristiano -na *adj/m,f* Christian Democrat

demodé *adj inv* (fam) passé

demodulador *m* demodulator

demografía *f* demography

demográficamente *adv* demographically

demográfico -ca *adj* demographic, population (*before n*); **las características demográficas de un país** the demographic features of a country, the demographics of a country

demógrafo -fa *m,f* demographer

demoledor -dora *adj* **1** ‹*máquina*› demolition (*before n*) **2** ‹*ataque/fuerza*› devastating **3** ‹*crítica/testimonio*› devastating

demoledora *f* demolition company

demoler [E9] *vt* **1** ‹*edificio*› to demolish, pull down **2** ‹*organización/sistema*› to do away with, destroy **3** ‹*mito/teoría*› (fam) to debunk, demolish

demolición *f* **1** (de un edificio) demolition **2** (de una organización, un sistema) destruction

demonche *interj* ▸**demontre**[2]

demoníaco -ca, **demoniaco -ca** *adj* demonic, demoniac

demonio *m*

A (diablo) devil; **este hijo mío es un ~** this child of mine is a little devil *o* demon; ***como el ~*** (fam): **esto pesa como el ~** this weighs a ton (colloq); **el trabajo lo hizo como el ~** he made a real mess *o* botch *o* (BrE) pig's ear of the job (colloq); **nos salió todo como el ~** it all went terribly wrong, it turned out to be a fiasco (colloq); ***de (los) mil ~s*** (fam) terrible; **tiene un carácter de los mil ~s** he's really foul-tempered, he has a terrible *o* foul temper; ***… ni qué ~s*** (fam): **¡qué mecánico ni qué ~s! esto lo arreglo yo** what on earth *o* what the hell do we need a repairman *o* mechanic for? I can fix this myself (colloq); **¡qué catedrático ni qué ~s! no es más que un maestro** like hell he's a professor! *o* professor, my foot! he's just an ordinary schoolteacher (colloq); ***llevarse a algn el ~/los ~s*** (fam): **se lo llevan los ~s cuando …** he sees red *o* he gets mad when … (colloq); ***mandar a algn al ~*** (fam) to tell sb to go to hell (colloq); **¡vete al ~!** go to hell! (sl); ***oler/saber a ~s*** (fam) to smell/taste awful *o* foul *o* vile; ***ponerse como*** or ***hecho un ~*** (fam) to go berserk *o* bananas (colloq), to hit the roof (colloq), to blow one's top (colloq)

B **1** (fam) (uso expletivo): **¿qué ~s estás haciendo aquí?** what the hell *o* the devil are you doing here? (colloq) **2** **¡demonio(s)!** (expresando enfado) damn! (colloq) (expresando sorpresa) goodness!, heavens!

C (vicio, mal) evil

demonizar [A4] *vt* to demonize

demonolatría *f* demonolatry

demonología *f* demonology

demonólogo -ga *m,f* demonologist

demontre[1] *m* (fam & euf) devil; **¡qué ~ de niño!** what a little devil!

demontre[2] *interj* (fam & euf) darn it! (colloq), hang it! (dated & euph)

demora *f*

A (esp AmL) (retraso) delay; **perdón por la ~, pero había mucho tráfico** I'm sorry I'm late, but the traffic was bad; **le pido disculpas por mi ~ en contestarle** I do hope that you will forgive my delay in replying; **sin ~** without delay

B (Náut) bearing; **tomar una ~** to take a bearing

demorar [A1] *vt* **1** (esp AmL) (tardar): **demoró tres horas en terminar la prueba** he took *o* it took him three hours to complete the test **2** (AmL) (retrasar) ‹*viaje/decisión*› to delay

■ **demorar** *vi* (esp AmL): **¡no demores!** don't be long!; **~ EN + INF**: **no me esperes que voy a ~ en terminar** don't wait for me because I won't be finished for a while (colloq); **demoró en hacer efecto** it took some time to take effect

■ **demorarse** *v pron* **1** (AmL) (tardar cierto tiempo): **¿ya lo terminaste? ¡qué poco te demoraste!** have you finished already? you didn't take very long *o* that didn't take you very long; **~se EN + INF**: **¿cuánto te demoras en llegar hasta allá?** how long does it take you to get there? **2** (AmL) (tardar demasiado) to be *o* take too long; **~se EN + INF** to take a long time TO + INF; **perdón por ~me en contestar tu carta** I'm sorry I've taken *o* it's taken me so long to reply to your letter; **se demoró en decidirse y perdió la oportunidad** she took too long to make her mind up and missed her chance

demorón[1] **-rona** *adj* (Andes, RPl fam) slow

demorón[2] **-rona** *m,f* (Andes, RPl fam) slowpoke (AmE colloq), slowcoach (BrE colloq)

demoroso[1] **-sa** *adj* (Bol, Chi) **1** ‹*persona*› slow **2** ‹*trabajo*› time-consuming **3** ‹*vehículo*› slow

demoroso[2] **-sa** *m,f* (Bol, Chi) ▸**demorón**[2]

demoscopia *f* public opinion research; **una ~** an opinion poll

demoscópico -ca *adj* ‹*estudio/sondeo*› public opinion (before n); ‹*instituto*› public opinion research (*before n*)

demostrable *adv* demonstrable

demostración *f* **1** (de un teorema) proof **2** (de poder, aptitudes) demonstration; **lo recibieron con grandes demostraciones de cariño** they welcomed him with a great show *o* display of affection; **hicieron una ~ de sus habilidades artísticas** they demonstrated their artistic ability **3** (de un producto, método) demonstration

demostrar [A10] *vt*

A (probar) ‹*verdad*› to prove, demonstrate; ‹*teorema*› to prove; **sus respuestas demuestran una inteligencia poco común** her answers demonstrate above average intelligence; **eso demuestra que él ya lo sabía** that shows *o* proves that he already knew; **te voy a ~ que tengo razón** I'm going to prove to you that I'm right; **~ + INF**: **ha demostrado ser muy capaz** he's shown himself to be very able; **demostró no tener la más mínima idea** he showed *o* demonstrated that he didn't have the slightest idea

B **1** ‹*interés/sentimiento*› to show **2** ‹*funcionamiento/método*› to demonstrate

demostrativo -va *adj* **1** ‹*ejemplo*› illustrative **2** ‹*adjetivo/pronombre*› demonstrative **3** (AmL) ‹*persona/carácter*› demonstrative; **es muy poco ~** he's very undemonstrative

demótico -ca *adj* demotic; **un sistema ~** a smart system

demudar [A1] *vt* ‹*expresión*› to alter, change; **tenía el rostro demudado por el dolor** her face was distorted by *o* contorted with pain

■ **demudarse** *v pron* ‹‹*rostro/expresión/persona*››: **se le demudó la expresión/quedó demudado al verla entrar** his expression changed when he saw her come in

denante, denantes *adv* **1** (ant) a short time ago **2** (Chi fam) a moment ago, just now

denario *m* denarius

dendrita *f* dendrite

dendrocronología *f* dendrochronology

dendrograma *m* dendrogram

dendrología *f* dendrology

dendrólogo -ga *m,f* dendrologist

denegación *f* refusal

Compuestos

- **denegación de auxilio** failure to provide assistance (*when legally obliged to do so*)
- **denegación de justicia** denial of justice

denegar [A7] *vt* ‹*permiso/autorización*› to refuse; **la solicitud de extradición ha sido denegada** the application for an extradition order has been turned down *o* refused; **le han denegado la libertad condicional** he has been refused probation

dengue *m* **1** (fam) (remilgo, melindre): **hace ~s a todo** she turns her nose up at everything (colloq); **¡no me vengas con ~s!** don't be so fastidious (colloq) **2** (Med) dengue fever **3** (Méx fam) (berrinche) tantrum; **me hizo un ~ cuando le dije que no íriamos** he had a tantrum when I told him we wouldn't be going

denier *m* denier

denigración *f* (ataque al buen nombre) denigration; (degradación) degradation

denigrante *adj* degrading, humiliating

denigrar [A1] *vt* **1** (hablar mal de) to denigrate **2** (degradar) to degrade; **imágenes que denigran a la mujer** pictures that are degrading to women

denigratorio -ria *adj* ‹*publicación/publicidad*› denigratory; ‹*trato*› degrading; **una campaña denigratoria** a smear campaign, a campaign of denigration

denodadamente *adv* (frml) indefatigably (frml), tirelessly, unflaggingly

denodado -da *adj* (frml) ‹*esfuerzo*› indefatigable (frml), tireless, unflagging; ‹*luchador/defensor*› staunch, steadfast

denominación *f*

A **1** (frml) (nombre) name

Compuestos

- **denominación de origen** *guarantee of origin and quality of a wine*
- **denominación social** company name

2 (acción) naming

B (AmL) (Fin) denomination; **billete de baja ~** small-denomination bill (AmE) *o* (BrE) note

denominador *m* denominator
(Compuesto) **denominador común** (Mat) common denominator; (elemento en común) common factor

denominar [A1] *vt* (frml): **1985 fue denominado Año Internacional de la Juventud** 1985 was designated International Youth Year; **el área de percepción que denominamos extrasensorial** the area of perception known as extrasensory *o* termed extrasensory *o* which we call extrasensory; **el denominado efecto invernadero** the so-called greenhouse effect; **una planta denominada así por su forma** a plant so called because of its shape
■ **denominarse** *v pron* (frml) to be called

denostar [A10] *vt* (frml) to revile

denotar [A1] *vt* 1 (frml) (demostrar, indicar) to show, denote (frml); **los resultados denotan un cambio en la opinión pública** the results point to *o* denote *o* indicate *o* show a change in public opinion; **las arrugas de su cara denotaban una vida llena de sufrimientos** the lines on her face told of a life of suffering; **sus modales denotan una esmerada educación** her manners are the sign of *o* reveal an impeccable upbringing 2 (Ling) to denote

densamente *adv* densely; **un país ~ poblado** a densely populated country

densidad *f*
A 1 (de vegetación) thickness, denseness; (del humo, de la niebla) thickness, denseness 2 (Fís) (de un líquido, material) density
(Compuesto) **densidad poblacional** *or* **de población** population density
B (de un libro, una obra) denseness, weightiness
C (Inf) density

densificación *f* densification

denso -sa *adj*
A 1 ‹*bosque/vegetación*› dense, thick; ‹*humo/niebla*› dense, thick 2 (Fís) ‹*líquido/material*› dense
B ‹*discurso/película*› dense, weighty

dentado -da *adj* ‹*filo*› serrated; **una rueda dentada** a gearwheel, a cogwheel, a cogged wheel

dentadura *f* teeth (*pl*); **tener buena/mala ~** to have good/bad teeth; **todavía tiene toda la ~** she still has all her own teeth
(Compuesto) **dentadura postiza** false teeth (*pl*), dentures (*pl*)

dental¹ *adj* 1 ‹*higiene*› dental; **la caries ~** dental decay, tooth decay 2 (Ling) dental

dental² *f* dental consonant

dentario -ria *adj* ▸**dental¹ 1**

dente: **al ~** (*loc adj*) al dente

dentellada *f* 1 (mordisco) bite; **lo destrozó a ~s** it chewed it to pieces 2 (señal) tooth mark

dentellar [A1] *vi*: **el frío lo hacía ~** the cold made his teeth chatter

dentera *f* 1 (sensación): **darle ~ a algn** to set sb's teeth on edge 2 (fam) (envidia) jealousy, envy

dentición *f* 1 (crecimiento) teething, dentition (tech); **durante la ~** while teething, during teething, while he/she is teething 2 (conjunto de dientes) teeth (*pl*), set of teeth, dentition (tech); **primera ~** first *o* milk teeth, primary dentition (tech); **segunda ~** second (set of) teeth, secondary dentition (tech)

dentífrico¹ -ca *adj* ▸**pasta B**

dentífrico² *m* toothpaste

dentina *f* dentine, dentin (AmE)

dentista *mf* dentist

dentistería *f* (Ven) 1 (consultorio) dental surgery, dentist's 2 (odontología) dentistry, dental surgery

dentística *f* (Chi) dentistry, dental surgery

dentón *m* (Zool) dentex

dentro *adv*
A (lugar, parte) [*Latin American Spanish also uses* ▸**adentro** *in this sense*] inside; **se está tan calentito aquí ~** it's so nice and warm in here; **el perro duerme ~** the dog sleeps in the house *o* inside *o* indoors; **es azul por ~** it's blue on the inside, the inside's blue
B **dentro de** (*loc prep*) 1 (en el espacio) in, inside; **una vez ~ del edificio** once inside *o* in the building; **tenía una piedrecita ~ del zapato** I had a little stone in my shoe; **~ de nuestras aguas jurisdiccionales** inside *o* within our territorial waters 2 (en el tiempo) in; **se mudan ~ de poco** they're moving soon *o* shortly; **se casan ~ de dos semanas** they're getting married in two weeks' time *o* in two weeks; **~ del plazo previsto** within *o* in the time stipulated 3 (de límites, posibilidades) within; **su situación no está ~ de las previstas en el reglamento** her situation does not fall within the categories provided for by the regulations; **~ de lo que cabe está bien de precio** it's not a bad price, considering *o* all things considered; **~ de todo** *or* **~ de lo que cabe no estuvo tan mal** all in all, it wasn't that bad; **no está ~ de nuestras posibilidades** it is beyond our means; **está ~ de lo posible** it's possible, it's not impossible, it's not beyond the realms of possibility

dentudo -da *adj* toothy, bucktoothed

denudación *f* denudation, stripping

denudar [A1] *vt* to denude

denuedo *m* (liter) valor* (liter); **luchar con ~** to fight valiantly

denuesto *m* (liter) insult

denuncia *f*
A (de un robo, asesinato) report; **fue a la comisaría a poner** *or* **presentar** *or* **hacer una ~** she went to the police station to make a formal complaint; **hizo la ~ del robo del coche** he reported the theft of his car; **presentó la ~ del delito ante la justicia** he reported the crime to the authorities; **presentó una ~ contra ella por malversación de fondos** he went to the police and accused her of embezzlement
B (crítica pública) denunciation

denunciante *mf*, **denunciador -dora** *m,f*: *person who reports a crime*

denunciar [A1] *vt*
A ‹*robo/asesinato*› to report; ‹*persona*› to report; **yo en tu lugar lo ~ía** if I were you, I'd report him (to the police) *o* I'd lodge a complaint against him (with the police); **~on la desaparición del niño** they reported the disappearance of the child
B 1 (condenar públicamente) to denounce, condemn 2 (evidenciar) to reveal; **la escasez denuncia la falta de planificación** the shortage reveals *o* is clear evidence of a lack of planning

denuncio *m* (Chi, Col) ▸**denuncia A**

deontología *f* (Fil) deontology; (de una profesión) professional ethics (*pl*)

Dep., Dept. (= **Departamento**) Dept

D.E.P. (= **descanse en paz**) RIP

deparar [A1] *vt*: **no sabían lo que les ~ía el nuevo año** they did not know what the new year held for them *o* would bring them; **¿qué nos ~á el destino?** what does fate have in store for us?; **el anuncio no deparó sorpresas** the announcement contained *o* (frml) afforded no surprises; **ese viaje me deparó la oportunidad de conocerlo** that trip provided me with *o* gave me *o* (frml) afforded me the opportunity to meet him; **a mí me ha sido deparado revelar este misterio** it has fallen to me to explain this mystery; **las ventas de lanares ~on cotizaciones récord** the sheep sales produced record prices

departamental *adj* departmental

departamento [➡] *m*
A 1 (de una empresa, institución) department; **~ de ventas/publicidad** sales/advertising department; **D~ de Inglés** Department of English, English Department 2 (Ferr) compartment; **~ de no fumadores** no-smoking compartment 3 (provincia, distrito) department
(Compuesto) **Departamento de Estado** State Department
B (AmL) (piso) apartment (esp AmE), flat (BrE)

departir [I1] *vi* (frml) to converse (colloq)

depauperación *f* (frml) 1 (empobrecimiento) impoverishment 2 (debilitamiento) debilitation (frml); **la ~ de la moral** the weakening of morale

depauperante *adj* (frml) debilitating

depauperar [A1] *vt* (frml) to impoverish
■ **depauperarse** *v pron* (frml) 1 (empobrecerse) to become impoverished 2 (debilitarse) to become weak *o* (frml) debilitated

dependencia *f*
A (estado, condición) dependence; **~ económica** economic dependence; **~ psicológica** psychological dependence *o* dependency; **~ DE algo** dependence ON sth; **la ~ de la economía de un monocultivo** the dependence *o* reliance of the economy on a monoculture; **su ~ de la heroína** her dependence on heroin
B 1 (sección) department; (oficina) office 2 **dependencias** *fpl* (edificios) buildings (*pl*); (salas) rooms (*pl*); **las ~s del servicio** the servants' quarters

depender [E1] *vi*
A 1 «*resultado/solución*» to depend; **¿vendrás? — depende** will you come? — it depends *o* maybe *o* I might; **~ DE algo/algn** to depend ON sth/sb; **ahora todo depende de ti** now everything depends on you; **si de mí dependiera** if it were up to me; **depende en gran parte de la temperatura** it depends largely *o* to a great extent on the temperature; **todo depende de que llegue a tiempo** it all depends on him arriving on time 2 «*persona*»: **~ DE algn/algo**: **depende económicamente de sus padres** he depends on his parents financially, he is financially dependent on his parents; **dependía totalmente de su mujer** he was completely dependent on his wife, he depended *o* relied totally on his wife; **no tengo que ~ de nadie para regresar** I don't have to rely on anyone to get back; **dependía totalmente de la heroína** he was totally dependent on heroin
B 1 (en una jerarquía) **~ DE algn** to report TO sb; **dependían directamente del director financiero** they reported directly to the finance director; **la comisión ~á del Senado** the commission will report to *o* will be accountable to *o* will be answerable to the Senate 2 «*territorio*»: **la isla depende de Australia** the island is an Australian dependency

dependiente¹ *adj* dependent; **familiares ~s** dependents*; **~ DE algo/algn**: **un organismo ~ del Ministerio de Cultura** an organization dependent on the Ministry of Culture; **es una pequeña sucursal ~ de la oficina de Caracas** it is a small sub-office to the one in Caracas

dependiente² -ta *m,f* (*m*) salesman, salesperson, salesclerk (AmE), shop assistant (BrE); (*f*) saleswoman, salesperson, salesclerk (AmE), shop assistant (BrE)

depilación *f* (con cera) waxing; (con crema) hair-removal, depilation (frml); (de cejas) plucking

depiladora *f* epilator
(Compuesto) **depiladora eléctrica** electrical epilator

depilar [A1] *vt* ‹*piernas/axilas*› to wax (*o* shave *etc*); ‹*cejas*› to pluck
■ **depilarse** *v pron*: **se estaba depilando las cejas** (*refl*) she was plucking her eyebrows; **me tengo que ~ las piernas** (*refl*) I have to shave (*o* wax *etc*) my legs; **tengo hora para ~me las piernas** (*caus*) I have an appointment to have my legs waxed

depilatorio¹ -ria *adj* hair-removing (*before n*), depilatory (frml)

depilatorio² *m* hair remover, depilatory (frml)

deplorable *adj* deplorable; **su conducta ha sido ~** he has behaved deplorably, his behavior has been deplorable; **me lo devolvió en un estado ~** he returned it to me in a dreadful *o* a shocking *o* an appalling state

---

[➡] *ver* Vivir en un país de habla inglesa

deplorar [A1] *vt* **1** (condenar) to deplore; **deploró las medidas tomadas por el gobierno** he condemned *o* deplored the measures taken by the government; **deploramos la violencia** we deplore violence **2** (lamentar) to regret; **deploramos nuestro error** we deeply regret our mistake

deponente[1] *adj* deponent

deponente[2] *mf* deponent

deponer [E22] *vt*
A (abandonar): **depuso su actitud y se entregó** he abandoned his stance and gave himself up; **decidieron ~ las armas** they decided to lay down their arms
B ‹*rey*› to depose; ‹*gobierno/presidente*› to overthrow, topple; **a raíz del escándalo fue depuesto de su cargo** as a result of the scandal he was removed from office
■ **deponer** *vi*
A (Fisiol) **1** (defecar) to defecate **2** (AmC, Méx fam) (vomitar) to throw up (colloq)
B (Der) to make a statement *o* (frml) deposition; (ante un tribunal) to testify

deportación *f* deportation

deportar [A1] *vt* to deport

deporte *m* sport; **no practican ningún ~** they don't play *o* do any sport(s); **hace ~ para estar en forma** she does sports (AmE) *o* (BrE) some sport to keep fit; **por ~** for the fun of it; **pinta por ~** he paints for fun *o* for the fun of it *o* for the love of it

Compuestos
- **deporte acuático** water sport
- **deporte de equipo** team sport
- **deporte de invierno** winter sport
- **deporte extremo** extreme sport
- **deporte náutico** water sport (*involving the use of a boat*)

deportista[1] *adj* sporty; **fue muy ~ en su juventud** he was a keen sportsman *o* he did a lot of sport in his youth; **¡qué ~ te has venido hoy!** you're looking very sporty today!

deportista[2] *mf* (*m*) sportsman; (*f*) sportswoman

deportivamente *adv* sportingly; **se tomó la broma muy ~** he took the joke in good part *o* very sportingly

deportivas *fpl* (Esp) sneakers (AmE), trainers (BrE); **unas ~** a pair of sneakers (AmE) *or* trainers (BrE)

deportividad *f* sportsmanship

deportivo[1] -va *adj* **1** ‹*club/centro*› sports (*before n*); **instalaciones deportivas** sports facilities **2** ‹*ropa*› (para deporte) sports (*before n*); (informal) sporty, casual **3** ‹*actitud/espíritu*› sporting

deportivo[2] *m* sports car

deposición *f*
A (de un rey) deposition; (de un presidente, gobierno) overthrow
B (Fisiol) (frml) **1** (acto) bowel movement **2** **deposiciones** *fpl* (heces) stools (*pl*)
C (Der) statement, deposition (frml); (ante un tribunal) testimony

depositante *mf* depositor

depositar [A1] *vt*
A (frml) **1** (colocar) to place, put, deposit (frml); **Ⓢ deposite las monedas en la ranura** place *o* deposit coins in slot; **depositó una corona en el monumento a los caídos** he placed *o* laid a wreath at the war memorial **2** (dejar) to leave, deposit (frml); **Ⓢ se ruega depositen las bolsas en la entrada** please leave all bags at the door; **~on las mercancías en un almacén** the goods were put into *o* placed in storage **3** (volcar) **~ algo EN algo/algn: tenía depositadas todas mis esperanzas en ese puesto/en él** I had pinned all my hopes on that job/on him; **deposité en él toda mi confianza** I placed *o* put all my trust in him; **depositó en él todo su cariño** she bestowed all her love on him
B (Fin) ‹*dinero*› to deposit; (en una cuenta corriente) (AmL) to pay in; **depositó una fianza en favor del acusado** she stood bail for the accused
■ **depositarse** *v pron* «*sustancia*» to form a deposit, be deposited

depositaría *f* (local) payments office, local treasury; (cargo) office of treasurer

depositario -ria *m,f* **1** (de dinero) deposit taker, stakeholder; **se cree el ~ de la verdad absoluta** he thinks he is the repository of all truth; **lo había hecho ~ de su confianza** she had placed her trust in him **2** (Der) receiver

depósito *m*
A **1** (almacén) warehouse; **~ de armas** arms depot; **~ de municiones** ammunition *o* munitions dump; **los cuadros llevaban muchos años en ~** the paintings had been in storage *o* (BrE) in store for many years; **el género se entregó/se tiene en ~** the goods were supplied/are held on a sale-or-return basis **2** (tanque) tank

Compuestos
- **depósito de aduanas** bonded warehouse
- **depósito de agua** (en una casa) water tank; (lago artificial) reservoir
- **depósito de cadáveres** morgue, mortuary (BrE)
- **depósito de equipajes** (Col) checkroom (AmE), left-luggage office (BrE)
- **depósito de gasolina** gas tank (AmE), petrol tank (BrE)
- **depósito franco** bonded warehouse

B (sedimento) deposit, sediment; (yacimiento) deposit
C **1** (AmL) (Fin) (ingreso) deposit; **hacer un ~** to deposit some money, to pay in some money **2** (garantía) deposit; **dejé un ~ de 30 euros** *or* **dejé 30 euros en ~** I left a 30 euro deposit

Compuesto **depósito a plazo fijo** *or* (Col) **a término fijo** time deposit (AmE), fixed-term deposit (BrE)

D (Chi) (de trenes, buses) depot

depravación *f* **1** (acto) act of depravity, depraved act **2** (cualidad) depravity

depravado[1] -da *adj* depraved

depravado[2] -da *m,f* degenerate; **un ~ sexual** a pervert, a sexual pervert

depravar [A1] *vt* to deprave, corrupt
■ **depravarse** *v pron* to become corrupted

depre *f* (fam): **¡qué ~ le entró!** she got terribly depressed *o* (colloq) down; **me levanté con una ~ ...** I woke up feeling really low *o* down (colloq)

deprecación *f* (frml) entreaty (frml)

deprecar [A2] *vt* (frml) to entreat

depreciación *f* depreciation

depreciar [A1] *vt* to depreciate, reduce the value of
■ **depreciarse** *v pron* to depreciate, fall in value

depredación *f* (frml) **1** (Zool) predation (frml) **2** (daño) depredation (frml)

depredador[1] -dora *adj* **1** (Zool) ‹*animal/ave*› predatory **2** ‹*ataque/ejército*› predatory

depredador[2] *m* predator

depredar [A1] *vt* (Zool) to prey on; **están depredando los mares** they are plundering the seas

depresión *f*
A (Psic) depression

Compuesto **depresión posparto** postnatal depression

B (en un terreno) depression
C (Econ) depression; ▸ **grande[1]**
D (Meteo) depression

Compuestos
- **depresión atmosférica** *or* **barométrica** atmospheric *o* barometric depression
- **depresión tropical** tropical depression

depresivo[1] -va *adj* **1** ‹*persona*› depressive (frml); **es muy ~** he tends to get depressed **2** ‹*droga*› depressant, depressive

depresivo[2] -va *m,f* **1** (persona) depressive **2** **depresivo** *m* (fármaco) depressant

depresor *m* depressant

deprimente *adj* depressing

deprimido -da *adj*
A ‹*persona*› depressed; **volvió muy ~** he came back very depressed
B ‹*mercado/economía/precios*› depressed; ‹*zona/barrio*› depressed
C (Zool) flattened

deprimir [I1] *vt*
A **1** (Psic) to depress, make … depressed **2** «*droga/sustancia*» to depress
B ‹*mercado*› to depress
■ **deprimirse** *v pron* to get/become depressed

deprisa *adv* fast; **tienes que trabajar más ~** you must work faster; **¡~! escóndelo** quick! hide it; ***~ y corriendo*** in a rush; **todo lo hace ~ y corriendo** she does everything in a rush; **tomó la decisión ~ y corriendo** he made a hasty decision; **hizo los deberes ~ y corriendo para irse a jugar** he rushed through his homework so he could go out and play

depuesto -ta *pp see* **deponer**

depuración *f*
A **1** (del agua) treatment, purification; (de aguas residuales) treatment **2** (de la sangre) cleansing
B **1** (Pol) purge **2** (de lenguaje, estilo) refinement

depurado -da *adj* ‹*lenguaje*› polished, refined; ‹*gusto*› refined; **un estilo ~** a polished style

depurador *m* purifier

depuradora *f* **1** (de aguas residuales) sewage treatment plant **2** (en una piscina) filter system

depurar [A1] *vt*
A **1** ‹*agua*› to purify, treat; ‹*aguas residuales*› to treat **2** ‹*sangre*› to cleanse
B **1** ‹*organización/partido*› to purge **2** ‹*lenguaje*› to polish, refine **3** (Inf) to debug

depurativo[1] -va *adj* purifying, depurative

depurativo[2] *m* depurative

dequeísmo *m: incorrect use of 'de que'*

derby *m* (*pl* **-bys** *or* **-bies**) (Esp) local derby

derecha *f*
A **1** (lado derecho) right; **la primera calle a la ~** the first street on the right; **gira** *or* **tuerce a la ~** turn right, take a right (colloq); **el de la ~** the one on the right; ***no hago/hace nada a ~s*** (Esp fam) I/he can't do anything right **2** (mano derecha) right hand; **con la ~** with my/your/his right hand
B (Pol): **la ~** the Right; **un político de ~** (AmL) *or* (Esp) **de ~s** a right-wing politician

derechamente *adv*
A **1** (en línea recta) straight **2** (directamente) straight; **se fueron ~ a su casa** they went straight home **3** (abiertamente) straight, openly; **díselo ~ y sin tapujos** tell him straight and without beating about the bush
B (honestamente) ‹*actuar/comportarse*› honestly

derechazo *m*
A **1** (en boxeo) right **2** (Taur) *pass made with the cape in the right hand*
B (en tenis) forehand

derechismo *m* right-wing views (*o* tendencies etc) (*pl*)

derechista[1] *adj* right-wing

derechista[2] *mf* right-winger

derechización *f* (Pol) shift to the right

derechizar [A4] *vt* ‹*partido*› to move … to the right; **el partido ha derechizado su postura** the party has adopted a more right-wing stance, the party has shifted to the right
■ **derechizarse** *v pron* «*partido/postura*» to swing to the right

derecho[1] -cha *adj*
A ‹*mano/ojo/zapato*› right; ‹*lado*› right, right-hand; **el ángulo superior ~** the top right-hand angle; **queda a mano derecha** it's on the right-hand side *o* on the right; **tiene el lado ~ paralizado** he's paralyzed down his right side
B **1** (recto) straight; **ese cuadro no está ~** that picture isn't straight; **¿tengo el sombrero ~?** is my hat (on) straight?; **¡pon la espalda derecha!** straighten your back!; **siéntate ~** sit up straight; ***cortar por lo ~*** (Chi) to take drastic measures **2** (fam) (justo, honesto) honest, straight

derecho[2] *adv* 1 (en línea recta) straight; **siga todo ~ por esta calle** go *o* keep straight on down this street; **corta ~** cut it straight 2 (fam) (directamente) straight; **fue ~ al tema** he got straight *o* right to the point; **y de aquí derechito a casa** and from here you go straight home; **~ *viejo*** (RPl fam) straight; **si no te gusta, se lo dices ~ viejo** if you don't like it, tell him straight

derecho[3] *m*

A 1 (facultad, privilegio) right; **tienes que hacer valer tus ~s** you have to stand up for your rights; **~s fundamentales** basic rights; **estás en tu ~** you're within your rights; **el ~ que me asiste** (frml) my right; **Ⓢ reservado el derecho de admisión** right of admission reserved, the management reserves the right to refuse admission; **¿con qué ~ te apropias de lo que es mío?** what right do you have to take something that belongs to me?; **miembro de pleno ~** full member; **~ A algo** right TO sth; **el ~ a la vida/libertad** the right to life/freedom; **el ~ al voto** the right to vote; **~ A + INF: tengo ~ a saber** I have a *o* the right to know; **eso no te da ~ a insultarme** that doesn't give you the right to insult me; **da ~ a participar en el sorteo** it entitles you to participate in the draw; **no tienes ningún ~ a hacerme esto** you have no right to do this to me; **tiene perfecto ~ a protestar** she's perfectly within her rights to protest; **~ A QUE + SUBJ: tengo tanto ~ como tú a que se me escuche** I have as much right as you to be heard; **~ *al pataleo*** (fam & hum): **después no hay ~ al pataleo** you can't start kicking up a fuss later (colloq); **déjame que por lo menos haga uso de mi ~ al pataleo** at least let me have my say (colloq); ***¡no hay ~!*** (fam) it's not fair!, it's just not on! (colloq); **no hay ~ a que la traten así a una** they've no right to treat a person like that; ***pagar el ~ de piso*** (CS fam) to pay one's dues 2 (Com, Fin) tax

(Compuestos)

- **derecho a la intimidad** right to privacy
- **derecho de acceso** right of access
- **derecho de adquisición** acquisition rights (*pl*), rights of acquisition (*pl*)
- **derecho de agrupación** ► **derecho de asociación**
- **derecho de asilo** right of asylum
- **derecho de asociación** freedom of association *o* assembly
- **derecho de autodefensa** right of self-defense*
- **derecho de autodeterminación** right to self-determination
- **derecho de defensa propia** right of self-defense*
- **derecho de gracia** prerogative of mercy
- **derecho de huelga** right to strike
- **derecho de llave** (de una propiedad) premium; (de un negocio) goodwill
- **derecho de matrícula** registration fee
- **derecho de nacimiento** birthright
- **derecho de paso** *or* **servidumbre** right of way
- **derecho de patente** patent right
- **derecho de pernada** droit de seigneur
- **derecho de propiedad** right of ownership
- **derecho de propiedad intelectual** *or* **literaria** (literary) copyright
- **derecho de publicación** publishing rights (*pl*)
- **derecho de reproducción** copyright
- **derecho de residencia** right of abode
- **derecho de retención** lien
- **derecho de retracto** right of repurchase
- **derecho de reunión** right of assembly
- **derecho de sufragio activo** right to vote
- **derecho de sufragio pasivo** right to run for election (AmE), right to stand for election (BrE)
- **derecho de tanteo** right of first refusal
- **derecho de tránsito** passage
- **derecho de** *or* **al veto** right *o* power of veto
- **derecho de visita** right of access (*to children*)
- **derecho divino** divine right
- **derecho preferente de compra** preemption right
- **derechos adquiridos** *mpl* vested *or* acquired rights (*pl*)
- **derechos arancelarios** *or* **de aduana** *mpl* customs duties (*pl*)
- **derechos cinematográficos** *mpl* film rights (*pl*)
- **derechos civiles** *mpl* civil rights (*pl*), civil liberties (*pl*)
- **derechos conyugales** *mpl* conjugal rights (*pl*)
- **derechos de adaptación cinematográfica** *or* **al cine** *mpl* film rights (*pl*), movie rights (*pl*) (AmE), screen rights (*pl*)
- **derechos de antena** *mpl* broadcasting rights (*pl*)
- **derechos de autor** *mpl* royalties (*pl*)
- **derechos de examen** *mpl* examination fees (*pl*)
- **derechos de exportación/importación** *mpl* export/import duties (*pl*)
- **derechos de interpretación** *or* **representación** *mpl* performing rights (*pl*)
- **derechos de la mujer** *mpl* women's rights (*pl*)
- **derechos del consumidor** *mpl* consumer rights (*pl*)
- **derechos del individuo** *mpl* rights of the individual (*pl*)
- **derechos de los trabajadores** *mpl* workers' rights (*pl*)
- **derechos de pasto** *mpl* grazing rights (*pl*)
- **derechos de peaje** *mpl* (Auto) tolls (*pl*)
- **derechos de puerto** *mpl* port *o* anchorage dues (*pl*)
- **derechos de reedición en rústica** *mpl* paperback rights (*pl*)
- **derechos de reproducción** *mpl* copyright (*pl*)
- **derechos editoriales** *mpl* publishing rights (*pl*)
- **derechos humanos** *mpl* human rights (*pl*)
- **derechos portuarios** *mpl* harbor* dues (*pl*)

B (Der) law; **estudio ~** I'm studying law; **según el ~ inglés** according to *o* under English law; **no se ajusta a ~** *or* **no es conforme a ~** it is not lawful

(Compuestos)

- **derecho administrativo** administrative law
- **derecho aeronáutico** aviation law
- **derecho canónico** canon law
- **derecho civil** civil law
- **derecho comercial** commercial law
- **derecho comunitario** community law
- **derecho comparado** comparative law
- **derecho consuetudinario** common law
- **derecho contractual** contract law
- **derecho de familia** family law
- **derecho de patentes** patent law
- **derecho empresarial** business law
- **derecho escrito** statute law
- **derecho fiscal** tax law
- **derecho internacional** international law
- **derecho laboral** labor* law
- **derecho marítimo** maritime law
- **derecho mercantil** commercial law
- **derecho penal** criminal law
- **derecho positivo** statute law
- **derecho privado** private law
- **derecho procesal** procedural law
- **derecho público** public law

C (de una prenda) right side, outside; (de una tela) right side, face; **es de doble faz, no tiene ~ ni revés** it's reversible, it doesn't have a right and a wrong side; **no lo planches por el ~** don't iron it on the right side, iron it inside out; **póntelo al ~** put it on properly *o* right side out

derechohabiente *mf* rightful owner/successor

derechura *f* straightness; **en ~** directly

derelicto -ta *adj* derelict

deriva *f* drift; **a la ~** ‹*barco*› adrift; **navegó a la ~ durante tres días** it drifted for three days; **la empresa va a la ~** the company has lost its sense of direction

derivación *f* 1 (Ling) derivation 2 (Mat) derivation 3 (Elec) (pérdida de fluido) short circuit; (desviación de fluido) shunt 4 (de un problema) consequence

derivada *f* derivative

derivado *m* 1 (Ling) derivative 2 (Tec) derivative; **los ~s lácteos** dairy products

derivar [A1] *vi*

A 1 (proceder) **~ DE algo** (Ling) to derive FROM sth, come FROM sth; (Quím) to derive FROM sth; «*problema/situación*» to arise FROM sth; **palabras derivadas del latín** words of Latin origin, words derived from Latin; **el problema deriva de la falta de confianza** the problem arises *o* stems from a lack of confidence 2 (traer como consecuencia) **~ EN algo** to result IN sth, lead TO sth; **derivó en un deterioro de la calidad** it resulted in *o* led to a decline in quality

B 1 (Náut) «*barco*» to drift 2 (cambiar de dirección) **~ HACIA/EN algo**: **una charla que derivó en discusión** a chat which degenerated into *o* turned into *o* became an argument; **nuestra amistad derivaba hacia el odio** our friendship was turning to hatred 3 (Elec) to short-circuit; **deriva a tierra** it goes to ground (AmE) *o* (BrE) earth

■ **derivar** *vt*

A (dirigir) to steer; **derivó la conversación hacia otros temas** he steered *o* moved the conversation on to other matters

B (Elec) to shunt

C (Med) (AmL) to refer; **~ a algn a un especialista** to refer sb to a specialist *o* (BrE) consultant

■ **derivarse** *v pron* (proceder) **~se DE algo** (Ling) to be derived FROM sth, come FROM sth; «*problema/situación*» to arise FROM sth

dermatitis *f* dermatitis

dermatología *f* dermatology

dermatológico -ca *adj* dermatological

dermatólogo -ga *m,f* dermatologist

dermatosis *f* dermatosis

dérmico -ca *adj* skin (*before n*), dermic (tech)

dermis *f* (*pl* ~) dermis

derogación *f* abolition, repeal

derogar [A3] *vt* to abolish, repeal

derrabar [A1] *vt* to dock

derrama *f* 1 (reparto) apportionment 2 (Méx) (ingresos) earnings (*pl*)

derramadero *m* 1 (cauce) spillway 2 (Col) (fregadero) sink

derramamiento *m* (de un líquido) spilling, spillage; **una revolución sin ~ de sangre** a bloodless revolution; **~ de sangre** bloodshed

derramar [A1] *vt* 1 ‹*agua/leche*› to spill; ‹*lágrimas/sangre*› to shed 2 ‹*lentejas/bolitas*› to spill, scatter 3 ‹*luz*› to cast, shed 4 (esparcir) ‹*favores/regalos*› to scatter

■ **derramarse** *v pron* 1 «*tinta/leche*» to spill; «*corriente*» to pour out 2 «*lentejas/bolitas*» to scatter, spread 3 «*gente*» to scatter 4 (Col fam) (eyacular) to come (colloq)

derrame *m*

A 1 (Med): **tengo un ~ en el pie** I've burst a blood vessel in my foot; **~s gastrointestinales** gastrointestinal bleeding *o* hemorrhaging 2 (de un líquido) spillage

(Compuestos)

- **derrame cerebral** brain hemorrhage*
- **derrame sinovial** synovitis

B (Arquit) embrasure

derrapaje *m* skid

derrapar [A1] *vi*

A «*vehículo*» to skid; «*embrague*» to slip; «*llantas*» to spin

B (Méx fam) (estar chiflado) **~ POR algn** to be nuts *o* crazy ABOUT sb (colloq)

■ **derraparse** *v pron* (Ven arg) to behave outrageously

derrape *m*

A (Auto) skid

B (Ven arg) (escándalo) outrageous situation (*o* behavior* *etc*)

derredor: **al/en ~** (*loc adv*) around

derrengado -da *adj* exhausted: **lo hizo galopar hasta dejarlo ~** he rode it at a gallop until it collapsed from exhaustion

derrengarse [A3] *v pron* to collapse (from exhaustion)

derretimiento *m* melting

derretir [I14] *vt* ‹*mantequilla/helado*› to melt; ‹*metales*› to melt, melt down; ‹*hielo/nieve*› to melt, thaw

■ **derretirse** *v pron* 1 «*mantequilla/helado*» to melt; «*nieve/hielo*» to thaw, melt 2 (fam) «*persona*»: **~se POR algn** to be besotted WITH sb, be crazy ABOUT sb (colloq)

derribar [A1] *vt* 1 ‹*edificio/muro*› to demolish, knock down, pull down; ‹*puerta*› to break down 2 ‹*avión*› to shoot down, bring down, down (colloq) 3 ‹*persona*› to floor, knock … down, lay … out (colloq); ‹*novillo*› to knock … over 4 «*viento*» to bring down; **el viento derribó varios árboles** the wind brought down several trees 5 ‹*gobierno*› to overthrow

derribo *m* 1 (de un edificio) demolition 2 (de un avión) shooting down, bringing down, downing (colloq) 3 (de un gobierno) overthrow

derrocamiento *m* overthrow

derrocar [A2] *vt* to overthrow, topple

derrochador[1] **-dora** *adj*: **tiene un marido ~** her husband is really wasteful with money *o* is a spendthrift *o* squanders all their money; **hoy estoy ~** I'm feeling extravagant today, I feel like splashing out today (colloq)

derrochador[2] **-dora** *m,f* squanderer, spendthrift

derrochar [A1] *vt*

A (malgastar) ‹*dinero*› to squander, waste; ‹*electricidad/agua*› to waste

B (tener en abundancia) ‹*buen humor/simpatía*› to radiate, exude; **derrocha salud y energía** she radiates *o* exudes health and energy

■ **derrochar** *vi* to throw money away, to squander money; **cómprate algo pero no derroches** buy yourself something but don't go throwing your money away *o* wasting your money; **estaban acostumbrados a ~** they were used to being very free with their money

derroche *m* 1 (de dinero, bienes) waste; **los ~s de sus hijos** the wastefulness of their children; **es un ~ de energía dejar las luces encendidas** it's a waste of electricity leaving the lights on 2 (abundancia): **un ~ de entusiasmo** a tremendous display of enthusiasm; **un ~ de color** a feast of color

derrochón -chona *adj/m,f* (fam) ▸ **derrochador**[1], **derrochador**[2]

derrota *f*

A (Dep, Mil) defeat; **sufrir una ~** to suffer a defeat; **infligir una ~ a algn** to inflict a defeat on sb; **él nunca ha sabido aceptar la ~** he has never been able to accept defeat

B (Náut) course

derrotado -da *adj* 1 (vencido) ‹*ejército*› defeated; ‹*equipo*› defeated, beaten 2 (desesperanzado) despondent

derrotar [A1] *vt* ‹*ejército/partido*› to defeat; ‹*equipo*› to defeat, beat

■ **derrotar** *vi* «*toro*» to pull to one side (*when charging*)

derrotero *m* 1 course; **el país cambió de ~** the country changed tack *o* course; **si sigues por esos ~s vas a terminar mal** if you carry on like that, you'll come to a bad end; **ha seguido (por) los ~s marcados por su antecesor** he followed in the footsteps of his predecessor 2 (Náut) (rumbo) course; (libro) log

derrotismo *m* defeatism

derrotista *adj/mf* defeatist

derruido -da *adj* ‹*casa*› ruined; **una casa medio derruida** a house in a state of semi-collapse *o* virtually in ruins

derruir [I20] *vt* to demolish, pull *o* tear *o* knock down

derrumbadero *m* precipice, sheer drop

derrumbamiento *m* 1 (de un edificio) collapse; **~ de tierras** landslide, landslip 2 (de una dictadura, un imperio) collapse

derrumbar [A1] *vt* 1 ‹*casa/edificio*› to demolish, pull *o* knock *o* tear down 2 ‹*dictadura*› to overthrow, topple

■ **derrumbarse** *v pron* 1 «*edificio*» to collapse 2 «*persona*» to go to pieces; «*esperanzas/ilusiones*» to be shattered, collapse

derrumbe *m* 1 (de un edificio) collapse 2 (Econ) collapse; **el ~ de la economía** the collapse of the economy 3 (en una carretera) landslide, landslip

derviche *m* dervish

des- *pref* un- (*as in* **desempleo**, **desenchufar**; dis- (*as in* **desorganizado**, **desintegrar**; de- (*as in* **deshidratado**, **desestabilizar**; **tendrán que desaprender lo aprendido** they will have to unlearn what they've learned; **esto desincentiva al empresario** this acts as a disincentive to businessmen; **el largo proceso de la desestalinización** the long process of de-Stalinization

desabastecer [E3] *vt* to deprive of supplies

desabastecido -da *adj*: **~s de provisiones** out of provisions *o* supplies, with no *o* without any provisions *o* supplies; **dejó al país ~ de combustible** it left the country without fuel

desabastecimiento *m* shortage of supplies (*o* food *etc*)

desabasto *m* (Méx) ▸ **desabastecimiento**

desabolladura *f*: **me cobró un dineral por la ~ de la puerta** he charged me a fortune to beat the dent out of the car door; **se especializa en ~s** he specializes in auto bodywork or (BrE) panel beating; **taller de ~s** auto body shop (AmE), panel beating shop (BrE)

desabollar [A1] *vt* to beat the dents out of

desabonarse [A1] *v pron* to stop one's subscription

desaborido[1] **-da** *adj* (Esp) ‹*comida*› tasteless, bland, insipid; ‹*persona/estilo/carácter*› boring, dull; **¡qué ~ es!** he's so dull *o* boring, he's no fun at all

desaborido[2] **-da** *m,f* (Esp) bore

desabotonar [A1] *vt* to unbutton, undo

■ **desabotonarse** *v pron* 1 «*prenda*» to come undone 2 (*refl*) «*persona*» ‹*camisa/abrigo*› to unbutton, undo

desabrido -da *adj*

A ‹*comida*› tasteless, bland, insipid

B ‹*persona*› 1 (AmL) (soso) dull 2 (Esp) (desagradable) surly, disagreeable

desabrigado -da *adj* ‹*lugar*› exposed; **vas muy ~, ponte el jersey** you're not wearing warm enough clothes, put your sweater on

desabrigar [A3] *vt*: **no puedes ~ al niño ahora** you can't take his coat (*o* sweater *etc*) off now

■ **desabrigarse** *v pron* (en la calle) to take one's coat (*o* sweater *etc*) off; (en la cama) to throw off the covers

desabrochar [A1] *vt* ‹*prenda/zapatos/pulsera*› to undo; **¿me desabrochas?** can you undo me? (colloq)

■ **desabrocharse** *v pron* 1 «*prenda*» to come undone 2 (*refl*) «*persona*» ‹*camisa/abrigo*› to undo; **desabróchate el primer botón** undo your top button

desacatado -da *adj* (RPl fam): **anoche estaba ~** he was going wild last night; **hoy está de lo más desacatada** she's really letting her hair down today (colloq)

desacatar [A1] *vt* ‹*órdenes*› to disobey; ‹*autoridad*› to defy; ‹*leyes*› to defy, break

desacato *m*: **el ~ a las órdenes constituye una falta grave** disobeying orders constitutes a serious offense; **fue procesada por ~ (al tribunal)** she was charged with contempt of court; **~ a la bandera** act of disrespect to the national flag

desaceleración *f* 1 (de un vehículo, objeto) deceleration, slowing down 2 (de un proceso) slowing down

desacelerar [A1] *vi* 1 (de un vehículo, objeto) to decelerate, slow down 2 (de un proceso) to slow down

desacertadamente *adv* mistakenly, wrongly

desacertado -da *adj* ‹*elección/comentario*› unfortunate, unwise; ‹*estrategia*› misguided; **estuvo muy ~ en sacar ese tema a relucir** (indiscreto) it was very tactless *o* indiscreet of him to bring up that subject; (equivocado) he made a big mistake bringing up that subject

desacertar [A5] *vi* to be wrong, be mistaken

desacierto *m*: **fue un ~ el haberlo invitado al debate** it was a mistake *o* bad move to invite him to the debate; **el eslogan de la campaña ha sido un ~** the campaign slogan has proved to be a bad choice *o* a mistake; **el ~ del gobierno en su política exterior ha sido constante** the government has constantly made mistakes in its foreign policy

desacomedido -da *adj* (Chi, Méx, Per) ▸ **desatento 1**

desacomodado -da *adj* (AmS) ‹*escritorio/cuarto*› untidy; **dejaron todo ~** they left everything untidy *o* in a mess

desacomodar [A1] *vt* (AmS) to untidy, mess … up

■ **desacomodarse** *v pron* (AmS) to get mixed *o* jumbled up

desacompasado -da *adj*: **los bailarines iban ~s** the dancers were out of step; **los violines van ~s** the violins are out of time; **tengo el corazón ~** my heartbeat's irregular; **una pieza poco melodiosa y desacompasada** a rather tuneless composition with an irregular beat *o* with a jerky rhythm

desacompletar [A1] *vt* (Méx fam): **su enfermedad vino a ~ el equipo** his illness left the team a man short

desaconsejable *adj* unadvisable

desaconsejado -da *adj*: **durante el embarazo ciertos deportes están ~s** women are advised not to do certain sports *o* are advised against certain sports during pregnancy

desaconsejar [A1] *vt* to advise against; **a menos que el médico te lo desaconseje** unless the doctor advises against it *o* advises you not to

desacoplamiento *m* 1 (de piezas) dismantling 2 (Elec) disconnection 3 (Ferr) uncoupling 4 (Espac) undocking

desacoplar [A1] *vt* to uncouple

desacorde *adj* 1 ‹*opiniones/versiones*› conflicting 2 ‹*sonidos*› discordant; ‹*instrumentos*› out of tune

desacostumbradamente *adv*: **~, salió por la puerta de atrás** unusually for him, he left by the back door

desacostumbrado -da *adj* 1 (insólito): **con un entusiasmo ~ en él** with unaccustomed enthusiasm; **una práctica desacostumbrada entre los europeos** a practice which is unusual *o* not normal *o* not customary among Europeans 2 ‹*persona*› **~ A algo**: **de tantos años que lleva aquí está ~ al calor** he's been here so long he isn't used to *o* he can't take the heat anymore

desacostumbrarse [A1] *v pron*: **se ha desacostumbrado a comerlo** he's got out of the habit *o* he's lost the habit of eating it; **se desacostumbró al tráfico de la ciudad** she forgot what city traffic was like, she was no longer used to city traffic

desacralización *f* (de un mito, héroe) debunking; (de iglesia) deconsecration

desacralizar [A4] *vt*

A (Relig) to deconsecrate

B ‹*mito/héroe*› to debunk

desacreditar [A1] *vt*: **esos rumores lo han desacreditado mucho** those rumors have done his reputation a great deal of harm *o* have seriously damaged his reputation; **la oposición intentó ~lo** the opposition tried to discredit him

■ **desacreditarse** *v pron* (*refl*) to discredit oneself, damage one's reputation

desactivación *f* deactivation, defusing; **unidad de ~ de explosivos** bomb disposal unit

desactivador -dora *m,f* bomb disposal expert; **el equipo de ~es** the bomb disposal squad

desactivar [A1] *vt* ‹*bomba/explosivo*› to defuse, deactivate; ‹*situación*› to defuse

desactualizado -da *adj* out of date

desacuartelar [A1] *vt* to allow ... out of barracks

desacuerdo *m* disagreement; **el ~ sobre el presupuesto** the disagreement over the budget; **~ CON algo** opposition TO sth, disagreement WITH sth; **expresó su ~ con las medidas** he voiced his opposition to *o* disagreement with the measures; **están en total ~ con su política económica** they strongly oppose *o* they are in total disagreement with his economic policy; **~ CON algn** disagreement WITH sb; **su ~ con el presidente** his disagreement with the president; **están en ~ con la ejecutiva** they are at odds *o* at variance with the executive

desadaptación *f* (Andes) adjustment problems (*pl*)

desadaptado -da *adj*: **un niño ~** a child who feels unsettled *o* has problems settling in *o* adjusting; **se siente ~ en ese colegio** he feels unsettled *o* disoriented in that school

desadaptar [A1] *vt* to disorient, unsettle

■ **desadaptarse** *v pron* to become disoriented *o* unsettled

desaduanar [A1] *vt* (Chi) ▸ **desduanar**

desafecto[1] **-ta** *adj* **~ A algo** opposed *o* hostile TO sth

desafecto[2] *m* indifference; **nos trató con ~** he treated us coldly

desaferrar [A1] *vi* to weigh anchor

■ **desaferrar** *vt* to loosen, unfasten

desafiante *adj* ‹*gesto/palabras/persona*› defiant; **se me acercó ~** he came towards me defiantly

desafiar [A17] *vt* [1] ‹*persona*› **~ a algn A algo** to challenge sb TO sth; **lo desafié a una carrera** I challenged him to a race; **~ a algn A + INF** to dare *o* challenge sb to + INF; **me desafió a cruzar el río a nado** he dared *o* challenged me to swim across the river; **~ a algn A QUE + SUBJ** to dare *o* challenge sb to + INF; **te desafío a que se lo digas** I dare *o* challenge you to tell her [2] ‹*peligro*› to defy; **~ la muerte** to defy death; **nadie se atreve a ~ su autoridad** nobody dares to defy his authority

desafilado -da *adj* blunt

desafilar [A1] *vt* to blunt, dull

■ **desafilarse** *v pron* «*cuchillo*» to become blunt, lose its edge

desafinadamente *adv* out of tune

desafinado -da *adj* out of tune

desafinar [A1] *vi* «*instrumento*» to be out of tune; «*músico/cantante*» to be off key *o* out of tune

■ **desafinarse** *v pron* to go out of tune; **el piano se ha vuelto a ~** the piano needs tuning again, the piano's (gone) out of tune again

desafío *m* [1] (a una persona) challenge; **representa un verdadero ~ para nosotros** it represents a real challenge for us; **~s por una cuestión de honor** duels over a question of honor [2] (al peligro, a la muerte) defiance

desaforadamente *adv* ‹*gritar*› at the top of one's voice, like a madman; ‹*bailar*› wildly, unrestrainedly; **corrían ~** they were running hell for leather *o* like crazy (colloq)

desaforado[1] **-da** *adj* [1] ‹*fiesta*› riotous, wild; ‹*ambición*› unbridled, boundless; ‹*grito*› terrible [2] ‹*partidario/nacionalista*› ardent, fervent

desaforado[2] **-da** *m,f*: **se puso a comer como un ~** he started eating as if he hadn't eaten in a week; **corrieron como ~s** they ran hell for leather *o* like crazy (colloq); **gritaba como un ~** he was shouting at the top of his voice *o* like a madman, he was shouting his head off (colloq)

desaforar [A10] *vt* (Hist) to revoke the rights and privileges of; (Pol) ‹*diputado/senador*› to strip of parliamentary immunity

desafortunadamente *adv* unfortunately

desafortunado -da *adj* [1] (desdichado) ‹*persona*› unlucky; ‹*suceso*› unfortunate; **siempre ha sido ~ en amores/en el juego** he's always been unlucky in love/at cards; **ha sido un día ~** it's been an unfortunate day [2] (desacertado) ‹*medidas/actuación*› unfortunate; **el diestro estuvo ~ con la espada** the matador performed poorly with the sword; **su respuesta fue desafortunada** his reply was tactless *o* unfortunate

desafuero *m* [1] (atropello) outrage [2] (desmesura) excess [3] (de un diputado, senador) withdrawal of parliamentary privileges

desagotar [A1] *vt* (RPl) to empty, drain

desagradable *adj* ‹*respuesta/comentario*› unkind; ‹*sabor/ruido/sensación*› unpleasant, disagreeable; ‹*escena*› horrible; **estuvo realmente ~ conmigo** he was really unpleasant to me; **¡no seas tan ~! dale una oportunidad** don't be so mean *o* unkind! give him a chance; **¡qué tiempo más ~!** what nasty *o* horrible weather; **hacía un día bastante ~** the weather was rather unpleasant, it was a rather unpleasant day; **se llevó una sorpresa ~** she got a nasty *o* an unpleasant surprise

desagradablemente *adv* unpleasantly

desagradar [A1] *vt*: **me desagrada su presencia** I find his presence unpleasant *o* disagreeable; **la manera en que me habla me desagrada sobremanera** (frml) I find the way she talks to me extremely unpleasant *o* disagreeable (frml); **me desagrada tener que decírselo** I don't like having to tell her; **no te desagrada el vino ¿eh?** (iró) so you're not averse to a drop of wine, eh? (hum)

desagradecido[1] **-da** *adj* [1] ‹*persona*› ungrateful [2] ‹*trabajo/tarea*› thankless

desagradecido[2] **-da** *m,f* ungrateful person; **¡maldito ~!** ungrateful devil *o* swine! (colloq)

desagradecimiento *m* ingratitude

desagrado *m* displeasure; **mostró su ~** he showed his displeasure; **lo hizo con ~** she did it reluctantly *o* unwillingly; **puso cara de ~** she didn't look (at all) pleased *o* happy, she looked displeased

desagraviar [A1] *vt* (frml): **lo quiso ~ por lo injusta que había sido con él** she wanted to make up for *o* make amends for *o* (frml) atone for how unfair she had been to him; **con eso no me siento desagraviado** I don't feel that's enough to make up for it *o* make amends; **para ~lo, se excusó públicamente** to make amends, she apologized publicly

■ **desagraviarse** *v pron* to make amends

desagravio *m*: **exigió un ~** he demanded redress *o* an apology; **le envió unas flores como** *or* **en ~** he sent her some flowers to make up for it *o* to make amends; **una carta de ~** a letter of apology

desagregar [A3] *vt* to disintegrate

■ **desagregarse** *v pron* to disintegrate

desaguadero *m* [1] (de río, lago) drain [2] ▸ **desagüe 1**

desaguar [A16] *vi* [1] «*bañera/lavadora*» to drain, empty [2] «*río*» to drain; **~ EN algo** to drain *o* flow INTO sth

desagüe *m* [1] (de un lavabo, una lavadora) wastepipe; (de un patio, una azotea) drain [2] (acción) drainage; **el sistema de ~** the drainage system

desaguisado *m* (fam) mess; **la peluquera me hizo un verdadero ~** the hairdresser made a real mess of my hair

desahogadamente *adv* (con holgura — económica) comfortably; (— de espacio) in comfort, comfortably; **viven ~** they are comfortably off

desahogado -da *adj* [1] ‹*posición económica/vida*› comfortable; **viven bastante ~s** they're comfortably off [2] ‹*jersey/camisa*› loose [3] ‹*casa/habitación*› uncluttered, spacious; **ahora la oficina queda más desahogada** there's more room in the office now, the office is/seems more spacious now [4] (de tiempo): **cuando terminemos éste estaremos más ~s** once we've finished this one things will be more relaxed *o* we'll have more time

desahogar [A3] *vt* ‹*penas*› to give vent to; ‹*rabia/ira*› to vent, give vent to; **desahogó toda su furia en él** she vented all her anger on him

■ **desahogarse** *v pron*: **me desahogué llorando** I cried and after that I felt much better; **salí a correr para ~me** I went for a run to let off steam *o* (colloq) to get it out of my system; **se desahogó dándole patadas a la rueda** he vented his anger (*o* frustration *etc*) by kicking the wheel; **~se CON algn**: **no tenía con quien ~me** there was no-one I could talk to to get it off my chest; **se desahogó conmigo** she poured her heart out to me

desahogo *m* [1] (alivio) relief; **le servirá de ~** he'll feel better for it [2] **con ~** (con holgura — económica) comfortably; (— de espacio) comfortably; **vivir con ~** to be comfortably off; **aquí podrás trabajar con más ~** you'll have more space *o* room to work in here

desahuciar [A1] *vt*

A ‹*enfermo/paciente*› to declare ... terminally ill; **los médicos la habían desahuciado** the doctors had given up hope of her recovering; **está desahuciado** he's terminally ill

B [1] ‹*inquilino*› (desalojar) to evict; (notificar el desalojo) to give ... notice to quit *o* (AmE) vacate [2] (Chi) ‹*empleado*› (despedir) to dismiss; (notificar el despido) to give ... notice

desahucio *m* [1] (de un inquilino — desalojo) eviction; (— aviso) notice to quit *o* (AmE) vacate [2] (Chi) (Rels Labs) (aviso) dismissal notice; (suma de dinero) severance pay

desairar [A1] *vt* to snub

desaire *m* snub, slight; **hacerle un ~ a algn** to snub *o* slight sb; **sería un ~ no llamarlos** it would be rude not to call them

desajustar [A1] *vt* to loosen

■ **desajustarse** *v pron* [1] «*pieza*» to come *o* work loose [2] «*mecanismo*»: **el tacómetro se había desajustado** the tachometer wasn't working properly

desajuste *m*

A [1] (Econ, Fin) imbalance [2] (Psic, Sociol): **síntomas de algún ~ con el entorno** symptoms of a failure to adjust to one's environment *o* of problems in adjusting to one's environment

B [1] (trastorno) disruption; **la tormenta provocó un ~ en los horarios** the storm disrupted the timetables [2] (defecto) fault

desalación *f* ▸ **desalinización**

desalado -da *adj*: **salió ~ hacia la estación** he rushed *o* dashed off to the station

desaladora *f* desalination plant

desalambrar [A1] *vi*: **¡a ~!** cut the wire! (*slogan inciting the seizure of land from large landowners*)

desalar [A1] *vt* ‹*pescado*› to remove the salt from; ‹*agua de mar*› to desalinate, desalt

desalentador -dora *adj* disheartening, discouraging

desalentar [A5] *vt* to discourage; **ese primer fracaso lo desalentó** that first failure discouraged him; **la situación desalentó a potenciales inversores** the situation discouraged potential investors; **estábamos muy entusiasmados pero su actitud nos desalentó** we were very excited but his attitude took the wind out of our sails *o* left us feeling deflated *o* dispirited

■ **desalentarse** *v pron* to become disheartened *o* discouraged

desaliento *m*: **el ~ se apoderó de los jugadores** the players became disheartened *o* discouraged

desalinización *f* desalination

desalinizadora *f* desalination plant

desalinizar [A4] *vt* to desalinate

desaliñado -da *adj* slovenly

desaliño *m* slovenliness, unkemptness

desalmado[1] **-da** *adj* heartless, callous

desalmado[2] **-da** *m,f* heartless *o* callous swine (colloq)

desalojamiento *m* ▸**desalojo 1**, **desalojo 2**

desalojar [A1] *vt* 1 ‹‹*manifestantes/ocupantes*›› ‹*edificio/recinto*› to vacate 2 ‹‹*policía*›› ‹*edificio/recinto*› to clear; (ante un peligro) to clear, evacuate; **el juez amenazó con ~ la sala** the judge threatened to clear the court 3 ‹*manifestantes*› to remove, move … away; ‹*residentes*› to evacuate; ‹*inquilino*› (esp AmL) to evict

desalojo *m* 1 (de edificio, recinto) eviction 2 (de inquilino) eviction; **orden de ~** eviction order 3 (AmL) (notificación) eviction notice; **les han dado el ~** they have been given notice to quit *o* (AmE) vacate, they have been served with an eviction notice

desalquilar [A1] *vt* to vacate

■ **desalquilarse** *v pron* ‹‹*inquilino*›› to vacate the premises; ‹‹*inmueble*›› to become vacant; **hay varios apartamentos desalquilados** there are several vacant apartments

desamarrar [A1] *vt* (AmL exc RPl) 1 ‹*embarcación*› to cast off; ‹*animal/persona*› to untie 2 ‹*zapatos/paquete*› to undo, untie

■ **desamarrarse** *v pron*

A (AmL exc RPl) 1 ‹‹*paquete/zapatos*›› to come undone *o* untied 2 ‹‹*bultos/barco*›› (soltarse) to come untied

B (AmL exc RPl) (*refl*) ‹‹*persona*›› to get free; ‹‹*animal*›› to get loose *o* free

desambientado -da *adj* disoriented; **al cambiarse de escuela se encontró totalmente ~** when he changed schools he was completely disoriented *o* unsettled *o* he felt completely out of place

desamor *m* lack of affection, coolness

desamortización *f* 1 (Der) freeing of encumbrance 2 (Hist) confiscation, seizure

desamortizar [A4] *vt* 1 to free … from encumbrance 2 (Hist) to confiscate, seize

desamparado -da *adj* 1 ‹*niño/anciano*› defenseless*, vulnerable; **se sentía sola y desamparada en la gran ciudad** she felt alone and defenseless *o* vulnerable in the big city 2 ‹*lugar*› bleak, unprotected

desamparar [A1] *vt* to abandon, desert, forsake (liter)

desamparo *m* neglect; **el ~ en el que vive esta ancianita** the state of neglect in which this old lady lives

desamueblado -da *adj* unfurnished

desandar [A24] *vt*: **tuvo que ~ el camino recorrido** he had to retrace his steps *o* go back the way he'd come; **~ *lo andado*** to go back to square one

desangelado -da *adj* ‹*cuarto/calle*› devoid of charm, soulless; ‹*persona*› lacking in charm, charmless

desangramiento *m* profuse bleeding, severe loss of blood

desangrar [A1] *vt* to bleed; **impuestos abusivos desangraban a los campesinos** excessive taxes were bleeding the peasants dry *o* white; **un país desangrado por la emigración** a country drained of its very lifeblood by emigration

■ **desangrarse** *v pron* to bleed to death; **murió desangrado** he bled to death

desanidar [A1] *vi* to leave the nest, fly the nest

■ **desanidar** *vt* to oust

desanimado -da *adj* 1 ‹*persona*› downhearted, discouraged, dispirited 2 ‹*fiesta*› dull

desanimar [A1] *vt* to discourage; **lo que me han contado me ha desanimado totalmente** what they've told me has totally discouraged me

■ **desanimarse** *v pron* to become disheartened *o* discouraged

desánimo *m*: **leía sus cartas cuando cundía el ~** I used to read his letters whenever I was feeling downhearted *o* discouraged *o* dispirited

desanudar [A1] *vt* to unknot, untie

desapacible *adj* 1 ‹*tiempo/día*› unpleasant; **juegos para esos días ~s** games for a rainy day 2 ‹*persona/carácter*› irritable, bad-tempered

desaparcar [A2] *vt* (Esp) to put on the road

■ **desaparcar** *vi* (Esp) to get the car out

desaparecer [E3] *vi* 1 (de un lugar) to disappear; **desapareció sin dejar huella** he disappeared *o* vanished without trace, he did a vanishing trick *o* a disappearing act (hum); **hizo ~ el sombrero ante sus ojos** he made the hat disappear *o* vanish before their very eyes; **en esta oficina las cosas tienden a ~** things tend to disappear *o* go missing in this office; ▸**mapa** 2 ‹‹*dolor/síntoma*›› to disappear; ‹‹*cicatriz*›› to disappear, go; ‹‹*costumbre*›› to disappear, die out; **lo dejé en remojo y la mancha desapareció** I left it to soak and the stain came out; **tenía que hacer ~ las pruebas** he had to get rid of the evidence 3 (de la vista) to disappear; **el sol desapareció detrás de una nube** the sun disappeared *o* went behind a cloud; **el ladrón desapareció entre la muchedumbre** the thief disappeared *o* vanished into the crowd; **desaparece de mi vista antes de que te pegue** (fam) get out of my sight before I wallop you (colloq)

■ **desaparecerse** *v pron* (Andes) 1 (de un lugar) to disappear; **se desaparecieron mis gafas** my glasses have disappeared 2 (de la vista) to disappear

desaparecido[1] **-da** *adj* 1 (que no se encuentra) missing 2 (period) (muerto) late (*before n*), deceased (frml)

desaparecido[2] **-da** *m,f* 1 (en un accidente) missing person; **entre los ~s en el siniestro** among those missing after the accident 2 (Pol): **un grupo de madres cuyos hijos están entre los ~s** a group of mothers whose children are among the disappeared *o* among those who have gone missing; ▸**detenido desaparecido**

> **desaparecidos**
>
> The name for people who in the 1970s, during the military dictatorships in Argentina, Chile, and Uruguay, were detained by the police, secret police and the armed forces in a campaign to restore "law and order". Thousands of detainees were murdered and never seen again.

desaparejar [A1] *vt* 1 ‹*caballo*› to unharness 2 ‹*barco*› to unrig

desaparición *f* 1 disappearance; **una especie en vías de ~** an endangered species; **la policía investiga la ~ de una niña de ocho años** the police are investigating the disappearance of an eight-year-old girl; **la ~ de la delegación provocará problemas administrativos** the closure of the local office will cause administrative problems 2 (euf & frml) (muerte) passing (euph & frml), passing away (euph & frml)

desapasionadamente *adv* dispassionately, impartially

desapasionado -da *adj* ‹*persona*› impartial, dispassionate; ‹*crítica/decisión*› unbiased, dispassionate

desapego *m* 1 (desprendimiento) indifference 2 (desamor) coolness, lack of affection

desapercibido -da *adj*: **pasar ~** to go unnoticed; **no pasó ~ su comentario** his comment did not go unnoticed

desaplicado -da *adj* lazy

desapoderar [A1] *vt*: **lo ~on** they canceled his power of attorney, they withdrew his authority

desapolillar [A1] *vt* to treat for moth

■ **desapolillarse** *v pron* (fam) to get out and about

desaprender [E1] *vt* to unlearn

desaprensión *f* (falta de escrúpulos) unscrupulousness, cynicism; (insensibilidad) callousness, uncaringness

desaprensivamente *adj* (sin escrúpulos) unscrupulously, cynically; (insensiblemente) callously, uncaringly

desaprensivo[1] **-va** *adj* (sin escrúpulos) unscrupulous, cynical; (insensible) callous, uncaring

desaprensivo[2] **-va** *m,f* (period): **unos ~s se le acercaron** he was accosted by a group of thieves (*o* thugs *etc*)

desapretar [A5] *vt* ‹*tuerca/tornillo*› to loosen; ‹*nudo*› to slacken, loosen

■ **desapretarse** *v pron* 1 ‹‹*tuerca/tornillo*›› to come loose; ‹‹*nudo*›› to become slack, come loose 2 (*refl*) ‹*cinturón/corbata*› **voy a ~me un poco el cinturón** I'm going to let my belt out a little; **se desapretó (el nudo de) la corbata** he loosened his tie

desaprobación *f* disapproval

desaprobar [A10] *vt* (frml) to disapprove of

desaprobatorio -ria *adj* disapproving

desaprovechado -da *adj*: **un alumno ~** a low-achieving student, a student who has underachieved *o* has failed to live up to expectations

desaprovechamiento *m* (del tiempo, de la comida) waste; (del espacio) bad use

desaprovechar [A1] *vt* ‹*oportunidad*› to waste; ‹*tiempo/comida*› to waste; **desaprovechó su viaje a Inglaterra** he didn't make the most of *o* he wasted his trip to England, he didn't use his time in England wisely; **esta habitación está muy desaprovechada** this room's not being put to good use

desarbolar [A1] *vt* to dismast

desarchivar [A1] *vt* to get … out of the files

desarmable *adj* 1 ‹*estantería/armario*› easy-to-assemble/dismantle 2 ‹*mesa/silla*› folding (*before n*), collapsible

desarmado -da *adj* ‹*policía/criminal*› unarmed; **tradicionalmente la policía británica va desarmada** traditionally British police do not carry arms *o* guns

desarmador *m* (Méx) 1 (herramienta) screwdriver 2 (bebida) screwdriver

desarmaduría *f* (Chi) scrapyard (*for cars*)

desarmar [A1] *vt*

A 1 ‹*aparato*› to dismantle, strip down, take … to pieces; ‹*mueble*› to dismantle; ‹*rifle*› to strip down 2 ‹*tienda de campaña*› to take down, strike 3 ‹*rompecabezas/puzzle*› to take … to pieces, break up; ‹*juguete/maqueta*› to take … apart, take … to pieces 4 (Chi) ‹*coche/barco/maquinaria*› to scrap

B 1 ‹*criminal/contrincante*› to disarm 2 (en un debate, una discusión) to disarm

■ **desarmarse** *v pron*

A ‹‹*rompecabezas/móvil*›› to come apart, fall to pieces *o* bits (colloq)

B (Mil) to disarm

desarme *m* disarmament; **~ nuclear** nuclear disarmament; **el ~ arancelario** the dismantling of customs barriers *o* tariffs

desarraigado -da *adj* rootless; **ha pasado tanto tiempo en el extranjero que se siente totalmente desarraigada** she has spent so much time abroad that she feels completely rootless *o* she feels she has lost her roots

desarraigar [A3] *vt* to uproot

■ **desarraigarse** *v pron* to uproot oneself

desarraigo *m*: **el ~ que sufre el emigrado** the feeling of being separated from one's roots which the emigrant suffers; **una manifestación de su ~ cultural** a manifestation of their having been uprooted from their cultural environment

desarrapado -da *adj* ▸**desharrapado**[1]

desarreglado -da *adj* ‹*persona/aspecto*› untidy; ‹*vida*› disorganized, chaotic; ‹*habitación/casa*› untidy; **tenía la casa toda desarreglada** the house was in a complete mess *o* was really untidy

desarreglar [A1] *vt* 1 ‹*casa/habitación*› to make … untidy, mess up (colloq) 2 ‹*horario/funcionamiento*› to upset, disrupt; **ha desarreglado nuestros horarios de comida** it has thrown out *o* upset *o* disrupted our meal times

■ **desarreglarse** *v pron* 1 ‹‹*persona*›› to change out of one's smart (*o* formal *etc*) clothes 2 ‹‹*peinado*›› to get messed up 3 ‹‹*horarios/*

d

funcionamiento» to be disrupted, be upset; «*menstruación*» to become irregular

desarreglo *m* 1 (desorden): **con tantos ~s de horarios está muy cansado** he's very tired because his routine has been upset so much 2 (CS) (exceso): **hice bastantes ~s durante el fin de semana** I overindulged a bit this weekend; **este mes no podemos hacer ningún ~** this month we mustn't allow ourselves any extravagances

desarrollado -da *adj* 1 ‹*país/economía*› developed 2 ‹*niña/niño*› well-developed

desarrollador -dora *m,f* (Inf) *tb* **~ de software** software developer

desarrollar [A1] *vt*

A 1 ‹*facultad/inteligencia*› to develop; ‹*músculos*› to develop, build up; **tiene el sentido del olfato muy desarrollado** it has a very highly developed sense of smell 2 ‹*industria/comercio*› to develop 3 (ampliar, desenvolver) ‹*idea/teoría/plan*› to develop

B 1 (exponer) ‹*teoría/idea*› to explain, expound (frml); ‹*tema*› to explain 2 (Mat) to develop 3 (llevar a cabo) ‹*actividad/labor*› to carry out; ‹*plan*› to put into practice

C «*coche/motor*»: **desarrolla una velocidad de ...** it can reach a speed of ...; **desarrolla 75 caballos** it develops *o* generates 75 horsepower

D (Chi) (Fot) to develop

■ **desarrollarse** *v pron*

A 1 (crecer) «*niño/cuerpo/planta*» to develop, grow 2 «*adolescente*» to develop, go through puberty 3 «*pueblo/industria/economía*» to develop 4 «*teoría/idea*» to develop, evolve

B «*acto/entrevista*» to take place; **habrá que esperar a ver cómo se desarrollan los acontecimientos** we shall have to wait and see how things develop *o* turn out; **la acción se desarrolla en una aldea gallega** the action unfolds *o* takes place in a Galician village

desarrollismo *m* development policy

desarrollista *adj*: **una política ~** a policy which encourages development

desarrollo *m*

A 1 (Econ) development; **países en vías de ~** developing countries 2 (de una facultad, capacidad) development 3 (de un niño, de una planta) growth, development 4 (de un adolescente) development; **la edad del ~** puberty, the age of puberty

(Compuesto) **desarrollo sostenible** *or* **perdurable** (Agr, Ecol) sustainable development

B 1 (de una teoría, un tema) development 2 (Mat) development 3 (de una estrategia) development; **el ~ de nuevas técnicas en este campo** the development *o* evolution of new techniques in this field

C (de un acto, acontecimiento): **contemplaron el ~ del desfile** they watched the parade pass by; **intentaron impedir el normal ~ del acto** they tried to disrupt the proceedings; **para ver el ~ de los acontecimientos** to see how things develop *o* turn out

D (en ciclismo) ≈ gear ratio

E (Chi) (Fot) developing

desarropar [A1] *vt* to pull the bedclothes *o* covers off

■ **desarroparse** *v pron* (*refl*) to throw the bedclothes *o* covers off

desarrugar [A3] *vt* ‹*ropa*› to smooth out, get the creases out of

■ **desarrugarse** *v pron*: **cuelga la ropa para que se desarrugue** hang your clothes up so that the creases fall out

desarticulación *f*

A (de una banda) dismantling, breaking up

B (de un hombro, dedo) dislocation

desarticular [A1] *vt*

A ‹*banda*› to break up, dismantle; ‹*conspiración*› to foil, thwart

B 1 ‹*hombro/dedo*› to dislocate 2 ‹*artefacto/mecanismo*› to take ... to pieces, dismantle

■ **desarticularse** *v pron* «*hombro/dedo*» to get dislocated

desaseado -da *adj* ‹*niño*› grubby; ‹*habitación*› messy; **tu cuaderno está muy ~** your exercise book's very messy *o* untidy; **no sean ~s, cuiden su presentación personal** try not to look scruffy/dirty, take care over your appearance

desaseo *m* dirty (*o* grubby *etc*) state

desasirse [I10] *v pron* **~ DE algo** to free oneself FROM sth, get free FROM sth

desasistido -da *adj* neglected; **los sectores más ~s de la economía** the most neglected sectors of the economy; **el intento se vio totalmente ~ de apoyo** the attempt totally lacked support

desasnar [A1] *vt* (fam) to teach; **renunció a intentar ~ a esos alumnos** he gave up trying to teach those pupils anything *o* trying to get those pupils to learn anything

desasosegado -da *adj* on edge, restless, uneasy; **lo encontré nervioso y ~** I found him nervous and on edge; **estaba ~ y le costó mucho dormirse** he was restless *o* uneasy and couldn't sleep

desasosiego *m* feeling *o* sense of unease; **su presencia le producía un gran ~** his presence filled her with a terrible sense of unease *o* with terrible uneasiness *o* anxiety

desastrado -da *adj*

A (desaseado) ‹*persona*› scruffy, untidy; ‹*habitación/trabajo*› untidy

B (liter) (sin estrella, desgraciado) ‹*persona*› ill-starred (liter); ‹*proyecto*› ill-fated (liter)

desastre *m* 1 (catástrofe) disaster 2 (fam) (uso hiperbólico) disaster; **el partido fue un verdadero ~** the game was an absolute disaster; **cocinando soy un verdadero ~** I'm a real disaster *o* I'm hopeless when it comes to cooking (colloq); **como cantante es un ~** he's a hopeless singer; **tienes la habitación hecha un ~** your room is a shambles *o* is a real disaster area *o* looks as though a bomb has hit it (colloq); **siempre va hecha un ~** she always goes around looking a real mess *o* sight (colloq)

desastroso -sa *adj* 1 (catastrófico) disastrous, catastrophic 2 (uso hiperbólico) disastrous

desatado -da *adj* 1 (sin amarrar): **el perro estaba ~** the dog was off its leash *o* was loose; **llevas los cordones ~s** your shoelaces are undone 2 (fam) ‹*persona*› **está ~** he's out of control, he's gone wild (colloq) 3 ‹*nervios*› **estar con** *or* **tener los nervios ~s** to be a bundle of nerves

desatar [A1] *vt*

A 1 ‹*nudo/lazo*› to untie, undo 2 ‹*persona*› to untie; ‹*perro*› to let ... loose, let ... off the leash

B (desencadenar) 1 (liter) ‹*cólera/pasiones*› to unleash 2 ‹*crisis*› to spark off, trigger, precipitate (frml); ‹*revuelta*› to cause, spark off; ‹*polémica*› to provoke, give rise to; **han desatado una campaña de ataques contra ella** they have launched a campaign of attacks against her

■ **desatarse** *v pron*

A 1 «*nudo/lazo/cordones*» to come undone *o* untied; «*perro/caballo*» to get loose 2 (*refl*) «*persona*» to untie oneself 3 (*refl*) «*persona*» ‹*cordones/zapatos*› to untie, undo

B (desencadenarse) 1 (liter) ‹*pasiones/ira/furia*› to be unleashed, be let loose; **los nervios se ~on** tempers flared 2 «*persona*»: **se desató en insultos contra nosotros** he let fly at us with a string of insults 3 «*polémica/crisis*» to erupt, flare up; «*revuelta*» to break out; **una ola de violencia se ha desatado en todo el país** a wave of violence has broken out throughout the country 4 «*tormenta/temporal*» to break

desatascador *m* (instrumento) plunger; (líquido, gránulos) nitric acid (*o* caustic soda *etc*) (*used to clear blocked drains*)

desatascar [A2] *vt* ‹*cañería/fregadero*› to unblock, clear

■ **desatascarse** *v pron* «*cañería/fregadero*» to unblock; «*carretera*» to clear

desatención *f* (falta de cuidado) neglect; (falta de atención) inattentiveness; (falta de amabilidad) unfriendliness

desatender [E8] *vt* 1 ‹*trabajo/obligación/familia*› to neglect 2 ‹*tienda/mostrador*› to leave ... unattended 3 (frml) ‹*consejo/recomendación*› to disregard, ignore

desatento -ta *adj* 1 (desconsiderado): **no seas ~, ayúdala a bajar las maletas** be a little more helpful, help her to get her suitcases down; **estuviste ~, deberías habérselo agradecido** it was thoughtless *o* impolite *o* discourteous of you not to thank her 2 (distraído) inattentive; **ha estado muy ~** he has been very inattentive, he hasn't been paying attention

desatinadamente *adv* unwisely, foolishly

desatinado -da *adj* 1 ‹*medida*› unwise, imprudent, foolish; **su explicación es extraña pero no es tan desatinada** his explanation is strange but it's not that far-fetched *o* not that wide of the mark; **¡qué cosa tan desatinada de decir!** (RPl) what a silly thing to say! 2 ‹*persona*› (sin tacto) tactless; (sin juicio) foolish

desatinar [A1] *vi* (al hablar) to talk nonsense; (al actuar) to act foolishly; **cálmate, no desatines** calm down, don't do anything rash *o* hasty *o* foolish

desatino *m* mistake; **fue un ~ casarse tan joven** it was a mistake to marry so young

desatochar [A1] *vt* (Chi) ‹*calle/avenida*› to improve the traffic flow in/of; **medidas para ~ la avenida del intenso tráfico** measures to reduce the heavy traffic in the avenue

desatornillador *m* (AmC, Chi, Méx) ▸**destornillador**

desatornillar [A1] *vt* to unscrew

desatracar [A2] *vi* to cast off

■ **desatracar** *vt* to cast off

desatrancar [A2] *vt* to force open; **lograron ~ la puerta dándole una patada** they managed to kick the door open

desautorización *f* (frml) disavowal

desautorizar [A4] *vt* 1 (restar autoridad a) ‹*persona*› to undermine the authority of; ‹*declaraciones*› to disavow (frml), to disaffirm (frml); **no me desautorices delante de los niños** don't undermine my authority in front of the children; **el presidente desautorizó las declaraciones del ministro** the president disavowed *o* disaffirmed the minister's statements; **quedó totalmente desautorizado cuando se descubrió su doble vida** he was totally discredited when his double life came to light 2 (retirar la autorización para): **el presidente desautorizó la manifestación** the president declared the demonstration illegal

desavenencia *f* disagreement, difference of opinion

desavenido -da *adj*: **está ~ con la familia de su mujer** he's on bad terms with *o* he's fallen out with his wife's family

desavenirse [I31] *v pron* to fall out

desavío *m*: **¡qué ~! me he quedado sin sal** now what am I going to do? I've run out of salt; **la tienda del ~** ≈ convenience store, ≈ corner *o* local shop (BrE); **son muy careros, sólo voy ahí para un ~** they're very expensive, I only shop there if I'm stuck *o* if I need something in an emergency *o* if I run out of something

desayunado -da *adj*: **vente ~** have breakfast before you come

desayunar [A1] *vt* to have ... for breakfast; **sólo desayuna café con tostadas** she only has coffee and toast for breakfast

■ **desayunar** *vi* to have breakfast; **desayuna a las seis** he has breakfast at six; **se vino sin ~** she didn't have (any) breakfast before she came, she came without having had any breakfast

■ **desayunarse** *v pron*

A (AmL) (tomar el desayuno) to have breakfast; **se desayunó muy bien** he had *o* ate a good breakfast; **~se CON algo** to have sth FOR breakfast; **se desayuna con café y tostadas** he has coffee and toast for breakfast

B 1 (esp AmL fam) (enterarse) to find out; **¿no lo**

sabías? — no, recién me desayuno didn't you know? — no, it's the first I've heard of it *o* I've only just found out; **~se DE algo** to hear ABOUT sth; **¿ahora te desayunas de su renuncia?** you hadn't heard about his resignation till now? [2] (Chi fam) (sorprenderse) to be amazed (colloq); **me desayuno con lo que me cuentas** I'm amazed at *o* by what you're telling me

desayuno *m* breakfast; **tomar el ~** *or* (Chi) **tomar ~** to have breakfast; **me lo dijo durante el ~** he told me at *o* over breakfast

desazón *f* [1] (desasosiego) unease; **la noticia ha producido ~ entre los empleados** the news has caused unease *o* disquiet *o* anxiety *o* a sense of uneasiness among the employees; **siente mucha ~ cuando suena el teléfono tan tarde** she feels very uneasy when the telephone rings so late [2] (falta de sabor) insipidness, lack of flavor•

desazonado -da *adj* [1] [ESTAR] (inquieto) uneasy [2] [SER] (sin sabor) insipid, tasteless

desbancar [A2] *vt*
[A] (de una posición): **se sintió desbancado cuando nació su hermano** he felt displaced when his brother was born, he felt his new brother had taken his place in his parents' affections; **la madera ha sido desbancada por los plásticos para este fin** wood has been superseded *o* replaced by plastic for this purpose, plastic has taken the place of *o* has replaced wood for this purpose; **los directivos que lo ~on de la presidencia de la empresa** the directors who ousted *o* removed him from his post as president of the company; **ya no eres el número uno, te han desbancado** you're not number one anymore, someone else has taken your place
[B] (Jueg): **al final me desbancó** in the end he broke the bank *o* (colloq) left me completely broke

desbandada *f*: **llegó la policía y se produjo una ~** the police arrived and everyone scattered *o* people ran off in all directions; **se produjo una ~ de pájaros** the birds flew off in all directions; **salir en ~** «*personas*» to scatter, run off in all directions/in confusion; «*animales*» to scatter, run off in all directions; **el ejército enemigo salió en ~** the enemy army scattered *o* was routed

desbandarse [A1] *v pron* «*personas*» to scatter, run *o* disperse in all directions/in confusion; «*tropas*» to scatter, be routed; «*animales*» to scatter, run off in all directions

desbande *m* ▸ **desbandada**

desbarajustar [A1] *vt* (fam) to mess up (colloq), to throw … into chaos *o* confusion

desbarajuste *m* (fam) mess; **un ~ económico** an economic mess, economic chaos

desbaratado -da *adj* (Col) scatterbrained, scatty (BrE colloq)

desbaratar [A1] *vt* [1] ‹*planes*› to spoil, ruin, mess up (colloq); ‹*sistema*› to disrupt; **los temporales han desbaratado la red de comunicaciones** the storms have disrupted the communications network; **los cambios ~on totalmente la organización de la oficina** the changes completely disrupted the organization of the office, the office was thrown into chaos *o* confusion by the changes; **el defensa desbarató la jugada** the defender broke up the move [2] (Méx) ‹*papeles*› to jumble (up), muddle (up), mess up; ‹*mecanismo*› to ruin, destroy
■ **desbaratarse** *v pron* [1] «*plan*» to be ruined, be spoiled; «*sistema*» to be disrupted, break down; **se desbarató todo con la lluvia** the rain spoiled everything *o* ruined all our plans [2] (Méx) «*papeles*» to get jumbled up, get muddled (up), get messed up; «*mecanismo*» to get broken, break

desbarrancadero *m* (Col, Ven) precipice

desbarrancar [A2] *vt*
[A] ‹*carro/camión*› to run … off the road
[B] (Ven) ‹*enemigo*› to crush
■ **desbarrancarse** *v pron*
[A] «*auto/camión*» to run off the road; «*mula*» to fall over a precipice (*o* cliff *etc*)
[B] (AmL) (desprenderse) to subside

desbarrar [A1] *vi* (Esp fam) to talk nonsense

desbastar [A1] *vt*
[A] (dar forma aproximada a) [1] ‹*metal*› to rough down [2] ‹*madera/piedra*› to rough-hew
[B] (cepillar) to plane (down), smooth down
■ **desbastarse** *v pron* to become more polished

desbaste *m*
[A] (acción de dar forma — a un metal) roughing-down; (— a madera) rough-hewing
[B] (cepillado) planing, smoothing

desbeber [E1] *vi* (Esp fam & hum) to take a leak (colloq)

desbloquear [A1] *vt* [1] ‹*carretera/entrada*› to clear; ‹*mecanismo*› to release, free [2] ‹*negociaciones/diálogo*› **a fin de ~ las negociaciones** with a view to breaking the deadlock in the negotiations [3] (Com, Fin) ‹*cuenta*› to unfreeze

desbloqueo *m*: **el ~ de las negociaciones** the breaking of the deadlock in the negotiations; **el ~ de la cuenta** the unfreezing of the account

desbocado -da *adj*
[A] ‹*cuello/escote*› loose, wide; **me quedó demasiado ~** it came out too loose *o* wide (around the neck)
[B] ‹*caballo*› runaway (*before n*); **una inflación desbocada** runaway *o* rampant *o* soaring inflation; **los ~s excesos de la Revolución Francesa** the unbridled excesses of the French Revolution (liter)

desbocar [A2] *vt* ‹*escote/mangas*› to pull … out of shape
■ **desbocarse** *v pron*
[A] «*cuello*» to pull out of shape
[B] «*caballo*» to bolt

desbordamiento *m* (de un río, canal) overflowing; **las lluvias provocaron el ~ del río** the rains caused the river to overflow (its banks) *o* to burst its banks *o* to flood; **la medida provocará ~s sociales** the measure will lead to outbursts of social unrest

desbordante *adj* ‹*entusiasmo/júbilo*› boundless, unbounded (liter); **está ~ de entusiasmo** he's bursting with enthusiasm; **estaba ~ de júbilo** she was bursting with *o* overflowing with *o* brimming over with happiness

desbordar [A1] *vt* [1] (salirse de): **el río desbordó su cauce** the river flooded *o* overflowed, the river overflowed *o* burst its banks; **la fruta está desbordando el cesto** the basket is brimming over with *o* overflowing with fruit; **la ropa casi desborda la maleta** the suitcase is bursting with clothes [2] ‹*límites*› to exceed, go beyond; **las pérdidas han desbordado todas las previsiones** losses have exceeded all forecasts; **desborda mi capacidad de comprensión** it's quite beyond me [3] (Mil, Pol) to break through; **~on las líneas enemigas** they broke through *o* breached the enemy lines; **los manifestantes ~on los controles policiales** the demonstrators broke *o* burst through the police barriers [4] ‹*persona*› to overwhelm; **se vio desbordado por los acontecimientos** he found events too much for him, he was overwhelmed by events; **estoy desbordada de trabajo** I'm swamped with *o* overloaded with *o* (BrE) snowed under with work; **esta casa me desborda** this house is too much for me to manage [5] ‹*alegría/entusiasmo*› **su cara desbordaba alegría** her face shone with joy; **desbordaba entusiasmo** she exuded *o* she was brimming with enthusiasm
■ **desbordarse** *v pron* [1] «*río/canal*» to flood, overflow, burst *o* overflow its banks [2] «*vaso/cubo*» to overflow; **el agua se desbordó de la bañera** the bath overflowed; **el vino se desbordó de la copa** the wine spilled over the edge of the glass [3] «*multitud*» to get out of hand *o* out of control; **se ~on los ánimos** tempers flared *o* boiled over, things got out of hand

desborde *m* (CS) ▸ **desbordamiento**

desbrozar [A4] *vt* ‹*terreno*› to clear, to clear the vegetation (*o* bushes *etc*) from; **~ el camino para que consigamos nuestro objetivo** to clear the way for us to achieve our objective

desburocratizar [A4] *vt* (disminuir la burocracia de) to reduce the bureaucracy in; (eliminar la burocracia de) to eliminate the bureaucracy in

descabalado -da *adj* incomplete; **calcetines ~s** odd socks

descabalgar [A3] *vi* to dismount

descabellado -da *adj* crazy, ridiculous

descabellar [A1] *vt* to deliver the coup de grace (*by severing the spinal cord with a dagger*)

descabello *m*: *stab in the neck using a dagger*

descabezar [A4] *vt* to leave … without a leader; **la organización quedó descabezada tras estas detenciones** these arrests left the organization leaderless *o* without a leader; ▸ **sueño**

descachalandrado -da *adj* (Ven fam) scruffy (colloq), grubby (colloq)

descachapar [A1] *vt* (Ven fam) [1] ‹*carro*› to wreck [2] ‹*persona*› to flatten (colloq)

descacharrar [A1] *vt* ▸ **escacharrar**

descafeinado¹ -da *adj* [1] ‹*café*› decaffeinated [2] (period) ‹*versión/programa/reforma*› watered-down, diluted

descafeinado² *m* decaffeinated coffee

descafeinar [A1] *vt* [1] ‹*café*› to decaffeinate [2] (period) ‹*contenido/reforma*› to water down, dilute

descalabrar [A1] *vt*: **~ a algn** to split sb's head open
■ **descalabrarse** *v pron* to split one's head open

descalabro *m* [1] (desastre) disaster; **el partido nunca se recuperó del ~ que sufrió en 1982** the party never recovered from the disaster *o* severe blow *o* major setback it suffered in 1982; **el ~ bursátil de 1929** the stock market crash of 1929 [2] (Mil) defeat

descalcificación *f* (proceso) decalcification; (estado) calcium deficiency

descalcificador *m* (Tec) decalcifying agent; (para el agua) water softener

descalcificadora *f* water softener

descalcificar [A2] *vt* [1] (Med, Tec) to decalcify [2] ‹*agua*› to soften
■ **descalcificarse** *v pron* «*huesos*» to decalcify; «*persona*» to lose calcium

descalificación *f*
[A] (Dep) disqualification
[B] (frml) (descrédito) defamatory *o* damaging remark; **la ~ moral que conlleva** the moral condemnation which it entails

descalificar [A2] *vt*
[A] (inhabilitar, desautorizar) ‹*deportista/equipo*› to disqualify; **circunstancias que la descalifican como testigo de la defensa** circumstances which disqualify her from being *o* make her ineligible to be a witness for the defense
[B] (frml) (desacreditar) to discredit

descalzador *m* bootjack

descalzarse [A4] *v pron* to take off one's shoes

descalzo -za *adj* barefoot; **correteaban ~s por el parque** they ran barefoot through the park

descamación *f* descaling

descamar [A1] *vt* ‹*pescado*› to scale
■ **descamarse** *v pron* «*piel*» to flake; **se le descama la piel** his skin is flaking

descambiar [A1] *vt* (fam) to change

descaminado -da *adj*: **ir** *or* **andar ~** to be on the wrong track; **no iba ~** he was on the right track, he wasn't far wrong

descamisado¹ -da *adj* [1] (sin camisa) shirtless, without a shirt [2] (con la camisa desabrochada) with one's shirt undone [3] (paupérrimo) ragged, shabby

descamisado² -da *m,f*
[A] (desafortunado) poor wretch
[B] (Hist) *supporter of General Perón*

d

d

descampado *m* 1 (terreno) area *o* piece of open ground *o* land; **en un ~ cerca del río** on a piece *o* an area of open ground *o* land near the river, on some open ground *o* land near the river 2 **al descampado** (AmS) ‹*dormir*› in the open, in the open air

descansadamente *adv* at one's leisure; **hazlo ~** do it at your leisure *o* whenever you have time

descansado -da *adj* 1 [ESTAR] ‹*persona*› rested, refreshed; **volvió muy ~ de sus vacaciones** he returned from his vacation well rested *o* very refreshed 2 [SER] ‹*actividad/trabajo*› easy, undemanding; ‹*vida*› quiet, peaceful

descansar [A1] *vi*

A 1 (de una actividad, un trabajo) to rest, have a rest, have *o* take a break; **no puedo más, vamos a ~ un rato** I'm exhausted! let's rest for a while *o* let's have a rest *o* let's take a break *o* (colloq) breather; **trabajé toda la mañana sin ~** I worked all morning without a break; **se pararon a ~** they stopped for a rest; **no ~é hasta que haya justicia en este país** I shall not rest until there is justice in this country; **¡descansen!** (Mil) stand at ease!, at ease!; **~ DE algo** to have a rest *o* break FROM sth; **necesita ~ de los niños** she needs a break from the children 2 (en la cama) to rest, have a rest; **dormí ocho horas pero no he descansado** I slept eight hours but I don't feel rested *o* refreshed; **buenas noches, que descanses** goodnight, sleep well 3 «*muerto*»: **tu abuelo, que en paz descanse, ...** your grandfather, God rest his soul, ...; **los dos descansan juntos en su pueblo natal** they lie buried together in their birthplace; **aquí descansan los restos del poeta** here lie the remains of the poet

B «*tierra*» to lie fallow

C (apoyarse) **~ EN** *or* **SOBRE algo** «*techo/bóveda*» to rest ON *o* UPON sth; «*teoría*» to rest *o* hinge ON sth

■ **descansar** *vt* 1 **~ la vista** to rest one's eyes, to give one's eyes a rest; **cambia de actividad para ~ la mente** do something else to give your mind a break *o* rest 2 (Mil): **¡descansen armas!** order arms!

descansillo *m* landing

descanso *m*

A 1 (reposo) rest; **no he tenido ni un momento de ~** I haven't had a moment's rest; **es un lugar tranquilo, ideal para el ~** it's a quiet spot, ideal for a restful break; **no hagas ruido, debemos respetar su ~** don't make any noise, we must let him rest; **se ha tomado cuatro días de ~** she has taken four days off; **trabajó sin ~ hasta conseguirlo** he worked tirelessly *o* without a break until he had done it; Ⓢ **lunes, descanso** (Espec, Teatr) no performance on Mondays 2 (período) break; **necesitas un ~** you need a break 3 (Mil): **estaban en posición de ~** they were standing at ease 4 (de un muerto) rest; **se ruega una oración por su eterno ~** we ask you to pray for his eternal rest

B (intervalo) (Dep) half time; (Teatr) interval

C (alivio, tranquilidad) relief; **¡qué ~! estaba tan preocupado** what a relief! I was so worried

D (Col, CS) (rellano) landing

descapitalización *f* undercapitalization (*through lack of investment*)

descapitalizar *vt* [A4] to undercapitalize (*through lack of investment*)

■ **descapitalizarse** *v pron* to become undercapitalized (*through lack of investment*)

descapotable *adj/m* convertible

descaradamente *adv*: **me mintió ~** he told me a bare-faced lie; **y me lo dijo así, ~** and she had the nerve to tell me just like that

descarado[1] **-da** *adj* 1 ‹*persona/actitud*› brazen, shameless; **el muy ~, pedirme dinero así** what (a) nerve he has, asking me for money like that; **las elecciones fueron un fraude ~** the elections were a blatant fraud *o* were clearly rigged 2 (*como adv*) (Esp fam): **si tuviese dinero, ~ que me iría a vivir sola** you can bet your life if I had the money, I'd go off and live alone (colloq); **lo hizo adrede, ~** make no mistake, she did it on purpose, she did it on purpose, you can be sure of it *o* you can bet your life on it

descarado[2] **-da** *m,f*: **no contestes así a tu madre ¡~!** don't talk back to your mother like that, you rude *o* (BrE) cheeky little boy; **ese chico es un ~** that boy has a lot of nerve

descararse [A1] *v pron* to be smart (AmE) *o* (BrE) cheeky; **se descara hasta con los profesores** he's even smart with (AmE) *o* (BrE) cheeky to his teachers, he even smartmouths his teachers (AmE)

descarga *f*

A (de mercancías) unloading; Ⓢ **carga y descarga** loading and unloading

B (Elec) discharge; **recibió una ~ (eléctrica) muy fuerte** he got a powerful electric shock

(Compuesto) **descarga de adrenalina** adrenalin rush

C (de un arma) shot, discharge (frml); (de un conjunto de armas) volley; **recibió la ~ en plena cara** he received the impact of the shot full in the face; **se oyó una ~** a shot was heard, they heard a shot *o* a gunshot

(Compuesto) **descarga cerrada** volley

D (Ven fam) (de insultos) volley of abuse, string of insults

descargadero *m* wharf

descargador -dora *m,f* (de camiones, aviones) loader; (de barcos) docker, longshoreman (AmE)

descargar [A3] *vt*

A ‹*camión/barco*› to unload; ‹*mercancías*› to unload

B 1 ‹*pistola*› (extraer las balas) to unload; (disparar) to fire, discharge (frml); **la pistola está descargada** the pistol is not loaded; **descargó la pistola contra el ladrón** he fired the gun at the thief 2 ‹*tiro*› to fire; ‹*golpe*› to deal, land; **le descargó seis tiros** he shot at her six times, he fired six shots at her

C 1 ‹*ira/agresividad*› to vent; ‹*preocupaciones/tensiones*› to relieve; **un excelente ejercicio para ~ las tensiones** an excellent exercise for relieving tension; **el judo es una forma de ~ la agresividad** judo is a way of getting rid of aggression *o* (colloq) letting off steam; **descargó toda su furia en** *or* **contra** *or* **sobre mí** he vented all his anger on me, he took all his anger out on me, he unleashed all his anger against me 2 (Ven fam) ‹*persona*› **me lo voy a ~** I'm going to give him a piece of my mind *o* (AmE) give him a tongue lashing (colloq); **no eres quien para que me descargues** who do you think you are, sounding off *o* (AmE) mouthing off to me like that? (colloq)

D **~ a algn DE algo** ‹*de una responsabilidad*› to clear sb OF sth; ‹*de una obligación*› to relieve sb OF sth; **lo ~on de toda culpa** he was cleared of all blame

E (Inf) to download; **~ una aplicación al** *or* **en el computador** (AmL) *or* (Esp) **ordenador personal** to download an application to the personal computer

■ **descargar** *vi* «*nube*»: **al elevarse las nubes se enfrían y descargan** as the clouds rise, they cool and rain is released *o* falls

■ *v impers* to pour down; **parece que va a ~** it looks as if it's going to pour down; **el temporal que descargó ayer sobre la capital** the storm which broke over *o* hit *o* struck the capital yesterday

■ **descargarse** *v pron*

A (Elec) «*pila*» to run down; «*batería*» to go dead *o* (BrE) flat

B «*tormenta*» to break; «*lluvias*» to come down, fall; **se descargó una tormenta sobre la ciudad** a storm broke over *o* hit the city

C «*persona*» 1 (desahogarse): **no te descargues conmigo, yo no tengo la culpa** don't take it out on me, it's not my fault! 2 (de una obligación) **~se DE algo** to get out of sth; **se descargó de toda responsabilidad** he washed his hands of all responsibility

descargo *m* defense*; **presentar** *or* **formular ~s** to present the case for the defense; **¿qué puede formular en ~ del acusado?** what can you say in defense of the accused?; **varias personas testificarán en su ~** several people will testify in his defense

descargue *m* (Col) unloading

descarnado -da *adj* 1 ‹*rostro/persona*› emaciated, gaunt; ‹*hueso*› bare 2 ‹*realismo/relato*› stark; ‹*verdad*› naked, plain, unvarnished

descarnar [A1] *vt* to remove the flesh from

descaro *m* audacity, nerve (colloq); **¡qué ~! entrar así sin pedir permiso** what a nerve *o* (BrE) cheek, coming in like that without asking!; **tergiversan los hechos con un ~ ...** they misrepresent the facts so blatantly

descarozado *m* (CS) dried, pitted apricot/peach

descarozar [A4] *vt* (CS) to stone, pit

descarretillar [A1] *vt* (Chi fam): **me descarretilló** he dislocated my jaw

descarriado -da *adj*: **hoy día la juventud anda descarriada** the youth of today has gone astray *o* has lost its way; ▸ **oveja**

descarriarse [A17] *v pron* to go off the rails, go astray

descarrilador *m* derailleur

descarrilamiento *m* derailment

descarrilar [A1] *vi* to derail, be derailed, jump the tracks (colloq); **hicieron ~ el tren** they derailed the train

■ **descarrilar** *vt* to derail

■ **descarrilarse** *v pron* 1 «*tren*» to derail, be derailed, jump the tracks (colloq) 2 (RPl fam) «*persona*» to go off the rails, be derailed (AmE)

descartable *adj* (frml)

A ‹*hipótesis/posibilidad*› which can be ruled out, which can be discounted

B (RPl, Per, Ven) ‹*material/jeringa*› disposable

descartar [A1] *vt* ‹*plan/posibilidad*› to rule out, discount; ‹*candidato*› to reject, rule out; **lo de ir en tren ha quedado descartado** I/we've ruled out the idea of going by train

■ **descartarse** *v pron* (en cartas) to discard; **~se DE algo** to throw sth away, discard sth

descarte *m* 1 (Jueg) (acción) discarding; (naipes) discard pile 2 (de posibilidades) elimination; **di con la respuesta por ~** I arrived at the answer by a process of elimination

descasarse [A1] *v pron* (fam & hum) to get divorced

descascararse [A1] *or* (Esp) **descascarillarse** [A1] *v pron* «*pared*» to peel; «*pintura/esmalte*» to chip, peel; «*taza/plato*» to chip

descastado[1] **-da** *adj* (Esp) cold-hearted, uncaring

descastado[2] **-da** *m,f* 1 (paria) outcast, pariah 2 (Esp) (indiferente): **eres una descastada** you're so heartless *o* uncaring

descatalogado -da *adj* ‹*producto*› discontinued; ‹*libro*› out of print; ‹*disco*› unavailable

descendencia *f* descendants (pl); **murió sin (dejar) ~** he died without issue (frml), he left no children

descendente *adj* ‹*curva/línea*› downward; ‹*escala*› descending; **la línea recta ~** (Der) the direct line of descent

descender [E8] *vi*

A 1 «*temperatura/nivel*» to fall, drop; **hacia allá desciende la numeración de la calle** the street numbers go down in that direction 2 (frml) (desde una altura) «*avión*» to descend; «*persona*» to descend (frml), to go down; **el avión empezó a ~** the plane began its descent *o* began to descend; **descendieron por la ladera oeste** they came down *o* descended the western face; **el sendero que desciende hasta el río** the path which goes down to the river; **los pasajeros descendieron a tierra** the passengers disembarked 3 (liter) «*oscuridad*» to fall, descend (liter); «*niebla*» to descend (liter)

B 1 (en una jerarquía): **el hotel ha descendido de categoría** the hotel has been downgraded; **su disco ha descendido en la lista de éxitos** his record has gone down the charts 2 (Dep) (de categoría, nivel) to go down, be relegated

C (proceder) ~ DE **algn** to descend FROM sb (frml), to be descended FROM sb; **descienden directamente de los incas** they are directly descended from *o* are direct descendants of the Incas; **desciende de una familia noble** he is of noble descent, he descends from a noble family (frml)

■ **descender** *vt*

A ‹*escaleras/montaña*› to descend (frml), to go/come down

B ‹*empleado*› to demote, downgrade

descendiente¹ *adj* ~ **DE algn** descended FROM sb

descendiente² *mf* descendant; **es un ~ directo del gran músico** he is a direct descendant of the great musician; **murió sin ~s** she died without issue (frml), she left no children

descendimiento *m*: **el D~ de la Cruz** the Descent from the Cross

descenso *m*

A **1** (de la temperatura, del nivel) fall, drop; (de precios) fall; **el ~ del nivel de los embalses** the drop in the level of the reservoirs; **ha habido un brusco ~ en los precios del crudo** there has been a sharp fall in the price of crude oil; **el ~ en el número de accidentes** the fall *o* decrease in the number of accidents **2** (desde una altura) descent; **iniciaremos el ~ en pocos minutos** we shall begin our descent in a few minutes; **la carrera** *or* **prueba de ~** the downhill

B (Dep) relegation

descentrado -da *adj* **1** ‹*eje/rueda*› off-center* **2** ‹*persona*› disoriented, disorientated (BrE); **todavía anda un poco ~** he still seems a bit lost *o* disoriented, he hasn't quite found his feet yet

descentralización *f* decentralization

descentralizar [A4] *vt* to decentralize

■ **descentralizarse** *v pron* to become decentralized

descerebrar [A1] *vt* **1** ‹*persona*› to remove the brain from, to decerebrate **2** ‹*animal*› to decerebrate

■ **descerebrarse** *v pron* (Andes) to suffer brain damage

descerrajar [A1] *vt*

A (period) ‹*tiro*› to fire, let off

B ‹*cerradura*› to force, break; ‹*puerta*› to force the lock on

deschavetado -da *adj* (Andes, Méx, Ven fam) crazy (colloq)

descifrable *adj* decipherable

descifrador *m* decoder, decipherer

descifrar [A1] *vt* **1** ‹*mensaje*› to decode, decipher; ‹*código*› to decipher, break, crack; ‹*escritura/jeroglífico*› to decipher; **nadie pudo ~ qué había querido decir** no one could work out what he had meant; **no logro ~ qué dice aquí** I can't make out *o* decipher what it says here **2** ‹*misterio/enigma*› to work out, figure out

descinchar [A1] *vt* to release the girth of

desclasado -da *m,f*: **1** *person who has moved out of the social class to which he belongs* **2** (pey) traitor to one's class, class traitor

desclasificación *f*

A (de documento, archivo) declassification

B (AmL) (Dep) disqualification

desclasificar [A2] *vt*

A ‹*documento/archivo*› to declassify

B (AmL) (Dep) to disqualify

desclavar [A1] *vt* **1** ‹*tachuela/chincheta*› to pull out, take out **2** ‹*tapizado/tabla*› to pull *o* take the nails out of

■ **desclavarse** *v pron* «*tapizado/tabla*»: **se desclavó el tapizado/se ~on las tablas** the tacks in the upholstery/the nails in the boards worked loose

descocado -da *adj* (fam) brazen, shameless

descodificación *f* ▸ **decodificación**

descodificador *m* ▸ **decodificador**

descodificar [A2] *vt* ▸ **decodificar**

descogotar [A1] *vt* **1** ‹*ciervo*› to dehorn **2** (fam) ‹*botella*› to break the neck of

descojonarse [A1] *v pron* (arg) *tb* ~ **de risa** to kill oneself (laughing) (colloq), to piss oneself (laughing) (vulg)

descojone *m* (arg): **su novio es el ~** her boyfriend is a real laugh *o* (colloq) scream; **la película es un ~** the film is absolutely hilarious *o* (colloq) a real scream

descolgar [A8] *vt* **1** ‹*cuadro/cortina*› to take down **2** ‹*teléfono*› to pick up; **dejar el teléfono descolgado** to leave the phone off the hook

■ **descolgar** *vi*: **lo dejó sonar dos veces antes de ~** he let it ring twice before he picked it up *o* answered it

■ **descolgarse** *v pron*

A (por una cuerda) to lower oneself

B (en una carrera) to pull away, break away; **se descolgó del grupo en la última vuelta** he pulled away from the group on the last lap

C (fam) (dejar caer) **~se CON algo: a último momento se descolgó con que no podía venir** at the last minute he suddenly announced that he couldn't come; **se ~on con un 20% de aumento en las tarifas** they unexpectedly put fares up by 20%, they went and put fares up by 20%

descollante *adj* ‹*actuación*› outstanding; **jugó un papel ~ en las negociaciones** she played a key *o* major role in the negotiations; **una personalidad ~ en el mundo del cine** a distinguished *o* an outstanding figure in the movie world

descollar [A10] *vi* to be outstanding; **siempre ha descollado en los deportes** he has always shone *o* been outstanding at sport; **descuella por su inteligencia y aplicación** he stands out for his intelligence and application

descolón *m* (Méx fam): **hacerle** *or* **darle un ~ a algn** to snub sb, give sb the cold shoulder

descolonización *f* decolonization

descolonizar [A4] *vt* to decolonize

descoloramiento *m* ▸ **decoloración**

descolorar [A1] *vt* ▸ **decolorar**

descolorido -da *adj* **1** ‹*tela/papel*› faded **2** ‹*estilo*› colorless*, lackluster*

descombrar [A1] *vt* to clear up

descombro *m* clearing-up; **han empezado las tareas de ~** they've begun the clearing-up operation

descomedidamente *adv* **1** (desmesuradamente) excessively **2** (AmL) (groseramente) disrespectfully

descomedido -da *adj* **1** (desmesurado) immoderate, unrestrained **2** (AmL) (poco cortés) ▸ **desatento 1**

descompaginar [A1] *vt* **1** ‹*planes/sistema*› to upset **2** ‹*papeles*› **¿quién ha descompaginado el manuscrito?** who's got the pages of the manuscript out of order?, who's muddled up the pages of the manuscript?

■ **descompaginarse** *v pron* **1** «*planes/sistema*» to fall apart; **se descompaginó todo el sistema** the whole system fell apart **2** «*papeles*» to get out of order

descompasado -da *adj* ▸ **desacompasado**

descompensar [A1] *vt*

A ‹*poder/presupuesto*› to upset the balance of; ‹*equilibrio/simetría*› to upset

B (Med) to upset

descompilar [A1] *vt* (Inf) to decompile

descomponer [E22] *vt*

A (dividir, separar) ‹*número*› to factorize, break … down into factors; ‹*luz*› to split up, break up; ‹*sustancia*› to break down, separate … into compounds

B ‹*alimento/cadáver*› to rot, cause … to decompose *o* rot

C (esp AmL) **1** ‹*máquina/aparato*› to break **2** ‹*peinado/juego*› to mess up

D ‹*persona*› **1** (producir malestar): **ese olor penetrante me descompone** that strong smell makes me feel queasy *o* nauseous; **la noticia del accidente la descompuso** she felt quite ill when she heard about the accident **2** (producir diarrea) to give … diarrhea*

■ **descomponerse** *v pron*

A «*luz*» to split; «*sustancia*» to break down, separate; «*partícula/isótopo*» to decay

B «*cadáver/alimento*» to rot, decompose (frml)

C «*cara*» (+ *me/te/le etc*): **se le descompuso la cara cuando se lo dije** he looked really upset *o* his face dropped a mile when I told him

D (esp AmL) «*máquina/aparato*» to break down

E «*persona*» **1** (sentir malestar): **hacía tanto calor que se descompuso** it was so hot that he started feeling sick *o* queasy; **se descompuso cuando supo la noticia** he felt quite ill when he heard the news **2** (del estómago) to have an attack of diarrhea*

F (CS) «*tiempo*» to become unsettled, change for the worse; «*día*» to cloud over; **amaneció un día precioso, pero más tarde se descompuso** it started out as a lovely day, but it clouded over later

descomposición *f*

A (de un número) factorization; (de la luz) splitting; (de una sustancia) breaking down, separating; **la ~ de un número en centenas, decenas y unidades** the breaking down of a number into hundreds, tens and units

(Compuesto) **descomposición radioactiva** radioactive decay

B (putrefacción) decomposition; **encontraron el cadáver en avanzado estado de ~** they found the body in an advanced state of decomposition

C (Esp) (diarrea) stomach upset, diarrhea*

descompostura *f*

A (esp AmL) (malestar, náuseas) sickness, queasiness; (diarrea) stomach upset, diarrhea*

B (Méx) (avería) breakdown

descompresión *f* decompression

descompresor *m* decompression valve

descomprimir [I1] *vt* **1** to decompress **2** (Inf) to decompress, unzip

descompuesto -ta *adj*

A ‹*alimento*› rotten, decomposed (frml); ‹*cadáver*› decomposed

B ‹*expresión*› changed, altered; **tenía el rostro ~** he looked very upset

C (esp AmL) ‹*máquina/aparato*› **había varios coches ~s en la carretera** on the road there were several cars which had broken down; **la lavadora/radio está descompuesta** the washing machine/radio is broken; **el teléfono está ~** the telephone is out of order

D **1** (indispuesto): **se pasó los primeros meses del embarazo descompuesta** she felt queasy *o* sick *o* nauseous for the first months of the pregnancy **2** (del estómago): **está ~** he has an upset stomach/diarrhea*

descompuse, descompuso, etc ▸ **descomponer**

descomunal *adj* ‹*estatura/fuerza/suma*› enormous, colossal; ‹*apetito*› huge, colossal; **un hombre de un tamaño ~** an enormous man, a giant of a man

desconcentrarse [A1] *v pron* to lose concentration; **me desconcentré y casi me mato** I lost concentration *o* my concentration lapsed and I nearly killed myself

desconcertado -da *adj* disconcerted; **se quedó un momento ~** he was momentarily taken aback *o* disconcerted; **me miró desconcertada** she looked at me, rather disconcerted *o* confused *o* puzzled *o* nonplussed

desconcertante *adj* disconcerting

desconcertar [A5] *vt* to disconcert; **me desconcertó con tantas preguntas** I was disconcerted by all the questions; **sus reacciones me desconciertan** I find his reactions disconcerting; **su respuesta me desconcertó** I was taken aback *o* disconcerted by her reply

■ **desconcertarse** *v pron* to be disconcerted; **me desconcerté con su pregunta** I was taken aback *o* disconcerted by her question

desconchabar [A1] *vt* (Méx fam) (estropear) to break

■ **desconchabarse** *v pron* (Méx fam): **se desconchabó la televisión** the television's broken *o* (colloq) bust; **se nos desconchabó el coche** our car broke down

desconchado *m*
A (en una pared) *place where plaster or paint has come off*; (en una taza, un plato) chip
B (Chi) (de un marisco) shelling

desconchar [A1] *vt*
A ‹*porcelana/taza*› to chip; **~on la pared** they took a chunk out of the wall (colloq), they knocked some of the plaster off
B (Chi) ‹*molusco/marisco*› to shell
■ **desconcharse** *v pron* «*taza/plato*» to chip, get chipped; **las paredes ya se están desconchando** chunks of plaster are coming off the walls

d

desconchinflar [A1] *vt* (Méx fam) (estropear) to break, bust (colloq)
■ **desconchinflarse** *v pron* (Méx fam): **se desconchinfló el horno** the oven's broken *o* (colloq) bust

desconchón *m* ▸**desconchado A**

desconcierto *m*: **su inesperada llegada los llenó de ~** they were disconcerted by his unexpected arrival; **para poner fin al ~ reinante** to put an end to the prevailing atmosphere of uncertainty *o* confusion

desconectar [A1] *vt* ‹*alarma/teléfono*› to disconnect; **~on la calefacción antes de irse** they switched *o* turned the heating off before leaving; **~ algo DE algo** to disconnect sth FROM sth; **tienes que ~lo de la red** you have to disconnect it from the mains supply
■ **desconectar** *vi*
A (Inf) to disconnect
B (fam) (durante discusión, conversación) to switch *o* turn off
■ **desconectarse** *v pron* **1** «*aparato*» to switch *o* turn off; **la fotocopiadora se desconecta automáticamente** the photocopier switches *o* turns (itself) off automatically **2** (Inf) to hang up **3** «*persona*»: **~se DE algo/algn: se ha desconectado totalmente del mundo académico** he is totally cut off from *o* has lost touch with the academic world; (voluntariamente) he has severed all ties with *o* has cut himself off completely from the academic world; **me había desconectado de mis antiguas amistades** I'd lost touch with my old friends; **está desconectado de la realidad** he's lost touch with reality

desconexión *f* **1** (de un aparato) disconnection, unplugging **2** (falta de relación) gulf

desconfiado¹ -da *adj* (receloso) distrustful; (suspicaz) suspicious; **no seas ~, no te voy a hacer daño** don't be so distrustful, I'm not going to hurt you; **los habitantes del pueblo eran muy ~s** the villagers were very suspicious *o* wary of us

desconfiado² -da *m,f*: **es un ~** he's very suspicious *o* mistrustful

desconfianza *f* distrust, suspicion; **no pudo evitar mirarlo con ~** she couldn't help looking at him with suspicion; **me tiene mucha ~** he doesn't trust me, he's very wary *o* suspicious *o* distrustful of me

desconfiar [A17] *vi* **1** (no fiarse) **~ DE algn/algo: desconfía de todo y de todos** he's suspicious of *o* he mistrusts everyone and everything, he doesn't trust anyone or anything; **yo desconfío de sus intenciones** I'm suspicious of *o* I don't trust *o* I distrust her intentions; **desconfío de mis instintos** I mistrust *o* don't trust my instincts; **desconfías hasta de tu propia madre** you don't even trust your own mother; **desconfía de lo que te diga** don't believe a word he says; **desconfíe de todo producto que no lleve este sello** do not trust any product that does not bear this seal **2** (no esperar) **~ DE algo: desconfían de poder recuperar el dinero invertido** they are doubtful of being able to recover *o* they doubt whether they will be able to recover the money invested; **desconfío de que logremos convencerlos** I'm not confident *o* I doubt we'll be able to convince them

desconforme *adj* ▸**disconforme**

desconformidad *f* ▸**disconformidad**

descongelación *f*
A **1** (de un refrigerador) defrosting **2** (de alimentos) defrosting, thawing
B **1** (de créditos, salarios) unfreezing; (de una cuenta) unfreezing **2** (de relaciones) thawing

descongelante *m* deicer

descongelar [A1] *vt*
A **1** ‹*refrigerador*› to defrost **2** ‹*alimentos*› to defrost, thaw
B ‹*créditos/salarios*› to unfreeze; ‹*cuenta*› to unfreeze
■ **descongelarse** *v pron*
A **1** «*refrigerador*» to defrost **2** «*alimentos*» to defrost, thaw
B «*relaciones*» to thaw

descongestión *f* **1** (de la nariz, los bronquios) clearing, decongestion (tech) **2** (del tráfico) easing of congestion

descongestionante *adj/m* decongestant

descongestionar [A1] *vt* **1** ‹*nariz*› to clear **2** ‹*tráfico*› to clear

desconocer [E3] *vt*
A (no conocer): **por razones que desconocemos** for reasons unknown to us; **aún se desconocen los resultados de la votación** the results of the poll are not yet known; **dos jóvenes cuya identidad se desconoce resultaron heridos** two youths, whose identities have not been established, were injured; **desconocía la existencia de esta cuenta** she was unaware of the existence of this account; **su obra se desconoce fuera de Cuba** his work is unknown outside Cuba
B (no reconocer): **te desconocí ¡qué cambiada estás!** I didn't recognize you, you've changed so much!; **¿y tú dijiste tal cosa? te desconozco** and you said that? I'd never have thought it of you; **chico, te desconozco ¿tú, tan trabajador?** I don't believe my eyes! it's not like you to be working so hard

desconocido¹ -da *adj* **1** ‹*razón/hecho*› unknown; ‹*métodos/sensación*› unknown; **por razones desconocidas vendió todo y se fue** for some unknown reason he sold up and left; **partió con destino ~** she set off for an unknown destination; **su rostro no me era del todo ~** his face wasn't wholly unfamiliar to me; **una sensación de terror hasta entonces desconocida** a feeling of terror the like of which I/he had never experienced before; **técnicas hasta ahora desconocidas** hitherto unknown techniques; **su obra es prácticamente desconocida en Europa** her work is practically unknown in Europe; **de origen ~** of unknown origin; **lo ~ siempre lo ha intrigado** he has always been fascinated by the unknown **2** ‹*artista/atleta*› unknown **3** ‹*persona*› (extraño): **una persona desconocida** a stranger **4** (fam) (irreconocible): **con ese peinado nuevo está desconocida** she's unrecognizable *o* totally changed with her new hairstyle; **ahora hasta plancha, está ~** he's like a different man *o* he's a changed person, he even does the ironing

desconocido² -da *m,f* **1** (no conocido) stranger; **no hables con ~s** don't talk to strangers **2** (no identificado): **fue atacado por unos ~s** he was attacked by unknown assailants; **un ~ le asestó una puñalada** he was stabbed by an unidentified person *o* by someone whose identity has not been established

desconocimiento *m* ignorance; **el ~ de las leyes no exime de su cumplimiento** ignorance of the law is no defense

desconsideración *f* lack of consideration, thoughtlessness

desconsideradamente *adv* inconsiderately, thoughtlessly

desconsiderado¹ -da *adj* thoughtless, inconsiderate

desconsiderado² -da *m,f*: **son unos ~s** they're really inconsiderate *o* thoughtless

desconsoladamente *adv* inconsolably

desconsolado -da *adj*: **está ~ por la pérdida de su mujer** he's heartbroken over his wife's death; **lloraba ~** he cried inconsolably

desconstrucción *f* deconstruction

desconstructivista¹ *adj* (Lit) deconstructionist

desconstructivista² *mf* deconstructionist

desconsuelo *m* **1** (aflicción) grief, despair **2** (en el estómago) queasiness

descontado *adj*: **seguro que no te llama, eso dalo** *or* **puedes darlo por ~** she won't call you, you can bet on that *o* you can be sure of that; **doy por ~ que te vendrás a quedar a mi casa** I'm taking it for granted *o* I'm assuming that you're coming to stay at my house

descontaminación *f* decontamination; **la ~ atmosférica** the cleaning up of the atmosphere, the reduction of pollution in the atmosphere

descontaminar [A1] *vt* ‹*alimentos/cultivos*› to decontaminate; **esfuerzos para ~ la atmósfera** efforts to reduce pollution in *o* to clean up the atmosphere

descontar [A10] *vt*
A **1** (rebajar): **me descontó el 15%** he gave me a discount of 15% *o* a 15% discount; **me descontó $20** he took $20 off, he gave me a $20 discount **2** (restar): **te descuentan el 20% de impuestos** you get 20% deducted for taxes; **si descuentas los gastos de viaje te quedas con $135** if you take off traveling costs, you're left with $135; **el árbitro sólo descontó medio minuto** the referee only allowed half a minute for stoppages; **tienes que ~ las dos horas de la comida** you have to deduct two hours for lunch
B (exceptuar): **descontando a Pedro** apart from Pedro, aside from Pedro, excluding Pedro, not counting *o* not including Pedro; **si descontamos los sábados y domingos, faltan sólo 15 días** if we don't count Saturdays and Sundays, there are only 15 days left
C ‹*letra/pagaré*› to discount

descontentadizo -za *adj* difficult to please

descontentar [A1] *vt* to displease

descontento¹ -ta *adj* [ESTAR] dissatisfied; **~ CON algo/algn** unhappy WITH sth/sb, dissatisfied WITH sth/sb; **estoy ~ con los resultados** I'm unhappy *o* dissatisfied with the results, I'm not at all happy with the results; **quedó ~ con lo que le di** he wasn't satisfied *o* happy with what I gave him

descontento² *m* discontent; **manifestaron su ~** they made known their discontent *o* dissatisfaction, they let it be known that they were dissatisfied *o* unhappy

descontextualizar [A4] *vt* (frml) to decontextualize

descontinuar [A18] *vt* to discontinue

descontrol *m* **1** (fam) (desorden, caos): **en la oficina hay un ~ total** things at the office are in complete chaos *o* in a real mess **2** (falta de mesura) recklessness; **con total ~** with complete abandon, completely recklessly

descontroladamente *adv* out of control, in an uncontrolled way

descontrolado -da *adj* **1** ‹*crecimiento/uso*› uncontrolled; **el ~ mercado de la propiedad** the uncontrolled property market; **el fuego ~ arrasó bosques enteros** the fire got out of control and swept through whole forests **2** ‹*emoción/sentimiento*› uncontrolled **3** ‹*persona*› out of control; **elements ~s** uncontrolled elements; **el marido ~ mató a la esposa** the husband lost control and killed his wife; **totalmente ~ por los nervios se puso a gritar** totally overcome by nerves, he began to shout

descontrolarse [A1] *v pron* to get out of control *o* out of hand

desconvocar [A2] *vt* ‹*huelga/manifestación*› to call off; ‹*reunión/asamblea*› to cancel

desconvocatoria *f* (de huelga, manifestación) calling off; (de reunión, asamblea) cancellation

descoordinación *f* lack of coordination

descorazar [A4] *vt* (CS) to stone, pit

descorazonador¹ -dora *adj* disheartening, discouraging

descorazonador² *m* corer

descorazonadoramente *adv* heartbreakingly

descorazonar [A1] *vt*
A to dishearten, discourage
B ‹*manzana*› to core
■ **descorazonarse** *v pron* to lose heart, get discouraged

descorchador *m* (Col) corkscrew

descorchar [A1] *vt* to uncork, open

descorche *m* corkage

descornar [A10] *vt* to dehorn
■ **descornarse** *v pron* (Esp fam) **1** (trabajar) to work one's butt off (AmE colloq), to slog one's guts out (BrE colloq) **2** (darse un golpe) to crack one's head open

descoronte *m* (Chi fam): **su novio es el ~** her fiancé is absolutely terrific *o* fabulous (colloq); **canta el ~** she sings brilliantly (colloq)

descorrer [E1] *vt* ‹*cortinas*› to draw (back); **descorrió el cerrojo/pestillo** he unbolted the door, he drew back the bolt

descortés *adj* ‹*persona*› impolite, ill-mannered, discourteous (frml); ‹*comportamiento*› rude, impolite; **fue bastante ~ de tu parte no ofrecerte a llevarlos a la estación** it was rather rude *o* impolite *o* ill-mannered of you not to offer to take them to the station; **no quiero ser ~, pero yo mañana tengo que levantarme temprano** I don't mean to be rude, but I have to get up early tomorrow

descortesía *f* **1** (acto descortés) discourtesy; **fue una ~ no invitarlo** it was rude *o* (frml) it was a discourtesy not to invite him **2** (cualidad) rudeness, impoliteness; **nos trataron con ~** they were rude to us

descortésmente *adv* discourteously

descortezar [A4] *vt* to bark, strip the bark from/off

descoser [E1] *vt* to unpick
■ **descoserse** *v pron*
A «*prenda/costura*» to come unstitched; **se me ha descosido la manga** my sleeve's come unstitched; **llevas el pantalón descosido** your pants (AmE) *o* trousers (BrE) are coming apart at the seams
B (fam) *tb* **~se de risa** to split one's sides (laughing) (colloq), to kill oneself (laughing) (colloq)

descosido[1] -da *adj* ‹*dobladillo/costura*› unstitched; **sólo logró expresar unas ideas descosidas** all he managed to come out with were some disconnected ideas

descosido[2] *m* split seam; **tienes un ~ en la manga** your sleeve is coming apart *o* unstitched at the seam

descosido[3] -da *m,f*: ***como un ~*** (fam): **se reía como un ~** he was laughing his head off (colloq), he was splitting his sides (laughing *o* with laughter); **se puso a gritar como una descosida** she began shrieking *o* shouting her head off; **come como una descosida** she eats like a horse

descostillarse [A1] *v pron* (RPl): **~ de risa** to split one's sides (laughing) (colloq), to crack up (colloq)

descote *m* (Col) low neckline

descoyuntado -da *adj* (fam): **ayer fui a una clase de aerobic y estoy descoyuntada** I went to aerobics yesterday and I'm stiff all over *o* I can't move today

descoyuntarse [A1] *v pron* «*articulación*» to become dislocated; **~ de risa** (fam) to split one's sides (laughing) (colloq), to crack up (colloq)

descrédito *m* discredit; **va en ~ de la empresa** it brings discredit to *o* it discredits the firm, it brings the firm into disrepute (frml); **su participación lo hizo caer en ~** his involvement brought discredit on him

descreído[1] -da *adj* skeptical*

descreído[2] -da *m,f* skeptic*

descremado -da *adj* skimmed

descremar [A1] *vt* to skim

descrestar [A1] *vt*
A (Col fam) **1** (desilusionar) to disappoint **2** (engañar) to fool (colloq)
B (Chi fam) (pegar) to beat hell out of (colloq)
■ **descrestarse** *v pron* (Chi fam) (hacerse mucho daño) to hurt oneself; (matarse) to kill oneself; ***~se trabajando*** (Chi fam) to work one's butt off (AmE colloq), to slog one's guts out (BrE colloq)

descreste *m* (Col fam) **1** (desilusión) disappointment **2** (engaño) trick, con (colloq)

describir [I34] *vt*
A ‹*paisaje/persona*› to describe; **¿me podría ~ al ladrón?** could you describe the thief for *o* to me?
B (frml) ‹*línea/órbita*› to trace, describe (frml)

descripción *f* description; **hizo una fiel ~ de los hechos** she gave an accurate description *o* account of events

descriptible *adj* describable

descriptivismo *m* descriptivism

descriptivista *adj/mf* descriptivist

descriptivo -va *adj* descriptive

descripto -ta *pp* (esp RPl) *see* **describir**

descriptor *m* (Inf) descriptor

descrismar [A1] *vt* to hit … on the head
■ **descrismarse** *v pron* to crack one's head open

descrito -ta *pp see* **describir**

descuajeringado -da, **descuajaringado -da** *adj* **1** (fam) ‹*cama/silla/libro*› **me lo devolvió todo ~** when she gave it back to me it was falling apart *o* falling to bits *o* falling to pieces **2** (AmL fam) ‹*persona*› shattered (colloq)

descuajeringar [A3], **descuajaringar** [A3] *vt* (fam) ‹*cama/silla*› to pull … to pieces, pull … apart; ‹*libro*› to tear … apart, tear … to pieces
■ **descuajeringarse** *v pron* **1** (fam) «*cama/silla*» to fall apart, collapse **2** (fam) «*persona*» *tb* **~se de risa** to split one's sides laughing *o* with laughter, fall about laughing (colloq)

descuartizamiento *m* (de res) quartering; (de reo) quartering; (de víctima) dismemberment

descuartizar [A4] *vt*
A **1** ‹*res*› to quarter **2** ‹*reo*› to quarter **3** «*asesino*» to dismember; **descuartizaba a sus víctimas** he dismembered his victims' bodies (up) into pieces **4** (romper) to tear *o* pull … to pieces, tear *o* pull … to shreds
B (fam) (hablar mal de) to run down, to bitch about (colloq), to slag off (BrE colloq)

descubierto[1] -ta *adj*
A **1** ‹*piscina/terraza*› open-air, outdoor (*before n*); ‹*carroza*› open-top **2** ‹*cartas*› **estas tres cartas se dan descubiertas** these three cards are dealt face up
B ‹*cielos*› clear
C **al descubierto: sus planes quedaron al ~** his plans came to light *o* were revealed; **un escándalo financiero que ahora queda al ~** a financial scandal which has now been exposed *o* which has now come to light; **han puesto al ~ sus chanchullos** his shady dealings have been brought to light *o* exposed

descubierto[2] *m* overdraft; **tengo un ~ de 75.000 pesos en el banco** I am 75,000 pesos overdrawn, I have an overdraft of 75,000 pesos (BrE); **no está autorizado para girar al ~** he does not have an overdraft arrangement, he is not authorized to overdraw

descubridor -dora *m,f* discoverer; **Colón fue el ~ de América** Columbus was the discoverer of America *o* the man who discovered America; **el ~ de la penicilina** the man who discovered penicillin, the discoverer of penicillin

descubrimiento *m*
A **1** (hallazgo) discovery; **el ~ de América/de la penicilina** the discovery of America/of penicillin **2** (de un artista, atleta) discovery **3** (comprobación) discovery
B (persona) discovery, find

descubrir [I33] *vt*
A **1** ‹*tierras/sustancia/fenómeno*› to discover; ‹*oro/ruinas/cadáver*› to discover, find; **en los análisis han descubierto unos anticuerpos extraños** the tests have revealed *o* (BrE) shown up the presence of unusual antibodies; **todavía no se ha descubierto el virus causante de la enfermedad** the virus responsible for causing the disease has not yet been identified; **durante mi investigación descubrí este expediente** in the course of my research I discovered *o* unearthed this dossier; **he descubierto un restaurante fabuloso cerca de aquí** I've discovered a wonderful restaurant nearby **2** ‹*artista/atleta*› to discover
B **1** (enterarse de, averiguar) to discover, find out; **descubrió que lo habían engañado** he discovered *o* found out that he had been tricked; **aún no se han descubierto las causas del accidente** the causes of the accident have not yet been established; **el complot fue descubierto a tiempo** the plot was uncovered in time; **descubrieron el fraude cuando ya era demasiado tarde** the fraud was detected when it was already too late; **en momentos como éstos descubres quiénes son los verdaderos amigos** it's at times like these that you find out who your real friends are **2** ‹*persona escondida*› to find, track down **3** ‹*culpable*› find … out; **no dijo nada por miedo a que lo descubrieran** he said nothing for fear that he might be found out **4** (delatar) to give … away; **la carta los descubrió** the letter gave them away; **estamos preparando una fiesta para Pilar, no nos descubras** we're arranging a party for Pilar, so don't give the game away
C **1** ‹*estatua/placa*› to unveil **2** (liter) (dejar ver) ‹*cuerpo/forma*› to reveal **3** (revelar) ‹*planes/intenciones*› to reveal
■ **descubrirse** *v pron*
A (*refl*) (quitarse el sombrero) to take one's hat off; ‹*rostro*› to uncover; **se descubrió el brazo para enseñar las cicatrices** he pulled up his sleeve to show the scars; ***¡me descubro!*** I take my hat off to you/him/them
B (delatarse) to give oneself away

descuento *m*
A **1** (rebaja) discount; **Ⓢ no se hacen descuentos** no discounts given; **me hicieron un ~ del 15%** I got a 15% discount; **compre Cremol, ahora con ~** buy Cremol, now on special offer; **~s para empleados** staff discounts **2** (del sueldo) deduction
B (Dep) injury time; **marcó en el (tiempo de) ~** he scored in injury time; ***estar jugando los ~s*** (CS fam) to be on one's last legs (colloq), to have one foot in the grave (colloq)
C (de una letra, un pagaré) discount

descuerar [A1] *vt* **1** ‹*animal*› to skin, flay **2** ‹*persona*› (a golpes) to thrash **3** (en el juego) to fleece (colloq), to clean … out (colloq) **4** (criticar) to tear … to pieces *o* shreds (colloq)

descueve[1] *adj* (Chi fam) great (colloq)

descueve[2] *m* (Chi fam): **su novio es el ~** her fiancé is absolutely terrific *o* fabulous (colloq); **vi una película el ~** I saw a terrific *o* brilliant movie (colloq)

descuidadamente *adv* ‹*actuar/conducir*› carelessly; **se viste ~** she's very slovenly in *o* slapdash about the way she dresses

descuidado -da *adj* **1** [SER] (negligente) careless; **es muy ~ al escribir** he writes very carelessly *o* sloppily; **es muy ~, yo que tú no se lo prestaría** he's very careless with things, if I were you I wouldn't lend him it; **es muy descuidada en su forma de vestir** she's very sloppy about *o* slapdash about *o* slovenly in the way she dresses **2** [ESTAR] (desatendido) neglected; **el jardín está muy ~** the garden is very neglected *o* overgrown; **tiene la casa muy descuidada** he hasn't been looking after the house, his house is a mess (colloq), his house is in a real state (BrE colloq); **al hijo lo tienen muy ~** they neglect their son terribly; **los edificios son impresionantes, es una pena que estén tan ~s** the buildings are impressive, it's just a shame that they're so neglected *o* run-down

descuidar [A1] *vt* ‹*negocio/jardín*› to neglect; **no descuides esa herida** be careful with *o* look after that cut
■ **descuidar** *vi*: **descuide, yo me ocuparé de eso** don't worry, I'll see to that; **asegúrate de que no falta ninguno — descuida** make sure

d

none of them is missing — don't worry, I will

■ **descuidarse** *v pron* 1 (no prestar atención, distraerse): **en los últimos minutos la defensa empezó a ~se** in the final minutes the defense began to lose concentration *o* the defense's concentration began to waver; **se descuidó un momento y el perro se le escapó** his attention strayed for a moment and the dog ran off; **si te descuidas, te quitarán hasta la camisa** if you don't watch out, they'll have the shirt off your back; **como te descuides, te van a quitar el puesto** if you don't look out, they'll take your job from you; **si me descuido me dejan allí encerrado** if I hadn't been on my guard *o* careful they'd have left me locked in there 2 (en el aspecto físico) to neglect one's appearance; **se ha descuidado mucho desde que se casó** she's really neglected her appearance *o* (colloq) let herself go since she got married

descuidero -ra *m,f* (Esp) sneak thief

descuido *m* 1 (distracción): **en un ~ el niño se le escapó** she took her eyes off the child for a moment and he ran off, her attention wandered for a moment and the child ran off; ***en un ~*** (Méx) you never know; **en un ~ hasta podemos ganar el concurso** you never know, we might even win the competition 2 (error) slip, error, mistake; (omisión) oversight 3 (falta de cuidado) carelessness; **todo lo hace con ~** he's very slapdash, he does everything very sloppily *o* carelessly; **comete muchos errores por ~** he makes a lot of mistakes through not being careful enough; ***al ~*** nonchalantly; **lo dejó caer así al ~** she dropped it into the conversation quite nonchalantly *o* casually

desculturización *f* cultural impoverishment

desculturizar [A4] *vt* to leave culturally impoverished

desde *prep*

A (en el tiempo) since; **~ entonces/~ que se casó no lo he vuelto a ver** I haven't seen him again since then/since he got married; **estamos aquí ~ el mes pasado** we've been here since last month; **¿~ cuándo trabajas aquí?** how long have you been working here?; **¿~ cuándo te gustan los mejillones? — ¡~ siempre!** since when have you liked mussels? — I've always liked them!; **¿~ cuándo hay que hacerlo así? — ~ ahora** when do we have to start doing it that way? — as from now; **~ niño había sido muy ambicioso** he had been very ambitious ever since he was a child; **~ el primer momento** *or* **un principio** right from the start *o* the outset; **no los veo ~ hace meses** I haven't seen them for months; **estaba enfermo ~ hacía un año** he had been ill for a year; **~ que + SUBJ** (liter): **~ que llegara a ese país** since the day that she arrived in that country; **~ que aprendiera a escribir** since the time I learned to write; **DESDE ... HASTA**: **estará abierto ~ el 15 hasta el 30** it will be open from the 15th to *o* till *o* until the 30th; **~ que llegó hasta que se fue** from the time she arrived to the time she left; **~ ya** ▸**ya**[1] **C**

B (en el espacio) from; **les mandé una postal ~ Dublín** I sent them a postcard from Dublin; **lo vi ~ la ventana** I saw him from the window; **¿~ dónde tengo que leer?** where do I have to read from?; **~ mi punto de vista** from my point of view; **nosotros, ~ aquí, intentaremos hacer lo que podamos** we'll do what we can here *o* from this end *o* from our end; **DESDE ... HASTA ...** FROM ... TO ...; **~ la página 12 hasta la 20** from page 12 to *o* as far as *o* up to page 20; **~ la cabeza hasta los pies** from head to foot

C (en escalas, jerarquías) from; **blusas ~ 12 euros** blouses from 12 euros; **DESDE ... HASTA ...** FROM ... TO ...; **todos, ~ los trabajadores hasta los empresarios, ...** everyone, from the workers (up) to the management, ...; **~ el director hasta el último empleado de la compañía** from the director (down) to the lowest employee in the company; **temas que van ~ la reforma penal hasta la crisis económica** subjects ranging from penal reform to the economic crisis

D **desde luego** ▸**luego**[1] **E**

desdecir [I24] *vi* **~ DE algo**: **la poesía de ese período desdice del resto de su obra** the poetry she wrote during this period doesn't measure up to *o* come up to the standard of the rest of her work; **esta actitud desdice de su educación liberal** this attitude belies his liberal education; **ese calzado desdice de tan elegante vestido** those shoes don't do justice to such a smart dress

■ **desdecirse** *v pron*: **lo prometió pero luego se desdijo** he made a promise but then later went back on it *o* went back on his word; **no te desdigas ahora de lo que afirmaste ayer** you can't take back *o* retract now what you said yesterday

desdén *m* disdain, scorn; **siente gran ~ por ellos** he's very scornful *o* disdainful of them; **odio el ~ con que nos trata** I hate the disdainful way he treats us

desdentado -da *adj* 1 ‹*persona*› toothless 2 (Zool) edentate

desdeñable *adj* insignificant; **una suma de dinero nada ~** a considerable sum of money, a not inconsiderable sum of money; **un error ~** an insignificant error, a trifling mistake

desdeñar [A1] *vt* 1 (menospreciar) to scorn; **no tienes por qué ~los porque no tienen estudios** there's no reason to look down on them *o* to look down your nose at them just because they haven't had an education; **desdeñó el dinero/la fama** she scorned money/fame 2 ‹*pretendiente*› to spurn

desdeñosamente *adv* scornfully, disdainfully

desdeñoso -sa *adj* ‹*persona*› disdainful; ‹*gesto/actitud*› disdainful, scornful

desdibujado -da *adj* ‹*contorno/imagen*› blurred, vague; ‹*recuerdo*› vague, hazy; ‹*personaje*› sketchy, nebulous

desdibujar [A1] *vt* ‹*contorno/imagen*› to blur

■ **desdibujarse** *v pron* «*contorno*» to become blurred; **el recuerdo de aquellos días se le iba desdibujando** the memory of those days was gradually dimming *o* fading (liter)

desdicha *f* 1 (desgracia) misfortune; **tuvo la ~ de nacer ciego** he had the misfortune to be born blind 2 (infelicidad) unhappiness; **lo sumió en la mayor de las ~s** it plunged him into the deepest despair

desdichadamente *adv* unhappily

desdichado[1] **-da** *adj* unhappy; **es ~ en su matrimonio** he is unhappy in his marriage

desdichado[2] **-da** *m,f* 1 (infeliz): **es un pobre ~** he's a poor unfortunate wretch 2 (persona despreciable) miserable wretch

desdoblamiento *m* 1 (Ópt) splitting 2 (de funciones) splitting, dividing; **sufre ~ de la personalidad** he suffers from a split personality 3 (Transp): **fondos para el ~ de este tramo** (Auto) funds to convert this stretch of road into a four-lane highway (AmE) *o* (BrE) a dual carriageway; **el ~ de la vía férrea entre ...** the laying of double tracks between ...

desdoblar [A1] *vt*

A ‹*servilleta/pañuelo*› to unfold

B 1 ‹*imagen*› to split 2 ‹*función/cargo*› to split, divide 3 (Transp): **se ~á el tramo entre Montoro y Villa del Río** (Auto) the section between Montoro and Villa del Río is to be converted into a four-lane highway (AmE) *o* (BrE) a dual carriageway; **~on la vía entre ...** (Ferr) they laid double tracks between ...

■ **desdoblarse** *v pron* to divide into two, split into two

desduanar [A1] *vt* to get ... out of customs

■ **desduanarse** *v pron* to clear customs

deseable *adj* desirable

desear [A1] *vt*

A ‹*suerte/éxito/felicidad*› to wish; **llamó para ~me suerte** he called to wish me good luck; **te deseo un feliz viaje** I hope you have a good trip; **te deseamos mucha felicidad** we wish you every happiness

B (querer): **no se puede ~ un novio mejor** you couldn't wish for a better boyfriend; **un embarazo no deseado** an unwanted pregnancy; **por fin podrá disfrutar de esas tan deseadas vacaciones** at last you can really enjoy those long-awaited holidays; **lo que más deseo es volver a ver a mi hijo** my greatest wish is to see my son again; **esa moto que tanto había deseado** that motorcycle he had wanted so much *o* he had so longed for; **¿qué desea?** (frml) can I help you?, what would you like?; **¿desea el señor algo más?** (frml) would you like anything else, sir?; **se lo podemos enviar si así lo desea** we can send it to you if you (so) wish (frml); **~ía una contestación antes del lunes** I would *o* (BrE frml) should like a reply before Monday; **~ + INF**: **el director desea verlo en su despacho** (frml) the director would like *o* (frml) wishes to see you in his office; **¿desea la señora ver otro modelo?** (frml) would you like me to show you another style, madam?; **~ía expresar mi satisfacción** (frml) I would *o* (BrE frml) should like to express my satisfaction; **está deseando verte** he's really looking forward to seeing you, he's dying to see you (colloq); **~ QUE + SUBJ**: **no deseamos que la situación llegue a tal extremo** (frml) we would not wish the situation to reach that point (frml); **¿desea el señor que se lo envuelva?** (frml) would you like me to wrap it for you, sir?; **~ía que me diera su respuesta esta semana** (frml) I would *o* (BrE frml) should like to have your reply this week; **estoy deseando que llegue el verano** I can't wait for *o* I'm longing for summer; **estaba deseando que le dijeran que no** I was really hoping they'd say no to him; **sería de ~ que nos avisaran con dos semanas de antelación** ideally we would like two weeks' notice; ***dejar mucho que ~*** to leave a lot to be desired; **su rendimiento deja mucho que ~** his performance leaves a lot to be desired; ***vérselas y deseárselas*** to have a hard time (of it)

C ‹*persona*› to desire, want; **no ~ás a la mujer del prójimo** (Bib) thou shalt not covet thy neighbor's wife

desecación *f* 1 (de un terreno) drainage, draining 2 (de alimentos) drying 3 (de flores, plantas) drying

desecar [A2] *vt* 1 ‹*terreno*› to drain 2 ‹*alimentos*› to dry 3 ‹*flores/plantas*› to dry

desechable *adj* ‹*envase/jeringa/pañal*› disposable; **la idea no es totalmente ~** the idea shouldn't be rejected *o* dismissed out of hand

desechar [A1] *vt* 1 ‹*ayuda/consejo/propuesta*› to reject; **debes ~ esos malos pensamientos** you must banish those wicked thoughts from your mind; **no desechó nunca la sospecha de que fuera él** she never managed to rid herself of the suspicion that it was him; **después de un mes desechó la idea de quedarse** after a month he gave up *o* abandoned the idea of staying there; **~on la idea de pedir un préstamo** they rejected the idea of asking for a loan 2 ‹*restos/residuos*› to throw away *o* out; ‹*ropa*› to throw out

desecho *m*

A (despojo) waste; Ⓢ **se compran pendientes sueltos, desecho en general** we buy odd earrings and all kinds of scrap gold and silver; **esculturas hechas con materiales de ~** sculptures made out of waste materials

(Compuestos)

- **desechos industriales** *mpl* industrial waste
- **desechos militares** *mpl* (CS) army surplus
- **desechos nucleares/radiactivos** *mpl* nuclear/radioactive waste

B (Chi) (sendero) side path

deseleccionar [A1] *vt* (Inf) to deselect

desembalaje *m* unpacking

desembalar [A1] *vt* ‹*vajilla/libros*› to unpack; ‹*paquete*› to unwrap

desembarazarse [A4] *v pron* **~ DE algo/algn** to get rid OF sth/sb

desembarcadero *m* jetty, landing stage

desembarcar [A2] *vi* 1 (de un barco, avión) «*pasajeros*» to disembark; «*tropas*» to land, disembark 2 (de un tren) «*pasajeros*» to leave, get off; «*tropas*» to detrain
■ **desembarcar** *vt* 1 ‹*mercancías*› to unload 2 ‹*pasajeros*› to disembark; (en caso de emergencia) to evacuate

desembarco *m* disembarkation; **el ~ de Normandía** the Normandy landings

desembargo *m* lifting of an attachment order

desembarque *m* 1 (de pasajeros) disembarkation; (en caso de emergencia) evacuation 2 (de mercancías) unloading

desembocadura *f* mouth, estuary

desembocar [A2] *vi* 1 «*río/calle*»: **el río Mira desemboca en el Pacífico** the Mira River flows into the Pacific; **desemboca en el Paseo del Prado** it comes out onto the Paseo del Prado; **la manifestación desembocó en la plaza** the demonstrators came out into the square; **seguimos a la gente y desembocamos en el Ayuntamiento** we followed the crowds and came out in front of *o* at the town hall 2 «*situación/crisis*»: **~ EN algo** to culminate IN sth; **desembocó en una grave crisis** it culminated in *o* ended up being a serious crisis; **puede ~ en el cierre de numerosas fábricas** it could result in the closure of numerous factories

desembolsar [A1] *vt* to spend, pay out
■ **desembolsar** *vi*: **venga, desembolsa** come on, let's have your money

desembolso *m* outlay; **un ~ inicial de 15 millones** an initial outlay of 15 million; **no estoy en condiciones de hacer ese ~** I can't afford to pay out that sort of money

desembozar [A4] *vt* ‹*rostro*› to unmask; **~ a los culpables** to unmask *o* expose the guilty parties
■ **desembozarse** *v pron* (*refl*) to take off one's mask, reveal onself

desembragar [A3] *vi* to let out *o* release the clutch, declutch

desembridar [A1] *vt* to take the reins off

desembuchar [A1] *vt* 1 (fam) (revelar) to come clean about (colloq) 2 «*ave*» to regurgitate
■ **desembuchar** *vi* (fam) to come clean (colloq); **¡vamos, desembucha! ¿dónde lo escondiste?** come on, come clean! *o* come on, out with it! where did you hide it?

desempacar [A2] *vt* (AmL) to unpack
■ **desempacar** *vi* to unpack

desempacho *m* ▸ **desenfado**

desempañador *m* defogger (AmE), demister (BrE)

desempañar [A1] *vt* (con aire) defog (AmE), demist (BrE); (manualmente) to wipe
■ **desempañarse** *v pron* to clear

desempaquetar [A1] *vt* to unwrap

desempatar [A1] *vi* 1 (Dep): **lanzarán penaltis para ~** the match will be decided on penalties; **~on en el minuto 20** they broke the deadlock in the 20th minute 2 (en una votación) to get a clear result, break the deadlock
■ **desempatar** *vt*: **el gol que desempató el partido** the goal that broke the deadlock

desempate *m* 1 (Dep): **el ~ se produjo en el minuto 36** the breakthrough came in the 36th minute; **jugar un partido de ~** to play a decider; **una tanda de penaltis de ~** a penalty competition *o* shootout to decide the winner 2 (en un concurso) tiebreak, tiebreaker; (en una votación) run-off

desempeñar [A1] *vt*
A 1 (Teatr) to play; **desempeñó el papel de Electra** she played the part of Electra 2 ‹*función*› **la función que desempeñan los pulmones** the function of the lungs; **en ausencia del jefe tuvo que ~ sus funciones** she had to carry out the boss's duties while he was away; **desempeña un cargo de mucha responsabilidad** she holds *o* has a very responsible position; **no tiene la experiencia necesaria para ~ el cargo** he doesn't have the necessary experience for the post; **desempeñó a la perfección el papel de anfitrión** he was the perfect host; **desempeñó su cometido con mucho acierto** she carried out her assignment *o* (frml) she discharged her duties admirably; **desempeñó un papel muy importante en las negociaciones** he played a very important role in the negotiations; **ha desempeñado las más diversas actividades** he has engaged in a very wide range of activities
B ‹*joyas/reloj*› to redeem
■ **desempeñarse** *v pron* (AmL): **dale una oportunidad y veremos cómo se desempeña** give him a chance and let's see how he makes out; **se desempeñó muy bien** she did *o* managed very well, she acquitted herself very well (frml)

desempeño *m* 1 (de una función): **es muy diligente en el ~ de sus funciones** he carries out *o* performs his duties very diligently 2 (AmL) (actuación) performance; **nadie puede criticar su ~ como presidente** no one can criticize his performance as president

desempleado¹ -da *adj* unemployed

desempleado² -da *m,f*: **un ~** someone who is out of work *o* unemployed; **el número de ~s** the number of people unemployed *o* out of work; **descuentos para ~s** reductions for the unemployed

desempleo *m* 1 (situación) unemployment; **nivel de ~** level of unemployment 2 (subsidio) unemployment benefit; **cobrar el ~** to receive unemployment benefit

desempolvar [A1] *vt* ‹*libros*› to dig out, dust off; ‹*ideas/proyectos*› to revive, resurrect

desencadenamiento *m* triggering

desencadenante¹ *adj*: **el factor ~ de la revuelta** the factor that sparked off *o* triggered the uprising

desencadenante² *m* trigger, cause

desencadenar [A1] *vt* 1 ‹*crisis/protesta*› to trigger; **la matanza desencadenó una ola de protestas** the killings triggered *o* unleashed a wave of protest 2 ‹*explosión/reacción*› to trigger 3 ‹*perro*› to unleash, let … off the leash; ‹*preso*› to unchain, unshackle
■ **desencadenarse** *v pron* «*explosión/reacción*» to be triggered off; «*guerra*» to break out; «*crisis*» to break; **de repente se desencadenó una violenta tempestad** suddenly a violent storm broke; **se desencadenó una ola de protestas** a storm of protests erupted, it provoked a storm of protests

desencajado -da *adj* 1 ‹*pieza*› out of position; **el cajón está ~** the drawer is off its runners; **el eje quedó ~** the shaft was pushed (*o* knocked *etc*) out of position 2 ‹*mandíbula/rótula*› dislocated 3 (alterado) shaken; **llegó ~** he was shaken when he arrived; **me dio la noticia con el rostro ~** he looked shaken when he told me the news

desencajar [A1] *vt* 1 ‹*pieza*› **el choque desencajó la junta** the smash jolted (*o* pushed *etc*) the joint out of its socket *o* out of position; **desencajó el cajón de una patada** he kicked the drawer and it came off its runners 2 ‹*mandíbula/rótula*› to dislocate
■ **desencajarse** *v pron* 1 «*pieza*» to come out of position, be knocked (*o* pulled *etc*) out of position 2 «*mandíbula/rótula*» to become/get dislocated

desencajonar [A1] *vt* 1 ‹*mercancías*› to unpack 2 (Taur) ‹*toro*› *to get out of transportation crate on arrival at the bullring*

desencallar [A1] *vt* to refloat
■ **desencallarse** *v pron* to float free

desencaminado -da *adj* (AmL) ▸ **descaminado**

desencantar [A1] *vt*
A (decepcionar) to disillusion; **esto desencantó a muchos de sus votantes** this disillusioned many of their voters, this left many of their voters disenchanted
B (en cuentos) to free … from a spell
■ **desencantarse** *v pron* to become disillusioned *o* disenchanted

desencanto *m* disillusionment, disenchantment

desencapotarse [A1] *v pron* «*cielo*» to clear

desenchufar [A1] *vt* to unplug, disconnect
■ **desenchufarse** *v pron* (fam) **~se DE algo: a ver si logras ~te del trabajo** try to switch off and forget about work

desencolarse [A1] *v pron* to come unstuck *o* unglued

desencontrarse [A10] *v pron* (CS) to miss each other

desencuadernar [A1] *vt* ‹*libro*› to unbind, take apart
■ **desencuadernarse** *v pron* «*libro*» to lose its binding, fall apart

desencuentro *m* (falta de coordinación) mix-up; (desavenencia) misunderstanding, disagreement

desenfadado -da *adj* 1 (con confianza en sí mismo) self-assured, confident, self-possessed; (sin inhibiciones) uninhibited 2 ‹*estilo/moda/actitud*› free-and-easy, carefree; **una película ligera y desenfadada** a lighthearted, carefree movie

desenfadar [A1] *vt* (esp Esp) to soothe, appease, calm down
■ **desenfadarse** *v pron* (esp Esp) to calm down

desenfado *m* 1 (confianza en sí mismo) self-assurance, confidence, self-possession; (falta de inhibiciones) lack of inhibition; **a pesar de su edad actúa con mucho ~** despite her age she behaves with great self-assurance *o* confidence *o* self-possession; **—bésame —le dijo con total ~** kiss me, she said without the slightest hint of self-consciousness *o* with total lack of inhibition 2 (de un estilo, una moda): **visten con gran ~** they are very free and easy *o* carefree in the way they dress

desenfocado -da *adj* out of focus

desenfocar [A2] *vt* to get … out of focus

desenfrenadamente *adv* wildly; **bailaban ~** they danced wildly *o* with wild abandon

desenfrenado -da *adj* ‹*apetito*› insatiable; ‹*pasión*› unbridled; ‹*baile/ritmo*› frenzied; ‹*odio*› violent, intense; **viven a un ritmo ~** they live at a hectic *o* frenzied pace; **sus ansias desenfrenadas de éxito** his intense *o* burning desire to succeed

desenfrenarse [A1] *v pron* to lose one's self-control, let one's feelings run wild

desenfreno *m*: **bailaban con ~** they danced wildly *o* frenetically *o* with wild abandon; **llevaba una vida de disipación y ~** she led a wild, dissipated life

desenfundar [A1] *vt* to draw, take … from its holster

desenganchar [A1] *vt*
A ‹*caballos/remolque*› to unhitch; ‹*vagones*› to uncouple; **desengánchame el suéter** can you unhook my sweater?
B (Chi) ‹*auto*› to put … in neutral, take … out of gear
■ **desengancharse** *v pron* (arg) to come off drugs, kick the habit (sl); **~se DE algo** to come off sth

desengañar [A1] *vt* 1 (decepcionar) to disillusion; **la vida lo ha desengañado** he's been disillusioned by life 2 (sacar del engaño): **todavía cree en los Reyes Magos, no lo desengañes** he still believes in Santa Claus, don't spoil it for him; **hay que ~lo, no lo van a llamar** we must get him to face facts, they aren't going to call him
■ **desengañarse** *v pron* 1 (decepcionarse) **~se DE algo** to become disillusioned WITH *o* ABOUT sth; **se ha desengañado del matrimonio** he's become disillusioned with *o* about marriage 2 (salir del engaño): **desengáñate, no vas a conseguir ese puesto** stop kidding yourself *o* don't fool yourself, you're not going to get that job (colloq); **más vale que se desengañe, no le va a ser tan fácil como piensa** he'd

better stop deluding himself, it's not going to be as easy as he thinks

desengaño *m* disappointment; **me llevé un ~ cuando me enteré de la verdad** I was very disappointed *o* it was a big disappointment when I found out the truth; **sufrió un ~ amoroso** she had an unhappy love affair; **ha sufrido muchos ~s en la vida** he's suffered *o* had many disappointments in his life; **su mayor ~ fue cuando ...** the hardest blow for her was when ..., her greatest disappointment came when ...

d

desengarzar [A4] *vt* (Col) to unhook

desengranar [A1] *vi* «*marchas*» to be out of mesh

■ **desengranar** *vt* (AmL) to take ... out of gear, put ... in neutral

desengrasar [A1] *vt* to remove the grease from, clean the grease off

desenhebrar [A1] *vt* to unthread

■ **desenhebrarse** *v pron* to come unthreaded

desenlace *m* (de una película, un libro) ending; **introducción, núcleo y ~** (Lit) introduction, exposition and denouement; **el feliz/trágico ~ de su aventura** the happy/tragic outcome of their adventure; **sólo queda esperar el fatal ~** (euf) all we can do is wait for the end *o* wait for the inevitable to happen (euph)

desenlazar [A4] *vt* (liter) ‹*nudo/cintas*› to untie; ‹*cabello*› to let down, untie

■ **desenlazarse** *v pron* «*obra*» to end, turn out

desenmarañar [A1] *vt* 1 ‹*pelo/madeja*› to untangle, disentangle 2 ‹*asunto/embrollo*› to sort out, straighten out

desenmascarar [A1] *vt* 1 ‹*bandido/encapuchado*› to unmask 2 ‹*estafador/culpable*› to expose, unmask

desenojar [A1] *vt* to soothe, appease, calm down

■ **desenojarse** *v pron* to calm down

desenredar [A1] *vt* 1 ‹*pelo/lana*› to untangle, disentangle 2 ‹*lío*› to straighten out, sort out

■ **desenredarse** *v pron* 1 (*refl*): **~se el pelo** to get the knots out of one's hair, to untangle one's hair 2 (de una situación difícil) to free oneself, extricate oneself

desenrollar [A1] *vt* ‹*alfombra/póster*› to unroll; ‹*persiana*› to let down; ‹*ovillo/cuerda*› to unwind

■ **desenrollarse** *v pron* «*alfombra/póster*» to unroll, come unrolled; «*ovillo/cuerda*» to unwind, come unwound

desenroscar [A2] *vt* to unscrew

desensibilizar [A4] *vt* ▸**insensibilizar**

desensillar [A1] *vt* to unsaddle

desentenderse [E8] *v pron* **~ DE algo/algn**: **se desentendió por completo del asunto** he washed his hands of the whole affair; **tú siempre te desentiendes de estos problemas** you always distance yourself from these problems; **se desentiende de los hijos** he doesn't take an interest in the children

desentendido -da *m,f*: **no te hagas el ~, es un problema que nos incumbe a los dos** don't act as if *o* don't pretend it's nothing to do with you, it's a problem that concerns us both; **le tocaba pagar a él pero se hizo el ~** it was his turn to pay but he pretended not to notice; **no te hagas el ~, sabes muy bien de qué te estoy hablando** don't act so innocent *o* act all innocent, you know perfectly well what I'm talking about

desentendimiento *m* 1 (de asunto, problema) distancing 2 (AmL) (entre personas, países) lack of understanding

desenterrar [A5] *vt* 1 ‹*cadáver*› to exhume, dig up; ‹*hueso/tesoro*› to unearth, dig up 2 ‹*recuerdo/rencor*› to rake up, dig up

desentonado -da *adj* out of tune; **soy muy ~** (AmL) I can't sing in tune

desentonar [A1] *vi* 1 (Mús) to go out of tune *o* off key 2 «*color*» to clash; **~ CON algo** to clash WITH sth; **ese color desentona con éste** that color doesn't go with *o* clashes with this one 3 «*atuendo/comentario*» to be out of place; **siempre dice algo que desentona** he always says something inappropriate *o* out of place; **para no ~ me vestí de largo** I wore a long dress so as not to look out of place

desentrañar [A1] *vt* ‹*misterio*› to unravel, get to the bottom of; ‹*significado/sentido*› to decipher, work out

desentrenado -da *adj* out of condition, out of training

desentumecer [E3] *vt* ‹*músculos*› to loosen up, get the stiffness out of; ‹*piernas*› **el ejercicio le desentumeció las piernas** the exercise loosened up his leg muscles

■ **desentumecerse** *v pron* «*músculos*» to loosen up; **se me iban desentumeciendo los dedos/las piernas** the stiffness was going from my fingers/legs, my fingers/legs were loosening up

desenvainar [A1] *vt* to unsheathe, draw

desenvoltura *f*: **se maneja con ~ en todo tipo de ambientes** she conducts herself in a relaxed and natural manner in any sort of environment, she's at ease in any sort of environment; **respondió con mucha ~ a las preguntas de los periodistas** he replied to the journalists' questions with great self-assurance *o* very confidently

desenvolver [E11] *vt* to unwrap, open

■ **desenvolverse** *v pron* 1 «*persona*»: **a pesar de ser tan joven se desenvuelve muy bien en el trabajo** despite being so young she performs very well in her job *o* she copes very well with her work; **se desenvuelve con igual soltura en inglés, alemán y español** she speaks English, German and Spanish equally fluently, she is equally at ease *o* at home speaking English, German and Spanish; **se desenvolvió bien en la entrevista** he performed well in the interview; **no sabrán ~se en la vida** they won't know how to get by *o* manage in life, they won't know how to deal with *o* cope with *o* handle life's problems 2 «*hechos/sucesos*» to develop; **el programa se fue desenvolviendo de la manera prevista** the program progressed *o* developed according to plan; **a medida que los acontecimientos se vayan desenvolviendo** as events unfold *o* develop

desenvolvimiento *m*
A (de persona) ease, self-assurance
B (de un acto, acontecimiento) development

desenvuelto -ta *adj* ‹*persona*› self-assured, confident, self-possessed; **es muy ~ y se hará entender** he's quite self-assured *o* confident *o* self-possessed and he'll make himself understood; **es muy desenvuelta y puede viajar sola** she can travel on her own, she's quite capable of looking after herself

deseo *m* 1 (anhelo) wish; **el hada le concedió tres ~s** the fairy granted him three wishes; **formular un ~** to make a wish; **que se hagan realidad** *or* **que se cumplan todos tus ~s** may all your wishes come true; **tus ~s son órdenes para mí** (fr hecha) your wish is my command (set phrase); **se procedió según su ~** everything was done according to his wishes; **su último ~ fue que lo enterrasen allí** his dying *o* last wish was to be buried there; **~s DE algo**: **con mis mejores ~s de felicidad/éxito** wishing you every happiness/success; **~s DE + INF**: **ardía en ~s de verla** (liter) he had a burning desire to see her 2 (apetito sexual) desire; **la satisfacción del ~** the satisfaction of desire

deseoso -sa *adj* **~ DE algo**: **un niño ~ de afecto** a child who is eager *o* longing for affection; **~ DE + INF** eager TO + INF; **estaba ~ de poder ayudar en algo** he was eager to be able to help in some way; **estaba ~ de salir a la calle** he was longing *o* (colloq) itching *o* (colloq) dying to get out; **~ DE QUE + SUBJ**: **estaba ~ de que volvieses** I was longing for you to get back, I couldn't wait for you to get back

desequilibrado¹ -da *adj* 1 ‹*rueda/mecanismo*› out of balance 2 ‹*persona*› unbalanced

desequilibrado² -da *m,f*: **es un ~** he is mentally unbalanced

desequilibrar [A1] *vt* 1 ‹*embarcación/vehículo*› to unbalance, make ... unbalanced; ‹*persona*› (físicamente) to throw ... off balance 2 ‹*fuerzas/poder*› to upset the balance of; **estas importaciones ~on la balanza de pagos** these imports upset the balance of payments *o* caused a balance of payments deficit 3 ‹*persona*› (mentalmente) to unbalance

■ **desequilibrarse** *v pron* 1 «*persona*» to become unbalanced 2 «*ruedas/mecanismo*» to get out of balance

desequilibrio *m* 1 (desigualdad) imbalance; **el ~ entre la oferta y la demanda** the imbalance between supply and demand; **el ~ de la balanza de pagos** the balance of payments deficit/surplus 2 (Psic) unbalanced state of mind

deserción *f* 1 (Mil) desertion 2 (de un partido) defection

(Compuesto) **deserción escolar** (CS) *leaving school before the legal age*

desertar [A1] *vi* 1 (Mil) to desert; **desertó de su regimiento** he deserted (from) his regiment 2 (de un partido) to defect

desértico -ca *adj* 1 (Geog) ‹*zona/clima*› desert (*before n*); **la superficie presentaba un aspecto ~** the surface had a desert-like appearance 2 (vacío, despoblado) deserted

desertificación *f* ▸**desertización**

desertificar [A2] *vt* ▸**desertizar**

desertización *f* desertification

desertizar [A4] *vt* to turn into desert

desertor -tora *m,f* 1 (Mil) deserter 2 (de un partido) defector

desescalada *f* de-escalation

desescalar [A1] *vt* to de-escalate

desescombrar [A1] *vt* ‹*lugar/zona*› to clear rubble from; **~ un solar** to clear a site of rubble

desescombro *m* (rubble) clearance

desesperación *f* 1 (angustia) desperation; **me entra** *or* **me viene una ~ cuando pienso que ...** I get a feeling of total desperation *o* it makes me feel desperate when I think that ...; **me vino una ~ terrible al ver que no llegaba** I got desperate when there was still no sign of him; **lloraba con ~** he was weeping bitterly; **lloraba de ~** she was crying out of desperation; **en la ~ rompió la ventana con el puño** in (his) desperation he put his fist through the window; **presa de la ~ se tiró al agua** seized by desperation she threw herself into the water 2 (desesperanza) despair; **sumida en la más profunda ~, optó por quitarse la vida** plunged into deep despair, she decided to take her own life 3 (exasperación): **¡qué ~ estos trenes!** these trains drive you mad!

desesperadamente *adv* ‹*luchar*› desperately; ‹*mirar/suplicar*› despairingly; **lloraba ~** he was weeping bitterly; **golpeó a su puerta gritando ~** she banged on his door shouting desperately

desesperado¹ -da *adj* desperate; **una maniobra desesperada** a desperate move; **en un intento ~ por salvarse** in a desperate attempt to save himself; **está ~ porque no sabe cómo lo va a pagar** he's desperate *o* frantic because he doesn't know how he's going to pay; **está ~ por verte** (fam) he's dying to see you (colloq); **~, llegó a pensar en el suicidio** he was *o* felt so desperate that he even contemplated suicide; **miraba ~ cómo las llamas consumían el edificio** he looked on in desperation as the flames consumed the building; **estaba ~ de dolor** the pain was driving him mad, he was in excruciating pain; ***a la desesperada*** in desperation

desesperado² -da *m,f*: **come como un ~** he eats as if he were half-starved (colloq); **corrió como un ~** he ran like crazy *o* mad (colloq), he ran as if his life depended on it

desesperante *adj* ‹*situación*› exasperating; **es ~ hablar con él porque no te escucha** it's infuriating *o* exasperating *o* maddening talking to him because he doesn't listen

desesperanza *f* despair

desesperanzador -dora *adj* bleak; **las noticias son ∼as** the news is bleak *o* gloomy *o* grim

desesperanzar [A4] *vt* to make … lose hope, lead … to despair

■ **desesperanzarse** *v pron* to give up hope, despair, lose hope

desesperar [A1] *vt*: **su lentitud me desespera** I find his slowness exasperating, he's so slow, it drives me crazy *o* to distraction; **me desespera que nunca me haga caso** it's maddening *o* infuriating *o* exasperating the way she never takes any notice of me

■ **desesperar** *vi* to despair, give up hope; **no desesperes, ya se arreglarán las cosas** don't despair, everything will be all right; **∼ DE algo** to despair *o* give up hope OF sth; **desesperaban ya de encontrarlos vivos** they were already despairing of *o* giving up hope of finding them alive

■ **desesperarse** *v pron* to become exasperated; **se desespera y le grita** she becomes exasperated *o* gets infuriated and she shouts at him; **se desespera de ver que va tan lento** it exasperates him to see it going so slowly

desespero *m* ▸ **desesperación**

desespinar [A1] *vt* to fillet, bone

desestabilización *f* destabilization

desestabilizador -dora *adj* destabilizing

desestabilizar [A4] *vt* to destabilize

desestimar [A1] *vt* (frml) ‹*propuesta/petición/recurso*› to reject; ‹*pruebas*› to disallow

desexilio *m* (CS) 1 (vuelta) return from exile 2 (readaptación) readaptation (*to one's native country after exile*)

desfachatado -da *adj* (fam): **es muy ∼** he has a lot of nerve *o* (BrE) a real cheek (colloq)

desfachatez *f* audacity, nerve (colloq), cheek (BrE colloq)

desfalcador -dora *m,f* embezzler

desfalcar [A2] *vt* to embezzle

desfalco *m* embezzlement

desfallecer [E3] *vi* 1 (flaquear) «*persona*» to become weak; «*fuerzas*» to fade, fail; **sintió ∼ su ánimo** she felt her spirits flagging; **lucharon sin ∼** they fought tirelessly 2 (desmayarse) to faint, pass out; **estaba que desfallecía de agotamiento/hambre** he was almost fainting *o* passing out with exhaustion/hunger, he was faint with exhaustion/hunger

desfallecimiento *m* 1 (debilitación): **encontraron a los supervivientes en un estado de ∼** the survivors were in a very weak state when they were found 2 (pérdida del conocimiento) faint; **sufrió un ∼** he fainted, he passed out; **al borde del ∼** on the point of passing out *o* fainting

desfasado -da *adj* 1 (Fís) out of phase 2 ‹*mecanismo/ritmo*› out of sync; ‹*planes/etapas*› out of step 3 ‹*ideas/persona*› old-fashioned; **está algo ∼** it's a little behind the times *o* old-fashioned

desfase *m* 1 (Fís) phase lag 2 (falta de correspondencia): **existe un gran ∼ ideológico entre ellos** ideologically they are totally out of phase *o* out of step; **hay un ∼ entre su madurez física y su desarollo mental** his physical maturity is out of step with his intellectual development; **debemos romper este ∼** we must stop lagging behind, we must correct this imbalance

(Compuesto) **desfase de horario** jetlag

desfavorable *adj* ‹*circunstancia/crítica/opinión*› unfavorable*; **el tiempo nos ha sido ∼** we have had unfavorable *o* adverse weather conditions, the weather hasn't been on our side *o* hasn't been kind to us (colloq)

desfavorablemente *adv* unfavorably*

desfavorecer [E3] *vt* 1 (perjudicar) to work against; **la nueva normativa desfavorece a la pequeña empresa** the new regulations are prejudicial to *o* unfavorable to *o* work against small businesses 2 (afear): **ese peinado la desfavorece** that hairstyle doesn't suit her *o* doesn't do anything for her *o* isn't at all flattering

desfavorecido -da *adj* 1 ‹*grupos/clases*› underprivileged, disadvantaged 2 (afeado): **salió muy ∼ en esa foto** that photograph is very unflattering to him, that's a very bad photograph of him

desfibrilación *f* defibrillation

desfibrilador *m* defibrillator

desfiguración *f* disfigurement

desfigurado -da *adj* disfigured; **quedó ∼** he was left disfigured; **los miraba con el rostro ∼ por el terror** he stared at them, his face contorted with terror; **tiene las facciones desfiguradas por la hinchazón** the swelling has distorted his features

desfigurar [A1] *vt*

A ‹*persona*› to disfigure; **las quemaduras le ∼on el rostro** the burns disfigured him; **ese maquillaje la desfigura** she looks hideous with that makeup on; **la sombra le desfiguraba las facciones** the shadow distorted her features; **los hoteles han desfigurado la costa** the hotels have disfigured *o* completely ruined the coastline

B ‹*hechos*› to distort, twist; ‹*realidad*› to distort

■ **desfigurarse** *v pron* (*refl*): **se le desfiguró la cara en el accidente** his face was disfigured in the accident

desfiguro *m* (Méx fam) silly stunt (colloq); **nos hizo reír a todos con sus ∼s** he made us all laugh with his antics *o* silly stunts

desfiladero *m* (barranco) ravine, narrow gorge, defile; (puerto) narrow pass, defile

desfilar [A1] *vi* 1 «*soldados*» to parade, march past; **el regimiento desfiló ante el rey** the regiment marched past *o* paraded before the king 2 «*manifestantes*» to march; **el cortejo/la manifestación desfiló por la Avenida de la Independencia** the cortege/the demonstration passed along the Avenida de la Independencia; **miles de turistas desfilan cada año por el museo** thousands of tourists pass through the museum every year; **miles de fans ∼on ante su tumba** thousands of fans filed past her tomb 3 «*modelo*»: **desfiló con un rutilante vestido de noche** she paraded *o* walked up and down the catwalk in a sparkling evening gown 4 (por la mente) to pass through

desfile *m* (de carrozas) parade, procession; (Mil) parade, march-past; **contemplaba el ∼ de gente por el paseo** he watched the passers-by walking down the boulevard

(Compuesto) **desfile de modas** *or* **modelos** fashion show, fashion parade (BrE)

desfinanciar [A1] *vt* (CS) to leave … short of money *o* funds

■ **desfinanciarse** *v pron* to run short of funds

desfiscalizar [A4] *vt* (Fin) to exempt from tax

desflorar [A1] *vt* (liter) ‹*muchacha*› to deflower (liter)

desfogar [A3] *vt* 1 ‹*ira/pasiones/frustraciones*› to vent; **∼ algo CON** *or* **EN algn** to vent sth ON sb 2 (Col) ‹*cañería*› to bleed

■ **desfogarse** *v pron* to vent one's anger (*o* frustration *etc*)

desfogue *m* (Col) (de un motor) exhaust; (de una cañería) outlet

desfondar [A1] *vt*: **el peso de los libros desfondó la caja** the bottom of the box gave way under the weight of the books; **desfondó la silla** he went right through the seat of the chair, the seat gave way under him

■ **desfondarse** *v pron* 1 «*cajón/bolsa/silla*» to give way 2 «*jugador/corredor*» to flag, run out of steam (colloq), to get worn out (colloq)

desforestación *f* ▸ **deforestación**

desforestar ▸ **deforestar**

desformatear [A1] *vt* to unformat

desfragmentar [A1] *vt* (Inf) to defragment, defrag

desgaire *m* carelessness, slovenliness, sloppiness; **viste con ∼** he dresses carelessly *o* sloppily *o* in a rather slovenly way; **al ∼** carelessly, casually, in an offhand manner, nonchalantly

desgajado -da *adj*: **el libro estaba todo ∼** the book was coming *o* falling apart

desgajar [A1] *vt* **∼ algo DE algo** ‹*rama*› to break *o* snap sth OFF sth; ‹*páginas*› to tear *o* rip sth OUT OF sth

■ **desgajarse** *v pron* 1 «*rama*» to break off, snap off; **∼se DE algo**: **se ∼on del grupo** they broke away from the group; **los incidentes que se van desgajando en el transcurso de la novela** the incidents that crop up *o* emerge as the novel progresses 2 (Col fam) to pour *o* (colloq) bucket down; **se desgajó el aguacero** the rain began to bucket down *o* pour down, the heavens opened

desgalichado -da *adj* slovenly, sloppy

desgana *f* 1 (inapetencia) lack of appetite; **lo comió con** *or* **a ∼** he ate it although he wasn't hungry *o* he didn't feel like it; **desde que estuvo enfermo anda con mucha ∼** he's lost his appetite *o* he's been off his food ever since he was ill 2 (falta de entusiasmo): **trabaja con** *or* **a ∼** she's working half-heartedly *o* without much interest; **obedeció con** *or* **a ∼** he obeyed reluctantly *o* unwillingly

desganadamente *adv* ‹*trabajar*› unenthusiastically; ‹*reírse/comer*› half-heartedly; ‹*obedecer*› reluctantly, unwillingly

desganado -da *adj* 1 (inapetente): **estoy** *or* **me siento ∼** I don't feel hungry, I don't have much of an appetite 2 (apático) lethargic

desgano *m* (esp AmL) ▸ **desgana**

desgañitarse [A1] *v pron* (fam) to shout one's head off (colloq), to shout oneself hoarse

desgarbado -da *adj* ‹*persona/aspecto*› gangling, gawky; ‹*movimientos/andar*› ungainly

desgarrador -dora *adj* heartbreaking, heartrending

desgarramiento *m*

A ▸ **desgarro A** ,**desgarro B**

B (pena, dolor) anguish, agony

desgarrar [A1] *vt* 1 ‹*vestido/papel*› to tear, rip; **el clavo le desgarró el vestido** she tore *o* ripped her dress on the nail; **desgarró el sobre con impaciencia** he tore open the envelope impatiently 2 (destrozar anímicamente) ‹*corazón*› to break; **el llanto de esa criatura me desgarraba el alma** it broke my heart *o* it was heartrending to hear that poor creature crying like that

■ **desgarrarse** *v pron* 1 «*vestido/camisa*» to tear, rip 2 «*perineo/parturienta*» to tear; **se desgarró un músculo** he tore a muscle

desgarre *m* ▸ **desgarro**

desgarriate *m* (Méx fam) 1 (desorden, desbarajuste) mess 2 (problema): **no hubo manera de solucionar aquel ∼** there was no way of sorting out that mess *o* chaos; **fue un ∼ conseguirlos** getting them was a nightmare *o* a real hassle (colloq) 3 (alboroto, escándalo) ruckus (AmE colloq), kerfuffle (BrE colloq); **armar un ∼** to go wild *o* crazy (colloq)

desgarro *m*

A (Med) 1 (de un ligamento, músculo): **sufrió un ∼** she tore a muscle 2 (en el parto) tear 3 (Chi) (de flema, sangre): **tiene constantes ∼s** he is constantly coughing up phlegm/blood

B (en una tela) tear

C (ant) 1 (bravuconería) bravado, swagger 2 (descaro) boldness, effrontery, brazenness

desgarrón *m* tear, rip

desgasificarse [A2] *v pron* to go flat

desgastar [A1] *vt* 1 (gastar) ‹*suelas/ropa*› to wear out; ‹*roca*› to wear away, erode 2 (debilitar) to wear … down

■ **desgastarse** *v pron* 1 (gastarse) «*ropa*» to wear out; «*roca*» to wear away; «*tacón*» to wear down 2 «*persona*» to wear oneself out; «*relación*» to grow stale

desgaste *m* 1 (de ropa, suelas) wear; (de rocas) erosion, wearing away; **uso o ∼ normal** normal wear and tear 2 (debilitamiento): **sufren un gran ∼ físico jugando a esas temperaturas** playing in those temperatures debilitates them *o* is very debilitating; **indicios del ∼ de la dictadura** signs of the declining authority

d

d

of the dictatorship, signs that the dictatorship is weakening

(Compuesto) **desgaste de poder** loss of political support

desglosable *adj* **1** ‹*cifra/suma*› that can be broken down, that can be itemized; ‹*tema*› that can be broken down **2** ‹*documento/hoja*› detachable

desglosar [A1] *vt* **1** ‹*cifra/suma*› to break down, make a breakdown of, itemize; ‹*tema*› to break down; **~on el presupuesto en sus diferentes apartados** they broke the budget down into its different headings **2** (Der) ‹*documento/hoja*› to detach, extract

desglose *m* (de una cifra, suma) breakdown, itemization; (de un tema) breakdown

desgobierno *m* anarchy, chaos

desgoznar [A1] *vt* to take … off its hinges

desgracia *f*

A **1** (desdicha, infortunio): **tuvo la ~ de perder un hijo** sadly, she lost a son, she was unfortunate enough to lose a son; **tiene la ~ de que la mujer es alcohólica** unfortunately, his wife is an alcoholic, he has the misfortune to have an alcoholic wife; **bastante ~ tiene el pobre hombre con su enfermedad** he has enough to bear with his illness; **en la ~ se conoce a los amigos** when things get bad *o* rough *o* tough you find out who your real friends are; ***caer en ~*** to fall from favor *o* grace **2** **por desgracia** (*indep*) unfortunately; **¿te tocó sentarte al lado de él? — sí, por ~** did you have to sit next to him? — unfortunately, yes *o* yes, I'm afraid so

B (suceso adverso): **han tenido una ~ tras otra** they've had one piece of bad luck *o* one disaster after another; **sufrió muchas ~s en su juventud** he suffered many misfortunes in his youth; **y para colmo de ~s, se me quemó la cena** and to crown *o* cap it all, I burned the dinner; **¡qué ~! se me manchó el traje nuevo** oh, no *o* what a disaster! I've spilt something on my new suit; ***las ~s nunca vienen solas*** when it rains, it pours (AmE), it never rains but it pours (BrE)

(Compuesto) **desgracias personales** *fpl* (period) casualties (*pl*)

desgraciadamente *adv* (*indep*) unfortunately

desgraciado¹ -da *adj*

A **1** [SER] (infeliz) unhappy; **fue muy ~ en su matrimonio** he was very unhappy in his marriage; **lleva una vida muy desgraciada** she leads a miserable life **2** [SER] (desafortunado): **hay días afortunados y días ~s** there are good days and bad days; **fue un viaje ~** it was an ill-fated journey; **ser ~ en amores** to be unlucky in love **3** (desacertado) ‹*elección*› unfortunate, unwise

B [SER] (vil) mean, nasty, horrible

C (sin belleza) ill-favored*, unfortunate; (sin gracia): **ese vestido le queda muy ~** that dress doesn't do anything for her *o* is not at all flattering to her

desgraciado² -da *m,f*

A (desdichado) wretch; **la pobre desgraciada** the poor wretch; **olvídalo, no es más que un pobre ~** forget about him, he's nobody

B (persona vil) swine (colloq), creep (colloq)

desgraciar [A1] *vt* (fam) (estropear) to ruin, spoil

■ **desgraciarse** *v pron*

A **1** (fam) (hacerse daño) to hurt oneself, do oneself an injury (colloq); **no te subas ahí que te vas a ~** don't climb up there, you'll break your neck (colloq) **2** (ant) (malograrse): **se le desgració el niño** she lost her baby (euph) **3** (*refl*) (fam) ‹*pelo*› to ruin; **te has desgraciado la cara** you've made a real mess of your face (colloq)

B (RPl euf) (hacerse encima) to have an accident (euph)

desgranado -da *adj* ‹*piñon*› worn

desgranar [A1] *vt* **1** ‹*habas*› to shell, pod; ‹*maíz*› to separate the kernels from **2** ‹*argumentos/frases*› to reel off

desgravable *adj* tax-deductible

desgravación *f* tax exemption (AmE), tax relief (BrE); **la ~ que se puede realizar** the tax exemption (AmE) *o* (BrE) tax relief that can be claimed, the amount that can be offset against tax; **desgravaciones por gastos de viaje** tax deductions for traveling expenses

desgravar [A1] *vt* **1** ‹*gastos/suma*› **puedes ~ hasta 180 euros por concepto de …** you can claim tax exemption (AmE) *o* (BrE) tax relief of up to 500 euros for …, you can deduct up to 500 euros for …; **estos bonos desgravan un 15%** these bonds qualify for 15% tax exemption (AmE) *o* (BrE) tax relief **2** ‹*producto/importación*› to eliminate the tax *o* duty on

■ **desgravar** *vi* to be tax-deductible; **estos bonos no desgravan** these bonds do not qualify for tax exemption (AmE) *o* (BrE) tax relief *o* are not tax-deductible

desgreñado -da *adj* disheveled

desguace *m* **1** (de un barco) scrapping, breaking up; (de un avión, coche) scrapping **2** (Esp) (lugar) wrecker's yard (AmE), scrapyard (BrE); **mi pobre coche ya está para el ~** my poor car's ready for the breaker's yard *o* scrapyard **3** (Ven) (destrucción): **el ejército hizo ~ en las filas enemigas** the army wreaked havoc on the enemy lines; **hicieron ~ con la comida** (fam) they polished off (all) the food

desguanzado -da *adj* (Méx fam) ‹*persona*› washed out (colloq), weak; ‹*fiesta*› flat, dull

desguanzar [A4] *vt* (Méx fam): **los antibióticos me ~on** the antibiotics left me feeling very weak *o* (colloq) all washed out; **el calor me desguanza** the heat wears me out *o* (colloq) takes a lot out of me

desguañangado -da *adj* [ESTAR] **1** (Chi, Ven fam) (desarreglado) scruffy (colloq) **2** (Ven fam) (roto) in bits (fam); **me lo devolvió ~** he gave it back to me in bits, it was broken when he gave it back

desguarnecer [E3] *vt* to withdraw the garrison *o* troops from; **la ciudad quedó desguarnecida** the city was left undefended

desguazar [A4] *vt*

A **1** ‹*barco*› to break up, scrap; ‹*avión*› to scrap; ‹*coche*› to scrap **2** ‹*madera*› to dress, rough-hew

B (Ven fam) ‹*casa/pueblo*› to destroy

desguince *m* **1** (cuchillo) knife, cutter **2** (Med) ▸**esguince**

deshabillé /desaβi'ʝe/ *m* (*pl* **-llés**) negligee

deshabitado -da *adj* ‹*región*› uninhabited; ‹*edificio*› empty, unoccupied; **el pueblo quedó ~** the village was left empty *o* uninhabited

deshabituación *f* dishabituation; **en tratamiento de ~** undergoing dishabituation treatment

deshabituarse [A18] *v pron* to get out of the habit; **estoy deshabituada a este horario** I'm not used to this schedule any more; **~ A + INF** to get out of the habit OF -ING; **me deshabitúo muy rápido a levantarme temprano** I soon get out of the habit of getting up early

deshacer [E18] *vt*

A **1** ‹*costura/bordado*› to unpick; **tuve que ~ las mangas del suéter** I had to unravel *o* undo the sleeves of the sweater **2** ‹*nudo/lazo*› to undo, untie; ‹*ovillo*› to unwind; ‹*trenza*› to undo; **el viento me deshizo el peinado** the wind ruined *o* messed up my hair

B **1** (desarmar, desmontar) ‹*maqueta/radio/reloj*› to take … to pieces, take … apart; ‹*paquete*› to undo, unwrap; ‹*prenda*› to take … apart, cut up **2** ‹*cama*› (para cambiarla) to strip; (desordenar) to mess up; **~ la maleta** to unpack one's suitcase

C **1** (derretir) ‹*nieve/helado*› to melt **2** (desmenuzar) to break up; **~ el cubo de caldo con los dedos** crumble the stock cube in your fingers; **trata de ~ los grumos con un tenedor** try to break up the lumps with a fork

D **1** (destrozar, estropear): **la lejía te deshace las manos** bleach ruins your hands; **este niño deshace un par de zapatos en menos de un mes** this child gets through a pair of shoes in less than a month; **tengo los nervios deshechos** my nerves are in tatters *o* shreds *o* are shot (to pieces); **la muerte de su hijo le deshizo la vida** her life was shattered by the death of her son; **deshizo todo lo bueno que había hecho su antecesor** he undid all the good his predecessor had done; **aquello terminó por ~ su matrimonio** that eventually destroyed their marriage *o* caused the breakup of their marriage; **la guerra deshizo al país** the war tore the country apart; **lo deshizo de una patada** he knocked it down *o* destroyed it with one kick **2** ‹*ejército*› to rout, crush; **¿va a pelear con Bruno? ¡lo va a ~!** he's going to fight Bruno? he'll make mincemeat of him *o* he'll thrash him! (colloq); **casi lo deshace de una paliza** he beat the living daylights out of him (colloq); **aquella derrota lo deshizo moralmente** he was shattered by that defeat **3** (fam) (cansar, agotar) to wear … out; **la caminata me deshizo** the walk wore me out, I was shattered *o* bushed after the walk (colloq)

E ‹*acuerdo/trato*› to break; ‹*noviazgo*› to break off; ‹*sociedad*› to dissolve; **un compromiso que no puedo ~** an engagement I can't break; **me han deshecho todos los planes** they've wrecked *o* ruined *o* spoiled all my plans; **tuve que ~ todos los planes que había hecho** I had to cancel all the plans I had made; **¿ahora quién va a ~ el entuerto?** now who's going to sort out this mess?

■ **deshacerse** *v pron*

A **1** «*dobladillo/costura*» to come undone *o* unstitched **2** «*nudo*» to come undone *o* untied; «*trenza/moño*» to come undone; «*peinado*» to get messed up, be ruined

B **1** (desintegrarse) to disintegrate; **se deshizo al entrar en contacto con el aire** it disintegrated when it came into contact with the air; **dejar ~se la pastilla en la boca** allow the tablet to dissolve in your mouth; **esta tiza se deshace en las manos** this chalk crumbles *o* disintegrates in your hand; **cocina las verduras hasta que se deshacen** she cooks the vegetables until they are *o* go mushy; **se deshacen en la boca** they melt in your mouth **2** (destruirse): **el vaso se cayó y se deshizo** the glass fell and smashed **3** «*nieve/helado*» to melt **4** «*reunión*» to break up; «*sociedad*» to dissolve

C (desvivirse) **~se POR algn/algo**: **me deshago por complacerla** I go out of my way to please her; **está que se deshace por él** she's wild *o* crazy about him (colloq); **están que se deshacen por echarle el guante** they're dying to get their hands on him (colloq)

D **~se EN algo**: **se deshizo en llanto** *or* **lágrimas** she dissolved *o* burst into floods of tears; **me deshice en cumplidos** I was extremely complimentary, I went out of my way to be complimentary

E **deshacerse de** **1** (librarse de) to get rid of; **no veía la hora de ~me de ese trasto** I couldn't wait to get rid of that piece of junk; **al fin me deshice de ese pesado** I finally got rid of that bore; **logró ~se de sus perseguidores** he managed to shake off *o* lose his pursuers; **voy a tener que ~me de la nueva secretaria** I'm going to have to get rid of the new secretary *o* (euph) to let the new secretary go **2** (desprenderse de) to part with; **no quisiera tener que ~me de este cuadro** I wouldn't like to have to part with this picture

deshaga, deshagas, etc ▸**deshacer**

desharrapado¹ -da *adj* ragged; **unos pobres niños ~s** some poor ragged children; **anda siempre ~** he's always shabbily dressed *o* dressed in rags

desharrapado² -da *m,f*: **las calles estaban llenas de ~s** the streets were full of people dressed in rags

deshebrar [A1] *vt* **1** ‹*tela*› to unravel **2** (Coc) ‹*judía*› to string; ‹*carne*› (Méx) to shred

deshecho -cha *adj* **1** (cansado, agotado) exhausted, shattered (colloq), beat (AmE colloq); **llega ~ de trabajar** he's exhausted when he gets back from work, he comes back from work exhausted *o* shattered [2] (destrozado moralmente) shattered, devastated; **está deshecha por la muerte de su padre** she's devastated by her father's death; **quedó ~ con la noticia** he was shattered *o* devastated by the news [3] (estropeado) ruined; **tiene las manos deshechas de tanto lavar** her hands have been ruined by all the washing she has done *ver tb* **deshacer**

deshelar [A5] *vt* [1] ‹*cañería*› to thaw out, unfreeze [2] ‹*nevera/congelador*› to defrost [3] ‹*parabrisas*› to deice
■ **deshelarse** *v pron* [1] «*hielo*» to melt; «*nieves*» to thaw, melt; «*río/lago*» to thaw [2] «*relaciones*» to thaw

desherbar [A1] *vt* ▸ **deshierbar**

desheredación *f* disinheritance

desheredado -da *m,f*: **los ~s** the dispossessed; **los ~s de la fortuna** those abandoned by fortune

desheredamiento *m* disinheritance

desheredar [A1] *vt* to disinherit

desherrar [A1] *vt*: **~ un caballo** to remove a horse's shoes

deshice, deshiciera, etc ▸ **deshacer**

deshidratación *f* [1] (Med) dehydration [2] (de alimentos) drying, dehydration

deshidratar [A1] *vt* [1] ‹*persona*› to dehydrate; ‹*piel*› to dry up, dehydrate [2] ‹*alimentos*› to dehydrate, dry
■ **deshidratarse** *v pron* to become dehydrated

deshielo *m* [1] (de ríos, nieves) thaw; (de bloque glaciar) melting; **agua de ~** meltwater [2] (de relaciones) thaw, thawing-out

deshierbar [A1] *vt* to weed

deshilachar [A1] *vt* to fray
■ **deshilacharse** *v pron* to fray

deshilado *m* openwork

deshilvanado -da *adj* ‹*discurso/narración*› disjointed

deshilvanar [A1] *vt* to take out *o* remove the basting from (AmE), to take out *o* remove the tacking (threads) from (BrE)

deshinchar [A1] *vt* (Esp) ‹*globo/balón*› to deflate, let down
■ **deshincharse** *v pron* [1] «*pies/tobillos*»: **se le van deshinchando los tobillos** the swelling in her ankles is going down [2] (Esp) «*globo*» to deflate, go down; «*balón*» to deflate, go flat

deshipotecar [A2] *vt* to free ... from a mortgage

deshizo *see* ▸ **deshacer**

deshojar [A1] *vt* [1] ‹*flor*› to pull the petals off [2] ‹*cuaderno*› to tear *o* rip the pages out of
■ **deshojarse** *v pron* «*flor*» to lose its petals

deshollejar [A1] *vt* to peel

deshollinador -dora *m,f* [1] (persona) chimney sweep [2] **deshollinador** *m* (escoba) chimney brush

deshollinar [A1] *vt* to sweep

deshonestamente *adv* dishonestly

deshonestidad *f* [1] (falta de honestidad) dishonesty [2] (ant) (impudicia) immodesty (arch), shamelessness

deshonesto -ta *adj* [1] (tramposo, mentiroso) dishonest [2] (indecente) ‹*proposiciones*› improper, indecent; ‹*mujer*› (ant) immodest (arch), shameless; ▸ **abuso**

deshonor *m* ▸ **deshonra 1**

deshonra *f* [1] (vergüenza) dishonor* (frml); **ser pobre no es ninguna ~** being poor is nothing to be ashamed of, it is no dishonor to be poor; **ese chico es una ~ para su familia** that boy brings shame on his family *o* is a disgrace to his family [2] (pérdida de la honra) dishonor*

deshonrar [A1] *vt* [1] ‹*familia/patria*› to dishonor*, disgrace, bring dishonor* *o* disgrace *o* shame on; **trabajar no deshonra a nadie** working is nothing to be ashamed of [2] ‹*mujer*› to dishonor*

deshonroso -sa *adj* dishonorable*, disgraceful, shameful

deshora *f*: **a ~(s)** out of hours; **comer a ~(s)** to eat at odd times *o* out of hours

deshuesadero *m* (Méx) scrapyard

deshuesadora *f* (para aceitunas) olive stoner; (para cerezas) cherry stoner

deshuesar [A1] *vt*
A [1] ‹*aceitunas*› to pit [2] ‹*pollo*› to bone
B (Méx) ▸ **desguazar A**

deshueve *m* (Per) ▸ **descueve**[2]

deshumanización *f* dehumanization

deshumanizado -da *adj* dehumanized

deshumanizar [A4] *vt* to dehumanize

deshumedecerse [E3] *v pron* to dry out

desiderativo -va *adj* desiderative

desiderátum *m* desideratum, thing ideally required

desidia *f* [1] (apatía): **su ~ había empezado a afectar a los demás empleados** his lax *o* slack attitude had begun to affect the rest of the staff; **la ~ que lo invadió** the feeling of total apathy *o* of not caring at all which took hold of him; **se echó con ~ en el sofá** she flopped lethargically onto the sofa [2] (desaseo) slovenliness

desidioso -sa *adj* [1] ‹*empleado*› slack, lax; ‹*actitud*› slack, lax [2] ‹*aspecto*› slovenly

desierto[1] -ta *adj*
A ‹*calles/pueblo*› deserted; **en verano Madrid se queda ~** Madrid is deserted in summer
B (frml) ‹*plaza/premio*› **el premio fue declarado** *or* **quedó ~** the prize was not awarded; **la plaza quedó desierta** the vacancy remained unfilled ▸ **licitación desierta**

desierto[2] *m* desert; ***predicar*** *or* ***clamar en el ~*** to preach in the wilderness

designación *f*
A (frml) (elección, nombramiento) appointment, designation (frml); **su ~ como embajador** his appointment *o* designation as ambassador; **fueron nombrados mediante libre ~** they were appointed without having to sit competitive exams; **accedió a la cancillería por ~ real** he became chancellor by royal appointment; **la ~ de la fecha para la retirada** the fixing of a date for the withdrawal
B (frml) (denominación) [1] (acción) naming, designating [2] (nombre) name

designar [A1] *vt*
A (frml) (elegir, nombrar) ‹*persona*› to appoint, name, designate (frml); ‹*lugar/fecha*› to fix, set; **ha sido designado presidente de la comisión** he has been named *o* designated *o* appointed chairman of the committee; **fue designada como sede de los próximos Juegos Olímpicos** it was chosen *o* designated as the venue for *o* site of the next Olympics
B (frml) (denominar): **a estos productos los designamos con nombres ingleses** we give these products English names, we refer to these products by English names; **el proyecto fue designado con el nombre de 'Galaxia'** the project was designated 'Galaxy'

designio *m* plan; **siguió actuando de acuerdo a sus ~s** he continued to act in accordance with his plans (frml); **siguiendo los ~s de Felipe II** as foreseen in Philip II's plans; **los ~s del Señor son inescrutables** *or* **nadie conoce los ~s divinos** God moves in mysterious ways

desigual *adj*
A [1] (diferente): **las mangas me quedaron ~es** one sleeve turned out longer (*o* wider *etc*) than the other; **reciben un trato muy ~** they are treated very differently [2] (desequilibrado) ‹*lucha*› unequal; ‹*fuerzas*› unevenly-matched
B (irregular) ‹*terreno/superficie*› uneven; ‹*letra*› uneven, irregular; ‹*calidad*› variable, varying (*before n*); **su rendimiento ha sido ~** his performance has been variable *o* irregular *o* inconsistent

desigualar [A1] *vt* (Dep) ‹*partido*› to alter *o* change the balance of; **~on el marcador con un penalty** their penalty broke the scoreboard stalemate
■ **desigualar** *vi* to pull ahead

desigualdad *f*
A [1] (diferencia) inequality; **no debería existir ~ ante la ley** everyone should be equal in the eyes of the law [2] (desequilibrio) inequality, disparity; **la ~ de fuerzas** the inequality of *o* disparity in forces
B (de una superficie) unevenness
C (Mat) inequality

desilusión *f* [1] (decepción) disappointment; **¡qué ~!** what a disappointment!, how disappointing!; **se llevó una ~** she was disappointed; **fue una ~ no verlo** it was disappointing not to see him, I was/we were disappointed not to see him [2] (falta de ilusiones) disillusionment

desilusionado -da *adj* [1] (decepcionado) disappointed; **~ CON algo/algn** disappointed WITH sth/sb; **estoy bastante ~ contigo** I'm rather disappointed in *o* with you [2] (sin ilusiones) disillusioned; **están ~s con los socialistas** they are disillusioned with the socialists; **está desilusionada de la vida** she's disillusioned with life

desilusionante *adj* disappointing

desilusionar [A1] *vt* to disappoint; **esperaba mucho de ti pero me has desilusionado** I expected great things of you but you've disappointed me *o* let me down; **el libro me desilusionó** I found the book disappointing; **tanta corrupción lo ha desilusionado** so much corruption has disillusioned him *o* has left him disillusioned
■ **desilusionarse** *v pron* (decepcionarse) to be disappointed; (perder las ilusiones) to become disillusioned

desimantar [A1] *vt* to demagnetize

desincentivar [A1] to act as a disincentive to, discourage

desincentivo *m* (para el comercio, la empresa) disincentive; (para la corrupción, un delincuente) deterrent

desincrustar [A1] *vt* to descale

desinencia *f* ending, desinence (tech)

desinencial *adj* desinential

desinfección *f* disinfection

desinfectante[1] *adj* disinfectant (*before n*)

desinfectante[2] *m* disinfectant

desinfectar [A1] *vt* to disinfect

desinflado -da *adj*
A ‹*globo/pelota*› flat; ‹*neumático*› flat
B (fam) ‹*persona*› downhearted

desinflar [A1] *vt* ‹*globo*› to deflate; ‹*neumático*› to deflate, let ... down, let the air out of
■ **desinflarse** *v pron*
A «*globo/neumático*» to deflate, go down
B (fam) «*persona*»: **se desinfló a la primera pregunta** the first question knocked the stuffing out of him (colloq); **se fueron desinflando al ver que no marcaban ni un punto** they became more and more discouraged *o* disheartened as they failed to score a single point; **empezaron bien pero luego se ~on** they started out very well but then they ran out of steam

desinformación *f* disinformation, misleading information

desinformar [A1] *vt* to misinform

desinhibición *f* lack of inhibition; **habló con fluidez y ~** she spoke fluently and with a total lack of inhibition

desinhibido -da *adj* uninhibited

desinhibirse [I1] *v pron* to lose one's inhibitions

desinsectación *f* fumigation

desinsectar [A1] *vt* to fumigate

desinstalación *f* uninstallation

desinstalar [A1] *vt* to uninstal*

desintegración *f* [1] (de un grupo, partido) disintegration, breakup; (de una familia) breakup [2] (de una estructura) disintegration; **la ~ del átomo** the splitting of the atom

desintegrar [A1] *vt* [1] ‹*grupo/partido*› to break up; ‹*familia*› to break up [2] ‹*cuerpo/materia*› to break up, disintegrate; ‹*átomo*› to split

d

■ **desintegrarse** *v pron* [1] ‹‹*grupo/partido*›› to break up, disintegrate; ‹‹*familia*›› to break up [2] ‹‹*cuerpo/materia*›› to break up, disintegrate; ‹‹*átomo*›› to split, disintegrate

desinteligencia *f* (Chi frml) misunderstanding

desinterés *m* [1] (falta de interés) lack of interest [2] (altruismo) unselfishness

desinteresadamente *adj* unselfishly, selflessly (frml)

desinteresado -da *adj* ‹*actuación*› unselfish, selfless (frml); ‹*consejo/ayuda*› disinterested; ‹*persona*› selfless; **ofreció su ayuda de forma desinteresada** he offered to help without expecting anything in return

desinteresarse [A1] *v pron* [1] (perder interés) to lose interest; ~ **DE algo** to lose interest IN sth [2] (desentenderse) to take no interest; **se desinteresa de todo lo que pasa en casa** he takes *o* shows *o* has no interest in anything that goes on at home

desintoxicación *f* detoxification, disintoxication

desintoxicar [A2] *vt* to detoxify, disintoxicate

■ **desintoxicarse** *v pron* (después de una intoxicación) to undergo detoxification, get the poison out of one's system; ‹‹*alcohólico*›› to undergo detoxification, dry out; ‹‹*drogadicto*›› to undergo detoxification; **necesito irme al campo para ~me** I need to go out into the countryside to clean out my system

desinversión *f* disinvestment

(Compuesto) **desinversión de activos** divestment, divestiture

desinvertir [I11] *vi* to disinvest

desistimiento *m* (Der): **el ~ de la demanda** the withdrawal *o* dropping of the claim

desistir [I1] *vi* to give up; **no ~ía en su empeño** he would not give up the pursuit of his objective *o* (frml) desist from his efforts; ~ **DE algo** to give up sth; **nada me hará ~ de este propósito** nothing will make me abandon *o* give up this goal; ~ **de una demanda** to relinquish a claim; ~ **DE + INF** to give up -ING; **desistieron de lograr la aprobación del plan** they gave up seeking approval for the plan

deslavado -da *adj* [1] ‹*bandera/color*› faded; **una rubia deslavada** (fam) a washed-out blonde [2] (soso) dull, wishy-washy (colloq); **el espectáculo resultó muy ~** the show turned out to be very dull *o* wishy-washy

deslavarse [A1] *v pron* [1] (con el sol, el tiempo) to fade [2] (con la lluvia) to be washed away/off

deslavazado -da *adj* [1] ‹*tela/vestido*› limp [2] ‹*discurso/argumento*› disjointed, rambling (*before n*) [3] ‹*persona*› dull, colorless*, wishy-washy (colloq)

desleal *adj* [SER] disloyal, untrue (liter); ~ **CON algn** disloyal TO sb; **fuiste muy ~ con él** you were very disloyal to him; **~A algo/algn** disloyal TO sb/sth; **fue ~ al Rey** he was disloyal to the King; ▸**competencia administración desleal**

deslealmente *adv* disloyally

deslealtad *f* disloyalty

desleído -da *adj* ‹*discurso*› weak

desleír [I18] *vt*: **~ la levadura en un poco de agua tibia** mix the yeast to a paste using a little warm water; **una aspirina desleída en un poco de agua** an aspirin dissolved in a little water; **una yema de huevo desleída en un poco de leche** the yolk of an egg thinned *o* mixed with a little milk

deslenguado[1] **-da** *adj* foulmouthed

deslenguado[2] **-da** *m,f*: **es un ~** he's so foulmouthed

desliar [A17] *vt* to untie, undo

desligado -da *adj* [1] (suelto) loose, unfastened [2] (distanciado): **está ~ de su familia** he isn't very close to his family

desligar [A3] *vt* [1] (separar) to separate; **dos conceptos que no se pueden ~** two concepts which cannot be separated *o* which are inseparable; **hay que ~ el punto de vista económico del social** economic considerations should not be confused with *o* should be kept separate from social ones [2] (alejar, apartar) ~ **a algn DE algn/algo** to cut sb off FROM sb/sth; **el exilio los ha desligado de su cultura** living in exile has cut them off from their culture [3] (librar) ~ **a algn DE algo** to free sb FROM sth; **esta anulación lo desliga de toda obligación** this annulment frees him from *o* of any obligation

■ **desligarse** *v pron* [1] (librarse) **~se DE algo**: **tiene muchas obligaciones de las que no puede ~se** she has a lot of commitments which she cannot get out of [2] (apartarse) **~se DE algo/algn** to cut oneself off FROM sth/sb

deslindamiento *m* ▸**deslinde**

deslindar [A1] *vt* [1] ‹*terrenos*› to demarcate, mark the boundaries of [2] (separar): **es importante ~ estas dos ideas** it is important to make a distinction between *o* to separate these two ideas; **~ algo DE algo**: **no se puede ~ el problema del analfabetismo de la situación económica** the problem of illiteracy cannot be viewed in isolation from *o* cannot be considered as separate from the economic situation [3] (definir) to define; **hay que ~ claramente los campos de acción de las dos comisiones** we must define clearly the remit of each of the two committees; **la dificultad de ~ responsabilidades en este asunto** the difficulty of determining responsibility in this matter [4] (distanciarse de): **la junta directiva intenta ~ su responsabilidad** the board of directors is trying to deny responsibility *o* to avoid its responsibility

deslinde *m* [1] (de terrenos) demarcation [2] (separación) division [3] (definición) definition

desliz *m* [1] (error, falta): **no ha tenido ni un ~ desde que salió de la cárcel** he hasn't put a foot wrong *o* stepped out of line *o* strayed from the straight and narrow since he left jail; **cualquiera puede tener un ~ como ése** anybody can slip up like that [2] (al hablar) gaffe, faux pas, slip-up [3] (ant *o* hum) (aventurilla) indiscretion (dated *or* hum)

deslizadero *m* [1] (lugar) slippery place [2] (Tec) slide

deslizador *m* [1] (Náut) speedboat [2] (de playa) small surfboard [3] (ant) (planeador) glider [4] (Méx) (ala delta) hang glider

deslizamiento *m*: **engrase sus esquís para un mejor ~** wax your skis so that they slide more easily *o* run more smoothly

(Compuesto) **deslizamiento de tierras** landslide

deslizante *adj* [1] (movible) sliding (*before n*) [2] (resbaladizo) slippery

deslizar [A4] *vt*

[A] (hacer resbalar): **deslizó la carta por debajo de la puerta** he slipped *o* slid the letter under the door; **le deslizó un billete de diez dólares en la mano** she slipped a ten-dollar bill into his hand; **deslizó la mano por sus cabellos** he ran his fingers through her hair

[B] ‹*comentario/crítica*› to slip in

■ **deslizarse** *v pron*

[A] [1] ‹‹*patinador*›› to glide; ‹‹*esquiador*›› to ski, slide; ‹‹*serpiente*›› to slither, glide; **se deslizaban por el tobogán** they slid down the slide; **el trineo se deslizó por la pendiente nevada** the sled slid down the snow-covered slope; **una lágrima se deslizó por su mejilla** a tear slid down his cheek [2] (avanzar) to glide along; **el bote se deslizaba sobre el lago** the boat glided over the lake [3] ‹‹*cajón/argollas de cortina*›› to slide [4] ‹‹*agua/arroyo*›› to flow gently [5] (escurrirse, escaparse) to slip away; **logramos ~nos sin que nadie nos viera** we managed to slip away without being seen; **se deslizó por la puerta trasera** he slipped out (by) the back door

[B] (liter) (transcurrir) to slip by; **las tardes de otoño se deslizaban lentamente** the autumn evenings slipped slowly by

[C] ‹‹*error*›› to slip through

deslocalización *f* relocation (*to a low-pay labor* market*); **la ~ de puestos de trabajo** the relocation of jobs

deslocalizar [A4] *vt* ▸ to relocate ... to a low-pay labor* market

deslomado -da *adj* (fam) worn out (colloq), whacked (BrE colloq)

deslomar [A1] *vt* (fam) to wear … out, do … in (colloq); **~ a algn a patadas** to kick sb's head in (colloq)

■ **deslomarse** *v pron* (lastimarse) (fam) to do one's back in (colloq); (agotarse) to break one's back (colloq)

deslucido -da *adj* [1] ‹*actuación/desfile*› dull, unimpressive, lackluster* [2] ‹*colores/paredes*› faded, drab, dingy; ‹*plata*› tarnished

deslucimiento *m* [1] (de acontecimiento, desfile) spoiling [2] (falta de brillantez) dullness

deslucir [I5] *vt* [1] ‹*actuación/desfile*› to spoil; **la lluvia deslució el festival** the rain spoiled the festival; **la presentación desluce el trabajo** the presentation detracts from *o* spoils the work [2] ‹*colores/cortinas*› to fade, cause … to fade; **el polvo deslucía los muebles** the dust made the furniture look dull

deslumbramiento *m* dazzle

deslumbrante, deslumbrador -dora *adj* ‹*luz*› blinding; ‹*belleza*› dazzling, stunning

deslumbrar [A1] *vt* [1] ‹‹*luz*›› to dazzle [2] (impresionar) to dazzle

deslustrado -da *adj* [1] ‹*vidrio*› ground, frosted [2] ‹*metal*› tarnished [3] ‹*zapatos*› unpolished

deslustrar [A1] *vt* to take the shine off

desmadejado -da *adj* (fam) worn out (colloq), exhausted; **la enfermedad lo ha dejado ~** his illness has taken it out of him *o* has knocked the stuffing out of him (colloq)

desmadrado -da *adj* (fam) wild (colloq); **estaban totalmente ~s** they were running wild *o* riot

desmadrarse [A1] *v pron* (fam) ‹‹*persona*›› to go wild (colloq), to get out of hand

desmadre *m* (fam) chaos; **aquello fue el ~ total** it was complete chaos; **la fiesta fue un ~** the party was really wild

desmagnetización *f* demagnetization

desmagnetizar [A4] *vt* to demagnetize

■ **desmagnetizarse** *v pron* to become demagnetized

desmalezar [A4] *vt* (AmL) to weed

desmán *m*

[A] (exceso, abuso) outrage, excess; **los desmanes cometidos durante su reinado** the abuses of power *o* outrages *o* excesses committed during his reign; **para controlar los desmanes de los hinchas** to control the disorderly (*o* violent *etc*) behavior of the fans; **no estoy dispuesto a tolerar estos desmanes** I am not prepared to tolerate this disgraceful behavior

[B] (Zool) desman

desmanchar [A1] *vt* (AmL) to get the stains out of

desmandarse [A1] *v pron*: **no se le desmanda ningún alumno** none of his pupils dares disobey him *o* get out of hand; **se le desmandaron las tropas** the troops rebelled against him, he lost control of the troops; **el caballo se le desmandó** he lost control of the horse

desmano a ~ (*loc adv*): **me pilla a ~** it's out of my way; **la casa queda muy a ~** the house is really out of the way

desmantelamiento *m* [1] (de instalaciones, fortificaciones) dismantling; (de un stand, escenario) taking down, dismantling [2] (de una organización) dismantling

desmantelar [A1] *vt* [1] ‹*fortificación*› to dismantle; ‹*stand/escenario*› to take down, dismantle; **le ~on el carro en cinco minutos** they stripped his car in five minutes [2] ‹*organización*› to dismantle [3] ‹*barco*› (desarbolar) to dismast; (desaparejar) to unrig

desmañado -da *adj* clumsy, awkward

desmaquillador[1] **-dora** *adj*, **desmaquillante** *adj* **loción ~a** makeup remover

desmaquillador[2], **desmaquillante** *m* makeup remover

desmaquillarse [A1] *v pron* to remove one's makeup, take one's makeup off; **~ los ojos** to remove one's eye makeup

desmarcado -da *adj* unmarked

desmarcarse [A2] *v pron* 1 (Dep) to slip the coverage (AmE), to slip one's marker (BrE) 2 (apartarse) **~se DE algo/algn** to distance oneself FROM sth/sb, dissociate oneself FROM sth/sb

desmarque *m* 1 (Dep) *getting away from the coverage/one's marker*; **es brillante en el ~** he is brilliant at avoiding his markers 2 (alejamiento) distancing, dissociation

desmasificación *f* the reduction of student/patient numbers to an acceptable level

desmasificar [A2] *vt* (Educ) *to reduce student/patient numbers to an acceptable level*; **~ las consultas médicas** to reduce the number of patients attending doctors' offices (AmE) *o* (BrE) surgeries

desmayado -da *adj* in a faint; **estaba ~ de hambre** (fam) he was faint with hunger

desmayar [A1] *vi* to lose heart, get downhearted, become demoralized

■ **desmayarse** *v pron* to faint

desmayo *m* 1 (Med) faint; **sufrir un ~** to faint, to have a fainting fit; **le dan ~s frecuentemente** she often faints 2 **sin ~** ‹*luchar/trabajar*› resolutely, tirelessly

desmechado -da *adj* (Ven fam) ▸ **despeinado**

desmedido -da *adj* excessive; **su desmedida afición al juego** his excessive fondness for gambling; **le han dado una importancia desmedida a ese hecho** they have given that fact undue significance, they have attributed too much importance to that fact

desmedirse [I14] *v pron* to go too far; **~ EN algo** to go too far WITH sth; **se desmidió en la bebida** she drank too much, she had too much to drink

desmedrar [A1] *vi*, **desmedrarse** [A1] *v pron* (liter) 1 «*persona*» to waste away; **(se) estaba desmedrando** she was wasting away, her condition was declining *o* deteriorating 2 «*prestigio/atractivo*» to decline

desmedro *m* (liter) 1 (de una persona) deterioration *o* decline of one's health 2 (disminución) decline

desmejora *f* ▸ **desmejoramiento**

desmejorado -da *adj* 1 (de salud): **lo encontré muy ~** he didn't look at all well to me; **me apenó verla tan desmejorada** it was sad to see her looking so unwell 2 (de atractivo): **está desmejorada** she's lost her looks

desmejoramiento *m* 1 (de la salud) decline 2 (de la economía) decline, deterioration; **un ~ palpable en el nivel de vida** a marked drop *o* decline in the standard of living

desmejorar [A1] *vi* 1 (en cuanto a la salud): **sigue desmejorando, pero no quiere ir al médico** she's getting worse, but she refuses to go to the doctor; **había desmejorado mucho** he was looking much worse 2 (en cuanto al atractivo) to lose one's looks

■ **desmejorar** *vt* 1 ‹*salud/enfermo*› (debilitar) to weaken; (empeorar) to make … worse 2 (en cuanto al atractivo) to make … look less attractive; **tanto maquillaje la desmejora mucho** wearing so much makeup makes her look less attractive *o* spoils her looks 3 ‹*economía*› to damage; ‹*condiciones sociales*› to make … worse

■ **desmejorarse** *v pron* ▸ **desmejorar**

desmelenado -da *adj* disheveled*

desmembración *f* (de un partido) breakup; (de un país, cadáver) dismemberment; (de un imperio) dismemberment, dismantling

desmembrar [A5] *vt* ‹*partido*› to break up; ‹*país/cadáver*› to tear … apart, dismember; ‹*imperio*› to dismember, dismantle

■ **desmembrarse** *v pron* «*partido*» to break up; «*país/imperio*» to fall apart

desmemoriado -da *adj* forgetful, absent-minded

desmentido *m*, **desmentida** *f* denial; **publicar un ~** to issue a denial; **hicieron un enérgico ~ a los rumores** they vigorously denied the rumors, they issued a vigorous denial of the rumors

desmentir [I11] *vt* 1 ‹*noticia/rumor*› to deny; ‹*acusación*› to deny, refute 2 ‹*persona*› to contradict

desmenuzar [A4] *vt* ‹*pescado*› to flake; ‹*pollo*› to shred; ‹*pan*› to crumble; **todo lo desmenuza y lo analiza** he breaks everything down and analyzes it

desmerecedor -dora *adj* undeserving, unworthy

desmerecer [E3] *vi*: **el cuadro desmerece con ese marco** that frame doesn't do the painting justice, the painting is let down by that frame; **no ~ DE algo** to compare favorably WITH sth; **su voz no desmerece de la de los mejores tenores del mundo** his voice bears *o* stands comparison with the best tenors in the world, his voice compares favorably with *o* is in no way inferior to the best tenors in the world

■ **desmerecer** *vt*: **este vino no va a ~ la comida** this wine will do the meal justice

desmesura *f* (liter) lack of moderation

desmesuradamente *adv* 1 (excesivamente): **zapatos ~ grandes** extremely *o* enormously big shoes; **me miró con los ojos ~ abiertos** he looked at me, eyes wide open 2 (desproporcionadamente) disproportionately

desmesurado -da *adj* 1 (enorme) vast, enormous; **producto de una ambición desmesurada** the result of excessive *o* untempered ambition 2 (desproporcionado) disproportionate

desmigajar [A1] *vt* to crumble

■ **desmigajarse** *v pron* to crumble

desmigar [A3] *vt* (desmigajar) to crumble; (quitar la miga de) to remove the crumb from

desmilitarización *f* demilitarization

desmilitarizar [A4] *vt* to demilitarize

desmineralizar [A4] *vt* to demineralize

■ **desmineralizarse** *v pron* to lose its minerals, become demineralized

desmirriado -da *adj* (fam) puny, weedy (colloq)

desmitificación *f* demythologization

desmitificador -dora *adj* demythologizing

desmitificar [A2] *vt* to demythologize

desmochar [A1] *vt* to lop, pollard, cut the top off

desmoldar [A1] *vt* to turn out

desmontable *adj* 1 (desarmable) ‹*mecanismo/estantería/armario*› **no es ~** it cannot be taken apart *o* dismantled 2 (separable) ‹*forro/pieza*› detachable, removable 3 ‹*remolque*› demountable

desmontaje *m* (acción de — desarmar) dismantling; (— separar) removal

desmontar [A1] *vt*

A 1 (desarmar) ‹*mueble/estante*› to dismantle, take apart; ‹*motor*› to strip; **desmontamos la tienda de campaña** we took down the tent 2 (separar) ‹*forro/pieza*› to detach, remove

B 1 (allanar) ‹*terreno*› to level 2 ‹*zona/selva*› to clear

C (Arm) to uncock

■ **desmontar** *vi* «*jinete*» to dismount

desmonte *m* 1 (acción de allanar) leveling*; (terreno) leveled* area 2 (de árboles) clearance

desmoralización *f* demoralization

desmoralizador -dora *adj*, **desmoralizante** *adj* demoralizing, disheartening

desmoralizar [A4] *vt* to demoralize, dishearten

■ **desmoralizarse** *v pron* to get demoralized *o* disheartened, to lose heart

desmoronadizo -za *adj* 1 ‹*material*› crumbling 2 ‹*edificio*› rickety

desmoronamiento *m* 1 (derrumbamiento) collapse; **el ~ del imperio** the collapse *o* fall of the empire 2 (de fe, moral) breakdown

desmoronar [A1] *vt* 1 ‹*imperio/sociedad*› to destroy; ‹*rocas/cornisa*› to cause … to collapse, bring about the collapse of 2 ‹*fe/moral*› to destroy

■ **desmoronarse** *v pron* 1 «*muro/edificio*» to collapse; «*imperio/sociedad*» to crumble, collapse 2 «*fe/moral*» to crumble; **todas mis esperanzas se ~on** all my hopes crumbled *o* were dashed; **durante los interrogatorios se desmoronó física y psicológicamente** the questioning broke her physically and mentally

desmotivado -da *adj* demotivated

desmotivar [A1] *vt* to demotivate

■ **desmotivarse** *v pron* to become demotivated, lose one's motivation

desmovilización *f* demobilization

desmovilizar [A4] *vt* to demobilize

desnacionalización *f* privatization, denationalization

desnacionalizar [A4] *vt* to privatize, denationalize

desnatado -da *adj* skimmed

desnatar [A1] *vt* to skim

desnaturalizado -da *adj* 1 ‹*padre/hijo*› **una madre desnaturalizada** an unnatural mother; **padres ~s que maltratan a sus hijos** unloving/inhuman parents who ill-treat their children 2 ‹*aceite/vino*› denatured

desnaturalizar [A4] *vt* to denature

desnivel *m*

A (en una superficie) 1 (irregularidad): **es un terreno lleno de ~es** it is a very uneven piece of land; **un ~ entre la cocina y el comedor** a difference in floor level between the kitchen and the dining room 2 (inclinación, pendiente): **la mesa está en ~** the table slopes *o* is not level

B (diferencia) difference, disparity; **el ~ cultural entre las clases sociales** the cultural gap between different classes

desnivelado -da *adj* 1 (irregular) ‹*terreno*› uneven 2 (fuera de nivel): **la mesa está desnivelada** the table is wobbly *o* isn't level; **el estante está ~** the shelf isn't level; **el piso estaba ~** the floor sloped *o* was on a slope *o* wasn't level

desnivelar [A1] *vt*

A ‹*balanza*› to tip

B ‹*presupuesto/situación*› to upset; **la lesión de Sotelo desniveló las fuerzas de los dos equipos** the two teams were evenly matched until the injury to Sotelo upset the balance; **al minuto del primer tiempo Campos desniveló el marcador** Campos scored one minute into the first half

desnucar [A2] *vt*: **casi lo desnucó** she almost broke his neck

■ **desnucarse** *v pron* to break one's neck

desnuclearización *f* denuclearization; **la ~ unilateral del país** the unilateral nuclear disarmament of the country

desnuclearizar [A4] *vt* to denuclearize; **zona desnuclearizada** nuclear-free zone

desnudar [A1] *vt* 1 (desvestir) ‹*niño/enfermo*› to undress 2 (liter) ‹*espada*› to unsheathe (liter)

■ **desnudarse** *v pron*

A (*refl*) (desvestirse) to undress, take one's clothes off; **se desnudó y se metió en la ducha** he took his clothes off *o* undressed and got into the shower; **se desnudó delante de todos** he stripped (off) *o* undressed in front of everyone; **desnúdese de (la) cintura para arriba** strip to the waist; **estaba tan cansada que ni se desnudó** she was so tired that she didn't even get undressed

B (desprenderse) **~se DE algo** to throw off sth

desnudez *f*

A (de una persona) nakedness; **me sentí inhibido por su ~** I felt inhibited by her nakedness; **consideraban la ~ como algo natural** they considered nudity as something natural

B (de una habitación, un paisaje) bareness; **la verdad**

en toda su ~ the simple, unadorned truth

desnudismo *m* nudism

desnudista¹ *adj* nudist (*before n*)

desnudista² *mf* nudist

desnudo¹ -da *adj*

A 1 (sin ropa) ‹*persona*› naked; **nunca la había visto desnuda** he had never seen her naked *o* in the nude; **le gusta nadar ~** he likes swimming in the nude; **apareció totalmente ~** he appeared stark naked; **sin maquillaje me siento desnuda** I feel naked without makeup *o* without my makeup on; **~ de la cintura para arriba** naked to the waist; **para este invierno estoy desnuda** (fam) I haven't a thing to wear this winter 2 (descubierto) ‹*hombros/brazos*› bare; **con los pies ~s** barefoot 3 (liter) ‹*espada*› naked (liter)

B 1 (sin adornos, sin aditamentos): **una habitación de paredes desnudas** a room with bare walls; **la verdad desnuda** the naked *o* plain truth; **no perceptible al ojo ~** not visible to the naked eye 2 ‹*árbol/rama*› bare

C **al desnudo: ésta es la verdad al ~** this is the truth plain and simple; **le había mostrado su corazón al ~** she had bared her soul to him; **el cable quedó al ~** the wire was left bare

desnudo² *m*

A (Art) nude; **un ~ de mujer** a female nude

B (desnudez) nudity

(Compuesto) **desnudo integral aparece en ~ ~** she appears (completely) nude; **la revista publica ~s ~es** the magazine publishes full-frontal nude pictures *o* full frontals

desnutrición *f* malnutrition, undernourishment

desnutrido -da *adj* malnourished, undernourished

desobedecer [E3] *vt* to disobey

■ **desobedecer** *vi* to disobey

desobediencia *f* disobedience

(Compuesto) **desobediencia civil** civil disobedience

desobediente¹ *adj* disobedient

desobediente² *mf* disobedient child (*o* boy *etc*); **eres un ~** you're so disobedient

desobstruir [I20] *vt* ‹*desagüe/conducto*› to unblock, clear; ‹*camino/paso*› to clear

desocupación *f*

A (desempleo) unemployment

B (desalojo) clearing

desocupado -da *adj*

A (vacío, libre) ‹*casa/habitación*› unoccupied, vacant, empty; **¿está ~ este asiento?** is this seat free?

B (ocioso): **pasa mucho tiempo ~** he spends a lot of time doing nothing; **ya le echaré un vistazo cuando esté un poco más ~** I'll have a look at it when I have a bit more time *o* when I'm not so busy

C (desempleado) unemployed

desocupar [A1] *vt*

A 1 ‹*armario*› to empty, clear out 2 ‹*casa/habitación*› to vacate, leave, get out of

B (desalojar) ‹*recinto/sala/local*› to clear

C (despejar) ‹*camino/paso*› to clear

D (Chi fam) ‹*libro/tijeras*› to finish using, finish with

■ **desocuparse** *v pron* «*casa*» to become available *o* vacant; **ya se desocupó el baño** the bathroom's free now

desodorante¹ *adj* deodorant (*before n*)

desodorante² *m* deodorant; **~ en barra/spray** stick/spray deodorant

(Compuesto) **desodorante ambiental** *or* **de ambientes** (CS) air freshener

desodorizar [A4] *vt* to deodorize, freshen

desoír [I28] *vt* to ignore, disregard; **desoyó los consejos de sus padres** he ignored *o* disregarded his parents' advice; **desoyó la voz de su conciencia** he did not heed the voice of his conscience (liter)

desolación *f*

A (devastación) devastation, destruction

B (aflicción) grief

desolado -da *adj*

A ‹*paisaje/campos*› desolate; ‹*ciudad*› devastated

B (afligido) desolated, devastated; **estaba desolada por la noticia de su muerte** she was devastated *o* desolated by the news of his death, she was overcome with grief at the news of his death

desolador -dora *adj*

A (devastador) ‹*tormenta/epidemia*› devastating

B (triste, penoso): **ante este panorama ~** faced with this bleak prospect; **todos se conmovieron ante ese espectáculo ~** everybody was moved by that heartrending sight; **la noticia ~a de la muerte de su padre** the heartbreaking *o* desvastating news of his father's death

desolar [A10] *vt*

A ‹*país/campos*› to lay waste (liter), to lay waste to (liter), to devastate

B (afligir) to devastate

desolladero *m* slaughterhouse

desolladura *f* graze, abrasion (frml)

desollar [A10] *vt* ‹*animal*› to skin, flay; **~ vivo a algn** to pull sb to pieces, tear sb to shreds

■ **desollarse** *v pron* ‹*rodilla/codo*› to graze, take the skin off

desorbitado -da *adj* 1 ‹*precios*› exorbitant, astronomical; **sus pretensiones económicas son desorbitadas** his financial expectations are unrealistically high 2 **con los ojos ~s** with her eyes popping out of her head (colloq)

desorbitante *adj* exorbitant

desorbitar [A1] *vt* 1 (frml) to exaggerate 2 (satélite) to put … out of orbit 3 (ojos): **la hizo ~ los ojos** it made her eyes pop out of her head *ver tb* **desorbitado**

desorden *m*

A (falta de orden) disorder; **el ~ más absoluto reinaba en la habitación** the room was in complete disorder *o* an incredible mess; **todo estaba en ~** everything was in disorder *o* in a mess; **perdona el ~** sorry about the mess; **dejó las fichas en ~** she left the cards out of order; **se retiraron en ~** they withdrew in disorder *o* disarray *o* confusion

B **desórdenes** *mpl* 1 (disturbios) disturbances (*pl*), disorder 2 (excesos) excesses (*pl*) 3 (Med) disorders (*pl*)

desordenadamente *adv* in a disorderly fashion *o* manner; **entraron ~ en la sala** they entered the room in a disorderly fashion; **fue guardándolos ~ en el cajón** he put them away untidily in the drawer

desordenado -da *adj*

A 1 (que no guarda las cosas) untidy, messy (colloq) 2 ‹*habitación*› untidy, messy (colloq); **tengo la casa toda desordenada** my house is in a mess *o* is very untidy; **las hojas están todas desordenadas** the sheets are all out of order

B ‹*vida*› disorganized

C (Chi) (revoltoso) ‹*niño*› naughty, badly-behaved

desordenar [A1] *vt* ‹*mesa/habitación*› to make … untidy, mess up (colloq); ‹*fichas/hojas*› to get … out of order; **no me vayan a ~ la casa** don't make the house untidy, don't mess up the house; **los ladrones nos ~on toda la casa** the burglars turned the house upside down, the burglars left the house in a terrible mess *o* in disorder; **le ~on las fichas** they mixed up his index cards *o* got his index cards out of order

■ **desordenarse** *v pron* «*casa/armario*» to get untidy; «*fichas/hojas*» to get out of order

desorejado -da *adj*

A (sin asa): **una taza desorejada** a cup with no handle

B (Andes fam) (para la música) tone-deaf

C (Ur fam) (dejado) slovenly, untidy

desorganización *f* lack of organization

desorganizado -da *adj* disorganized

desorganizar [A4] *vt* to disrupt; **el mal tiempo me desorganizó los planes** the bad weather disrupted *o* upset my plans

desorientación *f* disorientation, confusion

desorientado -da *adj* disoriented, disorientated (BrE); **estoy completamente ~** I'm completely disoriented, I've lost my bearings completely; **jóvenes ~s respecto de su futuro** young people who are confused about their future

desorientar [A1] *vt* to confuse; **dejó pistas falsas para ~ a la policía** she left false clues so as to throw the police off the trail; **tanta señalización me ha desorientado** all these road signs have confused me

■ **desorientarse** *v pron* to lose one's bearings, become disoriented, become disorientated (BrE)

desovar [A1] *vi* «*insectos*» to lay eggs; «*peces/anfibios*» to spawn

desove *m* (de insectos) egg-laying; (de peces, anfibios) spawning

desovillar [A1] *vt* ‹*ovillo/madeja*› to unwind; ‹*lana/hilo*› to unravel

desoxidante¹ *adj* 1 (Quím) deoxidizing (*before n*) 2 (Metal) rust-removing (*before n*)

desoxidante² *m* 1 (Quím) deoxidizer 2 (Metal) rust-remover

desoxidar [A1] *vt* 1 (Quím) to deoxidize 2 (Metal) to remove the rust from

desoxigenar [A1] *vt* to deoxidize

desoxirribonucleico -ca *adj* ▸ **ácido²**

despabilado -da *adj* ▸ **espabilado¹**

despabilar [A1] *vt* ▸ **espabilar**

despachado -da *adj* (Esp fam): **si cree que lo va a convencer va ~** if she thinks she's going to convince him she's got another think coming *o* she'd better think again (colloq); **toma un trozo y vas ~** have one piece and that's your lot (colloq); **un kilo de manzanas bien ~** a good *o* generous kilo of apples

despachante *m* (RPl) *tb* : **~ de aduanas** customs officer

despachar [A1] *vt*

A 1 ‹*asunto/tarea*› to take care of, deal with; ‹*correspondencia*› to take care of, see to, deal with; **este asunto se debe ~ con el jefe** this matter has to be sorted out *o* cleared with the boss 2 ‹*carta/paquete*› to send; ‹*mercancías*› (por barco) to ship; (por avión, tren) to send, dispatch

B (Com) 1 (atender — en una tienda) to serve; (— en una oficina) to deal with; **aún no me han despachado** I haven't been served/dealt with yet; **enseguida le despacho el pedido** I will deal with *o* take care of *o* see to your order right away 2 (vender) to sell

C 1 (fam) (echar, despedir) to fire, to let … go (euph), to sack (BrE colloq) 2 (fam) (matar) to get rid of (euph); (rematar) to dispatch (euph), to finish … off; **lo despachó de un tiro** he dispatched it *o* finished it off with one shot

■ **despachar** *vi*

A (Esp) (conversar) **~ CON algn: despacha los viernes con sus asesores** he consults with *o* meets his advisors on Fridays; **la secretaria está despachando con el jefe** the secretary is in with *o* is in talking to the boss; **~ SOBRE algo** to discuss sth; **~on sobre asuntos de gobierno** they discussed government matters

B (Com) 1 «*dependiente*» to serve 2 «*comercio*» to be open (for business *o* to the public)

■ **despacharse** *v pron*

A (fam) ‹*paella/vino*› to put away (colloq), to polish off (colloq); ‹*libro*› to get through; **se ~on una docena de pasteles** they polished off *o* put away a dozen cakes, they made short work of a dozen cakes (colloq)

B (Esp fam) 1 (con algo inesperado) to cause a stir, surprise everyone 2 (desahogarse) to let off steam; **~se a gusto** (fam) to speak one's mind freely

despachero -ra *m,f* (Chi) salesclerk (AmE), shop assistant (BrE)

despacho *m* ▸ **despacho de lotería y apuestas del estado**

A 1 (oficina) office; (estudio) study 2 (mobiliario) office furniture

B (envío) dispatch, despatch; **se encarga del ~ de las cartas** he is responsible for dispatching *o* sending the mail

C (Com) 1 (atención): **modificaciones que permiten el rápido ~ de pasajeros** improvements allowing passengers to be dealt with more quickly **2** (venta) sale **3** (tienda) shop; **~ de pan** baker's shop (*selling bread made off the premises*); **~ de lotería** lottery agency/kiosk; **el ~ de localidades abre a las diez** the box office *o* ticket office opens at ten o'clock

(Compuesto) **despacho de aduanas** customs clearance

D (comunicado) communiqué; (Mil) dispatch; (Period) report

> **despacho de lotería y apuestas del estado**
> Or simply *despacho de lotería*, this is a store in Spain licensed to sell lottery tickets. Some people always buy their ticket from the same store as they think this might bring them good luck.

despachurrar [A1] *vt* ▸ **espachurrar**

despacio *adv*
A (lentamente) slowly; **habla más ~ que no te entiendo** speak more slowly, I can't understand you; ***vísteme ~ que tengo prisa*** haste makes waste (AmE), more haste, less speed (BrE)
B **1** (CS) (en voz baja) quietly, softly; (sin hacer ruido) quietly; **habla ~ para que no te oigan** keep your voice down so they don't hear you; **entró ~ para no despertarlos** he crept in so as not to wake them; **¡despacito! el bebé está durmiendo** shh! the baby's asleep (colloq) **2** (Chi) (con poca fuerza) gently

despaciosamente *adv* (AmL) slowly

despacioso -sa *adj* (AmL) slow

despampanante *adj* (fam) ‹*mujer*› stunning (colloq); **un vestido ~** a stunning *o* an eye-catching dress

despancar [A2] *vt* (Per) to husk

despanzurrado -da *adj* (fam): **un sillón viejo y ~** an old armchair with all the stuffing coming out

despanzurrar [A1] *vt* (fam) to rip apart/open

desparasitar [A1] *vt* (de lombrices) to worm; (de piojos) to delouse

desparejado -da *adj* odd, unpaired

desparejo -ja *adj* (RPl) ▸ **disparejo**

desparpajo *m* self-confidence; **entró caminando con gran ~** she walked in with great self-confidence *o* very self-confidently; **tuvo el ~ de negarlo todo** he had the nerve *o* (BrE) the cheek to deny everything

desparramado -da *adj* **1** (esparcido) scattered; **los papeles estaban ~s por el piso** the papers were scattered *o* strewn about the floor; **siempre deja los juguetes ~s por toda la casa** he always leaves his toys scattered around the house; **sus hijos andan todos ~s por el mundo** their children are scattered all over the world **2** (extendido) ‹*ciudad/barrio*› sprawling (*before n*); **caderas desparramadas** spreading hips; **estaba ~ en un sillón** he was sprawled (out) in an armchair

desparramar [A1] *vt* **1** ‹*líquido*› to spill; ‹*botones*› to spill, scatter; ‹*papeles*› to scatter **2** (fam) ‹*noticia*› to spread … around **3** (fam) ‹*dinero*› to blow (colloq), to squander
■ **desparramarse** *v pron* **1** (esparcirse) «*líquido*» to spill; «*botones/monedas*» to scatter, spill **2** «*budín/postre*» (deshacerse) to fall apart, collapse

desparramo *m* **1** (CS) (desorden, desbarajuste) mess; **¿quién dejó este ~ de cosas en mi escritorio?** who left all this mess *o* clutter on my desk?; ***estar/dejar/quedar el ~*** (Chi fam): **entraron ladrones y dejaron el ~** thieves broke in and left the place in total chaos *o* in a complete mess; **se dio cuenta de que faltaba dinero y quedó el ~** when he realized there was money missing all hell broke loose (colloq) **2** (CS) (de líquidos) spillage

despatarrado -da *adj* **1** ‹*silla*› **no te sientes en esa silla que está despatarrada** don't sit in that chair, the legs are giving way *o* the joints are coming apart **2** ‹*persona*› **estaba ~ en un sillón** he was sprawled (out) in an armchair; **siempre se sienta toda despatarrada** she always sits with her legs splayed *o* spread out

despatarrarse [A1] *v pron* (fam) **1** «*persona/mula*» to open one's legs; **se despatarró en el sofá** he sprawled on the sofa with his legs wide apart; **tropezó y se despatarró en la acera** he tripped and went sprawling on the sidewalk, he tripped and did the splits on the sidewalk **2** «*mesa/silla*» to collapse, give way

despatriado -da *adj* (esp AmL) exiled

despaturrar [A1] *vt* (fam) ▸ **espachurrar**
■ **despaturrarse** *v pron* (Chi fam) ▸ **despatarrarse**

despavorido -da *adj* terrified, petrified

despearse [A1] *v pron* to get footsore

despechado -da *adj* spiteful

despecho *m* spite; **se casó con él por ~** she married him out of spite; **lo hizo a ~ de sus superiores** he did it in defiance of his superiors; **a ~ de las críticas** despite *o* in spite of all the criticism

despechugado -da *adj* (fam) **1** (sin camisa, etc) ‹*hombre*› bare-chested; ‹*mujer*› topless **2** (con la camisa, etc desabrochada) with one's shirt (*o* blouse *etc*) unbuttoned; **apareció toda despechugada, con un vestido escotadísimo** she turned up showing off her cleavage in a low-cut dress

despechugarse [A3] *v pron* (fam) «*hombre*» to bare one's chest; «*mujer*» to bare one's breasts; (en la playa) to go topless

despectivamente *adv* contemptuously; **nos habla a todos muy ~** she really talks down to us, she has a very contemptuous *o* superior way of talking to us

despectivo -va *adj* ‹*gesto/actitud*› contemptuous; ‹*tono*› disparaging, contemptuous; ‹*término*› pejorative, derogatory

despedazar [A4] *vt* **1** ‹*res*› to joint, cut … into pieces; ‹*presa*› to tear … to pieces *o* shreds; ‹*juguete*› to pull … apart **2** ‹*corazón*› to break

despedida *f* **1** (acción) goodbye, farewell (liter); **agitó la mano en señal de ~** she waved goodbye *o* farewell; **no me gustan las ~s** I don't like saying goodbye, I don't like goodbyes **2** (celebración) farewell party; **hubo una cena de ~** there was a farewell dinner; **representación** *or* **función de ~** farewell performance; **~ y cierre** closedown

(Compuestos)
- **despedida de soltera** hen night *o* party
- **despedida de soltero** stag night *o* party

despedir [I14] *vt*
A (decir adiós): **vinieron a ~me al aeropuerto** they came to see me off at the airport; **despidió a su hijo con lágrimas en los ojos** she saw her son off *o* said goodbye to her son with tears in her eyes; **organizaron una fiesta para ~ el año** they organized a party to see in the New Year, they organized a New Year's party; **~ los restos de algn** to pay one's last respects to sb
B (del trabajo) to dismiss, fire (colloq); **no estaba a la altura del trabajo y lo despidieron** he wasn't up to the job and he was dismissed *o* (colloq) fired; **cerraron dos departamentos y despidieron a 300 trabajadores** they closed two departments and laid off 300 workers *o* made 300 workers redundant *o* (euph) let 300 workers go
C **1** ‹*olor*› to give off; ‹*humo/vapor*› to emit, give off **2** (arrojar) ‹*flecha/bola*› to fire; **el corcho salió despedido con fuerza** the cork shot out; **el conductor salió despedido de su asiento** the driver was thrown out of his seat
■ **despedirse** *v pron*
A (decir adiós) to say goodbye; **se despidieron en el aeropuerto** they said goodbye (to each other) at the airport; **se despide atentamente** (Corresp) sincerely yours (AmE), yours sincerely (BrE), yours faithfully (BrE); **~se DE algn** to say goodbye TO sb, take one's leave OF sb (frml); ▸ **francés**[1]
B (dar por perdido) **~se DE algo**: **¿se lo prestaste? ya te puedes ir despidiendo de él** did you lend it to him? well you can say *o* (colloq) kiss goodbye to that; **despídete de la idea, no quedan entradas** you can forget the whole idea, there are no tickets left

despegado -da *adj* [SER] unaffectionate, distant

despegar [A3] *vt* **1** ‹*etiqueta/esparadrapo*› to remove, peel off; ‹*piezas/ensambladura*› to get … unstuck *o* apart; **despegó el sello con vapor** she steamed the stamp off **2** ‹*manga/cuello*› to unpick; ‹*botones*› to remove
■ **despegar** *vi* «*avión*» to take off; «*cohete*» to lift off, be launched, blast off; **el negocio nunca despegó** the business never took off *o* never got off the ground
■ **despegarse** *v pron*
A «*sello/etiqueta*» to come unstuck, peel off; «*esparadrapo*» to come unstuck; **este niño no se me despega ni un momento** this child is always clinging to me *o* won't leave my side for a moment
B (distanciarse, separarse) «*persona*»: **~se DE algn** to distance oneself FROM sb, cut oneself off FROM sb

despego *m* ▸ **desapego**

despegue *m* (de un avión) takeoff; (de un cohete) launch, lift-off; **al efectuar la maniobra de ~** while taking off, during takeoff; **el ~ demográfico** the population explosion

(Compuesto) **despegue vertical** vertical takeoff

despeinado -da *adj* unkempt, disheveled*, uncombed; **no puedes ir así, tan ~** you can't go with your hair in such a mess

despeinar [A1] *vt*: **~ a algn** to mess up sb's hair, muss (up) sb's hair (AmE)
■ **despeinarse** *v pron*: **cierra la ventanilla, que me despeino** shut the window, my hair's getting messed up (colloq); **al quitarme el suéter me despeiné** I messed my hair up *o* made my hair untidy when I took my sweater off

despejado -da *adj*
A (Meteo) ▸ ℹ **p.802** ‹*día/cielo*› clear; **amaneció ~** the day dawned clear; **buen tiempo con cielos ~s** good weather with cloudless *o* clear skies
B (despierto, lúcido): **fue una buena borrachera, pero ya está ~** he was pretty drunk but he's sobered up now; **es muy temprano y todavía no estoy ~** it's too early, I'm not properly awake yet; **se sentía descansado y con la mente despejada** he felt rested and clear-headed
C (libre, vacío) ‹*carretera/camino*› clear; **queda mejor con la frente despejada** he looks better with the hair off his forehead; **el comedor queda mucho más ~ sin el piano** the dining room feels much roomier *o* more spacious *o* more uncluttered without the piano

despejar [A1] *vt*
A **1** (desocupar, desalojar) to clear; **despejen la sala** clear the room; **la policía despejó la plaza de manifestantes** the police cleared the square of demonstrators *o* cleared the demonstrators from the square **2** ‹*nariz*› to unblock, clear
B **1** (espabilar) to wake … up **2** (desembotar): **el paseo me despejó** the walk cleared my head **3** ‹*borracho*› to sober … up
C ‹*incógnita*› (Mat) to find the value of; **la investigación no ha logrado ~ esta incógnita** the investigation failed to clear up *o* to find an answer to this question
D ‹*balón*› (en fútbol) to clear; (en fútbol americano) to punt
■ **despejar** *vi* (en fútbol) to clear; (en fútbol americano) to punt
■ *v impers* (Meteo): **en cuanto despeje salimos** as soon as it clears up we'll go out
■ **despejarse** *v pron* **1** (espabilarse) to wake (oneself) up; **voy a darme una ducha a ver si me despejo** I'm going to have a shower to try and wake myself up **2** (desembotarse) to clear one's head **3** «*borracho*» to sober up

despeje *m*
A (de un camino, espacio) clearing
B (Dep) clearance; (en fútbol americano) punt

d

despellejar [A1] *vt* 1 ‹*animal*› to skin 2 (fam) (criticar) to tear … to shreds *o* pieces (colloq) 3 (Col) ‹*papas*› to peel
■ **despellejarse** *v pron* to peel; **se me despellejó la nariz** my nose peeled

despelotado -da *adj* (AmL fam) messy (colloq), chaotic

despelotarse [A1] *v pron* (esp Esp fam) 1 (desnudarse) to strip off 2 (de la risa) to fall about (laughing) (colloq), to crease up (colloq)

despelote *m* 1 (AmL fam) (caos, lío) shambles (colloq), mess (colloq); **¡qué ~ tengo en la cabeza!** I'm in such a muddle; **su casa es un verdadero ~** her house is a complete shambles *o* a real mess; **se armó** *or* (Chi) **quedó el ~** there was absolute chaos 2 (Esp fam) (destape) stripping off (colloq); **una playa donde se permite el ~** a beach where you're allowed to strip off

despelucar [A2] *vt*
A 1 (Chi fam) (cortar el pelo): **lo ~on** they scalped him *o* chopped all his hair off (colloq) 2 (Col fam) ▸**despeinar**
B (Chi fam) (en el juego) to fleece (colloq)
■ **despelucarse** *v pron* 1 (Chi fam) (*caus*) (cortarse el pelo) to have one's hair chopped off (colloq) 2 (Col fam) ▸**despeinar**

despenalización *f* legalization, decriminalization

despenalizar [A4] *vt* to legalize, decriminalize

despendolado -da *adj* (Esp fam) uncontrollable, wild (colloq)

despendolarse [A1] *v pron* (Esp fam) to get out of control, go wild (colloq)

despensa *f* larder, pantry; **tengo la ~ vacía** I haven't a thing to eat in the house

despeñadero *m* cliff, precipice

despeñarse [A1] *v pron* «*persona/mula*» to go *o* fall over a cliff (*o* precipice *etc*); «*coche*» to run off the road, go over a cliff (*o* precipice *etc*)

despepitarse [A1] *v pron* to shriek, bawl

despercudir [I1] *vt* (Col) to get … clean
■ **despercudirse** *v pron*
A (Col) (*refl*) (limpiarse) to clean oneself up
B (Chi) (espabilarse) to wake up, wise up (colloq)

desperdiciado -da *adj* wasted; **estás ~ en este trabajo** you're wasted in this job; **todos sus esfuerzos estaban ~s** all her efforts were wasted *o* in vain

desperdiciador[1] **-dora** *adj* wasteful

desperdiciador[2] **-dora** *m,f* spendthrift

desperdiciar [A1] *vt* ‹*comida/papel/tela*› to waste; ‹*oportunidad*› to miss, waste

desperdicio *m* 1 (de comida, papel) waste; **es un ~ tirar esta comida** it's a waste to throw this food out; ***no tener ~:* esta carne no tiene ~** there's no waste on this piece of meat; **el elepé no tiene ~** the LP doesn't have a single bad track on it; **en esta casa nada tiene ~** nothing goes to waste *o* is wasted in this house; **no tiene ~** (sabe hacer de todo) he can turn his hand to anything; (es muy buen mozo) he's very good-looking 2 **desperdicios** *mpl* (residuos) scraps (*pl*)

desperdigado -da *adj* scattered; **mis amigos andan ~s por el mundo** my friends are scattered around the world; **las viñas desperdigadas por la colina** (liter) the vines dotted around the hillside

desperdigar [A3] *vt* to scatter
■ **desperdigarse** *v pron* 1 (esparcirse) to be scattered, scatter 2 (Ven fam) (extraviarse) to lose one's way, get lost

desperezarse [A4] *v pron* to stretch; **entró desperezándose y bostezando** she came in stretching and yawning

desperezo *m* stretch

desperfecto *m* 1 (daño): **sufrir un ~ mecánico** to have a mechanical breakdown; **no ha sufrido ~ alguno** it hasn't been damaged at all, it hasn't suffered any damage; **esto podría causar ~s en el aparato** this could damage the appliance *o* cause damage to the appliance; **causaron muchos ~s en las instalaciones** they caused a lot of damage 2 (defecto) flaw; **artículos con pequeños ~s** slight seconds, slightly flawed articles

desperolado -da *adj* (Ven fam) 1 ‹*persona*› scruffy 2 ‹*carro/nevera*› broken-down, clapped-out (BrE colloq)

desperolarse [A1] *v pron* (Ven fam) to break down

despersonalización *f* depersonalization

despersonalizar [A4] *vt* to depersonalize
■ **despersonalizarse** *v pron* to become depersonalized; **un sistema despersonalizado** an impersonal system, a system which has become depersonalized

despertador *m* alarm clock; **pon el ~ para las ocho** set the alarm for eight o'clock; **servicio de ~** wake-up call

despertar[1] [A5] *vt* 1 ‹*persona*› to wake, wake … up; **despiértame a las ocho** wake me (up) at eight o'clock 2 ‹*sentimientos/pasiones*› to arouse; ‹*apetito*› to whet; ‹*recuerdos*› to evoke; ‹*interés*› to awaken, stir up; **un discurso que despertó fuertes polémicas** a speech which sparked off *o* triggered *o* aroused *o* provoked fierce controversy; **esa música despierta recuerdos de mi niñez** that music reminds me of my childhood *o* brings back *o* evokes memories of my childhood
■ **despertar** *vi* 1 (del sueño) to wake (up); **todavía no ha despertado de la anestesia** she hasn't come round from the anesthetic yet; **despertó sobresaltado** he woke (up) *o* (liter) awoke with a start 2 (liter) (a la realidad, al amor) to wake up
■ **despertarse** *v pron* 1 (del sueño) to wake (up); **se despertó de madrugada** he woke (up) very early 2 (espabilarse) to wake (oneself) up; **voy a darme una ducha a ver si me despierto** I'm going to have a shower to try to wake (myself) up

despertar[2] *m* awakening

despiadadamente *adv* mercilessly, relentlessly

despiadado -da *adj* ‹*persona*› ruthless, heartless; ‹*ataque/crítica*› savage, merciless

despida, despidas, etc ▸**despedir**

despido *m* dismissal; (por falta de trabajo) redundancy, layoff (AmE)

Compuestos
• **despido colectivo** mass dismissal
• **despido improcedente** *or* **indebido** *or* **injustificado** unfair *o* wrongful dismissal

despiece *m* quartering

despierta, despiertas, etc ▸**despertar**[1]

despierto -ta *adj* 1 [ESTAR] (del sueño) awake 2 [SER] ‹*persona/mente*› bright, alert; ‹*imaginación*› vivid

despiezar [A4] *vt* to quarter

despilfarrador[1] **-dora** *adj* wasteful, spendthrift (*before n*)

despilfarrador[2] **-dora** *m,f* spendthrift

despilfarrar [A1] *vi* to waste *o* squander money
■ **despilfarrar** *vt* to squander, waste

despilfarro *m* waste; **me parece un ~ ir en taxi** it seems a waste of money to take a taxi

despintar [A1] *vi* (fam) «*ropa*» to run; **¿éste despinta?** will this one run in the wash?
■ **despintar** *vt* (Chi fam): **nada le ~á los diez años en la cárcel** nothing will save him from ten years in jail
■ **despintarse** *v pron*
A 1 (perder la pintura): **la pared se está despintando** the wall is peeling, the paint is flaking/peeling/coming off the wall; **se me han despintado las uñas** my nail polish has come off 2 (Méx) (desteñir) to run; **¿esta camisa se ~á al lavarla?** will this shirt run in the wash?
B 1 (borrarse) (+ *me/te/le etc*): **a mí no se me despinta una cara** I never forget a face 2 (Chi fam) (quitar): **no se me despinta del lado** she never leaves my side; **ése no se despinta la chaqueta** he never takes his jacket off

despiojar [A1] *vt* to delouse

despiporre, despipe *m*
A (CS fam) (expresando admiración): **se compraron una casa que es el ~** they bought an amazing house *o* a house that's out of this world (colloq); **la fiesta del casamiento fue el ~** the wedding reception was amazing *o* was something else! (colloq)
B (CS fam) (caos): **el ~** pandemonium, chaos; **aquello fue el ~** there was absolute pandemonium *o* chaos

despistado[1] **-da** *adj*
A (distraído) 1 [SER] forgetful, absent-minded; **tendrás que recordárselo, es muy ~** you'll have to remind him, he's very absent-minded *o* forgetful *o* he tends to forget things; **soy muy ~ para los nombres** I never remember names, I'm hopeless with names (colloq) 2 [ESTAR]: **estaba** *or* **iba ~ y me pasé de la parada** I was miles away *o* I was daydreaming and I missed my stop (colloq)
B [ESTAR] (desorientado, confuso) bewildered, lost; **con tantos cambios estoy ~** I'm bewildered by *o* I'm all at sea with all these changes; **todavía anda un poco ~** he hasn't quite found his feet yet, he's still a bit lost *o* disoriented

despistado[2] **-da** *m,f* scatterbrain (colloq); **es un ~** he's a scatterbrain, he's very absent-minded *o* forgetful; **no te hagas la despistada** don't act as if you don't know what I'm talking about

despistar [A1] *vt* 1 (desorientar, confundir) to confuse; **su respuesta me despistó** his answer confused *o* (colloq) threw me 2 (en una persecución): **el ladrón consiguió ~ a la policía** the thief managed to lose *o* shake off the police *o* to give the police the slip (colloq); **es muy hábil para ~ a los acreedores** she's very clever at giving her creditors the slip (colloq); **~ a un sabueso** to put *o* throw a bloodhound off the scent
■ **despistarse** *v pron* 1 (confundirse) to get confused *o* muddled 2 (distraerse) to lose concentration, start daydreaming

despiste *m* 1 (distracción) absentmindedness, forgetfulness; **con su habitual ~** absent-minded *o* forgetful as ever; **en un momento de ~ le robaron la maleta** he took his eye off his suitcase for a moment and someone stole it, in an unguarded moment he had his suitcase stolen; **¡qué ~ tengo hoy!** I'm so forgetful *o* I can't seem to concentrate today! 2 (equivocación) slip, mistake; **tiene muchos ~s** he makes a lot of (silly) mistakes; **sé que se escribe con acento, fue un ~** I know it should have an accent, it was just a slip *o* a silly mistake

desplantador *m* trowel

desplantar [A1] *vt* to uproot

desplante *m*
A (insolencia) rudeness; **¡tiene unos ~s … !** she's so rude!
B (Chi) (desenvoltura) self-confidence; **tiene mucho ~** she's very self-assured, she's full of self-confidence

desplazado[1] **-da** *adj* 1 (fuera de su ambiente): **sentirse ~** to feel out of place *ver tb* **desplazar** 2 (evacuado) displaced

desplazado[2] **-da** *m,f* displaced person

desplazamiento *m*
A (movimiento) movement, displacement (frml)
B (frml) (traslado, viaje) trip; **gastos de ~** traveling expenses; **sus frecuentes ~s al extranjero** her frequent trips abroad
C (Náut) displacement
D (del voto) swing, shift
E (Inf) scrolling

desplazar [A4] *vt*
A 1 (frml) (mover, correr): **el aluvión desplazó todo lo que encontró a su paso** the flood washed away everything in its path *o* carried everything before it; **chocó contra el vehículo estacionado, desplazándolo unos 20 metros** it collided with the stationary vehicle, shunting *o* carrying *o* pushing it a distance of some 20 meters 2 (Fís) to displace 3 (Náut) to

displace 4 (Inf) to scroll; **desplaza el texto horizontalmente** it scrolls the text horizontally

B (suplantar, relegar) ~ A **algo/algn**: **el avión desplazó al tren para los viajes más largos** the airplane took over from *o* displaced the train for longer journeys; **los procesadores de textos han desplazado a las máquinas de escribir** typewriters have been superseded by word processors, word processors have taken the place of typewriters; **consiguió ~ a Soriano, convirtiéndose en cabecilla del grupo** he succeeded in supplanting *o* ousting Soriano to become leader of the group, he succeeded in taking Soriano's place as leader of the group; **se sintió desplazado por su nuevo hermanito** he felt pushed out *o* he felt as if he had been supplanted by his baby brother; **fue desplazado de su cargo** he was removed from his post *o* was replaced

■ **desplazarse** *v pron*

A (frml) (trasladarse, moverse) «*animal*» to move around, move from one place to another; «*avión/barco*» to travel, go; «*persona*» to travel, go

B «*voto*» to swing, shift

desplegable[1] *adj*

A ‹*mapa/página*› fold-out

B (cama extendible) folding (*before n*); **una cama ~ de la pared** a pull-down bed; ▸**menú B**

desplegable[2] *m* fold-out

desplegar [A7] *vt*

A 1 ‹*alas*› to spread; ‹*mapa*› to open out, spread out, unfold; ‹*velas*› to unfurl *ver tb* **vela**

2 (demostrar) ‹*talento/ingenio*› to display

B (Mil) ‹*tropas/misiles*› to deploy

C (llevar a cabo): **los esfuerzos desplegados para solucionar el conflicto** the efforts made to solve the dispute; **la campaña desplegada con ocasión del referéndum** the campaign mounted for the referendum

D 1 (emplear) ‹*encantos/poder*› to use 2 (dar muestras de) to show, display

■ **desplegarse** *v pron* (Mil) to deploy

despliegue *m*

A (de tropas, recursos) deployment

B (demostración, alarde) display; **haciendo ~ de gran elocuencia** with great eloquence; **un verdadero ~ de riquezas** a real show *o* display of wealth

desplomarse [A1] *v pron*

A 1 «*persona*» to collapse; **cayó desplomado al suelo** he collapsed onto the floor 2 «*torre/edificio*» to collapse

B 1 «*precio/cotización*» to plunge, plummet, crash 2 «*ilusiones*» to be shattered; «*esperanzas*» to be dashed; **se desplomaron todos sus planes** all his plans fell through 3 «*sistema/régimen*» to collapse

desplome *m*

A (de un edificio) collapse

B 1 (de un precio) fall, drop; **el ~ de los salarios en los últimos años** the drop in salaries in recent years 2 (de ilusiones) shattering; (de esperanzas) dashing 3 (de un sistema, régimen) downfall, collapse

desplumar [A1] *vt* 1 ‹*ave*› to pluck 2 (fam) ‹*persona*› to fleece (colloq)

despoblación *f* depopulation; **la ~ rural** rural depopulation

(Compuesto) **despoblación forestal** (Esp) deforestation

despoblado[1] **-da** *adj*

A ‹*lugar*› **ahora está totalmente ~** now it's completely deserted *o* uninhabited; **trasladarán industrias a zonas despobladas** they will move industries to underpopulated *o* sparsely populated areas

B ‹*cejas*› thin, sparse

despoblado[2] *m* area of open land, deserted place *o* area; **acamparon en un ~ al sur de la ciudad** they camped on an area of open land to the south of the city

despoblar [A10] *vt* to depopulate; **~on el campo de árboles** they cleared the land of trees

■ **despoblarse** *v pron* to become depopulated *o* deserted; **la zona se está despoblando** the population in the area is decreasing, people are moving away from the area, the area is becoming depopulated *o* deserted

despojador *m* (RPl) small tray (*on a dressing table*)

despojar [A1] *vt* (frml) ~ A **algn** DE **algo** to strip sb OF sth; **~ a la Iglesia de sus bienes** to divest the Church of its wealth (frml); **lo ~on de todo lo que tenía** they stripped *o* robbed him of everything he had; **fue despojado de la corona** he was stripped of his crown

■ **despojarse** *v pron* (frml *o* liter) **~se** DE **algo** ‹*de ropa*› to remove sth; ‹*de bienes*› to relinquish sth; **~se de soberbias y vanidades** to renounce all pride and vanity; **los árboles se despojan de sus hojas** the trees are shedding their leaves

despojo *m*

A (frml) (desposeimiento) dispossession (frml); **sufrió el ~ de todos sus bienes** she was dispossessed *o* divested of all her goods (frml)

B **despojos** *mpl* 1 (restos) remains (*pl*); **me han dejado apenas los ~s** they've only left me the scraps *o* leftovers *o* remains 2 (presa, botín) spoils (*pl*), loot 3 (de aves) *head, wings, feet and giblets*; (de reses) *head, feet and offal*

(Compuesto) **despojos mortales** *mpl* mortal remains (*pl*)

despolitización *f* depoliticization

despolitizar [A4] *vt* to depoliticize

desportillado -da *adj* chipped

desportilladura *f* chip

desportillar [A1] *vt* ‹*taza/plato*› to chip

■ **desportillarse** *v pron* «*bañera/taza*» to chip, get chipped

desposado -da *m,f* (frml): **los ~s** the newlyweds, the bride and groom

desposar [A1] *vt* (frml) «*sacerdote*» to marry; «*novio*» to marry

■ **desposarse** *v pron* (frml) to be wed (frml), to be married

desposeer [E13] *vt* (frml) ~ A **algn** DE **algo** to strip sb OF sth; **fueron desposeídos de sus bienes/derechos** they were stripped of their possessions/rights; **lo desposeyeron de sus tierras** they stripped him of his land, he was dispossessed of his land (frml)

■ **desposeerse** *v pron* (frml) **~se** DE **algo** to relinquish sth

desposeído -da *m,f*: **los ~s** the poor and needy, the destitute, the dispossessed

desposeimiento *m* (frml) dispossession

desposorios *mpl* (liter) nuptials (*pl*) (liter)

despostar [A1] *vt* (Chi) to joint

déspota *mf* (Pol) tyrant, despot; **su marido es un ~** her husband is a real tyrant

despóticamente *adv* ‹*ordenar/hablar*› despotically, like a tyrant; ‹*gobernar*› despotically

despótico -ca *adj* ‹*gobierno*› despotic; ‹*carácter/persona*› despotic, tyrannical

despotismo *m* despotism

(Compuesto) **despotismo ilustrado** enlightened despotism

despotricar [A2] *vi* (fam) to complain, rant and rave; ~ CONTRA **algn** to complain ABOUT sb, rail AGAINST sb

despreciable *adj* 1 ‹*persona/conducta*› despicable, contemptible 2 **no/nada despreciable** ‹*suma/número*› not inconsiderable, significant; **heredó una suma nada ~** he inherited a not inconsiderable sum, he inherited a significant *o* considerable sum of money

despreciar [A1] *vt* 1 (menospreciar) ‹*persona*› to look down on; **la despreciaban por su humilde origen** people looked down on her because of her humble background; **lo desprecio profundamente** I despise him 2 (rechazar) ‹*oferta/ayuda*› to spurn (liter), to reject; **le despreció el regalo** he spurned her gift; **es un trabajo que todos desprecian** it's a job which everyone feels is beneath them 3 (ser indiferente a) ‹*peligro/muerte*› to disregard, scorn (liter) 4 (no tener en cuenta) ‹*posibilidad/consejo*› to disregard, discount

despreciativamente *adv* disdainfully, scornfully

despreciativo -va *adj* ‹*persona*› disdainful; ‹*tono/gesto*› disdainful, scornful; **una mirada despreciativa** a look of disdain *o* scorn; **nos trata de una manera muy despreciativa** he treats us very disdainfully *o* with contempt

desprecintar [A1] *vt* to unseal

desprecio *m* 1 (menosprecio) disdain; **con un gesto de ~ salió de la habitación** with a disdainful gesture, he left the room; **me miró con ~** she gave me a disdainful *o* scornful look; **sentía un ~ infinito por él** she felt profound contempt for him; **—no tiene donde caerse muerto —dijo con ~** he doesn't have a penny to his name, she said contemptuously *o* disdainfully *o* scornfully 2 (indiferencia) disregard; **conducen con total ~ por la vida de los demás** they drive with complete disregard for the lives of others; **sienten un profundo ~ por la autoridad** they have a deep-seated contempt for authority 3 (desaire) snub, slight; **si no vas, será interpretado como un ~** if you don't go, they'll take it as a snub *o* slight; **está harto de que le hagan ~s** he's fed up with being snubbed *o* slighted

desprender [E1] *vt*

A (soltar, separar) to detach; **logró ~lo del eje** he succeeded in detaching it from the shaft; **los golpes han desprendido parte del revoque** part of the plaster has come away *o* off with all the banging; **el rótulo estaba medio desprendido** the sign was hanging off its hinges/coming loose

B ‹*gases/chispas/olor*› to give off

C (RPl) (desabrochar) ‹*botón*› to undo

■ **desprenderse** *v pron*

A «*botón*» to come off; «*retina*» to become detached; **se desprendieron varias tejas** several tiles came off (the roof); **se desprendió de su abrazo** (liter) she detached herself from his embrace (liter); **se desprendió del soporte** it came away from *o* (frml) detached itself from the support

B 1 (renunciar, entregar) **~se** DE **algo** to part WITH sth; **no me voy a ~ de este cuadro** I'm not going to part with this picture; **no piensa ~se del bebé** she has no intention of giving up the baby 2 (apartarse, separarse) **~se** DE **algo** to let go OF sth; **no se desprende de su osito** he won't let go of his teddybear; **no se me desprende del lado** she won't leave my side for a minute

C (deshacerse) **~se** DE **algo/algn** to get rid OF sth/sb; **no consigue ~se de sus prejuicios** he doesn't seem able to shake off his prejudices; **se desprendió de todos los documentos comprometedores** he got rid of all the compromising documents

D (surgir) **~se** DE **algo** to emerge FROM sth; **este resultado se desprende de las encuestas realizadas** this result emerges from *o* comes out of the surveys that were carried out; **lo que se desprende del informe es que ...** what can be gathered *o* inferred from the report is that ..., what emerges from the report is that ...

desprendido -da *adj* [SER] generous, openhanded *ver tb* **desprender**

desprendimiento *m*

A 1 (de gases) release, emission, giving-off 2 (de una pieza) detachment

(Compuestos)

- **desprendimiento de matriz** prolapse of the womb *o* uterus
- **desprendimiento de retina** detached retina, detachment of the retina
- **desprendimiento de rocas** rockfall
- **desprendimiento de tierras** landslide

B (generosidad) generosity, open-handedness

despreocupación *f* lack of concern; **su absoluta ~ por todo lo que no sea su trabajo** his complete indifference to *o* lack of concern for everything but his work; **hay mucha ~ en su apariencia** he doesn't take much care over *o* he's very careless about his appearance

despreocupadamente *adv* ‹*vivir*› in a carefree way; ‹*caminar*› nonchalantly; ‹*conversar*› freely

despreocupado -da *adj* carefree; **llevaba una vida muy despreocupada** she led a very carefree existence; **es muy ~ con sus hijos** he's very easygoing with his children

despreocuparse [A1] *v pron*: **se despreocupó de la educación de sus hijos** he didn't bother *o* worry about his children's education; **despreocúpate del qué dirán** don't worry about what other people say

despresar [A1] *vt* (Andes) to cut up, joint; **sólo venden pollos despresados** they only sell chicken pieces

desprestigiar [A1] *vt* to discredit; **las luchas internas han desprestigiado al partido** internal disputes have discredited the party *o* damaged the party's prestige

■ **desprestigiarse** *v pron* «*persona/producto/empresa*» to lose prestige; **la compañía se desprestigió con ese producto** that product gave the company a bad name *o* damaged the company's prestige; **se ha desprestigiado como abogado** his reputation *o* prestige *o* good name as a lawyer has been damaged *o* has suffered

desprestigio *m* **1** (pérdida de prestigio) loss of prestige; **este escándalo contribuyó al ~ de la compañía** this scandal contributed to the company's loss of prestige; **este incidente supuso su ~ como profesional** this incident damaged his professional reputation; **sería un ~ para el partido** it would bring the party into disrepute, it would discredit the party **2** (falta de prestigio): **el ~ de los políticos era tal que ...** the politicians had such a bad name *o* reputation that ...; **tras el escándalo cayó en ~** he lost a lot of prestige *o* his reputation suffered greatly as a result of the scandal

despresurización *f* depressurization

despresurizar [A4] *vt* to depressurize

■ **despresurizarse** *v pron* to depressurize

desprevención *f* unreadiness, unpreparedness

desprevenido -da *adj*: **estar ~** to be unprepared *o* unready; **pillar a algn ~** «*pregunta*» to catch sb unawares *o* off guard; «*lluvia*» to catch sb by surprise; **el lector ~** the unsuspecting reader

desprogramar [A1] *vt* to deprogram

■ **desprogramarse** *v pron* «*aparato*» to reset itself

desprolijidad *f* (RPl) untidiness, messiness; **le bajaron la nota por ~** his grade was lowered because of untidy *o* messy presentation; **hubo gran ~ en el manejo de su renuncia** his resignation was handled very clumsily

desprolijo -ja *adj* (CS) **1** [ESTAR] ‹*trabajo*› careless, untidy, messy **2** [SER] ‹*persona*› careless

desproporción *f* disparity, disproportion

desproporcionadamente *adv* disproportionately

desproporcionado -da *adj* out of proportion; **la cabeza está desproporcionada en relación al cuerpo** the head is disproportionate to *o* out of proportion to the body; **pinta figuras desproporcionadas** he paints figures which are all out of proportion; **su reacción fue absolutamente desproporcionada** her reaction was totally out of proportion; **una indemnización desproporcionada al daño sufrido** compensation disproportionate to the damage incurred

despropósito *m*

A (desatino) silly thing to say/do; **no dice más que ~s** he talks nothing but nonsense

B (Col frml) (desaire) snub, slight

desprotección *f* lack of protection; **menores en situación de ~** minors in a vulnerable situation; **la ~ legal de las madres solteras** the lack of legal protection for single mothers

desprotegido -da *adj* unprotected, vulnerable

desprovisto -ta *adj* **~ DE algo** lacking IN sth; **la escuela se halla desprovista del material más elemental** the school lacks even the most basic equipment; **niños que están ~s de cariño** children who have been deprived of affection; **una familia desprovista de recursos** a family with nothing to live on; **no se puede decir que esté ~ de cualidades** it cannot be said that he is completely devoid of good qualities (frml), you can't say that he is totally without good qualities

después *adv*

A **1** (más tarde) later; **no me enteré hasta mucho ~** I didn't find out until much later *o* until a long time afterwards **2** (en una serie de sucesos) then, afterwards; **primero habló con ella y ~ me vino a ver a mí** first he spoke to her and then he came to see me **3** (*en locs*): **después de** after; **pocos días ~ de la boda** a few days after the wedding; **~ de Jesucristo** AD; **~ DE + INF** after -ING; **~ de hablar contigo me sentí mejor** after I talked *o* after talking to you I felt better; **~ de mucho pensarlo** after (giving it) a lot of thought; **~ de pelar el limón** once you have peeled the lemon; **después de todo** after all; **después (de) que** when, after; **~ (de) que se enteró no le escribió más** when *o* after she found out she never wrote to him again; **~ (DE) QUE + SUBJ** (refiriéndose al futuro) when, once; **~ (de) que todos se hayan ido** once *o* when everybody has left; **~ (de) que te bañes** once *o* when you've had a bath; **después que** after; **usted llegó ~ que yo** you arrived after me

B (en el espacio): **bájate dos paradas ~** get off two stops after that; **hay varias casas y ~ está el colegio** there are some houses and then you come to the school; **está justo ~ del puente** it's just past the bridge, it's just on the other side of the bridge

C **1** (indicando orden, prioridad) then; **primero está este señor y ~ yo** this gentleman is first, and then me; **primero está la salud y ~ lo demás** good health comes first, and then everything else, good health comes before anything else; **~ de ti** *or* **~ que tú, voy yo** I'm after you **2** (además) then; **~ tenemos éstos, que son más baratos** then we have these, which are cheaper

despulgar [A3] *vt* to remove fleas from

despuntado -da *adj* blunt

despuntar [A1] *vt* to blunt

■ **despuntar** *vi* **1** «*día*» to break, dawn; **al ~ el día/alba** at daybreak/dawn **2** «*flores*» to bud; «*plantas*» to sprout **3** «*persona*»: **despuntaba en geografía** she shone *o* excelled at geography; **despunta en el campo de la dermatología** he's an eminent dermatologist; **viene despuntando en el mundo de la moda** she is beginning to be noticed *o* to make an impression *o* to make a name for herself in the fashion world; **despunta por su eficiencia** her efficiency is outstanding, she's extremely efficient

■ **despuntarse** *v pron* to go blunt

desquiciado -da *adj*: **tengo los nervios ~s** my nerves are in tatters *o* shreds; **vivimos en un mundo ~** we live in a topsy-turvy *o* crazy *o* mad world (colloq); **está ~ con tanto trabajo** he's going crazy with all the work he has (colloq)

desquiciante *adj* maddening, infuriating; **ese ruido es ~** that noise is driving me crazy *o* mad (colloq), that noise is enough to drive you round the bend (colloq)

desquiciar [A1] *vt*

A (trastornar, perturbar) ‹*persona*› to drive ... crazy *o* mad (colloq); ‹*nervios*› **estas llamadas van a conseguir ~me los nervios** these phone calls are going to give me a nervous breakdown *o* make me a nervous wreck, these phone calls are going to drive me crazy *o* mad; **esto desquició la vida de la familia** this turned the family's life upside down

B ‹*puerta/ventana*› to take ... off its hinges, unhinge

■ **desquiciarse** *v pron*

A **1** (trastornarse, perturbarse) «*persona*» to lose one's mind, go to pieces (colloq) **2** «*situación*» to get out of control

B «*puerta/ventana*» to come off its hinges

desquicio *m* (RPl fam) chaos; **tienen la casa que es un ~** their house is a complete mess *o* is complete chaos

desquitarse [A1] *v pron* to get even, get one's own back (BrE); **esta vez me has ganado, pero ya me desquitaré** you've beaten me this time, but I'll get even with you *o* I'll get my own back; **~ CON algn** to take sth out ON sb; **tiene problemas en casa y se desquita con los empleados** he has problems at home and he takes it out on his staff; **~ DE algo**: **lo hizo para ~ de lo que la había hecho sufrir** she did it to get even with him *o* to get her own back (on him) for the way he'd made her suffer; **los domingos no hace absolutamente nada para ~ del trabajo de la semana** on Sundays she makes up for all the hard work she does during the week by doing nothing at all

desquite *m* revenge; **esta partida será el ~** I'll get my revenge *o* (BrE) get my own back in this game; **tomarse el ~** to take (one's) revenge, get one's own back (BrE)

desratización *f* rodent control, ratcatching (colloq)

desratizar [A4] *vt* to clear ... of rats *o* rodents

desregulación *f* deregulation

desregular [A1] *vt* to deregulate, remove controls from

desrielar [A1] *vt* (Chi) to derail

desriñonar [A1] *vt* (fam): **le dieron de palos hasta ~lo** they beat him to a pulp (colloq); **nos van a ~, haciéndonos subir todas estas cajas** they're going to do us in *o* kill us, making us bring all these boxes up (colloq)

■ **desriñonarse** *v pron* (fam) to wear oneself out (colloq), to bust a gut (colloq)

destacable *adj* outstanding

destacadamente *adv* outstandingly, notably

destacado -da *adj*

A ‹*profesional/artista*› prominent, distinguished; ‹*actuación*› outstanding; **la nota más destacada del día** the highlight of the day; **en presencia de destacadas personalidades** in the presence of prominent *o* distinguished figures

B [ESTAR] ‹*tropas*› stationed; **las fuerzas destacadas en las zonas montañosas** the forces stationed in the mountain areas; **nuestro equipo ~ en el lugar** our team on the spot; **el cuerpo diplomático ~ en Addis-Abeba** the diplomatic staff in Addis Ababa *o* assigned to Addis Ababa

destacamento *m* **1** (tropas) detachment, detail **2** (instalación) outpost

(Compuesto) **destacamento policial** (Arg) rural police station

destacar [A2] *vt*

A (recalcar, subrayar) to emphasize, stress; **destacó la gravedad de la situación** he underlined *o* stressed *o* emphasized the gravity of the situation

B (Art) to highlight, bring out

C **1** (enviar) ‹*tropas*› to post; **fueron destacados para defender el puente** they were detailed to defend the bridge **2** ‹*periodista/fotógrafo*› to send

■ **destacar** *vi* to stand out; **el trabajo destaca por su originalidad** the work is remarkable for *o* stands out because of its originality; **el marco hace ~ aún más la belleza del cuadro** the frame further enhances the beauty of the picture; **destacó como autor teatral** he was an outstanding playwright; **a lo lejos destacaba el campanario de la iglesia** the church tower stood out in the distance; **nunca destacó como estudiante** he never excelled *o* shone as a student; **destaca entre los de su edad por su estatura** he stands out from others of his age because of his height

■ **destacarse** *v pron* ▸ **destacar**

destajero -ra *m,f* pieceworker

destajista *mf* pieceworker

destajo *m*

A (Com, Rels Labs) piecework; **trabajar a ~** to do piecework; **cobran a ~** they are paid per item; **a ~** (Chi) to one's heart's content

B (Esp) (en esquí) ski pass

destapado -da *adj* 1 ‹*botella/olla*› **cocinarlo ~** cook uncovered *o* without the lid; **¿quién ha dejado la naranjada destapada?** who left the top off the orangeade? 2 (en la cama): **siempre duerme ~** he always sleeps with the covers off *o* thrown back

destapador *m* (AmL) bottle opener

destapar [A1] *vt*

A 1 ‹*botella/caja*› to open, take the top/lid off; ‹*olla*› to uncover, take the lid off 2 (descubrir) ‹*mueble*› to uncover; ‹*escándalo*› to uncover 3 (en la cama) to pull the covers off

B (AmL) ‹*caño/inodoro*› to unblock

■ **destaparse** *v pron* (*refl*)

A (en la cama) to throw the covers *o* bedclothes off, push the covers back

B «*nariz/oídos*» to unblock; **todavía no se me han destapado los oídos** my ears are still blocked

C (fam) (sorprender): **se destapó como una verdadera lumbrera** he turned out to be a real genius; **~se CON algo**: **se destapó con un sobresaliente** he surprised us all by getting an A

D 1 (abrirse, confesarse) **~se CON algn** to open up TO sb; **se destapó conmigo y me hizo muchas confidencias** he opened up to me and told me a lot of personal things 2 (declararse) «*homosexual*» to come out

destape *m* 1 (desnudo) nudity; **el ~ en el cine** nudity in movies; **revista de ~** erotic magazine 2 (en las ideas, costumbres) liberalization 3 (de un/una homosexual) coming out

destaponar [A1] *vt* 1 ‹*botella*› to uncork, open 2 ‹*cañería*› to unblock

destartalado -da *adj* 1 (fam) ‹*coche*› dilapidated, beat-up (AmE colloq), clapped-out (BrE colloq); ‹*mueble*› dilapidated, shabby; ‹*casa*› ramshackle, rundown, dilapidated 2 (fam) (desordenado) untidy; **la casa está toda destartalada** the house is very untidy *o* in a terrible mess

destazar [A4] *vt*

A (Col) (descuartizar) to quarter

B (Méx fam) (criticar, condenar) to slam, to bomb (AmE colloq), to slate (BrE colloq)

destejer [E1] *vt* to unravel, undo

destellar [A1] *vi* «*brillante/joya*» to sparkle, glitter; «*estrella*» to twinkle, sparkle; «*ojos*» to sparkle; **sus ojos destellaban de alegría/rabia** her eyes sparkled with happiness/flashed with anger

destello *m* 1 (de una estrella) twinkle, sparkle; (de un brillante, una joya) sparkle, glitter 2 (fam) (indicio, atisbo) atom (colloq); **no hay un ~ de sensatez en todo lo que ha dicho** there isn't an ounce *o* an atom of sense in anything he's said (colloq)

destemplado -da *adj*

A 1 ‹*persona*› **estoy** *or* **ando ~** (con fiebre) I have a slight fever, I've got a bit of a temperature (BrE) (indispuesto) I'm feeling out of sorts *o* a bit under the weather 2 ‹*tiempo*› unpleasant; **¡qué día tan ~!** what a horrible *o* miserable day!

B 1 ‹*instrumento*› discordant, out-of-tune 2 ‹*voz/tono*› harsh, discordant 3 [ESTAR] ‹*nervios*› frayed; **los ánimos están ~s** tempers are getting frayed, people are getting agitated, things are getting fraught

C ‹*diente*› sensitive

destemplanza *f* 1 (fiebre) slight fever, slight temperature (BrE); (malestar) indisposition 2 (del tiempo) unpleasantness 3 (Mús) tunelessness

destemplar [A1] *or* (Col, Per) [A5] *vt*

A ‹*guitarra/violín*› to make … go out of tune

B ‹*nervios*› to fray; **lo único que hizo fue ~ los ánimos** he only made everyone even more agitated *o* made things even more fraught

C (AmL) ‹*dientes*› to set … on edge

■ **destemplarse** *v pron*

A (indisponerse) to become unwell; (con fiebre) to get a slight fever, to get a bit of a temperature (BrE)

B «*tiempo*» to become unpleasant *o* unsettled

C (Mús) «*instrumento*» to go out of tune

D «*herramienta*» to lose its edge

E (Andes, Méx) «*dientes*» (+ *me/te/le etc*): **al oír ese ruido se me destemplan los dientes** that noise sets my teeth on edge

destender [E8] *vt* (AmL) to strip; **dejó la cama destendida** he left his bed unmade

destensar [A1] *vt* ▸ **distender**

desteñir [I15] *vi*

A «*prenda/color*» (despintar) to run; (decolorarse) to fade

B (Chi fam) «*persona*»: **no podía ~ con un regalo tan pobre** I couldn't show myself up by giving them such a mean present

■ **desteñir** *vt* to fade

■ **desteñirse** *v pron* (decolorarse) to fade; (despintar) to run

desternillarse [A1] *v pron* (fam): **~ de risa** to split one's sides (laughing *o* with laughter), to kill oneself *o* die laughing (colloq)

desterrado -da *m,f* exile

desterrar [A5] *vt*

A 1 (expulsar) to exile, banish (liter) 2 (liter) ‹*temor/duda*› to banish; ‹*costumbre/creencia*› to stamp out, eradicate; **acuerdos para ~ el uso de sustancias nocivas para la capa de ozono** agreements to withdraw from use substances which are harmful to the ozone layer

B ‹*río*› dredge

destetar [A1] *vt* to wean

■ **destetarse** *v pron* 1 «*niño/cría*» to be weaned; **tiene 30 años pero todavía no se ha destetado** (hum) he's 30 years old but he's still a big baby 2 «*mujer*» (fam & hum) to bare one's breasts; (en la playa) to go topless

destete *m* weaning

destiemple *m* (Col fam) ▸ **destemplanza**

destiempo *m*: **empezaron a marchar a ~** they started marching out of step; **habló a ~** she picked the wrong moment to say it

destierro *m* exile; **la reina lo condenó al ~** the queen banished him from the kingdom *o* sent him into exile; **murió en el ~** he died in exile

destilación *f* distillation

destilador -dora *m,f* 1 (persona) distiller 2 **destilador** *m* (alambique) still

destiladora *f* (Col) distillery

destilar [A1] *vt* 1 (Quím) ‹*alcohol/petróleo*› to distill*; ‹*hulla/madera*› to char; ▸ **agua** 2 (rezumar) to ooze; **sus palabras destilan veneno** his words ooze *o* exude venom

■ **destilar** *vi* to drip

destilería *f* distillery

(Compuesto) **destilería de petróleo** oil refinery

destinado -da *adj*

A 1 (predestinado) **~ A algo** destined FOR sth; **estaba ~ a la vida religiosa** he was destined for religious life; **~ al fracaso** destined to fail; **estaba ~ a tener una muerte violenta** he was destined to die a violent death; **parece que está destinada a sufrir** she seems doomed *o* destined to suffer 2 (dirigido, asignado) **~ A algo**: **las cajas destinadas a Montevideo** the boxes for *o* bound for *o* being sent to Montevideo; **dos cajas destinadas a nuestras oficinas en León** two boxes consigned to *o* destined for our offices in León; **los aviones ~s a este fin** the planes used for this purpose; **una política destinada a estrechar estos lazos** a policy aimed at strengthening these links; **comida destinada a ser distribuida entre los refugiados** food destined *o* intended for distribution among the refugees

B 1 ‹*militar*› **~ en Ceuta** stationed in Ceuta 2 ‹*funcionario/diplomático*› **ahora está ~ en Lima** now he's in Lima, he's been posted *o* sent *o* assigned to Lima

destinar [A1] *vt*

A ‹*funcionario/militar*› to post, send, assign; **está esperando que lo destinen** he's waiting to be given his posting *o* assignment, he's waiting for his posting *o* assignment to come through; **lo han destinado a Cartagena** he's been posted *o* sent to Cartagena

B (asignar un fin) **~ algo A algo**: **destina una parte de su sueldo a ayudar a su familia** part of her salary goes to helping her family; **destinó parte de sus ahorros a la decoración de la casa** he used some of his savings to decorate the house, some of his savings went on decorating the house; **~on parte del dinero a mejorar las instalaciones** they allocated part of the money to *o* earmarked part of the money for improving the facilities; **~ algo PARA algo** to set sth aside FOR sth; **esta habitación la tenía destinada para …** I had planned to use this room for …; **no había destinado dinero para esta eventualidad** she hadn't set aside *o* earmarked any money for this eventuality; **~on los fondos a la compra de víveres para los damnificados** they allocated the funds to *o* earmarked the funds for buying provisions for the victims

destinatario -ria *m,f* (de una carta, un paquete) addressee; (de un giro, una transferencia) payee; **el ~ de sus improperios** the target of his insults

destino *m*

A (hado) fate; **quién sabe qué nos depara el ~** who knows what fate has in store for us; **su ~ era acabar en la cárcel** he was destined to end up in prison; **una jugada del ~** a trick of fate *o* destiny

B 1 (de un avión, autobús) destination; **la salida del vuelo 421 con ~ a Roma** the departure of flight 421 to Rome; **los pasajeros con ~ a Santiago** passengers traveling to Santiago; **los trenes con ~ a San Juan** trains to San Juan; **el expreso con ~ a Burgos** the express to *o* for Burgos, the Burgos express 2 (puesto) posting, assignment; **ése fue su primer ~ como diplomático** that was his first diplomatic posting *o* assignment; **solicitó un ~ en el extranjero** she asked to be posted abroad, she asked for a foreign posting *o* assignment

C (uso, fin): **no se sabe qué ~ se les va a dar a esos fondos** it is not known what those funds will be allocated to; **no había decidido qué ~ le iba a dar al dinero** he had not decided to what use he was going to put the money; **debería dársele un mejor ~ a esto** better use should be made of this, this should be put to better use

destitución *f* removal from office, dismissal

destituir [I20] *vt* (frml) 1 (despedir) to dismiss; **fue destituido de su cargo** he was removed *o* dismissed from office, he was dismissed from his post 2 (privar) **~ a algn DE algo** to divest sb OF sth (frml)

destorcer [E10] *vt* to untwist, straighten

destornillado -da *adj* (fam) crazy (colloq)

destornillador *m* 1 (herramienta) screwdriver 2 (cóctel) screwdriver

destornillar [A1] *vt* to unscrew

■ **destornillarse** *v pron* «*tuerca/tornillo*» to come loose; ***~se de risa*** ▸ **desternillarse**

destral *m* small hatchet

destreza *f* skill; **controló el balón con ~** he controlled the ball skillfully; **demostró mucha ~ con el florete** he showed great dexterity *o* skill in his handling of the foil; **con gran ~** very skillfully

destripacuentos *mf* (*pl* **~**) (Esp fam) *person who spoils a story by interruptions*

destripador *m*: **Jack el ~** Jack the Ripper

destripar [A1] *vt* 1 ‹*res/ave/caza*› to gut, disembowel 2 (fam) (matar): **el toro destripó al caballo** the bull ripped the horse's guts out 3 (fam) ‹*chiste/película*› to ruin, spoil

destronamiento *m* dethronement, overthrow

destronar [A1] *vt* ‹*rey*› to dethrone, depose; ‹*líder/campeón*› to depose, topple

destrozado -da *adj* 1 (roto, deteriorado) ‹*zapatos*› ruined; **a él no le pasó nada, pero el coche quedó ~** he was all right, but the car

d

d

was a total wreck; **tengo que comprar sillones nuevos, éstos ya están ~s** I've got to buy some new armchairs, these are falling apart; **este diccionario está ~** this dictionary is falling to pieces; **tenía los nervios ~s** she was a nervous wreck, her nerves were in shreds *o* tatters; **tengo los pies ~s** (fam) my feet are killing me; **el conductor tenía la cara destrozada** the driver's face was a real mess **2** ‹*persona*› (físicamente) exhausted; (moralmente) devastated, shattered **3** ‹*corazón*› broken

destrozar [A4] *vt* **1** (romper, deteriorar) to break; **la bomba destrozó varios edificios** the bomb destroyed *o* wrecked several buildings; **no hagas eso que vas a ~ los zapatos** don't do that, you'll ruin your shoes **2** ‹*felicidad/armonía*› to destroy, shatter; ‹*corazón*› to break; ‹*matrimonio*› to ruin, destroy; **me está destrozando los nervios** she's making me a nervous wreck; **la muerte de su marido la destrozó** she was devastated *o* shattered by her husband's death

■ **destrozarse** *v pron* **1** (romperse): **se cayó al suelo y se destrozó** it fell to the ground and smashed; **se me han destrozado los zapatos** my shoes are ruined *o* have fallen to pieces **2** (*refl*) ‹*estómago/hígado*› to ruin; **te vas a ~ los pies usando esos zapatos** you're going to ruin *o* damage your feet wearing those shoes

destrozo *m*: **las inundaciones han causado grandes ~s en toda la zona** the floods have caused widespread damage throughout the area; **los ~s causados por el temporal** the storm damage, the destruction caused by the storm; **los ~s causados por la guerra** the ravages of war; **los niños hacen ~s cuando los dejo solos** the children wreck everything *o* cause havoc if I leave them on their own

destrozón -zona *m,f* (fam): **eres un ~** you're always breaking things, you manage to mess up/break everything you lay your hands on

destrucción *f* destruction

destructible *adj* destructible

destructividad *f* destructiveness

destructivo -va *adj* destructive

destructor[1] -tora *adj* destructive

destructor[2] *m* destroyer

destruir [I20] *vt* **1** ‹*documentos/pruebas*› to destroy; ‹*ciudad*› to destroy; **productos que destruyen el medio ambiente** products that damage the environment **2** (echar por tierra) ‹*reputación*› to ruin; ‹*plan*› to ruin, wreck; ‹*esperanzas*› to dash, shatter; **los problemas económicos destruyeron su matrimonio** financial problems wrecked *o* ruined their marriage; **la droga está destruyendo muchas vidas** drugs are wrecking *o* ruining *o* destroying the lives of many people

destungarse [A3] *v pron* (Chi fam) to break one's neck

desubicación *f* (AmS) **1** (desplazamiento) displacement **2** (desorientación) confusion, disorientation

desubicado -da *adj* (AmS) **1** [ESTAR] (desplazado) out of position; **las vértebras estaban desubicadas** the vertebrae were out of position; **personas políticamente desubicadas** people who are unable to find a place within *o* who do not fit into the political framework **2** [ESTAR] (desorientado) confused, disoriented, disorientated (BrE); **se encontró solo y ~** he felt alone and disoriented *o* confused; **adolescentes ~s** directionless teenagers, teenagers who have no purpose in life **3** [SER] (en cuestiones sociales): **es tan ~** he just doesn't have a clue (colloq)

desubicar [A2] *vt* (AmS) to confuse, disorient, disorientate (BrE); **estas calles son tan parecidas que te desubican** these streets are so similar that you get disoriented *o* confused *o* you don't know where you are; **el tiro desubicó al arquero** the shot wrongfooted the goalkeeper

■ **desubicarse** *v pron* (AmS) **1** (desplazarse) to get (*o* move *etc*) out of position **2** (desorientarse) to get confused, to get disoriented *o* (BrE) disorientated

desudar [A1] *vt* to wipe the sweat off

desuello *m* skinning, flaying

desunión *f* lack of unity, disunity; **hay mucha ~ en el partido** there is serious disunity *o* a serious lack of unity within the party

desunir [I1] *vt* ‹*organización*› to divide, split, cause a split in; **el problema desunió a la familia** the problem caused a rift within the family

desurbanización *f* deurbanization

desusado -da *adj*

A (anticuado): **costumbres desusadas entre nosotros** customs we no longer observe, customs which have fallen into disuse in our society

B (insólito) unusual; **fue una reacción desusada en ella** it was most unusual for her to react like that

desuso *m* disuse; ***caer en*** **~** to fall into disuse; **una expresión/costumbre caída en ~** an expression/a custom which has fallen into disuse

desvaído -da *adj* **1** ‹*color*› faded, washed-out; ‹*forma/contorno*› blurred, vague **2** ‹*persona*› dull, drab, colorless*, insipid; ‹*obra/película*› dull, lackluster*

desvainar [A1] *vt* to shell

desvalido[1] -da *adj* helpless, destitute

desvalido[2] -da *m,f* helpless person; **los ~s** the destitute, the helpless

desvalijamiento *m* ransacking

desvalijar [A1] *vt* **1** ‹*casa/tienda*› to ransack **2** ‹*persona*› (robar) to rob; (en el juego) (fam) to clean … out (colloq); **dejamos la puerta abierta y nos ~on** (fam) we left the door open and they took everything *o* (colloq) they cleaned us out

desvalorización *f* (de la moneda) devaluation; (de propiedad) depreciation, drop in value

desvalorizar [A4] *vt* ‹*moneda*› to devalue

■ **desvalorizarse** *v pron* «*moneda*» to decrease in value; «*terreno/propiedad*» to depreciate, decrease in value

desván *m* attic, loft

desvanecer [E3] *vt* **1** (disipar) ‹*dudas/temores/sospechas*› to dispel **2** (desteñir) ‹*color*› to fade, make … fade **3** ‹*figura/contorno*› to blur

■ **desvanecerse** *v pron*

A **1** «*humo/nubes/niebla*» to clear, disperse; «*dudas/temores/sospechas*» to vanish, be dispelled; «*fantasma/visión*» to disappear, vanish; **los recuerdos del pasado no se han desvanecido** memories of the past have not faded; **así se desvaneció nuestra última esperanza** and so our last hope vanished *o* evaporated *o* was dashed **2** «*color*» to fade

B (Med) to faint

desvanecido -da *adj*

A (desmayado) in a faint; **cayó ~** she fainted, she fell in a faint

B **1** ‹*color*› faded **2** ‹*contorno*› blurred

C (arrogante) haughty, supercilious

desvanecimiento *m*

A (desmayo) faint; **tener** *or* **sufrir un ~** to faint; **tuvo** *or* **sufrió un ~ cuando le comunicaron la noticia** she fainted *o* she fell to the ground in a dead faint when she was told the news; **sufre frecuentes ~s** she is prone to fainting, she has *o* suffers frequent fainting fits

B **1** (de un color) fading **2** (de un contorno) blurring

C (arrogancia) haughtiness

desvariar [A17] *vi* **1** (Med) to be delirious **2** (decir tonterías) to talk nonsense, rave

desvarío *m* **1** (Med) delirium **2** **desvaríos** *mpl* (disparates) ravings (*pl*); **sus poemas eran los ~s de una mente trastornada** her poems were the ramblings *o* ravings of a disturbed mind; **no hay nada, sólo son ~s tuyos** there's nothing there, you're just imagining things

desvelado -da *adj*: **pasé la noche leyendo porque estaba ~** I spent the night reading because I couldn't sleep; **estoy ~ así que me voy a levantar** I'm wide *o* fully awake so I might as well get up

desvelar [A1] *vt*

A ‹*persona*› to keep … awake, stop … from sleeping

B (revelar) to reveal, disclose; (descubrir) to discover, uncover

■ **desvelarse** *v pron*

A (perder el sueño): **nos pusimos a hablar y me desvelé** we began talking and I felt wide awake again; **me desperté cuando llegó y me desvelé** I woke up when he arrived and I couldn't get back to sleep again; **no tomes tanto café que te vas a ~** don't drink so much coffee, it'll stop you sleeping *o* it'll keep you awake

B (desvivirse) **~se POR algo/algn**: **se desvela por que no les falte nada a sus hijos** she does her utmost *o* her very best to make sure her children have all they need; **yo me desvelo por él y así me lo agradece** I do my utmost for him *o* go out of my way for him and this is the thanks I get

desvelo *m*

A (insomnio) sleeplessness; **noches de ~** sleepless nights

B **desvelos** *mpl* (esfuerzos): **¡así me pagas todos mis ~s!** this is the thanks I get for my pains *o* for all I've done for you; **el fruto de sus ~s** the fruit of his efforts

desvencijado -da *adj* ‹*silla/cama*› rickety, dilapidated; ‹*coche*› dilapidated, beat-up (AmE colloq), clapped-out (BrE colloq); **la ventana quedó desvencijada** the window was almost off its hinges; **ha sido un día agotador, estoy ~** (fam) it's been an exhausting day, I'm whacked *o* dead beat *o* bushed (colloq)

desvencijar [A1] *vt*: **no saltes encima de la silla que la vas a ~** don't jump on the chair, it'll fall apart *o* you'll break it; **la caminata me ha desvencijado** (fam) that walk has worn me out (colloq), I'm whacked *o* dead beat after that walk (colloq)

■ **desvencijarse** *v pron* to fall apart, collapse

desvendar [A1] *vt* to unbandage, remove the bandages from

desventaja *f* disadvantage; **este método tiene sus ~s** this method has its drawbacks *o* disadvantages; **con una ~ de dos goles** two goals down; **al no saber idiomas está en ~** he's at a disadvantage not knowing any languages, not knowing any languages puts him at a disadvantage

desventajosamente *adv* unfavorably*

desventura *f* misfortune

desventurado -da *adj* ‹*día*› unfortunate; ‹*viaje*› ill-fated; ‹*matrimonio*› unhappy; **los ~s náufragos** the hapless castaways (liter)

desvergonzado[1] -da *adj* **1** (impúdico) shameless **2** (desfachatado) impertinent, impudent

desvergonzado[2] -da *m,f* **1** (impúdico): **es una coqueta y una desvergonzada** she's a flirt and a completely shameless one at that **2** (desfachatado): **eres un ~** you're very impertinent

desvestir [I14] *vt* to undress

■ **desvestirse** *v pron* to undress, get undressed; **se desvistió por completo** he took all his clothes off, he stripped off; **~se de la cintura para arriba** to strip to the waist

desviación *f*

A **1** (de un río) diversion **2** (de fondos) diversion **3** (Med) curvature; **una ~ de columna** a twisted spine, curvature of the spine **4** (Auto) (desvío) detour (AmE), diversion (BrE); (carretera de circunvalación) bypass **5** (de la brújula) deviation **6** (alejamiento) **~ DE algo** deviation FROM sth; **no tolera ninguna ~ de la línea del partido** he doesn't tolerate any departure from the party line

(Compuesto) **desviación estándar** *or* **normal** standard deviation

B (frml) (aberración) deviation

desviacionismo *m* deviationism

desviacionista *adj/mf* deviationist

desviadero *m* siding

desviado -da *adj* 1 ‹*ojo*› **tiene un ojo ~** he has a squint 2 ‹*conducta*› deviant

desviar [A17] *vt*

A ‹*tráfico*› to divert; ‹*río*› to alter the course of, divert; ‹*golpe/pelota*› to deflect, ward off, parry; **el avión/vuelo fue desviado a Detroit** the plane/flight was diverted to Detroit; **~ la conversación** to change the subject; **desvió la mirada** *or* **los ojos** he looked away, he averted his gaze *o* eyes

B (Fin) ‹*fondos*› to divert

C (apartar) **~ a algn DE algo**: **las malas compañías lo han desviado del buen camino** the bad company he keeps has led him astray; **no conseguirán ~me de mi propósito** they will not manage to deflect me from my goal

■ **desviar** *vi* to turn off

■ **desviarse** *v pron*

A «*carretera*» to branch off; «*vehículo*» to turn off; **donde la carretera se desvía hacia la frontera** where the road branches off toward(s) the border; **el coche se desvió hacia el centro de la ciudad** the car turned off toward(s) the city center; **la conversación se desvió hacia otros temas** the conversation turned to other things

B «*persona*»: **~se DE algo** to stray OFF sth; **nos desviamos del camino y nos perdimos** we went off *o* strayed off the path and got lost; **se han desviado de su programa original** they have strayed from their original plan; **nos estamos desviando del tema** we're getting off the point *o* going off at a tangent *o* getting sidetracked, we're digressing

desvincular [A1] *vt* **~ algo/A algn DE algo** to dissociate sth/sb FROM sth; **intentó ~ a su grupo de estos sucesos** she tried to dissociate her group from these events

■ **desvincularse** *v pron* **~se DE algn/algo** to dissociate oneself FROM sth/sb; **se ha ido desvinculando de sus antiguos socios** he has been dissociating himself from *o* distancing himself from *o* cutting his links with his ex-partners; **está desvinculado de toda actividad política** he is no longer involved in any political activity

desvío *m* 1 (por obras) detour (AmE), diversion (BrE); Ⓢ **desvío provisional por obras** temporary diversion owing to roadworks; **tomaremos un ~** we'll make a detour; ***por el ~*** (Chi fam): **me echaron por el ~** they led me up the garden path; **se fue por el ~** she went off at a tangent 2 (Esp) (salida, carretera): **toma el ~ de Algete** take the road to *o* turning for Algete

desvirgar [A3] *vt* to deflower (liter)

desvirtuar [A18] *vt*

A (tergiversar, alterar) ‹*verdad/hechos*› to distort; **la traducción desvirtúa totalmente el sentido del original** the translation completely distorts *o* alters the sense of the original; **el periódico desvirtuó sus declaraciones** the newspaper misrepresented what he had said *o* distorted his words

B 1 (anular) ‹*argumento*› to disprove; ‹*sospecha*› to prove … to be unfounded 2 (debilitar) ‹*argumento*› to detract from

desvitalizar [A4] *vt* to drain the life from

desvivirse [I1] *v pron* **~ POR algn** to be completely devoted TO sb; **se desvive por sus hijos** she's completely devoted to her children; **~ POR + INF** to do one's utmost to + INF; **se desvive por vernos contentos** she does everything she can *o* she does her utmost *o* she goes out of her way *o* she goes to enormous lengths to make us happy

desyerbar [A1] *vt* to weed

detall /de'tal/, **detal** *m* ▸ **detalle C1**

detalladamente *adv* in detail

detallado -da *adj* ‹*factura/cuenta*› itemized, detailed; ‹*estudio/descripción*› detailed

detallar [A1] *vt* to detail; **no pierdas el tiempo detallando pormenores** don't waste time on details

■ **detallar** *vi* to go into detail

detalle *m*

A 1 (pormenor) detail; **sin entrar en ~s** without going into details; **describe el paisaje con todo ~** he describes the scenery in great detail; **para más ~s, diríjase a la oficina de información** for further details, please apply to the information office; **es muy simpática y para más ~s soltera** she's very nice and, not only that *o* what's more, she's single; **no perdimos ~ de lo que pasó** we didn't miss a thing; **no me dio ~s** he didn't go into detail 2 (elemento decorativo) detail; **los ~s de la bóveda son de estilo mozárabe** the detail on the dome is Mozarabic in style; **chaqueta de lana con ~s en cuero** woollen jacket with leather trimmings

B 1 (pequeño regalo): **siempre que viene trae algún ~** whenever he comes he brings a little gift *o* a little something 2 (atención, gesto) nice (*o* thoughtful *etc*) gesture; **¡qué ~! se acordó de mi cumpleaños** how thoughtful *o* sweet of her to remember my birthday!; **tuvo el ~ de llamar para ver cómo me había ido** he phoned to see how I had got on, which was very thoughtful of him; **¡qué ~! dejarme una flor en el escritorio** what a nice touch *o* gesture, she left me a flower on my desk; **era una persona llena de ~s** he was full of thoughtful little gestures

C (Com) 1 **al detalle** retail; **vender al ~** to sell retail; **venta al ~** retail sale 2 (especificación) detail; **los ~s** the details *o* specifications

detallismo *m* attention to detail; **un hombre de un ~ increíble** a man who pays incredible attention to detail

detallista[1] *adj*

A 1 (minucioso) precise, meticulous, perfectionist 2 (atento) thoughtful, considerate; **¡qué poco ~ eres! le podías haber llevado unas flores** you're not very thoughtful, you might have taken her some flowers

B (Com) retail (*before n*)

detallista[2] *mf*

A (persona minuciosa) perfectionist

B (Com) retailer

detalloso -sa *adj* (Per fam) vain

detección *f* detection

detectable *adj* detectable

detectar [A1] *vt* to detect; **el tumor le fue detectado hace algunos meses** the tumor was detected *o* discovered a few months ago; **las investigaciones ~on la existencia de cuentas clandestinas** the investigations revealed the existence of secret accounts; **el grupo de traficantes más importante de los detectados hasta ahora** the most important drug-trafficking ring uncovered so far

detective *mf* detective

(Compuesto) **detective privado** private detective

detectivesco -ca *adj* ‹*historia/novela*› detective (*before n*); **tiene tendencias detectivescas** (hum) he's a Sherlock Holmes in the making (hum), he'd make a good detective

detector *m* detector

(Compuestos)

- **detector de explosivos** explosives detector
- **detector de humo** smoke detector, smoke alarm
- **detector de incendios** smoke detector
- **detector de mentiras** lie detector
- **detector de metales** metal detector
- **detector de minas** mine detector
- **detector de virus** (Inf) virus checker

detención *f*

A (arresto) arrest; (encarcelamiento) detention

(Compuestos)

- **detención domiciliaria** house arrest
- **detención ilegal** unlawful arrest *o* detention
- **detención preventiva** police custody
- **detención sin cargos** detention without charge

B 1 (parada): **provocó la ~ del tren** it brought the train to a halt, it stopped the train; **la falta de fondos provocó la ~ del proyecto** the project was halted because of lack of funds 2 ▸ **detenimiento**

detener [E27] *vt*

A (parar) ‹*vehículo/máquina*› to stop; ‹*trámite/proceso*› to halt; ‹*hemorragia*› to stop, staunch; **~ el avance del enemigo** to halt the enemy advance; **~ el avance de la enfermedad** to curb *o* check *o* arrest the development of the disease; **vete si quieres, nadie te detiene** go if you want, nobody's stopping you

B (arrestar) to arrest; (encarcelar) to detain; **¡queda usted detenido!** you're under arrest!

C (Dep) ‹*gol/lanzamiento*› to save; (balón) to stop

■ **detenerse** *v pron* 1 (pararse) «*vehículo/persona*» to stop; **ven directo a casa, sin ~te en el camino** come straight home without stopping off on the way; **~se A + INF** to stop to + INF; **¿te has detenido a pensar en las consecuencias?** have you stopped to consider the consequences? 2 (tomar mucho tiempo): **me detuve arreglando el escritorio y perdí el tren** I hung around tidying my desk and I missed the train; **~se EN algo**: **hay que ir al grano sin ~se en lo accesorio** we have to get to the point without dwelling on incidentals; **no te detengas en la introducción** don't waste time *o* spend too much time on the introduction

detenidamente *adv* at length; **estudiaron ~ la propuesta** they studied the proposal at length *o* thoroughly; **la miró larga y ~** he looked at her long and hard

detenido[1] **-da** *adj* 1 ‹*vehículo/tráfico*› held up; **el tráfico estaba ~ a causa de la manifestación** traffic was held up because of the demonstration 2 ‹*investigación/estudio*› detailed, thorough, careful 3 (Der): **las personas detenidas** those arrested, those under arrest, those detained

detenido[2] **-da** *m,f* arrested person, person under arrest; (durante un período más largo) detainee, person held in custody; **los ~s fueron conducidos a la comisaría** those arrested *o* those under arrest were taken to the police station

(Compuestos)

- **detenido desaparecido** missing detainee
- **detenido político** political detainee *o* prisoner

detenimiento *m*: **estudiaré su propuesta con ~** I will study your proposal carefully *o* in detail

detentar [A1] *vt* (period) 1 ‹*poder/título*› to hold 2 ‹*récord*› to hold

detentor -ora *m,f* (Dep) (period) holder; **el ~ del récord mundial** the world record holder

detergente[1] *adj*: **la acción ~ del producto** the cleaning *o* (frml) detersive action of the product

detergente[2] *m* 1 (para la ropa) detergent, laundry soap (AmE), washing powder/liquid (BrE) 2 (Bol, CS) (para la vajilla) detergent, dish soap (AmE), dishwashing liquid (AmE), washing-up liquid (BrE)

deteriorado -da *adj* ‹*mercancías*› damaged; ‹*edificio*› dilapidated, run down; **es una mesa bonita pero está muy deteriorada** it's a nice table but it's in very bad condition

deteriorar [A1] *vt* ‹*relaciones/salud/situación*› **los conflictos laborales han deteriorado nuestras relaciones** the labor disputes have damaged our relations, the labor disputes have caused relations between us to deteriorate; **la situación económica se ha visto deteriorada por estos conflictos** the economic situation has been considerably worsened by these conflicts

■ **deteriorarse** *v pron* «*relaciones/salud/situación*» to deteriorate, worsen; **las relaciones entre los dos países se han ido deteriorando** relations between the two countries have been deteriorating *o* worsening *o* getting worse and worse; **las mercancías se habían deteriorado en el viaje** the goods had been damaged in transit

deterioro *m* 1 (de un edificio, muebles) deterioration, wear 2 (empeoramiento) deterioration, worsening; **el ~ de las relaciones entre los dos países** the deterioration in relations *o* the worsening of relations between the two countries; **su salud ha sufrido un considerable ~** his health has deteriorated considerably; **el ~ de la calidad de la enseñanza** the decline in the quality of education

determinable *adj* determinable

determinación *f*

A **1** (cualidad) determination, resolve **2** (decisión, resolución) decision; **tomar una ~** to make a decision

B (establecimiento, fijación) establishment; **para la ~ de las causas del accidente** in order to determine *o* establish the causes of the accident

determinado -da *adj*

A (definido, preciso) ‹*fecha/lugar*› certain; **quedaron en encontrarse en un lugar ~ y no apareció** they agreed to meet at a certain *o* given place but she didn't show up; **en ~ momento me di cuenta de que se había ido** at a certain point I realized that she had gone; **en determinadas circunstancias** in certain circumstances; **de una manera determinada** in a certain *o* particular way; **si se excede una determinada dosis** if a particular dosage is exceeded; ▸**artículo**

B ‹*persona/actitud*› determined, resolute

determinante[1] *adj*: **el mal tiempo fue la causa ~ del accidente** the bad weather was the main cause of *o* the determining factor in the accident; **el factor ~ de nuestra decisión** the deciding factor in our decision

determinante[2] *m* **1** (Mat) determinant **2** (Ling) determiner

determinar [A1] *vt*

A (establecer, precisar) **1** «*ley/contrato*» to state; «*persona*» to determine; **aún no han determinado las pautas a seguir** the guidelines still haven't been determined *o* laid down **2** (por deducción) to establish, determine; **~ las causas del accidente** to determine *o* establish what caused the accident; **de estos datos se puede ~ el costo** the cost can be worked out *o* determined from this information; **se ha determinado que ...** it has been established that ...

B (motivar) to cause, bring about; **las circunstancias que ~on la caída del imperio** the circumstances which brought about *o* caused the fall of the empire; **ha determinado un desplazamiento hacia las afueras** it has led many people to move *o* has led to many people moving to the outskirts

C **1** (decidir) «*persona*»: **~ + INF** to decide *o* (frml) determine to + INF; **~on tomar medidas al respecto** they decided *o* determined to take measures to deal with it **2** (hacer decidir) **~ a algn A + INF** to make sb decide to + INF, to decide *o* determine sb to + INF (frml); **la oposición de sus padres lo determinó a hacerlo** his parents' opposition made him decide to do it, his parents' opposition decided *o* determined him to do it

■ **determinarse** *v pron* to decide; **debes ~te por una u otra opción** you must decide *o* make up your mind one way or the other

determinativo[1] **-va** *adj* determinative

determinativo[2] *m* determiner, determinative

determinismo *m* determinism

determinista[1] *adj* deterministic

determinista[2] *mf* determinist

detersión *f* cleansing, detersive action (frml)

detestable *adj* ‹*persona/carácter*› hateful, detestable, odious (frml); ‹*proceder*› abominable, atrocious

detestar [A1] *vt* to hate, detest; **detesto esta ciudad/este clima** I hate *o* detest *o* loathe this city/this climate, I can't stand this city/this climate

detiene, detienes, etc ▸**detener**

detonación *f* **1** (ruido) explosion; (acción) detonation **2** (Auto) (de un motor) backfire

detonador *m* detonator

detonante[1] *adj* **1** ‹*mezcla*› explosive **2** ‹*efecto*› explosive

detonante[2] *m* **1** (explosivo) explosive **2** (causa): **el ~ que provocó las protestas** what sparked off *o* triggered the protests, the trigger which sparked off the protests

detonar [A1] *vi* to detonate, explode; **hicieron ~ la bomba** they detonated the bomb

detractor -tora *m,f* detractor, critic

detraer [E23] *vt* to deduct; **~ fondos/un porcentaje** to deduct funds/a percentage

detrás *adv*

A (lugar, parte) [*Latin American Spanish also uses* ▸**atrás** *in this sense*] **iba corriendo ~** he ran along behind; **el jardín de ~** the back garden; **se abrocha por ~** it does up at the back; **por ~ no para de criticarla** he's always criticizing her behind her back

B **detrás de** (*loc prep*) behind; **~ de la casa** at the back of the house, behind the house; **~ de la puerta** behind the door; **~ de mí/ti/él** *or* (crit) **~ mío/tuyo/suyo** behind me/you/him; **fumaba un cigarrillo ~ de otro** he smoked one cigarette after another; **las razones que había ~ de su decisión** the reasons that lay behind his decision; **pasó el cable por ~ del sofá** he ran the wire behind the sofa *o* around the back of the sofa; ***andar ~ de algo/algn*** to be after sth/sb; **llevo meses ~ de unos zapatos verdes** I've been after *o* I've been looking for a pair of green shoes for months; **como tiene dinero todos le andan ~** because he has money everyone wants to know him

detrimento *m* detriment; **en ~ de** to the detriment of; **se obtienen bajos costos en ~ de la calidad** low costs are achieved at the expense of quality *o* to the detriment of quality

detritus (*pl* ~), **detrito** *m* **1** (Geol) detritus **2** **detritus** *mpl* (desechos, residuos) debris, detritus (frml)

detuve, detuvo, etc ▸**detener**

deuda *f* **1** (Com, Fin) debt; **pagar** *or* **saldar una ~** to pay (off) a debt; **contraer una ~** to run up *o* (frml) contract a debt; **se cargaron** *or* **llenaron de ~s para poder comprar la casa** they got themselves heavily into debt to buy the house; **tiene ~s de varios millones de pesos** he has debts of several million pesos, he is several million pesos in debt; **logré salir de ~s** I cleared *o* paid off all my debts, I got out of debt **2** (compromiso moral) **~ CON algn**: **estoy en ~ con usted** I am indebted to you; **ha pagado su ~ con la sociedad** she has paid her debt to society **3** (Relig): **perdónanos nuestras ~s** forgive us our trespasses

(Compuestos)

- **deuda consolidada** funded *o* consolidated debt
- **deuda de guerra** war debt
- **deuda del Estado** (títulos emitidos) government stock; (suma adeudada) public sector borrowing
- **deuda externa** foreign debt
- **deuda flotante** floating debt
- **deuda nacional** national debt
- **deuda privada** corporate *o* private debt
- **deuda pública** national debt
- **deudas incobrables** *fpl* bad debts (*pl*)
- **deudas morosas** *fpl* doubtful debts (*pl*)
- **deuda soberana** sovereign debt
- **deuda subordinada** subordinated debt

deudor[1] **-dora** *adj* debtor (*before n*); **la empresa ~a** the debtor company; **la parte ~a** the debtor/debtors

deudor[2] **-dora** *m,f* debtor

(Compuesto) **deudor moroso** defaulter, slow payer

deudos *mpl* (frml): **su esposa, hijos y demás ~** his wife, children and other relatives; **ofrecer sus condolencias a los ~** to offer one's condolences to the family of the deceased

deus ex machina /deus eks 'makina/ *m* (frml) deus ex machina

deuterio *m* deuterium

Deuteronomio **el ~** Deuteronomy

devaluación *f* devaluation

devaluar [A18] *vt* to devalue; **la última vez que se devaluó el peso** the last time the peso was devalued

■ **devaluarse** *v pron* «*moneda*» to fall; «*terrenos/propiedad*» to depreciate, fall in value; **el peso se ha devaluado con la crisis** the peso has fallen because of the crisis; **estos terrenos se han devaluado en los últimos años** this land has fallen in value *o* depreciated in the last few years

devanadera *f* reel, spool

devanado *m* **1** (Elec) winding **2** (de hilo, lana) winding (*into a ball*)

devanadora *f* **1** (de una máquina de coser) bobbin **2** (Col, RPl) (devanadera) reel

devanar [A1] *vt* **1** ‹*hilo/lana/alambre*› to wind **2** ‹*madeja*› **hay que ~ la madeja** you have to wind the wool into a ball; ▸**seso**

devaneo *m* **1** (amorío) affair; (pasajero) fling **2** (pasatiempo frívolo) idle pursuit; **déjate de ~s** stop wasting your time, stop dabbling in idle pursuits

devastación *f* devastation

devastador -dora *adj* ‹*tormenta/incendio/guerra*› devastating; **las consecuencias psicológicas pueden ser ~as** the psychological consequences can be devastating

devastar [A1] *vt* to devastate

develamiento *m* (AmL) **1** (de un secreto) revelation, disclosure **2** (de un monumento) unveiling

develar [A1] *vt* (AmL) **1** ‹*secreto*› to reveal, disclose; ‹*misterio*› to uncover **2** ‹*monumento/placa*› to unveil

devengar [A3] *vt* ‹*beneficios*› to yield; **esta cuenta devenga un interés mínimo** this account earns *o* pays very little interest; **el interés devengado hasta la fecha** the interest earned *o* accrued to date; **jornales devengados** wages due

devengo *m* (ingresos) accrued income; (intereses) accrued interest; (cantidad adeudada) amount due

devenir[1] [I31] *vi* (liter) to become; **cuando la promesa deviene realidad** when the promise becomes reality

devenir[2] *m* **1** (Fil) becoming **2** (liter) (desarrollo) evolution

devis, (Méx fam): **de a ~** (*loc adv*) really, honestly

devoción *f* **1** (Relig) devotion; **rezar con ~** to pray devoutly; ▸**santo**[2] **2** (amor, fervor) devotion; **lo quiere con ~** she's devoted to him; **siente gran ~ por sus hijos** she's devoted to her children; ***tener por ~*** ‹*imagen*› to worship; ‹*actividad*› to be in the habit of **3** **devociones** *fpl* (oraciones) prayers (*pl*)

devocionario *m* prayer book

devolución *f* **1** (de un artículo) return; (de dinero) refund; **S** **no se admiten devoluciones** goods may not be exchanged, no refunds given; **no hacemos ~ del dinero** no refunds will be given, we do not give cash refunds; **exijo la inmediata ~ de mis documentos** I demand the immediate return of my papers **2** (Espec) return, returned ticket

devolver [E11] *vt*

A **1** (restituir) ‹*objeto prestado*› to return, give back; ‹*dinero*› to give back; ‹*envase*› to return, take back; **tengo que ~ los libros a la biblioteca** I have to take the books back to the library; **si le quedara grande la puede ~** if it's too big you can bring/take it back; **~ al remitente** return to sender; **devuélvelo a su lugar** put it back in its place; (+ *me/te/le etc*): **me devolvieron los documentos, pero no el dinero** I got my papers back, but not the money; **¿me podrías ~ el dinero que te presté?** could you give *o* pay me back the money I lent you?; **lo llevé a la tienda y me devolvieron el dinero** I took it back to the shop and they gave me my money back *o* they refunded my money *o* they gave me a refund; **le di diez pesos, me tiene que ~ dos** I gave you ten pesos, you need to give me two back;

el teléfono me devolvía las monedas the telephone kept rejecting my coins; **la operación le devolvió la vista** the operation restored his sight *o* gave him back his sight; **el espejo le devolvió una imagen triste** (liter) it was a sad figure that he saw reflected in the mirror (liter); **aquel triunfo le devolvió la confianza en sí mismo** that triumph gave him back his self-confidence [2] ‹*preso*› to return; ‹*refugiado*› to return, send back [3] (Fin) ‹*letra*› to return

[B] (corresponder) ‹*visita/favor/invitación*› to return; **algún día podré ~te este favor** I'll return the favor one day, I'll do the same for you one day; **ya es hora de que les devolvamos la invitación** it's time we had them back *o* returned their invitation

[C] (vomitar) to bring up, throw up (colloq)

■ **devolver** *vi* to bring up, be sick (BrE), to throw up (colloq); **tengo ganas de ~** I feel nauseous *o* (BrE) sick, I feel as if I'm going to be sick (colloq)

■ **devolverse** *v pron* (AmL exc RPl) (regresar) to go/come/turn back

devónico -ca, **devoniano -na** *adj* Devonian

devorador -dora *adj* ‹*pasión*› all-consuming; **el fuego ~ del infierno** (liter) the flames of Hell that will engulf you *o* swallow you up (liter); **tengo un hambre ~a** I'm ravenous; **atenazados por unos impuestos ~es** beset by crippling taxes

devoradora de hombres *f* (fam & hum) man-eater (colloq & hum)

devorar [A1] *vt* [1] (comer) «*animal*» to devour; «*persona*» to devour, wolf down (colloq); **devoró toda la comida en minutos** he devoured the meal *o* wolfed the meal down in no time; **tengo tanta hambre que soy capaz de ~ un buey** I'm so hungry I could eat a horse (set phrase); **~ a algn con los ojos** *or* **la mirada** *or* **la vista** to devour sb with one's eyes (colloq); **devora cuanto libro cae en sus manos** he devours any book he gets his hands on; **me ~on los mosquitos** I was eaten alive by the mosquitoes (colloq) [2] (consumir) «*celos/pasión*» to consume; **lo devora la pasión** he is consumed with passion; **fue devorado por las llamas** it was devoured *o* engulfed *o* consumed by the flames

■ **devorar** *vi*: **este niño no come, devora** this boy doesn't just eat his food, he devours it *o* (colloq) wolfs it down

■ **devorarse** *v pron* (enf) ‹*comida/libros*› to devour

devoré *m* (Tex) devoré

devotamente *adv* devoutly

devoto[1] -ta *adj* ‹*persona*› devout; ‹*estampa/lugar/obra*› devotional; **es muy ~ de la Virgen** he's a devout follower of the Virgin

devoto[2] -ta *m,f* [1] (Relig) **~ DE algn** devotee OF sb; **es un ~ de San Juan** he is a devotee of Saint John [2] (aficionado) **~ DE algo** devotee OF sth; **los ~s de la música clásica** devotees of classical music; **~ DE algn** admirer OF sb; **los ~s del famoso tenor** admirers of the famous tenor

devuelto *m* (fam) vomit, puke (colloq)

devuelva, devuelvas, etc ▸ **devolver**

dextrina *f* dextrin*

dextrosa *f* dextrose

deyección *f* [1] (Fisiol, Med) (defecación) bowel movement; (excremento) faeces (*pl*) [2] (Geol) ejecta

DF *m* (en Méx) = **Distrito Federal**

DG[1] *fpl* (UE) = **Direcciones Generales**

DG[2] *m,f* (= **director/directora general**) DG

DGE *f* (en Méx) = **Dirección General de Estadística**

DGI *f* (en Arg, Ur) = **Dirección General Impositiva**

DGP y T *f* (en Méx) = **Dirección General de Policía y Tránsito**

DGS *f* (en Esp) [1] = **Dirección General de Seguridad** [2] = **Dirección General de Sanidad**

DGT *f* (en Esp) = **Dirección General de Tráfico**

di ▸ **dar**, **decir[2]**

día *m*

[A] [1] (veinticuatro horas) day; **¿qué ~ es hoy?** what day is it today?; **todos los ~s** every day; **no es algo que pase todos los ~s** it's not something that happens every day, it's not an everyday occurrence; **el ~ anterior** the day before, the previous day; **el ~ siguiente era domingo** the next *o* the following day was Sunday; **al ~ siguiente** *or* **al otro ~ volvió a suceder** it happened again the following *o* the next day; **el ~ de ayer/hoy** (frml) yesterday/today; **una vez/dos veces al ~** once/twice a day; **trabaja doce horas por ~** she works twelve hours a day, she works a twelve-hour day; **un ~ sí y otro no** every other day, on alternate days; **~ (de) por medio** (AmL) every other day, on alternate days; **dentro de ocho ~s** in a week; **dentro de quince ~s** in two weeks *o* (BrE) a fortnight; **el otro ~ la vi** I saw her the other day; **está cada ~ más delgado** he gets thinner every day *o* with every day that passes; **viene cada ~ a quejarse** he comes here every day to complain; **el pan nuestro de cada ~** our daily bread; **la lucha de cada ~** the daily struggle; **buenos ~s** *or* (RPl) **buen ~** good morning; **~ a ~ lo veía envejecer** day by day she saw him getting older; **le entregaba ~ a ~ una cantidad determinada** he gave her a certain amount of money every day *o* daily *o* on a daily basis; **~ tras ~** day after day; ***al ~*: ¿tienes el trabajo al ~?** is your work all up to date?; **estoy al ~ en los pagos** I'm up to date with the payments; **está siempre al ~ con las noticias** he's always well up on the news; **ponga al ~ su correspondencia** bring your correspondence up to date; **ponerse al ~ con algo** (con las noticias) to get up to date with sth; (con el trabajo) to catch up on sth; **el ~ a ~** the daily round *o* routine; ***(de) tal ~ hará un año*** see if I/we care; ***de un ~ para otro*** overnight, from one day to the next; ***~ y noche*** day and night, continually; ***hoy en ~*** nowadays, these days; ***mantenerse al ~*** to keep abreast of things, keep up to date; ***todo el santo ~*** all day long; **se pasa todo el santo ~ hablando por teléfono** he's on the phone all day long, he spends the whole day on the phone [2] (jornada) day; **trabajan cuatro ~s a la semana** they work four days a week, they work a four-day week; **un ~ laborable de 8 horas** an eight-hour working day [3] ▸ **❶ p.371**; (fecha): **la reunión que tuvo lugar el ~ 17** the meeting which took place on the 17th; **empieza el ~ dos** it starts on the second; **hasta el ~ 5 de junio** until June fifth, until the fifth of June; **pan del ~** fresh bread, bread baked today; ***vivir al ~*** to live from hand to mouth; ▸ **orden[2]**, **menú**

(Compuestos)

- **día azul** (en Esp) blue day (*when cheaper fares are available*)
- **día de ajuste de cuentas** day of reckoning
- **día de Año Nuevo**: **el ~ de Año Nuevo** New Year's Day
- **día de asueto** day off
- **día de diario** weekday
- **día de entrega** (de pedido) delivery date; (de trabajo, tarea) deadline; (de solicitudes) closing date; **el ~ de entrega de regalos es el 24 de diciembre** the date for giving presents is December 24
- **día de entresemana** weekday
- **día de la expiación** day of atonement
- **día de fiesta** holiday
- **día de la Hispanidad**: **el ~ de la ~** (Esp) Columbus Day ▸ **Día de la Raza**
- **día de la independencia** independence day
- **día de la madre** Mother's Day
- **día de la raza** (AmL): **el ~ de la ~** Columbus Day; ▸ **Día de la Raza**
- **día del juicio final**: **el ~ del juicio final** Judgment Day, the Day of Judgment
- **día del libro** (national) book day
- **día del orgullo gay** gay pride day
- **día del Señor**: **el ~ del ~** the Lord's Day
- **día del trabajo** *or* **de los trabajadores**: **el ~ del ~** Labor* day; ▸ **Día del Trabajo**
- **día de los difuntos** (Esp): **el ~ de los ~** All Souls' Day; ▸ **Día de todos los Santos** *or* (*in Spain*) **de los Difuntos** *or* (*in Latin America*) **de los Muertos**
- **día de los enamorados** (St) Valentine's Day
- **día de los inocentes** December 28 (*day when people play practical jokes on each other*), ≈ April Fool's Day; ▸ **Día de los (Santos) Inocentes**
- **día de los muertos** (AmL): **el ~ de los ~** All Souls' Day; ▸ **Día de todos los Santos** *or* (*in Spain*) **de los Difuntos** *or* (*in Latin America*) **de los Muertos**
- **día de Reyes**: **el ~ de ~** Epiphany
- **día de San Valentín**: **el ~ de San Valentín** (St) Valentine's Day
- **día de todos los santos**: **el ~ de ~ los ~** All Saints' Day; ▸ **Día de todos los Santos**, *or* (*in Spain*), **de los Difuntos**, *or* (*in Latin America*), **de los Muertos**
- **día de vencimiento** (de carnet, licencia) expiration date (AmE), expiry date (BrE); (de intereses, letra, pago) due date; (de plazo) closing date
- **día festivo** *or* (AmL tb) **feriado** public holiday
- **día hábil** working day
- **día laborable** working day
- **día lectivo** school (*o* college *etc*) day
- **día libre** (sin trabajo) day off; (sin compromisos) free day
- **día sandwich** (CS) *day taken as vacation between two public holidays*
- **día sidéreo** sidereal day
- **día solar** solar day
- **días naturales** calendar days

[B] (horas de luz) day; **duerme durante el ~** it sleeps during the day *o* daytime; **ya era de ~** it was already light *o* day; **al caer el ~** at dusk, at twilight; **nunca ve la luz del ~** he never sees the daylight; **en pleno ~** in broad daylight; **de ~ claro** (Chi) in broad daylight

[C] (tiempo indeterminado) day; **tienes que pasar por casa un ~** you must drop in sometime *o* some day *o* one day; **si un ~ te aburres y te quieres ir ...** if one day you get fed up and you want to leave ...; **ya me lo agradecerás algún ~** you'll thank me for it one day; **el ~ que tengas hijos, sabrás lo que es** when you have children of your own, you'll know just what it involves; **¿cuándo será el ~ que te vea entusiasmada?** when will I ever see you show some enthusiasm?; **si el plan se realiza algún ~** if the plan is ever put into effect, if the plan is one day put into effect; **lo haremos otro ~** we'll do it another *o* some other time; **cualquier ~ de estos** any day now; **un ~ de estos** one of these days; **¡hasta otro ~!** so long!, see you!; ***¡cualquier ~!*** (iró): **podríamos invitarlos a cenar — ¡cualquier ~!** we could have them round for dinner — over my dead body!; **cualquier ~ vuelvo yo a prestarle el coche** that's the last time I lend him the car, no way will I ever lend him the car again! (colloq); **quizás nos ofrece más dinero — ¡cualquier ~!** maybe he'll offer us more money — sure, and pigs might fly! (iro); ***el ~ menos pensado*** when you least expect it; ***en su ~*:** **compraremos las provisiones en su ~** we'll buy our supplies later on *o* in due course; **dio lugar a un gran escándalo en su ~** it caused a huge scandal in its day *o* time; ***un buen ~*** one fine day

[D] **días** *mpl* (vida, tiempo) days (*pl*); **tiene los ~s contados** his days are numbered, he won't last long; **desde el siglo XVII hasta nuestros ~s** from the 17th Century to the present day; **en ~s de tu bisabuelo** back in your great-grandfather's day *o* time; ***estar en sus ~s*** (Méx fam) to have one's period

[E] (tiempo atmosférico) day; **hace un ~ nublado/**

caluroso it's a cloudy/hot day, it's cloudy/hot

Día de la Hispanidad
▸Día de la Raza

Día de la Raza
In Latin America, the anniversary of Columbus's discovery of America, October 12. In Spain it is known as *día de la Hispanidad* . It symbolizes the cultural ties shared by Spanish-speaking countries.

d

Día de los (Santos) Inocentes
On December 28 people in the Spanish-speaking world celebrate the Feast of the Holy Innocents, a religious festival commemorating the New Testament story of the massacre of the "Innocents", by playing practical jokes, or *inocentadas*, on one another. The classic *inocentada* is to hang paper dolls on someone's back without their knowing. Spoof news stories also appear in newspapers and the media.

Día del Trabajo
In Latin America and Spain, Labor Day is celebrated on May Day. In many Latin American countries, where workers still suffer greatly from low wages and bad working conditions, May Day celebrations often have strong overtones of protest.

Día de todos los Santos *or (in Spain)* **de los Difuntos** *or (in Latin America)* **de los Muertos**
Celebrated on November 1, is a day on when people place flowers on the graves of loved ones. In Mexico it is common to hold a party by the grave. A feast is prepared, in which the dead person is symbolically included.

diabetes *f* diabetes
diabético -ca *adj/m,f* diabetic
diabetis *f* (crit) ▸**diabetes**
diabla *f* (Chi fam) whore, hooker (AmE colloq), tart (BrE colloq)
diablesa *f* she-devil
diablillo *m* (fam) scamp (colloq), imp (colloq)
diablo[1] **-bla** *adj* (Chi fam) 1 (avispado) smart (colloq) 2 ‹*mujer*› loose
diablo[2] *m*
A (demonio) devil; **este niño es el mismo ~** this child is a real devil *o* the devil himself; **es un diablillo, no para de hacer travesuras** he's a little devil, he's always up to something; ***como* (el *or* un)** ~ like crazy *o* mad (colloq); **me duele como (el** *or* **un)** ~ it hurts like crazy *o* mad, it hurts like hell (sl); **corrió como un ~** he ran like the devil *o* like crazy *o* like mad; (fam): ***del ~*** *or* ***de todos los ~s*** *or* ***de mil ~s*** (fam) devilish (colloq); **está de un humor de mil ~s** she's in a devil of a mood *o* in a filthy mood (colloq); **hace un calor de todos los ~s** it's sweltering (colloq); **nos hizo un tiempo del ~** we had hellish *o* foul *o* terrible weather (colloq); ***donde el ~ perdió el poncho*** (AmS fam) (en un lugar — aislado) in the back of beyond; (— lejano) miles away (colloq); ***irse al ~*** (fam): **todos mis planes se fueron al ~** all my plans went up in smoke (colloq); **¡vete al ~!** go to hell! (colloq); ***mandar a algn al ~*** (fam) to tell sb to go to hell (colloq); ***mandar algo al ~*** (fam) to pack *o* (BrE) chuck sth in (colloq); ***tener el ~ en el cuerpo*** to be a devil; ▸**tentar**; ***el ~ las carga*** don't play with guns; ***más sabe el ~ por viejo que por ~*** there's no substitute for experience; ***más vale ~ conocido que ciento*** (Chi) *or* (Arg) ***santo por conocer*** better the devil you know than the devil you don't
(Compuesto) **diablos azules** *mpl* (Andes fam) pink elephants (*pl*) (hum)
B (fam) (uso expletivo): **¿cómo ~s se habrá enterado?** how the hell can he have found out? (colloq); **¿qué ~s haces tú aquí?** what the hell are you doing here? (colloq); **¿y tú quién ~s eres para darme órdenes?** who do you think you are, ordering me around like that?, and who the hell are you to boss me around? (colloq)
diablura *f* (fam) prank; **se pasa el día haciendo ~s** she spends the whole day getting up to mischief
diabólicamente *adv* diabolically, fiendishly
diabólico -ca *adj* 1 (del diablo) diabolic, satanic 2 ‹*persona*› evil; ‹*plan/intenciones*› devilish, fiendish, evil
diábolo *m* diabolo
diaconato *m* diaconate, deaconship
diaconía *f* (territorio) deaconry; (casa) deacon's house
diaconisa *f* deaconess
diácono *m* deacon
diacrítico[1] **-ca** *adj* 1 (Ling) diacritical, diacritic 2 (Med) diacritic
diacrítico[2] *m* diacritic
diacrónico -ca *adj* diachronic

Diada Nacional de Catalunya
The Catalan national day, September 11. The *Diada* celebrates the historical development of the Catalan government, the *Generalitat*, which has been abolished and restored several times and is symbolic of Catalan nationalism. On this day *senyeras*, Catalan national flags, are flown from many houses and official buildings. Flowers are laid at the monument to Rafael de Casanovas, who died defending Catalan freedom against centralist Spain, and the national anthem of Catalonia, *Els Segadors*, is sung.

diadema *f* 1 (corona) crown, diadem 2 (media corona) tiara 3 (para el pelo) hair-band 4 (de flores) garland
diafanidad *f* 1 (del agua) clarity 2 (de una habitación, luz) brightness 3 (de porcelana) translucence
diáfano -na *adj*
A (liter) 1 ‹*agua*› crystal clear, limpid (liter), crystalline (liter); **sus ~s ojos azules** her clear blue eyes 2 ‹*luz*› bright; **un cielo/un día ~** a clear sky/day; **una habitación diáfana** a bright room, a room with plenty of light 3 ‹*conducta/proceder*› impeccable; ‹*explicación*› crystal clear 4 (traslúcido) ‹*porcelana*› translucent; ‹*tela*› diaphanous
B (Esp) ‹*local*› open-plan
diafragma *m* 1 (Anat) diaphragm 2 (anticonceptivo) diaphragm, Dutch cap (BrE), cap (BrE) 3 (Fot) diaphragm 4 (Mús, Tec) diaphragm
diagnosis *f* diagnostics
diagnóstica *f* (diagnosis) diagnosis; (test) diagnosis
diagnosticar [A2] *vt* to diagnose; **le ~on un cáncer** he was diagnosed as having cancer
diagnóstico[1] **-ca** *adj* diagnostic
diagnóstico[2] *m* diagnosis
(Compuesto) **diagnóstico precoz** early diagnosis
diagonal[1] *adj* ‹*línea*› diagonal; **calle ~** *street which runs diagonally across an area*
diagonal[2] *f* 1 (Mat) diagonal; **trazar una ~** to draw a diagonal (line); **cruzó la calle en ~** he walked diagonally across the street 2 (en fútbol americano) endzone 3 (Tex) *cloth with diagonal pattern*
diagonalmente *adv* diagonally
diagrama *m* diagram; **hacer un ~ de algo** to draw a diagram of sth
(Compuestos)
- **diagrama de árbol** tree diagram
- **diagrama de barras** bar chart
- **diagrama de flujo** flow chart *o* diagram

diagramación *f* design, layout
diagramador -dora *m,f*
A (persona) designer, layout artist
B diagramador *m* (Inf) designer
(Compuesto) **diagramador de datos** data diagrammer
diagramar [A1] *vt*
A (hacer un diagrama de) to draw a diagram of, diagram
B ‹*material gráfico*› to design, lay out
dial *m* 1 (Rad, Tec) dial 2 (del teléfono) dial
dialectal *adj* dialectal
dialectalismo *m* dialectalism
dialéctica *f* dialectics
dialéctico -ca *adj* dialectical
dialecto *m* dialect
dialectología *f* dialectology
dialectólogo -ga *m,f* dialectologist
diálisis *f* dialysis
dializador *m* dialysis machine
dializar [A4] *vt* to dialyze*
■ **dializarse** *v pron* to have dialysis
dialogante[1] *adj* open to dialog*; **gracias a la disposicion ~ de las partes quedó solucionado el conflicto** the conflict was resolved thanks to the openness to dialog of both parties
dialogante[2] *m,f* dialogist
dialogar [A3] *vi*: **la posibilidad de ~ para llegar a un acuerdo** the possibility of holding talks in order to reach an agreement; **no he podido lograr que dialoguen como dos personas civilizadas** I haven't been able to get them to discuss it *o* to talk like two civilized people; **~ CON algn** to talk TO sb; **nuestro corresponsal en Nueva York ha dialogado con el artista** our correspondent in New York has talked to the artist; **el sindicato está dialogando con la patronal** the union is holding *o* having talks with the management
diálogo *m* 1 (conversación) conversation; (Lit) dialogue, dialog (AmE) 2 (Pol, Rels Labs) talks (*pl*), negotiations (*pl*); **el ~ ha sido fructuoso** the talks *o* negotiations have been fruitful; **el ~ Norte-Sur** the North-South dialogue *o* talks
(Compuesto) **diálogo de sordos** dialogue of the deaf
dialoguista *mf* dialogist
diamante *m*
A 1 (Min) diamond; **un anillo de ~s** a diamond ring 2 (en béisbol) diamond
(Compuesto) **diamante en bruto** (Min) uncut diamond; (persona) rough diamond
B (en naipes) 1 (carta) diamond 2 **diamantes** *mpl* (palo) diamonds (*pl*)
diamantífero -ra *adj* ‹*región*› diamond-producing; ‹*roca*› diamond-bearing
diamantino -na *adj* (liter) sparkling
diamantista *mf* (comerciante) diamond merchant; (tallador) diamond cutter
diametral *adj* diametric, diametrical; **sus ideas están en oposición ~ con las mías** his ideas are diametrically opposed to mine
diametralmente *adv* diametrically
diámetro *m* diameter; **mide dos centímetros de ~** it measures *o* it is two centimeters in diameter
(Compuesto) **diámetro de giro** turning circle
diana *f*
A (Mil) reveille; **tocan (a) ~ a las seis** they sound reveille at six; **nos tocó ~ a las ocho** (fam) he woke *o* got us up at eight; ▸**toque**
B (Dep, Jueg) (objeto) target; (para jugar a los dardos) dartboard; (centro) bull's-eye; ***dar en la ~*** *o* (Esp tb) ***hacer diana*** «*proyectil*» to hit the bull's-eye; «*respuesta/comentario*» to hit home
Diana (Mit) Diana
dianche *interj* ▸**diantre**
diantre *interj* (euf) 1 (expresando desagrado) damn it! (colloq), hang it! (colloq *or* dated) 2 (uso expletivo) ▸**diablo**[2] **B**
diapasón *m* (para afinar) tuning fork; (de un instrumento de cuerda) fingerboard; ***subir/bajar el ~*** (fam) to turn the volume up/down (colloq)
diaporama *f* diaporama
diapositiva *f* slide, transparency
diarero -ra *m,f* (CS) ▸**diariero**

diariamente *adv* daily, every day; **asistía a las reuniones ~** he attended the meetings every day; **debe tomarse ~** it should be taken daily *o* every day

diariero -ra *m,f* (CS) 1 (vendedor) newspaper vendor *o* (BrE) seller 2 (repartidor) (*m*) newspaper delivery man/boy; (*f*) newspaper delivery woman/girl

diario¹ -ria *adj* 1 (de todos los días) ‹*tarea/clases*› daily; ‹*gastos*› everyday, day-to-day; **las clases son diarias** classes are held daily/every day; **el problema ~ de qué se va a hacer de comer** the everyday *o* daily problem of what to cook 2 (por día): **trabaja cuatro horas diarias** she works four hours a day 3 **a diario** (*loc adv*) every day; **hay que recordárselo a ~** you have to remind her every day; **el organismo necesita vitamina C a ~** the body needs vitamin C on a daily basis; **visita a sus padres a ~** she visits her parents daily *o* every day

diario² *m*

A (periódico) newspaper

Compuestos

- **diario de la mañana** morning paper
- **diario de la noche** evening paper
- **diario de la tarde** evening paper
- **diario dominical** Sunday newspaper
- **diario hablado** news program*
- **diario matutino** *or* **matinal** morning paper
- **diario mural** (Chi) bulletin board (AmE), noticeboard (BrE)
- **diario oficial** official gazette
- **diario vespertino** evening paper

B (libro personal) diary, journal (AmE)

Compuestos

- **diario de a bordo** *or* **de navegación** log, logbook
- **diario de guerra** war journal
- **diario de sesiones** record of parliamentary proceedings, ≈ Congressional Record (*in US*), ≈ Hansard (*in UK*)
- **diario de vuelo** (flight) logbook

C 1 (gastos cotidianos): **el ~** day-to-day expenses; **con ese sueldo apenas alcanza para el ~** on his salary he barely has enough for his day-to-day *o* everyday expenses 2 (uso cotidiano): **para ~** for everyday, for everyday use; **de ~** ‹*ropa/vajilla/mantel*› everyday (*before n*)

diario³ *adv* (AmC, Méx, Andes fam) every day

diarismo *m* (AmL frml) journalism

diarista *mf* diarist

diarrea *f* diarrhea*

Compuesto **diarrea verbal** (fam) verbal diarrhea* (colloq)

diáspora *f* Diaspora

diastasa *f* diastase

diástole *f* diastole

diastólico -ca *adj* diastolic

diatónico -ca *adj* diatonic

diatriba *f* ~ CONTRA **algn/algo** diatribe AGAINST sb/sth; **lanzó una ~ contra el Gobierno** he delivered a scathing attack *o* a diatribe against the Government

dibujante *mf* 1 (Art) (*m*) draftsman*; (*f*) draftswoman*; (de cómics) comic book artist, strip cartoonist 2 (AmL) (Arquit, Ing) (*m*) draftsman*; (*f*) draftswoman*

Compuesto **dibujante publicitario** commercial artist

dibujar [A1] *vt* 1 (Art) to draw, sketch; ‹*plano*› to draw; **~ a mano alzada** to draw freehand 2 (describir): **nos dibujó un cuadro pesimista del futuro** he painted a gloomy picture of the future; **los personajes están muy bien dibujados** the characters are very well drawn *o* portrayed

■ **dibujar** *vi* to draw

■ **dibujarse** *v pron* 1 (liter) (perfilarse) «*forma/contorno*» to be outlined 2 (liter) (mostrarse): **una sonrisa se dibujó en sus labios** a smile appeared on *o* (liter) played around her lips; **tiene el dolor dibujado en la cara** the pain shows in *o* is etched on his face

dibujo *m* 1 (arte) drawing; **clase de ~** drawing class; **el ~ no es mi fuerte** drawing is not my strong point 2 (representación) drawing; **un ~ a lápiz/al carboncillo** a pencil/charcoal drawing; ***hacer ~s*** (Chi fam): **hace ~s con la plata para que le alcance** she performs miracles in order to eke the money out; **hacen ~s para pagar el colegio de los niños** they make incredible sacrifices in order to pay their children's school fees 3 (estampado) pattern; **un ~ de flores/a rayas** a floral/striped pattern 4 (de la madera) grain

Compuestos

- **dibujo lineal** line drawing
- **dibujo publicitario** commercial drawing
- **dibujos animados** *mpl* cartoons (*pl*); **una película de ~ ~** a cartoon, an animated film
- **dibujo técnico** technical drawing

dic. (= **diciembre**) Dec.

dicción *f* 1 (pronunciación) diction; **tiene muy buena/mala ~** she has very good/bad diction 2 (empleo de la lengua) language

diccionario *m* dictionary

Compuestos

- **diccionario bilingüe** bilingual dictionary
- **diccionario de autoridades** *dictionary containing attributed quotations*
- **diccionario de ideas afines** ≈ thesaurus
- **diccionario de sinónimos** dictionary of synonyms, ≈ thesaurus
- **diccionario de uso** dictionary of usage
- **diccionario enciclopédico** encyclopedic dictionary
- **diccionario etimológico** etymological dictionary
- **diccionario ideológico** ≈ thesaurus
- **diccionario monolingüe** monolingual dictionary
- **diccionario técnico** technical dictionary

dice, dices, etc ▸ **decir²**

dicha *f* 1 (felicidad) happiness: **el nacimiento del niño vino a colmar la ~ de la pareja** the birth of their child made the couple's joy *o* happiness complete; **¡qué ~ ver a toda la familia reunida!** what a joy to see the whole family together!; **¡qué ~! dejó de llover** (CS fam) fantastic *o* wonderful! it's stopped raining! 2 (suerte) good luck, good fortune; **tuvo la ~ de presenciar aquel espectáculo irrepetible** she had the good fortune to witness that unique sight; ***nunca es tarde si la ~ es buena*** better late than never

dicharachero -ra *adj* 1 (que habla mucho) chatty (colloq), talkative 2 (gracioso) witty; (que usa muchos dichos) fond of using sayings/proverbs

dicharacho *m* (comentario — grosero) rude *o* coarse remark; (— gracioso) funny *o* witty remark

dicho¹ -cha *pp* [*ver tb* ▸ **decir**] **~ esto, recogió sus cosas y abandonó la sala** having said this *o* (frml) so saying, he picked up his things and left the room; **con eso queda todo ~** that says it all; **me remito a lo ~ en la última reunión** I refer to what was said at the last meeting; **bueno, lo ~, nos vemos el domingo** right, that's settled then, I'll see you on Sunday; **eso no se hace, te lo tengo ~** how often do I have to tell you not to do that?, I've told you before, you mustn't do that; **¿le quiere dejar algo ~?** (CS) do you want to leave a message for her?; **~ así parece fácil** if you put it like that it sounds easy; **~ de otro modo** to put it another way, in other words; **~ sea de paso** incidentally, by the way; **y, ~ sea de paso, se portó muy bien con él** and, I have to say *o* it has to be said, she was very good to him; **y ella, que ~ sea de paso todavía me debe los 500 pesos, ...** and she, who incidentally still owes me the 500 pesos, ...; **dijo que ella lo prepararía y ¡~ y hecho! en diez minutos estaba listo** she said she would get it ready and, what do you know? *o* (BrE) hey presto, ten minutes later there it was; **yo dije que se iba a caer y ¡~ y hecho! se hizo añicos** I said it was going to fall and, the next minute, it smashed *o* and, no sooner had I said it than it smashed; **me quedan tres días, mejor ~, dos y medio** I have three, or rather, two and a half days left; **propiamente ~** strictly speaking; **no es un cereal propiamente ~** it is not, strictly speaking, a cereal; **la pintura cubista propiamente dicha** Cubist painting in the strict sense of the term

dicho² -cha *adj dem* (frml): **excepto en Guayaquil y Quito: en dichas ciudades ...** except in Guayaquil and Quito: in these cities ...; **~s documentos deben presentarse inmediatamente** the above documents must be submitted immediately, said documents must be submitted immediately (frml); **no existía dicha dirección** there was no such address

dicho³ *m* saying; **como dice el ~** as the saying goes; ***del ~ al hecho va*** *or* ***hay mucho trecho*** it's one thing to say something and another to actually do it, there's many a slip twixt cup and lip

dichosamente *adv* luckily, fortunately

dichoso -sa *adj*

A 1 (feliz) happy; **aquéllos fueron años ~s** those were happy years 2 (afortunado) fortunate, lucky

B (*delante del n*) (fam) (maldito) blessed (colloq), damn (sl); **este ~ teléfono que no para de sonar** this blessed *o* damn phone hasn't stopped ringing

diciembre *m* ▸ℹ **p.371** December; *para ejemplos ver* **enero**

diciendo ▸ **decir**

diciente *adj* (Col) significant, telling

dicotiledónea *f* dicotyledon; **las ~s** the dicotyledonae

dicotomía *f* dichotomy

dictación *f* (Chi) pronouncement

dictado *m* 1 (ejercicio) dictation; **la maestra nos hizo un ~** the teacher gave us a dictation; **escribir al ~** to take dictation; **escribe a máquina al ~** she does audiotyping 2 **dictados** *mpl* (preceptos) dictates (*pl*); **los ~s de la conciencia/de la moda** the dictates of one's conscience/of fashion

Compuesto **dictado musical** musical dictation

dictador -dora *m,f* dictator

dictadura *f* dictatorship

Compuestos

- **dictadura del proletariado** dictatorship of the proletariat
- **dictadura militar** military dictatorship

dictáfono® *m* Dictaphone®, dictating machine

dictamen *m* 1 (informe) report; **~ pericial/policial** expert/police report; **el ~ médico no deja lugar a dudas** the medical report leaves no room for doubt 2 (de un juez, tribunal) ruling

Compuesto **dictamen facultativo** *or* **médico** medical report

dictaminación *f* (Méx) ▸ **dictamen**

dictaminador -dora *m,f* (Méx) judge (*in competitions*)

dictaminar [A1] *vt*: **el forense dictaminó que murió asfixiado** according to the forensic report, he was asphyxiated; **el médico dictaminó que la vida de la madre corría peligro** the doctor was of the opinion that the mother's life was in danger

■ **dictaminar** *vi* to pass judgment

dictar [A1] *vt* 1 ‹*carta/texto*› to dictate 2 ‹*leyes/medidas*› to announce; ‹*sentencia*› to pronounce, pass 3 ‹*acción/tendencia*› to dictate; **los creadores dictan las tendencias de la moda** designers dictate fashion trends; **el sentido común nos dicta cautela** common sense advises caution 4 (AmL) ‹*clase/curso*› to give; ‹*conferencia*› to deliver, give; **dicta inglés en un instituto privado** she teaches English at a private school; **dictó conferencias en varias universidades** she delivered lectures *o* she lectured at several universities

■ **dictar** *vi* to dictate; **si me vas dictando será más rápido** if you dictate to me it'll be quicker

dictatorial *adj* 1 ‹*gobierno/régimen*› dictatorial 2 ‹*carácter*› dictatorial

d

dicterio *m* (ant) insult
didáctica *f* didactics (frml), art of teaching
didacticismo *m* didacticism
didáctico -ca *adj* ‹juguete/programa› educational; ‹poema/exposición› didactic
didactismo *m* didacticism
Dido Dido
diecinueve[1] *adj inv/pron* nineteen *para ejemplos ver* **cinco**[1]
diecinueve[2] *m* ▸ ❶ **p.575** nineteen, number nineteen
diecinueveavo[1] **-va** *adj/pron* [1] (partitivo): **la diecinueveava parte** a nineteenth [2] (crit) (ordinal) nineteenth *para ejemplos ver* **veinteavo**[1]
diecinueveavo[2] *m* ▸ ❶ **p.243** nineteenth
dieciochavo[1] **-va** *adj/pron* [1] (partitivo): **la dieciochava parte** an eighteenth [2] (crit) (ordinal) eighteenth *para ejemplos ver* **veinteavo**[1]
dieciochavo[2] *m* ▸ ❶ **p.243** eighteenth
dieciochesco -ca *adj* eighteenth-century
dieciocho[1] *adj inv/pron* eighteen *para ejemplos ver* **cinco**[1]
dieciocho[2] *m* ▸ ❶ **p.575** eighteen, number eighteen
dieciochoañero -ra *adj/m,f* eighteen-year-old
dieciséis[1] *adj inv/pron* sixteen *para ejemplos ver* **cinco**[1]
dieciséis[2] *m* ▸ ❶ **p.575** sixteen, number sixteen
dieciseisavo[1] **-va** *adj/pron* [1] (partitivo): **la dieciseisava parte** a sixteenth [2] (crit) (ordinal) sixteenth *para ejemplos ver* **veinteavo**[1]
dieciseisavo[2] *m* ▸ ❶ **p.243** sixteenth
diecisiete[1] *adj inv/pron* seventeen *para ejemplos ver* **cinco**[1]
diecisiete[2] *m* ▸ ❶ **p.575** seventeen, number seventeen
diecisieteavo[1] **-va** *adj/pron* [1] (partitivo): **la diecisieteava parte** a seventeenth [2] (crit) (ordinal) seventeenth *para ejemplos ver* **veinteavo**[1]
diecisieteavo[2] *m* ▸ ❶ **p.243** seventeenth
dieldrina *f* dieldrin
diente *m* [1] ▸ ❶ **p.231** (Anat, Zool) tooth; **tengo un ~ picado** I've got a bad tooth; **le están saliendo los ~s** he's cutting his teeth, he's teething, his teeth are coming through; **lavarse** *or* **cepillarse los ~s** to clean *o* brush one's teeth; ***armado hasta los ~s*** armed to the teeth; ***daba ~ con ~*** my/his teeth were chattering; ***de (los) ~s para afuera*** (Andes, Méx fam): **siempre habla de (los) ~s para afuera** he never means what he says; **promete cosas de (los) ~s para afuera** he makes promises he never intends to keep; **no creo que lo haya sentido, lo dijo de (los) ~s para afuera** I don't think he was sorry, he just said he was *o* he was just going through the motions; ***enseñar*** *or* ***mostrar los ~s:*** **el perro les enseñó los ~s** the dog bared its teeth at them; **los sindicatos empiezan a enseñar los ~s** the unions are beginning to show their teeth; ***entretener el ~*** (CS fam): **comí una manzana para entretener el ~** I had an apple to keep me going *o* as a snack; **nos dieron maní para entretener el ~ mientras esperábamos** they gave us some peanuts to nibble while we waited; ***hablar*** *or* ***murmurar entre ~s*** to mutter (under one's breath); ***hincarle el ~ a algo*** ‹comida› to sink one's teeth into sth; ‹fortuna› to get one's hands on sth; ‹asunto› to come *o* (BrE) get to grips with sth; ***pelar el ~*** (Méx, Ven fam) to smile; ***pelar los ~s*** (Andes, Ven fam) (sonreír) to smile; ‹‹perro›› to bare its teeth; ***ponerle los ~s largos a algn*** (fam) to make sb green with envy (colloq), to make sb jealous; ***tener buen ~*** *or* (Chi) ***ser bueno para el ~*** (fam) to have a healthy *o* hearty appetite, be a good eater (colloq) [2] (de un engranaje) tooth; (de una sierra) tooth; (de un tenedor) prong, tine

Compuestos
- **diente caduco** deciduous tooth
- **diente canino** canine tooth
- **diente de ajo** clove of garlic
- **diente de leche** milk tooth
- **diente de león** dandelion
- **diente incisivo** incisor
- **diente molar** molar

dientudo -da *adj* (AmL fam) toothy, buck-toothed
diera, dieras, etc ▸ **dar**
diéresis *f* (*pl* ~) [1] (signo) diaeresis [2] (pronunciación) diaeresis
diese, dieses, etc ▸ **dar**
diesel[1] /'disel/ *adj inv* diesel; **la versión ~** the diesel version
diesel[2] /'disel/ *m* (*pl* ~) [1] (motor) diesel engine [2] (automóvil) diesel, diesel-engined car [3] (combustible) diesel oil, diesel
diesi *f* sharp
diestra *f* (liter o period) right hand; **se sentó a la ~ del presidente** she sat on the president's right, she sat to the right of the president; ***a ~ y siniestra*** *ver* **diestro**[1]
diestramente *adv* skillfully*, deftly, adroitly
diestro[1] **-tra** *adj* [1] (frml) ‹mano› right; ‹persona› right-handed; ***a diestra y siniestra*** *or* (Esp) ***a diestro y siniestro*** left and right (AmE), left, right and centre (BrE) [2] (hábil) ‹persona› skillful*, deft, adroit; ‹jugada› skillful*
diestro[2] *m* matador, bullfighter
dieta *f*
A [1] (alimentación) diet; **su ~ habitual** their staple diet [2] (régimen) diet; **estar/ponerse a ~** to be/go on a diet

Compuestos
- **dieta blanda** soft-food diet
- **dieta hídrica** *or* **líquida** liquid diet

B [1] (para viajes) allowance; **cobra unas ~s muy elevadas** he gets generous traveling expenses *o* a generous subsistence allowance [2] (de un parlamentario) salary
C [1] (Hist, Pol) diet (frml), assembly [2] **La Dieta** (en Japón) the Diet
dietario *m* [1] (de cuentas) account book, ledger [2] (agenda) diary, engagement book
dietética *f* dietetics
dietético -ca *adj* dietary, dietetic (tech)
dietista *mf* dietitian, dietician
dietólogo -ga *m,f* dietitian, dietician
diez[1] *adj inv/pron* ten *para ejemplos ver* **cinco**[1]; ***estar en las ~ de última(s)*** (RPl fam) to be on one's last legs
diez[2] *m* ▸ ❶ **p.575** ten; ***me cachi*** *or* ***cacho en ~*** (fam & euf) shoot! (AmE colloq & euph), sugar! (BrE colloq & euph)
diezmar [A1] *vt* to decimate
diezmo *m* tithe
difamación *f* (por escrito) libel, defamation (frml); (oralmente) slander, defamation (frml); **se va a querellar contra la revista por ~** she is going to sue the magazine for libel
difamador[1] **-dora** *adj* ▸ **difamatorio**
difamador[2] **-dora** *m,f* (por escrito) libeler*, libelist*, defamer (frml); (oralmente) slanderer, defamer (frml)
difamar [A1] *vt* [1] (Der) (por escrito) to libel, defame (frml); (oralmente) to slander, defame (frml) [2] (criticar) to malign, sling mud at (colloq)
difamatorio -ria *adj* ‹palabras/discurso› slanderous, defamatory; ‹artículo/carta› libelous*, defamatory
difareo *m* (Chi) ▸ **desvarío**
difariar [A1] *vi* (Chi) ▸ **desvariar**
difásico -ca *adj* ▸ **corriente**[2]
diferencia *f*
A (disparidad) difference; **la ~ de edad entre ellos** the age difference *o* age gap between them; **salieron con una ~ de pocos minutos** they left a few minutes apart; **a ~ del marido, ella es encantadora** unlike her husband, she's really charming; **es un hombre alegre, a ~ de su antecesor que ...** he is a cheerful man, in contrast to *o* unlike his predecessor who ...; ***cagarse*** *or* ***sentarse en la ~*** (vulg CS): **¿$20 en vez de $19,99? ¡me cago en la ~!** (vulg) $20 instead of $19.99? big difference! *o* big deal! *o* that's a hell of a difference! (iro); **antes me importaba mucho pero ahora me siento en la ~** it used to bother me a lot, but now I couldn't give a damn *o* I couldn't care less (colloq); ***con ~:*** **es, con ~, la más inteligente de las dos hermanas** she's easily *o* far and away *o* by far the more intelligent of the two sisters, she's the more intelligent of the two sisters by a long way *o* by far; **este restaurante es mucho mejor, y con ~** this restaurant's better by far *o* by a long way

Compuesto **diferencia horaria** time difference

B (desacuerdo) difference; **se reunieron para tratar de resolver** *or* **saldar sus ~s** they met to try to resolve their differences
C (resto) difference; **dame el dinero que tienes y yo pagaré la ~** give me the money you have and I'll pay the difference *o* the remainder *o* the rest
diferenciable *adj* distinguishable
diferenciación *f* differentiation
diferenciado -da *adj*: **tres zonas de características muy diferenciadas** three areas with very diverse *o* different characteristics; **de manera que estos dos aparezcan ~s del resto** so that these two stand out from the rest
diferenciador -dora *adj* distinguishing
diferencial[1] *adj* [1] ‹cálculo/ecuación› differential [2] ‹tarifa/servicio› premium (*before n*)
diferencial[2] *f* differential
diferencial[3] *m* [1] (Auto) differential [2] (Fin) differential
diferenciar [A1] *vt* ‹colores/sonidos› to tell the difference between, differentiate between, tell ... apart; **no sabe ~ entre estas dos plantas** he can't differentiate between *o* tell the difference between these two plants, he can't tell these two plants apart; **~ algo DE algo**: **no diferencia lo que está bien de lo que está mal** he doesn't know the difference between right and wrong, he can't differentiate between right and wrong, he can't distinguish between right and wrong
■ **diferenciarse** *v pron*: **¿en qué se diferencia esta especie?** what is different about this species?, what makes this species different?, how does this species differ?; **~se DE algo/algn**: **sólo se diferencia del otro en** *or* **por el precio** the only difference between this one and the other one is the price; **se diferencia de ella en muchas cosas** he's different from her in many ways
diferendo *m* (AmL frml) dispute
diferente *adj* [1] (distinto) different; **ser ~ A** *or* **DE algn/algo**: **mi familia es ~ a** *or* **de la tuya** my family is different from *o* to yours; **su versión es ~ a** *or* **de la tuya** her version is different from *o* to *o* (AmE) than yours; **es un lugar ~ de todos los que he visitado hasta ahora** it is unlike any other place I have visited so far [2] (*en pl, delante del n*) ‹motivos/soluciones/maneras› various; **~s personas manifestaron esa misma opinión** various (different) people expressed the same opinion; **existen ~s enfoques del problema** there are a variety *o* a number of (different) ways of looking at the problem, there are various (different) ways of looking at the problem; **nos hemos encontrado en ~s ocasiones** we've met several times *o* on several *o* on various occasions; **por ~s razones** for a variety *o* a number of reasons, for various reasons
diferentemente *adv* differently
diferido: **una transmisión en ~** a prerecorded broadcast; **el debate será transmitido en ~ por el canal 10** the debate will be recorded and shown later on Channel 10
diferir [I11] *vt* to postpone, put off; **los pagos serán diferidos hasta el 20 de mayo** payments will be deferred *o* held over until 20th May; **un cheque diferido** (RPl) a postdated check

■ **diferir** *vi* 1 (frml) (diferenciarse) to differ; ~ DE **algo** to differ *o* be different FROM sth; **su nuevo libro difiere bastante de los anteriores** his new book differs considerably from his previous ones, his new book is quite different from his previous ones 2 (frml) (disentir) to disagree; **todos están de acuerdo pero yo difiero** they're all in agreement but I disagree; **difieren en cómo aplicar la medida** they disagree *o* differ on how the measure should be applied; ~ DE **algn** to disagree WITH sb, be at odds WITH sb, be at variance WITH sb (frml); **en este aspecto diferimos de los demás** in this respect we are at odds with *o* at variance with *o* we differ from the rest

difícil *adj*

A 1 [SER] ⟨*problema/tema/situación*⟩ difficult; **el examen fue muy ~** the exam was very hard *o* difficult; **es un problema ~** it's a tricky *o* difficult problem; **corren tiempos ~es para nuestra economía** this is a difficult time for our economy; **con tu actitud me lo estás poniendo más ~** you're not making it any easier for me *o* you're making it harder for me by being like that; **no creo que gane, lo tiene muy ~** I don't think she'll win, she's in a difficult position; **me fue muy ~ decírselo** it was very hard *o* difficult for me to tell him; **resulta ~ evaluar las pérdidas** it is difficult *o* hard to put a figure on the losses; **cada vez se hace más ~ encontrar un buen empleo** it is becoming more and more difficult *o* it's becoming harder and harder to get a good job; ~ DE + INF difficult *o* hard to + INF; **mi madre es muy ~ de complacer** my mother is very hard *o* difficult to please 2 [ESTAR] (fam): **está la cosa ~** things are pretty difficult *o* tricky (colloq)

B [SER] (poco probable): **es posible pero lo veo ~** it's possible, but I think it's unlikely *o* I don't think it's very likely; ~ QUE + SUBJ: **va a ser muy ~ que acepte** it's very unlikely that he'll accept; **veo ~ que gane** I doubt if she'll win, I think it's unlikely that she'll win

C [SER] ⟨*persona/carácter*⟩ difficult; **un niño ~** a difficult child

difícilmente *adv*: **si no estudias, ~ podrás aprobar el examen** if you don't do some work, you'll have trouble *o* difficulty passing the exam; **~ se le puede acusar de falta de honestidad** one could hardly accuse him of being dishonest; **~ encontrarás algo abierto a esta hora** you'll be hard pressed *o* you'll be unlikely to find anything open at this time of day; **¿había mucha gente? — ~ habría unas diez personas** were there many people? — ten at the very most

dificultad *f* 1 (cualidad de difícil) difficulty; **un ejercicio de escasa ~** a fairly easy exercise; **el grado de ~ de la prueba** the degree of difficulty of the test; **respira con ~** his breathing is labored, he has difficulty breathing 2 (problema) difficulty; **superar** *or* **vencer ~es** to overcome difficulties; **¿tuviste alguna ~ para encontrar la casa?** did you have any trouble *o* difficulty finding the house?; **tiene ~es en hacerse entender** she has difficulty in *o* she has problems making herself understood; **la ~ está en hacerlo en el mínimo de tiempo** the difficult *o* hard part is to do it in the shortest possible time; **pasamos muchas ~es, pero salimos adelante** we had a lot of problems, but we came through it all; **me pusieron muchas ~es para entrar** they made it very hard for me to get in

dificultar [A1] *vt* to make … difficult; **la niebla dificultó el acceso al lugar del accidente** the fog made it difficult to reach the scene of the accident; **el desconocer el idioma le dificulta el trabajo** not knowing the language makes his job more difficult; **las obras dificultaban el paso de vehículos** the roadworks hampered *o* restricted *o* obstructed the flow of traffic; **dificultaba los intentos de rescate** it hindered *o* hampered the rescue attempts; **estos obstáculos dificultan el progreso** these obstacles stand in the way of progress *o* hinder progress *o* make progress difficult; **prendas sueltas que no dificultan los movimientos** loose garments which don't restrict your movements

dificultoso -sa *adj* awkward, difficult, problematic

difracción *f* diffraction

difractar [A1] *vt* to diffract

difractor *m* diffraction grating

difteria *f* diphtheria

diftérico -ca *adj* diphtheria (*before n*), of diphtheria

difuminador *m* stump

difuminar [A1] *vt* 1 (Art) to shade off, shade, stump 2 ⟨*luz*⟩ to diffuse

■ **difuminarse** *v pron* to fade

difumino *m* stump

difundir [I1] *vt* ⟨*noticia/rumor*⟩ to spread; ⟨*ideas/doctrina*⟩ to spread, diffuse, disseminate; **difundían el temor entre la población** they were spreading fear among the population; **se difundió un comunicado desmintiendo el rumor** a communiqué was issued denying the rumor; **la noticia fue difundida por la radio** the news was broadcast on the radio; **una institución que se encarga de ~ la cultura** an institution responsible for disseminating culture; **son creencias difundidas en esta región** such beliefs are widespread in this area; **la lámpara difundía una luz tenue** the lamp gave off a dim light

difunto[1] **-ta** *adj* (frml) late (*before n*), deceased (frml); **su ~ marido** her late husband

difunto[2] **-ta** *m,f* (frml) deceased (frml); **los familiares del ~** the deceased's family; **los ~s** the deceased; ▸ **día**

difusión *f* (de una noticia, un rumor) spreading; (de ideas, una doctrina) spreading, diffusion (frml); **los medios de ~** the media; **se ha dado amplia ~ al conflicto** the conflict has been given widespread coverage; **un libro de mucha ~ entre los jóvenes** a book which is widely read among the young

difuso -sa *adj* 1 ⟨*luz*⟩ dim, diffused, diffuse (frml) 2 ⟨*idea*⟩ vague; **sus conocimientos al respecto son muy ~s** her knowledge of the subject is very sketchy *o* vague

difusor[1] **-sora** *adj*: **un organismo ~ de nuestra cultura** an organization that disseminates our culture; **los medios ~es** the media

difusor[2] *m* diffuser

diga, digas, etc ▸ **decir**[2]

digerible *adj* digestible

digerir [I11] *vt* 1 ⟨*alimentos/comida*⟩ to digest 2 ⟨*información/noticia*⟩ to digest, absorb

digestión *f* digestion; **no te bañes, aún no has hecho la ~** don't go in the water, you haven't digested properly yet *o* you haven't had time to digest (your food) *o* (colloq) you haven't let your food go down

digestivo[1] **-va** *adj* ⟨*aparato*⟩ digestive; **una hierba con propiedades digestivas** a herb with digestive properties; **el anís es muy ~** aniseed is very good for the digestion

digestivo[2] *m* 1 (bebida) after-dinner drink, digestif, liqueur 2 (Med) digestive

digesto *m* digest

digitación *f* fingering

digital[1] *adj* 1 (dactilar) finger (*before n*), digital (frml) 2 ⟨*reloj/ordenador/datos*⟩ digital 3 ⟨*sonido/grabación*⟩ digital

digital[2] *f* 1 (Bot) foxglove, digitalis (tech) 2 (Med) digitalis

digitalina *f* digitalin

digitalización *f* digitization, digitalization

digitalizador *m* digitizer, digitalizer

digitalizar [A4] *vt* to digitize, digitalize; **cuadro de mandos digitalizado** digital instrument panel

digitalmente *adv* digitally

digitar [A1] *vt* 1 (AmL) (Inf) to key … in 2 (señalar) (hum) to finger 3 (RPl) ⟨*concurso*⟩ to rig, fix (colloq); ⟨*conspiración*⟩ to orchestrate

dígito *m* digit

digitopuntura *f* shiatsu, acupressure

dignamente *adv* 1 (mereciendo respeto) honorably*, with dignity 2 (decentemente) decently 3 (con justicia) fittingly, worthily

dignarse [A1] *v pron* ~ (A) + INF: **ni siquiera se dignaron contestar** they didn't even condescend *o* deign to reply; **a ver cuándo te dignas a hacernos una visita** (fam & hum) when are you going to deign to pay us a visit? (hum); **dígnese presentarse en nuestras oficinas** (frml) please be so kind as to call at our offices (frml), we would be grateful if you could come to our offices (frml)

dignatario -ria *m,f* dignitary

dignidad *f*

A (cualidad) dignity; **morir con ~** to die with dignity; **no aceptará dinero, su ~ se lo impide** he won't accept money, he's too proud; **¡qué poca ~ la suya!** has he no dignity *o* self-respect?

B (título) rank; (cargo) position

C (persona) dignitary

dignificar [A2] *vt* 1 (ennoblecer): **el trabajo dignifica al hombre** work gives man dignity *o* self-respect; **acciones que dignifican a una persona** acts that ennoble a person 2 (dar categoría a) to dignify

digno -na *adj*

A 1 (merecedor de respeto) ⟨*persona/actitud/conducta*⟩ honorable*; **debería tener una actitud más digna y renunciar** he ought to do the honorable thing and resign 2 (decoroso, decente) ⟨*sueldo*⟩ decent, living (*before n*); ⟨*vivienda*⟩ decent

B 1 (merecedor) ~ DE **algo/algn**: **una persona digna de admiración** a person worthy of admiration; **una medida digna de elogio** a praiseworthy measure; **un espectáculo ~ de verse** a show worth seeing; **una cena digna de un rey** (hum) a feast fit for a king (hum); **ese hombre no es ~ de ti** that man is not good enough for you *o* worthy of you; **no se sentía ~ de su cariño** he didn't feel worthy of her affection; **no se cree ~ de tantas atenciones** he doesn't think he merits *o* deserves so much attention; **ejemplos ~s de resaltar** examples worth drawing attention to, noteworthy examples 2 (adecuado): **es ~ hijo de su padre** he's his father's son, no doubt about that; ~ DE **algo**: **una recompensa digna de su esfuerzo** a fitting reward for his efforts; **un trabajo ~ de su capacidad** a job worthy of his abilities

digresión *f* digression; **hace muchas digresiones** he goes off the point *o* digresses a lot

dije, dijera, etc ▸ **decir**

dilación *f* (frml) delay; **sin más ~** without further delay; **este asunto no admite más ~** we cannot afford further delay in this matter

dilapidación *f* (frml) squandering

dilapidar [A1] *vt* (frml) ⟨*fortuna/bienes*⟩ to squander; ⟨*energía*⟩ to waste, squander

dilatación *f* 1 (Fís) expansion 2 (Fisiol, Med) dilation

dilatadamente *adv* at length, extensively

dilatado -da *adj*

A ⟨*pupila/conducto*⟩ dilated; **tiene el estómago muy ~** his stomach is distended

B (extenso): **una dilatada trayectoria política** a long political career; **cuenta con una dilatada experiencia profesional** he has had extensive experience in the field

dilatador *m* dilator

dilatar [A1] *vt*

A (Fís, Fisiol): **el calor dilata los cuerpos** heat causes objects to expand; **gotas para ~ las pupilas** drops to dilate the pupils

B (prolongar) to prolong

C (diferir) to postpone, put off; **no puedo ~ más mi regreso** I cannot put off *o* postpone my return any longer

■ **dilatarse** *v pron*

A (Fís, Fisiol): **los cuerpos se dilatan con el calor** bodies expand with heat; **el corazón se dilata y se contrae** the heart expands *o* dilates and contracts; **las pupilas se dilatan en la oscuridad** pupils dilate in the dark

B (prolongarse) to be prolonged
C (diferirse) to be postponed, be put off
D (Méx, Ven) (demorarse): **espéreme, que no me dilato** wait for me, I won't be long; **¿por qué se dilató tanto?** what took you so long?, why were you so long?

dilatoria *f* 1 (frml) delay; **¡no vengas** *or* **andes con ~s!** (hum) I don't want any more delays, stop wasting time *o* stalling! 2 (Der) objection

dilatorio -ria *adj* delaying (*before n*), time-wasting (*before n*), dilatory (frml)

dilecto -ta *adj* (frml) ‹*amigo/compañero*› dear, good (*before n*); **hijo ~ de la ciudad de Mendoza** (frml) much-loved *o* well-loved *o* beloved son of the city of Mendoza (frml)

dilema *m*
A (disyuntiva) dilemma; **estoy en un ~** I'm in a dilemma
B **dilema®** *m* (Chi) (Jueg) Scrabble®

diletante, dilettante *mf* 1 (amante de las artes) dilettante 2 (pey) (no profesional) dilettante (pej), amateur (pej)

diletantismo *m* 1 (afición a las artes) dilettantism 2 (pey) (falta de profesionalidad) amateurishness (pej), dilettantism (pej)

diligencia *f*
A 1 (afán, aplicación) diligence, conscientiousness; **realiza su trabajo con gran ~** she is very diligent *o* conscientious in her work 2 (liter) (rapidez) speed
B 1 (gestión): **activas ~s del gobierno** active steps by the government; **voy al centro a hacer unas ~s** I have a few errands *o* jobs *o* things to do in town, I have some business to attend to in town 2 (Der) procedure; **~s judiciales** judicial procedures *o* formalities; **instruir ~s** to institute proceedings; **~ probatoria** evidentiary proceedings; **primeras ~s del sumario** preliminary proceedings 3 (Adm) (en un documento oficial) acknowledgment, stamp
C (Hist, Transp) stagecoach, diligence

diligenciar [A1] *vt* to acknowledge, stamp

diligente *adj* 1 (trabajador) diligent, industrious, conscientious 2 (liter) (rápido) fast, swift (liter)

diligentemente *adv* diligently, conscientiously

dilucidación *f* elucidation (frml); **la policía está trabajando en la ~ del caso** the police are trying to clear up *o* solve the case, the police are working on the case

dilucidar [A1] *vt* ‹*asunto/cuestión*› to clarify, elucidate (frml); ‹*enigma/misterio*› to solve, clear up

dilución *f* (de un líquido) dilution; (de un sólido) dissolution

diluir [I20] *vt* ‹*líquido*› to dilute; ‹*pintura*› to thin, thin down; ‹*sólido*› to dissolve

diluvial *adj* torrential, diluvial (frml)

diluviar [A1] *vi* to pour, pour with rain, pour down; **no salgas, que está diluviando** don't go out, it's pouring

diluvio *m* 1 (lluvia) heavy rain, deluge; (inundación) flood; **el D~ Universal** the Flood 2 (fam) (aluvión) flood; **hemos recibido un ~ de cartas** we've received a flood of letters, we've been deluged *o* swamped with letters

diluyente *m* thinner

dimanar [A1] *vi* (frml) **~ DE algo** to arise FROM *o* OUT OF sth (frml), to stem *o* arise *o* spring FROM sth

dimensión *f*
A 1 (Fís, Mat) dimension; **una figura en tres dimensiones** a three-dimensional figure; **la cuarta/quinta ~** the fourth/fifth dimension 2 **dimensiones** *fpl* (tamaño) dimensions (*pl*); **¿cuáles son las dimensiones de la habitación?** what are the measurements *o* (frml) dimensions of the room?; **un gasómetro de enormes dimensiones** a gasometer of huge dimensions *o* of enormous size, an enormous *o* huge gasometer
B (alcance, magnitud — de un problema) magnitude, scale, importance; (— de una tragedia) scale; (— de un artista, un líder) stature, standing
C (aspecto) dimension, aspect

dimensionado -da *adj*: **parcelas dimensionadas a sus necesidades** plots of any size to meet your needs; **~s para ser empotrados en su cocina** tailor-made to fit in your kitchen

dimensionar [A1] *vt* (frml) to gauge, measure

dimes y diretes *mpl* (fam) tittle-tattle (colloq), gossip

diminuendo *m* diminuendo

diminutivo¹ -va *adj* diminutive

diminutivo² *m* diminutive

diminuto -ta *adj* tiny, minute, diminutive (frml)

dimisión *f* resignation; **presentó su ~** he handed in *o* tendered *o* submitted his resignation

dimisionario¹ -ria *adj* (frml) resigning (*before n*), outgoing (*before n*)

dimisionario² -ria *m,f* (frml): **los últimos ~s** the latest members of staff to resign

dimitente *adj* outgoing (*before n*)

dimitir [I1] *vi* to resign; **~ DE algo** to resign FROM sth; **ha dimitido de su cargo** he has tendered his resignation, he has resigned (from) his post; **sustituyó al dimitido entrenador** he replaced the coach who (had) resigned
■ **dimitir** *vt* (frml) ‹*presidencia/secretaría*› to resign (frml), to resign from

dimos ▸ **dar**

DIN /din/ *m* DIN

dina *f* dyne

DINA /'dina/ *f* (en Chi) (Hist) = **Dirección de Inteligencia Nacional**

Dinamarca *f* Denmark

dinamarqués -quesa *adj/m,f* ▸ **danés¹**, **danés²**

dinámica *f* 1 (Fís) dynamics 2 (funcionamiento): **la ~ de las dos organizaciones es totalmente diferente** the way the two organizations work is completely different, the dynamics of the two organizations are completely different; **la ~ de la obra** the action of the play
(Compuesto) **dinámica grupal** *or* **de grupo** group dynamics

dinámico -ca *adj* dynamic

dinamismo *m* dynamism, energy

dinamita *f* dynamite

dinamitar [A1] *vt* to dynamite, blow ... up (*with dynamite*)

dinamitero -ra *m,f* dynamite *o* explosives expert

dinamizador -dora *adj* revitalizing

dinamizar [A4] *vt* to revitalize

dinamo, dínamo *f* (Esp) dynamo

dínamo, dinamo *m* (AmL) dynamo

dinamómetro *m* dynamometer

dinar *m* dinar

dinastía *f* 1 (Hist) dynasty 2 (familia) family, dynasty; **una conocida ~ de actores** a well-known theatrical family *o* dynasty, a long line of actors

dinástico -ca *adj* dynastic

din don *m* ding dong

dineral *m* fortune, huge amount of money

dinerario -ria *adj* ‹*valor/activos*› cash (*before n*); **mercado ~** money market

dinerillo *m* (fam) bit of money

dinero *m* money; **no llevaba nada de ~ encima** I didn't have any money on me; **siempre anda escaso de ~** he's always short of money; **gente de ~** well-off *o* wealthy people; **~ *contante y sonante*** (fam) hard cash; ***tirar el ~*** (fam) to throw money away; ***el ~ llama al ~*** money begets money, money goes where money is
(Compuestos)
- **dinero caliente** hot money
- **dinero de bolsillo** pocket money
- **dinero de familia** old money
- **dinero efectivo** *or* **en efectivo** cash
- **dinero negro** undeclared income (*o* profits *etc*)
- **dinero sucio** dirty money
- **dinero suelto** change

dingo *m* dingo

dinosaurio *m* dinosaur

dintel *m* lintel

diñar [A1] *vt*: **~la** (Esp fam) to kick the bucket (colloq), to croak (colloq)

dio *see* ▸ **dar**

diocesano -na *adj* diocesan

diócesis *f* diocese

diodo *m* diode
(Compuesto) **diodo electroluminiscente** *or* **emisor de luz** light-emitting diode, LED

dionea *f* Venus fly-trap

dionisiaco -ca, **dionisíaco -ca** *adj* Dionysian

Dionisio, Dionisos Dionysus

dioptría *f* diopter*; **¿cuántas ~s tiene?** what's your correction *o* gradation?

diorama *m* diorama

dios, diosa *m,f*
A (Mit) (*m*) god; (*f*) goddess; **los ~es del Olimpo** the gods of Mount Olympus; **canta como los ~es** she sings like an angel, she sings divinely
B **Dios** *m* (Relig) God *m*; **el D~ de los cristianos/musulmanes** the Christian/Muslim God; **D~ Todopoderoso** Almighty God, God Almighty; **D~ Padre** God the Father; **gracias a D~** *or* **a D~ gracias** thank God *o* heaven; **gracias a D~ no pasó nada** nothing happened, thank God *o* heaven; **si D~ quiere** God willing; **D~ mediante** God willing; **quiera D~ que no sea grave** let's hope (to God) it isn't serious; **sólo D~ sabe lo que me costó** you've no idea how difficult it was; **¿lo conseguirá? — no sé, D~ dirá** will he make it? — I don't know, we'll just have to wait and see; **estoy seguro que todo saldrá bien — ¡D~ te oiga!** I'm sure everything will turn out fine — oh, I hope so! *o* I pray to God you're right!; **te lo juro por D~** I swear to God; **por (el) amor de D~: ¡termínalo de una vez, por (el) amor de D~!** get it finished, for God's sake *o* for heaven's sake!; **¡una limosnita, por el amor de D~!** can you spare some change, for pity's sake?; **D~ proveerá** God *o* the Lord will provide; **que D~ se lo pague** God bless you; **ve con D~** God be with you; **que D~ te bendiga** God bless you; **que D~ lo tenga en su gloria** God *o* the Lord rest his soul; **¡D~ me libre!** God *o* heaven forbid!; **¡D~ nos libre de esa desgracia!** heaven preserve us from such a misfortune!; **si se entera tu padre ¡D~ te libre!** God *o* heaven *o* the Lord help you if your father finds out!; **¡sabe D~ lo que habrá estado haciendo!** God (alone) knows what she's been up to!; **¡alabado** *or* **bendito sea D~!** (Relig) praise God *o* the Lord!; **¡bendito sea D~, mira cómo te has puesto!** (fam) good God *o* good heavens! look at the state you're in! (colloq); **¡alabado sea D~! otra vez será** it wasn't God's will *o* it wasn't meant to be, maybe next time; **¡vaya por D~!** oh dear!; **¡válgame D~!** oh my God!, good God!; **¡ay, D~!** oh dear!; **¡por D~!** for God's *o* heaven's sake!; **¡D~ mío!** *or* **¡D~ santo!** (expresando angustia) my God!, oh God!; (expresando sorpresa) God!, good God!; **¡D~! ¡cómo me gustaría estar allí!** God! how I'd love to be there!; ***a la buena de D~:*** **hizo el trabajo a la buena de D~** he did the job any which way (AmE) *o* (BrE) any old how; **salieron de viaje a la buena de D~** they set off without making any plans; **abandonó a sus hijos a la buena de D~** she just abandoned her children; ***armar la de D~ es Cristo*** (fam): **armó la de D~ (es Cristo) con lo que dijo** she caused a tremendous fuss *o* an almighty row with what she said (colloq); ***como D~ manda:*** **una secretaria como D~ manda** a real secretary; **cómprate un coche como D~ manda** buy yourself a real *o* a proper car; **pórtate como D~ manda** behave properly; ***como D~ me/lo echó*** *or* ***trajo al mundo*** in my/his birthday suit, stark naked (colloq); ***como que hay (un) D~*** (CS) as sure as eggs is eggs (colloq), you can bet your

bottom dollar (colloq); ***costar D~ y su ayuda*** (fam) to take a lot of work; ***estar de D~*** to be God's will; **estaba de D~ que pasara** it was meant to happen *o* meant to be, it was God's will (that it should happen); ***estar de D~ y de la ley*** (Méx fam) to be tremendous *o* magnificent; ***menos pregunta D~ y perdona*** (AmL) don't ask so many questions; ***necesitar D~ y su ayuda*** (fam) to need a lot of help; ***ni D~*** (fam) nobody; **esto no lo entiende ni D~** *or* **no hay D~ que lo entienda** this is completely incomprehensible; ***que D~ nos coja confesados*** (Esp) God *o* the Lord help us!; ***¡que venga D~ y lo vea!*** I'll eat my hat!; **si eso es verdad que venga D~ y lo vea** if that's true, I'll eat my hat!; ***todo D~*** (fam) absolutely everybody; ***D~ aprieta pero no ahoga*** *or* (RPl) ***ahorca*** these things are sent to try us; ***D~ los cría y ellos se juntan*** birds of a feather flock together; ***a D~ rogando y con el mazo dando*** (no basta con la plegaria) God helps those who help themselves; (el comportamiento debería ajustarse a las creencias) practice* what you preach; ***D~ da pan a quien no tiene dientes*** it's an unfair world; ***al que madruga, D~ lo ayuda*** the early bird catches the worm; ***tener a D~ agarrado por las chivas*** (Ven fam) to have the upper hand

dióxido *m* dioxide
(Compuesto) **dióxido de nitrógeno** nitrogen dioxide

dioxina *f* dioxin

diplodoco, diplodocus *m* diplodocus

diploide *adj* diploid

diploma *m* diploma, certificate

diplomacia *f*
A (Pol) 1 (carrera) diplomacy 2 (cuerpo) diplomatic corps
B (tacto) diplomacy, tact; **díselo con ~** be diplomatic; **~ de cañonera(s)** gunboat diplomacy

diplomado[1] **-da** *adj* qualified

diplomado[2] **-da** *m,f*: **~ en peluquería** qualified hairdresser
(Compuesto) **diplomado universitario de enfermería, diplomada universitaria de enfermería** registered nurse

diplomarse [A1] *v pron* 1 (obtener un título universitario) to graduate; **me diplomé el año pasado** I got my degree *o* graduated last year; **~ DE/EN algo** to graduate AS/IN sth; **me diplomé de arquitecto** *or* **en arquitectura** I graduated as an architect *o* in architecture; **se diplomó de médico/de abogado** he qualified as a doctor/as a lawyer 2 (obtener otro título) to obtain a diploma (*o* certificate *etc*); **acaba de ~ en fotografía** she's just obtained a diploma in photography; **se diplomó de traductor** he qualified as a translator

diplomáticamente *adv* diplomatically

diplomático[1] **-ca** *adj*
A (Pol) ‹*carrera/legación/pasaporte*› diplomatic
B (en el trato) ‹*persona/manera*› diplomatic, tactful

diplomático[2] **-ca** *m,f* diplomat; **un ~ de carrera** a career diplomat

diplomatura *f* (en Esp) *former university qualification, gained after three years*

dipolo *m* dipole

dipsomanía *f* dipsomania

dipsomaníaco -ca, dipsómano -na *adj/m,f* dipsomaniac

díptero *m* dipteran

díptico *m* 1 (Art) diptych 2 (Impr) leaflet

diptongo *m* diphthong

diputación *f* 1 (delegación) deputation, delegation 2 (Gob) (en Esp) council
(Compuestos)
- **diputación foral** regional council
- **diputación general** regional council
- **diputación provincial** provincial council

diputado -da *m,f* deputy, ≈ representative (*in US*), ≈ member of parliament (*in UK*); **~ por** *or* **de León** deputy *o* representative *o* member of parliament for León

dique *m* dike*
(Compuestos)
- **dique de contención** dam, dike*
- **dique flotante** floating dock
- **dique seco** dry dock

diquelar [A1] *vt* (fam) ‹*cosa*› to twig to (colloq); ‹*persona*› to see through, suss (colloq)

Dir.[1] *mf* = **director/directora**

Dir.[2] *f* = **dirección**

diré, dirá, etc ▸ **decir**[2]

dirección *f*
A (señas) address; **nombre y ~** name and address
(Compuestos)
- **dirección absoluta** absolute address
- **dirección comercial** business address
- **dirección electrónica** e-mail address
- **dirección particular** home address
- **dirección postal** postal address
- **dirección relativa** relative address
- **dirección telegráfica** telegraphic address

B (sentido, rumbo) direction; **circulaba con** *or* **en ~ a Madrid** it was heading toward(s) Madrid; **ellos venían en ~ contraria** they were coming the other way *o* from the opposite direction; **¿en qué ~ iba?** *or* **¿qué ~ llevaba?** which way was he heading *o* going?; **su política ha tomado una nueva ~** their policy has taken a new direction; **vientos de ~ norte** northerly winds; **cambiar de ~** to change direction; **señal de ~ prohibida** no-entry sign; **la flecha indica ~ obligatoria** the arrow indicates that it's one way only
C (Auto) (mecanismo) steering; (volante) steering wheel; **alinear la ~** to align the wheels
(Compuesto) **dirección asistida** power-assisted steering, power steering
D (Adm) 1 (cargo — en una escuela) principalship (AmE), headship (BrE); (— en una empresa) post *o* position of manager 2 (cuerpo directivo — de una empresa) management; (— de un periódico) editorial board; (— de una prisión) authorities (*pl*); (— de un partido) leadership 3 (oficina — en una escuela) principal's office (AmE), headmaster's/headmistress's office (BrE); (— en una empresa) manager's/director's office; (— en un periódico) editorial office
E 1 (de una obra, película) direction; **es su primer trabajo de ~** it's the first time she's directed, it's her first job as a director *o* her first directing job; **la ~ es de Saura** it is directed by Saura 2 (de una orquesta): **bajo la ~ de Campomar** conducted by Campomar 3 (de una empresa, proyecto) management; **bajo la ~ de su profesor** under the guidance of her teacher

direccionable *adj* addressable

direccional[1] *adj* directional

direccional[2] *f* (Col, Méx) turn signal (AmE), indicator (BrE); **poner las ~es** to indicate

direccionamiento *m* addressing

direccionar [A1] *vt* (Inf) to address

Direcciones Generales *fpl* (UE) Directorate General

directa *f* high (AmE), top gear (BrE)

directamente *adv* 1 (derecho) straight; **de allí nos vamos ~ a París** from there we go straight *o* direct to Paris; **fue ~ al grano** she got straight *o* directly to the point 2 (sin intermediarios) directly; **hablé ~ con él** I spoke to him personally, I spoke directly to him

directiva *f*
A (de una empresa) board, board of directors; (de un partido) executive committee, leadership
B (directriz) guideline; **de acuerdo a las ~s que se nos dieron** in accordance with the guidelines we were given
C (instrucción oficial) directive; **las ~s de la UE pasan a ser vinculantes para los estados miembros** EU directives become binding on member states

directivo[1] **-va** *adj* managerial, executive

directivo[2] *m* (gerente) manager; (ejecutivo) executive, director

directo[1] **-ta** *adj*
A ‹*vuelo*› direct, nonstop; ‹*ruta/acceso*› direct; **un tren ~** a direct *o* through train; **descendiente por línea directa** direct descendant; **me mantengo en contacto ~ con ellos** I keep in direct contact with them; **es mi jefe ~** he is my immediate boss *o* superior; **elecciones directas al Parlamento Europeo** direct elections to the European Parliament; Ⓢ **venta directa al público** direct sales to the public
B (Rad, TV): **en ~** live; **una emisión en ~ desde el Teatro Solís** a live transmission *o* broadcast from the Solís theater; **el encuentro será televisado en ~** the match will be broadcast live; **sonido en ~** live sound
C ‹*persona*› direct, straightforward; ‹*lenguaje/pregunta*› direct; ‹*respuesta*› straight

directo[2] *m*
A (en boxeo) straight punch
B (Ven) (Auto) drive

director -tora *m,f* 1 (de una escuela) (*m*) head teacher, principal (AmE), headmaster (BrE); (*f*) head teacher, principal (AmE), headmistress (BrE); (de un periódico, una revista) editor, editor in chief; (de un hospital) administrator; (de una prisión) warden (AmE), governor (BrE) 2 (Com) (gerente) manager; (miembro de la junta directiva) director, executive 3 (Cin, Teatr) director
(Compuestos)
- **director adjunto, directora adjunta** *m,f* deputy director
- **director/directora de división** *m,f* divisional director
- **director/directora de escena** *m,f* stage manager
- **director/directora de orquesta** *m,f* conductor
- **director/directora de ventas** *m,f* sales manager *o* director
- **director ejecutivo, directora ejecutiva** *m,f* executive director
- **director espiritual** *m* father confessor
- **director/directora general** *m,f* (de una empresa) general manager; (de un organismo oficial) director-general
- **director/directora gerente** *m,f* managing director
- **director técnico, directora técnica** *m,f* (AmL) head coach (AmE), manager (BrE)

directorial *adj* management (*before n*), executive (*before n*)

directorio *m*
A 1 (Com) (junta directiva) board of directors, directors (*pl*) 2 **el Directorio** (Hist) (en Francia) the Directory
B 1 (AmL exc CS) (guía telefónica) telephone directory 2 (nomenclátor) directory
C (Inf) directory
(Compuesto) **directorio raíz** *or* **principal** (Inf) root directory

directriz[1] *adj*: **líneas directrices** guidelines

directriz[2] *f* 1 (Mat) directrix 2 (guía) guideline, principle 3 (instrucción) directive

dirigencia *f* (AmL frml) 1 (acción) leadership 2 (dirigentes) leaders (*pl*)

dirigente[1] *adj*: **las clases ~s** the ruling classes; **cargos ~s** management/leadership posts

dirigente[2] *mf* (de un partido, país) leader; (de una empresa) head; **los ~s del banco** the management of the bank, the bank's executives

dirigible *m* airship, dirigible

dirigir [I7] *vt*
A 1 ‹*empresa*› to manage, run; ‹*periódico/revista*› to run, edit; ‹*investigación/tesis*› to supervise; ‹*debate*› to lead, chair; **dirigió la operación de rescate** he led *o* directed the rescue operation; **~ el tráfico** to direct *o* control the traffic 2 ‹*obra/película*› to direct 3 ‹*orquesta*› to conduct
B 1 ‹*mensaje/carta*› **~ algo A algn** to address sth TO sb; **esta noche el presidente ~á un mensaje a la nación** the president will address the nation tonight; **la carta venía dirigida a mí** the letter was addressed to me; **dirigió unas palabras de bienvenida a los congresistas** he addressed a few words of welcome to the delegates; **las críticas iban dirigidas a los organizadores** the criticisms were directed at the organizers; **el folleto va**

d

dirigido a padres y educadores the booklet is aimed at parents and teachers; **la pregunta iba dirigida a usted** the question was meant for you, I asked *you* the question; **no me dirigió la palabra** he didn't say a word to me 2 ‹*mirada/pasos/telescopio*› **dirigió la mirada hacia el horizonte** he looked toward(s) the horizon, he turned his eyes *o* his gaze toward(s) the horizon; **le dirigió una mirada de reproche** she looked at him reproachfully, she gave him a reproachful look; **dirigió sus pasos hacia la esquina** he walked toward(s) the corner; **dirigió el telescopio hacia la luna** he pointed the telescope toward(s) the moon

C (encaminar) ‹*esfuerzos/acciones*› ~ **algo A + INF**: **acciones dirigidas a aliviar el problema** measures aimed at alleviating *o* measures designed to alleviate the problem; **~emos todos nuestros esfuerzos a lograr un acuerdo** we shall channel all our efforts into *o* direct all our efforts toward(s) reaching an agreement

■ **dirigirse** *v pron*

A (ir): **nos dirigíamos al aeropuerto** we were heading for *o* we were going to *o* we were on our way to the airport; **se dirigió a su despacho con paso decidido** he strode purposefully toward(s) his office; **se dirigían hacia la frontera** they were making *o* heading for the border; **el buque se dirigía hacia la costa** the ship was heading for *o* toward(s) the coast

B **~se A algn** (oralmente) to speak *o* talk TO sb, address sb (frml) (por escrito) to write TO sb; **¿se dirige a mí?** are you talking *o* speaking to me?; **me dirijo a Vd. para solicitarle ...** (Corresp) I am writing to request ...; **para más información diríjase a ...** for more information please write to *o* contact ...

dirigismo *m* state intervention, dirigisme

dirigista *adj/mf* interventionist, dirigiste

dirimente *adj* ‹*factor*› decisive; **voto ~** casting vote

dirimir [I1] *vt*

A (frml) ‹*disputa/pleito*› to resolve (frml), to settle

B (Der) ‹*contrato*› to cancel, declare ... void; ‹*matrimonio*› to dissolve, annul

discado *m* (AmL) dialing*

(Compuestos)

- **discado automático** *or* **directo** (AmL) direct dialing*; **hay ~ ~ con Nueva York** you can dial New York direct
- **discado por tono** tone dialing*

discal *adj* ▸ **hernia**

discapacidad *f* handicap, disability

discapacitado[1] **-da** *adj* handicapped, disabled, differently abled

discapacitado[2] **-da** *m,f* disabled person, handicapped person, differently abled person; **los ~s** the disabled, handicapped people, those who are differently abled; **~ físico/psíquico** physically/mentally handicapped person, differently abled person

discapacitar [A1] *vt* to incapacitate

discar [A2] *vt/vi* ((AmL)) to dial

discernimiento *m* discernment; **obró con ~** he was very discerning, he used his judgment, he acted wisely

discernir [I12] *vi* to distinguish, discern; **~ entre el bien y el mal** to distinguish *o* discern between good and bad

■ **discernir** *vt*

A 1 (percibir) ‹*forma*› to discern (frml), to perceive 2 (distinguir) **~ algo DE algo** to distinguish sth FROM sth; **~ el bien del mal** to distinguish good from evil

B (period) ‹*premio*› to award

C (Der) ‹*tutela*› to award

disciplina *f*

A (reglas) discipline; **mantener la ~** to keep *o* maintain discipline

(Compuesto) **disciplina de voto** *or* **partido** (Pol) party discipline; **romper la ~ de ~** to defy the whip, to go against the party line

B 1 (ciencia) discipline 2 (Educ) (asignatura) subject 3 (Dep) discipline

disciplinado -da *adj*

A ‹*alumno*› disciplined

B (Bot) ‹*hiedra*› variegated

disciplinar [A1] *vt* to discipline

disciplinario -ria *adj* 1 ‹*comisión/comité/medida*› disciplinary (*before n*) 2 ‹*batallón/cuerpo*› *made up of prisoners*

discípulo -la *m,f* disciple; **fue ~ de Unamuno** he was a disciple *o* follower of Unamuno

disc-jockey /di(s)'ʒoki, dis'dʒoki/ *mf* (*pl* ~ *or* **-ckeys**) disc jockey, DJ (colloq)

disco[1] *m*

A 1 (Audio) record, disk, disc (esp BrE colloq); **grabar un ~** to make *o* cut a record *o* disk; **poner un ~** to put on a record; ***cambiar de*** *or* ***el ~*** (fam) to change the subject; ***parecer un ~ rayado*** (fam) to be like a worn-out gramophone record (colloq) 2 (Inf) disk

(Compuestos)

- **disco bar** bar (*with music, where one can dance*)
- **disco compacto** (disco) CD, compact disc; (aparato) compact disc player
- **disco compacto interactivo** compact disc interactive
- **disco de arranque** boot disk
- **disco de larga duración** album, LP
- **disco de oro/platino** gold/platinum disc
- **disco de video** *or* (Esp) **vídeo digital** digital versatile disc, DVD
- **disco digital** ▸ **disco compacto**
- **disco duro** hard disk
- **disco fijo** fixed disk
- **disco flexible** *or* **floppy** floppy disk
- **disco láser** laser disc
- **disco maestro** master disc
- **disco óptico** video disk
- **disco pub** ▸ **disco bar**
- **disco rígido** hard disk
- **disco sencillo** single
- **disco versátil digital** digital versatile disc, DVD
- **disco volador** (CS) flying saucer

B 1 (Dep) discus; **lanzamiento de ~** the discus, throwing the discus 2 (Med) disk* 3 (Auto, Mec): **frenos de ~** disk* brakes 4 (del teléfono) dial

C 1 (señal de tráfico) sign, road sign 2 (semáforo) (Ferr) signal; (Auto) traffic light

disco[2] *f* (discoteca) disco

discóbolo -la *m,f* discus thrower

discografía *f* 1 (frml) (catálogo) discography (frml) 2 (period) (de un cantante) records (*pl*), list of records

discográfica *f* (Esp) record label *o* company

discográfico -ca *adj* ‹*casa/sello*› record (*before n*); ‹*contrato*› recording (*before n*)

discoidal *adj* discoid

díscolo -la *adj* unruly, disobedient

disconforme *adj* 1 (no satisfecho) dissatisfied; **~ CON algo/algn** dissatisfied WITH sth/sb; **me quedé muy ~ con la reparación** I was very dissatisfied *o* extremely unhappy with the repair 2 (en desacuerdo) **~ CON algo** in disagreement WITH sth (frml); **estamos ~s con la propuesta** we disagree with the proposal

disconformidad *f* 1 (insatisfacción) dissatisfaction; **~ CON algo/algn** dissatisfaction WITH sth/sb 2 (desacuerdo) disagreement; **~ CON algo** disagreement WITH sth; **quiero expresar mi ~ con la resolución** I wish to express my disagreement with the resolution; **la medida está en ~ con lo establecido en la ley** the measure runs contrary to the law

discontinuar [A18] *vt* to discontinue

discontinuidad *f* (Mat, Tec) discontinuity; **la ~ del sistema educativo** the lack of continuity in the education system

discontinuo -nua *adj* ‹*línea*› broken; ‹*sonido*› intermittent

discordancia *f* conflict; **hubo ~ de opiniones** there was a difference of opinion, there was a clash *o* conflict of opinions; **está en ~ con lo que manifestó anteriormente** it is at variance with *o* it conflicts with what he stated before

discordante *adj* 1 (Mús) discordant 2 ‹*opiniones/versiones*› conflicting (*before n*)

discordar [A10] *vi* 1 (Mús) to be out of tune 2 ‹‹*personas*›› to differ 3 ‹‹*opiniones*›› to conflict

discorde *adj*

A (Mús) discordant

B (frml) (en desacuerdo) in disagreement; **se mostró ~ con la nueva disposición** he indicated that he disagreed with the new arrangement

discordia *f* discord; **sembrar la ~** to sow discord (frml)

discoteca *f* 1 (local) discotheque 2 (colección de discos) record collection 3 (AmC) (tienda) record store *o* shop

discotequero -ra *adj* (fam) ‹*música/tema*› disco (*before n*); **es muy ~** he loves going clubbing *o* (BrE) going to discos, he's a great discogoer (BrE colloq)

discreción *f*

A 1 (tacto, mesura) tact, discretion; **se calló por ~** she tactfully kept quiet, out of discretion she kept quiet 2 (reserva) discretion; **debemos obrar** *or* **actuar con gran ~** we must act with great discretion (frml), we must be very discreet; **Ⓢ garantizamos absoluta discreción** we guarantee complete discretion

B **a discreción: esto queda a ~ del juez** this is left to the discretion of the judge; **¡fuego a ~!** fire at will!; **comimos y bebimos a ~** (fam) we ate and drank as much as we liked

discrecional *adj* ‹*facultades/poderes*› discretionary, discretional; **servicio ~ de viajeros** private hire; **una tarifa ~** a discretionary rate

discrepancia *f* 1 (diferencia) discrepancy, difference; **la ~ entre las dos explicaciones** the difference *o* discrepancy between the two explanations; **mantienen ~s sobre este tema** there are differences between them on this subject 2 (desacuerdo) disagreement; **manifestaron su ~ con la resolución** they expressed their disagreement with the resolution

discrepante *adj* dissenting (*before n*); **se alzaron algunas voces ~s** some dissenting voices were raised; **la actitud ~ de los sindicatos** the disagreement of the unions

discrepar [A1] *vi* 1 (disentir) to disagree; **~ CON** *or* **DE algn/algo** to disagree with sb/sth; **discrepo contigo** *or* **de ti en ese punto** I disagree with you on that point, I have to differ with you on that point; **discrepo de esa opinión** I disagree with *o* (frml) dissent from that view 2 (diferenciarse) to differ

discretamente *adv* discreetly; **iba muy ~ maquillada** she was very discreetly madeup; **hace su labor ~, sin molestar a los demás** she quietly gets on with her work without bothering anyone else

discreto -ta *adj* 1 ‹*persona/carácter/comportamiento*› discreet; **se mostró discreta en sus acusaciones** she was restrained *o* cautious in her accusations 2 ‹*color/vestido*› discreet 3 ‹*cantidad/sueldo/resultado*› modest; **una novela de discreta calidad** a fairly average novel

discriminación *f* discrimination; **~ CONTRA algn/algo** discrimination AGAINST sb/sth; **han sido objeto de ~** they have been the object of discrimination; **un caso de ~ de género/una ~ de género** a case of sex discrimination

(Compuestos)

- **discriminación laboral** discrimination in the work place
- **discriminación por discapacidad** disability discrimination
- **discriminación por edad** age discrimination, ageism
- **discriminación por género** sex discrimination
- **discriminación por orientación sexual** sex discrimination
- **discriminación positiva** positive discrimination
- **discriminación racial/sexual** racial/sexual discrimination

discriminador[1] *m* discriminator
discriminador[2] **-dora** *adj* discriminatory
discriminar [A1] *vt* **1** ⟨*persona/colectividad*⟩ to discriminate against; **se siente discriminado por sus compañeros** he feels discriminated against by his colleagues **2** (distinguir) to differentiate, distinguish
■ **discriminar** *vi* to discriminate; **no discrimina** he's completely undiscriminating
discriminativo -va *adj* (Ven) discriminatory
discriminatoriamente *adv* unfairly
discriminatorio -ria *adj* discriminatory
disculpa *f*
A (perdón): **le pido ~s por mi tardanza** please excuse me *o* I apologize for being late; **ve y pídele ~s** go and apologize to him; **me debe una ~** she owes me an apology; **un error que no tiene** *or* **no admite ~** an inexcusable error; **no hay ~s para lo que hice** there is no excuse for what I did
B (pretexto, excusa) pretext, excuse; **se fue antes con la ~ de que tenía otro compromiso** he left early on the pretext of having another appointment; **siempre que llega tarde me sale con alguna ~** every time she's late she comes out with some excuse
disculpar [A1] *vt* to excuse; **disculpa mi tardanza** I am sorry I'm late, I apologize for my lateness (frml); **siempre sabe como ~ sus errores** he always has an excuse for his mistakes; **no se le puede ~ algo así** there can be no excuse for doing something like that, what he has done is unforgivable *o* inexcusable; **su madre siempre lo está disculpando** his mother's always making excuses for him
■ **disculpar** *vi*: **disculpe, no lo volveré a hacer** I'm sorry *o* (frml) I apologize, I won't do it again
■ **disculparse** *v pron* to apologize; **se disculpó por su retraso** she apologized for being late; **se disculpó con ella** he apologized to her, he said sorry to her
discurrir [I1] *vi* **1** (frml o liter) ⟨⟨*tiempo/vida*⟩⟩ to pass, go by; ⟨⟨*reunión*⟩⟩ to pass off; ⟨⟨*conversación*⟩⟩ to flow; **~á a lo largo de la semana** it will run for *o* span the whole week; **los días aquí discurren sin grandes sobresaltos** the days here slip by with no major surprises; **el acto discurrió con completa normalidad** the ceremony passed off without incident **2** (frml o liter) (pasar) to pass; **una senda que discurre entre los naranjos** a path which passes *o* runs between the orange trees **3** (reflexionar) to reflect, ponder
discursante *mf* speaker
discursar [A1] *vi* (frml) to deliver *o* give *o* make a speech, give a talk; **~ sobre algo** to discourse ON sth (frml)
discursear [A1] *vi* (fam) to hold forth, pontificate; **es muy aficionado a ~** he loves to hold forth, he loves the sound of his own voice
discursivo -va *adj* discursive
discurso *m* **1** (alocución) speech; **pronunciar un ~** to give *o* make *o* deliver a speech; **~ de apertura/clausura/presentación** opening/closing/introductory speech; **no te puedes imaginar el ~ que me soltó** (fam) you should've heard the lecture he gave me *o* I got (colloq); **~ del/sobre el estado de la Unión** State of the Union Message/Address **2** (retórica) discourse **3** (Ling) speech, discourse (tech); **análisis del ~** discourse analysis **4** (liter) (del tiempo) passing, passage (frml *or* liter)
(Compuesto) **discurso directo/indirecto** direct/indirect speech
discusión *f* **1** (de un asunto, tema) discussion; **eso no admite ~ alguna** that leaves no room for dispute *o* discussion; **tras siete horas de discusiones** after seven hours of discussion; **está en período de ~** it is at the discussion stage **2** (altercado, disputa) argument; **se enzarzaron** *or* (AmL) **se trenzaron en una violenta ~** they became involved in *o* got into a violent argument
discutible *adj*: **su ecuanimidad es bastante ~** her impartiality is somewhat debatable *o* dubious; **una persona de gustos muy ~s** a person of very dubious tastes; **fue una excelente actuación — bueno, eso es ~** it was an excellent performance — well, that's debatable *o* that's a matter of opinion
discutido -da *adj* controversial
discutidor -dora *adj* argumentative
discutir [I1] *vt* **1** (debatir) ⟨*problema/asunto*⟩ to discuss; ⟨*proyecto de ley*⟩ to debate, discuss; **discutieron el nuevo convenio** they discussed the new agreement; **esto habrá que ~lo con el jefe de ventas** this will have to be discussed with the sales manager **2** (cuestionar) ⟨*derecho*⟩ to challenge, dispute; **que es muy generoso no te lo discuto, pero ...** I don't deny *o* dispute that he's very generous, but ...; **todo lo que digo me lo discute** he questions *o* challenges *o* disputes everything I say; **mis órdenes no se discuten, se obedecen** my orders are to be obeyed without question, my orders are not to be questioned
■ **discutir** *vi* to argue, quarrel; **se pasan el día discutiendo** they spend all day arguing *o* quarreling; **no quiero ~ contigo** I don't want to argue with you; **discutieron y no se han vuelto a hablar** they had an argument *o* a quarrel and haven't spoken to each other since; **¿por qué discutes de política con tu padre?** why do you argue with your father about politics?; **~ POR algo** to argue ABOUT sth; **discuten por todo/por cualquier nimiedad** they argue about everything/about the slightest little thing; **~le A algn** to argue WITH sb; **¡no me/le discutas!** don't argue with me/her!
disecación *f* **1** (de un animal — para estudiarlo) dissection; (— para conservarlo) stuffing **2** (de una planta) preservation (*by pressing, drying etc*)
disecador -dora *m,f* taxidermist
disecar [A2] *vt* **1** (Med) to dissect **2** ⟨*animal muerto*⟩ (para estudiarlo) to dissect; (para conservarlo) to stuff; **el museo está lleno de pájaros disecados** the museum is full of stuffed birds **3** ⟨*planta*⟩ to preserve
disección *f* dissection; **hacer la ~ de una rana** to dissect a frog; **una rigurosa ~ de la novela** a rigorous dissection of the novel
diseccionar [A1] *vt* **1** ⟨*animal*⟩ to dissect **2** ⟨*obra/personaje*⟩ to dissect
disectar [A1] *vt* (AmL) **1** ▸ **disecar 2** ▸ **diseccionar 2**
diseminación *f* **1** (de semillas — por el viento) dispersal, spreading, dissemination (frml); (Agr) scattering **2** (de ideas, una cultura) spreading, dissemination (frml)
diseminado -da *adj*: **hay muchos pueblecitos ~s por la región** there are many small villages scattered throughout *o* dotted around the region; **los centros de información están muy ~s** the information centers are very spread out
diseminar [A1] *vt* **1** ⟨*semillas*⟩ ⟨⟨*viento*⟩⟩ to disperse, scatter, disseminate (frml); (Agr) to scatter; **~on sus cenizas por el campo** her ashes were scattered over the field **2** ⟨*ideas/doctrina/cultura*⟩ to spread, disseminate (frml); **~on bases militares por el continente** they scattered military bases throughout the continent
■ **diseminarse** *v pron* ⟨⟨*personas*⟩⟩ to scatter, disperse; ⟨⟨*ideas/cultura*⟩⟩ to spread; **los restos quedaron diseminados en un amplio radio** the wreckage was scattered over a wide area
disensión *f* disagreement; **quiero expresar mi ~** I would like to express my disagreement; **las primeras disensiones dentro de la comisión** the first signs of dissension *o* disagreement within the committee; **toda ~ es ocultada por la prensa oficial** all forms of dissent are covered up by the official press
disenso *m* ▸ **disentimiento**
disentería *f* dysentery
disentimiento *m* dissent, disagreement
disentir [I11] *vi* to dissent, disagree; **~ DE algo** to disagree WITH sth; **disiento de esa apreciación** I disagree with *o* (frml) dissent from that appraisal; **~ CON algn** to disagree WITH sb; **siento ~ con usted** I'm sorry to disagree with you, I beg to differ; **~ EN algo** to disagree ABOUT sth
diseñador -dora *m,f* designer
(Compuestos)
• **diseñador/diseñadora de moda(s)** fashion designer
• **diseñador/diseñadora de páginas web** web designer
• **diseñador/diseñadora industrial** industrial designer
• **diseñador técnico, diseñadora técnica** technical designer
diseñar [A1] *vt* **1** ⟨*vehículo/mueble/ordenador*⟩ to design; ⟨*ropa/zapatos*⟩ to design; ⟨*jardín/parque/edificio*⟩ to design, plan; **no fue diseñado para soportar altas temperaturas** it was not designed to withstand high temperatures; **una ciudad muy bien diseñada** a very well-planned city; **se reunirán para ~ actuaciones conjuntas** they will meet to plan *o* to draw up a plan for joint action **2** (con palabras) to outline; **rápidamente nos diseñó la gravedad de la situación** he quickly outlined the gravity of the situation
diseño *m*
A (proceso, actividad) design; **la teoría del ~ inteligente** the theory of intelligent design
(Compuestos)
• **diseño asistido por computadora** (AmL) *or* (Esp) **ordenador** computer-aided design
• **diseño de interiores** interior design
• **diseño de moda** fashion design
• **diseño gráfico** graphic design
• **diseño industrial** industrial design
• **diseño textil** textile design
B (resultado) design; **construcciones de ~ funcional** buildings with a functional design; **un defecto en el ~** a design fault; **el ~ de esta tela es muy llamativo** this fabric has a very striking design; **muebles/ropa de ~** designer furniture/clothes
(Compuesto) **diseño patentado** patent *o* patented design
disertación *f* lecture
disertante *mf* lecturer
disertar [A1] *vi* to speak, discourse (frml); **~ ACERCA DE/SOBRE algo** to speak ABOUT sth, discourse ON sth (frml)
disfasia *f* dysphasia
disforzarse [A11] *v pron* (Per fam) to clown around, play the fool
disfraz *m* **1** (Indum) (para jugar, fiestas) costume, fancy dress costume (BrE); (para engañar) disguise; **cruzó la frontera con un ~ de mujer** he crossed the border disguised as a woman; **un ~ de arlequín** a harlequin costume; **baile/fiesta de disfraces** costume *o* (BrE) fancy dress ball/party **2** (simulación) front; **es un ~ para ocultar su inseguridad** it's just a pretense *o* a front to hide his insecurity
disfrazado -da *m,f* (Chi) person in costume *o* (BrE) fancy dress; **desfile de ~s** costume *o* (BrE) fancy dress parade
disfrazar [A4] *vt* **1** ⟨*persona*⟩ **la disfrazó para el carnaval** he dressed her up for the carnival; **lo ~on para ocultar su identidad** they disguised him in order to conceal his identity; **~ a algn DE algo** to dress sb up/disguise sb AS sth **2** (disimular, ocultar) ⟨*sentimiento/verdad*⟩ to conceal, hide; ⟨*voz/escritura/intención*⟩ to disguise
■ **disfrazarse** *v pron* **1** (por diversión) to dress up; **a los niños les encanta ~se** children love dressing up *o* (BrE) love putting on fancy dress; **todo el mundo se disfrazó para la fiesta** everyone went to the party in costume *o* (BrE) fancy dress; **~se DE algo/algn** to dress up AS sth/sb; **¿de qué te disfrazaste en carnaval?** what did you dress up as for the carnival?, what did you go to the carnival as? **2** (para engañar) to disguise oneself; **~se DE algo/algn** to disguise oneself AS sth/sb, dress up AS sth/sb; **se escapó disfrazado de enfermero** he escaped by disguising himself as *o* by dressing up as a nurse, he escaped disguised as a nurse

disfrutar [A1] *vi* [1] (divertirse) to enjoy oneself, have fun, have a good time; **disfruta mientras eres joven** have a good time *o* enjoy life *o* enjoy yourself while you're young; **~ CON algo** to enjoy sth; **disfrutamos mucho con la película** we really enjoyed the film; **~ + GER** to enjoy -ING; **disfruto viéndolos comer** I enjoy watching them eat, it's a pleasure to watch them eat; **~ DE algo** to enjoy sth; **espero que hayan disfrutado de la travesía** I hope you have enjoyed the crossing, I hope you have had a pleasant crossing [2] **~ DE algo** (tener) to have sth; **~on de muy buen tiempo** they had very good weather; **disfruta de buena salud** he is in *o* he enjoys good health, he is very healthy; **disfrutaba de ciertos privilegios** she enjoyed *o* had certain privileges; **la mujer no siempre disfrutó del derecho al voto** women did not always have *o* enjoy the right to vote; **con este vale ~á de un descuento del 5%** with this voucher you will receive a 5% discount

■ **disfrutar** *vt* [1] ‹*viaje/espectáculo*› to enjoy [2] ‹*beneficio/derecho*› to have, enjoy

disfrute *m* enjoyment; **el ~ de un bien** (Der) the enjoyment of an asset

disfuerzos *mpl* (Per fam) clowning *o* fooling around, antics (*pl*)

disfunción *f* dysfunction

disfuncional *adj* dysfunctional

disgregación *f* [1] (de un grupo) breaking up [2] (Tec) disintegration

disgregar [A3] *vt* [1] ‹*grupo/familia*› to break up, split up [2] (Tec) to disintegrate

■ **disgregarse** *v pron* [1] «*grupo/familia*» to break up, split up; «*multitud/manifestantes*» to break up, disperse [2] (Tec) to disintegrate

disgresión *f* ▸ **digresión**

disgustado -da *adj* upset; **estoy muy ~ con-tigo/por lo que hiciste** I'm very upset with you/about what you did

disgustar [A1] *vt*: **me disgustó terriblemente que me mintiera** I was terribly upset that he lied to me; **me disgusta tener que tomar esta decisión** I'm not at all happy about having to make this decision, I don't like having to make this decision

■ **disgustarse** *v pron* to get upset

disgusto *m*

A (sufrimiento, pesar): **le causó un gran ~** she was very upset, it upset her terribly; **tiene un ~ tremendo** he's very upset; **estos hijos me van a matar a ~s** these children will be the death of me; **expresó su ~ y preocupación por lo sucedido** she expressed her sadness *o* sorrow and concern at what had happened; **con tantos ~s se va a enfermar de los nervios** she's going to end up a nervous wreck with all these things that have happened to her (colloq); **para mí ~** much to my displeasure; **lo hizo a ~** she did it reluctantly *o* unwillingly; **si te vas a quedar a ~ es mejor que te vayas** if you really don't want to be here *o* if you're staying against your will, you might as well go

B [1] (discusión) argument, quarrel [2] (incidente desagradable): **si sigues conduciendo así vas a tener un ~** if you keep on driving like that you're going to have an accident

disidencia *f* [1] (desacuerdo) dissent; **sabía que expresar su ~ le costaría caro** he knew that expressing his dissent would cost him dear; **las ~s en el seno del partido** the dissent *o* the disagreements within the party [2] (escisión) split [3] (grupo — en desacuerdo) dissidents (*pl*), dissident group; (— escindido) splinter group, breakaway group

disidente[1] *adj* [1] ‹*persona*› (que discrepa) dissident (*before n*); **el científico ~** the dissident scientist [2] ‹*grupo/sector*› (que discrepa) dissident (*before n*); (escindido) breakaway (*before n*)

disidente[2] *mf* [1] (que discrepa) dissident [2] (escindido) member of a splinter *o* breakaway group

disidir [I1] *vi* (frml) to dissent

disilábico -ca, **disílabo -ba** *adj* ▸ **bisílabo**

disímil *adj* (frml) dissimilar

disimilitud *f* (frml) dissimilarity

disimuladamente *adv* surreptitiously; **~ le pasó una nota por debajo de la mesa** he managed to slip her a note under the table, he surreptitiously passed her a note under the table; **se fue ~ de la fiesta** she sneaked *o* slipped away from the party

disimulado[1] **-da** *adj* [1] (disfrazado, oculto) disguised; **una cicatriz muy bien disimulada** a cleverly disguised scar; **dando muestras de un mal ~ descontento** showing signs of ill-concealed displeasure [2] (discreto) discreet; **sé más ~, nos están mirando** be more discreet, people are looking at us; **no es nada ~ para mirar** he stares at people so blatantly *o* openly

disimulado[2] **-da** *m,f*: **me vio pero se hizo la disimulada** she saw me but she pretended she hadn't; **no te hagas el ~, sabes muy bien a qué me refiero** don't act dumb *o* play the innocent with me, you know perfectly well what I'm talking about (colloq)

disimular [A1] *vt* [1] ‹*alegría/rabia/dolor*› to hide, conceal; **por mucho que quiera ~lo** much as he would like to hide *o* conceal it; **será muy tímida, pero lo disimula muy bien** if she is shy, she certainly hides it well [2] ‹*defecto/imperfección*› to hide, disguise

■ **disimular** *vi*: **todos se dan cuenta porque no sabe ~** everybody knows what's going on because she's no good at hiding things *o* pretending *o* (frml) she can't dissemble; **disimula, que nos están mirando** act normal, we're being watched

disimulo *m*: **salió con tal ~ que nadie se dio cuenta** he slipped away so quietly that no one noticed; **la miraba sin ningún ~** he was staring at her quite blatantly *o* openly; **con mucho ~ se lo metió en el bolsillo** she surreptitiously slipped it into her pocket *o* taking care not to be seen, she slipped it into her pocket

disipación *f*

A (libertinaje) dissipation; **llevar una vida de ~** to lead a dissipated life

B [1] (de temores, dudas) dispelling [2] (de una fortuna) squandering, frittering away (colloq)

disipado -da *adj* ‹*vida/comportamiento*› dissolute, dissipated

disipador -dora *m,f* spendthrift, profligate (liter)

(Compuesto) **disipador de calor** heat sink

disipar [A1] *vt* [1] ‹*temores/dudas/sospechas*› to dispel [2] (derrochar) ‹*fortuna/dinero*› to squander, fritter away (colloq); ‹*energía/fuerzas*› to use up [3] (Tec) ‹*calor/energía*› to dissipate

■ **disiparse** *v pron* [1] «*nubes/niebla*» to clear [2] «*temores/sospechas*» to be dispelled [3] «*esperanzas/ilusiones*» to vanish, disappear [4] (Tec) «*calor/energía*» to dissipate, be dissipated

disjockey /di(s)'ʒoki, dis'dʒoki/ *mf* (*pl* **~** *or* **-ckeys**) disc jockey, DJ (colloq)

diskette /dis'kete/ *m* diskette, floppy disk

(Compuesto) **diskette de alta intensidad** high density disc

dislate *m*: **salir a correr con este calor es un ~** it's madness *o* it's ridiculous to go out running in this heat; **es un ~ creer en esas brujerías** it's absurd to believe (in) that witchcraft nonsense

dislexia *f* dyslexia

disléxico -ca *adj/m,f* dyslexic

dislocación *f* dislocation

dislocado -da *adj*

A ‹*hombro*› dislocated

B [1] ‹*humor*› off-beat, quirky (colloq) [2] (Esp fam) (chiflado) crazy (colloq), nuts (colloq); **una cosa que parecía dislocada** something which didn't make a lot of sense *o* which seemed crazy (colloq)

dislocar [A2] *vt*

A ‹*hombro*› to dislocate

B (Esp fam) (chiflar) to drive … wild; **un cantante que la disloca** a singer she's crazy about, a singer who drives her wild

■ **dislocarse** *v pron* [1] «*persona*» ‹*hombro*› to dislocate [2] «*hombro*» to be dislocated

disloque *m* (fam): **fue el ~ cuando …** it was too much when … (colloq), it was incredible when … (colloq); **esta casa es un ~** this is a madhouse

disminución *f* [1] (de gastos, salarios, precios) decrease, drop, fall; (de la población) decrease, fall; **la ~ de las tarifas** the lowering of *o* reduction in charges; **la ~ de la población estudiantil** the decrease *o* fall in the student population [2] (del entusiasmo, interés) waning, dwindling; **una ~ del interés del público** waning *o* dwindling public interest [3] (al tejer) decreasing

disminuido[1] **-da** *adj*

A ‹*intervalo/valor*› diminished

B (insignificante) inadequate; **se siente muy ~** he feels very inadequate

disminuido[2] **-da** *m,f* physically handicapped person (*o* man *etc*), disabled person (*o* man *etc*); **hoy se celebrará el cross para ~s** the cross country race for the disabled takes place today; **~ psíquico** mentally handicapped person (*o* man *etc*); **~ físico** physically handicapped person (*o* man *etc*); **~ sensorial** *partially-sighted person or one with hearing difficulties*

disminuir [I20] *vi*

A (menguar) «*número/cantidad*» to decrease, drop, fall; «*desempleo/exportaciones/gastos*» to decrease, drop, fall; «*entusiasmo*» to wane, diminish; «*interés*» to wane, diminish, fall off; **el número de fumadores ha disminuido** the number of smokers has dropped *o* fallen *o* decreased; **los impuestos no disminuyeron** there was no decrease *o* cut in taxes; **los casos de malaria han disminuido** there has been a drop *o* fall *o* decrease in the number of malaria cases; **disminuyó la intensidad del viento** the wind died down *o* dropped; **la agilidad disminuye con los años** one becomes less agile with age

B (al tejer) to decrease

■ **disminuir** *vt*

A (reducir) ‹*gastos/costos*› to reduce, bring down, cut; **disminuimos la velocidad** we reduced speed; **es un asunto muy grave y se intenta ~ su importancia** it is a very serious matter, and its importance is being played down; **el alcohol disminuye la rapidez de los reflejos** alcohol slows down your reactions

B (al tejer) ‹*puntos*› to decrease

dismorfia *f* (Med) dysmorphia

disnea *f* dyspnea*

disociación *f* dissociation

disociar [A1] *vt* [1] (Quím) to dissociate [2] (separar) **~ algo DE algo** to separate sth FROM sth

■ **disociarse** *v pron* **~se DE algo/algn** to dissociate *o* disassociate oneself FROM sth/sb

disolubilidad *f* [1] (Der, Pol) dissolubility [2] (Quím) solubility

disoluble *adj* [1] ‹*matrimonio/asamblea*› dissoluble [2] (Quím) soluble

disolución *f* [1] (de un contrato, matrimonio) annulment; (de una organización) dissolution; (del parlamento) dissolution [2] (de una manifestación) breaking up [3] (Quím) (solución) solution; (acción) dissolving

disoluto[1] **-ta** *adj* dissolute

disoluto[2] **-ta** *m,f* dissolute person, rake

disolvente[1] *adj* solvent (*before n*)

disolvente[2] *m* solvent; **~ de grasas** grease solvent; **~ de pintura** paint thinner

disolver [E11] *vt* [1] ‹*matrimonio/contrato*› to annul; ‹*parlamento*› to dissolve [2] ‹*manifestación/reunión*› to break up [3] (en un líquido) to dissolve; **~ la pastilla en un poco de agua** dissolve the tablet in a little water; **S disuélvase en la boca** (*impers*) allow to dissolve in the mouth [4] (Med) to dissolve, break up

■ **disolverse** *v pron* [1] «*manifestación/reunión*» to break up; **la manifestación se disolvió pacíficamente** the demonstration broke up peacefully; **¡por favor, disuélvanse!** break it up, please! [2] «*azúcar/aspirina*» to dissolve

disonancia *f* dissonance

disonante *adj* 1 (Mús) dissonant 2 ‹voz› discordant 3 ‹colores› clashing

disonar [A10] *vi* 1 «voz» to be out of tune 2 (no armonizar) to be out of place

dispar *adj* 1 (irregular) uneven, disparate (frml); **su rendimiento ha sido muy ~** their performance has been very inconsistent *o* patchy *o* uneven; **el trato que reciben es muy ~** the treatment they receive is very variable *o* varies a great deal 2 (diferente) different, disparate (frml); **se han aplicado criterios muy ~es** very different *o* very disparate criteria have been applied; **el cliente puede elegir entre artículos muy ~es** the customer can choose from a diverse range of products *o* from many different products

disparada *f* (RPl): **a la(s) ~(s)** at top speed, at breakneck speed; **salir a la(s) ~(s)** to rush *o* (colloq) shoot off; **todo lo hace a la(s) ~(s)** she does everything too quickly, she rushes things

disparado -da *adj* (fam): **salir ~** «objeto» to shoot out; «persona» (irse de prisa) to shoot off (colloq); (salir lanzado): **con el choque salió ~ del asiento** the impact catapulted him from his seat; **iba ~ y ni me saludó** he was in a tremendous hurry and didn't even say hello to me (colloq)

disparador *m* 1 (de un arma) trigger 2 (Fot) shutter release 3 (de un reloj) escapement

(Compuesto) **disparador automático** delayed action release

disparar [A1] *vi*

A 1 (con un arma) to shoot, fire; **~ al aire** to fire *o* shoot into the air; **le disparó a las piernas** she shot at his legs; **disparan a matar** they shoot to kill; **le disparó por la espalda** he shot him in the back; **~ a quemarropa** *or* **a bocajarro** to fire at point-blank range; **¡no dispare!** don't shoot!; **¡alto o disparo!** stop or I'll shoot!; **~on sobre los soldados enemigos** they fired on the enemy troops; **~ CONTRA algn** to shoot *o* fire AT sb 2 (Fot) to take photographs/a photograph 3 (Dep) to shoot

B (Méx fam) (pagar) to pay; **hoy disparo yo** it's on me today (colloq), I'm paying *o* buying today

C (RPl) (salir corriendo) to rush off (colloq), to be off like a shot

■ **disparar** *vt*

A 1 ‹arma/flecha› to shoot, fire; ‹tiro/proyectil› to fire; **le ~on un tiro en la nuca** they shot him in the back of the head; **~án 21 cañonazos de saludo** they will fire *o* there will be a 21-gun salute 2 (Fot) to take; **¿cuántas fotos has disparado?** how many photos *o* shots have you taken? 3 (Dep): **~ un penalty** to take a penalty; **disparó el balón contra la barrera** he shot against the wall 4 (fam) ‹pregunta› to fire (colloq)

B (Méx fam) (pagar) to buy; **nos disparó un café** he treated us to *o* bought us a cup of coffee; **yo disparo esta ronda** I'll get this round, this round's on me (colloq)

■ **dispararse** *v pron*

A 1 «arma» to go off 2 (refl): **se disparó un tiro en la sien** he shot himself in the head

B (fam) «precio» to shoot up, rocket

disparatadamente *adv* ludicrously, absurdly, ridiculously

disparatado -da *adj* 1 ‹acto/proyecto/idea› crazy, ludicrous, absurd, ridiculous 2 ‹gasto/precio› outrageous, ridiculous, excessive

disparatar [A1] *vi* to talk nonsense

disparate *m* 1 (acción insensata, cosa absurda): **hacer ~s** to do stupid (*o* silly *etc*) things; **decir ~s** to talk nonsense, to make foolish remarks; **cometió** *or* **hizo el ~ de conducir bebido** he was stupid enough to drink and drive; **hizo muchos ~s durante su juventud** he did a lot of silly things *o* made a lot of foolish mistakes in his youth; **es un ~ casarse tan joven** it's stupid *o* it's madness *o* it's absurd to get married so young; **es un ~ que te gastes tanto en ropa** you're crazy spending *o* it's crazy to spend so much on clothes; **está tan deprimido que temo que haga algún ~** he's so depressed that I'm afraid he might do something stupid; **su discurso fue una sarta de ~s** his speech was a load of nonsense *o* drivel *o* twaddle (colloq) 2 (fam) (cantidad exagerada) ridiculous (*o* crazy *etc*) amount 3 (palabrota) swearword

disparejo -ja *adj* uneven; **tiene el pelo muy ~** his hair is very uneven *o* is very unevenly cut; **una superficie dispareja** an uneven surface; **su rendimiento ha sido muy ~** his performance has been very irregular *o* variable *o* inconsistent; **una clase muy dispareja** a class with pupils of very mixed abilities

disparidad *f* **~ DE algo**: **dada la ~ de criterios** given the difference *o* disparity in criteria; **hay ~ de opiniones al respecto** there are many different opinions on this subject

disparo *m* 1 (tiro) shot; **~s de advertencia** *or* **aviso** warning shots 2 (Dep) shot

dispendio *m* waste, extravagance

dispendioso -sa *adj* 1 (costoso) extravagant 2 (Col) ‹trabajo› laborious

dispensa *f* 1 (exención) dispensation; **~ papal** papal dispensation; **~ canónica** canonical dispensation; **~ de edad** exemption on grounds of one's age 2 (documento) dispensation

dispensable *adj* 1 ‹impedimento/obligación› dispensable 2 ‹error/olvido› forgivable, excusable

dispensar [A1] *vt*

A ‹honor› to give, accord (frml); ‹acogida› to give, extend (frml); ‹ayuda/protección› to give, afford (frml); ‹asistencia médica› to give; ‹medicamentos› to dispense; **le ~on un caluroso recibimiento** he was given *o* (frml) extended a warm reception; **le ~on el honor de inaugurar el museo** he was given *o* (frml) accorded the honor of inaugurating the museum; **establecimientos donde se dispensan jeringas gratis** establishments where syringes are supplied *o* dispensed free of charge

B 1 (eximir) **~ a algn DE algo** to exempt sb FROM sth; **fue dispensado del servicio militar** he was exempted from military service; **lo ~on del pago de la multa** he was excused (from) payment of the fine, the fine was waived; **la ~on de asistir a misa** she was excused from attending mass 2 (perdonar) to forgive

■ **dispensar** *vi* to forgive; **dispense, por favor** excuse me, I beg your pardon

dispensario *m* 1 (Med) clinic (*gen for the poor*) 2 (Col) (de caridad) *establishment providing food and clothing for the poor*

dispepsia *f* dyspepsia

dispéptico[1] **-ca** *adj* dyspeptic, dyspeptical

dispéptico[2] **-ca** *m,f* dyspeptic

dispersar [A1] *vt* 1 ‹manifestantes› to disperse; ‹manifestación/multitud› to disperse, break up; ‹enemigo› to disperse, rout 2 ‹rayos› to scatter, diffuse; ‹niebla/humo› to clear, disperse 3 ‹esfuerzos/energías› **concéntrate en una tarea en lugar de ~ tus energías** concentrate on one task instead of trying to do several things at once

■ **dispersarse** *v pron* 1 «manifestantes» to disperse; «manifestación/multitud» to disperse, break up 2 «rayos» to diffuse, scatter; «niebla/humo» to disperse, clear 3 «persona» to lose concentration

dispersión *f* 1 (de una manifestación) dispersion, breaking up 2 (de la atención) wandering, straying 3 (Fís) diffusion

disperso -sa *adj* 1 (diseminado) dispersed (frml); **mi familia está dispersa por el mundo** my family is scattered all over the world; **hay varias aldeas dispersas por la zona** there are several villages dispersed *o* scattered *o* dotted around the area; **recogió los papeles ~s por el suelo** she picked up the papers which were scattered *o* strewn all over the floor 2 ‹persona/atención› **un niño ~** *or* **de atención dispersa** a boy who tends to lose concentration, a boy whose attention tends to drift *o* stray

displasia *f* (Med) dysplasia

displásico -ca *adj* dysplastic

display /dis'plaj/ *m* display; **~ digital** digital display; **un ~ de cristal líquido** a liquid crystal display

displicencia *f* (indiferencia) indifference; (frialdad) disdain, offhand manner; **nos atendió con ~** he served us rather disdainfully *o* in an offhand manner

displicente *adj* (indiferente) indifferent, blasé; (frío) disdainful, offhand

disponer [E22] *vt*

A (frml) (establecer, ordenar) to provide (frml), to stipulate (frml); **la ley dispone que ...** the law provides *o* stipulates that ...; **en cumplimiento con lo dispuesto en el artículo primero** in accordance with the provisions of article one; **~ + INF**: **la junta ha dispuesto subir la cuota de los socios** the committee has decided to increase membership fees; **el juez dispuso cumplir la orden de inmediato** the judge ruled that the order be complied with immediately; **~ QUE + SUBJ**: **dispuso que todos sus bienes pasaran a la Iglesia** he laid down *o* stipulated that his entire estate should go to the Church, he bequeathed his entire estate to the Church; **se dispuso que se efectuara por la noche** it was decided that it should be carried out at night; **el juez dispuso que fuera puesta en libertad** the judge ordered her release *o* ordered that she should be freed; **la ley dispone que se haga así** the law stipulates *o* says that it must be done like this

B (frml) (colocar, arreglar) to arrange, set out, lay out

■ **disponer** *vi* 1 (tener a disposición) **~ DE algn/algo** to have sb/sth at one's disposal; **puede ~ de mí para lo que guste** (frml) I am at your disposal (frml); **¿dispones de un minuto?** do you have a minute?, have you got a minute?; **ya ni puedo ~ de lo que es mío** now I can't even do what I like with what's mine; **dispone de cuatro años para pagar** you have four years in which to pay; **con los recursos de que dispongo** with the means available to me *o* at my disposal 2 (vender, dar) **~ DE algo** to dispose OF sth

■ **disponerse** *v pron* (frml) **~se A + INF**: **mientras se disponían a tomar un tren** as they were preparing to *o* were about to catch a train; **la tropa se dispuso a atacar** the troops made ready to *o* prepared to attack; **se había dispuesto a lograrlo en un plazo de dos años** she had resolved to achieve it within two years

disponibilidad *f* 1 (de productos, plazas) availability 2 **disponibilidades** *fpl* (Com, Fin) liquid assets (*pl*), available funds (*pl*)

disponible *adj* 1 ‹fondos/apartamento/espacio› available; **en este momento no tenemos ningún puesto ~** at the moment we have no vacancies; **la habitación 102 está ~** room 102 is available *o* free; **cuando estés ~ me llamas** call me when you're free; **no tengo tiempo ~ para hacerlo** I don't have *o* I can't spare the time to do it 2 ‹funcionario/militar› available (for duty)

disposición *f*

A (norma) regulation; **disposiciones administrativas** administrative orders *o* regulations; **no cumplía con las disposiciones legales** it did not comply with the regulations *o* with the legal requirements *o* stipulations; **~ testamentaria** provision of a will

B 1 (actitud) disposition 2 (talento) aptitude; **no muestra ~ hacia la música** he has no aptitude for music 3 (inclinación, voluntad) willingness; **~ A + INF** readiness *o* willingness to + INF; **demostraron su ~ a mejorar las condiciones** they showed their willingness *o* readiness to improve the conditions

(Compuesto) **disposición de ánimo** attitude of mind

C 1 (de un bien) disposal 2 **a ~ de algn** at sb's disposal; **quedo a su entera ~ para cualquier consulta** (frml) I am at your disposal for any questions you may have (frml); **estoy a tu ~ para lo que sea** I'm here to help if you need anything; **será puesto a ~ del juez** he will appear before the judge; **puso su casa a mi ~ para las vacaciones** he offered me his house for the vacation; **pondremos un despacho a su ~** we will make an office available to you, we will place an office at your disposal (frml); **pusieron sus cargos a mi ~** they offered me their resignations; **tengo un coche a mi ~** I have the use of a car, I have a car at my disposal (frml)

D (colocación): **no me gusta la ~ de los muebles** I don't like the way the furniture is arranged; **la ~ de los cuartos** the layout of the rooms

dispositivo *m*

A (mecanismo) mechanism; (aparato) device; **el ~ de arranque** the starting mechanism

(Compuestos)

- **dispositivo de almacenamiento** (Inf) storage device
- **dispositivo de seguridad** (Tec) safety device *o* mechanism; (medidas de seguridad) security measures (*pl*)
- **dispositivo intrauterino** intrauterine device, IUD

B (frml) (destacamento): **han reforzado el ~ militar en la zona** they have reinforced their military presence in the area, they have deployed more troops in the area; **un fuerte ~ policial** a large contingent of police; **aumentará el ~ de vigilancia en las carreteras** the number of highway patrols will be increased

dispuesto -ta *adj* [1] (preparado) ready; **todo está ~ para el viaje** everything is arranged *o* ready for the trip; **la mesa está dispuesta** the table is set *o* laid [2] (con voluntad) **~ A + INF** prepared to + INF; **siempre está ~ a ayudar** he's always prepared *o* willing *o* ready to help; **la empresa no está dispuesta a ceder** the company is not prepared *o* willing to back down; **llegó ~ a hacer las paces con ella** he arrived ready to make it up with her

dispuse, dispuso, etc ▸**disponer**

disputa *f* [1] (discusión, pelea) quarrel, argument [2] (controversia) dispute; **ha sido objeto de una larga ~** it has been the source of a long-running dispute; **es, sin ~, la mejor** she is, without question, the best [3] (combate) fight

disputable *adj* disputable, debatable

disputar [A1] *vt* [1] ‹*posesión/derecho/título*› **~le algo A algn**: **le disputa el derecho a la herencia** she is disputing his right to the inheritance; **no había nadie capaz de ~le el título de campeón** there was no-one capable of challenging him for the championship [2] ‹*partido*› to play; ‹*combate*› to fight

■ **disputar** *vi* to dispute; **~ CON algn POR algo** to dispute sth WITH sb; **disputa con su vecino por la posesión del terreno** she is disputing the ownership of the land with her neighbor, she is in dispute with her neighbor over ownership of the land

■ **disputarse** *v pron*: **se disputan el primer puesto** they are fighting for *o* competing for first place; **se disputaban la concesión** they were competing for the dealership

disquería *f* (CS) record store, record shop (BrE)

disquete, disquette /dis'kete/ *m* diskette, floppy disk

(Compuesto) **disquete de alta intensidad** high density diskette

disquetera *f* disk drive

disquisición *f* [1] (estudio, exposición) treatise [2] (comentario marginal) digression; **hizo tantas disquisiciones que no entendí nada** he went off at a tangent so often *o* he digressed so many times that I didn't understand a thing; **déjate de disquisiciones filosóficas** (iró) never mind the lengthy explanations, spare me the lecture (colloq)

distancia *f*

A (en el espacio) distance; **la ~ que separa dos puntos** the distance between two points; **¿qué ~ hay de Tijuana a Tucson?** what's the distance between Tijuana and Tucson?, how far is it from Tijuana to Tucson?; **¿a qué ~ está Londres?** how far is it to London?, how far is London?; **presenciaron la explosión a una ~ prudencial** they witnessed the explosion from a safe distance; **se situó a una ~ de un metro** she stood a meter away; **una llamada de** *or* **a larga ~** a long-distance call

B (*en locs*): **a distancia: procesamiento de textos a ~** off-site *o* remote text processing; **se situó a ~ para verlo en conjunto** she stood back *o* she stood some distance away to see it as a whole; **en la distancia** in the distance; ***guardar*** *or* ***mantener las ~s*** to keep one's distance; ***salvando las ~s*: ¡es un Einstein! — salvando las ~s** he's another Einstein! — well, I wouldn't go that far!; **es como París, salvando las ~s** it's like Paris, although clearly you can only take the comparison so far (colloq); ***tomar ~*** (Mil) to measure an arm's length from the next person; **hay que tomar ~ para ser objetivo** in order to be objective you have to stand back from it *o* distance yourself from it *o* (colloq) get a distance on it

(Compuesto) **distancia de frenado/parada** braking/stopping distance

C (en el tiempo): **la ~ que nos separa de la Reconquista** the distance (in time) between the Reconquest and the present day; **a ~ el incidente le pareció una tontería** looking back *o* in retrospect, the incident seemed insignificant

D (afectiva) distance; **este incidente aumentó la ~ entre ellos** this incident widened the distance *o* gap between them; **ahora una gran ~ los separa** now they're worlds *o* poles apart, a rift *o* gulf has opened up between them

distanciado -da *adj* [1] (afectivamente): **discutimos y ahora estamos algo distanciadas** we had an argument and we're not as close as we were before *o* it has distanced us somewhat [2] ‹*fecha/hecho*› remote, far-off, distant

distanciador -dora *adj* distancing

distanciamiento *m* (acción) distancing; (efecto): **se nota un cierto ~ entre ellos** they seem to have grown *o* drifted apart

distanciar [A1] *vt* [1] (espaciar) to space … out [2] ‹*amigos/familiares*› **el hijo, en vez de unirlos, los distanció** instead of bringing them closer together, the child made them grow further apart; **no saber el idioma la distanció de los vecinos** not knowing the language created a barrier between her and her neighbors *o* distanced her from her neighbors

■ **distanciarse** *v pron* [1] **~se DE algo/algn**: **no nos distanciemos del grupo** let's not stray *o* get too far from the rest of the group; **logró ~se de quien le perseguía** he managed to put some distance between himself and his pursuer; **debes ~te de los problemas** you have to distance yourself from *o* step back from *o* (colloq) get a distance on problems [2] (*recípr*) «*amigos/familiares*» to grow *o* drift apart

distante *adj* [1] ‹*lugar*› distant, remote, far-off [2] ‹*recuerdos/imágenes*› distant [3] ‹*persona*› distant, aloof; ‹*actitud*› distant

distar [A1] *vi* (*en 3ª pers*) **~ DE algo**: **el colegio no dista mucho de/dista unos dos kilómetros de su casa** the school isn't far from/is about two kilometers from her house; **esta historia dista mucho de ser cierta** this story is far from (being) true *o* is a far cry from the truth

diste, etc ▸**dar**

distender [E8] *vt* [1] ‹*cuerda/arco*› to slacken [2] ‹*relaciones/ambiente*› to ease

■ **distenderse** *v pron*

A «*relaciones/ambiente*» to ease

B «*vientre*» to become distended

distendido -da *adj*

A (relajado) ‹*ambiente/clima*› relaxed; ‹*rostro/cuerpo*› relaxed

B (Med) ‹*vientre*› distended

distensión *f*: **una etapa de ~ entre los dos países** a period of goodwill between the two nations; **el diálogo a favor de la ~** the talks aimed at bringing about détente *o* bringing about the easing of tension; **un clima de ~** a relaxed atmosphere

distensivo -va *adj*: **negociaciones distensivas** talks aimed at easing tension

dístico *m* distich

disticoso -sa *adj* (Per fam) fussy, picky (colloq)

distinción *f* [1] (diferencia) distinction; **hacer una ~ entre …** to draw *o* make a distinction between …; **se les tratará a todos por igual sin hacer distinciones** everyone will be treated the same, without distinction; **sin ~ de raza o credo** regardless of race or creed; **no hago distinciones con nadie** I don't give anyone special *o* preferential treatment [2] (elegancia) distinction, elegance [3] (honor, condecoración) award; **le otorgaron una ~ por su valor** she was given an award for her bravery; **esta ~ se otorga a …** this award is presented to …, this distinction is awarded to …

distingo *m* (CS): **no hace ~s con nadie** he doesn't give anyone preferential treatment; **sin ~s de religión** regardless of religion; **esta ley no hace ~s entre argentinos y extranjeros** this law makes no distinction between Argentinians and foreigners

distinguible *adj* distinguishable

distinguido -da *adj* [1] ‹*escritor/actor*› distinguished; **fue un alumno muy ~** he was an outstanding pupil; **hoy contamos con la distinguida presencia de …** today we are honored to have with us …; **distinguidas figuras del teatro y del cine** distinguished figures of stage and screen; **y ahora, ~ público …** and now, ladies and gentlemen … [2] ‹*modales*› refined; ‹*aspecto*› distinguished; **con un aire ~** with a distinguished air

distinguir [I2] *vt*

A [1] (diferenciar) to distinguish; **no sabe ~ una nota de otra** she can't tell *o* distinguish one note from another; **he aprendido a ~ los diferentes compositores** I've learnt to distinguish (between) *o* recognize the different composers; **son tan parecidos que es muy difícil ~los** they look so much alike it's very difficult to tell them apart *o* to tell one from the other *o* to distinguish between them; **yo la ~ía entre mil** I'd recognize *o* know her anywhere, I could pick her out in a crowd [2] (caracterizar) to characterize

B (percibir) to make out; **a lo lejos se distingue la catedral** the cathedral can be seen in the distance; **entre los matorrales pudo ~ algo que se movía** she could make out *o* see something moving in the bushes; **se distinguía claramente el ruido de las olas** the sound of the waves could be clearly heard, we/he/they could clearly hear *o* make out the sound of the waves

C (con una medalla, un honor) to honor*; **los distinguió con su presencia** (frml) she honored them with her presence (frml)

■ **distinguir** *vi* (discernir): **hay que saber ~ para apreciar la diferencia** you have to be discerning to appreciate the difference

■ **distinguirse** *v pron* (destacarse) **~se POR algo**: **se distinguió por su talento musical** he became famous *o* renowned for his musical talent; **se distinguió por su valor en el combate** he distinguished himself by his bravery in battle; **nuestros productos se distinguen por su calidad** our products stand out for their quality, our products are distinguished by *o* for their quality; **~se EN algo** to distinguish oneself IN sth, to make a name for oneself IN sth

distintivo[1] -va *adj* ‹*rasgo/característica*› distinctive; **los caracteres ~s de ciertas especies** the distinguishing *o* distinctive features of certain species

distintivo[2] *m* [1] (insignia) emblem; **el ~ de su equipo** his club's emblem *o* badge [2] (símbolo) sign; **es un ~ de calidad** it is a sign of quality

distinto -ta *adj*

A (diferente) different; **son gemelos, pero son muy ~s** they're twins, but they are very different; **~ A** *or* **DE algo/algn**: **es totalmente ~ a ella** he is totally different to *o* from her; **su versión de lo ocurrido es bastante distinta de la mía** his version of events is quite different from *o* to *o* (AmE) than mine; **este problema es totalmente ~ del anterior** this problem is totally different from *o* (frml) quite distinct from the previous one

B (*en pl, delante del n*) (varios) several, various; **les preguntó a distintas personas y nadie sabía** she asked several *o* various people and no-one knew

distocia *f* dystocia

distorsión *f* **1** (de la verdad, los hechos) distortion, twisting **2** (de las facciones) distortion **3** (Tec) distortion

distorsionador -dora *adj*, **distorsionante** *adj* **1** ‹*enfoque*› **ese enfoque del problema es ~ de la realidad** that view of the problem is a distortion of the facts; **de su vida se han hecho algunas lecturas muy ~as** there have been some very distorted *o* misleading interpretations of her life **2** (Tec) distorting (*before n*), distortion (*before n*)

distorsionar [A1] *vt* **1** (Tec) to distort **2** ‹*verdad/realidad*› to distort, twist; **tiene una imagen distorsionada de la realidad** she has a distorted view of reality; **tenía la cara distorsionada por el dolor** her face was contorted with pain

distracción *f* **1** (entretenimiento) entertainment; **hay pocas distracciones para los jóvenes** there's not much in the way of entertainment for young people; **te servirá de ~** it'll give you something to do; **una buena ~ para los niños** a favorite form of amusement *o* entertainment for children **2** (descuido): **en un momento de ~ le robaron el bolso** she took her eye off her handbag for a moment and someone stole it; **la más pequeña ~ puede costarle la vida** the slightest lapse of concentration could cost you your life **3** (de fondos) embezzlement

distraer [E23] *vt* **1** ‹*persona/atención*› to distract; **mientras uno lo distraía el otro le robó la llave** while one of them distracted him *o* distracted his attention the other stole his key; **S no distraer al conductor** do not distract the driver *o* the driver's attention; **~ a algn DE algo** to distract sb FROM sth; **la música me distrajo de la lectura** I was distracted from my reading by the music; **no me distraigas de mi trabajo** don't distract me from my work; **tengo que hacer algo para ~lo de sus preocupaciones** I have to do something to take his mind off his worries **2** (entretener): **la lectura lo distrae en sus ratos de ocio** he enjoys reading in his free time; **los distraía contándoles cuentos** she entertained them *o* kept them entertained *o* kept them amused by telling them stories **3** ‹*fondos/dinero*› to embezzle

■ **distraerse** *v pron* **1** (despistarse, descuidarse) to get distracted; **me distraje un momento y se quemaron las tostadas** I got distracted *o* my mind wandered for a moment and the toast burned; **si no te distraes, terminarás antes** if you keep your mind on what you're doing *o* if you don't let yourself get distracted you'll finish sooner **2** (entretenerse): **necesitas ~te un poco, estás siempre metida en casa** you need to find something to do *o* you need to get out and enjoy yourself, you're always stuck in the house; **no necesita mucho para ~se, una hoja de papel y un lápiz le bastan** she doesn't need much to keep her amused *o* entertained, she's quite content with a sheet of paper and a pencil; **se distraen viendo la televisión** they while away *o* pass the time watching television

distraídamente *adv* absent-mindedly, distractedly

distraído -da *adj* ‹*persona/aire/mirada*› **iba ~ y no se fijó que había un escalón** he was miles away and didn't see the step (colloq); **es muy ~** he's very absentminded; **perdona, estaba ~** sorry, I wasn't paying attention *o* I wasn't concentrating *o* my mind was elsewhere

distribución *f* **1** (reparto) distribution; **la ~ de víveres/de los panfletos** the distribution of provisions/of the leaflets; **la ~ de las tareas domésticas** the allocation *o* sharing out of the household chores; **la ~ de la población** the population distribution; **una ~ cada vez más desigual de la riqueza** an increasingly unequal distribution of wealth; **la mala ~ de la carga** the uneven distribution of the load **2** (Com) (de un producto, una película) distribution **3** (disposición, división) layout, arrangement; **la ~ de este apartamento** the layout of this apartment **4** (Auto) valve-operating gear

distribuidor¹ -dora *adj* distribution (*before noun*)

distribuidor² -dora *m,f* (Com) distributor

distribuidor³ *m*

A (Auto, Mec) distributor

B (máquina) *tb* **~ automático** vending machine

C (Ven) (en una carretera) interchange, cloverleaf

distribuidora *f* (empresa) distributor, distribution company

distribuir [I20] *vt* **1** (repartir) ‹*dinero/víveres/panfletos*› to hand out, distribute; ‹*ganancias*› to distribute; ‹*tareas*› to allocate, assign; ‹*carga/peso*› to distribute, spread; **un país donde la riqueza está muy mal distribuida** a country where wealth is very unevenly distributed **2** ‹*producto/película*› to distribute **3** «*canal/conducto*» ‹*agua*› to distribute **4** (disponer, dividir): **las habitaciones están muy bien distribuidas** the rooms are very well laid out *o* arranged; **los distribuyeron en tres grupos** they divided them into three groups

■ **distribuirse** *v pron* (*refl*) to divide up

distributivo -va *adj* (Ling) distributive; (Mat) distributive

distrital *adj* (Ven) local

distrito *m* district

(Compuestos)

- **distrito electoral** electoral district, constituency
- **distrito postal** postal district
- **distrito rojo** red-light district

Distrito Federal *m* Federal District (*including Mexico City*)

> **Distrito Federal**
>
> A district of central Mexico, the seat of the federal government. It includes most of Mexico City and its suburbs, and comes under the direct supervision of the Mexican president.

distrofia *f* dystrophy

(Compuesto) **distrofia muscular** muscular dystrophy

disturbio *m* **1** (perturbación del órden) disturbance **2** **disturbios** *mpl* (motín) riot, disturbances (journ)

disuadir [I1] *vt* to deter, discourage; **~ a algn DE algo** to dissuade sb FROM sth; **~ a algn DE QUE + SUBJ** to dissuade sb FROM -ING; **intentó ~lo de su propósito** she tried to talk him out of it *o* to dissuade him; **debemos ~lo de que lo haga** we must dissuade him from doing it

disuasión *f* **1** (Mil, Pol) deterrence; **como ~ contra cualquier agresión** as a deterrent against possible attacks **2** (acción de convencer) dissuasion

disuasorio -ria, **disuasivo -va** *adj* ‹*tono/palabras*› dissuasive, discouraging; **medidas disuasorias** measures designed to deter *o* to act as a deterrent

disuelto -ta *pp see* **disolver**

disyunción *f* disjunction

disyuntiva *f* dilemma

disyuntivo -va *adj* disjunctive

ditirámbico -ca *adj* dithyrambic

ditirambo *m* **1** (Lit) dithyramb **2** (liter) (alabanza exagerada) excessive praise

DIU /'diu/ *m* (= **dispositivo intrauterino**) coil, IUD

diuca *f*

A (Zool) diuca finch; ***quedar como* ~** (Chi fam) to be soaked to the skin (colloq), to be like a drowned rat (colloq)

B (Chi vulg) (pene) cock (vulg), dick (vulg)

diuresis *f* diuresis

diurético¹ -ca *adj* diuretic

diurético² *m* diuretic

diurno¹ -na *adj* day (*before n*); **clases diurnas y nocturnas** daytime and evening classes; **animal ~** diurnal animal; **turno ~** day shift

diurno² *m* diurnal

diva *f* diva, prima donna *ver tb* **divo**

divagación *f* digression; **déjate de divagaciones y ve al grano** stop digressing and get to the point

divagar [A3] *vi* to digress; **el conferenciante empezó a ~** the speaker began to go off at a tangent *o* go off the point *o* disgress; **déjate de ~** stop straying *o* wandering off the subject *o* going off the point; **había tomado mucho vino y ya empezaba a ~** he'd drunk a lot of wine and he was starting to ramble

diván *m* couch

díver *adj inv* (Esp fam) ▸ **divertido**

divergencia *f* difference; **han surgido ~s en el seno del partido** differences *o* disagreements have emerged within the party

divergente *adj* **1** ‹*opiniones/gustos/caracteres*› differing (*before n*) **2** ‹*líneas/rayos*› divergent; ‹*caminos*› diverging (*before n*)

divergir [I7] *vi* **1** «*opiniones/gustos/caracteres*» to differ **2** «*líneas/rayos*» to diverge

diversidad *f*: **una gran ~ de paisajes** a great diversity of landscapes, a rich variety of landscapes; **la ~ de largos de falda** the range of skirt lengths; **lo importante es la ~ de opciones** the important thing is the wide variety *o* diversity of options

diversificación *f* diversification

diversificar [A2] *vt* ‹*actividades/métodos*› to diversify; ‹*inversión/producción*› to diversify

■ **diversificarse** *v pron* to diversify

diversión *f* **1** (esparcimiento) fun; **se disfrazan por ~** they dress up for fun; **te hace falta un poco de ~** you need a bit of enjoyment *o* fun **2** (espectáculo, juego): **aquí hay pocas diversiones nocturnas** there isn't much night life here, there isn't much entertainment in the evenings; **en el pueblo hay pocos lugares de ~** there's hardly anything to do in the village

diverso -sa *adj*

A (variado, diferente): **su obra cinematográfica es muy diversa** his cinematic output is very varied *o* diverse; **seres de diversa naturaleza** creatures of various types, various types of creatures; **ha desempeñado las más diversas actividades** she has engaged in a very wide range of activities *o* in many diverse activities

B (*pl*) (varios) various, several; **cultivan ~s tipos de naranjas** they grow several *o* various types of oranges

diversos *mpl* sundries (*pl*)

divertido -da *adj* **1** (que interesa, recrea, divierte) ‹*espectáculo/fiesta*› fun, enjoyable; ‹*momento/situación*› entertaining; **fue una fiesta muy divertida** it was a very enjoyable *o* (colloq) a fun party, the party was a lot of fun *o* was great fun; **el baile estuvo muy ~** the dance was very entertaining *o* great fun; **¡qué ~! ahora va y se pone a llover** (iró) (that's) wonderful *o* great! now it's started raining (iro); **es un tipo muy ~** he's a really fun guy *o* a very entertaining guy, he's really fun to be with **2** (gracioso) funny; **estuvo de lo más ~** it was so funny

divertimento *m* **1** (Mús) divertimento **2** (obra ligera) lighthearted play (*o* novel *etc*)

divertimiento *m* ▸ **diversión 1**

divertir [I11] *vt*: **nos divirtió con sus chistes** she amused *o* entertained us with her jokes; **me divirtió muchísimo su reacción** I was greatly amused by his reaction; **su compañía lo divierte** he finds her company entertaining

■ **divertirse** *v pron*: **¡que te diviertas!** have fun!, have a good time!, enjoy yourself!; **nos divertimos mucho en la fiesta** we had great fun *o* a really good time at the party, we really enjoyed ourselves at the party; **sabe ~se solo** he knows how to keep himself amused, he is good at entertaining *o* amusing himself; **se divertían haciendo sufrir al pobre animal** they were amusing *o* entertaining themselves by tormenting the poor animal

dividendo *m* **1** (Fin) dividend; **~ acumulado/provisional** accrued/interim dividend;

repartir ~s to distribute dividends; ***dar ~s*** to pay off, pay dividends [2] (Mat) dividend [3] (Chi) (cuota) payment, repayment

(Compuesto) **dividendo de la paz** peace dividend

dividir [I1] *vt* [1] ▸**517** ; (partir) to divide; **dividió la tarta en partes iguales** he divided the cake (up) into equal portions; **dividió a la clase en cuatro equipos** she divided *o* split the class (up) into four teams; **seis dividido dos igual tres** *or* **seis dividido por dos es igual a tres** *or* **seis dividido entre dos es igual a tres** (Mat) six divided by two equals *o* is three; **divide 96 por** *or* **entre 12** (Mat) divide 96 by 12 [2] (repartir) to divide, share, share out; **dividieron la herencia entre los hermanos** the inheritance was shared (out) *o* divided among the brothers [3] (separar): **el río divide el pueblo en dos** the river cuts *o* divides the village in two [4] (apartar, enemistar) to divide; **esa cuestión dividió profundamente al sindicato** the issue caused deep division within the union; **los científicos están divididos en esa materia** scientists are divided on that subject; ***divide y vencerás/reinarás*** divide and conquer/rule

■ **dividir** *vi* (Mat) to divide; **todavía no sabe ~** she still can't do division, she still doesn't know how to divide

■ **dividirse** *v pron* [1] «*célula*» to split; «*grupo/partido*» to split up; **nos dividimos en dos grupos** we split up into two groups; **el río se divide en dos brazos** the river divides into two branches; **no me puedo ~** (fam) I only have one pair of hands (colloq), I can't be in two places at once (colloq) [2] «*obra/período*»: **su obra podría ~se en cuatro períodos básicos** his work could be divided into four basic periods; **el cuerpo humano se divide en cabeza, tronco y extremidades** the human body is made up of the head, the torso and the extremities [3] (repartirse) to divide up, share out

dividivi *m* (Col, Ven) divi-divi

divierta, divirtió, etc ▸**divertir**

divieso *m* boil

divinamente *adv* divinely, wonderfully

divinidad *f* [1] (deidad) deity, god [2] (cualidad) divinity [3] (fam) (preciosidad) delight; **ese jardín es una ~** that garden is a delight *o* is divine; **¡qué ~ de chica!** what a delightful girl!

divinización *f* deification

divinizar [A4] *vt* to deify

divino -na *adj* [1] (Relig) ‹*sabiduría/amor/castigo*› divine (*before n*) [2] (fam) ‹*chica/vestido/fiesta*› divine, delightful; **¡qué ~! ¡mira como protege a su hermanita!** isn't it lovely *o* delightful the way he looks after his little sister!

divisa *f*

[A] (Com, Fin) currency; **operaciones en pesos y en ~s** transactions in pesos and in foreign currency; **~s fuertes** strong currencies; **un rígido control de ~s** a rigid exchange control; **el turismo es una fuente de ~s** tourism is a source of foreign currency; **para evitar la fuga de ~s** to prevent the flight of capital

[B] [1] (emblema) emblem, insignia [2] (Taur) colored ribbons (*which indicate the bull's breeder*) [3] (lema) motto

divisar [A1] *vt* ‹*tierra/barco*› to sight, make out; **a lo lejos se divisaba un poblado** they could make out a village in the distance; **logré ~lo entre la multitud** I managed to make him out *o* spot him in the crowd

divisibilidad *f* divisibility

divisible *adj* **~ POR algo** divisible BY sth

división *f* [1] (Mat) division; **tengo que hacer cinco divisiones** I have to do five divisions *o* division sums [2] (desunión) division; **hay divisiones/hay una ~ en el seno del partido** there are divisions/there is a division within the party [3] (del átomo) splitting; (de una célula) division, splitting; (de una herencia) division, sharing, sharing out [4] (Mil) division; **la D~ Azul** the Blue Division [5] (Dep) division; **la Primera D~** the First Division [6] (Adm) division; **la ~ financiera** the financial division *o* section

(Compuestos)

- **división administrativa** administrative region
- **división de poderes** separation of powers
- **división del trabajo** division of labor•
- **división territorial** administrative region

divisional *adj* divisional

divisionismo *m* divisiveness

divisionista *adj* divisive

divisivo -va *adj* divisive

divismo *m* [1] (transformación en estrella) rise to stardom *o* fame, becoming a star [2] (actitud soberbia): **aquí no se aceptan ~s** we don't stand for prima donnas here; **lo que resalta es su absoluta falta de ~** what strikes one is his total lack of ostentation

divisor *m* divisor; **el máximo común ~** the highest common denominator

divisoria *f* dividing line

(Compuesto) **divisoria de aguas** watershed

divisorio -ria *adj* dividing (*before n*); **pared/línea divisoria** dividing wall/line; **la línea divisoria de las aguas** the watershed

divo -va *m,f* [1] (estrella) celebrity, star; **los ~s de la televisión** television celebrities *o* stars *o* personalities [2] (con actitud soberbia) prima donna *ver tb* **diva**

divorciado[1] **-da** *adj* [1] ‹*persona*› divorced; **¿es usted ~?** are you divorced?; **todavía no están ~s** they aren't divorced yet [2] [ESTAR] ‹*ideas/teorías/actitudes*› incompatible; **ideas que están divorciadas del cristianismo como lo entiendo yo** ideas that are divorced from *o* incompatible with Christianity as I understand it

divorciado[2] **-da** *m,f* (*m*) divorcé (esp AmE), divorcee (esp BrE); (*f*) divorcée (esp AmE), divorcee (esp BrE)

divorciar [A1] *vt* [1] «*juez*» to divorce [2] ‹*conceptos/teorías*› to divorce, separate

■ **divorciarse** *v pron* to get divorced; **se van a ~** they're getting divorced, they're going to get divorced *o* get a divorce; **~se DE algn** to divorce sb, get divorced FROM sb; **se acaba de ~ de su tercer marido** she's just divorced her third husband *o* got divorced from her third husband

divorcio *m* [1] (Der) divorce; **demanda/sentencia de ~** divorce petition/ruling; **juicio de ~** divorce hearing; **conceder el ~** to grant a divorce [2] (ruptura — entre dos planteamientos, ideas) discrepancy, difference; (— entre dos personas) split

divorcista[1] *adj* pro-divorce

divorcista[2] *mf* pro-divorce campaigner

divulgación *f* [1] (de una noticia) spreading [2] (de cultura, ideas) spreading

divulgador -dora *m,f*: **se convirtió en la más importante ~a de música clásica** it became the top classical music station; **esta editorial fue la principal ~a de su obra** this publishing house was the leading promoter *o* publisher of his work

divulgar [A3] *vt* [1] ‹*noticia/información*› to spread, circulate [2] ‹*cultura/ideas*› to spread

■ **divulgarse** *v pron* [1] «*noticia/rumor*» to spread, circulate [2] «*ideas*» to spread

divulgativo -va *adj*: **programas de carácter ~** news programs (*o* documentaries *etc*); **charlas divulgativas de la anticoncepción** talks which provide information about contraception

dizque, diz que *adv* (AmL) [1] (según parece) apparently; **quedaron ~ muy contentos** apparently they were very pleased; **~ van a cerrar la fábrica** they say *o* people say *o* apparently they're planning to close the factory [2] (expresando escepticismo): **esta ~ democracia** this so-called democracy; **estaban allí, ~ trabajando** they were there, supposedly working; **no llamaron ~ para no molestar** they didn't phone because they didn't want to disturb us, or so they said

DJ /'di(d)ʒej/ *mf* (Méx) ▸**disjockey**

dl. (= **decilitro**) dl, deciliter•

dm. (= **decímetro**) dm, decimeter•

Dn. = Don

DNA *m* DNA

DNI *m* (Esp) = **Documento Nacional de Identidad**

> **DNI - Documento Nacional de Identidad**
>
> ▸**carné de identidad .**

Dña. = Doña

do[1] *m* (nota) C; (en solfeo) do, doh (BrE); **~ bemol/sostenido** C flat/sharp; **en ~ mayor/menor** in C major/minor

(Compuesto) **do de pecho** : **el ~ de ~** high C, top C; ***dar el ~ de ~*** to give one's best; **habrá que dar el ~ de ~ para superar ese récord** we'll have to pull out all the stops *o* give our best to beat that record

do[2] *adv* (liter) where

do. (= **domingo**) Sun.

D.O.[1] *f*= **Denominación de Origen**

D.O.[2] *m* (en Chi, Méx)= **Diario Oficial**

doberman *mf* /'doβerman/ (*pl* **-mans**) Doberman, Doberman pinscher

dobladillo *m* hem; **subirle/bajarle el ~ a un vestido** to take up/let down the hem of a dress

doblaje *m* dubbing

doblar [A1] *vt*

[A] [1] ‹*camisa/papel/servilleta*› to fold [2] ‹*brazo/rodilla*› to bend; ‹*vara*› to bend; **dóblale los puños hacia adentro/afuera** turn the cuffs in/up; **lo dobló de un puñetazo** he punched him and doubled him up

[B] ‹*esquina*› to turn, go around; ‹*cabo*› to round

[C] [1] (aumentar al doble) ‹*oferta/apuesta/capital*› to double [2] (tener el doble que): **le dobla la edad** *or* **la dobla en edad** he's twice her age; **el nuevo edificio dobla en altura al antiguo** the new building is twice as high as the old one

[D] [1] ‹*película*› to dub; **una película doblada al castellano** a film dubbed into Spanish [2] ‹*actor*› (en la banda sonora) to dub; (en una escena) to stand in for, double for

[E] [1] (vencer) to beat [2] (ablandar — con ruegos) to win … over; (— con presión) to make … give in; **~ *las manos*** *or* ***las manitas*** (Méx) to give in

■ **doblar** *vi*

[A] (torcer, girar) «*persona*» to turn; «*camino*» to bend, turn; **dobla a la izquierda** turn left

[B] «*campanas*» to toll; **~ a muerto** to knell (liter), to sound a death knell

[C] «*toro*» to collapse

[D] (ceder) to give in

■ **doblarse** *v pron*

[A] «*rama/alambre*» to bend; **~se de dolor/risa** to double up with pain/laughter

[B] «*precios/población*» to double

[C] (Méx) (en el dominó) to put down a double

doble[1] *adj*

[A] ‹*whisky/flor/puerta/éxito*› double; ‹*café*› large; ‹*costura*› double; ‹*consonante*› double; **coser con hilo ~** to sew with double thread; **lo veo todo ~** I'm seeing double; **pon el mantel ~** fold the tablecloth double; **tela de ~ ancho** double-width fabric; **de ~ faz** reversible; **cerrar con ~ llave** to double-lock; **apostar ~ contra sencillo** to bet two to one; **tengo ~ motivo para estar ofendida** I have two reasons for being offended; **tiene ~ sentido** it has a double meaning; **calle de ~ sentido** *or* **dirección** two-way street; ▸**partida**

(Compuestos)

- **doble acristalamiento** *m* (Esp) double glazing
- **doble agente** *mf* double agent
- **doble barba** *f* (fam) double chin
- **doble contabilidad** *f* double-entry bookkeeping
- **doble crema** *f* (Méx) double cream
- **doble falta** *f* double fault
- **doble fondo** *m* false bottom
- **doble juego** *m* double-dealing
- **doble moral** *f* double standard
- **doble nacionalidad** *f* dual nationality
- **doble página** double-page spread
- **doble personalidad** *f* split personality
- **doble tasación** *f* double taxation

d

- **doble tracción** *f* four-wheel drive
- **doble ve** *or* **doble u** *f name of the letter* **w**
- **doble ventana** *f* double glazing

B (Andes fam) ‹*persona*› two-faced

doble² *m*

A (Mat): **los precios aumentaron al ~** prices doubled; **tardó el ~** she took twice as long; **el ~ de tres es seis** twice three is six, two threes are six; **lo hizo el ~ de rápido** she did it twice as quickly; **pesa el ~ de lo que peso yo** he weighs twice as much as I do, he's twice as heavy as me; **lleva el ~ de tela** it uses double the amount of fabric; **el ~QUE algn/algo** twice as much AS sb/sth; **gana el ~ que yo** she earns twice as much as I do *o* double what I do; **come el ~ que tú** he eats twice as much as you (do); **me cobraron el ~ que a ti** they charged me twice as much as they did you *o* as they charged you; **tienes que poner el ~ de leche que de agua** you have to use twice as much milk as water; **es el ~ de largo que de ancho** it's twice as long as it is wide

B **dobles** *mpl* (en tenis) doubles (*pl*)

(Compuestos)
- **dobles caballeros** *or* **masculinos** *mpl* men's doubles (*pl*)
- **dobles damas** *or* **femeninos** *mpl* ladies' doubles (*pl*)
- **dobles mixtos** *mpl* mixed doubles (*pl*)

C (en béisbol) double

D (de campanas) toll, knell (liter); **empezaron los ~s** the bells began to toll

E **doble** *mf* **1** (actor) stand-in, double; (en escenas peligrosas) (*m*) stuntman; (*f*) stuntwoman **2** (fam) (persona parecida) double

(Compuesto) **doble de acción** *or* **de riesgo** *mf* (*m*) stuntman; (*f*) stuntwoman

doblegar [A3] *vt* (liter): **no consiguieron ~ su férrea voluntad** they couldn't break her iron will; **no pudieron ~los** they were unable to crush their spirit *o* to humble them; **no pudo ~ su orgullo** he could not vanquish *o* overcome their pride

■ **doblegarse** *v pron* (liter) to yield (liter); **no se doblega ante nadie/por nada** she won't give in to anyone/anything; **no pensamos ~nos ante sus amenazas** we've no intention of bowing *o* yielding to his threats

doblemente *adv* doubly

doblete *m* double

doblez *m*

A (en tela, papel) fold; **ahora haz otro ~ diagonalmente** now fold it again diagonally, now make a diagonal fold

B **doblez** *m or f* (falsedad) deceitfulness; **es una persona sin dobleces** he is not a deceitful person, he is totally without deceit

doblista *mf* doubles player

doblón *m* (Hist) doubloon

doce¹ *adj inv/pron* twelve; **son las ~ de la noche** it's twelve o'clock, it's midnight *para ejemplos ver* **cinco¹**

doce² *m* ►**i** **p.575** twelve, number twelve

doceavo¹ -va *adj/pron* **1** (partitivo): **la doceava parte** a twelfth **2** (crit) (ordinal) twelfth *para ejemplos ver* **veinteavo¹**

doceavo² *m* ►**i** **p.243** twelfth

docena *f* dozen; **una ~ de huevos** a dozen eggs; **media ~** half a dozen

(Compuesto) **docena de fraile** baker's dozen

docencia *f* teaching

docente *adj* ‹*personal*› teaching (*before n*); **centro ~** (frml) school, educational *o* teaching institution (frml)

dócil *adj* **1** ‹*niño/comportamiento*› meek, docile; ‹*perro/caballo*› docile, well-trained **2** ‹*pelo*› manageable

docilidad *f* meekness, docility

dócilmente *adv* meekly, gently

docto -ta *adj* learned, erudite; **~ EN algo** well versed IN sth; **es ~ en la materia** he is well versed in the subject, he is an expert on the subject

doctor -tora *m,f* **1** (Med) doctor; **¿a qué hora podrá venir, ~?** what time will you be able to come, Doctor?; **¿ha venido hoy la ~a Pascual?** is Doctor *o* Dr Pascual here today? **2** (Educ) doctor; **~ en derecho** Doctor of Law; **~ en filosofía** Doctor of Philosophy **3** (Relig) doctor; **~ de la Iglesia** Doctor of the Church

(Compuesto) **doctor honoris causa** honorary doctor

doctorado *m*: **el ~ le llevó 5 años** it took her five years to do her doctorate *o* PhD; **estudiante de ~** PhD student, doctoral student (frml)

doctoral *adj* **1** (Educ) doctoral **2** (pey) ‹*tono/lenguaje*› pompous, pedantic

doctorando -da *m,f* (frml) doctoral student (frml), PhD student

doctorarse [A1] *v pron* to earn *o* get one's doctorate, do one's PhD

doctrina *f* (ideología) doctrine; (enseñanza) teaching; **clases de ~** catechism classes

doctrinal *adj* doctrinal

doctrinario¹ -ria *adj* doctrinaire

doctrinario² -ria *m,f* doctrinarian, doctrinaire

docudrama *m* docudrama

documentación *f*

A (papeles — de una persona) papers (*pl*); (— de un vehículo, un envío) documents (*pl*), documentation (frml)

B (información) information, data (*pl*)

documentado -da *adj*

A ‹*informe/hecho*› documented; **un informe muy bien ~** a very well documented report; **estaba muy bien documentada sobre el tema** she was very well informed about the subject, she had done a lot of research on the subject

B (frml) (con documentación) with the required documents *o* documentation; **la carga no iba debidamente documentada** the load did not have the necessary documents *o* documentation *o* papers, the documentation for the load was not in order

documental¹ *adj* **1** (Cin, TV) ‹*programa/serie*› documentary (*before n*) **2** (Der) ‹*prueba*› documentary

documental² *m* documentary

documentalista *mf* documentary maker

documentar [A1] *vt* **1** ‹*trabajo*› to document; ‹*afirmación/hipótesis*› to document, provide evidence for; ‹*solicitud*› to document, enclose documentation with **2** (constituir testimonio de): **este descubrimiento documenta la existencia de una civilización anterior** this discovery is evidence that there was an earlier civilization

■ **documentarse** *v pron* to do research; **se documentó muy bien antes de dar la conferencia** he did a lot of research before giving the lecture

documento *m* **1** (Adm, Der, Inf) document; **no hay ningún ~ que pruebe sus afirmaciones** there is no documentary proof *o* evidence *o* there are no documents to support what he says; **¿lleva algún ~ que pruebe su identidad?** do you have any proof of identity?, do you have any (means of) identification?; **los ~s del coche** the car documents **2** (testimonio): **estas imágenes constituyen un ~ de la situación allí** these images bear witness to *o* are testimony to the situation there; **sus escritos son ~s valiosos para el historiador** his writings are a valuable source of information for the historian

(Compuesto) **Documento Nacional de Identidad** (Esp) National Identity Card

docuserie *f* docusoap

dodecaedro *m* dodecahedron

dodecafónico -ca *adj* twelve-tone, dodecaphonic (tech)

dodecafonismo *m* twelve-tone system, dodecaphonism (tech)

dodecágono *m* dodecagon

dodecasílabo¹ -ba *adj* dodecasyllabic, twelve-syllable (*before n*)

dodecasílabo² *m* dodecasyllable

dodo, dodó *m* dodo

dodotis® *m* (Esp) disposable diaper (AmE), disposable nappy (BrE)

dogal *m* hangman's noose, halter

dogma *m* dogma

dogmáticamente *adv* dogmatically

dogmático¹ -ca *adj* **1** ‹*persona/enfoque*› dogmatic **2** (Relig) dogmatic

dogmático² -ca *m,f* dogmatist

dogmatismo *m* dogmatism

dogmatizar [A4] *vi* to dogmatize, pontificate

dogo *mf* mastiff

(Compuesto) **dogo alemán** Great Dane

dólar *m* dollar; ***estar montado en el ~*** (Esp fam) to be loaded (colloq), to be rolling in money (colloq)

(Compuesto) **dólar negro** *or* **paralelo** dollar on the black market

dolarización *f* dollarization

dolencia *f* ►**i** **p.231** ailment, complaint; **no hace más que hablar de sus ~s** all he does is talk about what's wrong with him *o* about his ailments *o* complaints; **falleció ayer tras una larga ~** (frml) he died yesterday after a long illness

doler [E9] *vi* **1** ►**i** **p.231** «*inyección/herida/brazo*» to hurt; **no duele nada** it doesn't hurt at all; (+ *me/te/le etc*): **le duele una muela/la cabeza** she has (a) toothache/a headache; **me dolía el estómago** I had (a) stomachache, I had a pain in my stomach, my stomach hurt; **me duele la garganta** I have a sore throat; **me duelen los pies** my feet ache *o* hurt *o* are sore; **¿dónde le duele?** where does it hurt?; **me duele todo el cuerpo** I ache all over; **todavía me duele un poquito** it's still a little sore, it still hurts a little **2** (apenar) (+ *me/te/le etc*): **me duele tener que decirte esto** I'm sorry *o* (frml) it distresses me to have to tell you this, telling you this is very painful; **me duele tu deslealtad** I find your disloyalty very hurtful; **me dolió mucho lo que me dijo** what he said hurt me deeply, I was deeply hurt by what he said, I found what he said extremely hurtful; **lo que más me duele es que no me haya llamado** what hurts most is that she hasn't phoned; **le dolió que no lo invitaran** he was hurt *o* upset that they didn't invite him; ***ahí te/le duele*** (fam) that's what's wrong with you/him

■ **dolerse** *v pron* **~se DE algo**: **se dolía de que sus socios lo hubieran engañado** he was aggrieved *o* hurt that *o* it saddened him that his partners should have deceived him; **se dolía de tantos años desperdiciados** he deeply regretted all those wasted years

dolicocéfalo -la *adj* dolichocephalic

dolido -da *adj* hurt; **estaba muy ~ por lo que le dijiste** he was very hurt at what you said to him

doliente¹ *adj* (frml) bereaved

doliente² *mf* (frml): **los ~s** the mourners, the bereaved

dolina *f* (Geol) sinkhole

dolmen *m* dolmen

dolo *m* (frml) fraud

dolomita *f* dolomite

Dolomitas *mpl*: **los ~** the Dolomites

dolor *m* **1** ►**i** **p.231** (físico) pain; **¿siente mucho ~?** are you in much pain?, does it hurt much?; **¿es una punzada o un ~ sordo?** is it a sharp pain or a dull ache?; **~es reumáticos/musculares** rheumatic/muscular pains; **~es de crecimiento/parto** growing/labor* pains; **pastillas para el ~ de muelas/oídos** pills for (a) toothache/(an) earache; **un ~ de cabeza** a headache; **un ~ de garganta espantoso** a terrible sore throat; **es un ~ reflejo** it's a referred pain; **fuertes ~es de estómago** sharp *o* severe stomach pains; **no me ha dado más que ~es de cabeza** he has given me nothing but headaches, he has been a constant worry to me; **te ahorrarás muchos ~es de cabeza** you will save yourself a lot of problems *o* headaches **2** (pena, tristeza): **creí que iba a morirme de ~** I thought I was going to die of grief *o* sorrow; **con todo el ~ de mi corazón tuve que decirle que no** it broke my heart, but I had to turn him down; **con todo el ~ de su corazón tuvo que negarle el regalo**

it was very painful for him *o* it was heart-rending for him to have to deny him the gift; **no sabes el ~ que me causa su indiferencia** you have no idea how much his indifferent attitude hurts *o* upsets me; **el ~ de perder a un ser querido** the pain *o* grief of losing a loved one

dolorido -da *adj* **1** ▸ ❶ **p.231** ; (físicamente): **estoy toda dolorida** I'm aching all over; **el enfermo está muy ~** the patient is in a lot of pain; **tengo el brazo muy ~** I've got a very sore arm **2** (afligido) hurt; **estaba muy ~ por lo que le hiciste** he was very hurt by what you did to him

dolorosa *f*
A (fam & hum) (cuenta) check (AmE), bill (BrE); **¿nos trae la ~?** what's the damage? (colloq & hum)
B la Dolorosa *f* (Relig) our Lady of Sorrows

dolorosamente *adv* painfully

doloroso -sa *adj* **1** ‹*tratamiento/enfermedad*› painful; **tuvo una muerte muy dolorosa** he had *o* died a very painful death, he died in great pain **2** ‹*decisión/momento*› painful, distressing; ‹*separación/espectáculo*› distressing, upsetting; ‹*recuerdo*› painful

doloso -sa *adj* **1** ‹*acto/delito*› fraudulent **2** (Méx fam) (travieso) mischievous

doma *f* **1** (de fieras) taming; (de caballos) breaking-in **2** (competición hípica) dressage

domable *adj* ‹*fieras*› tamable; ‹*caballo*› breakable

domador -dora *m,f* (de fieras) tamer; (de caballos) horsebreaker, broncobuster (AmE)

domar [A1] *vt* **1** ‹*fieras*› to tame; ‹*caballo*› to break in **2** (fam) ‹*niño*› to bring *o* get … under control, bring … into line **3** (fam) ‹*zapatos*› to break in **4** (liter) ‹*emociones/pasiones*› to check, restrain, curb

domeñar [A1] *vt* (liter) ‹*pasiones/instintos*› to check, restrain; ‹*persona*› to subdue

domesticación *f* domestication

domesticado -da *adj* tame, domesticated

domesticar [A2] *vt* ‹*animal*› to domesticate; **a mi marido lo tengo muy domesticado** (hum) I've got my husband housebroken (AmE) *o* (BrE) housetrained (hum)

domesticidad *f* domesticity

doméstico[1] -ca *adj*
A ‹*vida/problemas/servicio*› domestic; **tareas domésticas** housework; **para uso ~** for household use; **gastos ~s** domestic *o* household expenses
B ‹*vuelo*› domestic

doméstico[2] -ca *m,f* servant, domestic

domiciliación *f* (Esp): **~ de la nómina** payment of one's salary by credit transfer *o* direct into one's bank account; **~ de los pagos** payment by direct debit *o* (AmE) direct billing; Ⓢ **domiciliación bancaria** bank details

domiciliado -da *adj*
A (frml) (residente): **prestó declaración Juan Gallo, ~ en la calle Dulcinea 2965** a statement was given by Juan Gallo of 2965 Dulcinea Street; **están domiciliados en Inglaterra** they have domicile in England (frml), they are resident in England
B (Esp) ‹*pago*› by direct debit, by direct billing (AmE)

domiciliar [A1] *vt* (Esp) ‹*pago/letras*› to pay … by direct debit *o* (AmE) direct billing; ‹*sueldo*› to have … paid direct into one's bank account, have … paid by credit transfer
■ **domiciliarse** *v pron* (frml) (residir) to reside (frml), to be domiciled (frml) *ver tb* **domiciliado**

domiciliario -ria *adj* ‹*visita/cuidados*› home (*before n*); ▸ **arresto**

domicilio *m* (frml): **~ legal** domicile (frml), legal residence (frml); **en su ~ particular** at his home address; **sin ~ fijo** of no fixed abode (frml); **Pat Lee, con ~ en Londres/en el número 23 de Watson Rd** Pat Lee, currently living in London/at 23 Watson Rd; Ⓢ **reparto a domicilio** home delivery service *o* we deliver; **agradecemos comuniquen sus cambios de ~** please inform us of any change of address

(Compuestos)
- **domicilio fiscal** (Fin) domicile for tax purposes
- **domicilio social** registered office

dominación *f* **1** (Pol) domination; **bajo la ~ romana** under Roman domination *o* rule; **luchaban por la ~ de la zona** they fought for control of the area *o* dominance in the area **2** **dominaciones** *fpl* (Relig) dominions (*pl*)

dominancia *f* dominance

dominante *adj*
A 1 ‹*color/tendencia*› predominant, dominant; ‹*opinión*› prevailing (*before n*); **la nación ~ en este campo** the dominant *o* leading nation in this field; **los tonos ~s del cuadro** the predominant tones in the painting; **el rasgo ~ de su carácter** the dominant *o* most outstanding feature of his personality; **la nota ~ de la jornada fue la tranquilidad** calm prevailed throughout the day; **vientos ~s del sur** prevailing southerly winds **2** (Biol) dominant **3** (Mús) dominant **4** (Astrol) dominant
B ‹*persona*› domineering

dominar [A1] *vt* **1** (controlar) ‹*nación/territorio*› to dominate; ‹*persona*› to dominate; ‹*pasión/cólera*› to control; **tiene a los niños totalmente dominados** she has the children well under her thumb *o* under control; **dominado por la ambición** ruled by ambition; **dominado por los celos** consumed by jealousy; **no logró ~ su ira** she couldn't contain *o* control her anger; **el equipo que dominó el encuentro** the team which dominated the match; **no logró ~ el vehículo/caballo** he couldn't get control of the vehicle/horse; **la policía dominó la situación en todo momento** the police had the situation under control at all times **2** ‹*tema/idioma*› **no domino el tema** I'm no expert on the subject; **domina el francés** she has a good command of French; **nunca voy a poder ~ el inglés** I'll never be able to master English **3** (abarcar con la vista): **desde allí se domina toda la bahía** there's a view over the whole bay from there, from there you can look out over the whole bay **4** «*montaña/torre*» to dominate
■ **dominar** *vi* «*color/tendencia*» to predominate; «*opinión*» to prevail; **el tema que dominó en las negociones** the subject which dominated the talks; **el equipo visitante dominó durante el segundo tiempo** the visitors dominated the second half *o* were on top in the second half
■ **dominarse** *v pron* «*persona*» to restrain *o* control oneself

domingas *fpl* (fam & hum) boobs (*pl*) (colloq & hum)

domingo *m* ▸ ❶ **p.371**
A (día) Sunday; (Relig) Sabbath; **ropa/traje de ~** Sunday best; **iba vestido de ~** he was dressed in his Sunday best; ***salir con un ~ siete*** (AmL fam): **ahora que tengo todo preparado me sale con este ~ siete** now that I've got everything ready he springs this on me *o* he goes and tells me this (colloq); *para ejemplos ver* **lunes**

(Compuestos)
- **Domingo de la Santísima Trinidad** Trinity Sunday
- **Domingo de Pascua** Easter Sunday
- **Domingo de Pasión** Passion Sunday
- **Domingo de Ramos** Palm Sunday
- **Domingo de Resurrección** Easter Sunday

B (Méx) (dinero para niños) allowance, pocket money (BrE)

dominguero[1] -ra *adj* Sunday (*before n*)

dominguero[2] -ra *m,f* (fam) **1** (conductor) Sunday driver **2** (excursionista) Sunday tripper

dominical[1] *adj* ‹*salida/visita*› Sunday (*before n*); ‹*suplemento/programa*› Sunday (*before n*)

dominical[2] *m* (esp Esp) Sunday newspaper

dominicanismo *m* Dominicanism, word (*or* phrase *etc*) used in the Dominican Republic

dominicano -na *adj/m,f* (Geog) Dominican

dominico -ca, **domínico -ca** *adj/m,f* (Relig) Dominican

dominio *m*
A 1 (control) control; **bajo el ~ árabe** under Arab control *o* rule; **en ningún momento perdió el ~ de sí mismo** at no time did he lose his self-control; **en pleno ~ de sus facultades** in full command of her faculties; **para ampliar su ~** to extend their control *o* dominance; **el ~ de su país sobre los mares** their country's naval supremacy **2** (de un idioma, un tema) command; **su ~ de estas técnicas** her command *o* mastery of these techniques; **se requiere perfecto ~ del inglés** fluent English *o* perfect command of English required; **el escritor tiene un gran ~ del lenguaje** the author has an excellent command of the language; ***ser del ~ público*** to be public knowledge **3** (ámbito, campo): **el ~ de las letras** the field *o* sphere of letters; **entra en el ~ de la fantasía** it moves into the realms of fantasy
B 1 (Hist, Pol) dominion **2** **dominios** *mpl* (colonias) dominions (*pl*)
C (Inf) domain; **nombre de ~** domain name

dominó *m* (*pl* **-nós**)
A 1 (juego) dominoes; **jugar al ~** to play dominoes **2** (ficha) domino
B (disfraz) domino

domo *m* (Arquit) dome

domótica *f* home automation

domótico -ca *adj* automated, smart

DOMUND /'domund/ *m* = **Domingo Mundial (de propagación de la fe)**

don[1] *m* **1** (liter) (dádiva) gift **2** (talento) talent, gift; **tiene un ~ para la música** she has a talent *o* gift for music, she is a talented *o* gifted musician; **el ~ de la palabra/razón** the gift of speech/reason; **tiene el ~ de meter siempre la pata** (iró) she has a real talent for *o* (colloq) knack of putting her foot in it at every available opportunity (iro)

(Compuestos)
- **don de gentes** ability to get on well with people, good interpersonal skills (frml); **tiene ~ de ~** he gets on well with people, he has a way with people
- **don de mando** leadership qualities (*pl*)

don[2] *m*
A 1 ▸ ❶ **p.823** (tratamiento de cortesía) (usado con el nombre de pila): **desde que se fue ~ Miguel** since Mr López left; **¿le sirvo un café, ~ Miguel?** would you like some coffee, Mr López?; **Sr D~ Miguel López** (Corresp) Mr M López *o* (frml) Miguel López Esq. **2** (fam) (en motes) Mr; **ése es ~ dificultades** that's Mr 'No can do' *o* Mr Negative; **a ~ puntualidad no le va a caer nada bien que llegues tarde** Mr Punctuality isn't going to think much of you showing up late (colloq); ▸ **donjuán B**

(Compuesto) **don nadie** *mf* nobody; **¡y no se va a casar con un ~ nadie como tú!** and she's not going to marry a nobody *o* (AmE colloq) a walking zero like you!

B (AmL) (en el uso popular): **¿qué le vendo, ~?** what can I do for you, buddy (AmE) *o* (BrE) guv? (colloq)

dona *f*
A (Méx) (Coc) doughnut, donut (AmE)
B donas *fpl* (Méx ant) trousseau

> **don/doña**
>
> The words *don*, for men, and *doña*, for women, are courtesy titles used before someone's name, when they are being spoken or written to. They are used for someone who is senior professionally, in age or socially. *Doña* is usually used only for married or widowed women, except in official documents, when it refers to any woman.
>
> *Don* and *doña* always precede a person's first name. "*¿Se va ya, don Juan?* " When talking about a third person you can use *don* and *doña* before their first name, which is followed by their surname: "*Don Juan Montesinos* ". In correspondence, *don* and *doña* can be abbreviated to *D* . and *Dn* ., or *Dña.* and *Dª*, respectively, and can be preceded by the appropriate title *señor* or *señora* : "*Sr. Dn. Juan Montesinos* "; "*Sra. Dña. Ana Castellón* ".

donación *f* **1** (de bienes, dinero) donation, giving; (de órganos, sangre) donation; **hizo ~ de**

ℹ Donde

Algunas observaciones sobre la conjunción

En términos generales su traducción es *where*:

quédate donde estás
= stay where you are

Sin embargo, en oraciones subordinadas en las que *donde* va precedido de una preposición, la traducción suele ser distinta:

la ventana desde donde la observaba
= the window from which he watched her
= the window which he watched her from

la bolsa en donde lo metí
= the bag (which) I put it in

Obsérvese que algunos casos admiten varias traducciones distintas:

los pueblos por donde pasamos
= the villages (that) we passed through
= the villages which we passed through
= the villages through which we passed

Cuando *donde* precede al subjuntivo y tiene el sentido de *en cualquier parte que*, la traducción es *wherever*:

ponlo donde quieras
= put it wherever you want

lo encontraré esté donde esté
= I'll find him wherever he is

Nótese también que en su uso preposicional, *donde* puede significar *en casa de* o *a casa de*, especialmente en algunas regiones de Latinoamérica:

los vi donde Alfonso
= I saw them at Alfonso's (place)

fuimos donde Lucía
= we went to Lucía's (place)

Para otros usos y ejemplos suplementarios, ver entradas

sus bienes a una institución benéfica he donated *o* gave his possessions to a charity **2** (Der) gift, donation

donador -dora *m,f* donor

donaire *m* **1** (liter) (en los movimientos) grace, gracefulness; **se mueve con mucho ~** she moves very gracefully **2** (liter) (en la expresión): **está escrito con ~ y soltura** it is written with great charm and fluency; **se dirigió al público con su habitual gracia y ~** he addressed the public with his usual wit and flair

donante *mf* (de dinero) donor; (de sangre, órganos) donor

donar [A1] *vt* ‹*bienes/dinero*› to donate, give; ‹*sangre*› to give, donate; ‹*órganos*› to donate

donativo *m* donation

doncel *m* (arc) (joven) youth; (noble) young nobleman

doncella *f* **1** (arc) (virgen) maiden (liter), damsel (arch) **2** (ant) (criada) maid, maidservant (arch)

doncellez *f* (arc) maidenhood (arch)

donde[1] ▸ℹ **p.297** *conj*
A **1** where; **la ciudad ~ se conocieron** the city where they met, the city they met in; **Roma, ~ se conocieron** Rome, where they met; (+ *subj*): **siéntate ~ quieras** sit wherever *o* where you like; **vaya ~ vaya me lo encuentro** I bump into him wherever *o* everywhere I go **2** (con prep): **buscábamos un lugar desde ~ pudiéramos ver el desfile** we were looking for a place to watch the procession from; **íbamos a ~ esperaban los demás** we were on our way to where the others were waiting; **el país de ~ procede** the country it comes from; **de ~ se deduce que ...** from which it can be deduced that ...; **la ventana por ~ había entrado** the window where he had got in, the window he had got in through; **el café (en) ~ nos reuníamos** the café where we used to meet; **lo dejé ~ mismo lo encontré** (fam) I left it right *o* exactly where I found it; **sigue ~ mismo** (Chi fam) he's still in the same place, he's still living (*o* working *etc*) in the same place
B (esp AmL fam) **1** (+ *subj*) (si) if; **~ lo vuelvas a hacer te mato** if you do it again, I'll kill you! **2** (cuando) if, when; **no será tan importante ~ yo no lo sé** it can't be (all) that important if *o* when I don't know it
C (Chi fam) (porque) because

donde[2] *prep* (esp AmL en algunas regiones crit): **ve ~ tu hermana y dile que ...** (a su casa) go over to your sister's and tell her ...; (al lugar donde está ella) go and tell your sister ...; **es allí ~ el semáforo** it's there by *o* at the traffic lights

dónde[1] *adv*
A where; **¿~ estuviste anoche?** where were you last night?; **¿de ~ es Hans?** where is Hans from?; **¿por ~ quieres ir?** which way do you want to go?; **no sé por ~ queda eso** I don't know where that is; **no sé ~ lo guardé** I don't know where I put it; ***mira por ~*** (Esp fam): **¿has leído 'El Túnel'? — pues mira por ~, aquí lo tengo en el bolso** have you read 'El Túnel'? — well, it's funny you should ask that, I have it right here in my bag *o* funnily enough, I have it right here in my bag; **y mira por ~, me lo encontré en la calle** and lo and behold *o* and would you believe it, I bumped into him in the street
B (Méx, Per) (cómo) how; **¡~ íbamos a imaginar que ...!** how were we to imagine that ...!

dónde[2] *m*: **el ~** the where; **quiero saber el cómo, el cuándo y el ~** I want to know the how, the when and the where

dondequiera *adv* **~ QUE** wherever; **la encontraré, ~ que esté** I'll find her wherever she is *o* wherever she may be

dondiego *m* four-o'clock, marvel-of-Peru

donjuán *m*
A (Bot) ▸ **dondiego**
B (tenorio) womanizer, Casanova, Don Juan

donjuanesco -ca *adj* womanizing (*before n*), Don Juan-like

donjuanismo *m* womanizing

donosamente *adv* **1** ‹*mover*› gracefully **2** ‹*hablar*› amusingly, wittily

donoso -sa *adj* **1** (en los movimientos) graceful **2** (en el habla) amusing, witty

donostiarra *adj* (Esp) of/from San Sebastián

donosura *f* grace, poise, elegance

donut® /'donu/ *m* (*pl* **-nuts**) doughnut, donut (AmE)

doña *f*
A ▸ℹ **p.823** (tratamiento de cortesía) (*usado con el nombre de pila*): **la presidenta de la organización, ~ Cristina Fuentes** the president of the organization, Mrs/Ms Cristina Fuentes; **si ~ Cristina se entera te pone en la calle** if Mrs Fuentes finds out she'll fire you; **¿cómo está, ~ Cristina?** how are you, Mrs Fuentes?; **Sra D~ Cristina Fuentes Girón** (Corresp) Mrs/Ms C Fuentes, Mrs/Ms C Fuentes Girón
B (fam) (en motes) Miss; **~ sabelotodo** little Miss Know-it-all; **¡inténtalo por lo menos, ~ 'no puedo'!** at least give it a try, Miss 'I-can't-do-it'!
C (AmL) (en el uso popular): **no me toque la fruta, ~** don't handle the fruit, dear *o* (AmE) lady *o* (BrE) love (colloq)

dopado -da *adj* drugged; **me sentía como si estuviera ~** I felt as if I'd been drugged; **el conductor estaba ~** the driver was under the influence of drugs

dopaje *m* (Equ) doping; (Dep) use of performance-enhancing drugs

dopamina *f* dopamine

dopaminérgico -ca *adj* (Farm) dopaminergic

dopante[1] *adj* ‹*sustancia/efecto/producto*› narcotic

dopante[2] *m* drug, narcotic

dopar [A1] *vt* ‹*enfermo*› to drug, dope (colloq); ‹*caballo*› to dope
■ **doparse** *v pron* (*refl*) to take drugs

doping *m* (Equ) doping; (Dep) drug-taking

doppler *m* /'dopler/ **1** (ecografía) (ultrasound) scan; **le hicieron un ~** they gave him a scan **2** (instrumento) scanner

doquier *adv* (liter): **por ~** everywhere, all around

doquiera *adv* (liter) wherever; **~ que tú vayas** wherever you (may) go

dorada *f* gilthead, gilthead bream

dorado[1] **-da** *adj* **1** ▸ℹ **p.181** (de color oro) ‹*botón/galones*› gold; ‹*pintura*› gold, gold-colored*; ‹*cabello*› (liter) golden **2** ‹*época*› golden

dorado[2] *m*
A **1** (acción) gilding **2** (capa) gilt
B (Coc, Zool) (del Mediterráneo) dolphin fish, dorado; (del Paraná, etc) dorado

dorar [A1] *vt* **1** ‹*marco/cubiertos/porcelana*› to gild **2** (Coc) ‹*cebolla/patatas*› to brown **3** ‹*piel*› to bronze, tan
■ **dorarse** *v pron* **1** (Coc) to brown; **rehogar la cebolla hasta que se dore** sauté the onion until golden brown **2** «*persona*» (broncearse) to tan, go brown

dórico -ca *adj* Dorian, Doric

dormida *f* (esp AmL) **1** (como protesta) sleep-out **2** (acto de dormir): **¿qué tal la ~ en la carpa?** what was it like sleeping in the tent?; **con ~, desayuno y todo nos costó el hotel 200 pesos** with bed, breakfast and everything the hotel came to 200 pesos; **necesita una buena ~ para estar mejor** you'll feel better after a good sleep

dormidera *f* **1** (Bot) poppy **2** (fam) (sueño): **me atacó una ~ terrible** I suddenly felt very sleepy *o* drowsy

dormidero *m* cattle shed

dormido -da *adj* **1** (durmiendo) asleep; **está ~** he's asleep; **se quedó ~ enseguida** he fell asleep immediately; **me quedé ~ y perdí el tren** I overslept *o* (AmE) I slept in and missed the train; **estoy medio ~** I'm half asleep **2** (fam) (distraído) half asleep **3** ‹*pie/brazo*› **tengo la pierna dormida** my leg's gone to sleep (colloq)

dormilón[1] **-lona** *adj* (fam): **es muy ~** he's a real sleepyhead (colloq)

dormilón[2] **-lona** *m,f* **1** (fam) (persona) sleepyhead (colloq) **2** **dormilón** *m* (muñeco) doll (*used as pajama case*) **3** **dormilona** *f* (Ven) (camisón) nightgown, nightdress

dormir [I16] *vi*
A (quedarse dormido) to sleep; **los niños están durmiendo** the children are asleep *o* are sleeping; **¡niños, a ~, que ya es hora!** it's time for bed, children!; **no dormí nada** I didn't sleep a wink; **necesito ~ por lo menos ocho horas** I need at least eight hours' sleep; **trata de ~ un poco** try to get some sleep, try to sleep for a while; **no me deja ~** it keeps me awake at night; **durmió de un tirón** she slept right through (the night); **se fue a ~ temprano** he went off to bed early, he had an early night; **la ciudad dormía** (liter) the city slept; **no deje ~ su dinero** don't let your money lie idle; ***~ como un lirón*** or ***tronco*** or ***bendito*** (fam) to sleep like a log (colloq); ▸ **pierna**[1] **1**
B (pasar la noche) to stay *o* spend the night ; **dormimos en un hotel** we stayed *o* spent the night

d

in a hotel; **durmieron en París** they overnighted in Paris

■ **dormir** *vt* [1] (hacer dormir) ‹*niño/bebé*› to get … off to sleep; **lo durmió cantándole una nana** she got him off to sleep by singing him a lullaby; **sus clases me duermen** his classes send *o* put me to sleep; **~ *la mona*** *or* **~*la*** (fam) to sleep it off (colloq) [2] (anestesiar) ‹*persona*› to give … a general anesthetic; **tuvieron que ~lo para sacarle las muelas** he had to have a general anesthetic to have his teeth out; **todavía tengo este lado dormido de la anestesia** this side is still numb from the anesthetic [3] **~ la siesta** to have a siesta *o* nap

■ **dormirse** *v pron* [1] (conciliar el sueño): **no podía ~me** I couldn't get (off) to sleep; **se durmió hacia las tres de la madrugada** she went *o* got to sleep at about three in the morning; **fue tan aburrido que casi me duermo** it was so boring I almost fell asleep *o* (colloq) dropped off [2] (no despertarse) to oversleep, sleep in (AmE) [3] «*pierna/brazo*» (+ *me/te/le etc*) to go to sleep (colloq); **se me ha dormido el pie** my foot has gone to sleep [4] (fam) (distraerse, descuidarse): **contéstales lo antes posible, no te duermas** write back as soon as possible, don't waste any time *o* (colloq) don't hang around; **si te duermes, te quitarán el puesto** you'll lose your job if you're not careful *o* if you don't keep on your toes

dormitar [A1] *vi* to doze, snooze (colloq)

dormitorio *m* [1] (en una casa) bedroom [2] (en un colegio, cuartel) dormitory

dorsal[1] *adj*
A ‹*vértebra/aleta*› dorsal; ▸ **espina**
B (Ling) ‹*articulación/consonante*› dorsal

dorsal[2] *m* number; **Prieto, con el ~ 2** Prieto, wearing the number 2 shirt/jersey *o* Prieto, wearing number 2

dorso *m* [1] (de un papel) back; **ver instrucciones al ~** see instructions overleaf; **escriba su dirección al ~** write your address on the back; **Ⓢ sigue al dorso** please turn over, P.T.O. [2] (de la mano) back [3] (de un animal) back [4] (Méx) (en natación): **estilo** *or* **nada de ~** backstroke; **nadar de ~** to swim (the) backstroke

dos[1] *adj inv/pron* two; **entre los ~ lo terminamos muy rápido** between the two of us we finished it really quickly; **sujétalo con las ~ manos** hold it with both hands; **se rompió las ~ piernas** he broke both (his) legs; **cantaron los ~** they both sang; **esta casa es demasiado grande para nosotros ~** this house is too big for the two of us; **llamó ~ veces** he called twice; **caminaban de ~ en ~** they walked in pairs; **entraron de ~ en ~** they came in two at a time *o* two by two; *para más ejemplos ver tb* **cinco**[1]; ***cada ~ por tres:* me llama cada ~ por tres para preguntarme tonterías** he phones me up every five minutes to ask me some stupid question; **se me avería cada ~ por tres** it's always breaking down on me; ***como (que) ~ y ~ son cuatro*** as sure as the day is long (AmE), as sure as night follows day (BrE), as sure as eggs is eggs (BrE colloq); ***no hay ~ sin tres*** misfortunes/these things always come in threes; ***ya somos ~*** that makes two of us

Compuestos
• **dos caballos** *m* 2CV®, deux chevaux®
• **dos piezas** *m* suit, two-piece suit
• **dos puntos** *mpl* colon

dos[2] *m* ▸ ❶ **p.575** two, number two *para ejemplos ver* **cinco**[2]; ***en un ~ por tres*** in a flash; ***hacer del ~*** (Méx, Per fam) to do a pooh (used to or by children)

DOS *m* (Inf) DOS

doscientos[1] **-tas** *adj/pron* two hundred *para ejemplos ver* **quinientos**[1]

doscientos[2] *m* ▸ ❶ **p.575** two hundred, number two hundred

dosel *m* (de una cama) canopy; (de un trono, púlpito) baldachin

doselera *f* valance

dosier *m* ▸ **dossier**

dosificación *f* dosage

dosificador *m* dosage measure

dosificar [A2] *vt* ‹*medicamento*› to dose; **dosifica muy bien el humor y el suspense** he successfully balances humor and suspense; **van a tener que ~ sus viajes al extranjero** (fam) they're going to have to cut down on *o* ration their trips abroad

dosis *f* (*pl* **~**) [1] (de un medicamento) dose; **una ~ letal** a lethal dose; **la ~ máxima/recomendada** the maximum/recommended dose *o* dosage [2] (de paciencia, ironía): **hay una buena ~ de humor en la obra** there is a good deal of humor in the play; **no lo aguanto ni en pequeñas ~** I can't stand him, not even in small doses; **se necesita una buena ~ de paciencia** you need a good deal of patience

dossier *m* /do'sje(r)/ [1] (expediente) dossier, file; **el ~ del caso Peniche** the dossier *o* file on the Peniche case [2] (Period) report

dotación *f*
A [1] (frml) (de dinero, equipamiento): **una ~ de ayuda de $500 millones** an aid package of $500 million, aid totalling $500 million; **piden dotaciones más amplias para la universidad** they are asking for better funding for the university; **el premio tiene una ~ de $50.000** the prize is worth $50,000 [2] (de personal): **la ~ de profesores del colegio es insuficiente** the school is understaffed; **una ~ de 50 bomberos** a team of 50 firefighters [3] (Náut) crew
B (Col): **botas/armas de ~ militar** army-issue boots/weapons, military-issue boots/weapons

dotado -da *adj* [1] ‹*persona*› gifted; **un músico ~** a gifted musician; **es una chica muy bien dotada** (hum) she's very well-endowed (hum); **un joven muy bien ~** (hum) a very well-endowed *o* well-hung young man (hum); **~ DE algo: ~ de gran habilidad artística** endowed *o* blessed with great artistic ability; **una cocina dotada de todos los adelantos modernos** a kitchen equipped with all the latest appliances; **un nuevo material ~ de gran resistencia al calor** a new, highly heat-resistant material, a new material which has excellent heat-resisting properties [2] ‹*premio*› **el primer premio está ~ con cien mil euros** the first prize is worth a hundred thousand euros; **un torneo ~ con $60.000 en premios** a tournament worth $60,000 in prize money

dotar [A1] *vt* [1] (frml) ‹*institución/organismo*› **~** (A) **algo DE** *or* **CON algo** to equip/provide sth WITH sth; **el departamento debe ser dotado de fondos suficientes** the department must be provided with sufficient funds; **han dotado el hospital con los medios técnicos más modernos** the hospital has been equipped with the latest technology; **la comisión ha sido dotada de plenos poderes** the commission has been invested with *o* given full powers [2] (frml) ‹*premio*› **~on el premio con dos millones de euros** they set the prize money at two million euros [3] «*naturaleza/Dios*» ‹*persona*› **~ a algn DE** *or* **CON algo** to endow *o* bless sb WITH sth; **la naturaleza lo ha dotado de una hermosa voz** Nature has endowed *o* blessed him with a beautiful voice [4] ‹*mujer*› **~ a algn CON algo** to give sb a dowry of sth

dote *f*
A (de una novia) dowry
B **dotes** *fpl* **ha demostrado tener ~s para el canto** he has shown that he has a talent for singing; **tiene ~s de mando** she has leadership qualities; **no tiene ~s para actor** he doesn't have what it takes to be an actor, he's not cut out to be an actor; **es un alumno con excelentes ~s** he's a very gifted pupil

dovela *f* (Arquit) voussoir

down *m* down

doy *see* ▸ **dar**

Dpto. *m* (= **Departamento**) Dept

Dr. *m* (= **Doctor**) Dr

Dra. *f* (= **Doctora**) Dr

dracma *m* (Hist) drachma

draconiano -na *adj* draconian

DRAE *m* = **Diccionario de la Real Academia Española**

draga *f* [1] (máquina) dredge, dredger [2] (barco) dredger

dragado *m* dredging

dragaminas *m* (*pl* **~**) minesweeper

dragar [A3] *vt* ‹*río/canal*› to dredge; ‹*minas*› to sweep for

drago *m* dragon tree

dragomán *m* dragoman

dragón *m*
A [1] (Mit) dragon [2] (Zool) flying dragon
B (Bot) snapdragon
C [1] (Hist, Mil) dragoon [2] (Ur fam) (novio) young man (colloq)

dragoncillo *m* tarragon

dragonear [A1] *vt* (Ur ant) to court (dated)

drama *m*
A (Lit, Teatr) [1] (género teatral) drama, theater* [2] (obra) play, drama [3] (arte dramático) drama
B (catástrofe, desgracia) drama; **no hagas un ~ por una tontería así** (fam) don't make such a drama *o* (colloq) big deal out of a silly little thing like that

dramáticamente *adv* dramatically

dramaticidad *f* ▸ **dramatismo**

dramático -ca *adj* [1] ‹*género*› dramatic; **un destacado autor ~** an outstanding playwright *o* dramatist [2] ‹*situación/momento*› dramatic [3] ‹*cambios*› dramatic; **dramáticas consecuencias** dramatic consequences

dramatismo *m* dramatic quality *o* character; **el ~ de la escena** the dramatic quality *o* character of the scene; **menos ~, no es para tanto** less of the dramatics *o* there's no need to be so dramatic, it's not that bad

dramatización *f* dramatization

dramatizar [A4] *vt* [1] (Teatr) to dramatize [2] (exagerar) to overdramatize, dramatize

dramaturgia *f* (arte) dramatic writing, playwriting; (género) drama

dramaturgo -ga *m,f* dramatist, playwright

dramón *m* (fam) sob story (colloq), tearjerker (AmE colloq)

drapeado *m* drape

drapear [A1] *vt* to drape, hang

drásticamente *adv* drastically

drástico -ca *adj* ‹*remedio/medida*› drastic; **han reducido las subvenciones de manera drástica** subsidies have been drastically reduced

drenaje *m* [1] (Agr) drainage, drain [2] (Med) drainage

drenar [A1] *vt* [1] (Agr) to drain [2] (Med) to drain

Dresde *m* Dresden

dríada, dríade *f* dryad

driblar [A1], **driblear** [A1] *vt* to dribble past *o* around

drible *m* dribble

dril *m* drill

drive /drajβ/ *m*
A (en tenis, golf) drive
B (Ven) (Auto) drive

driver /'draiber/ *m* (*pl* **~s**)
A (palo de golf) driver
B (Inf) driver

driza *m* halyard

droga *f*
A (estupefaciente) drug; **el problema de la ~** the drug problem, the problem of drug abuse

Compuestos
• **droga blanda** soft drug
• **droga de diseño** *or* **laboratorio** designer drug
• **droga dura** hard drug
• **droga inteligente** smart drug
• **droga milagrosa** wonder drug

B (Méx fam) (deuda) debt

drogadicción *f* drug addiction, addiction

drogadicto[1] **-ta** *adj* addicted to drugs; **tiene un hijo ~** she has a son who is addicted to drugs *o* who is a drug addict

drogadicto[2] **-ta** *m,f* drug addict

drogado[1] **-da** *adj* drugged

drogado[2] *m* drugging

drogar [A3] *vt* to drug

■ **drogarse** *v pron* (*refl*) to take drugs, do drugs (sl)

drogata *mf* (fam) junkie (colloq)

drogodelincuencia *f* (frml) drug-related crime

drogodelincuente *mf* (frml) *drug addict who finances his/her habit by crime*

drogodependencia *f* (frml) drug dependency *o* dependence

drogodependiente[1] *adj* (frml) drug-dependent; **madres ~s** mothers (who are) addicted to drugs, drug-dependent mothers

drogodependiente[2] *mf* (frml) drug addict

drogómano -na *adj/m,f* (Ven) ▸ **drogadicto**[1], **drogadicto**[2]

droguería *f* 1 (Esp) (tienda) *store selling cleaning materials and other household goods* 2 (Col) (farmacia) drugstore (AmE), chemist's (BrE) 3 (RPl) (de productos químicos) pharmaceutical wholesaler's

droguista *mf* drug pusher *o* trafficker

dromedario *m* dromedary

drop /drop/ *m* drop goal

druida *m* druid

drupa *f* drupe

dto. *m* = **descuento**

dual[1] *adj* dual

dual[2] *m* dual

dualidad *f* duality

dualismo *m* dualism

dualista *adj* dualist

dubitativo -va *adj* doubtful

Dublín *m* Dublin

dublinés[1] **-nesa** *adj* of/from Dublin

dublinés[2] **-nesa** *m,f* Dubliner

ducado *m*

A 1 (título) dukedom 2 (territorio) duchy, dukedom

B (moneda) ducat

ducal *adj* ducal

ducha *f* 1 (acción) shower; **se dio** *or* (fam) **se pegó una ~** he took *o* (BrE) had a shower; **fue como una ~ de agua fría** it came like a bolt from the blue, it came as a terrible shock *o* blow 2 (instalación) shower

(Compuestos)

- **ducha de teléfono** hand-held shower
- **ducha escocesa** *shower alternating hot and cold water*
- **ducha vaginal** douche

duchar [A1] *vt*: **~ a algn** to give sb a shower; **¡me has duchado!** (fam) you've completely drenched me!

■ **ducharse** *v pron (refl)* to take *o* (BrE) have a shower

ducho -cha *adj* **~ EN algo** (bien informado) knowledgeable ABOUT sth, well versed IN sth; (experimentado) experienced IN sth; **es muy ~ en la materia** he is very knowledgeable about *o* very well versed in the subject, he knows a great deal about the subject, he is an expert on the subject; **un sindicalista ~ en negociaciones** a union leader experienced in negotiations, a union leader with a great deal of negotiating experience

duco *m* lacquer

dúctil *adj* 1 ‹*metal*› ductile 2 ‹*material/arcilla*› malleable, ductile; ‹*persona/carácter*› malleable, easily influenced *o* led, ductile (frml)

ductilidad *f* 1 (de un metal) ductility 2 (de un material) malleability, ductility; (de una persona) malleability, pliability; **una mayor ~ política** greater political flexibility

ducto *m* 1 (Méx) (de gas, petróleo) pipeline 2 (Ur) (para la basura) garbage chute (AmE), rubbish chute (BrE) 3 (Col) (de ventilación) duct, shaft

duda *f*

A (interrogante, sospecha) doubt; **existen ~s con respecto a la autoría de este poema** there are doubts regarding the authorship of this poem; **expuso sus ~s sobre la viabilidad del proyecto** he expressed his doubts *o* reservations about the feasibility of the project; **tengo unas ~s para consultar con el profesor** I have a few points I'd like to go over with the teacher; **me ha surgido una ~** there's something I'm not sure about; **no logré disipar sus ~s** I was unable to dispel his doubts; **¿entendieron bien o tienen alguna ~?** is that clear or are there any queries *o* questions?; **¿crees que lo podrá hacer él? — tengo mis ~s** do you think that he will be able to do it? — I have my doubts; **de pronto lo asaltó una ~** suddenly he was seized by doubt; **no hay ni sombra de ~ sobre su culpabilidad** there can be no doubt about his guilt, there isn't a shadow of doubt that he's guilty; **nunca tuve la menor ~ de que tenía razón** I was never in any doubt that he was right, I never doubted that he was right; **su honestidad está fuera de (toda) ~** his honesty is beyond (all) doubt; **de eso no cabe la menor ~** there's absolutely no doubt about that; **no cabe ninguna ~** *or* **la menor ~** there cannot be the slightest doubt; **no te quepa la menor ~** make no mistake!; **que es buen médico no lo pongo en ~ pero ...** I don't doubt that he's a good doctor, but ...; **nadie pone en ~ su capacidad para realizar el trabajo** nobody questions *o* doubts his ability to do the job; **fue, sin ~, uno de los mejores escritores del siglo** he was undoubtedly *o* without doubt one of the best writers of the century; **sin ~ te lo has preguntado más de una vez** no doubt you've asked yourself this more than once, I'm sure you've asked yourself this more than once; **sin lugar a ~s** without doubt; **su manera de actuar no dejaba lugar a ~s** the way he behaved left little room for doubt; ***¡la ~ ofende!*** (fam): **¿no habrás cogido tú el dinero? — ¡la ~ ofende!** you didn't take the money, did you? — how can you even think such a thing?; ***por las ~s*** just in case; ***ante*** *or* ***en la ~, abstente*** if in doubt, don't

B (estado de incertidumbre, indecisión): **estaba convencido, pero ya me has hecho entrar en (la) ~** I was sure, but now you've made me wonder; **no sé si decírselo o no, estoy en (la) ~** I don't know whether to tell him or not: I'm of (AmE) *o* (BrE) in two minds about it; **el resultado todavía está en ~** the result still isn't certain *o* is still in doubt; **a ver si puedes sacarme de la ~** do you think you can clear something up for me? *o* I wonder if you know *o* if you can tell me; **si estás en (la) ~ no lo compres** if you're not sure *o* if you're in any doubt, don't buy it

dudar [A1] *vt* to doubt; **lo dudo mucho** I doubt it very much; **es lo que te conviene, no lo dudes** it's what's right for you, take it from me; **yo hice todo lo que pude — no lo dudo, pero ...** I did everything I could — I'm sure you did, but ...; **~ QUE + SUBJ**: **nunca dudé que fuera inocente** I never doubted his innocence *o* that he was innocent; **dudo que llegue a tiempo** I doubt that *o* if *o* whether I'll get there in time, I don't think I'll get there in time; **dudo que te haya dicho la verdad** I doubt if *o* whether he's told you the truth

■ **dudar** *vi*: **vamos, cómpralo, no sigas dudando** go ahead and buy it, stop hesitating *o* dithering; **está dudando entre comprar y alquilar** she can't make up her mind *o* she is in two minds whether to buy or rent; **~ EN + INF** to hesitate to + INF; **no dudes en llamarme** don't hesitate to call me; **~ DE algo/algn** to doubt sth/sb; **¿dudas de su honradez?** do you doubt his honesty?; **no dudo de su capacidad para desempeñar el cargo** I don't doubt *o* I'm not questioning his ability to do the job; **¿cómo pude ~ de ti?** how could I have doubted you?

dudosamente *adv*: **es un regalo ~ apropiado** it is not a very suitable present; **un método ~ eficaz** a method of questionable *o* doubtful effectiveness

dudoso -sa *adj* 1 (incierto) doubtful; **lo veo ~** it's doubtful, I doubt it; **su participación aún está dudosa** it is still uncertain whether they will take part; **es ~ que cumpla su promesa** it's doubtful *o* I doubt whether he'll keep his promise 2 ‹*costumbres/moral*› dubious, questionable; ‹*victoria*› dubious; **una campaña publicitaria de ~ gusto** an advertising campaign in dubious *o* doubtful taste; **una decisión dudosa** a doubtful *o* dubious decision 3 (indeciso) hesitant, undecided

D.U.E. = **diplomado universitario de enfermería**

duela *f* 1 (de un barril) stave 2 (Méx) (del suelo) floorboard

duele, duelen, etc ▸ **doler**

duelista *mf* dueller*, duelist*

duelo *m*

A 1 (dolor) sorrow, grief; (luto) mourning; **la familia está de ~** the family is in mourning; ⓢ **cerrado por duelo** (AmL) closed owing to bereavement; **~ nacional** national mourning 2 (Esp frml): **el ~** (el cortejo) the cortege, the funeral procession; (los deudos) the mourners (*pl*)

B (desafío) duel; **retar a ~** to challenge ... to a duel; **batirse en ~** to fight a duel; **~ de artillería** exchange of artillery fire

(Compuesto) **duelo a muerte** duel to the death

duende *m* 1 (en cuentos) goblin, imp 2 (espíritu) spirit (*which inhabits a house or room*) 3 (encanto, magia): **un pueblo con ~** a magical *o* an enchanting village; **un cantante que tiene ~** a singer who has a certain magic about him *o* who has a certain magical quality

duendecillo *m* pixie

dueño[1] **-ña** *adj*

A [SER] (libre) **~ DE + INF** free to + INF, at liberty to + INF (frml); **eres muy ~ de hacer lo que te parezca con tu dinero** you're free *o* you are perfectly at liberty to do as you see fit with your money

B [SER] (indicando control): **fueron ~s de la situación en todo momento** they had the situation under control at all times, they were in control of the situation at all times; **la policía se hizo dueña de la situación** the police brought the situation under control *o* gained control of the situation; **no era ~ de sí mismo** he was not in control of himself

dueño[2] **-ña** *m,f* 1 (de una casa, pensión) (*m*) owner, landlord; (*f*) owner, landlady; (de un negocio) (*m*) owner, proprietor; (*f*) owner, proprietress; **entra aquí como si fuera el ~ y señor** he walks in here as if he owned the place; **si no tiene ~ me la quedo** if it doesn't belong to anyone I'll keep it; **los piratas eran los ~s de los mares** the pirates were masters of the high seas 2 (de un perro, gato) owner

(Compuestos)

- **dueña de casa** *f* (Chi) (ama de casa) housewife
- **dueño de casa, dueña de casa** *m,f* (AmL) (propietario) householder; (en una fiesta) (*m*) host; (*f*) hostess; **los ~s de ~ perdieron 3 a 0** (Dep) the home team lost 3-0

duerma, duermas, etc ▸ **dormir**

duermevela *m* light sleep

Duero *m*: **el (río) ~** the Douro

duetista *mf* duettist

dueto *m* duet

dula *f* common land, common pasture

dulcamara *f* woody nightshade

dulce[1] *adj* 1 ‹*fruta/vino*› sweet; **este vino es ~** this wine is sweet, this is a sweet wine; **está muy ~** it's very/too sweet; **no soy muy amiga de lo ~** I'm not very fond of sweet things, I don't have a very sweet tooth; **prefiero lo ~ a lo salado** I prefer sweet things to savory ones 2 ‹*agua*› fresh; **pez de agua ~** freshwater fish 3 ‹*persona*› gentle, kind; ‹*sonrisa/voz*› sweet; ‹*música*› soft, sweet; **tiene un carácter muy ~** she's very sweet-natured, she has a very sweet *o* mild nature; **tengo muy ~s recuerdos de aquella época** I have very fond memories of that time

(Compuesto) **dulce espera** *f* (esp AmL): **durante la ~ ~** during my/her pregnancy, while I/she was expecting

dulce[2] *m* 1 (AmL exc RPl) (golosina) candy (AmE), sweet (BrE) 2 (RPl) (mermelada) jam; **~ de frutilla/durazno** strawberry/peach jam 3 (AmC) (azúcar) type of sugarloaf 4 **dulces** *mpl* (cosas dulces) sweet things (*pl*)

Compuestos
- **dulce de leche** (RPl) caramel spread (*made by boiling down milk and sugar*)
- **dulce de membrillo** quince jelly

dulce³ *adv* ‹*cantar*› sweetly; **habla muy ~** she speaks very softly

dulcémele *m* dulcimer

dulcemente *adv* sweetly

dulcera *f* (RPl) jam pot

dulcería *f* candy store (AmE), sweet shop (BrE)

dulcero -ra *adj* (fam): **es muy ~** he has a very sweet tooth

dulcificante *m* sweetener, sweetening agent

dulcificar [A2] *vt* ‹*persona*› to mellow; ‹*vejez*› to make ... more pleasant

■ **dulcificarse** *v pron* «*carácter/persona*» to mellow, soften

dulzaina *f*: *instrument similar to a clarinet*

dulzarrón -ona *adj* ▸ **dulzón 1**

dulzón -zona *adj* 1 ‹*pastel/licor/vino*› sickly sweet; **es muy ~** it's too sweet, it's very sickly sweet 2 ‹*música/palabras*› slushy (colloq), schmalzy (colloq)

dulzor *m* sweetness, sweet taste

dulzura *f* sweetness; **la ~ de su voz/mirada** the sweetness of his voice/eyes; **le habló con ~** she spoke kindly *o* gently to him; **la ~ de la flauta** the sweet sound of the flute; **los trata con mucha ~** she's very sweet *o* gentle with them

dúmper *m* dumper

dumping /'dʌmpin/ *m* (Com) dumping

duna *f* dune

dundo -da *adj* (AmC fam) dumb (colloq)

Dunkerque *m* Dunkirk

dúo *m* 1 (composición) duet, duo 2 (de músicos, instrumentos) duo; **a ~: lo cantaron/tocaron a ~** they sang/played it as a duet; **contestaron a ~** they answered in unison; **todo lo tienen que hacer a ~** (iró) they have to do everything together

duodecimal *adj* duodecimal

duodécimo¹ -ma *adj/pron* 1 ▸ **i p.575**; (ordinal) twelfth 2 (partitivo): **la duodécima parte** a twelfth *para ejemplos ver* **quinto¹**

duodécimo² *m* ▸ **i p.243** twelfth

duodenal *adj* duodenal

duodeno *m* duodenum

dupla *f* (Chi) 1 (pareja) pair, couple 2 (acierto doble) double

dupleta *f* (Per, Ven) double

dúplex *m* (*pl* ~) duplex apartment (AmE), maisonette (BrE)

dúplica *f* rejoinder

duplicación *f* 1 (de una cantidad) doubling 2 (de un documento) duplication, copying

duplicado¹ -da *adj* duplicated; **por ~** in duplicate; **la solicitud se debe presentar por ~** applications should be made in duplicate

duplicado² *m* copy, duplicate

duplicar [A2] *vt* 1 ‹*ventas/precio*› to double; **casi me duplica la edad** he's nearly twice my age 2 ‹*documento/llave*› to copy, duplicate

■ **duplicarse** *v pron* «*número*» to double

duplicidad *f* duplicity, deceitfulness

duplo *m*: **el ~ de dos es cuatro** two times two is four, twice two is four

duque *m* duke

duquesa *f* duchess; **la señora ~** the duchess

durabilidad *f* durability

durable *adj* ▸ **duradero**

duración *f* 1 (de una película, un acto) length, duration; **¿cuál es la ~ del curso?** how long is the course? 2 (de una pila, bombilla) life; **pila de larga ~** long-life battery; ▸ **disco¹ A**

> ## i Durante
>
> ### Algunas observaciones generales
>
> Cuando la preposición se emplea para referirse al tiempo o al momento en que se desarolla una acción y contesta a la pregunta *¿cuándo?* (*when?*), se traduce al inglés por *during*:
>
> ***empecé a sentirme mal durante el viaje***
> = I started feeling ill during the journey
>
> ***no solemos salir durante la semana***
> = we don't normally go out during the week
>
> Cuando se emplea para referirse a la duración de la acción y contesta a la pregunta *¿por cuánto tiempo?* (*how long?*), su traducción es *for*:
>
> ***lloró durante media hora***
> = he cried for half an hour
>
> ***estuve sin trabajo durante tres meses***
> = I was unemployed for three months
>
> Cuando *durante* va seguido de *todo*, y se quiere poner especial énfasis en la longitud de la duración de una acción, se puede traducir por *throughout*:
>
> ***vivió allí durante toda su vida***
> = he lived there throughout his life
>
> ***llovió durante toda la noche***
> = it rained throughout the night

duradero -ra *adj* ‹*amistad/recuerdo*› lasting (*before n*); ‹*ropa/zapatos*› hardwearing, durable, longwearing (AmE)

duramente *adv* 1 ‹*castigar/tratar*› harshly 2 ‹*trabajar*› hard

durante ▸ **i p.300** *prep* (en el transcurso de) during; (cuando se especifica la duración) for; **~ mi ausencia/su reinado** during my absence/his reign; **~ 1980** during *o* in 1980; **gobernó el país ~ casi dos décadas** she governed the country for almost two decades; **normalmente no salimos ~ la semana** we don't normally go out during the week; **trabajé en casa ~ toda esa semana** I worked at home all that week *o* for the whole of that week; **los precios aumentaron un 0,3% ~ el mes de diciembre** prices rose by 0.3% in December; **cuando estas drogas se toman ~ un período largo** when these drugs are taken over *o* for a long period; **su condición ha empeorado ~ los últimos días** his condition has worsened over the last few days; **~ estos días realiza una gira por Italia** she is at present *o* currently on tour in Italy

durar [A1] *vi* 1 «*reunión/guerra/relación*» to last; **¿cuánto dura la película?** how long is the film?, how long does the film go on for?; **la dictadura no puede ~ mucho más** the dictatorial regime cannot last *o* survive much longer; **no le duró nada el entusiasmo** his enthusiasm didn't last long; **es demasiado bueno para que dure** it's too good to last; **el resfriado me duró todo el invierno** my cold lasted all winter 2 «*coche/zapatos*» to last; **esas pilas no duran nada** those batteries don't last very long; **cómpralo de cuero que dura más** buy a leather one, it'll last longer *o* wear better; **éstos duran más** these last longer; **las secretarias no le duran nada** her secretaries don't stay *o* last long 3 (Col) (tardar) to take; **la carta duró una semana a llegar** the letter took a week to arrive

■ **durarse** *v pron* (Ven): **no te dures tanto en el baño** don't be long *o* take too long in the bathroom; **me duré muchísimo haciendo el mercado** it took me ages *o* a long time to do the shopping

duraznero *m* (AmL) peach tree

durazno *m* (esp AmL) 1 (fruto) peach 2 (árbol) peach tree

durex® *m* (AmL) Scotch® (AmE), Sellotape® (BrE), sticky tape (BrE)

dureza *f*

A 1 (de un mineral) hardness; (de un material) hardness, toughness; (de la carne) toughness 2 (de una luz) harshness 3 (del agua) hardness

B (callosidad) callus

C 1 (severidad, inflexibilidad) harshness; **nos trataban con ~** they treated us harshly; **fue castigado con ~** he was severely punished; **me miró con ~** he gave me a stern look 2 (en el deporte) roughness

durmiente¹ *adj* sleeping (*before n*)

durmiente² *mf*

A (persona) sleeper; **la Bella D~** Sleeping Beauty

B **durmiente** *m* 1 (Ferr) sleeper 2 (Arquit) sleeper

durmiera, durmió, etc ▸ **dormir**

duro¹ -ra *adj*

A 1 ‹*mineral*› hard; ‹*material*› hard, tough; ‹*asiento/colchón*› hard; ‹*carne*› tough; ‹*músculo*› hard; **las zanahorias todavía están duras** the carrots are still hard; ▸ **huevo** 2 ‹*pan*› **este pan está ~ como una piedra** this bread is rock-hard; **pan ~ para rallar** stale bread for making breadcrumbs 3 (entumecido) ‹*cuello/dedos*› stiff; **estoy ~ de frío** (fam) I'm frozen stiff

B 1 ‹*luz/voz*› harsh; ‹*facciones*› hard, harsh 2 ‹*agua*› hard

C 1 (severo, riguroso) ‹*persona*› harsh, hard; ‹*castigo/palabras*› harsh, severe; ‹*crítica/ataque*› harsh; ‹*clima*› harsh; **estuviste demasiado ~ con él** you were too hard on him; **una postura más dura** a tougher line; **los defensores de la línea dura** the hardliners, those who favor a tough stance; **el equipo es famoso por su juego ~** the team is notorious for its rough *o* hard play; **lo que hace falta aquí es una mano dura** what's needed here is a firm hand 2 (difícil, penoso) ‹*trabajo/vida*› hard, tough; **fue un golpe muy ~ para ella** it was a very hard *o* a terrible blow for her; ***a las duras y a las maduras*** through thick and thin (colloq); ***estar ~*** (Méx fam) (poco probable) to be unlikely; (muy difícil) to be tough; **está ~ que nos aumenten el sueldo** it's unlikely that we'll get a pay rise; ***estar ~ de pelar*** (fam) ‹*problema*› to be tough *o* hard (colloq); ***ser ~ de pelar*** (fam) ‹*persona*› to be a hard *o* tough nut to crack 3 (fam) (torpe) dumb (colloq); **es ~ para los idiomas** he's useless at languages (colloq)

D (Per) (tacaño) (fam) tight (colloq), stingy (colloq)

duro² *adv* (esp AmL) ‹*trabajar/estudiar/llover*› hard; **¡pégale ~!** hit him hard!; **¡agárrate ~!** hold on tight!; **le estamos dando ~** we're working hard on it; **los periódicos le dieron ~** the newspapers gave him a rough ride; **hable más ~** (Col, Ven) speak up!; **estábamos riéndonos muy ~** (Col, Ven) we were laughing very loudly; **agárrense ~** (Col, Ven) hold on tight; **corrimos bien ~** (Col, Ven) we ran really fast; ***~ y parejo*** (AmL fam) flat out; **darle ~ y parejo al trabajo** to work flat out

duro³ *m*

A (en España) (Hist) five-peseta coin; ***estar sin un ~*** (Esp fam) to be broke (colloq)

B 1 (fam) (en películas) tough guy 2 (Pol) hardliner

dux *m* (*pl* ~) doge

D/V., d.v. (Com) = **días vista**

DVD *m* (= **disco versátil digital**) DVD

DVDteca *f* DVD library

DVN *f* (en Arg) = **Dirección de Vialidad Nacional**

Ee

e

e¹, E *f* (*pl* **es**) *read as* /e/)
A (the letter) e, E
B (en RPl) **E** (= **Estacionamiento**) P, Parking

e² *conj* [*used instead of* ▸ **y²** *before* i- *or,* hi- *except before* hie- (*e.g.* leones y hienas *or where it begins a question or exclamation* (*e.g.* ¿Y Inés?)]and; **España e Italia** Spain and Italy; **padre e hijo** father and son

E. (= **Este**) ▸ⓘ **p.681**; E, East

ea *interj* so there!

EAC *f* (AmL) (= **enseñanza asistida por computadora**) CAL

EAO *f* (Esp) (= **enseñanza asistida por ordenador**) CAL

EAU *mpl* (= **Emiratos Árabes Unidos**) UAE

ebanista *mf* cabinetmaker

ebanistería *f* [1] (oficio, arte) cabinetmaking, cabinetwork [2] (taller) cabinetmaker's workshop

ébano *m* ebony

EBC *m* (AmL) (= **entrenamiento basado** *or* **enseñanza basada en computadora**) CBT

EBO *m* (Esp) (= **entrenamiento basado** *or* **enseñanza basada en ordenador**) CBT

ébola, ebola *m* Ebola fever

ebonita *f* ebonite, vulcanite

ebriedad *f* (frml) inebriation (frml), drunkenness; **estaba en estado de ~** he was drunk *o* (frml) inebriated

ebrio ebria *adj* (frml) inebriated (frml), drunk; **~ de ira** (liter) blind with rage; **estaba ~ de amor por ella** (liter) he was besotted with her, he was drunk with love for her

Ebro *m*: **el (río) ~** the Ebro river

ebullición *f* [1] (Coc, Fís): **cuando entre en ~** when it begins to boil, when it comes to the boil; **punto de ~** boiling point [2] (agitación) turmoil; **la nación estaba en ~** the nation was in turmoil *o* ferment

ebúrneo -nea *adj* (liter) ivory

eccema *m* eczema

ECG *m* (= **electrocardiograma**) ECG, EKG (AmE)

echada *f*
A (Col fam) (despido) firing (colloq), sacking (BrE colloq)
B (Méx fam) [1] (mentira) lie [2] (fanfarronada) boast

echado -da *adj* [ESTAR] (acostado): **está ~ porque no se encuentra bien** he's lying down because he doesn't feel well; **había alguien ~ en el sofá** there was somebody lying *o* lying down on the sofa; ***ser ~ para atrás*** (fam) to be full of oneself (colloq); ***ser muy ~ p'alante*** (fam) (ser audaz, luchador) to be assertive, be able to look after oneself; (ser descarado) to be pushy (colloq)

echador¹ -dora *adj* (Méx fam) boastful

echador² -dora *m,f* (Méx fam) boaster (colloq), bragger

(Compuesto) **echador de cartas, echadora de cartas** *m,f* fortune-teller (*who reads cards*)

echar [A1]

GUÍA DE BÚSQUEDA

■ **echar** *verbo transitivo*
(Sentido I)
A [1] lanzar, tirar
[2] soltar
[3] Juegos: cartas
B expulsar: persona
C echar: carta
D [1] pasar, correr
[2] mover
E despedir: humo
F [1] echar: hojas
[2] echar: dientes
(Sentido II)
A [1] poner
[2] servir, dar
B [1] dirigir: sermón, discurso
[2] imponer
C calcular
D dar: programa, película
E pasar: tiempo
(Sentido III) con sustantivos
(Sentido IV)
A echar abajo
B echar de ver

■ **echar** *verbo intransitivo*
A empezar
B dirigirse
C echar para adelante

■ **echarse** *verbo pronominal*
(Sentido I)
A [1] tirarse, arrojarse
[2] tumbarse, acostarse
[3] apartarse, moverse
B [1] ponerse
[2] echarse novio/novia
[3] tragarse
C expulsar
D romper
E tardar
(Sentido II) echarse a + infinitivo

vt
(Sentido I)
A [1] (lanzar, tirar) to throw; **echó la botella por la ventanilla** she threw the bottle out of the window; **lo eché a la basura** I threw it out *o* away; **echó la moneda al aire** he tossed the coin; **echó una piedra al agua** she threw a stone into the water; **échame la pelota** throw me the ball, throw the ball to me; **~on el ancla** they cast their anchor *o* dropped anchor; **echó la red** he cast his net; **echó la cabeza hacia atrás** she threw her head back; **echó la mano a la pistola** he grabbed *o* made a grab for his gun; **le echó los brazos al cuello** she threw her arms around his neck; ***~ a algn a perder*** to spoil sb; ***~ algo a perder*** ‹sorpresa/preparativos› to spoil sth, ruin sth; **ha luchado tanto y ahora lo echa todo a perder** he's fought so hard and now he's throwing it all away; **la helada echó a perder la cosecha** the frost ruined the harvest; ***~ de menos algo/a algn*** to miss sth/sb; **¿cuándo lo echaste de menos?** when did you miss it *o* realize it was missing?; **te echo mucho de menos** I really miss you, I miss you terribly [2] (soltar): **les ~on los perros** they set the dogs on them; **echó el semental a la yegua** he put the mare to the stud [3] (Juegos) ‹*carta*› to play, put down; **~le las cartas a algn** to read sb's cards
B (expulsar) ‹*persona*› (de un trabajo) to fire (colloq), to sack (BrE colloq); (de un bar, teatro) to throw … out; (de un colegio) to expel; **me ~on (del trabajo)** I was fired, I got the sack (BrE); **me echó de casa** he threw *o* turned me out (of the house); **entre dos camareros lo ~on a la calle** two of the waiters threw him out
C ‹*carta*› to mail (AmE), to post (BrE)
D [1] (pasar, correr) ‹*cortinas*› to pull, draw; **échale la llave** lock it; **la persiana estaba echada** the blinds were down; **¿echaste el cerrojo?** did you bolt the door? [2] (mover): **échalo a un lado** push it to one side; **lo echó para atrás** she pushed (*o* moved *etc*) it backward(s)
E (expeler, despedir): **echaba espuma por la boca** he was foaming at the mouth; **el motor echa mucho humo** there's a lot of smoke coming from the engine; **el volcán echaba humo y lava** the volcano was belching out smoke and lava; **¡qué peste echa esa fábrica!** (fam) what a stink that factory gives off! (colloq); ▸ **chispa²**
F (producir) [1] ‹*hojas*› to sprout; **la planta ya está echando flores** the plant is already flowering [2] ‹*dientes*› to cut; **estás echando barriga** (fam) you're getting a bit of a tummy (colloq)
(Sentido II)
A [1] (poner) to put; **le echaste mucha sal a la sopa** you put too much salt in the soup; **¿cuánto azúcar le echas al café?** how many sugars do you take in your coffee?; **echa esa camisa a la ropa sucia** put that shirt in with the dirty laundry, put that shirt out for the wash; **echa más leña al fuego** put some more wood on the fire; **¿qué te ~on los Reyes?** (Esp) ≈ what did Santa bring you?; **échale valor y díselo** (fam) just pluck up your courage and tell him [2] (servir, dar) to give; **échame un poquito de vino** can you pour *o* give me a little wine?; **¿te echo más salsa?** do you want some more sauce?; **tenía que ~ de comer a los cerdos** he had to feed the pigs; **tengo que ~les de comer a los niños** (fam & hum) I have to feed the children, I have to get the children's dinner (*o* lunch *etc*); ***lo que me/le echen*** (Esp fam): **yo, de trabajo, lo que me echen** I'll do whatever needs doing (colloq); **éste come lo que le echen** he'll eat whatever's put in front of him (colloq)
B [1] (dirigir) ‹*sermón/discurso*› (+ *me/te/le etc*): **me echó un sermón por llegar tarde** (fam) he gave me a real talking-to for being late (colloq); **nos echó un discurso de dos horas** (fam) she gave us a two-hour lecture (colloq); **le echó una maldición** she put a curse on him; ▸ **peste** [2] (fam) (imponer) ‹*condena/multa*› (+ *me/te/le etc*) to give; **le ~on una multa** he was fined, they gave him a fine, he got a fine; **me ~on dos años** I got two years (colloq)
C (fam) (calcular) (+ *me/te/le etc*): **¿cuántos años me echas?** how old do you think I am?; **le echo 20 años** I'd say he was 20, I'd put him at 20 (colloq); **¿cuánto te costó? — ¿cuánto le echas?** how much did it cost you? — how much do you think? *o* have a guess; **de aquí a**

tu casa échale una media hora it's *o* it takes about half an hour from here to your house
D (Esp fam) (dar, exhibir) ‹*programa/película*› to show; **¿qué echan en el Imperial?** what are they showing at the Imperial?, what's on at the Imperial?; **¿qué echan en la tele esta noche?** what's on TV tonight?
E (Esp fam) (pasar) ‹*tiempo*› to spend; **echamos un rato agradable con ellos** we spent *o* had a pleasant few hours with them
(Sentido III) (*con sustantivos*): **~ un cigarrillo** (fam) to have a cigarette; **~ una firma** (fam) to sign; **~ el freno** to put the brake on; **me echó una mirada furibunda** she gave *o* threw me a furious look; **~on unas manos de póquer** they played *o* had a few hands of poker; ▸**cuenta¹ A1**, **culpa**, **mirada**, **partida**, **siesta**, etc
(Sentido IV)
A **echar abajo** ‹*edificio*› to pull down; ‹*gobierno*› to bring down; ‹*proyecto*› to destroy; ‹*esperanzas*› to dash; **nos echó abajo la moral** it undermined our morale; **~on la puerta abajo** they broke the door down; ▸**tierra**
B **echar de ver** to notice, realize; **se echa de ver que está muy triste** it's obvious that *o* you can see that she's not very happy
■ **echar** *vi*
A (empezar) **~ A + INF** to start *o* begin to + INF, start *o* begin -ING; **al ver que lo seguían echó a correr** when he saw they were following him he started to run *o* started running *o* broke into a run; **echó a andar sin esperarnos** he set off without waiting for us; **el motor echó a andar a la primera** the engine started (the) first time; **las palomas ~on a volar** the doves flew off
B (dirigirse): **echó calle abajo** she went off down the street; **echa por aquí a ver si podemos aparcar** go down here to see if we can find a place to park; **~on por la primera calle a la derecha** they took the first street on the right
C **~ para adelante** *or* (fam) **p'alante: echa para adelante un poco, si no vas a bloquear la salida del garaje** go forward a little, or else you'll block the garage exit; **echa p'alante y verás cómo te sale bien** go for it! everything will turn out all right, you'll see (colloq); **echa p'alante, que ya llegamos** keep going, we're nearly there
■ **echarse** *v pron*
(Sentido I)
A **1** (tirarse, arrojarse) to throw oneself; **nos echamos al suelo** we threw ourselves to the ground; **se echó en sus brazos** she threw *o* flung herself into his arms; **se echó de cabeza al agua** she dived into the water; **échate hacia atrás** lean back; **la noche se nos echó encima** night fell suddenly, it was night before we knew it; ***~se a perder*** «*comida*» to go bad, go off (BrE); «*proyecto/preparativos*» to be ruined; **se me echó a perder el televisor** my television's broken; **era muy bonita pero se ha echado a perder** she used to be very pretty but she's lost her looks; **desde que se ha juntado con ellos se ha echado a perder** since he started hanging out with them he's gone off the rails (colloq); ▸**encima** **2** (tumbarse, acostarse) to lie down; **se echó en la cama** he lay down on the bed; **me voy a ~ un rato** I'm going to lie down for a while, I'm going to have a lie-down (BrE) **3** (apartarse, moverse) (+ *compl*): **se echó a un lado** she moved to one side; **me tuve que ~ a la cuneta** I had to go off the edge of the road; **échate para allá y nos podremos sentar todos** if you move over that way a bit we can all sit down; ***~se atrás*** to back out; **dijo que iba a venir, pero luego se echó atrás** she said she was going to come, but then she changed her mind *o* pulled out *o* backed out; **cuando vieron que iba a ser difícil se ~on atrás** when they saw that it was going to be difficult, they got cold feet *o* backed out; ***echárselas*** (Chi fam): **el jefe no le quiso pagar más y se las echó** the boss didn't want to pay him any more so he upped and left (colloq); **se las echó cerro arriba** he went off up the hill; ***echárselas de algo*** (fam): **se las echa de culto** he likes to think he's cultured; **se las echa de gran conocedor de vinos** he claims to be *o* makes out he is a bit of a wine connoisseur, he likes to think of himself as *o* (BrE) he fancies himself as a bit of a wine connoisseur (colloq)
B **1** (ponerse) to put on; **échate crema o te quemarás con este sol** put some cream on or you'll burn in this sun; **se echó el abrigo por los hombros** she threw the coat around her shoulders; ▸**espalda** **2** (fam) ‹*novio/novia*› **se ha echado novia** he's found *o* got himself a girlfriend **3** (Méx fam) (tragarse) to drink
C (expulsar) ‹*pedo*› **¿quién se ha echado un pedo?** who's let off *o* farted? (colloq)
D (Méx fam) (romper) to break; ***~se a algn al plato*** (Méx fam) to bump sb off (colloq)
E (Col fam) (tardar) ‹*horas/días*› to take
(Sentido II) (empezar) **~se A + INF** to start -ING start to + INF; **se echó a llorar** he started crying *o* to cry, he burst into tears; **se ~on a reír** they started laughing *o* to laugh, they burst out laughing; **se echó a correr cuesta abajo** he ran *o* he set off at a run down the hill; **sólo de pensarlo me echo a temblar** just thinking about it gives me the shivers (colloq)

echarpe *m* shawl, stole
echazón *m* (Náut) jetsam
echón¹ echona *adj* (Ven fam) bigheaded (colloq)
echón² echona *m,f* (Ven fam) bighead (colloq)
echonería *f* (Ven fam) bigheadedness; **¡deja ya la ~!** stop being such a bighead! (colloq)
ECJ *f* (= **enfermedad de Creutzfeld Jakob**) CJD
eclamsia *f* eclampsia
eclecticismo *m* eclecticism
ecléctico -ca *adj/m,f* eclectic
eclesial *adj* (Méx) ▸**eclesiástico¹**
Eclesiastés *m*: **el ~** Ecclesiastes
eclesiástico¹ -ca *adj* ecclesiastical, church (*before n*)
eclesiástico² *m* **1** (clérigo) ecclesiastic **2** **Eclesiástico** (Bib) Ecclesiasticus
eclipsar [A1] *vt* **1** (Astron) to eclipse **2** ‹*persona*› to outshine, eclipse
■ **eclipsarse** *v pron* to disappear
eclipse *m* eclipse; **~ total/parcial** total/partial eclipse; **~ lunar** *or* **de luna** eclipse of the moon, lunar eclipse; **~ solar** *or* **de sol** eclipse of the sun, solar eclipse
eclíptica *f* ecliptic
eclíptico -ca *adj* ecliptic
eclisa *f* fishplate
eclosión *f* **1** (frml) (de una larva) hatching, eclosion (tech) **2** (aparición, comienzo): **la ~ de la primavera** (liter) the dawn of spring (liter); **la crisis hizo ~ en julio** (period) the crisis broke *o* emerged in July
eclosionar [A1] *vt* (frml) (polluelo) to hatch; (flor) to open
eco *m* (Fís) echo; **aquí hay ~** there's an echo here; **la cueva tiene ~** there's an echo in the cave; **los gritos hacían ~ en el valle** the shouts echoed around the valley; **tardará en extinguirse el ~ de lo ocurrido** the repercussions of these events will take some time to die down; **el disco tuvo escaso ~ comercial** the record made little commercial impact; **el discurso ha tenido mucho ~ en el extranjero** the speech has aroused a great deal of interest overseas; **su estilo tiene ~s surrealistas** there are certain surrealistic elements to his style; ***hacerse ~ de algo*** to echo sth; **se han hecho ~ del llamamiento del obispo** they have echoed the bishop's appeal
(Compuesto) **ecos de sociedad** *mpl* society news
ecoauditoría *f* environmental audit
ecoclima *m* ecoclimate
ecoequilibrio *m* ecobalance
ecoesfera *f* ecosphere
ecografía *f* ultrasound scan; **me hice una ~** I had a scan
ecógrafo *m* ultrasound scanner
ecoindustria *f* green industry
ecólatra *mf* (fam) tree-hugger (colloq)
école, ecolecuá *interj* (fam) exactly!
ecolocación *f* echolocation
ecología *f* ecology
ecológicamente *adv* ecologically, environmentally; **~ sería desastroso** it would be environmentally disastrous; **cultivar algo ~** to grow sth organically
ecológico -ca *adj* ‹*problema/estudio*› ecological; ‹*daño/desastre*› environmental; ‹*producto*› eco-friendly, environmentally friendly; ‹*cultivo/agricultura*› organic; **deterioro ~** damage to the environment
ecologismo *m* environmentalism, conservationism
ecologista¹ *adj* ecology (*before n*), environmentalist (*before n*)
ecologista² *mf* ecologist, environmentalist
ecologizar [A4] *vt* to make....environmentally friendly
■ **ecologizarse** *v pron* to become environmentally friendly
ecólogo -ga *m,f* ecologist
ecomárketing *m* green marketing
economato *m* **1** (de una empresa) company store **2** (Mil) PX (AmE), NAAFI shop (BrE)
econometría *f* econometrics
econométrico -ca *adj* econometric
economía *f*
A (ciencia) economics
(Compuestos)
• **economía de la salud** health economics
• **economía doméstica** home economics, domestic science
• **economía política** political economy
B (de un país) economy; **una ~ floreciente/débil/en desarrollo** a flourishing/weak/developing economy
(Compuestos)
• **economía de libre mercado** free market economy
• **economía del conocimiento** knowledge economy
• **economía de mercado** market economy
• **economía dirigida** planned *o* controlled economy
• **economía emergente** tiger economy
• **economía informal** black economy
• **economía mixta** mixed economy
• **economía paralela** black economy
• **economía planificada** planned economy
• **economía sumergida** (Esp) black economy, underground economy (AmE)
C (ahorro): **tenemos que hacer ~s** we have to make economies *o* to economize *o* to save money *o* to make savings; **es una falsa ~** it's a false economy; **expresó sus ideas con ~ de palabras** she expressed her ideas succinctly *o* concisely
(Compuesto) **economías de escala** *fpl* economies of scale
D (de una persona, familia) finances (*pl*)
económicamente *adv* financially; **~, están muy bien** they are very well off financially; **depende ~ de sus padres** he is financially dependent on his parents
económicas *fpl* economics; **estudia ~ en la universidad** she's studying economics at college
economicidad *f* economical nature (*of working, running, etc*)
económico -ca *adj*
A ‹*crisis/situación*› economic (*before n*); **tienen problemas ~s** they have financial problems
B **1** ‹*piso/comida*› cheap; ‹*restaurante/hotel*› cheap, inexpensive **2** (que gasta poco) ‹*motor*› economical; ‹*persona*› thrifty
economista *mf* economist
economizar [A4] *vt* ‹*tiempo*› to save; ‹*combustible/recursos*› to economize on, save; **economiza sus palabras** he is very sparing with words; **para ~ esfuerzos** to save work
■ **economizar** *vi* to economize, make economies *o* savings, save money
ecónomo¹ *adj* (Rel) ‹*sacerdote*› acting (*before n*)
ecónomo² -ma *m,f*
A (Chi) (de institución, establecimieno) storekeeper

ℹ La edad

En inglés no se emplea el verbo *to have* = *tener* para referirse a la edad, sino el verbo *to be* = *ser*

¿qué edad tienes? or ***¿cuántos años tienes?***
= how old are you? *o* what's your age?

Nótese que cuando en español se dice *tener ..año (s)*, su equivalente en inglés es *to be ..year (s) old*. Las palabras '*year(s) old*' se pueden omitir, salvo que se esté hablando de cosas:

tengo 18 años
= I'm eighteen *o* (*más formal*) I'm eighteen years old

el castillo tiene 200 años
= the castle is two hundred years old

En comparaciones

Cuando se emplea *más* o *menos que*:

Pedro tiene 2 años más que María
= Pedro is two years older than María

tengo 5 años menos que él
= I'm five years younger than him

Cuando se emplea *mayor* y *menor*, el verbo *ser* se traduce por *to be*:

es 3 años mayor/menor que yo
= he's three years older/younger than me

es algunos años mayor/menor
= he's a few years older/younger

Para ejemplos suplementarios con *mayor/menor*, ver bajo la respectiva entrada

Cuando el español utiliza la expresión *llevarle años a alguien*, su traducción en contexto es la siguiente:

me lleva 2 años
= he's two years older than me

le lleva unos cuantos años
= he's a few years older than her

se llevan 10 años (recípr)
= one is ten years older than the other

Otros ejemplos:

son de la misma edad
= they're the same age

le dobla la edad or ***la dobla en edad***
= he's twice her age

La edad con preposiciones

una mujer de 50 años
= a woman of fifty
= a fifty-year-old woman

Nótese en la segunda traducción del ejemplo anterior, el empleo de guiones y la falta del plural del vocablo *year*, el que en este caso forma parte del adjetivo

un bebé de 10 meses
= a ten-month-old baby

mi hija de 6 años
= my six-year-old daughter

una carrera para niños de doce años
= a race for twelve-year-olds

a los cinco años (de edad)
= at five (years of age)
= at the age of five

a esa edad ya se había casado
= by that age she was already married

La edad aproximada

tendrá alrededor de or ***unos 30 años***
= she must be around *o* about thirty

tiene 30 y tantos años or ***tiene 30 años y pico***
= he's thirty-something

tiene entre 30 y 40 años
= she must be in her thirties

tiene más/menos de 40 años
= he's over/under forty

tiene un poco más de 20 años
= she's just over twenty
= she's in her early twenties

va para los 50
= she's going on fifty
= she's pushing fifty

andará por los 60
= he must be around *o* about sixty

Otras maneras de referirse a la edad

En lenguaje coloquial (por lo general denota desaprobación):

una cuarentona
= a woman in her forties

es cincuentón
= he's in his fifties

una mujer setentona
= a woman in her seventies

Otros ejemplos:

una mujer entradita en años
= a middle aged o a mature woman

ya tiene sus añitos
= she must be getting on

Tanto en español como en inglés, existen términos comunes para los adjetivos *septuagenario*, *octogenario* y *nonagenario* = *septuagenarian*, *octogenarian* y *nonagenarian* respectivamente, no así para *quincuagenario* cuya traducción es *fifty-year old*

Para usos de las expresiones *veinteañero*, *quinceañero*, ver bajo la respectiva entrada

Ver también **cumplir** *vt*

B **ecónomo** *m* (de diócesis) ecclesiastical *o* church administrator

ecopacifista *adj/mf* ecopacifist

Ecopetrol *f* = **Empresa Colombiana de Petróleos**

ecosensible *adj* ecosensitive

ecosistema *m* ecosystem

ecosocialista *adj/mf* ecosocialist

ecotasa *f* green tax, eco-tax, environmental tax

ecoterrorismo *m* ecoterrorism

ecoterrorista *adj/mf* ecoterrorist

ecotipo *m* ecotype

ecoturismo *m* ecotourism

ecoturista *mf* ecotourist

ectodermo *m* ectoderm

ectópico *adj* ▸ **embarazo**

ectoplasma *m* ectoplasm

ECU, ecu /'eku/ *m* (Hist) = (**Unidad de Cuenta Europea**) ECU, ecu

ecuación *f* equation; **resolver una ~** to solve an equation; **~ de primer/segundo grado** simple/quadratic equation; **sistema de ecuaciones** set of equations

ecuador *m*
A 1 (línea) equator; **pasar** *or* **cruzar el ~** to cross the equator 2 (de un curso, una competición) halfway point; ▸ **paso**[1]
B **Ecuador** (país) Ecuador

ecualizador *m* equalizer

(Compuesto) **ecualizador gráfico** graphic equalizer

ecuánime *adj* 1 (sereno) equable, even-tempered 2 (imparcial) impartial, unbiased

ecuanimidad *f* 1 (serenidad) equanimity 2 (imparcialidad) impartiality

ecuatoguineano -na *adj* of/from Equatorial Guinea

ecuatorial *adj* equatorial

ecuatorianismo *m* Ecuadorean word (*o* phrase *etc*)

ecuatoriano -na *adj/m,f* Ecuadorean

ecuestre *adj* equestrian

ecuménico -ca *adj* ecumenical

ecumenismo *m* ecumenicalism

eczema *m* eczema

Ed.
A 1 = **editorial** 2 (= **edición**) ed.
B (= **edificio**) bldg.

edad *f*
A ▸ ℹ p.303 (de una persona, un árbol) age; **un joven de unos quince años de ~** a boy of about fifteen; **¿qué ~ tiene/le calculas?** how old is he/do you think he is?; **a la ~ de veinte años** at (the age of) twenty; **tienen la misma ~** they are the same age; **aparenta más ~ de la que tiene** she looks older than she is; **niños de ~es comprendidas entre los siete y los catorce años** children between the ages of seven and fourteen; **su marido le dobla la ~** her husband is twice her age; **se saca** *or* **quita la ~** (AmL) he makes out (that) he's younger than he actually is; **aún no tiene ~ para decidir por sí mismo** he's still not old enough to decide for himself; **yo a tu ~ ya ayudaba en casa** at your age I was already helping around the house; **de ~ madura** *or* **de mediana ~** middle-aged; **una persona de ~** an elderly person; **un señor de cierta ~** a gentleman of a certain age; **una niña de corta ~** a young girl; **desde temprana ~** from an early age; **a tan tierna ~** at such a young *o* tender age; **yo ya no estoy en ~ de hacer esas cosas** I'm too old for that sort of thing; **niños en ~ escolar** children of school age; **la ~ adulta** adulthood; ***estar en ~ de merecer*** (ant o hum) to be of courting age (dated)

(Compuestos)
- **edad de la punzada** (Méx fam) ▸ **edad del pavo**
- **edad del pavo** (fam): **están en la ~ del ~** they're at that awkward age
- **edad electoral** voting age
- **edad mental** mental age
- **edad penal** age of criminal *o* legal responsibility
- **edad viril** manhood

B (Hist) (época) age, period

(Compuestos)
- **edad antigua la ~ ~** ancient times (*pl*)
- **edad contemporánea la ~ ~** *the period from the French Revolution to the present day*
- **edad de bronce** Bronze Age
- **edad de hierro** Iron Age
- **edad del espacio** space age
- **edad de oro** golden age
- **edad de piedra** Stone Age
- **edad media la ~ ~** the Middle Ages (*pl*)
- **edad moderna la ~ ~** *the period from the last decade of the 15th Century up until the French Revolution*

e

edecán *m*
A (Mil) aide-de-camp
B **edecán** *mf* (Méx) **1** (acompañante) escort **2** (en congreso, exposición) event assistant **3** (de producto, marca) promotions representative
edelweiss /'eðelβajs/ *m* edelweiss
edema *m* edema*
Edén *m*: **el ~** Eden, the Garden of Eden
edición *f*
A (Impr, Period) (tirada) edition; (acción) publication; **acaba de salir una nueva ~** a new edition has just been published; **preparó la ~ de las obras completas de Anadón** she edited Anadón's complete works; **Ediciones Rivera** Rivera Publications; **al cerrar la ~ nos llegó la noticia del incendio** the news of the fire arrived as we were going to press
Compuestos
- **edición anotada** annotated edition
- **edición de bolsillo** pocket edition
- **edición electrónica** desktop publishing
- **edición impresa** print edition
- **edición limitada** limited edition
- **edición numerada** limited edition
- **edición príncipe** first edition

B (Rad, TV) program*, edition
C (frml) (de un certamen, curso): **la presente ~ del festival de San Sebastián** this year's San Sebastián festival; **la cuarta ~ del Trofeo Carranza** the fourth Carranza Trophy; **la tercera ~ de estos cursos de formación** the third series *o* round of these training courses
edicto *m* **1** (Hist) (ordenanza) edict, decree **2** (Der) (aviso) edict
edificabilidad *f* suitability for building, development potential
edificable *adj* ‹*terreno/superficie*› that can be built on
edificación *f* **1** (edificio) building; **una enorme ~ de hormigón y acero** an enormous concrete and steel building *o* (frml) structure **2** (acción) construction, building; **la ~ de la biblioteca** the construction *o* building of the library
edificado -da *adj* built-up
edificante *adj* edifying
edificar [A2] *vt*
A ‹*edificio/pueblo*› to construct (frml), to build
B ‹*persona*› to edify (frml)
■ **edificar** *vi* to build
edificio *m* building
edil, edila *m,f* **1** (Pol) (*m*) councillor, councilman (AmE) (*f*) councillor, councilwoman (AmE) **2** **edil** *m* (Hist) aedile
edilicio -cia *adj* building (*before n*), construction (*before n*) (frml)
Edimburgo *m* Edinburgh
edípico -ca *adj* ‹*relación*› oedipal; ▸**complejo**[2]
Edipo Oedipus
editaje *m* editing
editar [A1] *vt*
A (publicar) ‹*libro/revista*› to publish
B (modificar) **1** ‹*película/grabación/texto*› to edit **2** (Inf) to edit
editor[1] **-tora** *adj* publishing (*before n*)
editor[2] **-tora** *m,f*
A **1** (que publica) publisher **2** (que revisa, modifica) editor
B **editor** *m* (Inf) editor; **~ de texto** text-editor
C **editora** *f* (empresa) publishing company *o* house
editorial[1] *adj* ‹*casa/actividad*› publishing (*before n*); **la independencia ~ del periódico** the newspaper's editorial independence; **puestos ~es** editorial posts
editorial[2] *f* publishing company *o* house
editorial[3] *m* editorial, leading article, leader (BrE)
editorialista *mf* editorialist, leader writer (BrE)
editorializar [A4] *vi* to editorialize (AmE); **El Correo editorializa sobre la reforma educativa** the leading article *o* the editorial *o* (BrE) the leader in El Correo is about educational reform, El Correo editorializes on educational reform (AmE)
edredón *m* quilt, comforter (AmE), duvet (BrE)
EDRM *m* (= **estafilococo dorado resistente a la meticilina**) MRSA
eduardiano -na *adj* Edwardian
educación *f*
A **1** (Educ) (enseñanza) education; **no recibió ningún tipo de ~ formal** he had no formal education whatsoever **2** (para la convivencia) upbringing
Compuestos
- **educación a distancia** correspondence courses (*pl*), distance learning
- **educación especial** special education, education for children with special needs
- **educación estatal** state education
- **educación física** physical education
- **educación general básica** (en Esp) ≈ primary education
- **educación infantil** (en Esp) ≈ preschool education
- **educación preescolar** preschool education, nursery education (BrE)
- **educación primaria** primary education; ▸**Primaria**
- **educación privada** private education
- **educación secundaria** secondary education
- **Educación Secundaria Obligatoria** (en Esp) *first stage of secondary education for pupils from 12 to 16 years old*
- **educación sexual** sex education
- **educación superior** higher education
- **educación universitaria** university education, college education (AmE)
- **educación vocacional** (AmS) careers guidance

B (modales) manners (*pl*); **no tiene ~** he has no manners; **es una falta de ~ hablar con la boca llena** it's rude *o* it's bad manners to talk with your mouth full

educación infantil

In Spain, a period of non-compulsory preschool education. It provides care and teaching for children from birth to the age of six, when they begin formal education.

Parents wishing their children to receive *educación infantil* take them to guarderías ▸**guardería** catering for children up to six years of age, or to colegios ▸**colegio**. that offer *educación infantil* to children from three to six years of age. *Guarderías* are not free and their cost varies according to whether they are privately or publicly funded.

educación primaria

▸**Primaria**.

educación secundaria

▸**ESO - Educación Secundaria Obligatoria**

educacional *adj* educational, education (*before n*)
educado -da *adj* ‹*adulto*› polite, well-mannered; **un niño bien ~** a well-mannered *o* well brought-up *o* polite child
educador[1] **-dora** *adj* educational (*before n*)
educador[2] **-dora** *m,f* (frml) teacher, educator (frml)
educando -da *m,f* (frml) pupil, student
educar [A2] *vt*
A **1** (Educ) to educate, teach; **los quieren ~ en un colegio bilingüe** they want them to be educated at a bilingual school, they want them to go to a bilingual school **2** (para la convivencia) ‹*hijos*› to bring up; ‹*ciudadanos*› to educate **3** ‹*perro*› to train
B **1** ‹*intestino/apetito*› to educate **2** ‹*oído/voz*› to train; ‹*paladar*› to educate
■ **educarse** *v pron* (hacer los estudios) to be educated; **me eduqué viajando por el mundo** I got my education *o* I learned about life traveling around the world
educativo -va *adj* ‹*programa/juego*› educational; ‹*establecimiento*› educational, teaching (*before n*); **el sistema ~** the education system
edulcoración *f* sweetening
edulcorante[1] *adj* sweetening (*before n*)
edulcorante[2] *m* sweetener
edulcorar [A1] *vt* to sweeten
EEB *f* (= **encefalopatía espongiforme bovina**) BSE
EET *f* (= **encefalopatía espongiforme transmisible**) TSE
EEUU *or* **EE.UU.** (= **Estados Unidos**) USA
efe *f*: *name of the letter* **f**
efebo *m* (liter) youth, ephebe (liter)
efectismo *m* theatricality; **logró ser convincente sin ~s** he managed to be persuasive without being over-dramatic *o* too theatrical about it
efectista *adj* theatrical, dramatic; **esas pausas son un recurso puramente ~** those pauses are purely for dramatic effect; **un ademán ~** a dramatic *o* theatrical gesture
efectivamente *adv* **1** (realmente) really; **si ~ es así, hay que hacer algo** if that is really the case, something must be done **2** (*indep*): **sí, ~, así fue** yes indeed *o* yes, that's right, that's how it was; **entonces lo único que podemos hacer es esperar — efectivamente** so all we can do is wait — that's right *o* correct; **dijo que estaría a las siete y, ~, allí estaba** he said he'd be there at seven and, sure enough, there he was
efectividad *f* **1** (eficacia) effectiveness **2** (de una ley, disposición): **un nombramiento con ~ desde el 5 de julio** an appointment which becomes effective *o* takes effect from July 5th
efectivo[1] **-va** *adj*
A ‹*remedio/medio/castigo*› effective; **hacer ~** ‹*cheque*› to cash; ‹*pago*› to make; ‹*amenaza/plan*› to carry out; **el abono se hará ~ por mensualidades** the payment will be made in monthly installments; **su dimisión se hará efectiva a partir del 15 de enero** her resignation will take effect *o* become effective from January 15th
B (real) real, genuine, true
efectivo[2] *m*
A (Fin) cash; **~ en caja** cash in hand; **sorteamos miles de premios en ~** thousands of cash prizes to be won; **pagó la cuenta en ~** she paid the bill in cash; **nunca lleva dinero en ~** he never carries cash
B **efectivos** *mpl* (fuerzas) (frml): **numerosos ~s de la policía rodearon el colegio** a large police contingent *o* number of police surrounded the school; **~s militares** troops (*pl*)
efecto *m*
A **1** (resultado, consecuencia) effect; **el castigo surtió ~** the punishment had the desired effect; **las medidas no han producido el ~ deseado** (frml) the measures have not had the desired effect; **un calmante de ~ inmediato** a fast-acting painkiller; **ya ha empezado a hacerle ~ la anestesia** the anesthetic has begun to work *o* to take effect; **bajo los ~s del alcohol** under the influence of alcohol; **medidas para paliar los ~s de la sequía** measures to alleviate the effects of the drought; **la operación se llevó a ~ con gran rapidez** (frml) the operation was carried out extremely swiftly; ***de ~ retardado*** ‹*bomba/mecanismo*› delayed-action (*before n*); **soy de ~s retardados** (hum) I'm a bit slow on the uptake (hum) **2** **en efecto** indeed; **en ~, así ocurrió** it did indeed happen like that; **estamos, en ~, presenciando un hecho único** we are indeed witnessing an extraordinary event; **¿es usted el doctor? — en ~** are you the doctor? —I am indeed
Compuestos
- **efecto bumerán** : **puede tener un ~ ~** it may boomerang *o* backfire
- **efecto dominó** domino effect
- **efecto invernadero** greenhouse effect
- **efecto 2000** (Hist, Inf) millennium bug
- **efecto óptico** optical illusion
- **efecto retroactivo** : **la ley no tendrá ~ ~** the law will not be retroactive *o* retrospective;

el aumento se aplicará con ~~ the increase will be backdated
- **efecto secundario** side effect
- **efectos escénicos** *mpl* stage effects (*pl*)
- **efectos especiales** *mpl* special effects (*pl*)
- **efectos sonoros** *mpl* sound effects (*pl*)
- **efectos visuales** *mpl* visual effects (*pl*)
- **efectos visuales digitales** *mpl* videographics (*pl*)

B (impresión): **su conducta causó muy mal ~** his behavior gave a very bad impression *o* (colloq) didn't go down at all well; **no sé qué ~ le causaron mis palabras** I do not know what effect my words had *o* what impression my words made on him

C (Der) (vigencia) effect; **la nueva ley tendrá ~ a partir de octubre** the new law will take effect *o* come into effect from October

D (frml) (fin): **el edificio ha sido construido expresamente al** *or* **a tal** *or* **a este ~** the new building has been specially designed for this purpose; **debe rellenar el formulario que se le enviará a estos ~s** you must fill in the relevant form which will be sent to you; **a ~s legales tal matrimonio es inexistente** legally (speaking) *o* in the eyes of the law *o* for legal purposes such a marriage does not exist; **se trasladó a Bruselas a (los) ~s de firmar el acuerdo** she traveled to Brussels to sign *o* in order to sign the agreement; **estos gastos se admiten a ~s de desgravación de impuestos** these expenses are tax-deductible; **tendrá que comparecer ante el juez a los ~s oportunos** he must appear before the judge to complete the necessary formalities; **a todos los ~s un joven de 18 años es un adulto** to all intents and purposes a youth of 18 is an adult

E (fenómeno científico): **el ~ de Barnum** the Barnum effect

F (Dep) **1** (movimiento rotatorio) spin; **le dio a la bola con ~** she put some spin on the ball **2** (desvío) swerve; **tiró la pelota con ~** he made the ball swerve

G **1** (Fin) (valores) bill of exchange, draft; **~s negociables** commercial paper **2** **efectos** *mpl* (frml) (de un comercio) stock; (de un local) contents (*pl*)

Compuestos
- **efecto cambiario** bill of exchange
- **efecto postal** (frml) postage stamp
- **efectos bancarios** *mpl* bank bills (*pl*), bank paper
- **efectos navales** *mpl* chandlery
- **efectos personales** *mpl* personal effects (*pl*)

efectuar [A18] *vt* (frml) ‹*maniobra/redada*› to carry out, execute (frml); **la policía efectuó unos disparos al aire** the police fired shots into the air; **el pago se debe ~ hoy** payment must be made today; **el tren ~á su salida a las 10.50** the train will depart at 10:50; **los participantes ~án un recorrido de 10 kilómetros** competitors will cover a distance of 10 kilometers; **podrán ~ el trayecto en menos de media hora** they will be able to make the journey in less than half an hour; **los arreglos se ~án en el plazo de una semana** the repairs will be carried out *o* (frml) effected within a week

efedrina *f* ephedrine

efeméride, efemérides *f*

A (Period): **las ~s del día** anniversaries of events which took place on this day in history; **actos para conmemorar la ~s patria** (AmL frml) events to commemorate the declaration of independence

B (Astron) ephemeris

eferente *adj* efferent

efervescencia *f* **1** (de un líquido) effervescence **2** (agitación): **la ~ política de la región** the political volatility of the area, the political turmoil in the area **3** (vivacidad) vivacity; (excitación) high spirits (*pl*); **la ~ de los jóvenes** youthful high spirits

efervescente *adj* **1** ‹*pastilla*› effervescent; ‹*bebida*› carbonated, sparkling, fizzy (colloq) **2** ‹*situación*› volatile **3** (vivaz) bubbly, vivacious; (excitado) high-spirited

efesio -sia *m,f* Ephesian

eficacia *f* **1** (de una acción, un remedio) effectiveness, efficacy (frml); **todavía está por verse la ~ de estas gestiones** it remains to be seen how effective these actions will be **2** (eficiencia) efficiency

eficaz *adj* **1** ‹*fórmula/remedio*› effective, efficacious (frml); **la manera más ~ de evitarlo** the most effective means of avoiding it **2** (eficiente) efficient

eficazmente *adv* (con eficacia) effectively; (con eficiencia) efficiently

eficiencia *f* efficiency; **la falta de ~ del sistema bancario** the inefficiency of the banking system

eficiente *adj* efficient

eficientemente *adv* efficiently

efigie *f* **1** (cuadro) image, picture; (estatua) statue, effigy; **una nueva emisión de sellos con la ~ del Rey** a new series of stamps bearing a portrait *o* likeness of the King **2** (personificación) **~ DE algo** embodiment OF sth; **es la ~ de la pureza** (liter) she is the embodiment of purity (liter), she is purity personified (liter)

efímera *f* mayfly

efímero -ra *adj* ephemeral

eflorescencia *f* efflorescence

eflorescente *adj* efflorescent

efluvio *m* (emanación) emanation; **los ~s de la primavera** (liter) the fragrances *o* essences of spring

efusión *f*

A (entusiasmo) effusiveness, warmth

B (Med) effusion

efusivamente *adv* effusively, warmly

efusividad *f* ▸**efusión A**

efusivo -va *adj* ‹*temperamento/recibimiento*› effusive; **no son muy ~s** they aren't very demonstrative; **un fuerte y ~ apretón de manos** a strong, warm *o* enthusiastic handshake

EGB *f* (en Esp) = **Educación General Básica**

EGB - Educación General Básica

Formerly the stage of compulsory education for Spanish pupils aged from six to fourteen. They then went on to study ▸**Formación Profesional - FP**, which had a vocational focus, or the ▸**BUP - Bachillerato Unificado Polivalente**, which was more academic.

Egeo *adj/m* Aegean; **el (mar) ~** the Aegean (Sea)

égida *f*: **bajo la ~ de** (frml) under the aegis of (frml)

egipcio -cia *adj/m,f* Egyptian

Egipto *m* Egypt

egiptología *f* Egyptology

egiptólogo -ga *m,f* Egyptologist

eglantina *f* eglantine, sweetbrier

eglefino *m* haddock

égloga *f* eclogue

ego *m* ego; **contribuyó a alimentar su ~** it helped to boost his ego

egocéntrico -ca *adj* egocentric, self-centered*

egocentrismo *m* egocentricity, self-centeredness*

egoísmo *m* selfishness, egoism, egotism

egoísta[1] *adj* selfish, egoistic, egotistic; **no seas egoistón** (fam) don't be mean (colloq)

egoísta[2] *mf* (Psic) egoist, egotist; **es una ~** she is very selfish

egoístamente *adv* selfishly

ególatra[1] *adj* egomaniacal

ególatra[2] *mf* egomaniac

egolatría *f* egomania

egotismo *m* egotism

egotista[1] *adj* egotistic, egotistical

egotista[2] *mf* egotist

egregio -gia *adj* (frml) illustrious, eminent

egresado[1] **-da** *adj* (AmL): **los alumnos ~s el año pasado** (de una universidad) the students who graduated last year, last year's graduates; (de un colegio) those who left the school last year, the students who graduated from the school last year (AmE)

egresado[2] **-da** *m,f* (AmL) (de una universidad) graduate; (de un colegio) high school graduate (AmE), school leaver (BrE); **muchos ~s de las escuelas primarias no continúan sus estudios** many people do not continue their education when they leave primary school

egresar [A1] *vi* (AmL) (de una universidad) to graduate; (de un colegio) to graduate from high school (AmE), to leave school (*o* college *etc*) (BrE); **~án miles de alumnos de nuestras escuelas secundarias** thousands of students will leave our secondary schools, thousands of students will graduate from our high schools (AmE)

■ **egresar** *vt* (Andes) to withdraw, take out

egreso *m*

A (AmL) (de una universidad) graduation; (de un colegio) graduation (AmE); **una reunión con los alumnos del próximo ~** a meeting with pupils who are about to leave the school *o* to graduate

B (Andes) (Fin) debit; **ingresos y ~s** income and expenditure

eh *interj* **1** (para llamar la atención) hey! **2** (expresando amenaza, advertencia) eh?, huh?, OK? **3** (contestando una pregunta) eh?, what?

eider *m* eider duck, eider

einstenio *m* einsteinium

Eire *m* *tb* : **el ~** Eire

Ej., ej. (*read as* **por ejemplo**) eg

eje *m*

A **1** (Astron, Fís, Mat) axis; **gira sobre su ~** it rotates on its axis; ***partir a algn por el ~*** (fam) (con un cambio) to ruin *o* mess up sb's plans; (con una pregunta) to stump *o* floor sb (colloq) **2** (Auto, Mec) (barra) axle; **~ delantero/trasero** front/rear axle

Compuestos
- **eje de abscisas** x-axis
- **eje de ordenadas** y-axis
- **eje de simetría** axis of symmetry
- **eje de transmisión** drive shaft, propeller shaft
- **eje vial** (Méx) main artery, arterial road

B (de un asunto, una política) core, central theme; **el ~ de la conversación** the focal point of the conversation

C **el Eje** (Hist) the Axis

ejecución *f*

A (de una persona) execution

B **1** (de un plan) implementation, execution (frml); (de una orden) carrying out; **un proyecto de difícil ~** a plan which will be difficult to implement *o* carry out; **la ~ de la sentencia de desahucio** the execution *o* enforcement of the eviction order **2** (Mús) performance, execution (frml)

ejecutable *adj* practicable, feasible

ejecutante *mf* performer

ejecutar [A1] *vt*

A ‹*condenado/reo*› to execute

B **1** ‹*plan*› to implement, carry out, execute (frml); ‹*orden/trabajo*› to carry out; ‹*sentencia*› to execute, enforce **2** ‹*ejercicio/salto*› to perform **3** ‹*sinfonía/himno nacional*› to play, perform

ejecutiva *f* (junta) executive *ver tb* **ejecutivo**[2] **A**

ejecutivo[1] **-va** *adj* ‹*función/comisión*› executive; ▸**director, poder**[2] **D**

ejecutivo[2] **-va** *m,f*

A (Adm, Com) (persona) executive; **~ de ventas** sales executive

B **ejecutivo** *m* (Gob): **el ~** the executive; **el jefe del ~** the head of the government *o* the executive

ejecutor -tora *m,f* executor; **los ~es testamentarios** the executors of the will

ejecutoria *f*

A (frml) (logros) accomplishments (*pl*); **tenía una brillante ~ en su carrera** he had accumulated a long list of achievements during his

career, he had a brilliant career record
B (Der) final judgment

ejecutorio -ria *adj* executory

ejem *interj* ahem!

ejemplar¹ *adj* [1] ‹*conducta/vida*› exemplary; ‹*trabajador/padre*› model (*before n*) [2] ‹*castigo*› exemplary

ejemplar² *m*
A (de un libro, periódico, documento) copy; **~ de promoción** advance copy
B (Bot, Zool) specimen; **un magnífico ~ de su especie** a magnificent example of its species; **su novio es un ~ de mucho cuidado** her boyfriend's a really nasty character *o* a nasty piece of work

ejemplaridad *f* exemplary nature

ejemplarizador -dora *adj* (Chi, Per) [1] ‹*conducta/gesto*› exemplary [2] ‹*condena/sanción*› exemplary

ejemplarizante *adj* exemplary

ejemplarizar [A4] **ejemplificar**

ejemplificación *f* exemplification

ejemplificar [A2] *vt* to give examples of, illustrate … with examples, exemplify (frml)

ejemplo *m* [1] (modelo de conducta) example; **su valor debería servirnos de** *or* **como ~** his bravery should serve as *o* should be an example to us; **debes tomar a tu padre como ~** you should follow your father's example; **tienes que dar (el) ~** you have to set an example; ***predicar con el ~*** to set a good example, practice what one preaches [2] (caso ilustrativo) example; **¿me puedes dar algún ~?** can you give me an example?; **otro ~ de su falta de principios** another example of his lack of principles; **pongamos por ~ el caso de Elena** let's take Elena's case as an example [3] **por ejemplo** for example; **supongamos, por ~, que te quedas sin dinero** let's suppose, for example, that you run out of money; **has cometido muchos errores — ¿por ~?** you've made a lot of mistakes — give me an example

ejercer [E2] *vt*
A [1] ‹*profesión*› to practice*, work in, exercise (frml); **ejerció la docencia durante veinte años** she was in the teaching profession *o* she was a teacher *o* she taught for twenty years; **no puede ~ la medicina/abogacía en este país** she cannot practice medicine/law in this country; **actualmente no ejerce ninguna actividad política** she is not currently engaged in any political activity; **ejerció la cátedra de latín** he held *o* occupied the chair of Latin [2] ‹*derecho*› to exercise; **~ el derecho al voto** to exercise one's right to vote
B ‹*influencia/presión*› to exert; **la televisión ejerce un poder enorme sobre la juventud** television has *o* exerts enormous influence on young people; **el mar ejerce un poderoso atractivo sobre él** the sea holds *o* has a great attraction for him
■ **ejercer** *vi* «*abogado/médico*» to practice*; **es maestra pero no ejerce** she's a teacher but she doesn't practice her profession; **~ DE** *or* **COMO algo**: **ejerce de abogado** he is a practicing lawyer, he practices law; **ejerció como mediador en el conflicto** he acted as mediator in the conflict

ejercicio *m*
A (actividad física) exercise; **debes comer menos y hacer más ~** you should eat less and exercise more *o* take more exercise; **el ~ físico** physical exercise
B [1] (de una profesión, una función): **el título faculta para el ~ de la docencia** the certificate qualifies *o* allows you to teach; **decisiones tomadas en el ~ de su cargo** decisions taken in the course of his duties; **un militar en ~** a regular soldier; **abogado en ~** practicing lawyer; **el ~ democrático del poder** the democratic exercise of power [2] (de un derecho): **renunciaron al ~ del derecho al voto** they chose not to exercise their right to vote
C [1] (trabajo de práctica) exercise; **un ~ para reducir el abdomen** an exercise to flatten the abdomen; **~s de piano/inglés** piano/English exercises [2] (prueba, examen) test, exam

Compuestos
- **ejercicio de repetición** repetition exercise *o* drill
- **ejercicio de sustitución** substitution exercise *o* drill
- **ejercicio de tiro** shooting/rifle practice
- **ejercicios espirituales** *mpl*: **la semana que viene tienen ~ ~** they are going on a retreat next week

D (Mil) exercise, maneuver*
E (Econ, Fin) accounting year, fiscal year (AmE), financial year (BrE)

ejercitación *f*
A (de un músculo): **escalas para la ~ de los dedos** scales for exercising the fingers
B (de un derecho) exercising
C (Educ) (práctica) practice

ejercitar [A1] *vt*
A ‹*músculo/dedos*› to exercise; ‹*memoria/inteligencia*› to exercise
B ‹*derechos/prerrogativas*› to exercise; **~ el derecho a la huelga** to exercise one's right to strike
C [1] ‹*caballos*› to train [2] ‹*tropa*› to drill, train [3] ‹*alumnos*› to train; **hay que ~los en el uso de la calculadora** they have to be trained in the use of the calculator, they have to be taught *o* trained to use the calculator
■ **ejercitarse** *v pron* **~se EN algo** to practice* sth

ejército *m* [1] (Mil) army; **alistarse en el ~** to join up, enlist, join the army [2] (multitud) army; **un ~ de periodistas** an army of reporters

Compuestos
- **ejército del aire** air force
- **Ejército de Salvación** Salvation Army, Sally Army (BrE colloq)
- **ejército de tierra** army
- **ejército regular** regular army

ejidal *adj* (en Méx) cooperative (*before n*)

ejidatario -ria *m,f* (en Méx) member of a cooperative

ejido *m*
A (Hist) common, area of common land
B (en Méx) [1] (sistema) *system of communal or cooperative farming* [2] (sociedad) cooperative [3] (terreno) *land belonging to a cooperative*

ejote *m* ((AmC, Méx)) green bean

el (*pl* **los**), **la** (*pl* **las**) *art* [*the masculine article* el *is also used before feminine nouns which begin with accented* a *or* , ha *e.g.* el agua pura, el hada madrina] ▸ⓘ **p.69**
A (con un referente único, conocido o que se define) the; **el sol** the sun; **el lápiz/la goma/los lápices/las gomas que compré** the pencil/the eraser/the pencils/the erasers I bought; **no, ése no, el que te presté ayer/el de Julio/el rojo** no, not that one, the one I lent you yesterday/Julio's/the red one; **en la calle Solís** in Solís Street; **prefiero el mío/los tuyos** I prefer mine/yours; **me atendió el estúpido del marido** that stupid husband of hers served me; **yo soy la arquitecta, ella es lexicógrafa** I'm the architect, she's a lexicographer; **yo fui la que lo rompí** *or* **rompió** I was the one who broke it; **los nacidos entre …** those born between …; **los que faltamos ayer** those of us who weren't here yesterday; **¿cuál es Ardiles? — el del sombrero negro** which one's Ardiles? — the one with the black hat; **un encuentro al que asistieron muchas personalidades** a meeting which was attended by many well known people; **la obra de la que** *or* **de la cual hablábamos** the play we were talking about
B (con sustantivos en sentido genérico): **me encanta la ópera** I love opera; **odio el pescado** I hate fish; **así es la vida** that's life; **(nosotros) los mexicanos lo sabemos muy bien** we Mexicans know only too well; **¿ya vas a la escuela?** do you go to school yet?; **ya salió del hospital** she's out of the hospital (AmE) *o* (BrE) out of hospital; **en el mar** at sea; **viajar por el espacio** to travel in space
C (en expresiones de tiempo): **ocurrió el domingo de Pascua/en el verano del 76** it happened on Easter Sunday/in the summer of '76; **mi cumpleaños es el 28 de mayo** my birthday's on May 28; **el mes pasado/que viene** last/next month; **no trabaja los sábados** she doesn't work (on) Saturdays; **estudió toda la mañana** he studied all morning; **a las ocho** at eight o'clock, at eight; **a eso de las seis** around six o'clock
D (cada): **lo venden a $80 el kilo/metro** they're selling it at $80 a kilo/a meter *o* at $80 per kilo/meter; **¿cuánto cuesta el paquete de diez?** how much does a packet of ten cost?
E (con fracciones, porcentajes, números): **me dio la mitad/la cuarta parte del dinero** she gave me half the money/a quarter of the money; **el 20% de los peruanos** 20% of Peruvians; **vivo en el cuarto** I live on the fifth floor (AmE) *o* (BrE) fourth floor
F ▸ⓘ **p.231**; (refiriéndose a partes del cuerpo, prendas de vestir, artículos personales, etc): **con las manos en los bolsillos** with my/your/his hands in my/your/his pockets; **¡te cortaste el pelo!** you've had your hair cut!; **tienes la falda sucia** your skirt is dirty; **tienes el suéter puesto al revés** you've got your sweater on inside out; **tiene el pelo largo/los ojos azules** he has long hair/blue eyes
G (con nombres propios) [1] (con apellidos acompañados de título, adjetivos, etc): **llamó el señor Ortiz/la doctora Vidal/el general Santos** Mr Ortiz/Doctor Vidal/General Santos phoned; **el gran Caruso** the Great Caruso [2] (con nombres de mujeres famosas): **la última película de la Monroe** Monroe's last movie [3] (en plural): **los Ortega** (matrimonio) the Ortegas, Mr and Mrs Ortega; (familia) the Ortegas, the Ortega family; **a los Josés se les suele llamar Pepe** people called José are often known as Pepe [4] (fam: en muchas regiones crit) (con nombres de pila): **pregúntale a la Carmen/al Ricardo** ask Carmen/Ricardo [5] (con algunos nombres geográficos): **en la India** in India; **en (el) Perú** in Peru *ver* **África**, **Argentina**, etc [6] (al calificar): **la España de Franco** Franco's Spain; **el Buñuel que todos conocemos** the Buñuel we all know; **la Italia del siglo pasado** Italy in the last century [7] (con algunos equipos deportivos): **juegan contra el Juventus/el Barcelona** they're playing against Juventus/Barcelona
H **el** (con infinitivo): **odiaba el tener que pedírselo** he hated having to ask her; **es cuidadoso y pausado en el hablar** he's careful and deliberate in the way he speaks; **el frenético girar de los bailarines** the frenzied spinning of the dancers; **al + INF** *ver* **a B2**

él *pron pers* ▸ⓘ **p.307** [1] (como sujeto) he; **¿quién se lo va a decir? — él** who's going to tell her? — he is; **¿y ~ qué hace aquí?** what's *he* doing here?; **lo hizo ~ mismo** he did it himself; **fue ~** it was him, it was he (frml) [2] (en comparaciones, con preposiciones) him; (refiriéndose a cosas) it; **yo llegué antes que ~** I arrived before him *o* before he did; **no eres tan alto como ~** you aren't as tall as him *o* as he is; **¿se lo dieron a ~?** did they give it to *him*?; **con/contra/para ~** with/against/for him; **son de ~** they're his

elaboración *f*
A [1] (de un producto, vino) production, making; (del pan) baking, making; **de ~ casera** homemade; Ⓢ **elaboración propia** made (*o* baked *etc*) on the premises [2] (del metal, de la madera) working
B [1] (de un plan): **los responsables de la ~ del plan** those responsible for drawing up *o* working out *o* devising the plan [2] (de un informe, estudio) preparation; **la ~ del informe le llevó varios meses** preparation of the report took him several months, it took him several months to prepare *o* write the report
C (Biol) production

elaborado -da *adj* elaborate; **un diseño muy ~** a very elaborate *o* intricate design

elaborar [A1] *vt*
A [1] ‹*producto/vino*› to produce, make; ‹*pan*› to bake, make; **un plato elaborado con los mejores ingredientes** a dish prepared using the finest ingredients [2] ‹*metal/madera*› to work
B [1] ‹*plan/teoría*› to devise, draw up, work out [2] ‹*informe/estudio*› to prepare, write

ℹ Él

Algunas observaciones generales respecto del pronombre personal masculino de la 3ª persona singular

El pronombre *él* con función de sujeto, se traduce por *he* cuando designa a una persona del sexo masculino o un animal macho que nos es familiar. Cuando designa a un animal macho que no nos es familiar se traduce por *it*

Cabe hacer presente que si bien es cierto que en general, este pronombre no se emplea como sujeto para referirse a un objeto inanimado del género masculino, se puede encontrar, sin embargo, en el español latinoamericano:

tiene un principio. Él rige su vida
= she has a guiding principle. It rules her life

Como complemento cuando es término de una preposición y en comparaciones seguidas de una preposición o de la conjunción *que*, se traduce por *him*, si se refiere a una persona del sexo masculino o un animal macho que nos es familiar:

los regalos son para él
= the presents are for him

tengo un perro, voy con él a todas partes
= I have a dog, I take him everywhere

es como él
= she's like him

tiene más suerte que él
= she's luckier than him

Se traduce por *it* si se refiere a un objeto inanimado del género masculino o un animal macho que no nos es familiar:

pagó una fortuna por él
= he paid a fortune for it

Cabe mencionar que en inglés es corriente considerar a los barcos como del sexo femenino, por lo que la traducción del complemento, en estos casos, es *her*:

navegué en él a través del canal
= I sailed her across the channel

Para ejemplos suplementarios, ver entrada

C ‹*hormona/savia*› to produce

elan *m* élan, vigor*

(Compuesto) **elan vital** élan vital

elásticas *fpl* suspenders (*pl*) (AmE), braces (*pl*) (BrE)

elasticidad *f* **1** (de un material) elasticity **2** (de un horario) flexibility

elástico¹ -ca *adj* **1** ‹*membrana/cinta*› elastic; ‹*medias/venda*› elastic, stretch (*before n*); **un material ~** an elastic *o* a stretchy fabric; **para mantener la piel elástica y joven** to keep skin supple and young-looking **2** ‹*horario*› flexible

elástico² *m* **1** (material) elastic; (cordón) piece of elastic; **pásale un ~ por la cintura** run some elastic *o* run a piece of elastic through the waistband **2** (en géneros de punto) rib, ribbing **3** (Chi) (goma) rubber band, elastic band (BrE)

elastina *m* elastin

elastizado -da *adj* (RPl) elasticized (AmE), elasticated (BrE)

Elba¹ *m*: **el ~** the Elbe (river)

Elba² *f*: *tb* **la isla de ~** Elba

> **El Cid**
>
> El Cid (from Arabic "sid" or "master") was the name given to Rodrigo Díaz de Vivar (born Vivar, near Burgos, c1043). He is Spain's warrior hero, being brave and warlike but also loyal and fair. He grew up in the court of Fernando I of Castile and later fought against the Moors, earning the title, *Campeador* . He married Jimena, granddaughter of Alfonso VI, "the Wise." In 1089, after a disagreement with the king, he and his loyal retainers went into exile, recapturing Valencia from the Moors. He died in 1099 and his deeds are the subject of many oral accounts, the most complete being *El Cantar del Mío Cid* . His sword, *La Tizona*, is in a museum in Burgos.

El Dorado *m* El Dorado

ele *f*: *name of the letter* **l**

elección *f*

A **1** (acción de escoger) choice; **dejo la fecha a su ~** I will leave it up to you to choose the date, I will leave the choice of date to you; **el formato es a ~ del cliente** the choice of format is left up to the client; **hicimos una mala ~** it was a bad choice; **llévese tres, a su ~, por el precio de dos** take *o* choose any three for the price of two **2** (Pol) (de un candidato) election

B **elecciones** *fpl* (Pol): **convocaron elecciones anticipadas** they called an early election; **llamaron a elecciones generales** (AmL) they called a general election; **las elecciones municipales** the local elections; **se presentó a las elecciones por el Partido Radical** he stood as a Radical Party candidate; **elecciones legislativas** legislative elections

eleccionario -ria *adj* (CS) ▸ **electoral**

electivo -va *adj* elective

electo¹ -ta *adj*: **el presidente ~** the president elect

electo² -ta *m,f* elect

elector -tora *m,f*

A (Pol) voter, elector

B **elector** *m* (Hist) elector

electorado *m* electorate

electoral *adj* ‹*campaña/discurso*› election (*before n*); ▸ **colegio**, **distrito**, **padrón**, **plataforma**

electoralismo *m* electioneering

electoralista *adj* electioneering (*before n*), vote-catching (*before n*)

electoralmente *adv* electorally

electorero -ra *adj* electioneering (*before n*), vote-catching (*before n*)

Electra Electra

eléctrica *f* electricity company

electricidad *f* electricity

(Compuesto) **electricidad estática** static electricity

electricista¹ *adj* electrical

electricista² *mf* electrician

eléctrico -ca *adj* ‹*tren/motor/corriente/luz*› electric; ‹*instalación/aparato*› electrical; ‹*carga*› electrical, electric; ▸ **azul²**, **silla**

electrificación *f* electrification

electrificar [A2] *vt* to electrify

electrizante *adj* electrifying

electrizar [A4] *vt* to electrify

electro- *pref* electro-; **~acústico** electro-acoustic; **~bomba** electric pump

electrocardiografía *f* electrocardiography

electrocardiógrafo *m* electrocardiograph

electrocardiograma *m* electrocardiogram

electrochoque *m* electroshock therapy, electroconvulsive therapy

electroconvulsivo -va *adj* electroconvulsive

electrocución *f* electrocution; **se produjo la muerte por ~ de un joven de 20 años** (period) a 20-year-old man was electrocuted

electrocutar [A1] *vt* to electrocute

■ **electrocutarse** *v pron* to be electrocuted

electrodiálisis *f* electrodialysis

electrodinámica *f* electrodynamics

electrodo *m* electrode

electrodoméstico¹ -ca *adj* electrical; **aparato ~** electrical appliance

electrodoméstico² *m* electrical appliance

(Compuestos)

- **electrodomésticos de línea blanca** *mpl* white goods (*pl*)
- **electrodomésticos de línea marrón** *mpl* brown goods (*pl*)

electroencefalograma *m* electroencephalogram

electrógeno -na *adj* ▸ **grupo**

electroimán *m* electromagnet

electrólisis *f* electrolysis

electrolítico -ca *adj* electrolytic

electrolito *m* electrolyte

electrolizar *vt* [A4] electrolyze

electromagnético -ca *adj* electromagnetic

electromagnetismo *m* electromagnetism

electrómetro *m* electrometer

electromotor -triz *adj* electromotive

electrón *m* electron

electrónica *f* electronics

electrónico -ca *adj* electronic

electronuclear *adj* electronuclear

electronvoltio *m* electron volt

electroquímica *f* electrochemistry

electroshock /elektro'tʃok/ *m* ▸ **electrochoque**

electrostática *f* static electricity

electrostático -ca *adj* electrostatic

electrotecnia *f* electrical engineering

electroterapia *f* electrotherapy

electrotrén *m* electric express train

eledé *m* (AmL) album, LP

elefante -ta *m,f* elephant

(Compuestos)

- **elefante blanco** *m* white elephant
- **elefante marino** *m,f* elephant seal, sea elephant

elefantiasis *f* elephantiasis

elegancia *f*

A **1** (en el vestir — buen gusto) smartness; (— garbo, gracilidad) elegance, gracefulness, stylishness **2** (de un barrio, restaurante) smartness, fashionableness, chicness

B **1** (de un estilo) elegance **2** (de una solución) elegance, neatness

elegante *adj*

A **1** ‹*moda/vestido*› elegant, stylish, smart; **iba muy ~** (bien vestido) he was very well *o* very smartly dressed; (garboso, grácil) he was very stylishly *o* elegantly dressed, he looked very elegant; **¡qué ~ te has puesto!** (fam) you look smart!; **los ~s jardines de la casa** the elegantly *o* beautifully laid out gardens of the house **2** ‹*barrio/restaurante/fiesta*› smart, fashionable, chic

B **1** ‹*estilo*› elegant, polished; **una frase muy ~** a very elegant *o* a well-turned phrase **2** (generoso) ‹*gesto/actitud*› generous, handsome **3** ‹*solución*› elegant, neat

elegantemente *adv*: **iba muy ~ vestido** (bien vestido) he was very smartly dressed; (con garbo, estilo) he was very elegantly *o* stylishly dressed; **una habitación ~ amueblada** an elegantly furnished room; **lo expresó muy ~** he

e

ℹ Ella

Algunas observaciones generales respecto del pronombre personal femenino de la 3ª persona singular

El pronombre *ella* con función de sujeto, se traduce por *she* cuando designa a una persona del sexo femenino o a un animal hembra que nos es familiar. Cuando designa a un animal hembra que no nos es familiar, se traduce por *it*.

Cabe hacer presente que si bien es cierto que, en general, este pronombre no se emplea como sujeto para designar a un objeto inanimado del género femenino, se puede encontrar, sin embargo, en el español latinoamericano:

tiene una sola meta. Ella rige su vida
= he has one sole aim. It rules his life

Como complemento cuando es término de una preposición, en comparaciones seguidas de preposición y de la conjunción que, *ella* se traduce por *her*, si se refiere a una persona del sexo femenino o un animal hembra que nos es familiar:

los regalos son para ella
= the gifts are for her

fui con la perra, voy con ella a todas partes
= I went with my dog, I take her everywhere

es como ella
= he is like her

tiene más que ella
= he has more than her

Se traduce por *it*, si se refiere a un objeto inanimado del género femenino o a un animal hembra que no nos es familiar:

pagó una fortuna por ella
= he paid a fortune for it

Para ejemplos suplementarios, ver entrada

expressed it very elegantly *o* in elegant terms

elegantoso -sa *adj* (Andes fam) stylish, natty (colloq), posh (BrE colloq)

elegía *f* elegy

elegíaco -ca, **elegiaco -ca** *adj* elegiac

elegibilidad *f* eligibility

elegible *adj* eligible; **ser ~ para un cargo** to be eligible for a post

elegido -da *m,f* (Relig) chosen one; **los ~s** the chosen, the elect

elegir [I8] *vt* ① (escoger) to choose; **me dieron a ~** I was given a *o* the choice; **tres postres a ~** choice of three desserts; **tener mucho de donde ~** to be spoilt for choice; **no nos dieron la posibilidad de ~** we weren't given any choice *o* option; **elegí el más caro** I chose *o* (colloq) went for the most expensive one; **eligió dos asignaturas muy difíciles** he opted to do *o* he chose two very difficult subjects ② (por votación) to elect

elemental *adj* ① (esencial) ‹*norma/principio*› fundamental; **un rasgo ~ de su poesía** an essential *o* a fundamental feature of his poetry ② (básico) ‹*curso/nivel*› elementary; ‹*texto*› elementary, basic; **tiene nociones ~es de inglés** she has a rudimentary *o* basic knowledge of English; **desconoce las más ~es normas de urbanidad** he doesn't know the most basic *o* elementary norms of civilized behavior

elemento¹ *m*

Ⓐ ① (Fís, Quím) element ② (fuerza natural): **los ~s** the elements; **luchar contra los ~s** to struggle against the elements; ▸ **líquido²**

Ⓑ ① (componente) element; **los distintos ~s de la oración** the different elements of the sentence; **el ~ dramático de una novela** the dramatic element in a novel; **introdujo un ~ de tensión en las relaciones** it brought an element of tension into the relationship; **el ~ sorpresa** the element of surprise ② (medio): **no disponemos de los ~s básicos para llevar a cabo la tarea** we lack the basic resources with which to carry out the task

(Compuesto) **elementos de juicio** *mpl* facts (pl); **carezco de ~ de ~ para opinar** I do not have sufficient information *o* facts *o* data to be able to form an opinion (frml)

Ⓒ (ambiente): **en el museo está/se siente en su ~** he's in his element at the museum; **me han sacado de mi ~ y no sé lo que hago** I'm out of my element and I don't know what I'm doing

Ⓓ **elementos** *mpl* elements (pl); **~s de física** elements of physics, basic physics

Ⓔ (CS) (de un secador, calentador) element

Ⓕ ① (persona): **es un ~ pernicioso** he's a bad influence; **~s subversivos** subversive elements ② (RPl) (tipo de gente) crowd; **no me gusta el ~ que va a ese club** I don't like the crowd that goes *o* the people who go to that club

elemento² -ta *m,f* (Esp fam & pey): **es una elementa de cuidado** she's a really nasty character *o* a nasty piece of work (colloq); **su hijo está hecho un ~** her son has turned into a little monster *o* horror *o* terror *o* brat (colloq)

elenco *m* ① (de actores) cast ② (period) (de deportistas) side, team ③ (Esp) (lista) list, catalogue

elepé *m* album, LP

elevación *f*

Ⓐ (frml) ① (acción de levantar) raising ② **la Elevación** (Relig) the Elevation

Ⓑ (frml) (aumento) rise, increase

Ⓒ (a una dignidad) elevation

Ⓓ (de una protesta, un recurso) presentation, submission

Ⓔ (Geog) ① (colina, punto elevado) high point, elevation ② (altura, nivel) elevation

Ⓕ (frml) (de un pensamiento, sentimiento) nobility; (de un estilo) loftiness, elevation (frml)

elevacoches *m* (pl ~) elevator (*for vehicles*)

elevado¹ -da *adj*

Ⓐ ‹*terreno/montaña*› high; ‹*edificio*› tall, high

Ⓑ ‹*cantidad*› large; ‹*precio/impuestos*› high; **un número ~ de casos** a large number of cases; **las pérdidas han sido elevadas** there have been heavy *o* substantial losses; **un ~ índice de abstención** a high rate of abstention

Ⓒ ‹*categoría/calidad*› high; **tiene un puesto muy ~** he has a very high *o* important position

Ⓓ ‹*ideas/pensamientos*› noble, elevated; ‹*estilo*› lofty, elevated; **la conversación adquirió un tono ~** the tone of the conversation became rather highbrow *o* elevated

elevado² *m* fly

elevador *m* ① (montacargas) hoist, freight elevator (AmE), service *o* goods lift (BrE) ② (Méx) (ascensor) elevator (AmE), lift (BrE)

(Compuestos)
- **elevador de granos** grain elevator
- **elevador de voltaje** booster transformer, transformer

elevadorista *mf* (Méx) elevator operator (AmE), lift attendant (BrE)

elevalunas *m* (pl ~): **dotado de ~ eléctrico** with electric *o* automatic windows

elevar [A1] *vt*

Ⓐ (frml) ① (levantar) ‹*objeto*› to raise, lift; **la grúa elevó el cajón hasta la cubierta** the crane hoisted *o* raised *o* lifted the crate onto the deck; **elevó los brazos al cielo** (liter) he raised (up) his arms to heaven (liter); **música que eleva el espíritu** (spiritually) uplifting music; **elevemos nuestros corazones al Señor** let us lift up our hearts to the Lord ② ‹*muro/nivel*› to raise, make ... higher

Ⓑ (frml) ① (aumentar) ‹*precios/impuestos*› to raise, increase; **~ el nivel de vida** to raise the standard of living; **el juez elevó la pena** the judge increased the (length of) the sentence ② ‹*voz/tono*› to raise

Ⓒ (frml) (en una jerarquía) to elevate (frml)

Ⓓ (Mat): **~ un número a la sexta potencia** to raise a number to the power of six; **~ al cuadrado** to square; **~ al cubo** to cube

Ⓔ (presentar, dirigir) **~ algo a algn** to present *o* submit sth TO sb; **~on una protesta a las autoridades** they presented *o* submitted a letter of protest to the authorities, they protested to the authorities; **~on el recurso al Tribunal Supremo** they appealed to the Supreme Court, they presented *o* submitted the appeal to the Supreme Court

Ⓕ (Chi fam) (reprender) to give ... a hard time (colloq)

■ **elevarse** *v pron*

Ⓐ (tomar altura) «*avión/cometa*» to climb, gain height; «*globo*» to rise, gain height

Ⓑ (frml) (aumentar) «*temperatura*» to rise; «*precios/impuestos*» to rise, increase; «*tono/voz*» to rise

Ⓒ (frml) (ascender) **~se a algo**: **el número de víctimas se eleva a diez** ten people have been killed; **la cifra se elevaba ya al 13%** the figure had already reached *o* already stood at *o* was already at 13%

Ⓓ (liter) «*montaña/edificio*» to stand, rise (liter); **la Cordillera se eleva majestuosa** the mountain range rises majestically

elfo *m* elf

elidir [I1] *vt* to elide

elige, elija, etc ▸ **elegir**

eliminación *f* ① (de posibilidades) elimination; **solucionaron el problema por ~** they solved the problem by (a) process of elimination ② (de una competición) elimination ③ (de grasas, toxinas) elimination ④ (de una incógnita) elimination ⑤ (de residuos) disposal; **la ~ de los residuos** the disposal of the waste products

eliminar [A1] *vt*

Ⓐ ① ‹*obstáculo*› to remove; ‹*párrafo*› to delete, remove; **para ~ las cucarachas** to get rid of *o* exterminate *o* kill cockroaches ② ‹*equipo/candidato*› to eliminate; **fueron eliminados del torneo** they were knocked out of *o* eliminated from the tournament ③ (euf) (matar) to eliminate (euph), to get rid of (euph)

Ⓑ ‹*toxinas/grasas*› to eliminate

Ⓒ (Mat) ‹*incógnita*› to eliminate

eliminatoria *f* ① (vuelta — en un torneo) qualifying round; (para una carrera) heat ② (competición) qualifying competition

eliminatorio -ria *adj* ‹*examen*› qualifying (*before n*); ‹*fase*› qualifying (*before n*), preliminary (*before n*); **las pruebas eliminatorias de la carrera** the heats for the race

elipse *f* ellipse

elipsis *f* ellipsis

elíptico -ca *adj* ① (Mat) elliptic, elliptical ② (Ling, Lit) elliptical

Elíseo *m*: **el ~** Elysium

elisión *f* elision

elite /e'lit/, **élite** /'elite, e'lit/ *f* elite, élite; **tropas de ~** elite *o* crack troops; **gimnastas de ~** top-class gymnasts

(Compuesto) **elite social** social elite

elitismo *m* elitism

elitista *adj* ‹*sociedad/actitud*› elitist; ‹*colegio/club*› exclusive

elixir, (AmL) **elíxir** *m*

Ⓐ (Mit) elixir

Ⓑ (Esp) (Farm) mouthwash

ella *pron pers* ▸ ℹ p.308 ① (como sujeto) she; **¿quién lo va a hacer? — ella** who's going to do it? — she is; **¿y ~ qué hace aquí?** what's *she* doing here?; **lo hizo ~ misma** she did it herself; **fue ~** it was her, it was she (frml) ② (en comparaciones, con preposiciones) her; (referido a cosas) it; **yo salí después que ~** I left

ℹ Ellos, ellas

Algunas observaciones generales acerca del pronombre personal masculino y femenino de la 3ª persona plural

Los pronombres personales *ellos* y *ellas* con función de sujeto, se traducen por *they*. Cabe hacer presente que si bien es cierto que, en general, estos pronombres no se emplean como sujeto para designar a objetos inanimados, se pueden encontrar, sin embargo, en el español latinoamericano:

son costumbres muy arraigadas. Ellas representan nuestra idiosincracia
= these customs are deeply rooted. They are representative of our idiosyncrasy

Como complemento cuando es término de una preposición, en comparaciones seguidas de preposición o de la conjunción que, se traducen por *them*:

fui con ellos al teatro
= I went with them to the theatre

me senté entre ellos
= I sat down between them

no somos como ellos
= we're not like them

es mayor que ellos
= she's older than them

Para ejemplos suplementarios, ver entrada

after her *o* after she did; **no eres tan lista como ~** you aren't as clever as her *o* as she is; **¿se lo dieron a ~?** did they give it to *her*?; **con/contra/para ~** with/against/for her; **son de ~** they're hers

ellas *pron pers pl ver* **ellos**

elle *f: name of the letter* **ll**

ello[1] *pron pers:* **todavía queda mucho por hacer y somos muy conscientes de ~** (frml) much remains to be done and we are very aware of it *o* of the fact; **para ~ hay que obtener un permiso especial** (frml) you need a special permit for this; **ya que estamos en ~** while we're at it; **desde fresquísimos pescados a deliciosos postres, todo ~ exquisitamente presentado** from the freshest of fish to delicious desserts, all beautifully presented

ello[2] *m* (Psic): **el ~** the id

ellos ellas ▸ℹ **p.309** *pron pers pl* **1** (como sujeto) they; **¿quién lo va a hacer? — ellos** who's going to do it? — they are; **¿y ellas que hacen aquí?** what are *they* doing here?; **lo hicieron ~ mismos** they did it themselves; **fueron ellas** it was them, it was they (frml) **2** (en comparaciones, con preposiciones) them; (referido a cosas) them; **llegamos antes que ellas** we arrived before them *o* before they did; **no eres tan alto como ~** you aren't as tall as them *o* as they are; **¿se lo dio a ~?** did he give it to *them*?; **con/contra/para ellas** with/against/for them; **son de ellas/de ~** they're theirs, they belong to them

E.L.M.A. *f* /'elma/ **= Empresa Líneas Marítimas Argentinas**

ELN *m* (en Col) **= Ejército de Liberación Nacional**

elocución *f* elocution

elocuencia *f* eloquence; **expresarse con ~** to express oneself eloquently; **las cifras lo expresan con ~** the figures show this very clearly, the figures speak for themselves *o* are eloquent

elocuente *adj* **1** ‹*persona/discurso*› eloquent, articulate **2** ‹*mirada/gesto/silencio*› eloquent; **las cifras son ~s** the figures speak for themselves *o* are eloquent; **un gesto que fue más ~ que cualquier palabra** a gesture that said more than any words could, a gesture that was more eloquent than any words could be

elocuentemente *adv* eloquently

elogiable *adj* praiseworthy

elogiar [A1] *vt* to praise; **muy elogiada por la crítica** highly praised by the critics; **siempre está elogiando sus virtudes** he's always singing her praises

elogio *m* praise; **hacer ~(s) de algo** to sing the praises of sth, to extol sth; **se deshizo en ~s para con ella** he showered her with praise; **su actitud merece todo mi ~** I find his attitude extremely praiseworthy; **~s de la crítica** critical acclaim

elogiosamente *adv* in glowing terms, in highly favorable• terms

elogioso -sa *adj* **1** ‹*palabras*› complimentary, laudatory (liter); **un discurso ~** a speech full of praise, a eulogistic speech (frml); **lo describió en términos ~s** she described him in glowing terms *o* in highly favorable terms **2** ‹*acción/comportamiento*› praiseworthy

elote *m* **1** (mazorca) (AmC, Méx) corncob, ear of corn (AmE) **2** (granos) (Méx) sweetcorn, corn (AmE)

El Salvador *m* El Salvador

elucidación *f* clarification, elucidation

elucidar [A1] *vt* to elucidate, clarify

elucubración *f* **1** (cavilación) meditation, lucubration (frml) **2** (divagación) lucubration (frml); **no pierdas más tiempo en elucubraciones filosóficas** don't waste any more time philosophizing

elucubrar [A1] *vi* **1** (cavilar, razonar) to deliberate **2** (divagar) to ramble

eludir [I1] *vt* **1** ‹*problema*› to evade, avoid, dodge; ‹*pago*› to avoid, evade; **un compromiso que no puedes ~** an obligation which you can't evade *o* duck; **eludió la persecución de la policía** she escaped from *o* she avoided capture by her police pursuers; **me eludió la mirada** she avoided my gaze, she avoided looking me in the eye **2** ‹*persona*› to avoid; **me ha estado eludiendo toda la semana** she's been avoiding *o* dodging me all week; **consiguió ~ a los periodistas** he managed to avoid *o* elude the reporters

elusivo -va *adj* evasive

e.m. (Com, Corresp) **= en mano**

E.M. *f* (**= esclerosis múltiple**) MS

email /'imeil/ *m* e-mail; **mandarle un ~ a algn** to e-mail sb; **mandarle algo a algn en un ~** to e-mail sth to sb, e-mail sb sth

(Compuesto) **email basura** spam

emailear /imeile'ar/ [E1] *vt* (fam) ‹*persona*› to e-mail; **~le algo a algn** to e-mail sth to sb, e-mail sb sth

■ **emailearse**

■ *v pron* to correspond by e-mail; **nos emaileamos a menudo** we often correspond by e-mail *o* send each other e-mails

emanación *f* emanation (frml); **emanaciones tóxicas** toxic emissions; **las emanaciones fétidas de las aguas estancadas** the noxious smell given off by the stagnant water

emanar [A1] *vi* (frml) **1** «*radiación/olor/gas*»: **~ DE algo** to emanate FROM sth (frml), to come FROM sth **2** «*poder/decisión*»: **~ DE algo** to emanate *o* derive FROM sth (frml); **las propuestas que emanan de las distintas comisiones** the proposals put forward by *o* emanating from the various committees

■ **emanar** *vt* to exude

emancipación *f* (Der) emancipation; (de una nación) liberation, emancipation; (de un esclavo) emancipation, freeing; **luchó por lograr la ~ de la mujer** she fought for the emancipation of women *o* for women's liberation

emancipado -da *adj* ‹*esclavo*› freed, emancipated; ‹*menor/mujer*› emancipated; **es una mujer inteligente y emancipada** she's an intelligent, emancipated *o* liberated woman

emancipar [A1] *vt* ‹*esclavo*› to emancipate, free, set … free, give … his/her freedom; ‹*pueblo*› to free, liberate, set … free

■ **emanciparse** *v pron* «*mujer casada/hijo*» (Der) to become emancipated; «*colonia*» to gain independence; **en los últimos 50 años las mujeres se han emancipado mucho** women have become a great deal more liberated in the last 50 years

emasculación *f* emasculation

emascular [A1] *vt* (frml) to emasculate

embadurnar [A1] *vt* **~ algo DE algo** to smear sth WITH sth; **lo embadurnó de grasa** he smeared it with grease, he smeared grease all over it; **tenía los dedos embadurnados de chocolate** her fingers were covered in chocolate

■ **embadurnarse** *v pron* (*refl*) **~se DE algo** to plaster oneself WITH sth

embair [I17] *vt* (arc) to trick

embajada *f* **1** (sede, delegación) embassy **2** (cargo) ambassadorship **3** (tarea) mission

embajador -dora *m,f* **1** (Adm, Pol) ambassador **2** **embajadora** *f* (esposa) ambassador's wife

(Compuesto) **embajador/embajadora itinerante** *or* **volante** *m,f* roving ambassador

embalado -da *adj*

A (fam) (con velocidad): **venía ~ y no pudo frenar a tiempo** he was hurtling *o* racing along and couldn't brake in time; **salieron ~s cuando vieron llegar a la policía** they shot off *o* ran for it *o* (AmE) hightailed it when they saw the police coming (colloq)

B (RPl fam) (con una idea) excited, keen (BrE); **está de lo más ~ con ella** he really likes her, he's really keen on her (BrE colloq)

embalador -dora *m,f* packer

embaladura *f* (Chi, Per) ▸**embalaje A**

embalaje *m*

A **1** (acción) packing **2** (costo) packing charge **3** (envoltura) packaging, wrapping; **no traía el ~ adecuado** it hadn't been packed *o* packaged correctly

B (Col) (Dep) sprint; **~ final** sprint finish

embalar [A1] *vt* to pack

■ **embalar** *vi* (Per, Ur fam) to get a move on (colloq)

■ **embalarse** *v pron* (fam) **1** (cobrar velocidad): **se embaló a correr** he raced *o* dashed off; **no te embales, que esta carretera es peligrosa** don't go too fast, this road's dangerous; **el coche se embaló cuesta abajo** the car sped *o* (colloq) zoomed off down the hill **2** (entusiasmarse): **en general no es muy hablador pero cuando se embala ...** he's not usually very talkative, but when he gets going ...; **se embaló con esa idea** (RPl) she got very excited about the idea

embaldosado *m* **1** (acción) tiling **2** (suelo) tiled floor

embaldosar [A1] *vt* to tile

embalsamado -da *adj* **1** (liter) ‹*aire/ambiente*› balmy (liter), fragrant **2** ‹*cadáver*› embalmed

embalsamador -dora *m,f* embalmer

embalsamar [A1] *vt* to embalm

embalsar [A1] *vt* ‹*río*› to dam, dam up; **embalsan el agua en una presa** they collect the water in a reservoir

embalse *m* **1** (depósito) reservoir **2** (acción) damming

embancarse [A2] *v pron* **1** «*barco*» to run aground **2** (Andes) «*río/canal*» to silt up

embanderar [A1] *vt* to deck with flags

embarazada[1] *adj* pregnant; **quedó** *or* (Esp) **se quedó ~** she got *o* became pregnant; **está ~ de dos meses** she's two months pregnant; **estaba ~ de su segundo hijo** she was pregnant with *o* she was expecting her second child; **la dejó ~** he got her pregnant; **fue al médico porque no quedaba ~** she went to the doctor because she couldn't get pregnant

embarazada[2] *f* pregnant woman; **ejercicios para ~s** exercises for expectant mothers *o*

e

pregnant women *o* mothers-to-be

embarazar [A4] *vt*
A ‹*mujer*› to get … pregnant
B 1 (ant) (cohibir) to embarrass 2 (impedir) to hamper, restrict

embarazo *m*
A (Med) pregnancy; **decidió interrumpir el ~** she decided to terminate the pregnancy; **prueba del ~** pregnancy test
(Compuestos)
- **embarazo a término** full term pregnancy
- **embarazo ectópico** *or* **extrauterino** ectopic pregnancy

B 1 (frml) (apuro) embarrassment; **su comentario causó gran ~** his comment caused a great deal of embarrassment 2 (estorbo) obstacle, hindrance

e

embarazosamente *adv* embarrassingly

embarazoso -sa *adj* embarrassing, awkward

embarcación *f* (frml) vessel (frml), craft (frml)

embarcadero *m* 1 (atracadero) jetty 2 (para mercancías) wharf

embarcado -da *adj* (Ven): **dejar ~ a algn** to let sb down

embarcador -dora *adj* (Ven fam) unreliable

embarcar [A2] *vi* (Aviac) to board; (Náut) to embark, board
■ **embarcar** *vt*
A 1 ‹*mercancías/equipaje*› to load 2 (en un asunto, negocio) **~ a algn EN algo** to get sb involved IN sth
B (Ven) to let … down
■ **embarcarse** *v pron* 1 «*pasajero*» (en un barco) to board, embark; (en un tren, avión) to board, get on; **se embarcó para América** he set sail for America 2 (en un asunto, negocio) **~se EN algo** to embark ON sth, embark UPON sth (frml)

embarco *m* embarkation

embargar [A3] *vt*
A ‹*bienes*› to seize, to distrain (frml), to sequestrate (frml); ‹*vehículo*› to impound
B 1 (sobrecoger): **lo embargó la emoción** he was overcome *o* overwhelmed by emotion; **la pena que nos embarga a todos** the overwhelming grief we all feel 2 (absorber) ‹*tiempo*› to take up; **la música embargaba toda la atención del público** the music held the audience spellbound; **estaba totalmente embargado en el libro** he was totally engrossed *o* absorbed in his book

embargo *m*
A 1 (Der) (incautación, decomiso) seizure, sequestration (frml), attachment (frml), distraint (frml); **el juez ordenó el ~ de sus bienes** the judge ordered the seizure of his assets; **levantar un ~** to lift a seizure order 2 (Mil, Pol) embargo; **hacer efectivo un ~ de armas** to enforce an arms embargo
B **sin embargo: dice que está gordo, sin ~ sigue comiendo mucho** he says he's too fat and yet he still goes on eating a lot; **sin ~, este método tiene algunas desventajas** however *o* nevertheless, this method has some disadvantages, this method does, nevertheless *o* however, have some disadvantages; **sin ~, ayer no decías eso** you weren't saying that yesterday, though; **es difícil, sin ~ disfruto haciéndolo** it's difficult but I enjoy doing it all the same *o* anyway
C (Med) indigestion

embarque *m*
A 1 (de mercancías) loading; (de pasajeros) embarkation, boarding 2 (carga) shipment
B (Ven fam) 1 (persona): **es un ~** he's very unreliable (colloq) 2 (chasco) letdown (colloq)

embarrada *f*
A (AmS fam) (metedura de pata) blunder, boo-boo (AmE colloq), boob (BrE colloq)
B (Méx) (de un molde) greasing; **a la sartén le das una ~ de mantequilla** grease the frying pan with butter
(Compuesto) **embarrada de mano** (Méx fam) backhander (colloq)

embarrado -da *adj*
A ‹*calle/zapatos*› muddy
B (Méx fam) (ceñido) tight, tight-fitting

embarrancar [A2] *vi* 1 (Náut) to run aground 2 «*vehículo*» to get bogged down, get stuck in the mud; **el proyecto de ley está embarrancado** the bill has got(ten) bogged down
■ **embarrancarse** *v pron* 1 (Náut) to run aground 2 «*vehículo*» to get bogged down, get stuck in the mud

embarrar [A1] *vt* to cover … in mud; **un coche que pasaba me embarró toda** a passing car covered me in mud *o* splashed mud all over me; **~la** (AmS fam) to mess up (AmE colloq), to mess things up (BrE colloq)
■ **embarrarse** *v pron* to get covered in mud; **se embarró toda la ropa** he got his clothes all muddy

embarullar [A1] *vt* (fam) 1 ‹*persona*› to muddle, confuse 2 ‹*asunto/problema*› to complicate, confuse; **no embarulles más el asunto** don't complicate *o* confuse things any further
■ **embarullarse** *v pron* (fam) to get confused, get mixed up, get in *o* into a muddle

embasamiento *m* base

embasarse [A1] *v pron* to reach base

embate *m* 1 (del mar, viento) battering; **los ~s de las olas** the battering *o* pounding of the waves 2 (acometida): **proteja su piel de los ~s del tiempo** protect your skin from the ravages of time; **sufren los ~s de la crisis económica** they are suffering hardship caused by the economic crisis; **la industria supo neutralizar el ~ japonés** the industry managed to counter the Japanese onslaught

embaucador¹ -dora *adj* deceitful

embaucador² -dora *m,f* trickster, con artist (colloq)

embaucamiento *m* (acción) swindling; (efecto) swindle

embaucar [A2] *vt* to trick, con (colloq)

embeber [E1] *vt* 1 (en un líquido) to soak 2 ‹*líquido*› to soak up; **la toalla embebió el agua** the towel soaked up *o* absorbed the water; **~ el líquido sobrante con una esponja** mop *o* soak up the remaining liquid with a sponge 3 ‹*tela*› to gather in
■ **embeber** *vi* to shrink
■ **embeberse** *v pron* 1 (enfrascarse) **~se EN algo** to become wrapped up *o* absorbed IN sth 2 (imbuirse) **~se DE algo** to become imbued WITH sth (frml), to become steeped IN sth

embeleco *m*, **embelequería** *f*
A (fam) (engaño) con (colloq), rip-off (colloq)
B (AmC, Col fam) (cosa exagerada) frippery
C (Chi fam) 1 (cosa de poco valor) knick-knack (colloq), trinket 2 (golosina) *candy or other food or drink with no nutritional value*; **se gasta la plata en ~s** she spends all her money on candy (AmE) *o* (BrE) on sweets/on junk food

embelesado -da *adj* spellbound; **la miraba ~** he watched her, spellbound; **quedó/estaba ~ con ella** he was spellbound *o* captivated by her

embelesar [A1] *vt* to captivate

embeleso *m*: **la escuchaba con ~** he listened to her captivated *o* spellbound

embellecedor¹ -dora *adj* beauty (*before n*)

embellecedor² *m* 1 (tapacubos) hubcap 2 (adorno) trim

embellecer [E3] *vt* 1 ‹*persona*› to make … beautiful 2 ‹*campiña/ciudad*› to beautify, improve the appearance of, make … more attractive *o* beautiful
■ **embellecer** *vi* (liter) to become *o* grow more beautiful
■ **embellecerse** *v pron* (*refl*) to make oneself beautiful, beautify oneself; **dame diez minutos para ~me** (hum) give me ten minutes to make myself beautiful (hum)

embellecimiento *m* beautification; **un plan para el ~ de la ciudad** a plan to improve the appearance of the city, a plan for the beautification of the city

embestida *f* (del toro) rush, charge; (de personas) charge, onslaught

embestir [I14] *vi* to charge; **~ CONTRA algo/algn** to charge AT sth/sb; **el toro embistió contra la barrera** the bull charged at the barrier; **policías montados embistieron contra los manifestantes** mounted police charged (at) the demonstrators; **enormes olas embestían contra el malecón** huge waves were crashing *o* pounding against the pier
■ **embestir** *vt*: **salimos corriendo cuando el toro nos embistió** we ran when the bull charged (at) us; **el coche fue embestido por un camión** the car was hit by a truck, a truck ran into the car

embetunar [A1] *vt*
A ‹*zapatos*› to polish, put polish on
B (CS) (ensuciar) to get … dirty; **con las manos embetunadas** with his filthy *o* dirty hands

emblanquecer [E3] *vt* to whiten, turn white
■ **emblanquecerse**
■ *v pron* to turn white

emblema *m* 1 (insignia) emblem 2 (símbolo) symbol, emblem

emblemático -ca *adj* emblematic

embobado -da *adj* spellbound; **los niños miraban ~s a los trapecistas** the children sat open-mouthed *o* fascinated *o* spellbound watching the trapeze artists; **está ~ con ella** he's besotted with *o* crazy about her; **contemplaban ~s tanta belleza** they looked on in amazement at such beauty, they stood spellbound *o* captivated by such beauty

embobamiento *m* fascination

embobar [A1] *vt* to fascinate, hold … spellbound
■ **embobarse** *v pron* to be captivated *o* fascinated; **se embobó con los ojos de esa mujer** he was captivated *o* fascinated by her eyes

embobinar [A1] *vt* ▸ **bobinar**

embocadura *f*
A 1 (de un río) mouth 2 (de una calle) entrance
B (de un vino) flavor*, taste
C (Mús) (boquilla) mouthpiece

embocar [A2] *vt*
A ‹*pelota*› (en baloncesto) to get *o* put … in the basket; (en golf) to hole
B (Col, RPl fam) (acertar) ‹*pregunta*› to get … right; **~le** (fam) to get it right
■ **embocar** *vi*: **embocamos por una callejuela** we went down/turned into a narrow street

emboinado -da *adj* wearing a beret

embojotado -da *adj* (Ven fam) wrapped up

embojotar *vt* [A1]; (Ven fam) to wrap … up
■ **embojotarse** *v pron* (Ven fam) to wrap oneself up; (en la cama) to snuggle up

embolado *m* (fam) mess (colloq); **meterse en un ~** to get into a mess *o* a tight spot (colloq)

embolador -dora *m,f* (Col) (adulto) bootblack; (niño) shoeshine boy

embolar [A1] *vt*
A ‹*toro*› to put protective balls on the horns of
B (RPl arg) (fastidiar) to bug (colloq), to piss … off (sl)
C (Col) ‹*zapatos*› to shine, polish
■ **embolarse** *v pron* (AmC fam) to get plastered (colloq)

embolatado *adj* (Col fam) in a state *o* mess (colloq); **tenía las cuentas totalmente embolatadas** he'd let the accounts get into a real mess *o* state *o* muddle (colloq)

embolatar [A1] *vt* (Col fam) ‹*libros*› to mess up (colloq); ‹*cuentas*› to get … in a mess *o* state *o* muddle

embole *m* (RPl arg): **la obra fue un ~** the play bored me stupid *o* silly (colloq); **tener que levantarse a esa hora es un ~** having to get up at that time is a pain in the butt (AmE) *o* (BrE) bum (sl)

embolia *f* embolism

embolinar [A1] *vt* (Chi fam) ‹*persona*› to muddle, confuse; ‹*situación*› to confuse
■ **embolinarse** *v pron* (Chi fam) to get flustered, get in *o* into a flap (colloq)

embolismo *m* embolism

émbolo *m* piston

embolsarse [A1] *v pron* ‹*dinero*› «*estafador/ladrón*» to pocket; «*ganador*» to collect, receive; **lo cacharon embolsándose un libro** (Méx) they caught him slipping a book into his pocket

embolsicarse [A2] *v pron* (Chi fam) to pocket, swipe (colloq)

embonar [A1] *vi* (Méx) «*tubos*» to fit; **este enfoque ha embonado con la nueva política** this approach has fitted in with the new policy

emboque *m* (Chi) *cup and ball game*

emboquillado -da *adj* filter-tipped, tipped

emboquillar [A1] *vt* (Chi)
A (Const) to point
B (Dep) to lob

emborrachar [A1] *vt* «*persona*» to get ... drunk; «*bebida*» to make ... drunk
■ **emborracharse** *v pron* to get drunk; **decidió ~se para ahogar sus penas** she decided to drown her sorrows in drink

emborronar [A1] *vt* (manchar) to smudge; (con tinta) to make blots on, to blot
■ **emborronarse** *v pron* to smudge, get smudged

emboscada *f* ambush; **tender una ~** to lay an ambush; **caer en una ~** to walk into an ambush

emboscar [A2] *vt* to ambush
■ **emboscarse** *v pron* to position oneself for an ambush

embotado -da *adj* ‹*punta/filo*› dull, blunt; **necesito descansar, estoy totalmente ~** I need a rest, my brain's seized up *o* I can't take in any more *o* my head feels as if it's about to burst (colloq); **tienes la mente embotada con tanta televisión** all that television has dulled your mind

embotamiento *m* dulling, blunting

embotar [A1] *vt* ‹*mente/sentidos*› to dull; **tener que rellenar tantos papeles te embota** it's mind-numbing having to fill in all those forms
■ **embotarse** *v pron*: **uno se embota de tanto estudiar** your brain seizes up *o* you can't take in any more *o* you feel as if your head is going to burst (colloq)

embotellado[1] -da *adj* ‹*calle/tráfico*› jammed solid *ver tb* **embotellar**

embotellado[2] *m* bottling

embotellador -dora *adj* bottling (*before n*)

embotelladora *f* bottling plant

embotellamiento *m* **1** (de un producto) bottling **2** (del tráfico) traffic jam

embotellar [A1] *vt* to bottle

emboticarse [A4] *v pron* (Chi fam) to dose oneself with medicine

embozarse [A4] *v pron* (con un pañuelo) to cover one's nose and mouth; (en una manta) to wrap oneself (up)

embozo *m* **1** (de una sábana) turndown **2** (de un abrigo) collar

embragar [A3] *vi* to put in the clutch, to depress the clutch
■ **embragar** *vt* (Ur arg) to annoy, wind ... up (BrE colloq)

embrague *m* clutch; **soltar el ~** to let out *o* to release the clutch; ***patinarle el ~ a algn:* me patinaba el ~** (Auto) the clutch was slipping; **¡a ti te patina el ~!** (fam) you're off your rocker! (colloq)

embravecerse [E3] *v pron* (liter) **1** «*mar*» to become stormy *o* (liter) tempestuous; **en medio de un mar embravecido** in the middle of a stormy *o* tempestuous sea **2** (enfurecerse) to become enraged

embrear [A1] *vt* to pitch, tar

embriagado -da *adj* **1** (frml) (borracho) inebriated (frml) **2** (liter) (de felicidad, placer): **~ de felicidad** drunk with happiness; **~ de placer** intoxicated with pleasure

embriagador -dora *adj* heady, intoxicating

embriagante *adj* heady, intoxicating

embriagar [A3] *vt* (liter) «*perfume/sensación*» to intoxicate (liter)
■ **embriagarse** *v pron* (frml) (con alcohol) to become intoxicated (frml), to become inebriated (frml)

embriaguez *f* **1** (frml) (borrachera) inebriation (frml), intoxication (frml) **2** (liter) (éxtasis) rapture (liter), elation, euphoria, intoxication

embridar [A1] *vt* to bridle

embriología *f* embryology

embriológico -ca *adj* embryological

embriólogo -ga *m,f* embryologist

embrión *m* (Biol) embryo; **un proyecto todavía en ~** a plan which is still in its embryonic stage

embrionario -ria *adj* ‹*etapa*› embryonic; ‹*investigación*› embryo (*before n*); **las negociaciones se encuentran en estado ~** the negotiations are at a very preliminary stage

embrocación *f* embrocation

embrollar [A1] *vt* **1** ‹*hilo/madeja*› to tangle, tangle up **2** (confundir) ‹*situación*› to complicate; ‹*persona*› to muddle, confuse **3** (implicar) **~ a algn EN algo** to embroil sb IN sth, get sb involved IN sth
■ **embrollarse** *v pron* **1** «*hilo/madeja*» to get tangled **2** «*situación*» to get confused *o* muddled, get complicated; «*persona*» to get confused *o* muddled, to get mixed up (colloq)

embrollista *adj* (Chi) ▸ **embrollón**

embrollo *m* **1** (de hilos, cables) tangle; **me perdí en un ~ de pasillos** I got lost in a maze of corridors **2** (de ideas, situaciones): **el argumento de la película es un ~** the plot of the movie is extremely involved *o* complicated; **se metió en un ~** he got himself into a mess; **un ~ político** a political imbroglio

embrollón -llona *adj* trouble-making (*before noun*)

embromado -da *adj*
A [ESTAR] (AmS fam) (enfermo, fastidiado): **está embromada con esa gripe** she's feeling pretty rough *o* she's pretty bad with that flu (colloq); **anda muy ~** he's in a bad way; **está ~ del corazón** he has heart trouble; **quedó muy ~ después que lo dejó su mujer** he was in a very bad way *o* in a terrible state after his wife left him (colloq); **la mala situación económica nos tiene a todos ~s** we're all suffering because of the economic situation; **estaba ~ y no podía seguir** he was in a bad way *o* done for *o* done in and couldn't carry on (colloq); **tiene un pie ~** she has a bad foot, she's done her foot in (BrE colloq); **total, el que siempre resulta ~ soy yo** in short, I'm always the one who comes off worst (colloq)
B **1** (AmS fam) ‹*situación*› tricky; ‹*problema*› thorny **2** (Chi fam) (fastidioso) ‹*persona*› tiresome, irritating

embromar [A1] *vt* **1** (AmS fam) (molestar) to pester, to hassle (colloq) **2** (CS fam) (tomar el pelo, engañar): **lo embromamos, le hicimos creer que ...** we fooled *o* tricked him into believing that ...; **¡no me embromes!** you're kidding *o* joking! (colloq), you're putting me on! (AmE colloq), you're having me on! (BrE colloq); **me embromó, me lo cobró carísimo** he ripped me off, he charged me a fortune (colloq) **3** (AmS fam) (estropear) ‹*aparato*› to ruin (colloq); **la lluvia nos embromó los planes** the rain ruined *o* spoiled our plans; **los antibióticos me ~on el estómago** the antibiotics played havoc with my stomach (colloq) **4** (AmS fam) (perjudicar): **la guerra nos embromó a todos** we all suffered because of the war; **no te lo puedo pagar hoy — ¡me embromaste!** I can't pay you for it today — now you've really landed me in it! (colloq)
■ **embromar** *vi* (CS fam) **1** (molestar): **¡déjate de ~!** stop being a pest *o* a pain! (colloq), stop hassling me! (colloq) **2** (tomar el pelo) to kid (colloq), to put ... on (AmE colloq), to have ... on (BrE colloq); **¡no embromes!** you're kidding *o* joking!, you're putting *o* having me on!
■ **embromarse** *v pron* **1** (AmS fam) (fastidiarse): **no estaba en casa así que se ~on** they were out of luck because he wasn't at home; **que se embrome por estúpido** it serves him right *o* that's what he gets for being so stupid; **si no te gusta, te embromas** if you don't like it, tough! *o* tough luck! *o* you'll just have to lump it! (colloq); **me embromé por no presentarlo a tiempo** I messed things up for myself *o* ruined my chances by not sending it in on time (colloq) **2** (AmS fam) (hacerse daño) to hurt oneself; ‹*rodilla*› to hurt, to screw up (AmE colloq), to do ... in (BrE colloq) **3** (AmS fam) «*aparato/frenos*» to go wrong **4** (AmS fam) (enfermarse) to get ill (colloq) **5** (*refl*) (Chi fam) (molestarse) to put oneself out

embrujado -da *adj* [ESTAR] ‹*persona*› bewitched; ‹*casa/lugar*› haunted; **esa mujer lo tenía ~** he was bewitched by that woman, that woman had him under her spell

embrujar [A1] *vt* **1** (hechizar) to bewitch, put ... under a spell, cast *o* put a spell on **2** (fascinar, enamorar) to bewitch

embrujo *m* **1** (hechizo) spell; (maleficio) curse **2** (encanto, atractivo) magic, enchantment

embrutecedor -dora *adj* soul-destroying, stultifying, mind-numbing

embrutecer [E3] *vt* «*trabajo*» to stultify, dull; «*televisión*» to make ... mindless, turn ... into a vegetable (colloq)

embrutecimiento *m* stultification

embuchado *m* (Esp) (Coc) sausage

embuchar [A1] *vt* **1** (Coc) to stuff **2** ‹*ave*› to feed **3** (fam) ‹*comida*› to rush
■ **embucharse** *v pron*
A (CS) (guardarse para sí) to bottle ... up (colloq)
B (Chi fam) ‹*dinero/fondos*› to pocket
C (Col) (con bebida) to get bloated

embudo *m* funnel

embullar [A1] *vt* (Ven fam) to get ... excited (colloq)

embuste *m* tall story, story (colloq)

embustero[1] -ra *adj*: **¡qué niño más ~!** what a little fibber (colloq)

embustero[2] -ra *m,f* fibber (colloq), liar

embutido *m*
A (Coc) **1** (salchicha) sausage; (fiambre) cold meat (*stuffed into animal intestines or similar synthetic casing*) **2** (acción) stuffing
B **1** (de madera, metal) inlaying **2** (de una chapa) pressing

embutir [I1] *vt*
A **1** **~ algo DE algo** (Coc) to stuff sth WITH sth; ‹*funda/colchón/maleta*› to stuff sth WITH sth **2** ‹*lana/relleno/ropa*› to stuff; **si te empeñas en ~lo todo en la maleta no podrás cerrarla** if you insist on cramming *o* stuffing everything into the suitcase you won't be able to close it
B **1** ‹*madera/metal*› to inlay **2** ‹*chapa*› to press
■ **embutir** *vi* (RPl fam) (engullir) to stuff oneself (colloq), to stuff one's face (sl)
■ **embutirse** *v pron* (AmL fam) to polish off (colloq); **~se DE algo** to stuff oneself WITH sth

eme *f*: *name of the letter* **m**

emergencia *f* emergency; Ⓢ **en caso de emergencia** in case of emergency

emergente *adj* **1** ‹*clase/nación*› emergent, emerging (*before n*) **2** ‹*daño*› consequential, resulting (*before n*)

emerger [E6] *vi* **1** «*submarino*» to surface **2** «*persona*» to emerge; **no emergió hasta dos días después** she didn't emerge *o* surface for two days **3** (sobresalir) to emerge

emérito -ta *adj* emeritus; **profesor ~** professor emeritus, emeritus professor

emético[1] -ca *adj* emetic

emético[2] *m* emetic

emetropía *f* emmetropia

emigración *f* **1** (traslado, movimiento) emigration **2** (conjunto de emigrantes) emigrants (*pl*) **3** (de animales) migration

(Compuesto) **emigración golondrina** (Méx) seasonal migration (*of workers*)

emigrado -da *m,f* emigré

emigrante[1] *adj* emigrant

emigrante[2] *mf* emigrant; **los ~s que vienen a trabajar aquí** the immigrants who come to work here

emigrar [A1] *vi* 1 «*persona*» to emigrate 2 «*animal*» to migrate

emilio *m* (hum) e-mail; **mandarle un ~ a algn** to e-mail sb

eminencia *f* 1 (personalidad) expert 2 (frml) (Relig) Eminence (frml); **su/vuestra E~** His/Your Eminence

(Compuesto) **eminencia gris** éminence grise, power behind the throne

eminente *adj* eminent

eminentemente *adv* essentially, basically

emir *m* emir

emirato *m* emirate

Emiratos Árabes Unidos *mpl* United Arab Emirates

emisario -ria *m,f* 1 (persona) emissary 2 **emisario** *m* (tubo) outlet, outfall

emisión *f*

A (Tec) emission

B (Fin) issue

(Compuestos)

- **emisión de carbono** *or* **de gases efecto invernadero** carbon emission; **compraventa de emisiones de carbono** trading in carbon emissions
- **emisión inorgánica** (Chi) fiduciary note issue

C (Rad, TV) 1 (acción) broadcasting 2 (frml) (programa) program*, broadcast

emisor¹ -sora *adj*

A ‹*banco/entidad*› issuing (*before n*)

B ‹*centro/estación*› broadcasting (*before n*), transmission (*before n*)

C (Ecol) ‹*agente*› emiting

emisor² -sora *m,f*

A (Fin) issuer

B **emisor** *m* 1 (aparato) transmitter 2 (de un transistor) emitter

C **emisora** *f* (Rad) radio station

emitir [I1] *vt* 1 ‹*sonido/luz/señal*› to emit, give out 2 ‹*acciones/bonos/sellos*› to issue 3 (Telec) ‹*película/programa*› to broadcast; **~ en abierto** to broadcast free-to-air 4 ‹*comunicado*› to issue; ‹*veredicto*› to deliver, announce, hand down (AmE) 5 ‹*voto*› to cast

emoción *f* 1 (sentimiento) emotion; **no deja traslucir sus emociones** he doesn't let his emotions *o* feelings show 2 (expectación, excitación) excitement; **¡qué ~!** how exciting!

emocionado -da *adj* 1 (conmovido) moved; **estaba tan ~ que no pudo ni darles las gracias** he was so overcome by emotion that he couldn't even thank them, he was so emotional *o* moved *o* deeply affected *o* overcome by emotion that he couldn't even thank them 2 (entusiasmado) excited

emocional *adj* emotional

emocionante *adj* 1 (conmovedor) moving 2 (excitante, apasionante) exciting

emocionar [A1] *vt* to move, affect

■ **emocionarse** *v pron* 1 (conmoverse) to be moved 2 (entusiasmarse) to get excited

emoliente *adj/m* emollient

emolumento *m* (frml) emolument (frml)

emoticon, emoticono ➡ *m* emoticon

emotividad *f*: **con la ~ a flor de piel** very emotional; **escenas de gran ~** very emotional scenes, scenes of great emotion

emotivo -va *adj* ‹*acto/discurso*› moving, emotional; ‹*persona*› emotional

empacador -dora *m,f* 1 (persona) packer 2 **empacadora** *f* (máquina) baler, baling machine

empacar [A2] *vt* 1 (empaquetar) to pack; **empezó a ~ los libros** he started packing the books, he started putting the books into boxes (*o* crates *etc*) 2 ‹*algodón/heno*› to bale 3 (AmL) ‹*maleta*› to pack

■ **empacar** *vi* (AmL) to pack, get packed

■ **empacarse** *v pron*

A (empecinarse) to dig one's heels in, refuse to budge

B (Col, Méx fam) ‹*comida*› to wolf down (colloq), to guzzle (colloq); ‹*libros*› to polish ... off (colloq), to devour (colloq)

empachar [A1] *vt* (fam) 1 (indigestar) to give ... an upset stomach 2 (hartar): **¿no te empacha tanta televisión?** don't you get sick of watching so much television? (colloq)

■ **empacharse** *v pron* (fam) 1 (indigestarse) **~se DE** *or* **CON algo** to get an upset stomach FROM sth; **se empachó de** *or* **con dulces** he got an upset stomach from eating so many sweet things 2 (hartarse) **~se DE** *or* **CON algo** to overdose ON sth (colloq)

empacho *m* 1 (fam) (indigestión): **te vas a coger un ~** you're going to get *o* have an upset stomach 2 (fam) (hartazgo): **¡tengo un ~ de niños!** I've had a bellyful of kids (colloq), I've had my fill of kids (colloq) 3 (*en frases negativas*) (reparo): **lo dijo sin ningún ~** she said it quite unashamedly; **no tuvo ~ en reconocerlo** he wasn't ashamed to admit it; ***salir del ~*** (Chi fam): **cuéntaselo para que salga del ~** tell him and put his mind at rest *o* ease

empadronamiento *m* registration

empadronar [A1] *vt* to register

■ **empadronarse** *v pron* to register; **estoy empadronado en Elche** I am registered (to vote) in Elche

empajar [A1] *vt* (Chi) 1 (techar con paja) to thatch 2 ‹*barro*› to mix ... with straw

empalagar [A3] *vt*: **tantas atenciones me empalagan** I find so much kindness cloying; **esa mujer me empalaga** I find that woman cloying *o* too sickly sweet; **esos bombones me empalagan** those chocolates are too sweet *o* sickly for me

■ **empalagar** *vi* «*estilo/obra*» to be cloying; «*licor/dulce*» to be too sweet *o* sickly; **una pulcritud en el vestir que empalaga** a fastidiousness about the way he dresses which becomes rather sickening; **su exceso de romanticismo empalaga** its excessive sentimentality palls *o* is rather cloying

■ **empalagarse** *v pron* «*persona*»: **se ha empalagado con los mazapanes** he has stuffed himself full of marzipan (colloq)

empalago *m*: **los postres demasiado dulces me producen ~** I find excessively sweet desserts cloying; **tanta zalamería y adulación llegan a causar ~** so much sweet talk and flattery can be cloying

empalagoso -sa *adj* ‹*tarta/licor*› sickly; ‹*persona/sonrisa*› sickly sweet, cloying

empalar [A1] *vt* to impale

■ **empalarse** *v pron* (Chi) to get frozen stiff; **murieron empalados de frío** they froze to death

empalicar [A2] *vt* (Chi fam) to sweet-talk (colloq), to soft-soap (colloq)

empalizada *f* palisade

empalmar [A1] *vt* 1 ‹*cuerdas*› to splice; ‹*cables*› to connect; ‹*películas/cintas*› to splice 2 ‹*temas/ideas*› to dovetail; ‹*trabajos/vacaciones*› to combine; **empalmaba una desgracia con otra** I was having one disaster after another

■ **empalmar** *vi* 1 «*líneas/carreteras*» to converge, meet, join 2 (Chi) (dirigirse): **el taxi empalmó para el centro** the taxi headed into town

■ **empalmarse** *v pron* (Esp vulg) to get a hard on (vulg)

empalme *m* 1 (de cables) connection; (de cuerdas) splice 2 (de carreteras, líneas) junction

empanada *f* 1 (AmL) (individual) pasty, pie 2 (Esp) (grande) pie; ***tener una ~ mental*** (fam) to be confused

(Compuesto) **empanada gallega** sardine/tuna pie

empanadilla *f* (Esp) tuna/meat pasty

empanar [A1] *vt* to coat ... in breadcrumbs

empanizar [A4] *vt* (AmC, Méx) ▸**empanar**

empantanado -da *adj* 1 ‹*camino/campo*› swampy 2 (con un problema, trabajo) [ESTAR] ‹*persona*› bogged down; **estoy empantanada y no puedo seguir adelante** I'm bogged down and I just can't make any headway; **las tareas de reconstrucción están empantanadas** there's a holdup in the reconstruction work, the reconstruction work has come to a standstill

empantanar [A1] *vt* ‹*camino/campo*› to swamp; **empantanarse** *v pron* «*camino/campo*» to become swamped, become waterlogged; «*coche*» to get bogged down

empañar [A1] *vt* 1 ‹*cristal/gafas/espejo*› to steam *o* mist up 2 ‹*reputación/imagen*› to sully, tarnish

■ **empañarse** *v pron* «*cristal/gafas/espejo*» to steam *o* mist up; **los cristales están empañados** the windows are steamed *o* misted up

empañetar [A1] *vt* (AmC, Col) to plaster

empapar [A1] *vt* 1 (embeber) ‹*esponja/paño*› to soak; **~ algo EN algo** to soak sth IN sth; **~ las galletas en jerez** soak the biscuits in sherry 2 (mojar mucho) to soak, drench, saturate; **me empapó con la manguera** she soaked *o* drenched *o* saturated me with the hosepipe; **el sudor le había empapado la camisa** his shirt was soaked with *o* drenched in sweat

■ **empaparse** *v pron* 1 (mojarse mucho) «*persona*» to get wet through *o* soaking wet *o* soaked *o* drenched; «*zapatos/ropa*» to get soaking wet, get wet through 2 (imbuirse) **~se DE** *or* **EN algo** to be/become imbued WITH sth (frml); **volvió empapado de la filosofía de la secta** he returned imbued with *o* steeped in the philosophy of the sect 3 (instruirse) **~se DE** *or* **EN algo**: **se había empapado del tema** he had done a lot of work on the subject, he had learned a lot about the subject

empapelado *m* 1 (acción) wallpapering, papering 2 (resultado) wallpaper

empapelador -dora *m,f* wallpaper hanger, paperhanger (BrE)

empapelar [A1] *vt*

A ‹*habitación/pared*› to wallpaper, paper; **las calles estaban empapeladas de propaganda** the streets were plastered with propaganda

B (Esp fam) ‹*delincuente*› to book (colloq)

empaque *m*

A 1 (distinción) presence, imposing presence 2 (pomposidad) pomposity

B 1 (Andes, Méx) (acción de empaquetar) packing; (de un regalo) wrapping 2 (en una tienda) *place where purchases are packed up ready for collection*

C (Col, Méx, Ven) (Tec) seal; (de una llave de agua) washer

D (Col fam) (aspecto) look

empaquetado¹ -da *adj* (Chi fam) stiff, starchy (colloq), stuffy (colloq)

empaquetado² *m* packing

empaquetador -dora *m,f* 1 (persona) packer 2 **empaquetadora** *f* (máquina) packer

empaquetadura *f* 1 ▸**empaquetado²** 2 (Mec) gasket

empaquetar [A1] *vt*

A (embalar) to pack

B ‹*persona*› 1 (Esp arg) to put ... in the glasshouse (sl), to stockade (AmE) 2 (Arg fam) (engañar) to take ... for a ride (colloq)

emparafinar [A1] *vt* (Chi fam) to get ... plastered (colloq)

■ **emparafinarse** *v pron* (Chi fam) to get plastered (colloq)

emparamado -da *adj* (Col, Ven fam) ‹*persona*› soaking wet (colloq), drenched; ‹*ropa*› soaking wet

emparamar [A1] *vt* (Col, Ven fam) ‹*persona*› to soak (colloq), to drench; ‹*ropa*› to soak; **emparamé todo el piso** I got *o* made the floor all wet

■ **emparamarse** *v pron* (Col, Ven fam) to get drenched, get soaked (to the skin) (colloq)

emparar [A1] *vt* (Per fam) to catch

emparedado *m* sandwich

emparedar [A1] *vt* to wall ... up

emparejamiento *m*

A 1 (de personas) pairing 2 (de calcetines, piezas) matching-up

B (nivelación) leveling*

emparejar [A1] *vt*

A 1 ‹*personas*› to pair ... off 2 ‹*cosas*› **hay que**

➡ *ver* SMS (mensajería de texto)

~ los calcetines the socks have to be paired up *o* put into pairs; **emparejó las dos piezas** she matched up the two parts
B (nivelar) ‹*pelo*› to make … even, cut … to the same length; ‹*dobladillo*› to even up; ‹*pared/suelo*› to level, make … level; ‹*montones/pilas*› to make … the same height, make … level; **~ algo con algo**: **empareja este lado con el otro** even *o* level this side up with the other, make this side level with the other
■ **emparejar** *vi* **~ con algn** to catch up WITH sb
■ **emparejarse** *v pron* **1** (formar parejas) to pair off; **llegaron emparejados al baile** they came to the dance as a couple **2** (nivelarse) to level off, even up

emparentado -da *adj* [ESTAR] related; **estos dos problemas están ~s** these two problems are related; **~ con algn** related TO sb; **está ~ con la familia real** he's related to the royal family

emparentar [A1] *vi* **~ con algn** to become related TO sb (*through marriage*)

emparrado *m: arbor made from vines*

emparrandarse [A1] *v pron* (Col fam) to go out on the town (colloq); **Barranquilla se emparrandó durante las fiestas del carnaval** all (of) Barranquilla let its hair down during the carnival celebrations

emparrillado *m* gridiron

empastador -dora *m,f* bookbinder

empastar [A1] *vt*
A **1** ‹*diente/muela*› to fill **2** ‹*lienzo*› to prime, size **3** ‹*libro*› to bind
B (Chi) ▸**encespedar**

empaste *m* **1** (Odont) filling **2** (Chi) (pasta) filler

empatar [A1] *vi*
A **1** (durante un partido) to draw level, equalize, tie (AmE); (como resultado) to tie, draw (BrE); **~on a dos** they tied two-two (AmE), it was a two-all draw (BrE); **el equipo visitante empató en el minuto 15** the visiting team drew level *o* equalized after 15 minutes, the visiting team tied the game after 15 minutes (AmE); **estamos** *or* **vamos empatados** we're equal *o* level at the moment, it's level pegging at the moment (colloq); **~ con algn** to tie WITH sb, draw WITH sb (BrE) **2** (en una votación) to tie
B (Col, Ven) ‹‹*listones/bordes*›› to fit together, fit
■ **empatar** *vt* **1** (Ven) (amarrar) to tie *o* join … together **2** (Col, Per, Ven) ‹*cables*› to connect; ‹*tubos*› to join, connect
■ **empatarse** *v pron*
A (Ven) (unirse) ‹‹*calles/líneas*›› to join, meet, meet up; ‹‹*huesos*›› to knit together
B (Ven fam) ‹‹*pareja*›› to get together (colloq), to start going out together; **está empatado con mi hermana** he's going out with *o* he's dating my sister; **~se en una de algo** (Ven arg) to get into sth (colloq), to get interested in sth; ***empatársele* A *algn*** (Ven fam) to follow sb closely, stick to sb's heels (colloq)

empate *m*
A **1** (en un partido, una competición) tie (AmE), split (AmE), draw (BrE); **el partido terminó con ~ a cero** the game finished in a scoreless tie (AmE) *o* (BrE) goalless draw; **Gómez fue el autor del gol del ~** Gómez scored the equalizer *o* (AmE) the tying goal; **fue un ~ a cero** *or* **sin golpes** it was a goalless draw **2** (en una votación) tie; **deshacer* el ~** to break the tie
(Compuesto) **empate técnico** tied election
B (Col, Per, Ven) (empalme, unión — en carpintería) joint; (— de tubos) join, connection; (— de cables) connection; **en el ~ de estos dos cordones** where these two wires meet *o* join *o* connect
C (Ven fam) **1** (relación amorosa) relationship; **un ~ muy complicado** a very complicated relationship; **hemos tenido varios años de ~** we've been going (out) together for several years **2** (novio) boyfriend; (novia) girlfriend

empatía *f* empathy

empático -ca *adj* empathetic

empatucar [A2] *vt* (Ven fam) ▸**embadurnar**

empavado -da *adj* (Ven fam) cursed, jinxed (colloq)

empavar [A1] *vt* (Ven fam) to bring … bad luck, bring bad luck to; **no me hables de la casa, me vas a ~** don't mention the house, you'll put a jinx *o* the mockers on me (colloq)
■ **empavarse** *v pron* (Ven fam) to have bad luck

empavonar [A1] *vt* **1** ‹*metal*› to blue **2** (Chi) ‹*vidrio*› to frost

empecer [E3] *vi* (*en tercera persona*) to affect, concern

empecinadamente *adv* stubbornly, pigheadedly

empecinado -da *adj* (esp AmL) (terco) stubborn; (determinado) determined; **~ en algo**: **estaba empecinada en comprar un perro** she had got(ten) it into her head that she wanted to buy a dog; **siguen ~s en la búsqueda de una solución** they are still determined to find a solution

empecinamiento *m* (terquedad) stubbornness; (determinación) determination

empecinarse [A1] *v pron* (obstinarse) to get an idea into one's head; (empeñarse) to persist; **cuando se empecina, no hay quien le haga cambiar de idea** once he gets an idea into his head, nothing will make him change his mind; **se empecinó y al final lo arregló** he persisted and in the end he sorted it out; **~ en algo**: **se empecinó en que tenía que ser rojo** he got it into his head that it had to be red, he was determined that it had to be red

empedar [A1] *vt* (Méx, RPl arg) to get … smashed (sl)
■ **empedarse** *v pron* (Méx, RPl arg) to get smashed (sl)

empedernido -da *adj* ‹*bebedor/fumador*› hardened, inveterate; ‹*jugador*› compulsive; ‹*solterón*› confirmed

empedrado[1] **-da** *adj* paved

empedrado[2] *m* (de adoquines) paving; (de piedras irregulares) cobbled paving

empedrar [A5] *vt* to pave

empegostado -da *adj* (Ven fam) sticky

empegostar [A1] *vt* (Ven fam) ‹*pared*› to paste, put paste on; **no vayas a ~me el vestido con esas manos** don't get your sticky fingers all over my dress (colloq)
■ **empegostarse** *v pron* (*refl*) (Ven fam) ‹*manos/dedos*› to make *o* get … sticky; **¡no te vayas a ~ con ese helado!** don't get that ice cream all over yourself!

empeine *m* instep

empellón *m* shove; **le dio tal ~ que casi lo tira al suelo** she gave him such a shove that she nearly knocked him over; **se abrió paso a empellones** she shoved her way through *o* past

empelotado -da *adj*
A (CS fam) (desnudo) stark naked (colloq)
B (Per fam) (pesado, insistente) pesky (*before n*) (colloq); **¡qué empelotada la chiquilla!** she's a real nuisance *o* (colloq) pest!
C (Méx fam) (enamorado) **estar ~ por algn** to be mad ON *o* ABOUT sb

empelotar [A1] *vt*
A (Col, CS fam) (desnudar) to undress; **lo empelotó para bañarlo** she took his clothes off *o* undressed him to give him a bath
B (Per fam) (hacer caso) to take notice of
■ **empelotarse** *v pron*
A (*refl*) (Col, CS fam) (desnudarse) to take one's clothes off, get undressed, strip off (colloq)
B (Per fam) (buscar atención) to be a pest (colloq), to be an attention seeker; **lo hace para ~se** he does it to attract attention (to himself)

empeloto -ta *adj* (Col fam) stark naked (colloq)

empelucado -da *adj* (hum) bewigged (hum)

empenaje *m* stabilizer
(Compuesto) **empenaje de cola** tail plane, empennage

empeñadamente *adv* ▸**empeñosamente**

empeñado -da *adj*
A **1** (esforzado) **~ en algo** committed TO sth; **estamos todos ~s en las tareas de reconstrucción** we are all committed to the task of reconstruction; **el grupo está ~ en la búsqueda de una solución** the group is committed to *o* intent on finding a solution, the group is determined to find a solution **2** (obstinado) determined; **~ en + inf** determined to + INF; **ya que estás tan ~ en saberlo** since you're so determined to find out *o* set on finding out; **está ~ en hacerlo solo** he's determined to do it alone; **~ en que + subj**: **está ~ en que nos quedemos a cenar** he's insistent that we should stay to dinner, he's determined that we should stay for dinner
B (endeudado) in debt; **ya estamos demasiado ~s** we're already too heavily *o* deep in debt, we're already up to our ears in debt (colloq)

empeñar [A1] *vt* **1** ‹*joyas/pertenencias*› to pawn, hock (colloq); **~ *hasta la camisa*** *or* ***camiseta*** (fam) to get *o* go heavily *o* deep in debt **2** (comprometer) ‹*palabra*› to give; **cumplió con la palabra empeñada** he was as good as his word
■ **empeñarse** *v pron*
A (endeudarse) to get *o* go into debt
B **1** (esforzarse) **~se en + inf** to strive to + INF (frml), to make an effort to + INF; **yo siempre me empeño en hacer las cosas bien** I always strive to *o* make an effort to do things well **2** (obstinarse) to insist; **si se empeña, déjalo pagar a él** if he insists, let him pay; **~se en + inf** to insist ON -ING; **se empeñó en venir con nosotras** he insisted on coming with us; **¿por qué te empeñas en seguir llamándome?** why do you persist in calling me?; **~se en que + subj**: **se empeñó en que estudiara medicina** she insisted that he studied medicine, she insisted on him studying medicine

empeño *m*
A **1** (afán) determination; (esfuerzo) effort; **trabajar/estudiar con ~** to work/study hard; **~ en algo**: **pondré todo mi ~ en conseguirlo** I will do my best to achieve it; **prometió poner ~ en la tarea** he promised to put every effort into the task *o* to apply himself to the task; **nunca ceja en su ~** (frml) he never wavers in his endeavor (frml) **2** (obstinación) **~ en algo** insistence ON sth; **no comprendo su ~ en invitarla** I don't understand his insistence on inviting her **3** (intento, empresa) undertaking, endeavor*
B (de valores) pawning, hocking (colloq); **sacar algo del ~** (fam) to get sth out of hock (colloq), to redeem sth (from pawn)

empeñosamente *adv* (AmL) determinedly, with great determination

empeñoso -sa *adj* (AmL) hard-working

empeoramiento *m* (de la salud) deterioration, worsening; (del tiempo, de una situación) worsening

empeorar [A1] *vi* ‹‹*salud*›› to deteriorate, get worse; ‹‹*tiempo/situación*›› to get worse, worsen
■ **empeorar** *vt* to make … worse; **su intervención no ha hecho más que ~ las cosas** his intervention has only made things worse

empequeñecer [E3] *vi* to become smaller; **a partir de aquel momento empequeñeció ante mis ojos** from that moment on he went down *o* fell in my estimation
■ **empequeñecerse** *v pron*: **mis esfuerzos se ven empequeñecidos frente a …** my own efforts pale into insignificance beside …; **se sintió empequeñecido ante sus compañeros** he felt small *o* insignificant beside his friends; **de no leer, a uno se le empequeñece la visión del mundo** if you don't read, your vision of the world becomes narrow

emperador *m*
A (soberano) emperor
B (Coc) swordfish

emperatriz *f* empress

empercudido -da *adj* ▸**percudido**

emperejilarse [A1] *v pron* (ant) to spruce oneself up

empericarse [A2] *v pron* (Méx fam) to perch; **~ en algo** to perch ON sth

emperifollarse [A1] *v pron* (hum) to titivate oneself (hum), to preen oneself (hum)

e

empero *adv* (liter) however, nevertheless, nonetheless; **no ha menguado, ~, su entusiasmo** nonetheless *o* nevertheless, his enthusiasm has not diminished, his enthusiasm, however, has not diminished

emperolado -da *adj* (Ven fam) dressed-up

emperolarse [A1] *v pron* (Ven fam) to dress up

emperramiento *m* stubbornness

emperrarse [A1] *v pron* (fam) ~ CON **algo**: **se emperró con ese coche** she got it into her head that she wanted that car, she was determined to get *o* have that car; ~ EN **algo**: **se emperró en hacerlo él solo** he was determined to do it on his own; **se emperró en que tenía que ser hoy mismo** he insisted *o* he had got(ten) it into his head *o* he was determined that it had to be today

empetacar [A2] *vt* (Ven fam) to get … pregnant; **quedó empetacada de Juan** she got pregnant by Juan

empezar [A6] *vi*

A 1 «*película/conferencia/invierno*» to begin, start; **el curso empieza el 16** the course begins *o* (frml) commences on the 16th; **¿con qué letra empieza?** what is the first letter?, what letter does it begin with?; **al ~ el siglo** at the turn of the century; **ya han empezado los fríos** the cold weather has arrived *o* started 2 ~ A + INF to start to + INF, start -ING; **ha empezado a nevar** it has started snowing, it has started to snow; **le empezó a entrar hambre** she began *o* started to feel hungry; **empezó a hervir** it began boiling *o* to boil, it came to the boil, it started boiling *o* to boil; **le han empezado a salir espinillas** she's getting *o* starting to get pimples; **empieza a ser imposible conseguirlo** it is becoming impossible to get it

B «*persona*» 1 (en una actividad) to start; **¿cuándo empieza la nueva secretaria?** when is the new secretary starting?, when does the new secretary start?; **empezó de aprendiz** he started *o* began as an apprentice; **tendremos que ~ de nuevo** *or* **volver a ~** we'll have to start again; **todo es (cuestión de) ~** it'll be fine once we/you get started; **¡ya empezamos otra vez!** here we go again!; ~ POR **algo/algn**: **empecemos por el principio** let's begin *o* start at the beginning; **empezó por la pared del fondo** he started *o* began with the back wall; **no sabe por dónde ~** she doesn't know where to begin *o* start; **vamos a ~ por ti** let's start with you 2 ~ A + INF to start -ING, start to + INF; **cuando empezó a hablar se le fueron los nervios** once she started *o* began talking, her nervousness disappeared; **tenía dos años cuando empezó a hablar** she started talking when she was two; **empezó a llorar** he began *o* started to cry 3 ~ + GER to start BY -ING; **empezó diciendo que sería breve** she started *o* began by saying that she would be brief; **empezó trabajando de mecánico** he started by working as a mechanic, he started out as a mechanic 4 ~ POR + INF to start *o* begin BY -ING; **empieza por sentarte** begin *o* start by taking a seat, take a seat first; **se empieza por marinar la carne** first marinade the meat; **empecemos por estudiar el contexto histórico** let's begin *o* start by looking at the historical context

C **para empezar: para ~, me parece un disparate** for a start *o* for one thing, I think it's a ridiculous idea; **para ~, ¿quién te dio permiso para leer mi correspondencia?** who gave you permission to read my letters anyway?; **para ~, hay que limpiar la superficie** first of all *o* to start with, you have to clean the surface

■ **empezar** *vt*

A ‹*tarea/actividad*› to start; **se debe ~ el día con un buen desayuno** you should start *o* begin the day with a good breakfast; **¿ya empezaste el tercer capítulo?** have you started chapter three yet?

B ‹*frasco/lata/mermelada*› to start, open; **no empieces otra botella** don't start *o* open another bottle; **¿podemos ~ este jamón?** can we start on this ham?

empicharse [A1] *v pron* (Ven fam) «*alimento/bebida*» to go bad *o* (BrE) off; «*planta*» to rot

empiece, empieza *etc* ▸ **empezar**

empilcharse [A1] *v pron* (RPl arg) «*hombre*» to get dressed up; «*mujer*» to get dressed up, to get tarted *o* dolled up (sl)

empiluchar [A1] *vt* (Chi fam) ▸ **empelotar A**

empinado -da *adj* steep

empinar [A1] *vt* ‹*bota/botella/vaso*› to raise; **empinó la bota y empezó a beber** he raised the wineskin and began drinking; ▸ **codo**[2]

■ **empinarse** *v pron*

A 1 (de puntillas) to stand on tiptoe 2 «*camino/cuesta*» to get steep, to rise 3 (liter) «*edificio/torre*» to tower, soar; «*montaña*» to rise

B (Chi, Méx fam) (beberse) to knock back (colloq), to down (colloq)

empingorotado -da *adj* (fam) stuck-up (colloq), snobby (colloq)

empiparse [A1] *v pron* (Chi fam) 1 (hartarse): **tomó vino hasta ~** he drank wine until it was coming out of his ears (colloq) 2 (beberse) to knock back (colloq), to down (colloq)

empírico[1] **-ca** *adj* empirical

empírico[2] **-ca** *m,f* empiricist

empirismo *m* empiricism

emplastar [A1] *vt* (Méx) to slap on

emplaste *m* (Méx) 1 (de colores, objetos) mess, hodge-podge (AmE), hotch-potch (BrE) 2 ▸ **emplasto 2**

emplasto *m* 1 (Farm, Med) dressing 2 (fam) (cosa blanda, pegajosa) sticky mess (colloq)

emplazamiento *m* (frml)

A (acción) 1 (de un edificio, monumento) siting 2 (Mil) (de una batería) positioning; (de misiles) siting

B (sitio) 1 (de un edificio, circo) location, site 2 (Mil) (de una batería) emplacement, position; (de misiles) site

Compuesto **emplazamiento arqueológico** archaeological site

C (citación) summons, subpoena

emplazar [A4] *vt* (frml)

A 1 ‹*edificio/circo*› to site, locate; **emplazada en las afueras de la ciudad** located *o* sited on the outskirts of the city 2 (Mil) ‹*batería*› to position; ‹*misiles*› to site

B 1 (Der) (citar) to summon, subpoena 2 (conminar) ~ **a algn** A **algo**: **lo emplazó a que probara lo dicho** he called upon him to prove what he had said; **fue emplazado a desmentirlo públicamente** he was ordered to publicly deny it

empleada *f* maid *ver tb* **empleado**

Compuestos

- **empleada con cama** live-in maid
- **empleada de planta** (Méx) live-in maid
- **empleada de servicio** (frml) maid, domestic servant (frml)
- **empleada doméstica** (frml) maid, domestic servant (frml)

empleado -da *m,f* 1 (trabajador) employee; **la empresa tiene una plantilla de 300 ~s** the firm has a staff of 300 *o* has 300 employees, the firm employs 300 people; **los ~s de esta empresa** this company's employees, the people who work for this company; **se ruega notificar a todos los ~s** please notify all members of staff 2 (en una oficina) office *o* clerical worker; (en un banco) bank clerk, teller; (en una tienda) clerk (AmE), shop assistant (BrE)

Compuestos

- **empleado bancario, empleada bancaria** *m,f* bank clerk
- **empleado de hogar, empleada de hogar** *m,f* (Esp frml) domestic servant (frml)
- **empleado del Estado, empleada del Estado** *m,f* civil servant
- **empleado público, empleada pública** *m,f* civil servant

empleador[1] **-dora** *adj*: **la empresa ~a** the employer

empleador[2] **-dora** *m,f* employer

emplear [A1] *vt*

A 1 «*empresa/organización*» to employ 2 (colocar) ‹*hijo/sobrino*› to fix … up with a job; **su padre lo empleó en una tienda** his father fixed him up with *o* got him a job in a shop

B (usar) ‹*energía/imaginación*› to use; **empleó palabras muy duras** she used *o* employed very harsh words; **tuve que ~ toda mi fuerza para levantarlo** it took all my strength to lift it; **no sabe cómo ~ su tiempo libre** he doesn't know what to do in *o* how to occupy his free time; **~on tres años en la construcción del puente** it took them three years to build the bridge, construction of the bridge took three years; **esta piedra se emplea en la construcción** this type of stone is used for building; ***dar algo por bien empleado:*** **me llevó toda una tarde, pero la doy por bien empleada** it took me a whole evening, but (I consider) it was time well spent; ***estarle bien empleado a algn*** (Esp) to serve sb right (colloq)

■ **emplearse** *v pron* (esp AmL) to get a job

empleo *m*

A 1 (trabajo) employment; **la creación de ~** the creation of employment *o* of jobs; **un crecimiento del ~** an increase in the number of people in employment 2 (puesto) job; **tiene un buen ~** she has a good job; **está sin ~** she's out of work; **ha sido suspendido de ~ y sueldo** he has been suspended without pay

Compuesto **empleo comunitario** community work

B (uso) use; Ⓢ **modo de empleo** instructions for use

emplomado -da *adj* leaden

emplomadura *f* (RPl) filling

emplomar [A1] *vt* (RPl) to fill

emplumar [A1] *vi* to grow feathers, fledge

■ **emplumar** *vt* (Esp fam) ‹*delincuente*› to pull in, pick up (colloq), to nick (BrE sl); ***emplumárselas*** (Chi fam) to split (sl)

empobrecer [E3] *vt* ‹*país/población*› to impoverish, make … poor; ‹*tierra/lenguaje*› to impoverish; **errores gramaticales que empobrecen la redacción** grammatical errors which detract from *o* mar the quality of the essay

■ **empobrecer** *vi* to become impoverished, become poor

■ **empobrecerse** *v pron* «*país/población/tierra*» to become impoverished, become poor; «*lenguaje/vocabulario*» to become impoverished

empobrecimiento *m* (de un país, la población) impoverishment; (de la tierra, del lenguaje) impoverishment

empoderamiento *m*

A (Der) grant of power of attorney

B (Pol, Sociol) empowerment

empoderar [A1] *vt*

A (Der) to grant power of attorney to

B (Pol, Sociol) to empower

empollado -da *adj* (Esp fam) **estar ~** EN **algo** to be well up ON sth (colloq); **está muy ~ en tauromaquia** he's very well up on bullfighting, he knows a lot about bullfighting

empollar [A1] *vi*

A «*gallina*» to brood

B (Esp fam) «*estudiante*» to cram (colloq), to swot (BrE colloq)

■ **empollar** *vt*

A ‹*huevos*› to hatch, sit on

B (Esp fam) «*estudiante*» to cram (colloq), to swot up (on) (BrE colloq)

empollerado -da *adj* (Chi fam): **anda siempre empollerada** she's always in a skirt, she always wears skirts

empollón -llona *m,f* (Esp fam & pey) grind (AmE colloq), swot (BrE colloq & pej)

empolvado -da *adj* 1 ‹*libro*› dusty, dust-covered 2 (con maquillaje) powdered; **con la cara empolvada** with her face powdered

empolvarse [A1] *v pron* 1 «*libros*» to gather dust 2 (*refl*) ‹*nariz/cara*› to powder

emponchado -da *adj* (CS): **un hombre ~** a man in a poncho *o* wearing a poncho

emponzoñar [A1] *vt* to poison

emporio *m* 1 (Hist) trading center* 2 (centro) center*; **un ~ artístico/cultural** an arts/cultural center 3 (de riqueza) empire; **un ~ comercial/financiero** a commercial/financial empire 4 (ant) (tienda) emporium (dated)

emporrado -da *adj* [ESTAR] (Esp fam) high (colloq)

emporrarse [A1] *v pron* (Esp arg) to get stoned (colloq)

empotarse [A1] *v pron* (Chi fam) **~ con algn** to fall for sb (colloq), to become besotted *o* infatuated WITH sb

empotrado -da *adj*
A ‹armario› built-in, fitted (*before n*)
B (Period) embedded; **reporteros ~s en** *or* **con las tropas invasoras** reporters embedded with the invading troops

empotrar [A1] *vt* ‹mueble/caja fuerte› **~ algo EN algo** to build sth INTO sth
■ **empotrarse** *v pron*: **el coche se empotró en el muro** the car crashed into the wall

empozado -da *adj* (Ven) stagnant

empozar [A4] *vi* (Ven fam) (Jueg) to put money in the pot *o* kitty
■ **empozarse** *v pron* (Col, Per, Ven) «agua» to form pools/a pool; **hay mucha agua empozada en la calle** there are lots of pools of water in the street

emprendedor -dora *adj* enterprising, go-ahead (colloq)

emprender [E1] *vt* ‹viaje› to embark on; ‹tarea/proyecto/aventura› to undertake; **~ la retirada** (Mil) to beat a retreat; **~ la marcha** to set out; **el pájaro emprendió el vuelo** the bird took flight; **emprendieron la lucha contra la droga** they took up the fight against drugs; **el ejército emprendió el ataque contra el enemigo** the army launched an attack on the enemy; **emprendimos el regreso al amanecer** we began our *o* embarked on the return journey at daybreak; ***~la con algn:* estaba de mal humor y la emprendió conmigo** she was in a bad mood and she took it out on me; **la emprendió a puñetazos con él** he started punching him

empresa *f*
A 1 (compañía) company, firm (BrE); **~ filial** subsidiary company; ▸**mediano, pequeño**[1] 2 (dirección) management; **la ~ no se hace responsable de ...** the management cannot accept liability for ...; ▸**libre**[1]

(Compuestos)
• **empresa debutante** start-up
• **empresa de servicios públicos** public utility company, public utility
• **empresa mecenas** sponsors (*pl*) (*of an artistic event*)
• **empresa privada** private sector company
• **empresa pública** public sector company
• **empresa tiburón** raider
• **empresa unipersonal** *mf* (Ur) self-employed person, sole trader (BrE)

B (tarea, labor) venture, undertaking; **nos hemos embarcado en una arriesgada ~** we've undertaken a risky venture; **pereció en la ~** (liter) she perished in the attempt (liter)

empresariado *m* management, managers (*pl*)

empresarial *adj* business (*before n*); **la parte ~** the management; **las organizaciones ~es** the employers' organizations; **en el ámbito ~** in the business world, among business people; ▸**ciencia**

empresariales *fpl* (Esp) business studies

empresario -ria *m,f* 1 (Com, Fin) (*m*) businessman; (*f*) businesswoman; **un ~ joven y ambicioso** a young, ambitious businessman; **cuando el ~ decidió vender el negocio** when the owner decided to sell the business; **el ~ se negó a negociar con los sindicatos** the owner *o* employer refused to negotiate with the unions; **una asociación de ~s** an employers' organization; **~ de pompas fúnebres** undertaker; ▸**pequeño**[1] 2 (Teatr) impresario 3 (en boxeo) promoter

emprestar [A1] *vt* (crit *o* hum) ▸**prestar A1**

empréstito *m* (frml) loan

empujada *f* (Chi fam) push

empujador *m* push-rod

empujar [A1] *vt* 1 ‹coche/puerta/columpio› to push; **lo ~on contra la pared** they pushed him (up) against the wall; **el viento empujaba la barca hacia la orilla** the wind was blowing *o* carrying the boat toward(s) the shore; **¡empújame!** give me a push! 2 (incitar, presionar) to spur ... on; (obligar) to force; **no tenía ganas, pero yo la empujé un poco** she didn't feel like it, but I talked her into it *o* I spurred her on a bit 3 (Tec) to drive
■ **empujar** *vi* 1 (hacer presión) to push; **Ⓢ empujar** push; **empuja tú de tu lado** you push from your side; **un actor joven que viene empujando fuerte** (period) a young actor who is making quite an impression 2 (dar empellones) to push, shove; **¡sin ~!** stop pushing!; **todo el mundo empujaba para entrar** everybody was pushing and shoving to get in

empuje *m* 1 (arranque, iniciativa): **le falta ~** she lacks drive *o* initiative, she has no go *o* no get up and go (colloq); **empezó con mucho ~** he started with a lot of enthusiasm *o* very enthusiastically 2 (fuerza moral) spirit; **tiene mucho ~** she has a lot of spirit, she has a great deal of courage and determination 3 (Aviac, Fís) thrust; **~ hacia arriba** (Fís) upthrust 4 (Arquit) thrust, pressure

empujón *m* 1 (empellón) shove, push; **abrió la puerta de un ~** he pushed the door open; ***a los empujones*** *or* ***a empujones:* se abrieron paso a (los) empujones** they shoved their way through; **subían al autobús a (los) empujones** they were pushing and shoving their way onto the bus; **terminó los estudios a (los) empujones** finishing his course was a struggle 2 (fam) (para animar, incitar) prod (colloq); **si le damos un empujoncito seguro que viene** if we give her a gentle prod *o* a little encouragement I'm sure she'll come; **necesitará un empujoncito para aprobar** she'll need some prodding if she's going to pass; **voy a intentar darle un ~ al asunto** I'm going to try to push things along a bit (colloq)

empuñadura *f* (de una espada) hilt; (de una daga, navaja) handle; (de un bastón, paraguas) handle

empuñar [A1] *vt* 1 ‹arma/espada› to take up; ‹bastón/palo› to brandish 2 (Chi): **empuñó la mano** he clenched his fist

emputado -da *adj* (Col, Méx vulg) pissed off (sl)

emputar [A1] *vt* (Col, Méx vulg) (hacer enojar) to piss ... off (sl), to make ... mad (colloq)
■ **emputarse** *v pron* (Col, Méx fam) to do one's nut (colloq)

emputecido -da *adj* (Chi vulg) pissed off (sl)

EMT *f* (en Esp) = **Empresa Municipal de Transportes**

emú *m* emu

emulación *f* 1 (frml) (imitación) emulation 2 (Inf) emulation

emulador *m* emulator

emular [A1] *vt* 1 (frml) (imitar) to emulate (frml) 2 (Inf) to emulate

émulo -la *m,f* (frml) emulator

emulsión *f* 1 (suspensión) emulsion 2 (Fot) emulsion

emulsionante *m* emulsifier

emulsionar [A1] *vt* to emulsify

en *prep*
A (en expresiones de lugar) 1 (refiriéndose a una ciudad, un edificio): **viven ~ París/~ una granja/~ el número diez/~ un hotel** they live in Paris/on a farm/at number ten/in a hotel; **~ el quinto piso** on the sixth (AmE) *o* (BrE) fifth floor; **viven ~ la calle Goya** they live on *o* (BrE) in Goya Street; **nos quedamos ~ casa** we stayed home (AmE), we stayed at home (BrE) 2 (dentro de) in; **métete ~ la cama** get into bed; **lo puso ~ una caja** he put it in a box; **metió la mano ~ el conducto** she stuck her hand into (*o* down *etc*) the pipe 3 (sobre) on; **lo puso ~ la mesa/pared** he put it on the table/wall; **se sentó ~ una silla/~ un sillón** she sat down on a chair/in an armchair; **tendrás que dormir ~ el suelo** you'll have to sleep on the floor; **se le nota ~ la cara** you can see it in his face
B 1 (expresando circunstancias, ambiente, medio) in; **vivir ~ armonía con la naturaleza** to live in harmony with nature 2 **de ... en ...: van de casa ~ casa/de puerta ~ puerta pidiendo dinero** they go from house to house/from door to door asking for money; **nos tienes de sorpresa ~ sorpresa** you're full of surprises
C 1 ‹un tema/una especialidad/una cualidad› **es licenciado ~ filosofía** he has a degree in philosophy; **es un experto ~ la materia** he's an expert on the subject; **es muy bueno ~ historia** he's very good at history; **supera a su hermana ~ inteligencia** she surpasses her sister in intelligence 2 ‹una proporción/un precio› **ha aumentado ~ un diez por ciento** it has gone up by ten per cent; **me lo vendió ~ $30** he sold it to me for $30; **las pérdidas se calcularon ~ $50.000** the losses were calculated at $50,000
D 1 ‹un estado/una manera› in; **~ buenas/malas condiciones** in good/bad condition; **un edificio ~ llamas** a building in flames *o* on fire; **nos recibió ~ camisón** he received us in his nightshirt; **con los músculos ~ tensión** with (his) muscles tensed; **~ posición vertical** in an upright position 2 (con forma de): **termina ~ punta** it's pointed, it ends in *o* comes to a point; **colóquense ~ círculo** get into *o* in a circle 3 (en el papel de) as; **Luis Girón en el Alcalde** Luis Girón as the Mayor 4 (con medios de transporte) by; **pensamos ir ~ taxi/~ coche/~ barco** we plan to go by taxi/by car/by boat; **¿fueron ~ tren? — no, ~ avión** did you go by train? — no, by plane *o* no, we flew; **fueron ~ bicicleta** they cycled, they went on their bikes; **fuimos a dar una vuelta ~ coche** we went for a drive *o* we went for a ride in the car
E 1 (expresando el material): **un modelo realizado ~ seda natural** an outfit in natural silk; **capa para la lluvia ~ plástico** plastic raincape 2 (indicando el modo de presentación o expresión) in; **¿lo tienen ~ azul/(un) 38?** do you have it in blue/a 38?; **una obra ~ tres actos** a play in three acts; **¿cuánto pesas ~ kilos?** how much do you weigh in kilos?; **~ ruso/~ el código Morse** in Russian/in Morse Code
F (en expresiones de tiempo): **~ verano** in (the) summer; **~ mayo/1947** in May/1947; **~ varias ocasiones** on several occasions; **llegó justo ~ ese momento** she arrived just at that moment, just then she arrived; **~ la mañana/tarde** (esp AmL) in the morning/afternoon; **~ la noche** (esp AmL) at night; **no vi a nadie ~ todo el día** I didn't see anybody all day
G 1 (con construcciones verbales) in; **no hay nada de malo ~ lo que hacen** there's nothing wrong in what they're doing; **~ + INF: tardó media hora ~ resolverlo** it took her half an hour to work it out; **siempre es el último ~ salir** he's always the last to leave 2 (con complementos de persona): **~ él ha encontrado un amigo** she's found a friend in him; **problemas que se dan ~ las personas de edad** problems which affect old people

en. (= **enero**) Jan.

ENABAS /ena'βas/ *f* (en Nic) = **Empresa Nacional de Alimentos Básicos**

enaceitar [A1] *vt* to oil

enagua *f*, **enaguas** *fpl* 1 (prenda interior) petticoat, underskirt 2 (AmC) (falda) skirt

enajenable *adj* (frml) ‹bienes› disposable, alienable (frml); ‹derechos› transferable, alienable (frml)

enajenación *f*
A (frml) (de bienes) disposal, alienation (frml); (de un derecho) transfer, alienation
B (alienación) alienation
C (Psic) *tb* **~ mental** derangement

enajenado -da *adj* [ESTAR] out of one's mind, deranged; **terminó ~** he went out of his mind; **enajenada de furia** beside herself with rage; **estaba ~ de dolor** he was going out of his mind with pain; **tiene las facultades mentales enajenadas** she is deranged *o* very disturbed

e

enajenamiento *m* ▸**enajenación**

enajenante *adj* 1 ‹*trabajo*› alienating, dehumanizing 2 ‹*dolor*› **era un dolor ~** the pain was driving me/him out of my/his mind

enajenar [A1] *vt*
A (frml) ‹*bienes*› to dispose of, alienate (frml); ‹*derecho*› to transfer, alienate (frml)
B 1 (alienar) to alienate, dehumanize 2 (Fil) to alienate
■ **enajenarse** *v pron*
A (volverse loco) to go out of one's mind, become unhinged
B ‹*simpatías/amistad*› to alienate; **con ello me enajeno muchas amistades** in doing this I am alienating many of my friends *o* alienating myself from many of my friends

e

enaltecer [E3] *vt* (frml) 1 (honrar) to ennoble (frml) 2 (alabar) to praise, extol (frml) 3 ‹*terrorismo*› to glorify

enaltecimiento *m*
A (dignificación) status-raising
B (alabanza) praise
(Compuesto) **enaltecimiento del terrorismo** glorification of terrorism

enamoradizo -za *adj*: **es muy ~** he falls in love very easily, he's always falling in love

enamorado[1] -da *adj* 1 [ESTAR] in love; **~ DE algn** in love WITH sb; **parecen estar muy ~s** they seem to be very much in love 2 [SER] (CS fam) ▸**enamoradizo**

enamorado[2] -da *m,f* 1 (amante, novio) lover; **actúan como una pareja de ~s** they're acting like a pair of lovebirds; **una pareja de ~s se paseaba bajo los árboles** two lovers walked beneath the trees; **el día de los ~s** (Saint) Valentine's Day; **una canción dedicada a todos los ~s** a song dedicated to lovers *o* sweethearts everywhere; **vino con su ~** (Bol, Per) she came with her boyfriend 2 (aficionado) **~ DE algo**: **es un ~ de su profesión** he loves his work; **es una enamorada de la música** she's a music lover

enamoramiento *m* infatuation; **no fue más que un ~ pasajero** it was just a passing infatuation

enamorar [A1] *vt* to make … fall in love, get … to fall in love
■ **enamorarse** *v pron* **~se DE algo/algn** to fall in love WITH sth/sb; **me enamoré ciegamente de él** I fell madly in love with him

enamoricarse [A2], **enamoriscarse** [A2] *v pron* (fam) **~ DE algn** to get a crush ON sb (colloq), to become infatuated WITH sb

enanismo *m* dwarfism

enano[1] -na *adj* dwarf (*before n*); **un árbol ~** a dwarf tree; **las raciones son realmente enanas** (fam) the portions are minute *o* tiny

enano[2] -na *m,f* 1 (de proporciones normales) midget; (de cabeza más grande) dwarf; (en los cuentos) dwarf; **Blancanieves y los siete enanitos** Snow White and the Seven Dwarfs *o* Dwarves; ***disfrutar*** *or* ***divertirse como un ~*** to have a whale of a time (colloq); ***ser un trabajo de ~s*** (CS fam) to be very hard work; ▸**trabajar B** 2 (fam) (niño) little one (colloq), nipper (colloq) 3 (fam & hum) (como apelativo) shrimp (colloq), titch (colloq)
(Compuestos)
- **enana blanca** *f* white dwarf
- **enana café** *f* (AmC, Chi, Méx) brown dwarf
- **enana marrón** *f* brown dwarf

enantes *adv* (Col, Pan, Per, Ven) (fam) just now, a moment ago

enarbolar [A1] *vt* 1 ‹*bandera*› (levantar) to hoist, raise; (llevar) to fly; **navegaba enarbolando bandera española** she sailed under the Spanish flag; **desfilaron enarbolando pancartas** they marched past holding (up) placards; **enarboló la bandera de la revolución** he took up the standard of the revolution 2 ‹*palo/bastón*› to brandish

enarcar [A2] *vt* ‹*cejas*› to raise, arch; ‹*espalda*› to arch

enardecer [E3] *vt*: **la discusión enardeció los ánimos** the discussion aroused a great deal of passion; **una multitud enardecida salió a la calle** an angry crowd thronged into the street; **enardeció a la multitud** he raised the crowd to a frenzy; **la orquesta enardeció al público con su magnífica interpretación** the orchestra moved *o* stirred the audience with their magnificent performance
■ **enardecerse** *v pron*: **los ánimos se fueron enardeciendo a lo largo del debate** passions became aroused *o* (liter) inflamed during the course of the debate, the debate grew more and more heated as it went on; **se enardeció de pasión** he was *o* he became inflamed with passion

enardecimiento *m*: **intentó calmar el ~ de los ánimos** he tried to calm down their frenzied spirits; **una arenga destinada a provocar el ~ de las masas** a speech intended to stir up *o* rouse the masses

enarenar [A1] *vt* ‹*calle*› to put down sand on, grit (BrE)

encabalgamiento *m* enjambment*

encabestrar [A1] *vt* 1 (Equ) to halter, put a halter on 2 (Taur) to lead

encabezado *m* (Chi, Méx) headline

encabezamiento *m* 1 (en una carta — saludo) opening, salutation (frml); (— dirección, fecha) heading 2 (en una ficha) heading 3 (de un documento, apartado) heading

encabezar [A4] *vt*
A ‹*artículo/escrito*› to head
B 1 ‹*liga/clasificación*› to head, top, be at the top of; ‹*carrera*› to lead; **el francés encabezó la carrera durante casi una hora** the Frenchman led the race *o* was in the lead for almost an hour; **una pancarta enorme encabezaba la manifestación** the demonstration was headed by a huge banner, there was a huge banner at the head of the demonstration 2 ‹*lista/candidatura*› to head, be at the top of; ‹*delegación/comité*› to head, lead 3 ‹*movimiento/revolución*› to lead

encabritarse [A1] *v pron* 1 «*caballo*» to rear up 2 (fam) «*persona*» to get mad (colloq), to blow one's top (colloq) 3 (fam) «*mar*» to get *o* become choppy; **navegaban en medio de un mar encabritado** they were sailing in choppy waters *o* in a choppy sea

encabronar [A1] *vt* (Esp, Méx vulg) to make … mad (colloq), to piss (AmE sl), to piss off (BrE sl)
■ **encabronarse** *v pron* (Esp, Méx vulg) to get mad (colloq); to get pissed (AmE sl), to get pissed off (BrE sl)

encachado -da *adj* (Chi fam) 1 (simpático) nice 2 (bonito) ‹*ropa/lugar*› lovely, nice; ‹*persona*› attractive; **¡qué mal encachada es!** she's really ugly! 3 (arreglado) well-dressed, smart (BrE) 4 (entretenido) ‹*historia*› entertaining; **¡qué ~! juguemos otra vez** that was fun! let's play again

encachar [A1] *vt* (Chi fam) to make … look nice
■ **encacharse** *v pron* (Chi fam)
A (resistirse) to defy, stand up to
B (Chi fam) (acicalarse) to spruce oneself up, to doll oneself up (colloq)

encachimbado -da *adj* (AmC fam) mad (AmE colloq), cross (BrE colloq); **mi roca está muy ~ conmigo** my old man's mad at *o* cross with me; **me tiene muy encachimbada este carro** I've had it up to here with *o* I'm fed up with this car (colloq)

encachorrarse [A1] *v pron* (Col fam) to throw a tantrum

encadenación *f* ▸**encadenamiento**

encadenado[1] -da *adj* linked

encadenado[2] *m* fade

encadenamiento *m* 1 (con cadenas) chaining, chaining up 2 (enlace) linking

encadenar [A1] *vt*
A 1 ‹*prisionero*› to chain, chain up; **encadenó la bicicleta a la reja** she chained the bicycle to the railings 2 «*obligación/trabajo*» to tie, tie down 3 ‹*ideas/pensamientos*› to link
B (Cin) ‹*escenas/secuencias*› to fade … together
■ **encadenarse** *v pron* (*refl*) **~se A algo** to chain oneself TO sth; **se ~on a las rejas en señal de protesta** they chained themselves to the railings in protest

encajable *adj* ‹*piezas*› that fit together

encajar [A1] *vt*
A (meter, colocar) to fit; **lo encajó en las guías** he fitted it onto the runners
B (fam) (endilgar) **~le algo A algn**: **le encajó un billete de lotería caducado** she palmed him off with an out-of-date lottery ticket (colloq); **se fue de viaje y me encajó el perro** he went on a trip and landed *o* (BrE) lumbered me with the dog (colloq); **los fines de semana le encaja los hijos a la suegra** at the weekend she dumps the kids on her mother-in-law (colloq); **me encajó tremenda patada** he gave me a hell of a kick (colloq); **les ~on tres goles** they put three goals past them
C 1 ‹*disgusto/broma/crítica*› to take; **encajó bien las críticas** she took the criticism well; **sé ~ una derrota** I can cope with *o* take *o* accept defeat 2 (Dep) ‹*gol*› to let … in; ‹*derechazo/golpe*› to take
■ **encajar** *vi* 1 «*pieza/cajón*» to fit; **~ EN algo** to fit IN sth; **este cajón no encaja bien** this drawer doesn't fit properly; **las piezas ~on** the pieces fitted together 2 (cuadrar) to fit; **sus ideas encajan dentro de la filosofía marxista** his ideas fit in with Marxist philosophy; **esto no encaja dentro de ninguna categoría** this doesn't fit into any category; **~ CON algo**: **su versión no encaja con la de otros testigos** his version does not square with *o* correspond to *o* match that of other witnesses; **su información no encaja con la que he recibido** her information does not agree *o* tally with the information that I have received; **no encaja con la decoración** it doesn't fit in with the decor
■ **encajarse** *v pron*
A *refl* (fam) ‹*prenda*› to put on
B (Méx) (aprovecharse) to take advantage; **~se CON algn** to take advantage OF sb

encaje *m*
A (Indum) lace; **pañuelo de ~** lace handkerchief; **medias de ~** lacy stockings; **un camisón con ~s en el cuello** a nightgown with a lacy collar
B (Fin) *tb* **~ bancario** reserve
C (Mec) socket

encajero -ra *m,f* lacemaker

encajonado -da *adj*: **los niños estaban ~s en aulas diminutas** the children were packed *o* crammed into tiny classrooms; **iba ~ entre bultos y maletas** it was wedged *o* squashed between packages and suitcases; **me han dejado el coche ~** my car's been boxed in

encajonar [A1] *vt* 1 ‹*mercancías*› to box, put into boxes (*o* crates *etc*) 2 ‹*toro*› to pen 3 (en un lugar estrecho) **~ algo EN algo** to squeeze sth INTO sth 4 (Tec) to encase, box in
■ **encajonarse** *v pron* «*río*» to narrow

encalado *m* whitewashing

encalambrarse [A1] *v pron* (Col) ▸**acalambrarse**

encalar [A1] *vt* to whitewash

encalatarse [A1] *v pron* (Per fam) to strip off (colloq)

encaletar [A1] *vt* (Col, Ven) ‹*droga/armas*› to stash (colloq); ‹*cerveza/comida*› to hide … away

encalillarse [A1] *v pron* (Chi fam) to get into debt

encalladero *m* (zona de poca profundidad) shallows (*pl*); (banco de arena) sandbank; (rocas) rocks (*pl*)

encalladura *f* running aground, stranding; **en este lugar son frecuentes las ~s de grandes barcos** big ships often run aground in this area

encallar [A1] *vi* to run aground

encallecerse [E3] *v pron* to become callused

encallecido -da *adj* ‹*manos*› callused; **tiene el alma encallecida** he has a heart of stone

encalmarse [A1] *v pron* «*mar*» to become calm; «*viento*» to drop

encalvecer [E3] *vi* to go bald

encamar [A1] *vt* (Méx) to confine … to bed ■ **encamarse** *v pron* (CS, Per fam) to go to bed together; **~se con algn** to go to bed WITH sb

encamburarse [A1] *v pron* (Ven fam) to get oneself a job in the civil service

encaminado -da *adj*: **el proyecto va bien ~** the project is shaping up well *o* is going well; **no lo llegó a resolver pero iba bien ~** he didn't manage to solve it but he was on the right track; **~ A + INF** designed to + INF, aimed AT -ING; **medidas encaminadas a reducir el número de accidentes** measures designed to reduce *o* aimed at reducing the number of accidents

encaminador *m* (Telec) router

encaminar [A1] *vt* 1 ‹*intereses/esfuerzos*› to direct, channel; **~on todos sus esfuerzos a la búsqueda de supervivientes** they channeled all of their efforts into the search for survivors; **debemos ~ nuestros pasos hacia otras metas** we must aim toward(s) *o* pursue other goals; **un proyecto hacia el cual ha encaminado todas sus ilusiones** a project he has set his sights on 2 ‹*estudiante/niño*› to point … in the right direction
■ **encaminarse** *v pron* (liter) 1 (hacia un lugar) **~se HACIA algo** to head FOR/TOWARD(s) sth, set off FOR/TOWARD(s) sth 2 «*esfuerzos/capacidad*»: **~se HACIA algo** to be aimed AT sth, be directed TOWARD(s) sth; **sus esfuerzos se encaminan hacia la posibilidad de …** their efforts are aimed at *o* directed toward(s) the possibility of …; **~se A + INF** to be directed TOWARD(s) -ING, be aimed AT -ING; **la investigación se encamina a encontrar una vacuna** the research is directed toward(s) *o* aimed at finding a vaccine

encamotarse [A1] *v pron* (AmL fam) **~ CON algn** to fall for sb (colloq)

encampanar [A1] *vt* (Méx) to encourage

encanar [A1] *vt* (AmS arg) to lock … up (colloq)

encandelillar [A1] *vt*
A (sobrehilar) to overcast, whip, overstitch
B (Col) (encandilar) to dazzle

encandilar [A1] *vt* 1 «*luz*» to dazzle 2 (asombrar, pasmar) to dazzle; **la gran ciudad lo había encandilado** he had been dazzled *o* overawed by the big city 3 (avivar, exacerbar) to stir up, arouse

encanecer [E3] *vi* to gray*, go gray*

encanijarse [A1] *v pron* (fam): **se encanijó** its growth was stunted

encantado -da *adj*
A 1 (muy contento) delighted; **~ CON algo**: **quedaron ~s con tu trabajo** they were delighted *o* very pleased with your work; **~ DE + INF**: **estoy ~ de haber venido** I am delighted *o* very glad that I came 2 (en fórmulas de cortesía): **le presento al Señor Ruiz — encantado** let me introduce you to Mr Ruiz — how do you do *o* pleased to meet you; **te lo presto encantada** I'd be only too happy to lend it to you; **podemos vernos mañana — yo ~** we can meet tomorrow — that's fine by me; **~ DE + INF**: **~ de conocerla, me han hablado mucho de usted** pleased to meet you *o* I'm delighted to meet you, I have heard so much about you; **~ de poder ayudarte** I'm glad to be/to have been of help 3 (Esp) (embobado): **no te quedes ahí ~, ven, ayúdame** don't just stand there (with your mouth open), come and give me a hand
B ‹*bosque/castillo*› enchanted

encantador[1] **-dora** *adj* ‹*persona*› charming, delightful; **un lugar ~** a charming *o* delightful spot; **la niña es ~a** she is a delightful *o* a charming *o* an enchanting child

encantador[2] **-dora** *m,f* magician; **~ de serpientes** snake charmer

encantamiento *m* spell, enchantment

encantar [A1] *vi* (+ *me/te/le etc*): **me encantó la obra** I loved *o* I thoroughly enjoyed the play; **me encanta como habla** I love the way he talks; **me ~ía que me acompañaras** I'd love *o* I'd really like you to come with me, it would be lovely if you could come with me
■ **encantar** *vt* to cast *o* put a spell on, bewitch

encanto *m*
A 1 (atractivo) charm; **utilizó todos sus ~s para conquistarlo** she used all her charms to win him over; **su sencillez es su mayor ~** its most appealing feature is its simplicity; **el atardecer aquí tiene su ~** there is something (special) about dusk here; **disfrute del ~ del paisaje y del clima tropical** enjoy the charm of the landscape and the tropical climate 2 (fam) (maravilla, primor): **muchas gracias, eres un ~** thank you very much, you're a darling (colloq); **¡qué ~ de hombre!** what a lovely *o* charming *o* delightful man!; **¡hola ~! ¿qué tal?** hello, love *o* darling, how are you?; **tienen un jardín que es un ~** they have a lovely garden
B 1 (hechizo) spell; **se rompió el ~** the spell was broken; **como por ~** as if by magic 2 (Ven fam) (fantasma) ghost

encañada *f* gully; (más profundo) ravine

encañizada *f* weir (*for fishing*)

encañonar [A1] *vt*: **lo encañonó con el revólver** she pointed the gun at him; **lo tenían encañonado** they held him at gunpoint
■ **encañonarse** *v pron* «*río*» to narrow

encapotado -da *adj* overcast, cloudy

encapotarse [A1] *v pron* ▸ **i p.802** to cloud over, become overcast

encapricharse [A1] *v pron* **~ CON** *or* (Esp) **DE algo**: **se ha encaprichado con ese juguete** he's really taken a liking *o* (BrE) a fancy to that toy; **ahora se ha encaprichado con comprarse una moto** now he's got(ten) it into his head that he wants to buy a motorbike; **~ CON** *or* **DE algn** to fall for sb (colloq); **hace tiempo que está encaprichado con** *or* **de ella** he's been stuck on her *o* infatuated with her for quite a while (colloq)

encapsular [A1] *vt* to encapsulate

encapuchado -da *m,f*: **tres ~s asaltaron la joyería** three hooded men *o* three people wearing hoods robbed the jewelry store

encapuchar [A1] *vt*: **~on al reo** they placed a hood over the prisoner's head
■ **encapucharse** *v pron* (*refl*) to put a hood on; **iba encapuchado** he was hooded *o* wearing a hood

encarado -da *adj* (Méx): **mal ~** (enojado) bad-tempered; (de mal aspecto) nasty-looking

encaramarse [A1] *v pron* **~ A** *or* **EN algo**: **se encaramó a un árbol para poder ver el desfile** she climbed (up) a tree so that she could see the parade; **me encaramé a un taburete para alcanzarla** I got onto *o* climbed onto a stool so I could reach it

encarar [A1] *vt*
A (afrontar, enfocar) ‹*tarea*› to approach; **yo encaro el problema desde otro punto de vista** I approach the problem from a different angle; **hay que ~ el futuro con optimismo** we must look to the future with optimism; **encaró su desgracia con valentía** she faced up to her misfortune with courage
B ‹*piezas*› to marry, fit … together
C (Méx) ‹*persona*› to stand up to
■ **encararse** *v pron* **~se CON algn** to face up to *o* stand up to sb; **esta vez se encaró con él y le dijo qué pensaba** this time she stood *o* faced up to him and told him exactly what she thought; **se encaró con el jefe para pedirle el aumento** he faced up to *o* confronted the boss and asked for more money

encarcelamiento *m*, **encarcelación** *f* imprisonment

encarcelar [A1] *vt* to imprison, jail; **fue encarcelado** he was imprisoned *o* jailed, he was put in prison *o* jail

encarecer [E3] *vt*
A (hacer más caro): **el envase de vidrio encarece el producto** the glass container increases the price of the product *o* makes the product more expensive; **~á los alquileres** it will push rents up
B (frml) (pedir, recomendar) to beg (frml), to beseech (frml); **cuide usted de ellos, se lo encarezco** take care of them, I beg (of) you *o* I beseech you; **~le a algn QUE + SUBJ**: **me encareció que cuidara de ellos** she begged me to take care of them; **nos encareció que fuéramos puntuales** he urged us not to be late
■ **encarecerse** *v pron* «*precios*» to increase, rise; «*productos*» to become more expensive; **la vida se ha encarecido** the cost of living has risen *o* increased, life has become more expensive

encarecidamente *adv* (frml): **le pido ~ que haga lo posible por ayudarlo** I urge *o* (frml) beg you to do whatever you can to help him

encarecimiento *m*
A (frml) (de precios) increase, rise; **no representará un ~ de los precios** it will not mean an increase *o* rise in prices
B (frml) (insistencia) insistence; **me lo pidió con ~** she asked me most insistently

encargado[1] **-da** *adj* **~ DE algo**: **la persona encargada de la caja chica** the person in charge of *o* responsible for the petty cash, the person with responsibility for the petty cash; **el empleado ~ de recibir a las visitas** the member of staff responsible for receiving visitors

encargado[2] **-da** *m,f* 1 (de un negocio) manager; **quiero hablar con el ~** I'd like to speak to the person in charge *o* the manager 2 (de una tarea): **tú serás el ~ de avisarles** it will be up to you *o* it will be your responsibility to tell them, you will be responsible for telling them; **el ~ de las obras de restauración** the person in charge of the restoration work, the director of the restoration work

Compuestos
- **encargado/encargada de negocios** *m,f* chargé d'affaires
- **encargado/encargada de seguridad** *m,f* safety officer

encargar [A3] *vt*
A (encomendar) 1 ‹*tarea/misión*› **¿cómo le encargaste un asunto de tanta importancia?** why did you entrust him with such an important matter?, why did you give him responsibility for *o* put him in charge of such an important matter?; **me encargó el cuidado de la casa en su ausencia** he asked me to look after the house while he was away; **~ a algn QUE + SUBJ** to ask sb to + INF; **me encargó que le regara las plantas** he asked me to water the plants for him; **le ~on que buscara una solución al conflicto** they charged him to find a solution to the conflict, he was entrusted *o* charged with the task of finding a solution to the conflict, he was given the job *o* task of finding a solution to the conflict 2 ‹*compra*› **me encargó una botella de whisky escocés** she asked me to buy *o* get her a bottle of Scotch, she asked me to bring her back a bottle of Scotch
B 1 (pedir) ‹*torta/mueble/paella*› to order; ‹*informe/cuadro*› to commission; **no tenían el libro, así que lo dejé encargado** they didn't have the book in stock, so I asked them to order it *o* I ordered it 2 (fam & euf) ‹*hijo*› **¿cuándo van a ~ familia?** when are they thinking of starting a family?, when are they planning to have children?; **quieren ~ un hijo muy pronto** they want to try for a baby very soon, they're planning to start a family very soon; **ya han encargado un niño** they have a baby on the way
■ **encargar** *vi* (fam): **¿ya encargó?** is she expecting already?; **no quieren ~ todavía** they don't want to try for a baby yet
■ **encargarse** *v pron* **~se DE algo/algn**: **trae algo de comer, yo me encargo de las bebidas** you bring something to eat, I'll take care of *o* I'll see to *o* I'll look after *o* I'll deal with the drinks; **cuando se fue, me tuve que ~ de la contabilidad** when she left I had to take over the accounts *o* take on the responsibility for the accounts; **la agencia se encargó de todos los detalles** the agency took care of *o* attended to *o* saw to *o* dealt with all the details; **es muy joven para ~se de una tarea tan importante** he is very young to take (on) the responsibility for such an important task; **¡ya me ~é yo de él!** (fam) I'll see to him! (colloq), I'll take care of him! (colloq), I'll soon sort him out! (colloq); **~se DE + INF**: **¿quién se va a ~ de hacer la reserva?** who's going to make the

booking?, who's going to take care of *o* look after the booking?; **su secretaria se encarga de filtrar las llamadas** her secretary screens her calls; **sus vecinos se han encargado de extender estos rumores** their neighbors have taken it upon themselves to spread these rumors; **~se DE QUE + SUBJ**: **yo me encargo de que lo sepan todos** I'll see to it that they all know, I'll make sure they all know, I'll let everyone know

encargatoria *f* (Chi) *tb* : **~ de reo** indictment, committal for trial

encargo *m* 1 (recado, pedido): **¿te puedo hacer unos ~s?** could you buy a few things for me?, could you bring me back a few things?; **tengo que salir a comprar los ~s que me han hecho** I have to go out to buy the things I've been asked to get; **mi hijo está haciendo un ~** my son is out on *o* is running an errand 2 (Com) order; **sólo los hacemos por ~** we only make them to order; Ⓢ **sólo por encargo** (en un restaurante) must be ordered in advance; **muebles de ~ con precios muy competitivos** made-to-order *o* custom-made furniture at very competitive prices; ***hecho de ~*** (Esp): **el sofá le va al salón que ni hecho de ~** the sofa goes so well in the living room, you would think it had been made to order, the sofa is absolutely tailor-made for the living room; **eres más tonto que hecho de ~** (fam) you couldn't be more stupid if you tried (colloq) 3 (cargo, misión) job, assignment 4 (AmL fam & euf) (embarazo): **el novio se fue y la dejó con ~** her boyfriend went off, leaving her in the family way (colloq & dated); ***traer a algn de ~*** (Méx fam) to give sb a hard time (colloq)

encargue *m* (RPl): **estar de ~** (fam) to be expecting, to be in the family way (colloq & dated)

encariñarse [A1] *v pron* **~ CON algo/algn** to grow fond OF sth/sb, get very attached TO sth/sb; **se había encariñado con el osito** he had grown fond of *o* had got(ten) very attached to the teddy bear

encarnación *f* 1 (personificación) incarnation; **es la ~ del mal** he is the incarnation *o* embodiment of evil, he is evil personified 2 (Relig) incarnation

encarnado¹ -da *adj*
A ‹*color/vestido*› red
B ‹*uña*› ingrowing

encarnado² *m* red

encarnadura *f*: **tener buena/mala ~** to heal quickly/slowly

encarnar [A1] *vt*
A 1 «*actor*» ‹*personaje*› to play 2 ‹*cualidad/sentimiento*› to embody; **encarna la ambición desmedida** he is the embodiment of *o* he embodies boundless ambition
B ‹*jauría*› to blood
■ **encarnarse** *v pron* 1 (Relig) to become incarnate; **Dios se encarnó en Jesucristo** God became incarnate in Jesus Christ, God became flesh in Jesus Christ 2 «*uña*» to become ingrown

encarnizadamente *adv* bitterly, fiercely

encarnizado -da *adj* bitter, fierce

encarnizamiento *m* 1 (en caza) blooding 2 (crueldad) viciousness, savageness

encarnizar [A4] *vt* 1 ‹*jauría*› to blood 2 ‹*atacante/enemigo*› to enrage
■ **encarnizarse** *v pron* **~se CON algn/algo** to attack sb/sth viciously

encarpetar [A1] *vt* 1 (guardar) to file 2 (dejar detenido) ‹*expediente*› to close; ‹*asunto*› to close the file on; **creyeron que todo se iba a ~** they thought that was going to be the end of it

encarrerado -da *adv* (Méx fam) at top speed, at breakneck speed

encarretarse *vpr* (Col fam) **~ CON algn** to have a crush ON sb; **~ CON algo** to be wrapped up in sth

encarrilar [A1] *vt* 1 ‹*vagón/tren*› to put … onto the rails 2 ‹*trabajo/asunto*› to direct; ‹*persona*› to guide, give guidance to; **las negociaciones van bien encarriladas** the negotiations are progressing well
■ **encarrilarse** *v pron* to get back on the rails

encartado¹ -da *adj* (Esp) accused

encartado² -da *m,f* (Esp) accused, defendant

encartar [A1] *vt*
A (Esp) (Der) to indict, commit … for trial
B (Col fam) (encajar) **~ a algn CON algo** to saddle *o* land sb WITH sth (colloq), to lumber sb WITH sth (BrE colloq)
■ **encartarse** *v pron*
A (en naipes) to pick up, pick up cards
B (Col fam) (clavarse) **~se CON algo/algn** to get stuck *o* saddled WITH sth/sb (colloq); **estoy encartada con una licuadora que no funciona** I'm stuck *o* saddled with a liquidizer that doesn't work; **y ahora tengo que ~me con estos libretes a la biblioteca** and now I have to hump *o* lug these great big books over to the library (colloq)

encarte *m* (Col fam) (molestia) nuisance

encasillamiento *m*
A 1 (de actor) typecasting 2 (de personal) categorization
B (en una categoría) categorization

encasillar [A1] *vt*
A 1 (actor) to typecast 2 (personal) to categorize
B (categorizar) to class, classify, categorize; **sus novelas se pueden ~ dentro del género policial** her novels can be classed *o* classified *o* categorized as detective fiction; **no me gusta que me encasillen dentro de ningún movimiento en particular** I don't like to be pigeonholed *o* categorized as a member of any particular movement
■ **encasillarse** *v pron*: **no quiso ~se dentro de ninguna tendencia** he didn't want to be identified with any tendency, he didn't want to be classified *o* categorized as being part of any tendency

encasquetar [A1] *vt* 1 ‹*sombrero*› to pull down; **le encasquetó el gorro hasta las orejas** she pulled his cap right down over his ears 2 (fam) **~le algo/algn A algn** to dump sth/sb ON sb (colloq); **siempre le encasquetan los trabajos más pesados** he always gets landed *o* saddled with the most boring jobs (colloq), they always dump the most boring jobs on him; **siempre les encasquetaba a sus alumnos el mismo sermón** he always dished out the same old lecture to his students (colloq), he always made his students sit through the same old lecture
■ **encasquetarse** *v pron* to pull down

encasquillarse [A1] *v pron* «*fusil/pistola*» to jam; «*bala*» to get jammed

encatrado *m* (Chi) 1 (armazón) frame 2 (entarimado) platform

encatrarse [A1] *v pron* (Chi fam) **~ CON algn** to sleep *o* go to bed WITH sb

encatrinarse [A1] *v pron* (*refl*) (Méx fam) to get dressed up

encausado -da *m,f* defendant

encausar [A1] *vt* to charge; **fue encausado por tenencia ilícita de armas** he was charged with illegal possession of arms

encauzamiento *m* 1 (de una tendencia, un esfuerzo) channeling*; (de una persona) guiding 2 (de un río) channeling*

encauzar [A4] *vt* 1 ‹*esfuerzos/energías*› to channel; **~ algo HACIA algo** to channel sth INTO sth 2 ‹*corriente/río*› to channel
■ **encauzarse** *v pron* 1 «*tendencia/actividad*» to be channeled* 2 «*persona*»: **~se EN algo** to channel one's energies INTO sth

encebollado -da *adj*: *cooked with onions*; **hígado ~** liver and onions

encefálico -ca *adj* encephalic; **masa encefálica** brain matter

encefalitis *f* encephalitis
(Compuesto) **encefalitis letárgica** encephalitis lethargica

encéfalo *m* brain

encefalografía *f* encephalograph

encefalograma *m* encephalogram

encefalomielitis *f* encephalomyelitis
(Compuesto) **encefalomielitis miálgica** myalgic encephalomyelitis, ME

encefalopatía *f* encephalopathy
(Compuestos)
- **encefalopatía espongiforme bovina** bovine spongiform encephalopathy, BSE
- **encefalopatía espongiforme transmisible** transmissible spongiform encephalopathy, TSE

enceguecedor -dora *adj* (AmL) blinding

enceguecer [E3] *vt* (AmL) 1 «*luz*» to blind, dazzle 2 (trastornar) to blind; **enceguecido por la ira/pasión** blinded by fury/passion
■ **enceguecerse** *v pron* (AmL) 1 (por la luz) to be blinded 2 (de ira) to become furious

encelar [A1] *vt* to make … jealous
■ **encelarse** *v pron* to get jealous

encenagar [A3] *vt* to cover with *o* in mud; **encenagados en el vicio** sunk in depravity; **encenagado en la ignorancia** steeped in ignorance

encendedor *m* lighter
(Compuestos)
- **encendedor de bolsillo** pocket lighter
- **encendedor de cigarillos** cigarette lighter
- **encendedor de cocina** *or* **de gas** gas lighter

encender [E8] *vt* 1 ‹*cigarrillo/hoguera/vela*› to light; ‹*cerilla*› to strike, light; **nos esperaba con la chimenea encendida** she had the fire lit when we arrived 2 ‹*luz/radio/calefacción*› to switch on, turn on, put on; ‹*motor*› to start; **no dejes el televisor encendido** don't leave the television on 3 ‹*deseos/pasiones*› to awaken, arouse, inflame (liter); **el dictador había encendido el fanatismo** the dictator had stirred up fanaticism
■ **encender** *vi* 1 «*cerilla*» to light; «*leña*» to catch light, kindle 2 «*bombilla/tubo fluorescente*» to come on, light up, light; «*radio*» to come on
■ **encenderse** *v pron*
A «*aparato*» to come on; «*llama/piloto*» to light; **esperar a que se encienda la luz roja** wait until the red light comes on; **se encendió la llama de su pasión** (liter) his passions were aroused *o* (liter) inflamed
B 1 «*persona*» to blow one's top (colloq), to get mad (colloq) 2 «*rostro*» to go red; **al verlo se le encendió el rostro** she went red in the face *o* she blushed when she saw him

encendidamente *adv* passionately

encendido¹ -da *adj* 1 ‹*rostro/mejillas*› flushed; **de un rojo ~** bright red; **llegó corriendo, con las mejillas encendidas** she came running in, her cheeks flushed *o* (liter) ablaze 2 ‹*discurso*› fiery, passionate; ‹*polémica*› heated

encendido² *m* ignition
(Compuesto) **encendido electrónico** electronic ignition

encerado *m* 1 (de suelos) polishing, waxing 2 (pizarra) blackboard

enceradora *f* polisher, polishing machine

encerar [A1] *vt* to polish, wax

encerrado -da *adj*: **pasa horas ~ en su habitación** he spends hours shut away *o* shut up in his room; **se quedó ~ en el cuarto de baño** he got locked in the bathroom; **no pienso quedarme encerrada en casa todo el día** I don't intend to stay shut up in *o* stuck inside the house all day; **los estudiantes siguen ~s en la universidad** the students are still occupying the university; **el alfil está ~** the bishop is trapped; **el cuarto olía a ~** (AmL) the room was stuffy

encerrar [A5] *vt*
A ‹*persona*› to lock up; ‹*ganado*› to shut up, pen; **lo han encerrado en la cárcel** he's been locked up in prison *o* put behind bars; **me encerraban en mi habitación** they used to shut me in my room; **encierra al perro** shut the dog in; **está para que lo encierren** (fam) he's crazy *o* a nut (colloq), he should be put away *o* certified (colloq); **nos dejaron encerrados en la oficina** we got locked in the office; **~ algo entre comillas** to put sth in quotation

marks (AmE) *o* (BrE) inverted commas
B **1** (contener) to contain; **la película encierra una gran carga moral** the movie contains *o* has a strong moral message **2** (conllevar) to involve, entail; **no sabe el peligro que encierra** she does not know the danger which it involves *o* entails
■ **encerrarse** *v pron (refl)* to shut oneself in; **se ha encerrado en su habitación** he has shut himself in his room; **se encerró en un convento** she shut herself away in a convent; **los trabajadores se ~on en la fábrica** the workers locked themselves in the factory *o* occupied the factory

encerrona *f* **1** (trampa) trap; **le habían preparado** *or* **tendido una ~** they had set *o* laid a trap for her; **había sido víctima de una ~** she had fallen into a trap **2** (protesta) sit-in **3** (Taur) private bullfight

encespedar [A1] *vt* to grass over, turf; (con semillas) to plant with grass, grass over

encestar [A1] *vi* to score, score a basket

enceste *m* (Dep) basket

enchalecar [A2] *vt* **1** (restringir) to fetter, restrict **2** (RPl) ‹*loco*› to straitjacket, put ... in a straitjacket; **está para ~lo** (fam) he should be put away *o* certified (colloq)

enchapado *m* **1** (de metal) plating **2** (de madera — acción) veneering; (— chapa) veneer

enchapar [A1] *vt* (de metal) to plate; (de madera) to veneer

enchape *m* (Andes) ▸**enchapado**

encharcamiento *m* flooding

encharcar [A2] *vt* to waterlog, flood
■ **encharcarse** *v pron* «*terreno/zona*» to become waterlogged *o* flooded; «*agua*» to form a pool/pools; **la carretera está encharcada** the road is flooded

enchastrar [A1] *vt* (RPl fam) ‹*ropa/piso/cocina*› to make a mess of; **enchastró la mesa de pintura** he got paint all over the table (colloq); **~on su nombre** they blackened his name
■ **enchastrarse** *v pron* (RPl fam) to get dirty; **se enchastró todo de helado** he got icecream all over himself

enchastre *m* (RPl fam) mess; **dejó la cocina hecha un ~** he left the kitchen in a terrible mess; **hacer un ~** to make a mess

enchicharse [A1] *v pron* (Col) ▸**enchinchar 2**

enchilada *f* enchilada (*tortilla with a meat or cheese filling, served with a tomato and chili sauce*)
(Compuesto) **enchilada suiza** *enchilada with tomato, onion and cream sauce*

enchilado[1] **-da** *adj* (Méx) **1** (Coc) seasoned with chili **2** ‹*persona*›: **terminamos bien ~s, hasta nos lloraban los ojos** by the time we finished even our eyes were watering, it was so hot

enchilado[2] *m* stew (*with chili*)

enchilar [A1] *vt* (Méx) **1** (Coc) to add chili to **2** (fam) (enojar) to annoy; **me enchila que estén insinuando que ...** it really annoys *o* (colloq) gets me the way they're insinuating that ...
■ **enchilarse** *v pron* (Méx) **1** (comiendo): **tráiganme agua que ya me enchilé** get me some water, my mouth's burning **2** (fam) (enojarse) to get shirty (colloq)

enchiloso -sa *adj* (Méx fam) hot

enchinar [A1] *vt* (Méx) **1** ‹*pelo*› to curl, go curly; **se enchinó el pelo** she curled her hair **2** ‹*piel*›: **se me enchina la piel** I come out in goose bumps o goose pimples (AmE) *o* goose-flesh (BrE)

enchinchar [A1] *vt* (Méx fam) to pester, bug (colloq)
■ **enchincharse** *v pron* **1** (Méx) «*colchón*» to get infested with bedbugs; «*persona*» to get *o* catch bedbugs **2** (RPl fam) (enfadarse) to get in a mood *o* huff (colloq); **está enchinchada** she's in a mood *o* huff (colloq)

enchinchorrarse [A1] *v pron* (Ven fam)
A (acostarse) to lie in a hammock
B (vagar): **se han enchinchorrado por años y años** they haven't done a thing for years

(colloq); **¡aquí la gente no viene a ~!** you're not here to laze around *o* put your feet up! (colloq)

enchiquerar [A1] *vt* **1** (Taur) to shut ... in the bullpen **2** (fam) (encarcelar) to put ... inside (colloq)

enchironar [A1] *vt* (fam) to put ... inside (colloq)

enchuecar [A2] *vt* (AmL fam) **1** ‹*metal*› to bend; ‹*madera/lámina*› to warp **2** ‹*cara/boca*› to twist **3** ‹*cuadro*› to tilt
■ **enchuecarse** *v pron* (Chi fam) **1** «*metal*» to bend, get bent; «*madera/lámina*» to warp **2** «*cara/boca*» to become twisted

enchufado[1] **-da** *adj* (fam): **está ~** he knows all the right people, he has friends in high places; **está muy ~ con la profesora** he's really well in with the teacher (colloq)

enchufado[2] **-da** *m,f* (fam): **los ascensos los obtienen los ~s** the promotions go to those who can pull a few strings *o* who have friends in the right places

enchufar [A1] *vt*
A **1** (conectar mediante enchufe) to plug in **2** (fam) (encender) ‹*radio/televisión*› to switch *o* turn *o* put on
B (fam) ‹*persona*›: **enchufó a su hermano en la empresa** he fixed *o* set his brother up with a job in the company (colloq), he used his influence *o* he pulled some strings to get his brother a job in the company; **no consiguió el puesto por méritos, lo ~on** he didn't get the job on merit, he pulled some strings (colloq)
■ **enchufarse** *v pron*
A (AmL fam) (adaptarse) to settle in; **~se EN algo** to settle INTO sth
B (Esp fam) (en puesto): **se ha enchufado en el Ministerio** he's got a job in the Ministry thanks to his connections

enchufe *m*
A **1** (Elec) (macho) plug; (hembra) socket, power point **2** (del teléfono) socket, point
(Compuestos)
• **enchufe de pared** wall plug, wall socket
• **enchufe múltiple** two-way adaptor
B (fam) (influencia): **hace falta tener algún ~** you need to have connections, you need to have friends in high places *o* in the right places; **entró en la empresa por ~** he got into the company by the back door *o* by pulling some strings

> **enchufe y enchufismo**
>
> In Spain, *enchufe* refers to the use of personal connections to obtain a job or favor. *Enchufismo* is the practice of giving out jobs and other benefits on the basis of *enchufes* . In Latin America the term *palanca* is used instead of *enchufe*, but there is no equivalent term to *enchufismo* .

enchufismo *m* (Esp fam) string-pulling (colloq)

enchufista *mf* (Esp fam) *person who uses their connections to get work*

enchumbar [A1] *vt* (Ven fam) to drench, soak

ENCI /'ensi/ *f* (en Per) = **Empresa Nacional de Comercialización de Insumos**

encía *f* ▸❶ **p.231** gum

encíclica *f* encyclical

enciclopedia *f* encyclopedia*; **es una ~ ambulante** (hum) he's a walking encyclopedia (hum)

enciclopédico -ca *adj* encyclopedic*

enciclopedista *mf* encyclopedist*

encielado *m* (Chi) ceiling

encienda, enciendas, etc ▸**encender**

encierra[1] *f* **1** (acción) penning, corralling **2** (para pastar) enclosed pasture

encierra[2], **encierras, etc** ▸**encerrar**

encierro *m* **1** (en una fábrica, universidad) sit-in **2** (reclusión): **a ver cuándo sales de tu ~** when are you going to get out and about a bit? (colloq); **salió de su ~ después de ocho meses** she emerged after being holed up for eight months **3** (Taur) (conducción) *running of bulls through the streets*; (toros) *bulls to be used in a bullfight* **4** (para el ganado) enclosure, pen

encima *adv*
A (en el espacio): **le puso el pie/una piedra ~** he put his foot/a stone on it; **no tengo** *or* **llevo dinero ~** I don't have any money on me; **se me sentaron ~** they sat on top of me; **se tiró el café ~** she spilled the coffee over herself; **vi el coche cuando ya lo tenía ~** I didn't see the car until it was on top of me; **el autobús se nos venía ~** the bus was coming straight at *o* toward(s) us; **se me vino el armario ~** the cupboard came down on top of me; **se le vino ~ una enorme responsabilidad** he had to take on a great deal of responsibility
B (en el tiempo): **ya tenemos las fiestas ~** the festive season is just around the corner; **los exámenes ya estaban ~** the exams were already upon us; **la fecha se nos vino ~ y no habíamos terminado** the day arrived and we hadn't finished; **se nos venía** *or* **echaba ~ la noche** night was falling (around us)
C (además): **es caro y ~ de mala calidad** it's expensive and, not only that, it's poor quality; **le han dado el mejor lugar — ¡y ~ se queja!** they've given her the best seat — and she goes and complains!; **y ~, no me lo quiso devolver** and then *o* and on top of that, he wouldn't give it back!
D (*en locs*): **encima de: ~ de la mesa** on the table; **~ del armario** on top of the cupboard; **llevaba un chal ~ de la chaqueta** she wore a shawl over her jacket; **viven ~ de la tienda** they live over *o* above the shop; **~ de caro es feo** as well as being expensive, it's (also) ugly *o* not only is it expensive, it's also ugly; ***echarse algo ~*** ‹*deuda*› to saddle *o* land *o* (BrE) lumber oneself with sth; ‹*problema*› to take ... upon oneself; ***echarse ~ a algn*** (AmL): **se echó ~ a todos los profesores** he turned all the teachers against him, he got on the wrong side of all the teachers; ***estar ~ de algn*** *or* ***estarle ~ a algn*** (fam) to be on at sb (colloq); ***hacerse ~*** (fam & euf) (orinarse) to wet oneself; (hacerse caca): **todavía se hace ~** he still messes his pants *o* does it in his pants; ***por ~:* esparcir las almendras por ~** sprinkle the almonds over it *o* on top; **la miró por ~ de los anteojos** he looked at her over the top of his glasses; **los aviones volaban por ~ del pueblo** the planes flew over the town; **ella está por ~ del jefe de sección** she's higher up than *o* she's above the head of department; **pasar por ~ de algn** *or* **pasarle por ~ a algn** (para un ascenso) to pass sb over; (para una consulta, queja) to go over sb's head; **temperaturas por ~ de lo normal** above-average temperatures; **un porcentaje muy por ~ de la media** a much higher than average percentage; **está muy por ~ de la competencia** it is well ahead of the competition; **lo leí muy por ~** I skipped through it; **le eché un vistazo muy por ~** I just looked over *o* through it very quickly; **hice una limpieza muy por ~** I gave the place a very quick clean; ***por ~ de todo:* por ~ de todo, que no se entere ella** above all *o* most important, *she* mustn't find out; **pone su carrera por ~ de todo** she puts her career before anything else; ***quitarse*** *or* ***sacarse algo/a algn de ~:* me saqué ese problema de ~** I got that problem out of the way; **por lo menos te has sacado ese peso de ~** at least you've got that weight off your mind; **no sabía qué hacer para quitármela de ~** I didn't know what to do to get rid of her

encimar [A1] *vt*
A (Col) (regalar): **me encimó dos más** she gave me two extra
B (Méx, RPl) ‹*cajas/libros*› to put *o* pile *o* stack ... one on top of the other, to stack up
■ **encimarse** *v pron* (Méx): **se me encima esa clase con otra** that class clashes *o* coincides with another

encimera *f* **1** (sábana) top sheet **2** (Esp) (cocina — empotrada) cooking top (AmE), hob (BrE); (— sin empotrar) gas ring **3** (Esp) (mostrador) work-top; (cubierta) cover

encimoso -sa *adj* (Méx fam): **¡ya no seas ~!** don't be such a pain in the neck! (colloq), quit

e

bugging me! (AmE colloq)

encina *f* holm oak, ilex

encinar *m* oak wood/grove

encinchar [A1] *vt* to girth, cinch

encinta *adj* expecting; **estaba ~ de tres meses** she was three months pregnant

encizañar [A1] *vt* to stir up *o* cause trouble between

■ **encizañar** *vi* to cause *o* make trouble

enclaustrarse [A1] *v pron* to shut oneself away; **se enclaustró en un monasterio** he shut himself away *o* cloistered himself in a monastery

enclavado -da *adj*: **estaba ~ en el corazón del bosque** it was buried deep in the heart of the forest

enclave *m* enclave

enclavijar [A1] *vt* 1 (Mús) to peg 2 (Tec) to peg

enclenque *adj* 1 ‹*persona*› (enfermizo) sickly; (delgado) weak, weedy (colloq) 2 ‹*estructura*› rickety

enclítico -ca *adj* enclitic

encochinarse [A1] *v pron* (Chi fam) to get mucky (colloq)

encocorar [A1] *vt* to annoy

■ **encocorarse** *v pron* to get annoyed

encofrado *m* 1 (en una mina) timbers (*pl*) 2 (Const) formwork, shuttering (BrE)

encofrar [A1] *vt* to put formwork *o* (BrE) shuttering around

encoger [E6] *vi* to shrink

■ **encoger** *vt* 1 ‹*ropa/tela*› to shrink 2 ‹*piernas/cuerpo*› ~ **las piernas** to tuck one's legs in; **el animal encogió el cuerpo de miedo** the animal shrank back in fear

■ **encogerse** *v pron*

A «*ropa/tela*» to shrink; **se me encogió el jersey** my sweater shrank

B «*persona*» 1 (físicamente): **~se de hombros** to shrug one's shoulders; **caminaba muy encogida** she walked with her shoulders hunched 2 «*anciano*» to shrink, get shorter 3 (acobardarse) to be intimidated; **no se encoge ante nadie** he's not afraid of *o* daunted by anyone, he doesn't let himself be intimidated by anyone

encogido -da *adj* shy *ver tb* **encoger**

encogimiento *m* 1 (de hombros) shrug 2 (del cuerpo) shrinking 3 (timidez) shyness

encolar [A1] *vt* 1 (para pegar) to glue, stick, paste 2 (para pintar) to seal, size

encolerizar [A4] *vt* to enrage, make … furious

■ **encolerizarse** *v pron* to get furious

encomendar [A5] *vt* 1 (frml) (encargar) to entrust; **le han encomendado la dirección de la empresa** she has been entrusted with managing the company, management of the company has been entrusted to her 2 (Relig) to commend; **encomendó su alma a Dios** he commended his soul to God

■ **encomendarse** *v pron* to commend oneself; **~se a Dios** to commend oneself to God

encomendería *f* (Per) grocery store (AmE), grocer's shop (BrE)

encomendero *m*

A (Hist) *colonist granted control of land and Indians to work for him*

B (Per) (tendero) grocer

encomiable *adj* commendable, praiseworthy, laudable (frml)

encomiar [A1] *vt* to praise; **encomió su labor benéfica** she paid tribute to *o* she praised their work for charity

encomiasta *mf* eulogist

encomiástico -ca *adj* eulogistic, laudatory (frml)

encomienda *f*

A (Hist) *control over land and Indians granted to an* ▸**encomendero**

B (AmL) (Corresp) package (AmE), parcel (BrE)

encomio *m* praise, eulogy; **digno de ~** praiseworthy, laudable (frml)

encomioso -sa *adj* (AmL) eulogistic, laudatory (frml)

encompincharse [A1] *v pron* (Ven fam) to gang up together (colloq), to get together (colloq)

enconadamente *adv* ‹*luchar*› fiercely, bitterly; ‹*defender*› passionately, fiercely

enconado -da *adj* ‹*lucha*› fierce; ‹*disputa*› fierce, bitter; ‹*discusión*› heated, passionate

enconar [A1] *vt* ‹*lucha*› to intensify; ‹*discusión*› to inflame, make … more heated; ‹*ánimos*› to inflame

■ **enconarse** *v pron* 1 «*lucha*» to become fierce, intensify; «*discusión*» to become heated; «*ánimos*» to become inflamed; **la disputa entre los dos se enconó** the dispute between the two of them intensified *o* got worse 2 «*herida*» to fester, become infected

enconchado -da *adj* (Ven fam) in hiding, hiding out

enconchar [A1] *vt* (Ven fam) to hide

■ **enconcharse** *v pron* 1 (Col, Méx fam) (ensimismarse) to withdraw into one's shell 2 (Ven fam) (esconderse) to go into hiding

encono *m* 1 (fiereza): **lucharon con ~ por el primer puesto** they fought fiercely for first place 2 (enojo) anger, fury; (rencor) spite 3 (inflamación) inflammation, infection

enconoso -sa *adj* (Méx fam) poisonous

encontradizo -za *m,f*: **se hizo el ~** (fam) he pretended he had just bumped into me/her

encontrado -da *adj gen* **~s** conflicting, opposing; **opiniones encontradas** conflicting opinions

encontrar [A10] *vt*

(Sentido I)

A 1 (buscando) ‹*casa/trabajo/persona*› to find; **por fin encontró el vestido que quería** she finally found the dress she wanted; **no encuentro mi nombre en la lista** I can't see *o* find my name on the list; **¿dónde puedo ~ al director?** where can I find the manager?; **no encontré entradas para el teatro** I couldn't get tickets for the theater; **yo a esto no le encuentro lógica** I can't see the logic in this; **lo encontré llorando** I found him crying 2 (casualmente) ‹*cartera/billete*› to find, come across, come upon *o* on; **lo encontré (de casualidad)** I found it *o* came across it *o* came on *o* upon it (by chance)

B (descubrir) ‹*falta/error*› to find, spot; ‹*cáncer/quiste*› to find, discover; **le ~on un tumor** they found *o* discovered that he had a tumor

C ‹*obstáculo/dificultad*› to meet with, meet, encounter; **no encontró ninguna oposición a su plan** his plan didn't meet with *o* come up against *o* encounter any opposition; **el accidente donde encontró la muerte** (period) the accident in which he met his death

(Sentido II) (+ *compl*): **te encuentro muy cambiado** you've changed a lot, you look very different; **¡qué bien te encuentro!** you look so well!; **encuentro ridículo todo este protocolo** I find all this formality ridiculous, all this formality seems ridiculous to me; **¿cómo encontraste el país después de tantos años?** what did you make of the country *o* how did the country seem to you after all these years?; **encontré muy acertadas sus intervenciones** I found his comments very relevant, I thought his comments were very relevant; **la encuentro muy desmejorada** she seems a lot worse; **lo encuentro muy aburrido** I find him very boring, I think he is very boring; **encontré la puerta cerrada** I found the door shut

■ **encontrarse** *v pron*

(Sentido I)

A 1 (por casualidad) **~se CON algn** to meet sb, bump *o* run INTO sb (colloq) 2 (*refl*) (Psic) *tb* **~se a sí mismo** to find oneself

B (*recípr*) 1 (reunirse) to meet; (por casualidad) to meet, bump *o* run into each other (colloq); **hemos quedado en ~nos en la estación** we've arranged to meet at the station 2 «*carreteras/líneas*» to meet

C (*enf*) (inesperadamente) ‹*persona*› to meet, bump *o* run into (colloq); ‹*billete/cartera*› to find, come across, come on; **cuando volvió se encontró la casa patas arriba** when he returned he found the house in a mess; **~se CON algo**: **cuando volví me encontré con que todos se habían ido** I got back to find that they had all gone, when I got back I found they had all gone

(Sentido II) (frml) (estar)

A (en un estado, una situación) to be; **hoy me encuentro mucho mejor** I am feeling a lot better today; **el enfermo se encuentra fuera de peligro** the patient is out of danger; **la oficina se encontraba vacía** the office was empty; **no se encuentra con fuerzas para continuar** he doesn't have the strength to go on

B (en un lugar) to be; **el jefe se encuentra en una reunión** the boss is in a meeting; **la catedral se encuentra en el centro de la ciudad** the cathedral is situated in the city center; **entre las obras expuestas se encuentra su famosa Última Cena** among the works on display is his famous Last Supper; **en este momento el doctor no se encuentra** the doctor is not here *o* is not in at the moment

encontrón *m* (CS fam) ▸**encontronazo 2**

encontronazo *m* (fam) 1 (entre coches) smash (colloq), crash 2 (discusión) set-to (colloq), row (colloq), run-in (BrE colloq)

encoñado -da *adj* (fam *o* vulg): **estar ~ con algn** to have the hots for sb (sl)

encopetado -da *adj* (fam & pey) grand, posh (BrE colloq)

encopetarse [A1] *v pron* (Col) to get merry *o* tipsy (colloq)

encorajinar [A1] *vt* (Esp, Méx fam) to make … angry, to make … mad (esp AmE)

■ **encorajinarse** *v pron* (Esp, Méx fam) to get worked up (colloq), to get angry *o* (esp AmE) mad

encorbatarse [A1] *v pron* (fam) to put one's tie on; **hay que ~ para entrar** you have to wear a tie to get in

encordado *m* (CS) strings (*pl*)

encordar [A10] *vt* ‹*guitarra*› to string; ‹*raqueta*› to string

■ **encordarse** *v pron* (en alpinismo) to rope up

encorsetar [A1] *vt* to restrict; **encorsetado por sus principios anticuados** hidebound *o* restricted by his old-fashioned principles

encorvado -da *adj*: **anda ~** he walks with a stoop; **tiene la espalda encorvada** he has a stoop, he's round-shouldered

encorvadura *f*, **encorvamiento** *m* curvature

encorvar [A1] *vt* to hunch

■ **encorvarse** *v pron* to develop a stoop, become round-shouldered

encostalar [A1] *vt* (Col) to put … in sacks

encrespar [A1] *vt* 1 ‹*pelo*› to make … go curly; ‹*mar*› to make … rough *o* choppy; **navegaban en un mar encrespado** they were sailing in rough *o* choppy waters 2 ‹*pasiones*› to arouse, inflame (liter); **los ánimos estaban muy encrespados** tempers were frayed 3 ‹*persona*› to irritate, annoy

■ **encresparse** *v pron* 1 «*pelo*» to curl, go curly; «*mar*» to get rough *o* choppy 2 «*pasiones*» to be aroused, be inflamed (liter); **se fueron encrespando los ánimos** tempers became frayed 3 «*persona*» to become irritated

encrucijada *f* 1 (cruce) crossroads; **en la ~ del camino** at the crossroads; **la ciudad es una ~ de razas y de religiones** the city is a meeting point for all races and religions 2 (situación): **el país ha llegado a una difícil ~** the country is at a difficult crossroads; **estoy en una ~** I'm in a dilemma *o* a quandary; **se vio en la ~ de elegir entre la familia y el trabajo** she found herself faced with the dilemma *o* the difficult decision of choosing between her family and her work

encuadernación *f* 1 (cubierta) binding; **~ en cuero/tela** leather/cloth binding; **~ en**

rústica paperback binding **2** (acción) book binding

encuadernador -dora *m,f* bookbinder

encuadernar [A1] *vt* to bind

encuadrar [A1] *vt*
A (clasificar) to class, classify, categorize; **se lo puede ~ dentro del movimiento impresionista** he can be placed within the Impressionist movement, he can be classed *o* classified *o* categorized as being part of the Impressionist movement
B **1** (Cin, Fot, TV) to frame, center* **2** ‹*lámina/pintura*› to frame
C (Mil) to post
■ **encuadrarse** *v pron* **~se EN algo** to join sth

encuadre *m* framing

encuartelar [A1] *vt* (Col) to billet

encubiertamente *adv* covertly, secretly

encubierto -ta *pp see* **encubrir**

encubridor -dora *m,f* (de delicuente) accesory after the fact; (de objeto robado) receiver; **fue condenado como ~ del asesinato** he was sentenced as an accessory to murder

encubrimiento *m* **1** harboring* **2** (de un delito) covering up

encubrir [I33] *vt* **1** ‹*delincuente*› to harbor*; **los padres no saben nada porque ella lo encubre** his parents don't know anything about it because she covers up for him **2** ‹*delito*› to cover up **3** ‹*verdad/problema*› to mask; **a veces las estadísticas encubren la realidad** sometimes statistics hide *o* mask *o* conceal the truth; **no está diciendo la verdad, está encubriendo algo** he's not telling the truth, he's hiding something

encuclillarse [A1] *v pron* to squat, squat down

encuentra, encuentras, etc ▸**encontrar**

encuentro *m* **1** (acción) meeting, encounter; **un ~ fortuito** a chance meeting *o* encounter; **salir al ~ de algn: no reconoció al joven que le salió al ~** she didn't recognize the young man who came toward(s) her; **una secretaria muy sonriente le salió al ~** he was met by a smiling secretary; **le salió al ~ con los brazos abiertos** she went to greet him with open arms **2** (period) (reunión) meeting; (congreso, simposio) conference **3** (Dep) (period) game

encuerado¹ -da *adj* **1** (AmL fam) nude, naked **2** (period) (con ropa de cuero) leather-clad (*before n*); **está siempre lleno de jóvenes ~s** it's always full of young people (dressed) in leather *o* leather-clad youngsters

encuerado² -da (AmL fam) *m,f*
A (*m*) naked man
B (*f*) naked woman; **revistas de encueradas** girlie magazines (colloq)

encuerar [A1] *vt* **1** (Chi, Méx fam) (desnudar) to undress **2** (Méx fam) (dejar sin dinero) to clean … out (colloq)
■ **encuerarse** *v pron* (*refl*) (AmL fam) (desnudarse) to strip off (colloq), get undressed, take one's clothes off; (en el escenario) to strip

encueratriz *mf* (Méx fam) stripper

encuesta *f* (Pol, Sociol) (sondeo) survey
(Compuestos)
- **encuesta a boca** *or* **pie de urna** (AmL) (Pol) exit poll
- **encuesta de opinión** opinion poll
- **encuesta de salida** (AmC, Méx) exit poll
- **encuesta policial** police inquiry
- **encuesta sobre intención de voto** poll of voting intentions

encuestado -da *m,f*: **el 50% de los ~s** 50% of those polled

encuestador -dora *m,f* pollster, survey taker

encuestar [A1] *vt* to survey

encuetarse [A1] *v pron* (Méx fam) to get plastered (colloq)

encularse [A1] *v pron* **1** (arg) ‹*droga*› *to insert drugs in the rectum to get them through customs* **2** (Arg fam) (ponerse de mal humor) to get in a mood (colloq), to get pissed off (sl)

encumbrado -da *adj* **1** (alto) high, lofty **2** (eminente) eminent, distinguished

encumbrar [A1] *vt* **1** (Chi) ‹*volantín*› to fly **2** (Chi fam) (reprender) to tell … off (colloq)
■ **encumbrarse** *v pron* to make it to the top, make it big

encunetarse [A1] *v pron* (Col, Ven) to go into a ditch

encurtidos *mpl* pickles (*pl*)

encurtir [I1] *vt* to pickle

ende: **por ~** (*loc adv*) (frml) therefore, consequently (frml)

endeble *adj* **1** ‹*persona*› weak, feeble, frail **2** ‹*salud*› delicate, poor **3** ‹*personalidad*› weak **4** ‹*argumento/fundamento*› weak, feeble

endeblez *f* **1** (de una persona) weakness, frailty **2** (de un argumento) weakness; **la ~ de la situación económica** the weakness of the economy

endecágono *m* hendecagon

endecasílabo¹ *adj* hendecasyllabic

endecasílabo² *m* hendecasyllable

endecha *f* dirge, lament

endemia *f* endemic disease; **la ~ de corrupción que afecta a estos regímenes** the endemic corruption in these regimes

endémico -ca *adj* ‹*enfermedad*› endemic; ‹*planta*› endemic; **el analfabetismo constituye un mal ~ en la región** illiteracy is a problem endemic to the region, the problem of illiteracy is endemic to the region

endemoniado -da *adj*
A **1** (inaguantable) ‹*niño*› wretched (*before n*); ‹*genio/humor*› foul, wicked **2** ‹*examen*› fiendish, tough; **estos ~s zapatos me aprietan mucho** these wretched *o* darned shoes are far too tight (colloq)
B (poseído del demonio) possessed (by the devil); **un niño ~** a child possessed by the devil

endenantes *adv* (AmL crit) **1** (hace un rato) a short time ago, a while ago **2** (hace tiempo) in the past, before

enderezar [A4] *vt*
A **1** (destorcer) ‹*clavo*› to straighten **2** (poner vertical) ‹*poste*› to straighten, put … upright; ‹*planta*› to stake; ‹*barco*› to right; **enderezó el cuadro** she straightened the picture
B (corregir, enmendar) to put … right, rectify; **intentaron ~ sus maltrechas relaciones matrimoniales** they tried to sort out *o* straighten out their marital problems; **para ~ el curso de las negociaciones** to get the negotiations back on course
C ‹*persona*› to straighten … out
■ **enderezarse** *v pron*
A «*persona*» (ponerse derecho) to stand up straight, straighten up; (corregirse) to sort oneself out, straighten oneself out
B (arreglarse): **las cosas se ~on** things sorted themselves out

ENDESA *f* = **Empresa Nacional de Electricidad, Sociedad Anónima**

endeudado -da *adj* in debt; **quedaron ~s** they got into debt; **~ CON algn** indebted TO sb; **quedo ~ contigo** I am indebted to you, I am in your debt

endeudamiento *m* (estado) indebtedness, debts (*pl*)

endeudar [A1] *vt* to get … into debt
■ **endeudarse** *v pron* to get (oneself) into debt; **~se CON algn** to get into debt WITH sb

endiabladamente *adv* extremely; **es ~ bonita/lista** she's extremely *o* incredibly pretty/clever; **el crucigrama es ~ difícil** the crossword is fiendishly difficult *o* devilishly *o* fiendishly hard

endiablado -da *adj* **1** (malo) ‹*carácter/genio*› terrible; **está de un humor ~** she's in a foul *o* terrible mood; **¡este ~ niño no me deja en paz!** this wretched child won't leave me alone!; **¡qué tiempo más ~!** what terrible *o* foul weather! **2** (difícil) ‹*problema*› thorny, difficult; ‹*asunto*› complicated, tricky; ‹*crucigrama*› devilishly *o* fiendishly hard **3** (peligroso) ‹*velocidad*› reckless, dangerous; ‹*carretera*› treacherous, dangerous

endibia *f* endive, chicory (BrE)

endilgar [A3] *vt* (fam): **nos endilgó un sermón de media hora por lo que habíamos hecho** he lectured us for half an hour *o* he gave us a half-hour lecture about what we'd done; **al final me ~on a mí el trabajito** in the end I got saddled *o* landed *o* (BrE) lumbered with the job (colloq); **todos los trabajos aburridos me los endilga a mí** he foists all the boring jobs on me; **como no está aquí le endilgan la culpa de todo** he isn't here so they blame him for everything *o* they shove the blame for everything onto him; **me endilgó a los niños y se fue a la playa** she dumped the kids on me and went off to the beach (colloq)

endiñar [A1] *vt* (Esp fam) **1** ‹*paliza*› to give; **me endiñó una bofetada** she slapped me **2** ▸**endilgar**

endiosamiento *m* arrogance, haughtiness

endiosar [A1] *vt* **1** (divinizar) to deify **2** (uso hiperbólico) to treat…like a god
■ **endiosarse** *v pron* to become conceited, to think one is a god (colloq)

endivia *f* endive, chicory (BrE)

endocardio *m* endocardium

endocrino -na *adj* endocrine

endocrinología *f* endocrinology

endocrinólogo -ga *m,f* endocrinologist

endodoncia *f* (ciencia) endodontics; (tratamiento) root canal treatment, endodontic treatment (tech)

endoesqueleto *m* endoskeleton

endogamia *f* in-breeding, endogamy (tech)

endogénesis *f* endogeny

endógeno -na *adj* endogenous

endometrio *m* endometrium

endometriosis *f* endometriosis

endomingarse [A3] *v pron* to put on one's Sunday best; **llegaron todos endomingados** they all turned up wearing *o* in their Sunday best

endorfina *f* endorphin

endosante *mf* endorser

endosar [A1] *vt* **1** ‹*cheque/letra*› to endorse **2** (fam) ▸**endilgar**

endosatario -ria *m,f* endorsee

endoscopia *f* endoscopy

endoscopio *m* endoscope

endoso *m* endorsement

endotelio *m* endothelium

endovenoso -sa *adj* intravenous

endrina *f* sloe

endrino *m* blackthorn, sloe

endrogar [A3] *vt* (Méx) to get … into debt
■ **endrogarse** *v pron* (Méx) to get into debt; **~se CON algn** to get into debt WITH sb

endulzante *m* sweetener

endulzar [A4] *vt* **1** ‹*té/café*› to sweeten **2** ‹*tono/respuesta*› to soften **3** ‹*vida/vejez*› to brighten up

endurecer [E3] *vt*
A **1** ‹*arcilla*› to harden; ‹*cemento*› to harden, set; **lo endurecen para que dure más** it is toughened to last longer **2** ‹*músculos/uñas*› to strengthen **3** ‹*arterias*› to harden
B **1** ‹*persona/carácter*› (volver insensible) to harden; (fortalecer) to toughen … up; **ese corte te endurece las facciones** that haircut makes your features look harsher **2** ‹*actitud*› to toughen; **vamos a ~ nuestra postura frente al terrorismo** we are going to toughen our stance on *o* take a tougher line against terrorism
■ **endurecerse** *v pron* **1** «*arcilla*» to harden; «*cemento*» to set, harden **2** «*pan*» to go stale **3** «*persona/carácter*» (volverse insensible) to harden, become hard/harder; (fortalecerse) to toughen up, become tough/tougher; **con la vejez se le han endurecido las facciones** his features have become harsher with age

endurecimiento *m* **1** (de la arcilla) hardening; (del cemento) setting, hardening; (de los músculos, las uñas) strengthening; (de las arterias) hardening 2 (del carácter — insensibilización) hardening; (— fortalecimiento) toughening up 3 (de una postura) toughening

ene *f: name of the letter* **n**

enea *f* reed mace, cattail (AmE), cat's-tail (BrE)

eneagrama *m* enneagram

eneas *adj inv* (Ven fam) 1 (difícil) tough 2 (de mal carácter): **tu jefe es ~** your boss is a real tyrant *o* despot *o* Hitler (colloq); ***ser ~ con burrundanga*** (hum) to be a little terror (colloq), to be nothing but trouble (colloq)

Eneas Aeneas

enebro *m* juniper

Eneida *f*: **la ~** the Aeneid

eneldo *m* dill

enema *m* enema

enemigo[1] **-ga** *adj* 1 ‹*tropas/soldados/país*› enemy (*before n*) 2 **ser ~ DE algo** to be against sth; **es ~ de todo lo nuevo** he's opposed to *o* he's against *o* he dislikes anything new; **soy ~ de los antibióticos** I don't like taking antibiotics; **era enemiga de pegarles a los niños** she was against *o* she was not in favor of *o* she didn't agree with hitting children; ***lo mejor es ~ de lo bueno*** let well alone

enemigo[2] **-ga** *m,f* 1 (Mil) enemy; **pasarse al ~** to go over to the enemy 2 (adversario) enemy; **se hizo muchos ~s** he made a lot of enemies; **~ DE algo** enemy OF sth; **los ~s de la paz** the enemies of peace, those who do not want peace; **un ~ jurado** *or* **declarado** a sworn *o* declared enemy; ***~ público número uno*** public enemy number one

enemil *adj inv* (Col fam) hundreds of (colloq), loads of (colloq); **se lo dije ~ veces** I told her hundreds *o* loads of times; **tengo ~ cosas que hacer** I have loads of *o* a zillion things to do (colloq)

enemistad *f* enmity

enemistado -da *adj* [ESTAR]: **hace años que están ~s** they've been enemies *o* at odds for years; **quedó ~ con todos sus familiares** she fell out with all of her family

enemistar [A1] *vt* to make enemies of; **este incidente enemistó a los dos países** this incident caused a rift between the two countries *o* made enemies of the two countries; **~ a algn CON algn**: **me enemistó con mi hermano** I fell out with my brother over it, it caused me to fall out with my brother

■ **enemistarse** *v pron* to fall out; **se ~on por una nimiedad** (*recípr*) they fell out over something really stupid; **~se CON algn** to fall out WITH sb; **se enemistó con él por cuestiones de dinero** she fell out with him over money matters

enenantes *adv* (crit) ▸**denante**

energética *f* energetics

energético -ca *adj* 1 ‹*crisis/política/recursos*› energy (*before n*) 2 ‹*alimento*› energy-giving, fuel (*before n*) (AmE)

energía *f*

A (Fís) energy; **derroche de ~** waste of energy; **consumo de ~** energy consumption; **fuentes de ~** sources of energy

Compuestos

- **energía atómica** atomic power
- **energía cinética** kinetic energy
- **energía eléctrica** electricity, electric power
- **energía eólica** wind power
- **energía hidráulica** water power
- **energía nuclear** nuclear power, nuclear energy
- **energía solar** solar power, solar energy

B 1 (vigor, empuje) energy; **lo acometió con ~** he undertook it with great vigor *o* with great energy *o* very energetically; **me siento cansada y sin ~(s)** I feel tired and lacking in energy; **protestar con ~** to protest vigorously 2 (firmeza) firmness; **tienes que tratarlo con más ~** you must be firmer *o* stricter with him

enérgicamente *adv* ‹*responder*› firmly, vigorously; **desmintieron ~ la acusación** they vigorously *o* strongly *o* strenuously *o* firmly denied the accusation; **rechazaron ~ la propuesta** they firmly *o* flatly rejected the proposal

enérgico -ca *adj* 1 (físicamente) ‹*ejercicio/movimiento*› energetic, strenuous; ‹*persona*› energetic, vigorous; **le asestó un ~ golpe en la cabeza** she dealt him a fierce *o* heavy blow to the head 2 (firme, resuelto) ‹*carácter*› forceful; ‹*protesta*› vigorous; ‹*medidas*› firm, strong; **lanzó un ~ ataque contra ellos** she launched a vigorous *o* fierce *o* strong attack on them; **un ~ desmentido** a flat *o* firm denial

energizante *adj* energy-giving (*before n*); **bebida ~** energy-giving drink

energizar [A4] *vt* to provide ... with energy

energúmeno *m* (fam) lunatic; **hace una semana de régimen y después se pone a comer como un ~** he diets for a week and then he starts eating like crazy *o* (BrE) mad; **se puso a gritar como un ~** she started shouting like a raving lunatic *o* like a banshee (colloq)

enero *m* ▸ⓘ **p.371** January; **a principios/finales de ~** at the beginning/end of January; **a mediados de ~** in the middle of January, in mid-January; **el tres de ~** the third of January, January the third, January third (AmE); **en (el mes de) ~** in (the month of) January; **durante el mes de ~** in *o* during the month of January; **~ tiene 31 días** January has 31 days; **Lima, 8 de ~ de 1987** (Corresp) Lima, January 8 *o* January 8th *o* 8 January, 1987; **llegaron el 8 de ~** they arrived on the 8th of January *o* January the 8th *o* (AmE) January 8th; **para ~ ya habremos terminado** we'll have finished by January

enervante *adj* 1 (fam) (irritante): **ese ruido es ~** that noise is driving me crazy *o* really getting on my nerves; **tiene una vocecita chillona y ~** she has a grating, high-pitched voice 2 (que quita fuerzas): **el calor se hizo ~** the heat became quite enervating

enervar [A1] *vt* 1 (irritar): **me enerva la música a todo volumen** really loud music gets on my nerves *o* drives me mad *o* irritates me (colloq); **la enerva ver todo en desorden** seeing everything in a mess really annoys her 2 (debilitar) to enervate

enésimo -ma *adj* nth; **por enésima vez** for the nth *o* umpteenth time (colloq)

enfadadizo -za *adj* (esp Esp) irritable

enfadado -da *adj* (esp Esp) angry; (en menor grado) annoyed; **están ~s** they've fallen out, they've had an argument *o* a fight, they've had a row (BrE); **está muy ~ contigo** he's very angry/annoyed with you

enfadar [A1] *vt* (esp Esp) (enojar, disgustar) to anger, make ... angry; (en menor grado) to annoy

■ **enfadarse** *v pron* (esp Esp) 1 to get angry, get mad (AmE colloq); (en menor grado) to get annoyed, get cross (BrE colloq); **me voy a ~ contigo** I'm going to get annoyed *o* cross with you, I'm going to get angry with *o* mad at you; **no te enfades, pero no te queda nada bien** don't be offended but it doesn't suit you at all; **~se CON algn** to get angry/annoyed WITH sb 2 «*novios*» to fall out

enfado *m* (esp Esp) anger; (menos serio) annoyance; **¿a qué se debe tu ~?** why are you angry/annoyed?, what are you so angry/annoyed about?; **no pudo disimular su ~** she couldn't hide her anger/annoyance; **me lo reprochó con ~** she reproached me angrily for what I'd done/said

enfadoso -sa *adj* (esp Esp) ‹*situación*› annoying, trying; ‹*tarea*› tedious, irksome

enfangar [A3] *vt* ▸**enlodar**

enfardadora *f* (Agr) baler

enfardar [A1] *vt* to bale

énfasis *m* emphasis; **puso especial ~ en este problema** she placed particular emphasis on this problem, she highlighted *o* stressed *o* emphasized this problem; **puso ~ en la última sílaba** he stressed the last syllable

enfático -ca *adj* emphatic; **lo dijo en tono ~** he said it emphatically

enfatizar [A4] *vt* to emphasize, stress

enfebrecido -da *adj* feverish

enfermante *adj* (CS) exasperating

enfermar [A1] *vi* to fall ill, get ill, get sick (AmE); **enfermó a los pocos meses de casarse** a few months after his wedding he fell ill; **si sigue comiendo así va a ~** if he carries on eating like that he's going to make himself ill *o* to get ill

■ **enfermar** *vt* (fam) to drive ... mad (colloq); **la burocracia de este país me enferma** the bureaucracy in this country really gets me *o* bugs me *o* drives me mad

■ **enfermarse** *v pron* 1 (AmL) (caer enfermo) to fall ill, get ill, get sick (AmE); **se enfermó del estómago** she developed stomach trouble 2 (CS euf) (menstruar) to get one's period

enfermedad *f* illness; **contraer una ~** to contract an illness/a disease (frml); **padece una ~ incurable** he has an incurable disease, he is suffering from *o* he has an incurable illness; **una ~ que afecta a los humanos** a disease that affects humans; **tras una larga ~** after a long *o* lengthy illness; **está de baja por ~** he's off sick; **~es de la piel** skin diseases; **~ contagiosa** contagious disease

Compuestos

- **enfermedad catastrófica** (Chi, Col) *illness entailing high costs for treatment*
- **enfermedad celiaca** coeliac disease
- **enfermedad de Alzheimer** Alzheimer's disease
- **enfermedad de Creutzfeld-Jacob** Creutzfeld-Jacob's disease
- **enfermedad de Crohn** Crohn's disease
- **enfermedad de declaración obligatoria** notifiable disease
- **enfermedad degenerativa** degenerative disease
- **enfermedad de las vacas locas** (fam) mad cow disease (colloq)
- **enfermedad del beso** (fam) glandular fever, kissing disease (colloq)
- **enfermedad del legionario** Legionnaires' disease
- **enfermedad del sueño** sleeping sickness
- **enfermedad de Parkinson** Parkinson's Disease
- **enfermedad de transmisión sexual** sexually transmitted disease
- **enfermedad de Weil** Weil's disease
- **enfermedad hereditaria** hereditary disease
- **enfermedad infantil** childhood disease
- **enfermedad mental** mental illness
- **enfermedad nerviosa** nervous disorder
- **enfermedad profesional** occupational disease
- **enfermedad social** social disease
- **enfermedad terminal** terminal illness
- **enfermedad venérea** venereal disease, VD

enfermería *f*

A (sala) infirmary, sickbay

B (carrera) nursing

enfermero -ra *m,f* nurse

Compuestos

- **enfermero de noche, enfermera de noche** *m,f* night nurse
- **enfermero dental, enfermera dental** *m,f* dental nurse
- **enfermero domiciliario, enfermera domiciliaria** *m,f* ≈ district nurse
- **enfermero jefe, enfermera jefe** *or* **jefa** *m,f* ≈ head nurse (AmE), ≈ charge nurse (BrE)

enfermizo -za *adj* 1 ‹*persona*› unhealthy, sickly; **una mujer de aspecto ~** an unhealthy-looking *o* a sickly-looking woman 2 ‹*pasión/curiosidad*› unhealthy

enfermo[1] **-ma** *adj* 1 (Med) ill, sick; **no ha venido porque está ~** he hasn't come because he's ill *o* unwell *o* sick; **está gravemente ~** *or* **~ de gravedad** he's very sick, he's seriously ill; **está enferma de los nervios** she suffers with *o* has trouble with her nerves; **cayó** *or* (Esp) **se puso enferma** she fell *o* got ill, she got sick (AmE); ***poner ~ a algn*** (fam) to get on sb's nerves (colloq), to get sb (colloq), to bug sb (colloq) 2 (CS euf) (con la menstruación): **estoy**

enferma I have got my period, it's the time of the month (euph)

enfermo² -ma *m,f*: **se pasó la vida cuidando ~s** she spent her whole life caring for sick people; **~s del corazón** people with heart trouble; **camas para los ~s de cáncer** beds for cancer sufferers *o* patients, beds for people suffering from cancer; **es un ~ del Dr Moliner** he's one of Dr Moliner's patients

enfermucho -cha *adj* (fam) sickly

enfervorizado -da *adj* ecstatic, frenzied

enfervorizar [A4] *vt*: **su exaltado discurso enfervorizó a las masas** her stirring speech roused the crowd to fever pitch *o* fired the enthusiasm of the crowd *o* aroused the fervor of the crowd

enfiestado -da *adj* (Andes, Méx, Ven): **ahora que se va, está ~ con las despedidas** now that he's leaving, his life's just one big farewell party (colloq); **todavía están ~s** they're still living it up *o* partying (colloq)

enfiestarse [A1] *v pron* (Méx fam) to party (colloq), to live it up (colloq)

enfilación *f* sighting

enfilado -da *adj*: **tener ~ a algn** (Esp fam) to have it in for sb (colloq)

enfilar [A1] *vi* to make one's way; **enfiló por la carretera principal** she made her way *o* she went along the main road; **~on hacia la plaza** they set off toward(s) the square

■ **enfilar** *vt* **1** ‹calle/autopista› to take; **el coche enfiló el camino del hospital** the car turned into *o* took the road that leads to the hospital; **enfiló la pista de aterrizaje** he lined up on *o* with the runway **2** ‹cuentas/perlas› to string, thread **3** ‹mira/cañón› to aim; **~ algo HACIA algo** to aim sth AT sth, line sth up ON sth

enfisema *m* emphysema

enflaquecer [E3] *vi* to lose weight, get thin

enflaquecimiento *m* weight loss

enflautar [A1] *vt* (Col fam) ▸**endilgar**

enflusarse [A1] *v pron* (Ven fam) to wear a suit; **hay que venir enflusado y con corbata** you have to come in a suit and tie *o* wear a suit and tie

enfocar [A2] *vt*

A ‹imagen/persona› (con una cámara) to focus on; **los ~on con los faros del coche** they shone the headlights on them

B **1** (Fot, Ópt) ‹cámara/microscopio› to focus **2** ‹tema/asunto› to approach, look at; **~on el problema desde otro punto de vista** they looked at *o* considered *o* approached the problem from a different viewpoint, they chose a different approach to the problem

enfoque *m* **1** (Fot, Ópt) (acción) focusing*; (efecto) focus **2** (de un asunto) approach; **todo depende del ~ que se le dé al problema** everything depends on the way you look at *o* on how you approach the problem, everything depends on your approach to the problem *o* on the approach you take to the problem; **~ DE algo** approach TO sth; **un ~ nuevo y original del tema** a new and original approach to the subject

enfrascarse [A2] *v pron* **~ EN algo**: **se enfrascó en su trabajo** she buried herself in *o* immersed herself in *o* became totally absorbed in her work; **se enfrascaron en una animada discusión** they became immersed in a lively discussion

enfrenón *m* (Méx fam): **darse un ~** to slam on the brakes, jam on the brakes; **desde aquí oí el ~** I heard the screech *o* squeal of brakes from here

enfrentado -da *adj* conflicting

enfrentamiento *m* clash; **se produjeron ~s entre los manifestantes y la policía** there were clashes between demonstrators and police; **en el debate se produjo un ~ entre los dos dirigentes** during the debate there was a confrontation *o* clash between the two leaders

(Compuestos)

• **enfrentamiento armado** armed confrontation

• **enfrentamiento bélico** military confrontation

enfrentar [A1] *vt*

A ‹problema/peligro› to confront, face up to; **podemos ~ el futuro con optimismo** we can face the future with optimism; **tienes que ~ la realidad** you have to face up to reality, you have to face facts

B **1** ‹contrincantes/opositores› to bring ... face to face; **~ a algn CON algn** to bring sb face to face WITH sb; **el combate ~á al campeón europeo con el africano** the fight will bring together the European and African champions, the fight will bring the European champion face to face with the African champion, the European and African champions will meet in the fight **2** (enemistar) to bring ... into conflict

■ **enfrentarse** *v pron* **1** (hacer frente a) **~se A/CON algn**: **se ~on con la policía** they clashed with the police; **se enfrentó con el enemigo** he confronted the enemy; **se enfrentó duramente al** *or* **con el líder de la oposición** she clashed with the leader of the opposition; **el equipo se enfrenta hoy a Paraguay** today the team comes up against *o* meets Paraguay; **~se A algo**: **tuvieron que ~se a múltiples dificultades/peligros** they had to face many difficulties/dangers; **nunca ha querido ~se a la realidad** he has never wanted to face up to reality; **ya cambiará cuando tenga que ~se a la vida** he'll change when he has to face up to life **2** (recípr) «equipos/atletas» to meet; «tropas» to clash; **los dos líderes se ~on en un duro debate** the two leaders clashed in a fierce debate

enfrente *adv*

A (al otro lado de una calle, etc) opposite; **vive justo ~** he lives just opposite, he lives just across the street; **ese bloque que están construyendo ahí ~** that block they're building across the road, that block they're building over there (on the other side of the road); **~ DE algo/algn**: **queda ~ del parque** it's opposite the park, it's across the road from the park; **siéntate ~ de mí** *or* (crit) **~ mío** sit facing *o* opposite me

B (delante) in front; **~ DE algo** in front of sth

enfriamiento *m* **1** (catarro) chill **2** (del amor, entusiasmo) cooling, cooling off; **el ~ de las relaciones diplomáticas** the cooling of diplomatic relations

enfriar [A17] *vt*

A **1** ‹vino/postre› (en el refrigerador) to chill, cool; (sin refrigerador) to cool **2** ‹entusiasmo/relación› to cool, cause ... to cool

B (Per fam) (matar) to bump off (colloq), to ice (AmE sl)

■ **enfriar** *vi*: **no dejes ~ el café** don't let your coffee go *o* get cold; **hay que dejar ~ el motor** you have to let the engine cool down; **ponlo a ~** put it in the refrigerator to chill

■ **enfriarse** *v pron*

A **1** «comida/bebida» (ponerse — demasiado frío) to get cold, go cold; (— lo suficientemente frío) to cool down; **el café se enfrió** the coffee went *o* got cold; **espera que se enfríe un poco** wait till it cools down a bit **2** «manos» to get cold **3** «entusiasmo/relaciones» to cool, cool off

B **1** (coger frío) to catch *o* get cold **2** (resfriarse) to catch a cold, catch a chill

C (Per fam) (morirse) to croak (colloq), to drop dead (colloq)

enfundar [A1] *vt* ‹espada› to sheathe, put ... into its scabbard; ‹puñal› to sheathe, put ... into its sheath; **enfundó la pistola** he put the pistol into his holster

■ **enfundarse** *v pron* **~se EN algo** to put sth on; **enfundada en un ceñido traje azul** in *o* wearing a tight blue suit

enfurecer [E3] *vt* to infuriate, make ... furious

■ **enfurecerse** *v pron* to fly into a rage, get furious

enfurecido -da *adj* [ESTAR] ‹persona› furious ‹mar/aguas› (liter) raging (liter)

enfurruñarse [A1] *v pron* (fam) to sulk, to go into a sulk (colloq); **está enfurruñado por algo** he's sulking *o* he's in a sulk about sth

engalanamiento *m* decorating, decking

engalanar [A1] *vt* to decorate, deck; **balcones engalanados de flores** balconies decorated *o* decked *o* festooned with flowers; **la ciudad estaba engalanada para recibir al Rey** the city was decked out for the King's visit

■ **engalanarse** *v pron* (refl) to get all dressed up, dress up in one's Sunday best

engalletado -da *adj* (Ven fam) **1** (enredado) ‹persona› confused; ‹procedimiento› complicated **2** (congestionado) ‹tráfico› heavy; **la carretera de Maracay está engalletada** there is a traffic jam on the road to Maracay, traffic is heavy on the road to Maracay

engalletamiento *m* (Ven fam) (congestión) congestion; (atasco) traffic jam

engalletar [A1] *vt* (Ven fam) to muddle (colloq), to confuse

■ **engalletarse** *v pron* (Ven fam) **1** (enredarse) to get muddled (colloq), to get confused **2** (congestionarse) to get snarled up (colloq); **el tráfico se engalletó después del choque** there was a traffic jam *o* traffic became congested as a result of the crash

enganchado¹ -da *adj* **1** (prendido): **la falda me quedó enganchada en el rosal** my skirt got caught *o* hooked on the rosebush **2** (fam) (adicto) hooked (colloq); **~ A algo** to be hooked ON sth

enganchado² -da *m,f* drug addict

enganchar [A1] *vt* **1** ‹cable/cadena› to hook; **engancha el cable en ese clavo/la cadena en la argolla** hook the cable onto that nail/the chain onto the ring **2** ‹remolque› to hitch up, attach; ‹caballos› to harness; ‹vagón› to couple, attach **3** ‹pez› to hook **4** (fam) (atraer): **se ha dejado ~ por una francesa** some Frenchwoman's got him in her clutches (colloq); **lo ~on para que ayudara con los preparativos** they got him to help with the preparations, they dragged him into helping with the preparations **5** (Taur) to gore

■ **engancharse** *v pron* **1** (quedar prendido) to get caught; **el cable se enganchó en una de las vigas** the wire got caught *o* stuck *o* snagged on one of the beams; **se me enganchó la falda en una rama** my skirt got caught *o* hooked on a branch **2** (fam) (Mil) to join up **3** (fam) (hacerse adicto) to get hooked (colloq); **~se A algo** to get hooked ON sth

enganche *m*

A **1** (acción de enganchar — caballos) harnessing; (— un remolque) hitching up; (— vagones) coupling **2** (pieza, mecanismo) (Auto) towing hook; (Ferr) coupling

B (Esp) (de la luz, del teléfono) connection

C (Méx) (Fin) down payment; **5% de ~ y el resto en cinco cuotas** 5% down and the rest in five installments

D (CS) (en una prenda) pulled thread, snag

enganchón *m* pulled thread, snag

engañabobos *m* (*pl* ~) (fam) con (colloq), swindle (colloq), swizz (BrE colloq)

engañador -dora *adj* ‹exterior/apariencia› deceptive; ‹persona› flattering, full of flattery

engañapichanga *f* (RPl fam) ▸**engañabobos**

engañar [A1] *vt* **1** (embaucar): **no te dejes ~** don't be misled *o* fooled *o* deceived *o* taken in; **sé que no estuviste allí, tú a mí no me engañas** I know you weren't there, you can't fool me; **a él no se lo engaña tan fácilmente** he's not so easily fooled *o* duped *o* deceived, he's not taken in that easily; **te han engañado, no está hecho a mano** you've been cheated *o* conned *o* had *o* done, it's not handmade (colloq); **me engañó la vista** my eyes deceived *o* misled me; **si la memoria no me engaña** if my memory serves me right *o* correctly; ***las apariencias engañan*** appearances can be deceptive; **~ *el hambre*** *or* ***el estómago*** to keep the wolf from the door (colloq); **comimos un poco de queso para ~ el hambre** we had some cheese to keep the wolf from the door *o* to take the edge off our appetites *o* to keep us going **2** (ser infiel a) to be unfaithful to, cheat on (AmE colloq); **su marido la engaña con la secretaria** her husband's being unfaithful to her *o* cheating on her, he's having an affair with his secretary

■ **engañarse** *v pron* 1 (*refl*) (mentirse) to deceive oneself, delude oneself, kid oneself (colloq); **no te engañes, no se va a casar contigo** don't deceive *o* delude *o* kid yourself, she's not going to marry you 2 (equivocarse) to be mistaken; **duró, si no me engaño, hasta noviembre** it lasted until November, if I'm not mistaken

engañifa *f* (fam) con (colloq), swindle (colloq), swizz (BrE colloq)

engañito *m* (Chi fam) little present; **siempre me trae un ~** he always brings me a little present *o* (colloq) little something

engaño *m*

A 1 (mentira) deception; **lo que más me duele es el ~** it was the deceit *o* deception that upset me most; **fue víctima de un cruel ~** she was the victim of a cruel deception *o* swindle, she was cruelly deceived *o* taken in; **vivió en el ~ durante años** for years she lived in complete ignorance of his deceit; **es un ~, no es de oro** it's a con, this isn't (made of) gold (colloq) 2 (ardid) ploy, trick; **se vale de todo tipo de ~s para salirse con la suya** he uses all kinds of tricks *o* every trick in the book to get his own way; ***llamarse a ~*** to claim one has been cheated *o* deceived; **para que luego nadie pueda llamarse a ~** so that no one can claim *o* say that they were deceived/cheated

B (Taur) cape (*used by the matador to confuse the bull*)

C (Dep) fake; **hacer un ~** to fake

engañosamente *adv* deceitfully

engañoso -sa *adj* ‹*palabras*› deceitful; ‹*apariencias*› deceptive

engarabitar [A1] *vt* to crook

■ **engarabitarse** *v pron* to climb *o* shin up

engarce *m* setting

engargolado *m* 1 (ensambladura) tongue-and-groove joint 2 (de una puerta) runner, slot

engarrotarse [A1] *v pron* (Andes) ▸ **agarrotar**

engarzar [A4] *vt*

A ‹*piedra/brillante*› to set; **un brillante engarzado en platino** a diamond set in platinum

B (Col) (enganchar): **engarzó la carnada al anzuelo** he put the bait on the hook, he baited the hook

■ **engarzarse** *v pron* 1 (Col) (engancharse) to get caught 2 (Chi) (*recípr*) (trabarse) **~ EN algo** to get involved IN sth; **nos engarzamos en una pelea estúpida** we got into *o* got involved in a stupid quarrel

engastar [A1] *vt* ▸ **engarzar**

engaste *m* setting, mount

engatusar [A1] *vt*: **engatusó a su padre para que se lo comprara** she sweet-talked her father into buying it for her; **me engatusó y acabó vendiéndome la radio más cara** he gave me his spiel and I ended up buying the most expensive radio; **a mí no me vas a ~ con zalamerías** flattery will get you nowhere

engavetado -da *adj* (Ven fam): **ha permanecido ~ por años** it has been kept on ice *o* shelved for years; **está ~ en las oficinas del ministerio** it is collecting dust in the offices of the ministry

engavetar [A1] *vt* (Ven fam) to shelve, put … on ice

engendrar [A1] *vt* 1 ‹*hijos*› to father 2 ‹*odio/sospecha*› to breed, engender (frml); **experiencias que engendran traumas y resentimientos** experiences that produce *o* (frml) engender traumas and feelings of resentment; **ese episodio engendró la duda en él** that incident sowed the seeds of doubt in his mind

engendro *m* 1 (feto) fetus* 2 (criatura malformada) malformed creature 3 (creación monstruosa) freak, monster; **ese tipo es un ~** (fam) he's ugly as sin, he looks like a freak

engentado -da *adj* (Méx) dazed, confused

englobar [A1] *vt* to embrace, include, to encompass (frml)

engolado -da *adj* pompous

engolar [A1] *vt*: **~ la voz** to put on an affected *o* a pompous voice

engolosinar [A1] *vt* to tempt; **~ a algn CON algo** to tempt sb WITH sth

■ **engolosinarse**

■ *v pron*

A (encapricharse): **se ha engolosinado con la idea** he's really taken to the idea

B (Chi) (Dep): **le critican que se engolosine con el balón** they are criticizing him for hanging on to the ball

engomado -da *adj* 1 ‹*etiqueta*› gummed, self-adhesive; ‹*sobre*› gummed, self-sealing 2 (Chi fam) (estirado) stuck-up (colloq)

engomar [A1] *vt* ‹*papel*› to gum, glue, apply glue *o* gum to

engominado -da *adj* slicked down

engominarse *v pron* to put on hair gel; **se engomina el pelo** he slicks his hair down

engorda *f* (Chi, Méx) ▸ **engorde**

engordante *adj* fattening

engordar [A1] *vt*

A (aumentar): **ha engordado cinco kilos** he's put on *o* gained five kilos

B 1 (cebar) to fatten, fatten up 2 ‹*cifras/estadísticas*› to swell

■ **engordar** *vi* 1 «*persona*» to put on *o* gain weight; «*animales*» to fatten 2 «*alimentos*» to be fattening; **las pastas engordan** pasta is fattening

engorde *m* fattening

engorro *m* (fam) nuisance, hassle (colloq)

engorroso -sa *adj* ‹*problema*› complicated, thorny, tricky; ‹*situación*› awkward, difficult; ‹*asunto*› trying, tiresome, bothersome

engrampadora *f* (Bol, RPl) stapler

engrampar [A1] *vt* (Bol, RPl) to staple

engranaje *m*

A (Mec) gear assembly (*o* mechanism *etc*), gears (*pl*); **el ~ del reloj** the cogs of the watch

(Compuestos)

- **engranaje cilíndrico** spur wheel
- **engranaje cónico** bevel gears (*pl*), bevel gear assembly
- **engranaje de tornillo sin fin** worm gears (*pl*), worm gear assembly
- **engranaje epicicloide** epicicloidal gears (*pl*), epicicloidal gear assembly
- **engranaje helicoide** *or* **helicoidal** helicoidal gears (*pl*), helicoidal gear assembly

B (sistema, estructura): **el ~ de destrucción montado por la dictadura** the mechanism of destruction established under the dictatorship; **los ~s de la actividad política se pusieron en marcha** the wheels of the political machine were set in motion; **afectó a todo el ~ del partido** it affected the whole party apparatus *o* the whole machinery of the party

engranar [A1] *vt* ‹*piezas/dientes*› to mesh, engage; ‹*marcha*› to engage

■ **engranar** *vi* 1 «*piezas*» to engage, mesh; «*marcha*» to engage (frml); **la tercera no engrana** I can't get it into third, it won't go into third, third gear won't engage 2 (RPl fam) (enojarse) to get angry, get into a strop (BrE colloq)

engrandecer [E3] *vt*: **aquel gesto lo engrandeció ante todos** with that gesture he grew in stature in everyone's eyes

engrandecimiento *m*: **otra hazaña que contribuye al ~ de nuestro ejército** another great deed that contributes to the greater glory of our army; **el ~ del espíritu a través del sacrificio** the uplifting of the spirit through sacrifice

engrane *m* (Méx) cog, cogwheel

engrapadora *f* (AmL) stapler

engrapar [A1] *vt* (AmL) to staple

engrasado *m* lubrication, greasing

engrasador *m* grease gun

(Compuesto) **engrasador a pistola** *or* **presión** grease gun

engrasar [A1] *vt*

A 1 (Auto, Mec) (con grasa) to grease, lubricate; (con aceite) to oil, lubricate 2 (Coc) ‹*molde*› to grease

B (manchar) ‹*papel/tela*› to get grease on

■ **engrasarse** *v pron* 1 «*papel/tela*» to get stained with grease 2 «*pelo*» to become greasy

engrase *m* (con grasa) greasing; (con aceite) lubrication

engreído[1] **-da** *adj* 1 (vanidoso, presumido) conceited, bigheaded (colloq) 2 (Per) (mimado) spoiled*

engreído[2] **-da** *m,f* 1 (vanidoso) bighead (colloq) 2 (Per) (mimado) spoiled* brat

engreimiento *m* 1 (arrogancia) conceit, bigheadedness (colloq) 2 (Per) (mimos) spoiling

engreír [I18] *vt* 1 (hacer vanidoso) to make … conceited, make … bigheaded (colloq); **tantos halagos y éxitos la han engreído** all this praise and success has turned her head *o* has made her conceited *o* bigheaded 2 (Per) (mimar) to spoil

■ **engreírse** *v pron* to become conceited, become bigheaded (colloq)

engrifarse [A1] *v pron*

A (arg) (con droga) to get high (colloq)

B (Chi, Méx fam) (encolerizarse) to fly off the handle (colloq), to blow one's top (colloq)

engripado -da *adj* (CS fam): **estar ~** to have the flu (AmE), to have flu (BrE)

engriparse [A1] *v pron* (CS fam) to get *o* catch (the) flu, go down with (the) flu

engrosar [A10] *vt* to swell; **pasaron a ~ las filas del partido** they swelled *o* joined the ranks of the party; **12.900 personas pasaron a ~ las cifras de desempleo** the number of people out of work rose by 12,900, 12,900 people joined the ranks of the unemployed; **el nuevo impuesto va a ~ considerablemente las arcas del estado** the new tax will swell the state coffers considerably

■ **engrosar** *vi* to put on *o* gain weight

engrudar [A1] *vt* to paste

engrudo *m* (flour and water) paste

engrupido -da *m,f* (Arg fam) show-off (colloq)

engrupir [I1] *vt* (CS fam) to fool (colloq); **la quiso ~ diciéndole que …** he tried to fool her by telling her that …; **la tiene engrupida** he's leading her up the garden path (colloq), he's stringing her along (colloq)

■ **engrupirse** *v pron* (CS fam) to be taken in

engualichar [A1] *vt* (Arg fam) to cast an evil spell on

enguantado -da *adj* ‹*mano*› gloved; **iba ~** he was wearing gloves

enguatado -da *adj* (Esp) ‹*chaqueta*› padded; ‹*colcha*› quilted

enguatar [A1] *vt* (Esp) to pad

■ **enguatarse** *v pron* (Chi fam) to fill oneself up (colloq)

enguayabado -da *adj* (Col, Ven fam) 1 (por la tierra natal) homesick; **estaba ~ por ella** he was missing her 2 (con resaca) hung over; **está ~** he has a hangover, he's hung over

enguerrillarse [A1] *v pron* (Ven fam) to quarrel, fight, row (BrE colloq)

engullir [I9] *vt* to bolt down, bolt

■ **engullirse** *v pron* (*enf*) ‹*comida*› to bolt (down), wolf (down); **la deuda externa amenaza con ~se al país** the country's foreign debt threatens it with ruin; **se engulló todo lo que le sirvieron** he wolfed down *o* gobbled up everything they put in front of him; **no te lo engullas así** don't bolt it like that; **y entonces el lobo se engulló a la ovejita** and then the wolf gobbled up the little lamb

enharinar [A1] *vt* ‹*pescado/carne*› to coat … with flour; ‹*mesa/molde*› to flour, dust … with flour

enhebrar [A1] *vt* ‹*aguja*› to thread; ‹*perlas*› to string, thread

enhiesto -ta *adj* (liter) ‹*persona/figura*› erect, upright; ‹*torre*› soaring (liter), lofty (liter); ‹*árbol*› towering (*before n*), lofty (liter)

enhorabuena[1] *f* congratulations (*pl*); **darle a algn la ~** to congratulate sb; **reciba mi más cordial ~** (frml) please accept my warmest congratulations (frml); **están de ~** they have reason to celebrate

enhorabuena[2] *interj* congratulations!

enigma *m* enigma, mystery

enigmáticamente *adv* enigmatically, mysteriously

enigmático -ca *adj* enigmatic, mysterious

enjabonar [A1] *vt* to soap

■ **enjabonarse** *v pron* (*refl*) to soap oneself; **~se las manos** to soap one's hands

enjaezar [A4] *vt* to harness

enjalbegado *m* whitewashing

enjalbegar [A3] *vt* to whitewash

enjambrar [A1] *vi* to swarm

enjambre *m* 1 (Zool) swarm; **un ~ de periodistas** a swarm of reporters 2 (Astron) cluster

enjarciar [A1] *vt* to rig

enjaretar [A1] *vt* ▸ **endilgar**

enjaular [A1] *vt* 1 ‹*pájaro/fiera*› to cage, put ... in a cage; **como una fiera enjaulada** like a caged animal 2 (fam) (meter en la cárcel) to lock ... up, throw *o* put ... in prison, put ... inside (colloq)

enjoyado -da *adj* bejeweled* (liter); **iba muy enjoyada** she was wearing lots of jewelry *o* (colloq) dripping with jewels

enjuagado *m* rinsing

enjuagar [A3] *vt* ‹*ropa/vajilla*› to rinse; ‹*boca/vaso*› to rinse, rinse out; ‹*palangana/cubo*› to swill out

■ **enjuagarse** *v pron* (*refl*) to wash off the soap; **~se el pelo** to rinse one's hair

enjuague *m*

A 1 (acción de enjuagar) rinse 2 (AmL) (para el pelo) conditioner

(Compuesto) **enjuague bucal** (AmL) mouthwash

B **enjuagues** *mpl* (fam) (tejemanejes) funny business (colloq)

enjugar [A3] *vt* 1 (liter) ‹*lágrimas*› to wipe away; **enjugaba el sudor de su frente** she wiped the sweat from her brow 2 (absorber) ‹*deuda/gastos*› to recoup, cover

■ **enjugarse** *v pron* (*refl*) (liter): **se enjugó las lágrimas** she wiped away her tears; **~se la frente** to mop *o* wipe one's brow

enjuiciado -da *m,f*: **el ~** the accused, the defendant; **los ~s** the accused, the defendants

enjuiciamiento *m* 1 (acusación) indictment; **el ~ de Ricardo Granara acusado de estafa** the indictment of Ricardo Granara on a fraud charge 2 (juicio, proceso) trial

enjuiciar [A1] *vt*

A (Der) 1 (acusar) to indict, commit for trial; **todavía no ha sido enjuiciado** he has not been indicted *o* committed for trial yet, proceedings have not been instituted against him yet; **~on a todos los detenidos** all those arrested were committed for trial 2 (juzgar) to try; **los que aún están siendo enjuiciados** those who are still being tried *o* are still on trial; **lo ~on por el hurto del dinero** he was tried for the theft of the money

B (en cuestiones morales) to judge; **no quiero ~ su conducta** I don't want to judge her conduct *o* pass judgment on her conduct

enjundia *f* substance; **un tema con mucha ~** a very weighty *o* substantial subject

enjundioso -sa *adj* substantial

enjuto -ta *adj* lean, gaunt

enlace *m*

A 1 (conexión, unión) link; **~ telefónico** telephone link; **~ por** *or* **vía satélite** satellite link; **el ~ ferroviario/aéreo entre las dos ciudades** the rail/air link between the two cities; **una partícula de ~** a linking *o* connecting particle

(Compuesto) **enlace web** (Inf) weblink

2 (de vías, carreteras) intersection, junction

(Compuesto) **enlace en trébol** cloverleaf

B (frml) (casamiento) *tb* **~ matrimonial** marriage

C (persona) liaison; **actúa de ~ entre ...** he acts as liaison *o* as a link between ..., he liaises between ... (BrE)

(Compuesto) **enlace sindical** *mf* (Esp) shop steward, union rep

D (Quím) linkage, bond

enladrillado *m* brick floor

enladrillador -dora *m,f* bricklayer

enladrillar [A1] *vt* to pave ... with bricks

enlagunarse [A1] *v pron* (Col fam) to have a blackout

enlatado[1] **-da** *adj* 1 ‹*alimentos*› canned, tinned (BrE) 2 ‹*música*› canned; ‹*programa*› (AmL) canned 3 (Inf) ‹*programa*› stored

enlatado[2] *m*

A 1 (proceso) canning 2 **enlatados** *mpl* (productos) canned *o* (BrE) tinned goods (*pl*)

B (AmL pey) (TV) poor-quality program (*gen imported soap opera*)

enlatar [A1] *vt*

A ‹*alimentos/bebidas*› to can

B ‹*programa*› to prerecord

enlazar [A4] *vt*

A 1 ‹*ciudades*› to link, link up; ‹*ideas/temas*› to link, connect; **caminaban con las manos enlazadas** (liter) they walked along hand in hand; **~ algo CON algo** to link sth WITH *o* TO sth 2 ‹*cintas*› to tie ... together

B (Col, RPl) ‹*res/caballo*› to lasso, rope (AmE)

C (Méx frml) (casar) to marry

■ **enlazar** *vi* **~ CON algo** «*tren/vuelo*» to connect WITH sth; «*carretera*» to link up WITH sth

enlentecer [E3] *vt* to slow down

■ **enlentecerse** *v pron* «*proceso/marcha*» to slow down; «*reflejos/reacciones*» to get slower

enlentecimiento *m* slowing down

enlistado *m* (Méx) list

enlistar [A1] *vt* (Méx) to draw up *o* make a list of

■ **enlistarse** *v pron* (AmC, Col, Ven) to enlist, join up

enlodar [A1], **enlodazar** [A4] *vt* 1 ‹*ropa/suelo*› to get ... muddy 2 ‹*reputación*› to tarnish, sully, besmirch (frml)

■ **enlodarse enlodazarse** *v pron* to get muddy

enloquecedor -dora *adj* ‹*dolor*› excruciating; **el ruido era ~** the noise was enough to drive you crazy *o* (esp BrE) mad

enloquecer [E3] *vt* to drive ... crazy *o* (esp BrE) mad

■ **enloquecer** *vi*

A (perder el juicio) to go crazy *o* (BrE) mad, go out of one's mind; **~ DE algo**: **enloqueció de celos** he was driven crazy *o* insane *o* mad with jealousy, he went out of his mind with jealousy

B (fam) (gustar mucho): **me enloquece la música pop** I'm crazy *o* (esp BrE) mad about pop music (colloq)

■ **enloquecerse** *v pron* 1 (entusiasmarse) to go crazy, go mad (esp BrE); **~se POR algo** to be crazy *o* mad ABOUT sth (colloq) 2 (trastornarse): **se enloquece de dolor** the pain drives him crazy *o* mad

enloquecimiento *m* madness, insanity

enlosado *m* (de losas) paving; (de baldosas) floor tiling

enlosar [A1] *vt* (con losas) to pave; (con baldosas) to tile

enlozado -da *adj* (AmL) 1 ‹*cacerola*› enameled* 2 ‹*fuente*› glazed

enlucido *m* plaster

enlucidor -dora *m,f* plasterer

enlucir [I5] *vt*

A (enyesar) to plaster

B (limpiar) to polish

enlutado -da *adj* ‹*persona*› dressed in mourning; ‹*bandera*› black-fringed (*as sign of mourning*); **el país está ~** the country is in mourning

enlutar [A1] *vt*: **el terremoto enlutó a todo el país** the earthquake plunged the whole country into mourning; **la tragedia enlutó su juventud** the tragedy cast a pall over his youth

■ **enlutarse** *v pron* to go into mourning

enmaderado *m* (en una pared) paneling*; (en el suelo) flooring

enmaderar [A1] *vt* ‹*pared*› to panel, cover with wood paneling*; ‹*suelo*› to lay wooden flooring on

enmadrado -da *adj* (Esp fam): **está muy ~** he's a real mama's *o* mommy's (AmE) *o* (BrE) mummy's boy

enmantecar [A2] *vt* (RPl) ▸ **enmantequillar**

enmantequillar [A1] *vt* ‹*recipiente*› to grease (*with butter*); ‹*pan*› to butter

enmarañado -da *adj* 1 ‹*pelo/lana*› tangled; **tienes el pelo todo ~** your hair's all tangled *o* in a tangle 2 (complicado, confuso) complicated, involved

enmarañar [A1] *vt* 1 ‹*pelo/lana*› to tangle 2 ‹*asunto*› to complicate 3 ‹*persona*› to confuse

■ **enmarañarse** *v pron* 1 «*pelo/lana*» to get tangled 2 «*persona*»: **~se EN algo** to get involved *o* embroiled *o* entangled IN sth

enmarcado *m* (acción) framing; (marco) frame

enmarcador -dora *m,f* picture framer

enmarcar [A2] *vt*

A ‹*lámina/foto*› to frame; **los enormes ojos negros enmarcados por espesas pestañas** her huge dark eyes framed by thick eyelashes

B 1 (dentro de un contexto): **enmarcaron su gestión dentro del respeto a la Constitución** they kept their actions within the bounds of the Constitution, they set their actions within a constitutional framework; **esto quedará enmarcado en la nueva ley** this will be enshrined in the new law 2 (servir de contexto para): **la ciudad que enmarca el festival** the city which forms the backdrop to the festival *o* which provides the setting for the festival; **el ambiente de cordialidad que enmarcó la firma del acuerdo** the cordial atmosphere in which the agreement was signed

■ **enmarcarse** *v pron*: **esta iniciativa de paz se enmarca en el contexto de su nueva actitud** this peace initiative is in line with *o* in keeping with their new stance; **su obra de juventud se enmarca dentro del expresionismo** his early work can be classified as expressionist

enmascarado[1] **-da** *adj* masked; **dos hombres ~s** two masked men, two men wearing masks

enmascarado[2] **-da** *m,f*

A (*m*) masked man

B (*f*) masked woman

enmascarar [A1] *vt* to hide, disguise

■ **enmascararse** *v pron* (*refl*) to put on a mask, cover one's face with a mask

enmasillar [A1] *vt* to putty

enmendación *f* (acción) amending, correcting; (efecto) amendment, correction

enmendar [A5] *vt* 1 ‹*conducta*› to improve, amend (frml); ‹*actitud*› to change; ‹*error*› to amend, rectify; ‹*texto*› to amend, emend (frml); **el voto enmendado no vale** spoiled ballot papers are not valid; ▸ **plana** 2 ‹*proyecto de ley*› to amend

■ **enmendarse** *v pron* (*refl*) to mend one's ways

enmicado *m* (Méx) lamination

enmicar [A2] *vt* (Méx) to laminate

enmienda *f* 1 (modificación, corrección) amendment, correction, emendation (frml); **valen las ~s** the amendments stand 2 (Der, Pol) amendment; **un proyecto de ~ constitucional** a proposed constitutional amendment

enmohecer [E3] *vt* 1 ‹*ropa*› to make ... moldy*, make ... go moldy* 2 ‹*metal*› to rust

■ **enmohecerse** *v pron* 1 «*ropa/pan/queso*» to become *o* (BrE) go moldy* 2 «*metal*» to rust, become *o* (BrE) go rusty

enmontarse [A1] *v pron* (Col) 1 «*terreno*» to become overgrown 2 «*animal*» to run away,

e

run off into the wild 3 «*revolucionario*» to join the guerrillas (*in the bush*)

enmoquetador -dora *m,f* (Esp) carpet layer, carpet fitter (BrE)

enmoquetar [A1] *vt* (Esp) to carpet; **se vende apartamento enmoquetado** apartment for sale, wall-to-wall carpeting (AmE) *o* (BrE) fitted carpets throughout

enmudecer [E3] *vi* to fall silent
■ **enmudecer** *vt* to silence

enmugrar [A1] *vt* (AmL fam) to get … dirty; **no me enmugres la alfombra** don't go getting dirt all over the carpet; **me enmugró el vestido con las manos sucias** she put her dirty hands all over my dress
■ **enmugrarse** *v pron* (fam) to get dirty; **todo se enmugra con el smog** everything gets dirty *o* grimy with the smog; **se enmugró las manos** he got his hands dirty *o* (colloq) mucky

e

ennegrecer [E3] *vt* 1 (poner negro) to blacken; **salió con la cara ennegrecida de hollín** he emerged with his face black with soot 2 (oscurecer) to darken; **la noticia ennegreció la jornada** the news cast a shadow *o* a pall over the day
■ **ennegrecerse** *v pron* 1 (ponerse negro) to go black 2 (ponerse oscuro) «*cielo/nubes*» to darken, go dark; «*plata*» to tarnish

ennoblecer [E3] *vt* ‹*persona*› to ennoble (frml); **ese gesto tan generoso lo ennoblece** such a noble gesture does him credit; **las cortinas de seda ennoblecen la habitación** the silk curtains lend an air of distinction to the room; **este estilo sobrio ennoblece la fachada** this sober style adds dignity to the façade

ennotado -da *adj* (Ven arg) [ESTAR] out of it (sl), spaced out (sl)

ennotarse [A1] *v pron* (Ven arg) to get out of one's head (sl); **me ennoté muchísimo con esa película** that movie really blew my mind (sl)

ennoviarse *v pron* (fam) to start going out with sb, start seeing sb; **ahora anda ennoviado** he has a girlfriend now

enófilo -la *m,f* wine lover, enophile* (frml)

enojada *f* (Méx fam): **darse una ~** to get mad (colloq)

enojadizo -za *adj* (esp AmL) irritable, tetchy, touchy

enojado -da *adj* (esp AmL) angry, mad (colloq); (en menor grado) annoyed, cross (BrE colloq); **—de ninguna manera —contestó ~** certainly not! he replied angrily; **están ~s y no se hablan** they've fallen out *o* they've had an argument and they aren't speaking to each other; **estar ~ CON algn** to be angry/annoyed WITH sb

enojar [A1] *vt* (esp AmL) to make … angry; (en menor grado) to annoy; **me enojan mucho estas injusticias** I get very angry at these injustices, these injustices make me very angry; **esto enojó al gobierno francés** this angered the French government
■ **enojarse** *v pron* (esp AmL) to get angry, get mad (AmE colloq); (en menor grado) to get annoyed, get cross (BrE colloq); **no te enojes conmigo** don't get angry with *o* mad at me, don't get annoyed *o* cross with me; **se enojó porque le habían mentido** he got annoyed/angry because they had lied to him

enojo *m* (esp AmL) anger; (menos serio) annoyance; **¿ya se te pasó el ~?** are you still angry/annoyed?

enojón -jona *adj* (Chi, Méx fam) irritable, tetchy, touchy

enojoso -sa *adj* (esp AmL) 1 (violento) awkward 2 (aburrido) tedious, tiresome

enología *f* enology*

enólogo -ga *m,f* enologist*

enorgullecer [E3] *vt*: **su comportamiento nos enorgullece** we are proud of the way she has behaved; **no me enorgullece el haber tenido parte en ello** I am not proud of having had a hand in it; **nos enorgullece pensar que …** we are proud *o* it fills us with pride to think that …
■ **enorgullecerse** *v pron* to be proud; **lo que has hecho no es para ~se** what you've done is nothing to be proud of; **~se DE algo** to take pride IN sth; **una nación que se enorgullece de su historia** a nation which is proud of *o* which takes pride in its history; **nos enorgullecemos de haber colaborado en el proyecto** we are proud to have worked on the project, we take pride in having worked on the project; **no me enorgullezco de lo que hice** I am not proud of what I did

enorgullecimiento *m* pride

enorme *adj* ‹*edificio/animal*› huge, enormous; ‹*aumento/suma*› huge, enormous, vast; ‹*zona*› vast, huge; **la diferencia es ~** the difference is enormous *o* huge; **tiene unas manos ~s** he has huge *o* enormous hands; **sentí una pena ~** I felt tremendously sad *o* a tremendous sense of sadness

enormemente *adv* ‹*crecer/disfrutar/beneficiarse*› enormously; **había cambiado ~** he had changed greatly *o* tremendously *o* a lot, he was greatly changed; **me preocupa ~** it worries me a lot *o* a great deal; **nos ayudó ~** she was an enormous *o* a tremendous help to us, she was extremely *o* enormously helpful; **me disgustó ~ que …** I was extremely *o* very upset that …

enormidad *f* 1 (de un crimen) enormity 2 (gran cantidad) huge *o* vast amount; **gastó una ~ de dinero** she spent a huge *o* vast amount of money; **me gustó una ~** I liked it enormously; **tuvimos que esperar una ~** we had to wait ages *o* an eternity

enoteca *f: stock or range of wines*; **la excelente ~ del duque** the Duke's excellent cellar

enquesado -da *adj* (Ven fam) sex-starved (colloq)

enquesarse [A1] *v pron* (Ven fam) to pocket (colloq)

enquistamiento *m* 1 (Med): **se ha producido un ~ del absceso** the abscess has turned into a cyst 2 (de un parásito) encystment, encystation

enquistarse [A1] *v pron* (Med) to develop into a cyst; **está enquistado en nuestra sociedad** it has become deeply entrenched in our society

enrabiar [A1] *vt* to anger, make….angry
■ **enrabiarse**
■ *v pron* to get angry

enrachado -da *adj*: **estamos ~s** we're having a run of luck, we're on a roll (colloq)

enraizado -da *adj* ‹*prejuicio*› deep-seated, deep-rooted; ‹*tradición*› deeply rooted; **una tradición muy enraizada en el pueblo mexicano** a deeply rooted tradition among the people of Mexico, a tradition with deep roots among the people of Mexico

enraizar [A21] *vi* «*plantas/árboles*» to take root
■ **enraizarse** *v pron* «*persona*» to settle

enramada *f* 1 (pérgola) arbor* 2 ▸**enramado A**

enramado *m*
A 1 (follaje) canopy 2 (adorno) branches (*pl*) (*used as decoration*)
B (Náut) frame

enramar [A1] *vt* to cover … with branches

enrarecer [E3] *vt* to rarefy
■ **enrarecerse** *v pron* 1 «*atmósfera/aire*» to become rarefied 2 «*ambiente/relaciones*» to become strained

enrarecido -da *adj* 1 ‹*atmósfera*› rarefied 2 (tenso) strained, tense

enrarecimiento *m* 1 (de la atmósfera, del aire) rarefaction, rarefication 2 (del ambiente, de las relaciones) straining

enratonado -da *adj* (Ven fam) hung over

enratonarse [A1] *v pron* (Ven fam) to get a hangover

enrazar [A4] *vt* (Col) to cross

enredadera *f* 1 (como nombre genérico) creeper, climbing plant 2 (planta convolvulácea) bindweed

enredado -da *adj*
A 1 ‹*lana/cuerda*› tangled; ‹*pelo*› tangled, knotted; **la lana está toda enredada** the wool is all tangled *o* tangled up 2 ‹*asunto/idea*› complicated; **la situación está muy enredada** the situation is very complicated *o* involved
B 1 (involucrado) involved; **~ EN algo** mixed up *o* caught up *o* embroiled *o* involved IN sth; **se vio ~ en el escándalo** he found himself mixed *o* caught up in the scandal; **terminaron ~s en una pelea** they ended up getting (themselves) into a fight 2 (fam) (en un lío amoroso) **~ CON algn** involved WITH sb; **anduvo enredada con un hombre casado** she was involved with a married man

enredador[1] **-dora** *adj* (fam): **es muy ~a** she's a real troublemaker *o* (colloq) stirrer

enredador[2] **-dora** *m,f* (fam) troublemaker, stirrer (colloq)

enredar [A1] *vt* 1 ‹*cuerdas/cables*› to get … tangled up, tangle up 2 ‹*asunto/situación*› to complicate, make … complicated; **no enredes más las cosas** don't complicate things any further 3 (fam) (involucrar) **~ a algn EN algo** to get sb mixed up *o* caught up *o* embroiled *o* involved IN sth; **lo ~on en la compra de las acciones** they got him involved *o* caught up in buying shares
■ **enredar** *vi* (fam) 1 (intrigar) to make trouble, stir up trouble, stir (colloq) 2 (Esp) (molestar) to fidget; **~ CON algo** to fiddle around WITH sth, fiddle WITH sth
■ **enredarse** *v pron*
A 1 «*lana/cuerda*» to get tangled, become entangled; «*pelo*» to get tangled *o* knotted *o* (AmE) snarled; **la cuerda se enredó en las patas de la silla** the rope got tangled around *o* entangled in the chair legs 2 «*planta*» to twist itself around
B 1 (fam) (en un lío amoroso) **~se CON algn** to get involved WITH sb 2 (fam) (involucrarse) **~se EN algo** to get mixed up IN sth, get involved IN sth; **se ha enredado en un negocio sucio** he's got mixed up in some funny business 3 (fam) (enfrascarse) **~se EN algo** to get INTO sth (colloq); **se ~on en una acalorada discusión** they got into a heated discussion 4 (fam) (embarullarse) to get mixed up (colloq), get muddled up (colloq)

enredista *adj/mf* (AmL) ▸**enredador**[1], **enredador**[2]

enredo *m* 1 (de hilos) tangle; (en el pelo) tangle, knot 2 (embrollo): **tengo un ~ en las cuentas …** my accounts are in a terrible mess; **los ~s burocráticos** red tape; **está metido en un ~ de dólares** he's involved in some shady currency deals; **armar ~s** to make trouble, stir up trouble (colloq) 3 (fam) (lío amoroso) affair

enredoso -sa *adj/m,f* (Chi fam) ▸**enredador**

enrejado *m* 1 (de una verja, un balcón) railing, railings (*pl*) 2 (rejilla) grating, grille 3 (para plantas) trellis

enrevesado -da *adj* 1 ‹*problema*› complex, complicated; ‹*explicación/instrucciones*› complicated, involved 2 ‹*carácter/persona*› awkward, difficult

enrielar [A1] *vt* ▸**encarrilar**

enripiar [A1] *vt* to fill … with rubble

enriquecedor -dora *adj* enriching

enriquecer [E3] *vt*
A ‹*país/población*› to make … rich
B ‹*espíritu/persona*› to enrich; ‹*lengua/relación*› to enrich; **enriquezca su vocabulario** increase your word power, enhance *o* enrich your vocabulary
C 1 ‹*alimento*› to enrich 2 (Fís) to enrich
■ **enriquecerse** *v pron*
A (hacerse rico) to get rich; **se enriqueció con la venta de armas** arms dealing made him rich, he got rich through arms dealing
B «*cultura/relación/lengua*» to be enriched, be made richer; «*espíritu/persona*» to be enriched

enriquecido -da *adj* enriched

enriquecimiento *m*
A (de un individuo) enrichment, acquisition of wealth; (de una clase social) enrichment, increase in affluence *o* wealth
B (de una relación, una cultura) enrichment

C 1 (de un alimento) enrichment 2 (Fís) enrichment

enristrar [A1] *vt*
A ‹*ajos*› to string, string … together
B ‹*lanza*› to couch

enrocar [A2] *vi* to castle

enrojecer [E3] *vt* 1 ‹*rostro/mejillas*› to redden, make … go red 2 ‹*pelo*› to turn … red, make … go red
■ **enrojecer** *vi* (liter) «*persona*» to redden, blush, flush
■ **enrojecerse** *v pron* 1 «*rostro/mejillas*» (+ *me/te/le etc*) to redden, blush 2 «*pelo*» to go *o* turn red 3 «*cielo*» to turn red

enrojecido -da *adj* red, reddened

enrojecimiento *m* reddening

enrolar [A1] *vt* to enlist, recruit
■ **enrolarse** *v pron* 1 to enlist; **~se en la marina** to enlist in *o* sign up for *o* join the navy 2 (en una organización): **se enroló en el partido** she joined the party

enrollado -da *adj*
A 1 ‹*papel*› rolled up 2 ‹*cable*› coiled, coiled up
B (Esp) 1 (fam) [ESTAR] (con una chica, un chico): **hace meses que están ~s** they've been going (out) together *o* been involved with each other for months; **~ CON algn: vio a su novio ~ con otra** she saw her boyfriend making out with (AmE) *o* (BrE) getting off with another girl (colloq) 2 (fam) [ESTAR] (en una conversación, actividad): **estaba ~ con un tío hablando de política** he was deep in a conversation about politics with some guy; **~ CON algo** wrapped up IN sth; **anda muy ~ con los exámenes** he's really busy with *o* wrapped up in his exams; **estaba muy ~ con la música** he was really engrossed in the music 3 (arg) (chulo, ameno) ‹*persona/música*› cool (sl), hip (sl), funky (sl); ‹*película/coche*› cool (sl)
C (Ven fam) (preocupado) uptight (colloq), freaked out (sl)

enrollar [A1] *vt*
A 1 ‹*papel/persiana*› to roll up 2 ‹*cable/manguera*› to coil; **~ el hilo en el carrete** wind the thread onto the spool 3 ‹*papel/carne*› to roll up
B (Esp fam) 1 (confundir) to confuse, get … confused 2 (en un asunto) to involve, get … involved; **a mí no me enrolles en esto** leave me out of this *o* don't get me involved in this
■ **enrollarse** *v pron*
A «*papel*» to roll up; «*cuerda/cable*» to coil up; **la cadena se enrolló en la rueda** the chain wound *o* wrapped itself around the wheel
B (Esp fam) 1 (hablar mucho): **no te enrolles y ve al grano** stop jabbering on *o* waffling and get to the point (colloq); **no te enrolles hablando por teléfono** don't stay on the phone too long; **se enrolla como una persiana** she really goes on (colloq), she can talk the hind leg off a donkey 2 «*pareja*» to make out together (AmE colloq), to get off together (BrE colloq); **~se CON algn** to make out WITH sb (AmE colloq), to get off WITH sb (BrE colloq); **se enrolló con mi prima pero no duró mucho** he had a thing (going) with my cousin but it didn't last long 3 (con una actividad) **~se CON algo** to get into sth (colloq); **se ~on hablando de política** they got deep into conversation about politics 4 (animarse) to get into the swing (colloq), get with it (BrE sl); **~se bien** (Esp arg): **se enrolla muy bien con la gente** he gets on very well with *o* he has a way with people; **ese pinchadiscos se enrolla muy bien** that disc jockey is really cool (colloq)
C (Ven arg) (ponerse nervioso) to freak out (sl)

enronquecer [E3] *vi* to go hoarse

enroque *m* (en ajedrez) castling; **hacer un ~ largo/corto** to castle (on the) queen's/king's side

enroscar [A2] *vt* 1 ‹*tornillo*› to screw in 2 ‹*cable/cuerda*› to coil; **~ algo EN algo** to wind sth AROUND *o* ONTO sth
■ **enroscarse** *v pron* 1 «*víbora*» to coil up; «*gato/persona*» to curl up; **se enroscó alrededor de su presa** it coiled *o* twisted itself round it's prey 2 (RPl fam) (en una conversación): **se enroscó conmigo** she started talking to me; **~se con algo** to start talking about sth

enrostrar [A1] *vt* (AmL) **~le algo A algn** to reproach sb FOR sth; **le enrostró su falta de interés** she reproached him for his lack of interest

enrulado -da *adj* (Col, CS) curly

enrular [A1] *vt* (Col, CS) to curl
■ **enrularse** *v pron* (Col, CS) to go curly

enrumbar [A1] *vi* (Andes): **~on para la montaña** they headed for *o* toward(s) the mountain, they made for the mountain

enrutador *m* (Telec) router

ensacar [A2] *vt* ‹*leña/cartas*› to put ... in a sack, bag ... up

ensaimada *f*: *spiral-shaped pastry*

ensalada *f* 1 (Coc) salad; **~ mixta** mixed salad; **~ de fruta(s)** fruit salad 2 (fam) (lío): **tiene una ~ mental** *or* **tiene una ~ (de ideas) en la cabeza** he's really confused *o* mixed up; **¡qué ~ me hiciste con estos papeles!** (RPl) you really jumbled up *o* mixed up these papers; **me hice una ~** (RPl) I got terribly confused *o* mixed up (colloq)
Compuestos
• **ensalada de tiros** shootout
• **ensalada rusa** Russian salad

ensaladera *f* salad bowl

ensaladilla *f* (Esp) *tb* : **~ rusa** Russian salad

ensalmo *m* incantation, spell; ***como por*** **~** as if by magic

ensalzar [A4] *vt* ‹*virtudes*› to extol; ‹*persona*› to praise, sing the praises of

ensamblado *m* ▸ **ensambladura**

ensamblador[1] -dora *adj* assembly (*before n*)

ensamblador[2] -dora *m,f* 1 (persona) assembler, assembly worker 2 **ensamblador** *m* (Inf) assembler

ensambladura *f*, **ensamblaje** *m* 1 (acción) assembly; **planta de ensamblaje** assembly plant 2 (tipo de unión) joint
Compuestos
• **ensambladura de cola de milano** dovetail joint
• **ensambladura de espaldón** *or* **de caja y espiga** mortise and tenon (joint)
• **ensambladura de inglete** miter* joint, miter*

ensamblar [A1] *vt* 1 ‹*piezas/automóviles*› to assemble 2 (Inf) to assemble

ensamble *m* ▸ **ensambladura**

ensanchamiento *m* 1 (de una calle) widening 2 (de una prenda) letting out 3 (de las perspectivas) opening up

ensanchar [A1] *vt* 1 ‹*calle/carretera*› to widen 2 ‹*vestido/pantalón*› to let out 3 (ampliar): **el acuerdo ensancha nuestras perspectivas** the agreement opens up more possibilities for us *o* improves our prospects; **ensancha en un gran porcentaje nuestras posibilidades de exportación** it greatly broadens *o* widens our range of export openings, it greatly extends *o* expands our export openings
■ **ensancharse** *v pron* 1 «*calle/acera*» to widen, get wider 2 «*jersey*» to stretch

ensanche *m* 1 (de una ciudad) urban expansion area, (new) suburb 2 ▸ **ensanchamiento 1**

ensangrentado -da *adj* bloodstained; **tenía las manos ensangrentadas** his hands were bloodstained *o* covered with blood, he had bloodstained hands

ensangrentar [A5] *vt* to stain … with blood, cover … with blood
■ **ensangrentarse** *v pron* to get stained with blood

ensañamiento *m* cruelty, malice, mercilessness; **cometió el crimen con ~** (Der) it was a very vicious attack (*o* crime *etc*) (frml)

ensañarse [A1] *v pron* **~ CON algn: se ensañaron con los prisioneros** they showed the prisoners no mercy *o* pity, they treated the prisoners mercilessly *o* with great cruelty; **se ensañaba con cualquier empleado que estuviera cerca** he used to vent his anger *o* fury *o* frustration on any employee who happened to be on hand; **no te ensañes con él, la culpa no es toda suya** don't take it out on him, it's not all his fault (colloq)

ensartar [A1] *vt*
A 1 ‹*perlas/cuentas*› to string 2 (con un pincho) to skewer 3 ‹*aguja*› to thread
B ‹*disparates*› to reel off, trot out; ‹*insultos*› to come out with a string *o* stream *o* barrage of
■ **ensartarse** *v pron* 1 (AmL fam) (en una discusión, un asunto) to get involved 2 (CS fam) (clavarse) to be taken in (colloq), to be suckered (AmE colloq); **~se CON algn** to be wrong ABOUT sb; **me ensarté con el auto que compré** the car turned out to be a bad buy

ensarte *m* (Chi fam) letdown; **pegarse un ~** to be taken in (colloq), be suckered (AmE colloq)

ensayar [A1] *vt* 1 ‹*obra/baile/concierto*› to rehearse 2 ‹*método/sistema*› to test, try out 3 ‹*metales*› to assay
■ **ensayar** *vi* to rehearse

ensayista *mf* essayist

ensayístico -ca *adj*: **su obra ensayística** her essays (*pl*)

ensayo *m*
A 1 (Espec) rehearsal 2 (prueba) trial, test; (intento) attempt; **se pondrá en ~** it will be put on trial *o* tried out *o* tested; **aprendizaje por ~ y error** learning by trial and error 3 (de metales) assay
Compuestos
• **ensayo clínico** clinical trial
• **ensayo general** (de una obra teatral, de un sistema) dress rehearsal; (de un concierto) final rehearsal
B (Lit) essay
C (en rugby) try

enseguida *adv* at once, immediately, right away, straightaway (BrE); **¡~ voy!** I'll be right with you; **me lo trajo ~** he brought it at once *o* immediately *o* right away; **le regalas un juguete y ~ lo rompe** no sooner do you give him a toy than he breaks it, you give him a toy and he breaks it right away *o* (AmE) first thing; **empezó a llover pero paró casi ~** it started to rain but it stopped almost immediately; **~ DE + INF** (esp AmL): **salimos ~ de almorzar** we left right *o* straight *o* immediately after lunch

ensenada *f* inlet, cove

enseña *f* (insignia) emblem, insignia; (bandera) flag; (estandarte) standard, banner

enseñado -da *adj*: **bien/mal ~** ‹*niño*› well/badly brought up; ‹*animal*› well/badly trained

enseñante *mf* (period) teacher

enseñanza *f*
A 1 (docencia) teaching; **no me atrae la ~ como carrera** teaching doesn't appeal to me as a career; **métodos de ~** teaching methods; **los ordenadores en la ~** computers in teaching *o* education; ▸ **centro C** 2 (educación) education 3 (lección) lesson; **que esto te sirva de ~** let this be a lesson to you
Compuestos
• **enseñanza a distancia** distance learning, correspondence courses (*pl*)
• **enseñanza media** *or* **secundaria** high school (AmE) *o* (BrE) secondary education
• **enseñanza primaria** elementary (AmE) *o* (BrE) primary education
• **enseñanza programada** programmed learning
• **enseñanza superior** higher education
• **enseñanza universitaria** college (AmE) *o* (BrE) university education
B **enseñanzas** *fpl* (doctrina, principios) teachings (*pl*)

enseñanza primaria
▸ Primaria.

enseñanza secundaria
▸ ESO - Educación Secundaria Obligatoria

enseñar [A1] *vt*
A 1 ‹*asignatura*› to teach; **~le a algn A + INF** to

teach sb to + INF; **me enseñó a nadar** she taught me to swim; **¿me enseñas cómo se hace?** will you show me how it's done *o* how to do it?, will you teach me how to do it?; **les enseñan a buscar drogas** they train them to search for drugs **2** (dar escarmiento) to teach; **eso te ~á a comportarte como es debido** that'll teach you to behave properly
B (mostrar) to show; **tienes que ~me las fotos/tu nuevo piso** you must show me the photos/your new apartment; **me enseñó el camino** she showed me the way; **vas enseñando la combinación** your slip's showing; ▸**diente**
■ **enseñarse** *v pron* (Méx fam) **~se A + INF** (aprender) to learn to + INF; (acostumbrarse) to get used TO -ING

enseñorearse [A1] *v pron* **~ DE algo** to take possession OF sth, take over sth

enseres *mpl* (de la casa) *tb* **~ domésticos** household equipment, furniture and fittings; (de una oficina) equipment, furniture and fittings; (de un artesano) tools and equipment; **se llevaron consigo los ~ de valor** they took all the valuables *o* everything of value with them; **los ~ de limpieza** the cleaning materials/equipment

ensillar [A1] *vt* to saddle, saddle up

ensimismado -da *adj* [ESTAR] lost in thought; **se quedó ~ mirando el cuadro** he gazed at the picture, deep *o* rapt in thought *o* rapt; **~ EN algo** engrossed IN sth, absorbed IN sth; **estaba ~ en su trabajo** he was absorbed *o* engrossed in his work

ensimismamiento *m* absorption; **sumido en un profundo ~** completely absorbed, lost in thought

ensimismarse [A1] *v pron* to become engrossed; **se ensimismó contemplando el paisaje** she became engrossed in contemplation of the scenery, she lapsed into a reverie contemplating the scenery; **~ EN algo** to become engrossed *o* absorbed IN sth; **se ensimisma en sus recuerdos** he becomes engrossed *o* absorbed in his memories

ensoberbecer [E3] *vt* (liter) to make … arrogant *o* haughty
■ **ensoberbecerse** *v pron* to become arrogant *o* proud *o* haughty

ensombrecer [E3] *vt* **1** ‹*felicidad/juventud/momento*› to cloud, cast a shadow over **2** ‹*cielo/paisaje*› to darken
■ **ensombrecerse** *v pron* (liter) **1** «*vida*» to be saddened *o* darkened; «*día*» to be saddened *o* clouded **2** «*cielo/paisaje*» to darken, grow dark

ensombrerado -da *adj* wearing a hat, with a hat on

ensoñación *f* fantasy

ensoñador -dora *adj* dreamy

ensoñar [A10] *vi* to dream; **~ CON algo** to dream OF sth

ensopar [A1] *vt* (Col, CS, Ven fam) to drench, soak
■ **ensoparse** *v pron* (Col, CS, Ven fam) to get drenched *o* soaked

ensordecedor -dora *adj* deafening

ensordecer [E3] *vt* ‹*persona*› to deafen; ‹*ruido/música*› to muffle
■ **ensordecer** *vi* to go deaf

ensortijado -da *adj* (liter): **con el pelo ~** with her hair in ringlets

ensuciar [A1] *vt* **1** ‹*ropa/mantel*› to get … dirty, dirty, soil (frml); **tenía las manos llenas de chocolate y me ensució la camisa** her hands were covered in chocolate and she got it on my shirt *o* made a mess of my shirt; **lo vas a ~ todo de barro** you'll get mud everywhere, you'll get everything muddy **2** (liter) ‹*honor/nombre*› to sully, tarnish
■ **ensuciarse** *v pron*
A **1** «*falda/suelo*» to get dirty; **la fachada se ensucia mucho con el tráfico** the front of the building gets very dirty *o* gets covered with dirt *o* grime from the traffic; (+ *me/te/le etc*): **que no se te ensucie la camisa** don't get your shirt dirty; **se me ensució el vestido de grasa** I got grease on my dress; ▸**mano**[1]
2 (*refl*) «*persona*» to get dirty; **no te ensucies** don't get dirty; **no te ensucies los dedos** don't get your fingers dirty; **me ensucié todo el vestido de comida** I got food all over my dress; **no te vayas a ~ el traje nuevo** don't get your new suit dirty
B (*refl*) (euf) (hacerse caca) to soil oneself (frml); **el bebé se había ensuciado** the baby had a dirty diaper (AmE) *o* (BrE) nappy
C (en un asunto turbio) to get one's hands dirty

ensueño *m* daydream, fantasy; ***de ~*: vive en un mundo de ~** she lives in a dream world; **una ciudad/casa de ~** a fairy-tale city/dream house

entabicar [A2] *vt* ▸**tabicar**

entablar [A1] *vt* **1** (iniciar) ‹*conversación*› to strike up, start; ‹*amistad*› to strike up; ‹*negociaciones*› to enter into, start; **~on relaciones comerciales** they opened up trade links; **se ha entablado una dura batalla contra ellos** a fierce battle has begun against them; **le ~on pleito por difamación** they brought a libel action against him **2** ‹*partida*› to set up

entablillar [A1] *vt* to splint, put … in a splint

entalegar [A3] *vt* **1** ‹*grano*› to bag up, put … in bags *o* sacks **2** ‹*dinero*› to hoard, stash away (colloq) **3** (Esp arg) (encarcelar) to stick … in the can (AmE sl), to bang … up (BrE sl)

entallado -da *adj* ‹*chaqueta/vestido*› waisted; ‹*camisa*› tailored, fitted

entallar [A1] *vt* to tailor
■ **entallar** *vi* to fit; **este vestido entalla bien** this dress is a good fit *o* fits well

entambar [A1] *vt* (Méx arg) to stick … in the can (AmE sl), to bang … up (BrE sl)

entancar [A2] (Méx arg) ▸**entambar**

entapetar [A1] *vt* (Col, Méx) to carpet; **pasillos entapetados** corridors with wall-to-wall carpeting

entarimado *m* **1** (suelo — de tablas) floorboards (*pl*); (— de parqué) parquet flooring **2** (plataforma) stage, platform

entarimar [A1] *vt* (con tablas) to lay floorboards on; (con parqué) to lay parquet flooring on

ente *m*
A **1** (ser) being, entity **2** (fam) (persona rara) weirdo (colloq), oddball (colloq)
(Compuesto) **ente de razón** imaginary being
B (organismo, institución) body; **~ estatal/público** state/public body; **son ~s con personalidad jurídica** they are legal entities

enteco -ca *adj* (delgado) gaunt; (enfermizo) frail

ENTEL /en'tel/ *f* (en Chi) = **Empresa Nacional de Telecomunicaciones**

entelar [A1] *vt* to cover … with hangings

entelequia *f* entelechy

entelerido -da *adj* (Méx) sickly, weak

entenado -da *m,f* (ant) (*m*) stepson; (*f*) stepdaughter; **mis ~s** my stepchildren

entendederas *fpl* (fam): **ser corto** *or* **duro de ~** to be dumb (AmE colloq), to be dim (BrE colloq)

entendedor *m*: ***a buen ~ pocas palabras (bastan)*** a word to the wise is enough

entender[1] [E8] *vt*
A **1** ‹*explicación/libro/idioma*› to understand; ‹*actitud/motivos*› to understand; **yo no te entiendo la letra** I can't read your writing; **no se le entiende nada** you can't understand anything she says; **lo has entendido todo al revés** you've got(ten) it all completely wrong, you've got the wrong end of the stick (BrE colloq); **no hablo el alemán, pero lo entiendo** I don't speak German, but I can understand it; **yo todavía no he entendido el chiste** I still haven't got(ten) the joke; **y que no se vuelva a repetir ¿lo has entendido bien?** and don't let it happen again, (do you) understand? *o* have you got that?; **¿entiendes lo que quiero decir?** do you know what I mean?; **esto no hay quien lo entienda** I just don't understand this *o* this is impossible to understand; **se entiende que prefiera estar a solas** it is understandable that she should want to be alone; **¿tú qué entiendes por 'versátil'?** what do you understand by 'versatile'? **2** ‹*persona*› to understand; **trata de ~me** try to understand me; **ten cuidado con ellos, tú ya me entiendes** be careful with them, you know what I mean; **me has entendido mal** you've misunderstood me; **su inglés no es perfecto pero se hace ~** *or* (AmL) **se da a ~** his English isn't perfect but he makes himself understood; **¡a ti no hay quien te entienda!** you're impossible!; **te entiendo perfectamente** I know exactly what you mean; **estoy segura de que él te ~á** I am sure that he will understand
B (frml) **1** (concebir, opinar): **yo entiendo que deberíamos esperar un poco más** in my view *o* as I see it, we should wait a little longer; **no es así como yo entiendo la amistad** that is not how I see *o* understand friendship, that is not my idea of friendship **2** (interpretar, deducir): **¿debo ~ que desean prescindir de mis servicios?** am I to understand *o* infer that you wish to dispense with my services?; **me dio a ~ que ya lo sabía** she gave me to understand that she already knew; **no lo dijo claramente, pero lo dio a ~** she did not say so in so many words, but she implied it
■ **entender** *vi*
A (comprender) to understand; **(ya) entiendo** I understand, I see; **es que él es así ¿entiendes?** it's just that he's like that, you see
B (saber) **~ DE algo** to know ABOUT sth; **no entiendo nada de economía** I don't know a thing about economics; **¿tú entiendes de estas cosas?** do you know anything about these things?
C (Der): **~ en un caso** to hear a case
■ **entenderse** *v pron*
A **1** (comunicarse) **~se CON algn** to communicate WITH sb; **se entienden por señas** they communicate (with each other) through signs, they use sign language to communicate with each other; **a ver si nos entendemos ¿quién le pegó a quién?** let's get this straight, who hit whom? **2** (llevarse bien) **~se CON algn** to get along *o* on WITH sb; **tú te entiendes mejor con él** you get along *o* on better with him than I do; **creo que nos vamos a ~** I think we're going to get on *o* get along fine **3** (arreglarse) **~se CON algn** to deal WITH sb; **es mejor ~se directamente con el jefe** you are advised to deal directly with the boss; ***allá se las entienda*** (fam) that's his/her problem; ***entendérselas con algn*** to fix sth up with sb **4** (fam) (tener un lío amoroso) **~se CON algn** to have an affair WITH sb
B (*refl*): **ni él mismo se entiende** he doesn't know what he's doing himself; **déjame, yo me entiendo** leave me alone, I know what I'm doing

entender[2] *m*: **a mi/tu/su ~** in my/your/his opinion, to my/your/his mind

entendido[1] **-da** *adj*
A [ESTAR] (comprendido) understood; **tengo ~ que la casa está en venta** I understand *o* gather that the house is for sale; **según tengo ~ será una boda íntima** as I understand it, it's going to be a quiet wedding; **esto que quede bien ~** this must be clearly understood; **tenía ~ que te ibas mañana** I was under the impression that you were leaving tomorrow; **eso se da por ~** that goes without saying; **no quiero interrupciones — ¿~?** I don't want any interruptions — understood? *o* do you understand?; **bien ~ que …** (frml) on the understanding that …
B [SER] (experto) **~ EN algo**: **no soy muy ~ en estos temas** I'm not very well up on these subjects

entendido[2] **-da** *m,f* expert; **es un ~ en la materia** he is an authority *o* expert on the subject

entendimiento *m*
A (armonía, acuerdo) understanding; **llegar a un ~** to reach an understanding
B (razón, inteligencia) mind; **el ~ humano no alcanza a comprender esos misterios** the human mind cannot fathom those mysteries, those mysteries are beyond the bounds of human understanding; **tiene el ~ de un niño de cuatro años** he has the mind *o* intelligence of a four-year-old

entenebrecer [E3] *vt* (liter) to cast a pall over (liter)

entente /ɔn'tont/ *f or m* (acuerdo) entente, agreement; (buenas relaciones) entente, cordial relationship, rapport

(Compuesto) **entente cordial** entente cordiale

enterado -da *adj*

A (Esp) (que sabe mucho) knowledgeable, well-informed

B (de un hecho, suceso): **¿estás ~ de lo que ha ocurrido?** have you heard what's happened?, do you know what's happened?; **yo no estoy enterada de nada** I don't know *o* I have no idea what's going on; ***darse por*** **~** to get the message, take the hint

C (Chi fam) (engreído) snooty (colloq)

enteramente *adv* completely, wholly, entirely

enterar [A1] *vt*

A (frml) (informar) **~ a algn DE algo** to inform *o* notify sb OF sth; **hay que ~ a la familia de lo sucedido** the family must be informed *o* notified of what has happened, we/you must let the family know what has happened

B (Chi) (completar): **ya enteró dos meses en su nuevo empleo** he's been in his new job for two months now; **y con esto entero los cien** and this makes a hundred

C (Chi, Méx) ‹*deuda*› to pay

■ **enterarse** *v pron*

A (de un suceso, una noticia): **no tenía ni idea, ahora me entero** I had no idea, this is the first I've heard of it; **nos enteramos por tus padres** we found out from your parents; **me acabo de ~** I've only just found out *o* heard; **lo hice yo solita ¡para que te enteres!** I did it by myself, so there!; **le robaron el reloj y ni se enteró** they stole her watch and she didn't even notice *o* realize; **a lo mejor no se han enterado** they may not have heard; **¡que está hablando contigo, chico! ¡que no te enteras ...!** (Esp fam) he's talking to you, wake up! (colloq); **~se DE algo: me enteré de lo que había pasado por la radio** I heard what had happened on the radio; **si papá se entera de esto nos mata** if Dad finds out about this he'll kill us; **nunca te enteras de nada** you never know what's going on; ***te vas/se va a ~ (de quién soy yo)*** you'll/he'll get what for (colloq); **como le pegues al niño te vas a ~** if you hit that child you'll have me to answer to *o* you'll pay for it *o* you'll get what for

B (averiguar) to find out; **~se DE algo** to find out ABOUT sth; **entérate bien de todas las condiciones** make sure you find out about all the conditions

C (esp Esp fam) (entender): **si lo vuelves a hacer te voy a castigar ¿te enteras?** if you do it again I'll punish you, have I made myself clear? *o* do you hear me?; **no hables en catalán, que él no se entera** don't talk in Catalan because he doesn't understand (what you're saying); **~se DE algo** to understand sth; **cuando hablan de prisa no me entero de lo que dicen** when they speak quickly I get completely lost *o* I don't understand a word

entereza *f* 1 (serenidad, fortaleza) fortitude 2 (rectitud) integrity 3 (firmeza) determination, strength of mind

entérico -ca *adj* intestinal, enteric

enteritis *f* enteritis

enterito *m* (RPl) 1 (de bebé) rompers (*pl*), jumpers (*pl*) (AmE), Babygro® 2 (prenda interior) teddy, chemise; (de pantalones) jumpsuit, catsuit

enterizo -za *adj* one-piece (*before n*); (en costura) seamless

enternecedor -dora *adj* moving, touching

enternecer [E3] *vt* to move, touch

■ **enternecerse** *v pron* to be moved *o* touched

entero¹ -ra *adj*

A 1 (en su totalidad) whole; **se comió una caja entera de bombones** she ate a whole *o* an entire box of chocolates; **un mes ~** a whole month; **se pasó el día ~ arreglándolo** she spent the whole *o* entire day fixing it; **no hay otro igual en el mundo ~** there isn't another one like it in the whole (wide) world; **eso es así en el mundo ~** it's like that all over the world; **por ~** completely, entirely 2 (*delante del n*) (absoluto, total) complete, absolute 3 (intacto) intact; **espero que la porcelana llegue entera** I hope the china arrives intact *o* in one piece; **¿te lo troceo? — no, déjamelo ~** shall I cut it up for you? — no, I'll take it whole; **no le quedó ni un hueso ~** every bone in his body was broken 4 ‹*número*› whole

B ‹*persona*› (integro) upright

entero² *m*

A 1 (Fin) point; **las acciones perdieron tres ~s** the shares went down *o* lost three points 2 (Mat) whole number, integer

B (Chi) (de una deuda) payment, settlement

C (Andes) (de lotería) (whole) lottery ticket

enteropostal *m* air letter, aerogram*

enterostomía *f* enterostomy

enterovirus *m* enterovirus

enterradero *m* (RPl) hideout, safe house

enterrador -dora *m,f* gravedigger

enterrar [A5] *vt* 1 ‹*cadáver*› to bury; **lo entierran mañana a las diez** the burial is tomorrow at ten 2 ‹*tesoro/joyas*› to bury 3 (sobrevivir) to outlive, bury (colloq) 4 (liter) ‹*ilusiones/recuerdos/odio*› to bury, put ... behind one 5 (clavar) **~ algo EN algo** to bury sth IN sth; **le enterró el puñal en el pecho** she buried the dagger in his chest; **le enterró las uñas en la espalda** she dug her nails into his back

■ **enterrarse** *v pron*: **~se en vida** to cut oneself off from the world

entibar [A1] *vt* to shore up

entibiar [A1] *vt* 1 ‹*líquido/biberón*› (enfriar) to cool; (calentar) to warm, warm up 2 ‹*pasión/afecto*› to cool

■ **entibiarse** *v pron* 1 «*líquido*» (enfriándose) to cool down; (calentándose) to get warm 2 «*afecto*» to cool

entibo *m* buttress

entidad *f*

A (frml) (organización, institución) entity, body; **~es públicas** public bodies *o* entities; **una importante ~ bancaria/de seguros** a major bank/insurance company; **~es financieras** financial institutions; **~ jurídica** legal entity; **~ deportiva** sporting body

B (importancia) significance; **un problema de cierta ~** a problem of some significance

C (Fil) entity, being

entienda, entiendas, etc ▸ **entender¹**

entierrar [A1] *vt* (Chi) to cover....with dust

■ **entierrarse** *v pron* to get dusty

entierro *m* burial; (ceremonia) funeral; **vi pasar un ~** I saw a funeral procession go by; ▸ **vela**

entintado *m* inking

entintar [A1] *vt* 1 (Impr) ‹*tipos*› to ink; ‹*espacio*› to ink in 2 (manchar) to stain ... with ink; **con los dedos entintados** with inky *o* ink-stained fingers, with ink all over his fingers

entizar [A4] *vt* to chalk

entoldado *m* (marquesina) awning; (carpa) marquee

entoldar [A1] *vt* to put an awning over

entomología *f* entomology

entomólogo -ga *m,f* entomologist

entonación *f* 1 (Ling) intonation 2 (Mús) intonation

entonado -da *adj*

A (Mús) in tune

B [ESTAR] (fam) (por el alcohol) tipsy (colloq), merry (BrE colloq)

entonar [A1] *vt*

A (Mús) 1 ‹*canción/himno*› to intone, sing 2 ‹*voz*› to modulate 3 ‹*nota*› to sing, give

B ‹*músculos*› to tone up

C (reanimar) to perk ... up

■ **entonar** *vi*

A (Mús) to sing in tune

B «*color/estilo*»: **~ CON algo** to go well WITH sth

■ **entonarse** *v pron* (fam) to get tipsy (colloq), to get merry (BrE colloq)

entonces *adv*

A 1 (en aquel momento) then; **no los veo desde ~** I haven't seen them since (then); **para ~ ya nadie se acordaba de él** by then *o* by that time nobody remembered him; **el ~ presidente** the then president, the president at that time 2 (en aquellos tiempos) then, in those days; **por** *or* **en aquel ~** in those days 3 (a continuación) then; **se acercó y ~ me reconoció** he came closer and then he recognized me

B 1 (introduciendo conclusiones) then; **si no es así, ~ él me mintió** if that's not right, then he lied to me; **¿~ vienes o te quedas?** are you coming with us or staying here then?, so are you coming with us or staying here?; **¿él se enteró? — no — ¿~?** did he find out? — no — so *o* well then, what's the problem? 2 (uso expletivo) well, anyway; **~, como te iba diciendo ...** well *o* anyway, as I was saying ...

entornado -da *adj* ‹*puerta*› ajar, half-open; ‹*ventana*› slightly open; **con los ojos ~s** with half-closed eyes

entornar [A1] *vt* 1 ‹*puerta*› to leave ... ajar 2 ‹*ojos*› to half close

entorno *m* 1 (situación) environment; **el ~ del niño influye en esto** the child's environment influences this; **~ social** social milieu *o* environment; **~ familiar** home environment; **el ~ es poco favorable a la negociación** the setting is *o* the situation is *o* the conditions are *o* the environment is not ideal for negotiation; **la estructura y los restos hallados en su ~** the structure and the remains found around it *o* in the vicinity 2 (Lit) setting 3 (Mat) range

entorpecer [E3] *vt* 1 (dificultar): **está entorpeciendo el tráfico** it is holding up *o* slowing down *o* obstructing the traffic; **estas cajas entorpecen el paso** these boxes are (getting) in the way; **en lugar de ayudar entorpece la marcha del trabajo** instead of helping she's slowing the job up *o* she's a hindrance; **su enfermedad entorpece nuestros planes** her illness is a setback to *o* is hindering our plans; **entorpecía sus movimientos** it hindered *o* restricted her movements 2 ‹*entendimiento*› to dull; ‹*reacciones*› to dull, slow down

■ **entorpecerse** *v pron* «*entendimiento*» to become dulled; «*reacciones*» to become dulled, be slowed down

entorpecimiento *m* 1 (obstrucción, estorbo) holdup, obstruction; (contratiempo) hitch, setback 2 (de los movimientos) restriction; (de las reacciones) dulling, dullness

entourage /entu'raʒ/ *m* (period) entourage

entrabar [A1] *vt* (Chi) to get in the way of, interfere with

entrada *f*

A (acción) entrance; **hizo su ~ del brazo de su padre** she made her entrance on her father's arm; **vigilaban sus ~s y salidas** they watched his comings and goings; ⓢ **prohibida la entrada** no entry; **la ~ es gratuita** admission *o* entrance is free; ⓢ **entrada libre** admission free; **la ~ masiva de divisas** the huge inflow of foreign currency; **~ EN** *or* (esp AmL) **A algo** entry INTO sth; **la ~ del ejército en** *or* **a la ciudad** the entry of the army into the city; **la policía tuvo que forzar su ~ en el** *or* **al edificio** the police had to force an entry into the building; **su ~ en** *or* **a escena fue muy aplaudida** her entrance was greeted by loud applause, her appearance on stage was greeted by loud applause; ***de ~:*** **nos dijo que no de ~** he said no at *o* from the outset, he said no right from the start; **lo calé de ~** (fam) I sized him up right away *o* (BrE) straightaway; **me cayó mal de ~** I disliked him right from the start, I took an immediate dislike to him

B (en una etapa, un estado) **~ EN algo: después de la ~ en vigor del nuevo impuesto** after the new tax comes/came into effect *o* force; **la fecha de ~ en funcionamiento de la nueva central** the date for the new power station to begin operating *o* come into service

C 1 (ingreso, incorporación) entry; **~ EN** *or* (esp AmL)

A **algo**: **la ~ de Prusia en la alianza** Prussia's entry into the alliance; **la fecha de su ~ en la empresa/el club** the date he joined the company/club; **esto le facilitó la ~ a la universidad** this made it easier for him to get into university 2 (Mús) entry; **dio ~ a los violines** he brought the violins in

D 1 (lugar de acceso) entrance; **~ principal** main entrance; Ⓢ **entrada** entrance, way in; Ⓢ **entrada de artistas** (en un teatro) stage door; (en una sala de conciertos) artists' entrance; **ésta es la única ~** this is the only way in *o* the only entrance; **te espero a la ~ del estadio** I'll wait for you at the entrance to the stadium; **estaban repartiendo estos folletos a la ~** they were handing out these leaflets at the door; **las ~s a León** the roads (leading) into León 2 (vestíbulo) hall 3 (de una tubería) intake, inlet; (de un circuito) input; **señal de ~** input signal

(Compuesto) **entrada de aire** air intake *o* inlet

E (Espec) 1 (billete, ticket) ticket; **¿cuánto cuesta la ~?** how much is it to get in?, how much are the tickets?; **ya he sacado las ~s** I've already bought the tickets; **los niños pagan media ~** it's half-price for children, children pay half price 2 (concurrencia) (Teatr) audience; (Dep) attendance, gate; **la plaza de toros registró media ~** the bullring was half full 3 (recaudación) (Teatr) takings (*pl*); (Dep) gate receipts (*pl*)

F (comienzo) beginning; **con la ~ del invierno** with the beginning *o* onset of winter

G (Com, Fin) 1 (ingreso) income; **ésa es su única ~** that's her only income; **la suma de sus ~s** his total income; **~s y salidas** income and expenditure, receipts and outgoings 2 (anotación) entry 3 (Esp) (depósito) deposit; **dar una ~ para una casa/un coche** to put down a deposit on a house/a car; **pagas $50 de ~ y el resto en 48 mensualidades** you pay a $50 down payment *o* deposit and the rest in 48 monthly payments 4 (Méx) (Jueg) ante; **¿cuál** *or* **de cuánto es la ~?** what's the ante?

H (en un diccionario — artículo) entry; (— cabeza de artículo) headword; **darle ~ a un vocablo** to enter a word

I (de una comida) starter

J (en fútbol) tackle; **hacerle una ~ a algn** to tackle sb

K (en béisbol) inning

L (en el pelo): **tiene ~s muy pronunciadas** he has a badly receding hairline

entradilla *f* introduction

entrado -da *adj*: **no salimos hasta entrada la noche** we didn't leave until after nightfall *o* until after it got dark; **la reunión duró hasta bien entrada la tarde** the meeting went on well into the evening; **un señor ~ en años** (euf) an elderly man; **una mujer entrada en carnes** (euf) a rather plump woman

entrador -dora *adj* 1 (AmL fam) (lanzado) daring, forward 2 (RPl fam) (simpático) likable*, nice

entramado *m* 1 (Arquit, Const) framework 2 (estructura, trabazón) framework, structure; **el ~ jurídico** the judicial framework *o* structure; **el ~ de compañías que constituyen el grupo** the network of companies which form the group 3 (Tec) network

entrambos -bas *adj pl* (liter) both

entrampar [A1] *vt* 1 (engañar) to trick, catch … out 2 (endeudar) to burden *o* saddle … with debts

■ **entramparse** *v pron* to get into debt

entrante[1] *adj* 1 (próximo): **la semana/el mes/el año ~** next week/month/year, the coming week/month/year 2 (nuevo) new, incoming (*before n*); **el gobierno ~** the incoming government

entrante[2] *m or f*

A (AmL) 1 (Arquit) recess 2 (Geog) inlet

B entrante *m* (Esp) (Coc) starter

entraña *f*

A 1 (de un asunto) heart, core 2 (RPl) (Coc) ≈ skirt

B entrañas *fpl* (vísceras) entrails (*pl*); **hijo de mis ~s** my dear child; **una persona sin ~s** *or* **de malas ~s** a heartless *o* callous person; **las ~s de la tierra** the bowels of the earth; ***dar (hasta) las ~s*** to give one's all

entrañabilidad *f* 1 (de una relación) closeness, intimacy 2 (de una persona) likableness

entrañable *adj* 1 ‹*amistad*› close, intimate; ‹*amigo*› very close, bosom (*before n*); **guardo un recuerdo ~ de aquel lugar** I have fond memories of that place; **sentía un cariño ~ por ella** I felt a very deep affection for her 2 ‹*persona*› pleasant, likable*

entrañar [A1] *vt* ‹*riesgo/peligro*› to entail, involve; ‹*problema/dificultad*› to involve, pose, entail

entrar [A1]

GUÍA DE BÚSQUEDA

■ **entrar** *verbo intransitivo*

- **A** acercándose, alejándose
- **B** 1 en una etapa, un estado
  - 2 en un tema
- **C** 1 introducirse, meterse
  - 2 poderse meter
  - 3 ser lo suficientemente grande
  - 4 entrar en la cabeza
  - 5 Automovilismo
  - 6 Informática
- **D** entrarle frío etc
- **E** empezar
- **F** 1 incorporarse
  - 2 Música
- **G** 1 estar incluido
  - 2 ser incluido
  - 3 entrarle a algo
- **H** 1 Tauromaquia
  - 2 Deporte
  - 3 entrarle a algn

■ **entrar** *verbo transitivo*

- 1 traer, llevar
- 2 en costura

vi

A (acercándose) to come in; (alejándose) to go in; **entra, no te quedes en la puerta** come in, don't stand there in the doorway; **quiero ~ a comprar cigarrillos** I want to go in and buy some cigarettes; **en ese momento entró Nicolás** just then Nicolás came *o* walked in, just then Nicolás entered the room; **~on sin pagar/por la ventana** they got in without paying/through the window; **déjame ~** let me in; **hazla ~** tell her to come in, show her in; **entró corriendo/cojeando** he ran/limped in, he came running/limping in; **ése en mi casa no entra** I am not having him in my house; **¿se puede ~ con el coche?** can you drive in?, can you take the car in?; **~ a puerto** to put into port; **aquí nunca entró esa moda** that fashion never took off here; **hay gente constantemente entrando y saliendo** there are always people coming and going; **fue ~ y salir** I was in and out in no time; **~ EN** *or* (esp AmL) **A algo**: **entró en el** *or* **al banco a cambiar dinero** she went into the bank to change some money; **nunca he entrado en** *or* **a esa tienda** I've never been into *o* in that shop; **no los dejaron ~ en** *or* **a Francia** they weren't allowed into France; **~on en el** *or* **al país ilegalmente** they entered the country illegally; **un Ford negro entró en el** *or* **al garaje** a black Ford pulled into the garage; **las tropas ~on en** *or* **a Varsovia** the troops entered Warsaw; ***ni ~ ni salir en algo*** (fam): **yo en ese asunto ni entro ni salgo** that has nothing to do with me; ***yo por ahí no entro*** (fam) I'm not having that! (colloq)

B 1 (en una etapa, un estado) **~ EN algo** to enter sth; **pronto ~emos en una nueva década** we shall soon be entering a new decade; **al ~ en la pubertad** on reaching puberty; **entró en contacto con ellos** he made contact with them; **no logro ~ en calor** I just can't get warm; **entró en coma** he went into a coma; **cuando el reactor entró en funcionamiento** when the reactor began operating *o* became operational 2 (en un tema) **~ EN algo** to go into sth; **sin ~ en los aspectos más técnicos** without going into the more technical aspects; **no quiero ~ en juicios de valor** I don't want to get involved in *o* to make value judgments

C 1 (introducirse, meterse): **cierra la puerta, que entra frío** close the door, you're letting the cold in; **le entra por un oído y le sale por el otro** it goes in one ear and out the other; **~ EN algo**: **me ha entrado arena en los zapatos** I've got sand in my shoes 2 (poderse meter): **no entra por la puerta** it won't go through the door; **está llena, no entra ni una cosa más** it's full, you won't get anything else in; **estos clavos no entran en la pared** these nails won't go into the wall; **estoy repleta, no me entra nada más** I'm full, I couldn't eat another thing 3 (ser lo suficientemente grande) (+ *me/te/le etc*): **estos vaqueros ya no me entran** I can't get into these jeans anymore, these jeans don't fit me anymore; **el zapato no le entra** he can't get his shoe on 4 (fam) «*materia/lección/idea*» (+ *me/te/le etc*): **la física no le entra** he just doesn't understand physics, he just can't get the hang of *o* get to grips with physics (colloq); **ya se lo he explicado varias veces, pero no le entra** I've explained it to him several times but he just doesn't understand *o* he just can't get it into his head; **que la haya dejado es algo que no me entra (en la cabeza)** I just can't understand him leaving her 5 (Automovilismo) «*cambios/marchas*»: **no (me) entran las marchas** I can't get it into gear; **no me entra la segunda** I can't get it into second (gear) 6 (Informática) *tb* **~ en el sistema** to log in, log on

D «*frío/hambre/miedo*» (+ *me/te/le etc*): **me está entrando hambre** I'm beginning to feel hungry; **le entró miedo cuando lo vio** she felt *o* was frightened when she saw it; **ya me ha entrado la duda** I'm beginning to have my doubts now; **me entró sueño/frío** I got *o* began to feel sleepy/cold

E (empezar) to start, begin; **¿a qué hora entras a trabajar?** what time do you start work?; **entró de** *or* **como aprendiz** he started *o* began *o* joined as an apprentice; **termina un siglo y entra otro** one century comes to a close and another begins; **~ A + INF**: **entró a trabajar allí a los 18 años** he started (working) there when he was 18; **~ a matar** (Taur) to go in for the kill; **ahí entré a sospechar** (RPl fam) that's when I started *o* began to get suspicious

F 1 (incorporarse) **~ EN** *or* (esp AmL) **A algo**: **entró en el** *or* **al convento muy joven** she entered the convent when she was very young; **el año que viene entra en la** *or* **a la universidad** she's going to college *o* she starts college next year; **el año que entré en la asociación** the year that I joined the association; **entró en la** *or* **a la empresa de jefe de personal** he joined the company as personnel manager 2 (Música) «*instrumento/voz*» to come in, enter

G 1 (estar incluido) **~ EN algo**: **ese tema no entra en el programa** that subject is not on *o* in the syllabus; **el postre no entra en el precio** dessert is not included in the price; **¿cuántas entran en un kilo?** how many do you get in a kilo?; **eso no entraba en mis planes** I hadn't allowed for that, that wasn't part of the plan; **no entraba en** *or* **dentro de sus obligaciones** it was not part of *o* one of his duties; **esto ya entra en** *or* **dentro de lo ridículo** this is becoming *o* getting ridiculous 2 (ser incluido): **creo que ~emos en la segunda tanda** I think we'll be in the second group; **los números no premiados ~án en un segundo sorteo** the non-winning numbers will go into *o* be included in *o* be entered for a second draw 3 (Méx fam): **entrarle A algo** (participar en) to be game FOR sth; **¡ándale! entrale a estos frijoles, están muy buenos** come on! tuck into these beans, they're very good

H 1 (Tauromaquia) «*toro*»: **el toro no entraba al capote** the bull wouldn't charge at the cape 2 (Deporte) «*futbolista*» to tackle; **recoge Márquez, (le) entra Gordillo** Márquez gets the ball and is tackled by Gordillo 3 (AmL fam) (abordar): **entrarle a algn** to chat sb up (colloq)

■ **entrar** *vt* 1 (traer) to bring in; (llevar) to take in; **va a llover, hay que ~ la ropa** it's going to rain, we'll have to bring the washing in; **voy a ~ el coche** I'm just going to put the car away *o* put the car in the garage; **¿cómo van a ~ el sofá?** how are they going to get the sofa in?; **no se puede ~ animales al país** you are not allowed to take/bring animals into the country; **lo entró de contrabando** he smuggled it in 2 (en costura): **hay que ~le un poco de los costados** it needs taking in a bit at the sides

entre[1] *prep*

A 1 (indicando posición en medio de) between; **se sienta ~ Carlos y yo** he sits between Carlos and me; **~ estas cuatro paredes** within these four walls; **creó una barrera ~ ellos** it created a barrier between them; **lo escribió ~ paréntesis** she wrote it in brackets; **se me escapó por ~ los dedos** it slipped through my fingers; **correteaban por ~ los arbustos** they ran in and out of the bushes; **no pruebo bocado ~ horas** I don't eat a thing between meals; **~ estas dos fechas** between these two dates; **está abierto ~ semana** it is open during the week; **~ las cuatro y las cinco** between four and five (o'clock); **con una expresión ~ complacida y sorprendida** with an expression somewhere between pleasure and surprise, with a half pleased, half surprised look; **es de un color ~ el azul y el violeta** it's a bluey purple color *o* a purplish blue color; **vacilaba ~ decírselo y callar** she was torn between telling him and keeping quiet; **estoy ~ el verde y el azul** I can't decide between the green one and the blue one 2 (en relaciones de comunicación) between; **~ nosotros** *or* **~ tú y yo, no tiene la más mínima idea** between you and me *o* just between ourselves, he doesn't have a clue; **las relaciones ~ los cuatro hermanos** relations between the four brothers 3 (en relaciones de cooperación) between; **~ los dos/cuatro logramos levantarlo** between the two of us/four of us we managed to lift it; **¿por qué no le hacemos un regalo ~ todos?** why don't we all get together to buy him a present? 4 (con verbos recíprocos) among; **~ ellos se entienden** they understand each other *o* one another; **cuando hablan ~ ellos no entiendo nada** when they talk among themselves, I can't understand a thing; **tres depósitos unidos ~ sí por una serie de tubos** three tanks linked (to each other) by a series of pipes

B 1 (en el número, la colectividad de) among, amongst (BrE); **~ los trabajadores** among the workers; **bendita tú eres ~ todas las mujeres** blessed art thou among women; **está ~ los mejores/más grandes del mundo** it is among the best/largest in the world, it is one of the best/largest in the world; **~ los temas debatidos, éste fue el más conflictivo** of the topics discussed this proved to be the most controversial; **hay un traidor ~ nosotros** there's a traitor among us *o* (liter) in our midst; **estamos ~ amigos** we're all friends here, you're among friends; **es mentiroso, ~ otras cosas** he's a liar, among other things 2 (mezclado con) among; **~ las monedas que me dio había algunas extranjeras** there were some foreign coins among the ones he gave me; **se perdió ~ la muchedumbre** he got lost in the crowd; **lo encontré ~ la arena** I found it in the sand 3 (sumando una cosa a otra) with; **hay unas cien personas ~ alumnos, padres y profesores** with *o* including pupils, parents and teachers there are about a hundred people; **~ una cosa y otra nos llevó toda una mañana** (fam) what with one thing and another it took us a whole morning (colloq) 4 (en distribuciones) among; **repártelos ~ los niños** share them out among the children 5 ▸ ❶ p.575 (Mat): **tienes que dividirlo ~ cinco** you have to divide it by five; **diez ~ dos es (igual a) cinco** two into ten goes five (times), ten divided by two is five

C **entre tanto** meanwhile, in the meantime; **~ tanto, vayan poniendo la mesa** meanwhile *o* in the meantime, you can lay the table; **~ tanto (que) lo hacen** while they do it

entre[2] *adv* (esp AmL): **entre más/menos ...** the more/less ...; **~ más pide, menos le dan** the more he asks for, the less they give him; **~ menos estudies, menos aprenderás** the less you study, the less you will learn

entreabierto -ta *adj* 1 ‹*puerta*› ajar, half-open; ‹*ventana*› half-open 2 ‹*ojos/boca*› half-open

entreabrir [I33] *vt* 1 ‹*puerta/ventana*› to half-open 2 ‹*ojos/boca*› to half-open

entreacto *m* interval

entreayudarse [A1] *v pron* to help one another

entrecano -na *adj* graying*

entrecasa, (AmL): **zapatos de ~** shoes that I/you wear around the house

entrecejo *m: space between the eyebrows*; **arrugar** *or* **fruncir el ~** to frown, to knit one's brows; **tiene el ~ muy poblado** his eyebrows meet in the middle

entrecerrado -da *adj* 1 ‹*puerta*› ajar, half-closed; ‹*ventana*› half-closed 2 ‹*ojos*› half-shut, half-closed

entrecerrar [A5] *vt* 1 ‹*puerta*› to half-close, leave ... ajar; ‹*ventana*› to half-close 2 ‹*ojos*› to half-close

entrechocarse [A2] *v pron* to collide

entrecomillado *m: word o phrase in single quotes* (AmE) *o in inverted commas* (BrE)

entrecomillar [A1] *vt* ‹*cita*› to put ... in quotation marks; ‹*frase/palabra*› to put ... in single quotes (AmE), to put ... in inverted commas (BrE)

entrecortadamente *adv* falteringly

entrecortado -da *adj* ‹*respiración*› difficult, labored*; **con la voz entrecortada** in a voice choked with emotion; **a través de la pared oyó su llanto ~** he could hear her choking sobs through the wall

entrecot /entreˈko(t)/ *m* (*pl* **-cots**) entrecote

entrecruzar [A4] *vt* to intertwine, interweave

■ **entrecruzarse** *v pron*

A «*hilos/cintas*» to intertwine, interweave

B «*razas*» to interbreed

entredicho *m*

A (duda): **estar en ~** to be in doubt *o* question; **estas declaraciones ponen su honor en ~** these revelations call his honor into question *o* cast doubt on his honor; **ha puesto mi profesionalidad en ~** he has questioned my professionalism

B (Relig) interdict

C (CS, Per) (entre dos personas) argument, difference of opinion; (entre dos países) dispute

entredós *m*

A (de encaje) lace insert

B (mueble) cabinet

entrega *f*

A (acción): **la ~ de estos documentos** the handing over of these documents; Ⓢ **entrega de llaves inmediata** vacant possession, ready for immediate occupancy; **servicio de ~ a domicilio** delivery service; **las ~s a la zona** deliveries to the area; **la fecha tope para la ~ de solicitudes** the deadline for handing in *o* (frml) submitting applications; **el acto de ~ de premios** the prize-giving ceremony; **le hizo ~ de la copa** (frml) she presented him with the cup; **nos hicieron ~ de una cantidad a cuenta** they gave us *o* handed over a sum of money in part payment

B 1 (partida) delivery, shipment; **recibirán los artículos que faltan con la próxima ~** you will receive the missing items in the next delivery *o* shipment 2 (plazo, cuota) installment*; **sin ~ inicial** no downpayment *o* deposit necessary 3 (de una enciclopedia) installment*, fascicle; (de una revista) issue; (de una fotonovela, teleserie) episode

C 1 (dedicación) dedication, devotion, commitment 2 (abandono) giving in

Compuestos

- **entrega contra reembolso** COD, cash on delivery
- **entrega extraordinaria** extraordinary rendition; **un avión sospechoso de estar involucrado en una ~ extraordinaria** a plane suspected of being involved in extraordinary rendition

entregado -da *adj* 1 [SER] (sacrificado) selfless 2 [ESTAR] (dedicado) **~ A algo** devoted *o* dedicated TO sth; (abandonado) given over TO sth; **lo halló en el despacho ~ a la lectura** she found him busy reading in the study; **una vida entregada a la ciencia** a life dedicated to *o* devoted to science; **~ a los placeres de la carne** (liter) given over to the pleasures of the flesh (liter) 3 (RPl) (resignado): **está entregada** she's given up

entregar [A3] *vt*

A (llevar) ‹*carta/paquete*› to deliver; ‹*mercancías*› to deliver; **entregamos los pedidos en el día** we offer same-day delivery; **entregó las invitaciones en mano** she gave the invitations out *o* distributed the invitations by hand

B 1 (dar) to give; **me entregó 5.000 pesos a cuenta** he gave me 5,000 pesos on account; **se negó a entregármelo** she refused to hand it over to me; **me amenazó y le entregué el dinero que llevaba encima** he threatened me so I gave him *o* handed over all the money I had on me; **el secretario le entregó un cheque por $50.000** the secretary gave him *o* handed over *o* presented him with a check for $50,000; **me entregó un cuestionario** she gave me *o* handed me a questionnaire; **hoy nos entregan las llaves de la casa** they're handing over the keys of the house today, we get the keys to the house today; Ⓢ **Alberto Ruiz, para entregar a José Lerga** José Lerga, c/o Alberto Ruiz; **entregó su alma a Dios** (euf) he passed away (euph), he gave up *o* delivered up his soul to God (euph); **~las** (Chi fam) to kick the bucket (colloq), to croak (sl) 2 ‹*premio/trofeo*› to present; **el alcalde le entregó las llaves de la ciudad** the mayor presented him with the keys to the city; **hoy nos entregan los certificados** we receive *o* get our certificates today

C ‹*trabajo/deberes*› to hand in, give in (esp BrE); ‹*solicitud/impreso*› to hand in, submit (frml); **el proyecto será entregado al Congreso para su discusión** the bill is to be put before *o* submitted to Congress for discussion

D 1 ‹*ciudad/armas*› to surrender; ‹*poder*› to hand over; **han entregado el país a las empresas extranjeras** they have handed the country over to foreign companies 2 (dedicar) to devote; **entregó su vida a Dios/a los pobres** she gave *o* devoted *o* dedicated her life to God/to the poor

E 1 ‹*delincuente/prófugo*› to turn in, hand over; ‹*rehén*› to hand over; **lo ~on a las autoridades** they turned him in *o* handed him over to the authorities; **el juez entregó al niño a su padre adoptivo** the judge put the child into his adoptive father's care 2 ‹*novia*› to give away

■ **entregarse** *v pron*

A (dedicarse) **~se A algo/algn** to devote oneself TO sth/sb

B 1 (rendirse) to surrender, give oneself up; (a un vicio) to succumb, give in; **no creo que vaya a pasar de hoy, se ha entregado** I don't think she'll last another day, she's given up; **~se A algo** to give oneself over TO sth; **se entregó a la bebida** he gave himself over to drink, he took to drink; **rendido, me entregué al sueño** (liter) exhausted, I succumbed to sleep (liter) 2 (sexualmente) **~se A algn** to give oneself TO sb

entreguerras: **el período de ~** the period between the wars

entreguismo *m* (CS) submissive stance, policy of appeasement

entreguista *adj* (CS) submissive, supine

entrejuntar [A1] *vt* 1 (en carpintería) to join 2 (Chi) ‹*puerta/ventana*› to half-close

entrelazar [A4] *vt* ‹*cintas/hilos*› to interweave, intertwine; **caminaban con las manos entrelazadas** they walked along hand in hand

■ **entrelazarse** *v pron* to intertwine, interweave

entremedias, entremedio *adv* 1 (en el espacio): **casi todas eran verdes, pero**

~ **había alguna roja** they were almost all green, but in among them there were a few red ones **2** (en el tiempo) in between

entremés *m*
A (Coc) hors d'oeuvre, starter, appetizer
B (Teatr) interlude

entremezclar [A1] *vt* to intermingle
■ **entremezclarse** *v pron* «*recuerdos*» to intermingle, become intermingled; «*culturas*» to mix, intermingle

entrenador -dora *m,f* (manager) coach (AmE)), manager ((BrE); (preparador físico) trainer

entrenamiento *m* **1** (por el entrenador) coaching, training **2** (ejercicios, ensayos) training **3** (sesión) training session

entrenar [A1] *vt* **1** ‹*soldado*› to train; ‹*equipo/atleta*› to coach, train **2** ‹*caballo*› to train
■ **entrenar** *vi* «*soldado*» to train; «*jugador/corredor*» to train
■ **entrenarse** *v pron* to train

entreoír [I28] *vt* to half-hear; **pude ~ lo que decían** I could just about hear what they were saying

entrepaño *m* **1** (trozo de muro) pier, stretch **2** (en puertas, ventanas) panel **3** (estante) shelf

entrepierna *f* **1** (Anat) crotch **2** (medida) inside leg measurement, inseam (measurement) (AmE)

entrepiso *m* (AmL) mezzanine

entrepitear [A1] *vi* (Ven fam) to snoop (colloq), to nose around (colloq)

entrépito[1] **-ta** *adj* (Ven fam) nosy (colloq)

entrépito[2] **-ta** *m,f* (Ven fam) nosy parker (colloq)

entreplanta *f* mezzanine

entrerrejado -da *adj* interwoven, crisscrossed

entresacar [A2] *vt* **1** (seleccionar) to extract, select **2** (en peluquería) to thin out

entresemana *adv* during the week; **no le gusta salir por la noche ~** she doesn't like going out in the evening during the week *o* on weekday evenings *o* mid-week

entresijo *m* **1** (Anat) mesentery **2** **entresijos** *mpl* (secretos) details (*pl*), ins and outs (*pl*) (colloq)

entresuelo *m* (en un edificio) mezzanine; (en un cine) dress circle

entretanto[1] *adv* meanwhile, in the meantime; **~, vaya limpiando** meanwhile *o* in the meantime, you can start cleaning; **~ (que) lo hacen** while they do it

entretanto[2] *m*: **en el ~** meanwhile, in the meantime

entretecho *m* (Chi) attic (AmE), loft (BrE)

entretejer [E1] *vt* ‹*hilos*› (en una tela) to weave; (entrelazar) to interweave; **una composición entretejida de citas** an essay interwoven *o* interspersed with quotes

entretela *f* **1** (Tex) interlining, interfacing **2** **entretelas** *fpl* (entresijos) ins and outs (*pl*); ***pensar para sus ~s*** to think to oneself

entretelones *mpl* (CS, Per) (de un caso) ins and outs (*pl*); **conoce muy bien los ~s de la política** she knows exactly what goes on behind the scenes in politics

entretención *f* (AmL) ▸ **entretenimiento**

entretener [E27] *vt*
A (divertir) to entertain; **entretiene a los niños contándoles cuentos** she entertains the children *o* keeps the children happy *o* amused by telling them stories; **pintar me entretiene** I enjoy painting; **es una tontería pero a mí me entretiene** it's silly but it keeps me amused *o* entertained; **la película entretuvo a chicos y grandes** the movie was enjoyed by both young and old
B (distraer, apartar de una tarea) to distract
C (retener) to keep, detain; **no te entretengo más** I won't keep *o* detain you any longer; **me encontré con un amigo y me entretuvo** I met a friend and he kept me talking
D ‹*soledad/ocio*› to while away; **para ~ la espera se compró una revista** she bought a magazine to while away the time she had to wait
E ‹*esperanza*› to entertain
■ **entretenerse** *v pron*
A **1** (divertirse) to amuse oneself; **me entretengo mucho con su conversación** I find her conversation very entertaining; **se entretiene con cualquier cosa** she's easily amused; **se entretuvo sacando fotos** he amused himself *o* kept himself amused *o* kept himself entertained taking pictures **2** (distraerse, pasar el tiempo) to keep (oneself) busy *o* occupied
B (demorarse): **lleva esto a casa de la abuela y no te entretengas por el camino** take this round to granny's house and make sure you go straight there *o* (colloq) and don't hang about on the way; **se entretuvo y perdió el tren** he hung around *o* he dallied about and he missed the train

entretenida *f* (ant) lover, mistress

entretenido -da *adj*
A [SER] (ameno) ‹*película/conversación*› entertaining, enjoyable; ‹*persona*› entertaining; **el juego es muy ~** the game is very entertaining *o* is great fun
B [ESTAR] ‹*persona*› (ocupado) busy; **lo encontré ~ arreglando un juguete roto** I found him busy fixing a broken toy

entretenimiento *m* entertainment; **el único ~ que hay aquí es una discoteca** the only entertainment here is a discotheque; **jugar a las cartas me sirve de ~** playing cards keeps me amused *o* entertained; **no es su trabajo, lo hace sólo por** *or* **como ~** it isn't his job, he just does it for pleasure *o* for fun; **su ~ favorito es reírse de la gente** her favorite activity *o* pastime is making fun of people; **hay muchos ~s para los niños** there are lots of things for the children to do, there are lots of things to keep the children happy *o* amused *o* entertained

entretiempo *m*
A (período entre estaciones): **un abrigo/suéter de ~** a lightweight coat/sweater; **vestidos de ~** spring/autumn dresses
B (Chi) (Dep) halftime

entrever [E29] *vt* **1** (ver confusamente) to make out; **a lo lejos entreveía el pueblo** I could just make out *o* see the village in the distance **2** ‹*solución/acuerdo*› to begin to see; **ha dejado ~ que no habrá más cambios** she has hinted *o* suggested that there will be no more changes; **esto deja ~ una posible solución** this gives a glimpse of a possible solution; **todo deja ~ que habrá enfrentamientos** everything seems to suggest that there will be clashes

entreverado -da *adj* **1** (intercalado) interspersed **2** (fam) (desordenado, mezclado) muddled up, mixed up

entrevero *m*
A (AmS fam) jumble, mess
B (Chi) (discusión) argument, row; (pelea) fight

entrevía *f* gauge

entrevista *f*
A (Period) interview; (para un trabajo) interview; **le hicieron una ~ por radio** he was interviewed on the radio; **me concedió una ~** she let me interview her, she granted me an interview (frml); **lo declaró en una ~ al diario español** he stated it in an interview for the Spanish newspaper
B (period) (reunión) meeting; **mantuvieron una ~ con el embajador** they met (with) the ambassador, they held a meeting with *o* had talks with the ambassador

entrevistado -da *m,f* interviewee

entrevistador -dora *m,f* interviewer

entrevistar [A1] *vt* (Period) to interview; (para un puesto) to interview
■ **entrevistarse** *v pron* (period) (reunirse) to meet; **~se CON algn** to meet WITH sb, meet sb

entripado *m* (RPl fam) terrible problem; **tengo un tremendo ~** I'm sick with worry

entristecer [E3] *vt* to sadden; **la noticia nos entristeció a todos** the news saddened us all; **me ~ía que no vinieras** I'd be upset if you didn't come; **su partida la entristeció mucho** she was very sad when he left
■ **entristecerse** *v pron* to grow sad; **se entristeció mucho con la noticia** he was very sad when he heard the news, the news made him very sad

entrometerse [E1] *v pron* to meddle; **no te entrometas** keep out of it *o* stop meddling *o* stop interfering; **~ EN algo** to meddle IN sth; **siempre tiene que ~ en la vida de los demás** he always has to meddle *o* interfere in other people's lives

entrometido[1] **-da** *adj* meddling (*before n*), interfering (*before n*)

entrometido[2] **-da** *m,f* meddler, busybody

entrón -trona *adj* (Méx fam) **1** (valiente y osado) daring, brave **2** (coqueta): **es bien entrona** she's a real flirt (colloq)

entroncar [A2] *vi*
A **1** «*familia/linaje*»: **~ CON algn** (estar emparentado) to be related TO sb; (adquirir parentesco) to become related TO sb **2** (relacionarse, enlazar) **~ CON algo** to be linked *o* connected TO sth
B (esp AmL) (empalmar) «*vías férreas*» to connect, meet; **en el punto donde las dos vías entroncan** at the point where the two lines connect *o* meet, at the junction of the two lines

entronerar [A1] *vt* to pot, sink (colloq)

entronización *f*
A (de un monarca) enthronement
B (Chi, Méx frml) (establecimiento) entrenchment

entronizar [A4] *vt*
A ‹*monarca*› to enthrone
B (Chi, Méx frml) (establecer) to entrench
■ **entronizarse** *v pron* (Chi, Méx frml) to become entrenched

entronque *m*
A **1** (parentesco) relationship **2** (enlace) connection, link
B (AmL) (Ferr) junction

entropía *f* entropy

entubar [A1] *vt* **1** ‹*arroyo/acequia*› to channel, pipe **2** ‹*enfermo*› to put tubes into, intubate (frml); **estaba toda entubada** she had tubes everywhere

entuerto *m*
A (fam) (perjuicio) wrong, injustice; **deshacer un ~** to right a wrong
B (Med) afterpains (*pl*)

entumecerse [E3] *v pron* «*dedos*» to go numb; «*piernas/músculos*» to get stiff

entumecido -da *adj* ‹*dedos*› numb; ‹*piernas/músculos*› stiff

entumecimiento *m* (de los dedos) numbness; (de las piernas, los músculos) stiffness

entumido -da *adj* ▸ **entumecido**

entumirse [I1] *v pron* (Chi) ▸ **entumecerse**

enturbiar [A1] *vt* **1** ‹*agua*› to cloud **2** ‹*relación/felicidad*› to mar, cloud
■ **enturbiarse** *v pron* **1** «*agua*» to become *o* go cloudy **2** «*relación/felicidad*» to be marred

entusiasmado -da *adj* excited, enthusiastic; **está entusiasmada con la idea** she's very excited about *o* enthusiastic about *o* (BrE) keen on the idea; **anda muy ~ con el coche** he's very excited about his car; **el público aplaudió ~ su actuación** the audience applauded her performance enthusiastically

entusiasmante *adv* thrilling, exciting

entusiasmar [A1] *vt* **1** (apasionar): **nada lo entusiasma** he never gets enthusiastic *o* excited about anything; **no me entusiasma mucho la idea** I'm not very enthusiastic about *o* (BrE) keen on the idea **2** ‹*persona*› to make … enthusiastic, get … excited; **no logré ~lo con la idea** I didn't manage to make him very enthusiastic *o* get him very excited about the idea; **me entusiasmó para que aceptara** he encouraged me to accept it
■ **entusiasmarse** *v pron* **~se CON algo** to get excited *o* enthusiastic ABOUT sth; **se entusiasmó con la idea** he got excited *o* enthusiastic about the idea; **no te entusiasmes, que no sé si nos llega el dinero** don't get excited *o* carried away, I don't know if we've got enough money

entusiasmo *m* enthusiasm; **mostró** *or* **manifestó gran ~ por la propuesta** she showed great enthusiasm for the proposal, she was very enthusiastic about the proposal; **ha despertado gran ~** it has aroused great enthusiasm; **trabaja con gran ~** he works enthusiastically

entusiasta[1] *adj* enthusiastic

entusiasta[2] *mf* enthusiast; **es un ~ de la ópera** he's a great opera enthusiast, he's a real opera buff (colloq)

entusiástico -ca *adj* enthusiastic

enumeración *f* [1] (de razones, datos, temas) list, enumeration (frml) [2] (Lit) enumeration

enumerar [A1] *vt* to list, enumerate (frml)

enunciación *f* statement, enunciation (frml)

enunciado *m* [1] (Ling) statement; **un ~ narrativo** a narrative statement [2] (Mat) formulation

enunciar [A1] *vt* [1] ‹*idea/teoría*› to state, express, enunciate (frml) [2] ‹*problema/teorema*› to formulate

enunciativo -va *adj* expository

enuresis *f* enuresis

envainar [A1] *vt*
A ‹*espada/cuchillo*› to sheathe
B (Col, Ven arg) ‹*persona*› to screw up (sl)
■ **envainarse** *v pron* (Col, Ven arg) to run *o* get into trouble

envalentonar [A1] *vt* to make … bolder, encourage
■ **envalentonarse** *v pron* (ponerse valiente) to become bolder *o* more daring; (insolentarse) to become defiant

envanecer [E3] *vt* to make … conceited *o* vain
■ **envanecerse** *v pron* to become conceited *o* vain

envanecimiento *m* conceit, vanity

envarado -da *adj* [1] (al caminar) stiff; **caminaba muy ~** he walked very stiffly [2] (estirado, arrogante) haughty, stuck-up (colloq)

envararse [A1] *v pron* [1] «*piernas*» to get stiff [2] «*persona*» to stiffen

envasado *m* (en botellas) bottling; (en latas) canning; (en paquetes, cajas) packing
(Compuesto) **envasado al vacío** vacuum packaging

envasador -dora *m,f* [1] (persona) packer [2] **envasadora** *f* (compañía): **~a de conservas de pescado** fish processing *o* canning plant

envasar [A1] *vt* (en botellas) to bottle; (en latas) to can; (en paquetes, cajas) to pack; **café envasado al vacío** vacuum-packed coffee; **viene envasada en frascos pequeños** it comes in small jars

envase *m* (botella) bottle; (lata) can, tin (BrE); (caja) box; **~ no recuperable** *or* **retornable** nonreturnable bottle; **leche en ~s de cartón** milk in cartons; **~ de plástico** plastic container
(Compuesto) **envase burbuja** *or* **blíster** blister pack

envejecer [E3] *vi* [1] «*persona*» (hacerse más viejo) to age, grow old; (parecer más viejo) to age; **había envejecido mucho** he had aged a great deal; **hay que saber ~ con dignidad** you have to know how to grow old gracefully [2] «*vino/queso*» to mature, age
■ **envejecer** *vt* [1] ‹*persona*› «*tragedia/experiencia*» to age; «*ropa/peinado*» to make … look older; **la muerte de su hijo lo envejeció prematuramente** his son's death aged him prematurely *o* (colloq) put years on him; **ese peinado te envejece** that hairstyle makes you look older [2] ‹*madera*› to make … look old, distress; ‹*vaqueros*› to give … a worn look
■ **envejecerse** *v pron* (*refl*) to make oneself look older

envejecido -da *adj* [1] [ESTAR] ‹*persona*› **casi no lo reconocí, está tan ~** I almost didn't recognize him, he's aged so much *o* he looks so old; **estaba envejecida por las preocupaciones y los problemas** her worries and problems had aged her *o* (colloq) had put years on her [2] ‹*cuero/madera*› distressed

envejecimiento *m* [1] (de una persona, de la piel) aging* [2] (del vino, queso) maturing, aging*

envelarse [A1] *v pron* (Chi fam): **se las envelaron para el sur** they took off for the south (colloq)

envenenador -dora *m,f* poisoner

envenenamiento *m* poisoning

envenenar [A1] *vt* ‹*persona/comida/flecha*› to poison; ‹*relación/amistad*› to poison
■ **envenenarse** *v pron* (involuntariamente) to be poisoned; (voluntariamente) to poison oneself

envergadura *f*
A (importancia) magnitude (frml), importance; **un proyecto de gran ~** a project of great importance *o* magnitude; **un político de cierta ~** a politician of some importance
B [1] (de un avión, ave) wingspan [2] (de una vela) breadth

envés *m* [1] (de una tela) back, wrong side [2] (de una hoja) underside, reverse [3] (de una espada) back

enviado -da *m,f* (Pol) envoy; (Period) reporter, correspondent
(Compuestos)
- **enviado de paz** peace envoy
- **enviado especial** (Pol) special envoy; (Period) special correspondent

enviar [A17] *vt* [1] ‹*carta/paquete*› to send; ‹*pedido/mercancías*› to send, dispatch; **puede ~lo por avión o por barco** you can send it by air or by ship; **mi madre te envía recuerdos** my mother sends you her regards; **los corresponsales envían las crónicas por teléfono** the correspondents phone in their reports; **envió el balón al fondo de las mallas** (period) he put the ball in the back of the net [2] ‹*persona*› to send; **me envió de intermediario** she sent me as an intermediary; **lo ~on a Londres de agregado cultural** he was sent *o* posted to London as cultural attaché; **me envió por pan** *or* (Esp) **a por pan** she sent me out for bread *o* to get bread; **~on una delegación de diez personas** they sent *o* dispatched a delegation of ten people; **~ a algn** A + INF to send sb to + INF; **envió al chófer a buscarlo** she sent the chauffeur to meet him

enviciarse [A1] *v pron* to become addicted, get hooked (colloq); **se ha enviciado con esos juegos electrónicos** he has become addicted to *o* (colloq) he's got(ten) hooked on those electronic games

envidar [A1] *vi* (Esp) to bet

envidia *f* envy, jealousy; **le da ~ que su hermano saque mejores notas** he's envious *o* jealous because his brother gets better marks; **le tienes ~** you are jealous of him; **siente ~ de su belleza/sus éxitos** she envies them their beauty/success; **me muero de ~** I'm green with envy; **¡qué ~!** I'm so jealous!, I'm green with envy (colloq); **su casa es la ~ del pueblo** her house is the envy of (everyone in) the village; **¡la ~ te carcome** *or* **corroe!** you're just jealous!; ***si la ~ fuera tiña, cuántos tiñosos habría*** if envy were a fever, all mankind would be sick

envidiable *adj* enviable

envidiar [A1] *vt* to envy; **envidio su suerte** I envy his luck; **lo envidiaba porque era joven y rico** I envied him *o* I was envious of him because he was young and rich; **el nuevo hospital no tiene nada que ~ a los mejores del mundo** the new hospital can stand alongside the best in the world; **tú no tienes nada que ~le a él** you've no reason to be envious of him *o* to envy him

envidioso -sa *adj* ‹*persona*› envious, jealous; ‹*mirada*› envious

envilecer [E3] *vt* to degrade, debase
■ **envilecer** *vi* to degrade, be degrading
■ **envilecerse** *v pron* to degrade *o* debase oneself

envilecimiento *m* degradation, debasement

envío *m*
A (acción): **se recomienda el ~ por correo aéreo** you are advised to send it air mail; **se autorizó el ~ de los fondos** the remittance *o* sending of the money was authorized; **su padre le hace ~s periódicos de dinero** his father sends him money periodically; Ⓢ **envíos a domicilio sin recargo** free home delivery; **fecha de ~** date of dispatch, date sent
(Compuestos)
- **envío de mensajes de texto** text messaging
- **envío contra reembolso** COD, cash on delivery

B (partida — de mercancías) consignment, shipment; (— de dinero) remittance

envión *m* [1] (empujón) push, shove (colloq) [2] (RPl) (impulso): **el colectivo arrancó y del** *or* **con el ~ salió despedida** the bus started up and the jolt sent her flying; **tiró la pelota con ~** he threw the ball hard; **tomar** *or* **darse ~** to get some speed up, take a run-up [3] (Col) (esfuerzo) spurt, effort; ***de un ~*** (Col fam) (de un tirón) in one go (colloq); **trabajamos 12 horas de un ~** we work 12 hours at a stretch; **me lo leí de un ~** I read it in one go

envite *m* [1] (apuesta) bet; **ir al ~** to place a bet [2] (ofrecimiento) offer [3] (empujón) push

enviudar [A1] *vi* «*hombre*» to become a widower, be widowed; «*mujer*» to become a widow, be widowed; **enviudó de su primera mujer** he lost his first wife, his first wife died; **enviudó dos veces** she was widowed twice

envoltijo *m* bundle; **me trajo la ropa hecha un ~** she brought the clothes all screwed up in a bundle

envoltorio *m* [1] (de un paquete, regalo) wrapping; (de un caramelo) wrapper [2] (bulto) bundle

envoltura *f* [1] (Biol, Bot) casing, covering [2] (de un paquete, regalo) wrapping; (de un caramelo) wrapper
(Compuesto) **envoltura de texto** text wrap

envolvente *adj* [1] ‹*mirada*› sweeping; ‹*movimiento*› sweeping; **se puso una capa ~** he put on a cloak which completely enveloped him [2] (Mil) ‹*maniobra*› enveloping, encircling

envolver [E11] *vt*
A ‹*paquete/regalo*› to wrap, wrap up; **¿se lo envuelvo?** shall I wrap it (up) for you?; **¿me lo puede ~ para regalo?** could you gift wrap it?; **~ algo/a algn EN algo** to wrap sth/sb (up) IN sth; **envolvió al niño en una manta** she wrapped the child (up) in a blanket
B (rodear) «*membrana/capa*» to surround; «*humo/tristeza*» to envelop; **la niebla envolvía la ciudad** fog enveloped the city, the city was shrouded in fog; **un velo de misterio envuelve el caso** the case is cloaked *o* shrouded in mystery; **un halo de santidad la envolvía** she seemed to be shrouded in *o* surrounded by an aura of saintliness
C (contener) ‹*crítica/opinión*› to contain, imply
D (involucrar) to involve; **~ a algn EN algo** to involve sb IN sth, get sb involved IN sth
■ **envolverse** *v pron* [1] (*refl*) (en una manta) to wrap oneself (up); **se envolvió en la manta y se durmió** she wrapped herself (up) in the blanket *o* she wrapped the blanket around herself and fell asleep [2] (en un delito, asunto) to become involved

envolvimiento *m*
A (de paquete) wrapping
B (participación) involvement

envuelto -ta *adj*
A [ESTAR] ‹*paquete/regalo*› wrapped; **~ para regalo** gift-wrapped
B [1] (rodeado) **~ EN algo**: **la ciudad estaba envuelta en un manto de humo** the city was enveloped in smoke; **~ en misterio** cloaked *o* shrouded in mystery [2] (en una manta) **~ EN algo** wrapped (up) IN sth; **entró envuelta en un abrigo de visón** she came in wrapped up in *o* clad in a mink coat
C (involucrado) **~ EN algo** involved IN sth; **se vio ~ en un asunto de contrabando** he found himself involved in *o* caught up in a smuggling racket

enyerbar [A1] *vt* (Méx fam) [1] (embrujar) to bewitch, put a spell on [2] (envenenar) to poison

e

■ **enyerbarse** *v pron* (AmL) to become covered with grass
enyesado *m* plastering
enyesar [A1] *vt* [1] (Const) to plaster [2] ‹*brazo/pierna*› to put … in a (plaster) cast, to put … in plaster (BrE)
enzarzarse [A4] *v pron* **~ EN algo** to get involved IN sth
enzima *f* enzyme
enzunchar [A1] *vt* ‹*cajas/paquetes*› to put a metal/plastic strap *o* band around; ‹*fardos*› to bale
eñe *f*: *name of the letter* **ñ**
eólico -ca *adj* wind (*before n*), eolian* (tech)
eolito *m* eolith
Eolo Aeolus
eón *m* eon
EP *f* (en Esp) Educación Primaria, Enseñanza Primaria
epa *interj* (fam) [1] (para llamar la atención) hey! [2] (AmS) (ante un accidente) whoops! [3] (Ven fam) (saludo) hi! (colloq)
épale *interj* (Chi fam) hey!
epatar [A1] *vt* [1] (deslumbrar) to dazzle, impress, knock … dead (colloq) [2] (escandalizar) to shock
epazote *m* (Méx) epazote, Mexican tea, wormseed
EPD, e.p.d. (= **en paz descanse**) RIP
epéntesis *f* epenthesis
epentético -ca *adj* epenthetic
epiblasto *m* epiblast
épica *f* [1] (género) epic poetry [2] (poema) epic, epic poem
epicardio *m* epicardium
epicarpio *m* epicarp
epiceno *adj* epicene
epicéntrico -ca *adj* epicentral
epicentro *m* epicenter*
épico -ca *adj* ‹*literatura*› epic; ‹*victoria/hazaña*› epic, heroic
epicureísmo *m* epicureanism
epicúreo[1] **-rea** *adj* epicurean
epicúreo[2] **-rea** *m,f* epicure
epidemia *f* epidemic
epidémico -ca *adj* epidemic
epidemiología *f* epidemiology
epidemiológico -ca *adj* epidemiological
epidemiólogo -ga *m,f* epidemiologist
epidérmico -ca *adj* epidermal
epidermis *f* epidermis
epidural *f* ▸ **anestesia**
Epifanía *f* [1] (Bib): **la ~ (del Señor)** the Epiphany [2] (Relig) (fiesta) Epiphany
epífisis *f* (*pl* ~) epiphysis
epigenética *f* (Biol) epigenetics
epiglotis *f* epiglottis
epígrafe *m* (en una publicación) epigraph; (en piedra, metal) epigraph, inscription
epigrafía *f* epigraphy
epigrama *m* epigram
epigramático -ca *adj* epigrammatic
epilepsia *f* epilepsy
epiléptico[1] **-ca** *adj* epileptic; **ataque ~** epileptic fit, epileptic seizure (frml)
epiléptico[2] **-ca** *m,f* epileptic
epílogo *m* [1] (Lit) epilogue [2] (de un suceso) conclusion; **sus vacaciones tuvieron un trágico ~** their holiday ended in tragedy
episcopado *m* [1] (dignidad) bishopric, episcopate [2] (mandato) episcopacy, episcopate [3] (conjunto de obispos) episcopate
episcopal *adj* episcopal
episcopalismo *m* Episcopalism, Episcopalianism
episcopalista[1], **episcopaliano -na** *adj* Episcopalian
episcopalista[2] *mf*, **episcopaliano -na** *m,f* Episcopalian
episiotomía *f* episiotomy
episódico -ca *adj* episodic
episodio *m* [1] (Cin, Rad, TV) episode; **una serie en ocho ~s** a series in eight episodes, an eight-part series [2] (suceso) episode, incident
epistaxis *f* (*pl* ~) nosebleed, epistaxis (tech)
epistemología *f* epistemology
epístola *f* epistle, letter
epistolar *adj* epistolary; **habían mantenido una larga relación ~** they had corresponded for a long time, they had kept up a lengthy correspondence
epistolario *m* collected letters (*pl*), collection of letters
epitafio *m* epitaph
epitelial *adj* epithelial
epitelio *m* epithelium
epíteto *m* [1] (Ling) epithet [2] (calificativo) name, epithet (frml); **lo insultó con toda clase de ~s** he called him every name under the sun
epítome *m* summary, abstract, epitome (frml)
e.p.m. = **en propia mano**
época *f* [1] (período de tiempo — en la historia) time, period; (— en la vida) time; **una ~ de grandes cambios sociales** a period *o* time *o* an age of great social change; **durante la ~ victoriana** in Victorian times, in the Victorian age *o* era; **en la ~ de Franco** in Franco's time, under Franco; **una ~ gloriosa de nuestra historia** a glorious time in *o* period of our history; **en aquella ~ había dos pretendientes al trono** at that time *o* in that period *o* during that period there were two pretenders to the throne; **muebles de ~** period furniture; **la ~ más feliz de su vida** the happiest time *o* period of her life; **en aquella ~ yo trabajaba en la fábrica** in those days *o* at that time I was working in the factory; **en ~s de crisis** in times of crisis; **está pasando por una buena ~** she's doing very well; ***hacer ~***: **un grupo musical que hizo ~** a group which represented a landmark *o* marked a new era in musical history [2] (parte del año) time of year; **odio esta ~ del año** I hate this time of year; **durante la ~ de lluvias** during the rainy season; **no es ~ de naranjas** oranges are not in season at the moment, it's the wrong time of year for oranges; **es la ~ de las cometas** it's the kite-flying season [3] (Geol) epoch; **una formación de la ~ eocena** a formation of the Eocene epoch
(Compuestos)
- **época de celo** mating season
- **época dorada** *or* **de oro** golden age

epónimo -ma *adj* eponymous
epopeya *f* [1] (Lit) (poema) epic, epic poem [2] (género): **la ~** epic poetry [3] (empresa difícil): **la ~ sanmartiniana** San Martín's epic campaigns/heroic deeds; **el viaje de vuelta fue toda una ~** the return journey was a real odyssey
épsilon *f* epsilon
equidad *f* fairness, equity (frml)
equidistancia *f* equidistance
equidistante *adj* equidistant
equidistar [A1] *vi* **~ DE algo** to be equidistant FROM sth
équido[1] **-da** *adj* equine
équido[2] *m* member of the horse family; **los ~s** the horse family, the equidae (tech)
equilátero -ra *adj* equilateral
equilibradamente *adv* in a balanced way
equilibrado[1] **-da** *adj* [1] ‹*persona*› well-balanced, balanced [2] ‹*dieta*› well-balanced, balanced [3] ‹*lucha/partido*› close; **el partido estuvo muy ~** it was a very close game, the two sides were very evenly matched
equilibrado[2] *m* balancing
(Compuesto) **equilibrado de ruedas** wheel balancing
equilibrar [A1] *vt* [1] ‹*peso/carga*› to balance; ‹*ruedas*› to balance; **para ~ la balanza** to balance the scales *o* make the scales balance; **colocó una caja a cada lado para ~ el peso** he put a box on each side to distribute the weight evenly *o* to balance the weight [2] ‹*fuerzas/información*› **para ~ las fuerzas de los partidos** in order to achieve a balance *o* an equilibrium between the parties; **intentan ~ la información durante el cubrimiento de las campañas electorales** they try to give balanced coverage of the election campaign [3] (Com, Fin): **~ las diferencias económicas** to redress economic imbalances; **~ la balanza comercial** to restore the balance of trade; **para ~ el presupuesto** to balance the budget
■ **equilibrarse** *v pron* «*objetos/fuerzas/presupuesto*» to be balanced; «*balanza de pagos*» to be restored
equilibrio *m*
A [1] (de fuerzas, componentes) balance; **la balanza está en ~** the scales are (evenly) balanced; **el precario ~ entre los partidos** the precarious balance *o* equilibrium between the parties; **el ~ entre la oferta y la demanda** the balance between supply and demand [2] (estabilidad) balance; **perdió/mantuvo el ~** he lost/kept his balance; **lo mantuvo en ~ sobre el filo del cuchillo** he balanced it on the edge of the knife; **en estado de ~** in equilibrium; ***hacer ~s*** to do a balancing act
B (sensatez, juicio): **es una persona de gran ~** she's a very level-headed *o* well-balanced person; **existen dudas sobre su ~ mental** there are doubts about his mental stability; **aquella desgracia le hizo perder el ~** that unfortunate incident unbalanced him
(Compuestos)
- **equilibrio ecológico** ecological balance
- **equilibrio estable/inestable** stable/unstable equilibrium
- **equilibrio indiferente** neutral equilibrium

equilibrismo *m*: **un espectáculo de ~** a balancing act; (sobre la cuerda floja) a tightrope act
equilibrista *mf*
A (Espec) tightrope walker
B (Chi fam & pey) (persona acomodaticia): **es un ~** he tries to keep everybody happy
equino[1] **-na** *adj* equine
equino[2] *m* [1] (erizo de mar) sea urchin, equinus (tech) [2] (caballo) horse; **los ~s** the equines, the horse family; **exportador de vacunos, ~s y ovinos** exporter of cattle, horses and sheep
equinoccial *adj* equinoctial
equinoccio *m* equinox; **~ vernal** *or* **de primavera** vernal equinox; **~ de otoño** autumnal equinox
equinodermo *m* echinoderm
equipaje *m* baggage (esp AmE), luggage (BrE); **facturar el ~** to check in one's baggage *o* luggage; **viaja ligero de** *or* **con poco ~** he travels light; ▸ **exceso**
(Compuesto) **equipaje de mano** hand baggage *o* luggage
equipal *m* (Méx) *chair with leather seat*
equipamiento *m*
A (acción de equipar — un laboratorio) equipping; (— una oficina) fitting out
B [1] (instalaciones, equipo — de un hospital, laboratorio) equipment; (— de una oficina, tienda) furniture and fittings (*pl*) [2] (de un coche) fittings (*pl*), features (*pl*)
(Compuestos)
- **equipamiento de serie** standard fittings *o* features (*pl*)
- **equipamiento opcional** optional extras (*pl*)

equipar [A1] *vt* [1] ‹*persona*› to equip, fit … out, kit … out; **están bien equipados para estas situaciones** they are well-equipped to deal with these situations; **~ a algn CON** *or* **DE algo** to equip sb WITH sth [2] ‹*casa*› to furnish; ‹*local*› to fit out; ‹*barco*› to fit out; (de víveres) to provision; **un coche muy bien equipado** a car with good fittings *o* a good range of features; **un apartamento muy bien equipado** a well-equipped apartment, an apartment equipped with all mod cons; **una cocina equipada con los últimos electrodomésticos** a kitchen fitted *o* equipped with the latest electrical appliances

■ **equiparse** *v pron* (*refl*) to equip oneself; **hay que ~se muy bien para este tipo de expedición** you have to be very well equipped *o* equip yourself very well for this kind of expedition; **se ~on de armas** they equipped themselves with weapons

equiparable *adj* comparable; **~ A** *or* **CON algo** comparable TO *o* WITH sth

equiparación *f* comparison

equiparar [A1] *vt* [1] (poner al mismo nivel) **~ algo/a algn A** *or* **CON algo/algn** to put sth/sb on a level WITH sth/sb; **la nueva ley los equipara a** *or* **con los profesores de los colegios estatales** the new law puts them on a level with state-school teachers [2] (comparar): **esta situación no se puede ~ con la existente en Nicaragua** this situation cannot be compared to *o* compared with *o* likened to that which exists in Nicaragua

equiparidad *f* (Chi) ▸ **igualdad**

equipo *m*

A (Dep) team; (de trabajadores, colaboradores) team; **un ~ de baloncesto/fútbol** a basketball/football team; **el ~ local** *or* **de casa** the home team; **el ~ de fuera** *or* **visitante** the away *o* visiting team; **un ~ de salvamento** a rescue team; **el ~ de desactivación de explosivos** the bomb disposal team *o* squad; **trabajo en ~** team work; **trabajamos en ~** we work as a team; **el ~ directivo de la empresa** the company's management team; **hacer ~ con algn** (AmL) to team up with sb; ***ser del otro ~*** (AmL fam & pey) to be one of them (colloq & pej)

(Compuestos)

- **equipo de investigadores** research team
- **equipo de redacción** editorial staff *o* team
- **equipo de rescate** rescue team
- **equipo de televisión** television crew
- **equipo de trabajo** working group, task force
- **equipo médico** medical team
- **equipo móvil** outside broadcasting unit
- **equipo operativo** task force

B (de materiales, utensilios) equipment; **se compró el ~ completo de esquí** he bought himself all the necessary equipment *o* (colloq) all the gear for skiing; **~s informáticos** computer hardware, hardware; **~ de pesca** fishing tackle; **~ de fotografía** photographic equipment; **~ de gimnasia** gym kit; ***caerse con todo el ~*** (fam) to mess things up (colloq), to screw up (AmE sl)

(Compuestos)

- **equipo de alta fidelidad** hi-fi system
- **equipo MP3** MP3 player
- **equipo de música** sound system
- **equipo de serie** standard fittings (*pl*)
- **equipo de sonido** sound system
- **equipo modular** (Chi) sound system

equis *f* (letra) *name of the letter* **x**

equitación *f* riding, horseback riding (AmE), horse riding (BrE); **practica ~ desde pequeño** he's been riding since he was little; **escuela de ~** riding school; **el arte de la ~** the art of horsemanship

equitativamente *adv* fairly, justly

equitativo -va *adj* ‹*persona*› fair; ‹*reparto*› equitable; **todos reciben un trato ~** they all receive equal *o* fair treatment

equivalencia *f* [1] (Mat) equivalence; **tabla de ~s** conversion table [2] (Ling) equivalence

equivalente[1] *adj* equivalent; **~ A algo** equivalent TO sth

equivalente[2] *m* equivalent; **esta palabra no tiene ~ en inglés** this word has no equivalent in English; **~ A** *or* **DE algo** equivalent OF sth; **gana el ~ a** *or* **de £400 mensuales** she earns the equivalent of £400 a month

equivaler [E28] *vi* [1] (valer lo mismo) **~ A algo** to be equivalent TO sth; **¿a cuánto equivalen mil euros en libras?** how much is a thousand euros in pounds?, how much is a thousand euros equivalent to *o* worth in pounds? [2] (suponer, significar) **~ A algo** to be equivalent TO sth, to amount TO sth; **su negativa equivale a un insulto** his refusal is as good as *o* amounts to an insult; **eso equivale a decir que el fin justifica los medios** that's equivalent to saying *o* that's as good as saying that the end justifies the means

equivocación *f* mistake; **no se pueden consentir tales equivocaciones** mistakes *o* errors like these cannot be permitted; **no cometas esa ~** don't make that mistake; **tiene que haber una ~** there must be some mistake *o* a misunderstanding; **por ~** by mistake, in error (frml); **llamaron a mi puerta por ~** they knocked at my door by mistake; **no lo invitaría a cenar ni por ~** (fam) I wouldn't dream of asking him to dinner

equivocadamente *adv*: **actuó ~** she acted wrongly *o* mistakenly; **lo juzgué ~** I misjudged him

equivocado -da *adj* [1] (erróneo, desacertado) wrong; **dio una respuesta equivocada** he gave the wrong answer; **los datos estaban ~s** the information was wrong; **marqué un número ~** I dialed the wrong number [2] ‹*persona*› mistaken, wrong; **si piensas que te voy a ayudar estás muy ~** if you think you're going to get any help from me, you're wrong *o* you're very much mistaken

equívocamente *adv* ambiguously, equivocally (frml)

equivocar [A2] *vt* [1] ‹*persona*› to make … make a mistake, to make … go wrong; **ya me hiciste ~** now you've made me go wrong *o* make a mistake, I've made a mistake *o* gone wrong now because of you; **no me hables mientras cuento que me equivocas** don't talk to me while I'm counting, you'll make me go wrong *o* you'll put me off *o* you'll make me lose count [2] (elegir mal): **equivocó el camino dedicándose a la enseñanza** he chose the wrong career when he went in for teaching

■ **equivocarse** *v pron* (cometer un error) to make a mistake; (estar en un error) to be wrong *o* mistaken; **te equivocas, no se lo dije a nadie** you're wrong *o* mistaken, I didn't tell anyone; **me equivoqué con él** I was wrong about him; **~se DE algo**: **me equivoqué de autobús** I took the wrong bus; **es fácil ~se de calle** it's easy to go down/get the wrong street; **la reunión es el jueves, no te equivoques de día** the meeting's on Thursday, don't get the day wrong; **me equivoqué de paraguas, éste no es el mío** I picked up the wrong umbrella, this one isn't mine

equívoco[1] **-ca** *adj* (frml) ‹*palabra*› ambiguous, equivocal (frml); **el uso de esa expresión podría resultar ~** it could be misleading to use that expression; **un individuo de aspecto ~** a person of equivocal *o* questionable appearance

equívoco[2] *m* (malentendido) misunderstanding; (error) mistake; **citar fuera de contexto suele dar lugar a ~s** quoting out of context often gives rise to misinterpretations *o* misunderstandings

era[1] *f*

A (período, época) era, age; **la ~ cristiana** the Christian era; **la ~ atómica/espacial** the atomic/space age; **el año 210 de nuestra ~** the year 210 AD, the year of our Lord 210

B (Agr) threshing floor

era[2], **éramos, etc** ▸ **ser**[1]

erario *m* treasury, public funds (*pl*), exchequer

eras *see* ▸ **ser**[1]

Erasmo Erasmus

erbio *m* erbium

ere *f* (letra) *name of the letter* **r**

ERE (en Esp) (Rels Labs) = **Expediente de Regulación de Empleo**

erección *f*

A (Fisiol) erection

B [1] (de un edificio) erection (frml); (de un monumento) raising, erection (frml) [2] (de un tribunal) establishment, setting-up

eréctil *adj* erectile

erecto -ta *adj* erect

eremita *mf* hermit

eres ▸ **ser**[1]

erg, ergio *m* erg

ergio *m* erg

ergógrafo *m* ergograph

ergometría *f* ergometry

ergómetro *m* ergometer

ergonomía *f* [1] (disciplina) ergonomics, biotechnology [2] (de un diseño) ergonomics (*pl*)

ergonómico -ca *adj* ergonomic

ergoterapia *f* occupational therapy

ergotismo *m* ergotism

erguido -da *adj* upright; **cuerpo ~, pies juntos, los brazos a los lados** stand up straight with your feet together and your hands by your sides

erguir [I26] *vt* (liter) ‹*cabeza*› to raise, lift; ‹*cuello*› to straighten; ‹*orejas*› to prick up

■ **erguirse** *v pron* (liter) [1] «*persona*» to stand up; **se irguió para responder a las acusaciones** he stood up *o* (frml) rose to answer the accusations [2] «*edificio/torre*» to rise; **se yergue majestuosamente sobre la ciudad** it rises majestically above the city; **el pabellón se erguía en el centro del jardín** the pavilion rose up *o* stood in the middle of the garden

erial[1] *adj* uncultivated, untilled

erial[2] *m* uncultivated land

erigir [I7] *vt* [1] (frml) ‹*edificio*› to build, erect (frml); ‹*monumento*› to erect (frml), to raise (frml) [2] (frml) (convertir, elevar) **~ algo/a algn EN algo** to set sth/sb up AS sth; **erigió el partido en árbitro científico y cultural** he set the party up as scientific and cultural arbiter; **lo han erigido en mártir nacional** they have made him into a national hero, he has been elevated *o* raised to the status of a national hero

■ **erigirse** *v pron* (llegar a ser) **~se EN algo** to become sth; (atribuirse funciones de) to set oneself up AS sth; **se erigió en árbitro de la polémica** he set himself up as arbiter of the controversy; **se erigió en portavoz del grupo** he took it upon himself to act as spokesman for the group

Erín *f* (arc o liter) Erin (arch *or* liter)

erisipela *f* erysipelas

eritema *m* erythema

(Compuestos)

- **eritema del pañal** (frml) diaper rash (AmE), nappy rash (BrE)
- **eritema solar** (frml) sunburn

Eritrea *f* Eritrea

eritrocito *m* erythrocyte

erizado -da *adj* [1] (de punta): **tenía el pelo ~** her hair was standing on end [2] (lleno) **~ DE algo** bristling WITH sth; **~ de espinas** bristling with spines; **un proyecto ~ de problemas** a project fraught with problems; **un territorio ~ de misiles** an area bristling with missiles

erizar [A4] *vt* [1] ‹*pelo/vello*› to make … stand on end [2] (AmL) ‹*persona*› **ese ruido me eriza** that noise sets my teeth on edge

■ **erizarse** *v pron* [1] «*pelo*» to stand on end [2] (AmL) «*persona*» to get goose-bumps (AmE) *o* (BrE) goose-pimples (colloq)

erizo *m* hedgehog; ***andar ~*** (Méx fam) to be broke (colloq)

(Compuesto) **erizo marino** *or* **de mar** sea urchin

ermita *f* chapel

ermitaño -ña *m,f*

A (asceta) hermit; **hace vida de ~** she lives like a hermit

B **ermitaño** *m* (Zool) hermit crab

erogación *f* (frml) [1] (distribución) distribution [2] (AmL) (gasto) expenditure, outlay [3] (Chi) (contribución) contribution, donation

erogar [A3] *vt* (frml) [1] (distribuir) to distribute [2] (AmL) ‹*deuda*› to settle, pay [3] (Chi) (contribuir) to contribute

erógeno -na *adj* erogenous

Eros Eros

erosión *f* erosion; **~ eólica** wind erosion

erosionable *adj* subject to erosion

erosionante *adj* erosive, eroding (*before n*)

erosionar [A1] *vt* to erode

■ **erosionarse** *v pron* to be/become eroded

erosivo -va *adj* erosive
erótico -ca *adj* erotic
erotismo *m* eroticism
erotización *f* erotization
erotizar [A4] *vt* to eroticize
erotomanía *f* erotomania
errabundo -da *adj* wandering (*before n*), roving (*before n*)
erradamente *adv* mistakenly, wrongly
erradicable *adj* eradicable
erradicación *f* (frml) eradication (frml), wiping out, stamping out
erradicar [A2] *vt* (frml) to eradicate, wipe out, stamp out
errado -da *adj*
A (desacertado): **un total de 45 puntos con cinco tiros ~s** a total of 45 points and five misses; **un golpe ~** a mishit; **terminó con un remate ~ de Sánchez** it ended with Sánchez shooting wide/high, it ended with Sánchez missing his shot
B (esp AmL) [1] [ESTAR] ‹*persona*› mistaken, wrong; **estás ~, ella no tuvo nada que ver en el asunto** you're mistaken *o* wrong, she had nothing to do with it; **están muy ~s en estos cálculos** they're way off the mark *o* a long way out *o* miles out with these calculations (colloq) [2] [SER] ‹*decisión*› wrong; ‹*política*› misguided; **la errada política económica de este gobierno** the misguided economic policy of this government; **fue una decisión errada mandarlos a ese colegio** I/they made the *o* a wrong decision (in) sending them to that school
errante *adj* ‹*persona*› wandering (*before n*), roaming (*before n*), roving (*before n*) (liter); ‹*pueblo*› wandering (*before n*); ‹*mirada*› faraway, distant; **llevó una vida ~** she led a nomadic existence
errar [A26] *vt* ‹*tiro/golpe*› to miss; **erró el remate** he missed the shot, he shot wide/high; **erró su vocación** she chose the wrong vocation/career
■ **errar** *vi*
A (fallar): **(le) erré otra vez** missed again! (colloq), I've missed again; **erró en su decisión** he was mistaken in his decision, he made the wrong decision; **le erraste feo** (RPl fam) you were way out *o* way off the mark (colloq), you were miles out (colloq); **~ *es humano*** to err is human; ▸**hablar**
B (liter) «*persona*» (vagar) to wander, roam, rove (liter); «*mirada*» to wander; **su imaginación erraba por lugares lejanos** his thoughts wandered *o* drifted *o* strayed to far-off places
errata *f* (error) mistake, error; (error de imprenta) misprint, printer's error; (error de mecanografía) typing error; ▸**fe B**
(Compuesto) **errata de imprenta** printer's error, misprint
errático -ca *adj* [1] ‹*conducta/manejo*› erratic [2] (Geol) erratic
erre *f*: *name of the letter* **r**; **~ *que* ~: siguió, ~ que ~, en contra de la propuesta** (con determinación) she doggedly continued her opposition to the proposal; (con obstinación) she pigheadedly *o* stubbornly continued to oppose the proposal; **le dije que la llevaba pero ella ~ que ~ que no, que iba en el autobús** I said I would take her but she wouldn't have it, she insisted on going by bus
erróneamente *adv* wrongly, erroneously (frml)
erróneo -nea *adj* (frml) ‹*decisión/afirmación*› wrong, erroneous (frml); **sería ~ afirmar que ...** it would be wrong *o* erroneous to say that ...; **debido a un cálculo ~** owing to a mistake in the calculations, owing to a miscalculation
error *m* mistake; **fue un ~ decírselo** it was a mistake to tell him; **cometió varios ~es importantes** she made several serious mistakes *o* errors; **firmé el documento — ¡craso ~!** I signed the document — (that was a) big *o* bad mistake!; **estás en un ~** you're wrong *o* mistaken; **¿quién lo va a sacar de su ~?** who's going to put him right? *o* (BrE) set him straight?; **un grave ~ de cálculo** a serious miscalculation; **un ~ de ortografía** a spelling mistake; **salvo ~ u omisión** (fr hecha) errors and omissions excepted; **por ~** by mistake, in error (frml)
(Compuestos)
- **error absoluto** absolute error
- **error aleatorio** random error
- **error de derecho** legal error
- **error de hecho** factual error
- **error de imprenta** misprint, printer's error
- **error del sistema** system error
- **error relativo** relative error
- **error sintáctico** syntax error
- **error tipográfico** ▸**error de imprenta**

ertzaina *mf* [1] (persona) *Basque police officer* [2] **Ertzaina** *f* (cuerpo) *Basque police force*
Ertzaintza *f* Basque police force

> **Ertzaintza**
> The Basque autonomous police force. Its members, called *ertzainas*, wear a uniform of red sweaters and berets, and white jackets. Despite the *Ertzaintza* 's wide range of responsibilities, the ▸**Guardia Civil** and ▸**Policía Nacional** still operate in the Basque Country.

eructar [A1] *vi* to belch, burp (colloq)
eructo *m* belch, burp (colloq)
erudición *f* erudition (frml), learning; **todos se asombraban de su ~** everyone was amazed at his erudition *o* at how knowledgeable he was *o* at how much he knew
eruditamente *adv* eruditely
erudito¹ -ta *adj* ‹*lenguaje/obra*› erudite; ‹*persona*› learned, knowledgeable, erudite; **~ EN algo** learned IN sth, knowledgeable ABOUT sth
erudito² -ta *m,f* scholar; **los ~s en la materia** experts in the subject
erupción *f* [1] (de un volcán) eruption; **el volcán entró en** *or* **hizo ~** the volcano erupted [2] (en la piel) rash, eruption (frml)
(Compuesto) **erupción solar** solar flare
eruptivo -va *adj* eruptive
es ▸**ser¹**
Esaú Esau
esbart *mf*: *Catalan folk dancer*
esbeltez *f* slenderness
esbelto -ta *adj* slender
esbirro *m* [1] (secuaz) henchman [2] (Hist) bailiff, constable
esbozar [A4] *vt* [1] ‹*figura*› to sketch [2] ‹*idea/tema*› to outline [3] ‹*sonrisa*› **apenas esbozó una sonrisa** she gave a hint of a smile
esbozo *m* [1] (Art) sketch [2] (de un proyecto) outline, rough draft [3] (de una sonrisa) hint
escabechar [A1] *vt*
A ‹*pescado*› to pickle, souse
B (Esp arg) «*profesor*» to fail, flunk (AmE colloq)
escabeche *m* pickling brine (*made with oil, vinegar, peppercorns and bay leaves*)
escabechina *f* [1] (matanza) massacre; **la batalla fue una ~** the battle was a bloodbath [2] (Esp arg) (en un examen): **el profesor hizo una ~** the teacher failed half the class (*o* the whole class *etc*)
escabel *m* footstool
escabrosidad *f*
A (del terreno) ruggedness, roughness
B (de un asunto, tema) awkward nature, thorny nature
escabroso -sa *adj*
A ‹*terreno*› rugged, rough
B [1] ‹*asunto/problema*› thorny, tricky [2] ‹*escena/relato*› shocking; ‹*detalles*› lurid; **es un tema ~** it's a delicate subject; **no lleves a los niños, es una película escabrosa** don't take the children, the movie isn't suitable for them
escabullirse [I9] *v pron* [1] (escaparse) to escape; **el delincuente logró ~ entre la multitud** the criminal managed to slip away *o* slip off into the crowd; **después del almuerzo trataré de escabullirme** I'll try to slip away after lunch; **se nos escabulló** he gave us the slip (colloq); **no puedes escabullirte de tus responsabilidades** you can't get away from *o* get out of your responsibilities [2] (introducirse) to slip through; **traté de escabullirme entre la gente para ver mejor** I tried to slip through the crowd to get a better view
escacharrar [A1] *vt* (Esp fam) to bust (colloq)
■ **escacharrarse** *v pron* (Esp fam) to break down
escafandra *f* [1] (de buzo) diving suit [2] (de astronauta) *tb* **~ espacial** spacesuit
escafoides *m* scaphoid, scaphoid bone
escai *m* ▸**skai**
escala *f*
A (para mediciones) scale
(Compuestos)
- **escala Beaufort** Beaufort scale
- **escala centígrada** *or* **Celsius** ▸ⓘ **p.796**; centigrade *o* Celsius scale
- **escala de valores** set of values
- **escala Fahrenheit** ▸ⓘ **p.796**; Fahrenheit scale
- **escala Mercalli** Mercalli scale
- **escala móvil** sliding scale
- **escala Richter** Richter scale
- **escala salarial** salary *o* wage scale

B (Mús) scale
(Compuestos)
- **escala cromática** chromatic scale
- **escala diatónica** diatonic scale
- **escala musical** musical scale

C (escalafón): **la ~ social** the social scale
D [1] (de un mapa, plano) scale; **un dibujo hecho a ~** a scale drawing, a drawing done to scale; **una reproducción a ~ natural** a life-size *o* life-sized reproduction; **la maqueta reproduce el teatro a ~** it's a scale model of the theater [2] (de un fenómeno, problema) scale; **a ~ nacional/mundial** on a nationwide *o* national/on a worldwide scale; **el negocio empezó a** *or* **en pequeña ~** the business began on a small scale; **todo lo hacen a** *or* **en gran ~** they do everything on a large scale; **es un ladrón en pequeña ~** he's a small-time thief (colloq)
E (Aviac, Náut) stopover; **tras una ~ de tres horas en Atenas** after a three-hour stopover in Athens; **hicimos/el avión hizó ~ en Roma** we/the plane stopped over in Rome; **un vuelo sin ~s** a direct flight; **la primera ~ será Tánger** the first port of call will be Tangiers
(Compuesto) **escala técnica** refueling* stop; **el aparato tuvo que hacer una ~ ~ en París** the plane had to make a refueling stop *o* to stop for refueling in Paris
F (escalera) ladder
(Compuestos)
- **escala de cuerda** *or* **de viento** rope ladder
- **escala real** royal flush
- **escala telescópica** extending ladder

escalable *adj* scalable
escalabrar [A1] *vt* ▸**descalabrar**
escalada *f*
A (Dep) (de una montaña) climb, ascent; **¿cuándo se realizó la primera ~ del Everest?** when was Everest first climbed?, when was the first ascent of Everest?
(Compuestos)
- **escalada artificial** aid *o* peg *o* artificial climbing
- **escalada en roca** rock climbing
- **escalada libre** free climbing

B (aumento, subida): **su ~ hacia el poder es imparable** his rise to power is unstoppable; **se produjo una ~ de** *or* **en la violencia** there was an escalation of violence; **la ~ interminable de los precios** the never-ending increase *o* escalation in prices; **la ~ alcista de la Bolsa** the upward trend in the Stock Market
escalador -dora *m,f* [1] (de montañas) mountaineer, climber; (de rocas) rock-climber [2] (en ciclismo) climber, mountain rider
escalafón *m*: **ascender en el ~** to go up the ladder; **uno de los puestos más altos del ~** one of the highest posts on the scale; **cada**

tres años subía un puesto en el ~ every three years she would go up one step on the promotion ladder; **ocupa el primer lugar del ~ mundial en la exportación de cítricos** it occupies first place in the world table for the export of citrus fruits

escalamiento *m*
A (de montaña, pared) climb, ascent
B (Der) breaking and entering

escálamo *m* thole, tholepin

escalar [A1] *vt*
A 1 ‹montaña/pared› to climb, scale 2 (en una jerarquía) to climb; **la canción sigue escalando puestos en las listas** the song is still climbing up the charts
B (Inf) (reducir) to scale down; (aumentar) to scale up
■ **escalar** *vi*
A (Dep) to climb, go climbing
B (Náut): **~ en un puerto** to put in at a port; **Finnshipping ~á semanalmente en Barcelona** Finnshipping will dock at *o* put in at Barcelona once a week

escaldado -da *adj* 1 (quemado) scalded; ▸**gato**[1] 2 (por la orina): **tiene las nalgas escaldadas** she has diaper (AmE) *o* (BrE) nappy rash 3 (escarmentado): **salió ~ de la experiencia** he learned his lesson

escaldar [A1] *vt* 1 (Coc) ‹acelgas/tomates› to blanch, scald 2 ‹manos/persona› to scald
■ **escaldarse** *v pron* 1 (con agua, vapor) to scald oneself 2 «bebé» to get diaper (AmE) *o* (BrE) nappy rash

escaleno *adj* scalene

escalera *f*
A (de un edificio) stairs (*pl*), staircase; **bajó la ~ para recibirme** he came downstairs *o* down the stairs to greet me; **subí las ~s corriendo** I ran up the stairs; **una ~ de mármol** a marble staircase; **nos encontramos en la ~** we met on the stairs *o* on the staircase; **el hueco de la ~** the stairwell; **le ayudé a empapelar la ~** I helped him to paper the stairway

(Compuestos)
• **escalera (de) caracol** spiral staircase
• **escalera de emergencia** emergency stairs
• **escalera de incendios** fire escape
• **escalera eléctrica** (Méx) escalator
• **escalera espiral** spiral staircase

B 1 (portátil) *tb* **~ de mano** ladder 2 (de tijera) stepladder

(Compuestos)
• **escalera giratoria** turntable ladder
• **escalera mecánica** escalator

C 1 (en naipes) run 2 (juego de tablero) snakes and ladders

(Compuestos)
• **escalera flor** *or* **de color** (Col) royal flush
• **escalera real** royal flush

escalerilla *f* (de avión) steps (*pl*); (de barco) gangway

escaleta *f* basic outline

escalfar [A1] *vt* to poach

escaliche *m* (AmC fam) pig latin (colloq)

escalinata *f* staircase, steps (*pl*)

escalofriante *adj* ‹crimen/escena› horrifying; ‹cifra› staggering, incredible

escalofrío *m* shiver; **me da** *or* **produce ~s sólo de pensarlo** it makes me shiver *o* shudder just to think about it; **un ~ le recorrió el cuerpo** a shiver ran down his spine; **tiene ~s** she's shivering

escalón *m* 1 (peldaño) step; (travesaño) rung 2 (en una carrera): **sigue subiendo escalones** he continues to climb higher *o* further up the ladder

escalonadamente *adv* step by step, in a series of steps

escalonado -da *adj* 1 ‹vacaciones› staggered; **una disminución escalonada** a staggered *o* staged *o* gradual reduction 2 ‹pelo› layered; **llevaba el pelo ~** her hair was layered

escalonar [A1] *vt* 1 ‹pagos/vacaciones› to stagger 2 ‹terreno› to terrace

escalopa *f* (Chi) escalope

escalope *m* escalope

escalopín *m* filet (AmE), fillet (BrE)

escalpelo *m* scalpel

escama *f* 1 (Zool) scale 2 (en la piel) flake; ▸**jabón**

escamar [A1] *vt*
A ‹pescado› to remove the scales from
B (producir desconfianza) to make … suspicious
■ **escamarse** *v pron* to become suspicious *o* wary

escamocha *f* (Méx) 1 (ensalada de frutas) fruit salad 2 (de sobras) hash

escamón -mona *adj* (fam) wary, suspicious

escamoso -sa *adj*
A 1 (Zool) scaly 2 ‹piel› flaky
B (Col fam) 1 (susceptible) touchy 2 (enojado) angry, mad (AmE colloq)

escamotear [A1] *vt* 1 (ocultar) ‹naipe› to palm; ‹informe› to keep … secret; **la navaja que había escamoteado en el aeropuerto** the knife he had slipped through at *o* had kept hidden at the airport; **~on el segundo informe** they kept the second report secret, they concealed the second report, they did not make the second report public/available 2 (no dar) (+ *me/te/le etc*): **le escamotean al espectador algo que ha pagado** they are robbing the audience of *o* (colloq) doing the audience out of something they have paid for; **la recompensa que le fue prometida y escamoteada** the reward he was promised but never given; **nos escamoteaban la información** they were not giving us the information, they were not allowing us access to the information, they were keeping the information (secret) from us

escamoteo *m* 1 (destreza) sleight of hand; (de un naipe) palming 2 (ocultación) concealment 3 (acción de quitar) removal

escampar [A1] *v impers* to stop raining, to clear up; **esperemos a que escampe** let's wait until it stops raining *o* clears up
■ *vi* (Col) to shelter

escanciador *m* 1 (de vino) wine waiter; (Hist) cupbearer 2 (de sidra) *person who pours cider*

escanciar [A1] *vt* 1 (frml) ‹vino› to serve 2 ‹sidra› to pour (*from a height*)
■ **escanciar** *vi* (frml o hum) to serve; **que escancie Lucila** let Lucila do the honors (hum)

escandalizante *adj* shocking, scandalous, disgraceful

escandalizar [A4] *vt* to shock; **escandalizó a todos los presentes con la ropa que llevaba** he shocked *o* scandalized everyone there with the clothes he wore; **vas a ~ a tus padres con esas palabrotas** your parents will be shocked to hear you use language like that
■ **escandalizar** *vi* 1 (causar escándalo) to shock; **le gusta ~** she likes to shock people, she likes to shock 2 (fam) (armar jaleo) to make a row *o* racket *o* (AmE) ruckus (colloq)
■ **escandalizarse** *v pron* to be shocked; **se escandalizó de que vivieran juntos sin casarse** he was shocked *o* scandalized that they were living together without being married; **se escandalizó cuando le dijeron el precio** he was horrified when they told him the price

escandallo *m*
A (Náut) lead
B (prueba) sampling
C (Com) pricing

escándalo *m*
A (hecho, asunto chocante) scandal; **está implicado en un ~ financiero** he's involved in a financial scandal; **¡qué ~! ¡qué manera de vestir!** what a shocking *o* an outrageous way to dress!; **es un ~ cómo suben los precios** it's shocking *o* scandalous the way prices are going up; **la noticia provocó un gran ~** the news caused (a) great scandal *o* outrage; Ⓢ **precios de escándalo** amazing prices

(Compuesto) **escándalo público** public indecency

B (alboroto, jaleo): **no armen** *or* **hagan tanto ~** don't make such a racket *o* row *o* (AmE) ruckus (colloq); **cuando le presentaron la cuenta armó un ~** when they gave him the bill he kicked up a fuss *o* stink *o* he created a scene (colloq); **nada de ~s dentro del local** we don't want any trouble in here; **un borracho que daba un ~ en la calle** a drunk who was causing a commotion *o* scene in the street

escandalosa *f* topsail

escandalosamente *adv* 1 ‹comportarse› in a shocking way, outrageously, scandalously; ‹vestir› outrageously 2 (ruidosamente) ‹reírse› loudly, uproariously; ‹gritar› noisily, loudly; **precios ~ altos** scandalously *o* outrageously high prices, scandalous *o* outrageous prices; **sus derechos fueron ~ pisoteados** it was a shocking abuse of their rights

escandaloso -sa *adj* 1 ‹conducta› shocking, scandalous, disgraceful; ‹ropa› outrageous; ‹película› shocking; ‹vida› scandalous; ‹color› loud 2 (ruidoso) ‹persona› noisy; ‹risa› loud, outrageous; ‹griterío› noisy

Escandinavia *f* Scandinavia

escandinavo -va *adj/m,f* Scandinavian

escandio *m* scandium

escaneado *m* scanning

escanear [A1] *vt* to scan

escáner *m* (*pl* **-s**) scanner; **~ TAC** CAT scan; **~ de retina** retinal scanner; **hacer* un ~** to make a scan

escanografía *f*, **escanograma** *m* scan

escaño *m* 1 (Pol) seat 2 (banco) bench

escapada *f*
A (huida) breakout, escape
B (en ciclismo) breakaway
C (fam) (salida rápida): **de vez en cuando hacemos alguna ~ a la sierra** from time to time we like to escape *o* get away to the mountains (colloq); **me voy a hacer una ~ hasta el banco** I'm just going to run out to the bank, I'm just going to nip *o* pop out to the bank (BrE colloq)
D (de un peligro) escape

escapar [A1] *vi*
A 1 (huir) to escape; **~ DE algo** to escape FROM sth; **~ de la cárcel** to escape from prison; **necesito ~ de todo esto** I need to get away from all this; **es una forma de ~ de la realidad** it's a way of escaping from reality 2 (librarse) **~ DE algo** to escape sth; **lograron ~ de una muerte segura** they managed to escape (a) certain death 3 **~ A algo** ‹a una influencia/a un castigo› to escape sth; **no pudo ~ a sus encantos** he was unable to escape her charms
B **dejar escapar** ‹carcajada/suspiro› to let out, give; ‹oportunidad› to pass up; ‹persona/animal› to let … get away; **dejó ~ un grito de sorpresa** he let out a cry of surprise
■ **escaparse** *v pron*
A 1 «prisionero» to escape; «animal/niño» to run away; **siempre te escapas cuando hay que arrimar el hombro** you always disappear *o* vanish when there's work to be done; **~se DE algo**: **se ha escapado de casa** she's run away from home; **se ha escapado de la cárcel** he's escaped from prison; **el canario se escapó de la jaula** the canary got out of its cage; (+ *me/te/le etc*): **se me escapó** he got away from me; **ven aquí, no te me escapes** come here, don't run away (from me) 2 (de una situación) **~se DE algo**: **de ésta sí que no te escapas** you're not getting out of this one (colloq); **se escapó milagrosamente de que lo vieran** miraculously, he managed to escape *o* avoid being seen
B (+ *me/te/le etc*) 1 (involuntariamente): **se le escapó un grito/un suspiro** he cried out/sighed *o* he let out a cry/a sigh; **por poco se me escapa una carcajada** I almost burst out laughing; **se le escapó un eructo** he burped; **¡que no se te vaya a ~ delante de ella!** don't let it slip out in front of her! 2 (pasar inadvertido): **se te han escapado varios errores** several mistakes have escaped your notice, you've missed *o* overlooked several mistakes; **a este niño no se le escapa nada** this child doesn't miss anything; **el significado de la**

frase se me escapa the meaning of the sentence escapes me 3 (olvidarse): **se me escapa su nombre** his name escapes me, I can't remember his name 4 (en tejido): **se me ~on dos puntos** I dropped two stitches
C «*gas/aire/agua*» to leak

escaparate *m*
A (esp Esp) (de una tienda) shop window; **¿cuánto cuesta el del ~?** how much is the one in the window?; **salir a ver ~s** to go window-shopping; **el ~ del desarrollo tecnológico del país** the showcase for the country's technological development
B (Col) (vitrina) display cabinet; (aparador) sideboard
C (Ven) (armario) wardrobe; ***no ser ~ de nadie*** (fam): **no soy ~ de nadie** I'm sick of everyone coming to me with their problems *o* of everyone crying on my shoulder (colloq); ***seguir con un ~ al hombro*** (fam) to carry a burden on one's shoulders

escaparatismo *m* (esp Esp) window dressing

escaparatista *mf* (esp Esp) window dresser

escapatoria *f* 1 (salida, solución) way out; **no hay ~ posible** there's no way out 2 ▸**escapada A**

escape *m*
A (fuga) escape; ***salir/ir a ~*** (Esp fam) to rush out/off
B (de gas, de un fluido) leak; ▸**válvula**
C (Auto) exhaust; ▸**tubo**
(Compuesto) **escape libre** unsilenced exhaust
D (Chi) (en un cine, teatro) emergency exit

escapero -ra *m,f* (Chi) sneak thief

escapismo *m* escapism

escapista[1] *adj* escapist

escapista[2] *mf* 1 (de la realidad) escapist 2 (Teatr) escape artist, escapologist

escápula *f* scapula

escapular *adj* scapular

escapulario *m* scapular

escaque *m* square

escaquearse [A1] *v pron* (Esp fam) 1 (de un lugar) to slope off (colloq); **me escaqueaba de clase** I used to play truant *o* (AmE colloq) hooky, I used to skive off (school) (BrE colloq) 2 (de una obligación) ~ DE **algo** to get OUT OF sth, shirk sth, duck OUT OF sth

escara *f* crust, slough

escarabajo *m* beetle

escaramujo *m* 1 (rosal) wild rose; (fruto) rosehip, hip 2 (Zool) goose barnacle

escaramuza *f* 1 (Mil) skirmish 2 (Dep) scrimmage

escaramuzar [A4] *vi* to skirmish

escarapela *f* rosette

escarapelar [A1] *vt* (Per): **ese ruido me escarapela todo el cuerpo** that noise sets my teeth on edge
■ **escarapelarse** *v pron* (fam) 1 (Per) (erizarse): **se me escarapela todo el cuerpo cuando lo pienso** it makes my hair stand on end just thinking about it 2 (Col) «*piel*» to peel

escarbadientes *m* (*pl* ~) toothpick

escarbar [A1] *vi* 1 (hacer un hoyo) to dig; (superficialmente) to scrabble *o* scratch around; **los niños escarbaban en la arena** the children were scrabbling around in the sand 2 (hurgar) to poke; **escarbando en viejas heridas** opening old wounds 3 (fisgar, escudriñar) ~ EN **algo** to pry INTO sth
■ **escarbar** *vt*: ~ **la tierra** (hacer un hoyo) to dig a hole; (superficialmente) to scratch around in the soil
■ **escarbarse** *v pron* (*refl*) ‹*nariz/dientes*› to pick; **deja de ~te la nariz** stop picking your nose

escarcela *f* pouch

escarceo *m*
A (en el mar) whitecaps (*pl*), white horses (*pl*)
B **escarceos** *mpl* 1 (del caballo) prancing 2 (actividad) dabbling; **allí hizo sus primeros ~s con el periodismo** it was there that he first dabbled in journalism
(Compuesto) **escarceos amorosos** *mpl* amorous pursuits (*pl*), romantic adventures (*pl*)

escarcha *f* frost

escarchado -da *adj* 1 ‹*fruta*› crystallized 2 ‹*jardín*› frosty, frost-covered

escarchar [A1] *vt* to crystallize

escarda *f* hoe

escardar [A1] *vt* to hoe

escariador *m* reamer

escariar [A1] *vt* to ream

escarificador *m* 1 (Med) surgical knife, scarificator 2 (Agr) scarifier

escarificar [A2] *vt* 1 (Med) to scarify 2 (Agr) to scarify

escarlata[1] *adj inv* scarlet

escarlata[2] *m* scarlet

escarlatina *f* scarlet fever, scarlatina

escarmenar [A1] *vt* 1 ‹*lana*› to card 2 (Chi) ‹*pelo*› to tease (AmE), backcomb (BrE)
■ **escarmenarse** *v pron* (Chi): **~se el pelo** to tease (AmE) *o* (BrE), backcomb one's hair

escarmentado -da *adj*: **está ~** he's learned his lesson

escarmentar [A5] *vi* to learn one's lesson; **¡para que escarmientes!** that'll teach you!, let that be a lesson to you!; **a ver si escarmientas de una vez** I hope you've learned *o* that's taught you a lesson; **ya le ha pasado varias veces pero no escarmienta** it's already happened to her several times, but she never learns; ***nadie escarmienta en cabeza ajena*** one learns from one's own mistakes
■ **escarmentar** *vt* to teach … a lesson

escarmiento *m* lesson; **espero que esto te sirva de ~** I hope this will be a lesson to you; **a este niño va a haber que darle un buen ~** this child will have to be taught a good lesson

escarnecer [E3] *vt* (liter) to mock, ridicule

escarnio *m* (liter) ridicule, derision

escarola *f* endive, escarole

escarpa *f*
A 1 (cuesta) escarpment, scarp 2 (Mil) scarp
B (Méx) sidewalk (AmE), pavement (BrE)

escarpado -da *adj* ‹*montaña/terreno*› precipitous; ‹*pared/acantilado*› sheer, steep

escarpadura *f* escarpment

escarpia *f* hook

escarpín *m* 1 (zapato) pointed shoe 2 (AmL) (calcetín — de bebé) bootee; (— de adulto) bed sock

escasamente *adv* barely, scarcely

escasear [A1] *vi*: **empiezan a ~ los alimentos** food is running short *o* is becoming scarce; **dicen que va a ~ el café** they say there's going to be a coffee shortage; **una zona en la que escasea el agua** an area where water is in short supply
■ **escasear** *vt* (escatimar): **nos escaseaban los recursos** they had cut back on our resources, they were limiting our resources; **escasean el producto para luego subirlo de precio** they create a shortage in the market so they can put up the price

escasez *f* shortage; **la posguerra fue una época de ~** the postwar period was a time of shortages; **~ DE algo**: **la ~ de medios hizo que fracasara el plan** the lack of resources led to the failure of the plan; **ese verano hubo ~ de agua** there was a water shortage that summer; **la ~ de recursos naturales es el problema principal del país** the country's main problem is its lack *o* shortage of natural resources *o* is the scarcity of its natural resources

escaso -sa *adj* 1 (poco, limitado): **un país de ~s recursos económicos** a country with limited *o* scant *o* slender economic resources; **ante un público ~** in front of a small audience; **escasas posibilidades de éxito** slim *o* slender chances of success, little chance of success; **la visibilidad en la zona del aeropuerto es escasa** there is poor *o* limited visibility around the airport; **la comida resultó escasa** there wasn't enough food; **obras de escasa calidad** works of mediocre quality; **una persona de escasa inteligencia** a person of limited intelligence; **mis conocimientos sobre este tema son ~s** my knowledge of this subject is limited 2 (en expresiones de medida, peso): **falta un mes ~ para que llegue** there's barely *o* scarcely a month to go before it arrives; **está a una distancia de cinco kilómetros ~s** it's barely *o* scarcely five kilometers away; **pesa un kilo ~** it weighs barely *o* scarcely a kilo; **a ~s tres días/dos meses** (AmL) barely three days/two months away; **se despertó luego de escasas tres horas de sueño** (AmL) she awoke having slept for barely three hours 3 (falto) ~ DE **algo** short OF sth; **de momento ando ~ de dinero** I'm a little *o* a bit short of money at the moment, money's a bit scarce *o* tight at the moment; **andamos ~s de personal** we're short-staffed

escatimar [A1] *vt*: **no ~on esfuerzos para asegurar el éxito de la misión** they spared no effort *o* they were unstinting in their efforts to ensure the success of the mission; **no le escatimes mantequilla** don't skimp on *o* stint on the butter (colloq); **nos escatimaban los materiales** they were being very sparing with the materials; **empezó a ~les los fondos** he began to cut back on their funds

escatología *f*
A (Rel) eschatology
B (de los excrementos) scatology

escatológico -ca *adj*
A (Rel) eschatological
B (de los excrementos) scatological

escay *m* ▸**skai**

escayola *f* 1 (material) plaster 2 (Med) plaster cast; **mañana me van a quitar la ~** I'm having my cast *o* (BrE) my plaster taken off tomorrow; **una ~ de la huella del pie** a plaster cast of the footprint

escayolar [A1] *vt* to put … in a (plaster) cast, to put … in plaster (BrE); **tenía la pierna escayolada** his leg was in a cast *o* (BrE) in plaster

escena *f*
A (Cin, Teatr) 1 (de una obra) scene; **la segunda ~ del primer acto** the second scene in Act 1; **la ~ se desarrolla en Berlín** the action takes place in Berlin 2 (*sin art*) (escenario): **no había nadie en ~** there was no one on stage; **es muy difícil poner en ~ una obra tan compleja** such a complex work is very difficult to stage; **entrar en ~** to come/go on stage 3 (actividad, profesión): **su destacada labor en el mundo de la ~** his outstanding work in the theater; **decidió volver a la ~** she decided to return to the stage
(Compuesto) **escena retrospectiva** flashback
B (en la vida real) 1 (situación, cuadro) scene; **conmovedoras ~s** moving scenes; **en sus novelas retrata ~s de la vida cotidiana** in her novels she depicts scenes of everyday life 2 (period) (de un suceso) scene; **la ~ del crimen/del accidente** the scene of the crime/accident 3 (ámbito) scene; **decidió dejar la ~ política** she decided to quit the political scene *o* the world of politics 4 (número, escándalo) scene; **no me hagas una ~** there's no need to make a scene

escenario *m* 1 (Teatr) stage; **había varios niños en el ~** there were several children on (the) stage; **tenía cinco años cuando subió al ~ por primera vez** she was five years old when she first went on (the) stage 2 (period) (de un suceso) scene; **los bomberos llegaron al ~ de los hechos** the firefighters arrived on the scene; **la ceremonia tuvo por ~ la catedral** the ceremony was held in the cathedral

escénico -ca *adj* stage (*before n*)

escenificación *f* staging

escenificar [A2] *vt* 1 (representar) ‹*comedia/pieza*› to stage 2 (adaptar) ‹*biografía*› to dramatize, adapt … for the stage

escenografía *f* 1 (decorado) scenery 2 (arte) scenography, set design

escenográfico -ca *adj* scenographic

escenógrafo -fa *m,f* scenographer, set designer

escenotecnia *f* stagecraft, staging

escepticismo *m* skepticism*

escéptico[1] **-ca** *adj* skeptical*; **en cuanto a la validez de sus investigaciones soy algo ~** I am somewhat skeptical about the validity of his research, I have my doubts as to the validity of his research

escéptico[2] **-ca** *m,f* skeptic*

escindir [I1] *vt*
A 1▸ (dividir) ‹*nación*› to partition; ‹*empresa*› to split 2▸ (separar) to disassociate; **para lograr ~ la medicina de sus prácticas religiosas** to succeed in dissociating medicine from their religious practises* 3▸ (Fís) to split
B (Med) to remove
C (Fin) ‹*activos/subsidiaria*› to sell off, dispose of
■ **escindirse** *v pron* 1▸ (dividirse) to split; **~ EN algo** to split INTO sth; **el partido se escindió en dos grupos** the party split into two groups 2▸ (separarse) **~ DE algo** to break away FROM sth; **el grupo pro-europeo se escindió del partido** the pro-European group broke away from the party 3▸ (Fís) to split

Escipión Scipio

escisión *f* 1▸ (división) split, division 2▸ (separación) split

escisionismo *m* (Pol) tendency to break away

escisionista *adj*: **el sector ~ del partido** the section in favor of splitting from the party

esclarecedor -dora *adj* illuminating, enlightening

esclarecer [E3] *vt* ‹*situación/hechos*› to clarify, elucidate (frml); ‹*crimen/misterio*› to clear up

esclarecido -da *adj* distinguished, illustrious

esclarecimiento *m* (de una situación) clarification; **condujo al ~ del crimen** it led to the crime being solved

esclava *f* (de cadena) identity bracelet; (rígida) bangle *ver tb* **esclavo**

esclavina *f* short cape

esclavitud *f* slavery

esclavizar [A4] *vt* 1▸ (Hist) to enslave 2▸ (absorber): **no te dejes ~ por tus hijos** don't let your children rule your life; **está esclavizado por el trabajo** he's a slave to his work

esclavo -va *m,f* slave; **mi marido es ~ del trabajo** my husband is a workaholic *o* is a slave to his work (colloq); **todos somos ~s de la moda** we're all slaves to fashion; **ser ~ del tabaco** to be addicted to tobacco

esclerosis *f* sclerosis
(Compuesto) **esclerosis múltiple** multiple sclerosis

esclerótica *f* sclera, sclerotic

esclerótico -ca *adj* sclerotic

esclusa *f* 1▸ (de un canal) lock 2▸ (de una presa) floodgate, sluicegate

esclusero -ra *m,f* lock keeper

escoba *f*
A (para barrer) broom; (de bruja) broomstick; **pasó la ~ por la habitación** he swept the room; ***no vender una ~*** to get nowhere, to achieve nothing; ***~ nueva barre bien*** (CS) a new broom sweeps clean
(Compuesto) **escoba metálica** rake
B (en naipes) *tb* **~ de quince** *card game in which players try to combine cards to total 15 points*
C (Bot) broom
D (Chi fam) (desastre): **quedó la ~** it was a disaster; **dejó la ~** he caused chaos *o* an uproar

escobada *f* 1▸ (movimiento) sweep (*of the broom*) 2▸ (barrido ligero) sweep

escobazo *m*: **le dio un ~** she hit him with the broom; ***echar a algn a ~s*** (fam) to kick *o* boot sb out (colloq)

escobeta, escobetilla *f* (Méx) scrubbing brush

escobilla *f*
A 1▸ (de un motor) brush 2▸ (del limpiaparabrisas) wiper-blade, blade
B 1▸ (del inodoro) toilet brush 2▸ (Andes) (para los dientes) toothbrush

escobillado *m* (AmL) *shuffle step used in folk dancing*

escobillar [A1] *vi* (AmL) to do the ▸**escobillado**
■ **escobillar** *vt* (Chi) (cepillar) to brush; (restregar) to scrub

escobillarse [A1] *v pron* (*refl*) (Chi) ‹*dientes*› to brush, clean

escobillón *m*
A 1▸ (Med) swab 2▸ (Arm) swab
B (para el piso) brush

escocedura *f* irritation; (de un bebé) diaper rash (AmE), nappy rash (BrE)

escocer [E10] *vi* 1▸ (Med) «*herida/ojos*» to sting, smart 2▸ (moralmente) to irritate, irk

escocés[1] **-cesa** *adj* 1▸ ‹*persona/dialecto*› Scottish, Scots; ‹*ciudad*› Scottish 2▸ ‹*whisky*› Scotch 3▸ ‹*tela/manta*› tartan

escocés[2] **-cesa** *m,f*
A (*m*) Scotsman, Scot
B (*f*) Scotswoman, Scot

Escocia *f* Scotland

escocido -da *adj* ‹*cuello/axila*› sore, chafed, irritated; **tiene las nalgas escocidas** he has a diaper rash (AmE) *o* (BrE) nappy rash

escoda *f* stonemason's hammer

escofina *f* (Tec) rasp, file; (para los pies) callus file

escoger [E6] *vt* to choose; **escogió las mejores flores para hacer el ramo** he picked out *o* chose *o* selected the best flowers to make the bouquet; **escoge el libro que quieras** pick *o* choose whichever book you want; **escoge los dos o tres mejores** pick out *o* choose the best two or three; **no hay mucho donde ~** there isn't a great deal of choice, there isn't much to choose from; **tuve que ~ entre los dos** I had to choose between the two of them; **me escogieron de entre 90 candidatos** I was chosen *o* selected from among 90 applicants; **fue escogido para representar a su clase** he was chosen *o* picked to represent his class; **tuvo mucho cuidado al ~ sus palabras** he picked *o* chose his words very carefully

escogido -da *adj* 1▸ (selecto) ‹*mercancía*› choice; ‹*clientela*› select 2▸ (Méx fam) (manoseado) picked over

escogimiento *m* choice, selection

escolar[1] *adj* school (*before n*)

escolar[2] *m,f*
A (*m*) schoolboy, schoolchild
B (*f*) schoolgirl, schoolchild

escolaridad *f* education, schooling

escolarización *f* education, schooling

escolarizar [A4] *vt* to educate, provide schooling for; **todavía hay muchos niños sin ~** there are still many children who are not receiving any (formal) education *o* schooling *o* who are not attending school

escolástica *f*, **escolasticismo** *m* scholasticism

escolástico -ca *adj* 1▸ (Fil) scholastic 2▸ ‹*lenguaje*› scholarly

escoleta *f* (Méx) 1▸ (banda) band (*of amateur musicians*) 2▸ (ensayo) rehearsal, practice 3▸ (para aprender a bailar) dance practice *o* rehearsal

escolio *m* note, annotation

escoliosis *f* scoliosis

escollar [A1] *vi* to hit a reef

escollera *f* breakwater

escollo *m* 1▸ (Náut) reef 2▸ (dificultad) obstacle, hurdle; **se ha superado el ~ más importante** the most serious obstacle has been overcome

escolopendra *f* centipede

escolta *mf*
A 1▸ (persona) escort 2▸ (en baloncesto) guard
B **escolta** *f* (grupo) escort

escoltar [A1] *vt* (acompañar — para proteger) to escort; (— para vigilar) to guard, escort; (— en una ceremonia) to escort, accompany

escombrera *f* dump, tip (BrE)

escombro *m*: **hacer** *or* **armar ~** (RPl fam) to kick up a fuss (colloq)

escombros *mpl* rubble; **lo encontraron entre los ~s** they found him among the rubble; **tras el bombardeo la ciudad quedó reducida a ~s** the bombing left the city in ruins *o* reduced the city to rubble

escón *m* (CS) scone

esconder [E1] *vt* to hide, conceal (frml)
■ **esconderse** *v pron*
A (*refl*) «*persona*» to hide; **~se DE algn** to hide FROM sb
B 1▸ (estar oculto) to hide, lie hidden; **detrás de esa apariencia agresiva se esconde un corazón de oro** behind that aggressive exterior hides *o* there lies a heart of gold 2▸ «*sol*» to go in

escondidas *fpl*
A (AmL) (Jueg): **jugar a las ~** to play hide-and-seek
B **a escondidas** in secret, secretly; **se siguen viendo a ~** they still see each other secretly *o* in secret; **a ~ DE algn**: **fumaba a ~ de sus padres** she smoked behind her parents' backs; **lo hicimos a ~ de María para darle una sorpresa** we kept it a secret from María so that it would be a surprise for her; **se los llevó a ~ de su jefe** she took them without her boss's knowledge

escondido[1] **-da** *adj* 1▸ (oculto) hidden; **una casita escondida detrás de un alto cerco** a cottage hidden by *o* tucked away behind a high fence; **el club está muy ~** the club is really out of the way *o* off the beaten track 2▸ (lejano) remote; **en un ~ rincón del planeta** in a remote corner of the planet

escondido[2] *m*
A (danza) *Argentinian folk dance*
B (Per) (Jueg): **jugar a los ~s** to play hide-and-seek

escondite *m* 1▸ (lugar — para personas) hideout; (— para cosas) hiding place 2▸ (Jueg): **jugar al ~** to play hide-and-seek

escondrijo *m* hidden place, recess (liter)

escoñar [A1] *vt* (Esp arg) to screw up (sl), to mess up (colloq)
■ **escoñarse** *v pron* (Esp arg) 1▸ (*refl*) (hacerse daño) to hurt oneself; **me escoñé un brazo** I screwed my arm up (AmE sl), I did my arm in (BrE colloq) 2▸ «*aparato*» to get broken, to bust (colloq)

escopeta *f*
A (Arm) shotgun
(Compuestos)
• **escopeta de aire comprimido** air gun *o* rifle
• **escopeta de cañones recortados** ▸**escopeta recortada**
• **escopeta de dos cañones** double-barreled* shotgun
• **escopeta recortada** sawed-off shotgun (AmE), sawn-off shotgun (BrE)
B (en fútbol americano) shotgun

escopetado -da *adj* (Esp fam): **salió ~** he shot *o* dashed off/out, he was off like a shot (colloq); **fue ~ a la estación** he dashed off to the station (colloq)

escopeteado *adj* (Esp fam) ▸**escopetado**

escoplear [A1] *vt* to chisel

escoplo *m* chisel

escora *f* 1▸ (línea) load line 2▸ (puntal) prop 3▸ (inclinación) heel

escoración *f* excoriation

escorar [A1] *vi* 1▸ «*barco*» to heel over, heel 2▸ «*político/partido*» (period) to lean 3▸ «*marea*» to reach its lowest point *o* ebb
■ **escorar** *vt* ‹*barco*› (apuntalar) to shore up, shore, prop up; (al navegar) to heel ... over

escorbuto *m* scurvy

escorchar [A1] *vt* (RPl fam) to bug (colloq), to pester (colloq)

escoria *f* (de una fundición) slag; **la ~ de la sociedad** the dregs of society

escoriación *f* ▸**excoriación**

escorial *m* slag heap

escoriar [A1] *vt* ▸**excoriar**

escorpena, escorpina *f* scorpion fish

escorpiano[1] **-na** *adj* Scorpio

escorpiano[2] **-na** *m,f* Scorpio

Escorpio[1] (signo, constelación) Scorpio; **es (de)** ~ he's a Scorpio

Escorpio[2]**, escorpio** *mf* (*pl* ~ *or* **-pios**) (persona) Scorpio

escorpión *m* scorpion

Escorpión[1] (signo, constelación) ▸ **Escorpio**[1]

Escorpión[2]**, escorpión** *mf* (*pl* ~) (persona) Scorpio

escorrentía *f* (Ecol) run-off (*rain water*)

escorzar [A4] *vt* to foreshorten

escorzo *m* foreshortening; **una figura en** ~ a foreshortened figure

escotado -da *adj* **1** ‹*blusa/vestido*› low-cut, décolleté (frml); **llevaba un vestido muy** ~ her dress had a very low neckline, she was wearing a very low-cut dress; ~ **por detrás** cut low at the back **2** (RPl) ‹*zapato*› strapless

escotar [A1] *vt*: **¿me lo escota un poquito más?** can you cut the neckline a little lower?

escote *m* **1** (Indum) neck, neckline; (profundo) low-cut neck *o* neckline, decolletage (frml); **¿qué tipo de** ~ **quieres?** what sort of neck(line) do you want?; **un vestido con un gran** ~ **en la espalda** a dress cut very low at the back *o* with a very low back; **llevaba un** ~ **indecente** she was wearing an indecently low-cut dress (*o* gown *etc*); **un vestido sin** ~ a high-necked dress **2** (parte del cuerpo): **el vestido revelaba un** ~ **bronceado** the dress revealed her tanned neck/bosom; **un collar de perlas adornaba su** ~ pearls adorned her neck/bosom; ***pagar a*** ~ (Esp fam) to go Dutch

(Compuestos)
- **escote a la caja** round neck; (en suéters) crew neck
- **escote barco** *or* **bote** bateau *o* scoop neck
- **escote cuadrado** square neck
- **escote en pico** *or* **en V** V neck
- **escote redondo** ▸ **escote a la caja**

escotilla *f* hatch, hatchway

escotillón *m* **1** (Náut) hatch, hatchway **2** (Teatr) trapdoor

escozor *m* **1** (Med) stinging, burning sensation **2** (resentimiento, amargura) bitterness

escrachar [A1] *vt* (fam) to wreck, smash ... up (colloq)

■ **escracharse** *v pron* (RPl fam): **se escrachó contra un árbol** he smashed *o* crashed into a tree (colloq)

escracho *m* (RPl fam) **1** (persona fea): **la pobre es un** ~ the poor girl's as ugly as sin (colloq) **2** (mamarracho) mess (colloq); **la torta me quedó un** ~ the cake was a disaster *o* a complete mess

escriba *m* scribe

escribanía *f*

A **1** (mueble) escritoire, writing desk **2** (juego de escritorio) inkstand

B (RPl) (Der) **1** (oficina) notary's office **2** (profesión, carrera): **ejerce la** ~ he is a practicing notary (public)

escribano -na ➡▥ *m,f* **1** (Hist) (amanuense) scribe **2** (ant) (secretario judicial) scrivener (arch) **3** (RPl) (notario) notary, notary public

escribidor -dora *m,f* (hum) scribbler (hum)

escribiente *mf* clerk

escribir [I34] *vt*

A **1** (anotar) to write; **escribe el resultado aquí** write the answer here; **escríbelo antes de que se te olvide** write it down before you forget it; **lo escribió con tiza en la puerta** she chalked it on the door; **había algunos comentarios escritos con lápiz en el margen** somebody had penciled in some comments *o* had written some comments in pencil in the margin; **escribe esta frase cien veces** write this sentence out one hundred times **2** (ser autor de) ‹*libro/canción/carta*› to write; **esta victoria escribe una nueva página de nuestra historia** with this victory a new chapter has been written in our history **3** (Inf) ‹*programa*› to write

B (*pas*) (deletrear): **se escribe como se pronuncia** it's written *o* spelled as it's pronounced; **no sé cómo se escribe su apellido** I don't know how you spell his surname; **estas palabras se escriben sin acento** these words are written without an accent, these words don't have an accent

■ **escribir** *vi* to write; **no sabe leer ni** ~ she can't read or write; ~ **a máquina** to type; **mi hermano nunca me escribe** my brother never writes me (AmE) *o* (BrE) writes to me

■ **escribirse** *v pron* (*recipr*): **nos escribimos desde hace años** we've been writing to each other *o* we've been corresponding for years; ~**se CON algn**: **me escribo con ella** we write to each other; **se escribe con un peruano** she has a Peruvian penfriend *o* penpal

escrito[1] **-ta** *adj* ‹*examen*› written; **por** ~ in writing; **y lo quiero por** ~ and I want it in writing *o* in black and white; **se lo comunicarán por** ~ you will be notified in writing; ***estar*** ~**: estaba** ~ **que no iban a verse nunca más** they were destined never to meet again; **estaba** ~ **que iba a acabar mal** he was destined to come to a bad end, it was inevitable that he would come to a bad end; ***tener/llevar algo*** ~ ***en la cara*** to have sth written all over one's face

escrito[2] *m* **1** (documento) document; **presentaron un** ~ **detallando sus objeciones** they presented a document detailing their objections **2** (examen) written test *o* examination **3** **escritos** *mpl* (obras) writings (*pl*), works (*pl*); **en los** ~**s de su juventud** in his early writings

escritor -tora *m,f* writer, author

escritorio *m* **1** (mueble) desk **2** (AmL) (oficina, despacho) office; (en una casa particular) study

(Compuesto) **escritorio público** (en Méx) *office or stall offering letter writing, form-filling or typing services*

escritura *f*

A **1** (sistema de signos) writing **2** (letra) writing, handwriting **3** (obra escrita) writings (*pl*), works (*pl*); ▸ **sagrado**

B (Der) (documento) deed; **la** ~ **de la casa** the title deed(s) to the house, the deeds to *o* of the house

(Compuesto) **escritura privada/pública** private/public instrument *o* deed

escrituración *f* registration

escriturar [A1] *vt* to register; **el capital escriturado de la empresa** the company's registered capital; ~**on la casa a su nombre** they registered the house in her name

escriturístico -ca *adj* (frml) **1** (Bib) scriptural **2** ‹*sistema*› scriptural (frml); **el sistema** ~ **azteca** the Aztec system of writing

escrófula *f* scrofula

escroto *m* scrotum

escrúpulo *m* scruple; **su falta de** ~**s** her lack of scruples, her unscrupulousness; **no tuvo ningún** ~ **en decirlo** he had no scruples *o* qualms whatsoever about saying it

escrupulosamente *adv* **1** (honestamente) honestly, scrupulously **2** (con meticulosidad) meticulously

escrupulosidad *f* meticulousness, attention to detail

escrupuloso -sa *adj* **1** (honrado) honest, scrupulous; **no es nada** ~ he's completely unscrupulous **2** (meticuloso) meticulous; **una escrupulosa relación de sus bienes** a detailed *o* meticulous list of her possessions; **una revisión escrupulosa de los archivos** a scrupulous *o* meticulous revision of the files **3** (Esp) (aprensivo) fastidious

escrutador[1] **-dora** *adj* penetrating, piercing

escrutador[2] **-dora** *m,f* scrutineer, ≈ returning officer (*in UK*)

escrutar [A1] *vt*

A (liter) (mirar): **seguía escrutando el horizonte** she continued to scan the horizon; **me escrutaba con sus ojos grandes y redondos** he examined *o* scrutinized me with his big, round eyes

B ‹*votos*› to count

escrutinio *m* **1** (Pol) count; **efectuar un** ~ **de los votos** to count the votes; **los resultados del** ~ the results of the ballot **2** (inspección) scrutiny; **las cuentas no aguantarían el menor** ~ the accounts would not stand the slightest scrutiny

escuadra *f*

A **1** (instrumento — triangular) set square; (— de carpintero) square **2** (ángulo recto): **en falsa** ~ *or* **fuera de** ~ out of square, out of true **3** (refuerzo) bracket

(Compuesto) **escuadra falsa** *or* **móvil** bevel square

B **1** (en el ejército) squad **2** (en la marina) squadron

escuadrar [A1] *vt* to square

escuadrilla *f* **1** (Náut) squadron **2** (Aviac) flight

escuadrón *m* **1** (Aviac) squadron **2** (de caballería) squadron; (más pequeño) troop

(Compuesto) **escuadrón de la muerte** death squad

escualidez *f*

A (delgadez extrema) skinniness, scrawniness

B (de lugar) squalor

escuálido -da *adj*

A ‹*persona/animal*› skinny, scrawny

B ‹*lugar*› squalid

escualo *m* dogfish

escucha *f*

A (acción): **los servicios de** ~ **de la marina** the navy's monitoring services; **para más detalles permanezcan a la** ~ stay tuned for more details

(Compuesto) **escucha telefónica** wire tap (AmE), phone tap (BrE); **la cuestión de las** ~**s** ~**s** the issue of wire-tapping *o* phone-tapping

B **escucha** *mf* **1** (Mil) scout **2** (AmL) (oyente) listener

escuchar [A1] *vt* **1** (prestar atención) ‹*música*› to listen to; ‹*consejo/advertencia*› to listen to; **no me escuchaba** she wasn't listening to me; **es inútil, no te va a** ~ it's useless; she won't listen to you *o* take any notice of you *o* pay any attention to you **2** (esp AmL) (oír) to hear; **habla más fuerte que no te escucho** speak up, I can hardly hear you

■ **escuchar** *vi* to listen; **escuchaba detrás de la puerta** he was listening at the door

■ **escucharse** *v pron* (*refl*): **le encanta** ~**se** she loves the sound of her own voice

escuchimizado -da *adj* (Esp fam) puny, scrawny

escudar [A1] *vt* to shield

■ **escudarse** *v pron* ~**se EN algo**: **quiso** ~**se en su inmunidad diplomática** he tried to hide behind his diplomatic immunity; **siempre se escuda en sus compromisos familiares** he always uses his family commitments as an excuse

escudería *f* motor-racing team

escudete *m* (Hist) escutcheon (plate)

escudilla *f* bowl

escudo *m*

A (Hist, Mil) shield

(Compuesto) **escudo antidisturbios** riot shield

B (emblema) *tb* ~ **de armas** coat of arms

C (en la solapa, etc) badge

D (Fin, Hist) escudo

escudriñar [A1] *vt* **1** (liter) (mirar intensamente) to survey, scan **2** (examinar) ‹*persona*› to scrutinize, examine; ‹*casa/habitación*› to search ... thoroughly; ~**on hasta el más mínimo detalle de su vida privada** they scrutinized every last detail of her private life

■ **escudriñar** *vi* **1** (liter) (mirar intensamente) to look closely **2** (fisgar) to rummage, rummage around

escuela *f*

A **1** (institución) school; **todavía no va a la** ~ she hasn't started school yet; **la** ~ **de la vida** the

➡▥ *see* Living in a Spanish-speaking country

school *o* university of life **2** (edificio) school **3** (Chi) (facultad) faculty, school; **la E~ de Medicina** the Medical Faculty *o* School **4** (*como adj inv*): **granja ~** college farm; **hotel ~** hotel school, training hotel; ▸**alto**[1], **buque**

Compuestos

- **escuela de arquitectura** school of architecture
- **escuela de ballet** ballet school
- **Escuela de Bellas Artes** art school, art college
- **escuela de conductores** *or* **choferes** (AmL) driving school
- **escuela de equitación** riding school
- **escuela de manejo** (AmL) driving school
- **escuela de párvulos** infant school
- **escuela de primera enseñanza** primary school
- **escuela de verano** summer school
- **escuela diferencial** (RPl) school for children with special needs, special school
- **escuela militar** military academy
- **escuela naval** naval academy
- **escuela nocturna** night school
- **escuela normal** teachers' college (AmE), teacher training college (BrE)
- **Escuela Oficial de Idiomas** *state-run language school*
- **escuela primaria** primary school
- **escuela pública** public school (AmE), state school (BrE)
- **escuela técnica** technical college
- **escuela vocacional** technical college

B (formación) coaching, training; **juega bien pero le falta ~** he's a good player but he needs more coaching

C (de pensamiento, doctrinas) school; **ha creado ~** his theories (*o* ideas *etc*) have many followers; **es de la vieja ~** she's one of the old school; **la ~ flamenca** the Flemish school

escuerzo *m*
A (Zool) toad
B (persona delgada) (fam): **es un ~** she's all skin and bone(s) (colloq), she's as thin as a rail (AmE) *o* (BrE) rake

escuetamente *adv* succinctly

escueto -ta *adj* ‹*explicación*› succinct; ‹*lenguaje/estilo*› concise, plain; **no se extendió mucho, fue muy ~ al respecto** he didn't go into great detail, he was very succinct; **su mensaje fue ~** his message was concise *o* brief

escuincle -cla *m,f* (Méx fam) kid (colloq), nipper (BrE colloq)

esculcar [A2] *vt* (AmL exc CS) ‹*cajones/papeles*› to go through; ‹*persona/casa*› to search

esculco *m* (Col) search

esculpir [I1] *vt* ‹*estatua/busto*› to sculpt, sculpture; ‹*inscripción*› to engrave, carve; **un busto esculpido en mármol** a bust sculpted in marble
■ **esculpir** *vi* to sculpt, sculpture

esculque *m* (AmL exc CS) search

escultismo *m* ▸**escutismo**

escultor -tora *m,f* sculptor

escultórico -ca *adj* sculptural; **grupo ~** group of sculptures; **una exposición escultórica** an exhibition of sculpture; **su obra escultórica** his sculpture(s)

escultura *f* **1** (obra) sculpture; **~ en madera** wood carving **2** (arte) sculpture

escultural *adj* statuesque

escupida *f* (RPl) gob (of spit) (colloq); **había una ~ en el asiento** someone had spat *o* (colloq) gobbed on the seat; ***como ~*** (RPl fam) like a shot (colloq); **salió como ~** he shot *o* dashed out, he came/went shooting out; ***ser la ~ de su padre/madre*** (Arg fam) to be the spitting image of one's father/mother

escupidera *f* **1** (para escupir) spittoon **2** (esp AmL euf) (orinal) chamber pot

escupir [I1] *vi* to spit; ⊗ **prohibido escupir** no spitting; **~le A algn** to spit AT sb; **le escupió en la cara** he spat in her face
■ **escupir** *vt* ‹*comida*› to spit out; ‹*sangre*› to spit, spit up; **el volcán escupió toneladas de lava** tons of lava spewed forth from the volcano, the volcano belched out tons of lava

escupitajo *m* gob (of spit) (colloq); **hay un ~ en el asiento** someone has spat *o* (colloq) gobbed on the seat

escupitín *m* (Chi) spittoon

escupo *m* (Chi, Ven) ▸**escupida**

escurialense *adj* (Arquit) of/from El Escorial

escurreplatos *m* (*pl* ~) (mueble) *cupboard with built-in plate rack*; (rejilla) plate rack, draining rack

escurridera *f* ▸**escurreplatos**

escurridero *m* (lugar) drainboard (AmE), draining board (BrE); (rejilla) plate rack, draining rack

escurridizo -za *adj* ‹*persona*› slippery, evasive; ‹*actitud/respuesta*› evasive

escurrido -da *adj*
A (delgado): **es muy escurrida de caderas** she has very narrow hips; **una mujer escurrida de pecho** a flat-chested woman
B (Méx fam) **1** (avergonzado) shamefaced; **se fue todo ~** he left shamefaced *o* with his tail between his legs **2** (abatido) low (colloq), down (colloq)

escurridor *m*, **escurridora** *f* **1** ▸**escurreplatos** **2** (colador) colander **3** (de ropa) mangle

escurrir [I1] *vt* **1** ‹*ropa*› to wring out, wring **2** ‹*verduras*› to strain, drain; ‹*pasta*› to drain **3** ‹*líquido*› to drain, drain off **4** ‹*botella/jarra*› to drain, get the last drops out of **5** ‹*buñuelos/pescado*› to drain
■ **escurrir** *vi*: **deja los platos ahí para que escurran** leave the plates there to drain; **dejé ~ la camisa** I left the shirt to drip-dry; **pon la botella boca abajo para que escurra** turn the bottle upside down to drain out the last few drops
■ **escurrirse** *v pron*
A **1** «*líquido*»: **cuelga la camisa para que se vaya escurriendo el agua** hang the shirt out to drip-dry; **déjalas en una servilleta de papel para que se escurra el aceite** leave them to drain on some kitchen paper **2** «*verduras*» to drain
B **1** (fam) (escaparse, escabullirse) to slip away; **intentaré ~me de la fiesta** I'll try to slip away from the party; **le pusimos una trampa pero logró ~se** we laid a trap for him but he managed to wriggle *o* get out of it **2** (resbalarse, deslizarse) to slip; **el vaso/jabón se le escurrió de (entre) las manos** the glass/soap slipped through her fingers; **se fue escurriendo entre la multitud** she slipped through the crowd; **me estoy escurriendo de la silla** I keep sliding off this chair

escúter *m* scooter

escutismo *m* scouting movement, scouting

e.s.d., E.S.D. (Col) = **en su despacho**

esdrújula *f* proparoxytone, word with the stress on the antepenultimate syllable

esdrújulo -la *adj* proparoxytone, stressed on the antepenultimate syllable

ese[1] *f* (letra) *name of the letter* **s**; ***hacer ~s*** to zigzag, zigzag along

ese[2] **esa** *adj dem* (*pl* **esos, esas**) that; (*pl*) those; **por esa época** at around *o* about that time [*usually indicates a pejorative or emphatic tone when placed after the noun*] **¿quién es el gordo ~?** (fam) who's that fat guy?; **el coche ~ que está allí** that car over there

ése ésa *pron dem* (*pl* **ésos, ésas**) [*According to the Real Academia Española the written accent may be omitted when there is no risk of confusion with the adjective*] **1** that one; (*pl*) those; **~ es el tuyo** that (one) is yours; **~ es el que más me gusta** that's the one I like most; **un reloj de ésos baratos que venden por la calle** one of those cheap watches they sell on street corners [*usually indicates disapproval when used to refer to a person*] **ésa no sabe lo que dice** (fam) she doesn't know what she's talking about **2** **ésa** (Corresp) (frml) *the city to which the letter is addressed*; **reside en ésa** he resides in Seville (*o* Lima *etc*) **3** **ésas** (fam) (esas cosas, esos asuntos): **¡conque ésas tenemos!** so *that's* it!, so *that's* what he's/they're up to!; **¿todavía estás en ésas?** are you still at it?; **¡no me vengas con ésas!** don't give me that! (colloq)

esencia *f*
A **1** (fondo, base) essence; **la ~ de su teoría** the essence of his theory; **en ~** essentially, in essence; **se trata, en ~, de un problema político** the problem is essentially a political one, the problem is, in essence, a political one **2** (Fil) essence; **~ divina** divine essence
B (Coc, Quím) essence

Compuestos

- **esencia de café** coffee essence
- **esencia de trementina** turpentine, turps (BrE)
- **esencia de vainilla** vanilla essence

esencial *adj*
A **1** (fundamental) essential; **estábamos de acuerdo en lo ~** we agreed on the essentials *o* on the main points; **lo ~ es que estés tranquilo** the main *o* the most important *o* the essential thing is to keep calm; **~ PARA algo** essential FOR *o* TO sth; **esto es ~ para el buen funcionamiento del motor** this is essential for *o* to the smooth running of the engine **2** (Fil) essential
B ‹*aceite*› essential

esfagno *m* sphagnum, peat moss

esfenoides *m* (*pl* ~) sphenoid bone

esfera *f*
A (Astron, Mat) sphere

Compuestos

- **esfera armilar** celestial globe
- **esfera celeste** celestial sphere
- **esfera terrestre** globe

B (de un reloj) face
C (ámbito) sphere; **en las altas ~s de la política** in the highest political circles; **~ de acción** sphere of action; **~ de influencia** sphere of influence; **en la ~ económica** in the economic sphere

esférico[1] **-ca** *adj* spherical

esférico[2] *m* (period) ball

esfero *m* (Col fam) ballpoint pen, biro® (BrE)

esferográfico *m* (Col) ▸**esfero**

esferoide *m* spheroid

esfigmomanómetro *m* sphygmomanometer

esfinge *f* **1** (Mit) sphinx **2** **la Esfinge** (Arquit, Mit) the Sphinx **3** (persona) sphinx; **es una ~** she's sphinx-like, she's a sphinx

esfínter *m* sphincter

esforzado -da *adj* ‹*persona*› hard-working; ‹*trabajo*› hard; **gracias a la esforzada labor de los cooperantes** thanks to the hard work of the aid workers

esforzar [A11] *vt* ‹*voz*› to strain; **estás esforzando la vista** you're straining your eyes
■ **esforzarse** *v pron*: **se esforzó mucho pero sus resultados fueron mediocres** he tried very hard *o* he put in a lot of effort but his results were mediocre; **se ha esforzado mucho en este trabajo** she's put a lot of effort *o* a lot of hard work into this job; **tienes que ~te más** you'll have to work harder *o* make more of an effort; **~se POR + INF** to strive to + INF; **se esforzó por mejorarlo** he made a real effort *o* he strove to improve it; **me esforzaba por oír lo que decían** I was straining my ears to hear what they were saying; **~se EN + INF** to strive to + INF; **debemos ~nos en complacer a los clientes** we must strive to please our clients

esfuerzo *m* **1** (de una persona) effort; **por lo menos hizo el ~ de ser amable** at least he made an effort *o* tried to be friendly; **hay que hacer un ~ de imaginación** you have to use your imagination; **me costó muchos ~s convencerlo** it took a lot of effort to persuade him, I had a lot of trouble persuading him; **conseguía todo lo que quería sin ~** she got everything she wanted quite effortlessly *o* without any effort **2** (Fís) effort

esfumar [A1] *vt* ‹*contorno*› to blur; ‹*color*› to tone down, soften

e

e

■ **esfumarse** *v pron* 1 «*ilusiones/sueños*» to evaporate; «*temores*» to melt away, be dispelled; **la sonrisa se esfumó de su rostro** the smile faded from his lips 2 (fam) «*persona/dinero*» to vanish, disappear

esgrima *f* fencing

esgrimidor -dora *m,f* fencer

esgrimir [I1] *vt* 1 ‹*arma/navaja*› to brandish, wield 2 (frml) ‹*argumento*› to put forward, use; ‹*documento/prueba*› to use

esgrimista *mf* fencer

esguince *m* sprain; **sufrió un ~ en el tobillo** he sprained his ankle

eskai® *m* plastic, imitation leather

eslabón *m*

A 1 (de una cadena) link 2 (de una serie) link

(Compuestos)

- **eslabón giratorio** swivel
- **eslabón perdido** missing link

B (Zool) black scorpion

C (para sacar chispas) steel

eslabonar [A1] *vt* ‹*piezas*› to link, link together, join; ‹*ideas/hechos*› to link, connect

■ **eslabonarse** *v pron* to link up

eslálom (*pl* **-loms**), **eslalon** *m* slalom

eslavo¹ -va *adj* Slavic, Slavonic

eslavo² -va *m,f* Slav

eslinga *f* sling

eslip *m* (*pl* **-lips**) underpants (*pl*), briefs (*pl*)

eslogan *m* (*pl* **-lóganes**) slogan; **~ publicitario** advertising slogan

eslora *f* length; **tiene 30 metros de ~** it's 30 meters long *o* in length

eslovaco¹ -ca *adj* Slovakian

eslovaco² -ca *m,f* 1 (persona) Slovak, Slovakian 2 **eslovaco** *m* (Ling) Slovak, Slovakian

Eslovaquia *f* Slovakia

Eslovenia *f* Slovenia

esloveno¹ -na *adj* Slovenian, Slovene

esloveno² -na *m,f* 1 (persona) Slovene 2 **esloveno** *m* (idioma) Slovenian, Slovene

e.s.m., E.S.M. (Col) = **en sus manos**

esmachatarse [A1] *v pron* (Ven fam) (ir rápido) to tear *o* bomb along (colloq); (salir rápido) to dash out/off

esmaltado *m* 1 (acción) enameling* 2 (capa — sobre metales) enamel; (— sobre cerámica) glaze

esmaltar [A1] *vt* ‹*metal*› to enamel; ‹*cerámica*› to glaze

esmalte *m*

A 1 (capa — sobre metales) enamel; (— sobre cerámica) glaze 2 (Odont) enamel

(Compuesto) **esmalte de** *or* **para uñas** nail polish, nail varnish (BrE)

B (Art) enamel

esmeradamente *adv* carefully, painstakingly; **objetos ~ restaurados** lovingly restored objects

esmerado -da *adj* ‹*persona*› conscientious, painstaking; ‹*presentación*› careful, painstaking; **presentó un trabajo ~** she submitted a piece of work that she had taken a lot of trouble *o* care over, she submitted an excellent, beautifully presented piece of work

esmeralda *f* emerald

esmerarse [A1] *v pron* to go to a lot of trouble; **se esmeró para tenerlo todo listo** she went to a lot of trouble *o* to great pains to have everything ready; **se esmera mucho pero las cosas no le salen** he goes to a lot of trouble *o* he makes a lot of effort but things just don't work out right; **~ EN algo: se ha esmerado mucho en esta tarea** he has put a lot of effort into *o* taken a lot of trouble over *o* taken great care over this assignment; **se esmera en pronunciarlo correctamente** she goes to great pains *o* takes great care *o* makes a great effort to pronounce it correctly

esmerejón *m* merlin, pigeon hawk (AmE)

esmeril *m* emery

esmerilado¹ -da *adj* frosted

esmerilado² *m* grinding

esmerilar [A1] *vt* to grind

esmero *m* care; **un plato cocinado con gran ~** a carefully prepared dish; **puso mucho ~ en la presentación** he took enormous trouble *o* great pains *o* great care over the presentation

esmirriado -da *adj* (fam) ‹*persona*› skinny (colloq), scrawny (colloq); ‹*animal*› scrawny, scraggy (colloq)

esmog *m* smog

esmoquin *m* (*pl* **-móquines**) tuxedo (AmE), dinner jacket (BrE)

esnifada *f* ▸**esnife**

esnifador -dora *m,f* sniffer; **~es de pegamento** glue sniffers

esnifar [A1] *vt* ‹*cocaína*› (arg) to snort (sl); ‹*pegamento*› to sniff (colloq)

esnife *m* (arg) (de cocaína) snort (sl); (de pegamento) sniff (colloq)

esnob¹ *adj* (*pl* **-nobs**) snobbish

esnob² *mf* (*pl* **-nobs**) snob

esnobismo *m* snobbery, snobbishness

esnobista *adj* snobbish

esnórquel *m* snorkel

eso *pron dem* 1 (*neutro*) that; **no digas ~** don't say that; **¡ah, no! ¡~ sí que no!** oh, no! definitely not!; **~ que te contaron** what they told you; **lo hiciste por él ¿no es ~?** you did it for him, didn't you? *o* isn't that right?; **¿qué es ~ de que no te presentas al examen?** what's all this about you not taking the exam? 2 (*en locs*): **a eso de** (at) around *o* about; **en eso** (just) at that moment, (just) then; **¡eso es!** that's it!, that's the way! (colloq); **por eso** for that reason; **por ~ que** *or* **es por ~ por lo que no te lo había dicho** that's why I hadn't told you; **no, no es por ~** no, it's not for that reason, no, that's not why; **y eso que: ¡y ~ que le pedí por favor que no lo hiciera!** and after I asked her specially not to do it!; **llegamos tardísimo, y ~ que fuimos en taxi** we were still very late even though we took a taxi 3 **¡eso!** (*interj*) exactly!; **pues están muy equivocados — ¡eso!** well, they're quite wrong! — exactly!, quite so!

ESO *f* (en Esp) = **Educación Secundaria Obligatoria**

> **ESO - Educación Secundaria Obligatoria**
>
> One of the stages of secondary education established in Spain by the ▸**LOE - Ley Orgánica de Educación (2006).** It begins at twelve years of age and ends at sixteen, the age at which compulsory education ends. The old division between a technical and an academic education is not as marked in *ESO*, as all secondary pupils receive basic professional training.

esófago *m* ▸❶ **p.231** esophagus*

Esopo Aesop

esos, esas *adj dem ver* **ese²**

ésos, ésas *pron dem ver* **ése**

esotérico -ca *adj* esoteric

esoterismo *m* esotericism

espabilado¹ -da *adj* 1 (despierto) awake 2 (vivo, listo) bright, smart, on the ball; **es muy ~ para la edad que tiene** he's very bright *o* smart for his age; **para esto necesito alguien más ~ que Portillo** I need someone a bit more on the ball *o* more with it *o* a bit smarter than Portillo for this (colloq); **tienes que ser un poco más ~ y no dejarte engañar** you have to keep your wits about you a bit more *o* you have to keep more on the ball and not let people take you for a ride

espabilado² -da *m,f* smart ass (sl), clever dick (BrE colloq)

espabilar [A1] *vt* 1 (quitar el sueño) to wake … up; **tómate un café a ver si te espabila** have a cup of coffee, that'll wake you up 2 (avivar): **esa mujer lo ha espabilado** that woman has helped him get his act together *o* (BrE) buck his ideas up

■ **espabilar** *vi* 1 (sacudirse el sueño) to wake up 2 (darse prisa) to get a move on (colloq) 3 (avivarse): **como no espabiles te lo van a quitar** if you don't get your act together *o* buck your ideas up, they'll take it away from you (colloq); **¡espabila! que te vas a quedar sin postre** watch out *o* be careful or you'll be left without any dessert!; **espabila, hombre, no dejes que te tomen el pelo así** come on, wake up *o* (colloq) wise up, don't let them take you for a ride like that 4 (Ven fam) (pestañear) to blink

■ **espabilarse** *v pron* 1 (sacudirse el sueño) to wake (oneself) up 2 (darse prisa) to get a move on (colloq) 3 (avivarse) to get one's act together (colloq), to wise up (colloq), to buck one's ideas up (BrE) (colloq)

espachurrar [A1] *vt* (fam) to squash, crush

■ **espachurrarse** *v pron* to get squashed, get crushed

espaciadamente *adv*: **más ~** less frequently, at longer intervals

espaciado¹ -da *adj* 1 (en el espacio): **están demasiado ~s** they're too far apart; **los párrafos deben quedar (más) ~s** there should be more space between the paragraphs, the paragraphs should be further apart; **se deben plantar ~s** they should be well spaced out, they should be planted some distance apart 2 (en el tiempo): **tuvo a todos sus hijos muy ~s** there were quite a few years separating *o* between each of her children; **sus visitas se hicieron cada vez más espaciadas** her visits became more and more infrequent, there were longer and longer intervals between her visits

espaciado² *m* (Impr) spacing

espaciador *m* space bar

espacial *adj*

A ‹*cohete/viaje/vuelo*› space (*before n*); ▸**nave**

B (Fís, Mat) spatial; **un estudio sobre la distribución ~ en la arquitectura moderna** a study of spatial distribution *o* the distribution of space in modern architecture

espaciamiento *m* 1 (en el espacio) spacing 2 (en el tiempo): **el ~ de sus llamadas la inquietó** it worried her that his calls were becoming increasingly infrequent; **el número y ~ de los hijos** the number of children one has and the number of years between them

espaciar [A1] *vt* 1 (en el espacio) to space … out; **no ha espaciado suficientemente los párrafos** she hasn't spaced the paragraphs out sufficiently, she hasn't left enough space between the paragraphs 2 (en el tiempo): **voy a tener que empezar a ~ mis llamadas al extranjero** I'm going to have to stop calling abroad so often *o* start calling abroad less often; **empezó a ~ sus visitas** her visits became more and more infrequent, there began to be longer and longer intervals between her visits

espacio *m*

A 1 (amplitud, capacidad) space, room; **en el parque hay mucho ~ para jugar** there is plenty of space to play in the park; **tus cosas ocupan demasiado ~** your things take up too much space *o* room; **aquí no cabe, no hay suficiente ~** it won't fit here, there isn't enough space *o* room 2 (hueco — entre líneas, palabras) space; (— entre objetos) space, gap; **ocho folios mecanografiados a dos ~s** *or* **a doble ~/a un ~** eight sheets of double-spaced/single-spaced typing; **rellenar los ~s en blanco** fill in the blank spaces *o* the blanks; **deja un ~ entre los pupitres** leave some space *o* a space *o* a gap between the desks 3 (recinto, área) area; **un ~ cercado** a fenced-off area; **~s cerrados** confined spaces *o* areas

(Compuestos)

- **espacio político** political niche, niche
- **espacios abiertos** *mpl* open spaces (*pl*)
- **espacios verdes** *mpl* green spaces (*pl*)
- **espacio vital** lebensraum, living space
- **espacio web** webspace

B (Espac): **el ~** space

(Compuestos)

- **espacio aéreo** airspace
- **espacio exterior** *or* **sideral** outer space

C (de tiempo): **en un corto ~ de tiempo** in a short space of time; **los efectos persisten por ~ de 24 horas** the effects last for 24 hours *o* for a period of 24 hours; **por ~ de varios años** over a period of several years

D [1] (en la radio, televisión — hueco) slot; (— programa) program*; ~ **deportivo/informativo/musical** sports/news/music program; ~ **publicitario** advertising slot [2] (en un periódico, revista) space

espacioso -sa *adj* ‹*jardín*› spacious; ‹*casa/coche*› spacious, roomy

espacio-tiempo *m* space-time

espada[1] *f*

A (arma) sword; ~ **de esgrima** épée; **blandir la** ~ to brandish one's sword; **desenvainar la** ~ to draw one's sword; ***estar entre la ~ y la pared*** to be caught between the devil and the deep blue sea, be between a rock and a hard place (colloq); ***la ~ de Damocles*** the Sword of Damocles

B [1] (carta) *any card of the* espadas *suit* [2] **espadas** *fpl* (palo) *one of the suits in a Spanish pack of cards*

espada[2] *m* matador

espadachín *m* skilled swordsman, fine swordsman

espadaña *f*

A (campanario) belfry

B (Bot) bullrush

espadín *m*

A (de uniforme) ceremonial sword, dress sword

B (Zool) sprat

espadista *mf* (Esp fam) burglar (*who uses picklocks or false keys to gain access*)

espagueti, espaguetti *m* piece of spaghetti; **~s** spaghetti

(Compuesto) **espaguetis a la boloñesa** spaghetti Bolognese

espalda *f*

A ▸ℹ **p.231** (Anat) back; **es muy ancho de ~s** he is very broad-shouldered, he has very broad shoulders; **perdona, te estoy dando la** ~ sorry, I've got my back to you; **me duele la** ~ my back aches; **cargado de ~s** round-shouldered; **estaba sentado de ~s a nosotros** he was sitting with his back to us; **vuélvete de ~s** turn around *o* (BrE) round; **nadar de ~(s)** to swim backstroke, to do the backstroke; **los 100 metros** ~ the 100 meters backstroke; **tumbarse** *or* **tenderse de ~s en el suelo** to lie on one's back on the floor; **caminaba con el sol a sus ~s** he was walking with the sun behind him; **tiene muchos años de experiencia a sus ~s** she has many years of experience behind her; **lo atacaron por la** ~ he was attacked from behind; ***caerse*** *or* (Chi) ***irse de ~s*** (literal) to fall flat on one's back; (de sorpresa): **por poco me caigo de ~s** I nearly died of shock *o* fainted (colloq), you could have knocked me down with a feather (colloq); ***cubrirse las ~s*** to cover one's back, take precautions; ***echarse algo a la ~*** (literal) to sling sth on one's back; (fam) ‹*responsabilidad/trabajo*› to shoulder, take on; ‹*problemas/pesares*› (fam) to cast … aside, put … to one side; ***hacer algo a ~s de algn*** to do sth behind sb's back; **se ríen de ella a sus ~s** they laugh at her behind her back; ***romperse la ~*** to break one's back; ***tener buena ~*** (Col) to bring good luck; ***tener cubiertas*** *or* ***guardadas las ~s*** to have one's back covered, be secure *o* protected; ***volverle la ~ a algn*** to turn one's back on sb

(Compuesto) **espalda mojada** *mf* wetback

B (de una prenda) back

> **espalda mojada**
>
> The name in Mexico for people who try to enter the US illegally by crossing the Rio Grande that separates Mexico from the USA.
>
> In Spain the term refers to illegal immigrants from Morocco who cross the Straits of Gibraltar to enter Spain. In both countries *espaldas mojadas* are a source of cheap unskilled labor. *See also* ▸**patera**

espaldar *m*

A (Coc) loin

B (en gimnasia) wall bars (*pl*)

C (AmL) (de un asiento) back

espaldarazo *m* recognition; **la película que le dio el ~ definitivo** the movie which earned him recognition as a top film star (*o* director *etc*)

espaldera *f* [1] (para plantas) trellis, espalier [2] (corset) corset [3] **espalderas** *fpl* (para gimnasia) wall bars (*pl*)

espaldero *m*

A (Chi) (de una prenda) back

B (Ven) (lugarteniente) bodyguard

espaldilla *f* shoulder blade

espaldón[1] *adj* (fam): **es muy** ~ he's very broad in the back

espaldón[2] *m* tenon

espanglés, espánglish *m* (hum) Spanglish (hum)

espantada *f*: **pegar(se) una** ~ «*animal*» to bolt; «*persona*» (fam) to make a run for it (colloq), to scarper (BrE colloq)

espantadizo -za *adj* nervous, skittish, easily frightened *o* startled

espantado -da *adj* [1] (asustado) frightened, scared; **estaban lívidos y ~s** they looked pale and frightened *o* scared; **salieron ~s cuando vieron a la policía** they ran off in fright when they saw the police [2] (uso hiperbólico) horrified, appalled; **quedaron ~s con su vocabulario** they were horrified *o* appalled at his language

espantaflojos *m* (*pl* ~) (Col fam) shower

espantajo *m* [1] (espantapájaros) scarecrow [2] (persona mal vestida) scarecrow (colloq)

espantamoscas *m* (*pl* ~) fly whisk

espantapájaros *m* (*pl* ~) scarecrow

espantar [A1] *vt*

A [1] (ahuyentar) ‹*peces/pájaros*› to frighten away [2] (asustar) ‹*caballo*› to frighten, scare, spook (AmE); **con ese peinado lo vas a ~ al pobre** (fam) with that hairstyle you'll frighten *o* scare the poor guy off (colloq) [3] (apartar de sí) ‹*sueño/pena/miedo*› **se tomó un café para ~ el sueño** she had a coffee to stop herself from falling asleep *o* to keep herself awake; **cantando se espantan las penas** by singing you drive your troubles away *o* keep your troubles at bay; **espanta de ti esos malos pensamientos** drive those evil thoughts out of your mind, rid yourself of those evil thoughts (liter); **le era imposible ~ el miedo que sentía** he could not drive away *o* shake off his feeling of fear

B (fam) (uso hiperbólico) to horrify, appall*; **le espanta la idea de vivir allí** the idea of living there appalls *o* horrifies him

■ **espantar** *vi* [1] (fam) (asustar): **es tan feo que espanta** he's absolutely hideous (colloq) [2] (Bol, Col, Ven fam) «*fantasma*»: **dicen que en esa casa espantan** they say that house is haunted

■ **espantarse** *v pron*

A [1] «*pájaro/peces*» to get frightened away [2] «*caballo*» to take fright, be startled, spook (AmE)

B (fam) (uso hiberbólico) to be horrified *o* appalled; **se va a ~ cuando lo sepa** she'll be horrified *o* appalled when she finds out

espantasuegras *m* (*pl* ~) (Col, Méx fam) blow-out, party blower

espanto *m*

A [1] (miedo) fright, horror; **traía una expresión de ~ en el rostro** he had a look of horror/fright on his face [2] (uso hiperbólico): **la noticia nos llenó de** ~ we were horrified *o* appalled at the news; **es un ~ ver cómo tratan a esos niños** it's terrible *o* awful to see the way they treat those children; **¡qué ~!** how awful!, that's (*o* that must have been *etc*) terrible!; **todos sus cuadros son un** ~ (fam) all his paintings are hideous *o* horrendous *o* ghastly (colloq); **¡qué ~ de mujer!** (fam) what a dreadful *o* frightful *o* ghastly woman! (colloq); **afuera hace un frío de** ~ (fam) it's freezing cold *o* terribly cold outside (colloq); ***estar curado de ~*** (fam): **ya está curada de** ~ she's seen/heard it all before; **a mí no me parece tan malo, será que ya estoy curada de** ~ it doesn't seem so bad to me, I've seen plenty worse

B (Bol, Col, Ven fam) (espíritu) ghost, spook (colloq); **de ~ (y brinco)** (Ven fam) fabulous (colloq), fantastic (colloq)

espantosamente *adv* (fam) terribly; **este trabajo está ~ mal hecho** this work is terribly badly done (colloq)

espantoso -sa *adj* [1] ‹*escena/crimen*› horrific, appalling; **fue una experiencia espantosa** it was a horrific *o* horrifying experience [2] (fam) (uso hiperbólico): **hace un calor ~** it's boiling *o* roasting, it's incredibly *o* unbearably hot (colloq); **pasamos un frío ~** we were absolutely freezing (colloq); **tengo un hambre espantosa** I'm ravenous *o* starving (colloq); **la comida era espantosa** the food was atrocious *o* ghastly; **¡qué sombrero tan ~!** what a hideous *o* an awful hat; **esta máquina hace un ruido ~** this machine makes a terrible *o* dreadful noise (colloq); **llueve que es una cosa espantosa** it's absolutely pouring (colloq), it's bucketing down (colloq)

España *f* Spain; **la ~ cañí** the *real* Spain; ***como cuando salimos de ~*** (Arg fam) we're still no further on (colloq), we still haven't made any progress

español[1] **-ñola** *adj* Spanish

español[2] **-ñola** *m,f* [1] (*m*) Spaniard, Spanish man; (*f*) Spaniard, Spanish woman; **los ~es** the Spanish, Spaniards, Spanish people [2] **español** *m* (idioma) Spanish

españolada *f*: *movie, etc which presents a clichéd image of Spain*

españolidad *f* Spanishness

españolismo *m* [1] (carácter) Spanishness [2] (apego a lo español) love of Spain

españolizar [A4] *vt* [1] ‹*persona/costumbres*› to make … Spanish; **su estancia en España lo ha españolizado** he's become very Spanish during his time there [2] ‹*palabra/término*› to spell/pronounce … in a Spanish way [3] ‹*región/bienes*› to bring … under Spanish control

■ **españolizarse** *v pron* [1] «*persona*» to adopt Spanish ways, become Spanish in one's ways [2] «*palabra*» to come to be spelled/pronounced in a Spanish way

esparadrapo *m* surgical tape

esparaván *m* sparrowhawk

esparavel *m* casting net

esparceta *f* sainfoin

esparcimiento *m*

A [1] (recreo) recreation, relaxation [2] (diversión) leisure activity

B (diseminación) dissemination, spreading

esparcir [I4] *vt* [1] ‹*libros/juguetes*› to scatter; **tenía todos los papeles esparcidos por la mesa** her papers were scattered *o* strewn all over the table [2] ‹*rumor*› to spread; **no lo vayas esparciendo por ahí** don't go spreading it around [3] (Chi) ‹*mantequilla*› to spread

■ **esparcirse** *v pron*

A [1] «*papeles/semillas*» to be scattered [2] «*noticia/rumor*» to spread; **la noticia se esparció como un reguero de pólvora** the news spread like wildfire

B (recrearse) to enjoy oneself, relax

espárrago *m* asparagus; **puntas de ~** asparagus tips; ***estar hecho un ~*** (fam) to be thin as a rail (AmE) *o* (BrE) rake (colloq); ***mandar a algn a freír ~s*** (fam) to tell sb to get lost (colloq), to tell sb where to go (colloq); **¡que se vayan a freír ~s!** they know where they can go! (colloq), they can get lost! (colloq)

(Compuesto) **espárrago triguero** wild asparagus

esparring /es'parin/ *m* sparring partner

Esparta *f* Sparta

espartano[1] **-na** *adj* [1] (Hist) Spartan [2] ‹*condiciones/disciplina*› spartan

espartano[2] **-na** *m,f* Spartan

esparto *m* esparto grass, esparto; **tienes el pelo como (el) ~** your hair's like straw

espasmo *m* spasm; **por poco me da un ~** (fam) I nearly had a fit (colloq)

espasmódicamente *adv* spasmodically

espasmódico -ca *adj* spasmodic

espasmolítico[1] **-ca** *adj* ‹*agente/acción*› spasmolytic

espasmolítico[2] *m* spasmolytic

espástico -ca *adj* spastic

espatarrarse [A1] *v pron* ▸**despatarrarse**

e

espato *m* spar

espátula *f*
A 1 (paleta) spatula; (Art) palette knife 2 (para quitar pintura, papel) scraper; ***estar hecho una ~*** to be as thin as a rail (AmE) *o* (BrE) rake (colloq)
B (Zool) spoonbill

especia *f* spice

especial[1] *adj* 1 (para un uso específico) special; **una dieta ~ para diabéticos** a special diet for diabetics; **en ~** especially; **todas sus hijas son muy guapas, la mayor en ~** all his daughters are very pretty, especially *o* particularly the eldest; **¿quería hablar con alguien en ~?** did you want to speak to anyone in particular?; ▸**enviado** 2 (excepcional) special; **hoy es un día muy ~ para mí** today is a very special day for me; **un vestido para ocasiones ~es** a dress for special occasions 3 (difícil) ‹*persona/carácter*› fussy; **son muy ~es, nada les viene bien** they're very difficult (to please) *o* very fussy, nothing's ever quite right for them; **¡qué ~ eres para comer!** you're so picky *o* fussy about your food! (colloq)

especial[2] *m*
A (TV) special, special program*; **~ informativo/deportivo** news/sports special
B (RPl) 1 (sandwich) submarine (AmE), baguette (BrE); **un ~ de jamón y queso** a ham and cheese baguette, a ham and cheese sandwich on French bread 2 (Chi) (perro caliente) hot dog

especialidad *f*
A 1 (actividad, estudio) specialty (AmE), speciality (BrE); **como ~ eligió la pediatría** she decided to specialize in pediatrics; **después de la carrera tiene que hacer dos años de ~** after graduating she has to do two years' specialization; **su ~ es romper platos** (hum) he specializes in smashing plates (hum), smashing plates is his forte (hum) 2 (de un restaurante) specialty (AmE), speciality (BrE); **~ de la casa** specialty *o* speciality of the house
B (frml) (Farm) medicine
C (singularidad) unusual nature, singularity (frml)

especialista[1] *adj* specialist (*before n*); **un médico ~** a specialist

especialista[2] *mf*
A 1 (experto) specialist, expert; **~s en desactivación de explosivos** bomb disposal experts; **los ~s en la materia dicen que ...** experts *o* specialists on the subject say that ...; **es ~ en meter la pata** (hum) he's an expert at putting his foot in it (hum) 2 (Med) specialist; **lo mandaron a un ~ de(l) corazón** he was sent to a heart specialist
B (Cin, TV) (*m*) stuntman; (*f*) stuntwoman

especialización *f* specialization

especializado -da *adj* 1 **~ EN algo** specializing IN sth; **una librería especializada en publicaciones extranjeras** a bookshop specializing in foreign publications 2 ‹*lenguaje*› technical, specialized 3 ‹*obrero*› skilled, specialized (*before n*)

especializarse [A4] *v pron* to specialize; **~ EN algo** to specialize IN sth

especialmente *adv* 1 (en especial) especially, particularly 2 (para un fin específico) specially; **~ diseñado para nosotros** specially *o* specifically designed for us

especie *f*
A (Biol, Bot, Zool) species; **~ protegida** protected species; **la ~ humana** the human race; **~ en peligro** *or* **vías de extinción** endangered species
B (tipo, clase) kind, sort; **era una ~ de sopa** it was a sort of *o* a kind of soup
C ▸**especia**
D (Relig) kind, species; **comulgar bajo las dos ~s** to take both bread and wine during the Eucharist, to communicate in both kinds *o* under both species (frml)
E **en especie** *or* **especies** in kind; **me lo pagó en ~s** he paid me in kind
F (Esp fam) (en insultos): **¡~ de idiota!** you stupid idiot! (colloq)

especiero *m* spice rack

especificación *f* specification

específicamente *adv* specifically

especificar [A2] *vt* to specify; **no especifica cuánto se necesita** it doesn't specify *o* say how much you need; **especificó todos los detalles del proyecto** she spelled out all the details of the project; **especifique el modelo que desea** specify which model you require

especificativo -va *adj* 1 (que detalla): **documentos ~s de su experiencia anterior** documents giving details of *o* specifying her previous experience 2 (Ling) defining (*before noun*)

especificidad *f* specificity

específico[1] **-ca** *adj*
A (determinado, preciso) specific; ▸**peso**
B (Farm, Med) specific; **un medicamento ~** a specific

específico[2] *m* specific

especifidad *f* specific nature, specificity (frml)

espécimen *m* (*pl* **-pecímenes**) 1 (ejemplar) specimen 2 (muestra) sample, specimen 3 (fam) (persona): **¡qué ~ te fuiste a elegir de novio!** (fam & hum) your boyfriend's a weird specimen *o* (BrE) a right one (colloq)

especioso -sa *adj* (frml) specious

espectacular *adj* spectacular; **paisajes de una ~ belleza** landscapes of spectacular beauty

espectacularidad *f* 1 (grandiosidad) splendor*, magnificence 2 (aparatosidad) spectacular nature

espectacularmente *adv* spectacularly; **se está recuperando ~** he is making a spectacular recovery

espectáculo *m*
A (representación) show; **un ~ de variedades** a variety show; **un ~ para niños** a children's show; **S espectáculos** (en periódicos) entertainment guide, listings; **el mundo del ~** showbusiness; ***dar un*** *or* ***el ~*** (fam) to make a spectacle of oneself
B (visión, panorama) sight; **los barrios de las afueras ofrecían un ~ lamentable** the outlying districts were a pitiful sight; **la puesta del sol fue todo un ~** the sunset was quite spectacular *o* quite a sight to see; **el ~ los llenó de horror** the spectacle *o* sight filled them with horror

espectador -dora *m,f* 1 (Dep) spectator; (Espec) member of the audience; **asistieron al estreno dos mil ~es** two thousand people attended the premiere, the premiere attracted an audience of two thousand people 2 (testigo) observer; **fui como simple ~** I just went as an observer, I just went to watch

espectral *adj* 1 ‹*aparición/luz*› ghostly, spectral; ‹*silencio*› ghostly 2 (Fís) spectral; **análisis ~** spectrum analysis

espectro *m*
A 1 (Fís) spectrum 2 (gama) spectrum; **el ~ político** the political spectrum; **un antibiótico de amplio ~** a broad-spectrum antibiotic; **un amplio ~ de colores** a wide range *o* broad spectrum of colors
B 1 (fantasma) specter*, ghost, wraith (liter) 2 (amenaza) specter*; **el ~ de la muerte/del hambre** the specter of death/of famine

espectrógrafo *m* spectrograph

espectrograma *m* spectrogram

espectrometría *f* spectrometry

espectrómetro *m* spectrometer

espectroscopia *f* spectroscopy

espectroscópico -ca *adj* spectroscopic

espectroscopio *m* spectroscope

especulación *f* 1 (Com, Fin) speculation; **la ~ del suelo** land speculation; **~ bursátil** speculation on the Stock Exchange 2 (conjetura) speculation

especulador[1] **-dora** *adj* speculating (*before noun*)

especulador[2] **-dora** *m,f* speculator

especular [A1] *vi*
A (Com, Fin) to speculate; **~ con el suelo/en divisas** to speculate with land/in foreign exchange
B (conjeturar) to speculate; **especulaban sobre las posibles causas del accidente** they were speculating about *o* on the possible causes of the accident

especulativo -va *adj*
A ‹*estudios/saber*› speculative, theoretical
B (Fin) ‹*valores/oferta*› speculative

espéculo *m* speculum

espejear [A1] *vi* (liter) to shimmer

espejeo *m* (liter) shimmering

espejismo *m* 1 (fenómeno óptico) mirage 2 (ilusión) illusion; **las promesas y esperanzas de una nueva vida no eran más que un ~** the promises and hopes of a new life proved to be illusory *o* were just an illusion *o* were just a mirage

espejo *m* 1 (para mirarse) mirror; **~ de aumento/de cuerpo entero** magnifying/full-length mirror; **~ de mano** hand mirror; **mirarse al** *or* **en el ~** to look (at oneself) in the mirror; **tú mírate en el ~ de lo que le pasó a tu hermano** you should learn from what happened to your brother, look what happened to your brother; ***como un ~*** spotless; **dejó la casa (limpia) como un ~** he left the house spotless *o* spotlessly clean 2 (reflejo, imagen) mirror; **la obra es ~ de esa sociedad** the play is a mirror of that society, the play mirrors that society; **los ojos son el ~ del alma** the eyes are the mirror of the soul 3 (modelo) model; **un ~ de bondad** a model of kindness; **se mira en él como en un ~** he looks up to him as a model

Compuestos
- **espejo de afeitar** *or* (Méx) **rasurar** shaving mirror
- **espejo deformante** distorting mirror
- **espejo lateral** side-view mirror, wing mirror
- **espejo retrovisor** rear-view mirror

espejuelos *mpl* (ant exc Caribe) (gafas) spectacles; (cristales) lenses

espeleoarqueología *f* cave archaeology

espeleobuceo *m* cave diving

espeleología *f* spelunking, speleology (frml), potholing (BrE)

espeleólogo -ga *m,f* spelunker, speleologist (frml), potholer (BrE)

espelunca *f* (liter) cave

espeluznante *adj* 1 (que produce terror) ‹*tragedia/estado*› horrific, horrifying; ‹*historia/experiencia*› horrific, horrifying, hair-raising; ‹*grito*› terrifying, blood-curdling 2 (RPl fam) (de mala calidad) terrible

espeluznar [A1] *vi* (fam): **un disfraz que espeluznaba** a horrific *o* horrifying disguise, a disguise which was enough to make your hair stand on end; **estás que espeluznas con tanto maquillaje** you look a terrible sight *o* a fright with all that makeup on (colloq)
■ **espeluznar** *vt* to scare, frighten

espera *f*
A 1 (acción, período) wait; **fue una larga ~** he/we had a long wait *o* it was a long wait; **la ~ se me hizo eterna** I seemed to wait forever, the wait *o* waiting seemed to go on forever; **una ~ de tres horas** a three-hour wait; **su estado no admitía ~s** there was no time to lose, her condition was so serious 2 (*en locs*): **a la espera** waiting; **todavía estoy a la ~** I'm still waiting; **seguimos a la ~ de una oferta concreta** we are still waiting for a concrete offer; **en espera de** pending; **en ~ de la decisión del comité** pending *o* while awaiting the committee's decision; **en ~ de su respuesta saluda a Vd. atte.** (frml) I look forward to hearing from you. Yours faithfully
B (Der) respite

esperado -da *adj* 1 (aguardado) ‹*acontecimiento/carta*› eagerly awaited; **el acontecimiento más ~ del año** the most eagerly awaited event of the year; **su tan esperada llegada** his long-awaited arrival 2 (que es de esperar): **no obtuvieron los resultados ~s** they didn't get the results they expected

esperantista *mf* Esperantist

esperanto *m* Esperanto

esperanza *f* hope; **ya no le queda ~ alguna** he has no hope left; **no todo se ha perdido,**

todavía hay ~s all is not lost, there's still hope; **no quiero darles ~s vanas** I don't want to build your hopes up *o* to give you false hope; **había puesto todas sus ~s en su hijo** he had pinned all his hopes on his son; **tú eres mi última ~** you're my last hope; **~ DE algo** hope OF *o* FOR sth; **el encuentro suscita nuevas ~s de un acuerdo** the meeting raises new hopes for *o* of a settlement; **hay ~s de éxito** there are hopes that he/it/they will succeed; **~ DE + INF** hope OF -ING; **hemos perdido toda ~ de encontrarlos vivos** we have given up *o* lost hope of finding them alive; **no tengo ni la menor ~ de ganar** I don't have a hope of winning; **todavía tengo ~s de encontrar algo mejor** I still hope to find something better, I still have hopes of finding something better; **mantiene la ~ de volver a verlo** she hasn't given up hope of seeing him again; **~ DE QUE**: **¿no hay ninguna ~ de que se salve?** is there no hope of her recovering *o* that she will recover?; **todavía tiene ~s de que se lo devuelvan** he still hopes that they will return it to him; **ya no abrigaba ninguna ~ de que volviera** (liter) she no longer held out any hope of him returning (liter); **fuimos con la ~ de que nos concediera una entrevista** we went in the hope that he would agree to see us; **me dio ~s de que el niño mejoraría** he gave me hope *o* he held out hope that the child would recover; ***alimentarse** or **vivir de** ~s* to live on hopes; ***más largo que ~ de pobre** or **largo como ~ de pobre*** (RPl fam) ⟨*libro/discurso*⟩ really long; **la espera fue más larga que ~ de pobre** we had to wait a really long time *o* (colloq) for ages; ***¡qué ~(s)!*** (fam) you must be joking! (colloq); ***la ~ es lo último que se pierde*** we live in hope

(Compuesto) **esperanza de vida** life expectancy

esperanzado -da *adj* hopeful

esperanzador -dora *adj* ⟨*noticia*⟩ encouraging; ⟨*resultado/señal/panorama*⟩ promising, encouraging; **el hecho de que estén aquí es ~** the fact that they are here is a hopeful *o* an encouraging sign, the fact that they're here is encouraging *o* promising

esperanzar [A4] *vt*: **el médico no quiso ~los demasiado** the doctor didn't want to raise their hopes too much; **su análisis de la situación nos ha esperanzado** their analysis of the situation has made us more hopeful *o* given us hope

esperar [A1] *vt*
A 1 ⟨*autobús/persona/acontecimiento*⟩ to wait for; **esperaba el tren/a un amigo** he was waiting for the train/a friend; **podrías haber esperado un momento más oportuno** you could have waited for a better moment; **espérame, ya voy** wait for me, I'm just coming; **la esperé dos horas/en el bar** I waited for her for two hours/in the bar; **esperaban con impaciencia la llegada de sus amigos** they were really looking forward to their friends coming, they couldn't wait for *o* they were dying for their friends to arrive (colloq); **le encanta hacerse ~** he loves to keep people waiting; **~ algo/a algn PARA + INF**: **¿qué estás esperando para decírselo?** tell him! what are you waiting for?; **no me esperes para cenar** eat without me *o* don't wait for me to eat 2 (recibir) to meet; **la fuimos a ~ al aeropuerto** we went to meet her at the airport; **¿dónde van a ~ el Año Nuevo?** where will you be seeing the New Year in? 3 «*sorpresa*» to await; **la reacción del gobierno no se hizo ~** the government was swift to react; **como no salgamos temprano ya sabes lo que nos espera a la salida de Madrid** if we don't leave early, you know what problems we'll have *o* you know what it'll be like trying to leave Madrid; **le espera un futuro difícil** he has a difficult future ahead of him; **¡ya verás la que te espera en casa!** (fam) you'll catch it *o* you'll be for it when you get home! (colloq)
B 1 (contar con, prever) to expect; **tal como esperábamos** just as we expected; **cuando uno menos lo espera** when you least expect it; **ven a cenar, te espero alrededor de las nueve** come to dinner, I'll expect you around nine; **estoy esperando una llamada de Nueva York** I'm expecting a call from New York; **esperan un lleno completo** they expect a full house; **tuvo mayor aceptación de lo que se esperaba** it proved to be more popular than had been expected; **~ QUE + SUBJ**: **se espera que más de un millón de personas visite la exposición** over a million people are expected to visit the exhibition; **¿qué esperabas, que te felicitara?** what did you expect me to do? congratulate you?; **era de ~ que el proyecto fracasara** the project was bound to fail, it was only to be expected that the project would fail; **no esperes que cambie de idea** don't expect me to change my mind; **~ algo DE algn/algo** to expect sth OF sb/sth; **esperaba otra cosa de ti** I expected more of you; **no hay que ~ mucho de las conversaciones** we shouldn't expect too much of the talks; **de ella no puedes ~ ayuda** don't expect her to help, you can't expect to get any help from her 2 ⟨*niño/bebé*⟩ to be expecting; **esperan el primer hijo para mayo** they're expecting their first child in May; **está esperando familia** she's expecting
C (con esperanza) to hope; **¿te vienen a recoger? — eso espero** are they coming to collect you? — I hope so; **¿quedarán entradas? — espero que sí** will there be any tickets left? — I hope so; **¿habrá perdido el tren? — espero que no** do you think he's missed the train? — I hope not; **~ + INF**: **espero poder llegar a la cumbre esta vez** I hope to be able to reach the summit this time; **espero no haberme olvidado de nada** I hope I haven't forgotten anything; **~ QUE + SUBJ**: **espero que no llueva/que haga buen tiempo** I hope it doesn't rain/the weather's nice; **espero que tengas suerte** I wish you luck; **espero que no me haya mentido** I hope he hasn't lied to me; **esperemos que no sea nada grave** let's hope it's nothing serious; **¡y yo que esperaba que estuviera todo listo!** and there was I hoping that everything would be ready!

■ **esperar** *vi*
A 1 (aguardar) to wait; **lo siento, no podemos ~ más** I'm sorry, we can't wait any longer; **mientras esperaba corregí los exámenes** I corrected the tests while I was waiting; **espera, que bajo contigo** wait a minute *o* (colloq) hold on, I'll come down with you; **espere un momento, por favor** wait a moment, please; **espera un momento ¿tú qué haces aquí?** just a moment, what are you doing here?; **vamos, que el tren no espera** come on, the train won't wait for us; **~ A + INF**: **espera a estar seguro antes de hablar con ella** wait until you're sure before you talk to her; **mejor espero a tener un poco más de dinero ahorrado** I'd better wait until I've saved a bit more money; **~ (A) QUE + SUBJ**: **el profesor esperó (a) que hubiera silencio** the teacher waited for them to be quiet; **tiene que ~ (a) que lo llamen** you have to wait for them to call you *o* until they call you; **~on (a) que él se fuera para entrar** they waited for him to go before they went in; ***~ sentado*** (fam): **si piensa que lo voy a llamar puede ~ sentado** if he thinks I'm going to call him he's got another think coming (colloq); **¿que él cambie de idea? mejor espera sentada** him change his mind? some hope! *o* don't hold your breath! *o* we could be waiting till the cows come home! (colloq); ***quien espera desespera*** waiting's the worst part, the waiting gets you down 2 «*embarazada*»: **no sabía que estaba esperando** I didn't know she was expecting; **¿para cuándo espera?** when's the baby due?; ***quedar esperando*** (Chi) to get pregnant
B **esperar por** (ant) ▸ **esperar A1**

■ **esperarse** *v pron*
A (fam) (aguardar) to hang on (colloq), to hold on (colloq); **espérate ¿no ves que estoy ocupada?** wait a minute *o* hang on *o* hold on! can't you see I'm busy?
B (fam) (prever) to expect; **¿qué te esperabas por ese precio?** what did you expect for that price?; **no me esperaba esa reacción** I hadn't expected her to react like that; **¿quién se iba a ~ que saliera elegido él?** who would have thought *he* would be elected?

esperma *m or f*
A (Biol) 1 (semen) semen, sperm 2 (fam) (espermatozoide) sperm
(Compuesto) **esperma de ballena** spermaceti
B **esperma** *f* (Col) (vela) candle

espermaceti *m* spermaceti
espermaticida[1] *adj* spermicidal
espermaticida[2] *m* spermicide
espermático -ca *adj* spermatic
espermatozoide, espermatozoo *m* spermatozoon, sperm
espermicida[1] *adj* spermicidal
espermicida[2] *m* spermicide
espermio *m* ▸ **espermatozoide**
esperpéntico -ca *adj* ⟨*personaje*⟩ grotesque, caricaturesque; ⟨*gesto/figura*⟩ grotesque, exaggerated
esperpento *m* 1 (Lit) theater* of the grotesque (*created by Valle Inclán*) 2 (fam) (mamarracho): **¿quién es ese ~?** who's that weird-looking guy? (colloq); **¡vas hecha un ~!** you look a real sight! (colloq)
espesante *m* thickener
espesar [A1] *vt* to thicken
■ **espesar** *vi* to thicken, become thick
■ **espesarse** *v pron* 1 «*salsa*» to thicken, become thick 2 «*vegetación/bosque*» to become thick, become dense
espeso -sa *adj* 1 ⟨*salsa*⟩ thick; ⟨*vegetación/niebla*⟩ dense, thick; ⟨*nieve*⟩ thick, deep; ⟨*cabello/barba*⟩ bushy, thick; **un ~ manto de nieve** a thick blanket of snow 2 ⟨*libro/obra*⟩ (fam) heavy (colloq), dense (colloq) 3 (Per fam) (cargante): **¡no seas ~!** don't keep on! (colloq), don't be such a pain! (colloq); **¡qué espesa es la profesora!** the teacher's a real slavedriver (colloq)
espesor *m* thickness; **la tabla tiene cuatro centímetros de ~** the board is four centimeters thick
espesura *f*: **salió de en medio de la ~** he came out from among the bushes; **tuvieron que abrirse paso por entre la ~** they had to hack a path through the vegetation *o* undergrowth
espetar [A1] *vt*
A (fam) 1 (soltar de repente) ⟨*grosería*⟩ to spit … out; ⟨*noticia*⟩ to blurt … out; **le ~on la noticia así** they sprang the news on him just like that, they blurted the news out to him just like that 2 (hacer escuchar) ⟨*discurso/sermón*⟩ to inflict … on; **nos espetó un sermón sobre los buenos modales** he inflicted a lecture about good manners on us, he made us sit through a lecture on good manners, he lectured us on good manners
B 1 ⟨*carne/pescado*⟩ (con un asador) to put … on a spit; (con un pincho) to skewer 2 ⟨*persona*⟩ to run … through
espeto *m* ▸ **espetón**
espetón *m* 1 (asador) spit; (pincho) skewer 2 (estoque) sword 3 (para la lumbre) poker
espía[1] *adj inv* ⟨*avión/satélite*⟩ spy (*before n*); ⟨*cámara*⟩ hidden (*before n*), secret (*before n*)
espía[2] *mf*
A (persona) spy
B **espía** *f* (Náut) warp
espiantar [A1] *vt* (RPl arg) to get rid of (colloq), to kick … out (colloq)
■ **espiantarse** *v pron* (RPl arg) to split (sl), to scarper (colloq)
espiar [A17] *vt* 1 ⟨*enemigo/movimientos*⟩ to spy on, keep watch on 2 (Náut) to warp
■ **espiar** *vi* to spy
espichado -da *adj* (Col fam) squashed
espichar [A1] *vi* (Esp arg) *tb* **~la** to kick the bucket (sl), to snuff it (BrE colloq)
■ **espichar** *vt* 1 (Col fam) (oprimir) ⟨*botón/tecla*⟩ to press, push; ⟨*tubo/espinilla*⟩ to squeeze; **córrase y no me espiche** move over and stop squashing me; **espicha el dentífrico desde abajo** squeeze the toothpaste out from the bottom of the tube; **espíchelo con el pie y cabrá más** tread *o* squash it down and you'll get more in 2 (Col, Ven fam) (aplastar) ⟨*fruta/escarabajo*⟩ to squash; **lo espichó un carro** he was run over by a car

e

e

■ **espicharse** *v pron*
A 1 (Col fam) (machacarse) to get squashed 2 (Ven fam) (desinflarse) to burst
B (Méx fam) (emaciarse) to get skinny (colloq)
C (Méx fam) (cohibirse) to get all embarrassed (colloq)

espidómetro *m* (AmC, Col, Ven) speedometer

espiedo *m* (CS) spit; **pollo al** *or* **a lo ~** spit-roast chicken

espiga *f*
A 1 (Agr, Bot) (de trigo) ear, spike; (de flores) spike 2 (diseño) ▸**espiguilla**
B (Tec) 1 (en una ensambladura) tenon 2 (de una herramienta) tang 3 (clavo — de madera) peg; (— de metal) pin, brad
C (badajo) clapper, tongue
D (Náut) masthead

espigado -da *adj* willowy, tall and slim

espigador -dora *m,f* gleaner

espigar [A3] *vt*
A 1 (Agr) (recoger) to glean 2 (recopilar) to gather
B (en carpintería) to tenon
■ **espigar** *vi* 1 «*cereales*» to ear up, ear, form ears 2 «*persona*» to glean
■ **espigarse** *v pron* 1 «*persona*» to grow tall and slim, grow willowy 2 «*hortalizas*» to go to seed

espigón *m*
A (rompeolas) breakwater
B (Tec) point
C (Per, RPl) (en un aeropuerto) terminal, terminal building

espiguilla *f* herringbone; **una falda de ~** *or* **de ~s** a herringbone (pattern) skirt

espina *f*
A 1 (Bot) (de un rosal) thorn; (de un cactus) prickle; **me clavé una ~** I got a thorn in my finger (*o* hand *etc*) 2 (de pez) bone; **se lavan las merluzas y se les sacan las ~s** wash and bone the hake 3 (Anat) spine
(Compuestos)
- **espina bífida** spina bifida
- **espina dorsal** spinal column, spine, backbone

B 1 (de un disgusto): **todavía tiene clavada la ~ de aquel desengaño** he still hasn't got over *o* (colloq) he's still smarting from that disappointment; **en el partido siguiente se sacaron la ~ de aquel 5 a 0** in the next match they got their own back for that 5-0 defeat 2 (duda, resquemor) nagging doubt; **lo negó pero me quedé con la ~** he denied it but I still had nagging doubts *o* my suspicions; **tenía que sacarme la ~** I just had to know; ***darle a algn mala ~*** to make sb feel uneasy; **esto me da mala ~** I don't like the look of this, I'm beginning to feel a bit uneasy about this

espinaca *f* 1 (planta) spinach 2 (Coc) *tb* **~s** spinach

espinal *adj* spinal; ▸**médula**

espinaquer *m* spinnaker

espinarse [A1] *v pron* (pincharse) to prick oneself; (clavarse espinas) to get prickles/thorns in one's hand (*o* leg *etc*)

espinazo *m* spine, backbone; ***romperse el ~*** (fam) (en una caída) to break one's neck; (trabajando) to work oneself into the ground, break one's back

espineta *f* spinet

espingarda *f*
A (Hist) musket
B (fam) (persona alta) tall, thin girl/woman

espinilla *f*
A ▸ⓘ **p.231** (Anat) shin
B 1 (de cabeza negra) blackhead 2 (AmL) (barrito) pimple, spot, zit (colloq)

espinillera *f* shinpad

espino *m* hawthorn
(Compuestos)
- **espino cerval** *or* **hediondo** buckthorn
- **espino negro** blackthorn

espinoso -sa *adj*
A 1 ‹*rosal/zarza*› thorny; ‹*cactus*› prickly 2 ‹*pescado*› bony
B ‹*problema/asunto*› thorny, knotty, difficult

espinudo -da *adj* (Chi)
A (fam) (quisquilloso) touchy, prickly (colloq)
B ▸**espinoso**

espionaje *m* spying, espionage; **fue acusada de ~** she was charged with espionage *o* spying; **novela de ~** spy novel
(Compuesto) **espionaje industrial** industrial espionage

espíquer *mf* (Ur) commentator

espira *f*
A 1 (espiral) spiral 2 (vuelta — de una bobina) turn; (— de una espiral) turn; (— de una concha) whorl
B (Arquit) surbase

espiración *f* exhalation

espiráculo *m* spiracle

espiral *f* 1 (forma, movimiento) spiral; **un cuaderno de ~(es)** a spiral-bound notebook; **una ~ de violencia** a spiral of violence; **la ~ inflacionaria** the inflationary spiral; **una escalera ~** *or* **en ~** *or* **de ~** a spiral staircase; **la avioneta cayó en ~** the plane spun *o* spiralled downward(s) 2 (muelle) hairspring 3 (dispositivo intrauterino) coil

espirar [A1] *vi* to breathe out, exhale

espiritismo *m* spiritualism; **sesión de ~** seance

espiritista[1] *adj* spiritualist, spiritualistic

espiritista[2] *mf* spiritualist

espiritoso -sa *adj* ▸**espirituoso**

espíritu *m*
A 1 (alma) spirit; **estaré contigo en ~** I'll be with you in spirit; ***entregar el ~*** (euf) to pass away (euph) 2 (ser inmaterial) spirit; **un ~ maligno** an evil spirit; **en la casa habitaban ~s** the house was haunted; **el ~ del rey asesinado** the ghost of the murdered king; **invocar a los ~s** to invoke *o* raise the spirits
(Compuesto) **Espíritu Santo** Holy Ghost *o* Spirit

B 1 (disposición, actitud) spirit; **lo hizo sin ningún ~ de revancha** he didn't do it out of any desire for revenge; **con gran ~ de sacrificio** in a spirit of great self-sacrifice; **levantarle el ~ a algn** to lift sb's spirits 2 (naturaleza, carácter) nature; **tiene un ~ rebelde** she has a rebellious nature
(Compuestos)
- **espíritu de cuerpo** esprit de corps
- **espíritu de equipo** team spirit
- **espíritu de lucha** fighting spirit

C (valor, ánimo) spirit
D (esencia) spirit; **el ~ de la ley** the spirit of the law; **eres el ~ de la contradicción** you just have to be different!
(Compuesto) **espíritu de vino** spirits of wine (*pl*), alcohol

espirituado -da *adj* (Chi fam) on edge, nervy (colloq)

espiritual[1] *adj* spiritual; ▸**director**

espiritual[2] *m*: *tb* **~ negro** spiritual, Negro spiritual

espiritualidad *f* spirituality

espiritualizar [A4] *vt* to spiritualize

espiritualmente *adv* spiritually

espirituoso -sa *adj*: **bebidas espirituosas** *or* **licores ~s** spirits

espiroidal *adj* spiraloid, spiral-shaped

espirómetro *m* spirometer

espita *f* spigot (AmE), tap (BrE)

espléndidamente *adv* 1 (muy bien): **nos trataron ~** they were fantastic to us, they treated us marvelously; **se han portado ~** they've behaved wonderfully 2 (generosamente) lavishly; **fue ~ agasajado por el alcalde** he was lavishly entertained by the mayor 3 (lujosamente) magnificently; **estaba ~ decorado** it was magnificently decorated

esplendidez *f* 1 (magnificencia) splendor*, magnificence 2 (generosidad) generosity

espléndido -da *adj* 1 ‹*fiesta*› splendid, magnificent; ‹*día/tiempo*› splendid, marvelous*, glorious; ‹*regalo/joya/abrigo*› magnificent; **nos había preparado una espléndida comida** he had prepared a splendid meal for us; **es una ocasión espléndida para poder reunirnos** it's a splendid *o* marvelous opportunity for us to meet; **estaba espléndida con aquel vestido** she looked magnificent *o* wonderful in that dress 2 (generoso) ‹*persona*› generous; ‹*regalo*› lavish, generous

esplendor *m* 1 (magnificencia) splendor*, magnificence; **un reinado lleno de ~** a glorious reign; **me cautivó con el ~ de su belleza** I was captivated by her radiant beauty 2 (apogeo) splendor*; **el punto en el que alcanzó su máximo ~** the point at which it achieved its greatest splendor *o* was at its most glorious

esplendoroso -sa *adj* 1 ‹*boda/fiesta*› magnificent, grand, splendorous (liter) 2 ‹*día*› splendid, magnificent; ‹*luz/sol*› magnificent

esplénico -ca *adj* splenic

espliego *m* lavender

esplín *m* (ant) melancholy, spleen (arch)

espolada *f*, **espolazo** *m* dig (*with a spur*)

espolear [A1] *vt* 1 ‹*caballo*› to spur on, spur 2 (estimular) to spur on; **espoleado por la ambición** spurred on by ambition

espoleta *f*
A (Arm) fuse; **~ de tiempo** time fuse
B (Anat) wishbone

espolón *m*
A (de un ave) spur
B (para hendir el agua) cutwater; (para embestir) ram
C (Chi) (arpón) harpoon
D 1 (de un puente) cutwater 2 (malecón) breakwater
E (Geog) spur

espolvoreador *m* dredger

espolvorear [A1] *vt* 1 ‹*azúcar/perejil*› to sprinkle 2 ‹*tarta/pasta*› **~ algo CON** *or* **DE algo** to sprinkle sth WITH sth; **sírvalo espolvoreado con** *or* **de perejil** serve with a sprinkling of parsley on top, sprinkle parsley over the top *o* sprinkle the top with parsley before serving

espondeo *m* spondee

espongiforme *adj* spongiform

esponja *f*
A 1 (Zool) sponge 2 (para limpiar, lavarse) sponge; ***tirar*** *or* ***echar*** *or* ***arrojar la ~*** to throw in the towel, throw in the sponge (AmE)
(Compuesto) **esponja vegetal** *or* **de luffa** loofa (AmE), loofah (BrE)
B (fam & hum) (bebedor) old soak (colloq & hum); ***beber*** *or* ***chupar como una ~*** to drink like a fish (colloq)
C (RPl) (Tex) toweling*

esponjado -da *adj* spongy

esponjar [A1] *vt* to fluff up, make … fluffy
■ **esponjarse** *v pron* 1 «*masa*» to rise 2 «*pelo*» to go fluffy; «*toalla*» to become fluffy

esponjosidad *f* sponginess

esponjoso -sa *adj* 1 ‹*masa/bizcocho*› spongy, fluffy 2 ‹*tejido*› soft; ‹*lana*› fluffy

esponsales *mpl* (frml) betrothal (frml)

espónsor *mf* sponsor

esponsorización *f* sponsorship

espontáneamente *adv* spontaneously

espontaneidad *f* spontaneity

espontáneo[1] **-nea** *adj* 1 ‹*persona/gesto*› spontaneous; ‹*ayuda/donación*› spontaneous, unsolicited 2 ‹*actuación*› impromptu 3 ‹*vegetación*› spontaneous; ▸**combustión, generación**

espontáneo[2] **-nea** *m,f*: *spectator who jumps into the ring to join in the bullfight*

espora *f* spore

esporádicamente *adv* sporadically

esporádico -ca *adj* ‹*sucesos/visitas*› sporadic, intermittent; **hubo combates ~s** there was sporadic *o* intermittent fighting

esportón *m* ▸**espuerta**

esposado -da *adj* handcuffed, in handcuffs

esposas *fpl* handcuffs (*pl*)

esposo -sa *m,f*
A (*m*) husband
B (*f*) wife; **acompañado de su señora esposa**

(frml) accompanied by his wife; **los nuevos ~s** the newly-weds

espray *m* (*pl* **-prays**) 1 (atomizador): **¿esta colonia viene en ~?** does this perfume come in a spray?; **desodorante en ~** spray-on deodorant, deodorant spray 2 (pintura) spray paint; **pinta con ~s** he paints with aerosols

esprint *m* (*pl* **-prints**) sprint; **el ~ final** the final sprint; **es bueno/malo para el ~** he's a good/bad sprinter

esprintar [A1] *vi* to sprint

esprínter *mf* sprinter

espuela *f* 1 (Equ) spur; **dio** *or* **picó ~s al caballo** he spurred on his horse 2 (de un gallo) spur

espuelear [A1] *vt* (AmL) ▸**espolear**

espuerta *f* basket; ***a ~s*** (fam): **tomaba café a ~s** she used to drink gallons of coffee (colloq); **compró libros a ~s** he bought tons of books (colloq); **ganar dinero a ~s** to earn pots of money (colloq)

espulgar [A3] *vt* to delouse; **los monos se espulgaban** the monkeys were delousing each other *o* picking the fleas off each other *o* grooming each other

espuma *f*

A 1 (en el mar) foam, spray; (al romper las olas) surf; (de una cascada) spray; (en agua revuelta) foam, froth 2 (del jabón) lather; **este jabón no hace ~** this soap doesn't lather; **un baño de ~(s)** a foam *o* bubble bath 3 (sobre la cerveza) head, froth; **esta cerveza no tiene ~** this beer doesn't have a head on it; **tienes ~ en el bigote** you've got froth in your mustache; ***crecer como la ~*** «*planta*» to shoot up; (extenderse) to spread like wildfire; **el número de casos crece como la ~** the number of cases is going sky-high *o* is soaring; ***echar ~ por la boca*** to foam *o* froth at the mouth; ***subir como la ~*** to soar, go sky-high

Compuestos

- **espuma de afeitar** shaving foam
- **espuma seca** carpet shampoo

B (Coc) 1 (capa) scum 2 (Esp) (mousse) mousse

C 1 (caucho celular) foam rubber; **un colchón de ~** a foam-rubber mattress 2 (tejido elástico) stretch nylon

Compuesto **espuma de mar** meerschaum

espumadera *f* skimmer, slotted spoon

espumajo *m* ▸**espumarajo**

espumante *m* sparkling wine

espumar [A1] *vt* to skim

espumarajo *m* froth, foam; ***echar ~s por la boca*** to froth *o* foam at the mouth

espumear [A1] *vi*: **al animal le espumeaba la boca** the animal was foaming at the mouth

espumillón *m* tinsel

espumoso¹ -sa *adj* 1 ‹*ola*› foaming; ‹*cerveza*› frothy 2 ‹*vino*› sparkling

espumoso² *m* sparkling wine

espurio -ria, espúreo -rea *adj* (frml) 1 ‹*hijo*› spurious (frml), illegitimate 2 ‹*documento*› spurious (frml), forged; **se utilizaban con fines ~s** they were being used for illegitimate purposes

esputar [A1] *vt* to expectorate

esputo *m* sputum

esqueje *m* (para plantar) cutting; (para injertar) scion

esquela *f*

A 1 (AmL) (carta) note 2 (Andes) (papel) stationery set

B (aviso fúnebre) *tb* **~ mortuoria** death notice

esquelético -ca *adj* skeletal; **estaba verdaderamente ~** he was an absolute skeleton *o* he was terribly thin *o* he was positively skeletal; **¡no sigas adelgazando que estás ~!** (fam) don't go losing any more weight, you're all skin and bone now (colloq)

esqueleto *m*

A 1 (Anat) skeleton; ***estar hecho un ~*** (fam & hum) to be all skin and bone(s) (colloq); ***menear*** *or* ***mover el ~*** (fam & hum) to shake a leg (colloq & hum), to strut *o* shake one's stuff (colloq); ***moverle el ~ a algn*** (RPl fam) to give sb a beating (colloq) 2 (estructura — de un edificio) framework; (— de una novela, un discurso) framework, structure

B (Méx) (formulario) blank form

esquema *m*

A 1 (croquis) sketch, diagram 2 (sinopsis): **mándales un ~ del argumento/guión** send them an outline *o* a synopsis of the plot/script; **hazte un ~ de lo que quieres decir** draw up an outline *o* a plan of what you want to say; **el ~ narrativo de la novela es simple** the novel has a simple plot

B (de ideas): **la interpretación de nuestra realidad con ~s ajenos** the use of foreign ways of thinking *o* foreign perceptions to try to understand our own situation; **proyectos opuestos al ~ liberal** projects at odds with liberal philosophy *o* thinking; **es imposible sacarla de sus ~s** you'll never get her to change her way of thinking; ***romperle los ~s a algn*** (fam) (echar abajo — conceptos) to shatter sb's preconceptions; (— planes) to ruin sb's plans

esquemático -ca *adj* 1 ‹*dibujo/mapa*› schematic, diagrammatic; **un plano ~ del motor** a diagram of the engine 2 ‹*exposición*› schematic, simplified; **un resumen ~ es suficiente** a résumé of the main points is sufficient; **es un libro útil pero tal vez demasiado ~** it's a useful book, if a little oversimplified

esquematizar [A4] *vt* to schematize, describe … in simple terms

■ **esquematizar** *vi* to schematize

esquí *m* (*pl* **-quís** *or* **-quíes**) 1 (tabla) ski 2 (deporte) skiing; **hacer ~** to ski, go skiing; **pista de ~** ski run, piste

Compuestos

- **esquí acuático** waterskiing; **hacer ~ ~** to water-ski
- **esquí alpino** downhill skiing, alpine skiing
- **esquí de travesía** *or* **de montaña** ski mountaineering
- **esquí fuera de pista** off-piste skiing
- **esquí náutico** ▸**esquí acuático**
- **esquí nórdico** *or* **de fondo** cross-country skiing, nordic skiing

esquiador -dora *m,f* skier

Compuesto **esquiador acuático, esquiadora acuática** *m,f* water-skier

esquiar [A17] *vi* to ski

esquife *m* skiff

esquila *f*

A (de ovejas) shearing, clipping

B 1 (en un convento) bell (*to call people to communion*) 2 (cencerro) bell; (de vaca) cowbell

esquilador -dora *m,f* 1 (persona) sheepshearer, clipper 2 **esquiladora** *f* (máquina) shearing *o* clipping machine, sheepshearer

esquilar [A1] *vt* to shear, clip

esquilmar [A1] *vt*

A (Agr) to harvest

B 1 ‹*riquezas/recursos*› to exhaust; ‹*fortuna*› to squander 2 ‹*persona*› to suck … dry

Esquilo Aeschylus

esquimal *adj/mf* Eskimo

esquimóvil *m* skimobile (AmE)

esquina *f* 1 (en una calle) corner; **en la calle Princesa, ~ (a) Altamirano** on the corner of Princesa (Street) and Altamirano; **volver** *or* **doblar la ~** to go round *o* turn the corner; **el café hace ~ con la plaza** the café is on the corner of the square 2 (Dep): **saca de ~ Gómez** Gómez takes the corner (kick); ***a la vuelta de la ~*** (literal) around the corner; (muy cerca) just around the corner; **las Navidades ya están a la vuelta de la ~** Christmas is just around the corner

esquinado -da *adj* 1 (en diagonal): **coloca el sofá ~** put the sofa across the corner 2 (enfadado) on bad terms; **está ~ con su primo** he's on bad terms with *o* he's fallen out with his cousin

esquinar [A1] *vt* **~ a algn CON algn**: **ese incidente lo esquinó con su cuñada** he fell out with his sister-in-law over that incident

■ **esquinarse** *v pron* to fall out (colloq); **~se CON algn** to fall out WITH sb (colloq)

esquinazo *m*

A (Esp) (para evitar algo): **darle (el) ~ a algn** (dejar plantado) to stand sb up; (esquivar) to give sb the slip

B (Chi) (serenata) *serenade of traditional singing and dancing*

> **esquinazo**
>
> In Chile this is a serenade of songs and folk dancing, performed as a surprise in honor of a particular person, group of people, or institution, to mark a notable event.

esquinera *f* ▸**esquinero² B**

esquinero¹ -ra *adj* corner (*before n*)

esquinero² ra *m,f*

A (Dep) corner back

B **esquinero** *m* (mueble) corner unit *o* module; (armario) corner cupboard

esquirla *f* (de bala, granada) splinter, piece of shrapnel; (de hueso) splinter; **~s de metal** shards of metal

esquirol *mf* (pey) strikebreaker, scab (pej), blackleg (pej), fink (AmE colloq & pej)

esquirolear [A1] *vi* (pey) to scab (pej), to blackleg (pej)

esquirolismo *m* (pey) strikebreaking, blacklegging (pej), scabbing (pej)

esquisto *m* schist

esquistosomiasis *f* schistosomiasis, bilharzia

esquites *mpl* (Méx) 1 (maíz tostado) *toasted corn/maize kernels* 2 (palomitas de maíz) popcorn

esquivar [A1] *vt* 1 ‹*persona*› to avoid 2 ‹*golpe*› to dodge, evade; ‹*pregunta*› to avoid, dodge, sidestep; **intentaron ~ el tema** they tried to dodge *o* evade the issue 3 ‹*problema/dificultad*› to avoid; ‹*responsabilidad*› to avoid, evade

esquivo -va *adj* 1 ‹*persona*› (difícil de encontrar) elusive; (huraño) aloof, unsociable; (tímido) shy; **se mostró ~ ante los periodistas** he was very evasive with the journalists 2 ‹*respuesta*› elusive, evasive; **nervioso, con una mirada esquiva** nervous, with a shifty look in his eyes

esquizo -za *m,f* (fam) schizo (sl)

esquizofrenia *f* schizophrenia

esquizofrénico -ca *adj/m,f* schizophrenic

esquizoide *adj/mf* schizoid

esrilanqués -quesa *adj/m,f* Sri Lankan

estabilidad *f* stability; **~ emocional** emotional stability; **~ económica** economic stability; **un período de ~ atmosférica** a period of settled weather

estabilización *f* stabilization

estabilizador¹ -dora *adj* stabilizing (*before noun*)

estabilizador² *m* stabilizer

Compuestos

- **estabilizador de tensión** voltage stabilizer
- **estabilizador horizontal/vertical** horizontal/vertical stabilizer

estabilizante *m* stabilizer

estabilizar [A4] *vt* 1 ‹*economía/precios*› to stabilize; **ha logrado ~ su peso** he has managed to keep his weight stable *o* to stabilize his weight 2 ‹*avión/barco*› to stabilize; ‹*estructura*› to stabilize, steady

■ **estabilizarse** *v pron* «*situación/precios*» to stabilize; «*relación*» to stabilize, become more stable

estable *adj* 1 ‹*situación/persona/gobierno*› stable; ‹*trabajo*› steady; **nunca ha tenido una relación ~ con nadie** he's never had a stable *o* steady relationship with anyone 2 ‹*estructura*› stable, steady 3 ‹*gas/compuesto*› stable

establecer [E3] *vt*

A 1 ‹*colonia*› to establish; ‹*campamento*› to set up; **estableció su residencia en Mónaco** he took up residence in Monaco 2 ‹*relaciones/comunicaciones/contacto*› to establish 3 ‹*dictadura*› to establish, set up

B (dejar sentado) 1 ‹*criterios/bases*› to establish, lay down; ‹*precio*› to fix, set; **conviene dejar establecido que …** we should make it clear that …; **~ un precedente** to establish *o* set a precedent 2 (frml) «*ley/reglamento*» (disponer) to state, establish; **como se establece en la Constitución** as laid down *o* established in the Constitution; **tres veces el precio establecido por**

la ley three times the legal price 3 ‹*uso*› to establish; ‹*moda*› to set 4 ‹*récord/marca*› to set
C (determinar) to establish; **no se ha podido ~ qué fue lo que ocurrió** it has been impossible to ascertain *o* establish exactly what happened
■ **establecerse** *v pron* 1 «*colono/emigrante*» to settle 2 «*comerciante/empresa*» to set up; **se estableció por su cuenta** he set up his own business (*o* practice *etc*), he set up on his own

establecimiento *m*
A (acción) establishment
B (frml) (empresa) establishment (frml)
(Compuestos)
• **establecimiento agrícola** (frml) farm
• **establecimiento comercial** (frml) establishment (frml), business
• **establecimiento hotelero** (frml) hotel
• **establecimiento industrial** (frml) factory
• **establecimiento penitenciario** (frml) penal institution (frml)

establo *m* stable
estabulación *f* stabling
estaca *f*
A 1 (poste) stake, post; **no te quedes ahí como una ~** don't just stand there (like a stuffed dummy) 2 (para una carpa) tent peg 3 (garrote) club, stick
B (esqueje) cutting
C (clavo) nail; (de madera) peg
D (Chi) (Zool) spur

estacada *f* stockade, palisade; ***dejar a algn en la ~*** to leave sb in the lurch (colloq); ***quedar(se) en la ~*** to be left in the lurch (colloq)
estacar [A2] *vt* 1 (clavar) ‹*pieles*› to stake ... out 2 (atar) ‹*toro/caballo*› to tether, stake
estación *f*
A (de tren, metro) station
(Compuestos)
• **estación central** main station
• **estación de autobuses** bus station, bus depot (AmE), coach station (BrE)
• **estación de bomberos** (Col, Méx, Ven) fire station
• **estación de esquí** ski resort
• **estación de ferrocarril** railroad station (AmE), railway station (BrE), train station
• **estación de invierno** winter (sports) resort
• **estación de metro** subway station (AmE), underground station (BrE), tube station (BrE)
• **estación de policía** (Col, Ven) police station
• **estación depuradora (de aguas residuales)** sewage farm *o* plant *o* (BrE) works
• **estación de seguimiento** tracking station
• **estación de servicio** service station, gas (AmE) *o* (BrE) petrol station
• **estación de trabajo** work station
• **estación de trenes** train station, railroad station (AmE), railway station (BrE)
• **estación espacial** space station
• **estación ferroviaria** railroad (AmE) *o* (BrE) railway station
• **estación geodésica** triangulation point, geodesic *o* geodetic station
• **estación invernal** ▸**estación de invierno**
• **estación meteorológica** weather station
• **estación orbital** orbital space station
• **estación termal** thermal spa
• **estación terminal** *or* **término** terminal, terminus (BrE)
• **estación topográfica** ▸**estación geodésica**

B (del año) season; **la ~ seca/de las lluvias** the dry/rainy season; **fuera de ~** out of season
C (Relig) station; **recorrer las estaciones** to visit the stations of the Cross
D (AmL) (emisora) radio station
(Compuestos)
• **estación emisora** broadcasting station
• **estación repetidora** relay station, booster station

estacional *adj* seasonal
estacionalidad *f* seasonal nature
estacionamiento *m*
A 1 (acción de estacionar) parking; Ⓢ **zona de estacionamiento vigilado/limitado** attended/restricted parking zone 2 (espacio para estacionar) parking space; (recinto) (AmL) parking lot (AmE), car park (BrE); (en carretera) rest area *o* stop (AmE), lay-by (BrE)
B (en el desarrollo de algo): **se ha producido un ~ en el desarrollo de la enfermedad** the development of the disease has halted; **un ~ en el crecimiento de la economía** a leveling-off in the growth of the economy

estacionar [A1] *vt* to park
■ **estacionar** *vi* to park; Ⓢ **prohibido estacionar** no parking; **~ en doble fila** to double-park
■ **estacionarse** *v pron* 1 (dejar de progresar): **el crecimiento de la economía se ha estacionado en un 2%** economic growth has leveled off at 2%; **el desarrollo de la enfermedad se ha estacionado** the progress of the disease has halted; **las temperaturas se ~on por debajo del cero** temperatures settled at below zero; **se ha estacionado en los 80 kilos** her weight has stabilized at 80 kilos 2 (Chi, Méx) (aparcar) to park

estacionario -ria *adj* ‹*situación/temperaturas*› stable; ‹*órbita/satélite*› stationary; **las conversaciones se hallan en una fase estacionaria** the talks are at a standstill, the talks have reached an impasse *o* (a) stalemate
estacionómetro *m* (Méx) parking meter
estadero *m* (Col) restaurant
estadía *f* 1 (AmL) (en un lugar) stay 2 (Náut) demurrage
estadio *m*
A 1 (lugar) stadium; **~ Olímpico/de fútbol** Olympic/football stadium 2 (Hist) (medida) stadium
B (frml) (fase) stage, phase

estadista *m,f*
A (*m*) statesman
B (*f*) stateswoman

estadística *f* 1 (estudio) statistical study; **según las últimas ~s** according to the latest statistics *o* figures 2 (cifra) statistic, figure 3 (disciplina) statistics
estadísticamente *adv* statistically
estadístico[1] -ca *adj* statistical
estadístico[2] -ca *m,f* statistician
estado *m*
A 1 (situación, condición) state; **el debate sobre el ~ de la nación** the debate on the state of the nation; **la casa está en buen ~** the house is in good condition; **las carreteras están en muy mal ~** the roads are in very poor condition *o* in a very bad state; **la carne estaba en mal ~** the meat was bad *o* (BrE) off; **en avanzado ~ de descomposición** (frml) in an advanced state of decomposition; **en ~ de embriaguez** (frml) under the influence of alcohol; ***tomar ~ público*** (RPl frml) to become public (knowledge) 2 (Med) condition; **su ~ general es satisfactorio** (frml) his general condition is satisfactory; **en avanzado ~ de gestación** (frml) in an advanced state of pregnancy (frml), seven (*o* eight *etc*) months pregnant; **no debería fumar en su ~** she shouldn't smoke in her condition; ***estar en ~*** (euf) to be expecting (colloq); ***estar en ~ de buena esperanza*** (hum) to be expecting a happy event (euph); ***estar en ~ interesante*** (hum) to be expecting (colloq); ***quedarse en ~*** (euf) to get pregnant
(Compuestos)
• **estado civil** marital status
• **estado de alerta** state of alert
• **estado de ánimo** state of mind
• **estado de coma** coma; **estaba en ~ de ~** she was in a coma
• **estado de cuenta** bank statement, statement of account
• **estado de emergencia** *or* **excepción** state of emergency
• **estado de gracia** state of grace
• **estado de guerra** state of war
• **estado del tiempo** weather conditions
• **estado de máxima alerta** state of maximum alert
• **estado de máxima seguridad** state of maximum security
• **estado de sitio** state of siege
• **estado financiero** financial statement
• **estado sólido** solid state

B 1 (nación) state; **la seguridad del E~** national *o* state security 2 (gobierno) state; **un asunto de ~** a state matter; **el E~** the State 3 (Hist) (estamento) estate; **el primer/segundo/tercer ~** the first/second/third estate
(Compuestos)
• **estado benefactor** welfare state
• **estado ciudad** city-state
• **estado de bienestar** welfare state
• **estado de derecho** *constitutional democracy with guaranteed rule of law*
• **estado llano**: **el ~ ~** the commonalty, the commons (*pl*)
• **Estado Mayor** (Mil) general staff
• **estado policía** police state
• **estado soberano** sovereign state
• **estado tapón** buffer state
• **estado villano** (Pol) rogue state

Estados ACP *mpl* (UE) (**= Estados de África, del Caribe y del Pacífico**) ACP states
Estados Unidos *m*: *tb* **los ~ ~** *mpl* the United States (+ *sing or pl vb*); **los ~ ~ de América** (frml) the United States of America (frml); **cuando estuve en ~ ~** when I was in the United States *o* in America *o* (colloq) in the States
Estados Unidos Mexicanos *mpl* (frml) United States of Mexico (frml)
estadounidense[1] *adj* American, US (*before noun*)
estadounidense[2] *mf* American
estadunidense *adj/mf* (Méx) ▸**estadounidense[1], estadounidense[2]**
estafa *f* 1 (Der) fraud, criminal deception; **lo han condenado por ~ y malversación de fondos** he was found guilty of fraud and embezzlement; **se ha descubierto una ~ en la venta de los terrenos** fraud *o* a swindle has been discovered involving the sale of the land 2 (fam) (timo) rip-off (colloq), con (colloq), swizz (colloq)
estafador -dora *m,f* 1 (Der) fraudster 2 (fam) (timador) con man (colloq), rip-off artist (AmE colloq), rip-off merchant (BrE colloq)
estafar [A1] *vt* 1 (Der) to swindle, defraud; **~le algo A algn** to defraud sb OF sth, swindle sb OUT OF sth; **le estafó a la empresa varios millones de pesos** he defrauded the company of several million pesos, he swindled the company out of several million pesos 2 (fam) (timar) to rip ... off (colloq), to con (colloq); **¡qué manera de ~ a la gente!** what a con *o* rip-off! (colloq)
estafermo *m* (fam) dummy (colloq); **se quedó allí parado como un ~** he just stood there like a (stuffed) dummy
estafeta[1] *f*: *tb* **~ de correos** mail office (AmE), sub-post office (BrE)
estafeta[2] *m* (Col) courier, messenger
estafilococo *m* staphylococcus
estagflación *f* stagflation
estagnación *f*, **estagnamiento** *m* (AmL) stagnation
estalactita *f* stalactite
estalagmita *f* stalagmite
estaliniano -na *adj* ▸**estalinista**
estalinismo *m* Stalinism
estalinista *adj/mf* Stalinist
estallar [A1] *vi* 1 (explotar, reventar) «*bomba*» to explode; «*neumático*» to blow out, burst; «*globo*» to burst; «*cristal*» to shatter; **la policía hizo ~ el dispositivo** police detonated the device; **el vestido le estallaba por las costuras** her dress was literally bursting at the seams; **un día de estos voy a ~** one of these days I'm going to blow my top (colloq) 2 «*guerra/revuelta*» to break out; «*tormenta*» to break; «*escándalo/crisis*» to break; **el conflicto estalló tras un incidente fronterizo** the conflict blew up after a border incident 3 «*persona*»: **~ EN algo**: **estalló en llanto** she burst into tears, she burst out crying; **el público estalló en aplausos** the audience burst into applause
estallido *m* 1 (de una bomba) explosion; (de un neumático) bursting; (de cristal) shattering; **hubo un ~ de aplausos** there was a burst of applause 2 (de una guerra) outbreak; **con el ~ de la tormenta/del escándalo** when the storm/scandal broke

estambre *m*
A (Bot) stamen
B 1 (Tex) worsted 2 (Méx) (lana) wool (*for knitting*)

Estambul *m* Istanbul

estamento *m* (de una sociedad) stratum, class; **los distintos ~s sociales** the different social strata *o* classes; **el ~ castrense** the military; **la huelga afecta a ~s académicos y administrativos** both academic and administrative staff are involved in the strike; **diversos ~s universitarios** several university bodies

estameña *f* serge

estampa *f*
A 1 (en un libro) picture, illustration 2 (Relig) (tarjeta) *card bearing a religious picture* 3 (Lit) (escena) scene
B (aspecto) appearance; **un caballero de fina ~** a fine-looking gentleman; **un toro de magnífica ~** a magnificent-looking *o* magnificent bull; **¡maldita sea tu ~!** (fam) damn you! (colloq); ***ser la viva ~ de algn*** to be the spitting image of sb; **era la viva ~ de la valentía** he was bravery itself

estampado¹ -da *adj* patterned, printed

estampado² *m* 1 (motivo) pattern 2 (tela): **los ~s están de moda** patterned *o* printed fabrics are in fashion; **para la camisa eligió un bonito ~ en rojo y azul** she chose a pretty red and blue print for the shirt 3 (proceso — sobre tela, papel) printing; (— sobre metal) stamping; (— formando relieve) embossing

estampar [A1] *vt*
A (imprimir) ‹*tela/diseño*› to print; ‹*metal*› to stamp; (formando relieve) to emboss; **estampó su firma al pie del documento** he appended his signature to the document; **una tela estampada a mano** a hand-printed fabric; **aquellas escenas quedaron estampadas en su memoria** those scenes remained engraved *o* stamped *o* etched on his memory
B (fam) (arrojar) **~ algo/a algn CONTRA algo**: **estampó el libro contra el suelo** she threw *o* hurled the book to the floor; **la estampó contra la pared** he slammed her against the wall
C (fam) ‹*beso*› to plant; **le estampó un beso en la frente** she planted a kiss on his forehead; **me estampó la mano en la cara** she smacked me in the face (colloq)
■ **estamparse** *v pron* (fam) **~se CONTRA algo/algn** to crash INTO sth/sb

estampida *f* stampede; **salimos todos en** *or* **de ~** we all rushed out *o* stampeded out

estampido *m* (de una pistola) bang, report; (de una bomba) bang; **la bomba produjo un gran ~** the bomb exploded with a loud bang

estampilla *f*
A (AmL) (sello — postal) stamp, postage stamp; (— fiscal) tax stamp
B (sello de goma) rubber stamp

estampillado *m*
A (acción) stamping
B (Esp) (con sello de goma) rubber stamping
C (AmL) 1 (estampillas) stamps (*pl*) 2 (sello — postal) stamp, postage stamp; (— fiscal) tax *o* fiscal stamp

estampilladora *f* (AmL) postage meter (AmE), franking machine (BrE)

estampillar [A1] *vt* 1 (AmL) ‹*documentos/títulos*› (con un sello — fiscal) to stamp; (— de correos) to stamp, put stamps on 2 (Esp) (con sello de goma) to rubber-stamp

estampita *f* ▸ **estampa A2**; *ver tb* **timo**

estancado -da *adj* 1 ‹*agua*› stagnant 2 (detenido): **las negociaciones están estancadas** negotiations are at a standstill 3 (con un problema) stuck, bogged down

estancamiento *m* 1 (de agua) stagnation 2 (de un proceso) stagnation

estancar [A2] *vt* 1 ‹*río*› **~on el río con un tronco** they dammed (up) the river with a log; **el derrumbe estancó las aguas del río** the landslide checked the flow of *o* blocked the river 2 ‹*negociación/proceso*› to bring to a halt *o* standstill
■ **estancarse** *v pron* 1 ‹‹*agua*›› to become stagnant, to stagnate 2 ‹‹*negociación/proceso*›› to come to a halt *o* standstill 3 (con un problema) to get bogged down *o* stuck

estancia *f*
A (frml) (habitación) large room
B (Esp, Méx) (permanencia) stay; **su ~ se prolongará hasta la próxima semana** he will stay until next week; **tras su ~ en Francia** after his visit to *o* stay in France, after the time he spent in France
C (en el CS) (Agr) farm; (de ganado) ranch

estanciero -ra *m,f* (en el CS) (Agr) farmer; (de ganado) rancher

> **estanco**
>
> An establishment selling tobacco, stamps, bus and subway passes and other products whose sale is restricted. Cigarettes etc are sold in bars and cafés but at higher prices. *Estancos* also sell stationery and sometimes newspapers.

estanco¹ *adj* ▸ **compartimento**

estanco² *m*
A (tienda) tobacconist's
B (Hist) (impuesto) levy (*imposed to establish crown monopoly*)
C (Col) (de vinos y licores) liquor store (AmE) (AmE); off-licence (BrE)

estándar¹ *adj* standard; **un giro no ~** (Ling) a nonstandard *o* substandard expression

estándar² *m* standard
(Compuesto) **estándar de vida** standard of living

estandarización *f* standardization

estandarizar [A4] *vt* to standardize

estandarte *m* standard, banner

estanflación *f* stagflation

estanque *m* pond

estanquero -ra *m,f* tobacconist

estanquillo *m* (Méx) general store (AmE), grocer's shop (BrE)

estante *m* shelf

estantería *f* shelves (*pl*), set of shelves; (para libros) bookcase, bookshelves (*pl*)

estañar [A1] *vt* 1 (cubrir de estaño) to tin-plate 2 (soldar) to solder

estaño *m* 1 (elemento) tin 2 (para soldar) solder 3 (peltre) pewter

estaquear [A1] *vt* (CS) ▸ **estacar 1**

estaquilla *f* (para sujetar) peg, pin; (de una tienda) peg

estar¹ [A27]

> **GUÍA DE BÚSQUEDA**
>
> ■ **estar** *cópula*
> **A** seguido de adjetivos
> **B** estar bien, mal, mejor, peor
> **C** hablando de estado civil
> **D** seguido de participios
> **E** con preposición + predicado
> **F** con que + predicado
>
> ■ **estar** *verbo intransitivo*
> (Sentido I)
> **A** quedar ubicado
> **B** 1 hallarse en cierto momento
> 2 figurar
> **C** 1 hallarse en determinado lugar
> 2 acudir
> **D** 1 quedarse, permanecer
> 2 vivir
> (Sentido II) en el tiempo
> (Sentido III)
> **A** existir, haber
> **B** tener como función etc
> **C** radicar
> **D** estar listo, terminado
> **E** quedar entendido
> **F** quedar grande, pequeño etc
> **G** Derecho
>
> ■ **estar** *verbo auxiliar*
> **A** con gerundio
> **B** con participio
>
> ■ **estarse** *verbo pronominal*
> **A** permanecer
> **B** acudir

cópula
A (seguido de adjetivos) [Estar *denotes a changed condition or state as opposed to identity or nature, which is normally expressed by* ▸ **ser¹**. Estar *is also used when the emphasis is on the speaker's perception of things, of their appearance, taste, etc. The examples given below should be contrasted with those to be found in* ▸ **ser¹**] to be; **¡qué gordo está!** isn't he fat!, hasn't he got(ten) fat! *o* put on a lot of weight!; **¡qué alto está Ignacio!** isn't Ignacio tall now!, hasn't Ignacio got(ten) tall *o* grown!; **¡pobre abuelo! está viejo** poor grandpa! he's really aged; **el rape está delicioso ¿qué le has puesto?** the monkfish is delicious, how did you cook it?; **está muy simpático con nosotros ¿qué querrá?** he's being *o* he's been so nice to us (recently), what do you think he's after?; **no estuvo grosero contigo — sí, lo estuvo** he wasn't rude to you — yes, he was; **estás muy callado ¿qué te pasa?** you're very quiet, what's the matter?; **¡pero tú estás casi calvo!** but you're almost bald, but you've gone almost bald *o* you've lost almost all your hair!; **¿no me oyes? ¿estás sorda?** can't you hear me? are you deaf?; **¿está muerto/vivo?** is he dead/alive?; **está cansada/furiosa/embarazada** she is tired/furious/pregnant
B (*con* bien, mal, mejor, peor) ▸ ❶ **p.185**; **¿cómo están por tu casa? — están todos bien, gracias** how's everybody at home? — they're all fine, thanks; **¡qué bien estás en esta foto!** you look great in this photo!; **está mal que no se lo perdones** it's wrong of you not to forgive him *ver tb* **bien, mal, mejor, peor**
C (hablando de estado civil) to be; **está casada con un primo mío** she's married to a cousin of mine; **sus padres están divorciados** her parents are divorced
D (seguido de participios): **estaba sentado/echado en la cama** he was sitting/lying on the bed; **está colgado de una rama** it's hanging from a branch; **estaban abrazados** they had their arms around each other; **estaba arrodillada** she was kneeling (down); *ver tb* **estar¹ B**
E (con predicado introducido por preposición) to be (*para más ejemplos ver tb la preposición o el nombre correspondiente*) **estoy a régimen** I'm on a diet; **¿a cómo está la uva?** how much are the grapes?; **estamos como al principio** we're back to where we started; **está con el sarampión** she has (the) measles; **estoy con muchas ganas de empezar** I'm really looking forward to starting; **siempre está con lo mismo/con que es un incomprendido** he's always going on about the same thing/about how nobody understands him; **estaba de luto/de uniforme** he was in mourning/uniform; **hoy está de mejor humor** she's in a better mood today; **están de limpieza/viaje** they're spring-cleaning/on a trip; **estoy de cocinera hasta que vuelva mi madre** I'm doing the cooking until my mother comes back; **estuvo de secretaria en una empresa internacional** she worked as a secretary in an international company; **estás en un error** you're mistaken; **no estoy para fiestas/bromas** I'm not in the mood for parties/joking; **estamos sin electricidad** we don't have any electricity at the moment, the electricity is off at the moment; **éste está sin pintar** this one hasn't been painted yet; ***~ con algn*** (estar de acuerdo) to agree with sb (apoyar) to support sb, be on sb's side; **yo estoy contigo, creo que ella está equivocada** I agree with you *o* (colloq) I'm with you, I think she's mistaken; **nuestro partido está con el pueblo** our party supports *o* is on the side of the people; **el pueblo está con nosotros** the people are with us; ***~ en algo:*** **todavía no hemos solucionado el problema, pero estamos en ello** *or* **eso** we still haven't solved the problem, but we're working on it; ***~ por algn*** (Esp fam) to be sweet *o* keen on sb (colloq)
F (con predicado introducido por ▸ **que**): **está que no hay quien lo aguante** he's (being) unbearable; **el agua está que pela** the water's scalding hot

■ *vi*
(Sentido I) (quedar ubicado)
A ‹‹*edificio/pueblo*›› (quedar, estar ubicado) ▸ **415**; to be; **la agencia está en el centro** the agency is in the center; **¿dónde está Camagüey?**

where's Camagüey?; **el pueblo está a 20 kilómetros de aquí** the town's 20 kilometers from here

B 1 ‹‹*persona/objeto*›› (hallarse en cierto momento) to be; **¿a qué hora tienes que ~ allí?** what time do you have to be there?; **estando allí conoció a Micaela** he met Micaela while he was there; **¿dónde estábamos la clase pasada?** where did we get to *o* had we got(ten) to in the last class? 2 (figurar) to be; **esa palabra no está en el diccionario** that word isn't in the dictionary; **yo no estaba en la lista** I wasn't on the list, my name didn't appear on the list

C 1 (hallarse en determinado lugar): **fui a verla pero no estaba** I went to see her but she wasn't there; **¿está Rodrigo?** is Rodrigo in?; **¿estamos todos?** are we all here?, is everyone here? 2 (Col, RPl) (acudir): **el médico había estado a verla** the doctor had been to see her

D 1 (quedarse, permanecer): **sólo ~é unos días** I'll only be staying a few days, I'll only be here/there a few days; **¿cuánto tiempo estuviste en Londres?** how long were you in London? 2 (vivir): **ya no vivimos allí, ahora estamos en Soca** we don't live there anymore, we're in *o* we live in Soca now; **de momento estoy con mi hermana** at the moment I'm staying with my sister

(Sentido II) ▸ ❶ p.371; (en el tiempo): **¿a qué (día) estamos?** what day is it today?; **¿a cuánto estamos hoy?** what's the date today *o* today's date?, what date is it today?; **estamos a 28 de mayo** it's May 28th (AmE) *o* (BrE) the 28th of May; **estamos a mediados de mes** we're halfway through the month; **estamos en primavera** it's spring, spring has come; **¿en qué mes estamos?** what month are we in *o* is it?; **ellos están en primavera ahora** it's spring for them now, it's their spring now

(Sentido III)

A (existir, haber): **y después está el problema de la financiación** and then there's the problem of finance; ▸**dejar**

B (tener como función, cometido) **~ PARA algo**: **para eso estamos** that's what we're here for; **para eso están los amigos** that's what friends are for; **ya que estamos/estás** while we're/you're at it *o* (BrE) about it

C (radicar): **ahí está el quid del asunto** that's the crux of the matter; **~ EN algo**: **la dificultad está en hacerlo sin mirar** the difficult thing is to do it *o* the difficulty lies in doing it without looking; **todo está en que él quiera ayudarnos** it all depends on whether he wants to help us or not

D (estar listo, terminado): **la carne todavía no está** the meat's not ready yet; **lo atas con un nudo aquí y ya está** you tie a knot in it here and that's it *o* there you are; **enseguida estoy** I'll be with you in a minute *o* in a second, I'll be right with you; **¡ya está! ¡ya sé lo que podemos hacer!** I've got it! I know what we can do!; ***¡ahí está!*** that's it!

E (quedar entendido): **quiero que estés de vuelta a las diez ¿estamos?** *or* (Ur) **¿está?** I want you to be back by ten, all right?; **que no vuelva a suceder ¿estamos?** don't let it happen again, understand? *o* is that understood? *o* (colloq) got it?

F (Esp) (quedar) (+ *me/te/le etc*), (+ *compl*): **esa falda te está grande/pequeña** that skirt's too big/too small for you; **la 46 te está mejor** the 46 fits you better

G (frml) (Derecho) **~ A algo**: **se ~á a lo estipulado en la cláusula 20** the stipulations of clause 20 will apply

■ *v aux*

A (con gerundio): **está lloviendo** it's raining; **no hagas ruido, están durmiendo** don't make any noise, they're asleep; **se está afeitando/duchando** *or* **está afeitándose/duchándose** he's shaving/taking a shower; **estuve un rato hablando con él** I was talking *o* I talked to him for a while; **¿qué ~á pensando?** I wonder what she's thinking; **ya estoy viendo que va a ser imposible** I'm beginning to see that it's going to be impossible; **ya te estás quitando de ahí, que ése es mi lugar** (fam) OK, out of there/off there, that's my place (colloq)

B (con participio): **¿esta ropa está planchada?** have these clothes been ironed?, are these clothes ironed?; **la foto estaba tomada desde muy lejos** the photo had been taken from a long way away *o* from a great distance; **ese asiento está ocupado** that seat is taken; **ya está hecho un hombrecito** he's a proper young man now; **está hecha una vaga** she's got(ten) *o* become lazy *ver tb cópula B*

■ **estarse** *v pron*

A (*enf*) (permanecer) to stay; **se estuvo horas ahí sentado sin moverse** he remained sitting there for hours without moving, he sat there for hours without moving; **¿no te puedes ~ quieto un momento?** can't you stay *o* keep still for a minute?; **estése tranquilo** don't worry

B (*enf*) (RPl) (acudir) to be; **estáte allí media hora antes** be there *o* arrive half an hour before

estar² *m* (esp AmL) living room

estarcir [I4] *vt* to stencil

estárter *m* choke; **sacar/meter el ~** to pull out/push in the choke

estasis *f* stasis

estatal *adj* 1 (de la nación) state (*before n*) 2 (Méx) (de un estado, una provincia) state (*before n*)

estatalismo *m* statism

estatalización *f* (Esp) nationalization

estatalizar [A4] *vt* (Esp) to nationalize

estática *f*

A (Fís) statics

B (interferencia) static

estático -ca *adj* 1 (inmóvil) static; **la Bolsa permaneció estática** the Stock Market remained static; **el perro se quedó ~** the dog froze *o* stood stock still 2 (Elec) static

estatificación *f* ▸**estatización**

estatificar [A2] *vt* ▸**estatizar**

estatina *f* (Farm) statin

estatismo *m*

A (Pol) statism

B (frml & liter) (inmovilidad) immobility

estatización *f* (AmL) nationalization

estatizar [A4] *vt* (AmL) to nationalize

estator *m* stator

estatua *f* statue; **no te quedes ahí parado** *or* **quieto como una ~** don't stand there like a block of wood

estatuaria *f* statues (*pl*), statuary (tech)

estatuario -ria *adj* statuary (tech); **una colección estatuaria sumamente valiosa** an extremely valuable collection of statues

estatuilla *f* statuette

estatuir [I20] *vt* (frml) to establish; **como queda estatuido en el reglamento** according to the regulations, as laid down *o* established in the regulations

estatura *f* height; **mide dos metros de ~** he's two meters, he's two meters tall *o* in height; **de mediana ~** of medium height; **su ~ política** his political stature; **¿de qué ~ era?** how tall was she?

estatus *m* status

(Compuesto) **estatus de refugiado** refugee status

estatutario -ria *adj* statutory

estatuto *m* 1 (Der, Pol) statute; **conseguir/conceder el ~ de refugiado** to obtain/grant refugee status 2 (regla) rule 3 **estatutos** *mpl* (de una empresa) articles of association (*pl*)

(Compuesto) **estatuto de autonomía** (Esp) (Pol) statute of autonomy

estay *m* stay

este¹ *adj inv* ▸ ❶ p.681 ‹*región*› eastern; **en la parte ~ del país** in the eastern part of the country; **iban en dirección ~** they were heading east *o* eastward(s), they were heading in an easterly direction; **vientos moderados del sector ~** moderate easterly winds *o* winds from the east; **el ala/litoral ~** the east wing/coast; **la cara ~ de la montaña** the east *o* eastern face of the mountain

este² *m* 1 ▸ ❶ p.681; (parte, sector): **el ~** the east; **en el ~ del país** in the east of the country; **está al ~ de Bogotá** it lies to the east of Bogotá, it is (to the) east of Bogotá 2 ▸ ❶ p.681; (punto cardinal) east, East; **el Sol sale por el E~** the sun rises in the east *o* the East; **vientos flojos del E~** light easterly winds, light winds from the east; **la calle va de E~ a Oeste** the street runs east-west; **dar tres pasos hacia el E~** take three paces east *o* eastward(s) *o* to the east; **vientos moderados del sector sur rotando al ~** moderate winds from the south becoming *o* veering easterly; **más al ~** further east; **las ventanas dan al ~** the windows face east 3 **el Este** (Pol) the East; **los países del E~** the Eastern Bloc countries 4 **Este** (en bridge) East

este³, esta *adj dem* (*pl* **estos, estas**) 1 this; (*pl*) these; **este chico** this boy; **esta gente** these people; [*usually indicates a pejorative or emphatic tone when placed after the noun*] **la estúpida esta no me avisó** (fam) this idiot here didn't tell me 2 (como muletilla) well, er; **¿fuiste tú o no? — este ...** was it you or not? — well ...

éste, ésta *pron dem* (*pl* **éstos, éstas**) [*According to the Real Academia Española the written accent may be omitted when there is no risk of confusion with the adjective*] 1 this one; (*pl*) these; **~ es el mío** this (one) is mine; **un día de éstos** one of these days; **~ es el que yo quería** this is the one I wanted; **se dirigió a Rodrigo, pero ~ no respondió** (liter) she spoke to Rodrigo but he didn't reply; **Alfonso y Andrés, ~ de pie, aquél sentado** (liter) ... Alfonso and Andrés, the former sitting down and the latter standing [*sometimes indicates irritation, emphasis or disapproval, esp when referring to a person not previously mentioned*] **¡qué niña ésta!** (fam) honestly, this child!, oh, this child!; **~ fue y le contó todo** (fam) *he* went and told her everything, this idiot (*o* twit *etc*) went and told her everything 2 **ésta** (frml) (en cartas, documentos) *the city in which the letter is written*; **residente en ésta** resident in Seville (*o* Lima *etc*)

estearina *f* stearin

estela *f*

A 1 (de un barco) wake; (de un avión, un cohete) trail; **los ejércitos dejaron una ~ de destrucción y muerte** the armies left a trail of death and destruction behind them; **dejaba a su paso una ~ de frescor** as she passed she left a pleasant fragrance in her wake *o* in the air *o* behind her 2 (Auto) slipstream

B (monumento) stela, stele

estelar *adj* 1 (Espec) star (*before n*); **con la participación ~ de ...** with the special guest appearance of ... 2 (Astron) stellar

estelarizar [A4] *vt* (Méx) to star in

esténcil *m* (AmS) stencil

estenografía *f* (ant) stenography

estenógrafo -fa *m,f* (ant) stenographer

estenordeste, estenoreste *m* ▸ ❶ p.681 east-northeast

estenosis *f* (*pl* ~) stenosis

estenotipia *f* 1 (máquina) Stenotype® 2 (actividad) shorthand typing

estenotipista *mf* shorthand typist

estentóreo -rea *adj* booming, stentorian

estepa *f* steppe

estepario -ria *adj* steppe (*before n*)

éster *f* ester

estera *f* mat; ***cobrar*** *or* ***recibir más que una ~*** (fam) to get a good hiding

esterar [A1] *vt* ‹*habitación/sala*› to put matting down in; ‹*suelo*› to cover ... with matting

estercolero *m* dunghill, dung heap

estéreo¹ *adj inv* stereo

estéreo² *m* 1 (técnica) stereo; **una grabación en ~** a stereo recording 2 (AmL) (equipo) stereo

estereocámara *f* stereocamera

estereofón *m* polystyrene

estereofonía *f* stereophony

estereofónico -ca *adj* stereophonic

estereomicroscopio *m* stereomicroscope

estereoscópico *adj* stereoscopic

estereoscopio *m* stereoscope

estereotipado -da *adj* ‹*frase*› clichéd; ‹*idea/personaje*› stereotyped; **una obra llena de personajes ~s** a play full of stereotypes, a play full of stereotype *o* stereotyped characters

estereotipar [A1] *vt*
A (tipificar) to stereotype; **intenta no ~ a sus personajes** she tries not to make her characters into stereotypes
B (Impr) to stereotype

estereotipia *f* (proceso) stereotype, stereotypy; (máquina) printing press

estereotípico -ca *adj* stereotypical

estereotipo *m*
A (modelo) stereotype
B (Impr) stereotype

esterificación *f* esterification

estéril *adj* **1** ‹*mujer*› infertile, sterile, barren (liter); ‹*hombre*› sterile; ‹*animal*› infertile, sterile; ‹*terreno*› infertile, barren **2** ‹*esfuerzo*› futile, vain (*before n*); ‹*discusión*› futile, fruitless **3** ‹*gasa/jeringa*› sterile

esterilidad *f* **1** (de una mujer, un animal) infertility, sterility; (de un hombre) sterility; (de un terreno) barrenness, infertility **2** (de un esfuerzo, una discusión) futility, fruitlessness **3** (asepsia) sterility

esterilización *f* **1** (desinfección) sterilization **2** (de una persona, un animal) sterilization

esterilizar [A4] *vt* **1** (desinfectar) to sterilize **2** ‹*persona/animal*› to sterilize

esterilla *f* **1** (alfombrilla) mat **2** (AmS) (mimbre) wicker; **una silla de ~** a wickerwork *o* wicker chair

estérilmente *adv* **1** (infructuosamente) in vain; **lo han intentado ~ pero seguirán luchando por conseguirlo** they have tried in vain but they will go on struggling for it **2** (en forma aséptica): **han sido ~ envasados** they have been packed in sterile conditions

esterlina *adj* ▸**libra**

esternón *m* sternum, breastbone

estero *m* **1** (estuario) estuary **2** (AmS) (laguna, pantano) marsh **3** (Chi) (arroyo) stream

esteroide *m* steroid

(Compuesto) **esteroide anabólico** *or* **anabolizante** anabolic steroid

estertor *m* **1** (de un moribundo) death rattle; **estaba ya en sus últimos ~es** he was in his death throes **2** (Med) rale

estesudeste, estesureste *m* ▸**ℹ p.681** east-southeast

esteta *mf* aesthete

estética *f*
A (Art) aesthetics
B (Med) cosmetic surgery; **se hizo la ~ en la nariz** she had cosmetic surgery on her nose, she had a nose job (colloq)

esteticien, esteticista *mf* aesthetician, beautician

esteticismo *m* aestheticism

estético -ca *adj* aesthetic

estetoscopio *m* stethoscope

esteva *f* tiller

estevado -da *adj* ▸**patizambo**

estiaje *m* (disminución de caudal) low water level; (período) ebb tide, low water

estibador -dora *m,f* stevedore, longshoreman (AmE), docker (BrE)

estibar [A1] *vt* (cargar) to load; (descargar) to unload

estiércol *m* (excremento) dung; (abono) manure

Estigia *f* (Mit) Styx

estigio -gia *adj* Stygian; **el río ~** the river Styx

estigma *m*
A (Bot) stigma
B **1** (mancha, deshonra) stigma **2** (liter) (marca, señal) mark **3** (Relig) stigma; **~s** stigmata (*pl*)

estigmatizar [A4] *vt* to stigmatize

estilar [A1] *vi* (Chi) **1** (gotear) to drip **2** (escurrir) to drain
■ **estilarse** *v pron*: **ese peinado ya no se estila** that hairstyle isn't fashionable any more *o* has gone out of fashion; **ya no se estila hacer ese tipo de fiestas** people don't have those kind of parties any more

estilete *m* **1** (puñal) stiletto **2** (punzón) stylus **3** (Med) probe

estilista *mf* **1** (Lit) stylist **2** (diseñador — de modas) designer; (— de accesorios) stylist **3** (AmL) (peluquero) hairstylist

estilística *f* stylistics

estilístico -ca *adj* stylistic

estilización *f* stylization

estilizado -da *adj* **1** (Art) stylized **2** ‹*cuerpo/figura*› slender, slim

estilizar [A4] *vt* **1** (Art) to stylize **2** ‹*figura/cuerpo*› to make … look slender *o* slim

estilo *m*
A **1** (Art) style; **~ barroco** baroque style; **muebles ~ Luis XVI** Luis XVI furniture **2** (manera, tipo) style; **ropa de ~ deportivo** casual wear; **ese ~ de abrigo** that kind *o* type *o* style of overcoat; **enaguas al ~ de nuestras abuelas** petticoats like our grandmothers used to wear; **está hecho al ~ de mi tierra** it's done the way they do it back home; ***por el ~***: **no es que me desagrade ni nada por el ~** it isn't that I don't like him or anything (like that); **creo que dijo eso o algo por el ~** I think he said that or words to that effect *o* something like it; **y sus amigos son todos por el ~** and all his friends are the same **3** (calidad distintiva) style; **se viste con mucho ~** he dresses with great style *o* very stylishly

(Compuestos)
- **estilo de vida** way of life, lifestyle
- **estilo directo** direct speech
- **estilo indirecto** indirect *o* reported speech

B (en natación) stroke, style; **los 200 metros ~s** the 200 meter medley

(Compuestos)
- **estilo braza** (Esp) breaststroke
- **estilo libre** freestyle
- **estilo mariposa** *or* (Méx) **de mariposa** butterfly, butterfly stroke
- **estilo pecho** *or* (Méx) **de pecho** breaststroke

C (Bot) style
D **1** (punzón) stylus **2** (de un reloj de sol) gnomon

estilográfica *f*, **estilógrafo** *m* fountain pen

estiloso *adj* (AmL fam) stylish

estima *f* respect; **le ha ganado la ~ de todos** it has earned him everyone's respect; **no le tengo mucha ~** I don't think very highly of him; **lo tienen en gran ~** *or* **le tienen gran ~** they hold him in high regard *o* esteem (frml), they think very highly of him; **tiene en gran** *or* **mucha ~ tu amistad** he values your friendship very highly

estimable *adj* **1** (digno de estima) ‹*persona*› estimable (frml), esteemed (frml); ‹*contribución*› valuable, estimable (frml) **2** (considerable) considerable

estimación *f*
A (cálculo) estimate; **según las últimas estimaciones** according to the latest estimates
B (aprecio) respect, esteem; **merece/se ha ganado la ~ de todos** he deserves/he has earned everyone's respect

estimado -da *adj* dear; **mi ~ amigo** my dear friend; **~ señor Díaz** (Corresp) Dear Mr Díaz

estimar [A1] *vt*
A (apreciar) **1** ‹*persona*› to respect, hold … in high *o* great esteem (frml); **era muy estimado por todo el pueblo madrileño** he was held in very high *o* great esteem by the people of Madrid, the people of Madrid thought very highly of him; **lo estimo mucho, pero sólo como amigo** I'm very fond of him, but only as a friend **2** ‹*objeto*› to value; **estima mucho esos pendientes porque eran de su abuela** she's very fond of those earrings *o* she values those earrings highly because they belonged to her grandmother; **su piel es muy estimada** its skin is highly prized
B (frml) (considerar) (+ *compl*) to consider, deem (frml); **no estimo necesario que se tomen esas medidas** I do not consider it necessary to take those measures, I do not think those measures are necessary; **estimé conveniente que otra persona lo sustituyese** I considered it advisable for someone else to replace him
C (calcular) ‹*valor/costo/pérdidas*› to estimate; **~ algo EN algo** to estimate sth AT sth; **el incendio causó pérdidas estimadas en varios millones** the fire caused losses estimated at several million

estimativamente *adv* roughly, approximately

estimativo[1] **-va** *adj* ‹*cálculos*› rough; ‹*cifras*› approximate, rough

estimativo[2] *m* (Col) estimate

estimulación *f* stimulation

estimulante[1] *adj* ‹*trabajo/libro*› stimulating; **el café y otras bebidas ~s** coffee and other stimulants

estimulante[2] *m* stimulant

estimular [A1] *vt*
A **1** «*clase/lectura*» to stimulate **2** (alentar) to encourage; **hay que ~la para que trabaje** she needs encouraging to get her to work; **gritaban para ~ a su equipo** they cheered their team on, they shouted encouragement to their team **3** ‹*apetito*› to whet, stimulate; ‹*circulación*› to stimulate **4** (sexualmente) to stimulate
B ‹*inversión/ahorro*› to encourage, stimulate

estímulo *m* **1** (incentivo) encouragement; **sirve de ~ a la inversión** it acts as an incentive *o* a stimulus to investment, it encourages investment **2** (Biol, Fisiol) stimulus

estío *m* (liter) summertime

estipendio *m* **1** (frml) (salario) salary **2** (honorarios) fee

estíptico -ca *adj* **1** (astringente) styptic **2** (estreñido) constipated

estiptiquez *f* constipation

estipulación *f* stipulation

estipular [A1] *vt* to stipulate

estirada *f* full-length save

estirado[1] **-da** *adj* (fam) stuck-up (colloq), snooty (colloq)

estirado[2] *m* ▸**estiramiento A**

estiramiento *m*
A **1** (de músculos) stretching **2** (de la piel): **se hizo un ~** she had a face-lift **3** (del pelo) straightening

(Compuesto) **estiramiento facial** face-lift

B (Tec) drawing

estirar [A1] *vt*
A **1** ‹*goma/elástico/suéter*› to stretch **2** ‹*cable/soga*› to pull out, stretch **3** ‹*sábanas/mantel*› (con las manos) to smooth out; (con la plancha) to run the iron over
B ‹*brazos*› to stretch; **estiró el cuello para poder ver el desfile** she craned her neck to be able to see the procession; **salgamos a ~ un poco las piernas** let's go out and stretch our legs a little
C ‹*dinero/comida/recursos*› to make … go further; **agrégale más arroz para ~ la comida un poco** add some more rice to make the food go a little further; **no los esperábamos para cenar, pero podemos ~ la comida** we weren't expecting them for dinner, but we can make the food stretch; **tenemos que ~ al máximo los escasos recursos de que disponemos** we must make the few resources we have go as far as possible, we must make the most of *o* eke out the few resources we have
■ **estirarse** *v pron* **1** (en gimnasia) to stretch; (para alcanzar algo) to stretch, reach up (*o* out *etc*) **2** (desperezarse) to stretch; **se levantó y se estiró** he got up and stretched (himself) *o* had a stretch **3** «*goma/elástico/suéter*» to stretch **4** (Col, Ven fam) (pegar un estirón) to shoot up (colloq)

estira y afloja *m* (Méx) ▸**tira y afloja**

estirón *m*: **dar** *or* **pegar un/el ~** (fam) to shoot up (colloq)

estirpe *f* stock, lineage

estítico -ca *adj* (Chi) ▸**estíptico 2**

estitiquez *f* (Chi) ▸**estiptiquez**

estival *adj* summer (*before n*)

esto *pron dem* (*neutro*) 1 this; **~ es lo más difícil** this is the most difficult part; **el 10%, ~ es, el doble que el año pasado** 10%, that is to say, double last year's figure; **~ de tener que venir a las siete no me gusta** I don't like having to come in at seven; **en ~ llega Daniel y ...** just at this moment *o* just then Daniel arrives and ...; **no tiene ni** *esto* **de sentido común** he hasn't an ounce of common sense; **a todo ~** *ver* **todo¹ A2** 2 (Esp) (como muletilla) well, er

estocada *m* 1 (Taur) *final thrust with the* ▸**estoque** 2 (en esgrima) sword thrust 3 (herida) sword wound

estocástico *adj*
A (del azar) stochastic
B (Mús) computer-generated

Estocolmo *m* Stockholm

estofa *f* (pey) sort, type; **gente de baja ~** the riffraff (pej); **se mezcló con gente de su ~** he mixed with other people like him *o* of his kind *o* of his sort

estofado¹ -da *adj* stewed; (con menos líquido) braised

estofado² *m* stew

estofar [A1] *vt* to stew

estoicismo *m* 1 (Fil) stoicism 2 (austeridad) stoicism

estoico¹ -ca *adj* 1 (Fil) stoic, stoical 2 (austero) stoic, stoical

estoico² -ca *m,f* Stoic

estola *f* 1 (de un sacerdote) stole 2 (túnica) stola, robe 3 (chal) stole

estólido -da *adj* (liter) dull, slow-witted

estoma *f* stoma

estomacal *adj* stomach (*before n*), stomachic (frml)

estómago *m* ▸**i p.231** (Anat) stomach; **me duele el ~** *or* **tengo dolor de ~** I have a stomachache, my stomach hurts; **no bebas con el ~ vacío** don't drink on an empty stomach; ***revolverle el ~ a algn*** to turn sb's stomach, to make sb's stomach turn; **aquel olor me revolvió el ~** that smell turned my stomach; ***ser un ~ resfriado*** (RPl fam) to be a blabbermouth (colloq); ***tener (buen) ~*** (fam) to have a strong stomach

estomatitis *f* stomatitis

estomatología *f* stomatology

estomatólogo -ga *m,f* stomatologist

Estonia *f* Estonia

estonio¹ -nia *adj* Estonian

estonio² -nia *m,f* 1 (persona) Estonian 2 **estonio** *m* (idioma) Estonian

estopa *f* (fibra) tow; (tela) burlap; ***ser fino como la ~*** (iró): **pero si es que es fino como la ~ ¿no?** he's so refined, isn't he? (iro), such finesse, eh? (iro)

estoperol *m*
A (Andes) (en una carretera) cat's eye
B (Chi) (Dep) (taco) stud

estoque *m* sword (*used for killing bull*)

estoquear [A1] *vt* to stab (*with the* ▸**estoque**)

estor *m* roller blind

estorbar [A1] *vi* to be/get in the way; **lo único que haces es ~** you just get in the way *o* you're just a nuisance
■ **estorbar** *vt* to obstruct; **el vehículo estorbaba la circulación** the vehicle was blocking *o* obstructing the traffic *o* causing an obstruction; **el piano estorbaba el paso** the piano was in our/their way

estorbo *m* hindrance, nuisance; **no soy más que un ~** I'm just a nuisance, I just get in the way; **los niños serían un ~ en su carrera** children would be a hindrance to *o* would hinder her career plans

estornino *m* starling

estornudar [A1] *vi* to sneeze

estornudo *m* sneeze

estos -tas *adj dem ver* **este³**

éstos -tas *pron dem ver* **éste**

estoy *see* ▸**estar¹**

estrábico -ca *adj* strabismic (tech); **tiene una mirada estrábica/un ojo ~** he has a squint

estrabismo *m* squint, strabismus (tech)

estrada *f* road

estrado *m* 1 (tarima) platform, dais; **el ~ donde se sitúan las autoridades** the dais *o* platform where the dignitaries sit; **subió al ~ a prestar declaración** he took the stand to give evidence 2 **estrados** *mpl* (Der) law courts (*pl*)

estrafalario¹ -ria *adj* ‹*persona*› eccentric; ‹*ideas/conducta*› weird, eccentric; ‹*vestimenta*› outlandish, bizarre

estrafalario² -ria *m,f* eccentric

estragado -da *adj* 1 ‹*garganta*› sore, raw 2 ‹*paladar*› ruined, deadened; ‹*lengua*› furry 3 ‹*cosecha/jardín*› devastated, ruined

estragar [A3] *vt* to devastate, ruin

estragón *m* tarragon

estragos *mpl*: **los ~ de la guerra** the ravages of war; **causar/hacer ~s** «*terremoto/inundación*» to wreak havoc; **una enfermedad que sigue causando ~ entre la población infantil** an illness which is still devastating the infant population; **un grupo que causa ~ entre las quinceañeras** a group that drives fifteen-year-old girls wild

estrambótico -ca *adj* ‹*persona*› eccentric; ‹*idea/conducta*› weird, eccentric; ‹*vestimenta*› outlandish, bizarre

estrangis ▸**extranjis**

estrangulación *f*
A (de una persona, un animal) strangulation; **muerte por ~** death by strangulation *o* strangling
B (de una vena, una hernia) strangulation

estrangulado -da *adj* strangulated

estrangulador -dora *m,f*
A (persona) strangler
B **estrangulador** *m* (Auto) choke

estrangulamiento *m* ▸**estrangulación A**

estrangular [A1] *vt* 1 (ahogar) to strangle, throttle; **con la voz estrangulada por la emoción** with his voice choked with emotion 2 ‹*vena/conducto*› to strangulate
■ **estrangularse** *v pron* 1 (ahogar) to strangle oneself, be strangled 2 «*hernia*» to become strangulated

estraperlear [A1] *vi* to deal in black market goods; **~ CON algo** to sell sth on the black market
■ **estraperlear** *vt* sell ... on the black market

estraperlista *mf* black marketeer

estraperlo *m* black market; **de ~** on the black market

estrapontín *m* fold-down seat

estrás *m* strass, paste, Rhinestone

Estrasburgo *m* Strasbourg

estrata *f* (Chi) stratum

estratagema *f* stratagem

estratega *mf* strategist

estrategia *f* strategy

estratégico -ca *adj* strategic

estratificación *f* stratification

estratificado -da *adj* stratified

estratificar [A2] *vt* to stratify

estratigrafía *f* stratigraphy

estratigráfico -ca *adj* stratigraphic

estrato *m* 1 (Geol, Sociol) stratum; **los ~s sociales** the social strata 2 (Meteo) stratus

estratocúmulo *m* stratocumulus

estratosfera *f* stratosphere

estratosférico -ca *adj* 1 (Aviac, Espac) stratospheric, stratospherical 2 (fam) ‹*precios*› exorbitant, astronomical

estraza *f* ▸**papel**

estrechamente *adv* 1 (íntimamente) ‹*relacionado/vinculado*› closely; **estaban ~ abrazados** they were locked in an embrace 2 ‹*vivir*› frugally

estrechamiento *m*
A (de relaciones) strengthening
B (reducción del ancho) narrowing; **~s de la calzada** places where the road narrows; **el ~ del margen de beneficios** the reduction *o* narrowing of the profit margin

estrechar [A1] *vt*
A ‹*falda/pantalones*› to take ... in; ‹*carretera*› to make ... narrower
B (apretar, abrazar) ‹*persona*› **estréchame fuerte** hold me tight; **la estrechó entre sus brazos** he held *o* clasped her tightly in his arms, he hugged *o* embraced her; **me estrechó la mano** he shook my hand
C ‹*relaciones/lazos*› to strengthen
■ **estrecharse** *v pron*
A «*carretera/acera*» to narrow, get narrower
B (*recípr*) (apretarse): **se ~on en un abrazo** they embraced, they hugged; **se ~on la mano** they shook hands
C «*relaciones/lazos*» to strengthen, grow stronger

estrechez *f*
A (limitación — de un criterio) narrowness; (— de una política) lack of vision, short-sightedness; **~ de miras** *or* **horizontes** narrow outlook
B **estrecheces** *fpl* (dificultades económicas) financial difficulties (*pl*); **mi sueldo me permite vivir sin estrecheces** I can live comfortably on my salary; **están pasando estrecheces** they are having financial difficulties, they are having a difficult time financially

estrecho¹ -cha *adj*
A 1 (angosto) ‹*calle/pasillo*› narrow; ‹*falda*› tight; **es estrecha de caderas** she has narrow hips 2 (apretado) tight; **la falda me queda estrecha de cintura** the skirt's too tight around the waist; **íbamos muy ~s** it was very cramped, we were very cramped
B ‹*amistad/vínculo*› close; ‹*colaboración/vigilancia*› close; **mantienen estrechas relaciones con la organización** they maintain close ties with the organization; **este tema guarda una estrecha relación con el anterior** this topic is closely linked to the previous one
C 1 (limitado) ‹*criterio*› narrow; ‹*persona*› narrow-minded; **tiene horizontes muy ~s** he has a very limited *o* narrow outlook on life 2 (fam) (mojigato) prudish, straitlaced

estrecho² *m* (Geog) strait, straits (*pl*); **el E~ de Gibraltar** the Strait(s) of Gibraltar; **el E~ de Magallanes** the Strait of Magellan, the Magellan Strait

estrechura *f* narrowness

estrella *f*
A 1 (Astron) star; **el cielo estaba lleno/tachonado de ~s** the sky was full of/studded with stars; **un cielo sin ~s** a starless sky; ***ver (las) ~s*** to see stars 2 (suerte): **no quiso mi ~ que fuera así** fate would not have it so; **tener buena ~** to be born lucky *o* under a lucky star; **tener mala ~** to be born unlucky; ***unos nacen con ~ y otros nacen estrellados*** (fam & hum) some are born under a lucky star and some are born seeing stars (hum), fortune smiles on some but not on others

(Compuestos)
- **estrella de Belén** star of Bethlehem
- **estrella de David** star of David
- **estrella de mar** starfish
- **estrella federal** (RPl) poinsettia
- **estrella fugaz** shooting star
- **estrella polar** Pole Star

B 1 (como símbolo) star; **un hotel de tres ~s** a three-star hotel 2 (asterisco) asterisk
C (ídolo) star; **una ~ de cine** a movie star; **una ~ de la canción** a famous singer; **la nueva ~ del tenis mundial** the new star of world tennis

(Compuesto) **estrella en ascenso** rising star

D (*como adj inv*): **ése fue el tema ~ de la discusión** that was the major (AmE) *o* (BrE) main theme of the discussion; **uno de los locutores ~ de la televisión** one of television's top presenters; **el coche ~ de la gama** the top-of-the-range model

estrellado -da *adj* 1 (lleno de estrellas) ‹*cielo*› starry, star-spangled (liter); ‹*noche*› starry 2 (en forma de estrella) star-shaped

estrellamar *m* starfish

estrellar [A1] *vt* ~ **algo CONTRA algo**: **furioso, estrelló un plato contra la pared** in his rage, he smashed a plate against the wall; **estrelló su coche contra un árbol** he crashed his car into a tree; **estrelló el balón contra el poste** he slammed the ball against the goalpost

■ **estrellarse** *v pron* **1** (chocar) to crash; **se estrelló con la moto** he had a motorcycle accident, he crashed his motorcycle; **~se CONTRA algo** to crash INTO sth; **el balón se estrelló contra el larguero** the ball slammed into the crossbar; **se estrelló contra el cristal** he walked smack into the glass door **2** (toparse, tropezar) **~se CON algo/algn** to come up against sth/sb; **nuestros planes se ~on con un obstáculo insalvable** our plans came up *o* ran up against an insurmountable obstacle

estrellato *m* (period) stardom; **la película que la lanzó al ~** the movie which made her a star *o* brought her stardom

estrellón *m* **1** (Col, Méx fam) (colisión violenta) smash-up (colloq) **2** (Chi) (golpe): **me di un ~ con la puerta** I walked smack into the door (colloq); **yo salía y él entraba y nos dimos un ~** I was coming out and he was going in and we bumped into each other

estremecedor -dora *adj* ‹*escena/noticia/relato*› horrifying, hair-raising; **un grito ~** a spine-chilling cry

estremecer [E3] *vt* to make … shudder; **el ruido de unos pasos la estremeció** the sound of footsteps made her shudder; **una acción que tiene por objeto ~ la conciencia colectiva** an action intended to shock people into awareness

■ **estremecer** *vi* to shudder; **la explosión hizo ~ las paredes del vecindario** the explosion made all the walls in the vicinity shake *o* shudder; **su solo recuerdo me hace ~** the mere thought of him makes me shudder; **este cambio hace ~ los cimientos mismos de la sociedad** this change is shaking the very foundations of society

■ **estremecerse** *v pron* to shudder; **se estremeció sólo de pensarlo** he shuddered at the mere thought of it, merely thinking about it sent a shiver down his spine; **me estremecí en un escalofrío** a shiver ran down my spine; **aquel hecho hizo que la población se estremeciera** that event shook the population

estremecimiento *m*: **no pude evitar un ~ de horror** I couldn't help a shudder of horror; **tenía ~s de frío** he was shivering with cold; **la noticia le provocó un ~** the news made him shudder

estrenar [A1] *vt*

A ‹*película*› to premiere; **la película se estrenó en marzo** the movie was premiered *o* first shown in March, the movie had its first showing *o* its premiere in March; **el grupo Minora acaba de ~ la obra 'Informe imprescindible'** the Minora company's production of 'Informe imprescindible' has just opened

B (usar por primera vez): **¿estás estrenando corbata?** is that a new tie you're wearing?; **todavía no he estrenado la blusa que me regalaste** I still haven't worn the blouse you gave me; **esta noche voy a ~ el collar que compré** tonight I'm going to wear my new necklace, tonight I'm going to christen the necklace I bought (colloq); **todavía no hemos estrenado el gimnasio** we still haven't tried out the gymnasium; Ⓢ **oficina semisótano, 90 metros, a estrenar** brand new office, semibasement, 90 meters

■ **estrenarse** *v pron*

A (iniciarse) to make one's debut; **se estrenó como director con 'Siempre te amaré'** he made his debut as a director with 'Siempre te amaré'; **cómprame algo, que aún no me he estrenado** buy something from me, you'll be my first customer

B ‹*ropa/zapatos*› ▸**estrenar 2**

estreno *m*

A (Cin, Espec, Teatr) premiere; **fuimos al ~ de la película** we went to the premiere (of the movie); Ⓢ **riguroso estreno** world premiere; **tengo entradas para el ~ de la obra** I have tickets for the opening *o* first night of the play

B **1** (primer uso): **estar/ir de ~** to be wearing new clothes; **¡qué elegante te has puesto! ¿estás de ~?** you look smart! are those new clothes you're wearing?; **el ~ del local** the opening of the new premises **2** (primera actuación): **su ~ como chef fue desastroso** his debut as a chef was a disaster

estreñido -da *adj* constipated

estreñimiento *m* constipation

estreñir [I15] *vi* to cause constipation; **el arroz estriñe** rice causes constipation *o* (colloq) binds you

■ **estreñir** *vt* to make … constipated, bind (colloq)

estrépito *m*: **el edificio se derrumbó con gran ~** the building came crashing down *o* came down with a loud crash; **hubo un ~ de vasos rotos** there was a crash of broken glasses; **el ~ de las bocinas** the din of the car horns; **el ~ ensordecedor del mercado** the deafening noise *o* racket *o* din of the market

estrepitosamente *adv* with a (loud) crash

estrepitoso -sa *adj* **1** ‹*aplausos*› tumultuous; ‹*risa*› loud, noisy; **carcajadas estrepitosas** roars of laughter **2** ‹*fracaso*› resounding (*before n*); **una caída estrepitosa** an almighty fall (colloq)

estreptococo *m* streptococcus

estreptomicina *f* streptomycin

estrés *m* stress

estresado -da *adj* under stress; **está muy ~** he's been under a lot of stress

estresante *adj* ‹*situación*› stressful; **el ruido es un factor ~** noise is a factor which causes stress

estresar [A1] *vt* to stress, cause stress to

estría *f* **1** (de la piel) stretch mark **2** (Min) stria, striation **3** (de una columna) stria (tech); **~s** fluting **4** **estrías** *fpl* (de un fusil) rifling

estriado -da *adj* **1** ‹*piel*› stretch-marked **2** ‹*mineral*› striated **3** ‹*columna*› fluted, striated; ‹*madera*› grooved **4** ‹*cañón de fusil*› rifled

estriarse [A17] *v pron* «*piel*»: **para que no se estríe la piel** so that you don't get stretch marks, to prevent stretch marks developing (frml)

estribación *f* spur; **en las estribaciones de la Sierra Madre** in the foothills of the Sierra Madre

estribar [A1] *vi*

A ~ **EN algo** «*problema/encanto*» to stem FROM sth, lie IN sth; **su belleza estriba en su sencillez** its beauty lies in *o* stems from its simplicity; **el éxito estriba en el trabajo y en el esfuerzo** success comes from hard work and effort

B (Arquit, Const) ~ **EN algo** «*edificio/columna*» to rest ON sth

estribillo *m* (Lit) refrain; (Mús) chorus, refrain

estribo *m*

A **1** (Equ) stirrup; ***con un pie en el ~*** ready to go; ***perder los ~s*** to fly off the handle, lose one's cool; ***tomarse la del ~*** to have one for the road (colloq) **2** (de un vehículo) running board; (de una moto) footrest

B (Anat) stirrup bone, stapes (tech)

C (de un arco) abutment; (de un muro) buttress; (de un puente) support

estribor *m* starboard; **virar a ~** to turn to starboard; **¡tierra a ~!** land to starboard!, land on the starboard side!

estricnina *f* strychnine

estrictamente *adv* strictly; **llevábamos sólo lo ~ necesario** we took only what was strictly necessary; **un punto de vista ~ personal** a purely personal point of view; **aplican el reglamento ~** the rules are strictly *o* rigorously enforced

estrictez *f* (AmL) strictness

estricto -ta *adj* **1** ‹*persona/disciplina/educación*› strict **2** ‹*significado*› precise, strict; **en el sentido ~ de la palabra** in the strict sense of the word

estridencia *f* shrillness

estridente *adj* **1** ‹*pitido/chirrido*› shrill, loud and high-pitched **2** ‹*voz*› (agudo) shrill, loud and high-pitched; (fuerte) strident; **su ~ protesta tuvo mala acogida** her strident *o* vociferous protest did not go down well **3** ‹*color*› lurid, garish, loud; **un rosa ~** a shocking pink

estriptís *m* (*pl* ~) (Chi) striptease

estriptisero -ra *m,f* (Chi) striptease artist, stripper (colloq)

estro *m* **1** (Zool) estrus* **2** (liter) (inspiración) inspiration

estrobo *m* (Méx fam) strobe, strobe light

estroboscopio *m* stroboscope

estrofa *f* stanza, verse

estrógeno *m* estrogen*

estroncio *m* strontium

estropajo *m* scourer

estropajoso -sa *adj* wiry, straw-like

estropeado -da *adj*: **no te pongas esos zapatos, están muy ~s** don't wear those shoes, they're falling apart; **lo encontré muy ~** I thought he looked a wreck (colloq); *ver tb* **estropear**

estropear [A1] *vt*

A **1** ‹*aparato/mecanismo*› to damage, break; ‹*coche*› to damage **2** (malograr) ‹*plan*› to spoil, ruin, wreck (colloq); **este niño se ha empeñado en ~nos las vacaciones** this child is determined to spoil *o* ruin *o* wreck our holidays (for us)

B (deteriorar, dañar): **no laves esa camisa con lejía que la estropeas** don't use bleach on that shirt, you'll ruin it; **el calor ha estropeado la fruta** the heat has made the fruit go bad; **el exceso de sol puede ~ la piel** too much sun can damage *o* harm your skin; **si lo estropeas, no te compro más juguetes** if you break it, I won't buy you any more toys; **estropeó la comida echándole mucha sal** he spoiled the food by putting too much salt in it

■ **estropearse** *v pron*

A **1** (averiarse) to break down; **el coche se ha vuelto a ~** the car's broken down again; **la lavadora está estropeada** the washing machine is broken **2** «*plan*» to go wrong

B **1** (deteriorarse): **los zapatos se me han estropeado con la lluvia** the rain has ruined my shoes, my shoes have been ruined by the rain; **mete la fruta en la nevera, que se va a ~** put the fruit in the fridge or it'll go bad **2** (Esp) «*persona*» (afearse) to lose one's looks; **últimamente se ha estropeado mucho** lately she's really lost her looks

estropicio *m*: **dejaron todo hecho un ~** they left everything in a real mess; **los ~s causados por el huracán** the damage *o* havoc caused by the hurricane

estructura *f* **1** (de un edificio, puente) structure, framework; (de un mueble) frame; (de una célula, un mineral) structure; **una ~ de madera/hormigón** a wooden/concrete structure **2** (de una oración, frase) structure; (de una novela, un poema) structure **3** (de una empresa) structure; (de una sociedad) structure, framework; **la ~ social en la Edad Media** the social framework in the Middle Ages; **la ~ jerárquica dentro de la empresa** the hierarchical structure within the company

(Compuesto) **estructura profunda/superficial** deep/surface structure

estructuración *f* (acción) structuring; (resultado) structure

estructural *adj*

A **1** ‹*cambio/eje*› structural **2** ‹*daños/defectos*› structural; **la bomba causó cuantiosos daños ~es** the bomb caused extensive structural damage; **ha habido varios cambios ~es en la empresa** there have been several organizational changes within the company

B (Fil, Ling) structural

estructuralismo *m* structuralism

(Compuesto) **estructuralismo lingüístico** structural linguistics

estructuralista *adj/m,f* structuralist

estructuralmente *adv* structurally

estructurar [A1] *vt* to structure, to organize

estruendo *m*: **el derrumbamiento causó un gran ~** the building came down with a great crash; **el ~ del tráfico y de la maquinaria** the thunder *o* din of the traffic and the machinery

estruendosamente *adv*
A ⟨*abuchear/aplaudir*⟩ loudly, noisily; ⟨*caer/derrumbar*⟩ with a loud crash; **el coche pasó ~** the car roared past
B ⟨*fracasar*⟩ resoundingly, massively

estruendoso -sa *adj* **1** ⟨*aplausos*⟩ thunderous; ⟨*ruido*⟩ deafening **2** ⟨*fracaso*⟩ resounding (*before n*), massive

estrujado *m* pressing

estrujar [A1] *vt*
A **1** (apretar arrugando) ⟨*papel*⟩ to crumple up, scrunch up, crumple; ⟨*tela*⟩ to crumple, crumple up **2** (para escurrir) to wring, wring out **3** ⟨*uvas*⟩ to press
B ⟨*persona*⟩ to squeeze, hold ... tightly; **llevaba al niño estrujado entre sus brazos** she carried the child tightly in her arms
■ **estrujarse** *v pron*
A «*blusa/tela*» to get crumpled, wrinkle (AmE), to get creased (BrE)
B (Chi) (reírse mucho) (fam): **me estrujé con los chistes que contó** he creased me up with his jokes (colloq); **¡cómo nos estrujamos al verla vestida así!** we really fell about *o* cracked up when we saw her dressed like that (colloq)

estrujón *m* (fam) squeeze; **me dio un ~ que casi me deshace la mano** he squeezed my hand so tightly that he nearly crushed it; **me dio un ~ que casi me deja sin respiración** he gave me such a bear hug *o* he hugged me so tightly that he almost winded me

Estuardo *m*: **los ~** the Stuarts

estuario *m* estuary

estucado *m* plasterwork, stucco

estucar [A2] *vt* to plaster, stucco
■ **estucarse** *v pron* (CS fam & hum) to put one's face on (colloq & hum)

estuche *m* (de gafas, lápices) case; (de un collar, reloj) case, box; (de guitarra, violín) case; (de cubiertos) canteen

estuco *m* **1** (Art) stuccowork, stucco **2** (CS fam & hum) (maquillaje) war paint (colloq & hum)

estudiado -da *adj* ⟨*pose/modales*⟩ studied; ⟨*persona*⟩ affected, mannered

estudiantado *m* students (*pl*); **la participación del ~ fue decisiva** the students played a decisive role

estudiante *mf* (de universidad) student, college student (AmE), university student (BrE); (de secundaria) (high-school) student (AmE), (secondary school) pupil (BrE); **~ de Derecho/Inglés** law/English student; **no trabaja, es ~** she doesn't have a job, she's a student *o* she's at university (*o* college *etc*)

estudiantil *adj* student (*before n*); **la población ~** the student population

estudiantina *f*: *traditional student music group*

> **Estudiantina**
> ▸ **tuna**

estudiar [A1] *vt*
A **1** ⟨*asignatura*⟩ to study; (en la universidad) to study, read (frml); **estudiaba inglés en una academia** I used to study English at a language school; **estudia medicina en la universidad de Salamanca** she's studying *o* doing *o* reading medicine at Salamanca university; **¿qué carrera estudió?** what subject did he do at college/university?, what did he study at college/university?, what (subject) did he take his degree in? **2** (Mús) ⟨*instrumento*⟩ to learn
B ⟨*lección/tablas*⟩ to learn; **me tengo que poner a ~ geografía para el examen** I have to get down to studying *o* (AmE) reviewing *o* (BrE) revising geography for the test
C (observar) to study; **estudia el comportamiento de las aves** he studies the behavior of birds; **me di cuenta de que me estaba estudiando** I realized that he was observing *o* watching *o* studying me
D (considerar, analizar) ⟨*mercado/situación/proyecto*⟩ to study; ⟨*propuesta*⟩ to study, consider; **están estudiando los pasos a seguir** they're considering what steps to take; **~on las posibles causas del accidente** they looked into the possible causes of the accident
■ **estudiar** *vi* to study; **este fin de semana tengo que ~ para el examen** this weekend I have to do some work *o* studying for the test *o* I have to review (AmE) *o* (BrE) revise for the test; **estudia en un colegio privado** he goes to a private school; **a ver si este año estudias más** I hope you're going to work harder this year; **tuvo que dejar de ~ a los 15 años para ayudar a su madre** she had to leave school at 15 to help her mother; **~ PARA algo** to study to be sth; **estudia para economista** she's studying to be an economist; **no come nada, está estudiando para fideo** (hum) she doesn't eat a thing, she's in training for the slimming olympics (hum)
■ **estudiarse** *v pron* **1** (*enf*) ⟨*lección*⟩ to study; **se estudió el papel en una tarde** he learned his part in an afternoon **2** (*recípr*) (observarse): **los dos niños se ~on largo rato** the two children watched each other closely for a long time

estudio *m*
A **1** (Educ) (actividad): **primero está el ~ y después la diversión** your studies *o* work *o* studying must come first, then you can enjoy yourself **2** (investigación, análisis): **el ~ de la fauna de la zona** the study of the area's fauna; **realizó un ~ sobre la mortalidad infantil** she carried out a survey *o* study on infant mortality; **le hicieron un ~ hormonal** she had a series of hormone tests done **3** (de un asunto, caso) consideration; **le presentaron un nuevo proyecto para su ~** they put forward a new plan for his consideration; **está en** *o* (RPl) **a ~ en el Parlamento** it is being considered in parliament
(Compuestos)
• **estudio de campo** field study
• **estudio de mercado** market research
B (lugar) **1** (de un artista) studio; (de un arquitecto) office, studio; (de un abogado) (CS) office **2** (Cin, Rad, TV) studio; **la película se realizará íntegramente en ~s** the movie will be made entirely in the studio **3** (en una casa) study **4** (apartamento) studio apartment *o* (BrE) flat
(Compuestos)
• **estudio de grabación** recording studio
• **estudio fotográfico** photographic studio
• **estudio jurídico** (RPl) (oficina) lawyer's office; (grupo) legal practise*
C **1** (Mús) study, étude **2** (Art) study
D **estudios** *mpl* (Educ) education; **~s primarios/superiores** primary/higher education; **está cursando ~s de especialización** she is doing her specialization; **se sacrificó para darle ~s a su hijo** she made a lot of sacrifices to give her son an education *o* to put her son through school; **para ese trabajo no hace falta tener ~s** you don't need a degree for that job; **¿por qué dejaste los ~s?** why did you give up your studies?, why did you quit school? (AmE)

estudioso¹ -sa *adj* studious

estudioso² -sa *m,f* scholar; **un ~ del arte renacentista** an expert in Renaissance art, a Renaissance art scholar

estufa *f* **1** (de calefacción) stove; **~ eléctrica/de gas** electric/gas heater, electric/gas fire (BrE) **2** (en un laboratorio) heat cabinet, drying chamber **3** (Col, Méx) (cocina) stove, cooker (BrE); **~ de gas** gas stove, gas cooker (BrE)

estufo -fa *adj* (RPl fam) fed up (colloq); **me tiene estufa** I'm fed up with him

estulticia *f* (liter) foolishness, folly (frml)

estulto -ta *adj* (liter) foolish

estupefacción *f* astonishment, stupefaction (frml)

estupefaciente¹ *adj* narcotic; **sustancias ~s** narcotics, narcotic drugs

estupefaciente² *m* narcotic, narcotic drug; **tráfico de ~s** drug trafficking

estupefacto -ta *adj* astonished, amazed; **me quedé ~** I was astonished *o* amazed *o* speechless; **la noticia me dejó ~** the news left me speechless *o* amazed me

estupendamente *adv* marvelously*; **lo pasamos ~** we had a wonderful *o* marvelous time; **el nuevo tratamiento le ha sentado ~** he has responded extremely well to the new treatment; **¿te viene bien el viernes? — sí, ~** is Friday all right with you? — yes, great (colloq)

estupendo¹ -da *adj* marvelous*, fantastic (colloq), great (colloq); **hizo un tiempo ~** the weather was marvelous *o* fantastic *o* great; **un postre ~** a wonderful *o* delicious dessert; **¿lo has terminado? ¡~!** have you finished already? great!

estupendo² *adv*: **se viste ~** he dresses really well; **lo pasé ~** I had a great *o* fantastic *o* wonderful time

estúpidamente *adv* stupidly

estupidez *f* **1** (cualidad) stupidity, foolishness **2** (bagatela): **se gasta todo el dinero en estupideces** he spends all his money on silly little things **3** (dicho): **no digas estupideces** don't talk nonsense; **lo que acabas de decir es una ~** what you've just said is stupid **4** (acto): **hizo la ~ más grande de su vida al casarse con ese hombre** she made the biggest mistake of her life when she married that man; **sería una ~ dejar pasar esta oportunidad** it would be stupid *o* foolish to let this opportunity go by *o* be missed

estúpido¹ -da *adj* ⟨*persona*⟩ stupid; ⟨*argumento*⟩ stupid, silly; **ay, qué estúpida, me equivoqué** oh, how stupid of me, I've done it wrong; **un gasto ~** a stupid waste of money; **es ~ que vayamos las dos** it's silly *o* stupid for us both to go

estúpido² -da *m,f* idiot, fool; **el ~ de mi hermano** my stupid brother

estupor *m* **1** (estupefacción) astonishment; **la noticia lo dejó lleno de ~** the news left him speechless **2** (Med) stupor

estuprar [A1] *vt* to rape

estupro *m* rape (*of a minor*)

esturión *m* sturgeon

estuve, estuviste, etc ▸ **ser¹**

esvástica *f* swastika

ETA /'eta/ *f* (= **Euskadi ta Azkatasuna**) ETA

> **ETA - Euskadi ta Askatasuna**
> *ETA*, meaning "Basque homeland and liberty", is a terrorist organization founded in 1959 to fight for Basque independence. Its political wing, established in 1978 as ▸ **Herri Batasuna - HB** (Popular Unity) and now called ▸ **batasuna** (Unity), has a number of elected representatives on local councils and in the Basque parliament. Opinion polls show a majority of Basques are opposed to the political violence and murder campaigns espoused by *ETA*.

et al. et al

etano *m* ethane

etanol *m* ethanol

etapa *f*
A (en un viaje, recorrido) stage; (en ciclismo, un rally) leg, stage; **hicimos el viaje en varias ~s/por ~s** we did the trip in stages
(Compuesto) **etapa prólogo** opening time-trial
B (de un proceso) stage, phase; **la ~ más feliz de mi vida** the best *o* happiest time *o* period of my life
C (de un cohete, misil) stage

etario -ria *adj* (esp AmL frml) age (*before n*); **grupo ~** age bracket

etarra¹ *adj*: *of or relating to ETA*

etarra² *mf*: *member of ETA*

etc (= **etcétera**) etc

etcétera etcetera, and so on; **varias novelas y un largo ~ de ensayos** (frml) several novels and a long list of essays

éter *m* **1** (Fís, Quím) ether **2** (liter) (espacio): **el ~** the ether (liter); **las condiciones del ~ no son favorables para la transmisión** (period) atmospheric conditions are unfavorable for transmission

etéreo -rea *adj* **1** (liter) (vaporoso) ethereal (liter) **2** (Fís, Quím) ethereal

eternamente *adv* eternally

eternidad *f* eternity; **hace una ~ que no lo veo** I haven't seen him for ages; **me pareció una ~** it seemed like an eternity to me

eternit® *m* (Col, Per) corrugated asbestos sheeting

eternizar [A4] *vt*
A ⟨*escena/momento*⟩ to immortalize

B ‹*control/situación*› to perpetuate, to prolongue indefinitely

eternizarse [A4] *v pron* (fam) «*reunión/debate/espera*» to go on forever (colloq); «*persona*»: **no te eternices en el baño** don't take forever in the bathroom; **se eterniza hablando por teléfono** he spends ages on the phone (colloq)

eterno -na *adj* (Fil, Relig) eternal; **una oración por su ~ descanso** a prayer for his eternal rest; **la conferencia se me hizo eterna** the conference seemed to go on forever; **se juraron amor ~** they swore everlasting love; **el ~ problema de la discriminación** the age-old *o* eternal problem of discrimination

(Compuesto) **eterno femenino** *m*: **el ~ ~** the eternal feminine *o* woman

ETF *m* (Fin) (**= Exchange Traded Fund**) ETF

ética *f* **1** (Fil) ethics **2** (de una persona) ethics (*pl*), principles (*pl*)

(Compuesto) **ética profesional** professional ethics (*pl*)

ético -ca *adj* ethical

etileno *m* ethylene

etílico -ca *adj* (Quím) ethyl (*before n*), ethylic; ▸**alcohol, intoxicación**

etilo *m* ethyl

étimo *m* etymon

etimología *f* etymology

etimológico -ca *adj* etymological

etimólogo -ga *m,f* etymologist

etiología *f* etiology*

etiologíco -ca *adj* etiological*

etíope, etiope *adj/mf* Ethiopian

Etiopía *f* Ethiopia

etiqueta *f*

A **1** (pegada — en una lata, botella) label; (— en un sobre, paquete) label; (Inf) tag **2** (atada) tag; (en una prenda) label; **la ~ del precio** the price tag *o* ticket; **le han puesto la ~ de 'rojo'** they have labeled him a 'red' **3** (Inf) tag

(Compuesto) **etiqueta meta** (Inf) meta tag

B (protocolo) etiquette; **según las normas de la ~** according to the rules of etiquette; **baile de ~** formal ball; **traje de ~** formal dress; **vestir de ~** to wear formal dress

C (Inf) tag

etiquetado, etiquetaje *m*

A (de producto) labeling*

B (Inf) tagging system

etiquetador -dora *m,f*

A (persona) labeler*

B **etiquetadora** *f* (máquina) labeling* machine

etiquetar [A1] *vt* **1** ‹*producto*› to label **2** ‹*persona*› **~ a algn DE algo** to label sb (AS) sth

etmoides *m* ethmoid bone

etnia *f* ethnic group

étnico -ca *adj* ethnic

etnocéntrico -ca *adj* ethnocentric

etnocentrismo *m* ethnocentrism

etnografía *f* ethnography

etnográfico -ca *adj* ethnographic

etnógrafo -fa *m,f* ethnographer

etnología *f* ethnology

etnológico -ca *adj* ethnological

etnólogo -ga *m,f* ethnologist

etología *f* ethology

etólogo -ga *m,f* ethologist

etrusco -ca *adj/m,f* Etruscan

ETS *f* (**= Enfermedad de Transmisión Sexual**) STD

eucalipto *m* eucalyptus

Eucaristía *f* Eucharist; **recibir la ~** to take communion

eucarístico -ca *adj* eucharistic

Euclides Euclid

euclidiano -na *adj* Euclidian

eufemismo *m* euphemism

eufemísticamente *adv* euphemistically

eufemístico -ca *adj* euphemistic

eufonía *f* euphony

euforia *f* elation, euphoria

eufórico -ca *adj* elated, ecstatic, euphoric; **¿contento? ¡estaba ~!** happy? he was ecstatic *o* euphoric *o* over the moon! (colloq)

euforizante *adj*: **drogas ~s** drugs that produce euphoria; **el efecto ~** the euphoric effect

euforizar [A4] *vt* to make ... euphoric, produce euphoria in

■ **euforizarse** *v pron* to become euphoric

Éufrates *m*: **el ~** the Euphrates

eugenesia *f* eugenics

eugenésico -ca *adj* eugenic

eunuco *m* eunuch

Eurasia *f* Eurasia

eureka *interj* eureka!

euribor *m* (**= Euro Interbank Offer Rate**) (Fin) Euribor

Eurípides Euripides

-eurista *suf* (Esp) earning less than ... euros per month; **mil~** person earning less than a thousand euros a month

euritmia *f* eurythmy

eurítmico -ca *adj* eurythmic

euro *m* euro

euro- *pref* Euro-

euroasiático -ca *adj/m,f* Eurasian

eurobono *m* Eurobond

eurocámara *f* (Pol) European Parliament

eurocéntrico -ca *adj* Eurocentric

eurocentrismo *m* Eurocentrism

eurocheque *m* Eurocheck (AmE), Eurocheque (BrE)

eurocomunismo *m* Eurocommunism

eurocomunista *adj/m,f* Eurocomunist

euroconector *m* SCART connector, Euroconnector

eurócrata *mf* Eurocrat

eurodiputado -da *m,f* Euro MP, MEP, Member of the European Parliament

eurodivisa *f* Eurocurrency

eurodólar *m* Eurodollar

euroescepticismo *m* Euroskepticism (AmE), Euroscepticism (BrE)

euroescéptico -ca *m,f* Euroskeptic (AmE), Eurosceptic (BrE)

eurófilo -la *adj/m,f* Europhile

eurófobo -ba *m,f* Europhobe

eurofuncionario -ria *m,f* EU official

euromercado *m* Euromarket

euroorden *f* (Der) European extradition order

Europa *f* Europe

(Compuestos)
- **Europa Central** Central Europe
- **Europa Occidental** Western Europe
- **Europa Oriental** Eastern Europe

europarlamentario -ria *m,f* ▸**eurodiputado**

europeidad *f* Europeanness

europeísmo *m* Europeanism

europeísta[1] *adj* pro-European

europeísta[2] *adj/mf* Europhile

europeización *f* Europeanization

europeizar [A4] *vt* to Europeanize

europeo -pea *adj/m,f* European

europio *m* europium

eurotúnel *m* Eurotunnel

Eurotunnel®, eurotúnel *m* Channel Tunnel

Eurovisión *f* Eurovision; **el Festival de ~** the Eurovision Song Contest

eurozona *f* (Fin) eurozone

Euskadi the Basque Country

Euskadi

The most widely accepted term in the Basque language for the Basque country. The present ▸**comunidad autónoma** includes the three Basque provinces of Vizcaya, Guipúzcoa and Álava, but not neighboring Navarra which also has substantial numbers of Basque-speakers and retains many Basque cultural traditions. For this reason the most uncompromising of Basque separatists prefer the term ▸**Euskal Herria**, which includes Euskadi, Navarra and also the Basque *départements* of south-west France, known as Iparralde.

Euskal Herria

A name in Basque meaning "Basque nation", used by some Basque nationalists in preference to ▸**Euskadi**, to refer to the greater Basque homeland.

euskara *adj/m* Basque

euskera, eusquera *adj/m* Basque

euskera

The language of the Basque Country and Navarre, spoken by around 750,000 people; in Spanish *vasco* or *vascuence* . It is also spelled *euskara* . Basque is unrelated to the Indo-European languages and its origins are unclear.

Like Spain's other regional languages, Basque was banned under Franco. With the return of democracy, it became an official language alongside Spanish, in the regions where it is spoken. It is a compulsory school subject and is required for many official and administrative posts in the Basque Country. There is Basque language television and radio and a considerable number of books are published in Basque. *See also* ▸**lenguas cooficiales**

eutanasia *f* euthanasia

(Compuestos)
- **eutanasia activa/pasiva** active/passive euthanasia
- **eutanasia voluntaria** (Der, Med) voluntary euthanasia

eV *m* (**= electronvoltio**) eV

Eva Eve

evacuación *f*

A (desalojo) evacuation; **se procedió a la ~ de la zona** the area was evacuated

B (frml) (defecación) bowel movement

evacuado -da *m,f* evacuee

evacuar [A1] *vt*

A ‹*local/territorio*› to evacuate; ‹*población/ocupantes*› to evacuate

B (frml): **~ el vientre** to have a bowel movement, pass a motion (BrE)

C (frml) ‹*dictamen/informe*› to issue; ‹*trámite*› to carry out; **~ consultas** to consult; **evacuó una cita con el cardenal** he held a meeting with the cardinal

■ **evacuar** *vi* (frml) to have a bowel movement, to pass a motion (BrE)

evadido[1] **-da** *adj* escaped (*before n*), fugitive (*before n*)

evadido[2] **-da** *m,f* fugitive, absconder (frml)

evadir [I1] *vt*

A ‹*dificultad/peligro/problema*› to avoid, evade; ‹*responsabilidad*› to avoid, shirk; ‹*pregunta*› to avoid, sidestep; **logró ~ el cerco policial** he managed to get past the police cordon; **intentando ~ a los periodistas** in an attempt to avoid the journalists

B ‹*impuestos*› to evade

■ **evadirse** *v pron* **1** «*preso*» to escape **2** **~se DE algo** ‹*de una responsabilidad/un problema*› to escape FROM sth; **para ~se de la realidad** to escape from reality

evaluación *f* **1** (de daños, pérdidas, una situación) assessment; (de datos, informes) evaluation, assessment; **en la reunión se hizo ~ de la situación económica de la empresa** they assessed the company's financial situation at the meeting **2** (Educ) (acción) assessment; (prueba, examen) test

(Compuesto) **evaluación continua** continuous assessment

evaluador -dora *m,f* (Educ) assessor

evaluar [A18] *vt* **1** ‹*daños/pérdidas/situación*› to assess; ‹*datos*› to evaluate **2** ‹*alumno*› to assess

evaluativo -va *adj* evaluative

evanescencia *f* (liter) evanescence (liter)

evanescente *adj* (liter) evanescent (liter)

evangélico[1] **-ca** *adj*

A (del evangelio) evangelical

B (protestante) protestant (*before n*)

evangélico[2] **-ca** *m,f* Protestant

evangelio *m* gospel; **predicar el ~** to preach the gospel; **el ~ según San Mateo** the Gospel according to Saint Matthew; **los ~s apócrifos** the Apocrypha; **los ~s sinópticos** the Synoptic Gospels; **para él todo lo que digas es el ~**

he takes everything you say as gospel *o* to be the gospel

evangelismo *m* evangelismo

evangelista *m*
A (Bib) Evangelist; **San Juan E~** Saint John the Evangelist
B (Méx) *person who writes letters for people unable to write*

evangelización *f* evangelization

evangelizador[1] **-dora** *adj* ‹*misión*› evangelizing (*before n*); **la obra ~a de los jesuitas** the Jesuits' missionary work

evangelizador[2] **-dora** *m,f* evangelist, missionary

evangelizar [A4] *vt* to evangelize

evaporación *f* evaporation

evaporar [A1] *vt* to evaporate
■ **evaporarse** *v pron* 1 «*líquido*» to evaporate 2 (fam) «*persona*» to vanish *o* disappear into thin air; **la herencia se evaporó rápidamente** his inheritance evaporated *o* was gone in no time

evaporizar [A4] *vt* ▸ **vaporizar**
■ **evaporizarse** *v pron* ▸ **vaporizar**

evasión *f* 1 (de la cárcel) escape, breakout 2 (de la realidad) escape; **literatura de ~** escapist literature
(Compuesto) **evasión fiscal** *or* **de impuestos** tax evasion

evasionismo *m* escapism

evasiva *f*: **me contestó con ~s** she avoided the issue, she wouldn't give me a straight answer

evasivo -va *adj* evasive, noncommittal

evento *m* 1 (period) (suceso) event 2 (caso) case; **en este ~** in such a case, if this were to happen

eventual *adj*
A (posible) ‹*caso/conflicto/renuncia*› possible; ‹*gastos*› incidental; ‹*riesgos/pasivos*› contingent; **en el caso ~ de que surjan complicaciones** should any complications arise, in the event of any complications arising; **ante una ~ pérdida de …** faced with a possible loss of …
B ‹*trabajo/trabajador*› casual, temporary; ‹*cargo*› temporary

eventualidad *f* eventuality, contingency; **no se había previsto esta ~** this eventuality *o* contingency had not been foreseen; **en la ~ de que no se resuelva el problema** (frml) in the event that the problem is not resolved, should the problem not be resolved

eventualmente *adv*
A (posiblemente) possibly; **las dificultades que ~ pudieran surgir** the difficulties which might (possibly) arise
B ‹*contratar*› on a casual *o* temporary basis

evidencia *f* 1 (pruebas) evidence, proof; **negar la ~** to deny the obvious *o* the facts; ***rendirse ante la ~*** to bow to the evidence 2 (cualidad) obviousness; **su carta estaba bien en ~ sobre la mesa** her letter was lying on the table for all to see; ***dejar*** *or* ***poner a algn en ~*** to show sb up; ***poner algo en ~*** to demonstrate sth; ***ponerse en ~*** to show oneself up; ***quedar en ~***: **¡la pobre quedó tan en ~ cuando él dijo eso!** poor girl! his saying that really showed her up *o* the poor girl was made to look awful (*o* silly *etc*) when he said that

evidenciar [A1] *vt* to show, bear witness to; **los bombardeos ~ían trágicamente este hecho** the bombings were to provide tragic evidence of this fact
■ **evidenciarse** *v pron*: **con este hecho se evidenció una vez más su falta de organización** this incident was further evidence *o* proof of his lack of organization; **según se evidencia en la actual exposición de su obra** as can be clearly seen *o* as is clearly shown in the current exhibition of her work

evidente *adj* obvious, clear; **resulta ~ que no tienen intención de aceptar la propuesta** it is obvious *o* clear *o* (frml) evident that they do not intend to accept the proposal, they clearly *o* obviously do not intend to accept the proposal; **si es muy caro no lo compres — ¡~!** if it's very expensive, don't buy it — no, of course I won't *o* no, obviously!

evidentemente *adv* (*indep*) obviously, clearly

evitable *adj* avoidable, preventable

evitar [A1] *vt* 1 (eludir, huir de) to avoid; **evita entrar en discusiones con él** avoid getting into arguments with him; **para ~ problemas decidí no ir** to avoid problems I decided not to go; **¿por qué me estás evitando?** why are you avoiding me? 2 (impedir) to avoid, prevent; **se podría haber evitado la tragedia** the tragedy could have been avoided *o* averted *o* prevented; **haremos lo posible para ~lo** we'll do everything we can to avoid *o* prevent it; **para ~ que sufran** to avoid *o* prevent them suffering 3 (ahorrar) to save; **una simple llamada nos habría evitado muchas molestias** a simple phone call would have saved us a lot of trouble; **así les ~ás muchos quebraderos de cabeza** that way you'll save them a lot of worry; **por esta ruta evitas tener que pasar por el centro** if you go this way you avoid going through *o* it saves you going through the center
■ **evitarse** *v pron* ‹*problemas*› to save oneself; **evítese la molestia de ir a la tienda** avoid the inconvenience of going to the store; **si aceptas, te ~ás muchos problemas** if you accept, you'll save yourself a lot of problems; **me ~ía tener que pintarlo** it would save me having to paint it

evocación *f*
A (recuerdo) evocation
B (de un espíritu) invocation

evocador -dora *adj* evocative; **escenas ~as de otras épocas** scenes evocative *o* reminiscent of days gone by, scenes that evoke *o* bring to mind days gone by

evocar [A2] *vt*
A (liter) 1 «*persona*» (recordar) to recall; **evocaba lejanos momentos de su niñez** he recalled distant childhood memories 2 «*perfume/hecho*» to evoke, bring to mind
B ‹*espíritu*› to invoke, call up

evocativo -va *adj* evocative

evolución *f*
A 1 (Biol) evolution 2 (de las ideas, la sociedad) development, evolution; (de una enfermedad) development; (de un enfermo) progress; **la ~ de la situación energética nacional** the changes in *o* evolution of the country's energy situation
B (de un avión, pájaro) circle; (de un gimnasta) movement, evolution; (frml) (de un patinador) figure, evolution (frml)

evolucionado -da *adj* 1 ‹*especie*› highly developed *o* evolved 2 ‹*sociedad/ideas*› advanced, highly developed

evolucionar [A1] *vi*
A 1 (Biol) to evolve 2 «*ideas/sociedad/ciencia*» to develop, evolve; **su estado de salud evoluciona favorablemente** (frml) his condition is improving; **¿cómo está evolucionando el enfermo?** how is the patient progressing?; **todo depende de cómo evolucione el conflicto** it all depends on how the conflict develops
B «*avión/pájaro*» to circle; «*gimnasta*» to move; «*patinador*» to skate

evolucionismo *m* evolutionism

evolucionista *adj* evolutionary

evolutivo -va *adj* evolutionary

ex[1] *pref* ex-; **el ~presidente** the ex-president, the former president; **un ~alumno** (de un colegio) an ex-pupil, a former pupil, an old boy (BrE) (de una universidad) an ex-student, a former student; **un ~combatiente** an ex-serviceman, a veteran

ex[2] *mf* (*pl* ~) (fam) ex (colloq), ex-girlfriend (*o* ex-husband *etc*)

exabrupto, ex abrupto *m* sharp remark

exacción *f* levying, exaction (frml); **~ fiscal** levying of taxes

exacerbación *f* aggravation, exacerbation

exacerbado -da *adj*: **los ánimos estaban ~s** feelings were running high

exacerbante *adj*
A (agravante) ‹*factor*› aggravating, exacerbating
B (irritante, exasperante) ‹*ruido/situación*› exasperating, intolerable

exacerbar [A1] *vt*
A (agravar, empeorar) ‹*problema/situación*› to aggravate, make … worse, exacerbate; ‹*enfermedad/dolor*› to aggravate, exacerbate; **exacerbó su indignación** it exacerbated their indignation, it made them even more indignant
B (irritar) ‹*persona*› to exasperate
■ **exacerbarse** *v pron*
A (agravarse) «*enfermedad/dolor*» to worsen, be exacerbated; «*situación/problema*» to worsen, become more acute
B «*persona*» to become exasperated

exactamente *adv* exactly; **hemos cometido ~ el mismo error** we've made exactly the same mistake; **las mellizas vestían ~ igual** the twins dressed identically *o* exactly the same; **¿eso es lo que quieres decir? — ¡~!** is that what you mean? — yes, exactly! *o* (frml) yes, precisely!

exactitud *f* 1 (precisión): **la ~ de sus cálculos** the accuracy *o* precision of her calculations; **utiliza el vocabulario con mucha ~** she uses words with great precision *o* exactness *o* exactitude; **las órdenes se han cumplido con ~** the orders have been carried out to the letter 2 (veracidad, rigor) accuracy

exacto[1] **-ta** *adj* 1 (no aproximado) ‹*medida/peso/cantidad*› exact; **pesa 40 kilos ~s** he weighs exactly 40 kilos; **hay que ser muy ~ en los cálculos** you have to be very accurate *o* precise in your calculations 2 (verdadero, riguroso) ‹*informe*› accurate; **tu versión no es del todo exacta** your version isn't entirely accurate 3 (idéntico) ‹*copia*› exact; ‹*reproducción*› accurate

exacto[2] *interj* exactly!, precisely!; **¡~! es precisamente lo que yo estaba pensando** exactly *o* right! just what I was thinking

ex aequo *loc adv* equally; **le otorgaron el primer premio ~ ~** he was awarded joint first prize

exageración *f* exaggeration; **sería una ~ decir que …** it would be an exaggeration to say that …, it would be exaggerating to say that …; **no sé cómo trabaja tantas horas, es una ~** I don't know how he can work such long hours, he's overdoing it *o* it's too much; **no pienso pagar ese precio, es una ~** I'm not going to pay that price, it's excessive *o* it's exorbitant *o* it's much too expensive

exageradamente *adv* excessively; **es ~ generoso** he's much too generous, he's ridiculously *o* excessively generous

exagerado -da *adj* 1 ‹*persona*› **¡qué ~ eres! no había ni 50 personas** don't exaggerate *o* you do exaggerate! there weren't even 50 people there; **es muy exagerada con la comida** she always makes far too much food 2 (excesivo) ‹*precio*› exorbitant, excessive; ‹*cariño*› excessive; ‹*moda*› extravagant, way-out (colloq)

exagerar [A1] *vt* ‹*suceso/noticia*› to exaggerate; **estás exagerando la importancia del asunto** you're exaggerating *o* overstating the importance of the matter
■ **exagerar** *vi* (al hablar) to exaggerate; (al hacer algo): **tampoco hay que ~, no tienes que acabarlo todo hoy** there's no need to overdo it, you don't have to finish it all today

exaltación *f*
A (excitación): **la ~ de los ánimos hacía temer una reacción violenta** emotions had reached such a fever pitch *o* feelings were running so high that there were fears of a violent reaction; **presa de ~ irrumpió en el despacho** she burst into the office in an agitated state
B (frml) (alabanza) exaltation (frml); **hizo una ~ de estos valores morales** she extolled these moral values (frml)

exaltado[1] **-da** *adj*
A (vehemente) ‹*discurso*› impassioned
B (acalorado, excitado): **los ~s manifestantes profirieron insultos contra la policía** the angry demonstrators hurled insults at the police; **los ánimos ya estaban ~s** feelings were already running high; **estaba muy ~ y no sabía lo que decía** he was really worked up and didn't

know what he was saying

C [SER] ‹*persona*› hotheaded

exaltado² **-da** *m,f* hothead; **unos ~s intentaron agredir al árbitro** some hotheaded fans tried to attack the referee

exaltar [A1] *vt*

A (excitar) ‹*personas*› to excite; ‹*pasiones*› to arouse; **la intervención policial exaltó aún más a los manifestantes** when the police intervened the demonstrators became even more agitated, the police intervention angered the demonstrators still further

B (frml) (alabar) to extol (frml); **exaltó sus hazañas** he extolled their feats (frml); **se ~on las buenas relaciones existentes entre ambos países** much was made of the good relationship between the two countries

■ **exaltarse** *v pron* to get worked up; **tranquilízate y no te exaltes** calm down, don't get overexcited *o* worked up

exalumno **-na** *m,f* ▸ **ex¹**

examen *m*

A (Educ) exam, examination (frml), test (AmE); **~ oral/escrito** oral/written exam; **hacer** *or* (CS) **dar un ~** to take an exam; **rendir ~** (frml) to take *o* (BrE) sit an exam; **aprobar** *or* (esp AmL) **pasar** *or* (Ur) **salvar un ~** to pass an exam *o* a test; **nos puso un ~ muy difícil** he set us a very difficult exam; **no se presentó al ~** she did not take *o* (BrE) sit the exam

(Compuestos)

- **examen de admisión** entrance examination *o* test
- **examen de conducir** driving test, driver's test (AmE)
- **examen de ingreso** entrance examination *o* test
- **examen de manejar** *or* **de manejo** (AmL) driving test, driver's test (AmE)
- **examen extraordinario** (Méx) retake exam, makeup test (AmE), resit (BrE)
- **examen final** final examination
- **examen parcial** modular exam *o* test, end of term exam *o* test

B (análisis, reconocimiento): **efectuaron un detallado ~ del área** they carried out a detailed search of the area; **realizaron un minucioso ~ de la situación** they carried out an in-depth study of the situation; **someter algo a ~** to subject sth to examination (frml), to examine sth

(Compuestos)

- **examen de conciencia**: **hacer un ~ de ~** to examine one's conscience
- **examen médico** medical examination, medical

examinador¹ **-dora** *adj* examining (*before n*)

examinador² **-dora** *m,f* examiner

examinando **-da** *m,f* candidate, examinee (frml)

examinar [A1] *vt*

A ‹*alumno/candidato*› to examine

B (mirar detenidamente, estudiar) [1] ‹*objeto*› to examine, inspect; ‹*contrato/documento*› to examine, study [2] ‹*situación/caso*› to study, consider; ‹*proyecto/propuesta*› to study, examine [3] ‹*paciente/enfermo*› to examine

■ **examinarse** *v pron* (Esp) to take *o* (BrE) sit an exam; **ayer nos examinamos de latín** we had *o* took *o* (BrE) sat our Latin exam yesterday

exangüe *adj* (liter) spent (liter), exhausted

exánime *adj* (liter) [1] (sin vida) lifeless, inanimate [2] (exangüe) exhausted, spent (liter)

exasperación *f* exasperation

exasperante *adj* exasperating

exasperar [A1] *vt*

A «*persona*» to exasperate; «*lentitud/actitud*» to exasperate; **ese niño exaspera a cualquiera** that child is absolutely exasperating; **su torpeza me exaspera** I find his clumsiness exasperating, his clumsiness exasperates me

B «*conflicto/síntomas*» to exacerbate

■ **exasperarse** *v pron* to get worked up

excarcelación *f* release, release from prison

excarcelar [A1] *vt* to release, release ... from prison

ex cátedra, ex cathedra *loc adv* ex cathedra

excavación *f* [1] (acción) (Arqueol) excavation; (Const) excavation, digging [2] **excavaciones** *fpl* (obras) (Arqueol) excavations (*pl*), dig; (Const) excavations (*pl*)

excavadora *f* excavator

excavar [A1] *vt* [1] (Const) ‹*túnel/fosa*› to dig; **excavaban la tierra en busca del tesoro** they were digging in the earth searching for the treasure; **una piscina excavada en la roca** a swimming pool dug out of the rock [2] (Arqueol) to excavate [3] «*animal*» ‹*madriguera*› to dig

■ **excavar** *vi* to dig, excavate

excedencia *f* (Esp) extended leave of absence; **estar de ~** to be on extended leave of absence

excedentario **-ria** *adj* surplus

excedente¹ *adj* [1] ‹*producción*› excess (*before n*), surplus (*before n*) [2] ‹*mano de obra/trabajador*› (frml) redundant [3] (Esp) (con permiso) on extended leave of absence; **los profesores ~s** teachers on extended leave of absence

excedente² *m* surplus; **~s agrícolas/alimenticios** farming/food surpluses; **~s laborales** (frml) labor *o* manpower surpluses

exceder [E1] *vt* [1] ‹*límite/peso/cantidad*› to exceed; **las ganancias exceden un millón de dólares** the profits exceed *o* are in excess of a million dollars; **excede en mucho la cantidad que pensábamos pagar** it is much higher than the figure we intended paying; **los gastos de este ejercicio exceden en un 10% los del año pasado** costs in this financial year exceed last year's by 10% *o* are 10% up on last year's [2] (superar, aventajar) **~ A algo** to be superior TO sth; **el espectáculo excede a cualquier otro realizado por esta compañía** the show surpasses *o* is superior to anything previously produced by this company

■ **exceder** *vi* **~ DE algo** to exceed sth; **no puede ~ de 200 hectáreas** it cannot exceed *o* be greater than 200 hectares; **excede del peso permitido** it exceeds the weight limit, it is over the weight limit

■ **excederse** *v pron*: **no te excedas** don't overdo it *o* get carried away; **se ha excedido en sus críticas** she has gone too far in her criticism

excelencia *f*

A (cualidad) excellence; **alabó las ~s del vino** she praised the virtues *o* the excellent qualities of the wine; **por ~** par excellence; **es símbolo por ~ de la divinidad** it is the ultimate symbol of divinity; **es el diplomático por ~** he's the diplomat par excellence, he's the quintessential diplomat

B (frml) (tratamiento): **Su E~** (*m*) His Excellency; (*f*) Her Excellency; **Su E~ el señor Embajador de Venezuela** His Excellency the Venezuelan Ambassador; **gracias, (Vuestra) E~** thank you, (Your) Excellency

excelente *adj* excellent

excelentemente *adv* excellently

excelentísimo **-ma** *adj* (frml) *a form used when addressing holders of the title* **excelencia**; **el E~ Ayuntamiento de Alicante** the Alicante City Council; **el E~ señor Presidente de la República** the President of the Republic

excelso **-sa** *adj* (frml o liter) lofty, sublime

excentricidad *f* [1] (extravagancia) eccentricity [2] (Mat, Tec) eccentricity

excéntrico¹ **-ca** *adj* [1] ‹*conducta/persona*› eccentric [2] (Mat, Tec) eccentric

excéntrico² **-ca** *m,f* eccentric

excepción *f*

A [1] (caso) exception; **esta norma tiene varias excepciones** there are a number of exceptions to this rule; **sin ~** without exception; **la ~ confirma la regla** the exception proves the rule [2] (acción) exception; **no podemos hacer una ~/hacer excepciones contigo** we cannot make an exception/make exceptions for you; **~ hecha de su último libro** with the exception of *o* except for his last book [3] (*en locs*): **a** *or* **con excepción de** with the exception of, except for; **de excepción** ‹*medidas/sesión*› extraordinary (frml); ‹*invitado*› special

B (Der) objection

excepcional *adj* exceptional; **un niño de una inteligencia ~** a child of exceptional intelligence; **realizó una ~ labor en el campo de la medicina** he performed outstanding work in the field of medicine; **el proyecto ha despertado un interés ~** the project has aroused unusual interest; **recibieron un servicio ~** they received first-class *o* exceptional service

excepcionalidad *f* (cualidad) exceptional nature, exceptionality; (Pol): **el país atraviesa por un período de ~** the country is in a state of emergency

excepcionalmente *adv* [1] (más de lo normal) exceptionally; **~ bien** exceptionally well [2] (*indep*) as an exception

excepto *prep* except; **está abierto todos los días ~ los lunes** it is open every day except Mondays; **contesté todas las preguntas ~ las dos últimas** I answered all the questions except (for) *o* apart from *o* (AmE) aside from the last two; **todos ganaron algo ~ yo** everybody won something except me, everyone but me won something; **voy todos los días ~ cuando hace mal tiempo** I go every day except when the weather's bad; **todas las regiones de España ~ Galicia** every region of Spain except (for) *o* but Galicia

exceptuar [A18] *vt* to except; **exceptuando un pequeño incidente en la frontera** except for *o* with the exception of *o* apart from a minor incident at the border; **~ a algn DE algo** to exempt sb FROM sth; **están exceptuados de pago** they are exempt from payment

excesivamente *adv* excessively

excesivo **-va** *adj* excessive; **30 euros me parece ~** 30 euros seems excessive to me; **el camión llevaba un peso ~** the truck was overloaded *o* overweight; **el celo ~ con que protege a sus hijos** her over-protective attitude toward(s) her children; **no mostró ~ entusiasmo por el proyecto** he wasn't overly enthusiastic *o* he didn't show a great deal of enthusiasm about the project

exceso *m* [1] (excedente) excess; **~ de equipaje/peso** excess baggage/weight [2] (demasía): **un ~ de ejercicio puede ser malo** too much exercise can be harmful; **me multaron por ~ de velocidad** I was fined for speeding *o* for exceeding the speed limit; **consideró su actitud como un ~ de confianza** she thought he was being over-familiar in his attitude; **con** *or* **en ~** ‹*beber/comer*› to excess, too much; ‹*fumar/trabajar*› too much; **es generoso en ~** he's generous to a fault, he's excessively *o* too generous; ***pecar por ~***: **al hacer los cálculos pecaron por ~** they were overambitious in their calculations; **más vale pecar por ~ que por defecto** it's better to have too many than too few (*o* to do too much rather than too little *etc*) [3] **excesos** *mpl* (abusos) excesses (*pl*); **los ~s en la comida y la bebida** eating and drinking to excess, overindulgence in food and drink; **los ~s cometidos durante la guerra** the excesses *o* atrocities committed during the war

excipiente *m* excipient

excisión *f* (Med) excision

excitabilidad *f* excitability

excitable *adj* excitable

excitación *f* [1] (agitación): **presa de una gran ~** in an excited *o* agitated state [2] (entusiasmo) excitement [3] (sexual) arousal, excitement [4] (Biol) excitation, stimulation [5] (Fís) excitation

excitador *m* exciter

excitante¹ *adj* [1] ‹*espectáculo/libro*› exciting [2] ‹*bebida*› **el café es una bebida ~** coffee is a stimulant

excitante² *m* stimulant

excitar [A1] *vt*

A [1] (agitar): **la discusión lo excitó mucho** he got very excited *o* worked up during the argument; **no tomes tanto café, sabes que te excita** don't drink so much coffee, you know it makes you jumpy, don't drink so much coffee, you'll be running around all afternoon/it'll keep you awake all night [2] (en sentido sexual) to arouse, excite [3] ‹*curiosidad*› to excite, arouse, awake; ‹*deseo/apetito*› to arouse; ‹*ira/odio*› to arouse

B [1] (Biol) ‹*célula*› to excite, stimulate [2] (Fís)

e

‹dinamo› to energize, excite; ‹molécula/átomo› to excite

■ **excitarse** *v pron* [1] (agitarse): **no te excites, tómatelo con calma** don't get so agitated *o* worked up, keep calm; **no se podía dormir porque estaba muy excitado** he couldn't sleep because he was so excited *o* overexcited [2] (sexualmente) to get aroused, get excited

exclamación *f* exclamation

exclamar [A1] *vt* to exclaim

exclamativo -va, **exclamatorio -ria** *adj* exclamatory

exclaustración *f* (secularización) secularization; (expulsión) expulsion (*from a monastery or convent*)

exclaustrar [A1] *vt* (secularizar) to secularize; (expulsar) to expel (*from a monastery or convent*)

excluir [I20] *vt* [1] (no incluir) to exclude; **en la casa viven cinco personas excluyendo los niños** there are five people living in the house, excluding *o* not including the children; **intentaron ~lo de las conversaciones** they tried to exclude him from the talks [2] ‹posibilidad/solución› to rule out, exclude; **su actitud excluye toda posibilidad de diálogo** her attitude rules out any possibility of dialogue

exclusión *f* exclusion; **no quiso hacer comentarios sobre su ~ del equipo** he wouldn't comment on his being left out of *o* dropped from the team; **~ hecha de** *or* **con ~ de** (frml) with the exclusion of, excluding

(Compuesto) **exclusión social** social exclusion

exclusiva *f* [1] (Period) (derechos) exclusive rights (*pl*), sole rights (*pl*); (reportaje) exclusive [2] (Com) exclusive rights (*pl*); **tendrán la ~ de nuestros productos** *or* **tendrán nuestros productos en ~** they will be sole distributors of our products; **este problema no es una ~ de los países latinoamericanos** this problem is not exclusive to Latin American countries

exclusivamente *adv* exclusively

exclusive *adj inv* (*detrás del n*): **del tres al quince, ambos ~** from the third to the fifteenth not inclusive, from the third to the fifteenth exclusive (BrE)

exclusividad *f* [1] (de un club, colegio) exclusiveness, exclusivity; (de un diseño) exclusiveness, exclusivity [2] (característica): **este problema no es una ~ de los países subdesarrollados** this problem is not exclusive to underdeveloped countries [3] (AmL) (Com) exclusive rights (*pl*), sole rights (*pl*)

exclusivismo *m* exclusivism

exclusivista *adj* exclusivist

exclusivo -va *adj* [1] (único) ‹distribuidor› sole; ‹derechos› exclusive, sole; ▸**dedicación** [2] ‹club/ambiente› exclusive

excluyente *adj* ‹medidas/leyes› exclusive; **las dos cosas no son ~s** the two things are not mutually exclusive; **este convenio no es ~ de otros eventuales acuerdos** this agreement does not exclude *o* rule out other possible pacts

Excmo. Excma. (frml) (Corresp) = **excelentísimo, -ma**

excombatiente *mf*

A (*m*) veteran, ex-serviceman (esp BrE)

B (*f*) veteran, ex-servicewoman (esp BrE)

excomulgar [A3] *vt* to excommunicate

excomunión *f* excommunication

excoriación *f* chafing, excoriation (tech)

excoriar [A1] *vt* to chafe, excoriate (tech)

■ **excoriarse** *v pron* to chafe

excrecencia *f* excrescence

excreción *f* excretion

excremento *m* excrement

excretar [A1] *vt* (frml) to excrete (frml)

excretor -tora *adj* excretory, excretive

exculpación *f* exoneration

exculpar [A1] *vt* exonerate

exculpatorio -ria *adj* exculpatory; **se espera un veredicto ~** a verdict of not guilty is expected

excursión *f* [1] (viaje organizado) excursion, day trip, outing; (de mayor duración) tour, trip [2] (paseo, salida) trip, excursion; **me encantaría ir de ~ al campo** I'd love to go out into *o* go off into the country

excursionismo *m* hiking; **todos los fines de semana practicaba ~ por las montañas** every weekend he went hiking *o* went on a hike *o* did some hiking in the mountains; **un club de ~** a hiking club

excursionista *mf* [1] (que hace una excursión) tourist, tripper [2] (que hace excursionismo) hiker

excusa *f* [1] (pretexto) excuse; **me inventé una ~ para no ir** I made up an excuse not to go [2] **excusas** *fpl* (disculpas) apologies (*pl*); **presentó sus ~s** (frml) he made his apologies

excusable *adj* excusable

excusado[1] *adj* (frml): **~ es decir que ...** it goes without saying that ..., needless to say ..., I/we hardly need say that ...

excusado[2] *m* (ant) toilet, lavatory

excusar [A1] *vt* [1] (disculpar) to excuse; **eso no excusa tu comportamiento** that does not excuse *o* justify your behavior; **nos pidió que lo excusáramos por el retraso** he asked us to excuse him for the delay, he apologized for the delay; **la excusó diciendo que ...** he made excuses for her saying that ... [2] (eximir) **~ a algn DE algo**: **los ~on de asistir a la clase** they were excused from attending the class; **lo ~on del servicio activo** he was exempted from active service [3] (Esp frml) (evitar, omitir): **excuso decirle lo mal que me sentó aquel comentario** I hardly need tell you how much that remark upset me; **se lo contó excusando los detalles más desagradables** he told them but spared them the more unpleasant details, he told them, omitting the more unpleasant details

■ **excusarse** *v pron* to apologize; **se excusó por no haber venido antes** he apologized for not arriving earlier; **se ~on diciendo que estarían fuera** they declined *o* made their excuses saying that they would be away

execrable *adj* execrable (frml), abominable

execración *f* (frml) execration (frml)

execrar [A1] *vt* (frml) to execrate (frml)

execratorio -ria *adj* (frml) execratory (frml)

exégesis *f* (*pl* ~) exegesis

exención *f* exemption

exentar [A1] *vi* (Méx): **con esa nota exentas** this grade will exempt you from the exam

exento -ta *adj* (frml) [ESTAR] exempt; **~ DE algo** exempt FROM sth; **está ~ de guardias** he's been exempted from guard duty; **~ de impuestos** tax-exempt, tax-free (BrE); **no está exenta de culpa** she isn't blameless *o* free of blame; **es una situación no exenta de riesgos** the situation is not without risk *o* without its risks

exequias *fpl* (frml) funeral, exequies (*pl*) (frml)

exfoliación *f* exfoliation

exfoliador *m*

A (cosmético) exfoliator, exfoliant

B (Col) (de papel) notepad

exfoliante[1] *adj* exfoliant (*before n*)

exfoliante[2] *m* exfoliant

exfoliar [A1] *vt* to exfoliate

■ **exfoliarse** *v pron* to exfoliate

exhalación *f* exhalation; ***como una ~***: **pasó como una ~** he rushed *o* shot past; **salió como una ~** he dashed *o* rushed out

exhalar [A1] *vt* (liter) [1] ‹suspiro› to breathe, heave; ‹queja› to utter; **exhaló el último suspiro** (euf) she breathed her last (euph) [2] ‹olor› to give off

exhaustivamente *adv* exhaustively, thoroughly

exhaustividad *f* exhaustiveness, thoroughness

exhaustivo -va *adj* ‹lista/datos› exhaustive, comprehensive; ‹investigación› exhaustive; **analizó el tema de forma exhaustiva** he made a comprehensive *o* thorough analysis of the subject

exhausto -ta *adj* exhausted

exhibición *f* [1] (demostración) display; **haciendo ~ de su fuerza** showing off *o* displaying his strength; **una ~ de gimnasia** a gymnastics display [2] (de cuadros, artefactos) exhibition, display; **estar en ~** to be on show *o* display, to be exhibited; **no dejes la ropa interior en ~** (hum) don't leave your underwear lying around for all the world to see (colloq) [3] (Cin) screening, showing

exhibicionismo *m* exhibitionism

exhibicionista *mf*

A (pervertido) exhibitionist, flasher (colloq)

B (ostentoso) exhibitionist, show-off (colloq)

exhibir [I1] *vt* [1] ‹colección/modelos/creaciones› to show, display; **los modelos que exhibieron en el desfile** the designs on display in the show; **no siente reparos en ~ su gordura** he's not ashamed to let people see how fat he is [2] (period) ‹película› to show, screen; ‹cuadro/obras de arte› to exhibit; **una exposición donde se exhiben cuadros de varios artistas vanguardistas** an exhibition displaying works by several avant-garde artists, an exhibition of works by several avant-garde artists [3] (con orgullo) ‹regalos/trofeos› to show off

■ **exhibir** *vi* (period) (Art) to exhibit

■ **exhibirse** *v pron* [1] (mostrarse) to show oneself; **se exhiben juntos en público sin el menor recato** they go around together in public quite openly, they quite openly allow themselves to be seen together in public [2] (hacerse notar) to draw attention to oneself

exhortación *f* exhortation (frml), appeal

exhortar [A1] *vt* to exhort (frml), urge; **~ a algn A + INF** *or* **A QUE + SUBJ** to exhort sb to + INF (frml), to urge sb to + INF; **los exhortó a seguir** *or* **a que siguieran** he urged them to carry on

exhorto *m* request, petition

exhosto *m* (Col) exhaust (pipe)

exhumación *f* exhumation, disinterment

exhumar [A1] *vt* to exhume, disinter

exigencia *f* [1] (pretensión) demand; **¡no me vengas con ~s!** don't start making demands, don't be demanding [2] (requisito) demand, requirement, exigency (frml); **por ~s del guión** because the script calls for it

exigente *adj* ‹persona› demanding; ‹prueba› demanding, exacting; **eres demasiado ~ con él** you ask too much of him, you're too demanding with him, you're too hard on him; **el jefe está muy ~ esta tarde** the boss is being very demanding this afternoon; **para paladares ~s** for the discerning palate

exigir [I7] *vt* [1] ‹pago/indemnización› to demand; **¡exijo una respuesta!** I demand an answer!; **exigen dos años de experiencia** they insist on *o* require two years' experience; **~ QUE + SUBJ**: **exigió que lo dejaran hablar** he demanded to be allowed to speak; **exigió que las tropas invasoras se retiraran** he demanded that the invading troops (should) withdraw [2] (requerir) to call for, demand; **la situación exige una solución inmediata** the situation calls for *o* demands an immediate solution; **un trabajo que exige mucha concentración** a job which requires *o* demands *o* calls for great concentration [3] (esperar de algn): **le exigen demasiado en ese colegio** they ask too much of him at that school

exiguo -gua *adj* ‹salario› meager*, paltry, exiguous (frml); ‹cantidad› trifling; **la empresa mantiene hoy una exigua plantilla de trabajadores** these days the firm maintains a very small workforce

exiliado[1] **-da**, **exilado -da** *adj* exiled, in exile; **fueron muchos los españoles ~s en Francia tras la guerra civil** there were many Spaniards exiled *o* in exile in France after the civil war

exiliado[2] **-da**, **exilado -da** *m,f* exile; **un ~ político** a political exile; **los ~s en Suecia** those who were/are in exile in Sweden

exiliarse [A1], **exilarse** [A1] *v pron* to go into exile

exilio *m* exile; **estar/vivir en el ~** to be/live in exile

eximente *m* reason for exemption, excuse; (Der) grounds for acquittal (*pl*)

eximio -mia *adj* (liter) illustrious, eminent, distinguished

eximir [I1] *vt* (frml) to exempt; **~ a algn DE algo** to exempt sb FROM sth; **lo eximieron del impuesto sobre las importaciones** it was exempted from import tax; **lo eximieron de la asistencia al cursillo** he was exempted from attending the course; **esto me exime de toda responsabilidad** this relieves *o* absolves *o* frees me of all responsibility; **~ a algn DE + INF** to exempt sb FROM -ING; **lo eximieron de hacer guardia** he was exempted *o* excused from (doing) guard duty

■ **eximirse** *v pron* (AmL) to get an exemption

existencia *f*

A **1** (hecho de existir) existence; **la posible ~ de estos seres** the possible existence of these beings **2** (vida) life; **amargarle a algn la ~** to make sb's life a misery

B (Com) stock; **no lo tenemos en ~** we don't have it in stock; **se han agotado las ~s** supplies *o* stocks have run out; **S** **liquidación de existencias** clearance sale, stock clearance

existencial *adj* existential

existencialismo *m* existentialism

existencialista *adj/mf* existentialist

existente *adj* ‹*materiales/técnicas*› existing; **la situación ~ en la zona** (en el presente) the present *o* current situation in the area, the situation obtaining in the area (frml) (en el pasado) the situation in the area at that time *o* at the time; **la situación ~ en esos momentos lo hizo imposible** the situation at that time made it impossible; **la legislación ~** the current legislation

existir [I1] *vi* **1** (*en tercera persona*) (haber): **siempre ha existido rivalidad entre ellos** there has always been rivalry between them; **existen pruebas que demuestran su inocencia** there is evidence to prove his innocence, evidence exists which proves his innocence **2** (ser) to exist; **no existen los fantasmas** there's no such thing as ghosts, ghosts do not exist; **pienso, luego existo** I think, therefore I am; **ya no existe** it doesn't exist anymore **3** (vivir) to live; **mientras yo exista, no te faltará nada** as long as I'm alive *o* while I live, you'll want for nothing; **dejó de ~** (period) he died, he passed away (euph)

exitazo *m* smash hit, big hit, great success

exitismo *m*

A (AmL pey) (búsqueda del éxito) obsession with success

B (optimismo en el éxito) unfounded optimism

exitista[1] *adj*

A (AmL pey) ‹*cultura/sociedad*› obsessed with being successful

B ‹*política/juicio/ambiente*› based on unfounded optimism

exitista[2] *mf*

A (AmL pey) (buscador del éxito) eternal optimist

B (optimista en el éxito) *person who is obsessed with success*, success junkie (colloq)

éxito *m* **1** (resultado bueno) success; **lo llevó a cabo con ~** she carried it out successfully; **participaron con poco ~** they competed with little success, they did not have much success in the race (*o* competition *etc*); **las negociaciones no tuvieron ~** the negotiations were not successful *o* were unsuccessful; **ha tocado con gran ~ en todo el país** he has played with great success *o* to great acclaim throughout the country; **tu primo tuvo mucho ~ en la fiesta** your cousin was a great success *o* (colloq) hit at the party **2** (cosa, obra, campaña) success; **la operación ha sido un ~** the operation has been successful *o* a success

(Compuesto) **éxito de ventas** best-seller

exitosamente *adv* (AmL) successfully; **compitió ~ en las tres carreras** she competed successfully *o* was successful in the three races; **actuó ~ en nuestra ciudad** he performed with great success *o* to great acclaim in our city

exitoso -sa *adj* (AmL) ‹*campaña/gira*› successful; **un chiste muy ~** a joke which went down very well

ex libris *m* (*pl* **~ ~**) ex libris, bookplate

éxodo *m* **1** (viaje) exodus; **el ~ rural hacia las grandes ciudades** the rural exodus to the big cities, the migration *o* movement of people from the countryside to the city **2** **Éxodo** (Bib) Exodus

exoesqueleto *m* exoskeleton

exógeno -na *adj* exogenous

exoneración *f* exoneration

exonerar [A1] *vt* (frml) to exonerate (frml); **~ a algn DE algo** to exonerate sb FROM sth

exoplaneta *f* (Astron) exoplanet

exorbitante *adj* exorbitant; **tenía un precio ~** it was exorbitantly *o* astronomically expensive, it was an astronomical *o* exorbitant price

exorcismo *m* exorcism

exorcista *mf* exorcist

exorcizar [A4] *vt* to exorcize

exordio *m* introduction, exordium (frml)

exornado -da *adj* (liter) embellished

exotérmico -ca *adj* exothermic, exothermal

exótico -ca *adj* exotic

exotismo *m* exoticism

expandible *adj* ‹*memoria*› expandable; ▸ **poliestireno**

expandir [I1] *vi* to expand

■ **expandirse** *v pron* **1** «*cuerpo/metal/gas*» to expand **2** «*empresa/sector*» to expand; **la ciudad se está expandiendo por la llanura** the city is spreading out *o* expanding across the plain **3** «*noticia*» to spread; **la noticia se expandió rápidamente** the news spread rapidly

expansible *adj* expandible

expansión *f*

A **1** (Fís) expansion **2** (de una empresa) expansion; **S** **empresa en expansión necesita vendedores** salespersons required for expanding business; **un período de ~ económica** a period of economic growth *o* expansion **3** (de una noticia, doctrina) spread

B (distracción) relaxation

expansionar [A1] *vt* to expand

■ **expansionarse** *v pron* **1** (recrearse) to relax **2** (desahogarse) **~se CON algn** to unburden oneself TO sb

expansionismo *m* expansionism

expansionista *adj* expansionist

expansivo -va *adj* **1** ‹*gas/vapor*› expansive; ▸ **onda** **2** ‹*persona/carácter*› expansive

expatriado -da *m,f* expatriate

expatriarse [A1] *or* [A17] *v pron* **1** (emigrar) to leave one's country **2** (exiliarse) to go into exile

expectación *f* sense of expectancy *o* anticipation; **su visita produjo (una) gran ~** her visit created a great deal of excitement *o* a sense of great expectancy *o* a sense of great anticipation

expectante *adj* expectant; **se mantuvo ~, a la espera de los acontecimientos** she waited expectantly to see what would happen

expectativa *f* **1** (espera): **seguimos a la ~ del anuncio** we are still waiting for the announcement **2** (esperanza) expectation; **defraudó las ~s de su padre** he failed to live up to his father's expectations; **causó gran ~ en la Bolsa** it created an atmosphere of great expectation on the stock exchange **3** **expectativas** *fpl* (perspectivas) prospects (*pl*); **no tengo muchas ~s** my prospects aren't very good; **no tiene ~s de futuro con esta empresa** he has no future with this company; **tienen pocas ~s de ganar** they have little hope of winning

(Compuesto) **expectativas de vida** *fpl* life expectancy

expectoración *f* **1** (acción) expectoration **2** (mucosidad) sputum

expectorante *m* expectorant

expectorar [A1] *vi* to expectorate

■ **expectorar** *vt* to cough up

expedición *f*

A **1** (viaje, marcha) expedition **2** (equipo) expedition

(Compuestos)

- **expedición de reconocimiento** reconnaissance expedition *o* mission
- **expedición de salvamento** (misión) rescue mission; (equipo) rescue party

B (de documentos, billetes) issuing, issue; **lugar y fecha de ~** place and date issued *o* of issue; **venta de billetes, ~ inmediata** tickets sold and issued on the spot

C (frml) **1** (de un telegrama) sending; (de mercancías) sending, shipping, dispatch **2** (mercancías) shipment

expedicionario[1] **-ria** *adj* expeditionary

expedicionario[2] **-ria** *m,f* **1** (Mil) member of an expeditionary force **2** (Geog) member of an expedition

expedidor[1] **-dora** *adj*

A (que emite) issuing (*before n*)

B (frml) (que envía) sending (*before n*), dispatching (*before n*)

expedidor[2] **-dora** *m,f* (frml) sender

expedientar [A1] *vt*

A ‹*empleado/estudiante*› to bring disciplinary proceedings against, take disciplinary action against; **los responsables serán expedientados** disciplinary proceedings will be brought against those responsible

B «*policía/autoridades*» to open a dossier *o* file on

expediente[1] *adj* (frml) expedient (frml)

expediente[2] *m*

A **1** (documentos) file, dossier; **ponga este documento en el ~ del Sr Gómez** put this document in Mr Gómez's file; **el ~ del paciente** the patient's (medical) records; **~ académico** student record; **un arquitecto con un brillante ~ profesional** an architect with a brilliant track record; ***cubrir el ~*** to do enough to get by **2** (investigación) investigation, inquiry; **se abrirá un ~ informativo** an inquiry *o* investigation will be held **3** (medidas disciplinarias) disciplinary action, disciplinary proceedings (*pl*); **le abrieron** *or* (frml) **incoaron ~** disciplinary action *o* proceedings were brought against him

(Compuestos)

- **expediente de crisis** (Esp) statement of financial difficulties (*as required by law prior to laying off staff*)
- **expediente de regulación de empleo** (Esp) labor* force adjustment plan
- **expediente sancionador** legal proceedings; **abrir/incoar un ~ ~ A algn** to bring legal proceedings AGAINST sb

B (medio) expedient (frml); **recurrieron a ~s drásticos** they resorted to drastic measures

expedienteo *m* (fam & pey) red tape

expedir [I14] *vt*

A (Adm) (emitir) to issue; **expedido en Temuco, con fecha 5.5.1991** issued in Temuco on 5.5.1991; **el cajero automático expide el recibo de cada operación** the autoteller (AmE) *o* (BrE) cash dispenser provides a record of each transaction

B (frml) (enviar) ‹*telegrama*› to send; ‹*paquete/mercancías*› to dispatch, send, to issue

■ **expedirse** *v pron* (RPl): **no quiso ~se al respecto** he did not want to express an opinion on the matter; **aún no se han expedido sobre ...** they have not yet announced their decision as to ...

expeditar [A1] *vt* to expedite (frml), to facilitate

expeditivo -va *adj* expeditious (frml)

expedito -ta *adj* **1** (frml) ‹*vía/camino*› free, clear **2** (AmL) (fácil) easy

expeler [E1] *vt* (frml) to expel (frml)

expendedor[1] **-dora** *adj* (frml): **la empresa ~a del gas butano** the company which sells butane gas; **máquina ~a de tabaco** cigarette (vending) machine

expendedor[2] **-dora** *m,f* (frml) **1** (persona): **~ de tabaco** tobacconist; **~ de lotería** lottery ticket seller **2** **expendedor** *m* (máquina) vending machine; **~ automático de bebidas** drinks machine

expendeduría *f* (frml): **~ de lotería** lottery ticket agency; **S** **expendeduría de tabaco** tobacconist's (shop)

expender [E1] *vt* (frml)

A (vender) to sell

e

B (gastar) ‹*energía*› to expend, use up

expendio *m* (AmL) (tienda) store (AmE), shop (BrE); (venta) sale; **un ~ de licores** a package store (AmE), a liquor store (AmE), an off-licence (BrE); **un ~ de leche/pan** a dairy/baker's; **sólo se consigue en ~s autorizados** only available at authorized points of sale *o* outlets; **S expendio bajo receta** available (only) on prescription

expensas *fpl*

A (Der) costs (*pl*), expenses (*pl*)

(Compuesto) **expensas comunes** (Arg) service charge

B **a expensas de: triunfó a ~ de sus ideales** she succeeded at the expense of her ideals; **vive a ~ de su familia** his family supports him, he's economically dependent on his family

experiencia *f*

A **1** (conocimiento, práctica) experience; **un médico con mucha ~** a very experienced doctor, a doctor with a great deal of experience; **no tengo ninguna ~ en este tipo de trabajo** I have no experience in this sort of work; **~ laboral/profesional/docente** work/professional/teaching experience; **lo sé por ~ propia** I know from my own experience **2** (hecho, suceso) experience; **este viaje ha sido una ~ inolvidable** this trip has been an unforgettable experience

B (experimento) experiment

(Compuesto) **experiencia piloto** pilot scheme

experiencial *adj* experiential

experimentación *f* experimentation; **~ con seres vivos** experiments on live animals

experimentado -da *adj* experienced

experimental *adj* experimental; **de manera ~** on an experimental *o* a trial basis

experimentalmente *adv* experimentally

experimentar [A1] *vi* **~ CON algo** to experiment ON sth, carry out experiments ON sth

■ **experimentar** *vt*

A (probar) to try out, experiment with

B **1** ‹*sensación*› to experience, feel; ‹*tristeza/alegría*› to feel **2** (sufrir) ‹*cambio*› to undergo; **la inflación ha experimentado un descenso/alza de tres puntos** inflation has dropped/risen three points; **su estado ha experimentado una ligera mejoría** his condition has improved slightly, his condition has shown *o* undergone a slight improvement; **~on serias dificultades** they experienced *o* suffered *o* had serious difficulties; **la situación no ha experimentado variación alguna** there has been no change in the situation

experimento *m* experiment; **realizar un ~** to do *o* perform *o* carry out an experiment

expertización *f* authentication

expertizar [A4] *vt* to authenticate, expertize

experto[1] **-ta** *adj* [SER]: **es ~ en casos de divorcio** he's an expert on divorce cases; **~ EN + INF** very good AT -ING; **es experta en manipular a la gente** she's very good at manipulating people, she's an expert when it comes to manipulating people; **es ~ en meter la pata** (hum) he's very good at putting his foot in it (iro)

experto[2] **-ta** *m,f* expert; **~ EN algo**: **los ~s en explosivos** the explosives experts; **una experta en la materia** an authority *o* an expert on the subject; **mira cómo lo hace, es todo un ~** watch how he does it, he's a real expert *o* he's really good at it

expiación *f* expiation, atonement

expiar [A17] *vt* to expiate, atone for

expiatorio -ria *adj* expiatory (frml); **un acto ~** an act of atonement, an expiatory act

expiración *f* expiry, expiration

expirar [A1] *vi* **1** (liter) (morir) to expire (liter) **2** ‹‹*plazo/contrato*›› to expire

explanada *f* **1** (plataforma) raised area, terrace **2** (delante de un edificio) leveled area, open area; (al lado del mar) esplanade

explanar [A1] *vt* to level, grade

explayarse [A1] *v pron*

A ‹‹*masa*›› to spread out

B **1** (sobre un tema) to speak at length; **más tarde se explayó sobre ese punto** he expounded on *o* spoke at length on *o* (frml) expatiated on that point later **2** (desahogarse) to unburden oneself; **vino a verme porque necesitaba ~** he came to see me because he needed to unburden himself *o* get things off his chest; **se explayó conmigo, contándome todos sus problemas** she opened up to me and told me all her problems **3** (esparcirse) to relax, unwind (colloq)

expletivo -va *adj* expletive

explicable *adj* ‹*fenómeno*› explicable (frml); **una reacción fácilmente ~** a reaction which can be easily explained

explicación *f* explanation; **nos dio una ~ detallada del caso** he gave us a detailed explanation of the case, he explained the case to us in great detail; **exigimos una ~** we demand an explanation; **se marchó sin dar ninguna ~** he left without giving an explanation; **yo no tengo por qué dar explicaciones a nadie** I don't have to give explanations *o* explain myself to anyone

explicar [A2] *vt* to explain; **¿nos puedes ~ en qué consiste el juego?** can you explain to us *o* show us how to play the game?; **¿nos vas a ~ por qué llegaste tan tarde?** are you going to explain why *o* give us an explanation as to why you were so late?; **no sé ~lo** I don't know how to express *o* explain it

■ **explicarse** *v pron* **1** (comprender, concebir) to understand; **no me explico cómo pudo suceder una cosa así** I don't understand *o* I can't make out how something like this could have happened; **no me lo explico, si estaba aquí hace un momento** I can't understand it *o* (colloq) I just don't get it, she was here a moment ago **2** (hacerse comprender): **se explica muy bien** he expresses himself very well; **espero haberme explicado con toda claridad** I hope I have made myself quite clear; **no sé lo que quieres decir, explícate** I don't know what you're trying to say, explain what you mean; **¿me explico?** is that clear? *o* do you understand what I mean?; **no sabe ~se** he isn't very good at expressing himself *o* putting his ideas across *o* explaining things; **se explicó diciendo que él creía que caducaba mañana** he explained it (away) by saying that he thought it expired tomorrow

explicativo -va *adj* explanatory

explicatorio -ria *adj* explanatory

explícitamente *adv* explicitly

explicitar [A1] *vt* to specify, state explicitly

explícito -ta *adj* **1** [SER] (claro) explicit; **expuso sus ideas de forma clara y explícita** she put forward her ideas clearly and explicitly **2** [ESTAR] (expresado) explicit, clearly stated

exploración *f*

A **1** (de un territorio) exploration; **~ submarina** underwater exploration; **la ~ de nuevos yacimientos** prospecting for new deposits **2** (Mil) reconnaisance

(Compuesto) **exploración espacial** space exploration

B (Med) (de una herida) probing, examination; (de un órgano) examination, exploration

explorador -dora *m,f*

A **1** (expedicionario) explorer **2** (Mil) scout

B **exploradora** *f* **1** (Med) probe **2** (Col) (Auto) fog light, fog lamp (BrE)

explorar [A1] *vt*

A **1** ‹*tierras/región*› to explore **2** ‹*yacimientos*› to prospect for **3** ‹*posibilidades*› to explore, investigate; ‹*situación*› to investigate, examine **4** (Mil) to reconnoiter*, scout **5** ‹‹*radar/sonar*›› to scan **6** (Inf): **~ la red** to surf the Net

B (Med) ‹*herida*› to probe, examine; ‹*órgano*› to examine, explore

exploratorio -ria *adj* **1** (Mil) ‹*misión*› reconnaissance (*before n*), scouting (*before n*) **2** (Med) ‹*operación/procedimiento*› exploratory

explosión *f* **1** (de una bomba) explosion; **una ~ de gas** a gas explosion; **la bomba hizo ~** (period) the bomb exploded, the bomb went off; **hubo varios muertos en la ~** several people died in the explosion *o* blast **2** (de cólera) outburst, explosion; (de júbilo) outburst; **hubo una ~ de risas** there was a burst of laughter, everyone burst out laughing **3** (crecimiento brusco) explosion

(Compuesto) **explosión demográfica** population explosion

explosionar [A1] *vi* (Esp period) to explode, go off

■ **explosionar** *vt* ‹*vehículo/paquete*› to blow up, explode

explosivo[1] **-va** *adj* **1** ‹*artefacto/sustancia*› explosive; **materiales ~s** explosives **2** ‹*situación*› explosive; ‹*tema*› explosive, dangerous **3** (Ling) plosive

explosivo[2] *m* explosive; **un ~ de gran potencia** a powerful explosive

explotable *adj* exploitable, workable

explotación *f*

A **1** (de la tierra) exploitation, working; (de una mina) exploitation, working; (de un negocio) running, operation; **una mina en ~** a working mine; **la ~ de los recursos naturales** the exploitation *o* tapping of natural resources; **gastos de ~** running *o* operating costs **2** (instalaciones): **explotaciones petrolíferas** oil installations; **una ~ agrícola** a farm

(Compuesto) **explotación a cielo abierto** (actividad) strip mining (AmE), opencast mining (BrE); (mina) strip mine (AmE), opencast mine (BrE)

B (de un trabajador) exploitation; **la ~ del hombre por el hombre** the exploitation of man by his fellow man

explotador[1] **-dora** *adj*

A (que explota un negocio): **la empresa ~a de los bares del aeropuerto** the company which runs *o* operates the bars in the airport

B (que explota a un trabajador) exploitative

explotador[2] **-dora** *m,f*

A (de un negocio) operator

B (de una persona) exploiter

explotar [A1] *vt*

A **1** ‹*tierra*› to exploit, work; ‹*mina*› to operate, work, exploit; ‹*negocio*› to run, operate **2** (sacar provecho de) to exploit; **supo ~ esta idea al máximo** she knew how to exploit this idea to the full *o* how to make the most of this idea; **sabe ~ los puntos flacos de su rival** he knows how to exploit his opponent's weak points

B ‹*trabajador*› to exploit

■ **explotar** *vi* **1** ‹‹*bomba*›› to explode, go off; ‹‹*caldera/máquina*›› to explode, blow up **2** (fam) ‹‹*persona*›› to explode, to blow a fuse (colloq), to go through the roof (colloq)

expoliación *f* (frml) plundering, pillaging

expoliar [A1] *vt* (frml) ‹*riquezas/posesiones*› to plunder; ‹*ciudad/institución*› to plunder, pillage, despoil (liter); **~on a los vencidos** they plundered the possessions of those they had defeated

expolio *m* (frml) plundering; **el ~ de los recursos naturales de la zona** the plundering of the area's natural resources; **los ~s de la guerra** the spoils of war

exponencial *adj* exponential; **las exportaciones han crecido a ritmos ~es** exports have grown exponentially

exponente *m* **1** (Mat) exponent **2** (representante, modelo): **el máximo ~ de su arte** the greatest exponent of his art **3** (indicador) indicator

exponer [E22] *vt*

A ‹*cuadro/escultura*› to exhibit, show; ‹*productos*› to exhibit, show; **las joyas se exponen en el palacio** the jewels are on show *o* on exhibition at the palace; **los cuadros estarán expuestos durante el mes de enero** the pictures will be on show *o* will be exhibited throughout January; **los zapatos expuestos en la vitrina** the shoes displayed *o* on display *o* on show in the window; **~ el Santísimo** to expose *o* exhibit the Blessed Sacrament

B ‹*razones/hechos*› to set out, state; ‹*ideas/teoría*› to put forward, set out, expound (frml); ‹*tema*› to present; **expuso el problema con claridad** he set out *o* stated the problem clearly

C **1** (poner en peligro) to put … at risk; **intentó sal-**

varlo, exponiendo su vida she risked her life trying to save him, she put her life at risk in trying to save him 2 (al aire, sol) **~ algo A algo** to expose sth TO sth

■ **exponer** *vi* to exhibit, exhibit *o* show one's work

■ **exponerse** *v pron* 1 (a un riesgo, peligro) to expose oneself; **~se A algo** to expose oneself TO sth; **se expuso a las críticas del público** he laid himself open to *o* exposed himself to public criticism; **~se A QUE + SUBJ: te estás exponiendo a que te pongan una multa/a que te descubran** you're risking a fine/being found out 2 (al aire, sol) **~se A algo** to expose oneself TO sth; **se expone demasiado tiempo al sol** he exposes himself to the sun's rays for too long, he has too much exposure to the sun

exportable *adj* exportable

exportación *f* 1 (acción) exportation, export; **una compañía de ~-importación** an import-export company; **~ de tecnología** exportation of technology; **artículos de ~** export goods 2 **exportaciones** *fpl* (mercancías) exports (*pl*)

exportador[1] **-dora** *adj*: **la empresa ~a** the exporting company; **países ~es de petróleo** oil-exporting countries, countries which export oil; **una región ~a de cítricos** a region that exports citrus fruit

exportador[2] **-dora** *m,f* exporter

exportar [A1] *vt* to export

exposición *f*

A 1 (acción) exhibition, showing 2 (muestra — de cuadros, esculturas) exhibition; (— de productos, maquinaria) show; **una ~ de flores** a flower show; **una ~ itinerante** a traveling exhibition

(Compuestos)

- **exposición canina** dog show
- **exposición comercial** trade fair
- **exposición industrial** trade fair
- **exposición universal** world fair

B (de hechos, razones) statement, setting out, exposition (frml); (de un tema, una teoría) exposition (frml), presentation; **hizo una ~ detallada de lo ocurrido** she gave a detailed account of what had happened

C 1 (al aire, sol) exposure 2 (Fot) exposure

exposímetro *m* light meter, exposure meter

expósito[1] **-ta** *adj* (ant) abandoned

expósito[2] **-ta** *m,f* (ant) foundling (dated)

expositor -tora *m,f*

A 1 (de cuadros, esculturas) exhibitor; (de productos, maquinaria) exhibitor 2 **expositor** *m* (mueble) revolving display stand

B (Col) (conferenciante) speaker

exprés[1] *adj inv* ‹*servicio/envío*› express (*before n*); **una carta ~** an express letter; ▸ **café, olla**

exprés[2] *m*

A (Ferr) ▸ **expreso**[3] **A**

B (café) espresso

expresamente *adv* 1 (explícitamente) ‹*decir/pedir*› specifically; **me pidió ~ que te lo enviara** she expressly (frml) *o* specifically asked me to send it to you; **la mencionó a ella ~** he specifically mentioned her; **dijo ~ que no quería inmiscuirse** he specifically *o* particularly *o* expressly said that he did not wish to get involved; **no lo dijo ~, pero lo dio a entender** she didn't say it in so many words, but it was obvious what she meant 2 (precisamente, exclusivamente): **~ con fines delictivos** purely for criminal purposes; **¿te viniste ~ a eso?** did you come specially for that?

expresar [A1] *vt* ‹*ideas/sentimientos*› to express; **expresó su descontento** she voiced *o* expressed her dissatisfaction; **permítame ~le mi más sentido pésame** (frml) please accept my deepest sympathy (frml); **por las razones que se expresan a continuación** for the following reasons, for the reasons shown *o* given *o* stated *o* set out below; **según los datos expresados más arriba** according to the information given above *o* the above information; **estaba expresado de otra manera** it was expressed *o* phrased *o* worded differently

■ **expresarse** *v pron* to express oneself; **perdón, no me he expresado bien** I'm sorry, I haven't made myself very clear *o* I haven't expressed myself very clearly

expresión *f* 1 (palabra) term; (frase) expression; **una ~ de uso corriente** a common expression/term 2 (de un sentimiento, idea) expression; **como ~ de mi agradecimiento** as an expression *o* a token of my gratitude; **se agradecen las expresiones de condolencia recibidas** we are grateful for all your expressions *o* messages of sympathy 3 (de la cara, los ojos) expression 4 (Mat) expression; ***la mínima ~***: **el vestido encogió y quedó reducido a la mínima ~** the dress shrank to almost nothing; **me sirvieron la mínima ~ de tarta** they gave me the smallest piece of cake imaginable

(Compuestos)

- **expresión corporal** movement, self-expression through movement
- **expresión idiomática** idiomatic expression

expresionismo *m* expressionism

expresionista *adj/mf* expressionist

expresivamente *adv* expresively

expresividad *f* expressiveness

expresivo -va *adj* 1 ‹*persona/rostro*› expressive; ‹*lenguaje/estilo*› expressive; **un silencio muy ~** a very meaningful *o* an eloquent silence, a silence which spoke volumes 2 (de expresión): **modalidades expresivas** forms of expression

expreso[1] **-sa** *adj*

A (explícito) express (*before n*); **es su ~ deseo que ...** it is his express *o* specific wish that ...

B ‹*tren*› express (*before n*), fast (*before n*)

C ‹*carta/envío*› express (*before n*)

D ‹*café*› espresso

expreso[2] *adv* express; **envíamela ~** send it express (mail)

expreso[3] *m*

A (Ferr) express train, fast train, express

B (café) espresso

exprimelimones *m* (*pl* ~) reamer (AmE), lemon squeezer (BrE)

exprimidera *f* ▸ **exprimidor**

exprimidor *m* (manual) reamer (AmE), lemon squeezer (BrE); (eléctrico) juicer

exprimidora *f* ▸ **exprimidor**

exprimir [I1] *vt* 1 ‹*naranja/limón*› to squeeze 2 ‹*ropa*› to wring 3 ‹*persona*› (explotar) to exploit; **nos exprimían al máximo en ese trabajo** we were badly exploited in that job, they got *o* wrung everything out of us that they could in that job

ex profeso *loc adv*: **lo hizo ~ ~** he did it deliberately *o* on purpose; **fue a Roma ~ ~ para esa reunión** she went to Rome expressly for that meeting

expropiación *f* 1 (de tierras, de un edificio — sin indemnización) expropriation; (— con indemnización) compulsory purchase, expropriation 2 (de un vehículo) commandeering

expropiar [A1] *vt* 1 ‹*terreno/edificio*› (sin indemnización) to expropriate; (con indemnización) to acquire ... by compulsory purchase, expropriate 2 ‹*vehículo/materiales*› to commandeer

expuesto -ta *adj*

A 1 [ESTAR] (al viento, a la lluvia) exposed; **~ A algo** exposed TO sth 2 [ESTAR] (a un riesgo, peligro) exposed; **~ A algo** exposed TO sth

B [SER] (peligroso) risky, dangerous

expugnar [A1] *vt* to take ... by storm

expulsar [A1] *vt*

A 1 (de un partido, organización) to expel; (de un local) to throw ... out, eject (frml) 2 (de la escuela) to expel; (de la universidad) to expel, send down (BrE) 3 (de un territorio) ‹*individuo*› to expel; ‹*grupo/pueblo*› to expel, drive out 4 (Dep) to send off, eject *o* dismiss from the game (AmE)

B ‹*aire*› to expel; ‹*cálculo*› to pass, expel; ‹*placenta*› to expel, push out

expulsión *f*

A 1 (de una organización) expulsion 2 (de un territorio) expulsion 3 (de la escuela) expulsion 4 (Dep) sending-off, ejection from the game (AmE)

B (de aire) expulsion; (de cálculos) passing, expulsion; (de la placenta) expulsion, delivery

expulsor *m* ejector

expurgación *f* expurgation

expurgar [A3] *vt* to expurgate

expurgatorio -ria *adj* expurgatory; **índice ~** (Relig, Hist) Index Librorum Prohibitorum, index of forbidden books

expurgo *m* expurgation

exquisitamente *adv* exquisitely

exquisitez *f*

A 1 (cualidad) exquisiteness, deliciousness 2 (comida deliciosa): **la tarta es una ~** the cake is absolutely delicious *o* superb

B (refinamiento): **se vestía con ~** she dressed exquisitely; **un bordado de una ~ extraordinaria** a quite exquisite piece of embroidery

exquisito -ta *adj* 1 ‹*plato/comida*› delicious; **estaba ~, muchas gracias** that was delicious, thank you very much; **un plato ~** a delicious *o* an exquisite dish 2 ‹*tela/poema/música*› exquisite; **una mujer de exquisita belleza** a woman of exquisite beauty 3 ‹*persona*› refined

Ext. *f* (= **extensión**) ext.

extasiado -da *adj* in ecstasies, captivated

extasiar [A17] *vt* to entrance

extasiarse [A17] *v pron*: **se extasiaba escuchando música barroca** he would go into ecstasies *o* raptures listening to baroque music; **me extasié ante aquel magnífico paisaje** I was enraptured *o* captivated by that magnificent landscape (liter)

éxtasis *m*

A (estado) ecstasy

B (droga) ecstasy, Ecstasy

extático -ca *adj* ecstatic

extemporáneo -nea *adj* 1 ‹*comentario*› untimely 2 ‹*lluvia*› unseasonable

extender [E8] *vt*

A ‹*periódico/mapa*› to open ... up *o* out; **extendió la toalla sobre la arena** he spread the towel out on the sand

B ‹*brazos*› to stretch out; ‹*alas*› to spread; **le extendió la mano** he held out his hand to her

C ‹*pintura/mantequilla/pegamento*› to spread; **~ bien la crema por todo el rostro y cuello** spread the cream over the face and neck

D (ampliar) ‹*poderes/influencia*› to broaden, extend; ‹*plazo/permiso*› to extend; **quiere ~ su esfera de influencia** he wants to broaden *o* extend *o* expand his sphere of influence; **se habla de ~ estas reformas a los institutos privados** there is talk of these reforms being extended to (apply to) private schools

E (frml) ‹*factura*› to issue (frml); ‹*cheque*› to issue (frml), to make out, write, write out; ‹*receta*› to make out, write; ‹*documento/escritura*› to issue; **¿a nombre de quién extiendo el cheque?** to whom do I make the check payable?, who do I make *o* write the check out to?

■ **extenderse** *v pron*

A (en el espacio) 1 (propagarse, difundirse) ‹‹*fuego/epidemia*›› to spread; ‹‹*tumor*›› to spread; ‹‹*noticia/costumbre/creencia*›› to spread; **la humedad se ha extendido a la habitación de al lado** the dampness has spread to the next room 2 (abarcar, ocupar) ‹‹*territorio*›› stretch; ‹‹*influencia/autoridad*›› to extend; **se extiende hasta el río** it extends *o* stretches down to the river; **inmensos campos de olivos se extendían ante nuestros ojos** (liter) vast olive groves stretched out before us; **~se A algo** to extend TO sth; **mis conocimientos no se extienden a ese campo** my knowledge does not extend to that field

B (en el tiempo) 1 ‹‹*época/período*›› to last; **el período que se extiende hasta la Revolución Francesa** the period up to the French Revolution; **el invierno se ha extendido mucho** this winter has gone on *o* lasted a long time, it has been a long winter 2 (en una explicación, un discurso): **ya nos hemos extendido bastante sobre este tema** we have already spent enough time on this subject; **¿quisiera ~se sobre ese punto?** would you like to expand *o* enlarge on that point?

extendido -da *adj*

A ‹*costumbre/error*› widespread; ‹*epidemia/enfer-*

e

medad› widespread; **una palabra de uso muy ~** a very widely used word; **el uso de la droga está muy ~ entre los jóvenes** the use of drugs is very widespread among young people; **tiene el cáncer ya muy ~** the cancer has already spread throughout his body
B ‹*brazos/alas*› outstretched; **realizar el ejercicio con las piernas extendidas** do the exercise with your legs stretched out

extensamente *adv* at length; **habló ~ sobre el tema** he spoke at length on the subject

extensible *adj* extensible, extensile, extendable

extensión *f*
A (superficie, longitud): **una gran ~ de terreno** a large expanse *o* stretch of land; **grandes extensiones de la costa** large stretches of the coastline; **en toda la ~ del territorio nacional** throughout the country; **tiene una ~ de 20 hectáreas** it has an area of 20 hectares, it covers 20 hectares; **debido a la ~ de la obra no habrá intermedio** owing to the length of the play there will not be an interval; **escribir un ensayo cuya ~ no supere las 500 palabras** write an essay of no more than 500 words; **por ~** by extension
B (grado, importancia) extent
C (de un vocablo): **en toda la ~ de la palabra** in every sense of the word
D (ampliación) extension; **la ~ de su influencia a otras esferas** the extension *o* spreading of her influence to other areas; **pidió una ~ del plazo** she asked for an extension of the deadline *o* for the deadline to be extended; **ofrecen una ~ de garantía** they offer an extended warranty
E **1** (de un cable) extension lead **2** (línea telefónica) extension **3** (Inf) extension

extensivo -va *adj*
A (aplicable) (frml) **ser ~ A algn/algo** to apply TO sb/sth, be applicable TO sb/sth; **hacer ~** to extend (frml); **quisiera hacer ~ mi agradecimiento a todo el personal** I would like to extend my thanks to all the staff
B (Agr) extensive

extenso -sa *adj* **1** ‹*territorio/zona*› extensive, vast **2** ‹*informe/análisis*› long, lengthy, full, extensive **3** ‹*vocabulario/conocimientos*› extensive, wide

extensor *m* **1** (Anat) extensor **2** (Dep) chest expander

extenuación *f* exhaustion

extenuado -da *adj* exhausted

extenuante *adj* exhausting

extenuar [A18] *vt* ‹*persona*› to exhaust, tire … out
■ **extenuarse** *v pron* to exhaust oneself, tire oneself out; **lava los platos, que no te vas a ~** (fam) wash the dishes, it won't kill you (colloq)

exterior[1] *adj*
A **1** ‹*aspecto*› external (*before n*), outward (*before n*); ‹*revestimiento/capa*› outer (*before n*); **pintar la parte ~ de la casa** to paint the outside *o* the exterior of the house; **la temperatura ~** the outside temperature; **contacto con el mundo ~** contact with the outside world **2** ‹*habitación/apartamento*› outward-facing (*with windows which face the street rather than onto an internal well*)
B ‹*relaciones/política*› foreign (*before n*); ‹*comercio*› foreign (*before n*), overseas (*before n*); **asuntos ~es** foreign affairs

exterior[2] *m*
A (fachada) outside, exterior; (espacio circundante) outside; **pintaron el ~ del edificio** they painted the exterior *o* outside of the building; **desde el ~ de la iglesia** from outside the church
B **el exterior** (países extranjeros): **la influencia del ~** foreign influence; **las relaciones con el ~** relations with other countries; **sus viajes al ~** her trips abroad/overseas
C **exteriores** *mpl* (Cin) location shots (*pl*); **rodar en ~es** to film on location

exteriorización *f* externalization, exteriorization

exteriorizar [A4] *vt* to externalize, exteriorize, express … outwardly

exteriormente *adv* externally

exterminación *f* extermination

exterminar [A1] *vt* **1** ‹*ratas/insectos*› to exterminate **2** ‹*raza/población*› to wipe out, exterminate

exterminio *m* extermination

externalización *f* (Com) outsourcing; **~ de servicios** outsourcing of services

externalizar [A4] *vt* ‹*servicio*› to outsource

externamente *adv* outwardly, externally

externar [A1] *vt* (Méx) to display, show

externo[1] **-na** *adj*
A **1** ‹*apariencia/signos*› outward (*before n*), external; ‹*influencia*› outside, external; ▸**deuda** **2** ‹*superficie*› external, outer; **S** **de uso externo** (Farm) for external use **3** ‹*ángulo*› exterior
B ‹*alumno*› day (*before n*)

externo[2] **-na** *m,f* day pupil

extinción *f*
A (de una especie) extinction; **estar en peligro de ~** to be in danger of extinction
B (de un fuego) extinguishing, putting out
C (Der) (de un contrato, plazo) expiry, extinguishment (tech)

extinguidor[1] **-dora** *adj* (AmL): **manguera ~a** fire hose

extinguidor[2] *m* (AmL) fire extinguisher

extinguir [I2] *vt*
A **1** ‹*especie*› to wipe out, drive (*o* hunt *etc*) … to extinction **2** ‹*violencia/injusticia*› to put an end to
B ‹*fuego*› to extinguish, put out
■ **extinguirse** *v pron*
A «*especie*» to become extinct, die out; **miembro del extinguido Partido Democrático** a member of the defunct Democratic Party, a member of the Democratic Party, no longer in existence
B **1** «*fuego*» to go out; «*volcán*» to become extinct **2** «*sonido*» to die away
C «*entusiasmo/amor*» to die
D (Der) to expire

extinto[1] **-ta** *adj*
A **1** ‹*raza/especie*› extinct **2** (AmL frml) (difunto) late (*before n*), deceased
B ‹*volcán*› extinct

extinto[2] **-ta** *m,f* (AmL frml): **el ~/la extinta** the deceased

extintor[1] **-tora** *adj* (Esp): **manguera ~a** fire hose

extintor[2] *m* (Esp): *tb* **~ de incendios** fire extinguisher

extirpación *f* **1** (de un órgano, tumor) removal, extirpation (frml) **2** (de un vicio, mal) eradication

extirpar [A1] *vt* **1** ‹*tumor/órgano*› to remove, extirpate (frml) **2** ‹*vicio/terrorismo*› to eradicate, extirpate (frml)

extorno *m* rebate

extorsión *f* extortion; **les hacía ~** he was extorting money from them

extorsionador -dora *m,f* extortionist, extortioner

extorsionar [A1] *vt* to extort money from

extorsionista *mf* (AmL) extortionist, extortioner

extra[1] *adj* **1** (Com) top quality, fancy grade (AmE); **fruta (calidad) ~** top quality *o* fancy grade fruit **2** (adicional) ‹*gastos/ración*› additional, extra; ‹*edición*› special

extra[2] *adv* extra

extra[3] *mf*
A (Cin) extra; **salí de ~** I was an extra
B **extra** *m* (gasto) extra expense; (ingreso) bonus; **por si surge algún ~** in case any unforeseen *o* extra expenses come up

extra- *pref* **1** (fuera de) extra-; **~lingüístico** extralinguistic; **la izquierda ~parlamentaria** the extra-parliamentary left; **la vida ~familiar** life outside the family **2** (sumamente) extra, super; **~plano** extraslim, superslim

extracción *f*
A **1** (Med, Odont) (de una muela) extraction; (de una bala) removal, extraction; (de sangre) extraction, taking **2** (Min, Quím) (de petróleo, resina) extraction; (de un mineral) mining, extraction **3** (de humos) extraction **4** (de un número de lotería) drawing
B (Mat) (de una raíz) extraction
C *tb* **~ social** background, origins (*pl*); **de ~ humilde** of humble origins, from a humble background

extracomunitario[1] **-ria** *adj* ‹*origen/ciudadano*› from outside the EU; **países ~s** non-EU countries, countries outside the EU

extracomunitario[2] **-ria** *m,f* non-EU citizen

extraconyugal *adj* extramarital

extractar [A1] *vt* to abstract, summarize

extracto *m*
A (resumen) summary, abstract; **el ~ de la lotería nacional** the list of winning numbers in the national lottery

Compuestos
- **extracto de cuenta** (bank) statement, statement of account
- **extracto de operaciones** statement

B **1** (esencia) extract; **con ~ de aguacate** with avocado extract; **~ de rosas** rose essence **2** (perfume) perfume

Compuestos
- **extracto de carne** beef extract
- **extracto de tomate** tomato paste, tomato purée
- **extracto de levadura** yeast extract

extractor[1] **-tora** *adj* extractor (*before n*)

extractor[2] *m* extractor; **~ de aire** extractor fan; **~ de humos** smoke extractor

extracurricular *adj* extracurricular

extradición *f* extradition; **han concedido su ~** they have agreed to *o* granted his extradition, they have agreed to extradite him

extradir [I1] *vt* to extradite

extraditable *adj* extridatable (frml); **presos ~s** prisoners who can be extradited

extraditar [A1] *vt* to extradite

extraer [E23] *vt*
A **1** ‹*muela*› to extract, pull out; ‹*bala*› to remove, extract; ‹*sangre*› to take, extract **2** ‹*mineral*› to extract, mine; ‹*petróleo/resina*› to extract **3** ‹*humo/aire*› to extract **4** ‹*información/cita*› to extract **5** (en una lotería) to draw
B (Mat) to extract
C ‹*conclusión*› to draw; **de este libro se extrae una lección** there is a lesson to be learnt *o* drawn from this book

extraescolar *adj* extramural, out-of-school (*before n*)

extrafino -na *adj* superfine

extrajudicial *adj* **1** ‹*acuerdo*› out-of-court, extrajudicial (frml) **2** ‹*ejecución*› extrajudicial

extrajudicialmente *adv* out of court; **lo resolvieron ~** they settled out of court

extralargo -ga *adj* king-size

extralimitación *f* abuse of authority

extralimitarse [A1] *v pron* to exceed one's authority; **se ha extralimitado en sus funciones** you have exceeded your authority; **ese chico se está extralimitando** (fam) that boy is overstepping the mark (colloq)

extramarital *adj* extramarital

extramatrimonial *adj* extramarital

extramuros[1], **extra muros** *adv* outside the town (*o* village *etc*), on the outskirts of the town (*o* village *etc*)

extramuros[2] *mpl* outskirts (*pl*); **se prolonga hasta los ~ de la ciudad** it runs out to the outskirts of the town; **el casco viejo y los ~** the old part of town and the areas around it

extranet *f* extranet

extranjería *f* immigration matters; ▸**ley**

extranjerismo *m*: *foreign word, phrase, etc used in another language*

extranjerizante *adj*: **términos ~s** terms which make the language sound foreign; **modas ~s** *imported fashions which are alien to our traditions*

extranjerizar [A4] *vt* to make … look (*o* sound *etc*) foreign

extranjero[1] **-ra** *adj* foreign

extranjero[2] **-ra** *m,f* 1 (persona) foreigner 2 **extranjero** *m*: **vive en el ~** she lives abroad; **viajan mucho al ~** they often travel abroad *o* to other countries

extranjis, (Esp fam): **los vendía de ~** he was selling them on the quiet *o* on the sly (colloq); **entró de ~ en la casa** he sneaked into the house; **me traje dos cartones de tabaco de ~** I smuggled in two cartons of cigarettes

extrañamente *adv* strangely, oddly

extrañamiento *m* (Der) banishment

extrañar [A1] *vt* (esp AmL) ‹*familia/novio*› to miss; ‹*comida/clima/país*› to miss; **te extrañé mucho cuando estuviste fuera** I missed you badly while you were away; **extraño mi cama** I miss my own bed

■ **extrañar** *vi*

A (sorprender) (+ *me/te/le etc*) to surprise; **no me extraña** it doesn't surprise me, I'm not surprised; **me extraña que no haya escrito** I'm surprised she hasn't written; **ya me extrañaba a mí que no te lo hubiera contado** I thought it was strange that he hadn't told you; **no es de ~ que te responda así** it's hardly surprising that he should respond like that, it's no wonder he responded like that

B (RPl) (tener nostalgia) to be homesick

■ **extrañarse** *v pron* **~se DE algo** to be surprised AT sth; **se extrañó de su negativa a asistir a la reunión** she was surprised at his refusal to attend the meeting, she found his refusal to attend the meeting surprising; **yo no me extraño de nada de lo que sucede allí** nothing that goes on there surprises me; **~se DE QUE + SUBJ: se extrañó de que no le hubiera avisado** he was surprised that she hadn't told him

extrañeza *f* surprise; **su reacción causó ~ entre quienes lo conocían** his reaction surprised those who knew him; **para mi ~** to my surprise; **me miró con ~** she looked at me in surprise

extraño[1] **-ña** *adj* 1 (raro) strange, odd; **es ~ que no haya llamado** it's strange *o* odd that she hasn't called; **es una pareja extraña** they're a strange *o* an odd couple; **últimamente está muy ~** he's been very strange lately, he's been acting very strange *o* strangely lately 2 (desconocido): **los asuntos de familia no se discuten delante de personas extrañas** you shouldn't discuss family matters in front of strangers *o* outsiders; **no me siento bien ante tanta gente extraña** I feel uncomfortable with so many people I don't know *o* so many strangers

extraño[2] **-ña** *m,f* 1 (desconocido) stranger 2 **extraño** *m* (movimiento): **el caballo hizo un ~** the horse shied; **el coche me hizo un ~ en la curva** the car did something strange on the bend

extraoficial *adj* unofficial

extraoficialmente *adv* unofficially, off the record

extraordinaria *f* (Esp) extra month's pay (*gen at Christmas and in the summer*)

extraordinariamente *adv* extraordinarily

extraordinario -ria *adj* 1 ‹*suceso*› extraordinary, unusual; ‹*circunstancias/facultades*› extraordinary, special; **el que no quiera venir no tiene nada de ~** there is nothing unusual about her not wanting to come 2 ‹*sesión/asamblea*› extraordinary, special; ‹*edición*› special; ‹*contribución/cuota*› extra, additional 3 ‹*belleza/fuerza/éxito*› outstanding, extraordinary; **la película no fue nada ~** the movie was nothing special *o* nothing out of the ordinary

extraparlamentario -ria *adj* extra-parliamentary

extraplano -na *adj* ‹*reloj/calculadora*› slimline; ‹*compresa*› extra-slim

extrapolación *f* extrapolation

extrapolar [A1] *vt* to extrapolate

extrarradio *m* outlying districts (*pl*), outskirts (*pl*)

extrasensorial *adj* extrasensory

extraterrenal, extraterreno -na *adj* (AmL) ‹*vida/ser*› extaterrestrial; ‹*experiencia/poderes*› unearthly

extraterrestre[1] *adj* extraterrestrial, alien

extraterrestre[2] *mf* alien, extraterrestrial; **pareces un ~** (fam) you look like something from outer space *o* from another planet (colloq)

extraterritorial *adj* extraterritorial

extraterritorialidad *f* extraterritoriality

extratipo *m* surcharge, extra charge

extravagancia *f* 1 (acto) outrageous thing (to do); **se puede esperar cualquier ~ de él** he's capable of doing some outrageous *o* very strange things 2 (cualidad) extravagance; **su ~ en el vestir** the outlandish *o* extravagant *o* outrageous way he dresses

extravagante *adj* 1 ‹*comportamiento/ideas*› outrageous, extravagant; ‹*persona*› flamboyant 2 ‹*ropa*› flamboyant, outrageous, outlandish

extravagantemente *adv* extravagantly

extravehicular *adj* extravehicular

extraversión *f* ▸ **extroversión**

extravertido -da *adj/m,f* ▸ **extrovertido**[1], **extrovertido**[2]

extraviado -da *adj* 1 (perdido) ‹*objeto/niño*› lost, missing; **con la mirada extraviada** with a lost *o* faraway look in her eyes 2 (Med): **tiene un ojo ~** he has a cast in one eye *o* a squint

extraviar [A17] *vt* (frml) to mislay (frml), to lose

■ **extraviarse** *v pron* (frml) «*persona*» to get lost, lose one's way; «*animal*» to go missing, get lost, stray; «*documento*» to go missing *o* astray, get lost

extravío *m* (frml) loss

extremadamente *adv* extremely; **fue una operación ~ arriesgada** it was an extremely risky operation

extremado -da *adj* 1 (*gen delante del n*) (máximo) extreme; **con ~ cuidado** with extreme *o* extraordinary care 2 ‹*clima*› extreme

extremar [A1] *vt* (frml) ‹*precauciones/cuidados*› to maximize (frml); **han extremado las medidas de seguridad en los aeropuertos** security measures at airports have been maximized *o* stepped up; **se ha ordenado ~ la vigilancia** a state of maximum alert has been ordered

extremaunción *f* extreme unction

extremeño -ña *adj/m,f* Extremaduran

extremidad *f* 1 (extremo) end 2 **extremidades** *fpl* (Anat) extremities

extremismo *m* extremism

extremista[1] *adj* (extremo, exagerado) extreme; (Pol) extremist

extremista[2] *mf* (Pol) extremist; **~s de derechas** right-wing extremists; **es un ~ que no hace nada a medias** he's so extreme, he never does things by halves

extremo[1] **-ma** *adj* 1 (*gen delante del n*) ‹*pobreza/gravedad*› extreme; **viven en una situación de extrema necesidad** they live in extreme poverty; **un caso de extrema gravedad** an extremely serious case 2 ‹*caso/postura/medida*› extreme; **casos ~s, que no suceden todos los días** extreme cases which don't happen every day; **en caso ~** as a last resort

Compuestos

- **extrema derecha/izquierda** *f* (Pol) extreme right/left
- **extremo derecho/izquierdo** *mf* (Dep) right/left wing
- **Extremo Oriente** *m* Far East

extremo[2] *m*

A 1 (de un palo, cable) end; **al otro ~ del pasillo** at the other end of the corridor; **viven al otro ~ de la ciudad** they live right on the other side of the city 2 (postura extrema) extreme; **va de un ~ a otro** she goes from one extreme to the other *o* to another; **son ~s opuestos, no se parecen en nada** they are complete opposites, different in every way; **no soy una persona de ~s** I'm not given to extremes; **los ~s se tocan** (fr hecha) extremes meet 3 (límite, punto): **han llegado al ~ de no saludarse** they've reached the point where they don't even say hello to each other; **si se llega a ese ~ tendremos que operar** if it gets that bad *o* to that point we'll have to operate; **su descaro alcanzó ~s insospechados** her effrontery reached unimagined extremes *o* limits; **es cuidadoso al ~** he is extremely careful, he is careful to a fault; **en último ~** as a last resort, if all else fails 4 **en extremo** in the extreme; **fue una situación en ~ peligrosa** it was a situation which was dangerous in the extreme, it was an extremely dangerous situation

B (period) (punto, cuestión): **en ese ~ no estoy de acuerdo** I do not agree on that point; **tenían esperanzas de que volviera, ~ que no se confirmó** they hoped that she would return but, in the event, this did not happen; **para establecer los ~s de la denuncia** to establish the main points of the accusation

extremo[3] **-ma** *m,f* (en fútbol, rugby) winger

Compuestos

- **extremo cerrado** tight end
- **extremo defensivo** defensive end

extrínseco -ca *adj* extrinsic

extroversión *f* extroversion

extrovertido[1] **-da** *adj* extrovert, outgoing

extrovertido[2] **-da** *m,f* extrovert

extrudir [I1] *vt* to extrude

extrusión *f* extrusion

exuberancia *f* exuberance, lushness

exuberante *adj* 1 ‹*vegetación*› exuberant, lush 2 ‹*belleza*› exuberant; ‹*mujer*› voluptuous 3 ‹*vida/obra/gesto*› exuberant, flamboyant

exudación *f* exudation

exudado *m* exudation, exudate

exudar [A1] *vt* to exude

exultación *f* exultation (frml), elation

exultante *adj* exultant (frml), elated

exultar [A1] *vi* to exult (frml), to rejoice

exvoto *m*, **ex voto** ex-voto, votive offering

ey *interj* (AmL) hey!

eyaculación *f* ejaculation

Compuesto **eyaculación precoz** premature ejaculation

eyacular [A1] *vi* to ejaculate

eyección *f* ejection

eyectar [A1] *vt* to eject

■ **eyectarse** *v pron* to eject

eyector *m* ejector

EZLN *m* (en Méx) = **Ejército Zapatista de Liberación Nacional**

e

f

f, F *f* (*read as* /'efe/)
A (the letter) f, F
B (en formularios) (= **femenino**) F, female **1** (= **Fahrenheit**) F **2** (= **febrero**) **23-F** (en Esp) 23 February (*date of attempted coup in 1981*)

fa *m* F; (en solfeo) fa, fah (BrE); ~ **sostenido** F sharp; **en ~ mayor/menor** in F major/minor

FA *m* (en Ur) = **Frente Amplio**

f.a.b. (= **franco a bordo**) f.o.b.

fabada *f* bean stew (*with pork etc*)

fábrica *f*
A (planta industrial) factory; ~ **de zapatos/muebles** shoe/furniture factory; ~ **de textiles** textile mill; ~ **de papel** paper mill; ~ **de cerveza** brewery; ~ **de conservas** canning plant; **un defecto de ~** a manufacturing defect
B (Const) stonework; **una pared de ~** a stone wall

fabricación *f* manufacture; **televisores de ~ japonesa** Japanese-made televisions, televisions made *o* manufactured in Japan; **S fabricación propia** all our products are made on the premises
(Compuesto) **fabricación en serie** mass production

fabricante *mf* manufacturer

fabricar [A2] *vt* to manufacture, produce; ~ **en cadena/serie** to mass-produce; **S fabricado en Paraguay** made in Paraguay

fabril *adj* industrial, manufacturing (*before n*)

fábula *f* **1** (Lit) fable **2** (mentira) fabrication, invention

fabulación *f* (tendencia) fantasizing; (idea) fantasy

fabular [A1] *vt* ‹*historia/cuento*› to make up, invent
■ **fabular** *vi* to tell stories

fabulesco -ca *adj* fabulous, mythical

fabulista *mf* fabulist, writer of fables

fabulosamente *adv* fabulously

fabuloso -sa *adj* **1** (fam) (maravilloso) fabulous (colloq), fantastic (colloq) **2** (Lit, Mit) mythical, fabulous (liter); **héroes ~s** mythical heroes

FAC *f* (AmL) (= **fabricación asistida por computadora**) CAM

faca *f* large curved knife

facción *f*
A (Pol) faction
B **facciones** *fpl* (rasgos) features (*pl*); **es de** *or* **tiene facciones delicadas** he has delicate features

faccionalismo *m* factionalism

faccioso[1] **-sa** *adj* seditious, rebel (*before n*), factious (frml)

faccioso[2] **-sa** *m,f* (period) **1** (revoltoso) agitator, troublemaker **2** (alzado en armas) rebel

faceta *f* **1** (aspecto) facet; **las diversas ~s de su personalidad** the different sides *o* facets of his personality **2** (de una piedra) facet

facetar [A1] *vt* to cut

FACH *f* = **Fuerza Aérea de Chile**

facha[1] *adj/mf* (Chi, Esp fam) fascist

facha[2] *f* (fam)
A (aspecto) look; (cara) face; **no me gusta la ~ de ese tipo** I don't like the look of that guy (colloq); **tiene muy buena ~** he looks good; **¿vas a salir con esa ~?** are you going out looking like that?; **¡qué ~ tan espantosa!** what a sight *o* mess! (colloq); ***estar hecho una ~*** to be *o* look a sight *o* mess (colloq); ***hacer ~*** (Arg fam) to swank around (colloq); ***tirar*** *or* ***darse ~*** (Chi fam) to swank around (colloq)
B (Náut): **ponerse en ~** to lie to

fachada *f* **1** (de un edificio) facade; **una ~ de estilo barroco** a baroque facade; **un edificio con 30 metros de ~** a building with a 30 meter frontage **2** (apariencia) facade; **bajo la ~ fría** beneath the cold facade *o* exterior; **su generosidad es pura ~** his generosity is all a facade *o* is all show

fachendear [A1] *vi* (fam) to show off

fachendoso -sa *adj* (fam) **1** ‹*persona*› boastful **2** ‹*andar*› swaggering; ‹*sombrero*› showy, swanky (colloq); ‹*gasto*› ostentatious

fachento -ta *adj* (Méx fam) scruffy ▸ **fachoso 4**

facho -cha *adj/m,f* (AmL fam) fascist

fachoso -sa *adj* **1** (fam) (raro, extravagante) bizarre, weird (colloq) **2** (Chi fam) (de buen aspecto) nice-looking (colloq) **3** (Chi fam) (vanidoso) full of oneself (colloq); **¡no seas ~!** stop showing off! (colloq) **4** (Méx fam) (desaliñado) scruffy; **estoy muy fachosa** I look really scruffy *o* a mess *o* a sight (colloq)

fachudo -da *adj* (Ur fam) scruffy; **estoy muy fachuda** I look a mess *o* a sight *o* really scruffy (colloq)

facial[1] *adj* ‹*vello/rasgos*› facial; ▸ **valor**

facial[2] *m* face value

fácil[1] *adj*
A **1** ‹*problema/lección*› easy; **no me resultó ~ encontrarte** it wasn't easy to find you; **un libro de lectura ~** a book which is easy to read, a very readable book; **tener la palabra ~** to have a way with words; ~ **DE + INF** easy to + INF; ~ **de entender** easy to understand **2** ‹*vida/trabajo*› easy; **dinero ~** easy money **3** ‹*chiste/metáfora*› facile **4** ‹*carácter*› easy-going **5** (pey) (en lo sexual) easy (pej), loose (pej)
B (probable) **ser ~ QUE + SUBJ**: **ya es muy tarde, es ~ que no venga** it's very late, she probably won't come; **es ~ que nos diga que no** he'll probably say no, he's quite likely to say no, he may well say no

fácil[2] *adv* (fam) easily (colloq); **eso se arregla ~** that can be easily fixed; **este vestido tiene ~ cinco años** this dress must be a good five years old *o* is easily five years old; **deben haber pagado ~ un millón** they must have paid a million, at least *o* easily

facilidad *f*
A **1** (cualidad de fácil) ease; **con ~** easily; **se rompe con ~** it breaks easily; **se resfría con ~** she catches colds easily; **¿viste con qué ~ lo hizo?** did you see how easily he did it?; **lo saltó con ~** he jumped it with ease **2** (de una tarea) simplicity
B (aptitud) ~ **PARA algo** gift FOR sth; **tiene ~ para los idiomas** she has a gift for languages; **tiene ~ para los números** she's very good with numbers
(Compuesto) **facilidad de palabra**: **tiene ~ de ~** he has a way with words
C **facilidades** *fpl* **1** (posibilidades, oportunidades): **se le dieron todas las ~es del mundo** they gave her every chance **2** (comodidades) facilities (*pl*); **¿dan ~es?** do you give credit?, do you offer credit facilities? (frml)
(Compuesto) **facilidades de pago** *fpl* credit facilities (*pl*); **amplias ~ de ~** easy payment terms

facilista *adj* superficial, facile

facilitación *f*
A (simplificación) simplification
B (frml) (provisión, suministro) provision, supplying

facilitador[1] **-dora** *adj*
A ‹*actitud*› helpful; **un ordenador ~ del trabajo** a computer that *o* which makes work easier, a computer that *o* which facilitates work (frml)
B (que provee): **una institución ~a de libros/créditos** a provider of *o* an establishment which provides books/loans

facilitador[2] **-dora** *m,f*
A **1** (Educ) facilitator **2** (de un proceso): **actuó como facilitadora del diálogo** she acted as a facilitator for the dialog; **el spray es un ~ del planchado** the spray makes ironing easier
B (AmL) (de servicios, talleres) provider

facilitar [A1] *vt*
A (hacer más fácil) ‹*tarea*› to make … easier, facilitate (frml); **tu actitud no facilita nada las cosas** your attitude does not make things any easier; **el satélite ~á las comunicaciones** the satellite will facilitate communications
B (frml) (proporcionar, suministrar) ‹*datos/información*› to provide; **le ~án la información necesaria** they will supply *o* provide you with the necessary information; **el parte médico facilitado por el hospital** the medical report provided by the hospital; **no ha sido facilitada su identidad** his identity has not been disclosed; **nos acaban de ~ una noticia de última hora** we have just received some last-minute news
■ **facilitarse** *v pron* (Col): **se le facilita la física** he's good at physics

fácilmente *adv* easily; **se resuelve ~** it is easily solved, there's an easy *o* a simple *o* a straightforward solution; **se puede comprar ~** it can be bought easily, it is readily available

facilongo -ga *adj* (AmS fam) dead easy (colloq); **estuvo bien ~** it was dead easy *o* a piece of cake (colloq)

facineroso -sa *adj/m,f* criminal

facistol *m* lectern

facochero *m* warthog

facón *m* (RPl) sheath knife

facsímil, facsímile *m* **1** (copia) facsimile **2** (Telec) facsimile, fax

facsimilar *adj* facsimile (*before n*)

factibilidad *f* feasibility

factible *adj* possible, feasible

facticio -cia *adj* (frml) artificial, factitious (frml)

fáctico -ca *adj* (frml) factual

factitivo -va *adj* factitive

factoide *m* factoid

factor[1] *m*
A (elemento, causa) factor; **el ~ tiempo** the time factor; **varios ~es incidieron en su desarrollo** several factors influenced its development; **también interviene el ~ suerte** there's an element of luck *o* chance too
(Compuestos)
• **factor de seguridad** safety factor
• **factor humano** human factor
• **factor Rh** Rh factor, rhesus factor
B (Mat) factor

Compuestos
- **factor común** common factor
- **factor constante** constant

factor² -tora *m,f* 1 (Com) factor 2 (Ferr) luggage clerk 3 (ant) (Mil) quartermaster
factoraje *m* ▸**factoring**
factorear [A1] *vt* to factorize
factoreo *m* factorization
factoría *f*
A 1 (fábrica) factory; ▸**buque** 2 (astillero) shipyard 3 (fundición) foundry
B (Hist) trading post, factory
factorial *f or m* factorial
factoring /'faktorin/ *m* factoring; **empresa de ~ factor**; **sistema de ~** factoring system
factorización *f* factorization
factorizar [A4] *vt* to factorize
factótum *m* factotum
factual *adj* (frml) factual
factura *f*
A (Com) invoice (frml), bill; **según ~** as per invoice; **presentarle** *or* **pasarle ~ a algn** (Fin) to invoice sb, to send an invoice *o* a bill to sb; **te hace un favor, pero después te pasa la ~** he'll do you a favor, but then he expects something in return
Compuesto **factura pro forma** pro forma invoice
B (RPl) (Coc) *rolls, croissants, etc*
C (frml) (hechura) making; **filmes de ~ francesa** French-made films; **de excelente ~** excellently-made
facturación *f*
A (Com) 1 (acción) invoicing 2 (volumen) turnover; **cinco millones de dólares de ~ anual** annual turnover of five million dollars
B 1 (Ferr) registration 2 (Aviac) check-in
facturar [A1] *vt*
A (Com) 1 ‹*mercancías/arreglo*› to invoice *o* bill for; **me ~on la última remesa dos veces** they invoiced *o* billed me twice for the last shipment, they sent me two invoices *o* bills for the last shipment 2 (refiriéndose al volumen de ventas) to turn over, have a turnover of; **la empresa factura más de $500 millones al año** the company turns over *o* has a turnover of more than $500 million a year
B 1 (Ferr) to register 2 (Aviac) to check in
■ **facturar** *vi* 1 (Ferr) to register 2 (Aviac) to check in
facultad *f*
A (capacidad, don) faculty; **la ~ del habla** the power *o* faculty of speech; **con los años se van perdiendo ~es** as you get older you start to lose your faculties
Compuesto **facultades mentales** *fpl* mental faculties (*pl*); **tiene perturbadas sus ~ ~** he is mentally disturbed; **en pleno uso de mis ~ ~** in full command *o* possession of my faculties
B (autoridad, poder) power, authority; **eso no está dentro de sus ~es** that is beyond the scope of your powers
C (Educ) faculty; **F~ de Filosofía y Letras** Arts Faculty; **F~ de Medicina/Derecho** Faculty of Medicine/Law; **fue compañero mío de ~** *or* **en la ~** he was at college *o* (BrE) university with me
facultar [A1] *vt* (frml) **~ a algn PARA + INF** to authorize sb to + INF; **no está facultado para girar al descubierto** you are not authorized *o* entitled to overdraw; **el carnet le faculta para entrar gratis** the card allows *o* gives you free admission; **queda facultado para decidir sobre la suerte de la compañía** he is empowered *o* he has powers to decide on the company's fate
facultativo¹ -va *adj*
A (optativo) ‹*prueba*› optional; **la asistencia es facultativa** attendance is optional *o* is not compulsory
B (frml) (Med) ‹*personal/dictamen*› medical; **según prescripción facultativa** as prescribed by your physician *o* doctor
facultativo² *mf* (frml) doctor, physician (AmE)
facundia *f* 1 (elocuencia) eloquence 2 (locuacidad) talkativeness, verbosity
facundo -da *adj* 1 (eloquente) eloquent 2 (locuaz) talkative, verbose
fading /'feiðiŋ/ *m*
A (Rad) fade
B (Auto) brake fade
faena *f*
A (trabajo) task, job; **comparten las ~s domésticas** *or* **de la casa** they share the housework *o* the domestic *o* household chores; **la dura ~ diaria** the daily grind; **~s agrícolas** farm work
B (Taur) series of passes
C (matanza) slaughter
D (fam) 1 (mala pasada) dirty trick; **hacerle una ~ a algn** to play a dirty trick on sb (colloq), to pull a stunt on sb (colloq) 2 (contratiempo) drag (colloq), pain (colloq); **¡qué ~!** what a drag *o* pain!
E (Chi) 1 (grupo de trabajadores) team, gang 2 (lugar de trabajo) workplace (frml); **voy a la ~ a pie** I walk to work
faenador¹ -dora *adj* (CS) **planta ~a de reses** slaughterhouse, abattoir
faenador² -ra *m,f* (CS) slaughterhouse employee
faenamiento *m* (Chi) slaughter
faenar [A1] *vi*
A (pescar) to fish
B (trabajar) to labor*, work
■ **faenar** *vt* 1 (CS) ‹*ganado*› to slaughter 2 (Chi) ‹*frutas/legumbres*› to wash and peel, prepare 3 (Chi) ‹*persona*› (fam & euf) to do away with (colloq)
faenero -ra *m,f* (Chi) farmworker, farmhand
faetón *m* phaeton
fagocitar [A1] *vt* (period) to absorb, swallow up
fagocitario -ria *adj* phagocytic
fagocito *m* phagocyte
fagocitosis *f* phagocytosis
fagot /fa'ɣo(t)/ *m* 1 (instrumento) bassoon 2 **fagot** *mf* (músico) bassoonist
FAI /'faj/ *f* = **Federación Anarquista Ibérica**
fainá *m* (RPl) *savory* made with chick-pea flour*
faisán *m* pheasant
faja *f*
A (Indum) 1 (prenda interior) girdle; ***pasarse algo por la ~*** (Col fam) to flout sth 2 (cinturón — de un traje regional) wide belt; (— de una sotana) sash; (— de un smoking) cummerbund 3 (venda) bandage
Compuesto **faja presidencial** presidential sash
B (de un puro) band; (de un periódico) newswrapper
C (franja, zona) strip; **una ~ desértica** a strip *o* belt of desert
D 1 (Arquit) fascia 2 (en heráldica) fesse
fajada *f* (Col fam): **¡qué ~ se ha pegado en el examen!** he's really done well *o* excelled himself in the exam
fajar [A1] *vt*
A 1 (con una venda) to bandage, bind 2 (con una faja) to put a sash (*o* belt *etc*) on
B 1 (CS, Per fam) (dar una paliza) to beat up (colloq) 2 (RPl fam) (timar) to rip … off (colloq); **¡te ~on!** you were ripped off *o* conned! (colloq); **¿cuánto te ~on por ese reloj?** how much did they sting you for that watch? (colloq)
■ **fajar** *vi* ▸ (Méx fam) **fajarse C2**
■ **fajarse** *v pron*
A 1 (ponerse faja) to put on a girdle (*o* belt *etc*) 2 (llevar faja) to wear a girdle (*o* belt *etc*)
B 1 (Méx, Ven fam) (dedicarse) to knuckle down (colloq); **vas a tener que ~te como los buenos** you're really going to have to knuckle down; **se ~on a trabajar** they worked their butts off (AmE) *o* (BrE) slogged their guts out (colloq); **están fajados comiendo** (Ven) they're busy stuffing their faces (colloq) 2 (Méx, Ven fam) (pelearse) to get into a fight
C 1 (Méx fam) ‹*mujer*› to feel up (AmE colloq), to touch up (BrE colloq) 2 (Méx fam) «*pareja*» to pet (colloq), make out (AmE colloq)
D (Col fam) (lucirse) to excel oneself, do oneself proud (colloq)
faje *m* (Méx fam) hug; **~s** petting (colloq)
fajero *m* 1 (de bebé) umbilical bandage 2 (de adulto) ▸**faja A2**
fajín *m* sash
fajina *f* (RPl) chore; **ropa de ~** work clothes; **con uniforme de ~** wearing fatigues
fajo *m* 1 (de billetes) wad, roll (AmE) 2 (de papeles) bundle, sheaf 3 (de leña) bundle
fakir *m* fakir
falacia *f* fallacy; **ese argumento es una ~** that is a fallacious argument
Compuesto **falacia patética** pathetic fallacy
falafel *m* falafel
falange *f*
A (Anat) phalanx, phalange
B 1 (Mil) phalanx 2 (Hist, Pol) phalanx; **la F~** the Spanish Falangist Movement
falangista *adj/mf* Falangist
falaz *adj* 1 ‹*apariencias*› false, deceptive 2 ‹*declaraciones/razonamiento*› false, fallacious (frml); ‹*promesas*› false 3 ‹*persona*› deceitful, false
falciforme *adj* ‹*célula*› sickle-shaped, crescent-shaped *ver tb* **anemia**
falda *f*
A (Indum) skirt; ***estar pegado a las ~s de su madre*** to be tied to one's mother's apron strings
Compuestos
- **falda de tubo** straight skirt
- **falda escocesa** (de mujer) tartan skirt, kilt; (de hombre) kilt
- **falda midi** midi
- **falda pantalón** split skirt, culottes (*pl*)

B **faldas** *fpl* 1 (de un cubrecama) valance 2 (de una mesa camilla) tablecloth, cloth
C 1 (regazo) lap; **se sentó al niño en la ~** she sat the child on her lap 2 (Coc) brisket, skirt
D (vertiente) side; **la ~ de la montaña** the side of the mountain
E **faldas** *fpl* (fam) (mujeres) women (*pl*); **se enemistaron por un asunto de ~s** they fell out over a woman
faldear [A1] *vt* ‹*montaña/sierra*› to skirt
faldellín *m* (Ven) christening robe
faldeo *m* (CS) mountainside, slope
faldero *adj* ▸**perro²**
faldillas *fpl* (de un traje) coattails (*pl*); (de una camisa) shirttails (*pl*)
faldón *m*, **faldones** *mpl* 1 (de una camisa, un frac) tail 2 (de un bebé) christening robe 3 (del guardabarros) mud flap
falencia *f* (CS, Per) bankruptcy
falibilidad *f* fallibility
falible *adj* fallible
fálico -ca *adj* phallic
falismo *m* phallicism
falla *f*
A 1 (defecto) flaw; **una ~ en el tejido** a flaw *o* defect in the fabric; **la pieza tenía una ~** the part was defective 2 (Geol) fault 3 (AmL) (fallo): **debido a una ~ del motor** because of an engine fault; **debe haber una ~ en el motor** there must be something wrong with the engine; **hubo muchas ~s de organización** it was badly organized, there were a lot of organizational mix-ups; **por una ~ del personal médico** because of a mistake *o* blunder by medical staff; ***¡no hay ~!*** (AmC fam) don't worry!, no problem!, never mind!
Compuestos
- **falla de seguridad** (Inf) security hole
- **falla humana** (AmL) human error; **se debió a una ~ ~** it was caused by human error

B 1 (AmL fam) (lástima) pity, shame; **una ~ que no haya podido venir** a pity *o* shame she couldn't come (colloq) 2 (Col) (Educ) day's absence (*from school*)
C 1 (figura) model, figure (*burned during the* Fallas) 2 **las Fallas** *fpl* (fiesta) *the*

festival of San José in Valencia

> **Fallas**
>
> The most important festival in the autonomous region of Valencia. The *Fallas* take place every year between March 12 and 19.
>
> The highlight is the burning of the *fallas* on the night of March 19. *Fallas* are groups of huge painted cardboard and wood figures which depict current events and famous people.
>
> Each neighborhood makes its own *falla* . They are erected on one night, known as the *plantá*, and displayed the next day. A panel of judges "pardons" the best one and it is placed in the *falla* museum.

f

fallado -da *adj* (CS) flawed, defective

fallar [A1] *vi*
A (dictaminar) «*juez/jurado*»: **~ a** *or* **en favor de algn** to rule in favor* of sb, to find for sb; **~ en contra de algn** to rule *o* find against sb
B 1 «*frenos/memoria*» to fail; «*planes*» to go wrong; **algo falló y se estrellaron** something went wrong and they crashed; (+ *me/te/le etc*): **le falló el corazón** his heart failed; **si los cálculos no me fallan** if my calculations are right; **si la memoria no me falla** if my memory serves me well; **le falló la puntería** his aim was poor; **me falló el instinto** my instinct failed me; **a ti te falla/a él le falla** (fam) you've/he's got a screw loose (colloq) 2 «*persona*» (+ *me/te/le etc*) to let ... down; **nos ~on dos personas** two people let us down
C (en naipes) to trump, ruff
■ **fallar** *vt*
A ‹*caso*› to pronounce judgment in; ‹*premio*› to award; ‹*concurso*› to decide the result of
B (errar) to miss; **fallé el disparo y di en el árbol** I missed and hit the tree

falleba *f* window catch

fallecer [E3] *vi* (frml *o* euf) to pass away (frml *or* euph), to die; **el fallecido director de cine** the late *o* deceased movie director (frml)

fallecido -da *m,f* (frml) deceased (frml); **el ~ residía en Tucumán** the deceased lived in Tucumán; **los ~s durante la Guerra Civil** those who died *o* (frml) fell in the Civil War

fallecimiento *m* (frml) death, demise (frml), passing (frml *or* euph), death

fallero -ra *m,f: person who takes part in the preparation of the Fallas*
(Compuesto) **fallera mayor** *f* festival queen (*during the Fallas*)

fallido¹ -da *adj* 1 ‹*intento/esfuerzo*› failed (*before n*); **un tiro ~** a shot that missed, a shot that went over/wide of the target; ▸**acto** 2 (Com, Fin) ‹*comerciante*› bankrupt; **créditos ~s** bad debts

fallido² *m* bad debt

fallo *m*
A (en un concurso, certamen) decision; (Der) ruling, judgment; **el ~ es inapelable** there is no right of appeal against the judgment *o* ruling
(Compuesto) **fallo fotográfico** photo finish
B (en naipes) void; **tener** *or* **llevar ~ a tréboles** to have a void in *o* be void in clubs
C (Esp) 1 (error) mistake; **¡qué/vaya ~!** (fam) what a stupid mistake!, what a stupid thing to do! 2 (defecto) fault; **se detectó un ~ en el sistema de seguridad** a fault was found in the security system
(Compuestos)
- **fallo cardíaco** heart failure; **murió de un ~ ~** he died of heart failure *o* of a heart attack
- **fallo de seguridad** (Inf) security hole
- **fallo humano** human error; **debido a un ~ ~** due to human error

falluca *f* (Méx fam) 1 (comercio ilegal) black market (*gen in smuggled goods*) 2 (mercancía) smuggled goods (*pl*)

falluquear [A1] *vi* (Méx fam) to sell smuggled goods (*on the black market*)

falluquero -ra *m,f* (Méx) black marketeer (*gen selling smuggled goods*)

falluto -ta *adj* (RPl fam) two-faced (colloq)

falo *m* phallus

falocracia *f* phallocracy

falócrata *m* (pey) phallocrat

falocrático -ca *adj* (pey) phallocratic

falopa¹ *adj inv* (RPl arg) fake, imitation (*before noun*)

falopa² *f*
A (arg) (cocaína) snow (sl), coke (colloq)
B (RPl fam) (imitación) cheap fake *o* imitation

falopero -ra *m,f* (RPl arg) druggie (colloq)

falsamente *adv* falsely

falsario¹ -ria *adj*: **un periódico ~ de los hechos** a newspaper that *o* which falsifies the facts; **un escritor ~ de la verdad** a writer who distorts the truth

falsario² -ria *m,f* 1 (mentiroso, embustero) liar; **lo acusan de ~** they are accusing him of lying 2 (de billetes, firma) forger, counterfeiter; **es un ~ de la: historia** he is a falsifier of history

falseable *adj* forgeable; **difícilmente ~** difficult to forge

falseador -dora *m,f* forger, counterfeiter

falseamiento *m* (de datos) falsification; **~ de la verdad** distortion of the truth

falsear [A1] *vt* ‹*hechos/datos*› to falsify; ‹*verdad*› to distort; **su versión falsea la realidad** his version distorts the truth
■ **falsearse** *v pron* to work loose

falsedad *f* 1 (de una afirmación) falseness; (de una persona) insincerity, falseness, hypocrisy 2 (mentira) lie, falsehood (frml)

falsete *m* 1 (Mús) falsetto; **voz de ~** falsetto voice 2 (ant) (puerta) communicating door

falsía *f* (liter) falseness, duplicity (frml)

falsificación *f* 1 (firma, billete, cuadro) forgery 2 (acción) forging, forgery

falsificador -dora *m,f* forger

falsificar [A2] *vt* 1 ‹*firma/billete*› to forge, falsify, counterfeit (frml) 2 ‹*cheque/documento*› (copiar) to forge, counterfeit; (alterar) to forge, falsify

falsilla *f* guide sheet

falso -sa *adj*
A 1 ‹*billete*› counterfeit, forged; ‹*cuadro*› forged 2 ‹*documento*› (copiado) false, forged, fake; (alterado) false, forged 3 (simulado) ‹*diamante/joya*› fake; ‹*bolsillo/cajón/techo*› false 4 (insincero) ‹*persona*› insincere, false; ‹*sonrisa*› false; ‹*promesa*› false
B 1 (no cierto) ‹*dato/nombre/declaración*› false; **eso es ~, nunca afirmé tal cosa** that is not true *o* that is untrue, I never said such a thing 2 **en falso: jurar en ~** to commit perjury; **golpear en ~** to miss the mark; **esta tabla está en ~** this board isn't properly supported; **la maleta cerró en ~** the suitcase didn't shut properly; **el tornillo giraba en ~** the screw wouldn't grip; ▸**paso¹ C1**
(Compuestos)
- **falsa alarma** *f* false alarm
- **falsa modestia** *f* false modesty
- **falso testimonio** *m* (Der) false testimony, perjury; **no levantar ~ ~** (Relig) thou shalt not bear false witness

falta *f*
A (carencia, ausencia) **~ DE algo** lack OF sth; **por ~ de fondos** owing to a lack of funds; **no se pudo terminar por ~ de tiempo** we could not finish it because we ran out of time *o* we did not have enough time *o* owing to lack of time; **~ de personal** staff shortage; **es por la ~ de costumbre** it's because I'm/you're not used to it; **¿por qué no vienes? — no es por ~ de ganas** why don't you come? — it's not that I don't want to; **siente mucho la ~ de su hijo** she misses her son terribly; **a ~ de un nombre mejor** for want of a better name; **a ~ de información más detallada** in the absence of more detailed information; ***a ~ de pan buenas son (las) tortas*** *or* (Méx) ***a ~ de pan, tortillas*** half a loaf is better than none; ***echar algo en ~:*** **aquí lo que se echa en ~ es un poco de formalidad** what's needed around here is a more serious attitude; **echó en ~ algunas de sus alhajas** she realized some of her jewelry was missing; **se echará mucho en ~ su aporte** her contribution will be greatly missed
B (inasistencia) absence; **le pusieron ~** they marked her down as absent; **tienes más de 30 ~s** you have been absent over 30 times; **sin ~** without fail
C (de la menstruación) missed period; **es la segunda ~** I've missed two periods
D **hacer falta: hace ~ mucha paciencia para tratar con él** you need a lot of patience to deal with him; **no hace ~ que se queden los dos** there's no need for both of you to stay; **¡hace ~ ser tonto para creerse eso!** you have to be stupid to believe that!; **le hace ~ descansar** he needs to rest; **a ver si te cortas el pelo, que buena ~ te hace** (fam) it's high time *o* it's about time you got your hair cut (colloq); **me haces mucha ~** (te necesito) I need you very much; (te echo de menos) (AmL) I miss you terribly, I miss you very much; ***ni ~ que (me/te/le) hace*** (fam) so what? (colloq), who cares? (colloq); ***nos hace tanta ~ como los perros en misa*** (fam) that's all we need, we need it like we need a hole in the head (colloq)
E (infracción, omisión) offense*; **incurrir en una ~ grave** to commit a serious misdemeanor*; **fue una ~ de respeto contestarle así** it was very rude *o* disrespectful of you to answer him like that; **agarrar** *or* **coger a algn en ~** to catch sb out
(Compuestos)
- **falta de educación**: **es una ~ de ~ poner los codos sobre la mesa** it's bad manners to put your elbows on the table
- **falta de lesiones** (Der) (minor) bodily harm; **acusar a algn de ~ de lesiones** to accuse sb of causing bodily harm
- **falta de ortografía** spelling mistake
- **falta de pago** nonpayment

F (Dep) 1 (infracción — en fútbol, baloncesto) foul; (— en tenis) fault; **el árbitro pitó ~** the referee gave *o* awarded a foul 2 (tiro libre — en fútbol) free kick; (— en balonmano) free throw

faltar [A1] *vi*
A 1 (no estar) to be missing; **aquí faltan tres recibos** there are three receipts missing; **falta dinero de la caja** there's some money missing from the till; **¿estamos todos? — no, falta Inés** are we all here? — no, Inés is missing *o* Inés isn't here; (+ *me/te/le etc*): **te falta un botón** you have a button missing, you're missing a button; **revisen sus bolsos a ver si les falta algo** check your bags to see if there's anything missing; **le faltan todos los dientes de abajo** he's lost all his bottom teeth; **a esta taza le falta el asa** there's no handle on this cup; **a la muñeca le falta un brazo** the doll is missing an arm, the doll has an arm missing; **falta de su domicilio desde hace un mes** she has been missing from home for a month; **el día que yo falte ¿qué va a ser de este chico?** (euf) what will become of this boy when I'm gone? (euph) 2 (no haber suficiente): **no ~á vino** there will be plenty of wine, there will be no shortage of wine; **más vale que sobre comida y no que falte** it's better to have too much food than too little; (+ *me/te/le etc*): **me falta el aire** I can't breathe; **nos faltó tiempo para terminar** we didn't have enough time to finish; **me faltan palabras para expresarle mi agradecimiento** I don't know how to thank you; **le falta experiencia** he lacks experience, he doesn't have enough/any experience; **ganas no me faltan, pero no tengo dinero** I'd love to, but I haven't got any money 3 (*en frases negativas*) (no haber): **no falta quien piensa que fue un error** there are those who think it was a mistake; **no ~á oportunidad de retribuirles la atención** there will be plenty of opportunities to return their kindness 4 (hacer falta): **le falta alguien que la aconseje** she needs someone to advise her; **le falta un objetivo en la vida** he needs a goal in life
B (quedar): **yo estoy lista ¿a ti te falta mucho?**

I'm ready, will you be long?; **a la carne le ~án unos 15 minutos** the meat needs another 15 minutes or so; **sólo me falta pasarlo a máquina** all I have to do is type it out, I just need to type it out; **el pastel está listo, sólo falta decorarlo** the cake is ready, it just needs decorating; **todavía me falta pintar la puerta** I still have to paint the door, I've still got the door to paint; **falta poco para Pascua** it's not long until Easter; **faltaba poco para las diez** it was almost *o* nearly ten o'clock, it was going on for ten o'clock (BrE); **sólo faltan cinco minutos para que empiece la carrera** there are just five minutes to go before the race starts; **¿falta mucho para que llegue la abuela?** will it be long until grandma arrives?; **ya falta poco para llegar** we're nearly *o* almost there now; **se puso furioso, poco faltó para que me pegara** he got so angry, he nearly hit me; **me faltan tres páginas para terminar el libro** I have three pages to go to finish the book; **¿te falta mucho para terminar?** will it take you long to finish?, have you got much more to do?; **todavía faltan muchas cosas por hacer** there are still a lot of things to do; **¡esto es lo único que faltaba!** (iró) that's all I/we needed! (iro); **¡lo que me faltaba por oír!** now I've heard everything!; ***¡~ía*** *or* ***no faltaba más!*** (en respuesta — a un agradecimiento) don't mention it!, you're welcome!; (— a un pedido) of course, certainly; (— a un ofrecimiento, una atención) I wouldn't hear of it!; (expresando indignación) can you imagine!, whatever next!; **pase usted primero — ¡no faltaba más!** after you — no, after you!

C 1 (no asistir): **te esperamos, no faltes** we're expecting you, make sure you come; **~ A algo** to be absent FROM sth; **falta mucho a clase** he's often absent (from school), he misses a lot of classes; **esta semana ha faltado dos veces al trabajo** she's been off work twice this week, she's stayed home from work twice this week (AmE); **nunca falta a una cita** he never misses an appointment 2 (no cumplir) **~ A algo**: **faltó a su promesa/palabra** he didn't keep his promise/word, he broke his promise/word; **¡no le faltes al** *or* (CS) **el respeto a tu padre!** don't be rude to your father; **no le falté** I wasn't rude to him; **faltas a la verdad** you are not telling the truth

falto -ta *adj* **~ DE algo**: **un episodio ~ de interés** an episode lacking in interest; **el niño nació ~ de peso** the child was underweight at birth; **una persona totalmente falta de tacto** a completely tactless person, a person totally lacking in tact; **el organismo está ~ de recursos** the organization is short of funds

faltón -tona *adj* (fam)
A 1 (que suele no asistir): **un estudiante/empleado ~** a student/an employee who is often absent, a skiver (BrE colloq) 2 (que no cumple) unreliable
B (que falta al respeto) cheeky, sassy (AmE colloq)

faltriquera *f* pouch

falúa, faluca *f* 1 (velero) felucca 2 (de transbordo) tender

fama *f*
A 1 (renombre, celebridad) fame; **alcanzar/conquistar la ~** to achieve/win fame; **una marca de ~ mundial** a world-famous brand; **los vinos que han dado ~ a la región** the wines which have made the region famous 2 (reputación) reputation; **tener buena/mala ~** to have a good/bad reputation; **es un barrio de mala ~** it's a disreputable area; **su ~ de don Juan** his reputation as a womanizer; **tiene ~ de ser muy severo** he has a reputation for being very strict; ***cría ~ y échate a dormir*** (hablando de mala fama) once you have a bad reputation it is very difficult to get rid of it, give a dog a bad name (BrE colloq) (hablando de buena fama) people think they can rest on their laurels; ***unos cobran la ~ y otros cardan la lana*** (refiriéndose a un logro) I/you do all the work and he gets/they get all the credit; (refiriéndose a un error, una travesura) I always get the blame when you do/he does something wrong

B (Col) (carnicería) butcher's

famélico -ca *adj* starving; **¿qué hay para comer? vengo ~** (fam) what's for lunch? I'm famished *o* starved, I'm starving (BrE colloq)

familia *f*
A 1 (parientes) family; **es de buena ~** *or* **de ~ bien** he's from a good family; **sus hijos, nietos y demás ~** her children, grandchildren and other members of the family; **somos como de la ~** we're just like family; **le viene de ~** it runs in the family; **pasa hasta en las mejores ~s** it can happen to the best of us; **hemos pasado las fiestas en ~** we spent the holidays with the family; **me siento como en ~** I feel at home; ***acordarse de la ~ de algn*** (fam & euf) to curse sb (colloq) 2 (hijos): **aún no tienen ~** they don't have any children *o* a family yet

(Compuestos)
- **familia de acogida** foster family
- **familia extensa** extended family
- **familia homoparental** *family in which both parents are of the same sex*
- **familia monoparental** single-parent family
- **familia nuclear** nuclear family
- **familia numerosa** (literal) large family; (Servs Socs) (en Esp) family with more than four children (*entitled to special benefits*)
- **familia recompuesta** *family of separated parents who arrange for continued family interaction to benefit the children*

B (Bot, Zool) family

familiar[1] *adj*
A 1 ‹*vida/vínculo*› family (*before n*); ‹*coche*› family (*before n*); ‹*envase*› family (*before n*), economy-size; **una botella (de) tamaño ~** an economy-size bottle; **un restaurante de ambiente ~** a family restaurant 2 ‹*trato/tono*› familiar, informal; ‹*lenguaje/expresión*› colloquial
B (conocido) familiar; **su cara me resulta ~** her face is familiar, she looks familiar; **su voz me resulta ~** her voice sounds *o* is familiar; **el idioma aún no me es ~** I'm still not familiar with the language

familiar[2] *mf* relative, relation; **sus hermanos y demás ~es** her brothers and other relatives *o* relations; **se fue a vivir con un ~** he went to live with a relative

familiar[3] *m* (Esp) station wagon (AmE), estate car (BrE)

familiaridad *f* familiarity

familiarizar [A4] *vt* to familiarize; **~ a algn CON algo** to familiarize sb WITH sth

■ **familiarizarse** *v pron* (con un sistema, un trabajo) **~ CON algo** to familiarize oneself WITH sth, become familiar WITH sth; **le cuesta ~ con el clima** he finds it hard to get used to the climate

familiero -ra *adj* (fam): **era un hombre ~** he was a family man, he was devoted to his family

famoso[1] **-sa** *adj* 1 (célebre) ‹*escritor/actriz*› famous, well-known; ‹*vino/libro*› famous; **se hizo ~ con ese descubrimiento** that discovery made him famous 2 (conocido): **ya estoy harto de sus ~s dolores de cabeza** (fam) I'm fed up with him and his constant headaches; **~ POR algo** famous FOR sth; **Francia es famosa por sus vinos** France is famous for its wines; **es ~ por sus meteduras de pata** (fam) he's well known *o* renowned for putting his foot in it (colloq)

famoso[2] **-sa** *m,f* celebrity, personality, famous person

fámula *f* (arc) serving wench (arch)

fan *mf* (*pl* **fans**) fan

fanal *m* 1 (Náut) (en la costa) beacon; (en un barco) lantern 2 (de una lámpara) chimney, globe 3 (campana de cristal) bell jar, bell glass 4 (Méx) (Auto) headlamp, headlight

fanaticada *f* (Col, Ven period) fans (*pl*)

fanático[1] **-ca** *adj* fanatical

fanático[2] **-ca** *m,f* 1 (Pol, Relig) fanatic 2 (entusiasmado) fanatic (colloq); **es un ~ de la música clásica** (fam) he's mad *o* crazy about classical music (colloq), he's a classical music fanatic *o* freak (colloq); **es una fanática de la gimnasia** she's a gym fanatic, she's fanatical about gym 3 (AmS period) (de fútbol) fan

fanatismo *m* fanaticism

fanatizado -da *adj* fanatical

fanatizar [A4] *vt* to arouse fanaticism in

fandango *m* 1 (Mús) (baile) fandango 2 (Andes fam) (fiesta) party (*with dancing*) 3 (fam) (jaleo) fuss; **armar un ~** to kick up *o* create a fuss; **estamos en el ~ de la mudanza** we're very busy with *o* (colloq) we're up to our eyes in preparations for the move

fané *adj* (RPl arg): **estar ~** to be past one's prime; **las plantas están ~s** the plants are drooping *o* wilting

fanega *f* 1 (de capacidad) *unit of capacity (= 22.5 liters or, in some regions, 55.5)* 2 (de superficie) *unit of area (= 0.66 hectares)*

fanegada *f* (Col) ▸**fanega 2**

fanerógama *f* phanerogam

fanfarrear [A1] ▸**fanfarronear**

fanfarria *f* 1 (banda) band (*consisting mainly of trumpet players*) 2 (música) fanfare 3 (bombo) pomp and ceremony

fanfarrón[1] **-rrona** *adj* (fam) (al hablar) loudmouthed (colloq); (al actuar): **niños fanfarrones luciendo el coche de papá** kids showing off *o* trying to be flashy in their fathers' cars; **no seas ~** stop boasting *o* swanking around *o* bragging, don't be such a loudmouth (colloq)

fanfarrón[2] **-rrona** *m,f* (fam) (al hablar) loudmouth (colloq), bragger; (al actuar) show-off (colloq)

fanfarronada *f* 1 (fam) (actitud — al hablar) boasting, bragging; (— al actuar) showing-off (colloq) 2 (fam) (acto): **otra de sus ~s** another of the things he does to show off (colloq)

fanfarronear [A1] *vi* (fam) (al hablar) to boast, brag; (al actuar) to show off (colloq)

fanfarronería *f* ▸**fanfarronada**

fangal *m* quagmire, bog

fango *m* 1 (barro) mud 2 (abyección, oprobio): **su nombre quedó cubierto de ~** his name was dragged through the mud, his name was mud (colloq); **hundidos en el ~ deshonroso de su pasado** sunk deep in the shameful mire of their past (liter)

fangoso -sa *adj* muddy

fantasear [A1] *vi* to fantasize; **vive fantaseando** he lives in a dream world, he spends his life dreaming *o* fantasizing

fantasía *f*
A 1 (imaginación) imagination; **era sólo producto de su ~** it was just a product *o* figment of his imagination; **dejar correr la ~** to give free rein to one's imagination; **tiene mucha ~** she has a very lively imagination 2 (ficción) fantasy; **~s sexuales** sexual fantasies; **sus planes son pura ~** her plans are pure fantasy; **vive en un mundo de ~** he's living in a fantasy world, he's living in cloud-cuckoo-land (colloq)
B (Mús) fantasia
C 1 (bisutería) item of costume jewelry; **de ~** imitation; **una pulsera de ~** an imitation diamond (*o* ruby *etc*) bracelet 2 (*como adj inv*) ‹*lana/punto*› fancy

fantasioso -sa *adj* prone to fantasizing; **es muy ~** he's very prone to fantasizing, he's always making things up (colloq)

fantasista 1 (Dep) magician 2 (CS) (Mús) magician (*of the keyboard*)

fantasma[1] *m*
A 1 (aparición) ghost; **dicen que en el castillo hay ~s** the castle is said to have ghosts *o* to be haunted; **el ~ de la ópera** the Phantom of the Opera 2 (amenaza) specter*; **torturado por el ~ del cáncer** haunted by the specter of cancer
B (TV) ghost
C **fantasma** *mf* (Esp fam) 1 (fanfarrón) show-off (colloq) 2 (persona misteriosa) mysterious character, mystery (colloq)

fantasma[2] *adj* bogus; **subvenciones para empleados ~s** subsidies for bogus employees *o* for employees who do/did not exist; ▸**buque**, **gabinete**, etc

fantasmada *f* (Esp fam) (dicho) boasting, bullshitting (sl); (al actuar) showing off, swanking (BrE colloq); **la ~ de darle la espalda al toro le salió cara** showing off by turning his back to the bull cost him dearly

fantasmagoría *f* phantasmagoria

fantasmagórico -ca *adj* phantasmagoric, phantasmagorical

fantasmal *adj* ghostly, phantom (*before n*)

fantasmón -mona *adj* (fam) big-headed (colloq)

fantasmona *f* (fam) bighead (colloq)

fantásticamente *adv* fantastically

fantástico[1] **-ca** *adj* [1] (fam) (estupendo) fantastic (colloq) [2] (imaginario) ‹*personaje/paisaje*› fantastic, imaginary

fantástico[2] *adv* (CS fam) fantastically well (colloq); **nos llevamos ~** we get on fantastically well (colloq)

fantochada *f* (fam) [1] (tontería): **decir ~s** to talk nonsense, to talk rubbish (BrE colloq); **deja de hacer ~s** stop clowning around (colloq) [2] (Col fam) (fanfarronada): **hacer ~s** to show off (colloq)

fantoche *m* [1] (títere) puppet; **no es más que un ~** he's a nonentity *o* a nobody; **presidente ~** puppet president [2] (mamarracho): **vas hecho un ~** (fam) you look a real sight (colloq) [3] (fam) ▸**fanfarrón**[2]

fantochear [A1] *vi* (AmL fam) to show off (colloq)

fanzine /fan'sin, fan'θin/ *m* fanzine

fañoso -sa *adj* (Ven fam) bunged up (colloq), blocked up

FAO /'fao/ *f*
A (= **Food and Agricultural Organization**) FAO
B (Esp) (= **fabricación asistida por ordenador**) CAM

faquir *m* fakir

farabute *m* (RPl fam) show-off (colloq)

farad, faradio *m* farad

faralá *m* (*pl* **-laes**) (Esp) [1] (volante) flounce (*on typical Andalusian costume*) [2] (falda, traje) *skirt or costume with flounces*

faralado *m* (Ven) flounce, ruffle

farallón *m* (en el mar) stack; (en tierra) crag, rocky outcrop

faramalla *f* (Chi fam) fuss

faramallear [A1] *vi* (Chi fam) to fuss, make a fuss

faramallero -ra *adj* (Chi fam) fussy, nitpicking; **es tan ~** he is such a fussbudget *o* (BrE) fusspot

farándula *f* (period) [1] (ambiente): **la ~** show business [2] (gente): **la ~** show-business people (*pl*), stars (*pl*)

farandulear [A1] *vi* (Ven fam) to show off (colloq), parade around

farandulero -ra *m,f* (Ven fam) socialite, social butterfly (hum)

faraón *m* (Hist) Pharaoh

faraónico -ca *adj* [1] (Hist) Pharaonic, of the Pharaoh/Pharaohs [2] ‹*empresa/tarea*› mammoth (*before n*)

faraute *m*
A (Hist) herald
B (Esp) (mensajero) messenger

FARC *fpl* = **Fuerzas Armadas Revolucionarias de Colombia**

fardar [A1] *vi* (Esp fam) [1] «*persona*» ▸**fanfarronear** [2] (lucir): **llevar ropa de esa marca farda mucho** wearing clothes with that label is guaranteed to get you noticed; **un coche que farda mucho** a car that gets you noticed, a classy *o* showy car (colloq)

farde *m* (Esp fam) [1] (acto): **te das un ~** you're such a show-off [2] (cosa): **ese vestido es un ~** that dress will get you noticed

fardel *m* sack

fardo *m* (de algodón) bale; (de ropa) bundle; (de paja) bale; ***cargar con el ~*** to get landed with it (colloq); **siempre me toca a mí cargar con el ~** it's always me who gets landed with it *o* with doing it

fardón[1] **-dona** *adj* (Esp fam) [1] ‹*persona*› ▸**fanfarrón**[1] [2] ‹*coche/ropa*› showy (colloq), classy (colloq)

fardón[2] **-dona** *m,f* (Esp fam) ▸**fanfarrón**[2]

farellón *m* ▸**farallón**

farero -ra *m,f* lighthouse keeper

fárfara *f* shell membrane

farfolla *f*
A (Bot) (Esp) husk
B (Esp fam) [1] (en escrito, discurso) waffle (colloq); (al hablar) hot air (colloq) [2] (cosa) piece of junk (colloq); **sus joyas son pura ~** her jewelry is nothing but junk (colloq)

farfullar [A1] *vi* (hablar atropelladamente) to gabble, jabber; (hablar con poca claridad) to mutter, mumble
■ **farfullar** *vt* ‹*excusa/protesta*› (decir atropelladamente) to gabble, jabber; (decir con poca claridad) to mutter, mumble

farináceo -cea *adj* starchy, farinaceous (tech)

faringe *f* pharynx

faríngeo -gea *adj* pharyngeal

faringitis *f* pharyngitis

fariña *f* (RPl) manioc flour, cassava

fario *m*: **mal ~** bad luck

farisaico -ca *adj* [1] (Bib) pharisaic [2] (pey) ‹*piedad/actitud*› hypocritical, pharisaical (liter)

fariseo -sea *m,f* [1] (Bib) pharisee [2] (pey) (hipócrita) hypocrite, pharisee (liter)

farla, farlopa *f* (Esp arg) coke (colloq)

farmaceuta *mf* (Andes) ▸**farmacéutico**[2]

farmacéutico[1] **-ca** *adj* pharmaceutical; **compañías farmacéuticas** pharmaceutical *o* drug companies

farmacéutico[2] **-ca** *m,f* pharmacist (frml), druggist (AmE), chemist (BrE)

farmacia *f* [1] (tienda) pharmacy (frml), drugstore (AmE), chemist's (BrE); **~ de guardia** *or* **de turno** duty chemist [2] (disciplina) pharmacy

fármaco *m* medicine, drug

farmacodependencia *f* drug addiction, dependence on drugs

farmacodependiente *mf* drug addict

farmacología *f* pharmacology

farmacológico -ca *adj* pharmacological

farmacólogo -ga *m,f* pharmacologist

farmacopea *f* pharmacopoeia

faro *m*
A (Náut) lighthouse
B (Auto) headlight, headlamp

(Compuestos)
- **faro antiniebla** fog light, fog lamp (BrE)
- **faro de marcha atrás** reversing light
- **faro halógeno** halogen headlight *o* headlamp
- **faro trasero** rear light

farol[1] *adj* (Méx fam): **el cuate ése, es bien ~** that guy is a real show-off (colloq)

farol[2] *m*
A [1] (del alumbrado público) streetlight, streetlamp; (en un jardín, un portal) lantern, lamp; ***¡adelante con los ~es!*** (fam): **aquí tienes las herramientas, te sientas aquí y ¡adelante con los ~es!** here are the tools, sit down here and away you go!; **ya falta poco ¡adelante con los ~es!** we're/you're nearly there, keep going! [2] (Méx) (Auto) headlight, headlamp [3] **faroles** *mpl* (Chi fam) (ojos) eyes (*pl*)

(Compuestos)
- **farol a gas** gaslamp
- **farol de papel** paper lantern
- **faroles de situación** *mpl* navigation lights (*pl*)

B (fam) (Jueg) bluff; ***marcarse*** *or* ***tirarse un ~*** (Esp fam) (en el póker) to bluff; (jactarse) to brag; **se estaba tirando un ~ cuando te dijo eso** he was just bragging when he said that, what he told you was just a load of hot air (colloq)

farola *f* (luz) streetlight, streetlamp; (poste) lamppost

farolazo *m* (Méx fam) stiff drink

farolear [A1] *vi* (fam) to show off (colloq); **un café donde los adolescentes iban a ~** a bar where teenagers went to show off *o* to see and be seen; **se pasaron el fin de semana faroleando en un descapotable** they spent the weekend swanking around *o* parading around in a convertible (colloq)

farolero[1] **-ra** *adj* [1] (presumido) flashy (colloq) [2] (que se tira faroles): **es muy ~** he's always bragging *o* (colloq) shooting his mouth off

farolero[2] **-ra** *m,f* [1] (presumido) show-off (colloq) [2] (jactancioso) boaster, bragger; ***meterse a ~*** (fam) to poke one's nose into things one knows nothing about (colloq)

farolillo *m*
A (de papel) Chinese lantern

(Compuesto) **farolillo rojo** *team at the bottom of the division*

B (Bot) (sapindácea) soapberry; (campanulácea) Canterbury bell

farra *f* (fam) celebrations (*pl*), partying (colloq); **le gusta la ~** he likes partying *o* living it up (colloq); **se fue de ~ con unos amigos** he went out on the town *o* he went out partying with his friends (colloq)

fárrago *m* farrago, jumble, hodgepodge (AmE), hotchpotch (BrE)

farragoso -sa *adj* [1] ‹*informe/texto*› involved, dense; ‹*explicación*› involved, cumbersome [2] ‹*respiración*› labored*

farrear [A1] *vi* (AmL fam) to go out partying (colloq), to go out on the town *o* (BrE) the razzle (colloq)
■ **farrearse** *v pron* (AmL fam) ‹*fortuna/dinero*› to blow (colloq); **se farreó el sueldo en el casino** he gambled away *o* he blew his wages in the casino; **se farreó la oportunidad de su vida** he threw away the chance of a lifetime

farrero -ra *adj/m,f* (AmL fam) ▸**farrista**[1], **farrista**[2]

farrista[1] *adj* (AmL fam): **estudiantes ~s** students who are always out living it up *o* partying *o* having a good time (colloq), students who are always out on the town (colloq)

farrista[2] *mf* (AmL fam): **es un ~** he's always out living it up *o* partying *o* having a good time (colloq)

farruco -ca *adj* (Esp fam) [1] (desafiante) aggressive, stroppy (BrE colloq) [2] (ufano) smug [3] (RPl) *term used to refer to immigrants of Galician or Asturian origin*

farsa *f* [1] (Teatr) farce [2] (engaño) sham, farce; **las elecciones fueron una ~** the elections were a complete sham *o* farce

farsante *mf* fraud, fake

farsantear [A1] *vi* (Chi fam) ▸**fanfarronear**

farsesco -ca *adj* farcical

fas: ***por ~ o por nefas*** *or* ***nefás*** (Esp fam) (what) with one thing and another, for one reason or another

fasciculado -da *adj*
A (Anat, Bot) fasciculate
B (Arquit): **un pilar ~** a clustered *o* compound pier

fascicular *adj*: **una edición ~ de la Historia del Mundo** an edition of the History of the World published in installments

fascículo *m*
A (cuadernillo) part, installment* (*of a serialized publication*), fascicle (tech)
B (Anat) fasciculus

fascinación *f* fascination

fascinador -ra *adj* ▸**fascinante**

fascinante *adj* fascinating

fascinar [A1] *vi* [1] (fam) (encantar): **¿te gusta? — sí, me fascina** do you like him? — yes, I like him a lot *o* (colloq) I'm mad about him; **me fascina ir a la playa** I love going to the beach [2] (interesar): **me fascinó ese programa** I found that program fascinating *o* really interesting
■ **fascinar** *vt* to fascinate, captivate

fascismo *m* fascism

fascista *adj/mf* fascist

fascistoide *adj* fascistoid

fascitis *f* fasciitis

(Compuestos)
- **fascitis necrotizante** necrotizing fasciitis
- **fascitis plantar** plantar fasciitis

fase *f*

A (etapa) stage, phase; **ya superará esa ~** it's just a phase he's going through, he'll get over it; **la ~ previa del torneo** the qualifying stage of the competition; **está todavía en ~ de negociación** it is still being negotiated; Ⓢ **primera fase en construcción** first phase now under construction

B 1▸ (Astron) phase 2▸ (de un cohete) stage

C (Elec) phase

D (Fís, Quím) (estado) phase

faso *m* (RPl arg) cigarette, smoke (colloq), fag (BrE colloq)

fastidiado -da *adj* (esp Esp fam): **¿qué tal tu padre? — está un poco ~** how's your father? — he's not too good *o* too well; **tengo el estómago ~** I've got an upset stomach; **anda ~ de los riñones** he's having trouble with his kidneys, his kidneys are giving him trouble

fastidiar [A1] *vt* 1▸ (molestar, irritar) ‹*persona*› to bother, pester 2▸ (esp Esp fam) (estropear, dañar) ‹*mecanismo/plan*› to mess up; ‹*fiesta/excursión*› to spoil; ‹*estómago*› to upset; **¡la hemos fastidiado!** (esp Esp fam) that's done it! (colloq), now we've blown it! (colloq)

■ **fastidiar** *vi*: **no deja de ~ con que quiere ir al circo** he keeps pestering me about going to the circus; **me fastidia tener que repetir las cosas** it annoys me to have to repeat things; **¡no fastidies! ¿de veras?** go on! you're kidding! (colloq)

■ **fastidiarse** *v pron*

A 1▸ (fam) (jorobarse): **tendré que ~me** I'll have to put up with it (colloq), I'll have to grin and bear it (colloq); **¡hay que ~se!** (Esp) that's great! (colloq & iro); **¡y si no te gusta, te fastidias!** and if you don't like it, you can lump it! (colloq) 2▸ (Esp fam) (estropearse) «*velada*» to be ruined; «*plan*» to go wrong

B (*refl*) (Esp fam) ‹*pierna/espalda*› to hurt; **como sigas bebiendo así te vas a ~ el hígado** if you keep on drinking like that you're going to damage your liver

C 1▸ (AmL fam) (molestarse) to get annoyed, get cross (BrE colloq); **se fastidió por lo que le dije** he got annoyed at what I said 2▸ (Ven) (aburrirse) to get fed up (colloq)

fastidio *m* 1▸ (molestia) annoyance; **¡qué ~!** what a nuisance!, what a pain *o* drag! (colloq) 2▸ (Col) (asco): **les tengo ~** I think they're revolting

fastidioso -sa *adj* 1▸ (molesto) ‹*persona*› tiresome, annoying; ‹*trabajo*› tiresome, irksome; **¡qué ruido más ~!** what an irritating noise!, that noise is getting on my nerves *o* is getting to me! (colloq); **este niño está muy ~** this child is being very tiresome *o* (colloq) is getting on my nerves 2▸ (Méx, Per fam) (quisquilloso) fussy (colloq)

fasto *m*

A ▸**fastuosidad**

B fastos *mpl* (liter) (anales) annals (*pl*)

fastuosamente *adv* sumptuously, lavishly

fastuosidad *f* (de una casa, un vestido) splendor*, magnificence; (de un banquete) sumptuousness, lavishness

fastuoso -sa *adj* ‹*banquete*› lavish, sumptuous; ‹*salón*› magnificent, luxurious; **la película tiene un reparto ~** the movie has a star-studded *o* glittering cast

fasules *mpl* (RPl arg) dough (colloq), gelt (AmE sl), dosh (BrE colloq)

fatal[1] *adj*

A 1▸ ‹*accidente/enfermedad/consecuencias*› fatal; **está muy grave y se teme un desenlace ~** he is in a critical condition and we fear the worst 2▸ (liter) (ineludible) inevitable, fatal (liter), fateful (liter); **el hado/destino ~ así lo había escrito** it was fated/destined to happen 3▸ (Chi fam) (de mala suerte) unlucky; **soy ~ para este juego** I'm very unlucky at this game

B (fam) 1▸ (muy malo) terrible, awful; **los niños están ~es hoy** the children are impossible *o* are behaving terribly today 2▸ (fam) (enfermo): **está ~, tendrán que operar** she's in a really bad way, they'll have to operate (colloq); **me encuentro ~** I feel awful *o* terrible *o* rotten (colloq)

fatal[2] *adv* (esp Esp fam): **lo hice ~** I made a real mess of it (colloq); **viste ~** he dresses really badly; **sus bromas me caen ~** I can't stand her jokes (colloq)

fatalidad *f* 1▸ (destino) fate, destiny 2▸ (desgracia) bad luck, misfortune

fatalismo *m* fatalism

fatalista[1] *adj* fatalistic

fatalista[2] *mf* fatalist

fatalizarse [A4] *v pron* (Chi fam) (*refl*) to hurt oneself badly, be badly injured; **se fatalizó un dedo** she hurt *o* injured her finger badly

fatalmente *adv*

A 1▸ (inevitablemente) unavoidably, inevitably 2▸ (desgraciadamente) unfortunately

B (fam) (muy mal) appallingly, abysmally, terribly badly

fático *adj* phatic

fatídicamente *adv* fatefully

fatídico -ca *adj* fateful; **el día/momento ~ en que te conocí** that fateful day/moment when I met you (liter); **tiene una letra fatídica** (fam) he has terrible handwriting (colloq), his handwriting is appalling *o* dreadful (colloq)

fatiga *f*

A 1▸ (cansancio) tiredness, fatigue (frml); **la ~ causa muchos accidentes en carretera** many road accidents are caused by fatigue 2▸ (ahogo) breathlessness 3▸ (de los frenos) fade

(Compuesto) **fatiga del metal** metal fatigue

B fatigas *fpl* 1▸ (trabajos) hardship, difficulties (*pl*) 2▸ (náusea): **me da ~s** it makes me feel sick *o* nauseous

fatigadamente *adv* wearily

fatigado -da *adj* tired, weary

fatigar [A3] *vt* (físicamente) to tire ... out; (mentalmente) to tire; **tanto subir y bajar me fatiga** all this going up and down stairs tires me out *o* (colloq) takes it out of me

■ **fatigarse** *v pron* 1▸ (cansarse) to get tired, wear oneself out (colloq) 2▸ (ahogarse) to get breathless; **se fatiga subiendo las escaleras** she gets breathless *o* out of breath climbing stairs

fatigosamente *adv* wearily, with difficulty

fatigoso -sa *adj* ‹*trabajo*› tiring, exhausting; **respiración fatigosa** labored breathing

fato *m* (RPl arg) 1▸ (asunto) deal; **siempre anda en ~s sucios** she's always mixed up in some shady deal 2▸ (affaire): **tiene un ~ con ella** he's got a thing going with her (colloq)

fatuidad *f* 1▸ (neciedad) fatuousness 2▸ (engreimiento) conceit

fatuo -tua *adj* 1▸ (necio) fatuous 2▸ (engreído) conceited

fatwa /ˈfatβa/ *f* fatwa

FAU *f* = **Fuerza Aérea Uruguaya**

fauces *fpl* (liter) jaws (*pl*), fauces (*pl*) (liter)

faul *m* (*pl* **fauls**) (AmL) foul

faulear [A1] *vt* (AmL) to foul

faulero -ra *m,f* (AmL) dirty player, persistent fouler

fauna *f* fauna

faunístico -ca *adj* faunistic, faunistical

fauno *m* faun

fausto[1] **-ta** *adj* (frml) happy; **para celebrar tan ~ acontecimiento** to celebrate such a happy *o* (frml) such an auspicious event

fausto[2] *m* magnificence, splendor*; **la boda se celebró con gran ~** the wedding was a splendid *o* magnificent affair

Fausto Faust

fauvismo *m* Fauvism

favela *f* favela, shack; **la vida en las ~s** life in the shanty towns

favor *m*

A 1▸ (ayuda, servicio) favor*; **¿me puedes hacer un ~?** can you do me a favor?; **vengo a pedirte un ~** I've come to ask you (for) a favor *o* to ask a favor of you; **no me han hecho ningún ~ con estos cambios** these changes are a great help, I must say! (iro); **¿me harías el ~ de pasarme esto a máquina?** would you type this for me, please?; **¿puede hacer el ~ de llamar más tarde?** could you possibly phone later?; **hagan el ~ de esperar** would you mind waiting, please?; **¡hágame el ~, hombre! ¿a eso le llaman arte?** they call that art? get out of here! (AmE) *o* (BrE) do me a favour! (colloq); **si no te invitan, ~ que te hacen** if they don't invite you, so much the better *o* they'll be doing you a favor; **¿quién es ése? se le puede hacer un ~ ¿eh?** (fam & hum) who's that guy? I wouldn't say no to him (colloq); Ⓢ **favor de hacer la cola** (Méx) please stand in line (AmE), please queue here (BrE) 2▸ (*en locs*): **a favor** in favor*; **hubo dos votos en contra y seis a ~** there were two votes against and six in favor; **llevamos el viento a ~** we have the wind behind us; **a favor de** in favor* of; **está a ~ del divorcio** she is in favor of divorce; **si es así, aún más a mi ~** if that's the case, that makes me all the more right; **los que estén a ~ de la propuesta, levanten la mano** those in favor of the proposal, please show; **cinco a dos, a ~ de Nacional** (durante el partido) five-two, with Nacional ahead (AmE), five-two to Nacional (BrE) (resultado final) Nacional wins, five-two (AmE), five-two to Nacional (BrE); **saldo a su/nuestro ~** balance in your/our favor; **en favor de: abdicó en ~ de su hijo** he abdicated in favor of his son; **actuó en ~ de los intereses de la empresa** he acted in the interests of the company; **una colecta en ~ de los damnificados** a collection in aid of the victims, a collection for the victims; **por favor** please; **la cuenta, por ~** can I have the check (AmE) *o* (BrE) bill, please?; **pide las cosas por ~** say please; **¡que no se te vaya a caer, por ~!** don't drop it, please!, for heaven's sake don't drop it!; **¿y tú le creíste? ¡por ~, mujer!** and you believed him? honestly *o* really!

B (apoyo, protección): **la exposición gozó de los ~es del público** the exhibition was well supported by the public; **intenta ganarse el ~ de la crítica** he's trying to win the approval of the critics; **muchos buscaban sus ~es** (liter) many men sought her favors (liter); **disfrutaba del ~ del rey** he enjoyed the king's favor

C (arc) (prenda) favor*

favorable *adj* ‹*resultado/opinión*› favorable*; ‹*pronóstico*› good, favorable*; **las circunstancias no nos fueron ~s** circumstances were not in our favor; **~ A algo/algn: un clima ~ a la negociación** a favorable climate for negotiation; **~ A + INF** in favor of -ING; **se muestra ~ a negociar un acuerdo** he is in favor of negotiating a settlement

favorablemente *adv* favorably

favorecedor -dora *adj* becoming

favorecer [E3] *vt* 1▸ (beneficiar) to favor*; **hoy no me ha favorecido la suerte** luck hasn't been on my side today; **una política para ~ la agricultura** a policy to help agriculture 2▸ (contribuir a) to encourage; **actitudes que favorecen que se extienda la enfermedad** attitudes which encourage the spread of the disease; **para ~ la integración de los discapacitados en la sociedad** to encourage the integration of the disabled into society 3▸ «*peinado/color*» (sentar bien) to suit, look good on; **el retrato la favorece mucho** the portrait is very flattering to her

■ **favorecerse** *v pron* (Col fam) to protect oneself

favorecido -da *adj* 1▸ (en una foto): **aquí ha salido muy ~** this photograph flatters him, this is a very flattering photograph of him 2▸ (atractivo): **es muy poco ~** he's not very good looking 3▸ (AmL frml) (en un sorteo): **salió ~ con el primer premio** he was the lucky winner of *o* he won the first prize

favoritismo *m* favoritism*

favorito[1] **-ta** *adj* favorite*

favorito² **-ta**
A *m,f,* favorite*; **partió como claro ~** he started as clear favorite; **una de las favoritas del rey** one of the king's favorites; **logró vencer al segundo/tercer ~ del torneo** she succeeded in beating the tournament's second/third favorite
B **favoritos** *mpl* (Inf) favorites; **agregar a ~s** to add to favorites, bookmark

fax *m* fax; **mándaselo por ~** fax it to him; **mándale un ~** send him a fax

faxear [A1] *vt* to fax, send … by fax

fayuca *f* (Méx fam) ▸**falluca**

fayuquear [A1] *vi* (Méx fam) ▸**falluquear**

fayuquero -ra *m,f* (Méx fam) ▸**falluquero**

faz *f* 1 (liter) (rostro) countenance (liter), face; **no existe otro igual sobre la ~ de la tierra** there isn't another one like it in the whole world; **desapareció de la ~ de la tierra** he vanished off the face of the earth; **cambió la ~ política de nuestro país** it altered the whole political scene in our country 2 (Tex) side; **tela de doble ~** reversible fabric

FBI *m* FBI

FC *m*
A = **ferrocarril**
B (= **fútbol club**) FC

FCE *m* (en Méx) = **Fondo de Cultura Económica**

Fdez. = **Fernández**

FDN¹ *m* (en Méx) = **Frente Democrático Nacional**

FDN² *f* = **Fuerza Democrática Nicaragüense**

Fdo = **firmado** (en correspondencia) signed

fe *f*
A 1 (Relig) faith; **abrazar la ~ cristiana** to embrace the Christian faith; **ha perdido la ~** she has lost her faith 2 (creencia, confianza) faith; **tener ~ en Dios** to have faith in God; **había puesto toda mi ~ en ti** I had put all my trust in you; **le tiene una ~ ciega** he has absolute *o* blind faith in it
(Compuesto) **fe del carbonero**: **la ~ del ~** blind faith
B (frml) (testimonio): **dar ~ de algo** to testify to sth; **doy ~ de su honestidad** I can testify to *o* vouch for his honesty; **doy ~ de que el documento es auténtico** I bear witness to the authenticity of the document, I certify that the document is authentic; **en ~ de todo ello** (frml) in witness hereof (frml); ***a ~ mía*** (arc) upon my soul (arch)
(Compuestos)
- **fe de bautismo** certificate of baptism
- **fe de erratas** *or* **errores** errata
- **fe de soltería** *document certifying that a person is not married*
- **fe de vida** *document certifying that a person is still alive*

C (voluntad, intención): **buena/mala ~** good/bad faith; **actuar de buena/mala ~** to act in good/bad faith; **no dudo de su buena ~** I don't doubt his good intentions; **lo hizo con la mejor ~ del mundo** he did it with the best of intentions

fealdad *f* ugliness

feb. (= **febrero**) Feb.

Febo Phoebus

febrero *m* ▸ⓘ **p.371** February; *para ejemplos ver* **enero**

febrícula *f* slight fever

febrífugo *m* febrifuge

febril *adj* 1 (Med) ‹*estado*› feverish 2 ‹*actividad/ritmo*› feverish; ‹*debate*› heated

febrilmente *adv* feverishly

fecal *adj* fecal*

FECH /fetʃ/ *f* = **Federación de Estudiantes de Chile**

fecha *f* ▸ⓘ **p.371** date; **¿qué ~ es hoy?** what's the date today?, what date is it today?; **con** *or* **de ~ 7 de marzo último** (Corresp) dated March 7 *o* (BrE) 7th March last; **tuve que adelantar la ~** I had to move up (AmE) *o* (BrE) bring forward the date; **atrasaron la ~** they moved back *o* (BrE) put back the date; **hasta la ~** to date; **le dieron/tiene ~ para Agosto** (para un examen, una entrevista etc) she has her exam (*o* interview *etc*) in August, she has an appointment in August; (para el parto) the baby is due in August; **el año pasado por estas ~s** this time last year; Ⓢ **inauguración en fecha próxima** opening soon
(Compuestos)
- **fecha de caducidad** (de un medicamento) expiration date (AmE), expiry date (BrE); (de un alimento) use-by date; Ⓢ **fecha de caducidad 25 junio 2010** (en un medicamento) expires June 25th 2010; (en un alimento) use by June 25th 2010
- **fecha de consumo preferente** best-before date
- **fecha de vencimiento** (de una letra) due date, maturity date; (de un medicamento, alimento) (AmL) ▸**fecha de caducidad**
- **fecha límite** closing date
- **fecha patria** national day
- **fecha tope** closing date

fechable *adj* datable; **~ hacia/en el siglo XVI** datable to around/to the 16th century

fechado *m* dating

fechador *m* date stamp

fechar [A1] *vt* 1 ‹*carta/documento*› to date; **una noticia fechada en Bruselas** a news item from Brussels 2 (Arqueol) to date

fechoría *f* misdeed; **secuestros, asaltos y otras ~s** kidnappings, robberies and other misdeeds *o* crimes; **ya está haciendo otra de sus ~s** he's up to mischief *o* up to his tricks again

FECODE /fe'koðe/ *f* = **Federación Colombiana de Educadores**

FECOM /fe'kom/ *m* = **Fondo Europeo de Compensación Monetaria**

fécula *f* starch

feculento -ta *adj* starchy

fecundación *f* fertilization
(Compuestos)
- **fecundación artificial** artificial fertilization
- **fecundación in vitro** in vitro fertilization

fecundante *adj* fertilizing (*before n*)

fecundar [A1] *vt* 1 ‹*óvulo*› to fertilize; ‹*animal*› to inseminate 2 (liter) (hacer fértil) to make … fertile; **la lluvia que fecunda la tierra** the rain that makes the earth fertile *o* (liter) fruitful; **había fecundado su espíritu** it had enriched his spirit (liter)

fecundidad *f* 1 (Biol) fertility 2 (de la tierra) fruitfulness; **la ~ de su labor entre los pobres** the fruitfulness of her work among the poor; **un escritor de la ~ de Ramos** a writer as prolific as Ramos

fecundizar [A4] *vt* to fertilize, put fertilizer on

fecundo -da *adj* 1 (Biol) ‹*mujer*› fertile, fecund (frml) 2 ‹*región*› fertile; ‹*tierra*› rich, fertile, fecund (frml) 3 ‹*labor*› fruitful; ‹*autor*› prolific

FED /feð/ *m* (= **Fondo Europeo de Desarrollo**) EDF

fedai, feday *m* (*pl* **-yín** *or* **-yines**) member of the fedayeen; **los fedayín** *or* **fedayines** the fedayeen

fedatario -ria *m,f* notary (public)

fedayín, fedayin *m* (crit) ▸**fedai**

FEDECAFE /feðe'kafe/ *f* (en Col) = **Federación Nacional de Cafeteros**

FEDEGAN /feðe'ɣan/ *f* (en Col) = **Federación Nacional de Ganaderos**

FEDER /'feðer/ *m* (= **Fondo Europeo de Desarrollo Regional**) ERDF

federación *f* federation
(Compuesto) **Federación Rusa** *f* Russian Federation

federal *adj* federal

federalismo *m* federalism

federalista *adj/mf* federalist

federar [A1] *vt* to federate
■ **federarse** *v pron* 1 (Pol) «*estados*» to federate, become federated 2 (Dep) to affiliate (*to the governing body of a sport*)

federativo -va *adj* federative (frml); **recibió la autorización federativa** he received authorization from the federation

feedback /'fidbak/ *m* (*pl* **~s**) feedback

feérico -ca *adj* (liter) fairy (*before n*)

fehaciente *adj* reliable, irrefutable, incontrovertible

fehacientemente *adv*: **se sabe ~ que …** we know for certain that …, we are absolutely certain *o* sure that …; **nos consta ~ su identidad** we are absolutely sure *o* certain of his identity

felación *f* fellatio

feldespato *m* feldspar

felicidad *f* 1 (alegría) happiness; **te deseo toda la ~ del mundo** I wish you all the happiness in the world 2 **¡felicidades!** *interj* (por el cumpleaños) Happy Birthday!; (en Navidad) Merry *o* (BrE) Happy Christmas!; (en Año Nuevo) Happy New Year!; (por un logro) congratulations!

felicitación *f* 1 (escrito — por un logro) letter of congratulation; (— en Navidad) Christmas card (*or letter wishing sb Merry Christmas*) 2 **felicitaciones** *fpl* (deseo — por un logro) congratulations (*pl*); (— en Navidad) greetings (*pl*), wishes (*pl*); **reciba usted mis más sinceras felicitaciones por esta victoria** (frml) my sincerest congratulations on your victory 3 **¡felicitaciones!** *interj* (AmL) congratulations!

felicitar [A1] *vt* 1 (por un logro) to congratulate; **te felicito, fue un éxito increíble** congratulations, it was a great success; **¿aprobaste? ¡te felicito!** you passed? congratulations!; **me felicitó por el premio** he congratulated me on winning the prize 2 (por Navidad, un cumpleaños): **siempre llama en Nochebuena para ~nos** he always calls on Christmas Eve to wish us (a) Merry Christmas; **llamé para ~la por su cumpleaños** I phoned to wish her (a) Happy Birthday
■ **felicitarse** *v pron* (frml) **~se DE algo** to be very glad ABOUT sth; **me felicito de que todo se haya resuelto** I am delighted *o* very glad that the matter has been resolved

félido¹ **-da** *adj* (Zool) feline

félido² *m* (Zool) feline; **los ~s** the cat family

feligrés -gresa *m,f* parishioner; **entre sus feligreses** among his parishioners, among the members of his congregation

feligresía *f* 1 (territorio) parish 2 (feligreses) parishioners (*pl*)

felino¹ **-na** *adj* 1 (Zool) feline 2 ‹*persona/movimiento/rasgo*› feline, cat-like

felino² **-na** *m,f* feline, cat; **los ~s** the cat family; **los grandes ~s** the big cats

feliz *adj* 1 ‹*persona*› happy; **les deseo que sean muy felices** I wish you every happiness; **fuimos muy felices allí** we were very happy there; **no me hace muy ~ que vaya sola** I'm not very happy about her going on her own; **y fueron felices y comieron perdices** (fr hecha) and they all lived happily ever after 2 ‹*día/vida*› happy; **aquél fue el día más ~ de su vida** that was the happiest day of her life; **tiene un final ~** it has a happy ending; **¡~ cumpleaños!** happy birthday!; **¡~ Navidad!** Merry *o* (BrE) Happy Christmas!; **¡~ Año Nuevo!** Happy New Year!; **¡~ viaje!** have a good trip!, bon voyage!; **¡felices Pascuas!** (en Pascua) Happy Easter!; (en Navidad) Merry *o* (BrE) Happy Christmas!; **¡felices vacaciones!** have a good vacation (AmE) *o* (BrE) holiday! 3 ‹*idea/frase*› apt, felicitous; **no estuvo muy ~ en su intervención** his performance was rather unfortunate

felizmente *adv* 1 (*indep*) (afortunadamente) luckily, fortunately; **~, no había nadie en la casa** luckily *o* fortunately, there was no one in the house 2 (con felicidad) happily; **tiene a**

ℹ La fecha

Los días y los meses

Los nombres de los días de la semana y los meses del año se escriben con mayúscula en inglés:

lunes	Monday
martes	Tuesday
miércoles	Wednesday
jueves	Thursday
viernes	Friday
sábado	Saturday
domingo	Sunday
enero	January
febrero	February
marzo	March
abril	April
mayo	May
junio	June
julio	July
agosto	August
septiembre *or* setiembre	September
octubre	October
noviembre	November
diciembre	December

En inglés se emplean los números ordinales para referirse a los días del mes:

hoy es nueve
= today's the ninth

llegó el tres
= he arrived on the third

nos volveremos a reunir el día veinte
= we'll meet again on the twentieth

En el inglés norteamericano la fecha normalmente se escribe de la siguiente manera:

March 3rd
(léase March third)

En el inglés británico puede escribirse de dos maneras distintas:

3rd March
(léase the third of March)

March 3rd
(léase March the third)

Para preguntar la fecha

¿a cuánto estamos?
= what's the date?

¿qué fecha es hoy?
= what date is it today?

hoy es siete
= it's the seventh

(el) siete de enero
= January seventh (*AmE*)
= January the seventh (*BrE*)
= the seventh of January (*BrE*)

¿qué día es hoy?
= what day is it today?

es miércoles
= it's Wednesday

Años y décadas

En inglés los años se expresan de la siguiente manera:

55 aC/dC
= fifty-five BC/AD

763
= seven sixty-three

900
= nine hundred

Los años a partir del año 1000 se expresan en centenas y no en miles:

1066
= ten sixty-six

1200
= twelve hundred

1996
= nineteen ninety-six

Cuando se añade el año a la fecha, sólo hace falta agregar una coma:

nació el 27 de mayo de 2001
= she was born on May 27th, 2001

Esta coma suele omitirse en correspondencia formal, donde la fecha puede escribirse:

September 8th 2010
8th September 2010
September 8 2010
8 September 2010

Cuando la fecha se escribe en cifras, el inglés norteamericano indica primero el mes y luego el día, mientras que en Gran Bretaña se expresa primero el día y luego el mes:

28 de octubre de 2008
= 10.28.08 (*AmE*)
= 28.10.08 (*BrE*)

Las cifras pueden ir separadas por puntos, guiones o barras:

5.10.08 5-10-08 5/10/08

Para referirse a una década se utiliza el plural:

los años veinte
= the twenties

la década 1850–1860
= the eighteen fifties

Siglos

Se utilizan los números ordinales para referirse a los siglos:

el siglo quinto
= the fifth century

el siglo dieciocho
= the eighteenth century

Cuando se escriben en cifras, se utilizan números arábigos:

el siglo XIV
= the 14th century

s.XIX
= 19c
= C19

¿Cuándo?

¿Cuándo sucedió/sucede/sucederá?
= When did it/does it/will it happen?

el jueves
= on Thursday

el jueves 6
= on Thursday 6th

el jueves por la tarde
= on Thursday afternoon

el 26 de febrero
= on February 26th

el 10 de junio de 2006
= on June 10th, 2006

en enero
= in January

en primavera
= in (the) spring

en la primavera de 2004
= in the spring of 2004

en 1970
= in 1970

en la década de los 80
= in the eighties

en el siglo XXI
= in the 21st century

a principios de agosto
= in early August

a mediados de enero
= in mid-January

a fines de diciembre
= in late December

a principios de la primavera
= in the early spring

a principios de este año
= at the beginning of this year

a mediados de la década de los 60
= in the mid-1960s

a fines del s.XVIII
= in the late 18c

todas las hijas ~ casadas all her daughters are happily married

felón[1] **-lona** *adj* (traicionero) treacherous; (malvado) vile, wicked

felón[2] **-lona** *m,f* (traidor) traitor; (malvado) vile person, wicked person

felonía *f* (liter) felony (tech), serious crime

felpa *f*
A 1 (Tex) (para toallas) toweling*; (en tapicería) plush; **un osito de ~** a furry teddy bear 2 (para el polvo) duster
B (fam) (reprimenda) scolding, telling-off, ticking-off (BrE colloq)

felpeada *f* (RPl fam) ▸**felpa B**

felpear [A1] *vt* (RPl fam) to scold, tell … off, haul … over the coals

felpudo *m* doormat

femenil *adj* (Méx) ‹*equipo/moda*› ladies' (*before n*), women's (*before n*); **tenis ~** women's tennis

femenino -na *adj* 1 ‹*equipo/moda*› ladies' (*before n*), women's (*before n*); ‹*hormona/sexo*› female; **el voto ~** women's votes 2 ‹*vestido/modales*› feminine; ‹*chica*› feminine; **la moda de este año es muy femenina** fashions this year are very feminine 3 (Ling) feminine

feminización *f* 1 (de rasgos, caracteres) feminization 2 (Ling) feminization

fémina *f* (liter) (hum) woman

femineidad *f* femininity

feminicida, femicida *m* murderer of a woman (*in circumstances of gender violence*)

feminicidio, femicidio *m* femicide, killing of a woman (*in circumstances of gender violence*)

feminidad *f* femininity

feminismo *m* feminism

feminista *adj/mf* feminist

feminizar [A4] *vt* to feminize

■ **feminizarse** *v pron* to take on female characteristics

feminoide *adj* (pey) womanish

femoral *adj* femoral

fémur *m* femur, thighbone

FENALCO /fe'nalko/ *f* (en Col) = **Federación Nacional de Comerciantes**

fenecer [E3] *vi* **1** (frml) «*persona*» to expire (frml), to pass away (frml *or* euph) **2** (frml) «*plazo*»: **el plazo fenece el 28 de febrero** payment (*o* applications *etc*) must be received by February 28, the last date for payment (*o* applications *etc*) is February 28

fenecimiento *m* death, passing (euph)

Fenicia *f* Phoenicia

fenicio -cia *adj/m,f* Phoenician

fénico -ca *adj* carbolic; **ácido ~** phenol, carbolic acid

fénix *m* phoenix; **el ~ de los ingenios** *name used to refer to Lope de Vega*

fenobarbital *m* phenobarbitone

fenol *m* phenol, carbolic acid

fenomenal[1] *adj* (fam) fantastic (colloq), great (colloq)

fenomenal[2] *adv* (fam): **nos lo pasamos ~** we had a great *o* fantastic time (colloq); **me vino ~** it was exactly *o* just what I needed; **te recojo a las ocho — ¡~!** I'll pick you up at eight — great! (colloq)

fenomenalmente *adv* brilliantly; **jugó ~** he played brilliantly; **está ~ bien escrita** it's incredibly well written; **los niveles son ~ altos** the levels are incredibly high

fenoménico -ca *adj* phenomenal

fenómeno[1] **-na** *adj/adv* (AmL) ▸**fenomenal**[1], **fenomenal**[2]

fenómeno[2] *m* **1** (hecho, suceso) phenomenon; **~s meteorológicos** meterological phenomena; **~ social** social phenomenon **2** (persona — monstruosa) freak; (— excepcional) genius; **es un ~ para la química** he's a genius at chemistry, he's phenomenal *o* brilliant at chemistry

fenomenología *f* phenomenology

fenotípico -ca *adj* phenotypical

fenotipo *m* phenotype

feo[1] **fea** *adj* **1** ‹*persona/animal/edificio*› ugly; ‹*peinado*› unflattering; **es fea de cara** she's not at all pretty, she has a very plain face; **es ~ con ganas** he's as ugly as sin (colloq); **la pobre chica es feíta** *or* **feúcha** the poor girl is rather plain *o* (AmE colloq) homely; **es un barrio ~** it's not a very nice neighborhood; **es un color bastante ~** it isn't a very attractive *o* nice color; **llevaba una corbata feísima** he was wearing the most awful tie; ***ser más ~ que Picio*** *or* ***que un pecado*** *or* ***que pegarle a Dios*** *or* ***que pegarle a la madre*** (fam) to be as ugly as sin (colloq); ***siempre me toca bailar con la más fea*** (fam) I always get the short end of the stick *o* draw the short straw (colloq) **2** ‹*asunto/situación*› unpleasant; ‹*olor/sabor*› (esp AmL) unpleasant; **¡qué ~ está el día!** (AmL) what an awful day!; **me has dado cartas muy feas** you've dealt me horrible cards; **la cosa se está poniendo fea, vámonos** things are getting nasty *o* ugly *o* this is getting unpleasant, let's go; **es** *or* (Esp) **está muy ~ hablar así de los amigos** it's not nice to talk about your friends like that; **tiene la fea costumbre de contestar** he has an unpleasant habit of answering back

feo[2] *adv* (AmL) ‹*oler/saber*› bad; **me miró ~** she gave me a dirty look; ***sentir ~*** (Méx) to feel terrible; **se siente ~ que te traten así** it's really terrible to be treated like that

feo[3] *m* (fam) **1** (desaire): **hacerle un ~ a algn** to snub sb **2** (fam) (fealdad): **es encantador, pero es de un ~ ...** he's charming, but boy, is he (ever) ugly! (AmE), he's charming but he isn't half ugly! (BrE colloq); **es de un ~ que asusta** he's as ugly as sin *o* as ugly as they come (colloq)

FEOGA *m* (UE) (= **Fondo Europeo de Orientación y de Garantía Agrícola**) EAGGF

feón -ona *adj* (AmL fam) ugly; **es bien feona de cara la pobre** the poor soul has a really ugly face; **el tiempo está medio ~** the weather isn't very nice; **está feona la situación** the situation is looking ugly

feracidad *f* (liter) fertility, richness

feraz *adj* fertile, rich

féretro *m* coffin

feria *f*

A **1** (exposición comercial) fair; **la ~ del libro/juguete** the book/toy fair; **~ ganadera** livestock show; **~ de muestras** trade fair **2** (CS, Per) (mercado) market

Compuestos

- **feria americana** (RPl) garage sale
- **feria comercial** trade show

B **1** (fiesta popular) festival; **la ~ del pueblo** the village festival; **la ~ de Sevilla** the April Fair in Seville; **en mi pueblo están en ~s** my village is holding its festival; ***irle a algn como en ~*** (Méx): **al equipo le ha ido como en ~** the team has done terribly; ***cada uno habla de la ~ según le va en ella*** everyone sees things from his or her own point of view **2** (Taur) series of bullfights (*held during a festival*) **3** (parque de atracciones) fair, funfair (BrE)

C **1** (Méx fam) (cambio, suelto) small change; **¿trae ~?** do you have any small change?; **¿me cambia este billete por ~?** can you change this bill (AmE) *o* (BrE) note, please? **2** (Méx fam) (dinero) cash (colloq), dough (colloq), gelt (AmE colloq)

D (RPl) (Der) vacation, recess

> **Feria de Sevilla**
>
> A two-week celebration in Seville, Spain, starting two weeks after ▸**Semana Santa**.
>
> The fair centers around the fairground in the south of Seville with many and varied amusement stands and food stalls. Another feature is the famous *casetas* . These are wooden houses that serve as private places in which the ▸**peña**, clubs formed by people taking part in the fair, gather to dance, sing, eat and drink.

feriado[1] **-da** *adj* (AmL): **días ~s** public holidays

feriado[2] *m* (AmL) holiday; **mañana es ~** tomorrow's a holiday; **cierran domingos y ~s** they are closed on Sundays and public holidays

ferial[1] *adj*: **el recinto ~** the showground *o* fairground

ferial[2] *m* fairground, showground

feriante *mf* (CS) **1** (en una feria) exhibitor **2** (en un mercado) stallholder, trader

feriar [A1] *vt* (Andes) to sell (*gen cheaply*)

feriero -ra *m,f* (Chi) stallholder, trader

ferino -na *adj* ▸**tos**

fermata *f* run

fermentación *f* fermentation

fermentar [A1] *vi* **1** (Quím, Vin) to ferment **2** «*odio/descontento*» to ferment, simmer

■ **fermentar** *vt* to ferment

fermento *m* **1** (Quím, Vin) ferment **2** (de rebeldía, odio) ferment

fermio *m* fermium

ferocidad *f* ferocity, fierceness

feromona *f* pheromone

feroz *adj* **1** ‹*animal*› ferocious, fierce; ‹*ataque/mirada*› fierce, vicious; ‹*viento/tempestad*› fierce, violent; ‹*fanatismo*› fierce; **bajo el ~ sol del mediodía** beneath the fierce midday sun; **se desató una ~ tempestad** a fierce *o* violent storm was unleashed (liter); **tengo un hambre ~** (fam) I'm ravenous *o* starved (colloq) **2** (Col, Méx fam) (feo) horrendous (colloq); **un verde ~** a ghastly *o* horrendous green (colloq)

ferozmente *adv* fiercely, ferociously

ferragosto *m* (Esp period) intense August heat

férreo -rrea *adj*

A **1** ‹*voluntad*› iron (*before n*); ‹*determinación*› steely; ‹*disciplina*› strict **2** ‹*horario*› strict, rigid; ‹*oposición*› fierce, determined; ‹*marcaje*› tight, very close

B (de hierro) ferrous (tech), iron (*before n*); ▸**vía**[1]

ferretería *f* **1** (tienda) hardware store, ironmonger's (BrE); (mercancías) hardware, ironmongery (BrE) **2** (fábrica) foundry, ironworks (*sing or pl*)

ferretero -ra *m,f* hardware dealer, ironmonger (BrE)

férrico -ca *adj* ferric, iron (*before n*)

ferrita *f* ferrite

ferroaleación *m* ferro-alloy

ferrobús *m* diesel railcar

ferrocarril *m* **1** (sistema) railroad (AmE), railway (BrE); **la historia del ~** the history of the railroad *o* railway **2** (ant) (tren) train

Compuesto **ferrocarril de cremallera** cog railway, rack railway

ferrocarrilero -ra *adj/m,f* (Chi, Méx) ▸**ferroviario**[1], **ferroviario**[1]

Ferronales *mpl* = **Ferrocarriles Nacionales de México**

ferroprusiato *m* blueprint

ferroso -sa *adj* ferrous

ferrotipo *m* tintype, ferrotype

ferroviario[1] **-ria** *adj* rail (*before n*), railroad (*before n*) (AmE), railway (*before n*) (BrE)

ferroviario[2] **-ria** *m,f* railroad worker (AmE), railway worker (BrE)

ferruginoso -sa *adj* ferruginous

ferry *m* (*pl* **~s, ferries**) ferry, ferryboat

fértil *adj* **1** ‹*tierra/región*› fertile, rich **2** ‹*mujer/hembra*› fertile **3** ‹*imaginación*› fertile

fertilidad *f* fertility

fertilización *f* **1** (de la tierra) fertilization **2** (del óvulo) fertilization

Compuesto **fertilización in vitro** in vitro fertilization

fertilizante[1] *adj* ‹*agente*› fertilizing (*before n*); ‹*droga*› fertility (*before n*)

fertilizante[2] *m* fertilizer

fertilizar [A4] *vt* to fertilize, put fertilizer on

férula *f* **1** (Med) splint **2** (varilla) cane, rod; ***estar bajo la ~ de algn*** to be under sb's rule *o* domination

ferviente *adj* ‹*admiración/creyente*› fervent; ‹*deseo*› burning, ardent; ‹*fe/defensor*› passionate, ardent

fervor *m* fervor*; **lo aclamaron con ~** they applauded him fervently *o* enthusiastically

fervorosamente *adv* fervently

fervoroso -sa *adj* ‹*creyente/plegaria*› fervent; **un ~ aplauso** fervent *o* enthusiastic applause

festejado -da *m,f* (CS) *person celebrating his/her birthday* (*o saint's day etc*); **un brindis por el ~** a toast to the birthday boy (*o* guest of honor *etc*)

festejante *m* (ant) suitor (dated)

festejar [A1] *vt* **1** ‹*chiste/gracia*› to laugh at **2** (agasajar) to wine and dine, fête, entertain **3** (AmL) (celebrar) to celebrate; **le ~on el cumpleaños en el club** they celebrated her birthday at the club **4** (ant) (cortejar) to court (dated), to woo (dated *or* liter)

festejo *m* celebration, festivity; **los ~s duraron hasta la madrugada** the celebrations *o* festivities went on until the early hours of the morning

festín *m* feast, banquet

festinar [A1] *vt* (Chi, Méx) **1** (frml) (apresurar) to hurry through **2** (tratar con ligereza) to make light of

festival *m* festival; **~ de cine** film festival

festivalero -ra *adj* ‹*ambiente*› festive, festival (*before n*); ‹*público*› festival-going (*before n*)

festivamente *adv* festively
festividad *f* 1 (fiesta religiosa) feast, festivity 2 **festividades** *fpl* (festejos) festivities (*pl*), celebrations (*pl*)
festivo -va *adj* festive; **reinaba un aire ~** there was a festive atmosphere; ▸**día**
festón *m*
A (punto) scallop trim
B (Arquit) festoon
festoneado -da *adj* scalloped
festonear [A1], **festonar** [A1] *vt* to scallop
feta *f* (RPl) slice
fetal *adj* fetal*
fetecuar [A1] *vt* (Col fam) to bump ... off (colloq), to kill
fetén[1] *adj inv* (Esp fam) 1 (fabuloso) terrific (colloq), fabulous (colloq), great (colloq) 2 (auténtico) real, genuine; **te juro que es ~** it's the real McCoy, I swear! (colloq)
fetén[2] *f* (fam): **la ~** the (honest) truth
fetiche *m* fetish
fetichismo *m* fetishism
fetichista[1] *adj* fetishistic
fetichista[2] *mf* fetishist
feticidio *m* feticide*
fetidez *f* (cualidad) smelliness, fetidness (frml); (olor) stench
fétido -da *adj* fetid, foul-smelling
feto *m* 1 (Biol, Med) fetus* 2 (fam) (persona fea) ugly person; **el pobre es un ~** the poor guy's as ugly as sin (colloq)
feúcho -cha *adj* (fam) ‹*mujer*› plain, homely (AmE colloq); **es ~ pero muy simpático** he's not much to look at *o* he's not very good-looking, but he's very nice (colloq)
feudal *adj* feudal
feudalismo *m* feudalism
feudo *m* 1 (Hist) fief 2 (coto, territorio) domain, territory; **el equipo volvió a perder en su ~** (period) the team lost at home again; **el tema está fuera de su ~** the subject lies outside their domain *o* remit
feúra *f* (AmL fam) (cualidad) ugliness; (persona fea) ugly person; (cosa fea) ugly thing
FEUU /fe'u/ *f* = **Federación de Estudiantes Universitarios del Uruguay**
FEVE /'feβe/ = **Ferrocarriles Españoles de Vía Estrecha**
fez *m* fez
ff (= **fortissimo**) ff
f.f. (= **franco fábrica**) **precio ~** ex-factory price
FF AA *fpl* = **Fuerzas Armadas**
FFCC *mpl* = **ferrocarriles**
FGD *m* = **Fondo de Garantía de Depósitos**
FIA *f* (= **Federación Internacional de Automovilismo**) IAF
FIAA *f* (= **Federación Internacional de Atletismo Amateur**) IAAF
fiabilidad *f* reliability
fiable *adj* 1 ‹*persona*› trustworthy, reliable 2 ‹*dato*› reliable
fiaca[1] *adj inv* (RPl fam) bone idle (colloq), lazy
fiaca[2] *f*
A 1 (Andes, CS fam) (pereza): **me da ~ tener que levantarme tan temprano** I can't be bothered to get up so early; **qué ~ que tengo hoy** I'm feeling really lazy today; **hacer ~** to laze around 2 (Ur fam) (hambre): **tengo una ~ bárbara** I'm starved *o* ravenous (colloq)
B **fiaca** *mf* (RPl fam) (perezoso) lazybones (colloq)
fiacún -cuna *m,f* (RPl fam) lazybones (colloq)
fiado -da *adj* on credit, on tick (BrE colloq); **comprar (al) ~** to buy on credit; **no vendemos (al) ~** we don't give credit
fiador -dora *m,f*
A (Com, Der, Fin) guarantor; **salir ~ por algn** to stand surety for sb, to act as guarantor for sb
B **fiador** *m* (de una puerta) bolt; (de una escopeta) safety catch
fiambre *m*
A (Coc) cold meat; **carne en ~** cold meat; **~s surtidos** selection of cold meats *o* (AmE) cold cuts
B (arg) (cadáver) stiff (sl); ***quedarse ~*** (fam) to snuff it (colloq)
C (Col) (comida al aire libre) picnic
fiambrera *f* 1 (Esp) (recipiente) lunch box 2 (CS) (fresquera) meat safe
fiambrería *f* (AmL) delicatessen
fianza *f* 1 (Der) bail; **le concedieron la libertad bajo ~ de $2.000** he was released on $2,000 bail; **salió bajo ~** she was released on bail; **está en libertad bajo ~** he is out on bail 2 (Com) deposit
fiar [A17] *vt* ‹*mercancías*› to sell ... on credit; **¿me las fía?** can I owe you for them?, will you put them on the slate? (BrE colloq); **le fío los envases** I won't charge you the deposit on the bottles; ***¡largo me lo fías/fiáis!*** (Esp) I'll believe it when I see it!
■ **fiar** *vi* 1 (dar crédito) to give credit; **S en este establecimiento no se fía** no credit given, no credit; **ya no le fían en la tienda** they won't let him have anything else on credit *o* (BrE colloq) on tick at the store 2 **no ser de ~**: **esta cerradura no es de ~** this lock is not very secure; **no es persona de ~** he's not to be trusted, he's not trustworthy; **no es muy de ~ e igual no aparece** he's not very reliable so he might not turn up
■ **fiarse** *v pron*: **no me fío de lo que dice** I don't believe what he says; **~se DE algn** to trust sb; **no se fía de nadie** he doesn't trust anyone; **~se DE QUE + SUBJ**: **no me fío de que cumpla su promesa** I don't trust him to keep his promise, I don't believe he'll keep his promise; ***fíate de la Virgen y no corras*** (Esp fam & iró) you'd better get your act together (colloq)
fiasco *m* fiasco
fibra *f* 1 (Tex) fiber*; **~s artificiales** *or* **sintéticas** synthetic *o* man-made fibers 2 (de amianto) fiber*; **cepillar la madera en el sentido de las ~s** plane the wood with the grain 3 (Coc, Med) fiber*; **una alimentación rica en ~** a high fiber diet 4 (Anat) fiber*; **ese tipo es pura ~** (fam) that guy's solid muscle (colloq); **yo no estoy hecho de esa ~** (fam) I'm not cut out for it *o* made of the right stuff (colloq) 5 (Méx) (estropajo) scouring pad, scourer (BrE)
(Compuestos)
- **fibra de carbono** carbon fiber*
- **fibra de cristal** (Esp) fiberglass*
- **fibra de vidrio** fiberglass*
- **fibra dietética** dietary fiber *o* (BrE) fibre
- **fibra metálica** (Méx) steel wool
- **fibra óptica** optical fiber*

fibrilación *f* fibrillation
fibrilado -da *adj* ▸**fibrilar[1]**
fibrilar[1] *adj* fibril, fibroid
fibrilar[2] [A1] *vi* to fibrillate
fibrina *f* fibrin
fibroma *m* fibroid, fibroma
fibromialgia *f* (Med) fibromyalgia
fibrosis *f* fibrosis
(Compuesto) **fibrosis cística** *or* **pancreática** *or* **quística** cystic fibrosis
fibrositis *f* fibrositis
fibroso -sa *adj* fibrous
fíbula *f*
A (Anat) fibula
B (Hist) fibula
ficción *f* 1 (Lit) fiction 2 (invención) fiction; **lo de su herencia es pura ~** all that talk about his inheritance is a complete fabrication *o* is pure fiction
(Compuesto) **ficción científica** science fiction
ficcional *adj* fictional
ficha *f*
A (para datos) index card; **la policía le abrió ~** the police opened a file on him
(Compuestos)
- **ficha del inmueble** property details
- **ficha médica** medical records (*pl*)
- **ficha policial** police record
- **ficha técnica** technical specifications (*pl*)

B 1 (de teléfono, estacionamiento) token; **introducir la ~ por la ranura** insert the token in the slot 2 (Jueg) (de dominó) domino; (de damas) checker (AmE), draught (BrE); (de otros juegos de mesa) counter; (de ruleta, póker) chip
C (Dep) (contrato) signing-on fee; (pago) contract
D (AmL fam) (persona de cuidado) rat (colloq); **¡qué ~ resultó ser el novio de Alicia!** Alicia's fiancé turned out to be a real rat *o* (BrE) a really nasty piece of work! (colloq)
fichaje *m* (Dep) 1 (acción) signing (up) 2 (jugador) signing, trade (AmE), draft pick (AmE); **¡qué ~ la nueva secretaria!** (fam) the new secretary has turned out to be quite an acquisition!
fichar [A1] *vt* 1 «*policía*» to open a file on; **está fichado** the police have a file on him; **te tiene fichado** (fam) she's got your number, she's got you sussed (colloq) 2 «*equipo/club*» to sign up, sign; **lo fichó el Real Madrid** he was signed (up) by Real Madrid
■ **fichar** *vi* 1 (en una fábrica, oficina — a la entrada) to clock in, punch in (AmE); (— a la salida) to clock out *o* (BrE) off, to punch out (AmE) 2 (Esp) **~ POR algn** (por un club) to sign up WITH sb, sign FOR sb, join sb; (por una empresa) to join sb 3 (Esp fam) (para cobrar el paro) to sign on 4 (Méx arg) «*prostituta*» to hook (sl)
fichera *f* 1 (Méx arg) (prostituta) prostitute, hooker (colloq) 2 (Ven fam) (en un bar) hostess
fichero *m*
A 1 (mueble) filing cabinet 2 (cajón) card index cabinet 3 (caja) index card file (AmE), card index box (BrE) 4 (conjunto de fichas) file
B (Inf) file
(Compuestos)
- **fichero archivado** archive file
- **fichero de autoridad** (Inf, Ling) authority file
- **fichero de datos/reserva** data/back-up file
- **fichero de trabajo** work file
- **fichero indexado** index file
- **fichero maestro** master file
- **fichero zip** zip file

ficho *m* (Col) voucher ,coupon
ficología *f* phycology
ficólogo -ga *m,f* phycologist
ficticio -cia *adj* 1 ‹*personaje/suceso*› fictitious 2 ‹*valor*› fiduciary
ficus *m* rubber plant
fidedigno -na *adj* reliable; **según fuentes fidedignas** according to reliable sources
fideicomisario[1] -ria *adj* trust (*before n*); **derecho ~** trust law
fideicomisario[2] -ria *m,f* trustee
fideicomiso *m*
A (Der) (en cuestiones jurisdiccionales)trusteeship
B (por acto entre vivos, por testamento)trust; **mantener algo en ~** to keep sth in escrow
(Compuesto) **fideicomiso internacional** trusteeship
fidelidad *f* 1 (de una persona) fidelity, faithfulness; **la ~ de su marido** her husband's fidelity *o* faithfulness; **la ~ de un perro** the faithfulness of a dog; **jurar ~ al rey** to swear an oath of loyalty to the king 2 (de una copia, reproducción) faithfulness, fidelity; (de un instrumento) accuracy, precision; ▸**alto[1]**
fidelismo *m* (Pol) (ideología) policies and ideology of Fidel Castro; (periodo) the Castro years; (régimen) Castro regime
fidelización *f*: *tb* **~ de clientes** creation of customer loyalty; **programa de ~** loyalty program*
fidelizar [A4] *vt* ‹*clientela/usuario*› to cultivate the loyalty of
fideo *m* 1 (pasta fina) noodle; **~s** noodles; (más finos) vermicelli; **está flaco como un ~** (fam) he's as thin as a rake (colloq); ***tomar a algn para el ~*** (Chi fam) to poke fun at sb (colloq), to take the mickey out of sb (BrE colloq) 2 **fideos** *mpl* (RPl) (pasta en general) pasta
fiduciario[1] -ria *adj* 1 ‹*título/moneda*› fiduciary 2 ‹*heredero*› fiduciary
fiduciario[2] -ria *m,f* fiduciary, trustee

fiebre *f*
A (Med) fever; **tener ~** to be feverish, to have a fever (esp AmE), to have *o* run a temperature (esp BrE); **le bajó la ~** his fever *o* temperature came down
(Compuestos)
- **fiebre aftosa** foot-and-mouth disease
- **fiebre amarilla** yellow fever
- **fiebre del heno** hay fever
- **fiebre de Malta** brucellosis
- **fiebre entérica** enteric fever, typhoid
- **fiebre glandular** glandular fever
- **fiebre palúdica** malaria, marsh fever
- **fiebre paratifoidea** paratyphoid fever
- **fiebre porcina** hog cholera (AmE), swine fever (BrE)
- **fiebre puerperal** puerperal fever
- **fiebre reumática** rheumatic fever
- **fiebre tifoidea** typhoid
- **fiebre uterina** nymphomania

B (furor): **su ~ por las motos** his obsession with *o* passion for motorcycles; **de vez en cuando le da la ~ de la limpieza** from time to time he goes crazy and starts cleaning the whole house (colloq), from time to time he gets the cleaning bug (colloq)
(Compuesto) **fiebre del oro** gold fever

fiel[1] *adj* **1** ‹*persona*› faithful; **no le es ~** she is not faithful to him, she is unfaithful to him; **~ al rey** loyal to the king; **yo siempre he sido ~ a mis principios** I've always remained faithful to my principles, I've always stuck to my principles **2** ‹*traducción*› faithful, accurate; ‹*balanza*› accurate; **la copia es ~ al original** the copy is faithful *o* true to the original

fiel[2] *mf*
A (Relig): **los ~es** the faithful
B **fiel** *m* (de una balanza) needle, pointer

fielmente *adv* **1** ‹*copiar*› faithfully, exactly **2** ‹*reflejar/registrar*› faithfully, accurately

fieltro *m* **1** (tela) felt **2** (sombrero) felt hat

fiera *f* **1** (animal) wild animal, beast (liter); ***arrojar*** *or* ***tirar a algn a las ~s*** to throw sb to the lions *o* wolves **2** (de mal carácter): **cuidado con ese perro que es una ~** mind that dog, it's fierce *o* vicious; **mi suegra es una ~** my mother-in-law is a real dragon (colloq); **se puso como** *or* **hecho una ~** he went wild (colloq); ***ser una ~ para algo*** (fam) to be great *o* fantastic at sth (colloq)

fiereza *f* ferocity, fierceness

fiero -ra *adj* **1** (feroz) ‹*animal*› fierce, ferocious; ‹*huracán/tormenta*› fierce; **animales de aspecto ~** fierce-looking animals **2** (RPl fam) (feo) ugly; **es fiera como la noche** she's as ugly as sin (colloq)

fierrero -ra *m,f* (RPl) bodybuilder

fierrito *m* (Chi) (palo) kebab skewer; (comida) kebab

fierro *m*
A **1** (AmL fam) (trozo de metal) piece of metal; **le dio con un ~ en la cabeza** he hit him over the head with a metal bar **2** (AmL) (hierro) iron; ***meter(le) ~*** (CS fam) to step on it *o* put one's foot on it (colloq), to step on the gas (AmE colloq)
B (Méx fam) (dinero): **salí sin un ~** I came out without a penny *o* (BrE) a bean (colloq); **no tengo ni un ~** I'm broke (colloq)
C **fierros** *mpl* (Méx fam) (en los dientes) braces (*pl*)

fiesta *f*
A (celebración) party; **~ de cumpleaños** birthday party; **dieron una gran ~** they threw *o* had a big party; **cualquier visita es una ~ para ella** every visit is a treat for her; **los vecinos están de ~** the neighbors are having a party; ***aguar la ~*** to spoil the fun, be a wet blanket (colloq); ***hacerle ~s a algn*** to make a fuss of sb; ***no estoy para ~s*** I'm not in the mood for fun and games; ***tener la ~ en paz*** to enjoy some peace and quiet; **tengamos la ~ en paz** that's enough!, cut it out! (colloq), let's have some peace and quiet
B **1** (día festivo) holiday; **el lunes es ~** Monday is a holiday; **santificar las ~s** (Relig) to observe feast days **2** **fiestas** *fpl* (festejos) fiesta, festival; (de fin de año, etc) festive season; **esta semana son las ~s del pueblo** this week the town's holding its annual festival *o* fiesta; **¡felices ~s!** Merry *o* (BrE) Happy Christmas!; **¿dónde vas a pasar estas ~s?** where are you going to spend the vacation (AmE) *o* (BrE) holidays?
(Compuestos)
- **fiesta de guardar** day of obligation
- **fiesta fija** fixed feast
- **fiesta movible** *or* **móvil** movable feast
- **fiesta nacional**

A (día festivo) public holiday
B (Esp) (Taur) bullfighting
- **fiesta patria** (AmL) independence day

> **fiestas**
>
> A *fiesta* in Spain can be a day of neighborhood celebrations, a larger event for a town or city, or a national holiday, to commemorate a saint's day or some historical event. For example, Madrid has the *fiestas de San Isidro*, in honor of its patron saint. Other famous Spanish holidays include the ▸**Fallas** in Valencia, the ▸**Sanfermines** in Pamplona, and the ▸**Feria de Sevilla.**
>
> They can last for a week or more, during which everyday life is often interrupted. Classes in schools may stop and banks, stores, and post offices alter their opening hours. There are often bullfights and dancing to live bands and people eat and drink plentifully.

> **fiestas patrias**
>
> In Latin America, a period of one or more days on which each country celebrates its independence. There are usually military parades, firework displays, and folk activities typical of the country.

fiestero -ra *adj* **1** (de las fiestas): **tienen fama de pueblo ~** they have a reputation as people who hold fiestas *o* festivals; **existe una gran tradición fiestera** there's a great tradition of holding fiestas *o* festivals **2** (aficionado a las fiestas) party-loving; **es muy ~** he loves going to parties **3** (alegre) happy, cheerful; **es una canción fiestera y fácil de recordar** it's a cheerful song and easy to remember too

fiestichola *f* (RPl fam & hum) bash (colloq), shindig (colloq), knees up (BrE colloq)

fiestoca *f* (Chi fam) lively party, bash (colloq)

FIFA /'fifa/ *f*: **la ~** FIFA

fifar [A1] *vi* (Arg vulg) to screw (vulg)

fifí[1] *adj* (AmL fam) sissy (colloq), namby-pamby (colloq)

fifí[2] *m* (AmL fam) sissy (colloq)

figón *m* cheap eating house, greasy spoon (colloq)

figulina *f* small statue

figura *f*
A (objeto) figure; (en geometría) figure; **una ~ de barro/porcelana** a clay/china figure; **una figurita de cristal tallado** a cut glass figurine
B **1** (forma, silueta) figure, form **2** (tipo) figure; **tiene buena/mala ~** she has/doesn't have a good figure **3** (persona importante) figure; **una ~ de las letras españolas** an important Spanish literary figure; **una de las grandes ~s de la canción** one of the great stars of the singing world **4** (Teatr) character
(Compuestos)
- **figura de culto** cult figure, cult hero
- **figura paterna** father figure

C **1** (en naipes) face card (AmE), picture *o* court card (BrE) **2** (en ajedrez) piece (*except pawns*)
D (en patinaje, baile) figure; ***hacer ~s*** (Chi fam) to work miracles
E (Mús) note
F (Ling) figure
(Compuesto) **figura retórica** figure of speech
G (Der) concept

figuración *f*
A (imaginación) imagining; **son figuraciones tuyas** it's all in your imagination, it's just a figment of your imagination
B (Cin) extras (*pl*)
C (RPl) (estatus): **una familia de mucha ~** a family of high standing

figuradamente *adv* figuratively

figurado -da *adj* figurative; **en sentido ~** in a figurative sense

figurante -ta *m,f* extra

figurar [A1] *vi* **1** (en una lista, un documento) to appear; **su nombre no figura en la lista** his name doesn't appear on the list; **figura en los primeros puestos de la clasificación** she appears *o* is among the leaders in the table; **aquí figura como tutor del niño** he appears *o* he is down here as the child's guardian **2** (en sociedad) to be prominent; (destacar): **lo hizo sólo para ~** he just did it to show off *o* impress; **si me hubiera gustado ~ habría sido artista** if I'd wanted to be somebody important, I would have chosen to be an artist; **una familia que figura mucho (en sociedad)** a family with a high profile in society life
- **figurar** *vt* to represent; **el círculo anaranjado figura el sol** the orange circle represents the sun
- **figurarse** *v pron* to imagine; **¿crees que vendrá? — me figuro que sí** do you think she'll come? — I imagine so *o* (AmE) I figure she will; **¡figúrate, tardamos dos horas en llegar!** just imagine, *o* can you believe it? it took us two hours to get there; **¿se enfadó mucho? — ¡figúrate!** did she get very angry? — what do you think?; **figúrate tú, se quedó viuda y con dos niños pequeños** can you imagine? she was left a widow and with two small children; **ya te ~ás lo que le contesté** you can imagine *o* guess *o* (AmE) figure what I said to him!

figurativismo *m* representational art

figurativo -va *adj* **1** (Art) figurative **2** ‹*sentido/expresión*› figurative

figurilla *f* figurine; ***vérselas en ~s*** (RPl, Ven fam): **nos las vimos en ~s para terminarlo** we had a struggle *o* (colloq) a tough time to get it finished; **me las vi en ~s para cerrar la valija** I had a terrible job getting the case shut (colloq)

figurín *m* **1** (ant) (dibujo, modelo) *illustration to accompany sewing or knitting pattern*; **va siempre hecha un ~** (fam) she always looks as if she's just stepped out of a fashion magazine **2** (Teatr) costume design **3** (ant) (revista de modas) fashion magazine

figurinista *mf* costume designer

figurita *f* **1** (de adorno) figurine **2** (RPl) (lámina) picture card

figurón *m* poseur, poser
(Compuesto) **figurón de proa** figurehead

fija *f* (fam) **1** (CS, Per) (Equ) (favorito) favorite*; (dato) tip **2** (*en locs*): **fija que** (RPl): **si decidimos ir al parque ~ que llueve** if we decide to go to the park, it's bound *o* sure to rain *o* (colloq) you can bet your bottom dollar it'll rain; **(es) ~ que no viene** I'll bet she doesn't come; **a la fija** (Col): **prepare la cama que a la ~ (que) viene** make the bed up because he's sure *o* bound to come

fijación *f*
A (Psic) fixation, obsession; **¡vaya ~ tienes con ese tema!** you're obsessed with that subject!; **tiene como una ~ con estas cosas** he's got some sort of fixation with these things
B (Fot) fixing
(Compuesto) **fijación de precios** (legal) price setting, (ilegal) price fixing
C **fijaciones** *fpl* (en esquí) safety bindings (*pl*), bindings (*pl*)

fijado -da *adj* (Chi fam) persnickety (AmE colloq), pernickety (BrE colloq), fussy (BrE colloq)

fijador[1] **-dora** *adj* **1** (Fot) fixing (*before n*) **2** (Bot): **plantas ~as de nitrógeno** nitrogen-fixing plants

fijador[2] *m* **1** (Art) fixative **2** (Fot) fixer **3** (gomina) brilliantine; (laca) hairspray, hair lacquer

fijamente *adv* fixedly; **me miró ~** he looked at me fixedly, he stared at me

fijapelo *m* ▸**fijador² 3**

fijar [A1] *vt*

A 1 (poner, clavar) ‹*poste*› to fix; **fija bien la estantería a la pared** fix the shelving securely to the wall; Ⓢ **prohibido fijar carteles** stick no bills; **fijó la mirada en el horizonte** she fixed her gaze on the horizon; **conviene ~ la atención en este punto** it's important to focus our attention on this point; **había fijado la mente en el pasado** he had focused his mind on the past 2 ‹*foto/dibujo*› to fix

B (establecer) 1 ‹*residencia*› **~on su residencia en París** they established their residence *o* took up residence in Paris 2 (concretar) ‹*fecha/cifra*› to set; **ya han fijado la fecha** they've already set *o* fixed the date; **todavía no hemos fijado el precio** we still haven't agreed (on) a price; **de acuerdo con la política fijada por el partido** in accordance with the policy set *o* established by the party 3 «*reglamento/ley*» to state; **la ley fija que ...** the law states that ...; **según fija el reglamento** as stated in *o* dictated by the regulations

■ **fijarse** *v pron* 1 (prestar atención): **fíjate bien en el palacio, es una obra de arte** take a good look at the palace, it's a work of art; **es muy observador, se fija en todo** he's very observant, he notices everything; **fíjate bien en cómo lo hace** watch carefully how she does it; **si no te fijas, lo vas a volver a hacer mal** if you don't watch what you're doing, you're going to do it wrong again 2 (darse cuenta) to notice; **¿te has fijado en que no discuten nunca?** have you noticed that *o* how they never quarrel?; **en seguida se fijó en ella** he noticed her immediately; **¡fíjate lo que ha crecido!** just look how she's grown!; **fíjate qué faena, se lo robaron todo** can you imagine how awful? they stole everything he had; **estarás contenta con el regalo — ¡fíjate!** you must be pleased with the present — you bet! (colloq)

fijasellos *m* stamp hinge

fijativo *m* 1 (Art) fixative 2 (Fot) fixer

fijeza *f*

A (Taur) steadfastness

B (estabilidad) stability; **~ laboral** status of permanent employee

C (persistencia) persistence; **me miró con ~** he looked at me fixedly

fijo¹ -ja *adj*

A (no movible) fixed; **la estantería no se puede mover, está fija** the shelving can't be moved, it's fixed to the wall (*o* floor *etc*); **asegúrate de que la escalera está bien fija** make sure the ladder is steady; **una lámpara fija a la pared** a lamp fixed to the wall; **tenía la mirada fija** he was staring into space, he had a glazed look in his eyes; **con los ojos ~s en ella** with his eyes fixed on her; ***de ~*** (fam) for sure; **si te lo prometió, te lo trae de ~** if he promised it to you, I'm sure he'll bring it; **hoy que no preparé nada, de ~ que vienen** I haven't prepared anything today so you can bet they'll turn up

B 1 (no sujeto a cambios) ‹*sueldo/renta/precios*› fixed; **hace cinco meses que trabajo aquí pero todavía no estoy ~** I've been working here for five months and they still haven't made me permanent 2 (permanente) ‹*trabajo*› permanent; ‹*empleado*› permanent

C (definitivo) ‹*fecha*› definite, firm

D (Tel) land (*before n*)

fijo² *adv* (fam): **¿crees que vendrá? — fijo** do you think she'll come? — definitely *o* (colloq) sure; **~ que el fin de semana llueve** you can bet it'll rain at the weekend; **en cuanto entre en la ducha suena el teléfono, ~** you can bet that as soon as I get in the shower, the phone will ring

fijo³ *m* (RPl) set scrum

fijón -jona *adj* (Chi fam): **es muy fijona** she's always nitpicking *o* she's a real niggler (colloq)

fila *f*

A 1 (hilera) line; **formen ~ aquí para comprar las entradas** form a line *o* (BrE) a queue here to buy your tickets; **formen ~s de (a) cinco** line up in fives; **ponerse en ~** to get into line; ***en ~ india*** in single file; **caminaban en ~ de (a) dos** they were walking in pairs *o* two abreast; **estacionó en doble ~** he double-parked; **¡rompan ~s!** (Mil) fall out! 2 (en un teatro, aula) row; ***de primera ~*** first-rate; ***de segunda ~*** second-rate; ***estar en primera ~*** (en el teatro) to be in the front row; (figurar) to be in the limelight

B **filas** *fpl* 1 (Mil) ranks (*pl*); **incorporarse a ~s** *or* (Chi) **reconocer ~s** to join up; **lo llamaron a ~s** he was drafted *o* (BrE) called up; ***cerrar*** *or* ***estrechar ~s*** to close ranks; **cerraron ~s en torno a su líder** they closed ranks around their leader 2 (Pol) ranks (*pl*); **milita en las ~s socialistas** she is active in (the ranks of) the socialist party

Filadelfia *f* Philadelphia

filamento *m* 1 (Elec) filament 2 (hilo, fibra) thread

filantropía *f* philanthropy

filantrópico -ca *adj* philanthropic

filantropismo *m* philanthropy

filántropo -pa *m,f* philanthropist

filar [A1] *vt* (Esp fam) to rumble (colloq), suss ... out (BrE colloq)

filaria *f* filaria

filarmónica *f* philharmonic orchestra; **la ~ de Boston** the Boston Philarmonic (Orchestra)

filarmónico -ca *adj* philharmonic

filatelia *f* stamp collecting, philately

filatélico -ca *adj* philatelic (frml); **revistas filatélicas** philatelic *o* stamp-collecting magazines; **su colección filatélica** his stamp collection

filatelista *mf* stamp collector, philatelist

filet /fi'le(t)/ *m* (*pl* **-lets** *or* **-letes**) (RPl) ▸**filete A**

filete *m*

A (Coc) filet (AmE), fillet (BrE); **un ~ de cerdo** a pork steak *o* filet; **~s de lenguado** filets of sole; **un ~ de ternera** quick-fry steak

(Compuesto) **filete tártaro** steak tartar(e), tartar(e) steak

B (Mec, Tec) (de un tornillo) thread

C (adorno — en un libro) fillet; (— en la ropa) edging; (— en una cornisa) fillet, listel

filfa *f* (fam) 1 (engaño): **las elecciones fueron una ~** the elections were a sham; **la invitación era pura ~** the invitation was nothing but a hoax *o* a practical joke 2 (rumor) rumor*; **se ha corrido la ~ de que ...** word has it *o* someone has spread the rumor that ...

-filia *suf* -philia

filiación *f*

A 1 (afiliación) affiliation; **~ política/sindical** political/trade union affiliation; **de ~ comunista** linked to the communist party 2 (tendencia) leanings (*pl*), tendencies (*pl*)

B (Gob, Mil) 1 (acción): **se procedió a la ~ de los detenidos** the details of those detained were then taken down; **fotografías de ~** police photographs 2 (datos personales) particulars (*pl*), personal details (*pl*)

C (relación) filiation

filial¹ *adj* 1 ‹*amor*› filial 2 ‹*compañía/asociación*› affiliate (*before n*), subsidiary

filial² *f* affiliate *o* subsidiary company, subsidiary

filial³ *m* second team

filiar [A1] *vt* to take down the particulars of

filibusterismo *m* (Pol) filibustering; **practicar el ~** to filibuster

filibustero *m* filibuster, freebooter, buccaneer

filiforme *adj* filiform

filigrana *f* 1 (de oro, plata) filigree 2 (en deporte, danza) intricate *o* delicate movement; **¡a ver si se dejan de ~s y marcan un gol!** let's have less fancy footwork and more goals! (colloq); ***hacer ~s*** to perform *o* work miracles 3 (en un papel) watermark

filipense *mf* Philippian

filípica *f* tirade, diatribe, philippic (liter)

Filipinas *fpl tb* : **las ~** the Philippines

filipino¹ -na *adj* Philippine, Filipino

filipino² -na *m,f* Filipino

filisteo¹ -tea *adj* Philistine

filisteo² -tea *m,f*

A (Bib) Philistine

B 1 (persona inculta) philistine 2 (gigante) giant

film *m* (*pl* **films**) 1 (Cin, TV) movie, film (BrE) 2 (Coc) *tb* **~ transparente** Saran wrap® (AmE), clingfilm (BrE)

filmación *f* filming, shooting

filmadora *f* (AmL) movie camera (esp AmE), cinecamera (BrE)

filmar [A1] *vt* ‹*película*› to shoot; ‹*escena*› to shoot, film; ‹*persona/suceso*› to film

filme *m* (period) movie, film (BrE)

fílmico -ca *adj* movie (*before n*), film (*before n*); **su carrera fílmica** her career in movies *o* (BrE) films, her movie *o* film career; **lenguaje ~** cinematic *o* movie language

filmina *f* slide

filmlet /'filmlet/ *m* (*pl* **-lets**) advertising filmlet, cinema advertisement (BrE)

filmografía *f* movies (*pl*), films (*pl*) (BrE), filmography (tech)

filmología *f* 1 (ciencia) filmology 2 (filmografía) filmology (tech), filmography (tech)

filmoteca *f* film library

filo¹ *m*

A 1 (de un cuchillo, una espada) cutting edge, blade; **este cuchillo no tiene mucho ~** this knife doesn't cut very well *o* isn't very sharp; **le voy a dar ~** I'm going to sharpen it; **hacía un viento como el ~ de un cuchillo** there was a biting wind; ▸**arma**; ***a*** *or* ***de medio ~*** (Chi fam) tipsy (colloq); ***caminar por*** *or* ***pisar el ~ de la navaja*** to be on a knife-edge; ***darle ~ a algn*** (RPl fam) to suck up to sb (colloq) 2 (de una montaña) ridge 3 (borde) edge; **el ~ de la mesa** the edge of the table; **al ~ de las siete** at seven o'clock sharp, on the dot of seven o'clock

B (Biol) phylum

C (AmL fam) (hambre): **tengo un ~ enorme** I'm ravenous *o* starved (colloq), I'm starving (BrE colloq)

D (RPl fam) (novio) boyfriend; (novia) girlfriend

filo- *pref*: **grupos ~terroristas** groups which sympathize with terrorists

-filo -la *suf* -phile; **un rusófilo/germanófilo** a Russophile/Germanophile

filogénesis *m* phylogenesis, phylogeny

filogenia *f* ▸**filogénesis**

filología *f* philology; **~ clásica/moderna/comparada** classical/modern/comparative philology; **una licenciatura en ~ francesa** a French degree

filológico -ca *adj* philological

filólogo -ga *m,f* philologist

filón *m* 1 (Min) seam, vein 2 (fam) (negocio) gold-mine (colloq)

filoso -sa *adj* 1 (AmL) ‹*cuchillo/hoja*› sharp 2 (AmC, Col arg) (hambriento) ravenous, starved (colloq), starving (BrE colloq)

filosofal *adj* ▸**piedra²**

filosofar [A1] *vi* to philosophize

filosofía *f* 1 (sistema, doctrina) philosophy 2 (enfoque) philosophy; **tiene una ~ de la vida muy personal** she has her own very personal outlook on life *o* philosophy; **tómate las cosas con ~** (fam) you have to be philosophical about things

filosófico -ca *adj* philosophical

filósofo -fa *m,f* philosopher

filoxera *f* phylloxera

filtración *f*

A 1 (proceso) filtering, filtration (tech) 2 (gotera) leak

B (de información) leak; **una ~ a la prensa** a leak to the press; **la ~ de un informe** the leaking of a report

filtrado *m* filtrate

filtrador[1] **-dora** *adj* filtering

filtrador[2] **-dora** *m,f*
A (de información) sifter
B **filtrador** *m* (filtro) filter

filtraje *m* filtering, screening

filtrar [A1] *vt*
A 1 ‹*líquido/rayos*› to filter 2 ‹*llamadas*› to screen
B ‹*informaciones/noticias*› to leak
C (Inf) to filter
■ **filtrar** *vi* «*líquido/luz*» to filter; **las nubes dejaban ~ los rayos del sol** the sun's rays filtered through the clouds
■ **filtrarse** *v pron*
A 1 «*agua*» to leak; **el agua se filtraba por un pequeño agujero en el tejado** the water seeped *o* leaked through a small hole in the roof; **la humedad que se filtra por las paredes** the damp that seeps through the walls 2 «*dinero*» to seep away, dwindle
B «*noticia*» to leak; **la noticia se ha filtrado a la prensa** the news has leaked to the press

f

filtro *m*
A (Tec) filter; **~ para el café** coffee filter; **cigarrillos con ~** filter-tipped *o* filter cigarettes; **crema bronceadora con ~ solar** sun cream with sun filter; **~ del aceite/aire** oil/air filter
(Compuestos)
- **filtro acústico/de frecuencias** acoustic/frequency filter
- **filtro solar** sunscreen, sun block (BrE)

B (poción) philter*, love potion; **~ mágico** magic potion

filudo -da *adj* (Chi, Per) sharp

fimosis *f* phimosis

fin *m*
A 1 (final) end; **el ~ de una época** the end of an era; **a ~es de junio** at the end of June; **siempre cobramos a ~ de mes** we always get paid at the end of the month; **hasta el ~ de los siglos** *or* **tiempos** until the end of time; **el ~ del mundo** the end of the world; **no es el ~ del mundo** (fam) it's not the end of the world (colloq); **tuvo un triste ~** he came to a sad end; **con esta noticia ponemos ~ a la edición de hoy** and that's the end of tonight's news, and with that we end tonight's news; **en un intento de poner ~ a estos conflictos** in an attempt to put an end to these conflicts; **un accidente aéreo puso ~ a su vida** he was killed in an aircrash; **puso ~ a la discusión** she put an end to the discussion; **llevó la empresa a buen ~** he brought the venture to a successful conclusion; **el verano ya llega a su ~** summer is coming to an end; Ⓢ **Fin** The End 2 (*en locs*): **por** *or* **al fin** at last; **¡al ~ lo conseguí!** at last I've done it!; **¡por ~! hace media hora que te estoy llamando** at last! I've been trying to reach you for the last half hour; **¡por ~ llegas! llevo horas esperando** at last you've arrived! I've been waiting for hours; **en fin** well; **en ~ ¡qué se le va a hacer!** ah well, what can you do?; **en ~ que las cosas no andan muy bien** all in all, things aren't going very well; **en ~ ¡sigamos!** anyway, let's carry on!; ***a ~ de cuentas:*** **a ~ de cuentas, lo que importa es el resultado** at the end of the day, it's the result that counts; **a ~ de cuentas, el que carga con la responsabilidad soy yo** when it comes down to it *o* when all's said and done, I'm the one who has to take responsibility; **a ~ de cuentas salimos ganando** in the end we did well out of it; ***al ~ y al cabo:*** **siempre lo disculpa, al ~ y al cabo es su único hijo** she always forgives him; after all, he is her only son; **es inútil darle consejos, al ~ y al cabo hace siempre lo que quiere** it's no good giving her advice, in the end she always does as she pleases; ***tocar a su ~*** (liter) to draw to a close *o* to an end; ▸**sinfín**
(Compuestos)
- **fin de año** New Year's Eve
- **fin de fiesta** grand finale, finale
- **fin de semana** 1 (sábado y domingo) weekend 2 (Esp) (maletín) overnight bag *o* case

B (objetivo, finalidad) purpose; **para ~es pacíficos** for peaceful ends *o* purposes; **el ~ de esta visita** the aim *o* objective *o* purpose of this visit; **esto constituye un ~ en sí mismo** this constitutes an end in itself; **una colecta con ~es benéficos** a collection for charity; **una institución sin ~es lucrativos** *or* **de lucro** a not-for-profit organization (AmE), a non-profit-making organisation (BrE); **con este ~** *or* **a este ~** *or* **a tal ~** (frml) to this end (frml), with this aim (frml); **con el ~ de** *or* **a ~ de** (frml) with the aim *o* purpose of; **a ~ de que se cumpla el reglamento** in order to ensure compliance with the rules; ***salvo buen ~*** subject to clearance; ***el ~ justifica los medios*** the end justifies the means

finado -da *m,f* (frml) deceased (frml)

final[1] *adj* ‹*decisión*› final; ‹*objetivo*› ultimate

final[2] *m* end; **me quedé hasta el ~** I stayed to the end; **a ~es de junio** at the end of June; **al ~ de la película ella muere** she dies at the end of the movie; **no me gustó nada el ~** I didn't like the ending at all; **tiene un ~ feliz** it has a happy ending; **están al ~ de la lista** they're at the bottom of the list; **estábamos al ~ de la cola** we were last in line (AmE) *o* (BrE) at the back of the queue; **vivo al ~ de la calle** I live at the end of the street; **al ~ del partido** at the end of the game; **al ~ tendrá que decidirse** he'll have to make his mind up in the end; **siempre protestando pero al ~ nunca hace nada** he spends his whole time complaining but he never actually does anything

final[3] *f* (Dep) 1 (en fútbol, tenis etc) final; **la ~ de copa** the cup final; **pasar a la ~** to go through to *o* make it to the final 2 **finales** *fpl* (en béisbol, fútbol americano) playoffs (*pl*)

finalidad *f* 1 (propósito, utilidad) purpose, aim; **¿con qué ~ se convocó la reunión?** what was the aim in *o* object of calling the meeting?, what was the purpose of calling the meeting? 2 (Fil) finality

finalísima *f* (period) final

finalista[1] *adj*: **los dos equipos ~s** the two teams that reach (*o* reached *etc*) the final

finalista[2] *mf* finalist

finalización *f* end; **la ~ del año escolar** the end of the school year; **la ~ de las obras de ampliación** the completion of the extension work

finalizar [A4] *vt* to finish; **debemos ~ este trabajo hoy** we must finish *o* complete this work today; **poco antes de dar por finalizada su estancia** shortly before the end of her stay
■ **finalizar** *vi* to end; **el debate está a punto de ~** the debate is about to end *o* (frml) come to a close; **así finaliza la emisión de hoy** and that brings us to the end of today's programs; **una vez finalizada la reunión** once the meeting is/was over

finalmente *adv* 1 (*indep*) (por último) finally, lastly; **y ~, agregar un poco de vino** and finally *o* lastly, add a little wine 2 (al final) in the end; **~ llegaron a un acuerdo** they finally reached an agreement, in the end *o* eventually, they reached an agreement; **resultó ~ que la operación no era técnicamente viable** in the end *o* ultimately, the operation turned out not to be technically viable

finamente *adv* in a refined *o* genteel way

financiación *f*
A (de una empresa, obra) 1 (acción) financing, funding 2 (fondos) funding, finance
B (facilidades) credit facilities (*pl*)

financiador -dora *m,f* financial backer

financiamiento *m* ▸**financiación A1**

financiar [A1] *vt*
A ‹*institución*› to finance, fund; ‹*proyecto/viaje*› to finance, fund
B (AmL) (vender a plazos) to give credit facilities for

financiera *f* finance company

financiero[1] **-ra** *adj* financial

financiero[2] **-ra** *m,f* financier

financista *mf* (esp AmL) financier

finanzas *fpl* finances (*pl*); ▸**alto**[1]

finasangre *mf* (Chi) thoroughbred

finca *f*
A (propiedad rural) 1 (explotación agrícola) farm; **~ cocotera/cafetera** coconut/coffee plantation 2 (AmL) (de recreo) country estate
(Compuesto) **finca rústica** plot of land
B (Esp) (propiedad urbana) building
(Compuesto) **finca raíz** (Col) real estate business (AmE), property business (BrE)

fincar [A2] *vt* (Méx) to build
■ **fincar** *vi* (Chi) 1 (frml) (afincar) to settle 2 (frml) (poner): **fincó en mí todas sus esperanzas** she placed all her hopes in me

finés -nesa *adj/m,f* ▸**finlandés**[1], **finlandés**[2]

fineza *f* 1 (refinamiento) refinement; **la ~ de sus modales** her refined manners 2 (cortesía) politeness, courtesy

finger /'fɪnger/ *m* (Aviac) finger, jetty

fingido -da *adj* hypocritical, false

fingimiento *m* pretense*

fingir [I7] *vt* 1 ‹*alegría/desinterés*› to feign, fake; **fingió sorpresa** he feigned *o* faked surprise, he pretended to be surprised; **~ + INF** to pretend to + INF; **fingía saberlo** she pretended *o* she made out that she knew, she pretended to know 2 ‹*voz*› to imitate, put on; **intentó ~ la voz de su hermano** he tried to put on *o* imitate his brother's voice
■ **fingir** *vi* to pretend
■ **fingirse** *v pron*: **se fingió apenado** he pretended *o* made out that he was sorry, he pretended to be sorry

finiquitar [A1] *vt* 1 ‹*cuenta/deuda/pleito*› to settle 2 (acabar) ‹*disputa*› to bring ... to an end; **demos el asunto por finiquitado** let's consider the matter closed
■ **finiquitar** *vi* (fam & hum): **vamos, finiquitemos** come on, let's call it a day (colloq)

finiquito *m* (de una cuenta, un pleito) settlement; **dar ~ a una cuenta** to settle an account; **firmó el ~ al dejar la empresa** she signed the release document when she left the company

finisecular *adj* turn-of-the-century (*before n*), fin-de-siècle (*before n*)

finito -ta *adj* finite

finitud *f* (liter) finiteness, finite nature

finlandés[1] **-desa** *adj* Finnish

finlandés[2] **-desa** *m,f* 1 (persona) Finn 2 **finlandés** *m* (idioma) Finnish

Finlandia *f* Finland

finlandización *f* Finlandization

fino[1] **-na** *adj*
A (en grosor) 1 ‹*papel/tela/capa*› fine, thin; ‹*loncha*› thin 2 ‹*arena/cabellos/hilo*› fine; ‹*labios*› thin; ‹*cintura/dedos*› slender; **un bolígrafo de punta fina** a fine-tipped ballpoint; **caía una lluvia fina** a fine rain was falling
B (en calidad) ‹*pastelería/bollería*› high quality; ‹*porcelana*› fine; ‹*lencería*› sheer; **tortilla a las finas hierbas** omelette aux fines herbes
C (en los modales) refined, genteel
D 1 ‹*oído/olfato*› acute 2 (sutil) subtle; **una fina ironía** a subtle irony; **un ~ sentido del humor** a subtle sense of humor

fino[2] *m* fino, dry sherry

finolis[1] *adj inv* (fam & pey) affected

finolis[2] *mf* (*pl* ~) (fam & pey) affected person

finta *f* feint

fintar [A1] *vi* (en esgrima, boxeo) to feint; (en fútbol) to dummy, fake

fintear [A1] *vi* (AmL) ▸**fintar**

FINUL *f* (= **Fuerza Interina de Naciones Unidas en Líbano**) UNIFIL

finura *f*
A (refinamiento) refinement; **la ~ de sus modales** her exquisite manners; **¡qué ~!** (iró) that's very nice! (iro), charming! (BrE iro)
(Compuesto) **finura de espíritu** sensitiveness
B (de un tejido) fineness; (de la porcelana) fineness; **es de una ~ extraordinaria** it is extremely fine

fiordo *m* fjord, fiord

fique *m* sisal

firewall /'faɪr(g)wol/ *f* (*pl* **~s**) (Inf) firewall

firifirito -ta *adj* (Ven fam) skinny (colloq)

firma *f*

A 1 (nombre) signature; **eche una firmita aquí** (fam) just sign here 2 (acción) signing; **la ~ del tratado** the signing of the treaty; **llevó los documentos a la ~** he took the papers to be signed

B (empresa) company, firm (BrE)

firmamento *m* (liter) firmament (liter)

firmante *mf* signatory, signee; **los ~s de la propuesta** the signatories to the proposal; **los abajo ~s** the undersigned

firmar [A1] *vt* to sign

■ **firmar** *vi* 1 (escribir el nombre) to sign; **¿me firma aquí, por favor?** could you sign here, please?; **~ con una cruz** to make a mark; **~ con el dedo** to make a thumbprint 2 «*trabajador*» to register as unemployed, sign on (BrE colloq)

■ **firmarse** *v pron*: **se firma P. Reyes** she signs (herself) as P. Reyes

firme[1] *adj*

A 1 ‹*escalera/silla/mesa*› steady; **edificar sobre terreno ~** to build on solid ground; **tenemos que asegurarnos de que pisamos terreno ~** we must make sure that we're not treading on dangerous ground; **tener las carnes ~s** to have a firm body; **se acercó con paso ~** he approached with a determined *o* firm step; **con pulso ~** with a firm *o* steady hand; **una oferta en ~** a firm offer; **un fallo a ~** an enforceable *o* executable judgment; **de ~** hard; **estudiar de ~** to study hard 2 (color) fast 3 ‹*candidato*› strong

B (Mil): **¡~s!** attention!; **estaban en posición de ~s** they were standing to attention

C 1 ‹*persona*› firm; **tienes que mostrarte más ~ con él** you have to be firmer with him; **se mantuvo ~** she remained firm, she stood her ground, she did not waver 2 (*delante del n*) ‹*creencia/convicción*› firm; **su ~ apoyo a los detenidos** their firm support for the prisoners

D (Per fam) (excelente) excellent, brilliant (colloq)

firme[2] *m* road surface; **~ deslizante** slippery surface

firme[3] *f* (Chi fam): **la ~** the truth; **te diré la ~** I'll be honest with you *o* I'll tell you the truth

firmemente *adv* firmly

firmeza[1] *f*

A 1 (de convicciones) strength; **su ~ de carácter es admirable** her strength of character is admirable; **rehusó con ~ la invitación** he firmly declined the invitation 2 (del terreno) firmness

B **firmeza** *mf* (Chi fam & hum) (*m*) steady boyfriend; (*f*) steady girlfriend

firmeza[2] *adj* (Chi fam): **está ~ para hacerlo** he's determined to do it; **es ~ para el trago** he likes his drink (colloq)

firmeza[3] *adv* (Chi fam) hard

firulete *m* (AmL) 1 (en la ropa) frill 2 (en una firma) twirl, flourish 3 (en un baile) twirl

fiscal[1] *adj* fiscal, tax (*before n*); **asesor ~** tax consultant; ▸ **año, ministerio**

fiscal[2] **-cala** *m,f*, **fiscal** *mf* ≈ district attorney (*in US*), ≈ public prosecutor (*in UK*)

Compuestos

- **fiscal anticorrupción** *mf special prosecutor appointed to investigate cases of corruption*
- **Fiscal General del Estado** *mf* ≈ Attorney General (*in US*), ≈ Director of Public Prosecutions (*in UK*)

fiscal[3] *m* (Ven) *tb* : **~ de tránsito** (cuerpo) traffic police; (persona) traffic policeman

fiscalía *f* 1 (despacho) ≈ district attorney's office (*in US*), ≈ public prosecutor's office (*in UK*) 2 (cargo) *post of district attorney or public prosecutor*

fiscalidad *f* (impuestos) taxation; (sistema) tax system; **una ~ alta** a high level of taxation

fiscalización *f* (control) supervision, control; (inspección fiscal) audit

fiscalizar [A4] *vt* to supervise, control, oversee

fiscalmente *adv* fiscally, from a tax point of view

fisco *m* ≈ Treasury (*in US*), ≈ Exchequer (*in UK*); **declaró sus ingresos al ~** ≈ he declared his income to the Internal Revenue Service (*in US*), ≈ he declared his income to the Inland Revenue (*in UK*)

fisga *f* fish spear

fisgar [A3] *vi* (fam) to snoop; **siempre andaba fisgando por los despachos** he was always snooping around the offices; **siempre anda fisgando en mi correspondencia** she's always reading my mail

fisgón[1] **-gona** *adj* (fam) nosy (colloq)

fisgón[2] **-gona** *m,f* (fam) busybody (colloq), Nosy Parker (BrE colloq)

fisgonear [A1] *vi* (fam) to nose *o* poke around (colloq); **lo encontré fisgoneando en mi armario** I found him poking *o* nosing around in my wardrobe

fisgoneo *m* (fam): **me tiene harto el ~ de tu tía** I'm sick of your aunt poking *o* sticking her nose in where it doesn't belong (colloq)

fisible *adj* fissile

física *f* physics; **las leyes de la ~** the laws of physics; **estudia F~(s) en la universidad** she studies physics at university

Compuestos

- **física cuántica** quantum physics
- **física nuclear** nuclear physics

físicamente *adv* physically

físico[1] **-ca** *adj* 1 (del cuerpo) physical 2 ‹*ciencias*› physical 3 ‹*fenómeno/universo*› physical 4 ‹*mapa*› physical

físico[2] **-ca** *m,f*

A (Fís) physicist

Compuesto **físico nuclear, física nuclear** *m,f* nuclear physicist

B **físico** *m* 1 (cuerpo — de un hombre) physique; (— de una mujer) figure; (— de un atleta) physique 2 (apariencia) appearance

fisicoquímica *f* physical chemistry

fisicoquímico -ca *adj* physicochemical

fisiculturismo *m* body building

fisiculturista *mf* body builder

fisil *adj* fissile

fisio *mf* (fam) physio (colloq)

fisiología *f* physiology

fisiológico -ca *adj* physiological; **funciones fisiológicas** physiological *o* bodily functions

fisiólogo -ga *m,f* physiologist

fisión *f* fission; **~ nuclear** nuclear fission

fisionable *adj* fissile

fisionarse [A1] *v pron* to fission

fisionomía *f* ▸ **fisonomía**

fisioterapeuta *mf* physical therapist (AmE), physiotherapist (BrE)

fisioterapia *f* physical therapy (AmE), physiotherapy (BrE)

fisioterapista *mf* (AmL) ▸ **fisioterapeuta**

fisonomía *f* 1 (de una persona) features (*pl*), physiognomy (frml) 2 (de un objeto, lugar) appearance

fisonómico -ca *adj* physiognomic, physiognomical

fisonomista *mf*: **soy buen ~** I have a good memory for faces, I never forget a face (colloq)

fistol *m* (Méx) tiepin

fístula *f* fistula

fisura *f* 1 (grieta) fissure, crack; **apoyo sin ~s** unwavering *o* solid support 2 (Med) (en un hueso) fracture; (del ano) fissure

fisurarse [A1] *v pron* to fracture; **se fisuró la muñeca** he fractured his wrist

fito- *pref* (Biol, Bot) (Bot) phyto-; **~plancton** phytoplankton

fitobiología *f* phytobiology, plant breeding

fitocultura *f* plant breeding

fitoestróesgeno *m* (Biol) phytoestrogen

fitófago -ga *adj* plant-eating (*before n*), phytophagous (tech)

fitogenético -ca *adj* phytogenetic

fitopatología *f* phytopathology, plant pathology

fitoplancton *m* phytoplankton

fitosanitario -ria *adj* ‹*productos*› phytosanitary; **certificado ~** phytosanitary certificate, health certificate

fitotecnia *f* phytotechnics

fitoterapia *f* herbal medicine, herbalism

fitotóxico -ca *adj* phytotoxic

FIV *f* (= **fecundación in vitrio**) IVF

fixing /'fiksin/ *m* 1 (de moneda) official exchange rate 2 (de oro) fix price

Fiyi *m* Fiji

flaccidez *f* flaccidity

fláccido -da *adj* flaccid, flabby

flacidez *f* ▸ **flaccidez**

flácido -da *adj* ▸ **fláccido**

flaco -ca *adj* 1 ‹*persona*› thin 2 (AmL) (como apelativo cariñoso) skinny (colloq) 3 (insignificante) poor

flacuchento -ta *adj* (AmL fam) skinny (colloq)

flacucho -cha *adj* (fam) skinny (colloq)

flacura *f* thinness, skinniness (colloq)

flagelación *f* flagellation (frml), whipping; (Bib) scourging

flagelado[1] **-da** *adj* flagellate, flagellated

flagelado[2] *m* flagellum

flagelante *mf* flagellant

flagelar [A1] *vt* to flagellate (frml), to whip; (Bib) to scourge

■ **flagelarse** *v pron* (*refl*) to flagellate oneself (frml), to whip oneself

flagelo *m*

A (azote) whip, scourge

B (desgracia) disaster, calamity

C (Biol) flagellum

flagrante *adj* ‹*mentira*› blatant; ‹*injusticia*› glaring, flagrant; **lo sorprendieron en ~ delito** they caught him red-handed *o* in flagrante, they caught him in flagrante delicto (frml *or* hum)

flama *f* (Méx) flame

flamable *adj* (Méx) inflammable, flammable

flamante *adj* (*gen delante del n*) 1 (nuevo) ‹*coche/zapatos*› brand-new 2 (period) ‹*ministro*› new 3 (vistoso, brillante) bright

flambeado -da *adj* flambé*

flambear [A1] *vt* to flambé

flameante *adj* ‹*bandera*› fluttering; ‹*vela*› flapping

flamear [A1] *vi* 1 «*bandera*» to flutter; «*vela*» to flap 2 «*fuego/lumbre*» to blaze, flame

■ **flamear** *vt* 1 ‹*ave*› to singe 2 ‹*aguja/pinzas*› to sterilize (*over a flame*)

flamenco[1] **-ca** *adj*

A ‹*cante/baile*› flamenco (*before n*); ***ponerse ~*** (Esp fam) to get sassy (AmE colloq), to get stroppy (BrE colloq)

B (de Flandes) Flemish

C (Esp) (de aspecto sano) strong and healthy-looking

flamenco[2] **-ca** *m,f* (Geog) Fleming; **los F~s** the Flemish

flamenco[3] *m* ▸ **flamenco**

A (Mús) flamenco

B (idioma) Flemish

C (Zool) flamingo

> **flamenco**
>
> Flamenco is performed in three forms: guitar, singing, and dancing. Its origins lie with the gypsies, and many of the best *cantaores* (flamenco singers), *bailaores* (dancers), and guitarists are gypsies. There are also Arabic and North African influences.
>
> Modern flamenco blends traditional forms with rock, jazz, and salsa. Guitarists are soloists in their own right, not just accompanists. Most flamenco songs are folk songs, modified by oral tradition, on a wide range of subjects. The music and lyrics are improvised and never written down.
>
> An integral part of traditional flamenco is the *duende*, the idea that the performer becomes inspired by the emotion of the music or dance. But as flamenco becomes commercialized, rehearsed performances are more likely than spontaneous music and dancing.

flamencología *f: study of flamenco music and dance*

flamenquín *m: slice of ham, stuffed with cheese and fried*

flamígero -ra *adj* (liter) blazing

flámula *f* pennant

flan *m* (dulce) crème caramel; (salado) mold*; **~ de arroz/espinacas** rice/spinach mold; ***estar como un ~*** to be shaking like a leaf *o* (BrE) jelly (colloq)

(Compuesto) **flan de arena** sandcastle

flanco *m* **1** (Mil) flank **2** (de un animal) flank, side; (de una persona) side **3** (de un neumático) side wall

Flandes *m* Flanders

flanera *f*, **flanero** *m* mold*

flanquear [A1] *vt* **1** (bordear) ‹*entrada/persona*› to flank; ‹*costa*› to line **2** (Mil) (para defender) to flank; (para atacar) to outflank

flap /'flap/ *m* (*pl* **flaps**) flap

flaquear [A1] *vi*: **le empezaron a ~ las fuerzas** he began to flag; **su voluntad empezó a ~** she began to lose heart; **resistió sin ~** he resisted staunchly

flaqueza *f* **1** (ante las tentaciones) weakness, frailty **2** (punto flaco) weakness, weak point

flash /'flas/ *m* (*pl* **flashes**)
A (Fot) (aparato) flash; (destello) flash
B (Rad, TV) *tb* **~ informativo** newsflash
C (Esp arg) (asombro) shock (colloq); **suspendí — ¡qué ~!** I failed — what a pain *o* drag! (colloq)
D (arg) (por drogas) rush (sl)

flashback /'flasβak/ *m* (*pl* **-backs**) flashback

flato *m*
A (Esp) (dolor en el costado): **tengo/me dio ~** I have/I got a stitch
B (eructo) burp

flatulencia *f* flatulence

flatulento -ta *adj* flatulent

flauta[1] *f*
A (Mús) flute; ***¡(la) gran ~!*** (CS, Per euf) good grief!, jeez! (AmE colloq); ***sonar la ~ (por casualidad):*** **¿sabías de verdad la respuesta o es que sonó la ~ por casualidad?** did you really know the answer or was it a lucky guess *o* (colloq) a fluke?; **si le suena la ~, gana** if he gets a bit of luck, he'll win

(Compuestos)
- **flauta dulce** recorder
- **flauta traversa** transverse flute
- **flauta travesera** (Esp) transverse flute

B (pan) French stick, baguette

flauta[2] *mf* flute player, flutist (AmE), flautist (BrE)

flautín[1] *m* piccolo

flautín[2] *mf* piccolo, piccolo player

flautista *mf* flute player, flutist (AmE), flautist (BrE); **el ~ de Hamelin** the Pied Piper of Hamelin

flavina *f* flavin

flebitis *f* phlebitis

flebotomía *f* phlebotomy, venesection

flecha[1] *adj* (Ven) one-way; ***ir ~*** (Ven) to go the wrong way up a one-way street

flecha[2] *f*
A **1** (de un arco) arrow; (de una ballesta) bolt; **salió como una ~** she dashed *o* shot out; **la cifra subió en ~** the figure shot up *o* rocketed; **la subida en ~ del precio del petróleo** the steep rise in the price of oil **2** (señal, símbolo) arrow; **se comió** *or* **se tragó la ~** (fam) he drove the wrong way down the one-way street

(Compuesto) **flecha de desplazamiento** (Inf) scroll arrow

B (Arquit) spire

flechado *adv* (fam): **salió ~** he shot *o* dashed out (colloq)

flechar [A1] *vt* (fam) (enamorar): **me flechó en cuanto lo vi** he swept me off my feet (colloq), I fell for him the moment I saw him; **desde que la vio quedó flechado** from the moment he saw her he was smitten *o* besotted

flechazo *m* **1** (fam) (enamoramiento): **le ha dado el ~** he has been struck by Cupid's arrow (liter *or* hum), he's smitten *o* besotted; **fue un ~** it was love at first sight **2** (herida) arrow wound

fleco *m* (Méx) (en el pelo) bangs (*pl*) (AmE), fringe (BrE)

flecos *mpl* **1** (adorno) fringe; **un chal con ~** a fringed shawl **2** (borde deshilachado) frayed edge; ***dejar hecho*** *or* ***volver ~*** (Col fam) ‹*juguete*› to wreck; ‹*persona*› to wear … out

flectar [A1] *vt* (Chi) to bend

fleje *m* **1** (de una cuba) hoop; (de embalaje) metal/plastic strip *o* band **2** (resorte) spring

flema *f* **1** (Med) phlegm **2** (calma) phlegm, composure

flemático -ca *adj* **1** ‹*persona*› phlegmatic **2** ‹*tos*› phlegmy

flemón *m* boil, abscess; (en la encía) gumboil

flequillo *m* bangs (*pl*) (AmE), fringe (BrE)

fleta *f* (Chi fam) thrashing (colloq)

fletador -dora *m,f* **1** (de un barco, avión) charterer; (de un autobús, camión) hirer, renter (AmE) **2** (de mercancías, pasajeros) carrier (frml)

fletamento, fletamiento *m* **1** (de un barco, avión) chartering; (de un autobús, camión) hiring, hire, renting (AmE) **2** (AmL) (de mercancías, pasajeros) transport, transportation, carriage (frml)

fletar [A1] *vt*
A **1** (Com, Transp) ‹*barco/avión*› to charter; ‹*autobús/camión*› to hire, rent (AmE) **2** (Andes) (alquilar) ‹*traje*› to hire, rent
B **1** (AmL) ‹*mercancías/pasajeros*› to transport **2** (CS fam) (quitar de en medio): **la ~on a un colegio pupila** they packed her off to a boarding school (colloq); **lo ~on del trabajo** they fired him (colloq) **3** (Chi fam) (dar una paliza) to thrash; **~le un golpe a algn** to hit sb

flete *m*
A (Transp) **1** (contratación — de un barco, avión) charter; (— de un autobús, camión) hire **2** (precio de contratación — de un barco, avión) charter fee; (— de un autobús, camión) hire charge, rental charge (AmE)
B (de mercancías) (AmL) **1** (transporte, envío) transportation, transport, carriage (frml) **2** (precio del transporte) freightage, freight, transportation charges (*pl*), carriage (frml)

fletera *f* (Cu fam) hooker (colloq), prostitute

fletero -ra *adj* (AmL) **1** ‹*buque*› cargo (*before n*) **2** ‹*compañía*› freight (*before n*), transportation (*before n*)

flexibilidad *f* **1** (de un material) flexibility, pliability **2** (del cuerpo) flexibility, suppleness **3** (de un horario, una norma) flexibility **4** (de una actitud, un enfoque) flexibility; (de un carácter, una personalidad) easygoingness, flexibility

flexibilización *f* **1** (de criterio, medida) relaxation; **~ laboral** flexibilization of labor*; **se pide una mayor ~ en los horarios** they are asking for the timetables to be made more flexible **2** (en sentido físico): **ejercicios para la ~ de la columna vertebral** exercises to make the spine more supple

flexibilizar [A4] *vt* **1** ‹*horario laboral/sistema*› to make … more flexible; ‹*criterio/medida*› to relax **2** ‹*músculo*› to loosen up, make … more supple

flexible *adj* **1** ‹*material*› flexible, pliable **2** ‹*cuerpo*› supple, flexible **3** ‹*norma/horario*› flexible **4** ‹*actitud/enfoque*› flexible; ‹*carácter/personalidad*› easygoing, flexible

flexión *f*
A (Dep) **1** (de brazos) push-up, press-up (BrE) **2** (de piernas) squat **3** (de cintura): **hacer flexiones** to touch one's toes
B (Ling) inflection; **~ verbal** verbal inflection; **lenguas de ~** inflected languages
C (Anat, Geol) flexure

flexionar [A1] *vt* **1** (Dep) ‹*pierna/rodillas*› to bend; ‹*músculo*› to flex; **~ la cintura** to bend down **2** ‹*soporte/viga*› to buckle

flexit® *m* (*pl* ~) (Chi) vinyl floor covering

flexo *m* (Esp) desk lamp, reading light

flexor *m* flexor, flexor muscle

flip *m* (Esp) eggnog, egg flip

flipar [A1] *vi* (Esp fam): **el helado de limón me flipa cantidad** I'm crazy about *o* (BrE) mad on lemon ice cream (colloq)

■ **fliparse** *v pron* **1** (Esp fam) (entusiasmarse): **se flipa por el cine de aventuras** she's crazy about *o* (BrE) mad on adventure movies (colloq) **2** (Esp arg) (drogarse) to get high (colloq)

flipe *m* **1** (Esp arg) (por la droga) trip (colloq) **2** (Esp fam) (entusiasmo): **tiene un ~ por esa tía** he's crazy about that girl (colloq)

flipper /'fliper/ *m* (palanca) flipper; (máquina) pinball machine

flirt /'flirt/ *m* (*pl* **flirts**) **1** (relación) fling **2** (persona) (*m*) boyfriend; (*f*) girlfriend; **¿sabes quién es el ~ de Jorge?** do you know who Jorge's seeing? (colloq)

flirtear [A1] *vi* to flirt

flirteo *m* flirting; **déjate de ~s** stop all this flirting

flit® *m* insecticide

floema *m* phloem

flojamente *adv*
A (sin apretar) loosely; **estaban ~ amarrados** they were loosely tied
B (con pereza) lazily

flojear [A1] *vi* **1** (debilitarse) to grow *o* get weak; **me flojean las piernas** my legs are getting weak; **nos flojeaban las fuerzas** our strength was ebbing away, we were getting weaker *o* flagging **2** (fam) (holgazanear) to laze around

flojedad *f*
A (debilidad) lethargy
B (pereza) laziness

flojera *f* **1** (fam) (debilidad) lethargy; **la ~ que tienes es de no comer** the reason you feel all weak is because you haven't eaten anything **2** (fam) (pereza): **debería ir pero me da ~** I ought to go but I can't be bothered; **tengo una ~ horrible** I feel terribly lazy *o* lethargic

flojo[1] **-ja** *adj*
A **1** ‹*nudo/tornillo/vendaje*› loose; **la cuerda está floja** the rope is slack; **haces el punto muy ~** you knit very loosely; ***me la trae floja*** (vulg) I couldn't give a damn (sl), I couldn't give a shit *o* (BrE) a toss (vulg) **2** (débil) weak **3** ‹*vientos*› light; **soplarán vientos ~s del sur** there will be light, southerly winds **4** ‹*café/té*› weak
B (mediocre) ‹*trabajo/examen*› poor; ‹*película*› second-rate; ‹*estudiante*› poor; **está ~ en física** he's weak at physics; **hizo un examen muy ~** he did a very poor exam; **su expediente académico es ~** his academic record is poor; **este vino es muy ~** this wine is very poor quality *o* is second-rate
C (Com, Econ) slack; **el mercado estuvo ~** the market was slack
D ‹*persona*› **1** (fam) (perezoso) lazy; **no terminó la carrera por ~** he didn't finish his degree because he was so lazy **2** (Col fam) (cobarde) cowardly

flojo[2] **-ja** *m,f* 1 (fam) (perezoso) lazybones (colloq), lazy toad (colloq & hum) 2 (Col fam) (cobarde) coward

flojonazo[1] *adj* (Chi, Méx fam) lazy

flojonazo[2] **-za** *m,f* (Chi, Méx fam) lazybones (colloq)

floppy /'flopi/ *m* (*pl* **floppys**) floppy disk, diskette

flor[1] *f*

A (Bot) flower; **~es naturales/artificiales/secas** fresh/artificial/dried flowers; **~ecillas silvestres** wild flowers; **un vestido de ~es** a flowery dress; **en ~** in flower, in bloom, in blossom; **los almendros en ~** the almond trees in flower *o* bloom; ***a ~ de piel:* tenía los nervios a ~ de piel** his nerves were all on edge; **tiene la sensibilidad a ~ de piel** she's very easily hurt; ***a ~ de tierra/agua*** just below the ground/water, close to the surface; ***echarle ~es a algn*** to pay sb compliments; ***estar en la ~ de la juventud*** to be in the flower of one's youth (liter); ***estar en la ~ de la vida*** *or* ***edad*** to be in the prime of life; ***~ de ...*** (CS fam): **me hizo ~ de regalo** she gave me a wonderful present (colloq); **~ de patada le di** I gave him a hell of a kick (colloq); **es un ~ de estúpido** he's a real idiot (colloq); ***ir de ~ en ~*** to flit from one man/woman to another, play the field; ***la ~ y nata*** the cream, the pick, the crème de la crème; **la ~ y nata de la sociedad** the cream of society; ***ni ~es*** (Esp fam): **¿sabes dónde está? — ni ~es** do you know where he is? — no idea *o* I haven't the faintest *o* foggiest (idea) (colloq); **¿entendiste algo? — yo, ni ~es** did you understand anything? — not a word *o* a thing (colloq); ***ser la ~ de la canela*** to be wonderful *o* (colloq) great; ***tirarse con ~es*** (RPl iró) to hurl abuse at each other

(Compuestos)
- **flor de azahar** (del naranjo) orange blossom; (del limonero) lemon blossom
- **flor de Jamaica** *type of hibiscus*
- **flor de la pluma** (Chi) wisteria
- **flor de lis** fleur-de-lis
- **flor de Pascua** poinsettia

B (RPl) (Jueg) three card flush

C (RPl) (de la ducha) shower head, rose

flor[2] *adj* (CS fam) wonderful; **pronunció un discurso ~** he made a brilliant *o* a wonderful *o* an excellent speech

flora *f* flora; **la ~ y fauna** the flora and fauna

(Compuesto) **flora bacteriana** *or* **intestinal** intestinal flora

floración *f* 1 (acción) flowering 2 (período) flowering period

floral *adj* floral

florcita *f* (AmL fam) little flower

floreado -da *adj* flowery

florear [A1] *vi* 1 (Chi, Méx) (Bot) to flower, blossom; **los duraznos ya empiezan a ~** the peach trees are already beginning to flower *o* blossom *o* are already coming into bloom 2 (Méx) (halagar): **le ~on mucho su vestido** her dress got *o* drew a lot of compliments *o* nice comments; **la ~on mucho** she got *o* was paid a lot of compliments 3 (Méx) (con el lazo) to perform clever tricks

florecer [E3] *vi* 1 «*flor*» to flower, bloom; «*árbol*» to flower, blossom; **los rosales ya han florecido** the roses have already flowered *o* bloomed, the roses are already in bloom 2 (prosperar) to flourish, thrive; **el negocio está floreciendo** the business is thriving *o* flourishing

florecido -da *adj* split

floreciente *adj* flourishing, thriving

florecimiento *m* 1 (Bot) flowering 2 (desarrollo) flowering; **el ~ del arte en el Renacimiento** the flowering of art in the Renaissance

Florencia *f* Florence

florentino[1] **-na** *adj* Florentine

florentino[2] **-na** *m,f*

A (persona) Florentine

B **florentino** *m* (Coc) Florentine

floreo *m* flourish

florería *f* (AmL) florist's, flower shop

florero[1] **-ra** *m,f* 1 (florista) florist 2 (fam) (lisonjero) flatterer

florero[2] *m* vase; ***estar de ~*** (Col, RPl, Ven fam) to be here/there purely for decoration

florescencia *f* florescence

floresta *f* (liter) verdant grove (liter), leafy glade

florete *m* foil

floricultor -tora *m,f* flower grower, floriculturist (frml)

floricultura *f* flower growing, floriculture (frml)

florido -da *adj* 1 ‹*campo*› full of flowers; **un jardín ~** a garden full of flowers 2 ‹*estilo/lenguaje*› flowery, florid 3 (selecto): **lo más ~ de la sociedad** the cream of society

florilegio *m* anthology

florín *m* 1 (moneda antigua) florin 2 (Fin, Hist) guilder, florin (arch)

floripón *m* (AmL) ▸ **floripondio A**

floripondio *m*

A (fam) (adorno): **se plantificó un ~ en la cabeza** she plonked a great flowery thing on her head (colloq)

B (Bot) datura

C (Chi, Ven fam & pey) (varón afeminado) pansy (colloq & pej)

florista *mf* florist

floristería *f* florist's, flower shop

florístico -ca *adj* floral

floritura *f* embellishment, frill; **su discurso fue breve y sin ~s** his speech was brief with no frills

florón *m* ceiling rose, rosette

flósculo *m* floret

flota *f*

A (de barcos, camiones, aviones) fleet; **la ~ mercante** the merchant fleet; **~ pesquera** fishing fleet; **la ~ de altura/bajura** the deep-sea/inshore fleet

B (Col) (autobús) bus (AmE), coach (BrE)

flotación *f* 1 (Náut) flotation 2 (Econ, Fin) flotation

flotador *m* 1 (para nadar — de corcho) float; (— para la cintura) rubber ring; (— para los brazos) armband 2 (de un hidroavión) float 3 (de pescar) float 4 (Tec) ballcock

flotante *adj*

A 1 ‹*moneda/cambio*› floating 2 ‹*población*› floating 3 ‹*voto*› floating

B ‹*grúa/plataforma*› floating

flotar [A1] *vi* 1 (en un líquido) to float 2 (en el aire) «*partículas/polen*» to float; «*perfume*» to waft; **con sus cabellos flotando al viento** with her hair floating in the wind; **el interrogante flotaba en el aire** the question hung in the air 3 (Econ, Fin) «*moneda*» to float

flote *m*: **puedo mantenerme a ~** I can float *o* keep afloat; **los cuerpos salieron a ~** the bodies floated to the surface; **la firma se mantiene a ~** the company is managing to stay afloat *o* keep going; **los escándalos que han salido a ~ últimamente** the scandals that have come to light *o* to the surface recently; **sacar el país a ~** to get the country back on its feet

flotilla *f* 1 (Náut) flotilla 2 (Aviac) fleet

fluctuación *f* fluctuation; **las fluctuaciones de las opiniones en los últimos días** the fluctuations *o* the shifts in people's opinions in the last few days

fluctuante *adj* ‹*temperatura/opinión*› fluctuating; ‹*mercado/divisa*› fluctuating; ‹*población*› floating

fluctuar [A18] *vi* to fluctuate; **su ánimo fluctuaba entre la alegría y la tristeza** her mood fluctuated *o* swung between joy and sadness

fluidez *f* 1 (de expresión) fluency; **habla griego con ~** she speaks Greek fluently, she speaks fluent Greek 2 (de tráfico) smooth flow 3 (Fís, Quím) fluidity

fluido[1] *adj* 1 ‹*estilo*› fluid, free-flowing, smooth 2 ‹*circulación*› free-flowing; ‹*situación*› fluid, ever-changing 3 ‹*sustancia*› fluid

fluido[2] *m* 1 (Fís, Quím) fluid 2 (period) (corriente) current; **hubo un corte en el ~ eléctrico** there was a power failure *o* power cut *o* blackout

fluir [I20] *vi* «*líquido/río*» to flow, run; «*palabras/ideas*» to flow; **el ~ de la conciencia** the stream of consciousness

flujo *m*

A (circulación, corriente) flow; **~ sanguíneo** blood flow, flow of blood; **~ magnético** magnetic flux; **un ~ emigratorio** a wave of immigrants

(Compuestos)
- **flujo de caja** cash flow
- **flujo de tráfico** traffic flow

B (Med) (secreción) discharge

(Compuesto) **flujo menstrual** menstrual flow

C (Náut) tide; **~ y reflujo** ebb and flow

flujograma *m* flowchart

fluminense *adj* of/from Rio de Janeiro

flúor, fluor *m* 1 (gas) fluorine 2 (fluoruro) fluoride; **un nuevo dentífrico con ~** a new fluoride toothpaste

fluoración *f* fluoridation

fluorado -da *adj* ‹*agua*› fluoridated; ‹*dentífrico*› fluoride (*before n*), fluoridated (tech)

fluorar [A1] *vt* ‹*agua/dentífrico*› to add fluoride to, fluoridate (tech); ‹*dentadura*› to treat with fluoride

fluorescencia *f* fluorescence

fluorescente *adj* fluorescent

fluorización *f* fluoridation

fluorizar [A4] *vt* to fluoridate

fluoruro *m* fluoride

fluvial *adj* river (*before n*), fluvial (tech)

fluviómetro *m* fluviometer

flux *m*

A (en naipes) flush; **estar/quedarse a ~** (Méx fam) to be broke (colloq)

B (Ven) (traje) suit

FM *f* (= **frecuencia modulada**) FM

FMI *m* (= **Fondo Monetario Internacional**) IMF

FMLN *m* (en Sal) = **Frente Farabundo Martí de Liberación Nacional**

FN *f* (en Esp) = **Fuerza Nueva**

FNMT *m* = **Fondo Nacional de Moneda y Timbre**

FOB *adj* (= **free on board**) FOB

fobia *f* phobia; **tiene ~ a los aviones** he has a phobia about flying; **le tiene ~** (fam) she can't stand the sight of him (colloq)

-fobia *suf* -phobia

fóbico -ca *adj* phobic

-fóbico -ca *suf* -phobic

-fobo -ba *suf* -phobe

foca *f* 1 (animal) seal; (piel) sealskin 2 (fam) (persona gorda) fatty (colloq), fatso (colloq)

focal *adj* focal

focalizar [A4] *vt* 1 ‹*atención/interés*› to focus 2 ‹*escena/objeto*› to focus on

FOCINE /fo'sine/ *f* (en Col) = **Empresa para el Fomento del Cine Nacional**

foco *m*

A 1 (Fís, Fot, Mat) focus; **la foto/la imagen está fuera de ~** (AmL) the photo/picture is out of focus; ***sentirse fuera de ~*** (Chi fam) to feel out of place 2 (centro, núcleo) focus; **~ de infección** source of infection; **el ~ de atención** the focus of attention; **fue el ~ de las miradas de todo el mundo** everybody's eyes were focused on him

B 1 (Cin, Teatr) (reflector) spotlight; (en un estadio, monumento) floodlight 2 (AmL) (Auto) light 3 (Ec, Méx, Per) (bombilla) light bulb; ***se me/le prendió el ~*** (Méx fam) I/she had a bright idea *o* a brain wave *o* (AmE) a brainstorm (colloq) 4 (AmC) (linterna) flashlight (AmE), torch (BrE)

foetazo *m* (AmL) lash; **darle ~ a algn** to horsewhip sb

foete *m* (AmL) horsewhip

foetear [A1] *vt* (AmL) to horsewhip

fofo -fa *adj* (fam) flabby, pudgy (AmE), podgy (BrE)

fogaje *m* **1** (AmC, Ven) (calor) heat; (en la menopausia) hot flash *o* (BrE) flush **2** (Ven) (fiebre de pocos grados) slight fever, temperature

fogarada *f* blaze

fogata *f* bonfire

fogón *m* **1** (quemador) burner **2** (ant) (cocina) stove; ***arrimarse*** *or* ***acercarse al ~*** (RPl) to pull up a chair **3** (AmL) (fogata) bonfire, campfire **4** (de una caldera) firebox

fogonazo *m* flash, explosion

fogonero *m* stoker, fireman

fogosidad *f* ardor*

fogoso -sa *adj* ardent

fogueado -da *adj* (AmS fam) experienced

foguearse [A1] *v pron* to undergo a baptism of fire

fogueo *m* (Mil): **un cartucho de ~** a blank cartridge, a blank; **un partido de ~** (Col) a practice game

foie-gras /fwa'gra/ *m* foie gras

foja *f* (AmL) sheet; **~ de servicios** service record; ***volver a/estar en ~s cero*** (AmL) to go back to/be back to square one

folclor, folclore *m* ▸**folklore**

fólder *m* (*pl* **~s**) (esp Méx, Per) (carpeta) folder; (AmL) (Inf) folder

folía *f*: *dance from the Canary Islands*

foliáceo -cea *adj* foliaceous

foliación *f* **1** (Bot) foliation **2** (Impr) foliation

foliar [A1] *vt* ‹*libro/manuscrito*› to foliate, number the pages of; ‹*páginas*› to foliate, number

folicular *adj* (Anat, Biol) follicular

folículo *m* **1** (Bot) follicle **2** (Anat) follicle

folio *m* **1** (hoja) sheet, sheet of paper; **papel tamaño ~** A4 paper **2** (de un libro, trabajo) page **3** (encabezamiento) running head, page heading; ***tirar el ~*** (Esp fam) to exaggerate wildly (colloq)

folíolo, foliolo *m* leaflet

folk[1] /'fo(l)k/ *adj* folk (*before n*)

folk[2] /'fo(l)k/ *m* folk music, folk

folklore *m* folklore

folklórico[1] **-ca** *adj* **1** ‹*danza/música/leyenda*› folk (*before n*) **2** (fam) (pintoresco) quaint **3** (Chi fam & hum) (ordinario) coarse

folklórico[2] **-ca** *m,f*: *performer of traditional Spanish songs and dances*

folklorista *mf* folklorist

folklorizar [A4] *vt* to give ... a folksy flavor*

folla, follá *f* ▸**leche E1**

follada *f* (Esp vulg) screw (vulg), fuck (vulg); **pegarse una ~** to have a screw (vulg), have a shag (BrE vulg)

follador -dora *adj* (Esp vulg): **es el más ~ de todos** he's the biggest fucker *o* (BrE) shagger of them all (vulg)

follaje *m* **1** (Bot) foliage **2** (palabrería) verbiage, waffle

follar [A1] *vt* (Esp vulg) to screw (vulg), to fuck (vulg)

■ **follar** *vi* (Esp vulg) to screw (vulg), to fuck (vulg)

folletín *m* **1** (historia) newspaper serial **2** (revista mala) rag (colloq) **3** (TV) melodrama

folletinesco -ca *adj* sensationalist, melodramatic

folletinista *mf* pulp writer, hack (colloq)

folleto *m* (hoja) leaflet, flier (AmE); (librito) brochure, pamphlet

follón *m*

A (Esp fam) **1** (alboroto) commotion, ruckus (AmE colloq); **hubo un ~ tremendo a la salida del estadio** there was a lot of trouble *o* an incredible commotion *o* ruckus outside the stadium (colloq); **cuando lo intentaron echar, armó** *or* **montó un buen ~** when they tried to throw him out, he kicked up a hell of a fuss *o* created a real stink (colloq) **2** (situación confusa, desorden): **en este ~ de papeles no hay quien encuentre nada** these papers are so jumbled up *o* in such a mess, it's impossible to find anything (colloq); **¿sabes algo del ~ este de MEPIRESA?** do you know anything about this MEPIRESA business? (colloq); **me armé un buen ~ con la última pregunta** I got into a real mess with the last question (colloq) **3** (problema): **si te juntas con esa gente, te meterás en follones** if you go around with that lot, you'll get into trouble

B (Chi fam & hum) (pedo) fart (sl)

follonero -ra *m,f* (Esp fam) troublemaker

fomble *m* fumble

fomblear [A1] *vi/vt* to fumble

fome *adj* (Chi fam) boring, dull

fomedad *f* (Chi fam) boring story (*o* place *etc*)

fomentar [A1] *vt*

A **1** ‹*industria*› to promote; ‹*turismo*› to promote, encourage, boost; ‹*ahorro/inversión*› to encourage, boost; ‹*disturbio/odio*› to incite, foment (frml); **hay que ~les el gusto por la música** one has to foster *o* encourage an interest in music in them **2** (fundar) to found

B (Med) to foment

fomento *m*

A (impulso, promoción) promotion

B (Med) fomentation

fon *m* phon

fonación *f* phonation

Fonacot *m* (en Méx) = **Fondo de Fomento y Garantía para el Consumo de los Trabajadores**

fonador -dora *adj* phonatory

Fonart *m* (en Méx) = **Fondo Nacional para el Fomento de las Artesanías**

Fonatur *m* (en Méx) = **Fondo Nacional de Fomento al Turismo**

fonda *f* **1** (esp AmL) (restaurant) cheap restaurant **2** (esp Esp) (pensión) boarding house, guest house **3** (Chi) (puesto) refreshment stand

fondant /fon'dan(t)/ *m* (relleno) fondant; (para decorar) icing

fondeadero *m* anchorage

fondear [A1] *vt*

A (Náut) to anchor

B (Chi) (esconder) to hide

C (Chi) (ahogar) to drown

■ **fondearse** *v pron* (Chi fam) (esconderse) to go into hiding; **se fondeó a estudiar el examen** he shut himself away to prepare for the exam (colloq)

fondeo *m* anchoring

fondillo *m*, **fondillos** *mpl* (AmL) seat

fondista *mf*

A (de una fonda) proprietor of a ▸**fonda**

B (Dep) long-distance runner

fondo *m*

A **1** (parte más baja) bottom; **el ~ del mar** the bottom of the sea; **el ~ de la cacerola/bolsa** the bottom of the saucepan/bag; **es muy profundo, no consigo tocar ~** it's very deep, I can't touch the bottom; **en el ~ de su corazón** deep down (in his heart); **tenemos que llegar al ~ de esta cuestión** we must get to the bottom of this matter; **hay un ~ de verdad en esa historia** there is an element of truth in that story; **hay en él un ~ de maldad** there's a streak of maliciousness in him; ▸**bajo**[1], **doble**[1] **2** (de un pasillo, una calle) end; (de una habitación) back; **al ~, a la derecha** at the end, on the right; **siga hasta el ~ del pasillo** go to the end of the corridor; **yo vivo justo al ~ de la calle** I live right at the end of the street; **encontró la carta al ~ del cajón** he found the letter at the back of the drawer; **estaban sentados al** *or* **en el ~ de la sala** they were sitting at the back of the room **3** (profundidad): **esta piscina tiene poco ~** this pool is not very deep *o* is quite shallow; **necesito un cajón con más ~** I need a deeper drawer **4** (de un edificio) depth; **el edificio tiene poca fachada pero mucho ~** the building has a narrow frontage but it goes back a long way **5** (en un cuadro, una fotografía) background; **estampado blanco sobre ~ gris** white print on gray background

(Compuesto) **fondo de escritorio** *or* **pantalla** (Inf) wallpaper

B **1** (Lit) (contenido) content; **el ~ y la forma de una novela** the form and content of a novel **2** (Der): **una cuestión de ~** a question of law

C (Fin) **1** (de dinero) fund; **un ~ para las víctimas del siniestro** a fund for the disaster victims; **tenemos un ~ común para estas cosas** we have a joint fund *o* (colloq) a kitty for these things **2** **fondos** *mpl* (dinero) money, funds (*pl*); **recaudar ~s** to raise money; **reunió los ~s para la operación** he raised the funds *o* money for the operation; **no dispone de ~s suficientes en la cuenta** he does not have sufficient funds *o* money in his account; **un cheque sin ~s** a dud *o* (AmE) rubber check (colloq); **me dio un cheque sin ~s** the check he gave me bounced, he gave me a dud check, the bank would not honor the check he gave me (frml); **el departamento no dispone de ~s para este fin** the department does not have funds *o* money available for this purpose; **los ~s están bloqueados** the funds have been frozen; **estoy mal de ~s** (fam) I'm short of cash (colloq) **3** **a fondo perdido** ‹*inversión/préstamo*› non-refundable, nonrecoverable; **lo que pagas de alquiler es dinero a ~ perdido** the money you spend on rent is money wasted *o* (colloq) money down the drain

(Compuestos)

- **fondo de amortización** sinking fund
- **fondo de capital inversión** venture capital fund
- **fondo de capital (de) riesgo** venture capital fund
- **Fondo de Cohesión** (UE) Cohesion Fund
- **fondo de comercio** goodwill
- **fondo de fondos** (Fin) fund of funds
- **fondo de inversión libre** hedge fund
- **fondo de garantía de depósitos** deposit guarantee fund
- **fondo de huelga** strike fund
- **fondo de inversión** investment fund
- **fondo de inversión inmobiliaria** Real Estate Investment Trust, REIT
- **fondo de investigación** research fund
- **fondo de pensiones** pension fund
- **fondo de previsión** provident fund
- **fondo de reptiles** slush fund
- **fondo de solidaridad** fighting fund
- **Fondo Europeo de Desarrollo** (UE) European Development Fund
- **Fondo Europeo de Desarrollo Regional** (UE) European Regional Development Fund
- **Fondo Europeo de Orientación y de Garantía Agrícola** (UE) European Agricultural Guidance and Guarantee Fund
- **Fondo Monetario Internacional** International Monetary Fund, IMF
- **fondo referenciado** tracker fund
- **fondos públicos** *mpl* public funds (*pl*)
- **fondos reservados** *mpl* secret funds (*pl*)
- **fondos estructurales** *mpl* (UE) structural funds (*pl*)
- **Fondo Social Europeo** (UE) European Social Fund

D (Dep) **1** (en atletismo): **de ~** ‹*corredor/carrera/prueba*› long-distance; ▸**medio**[1] **2** (en gimnasia) push-up, press-up (BrE)

E (de una biblioteca, un museo) collection

(Compuesto) **fondo editorial** list (of titles)

F (de una alcachofa) heart

G (Méx) (Indum) petticoat, underskirt

H (*en locs*): **a fondo** (*loc adj*) ‹*estudio/análisis/investigación*› in-depth (*before n*); (*loc adv*) ‹*prepararse/entrenar*› thoroughly; **esto necesita una limpieza a ~** this needs a thorough clean; **una reforma a ~ de las instituciones** a sweeping reform of the institutions; **estudiar a ~ un problema** to study a problem in depth; **los próximos días deben ser aprovechados a ~** you/we must make full use of the next few days, you/we must use the next few days to the full; **de fondo** ‹*ruido/música*› background (*before n*); ‹*error/discrepancia*› fundamental; ▸**maquillaje**; **en fondo** (Mil) abreast; **de cuatro en ~** four abreast; ***en el ~***: **en el ~ no**

es malo deep down he's not a bad person; **discutimos mucho, pero en el ~ nos llevamos bien** we quarrel a lot but basically we get on all right *o* but we get on all right, really; ***¡~ blanco!*** (AmL fam) bottoms up! (colloq); ***tener buen ~*** *or* ***no tener mal ~*** to be a good person at heart, to have one's heart in the right place; ***tocar ~:*** **en el mes de abril el precio tocó ~** in April the price bottomed out; **ya hemos tocado ~ y las cosas empiezan a ir mejor** we seem to be past the worst now and things are beginning to go better; **su credibilidad ha tocado ~** his credibility has hit *o* reached rock bottom; **me voy a tener que volver porque ya estoy tocando ~** I'm going to have to go back because I'm down to my last few dollars (*o* pesos *etc*)

I (Chi) (olla grande) cauldron, large pot

fondomonetarista *adj* IMF (*before n*)

fondón -dona *adj* (fam) big-bottomed, broad in the beam (hum)

fondue /fon'du/ *f* fondue

fonema *m* phoneme

fonémico -ca *adj* phonemic

fonendoscopio *m* phonendoscope

fonética *f* phonetics

fonéticamente *adv* phonetically

fonético -ca *adj* phonetic

fonetista *mf* phonetician

foniatra *mf* speech therapist

foniatría *f* speech therapy

fónico -ca *adj* phonic; **un defecto ~** a speech defect

fono *m* (CS) telephone number

fonoabsorbente *adj* sound-absorbing

fonoaudiología *f* ▸**foniatria**

fonoaudiólogo -ga *m,f* ▸**foniatra**

fonobuzón *m* (Esp) voice mail

fonocaptor *m* pickup

fonógrafo *m* phonograph

fonología *f* phonology

fonológico -ca *adj* phonological

fonoteca *f* music library

fontana *f* (liter) fountain, fount (liter)

fontanela *f* fontanel, fontanelle

fontanería *f* (Esp) **1▸** (oficio) plumbing **2▸** (instalación) plumbing

fontanero -ra *m,f* (esp Esp) plumber

footing /'futin/ *m* jogging; **hacer ~** to jog, to go jogging

FOP /'fop/ *fpl* (en Esp) **= fuerzas del orden público**

FOPTUR /fop'tur/ *f* **= Empresa de Fomento al Turismo en el Perú**

foque *m* jib

forado *m* (Andes) hole

forajido -da *m,f* fugitive, outlaw

foral *adj* **1▸** (Hist) ‹*derecho*› granted by charter **2▸** (autonómico) ‹*decreto/pagaré/guardia*› autonomous (*of/relating to certain autonomous regions of Spain*)

foráneo -nea *adj* foreign, strange

forastero -ra *m,f* stranger, outsider

forcejear [A1] *vi* to struggle; **forcejeaba para abrir la puerta** she struggled to open the door; **forcejeaba con el ladrón** he wrestled *o* struggled with the thief

forcejeo *m* struggle

fórceps *m* (*pl* ~) forceps (*pl*)

forense[1] *adj* forensic

forense[2] *mf* forensic scientist

forestación *f* afforestation

forestal *adj* forest (*before n*)

forestalista *mf* forestry expert, silviculturist (tech)

forestar [A1] *vt* to afforest

forfait /for'fe/ *m* **1▸** (Com) fixed *o* set price, all-in price; **viaje turístico a ~** package holiday *o* tour **2▸** (abono) ski pass; **~ diario para los remontes** daily ski pass **3▸** (Dep) failure to appear; **fue eliminado por ~** his opponent was given a walkover because he failed to turn up

forint /fo'rint/ *m* forint

forja *f* (fragua, taller) forge; (acción) forging; **la ~ de su carácter** the molding *o* forging of his character

forjar [A1] *vt* **1▸** ‹*utensilio/pieza*› to forge; ▸**hierro 2▸** ‹*porvenir*› to shape, forge; ‹*plan*› to make; ‹*ilusiones/esperanzas*› to build up **3▸** ‹*nación/bases*› to create; ‹*amistad/alianza*› to forge

■ **forjarse** *v pron* ‹*porvenir*› to shape, forge; ‹*ilusiones*› to build up; **~se un camino** to forge a way for oneself

forma *f*

A 1▸ (contorno, apariencia) shape; **tiene ~ circular** it's circular (in shape); **en ~ de cruz** in the shape of a cross; **tiene la ~ de un platillo** it's the shape of a saucer *o* it's saucer-shaped; **los tenemos de todas ~s y tamaños** we have them in all shapes and sizes; **el alfarero da ~ al barro** the potter shapes the clay; **finalmente logró dar ~ a sus proyectos** he finally managed to give some shape to his plans; **el suéter ha cogido la ~ de la percha** the sweater's been stretched out of shape by the coat hanger; **el príncipe tomó la ~ de una rana** the prince turned into a frog; **la escultura/el proyecto está empezando a tomar ~** the sculpture/plan is beginning to take shape **2▸** (tipo, modalidad) form; **la discriminación no puede ser tolerada bajo ninguna de sus ~s** discrimination cannot be tolerated in any shape or form; **las distintas ~s de vida animal** the different forms of animal life; **el medicamento se presenta en ~ de supositorios y de comprimidos** the medicine comes in suppository or tablet form

B 1▸ (Lit) (de una novela, obra) form; **fondo y ~** form and content **2▸** (Der): **un defecto de ~** a technicality (*in drafting or presentation*) **3▸** (Fil) form

C (Ling) form; **la ~ singular** the singular (form)

D (Dep, Med): **estar/mantenerse en ~** to be/keep fit; **esta temporada está en baja ~** this season he's off form *o* he's not in good form; **me siento en plena ~** I feel on top form; ***en ~*** (AmL fam): **una comida en ~** a good square meal (colloq); **hoy nos divertimos en ~** we had a terrific *o* fantastic time today; **metiste la pata en (gran) ~** you really put your foot in it (colloq)

E (manera, modo) way; **es su ~ de ser** it's just his way, it's just the way he is; **no me gusta nada su ~ de organizar las cosas** I don't like his way of organizing things at all; **¡qué ~ de gritar, ni que estuviese sorda!** there's no need to shout, I'm not deaf!; **así no hay ~ de entenderse** we'll never get anywhere like this; **lo hizo de ~ que él no se enterase** (frml) she did it in such a way that he would not find out; ***de cualquier ~*** *or* ***de todas ~s*** *or* ***de una ~ o de otra*** anyway, in any case

(Compuesto) **forma de pago** form *o* method of payment

F formas *fpl* **1▸** (de una mujer) figure **2▸** (apariencias) appearances (*pl*); **en público siempre guardan** *or* **cubren las ~s** they always keep up appearances in public

G (Méx) (formulario) form

formación *f*

A (proceso) **1▸** (de las rocas, nubes) formation **2▸** (de un grupo, gobierno) formation **3▸** (de palabras, frases) formation

B (Geol) (conjunto, masa) formation

C (Mil) formation; **~ de combate** combat formation

D (adiestramiento) training; (educación recibida) education; **la ~ del carácter** the formation of the character; **el período de ~** the training period; **tiene una buena ~ literaria** she has had a good literary education

(Compuesto) **formación profesional** *or* (CS) **vocacional** professional *o* vocational training; **estudiantes de ~ ~** ≈ students at technical college

> **Formación Profesional - FP**
>
> After the ▸**ESO - Educación Secundaria Obligatoria** stage in the Spanish education system, pupils go on to ▸**Bachillerato**, with its more traditional academic approach, or to *Formación Profesional*, which has a vocational focus.
>
> *FP* comprises two cycles, one for students from sixteen to eighteen and another, running parallel to university education, for students of eighteen and over. After both cycles students qualify for a specific occupation, or to go on to more specialized courses. *See also* ▸**LOE - Ley Orgánica de Educación (2006).**

formador -dora *m,f* **1▸** (de algo) former, shaper; **el periodista como ~ de opinión** the journalist as opinion shaper **2▸** (de personas) formative influence; **fue un gran ~ de juventudes** he was a great formative influence on young people; **una institución que es la principal ~a de científicos** an institution which is the main formative influence on scientists

formal *adj*

A (cumplidor) reliable, dependable; (responsable) responsible; **a ver si eres un poco más ~ la próxima vez** try and be a bit more responsible next time; **¡sé ~ito!** behave yourself!; **tiene sólo 21 años pero es muy ~** he's only 21 but he's very responsible *o* serious-minded

B 1▸ ‹*error*› formal **2▸** ‹*promesa*› firm; ‹*invitación/compromiso*› formal, official; ‹*acusación*› formal; **aún no he recibido una oferta ~** I haven't had a definite *o* firm offer yet **3▸** ‹*recepción/cena*› formal

formaldehído *m* formaldehyde

formalidad *f*

A (de una persona) reliability, dependability; **niños, ~** behave yourselves, children; **no se puede hacer planes con él, no tiene ~** it's impossible to plan anything with him, he's so unreliable

B (requisito) formality; **es una simple ~** it's a mere formality

formalina *f* formalin

formalismo *m* (Arte, Fil) formalism; (convencionalismo) conventionality; **paso de ~s** I can't be bothered with conventionality *o* convention

formalista *adj* formalistic

formalización *f* formalization; **la ~ de un contrato** the formalization of a contract; **celebraron la ~ del noviazgo con una ceremonia** they held a ceremony to celebrate their formal engagement

formalizar [A4] *vt*

A ‹*noviazgo/relación*› to make … official; ‹*transacción/contrato*› to formalize; **los extranjeros deben ~ su situación** foreigners must legalize *o* regularize their position

B (Der) (Chi) ‹*persona*› to charge; **~ a algn** POR **algo** to charge sb WITH sth

■ **formalizarse** *v pron* to settle down

formar [A1] *vt*

A 1▸ «*personas*» ‹*círculo/figura*› to make, form; ‹*asociación*› to form, set up; **formen fila a la entrada, por favor** form a line *o* (BrE) queue at the entrance, please; **los estudiantes ~on barricadas** the students set up barricades; **~ parejas** (en una clase) get into pairs *o* twos; (en un baile) take your partners; **~ gobierno** to form a government; **el partido se formó a principios de siglo** the party came into being *o* was formed at the turn of the century; **se ~on varios comandos terroristas en la zona** several terrorist cells were established in the area **2▸** (Ling) to form; **palabras que forman el plural añadiendo una 's'** words which form the plural by adding an 's' **3▸** (Mil) ‹*tropas*› to have … fall in, order … to fall in

B (componer) to make up; **está formada por tres**

provincias it is made up of *o* it comprises three provinces; **al juntarse forman un ángulo recto** they form *o* make a right angle where they meet; **las distintas partes forman un todo indivisible** the separate elements make up *o* form an indivisible whole; **el jurado está formado por nueve personas** the jury is made up of nine people
C ‹*carácter/espíritu*› to form, shape
■ **formar** *vi* to fall in; **batallón: ¡a ~!** squad, fall in!
■ **formarse** *v pron*
A 1 (hacerse, crearse) to form; **se ha formado hielo en las carreteras** ice has formed on the roads; **se formó una cola de varios kilómetros** a tailback several kilometers long built up 2 (desarrollarse) «*niño/huesos*» to develop 3 (forjarse) to form; **~se una idea/opinión** to form an idea/opinion; **creo que se ha formado una impresión errónea** I think he has got the wrong impression
B (educarse) to be educated

formateado *m* formatting

formatear [A1] *vt* to format

formateo *m* formatting

formativo -va *adj* formative

formato *m*
A (tamaño, forma) format; **han cambiado el ~ de esta revista** they've changed the format of this magazine
(Compuesto) **formato de documento portátil** portable document format, PDF
B (Méx) (formulario, solicitud) form

formero *m* arch

formica® *f or m* Formica®

fórmica® *f* (AmS) Formica®

fórmico -ca *adj* formic

formidable¹ *adj* (fam) ‹*persona/película/idea*› tremendous; **tiene un catarro ~** that's some cold she has!

formidable² *interj* (fam) fantastic! (colloq), great! (colloq)

formol *m* formol

formón *m* chisel

fórmula *f*
A 1 (Mat, Quím) formula 2 (manera, sistema) way; **una nueva ~ para conciliar las diferencias** a new way of reconciling the differences; **no hay ~ mágica para resolver el problema** there is no magic formula for solving the problem; **~s de pago** methods of payment 3 (frase, expresión): **~s de cortesía** polite expressions; **las ~s que se emplean en la redacción de cartas comerciales** the standard expressions *o* set phrases *o* set formulae used in writing business letters; **por pura ~** for form's sake, as a matter of form 4 (de un producto) formula; (de un alimento) recipe; **elaborado según nuestra ~ exclusiva** made to our own exclusive formula/recipe
B (Auto) formula; **un coche de F~ 1** a Formula 1 car
C (Col) (receta médica) prescription
D (RPl) (Pol) ticket; **la ~ presidencial Aldunate-Pereyra** the Aldunate-Pereyra ticket

formulación *f* formulation

formulaico -ca *adj* formulaic

formular [A1] *vt*
A ‹*queja*› to make, lodge; ‹*teoría*› to formulate; ‹*plan*› to formulate, draw up; **la manera en que formuló la pregunta** the way in which he asked *o* framed *o* formulated the question; **formulé una denuncia contra ellos** I reported them
B (Col) «*médico*» to prescribe

formulario¹ -ria *adj* ‹*lenguaje*› formulaic; **una visita formularia** a visit paid as a matter of form

formulario² *m* form; **rellenar un ~** to fill in *o* out a form; **~ de inscripción** application form
(Compuesto) **formulario médico** (Col) prescription

formulismo *m* tokenism, formulism

formulístico -ca *adj* formulistic

fornicación *f* fornication

fornicar [A2] *vi* to fornicate

fornido -da *adj* well-built, big, hefty

foro *m* 1 (Hist) forum 2 (period) (organismo) forum; (reunión) meeting, forum 3 (Teatr) back of the stage; ***desaparecer*** *or* ***irse por el ~*** (fam) to sneak off, slip away
(Compuestos)
• **foro electrónico** chat line
• **foro virtual** virtual discussion group

forofo -fa *m,f* (Esp fam) (Dep) fan; (Taur) aficionado, enthusiast; **ser ~ DE algn** to be crazy *o* wild *o* (BrE) mad ABOUT sb, be a real fan OF sb; **ser ~ DE algo** to be crazy *o* wild *o* (BrE) mad ABOUT sth

forondo -da *adj* (Chi fam) smug

FORPPA /'forpa/ *m* (en Esp) = **Fondo de Ordenación y Regulación de Precios y Productos Agrarios**

FORPRONU *f* (= **Fuerzas de Protección de las Naciones Unidas**) UNPROFOR

forrado -da *adj*
A ‹*abrigo*› lined; ‹*sillón/libro*› covered; **una chaqueta forrada de seda** a jacket lined with silk
B [ESTAR] (fam) (de dinero) loaded (colloq), rolling in it (colloq)

forraje *m* 1 (acción) foraging 2 (alimento) fodder, forage

forrajear [A1] *vi* to forage

forrajero -ra *adj* fodder (*before n*)

forrar [A1] *vt* ‹*abrigo*› to line; ‹*libro/sillón*› to cover; ‹*puerta*› to line
■ **forrarse** *v pron*
A (fam) (enriquecerse) *tb* **~se de dinero** to make a killing *o* mint *o* (BrE) packet (colloq), to coin it (colloq)
B (Méx fam) (llenarse) **~se DE algo** to stuff oneself WITH sth (colloq), to pig out ON sth (colloq)

forro *m*
A 1 (de un abrigo) lining; (de un sillón) cover; (de un libro) cover, jacket, sleeve; ***como el ~*** (Chi fam) lousy (colloq), awful; **se lo dejaron como el ~** they made a lousy *o* an awful job of it; ***meterse en un ~*** (Chi fam) to get oneself into a mess (colloq); ***ni por el ~*** (fam): **no lo entiendo ni por el ~** I don't understand the first thing about it, I don't understand it at all; **ése no toma un libro ni por el ~** he's never opened a book in his life (colloq), he doesn't even know what a book looks like (colloq) 2 (Chi) (de bicicleta) tire*
(Compuesto) **forro de freno** brake lining
B (RPl fam) (preservativo) condom, rubber (AmE colloq), johnny (BrE colloq)
C (Chi vulg) (prepucio) foreskin
D (Méx fam) (mujer atractiva) stunner (colloq)

forsitia *f* forsythia

fortacho¹ -cha *adj* (Chi fam) tough

fortacho² *m* (RPl fam) old crate (AmE colloq), old banger (BrE colloq)

fortachón -chona *adj* (fam) big and strong (colloq), brawny

fortalecer [E3] *vt* 1 ‹*organismo/músculos*› to strengthen, make … stronger; **un ejercicio para ~ los muslos** an exercise to tone up the thighs *o* to strengthen the thigh muscles 2 ‹*espíritu*› **una lectura para ~ el espíritu** reading matter that is spiritually uplifting 3 ‹*relación/amistad*› to strengthen 4 (Mil) (reforzar) to reinforce, strengthen
■ **fortalecerse** *v pron* 1 «*organismo/músculo*» to get stronger 2 «*espíritu*» to grow stronger

fortalecimiento *m* strengthening

fortaleza *f*
A 1 (física) strength 2 (moral) fortitude, strength of spirit
B (Mil) fortress

forte *adv* forte

fortificación *f* 1 (acción) fortification 2 (Mil) fortification

fortificar [A2] *vt*
A (Mil) ‹*lugar/plaza*› to fortify
B (dar fuerza) to strengthen, make … stronger

fortín *m* 1 (fuerte pequeño) (small) fort 2 (emplazamiento) pillbox, bunker

fortísimo¹ -ma *adj ver* **fuerte¹**

fortísimo² *m/adv* (Mús) fortissimo

FORTRAN /for'tran/, **Fortran** *m* FORTRAN

fortuitamente *adv* fortuitously, by chance

fortuito -ta *adj* ‹*encuentro/suceso*› chance (*before n*), fortuitous; **no es ~ que haya venido hoy** it's no accident that he happened to turn up today

fortuna *f* 1 (riqueza) fortune; **amasó/hizo una gran ~** he amassed/made a large fortune; **su ~ personal supera el millón de dólares** his personal fortune is worth over a million dollars; **vale una auténtica ~** it's worth an absolute fortune 2 (azar, suerte) fortune; **la ~ le sonrió** fortune smiled on him; **quiso la ~ que salvase la vida** (liter) as fate would have it she was saved (liter); **tuvo la (buena) ~ de ser aceptado** he had the good fortune to be accepted; **por ~** fortunately, luckily; ***probar ~*** to try one's luck

fórum *m pl ~ or* **-rums** forum

forúnculo *m* boil, furuncle (tech)

forzadamente *adv* forcibly, by force; **lo tuvieron que sacar ~ del lugar** he had to be forcibly removed from the place; **sonrió/rió ~** she gave a forced smile/laugh

forzado -da *adj* forced, unnatural

forzamiento *m*
A (de puerta, ventana) forcing
B (de una mujer, menor) rape

forzar [A11] *vt*
A (obligar) to force; **me vi forzado a echarlo del local** I had to *o* I was forced to *o* (frml) I was obliged to throw him off the premises
B 1 ‹*vista*› to strain; **estaba forzando la vista** I was straining my eyes 2 ‹*sonrisa*› to force
C ‹*puerta/cerradura*› to force
D (violar) to rape
■ **forzarse** *v pron* (obligarse) to make *o* force oneself; **todos los días me fuerzo a caminar dos kilómetros** every day I make myself walk two kilometers

forzosamente *adv*: **tienen que pasar por aquí ~** they have no option *o* choice but to come this way; **~ alguien ha tenido que verlos** someone *must* have seen them

forzoso -sa *adj*: **el partido sufrió una etapa de forzosa clandestinidad** the party was forced underground for a time; **un aterrizaje ~** an emergency *o* a forced landing; ▸**heredero**

forzudo¹ -da *adj* (fam) big and strong (colloq), brawny

forzudo² -da *m,f* (fam): **un par de ~s** a couple of big, strong men (colloq)

fosa *f* 1 (zanja) ditch; (hoyo) pit 2 (tumba) grave; ***cavarse su propia ~*** to dig one's own grave 3 (RPl) (Auto) pit 4 (Anat) cavity, pit, fossa (tech)
(Compuestos)
• **fosa común** common *o* communal grave; (para indigentes) pauper's grave
• **fosa marina** marine basin
• **fosa nasal** nostril
• **fosa oceánica** ocean basin
• **fosa séptica** septic tank

fosco -ca *adj* wild

fosfatado -da *adj* phosphatic

fosfato *m* phosphate

fosforado -da *adj* phosphoric

fosforecer [E3] *vi* to phosphoresce

fosforera *f* 1 (caja) matchbox 2 (fábrica) match factory

fosforero -ra *adj* match (*before n*)

fosforescencia *f* phosphorescence

fosforescente *adj* 1 (Fís) phosphorescent 2 ‹*color/pintura*› fluorescent

fosforescer [E3] *vi* ▸**fosforecer**

fosfórico -ca *adj* phosphoric

fosforito -ta *adj* (Chi, Ven fam) touchy, quick-tempered

fósforo *m*
A (Quím) phosphorus
B (cerilla) match
fosforoso -sa *adj* phosphorous
fosgeno *m* phosgene
fósil[1] *adj* fossilized, fossil (*before n*)
fósil[2] *m* **1** (Arqueol, Geol) fossil **2** (fam) (persona anticuada) fossil (colloq); **estás hecho un ~** (fam) you're such an old fossil *o* fuddy-duddy (colloq)
fosilización *f* fossilization
fosilizarse [A4] *v pron* to fossilize, become fossilized
foso *m*
A **1** (zanja) ditch **2** (en fortificaciones) moat, fosse, defensive ditch; (con agua) moat **3** (Equ) water jump
B (Teatr) pit
(Compuesto) **foso de la orquesta** *or* **orquestal** orchestra pit
C (Auto) inspection pit
foto *f* picture, photo (esp BrE); **me sacó** *or* **hizo** *or* **tomó una ~** he took a picture *o* photo of me, he took my photo *o* picture; **una ~ en blanco y negro** a black-and-white photo
(Compuesto) **foto de carnet** *or* **pasaporte** passport photo
foto- *pref* photo-
fotocélula *f* photoelectric cell, photocell
fotocomponedora *f* filmsetter, filmsetting machine
fotocomponer [E22] *vt* to filmset, photoset
fotocomposición *f* filmsetting, photocomposition, photosetting
fotoconductor -tora *adj* photoconductive
fotocopia *f* photocopy; **hizo** *or* **sacó ~s para toda la clase** she made photocopies for the whole class; **hizo** *or* **sacó una ~ de la carta** he made *o* took a photocopy of the letter, he photocopied the letter
fotocopiado *m* photocopying
fotocopiadora *f* photocopier
fotocopiar [A1] *vt* to photocopy
fotocopista *mf* photocopying operative *o* assistant
fotodegradable *adj* photodegradable
fotodiodo *m* photodiode
fotoeléctrico -ca *adj* photoelectric
fotoenvejecimiento *m* ageing (*caused by over-exposure to sunlight*)
foto finish *m* photo finish
fotofobia *f* photophobia
fotogenia *f* photogenic quality; **prueba de ~** test shoot
fotogénico -ca *adj* photogenic
fotograbado *m* **1** (técnica) photogravure **2** (lámina) photogravure
fotograbar [A1] *vt* to photoengrave
fotografía *f* **1** (técnica, arte) photography; **una tienda de ~** a photographic *o* camera store (AmE), a photographic *o* camera shop (BrE) **2** (retrato, imagen) photograph **3** (estudio) photographic studio
(Compuesto) **fotografía aérea** (técnica) aerial photography; (imagen, producto) aerial photograph
fotografiar [A17] *vt* to photograph, take a photograph of
fotográficamente *adv* photographically
fotográfico -ca *adj* photographic
fotógrafo -fa *m,f* photographer
fotograma *m* still
fotogrametría *f* photogrammetry
fotolitografía *f* **1** (técnica) photolithography **2** (estampa) photolithograph
fotoluminescencia *f* photoluminescence
fotomatón *m* photo booth
fotometría *f* photometry
fotómetro *m* **1** (Fot) exposure *o* light meter **2** (Fís) photometer
fotomontaje *m* photomontage
fotón *m* photon
fotonovela *f* photoromance (*romantic story in the form of photographs with captions*)
fotoprotección *f* photoprotection
fotoprotector[1] **-tora** *adj* photoprotective; **factor ~** UV factor
fotoprotector[2] *m* sunblock
fotoquímico -ca *adj* photochemical
foto-robot, fotorrobot *m* (*pl* **-bots**) (Esp) Identikit® picture, Photofit (picture) (BrE)
fotorradar *m* (Chi) speed camera
fotosensibilidad *f* photosensitivity
fotosensible *adj* photosensitive
fotosíntesis *f* photosynthesis
fotostato *m* photostat
fototeca *f* photographic library
fototipia *f* **1** (técnica) phototypography **2** (lámina) phototype
fototropismo *m* phototropism
fotovoltaico -ca *adj* photovoltaic
foul /'faul/ *m* (*pl* **fouls**) (AmL) foul
foulard /fu'lar/ *m* foulard
foulear /faule'ar/ [A1] *vt* (CS) to foul
foulero -ra /fau'lero/ *adj* (CS) dirty (colloq), unsportsmanlike
fox /'fos/ *m* (*pl* ~) foxtrot
foxterrier /fos'terrjer/ *mf* (*pl* **-rriers**) fox terrier
fox-trot /'fostro(t)/ *m* (*pl* **-trots**) foxtrot
foyer /fo'ʏe/ *m* (CS) foyer
FP (en Esp) = **Formación Profesional**
FPDLP *m* (= **Frente Popular Democrático para la Liberación de Palestina**) PDFLP
FPLP *m* (= **Frente Popular para la Liberación de Palestina**) PFLP
FPMR *m* (en Chi) = **Frente Patriótico Manuel Rodríguez**
fr (= **franco**) fr
frac *m* (*pl* **fracs** *or* **fraques**) tail coat, tails (*pl*); **el novio iba de ~** the groom was in morning dress
fracasado[1] **-da** *adj* failed, unsuccessful
fracasado[2] **-da** *m,f* failure
fracasar [A1] *vi* **1** «*negociaciones*» to fail; «*plan*» to fail, fall through **2** «*persona*» to fail; **como padre fracasó horriblemente** he failed miserably as a father; **fracasó como actor** he failed *o* was unsuccessful as an actor; **~ EN algo** to fail IN sth; **fracasó en su intento de conquistar el Everest** he was unsuccessful *o* he failed in his attempt to conquer Everest
fracaso *m* **1** (acción) failure; **ha sufrido** *or* **tenido varios ~s profesionales** she has had several failures in her work; **el proyecto estaba condenado al ~** the project was destined to fail *o* doomed to failure; **un ~ amoroso** *or* **sentimental** a disappointment in love; **un ~ rotundo** a complete failure **2** (obra, persona) failure; **su última película fue un ~** her last movie was a failure *o* (colloq) flop, her last movie bombed (AmE colloq); **como profesor es un ~** he's a disaster *o* failure as a teacher, he's a hopeless teacher
fracción *f*
A **1** (elemento, parte) part, fraction, fragment; **todo pasó en una ~ de segundo** it all happened in a fraction of a second *o* in a split second **2** (Mat) ▸ℹ **p.243**; fraction
B (de una organización) faction
C (Chi period) **1** (en fútbol) half **2** (en básquetbol) period
fraccionado -da *adj*: **pago ~** payment by installments
fraccionamiento *m*
A (Quím) fractionation
B (Méx) **1** (de un terreno) division (*into lots*) **2** (urbanización) development
fraccionar [A1] *vt* **1** ‹*cantidad/pago*› to pay ... in installments* **2** (Quím) to fractionate
fraccionario -ria *adj* fractional
fractura *f*
A (Med) fracture; **sufrió ~ de peroné** he fractured his fibula, he broke his leg
(Compuestos)
• **fractura complicada** compound fracture
• **fractura de fatiga** stress fracture
• **fractura de tallo verde** greenstick fracture
B (Geol) fault
fracturar [A1] *vt* to fracture
■ **fracturarse** *v pron* to fracture
fragancia *f* fragrance, perfume
fragante *adj* (liter) fragrant, sweet-smelling
fragata *f* frigate
frágil *adj* **1** ‹*cristal/fuente*› fragile, breakable; Ⓢ **frágil** fragile **2** ‹*salud/constitución*› delicate; ‹*economía*› fragile; **el ~ equilibrio ecológico del planeta** the fragile *o* delicate ecological balance of the planet; **una viejecita muy ~** a very frail old woman
fragilidad *f* **1** (de cristal, porcelana) fragility, breakability **2** (de una situación) delicacy; (de la economía) fragility; **la ~ de su salud** her frailty *o* the frailty of her health
fragmentación *f* fragmentation
fragmentar [A1] *vt* to fragment, fragmentize (AmE); **una visión fragmentada del mundo** a fragmented vision of the world
■ **fragmentarse** *v pron* to fragment, fragmentize (AmE)
fragmentario -ria *adj* ‹*conocimiento*› sketchy, patchy, fragmentary; ‹*estudio*› sketchy, fragmentary
fragmento *m* **1** (de un jarrón) shard; (de un hueso) fragment **2** (de una conversación) snippet, snatch **3** (de una canción) extract, excerpt; (de una novela) extract, excerpt, passage; (de una carta, un poema — extracto) extract, passage; (— resto, pedazo) fragment
fragor *m* (liter) clamor* (liter); **el ~ de la batalla** the din *o* clamor of battle; **el ~ del oleaje** the roar *o* thundering of the waves
fragoroso -sa *adj* (liter) thunderous, deafening
fragosidad *f* **1** (de un terreno) roughness **2** (de un bosque) impenetrability, denseness
fragoso -sa *adj* **1** ‹*terreno*› difficult, rough **2** ‹*bosque/selva*› impenetrable, dense
fragua *f* **1** (horno) furnace, forge **2** (taller) forge
fraguado *m* **1** (Metal) forging **2** (del cemento) setting
fraguar [A16] *vt* **1** (Metal) to forge **2** ‹*complot*› to hatch; ‹*plan*› to conceive, think up
■ **fraguar** *vi* to set
fraile *m* friar, monk
frailecillo *m* puffin
frailecito *m* (AmL) plover
frailero -ra *adj* ‹*estilo/mueble*› frailero (*upholstered in leather and metal studs*)
frailesco -ca *adj* (fam) monkish
frambuesa *f* raspberry
frambueso, frambuesero *m* raspberry cane
francachela *f* (fam) **1** (juerga) binge (colloq); **ir de ~** to live it up, to go out on a binge *o* on the town **2** (comilona) feast, blow-out (colloq)
francamente *adv* **1** ‹*decir*› frankly, honestly, truthfully; ‹*hablar*› frankly, openly **2** (*indep*) frankly, quite honestly; **~, me parece una estupidez** quite honestly *o* (quite) frankly, I think it's stupid **3** (realmente) ‹*bueno/malo*› really; **estaba ~ delicioso** it was absolutely delicious
francés[1] **-cesa** *adj* French; **a la francesa** the French way, the way the French do it; ***despedirse a la francesa*** to leave without saying goodbye, to take French leave
francés[2] **-cesa** *m,f*
A (*m*) Frenchman; (*f*) Frenchwoman; **los franceses** the French, French people
B **francés** *m* (idioma) French
franchipaniero *m* frangipani
franchute[1] **-ta** *adj* (fam) Frog (*before n*) (colloq), French
franchute[2] **-ta** *m,f* (fam) **1** (persona) Frog (colloq) **2** **franchute** *m* (idioma) French, Frog (colloq)

f

f

Francia *f* France
francio *m* francium
franciscano[1] **-na** *adj* **1** (Relig) Franciscan **2** (Chi) (pobre) spartan
franciscano[2] **-na** *m,f* Franciscan
Francisco: **San ~** Saint Francis
francmasón *m* Freemason, Mason
francmasonería *f* freemasonry
francmasónico -ca *adj* Masonic, masonic
franco[1] **-ca** *adj*
A (sincero) ‹*persona*› frank; **para serte ~, no creo que valga la pena** to be frank *o* honest, I don't think it's worth it; **voy a ser ~ contigo** I'm going to be frank *o* honest with you; **un diálogo ~** a frank *o* candid exchange of opinions; **tiene una mirada franca** she has an honest *o* open expression; **una sonrisa franca** a natural smile
B (*delante del n*) (patente) marked; **el paciente ha mostrado una franca mejoría** the patient has shown marked *o* clear signs of improvement; **una sociedad en franca decadencia** a society that is in marked decline *o* is declining markedly; **un clima de franca cordialidad** an atmosphere of genuine warmth
C (Com) free; **~ de porte** carriage paid, postage and packing free; **paso ~** free passage; **~ a bordo** free on board; ▸**piso, puerto, zona**
D **1** [ESTAR] (Mil): **un agente ~ de servicio** an off-duty officer; **estar ~** to be off duty **2** (RPl) (libre de trabajo): **nos dieron la mañana franca** they gave us the morning off; **el lunes estoy ~** I have Monday off
E (Hist) Frankish
franco[2] **-ca** *m,f*
A (Hist) Frank
B **franco** *m* (Fin, Hist) (en Bélgica, Francia) franc
(Compuesto) **franco suizo** Swiss franc
franco[3] *interj* (Per arg) honest! (colloq); **~, así fue como pasó** that's how it happened, honest!
franco- *pref* Franco-; **un acuerdo ~-alemán** a Franco-German agreement
francocanadiense *adj/mf* French Canadian
francófilo -la *adj/m,f* francophile
francófobo -ba *m,f* francophobe
francófono[1] **-na** *adj* French-speaking, francophone (frml)
francófono[2] **-na** *m,f* francophone, French speaker
franco-hispano -na *adj* Franco-Spanish
francote *adj* (fam) outspoken, blunt
francotirador -dora *m,f* sniper
franela *f*
A **1** (Tex) flannel **2** (Ven) (camiseta) T-shirt, tee shirt **3** (Col) (camiseta de interior) undershirt (AmE), vest (BrE)
B (RPl) (trapo) duster
C (Per fam) crawler (colloq)
frangollar [A1] *vt* (RPl) to bungle, botch (colloq)
frangollo *m* (RPl fam) botched *o* botch job (colloq)
franja *f* **1** (banda) stripe, band; **las ~s rojas y blancas de la bandera** the red and white stripes of the flag; **una ~ de terreno** a strip of land; **el sol entraba a ~s por las persianas** the sun filtered through the blinds **2** (cinta, adorno) border, fringe
(Compuesto) **franja de Gaza** Gaza Strip
franjar [A1], **franjear** [A1] *vt* to trim
franqueadora *f* postage meter (AmE), franking machine (BrE)
franquear [A1] *vt*
A **1** ‹*paso/entrada*› to clear **2** ‹*puerta*› to go through; ‹*umbral*› to cross
B ‹*carta*› **1** (pagar) to pay the postage on; **S a franquear en destino** postpaid **2** (con franqueadora) to frank
■ **franquearse** *v pron* **~se con algn** to confide IN sb, open one's heart TO sb (liter)
franqueo *m* postage
franqueza *f* frankness, openness; **te voy a hablar con ~** I'm going to be frank *o* honest *o* open with you; **con toda ~, no me gusta nada** to be perfectly frank *o* honest, I don't like her at all
franquía *f* sea room
franquicia *f*
A **1** (exención) exemption **franquicia postal** *exemption from payment of postage* **2** (en seguros) excess **3** **franquicias** *fpl* (Ur) (en un club): **~s durante el mes de agosto** no joining fee during August **franquicia aduanera** (condición) duty-free status; (cantidad) duty-free allowance
B (concesión) franchise; **tiendas de ~** franchise shops, franchises
franquiciado -da *m,f* franchise-holder, franchisee
franquiciador -dora *m,f* franchiser, franchisor
franquiciamiento *m* franchising
franquismo *m* (Pol) (ideología) policies and ideology of Francisco Franco; (régimen) Franco regime; (periodo) the Franco years; **los 40 años del ~** the 40 years that Franco was in power, the 40 years of Franco's regime
franquista[1] *adj* ‹*doctrina/régimen*› Franco (*before n*); ‹*político*› pro-Franco
franquista[2] *mf* supporter of Franco
frappé *m* frappé
frasca *f* dry leaves (*pl*)
frasco *m* (de perfume) bottle; (de jarabe, comprimidos) bottle; (de mermelada) jar; ***¡toma del ~!*** (fam) it serves you right!
frase *f* **1** (oración) sentence; **~s huecas** *or* **vacías** empty words **2** (sintagma) phrase; **~ adjetiva/verbal** adjectival/verb phrase
(Compuestos)
• **frase hecha** set phrase
• **frase musical** musical phrase, phrase
frasear [A1] *vt* to phrase
fraseo *m* phrasing
fraseología *f* phraseology
fratás, (RPl) **fratacho** *m* float
fraternal *adj* brotherly, fraternal
fraternidad *f* fraternity, brotherhood
fraternización *f* fraternization
fraternizar [A4] *vi* to fraternize; **~ CON algn** to fraternize WITH sb
fraterno -na *adj* brotherly, fraternal
fratricida[1] *adj* fratricidal
fratricida[2] *mf* fratricide
fratricidio *m* fratricide
fraude *m* fraud
(Compuestos)
• **fraude electoral** vote rigging, election fraud
• **fraude fiscal** tax evasion
fraudulencia *f* fraudulence
fraudulentamente *adv* fraudulently, by fraud, by fraudulent means (frml)
fraudulento -ta *adj* ‹*quiebra/negocio*› fraudulent; ‹*elecciones*› rigged; **por medios ~s** by fraudulent *o* dishonest means
fray *m* (*delante de n propio*) Brother; **F~ Luis** Brother Luis
frazada *f* (AmL) blanket; ***estirar los pies más de lo que da la ~*** (Ur fam) to overstretch oneself
freak[1] /frik/ *adj inv* (fam) freak (*before n*) (sl)
freak[2] *mf* (*pl* **~s**) (fam) freak (sl)
freático -ca *adj* ▸**capa, manto, nivel**
frecuencia *f* **1** (periodicidad) frequency **2** (asiduidad) frequency; **viaja a Ginebra con mucha ~** she travels to Geneva very frequently *o* regularly, she often goes to Geneva; **con más ~** more frequently, more often **3** (Electrón) frequency; ▸**alto**[1]
(Compuestos)
• **frecuencia acústica** acoustic frequency
• **frecuencia de onda** wave frequency
• **frecuencia modulada** frequency modulation, FM
frecuentar [A1] *vt* to frequent; **un café frecuentado por actores** a café frequented by actors, a café where actors often go; **solía ~ los burdeles del puerto** he used to frequent *o* he often used to visit the brothels in the port area
frecuente *adj* ‹*llamada/visita*› frequent; **chubascos ~s** frequent showers; **no es ~ verla paseando por el parque** it is unusual to see her walking in the park, you do not often see her walking in the park
frecuentemente *adv* frequently, often
Fredemo *m* (en Per) **= Frente Democrático**
freelance[1] /fri'lans/ *adj inv* freelance
freelance[2] *mf* freelancer, freelance
free-lance /'frilans/ *adj inv* freelance
free shop /fri'ʃop/ *m* (Arg) duty-free shop
freezer /'friser/ *m* **1** (AmL) (electrodoméstico) freezer, deep freeze **2** (Chi, Ven) (en el refrigerador) freezer compartment, freezer
fregada *f*
A (esp AmL fam) (restregadura) scrub, scrubbing; **este suelo necesita una buena ~** this floor needs a good scrubbing *o* scrub
B (AmC, Méx) (molestia) ▸**fregadera**
fregadera *f* (AmL exc CS fam): **es una ~ tener que ir hasta allá** it's a real hassle *o* pain *o* drag having to go all that way (colloq); **¡qué ~, se ha descompuesto!** what a pain *o* drag, it's broken! (colloq)
fregadero *m* **1** (de la cocina) kitchen sink **2** (Méx) (para lavar ropa) sink
fregado[1] **-da** *adj*
A (AmL exc RPl fam) **1** (molesto) annoying; **¡no seas ~, hombre, ven con nosotros!** stop being such a pain *o* a bore and come with us (colloq); **¡qué niño más ~!, no me ha dejado descansar ni un momento** that kid's a real pest *o* nuisance, he hasn't given me a moment's peace (colloq) **2** (difícil) ‹*examen/tema*› tricky (colloq), tough (colloq); ‹*persona/carácter*› difficult; **el asunto está ~, no creo que nos lo den** it's all very iffy *o* things are a bit tricky, I don't think they'll give it to us (colloq); **con la edad se ha puesto muy ~** he's become very cantankerous *o* difficult in his old age **3** (fastidiado) in a bad way; **anda muy ~** he's in a terrible state *o* in a very bad way (colloq)
B (Andes, Ven fam) (exigente) strict; **es muy ~ con la puntualidad** he's a real stickler for punctuality, he's really strict about punctuality
C (Col, Per fam) (astuto) sly, sneaky (colloq)
fregado[2] **-da** *m,f*
A (AmL exc RPl fam) (persona difícil) difficult person
B **fregado** *m* **1** (fam) (lío) mess **2** (restregadura) scrub, scrubbing; ▸**barrida A1**
fregador -dora *m,f* **1** (persona) dishwasher, washer-up (BrE colloq) **2** **fregador** *m* (fregadero) sink, kitchen sink; (trapo) scourer
fregar [A7] *vt*
A (lavar, limpiar) to wash; **fregué el suelo** (con trapo, fregona) I mopped *o* washed the floor; (con cepillo) I scrubbed the floor; **~ los platos** to wash the dishes, to do the dishes (colloq), to do the washing-up (BrE), to wash up (BrE)
B (AmL exc RPl fam) **1** (molestar): **¡deja de ~ a tu hermano!** stop pestering your brother! (colloq); **no creo que sea así, lo dijo sólo por ~te** I don't think it's true, she said it just to needle you *o* (BrE) wind you up (colloq); **~le la paciencia a algn** to go *o* keep on at sb (colloq) **2** (expresando sorpresa): **¡no me friegues!** you're kidding *o* joking! (colloq), no kidding! (colloq)
C (AmL exc RPl fam) (malograr) ‹*planes*› to ruin, to mess up (colloq), to put paid to (BrE colloq); ‹*paseo/vacaciones*› to ruin, put paid to (BrE colloq)
D (AmL exc RPl fam) (fastidiar): **me fregó con esa pregunta** her question really floored *o* stumped me (colloq); **el anterior gobierno no hizo más que ~ al país** all the last government managed to do was drag the country down (colloq)
■ **fregar** *vi*
A **1** (lavar los platos) to wash the dishes, to do the dishes (colloq), to do the washing-up (BrE), to

wash up (BrE) 2 (limpiar) to clean 3 (restregar) to scrub

B (AmL exc RPl fam) 1 (molestar): **¿hasta cuándo friegan con ese ruido?** how much longer do we have to put up with that horrible racket? (colloq); **¡déjate de ~!** stop bothering *o* pestering me!, stop being so annoying! 2 (expresando sorpresa): **¡no friegues!** you're joking *o* kidding! (colloq), no kidding! (colloq)

■ **fregarse** *v pron*

A (AmL fam) (embromarse): **si no te gusta, te friegas** if you don't like it you can lump it *o* that's tough! (colloq); **¡me fregué!** I've really screwed up! (sl), I'm in for it now! (colloq), I've really done it now! (colloq); **los que se friegan son ustedes** you'll be the ones who lose out

B (AmL exc RPl fam) 1 (malograrse): **ahora sí que se ~on nuestros planes** that's really ruined *o* messed up *o* (BrE) put paid to our plans (colloq); **se nos fregó la fiesta** the party was ruined 2 ‹*tobillo/mano*› to do … in (colloq), to screw … up (AmE colloq)

fregatina *f* (Chi fam) ▸**fregadera**

fregón¹ -gona *adj* (AmC, Col, Ec fam) ▸**fregado¹ A**

fregón² *m* (RPl) dishcloth

fregona *f*

A (pey) 1 (sirvienta) drudge, skivvy (BrE colloq & pej) 2 (mujer ordinaria): **es una ~** she's so common (pej)

B (Esp) (utensilio) mop

freidora *f* deep fryer

freiduría *f: bar or store selling fried fish*

freír [I35] *vt*

A (Coc) to fry; **no sabe ni ~ un huevo** he can't cook to save his life, he doesn't even know how to boil an egg

B (fam) (matar) to blow … away (sl), to waste (sl)

C (Esp) (fam) (acosar): **nos frieron a preguntas** they pestered us with questions; **me frieron los mosquitos** the mosquitoes ate me alive

■ **freírse** *v pron* to fry; **tarda algo más en ~se** it takes a little longer to cook *o* fry; **miles de turistas friéndose al sol** (hum) thousands of tourists baking *o* frying *o* getting roasted in the sun (hum)

fréjol *m* (esp Ec) ▸**frijol**

Frejupo /fre'xupo/ *m* (en Arg) = **Frente Justicialista de Unidad Popular**

FRELIMO /fre'limo/ *m* (Hist) = **Frente de Liberación de Mozambique**

frenada *f* (esp AmL) ▸**frenazo**

frenado *m* braking

frenar [A1] *vt*

A (Transp) to brake

B 1 ‹*proceso/deterioro*› to slow … down, check; ‹*alza/inflación*› to curb, check, slow … down; ‹*progreso/desarrollo*› to hold … back, slow … up/down; **frena la maduración de la fruta** it stops the fruit ripening so quickly, it slows down the ripening process of the fruit; **a veces uno tiene que ~ la lengua** there are times when one has to hold one's tongue; **para ~ la ola de refugiados** to stem the flow of refugees 2 ‹*ilusiones/esperanzas*› to put a damper on

■ **frenar** *vi* to brake, apply the brake(s) (frml)

■ **frenarse** *v pron (refl)* to restrain oneself

frenazo *m* (fam): **oí el ~** I heard the squealing *o* screeching of brakes; **dio un ~ para no atropellar al perro** she slammed *o* jammed on her brakes to avoid hitting the dog, she braked suddenly to avoid hitting the dog; **la huella del ~** the tire *o* skid mark; **dar un ~ a las importaciones** to put the brake on imports

frenesí *m* frenzy; **la amaba con ~** he loved her madly *o* passionately

frenéticamente *adv* frenetically, frenziedly

frenético -ca *adj* frenzied, frenetic; **ponerse ~** (fam) to go crazy *o* wild *o* berserk (colloq)

frenillo *m*

A 1 (membrana) frenum, frenulum 2 (defecto) *speech defect caused by an abnormal frenum*

B (AmL) (para los dientes) braces (*pl*) (AmE), brace (BrE)

freno *m*

A (Mec, Transp) brake; **revisaron los ~s** they checked the brakes; **se quedó sin ~s** his brakes failed; **~s traseros** rear *o* back brakes; **¡echa el ~, Magdaleno!** (Esp fam) cool it! (colloq), keep your hair on! (BrE colloq)

(Compuestos)

- **freno de mano** emergency brake (AmE), handbrake (BrE); **echar** *or* **poner el ~ de ~** to put the emergency brake *o* handbrake on; **soltar** *or* **quitar el ~ de ~** to release the emergency brake *o* handbrake
- **frenos asistidos** *mpl* power brakes (*pl*)
- **frenos de aire** *mpl* air brakes (*pl*)
- **frenos de disco** *mpl* disc brakes (*pl*)
- **frenos de tambor** *mpl* drum brakes (*pl*)
- **frenos neumáticos** *mpl* air brakes (*pl*)

B (Equ) bit

C (contención): **hay que poner ~ a estos abusos** we must curb these abuses; **esto supondría un ~ al desarrollo del programa** this would slow the program down *o* hold the program back; **si no ponen ~ al excesivo gasto público** if they do not put a brake on *o* curb *o* check excessive public spending

D **frenos** *mpl* (Méx) (para los dientes) braces (*pl*) (AmE), brace (BrE)

frenología *f* phrenology

frenólogo -ga *m,f* phrenologist

frenón *m* (Col) ▸**frenazo**

frenopatía *f* psychiatry

frenopático¹ -ca *adj* psychiatric

frenopático² *m* psychiatric hospital, loony bin (colloq)

frentazo *m* (Méx fam): **darse** *or* **pegarse un ~** to be devastated; **se pegó un ~ cuando lo supo** he was devastated *o* (colloq) it really knocked him for six when he found out

frente¹ *f* ▸❶ **p.231** forehead, brow (liter); **arrugó la ~ extrañada** she gave a puzzled frown, she knitted her brow in puzzlement; **tiene la ~ despejada** *or* **ancha** he has a broad forehead; ***con la ~ bien alta*** *or* ***en alto*** *or* ***levantada*** with one's head held high

frente² *m*

A 1 (de un edificio) front, facade (frml); **unos reflectores iluminaban todo el ~** the whole facade was lit up by spotlights; **pintaron el ~ de la casa** they painted the front of the house; ***hacer(le) ~ a algo/algn*** to face up to sth/sb; **hay que hacer ~ a la realidad** you must face up to reality; **le hizo ~ a la vida por sus propios medios** she stood on her own two feet; **no puede hacer ~ a sus obligaciones** he is unable to meet his obligations 2 (*en locs*): **al frente: dio un paso al ~** she took a step forward, she stepped forward one pace; **la Orquesta Sinfónica, con López Morán al ~** the Symphony Orchestra, conducted by *o* under the direction of López Morán; **desfilaron llevando al ~ el emblema de la paz** they marched behind the symbol of peace; **vive al ~** (Chi) she lives opposite; **cruzó al ~ para no saludarme** (Chi) he crossed the road to avoid speaking to me; **pasar al ~** (AmL) to come/go up to the front; **al frente de: están al ~ de la clasificación** they are at the top of the table, they lead *o* head the division; **iba al ~ de la patrulla** he was leading the patrol; **puso a su hija al ~ de la empresa** he put his daughter in charge of the company; **de frente: los dos vehículos chocaron de ~** the two vehicles crashed head on; **una foto de ~** a full-face photo; **no entra de ~** it won't go in front on *o* frontways; **de frente a** (AmL) facing; **se puso de ~ a la clase** she stood facing the class; **frente a** opposite; **viven justo ~ a mi casa** they live directly opposite me; **se detuvo ~ al museo** he stopped in front of *o* opposite the museum; **el hotel está ~ al mar** the hotel faces the sea; **estamos ~ a un grave problema** we are faced with a serious problem, we have a serious problem on our hands; **se tomarán medidas ~ al grave problema de la droga** measures will be taken to confront the serious drug problem; **se mantiene estable ~ al dólar** it is holding up *o* remaining stable against the dollar; **hay 150, ~ a las 120 del año pasado** there are 150, compared to *o* as against 120 last year; **frente a frente** face to face; **cuando estuvimos ~ a ~ no supimos qué decir** when we met face to face we didn't know what to say to each other; **le dije ~ a ~ lo que pensaba de él** I told him to his face what I thought of him; **frente por frente: la iglesia y el colegio están ~ por ~** the church and the school are right *o* directly opposite each other

B 1 (Meteo) front 2 (en una guerra) front; **sin novedad en el ~** (fr hecha, hum) all quiet on that front (colloq & hum); **han convertido las aulas en un ~ de contiendas políticas** they have turned the classrooms into political battlegrounds; **un ~ de acción contra la droga** a campaign to combat drugs 3 (Pol) (agrupación) front; **pertenece al ~ de liberación** she belongs to the liberation front; ***hacer (un) ~ común*** to form a united front

frentón¹ -tona *adj* (AmC): **es muy ~** he has a marked receding hairline

frentón², (Chi fam) **de ~** (*loc adv*) 1 (directamente) straight out 2 (realmente) really

freo *m* strait, channel

fresa¹ *adj* (Méx fam) ‹*onda/estilo*› traditional, old-fashioned; ‹*persona*› traditionalist, fogyish (colloq); **¡ándale, no seas ~!** come on, don't be a stick-in-the-mud! (colloq)

fresa² *f*

A 1 (Bot, Coc) (planta) strawberry plant; (fruta) strawberry; (silvestre) wild strawberry 2 ▸❶ **p.181**; **(de) color ~** strawberry-pink

B 1 (Metal) milling cutter 2 (Odont) (torno) drill; (pieza) bit

fresado *m* milling

fresador -dora *m,f*

A (obrero) milling machine operator

B **fresadora** *f* 1 (Metal) milling machine 2 (Odont) drill

fresca *f*

A 1 (frescor): **la ~** the cool (of the morning/evening); **salimos temprano, con la ~** we set off early, while it was still cool 2 (aire) fresh air

B (fam) (insolencia): **lo regañé y me soltó una ~** I told him off and he had the nerve to answer me back (colloq); **le dije cuatro ~s y me marché** I gave him a piece of my mind and left (colloq)

frescachón -chona *adj* (fam) healthy, healthy-looking

frescales *mf* (Esp fam) sassy devil (AmE colloq), cheeky devil (BrE colloq)

fresco¹ -ca *adj*

A 1 ‹*viento*› cool, fresh; ‹*agua*› cold; ‹*bebida*› cool, cold; **el tiempo está más bien ~** the weather is a bit chilly *o* is on the cool side 2 ‹*ropa/tela*› cool

B 1 (no enlatado, no congelado) fresh; **pescado ~** fresh fish 2 (reciente) fresh; **este pescado está fresquísimo** this fish is so fresh!; **trae noticias frescas** she has the latest news; **los recuerdos de la guerra aún estaban ~s** memories of the war were still fresh in people's minds; ❸ **pintura fresca** wet paint 3 ‹*cutis/belleza*› fresh, young 4 ‹*olor*› fresh 5 (no viciado) ‹*aire*› fresh; **un poco de aire ~** a breath of fresh air

C ‹*persona*› 1 [SER] (fam) (descarado): **¡qué tipo más ~!** that guy sure has some nerve! (colloq), what a nerve that guy has! (colloq); ***ir ~*** (Esp fam): **ése va ~ si se piensa que le voy a prestar dinero** he's sadly mistaken if he thinks I'm going to lend him any money, if he thinks I'm going to lend him any money he's got another think coming 2 [ESTAR] (descansado) refreshed, fresh; (no cansado) fresh 3 (tranquilo): **yo estaba muerto de miedo pero él estaba tan ~** I was scared to death but he was as cool as a cucumber *o* he was totally unperturbed *o* he didn't turn a hair; **me dijo que se iba de todos modos, así tan fresca** she quite boldly *o* brazenly *o* unashamedly told me that she was going to go anyway 4 [SER] (Col fam) (sencillo, sin complicaciones) relaxed, easygoing; **¡~, hermano!** cool it! (colloq), easy! (colloq)

fresco² -ca *m,f* (fam) (descarado): **¡eres un ~!** you have a lot of nerve! (colloq), you've got a nerve *o* cheek! (BrE colloq)

fresco³ *m*
A (aire) fresh air; **vayamos a tomar el ~** let's go and get some fresh air
B (frío moderado): **el ~ de la brisa** the freshness *o* coolness of the breeze; **hace un fresquito que da gusto** it's lovely and cool; **ponte una chaqueta que hace ~** put a jacket on, it's chilly out; ***darse ~ en las bolas*** (Ven vulg): **¿vas a ayudar o te vas a seguir dando ~ en las bolas?** are you going to help, or are you just going to sit there on your fat ass (AmE) *o* (BrE) arse? (vulg); ***traer a algn al ~*** (fam): **sus problemas me traen al ~** I couldn't care less *o* give a damn about his problems (colloq)
C (Art) fresco; **pintura al ~** fresco painting
D (AmL) (gaseosa) soda (AmE), fizzy drink (BrE); (refresco de frutas) fruit drink

f

frescor *m* cool; **¡qué agradable es pasear con el ~ de la mañana!** it's so nice to have a walk in the cool of the morning *o* in the morning when it's cool

frescote -ta *adj* (fam) healthy, healthy-looking

frescura *f*
A **1** (de temperatura) coolness **2** (de verdura, pan) freshness
B (descaro) nerve (colloq), cheek (BrE colloq)
C (tranquilidad): **me lo dijo con toda ~, sin inmutarse** he told me quite calmly, without batting an eyelash (AmE) *o* (BrE) eyelid

fresia *f* freesia

fresno *m* ash, ash tree

fresón *m* (long stem) strawberry

fresquera *f* meat safe

freudiano -na /froj'ðjano/ *adj* Freudian

freza *f* (huevos) spawn; (acto) spawning

frezadero *m* spawning ground

frezar [A4] *vi* to spawn

fría *f* (Ven fam) cold beer

friable *adj* friable

frialdad *f*
A (frío) coldness
B **1** (insensibilidad): **me dio la noticia con absoluta ~** she broke the news to me without displaying any sign of emotion; **la ~ de su mirada** the cold look *o* the coldness in his eyes; **es de una ~ impresionante** she's incredibly unemotional *o* cold **2** (falta de afecto, entusiasmo): **fuimos recibidos con ~** we were given a cold *o* frosty reception; **la ~ del público** the audience's lack of enthusiasm; **me trató con bastante ~** he treated me rather coldly *o* frostily

fríamente *adv* **1** (con indiferencia) coldly; **al principio me trató ~** at first he treated me coldly; **fue acogido ~ por el público** the audience gave him an unenthusiastic *o* a very cool reception **2** (sin apasionamiento): **hablaba ~ de las torturas que había sufrido** he talked in a detached manner *o* unemotionally about the tortures he had been subjected to; **discutieron ~ el problema** they talked about the problem in a calm and collected way; **deja tus sentimientos de lado y piensa ~** leave your feelings to one side and consider it objectively

fricandó, fricasé *m* fricassee

fricativo -va *adj* fricative

fricción *f* **1** (Fís) friction **2** (desavenencia) friction; **ha causado ~ en nuestras relaciones** it has caused friction in our relationship **3** (friega, masaje) massage, rub; **date una ~** *or* **unas fricciones con la loción** massage *o* rub the lotion into your skin

friccionar [A1] *vt* to massage, rub

friega¹ *f*
A (fricción) rub; **date una ~ en el pecho con este ungüento** rub this ointment on your chest, give your chest a rub with this ointment; **una ~ de alcohol** a rubdown with alcohol, an alcohol rub
B (Chi, Méx fam) (molestia) ▸ **fregadera**
C (Chi, Méx fam) (zurra) ▸ **paliza A1**

friega², friegas, etc ▸ **fregar**

friegaplatos *mf* (fam) **1** (persona) dishwasher, washer-up (BrE colloq) **2** **friegaplatos** *m* (aparato) dishwasher

friegasuelos *m* (*pl* ~) mop, floor mop

friganea *f*, **frígano** *m* caddis fly

Frigia *f* Phrygia

frigidaire® /fridʒi'ðer/ *m* (CS, Per ant) refigerator, fridge, icebox (AmE)

frigidez *f* frigidity

frígido -da *adj* **1** (Med) frigid **2** (liter) ‹*nieve*› freezing, icy

frigio -gia *adj/m,f* Phrygian; ▸ **gorro**

frigo *m* (Esp fam) fridge

frigorífico¹ -ca *adj* ▸ **cámara, camión, vagón**

frigorífico² *m* **1** (Esp) (nevera) refrigerator, fridge **2** (cámara) cold store **3** (AmS) (de carne) meat processing plant
(Compuesto) **frigorífico congelador** (Esp) fridge-freezer

frigorista *mf* refrigeration engineer

frijol *m* (AmL exc CS)
A (judía) bean
(Compuestos)
• **frijol colorado** kidney bean
• **frijol negro** black bean
B **frijoles** *mpl* (comida) food; ***ganarse los ~es*** to earn a living

fríjol *m* (Col) ▸ **frijol**

frío¹ fría *adj*
A ‹*comida/agua/motor/viento*› cold; **el café estaba ~** the coffee was cold *o* had got(ten) cold; **tengo los pies ~s** my feet are cold; **~, ~, sigue buscando** (en juegos) you're very cold, keep looking; ***dejar ~ a algn:*** **la noticia lo dejó ~** (indiferente) he was quite unmoved by the news; (pasmado) he was staggered *o* stunned by the news; **esa clase de música me deja fría** that sort of music leaves me cold *o* does nothing for me; ***quedarse ~*** to be taken aback
B **1** (insensible) cold; **es ~ y calculador** he's cold and calculating **2** (poco afectuoso, entusiasta): **estuvo ~ y distante conmigo** he was cold and distant towards me; **un público que tiene fama de ser muy ~** an audience with a reputation for being very unenthusiastic *o* unresponsive; **sus relaciones son más bien frías** relations between them are rather cool; **tuvieron un recibimiento muy ~** they got a very cool *o* frosty reception; **son muy ~s con los niños** they're very unaffectionate toward(s) the children **3** (desapasionado): **para esto hay que tener una mente fría** this calls for a cool head
C (poco acogedor) ‹*habitación*› unwelcoming, cold; ‹*color*› ▸ ❶ **p.181**; cold

frío² *m*
A (Meteo) ▸ ❶ **p.802**; cold; **una ola de ~** a cold spell; **no deberías salir con este ~** you shouldn't go out in this cold *o* in this cold weather; **¡qué ~ hace!** it's so cold!; **empiezan a emigrar con los primeros ~s** they start to migrate when the weather begins to turn cold *o* with the first cold weather; ***hace un ~ que pela*** (fam) it's freezing (colloq)
B (sensación): **tengo ~** I'm cold; **pasamos un ~ espantoso** we were so cold; **tengo ~ en los pies** my feet are cold; **me está entrando ~** I'm beginning to feel cold; ***tomar*** *or* (Esp) ***coger ~*** to catch cold; **abrígate, no vayas a tomar ~** wrap up well or you'll catch cold; ***en ~:*** **su oferta me agarró** *or* **cogió en ~** her offer took me aback *o* took me by surprise; **no le des la noticia así, en ~** you can't break the news to her just like that; **esto hay que discutirlo en ~** this has to be discussed calmly; ***no darle a algn ni ~ ni calor*** (fam) to leave sb cold; **no me da ni ~ ni calor** it leaves me cold *o* doesn't really do anything for me, I can't get very excited about it

friolento -ta *adj* (AmL): **es muy ~** he's very sensitive to the cold, he really feels the cold

friolera *f* (fam): **hace la ~ de 100 años** no less than one hundred years ago, an incredible one hundred years ago; **me cobró la ~ de 180 euros** he charged me a cool 180 euros *o* he charged me 180 euros, no less *o* (iro) he only charged me 180 euros

friolero -ra *adj* (Esp) ▸ **friolento**

friquear [A1] *vt* (Méx arg) to freak … out
■ **friquearse** *v pron* (Méx arg) to freak out

frisa *f* frieze

frisar [A1] *vi*: **frisaba en los 40 años** she was nearly 40, she was getting on for 40
■ **frisar** *vt* to frizz, rub

friso *m* frieze

frisón -sona *adj* Frisian, Friesian

fritada *f* fried dish

fritanga *f*
A **1** (AmC, Andes, Méx) (alimento frito) fried snack **2** (pey) (comida frita) fried food, greasy food **3** (AmC, Andes) (freidora) deep fryer
B (Chi) (fastidio) (fam) pain in the neck (colloq), drag (colloq)

fritanguería *f* (AmC, Andes) *stall selling* **fritanga A1**

fritar [A1] *vt* (AmL) to fry

frito -ta *adj*
A (Coc) fried
B **1** (fam) (harto) fed up (colloq); **este niño me tiene ~** I'm fed up with *o* sick of this child (colloq) **2** (CS fam) (fastidiado) done for (colloq); **si lo perdemos, estamos ~s** if we miss it, we've had it *o* we're done for
C **1** (fam) (agotado) exhausted, shattered (colloq) **2** (fam) (dormido) fast *o* sound asleep; **quedarse ~** to fall asleep, to doze off; **está totalmente ~** he's dead to the world (colloq), he's fast *o* sound asleep **3** (Esp arg) (muerto) dead; **lo dejaron ~** they wasted him (sl)

fritos *mpl* fried food

fritura *f* **1** (acción) frying **2** (comida frita) fried food; **~ de pescado/pimientos** fried fish/peppers **3** (tanda): **tuve que hacer dos ~s** I had to fry the food (*o* the fish *etc*) in two goes

frívolamente *adv* frivolously

frivolidad *f* **1** (cualidad) frivolousness, frivolity **2** (cosa vana) triviality, frivolous *o* trivial thing

frivolité *m* tatting

frivolizar [A4] *vt* to treat frivolously

frívolo -la *adj* (superficial) frivolous; (ligero) lighthearted, frivolous; **un comentario ~** a flippant *o* frivolous remark

fronda *f* **1** (follaje) *tb* **~s** foliage; **el sol empezaba a filtrarse por entre aquella ~** the sun was beginning to filter through the foliage *o* the leaves *o* the canopy of leaves **2** (hoja) frond

Fronda *f*: **la ~** the Fronde

frondosidad *f* luxuriance, leafiness

frondoso -sa *adj* ‹*árbol*› leafy; ‹*vegetación*› luxuriant, thick

frontal¹ *adj* **1** ‹*colisión*› head-on; ‹*ataque*› direct, frontal (frml); ‹*oposición*› direct **2** (delantero): **la parte ~ del vehículo** the front of the vehicle

frontal² *m* **1** (Auto) hood (AmE), bonnet (BrE) **2** (Anat) frontal bone

frontalmente *adv*: **chocaron ~** they crashed *o* collided head-on, they had a head-on collision

frontenis *m* frontenis

frontera *f* (Geog) border, frontier (frml); **su ambición no conoce ~s** her ambition knows no bounds; **se sitúa en las ~s de lo pornográfico** it borders *o* verges on the pornographic

fronterizo -za *adj* border (*before n*); **conflictos ~s** border clashes; **acuerdos con los países ~s** agreements with the bordering *o* neighboring *o* adjoining countries, agreements with the countries with which they share a border

frontero -ra *adj*: **la casa frontera a la mía** the house opposite mine

frontis *m* facade

frontispicio *m*
A (Arquit) (remate triangular) pediment; (fachada) facade
B (Impr) frontispiece

frontón *m*
A (Dep) **1** (juego) pelota **2** (cancha) pelota court; (pared) fronton
B (Arquit) pediment

frotación *f* rub

frotadura *f*, **frotamiento** *m* rub

frotar [A1] *vt* to rub; **frótalo bien para darle brillo** rub it well *o* give it a good rub to bring out the shine; **~ dos palos** to rub two sticks together
■ **frotar** *vi* to rub
■ **frotarse** *v pron (refl)* ‹*espalda*› to rub; ‹*rodillas/tobillos*› to rub; ▸**mano**[1]; ***frotársela*** to jerk off (AmE vulg), to wank (BrE vulg)

frote *m* rub

frotis *m* smear
(Compuesto) **frotis cervical** cervical smear, smear test

fructífero -ra *adj* ‹*conversaciones/reunión*› fruitful, productive; **ha sido un año muy ~ para la empresa** it has been an extremely productive *o* profitable year for the company

fructificación *f* fruiting

fructificar [A2] *vi* to be fruitful, bear fruit (frml)

fructosa *f* fructose

fructuosamente *adv* fruitfully

fructuoso -sa *adj* fruitful

frufrú *m* swish

frugal *adj* ‹*comida*› frugal; ‹*vida*› spartan, frugal

frugalidad *f* frugality

frugalmente *adv* frugally

fruición *f* delight; **lo leyó con ~** she read it with glee *o* delight; **comer con ~** to eat with great relish

frunce *m* (en costura) gather; (defecto) ruck

fruncido[1] **-da** *adj* **1** ‹*falda*› gathered **2** (CS fam) (remilgado) stuck-up (colloq), snooty (colloq)

fruncido[2] *m* (acción) gathering; (frunces) gathers (*pl*)

fruncimiento *m* **1** (de una tela) gathering **2** (de la frente) furrowing

fruncir [I4] *vt* **1** ‹*tela*› to gather **2** **~ el ceño** *or* **entrecejo** to frown, to knit one's brow **3** ‹*boca*› **frunció la boca** she pursed her lips
■ **fruncirse** *v pron* **1** **~se de hambre/miedo/rabia/sueño** (Col fam): **me frunzo de miedo** I'm absolutely terrified, I'm scared stiff; **está que se frunce de la ira** he's absolutely fuming *o* (BrE) hopping mad (colloq) **2** (Chi fam) ▸**antojarse A**

fruslería *f* knickknack

frustración *f* frustration

frustrado -da *adj* **1** ‹*persona*› frustrated; **sentirse ~** to feel frustrated **2** ‹*atentado/intento*› failed (*before n*); ‹*actor/bailarina*› frustrated (*before n*)

frustrante *adj* frustrating

frustrar [A1] *vt* **1** ‹*persona*› to frustrate; ‹*planes*› to thwart; ‹*esperanzas*› to dash; **me frustra que no entiendan** I find it frustrating *o* it frustrates me that they don't understand **2** ‹*atentado*› to foil
■ **frustrarse** *v pron* «*planes*» to be thwarted, fail; «*esperanzas*» to be dashed, come to nothing

fruta *f* fruit
(Compuestos)
- **fruta abrillantada** crystallized fruit, candied fruit
- **fruta confitada** crystallized fruit, candied fruit
- **fruta del tiempo** *or* **de (la) estación** seasonal fruit
- **fruta de sartén** (Esp) fritter
- **fruta escarchada** crystallized fruit, candied fruit
- **fruta seca** dried fruit; *ver tb* **frutos secos**

frutal[1] *adj* fruit (*before n*)

frutal[2] *m* fruit tree

frutera *f* (CS) fruit bowl

frutería *f* fruit store *o* shop, greengrocer's (BrE)

frutero[1] **-ra** *adj* fruit (*before n*)

frutero[2] **-ra** *m,f*
A (vendedor) fruit seller, greengrocer (BrE), fruiterer (BrE)
B **frutero** *m* (recipiente) fruit bowl

frutícola *adj* (CS) fruit (*before n*)

fruticultor -tora *m,f* fruit grower, fruit farmer

fruticultura *f* fruit growing

frutilla *f* (Andes, RPl) strawberry

fruto *m*
A (Bot) fruit; **el ~ de la vid** the fruit of the vine; **los ~s de la tierra** the fruits of the earth
(Compuestos)
- **fruto prohibido** forbidden fruit
- **frutos secos** *mpl* nuts and dried fruit (*pl*)

B **1** (resultado, producto) fruit; **dar** *or* **rendir ~s** to bear fruit; **el negocio empieza a rendir ~s** the business is beginning to bear fruit; **sus gestiones no dieron ningún ~** his efforts did not produce results, his efforts were fruitless; **estudiando obtendrás tus ~s** if you study now you will reap the benefits later; **la inversión no le da ningún ~** the investment isn't bringing her any return; **~ DE algo: todo fue ~ de su imaginación** it was all a product *o* figment of his imagination; **fue ~ de la casualidad** it came about *o* happened quite by chance; **para poder disfrutar el ~ de su trabajo** to be able to enjoy the fruits of her labor; **es el ~ de muchos años de esfuerzos** it's the result *o* product of many years of effort **2** **frutos** *mpl* (Der) *tb* **~s civiles** unearned income

frutosidad *f* fruitiness

frutoso -sa *adj* fruity

FSB *m* (antigua KGB en Rusia) (= **Servicio Federal de Seguridad**) FSB

FSE *m* (= **Fondo Social Europeo**) ESF

FSLN *m* (en Nic) = **Frente Sandinista de Liberación Nacional**

FSTSE /'fetse/ *f* (en Méx) = **Federación de Sindicatos de Trabajadores al Servicio del Estado**

fu *adj inv*
A **ni ~ ni fa** (fam): **¿qué te pareció la película? — ni ~ ni fa** what did you think of the movie? — OK, I suppose *o* so-so; **¿es grande o pequeño? — ni ~ ni fa** is it big or small? — average *o* medium-sized; **uno es simpático, otro antipático y el otro ni ~ ni fa** one of them's nice, one's horrible and the third's neither one thing nor the other
B (Ven fam) **1** ‹*persona*› **¡no seas ~!** don't be such a party-pooper *o* such a killjoy (colloq) **2** ‹*ropa*› shoddy

fuchi *interj* (Méx fam) phewee! (colloq), ugh! (colloq), yuck! (colloq), pee-yoo! (AmE)

fucilazo *m* flash of lightning

fuco *m* wrack

fucsia[1] *f* (Bot) fuchsia

fucsia[2] *adj inv* ▸❶ **p.181** ‹*color/blusa*› fuchsia

fucsia[3] *m* ▸❶ **p.181** (color) fuchsia

FUCVAM /'fukβam/ *f* = **Federación Uruguaya de Cooperativas de Vivienda de Ayuda Mutua**

fue ▸**ir, ser**[1]

fuego *m*
A fire; **atizó el ~** she poked the fire; **¡~!** fire!; **necesitaron varias horas para sofocar el ~** it took them several hours to put out *o* extinguish the fire; Ⓢ **está prohibido hacer fuego** the lighting of fires is prohibited (frml), no fires!; **le prendieron** *or* **pegaron ~ a la casa** they set the house on fire, they set fire *o* light to the house; **prendió** *or* **pegó ~ a los archivos** he set fire *o* light to the documents; ***echar ~ por los ojos:* estaba tan indignado que echaba ~ por los ojos** his eyes blazed with indignation, his eyes were ablaze with indignation; ***estar entre dos ~s*** to be between the devil and the deep blue sea, be caught between a rock and a hard place (colloq); ***jugar con ~*** to play with fire
(Compuestos)
- **fuego fatuo** will-o'-the-wisp, jack-o'-lantern, ignis fatuus
- **fuegos artificiales** *or* **de artificio** *mpl* fireworks (*pl*)

B (para un cigarrillo): **¿me puede dar ~, por favor? /¿tienes ~?** have you got *o* do you have a light, please?; **me pidió ~** he asked me for a light
C (Coc): **cocinar a ~ lento durante una hora** cook over a low heat *o* flame for an hour; (apenas hirviendo) simmer for an hour; **poner la sartén al ~** put the frying pan on to heat; **dejé la comida en el ~ y se quemó** I left the food on (the stove) and it burned; **cocina de tres ~s** (de gas) a cooker with three rings *o* burners; (eléctrica) a cooker with three rings
D (Mil) fire; **preparen, apunten ¡~!** ready, aim, fire!; **~ a discreción** fire at will; **la policía abrió ~ sobre los manifestantes** the police opened fire on the demonstrators; ▸**alto**[3]
(Compuestos)
- **fuego cruzado** crossfire
- **fuego amigo** friendly fire
- **fuego real** live ammunition

E (Andes fam) (en los labios) cold sore

fueguino -na *adj* of/from Tierra del Fuego

fuel, fuel-oil *m* fuel oil

fuelle *m* **1** (para el fuego) bellows (*pl*) **2** (de un acordeón) bellows (*pl*); (de una maleta, cartera) gusset; **una maleta de ~** an expandable suitcase **3** (de un autobús, tren) bellows (*pl*)

fuelóleo *m* ▸**fuel**

fuente *f*
A (manantial) spring; **~ termal** hot *o* thermal spring; **la ~ del río** the source of the river
B (construcción, monumento) fountain; **~ de agua potable** drinking fountain
(Compuestos)
- **fuente de los deseos** wishing well
- **fuente de soda** soda fountain (AmE), snack bar

C (plato) dish; **puso la carne en una ~ ovalada** he put the joint on an oval (serving) dish *o* platter; **una ~ de porcelana** a china dish
(Compuesto) **fuente de horno** ovenproof dish
D **1** (origen) source; **la principal ~ de ingresos de esta zona** the principal source of income in this region; **~ de suministro** source of supply **2** (de información) source; **esta enciclopedia es una buena ~ de datos** this encyclopedia is a useful source of information; **tenemos informaciones de buena ~** *or* **de ~s fidedignas** we have information from reliable sources; **según ~s de toda solvencia** *or* **~s solventes** according to reliable sources; **según ~s de la Administración** according to government sources
E (Impr) font

fuer: **a ~ de** (*loc adv*) (ant) as; **a ~ de caballero** as a gentleman (liter)

fuera[1] *adv*
A **1** (lugar, parte) [*Latin American Spanish also uses* ▸**afuera** *in this sense*] outside; **el perro duerme ~** the dog sleeps outside; **aquí ~ se está muy bien** it's very nice out here; **comeremos ~** (en el jardín) we'll eat out in the garden *o* outside *o* outdoors; (en un restaurante) we'll eat out; **queremos pintar la casa por ~** we want to paint the outside *o* the exterior of the house; **por ~ es rojo** it's red on the outside; **cose/lava para ~** she does sewing for other people/takes in washing **2** (en el extranjero) abroad, out of the country; (del lugar de trabajo, de la ciudad, etc) away; **los de ~** (los extranjeros) foreigners; (los de otros pueblos, ciudades, etc) outsiders **3** (en interjecciones): **¡~ de aquí!** get out of here!, get out!; **¡~ los traidores!** traitors out!; **¡~ cuentos! ¡a la escuela!** (Esp) no more excuses *o* that's enough of your excuses, off to school with

you!; **en sus marcas, listos, ¡~!** (Méx) on your marks, get set, go!

B **fuera de** (*loc prep*) **1** (en el exterior de, más allá de): **¿quién dejó el helado ~ del congelador?** who left the ice cream out of the freezer?; **pasa mucho tiempo ~ del país** he spends a lot of time out of the country *o* abroad; **ocurrió ~ del edificio** it happened outside the building; **el precio está ~ de mi alcance** it's out of my price range; **ponlo ~ del alcance de los niños** put it out of reach of the children, put it out of the children's reach; **~ del alcance de los proyectiles** outside *o* beyond the range of the missiles **2** (excepto) apart from; **~ de estos zapatos, no me he comprado nada** I haven't bought myself anything, apart from *o* except for these shoes; **~ de eso, me encuentro bien** apart from that *o* otherwise *o* (AmE) aside from that, I feel fine **3** (además): **~ de que su padre tampoco se lo permitiría** besides which *o* apart from which her father wouldn't allow it anyway

C (*en otras locs*): **fuera de combate: lo dejó ~ de combate** (Dep) he knocked him out; **tras el escándalo quedó ~ de combate** after the scandal he was out of the running, the scandal knocked *o* put him out of the running; **fuera de concurso: quedó ~ de concurso** he was disqualified; **su película se presentó ~ de concurso** his movie was shown outside the competition; **fuera de cuentas** overdue; **fuera de la ley: vivían ~ de la ley** they lived outside the law *o* as outlaws; **fuera de lugar** ‹*mueble/persona*› out of place; ‹*comentario*› inappropriate, out of place; **estuvo totalmente ~ de lugar que lo interrumpieras así** it was completely out of order to interrupt him like that; **fuera de peligro** out of danger; **fuera de serie** ‹*jugador/cantante*› exceptional, outstanding; ‹*máquina/mueble*› custom-built, one-off; **un verano ~ de serie** an exceptionally good summer; **fuera de sí: estaba ~ de sí** he was beside himself; **fuera de temporada** *or* **estación** out of season

(Compuestos)
- **fuera de borda** *m* (*pl* **~ de ~**) (lancha) outboard, boat with an outboard motor *o* engine; (motor) outboard motor *o* engine, outboard
- **fuera de juego** *m* offside; **estaba en ~ de ~** he was offside
- **fuera de la ley** *mf* (*pl* **~ de la ~**) outlaw
- **fuera de lugar** (AmL) *m* ▸**fuera de juego**
- **fuera de serie** *mf* (*pl* **~ de ~**) **su nuevo chef es un ~ de ~** their new chef is exceptionally good *o* is quite exceptional *o* is outstanding

fuera², fuéramos, etc ▸**ir, ser¹**

fueraborda *m* (lancha) outboard, boat with an outboard motor *o* engine; (motor) outboard, outboard motor *o* engine

fuereño -ña *m,f* (Méx fam): **un ~ que se había perdido** some guy from out of town *o* some guy up from the country who'd got lost (colloq)

fuerismo *m* nationalism, territorialism

fuero *m* **1** (jurisdicción) jurisdiction **2** (privilegio, derecho) privilege; **los ~s de Navarra** the charter of Navarra; ***en mi/su ~ interno*** in my/his heart of hearts, deep down inside; ***volver por sus ~s*** (restablecer el prestigio) to re-establish one's position; (volver a las andadas) to go back to one's old ways

(Compuesto) **fuero parlamentario** parliamentary privileges (*pl*)

> **fueros**
>
> Medieval charters setting out the privileges granted to an individual, a town or a territory. They included special fiscal concessions and exemptions from military duties to the Spanish king. *Foral rights*, were held, for example, by the cities of León and Burgos, by the former kingdom of Navarra, and by the Basque provinces. Each Spanish monarch traditionally went to ▸**Guernica** to reaffirm the rights of the Basques.

fuerte¹ *adj*

A ‹*persona*› **1** (físicamente) strong; **nunca ha sido muy ~** he has never been very strong; **es un hombre fuertísimo** *or* **fortísimo** he's an exceptionally strong man; **de complexión ~** well-built **2** (moralmente) strong; ***hacerse ~*** to pull oneself together **3** (en una asignatura) strong; **no estoy muy ~ en ese tema** I'm not very strong on *o* well up on that topic (colloq); **anda muy ~ en física** he's doing very well in physics

B (resistente) ‹*tela/cuerda*› strong; **una caja bien ~** a good, sturdy *o* strong box; **una valla alta y ~** a tall, sturdy *o* strong fence

C **1** ‹*viento*› strong; ‹*terremoto*› severe; ‹*lluvia/nevada*› heavy **2** ‹*dolor*› intense, bad; ‹*resfriado*› bad; **un ~ golpe** a heavy *o* hard blow; **reinaba un ~ nerviosismo** tension was high **3** ‹*abrazo/beso*› big

D ‹*ruido*› loud; **la radio está muy ~, bájale el volumen** the radio's too loud, turn it down

E **1** ‹*olor/sabor*› strong **2** ‹*licor*› strong; ‹*medicina*› strong **3** ‹*comida*› heavy

F ‹*acento*› strong, thick

G (violento): **tiene escenas muy ~s** it has some very shocking *o* disturbing scenes; **me dijo que no valía para nada — ¡qué ~!** (fam) he said I was absolutely useless — strong *o* harsh words!; **tuvieron una discusión fortísima** *or* **fuertísima** they had a violent *o* heated argument

H **1** (poderoso) ‹*nación/empresa/equipo*› strong; **es algo más ~ que yo, no puedo dejar de hacerlo** it's stronger than I am, I can't stop *o* give it up **2** ‹*moneda*› strong **3** (importante): **una ~ suma de dinero** a large sum of money; **un ~ contingente de la policía** a strong police contingent; **un ~ incremento de precio** a sharp price increase; **le recetó una ~ dosis de analgésicos** she prescribed a heavy dose of painkillers

I (Ling) ‹*vocal*› stressed

J (Chi fam) (hediondo): **¡qué ~ andas!** you stink! (colloq); **es ~ de patas** his feet stink (colloq)

fuerte² *adv*

A ‹*golpear/empujar*› hard; ‹*agarrar/apretar*› tightly; ‹*llover*› heavily; **una canción que está pegando ~** a song that's a big hit at the moment

B ‹*hablar*› loudly; **pon la radio más ~** turn the radio up; **hable más ~** speak up

C (abundantemente): **desayunar ~** to have a big breakfast

D ‹*jugar/apostar*› heavily

fuerte³ *m*

A (Mil) fort

B (especialidad) strong point, forte

C (Chi fam) (licor) hard stuff (colloq)

fuertemente *adv*

A **1** ‹*tirar/golpear/empujar*› hard **2** ‹*llover*› hard; **el viento soplaba ~** the wind blew hard *o* strongly **3** ‹*atacar*› **el virus lo atacó ~** the virus hit him hard

B **oler/saber ~ a algo** to smell/taste strongly of sth, to have a strong smell/taste of sth

fuerza *f*

A (vigor, energía): **tiene mucha ~ en los brazos** she has very strong arms, she has great strength in her arms; **¡qué ~ tienes!** you're really strong!; **agárralo con ~** hold on to it tightly; **tuvimos que empujar con ~** we had to push very hard; **por más que hizo ~, no logró abrirlo** try as she might, she couldn't open it; **tuvo que hacer mucha ~ para levantarlo** it took all her strength to lift it; **a último momento le fallaron las ~s** his strength failed him at the last moment; **necesitaba recuperar ~s** I needed to recover my strength *o* get my strength back; **no me siento con ~s para hacer un viaje tan largo** I don't have the strength to go on such a long journey, I don't feel up to making such a long journey; **gritó con todas sus ~s** she shouted with all her might; **ha entrado al mercado con gran ~** it has made a big impact on the market

(Compuestos)
- **fuerza de carácter** strength of character
- **fuerza de voluntad** willpower

B (del viento, de las olas) strength, force; **vientos de ~ ocho** force eight winds

C (de una estructura, un material) strength

D (violencia) force; **hubo que recurrir a la ~ para reducir al agresor** they had to resort to force to subdue the assailant

(Compuesto) **fuerza bruta** brute force

E (autoridad, poder) power; **un sindicato de mucha ~** a very strong union, a union with great power; **van armados con la ~ de la razón** they are armed with the power of reason (liter); **se les castigará con toda la ~ de la ley** they will be punished with the full rigor *o* weight of the law; **tener ~ de ley** to have the force of law; **la ~ de sus argumentos** the strength of her argument; **por ~ de costumbre** out of force of habit

(Compuesto) **fuerza mayor: se suspendió por causas de ~ ~** it was canceled owing to circumstances beyond our control; **las pérdidas sufridas por razones de ~ ~** losses in cases of force majeure

F (Mil, Pol) force; **una ~ de paz** a peacekeeping force; **una ~ de ocupación** an occupying force; **~s parlamentarias/políticas** parliamentary/political forces

(Compuestos)
- **fuerza aérea** air force
- **fuerza de tareas** taskforce
- **fuerza de trabajo** workforce
- **fuerza disuasoria** *or* **de disuasión** deterrent
- **fuerza pública** (period): **la ~ ~** the police
- **fuerzas armadas** *fpl* armed forces (*pl*)
- **fuerzas de ataque** *fpl* strike force (Mil)
- **fuerzas del orden** *or* **de orden público** *fpl* (period) police
- **fuerzas de seguridad** *fpl* (frml) security forces (*pl*)
- **fuerzas especiales** Special Forces
- **fuerzas sociales** *fpl* social forces (*pl*)

G (Fís) force

(Compuestos)
- **fuerza aceleratriz** acceleration
- **fuerza centrífuga/centrípeta** centrifugal/centripetal force
- **fuerza de gravedad** gravity, force of gravity, gravitational pull
- **fuerza de inercia** inertia
- **fuerza de sustentación** lift
- **fuerza hidráulica** hydraulic power
- **fuerza motriz** motive power
- **fuerza retardatriz** deceleration
- **fuerza viva** kinetic energy

H (*en locs*): **a la fuerza: tiene que pasar por aquí a la ~** she has no option but to come this way, she *has* to come this way; **a la ~ tuvo que verme, estaba sentado justo enfrente** he must have seen me, I was sitting right opposite; **no quería ir al dentista, hubo que llevarlo a la ~** he didn't want to go to the dentist, we had to drag him there; **entraron a la ~** they forced their way in; **lo hicieron salir a la ~** they forced him to leave *o* made him leave; **a fuerza de** by; **pude localizarlo a ~ de llamarlo todos los días** I had to call his number every day before I finally got hold of him, I only managed to get hold of him by calling him every day; **por fuerza: tendrá que ganar por ~ si quiere seguir compitiendo** she has to win if she wants to stay in the competition; **por ~ tiene que saberlo** he *must* know about it; **por la fuerza** by force; **lo tuvieron que sacar de la casa por la ~** he had to be forcibly removed from the house; ***a la ~ ahorcan*** I/we have no alternative; ***a viva ~*** by sheer force; ***írsele a algn la ~ por la boca*** to be all talk (and no action) (colloq), to be all mouth and no trousers (BrE colloq); ***medir sus ~s con*** *or* ***contra algn*** to measure one's strength against sb; ***sacar ~s de flaqueza:*** **sacó ~s de flaqueza y consiguió llegar a la meta** she made a supreme effort and managed to reach the tape; **saqué ~s de flaqueza y me enfrenté a él** I plucked *o* screwed up my courage and confronted him

fuese, fuésemos, etc ▸**ir, ser¹**

fuet *m: thin spicy sausage from Catalonia*

fuetazo *m* (AmL) lash

fuete *m* (AmL exc CS) riding crop, crop; (más largo) whip

fuga *f*

A (huida) escape; **la ~ de prisioneros que tuvo lugar el mes pasado** the jailbreak *o* escape that took place last month; **se dieron a la ~** they fled; ***poner a algn en ~*** to put sb to flight

(Compuestos)
- **fuga de capitales** *or* **divisas** flight of capital
- **fuga de cerebros** brain drain

B (de un líquido, gas) leak, escape (frml)

C (Mús) fugue

fugacidad *f* (de un encuentro) brevity, fleetingness; (de la belleza) transience, ephemeral nature; **la ~ del tiempo** the fleetingness of time

fugarse [A3] *v pron* **1** (huir) to flee, run away; «*preso*» to escape; **se fugó con el dinero de los inversores** he ran away *o* off with the investors' money; **~ DE algo: se fugó de la cárcel** he escaped from prison; **los dos días que estuvo fugado** the two days that he was on the run **2** «*enamorados*» to run away together; (para casarse) to elope; **su marido se fugó con su mejor amiga** her husband ran off with *o* ran away with her best friend

fugaz *adj* ‹*sonrisa/visión/amor*› fleeting; **hizo una ~ visita a Toledo** she made a brief *o* fleeting *o* flying visit to Toledo; **una ~ tregua** a brief truce; **la belleza es ~** beauty is transient *o* ephemeral; **la vida ~ de una mariposa** the brief *o* ephemeral life of a butterfly; ▸ **estrella**

fugazmente *adv* briefly; **sólo lo vi pasar ~** I only caught a brief *o* fleeting glimpse of him; **pasaron por aquí ~** they dropped by here briefly *o* for a moment

fugitivo[1] **-va** *adj* fugitive; **la búsqueda del banquero ~** the hunt for the fugitive *o* runaway banker; **todavía está** *or* **anda ~** he is still on the run

fugitivo[2] **-va** *m,f* fugitive

fui, fuimos, etc ▸ **ir, ser**[1]

fuina *f* marten

fuiste, etc ▸ **ir, ser**[1]

Fujiyama *m*: **el ~** Mount Fuji, Fujiyama

ful[1] *adj* (Esp fam) **1** (falso) bogus, phoney (colloq) **2** (malo) ‹*película/fiesta*› terrible, naff (BrE colloq); ‹*comida*› terrible, foul

ful[2] *m* full house

fulana *f* (Esp, Méx fam) whore, hooker (colloq)

fulano -na *m,f* **1** (fam) (persona cualquiera) so-and-so; **al final recibí una carta de don ~ de tal del departamento de ventas** finally I got a letter from a Mr so-and-so *o* a Mr somebody-or-other in the sales department; **no paraba de hablar: que si fulanito hizo esto, que si menganita lo otro ...** she wouldn't stop talking: so-and-so did this, what's-her-name did that ...; *ver tb* **fulana** **2** **fulano** *m* (fam) (tipo) guy (colloq), bloke (BrE colloq)

fular, fulard /fu'lar/ *m* (tejido) foulard; (pañuelo) scarf

fulastre *adj* (fam) **1** (falso) fake **2** (chapucero) slapdash, shoddy

fulbac *mf* (*pl* **-bacs**) full back

fulbito *m*

A (Per, Ur) (de mesa) table football

B (Per) (de cancha) six-a-side soccer

fulcro *m* fulcrum

fulería *f* trickery, cheating

fulero[1] **-ra** *adj*

A **1** (fam) (de mala calidad) ‹*tela*› shoddy, poor; ‹*vino*› ropey (colloq); ‹*restaurante*› cheesy (AmE colloq), naff (BrE colloq) **2** (RPl fam) (feo) ugly

B **1** (Esp fam) (mentiroso, tramposo): **es muy ~** (mentiroso) he's such a liar, he's always lying; (tramposo) he's full of tricks, he's always up to some trick or other (colloq); (en el juego) he's such a cheat, he's always cheating **2** (fam) (chapucero): **un trabajo ~** a botched job (colloq); **un carpintero ~** a carpenter who doesn't do things properly *o* (colloq) who botches things **3** (fam) (falso) phoney (colloq), bogus; **un conde ~** a bogus *o* phoney count; **una rubia fulera** a bottle-blonde

C (Col fam) (presumido) swanky (colloq)

fulero[2] **-ra** *m,f*

A **1** (Esp fam) (mentiroso) liar; (tramposo) cheat, twister (colloq); (en el juego) cheat **2** (fam) (chapucero): **es un ~** he never does the job properly, he's always botching things up (colloq)

B (Col fam) (presumido) swank (colloq)

fulgente *adj* ▸ **fulgurante**

fúlgido -da *adj* (liter) shining, resplendent (liter)

fulgir [I7] *vi* (liter) to shine brightly

fulgor *m* **1** (de una estrella, una luz) brightness, brilliance; (de un rayo) flash **2** (de los ojos — por felicidad) gleam, shine; (— por rabia) flashing, blazing

fulgurante *adj* **1** ‹*luz/estrella*› bright, brilliant; **los reflejos ~s del acero** the brilliant flashes of steel **2** ‹*ojos*› (de felicidad) gleaming, shining; (de rabia) flashing, blazing

fulgurar [A1] *vi* **1** «*luz/estrella*» to shine brightly; «*rayo*» to flash **2** «*ojos*» (de felicidad) to gleam, shine; (de rabia) to flash, blaze

fulía *f* (Ven) *lively Caribbean song*

fúlica *f* coot

full[1] /ful/ *adj* (AmL fam) (lleno, completo) full; **~ *equipo*** (Ven fam): **un carro ~ equipo** a car with a full range of features *o* accessories; **un apartamento ~ equipo** a fully-furnished, fully-equipped apartment (colloq)

full[2] /ful/ *m*

A (Jueg) full house

B (CS fam): **a full** *loc adv* ‹*trabajar*› flat out (colloq); ‹*llenar*› right up; **los negocios estaban llenos a ~** the shops were packed; **salas equipadas a ~** fully-furnished rooms

fullback /ful'bak/ *mf* (*pl* **-backs**) full back

fullería *f* trickery, cheating

fullero -ra *adj/m,f* ▸ **fulero**[1], **fulero**[2]

full-time /ful'tajm/ *adj inv/adv* full-time

fulmicotón *m* gun-cotton

fulminante[1] *adj* **1** ‹*enfermedad*› sudden and devastating, fulminant (tech); **una mirada ~** a withering look; **sus palabras tuvieron un efecto ~** her words had an immediate and devastating effect; **fue despedido de manera ~** he was dismissed without warning, he was summarily dismissed **2** (fuerte): **recibió un golpe ~ y cayó al suelo** he received a crushing blow and fell to the ground; **lanzó un tiro ~** he hit a thundering shot

fulminante[2] *m* **1** (Arm) percussion cap **2** **fulminantes** *mpl* (AmL) (Jueg) caps (*pl*); **pistola de ~s** cap gun

fulminantemente *adv* without warning

fulminar [A1] *vt* **1** (matar): **murieron fulminados** they were struck by lightning and killed; **cayó como fulminado por un rayo** he collapsed as if he had been struck by lightning; **un cáncer del hígado lo fulminó** he developed cancer of the liver and died within a few days/weeks; **lo fulminó con la mirada** she looked daggers at him, she gave him a withering look **2** ‹*amenazas/maldiciones*› **~ algo CONTRA algn** to hurl sth AT sb

fúlmine *adj* (RPl fam): **callate, no seas ~** be quiet, are you trying to put a jinx *o* (BrE colloq) the mockers on us?; **es ~** he's jinxed

fulo -la *adj* (RPl fam) furious, mad (colloq)

fumada *f* (fam) puff (colloq)

fumadero *m* smoking room; **~ de opio** opium den

fumado -da *adj* (arg) stoned (colloq)

fumador[1] **-dora** *adj* (Méx) ‹*salón*› smoking (*before n*); **vagón ~** smoking car, smoker (BrE)

fumador[2] **-dora** *m,f* smoker; **los ~es de puros** cigar-smokers; **~ pasivo** passive smoker; **sección de ~es/de no ~es** smoking/no-smoking section

fumar [A1] *vt*

A ‹*cigarrillo/puro*› to smoke

B (Méx fam) (hacer caso) to take notice of; **se lo dijeron pero no los fumó** they told him but he didn't take any notice (of them)

■ **fumar** *vi* to smoke; **~ en pipa** to smoke a pipe; **Ⓢ se prohibe fumar** *or* **prohibido fumar** no smoking; **~ *como una chimenea*** *or* ***un carretero*** (fam) to smoke like a chimney (colloq)

■ **fumarse** *v pron* **1** (*enf*) ‹*cigarrillo*› to smoke; **se fuma dos cajetillas diarias** he smokes *o* gets through two packs a day **2** (fam) (gastar) ‹*dinero/ahorros*› to blow (colloq) **3** (fam) ‹*clase*› to skip (colloq), to skive off (BrE colloq)

fumarada *f* puff of smoke

fumarola *f* fumarole

fumata *mf*

A *f* (Rel) smoke

(Compuesto) **fumata blanca/negra** white/black smoke

B (arg) (de droga) **1** (sesión) smoke **2** (cigarrillo) joint (colloq), spliff (sl)

fumblear [A1] *vt* to fumble

fumeta *mf* (arg) pot-head (colloq), dopehead (colloq)

fumigación *f* **1** (de campos, cultivos) spraying, dusting **2** (de un local) fumigation

fumigador -dora *adj* **1** (Agr) crop-spraying (*before n*), crop-dusting (*before n*) **2** (en un local) fumigation (*before n*)

fumigante *m* fumigant

fumigar [A3] *vt* **1** ‹*campo/cultivo*› to spray, dust **2** ‹*local*› to fumigate

fumo *m* (RPl arg) lump, ball; **transar un ~** to score some dope (colloq)

fumón -mona *m,f* (Ven fam) pot-head (colloq), dopehead (colloq)

funambulesco -ca *adj*

A (Espec): **el arte ~** the art of tightrope walking

B (liter) ‹*visión*› unreal, fantastic; ‹*figura*› grotesque

funambulismo *m* tightrope walking; **un ejercicio de ~ político** an exercise in political tightrope walking

funámbulo -la *m,f* tightrope walker

funboard /'fanbord/ *m* (*pl* **~s**) funboarding

funcar [A2] *vi* (CS fam) «*ascensor/auto*» to work; **el matrimonio no funcó** the marriage didn't work (out)

funche[1] *adj* (Ven fam) hopeless (colloq), useless

funche[2] *m* (Ven) maize porridge

funcia *f* (Chi fam & hum) fuss

función *f*

A **1** (cometido, propósito) function; **un mueble que cumple distintas funciones** a piece of furniture which serves more than one purpose *o* function; **la ~ del árbitro en estas disputas** the role *o* function of the mediator in these disputes **2** (tarea, deber): **en el ejercicio de sus funciones** in the performance of her duties, while carrying out her duties; **se excedió en sus funciones** he exceeded his powers; **fue suspendido de sus funciones** he was suspended from duty; **desempeña las funciones de asesor en cuestiones fiscales** he acts as a tax consultant; **en funciones** acting (*before n*); **lo firmó el secretario en funciones** the acting secretary signed it; **entrar en funciones** (AmL) «*empleado*» to take up one's post; «*presidente*» to assume office; **en ~ de** according to; **el precio se determina en ~ de la oferta y la demanda** the price is fixed according to supply and demand; **salario en ~ de la experiencia y formación aportadas** salary according to experience and qualifications; **una casa diseñada en ~ de las personas que la van a ocupar** a house designed with the future occupants in mind

B (Fisiol) function

C **1** (Mat) function **2** (Ling) function

(Compuestos)
- **función gramatical** part of speech
- **función periódica** periodic function

D (de teatro) performance; (de circo) performance, show; (de cine) showing, performance

Compuestos
- **función benéfica** benefit, charity performance
- **función continua** (AmL exc CS) continuous performance
- **función continuada** (CS) continuous performance
- **función de medianoche** late show
- **función de noche** late evening performance

funcional *adj*
A 1 (Fisiol) functional 2 (Mat) functional
B ‹*decoración/mueble*› functional

funcionalidad *f*: **un edificio de gran ~** a highly functional building; **ofrece toda la ~ propia de un ordenador personal** it has all the functions of a personal computer

funcionalismo *m* functionalism

funcionalista *adj/mf* functionalist

funcionamiento *m*: **para asegurar el buen ~ del aparato** to keep the equipment in good working order; **el nuevo servicio todavía no ha entrado en ~** the new service is not yet in operation; **entra en ~ automáticamente** it comes on *o* operates automatically; **el buen ~ de la escuela** the smooth running of the school; **se puso en ~ una operación de búsqueda** a search was set in motion *o* launched

funcionar [A1] *vi* to work; **el reloj funciona a la perfección** the clock works perfectly; **¿cómo funciona este cacharro?** how does this thing work?; ⊘ **no funciona** out of order; **la relación no funcionaba** their relationship wasn't working (out) (colloq); **el servicio no puede ~ con tan poco personal** the service cannot operate *o* function with so few staff; **funciona con pilas** it works on *o* runs off batteries

funcionariado *m* 1 (empleados públicos) government employees (*pl*), civil servants (*pl*) (BrE); **el ~ de correos** mail service employees (AmE), post office staff (BrE) 2 (de una organización internacional) staff (+ *sing or pl vb*)

funcionario -ria *m,f* 1 (empleado público) *tb* **~ público** *or* **del Estado** government employee, civil servant (BrE); **los ~s de correos** mail service employees (AmE), post office employees (BrE); **un alto ~** a senior *o* high-ranking official; **un ~ de la presidencia** a presidential aide 2 (de una organización internacional) member of staff, staff member; **es ~ de la ONU** he's a UN member of staff 3 (RPl) (de una empresa, un banco) employee

funda *f* 1 (de un libro — blanda) dustjacket; (— dura) case; (de un disco) sleeve 2 (de una raqueta) cover 3 (de un cojín) cover; (de un sillón) (loose) cover 4 *tb* **~ de almohada** pillowcase, pillowslip 5 (Odont) cap

fundación *f*
A (institución) foundation; **una ~ benéfica** a charity, a charitable foundation
B (de una ciudad, escuela) founding, foundation; (de una empresa, un partido) establishment, foundation

fundadamente *adv* with good reason

fundado -da *adj* ‹*temor/sospecha*› justified, well founded; **sus sospechas no eran fundadas** his suspicions were unfounded *o* not justified; **no tenían motivos ~s para detenerlo** they had no justifiable reason for detaining him; **sus temores son ~s** his fears are justified *o* well founded

fundador¹ -dora *adj* ▸**socio**

fundador² -dora *m,f* founder

fundamentación *f* foundation, basis

fundamental *adj* ‹*necesidad*› basic, fundamental; ‹*aspecto/objetivo/cambio*› fundamental; **es de ~ importancia** it is of fundamental importance; **es ~ que entiendas** it is vital *o* essential that you understand

fundamentalismo *m* fundamentalism

fundamentalista *adj/mf* fundamentalist

fundamentalmente *adv* 1 (principalmente) ‹*afectar/interesar*› mainly, principally; **la ley afecta ~ al pequeño comerciante** the law mainly *o* principally affects the small businessman 2 (en esencia) ‹*alterar*› fundamentally

fundamentar [A1] *vt* 1 (apoyar) to support, back up; **las pruebas que fundamentan su teoría** the evidence to back up *o* support his theory 2 (basar) **~ algo EN algo** to base sth ON sth

fundamento *m*
A 1 (base, sustentación) foundation; **esos rumores carecen de ~** those rumors are totally without foundation (frml), those rumors are unfounded *o* groundless 2 **fundamentos** *mpl* (nociones básicas) fundamentals (*pl*), basics (*pl*)
B (madurez, sensatez): **haz las cosas con un poco de ~** use your head *o* use a bit of common sense when you do things; **alguien con más ~** someone who's more sensible and mature
C **fundamentos** *mpl* (Const) foundations (*pl*)
D (Ven fam) (del pantalón) seat; (nalgas) behind (colloq), backside (colloq)

fundamentoso -sa *adj* (Ven fam) conscientious

fundar [A1] *vt* 1 ‹*ciudad/hospital/escuela*› to found; ‹*partido/empresa*› to establish, found, set up 2 (basar) ‹*sospecha/argumento*› **~ algo EN algo** to base sth ON sth

■ **fundarse** *v pron* **~se EN algo** «*afirmación/sospecha*» to be based ON sth; «*persona*»: **se fundó en las pruebas arqueológicas** he based his ideas (*o* his theory *etc*) on the archaeological evidence; **¿en qué te fundas para hacer semejante acusación?** what grounds do you have for making such an accusation?

fundente *adj* fluxing

fundición *f*
A 1 (de metales) smelting 2 (hierro colado) cast iron 3 (taller) foundry
B (Impr) font

fundido¹ -da *adj*
A ‹*metal/roca*› molten
B (AmL fam) (agotado) worn out, dead beat (colloq)
C (Per, RPl fam) (arruinado) broke (colloq)
D (Per fam) (fastidioso) annoying; **¡qué ~ eres!** you're a real pain (colloq)
E (Chi fam) (consentido) spoilt, pampered

fundido² -da *m,f*
A (Per fam) (fastidioso) pain in the neck (colloq)
B (Chi fam) (consentido): **es un ~** he's terribly spoilt, he's a spoilt brat (colloq & pej)
C **fundido** *m* (Cin) fade, fade-in/fade-out; **~ en negro** fade-out; **~ encadenado** slow fade

fundidor -dora *m,f* foundry worker

fundillo *m* 1 (AmS) (del pantalón) seat 2 (Col, Per, Ven fam) (nalgas) behind (colloq), backside (colloq)

fundillos *mpl* 1 (AmS) (del pantalón) seat 2 (Col, Per, Ven fam) (nalgas) behind (colloq), backside (colloq) 3 (Chi fam & hum) (ropa interior) underwear, smalls (*pl*) (colloq *or* hum)

fundir [I1] *vt*
A ‹*metal*› to melt; ‹*mineral*› to smelt; ‹*hielo*› to melt
B ‹*estatua/campana*› to cast
C 1 (Elec) to blow 2 (AmL) ‹*motor*› (de gasolina) to seize … up; (eléctrico) to burn … out
D (fam) ‹*dinero/herencia*› to blow (colloq)
E 1 (unir, fusionar) to merge; **~ algo EN algo** to merge sth INTO sth 2 (Cin) ‹*imágenes/tomas*› to fade, merge
F (Chi, Per fam) (destruir) to ruin, destroy
G (Chi) ‹*niño*› to spoil
H (Per fam) (fastidiar) to annoy, to wind … up (BrE colloq)

■ **fundir** *vi* (Per fam) (fastidiar) to be a pest *o* nuisance (colloq)

■ **fundirse** *v pron*
A «*metal*» to melt; «*nieve/hielo*» to melt, thaw
B 1 (Elec): **se ha fundido la bombilla** the bulb has gone *o* fused (colloq); **se fundieron los fusibles** the fuses blew 2 (AmL) «*motor*» (de gasolina) to seize up; (eléctrico) to burn out
C (*enf*) (fam) (gastarse) to blow (colloq)
D 1 (unirse, fusionarse): **las dos empresas han decidido ~se** the two companies have decided to merge; **~se EN algo**: **se fundieron en un apretado abrazo** they clasped each other in a close embrace (liter), they hugged each other tightly; **los distintos colores se funden en un tono cobrizo** the different colors merge into a coppery hue 2 (Cin, Mús) to fade; **una imagen se funde sobre la siguiente toma** one image fades *o* dissolves into the next
E (Per, RPl fam) (arruinarse): **se fundieron con ese negocio** they lost everything in that deal; **la empresa se fundió** the company went bust (colloq)
F (Per fam) (fastidiarse) to cop it (colloq)
G (Chi fam) «*niño*» to get spoiled
H **fundirse con** (Chi fam) (robar) to pocket (colloq); **se fundió con las ganancias comunes** he pocketed all the profits

fundo *m* (Chi, Per) country estate, large farm

fúnebre *adj* ‹*música/ambiente*› funereal; **¿a qué vienen esas caras tan ~s?** why are you all looking so mournful?, why all the long faces? (colloq); ▸**coche, cortejo**, etc

funeral¹ *adj* funeral (*before n*)

funeral² *m*, **funerales** *mpl* 1 (exequias) funeral; (entierro) burial 2 (oficio religioso) funeral service

Compuesto **funeral de corpore insepulto** funeral service (*in the presence of the deceased*)

funerala *f*: **a la ~** ‹*marchar*› with reversed arms; ▸**ojo**

funeraria *f* undertaker's, funeral parlor*

funerario -ria *adj* ‹*rito/pira/urna*› funeral (*before n*); ‹*instrumentos*› funerary

funestamente *adv* disastrously, terribly

funesto -ta *adj* ‹*resultado/consecuencia*› disastrous, terrible; **un día ~ para nuestra organización** a sad *o* terrible day for our organization

fungible *adj*: **bienes ~s** fungibles

fungicida¹ *adj* fungicidal

fungicida² *m* fungicide

fungir [I7] *vi* (Méx, Per) **~ COMO** *or* **DE algo** to act AS sth

fungoso -sa *adj* fungal

funicular *m* 1 (tren) funicular, funicular railway 2 (teleférico) cable car

funk¹ /fʌŋk, fuŋk/ *adj inv* ▸**funky¹**

funk² *m* (*pl* **~s**) ▸**funky²**

funky¹ /'fʌŋki, 'fuŋki/ *adj inv* funky

funky² /'fʌŋki, 'fuŋki/ *m* funk, funky music

fuñido -da *adj* (Ven fam) 1 (intransigente) difficult, demanding 2 (difícil) difficult; **fue muy ~ entablar una conversación con ellos** it was hard work *o* difficult trying to make conversation with them

fuñingue *adj* (Chi fam) 1 (pobre, ordinario): **¿por qué vas a ese local tan ~?** why do you go to that dump *o* dive? (colloq); **un aeropuerto ~** a crummy little airport (colloq) 2 ‹*tabaco*› stinking (*before n*) 3 (enclenque) weedy (colloq)

fuñir [I9] *vt* (Ven fam) 1 (molestar) to pester (colloq), to hassle (colloq) 2 (perjudicar) to mess things up for

■ **fuñirse** *v pron* (Ven fam) to blow it (colloq), to mess up (AmE colloq)

furcia *f* (Esp fam & pey) whore (pej)

furgón *m* 1 (Auto) truck, van 2 (Ferr) boxcar (AmE), goods van (BrE)

Compuestos
- **furgón de cola** (Ferr) caboose (AmE), guard's van (BrE); **son el ~ de ~ de la economía mundial** they are at the very bottom of the world economic rankings
- **furgón policial** patrol wagon (AmE), police van (BrE)

furgoneta *f* (para carga) van; (para pasajeros) van, minibus

furia *f* 1 (rabia, ira) fury, rage; ***estar hecho una ~*** (fam) to be furious; ***ponerse hecho una ~*** (fam) to get furious, hit the roof (colloq) 2 (fuerza) fury; **la ~ del mar** the fury of the sea 3 **las Furias** *fpl* the Furies (*pl*)

furibundo -da *adj* 1 ‹*ataque/combate*› furious 2 (fam) ‹*persona*› furious; **está ~ por lo de ayer** he's absolutely furious *o* (colloq) fuming about yesterday; **me echó una mirada furibunda** she gave me a furious look

fúrico -ca *adj* (Méx) ▸**furioso**

furiosamente *adv* **1** ‹*atacar/recriminar*› furiously **2** (con ardor): **luchó ~ para librarse de las ataduras** he struggled frantically *o* furiously to free himself of his bonds; **se ha entregado ~ a esta labor** she has devoted herself wholeheartedly *o* passionately to this work

furioso -sa *adj* **1** (muy enojado) furious; **está ~ conmigo** he is furious with me; **cuando se lo dije se puso ~** he was furious *o* he flew into a rage when I told him **2** (intenso): **se desató una furiosa tempestad** a violent storm broke; **sintió unos celos ~s** he felt madly jealous

furor *m* **1** (rabia) fury, rage **2** (de las olas, del viento) fury; (de una tempestad) fury, violence **3** (entusiasmo) enormous enthusiasm; ***causar*** *or* ***hacer* ~** to be all the rage (colloq); ***sentir*** *or* ***tener* ~ *para algo*** (AmL) to have a passion for sth, be crazy about sth (colloq)

(Compuesto) **furor uterino** nymphomania

furriel, furrier *m* quartermaster

furruco *m*

A (instrumento) *percussion instrument played by drawing a waxed stick through a tightly stretched skin*; **darle ~ a algo** (Ven fam) to give sth a bashing (colloq), to give sth a lot of use

B (Ven fam) **1** (charloteo) mindless chatter **2** (música) racket (colloq)

C (Ven fam) (vehículo) heap (colloq), crate (colloq)

furruqueado -da *adj* (Ven fam) ‹*carro/moto*› worn-out, clapped-out (BrE colloq); ‹*chaqueta*› tatty (colloq)

furrusca *f* (Col fam) fight; **se armó la ~** there was a brawl *o* fight, a brawl *o* fight broke out

fursio *m* (Arg fam) blunder, goof (colloq); **se mandó un ~** he put his foot in it, he goofed

furtivamente *adv* **1** ‹*mirar/escribir*› furtively; **entró ~ en la habitación** he stole into the room **2** (ilegalmente): **cazar/pescar ~** to poach

furtivismo *m* poaching

furtivo¹ -va *adj* **1** (ilegal): **la caza/pesca furtiva** poaching; **un cazador ~** a poacher **2** ‹*mirada/caricia*› furtive; **me enjugué una lágrima furtiva** (liter) I wiped away a silent tear (liter)

furtivo² -va *m,f* poacher

furular [A1] *vi* (Esp fam) «*radio/máquina*» to work; «*coche*» to go

furúnculo *m* boil, furuncle (tech)

fusa *f* demisemiquaver, thirty-second note (AmE)

fusca *f* (Esp, Méx arg) gun, rod (sl)

fusco *m* (Esp arg) sawed-off shotgun (AmE), sawn-off shotgun (BrE)

fuselaje *m* fuselage

fusible *m* (Elec) fuse; **saltaron los ~s** the fuses blew

fusil *m*

A (Arm) rifle

(Compuestos)

- **fusil automático** automatic rifle
- **fusil de asalto** assault rifle

B (Méx fam) (plagio) plagiarism

fusilamiento *m* execution (*by firing squad*)

fusilar [A1] *vt*

A (Mil) to shoot; **fue fusilado** he was shot, he was executed by firing squad

B (fam) (plagiar) to plagiarize, lift (colloq)

■ **fusilarse** *v pron* (fam) to plagiarize, lift (colloq)

fusilería *f* **1** (conjunto) rifles (*pl*) **2** (disparos) rifle fire, rifle shots (*pl*)

fusilero *m* rifleman, fusilier

fusión *f*

A **1** (de empresas) merger; (de partidos, organizaciones) merger, amalgamation; **una ~ amistosa** *or* **pactada** an agreed merger **2** (de ideas, intereses) combination, amalgamation

B **1** (de un metal) melting; (de metales, piezas) fusion, fusing together **2** (Fís) fusion

(Compuestos)

- **fusión fría** cold fusion
- **fusión nuclear** nuclear fusion

fusionamiento *m* ▸**fusión**

fusionar [A1] *vt* **1** ‹*piezas/metales*› to fuse, fuse together **2** ‹*empresas*› to merge; ‹*partidos/organizaciones*› to merge, amalgamate **3** (Inf) to merge

■ **fusionarse** *v pron* **1** «*piezas/metales*» to fuse, fuse together **2** «*empresas*» to merge; «*partidos/organizaciones*» to merge, amalgamate

fusta *f* riding crop; (más larga) whip

fustán *m* **1** (Tex) fustian **2** (Per, Ven) (enagua) petticoat

fustaneado *adj* (Ven fam) henpecked (colloq)

fuste *m*

A **1** (importancia): **un individuo que no tiene ~** an insignificant *o* inconsequential individual, an individual of no consequence; **un político/escritor de ~** a politician/writer of some standing **2** (Arquit) shaft

B (Bol, Per) (enagua) petticoat

fustigar [A3] *vt* **1** ‹*caballo*› to whip **2** (criticar) ‹*persona*› to lash, savage; **fustigó la inercia del poder judicial** he launched a savage attack on the judiciary's lack of action

futbito *m* (Esp) five-a-side soccer *o* football, ≈ indoor soccer (AmE)

fútbol, (AmC, Méx) **futbol** *m* soccer, football (esp BrE)

(Compuestos)

- **fútbol americano** American football
- **fútbol sala** five-a-side soccer *o* football, ≈ indoor soccer
- **fútbol virtual** fantasy football

futbolero¹ -ra *adj* (fam) football-crazy (colloq)

futbolero² -ra *m,f* (fam) football fanatic

futbolín *m* **1** (juego) table football **2** **futbolines** *mpl* (local) amusement arcade

futbolista *mf* soccer *o* football player, footballer (BrE)

futbolístico -ca *adj* soccer (*before n*), football (*before n*); **en el ambiente ~** in soccer *o* footballing circles; **el mundo ~** the soccer *o* football world; **la jornada futbolística** the day's soccer *o* football

futbolito *m* **1** (Ur) (juego) table football **2** (Andes) (deporte) five-a-side soccer *o* football, ≈ indoor soccer (AmE)

futesas *fpl* trivialities (*pl*)

fútil, futil *adj* (liter) trivial, trifling

futileza *f* (CS) trifle, bagatelle

futilidad *f* (liter) triviality

fúting *m* ▸**footing**

futón *m* futon

futre *mf*

A (Chi fam) (persona de clase acomodada): **un ~ de la capital** a well-to-do guy from the capital (colloq); **ese club de ~s** that club for the well-to-do *o* the well-heeled (colloq)

B (Chi fam) (patrón) boss

C **futre** *m* **1** (Chi, Per fam) (dandi) dandy, dude (AmE colloq) **2** (Chi fam) (hombre urbano) slicker (colloq)

futrerío *m* (Chi fam): **el ~** the upper crust (colloq & hum)

futurible *adj* (period): **lo ven como algo ~** they see it as something which could become a reality in the future; **~s terroristas** potential terrorists

futurismo *m* futurism

futurista¹ *adj* **1** (Art) futurist **2** ‹*película/novela*› futuristic; ‹*diseño*› futuristic, ultramodern

futurista² *mf* futurist

futuro¹ -ra *adj* ‹*presidente*› future (*before n*); **iré a verlo en un ~ viaje** I'll call on him another time *o* on another trip *o* on a future trip; **las futuras generaciones** future generations; **todo para la futura mamá** everything for the mother-to-be; **mi futura esposa** my bride-to-be

futuro² *m*

A (porvenir) future; **¿qué nos deparará el ~?** what will the future bring?; **en un ~ cercano** *or* **próximo** in the near future; **en el** *or* **en lo ~, llama antes de venir** in future *o* another time, call before you come over; **un empleo con/sin ~** a job with good prospects/with no prospects; **su relación no tiene ningún ~** there's no future in their relationship, their relationship has no future; **a ~** (Chi) in the future

B (Ling) future, future tense

C **futuros** *mpl* (Econ, Fin) futures (*pl*)

futuro³ -ra *m,f* (fam & hum) intended (colloq & hum); **todavía no me has presentado a tu futura** you still haven't introduced me to your intended, you still haven't introduced me to the future Mrs Moffatt (*o* Mrs Britton *etc*)

futurología *f* futurology

futurólogo -ga *m,f* futurologist

f

Gg

g

g, G *f* (*read as* /xe/)
A (the letter) g, G
B (= **gramo**) g, gr
G8 *m* (Econ) G8
gabacho[1] **-cha** *adj* **1** (Chi, Esp fam & pey) (francés) frog (*before n*) (colloq & pej) **2** (Méx fam & pey) (norteamericano) foreign (*of North American or European origin*)
gabacho[2] **-cha** *m,f* **1** (Chi, Esp fam & pey) (francés) frog (colloq & pej) **2** (Méx fam & pey) (extranjero) foreigner (*of North American or European origin*)
gabán *m*
A (abrigo — largo) overcoat; (— corto) jacket
B (Zool) wood ibis
C (baile) *Venezuelan folk dance*
gabardina *f* **1** (prenda) raincoat **2** (tela) gabardine; ***a la*** ~ (Esp) (Coc): **gambas a la ~ rebozadas en harina** battered fried prawns; **rebozadas en pan rallado** breaded fried prawns
gabardino -na *m,f* (Méx fam & pey) Yankee (colloq & pej), Yank (colloq & pej)
gabarra *f* barge
gabela *f*
A (Hist) tax
B (Chi fam) (molestia) hassle (colloq)
C (Col period) (ventaja) advantage
gabinete *m*
A **1** (de un médico, dentista) office (AmE), surgery (BrE) **2** (despacho) office; (dentro de una casa) study **3** (laboratorio) laboratory
B **1** (conjunto de profesionales) department **2** (Pol) cabinet
(Compuestos)
- **gabinete de imagen** public relations office
- **gabinete de prensa** press office
- **gabinete fantasma** *or* **en la sombra** shadow cabinet
- **gabinete fiscal** tax consultancy

C (Méx) (armario) kitchen cabinet *o* cupboard
(Compuesto) **gabinete del baño** (Col) bathroom cabinet
gablete *m* gable
Gabón *m* Gabon
gabonés -nesa *adj* Gabonese
gacela *f* gazelle
gaceta *f* **1** (periódico) gazette **2** (fam) (persona chismosa) gossip
gacetilla *f* **1** (ant) (noticia) short news item; **~s de sociedad** gossip column **2** (fam) (persona chismosa) gossip
gacetillero -ra *m,f* **1** (ant) (reportero) reporter, article writer; (pey) hack (pej) **2** (de chismes) gossip columnist
gachas *fpl* ≈ porridge *o* hasty pudding (*made with flour and milk*); **está hecho unas ~** it's gone all mushy
gacheta *f* spring lever
gachí *f* (*pl* **-chís**), **gachís** (*pl* ~) (Esp fam) chick (sl), bird (BrE sl)
gacho[1] **-cha** *adj*
A **1** ‹*orejas*› drooping (*before n*); **un sombrero de alas gachas** a hat with a turned-down brim; **con la cabeza gacha** with his head bowed, hanging his head **2** **a gachas** (agachado) crouching; (a gatas) on all fours
B **1** (Méx fam) (malo, feo) terrible, awful; **la película estaba gachísima** the movie was terrible *o* awful *o* was the pits (colloq) **2** (Méx fam) (desagradable, molesto) annoying; **¡qué ~! tengo que rehacerlo** what a drag! *o* how annoying! I have to do it all over again (colloq); **su novia es bien gacha** his girlfriend is a real pain in the neck (colloq)
gacho[2] *m* (RPl) slouch hat
gachó *m* (*pl* **-chós**) (Esp fam) guy (colloq), bloke (BrE colloq); **¿qué se habrá creído el ~ ese?** who does that guy think he is?; **¡eh ~! ¿me das lumbre?** hey, buddy *o* pal got a light? (AmE colloq), excuse me, mate got a light? (BrE colloq)
gachupín *m* (Méx pey) Spaniard
gaditano -na *adj* of/from Cadiz
gaélico[1] **-ca** *adj* Gaelic
gaélico[2] *m* Gaelic; **~ escocés/irlandés** Scottish/Irish Gaelic
gafa *f*
A (Tec) **1** (gancho) hook **2** (grapa) staple **3** (abrazadera) clamp
B **gafas** *fpl* **1** (anteojos) glasses (*pl*), spectacles (*pl*) (frml); **llevar** *or* **usar ~s** to wear glasses; **me compré unas ~s nuevas** I bought some new glasses *o* a new pair of glasses **2** (de protección) goggles (*pl*)
(Compuestos)
- **gafas bifocales** *fpl* bifocals (*pl*)
- **gafas de bucear** *fpl* diving goggles (*pl*)
- **gafas de cerca** *or* **de leer** *fpl* reading glasses (*pl*)
- **gafas de esquiar** *fpl* skiing goggles (*pl*)
- **gafas de sol** *fpl* sunglasses (*pl*)
- **gafas de visión nocturna** *fpl* night-vision goggles (*pl*)
- **gafas graduadas** *fpl* prescription glasses *o* (frml) spectacles (*pl*)
- **gafas oscuras** *or* **negras** *fpl* dark glasses (*pl*); ***hacerse el de las ~s negras*** (fam) to pretend not to notice (*o* see *etc*)
- **gafas progresivas** *fpl* varifocals (*pl*)

gafar [A1] *vt* (Esp fam) to jinx, put a jinx on (colloq); **estaba gafado** he was jinxed, he had a jinx on him
gafe[1] *adj* (Esp fam): **a ella no la invito porque es ~** I'm not inviting her, she's jinxed *o* she has a jinx on her; **no seas ~** don't say that, you'll bring us bad luck; **con lo ~ que es, seguro que pasa algo** knowing his luck *o* knowing how unlucky he is, something's bound to go wrong
gafe[2] *mf* (Esp fam) **1** (persona): **el ~ de mi hermano ha vuelto a romperse el brazo** my brother's jinxed *o* so unlucky, he's broken his arm again **2** **gafe** *m*: **tú tienes ~** you're jinxed, you've got a jinx on you
gafedad *f* **1** (Ven fam) (tontería): **se ríen de cualquier ~** they laugh about the silliest little thing (colloq); **deja la ~** stop clowning *o* messing around (colloq) **2** (Ven fam) (error) dumb move (colloq), stupid mistake; **esta vez deja la ~** this time don't be so dumb (colloq)
gafera, gafería *f* (Ven fam) silly mood
gaffe /gaf/ *f or m* gaffe, faux pas
gafo[1] **-fa** *adj* (Ven fam) **1** (estúpido) dumb (colloq) **2** (cansón): **no seas tan ~** stop being such a pain in the neck (colloq)
gafo[2] **-fa** *m,f* (Ven fam) **1** (estúpido) dummy (colloq), idiot (colloq) **2** (cansón) pain in the neck (colloq)
gafudo -da (Col) **gafufo -fa** *m,f* (fam & pey): **el ~ que vive al lado** the guy with glasses who lives next door (colloq), old four-eyes who lives next door (colloq & pej)
gag *m* (*pl* **gags**) gag
gaga *adj inv* (fam) ▸**gagá A**
gagá *adj inv*
A (fam) (senil) gaga (colloq)
B (Per fam) (elegante) smart (colloq); **la gente ~** the smart set
gago -ga *m,f* (Col, Per fam) *person with a speech defect, esp one who cannot articulate consonants*
gaguear [A1] *vi* **1** ‹‹*niño*›› to say ga-ga-ga **2** (Col, Per fam) ‹‹*adulto*››: **es difícil entenderle porque gaguea** it's difficult to understand him because he can't pronounce his consonants properly
gagueo *m* **1** (de un niño) ga-ga-ga **2** (Col, Per fam) (de un adulto) speech defect
gaita[1] *f*
A **1** *tb* **~ gallega/escocesa** (Galician/Scottish) bagpipes (*pl*); ***templar ~s*** (fam) to try and keep people happy **2** (flauta) *type of flute* **3** (Ven) (canción) *lively Christmas song*
B (Esp fam) **1** (lata, cosa fastidiosa) drag (colloq), pain (colloq); **menuda ~ tener que salir con este frío** it's a real drag *o* pain having to go out in this cold **2** (cuento, rollo): **después de habernos pasado la vida con la ~ del anticomunismo** after a lifetime of listening to this anti-communist rhetoric *o* (colloq) stuff; **no me vengas con ~s, ya te he dicho que no** stop going on about it *o* don't keep on about it, I've already said no; **déjate de ~s** I don't want any more of your excuses; **¡qué paciencia ni qué ~s! ya me he cansado de esperar** patience! I'll give him/them patience! I've had enough of this waiting (colloq)
gaita[2] *mf* (RPl hum) (gallego) Galician; (español) Spaniard
gaitero -ra *m,f* **1** (de gaita gallega) bagpiper, piper **2** (de flauta) piper, flautist **3** (Ven) (cantante) *person who specializes in singing gaitas;* ▸**gaita**[1] **A3**
gajes *mpl*: **son (los) ~ del oficio** it's all part and parcel of the job *o* it's an occupational hazard
gajo *m*
A **1** (de naranja, limón) segment; ***estar pelando ~s*** (Ven fam) to be broke (colloq); ***pelar ~*** (Ven fam) (morirse) to kick the bucket (colloq) (equivocarse) to make a big mistake **2** (RPl) (para plantar) cutting
B (Col) (de pelo) lock
gal *mf* (*pl* ~) member of ▸**GAL**
GAL /gal/ *mpl* (en Esp) **= Grupos Antiterroristas de Liberación**
gala *f*
A **1** (cena) gala; **~ benéfica** *or* **cena de ~** gala, gala dinner (en el teatro) *tb* **función de ~** gala, gala night *o* performance, charity ball (*o* dinner *etc*); **vestido de ~** formal *o* full dress; **uniforme de ~** full-dress uniform; **vestirse de ~** to wear full *o* formal dress; ***hacer ~ de algo*** to display sth; ***tener algo a ~*** to pride oneself on sth **2** **galas** *fpl* (ropa) clothes (*pl*); **mis/tus mejores ~s** my/your best clothes *o* Sunday best; **luciendo sus ~s nupciales** in her bridal attire
B (Esp) (concierto) concert
galáctico[1] **-ca** *adj*
A (de una galaxia) galactic; **el sistema ~** the galactic system
B ‹*jugador/atleta*› superstar (*before n*); **donde**

juegan futbolistas de nivel ~ where superstar-level soccer players play
galáctico ² -ca *m,f* superstar
gálago *m* bush baby
galaico -ca *adj* Galician
galaicoportugués -sa *adj/m* ▸**gallegoportugués¹**, **gallegoportugués²**
galán *m* 1 (actor) hero, heartthrob 2 (hum) (novio) young man (hum), beau (dated *or* hum), boyfriend
(Compuesto) **galán de noche** (perchero) valet; (Bot) night jasmine
galanamente *adv* (liter) elegantly, beautifully; **un albatros ~ volando por los aires** an albatross flying gracefully through the air
galancete *m* (AmL fam) fancy man (colloq)
galano -na *adj*
A (elegante) elegant, smart
B (Méx) ‹*toro/vaca*› mottled
galante *adj* 1 ‹*hombre*› gallant, attentive 2 (pey) ‹*mujer*› wanton, loose; ‹*vida*› wanton; **hotel** *or* **casa** ~ (euf) house of assignation (euph)
galantear [A1] *vt* (cortejar) to court; (decir galanterías a) to compliment, pay compliments to
galantemente *adv* gallantly
galanteo *m* (cortejo) courtship; (galantería) compliment
galantería *f* 1 (caballerosidad) gallantry, attentiveness 2 (piropo) compliment; (gesto cortés) polite gesture, attention
galantina *f* galantine
galanura *f* (liter) (elegancia) elegance; (donaire) grace, gracefulness; (apostura) good bearing, smart appearance
galápago *m*
A (Zool) freshwater/sea turtle (AmE), turtle (BrE)
B (Equ) English saddle; (en ciclismo) racing saddle
Galápagos *fpl*: **las (Islas)** ~ the Galapagos (Islands)
galardón *m* (period) award, prize; **para él la aprobación del público era ~ suficiente** the public's esteem was reward enough for him
galardonado -da *m,f* (period) awardwinner, prizewinner
galardonar [A1] *vt* (period): **un nuevo premio para ~ la labor científica** a new prize awarded for scientific work; **su novela fue galardonada con el primer premio** her novel was awarded first prize, her novel won first prize; **el guión/autor galardonado** the prizewinning *o* awardwinning script/author
gálata *mf* (Bib) Galatian
galaxia *f* galaxy
(Compuesto) **galaxia espiral** spiral galaxy
galbana *f* (fam) laziness, idleness
galdosiano -na *adj* of/relating to Benito Pérez Galdós
galena *f* galena
galeno *m* (liter *o* hum) physician
galeón *m* galleon
galera *f*
A (Hist, Náut) galley
B (Impr) galley
C (crustáceo) squilla, mantis prawn
D (RPl) (sombrero — de copa) top hat; (— de hongo) derby (AmE), bowler hat (BrE); ***sacarse algo de la*** ~ (fam) to make sth up
galerada *f* galley proof
galería *f* 1 (interior) corridor; (exterior) gallery, balcony; (en una mina) gallery 2 (Teatr) gallery; **la acusó de hacer el discurso cara a la ~** he accused her of playing to the gallery with her speech 3 (para cortinas) cornice (AmE), pelmet (BrE)
(Compuestos)
- **galería comercial** shopping mall (AmE), shopping arcade (BrE)
- **galería de alimentación** indoor food market
- **galería de arte** art gallery
- **galería del órgano** organ gallery *o* loft
- **galería de retratos** portrait gallery

galerista *mf* gallery owner
galerita *f* crested lark
galerna *f* strong northwest wind
galerón *m*
A (Méx) (sala) hall
B (Mús) *Venezuelan folk song/dance*
Gales *m tb* : **el país de ~** Wales
galés¹ -lesa *adj* Welsh
galés² -lesa *m,f* 1 (persona) (*m*) Welshman; (*f*) Welshwoman; **los galeses** the Welsh, Welsh people 2 **galés** *m* (idioma) Welsh
galga *f*
A (Tec) gauge
B (piedra) boulder
galgo *mf* greyhound; ***correr como un ~*** to run like the wind; ***¡échale un ~!*** (fam) you can kiss that goodbye! (colloq); ***salir como un ~*** (fam) to shoot out/off (colloq)
(Compuestos)
- **galgo afgano** Afghan hound
- **galgo español** Spanish greyhound
- **galgo inglés** whippet
- **galgo ruso** borzoi

galgódromo *m* (Méx) dog track
Galia *f* Gaul; **la conquista de las ~s** the conquest of Gaul
gálibo *m* 1 (de vehículo — altura) maximum height; (— anchura) maximum width; **luces de ~** marker lights 2 (de túnel, puente — altura) headroom; (— anchura) width
Galicia *f* Galicia
galicismo *m* gallicism
galifardo *m* (Per fam) good-for-nothing, layabout (colloq), bum (AmE colloq)
Galilea *f* Galilee; **el mar de ~** the Sea of Galilee
galileo -lea *adj/m,f* Galilean
galimatías *m* (*pl* ~): **con ese ~ de explicación nadie entendió nada** his explanation was pure gibberish *o* pure gobbledygook *o* double Dutch and nobody understood a word; **es un ~ de fórmulas** it's just a confusing mass of formulas
galio *m*
A (Quím) gallium
B (Bot) catchweed
gallada *f* (Andes fam) gang; **había mucha ~ esperando micro** there was a whole crowd of people waiting for the bus
galladura *f* cicatricle, blastodisc
gallardamente *adv* (liter) 1 (con elegancia) elegantly; (con majestuosidad) majestically 2 (con valentía) gallantly, valiantly
gallardear [A1] *vi* (liter) 1 (mostrar gallardía) to act gallantly 2 «*castillo*» to rise majestically; **el torero gallardeaba envuelto en su capote de paseo** the bullfighter looked majestic in his cape 3 (hacer ostento): **~ DE algo** to flaunt sth, show sth off
gallardete *m* pennant
gallardía *f* (liter) 1 (apostura) elegance, striking appearance 2 (valor) gallantry, valor* (liter)
gallardo -da *adj* (liter) 1 ‹*estampa/joven*› striking, fine, fine-looking, elegant 2 ‹*guerrero/comportamiento*› gallant (liter), valiant (liter)
gallareta *f* coot
gallear [A1] *vi* to strut around
gallego¹ -ga *adj* 1 (de Galicia) Galician 2 (AmL fam) (español) Spanish
gallego² -ga *m,f*
A 1 (de Galicia) Galician 2 (AmL fam) (español) Spaniard
B **gallego** *m* (Ling) Galician

> **gallego**
>
> The language of Galicia, spoken by around 3 million people. It is an official requirement for many official and academic positions, and a compulsory school subject.
>
> Galician, a Romance language close to Portuguese, was banned under Franco but with the return to democracy, it became an official language in Galicia beside Castilian. Nowadays there is Galician radio and television, and a considerable amount of publishing.
>
> Galician has less social prestige than Catalan and Basque in their homelands. The middle classes have largely opted to use Castilian. *See also* ▸**lenguas cooficiales**.

gallegohablante¹, galleparlante *adj* Galician-speaking (*before n*)
gallegohablante², galleparlante *mf* speaker of Galician, Galician speaker
gallegoportugués¹ -sa *adj* 1 ‹*canción/frontera*› Galician-Portuguese (*before n*) 2 (Ling) Galician-Portuguese (*before n*)
gallegoportugués² *m* (Hist, Ling) Galician-Portuguese (*Romance medieval language spoken in Galicia and northern Portugal*)
galleguismo *m*
A (Ling) Galician word/expression
B 1 (Pol) Galician pro-autonomy movement 2 (sentimiento) pro-Galician feeling
galleguista *adj/mf* pro-Galician
gallera *f* cockpit
gallero -ra *m,f* (AmL fam) *person who breeds fighting cocks or who enjoys cockfighting*
galleta *f*
A (Coc) 1 (dulce) cookie (AmE), biscuit (BrE) 2 (salada) cracker
(Compuestos)
- **galleta de campaña** (CS) *type of bread*
- **galleta de champaña** (Chi) sponge finger
- **galleta de soda** (Andes) cracker

B (Esp fam) (bofetada) slap; (golpe): **te vas a pegar una ~** you're going to crash into something
C (Arg, Ven fam) (lío, maraña) mess; **se me hizo una ~ con la lana** the wool got tangled up
D (Ven fam) (cuello de botella) bottleneck
E (Méx fam) (fuerza): **ese cuate tiene mucha ~** that guy is pretty strong; **¡échale ~!** put some effort into it! *o* (colloq) put your back into it!
F (Inf) cookie
galliforme *f* galliform, galliform bird; **las ~s** galliforms
gallina¹ *adj* (fam) chicken (colloq); **¡qué ~ eres!** chicken! *o* don't be so chicken!
gallina² *f*
A (Zool) hen; (Coc) chicken; **caldo de ~** chicken broth; ***acostarse con*** *or* (Bol, RPl) ***como las ~s*** to go to bed early; ***estar/sentirse como ~ en corral ajeno*** (fam) to be/feel like a fish out of water; ***la ~ de los huevos de oro*** the goose that lays/laid the golden eggs; ***levantarse con*** *or* (Bol, RPl) ***como las ~s*** (fam) to get up at the crack of dawn, be up with the lark
(Compuestos)
- **gallina clueca** (empollando) broody hen; (cuidando la pollada) mother hen; **me tocó sentarme al lado de un grupo de ~s ~s** (fam) I had to sit next to a group of squawking women (colloq); ***estar como*** *or* ***parecer una ~ ~*** (fam) to be like a mother hen
- **gallina de Guinea** guinea fowl
- **gallina** *or* **gallinita ciega** blind man's buff
- **gallina ponedora** laying hen

B **gallina** *mf* (fam) (cobarde) chicken (colloq), wimp (colloq)
gallinácea *f* gallinacean; **las ~s** the galliformes
gallinacear [A1] *vt* (Col fam) to flirt with
gallináceo -cea *adj* gallinaceous
gallinaza *f* (Col) hen droppings (*pl*)
gallinazo¹ *adj* (Col fam): **es muy ~** he's a terrible womanizer
gallinazo² *m* 1 (Zool) (de cabeza roja) turkey buzzard *o* vulture; (de cabeza negra) black vulture 2 (Col fam) (mujeriego) womanizer
gallinero *m* 1 (Zool) (corral) henhouse, coop; ***alborotar*** *or* ***revolver el ~*** (CS fam) to set the cat among the pigeons, stir up a hornet's nest 2 (fam) (sitio ruidoso) madhouse (colloq); **aquello parece un ~** it's like a madhouse *o* it's total bedlam in there (colloq) 3 (fam) (en el cine, teatro): **el ~** the gods (colloq)
gallineta *f* 1 (fúlica) coot 2 (chocha) woodcock 3 (CS) (pintada) guinea fowl
gallito¹ -ta *adj* (fam) cocky
gallito² *m*
A (fam) (persona) tough guy (colloq); **no te hagas el ~** don't act the tough guy
B (Col, Méx) (deporte) badminton; (rehilete) shuttlecock, birdy (AmE); *ver tb* **gallo²**
gallo¹ -lla *adj* 1 (AmL fam) (bravucón) tough (colloq), macho 2 (AmL fam) (valiente) tough

g

(colloq); **sólo los muy ~s se atreven** only the real tough nuts dare to do it (colloq)

gallo[2] *m*

A (Zool) (ave) cockerel; (más grande) rooster, cock (BrE); **pelea de ~s** cockfight; ***comer ~*** (Méx fam): **hoy parece que comiste ~** you must have got out of bed the wrong side this morning (colloq), you're a real bear today (AmE colloq), you're like a bear with a sore head today (BrE colloq); ***dormírsele el ~ a algn*** (Méx fam): **que no se te duerma el ~, que otro se ganará el ascenso** you can't afford to rest on your laurels; if you do, someone else will get the promotion; **se me durmió el ~ y venció el plazo** I forgot about it and missed the closing date; ***en menos (de lo) que canta un ~*** in no time at all, in a flash; ***entre ~s y medianoche*** (Arg) on the spur of the moment, hastily; ***~ difícil*** *or* ***duro de pelar*** (Méx fam): **resultaron ~s difíciles de pelar** they proved to be tough opposition; ***levantarse al cantar el ~*** to be up with the lark, get up at crack of dawn; ***mamar ~*** (Col fam) to mess *o* play around (colloq), to muck around (BrE colloq); ***mamarle ~ a algn*** (Col, Ven fam) to pull sb's leg (colloq), to put sb on (AmE colloq), to have sb on (BrE colloq); ***matarle el ~ a algn*** (Méx fam) to shut sb up (colloq); **cuando el otro le dijo que era policía, le mató el ~** he soon shut up when the other guy told him he was a policeman (colloq); ***otro ~ cantaría*** *or* ***otro ~ me/te/nos cantara*** things would be very different; ***pelar ~*** (Méx fam) (huir) to leg it (colloq), to hightail it (AmE colloq) (morirse) to kick the bucket (colloq), to snuff it (BrE colloq); **pelaron ~ del mitin político antes de los cocolazos** they legged it *o* hightailed it out of the meeting before the fighting began (colloq); ***ser el (mejor) ~ de algn*** (Méx fam): **los Pumas son su mejor ~ para las finales** the Pumas are your best bet for the finals (colloq), I'd put my money on the Pumas for the finals (colloq)

(Compuestos)

- **gallo de la pasión** (Chi) *small cockerel with black and white speckled feathers*
- **gallo de pelea** *or* (AmS) **de riña** fighting *o* game cock

B (Méx fam) (bravucón) macho, tough guy (colloq BrE)

C (fam) (de un cantante) false note; (de un adolescente): **soltó un ~** *or* (Col) **se echó un ~** *or* (Ven) **se le fue el ~** his voice cracked *o* went squeaky

D (pez) John Dory

E (Méx) (serenata) serenade; **le llevaron ~ a la novia** they serenaded the bride

F (Méx fam) (en el pelo): **se le hace un ~ en el lado izquierdo** his hair sticks up on the left

G (Méx fam) (prenda usada) hand-me-down (colloq); **se viste de puros ~s** all her clothes are hand-me-downs (colloq), everything she wears is secondhand

gallo[3] **-lla** *m,f* (Chi fam) (*m*) guy (colloq); (*f*) woman; **¿cómo estás ~?** hi, buddy (AmE) *o* (BrE) mate, how are you? (colloq)

gallofa *f* (Chi fam) throat

gallón *m* (Méx fam) (en política) (political) bigwig (colloq); (en finanzas) big shot (colloq); **los gallones de la compañía** the company's top brass (colloq); **su papá era ~ en la policía** his father was high up in the police force *o* was a big shot in the police force

gallopinto *m* (AmC) refried rice and beans

galo[1] **-la** *adj* **1** (Hist) Gallic **2** (period) (francés) French

galo[2] **-la** *m,f* **1** (Hist) Gaul **2** (period) (*m*) Frenchman; (*f*) Frenchwoman

galocha *f* (CS) galosh

galón *m*

A **1** (en costura) braid **2** (Mil) stripe

B ▸ **i p.998**; (medida) gallon

galopada *f* gallop

galopante *adj* ‹*inflación/tuberculosis*› galloping (*before n*); **el número de accidentes ha aumentado a ritmo ~** the number of accidents has risen dramatically *o* has shot up

galopar [A1] *vi* (Equ) to gallop; **su imaginación galopaba** her mind *o* imagination was racing

galope *m* gallop; **a** *or* **al ~** at a gallop; ***a ~ tendido*** (Equ) at full gallop; (corriendo): **iba a ~ tendido** I was running at full tilt *o* as fast as I could *o* as fast as my legs would carry me; **salió a ~ tendido** she left as fast as she could *o* she shot off

galopín *m* (ant) (niño desharrapado) urchin; (bribón) rapscallion (arch), rogue, rascal

galpón *m* **1** (Hist) slave quarters (*pl*), slave compound **2** (AmL) (cobertizo) hut, shed; (almacén) store, storehouse

galvánico -ca *adj* galvanic

galvanismo *m* galvanism

galvanización *f* galvanization

galvanizar [A4] *vt* to galvanize

galvanómetro *m* galvanometer

galvanoplastia *f* electroplating

gama *f*

A **1** (de colores) range, gamut; (de artículos, productos) range; **en toda la ~ política** across the whole political spectrum; **distintos tonos dentro de la ~ del rojo** different shades of red **2** (de notas musicales) scale

B (letra) gamma

gamada *adj* ▸ **cruz**

gamarra *f* (Equ) martingale; ***darse (con) las ~s*** (Méx fam) to hit it off (colloq); ***traer de la ~ a algn*** (Méx fam) to have sb by the short and curlies (colloq)

gamba *f*

A (esp Esp) (Coc, Zool) shrimp (AmE), prawn (BrE)

B (arg) (pierna) leg; ***meter la ~*** (fam) to put one's foot in it (colloq)

gamberrada *f* (Esp) (con énfasis — en la falta de modales) loutish act; (— en lo violento) act of thuggery/hooliganism; (— en lo destructivo) act of vandalism/hooliganism

gamberrear [A1] *vi* (Esp)

A (con énfasis — en la falta de modales) to act like a lout; (— en lo violento) to act like a thug *o* a hooligan; (— en lo destructivo) to be a vandal, act like a hooligan

B (fam) (holgazanear) to laze around, loaf around

gamberrismo *m* (Esp) (comportamiento — escandaloso) loutishness; (— violento) thuggery, hooliganism; (— destructivo) vandalism, hooliganism

gamberro[1] **-rra** *adj* (Esp): **era tan ~ que lo tuve que echar** he was such a troublemaker that I had to throw him out; **unos tíos ~s estaban montando una bronca** some louts *o* rowdies *o* hooligans were making trouble

gamberro[2] **-rra** *m,f* (Esp) (con énfasis — en la falta de modales) lout, rowdy, troublemaker, yob (BrE); (— en lo violento) thug, hooligan; (— en lo destructivo) vandal, hooligan

gambeta *f* (AmS) dodge

gambetear [A1] *vi* (AmS) to dodge and weave

Gambia *f* Gambia

gambito *m* gambit

gamella *f* (comedero) trough; (abrevadero) water trough; (para lavar) washing trough

gamelote *m*

A (Ven) (Bot) guinea grass

B (Ven fam) (palabrería) padding (colloq), waffle (colloq)

gameto *m* gamete

gamín -mina *m,f* (Col) street urchin

gamma *f* gamma

gammaglobulina *f* gamma globulin

gammagrafía *f* gammagraphy

gamo -ma *m,f* fallow deer

gamón *m* asphodel

gamonal *m* (Col, Per) cacique

gamonalismo *m* (Col, Per) exploitation (*of indigenous people by a cacique*)

gamulán® *m* (CS) (cuero) sheepskin; (prenda) sheepskin coat/jacket

gamuza *f* **1** (Zool) chamois **2** (piel) chamois (leather), shammy leather; (de otros animales) suede **3** (paño) dustcloth (AmE), duster (BrE)

gana *f*

A **1** (deseo): **¡con qué ~s me comería un helado!** I'd love an ice cream!, I could murder an ice cream! (colloq); **¡me iría a la cama con unas ~s!** what I wouldn't give to be able to go to bed now! (colloq); **lo hizo sin ~s** he did it very half-heartedly, he did it without much enthusiasm; **no fui porque no tenía ~s** I didn't go because I didn't feel like it; **haz lo que te digo — no me da la ~** do as I tell you — I don't want to! *o* why should I?; **no lo hizo porque no se le pegó la ~** (Méx) he didn't do it because he didn't feel like it *o* he couldn't be bothered; **siempre hace su regalada ~** he always does what the hell he likes (colloq); **por mí puedes hacer lo que te dé la ~** *or* **lo que te venga en ~** you can do what you like for all I care; **no lo hace porque no le da la real** *or* **realísima ~** he doesn't do it because he just can't be bothered; **siempre termina haciendo lo que le viene en ~** she always ends up doing just what she likes *o* exactly as she pleases; **queríamos ir pero al final nos quedamos con las ~s** (fam) we wanted to go, but it wasn't to be; **me quedé con las ~s de decirle lo que pensaba** I never got to tell him what I really thought; **si te crees que te va a decir que sí te vas a quedar con las ~s** (fam) if you think he's going to say yes, you've got another think coming *o* you're in for a disappointment (colloq); ***con ~s:*** **llover con ~s** to pour down; **es feo/tonto con ~s** he is so ugly/stupid!, is he ever ugly/stupid! (AmE colloq); ***de buena/mala ~:*** **me ayudó de muy buena ~** she helped me very willingly, she was very glad *o* happy to help me; **de buena ~ me iría a acostar** I would quite gladly *o* quite happily just go to bed; **está trabajando de muy mala ~** she's being very unenthusiastic *o* half-hearted about her work; **me lo prestó de mala ~** he lent it to me reluctantly *o* unwillingly; ***hasta las ~s*** (Chi fam): **gastó hasta las ~s** he spent a fortune (colloq); **le cobraron hasta las ~s por arreglarlo** they charged him a fortune *o* the earth for repairing it (colloq); ***las ~s*** (fam): **ánimo que ya estás terminando — sí, ... las ~s** come on, you've nearly finished — finished? if only! *o* you must be joking! (colloq); ***tenerle ~s a algn*** (fam) (de pegarle, reñirlo) to be out to get sb (colloq) (sexualmente) (AmS) to have the hots for sb (colloq) **2** **~(s) DE + INF**: **jóvenes con muchas ~s de pasárselo bien** young people out for a good time; **¡qué ~s de complicarte la vida!** you really like making life difficult for yourself!; **me muero de ~s de verlo** I can't wait *o* (colloq) I'm dying to see him; **tengo muchas ~s de volver a verte** I'm really looking forward to seeing you again; **tiene unas ~s locas de conocerte** (fam) she's dying to meet you (colloq); **¡tengo unas ~s de decirle lo que pienso!** I'd really like to tell him what I think!; **tengo muy pocas ~s de ir** I don't feel like going in the least *o* one little bit; **tantas ~s que tenías de tener la muñeca y ahora ...** you just had to have *o* you were so keen to have that doll and now ...; **¡malditas las ~s que tengo de trabajar!** I don't feel at all like *o* a bit like working!, the last thing I feel like doing is working; **no es cierto, son ~s de hablar que tiene la gente** it's not true, people just want something to talk about; **no tengo nada de ~s** *or* **no tengo ningunas ~s de estudiar** I don't feel at all like *o* I don't feel a bit like studying; **parece que hoy anda con ~s de molestar** it seems he's out to be difficult today (colloq); **con este calor no dan ~s de trabajar** you just don't feel like working in this heat; **te dan ~s de mandarlo todo al diablo** it makes you want to say to hell with it all; **me dieron** *or* **entraron ~s de estrangularlo** I could have strangled him *o* I felt like strangling him; **le dieron** *or* **entraron ~s de reírse** she felt like bursting out laughing; **no le van a quedar ~s de volverlo a hacer** he isn't going to want to do that again in a hurry; **se me han quitado las ~s** I don't feel like it any more **3** **~(s) DE QUE + SUBJ**: **tengo ~s de que llegue el verano** I can't wait for the summer, I'm looking forward to the summer; **no tengo ~s de que me detengan** I don't feel like getting (myself) arrested

B **ganas** *fpl* (necesidad): **tengo ~s de ir al servicio** I need to go to the bathroom (AmE), I want to go to the lavatory (BrE); **me entraron ~s de**

vomitar I felt sick *o* (AmE) nauseous

ganadería *f* **1** (actividad) ranching, cattle raising, stockbreeding **2** (ganado) cattle (*pl*), livestock (+ *sing or pl vb*); **toros de la ~ de Montes** bulls from the Montes ranch

ganadero[1] **-ra** *adj* ranching (*before n*), cattle raising (*before n*), stockbreeding (*before n*)

ganadero[2] **-ra** *m,f* rancher, cattle farmer, stockbreeder

ganado *m* cattle (*pl*), livestock (+ *sing or pl vb*); **los llevaban en camiones como ~** they were transported like cattle in trucks

Compuestos
- **ganado bovino** cattle (*pl*)
- **ganado caballar** horses (*pl*)
- **ganado cabrío** *or* **caprino** goats (*pl*)
- **ganado en pie** cattle on the hoof (*pl*)
- **ganado equino** horses (*pl*)
- **ganado lanar** sheep (*pl*)
- **ganado mayor** *cattle, horses or mules*
- **ganado menor** *sheep, pigs or goats*
- **ganado ovino** sheep (*pl*)
- **ganado porcino** pigs (*pl*)
- **ganado vacuno** cattle (*pl*)

ganador[1] **-dora** *adj* ‹equipo/caballo› winning (*before n*); **la película ~a del Oscar** the Oscar-winning film

ganador[2] **-dora** *m,f* winner

ganancia *f*
A (Com, Fin) profit; **las ~s del año** the year's profits; **la empresa sacó muy poca ~ este año** the company made very little profit this year; **estas operaciones dejaron poca(s) ~(s)** these operations did not produce much profit; ***no te/le/les arriendo la ~*** I don't envy you/him/them, I wouldn't like to swap places with you/him/them

Compuestos
- **ganancia líquida** *or* **neta** net profit
- **ganancia total** *or* **bruta** gross profit

B (Audio, Elec) gain

ganancial *adj* ‹crecimiento/márgen/distribución› profit (*before n*); *ver tb* **bien**[5] **E**

ganancioso -sa *adj* (esp AmL) **1** (lucrativo) profitable **2** (beneficiado): **salir ~ (de algo)** to benefit (from sth), do well (out of sth)

ganapán *m* (fam) handyman, odd-job man

ganar [A1] *vt*
A **1** (mediante el trabajo) to earn; **gana un buen sueldo** she earns *o* she's on a good salary; **¿cuánto ganas al mes?** how much do you earn a month?; **lo único que quiere es ~ dinero** all he's interested in is making money **2** (conseguir) to gain; **¿y qué ganas con eso?** and what do you gain by (doing) that?; **no ganamos nada con ponernos nerviosos** getting all worked-up won't get us anywhere
B **1** ‹carrera/competición/partido› to win; ‹elecciones› to win; ‹guerra/batalla› to win; ‹juicio› to win; **~on el campeonato** they won the championship; **le gané la apuesta** I won my bet with him; ***~le el quién vive a algn*** (Chi fam) to beat sb to it (colloq), to get in first (colloq) **2** (en un juego, concurso) ‹premio/dinero› to win; **¿cuánto ganaste en las carreras de caballos?** how much did you win on the horses?; **ha ganado mucho dinero al póquer** she's won a lot of money at *o* playing poker
C (adquirir): **ganó fama y fortuna** she won fame and fortune; **su partido ha ido ganando popularidad** his party has been gaining in popularity; **ha ganado importancia en los últimos años** it has grown in importance in recent years
D **1** ‹persona› **~ a algn PARA algo** to win sb over TO sth; **lo ganó para su causa** she won him over to her cause **2** (reclamar) to reclaim; **las tierras ganadas al mar** the land that has been reclaimed from the sea
E (liter) ‹meta› to attain (frml), to reach; ‹cumbre/frontera/orilla› to gain (liter), to reach

■ **ganar** *vi*
A (mediante el trabajo) to earn; **apenas gana para vivir** she hardly earns enough to live on; ***no ~ para disgustos/sustos*** to have nothing but trouble
B **1** (vencer) to win; **que gane el mejor** may the best man win; **~on los Republicanos** the Republicans won *o* were victorious; **van ganando 2 a 1** they're winning 2-1, they're 2-1 up *o* ahead **2** **~le a algn** to beat sb; **nos ~on por cuatro puntos** they beat us by four points; **siempre que juega al ajedrez con su hijo se deja ~** she always lets her son beat her at chess, whenever she plays chess with her son she lets him win; **me ha vuelto a ~** she's beaten me again; **a mentiroso nadie le gana** *or* **no hay quien le gane** when it comes to lying there's no one to touch him; **se dejó ~ por el abatimiento** he allowed his depression to get the better of him
C (aventajar) **~le a algn EN algo**: **le ganas en estatura** you're taller than him; **habla mejor inglés, es más guapo ... la verdad es que me gana en todo** he speaks better English, he's better looking ... the truth is he beats me on every count
D (mejorar, obtener provecho): **ha ganado mucho con el nuevo peinado** her new hairstyle has really done a lot for her; **con estas modificaciones el texto ha ganado en claridad** the text has become much clearer *o* has gained in clarity with these changes; **el salón ha ganado mucho con estos cambios** these changes have really improved the living room; **ganó mucho con su estancia en Berlín** he gained a lot from *o* got a lot out of his stay in Berlin; ***salir ganando:*** **es el único que salió ganando de la mudanza** he's the only one who benefited *o* gained from the move; **no lo esperaba pero al final salí ganando** I didn't expect to but in the end I came out of it better off *o* I did well out of it, I didn't expect to but I ended up better off; **saldrán ganando de esta reestructuración** they will benefit from *o* they stand to gain from this restructuring
E (Méx fam) (dirigirse): **~ para un lugar** to go off toward(s) somewhere
F (Ur arg) (con el sexo opuesto): **estás ganando con aquél/aquélla** you're well in with that guy/girl over there (colloq)

■ **ganarse** *v pron*
A (*enf*) (mediante el trabajo) to earn; **se ganó mil dólares en una semana** she earned (herself) a thousand dollars in one week
B (*enf*) (en una rifa, un juego) to win
C ‹afecto› to win; ‹amistad/confianza› to win, gain; ‹persona› to win ... over; **ha sabido ~se el respeto de todos** she has managed to win *o* earn everyone's respect; **sabe ~se a los amigos** he knows how to make friends
D (ser merecedor de): **te has ganado unas buenas vacaciones** you've earned yourself a good vacation (AmE) *o* (BrE) holiday; **te estás ganando una paliza** you're going to get a good thrashing, you're asking for a good thrashing; ***~se algo a pulso*** to earn sth; **el ascenso se lo ha ganado a pulso** he's really worked (hard) for *o* he's really earned this promotion; ***ganársela*** (Esp fam): **como no te calles te la vas a ~** if you don't shut up, you're going to get it *o* you're for it (colloq)
E (Chi fam) (acercarse): **se ganó muy a la orilla y se cayó** he went too near the edge and fell in; **gánate para acá** come over here *o* come closer

ganchero -ra *m,f* (CS fam) matchmaker

ganchete *m*: **íbamos de ~** we were walking along arm in arm

ganchillo *m* **1** (aguja) crochet hook **2** (labor) crochet; **hacer ~** to crochet

ganchito *m* (Esp) *crunchy potato and corn snack*

gancho *m*
A (garfio) hook; **~ de carnicero** butcher's hook; **los ~s de la cortina** the curtain hooks; ***echarle el ~ a algo/algn*** (Esp fam) to get one's hands on sth/sb (colloq); ***hacerle ~ a algn con algn*** (CS fam) to set sb up with sb (colloq); **Lorena me va a hacer ~ con su hermano** Lorena is going to set me up with her brother (colloq); ***hacerle mal ~ a algn*** (Chi fam) to cramp sb's style (colloq); ***ir de ~*** (Col) to walk along arm in arm
B **1** (clip) paperclip; (grapa) staple; (de patitas) paper fastener **2** (horquilla — abierta) hairpin; (— cerrada) bobby pin (AmE), hairgrip (BrE); (pasador) barrette (AmE), hairslide (BrE) **3** (Andes, Ven) (imperdible) safety pin

Compuesto **gancho de nodriza** (Col) safety pin

C **1** (fam) (para atrapar, seducir) bait **2** (fam) (atractivo): **un hombre con mucho ~** a very attractive man; **es una película que tiene ~** the movie's a real crowd puller, the movie has great drawing power; **un artista que tiene ~** an artist who enjoys great popularity *o* who has a lot of popular appeal
D (en boxeo) hook
E (en baloncesto) hook shot
F (AmC, Andes, Méx) (colgador) hanger
G (Chi) (de un árbol) branch
H (Chi fam) (amigo) buddy (AmE colloq), mate (BrE colloq); ***con ~*** (Chi fam): **la invitación es con ~** the invitation says bring a friend

ganchudo -da *adj* hooked; **nariz ganchuda** hooked nose

gandalla[1] *adj* (Méx fam) **1** (deshonesto) crooked (colloq), bent (colloq) **2** (sinvergüenza) good-for-nothing (*before n*)

gandalla[2] *mf* (Méx fam) **1** (persona deshonesta) crook (colloq) **2** (sinvergüenza) swine (colloq), son of a bitch (AmE colloq)

gandallín *mf* (Méx fam) imp (colloq), rascal (colloq), little devil (colloq)

gandinga *f: Cuban dish made with pig entrails*

gandola *f* (Ven) semitrailer (AmE), articulated lorry (BrE)

gandolero -ra *m,f* (Ven) truck driver, trucker, lorry driver (BrE)

gandul -dula *m,f* (fam) lazybones (colloq)

gandulear [A1] *vi* (fam) to laze *o* (colloq) loaf around

ganga *f*
A (compra ventajosa) bargain; **a precio de ~** at a bargain *o* giveaway price
B (Zool) sand grouse

Ganges *m*: **el ~** the Ganges

ganglio *m* **1** (en los vasos linfáticos) gland **2** (de células nerviosas) ganglion **3** (tumor) ganglion

gangosear [A1] *vi* ▸**ganguear**

gangoseo *m* ▸**gangueo**

gangoso -sa *adj* nasal

gangrena *f* gangrene

gangrenarse [A1] *v pron* to become gangrenous

gangrenoso -sa *adj* gangrenous

gángster *mf* (*pl* **-ters**) gangster

gangsteril *adj* gangster (*before n*)

gangsterismo *m* gangsterism

ganguear [A1] *vi* to talk through one's nose

gangueo *m* nasal twang

ganoso -sa *adj* **1** (deseoso) eager; **~ DE algo/hacer algo** eager FOR sth/eager to do sth **2** (Chi) (empeñoso) hard-working

gansada *f* (fam) **1** (dicho): **decir ~s** to talk nonsense, talk through one's hat (colloq) **2** (acto): **hacer ~s** to clown around (colloq), to goof around (AmE colloq)

gansarón *m* goose

gansear [A1] *vi* (fam) **1** (decir tonterías) to talk nonsense, talk through one's hat (colloq) **2** (hacer tonterías) to clown around (colloq), to goof around (AmE colloq)

ganso[1] **-sa** *adj* (fam) **1** (torpe) clumsy, klutzy (AmE colloq) **2** (holgazán) lazy, idle **3** (tonto) stupid; ▸**pasta**

ganso[2] **-sa** *m,f*
A (Zool) (*m*) goose, gander; (*f*) goose
B (fam) **1** (persona torpe) clumsy oaf (colloq), klutz (AmE colloq) **2** (holgazán) lazy slob (colloq) **3** (tonto) idiot, clown (colloq); **hacer el ~** ▸**gansear 2**
C **ganso** *m* (Ven fam) (de carne) loin

Gante *m* Ghent

ganzúa *f* picklock; **abrieron la puerta con una ~** they opened the door with a picklock, they got in by picking the lock

gañán *m* **1** (ant) (mozo de labranza) farmhand, farm laborer* **2** (patán) boor

g

gañir [I9] *vi* «*perro*» to yelp; «*cuervo*» to caw
gañote *m* (fam) throat; ***estar hasta el ~*** (Méx fam) to be fed up to the back teeth (colloq)
gap *m* (*pl* **~s**) gap
garabatear [A1] *vi*
A (escribir) to scribble, scrawl; (dibujar) to doodle
B (Chi) (decir palabrotas) to swear
■ **garabatear** *vt*
A (escribir) to scrawl, scribble; (dibujar) to doodle
B (Chi) (insultar) to curse, swear at
garabatero -ra *adj* (Chi) foul-mouthed
garabato *m*
A 1 (dibujo) doodle 2 **garabatos** *mpl* (escritura) scrawl, scribble
B 1 (gancho) hook 2 **garabatos** *mpl* (arpeo) grapnel
C (Chi) (palabrota) swearword, curse (AmE)
D (Méx) (Bot) *prickly shrub*
E (Méx fam) (caballo flacucho) nag (colloq)
garaje /ga'raxe/ *m*, (esp AmL) **garage** /ga'raʒ/ *m* 1 (de un edificio) garage 2 (taller) garage, repair shop (AmE) 3 (aparcamiento) parking lot (AmE), car park (BrE)
garajista /gara'xista/ *mf*, (esp AmL) **garagista** /gara'ʒista/ *mf* 1 (dueño) garage owner 2 (empleado) garage attendant
garambainas *fpl* (ant) nonsense, poppycock (dated)
garambullo *m* (Méx) garambulla cactus
garante *mf* guarantor
garantía *f*
A (Com) guarantee, warranty; **tiene dos años de ~** it has a two-year guarantee *o* warranty, it's guaranteed for two years; **estar bajo** *or* **en ~** to be under guarantee *o* warranty
B (Der) 1 (fianza) surety, guarantee 2 (RPl) (garante) guarantor
C (seguridad, aval) guarantee; **su presencia es una ~ de paz** their presence is a guarantee of peace; **no ofrece ~s para el inversor** it does not offer any security for the investor; **¿qué ~(s) tengo yo de que va a cumplir con su palabra?** what guarantee do I have that he will keep his word?
(Compuesto) **garantías constitucionales** *fpl* constitutional rights (*pl*)
garantir [I1] *vt* (esp CS) ▸**garantizar B**
garantizar [A4] *vt*
A (Com) ‹*producto*› to guarantee, warrant (AmE); **se lo garantizamos por tres años** we give you a three-year guarantee *o* warranty
B 1 (Der) «*garante*» to guarantee, act as guarantor for, stand surety for 2 (asegurar) to guarantee; **te garantizo que no volverá a ocurrir** I guarantee *o* I give you my word that it won't happen again; **¿me garantiza que estará terminado para esa fecha?** can you guarantee that it will be finished by that date?; **nuestro sistema garantiza la frescura de los productos** our system ensures *o* guarantees the freshness of the products
garañón *m*
A (AmL fam) (caballo) studhorse
B (Méx) (de un burdel) brothel keeper
garañona *f* (Méx) castilleja
garapiña *f* (Méx) pineapple squash
garbanzo *m* chickpea, garbanzo bean (AmE); ***ganarse los ~s*** (fam) to earn one's bread and butter (colloq); ***ser el ~ negro de la familia*** to be the black sheep of the family
garbeo *m* (Esp fam): **dar un ~** (a pie) to go for a walk; (en coche) to go for a ride
garbo *m*
A (al andar, moverse) 1 (elegancia) poise, grace 2 (gracia, desenvoltura) jauntiness
B (al crear, componer) style, elegance
garbosamente *adv* 1 (con gracia y desenvoltura) jauntily 2 (con elegancia) with poise
garboso -sa *adj*
A ‹*andar/gesto*› 1 (elegante) graceful 2 (con gracia) jaunty
B ‹*estilo/creación*› stylish, elegant
garceta *f* egret
garciamarquiano -na *adj* of/relating to Gabriel García Márquez
garcilla *f*: *tb* **~ bueyera** cattle egret
garçon /gar'son/: **pelo a lo** *or* **la ~** very short hair; **corte a lo** *or* **la ~** urchin cut
garçonnière /garso'njer/ *f* (CS) bachelor apartment
gardenia *f* gardenia
garduña *f* stone marten, beech marten
garete *m*: **irse al ~** (fam) to go down the drain *o* the tubes (colloq), to go out the window (colloq), to go for a burton (BrE colloq)
gareteado -da *adj* (Chi fam): **estaba** *or* **andaba ~** I had nothing to do *o* I was at a loose end
garfio *m* (Náut) hook, gaff; (arpeo) grapnel
gargajear [A1] *vi* (fam) to hawk (colloq)
gargajo *m* (fam) phlegm
garganta¹ *f*
A ▸❶ **p.231** 1 (Anat) throat; **me dolía la ~** I had a sore throat; **tiene una buena ~** she has a good (singing) voice 2 (cuello) neck, throat (liter)
B (Geog) (desfiladero) gorge, ravine; (entre montañas) narrow pass
C (Arquit) neck
garganta² *mf* (Per fam) freeloader (colloq), scrounger (colloq), sponger (BrE colloq)
gargantear [A1] *vi* (Per fam) to scrounge (colloq), to freeload (colloq), to sponge (BrE colloq)
gargantilla *f* choker, necklace
gargantón -tona *m,f*
A (Méx fam) (persona influyente) bigwig (colloq); **pídele chamba a tu tío, él es un ~** your uncle's one of the big shots, ask him for a job (colloq); **esos lugares están reservados para los gargantones** these places are reserved for the bigwigs
B gargantón *m* (Méx fam) (de caballo) decorative halter
gargantúa *mf* 1 (gigante) giant 2 (persona voraz) person of gargantuan appetites; **tiene un apetito de ~** he has a gargantuan appetite
gargantuesco -ca *adj* gargantuan; **un apetito ~** a gargantuan appetite
gárgara *f* gargle; **hacer ~s** to gargle; ***mandar a algn a hacer ~s*** (fam) to tell sb to get lost (colloq), to tell sb where to get off (BrE colloq)
gargarear [A1] *vi* (Chi) to gargle
gargarismo *m* 1 (acción) gargling; **hacer ~s** to gargle 2 (líquido) gargle
gargarizar [A4] *vi* to gargle
gárgola *f* gargoyle
garguero, gargüero *m* (fam) throat; **mojarse el ~** (fam) to have a drink, wet one's whistle (BrE colloq)
garita *f* 1 (de centinela) sentry box 2 (de portero) lodge 3 (caseta) hut, cabin
(Compuesto) **garita de señales** (RPl) signal box
garitero -ra *m,f* (dueño) owner of a gambling den; (encargado) person in charge of a gambling den; (cliente habitual) regular gambler, punter (BrE colloq)
garito *m* gambling den
garlancha *f* (Col) spade
garlar [A1] *vi* (Col fam) to chat, talk
garlito *m* trap; **caer en el ~** to fall into the trap
garlopa *f* jack plane
garnacha *f*: 1 *type of grape and the sweet wine made from it* 2 (Méx) meat pie
Garona *m*: **el ~** the Garonne
garoso -sa *adj* (Col fam) greedy
garoto -ta *m,f* (fam) Brazilian
garra *f*
A 1 (de un animal) claw; (de un águila) talon 2 (pey) (de una persona) paw (colloq & pej); **echarle la ~ a algo** to grab *o* seize sth
B 1 (arrojo, valor) fighting spirit 2 (personalidad) personality
C garras *fpl* (poder, dominio) clutches (*pl*); **caer/estar en las ~s de algn** to fall into/be in sb's clutches
D (Méx fam) (ropa — vieja) rags (*pl*) (colloq); (— de mal gusto, fea) tasteless clothes (*pl*) (colloq); ***hacer ~s a algn*** to tear sb to shreds (colloq), tear into sb (AmE colloq); ***hacer ~s algo*** to rip *o* tear sth to shreds
E (Méx fam) (mujer fea) hag (colloq & pej), dog (sl & pej)
garrafa *f* 1 (para vino) demijohn; **ginebra/vino de ~** cheap gin/wine 2 (RPl) (para gas) cylinder, bottle
garrafal *adj* terrible; **fue un error ~** it was a terrible *o* huge mistake
garrafón *m* demijohn
garrapata *f* tick
(Compuesto) **garrapata ovina** sheep tick
garrapatear [A1] *vi* ▸**garabatear A**
garrapato *m* ▸**garabato A**
garrapiñada *f* (esp AmL) caramel-coated peanuts/almonds (*pl*)
garrapiñado -da *adj* caramel-coated
garrapiñar [A1] *vt* to coat...with caramel
garrido -da *adj* (liter) ‹*mozo*› handsome; ‹*moza*› comely (liter)
garrobo *m* (AmC) iguana
garrocha *f*
A 1 (Arm) lance 2 (Taur) lance, goad 3 (Méx) (aguijada) goad, cattle prod
B (AmL) (Dep) pole
garrochar [A1] *vt* to jab … with the lance
garrochazo *m* jab with the lance
garrochista *mf* (AmL) pole-vaulter
garrón *m* (carne) shank; ***de ~*** (RPl fam) free; **comimos de ~ toda la semana** we had free lunches all week; **entré de ~** I got in free
garronear [A1] *vi* (RPl fam) to freeload (colloq), to scrounge (colloq), to sponge (BrE colloq)
garronero -ra *m,f* (RPl fam) scrounger (colloq), freeloader (colloq), sponger (BrE colloq)
garrota *f* ▸**garrote 1** , **garrote 2**
garrotazo *m* 1 (golpe) blow (*with a club*) 2 (Chi fam) (gripe) flu 3 (Chi fam) (cobro excesivo) rip-off (colloq); **nos dio el ~** she ripped us off (colloq)
garrote *m* 1 (palo) club, stick 2 (método de ejecución) garrotte; **dar ~ a algn** to garrotte sb 3 (Méx) (freno) brake; ***jugar ~*** (Ven fam): **la malaria está jugando ~ en la zona** malaria is rife *o* widespread in the area; **tiene zapatos que juega ~** she has loads of *o* stacks of shoes (colloq)
garrotear [A1] *vt* (Chi fam) to rip … off (colloq)
garrotera *f* (Col fam) scuffle
garrotero -ra *m,f*
A (Chi fam) 1 (matón) bullyboy, heavy (colloq) 2 (vendedor) rip-off artist *o* merchant (colloq)
B (Méx) 1 (ayudante de mesero) assistant waiter 2 (Ferr) brakeman (AmE), guard (BrE)
garrotillo *m* croup
garrucha *f* pulley
garrulería *f* chatter
garrulidad *f* garrulousness
garrulo¹ -la *adj* loutish, boorish
garrulo² -la *m,f* lout, boor
gárrulo -la *adj* 1 (hablador) garrulous 2 (liter) ‹*ave*› noisy, twittering (*before n*); ‹*viento*› howling (*before n*)
garúa *f* (AmL) drizzle
garuar [A18] *v impers* ▸❶ **p.802**; (AmL) to drizzle; ***que te garúe finito*** (RPl fam & hum) good luck!
garufa *f* (RPl arg): **se fueron de ~** they went out on a binge *o* out on the town *o* (BrE) out on the razzle (colloq)
garuga *f* (CS) ▸**garúa**
garugar [A3] *vi* (CS fam) ▸**garuar**
garulo -la *adj/m,f* ▸**garrulo¹**, **garrulo²**
garuma *f* (Chi) 1 (Zool) gull 2 (fam y pey) (chusma): **la ~** the rabble (pej), the plebs (colloq & pej)
garza *f*
A (Zool) heron; ***saber dónde ponen las ~s*** (Col) to be in the know (colloq), to know what one is about (colloq)
B (Chi) (copa) long-stemmed glass
garzo -za *adj* (liter) blue, azure (liter)

garzón -zona *m,f* (Chi) (*m*) waiter; (*f*) waitress

gas *m*

A (Fís, Quím) gas; **una acumulación de ∼es nocivos** a build-up of noxious gases; **al arder despide ∼es tóxicos** when it burns it emits toxic fumes; **los asfixian con ∼** they gas them; **el anhídrido carbónico es un ∼ asfixiante** carbon dioxide is an asphyxiant; **calefacción/cocina a** *or* **de ∼** gas heating/cooker; ***a todo*** **∼** (Esp fam): **pasó a todo ∼ con su moto** he raced *o* sped past on his motorbike, he whizzed past at top speed *o* at full tilt on his bike (colloq); **trabajamos a todo ∼ para terminar a tiempo** we worked flat out *o* at full speed to finish on time (colloq); ***darle*** **∼** (Auto) (fam) to step on the gas (colloq); **¡vamos, dale ∼!** come on, step on it! *o* step on the gas!

(Compuestos)

- **gas butano** butane gas
- **gas ciudad** (Esp) town gas
- **gas de cañería** (Chi) town gas
- **gas de hulla** coal gas
- **gas hilarante** laughing gas
- **gas lacrimógeno** tear gas; **usaron ∼es ∼s** they used tear gas
- **gas licuado** liquified gas
- **gas mostaza** mustard gas
- **gas natural** natural gas
- **gas neurotóxico** *or* **nervioso** nerve gas
- **gas noble** noble *o* rare gas
- **gas pimienta** pepper spray
- **gas propano** propane gas
- **gas raro** noble *o* rare gas

B (Esp fam) (energía): **la compañía está perdiendo** *or* **se está quedando sin ∼** the company is losing its thrust *o* impetus; **después de tres vueltas me quedé sin ∼** after three laps I ran out of steam; ***a medio*** **∼** (Esp fam): **todos están trabajando a medio ∼** nobody's giving 100%

C **gases** *mpl* (Fisiol) wind, flatulence

gasa *f* **1** (Tex) gauze **2** (Med) gauze

Gascuña *f* Gascony

gasear *vt* [A1]

A (Mil) to gas

B (con bomba lacrimógena, espray) to spray with gas

gaseoducto *m* gas pipeline

gaseosa *f* **1** (bebida efervescente incolora) soda (AmE), pop (AmE), lemonade (BrE) **2** (CS) (otros refrescos efervescentes) soft drink (AmE), fizzy soft drink (BrE)

gaseoso -sa *adj* **1** ‹*cuerpo/estado*› gaseous **2** ‹*bebida*› sparkling, carbonated, fizzy (BrE)

gasero *m* gas tanker (ship)

gásfiter *mf* (*pl* **-ters**) (Chi) plumber

gasfitería *f* (Chi, Per) plumbing

gasfitero -ra *m,f* (Per) plumber

gasificación *f*

A (Fís) gasification

B (de bebida) carbonation

C (de calle) connection of gas supply

gasificador¹ -dora *adj* gas-emitting

gasificador² *m* ?

gasificar [A2] *vt*

A (Fís) to gasify

B ‹*bebida*› to carbonate

C ‹*calle*› to connect...to the gas supply

■ **gasificarse** *v pron* to get connected to the gas supply

gasista *mf* gas fitter

gasístico -ca *adj* gas (*before n*)

gasoducto *m* gas pipeline

gas-oil, gasoil *m* **1** (para calefacción) oil, gas oil; (para motores) diesel fuel *o* oil, diesel, gas oil **2** (coche) diesel, diesel-engine car

gasóleo *m* ▸**gas-oil**

gasolero *m* (RPl) diesel, diesel-engine car

gasolina *f* gasoline (AmE), gas (AmE), petrol (BrE); **le tengo que echar** *or* **poner ∼** I have to get some gas *o* petrol; **cargar ∼** (Méx) to get some gas *o* petrol

(Compuestos)

- **gasolina normal** regular gasoline (AmE), two-star petrol (BrE)
- **gasolina sin plomo** unleaded gasoline (AmE), unleaded petrol (BrE)
- **gasolina super** premium gasoline (AmE), four-star petrol (BrE)

gasolinera *f*

A (estación) filling station, gas station (AmE), petrol station (BrE), garage (BrE)

B (embarcación) motorboat

gasolinero -ra *m,f* (propietario) filling station owner; (encargado) filling station manager

gasómetro *m* gasholder, gasometer

Gaspar Gaspar

gastado -da *adj* **1** ‹*ropa/zapatos*› worn-out; **los codos están muy ∼s** the elbows have worn very thin *o* are threadbare **2** (envejecido): **sólo tiene 40 años pero está muy ∼** he's only 40 but he looks much older **3** ‹*político/deportista/cantante*› washed-up (colloq), finished (colloq); **el gobierno ya está muy ∼** the government has had its day

gastador¹ -dora *adj* spendthrift; **la mujer era muy ∼a** his wife was very spendthrift *o* a terrible spendthrift *o* (colloq) a terrible spender

gastador² -dora *m,f* spendthrift

gastar [A1] *vt*

A (consumir) **1** ‹*dinero*› to spend; **∼ algo EN algo** to spend sth ON sth; **ha gastado un dineral en arreglar la casa** she's spent a fortune on doing up the house **2** ‹*gasolina/electricidad*› to use; **estamos gastando demasiada agua** we're using too much water; **¿ya has gastado toda la leche?** you haven't used up all the milk already!; **no sé ya cuántas cajas he gastado esta semana** I don't know how many boxes I've got through *o* gone through this week; **apágala, me vas a ∼ las pilas** turn it off, you're going to run the batteries down

B (desperdiciar, malgastar) ‹*dinero*› to waste, squander; ‹*tiempo/energía*› to waste; ‹*gasolina/electricidad*› to waste

C (desgastar) ‹*ropa/zapatos*› to wear out; ‹*tacones*› to wear down

D **1** (fam) (llevar, usar) ‹*ropa/gafas*› to wear; **gasta barba** he has a beard; **gasto el 37** I'm a size 37, I take a (size) 37; **¿qué marca de cigarrillos gastas?** what brand of cigarettes do you smoke? **2** (fam) ‹*genio/modales*› **¡vaya unos modales que gasta con su padre!** what a way to behave toward(s) her father!; **ten cuidado porque ése gasta un genio ...** be careful, he has a terrible temper!; ***∼las*** (Esp fam): **ya sabes cómo las gasta** you know how nasty he can get

E ‹*broma*› to play; **siempre está gastando bromas** he's always playing practical jokes; **le ∼on una broma** they played a joke *o* trick on him

■ **gastarse** *v pron*

A (*enf*) ‹*dinero*› to spend; **¿ya te has gastado todo lo que te di?** you don't mean to say you've already spent all the money I gave you!

B (consumirse) to run down; **estas pilas se gastan enseguida** these batteries run down so quickly *o* last no time at all; **está gastada la batería** the battery's flat, the battery's run down; **se me ha gastado la tinta** I've run out of ink

C «*ropa/zapatos*» (desgastarse) to wear out; **se le ∼on los codos a la chaqueta** the elbows of his jacket wore thin/wore through

D (*enf*) (fam) (tener) to have; **¡vaya modales que se gasta!** that's a fine way to behave, isn't it?; **se gasta un genio de mil demonios** he has a hell of a temper (colloq); **¡qué pinta de hippy se gasta!** he looks like a real hippy!; **con la puntería que se gasta, no puede fallar** she's such a good shot, she won't miss

E (RPl fam) (desperdiciar esfuerzos) to waste one's breath

Gasteiz *Basque name for Vitoria*

gasto *m* expense; **un ∼ innecesario** an unnecessary expense; **los ∼s de la casa** household expenses; **toma este dinero para tus ∼s** have this money for your expenses; **el arreglo supondría un ∼ de medio millón** it would cost half a million to repair; **nos hemos metido en muchos ∼s** we've incurred a lot of expense; **este mes he tenido muchos ∼s** this has been an expensive month for me *o* I've spent a lot of money this month; **tuvo que pagar los ∼s del juicio** she had to pay the legal costs; **no me compensa el ∼ de tiempo** it isn't worth my while spending the time on it; **restringir ∼s** to limit expenditure; **cubrir (los) ∼s** to cover (the) costs; **∼s de defensa** defense spending

(Compuestos)

- **gasto público** *m*: **el ∼ ∼** public expenditure
- **gastos bancarios** *mpl* bank charges (*pl*)
- **gastos de comunidad** *or* (CS) **comunes** *mpl* service charge
- **gastos de correo** *mpl* postage, postal charges (*pl*) (BrE)
- **gastos de desplazamiento** *mpl* traveling expenses (*pl*) (AmE), travelling expenses (*pl*) (BrE)
- **gastos de envío** *mpl* postage and handling (AmE), postage and packing (BrE)
- **gastos de explotación** *mpl* operating costs (*pl*)
- **gastos de lobbying** *mpl* lobbying expenses (*pl*)
- **gastos de mantenimiento** *mpl* maintenance costs (*pl*)
- **gastos de notaría** *mpl* legal costs (*pl*)
- **gastos de publicidad** *mpl* advertising costs (*pl*)
- **gastos de representación** *mpl* expenses (*pl*)
- **gastos de sanidad** *mpl* public health expenditure *o* costs
- **gastos de seguro** *mpl* insurance costs (*pl*)
- **gastos de transporte** *mpl* freight charges (*pl*)
- **gastos de viaje** *mpl* travel expenses (*pl*)
- **gastos fijos** *or* **estructurales** *mpl* overheads (*pl*)
- **gastos generales** *mpl* general expenses (*pl*)
- **gastos notariales** *mpl* ▸**gastos de notaría**
- **gastos varios** *mpl* sundries (*pl*); miscellaneous expenses (*pl*)

gástrico -ca *adj* gastric

gastritis *f* gastritis

gastro- *pref* gastro-

gastroenteritis *f* gastroenteritis

gastroenterología *f* gastroenterology

gastrointestinal *adj* gastrointestinal

gastronomía *f* gastronomy

gastronómico -ca *adj* gastronomic

gastrónomo -ma *m,f* gourmet, gastronome

gastropatía *f* gastropathy

gastrópodo *m* gastropod

gastroscopía *f* gastroscopy

gástrula *f* gastrula

gata *f*

A (Chi, Per) (Auto) jack; *ver tb* **gato¹**

B **a gatas** (*loc adv*) **1** (a cuatro patas): **ir** *or* **andar a ∼s** to crawl; **todavía anda a ∼s** he's still crawling; **tuve que entrar a ∼s** I had to go in on all fours *o* crawl in; ***y los que anduvo a ∼s*** (Esp fam): **ya, ya, 54 años, y los que anduvo a ∼s** yeah, sure, he's 54 all right, give or take ten years! (colloq) **2** (RPl) (apenas): **a ∼s logro leer los titulares** I can just barely read (AmE) *o* (BrE) I can only just read the headlines; **aprobó a ∼s** she got through by the skin of her teeth, she just scraped through

gatazo *m* (AmL fam) **dale una pulidita para que dé el ∼** give it a bit of a polish to doll it up *o* (BrE) to smarten it up a little (colloq); **ya es cuarentona pero cuando se arregla da el ∼** she's well into her forties but when she dresses up she looks pretty good; **no es de oro pero pega el ∼** it isn't gold but it could pass for gold

gatear [A1] *vi* **1** (andar a gatas) to crawl **2** (trepar) to climb, clamber

gateo *m* crawling

gatera *f* cathole (AmE), cat flap (BrE)

gatero¹ -ra *adj* (fam) mad on cats, cat-crazy; **es muy ∼** he's cat-crazy

gatero² -ra *m,f* (fam) cat lover

gatillar [A1] *vt*

A (Arm) to cock

B (provocar, desencadenar) to trigger (off); **factores que podrían ∼ una crisis** factors which could trigger off a crisis

gatillero *m* (Méx) gunman

gatillo *m* trigger; **apretar el ∼** to press *o* pull *o* squeeze the trigger

gatito -ta *m,f* kitten

g

gato[1] **-ta** *m,f*
A (Zool) cat; ***aquí hay ~ encerrado*** there's something fishy going on here; ***cuatro ~s*** (fam) a handful of people; **en el pueblo no quedan más que cuatro ~s** there's hardly a soul *o* there's only a handful of people left in the village; **en la clase de árabe sólo somos cuatro ~s** there are only half a dozen of us in my Arabic class; ***defenderse como ~ panza arriba*** or (Chi) ***de espaldas*** (fam) to defend oneself fiercely *o* tooth and nail; ***eso lo sabe hasta el ~*** (Col fam) everyone knows that; ***estar para el ~*** (Chi fam) to be in a bad way (colloq); ***jugar al ~ y al ratón*** to play cat and mouse; ***lavarse como los ~s*** to make do with a lick and a promise (colloq); ***llevarse el ~ al agua*** (fam) to pull it off (colloq), to succeed; ***se subió*** or ***se montó la gata a la batea*** (Ven fam) it was the last straw (colloq); ***te dieron*** or (Chi) ***pasaron*** or (Col, Ven) ***metieron ~ por liebre*** you were conned *o* had! (colloq), you were done in! (AmE colloq), you were done! (BrE colloq); ***el ~ escaldado del agua fría huye*** once bitten twice shy; ***~ con guantes no caza ratones*** I/you can't do it with these/those gloves on; ***cuando el ~ duerme, bailan los ratones*** when the cat's away the mice will play

Compuestos
- **gato con botas** *m*: **el ~ con ~** Puss in Boots
- **gato de algalia** civet, civet cat
- **gato de Angora** Angora cat
- **gato montés** wild cat
- **gato persa** Persian cat
- **gato siamés** Siamese cat

B (Esp fam) (madrileño) *person from Madrid*
C (Chi fam & pey) (Dep) amateur (pej)
D (Méx fam) (criado) (*m*) servant; (*f*) maid

gato[2] *m*
A (Auto) jack
B (Mús) *folk dance from the River Plate area*
C (Col) (golpe) punch (*to the biceps or thigh muscle*)
D (Chi, Méx) (Jueg) ticktacktoe (AmE), noughts and crosses (BrE)
E (Méx) (signo) hash sign

gatopardo *m* leopard
GATT *m* GATT
gatuno -na *adj* 1 (relativo al gato) cat (*before n*), feline 2 (parecido al gato) catlike
gatuperio *m* (fam)
A (chanchullo) fraud
B (lío, jaleo) fuss, row (colloq); **armar un ~** to kick up a fuss (colloq), cause a row (colloq)
gauchada *f* (Bol, CS fam) favor*, good turn
gauchaje *m* 1 (RPl) (vaqueros): **el ~** the gauchos (*pl*) 2 (Chi fam) (argentinos): **el ~** the Argentinians (*pl*)
gauchesco -ca *adj* gaucho (*before n*)
gauchismo *m*: *literary movement concerned with gaucho life*
gaucho[1] **-cha** *adj* 1 (RPl fam) (servicial) helpful, obliging 2 (Chi) (argentino) Argentinian
gaucho[2] *m* gaucho (*South American cowboy*)

> **gaucho**
>
> A peasant of the pampas of Argentina, Uruguay, and Brazil. Modern gauchos work as foremen on farms and ranches and take part in rodeos.
>
> Gauchos fought for Argentine independence from Spain, but later became involved in political disputes and suffered persecution.
>
> A literary genre, *literatura gauchesca*, grew up in the eighteenth and nineteenth centuries. The most famous work is *Martín Fierro*, an epic poem by José Hernández about the misfortunes of an Argentine gaucho when the huge pampas are divided into ranches.
>
> Traditionally gauchos wore baggy trousers, leather chaps, a *chiripá*, a garment that went over their trousers and came up around their waist, boots, a hat, a leather waistcoat, a belt with a large buckle. They carried a *facón* - a large knife with a curved blade, and used *boleadoras*, ropes weighted at each end and thrown like lassos, to catch cattle.

gaudiniano -na *adj* of/relating to Antonio Gaudí
gaullismo /go'lismo/ *m* Gaullism
gaullista /go'lista/ *adj/mf* Gaullist
gaulteria *f* wintergreen
gauss /gaus/ *m* gauss
gavera *f* 1 (Ven) (para botellas) case (AmE), crate (BrE) 2 (Ven) (para hielo) ice tray 3 (Col) (para panela) mold*
gaveta *f* drawer
gavia *f*
A (Náut) topsail
B (Zool) seagull
gavial *m* gavial
gavilán *m* sparrowhawk; **el ~ y la paloma** the hawk and the dove
gavilla *f* 1 (de cereales) sheaf 2 (de bandidos, golfos) gang, band
gavión *m* 1 (Const) gabion 2 (fortaleza) gabion
gaviota *f* seagull, gull
Compuesto **gaviota argéntea** herring gull
gavota *f* gavotte
gay[1] /gai, gei/ *adj* (*pl* ~ or **gays**) gay
Compuesto **gay saber** /gai/ *m* (liter): **el ~ ~** poetics, poesy (liter)
gay[2] /gai, gei/ *mf* (*pl* ~ or **gays**) (*m*) gay man, gay; (*f*) gay woman, lesbian
gayo -ya *adj* (liter) gay
Compuesto **gaya ciencia** *f* (liter): **la ~ ~** poesy (liter)
gayola *f* (RPl fam) (cárcel) slammer (colloq), can (AmE colloq); ***quedarse en ~*** (Ur fam) to be kept in detention
gayumbos *mpl* (Esp fam) underpants (*pl*)
gaza *f* bend, loop
Gaza *f* Gaza; **la franja** or **el corredor** or **la faja de ~** the Gaza Strip
gazapera *f*
A 1 (madriguera) warren 2 (de maleantes) den
B (fam) (pelea) brawl, scuffle
gazapo *m*
A (Zool) young rabbit
B 1 (errata) misprint, error 2 (fam) (equivocación) mistake
gazmoñería *f*
A 1 (pudor) prudishness, primness 2 (remilgos) fussiness, primness 3 (santurronería) sanctimoniousness, priggishness
B gazmoñerías *fpl* (mimos): **consigue lo que quiere de él con sus ~s** she gets what she wants by making a fuss of him
gazmoño[1] **-ña** *adj* 1 (pudoroso) straitlaced, prudish, prim and proper 2 (remilgado) fussy, prim 3 (santurrón) sanctimonious, priggish
gazmoño[2] **-ña** *m,f* 1 (pudoroso) straitlaced person, prude 2 (remilgado) fussy person 3 (santurrón) sanctimonious person, prig
gaznápiro[1] **-ra** *adj* (fam) dumb (colloq)
gaznápiro[2] **-ra** *m,f* (fam) fool, dummy (colloq)
gaznate *m*
A (garganta) (fam) throat, gullet; **refrescar el ~** to have a drink, to wet one's whistle (colloq)
B (Méx) (dulce) meringue-filled cake
gazpacho *m tb* : **~ andaluz** gazpacho (*cold soup made from tomatoes, peppers, etc*)
gazpachuelo *m*: *soup made with eggs and vinegar or lemon*
gazuza *f* (fam) hunger
GC *f* (en Per) = **Guardia Civil**
ge *f*: *name of the letter* **g**
geco *m* gecko
géiser, geiser *m* geyser
geisha /'geiʃa/ *f* geisha
gel *m* gel; **~ para el pelo** hair gel
Compuesto **gel de baño** bath gel
gelatería *f* (Méx) ice cream parlor*
gelatina *f* 1 (sustancia) gelatin* 2 (en fiambres) jelly 3 (plato preparado) Jell-O® (AmE), jelly (BrE); ***temblar como una ~*** to tremble like a leaf *o* (BrE) a jelly
gelatinizar [A4] *vt* to gelatinize
■ **gelatinizarse** *v pron* to gelatinize
gelatinoso -sa *adj* gelatinous, jellylike
gelidez *f* (liter) iciness, gelidity (liter)
gélido -da *adj* (liter) icy, gelid (liter)
gelificar [A2] *vt* to gel
■ **gelificarse** *v pron* to gel
gelignita, gelinita *f* gelignite
gema *f* gem
gemelo[1] **-la** *adj* twin (*before n*); ▸**alma B1**
gemelo[2] **-la** *m,f*
A (persona) twin
Compuestos
- **gemelo falso** or (frml) **bivitelino** fraternal twin
- **gemelo idéntico** or (frml) **univitelino** identical twin
- **gemelo siamés** Siamese twin

B gemelo *m* 1 (de la camisa) cuff link 2 (Anat) calf muscle
C gemelos *mpl* (Ópt) binoculars (*pl*); **me prestó unos ~s** he lent me a pair of *o* some binoculars
gemido *m* 1 (de dolor, pena) groan, moan; **oí sus ~s** I heard her moans *o* groans *o* moaning *o* groaning 2 (de un animal) whine 3 (liter) (del viento) moaning
geminado -da *adj* geminate
geminiano -na *adj/m,f* Geminian, Gemini
Géminis[1] (signo, constelación) Gemini; **es (de) ~** she's (a) Gemini, she's a Geminian
Géminis[2], **géminis** *mf* (*pl* ~) (persona) Geminian, Gemini
gemir [I14] *vi* 1 «*persona*» to moan, groan; **gemía de dolor** he moaned with pain 2 «*animal*» to whine 3 (liter) «*viento*» to moan
gemología *f* gemmology
gemológico -ca *adj* gemmological
gemólogo -ga *m,f* gemmologist
gen *m* gene
Compuesto **gen recesivo/dominante** recessive/dominant gene
gena *f* ▸**henna**
genciana *f* gentian
gendarme *mf* gendarme
gendarmería *f* gendarmerie
gene *m* gene
genealogía *f* genealogy
genealógicamente *adv* genealogically
genealógico -ca *adj* genealogical; ▸**árbol**
genealogista *mf* genealogist
generación *f*
A 1 (de una familia) generation 2 (Art, Lit) generation; **la ~ del 98** the generation of '98 3 (Inf) generation
B (acción) generation; **~ de empleo** generation *o* creation of employment; **~ de puestos de trabajo** job creation; **por ~ espontánea** by spontaneous generation, by autogenesis; **¿y cómo te crees que tuvo el hijo, por ~ espontánea?** (fam & hum) how do you think she had the baby? do you think they found him at the bottom of the garden *o* under the gooseberry bush? (colloq & hum)

> **Generación del 27**
>
> The name applied to the loose grouping of writers who became prominent in Spain in the late 1920s, 1927 being the third centennial of the death of the Golden Age poet Luis de Góngora. The best known among them are Federico García Lorca, Rafael Alberti, Gerardo Diego, Pedro Salinas, Dámaso Alonso, Jorge Guillén, Manuel Altolaguirre. Among the influences some or all of them shared were traditional poetic and musical forms, folk verse, flamenco, the cinema, surrealism. Many of them were politically active.

> **Generación del 98**
>
> A group of Spanish literary figures who wrote in response to the trauma caused to Spain by the loss in 1898 of its last colonies, Cuba, the Philippines and Puerto Rico. Faced with the end of Spain's imperial role, poets, novelists and essayists turned their attention to Spain itself, its landscapes, its people, its linguistic and cultural heritage. The best known members of the group are Antonio Machado, Miguel de Unamuno, Pío Baroja, Jacinto Benavente, Ramón del Valle-Inclán and Azorín.

generacional *adj* generation (*before n*), generational; **brecha/diferencia ~** generation gap/difference

generacionalmente *adv* generationally; **~ están todos muy próximos** generationally they are all very close; **una tradición oral mantenida ~ por los habitantes** an oral tradition maintained through *o* down the generations by the inhabitants

generador¹ -dora *adj*: **un plan ~ de empleo** a plan which will generate *o* create employment; **fuentes ~as de energía** sources of energy

generador² *m* generator

(Compuestos)
- **generador de olas** wave machine
- **generador eólico** wind turbine
- **generador hidráulico** hydraulic generator
- **generador solar** solar generator

general¹ *adj* **1** (no específico, global) general; **el estado ~ del enfermo** the patient's general condition; **temas de interés ~** subjects of general interest; **el pronóstico ~ del tiempo para mañana** the general weather forecast for tomorrow; **el país está pasando una crisis a nivel ~** the country as a whole is going through a crisis; **me habló del proyecto en líneas ~es** she gave me a broad outline of the project; **un panorama ~ de la situación** an overall view *o* an overview of the situation; **tiene nociones ~es de informática** he has a general idea about information technology **2** (*en locs*): **en general** on the whole, in general; **¿qué tal el viaje? — en ~ bien** how was the trip? — good, on the whole; **en ~ prefiero el vino blanco** on the whole *o* in general, I prefer white wine; **el público en ~** the general public; **¿qué te molesta de él? — todo en ~ y nada en particular** what don't you like about him? — everything and nothing; **por lo general: por lo ~ los domingos nos levantamos tarde** we usually *o* generally get up late on Sundays; **por lo ~ llega a las nueve** she usually *o* generally arrives at nine, she arrives at nine as a rule; **por lo ~ prefiero una novela a un ensayo** in general I prefer novels to essays **3** **generales** *fpl* (Esp) (Pol) general elections

general² *mf* **1** (Mil) general **2** (Relig) general

(Compuestos)
- **general de brigada** (en el ejército) ≈ major general, brigadier general (*in US*), brigadier (*in UK*); (en las fuerzas aéreas) ≈ brigadier general (*in US*), ≈ air commodore (*in UK*)
- **general de división** (en el ejército) ≈ major general; (en las fuerzas aéreas) ≈ major general (*in US*), ≈ air vice marshal (*in UK*)

generala *f*
A **1** (toque) call to arms; **tocar a ~** to sound the call to arms **2** (persona) general's wife
B (RPl) (Jueg) poker dice

generalato *m* **1** (cargo) rank of general; **ascendió rápidamente al ~** he rose rapidly to the rank of general **2** (conjunto) generals (*pl*)

generalidad *f* **1** (vaguedad) general comment, generality; **dijo muchas ~es pero no concretó nada** he made a lot of general comments but said nothing definite **2** (mayoría) majority

generalísimo *m* generalissimo; **el G~** General Franco

generalista¹ *adj* **1** ‹*formación/conocimientos*› general; ‹*análisis/enfoque*› general, broad-brush; **médico ~** general practitioner **2** (Radio, TV) general-interest; **programas ~s** general-interest programs

generalista² *mf* (no especialista) non-specialist; (Med) general practitioner

Generalitat /dʒenerali'tat/ *f*: **la ~** *the autonomous government of Cataluña*

> **Generalitat**
>
> The name of the autonomous governments of Catalonia and Valencia. A great deal of power has now been transferred to them from central government. ▸▸▸
>
> ▸▸▸ The medieval term *generalitat* was revived in 1932, when Catalonia voted for its own devolved government. After the Civil War, it was abolished by Franco but was restored in 1978, with the establishment of **comunidades autónomas** ▸ **comunidad autónoma**. The Valencian *Generalitat* is keen to preserve the traditions of the region from Catalan influence.

generalizable *adj* generalizable, that *o* which can be generalized

generalización *f* **1** (juicio general) generalization; **no me gustan las generalizaciones** I dislike generalizations *o* I hate to generalize **2** (extensión): **la ~ del conflicto a otras zonas del país** the spread of the conflict into other areas of the country; **la ~ del consumo de drogas entre la juventud** the increase in drug-taking among young people

generalizado -da *adj* widespread; **una opinión generalizada entre la gente joven** an opinion widely held among young people, a widespread opinion among young people

generalizar [A4] *vi* to generalize, make generalizations
■ **generalizar** *vt* to spread; **una campaña para ~ esta práctica** a campaign to spread *o* encourage this practice
■ **generalizarse** *v pron* to spread; **se ~on las protestas** the protests spread; **se ha generalizado entre los jóvenes** it has become widespread among young people

generalmente *adv* generally

generar [A1] *vt* **1** (Elec) to generate **2** (crear) to generate, create; **una industria que genera importantes beneficios** an industry which generates *o* yields important profits; **proyectos destinados a ~ puestos de trabajo** projects intended to create *o* generate jobs

generativo -va *adj* ▸ **gramática**

generatriz¹ *adj* generational

generatriz² *f* generatrix

genérico -ca *adj* generic

género *m*
A **1** (clase, tipo) kind, type; **es de lo mejor que hay dentro de su ~** it's among the best of its kind **2** (Biol) genus **3** (Lit, Teatr) genre

(Compuestos)
- **género chico**: **el ~ ~** *19th century light, often musical theatrical works*
- **género dramático**: **el ~ ~** drama
- **género humano**: **el ~ ~** the human race, mankind, humankind
- **género lírico**: **el ~ ~** (Teatr) *opera, zarzuela, etc*; (Lit) lyric poetry
- **género novelesco**: **el ~ ~** the novel

B (Ling) gender
C (mercancías): *tb* **~s** merchandise, goods (*pl*); **todos nuestros ~s son de la mejor calidad** all our merchandise is *o* all our goods are of the highest quality
(Compuesto) **géneros de punto** *mpl* (Esp) knitwear
D (tela) cloth, material

generosamente *adv* generously

generosidad *f* generosity

generoso -sa *adj* **1** ‹*persona/carácter*› generous; **no es muy ~ con el vino** he isn't very generous with the wine; **fueron muy ~s con nosotros** they were very generous to us; **es de espíritu ~ y noble** she has a generous and noble spirit **2** ‹*cantidad*› generous; **una propina muy generosa** a very generous tip **3** ‹*vino*› generous, full-bodied, full-flavored*

genésico -ca *adj* ‹*poder/impulso/acto*› reproductive; **instinto ~** reproductive instinct, breeding instinct

génesis *f* (origen) origin, genesis (frml)

Génesis *m* (Bib) Genesis

genética *f* genetics

genéticamente *adv* genetically; **~ modificado** genetically modified

geneticista *mf* geneticist

genético -ca *adj* genetic

genetista *mf* geneticist

genial *adj* **1** (inspirado) ‹*escritor/pintor*› brilliant; **su última sinfonía es una obra ~** his last symphony is a work of genius **2** (fam) (estupendo) great (colloq), fantastic (colloq), swell (AmE colloq), brilliant (BrE colloq) **3** (fam) (ocurrente, gracioso) witty, funny; **fue un golpe ~** it was so funny!, it was brilliant! (BrE colloq); **tiene unas salidas ~es** some of the things she comes out with are so funny *o* witty

genialidad *f* **1** (cualidad) genius **2** (ocurrencia) brilliant idea, stroke of genius

genialmente *adv* brilliantly; **nos llevamos ~** we get along terribly well, we get on famously (BrE)

génico -ca *adj* gene (*before n*); ▸ **mapa**, **terapia**

geniecillo *m* elf

genio *m* **1** (carácter) temper; **tener buen/mal ~** to be even-tempered/bad-tempered; **¡qué ~ tiene este niño!** this child has such a temper *o* has a terrible temper!; ***estar con*** *or* ***tener el ~ atravesado*** (fam) to be in a bad mood *o* in a temper; ***~ y figura hasta la sepultura*** a leopard never changes its spots; ***tener el ~ pronto*** *or* ***vivo*** to be quick-tempered **2** (talento) genius; **un pintor con mucho ~** a very talented painter, a painter of genius **3** (lumbrera) genius; **es un ~ con el pincel** she's a brilliant painter, she's a genius with the paint brush **4** **genio** *mf* (ser fantástico) genie

genioso -sa *adj* (Méx fam) bad-tempered, tetchy (colloq), touchy (colloq)

genital *adj* genital

genitales *mpl* genitals (*pl*), genital organs (*pl*), genitalia (*pl*) (frml)

genitivo ➡📖 *m* ▸ⓘ **p.240** genitive; **el ~ sajón** *possessive case formed with 's or sometimes just the apostrophe*

genitourinario -ria *adj* urogenital, genitourinary, G.U.

genocida *mf* person guilty of acts of genocide

genocidio *m* genocide

genoma *m* genome; **el ~ humano** the human genome

genómica *f* (Biol) genomics

genómico -ca *adj* genomic

genoterapia *f* gene therapy

genotípico -ca *adj* genotypic

genotipo *m* genotype

Génova *f* Genoa

genovés -vesa *adj/m,f* Genoese, Genovese

gens *f* gens

gente¹ *adj* (AmL) **1** (de buenas maneras) respectable; **es una familia muy** *or* **bien ~** they're a very decent *o* respectable family **2** (amable) kind, good

gente² *adv* (Chi, Méx): **se portó muy ~ conmigo** she was very good *o* kind to me

gente³ *f*

> ⚠ Nótese que en español, cuando el nombre *gente* significa *personas*, se traduce al inglés por *people* con verbo en plural - **allí la gente es muy amable** = the people are very nice there
>
> Cuando tiene el sentido de *familia* se traduce al inglés por *family* con el verbo en singular o plural - **mi gente está de vacaciones** = my family is *o* are on holiday

A (personas) people (*pl*); **había mucha/muy poca/tanta ~** there were a lot of/very few/so many people; **¿qué va a decir la ~?** what will people say?; **tengo ganas de conocer ~ nueva** I want to meet some new people; **estas Navidades las pasaré con mi ~** I'm spending this Christmas with my family *o* (colloq) folks; **¿cómo está toda la ~ del pueblo?** how's everyone back home?; **toda la ~ del cine** everyone in the movie *o* film world; ***como la ~*** (CS fam) ‹*regalo/camisa*›

➡📖 ver El inglés que funciona

decent (colloq); ‹*hablar*› properly; ***metido a ~*** (Chi fam): **es un roto metido a ~** he's a jumped-up little nobody *o* a pretentious little upstart; ***ser buena ~*** to be nice (*o* kind *etc*); **son muy buena ~** they're very nice; **es buena ~** (AmL) he's nice; ***ser ~*** (AmS) to behave (properly)

Compuestos

- **gente bien**: **la ~ ~ no actúa de esa manera** respectable people don't behave like that; **sólo se relaciona con la ~ ~** she only mixes with the right kind of people *o* with people of a certain class; **donde veranea la ~ ~** where well-to-do people spend their summer vacation (AmE), where posh people spend their summer holidays (BrE hum *or* pej)
- **gente de a pie**: **la ~ de a ~** the man in the street, the ordinary citizen; **usa una jerga incomprensible para la ~ de a ~** he uses jargon which is incomprehensible to the layperson *o* to the layman *o* to the man in the street *o* to the average person
- **gente gorda** (Esp fam): **la ~ ~** the fat cats (*pl*), the bigwigs (*pl*)
- **gente linda** *or* (Esp) **guapa**: **la ~ ~** the beautiful people (*pl*)
- **gente menuda**: **la ~ ~** the children (*pl*), the kids (*pl*) (colloq)

B gentes *fpl* (liter) (habitantes) people (*pl*)

gentil[1] *adj*
A (amable) kind; **gracias, es usted muy ~** thank you, you're very kind
B (Relig) gentile

gentil[2] *mf* gentile

gentileza *f* kindness; **no sé como voy a retribuir sus ~s** *or* **su ~** I don't know how I can ever repay your kindness; **tuvo la ~ de cederme el asiento** she was kind enough to let me have her seat; **tenga la ~ de esperar un momento** would you be so kind as to wait a moment (frml), would you kindly wait a moment (frml); **¡qué ~ la suya! no tenía que haberse molestado** how kind of you! you needn't have bothered; **~ de Joaquín Arias** (Corresp) by courtesy of Joaquín Arias

gentilhombre *m* (*pl* **gentileshombres**) gentleman

gentilicio *m*: *name given to the people from a particular region or country*

gentilmente *adv* kindly

gentío *m* crowd; **un gran ~ acudió a recibirlos** a great crowd (of people) came to meet them; **había tal ~ que me volví a casa** there were so many people there *o* it was so crowded that I went home again

gentuza *f* (pey) riffraff (pej), rabble (pej)

genuflexión *f* genuflection

genuflexo *adj* **1** (arrodillado) kneeling **2** (CS frml) (servicial) servile

genuinamente *adv* genuinely

genuino -na *adj* genuine; **un poncho de alpaca genuina** a genuine *o* a real *o* an authentic alpaca poncho; **dio muestras de ~ pesar** he showed signs of genuine *o* true *o* real sorrow; **el ~ representante del pueblo** the true representative of the people

geo *mf*: *member of the* ▸**GEO**

GEO *mpl* (en Esp) = **Grupos Especiales Operativos**

geo- *pref* geo-

geobiología *f* geobiology

geobotánica *f* geobotany

geobotánico -ca *adj* geobotanic, geobotanical

geocéntrico -ca *adj* geocentric

geocentrismo *m* geocentrism

geociencia *f*, **geociencias** *fpl* geoscience

geodesia *f* geodesy

geodésico -ca *adj* geodesic

geodinámica *f* geodynamics

geoeconomía *f* geoeconomics

geoeconómico -ca *adj* geoeconomic

geoespacial *adj* geospatial

geoestacionario -ria *adj* geostationary, geosynchronous

geoestrategia *f* geostrategy

geoestratégico -ca *adj* geostrategic

geofísica *f* geophysics

geofísico -ca *adj* geophysical

geografía *f* **1** (disciplina) geography; **~ física** physical geography; **~ política/humana** political/human geography **2** (topografía) geography

geográficamente *adv* geographically

geográfico -ca *adj* geographic, geographical

geógrafo -fa *m,f* geographer

geología *f* geology

geológicamente *adv* geologically

geológico -ca *adj* geological

geólogo -ga *m,f* geologist

geomagnético -ca *adj* geomagnetic

geomancia, geomancía *f* geomancy

geomántico[1] **-ca** *adj* geomantic

geomántico[2] **-ca** *m,f* geomancer

geomática *f* (Geog) geomatics

geometría *f* geometry; **~ analítica** coordinate geometry

geométricamente *adv* geometrically

geométrico -ca *adj* **1** ‹*figura/cuerpo*› geometric **2** ‹*progresión/razón*› geometric

geomórfico -ca *adj* geomorphic

geomorfología *f* geomorphology

geomorfológico -ca *adj* geomorphological

geopolítica *f* geopolitics

geopolítico -ca *adj* geopolitical

geoquímica *f* geochemistry

geoquímico -ca *adj* geochemical

Georgia *f* Georgia

georgiano[1] **-na** *adj* Georgian

georgiano[2] **-na** *m,f* **1** (persona) Georgian **2 georgiano** *m* (idioma) Georgian

geotectónica *f* geotectonics

geotectónico -ca *adj* geotectonic

geotermal *adj* geothermal

geotérmico -ca *adj* geothermic; **energía/planta geotérmica** geothermic energy/plant

geotropismo *m* geotropism

geoturismo *m* geotourism

geoturístico -ca *adj* ‹*itinerario/recorrido*› geotourist (*before n*)

geranio *m* geranium

gerbo *m* gerbil

gerencia *f* **1** (cargo) post *o* position of manager; **ocupa la ~ de un hotel** she is the manager of a hotel **2** (personas) management **3** (duración): **durante su ~** during his time as manager **4** (oficina) manager's office

gerencial *adj* (AmL) managerial

gerenciar [A1] *vt* (AmL) to manage, be the manager of

gerente *mf* manager

Compuestos

- **gerente comercial** business manager
- **gerente de banco** bank manager
- **gerente general** general manager

geriatra *mf* geriatrician, geriatrist

geriatría *f* geriatrics

geriátrico -ca *adj* geriatric

gerifalte *m*
A (Zool) gyrfalcon
B (persona importante) bigwig (colloq)

germanesco -ca *adj*: **es un término ~** it's a term taken from criminal slang

Germania *f* Germania

germanía *f* criminal slang

germánico -ca *adj* Germanic

germanio *m* germanium

germanismo *m* Germanism

germanista *mf* Germanist

germano[1] **-na** *adj* **1** (Hist) Germanic **2** (period) ‹*gobierno/equipo*› German **3** ‹*puntualidad/eficiencia*› Germanic, Teutonic (hum)

germano[2] **-na** *m,f* **1** (Hist) German (*member of a Germanic tribe*); **los ~s** the Germanic tribes *o* peoples **2** (period) (alemán) German

germano-[3] *pref* German-

germanófilo -la *adj/m,f* Germanophile

germanófobo -ba *adj* Germanophobic

germanófono[1] **-na** *adj* German-speaking

germanófono[2] **-na** *m,f* German speaker

germanooccidental *adj* (Hist) West German

germanooriental *adj* (Hist) East German

germen *m*
A (microbio) germ
B 1 (embrión) germ; **~ de trigo** wheatgerm **2** (origen) seeds (*pl*); **el ~ de la revolución** the seeds of the revolution

germicida[1] *adj* germicidal

germicida[2] *m* germicide

germinación *f* germination

germinado *m*: **~ de soja** *or* **soya** beanshoot, beansprout

germinal *adj* germinal

germinar [A1] *vi* **1** (Bot) to germinate **2** (liter) «*idea*» to germinate

germinativo -va *adj* germinative

gerontocracia *f* gerontocracy

gerontología *f* gerontology

gerontólogo -ga *m,f* gerontologist

gerundense *adj* of/from Gerona

gerundio *m* gerund; ***andando/marchando que es ~*** (Esp fam): **venga, andando, que es ~** you'd better get a move on *o* get cracking (colloq)

gesta *f* exploit, heroic deed; **cantar de ~** chanson de geste, epic poem

gestación *f* **1** (Biol) gestation; **en avanzado estado de ~** (period) six (*o* seven *etc*) months pregnant, in an advanced state of pregnancy (frml) **2** (preparación) gestation; **el proyecto está en ~** the project is in gestation *o* is taking shape

gestalt *f* gestalt

gestáltico -ca *adj* gestalt (*before n*)

gestante *f* (frml) expectant mother (frml)

Gestapo *f* Gestapo

gestar [A1] *vt*
A (Biol) to gestate
B (preparar) to put together; **gestan un plan destinado a crear un caos** they are putting together a plan to cause chaos

■ **gestarse** *v pron*: **la revolución venía gestándose desde hacía mucho tiempo** the revolution had been developing *o* brewing for a long time; **se gestaba una huelga** a strike was brewing *o* was being organized

gesticulación *f* gesticulation

gesticulador -dora *adj* gesticulative

gesticular [A1] *vi* to gesticulate

gesticulero -ra *adj*: **es muy gesticulera** she waves her arms around *o* gesticulates a lot

gestión *f* **1** (trámite): **la única ~ que había realizado** the only step he had taken; **hizo** *or* **efectuó gestiones para adoptar un niño** he went through the procedure for adopting a child; **su apoyo a las gestiones de paz** their support for the peace process *o* peace moves; **las gestiones realizadas por sus compañeros** the steps *o* action taken by his colleagues; **las gestiones actualmente en marcha para resolverlo** the efforts currently under way to resolve it; **unas gestiones que tenía que realizar** some business that I had to attend to **2** (Com, Fin) (de una empresa) management, running; (de bienes) management, administration **3** (Adm, Gob) administration; **un balance sobre sus dos años de ~** a review of their two-year administration *o* of their two years in power **4 gestiones** *fpl* (negociaciones) negotiations (*pl*)

Compuestos

- **gestión de cartera** portfolio management
- **gestión de riesgos** risk management
- **gestión del tiempo** time management

gestionar [A1] *vt* **1** (diligenciar, tratar de obtener) ‹*compra/préstamo*› to negotiate; **le están gestionando el permiso de trabajo** they are getting his work permit sorted out *o* arranged, they are trying to get him a work permit; **estoy gestionando el traslado a Granada** I'm trying to get a transfer to Granada 2 (administrar): **el gobierno provincial recauda y gestiona este impuesto** the provincial government collects and administers this tax; **la cartera de clientes que gestionaba** the client portfolio which she handled *o* managed

gesto *m*
A (movimiento) gesture; **hizo un ~ de aprobación con la cabeza** he nodded (his approval); **le hizo un ~ para que se callara** she gestured to him to be quiet; **con un ~ le indicó que se sentara** he motioned *o* gestured to her to sit down; **rechazó el plato con un ~ de asco** she waved the plate away in disgust, she pushed away the plate with a gesture of disgust; **no entendí su ~** I didn't understand what he meant by that gesture
B (liter) (expresión) expression; **me miró con ~ expectante** she looked at me expectantly; **escuchó con ~ resignado** he listened with a resigned expression; **tenía el ~ adusto** her face *o* expression was stern; **¡no hagas esos ~s!** don't make faces like that!; ***torcer el ~*** to make *o* (BrE) pull a face
C 1 (actitud) gesture; **un ~ de buena voluntad** a gesture of goodwill, a goodwill gesture 2 (detalle, atención) gesture

gestor¹ -tora *adj* 1 (que tramita): **una agencia ~a** an agency which obtains official documents on clients' behalf 2 (que administra) ‹*órgano/comisión*› administrative, managing (*before n*)

gestor² -tora *m,f*
A 1 (para trámites oficiales) agent (*who obtains official documents on clients' behalf*) 2 (Chi) (oficioso) fixer
(Compuesto) **gestor/gestora de riesgos** risk manager
B **gestora** *f* (comisión) management committee; (empresa) management company

gestoría *f* agency (*which obtains official documents on clients' behalf*)

> **gestoría**
> In Spain, a *gestoría* is an office that deals with government agencies on behalf of its clients. It is common practice to use a *gestoría* to avoid the problems of dealing with Spanish bureaucracy, despite the cost involved.

gestual *adj* gestural; **lenguaje ~** sign language

getafense¹ *adj* from Getafe

getafense² *mf* person from Getafe

Getsemaní *m* Gethsemane; **el huerto de ~** the garden of Gethsemane

géyser, geyser /'xejse(r)/ *m* geyser

Ghana *f* Ghana

ghanés -nesa *adj/m,f* Ghanaian

ghetto /'geto/ *m* ghetto

giba *f* (del camello) hump; (de una persona) hump

gibado¹ -da *adj* hunchbacked, humpbacked

gibado² -da *m,f* hunchback, humpback

gibar [A1] *vt* (Esp fam & euf) ▸**jorobar**

gibón *m* gibbon

giboso¹ -sa *adj* hunchbacked, humpbacked

giboso² -sa *m,f* hunchback, humpback

Gibraltar *m* Gibraltar

gibraltareño -ña *adj/m,f* Gibraltarian

giga *m* (fam) gigabyte; **mi disco duro es de 4.3 ~s** I have a 4.3 gigabyte hard disk

gigabyte /xiɣa'βait/ *m* gigabyte

gigaflop *m* (fam) gigaflop (colloq)

gigante¹ *adj* giant (*before n*); **compra el tamaño ~** buy the giant size

gigante² -ta *m,f* 1 (en cuentos) (*m*) giant; (*f*) giantess; (persona alta) giant; **si esta niña sigue creciendo así va a ser una giganta** if this girl goes on growing like this, she'll end up a giant 2 (en fiestas populares) giant (*made of papier-mâché*) 3 (persona, cosa que destaca) giant; **es un ~ de las letras españolas** he is a giant of Spanish literature

gigantesco -ca *adj*: **de dimensiones gigantescas** of gigantic *o* giant proportions; **un palacio ~** a huge *o* gigantic palace; **fue una empresa gigantesca** it was a massive *o* mammoth *o* huge undertaking

gigantismo *m* giantism, gigantism

gigantón -tona *m,f* 1 (persona) giant 2 (en fiestas populares) giant (*made of papier-mâché*) 3 **gigantón** *m type of dahlia*

gigatón *m*, **gigatonelada** *f* gigatonne

gigavatio *m* gigawatt

gigoló, gigolo /ʒiɣo'lo/ *m* gigolo

gil *mf* (CS fam *o* vulg) jerk (sl), prat (BrE sl)

gili¹ *adj* (Esp fam) silly, dumb (colloq), daft (BrE colloq)

gili² *mf* (Esp fam) nerd (colloq), twit (colloq), twerp (colloq), wally (BrE colloq)

gilipollada *f* (Esp fam *o* vulg) ▸**gilipollez**

gilipollas¹ *adj inv* (Esp fam *o* vulg): **¡qué ~ es ese tío!** that guy's such a jerk! (sl & pej), that guy's such a prat *o* git! (BrE sl & pej)

gilipollas² *mf* (*pl* ~) (Esp fam *o* vulg) jerk (sl & pej), prat (BrE sl & pej), git (BrE sl & pej); **anda, ~, cállate la boca** shut up, you jerk *o* prat *o* git!

gilipollear [A1] *vi* (Esp vulg) to act like a dickhead (vulg), piss about (BrE sl)

gilipollez *f* (Esp fam *o* vulg) 1 (sandez, estupidez): **no dices más que gilipolleces** you're talking a load of garbage *o* bullshit (AmE colloq), you're talking a load of rubbish *o* a load of old cobblers (BrE colloq); **no discutáis por esa ~** don't argue over a stupid *o* silly thing like that 2 (acción estúpida): **pagar esa cantidad sólo por el nombre es una ~** it's stupid *o* dumb to pay that much just for the name (colloq)

gilipuertas¹ *adj inv* (Esp fam & euf) dumb (colloq), silly, daft (BrE colloq)

gilipuertas² *mf* (*pl* ~) (Esp fam & euf) nerd (colloq), twerp (colloq), twit (colloq)

gillette® /ʒi'le/, **gillete** /xi'lete/ *f* razor blade

gim-jazz /jim'jas/ *m* ▸**gym-jazz**

gimnasia *f* gymnastics; **el campeonato de ~** the gymnastics championship; **hago ~ todos los días** I do exercises every day; **los viernes tenemos clase de ~** we have gym *o* (BrE) PE on Fridays; ***no hay que confundir la ~ con la magnesia*** (hum) let's not confuse *o* mix up two totally different things
(Compuestos)
- **gimnasia artística** gymnastics
- **gimnasia correctiva** *or* (Chi) **correctora** remedial gymnastics (*pl*)
- **gimnasia de mantenimiento** keep-fit
- **gimnasia deportiva** competitive gymnastics
- **gimnasia jazz** (Arg) aerobics
- **gimnasia reductora** *or* (Chi) **reductiva** keep-fit
- **gimnasia respiratoria** breathing exercises (*pl*)
- **gimnasia rítmica** eurhythmics
- **gimnasia rítmica deportiva** rhythmic gymnastics

gimnasio *m* gymnasium, gym

gimnasta *mf* gymnast

gimnástico -ca *adj* gymnastic

gimnosperma *f* gymnosperm

gimotear [A1] *vi* to whine, whimper

gimoteo *m* whining, whimpering

gincana *f* gymkhana

ginebra *f* gin

Ginebra *f* Geneva

ginebrino -na *adj* of/from Geneva

gineceo *m* 1 (Bot) gynecium*, gynaeceum 2 (Hist) gynaeceum, gynoecium

ginecología *f* gynecology*

ginecológico -ca *adj* gynecological*

ginecólogo -ga *m,f* gynecologist*

ginesta *f* broom

gineta *f* genet

ginfizz, gin-fizz /'(d)ʒinfis, (d)ʒin'fis/ *m* gin fizz

gingival *adj* gum (*before n*), gingival (tech)

gingivitis *f* gingivitis

ginseng /(d)ʒin'sen/ *m* ginseng

gin-tonic /(d)ʒin-'tonik/ *m* (*pl* ~) gin and tonic

gira *f* 1 (de turismo) tour; **este año haremos una ~ por Europa** this year we're going on a tour of *o* around Europe 2 (Espec) tour; **estar/ir de ~** to be/go on tour; **el grupo realizó una ~ por varias provincias** the group toured several provinces; **producción en una ~** a touring production 3 (de un político) tour, visit; **una ~ relámpago** a whistle-stop tour

girador -dora *m,f* drawer

girafolios *m* (*pl* ~) flip chart

giralda *f* 1 (veleta) weather vane 2 **la Giralda** the tower of Seville Cathedral

girándula *f* girandole

girar [A1] *vi*
A 1 «*rueda*» to turn, revolve, go around *o* round; «*disco*» to revolve, go around; «*trompo*» to spin; **la tierra gira alrededor del sol** the earth revolves around the sun; **hizo ~ la llave en la cerradura** he turned the key in the lock 2 (darse la vuelta) to turn; **giré para mirarla** I turned (around) to look at her; **giró sobre sus talones** he turned on his heel; **la puerta giró lentamente sobre sus goznes** the door swung slowly on its hinges 3 **~ EN TORNO A algo** «*conversación/debate*» to revolve *o* center* AROUND sth; «*discurso*» to center* *o* focus ON sth
B (torcer, desviarse) to turn; **en la próxima esquina gire a la derecha** take the next right, take the next turn *o* (BrE) turning on the right; **lo acusan de haber girado hacia posiciones demasiado conservadoras** he is accused of having moved *o* shifted *o* swung toward(s) too conservative a stance

■ **girar** *vt*
A ‹*manivela/volante*› to turn; **giró la cabeza para mirarme** he turned to look at me, he turned his head toward(s) me; **~la** (Méx fam): **¿dónde la giras los sábados?** where do you hang out on Saturdays? (colloq); **la anda girando de taxista** he's making a living as a taxi driver
B (Com, Fin) 1 ‹*cheque/letra de cambio*› to draw; **giró varios cheques en descubierto** he issued several checks without sufficient funds in the account to cover them, he kited several checks (AmE) 2 ‹*dinero*› to send; (a través de un banco) to transfer
C (frml) ‹*instrucciones*› to give, to issue (frml)

girasol *m* sunflower

giratorio -ria *adj* revolving (*before n*)

girl /gerl/ *f* (Esp fam) chorus girl, showgirl

giro¹ -ra *adj* (AmL) speckled yellow

giro² *m*
A (Mec, Tec) turn
B 1 (Auto) turn; **hizo un ~ a la derecha** she turned right, she made a right turn 2 (cambio) change of direction; **un ~ en la política del país** a change of direction in the country's politics; **intentan dar un ~ hacia una postura más realista** they are trying to move toward(s) a more realistic stance; **en cuanto al tema de los misiles ha dado un ~ de 180 grados** he has done a volte-face *o* an about-turn *o* (BrE) a U-turn on the missile question
(Compuesto) **giro copernicano** seismic change 3 (dirección) turn; **no me gusta el ~ que ha tomado esta conversación** I don't like the direction this conversation has taken; **las relaciones entre ellos han tomado un nuevo ~** relations between them have taken a new turn
C (Fin): **poner** *or* **enviar un ~** (a través de un banco) to transfer money; (por correo) to send a money order
(Compuestos)
- **giro bancario** (cheque) bank draft, banker's draft; (transferencia) credit transfer
- **giro postal** money order, giro

D (Ling, Lit) expression, turn of phrase

girocompás *m* gyrocompass

g

girola *f* ambulatory
Gironda *m* Gironde
giroscópico -ca *adj* gyroscopic; **estabilizador ~** gyrostabilizer*
giroscopio, giróscopo *m* gyroscope
giróstato *m* gyrostat
gis *m* (Méx) chalk
gitanada *f*
A (gitanería) gypsies (*pl*)
B (acto) dirty trick
gitanear [A1] *vi* (Esp pey) to be underhand
gitanería *f* gypsies (*pl*)
gitanesco -ca *adj* gypsy ((*before n*))
gitanismo *m* gypsy lifestyle
gitano¹ -na *adj* gypsy (*before n*); **una boda/costumbre gitana** a gypsy wedding/custom
gitano² -na *m,f* gypsy; ***no se lo salta un ~*** (Esp fam): **ese bocadillo no se lo salta un ~** that sandwich looks delicious *o* (colloq) yummy

gitano
A member of Spain's gypsy community. Gypsies often live in camps and retain their nomadic habits. They have preserved many of their customs and do not usually integrate into the mainstream of Spanish society. Their language is ▸**caló**. Gypsies have been a great influence on ▸**flamenco**, and many of the best performers are gypsies.

g

glabro -ra *adj*
A (Bot) ‹*tallo/hoja*› glabrous
B (liter) ‹*piel/cráneo*› glabrous (liter)
glaciación *f* glaciation
glacial *adj* **1** ‹*zona/período*› glacial **2** ‹*viento/temperatura*› icy; ‹*acogida/recibimiento*› icy, frosty, glacial
glaciar¹ *adj* ‹*erosión*› glacial; **casquete ~** ice cap
glaciar² *m* glacier
gladiador *m* gladiator
gladiola *f* (Méx, Ven) gladiolus; **las ~s** the gladioli
gladiolo, gladíolo *m* gladiolus; **los ~s** the gladioli
glam *adj inv* (fam) glam (colloq)
glamoroso, glamouroso -sa *adj* glamorous
glamour /'glamur/ *m* glamor*
glande *m* glans
glándula *f* gland
Compuestos
- **glándula lagrimal** lacrimal *o* lachrymal gland
- **glándula mamaria** mammary gland
- **glándula pineal** pineal gland
- **glándula pituitaria** pituitary gland
- **glándula sebácea** sebaceous gland
- **glándula suprarrenal** adrenal *o* suprarenal gland

glandular *adj* glandular
glasé *adj* ▸**azúcar**, **papel**
glaseado *m* (de tela, papel) glaze; (Coc) glaze
glasear [A1] *vt* ‹*papel/tela*› to glaze; (Coc) to glaze
glasnost /'glasnos(t)/ *m* glasnost
glasto *m* woad
glauco -ca *adj* (liter) glaucous (liter), grayish* green
glaucoma *m* glaucoma
gleba *f* **1** (terrón) clod **2** (Hist) glebe
glena *f* socket, cavity
glicémico -ca *adj* glycemic
glicerina *f* glycerin, glycerine
glicerol *m* glycerine, glycerol (tech)
glicina *f* wisteria
glicol *m* glycol
glifo *m* glyph
glíptica *f* glyptics
gliptodonte *m* glyptodont
global *adj* **1** (total, general) ‹*informe*› full, comprehensive; ‹*resultado*› overall; ‹*precio/cantidad*› total; ‹*visión/estudio*› global; **cantidad ~ a abonar** total amount due; **un panorama ~ de la literatura latinoamericana contemporánea** a global perspective *o* an overall picture of contemporary Latin American literature **2** (mundial) global; **repercusiones ~es** global *o* worldwide repercussions **3** (Inf) global
globalidad *f* **1** (totalidad) entirety, totality (frml); **considerar algo en su ~** to consider sth in its entirety *o* (frml) totality; **la ~ del conflicto** the conflict as a whole *o* in its entirety; (en su extensión) the conflict in its widest sense **2** (mundialización) global nature; **la ~ del mercado/de Internet** the global nature of the market/the Internet
globalismo *m* globalism
globalización *f* globalization
globalizador -dora *adj* (en sentido restringido) global; (a escala mundial) globalizing
globalizante *adj*
A (que abarca) all-encompassing; **un concepto ~** an all-encompassing concept
B (a nivel universal) globalizing; **la tendencia ~ en el mundo de hoy** the globalizing trend in today's world
globalizar [A4] *vt* **1** (abarcar) to encompass **2** (extender) to globalize, extend ... worldwide
globalmente *adv* globally, as a whole
globo *m*
A **1** (Jueg) balloon; ***echar ~s*** (Col) to daydream; ***estar como un ~*** (fam) to be like a barrel (colloq) **2** (de chicle) bubble **3** (en comics) speech balloon *o* bubble
Compuesto **globo de ayuda** tool tip
4 (de una lámpara) spherical glass lampshade, globe
Compuesto **globo ocular** eyeball
B (Aviac, Meteo) balloon
Compuestos
- **globo aerostático** hot-air balloon
- **globo cautivo** captive balloon
- **globo meteorológico** weather balloon
- **globo sonda** observation balloon

C **1** (mundo) world, globe (journ) **2** (bola del mundo) *tb* **~ terráqueo** *or* **terrestre** globe
D (Dep) (en béisbol) fly; (en tenis) lob; (en rugby) up-and-under
E (Esp fam) **1** (preservativo) condom, rubber (AmE colloq), johnny (BrE colloq) **2** (enfado): **se agarró un ~ de mucho cuidado** he hit the roof (colloq), he had a fit (colloq); **anda con un ~ tremendo** she's in a really foul *o* bad mood **3** (de alcohol, drogas): **anoche ibas con un ~ impresionante** you were high as a kite last night (colloq), you were really out of your head last night (sl)
globular *adj* globular
globulina *f* globulin
glóbulo *m* **1** (cuerpo esférico) globule **2** (corpúsculo) corpuscle, blood cell
Compuestos
- **glóbulo blanco** white corpuscle *o* blood cell
- **glóbulo rojo** red corpuscle *o* blood cell

globuloso -sa *adj* corpuscular
gloglό, glo-glo *m* ▸**gluglú**
glomérulo *m* glomerulus
gloria¹ *f*
A (Relig) glory; **tu abuela, que en ~ esté, ...** your grandmother, God rest her soul, ...; **alcanzar la ~ eterna** to achieve eternal glory; ***estar/sentirse en la ~:*** **aquí dentro se está en la ~** it's blissful *o* heavenly *o* wonderful in here; **me siento en la ~ aquí, lejos del trabajo** this is glorious, being here, away from work; **él, rodeado así de niños, está en la ~** he's in his element *o* he loves it when he's surrounded by children like that; ***saber a ~*** to taste delicious *o* glorious *o* heavenly
B **1** (fama, honor) glory; **se cubrieron de ~** they achieved *o* won great glory, they covered themselves with glory; **en ~ y majestad** triumphantly, victoriously **2** (acontecimiento) glorious moment
C (placer) delight; **es una ~** *or* **da ~ oírla cantar** it's a delight to hear her sing; **aquí se está que es una ~** it's wonderful *o* blissful *o* heavenly here, it's absolute heaven *o* bliss here
D (personalidad) figure; **es una de las ~s del deporte nacional** he is one of the country's great sporting figures *o* heroes; **las viejas ~s de Hollywood** the grand old names of Hollywood
gloria² *m* Gloria
gloriado *m* (Chi) hot punch
gloriarse [A17] *v pron* (liter) **~ DE algo** to boast OF sth, vaunt sth (frml)
glorieta *f* **1** (plaza) square; (Auto) traffic circle (AmE), roundabout (BrE) **2** (en el jardín) arbor*
glorificación *f* glorification
glorificar [A2] *vt* to glorify
gloriosamente *adv* gloriously
glorioso -sa *adj* **1** (Relig) glorious **2** ‹*hecho*› glorious; ‹*personaje*› great
glosa *f* gloss, note; **~ marginal** margin note
glosar [A1] *vt* **1** (Lit) ‹*texto*› to gloss **2** ‹*resultados/informe*› to sum up
glosario *m* glossary
glosopeda *m* foot-and-mouth disease
glótico -ca *adj* glottal
glotis *f* (*pl* ~) glottis; **golpe de ~** glottal stop
glotón¹ -tona *adj* gluttonous, greedy
glotón² -tona *m,f*
A (persona) glutton
B **glotón** *m* (Zool) wolverine, glutton
glotonear [A1] *vi* to eat vast quantities of food, make a pig of oneself (colloq)
glotonería *f* gluttony
glucemia *f* glycemia
glúcido *m* glycide
glucógeno *m* glycogen
glucosa *f* glucose
Compuesto **glucosa basal** blood sugar
gluglú, glugluglú *m* gurgling; **hacer ~** to gurgle, to go glug glug
gluglutear [A1] *vi* to gobble
glutamato *m* glutamate; **~ monosódico** monosodium glutamate
gluten *m* gluten
glúteo¹ -tea *adj* gluteal
glúteo² *m* gluteus
glutinoso -sa *adj* glutinous
GNC *m* (= **gas natural comprimido**) CNG
gneis *m* gneiss
gnómico -ca *adj* (liter) gnomic (liter)
gnomo /'nomo/ *m* gnome
gnosis *f* gnosis
gnosticismo *m* Gnosticism
gnóstico -ca *adj/m,f* Gnostic
gnu /(g)nu/ *m* gnu, wildebeest
gobelino *m* Gobelin
gobernabilidad *f* **1** (Gob, Pol) governability **2** (Náut) steerability
gobernable *adj* **1** (Gob, Pol) governable **2** (Náut) steerable; **embarcaciones fácilmente ~s** vessels which can be steered easily
gobernación *f* **1** (gobierno) government **2** (en Col) provincial government
gobernador -dora *m,f*
A (Gob) governor
Compuestos
- **gobernador civil, gobernadora civil** *m,f* civil governor
- **gobernador militar, gobernadora militar** *m,f* military governor

B **gobernadora** *f* (Méx) (arbusto) creosote bush
Compuesto **gobernadora de Puebla** *f* brickellia
gobernanta *f* **1** (en un hotel) staff manager **2** (institutriz) governess
gobernante¹ *adj* ‹*partido/organismo*› ruling (*before n*), governing (*before n*); **la clase ~** the ruling *o* governing class
gobernante² *mf* leader; **los ciudadanos elegirán a sus ~s** the people will choose the country's leaders *o* the men and women who

are to govern the country; **nuestros ~s en los últimos años** those who have governed *o* ruled the country in recent years

gobernar [A5] *vt* 1 ‹*país*› to govern, rule 2 ‹*barco*› to steer
■ **gobernar** *vi* 1 (Gob, Pol) to govern 2 (Náut) to steer

gobierna, gobiernas ▸**gobernar**

gobiernismo *m* (Andes) pro-government stance (*o* position *etc*)

gobiernista *mf* (Andes) government supporter

gobierno *m* 1 (Pol) government; **está encargado de formar nuevo ~** he has been given the task of forming a new government 2 (ant) (administración) management, administration; **el buen/mal ~ de una hacienda** the good/bad management *o* administration of an estate

Compuestos
- **gobierno civil** civilian government
- **gobierno de coalición** coalition government
- **gobierno de concentración** government of national unity
- **gobierno de transición** provisional *o* transition government
- **gobierno en funciones** caretaker government
- **gobierno militar** military government

gobio *m* gudgeon, goby

goce *m* 1 (uso): **en pleno ~ de sus facultades** in full possession of her faculties; **el ~ de un derecho/título** the enjoyment of a right/title 2 (placer) pleasure; **fue un ~ nadar en el agua fresquita** it was bliss *o* blissful *o* wonderful swimming in the cool water; **~s sensuales** sensual pleasures; **~ sexual** sexual pleasure

godé, godet /go'ðe/ *m* gore

godo[1] **-da** *adj* 1 ‹*rey/pueblo*› Gothic 2 (Col, Ven) (realista) pro-Spanish (*in the War of Independence*) 3 (Col, Ven fam) (conservador) conservative

godo[2] **-da** *m,f* 1 (Hist) Goth 2 (fam) (en Canarias) *Spaniard from the mainland* 3 (Col, Ven) (realista) *supporter of the Spanish Crown* 4 (Col, Ven fam) (conservador) conservative

gofio *m* 1 (cereal) toasted cornmeal 2 (dulce) *candy made of ground cassava and cane syrup*

gofrado *m* goffer

gofrar [A1] *vt* to goffer

gofre *m* (Esp) waffle

gogó, go-go *f* 1 (artista) *tb* **chica a ~** go-go girl *o* dancer 2 **a gogó** (Esp fam & ant): **habrá vino a ~** there'll be wine galore (colloq & dated)

gol *m* goal; **marcar** *or* **meter** *or* **hacer un ~** to score a goal; ***meterle un ~ a algn*** to put one over on sb (colloq)

Compuestos
- **gol average** goal average
- **gol de cabeza** header
- **gol de campo** field goal

gola *f* 1 (de adorno) ruff; (de armadura) gorget 2 (Arquit) cyma

golazo *m* (fam) great *o* tremendous goal (colloq)

goleada *f* heavy defeat; **la actuación del guardameta evitó una ~** the goalkeeper's performance saved them from a heavy defeat *o* from a rout *o* from a drubbing *o* from being thrashed

goleador[1] **-dora** *adj* high-scoring

goleador[2] **-dora** *m,f* scorer, goal-scorer; **el máximo ~** the top scorer

golear [A1] *vt*: **el Madrid goleó al Osasuna** Madrid thrashed Osasuna; **el portero menos goleado** the goalkeeper who's let in fewest goals
■ **golear** *vi* to score a lot of goals; **goleó en un amistoso** he scored again and again in the friendly

golero -ra *m,f* (CS) goalkeeper

goleta *f* schooner

golf *m* golf

golfa *f* (fam) 1 (prostituta) whore (colloq) 2 (hum) (juerguista) stopout (colloq & hum)

golfada *f* loutish act

golfán *m tb*: **~ blanco** water lily

golfeado *m* (Ven) *spiral-shaped sweet bread*

golfear [A1] *vi* (esp Esp) 1 (holgazanear) to hang *o* laze around doing nothing, hang out (AmE colloq) 2 (hacer gamberradas) to get up to no good (colloq)

golfería *f* good-for-nothings (*pl*), layabouts (*pl*), bums (*pl*) (AmE colloq)

golfillo *m* urchin, street urchin

golfista *mf* golfer

golfístico -ca *adj* golf (*before n*); **en el mundo ~** in the golf *o* golfing world, in the world of golf

golfito *m* (AmL) mini-golf, miniature golf

golfo[1] **-fa** *adj* naughty; **¡qué ~ es ese niño!** that child is a little devil!; **¡no seas ~!** don't be so naughty!

golfo[2] **-fa** *m,f* 1 (holgazán) good-for-nothing, layabout, bum (AmE colloq) 2 (gamberro) lout, yob (BrE) 3 (fam) (niño travieso) rascal (colloq), little devil (colloq)

golfo[3] *m* (Geog, Náut) gulf

Compuestos
- **Golfo de Bengala** Bay of Bengal
- **Golfo de California** Gulf of California
- **Golfo de Guinea** Gulf of Guinea
- **Golfo de México** Gulf of Mexico
- **Golfo de Panamá** Gulf of Panama
- **Golfo de San Lorenzo** Gulf of St Lawrence
- **Golfo de Tehuantepec** Gulf of Tehuantepec
- **Golfo de Vizcaya** Bay of Biscay
- **Golfo Pérsico** Persian Gulf

Gólgota *m*: **el ~** Golgotha

Goliat Goliath

golilla *f*
A (Indum) 1 (cuello fruncido) ruff 2 (RPl) (pañuelo) neckerchief
B (arandela) washer
C (Ven fam) (algo fácil) cinch (colloq), breeze (colloq), piece of cake (colloq)

golletazo *m* swordthrust through the lungs

gollete *m* neck (*of a bottle*); ***estar hasta el ~*** to be fed up to the back teeth; ***no tiene ~*** (RPl fam) it's the limit; **realmente no tiene ~ que llame a estas horas** phoning at this hour is really not on *o* is too much (colloq)

golondrina *f*
A (Zool) swallow; ***una ~ no hace verano*** one swallow does not make a summer

Compuesto **golondrina de mar** tern

B (Náut) pleasure-boat

golondrino *m* 1 (Med) *tumor or abscess in the armpit* 2 (Zool) flying gurnard

golosa *f* (Col) hopscotch

golosear, golosinear [A1] *vi* (fam) to eat candy (AmE), eat sweets (BrE)

golosina *f* 1 (exquisitez) tidbit (AmE), titbit (BrE) 2 (dulce) candy (AmE), sweet (BrE) 3 (incentivo) incentive

goloso[1] **-sa** *adj*: **es muy ~** he loves sweet things, he has a really sweet tooth

goloso[2] **-sa** *m,f*: **eres un ~** you sure like sweet things, you have such a sweet tooth

golpe *m*
A (choque, impacto) knock; **se dio un ~ contra la pared** she banged *o* knocked into the wall; **me di un ~ en la cabeza** I hit *o* banged my head; **te vas a pegar un ~** you'll hurt yourself; **¿ha recibido algún ~ en la cabeza?** have you hit your head?, have you received a blow to the head? (frml); **cerró el libro de un ~** she snapped *o* slammed the book shut; **la ventana se cerró de un ~** the window slammed shut; **me dio un ~ en la espalda** he slapped me on the back; **le di un ~cito en el hombro** I tapped him on the shoulder; **dale un ~ a ver si se arregla** hit it *o* bang it *o* give it a bang, that might make it work; **dio unos ~s en la mesa** he tapped on the table; (más fuerte) he knocked on the table; (aún más fuerte) he banged on the table; **nos dieron un ~ por detrás** they ran into us from behind, they ran into the back of us; **se oían los ~s del martillo** one could hear the hammering; ***a ~ de*** (Ven) around, about (BrE); ***dar el ~*** (Méx) (aspirar) to inhale; ***de ~*** (repentinamente) suddenly; (Col, Ven fam) (quizás) maybe, perhaps; **no se lo puedes decir así, de ~** you can't just spring it on him *o* tell him suddenly like that; ***de ~ y porrazo*** (fam) (de repente) suddenly; **es una decisión que no puede tomarse de ~ y porrazo** it's not a decision that can be made on the spot *o* just like that; ***de un ~*** (de una vez) all at once; **se lo bebió de un ~** he drank it down in one go *o* gulp; ***no dar*** *or* ***pegar (ni) ~*** (fam): **¡cómo va a aprobar, si no da ni ~!** how can he expect to pass, he never does a lick (AmE) *o* (BrE) stroke of work (colloq); **no pega ni ~ en casa** he doesn't do a thing *o* lift a finger around the house (colloq); ***a ~ de ratón*** (Inf) at a mouse click, at the click of a mouse; **toda la programación a ~ de ratón** the whole program at a mouse click
B 1 (al pegarle a algn) blow; **le dio** *or* **pegó un ~ en la cabeza** she hit him on the head; **empezaron a darle ~s** they started hitting her; **casi lo matan a ~s** they almost beat him to death; **parece que no entienden sino a (los) ~s** hitting them seems to be the only way to make them understand; **le asestó un ~ con el atizador** he dealt *o* struck him a blow with the poker; **me llevé un ~ en la cabeza** I got a blow *o* I got hit on the head; **el ~ lo agarró de sorpresa** the blow took him by surprise; **siempre andan a ~s** they're always fighting; **lo cogieron a ~s** they beat him up 2 (marca) bruise, mark
C (Dep) (en golf) stroke; (en tenis) shot; **sigue en primer lugar con seis ~s bajo par** she is still in first place at six (strokes) under par
D (desgracia, contratiempo) blow; **fue un ~ durísimo** it came as a terrible blow; **esta vez sí que ha acusado el ~** he's really taken it hard *o* taken a bad knock this time
E (fam) (robo, timo) job (colloq); **¿cuándo vamos a dar el ~?** when are we going to do the job?
F (fam) (ocurrencia, salida) funny *o* witty remark; **¡tiene cada ~!** he comes out with *o* makes some really witty remarks, some of the things he comes out with are so funny *o* witty; **la película tiene unos ~s muy buenos** the movie has some really funny moments in it; ***dar el ~*** (fam): **con esa indumentaria seguro que das el ~** you'll be a sensation *o* you'll look a knockout in that outfit
G (Mús) (en Ven) *folk dance/music similar to the* ▸**joropo**

Compuestos
- **golpe bajo** (en boxeo) punch below the belt; **fue un ~ ~ mencionarlo delante de todos** that was below the belt *o* a low trick mentioning it in front of everyone
- **golpe de adrenalina** adrenaline rush
- **golpe de calor** (insolación) sunstroke; (en la temperatura) corporal heatstroke
- **golpe de castigo** penalty
- **golpe de efecto**: **su dimisión no causó el ~ de ~ que esperaba** his resignation did not create the dramatic effect he had hoped for
- **golpe de estado** coup, coup d'état
- **golpe de fortuna** stroke of luck
- **golpe de gracia** coup de grâce
- **golpe de mano** sudden attack
- **golpe de mar** large wave
- **golpe de sol** sunstroke
- **golpe de suerte** stroke of luck
- **golpe de tambor** (Ven) *performance of Venezuelan Caribbean music*
- **golpe de timón** change of direction
- **golpe de tos** coughing fit
- **golpe de vista** glance, look
- **golpe franco** (en fútbol) free kick; (en hockey) free hit
- **golpe maestro** masterstroke
- **golpe mortal** death blow, coup de grâce
- **golpes de pecho** *mpl*: **darse ~s de ~** to beat one's breast, wear sackcloth and ashes

golpear [A1] *vt*
A ‹*superficie/objeto*›: **no golpees la máquina** don't bang the machine; **golpeó la puerta con tal fuerza que casi la tira abajo** he banged (on) the door so hard that he almost knocked it

g

down; **no golpees la puerta al salir** don't slam the door as you go out; **~ el filete con la maza** beat *o* pound the steak with a tenderizer; **la lluvia golpeaba los cristales** the rain beat against the window panes; **golpeó el atril con la batuta** he tapped his baton on the music stand, he tapped the music stand with his baton; **los macillos golpean las cuerdas** the hammers strike the strings
B ‹*persona*› **1** (chocar) to hit; **algo me golpeó en la cara** something hit me in the face **2** (pegarle a) to beat, hit; **lo ~on brutalmente** he was brutally beaten **3** (sacudir): **una nueva tragedia golpea al país** a fresh tragedy has hit *o* struck the country; **la vida la ha golpeado duramente** life has treated her harshly *o* (liter) has dealt her some harsh blows
■ **golpear** *vi* **1** (dar, pegar) **~ CONTRA algo** to beat AGAINST sth; **el granizo golpeaba contra la ventana** the hail beat against the window pane **2** (AmS) (llamar a la puerta) to knock; **alguien golpeó (a la puerta)** someone knocked on *o* at the door; **están golpeando** there's someone (knocking) at the door **3** (en fútbol americano) to scrimmage
■ **golpearse** *v pron* **1** (*refl*) (accidentalmente) ‹*cabeza/codo*› to bang, hit **2** (AmL) «*puerta*» to bang

golpeo *m* scrimmage

golpetazo *m* (fam) hard blow

golpetear [A1] *vt* to drum, tap
■ **golpetear** *vi* **1** (golpear) to bang; (más suavemente) to patter; **~ EN algo** to bang/patter ON sth **2** (Mec) to knock

golpeteo *m* **1** (tamborileo) drumming, tapping **2** (de una puerta, un postigo) banging **3** (de la lluvia) patter, pitter-patter **4** (de un motor) knocking, knock

golpismo *m*: **se pronunciaron en contra del ~** they declared their opposition to any possible coup; **para mantener el ~ a raya** in order to prevent any possible coups *o* to keep in check any pro-coup tendencies

golpista¹ *adj*: **dentro del ejército hay una minoría ~** there is a minority element within the army in favor of a coup; **cuando se descubrieron sus intenciones ~s** when their plans to mount *o* stage a coup were discovered

golpista² *mf*: **los ~s serán enjuiciados** those who took part in the coup will be tried; **los ~s dentro del ejército** those within the army who are/were in favor of a coup, the pro-coup faction within the army

golpiza *f* (AmL) beating; **le dieron** *or* **propinaron tremenda ~** they gave him a real beating, they beat him up badly

goma *f*
A **1** (Bot) gum **2** (caucho) rubber; **suelas/llantas de ~** rubber soles/tires **3** (pegamento) glue, gum
Compuestos
- **goma arábiga** gum arabic
- **goma de mascar** chewing gum
- **goma de pegar** glue, gum
- **goma dos** plastic explosive
- **goma espuma** foam rubber
- **goma laca** lacquer

B **1** (banda elástica) rubber band, elastic band (BrE) **2** (de borrar) eraser, rubber (BrE) **3** (RPl) (neumático) tire* **4** (fam) (condón) condom, rubber (AmE colloq), johnny (BrE colloq)
Compuesto **goma elástica** rubber band, elastic band (BrE)
C (en béisbol) home plate
D (AmC fam) (resaca) hangover; **ando de ~** I've got a hangover

gomaespuma *f* foam rubber

gomecismo *m* (Ven) (Hist): **el ~** the Gómez dictatorship

gomecista¹ *adj* (Ven) (Hist): **la dictadura ~** the Gómez dictatorship

gomecista² *mf* (Ven) (Hist) supporter of Gómez

gomería *f* (RPl) tire* workshop

gomero¹ -ra *adj* (Ven) ▸**gomecista¹**

gomero² -ra *m,f*
A (RPl) (Auto) tire* merchant
B (Ven) (Publ) ▸**gomecista²**
C **gomero** *m* (CS) (Bot) rubber plant

gomina *f* gel, hair gel, styling gel

gominola *f* (Esp) soft fruit candy (AmE), fruit jelly (BrE)

gomita *f*
A (RPl) (para sujetar) rubber band, elastic band (BrE)
B (Ven) (Coc) marshmallow

Gomorra *m* Gomorrah

gomorresina *f* gum resin

gomosidad *f* gumminess

gomoso¹ -sa *adj* **1** ‹*líquido*› gummy, sticky **2** ‹*textura*› rubbery

gomoso² *m* (ant) dandy (dated), fop (dated)

gónada *f* gonad

gonadotrofina, gonadotropina *f* gonadotrophin, gonadotropin

góndola *f*
A **1** (embarcación) gondola **2** (Aviac) gondola
B (RPl) (en un supermercado) aisle, gondola, section

gondolero *m* gondolier

gong (*pl* **gongs**), **gongo** *m* gong

gongorino -na *adj* Gongoresque

gongorismo *m* Gongorism

gonococo *m* gonococcus

gonorrea *f* gonorrhea*

gonosoma *m* gonosome, sex chromosome

gonzalito *m* yellow oriole
Compuesto **gonzalito real** orange-crowned oriole

googlear /gu:gle'ær/ [A1] *vt/vi* (fam) to google®

gorda *f*
A (Esp ant) *ten céntimo coin*; ***estar sin ~*** *or* ***no tener ni ~*** (fam) to be broke (colloq)
B (Méx) (Coc): *small, thick tortilla ver tb* **gordo²**

gordal *adj* ▸**aceituna**

gordi, (Méx) **gordis** *mf* (fam) fatty (colloq), fatso (colloq)

gordiano *adj* ▸**nudo**

gordinflón¹ -flona *adj*, **gordinflas** *adj inv* (fam) chubby (colloq), roly-poly (colloq), pudgy (AmE), podgy (BrE)

gordinflón² -flona *m,f*, **gordinflas** *m* (fam) fatty (colloq), fatso (colloq)

gordo¹ -da *adj*
A ‹*persona/piernas/cara*› fat; **siempre ha sido muy ~** he's always been very overweight *o* very fat; **estás más ~** you've put on weight *o* you've got fatter; **es más bien gordita** she's quite plump; ***me/le/nos cae ~*** (fam) I/she/we can't stand him (colloq)
B (grueso) ‹*libro/rama/filete*› thick; ‹*lana/calcetines*› thick; ‹*suéter*› thick, chunky
C ‹*carne/tocino*› fatty
D (fam) (importante, serio) big; **algo ~ debe haber ocurrido** something big *o* serious must have happened; **fue una metedura de pata de las gordas** it was a terrible *o* a huge blunder (colloq); ***armar la gorda*** (fam) to cause *o* make a scene (colloq), to kick up a fuss (colloq); ***armarse la gorda*** (fam): **cuando se entere se va a armar la gorda** when he finds out there'll be hell to pay *o* there's going to be one hell of a fuss (colloq); **llegó ella y se armó la ~** it was absolute chaos *o* mayhem when she arrived

gordo² -da *m,f*
A **1** (persona) (*m*) fat man; (*f*) fat woman; **ese ~ simpático del número 28** that nice, rather fat man *o* guy who lives at number 28; **es un gordito precioso** he's a cute, chubby little thing **2** (fam) (como apelativo cariñoso): **gorda ¿te tomas un café?** do you want a coffee, dear (*o* love *etc*)? **3** (como apelativo ofensivo) (fam) fatso (colloq), fatty (colloq)
B **gordo** *m* (grasa) fat; **carne con ~** fatty meat
C **gordo** *m* (Jueg) (premio mayor) jackpot, first prize (*in the state lottery*); **le tocó el ~** he won the first prize *o* the jackpot (in the lottery)

> **El Gordo**
> In Spain, the name given to the big prizes in the ▸**Lotería Nacional** and ▸**Lotería Primitiva or Loto**, in particular the prize for the Christmas draw of the *Lotería Nacional*. In Latin America it also means a big lottery prize.

gordoglobo *m* mullein

gordura *f* **1** (grasa) fat **2** (exceso de peso): **me preocupa su ~** I'm worried about how fat he is *o* about his weight

gorgojo *m* weevil

gorgorear [A1] *vi* (Chi) **1** (al reírse, cantar) to warble; (hacer gárgaras) to gargle **2** «*líquido*» to gurgle

gorgoritear [A1] *vi* «*pájaro*» to warble, trill; «*persona*» to trill

gorgorito *m* trill; **cantar haciendo ~s** to trill *o* warble

gorgotear [A1] *vi* (en una cañería) to gurgle; (al hervir) to bubble

gorgoteo *m* (en una cañería) gurgling; (al hervir) bubbling

gorguera *f* **1** (adorno del cuello) ruff **2** (de armadura) gorget

gorguz *m* (Méx) goad

gorigori *m* (fam) wailing

gorila¹ *adj* (fam) fascist, dictatorial

gorila² *m*
A (Zool) gorilla
B (fam) **1** (matón) thug, bully-boy (colloq) **2** (guardaespaldas) bodyguard, heavy (colloq) **3** (reaccionario) fascist **4** (Esp) (en un club) bouncer
C (Chi fam) (borrachera): **andar** *or* **estar con el ~** (fam) to be drunk

gorjear [A1] *vi* «*pájaro*» to trill, warble; «*niño*» to gurgle

gorjeo *m* (de un pájaro) trill, warbling; (de un niño) gurgling

gorra *f* cap; **~ con visera** peaked cap; **le puso la gorrita al bebé** she put the baby's bonnet on; ***de ~*** (fam) ‹*vivir/comer*› gratis, for free; ***con la ~*** (fam) easily; ***pasar la ~*** (fam) to pass the hat (around)
Compuestos
- **gorra de baño** (CS, Méx) (para nadar) bathing cap; (para ducharse) shower cap
- **gorra de marinero** sailor's hat
- **gorra de vasco** (RPl) beret

gorrear [A1] *vt*
A (fam) (pedir) to scrounge (colloq), to borrow; **me gorreó $20** he scrounged $20 off *o* borrowed $20 from me, he hit on me for $20 (AmE colloq); **voy a ~te café** can I scrounge some coffee off you?
B (Chi fam) ‹*cónyuge*› to be unfaithful to, cheat on (AmE colloq)
■ **gorrear** *vi* (fam) to scrounge (colloq), to freeload (colloq), to sponge (BrE colloq)

gorrero -ra *m,f*
A (AmL fam) (aprovechado) scrounger (colloq), freeloader (colloq), sponger (BrE colloq)
B (Chi fam & pey) (adúltero) two-timer (colloq)

gorrino -na *m,f* **1** (Agr, Zool) pig **2** (fam) (persona — sucia) pig (colloq); (— despreciable) swine (colloq); **comes como un ~** you eat like a pig (colloq)

gorrión *m* sparrow

gorro *m* cap; **ponle el gorrito al niño** put the baby's bonnet on; ***estar hasta el ~*** (fam) to be fed up to the back teeth (colloq); **estoy hasta el ~ de tus bromitas** I'm fed up to the back teeth with your little jokes (colloq), I've had it up to here with your little jokes (colloq); ***ponerle el ~ a algn*** (Chi fam) to be unfaithful to sb, cheat on sb (AmE colloq)
Compuestos
- **gorro de baño** (para nadar) bathing cap; (para la ducha) shower cap
- **gorro de cocinero** chef's hat
- **gorro de dormir** night cap
- **gorro de ducha** shower cap
- **gorro frigio** Phrygian cap

gorrón¹ -rrona *adj* (Esp, Méx fam): **no seas ~** why don't you stop scrounging? (colloq), stop being such a scrounger *o* freeloader (colloq)

gorrón² -rrona *m,f* **1** (Esp, Méx fam) (aprovechado) scrounger (colloq), freeloader (colloq), sponger (BrE colloq); **estoy harta de que esa gorrona me pida tabaco** I'm sick to death of that scrounger asking me for cigarettes *o* of that woman scrounging cigarettes off me (colloq) 2 **gorrón** *m* (Tec) bearing

gorronear [A1] *vt* (Esp, Méx fam) to scrounge (colloq), to cadge (colloq); **¿te puedo ~ un cigarrillo?** can I scrounge *o* cadge a cigarette off you?; **me gorroneó $20** he scrounged $20 off me *o* borrowed $20 from me, he hit on me for $20 (AmE colloq)
■ **gorronear** *vi* (Esp, Méx fam) to scrounge (colloq), to freeload (colloq), to sponge (BrE colloq)

gorronería *f* (Esp fam) scrounging (colloq), freeloading (colloq), sponging (BrE colloq)

gospel /ˈgospel/ *m* gospel

gota *f*
A (de líquido) drop; **~s de sudor** beads of sweat; **¿llueve mucho? — no, son cuatro ~s** is it raining hard? — no, just a few drops *o* it's just spitting; **añadir unas gotitas de ron** add a few drops of rum; **se lo bebió hasta la última ~** she drank it right down to the last drop; **sólo bebí una ~ de champán** I only had a drop of champagne; **no queda ni ~ de leche** there isn't (so much as) a drop of milk left; **no tenemos ni ~ de pan** we're completely out of bread; **no tiene ni ~ de sentido común** she hasn't an ounce of common sense; ***la ~ que rebasa el vaso*** *or* ***que colma el vaso*** *or* (Méx) ***que derrama el vino*** the last straw, the straw that breaks the camel's back; ***parecerse/ser como dos ~s de agua*** to be as like as two peas in a pod; ***sudar la ~ gorda*** (fam) (transpirar) to sweat buckets; (trabajar mucho) to sweat blood, to work one's butt off (AmE colloq), to slog one's guts out (BrE colloq)
(Compuestos)
- **gota a gota** *m* drip; **le pusieron el ~ a ~** they put him on a drip; **un ajuste ~ a ~** a very gradual realignment
- **gota de leche** (AmL) *child welfare institution*
- **gota fría** : *high-altitude depression bringing heavy rainfall*

B (enfermedad) gout
C **gotas** *fpl* (remedio) drops (*pl*)
(Compuesto) **gotas nasales** *fpl* nose drops (*pl*)

gotear [A1] *vi* «*líquido*» to drip; «*grifo/vela*» to drip; «*cañería*» to leak
■ *v impers* (lloviznar) ▸ⓘ **p.802**; to spit, drizzle

gotelé *m* stippling; **pintar algo en ~** to stipple sth

goteo *m* (de un líquido, un grifo) dripping; (de una vela) dripping; **riego por ~** trickle irrigation

gotera *f* 1 (filtración) leak 2 (mancha) damp stain

gotero *m* 1 (Med) drip 2 (AmL) (Farm) dropper

goterón *m* (fam) large raindrop; **está lloviendo a goterones** it's coming down in large drops

gótico[1] **-ca** *adj*
A 1 ‹*arte/catedral*› Gothic 2 ‹*escritura/letra*› Gothic
B (de los godos) Gothic

gótico[2] *m*
A (Arquit, Art) Gothic
(Compuestos)
- **gótico flamígero** flamboyant Gothic
- **gótico tardío** late Gothic

B (Ling) Gothic

gotoso[1] **-sa** *adj* gouty

gotoso[2] **-sa** *m,f*: *person who suffers from gout*

gouache /gu'aʃ, gu'atʃe/ *m* gouache

gourde *m* gourde (*Haitian unit of currency*)

gourmand /gur'man/ *m* (*pl* **~s**) gourmand

gourmet /gur'me/ *mf* (*pl* **-mets**) gourmet

goyesco -ca *adj* Goyaesque

gozada *f* (fam): **la excursión fue una ~** the trip was fantastic (colloq); **¡qué ~! ¡qué bien se está aquí al sol!** mmm! it's bliss *o* blissful *o* wonderful (sitting) out here in the sun!

gozadera *f* (Ven fam): **¡qué ~ la que teníamos en la fiesta!** we had such fun *o* such a laugh at the party! (colloq), the party was a riot! (colloq)

gozador -dora *adj* fun-loving

gozar [A4] *vi*: **los críos gozan cuando vamos a la playa** the children enjoy it *o* love it when we go to the beach; **parece que goza con la desgracia ajena** he seems to revel in *o* take pleasure in other people's misfortunes; **goza viendo a su nieto jugar** she enjoys watching her grandson play, she gets a lot of pleasure from watching her grandson play; **~ DE algo** to enjoy sth; **goza de perfecta salud** he enjoys perfect health; **sus discos gozan de gran popularidad** her records enjoy great popularity; **goza de una buena posición** he has a good position
■ **gozar** *vt* (arc *o* liter) (en sentido sexual) to enjoy (arch *or* liter)

gozne *m* hinge

gozo *m*
A 1 (alegría) joy; **tus éxitos son motivo de ~ para nosotros** we're overjoyed *o* delighted at your success; ***no caber en sí de ~*** to be beside oneself with joy; ***(todo) mi/tu/su ~ en un pozo*** that's torn it! (colloq) 2 (placer) pleasure, enjoyment
B **gozos** *mpl* (Relig) verses (*pl*) (*written in honor of the Virgin Mary or of a saint*)

gozón -zona *adj* (Col, Ven fam) fun-loving

gozosamente *adv* joyfully; **acceder ~ a algo** to agree happily to sth

gozoso -sa *adj* joyful; **están ~s con la llegada del hijo** they are overjoyed by the arrival of their son; **aceptó gozosa la invitación** she accepted the invitation with great pleasure

gozque *mf* (Col) mongrel

G.P. = gran premio

GPS *m* **= el GPS,** *or* **sistema de posicionamiento global**

GR *f* (en Per) **= Guardia Republicana**

gr. (= **gramo**) g, gr.

grabación *f* 1 (acción) recording; **estudio de ~** recording studio 2 (producto) recording; **una ~ en video** a video recording
(Compuestos)
- **grabación digital** digital recording
- **grabación magnética** magnetic recording

grabado[1] **-da** *adj*: **me quedó ~ lo que me dijo** what he said stuck in my mind; **tengo su cara grabada** his face is engraved on *o* (liter) etched in my memory

grabado[2] *m* 1 (acción) engraving 2 (reproducción) engraving
(Compuestos)
- **grabado al aguafuerte** etching
- **grabado en cobre** copperplate
- **grabado en hueco** intaglio
- **grabado en madera** woodcut
- **grabado en relieve** embossing

grabador[1] **-dora** *adj* 1 (Audio, TV) ‹*aparato*› recording (*before n*) 2 (Art) ‹*plancha*› engraving (*before n*)

grabador[2] *m* tape recorder

grabador[3] **-dora** *m,f*
A (Art) engraver
B **grabadora** *f* 1 (casa discográfica) record company 2 (magnetófono) tape recorder
(Compuestos)
- **grabadora de sonido** sound recorder
- **grabadora DVD** DVD recorder
- **grabadora de video** *or* (Esp) **vídeo** video recorder, VCR

grabar [A1] *vt* 1 (Audio, TV) to record; **han grabado un nuevo disco** they've made a new record, they've recorded a new single/album 2 (Art) to engrave; **un reloj grabado con sus iniciales** a watch engraved with his initials
■ **grabar** *vi* 1 (Audio, TV) to record 2 (Art) to engrave; **~ al aguafuerte** to etch; **~ en relieve** to emboss
■ **grabarse** *v pron*: **sus palabras se me ~on en la memoria** her words are engraved on *o* (liter) etched in my memory; **su cara se me grabó para siempre** her face has been engraved on *o* (liter) etched in my mind ever since

gracejada *f* (Méx) bad joke

gracejo *m*: **habla con ~ en cualquier ambiente** she talks with unaffected ease *o* in a relaxed and natural way in any situation; **un escritor que se expresa con mucho ~** a writer who expresses himself with great fluency

gracia *f*
(Sentido I)
A (comicidad): **yo no le veo la ~** I don't think it's funny, I don't see what's so funny about it; **sus chistes no tienen ~ ninguna** her jokes aren't at all funny; **cuenta las cosas con mucha ~** he's very funny the way he tells things; **tiene ~, mi hermano vive en la misma calle** isn't that funny, my brother lives in the same street; **¡mira qué ~! ¡encima tengo que pagar yo!** (iró) well that's just great isn't it! on top of everything else, it's me who ends up paying!; ***hacer ~*** (+ *me/te/le etc*): **¡me hizo una ~ cuando lo vi sin barba!** it was so funny seeing him without his beard!; **me hace ~ que digas eso, estaba pensando lo mismo** it's funny you should say that, I was just thinking the same thing; **parece que le ha hecho ~ el chiste** he seems to have found the joke funny; **no me hace ninguna ~ tener que ir a verlo** I don't relish the idea of having to go and see him; **maldita la ~ que me hace tener que asistir a estas reuniones** it's no fun having to go to these meetings, it's a real drag having to go to these meetings (colloq)
B 1 (chiste) joke; (broma) joke, trick, prank; ***reírle las ~s a algn*** to humor* sb 2 (de un niño) party piece
C 1 (encanto, donaire): **baila con mucha ~** she's a very graceful dancer; **un vestido muy sin ~** a very plain dress 2 (habilidad especial): **tiene mucha ~ para arreglar flores** she has a real gift *o* flair for flower arranging; **la comida es buena, pero la presentan sin ninguna ~** the food is good but they don't go to any trouble over the presentation
D (ant) (nombre) name
E 1 (favor, merced) grace; **por la ~ de Dios** by the grace of God; **le concedieron tres meses de ~** they gave him three months' grace; **... ~ que espera merecer de su Ilustrísima** (frml) (Corresp) ... in the hope that you will grant this request (frml) 2 (disposición benévola) favor*; ***caer en ~: parece que le has caído en ~*** he seems to have taken a liking *o* (colloq) a shine to you 3 (clemencia) clemency
F (Relig) grace; **estar en estado de ~** to be in a state of grace; **perder la ~** to fall from grace
G (Mit): **las tres ~s** the (three) Graces
(Sentido II) **gracias** *fpl*
A (expresión de agradecimiento): **sólo quería darle las ~s** I just wanted to thank you; **no le dieron ni las ~s** they didn't even thank her *o* say thank you; **demos ~s a Dios** let us give thanks to God
B (*como interj*) thank you, thanks (colloq); **muchas ~s** thank you very much, many thanks, thanks a lot (colloq); **un millón de/mil ~s por tu ayuda** I can't thank you enough for your help, thank you very much for your help; **... y ~s: ¿pagarte? ¡estás loca! te dan la comida y ~s** pay you? you're joking! they give you your food and that's it *o* (BrE colloq) that's your lot
C **gracias a** thanks to; **se salvaron ~s a él** thanks to him they escaped; **~s a Dios, no fue nada serio** it was nothing serious, thank heavens *o* God; **llegamos bien, pero ~s a que salimos a las nueve** we arrived on time, but only because we left at nine

grácil *adj* ‹*figura/talle*› graceful; ‹*paso/movimiento*› graceful

gracilidad *f* gracefulness, grace

graciosamente *adv*
A ‹*moverse/bailar*› gracefully
B ‹*expresarse*› amusingly; **una historia ~ contada** an amusingly related story
C ‹*conceder/otorgar*› graciously

gracioso -sa *adj*
A (divertido) ‹*chiste*› funny; ‹*episodio*› funny, amusing; ‹*persona*› funny; **te creerás muy ~ ¿verdad?** I suppose you think you're funny; **qué ~, Eva dijo lo mismo ayer** how funny, Eva said the same thing yesterday; **lo ~ del caso es que ...** the funny *o* amusing thing about it is that ...; **sería ~ que nos hicieran pagar cuando nos han invitado** (iró) that would be great *o* (BrE) charming, making us pay after they'd invited us (colloq & iro)

g

B 1 (atractivo) ‹*cara/figura*› attractive; **las pecas le dan un aspecto muy ~** those freckles make her look really cute *o* sweet; **tiene una manera muy graciosa de reírse** she's got a really cute laugh, she's got a lovely laugh 2 **su Graciosa Majestad** her gracious Majesty

grada *f*
A (peldaño) step
B **grada(s) la(s) ~(s)** the stands, the terraces; **el gol causó delirio en la(s) ~(s)** the goal sparked an explosion of joy in the stands
C (Náut) stocks (*pl*), slipway

gradación *f* 1 (Art, Mús) gradation 2 (Col, Ven) (del alcohol) ▸**graduación 2**

gradén *m* set of drawers

gradería *f* (Esp) **graderío** *m* stands (*pl*); **la ~ cubierta** the covered stands

gradiente[1] *m or* (AmL) *f* (Fís, Mat, Meteo) gradient

gradiente[2] *f* (AmL) (pendiente) slope, gradient

grado *m*
A 1 (nivel, cantidad) degree; **otro ejemplo del ~ de confusión reinante** another example of the degree of confusion that prevails; **depende del ~ de libertad que tengan** it depends on how much freedom *o* the degree of freedom they enjoy; **el asunto se ha complicado en** *or* (AmL) **a tal ~ que no le veo solución** things have become so complicated that I can't see any solution; ***en ~ sumo:* la noticia me preocupó en ~ sumo** the news worried me greatly *o* caused me great concern; **nos complace en ~ sumo poder comunicarle que ...** it gives us great pleasure to be able to inform you that ... 2 (de parentesco) degree; **son primos en segundo ~** they are second cousins
B (de escalafón) grade; **un oficial de ~ superior** a high-ranking officer; ▸**medio**[1]
C (disposición): **de buen ~** readily, willingly, with good grace; **de mal ~** reluctantly, unwillingly, with bad grace
D 1 ▸ⓘ **p.796** (Fís, Meteo) degree; **estamos a tres ~s bajo cero** it's three degrees below zero, it's minus three degrees 2 (Geog, Mat) degree; **a un ángulo de 60 ~s** at an angle of 60 degrees, at a 60° angle; **25 ~s de latitud/longitud** 25 degrees latitude/longitude 3 (Vin) degree; **un vino de 12 ~s** a 12% proof wine

Compuestos
- **grado centígrado** *or* **Celsius** degree centigrade *o* Celsius
- **grado Fahrenheit** degree Fahrenheit

E 1 (esp AmL) (Educ) (curso, año) year, grade (AmE), form (BrE) 2 (título): **tiene el ~ de licenciado** he has a college degree (AmE), he has a university degree (BrE)
F (Ling) degree; **~ positivo/comparativo** positive/comparative degree
G (Der) stage; **el juicio se halla en ~ de apelación/revisión** the trial is at the appeal/review stage

graduable *adj* adjustable

graduación *f* 1 (acción de regular) adjustment 2 (de una bebida alcohólica) alcohol content; **vino de baja ~ alcohólica** wine with a low alcohol content; **¿cuál es la ~ de este ron?** what proof is this rum? 3 (Mil) rank; **un militar de alta ~** a high-ranking officer 4 (de la universidad) graduation; (ceremonia) graduation ceremony, graduation; (fiesta) graduation ball/party

graduado[1] **-da** *adj* 1 ‹*gafas/lentes*› prescription (*before n*) 2 ‹*termómetro*› graduated

graduado[2] **-da** *m,f*
A (estudiante) graduate
B **graduado** *m* (título) (en Esp) *tb* **~ escolar** primary education qualification

gradual *adj* gradual; **mañana se iniciará una subida ~ de las temperaturas** tomorrow, temperatures will begin to rise gradually *o* there will be a gradual rise in temperatures tomorrow

gradualmente *adv* gradually

graduando -da *m,f* degree candidate, graduand (BrE frml)

graduar [A18] *vt* 1 (regular) to adjust; **para ~ la temperatura** to adjust the temperature; **graduamos la dificultad de los ejercicios** we progressively increase the difficulty of the exercises 2 (marcar) ‹*instrumento/termómetro*› to calibrate

■ **graduarse** *v pron* 1 (de la universidad) to graduate, get one's degree 2 (Mil) to take a commission, be commissioned; **acaba de ~se de capitán** he has just been commissioned as a captain 3 (Esp, Méx) (medir) ‹*vista*› to test; **tengo que ~me la vista** I have to have my eyes tested

graffiti /gra'fiti/, **grafiti** *mpl* graffiti

grafía *f* spelling; **¿alguna vez has visto la palabra con esta ~?** have you ever seen the word spelled like this?

gráfica *f* graph

gráficamente *adv* graphically

graficar [A2] *vt* ‹*dato*› to show ... on a graph; ‹*expresión/impresión*› to illustrate

gráfico[1] **-ca** *adj* 1 (Art, Impr) graphic; **talleres ~s Anaya** Anaya press, Anaya printing house 2 ‹*relato/narración*› graphic; ‹*gesto*› expressive

gráfico[2] *m* 1 (Mat) graph 2 (Inf) graphic

Compuestos
- **gráfico de barras** bar chart
- **gráfico por computadora** *or* (Esp) **ordenador** computer graphic

gráfico[3] **-ca** *m,f* (RPl) printer

grafila, gráfila *f* milling, reeding

grafiosis *f tb*: **~ del olmo** Dutch elm disease

grafismo *m* graphics (*pl*)

Compuestos
- **grafismo electrónico** electronic graphics (*pl*)
- **grafismo por computadora** computer graphics (*pl*)

grafista *mf* graphic artist, graphic designer

grafitero[1] **-ra** *adj* graffiti (*before n*)

grafitero[2] **-ra** *m,f* graffiti artist

grafito *m*
A (mineral) graphite
B (pintada) piece of graffiti, graffito

grafología *f* graphology

grafológico -ca *adj* graphological

grafólogo -ga *m,f* graphologist

gragea *f* 1 (Farm) tablet 2 (Coc) small candy (AmE) *o* (BrE) sweet; **~s de chocolate** chocolate drops

grajo -ja *m,f* rook

Gral. *m* (= **General**) Gen.

grama *f* 1 (hierba, planta) Bermuda grass 2 (AmC, Ven) (césped) lawn

gramaje *m* weight (*in grams*)

gramática *f* 1 (disciplina) grammar 2 (libro) grammar book, grammar

Compuestos
- **gramática comparada** comparative grammar
- **gramática descriptiva** descriptive grammar
- **gramática estructural** structural grammar
- **gramática generativa** generative grammar
- **gramática parda** (fam): **tiene mucha ~ ~** he's pretty smart *o* worldly-wise
- **gramática transformacional** *or* **transformativa** transformational grammar

gramatical *adj* grammatical

gramático -ca *m,f* grammarian

gramilla *f* (RPl) (gramínea forrajera) joint grass; (césped) lawn

gramínea, gramínácea *f* grass; **~s** gramineae (tech), grasses

gramo *m* ▸ⓘ **p.630** gram

gramofónico -ca *adj* (ant) gramophonic (dated)

gramófono *m* (ant) gramophone (dated)

gramola *f* 1 (ant) (tocadiscos) gramophone (dated) 2 (Esp) (de monedas) jukebox

gran *adj ver* **grande**[1]

grana *f*
A 1 (Zool) (cochinilla) cochineal; (quermes) kermes 2 (sustancia colorante) cochineal; **ponerse rojo como la ~** to turn (as) red as a beet (AmE), to go as red as a beetroot (BrE)
B (color) ▸ⓘ **p.181**; deep red; **un vestido (de) color ~** a deep-red dress
C **granas** *fpl* (RPl) nonpareils (*pl*) (AmE), hundreds and thousands (*pl*) (BrE)

> **gran reserva**
>
> *Vinos de gran reserva* are those of the highest quality, selected from a particularly good vintage. To qualify for this designation, red wines must have been aged in cask and bottle for a minimum of five years, and white wines for four years. *See also* ▸**reserva**

granada *f*
A (Bot) pomegranate
B (Arm, Mil) grenade

Compuestos
- **granada de aturdimiento** *or* **estruendo** stun granade
- **granada de fragmentación** fragmentation grenade
- **granada de mano** hand grenade
- **granada de mortero** mortar shell
- **granada lacrimógena** tear gas grenade

Granada *f* 1 (en España) Granada 2 (en el Caribe) Grenada

granadero *m*
A (Mil) grenadier
B (Méx) (policía antimotines) *gen* **~s** riot police

granadilla *f* (fruta — redonda, oscura) passion fruit; (— más grande, amarilla) granadilla

granadillo *m*
A (Méx) (árbol leguminoso) granadillo
B (guarumo) trumpetwood

granadino -na *adj* of/from Granada

granado[1] **-da** *adj* select; **lo más ~ de la sociedad** the cream of society

granado[2] *m* pomegranate tree

granangular *m* wide-angle lens

granar [A1] *vi* to seed

granate[1] *adj inv* ▸ⓘ **p.181** maroon

granate[2] *m* 1 (Min) garnet 2 (color) maroon

granazón *f* seeding

Gran Barrera de Coral *f* (Geog): **la ~ ~ de ~** the Great Barrier Reef

Gran Bretaña *f* Great Britain

Gran Canaria *f* Gran Canaria

grancanario -ria *adj* of/from Gran Canaria

grande[1] *adj* [▸**gran** *is used before singular nouns*]
A 1 (en dimensiones) large, big; **se mudaron a una casa más ~** they moved to a larger *o* bigger house; **sus ~s ojos negros** her big dark eyes; **un tipo ~, ancho de hombros** a big, broad-shouldered guy; **una chica grandota, fortachona** (fam) a big, strong girl, a strapping lass (BrE colloq); **tiene la boca/nariz ~** she has a big mouth/nose; **abra la boca más ~** open wider 2 (en demasía) too big; **¿esto será ~ para Daniel?** do you think this is too big for Daniel?; **estos zapatos me quedan** *or* **me están ~s** these shoes are too big for me; ***quedarle*** *or* (Esp) ***venirle ~ a algn*** «*puesto/responsabilidad*» to be too much for sb
B (alto) tall; **¡qué ~ está Andrés!** isn't Andrés tall!, hasn't Andrés gotten* tall!
C (Geog): **el Gran Buenos Aires/Bilbao** Greater Buenos Aires/Bilbao
D 1 (esp AmL) ‹*niño/chico*› (en edad): **los más ~s pueden ir solos** the older *o* bigger ones can go on their own; **ya eres ~ y puedes comer solito** you're a big boy now and you can feed yourself; **cuando sea ~ quiero ser bailarina** when I grow up I want to be a ballet dancer; **mis hijos ya son ~s** my children are all grown up now 2 (Arg) (maduro, mayor): **es una mujer ~** she isn't a young woman *o* she's a mature woman; **está saliendo con un tipo ~** she's going out with an older guy
E (*delante del n*) 1 (notable, excelente) great; **un**

gran hombre/artista/vino a great man/artist/wine; **la gran dama del teatro** the grande dame of the theater **2** (poderoso) big; **los ~s bancos/industriales** the big banks/industrialists; **los ~s señores feudales** the great feudal lords; ***a lo ~*** in style **3** (en importancia): **son ~s amigos** they're great friends; **~s fumadores** heavy smokers

F (fam) (increíble): **¡qué cosa más ~! ¡ya te he dicho 20 veces que no lo sé!** this is unbelievable! I've told you 20 times already that I don't know!; **¿no es ~ que ahora me echen la culpa a mí?** (iró) and now they blame me; great, isn't it? (iro)

G **1** (en intensidad, grado) great; **me causó una gran pena** it caused me great sadness; **me has dado una gran alegría** you have made me very happy; **comió con gran apetito** she ate hungrily *o* heartily; **un día de gran calor** a very hot day; **los ~s fríos del 47** the great *o* big freeze of '47; **me llevé un susto más ~ ...** I got such a fright; **para mi gran vergüenza** to my great embarrassment; **se produjo una gran explosión** there was a powerful explosion; **es un gran honor para mí** it is a great honor* for me; **ha sido una temporada de gran éxito** it has been a very *o* a highly successful season; **no corre gran prisa** it is not very urgent; **las paredes tienen gran necesidad de una mano de pintura** the walls are very much in need of a coat of paint **2** (uso enfático): **eso es una gran verdad** that is absolutely *o* very true; **eres un grandísimo sinvergüenza** you're a real swine (colloq); **ésa es la mentira más ~ que he oído** that's the biggest lie I've ever heard; **¡qué gran novedad!** (iró) you don't say! *o* what a surprise! (iro)

H **1** (en número) ‹*familia*› large, big; ‹*clase*› big; **la gran mayoría de los votantes** the great *o* vast majority of the voters; **dedican gran parte de su tiempo a la investigación** they devote much of *o* a great deal of their time to research; **esto se debe en gran parte a que ...** this is largely due to the fact that ... **2** (elevado): **a gran velocidad** at high *o* great speed; **volar a gran altura** to fly at a great height; **un edificio de gran altura** a very tall building; **un gran número de personas** a large number of people; **objetos de gran valor** objects of great value; ***en ~:*** **lo pasamos** *or* **nos divertimos en ~** we had a great time (colloq)

(Compuestos)
- **gran angular** *m* wide-angle lens
- **gran capital** *m*: **el ~ ~** big business
- **gran danés** *m* Great Dane
- **Gran Depresión** *f*: **la ~ ~** the Great Depression
- **gran explosión** *f* (Astron): **la ~ ~** the Big Bang
- **Gran Guerra** *f*: **la ~ ~** the Great War
- **gran hermano** *m* Big Brother; **el ~ ~ te observa** *or* **te vigila** Big Brother is watching you
- **Gran Maestre** *m* Grand Master
- **gran maestro** *m* grand master
- **gran maestro internacional** *m* international grand master
- **gran ópera** *f* grand opera
- **Gran Premio** *m* Grand Prix
- **gran público** *m*: **el ~ ~** the general public
- **gran reserva** *f* ▸**gran reserva**
- **gran simpático** *m* (Anat): **el ~ ~** the sympathetic nervous system
- **gran superficie** *f* (Esp) large supermarket, hypermarket (BrE)
- **grandes almacenes** *mpl* department store

grande² *m,f*

A (de la industria, el comercio) big *o* leading name, leading player; **uno de los tres ~s de la industria automovilística** one of the big three names *o* one of the big three in the car industry

B (esp AmL) **1** (mayor): **quiero ir con los ~s** I want to go with the big boys/girls; **la ~ ya está casada** their eldest (daughter) is already married **2** (adulto) grown-up

(Compuesto) **Grande de España** (Spanish) grandee *o* nobleman

grande³ *f* (RPl): **la ~** the big prize, the jackpot; ***sacarse la ~*** (literal) to win the big prize *o* the jackpot; **se sacó la ~ con ese marido** she hit the jackpot with that husband

grandeza *f*

A (excelencia, nobleza) nobility

(Compuestos)
- **grandeza de alma** (liter) magnanimity
- **grandeza de ánimo** (liter) courage, valor* (liter)

B **1** (dignidad de Grande) rank of grandee **2** (conjunto de Grandes): **la ~** the (Spanish) nobility, the (Spanish) grandees

grandilocuencia *f* grandiloquence

grandilocuente *adj* grandiloquent

grandiosidad *f* grandeur

grandioso -sa *adj* **1** ‹*espectáculo/obra*› impressive, magnificent; **la manifestación fue algo ~** the demonstration was very impressive **2** (rimbombante) ‹*gesto/palabras*› grandiose

grandullón -llona *m,f* (fam) (*m*) big boy, big kid (colloq); (*f*) big girl, big kid (colloq)

grandulón -lona *m,f* (AmS fam) ▸**grandullón**

graneado -da *adj* grainy; ▸**fuego D**

granear [A1] *vi* ▸**granar**

■ **granear** *vt* **1** ‹*pólvora*› to turn ... into grains **2** ‹*papel/cuero*› to give a grainy surface to

granel, a ~ (*loc adv*) **1** (Com) (suelto): **comprar/vender a ~** ‹*vino/aceite*› to buy/sell ... by the liter (*o* pint *etc*); ‹*galletas/nueces*› to buy/sell ... loose; (en grandes cantidades) to buy/sell ... in bulk **2** (en abundancia): **había comida y bebida a ~** there was loads *o* stacks of food and drink (colloq); **recibimos llamadas a ~** we received hundreds of phone calls

granero *m* granary

granete *m* center* punch

granité *m* (CS) rough linen

granítico -ca *adj* **1** (Geol) ‹*formación*› granitic, granite (*before n*); ‹*fachada*› granite (*before n*) **2** (frml) (indestructible) indestructible; (inquebrantable) unshakable

granito *m* **1** (roca) granite **2** (Med) ▸**grano B**

granizada *f* hailstorm

granizado *m* **1** (bebida) *drink served on crushed ice*; **~ de limón** iced lemon drink **2** (RPl) (helado) *type of chocolate chip ice cream*

granizar [A4] *v impers* ▸❶ **p.802**; to hail; **está granizando** it's hailing

granizo *m* (grano, bola) hailstone; (conjunto) hail

granja *f*

A (Agr) farm

(Compuestos)
- **granja agrícola** arable farm
- **granja avícola** poultry farm
- **granja de cría intensiva** (de aves) battery farm; (de otros animales) factory farm
- **granja escuela** farm school

B **1** (en Cataluña) *small café or teashop* **2** (Ur) (tienda) *shop selling farm produce*

granjear [A1] *vt* to earn, win; **su valor le granjeó fama y respeto** her bravery earned *o* won her fame and respect; **esto le granjeó su confianza** this won *o* gained him their confidence

■ **granjearse** *v pron* to earn, win; **se ha granjeado gran admiración en todo el país** she has won great admiration throughout the country

granjería *f* profit; ***hacer ~ de algo*** to take advantage of sth

granjero -ra *m,f* farmer

grano *m*

A **1** (de sal, azúcar) grain; (de trigo, arroz) grain; (de café) bean; (de mostaza) seed; **~s de pimienta** peppercorns; ***ir al ~*** (fam) to get (straight) to the point; ***un ~ no hace granero pero ayuda al compañero*** every little helps **2** (de arena) grain; ***poner su granito de arena*** to do one's bit (colloq); **hemos contribuido con nuestro granito de arena** we've done our bit **3** (Agr) (cereales) grain; **almacenar ~** to store grain; ***separar*** *or* ***apartar el ~ de la paja*** to separate the wheat from the chaff

B (Med) spot, pimple (esp AmE)

C **1** (de la piedra, la madera) grain **2** (Fot) grain

granola® *f* **1** (cereal) granola **2** (Esp) (galleta) ≈ graham cracker (*in US*), ≈ digestive biscuit (*in UK*)

granoso -sa *adj* grainy

granuja *mf* rascal; **¿dónde se habrá metido este granujilla?** where's that little rascal *o* monkey got(ten) to?

granujada *f*: **fue una ~** it was a terrible thing to do, it was a mean *o* dirty trick

granujiento -ta *adj* ‹*piel/cara*› spotty, pimply; ‹*consistencia*› grainy

granulación *f* granulation

granulado¹ -da *adj* granulated

granulado² *m* **1** (acción) granulation **2** (sustancia) granules (*pl*); **un ~ vitamínico** vitamin powder

granular¹ *adj* granular

granular² [A1] *vt* to granulate

granularidad *f* (Inf) granularity

gránulo *m* granule

granuloso -sa *adj* granular

granza *f* **1** (de trigo) chaff **2** (RPl) (tierra) cinders (*pl*)

grao *m* beach, shore

grapa *f*

A **1** (para papeles) staple; (para madera) staple; (para cables) cable clip **2** (Arquit) cramp iron

B (CS) (aguardiente) grappa

C (Vet) grapes

grapadora *f* stapler

grapar [A1] *vt* to staple

grapo *mf*: *member of* ▸**GRAPO**

GRAPO /'grapo/ *mpl* (en Esp) = **Grupos de Resistencia Antifascista Primero de Octubre**

grasa¹ *adj inv* (RPl fam) common (colloq & pej)

grasa² *f*

A **1** (Biol, Coc) fat; **la comida tenía mucha ~** the food was very greasy; **un corte de carne con mucha ~** a very fatty cut of meat; **el deporte ayuda a eliminar la(s) ~(s)** exercise helps get rid of fat **2** (suciedad) grease; **está lleno de ~** it's all greasy **3** (Mec) grease

(Compuestos)
- **grasa animal** animal fat
- **grasa de pella** (RPl) suet
- **grasas monoinsaturadas** *fpl* monounsaturated fats (*pl*)
- **grasas poliinsaturadas** *fpl* polyunsaturated fats (*pl*)
- **grasas saturadas** *fpl* saturated fats (*pl*)
- **grasa vegetal** vegetable fat

B (Méx) (betún) shoe polish *o* cream; **dale ~ a tus zapatos** polish *o* shine your shoes, give your shoes a polish *o* shine

C **grasa** *mf* (RPl fam) (ordinario): **es un ~** he's so common (colloq & pej)

grasiento -ta *adj* **1** (Coc) greasy; **la salsa me quedó muy grasienta** the sauce was greasy; **la sartén está grasienta** the frying pan is greasy **2** ‹*pelo*› greasy; ‹*cutis*› greasy, oily

grasitud *f* (CS) greasiness

graso -sa *adj* **1** ‹*pelo*› greasy; ‹*cutis*› greasy, oily **2** (Coc) greasy, oily, fatty; **queso ~** full fat cheese

grasoso -sa *adj* (esp AmL) ▸**grasiento**

gratamente *adv* pleasantly

gratarola *adj/adv* (RPl fam) ▸**gratis¹**, **gratis²**

gratén *m*: **al ~** au gratin

gratificación *f* **1** (bonificación) bonus; (recompensa) reward **2** (satisfacción) gratification

gratificador -dora *adj* (AmL) ▸**gratificante**

gratificante *adj* rewarding, gratifying (frml)

gratificar [A2] *vt* **1** ‹*persona*› **el jefe gratificó a toda la plantilla** the boss gave the entire staff a bonus; **❸ perdido: pendiente de oro, se gratificará** (*impers*) lost: one gold earring, reward offered **2** ‹*deseo/necesidad*› to gratify, satisfy

gratin, gratín *m* ▸**gratén**

g

gratinado[1] **-da** *adj* au gratin; **coliflor ~** cauliflower au gratin, cauliflower cheese

gratinado[2] *m* topping (*gen of breadcrumbs and cheese*)

gratinador *m* grill

gratinar [A1] *vt* to cook … au gratin

gratis[1] *adj* free; **la entrada es ~** entrance is free; **este folleto es ~** this brochure is free (of charge) *o* gratis

gratis[2] *adv* free; **me lo arregló ~** he fixed it for me free; **entramos ~** we got in free *o* for nothing

gratitud *f* gratitude

grato -ta *adj* pleasant; **me es muy grata su compañía** I find his company very pleasant; **los ~s recuerdos de mi niñez** the pleasant memories of my childhood; **me es ~ comunicarles que …** I am pleased to inform you that …; **en respuesta a su grata (carta) del 3 de …** in reply to your letter of … 3rd

g

gratuidad *f* **1** (calidad de ser gratis): **ofrecen garantías sobre la ~ de la asistencia médica** they are offering guarantees of free health care *o* that health care will remain free **2** (arbitrariedad) arbitrariness

gratuitamente *adv*
A (gratis) free; **si desea más información, llámenos ~ al …** for further information, call us free on …
B (sin fundamento) ‹*atacar/insultar*› gratuitously; **me acusó ~** he accused me without justification

gratuito -ta *adj* **1** (gratis) free; **asistencia médica gratuita** free medical care **2** ‹*afirmaciones*› unwarranted

grava *f* gravel

gravamen *m* **1** (impuesto) tax **2** (carga) burden **3** (sobre una finca, casa) encumbrance
(Compuesto) **gravamen arancelario** customs duty

gravar [A1] *vt* **1** (con un impuesto): **estos productos serán gravados con un impuesto especial** a special tax will be levied on these products; **~ los ingresos de las personas** to tax people's income **2** ‹*casa/tierras*› **la casa está gravada con una hipoteca** the house is mortgaged, there is a mortgage on the house; **las cargas que gravan la propiedad** the encumbrances *o* charges on the property

grave *adj*
A ‹*enfermo*› seriously ill; ‹*herida*› serious; ‹*enfermedad*› serious; **está en estado ~** *or* **está ~** she is seriously ill; **su estado es ~** his condition is serious
B ‹*situación/suceso*› serious; ‹*problema/asunto*› serious; **fue un error ~** it was a serious *o* (frml) grave error
C ‹*tono/expresión/gesto*› grave, solemn
D ‹*voz*› deep
E (Ling) ‹*acento*› grave; ‹*palabra*› paroxytone

gravedad *f*
A (Med) seriousness; **la ~ de sus lesiones** the seriousness *o* severity of her wounds; **ha experimentado una leve mejoría dentro de la ~** she has improved slightly although she is still in a serious condition *o* her condition is still serious; **está herido de ~** he is seriously injured
B (de una situación, un problema) seriousness, gravity; **es un asunto de mucha ~** it is a very serious matter, it is a matter of great seriousness
C (de tono, expresión) gravity, seriousness; (de carácter) seriousness; **andaba con mucha ~** she carried herself with great poise *o* composure
D (Fís) gravity

gravemente *adv* seriously, gravely

graves *mpl* (Esp) (Audio): **los ~** the bass

gravidez *f* (frml) pregnancy; **una mujer en estado de ~** a pregnant woman, an expectant mother

grávido -da *adj* **1** (frml) ‹*mujer*› pregnant, gravid (tech) **2** (liter) (lleno) **~ DE algo** full OF sth; **~ de emociones** full of emotion, pregnant *o* gravid with emotion (liter)

gravilla *f* gravel

gravillar [A1] *vt* to texture

gravitación *f*
A (Fís) gravitation
(Compuesto) **gravitación universal** universal gravitation
B (CS) (influencia) influence; **la ~ de este partido en el espectro político** the weight this party carries *o* the influence this party wields within the political spectrum

gravitacional *adj* gravitational

gravitar [A1] *vi*
A **1** (Fís) to gravitate **2** (centrarse) to be centered; **el conflicto gravita en torno a la capital** the conflict is centered around the capital
B **1** (apoyarse) «*peso/carga*» to rest; **toda la responsabilidad gravita sobre él** all the responsibility rests on his shoulders **2** «*factores*»: **~ SOBRE** *or* **EN algo** to influence *o* affect sth; **los factores que gravitan sobre esta disminución** the factors influencing *o* affecting this reduction **3** «*peligro/amenaza*»: **~ SOBRE** *or* **EN algo** to hang OVER sth

gravitatorio -ria *adj* gravitational

gravoso -sa *adj* (frml) expensive, costly; **es muy ~ para la economía del país** it is a great burden on the country's economy

graznar [A1] *vi* «*cuervo*» to caw, croak; «*ganso*» to honk; «*pato*» to quack

graznido *m* (del cuervo) caw, cawing, croak, croaking; (del ganso) honk, honking; (del pato) quack, quacking

greca *f* **1** (Arquit) fret, frieze **2** (Tex) pattern, motif **3** (borde — de papel pintado) wallpaper border, frieze; (— de azulejos) ceramic *o* tiled border **4** (Col, Ven) (cafetera) coffee machine

Grecia *f* Greece

greco -ca *adj* (liter) Grecian, Greek

grecochipriota *adj/mf* Greek Cypriot

grecolatino -na *adj* Greco-Latin

grecorromano -na *adj* Greco-Roman

greda *f* (para absorber grasa) fuller's earth; (para cerámica) clay

green /grin/ *m* green

gregario -ria *adj* ‹*animal*› gregarious; ‹*persona*› sociable, gregarious

gregarismo *m* (de animal) gregariousness; (de persona) herd instinct

gregoriano -na *adj* ▸**calendario, canto**

greguería *f* (Lit) *short, humorous, prose composition looking at life*

grei *m* (Col) grapefruit

greifrú, graifrú *mf* (*pl* **-frús**) (AmC, Ven fam) grapefruit

grela *f* (RPl arg) filth

grelos *mpl* turnip greens (*pl*)

gremial[1] *adj* **1** (profesional) ‹*asociación*› professional **2** (AmL) (sindical) ‹*actividad/sede*› union (*before n*), labor union (*before n*) (AmE), trade union (*before n*) (BrE)

gremial[2] *f* (AmL) union, labor union (AmE), trade union (BrE)

gremialista *mf* (AmL) trade unionist

gremio *m* **1** (Hist) guild **2** (de un oficio, una profesión): **protestas del ~ de los panaderos/dentistas** protests by bakers/dentists; **cualquiera que sea del ~ lo entenderá** anyone in the trade/profession will understand it **3** (CS, Per) (sindicato) union, labor union (AmE), trade union (BrE)

greña *f* **1** (enredo) tangle; ***andar a la ~*** (Méx fam) to be at loggerheads, be at daggers drawn **2** **en greña** (Méx) ‹*trigo*› unthreshed; ‹*plata/azúcar*› unrefined; ‹*tabaco*› leaf (*before n*); ***montar a la ~*** (Méx) to ride bareback **3** **greñas** *fpl* untidy hair, rats' tails (*pl*) (BrE); ***agarrarse de las ~s*** (AmL fam): **terminaron agarrándose de las ~s** they ended up at each other's throats

greñudo -da *adj* ‹*pelo*› tangled; ‹*persona*› untidy, disheveled*

gres *m* (arcilla) potter's clay; (cerámica) earthenware

gresca *f* (fam) (jaleo) rumpus (colloq), ruckus (AmE colloq); (riña) fight

grey *f* **1** (liter) (rebaño) flock **2** (Relig) flock (liter), congregation **3** (grupo de personas): **una ~ de famosos** (period) a galaxy of famous people; **vino con toda esa ~** (fam & hum) she arrived with the whole gang *o* crew (colloq)

grial *m* ▸**santo**[1]

griego[1] **-ga** *adj* Greek

griego[2] **-ga** *m,f* **1** (persona) Greek **2** **griego** *m* (idioma) Greek

grieta *f* (en una pared) crack; (en la tierra) crack, crevice; (en un glaciar) crevasse; **la luz entraba por una pequeña ~ en la pared** the light was coming in through a chink in the wall

grifa *f*
A (arg) (hachís) dope (sl)
B (Chi, Méx) (Metal) swage block

grifería *f* bathroom fittings *o* fixtures (*pl*); **S** **material sanitario y grifería** bathroom fixtures *o* fittings

grifo[1] *m*
A (Esp) (del lavabo, de la bañera) faucet (AmE), tap (BrE); **agua del ~** water from the faucet, tap water; **abrir/cerrar el ~** to turn the faucet *o* tap on/off; **cerraron el ~ de las subvenciones** they cut off the flow of subsidies
(Compuesto) **grifo monobloc** mixer faucet (AmE), mixer tap (BrE)
B (Per) (gasolinera) filling station
C (Chi) (de incendios) fire hydrant, fireplug (AmE)
D (Mit) griffin

grifo[2] **-fa** *adj* (Méx fam) high (colloq)

grifo[3] **-fa** *m,f* (Méx fam) junkie (colloq)

grifón *m* griffon

grifota *mf* (Esp arg) dopehead (sl)

grill /gril/ *m* **1** (electrodoméstico) electric grill, grill **2** (CS) (restaurante) bar and grill

grilla *f* (Méx fam) wheeler-dealing

grillado -da *adj* (Esp fam) batty (colloq), barmy (BrE colloq)

grillera *f* **1** (jaula) cricket cage **2** (fam) (loquero) madhouse

grillete *m* **1** (Náut) shackle **2** (de los presos) fetter, shackle

grillo[1] *m* cricket

grillo[2] **-lla** *m,f*
A (Méx fam & pey) (político) politico (pej)
B **grillos** *mpl* (de los presos) fetters (*pl*), shackles (*pl*), irons (*pl*)

grima *f*: **los caracoles me dan ~** snails make my flesh crawl; **un chirrido que me daba ~** a screech that set my teeth on edge; **me da ~ oírle siempre hablar de sí mismo** it really gets on my nerves the way he talks about himself all the time (colloq)

grimillón *m* (Chi fam) mass; **un ~ de gente** a mass *o* (colloq) a (whole) load of people

grímpola *f* pennant

gringada *f* (AmL fam & pey) **1** (conjunto — de extranjeros) gringos (*pl*), foreigners (*pl*) (*from a non-Spanish speaking country*); (— de norteamericanos) Yankees (*pl*) (colloq & pej), Yanks (*pl*) (BrE colloq & pej) **2** (acción): **la típica ~** the typical thing a gringo *o* foreigner/yankee does

gringo[1] **-ga** *adj* **1** (AmL fam & pey) gringo, foreign (*of or relating to a* ▸**gringo**[2] **1**) **2** (Andes fam) (rubio) fair-haired, blond

gringo[2] **-ga** *m,f* **1** (AmL fam & pey) (extranjero) gringo, foreigner (*from a non-Spanish speaking country*); (norteamericano) Yankee (colloq & pej), Yank (BrE colloq & pej) **2** (Andes fam) (rubio) (*m*) blond *o* fair-haired boy/man; (*f*) blonde *o* fair-haired girl/woman

> **gringo**
>
> A pejorative term in Latin America to refer to white English speakers, particularly North Americans. It has overtones of US intervention in Latin American internal affairs. In the eighteenth century the word was applied to foreigners who spoke little or no Spanish.

Gringolandia, gringolandia *f* (AmL fam & pey) Yankeeland (colloq & pej)

gringuería *f* (Chi fam) ▸**gringada**

gripa *f* (Col, Méx) ▸**gripe**

gripaje *m* (Mec) seizure

gripal *adj* influenzal (tech); **recomendado para estados ~es** recommended for influenza *o* (the) flu

griparse [A1] *v pron* «*motor*» to seize up

gripe *f* flu, influenza (tech); **tener ~** to have the flu; **está con (la) ~** she has the flu *o* has come down with the flu (AmE), she has flu *o* has come down with flu (BrE)

(Compuesto) **gripe aviar** *or* **de pollo** bird flu, avian flu, avian influenza (frml)

griposo -sa *adj* (fam): **estoy (medio) griposa** I'm coming down with (the) flu, I'm feeling fluey (BrE colloq)

gris[1] *adj* ▸ℹ **p.181** 1 ‹*color/ojos/traje*› gray*; ‹*día*› gray*, overcast 2 (*modificado por otro adj inv*) gray*; **zapatos ~ oscuro** dark gray shoes

gris[2] *m*
A (color) ▸ℹ **p.181**; gray*; **un ~ más fuerte** a darker gray

(Compuestos)
- **gris marengo**
A *m* charcoal gray*
B *adj inv* charcoal-gray*
- **gris metálico**
A *m* metallic gray*
B *adj inv* metallic gray*
- **gris perla**
A *m* pearl-gray*
B *adj inv* pearl-gray*
- **gris pizarra**
A *m* slate gray*
B *adj inv* slate-gray*
- **gris plomo**
A *m* gunmetal gray*
B *adj inv* gunmetal-gray*

B (Esp fam & ant) (policía) cop (colloq)

grisáceo -cea *adj* ▸ℹ **p.181** grayish*

grisalla *f* grisaille

grisín *m* (Per, RPl) bread stick

grisú *m* firedamp

gritadera *f* (Andes, Méx fam) shrieking, yelling

gritar [A1] *vi* to shout; **no hace falta que grites** there's no need to shout *o* yell; **a fuerza de ~ se quedó ronco** he shouted himself hoarse; **gritaba de terror/dolor** he was shrieking *o* screaming with terror/pain; **gritaba de alegría** she was shouting *o* whooping for joy; **empezó a ~ pidiendo ayuda** he started crying out *o* yelling *o* shouting for help; **gritaba como un desaforado** he was screaming *o* shrieking at the top of his voice; **le grité pero no me oyó** I shouted to her but she didn't hear me; **¡a mí no me grites!** don't you shout *o* yell at me!

■ **gritar** *vt* to shout; **los manifestantes gritaban consignas en contra del gobierno** the demonstrators were shouting anti-government slogans; **-¡cuidado! -gritó** watch out! she shouted *o* cried; **me gritó una serie de insultos** he shouted *o* hurled a series of insults at me; **le fui gritando instrucciones desde la ventana** I shouted instructions to him from the window

gritería *f*
A (bullicio) shouting, clamor*
B (AmC) (Relig) *festival to celebrate the Immaculate Conception*

griterío *m* shouting, clamor*

grito *m*
A 1 (chillido): **lanzó un ~ de dolor/terror** he gave a cry of pain/terror; **dio un ~ de alegría/sorpresa** she let out *o* gave a whoop of joy/a gasp of astonishment; **~s de protesta** shouts *o* cries of protest; **no pegues esos ~s que no estoy sorda** don't shout like that, I'm not deaf; **le pegué un ~ pero ya se había ido** I shouted (out) to him but he'd already left; **hay que ver los ~s que le pega** you should hear the way he shouts *o* yells at her; **a ~s: siempre habla a ~s** he always talks at the top of his voice; **lo llamó a ~s desde la orilla** she shouted *o* yelled to him from the shore; ***a ~ limpio*** *or* ***pelado*** (fam) at the top of one's voice; ***estar en un ~*** (CS fam) to be in agony; ***pedir*** *or* ***estar pidiendo algo a ~s*** (fam) to be crying out for sth (colloq); ***poner el ~ en el cielo*** (fam) to hit the roof *o* ceiling (colloq); ***ser el último ~:*** **esa falda es el último ~** that skirt is the last word in fashion *o* the very latest fashion; ***ser ~ y plata*** (Chi fam) to be a cinch (colloq) 2 (de pájaro, animal) call, cry
B (Hist): **el ~ (de Independencia)** declaration of independence (*in some Latin American countries*)

gritón -tona *adj* (fam): **¡qué ~ es!** he has such a loud voice!

grivna, grivnia *f* (Fin) hryvna

groenlandés -desa *adj* of/from Greenland

Groenlandia *f* Greenland

groggy /'groɣi/, **grogui** *adj* (fam) (atontado, medio dormido) groggy; (por un golpe) dazed, stunned; **pastillas que me dejan ~** tablets that make me feel groggy *o* out of it (colloq); **el golpe lo dejó ~** the blow left him dazed *o* stunned (colloq)

grosella *f* redcurrant

(Compuestos)
- **grosella espinosa** gooseberry
- **grosella negra** blackcurrant
- **grosella roja** redcurrant
- **grosella silvestre** gooseberry

groseramente *adv* rudely

grosería *f* 1 (acción): **me pareció una ~ que no nos hiciera pasar** I thought it was very rude of him not to invite us in 2 (comentario, dicho): **y me llamó estúpida — ¡qué ~!** and he called me stupid — how rude!; **lo castigaron por decir ~s** he was punished for being coarse *o* crude

grosero[1] **-ra** *adj* 1 (descortés) ‹*persona/comportamiento*› rude, ill-mannered; ‹*lenguaje*› rude 2 (vulgar) crude, vulgar, coarse

grosero[2] **-ra** *m,f*: **es un ~** (vulgar) he's so vulgar *o* crude *o* coarse!; (descortés) he's so rude!

grosor *m* thickness

grosso modo *loc adv* (frml): **~ ~** *or* (crit) **a ~ ~ habría unas 500 personas** there must have been roughly *o* approximately 500 people there; **hablando muy a ~ ~ diría que el problema radica en ...** (crit) broadly speaking I would say that the problem lies in ...

grotescamente *adv* grotesquely

grotesco -ca *adj* 1 ‹*personaje/figura/mueca*› grotesque 2 ‹*espectáculo*› hideous, grotesque

groupi /'grupi/ *f* (arg) groupie

grúa *f* 1 (Const) crane 2 (Auto) (de un taller) wrecker (AmE), breakdown van (BrE); (de la policía) tow truck; Ⓢ **no aparcar, avisamos** *or* **llamamos grúa** any vehicles parked here will be towed (AmE) *o* (BrE) towed away; **se lo llevó la ~** it was towed (away)

(Compuesto) **grúa puente** *or* **de puente** gantry crane

grueso[1] **-sa** *adj* 1 ‹*persona*› (euf) stout 2 ‹*dedos/labios*› thick 3 ‹*jersey/tela/papel*› thick; ‹*cristal/pared*› thick

grueso[2] *m* 1 (grosor) thickness 2 (parte principal): **el ~ de la manifestación** the main body of the demonstration; **llegó a la meta con el ~ del pelotón** he finished with the main bunch 3 (Com): **en ~** wholesale

gruista *mf*
A (en la construcción) crane operator
B (en la carretera) wrecker driver (AmE), breakdown truck driver (BrE)

grujir [I1] *vt* to trim

grulla *f* crane; ***ya está aleando la ~*** (Méx fam) cold weather is on its way

grullo[1] **-lla** *adj* (Méx) gray*

grullo[2] **-lla** *m,f* (Méx)
A (Zool) gray* horse/mule, gray*
B **grullo** *m* (Bot) kiri

grumete *m* cabin boy

grumo *m* lump

grumoso -sa *adj* lumpy

grunge /grandʒ/ *m* grunge

gruñido *m* 1 (del cerdo) grunt 2 (del perro) growl 3 (fam) (de una persona) grunt; **contestó con un ~** he replied with a grunt, he grunted (in reply)

gruñir [I9] *vi* 1 «*cerdo*» to grunt 2 «*perro*» to growl 3 (fam) «*persona*» to grumble, grouse (colloq); **siempre está gruñendo** she's always grumbling *o* grousing about something

gruñón[1] **-ñona** *adj* (fam) grumpy (colloq)

gruñón[2] **-ñona** *m,f* (fam) grump (colloq), grouch (colloq), misery (BrE colloq), moaner (BrE colloq)

grupa *f* rump, hindquarters (*pl*), haunches (*pl*)

grupaje *m* groupage, bulking

grupal *adj* group (*before n*)

grupín *m* (RPl) ring

grupo *m*
A 1 (de personas) group; (de empresas, países) group; (de árboles) clump; **los ~s sociales marginados** marginalized social groups; **un ~ de casas** a group *o* cluster of houses; **se dividieron en ~s de (a) cuatro** they split into groups of four; **en ~** ‹*salir/trabajar*› in a group/in groups 2 (Mús) *tb* **~ musical** group, band 3 (Quím) group

(Compuestos)
- **grupo de apoyo** support group
- **grupo de asesores** advisory group, think tank
- **grupo de constructoras** construction consortium
- **grupo de control** control group
- **grupo de empresas** consortium
- **grupo de hoteles** hotel chain
- **grupo de interés** *or* **presión** pressure group
- **grupo de jazz** jazz group *o* band
- **grupo de la red** internet forum
- **grupo de la prensa** press consortium
- **grupo de los Ocho** (Pol) Group of Eight
- **grupo de noticias** newsgroup
- **grupo de trabajo** working party
- **grupo de usuarios** user group
- **grupo electrógeno** generator
- **grupo escolar** *facilities shared between two or more schools*
- **grupo fónico/tónico** phonic/tonic group
- **grupo objetivo** target group
- **grupo paritario** (frml) peer group
- **grupo parlamentario** parliamentary group
- **grupo sanguíneo** blood group; **tener el ~ ~ Rh** *or* **Rhesus positivo/negativo** to be Rhesus positive/negative; **¿qué ~ ~ tiene?** what blood group are you?; **tengo el ~ ~ A/AB/B positivo/negativo** I'm blood group A/AB/B positive/negative
- **grupo testigo** control group

B (Chi arg) (mentira) lie; (engaño) trick

grupúsculo *m* (pey) faction

gruta *f* 1 (natural) cave 2 (artificial) grotto

gruyere /gru'yer/ *m* Gruyère

G.t. = giro telegráfico

Gta. = glorieta

gua[1] *m* (Esp) (juego) marbles; (hoyo) hole (*for marbles*)

gua[2] *interj*
A (Chi fam) (expresando burla) ha!, ha, ha!, hee, hee!
B (Ven fam) (expresando sorpresa, admiración) wow! (colloq)

gua...[3] ▸**hua...**

guabina *f*: *Colombian folk dance*

guabinear [A1] *vi* (Ven fam) to be indecisive, sit on the fence

guabineo *m* (Ven fam): **deja el ~** stop dithering *o* make your mind up

guabinoso -sa *adj* (Ven fam) indecisive

guaca[1] *f* (Andes) *pre-Columbian tomb*

guaca[2] *interj* (Col, Ven) yuck! (colloq), ugh! (colloq)

guacal *m* 1 (Col, Méx, Ven) (caja) wooden crate *ver tb* **huacal** 2 (Ven) (medida) crate, crateload 3 (AmC) (calabaza) large gourd (*used for storing tortillas*)

guácala *interj* (Méx fam) yuck! (colloq), ugh! (colloq)

guacamaya *f* (Méx)
A (ave) macaw
B (fam) (persona) loudmouth (colloq)

guacamayo *m* macaw

guacamole, guacamol *m* guacamole

guacamote *m* (Méx) cassava, yuca
guácara *f* (Méx fam): **echarse una ~** to throw up (colloq)
guacarear [A1] *vt* (Méx fam) to throw up (colloq)
guácatela, guácatele *interj* (Ven fam) ugh! (colloq), yuck! (colloq)
guachaca *mf* (Chi fam & pey) old soak (colloq & pej)
guachafita *f* (Col, Ven fam): **bueno, dejen la ~ y a trabajar** right, that's enough of this clowning *o* messing around, get some work done (colloq); **armaron la ~** they caused a real rumpus *o* (AmE) ruckus
guachalomo *m* (Chi) sirloin
guachapear [A1] *vt* ▸ **huachapear**
guacharaca *f* 1 (Col, Ven) (Zool) *species of guan* 2 (fam) (bullicioso) chatterbox (colloq) 3 (Mús) (en Col) *slotted board, played with a metal rod*
guácharo *m* (Col, Ven) oilbird
guache *m*
A (Art) gouache
B (Col, Ven fam & pey) (canalla) swine (colloq)
guachimán *m* (AmS fam) watchman
guachinango *m* ▸ **huachinango**
guacho¹ -cha *adj*
A (Andes, RPl) 1 (fam) (huérfano) ‹*niño*› orphaned; **un perro ~** a stray *o* an abandoned dog 2 (fam & pey) ‹*hijo*› bastard (*before n*) (pej)
B (Chi, Per) 1 (fam) (sin novio, esposo) alone, on one's own 2 (fam) ‹*calcetín/guante*› odd
C (Chi fam) (manso) tame
guacho² -cha *m,f*
A (Andes, RPl) 1 (fam) (niño abandonado) orphan, waif; (animal) stray 2 (fam & pey) (hijo ilegítimo) bastard (vulg); (usado en insultos — a un hombre) bastard (vulg), son of a bitch (vulg); (— a una mujer) bitch (sl & pej)
B (Chi fam) (como apelativo cariñoso) honey (colloq), love (BrE colloq)
C **guacho** *m* (Per) (de la lotería) *tenth share in a lottery ticket*
guaco *m*
A (Andes) pot (*found in pre-Columbian tomb*)
B (ave) species of curassow
guacuco *m* (Ven) baby clam
Guadalupe *m* Guadeloupe
guadamecí *m* embossed leather
guadaña *f* scythe
guadañar [A1] *vt* to scythe
guadarnés *m* (ant) 1 (mozo) stable boy, ostler (arch) 2 (lugar) harness room
guadua *f* (Col) giant bamboo
guáflex® *m* Guaflex®
guagua *f* (fam)
A (Andes) (bebé) baby
B (en Cuba y Canarias) (autobús) bus
C (Chi) (jarro) large jug
guagualón -ona *m,f* (Chi fam & pey) *m* big boy, big kid (colloq); *f* big girl, big kid (colloq)
guaguatear [A1] *vi* (Chi fam) to dote on a baby
guaguatero -ra *adj* (Chi fam) fond of babies
guai *adj* ▸ **guay¹**
guaica *mf*: *native of the upper Orinoco*
guailón -lona *m,f* (Chi fam & pey)
A (grandullón) (*m*) hulking great lad (colloq & pej); (*f*) big lump of a girl (colloq & pej)
B (despistado) scatterbrain (colloq)
guaina *mf* ▸ **huaina**
guaipe *m* (Chi, Per fam) rag, cloth
guaiquerí *adj*: *of/relating to the island of Margarita*
guaira *f*
A (Náut) staysail
B (Andes) (horno) kiln, furnace
C (AmC) (Mús) panpipes (*pl*)
guajalote -ta *m,f* (Méx) turkey
guaje -ja *m,f*
A (Esp fam) (niño) kid (colloq)
B (Méx fam) sucker (colloq); ***hacerle ~ a algn*** (Méx fam) (serle infiel) to be unfaithful to sb, cheat on sb (AmE colloq); (engañarlo) to rip sb off (colloq); **me hicieron ~ con el cambio** they shortchanged me (colloq); ***hacerse ~*** (Méx fam) to pretend not to see (*o* hear *etc*), to act dumb (colloq)
C **guaje** *m* (Méx) 1 (planta) bottle gourd; (fruto) bottle gourd 2 (vasija) gourd 3 (instrumento) maraca (*made from a bottle gourd*)
guajira *f*: *Cuban folk song*
guajiro -ra *m,f* 1 (en Cuba) peasant 2 (en Col, Ven) *native of the Guajira peninsula*
guajolote -ta *m,f* (Méx) turkey
gualdo -da *adj* yellow
gualdrapa *f* horse blanket
gualicho *m* (Arg fam) evil spell
guama *f* 1 (árbol) guama tree, guama; (fruta) *variety of custard apple* 2 (Col fam) (fastidio, molestia) nuisance, bore (colloq)
guamazo *m* (Col, Méx, Ven) (puñetazo) (fam) punch; (golpe violento) (fam) knock (colloq); **le pegó un ~ en el estómago** he punched him in the stomach; **se puso** *or* **se pegó** *or* **se dio un ~** she gave herself a nasty knock; ***de un ~*** right away, straightaway (BrE)
guámbito -ta *m,f* (Col fam) kid (colloq)
guampa *f* (CS) horn
guampudo -da *adj* (CS) horned
guamúchil *m* ▸ **huamúchil**
guanábana *f* (fruto) soursop; (árbol) soursop tree, soursop
guanábano *m* soursop tree
guanacaste, guanacastle *m* (Méx) conacaste tree
guanaco¹ *adj* (AmL fam) dumb (colloq); **¡qué ~ eres! ¡así no se hace!** dumbo! that's not how you do it! (colloq)
guanaco² *m*
A (Zool) guanaco
B (Chi fam) (de la policía) water cannon
guanaco³ -ca *m,f* (Col fam & pey) Guatemalan
guanay *m* (Chi) cormorant
guanche *mf*: *aboriginal inhabitant of the Canary Islands*
guandoca *f* (Col arg) slammer (sl), nick (BrE sl)
guanear [A1] *vt* ▸ **huanear**
guanera *f* guano deposit
guanero -ra *adj* guano (*before n*)
guango -ga *adj* (Méx fam) loose, baggy; **pantalones ~s** baggy pants *o* (BrE) trousers
guangoche *m* (Méx) sackcloth, sacking; **con un ~ encima** covered with a piece of sacking
guano *m* guano
guantada *f*, **guantazo** *m* (fam) slap; **te voy a dar una ~** I'll slap you
guante *m*
A glove; **~s de lana/piel/goma** woolen*/leather/rubber gloves; ***arrojarle*** *or* ***tirarle el ~ a algn*** to throw down the gauntlet to sb; ***colgar los ~s*** to hang up one's gloves; ***de ~ blanco*** non-violent; ***echarle el ~ a algn*** (fam) to nab sb (colloq); ***estar como un ~*** to be sweet as pie (colloq); ***recoger el ~*** to take up the gauntlet; ***sentar como un ~*** (fam) to fit like a glove; ***tratar a algn con ~ de seda*** *or* (CS) ***con ~ blanco*** to handle *o* treat sb with kid gloves

Compuestos
- **guante de crin** massage glove, friction mitt
- **guante de datos** (Inf) dataglove
- **guantes de boxeo** *mpl* boxing gloves (*pl*)
- **guantes de cirujano** *mpl* surgical gloves (*pl*)
- **guantes de conducir** *mpl* driving gloves (*pl*)

B (Dep) (persona) glove man
guantelete *m* 1 (de la armadura) gauntlet 2 (Col) (para lavarse) facecloth, washcloth (AmE), flannel (BrE)
guantera *f* glove compartment
guantería *f* (fábrica) glove factory; (tienda) glove shop
guao *interj* (Ven) wow! (colloq)
guapango *m* ▸ **huapango**
guapear [A1] *vi*
A (Per, RPl fam) (hacerse el valentón) to act tough (colloq); **salen en patota a ~ por las calles** they go out strutting around the streets in a big group
B (Chi, Ven fam) (mostrar valentía) to be brave, act bravely; **te va a doler, pero tienes que ~** it's going to hurt, but you'll have to grin and bear it *o* you'll have to be brave
guaperas¹ *adj inv* (Esp fam & pey) smooth-looking (colloq & pej), good-looking
guaperas² *m* (*pl* ~) (Esp fam & pey): **el protagonista es un ~** the star is one of those typical good-looking *o* smooth-looking *o* heart-throb types (colloq)
guapetón¹ -tona *adj* (fam) ‹*chico*› handsome; ‹*chica*› pretty
guapetón² -tona *m,f* (Ven arg) bully
guapeza *f* cockiness, bravado; **la ~ del torero** the dashingness of the bullfighter
guapo¹ -pa *adj*
A 1 (hermoso) ‹*hombre*› handsome, good-looking, attractive; ‹*mujer/niño*› attractive, good-looking; ‹*bebé*› beautiful, lovely; **es guapa de cara** she has a pretty face 2 (elegante) smart, elegant; **estás muy ~ con ese traje** you look very smart in that suit; **la novia iba muy guapa** the bride looked lovely
B 1 (fam) (bravucón): **ponerse ~** to get cocky (colloq); ***a la guapa*** (Ven fam) roughly 2 (AmS fam) (valiente) gutsy (colloq); **hay que ser muy ~ para atreverse a eso** you have to be very gutsy *o* have a lot of guts to do that 3 (Chi fam) (estricto, severo) tough, strict
C (*delante del n*) (Chi fam) ‹*dolor de cabeza*› terrible; **se comió su ~ pedazo de carne** he ate a huge chunk *o* (colloq) a whopping great chunk of meat
guapo² -pa *m,f*
A (hermoso): **es el ~ de la familia** he's the good-looking one of the family
B (fam) (valiente): **a ver quién es el ~ que se anima a decírselo** let's see who has the guts to tell him (colloq); **el ~ del barrio** (AmS) the local tough guy (colloq); **hacerse el ~** to act the tough guy (colloq)
C (Esp) (como apelativo) (fam) 1 (expresando afecto) honey (AmE colloq), love (BrE colloq); (a una mujer atractiva) doll (AmE colloq), gorgeous (BrE colloq) 2 (expresando enfado): **oye ~ ¿quién te has creído?** hey pal, who do you think you are? (colloq)
guapote *m* (AmC) *edible freshwater fish*
guapura *f* good looks (*pl*)
guaquear [A1] *vi* (Andes) to plunder
guaqueo *m* (Andes) plundering
guaquero -ra *m,f* (Andes) *person who plunders graves or other archaeological sites*
guara *f* ▸ **guaragua**
guaraca *f* 1 (Col, Per) slingshot (AmE), catapult (BrE) 2 (Chi) (látigo) whip
guaracaro *m* (Col, Ven) Lima bean
guaracazo *m* 1 (Col, Per, Ven fam) (con una honda) shot from a slingshot (AmE) *o* (BrE) catapult 2 (Chi, Ven fam) (golpe fuerte) whack (colloq), smack; **otro auto le dio un tremendo ~ por detrás** another car smashed into him from behind (colloq)
guaracha *f*: *traditional Caribbean dance*
guarache *m* ▸ **huarache**
guaragua *f* (Chi, Per fam) 1 (adorno) fussy decoration, frill 2 (expresión) rhetorical flourish 3 (movimiento) florid *o* elaborate gesture
guáramo *m* (Ven fam) strength of character
guarandinga *f* (AmS fam) 1 (asunto) business (colloq); (cosa) thingamajig (colloq), whatsitsname (BrE colloq); **¿qué ~ es ésa que me dijiste?** what's that business you were telling me about? 2 (enredo, problema): **la ~ esta que tenemos por país** this mixed-up country of ours; **no sigas buscando ~s con esa gente** stop looking for trouble with those people
guarangada *f* (RPl, Ven fam) (grosería) rude remark (*o* action *etc*); (estupidez) stupid remark (*o* action *etc*); **me contestó una ~** she answered me back very rudely; **se emborracha y se pone a hacer ~s** he has too much to drink and gets obnoxious
guarango¹ -ga *adj* 1 (CS, Ven fam) (grosero) rude, loutish 2 (RPl fam) (estúpido) stupid

guarango² **-ga** *m,f* **1** (CS, Ven fam) (grosero) lout (colloq) **2** (RPl fam) (estúpido) idiot

guaraní¹ *adj* Guarani

guaraní² *mf* ▸**guaraní**

A (persona) Guarani

B **guaraní** *m* **1** (idioma) Guarani **2** (moneda) guarani

> **guaraní**
>
> The name of a people who lived between the rivers Amazon and Plate, and their language.
>
> The Guarani language is an official language in Paraguay. It is also spoken in parts of Argentina, Bolivia, and Brazil. The Jesuit missionaries in Paraguay wrote Guarani dictionaries and grammars, hymns and catechisms. Guarani acquired a symbolic status in Paraguay during the Chaco War with Bolivia, 1932-35. Today many Paraguayans with hardly any indigenous blood speak Guarani better than Spanish.

guaranismo *m* Guarani word/expression

guarao *mf*: *native of the Orinoco delta*

guarapazo *m* (Col fam) nasty knock (colloq)

guarapear [A1] *vi* (Per fam) to get plastered (colloq)

guarapero -ra *m,f* (Per fam) old soak (colloq)

guarapeta *f* (Méx fam): **agarró** *or* **se puso una ~** he got totally plastered (colloq)

guarapita *f* (Ven) *cocktail of rum, sugar, ice and lemon or orange juice*

guarapo *m* **1** (licor) *drink made from herbs with sugar-cane or pineapple* **2** (Ven) (café) *very weak filtered coffee*; ***se me/le aguó*** *or* ***enfrió el ~ cuando ...*** it spoiled *o* ruined things for me/him when ...

guarda¹ *mf*

A (de un museo, parque) keeper; (de un edificio público) security guard

Compuestos

- **guarda forestal** forest ranger
- **guarda jurado** *mf* security guard

B **1** (RPl) (en trenes) guard **2** (Ur) (de un ómnibus) bus conductor

guarda² *f*

A **1** (de una cerradura) ward **2** (de un libro) flyleaf **3** (CS) (en costura) border, decorative trim; ***irse/venirse ~ abajo*** (Chi fam) to come crashing down

B (Der) custody (*of a child*)

C (acción) keeping; **manzanas de ~** apples which can be stored *o* kept for long periods

guardabarrera *mf* grade crossing keeper (AmE), level crossing keeper (BrE)

guardabarros *m* (*pl* ~) **1** (Auto) fender (AmE), mudguard (BrE) **2** (de una bicicleta) mudguard

guardabosque *mf* **1** (en un parque nacional) warden, forest ranger **2** (en una finca particular) gamekeeper

guardacoches *mf* (*pl* ~) parking lot attendant (AmE), car park attendant (BrE)

guardacostas *mf* (*pl* ~) **1** (persona) coastguard **2** **guardacostas** *m* (buque) coastguard vessel

guardadito *m* (Méx fam): **afortunadamente tenía su ~** fortunately she had a little money put by *o* a little nest egg

guardaespaldas *mf* (*pl* ~) bodyguard

guardafaro *mf* (CS) lighthouse keeper

guardafrenos *mf* (*pl* ~) brakeman (AmE), guard (BrE)

guardafronteras *mf* (*pl* ~) border guard, frontier guard

guardagujas *mf* (*pl* ~) (*m*) switchman (AmE), pointsman (BrE); (*f*) switchwoman (AmE), pointswoman (BrE)

guardalíneas *mf* (*pl* ~) (Chi)

A (*m*) line judge, linesman

B (*f*) line judge, lineswoman

guardamano *m* guard

guardamechones *m* (*pl* ~) locket

guardameta *mf* goalkeeper

guardamuebles *m* (*pl* ~) furniture repository

guardaparques *mf* (*pl* ~) (AmL) national park ranger

guardapelo *m* locket

guardapolvo *m* **1** (bata — de niño, dependienta) overall; (— de ama de casa) housecoat; (— de profesor, farmaceútico, tendero) workcoat (AmE), overall (BrE) **2** (abrigo) light overcoat

guardar [A1] *vt*

A (reservar): **guárdale un pedazo de pastel** save him a piece of cake; **guarda esa botella para Nochevieja** keep *o* save that bottle for New Year's Eve, put that bottle aside for New Year's Eve; **guárdame un sitio** save me a seat, keep me a place; **si pido la excedencia, no me guardan el puesto** if I ask for leave of absence, they won't keep *o* hold my job open for me

B **1** (poner en un lugar) to put ... away; **guarda los juguetes** put your toys away; **los guardé en un sitio seguro** I put them (away) in a safe place; **ya he guardado toda la ropa de invierno** I've already put away all my winter clothes; **guarda todos los recibos** she keeps *o* (colloq) hangs on to all her receipts **2** (conservar, mantener en un lugar) to keep; **guardo los huevos en la nevera** I keep the eggs in the fridge; **lo tuvo guardado durante años** she kept it for years; **los tengo guardados en el desván** I've got them stored away *o* I've got them in the attic; **siempre guarda las medicinas bajo llave** she always keeps the medicines locked away *o* under lock and key; **los tesoros que guarda el mar** (liter) the treasures which lie hidden beneath the waves (liter)

C (liter) (defender, proteger): **la muralla que guarda el castillo** the walls which defend *o* protect the castle; **los perros guardaban la entrada a la mansión** the dogs were guarding the entrance to the mansion; **Dios guarde al rey** (fr hecha) God save the King; **Dios guarde a Vd muchos años** (frml) ≈ yours respectfully (frml), may God preserve you (arch)

D ‹*secreto*› to keep; **no le guardo ningún rencor** I don't bear a grudge against *o* feel any resentment toward(s) him; **guardo muy buenos recuerdos de aquel viaje** I have very good memories of that trip; **¡ésta se la guardo!** (fam) I'll remember this!, I won't forget this!

E **1** (mostrar, manifestar): **le ~on el debido respeto** he was treated with due respect; **hay que ~ la debida compostura en la Iglesia** you must show proper respect when in church; **~ las apariencias** to keep up appearances **2** ‹*leyes/fiestas*› to observe; ▸**fiesta**

■ **guardarse** *v pron*

A (quedarse con) to keep; **guárdate tus consejos** keep your advice to yourself

B (*enf*) (reservar) to save, keep

C (poner en un lugar): **se guardó el cheque en el bolsillo** he put the check (away) in his pocket; **guárdatelo bien** put it somewhere safe *o* look after it carefully

D (cuidarse) **~se DE + INF** to be careful not to + INF; **se guardó mucho de mostrarles el documento** she was very careful not to show them the document; **ya te ~ás de contar lo que pasó** you'd better not tell anyone *o* you'd better make sure you don't tell anyone what happened

guardarraíl *m* (Esp) crash barrier

guardarraya *f* (Méx) (franja) boundary strip; (cortafuegos) firebreak

guardarropa *m* **1** (en restaurantes, teatros) cloakroom **2** (ropa) wardrobe **3** (armario) dressing room, walk-in closet (AmE)

guardarropía *f* wardrobe

guardavallas *mf* (*pl* ~) (AmL) goalkeeper

guardavía *mf* (*m*) lineman (AmE), linesman (BrE); (*f*) linewoman (AmE), lineswoman (BrE)

guardería *f tb* **~ infantil** nursery school, crèche (BrE)

> **guardería**
>
> In Spain, a center for small children. *Guarderías* normally look after children from a few months old until the age of four, or sometimes up to the compulsory school age of six. Some *guarderías* are private, while some are run and subsidized by the local authority or the government. Parents pay for the service.

guardia¹ *f*

A **1** (vigilancia): **estar de ~** «*soldado*» to be on guard duty; «*médico*» to be on duty *o* call; «*empleado*» to be on duty; «*marino*» to be on watch; **la farmacia de ~** the duty pharmacy *o* (BrE) chemist; **montaban ~ frente al palacio** they were standing guard in front of the palace; ***bajar la ~*** (en boxeo) to lower one's guard; (descuidarse) to lower one's guard; (ceder) to let up, slacken in one's efforts; ***con la ~ baja*** with one's guard down; ***estar en ~*** to be on one's guard; ***hacerle la ~ a algn*** (CS) to keep a lookout *o* an eye out for sb; ***poner a algn/ponerse en ~*:** **me puso en ~ contra los peligros de la expedición** she warned me of the dangers of the expedition; **se han puesto en ~ contra posibles fraudes** they are on the alert *o* on their guard against possible frauds **2** (turno de vigilancia de un médico) shift; **prestar** *or* **hacer ~** «*soldado*» to do guard duty; «*marino*» to be on watch; «*médico*» to be on duty *o* call **3** (en esgrima): **en ~** on guard, en garde

B (cuerpo militar) guard; **cambio de ~** changing of the guard; **relevar la ~** to relieve the guard; ***de la ~ vieja*** (RPl): **los tangos de la ~ vieja** the old *o* original tangos *ver tb* **vieja guardia**; ***hacer la ~*** (Chi) to do military service

Compuestos

- **Guardia Civil** *f* Civil Guard; ▸**Guardia Civil**
- **guardia costera** *f* coastguard service
- **guardia de honor** *f* guard of honor
- **guardia montada** *f* mounted guard, horse guard
- **guardia municipal** *or* **urbana** *f* police (*mainly involved in traffic duties*)
- **guardia real** *f* royal guard
- **Guardia Suiza** *f* Swiss Guard

guardia² *mf* (*m*) police officer, policeman; (*f*) police officer, policewoman

Compuestos

- **guardia central** *mf* nose guard
- **guardia civil** *mf* civil guard
- **guardia de seguridad** *mf* security guard
- **guardia de tráfico** *mf*, (*m*) traffic policeman; (*f*) traffic policewoman
- **guardia jurado** *mf* security guard
- **guardia marina** *mf* midshipman
- **guardia municipal** *or* **urbano** *mf* policeman/policewoman (*mainly carrying out traffic duties*)
- **guardia nariz** *mf* nose guard
- **guardia tumbado** *m* (Esp) speed bump, sleeping policeman (BrE)

> **Guardia Civil**
>
> A rural paramilitary police force founded in Spain in 1844. It has been used by different governments to fight against organized labor, republicanism, and regional autonomy, and came to be seen as an instrument of state repression.
>
> The Civil Guard has adapted to the new democratic Spain and is involved in anti-terrorist operations, the coastguard service and environmental protection.
>
> Civil guards are armed and traditionally have had a distinctive uniform, including the *tricornio*, a black patent leather, three-cornered hat. In an effort to change its image, the *tricornio* is now worn only on ceremonial occasions or in front of official buildings.

guardiamarina *mf* midshipman

guardián -diana *m,f* **1** (de un edificio) security guard, guard **2** (protector, defensor) guardian

guarecer [E3] *vt* to shelter, protect

■ **guarecerse** *v pron* (*refl*) to shelter, take shelter

guarén *m* water rat

guargüero *m*

A (AmL fam) (garganta) throat

B (Per) (Coc) *sweet fritter filled with* ▸**dulce de leche**

guaricha *f* (Col fam & pey) bitch (sl & pej)

guarida *f* (de animales) den, lair; (de personas) hideout

g

g

guarismo *m* (frml) figure
guarnecer [E3] *vt*
A 1 (liter) (adornar) ~ **algo DE algo** to adorn sth WITH sth (liter); **una corona guarnecida de brillantes** a crown adorned *o* set with diamonds; **un vestido guarnecido de encajes** a dress trimmed with lace 2 (Coc) to garnish; **guarnecido con verduras del tiempo** garnished with seasonal vegetables
B ‹*plaza*› to garrison
guarnecido *m*
A (Const) plaster
B (Aut) lining
guarnición *f*
A (Mil) garrison
B (Coc) 1 (decoración) garnish 2 (verdura) accompaniment; **viene con ~ de ensalada** it comes with salad
C 1 (en costura) trimming, edging 2 (de una joya) setting 3 (de una espada) guard
D guarniciones *fpl* (arreos) tack
guarnicionero -ra *m,f* 1 (talabartero) leather worker 2 (de arneses) saddler
guaro[1] -ra *adj* (Col fam) common (pej)
guaro[2] *m* (AmC fam) sugar-cane liquor, hooch (colloq); ***tiene mal*** ~ (fam) he gets aggressive/miserable when he's drunk (colloq)
guarrada *f* (Esp fam) 1 (porquería, suciedad) (dirty *o* disgusting) mess (colloq) 2 (mala pasada) dirty trick (colloq) 3 (indecencia, vulgaridad): **no digas ~s** don't be filthy *o* dirty; **esa película es una ~** that's a filthy *o* disgusting movie; **¿por qué hacen ~s así?** why do they do such disgusting *o* revolting *o* filthy things?
guarrazo *m* (fam): **darse** *or* **pegarse un ~** to have a nasty fall (colloq)
guarrería *f* ▸**guarrada**
guarro[1] -rra *adj* (Esp fam) 1 (sucio) filthy 2 ‹*persona*› (que dice guarradas) crude, disgusting (colloq); (que hace guarradas) revolting, disgusting 3 ‹*revista/película*› dirty (colloq), disgusting (colloq)
guarro[2] -rra *m,f* (Esp fam) 1 (persona sucia) filthy pig (colloq) 2 (indecente, vulgar): **es un ~** (dice guarradas) he's really crude *o* disgusting; (hace guarradas) he's revolting *o* disgusting 3 **guarro** *m* (animal) pig, hog (AmE)
guarumo *m* trumpetwood
guarura[1] *m* (Méx) bodyguard, minder (BrE colloq)
guarura[2] *f* (Ven) 1 (caracol) conch shell, conch 2 (sonido) owl call (*made by blowing through clasped hands*)
guasa *f*
A (fam) (broma, burla) joke; **me lo dijo de ~** she said it as a joke *o* in jest; **siempre está de ~** he's always kidding *o* joking around (colloq); **no te lo tomes a ~** it's no joke, it's no laughing matter; ***tener*** ~ (fam) to be annoying
B (Col) (arandela) washer
guasacaca *f* (Ven) *avocado sauce similar to guacamole*
guasamaco -ca *m,f* (Chi fam & pey) lout
guasca *f*
A (Chi, Per) (ramal de cuero) strap; ***como*** ~ (Chi fam) completely plastered (colloq); ***darle como ~ a algo*** (Chi fam) to hammer away at sth
B (Col) (Bot, Coc) frenchweed
guascazo *m* 1 (Andes fam) knock; **se dio un ~** she gave herself a nasty knock (colloq); **el camión nos dio un tremendo ~ por detrás** the truck smashed right into the back of us 2 (Chi fam) (latigazo) lash
guasear [A1] *vi* to joke
■ **guasearse** *v pron*: **~se DE algn/algo** to make fun OF sb/sth
guaserío *m* ▸**huaserío**
guaso -sa *m,f* ▸**huaso**
guasón[1] -sona *adj* 1 (fam) (bromista): **¡qué ~ es!** he's a real joker!, he's always joking! 2 (fam & pey) (burlón) ‹*tono*› mocking
guasón[2] -sona *m,f* 1 (fam) (bromista) joker 2 (fam & pey) (burlón): **le rompieron la nariz por ~** they broke his nose for laughing at them *o* for making fun of them
guasoncle, guasontle *m* ▸**guausontle**
guasquear [A1] *vt* (Chi) (dar chasquidos) to crack; (dar latigazos) to whip
■ **guasquearse** *v pron* (fam) to get rolling drunk (colloq)
guasteco -ca *m,f* ▸**huasteco**
guata *f*
A (Esp) (algodón) wadding, batting
B (Andes fam) (barriga) paunch; **está echando ~** he's getting a paunch; **me duele la ~** I've got a stomachache *o* (colloq) tummy ache
guatapique *m* (Chi) homemade firework
guatazo *m* (Chi fam)
A (al caer) belly flop
B (equivocación) blunder (colloq)
guateado -da *adj* (Esp) padded, quilted
guatear [A1] *vt* (Esp) to wad, pad
■ **guatearse** *v pron* (Chi fam) (equivocarse) to be wrong (colloq); **me guateé con ella** I was wrong about her; **creen que aceptaré, pero se van a ~** they think I'll accept, but they're very much mistaken *o* but they're in for a disappointment
Guatemala *f* Guatemala; ***salir de ~ para entrar/meterse en Guatepeor*** (fam) (to jump) out of the frying pan into the fire (colloq)
guatemalteco -ca *adj/m,f* Guatemalan
guateque *m*
A (Esp, Méx fam) (fiesta) bash (colloq), party
B (Méx) (Mús) folk song (*from Veracruz*)
guatero *m* (Chi) hot-water bottle
guatitas *fpl* (Chi) tripe
guatón[1] -tona *adj* (Chi, Per fam): **está muy ~** he has a real paunch (colloq), he's a real fatty (colloq); **me tiene ~** I'm sick and tired of him/her (colloq), he/she is driving me crazy (colloq)
guatón[2] -tona *m,f* (Chi, Per fam) fatty (colloq), fatso (colloq)
guau *interj* 1 (del perro) woof!, bow-wow! 2 (fam) (expresando agrado) wow! (colloq)
guau guau, guauguau *m* (leng infantil) bow-wow (used to or by children)
guausontle *m* (Méx) goosefoot
guay[1] *adj* (Esp arg) cool (sl)
guay[2] *adv* (Esp fam): **lo pasamos ~ en tu fiesta** we had a really cool time at your party (colloq)
guaya *f* (Col, Ven) steel cable
guayaba *f*
A (fruta) guava
B (Méx fam & euf) (en insultos): **¡eres un hijo de la ~!** **ya me las pagarás** you s.o.b.! I'll get you for this (AmE colloq & euph), you little bar steward! I'll get you for this (BrE hum); **¡vete a la ~!** get lost! (colloq)
guayabate *m* (Méx) *candy made from guava*
guayabera *f*: *loose lightweight shirt*
guayabo *m*
A (Bot) guava tree; ***subirse al*** ~ (Méx fam) to have a roll in the hay (colloq)
B 1 (Col, Ven fam) (nostalgia): **todavía tiene ~ de su tierra** he still feels nostalgic about *o* he still misses his homeland 2 (Col fam) (resaca) hangover
guayacán *m* (Col, Méx) guayacan, guaiacum
Guayana *f tb*: **la ~ Francesa** French Guiana
(Compuesto) **Guayana Británica/Holandesa** (Hist) British/Dutch Guiana
guayanés -nesa *adj/m,f* Guyanese
guayo *m* (Col, Ven) football shoe (AmE), football boot (BrE)
guayoyo *m* (Ven fam) ▸**guarapo 2**
guayuco *m* (Col, Ven) loincloth
guayule, guayal *m* guayule
gubernamental *adj* ‹*disposición/orden/organismo*› governmental, government (*before n*); ‹*emisora/tropas*› government (*before n*); **organismos no ~es** non-governmental organizations, NGOs
gubernamentalista *adj* pro-government (*before n*)
gubernamentalización *f* extension of government influence *or* control
gubernamentalizar [A4] *vt* to extend government influence *or* control over
gubernativo -va *adj* government (*before n*)
gubernatura *f* (Méx) government
gubia *f* gouge
güebo *m* (Ven vulg) 1 (pene) prick (vulg) 2 **güebos** *mpl* (testículos) balls (*pl*) (vulg)
guepardo *m* cheetah
Guernesey *m* Guernsey

> **Guernica**
>
> A Basque town destroyed by German bombers fighting on the Nationalist side in the Spanish Civil War in April 1937. ▸**Guerra Civil.** The world was shocked at the slaughter of civilians. Guernica (Gernika) is the site of the ancient Basque parliament and of the oak tree, the *árbol de Guernica*, beneath which Spanish kings traditionally swore to uphold Basque privileges or ▸**fueros.** Pablo Picasso commemorated the destruction of Guernica in his painting of the same name.

Guernica ▸**Guernica**
güero[1] -ra *adj*
A (Méx fam) (rubio) blond, fair-haired; (amarillo) yellow
B (Chi) 1 ‹*huevo/fruto*› bad, rotten 2 (fam) ‹*ojo*› **puso los ojos ~s y se desmayó** her eyes rolled and she fainted
güero[2] -ra *m,f* (Méx fam) (*m*) blond *o* fair-haired man/boy; (*f*) blonde *o* fair-haired woman/girl
guerra *f* **Guerras de Independencia**
A (Mil, Pol) war; **nos declararon la ~** they declared war on us; **están en ~** they are at war; **hacerle la ~ a algn** to wage war on *o* against sb; **cuando estalló la ~** when war broke out; **los soldados se iban a la ~** the soldiers were going off to war *o* to fight in the war; **los niños jugaban a la ~** the children were playing soldiers; **le tienen declarada la ~ a la pornografía** they've declared war on pornography
(Compuestos)
- **guerra abierta** open warfare
- **guerra a muerte** fight to the death
- **guerra asimétrica** asymmetrical warfare
- **guerra bacteriológica** *or* **biológica** germ *o* biological warfare
- **guerra civil** civil war
- **guerra comercial** trade war
- **guerra convencional** conventional warfare
- **guerra de almohadas** (Arg, Chi) pillow fight
- **guerra de baja intensidad** low intensity warfare
- **guerra de desgaste** war of attrition
- **guerra de guerrillas** guerrilla war
- **Guerra de los Cien Años** Hundred Years' War
- **Guerra de los Seis Días** Six Day War
- **guerra de nervios** war of nerves
- **guerra de precios** price war
- **guerra de religión** war of religion, religious war
- **Guerra de Secesión** American Civil War
- **Guerra de Sucesión** War of Spanish Succession
- **guerra de trincheras** trench warfare
- **guerra fría** cold war
- **guerra justa** just war
- **guerra mundial** world war; **la Primera/Segunda G~ M~** the First/Second World War
- **guerra nuclear** nuclear war
- **guerra psicológica** psychological warfare
- **guerra química** chemical warfare
- **guerra relámpago** blitzkrieg
- **guerra santa** holy war
- **guerra sin cuartel** all-out war
- **guerras médicas** *fpl* Persian Wars (*pl*)
- **guerras púnicas** *fpl* Punic Wars (*pl*)
- **guerra sucia** dirty war
- **guerra total** total war

B (fam) (problemas) trouble, hassle (colloq); **estos niños me dan mucha ~** these kids give me a lot of hassle *o* trouble; **quieren/buscan ~** they're looking for trouble

> **Guerra Civil**
>
> The Spanish Civil War of 1936-39 began when right-wing army officers led by General Francisco Franco rebelled against the elected republican government. Southern and northwest Spain soon fell to Franco's *nacionalistas*, but in cities such as ▸▸▸

▸▸▸
Madrid, Bilbao and Barcelona resistance was fierce. Franco's revolt was aided by Nazi Germany and Fascist Italy, while Britain and France declared a policy of non-intervention and blockaded Spanish ports. The Soviet Union aided the Republican government and volunteers from around the world joined the *Brigadas Internacionales* to fight against fascism. Resistance collapsed in the spring of 1939 and Franco established a dictatorship which ended with his death in 1975. A period of great economic hardship followed the Civil War and the persecution of Republicans continued for many years.

Guerras de Independencia

Spain's War of Independence against Napoleon Bonaparte's French occupation was ignited by the popular revolt in Madrid on 2 May 1808 against the French army. The reprisal executions are commemorated in a famous painting by Francisco de Goya. With support from the Duke of Wellington, Spanish resistance continued for over five years in a *guerra de guerrillas* which gave the world the concept and the term guerrilla warfare. The autocratic Fernando VII was restored to the throne in 1814, and his first act was to abolish the progressive Constitution of Cadiz adopted in 1812.

The Wars of Independence of Spain's Latin American colonies were inspired partly by the ideas of the French *encyclopédistes*, partly by the example of the American and French Revolutions, and partly by Spain's own resistance to French domination. Argentina achieved independence in 1816. Simón Bolívar of Caracas led a freedom movement that was to sweep South America and earned him the title *El Libertador*. By 1840 all the mainland Spanish colonies were independent. Others who played a crucial roles in the independence struggles of Spain's colonies during the nineteenth century include Hidalgo, Morelos and Guerrero (Mexico), Sucre and Miranda (Venezuela, Peru), San Martín, Brown and Belgrano (Argentina), O'Higgins, San Martín (Chile), Céspedes and Martí (Cuba).

guerrear [A1] *vi* (ant) to wage war, fight

guerrera *f* army jacket

guerrero[1] -ra *adj* ‹*pueblo/espíritu/tradición*› warlike; **canto ~** war cry

guerrero[2] -ra *m,f* warrior

guerrilla *f* 1 (grupo) guerrillas (*pl*) 2 (lucha) guerrilla warfare

guerrillero[1] -ra *adj* guerrilla (*before n*)

guerrillero[2] -ra *mf* guerrilla

gueto *m* ghetto

güeva *adj* (AmC fam) ▸ **agüevado**

güevo *m* (fam) ▸ **huevo**

güevón -vona *adj/m,f* ▸ **huevón[1]**, **huevón[2]**

guía *f*

A 1 (libro, folleto) guide, guide book; (de calles) map; **~ turística** tourist guide; **~ de campings/hoteles** camping/hotel guide; **~ urbana** street map *o* guide *o* plan 2 (orientación): **los colores me sirven de ~** I use the colors as a guide; **sus indicaciones me sirvieron de ~ para llegar hasta allí** his directions helped me find my way there

(Compuestos)
- **guía de carga** bill of lading, waybill
- **guía del ocio** entertainment guide
- **guía telefónica** *or* **de teléfonos** telephone directory, phone book
- **guía de televisión** TV guide

B 1 (Auto) (de una válvula) guide 2 (de un cajón, una puerta) guide

C (de los scouts) guide, girl guide, girl scout (AmE)

D **guía** *mf* (persona) guide; **~ de turismo** tourist guide; **~ espiritual** spirtual leader

guiar [A17] *vt* 1 (por un camino) to guide; **nos guió a través de las callejuelas** he guided us through the backstreets; **guiados por el afán de lucro** drawn by the desire to make money 2 (aconsejar) to guide; **me guió y me aconsejó** he gave me guidance and advice; **no te dejes ~ por él** don't be guided by him, don't let yourself be led by him

■ **guiarse** *v pron* **~se POR algo**: **sabía ~se por las estrellas** he knew how to orient himself *o* navigate by the stars; **nos guiamos por el mapa** we followed the map, we used the map to guide us; **¿te has guiado por algún patrón?** did you follow a pattern?; **a veces es peligroso ~se por el instinto** it's sometimes dangerous to be led by *o* to follow one's instincts

güifa *f* ▸ **huifa**

guija *f*

A (piedra) pebble

B (Bot) vetch

guijarral *m* stony ground

guijarro *m* pebble

güila *f* ▸ **huila**

guilder /'gilder/ *m* (Hist) guilder

guilindajo *m* (Ven fam) 1 (guirnalda) paper decoration, bunting 2 (pendiente) earring

guillado -da *adj* (Ven fam) ‹*dar/llevarse*› on the quiet (colloq); **salimos ~s de la fiesta** we sneaked away from the party

guillar [A1] *vt* (Ven fam) to keep an eye on (colloq)

guillarse [A1] *v pron* (Esp arg) *tb* **guillárselas** to beat it (colloq)

guillo[1] *adv* (Ven fam) carefully

guillo[2] *adj inv* (Ven fam) careful; **hay que estar muy ~** you really have to keep your wits about you *o* to watch out

guillo[3] *m* (Ven fam) care; **mucho ~, porque te puedes caer** watch (out) *o* be careful you don't fall; **tengo mucho ~ con los perros** I'm very wary of dogs

guillo[4] *interj* (Ven) 1 (para llamar la atención) hey! 2 (como conjuro) heaven help me/us!

guillotina *f* 1 (para decapitar) guillotine 2 (para papel) guillotine

guillotinar [A1] *vt* 1 ‹*persona*› to guillotine 2 ‹*papel*› to guillotine, cut

güincha *f* ▸ **huincha**

guinda *f* morello cherry; (confitada) glacé cherry; **¡échale ~s (al pavo** *or* **a la pava)!** (fam) would you believe it! (colloq); **para ponerle la ~** (fam) to cap *o* top it all (colloq)

guindar [A1] *vt*

A (Esp arg) (robar) ‹*novia/trabajo*› to steal, pinch (BrE colloq)

B 1 (Col, Méx, Ven fam) ‹*ropa*› to hang up 2 (Col, Ven fam) ‹*hamaca*› to hang, sling up

■ **guindarse** *v pron*

A (Col, Méx, Ven) (colgarse) to hang; **se ~on por teléfono toda la tarde** (fam) they were on the phone all afternoon

B (Ven fam) (lanzarse) **~se A algo**: **se guindó a llorar** she burst out crying; **cuando me guindo a trabajar** once I get down to work (colloq)

C (Ven fam) (pelearse) to get into a fight (colloq)

D (Ven fam) (atosigar) ‹*persona*› to hassle (colloq), to pester

guindilla[1] *f* chili

guindilla[2] *m* (Esp ant) copper (colloq & dated)

guindo *m* morello cherry tree; ***caerse del ~*** (Esp fam) to cotton on (colloq)

guindola *f* (Náut) lifebuoy

guindón *m* (Per) plum

guinea *f* guinea

Guinea *f* Guinea

Guinea-Bissau *f* Guinea-Bissau

Guinea Ecuatorial *f* Ecuatorial Guinea

guineano[1] -na *adj* (de Guinea-Bissau) Guinean, of/from Guinea Bissau; (de la República de Guinea) Guinean

guineano[2] -na *m,f* (de Guinea-Bissau) person from Guinea Bissau; (de la República de Guinea) Guinean

guineo[1] -nea *adj/mf* Guinean

guineo[2] *m* banana

guiñada *f* wink

guiñapo *m* 1 (harapo) rag; ***hecho un ~*** devastated; ***poner a algn como un ~*** (Esp fam) to pull sb to pieces (colloq), to tear sb to shreds (colloq) 2 (persona) wreck (colloq)

guiñar [A1] *vt* to wink; **le guiñó el** *or* **un ojo** she winked at him

■ **guiñar** *vi* to wink; **¿por qué me guiñaste?** why did you wink at me?

guiño *m* 1 (con un ojo) wink; **le hizo un ~** she winked at him 2 (mensaje implícito) hidden message

guiñol *m* puppet theater*

guiñolista *mf* puppeteer

guión *m*

A 1 (Cin, TV) script; **esta película recibió el premio al mejor ~** this movie got the prize for the best screenplay 2 (esquema) outline, plan

B (Impr) (en un diálogo) dash; (en palabras compuestas) hyphen; **lleva ~** it's hyphenated

(Compuestos)
- **guión automático** soft hyphen
- **guión bajo** underscore

C (estandarte) standard

guionista *mf* scriptwriter, screenwriter

guionizar [A4] *vt* to script, write the script for

guiri *mf* (Esp fam) foreigner

guirigay *m* (Esp fam) 1 rumpus (colloq), ruckus (AmE colloq) 2 (lenguaje) jibberish, double Dutch

güirila *f* (AmC) maize pancake

guirlache *m*: *type of nut brittle*

guirnalda *f* (de flores) garland; (de papel) (paper) garland

güiro *m* 1 ▸ **huiro** 2 (Ven fam) (inteligencia) brains (*pl*) (colloq); ***coger el ~*** (fam) to get the knack (colloq)

guisa *f* way; **a ~ de** by way of; **un trapo amarrado a la cabeza a ~ de cofia** a rag tied round his head by way of a hat *o* as a hat; **de tal ~ que ...** in such a way that ...; **nunca creí que fuera capaz de presentarse de esa ~** I never thought he would be capable of turning up like that

guisado *m* stew, casserole

guisante *m* (Esp) pea

guisar [A1] *vi* (Esp) to cook; **guisa muy bien** he's a very good cook

■ **guisar** *vt* (con bastante líquido) to stew; (con poco líquido) to braise; **lomo de cerdo guisado con vino blanco** loin of pork cooked in white wine; ***guisárselo y comérselo*** (Esp fam): **tú te lo guisas, tú te lo comes** you've made your bed, now you must lie in *o* on it

guiso *m* stew, casserole; **~ de carne/pollo** meat/chicken stew *o* casserole

güisquería *f* ▸ **whiskería**

güisqui *m* whiskey*

guita *f* 1 (cuerda) string; **necesitamos una/más ~** we need a piece of/some more string 2 (arg) cash (colloq), dough

guitarra *f*

A (instrumento) guitar

(Compuestos)
- **guitarra eléctrica** electric guitar
- **guitarra española** Spanish guitar

B **guitarra** *mf* guitarist

guitarrear [A1] *vi* 1 (Mús) to play the guitar 2 (RPl fam) (improvisar) to waffle (colloq)

guitarreo *m* strumming

guitarrista *mf* guitarist

guitarrón *m* 25-string guitar

gula *f* greed, gluttony; **comer de** *or* **por pura ~** to eat out of sheer greed

gulag *f* (*pl* **~** *or* **-lags**) gulag

gulasch /'gu'las, 'gulaʃ/ *m* (*pl* **~**) goulash

gumía *f* curved dagger (*used by the Moors*)

gurí *m* (*pl* **-ríes** *or* **-rises**) (RPl fam) boy, lad (colloq)

guripa *mf* (Esp arg) soldier, squaddie (BrE colloq)

gurisa *f* (RPl fam) girl

g

gurú *m* (*pl* **-rús** *or* **-rúes**) guru

gusanillo *m* (fam) itch; **le quedó el ~ de saber quién se lo había dicho** she was left still wanting to know who had told him; **lo entró el ~ de los viajes** he got the itch to travel; **me entró el ~ de las apuestas** I got hooked on betting, I caught the betting bug (colloq); ***matar el ~*** (fam): **fui a su concierto para matar el ~** I went to the concert because I'd been dying to see them (colloq); **voy a tomar algo para matar el ~** I'm going to have a snack just to keep me going

(Compuestos)

- **gusanillo de la conciencia** (fam) nagging conscience ▸**gusano¹**
- **gusanillo de la duda** the worm of doubt

gusano¹ *m*

A 1▸ (como nombre genérico) worm; (lombriz de tierra) earthworm, worm 2▸ (larva — de mariposa) caterpillar; (— de mosca) maggot; (— de otros insectos) grub, worm

(Compuestos)

- **gusano de luz** (Esp, Méx) glowworm
- **gusano de seda** silkworm

B (pey) (persona despreciable) worm (pej)

C (Inf) *tb* ~ **informático** worm

gusano² -na *m,f* (fam & pey) *name given to Cuban economic exiles living in the USA*

gusarapo *m* 1▸ (fam) (Zool) bug, beastie (BrE) 2▸ (persona despreciable) (pey) worm (pej)

gustación *f* ▸**degustación**

gustado -da *adj* (AmL) popular; **el conductor del tan ~ programa** the host of the extremely popular program

gustar [A1] *vi*

A 1▸ (+ *me/te/le etc*): **¿te gustó el libro?** did you like *o* enjoy the book?; **me gusta su compañía** I enjoy her company, I like being with her; **no me/te/nos gustan los helados** I/you/we don't like ice cream; **le gusta mucho la música** he's very fond of music, he likes music very much; **¡así me gusta!** that's what I like to see (*o* hear *etc*)!, that's the spirit!; **creo que a Juan le gusta María** I think Juan likes María, I think Juan fancies *o* is keen on María (BrE colloq); **me gusta como sonríe** I like the way she smiles; **hazlo como te guste** do it however you like; **un cantante que gusta mucho** a very popular singer; **éste es el que más me gusta** this is the one I like best 2▸ **~le a algn + INF: le gusta tocar la guitarra** she likes to play the guitar (AmE), she likes playing the guitar (BrE); **le gusta mucho viajar** she's very fond of traveling *o* (BrE) keen on travelling (colloq); **me gusta mucho jugar al tenis** I'm a keen tennis player, I love playing *o* to play tennis; **nos gusta dar un paseo después de comer** we like to have a walk after lunch; **¿te ~ía visitar el castillo?** would you like to visit the castle? 3▸ **~le a algn QUE + SUBJ: no le gusta que le toquen sus papeles** he doesn't like people touching *o* to touch his papers; **no me gusta que salgas con ellos** I don't like you going out *o* to go out with them; **me ~ía que vinieras temprano** I'd like you to come early, I'd like for you to come early (AmE)

B ‹*persona*› 1▸ (en frases de cortesía) to wish (frml); **puede llamar o escribir, como guste** you may call or write, as you wish *o* whichever you prefer; **pásese por nuestras oficinas cuando usted guste** please call at our offices when convenient; **para lo que usted guste mandar** (ant) at your service (frml); **¿gusta? están muy buenas** would you like some? they're very nice 2▸ **~ DE algo** to like sth; **es muy serio, no gusta de bromas** he is very serious, he doesn't like jokes; **no gusta de alabanzas** she doesn't like to be praised, she doesn't like *o* enjoy being praised; **gusta de la chica de pelo largo** (RPl) he likes the girl with long hair, he is keen on the girl with long hair (BrE colloq); **~ DE + INF** to like to + INF (AmE), to like -ING (BrE); **gusta de jugar a las cartas** he likes to play *o* he likes playing cards

■ **gustar** *vt* 1▸ (liter) (saborear) to taste; **~on las mieles del triunfo** they tasted the fruits of victory (liter) 2▸ (AmL) (querer) to like; **¿gustan tomar algo?** would you like something to drink?; **si gustan pasar a la mesa** would you like to go through to eat?

gustativo -va *adj* taste (*before n*); ▸**papila**

gustazo *m*: **me ha dado un ~ verte** it's been so good *o* (colloq) it's been great to see you; **¡qué ~! ¡el agua está buenísima!** mmm! this is great! the water's beautiful! (colloq); ***darse el ~ de algo*** to take great pleasure *o* delight in sth; **me di el ~ de devolverle su regalo** I took great delight *o* pleasure in returning his present

gusto *m*

A 1▸ (sentido) taste; **resulta amargo al ~** it has a bitter taste 2▸ (sabor) taste; **esta bebida tiene un ~ extraño** this drink has a strange taste *o* tastes strange; **¿de qué ~ quieres el helado?** what flavor (of) ice cream do you want?; **tiene un gustillo** *or* **gustito medio raro** it has a slightly funny taste to it; **~ A algo: tiene ~ a fresa** it tastes of strawberry; **tiene ~ a quemado** it tastes burned, it has a burned taste; **esto no tiene ~ a nada** this doesn't taste of anything, this has no taste at all; **sus palabras me dejaron un ~ amargo** her words left me with a nasty taste in my mouth *o* with an unpleasant aftertaste

B 1▸ (placer, agrado) pleasure; **tendré mucho ~ en acompañarlos** (frml) it will be a pleasure for me to accompany you (frml), I shall be delighted *o* very pleased to accompany you (frml); **¡se las comió con un ~ ...!** he tucked into them with such relish *o* delight!; **da ~ trabajar en una oficina tan luminosa** it's a pleasure *o* (colloq) it's great to have such a bright office to work in; **me dio mucho** *or* **un gran ~ volverlo a ver** (frml) it was delightful *o* a great pleasure to see him again (frml); **por ~** for fun, for pleasure; **escribe por ~, no por el dinero** he writes for pleasure, not for the money; ***que da ~*** (fam): **baila que da ~** she dances wonderfully *o* beautifully; **los precios suben que da ~** (iró) prices are shooting up; ***tomarle*** *or* ***cogerle*** *or* ***agarrarle (el) ~ a algo*** to take a liking to sth, get to like sth, get into sth (colloq); ***quien por su ~ padece, vaya al infierno a quejarse*** you/he/one must face the consequences of your/his/one's actions 2▸ (deseo, voluntad): **satisface todos los ~s de sus hijos** he indulges all his children's whims; **no puedo permitirme esos ~s tan caros** I can't afford such luxuries; **maneja al marido a su ~** she has her husband twisted around her little finger; **el vestido no ha quedado a mi ~** the dress hasn't turned out the way I wanted it; **¿está a su ~ el peinado?** is the style to your liking?; **agregar azúcar a** *or* **al ~** add sugar to taste; **a ~ del consumidor** (fr hecha) however/whatever/as you like; **darle el** *or* **hacerle el ~ a algn: no le hagas todos los ~s** don't indulge him all the time; **hoy sí voy a darme el ~** I'm really going to treat myself today; **darse los ~s en vida** to enjoy life; **me di el ~ de decírselo a la cara** I took great delight *o* pleasure in telling him to his face 3▸ **a gusto** at ease; **un lugar en el que se está muy a ~** a place where you feel comfortable *o* at ease; **¿estás a ~ en tu nuevo trabajo?** are you happy in your new job?; **no se siente a ~ entre gente tan distinguida** he doesn't feel at ease *o* he feels ill at ease *o* uncomfortable among such distinguished people 4▸ (en fórmulas de cortesía): **mucho** *or* **tanto ~** pleased *o* nice to meet you; **mucho ~ (en conocerla) — el ~ es mío** pleased to meet you — the pleasure is mine (frml); **¿podría avisarme cuando lleguen? — con mucho ~** could you let me know when they arrive? — with pleasure *o* (AmE) I'd be glad to; **la conoces ¿no? — no, todavía no he tenido el ~** (frml) you know her, don't you? — no, I haven't had the pleasure (frml)

C (sentido estético) taste; **tiene un ~ horrible** she has awful *o* appalling taste; **tiene mucho ~ para arreglar las flores** she does very tasteful flower arrangements; **no me parece de muy buen ~ lo que le dijiste** I don't think that what you said was in very good taste; **lleva ropa de muy buen ~** he wears tasteful clothes; **tiene muy buen ~ para vestirse** she has very good taste in clothes *o* very good dress sense; **una broma/un comentario de mal ~** a tasteless joke/remark, a joke/remark that was in very poor *o* bad taste

D (inclinación, afición) taste; **nuestros ~s son muy dispares** our tastes are very different, we have very different tastes; **tiene ~s caros/simples** she has expensive/simple tastes; **ha heredado de su padre el ~ por la música** he has inherited a liking for music from his father, he has inherited his father's love of music; **es difícil elegirle un disco si no conocemos sus ~s** it's difficult to choose a record for him if we don't know his taste in music *o* what sort of music he likes; **lo tengo puesto a mi ~** I've got it arranged the way I like it *o* to my taste; **corbatas para todos los ~s** ties to suit all tastes, ties for all tastes; **un verde demasiado vivo para mi ~** too bright a green for my taste *o* liking; ***ir en ~s*** to be a matter of taste; ***en ~s se rompen géneros*** (Méx) each to his own *o* there's no accounting for taste; ***entre ~s no hay disgustos*** (Col) each to his own *o* there's no accounting for taste; ***hay ~s que merecen palos*** there's no accounting for taste, each to his own; ***nunca llueve a ~ de todos*** one man's meat is another man's poison, you can't please everybody; **para los ~s están los colores** it takes all sorts, horses for courses; ***sobre ~s y colores no hay nada escrito*** *or* ***no hay disputa*** *or* ***no discuten los doctores*** each to his own *o* there's no accounting for taste

gustosamente *adv* gladly; **aceptó ~ ir a la fiesta** he gladly accepted *o* he was happy to accept the invitation to the party; **acepto ~ su invitación** (frml) I am delighted *o* it gives me great pleasure to accept your kind invitation (frml)

gustoso -sa *adj* 1▸ (de buen grado): **si lo tuviera, te lo prestaría gustosa** if I had it, I would willingly lend it to you *o* I'd be only too glad to lend it to you; **aceptó ~ el cargo** he willingly *o* gladly accepted the post; **recibo ~ el honor que me hacen** I gladly accept *o* I am pleased to accept the honor you bestow on me (frml) 2▸ ‹*comida/guiso*› tasty

gutapercha *f* gutta-percha

gutural *adj* ‹*consonante/sonido*› guttural; ‹*voz*› guttural, throaty

Guyana *f* Guyana

guyanés -nesa *adj/m,f* Guyanese

gymcana /jinˈkana/ *f* gymkhana

gym-jazz /jimˈjas/ *m* gym jazz

Gzlez. = **González**

h, H *f* (*read as* /'atʃe/)
A (the letter) h, H (*ver tb* ▸**hache**)
B (en formularios) **1** (= **hombre**) M, male **2** (= **hembra**) F, female
h. (= **hora**) hr; **a las 11h.** at 11:00 *o* 11 o'clock; **100 km/h** 100 kph, 100 km/h
ha *interj* ah!, ha!
Ha. (= **hectárea**) ha., hectare
Hab. = **habitante**
haba *f‡*
A (planta) broad bean; (fruto) broad bean; (como nombre genérico) bean; ***son ∼s contadas*** there's no doubt about it, there are no two ways about it
(Compuesto) **haba de soja** soy bean (AmE), soya bean (BrE)
B (roncha) bump; (picadura) insect bite
Habana *f*: **La** ∼ Havana
habanera *f* habanera
habanero -ra *adj/m,f* Havanan
habanitos *mpl* (Arg) chocolate fingers (*pl*)
habano[1] **-na** *adj* Havanan
habano[2] **-na** *m,f*
A (persona) Havanan
B habano *m* **1** (cigarro) Havana cigar **2** (**de**) **color** ∼ tan, tobacco brown
hábeas corpus *m* habeas corpus
haber[1] [E17] *v aux*
A (en los tiempos compuestos): **no han/habían llegado** they haven't/hadn't arrived; **como se haya olvidado lo mato** if he's forgotten, I'll kill him!; **cuando/no bien hubo terminado** (liter) when/as soon as she had finished; **¿se habrán perdido?** do you think they've *o* they might have got lost?; **no habrán tenido tiempo** they probably haven't had time; **¿quién hubiera pensado que llegaría tan lejos?** whoever would have thought she'd get so far!; **está arrepentida — ¡(que) lo hubiera pensado antes!** she says she's sorry — she should have thought about it before!; **yo también quería ir — ¡∼lo dicho!** I wanted to go too — you should have said so!; **de ∼lo sabido te habría avisado** had I known *o* if I'd known, I'd have told you
B 1 (frml) (expresando obligación, necesidad) ∼ **DE + INF**: **el contrato ha de ser firmado por ambas partes** the contract must be signed by both parties; **hemos de averiguar qué sucedió** we have to *o* must find out what happened **2** (expresando acción futura) ∼ **DE + INF**: **ha de llegar un día en que ...** the day will come when ... **3** (expresando probabilidad, certeza) ∼ **DE + INF**: **ha de ser tarde** it must be late; **ya lo han de haber recibido** they must have received it by now; **pero ¿sabes lo que dices? — ¡no lo he de saber!** but do you know what you're saying? — of course I do!
■ *v impers*
A (existir, estar, darse): **hay una carta/varias cartas para ti** there's a letter/there are several letters for you; **ha habido un cambio/varios cambios en el programa** there has been a change/there have been several changes in the program; **había un cliente/tres clientes esperando** there was a customer/there were three customers waiting; **ayer hubo un accidente/dos accidentes** there was an accident/there were two accidents yesterday; **no quiero que haya discusiones** I don't want there to be any arguments; **¿qué van a tomar de postre? — ¿hay helado?** what would you like for dessert? — do you have any ice cream?; **esta vez no hubo suerte, otra vez será** we were unlucky *o* out of luck this time, maybe next time; **¿cuántos kilómetros hay de Mérida a Sevilla?** how many kilometers are there *o* is it from Mérida to Seville?; **no hay día en que no tengan una discusión** not a day goes by without their having an argument; **no hay como un buen descanso cuando uno se siente así** there's nothing like a good rest when you're feeling like that; **no hay quien lo aguante** he's absolutely unbearable; **hay quien piensa que es un error** there are those who feel it's a mistake; **hubo** *or* (crit) **hubieron varios heridos** several people were injured; **habíamos sólo tres niñas** (crit) we were the only three girls, there were only three of us girls (colloq); **S hay leche fresca** fresh milk sold *o* on sale here; **las hay rojas y amarillas también** there are *o* you can get red ones and yellow ones too; **dijo que no había problemas pero los hay** she said there weren't any problems but there are; **¡no hay más que hablar!** there's nothing more to be said! *o* that's my last word (on the subject)!; **gracias — no hay de qué** thank you — don't mention it *o* not at all *o* it's a pleasure *o* you're welcome; **no hay de qué preocuparse** there's nothing to worry about; **hola ¿qué hay?** (fam) hello, how are things?; **¿qué hay de nuevo?** what's new?; **es un poco largo — ¿qué hay? ¡lo acortamos!** (CS fam) it's rather long — so what? we'll shorten it; **¿qué hubo?** (Col, Méx fam) how are things?; **¿qué hubo de lo de Jorge y Ana?** what happened with Jorge and Ana?; ***donde los/las haya:*** **es listo/sinvergüenza donde los haya** he's as clever/rotten as they come; ***habérselas con algn/algo:*** **como vuelva por aquí tendrá que habérselas conmigo** if he comes around here again he'll have me to deal with; ***habido y por ∼:*** **se conoce todos los trucos habidos y por ∼** she knows every trick in the book; **he leído todo lo habido y por ∼ sobre el tema** I've read absolutely everything there is to read on the subject; ***ser de lo que no hay*** (fam): **eres de lo que no hay, nunca más te confío un secreto** you're the limit *o* you're unbelievable! I'm never going to tell you a secret again
B (ser necesario) ∼ **QUE + INF**: **va a ∼ que hacerlo** it'll have to be done; **hay que ser más optimista** you/we/they must be more optimistic; **hubo que tirar la puerta abajo** we/they had to break the door down; **me dijo que había que entregarlo el lunes** he told me it had to be handed in on Monday; **¡hay que ver qué genio tiene el mocito!** well, well, he *has* got a temper, hasn't he!; **¡hay que ver! ¡las cosas que uno tiene que aguantar!** honestly! the things one has to put up with!; **¡había que verlo allí jugando en la nieve!** you should have seen him there playing in the snow!; **no hay más que apretar el botón** all you have to do is press the button; **no hay que darle muy fuerte** (no es necesario) you don't need to *o* you don't have to hit it too hard; (no se debe) you mustn't hit it too hard
C (liter) (en expresiones de tiempo): **muchos años/mucho tiempo ha** many years/a long time ago; **años ha que no sé nada de él** I haven't heard from him for years
■ **haber** *vt* **habido, -da** *pp* (frml) (tenido): **los hijos habidos fuera del matrimonio** children born out of wedlock (frml); **cuatro hijos habidos de dos padres distintos** four children born of two different fathers
haber[2] *m*
A (bienes) assets (*pl*); **varias fincas forman parte de su ∼** his assets include various properties
B (en contabilidad) credit side; ***tener algo en su ∼*** (period): **tiene en su ∼ varios premios literarios** he has several literary prizes to his credit; **ya tiene cuatro robos en su ∼** he has already notched up four robberies
C haberes *mpl* (frml) (emolumentos, paga): **los ∼es que se le adeudan** moneys *o* monies owed to you (frml); **los ∼es del mes de diciembre** income *o* earnings for the month of December
habichuela *f* **1** (semilla) bean **2** (Col) (con vaina) green bean, French bean (BrE); ***ganarse las ∼s*** to earn one's daily bread
hábil *adj*
A 1 (diestro) skillful*; **es un ∼ carpintero** he's a skilled *o* an adept carpenter; **es una ∼ conductora** she's a good driver; **tiene manos ∼es para la costura** she's very good *o* skillful *o* adept with a needle; **he roto otra taza — ¡muy ∼!** (iró) I've broken another cup! — that was clever of you! (iro); **una jugada ∼ de Prieto** a skillful move from Prieto **2** (astuto, inteligente) clever; **es muy ∼ para los negocios** he's a very clever *o* able businessman
B ‹*horas/días*› working (*before n*)
C (Der) ‹*testigo*› competent
habilidad *f*
A 1 (para una actividad manual, física) skill; **siempre ha tenido gran ∼ para la carpintería** he's always been very good *o* adept at carpentry, he's always been a very skilled *o* adept carpenter; **tiene especial ∼ para la costura** he has a real gift *o* flair for sewing **2** (astucia, inteligencia) skill, cleverness; **tiene gran ∼ para convencer a sus oponentes** she is very clever *o* good *o* skilled at convincing her opponents, she has a great gift for convincing her opponents; **la película está realizada con gran ∼** it is a very cleverly *o* skillfully made movie
B (de un testigo) competence
(Compuesto) **habilidades interpersonales** *fpl* (Lab Rel) interpersonal skills
habilidoso -sa *adj*: **él te lo arreglará que es muy ∼** he'll fix it for you, he's very handy with *o* good with things like that; **mi mujer es muy habilidosa, le hace toda la ropa a la niña** my wife is very good with her hands, she makes all our daughter's clothes
habilitación *f*
A (de un lugar) fitting out
B (despacho) paymaster's office (*in government building*)
C (autorización) authorization
D (Col) (Educ): **exámenes de ∼** retakes, makeup tests (AmE), resits (BrE); **hoy tengo mi ∼ de química** I'm retaking *o* (BrE) resitting chemistry today
habilitado -da *m,f* paymaster
habilitante *adj* authorizing
habilitar [A1] *vt*
A ‹*lugar*› to fit out; **han habilitado el sótano como discoteca** the basement has been fitted out as a discotheque; **el local todavía no está**

habilitado para ser ocupado the premises are not yet ready for occupation *o* have not yet been fitted out

B (autorizar) ‹*persona/institución*› to authorize; **el título la habilita para enseñar** the diploma qualifies *o* authorizes *o* enables her to teach; **está habilitada para cobrar la pensión de su madre** she is empowered *o* authorized to collect her mother's pension; **este documento lo habilita para venderlos** this document authorizes *o* empowers him to sell them

C (frml) (Com, Fin): **tendrá que ser habilitado con los fondos suficientes** it will have to be provided with sufficient funds (frml)

D (Col) (Educ) to retake, to make up (AmE), to resit (BrE)

hábilmente *adv* cleverly, skillfully*

habiloso -sa *adj* (Chi fam) **1** (inteligente) bright, smart (colloq) **2** ▸**habilidoso**

habitabilidad *f* habitability

habitable *adj* habitable

habitación *f* **1** (cuarto) room; (dormitorio) bedroom; **cinco habitaciones, cocina y baño** five rooms, plus kitchen and bathroom; **comparto la ~ con mi hermana** I share the room with my sister; **S habitaciones libres** vacancies; **¿tienen habitaciones libres?** do you have any rooms free?; **~ individual/doble** single/double room; **~ con baño** room with bath **2** (acción) habitation; **~ humana** human habitation **3** (hábitat) habitat

habitacional *adj* (CS) housing (*before n*)

habitáculo *m* **1** (Aviac) cockpit; (Auto) interior **2** (liter) (morada) dwelling (frml)

habitante *mf*

A (Geog, Sociol) inhabitant; **esta ciudad tiene medio millón de ~s** this city has a population of half a million, this city has half a million inhabitants; **los ~s de la zona norte de la ciudad** the people who live in the northern part of the city, the residents of the northern part of the city; **los ~s de las cavernas** the cave-dwellers

B (hum) (parásito): **esta manzana tiene ~** there's something living in this apple (hum); **este niño tiene ~s** this child has lice

habitar [A1] *vt* to live in; **la casa lleva dos años sin ~** the house hasn't been lived in for two years; **éste es el único apartamento que no está habitado** this is the only unoccupied apartment

■ **habitar** *vi* (frml) to dwell (frml); **cuando el hombre habitaba en cavernas** when man dwelled in caves (frml)

hábitat /ˈxaβitat/ *m* (*pl* **-tats**) **1** (Ecol, Zool) habitat **2** (Geog, Sociol) environment; **~ rural/urbano** rural/urban environment

hábito *m*

A (costumbre) habit; **el tabaco crea ~** smoking is addictive *o* habit-forming; **adquirir malos/buenos ~s** to get into bad/good habits; **adquirir el ~ DE + INF** to get into the habit OF -ING; **adquirió el ~ de ir a correr por las mañanas** she got into the habit of (going) running every morning; **tener el ~ DE + INF: tiene el ~ de dormir la siesta** she usually has a nap in the afternoon, she is in the habit of having a nap in the afternoon

B (Relig) **1** (de religioso) habit; ***colgar los ~s*** «*sacerdote*» to give up the cloth; «*monja/monje*» to renounce one's vows; ***el ~ no hace al monje*** clothes do not make the man; ***tomar el ~*** *or* ***los ~s*** «*mujer*» to take the veil; «*hombre*» to take holy orders **2** (como ofrenda) sackcloth and ashes (*pl*)

habituación *f* habituation

habitual¹ *adj* ‹*sitio/hora*› usual; ‹*cliente/lector*› regular; **soy un oyente ~ de su programa** I'm a regular listener to your program; **respondió con su ~ ironía** he replied with his customary *o* habitual *o* usual irony

habitual² *mf* **1** (asiduo) regular, habitué (frml) **2** (en cine, diario, TV) regular

habitualmente *adv* usually

habituar [A18] *vt*: **hay que ~ a los niños a comer de todo** children should be trained *o* taught to eat everything, you should get children used to eating everything

■ **habituarse** *v pron* **~se A algo** to get used TO sth, get *o* become accustomed TO sth; **no se han habituado al cambio de horario** they haven't got(ten) used *o* accustomed to the new schedule

habitué *mf* (CS) habitué; **los ~s de la ópera** regular opera-goers

habla *f*‡

A (facultad) speech; **perder/recobrar el ~** to lose/recover one's powers of speech; **al verla entrar se quedó sin ~** when he saw her come in, he was speechless *o* dumbfounded; ***se me/le entró el ~*** (Chi fam) I/he was struck dumb (colloq)

B **1** (idioma): **los países de ~ hispana** Spanish-speaking countries **2** (manera de hablar): **el ~ de esta región** the local way of speaking, the way they speak in this area; **giros propios del ~ infantil** expressions that children use; **en el ~ de los médicos** in medical jargon *o* language; **la lengua y el ~** langue and parole

C **al habla** (Telec) speaking; (en contacto, comunicación) in contact; **¿el Sr. Cuevas? — al ~** Mr. Cuevas? — speaking; **estamos al ~ con nuestro corresponsal en Beirut** we have our correspondent in Beirut on the line; **ponerse al ~ con algn** to get in contact with sb

hablada *f* **1** (Méx fam) (chisme) piece *o* bit of gossip **2** (Chi fam) (acción de hablar): **échale una ~ al jefe** speak to the boss, have a word with the boss (colloq)

habladera *f* (Col, Ven fam) talking, chattering (colloq); **ha habido mucha ~ y poca acción** there has been a lot of talk *o* talking *o* chattering and not much action

hablado -da *adj* **1** ‹*lenguaje*› spoken; ▸**cine** **2** **bien hablado** well-spoken; **¡no seas mal ~!** don't be so rude *o* foul-mouthed!

hablador¹ -dora *adj* **1** (charlatán) talkative, chatty (colloq) **2** (indiscreto, chismoso): **¿por qué tienes que ser tan ~a?** why do you have to be such a bigmouth? (colloq) **3** (Méx fam) (mentiroso): **no seas ~** don't be such a fibber (colloq), don't tell fibs (colloq)

hablador² -dora *m,f* **1** (charlatán) chatterbox (colloq) **2** (indiscreto, chismoso) bigmouth (colloq) **3** (Méx fam) (mentiroso) storyteller, fibber (colloq)

habladurías *fpl* idle gossip *o* talk

hablante *mf* speaker

-hablante *suf*: **un catalanohablante** a Catalan speaker; **un maestro catalanohablante** a Catalan-speaking teacher

hablantín -tina *adj* (fam) chatty (colloq), talkative

hablantino -na *m,f* (Chi fam) chatterbox (colloq)

hablar [A1]

GUÍA DE BÚSQUEDA

■ **hablar** *verbo intransitivo*
A articular palabras
B **1** expresarse
2 hablar + complemento
C **1** conversar
2 charlar
3 murmurar
4 en conversaciones telefónicas
D tratar, referirse a
E bajo coacción
F **1** dar un discurso
2 dirigirse a
G **1** anunciar un propósito
2 rumorear
H recordar
I tener relaciones
J México: por teléfono

■ **hablar** *verbo transitivo*
A hablar: idioma
B tratar, consultar
C decir

■ **hablarse** *verbo pronominal recíproco*

vi

A (articular palabras) to speak; **~ en voz baja** to speak *o* talk quietly, to speak *o* talk in a low voice; **habla más alto** speak up; **habla más bajo** don't speak so loudly, keep your voice down; **habla con un deje andaluz** she speaks with a slight Andalusian accent, she has a slight Andalusian accent; **quítate la mano de la boca y habla claro** take your hand away from your mouth and speak clearly; **es muy pequeño, todavía no sabe ~** he's still a baby, he hasn't started to talk yet *o* he isn't talking yet; **no hables con la boca llena** don't talk with your mouth full; **~ por la nariz** to have a nasal voice, to talk through one's nose; **es una réplica perfecta, sólo le falta ~** it's a perfect likeness, you almost expect it to start talking

B **1** (expresarse) to speak; **déjalo ~ a él ahora** let him speak now, let him have his say now (colloq); **no hables hasta que no se te pregunte** don't speak until you're spoken to; **habla claro ¿cuánto quieres?** tell me straight, how much do you want? (colloq); **ha hablado la voz de la experiencia** there speaks the voice of experience, he speaks from experience; **las cifras hablan por sí solas** the figures speak for themselves; **no sabe de qué va el tema, el caso es ~** he doesn't know what it's all about but he just has to have his say; **en fin, mejor no ~** anyway, I'd better keep my mouth shut; **¡así se habla!** that's what I like to hear!; **hablo en mi nombre y en el de mis compañeros** I speak for myself and for my colleagues; **tú no hables** *or* **no hace falta que hables** (fam) you're a fine one to talk! (colloq), you've got no room to talk! (colloq), you can talk! (colloq); **mira quién habla** *or* **quién fue a ~** (fam) look *o* hark who's talking (colloq); ***~ por ~:*** **no sabe nada del tema, habla por ~** he doesn't know anything about the subject, he just likes the sound of his own voice *o* he just talks for the sake of it; ***hacer ~ a algn:*** **ve a hacerte la cama y no me hagas ~** go and make your bed, and don't let me have to tell you twice *o* tell you again; ***quien mucho habla mucho yerra*** the more you talk, the more mistakes you'll make **2** (+ *complemento*) to speak; **¿en qué idioma hablan en casa?** what language do you speak at home?; **~ por señas** to use sign language; **no sabe ~ en público** she's no good at speaking in public; **aunque no coincido con sus ideas, reconozco que habla muy bien** even though I do not share his views, I accept that he is a very good speaker; **(el) ~ bien no cuesta dinero** being polite never hurt anybody; ▸**cristiano²**, **plata**, etc

C **1** (conversar) to talk; **está hablando con el vecino de arriba** he's talking *o* speaking to the man from upstairs; **se pasaron toda la noche hablando** they spent the whole night talking *o* (colloq) chatting; **estaba hablando conmigo mismo** I was talking to myself; **lo conozco de vista, pero nunca he hablado con él** I know him by sight, but I've never actually spoken to him; **tú y yo tenemos que ~** you and I must have a talk, you and I have to talk; **¿podemos ~ a solas un momento?** can I have a word with you in private?, can I talk to you alone for a moment?; **no te vayas, tengo que ~te** *or* **tengo que ~ contigo** don't go, I need to speak to you *o* have a word with you; **para ~ con el director hay que solicitar entrevista** you have to get an appointment if you want to speak to *o* see the director; **habla tú con él, quizás a ti te escuche** you talk to him, maybe he'll listen to you; **es como si estuviera hablando con las paredes** it's like talking to a brick wall; **hablar por teléfono/por el celular** (AmL) *or* **el móvil** (Esp) to talk on the phone/cell phone (AmE) *o* mobile (BrE); **hablando se entiende la gente** (fr hecha) if you/they talk it over you'll/they'll sort it out; ***ni ~:*** **pretende que cargue con su trabajo y de eso ni ~** he wants me to do his work but there's no way that I'm going to; **¿estarías dispuesto a hacerlo? — ¡ni ~!** would you be willing to do it? — no way *o* not likely *o* no chance! (colloq) **2** (charlar) to talk; **nos castigaron por ~ en clase** we were punished for talking in class; **se pasó el día habla que te habla** she talked nonstop the whole day (colloq) **3▸** (murmurar) to talk; **no hagas caso, a la gente le gusta mucho ~** don't take any notice, people just like to talk *o* gossip; ***dar que* ~: si sigues actuando de esa manera, vas a dar que ~** if you carry on like that, people will start talking *o* tongues will start to wag **4▸** (en conversaciones telefónicas): **¿quién habla?** who's speaking *o* calling?; **¿con quién hablo?** who am I speaking with (AmE) *o* (BrE) speaking to?

D (tratar, referirse a) **~DE algo/algn** to talk ABOUT sth/sb; **¿de qué están hablando?** what are you talking about?; **hay muchas cosas de las que no puedo ~ con ella** there are a lot of things I can't talk to her about; **tú y yo no tenemos nada de que ~** you and I have nothing to say to each other *o* nothing to discuss; **se pasaron toda la tarde hablando de negocios** they spent the whole evening talking (about) *o* discussing business; **precisamente hablábamos de ti** we were just talking about you; **estaban hablando de él a sus espaldas** they were talking about him behind his back; **siempre está hablando mal de su suegra** he never has anything good *o* a good word to say about his mother-in-law; **lo dejamos en 10.000 y no se hable más (de ello)** let's say 10,000 and be done with it; **el viaje en tren sale caro, y no hablemos ya del avión** going by train is expensive, and as for flying ...; **en su libro habla de un tiempo futuro en el que ...** in his book he writes about *o* speaks of a time in the future when ...; **~ SOBRE *or* ACERCA de algo** to talk ABOUT sth; **ya ~emos sobre ese tema en el momento oportuno** we'll talk about that when the time comes; **~ DE algo/algn** to talk ABOUT sth/sb; **tengo que ~te de algo importante** there's something important I have to talk to you about; **háblame de tus planes para el futuro** tell me about your plans for the future; **no sé de qué me estás hablando** I don't know what you're talking about; **me han hablado mucho de ese restaurante** I've heard a lot about that restaurant; **me han hablado muy bien de él** people speak very highly of him, I've heard a lot of nice *o* good things about him; **Laura me ha hablado mucho de ti** Laura's told me a lot about you; **hablemos de usted** let's talk about you; **le he hablado al director de tu caso** I've mentioned your case to the director, I've spoken to the director about your case

E (bajo coacción) to talk; **no lograron hacerlo ~** they couldn't get him to talk

F **1▸** (dar un discurso) to speak; **esta noche ~á por la radio** he will speak on the radio tonight; **el rey habló a la nación** the king spoke to *o* addressed the nation **2▸** (dirigirse a) to speak; **haz el favor de no ~me en ese tono** please don't talk *o* speak to me in that tone of voice, please don't use that tone of voice with me; **¿qué manera es ésa de ~le a tu madre?** that's no way to speak to your mother!; **no le hables de tú** don't use the 'tu' form with *o* to him; **díselo tú porque a mí no me habla** you tell him because he isn't talking *o* speaking to me; **lleva una semana sin ~me** he hasn't spoken to me for a week

G **1▸** (anunciar un propósito) **~ DE + INF** to talk OF -ING, talk ABOUT -ING; **se está hablando de construir una carretera nueva** they're talking of *o* about building a new road, there's talk of a new road being built; **mucho ~ de ahorrar y va y se compra esto** all this talk of saving and he goes and buys this! **2▸** (rumorear) **~ DE algo: se habla ya de miles de víctimas** there is already talk of thousands of casualties; **se habla de que va a renunciar** it is said *o* rumored that she's going to resign, they say *o* people say that she's going to resign

H (liter) (recordar) **~ DE algo: unos monumentos que hablan de la grandeza de aquella época** monuments which tell of *o* reflect the grandeur of that era

I (ant) (tener relaciones) to court (dated)

J (México) (por teléfono) to call, phone, ring (BrE); **te habló Laura** Laura called *o* phoned *o* (BrE) Laura rang

■ **hablar** *vt*

A ⟨*idioma*⟩ to speak; **habla el idioma con mucha soltura** he speaks the language fluently; **Ⓢ se habla español** Spanish spoken

B (tratar, consultar) to talk about, discuss; **háblalo con tu padre** speak *o* talk to your father about it; **eso ya lo ~emos más adelante** we'll talk about that *o* discuss that later; **esto vamos a tener que ~lo con más tiempo** we're going to have to talk about *o* discuss this when we have more time; **ya está todo resuelto, no hay (nada) más que ~** it's all settled, there's nothing more to discuss *o* say

C (fam) (decir): **no hables disparates *or* tonterías** don't talk nonsense, don't talk garbage (AmE colloq), don't talk rubbish (BrE colloq); **no habló ni una palabra en toda la reunión** he didn't say a word throughout the whole meeting

■ **hablarse** *v pron* (*recíproco*): **llevan meses sin ~se** they haven't spoken to each other for months; **¿piensas seguir toda la vida sin ~te con ella?** are you never going to speak to her again?, aren't you ever going to talk to her again?

habón *m* (roncha) bump; (picadura) insect bite, bite

habrá, habría, etc ▸**haber**[1]

Habsburgo Hapsburg

hacedero -ra *adj* (ant) feasible, practicable

hacedor -dora *m,f* **1▸** (autor): **~ de milagros** miracle worker; **el ~ de esta obra de arte** the creator of this work of art **2▸** **el Hacedor** *m* (Relig) *tb* **el Supremo H~** the Maker, the Creator

hacendado[1] **-da** *adj* ⟨*familia*⟩ landowning (*before n*); **las clases hacendadas** the landed *o* landowning classes

hacendado[2] **-da** *m,f* landowner, owner of a ranch (*o* farm *etc*)

hacendar [A1 *or* A5] *vt* (Hist) to grant ... land(s)

hacendario -ria *adj* (Méx) tax (*before n*)

hacendista *mf* expert in public finance

hacendoso -sa *adj* hardworking (*esp referring to housework*)

hacer [E18]

GUÍA DE BÚSQUEDA

■ **hacer** *verbo transitivo*

Sentido I
- **A** **1▸** crear
  - **2▸** extender: cheque, factura etc
- **B** efectuar, llevar a cabo
- **C** formular, expresar
- **D** con las necesidades fisiológicas
- **E** adquirir: dinero, amigos etc
- **F** preparar, arreglar
- **G** **1▸** producir, causar
  - **2▸** refiriéndose a sonidos
- **H** recorrer
- **I** en cálculos, enumeraciones

Sentido II
- **A** **1▸** ocuparse en una actividad
  - **2▸** como profesión, ocupación
  - **3▸** estudiar
- **B** **1▸** actuar de cierta manera
  - **2▸** dar cierto uso
  - **3▸** causar daño
- **C** actuar como
- **D** hacer una vida
- **E** sustituyendo a otro verbo
- **F** afectar, importar

Sentido III
- **A** transformar en, volver
- **B** dar apariencia de
- **C** inducir a, ser la causa de que
- **D** obligar a
- **E** hacer hacer algo
- **F** acostumbrar
- **G** suponer, imaginar

■ **hacer** *verbo intransitivo*

Sentido I
- **A** **1▸** obrar, actuar
  - **2▸** hacer bien, mal etc
- **B** con las necesidades fisiológicas
- **C** fingir, simular
- **D** intentar, procurar
- **E** servir
- **F** interpretar un personaje

Sentido II
- **A** **1▸** sentarle bien, mal
  - **2▸** quedar, resultar
- **B** corresponder
- **C** no le hace
- **D** en tercera persona: concernir
- **E** apetecer

■ **hacer** *verbo impersonal*
- **A** **1▸** refiriéndose al tiempo
  - **2▸** familiar & humorístico
- **B** expresando el tiempo transcurrido

■ **hacerse** *verbo pronominal*

Sentido I
- **A** producirse
- **B** **1▸** hacer para sí
  - **2▸** hacer que otro haga
- **C** causarse
- **D** con las necesidades fisiológicas
- **E** adquirir

Sentido II
- **A** **1▸** volverse, convertirse en
  - **2▸** impersonal
  - **3▸** cocinarse
  - **4▸** pasarle a (a algn)
- **B** resultar
- **C** dar la impresión de
- **D** causativo
- **E** acostumbrarse
- **F** fingirse
- **G** **1▸** moverse
  - **2▸** colocarse
- **H** hacerse con
- **I** hacerse de

vt

Sentido I ▸ⓘ p.418

A **1▸** (crear) ⟨*mueble*⟩ to make; ⟨*casa/carretera*⟩ to build; ⟨*nido*⟩ to build, make; ⟨*coche*⟩ to make, manufacture; ⟨*dibujo*⟩ to do, draw; ⟨*lista*⟩ to make, draw up; ⟨*resumen*⟩ to do, make; ⟨*película*⟩ to make; ⟨*vestido/cortina*⟩ to make; ⟨*pan/pastel*⟩ to make, bake; ⟨*vino/café/tortilla*⟩ to make; ⟨*cerveza*⟩ to make, brew; **les hace toda la ropa a los niños** she makes all the children's clothes; **~ un nudo/lazo** to tie a knot/bow; **hazme un plano de la zona** do *o* draw me a map of the area; **me hizo un lugar *or* sitio en la mesa** he made room *o* a place for me at the table; **le hizo un hijo** (fam) he got her pregnant; **hacen una pareja preciosa** they make a lovely couple **2▸** (extender) ⟨*cheque/factura/receta*⟩ to make out, write out, write; **me hizo un cheque** she wrote *o* made me out a check

B (efectuar, llevar a cabo) ⟨*sacrificio*⟩ to make; ⟨*milagro*⟩ to work, perform; ⟨*deberes/ejercicios*⟩ to do; ⟨*transacción*⟩ to carry out; ⟨*experimento*⟩ to do, perform; ⟨*limpieza*⟩ to do; **estaban haciendo los preparativos para el viaje** they were making preparations for *o* they were preparing for the journey; **me hicieron una visita** they paid me a visit, they came and visited me; **hicieron una gira por Europa** they went on *o* did a tour of Europe; **hicimos el viaje sin parar** we did the journey without stopping; **me hizo un regalo precioso** she gave me a beautiful gift; **tengo que ~ los mandados** I have some errands to run; **¿me haces un favor?** will you do me a favor?; **me hizo señas para que me acercara** she motioned to me to come closer; **hicimos un trato** we did *o* made a deal; **hago un papel secundario en la obra** I have a minor part in the play; **aún queda**

h

ℹ Hacer

Algunas observaciones generales

Hay un gran número de expresiones, locuciones y modismos que se emplean con el verbo *hacer*, tales como *hacer una broma*, *hacer la guerra*, *hacer el amor* etc., que se tratan bajo el respectivo sustantivo

El verbo *hacer* se traduce principalmente al inglés por *to make* o *to do*, pero ambas traducciones no son intercambiables

En términos generales *to make* traduce *hacer* más el objeto que se crea, confecciona, obtiene, formula o expresa. El objeto es el resultado de la acción:

hacer una falda
= to make a skirt

hacer mermelada
= to make jam

hacer dinero
= to make money

hacer una oferta
= to make an offer

El verbo *to do* tiene el sentido más vago de llevar a cabo una actividad, encargarse de algo, donde el objeto del verbo puede precisar la naturaleza de la acción:

hacer la limpieza
= to do the cleaning

hacer los deberes
= to do one's homework

hacer el jardín
= to do the garden

o bien referirse a una actividad cuya naturaleza está indeterminada:

¿qué hace su padre?
= what does his father do?

¡mira lo que has hecho!
= look what you've done!

hagamos algo esta noche
= let's do something tonight

tengo mucho que hacer
= I have a lot to do

Si el verbo *hacer* reemplaza a un verbo más preciso, como *construir*, *dibujar*, *escribir* etc., generalmente se traducirá al inglés por el verbo que reemplaza:

hacer un puente
= to build a bridge

hacer un mapa
= to draw a map

hacer un cheque
= to write a check

Las perífrasis verbales se traducen a veces por un solo verbo:

hacer punto (Esp)
= to knit

hacer cosquillas
= to tickle

hacer una seña
= to signal

El verbo *hacer + complemento + subjuntivo* se traduce por *to make + object + infinitive*:

hizo que me equivocara
= he made me go wrong

hizo que llorara
= he made her cry

haz que vaya más rápido
= make it go faster

hazlo que se vaya
= make him leave

me hizo leerlo
= he made me read it

El verbo *hacer + infinitivo + complemento* suele tener valor de voz pasiva cuando no se expresa el sujeto de la acción que el infinitivo señala. En estos casos se traduce por *to have + object + participle*:

hizo arreglar el coche
= he had his car repaired

hizo construir la casa
= he had the house built

Cuando *hacer* sustituye a otro verbo recién mencionado o implícito, se traduce generalmente por *to do*:

canta como lo hacía su madre
= she sings like her mother did

él tenía que limpiarlo y terminé haciéndolo yo
= he should have cleaned it, but I ended up doing it myself

Para otros usos y ejemplos suplementarios, ver entrada

mucho por ~ there is still a lot (left) to do

C (formular, expresar) ‹*declaración/promesa/oferta*› to make; ‹*proyecto/plan*› to make, draw up; ‹*crítica/comentario*› to make, voice; ‹*pregunta*› to ask; **nadie hizo ninguna objeción** nobody raised any objections, nobody objected; **nos hizo un relato de sus aventuras** he related his adventures to us, he gave us an account of his adventures

D (con las necesidades fisiológicas): **hace dos días que no hago caca** (fam) I haven't been for two days (euph); **hice pis** *or* **pipí antes de salir** (fam) I had a pee before I left (colloq); **~ sus necesidades** (euf) to go to the bathroom *o* toilet

E (adquirir) ‹*dinero/fortuna*› to make; ‹*amigo*› to make; **hicieron muchas amistades en Chile** they made a lot of friends in Chile

F (preparar, arreglar) ‹*cama*› to make; ‹*maleta*› to pack; **tengo que ~ la comida** I must get lunch (ready) *o* cook lunch; **hice el pescado al horno** I did *o* cooked the fish in the oven

G **1** (producir, causar) ‹*ruido*› to make; **este jabón no hace espuma** this soap doesn't lather; **esos chistes no me hacen gracia** I don't find those jokes funny; **estos zapatos me hacen daño** these shoes hurt my feet **2** (refiriéndose a sonidos onomatopéyicos) to go; **los perros hacen 'guau guau'** dogs go 'bow-wow'; **el agua hacía gluglugIú en los caños** the water gurgled *o* made a gurgling noise in the pipes; **¿cómo hace el coche del abuelo?** how does Grandpa's car go?, what noise does Grandpa's car make?

H (recorrer) ‹*trayecto/distancia*› to do; **hicimos los 500 kilómetros en cuatro horas** we did *o* covered the 500 kilometers in four hours

I (en cálculos, enumeraciones): **son 180 ... y 320 hacen 500** that's 180 ... and 320 is *o* makes 500; **el visitante que hacía el número mil** the thousandth visitor; **hace el número 26 en la lista** she is *o* comes 26th on the list

Sentido **II**

A **1** (ocuparse en una actividad) to do; **¿no tienes nada que ~?** don't you have anything to do?; **ya terminé ¿qué hago ahora?** I've finished, what shall I do now?; **no hace más que** *or* **sino quejarse** she does nothing but complain, all she ever does is complain; **no hice más que** *or* **sino cumplir con mi deber** I only *o* merely did my duty; **le gustaría ~ teatro** she would like to work in the theater; **están haciendo una obra de Ibsen** they're doing *o* putting on a play by Ibsen; **deberías ~ ejercicio** you should exercise, you should do *o* get some exercise; **¿hace algún deporte?** do you go in for *o* play *o* do any sports?; **no estaba haciendo turismo, sino en viaje de negocios** I wasn't there on vacation (AmE) *o* (BrE) on holiday, it was a business trip **2** (como profesión, ocupación) to do; **¿qué hace su novio? — es médico** what does her boyfriend do? — he's a doctor **3** (estudiar) to do; **hace Derecho** she's doing *o* studying *o* reading Law; **hizo un curso de contabilidad** he did an accountancy course; **hizo la carrera de Filosofía** she did a degree in philosophy *o* a philosophy degree, she studied philosophy

B **1** (actuar de cierta manera, realizar cierta acción) to do; **yo en tu caso habría hecho lo mismo** in your situation I would have done the same; **perdona, lo hice sin querer** I'm sorry, I didn't do it on purpose; **haz lo que quieras** do what you like; **aquí se hace lo que digo yo** I'm in charge around here, around here what I say goes; **¡niño, eso no se hace!** you mustn't do that!; **haré lo posible por hablar con él** I'll do all *o* everything I can to speak to him; **¡qué se le va a ~!** *or* **¡qué le vamos a ~!** what can you *o* (frml) one do?; **no puedes aceptar — ¡qué le voy a ~! no me queda más remedio** you can't accept — what else can I do? I've no choice; **~la** (Méx fam): **ya la hizo: lo nombraron director** now he's really made it: he's been appointed director; **si le gano al sueco ya la hice** if I can beat the Swede I'll have it in the bag (colloq); **la hicieron bien y bonita con ese negocio** they did really well out of that deal; **~la (buena)** (fam): **¡ahora sí que la hice! me dejé las llaves dentro** now I've (really) done it! I've left the keys inside; **¡ya la hicimos! se pinchó la rueda** that's done it! *o* now, we're in trouble, we've got a flat; ***hacérsela buena a algn*** (Méx) to keep one's word *o* promise to sb; **se la hizo buena y se casó con ella** he kept his word *o* promise and married her; **soñé que te sacabas la lotería — ¡házmela buena!** I dreamed you won the lottery — if only! *o* if only it would come true!; **mañana dejo de fumar — ¡házmela buena!** I'm going to give up smoking tomorrow — oh, please! *o* if only you would! **2** (dar cierto uso, destino, posición) to do; **¿qué vas a ~ con el dinero del premio?** what are you going to do with the prize money?; **no sé qué hice con los recibos** I don't know what I did with the receipts; **y el libro ¿qué lo hice?** (CS fam) what did I do with the book? **3** (causar daño): **~le algo a algn** to do sth to sb; **no le tengas miedo al perro, no hace nada** don't be frightened of the dog, he won't hurt you; **yo no le hice nada** I didn't touch her *o* do anything to her; **no te he contado la última que me hizo** I haven't told you the latest thing he did to me

C (esp Esp) (actuar como): **deja de ~ el tonto/payaso** stop acting *o* playing the fool, stop clowning around

D (llevar): **~ una vida solitaria/normal** to lead a lonely life/normal life; **trata de ~ una vida sana** try to lead a healthy life

E (sustituyendo a otro verbo): **toca bien la guitarra — antes lo hacía mejor** she plays the guitar well — she used to play *o* be better; **voy a escribirle — deja, ya lo haré yo** I'm going to write to him — don't bother, I'll do it; **voy a dimitir — por favor, no lo hagas** I'm going to resign — please don't *o* please, don't do it

F (RPl fam) (afectar, importar): **la salsa quedó un poco líquida — ¿qué le hace?** the sauce came out a bit thin — so what? *o* what does it matter?; **eso no le hace nada** that doesn't matter at all

Sentido **III**

A (transformar en, volver) to make; **te hará hombre, hijo mío** it will make a man of you, my son; **la hizo su mujer** he made her his wife; **agarró la**

copa y la hizo añicos contra el suelo he grabbed the glass and smashed it to smithereens on the floor; **hizo pedazos** *or* **trizas la carta** she tore the letter into tiny pieces; **la película que la hizo famosa** the movie that made her famous; **este hombre me hace la vida imposible** this man is making my life impossible; **quisiera agradecer a quienes han hecho posible este encuentro** I should like to thank (all) those who have made this meeting possible; **~ algo DE algo** to turn sth INTO sth; **hice de mi afición por la cocina una profesión** I turned my interest in cooking into a career, I made a career out of my interest in cooking; **~ algo DE algn** to make sth OF sb; **quiero ~ de ti un gran actor** I want to make a great actor of you

B (dar apariencia de): **ese vestido te hace más delgada** that dress makes you look thinner; **el pelo corto te hace más joven** short hair makes you look younger

C (inducir a, ser la causa de que) **~ algo/a algn + INF** to make sth/sb + INF; **una de esas canciones que te hacen llorar** one of those songs that make you cry; **todo hace suponer que fue así** everything suggests that *o* leads one to think that that is what happened; **hizo caer al niño** he knocked the child over; **haga pasar al próximo** tell the next person to come in, have the next person come in; **eso no hizo sino precipitar el desenlace** all that did was to hasten the end; **~ que algo/algn + SUBJ** to make sth/sb + INF; **¡vas a ~ que pierda la paciencia!** you're going to make me lose my temper!; **esto hace que sus reacciones sean lentas** this makes him slow to react, this makes his reactions slow

D (obligar a) **~ + INF a algn** to make sb + INF; **me hizo esperar tres horas** she kept me waiting for three hours; **se lo haré ~ de nuevo** I'll make him do it again; **me hizo abrirla** *or* **me la hizo abrir** he made me open it; **me hizo levantar(me) a las cinco** she made me get up at five; **~ que algn + SUBJ** to make sb + INF; **hizo que todos se sentaran** he made everybody sit down

E **hacer hacer algo** to have *o* get sth done; **hice acortar las cortinas** I had *o* got the curtains shortened; **le hice ~ un vestido para la boda** I had *o* got a dress made for her for the wedding

F (acostumbrar) **~ a algn A algo** to get sb used *o* accustomed TO sth; **pronto la hizo a su manera de trabajar** he soon got her used *o* accustomed to his way of working

G (suponer, imaginar): **te hacía en Buenos Aires** I thought you were in Buenos Aires; **tiene 42 años — yo la hacía más joven** she's 42 — I thought she was younger; **¡yo que lo hacía casado y con hijos!** I had the idea that he was married with children!

■ **hacer** *vi*

Sentido I

A **1** (obrar, actuar): **nadie trató de impedírselo, lo dejaron ~** nobody tried to stop him, they just let him get on with it; **tú no te preocupes, déjame ~ a mí** don't you worry, just let me take care of it; **déjalo ~ a él, que sabe qué es lo que conviene** let him handle it, he knows what's best; **¿cómo se hace para que te den la beca?** how do you go about getting the grant?; **¿cómo hay que ~ para ponerlo en funcionamiento?** what do you have to do to make it work?; **no me explico cómo hacen para vivir con ese sueldo** I don't know how they manage to live on that salary; ***~le a algo*** (Chi, Méx fam): **Enrique le hace a la electricidad** Enrique knows a bit *o* knows something about electricity; **tienen una empleada que le hace a todo** they have a maid who does a bit of everything; **ya sabes que yo no le hago a esos menesteres** you know I don't go in for *o* do that sort of thing; ***~ y deshacer*** to do as one pleases, do what one likes; ***¡no le hagas/hagan!*** (Méx fam) you can't be serious!, you're joking *o* kidding! (colloq) **2** (+ *complemento*): **hiciste bien en decírmelo** you did *o* were right to tell me; **haces mal en mentir** it's wrong of you to lie; **mejor haría callándose** she'd do better to keep quiet

B (esp AmL) (con las necesidades fisiológicas): **¡mamá, ya hice!** Mommy, I've been *o* I've finished!; **hace dos días que no hace** (euf) he hasn't been for two days (euph); **hagan antes de salir** go to the bathroom *o* toilet before we leave, you'd better go before we leave (euph); **~ de cuerpo** *or* **de vientre** (frml) to move one's bowels (frml), to have a bowel movement (frml)

C (fingir, simular): **hizo (como) que no me había visto** he made out *o* pretended he hadn't seen me; **cuando entre haz (como) que lees** when she comes in, make out *o* pretend you're reading, when she comes in, pretend to be reading; **hice (como) que no oía** I pretended I couldn't hear, I acted as if I couldn't hear; **~ COMO SI + SUBJ: haz como si no supieras nada** make out *o* pretend you don't know anything about it, act as if you don't know anything about it

D (intentar, procurar) **~ POR + INF** to try to + INF; **tienes que ~ por corregir ese genio** you must try to *o* (colloq) try and do something about that temper (of yours); **tú no haces por entenderla** you don't even try to understand her

E (servir) **~ DE algo: esta sábana hará de toldo** this sheet will do for *o* as an awning; **la escuela la hizo de hospital** the school served as *o* was used as a hospital

F (interpretar un personaje) **~ DE algo/algn** to play (the part of) sth/sb; **siempre hace de 'malo'** he always plays the bad guy; **hizo de Hamlet** he played (the part of) Hamlet

Sentido II

A (+ *compl*) **1** (sentar) (+ *me/te/le etc*): **le va a ~ bien salir un poco** it'll do her good to get out a bit; **¡me hizo tanto bien su visita ...!** her visit did me such a lot of good ...!; **los mejillones me hicieron muy mal** (AmL) the mussels made me really ill **2** (Esp) (quedar): **con los cuadros hace mucho más bonito** it looks much prettier with the pictures

B (corresponder) **~le A algo** to fit sth; **esta tapa no le hace al frasco** this lid doesn't fit the jar; **esta llave no le hace a la cerradura** this isn't the right key for the lock

C **no le hace** (no tiene importancia) it doesn't matter; (no sirve de excusa) that's no excuse, don't give me that (colloq); **¿no le hace que tire la ceniza en este florero?** do you mind if I drop the ash in this vase?

D (*en tercera persona*) (frml) (concernir, tocar): **por lo que hace a** *or* **en cuanto hace a su solicitud** as far as your application is concerned, as regards your application

E (Esp fam) (apetecer): **¿hace** *or* **te hace una cerveza?** (do you) feel like a beer?, do you fancy a beer? (BrE colloq); **te invito a cenar a un chino ¿hace? — hace** I'll take you out to a Chinese restaurant, how does that grab you? — great idea! (colloq)

■ *v impers*

A **1** ▸**i** **p.802**; (refiriéndose al tiempo atmosférico): **hace frío/calor/sol/viento** it's cold/hot/sunny/windy; **hace tres grados bajo cero** it's three degrees below (zero); **nos hizo un tiempo espantoso** we had terrible weather; **ojalá haga buen tiempo** *or* (esp Esp) **bueno** I hope the weather's fine *o* nice, I hope it's nice weather **2** (familiar & humorístico): **hace sed ¿verdad?** it's thirsty weather/work, isn't it?; **parece que hace hambre** you/they seem to be hungry; **¿hace sueño, niños?** are you getting sleepy, children?

B (expresando el tiempo transcurrido): **hace dos años que murió** he died two years ago, he's been dead for two years; **¿cuándo llegaste? — hace un ratito** when did you get here? — a short while ago; **¿cuánto hace que se fue?** how long ago did she leave?, how long is it since she left?; **lo leí hace poco** I read it a short time ago; **lo había visto hacía exactamente un año** I had seen him exactly one year before; **¿hace mucho que esperas?** have you been waiting long?; **hace mucho tiempo que lo conozco** *or* **lo conozco desde hace mucho tiempo** I've known him for a long time; **hace años que no lo veo** *or* **no lo veo desde hace años** I haven't seen him for years *o* it's years since I saw him; **hacía años que no lo veía** I hadn't seen him for *o* in years, it had been years since I'd seen him; **hasta hace poco vivían en Austria** they lived in Austria until recently

■ **hacerse** *v pron*

Sentido I

A (producirse): **hágase la luz** (Bib) let there be light; (+ *me/te/le etc*): **se me ha hecho un nudo en el hilo** I've got a knot in the thread, the thread has a knot in it; **si no lo revuelves se te hacen grumos** if you don't stir it, it goes lumpy *o* forms lumps; **se le ha hecho una ampolla** she's got *o* she has a blister; ***hacérsele a algn*** (Méx): **por fin se le hizo ganar un campeonato** she finally got to win a championship; **por fin se le hizo a Mauricio con ella** Mauricio finally made it with her (colloq)

B **1** (*refl*) (hacer para sí): **se hace toda la ropa** she makes all her (own) clothes; **se hicieron una casita** they built themselves a little house **2** (*caus*) (hacer que otro haga): **se hace la ropa en Roma** she has her clothes made in Rome; **se hicieron una casita** they had a little house built; **se hizo la cirugía estética** she had plastic surgery; **voy a ~me las manos** I'm going to have a manicure; **tienes que ~te la barba** you must get your beard trimmed

C (causarse): **me hice un tajo en el dedo** I cut my finger; **¿qué te hiciste en el brazo?** what did you do to your arm?; **¿te hiciste daño?** did you hurt yourself?

D (con las necesidades fisiológicas): **todavía se hace pis/caca** (fam) she still wets herself/messes her pants; **se hace pis en la cama** (fam) he wets the bed; **¡me estoy haciendo caca!** (fam) I'm desperate (to go to the bathroom *o* toilet)! (colloq)

E (*refl*) (adquirir): **se ha hecho un nombre en el mundo de la moda** she's made a name for herself in the fashion world; **sólo conseguirás ~te enemigos si sigues así** you'll only make enemies if you keep on like that; ▸**idea**

Sentido II

A **1** (volverse, convertirse en) to become; **se quiere ~ monja** she wants to become a nun; **se hizo famoso** he became famous; **se están haciendo viejos** they are getting *o* growing old **2** (*impersonal*): **en invierno se hace de noche muy pronto** in winter it gets dark very early; **vamos, se está haciendo tarde** come on, it's getting late; (+ *me/te/le etc*): **se nos hizo de noche esperándolo** it got dark while we were waiting for him **3** (cocinarse) «*pescado/guiso*» to cook; **dejar que se haga a fuego lento** leave to cook over a low heat **4** (AmL) (pasarle a): **no sé qué se habrá hecho María** I don't know what can have happened to María *o* (colloq) where María can have got(ten) to

B (resultar): **se hace muy pesado repetir lo mismo tantas veces** it gets very boring having to repeat the same thing over and over again; (+ *me/te/le etc*): **la espera se me hizo interminable** the wait seemed interminable; **se me hace difícil creerlo** I find it very hard to believe

C (dar la impresión de) (+ *me/te/le etc*): **se me hace que aquí pasa algo raro** I get the feeling *o* impression that something strange is going on around here; **se me hace que va a llover** I think *o* I have a feeling it's going to rain; **se me hace que esta vez vas a tener suerte** something tells me *o* I have a feeling (that) this time you're going to be lucky

D (*causativo*) **~se + INF: tienes que ~te oír/respetar** you have to make people listen to you/respect you; **el desenlace no se hizo esperar** the end was not long in coming; **cuando era actriz se hacía llamar Mónica Duarte** when she was an actress she went by the name of Monica Duarte *o* she used the name Monica Duarte; **es un chico que se hace querer** he's a likable kid *o* a kid you can't help liking; **se hizo construir una mansión** he had a mansion built; **hazte ver por un médico** (AmL) go and see a doctor; ▸**rogar**

E (acostumbrarse) **~se A algo** to get used TO sth;

no me hago al clima de este país I can't get used to the weather in this country; **no consigo ~me a la idea** I can't get used to the idea; **~se A + INF** to get used TO-ING; **no se hace a vivir solo** he hasn't got used to living alone

F (fingirse): **no te hagas el inocente** don't act all innocent; **seguro que me vio pero se hizo el loco** he must have seen me but he pretended he hadn't; **¿éste es bobo o se (lo) hace?** (fam) is this guy stupid or just a good actor? (colloq); **no te hagas el sordo** don't pretend *o* make out you didn't hear me; **se hizo la que no entendía** she pretended *o* she made out she didn't understand; **yo me hice** (Méx fam) I pretended not to notice

G [1] (moverse) (+ *compl*): **~se atrás** to move back; **~se a un lado** to move to one side, to move aside; **hazte para aquí/para allá** move over this way/that way [2] (Col) (colocarse): **¿quieres salir en la foto? — sí ¿dónde me hago?** do you want to be in the photo? — yes, where shall I stand/sit?

H **hacerse con** to take; **el ejército se hizo con la ciudad** the army took the city; **se hizo con una fortuna considerable** he amassed a considerable fortune; **tengo que ~me con esa información como sea** I must get hold of that information somehow; **se hicieron con la empresa** they took over the company; **lograron ~se con el control de la compañía** they managed to gain *o* get control of the company; **no creo que puedan ~se con la copa** I don't think they can win the cup

I **hacerse de** (AmL): **se hicieron de gran fama** they became very famous; **tengo que ~me de dinero** I must get *o* lay my hands on some money; **se han hecho de muchos amigos allí** they've made a lot of friends there

hacha[1] *adj* [1] (Méx fam) (diestro): **ser muy** *or* **bien ~ para algo** to be very good at sth, be brilliant at sth (BrE colloq) [2] (Méx fam) (atento, alerto): **tienes que estar muy ~** you have to keep your wits about you; **ponte ~, no se te vaya a pasar tu número** watch/listen out so you don't miss your number

hacha[2] *f‡*

A (herramienta) ax (AmE), axe (BrE); ***darle a algn con el ~*** (RPl fam) to rip sb off (colloq); **no vayas a ese restaurante, te darán con el ~** don't go to that restaurant, it's a rip-off *o* they'll rip you off (colloq); ***de ~*** (Chi fam) right away, straightaway (BrE); **se fue de ~ a la cama** he went straight to bed, he went to bed right away *o* straightaway; **entraron y se fueron de ~ a la comida** they went in and made a beeline for *o* made straight for the food (colloq); ***enterrar el ~ de guerra*** to bury the hatchet; ***estar como ~*** (Chi, Méx fam) to be well prepared; **está como ~ para la prueba** he's well prepared *o* (colloq) he's done his homework for the test; ***ni raja ni presta el ~*** (Col fam) you're/he's being a dog in the manger; ***¡qué ... ni que ojo de ~!*** (Méx fam) *ver* ***¡qué ... ni qué ocho cuartos!***; ***ser un ~*** *or* (Chi) ***ser como ~*** to be a genius (colloq)

B (antorcha) torch

hachazo *m* [1] (golpe) blow of/with an ax* [2] (Taur) *sideways thrust with a horn*

hache *f* (letra) *name of the letter* **h**; ***llámale ~*** (fam) call it what you like *o* what you will (colloq), whatever you want to call it; ***por ~ o por be*** (fam) for one reason or another

hachemí, hachemita *adj/mf* Hashemite

hachero *m*

A (para antorchas) sconce

B (trabajador) woodcutter

hachís *m* hashish, hash (colloq)

hacho *m* [1] (tea) torch [2] (sitio elevado) hill

hachón *m* large torch

hacia *prep* [1] (indicando dirección) toward, towards [*el inglés norteamericano prefiere la forma* **toward** (*y otras formas adverbiales tales como* **southward, upward** *mientras que el inglés británico prefiere las formas* **towards** *etc*] **se dirigían ~ el sur** they were heading south *o* southward(s) *o* toward(s) the south; **la puerta se abre ~ adentro** the door opens inward(s); **el país avanza ~ la democracia** the country is moving toward(s) democracy; **la fuga de capitales ~ el exterior** the flight of capital abroad; **el centro queda ~ allá** the center is (over) that way; **¿~ dónde tenemos que ir?** which way do we have to go?; **un movimiento ~ arriba/atrás** an upward/backward movement; **empujar ~ arriba/atrás** to push upward(s)/backward(s) [2] (indicando aproximación) toward(s) [*ver nota en la sección a*] **~ finales de siglo/el final del primer acto** toward(s) the end of the century/of the first act; **~ el límite con el Brasil** toward(s) the Brazilian border; **llegaremos ~ las dos** we'll arrive (at) about two; **esto sucedió ~ las nueve de la mañana** this occurred at approximately *o* toward(s) nine in the morning [3] (con respecto a) toward(s); **su actitud ~ mí** his attitude toward(s) *o* to me

hacienda ➡ *f*

A [1] (esp AmL) (finca) estate; (dedicada a la ganadería) ranch; **~ lechera** dairy farm; **~ tabacalera** tobacco plantation [2] (bienes) possessions (*pl*), property; **se jugó toda su ~ en el casino** he gambled away everything he had in the casino

(Compuesto) **hacienda de beneficio** (Méx) smelter

B **Hacienda** [1] (ministerio) ≈ the Treasury Department (*in US*), ≈ the Treasury (*in UK*) [2] (oficina) tax office; **voy a H~ a pagarlo** I'm going to the tax office to pay it; **el dinero que debo a H~** the money I owe the tax office, the money I owe the IRS (AmE) *o* (BrE) the Inland Revenue (BrE)

(Compuesto) **hacienda pública**: **la ~ ~** the Treasury, public funds (*pl*); **proyectos que han resultado gravosos para la ~ ~** projects which have proved to be a burden on public funds *o* the public purse

C (RPl) (ganado) livestock

hacina *f* pile, heap

hacinamiento *m* overcrowding

hacinar [A1] *vt* ‹*mies*› to stack; ‹*leña*› to pile up, stack up, stack

■ **hacinarse** *v pron* to crowd together; **viven hacinados en un cuartucho miserable** they live crammed *o* crowded together in a squalid little room

hackear /xake'ar/ [A1] *vt* (fam) to hack

hacker /'xaker/ *mf* (fam) hacker (colloq)

hada *f‡* fairy; **el ~ madrina** the fairy godmother

Hades *m* [1] (Plutón) Hades [2] (lugar): **el ~** Hades

hado *m* (liter) fate, destiny

hadrón *m* hadron

haga, etc ▸**hacer**

hágalo Vd mismo *m* do-it-yourself, DIY

hagiografía *f* hagiography

hagiógrafo -fa *m,f* hagiographer

hago *see* ▸**hacer**

haiga[1] (crit) *usado a veces en lugar de* ▸**haya**[2]

haiga[2] *m* (Esp ant) big, flashy car

haikai /xai'kai/, **haiku** /xai'ku/ *m* haiku

Haití *m* Haiti

haitiano -na *adj/m,f* Haitian

hala *interj* (Esp) [1] (para animar) come on! [2] (expresando sorpresa) wow!

halagador -dora *adj* ‹*palabras/comentario*› flattering; **eres muy ~ pero no me vas a convencer** I'm very flattered but I'm afraid you won't persuade me

halagar [A3] *vt* [1] (complacer) to flatter; **me halaga que me lo ofrezcas a mí** I am flattered that you're offering it to me; **se sintió halagado por sus palabras de elogio** he felt flattered by their praise [2] (adular) ‹*persona*› to flatter; **le ~on el vestido** they praised her dress, they complimented her on her dress

halago *m* praise; **~s** praise, flattery

halagüeño -ña *adj* [1] ‹*palabras/frases*› flattering, complimentary [2] ‹*situación*› promising, encouraging; ‹*noticia*› encouraging; **las perspectivas son muy poco halagüeñas** the prospects are not at all promising *o* encouraging *o* are not looking very hopeful; **un futuro ~** a promising *o* rosy future

halal *adj inv* halal

halar [A1] *vt* [1] ‹*cabo*› to haul in [2] ‹*remo*› to pull on [3] *ver tb* **jalar**

halcón *m* [1] (Zool) falcon [2] (period) (en política) hawk (journ)

(Compuesto) **halcón peregrino** peregrine falcon

halconería *f* falconry

halconero -ra *m,f* falconer

hale *interj* ▸**hala**

haleche *m* anchovy

halfcourt /'hafkort/ *m* half court tennis

halibut *m* (*pl* **-buts**) halibut

hálito *m* (liter) [1] (aliento) breath; **sólo le quedaba un ~ de vida** he was breathing his last (liter) [2] (brisa) gentle breeze

halitosis *f* bad breath, halitosis

hall /'xol/ *m* (*pl* **halls**) (de una casa) hall, hallway; (de un teatro, cine) foyer

hallaca *f* ▸**hayaca**

hallador -dora *m,f* finder

hallaquita *f* (Ven) *ground corn wrapped in leaves for cooking*; ***~ mal amarrada*** (hum): **pareces una ~ mal amarrada** you look like a sack of potatoes (colloq), you look a sight (colloq)

hallar [A1] *vt*

A [1] (frml) ‹*persona/libro/tesoro*› to find; ‹*felicidad/paz*› to find; **el cuadro robado fue hallado en su casa** the stolen painting was found *o* discovered at his house; **el vehículo fue hallado en la localidad de San Roque** the vehicle was found *o* located in the town of San Roque; **en él halló un amigo para toda la vida** in him he found a lifelong friend; **halló la muerte en un accidente** he met his death in an accident; **~on tierras cálidas y fértiles** they found *o* discovered warm, fertile lands; (+ *compl*): **halló la puerta abierta** she found the door open [2] ‹*pruebas/solución*› to find; ‹*información*› to find, discover; **yo a esto no le hallo explicación** I can't find any explanation for this; **~on que las temperaturas eran superiores a las esperadas** they found *o* discovered that the temperatures were higher than expected

B (*en frases negativas*) (saber): **no halla cómo sentarse** she can't find a comfortable position to sit in; **no hallo cómo decírselo sin ofenderla** I don't know how to tell her without offending her

C (opinar, creer) to find; **hallo que es una persona muy fría/interesante** I find him a very cold/interesting person

■ **hallarse** *v pron*

A (frml) (estar, encontrarse) (+ *compl*): **no pudo asistir a la reunión por ~se enfermo** he was unable to attend the meeting because of illness *o* because he was ill; **la abadía se halla en ruinas** the abbey is in ruins; **el edificio se halla situado en las afueras de la ciudad** the building is situated on the outskirts of the city

B (sentirse) (+ *compl*) to feel; **se hallaba a gusto en aquella casa** she felt comfortable in that house; ***no ~se:*** **no me hallo en este tipo de fiestas** I don't feel comfortable *o* at ease *o* at home at this type of party; **vuelven a la ciudad porque en el campo no se hallan** they're moving back to the city because living in the country isn't right for them *o* doesn't suit them *o* because they don't feel at home in the country

hallazgo *m* find; **¡qué ~! es el regalo ideal para él** what a find! it's the ideal gift for him; **el nuevo programador ha sido un verdadero ~** the new programmer has been a real find; **quedaron horrorizados ante tan macabro ~** they were horrified by this macabre discovery

hallulla *f*

A (Chi) (pan) *slightly leavened white bread*

B (Chi) (sombrero) straw boater

➡ *ver* Vivir en un país de habla inglesa

h

halo *m* **1** (Astron) halo **2** (aureola) halo, aureole (liter); **un ~ de bruma envolvía la ciudad** a halo *o* an aureole of mist hung over the city; **un ~ de gloria** an aura of glory

halogenado -da *adj* halogenated

halógeno[1] -na *adj* ‹luz/lámpara/bombilla› halogen (*before n*); **faros ~s** halogen headlights *o* headlamps

halógeno[2] *m* **1** (Quím) halogen **2** (faro) halogen headlight *o* headlamp

halografía *f* halography

haloideo[1] -dea *adj* haloid

haloideo[2] *m* halide, haloid

halón *m* ▸**jalón**

haltera *mf*
A (persona) weightlifter
B **haltera** *f* (barra) barbell

halterofilia *f* weightlifting

halterófilo -la *m,f* weightlifter

hamaca *f* **1** (para colgar) hammock **2** (Esp) (asiento plegable) deckchair **3** (archivo) suspension file **4** (RPl) (mecedora) rocking chair **5** (RPl) (columpio) swing
(Compuesto) **hamaca paraguaya** (RPl) hammock

hamacar [A2] *vt* (RPl) (columpiar) to swing; (mecer) to rock; **hamaca al niño para que se duerma** rock the baby to sleep
■ **hamacarse** *v pron* (RPl) (columpiarse) to swing; (mecerse) to rock, rock oneself

hambre *f*‡
A **1** (sensación) hunger; **tengo ~** I'm hungry; **tengo ~ de algo dulce** (fam) I feel like something sweet; **pasamos un ~ horrible** (fam) we were starving (colloq); **el ejercicio da ~** exercise makes you hungry; **me muero de ~** *or* **tengo un ~ que me muero** I'm starving (colloq); **allí la gente se muere de ~** people are starving to death there; ***matar el ~*: comió unas galletas para matar el ~** he ate some cookies to keep him going *o* to stop him feeling hungry *o* (colloq) to keep the wolf from the door; ***se ha juntado el ~ con las ganas de comer*** *or* ***se juntaron el ~ y las ganas de comer*** (hum) one is as bad as the other, they're two of a kind, they're a right pair (colloq); ***ser más listo que el ~*** (fam) to be razor sharp (colloq); ***tengo/tiene un ~ canina*** I'm/he's ravenous, I/he could eat a horse (colloq); ***a buen ~ no hay pan duro*** *or* (RPl) ***cuando hay ~ no hay pan duro*** *or* (Col) ***a buen ~ no hay mal pan*** beggars can't be choosers; ▸**muerto[2]** **2** (como problema): **el ~** hunger; **una campaña contra el ~** a campaign against hunger; **pagan sueldos de ~** they pay starvation wages
B (liter) (ansia, deseo) **~ DE algo**: **tienen ~ de justicia** they hunger for *o* after justice; **su insaciable ~ de riqueza/poder** his insatiable desire *o* hunger for wealth/power; **su ~ de cariño** her hunger *o* longing for affection

hambreado -da *adj* (Andes, RPl) hungry, starving

hambreador -dora *m,f* (AmL): **son unos explotadores y ~es del pueblo** they exploit the people and pay them starvation wages

hambrear [A1] *vt* (CS) to starve

hambriento[1] -ta *adj* [ESTAR] hungry; **compra unos cuantos, estoy ~** buy several, I'm hungry *o* (colloq) I'm starving *o* (colloq) I'm famished; **los niños ~s del mundo** the world's starving children; **~ DE algo** hungry FOR sth; **el pueblo está ~ de justicia** the people are hungry for justice, the people hunger for *o* after justice; **huérfanos ~s de cariño** orphans hungry for *o* craving affection

hambriento[2] -ta *m,f*: **los ~s** hungry people; **dar de comer al ~** to feed the starving *o* hungry

hambrón -brona *adj* (Esp fam) greedy

hambruna *f* famine

Hamburgo *m* Hamburg

hamburgués[1] -guesa *adj* of/from Hamburg

hamburgués[2] -guesa *m,f*
A (persona) person from Hamburg
B **hamburguesa** *f* **1** (bistec) hamburger, beefburger (BrE) **2** (sandwich) hamburger, burger

hamburguesería *f* hamburger bar

hampa *f*‡: **el ~** criminals (*pl*), the underworld

hampesco -ca *adj* criminal, underworld (*before n*)

hampón -pona *m,f* thug, criminal

hamponil *adj* (Ven) ▸**hampesco**

hámster /'xamster/ *m* (*pl* **-ters**) hamster

handball, handbol /'hambol/ *m* (AmL) handball

handbolista /hambol'ista/ *mf* (AmL) handball player

handicap /'xandikap/ *m* (*pl* **-caps**)
A **1** (en golf) handicap **2** (Equ) (peso) handicap; (carrera) handicap
B (desventaja) handicap, disadvantage

handling /'hanlin/ *m* baggage handling

hangar *m* hangar

Hansa *f*‡ Hanse, Hansa

hanseático -ca *adj* Hanseatic

hanta *m tb*: **virus ~** *or* **~ virus** hantavirus

haploide *adj/m* haploid

happening /'xapenin/ *m* (*pl* **~s**) happening

haragán[1] -gana *adj* lazy, idle

haragán[2] -gana *m,f*
A (persona) shirker, layabout
B **haragán** *m* (Ven) (utensilio) mop

haraganear [A1] *vi* to be lazy, lounge *o* laze *o* loaf around (colloq)

haraganería *f* laziness, idleness

harakiri *m* hara-kiri; **hacerse el ~** to commit hara-kiri

harapiento -ta *adj* ragged; **un hombre ~ y sucio** a dirty-looking man, dressed in rags

harapo *m* rag; **un mendigo cubierto de ~s** a beggar clothed in rags *o* tatters

haraposo -sa *adj* ▸**harapiento**

haraquiri *m* ▸**harakiri**

haras *m* (*pl* **~**) (AmS) stud farm

hardcore[1], hard-core /'xarkor/ *adj* hardcore

hardcore[2], hard-core *m* ‹pornografía› hard-core pornography; ‹música› hard core

hardware /'xar(ð)wer/ *m* hardware

haré, etc ▸**hacer**

harén *m* harem

haría, etc ▸**hacer**

harina *f* flour; ***estar metido en ~*** to be in the middle of things (colloq); ***ser ~ de otro costal*** to be another *o* a different kettle of fish; ***donde no hay ~ todo es mohína*** poverty breeds discontent
(Compuestos)
- **harina con levadura** (Esp) ▸**harina leudante**
- **harina con polvos de hornear** (AmL) ▸**harina leudante**
- **harina de avena** oatmeal
- **harina (de) flor** extrafine flour
- **harina de garbanzos** gram flour, chickpea flour
- **harina de maíz** cornmeal
- **harina de pescado** fish meal
- **harina de soya** (AmL) *or* (Esp) **soja** soy (AmE) *o* (BrE), soya flour
- **harina de trigo** wheat flour
- **harina integral** wholewheat flour, wholemeal flour (BrE)
- **harina leudante** (RPl) self-rising flour (AmE), self-raising flour (BrE)

harinoso -sa *adj* floury

harnear [A1] *vt* (Andes, Méx) to sieve, sift

harnero *m* sieve

harpillera *f* ▸**arpillera**

hartar [A1] *vt*
A (cansar, fastidiar): **me estás empezando a ~ con tus quejas** I'm beginning to get sick *o* tired of your complaints, your complaints are beginning to get on my nerves
B (fam) (llenar) **~ a algn A** *or* **DE algo**: **nos hartaban a sopa de verduras** they used to give us vegetable soup until it came out of our ears (colloq), they fed us on nothing but vegetable soup; **entre los tres lo ~on a palos** the three of them gave him a real beating
■ **hartarse** *v pron*
A (cansarse, aburrirse) to get fed up; **un día se hartó y se fue** one day he got sick *o* tired of it (*o* of things *etc*) and he left; **~se DE algo** to get tired *o* sick OF sth, get fed up WITH sth; **ya me estoy hartando de tus tonterías** I'm getting tired of *o* sick of *o* fed up with your nonsense; **~se DE algn** to tire of sb, get tired OF sb, get fed up WITH sb; **pronto se ~á de él** she'll soon tire of him *o* get tired of him *o* get fed up with him; **~se DE + INF** to get tired *o* sick of -ING, get fed up WITH -ING; **me harté de repetírselo** I got tired *o* sick of telling him over and over again, I got fed up with telling him over and over again; **~se DE QUE + SUBJ**: **me harté de que se burlara de mí** I got fed up with *o* I got tired of her making fun of me
B (llenarse): **comieron hasta ~se** they gorged themselves, they stuffed themselves (colloq); **~se DE** *or* (Esp) **A algo** to gorge oneself ON sth, to stuff oneself WITH sth (colloq); **vamos a ~nos de mariscos y champán** we're going to gorge ourselves on *o* stuff ourselves with shellfish and champagne

hartazgo *m*: **comieron hasta el ~** they gorged themselves; **¡qué ~ de conciertos!** I've had my fill of concerts!; **nos dimos un ~ de sardinas** (Esp fam) we stuffed ourselves with sardines (colloq)

harto[1] -ta *adj*
A **1** (cansado, aburrido) fed up; **me tienes harta con tantas exigencias** I'm sick of *o* tired of *o* fed up with all your demands, I've had enough of your demands; **¡ya estoy ~!** I've had enough!; **~ DE algo/algn** fed up WITH sth/sb, tired OF sth/sb, sick OF sth/sb; **~ DE + INF** tired OF -ING, fed up WITH -ING, sick OF -ING; **estoy ~ de tener que repetirte todo** I'm tired of *o* fed up with *o* sick of having to repeat everything I tell you; **~ DE QUE + SUBJ**: **estaba harta de que le dijeran lo que tenía que hacer** she was tired of *o* fed up with *o* sick of them telling her what to do **2** (de comida) full, full up (BrE colloq)
B (*delante del n*) (mucho) **1** (frml): **esto sucede con harta frecuencia** this happens very frequently; **tenían hartas ventajas** they had many advantages **2** (AmL exc RPl): **te he llamado hartas veces** I've phoned you lots of *o* (colloq) loads of times; **tiene hartas ganas de verte** he really wants to see you, he's dying to see you (colloq); **había harta gente allí** there were a lot of *o* (colloq) loads of people there

harto[2] *adv*
A (modificando un adjetivo) **1** (frml) extremely, very; **una doctrina ~ peligrosa** an extremely *o* a very *o* a highly dangerous doctrine; **una tarea ~ difícil** an extremely *o* a very difficult task **2** (AmL exc RPl) very; **tiene una nariz ~ grande** she has a very big nose; **es ~ mejor que el hermano** he's much *o* a lot *o* (colloq) miles better than his brother; **para serte ~ franca** to be quite frank with you
B (modificando un verbo) (AmL exc RPl): **me gustó ~ la película** I really liked the movie, I thought the movie was great (colloq); **bailamos ~** we danced a lot; **me divertí ~ con él** I had a great time with him

harto[3] -ta *pron* (AmL exc RPl): **tenía ~ que hacer** I had an awful lot to do, I had loads to do (colloq); **¿tienes amigos allí? — ¡sí, ~s!** do you have friends there? — yes, lots *o* loads (colloq)

hartón *m* (Esp fam): **se dio un ~ de fruta** she gorged herself on *o* (colloq) stuffed herself with fruit; **me di un ~ de llorar** I cried my eyes out

hasídico -ca *adj* Hassidic

hasidita *mf* Hassid

hasta[1] *prep*
A (en el tiempo) **1** until; **¿~ cuándo te quedas? — ~ el viernes** how long are you staying? —

until *o* till Friday; **no se levanta ~ las once** she doesn't get up till *o* until eleven; **Francisco Mera, el ~ ahora presidente de la Confederación** Francisco Mera, hitherto president of the Confederation (frml); **~ hace algunos años** until *o* up until *o* up to a few years ago; **desde que asumieron el poder ~ la fecha** *or* **~ ahora** from the time they came to power until now *o* until the present day; **~ ahora** *or* **~ el momento** so far, up to now; **¿siempre trabajas ~ tan tarde?** do you always work so late?; **~ + INF: no descansó ~ terminar** she didn't rest until she'd finished **2** **hasta que** until, till; **esperamos ~ que paró de llover** we waited until it stopped raining; **~ QUE + SUBJ: espera ~ que pare de llover** wait until *o* till it stops raining; **decidieron esperar ~ que parase de llover** they decided to wait until *o* till it stopped raining; **es inocente ~ que (no) se demuestre lo contrario** he is innocent until proven guilty; **no se acuesta ~ que (no) termine de leerlo** he doesn't go to bed until he has read it **3** **hasta tanto** until such time as; **~ tanto el pueblo (no) se pronuncie en un referéndum** until such (a) time as the people voice their opinion in a referendum **4** (AmC, Col, Méx) (con valor negativo): **será publicado ~ fines de año** it won't be published until the end of the year; **~ ahora la gente empieza a darse cuenta** people are only (just) beginning to realize now; **cierran ~ las nueve** they don't close until *o* till nine; **~ que tomé la píldora se me quitó el dolor** the pain didn't go away until *o* till I took the tablet **5** (en saludos): **~ mañana/la semana que viene** see you tomorrow/next week; **~ luego** *or* **lueguito** (fam) see you (colloq), bye (colloq); **~ pronto** see you soon; **~ ahora** see you soon, see you in a minute; **~ siempre, compañeros** farewell, my friends

B (en el espacio) to; **viajé con ella desde Puebla ~ Veracruz** I traveled with her from Puebla to Veracruz; **el agua me llegaba ~ los hombros** the water came up to *o* came up as far as my shoulders; **traza una línea desde aquí ~ aquí** draw a line from here to here; **¿me acompañas ~ la parada?** will you come to *o* come as far as the stop with me?; **¿~ dónde va usted?** how far are you going?

C (en cantidades) up to; **~ el 80% del total** up to 80% of the total; **hay que hacer ~ el ejercicio diez inclusive** we have to do up to and including exercise ten, we have to do as far as exercise ten; **~ cierto punto tiene razón** she's right, up to a point *o* to a certain extent, she's right

hasta[2] *adv* even; **eso lo sabe ~ un niño de dos años** even a two-year-old knows that; **~ te diría que ...** I'd even go as *o* so far as to say that ...

hastial *m* gable end

hastiante *adj* boring, sickening

hastiar [A17] *vt*: **estaba hastiado de la vida** he was tired *o* weary of life; **le hastiaban aquellas fiestas** she was tired *o* weary of those parties

■ **hastiarse** *v pron* **~se DE algo** to grow tired *o* weary OF sth; **se había hastiado de esa vida frívola** she had grown weary *o* tired of her frivolous life; **se hastió de vivir allí** he grew tired *o* weary of living there, he wearied *o* tired of living there (liter)

hastío *m*: **el ~ de las largas noches invernales** the boredom *o* tedium of the long winter nights; **la vida monótona del pueblo le producía ~** the monotony of life in the village bored him intensely; **hacer/repetir algo hasta el ~** to do/repeat sth ad nauseam

hatajo *m* **1** (pey) (de gente despreciable) bunch (colloq), load (colloq); (de disparates, tonterías) load (colloq); **son un ~ de sinvergüenzas** they're a bunch of villains; **un ~ de estupideces** a load of nonsense; **un ~ de mentiras** a pack of lies **2** (de ganado) herd

hatillo *m*

A (de ropa) bundle; ***ir*** *or* ***andar con el ~ a cuestas*** *or* ***llevar el ~ a cuestas*** to live out of a suitcase; ***liar el ~*** to pack one's bags

B (Agr) ▸**hato B**

hato *m*

A (de ropa) bundle; *para modismos ver* **hatillo**

B (de vacas lecheras) herd; (de ovejas) flock

C (grupo) ▸**hatajo 1**

D (Ven) (finca rural) cattle farm, ranch

Hawai *m* Hawaii

hawaiana /hagwai'ana/ *f* (Chi) **1** (sandalia) thong (AmE), flip-flop (BrE) **2** (camisa) Hawaiian shirt

hawaiano -na *adj/m,f* Hawaiian

hay ▸**haber**[1]

haya[1] *f*‡ (árbol) beech, beech tree; (madera) beech, beechwood

haya[2], **hayas, etc** ▸**haber**[1]

Haya *f* ▸**La Haya**

hayaca *f* (Ven) *cornmeal, meat and vegetables wrapped in banana leaves*

hayal, hayedo *m* beech wood

hayo *m* coca

haz[1] *m* **1** (de leña) bundle, faggot (BrE); (de paja, hierba) bundle, truss (BrE); (de trigo) sheaf **2** (de luz) beam; **~ de láser** laser beam

haz[2] *see* ▸**hacer**

haza *f* plot (*of arable land*)

hazaña *f* **1** (acción heróica) great *o* heroic deed, exploit **2** (acción que requiere gran esfuerzo) feat, achievement; **ha sido toda una ~ aprobar el examen** passing the exam was quite a feat *o* an achievement

hazmerreír *m* (fam) laughing stock; **eran el ~ del pueblo** they were the laughing stock of the village

HB (en Esp) = **Herri Batasuna**

Hdez. = **Hernández**

he[1] *see* ▸**haber**[1]

he[2] *v impers* (liter): **~ aquí las pruebas** here is *o* here I have the evidence; **mujer, ~ ahí a tu hijo** (Bib) woman, behold thy son!; **~me/~nos/~la aquí** here I am/we are/she is; **y ~te aquí que cuando llegué me los encuentro en la cama** (hum) and when I arrived, lo and behold, there they were in bed

heavy[1] /'xeβi/ *adj inv*

A ‹*música/estilo*› heavy metal (*before n*)

B (arg) (difícil) heavy

heavy[2] *mf* (*pl* **heavies, ~s**)

A (aficionado) heavy metal fan

B **heavy** *m* (Mús) heavy metal

hebdomadario[1] **-ria** *adj* weekly

hebdomadario[2] *m* weekly magazine (*o newspaper etc*), weekly

hebilla *f* **1** (de un zapato) buckle; (de un cinturón) clasp, buckle **2** (Arg, Col) (para el pelo) barrette (AmE), hair slide (BrE)

hebra *f* **1** (Tex) thread, strand; **lana de cuatro ~s** four-ply wool; **~s de plata adornaban su sien** (liter) he had silver hairs around the temples; ***pegar (la) ~*** (Esp fam) to get chatting (colloq); ***perder la ~*** to lose the thread **2** (fibra vegetal, animal) fiber*; **tienes que quitarles las ~s a las judías verdes** you have to string the green beans, you have to remove the stringy parts from the green beans; ▸**tabaco 3** (del gusano de seda) thread **4** (de la madera) grain

hebraico -ca *adj* Hebrew, Hebraic

hebreo[1] **-brea** *adj* Hebrew

hebreo[2] **-brea** *m,f* **1** (persona) Hebrew; **los ~s** the Hebrews **2** **hebreo** *m* (idioma) Hebrew

Hébridas *fpl*: **las ~** the Hebrides

hebroso -sa *adj* fibrous

hecatombe *f* **1** (desastre) disaster, catastrophe; (mortandad) loss of life; **una ~ nuclear** a nuclear disaster; **el terremoto causó una verdadera ~** the earthquake caused a huge loss of life *o* a huge number of deaths **2** (Hist) (sacrificio) hecatomb

heces *fpl ver* ▸**hez**

hechicería *f* **1** (práctica) witchcraft, sorcery **2** (maleficio) spell

hechicero[1] **-ra** *adj* ‹*persona*› enchanting, beguiling (liter), captivating; ‹*ojos/sonrisa*› bewitching, enchanting, captivating

hechicero[2] **-ra** *m,f* **1** (brujo) (*m*) sorcerer, wizard; (*f*) sorceress, witch **2** (de una tribu) witch doctor

hechizante *adj* enchanting, bewitching

hechizar [A4] *vt* **1** «*brujo*» to cast a spell on, bewitch **2** (cautivar) to captivate; **quedó hechizado por sus encantos** he was captivated by her charms, he fell under her spell

hechizo[1] **-za** *adj* (Chi, Méx) makeshift, homemade; **es ~, pero aparenta mucho** it's a makeshift *o* home-made affair, but it looks good

hechizo[2] *m*

A **1** (atractivo, encanto) charm; **el ~ de aquella mujer lo conquistó** he was won over by her charms, he fell under her spell **2** (maleficio) spell

B (Col fam) (artefacto) home-made affair (colloq); (arreglo) do-it-yourself repair

hecho[1] **-cha** *pp* [*ver tb* ▸**hacer**]

A (manufacturado) made; **~ a mano** handmade; **~ a máquina** machine-made, machine-produced; **un traje ~ a (la) medida** a made-to-measure suit; **está muy bien/mal ~** it's very well/badly made

B (refiriéndose a una acción): **¡bien ~! así aprenderá** well done! *o* good for you! that'll teach him; **tomé la decisión yo solo — pues mal ~, tenías que haberlo consultado** I took the decision myself — well you shouldn't have (done), you should have discussed it with him; ***lo ~, ~ está*** it's no use crying over spilled milk; ▸**pecho**

C (convertido en): **estaba ~ una fiera** *or* **furia** he was livid *o* furious; **está hecha una foca** she's got(ten) really fat; **se apareció ~ un mamarracho** he turned up looking a real mess; **me dejaron con los nervios ~s trizas** when they finished my nerves were in tatters *o* in shreds *o* (colloq) shot to pieces; **tú estás ~ un vago** you've become *o* turned into a lazy devil

D (acostumbrado) **~ A algo** used *o* accustomed TO sth; **un hombre muy ~ a la vida en el campo** a man well used to *o* quite accustomed to life in the country

E (*como interj*) (expresando acuerdo): **¡~!** it's a deal!, done!; ▸**trato**

hecho[2] **-cha** *adj*

A ‹*ropa*› ready-to-wear, off-the-peg; **con ese físico se puede comprar los trajes ~s** with his build he can buy ready-to-wear suits *o* he can buy his suits off the peg

B (terminado) ‹*trabajo*› done; ***~ y derecho:*** **un hombre ~ y derecho** a grown *o* a fully grown man; **un abogado ~ y derecho** a fully-fledged lawyer; **ya es un jugador ~ y derecho** he is already an inveterate *o* a confirmed gambler

C (esp Esp) ‹*carne*› done; **un filete muy/poco ~** a well-done/rare steak

D (Chi fam) (borracho) plastered (colloq)

E (Col, Ven fam) (económicamente bien): **estar ~** to have it made (colloq)

hecho[3] *m*

A **1** (acto, acción): **ésas son palabras y yo quiero ~s** those are just words, I want action; **demuéstramelo con ~s** prove it to me by doing something about it; **no es el ~ en sí de que me lo haya robado lo que me duele sino ...** it's not the actual theft that upsets me but ..., it's not the fact that she stole it from me that upsets me but ... **2** (suceso, acontecimiento) event; **~s como la caída del gobierno de Castillo** events such as the fall of the Castillo government; **los documentos hallados en el lugar de los ~s** the documents found at the scene of the crime; **limítese el testigo a relatar los ~s** the witness will please limit *o* confine his testimony to the facts

(Compuestos)

- **hecho consumado** fait accompli
- **hecho de armas** (frml) battle
- **hecho de sangre** (frml) violent crime (*involving bloodshed*)
- **Hechos de los Apóstoles** *mpl*: **los ~ de los ~** The Acts of the Apostles

B (realidad, verdad) fact; **es un ~ conocido por todos** it's a well-known fact; **para esa fecha**

los viajes espaciales ya eran un ~ by that time space travel was already a reality; **el ~ es que ...** the fact (of the matter) is that ...; **es un gran conocedor del país, debido al ~ de que ...** he knows the country very well owing to the fact that *o* because ...; **el ~ de que habla tres idiomas le da una gran ventaja** the fact that he speaks three languages gives him a great advantage; **el ~ DE QUE + SUBJ: el ~ de que mucha gente lo compre no quiere decir que sea un buen periódico** the fact that a lot of people buy it doesn't make it a good newspaper, just because a lot of people buy it doesn't mean that it's a good newspaper
C **de hecho: de ~, ya es significativo que haya hecho esa propuesta** the fact that he has made such a proposal is in itself significant; **no fue una sorpresa, de ~, me avisaron el mes pasado** it didn't come as a surprise; in fact they warned me only last month; **él es el director pero de ~ la que manda es ella** he's the director, but she's the one who actually runs the place, he's the director, but in reality *o* in actual fact she's the one who runs the place

hechor -chora *m,f* (Chi) perpetrator

hechura *f*
A 1 (de un traje, vestido): **un vestido de excelente ~** a very well-made dress; **la modista me cobró un dineral por la ~** the dressmaker charged me a fortune for making it up 2 (modelo, estilo) style
B (de una obra de arte, artesanía) craftsmanship, workmanship
C (creación): **somos ~ divina** we are God's creation; **son todos ellos ~ del profesor Ramos** they have all been fashioned by Mr Ramos in his own mold, they are all products of Mr Ramos's teaching

hectárea *f* ▸ℹ **p.1757** hectare
hectogramo *m* hectogram
hectolitro *m* hectoliter*
hectómetro *m* hectometer*
heder [E8] *vi* (liter) to reek, stink
hedge fund *m* (Fin) hedge fund
hediondez *f* stench, stink
hediondo -da *adj* 1 (fétido) foul-smelling, stinking 2 (fam) (repugnante) disgusting, revolting
hedonismo *m* hedonism
hedonista[1] *adj* hedonistic
hedonista[2] *mf* hedonist
hedor *m* (liter) stench, reek
hegeliano -na *adj* Hegelian
hegemonía *f* hegemony, dominance
hégira, héjira *f* hegira
helada *f* frost; **cayó una ~** there was a frost
heladera *f* 1 (para hacer helados) ice-cream maker 2 (RPl) (nevera) refrigerator, fridge 3 (Arg, Col) (para un picnic) cool *o* cold box
heladería *f* ice-cream parlor*
heladero -ra *m,f* (esp AmL) (*m*) ice-cream vendor *o* seller, ice-cream man (BrE); (*f*) ice-cream vendor *o* seller, ice-cream woman *o* lady (BrE)

helado[1] **-da** *adj*
A 1 ‹*persona*› freezing (colloq), frozen (colloq); ‹*casa/habitación*› freezing; **tengo los pies ~s** my feet are frozen *o* freezing; ***dejar a algn ~:* nos dejó ~s con la noticia** we were stunned *o* (BrE) staggered when she told us the news; ***quedarse* ~** (de frío) to freeze; (de asombro) to be stunned, be staggered (BrE) 2 ‹*comida*› stone-cold; ‹*líquido/bebida*› (muy frío) freezing; (que se ha enfriado) stone-cold; **el agua está helada** the water's freezing; **este té está ~** this tea is stone-cold; **servir el vino bien ~** (AmS) serve the wine well chilled
B ‹*agua/estanque*› frozen

helado[2] *m* ice cream
Compuestos
- **helado al corte** wafer
- **helado de agua** (CS) water ice, sherbet (AmE); (con palo) Popsicle® (AmE), ice lolly (BrE)

helador -dora *adj* freezing, icy; **ha sido un invierno ~** it's been a freezing *o* a bitterly cold winter; **hace un frío ~** it's freezing, it's bitterly *o* icy cold
heladora *f* ice-cream maker

helar [A5] *vt* 1 ‹*estanque/agua*› to freeze 2 ‹*plantas/cosecha*› to freeze
■ **helar** *vi* «*congelador*» to freeze
■ *v impers* ▸ℹ **p.802**; **anoche heló** there was a frost last night
■ **helarse** *v pron*
A 1 «*río*» to freeze, freeze over; «*estanque/charco*» to freeze, freeze over, ice over; «*agua*» to freeze 2 «*plantas/cosecha*» to freeze
B (fam) 1 «*persona*» to freeze; **cierra la ventana, que me estoy helando** close the window, I'm freezing 2 «*comida/café*» to get *o* go cold

helecho *m* (como nombre genérico) fern; (más específico) bracken; **una colina cubierta de ~(s)** a hillside covered in fern(s)/bracken
Compuesto **helecho arborescente** tree fern

Helena *f*: **~ de Troya** Helen of Troy
helénico -ca *adj* Hellenic, Ancient Greek, Greek
helenismo *m* 1 (Hist) Hellenism 2 (Ling) Hellenism
helenista *mf* Hellenist
helenístico -ca *adj* Hellenistic
helenización *f* Hellenization
helenizar [A4] *vt* to Hellenize
heleno -na *m,f* Hellene, Ancient Greek, Greek
Helesponto *m*: **el ~** the Hellespont

hélice *f*
A (de un barco) propeller, screw; (de un avión) propeller
B (de la oreja) helix
C (Mat) helix

helicoidal *adj* helicoid, helical
helicóptero *m* helicopter
Compuesto **helicóptero artillado** helicopter gunship
helio *m* helium
heliocéntrico -ca *adj* heliocentric
heliocentrismo *m* heliocentricity
heliogábalo *m* (liter) glutton
heliograbado *m*, **heliografía** *f* (procedimiento) photogravure; (estampa) photogravure
heliógrafo *m* heliograph
heliograma *m* heliogram, heliograph
helióstato, heliostato *m* heliostat
helioterapia *f* heliotherapy
heliotrópico -ca *adj* heliotropic
heliotropismo *m* heliotropism
heliotropo *m* heliotrope
helipuerto *m* heliport
helitransportar [A1] *vt* to transport ... by helicopter
Helvecia *f* Helvetia
helvético[1] **-ca** *adj* 1 (Hist) Helvetian 2 (Esp period) Swiss, Helvetian (frml)
helvético[2] **-ca** *m,f* 1 (Hist) Helvetian 2 (Esp period) Swiss
hemático -ca *adj* hematic* (tech), blood (*before n*)
hematíe *m* red blood cell, erythrocyte (tech)
hematocrito *m* hematocrit*
hematófago *m* bloodsucker
hematógeno -na *adj* hematogenous*
hematología *f* hematology*
hematólogo -ga *m,f* hematologist
hematoma *m* 1 (tumor) hematoma* 2 (fam) (moretón) bruise
hematopoyético -ca *adj* hemopoietic*
hembra[1] *adj inv* female; **la ballena/el elefante/la planta ~** the female whale/elephant/plant

hembra[2] *f*
A 1 (Zool) female; **la ~ del faisán** the hen pheasant 2 (mujer) female, woman; **tuvieron un varón después de seis ~s** after six girls they had a boy; **¡eso sí que es una buena ~!** (fam) that's what I call a real woman! (colloq)
B (de un enchufe, corchete) female part, female

hemeroteca *f* newspaper and periodicals library
hemiciclo *m* (sala del congreso) chamber; (espacio central) floor
hemiplejía, hemiplejia *f* hemiplegia
hemipléjico -ca *adj* hemiplegic
hemisférico -ca *adj* hemispheric
hemisferio *m* 1 (Geog, Mat) hemisphere; **el ~ norte/sur** the northern/southern hemisphere 2 (Anat) cerebral hemisphere
hemistiquio *m* hemistich
hemo- *pref* hemo- (AmE), haemo- (BrE)
hemodiálisis *f* hemodialysis*, extracorporeal dialysis
hemodializador *m* dialysis machine, kidney machine
hemodinámica *f* hemodynamics*
hemodinámico -ca *adj* hemodynamic*
hemodonación *f* (frml) hemodonation* (frml), giving blood
hemofilia *f* hemophilia*
hemofílico -ca *adj/m,f* hemophiliac*
hemoglobina *f* hemoglobin*
hemograma *m* hemogram*
hemorragia *f* hemorrhage*; **sufrió una ~ interna** she suffered internal bleeding *o* an internal hemorrhage
hemorroide *f* hemorrhoid*; **~s** piles, hemorrhoids (tech)
hemostático -ca *adj* hemostatic*
henar *m* 1 (campo) hayfield 2 (pajar) hayloft
henchir [I14] *or* [I15] *vt* (liter) ‹*espacio*› to fill; **un río henchido por las lluvias** a river swollen by the rain; **henchido de orgullo** swollen with pride
hender [E8] *vt* 1 ‹*madera*› to split 2 (liter) ‹*olas/mar*› to cleave (liter); **hendió el aire con la espada** he rent the air with his sword (liter)
hendidura *f* (en madera) crack; (en roca) fissure, cleft, crack
hendija *f* (AmL) ▸ **rendija**
hendir [I12] *vt* ▸ **hender**
henequén *m* henequen
henil *m* hayloft
henna /'xena/ *f* henna
heno *m* hay
heñir [I15] *vt* to knead
hepático -ca *adj* liver (*before n*), hepatic (tech); **insuficiencia hepática** hepatic *o* liver failure; **padece una dolencia hepática** he has a liver complaint
hepatitis *f* hepatitis
Compuestos
- **hepatitis A** hepatitis A
- **hepatitis B** hepatitis B

hepatología *f* hepatology
heptagonal *adj* heptagonal
heptágono *m* heptagon
heptámetro *m* heptameter
heptatlón *m* heptathlon
Heracles Herakles, Heracles
Heráclito Heraclitus
heráldica *f* heraldry
heráldico -ca *adj* heraldic
heraldo *m* herald
herbáceo -cea *adj* herbaceous
herbaje *m* grass
herbario *m* herbarium
herbazal *m* meadow, field
herbicida *m* herbicide, weedkiller
herbívoro[1] **-ra** *adj* herbivorous
herbívoro[2] **-ra** *m,f* herbivore
herbodietética *f* (Esp) health food shop, wholefood shop (BrE)

herbodietético -ca *adj* (Esp) health food (*before n*), wholefood (*before n*) (BrE)

herbolario[1] *m* [1] (colección) herbarium [2] (tienda) herbalist's

herbolario[2] **-ria** *m,f* herbalist

herboristería *f* herbalist's

hercio *m* hertz

hercúleo -lea *adj* Herculean

Hércules Hercules; **los trabajos de ~** the labors of Hercules

heredable *adj* inheritable

heredad *f* (frml) estate

heredar [A1] *vt* ‹*bienes/título*› to inherit; ‹*trono*› to succeed to; ‹*tradiciones/costumbres*› to inherit; **heredó una inmensa fortuna** he inherited *o* came into a vast fortune; **toda su ropa la ha heredado de sus hermanos** he's had all his clothes handed down to him by his brothers, he has inherited his brothers' old clothes; **este gobierno heredó una situación económica desastrosa** this government inherited a disastrous economic situation; **heredamos este sistema de la dictadura** this system is a legacy of the dictatorship, we inherited this system from the dictatorship; **heredó los ojos/el carácter de su madre** he has his mother's eyes/character; ***lo que se hereda no se roba*** *or* ***hurta*** it seems to run in the family

heredero -ra *m,f* (*m*) heir; (*f*) heir, heiress; **el/la ~/~a del trono** the heir/heiress to the throne; **príncipe ~** crown prince; **~ DE algo** heir TO sth; **fue ~/~a de una inmensa fortuna** he was heir to a vast fortune/she was the heiress to a vast fortune; **nuestro pueblo es ~ de un rico folklore** our nation has inherited a rich culture

(Compuestos)
- **heredero forzoso** heir apparent
- **heredero universal** residuary legatee

hereditario -ria *adj* [1] ‹*enfermedad/factores*› hereditary [2] ‹*bienes*› hereditary

hereje[1] *adj* (Ven fam) incredible (colloq); **hizo un frío ~** it was freezing cold (colloq), it was incredibly cold (colloq), it was absolutely freezing (colloq)

hereje[2] *mf* heretic

herejía *f* heresy

herencia *f*

A (Der) inheritance; **le dejó en ~ la finca** he bequeathed *o* left her the farm; **recibió cinco millones de bolívares en ~** he inherited five million bolivars; **nuestra ~ cultural** our cultural heritage

(Compuesto) **herencia yacente** unclaimed *o* unsettled estate

B (Biol) heredity

herético -ca *adj* heretical

herida *f* [1] (en el cuerpo): **sufrió ~s de carácter grave en el accidente** he was seriously injured in the accident, he suffered *o* received *o* (frml) sustained serious injuries in the accident; **al caerse, se hizo una ~ en la rodilla** he cut his knee when he fell; **la enfermera le lavó la ~** the nurse bathed the wound; **presentaba ~s de arma blanca** he had stab wounds; **la ~ no ha cicatrizado** the wound hasn't healed; ***hurgar en la ~*** to open old wounds; ***lamerse las ~s*** to lick one's wounds; ***respirar por la ~*** to reveal one's true feelings (of bitterness) [2] (pena, sufrimiento) wound; **esa ~ aún está abierta** that wound still hasn't healed

(Compuestos)
- **herida no penetrante** superficial wound
- **herida penetrante** penetrating *o* puncture wound

herido[1] **-da** *adj*

A (físicamente) injured; **está gravemente ~** (como consecuencia — de un accidente) he is seriously injured; (— de una agresión) he has been seriously wounded; **24 personas resultaron heridas en el accidente** 24 people were injured *o* hurt in the accident; **está ~ de muerte** he has been fatally wounded; **le vendó el brazo ~** he bandaged her injured arm

B (en un sentimiento) ‹*persona*› hurt, wounded (liter); ‹*honor*› wounded (liter); ‹*orgullo*› wounded; **se sintió ~ en su amor propio** his pride was hurt *o* wounded; **se sintió ~ por aquél comentario** he was wounded *o* very hurt by that comment

herido[2] **-da** *m,f*

A (persona): **la explosión causó varios ~s** several people were injured in the explosion; **hubo que hospitalizar a los ~s** the injured/wounded had to be taken to (the) hospital; **hubo dos ~s graves** two people were seriously injured

(Compuesto) **heridos de guerra** *mpl* war-wounded (*pl*)

B **herido** *m* (Chi) (Const) trench

herir [I11] *vt*

A [1] to wound; **lo hirieron en la pierna** he was wounded in the leg; **fue herido de muerte** he was fatally wounded [2] (en un sentimiento): **su actitud egoísta me hirió en lo más hondo** her selfish attitude cut me to the quick *o* hurt me deeply; **sus palabras la hirieron profundamente** she was deeply wounded *o* hurt by his words; **esta película puede ~ la sensibilidad del espectador** this movie contains scenes/language which some viewers may find disturbing/offensive; **no quiero ~ sus sentimientos** I don't want to hurt her feelings

B [1] ‹*vista/oído*› **ese color hiere la vista** that color hurts your eyes; **esas groserías hieren el oído** that foul language is extremely offensive [2] (liter) ‹‹*sol/luz*›› to pierce; **los rayos del sol herían su blanca piel** the sun's rays seemed to pierce his pale skin (liter)

■ **herirse** *v pron* to hurt o.s., injure o.s.; **se hirió con un hacha** he hurt himself *o* injured himself with an ax*

hermafrodita[1] *adj* hermaphrodite (*before n*), hermaphroditic

hermafrodita[2] *mf* hermaphrodite

hermanable *adj* (AmL) [1] (de hermanos) brotherly [2] (con el hermano): **no sé por qué no pueden ser más ~s** I don't know why they can't get on better

hermanamiento *m* twinning; **~ de ciudades** twinning of towns *o* cities

hermanar [A1] *vt* [1] (en un sentimiento, un propósito) to unite; **hermanados en el dolor** united in grief; **este acuerdo ~á a nuestros dos países** this agreement will bring our two countries closer together *o* will unite our two countries [2] ‹*ciudades*› to twin; **la ciudad está hermanada con Oxford** the city is twinned with Oxford [3] ‹*calcetines*› to match up, put … in pairs; ‹*fichas/naipes*› to match up

hermanastro -tra [1] (con vínculo sanguíneo) (*m*) half brother; (*f*) half sister [2] (sin vínculo sanguíneo) (*m*) stepbrother; (*f*) stepsister; **mis ~s** (sólo varones) my stepbrothers; (varones y mujeres) my stepbrothers and stepsisters

hermanazo -za *m,f* (Ven fam) old friend (colloq)

hermandad *f* [1] (de hombres) brotherhood, fraternity; (de mujeres) sisterhood [2] (asociación) association; **~ de agricultores** farmers' association

hermano[1] **-na** *adj* ‹*buque*› sister (*before n*); ‹*ciudades*› twin (*before n*)

hermano[2] **-na** *m,f*

A (pariente) (*m*) brother; (*f*) sister; **mis ~s** (sólo varones) my brothers; (varones y mujeres) my brothers and sisters; **¿tienes ~s?** do you have any brothers or sisters?; **somos cinco ~s, todos chicos** there are five of us, all boys, I'm one of five brothers; **somos como hermanas** we're like sisters; **el ~ menor** the younger/youngest brother; **mi hermana la pequeña** *or* **la más chica** my youngest sister

(Compuestos)
- **hermano carnal, hermana carnal** *m,f* (*m*) full brother; (*f*) full sister
- **hermano de leche, hermana de leche** *m,f: person suckled by the same woman as oneself*
- **hermano de sangre, hermana de sangre** *m,f* (*m*) blood brother; (*f*) blood sister
- **hermano gemelo, hermana gemela** *m,f* (*m*) twin brother; (*f*) twin sister
- **hermano político, hermana política** *m,f* (*m*) brother-in-law; (*f*) sister-in-law

B (como apelativo) (Col, Per, Ven fam) buddy (AmE colloq), mate (BrE colloq)

C [1] (religioso) (*m*) brother; (*f*) sister; **la hermana Concepción** Sister Concepción [2] (prójimo) (*m*) brother; (*f*) sister; **para nuestros ~s más necesitados** for our more needy brothers *o* brethren

(Compuestos)
- **hermana de la caridad** *f* Sister of Mercy
- **hermano lego, hermana lega** *m,f* (*m*) lay brother; (*f*) lay sister

D (uno de un par): **¿has visto el ~ de este calcetín?** have you seen my other sock *o* the sock that goes with this one?

hermenéutica *f* hermeneutics

Hermes Hermes

herméticamente *adv* hermetically; **~ cerrado** hermetically sealed, airtight

hermeticidad *f* airtightness

hermético -ca *adj* [1] ‹*envase/cierre*› airtight, hermetic (tech) [2] ‹*persona/rostro*› inscrutable, secretive

hermetismo *m* inscrutability, secretiveness

hermetizar [A4] *vt* to seal … hermetically

hermosamente *adv* (liter) beautifully

hermosear [A1] *vt* to beautify, make … look beautiful

■ **hermosearse** *v pron* (hum) to make oneself (look) beautiful (hum), to doll oneself up (colloq)

hermoso -sa *adj* [1] (bello) beautiful, lovely; **un ~ poema** a beautiful poem [2] (grande, magnífico) splendid; **le sirvieron una hermosa porción de pastel** they gave her a generous *o* (colloq) lovely big piece of cake; **un ~ ejemplar de esta especie** a fine *o* splendid example of this species; **¡qué manzanas tan hermosas!** what lovely apples! [3] (lozano, corpulento) big and healthy, bonny (BrE); **¡qué ~ está este niño!** what a bonny *o* a big healthy child he is!; **su novia es bien hermosota** (AmL) his girlfriend is a great big healthy-looking girl (colloq), his girlfriend is a strapping *o* a big, bonny lass (BrE colloq) [4] (noble) ‹*acción/gesto*› noble

hermosura *f* [1] (cualidad) beauty, loveliness [2] (persona, cosa hermosa): **¡qué ~ de paisaje/niño!** what a beautiful landscape/child!; **esa mujer es una ~** she's a very beautiful woman, she's a real beauty

hernia *f* hernia, rupture

(Compuesto) **hernia discal** *or* **de disco** slipped disk*

herniarse [A1] *v pron* to get a hernia, rupture oneself; **cuidado, no te vayas a herniar** (iró) mind you don't strain yourself (iro)

Herodes Herod

Herodoto, Heródoto Herodotus

héroe *m* hero

heroicamente *adv* heroically

heroicidad *f* heroism

heroico -ca *adj* [1] ‹*acto/hazaña*› heroic, valiant [2] (drástico) drastic, radical

heroína *f*

A (de una hazaña) heroine

B (droga) heroin

heroinómano -na *m,f* heroin addict

heroísmo *m* heroism

herpes *m* (*pl* ~) [1] (en los genitales) herpes; (en la boca) herpes [2] (en la cintura) shingles

herrador -dora *m,f* blacksmith, farrier

herradura *f* horseshoe

herraje *m* [1] (piezas) *tb* **~s** ironwork, iron fittings (*pl*) [2] (Chi) (Equ) shoeing

herramienta *f* tool; ***entregar las ~s*** (Chi fam & euf) to give up the ghost (colloq & euph); **~ de edición de página web** (Inf) web-authoring tool

herrar [A5] *vt* [1] ‹*caballo*› to shoe [2] ‹*ganado*› to brand

herrería *f* blacksmith's, smithy

herrerillo *m* tit

herrero -ra *m,f* blacksmith

herrete *m* aglet, tag

> **Herri Batasuna - HB**
>
> The original name of **batasuna**, political wing of ▸**ETA - Euskadi ta Askatasuna.**

Herri Batasuna *m* (en Esp) (Hist) Herri Batasuna (*Basque pro-independence party*)

herribatasuno[1] **-na** *adj* (en Esp) (Hist, Pol) Herri Batasuna (*before n*), of Herri Batasuna

herribatasuno[2] **-na** *m,f* (en Esp) (Hist, Pol) *member or supporter of Herri Batasuna*

herrumbrado -da *adj* rusty

herrumbrar [A1] *vt* to rust
■ **herrumbrarse** *v pron* to rust, get rusty

herrumbre *f* [1] (Metal) rust [2] **(de) color ~** rust, rust-colored*

herrumbroso -sa *adj* rusty

hertz /'xerts/, **hertzio** *m* hertz

hervidero *m*: **un ~ de pasiones** a hotbed of passion; **la calle parecía un ~** the street was a seething mass of people; **el país era un ~ de movimientos juveniles** the country was alive *o* was swarming with youth movements

hervido *m* (Ven) *chicken or fish stew with vegetables, also gathering at which it is served*

hervidor *m* (de agua) kettle; (de leche) milk pan

hervir [I11] *vi* [1] «*líquido*» to boil; **¿ya hierve el agua?** is the water boiling yet?; **cuando empiece** *or* **rompa a ~ se añade ...** when it starts to boil *o* comes to the boil, add ...; **las calles hervían de gente** the streets were seething *o* swarming with people; **estaba que hervía de rabia** she was boiling *o* seething with rage [2] **hirviendo** *adj* (muy caliente) boiling (colloq); **el niño está hirviendo** (de fiebre) the child is burning up with fever *o* is boiling
■ **hervir** *vt* ‹*agua/leche/verduras*› to boil; ‹*jeringa/biberón*› to boil, sterilize; **~ la mezcla a fuego lento** allow the mixture to simmer

hervor *m* [1] (de un líquido): **le das un ~ y lo retiras** bring to the boil and remove; **en cuanto levante el ~** as soon as it comes to the boil [2] (entusiasmo) fervor*; **movido por el ~ de su pasión** driven by passion (liter)

hervoroso -sa *adj*
A (liter) [1] ‹*líquido*› boiling, seething [2] (de actividad) seething, swarming
B ▸**fervoroso**

hetaira *f* prostitute

heteo -tea *adj/m,f* (Hist) Hittite

heterodoxia *f* heterodoxy

heterodoxo -xa *adj* heterodox

heterogeneidad *f* heterogeneity

heterogéneo -nea *adj* (Quím) heterogeneous; **acudió un público muy ~** there was a wide cross section of people in the audience

heteronimia *f* heteronymy

heterónimo *m* heteronym

heteronomía *f* heteronomy

heterónomo -ma *adj* heteronymous

heterosexual *adj/mf* heterosexual

heterosexualidad *f* heterosexuality

heterotrasplante *m* heterotransplant

heurística *f* heuristics

heurístico -ca *adj* heuristic

hexadecimal *m* hexadecimal

hexaedro *m* hexahedron

hexagonal *adj* hexagonal

hexágono *m* hexagon

hexagrama *m* hexagram

hexámetro *m* hexameter

hexatleta *mf* (AmL) hexathlete

hexatlón *m* (AmL) hexathlon

hez *f*
A [1] (escoria) dregs (*pl*); **la ~ de la sociedad** the dregs of society [2] (Vin) *tb* **heces** sediment, lees (*pl*)
B **heces** *fpl* (excrementos) feces* (*pl*), excrement

Hezbolá Hizbollah, Hezbollah

hiato *m* hiatus

hibernación *f* [1] (Zool) hibernation [2] (Med) (de enfermos) artificial hibernation; (de cadáveres) deep-freezing

hibernal *adj* (liter) ‹*lluvias*› winter (*before n*); ‹*frío*› wintry

hibernar [A1] *vi* to hibernate

hibisco, hibiscus *m* hibiscus

hibridación *f* hybridization

hibridar [A1], **hibridizar** [A4] *vt* to hybridize

hibridismo *m* hybridism, hybridity

híbrido[1] **-da** *adj* ‹*animal/planta*› hybrid (*before n*); ‹*estilo/obra*› hybrid (*before n*), composite; **un coche ~** a hybrid car

híbrido[2] *m*
A (animal/vegetal) hybrid
B (Transp) hybrid (car)

hic *interj* hic!

hicaco *m* [1] (árbol) coco plum, icaco [2] (fruto) coco plum, icaco plum

hice, hiciera, etc ▸**hacer**

hidalgamente *adv* (liter) nobly

hidalgo[1] *adj* (liter) [1] (noble) noble [2] (generoso) generous

hidalgo[2] *m* gentleman, nobleman (*from the lower ranks of the nobility*)

hidalguía *f* gentlemanliness, nobility; **un caballero de gran ~** a very noble gentleman

hidatídico -ca *adj* hydatid

hidatidosis *f* hydatidosis, hydatid disease

hidra *f* [1] (Zool) hydra [2] (Mit) Hydra

hidrante *m* (AmC, Col) hydrant
(Compuesto) **hidrante de incendios** fire hydrant

hidratación *f* (de verduras) hydration; (de la piel) moisturizing

hidratante *adj* moisturizing (*before n*)

hidratar [A1] *vt* ‹*verduras*› to hydrate; ‹*piel*› to moisturize

hidrato *m* hydrate; **~s de carbono** carbohydrates

hidráulica *f* hydraulics

hidráulico -ca *adj* hydraulic

hídrico -ca *adj* water (*before n*); **la secretaría de recursos ~s** (Arg) the water department

hidro- *pref* hydro-

hidroala *m* hydrofoil

hidroavión *m* seaplane, hydroplane (AmE), flying boat (BrE)

hidrobiología *f* hydrobiology

hidrocálido -da *adj* of/from Aguas Calientes

hidrocarburo *m* hydrocarbon

hidrocefalia *f* hydrocephalus (tech), hydrocephaly (tech), water on the brain

hidrocéfalo[1] **-la** *adj* hydrocephalic

hidrocéfalo[2] **-la** *m,f* hydrocephalic (tech), person suffering from hydrocephalus

hidrocortisona *f* hydrocortisone

hidrocultura *f* ▸**hidroponía**

hidrodinámica *f* hydrodynamics

hidroelectricidad *f* hydroelectricity

hidroeléctrico -ca *adj* hydroelectric

hidrófilo -la *adj* [1] (Quím) hydrophilic [2] ‹*gasa*› absorbent

hidrofobia *f* hydrophobia, rabies

hidrofóbico -ca *adj*, **hidrófobo -ba** *adj*, hydrophobic

hidrofoil /'iðrofojl/ *m* (*pl* **-foils**) hydrofoil

hidrófugo -ga *adj* damp-proof, water-resistant

hidrogenar [A1] *vt* to hydrogenate

hidrógeno *m* hydrogen

hidrografía *f* hydrography

hidrográfico -ca *adj* hydrographic

hidrólisis *f* hydrolysis

hidrolizar [A4] *vt* to hydrolyze

hidrológico -ca *adj* hydrologic, hydrological

hidromasaje *m* hydrotherapy

hidrómetro *m* hydrometer

hidroneumático -ca *adj* hydropneumatic

hidropesía *f* dropsy, edema* (tech)

hidrópico -ca *adj* dropsical, edematous* (tech)

hidroplano *m* [1] (Aviac) hydroplane, seaplane (BrE), flying boat (BrE) [2] (Náut) hydroplane

hidroponía, hidroponia *f* hydroponics, aquiculture

hidropónico *adj* hydroponic; **cultivo ~** hydroponics, aquiculture

hidrosfera *f* hydrosphere

hidrosoluble *adj* water-soluble

hidrospeed /'idrospid/ *m* hydrospeed

hidrostática *f* hydrostatics

hidroterapia *f* hydrotherapy, water therapy

hidroterápico -ca *adj* hydrotherapeutic

hidrotropismo *m* hydrotropism

hidróxido *m* hydroxide

hiedra *f* ivy

hiel *f* [1] (Fisiol) bile [2] (liter) (amargura) bile (liter), bitterness; **la ~ que destilaban sus palabras** the bile with which he pronounced these words [3] **hieles** *fpl* (penas, disgustos) trials and tribulations (*pl*)

hiela, hielas, etc ▸**helar**

hielera *f* (Chi, Méx) cooler (AmE), cool bag/box (BrE)

hielo *m* ice; **cubitos de ~** ice cubes; **una mirada de ~** a cold *o* frosty *o* an icy look; ***hacerle ~ a algn*** (Chi, Per) to send sb to Coventry; ***romper el ~*** to break the ice
(Compuestos)
- **hielo frappé** (Méx) crushed ice
- **hielo picado** crushed ice
- **hielo seco** dry ice

hiena *f* hyena

hierático -ca *adj* [1] (Hist) hieratic, hieratical [2] ‹*rostro/expresión*› severe and inscrutable

hierba *f*
A (césped) grass; ***~ mala nunca muere*** (CS) the Devil looks after his own
(Compuesto) **hierba artificial** Astroturf®, artificial turf
B (Bot, Coc, Med) herb; **~s aromáticas/medicinales** aromatic/medicinal herbs; ***y otras ~s*** (fam & hum) and so on and so forth; ▸**fino**[1], **malo**[1]
(Compuestos)
- **hierba doncella** myrtle (AmE), periwinkle (BrE)
- **hierba frailera** broomrape
- **hierba hormiguera** Mexican tea
- **hierba pastel** woad

C (arg) (marihuana) grass (colloq)

hierbabuena *f* mint

hierbajo *m* weed

hierbaluisa *f* lemon verbena

hierbatero -ra *m,f* (Chi) herbalist

hierbero -ra *m,f* (Méx) herbalist

hierro *m* [1] (Metal) iron; **atrapados entre los ~s del tren** trapped in the wreckage of the train; ***de ~*** iron (*before n*); **una verja de ~** iron railings; **tiene una salud de ~** he has an iron constitution; **una voluntad de ~** an iron will, a will of iron; ***quitar ~ a algo*** to play sth down [2] (Agr) (herramienta) branding iron; (marca) brand [3] (de una lanza, flecha) head, tip; ***el que a ~ mata, a ~ muere*** he who lives by the sword, dies by the sword [4] (en golf) iron; **un ~ cuatro** a four iron [5] (Ven arg) (pistola) piece (AmE sl), shooter (BrE sl)
(Compuestos)
- **hierro forjado** wrought iron
- **hierro fundido** *or* **colado** cast iron

hi-fi /'xaj-faj/ *adj* hi-fi

higa *f*: ***(no) me importa una ~*** (fam) I don't give *o* care a damn (colloq), I don't give *o* care a hoot *o* two hoots (colloq)

higadillo *m* liver; **~s** liver

hígado *m* ▸❶ **p.231** liver; **sufre del ~** she has a bad liver, she has liver trouble; ***echar los ~s*** (fam) to bust a gut (sl); ***patear el ~*** (CS fam):

la mayonesa me pateó el ~ the mayonnaise made me feel terrible *o* didn't agree with me (colloq); **me patea el ~ que hable así** it makes me sick to hear him talk like that (colloq); ***ser un ~*** (Méx fam) to be a pain in the neck (colloq); ***tener mucho ~*** (Col, Ven fam) to have a lot of guts; **se necesita tener mucho ~ para decirle eso** it takes (a lot of) guts to say that to him

high /'xaj/ *f* (fam) jet set

high tech[1] /'xai 'tek/ *adj inv* high-tech

high tech[2] *f or m* high tech

higiene *f* hygiene

(Compuestos)
- **higiene íntima** personal hygiene
- **higiene mental** mental health

higiénicamente *adv* hygienically

higiénico -ca *adj* ‹*condiciones*› hygienic; ▸**papel**

higienista *mf* hygienist

higienización *f* (frml) cleaning, cleansing (frml)

higienizar [A4] *vt* (frml) 1▸ ‹*local/piscina*› to clean, sanitize (frml) 2▸ (CS) ‹*enfermo*› to wash
■ **higienizarse** *v pron* (*refl*) (CS frml) to wash oneself

higo *m* 1▸ (fruto de la higuera) fig; ***de ~s a brevas*** (fam) once in a blue moon (colloq); ***estar hecho un ~*** (fam) to be all crumpled 2▸ (Col, Ven) (fruto del nopal) prickly pear

(Compuesto) **higo chumbo** prickly pear

higuera *f* fig tree; ***estar en la ~*** (fam) to have one's head in the clouds (colloq)

higuerilla *f* castor-oil plant

hijaputa *f* (vulg) bitch (vulg), cow (BrE colloq & pej)

hijastro -tra *m,f*
A (*m*) stepson
B (*f*) stepdaughter; **mis ~s** my stepchildren

hijear [A1] *vi* (Méx fam) to shoot, put out shoots

hijo -ja *m,f*
A (pariente) (*m*) son; (*f*) daughter; **mis ~s** (sólo varones) my sons; (varones y mujeres) my children; **espera un ~** she's expecting a baby; **ha tenido un ~** she's had a son; **un matrimonio sin ~s** a childless couple, a couple with no children; **es digna hija de su padre** she's her father's daughter all right!; **¿viste lo que hizo el ~ de su madre?** (fam & euf) did you see what that son-of-a-gun *o* (BrE) that so-and-so did? (colloq & euph); **Manuel Pérez, ~** Manuel Pérez Junior; **vicios ~s del ocio** vices born of idleness; ***cualquier/todo ~ de vecino*** (fam): **va a tener que esperar como cualquier ~ de vecino** she's going to have to wait like everybody else; **eso lo sabe todo ~ de vecino** everybody knows that; **yo puedo entrar aquí, como cualquier ~ de vecino** I've as much right as the next man *o* as anyone else to come in here; ***~ de gato caza ratón*** (Ven fam) he's just like his father/mother; ***~ del diablo*** (Ven fam) son-of-a-gun (colloq); ***~ de tigre sale pintado*** (AmL fam) he's just like his father/mother; ***ser ~ de vidriero*** (RPl fam): **salí, que no sos ~ de vidriero** get out of the way, you're not invisible, you know (colloq)

(Compuestos)
- **hijo adoptivo, hija adoptiva** *m,f* (*m*) adopted son; (*f*) adopted daughter
- **hijo biológico, hija biológica** *m,f* (*m*) biological son, natural son; (*f*) biological daughter, natural daughter
- **hijo de la chingada** (Méx vulg) ▸**hijo de puta**
- **hijo de la Gran Bretaña, hija de la Gran Bretaña** *m,f* (fam & euf) swine (colloq), sod (BrE sl)
- **hijo de la guayaba, hija de la guayaba** *m,f* (Méx fam & euf) swine (colloq), sod (BrE sl)
- **hijo de la mañana** *or* **de su pelona** (Méx fam & euf) ▸**hijo de la guayaba**
- **Hijo del Hombre** *m*: **el ~ del ~** the Son of Man
- **hijo de leche, hija de leche** *m,f* child fed by wet nurse
- **hijo del maíz** (Méx fam & euf) ▸**hijo de la guayaba**
- **hijo de papá, hija de papá** *m,f* rich kid (colloq)
- **hijo de puta, hija de puta** *m,f* (vulg) (*m*) bastard (vulg), son of a bitch (AmE sl); (*f*) bitch (vulg), cow (BrE colloq & pej)
- **hijo ilegítimo, hija ilegítima** *m,f* (*m*) illegitimate son; (*f*) illegitimate daughter
- **hijo legítimo, hija legítima** *m,f* (*m*) legitimate son; (*f*) legitimate daughter
- **hijo natural, hija natural** *m,f* (*m*) illegitimate son; (*f*) illegitimate daughter
- **hijo político, hija política** *m,f* (*m*) son-in-law; (*f*) daughter-in-law
- **hijo pródigo** *m* prodigal son
- **hijo único, hija única** *m,f* only child

B (de un pueblo, una comunidad) (*m*) son; (*f*) daughter

(Compuesto) **hijo predilecto, hija predilecta** *m,f* freeman, freewoman

C (como apelativo): **¡~, por Dios!** (hablándole a un niño) for heaven's sake, child!; (hablándole a un adulto) for heaven's sake, Pedro (*o* Luis *etc*)!; **¡~ de mi alma! ¡cómo te has mojado!** oh darling, you're soaking wet!

D (Méx fam) (como interjección): **¡~!** *or* **¡~s! aún no funciona** damn! it still isn't working (colloq); **¡~! ¡es una víbora!** jeez! (AmE) *o* (BrE) bloody hell! it's a snake! (sl)

híjole, híjoles *interj* (Méx) gosh! (colloq), wow! (colloq), jeez! (AmE colloq)

hijoputa *m* (vulg) bastard (vulg), son of a bitch (AmE sl)

hijoputada *f* (vulg) (hecho): **ése me ha hecho muchas ~s** that bastard has done the dirty on me many times (vulg); (dicho): **me dijo no sé cuántas ~s** he called me all sorts of names

hijuela *f* (Chi, Ec) plot

hijuelar [A1] *vt* (Chi) ‹*predio*› to divide … into plots; ‹*herencia*› to divide

hijuelo *m* shoot

hijuemil *adj inv* (Col, Ven fam) ▸**enemil**

hijueputa *mf* (AmL vulg) ▸**hijo de puta, hija de puta**

hijuna *mf* (Chi vulg) (*m*) bastard (vulg), son of a bitch (AmE sl); (*f*) bitch (vulg), cow (BrE colloq & pej)

hilacha *f* loose thread; ***darle vuelo a la ~*** (Méx fam) to kick over the traces (colloq); ***mostrar*** *or* ***dejar ver la ~*** (CS fam) to show one's true colors*; ***parado en la ~*** (Chi fam) cocky (colloq)

hilachento -ta *adj* 1▸ (AmL fam) ‹*tela/prenda*› frayed 2▸ (Chi) ‹*carne*›: *which is stringy when cooked*

hilacho *m* (Méx fam) 1▸ (trapo) rag 2▸ **hilachos** *mpl* (ropa) old clothes (*pl*), rags (*pl*)

hilachoso -sa *adj* frayed

hilachudo -da *adj* (Chi fam) ▸**hilachento**

hilación *f* ▸**ilación**

hilada *f* course

hilado[1] **-da** *adj* ▸**huevo**

hilado[2] *m* 1▸ (hilo) yarn, thread; **fábrica de ~s** spinning mill 2▸ (proceso) spinning

hilador -dora *adj* spinning (*before n*)

hilandería *f* spinning mill

hilandero -ra *m,f* spinner

hilar [A1] *vi* to spin; ***~ fino*** *or* (Col) ***~ delgado*** to split hairs
■ **hilar** *vt* 1▸ ‹*algodón/lana*› to spin 2▸ «*araña*» to spin 3▸ ‹*ideas/hechos*› to string together

hilarante *adj* (frml) ‹*situación*› hilarious; ▸**gas**

hilaridad *f* hilarity

hilatura *f* 1▸ (proceso) spinning (*before n*) 2▸ (fábrica) spinning mill

hilera *f*
A 1▸ (fila) row, line; **una ~ de árboles** a row *o* line of trees 2▸ (Mil) file (frml *or* liter) 3▸ (de ladrillos) course 4▸ (de semillas) row, drill
B (Metal, Tec) drawplate

hilo *m*
A 1▸ (en costura) thread; **un carrete de ~** a reel of thread; **¿tienes aguja e ~?** do you have a needle and thread?; ***al ~*** ‹*cortar/coser*› on the straight, with the weave; (uno tras otro) (AmL fam) on the trot (colloq); **ganó tres partidos al ~** he won three games on the trot *o* in a row; **se vio cuatro películas al ~** she saw four movies in a row *o* one after the other; ***mover los ~s***: **intereses económicos mueven los ~s de su política** economic interests control their policy; **todos conocen a quienes mueven los ~s** everybody knows who's pulling the strings *o* calling the shots; ***pender*** *or* ***colgar de un ~*** to hang by a thread; **su vida pendía de un ~** his life was hanging by a thread; **el futuro de la empresa pende de un ~** the company's future hangs by a thread; ***por el ~ se saca el ovillo*** it's just a question of putting two and two together 2▸ (lino) linen; **una camisa de ~** a linen shirt 3▸ (de araña, gusano de seda) thread 4▸ (fam) (de las judías, del plátano) string

(Compuesto) **hilo dental** dental floss

B (Elec) wire

(Compuestos)
- **hilo conductor** (Elec) conductor wire; (de una novela) thread
- **hilo musical** (Esp) piped music

C (Inf) thread
D (de un relato, una conversación) thread; **perdió el ~ de la conversación** she lost the thread of the conversation; **interrumpió el ~ de sus pensamientos** it interrupted his train of thought
E (de sangre, agua) trickle; **un ~ de luz** a thread of light (liter); **con un ~ de voz** in a tiny voice, in a thin little voice

hilván *m* 1▸ (costura) basting (AmE), tacking (BrE) 2▸ (hilo) basting thread (AmE), tacking thread (BrE); **quítale los hilvanes** take the basting *o* tacking out 3▸ (Ven) (dobladillo) hem

hilvanar [A1] *vt*
A 1▸ (coser) to baste (AmE), to tack (BrE) 2▸ (Ven) (poner dobladillo a) to hem
B ‹*frases/ideas*› to put together; **un discurso muy mal hilvanado** a speech that did not hang together at all

Himalaya *m*: **el ~** the Himalayas (*pl*)

himalayo -ya *adj* Himalayan

himen *m* hymen

himeneo *m* (liter) nuptials (*pl*) (liter)

himnario *m* hymnal, hymnbook

himno *m*
A (religioso) hymn; (de un colegio) school song *o* anthem

(Compuesto) **himno nacional** national anthem

B (Lit) ode; **un ~ al amor** an ode to love

hincada *f* 1▸ (Col, Per) (dolor súbito) sharp pain 2▸ (Ven fam) (pinchazo): **me di una ~ con la aguja** I pricked myself with the needle

hincapié *m*: **hizo especial ~ en las ventajas económicas del proyecto** she put special emphasis on the economic advantages of the project; **hizo ~ en que mantendrían el control de la compañía** he stressed *o* emphasized (the fact) that they would maintain control of the company

hincar [A2] *vt* 1▸ (clavar) **~ algo EN algo**: **hincó la estaca en la tierra** he drove *o* thrust the stake into the ground; **le hincó el puñal en el pecho** she plunged the dagger into his chest; **me hincó los dientes en la mano** it buried its teeth in *o* sunk its teeth into my hand; ▸**codo**[2], **diente** 2▸ **~ la rodilla** to go down on one knee, go down on bended knee (frml *or* liter)
■ **hincarse** *v pron*: **~se de rodillas** to kneel

hincha *mf*
A (fam) (Dep) fan (colloq), supporter
B **hincha** *f* (fam) (antipatía): **tenerle ~ a algn** to have a grudge against sb

hinchable *adj* (Esp) inflatable

hinchada *f* (fam) supporters (*pl*), fans (*pl*) (colloq)

hinchado -da *adj* 1▸ ‹*vientre/pierna*› swollen 2▸ ‹*estilo/lenguaje*› overblown

hinchador -dora *adj* (CS fam) annoying, irritating

hinchar [A1] *vt* (Esp) 1▸ ‹*globo*› to inflate (frml), to blow up; ‹*rueda*› to inflate, pump up 2▸ (fam) ‹*suceso/noticia*› to blow … up (colloq);

~ **a algn a palos/patadas** (Esp fam) to beat sb up, lay into sb (colloq)

■ **hinchar** *vi*

A (CS vulg) (fastidiar) «*persona*» to be a pain in the ass (AmE) *o* (BrE) arse (vulg); (+ *me/te/le etc*): **me hincha su manera de hablar** I can't stand the way he talks (colloq), the way he talks really ticks me off (AmE) *o* (BrE) pisses me off (sl)

B (CS) (Dep) ~ **POR algn** to cheer sb on, root for sb (colloq)

■ **hincharse** *v pron* **1** «*vientre/pierna*» (+ *me/te/le etc*) to swell up; **se le han hinchado mucho las piernas** his legs have really swollen up; ~***se de dinero*** *or* ***plata*** (fam) to earn *o* make a fortune (colloq), to make a mint (colloq) **2** (fam) (enorgullecerse) to swell with pride **3** (Esp fam) (hartarse) ~**se A/DE algo**: **me hinché a ostras** I stuffed myself with oysters (colloq); **se ~on de comer** they gorged *o* stuffed themselves (colloq); **se hinchó de insultarme** she called me everything under the sun; **me hinché de correr para nada** I ran around like a madman for nothing

hinchazón *f* swelling

hinchón -chona *adj* (Ven fam) puffed-up, puffy (colloq)

hincón *m* **1** (Per fam) (inyección) jab (colloq), shot (colloq) **2** (Per arg) (cuchillada) slash

hindi *m* Hindi

hindú[1] *adj* **1** (Relig) Hindu **2** (crit) (de la India) Indian

hindú[2] *mf* **1** (Relig) Hindu **2** (crit) (de la India) Indian

hinduismo *m* Hinduism

hinojo *m*

A (Bot, Coc) fennel

B de hinojos (liter) on bended knee (liter)

hip *interj* hic!

hipar [A1] (Col) **hipear** [A1] *vi* to hiccup

hiper- *pref* hyper-

híper *m* (fam) large supermarket, hypermarket (BrE)

hiperactividad *f* hyperactivity

hiperactivo -va *adj* hyperactive

hipérbaton *m* (*pl* **-batos**) hyperbaton

hipérbola *f* hyperbola

hipérbole *f* hyperbole

hiperbólico -ca *adj* hyperbolic

hipercorrección *f* hypercorrection

hipercrítico -ca *adj* hypercritical

hiperenlace *m* hyperlink

hiperenlazar [A4] *vt* to hyperlink

hiperinflación *f* hyperinflation

hipermedia *f* hypermedia

hipermercado *m* large supermarket, hypermarket (BrE)

hipermétrope *adj* farsighted (AmE), longsighted (BrE)

hipermetropía *f* farsightedness (AmE), longsightedness (BrE), hypermetropia (tech)

hipernervioso -sa *adj* highly-strung, excessively nervous

hipernova *f* hypernova

hiperónimo *m* hyperonym

hiperplasia *f* hyperplasia

hiperpotencia *f* superpower

hiperquinesis *f* hyperkinesis, hyperkinesia

hiperquinético -ca *adj* hyperkinetic

hipersensibilidad *f* hypersensitivity, hypersensitiveness

hipersensible *adj* oversensitive, hypersensitive; ~ **A algo** oversensitive TO sth; **es ~ a las críticas** he's oversensitive to criticism, he takes criticism too seriously

hipersexuado -da *adj* oversexed

hipersónico -ca *adj* supersonic

hipertensión *f* high blood pressure, hypertension

hipertenso -sa *adj* hypertensive; **es ~** he has high blood pressure *o* hypertension

hipertexto *m* hypertext

hipertiroidismo *m* hyperthyroidism

hipertrofia *f* (Med) hypertrophy; **la ~ de la burocracia estatal** the uncontrolled growth *o* expansion of state bureaucracy

hipertrofiar [A1] *vt* to hypertrophy

■ **hipertrofiarse** *v pron* «*órgano*» (Med) to enlarge, hypertrophy (tech); «*burocracia/sector*» to expand uncontrollably

hiperventilación *f* hyperventilation

hiperventilarse [A1] *v pron* to hyperventilate

hipervitaminosis *f* hypervitaminosis

hípica *f* equestrian sports (*pl*); (carreras) horse racing

hípico -ca *adj* ‹*deportes*› equestrian (*before n*); **un comentarista ~** (de carreras) a horse-racing commentator; (de concursos) a showjumping commentator; ▸**concurso**, **quiniela**

hipismo *m* horse racing

hipnogógico -ca *adj* hypnagogic, hypnogogic

hipnosis *f* hypnosis

hipnoterapeuta, (AmL) **hipnoterapista** *mf* hypnotherapist

hipnoterapia *f* hypnotherapy

hipnótico -ca *adj* hypnotic

hipnotismo *m* hypnotism

hipnotista *mf* hypnotist

hipnotizador[1] **-dora**, **hipnotizante** *adj* ‹*mirada*› hypnotic, mesmerizing (*before n*); ‹*poder/efecto*› hypnotic

hipnotizador[2] **-dora** *m,f*, **hipnotizante** *mf* hypnotist

hipnotizar [A4] *vt* **1** (Psic) to hypnotize **2** (fascinar) to mesmerize

hipo *m* hiccups (*pl*), hiccoughs (*pl*); **tener ~** to have hiccups; ***que quita el ~*** (fam) breathtaking; **tiene una novia que quita el ~** his girlfriend is a real stunner *o* is breathtakingly beautiful

hipo- *pref* hypo-

hipoalergénico -ca *adj* hypoallergenic

hipoalérgeno -na *adj* hypoallergenic

hipocalórico -ca *adj* low-calorie

hipocampo *m* sea horse

hipocentro *m* (de sismo) hypocenter*; (de bomba atómica) ground zero

hipocondría *f* hypochondria

hipocondríaco[1] **-ca**, **hipocondriaco -ca** *adj* hypochondriacal, hypochondriac

hipocondríaco[2] **-ca**, **hipocondriaco -ca** *m,f* hypochondriac

hipocorístico *m*: **Lola es un ~ de Dolores** Lola is an affectionate form of the name Dolores

Hipócrates Hippocrates

hipocrático -ca *adj* ▸**juramento**

hipocresía *f* hypocrisy

hipócrita[1] *adj* ‹*persona/actitud/comentario*› hypocritical; **es tan ~** he's such a hypocrite, he's so hypocritical

hipócrita[2] *mf* hypocrite

hipócritamente *adv* hypocritically

hipocríticamente *adv* hypocritically

hipodérmico -ca *adj* hypodermic

hipódromo *m* **1** (Equ, Ocio) racecourse, racetrack (AmE) **2** (Hist) hippodrome

hipófisis *f* pituitary gland, hypophysis (tech)

hipogloso *m* halibut

hipoglucemia *f* hypoglycemia

hipología *f* (Méx) hippology, study of horses

hipónimo *m* hyperonym

hipopótamo *m* hippopotamus

hiposulfito *m* hyposulfite*, fixer

hipotálamo *m* hypothalamus

hipoteca *f* mortgage; **la ~ que pesa sobre el inmueble** the mortgage owing on the property; **levantar/redimir una ~** to raise/pay off a mortgage

(Compuesto) **hipoteca de inversión** endowment mortgage

hipotecable *adj* mortgageable

hipotecar [A2] *vt*

A (Der, Fin) ‹*inmueble*› to mortgage

B (comprometer) ‹*futuro/libertad*› to mortgage

hipotecario -ria *adj* mortgage (*before n*); ▸**banco**, **crédito**

hipotensión *f* low blood pressure, hypotension

hipotenso -sa *adj* hypotensive; **es ~** he has low blood pressure *o* hypotension

hipotensor *m* hypotensive, hypotensive drug

hipotenusa *f* hypotenuse

hipotermia *f* hypothermia

hipótesis *f* hypothesis

hipotéticamente *adv* hypothetically

hipotético -ca *adj* hypothetical; **en el caso ~ de que el país fuera invadido** in the hypothetical case of the country being invaded

hippiento -ta /xipi'ento/ *adj/m,f* (Chi fam) ▸**hippioso**[1], **hippioso**[2]

hippioso[1] **-sa** /xipi'oso/ *adj* (fam) hippy (*before n*), hippie (*before n*)

hippioso[2] **-sa** *m,f* (fam) hippy, hippie

hippismo /xi'pismo/ *m* hippy cult

hippy[1], **hippie** /'xipi/ *adj* (*pl* **hippies**) ‹*cultura*› hippy (*before n*), hippie (*before n*); **iba vestido en plan ~** he was dressed like a hippy, he was wearing hippyish clothes

hippy[2], **hippie** /'xipi/ *mf* (*pl* **hippies**) hippy, hippie

hiriente *adj* hurtful, wounding (*before n*)

Hiroshima /iro'ʃima/ Hiroshima

hirsuto -ta *adj*

A ‹*barba*› bristly; ‹*cabellera*› wiry; ‹*persona*› hairy, hirsute (liter)

B ‹*carácter*› surly

hirviendo ▸**hervir**

hirviente *adj* **1** ‹*agua/aceite/lava*› boiling **2** (liter) ‹*sangre*› hot **3** ‹*cuestión/tema*› burning

hisopo *m* **1** (Bot) hyssop **2** (Med) swab; (bastoncillo) cotton swab (AmE), Q-Tip® (AmE), cotton bud (BrE)

hispalense *adj* **1** (Hist) of/from Hispalis **2** (Esp period) of/from Seville

Híspalis Hispalis (*Roman name for Seville*)

Hispania *f* Hispania

hispánico[1] **-ca** *adj* **1** ‹*literatura/filología*› (de los países de habla hispana) Hispanic **2** ‹*costumbre/horario*› (relativo a España) Spanish

hispánico[2] **-ca** *m,f* **1** (de un país de habla hispana) Hispanic **2** (español) Spaniard

hispanidad *f*: **la ~** the Hispanic world; ▸**día**

hispanismo *m* **1** (Ling) (giro propio del español de España) word/expression peculiar to Spain **2** (palabra derivada del español) hispanicism **3** (estudio) Hispanic studies

hispanista *mf* Hispanist, Hispanicist

hispanística *f* Hispanic studies

hispanización *f* hispanicization

hispanizar [A4] *vt* to hispanicize

hispano[1] **-na** *adj* **1** (español) ‹*origen*› Spanish, Hispanic (frml); **países de habla hispana** Spanish-speaking countries **2** (hispanoamericano) Spanish American, Latin American; (en EE UU) Hispanic

hispano[2] **-na** *m,f* **1** (liter) (español) Spaniard **2** (hispanoamericano) Spanish American, Latin American; (en EE UU) Hispanic

hispano- *pref* Spanish-, Hispano- (frml); **relaciones hispano-árabes** hispano-arabic relations, relations between Spain and the Arab countries

Hispanoamérica *f* Spanish America

hispanoamericano[1] **-na** *adj* Spanish American

hispanoamericano[2] **-na** *m,f* Spanish American

hispanófilo -la *m,f* Hispanophile

hispanófobo -ba *m,f* hispanophobe

hispanohablante[1] *adj* Spanish-speaking

h

hispanohablante[2] *mf* Spanish speaker
hispanomarroquí *adj* Spanish-Moroccan
hispanoparlante[1] *adj* Spanish-speaking
hispanoparlante[2] *mf* Spanish speaker
histamina *f* histamine
histamínico -ca *adj* histaminic
histerectomía *f* hysterectomy
histeria *f* hysteria; **le dio un ataque de ~** he got hysterical, he had a fit (colloq)
(Compuesto) **histeria colectiva** mass hysteria
histéricamente *adv* hysterically
histérico[1] **-ca** *adj* 1 (Med, Psic) hysterical 2 (exaltado): **se puso ~ cuando vio la carta** he went mad *o* had hysterics *o* had a fit when he saw the letter (colloq)
histérico[2] **-ca** *m,f* 1 (Med, Psic) hysteric 2 (exaltado): **es un ~** he gets completely *o* quite hysterical about things, he gets in a terrible flap about things
histerismo *m* hysteria
histocompatibilidad *f* histocompatibility
histograma *m* histogram
histología *f* histology
historia *f*
A (Hist) history; **~ de la literatura/música** history of literature/music; **clase/libro de ~** history class/book; **este tapiz tiene una larga ~** this tapestry has a long history; **el robo más espectacular de la ~ de este país** the most spectacular robbery in this country's history; **la ~ se repite** history repeats itself; ***dejar algo/a algn para la ~*** (Chi fam): **dejó el auto para la ~** he wrecked the car, he totalled the car (AmE colloq), he wrote the car off (BrE colloq); **lo dejaron para la ~ con tanto golpe** they knocked the living daylights out of him (colloq); ***hacer ~*** to make history; **un concierto que hará ~** a concert which will go down in *o* make history; ***pasar a la ~*** (por ser importante) to go down in history; (perder actualidad) (fam): **aquello ya pasó a la ~** that's all history now (colloq); **pasará a la ~ como un gran político** he will go down in history as a great statesman; **una fecha que pasará a la ~** a date that will go down in history
(Compuestos)
- **historia antigua** ancient history
- **historia clínica** (AmL) medical history
- **historia moderna** modern history
- **historia natural** natural history
- **Historia Sagrada** *or* **Sacra** Biblical history
- **historia universal** world history

B (relato) story; **el libro cuenta la ~ de su vida** the book tells the story of his life; **mira, no me cuentes la ~ de tu vida** (fam) look, I don't want to hear your whole life story (colloq); **me contó toda la ~ de su familia** he told me his whole family history; **me contó toda la ~** she told me the whole story; **es una ~ larga de contar** it's a long story; **una ~ de amor** a love story
C (fam) 1 (cuento, excusa): **ahora me viene con la ~ de que le robaron la cartera** now he's come up with this story *o* tale about his wallet being stolen; **no me vengas con ~s** don't give me any of your stories; **déjate de ~s y dime por qué no viniste ayer** stop making excuses and tell me why you didn't come yesterday; **ya estoy harta de escuchar siempre la misma ~** I'm fed up with hearing the same old excuse *o* story time and again (colloq) 2 (asunto): **alguien se quejó de no sé qué ~s** somebody complained about something or other (colloq); **estuvo metido en una ~ de drogas** he was mixed up in some business *o* something to do with drugs (colloq) 3 (lío amoroso) scene (colloq); **tuvo una ~ con una inglesa** he had a scene with an English girl
historiado -da *adj* fussy, overelaborate
historiador -dora *m,f* historian
historial *m* record
(Compuestos)
- **historial clínico** *or* **médico** medical history
- **historial personal** resumé (AmE), curriculum vitae (BrE)

historiar [A1] *vt* to tell the story of, write the history of
historicidad *f* historicity
historicismo *m* historicism
historicista *adj/mf* historicist
histórico -ca *adj* 1 (real) ‹*personaje/novela/hecho*› historical; **documentos ~s** historical documents 2 (importante) ‹*fecha/suceso*› historic; **es un acontecimiento ~** it is a historic event; **estamos viviendo momentos ~s** we are witnessing history in the making; **las cotizaciones han alcanzado cotas históricas** stock prices have reached an all-time high
historieta *f* comic strip, cartoon story
historietista *mf* strip cartoonist, comic strip artist
historiografía *f* historiography
historiógrafo -fa *m,f* historiographer
histrión *m* (liter) actor, player (liter)
histriónico -ca *adj* 1 (exagerado) ‹*gesto/ademán*› histrionic, theatrical, dramatic 2 ‹*talento*› dramatic
histrionismo *m* histrionics (*pl*), play-acting
hit /'xit/ *m* (*pl* **hits**) 1 (Mús) hit 2 (en béisbol) hit
hita *f* brad
hitita *adj/mf* Hittite
hitleriano -na *adj* Hitler (*before n*), Hitlerian
hitlerismo *m* Hitlerism
hito *m* 1 (hecho trascendental) landmark, milestone; **este hecho marcó un ~ en nuestra historia** this event was a milestone *o* landmark in our history 2 (ant) (mojón) milestone; ***mirar a algn de ~ en ~*** (liter) to gaze *o* stare at sb; **se la quedó mirando de ~ a ~** he stood there staring *o* gazing at her
hiza *f* Chinese tallow tree, hevea
hizo *see* ▸**hacer**
Hl. (= **hectolitro**) hl, hectoliter*
Hnos. (= **hermanos**) Bros.
hobby /'xoβi/ *m* (*pl* **-bbies**) hobby; **pinta por ~** he paints as a hobby
hocicar [A2] *vt* to root among
■ **hocicar** *vi* 1 «*persona*» to fall flat on one's face (colloq) 2 (Náut) to pitch
hocicazo *m* (Chi fam) 1 (golpe): **se dio un ~ contra la puerta** she hit her mouth on the door 2 (beso) kiss, smacker (colloq)
hocico *m* (de un cerdo) snout; (de un perro, lobo) snout, muzzle; ***meter el ~ en algo*** (fam) to poke one's nose into sth (colloq)
hocicón -cona *m,f* (CS, Méx fam & pey) bigmouth (colloq & pej), blabbermouth (colloq & pej); **eso te pasa por hocicona** that's what you get for opening your big mouth (colloq)
hociconear [A1] *vi* (CS fam) to shoot one's mouth off (colloq)
hockey /'(x)oki, 'xokei/ *m* field hockey (AmE), hockey (BrE)
(Compuestos)
- **hockey sobre hielo** ice hockey
- **hockey sobre hierba** *or* **césped** field hockey (AmE), hockey (BrE)
- **hockey sobre patines** roller hockey

hogaño *adv* (liter) nowadays, in this day and age
hogar *m* 1 (residencia) home; **formar** *or* **fundar un ~** to set up home; **artículos para el ~** household goods; **las labores del ~** housework; **miles de personas se han quedado sin ~** thousands of people have been left homeless; **la mayoría de estos niños provienen de ~es deshechos** most of these children come from broken homes; **~, dulce ~** (fr hecha) home sweet home 2 (liter) (chimenea) hearth 3 (Esp) (Educ) domestic science, home economics
(Compuestos)
- **hogar de ancianos** residential home for the elderly, old people's home (colloq)
- **hogar para mujeres maltratadas** women's refuge, women's shelter

hogareño -ña *adj* 1 ‹*persona*› home-loving 2 ‹*vida/escena*› domestic (*before n*)

hogaza *f tb*: **~ de pan** large round loaf (of bread)
hogo *m* (Col) *tomato, onion and cheese sauce*
hoguera *f* bonfire; **murió en la ~** he was burned at the stake
hoja *f*
A (Bot) leaf; **árbol de ~ caduca/perenne** deciduous/evergreen tree; **~ de laurel** bay leaf; ***poner a algn como ~ de perejil*** to badmouth sb (AmE colloq), to slag sb off (BrE colloq); ***temblar como una ~*** to shake like a leaf
(Compuesto) **hoja de parra** (Bot) vine leaf; (Art, Bib) figleaf
B 1 (folio) sheet; **¿tienes una ~ en blanco?** do you have a blank sheet of paper?; **en una ~ aparte** on a separate sheet of paper 2 (de un libro) page, leaf; **pasar las ~s** to turn the pages 3 (formulario) form, sheet 4 (octavilla) leaflet, flier (AmE)
(Compuestos)
- **hoja de cálculo** spreadsheet, worksheet
- **hoja de ejercicios** worksheet
- **hoja de pedido** order form
- **hoja de reclamación** complaint form
- **hoja de ruta**

A (Transp) waybill
B (Pol) road map
- **hoja de servicios** service record
- **hoja de trabajo** worksheet
- **hoja de vida** (Col, Ven) resumé (AmE), curriculum vitae (BrE)
- **hoja electrónica** spreadsheet (program)
- **hoja intercalar** interleaf
- **hoja parroquial** parish newsletter

C 1 (de una puerta, mesa) leaf; **una puerta de dos ~s** a double door 2 (de madera, metal) sheet 3 (de un cuchillo) blade
(Compuesto) **hoja de afeitar** razor blade
hojalata *f* tinplate; **~ ondulada** corrugated iron
hojalatería *f* (Méx) body work (AmE), panelbeating (BrE)
hojalatero -ra *m,f* 1 (que trabaja con hojalata) tinsmith 2 (Méx) (Auto) auto bodyworker (AmE), panel beater (BrE)
hojaldrado -da *adj* flaky
hojaldre *m* puff paste (AmE), puff pastry (BrE)
hojarasca *f* 1 (hojas) fallen leaves (*pl*), dead leaves (*pl*) 2 (palabrería) padding, waffle (BrE)
hojear [A1] *vt* to leaf through, glance through
hojilla *f* (Ven) razor blade
hojuela *f* (AmL exc CS) flake
(Compuesto) **hojuelas de maíz** cornflakes (*fpl*)
hola *interj* 1 (saludo) ▸ⓘ p.743; hello, hi! (colloq) 2 (RPl) (al contestar el teléfono) ▸**El teléfono**; hello?
holá *interj* (RPl) ▸**El teléfono**; hello?
holán *m* 1 (lienzo) linen 2 (Méx) (volante) flounce, ruffle
Holanda *f* Holland
holandés[1] **-desa** *adj* Dutch
holandés[2] **-desa** *m,f*
A (*m*) Dutchman; (*f*) Dutchwoman; **los holandeses** the Dutch, Dutch people; **la leyenda del ~ errante** the legend *o* story of the Flying Dutchman
B **holandés** *m* (idioma) Dutch
holding /'xoldin/ *m* holding company
holgadamente *adv* 1 (con holgura económica) comfortably; **viven ~** they are well-off, they live comfortably 2 (con amplio margen): **pudimos terminar el trabajo ~** we finished the job with plenty of time to spare; **en el asiento trasero caben tres ~** you can fit three in the back seat comfortably; **aprobó el examen ~** she passed the exam easily
holgado -da *adj* 1 ‹*vestido/camisa*› loose-fitting, baggy 2 ‹*posición*› comfortable; **su situación económica es holgada** they're comfortably off 3 ‹*victoria*› comfortable, easy; ‹*mayoría*› comfortable 4 (de espacio): **si pones la maleta en la baca iremos más ~s** if you put the suitcase on the roof rack we'll have more room *o* we'll be more comfortable

holganza *f* idleness; **una vida de ~** a life of leisure; **tanta ~ no es buena para un chico de su edad** it isn't good for a boy of his age to spend so much time doing nothing

holgar [A8] *vi*
A (*en tercera persona*) (frml) (estar de más): **huelga decir que no aceptaron** it goes without saying that they did not accept, needless to say, they did not accept; **huelgan los comentarios** what can one say?
B (arc) (estar ocioso) to be at leisure (dated)

holgazán¹ -zana *adj* lazy; **es muy ~** he's very lazy, he's bone-idle (BrE)

holgazán² -zana *m,f* idler, lazybones (colloq)

holgazanear [A1] *vi* to idle, laze *o* loaf around

holgazanería *f* idleness, laziness; **no estudia por ~** he doesn't study because he's lazy *o* idle

holgura *f* **1** (bienestar económico): **vivir con ~** to live comfortably **2** (comodidad): **ganaron con ~** they won easily *o* comfortably; **aprobó el curso con ~** she sailed through the course **3** (de una prenda) fullness, looseness; **este fruncido le da ~ a la manga** these gathers make the sleeve fuller

holístico -ca *adj* holistic

hollar [A10] *vt* (liter) to tread (liter), to set foot on; **tierras nunca holladas por el pie humano** lands where no man had trodden *o* set foot before

hollejo *m* skin

hollín *m* soot

hollywoodense, hollywoodiense /xolibu'dense, xolibu'djense/ *adj* Hollywood (*before n*)

holocausto *m* **1** (Hist, Relig) (sacrificio) burnt offering, sacrifice; **ofrecerse en ~** (liter) to sacrifice oneself completely **2** (destrucción) holocaust **3** **el Holocausto** (Hist) the Holocaust
(Compuesto) **holocausto nuclear** nuclear holocaust

holografía *f* holography

holográfico -ca *adj* holographic

hológrafo -fa *adj* ▸ **ológrafo**

holograma *m* hologram

holter /'xolter/ *m* Holter monitor

hombrada *f* manly act, manly deed

hombradía *f* manliness

hombre¹ *m* **1** (varón) man; **~s, mujeres y niños** men, women and children; **ya es un ~ hecho y derecho** he's a grown man now; **es el ~ de la casa** he's the man of the house; **¡cómo ha crecido! está hecho un ~** hasn't he grown! he's a real man, now; **fue un gran ~** he was a great man; **vamos a hablar de ~ a ~** let's talk man-to-man; **no es lo bastante ~ como para decírmelo a la cara** he's not man enough to tell me to my face; **se cree muy ~** he thinks he's such a man; **el ejército te va a hacer un ~** the Army will make a man (out) of you; **¡~ al agua!** man overboard!; **como no consiga el dinero soy ~ muerto** if I don't manage to get the money I've had it *o* I'm finished *o* I'm a dead man (colloq); **es un pobre ~** he's a poor devil; **este ~ no sabe lo que dice** this guy *o* he doesn't know what he's talking about; ***ser un ~ de pelo en pecho*** to be a real man, be a he-man (hum); ***~ precavido*** or ***prevenido vale por dos*** forewarned is forearmed **2** (especie humana): **el ~** man; **nadie pensó que el ~ llegaría a la luna** nobody thought that man would reach the moon; **la explotación del ~ por el ~** the exploitation of man by his fellow man; **el ~ prehistórico** prehistoric man; ***el ~ propone y Dios dispone*** Man proposes and God disposes
(Compuestos)
- **hombre anuncio** sandwich-board man
- **hombre araña** spiderman
- **hombre de acción** man of action
- **hombre de armas** man-at-arms
- **hombre de bien** fine, upstanding man
- **hombre de ciencia** man of science
- **hombre de confianza** right-hand man
- **hombre de estado** statesman
- **hombre de la calle** man in the street
- **hombre de las cavernas** caveman
- **hombre de letras** man of letters
- **hombre del saco** bogeyman
- **hombre del tiempo** weatherman
- **hombre de mundo** man of the world
- **hombre de negocios** businessman
- **hombre de paja** (en política) puppet; (en un negocio sucio) front man, front (colloq), straw man (AmE)
- **hombre fuerte** strong man
- **hombre lobo** werewolf
- **hombre objeto** male sex-object
- **hombre orquesta** (Mús) one-man band; **soy el ~ ~ de esta oficina** (hum) I have to do everything in this office
- **hombre público** public figure
- **hombre rana** frogman, diver

hombre² *interj*: **¡~!, ¡qué alegría encontrarte aquí!** well, hey! what a nice surprise to see you here!; **¿te gustaría venir? — ¡~!** would you like to come? — you bet! *o* what do you think?; **vamos, ~, anímate** come on *o* hey, cheer up!; **acércate, ~, que no te voy a hacer nada** come here, I'm not going to do anything to you!; **~, no es lo mismo** come off it, it's not the same thing (colloq), but it's not the same; **~, supongo que vendrá** well *o* I don't know, I suppose she'll come

hombrecillo *m*
A (hombre pequeño) little man
B (Bot) hop

hombre-mono *m* (*pl* **hombres-mono**) apeman

hombrera *f* **1** (almohadilla) shoulder pad **2** (Mil) (de uniformes) epaulet

hombrerío *m* (Ven fam) crowd *o* bunch of men (colloq)

hombretón *m* (fam) well-built guy (colloq)

hombría *f* manliness
(Compuesto) **hombría de bien** integrity, honesty, uprightness (frml)

hombrillo *m* (Ven) shoulder (AmE), berm (AmE), hard shoulder (BrE)

hombro *m* ▸ⓘ **p.231** shoulder; **se puso el abrigo por los ~s** she wrapped her coat around her shoulders; **llevaba el fusil al ~** he was carrying his rifle on his shoulder; **tiene los ~s caídos** (hacia adelante) she has round shoulders, she is round-shouldered; (hacia el costado) she has sloping shoulders; **¡al ~, ar!** shoulder arms!; **se encogió de ~s** he shrugged (his shoulders); **lo sacaron de la plaza a ~s** they carried him out of the ring on their shoulders *o* shoulder high; **llevaba al niño en ~s** he was carrying the child on his shoulders; ***arrimar el ~*** to pull one's weight, put one's shoulder to the wheel; ***echarse algo al ~*** (asumir) to shoulder sth, take sth on; (mandar al diablo) (Chi fam): **échate los prejuicios al ~** forget your prejudices for once; ***~ con ~*** shoulder to shoulder; **luchar/trabajar ~ con ~** to fight/work shoulder to shoulder; ***meterle*** or ***ponerle el ~ a algo*** (Andes) to put one's back into sth; ***mirar a algn por encima del ~*** to look down on sb; ***ponerle el ~*** (ayudar) to pull one's weight; (afrontar): **la vida es así, hay que ponerle el ~** life's like that, we just have to face up to it

hombrón *m* (fam) ▸ **hombretón**

hombruno -na *adj* (pey) ‹*mujer*› mannish, butch (colloq & pej); ‹*gestos/modales*› masculine, mannish

homenaje *m* **1** (tributo) tribute; **rindió ~ a la memoria del desaparecido actor** he paid tribute *o* homage to the late actor; **acudían a rendir(le) ~ al Rey** they came to pay *o* do homage to the King; **un ciclo en ~ al famoso cineasta** a series in honor of the famous director **2** (acto): **le hicieron** or **ofrecieron un ~** they held a party (*o* reception *etc*) in his honor; **el ~ que la Academia le tributó** the ceremony (*o* event *etc*) that the Academy organized as a tribute to her **3** (*como adj inv*): **una cena ~ a la célebre soprano** a dinner in honor of the famous soprano; **un partido ~** a testimonial game

homenajeado -da *m,f* (frml *o* hum) guest of honor*

homenajear [A1] *vt* (frml) to honor*, to pay homage *o* tribute to; **fue homenajeado con una cena en el Gran Hotel** a dinner was held in his honor at the Gran Hotel

homeópata *mf* homeopath

homeopatía *f* homeopathy

homeopático -ca *adj* **1** (Med) homeopathic **2** ‹*cantidad*› minute

homérico -ca *adj* Homeric

Homero Homer

homicida¹ *adj* (frml) ‹*instinto*› homicidal; **el arma ~** the murder weapon

homicida² *mf* (frml) murderer, homicide (frml)

homicidio *m* (frml) homicide
(Compuesto) **homicidio justificado** justifiable homicide

homilía *f* homily

homínido *m* hominid

homocigote *m* homozygote

homoeroticismo *m* homoeroticism

homoerótico -ca *adj* homoerotic

homófilo -la *m,f* homophile

homofobia *f* homophobia

homofóbico -ca *adj* homophobic

homófobo -ba *m,f* homophobe

homófono¹ -na *adj* homophonous

homófono² *m* homophone

homogéneamente *adv* homogeneously

homogeneidad *f* homogeneity

homogeneización *f* homogenization

homogeneizante¹, homogeneizador -dora *adj* homogenizing (*before n*)

homogeneizante², homogeneizador *m* homogenizer

homogeneizar [A21] *vt* to homogenize; **leche homogeneizada** homogenized milk

homogéneo -nea *adj* **1** ‹*grupo*› homogeneous **2** ‹*masa/mezcla*› smooth

homógrafo *m* homograph

homologable *adj* **~ A algo** comparable WITH sth, equivalent TO sth

homologación *f*
A **1** (de un producto — recomendación) endorsement; (— autorización) authorization, sanctioning **2** (Dep) (de un récord) ratification, recognition
B (equiparación) **~ CON algo**: **han pedido su ~ con los técnicos** they have asked for parity with the technicians; **la ~ de los títulos australianos con los europeos** the recognition of Australian qualifications as equivalent to European ones

homologado -da *adj* ‹*productos/modelos*› approved, endorsed; **centro educativo ~** (Esp) school officially approved by the government

homologar [A3] *vt*
A **1** ‹*producto*› (recomendar) to approve, endorse; (autorizar) to authorize, approve, sanction **2** (Dep) ‹*récord*› to ratify, recognize **3** ‹*convenio*› to recognize
B (equiparar) **~ algo CON algo** to recognize sth as equivalent TO sth
C (Chi) (igualar) to equal, match

homólogo¹ -ga *adj*
A (correspondiente) equivalent; **~ A algo** equivalent TO sth
B ‹*sangre/órgano*› homologous (tec), from a different person

homólogo² -ga *m,f* (period) counterpart; **el comisario se entrevistó con su ~ francés** the commissioner met with his French counterpart *o* with his opposite number in the French government

homonimia *f* homonymity, homonymy

homónimo¹ -ma *adj* ‹*palabras*› homonymous; **dos ciudades homónimas** two cities with the same name

homónimo² *m* **1** (Ling) homonym **2** (persona) namesake

h

homosexual *adj/mf* homosexual

homosexualidad *f*, **homosexualismo** *m* homosexuality

honda *f* **1** (de cuero) sling **2** (con elástico) slingshot (AmE), catapult (BrE); ***ser tirado con ~ para algo*** (Chi fam) to be good *o* terrific at sth

hondo[1] -da *adj* **1** ‹*piscina/río/pozo*› deep; **lo más ~ del río** the deepest part of the river; **en lo más ~ de mi corazón** deep in my heart, deep down; **un sentimiento con raíces muy hondas** a very deeply-rooted feeling; ***calar ~*** to take off (colloq); **una moda que ha calado ~** a fashion which has really taken off **2** (*gen delante del n*) (frml) ‹*pena/pesar*› profound (frml), deep

hondo[2] *adv*: **respirar ~** to breathe deeply

hondo[3] *m*: **el ~** the depths (*pl*), the bottom

hondonada *f* hollow

hondura *f* (liter) depth; **una novela de gran ~** a very profound novel, a novel of great depth (liter); ***meterse en ~s*** (profundizar) to go into a lot of detail; (meterse en dificultades) to get into deep water

Honduras *f* Honduras

hondureñismo *m* Honduran word/expression

hondureño -ña *adj/m,f* Honduran

honestamente *adv* **1** (sinceramente) honestly; **te voy a decir ~ lo que pienso** I'm going to be honest *o* frank with you; **~, no sé qué puedes hacer** (*indep*) to be honest, I don't know what you can do, I don't honestly know what you can do **2** ‹*actuar/comportarse*› honorably, decently

honestidad *f* **1** (integridad) integrity, honesty; **te lo voy a decir con toda ~** I'm going to be completely honest *o* frank with you **2** (ant *o* hum) (de una mujer) virtue, honesty (arch)

honesto -ta *adj* **1** (íntegro) honorable*, decent **2** (ant *o* hum) ‹*mujer*› virtuous, honest (arch); **tiene intenciones honestas** his intentions are honorable*

hongkonés[1] -nesa /honko'nes/ *adj* Hong Kong (*before n*)

hongkonés[2] -nesa *m,f* person from Hong Kong; **los hongkoneses** the people of Hong Kong

hongo *m* **1** (Bot) fungus **2** (AmL) (Coc) mushroom; ***aburrirse como un ~*** (fam) to be/get bored stiff (colloq); ***como ~s:*** **filiales de la empresa están apareciendo** *or* **brotando como ~s por toda Europa** branches of the company are springing up all over Europe; ***solo como un ~*** (fam) as lonely as a cloud (liter *or* hum) **3** (Med) fungus; (en los pies): **tengo ~s** I have athlete's foot **4** *tb* **sombrero de ~** derby (AmE), bowler hat (BrE)

(Compuestos)

- **hongo alucinógeno** hallucinogenic mushroom, magic mushroom (colloq)
- **hongo atómico** *or* **nuclear** mushroom cloud

honkonés -nesa *adj/m,f* ▸**hongkonés[1]**, **hongkonés[2]**

honor *m*

A **1** (dignidad moral) honor*; **un hombre de ~** a man of honor, an honorable man; **no aceptó por una cuestión de ~** she didn't accept as a matter of honor *o* principle; **sintió que su ~ había sido mancillado** he felt that his honor *o* good name had been sullied *o* besmirched (frml); **defendió el ~ de su familia** (liter) he defended the honor of his family; ***en ~ a la verdad*** to be truthful; **¿te gustó su última novela? — en ~ a la verdad, no** did you like his last novel? — to be perfectly honest, no *o* to tell you the truth, no; ***hacer algn ~ a su fama*** *or* ***nombre*** to live up to one's reputation **2** (ant) (virginidad) honor*, virtue

B **1** (privilegio) honor*; **es un ~ para mí aceptar el cargo** it is an honor for me to accept the appointment; **tengo el ~ de presentarles a nuestro conferenciante** it is my honor *o* I have the honor to introduce our speaker (frml), it gives me great pleasure to introduce our speaker; **una cena en ~ de ...** a dinner in honor of ...; **me hizo el ~ de recibirme** he did me the honor of receiving me **2** **honores** *mpl* (homenaje) honors* (*pl*); **le rindieron** *or* **tributaron los ~es correspondientes a su rango** he was accorded the honors befitting his rank (frml); ***hacerle los ~es a algo*** to do justice to sth

(Compuesto) **honores de ordenanza** due military honors*

honorabilidad *f* honorableness* (frml); **nadie pone en duda la ~ de sus actos** nobody doubts that his intentions were honorable *o* that he behaved honorably

honorable[1] *adj* honorable*

honorable[2] *mf* (Chi) ≈ congressman (*in US*), ≈ Member of Parliament (*in UK*)

honorario -ria *adj* honorary

honorarios *mpl* fees (*pl*)

honorífico -ca *adj* ‹*cargo*› honorary

honoris causa *loc adj* honoris causa; **doctor ~ ~** doctor honoris causa

honra *f* **1** (dignidad moral) honor*; ***tener algo a mucha ~*** to be very proud of sth; **tiene a mucha ~ el haber recibido el premio de manos del rey** he's very proud of the fact that he was presented with the award by the king; ***¡y a mucha ~!:*** **sí, soy ecologista ¡y a mucha ~!** yes, I'm an environmentalist and (I'm) proud of it! **2** (ant) (virginidad) honor*, virtue

(Compuesto) **honras fúnebres** *fpl* funeral rites (*pl*)

honradamente *adv* honestly, honorably*, decently

honradez *f* **1** (honestidad) honesty **2** (decencia) decency

honrado -da *adj* **1** (honesto) honest, honorable*; **es un hombre ~** he is an honest *o* an honorable man; **actuó de manera honrada** she behaved honorably **2** (decente) ‹*mujer*› respectable

honrar [A1] *vt*

A ‹‹*comportamiento/actitud*››: **su gesto desinteresado la honra** her unselfish gesture does her credit *o* honor; **nos honra a todos con su presencia hoy** she is honoring us all with her presence here today

B (respetar) to honor*; **~ás a tu padre y a tu madre** (Bib) honor thy father and thy mother

■ **honrarse** *v pron*: **~se CON algo** to be honored* by sth; **fueron los primeros en ~se con su visita** they were the first to be honored by her visit; **se honraban con** *or* **en** *or* **de tener ese apellido** they were proud to have that surname

honrosamente *adv* honorably*

honroso -sa *adj* honorable*; **perdió de una manera muy honrosa** he suffered a very honorable defeat

hontanar *m* spring

hora *f* ▸ⓘ p.431

A (período de tiempo) hour; **hace una ~ escasa/larga que se fue** he left just under/over an hour ago, he left barely an hour ago/a good hour ago; **el examen dura (una) ~ y media** the exam is an hour and a half long; **media ~** half an hour; **en un cuarto de ~** in a quarter of an hour; **nos pasamos ~s y ~s hablando** we talked for hours and hours *o* for hours on end; **llevo ~s esperándote** I've been waiting hours (for you); **las ~s de mayor afluencia** the busiest time; **semana laboral de 40 ~s** 40-hour working week; **circulaba a (una velocidad de) 100 kilómetros por ~** it was traveling at 100 kilometers per hour *o* an hour; **trabajar/cobrar por ~s** to work/be paid by the hour; **cobra 50 euros la ~** *or* **por ~** she charges 50 euros an hour; **Ⓢ horas de atención al público de ocho a una** open to the public from eight to one; **se pasa ~s enteras leyendo** she reads for hours on end; **no le gusta trabajar fuera de ~s** he doesn't like working outside normal work (*o* office *etc*) hours; ***pasarse las ~s muertas*** to while away one's time; ***tener las ~s contadas*** to be living on borrowed time

(Compuestos)

- **hora de salida** departure time
- **hora feliz** happy hour
- **hora libre** free period
- **hora peak** (Chi) rush hour
- **hora pico** (AmL) rush hour
- **hora puente** *or* **sandwich** (RPl) free period
- **hora punta** (Esp) rush hour
- **hora tonta** weak moment
- **hora valle** off-peak time
- **horas de consulta** *fpl* doctor's office hours (AmE), surgery hours (BrE)
- **horas de oficina** *fpl* office hours (*pl*)
- **horas de trabajo** *fpl* working hours (*pl*)
- **horas de visita** *fpl* visiting hours *o* times (*pl*)
- **horas de vuelo** *fpl* flying time
- **horas extra(s)** *or* **extraordinarias** *fpl* overtime; **trabajé dos ~s ~s** I worked *o* did two hours overtime
- **horas libres** *fpl* free *o* spare time

B **1** (momento puntual) time; **¿tiene ~, por favor?** have you got the time, please?; **¿me da la ~?** can you tell me the time?; **¿qué ~ es?** what's the time?, what time is it?; **pon el reloj en ~** put the clock right, set the clock (to the right time); **las ocho es una buena ~** eight o'clock is a good time; **¿a qué ~ te viene bien salir?** what time would it suit you to leave?; **¿nos podemos ir? — todavía no es la ~** can we go? — it's not time yet; **las clases siempre empiezan a la ~ en punto** the classes always start exactly *o* (colloq) bang on time; **los trenes nunca llegan a la** *or* **a su ~** *or* (RPl) **en ~** the trains never arrive on time; **el avión llegó antes de su ~** the plane arrived ahead of schedule *o* earlier than scheduled *o* early; **la decisión se conocerá a las 20 ~s de hoy** (period) they will give their verdict at 8pm today; **el ataque se inició a las 20 ~s** (frml) the attack commenced at 20:00 hours (*léase: twenty hundred hours*) (frml); **se ha convocado una huelga desde las cero ~s** (period) a strike has been called from midnight; ***dar la ~*** (Chi fam) (en el vestir, comportamiento) to look (*o* be *etc*) out of place; (al hablar) to say things that are out of place, say things that have nothing to do with the conversation; ***no dar ni la ~*** (fam): **¡ésa no da ni la ~!** I'll/you'll/he'll get nothing out of her, she's as mean as they come (colloq); **que se olvide de ese muchacho, si no le da ni la ~** she should forget about him, he's not the least bit interested in her *o* he doesn't even look at her; **desde que la nombraron jefa, no nos da ni la ~** now that she's been made boss, she doesn't even give us the time of day **2** (momento sin especificar) time; **ya es ~ de irse a la cama** it's bedtime *o* time for bed; **llámame a la ~ de almorzar** call me at lunchtime; **ya es ~ de irnos** it's time for us to go, it's time we were going; **hay que estar pendiente de él a todas ~s** you have to keep an eye on him the whole time; **el niño tiene que comer a su(s) ~(s)** the baby has to have its meals at regular times; **¡ya era ~ de que llamases!** it was about time you called; **ya va siendo ~ de que empieces a trabajar** it's about time you got a job; **es ~ de que vayas pensando en tu futuro** it's high time you started thinking about your future; **a altas ~s de la madrugada** in the early *o* small hours of the morning; **te llamaré a primera ~ de la mañana** I'll call you first thing in the morning; **a última ~ decidimos no ir** at the last moment we decided not to go; **una noticia de última ~** a late *o* last-minute news item; **última ~: terremoto en Santiago** stop press: earthquake in Santiago; **a estas ~s deben estar llegando a Roma** they must be arriving in Rome about now; **normalmente a estas ~s ya hemos cenado** we've usually finished dinner by this time; **éstas no son ~s de llamar** this is no time to call people up; **¿qué ~s son éstas de llegar?** what time do you call this, then?, what sort of time is this to come home?; **¿qué haces levantado a estas ~s?** what are you doing up at this time?; **no puedo tomar café a estas ~s porque me desvela** I can't drink

La hora

Unidades de tiempo

a second
= un segundo

a minute
= un minuto

an hour
= una hora

a quarter of an hour
= un cuarto de hora

half an hour
= media hora

three quarters of an hour
= tres cuartos de hora

Para preguntar la hora

what time is it? o ***what's the time?***
= ¿qué hora es?

can you tell me the time?
= ¿me dice(s) *or* me da(s) la hora?

do you have the time?
= ¿tiene(s) hora?

have you got the time (on you)?
what time do you have? (*AmE*)
what time do you make it? (*BrE*)
= ¿qué hora tiene(s)?

Respuestas

it's twelve o'clock
= son las doce

it's exactly ten o'clock
= son las diez en punto

Para expresar los minutos después de la hora se utiliza *after* en el inglés norteamericano y *past* en el inglés británico:

it's five after seven (*AmE*)
it's five past seven (*BrE*)
= 7:05

it's a quarter after three (*AmE*)
it's a quarter past three (*BrE*)
= 3:15

El caso de la hora y media es ligeramente diferente:

it's four thirty
it's half past four (*BrE*)
= 4:30

Para expresar los minutos que faltan para la hora se emplea *to*. En el inglés norteamericano también se utiliza *of*:

it's twenty to twelve
it's twenty of twelve (*AmE*)
= 11:40

Respuestas menos precisas:

it's just after five o'clock
it's just gone five (*colloq*)
= son las cinco pasadas

it's coming up to three o'clock
it's nearly three o'clock
= son casi las tres

it must be about seven
it must be around seven
= serán las siete

De la mañana/de la tarde/de la noche

Para especificar si se trata de antes o después del mediodía se utilizan las siguientes expresiones:

7 in the morning
= las 7 de la mañana

3 in the afternoon
= las 3 de la tarde

8 in the evening
= las 8 de la tarde/noche

11.30 at night
= las 11.30 de la noche

In the evening se emplea normalmente para referirse al período comprendido entre las seis y las nueve. A veces se usa *at night* si el hablante quiere dar a entender que es muy tarde:

seven o'clock in the morning
three o'clock in the afternoon
the concert starts at nine in the evening
she didn't leave the office until nine o'clock at night

También se pueden utilizar las abreviaturas *a.m.* y *p.m.*:

three fifteen a.m.
= las tres y cuarto de la madrugada

four thirty p.m.
= las cuatro y media de la tarde

La forma escrita es *3:15 a.m.* en el inglés norteamericano y *3.15 a.m.* en el inglés británico

Existen varias alternativas para hablar de las doce del mediodía y las doce de la noche:

12:00	24:00
it's twelve o'clock	it's twelve o'clock
it's midday	it's midnight
it's twelve a.m.	it's twelve p.m.
it's twelve midday	it's twelve midnight
it's noon	

¿A qué hora?

What time did you arrive?

at five (o'clock)
= a las cinco

at six (o'clock) on the dot
= a las seis en punto

at exactly 4:45 a.m.
= a las cuatro cuarenta y cinco

around o ***about 3 p.m.***
= alrededor de las tres de la tarde

soon after midnight
= poco después de (la) medianoche

just after ten
= a las diez pasadas

sometime between eight and nine in the morning
= entre las ocho y las nueve de la mañana

El sistema de 24 horas

Este sistema se emplea fundamentalmente cuando se trata de horarios. Es poco usado en el inglés norteamericano:

twenty thirty	20:30
fourteen ten	14:10
eighteen forty-four	18:44

Para la hora en punto se suele agregar *hundred hours*:

it arrives at sixteen hundred hours
= llega a las 16:00

the sixteen hundred (hours) departure
= el tren/avión de las 16:00

coffee so late in the day because it keeps me awake; **maldita sea la ~ en que se le ocurrió volver** I curse the day he decided to come back; ***a buena ~*** *or* ***a buenas ~s:*** **¿llamó ayer y me lo dices ahora? ¡a buenas ~s!** she phoned yesterday? *now* you tell me! *o* it's a bit late to tell me now!; **a buenas ~s llegas** this is a fine time to arrive!; ***a la ~ de:*** **no están de acuerdo con él, pero a la ~ de hablar nadie dice nada** they don't agree with him, but when it comes to it, nobody dares say anything; **seguro que se encuentran con problemas a la ~ de traducir esto** you can be sure they'll have problems when it comes to translating this; ***a la ~ de la verdad*** when it comes down to it; **a la ~ de la verdad nunca hacen nada** when it comes down to it *o* when it comes to the crunch, they never do anything; ***en buena ~:*** **en buena ~ decidimos comprar esta casa** we decided to buy this house at just the right time; ***en mala ~:*** **en mala ~ se nos ocurrió meternos en este lío** it was a really bad move getting ourselves involved in this mess; ***entre ~s*** between meals; **no deberías comer entre ~s** you shouldn't eat between meals; **se pasa el día picando entre ~s** she nibbles all day; ***hacer ~*** (Chi) to kill time; ***llegarle a algn su (última) ~:*** **sabía que le había llegado su (última) ~** he knew his time had come; ***no ver*** *or* (Chi) ***hallar la ~ de:*** **no veo la ~ de que lleguen las vacaciones** I'm really looking forward to the start of the vacation; **no veía la ~ de que se fuera** she couldn't wait for him to go; **no veo la ~ de salir de aquí** I can't wait to get out of here

(Compuestos)

- **hora astronómica** astronomical *o* solar time
- **hora cero** zero hour
- **hora de cierre** (de un periódico) news deadline; (de una emisión) closedown
- **hora de llegada** time of arrival
- **hora de Europa Central/Oriental** Central/Eastern European time
- **hora H** zero hour
- **hora inglesa** (fam): **quedamos a las siete, pero a las siete ~ ~, ¿eh?** so, seven o'clock it is, but seven on the dot *o* seven o'clock sharp, OK?
- **hora local** local time
- **hora oficial** standard time
- **hora peninsular** *local time in mainland Spain*
- **hora solar** astronomical *o* solar time

C (cita) appointment; **el médico me ha dado ~ para mañana** the doctor's given me an appointment for tomorrow, I've got an appointment with the doctor tomorrow; **¿hay que pedir ~ para ver al especialista?** do I have to make an appointment to see the specialist?; **tengo ~ con el dentista a las cuatro** I have a dental appointment at four

horadar [A1] *vt* ‹*roca*› to bore through; ‹*pared*› to drill a hole in

hora-hombre *f* (*pl* **horas-hombre**) man-hour

horario[1] -ria *adj* hourly; **el costo ~** the hourly cost, the cost per hour; ▸**huso**

horario[2] *m*

A (de trenes, aviones) schedule (AmE), timetable (BrE); (de clases) timetable; **no tengo ~ fijo** I don't work fixed hours; **cumple su ~, pero no trabaja un minuto más** she works her set hours, but not a minute extra; **~ de invierno** winter schedule *o* timetable; **tiene un ~ muy flexible** his hours are very flexible, he works very flexible hours; **la empresa ofrece ~ flexible** the company offers flextime *or* (BrE) flexitime; **S horario de atención al público** (en un banco, comercio) business hours; (en una oficina pública) hours of opening; **~ adulto** watershed hour (BrE)

(Compuestos)
- **horario continuo** ▸**horario intensivo**
- **horario corrido** (AmL) ▸**horario intensivo**
- **horario de visitas** visiting hours (*pl*)
- **horario estelar** (Ven) prime time
- **horario intensivo** *continuous working day (usually from eight to three) with no break for lunch*
- **horario partido** *working day with a long break for lunch*

B (de un reloj) hour hand

horca *f*
A 1 (patíbulo) gallows (*pl*); **lo condenaron a la ~** he was sentenced to hang, he was condemned to the gallows; ***pasar (por) las ~s caudinas:*** **tendrán que pasar por las ~s caudinas del referéndum** the referendum will be a stern test for them; **fue pasar las ~s caudinas tener que pedírselo** it was a terrible ordeal having to ask him for it 2 (juego): **la ~** hangman
B (Agr) pitchfork, hayfork

horcajadas *fpl*: **se sentó a ~ en la pared** he sat astride the wall

horcajo *m* fork

horcar [A2] *vt* (Méx fam) ▸**ahorcar**

horchata *f* 1 (de chufas) horchata (*cold drink made from tiger nuts*) 2 (en Méx) *drink made from ground melon seeds*

horchatería *f* ≈ milk bar (*selling horchata and ice cream*)

horcón *m* 1 (AmL) (para sostener vigas) wooden post 2 (Ven) (para una cerca) fence post 3 (Col) (para sostener una rama) forked prop *o* support

horda *f* 1 (Hist) horde 2 (CS, Méx) (multitud) horde; **~s de gente/turistas** hordes of people/tourists

hordiate *m: drink made from cooked barley*

horizontal¹ *adj* horizontal; **colocarlo en posición ~** lay it down horizontally *o* flat

horizontal² *f* horizontal

horizontal³ *m* (Andes) crossbar

horizontalmente *adv* horizontally

horizonte *m* 1 (línea) horizon; **se quedó con los ojos perdidos en el ~** he stood there staring into space 2 **horizontes** *mpl* (perspectivas) horizons (*pl*); **quiere abrirse nuevos ~s** he wants to broaden his horizons; **tiene unos ~s muy estrechos/limitados** she is very narrow-minded, she has very limited horizons

horma *f*
A (para hacer zapatos) last; (para conservar su forma) shoetree; **zapatos de ~ ancha/estrecha** broad-fitting/narrow-fitting shoes; ***encontrar la ~ de su zapato*** to meet one's match
B (Arg) (Coc): **una ~ de queso** a cheese

hormiga *f* ant; ***tener ~s en el culo*** (RPl) *or* (Col) ***los pantalones*** (fam) to have ants in one's pants (colloq); ***trabajar como*** *or* (Chi) ***ser una ~*** to be very hardworking

(Compuestos)
- **hormiga blanca** white ant
- **hormiga león** antlion, antlion fly
- **hormiga obrera** worker ant
- **hormiga roja** red ant
- **hormiga soldado** soldier ant

hormigón *m* concrete

(Compuestos)
- **hormigón armado** reinforced concrete
- **hormigón pretensado** prestressed concrete

hormigonera *f* cement mixer

hormiguear [A1] *vi* **~ DE algo** to be crawling *o* swarming WITH sth; **la playa hormigueaba de turistas** the beach was crawling *o* swarming with tourists

hormigueo *m* pins and needles (*pl*), tingling; **siento un ~ en la pierna** I've got pins and needles *o* a tingling sensation in my leg

hormiguero *m* 1 (Zool) (nido) ant's nest; (montículo) anthill 2 (de personas): **la feria era un ~ de gente** the fair was swarming with people

hormona *f* hormone

hormonal *adj* hormonal, hormone (*before n*)

hornacina *f* niche

hornada *f* (de pan, pasteles) batch; **la última ~ de diseñadores españoles** the latest generation *o* (colloq) crop of Spanish designers

hornalla *f* (RPl) ▸**hornillo A**

horneado *m* cooking/baking time

hornear [A1] *vt* to bake; **bollos recién horneados** freshly-baked rolls, oven-fresh rolls

hornero *m* ovenbird

hornilla *f*
A (AmL exc CS) ▸**hornillo A**
B (Chi) ▸**hornillo B**

hornillo *m*
A (Esp) 1 (de gas) burner 2 (de una cocina eléctrica — espiral) ring; (— placa) hotplate
B (cocinilla portátil) portable electric stove

horno *m* 1 (de cocina) oven; **pollo al ~** (AmL) roast chicken; **pescado al ~** baked fish; **resistente al ~** ovenproof; **esta oficina es un ~** this office is like an oven; ***no está el ~ para bollos*** (fam) it's not the right moment 2 (Metal, Tec) furnace; **~ de fundición** smelting furnace; ▸**alto¹** 3 (para cerámica) kiln

(Compuestos)
- **horno crematorio** crematorium
- **horno (de) microondas** microwave, microwave oven

horología *f* horology

horóscopo *m* horoscope

horqueta *f* 1 (AmL) (de un río, camino) fork; (de un árbol) fork 2 (Chi) (de jardinero) fork; (de campesino) pitchfork

horquetilla *f* (Ven) ▸**horquilla B**

horquilla *f*
A 1 (para el pelo) bobby pin (AmE), hairgrip (BrE); (para moños) hairpin 2 (Agr) pitchfork 3 (en una bicicleta) fork
B (Col) (en las puntas del pelo) *tb* **~s** split ends (*pl*)

horrendo -da *adj* ▸**horroroso**

horrible *adj* 1 (trágico, espantoso) ‹*accidente/muerte*› horrible, horrific 2 (feo) ‹*persona*› hideous, ugly; ‹*camisa/adorno*› horrible, hideous 3 (malo) ‹*tiempo*› terrible, awful, dreadful 4 (inaguantable): **¡qué calor más ~!** it's terribly *o* unbearably hot!

horriblemente *adv* horribly

horripilante *adj* terrifying, horrifying, hair-raising

horripilar [A1] *vt* to horrify, terrify

horro -rra *adj*
A ‹*esclavo*› enfranchised, free
B ‹*ganado*› sterile

horror *m*
A 1 (miedo, angustia): **me causa ~ ver esas escenas** it horrifies me to see those scenes; **el ~ que causó** *or* **produjo la matanza** the feeling of horror *o* the horror which the massacre provoked; **los exámenes me producen ~** I have an absolute horror *o* dread of exams; **les tengo ~ a los hospitales** I'm terrified of hospitals 2 (fam) (uso hiperbólico): **¡qué ~!** how awful *o* terrible!, that's awful *o* terrible!; **¡qué ~ de mujer!** what an awful *o* appalling woman!, what a dreadful *o* ghastly woman! (BrE); **había un ~ de gente** there were a tremendous number of people there (colloq)
B **horrores** *mpl* (cosas terribles): **dice ~es de su suegra** he says awful *o* terrible *o* dreadful things about his mother-in-law; **los ~es de los campos de concentración** the horrors of the concentration camps; **los ~es que vi durante la guerra** the horrific things I witnessed during the war

horrores *adv* (fam): **te he extrañado ~** I've missed you terribly; **la decisión nos perjudica ~** the decision affects us very badly; **sabe ~ del tema** she knows loads *o* stacks about the subject (colloq)

horrorizar [A4] *vt* to horrify, appall; **la crueldad del crimen horrorizó a la opinión pública** people were horrified *o* appalled by the callous nature of the crime; **me horroriza lo mal que se portan esos niños** I'm absolutely appalled *o* aghast at how badly those children behave
■ **horrorizarse** *v pron* to be horrified; **yo me horroricé cuando dijo eso** I was horrified *o* appalled *o* very shocked when he said that; **~se DE algo** to be horrified BY *o* AT sth

horrorosamente *adv* terribly, horribly

horroroso -sa *adj* ‹*crimen*› horrific, horrifying; ‹*película/novela*› terrible, dreadful; ‹*persona/vestido*› awful, ghastly (colloq), horrific (colloq); **hizo un tiempo ~** the weather was horrendous *o* awful *o* foul; **tengo un hambre horrorosa** I'm terribly hungry, I'm absolutely starving (colloq)

hortaliza *f*
A (verdura) vegetable; **~s** vegetables (*pl*), garden produce
B (Méx) (huerta) vegetable garden

hortelano -na *m,f* truck farmer (AmE), market gardener (BrE)

hortensia *f* hydrangea

hortera¹ *adj* (Esp fam) ‹*vestido*› tacky (colloq), naff (BrE colloq); ‹*cantante*› uncool (colloq), naff (BrE colloq); **tiene un gusto de lo más ~ para vestirse** he has lousy *o* really naff taste in clothes (colloq); **tiene un novio ~** she has a really uncool boyfriend (colloq); **la canción es super-hortera** it's a really uncool *o* naff song

hortera² *mf* (Esp fam): **es una ~** she's so uncool (colloq), she likes such tacky things (colloq), she has really naff taste (BrE colloq)

horterada *f* (Esp fam) tacky program (*o* dress *etc*) (colloq)

hortícola *adj* horticultural, garden (*before n*)

horticultor -ra *m,f* horticulturalist, gardener

horticultura *f* horticulture, gardening

hortifruticultura *f* fruit and vegetable growing

hortofrutícola *adj* ‹*producto/cultivo*› fruit and vegetable (*before n*); ‹*asociación*› fruit and vegetable growers' (*before n*)

hortofruticultura *f* fruit and vegetable growing

hosco -ca *adj* ‹*persona/semblante*› surly, sullen; ‹*mirada*› sullen

hospedador *m* host

hospedaje *m* accommodations (AmE), accommodation (BrE); **dar/encontrar ~** to provide/find accommodations *o* accommodation; **da ~ a un par de estudiantes** he has a couple of students lodging with him

hospedar [A1] *vt* ‹*persona*› to provide … with accommodations (AmE), to provide … with accommodation (BrE), to put … up (colloq); **me dijo que me podía ~** she said she could put me up
■ **hospedarse** *v pron* to stay, put up (AmE colloq)

hospedería *f* 1 (hostal) hostel 2 (de monasterio) guesthouse

hospedero -ra *m,f* 1 (de hostal) hostel manager 2 **hospedero** *m* (de monasterio) guest master

hospicio *m* 1 (para niños huérfanos) orphanage 2 (Hist) (para peregrinos, mendigos) hospice

hospital *m* hospital
(Compuesto) **hospital de campaña** field hospital

hospitalariamente *adv* hospitably; **fueron ~ atendidos** they were treated hospitably *o* with hospitality

hospitalario -ria *adj*
A (acogedor) ‹*pueblo/persona*› hospitable, welcoming
B (Med) hospital (*before n*)

hospitalidad *f* hospitality; **me dio/brindó su ~** she gave/offered me her hospitality

hospitalización *f* hospitalization

hospitalizar [A4] *vt* to hospitalize; **fue hospitalizado de urgencia** he was rushed into (the) hospital, he was hospitalized as a matter of urgency

■ **hospitalizarse** *v pron* (AmL) to go into hospital *o* (AmE) the hospital

hosquedad *f* sullenness, surliness

hostal *m* cheap hotel

(Compuesto) **hostal residencia** guesthouse, boarding house

hostelería *f* 1 (negocio, industria) hotel and catering trade *o* business 2 (profesión) hotel management

hostelero -ra *m,f* (*m*) landlord; (*f*) landlady; **Asociación de H~s** ≈ Licensed Victuallers' Association

hostería *f* small hotel

hostia *f*

A (Relig) host

B (Esp vulg *o* fam) (golpe) slap, smack in the face (*o* mouth *etc*); **te voy a dar** *or* **pegar una ~** you're going to get *o* you're asking for a smack in the face (colloq); ***darse*** *or* ***pegarse una ~*** (Esp vulg *o* fam): **se pegó una ~ con el coche** he had a really bad car crash *o* smash (colloq)

C (uso expletivo) (Esp vulg *o* fam): **¡~!** *or* **¡~s!** *or* **¡la ~!** jeez! (AmE colloq), bloody hell! (BrE sl); ***de la ~*** (Esp vulg *o* fam): **se acaba de comprar un coche de la ~** she's just bought herself an amazing car (colloq), the car she's just bought is something else (colloq); **hace un frío de la ~** it's goddamn *o* (BrE) bloody freezing! (sl); ***la ~ de*** (Esp vulg *o* fam) a hell of a lot of (colloq); **habían invitado a la ~ de gente** they had invited a hell of a lot of *o* a real crowd of people, they had invited the world and his wife (colloq); ***¡qué ~s …!*** (Esp vulg *o* fam) what the hell …! (sl); ***ser la ~*** (Esp vulg *o* fam): **¡este mechero es la ~!** (expresando fastidio) this lighter is the pits! (colloq), this lighter is a pain in the ass! (vulg) (expresando admiración) this lighter's great! (colloq); **¡este tío es la ~!** this guy is too much! (colloq)

hostiar [A1] *vt* (Esp vulg *o* fam) to belt, thump, give … a thumping

hostigamiento *m* harassment

hostigante *adj* (Col, Ven) ▸**hostigoso**

hostigar [A3] *vt*

A 1 (acosar) to bother, pester; **lo hostigaba para que se enfrentara con el jefe** she kept pestering him to confront the boss 2 (Mil) to harass 3 ‹*caballo*› to whip

B (Andes fam) «*comida/bebida*» (empalagar, hartar): **tanto pollo terminó por ~me** I eventually got sick of *o* fed up of eating so much chicken (colloq); **esto me hostiga** this is too sickly *o* sickly-sweet for me

hostigoso -sa *adj* 1 (Andes) ‹*comida/bebida*› sickly, sickly-sweet 2 ‹*persona*› annoying, irritating

hostil *adj* [SER] ‹*medio/clima*› hostile; ‹*gente/actitud*› hostile, unfriendly; **se mostró ~ a nuestras propuestas** he was opposed to our proposals, he expressed his hostility *o* opposition to our proposals; **todos le son ~es** everyone is hostile *o* very unfriendly toward(s) him

hostilidad *f* 1 (del clima) hostility; (de una actitud) hostility, unfriendliness 2 **hostilidades** *fpl* hostilities (*pl*); **cese de ~es** cease-fire

hostilizar [A4] *vt* to harass

hostilmente *adv* with hostility, in a hostile way

hot dog /'xot 'dog/ *m* (*pl* **~ ~s**) hot dog

hotel ➔ *m* hotel

(Compuestos)

• **hotel galante** (Chi euf) love hotel (*where couples go to have sex*)

• **hotel residencia** guesthouse, boarding house

hotelería *f* (AmL) ▸**hostelería**

hotelero¹ -ra *adj* hotel (*before n*)

hotelero² -ra *m,f* hotel manager, hotelier

hotelito *m* (Esp) detached house

hotentote *mf* Hottentot

hoy *adv*

A (este día) today; **~ es mi cumpleaños** it's my birthday today, today's my birthday; **~ hace un año que nos conocimos** it was a year ago today that we first met; **¿a qué** *or* **cuánto estamos ~?** what's the date today?, what's today's date?; **hasta el día de ~ no hemos vuelto a saber de ella** we haven't heard from her from that day to this, we haven't heard from her since; **le voy a escribir, de ~ no pasa** I'm going to write to her today no matter what; **~ mismo empiezo el régimen** I'm starting my diet right away, today, I'm starting my diet *today*; **¿este pan es de ~?** it this today's bread?, is this bread fresh (today)?; **de** *or* **desde ~ en adelante** from today onward(s), as from today, starting today; **de ~ en un mes lo sabremos** we'll know by this time next month; **vuelva usted de ~ en un mes** come back a month from today; **basta por ~** let's call it a day (colloq), that's enough for today *o* for one day

B 1 (refiriéndose a la actualidad) today, nowadays; **la juventud de ~ no lo entiende** young people nowadays *o* the youth of today don't understand 2 (*en locs*): **hoy (en) día** nowadays, these days; **hoy por hoy** at this precise moment, at this moment in time; ***~ por ti, mañana por mí*** you can do the same for me one day

hoya *f* (AmL) river basin

hoyada *f* hollow

hoyito *m* (AmL) dimple

hoyo *m* 1 (agujero) hole; **estar en el ~** (estar muy deprimido) (fam) to be in the depths (of despair); (Arg, Col, Ven arg) «*reo*» to be in solitary confinement 2 (en la tierra) hole; (depresión) hollow; (fosa) pit 3 (en golf) hole 4 (fam) (sepultura) grave 5 (Chi vulg) (ano) asshole (AmE vulg), arsehole (BrE vulg)

(Compuesto) **hoyo negro** (AmC, Méx) black hole

hoyuelo *m* dimple

hoz *f* sickle

hozar [A4] *vi* «*cerdo/jabalí*» to root

■ **hozar** *vt* to root in

HP *m* HP, horsepower

HTML *m* (= **lenguaje de marcado hipertexto**) HTML

hua… ▸**gua²**

huaca *f: pre-Columbian tomb*

huacal *m*

A (Col, Méx, Ven) (caja) wooden crate; ***salirse del ~*** (Méx fam) (desobedecer) to step out of line; (desviarse de un tema) to wander *o* go off the point

B (Méx) (de un pollo) carcass

huacatay *m* (Per) *variety of mint*

huachafería *f* (Per fam) 1 (cualidad) affectedness, pretentiousness 2 (objeto, acto) ▸**horterada** 3 (gente) jumped-up snobs (*pl*) (colloq)

huachafita *f* 1 (Per fam) (mujer) jumped-up little snob (colloq) 2 (Col, Ven) ▸**guachafita**

huachafo -fa, huachafoso -sa *adj* (Per fam) 1 ‹*persona*› pretentious, affected 2 ‹*vestido/adornos*› tacky (colloq)

huachapear [A1] *vt* (Chi fam) to lift (colloq), to swipe, pinch (BrE colloq)

■ **huachapearse** *v pron* (Chi fam) ‹*lápiz/paraguas*› to lift (colloq), to swipe, to pinch (BrE colloq)

huachimán *m* (AmL) watchman

huachinango *m* (Méx) red snapper

huachipear [A1] *vt* ▸**huachapear**

huacho -cha *adj/m,f* ▸**guacho¹, guacho²**

huaco *m* ▸**guaco A**

huaico *m* (Per) landslide; **un ~ de algo** heaps of sth (colloq), a whole bunch of sth (colloq); **recibe un ~ de abrazos** tons of hugs; **soltó un ~ de insultos** he shouted out a string of insults

huaina *mf* (Andes, CS fam) 1 (joven) (*m*) young man; (*f*) young woman 2 (novio) boyfriend; (novia) girlfriend

huaino *m* (Per) *traditional Andean song/dance*

huamúchil *m* (Méx) 1 (árbol) camachile 2 (fruto) Manila tamarind

huanear [A1] *vt* (Chi fam): **~la(s)** (fam) to screw up (sl), to mess things up (colloq); **no las vayas a ~ esta vez** don't screw (it) up this time

huango -ga *adj* ▸**guango**

huapango *m* 1 (Mús) *lively Mexican folk dance* 2 (fiesta veracruzana) carnival

huaque… ▸**guaque…**

huarache *m* (Méx) 1 (Indum) sandal (*made out of a car tire*) 2 (Auto) patch

huarac… ▸**guarac…**

huarifaifa *f* (Chi fam) 1 (cosa) thing, what-do-you-call-it (colloq), thingy (colloq) 2 (adorno) ▸**guaragua**

huarisapo *m* (Chi) 1 (Zool) tadpole 2 (persona fea) (fam & pey) ugly person; **es un ~** she's plug-ugly, she's like the back end of a bus (colloq)

huarisnaque *mf* (Chi)

A (fam & pey) (tontorrón) idiot (colloq), half-wit (colloq)

B **huarisnaque** *m* (aguardiente) rough brandy

huasamaco -ca *m,f* ▸**guasamaco**

huasca *f* 1 (AmL) (arandela) washer 2 (cuerda) ▸**guasca**

huascazo *m* ▸**guascazo**

huaserío *m* (Chi) peasants (*pl*)

huaso -sa *m,f*

A (Chi) 1 (campesino) peasant 2 (fam) (persona — rústica) country bumpkin, hick (AmE colloq); (— sin modales) uncouth yob (colloq)

B (RPl fam) (grosero): **es un ~** (mal educado) he's so rude; (dice palabrotas) he's so foul-mouthed

huasquear [A1] *vt* ▸**guasquear**

huasteco -ca *m,f* (Chi) hick (AmE colloq), yokel (BrE colloq)

huata *f* ▸**guata B**

huato *m* (Bol) shoelace

huausontle *m* (Méx) goosefoot

huave *mf* 1 (indígena) Huave 2 **huave** *m* (lengua) Huave language

huayco *m* ▸**huaico**

huayno *m* ▸**huaino**

huazontle *m* (Méx) goosefoot

hube, hubo, etc ▸**haber¹**

hucha *f* (Esp) 1 (para el dinero) moneybox, piggybank 2 (fam) (ahorros) nest egg (colloq); **~ de las pensiones** pensions pot

huechear [A1] *vt* (AmC, Méx) to plunder

huecheo *m* (AmC, Méx) plundering (*of archeological sites and graves*)

huechero -ra *m,f* (AmC, Méx) plunderer (*of archeological sites and graves*)

hueco¹ -ca *adj*

A 1 [ESTAR] ‹*árbol/bola*› hollow; ‹*nuez*› empty, hollow; **tienes la cabeza hueca** (fam & hum) you've got a head full of sawdust (colloq & hum) 2 [SER] (vacío) ‹*palabras*› empty; ‹*estilo*› superficial; ‹*persona*› shallow, superficial 3 (esponjoso) ‹*lana*› soft; ‹*colchón*› soft, spongy 4 ‹*sonido*› hollow; ‹*voz*› resonant; ‹*tos*› hollow

B (Esp) (orgulloso) proud; **iba tan ~ con sus nietos** he looked so proud as he walked along with his grandchildren

hueco² *m*

A 1 (cavidad): **detrás de la tabla hay un ~** there's a cavity behind the board, it's hollow behind the board; **aquí la pared suena a ~** the wall sounds hollow here; **el ~ del ascensor** the lift shaft; **el ~ de la escalera** the stairwell; **el ~ de la puerta** the doorway 2 (espacio libre) space; **un ~ para aparcar** a parking space; **este ~ es para la lavadora** this space is for the washing machine; **a ver si me hacen un ~ para sentarme** can you make a bit of space *o* room so I can sit down?; **si no entiendes alguna palabra, deja un ~** if you don't understand a word, just leave a blank *o* a

➔ *ver* Correspondencia

h

space [3] (en una organización): **para llenar el ~ existente en este campo** to fill the gap which exists in this field; **deja un ~ que será difícil llenar** he leaves a gap which will be hard to fill; **tengo un ~ entre las dos clases** I have a free period between the two classes; **¿no puedes hacer un huequito** *or* **un huequecito para verlo hoy?** can't you make a bit of time to see him today?, can't you squeeze *o* fit him in somewhere today? (colloq)
B (concavidad) hollow; **en el ~ de la mano** in the hollow of his/her hand; **hacer un ~ en la harina** make a well *o* hollow in the flour
C (Andes, Ven) (agujero, hoyo) hole; (en la calle) hole, pothole; **el acné le dejó la cara llena de ~s** his face was pitted by acne; **los ~s que dejaron las balas en la pared** the bulletholes left in the wall

huecograbado *m* photogravure

Huehueteotl *Aztec god of fire*

huela, huele, etc *see* ▸**oler**

huelefrito -ta *adj* (Ven fam) nosy (colloq)

hueleguisos *mf* (*pl* ~) (Per fam) freeloader (colloq), sponger (colloq)

huelepedos *mf* (*pl* ~) (Per vulg) brown-noser (AmE vulg), asskisser (AmE vulg), arselicker (BrE vulg)

huelga[1] *f* strike; **se han declarado en ~** they have come out on *o* gone on strike; **irán a la ~** they'll come out on *o* go on strike; **hace tres semanas que están en** *or* **de ~** they've been on strike for three weeks; **los trabajadores que no secundaron la ~** the workers who did not support the strike; **hacer ~** to strike, go on strike

(Compuestos)
- **huelga de brazos caídos** sit-down strike
- **huelga de celo** (Esp) go-slow, work-to-rule
- **huelga de hambre** hunger strike
- **huelga de solidaridad** *or* **apoyo** sympathy strike
- **huelga general/parcial** general/selective strike
- **huelga no autorizada** wildcat strike
- **huelga oficial/no oficial** official/unofficial strike
- **huelga relámpago** lightning strike
- **huelga salvaje** wildcat strike
- **huelga total** all-out strike

huelga[2]**, huelgan, etc** ▸**holgar**

huelguista *mf* striker

(Compuesto) **huelguista de hambre** hunger striker

huelguístico -ta *adj* strike (*before n*)

huella *f* [1] (pisada — de una persona) footprint, footstep; (— de un animal) pawprint (*o* hoofmark *etc*); **siguieron las ~s del animal** they followed the animal's tracks *o* pawprints (*o* hoofmarks *etc*) [2] (vestigio) mark; **la ~ islámica en la literatura española** the Islamic influence on Spanish literature; **en su rostro se veía la ~ del tiempo** time had left its mark on his face (liter); **desaparecieron sin dejar ~** they disappeared without (a) trace [3] (de un escalón) tread

(Compuestos)
- **huella de carbono** carbon footprint
- **huella ecológica** ecological footprint
- **huella genética** genetic fingerprint
- **huellas dactilares** *or* **digitales** *fpl* fingerprints (*pl*)
- **huella social** social impact; social footprint

huelo *see* ▸**oler**

huemul *m* deer (*native to the Southern Andes*)

huérfano[1] **-na** *adj* [1] ‹*persona*› **un niño ~** an orphan, an orphan child (liter); **quedó ~ a los cinco años** he was orphaned at the age of five; **es ~ de padre** he's lost his father, he doesn't have a father [2] (carente, falto) **~ DE algo** bereft OF sth (frml)

huérfano[2] **-na** *m,f* orphan

huero -ra *adj*
A (liter) (vacío) vacuous (frml)
B ▸**güero**[1] **B**

huerta *f* [1] (huerto grande) garden, vegetable garden; (con árboles frutales) orchard [2] (explotación agrícola) truck farm (AmE), market garden (BrE) [3] **la ~ valenciana/murciana** the fertile region of Valencia/Murcia

(Compuesto) **huerta solar** solar energy farm

huertano -na *m,f* (Esp) inhabitant of the Valencian ▸**huerta**

huertero -ra *m,f* (Chi) truck farmer (AmE), market gardener (BrE)

huerto *m* (para verduras) garden, vegetable garden, kitchen garden; (con árboles frutales) orchard; ***llevarse a algn al ~*** (fam) (seducir) to have one's evil *o* wicked way with sb (hum) (engañar) to lead sb up the garden path (colloq)

huesa *f* grave

huesero -ra *m,f* (Per fam) bonesetter

huesillo *m* (Chi, Per) sun-dried peach

hueso *m*
A [1] (Anat) ▸ℹ **p.231**; bone; ***calado*** *or* ***empapado hasta los ~s*** soaked to the skin, wet through; ***cuidar algo como ~ (de) santo*** (Chi fam) to treat sth like gold dust (colloq); ***dar con los*** *or* ***sus ~s en algo:*** **fue a dar con sus ~s en la cárcel** he finished up *o* ended up in jail; **dio con los ~s en el suelo** he ended up *o* landed up *o* finished up on the floor; ***dar*** *or* ***pinchar en ~*** (Esp fam): **con éste hemos dado en ~** we've come up against a tricky *o* difficult customer here (colloq); ***de ~ colorado*** (Méx fam) through and through, to the core; ***no poder algn con sus ~s*** (fam) to be whacked-out (colloq); ***en los ~s*** (fam) nothing but skin and bone(s) (colloq); **está/se ha quedado en los ~s** he's nothing but *o* he's all skin and bone(s); ***estar por los ~s de algn*** (Esp fam) to be crazy about sb (colloq); ▸**sinhueso** [2] **(de) color ~** off-white, bone-colored [3] (Méx fam) (puesto público) safe (government) job (colloq); (sinecura) cushy job (colloq)

(Compuestos)
- **hueso** *or* **huesito de la suerte** wishbone
- **huesos de santo** *mpl* marzipan shapes (*traditionally eaten on All Saints' Day*)

B (de fruta) pit (AmE), stone (BrE); ***ser un ~*** (fam) (ser malo): **el libro es un ~** it's an awful book (colloq); ***ser un ~ (duro de roer)*** (ser difícil): **su rival es un ~ (duro de roer)** (fam) his opponent is a tough *o* hard nut to crack (colloq); **el profesor de ciencias es un ~** (fam) the science teacher is a real tough nut (colloq); **para mí la química es un ~ duro de roer** chemistry is an uphill struggle for me

huésped *mf,* **huésped -peda** *m,f*
A (en una casa, un hotel) guest
B **huésped** *m* (Biol) host

huestes *fpl* (liter) host (arch), army

huesudo -da *adj* bony

hueva *f*
A *tb* **~s** (Coc) roe; (Zool) spawn
B (Andes vulg) (testículo): **~s** balls (vulg), bollocks (vulg); ***como las ~s*** (Chi vulg) shitty (vulg); ***estar hasta las ~s*** (Andes vulg): **me tiene hasta las ~s con lo de la puntualidad** I'm up to here with him going on about timekeeping (colloq), I'm pissed off with him going on about timekeeping (vulg); ***ni ~*** (Chi vulg) damn all (colloq)
C (Méx fam) ‹*flojera*› laziness; **debería estudiar pero me da ~** I ought to study but I can't be bothered; ***echar la hueva*** to bum around (sl)

huevada *f*
A (Andes vulg) [1] (estupidez) (cosa, asunto): **¿dónde compraste esa ~?** where did you buy that crap (sl) *o* (vulg) that shit?; **equivoqué la hora y perdí la cita ¡qué ~ más grande!** I got the time wrong and missed the meeting, how goddamn stupid can you get! (sl) [2] (dicho): **no digas ~s, hombre** don't talk crap! (sl) [3] (acto): **déjate de ~s y ponte a trabajar en serio** stop screwing around (AmE) *o* (BrE) pissing about and get on with some work (vulg)
B (Andes vulg) (objeto determinado) thingamajig (colloq), what-d'you-call-it (BrE colloq), what's-its-name (BrE colloq)

huevear [A1] *vi*
A (Chi, Per vulg) (perder el tiempo) to screw around (AmE sl), to piss around (BrE sl)
B (Chi vulg) [1] (molestar): **¡hasta cuándo hueveas!** stop bugging *o* hassling me! (colloq) [2] (hacer tonterías) to piss around (vulg), to muck around (BrE colloq) [3] (decir tonterías) to talk crap (sl); **se sacó la lotería — ¡no estés hueveando!** he won the lottery — you're kidding! (colloq) *o* (AmE sl) no shit! [4] (flirtear) to flirt; **~ CON algn** to flirt WITH sb

■ **huevear** *vt* (Chi vulg) ‹*persona*› (molestar) to bug (colloq), to hassle (colloq); (tomar el pelo a) to kid

hueveo *m* (Chi vulg) [1] (tontería) crap (sl), shit (vulg) [2] (tomadura de pelo): **lo agarraron para el ~** they made fun of him, they took the piss out of him (BrE sl) [3] (acción de molestar): **está aburrido con los ~s del cabro** he's fed up with the kid hassling *o* bugging him (colloq) [4] (pérdida de tiempo): **se dedicó al ~ y la echaron** she was time-wasting so she got thrown out (colloq) [5] (desorden): **allí adentro hay mucho ~** it's absolute chaos in there, there's a terrible mess in there [6] (flirteo) flirting

huevera *f*
A [1] (para guardar huevos) egg box [2] (para servir huevos) eggcup
B (Per) (huevas) roe

huevería *f: store selling eggs*

huevo *m*
A (Biol, Coc) egg; ***comprar/vender a ~*** *or* ***a precio de ~*** (Andes fam) to buy/sell for peanuts (colloq); ***estar pensando en los ~s del gallo*** (Col fam) to daydream; ***hacer(le) ~ de pato a algn*** (Chi fam) to take sb for a ride (colloq); ***parecerse como un ~ a una castaña*** (fam) to be like chalk and cheese

(Compuestos)
- **huevo a la copa** (Chi) boiled egg
- **huevo a la ostra** (Chi) prairie oyster
- **huevo de Pascua** Easter egg
- **huevo duro** hard-boiled egg
- **huevo escalfado** poached egg
- **huevo estrellado** (frito) fried egg; (revuelto) (Col) scrambled egg
- **huevo pasado por agua** boiled egg
- **huevo poché** (RPl) poached egg
- **huevos ahogados** *mpl eggs poached in tomato sauce*
- **huevos a la flamenca** *mpl eggs baked with tomato, chorizo and peas*
- **huevo sancochado** (Ven) hard-boiled egg
- **huevos chimbos** *mpl dessert made with eggs, cognac and syrup*
- **huevos hilados** *mpl sweetened strands of egg yolk*
- **huevos pericos** *mpl* (Col) scrambled eggs (*pl*)
- **huevos rancheros** *mpl* ranch-style eggs (*pl*) (*fried eggs on tortilla base topped with chili sauce*)
- **huevos revueltos** *mpl* scrambled eggs (*pl*)
- **huevo tibio** (Col, Méx) boiled egg

B (vulg) (testículo) ball (vulg); ***lamerle los ~s a algn*** (Méx vulg) to brown-nose sb (vulg) *para otros modismos ver* **cojones A**
C (vulg) (uso expletivo): **¿que yo le debo dinero a él? ¡y un ~!** I owe him money? like hell I do! (colloq); **¡qué ~s!** *or* **por ~s, etc** *ver* **cojones B**: ***a ~*** (Méx vulg): **tuve que leer el libro a ~** I had no damn *o* (BrE) bloody choice but to read the book (sl); **a ~ hay que pagarlo** we'll have to pay it whether we damn well like it or not (colloq); **¿ganaron? — ¡a ~!** did they win? — you bet your sweet ass, they did! (AmE vulg), did they win? — you bet they bloody did! (BrE sl); ***mirar a ~*** (Chi fam) to look down on; ***ponerle algo a algn a ~*** (fam) (muy cerca) to put sth right under sb's nose (colloq) (muy fácil) to make sth easy *o* simple for sb; ***un ~:*** **me costó un ~** (vulg) it cost a bomb (colloq), it cost me an arm and a leg (colloq); **sabe un ~ de vinos** he knows stacks *o* loads about wine (colloq), he knows an incredible amount about wine
D (Chi fam) (protuberancia) lump (colloq)

huevón[1] **-vona** *adj* [1] (Andes, Ven fam *o* vulg) (tonto, estúpido) dumb (colloq); **es tan ~** he's so dumb (colloq), he's so fucking stupid (vulg); **¡hay que ser ~ para creerse una cosa así!** you'd have to be dumb *o* a jerk to believe something like that! (sl); **me dio una respuesta bien huevona** she gave me a really dumb *o* stupid answer [2] (Méx vulg) (holgazán) lazy (colloq) [3] (Esp vulg) (cachazudo): **es tan ~** he's such a slowpoke (AmE) *o* (BrE) slowcoach (colloq)

huevón² -vona *m,f* 1 (Andes, Ven vulg) (imbécil) dickhead (vulg), asshole (AmE vulg), prat (BrE sl) 2 (Méx vulg) (holgazán) lazy bum (colloq) 3 (Esp vulg) (cachazudo) slowpoke (AmE colloq), slowcoach (BrE colloq)

huevonada *f* (Col, Ven vulg): **¡déjense de ~s!** stop being so goddamn (AmE) *o* (BrE) bloody stupid (sl); **no me hablen de esas ~s** I don't want to hear about that boring crap (sl)

huevonear [A1] *vi* (Col, Ven vulg) ▸**huevear B2**

hugonote -ta *adj/m,f* Huguenot

huichichío, huichipirichi *interj* (Chi fam) ha, ha!, hee, hee!

huichol *mf* Huichol Indian; **los ~es** the Huichol Indians

huida *f*
A (fuga) flight; **los ladrones emprendieron la ~** the thieves took flight (frml)
(Compuesto) **huida hacia delante** (period) leap in the dark
B (Equ) bolting

huidizo -za *adj* ‹*mirada*› evasive, shy; ‹*carácter/persona*› elusive; ‹*animal*› timid; **una chica tímida, de mirada huidiza** a shy girl who never looks you in the eye

huido -da *adj* 1 (prófugo): **se encuentra ~** he is on the run 2 (receloso): **anda** *or* **está ~ desde que perdió su trabajo** he's been keeping himself to himself since he lost his job

huifa *f* (Chi fam & euf) thingamajig (colloq), what-d'you-call-it (BrE colloq); ***como las ~s*** (fam & euf) lousy (colloq)

huila *f*
A (Chi) (jirón, andrajo) rag; **se visten con ~s** they dress in rags; ***quedar hecho (una) ~*** (fam) to get torn to shreds
B *f* (Méx fam) (prostituta) whore (colloq)

huiliento -ta *adj* (Chi fam) ragged, tattered

huilota *f* (Méx) turtledove

huincha *f* 1 (Andes) (cinta) ribbon; (en una carrera) tape; **cruzó la meta cortando la ~ con el pecho** he breasted the (finishing) tape; ***está que corta las ~s por algo*** (Chi fam) he/she is dying for sth (colloq); **está que corta las ~s por ver a su novio** she can't wait to *o* she's dying to see her boyfriend; ***hacer algo por las puras ~s*** (Chi fam): **me di el viaje por las puras ~s** I had a wasted journey, I went all that way for nothing; ***ser quedado en*** *or* ***de las ~s*** (Chi fam) to be an idiot (colloq) 2 (Bol, Chi) (para el pelo) hair-band 3 (Bol, Chi, Per) (para medir) tape measure
(Compuestos)
- **huincha adhesiva** (Chi) Scotch® tape (AmE), Sellotape® (BrE)
- **huincha aisladora** (Chi) friction tape (AmE), insulating tape (BrE)

huinche *m* (Andes) winch

huipil *m* (en AmC, Méx) huipil (*traditional embroidered dress worn by Indian women*)

> **Huipil**
> A traditional shirt worn by Indian and mestizo women in Mexico and Central America. *Huipiles* are generally made of richly embroidered cotton. They are very wide and low-cut, and are either waist-length or thigh-length.

huir [I20] *vi* 1 (escapar) to flee (liter *or* journ), to escape; **estaba esperando la ocasión propicia para ~** he was waiting for the right moment to make his escape *o* to run away *o* to escape; **en cuanto vio aparecer a la policía salió huyendo** he ran away *o* fled when he saw the police; **~ DE algo/algn** to flee FROM sth/sb; **huyó de las llamas** she fled from the flames; **lograron ~ de la policía** they managed to escape *o* get away from the police; **huyó de la cárcel/del país** he escaped from prison/fled the country 2 (tratar de evitar) **~ DE algo** to avoid sth; **huye de las aglomeraciones** she avoids crowds; **huye de cualquier situación que suponga un enfrentamiento** she runs away from any confrontational situation; **~le A algn** to avoid sb; **me huye como a la peste** he avoids me like the plague
■ **huirse** *v pron* (Méx) **~se CON algn** to run away *o* off WITH sb

huira *f* (Per) rope

huiro *m* (Chi, Per) seaweed

huisache *m* ▸**huizache**

huistlacuache *m* ▸**huiztlacuache**

huitlacoche *m* corn smut (*edible fungus which grows on young corn cobs*)

Huitzilopochtli *Aztec sun god, also god of war*

huizache *m* cassie, huisache

huiztlacuache *m* spiny rat, hedgehog rat

hula-hoop /xula'xop/ (*pl* **~-~s**) *m* hula hoop

hula-hula *m*
A (danza) hula-hula
B (Chi) (juego) hula hoop

hule *m*
A 1 (para un mantel) oilcloth 2 (mantel) oilcloth 3 (para ropa impermeable) oilskin
B (Méx) 1 (goma) rubber; **guantes/suelas de ~** rubber gloves/soles 2 (Bot) rubber tree

hule-espuma *m* (Méx) foam rubber

hulera *f* (AmC) slingshot (AmE), catapult (BrE)

hulla *f* coal
(Compuesto) **hulla blanca** white coal

hullero -ra *adj* coal (*before n*)

humanamente *adv* 1 ‹*posible/imposible*› humanly; **hicimos todo lo ~ posible por salvarlo** we did all that was humanly possible to save him; **haré lo que ~ pueda** I'll do everything I possibly can, I'll do everything within my power 2 (de manera humana) humanely

humanidad *f*
A (género humano): **la ~** the human race, humanity, mankind; **en la historia de la ~** in the history of the human race *o* of mankind
B (piedad, benevolencia) humanity
C 1 (fam & hum) (corpulencia) bulk; **se me vino encima con todo el peso de su ~** his enormous bulk fell on me 2 (muchedumbre): **¡qué olor a ~!** (euf) there's a tremendous smell of the great unwashed in here! (hum)
D **humanidades** *fpl* 1 (estudios de letras) humanities (*pl*) 2 (Chi) (enseñanza secundaria) secondary education

humanismo *m* humanism

humanista *mf* humanist

humanístico -ca *adj* humanistic

humanitario -ria *adj* humanitarian

humanitarismo *m* humanitarianism

humanización *f* humanization

humanizador -dora *adj* humanizing

humanizar [A4] *vt* to make … human, humanize
■ **humanizarse** *v pron* to become more human; **se ha humanizado mucho desde que nació su hijo** he's become a lot more human *o* he's mellowed a lot since his son was born

humano¹ -na *adj*
A ‹*naturaleza*› human (*before n*); ▸**geografía, ser²**, etc
B (benevolente) humane

humano² *m* human being; **los ~s** humans, human beings

humanoide *adj/mf* humanoid

humareda *f* cloud of smoke; **¡qué ~! ¿cuántos cigarrillos te has fumado?** it's really smoky in here! how many cigarettes have you had?

humeante *adj* ‹*leño/lava*› smoking; ‹*sopa/café*› steaming hot, steaming, piping hot; **encontraron los restos ~s del avión** they found the smoldering remains of the aircraft

humear [A1] *vi* «*chimenea/hoguera*» to smoke; «*sopa/café*» to steam

humectador *m* humidifier

humectante¹ *adj* moisturizing; **crema ~** moisturizing cream, moisturizer

humectante² *m* moisturizer

humectar [A2] *vt* ▸**humedecer**

húmeda *f*: **la ~** (fam & hum) the tongue

humedad *f* 1 (Meteo): **la ~ relativa ambiente** *or* **del aire es del 70%** the relative humidity is 70%; **una atmósfera cargada de ~** a moisture-laden *o* humid atmosphere; **en Londres hay mucha ~** the atmosphere in London is very damp 2 (en las paredes, el suelo) damp; **manchas de ~ en las paredes** damp patches on the walls

humedal *m* (Ecol) wetland

humedecedor *m* humidifier; **~ de ambiente** humidifier

humedecer [E3] *vt* to moisten, dampen; **~ la ropa para plancharla** dampen the clothes before ironing them; **con un paño humedecido** with a wet *o* damp cloth
■ **humedecerse** *v pron* to get damp; **se le humedecieron los ojos** his eyes filled with tears *o* (liter) moistened

húmedo -da *adj* 1 (Meteo) damp; (con calor) humid; **hace un calor ~ y aplastante** it's a humid, oppressive heat 2 ‹*suelo/paredes/casa*› damp 3 ‹*labios*› moist; **tenía los ojos ~s** his eyes were wet (with tears), his eyes were moist (liter) 4 ‹*ropa*› damp

humero *m* (Col, Ven) ▸**humareda**

húmero *m* humerus

humidificador *m* humidifier

humidificar [A2] *vt* to humidify; **~ el ambiente** to humidify the atmosphere

humífero -ra *adj* rich in humus

humildad *f* 1 (sumisión) humility; **pidió perdón con ~** he humbly begged forgiveness 2 (pobreza) humbleness, lowliness; **la ~ de sus ropas** his humble clothing, the humbleness of his clothes

humilde¹ *adj* 1 (sumiso) humble, meek; **dijo en tono ~** she said humbly; **en mi ~ opinión** in my humble opinion 2 ‹*persona/vivienda*› (pobre, modesto) humble, lowly; **son de origen ~** they are of humble *o* lowly origins

humilde² *mf*: **los ~s** the meek, the humble

humildemente *adv* 1 (sumisamente) humbly, meekly 2 (pobremente) humbly

humillación *f* humiliation; **sufrir una ~** to suffer humiliation; **¡qué ~!** how humiliating!

humillante *adj* humiliating

humillar [A1] *vt* to humiliate; **la humilló en público** he humiliated her in public; **me humilla tener que estar pidiéndole dinero** I find it humiliating to have to ask him for money
■ **humillarse** *v pron*: **no se humilla ante nadie** she doesn't kowtow to anyone; **está dispuesta a ~se para conseguir lo que quiere** she's prepared to swallow her pride to get what she wants; **~se A algo**: **no me voy a ~ a pedirle que vuelva** I'm not going to go down on my knees *o* demean myself to ask him to come back

humita *f*
A (Coc) *flavored corn paste wrapped in corn leaves*
B (Chi) (Indum) bow tie

humo *m*
A (de tabaco, de un incendio) smoke; (gases) fumes (*pl*); **empezó a echar ~** smoke started pouring out of it; ***hacerse ~*** (AmL fam) to make oneself scarce (colloq); **a la hora de pagar siempre se hace ~** when it's time to pay the bill he always makes himself scarce *o* does a vanishing trick (colloq); ***irse/venirse al ~*** (RPl fam): **llegó con las tortas y los chicos se fueron al ~** she arrived with the cakes and the kids gathered round like bees around a honey pot (colloq); ***llegar al ~ de las velas*** (Arg) to arrive just as everyone is leaving; ***donde hay ~ hay fuego*** there's no smoke without fire; ***echar ~ por las orejas*** (fam) to be fuming (colloq)
B **humos** *mpl* (aires): **¡vaya ~s que tiene!** she really puts on *o* gives herself airs (colloq), she really thinks she's the bees knees *o* the cat's whiskers (colloq); ***bajarle los ~s a algn*** to take sb down a peg or two; ***subírsele los ~s a la cabeza a algn:*** **se le han subido los ~s a la**

cabeza he's become very high and mighty *o* very stuck-up (colloq)

humor *m*
A 1 (estado de ánimo) mood; **está de buen ~** she's in a good mood; **está de mal ~** she's in a bad mood, she's in a mood (colloq); **no estoy de ~ para aguantar tus bromas** I'm in no mood to put up with your jokes; **está de un ~ que no hay quien lo aguante** he's in such a foul mood that he's quite unbearable, he's in an unbearable mood; **hay que tener ~ para irse a correr a las seis de la mañana** you have to be really keen to go running at six in the morning; ***estar de un ~ de perros*** (fam) to be in a filthy *o* foul mood (colloq), to be like a bear with a sore head (colloq) 2 (gracia) humor*
(Compuesto) **humor negro** black humor*
B (Biol, Fisiol) humor*
(Compuestos)
- **humor acuoso** aqueous humor*
- **humor vítreo** vitreous humor*

humorada *f* 1 (extravagancia): **hagamos una ~** let's do something crazy; **en una de sus ~s** in one of his moments of craziness *o* madness 2 (broma) little joke, witticism

humorado -da: **bien ~** ▸**bienhumorado**; **mal ~** ▸**malhumorado**

humoral *adj* humoral (dated)

humorismo *m* 1 (cualidad) humor* 2 (actividad): **una figura importante del ~ español** an important figure in the world of Spanish humor *o* in the Spanish comedy world

humorista *mf* (autor) humorist, comic writer; (dibujante) cartoonist; (cómico) comic, comedian

humorísticamente *adv* humorously

humorístico -ca *adj* ‹*estilo/tono*› humorous; **su vena humorística es más aparente en su último libro** his humor *o* his humorous side is more apparent in his latest book

humus *m* humus

hundido -da *adj* 1 ‹*barco*› sunken 2 ‹*ojos*› deep-set; (por enfermedad) sunken 3 (deprimido) in the depths of depression, deeply depressed; **desde su muerte está totalmente ~** since her death he has been deeply depressed

hundimiento *m* 1 (de un barco) sinking 2 (de un negocio) collapse 3 (de un edificio — bajada de nivel) subsidence; (— derrumbe) collapse

hundir [I1] *vt*
A 1 ‹*barco*› to sink 2 ‹*persona*› to destroy; ‹*negocio/empresa*› to drive … under, to drive … to the wall
B (introducir) to bury; **hundió el rostro entre sus manos** he buried his face in his hands; **hundió los pies en la arena** she buried her feet in the sand; **le hundió el cuchillo en la espalda** she plunged *o* sank the knife into his back
■ **hundirse** *v pron* 1 «*barco*» to sink 2 «*animal/vehículo*» (en barro, nieve) to sink; **las ruedas se hundieron en el barro** the wheels sank into the mud 3 «*empresa/negocio*» to fold, collapse, go under, go to the wall 4 «*edificio*» (bajar de nivel) to sink, subside; (derrumbarse) to collapse 5 «*puente*» to collapse 6 (desmoralizarse) to go to pieces

húngaro¹ -ra *adj* Hungarian

húngaro² -ra *m,f* 1 (persona) Hungarian 2 **húngaro** *m* (idioma) Hungarian

Hungría *f* Hungary

huno *m* (Hist) Hun

huracán *m* hurricane

huracanado -da *adj* hurricane-force (*before n*), gale-force (*before n*)

huraño -ña *adj* ‹*persona*› unsociable; ‹*animal*› timid

hurgar [A3] *vi* **~ en algo**: **¡deja de ~ en la basura!** stop rummaging *o* raking through the garbage (AmE) *o* (BrE) rubbish; **¿qué haces hurgando en mi bolso?** what are you doing rummaging *o* (colloq) ferreting around in my bag?; **~ en una antigua herida** to open an old wound; **~ en el pasado** to delve into the past, to dig up the past
■ **hurgarse** *v pron* (*refl*): **~se la nariz** *or* **las narices** to pick one's nose

hurguete *adj* (CS fam) nosy (colloq)

hurguetear [A1] *vi* (CS) **~ en algo**: **detesto que hurgueteen en mis papeles** I hate people nosing through my papers; **deja de ~ en mi cartera** stop rummaging *o* (colloq) ferreting around in my bag
■ **hurguetear** *vt* ‹*cajón/cartera*› to rummage around in, rummage through
■ **hurguetearse** *v pron* (*refl*): **~se la nariz** to pick one's nose

hurí *f* houri

hurina *f*: *type of Bolivian deer*

hurón¹ -rona *adj* (fam) 1 (huraño) unsociable 2 (fisgón) nosy (colloq)

hurón² -rona *m,f*
A (fam) 1 (huraño) loner (colloq) 2 (fisgón) busybody (colloq), nosy parker (BrE colloq)
B (indio) Huron
C **hurón** *m* (Zool) ferret

huronear [A1] *vi* 1 (en caza) to ferret 2 (fam & pey) (fisgar) to pry, snoop, ferret around (colloq)

huronera *f* ferret hole

hurra, hurrah *interj* hurrah!, hooray!

hurtadillas *fpl*: **entrar/salir a ~** to sneak in/out

hurtar [A1] *vt* 1 (robar) (frml) to purloin (frml), to steal, to make off with; ▸**cuerpo** 2 (en tienda) to shoplift

hurto *m* (frml) 1 (robo) robbery, theft 2 (en tienda) shoplifting 3 (cosas robadas) stolen goods (*pl*), stolen property

húsar *m* hussar

husillo *m* screw

husky /'xʌski/ *mf* (*pl* **-kys**) husky

husmear [A1] *vt* to sniff
■ **husmear** *vi* 1 «*perro*» to sniff around 2 (fam) (fisgonear) to pry, snoop (colloq), sniff around (colloq)

huso *m* spindle
(Compuesto) **huso horario** time zone

hutu *adj/mf* Hutu

huy *interj* (fam) (para expresar— dolor) ouch!, ow!; (— asombro) wow!; (— alivio) phew!

huya, huyas, etc ▸**huir**

Hz (= **hertz**) Hz

Ii

i, I *f read as* /i/ (*pl* **íes**) *tb*: **i latina** (the letter) i, I
(Compuesto) **i griega** (the letter) y, Y
i- *pref* ▸**in-**
I/. (en Per) (Hist) **= inti/intis**
IA ➡□ *f* (en Méx) (Fisco) **= Impuesto al Activo**
IAC *f* (AmL) (**= instrucción asistida por computadora**) CAI
IAE *m* **= impuesto sobre** *or* **de actividades económicas**
IAN *m* (en Ven) **= Instituto Agrónomo Nacional**
IAO *f* (Esp) (**= instrucción asistida por ordenador**) CAI
IATA /'(i)jata/ *f*: **la ~** IATA
ib. (**= ibídem**) ibid.
iba, íbamos, etc ▸**ir**
Iberia *f* Iberia
ibérico -ca *adj* Iberian
íbero -ra, ibero -ra *adj/m,f* Iberian
Iberoamérica *f* Latin America
iberoamericano -na *adj/m,f* Latin American
IBI ➡□ *m* (en Esp) **= impuesto sobre bienes inmuebles**
íbice *m* ibex
ibicenco -ca *adj* of/from Ibiza
ibíd. (**= ibídem**) ibid.
ibídem *adv* (frml) ibidem, ibid.
ibis *f* (*pl* ~) ibis
-ible *suf* -able, -ible; **irrompible** unbreakable; **legible** readable, legible
ibón *m* small lake
ibuprofeno *m* ibuprofen
IC *f* (en Chi) **= Izquierda Cristiana**
icaco *m* (Col, Méx) ▸**hicaco**
ICADE /i'kaðe/ *m* (en Esp) **= Instituto Católico de Administración y Dirección de Empresas**
Ícaro Icarus
ICE /'iθe/ *m* (en Esp) **= Instituto de Ciencias de la Educación**
iceberg /iθe'βer/ *m* (*pl* **-bergs**) iceberg
ichtus *m* (Relig) ichthus
ICI /'isi, 'iθi/ *m* **= Instituto de Cooperación Iberoamericana**
ICO /'iko/ *m* (en Esp) **= Instituto de Crédito Oficial**
-ico, -ica *suf: diminutive suffix used in certain regions. For examples* ▸**-ito**
ICONA /i'kona/ *m* (en Esp) **= Instituto para la Conservación de la Naturaleza**
icónico -ca *adj* iconic
iconizar [A4] *vt* to iconize, iconify
icono, ícono *m* 1 (Art, Relig) icon 2 (Inf) icon
iconoclasia *f* iconoclasm
iconoclasta[1] *adj* iconoclastic
iconoclasta[2] *mf* iconoclast
iconografía *f* iconography
iconográfico -ca *adj* iconographic
icopor® *m* (Col) polystyrene
icotea *f* (Méx) turtle
ictericia *f* jaundice, icterus (tech)
ictícola *adj* (Ecol) ‹*recursos*› fishery (*before n*); ‹*zona*› fishing (*before n*); **la especie ~ más abundante** the most common species of fish
ictiofauna *f* fish (*pl*), fishes (*pl*)
ictiología *f* ichthyology
ictiólogo -ga *m,f* ichthyologist
ictus *m* (*pl* ~) 1 (Ling) ictus 2 (Med) ictus
id *m*: **el ~** the id
id. (**= ídem**) id.
I+D (**= investigación y desarrollo**) R&D, research and development
ida *f* 1 (viaje) outward journey; **la ~ fue muy amena** *or* **el viaje de ~ fue muy ameno** the outward journey was very pleasant; **a la ~ paramos en París** on the way out *o* on the way there we stopped off in Paris; **sus constantes ~s y venidas** their constant comings and goings; **¿cuánto cuesta la ~ sola?** how much is a one-way (AmE) *o* (BrE) single ticket?, how much does it cost one way?; **¿saco de ~ y vuelta?** shall I buy a round-trip ticket (AmE) *o* (BrE) return ticket? 2 (partida) departure
idea *f*
A 1 (concepto) idea; **la ~ de libertad** the idea *o* concept of freedom; **la ~ de un dios único** the idea *o* notion of a single God 2 (opinión, ideología) idea; **sus ~s políticas** his political beliefs *o* ideas; **es de ~s bastante conservadoras** she has fairly conservative ideas *o* views; **es un hombre de ~s fijas** he has very set ideas about things; **yo no soy de la misma ~** I don't agree, I don't share your opinion 3 (noción) idea; **no tiene ~ de cómo funciona** he has no idea how it works; **no tenía ni ~ de todo esto** I had no idea about any of this; **no tengo ~** no idea! *o* I don't have a clue; **no tenía ni la más remota ~** *or* (Esp fam) **ni pajolera ~** she didn't have the slightest idea, she didn't have the faintest *o* foggiest idea (colloq); **tenía ~ de que ibas a llamar** I had a feeling you'd call; **no tienes ~ de lo que he sufrido** you have no idea how much I've suffered; **para darse** *or* **hacerse una ~ de la situación** to give oneself *o* to get an idea of the situation; **es difícil hacerse una ~ de cómo es si no lo has visto** it's hard to imagine what it's like if you haven't seen it; **esto es sólo una ~ del proyecto** this is just a general idea of the project; ***darse ~ para algo*** (RPl fam) to be good at sth; **se da mucha ~ para cocinar** she's a very good cook; ***hacerse (a) la ~ de algo:* ya me voy haciendo (a) la ~ de vivir allí** I am getting used to the idea of living there now; **no se hace (a) la ~ de que está muerto** she can't accept the fact that he's dead
B 1 (ocurrencia) idea; **se me ocurre** *or* **tengo una ~** I've got an idea; **¡qué ~s se te ocurren!** you really *o* sure get some funny ideas! (colloq); **¡tú y tus brillantes ~s!** (iró) you and your brilliant ideas! (iro); **se le metió la ~ en la cabeza de ir a escalar la montaña** she got it into her head to go and climb the mountain; **no sería mala ~ hacer las reservas hoy** it wouldn't be a bad idea to make the reservations today; **¡quítate esa ~ de la cabeza!** you can get that idea out of your head!; **~ *de bombero*** (Esp fam) crazy idea 2 (intención) intention, idea; **no fui con esa ~** I didn't go with that idea in mind *o* with that intention; **mi ~ era terminarlo hoy** my intention was to finish it today, I had intended to finish it today; **cambió de ~ y tomó el tren** she changed her mind and took the train; **no han abandonado la ~ de ir al parque** they haven't given up the idea of going to the park; ▸**malo[1]** 3 (sugerencia) idea; **~s para el hogar** ideas for the home; **escriban sus ~s en un papelito** please write your suggestions *o* ideas on a piece of paper
(Compuesto) **idea fija** fixed idea, idée fixe
C (RPl) (manía): **no lo comas con ~** stop thinking about it and just eat it; ***tenerle ~ a algn*** (CS fam) to have sth against sb (colloq), to have it in for sb (colloq); ***tenerle ~ a algo*** (fam) to have a thing about sth (colloq)
ideación *f* (frml) ideation
ideal[1] *adj* ideal; **el coche ~ para la ciudad** the ideal town car; **es el regalo ~ para él** it's the perfect present *o* the ideal gift for him; **describe lo que para él sería la sociedad ~** he describes his idea of a perfect society; **lo ~ sería estar** *or* **lo ~ sería que estuviéramos todos en el mismo hotel** ideally, we would all be in the same hotel
ideal[2] *m* 1 (prototipo) ideal; **el ~ de belleza ahora es ...** the ideal of beauty nowadays is ..., the idea of perfect beauty nowadays is ... 2 (aspiración) dream 3 **ideales** *mpl* (valores, principios) ideals (*pl*)
idealismo *m* idealism
idealista[1] *adj* idealistic
idealista[2] *mf* idealist
idealización *f* idealization
idealizar [A4] *vt* to idealize
idealmente *adv* ideally
idear [A1] *vt* ‹*proyecto/sistema*› to devise; **habían ideado un plan para deshacerse de él** they had come up with *o* thought up *o* devised a plan to get rid of him; **tenemos que ~ una manera de recaudar fondos** we have to come up with *o* think up a way of raising some money
ideario *m* ideology, ideas (*pl*)
ideático -ca *adj* (AmL fam) 1 (maniático) fussy, obsessive 2 (caprichoso) fickle 3 (con ideas raras): **es muy ~** he's full of strange ideas
ídem *adv* ditto, idem (frml); **~ de ~** (fam): **eres un mentiroso y tu amigo ~ de ~** you're a liar and the same goes for your friend; **a él le parece un disparate y a mí ~ de ~** he thinks it's a stupid idea and I quite agree *o* and so do I; **éste lo tiraría a la basura y ése ~ de ~** I'd throw this one out and that one as well
idénticamente *adv* identically
idéntico -ca *adj* identical; **dos cajas idénticas** two identical boxes, two boxes exactly the same; **no has cambiado nada, estás ~** you haven't changed a bit, you're still exactly the same; **llegaron a conclusiones idénticas** they came to exactly the same conclusion; **es ~ al padre** he's the spitting image of his father (colloq); **~ A algo** identical TO sth; **tu bolso es ~ al mío** your bag is identical to mine, your bag is exactly the same as mine
identidad *f* 1 (datos personales) identity; **¿tiene algún documento que acredite su ~?** have you any proof of (your) identity *o* any

---

➡□ *see* Living in a Spanish-speaking country

identification? [2] (individualidad) identity; **la búsqueda de la ~ propia** the search for one's own identity [3] (igualdad): **~ de miras/gustos** identical aims/tastes; **una ~ de intereses** an identity of interests; **dos pueblos con muchas ~es** two nations with many things in common

identificable *adj* identifiable

identificación *f* [1] (acción) identification [2] (documentos) identity card, identity papers (*pl*); **su ~, por favor** may I see your (identity) papers, please?

identificador¹ -dora *adj* identifying (*before noun*)

identificador² -dora *m,f*
A (persona) identifier
B **identificador** *m* (en sistemas de seguridad) identifier

identificar [A2] *vt* ‹*sospechoso/víctima*› to identify; ‹*problema/síntomas*› to identify; **un joven sin ~** an unidentified young man; **~ algo/a algn COMO algo** to identify sth/sb AS sth; **fue identificado como el autor del atraco** he was identified as the robber; **~ algo/a algn CON algo/algn** to identify sth/sb WITH sth/sb; **lo han identificado con ese estilo de música** he has been identified with that style of music; **no identifiques la religión con la moral** don't identify *o* confuse religion with ethics
■ **identificarse** *v pron* [1] (compenetrarse, solidarizarse) **~se CON algo/algn** to identify WITH sth/sb; **no me identifico con sus objetivos** I don't identify with their objectives; **me identifico con el personaje** I identify with the character [2] (demostrar la identidad) to identify oneself, show/state one's identity; **~se COMO algo** to identify oneself AS sth; **se identificó como dueño del vehículo** he identified himself as the owner of the vehicle

identificatorio -ria *adj* identifying (*before n*)

identikit® *m* Identikit®

ideograma *m* ideogram, ideograph

ideología *f* ideology

ideológicamente *adv* ideologically

ideológico -ca *adj* ideological

ideólogo -ga *m,f* ideologist, ideologue (pej)

ideoso -sa *adj* (Méx fam) ▸**ideático**

IDI /'iði/ *f* (en Ur) = **Izquierda Democrática Independiente**

idílico -ca *adj* idyllic

idilio *m* [1] (período de felicidad) idyll; **poco les duró el ~ con el nuevo jefe** (iró) the honeymoon period with their new boss didn't last long [2] (romance) romance; **el ~ entre los dos jóvenes** the romance between the two young people [3] (Lit) idyll

idiolecto *m* idiolect

idioma *m* language; **habla varios ~s** she speaks several languages; **está claro que no hablamos el mismo ~** we obviously don't speak the same language *o* aren't on the same wavelength

(Compuestos)
• **idioma moderno** modern language
• **idioma universal** world language, universal language

idiomaticidad *f* (frml) idiomatic nature

idiomático -ca *adj* idiomatic

idiosincrasia *f* idiosyncrasy; **todos tenemos nuestras ~s** we all have our idiosyncrasies *o* (colloq) our funny little ways

idiosincrásico -ca, idiosincrático -ca *adj* idiosyncratic

idiota¹ *adj* [1] (fam) (tonto) stupid, idiotic; **me caí de la manera más ~** I had the most idiotic *o* stupid fall (colloq); **¡no seas ~!** don't be so stupid!, don't be such an idiot! [2] (Med) idiotic

idiota² *mf* [1] (fam) (tonto) idiot, stupid fool (colloq) [2] (Med) idiot

(Compuesto) **idiota útil** idealistic puppet *o* stooge

idiotez *f* [1] (fam) (cosa estúpida): **deja de decir idioteces** stop talking nonsense, don't talk rubbish (BrE colloq); **fue una ~ hacer eso** that was a stupid thing to do [2] (Med) idiocy

idiotismo *m* [1] (Med) idiocy [2] (Ling) idiom

idiotizar [A4] *vt* (fam): **la tiene totalmente idiotizada** she's completely nuts *o* crazy *o* (BrE) potty about him (colloq); **la televisión idiotiza a los niños** television turns children into zombies

ido, ida *adj* [1] [ESTAR] (distraído): **¿pero qué te pasa? estás como ~** what's the matter with you? you seem to be miles away; **una mirada ida** a faraway look [2] [ESTAR] (fam) (loco) crazy; **el pobre está ~** the poor guy's crazy *o* (colloq) not all there

idólatra¹ *adj* idolatrous

idólatra² *mf* (*m*) idolater; (*f*) idolater, idolatress

idolatrar [A1] *vt* to idolize, worship

idolatría *f* idolatry

idolátrico -ca *adj* idolatrous

ídolo *m* [1] (Relig) idol [2] (objeto de admiración) idol; **los ~s de los jóvenes** teenage idols *o* heroes

idoneidad *f* suitability

idóneo -nea *adj* **~ PARA algo**: **no creo que sea la persona idónea para este cargo** I don't think he's the right person for this job, I don't think he's suitable for this job; **es un escenario ~ para representaciones de ese tipo** it's an ideal *o* a perfect setting for that type of production

idus *mpl* ides (*pl*)

i.e. (= **id est**) i.e.

IED *f* (Econ) (= **Inversión extranjera directa**) FDI

IEE *m* = **Instituto Español de Emigración**

IEPES /'(i)jepes/ *m* (en Méx) = **Instituto de Estudios Políticos, Económicos y Sociales**

IES *m* (en Esp) = **Instituto de Enseñanza Secundaria**

IESE /(i)jese/ *m* (en Esp) = **Instituto de Estudios Superiores de la Empresa**

iglesia *f* [1] (edificio) church; **no van a la ~** they don't go to church [2] (conjunto de fieles, creencias) church; **la ~ ortodoxa/anglicana** the Orthodox/Anglican Church; **la ~ primitiva** the early church; **casarse por la ~** *or* (Bol, Per, RPl) **por ~** to get married in church, to have a church wedding [3] **la Iglesia** (institución) the Church

(Compuestos)
• **Iglesia militante** Church militant
• **Iglesia purgante** Church expectant
• **Iglesia triunfante** Church triumphant

iglú *m* igloo

ignaro -ra *adj* (frml or liter) ignorant

ígneo -nea *adj* igneous

ignición *f* [1] (combustión) combustion; **entrar en ~** to ignite [2] (Auto) ignition

ignífugo -ga *adj* fireproof, fire resistant

ignominia *f* (frml) [1] (vergüenza, deshonra) shame, ignominy (frml); **la ~ que sufrió** the shame *o* ignominy that he suffered; **cubrió de ~ el buen nombre de la familia** he brought shame on the family's good name, he disgraced the family's good name [2] (cosa vergonzosa) disgrace

ignominiosamente *adv* (frml) ignominiously

ignominioso -sa *adj* (frml) ‹*comportamiento*› shameful, disgraceful, ignominious (frml); ‹*sueldo*› disgraceful; **una derrota ignominiosa** an ignominious defeat

ignorancia *f* [1] (falta de instrucción) ignorance; **por ~** out of *o* through ignorance; **mi ~ en cuestiones de arte** my ignorance when it comes to art [2] (desconocimiento) **~ DE algo** ignorance OF sth; **la ~ de la ley no exime de su cumplimiento** ignorance of the law does not constitute a valid defense (frml); **demostró una ~ total del tema** he showed complete ignorance of the subject

ignorante¹ *adj* [1] (sin instrucción) ignorant; **ser ~ EN algo**: **soy ~ en el tema** I don't know a thing about the subject [2] (sin información) **estar ~ DE algo** to be unaware OF sth; **~s de lo que tramaban, colaboramos con ellos** unaware of *o* not knowing what they were planning, we went along with them

ignorante² *mf* ignoramus, ignorant fool (colloq)

ignorar [A1] *vt* [1] (desconocer): **lo ignoro por completo** I've absolutely no idea; **ignoran las causas del accidente** they do not know what caused the accident; **ignoran lo grave que puede ser el asunto** they are unaware of *o* they don't know how serious things could be [2] (no hacer caso de) to ignore; **ignoró totalmente mi presencia** he completely ignored my presence

ignoto -ta *adj* (liter) ‹*tierra/país*› undiscovered, unknown; ‹*personaje*› unknown

IGTE *m* (en Esp) = **Impuesto General sobre el Tráfico de Empresas**

igual¹ *adj*
A [1] (idéntico): **dos cajas de ~ peso/~es dimensiones** two boxes of equal weight/dimensions; **son los dos ~es, ambiciosos y egoístas** they are both the same *o* both alike, ambitious and selfish; **son ~es en todo** they're identical *o* the same in every way; **por ti no pasan los años, estás ~ito** time hasn't changed you a bit, you're just the same (colloq); **Inés tiene uno exactamente ~** Inés has one exactly the same, Inés has one just like it; **~ A** *or* **QUE algo/algn** the same AS sth/sb; **tengo unos zapatos ~es a los tuyos** I have some shoes the same as yours; **¿dónde puedo encontrar un botón ~ a éste?** where can I find a button like *o* the same as this one?; **es ~ita a** *or* **que su madre** (físicamente) she's the image of *o* she looks just like her mother; (en personalidad) she's exactly the same as *o* just like her mother; **x + y = z** *read as: x más y igual z or es igual a z* x + y = z (*léase: x plus y equals z*); **~ DE algo**: **sigue ~ de joven** she's still as young (as ever); **está ~ de alto que yo** he's as tall as I am, he's the same height as me; **de forma son ~es, pero éste es más oscuro** they're the same shape, but this one is darker; **ser/dar ~**: **¿quieres té o café? — me da ~** do you want tea or coffee? — I don't mind; **me es ~ ir hoy que mañana** it makes no difference to me *o* it's all the same to me whether I go today or tomorrow, I don't mind whether I go today or tomorrow; **da ~, ya me compraré otro** never mind *o* it doesn't matter, I'll buy another one; **es ~, lo puedo hacer yo** never mind *o* it doesn't matter, I can do it [2] (en una jerarquía) equal; **todos somos ~es ante la ley** we are all equal in the eyes of the law [3] (semejante): **jamás había oído estupidez ~** I'd never heard anything so stupid; **¡habráse visto cosa ~!** have you ever seen anything like it!, have you ever seen the like! (colloq); **no había visto nada ~ en toda mi vida** I'd never seen anything like it in all my life
B (constante) constant; **lleva un ritmo de trabajo muy ~** he works at a steady *o* an even pace; **la fuerza aplicada debe ser siempre ~** the (amount of) force applied must remain constant *o* uniform
C (en tenis): **quince ~es** fifteen all; **van ~es** they're even *o* level

igual² *adv*
A [1] (de la misma manera): **se pronuncian ~** they're pronounced the same; **los trato a todos ~** I treat them all the same *o* equally [2] (*en locs*): **al igual que** (frml): **el ministro, al ~ que su homólogo argentino, acudirá a la reunión** the minister will attend the meeting, as will his Argentinian counterpart (frml); **igual que**: **tiene pecas, ~ que su hermano** she has freckles, (just) like her brother; **se llama ~ que su padre** he's named after his father; **me resultó aburrido — ~ que a mí** I thought it was boring — so did I *o* me too; **opino ~ que tú** I agree with you, I think the same as you; **tendrá que hacer cola, ~ que todos los demás** you'll have to stand in line the same as *o* (just) like everyone else; **por igual** equally; **la ley se aplica a todos por ~** the law applies to everybody equally; **trató a todos por ~** he

treated them all equally *o* the same
B (de todos modos) anyway; **¿tú no quieres venir? yo voy ~** don't you want to come? well, I'm going anyway *o* I'm still going; **no hay nada que hacer pero nos hacen ir ~** there's nothing for us to do but they still make us go in; **no le di permiso pero salió ~** *or* **~ salió** I didn't give him permission but he went out all the same *o* anyway
C (expresando posibilidad): **~ llueve y tampoco podemos salir** it might rain and then we won't be able to go out anyway; **~ no viene** he may (well) not even come; **~ llamaron y no los oímos** it's possible they called and we didn't hear them, they may have called and we didn't hear them

igual³ *mf*
A (par) equal; **se sentía a gusto entre sus ~es** she felt at home among her equals *o* peers; **de ~ a ~: le habló al presidente de ~ a ~** he addressed the president on equal terms; **me trató de ~ a ~** she treated me as an equal; **sin ~** ‹*belleza/talento*› unequaled*, matchless (frml); **es un compositor sin ~** he's unrivaled *o* unequaled as a composer
B **igual** *m* (signo) equals sign
C **iguales** *mpl* (Esp) (de una lotería) lottery tickets (*pl*) (*with same number*)

iguala *f* regular fee, retainer (*paid to a legal adviser, consultant, etc*)

igualación *f*
A (nivelación): **para conseguir la ~ de los ingresos y los pagos** to balance income and outgoings; **su objetivo es la ~ de todos los ciudadanos** its aim is to make all citizens equal
B (Mat) equating

igualada *f* (period): **el gol de la ~** the equalizing goal, the equalizer, the tying goal (AmE)

igualado -da *adj*
A **1** (Dep): **van/están muy ~s** they're very close, they're neck and neck; **dos equipos muy ~s** two very evenly-matched teams; **quedaron ~s** they drew; **al final de la primera mitad iban ~s a tres** at the end of the first half they were level at three three *o* three each **2** ‹*superficie*› even, level
B (Méx fam) (irrespetuoso) disrespectful, sassy (AmE colloq), cheeky (BrE colloq)

igualar [A1] *vt*
A **1** (nivelar) ‹*superficie/terreno*› to level, level off; ‹*flequillo/dobladillo*› to even up, make ... straight; **¿puedes ~me las puntas?** could you tidy up *o* even up *o* trim the ends for me? **2** ‹*salarios*› to make ... equal *o* the same; **~ algo CON** *or* **A algo** to make sth the same AS sth; **si igualamos la ecuación a cero** if we make the equation equal zero; **para ~ fuerzas con sus rivales** to put them on an equal footing with their rivals
B **1** ‹*éxito/récord/hazaña*› to equal, match; **S nadie puede igualar nuestros precios** unbeatable prices!, nobody can match our prices! **2** (Dep): **a los 30 minutos Pérez igualó el marcador** in the 30th minute Pérez scored the equalizer *o* tied the scores *o* equalized; **Ortiz anotó otro gol igualando el marcador a tres** Ortiz scored another goal, taking the score to three all *o* three each *o* three-three; **~ron a dos goles** they drew/tied two goals each
■ **igualar** *vi* (Dep): **Roca igualó a los tres minutos** Roca tied the scores *o* scored the equalizer three minutes later; **los dos equipos ~on a tres** the two teams drew *o* tied three all *o* three each *o* three-three
■ **igualarse** *v pron*: **no existe otro que se le iguale** there is nobody else to equal him *o* to match him, he has no equal; **~se A** *or* **CON algo** to match *o* equal sth; **intentarán ~se con** *or* **a las empresas de más éxito** they will try to equal *o* match the most successful companies

igualatorio -ria *adj* equalizing

igualdad *f*
A (equidad) equality; **libertad, ~, fraternidad** liberty, equality, fraternity; **~ de oportunidades/derechos** equal opportunities/rights; **por primera vez se enfrentaban en ~ de condiciones** for the first time they faced each other on equal terms *o* on an equal footing
B (Mat) equation

igualitario -ria *adj* egalitarian

igualitarismo *m* egalitarianism

igualmente *adv*
A (en fórmulas de cortesía): **que lo pases muy bien — igualmente** have a great time — you too *o* and you; **saludos a tu mujer — gracias, ~** give my regards to your wife — thanks, and to yours (too); **feliz Año Nuevo — gracias, ~** Happy New Year — thanks, the same to you
B ‹*bueno/malo*› equally; **hay cinco candidatos, todos ~ malos** there are five candidates, all equally bad *o* all as bad as each other
C (frml) (también) likewise

iguana *f*
A (Zool) iguana; **~s (*ranas*)** (Méx arg) me too (*o* you too *etc*); **se me antojaron unos tragos — ~s** I feel like a drink — me too (colloq); ***silbandito* ~s** (Ven fam) as cool as you like (colloq)
B (Méx) (Mús) *type of guitar*

ijada *f*, **ijar** *m* (de un animal) flank, side; (de una persona) side

ikastola *f* Basque school

ikebana *m* ikebana

ikurriña *f* Basque flag

ilación *f* cohesion; **este párrafo carece totalmente de ~** there is absolutely no cohesion in this paragraph, this paragraph doesn't hang together at all; **tres historias sin ~ aparente** three stories with no apparent connecting thread *o* no apparent connection

ilativo -va *adj* illative

ilegal *adj* ‹*venta/comercio*› illegal, unlawful; ‹*inmigrante*› illegal; ‹*huelga*› illegal; **funciona de manera ~** it operates illegally; **la importación de ese tipo de artículo es ~** it is illegal *o* against the law to import that type of article

ilegalidad *f* **1** (cualidad) illegality; **la ~ de estas medidas** the illegal nature *o* illegality of these measures; **varios partidos políticos quedaron en la ~** several political parties remained illegal *o* outside the law **2** (acción) illegality, irregularity

ilegalización *f* banning

ilegalizar [A4] *vt* to ban, make *o* declare ... illegal

ilegalmente *adv* illegally, unlawfully

ilegible *adj* illegible, unreadable

ilegítimamente *adv* illegitimately

ilegitimar [A1] *vt* to make ... illegal

ilegitimidad *f* illegitimacy

ilegítimo -ma *adj* ‹*hijo*› illegitimate; **hizo uso ~ de sus privilegios** he made unlawful use of his privileges; **sus pretensiones son ilegítimas** his claims are not legitimate

íleon *m* ileum

ileso -sa *adj* unhurt, unharmed; **salieron** *or* **resultaron ~s** they escaped unharmed *o* unhurt; **salió ~ del accidente** he walked away from the accident unscathed *o* uninjured, he wasn't hurt in the accident

iletrado -da *adj* (analfabeto) illiterate; (inculto) uneducated

iliaco¹ -ca, **ilíaco -ca** *adj* iliac

iliaco², **ilíaco** *m* ilium

Ilíada *f*: **la ~** the Iliad

ilícitamente *adv* illicitly

ilicitano -na *adj* of/from Elche

ilícito -ta *adj* illicit

ilimitadamente *adv* without limits; **permite usar ~ Internet** it allows unlimited use of the Internet

ilimitado -da *adj* unlimited

Ilión *m* Ilium

-illo, -illa *suf* (esp Esp): **tiene un catarrillo/una tosecilla** she has a slight cold/cough, she has a bit of a cold/cough; **¿no tendría una pesetilla?** have you got an odd peseta?; **un examen facilillo** a fairly easy exam; **dile una mentirilla** tell him a little (white) lie

Ilmo. Ilma. (frml) (Corresp) (**= Ilustrísimo, -ma**) **el ~ Sr. Ministro de Cultura** His Excellency, the Minister of Culture

ilocalizable *adj*: **esta mañana seguía ~** he still could not be traced *o* found this morning

ilógicamente *adv* illogically

ilógico -ca *adj* illogical

iluminación *f*
A **1** (de una habitación) lighting; (de un monumento) illumination; (Teatr) lighting **2** **iluminaciones** *fpl* (luces) lights (*pl*), illuminations (*pl*)
B (inspiración) flash of inspiration

iluminado -da *m,f* **1** (lúcido, clarividente) visionary **2** (Relig) illuminist; **los I~s** the Illuminati

iluminador¹ -dora *adj* illuminating, enlightening

iluminador² -dora *m,f*
A (Espec) lighting technician
B (de manuscritos) illuminator

iluminar [A1] *vt*
A **1** ‹*calles*› to light, illuminate; ‹*monumento*› to illuminate, light up; ‹*escenario*› to light; **un patio iluminado por la luz de la luna** a patio bathed in moonlight, a moonlit patio; **una tenue luz iluminaba la habitación** a pale light filled *o* lit the room **2** (con focos muy potentes) ‹*estadio*› to floodlight **3** ‹*rostro/ojos*› (liter) to light up; **una sonrisa iluminó su rostro** a smile lit up her face; **la alegría iluminó su cara** his face lit up with joy
B (Relig) to enlighten
C ‹*grabado*› to illuminate
■ **iluminarse** *v pron* «*cara/ojos*» to light up

ilusamente *adv* naively, ingenuously

ilusión *f*
A **1** (esperanza) hope; **todas mis ilusiones se fueron al traste** all my hopes were dashed; **tendió la mano con ~** she held her hand out hopefully; **no me hago muchas ilusiones de que me lo vayan a conceder** I'm not very hopeful that they'll give it to me; **no te hagas muchas ilusiones** don't get *o* build your hopes up; **no pierde** *or* **aún conserva la ~ de ganar el premio** she still hopes to win the prize, she still has hopes of winning the prize; **su mayor ~ es ver a su hija casada** her dearest *o* fondest wish is to see her daughter married; **vive de ilusiones** he lives in a dream world; **todos empezamos con mucha ~** we all started with great enthusiasm, we were all very enthusiastic when we started **2** (esp Esp) (alegría, satisfacción): **me hizo mucha ~ recibir su carta** I was thrilled to get your letter; **le hace mucha ~ el viaje** he's really looking forward to *o* he's really excited about the trip; **¡qué ~! ¡un mes de vacaciones!** isn't it great! a month's vacation!
B (noción falsa) illusion
(Compuesto) **ilusión óptica** optical illusion

ilusionar [A1] *vt*: **me ilusiona mucho el proyecto** I'm very excited about the project; **no la ilusiones con algo que quizás no le puedas dar** don't raise her hopes over something you might not be able to give her; **está muy ilusionado con el viaje** he's very excited about the trip, he's really looking forward to the trip
■ **ilusionarse** *v pron* **1** (hacerse ilusiones) to build one's hopes up; **no te ilusiones mucho que aún no sabes el resultado** don't build *o* get your hopes up too much, you still don't know the result **2** (entusiasmarse) **~se CON algo** to get excited ABOUT sth

ilusionismo *m* conjuring, magic

ilusionista *mf* conjuror, illusionist, magician

iluso¹ -sa *adj* naive; **¡no seas tan ~!** don't be so naive!, don't kid yourself! (colloq), you've got a hope! (iro)

iluso² -sa *m,f* dreamer; **eres un ~ si crees que va a volver** you're being naive *o* living in a dreamworld *o* (colloq) kidding yourself if you think she's going to come back

ilusorio -ria *adj* **1** (engañoso) ‹*promesa*› false, deceptive; ‹*esperanza*› false, illusory **2** (imaginario) imaginary

ilustración *f*
A **1** (Art, Impr) (acción) illustration; (dibujo, imagen) illustration, picture **2** (ejemplo) illustration, example; **como ~ voy a leer unas frases de su libro** as an illustration *o* to show you what I

mean I'm going to read a few lines from her book

B 1 (frml) (educación, instrucción) learning, erudition (frml); **una persona de una vasta ~** an extremely learned *o* erudite person 2 **la Ilustración** (Hist) the Enlightenment

ilustrado -da *adj*

A ‹*revista/libro*› illustrated

B (frml) ‹*persona*› erudite, learned; ▸**despotismo**

ilustrador -dora *m,f* illustrator

ilustrar [A1] *vt*

A 1 ‹*libro/revista*› to illustrate 2 (con ejemplos) ‹*tema/explicación*› to illustrate; **el ejemplo ilustra el uso del vocablo** the example shows *o* illustrates *o* makes clear how the word is used

B (frml *o* hum) ‹*persona*› to enlighten; **¿que no lo sabes? pues te voy a ~** don't you know? well let me enlighten you (hum); **~ a algn SOBRE algo** to enlighten sb ABOUT sth

■ **ilustrarse** *v pron* (hum) to learn sth

ilustrativo -va *adj* illustrative

ilustre *adj* illustrious, distinguished

ilustrísimo -ma *adj*

A (frml) (tratamiento) honorable* (frml); **el ~ señor** the honorable gentleman

B **Su Ilustrísima** (frml) 1 (al dirigirse — a un obispo) Your Grace, Your Lordship; (— a un rector) Sir/Madam 2 (al referirse — a un obispo) His Grace; (— a un rector) ≈ the President (*in US*), ≈ the Vice Chancellor (*in UK*)

im- *pref ver* **in-**

IMAC /i'mak/ *m* (en Esp) = **Instituto de Mediación, Arbitraje y Conciliación**

imagen *f*

A 1 (Fís, Ópt) image; (TV) picture, image; **dale más brillo a la ~** turn up the brightness 2 (foto) picture 3 (en un espejo) reflection; **contemplaba su ~ en el agua** he was contemplating his reflection in the water; **el espejo le devolvió una ~ triste y envejecida** he saw a sad, aging face looking back at him in the mirror; ***a su ~ y semejanza:*** **Dios creó al hombre a su ~ y semejanza** God created man in his own image; **las ha educado a su ~ y semejanza** she has brought them up to be just like her; ***ser la viva*** *or* ***misma ~ de algn/algo:*** **es la misma ~ de su padre** he's the spitting image of his father (colloq), he's exactly like his father; **es la viva ~ del entusiasmo** he's enthusiasm itself *o* enthusiasm personified 4 (en la mente) picture; **sólo conservo una ~ muy borrosa de él** I only have a very vague picture in my mind of him *o* a very vague memory of him; **tenía una ~ muy distinta del lugar** I had a very different mental image *o* picture of the place; **tenía una ~ confusa de lo ocurrido** his idea *o* memory of what had happened was confused

(Compuestos)

• **imagen especular** mirror image

• **imagen virtual** virtual image

B (de un político, cantante, país) image; **quiere proyectar una ~ renovada** she wants to project a new image; **su ~ se ha visto afectada por estas derrotas** his image has suffered as a result of these defeats

C (Art, Relig) (estatua) statue, image (arch); (estampa) picture

D (Lit) image; **las imágenes en su poesía** the images *o* imagery in her poetry

imaginable *adj* imaginable

imaginación *f* 1 (facultad) imagination; **dar rienda suelta a la ~** to give free rein to one's imagination, to let one's imagination run riot; **¡ni (se) me pasó por la ~!** it never even crossed my mind! 2 (figuración): **es pura ~ tuya** it's all in your mind, it's a figment of your imagination; **yo no he oído nada, son imaginaciones tuyas** I didn't hear anything, you're imagining things

imaginar [A1] *vt* 1 (suponer, figurarse) to imagine; **imagino que seguirás con la misma empresa** I suppose *o* imagine *o* expect you're still with the same company; **no puede usted ~ cuánto se lo agradezco** you can't imagine how grateful I am to you 2 (formar una imagen mental de) to imagine; **trata de ~lo pintado de blanco** try to imagine *o* picture it painted white 3 (idear) ‹*plan/método/solución*› to think up, come up with

■ **imaginarse** *v pron* 1 (suponer, figurarse) to imagine; **me imagino que no le habrán quedado ganas de repetir la experiencia** I don't imagine *o* suppose he feels like repeating the experience; **no me imagino qué puede haber estado haciendo allí** I can't imagine *o* think what he could have been doing there; **no te puedes ~ lo mal que nos trató** you've no idea how badly she treated us; **nunca me hubiera imaginado que nos iba a traicionar** I'd never have dreamed *o* imagined that he would betray us; **¿sabes cuánto les costó? — me imagino que un dineral** do you know how much it cost them? — a fortune, I should imagine *o* think; **¿quedó contento? — ¡imagínate!** was he happy? — what do you think!; **¿habrá que moverlo de ahí? — me imagino que sí** do you think we'll have to move it — I suppose so *o* I imagine so *o* it looks like it; **no sabes cómo me dolió — ¡me (lo) imagino!** it was unbelievably painful — I can imagine! *o* (colloq) I bet it was! 2 (formar una imagen mental) to imagine; **¿te la imaginas con diez kilos menos?** can you imagine *o* picture her ten kilos lighter?; **me lo imaginaba más alto** I imagined him to be taller, I thought he would be taller; **imagínatelo sin barba** imagine how he'd look without a beard

imaginaria *f* reserve guard

imaginario -ria *adj* imaginary

imaginativamente *adv* imaginatively

imaginativo -va *adj* imaginative

imaginería *f* 1 (Relig) making of religious images 2 (Lit) imagery

imaginero -ra *m,f* maker of religious images

imago *m* (Zool) imago

imám, imam *m* imam

imamato *m* imamate

imán *m*

A 1 (Fís) magnet 2 (atractivo) charisma

(Compuesto) **imán permanente** permanent magnet

B (Relig) imam

imantación, imanación *f* magnetization

imantar [A1], **imanar** [A1] *vt* to magnetize

imbancable *adj* (RPl fam) unbearable

imbaque *m* 1 (Ven) (recipiente) earthenware container 2 (Ven fam) (persona) barrel (colloq), butterball (colloq)

imbatibilidad *f* invincibility

imbatible *adj* ‹*récord*› unbeatable; ‹*equipo*› invincible, unbeatable

imbatido -da *adj* undefeated, unbeaten

imbebible *adj* (fam) undrinkable

imbécil[1] *adj* 1 (fam) (tonto) stupid; **¡qué ~ eres!** you're so stupid!, you're such an idiot! 2 (Med) imbecilic

imbécil[2] *mf* 1 (fam) (tonto) stupid idiot, moron (colloq & pej), imbecile (colloq & pej) 2 (Med) imbecile

imbecilidad *f* 1 (fam) (cosa estúpida): **no para de decir/hacer ~es** she's always saying/doing stupid things 2 (Med) imbecility

imberbe[1] *adj*: **un muchacho ~** (sin vello facial) a boy with no facial hair *o* no hair on his chin, a fresh-faced kid (colloq); (sin experiencia) a callow youth, a green kid (colloq)

imberbe[2] *m* 1 (sin vello facial) beardless youth 2 (sin experiencia) callow youth

imbíbito -ta *adj* (Méx frml) included; **~ EN algo** included IN sth

imbombera *f* (Ven fam) jaundice

imbombo -ba *adj* (Ven fam) 1 (Med) jaundiced 2 (tonto) stupid, thick (colloq)

imbornal *m* scupper

imborrable *adj* 1 ‹*recuerdo*› lasting (*before n*), indelible; **una persona de la que guardo un recuerdo ~** a person who is permanently *o* indelibly etched on my memory *o* of whom I've kept a lasting impression 2 ‹*rotulador*› indelible

imbricado -da *adj* 1 ‹*tejas/ladrillos*› overlapping 2 ‹*temas*› interwoven

imbuir [I20] *vt* ‹*persona*› **~ a algn DE algo** to imbue sb WITH sth (frml); **los han imbuido de absurdas creencias** they have been imbued with absurd beliefs, their heads have been filled with absurd beliefs

■ **imbuirse** *v pron* **~ DE algo** to become imbued WITH *o* steeped IN sth; **volvían imbuidos de aquellas ideas** they returned imbued with *o* steeped in those ideas

IMC *m* (Med) (= **índice de masa corporal**) BMI

IMCE /'imse/ *m* = **Instituto Mexicano de Comercio Exterior**

IMEC /i'mek/ *f* (en Esp) = **Instrucción Militar de la Escala de Complemento**

IMECA *m* (en Méx) (= **Índice Metropolitano de la Calidad del Aire**)

imitable *adj* imitable

imitación *f* 1 (acción) imitation 2 (parodia) impression; **su ~ de Cagney es genial** his Cagney impression is brilliant 3 (copia) imitation; **no es un brillante, es una ~** it's not a real diamond, it's a fake *o* an imitation *o* it's paste; **es una burda ~** it's a very poor imitation; **bolso ~ cuero** imitation-leather bag

imitador -dora *m,f* 1 (Teatr) impressionist, mimic, impersonator 2 (plagiario) imitator; **es un ~** he just imitates *o* copies others; **nuestros ~es** those who copy *o* imitate us

imitamonos *mf* (*pl* ~) (Méx fam) copycat (colloq)

imitar [A1] *vt* 1 ‹*persona*› (copiar) to copy, imitate; (para reírse) to do an impression of, mimic, take off (BrE colloq); **se sentó y todos lo ~on** he sat down and everyone followed suit; **¿la has visto ~ a la profesora?** have you seen her doing her impression of the teacher *o* taking the teacher off? 2 ‹*voz/gesto/estilo*› to imitate; (para reírse) to imitate, mimic, take off (BrE colloq); **te imita el acento a la perfección** he imitates your accent perfectly; **había imitado la firma de su padre** she had forged her father's signature 3 (tener el aspecto de) to simulate; **un revestimiento de plástico imitando azulejos** a tile-effect plastic covering

imitativo -va *adj* imitative

IMP *m* = **Instituto Mexicano del Petróleo**

impaciencia *f* 1 (intranquilidad) impatience; **esperaba con ~ su llegada** she awaited his arrival with impatience 2 (exasperación) impatience; **me contestó con ~** he replied impatiently

impacientar [A1] *vt* 1 «*retraso*» to make … impatient 2 (exasperar) to exasperate; **las repetidas interrupciones empezaron a ~ al público** the audience began to get exasperated with *o* impatient because of the constant interruptions

■ **impacientarse** *v pron* 1 (por un retraso) to get impatient 2 (exasperarse) to lose (one's) patience, get exasperated; **empezaba a ~se con tantas preguntas** she began to lose (her) patience *o* to get exasperated with all the questions

impaciente *adj* 1 [SER] impatient; **es muy ~** he's very impatient, he has absolutely no patience 2 [ESTAR]: **se notaba que estaba ~** you could see he was (getting) impatient; **~ POR + INF** impatient to + INF; **está ~ por conocer los resultados** she is impatient *o* anxious to know the results; **~ POR QUE + SUBJ**: **están ~s por que empiece el concierto** they are impatient for the concert to begin

impacientemente *adv* impatiently

impactado -da *adj* (AmL) shocked, stunned

impactante *adj* ‹*noticia*› shocking; ‹*libro/imagen*› powerful; ‹*espectáculo/efecto/grupo*› stunning, impressive

impactar [A1] *vt* 1 (golpear) to hit 2 (impresionar) to have a profound impact on

■ **impactar** *vi* 1 (impresionar) to shock; **se viste así para ~** she dresses like that to shock people [2] (chocar) to hit, strike

impacto *m* [1] (choque) impact; **el ~ de la piedra hizo añicos el parabrisas** the impact of the stone shattered the windscreen; **recibió un ~ de bala en el estómago** she was shot in the stomach; **murió a consecuencia de un ~ de bala** he died from a gunshot wound; **hacer ~** to hit [2] (huella, señal) hole, mark; **el cadáver tiene varios ~s de bala** there are several bullet wounds in the body [3] (en el ánimo, en el público) impact; **la obra no tuvo mucho ~** the play didn't make much impact *o* didn't have much of an impact; **la noticia causó un gran ~** the news had a great impact *o* caused quite a stir; **el ~ social de estas medidas** the impact *o* effect of these measures on society; **el ~ sobre el medio ambiente** the impact on the environment

impagable *adj* (Fin) unpayable; **tengo con él una deuda ~** I am forever in his debt

impagado¹ -da *adj* unpaid, outstanding

impagado² *m* unpaid *o* outstanding item

impago¹ -ga *adj* (AmL) ‹*persona*› unpaid; ‹*deuda/impuesto*› unpaid, outstanding

impago² *m* non-payment; **~ del alquiler** non-payment of rent; **aquéllos que incurran en el ~ de los préstamos** those who default on the repayment of loans

impajaritable *adj* (Andes fam & hum) ►**impepinable**

impajaritablemente *adv* (Andes fam & hum) inevitably

impalpable *adj* impalpable; **los velos casi ~s que la envolvían** (liter) the almost imperceptible veils which shrouded her (liter); **tiene algo ~ que arrastra la multitud** he has an intangible *o* impalpable quality which draws the crowds; ►**azúcar**

impar¹ *adj* ‹*número*› odd

impar² *m* odd number

imparable *adj* [1] ‹*proceso/subida/disparo*› unstoppable; ‹*candidato/ciclista*› unstoppable [2] ‹*persona*› irrepressible

imparcial *adj* impartial, unbiased

imparcialidad *f* impartiality

imparcialmente *adv* impartially

impartición *f* (frml) teaching

impartir [I1] *vt* (frml) ‹*información*› to impart (frml), to convey, to give; ‹*órdenes*› to issue; **~ asistencia médica** to give medical assistance; **~ la bendición** to give the blessing; **impartía clases de informática** he gave classes in computing

impasibilidad *f* impassivity

impasible *adj* impassive; **esperó ~ el resultado** she remained impassive as she waited for the result; **se quedó ~ ante el espectáculo** he remained impassive *o* unmoved at the sight

impasiblemente *adv* impassively

impasse /im'pas/ *m* [1] (situación crítica) impasse; **las negociaciones están en un ~** negotiations have reached deadlock *o* an impasse; **salir del ~** to break the deadlock *o* impasse [2] (en bridge) finesse

impávidamente *adv* impassively

impavidez *f* composure, impassivity

impávido -da *adj* (liter) (impasible) impassive, unperturbed; (sin miedo) undaunted; **aguantó ~ mis reproches** he bore my reproaches impassively (liter); **todos huyeron pero él permaneció ~ en su puesto** everyone else fled but he remained at his post undaunted *o* he remained fearlessly at his post

impecable *adj* impeccable; **la presentación era ~** the presentation was impeccable *o* faultless; **va siempre ~** she is always immaculately *o* impeccably dressed; **se expresó en un español ~** her Spanish was impeccable *o* faultless

impecablemente *adv* ‹*comportarse*› impeccably; **siempre va ~ vestido** he is always impeccably dressed; **un trabajo ~ presentado** a beautifully presented piece of work; **se expresa ~ en inglés** she speaks faultless *o* perfect English

impedancia *f* impedance

impedido¹ -da *adj* disabled

impedido² -da *m,f* disabled person

impedimenta *f* impedimenta

impedimento *m* [1] (obstáculo) obstacle, impediment; **un importante ~ para la expansión** a major impediment *o* obstacle to expansion; **saldremos mañana si no surge ningún ~** if there are no hitches *o* problems, we'll leave tomorrow [2] (Der) impediment

(Compuesto) **impedimento físico** physical handicaps

impedir [I14] *vt* [1] (imposibilitar) to prevent; **no logró ~ el accidente** she was unable to prevent the accident; **nos impidió el paso** he wouldn't let us through, he blocked our way; **esta válvula impide el paso del gas** this valve stops *o* blocks the flow of gas; **nadie te lo impide** nobody's stopping you; **~le a algn + INF** to prevent sb FROM -ING; **el dolor le impedía caminar** the pain prevented her from walking *o* meant that she couldn't walk *o* stopped her walking; **~ QUE + SUBJ: quiso ~ que nos viéramos** she tried to stop us seeing each other, she tried to prevent us from seeing each other; **tenemos que ~ que ocurra otra vez** we must see that it doesn't happen again, we must stop *o* prevent it happening again [2] (dificultar) to hamper, hinder; **la ropa me impedía los movimientos** my clothes hampered *o* hindered *o* impeded my movements

impeler [E1] *vt* (frml) [1] «*viento/resorte*» to propel (frml), to drive [2] (obligar, empujar) to drive, impel (frml); **impelido por la necesidad** driven *o* impelled by necessity; **~ a algn A + INF** to impel *o* drive sb to + INF; **sus principios lo habían impelido a obrar como obró** his principles had impelled *o* driven him to act as he did [3] (incitar) to urge

impenetrabilidad *f* [1] (de la jungla, maleza) impenetrability [2] (de una persona, expresión) inscrutability

impenetrable *adj* [1] ‹*bosque*› impenetrable; ‹*fortaleza*› impregnable [2] ‹*persona/carácter*› inscrutable; ‹*ojos/expresión*› inscrutable; ‹*misterio/secreto*› unfathomable

impenitencia *f* impenitence

impenitente *adj* ‹*pecador*› unrepentant, impenitent; ‹*bebedor/jugador*› inveterate

impensable *adj* unthinkable, inconceivable

impensadamente *adv* unexpectedly

impensado -da *adj* unexpected, unforeseen

impepinable *adj* (Esp fam & hum) certain; **eso es ~** there's no getting away from that (colloq), that's certain *o* (colloq) for sure

impepinablemente *adv* (Esp fam & hum) inevitably

imperante *adj* ‹*moda/tendencia*› prevailing (*before n*); ‹*dinastía/régimen*› ruling (*before n*); ‹*viento*› prevailing (*before n*); **la normativa ~ en estos momentos** the regulations currently in force

imperar [A1] *vi* [1] «*ideología/moda/tendencia*» to prevail; **imperaba una atmósfera de descontento** an atmosphere of discontent prevailed *o* reigned; **la fuerte competencia impera en este mercado** there is strong competition in this market, strong competition is an important factor in this market [2] «*viento/condiciones*» to prevail [3] «*emperador/dinastía*» to rule

imperativamente *adv* [1] (obligatoriamente) compulsorily [2] (imperiosamente) imperiously

imperatividad *f* imperative nature

imperativo¹ -va *adj* [1] (Ling) ‹*modo/frase*› imperative [2] ‹*voz/tono*› commanding, authoritative [3] ‹*necesidad*› pressing (*before n*), urgent

imperativo² *m* [1] (Ling) imperative [2] (exigencia) imperative; **~s morales** moral imperatives

imperceptible *adj* imperceptible; **el cambio ha sido prácticamente ~** the change has hardly been noticeable, the change has been almost imperceptible

imperceptiblemente *adv* imperceptibly

imperdible *m* safety pin

imperdonable *adj* ‹*error/actitud/comportamiento*› unforgivable, unpardonable, inexcusable; **~ QUE + SUBJ: es ~ que no le hayan avisado** it's unforgivable *o* inexcusable of them not to have warned him

imperdonablemente *adv* unpardonably, inexcusably

imperecedero -ra *adj* (frml o liter) everlasting; **y así consiguió una fama imperecedera** and thus she achieved everlasting *o* undying fame

imperfección *f* [1] (defecto — en una tela) flaw; (— en un mecanismo) defect; (— del carácter) flaw, defect; **pequeñas imperfecciones del rostro** slight facial blemishes [2] (cualidad) imperfection

imperfectamente *adv* imperfectly

imperfectivo -va *adj* imperfective, imperfect (*before n*)

imperfecto¹ -ta *adj*
A ‹*trabajo/tela/facciones*› flawed; **todos somos ~s** we all have our faults, nobody's perfect
B (Ling) imperfect

imperfecto² *m* imperfect, imperfect tense

imperial *adj* ‹*dinastía/corona*› imperial; **en la época ~** in the days of the empire

imperialismo *m* imperialism

imperialista *adj/mf* imperialist

impericia *f* lack of skill

imperio¹ *adj inv* ‹*estilo*› empire (*before n*); ‹*muebles*› empire (*before n*), empire-style

imperio² *m* [1] (territorios) empire; (período) empire; **un gran ~ hotelero** a huge hotel empire; ***gozar un ~*** (Ven fam) to have a whale of a time (colloq) [2] (preponderancia) rule; **el ~ de la ley** the rule of law

imperiosamente *adv* [1] (urgentemente) urgently [2] (con autoridad) imperiously

imperiosidad *f* [1] (urgencia) urgency, pressing need [2] (autoridad) imperiousness

imperioso -sa *adj* [1] ‹*necesidad*› urgent, pressing (*before n*) [2] ‹*tono/carácter*› imperious

impermeabilidad *f* [1] (de un material) impermeability; **si tocas la lona, pierde ~** the canvas loses its impermeability *o* ceases to be waterproof if you touch it [2] (insensibilidad) imperviousness

impermeabilización *f* waterproofing

impermeabilizar [A4] *vt*
A ‹*material/tela*› to waterproof, proof
B ‹*frontera/zona*› to seal off

impermeable¹ *adj* [1] ‹*tela/material*› waterproof, impermeable (tech) [2] ‹*persona*› **~ A algo** impervious to sth; **es ~ a la crítica** she's impervious to criticism; **se mostró ~ a todas las presiones** he proved to be immune to all the pressures; **soy ~ a su literatura** his work leaves me cold *o* does nothing for me (colloq)

impermeable² *m*
A [1] (Indum) raincoat, mackintosh (BrE), mac (BrE colloq) [2] **impermeables** *mpl* (Náut) foul-weather gear, waterproofs (*pl*)
B (Esp arg) (preservativo) rubber (AmE colloq), johnny (BrE colloq)

impersonador -dora *m,f* (Méx) impersonator

impersonal *adj* [1] ‹*relación*› impersonal [2] ‹*verbo*› impersonal

impersonalidad *f* impersonality, impersonal nature

impersonalmente *adv* impersonally

impersonar [A1] *vt* (Méx) to impersonate

impertérrito -ta *adj* unmoved; **escucharon ~s las acusaciones** they listened impassively to the charges; **oyó ~ mis reproches** he listened to my reproaches unperturbed *o* unmoved

impertinencia *f* [1] (cualidad) impertinence [2] (hecho, dicho): **me dijo que me callara — ¡qué ~!** he told me to shut up — how impertinent!; **me contestó con una ~** she replied impertinently

i

impertinente[1] *adj* 1 (descarado, irrespetuoso) ‹*persona*› impertinent; ‹*pregunta/risa/tono*› impertinent 2 (inoportuno, fuera de lugar) ‹*momento/hora*› inopportune (frml), inappropriate; ‹*llamada*› ill-timed; ‹*comentario*› uncalled-for; **me parece ~ entrar en este momento** I don't think this is a very good *o* opportune moment to go in 3 (frml) (no relevante) irrelevant

impertinente[2] *mf*
A (persona): **eres una ~** you're very impertinent
B **impertinentes** *mpl* lorgnette

impertinentemente *adv* impertinently

imperturbable *adj* 1 [SER] (sereno) imperturbable, unflappable 2 [ESTAR] (ante un peligro) unperturbed, unruffled; **el avión daba tumbos y ella seguía ~** although the plane was lurching about she remained quite composed *o* unruffled *o* unperturbed 3 ‹*rostro/sonrisa*› impassive

imperturbablemente *adv* 1 (impasiblemente) imperturbably, impassively 2 (sin cambios) changelessly; **un cielo ~ azul** a changelessly blue sky; **el verano transcurría ~** the summer was passing uneventfully

impétigo *m* impetigo

impetrar [A1] *vt* (frml) 1 (rogar) to entreat, beseech 2 (obtener con ruegos) to obtain … by entreaty

ímpetu *m* 1 (Fís, Mec) impetus, momentum 2 (energía, ardor) vigor*, energy; **empezó con mucho ~** he started off very energetically *o* vigorously, he threw himself into it at first 3 (violencia) force; **el ~ del ataque/de las olas** the force of the attack/the waves

impetuosamente *adv* impetuously, impulsively

impetuosidad *f* impetuosity, impetuousness; **la ~ de los jóvenes** the impetuousness of youth

impetuoso -sa *adj* impetuous, impulsive

impida, impidas, etc ▸ **impedir**

impiedad *f* 1 (falta de fe) ungodliness (frml), impiety (frml) 2 (falta de piedad) ruthlessness, heartlessness, mercilessness

impío[1] **-pía** *adj* 1 (falto de fe) heathen (*before n*), godless 2 ‹*libro/creencias/acto*› godless, irreligious 3 (falto de piedad) ruthless, heartless, pitiless, merciless

impío[2] **-pía** *m,f* (ant *or* hum) heathen (arch *o* hum)

implacable *adj* 1 ‹*odio/furia*› implacable; ‹*avance/lucha*› relentless; **el ~ sol del mediodía** the relentless midday sun; **el paso ~ del tiempo** the inexorable passage of time 2 ‹*juez/crítico*› implacable; **es ~ cuando se trata de corregir errores de ortografía** she is unforgiving *o* uncompromising when it comes to correcting spelling mistakes 3 ‹*enemigo/contrincante*› ruthless

implacablemente *adv* implacably, relentlessly

implantación *f*
A (de una reforma, un método) introduction, establishment; (de costumbres) introduction; (de un régimen político) establishment; **la ~ de estas firmas en nuestro suelo** the establishment *o* setting up in this country of these companies; **un sistema de reciente ~ en nuestro país** a system recently introduced into our country
B (arraigo): **con ~ nacional** well-established nationwide
C (Med) implantation

implantado -da *adj* well-established

implantar [A1] *vt*
A ‹*método/reformas/normas*› to introduce, institute; ‹*costumbres/moda*› to introduce, implant (frml); ‹*régimen político*› to establish; **amenazó con ~ el estado de excepción** he threatened to impose *o* introduce a state of emergency
B ‹*embrión/cabello*› to implant

implante *m* implant

implementación *f*
A (de medidas) implementation
B (Ven) (instalación) installation

implementar [A1] *vt*
A ‹*medidas/plan*› to implement
B (Ven) (instalar) to install*, set up

implemento *m* (AmL) tool, implement; **~s deportivos** sports equipment

implicación *f*
A (participación) involvement; **su posible ~ en el escándalo** his possible involvement in the scandal
B **implicaciones** *fpl* (consecuencias) implications (*pl*)

implicancia *f*
A (AmL) (consecuencia) implication
B (CS) (Der) legal impediment

implicar [A2] *vt*
A (significar, conllevar) to entail, involve; **los riesgos que su decisión implica** the risks that his decision entails *o* involves; **no implica que pierda la titularidad** it does not mean *o* imply that you lose ownership, it does not involve *o* entail you losing ownership; **~ía la pérdida de 500 puestos de trabajo** it would mean *o* entail *o* involve the loss of 500 jobs
B (envolver, enredar) to involve; **los guardianes presuntamente implicados en la fuga** the guards allegedly involved in the escape; **estuvo implicado en varios delitos de fraude** (tomó parte) he was involved in several cases of fraud; (estuvo bajo sospecha) he was implicated in several cases of fraud
■ **implicarse** *v pron* to get involved

implícitamente *adv* implicitly

implícito -ta *adj* implicit

implorante *adj* imploring (*before n*), beseeching

implorar [A1] *vt* ‹*perdón/comprensión/ayuda*› to beg for; **perdónelo, se lo imploro** forgive him, I beg of you *o* I implore you *o* I beseech you (liter)

implosión *f* implosion

implosionar [A1] *vi* to implode

implosiva *f* implosive

implosivo -va *adj* implosive

implume *adj* unfledged, featherless

impolítico -ca *adj* undiplomatic, impolitic (frml)

impoluto -ta *adj* 1 ‹*mar*› unpolluted 2 ‹*alma*› (liter) untainted (liter) 3 ‹*nieve*› virgin (*before n*)

imponderable[1] *adj* ‹*factores*› imponderable; ‹*consecuencias/daños*› incalculable; ‹*valor*› inestimable, incalculable

imponderable[2] *m* imponderable

imponencia *f* (AmL): **la ~ de esa cadena de montañas** the grandeur of that mountain range; **desde aquí se aprecia la ~ del monumento** from here one can see how imposing *o* impressive the monument is

imponente[1] *adj* 1 (grandioso) ‹*belleza*› impressive; ‹*edificio/paisaje*› imposing, impressive; **tiene una casa ~** he has a really grand *o* impressive house; **estás ~ con ese vestido** (fam) you look terrific in that dress (colloq); **tiene una figura ~** he cuts an imposing figure 2 (*como intensificador*): **cayó un aguacero ~** there was an incredible *o* a terrific downpour; **tiene un coche ~** she has an amazing car; **hacía un frío ~** it was extraordinarily *o* unbelievably cold

imponente[2] *mf*
A (Esp frml) (depositante) depositor
B (Chi) (a la seguridad social) contributor

imponer [E22] *vt*
A 1 (frml) ‹*castigo/pena/multa*› to impose (frml); **el gobierno impuso el toque de queda** the government imposed a curfew; **le impusieron una pena de 20 años de cárcel** he was sentenced to 20 years in prison, they imposed a 20-year prison sentence on him 2 (frml) ‹*gravamen/impuesto*› to impose, levy (frml) 3 ‹*obligación*› to impose, place; ‹*opinión*› to impose; ‹*reglas/condiciones*› to impose, enforce; ‹*tarea*› to set; **no lo sienten como una cosa impuesta** they don't see it as an imposition *o* as something imposed upon them; **impusieron el uso obligatorio del cinturón de seguridad** safety belts were made compulsory; **no te estoy tratando de ~ nada, sólo te estoy advirtiendo de un posible peligro** I'm not trying to tell you what to do, I'm just warning you of a possible danger; **siempre tiene que ~ su punto de vista** he always has to impose his point of view 4 ‹*respeto*› to command; ‹*temor*› to inspire, instill* 5 ‹*moda*› to set
B (frml) (+ *me/te/le etc*) ‹*condecoración*› to confer; ‹*nombre*› to give; ‹*medalla*› to confer; **le impuso la máxima condecoración civil** he conferred the highest civil award on *o* upon him; **se le impuso el nombre de 'calle de los Mártires'** it was given the name of 'street of the Martyrs'
C (informar) **~ a algn DE *or* EN algo** to inform sb OF *o* ABOUT sth
D (Relig): **~le las manos a algn** to lay one's hands upon *o* on sb
E (Esp frml) ‹*dinero/fondos*› to deposit
F (Chi) (a la seguridad social) to contribute
■ **imponer** *vi* (infundir respeto, admiración) to be imposing; **su mera presencia impone** he has an imposing presence, his mere presence is imposing; **su dominio de la situación impone** his command of the situation is impressive
■ **imponerse** *v pron*
A 1 (*refl*) ‹*horario*› to set oneself; ‹*régimen*› to impose … on oneself 2 ‹‹*idea*›› to become established 3 (frml) ‹‹*cambio/decisión*›› to be imperative (frml); **se impone tomar una decisión hoy mismo** it is imperative that a decision is *o* be made today; **se impone la necesidad de un cambio** a change is imperative, there is an urgent need for a change 4 ‹*color/estilo*› to come into fashion, become fashionable; **este invierno se han impuesto las faldas por debajo de la rodilla** skirts below the knee have become fashionable *o* have come into fashion this winter
B (hacerse respetar) to assert oneself *o* one's authority
C (frml) (vencer) to win; **se impuso por puntos** he won on points; **se impondrá el sentido común** common sense will prevail; **~se A algn/algo** to defeat *o* beat sb/sth; **se impusieron a China por siete carreras a dos** they beat China by seven runs to two
D (frml) (enterarse) **~se DE algo** to acquaint oneself WITH sth
E (Méx) (acostumbrarse) **~se A algo** to become accustomed TO sth

imponible *adj*
A [SER] (Fin, Fisco) ‹*beneficios/ingresos*› taxable
B [ESTAR] (fam) ‹*ropa*› unwearable

impopular *adj* unpopular

impopularidad *f* unpopularity

importación *f* 1 (acción) importation; **la ~ de artículos suntuarios** the importation *o* import of luxury goods; **artículos de ~** imported goods; **permiso de ~** import license 2 **importaciones** *fpl* (mercancías) imports (*pl*)

importado -da *adj* ‹*producto/moda/costumbre*› imported; **todo lo ~ le parece mejor que lo nacional** she thinks anything foreign is better than things made here

importador[1] **-dora** *adj*: **la empresa ~a** the importer/importers; **países ~es de petróleo** oil-importing countries

importador[2] **-dora** *m,f* importer

importancia *f* importance; **temas de gran ~** matters of great importance *o* significance *o* (frml) of great import; **ésos son detalles sin ~** those are minor *o* unimportant *o* insignificant details; **trató de quitarle *or* restarle ~ al problema** she tried to make light of the problem, she tried to play down the importance of the problem; **no debemos darle tanta ~ a este tema** we should not make so much of this matter, we should not attach too much importance to this matter; **siento llegar tarde — no tiene ~** I'm sorry I'm late — it doesn't matter; **¿y eso qué ~ tiene?** so what?; ***darse* ~** to give oneself airs

importante *adj* 1 ‹*noticia/persona*› important; ‹*acontecimiento/cambio*› important, significant; **tengo algo ~ que decirte** I have something important to tell you; **¿qué dice la carta? — nada ~** what does the letter say? —

nothing of any importance *o* nothing much; **lo ~ es participar** the important thing is to take part; **es ~ que vayas** it's important that you go; ***dárselas de*** *or* ***hacerse el ~*** to give oneself airs [2] ‹*pérdidas*› serious, considerable; ‹*cantidad*› considerable, significant; **una ~ suma de dinero** a large *o* considerable *o* significant sum of money; **la tormenta causó ~s daños** the storm caused severe *o* considerable damage; **un número ~ de ciudadanos** a significant *o* considerable *o* large number of citizens

importar [A1] *vi* [1] (tener importancia, interés) to matter; **se me olvidó — bueno, no importa** I forgot — well, never mind *o* well, it doesn't matter; **no importa que sea caro si es de buena calidad** it doesn't matter if it's expensive as long as it's good quality; **no importa quién lo haga** it doesn't matter *o* it makes no difference who does it; **no importa el tamaño** the size isn't important *o* doesn't matter; **¿qué importa que él no venga?** what does it matter *o* what difference does it make if he doesn't come?; **ahora lo que importa es que te recuperes** the important thing now is for you to get better; (+ *me/te/le etc*): **no me importa lo que pueda pensar él** I don't care what he thinks; **¿a mí qué me importa que a él no le guste?** what do I care if he doesn't like it?; **¿a ti qué te importa?** what business is it of yours?, what's it to you? (colloq); **yo no le importo — sí que le importas, y mucho** I don't mean a thing to him — that's not true, he cares a great deal for *o* about you; ***me importa un bledo*** *or* ***un comino*** *or* ***un pepino*** *or* ***un pimiento*** *or* ***un pito*** *or* ***un rábano*** *or* (Méx) ***un cacahuate*** (fam) I couldn't care less, I don't give a damn (colloq); ***me importa un carajo*** *or* ***un huevo*** *or* (Col) ***un culo*** (vulg) I don't give a fuck (vulg), I don't give a toss (BrE sl); ***meterse en lo que no le importa*** (fam) to poke one's nose into other people's business (colloq); **cállate y no te metas en lo que no te importa** shut up and don't poke your nose into other people's business!, shut up and mind your own business! (colloq) [2] (molestar) (+ *me/te/le etc*): **¿te ~ía dejarlo para mañana?** would you mind leaving it till tomorrow?; **no me importa viajar de noche** I don't mind traveling at night, I'm quite happy to travel at night; **a mí no me ~ía venir el sábado** I wouldn't mind coming on Saturday, I'd be quite happy to come on Saturday; **si no te importa, hoy me voy a ir temprano** if it's all right with you, I'm going to leave early today; **no me importa que me llame a casa** I don't mind you calling me at home; **¿le ~ía acompañarme?** would you mind accompanying me?

■ **importar** *vt*

A ‹*productos/petróleo*› to import

B (Inf) ‹*datos/información*› to import

C (ascender a) to come to, amount to; **si la compra importa 500 pesos o más** if your purchase comes to *o* amounts to 500 pesos or more

importe *m* [1] (monto) amount; **135.000 pesos, ~ a que asciende nuestra factura No. 8723** 135,000 pesos, the amount shown on our invoice No. 8723; **rogamos abonen de inmediato el ~ total de estas letras** we request immediate payment of the total sum *o* the total amount corresponding to these bills; **si no queda satisfecho le devolvemos el ~ de su compra** if you are not satisfied we will refund the purchase price [2] (costo) cost; **el ~ de la matrícula es de 4.000 pesos** the registration fee is 4,000 pesos

importunar [A1] *vt* (frml) to inconvenience, disturb; **quisiera hacerle unas preguntas, si no lo importuno** I would like to ask you a few questions, if it's not inconvenient *o* if it's convenient

■ **importunar** *vi*: **espero no ~** I hope it's not inconvenient, I hope I'm not disturbing you

importuno -na *adj* inopportune

imposibilidad *f* impossibility; **lo que piden es una ~** what they are asking is impossible; **es una ~ física** it's a physical impossibility, it's physically impossible; **~ DE algo: la ~ de llevar a cabo el proyecto** the impossibility of carrying through the plan; **me vi en la ~ de ayudarlo** there was nothing I could do to help him, I was unable to help him

imposibilitado -da *adj* [ESTAR] [1] (Med) disabled; **el accidente lo dejó ~** he was disabled in the accident; **quedó imposibilitada de las dos piernas** she lost the use of both legs [2] (frml) (impedido) **~ DE** *or* **PARA + INF: se vio ~ de** *or* **para asistir a la reunión** it was impossible for him to attend the meeting, he was unable to attend the meeting; **se le declaró ~ para trabajar** he was declared unfit for work

imposibilitar [A1] *vt* to prevent, make … impossible; **la niebla imposibilitó la salida de los aviones** the fog prevented the planes from taking off, the planes were prevented from taking off by the fog; **el cordón policial imposibilitó el acceso a la zona** the police cordon prevented all access to the area

■ **imposibilitarse** *v pron* (*refl*) [1] (quedar impedido) to be disabled [2] (Chi, Méx) (lastimarse) to injure *o* hurt oneself, be injured; **me imposibilité una mano** I injured *o* hurt my hand

imposible[1] *adj*

A [SER] ‹*sueño/amor*› impossible; **es ~ hacerlo en menos tiempo** it's impossible to do it any quicker; **me es ~ acompañarte** it's impossible for me to go with you; **le resultaba ~ concentrarse** he found it impossible to concentrate; **es ~ que lo sepan** they can't possibly know; **es ~ de explicar** it's impossible to explain; **los médicos hicieron lo ~ para salvarlo** the doctors did everything they could to try and save him; **hizo lo ~ para convencerla** he did everything he could *o* he did his utmost to persuade her

B [1] (inaguantable) ‹*persona*› impossible; **está ~ hoy** he's (being) impossible today; **es un niño ~** he's an impossible *o* a very difficult child [2] (Chi fam) (sucio, desaseado) filthy

imposible[2] *m*: **me pides un ~** you're asking me for something that's impossible, you're asking the impossible of me

imposición *f*

A (frml) (de una pena) imposition; (de un impuesto) introduction

(Compuestos)

- **imposición de manos** laying on of hands
- **imposición directa** direct taxation
- **imposición indirecta** indirect taxation

B (exigencia, obligación) imposition; **espero que no lo consideres una ~** I hope you don't think it an imposition; **a mí no me vengas con imposiciones** don't you start telling me what to do (colloq)

C (Fin) deposit

D (Chi) (a la seguridad social) contribution

impositiva *f* (RPl): **tengo que mandar estos papeles a la ~** I have to send these papers to the tax office *o* (AmE) to the IRS; **la ~ me lo come todo** it all gets eaten up in tax

impositivo -va *adj*

A (Fin, Fisco) ‹*sistema/reforma*› tax (*before n*)

B ‹*persona/tono*› domineering, overbearing

impositor -tora *m,f* [1] (Impr) typesetter, compositor [2] (Fin) (Esp) depositor

impostar [A1] *vt*: **~ la voz** to project one's voice

impostergable *adj*: **la reunión es ~** the meeting cannot be postponed *o* put off; **el asunto era ~** the matter could not be put off any longer, it was a matter of urgency *o* a very pressing matter

impostor -tora *m,f* impostor

impotable *adj* [1] ‹*agua*› not drinkable; **este vino es ~** (fam) this wine is undrinkable [2] (fam) ‹*comida*› inedible, uneatable [3] (fam) (difícil, denso) ‹*texto*› indigestible [4] (fam) (insoportable) unbearable, obnoxious

impotencia *f* [1] (incapacidad, falta de poder) powerlessness, helplessness, impotence [2] (Med) impotence

impotente[1] *adj* [1] (incapaz, sin poder) powerless, helpless, impotent [2] (Med) impotent

impotente[2] *m* impotent man

impracticabilidad *f* impracticability

impracticable *adj* [1] ‹*operación/proyecto*› impracticable, unfeasible [2] ‹*camino/pista*› impassable

imprecación *f* (frml) curse, imprecation (frml); **proferir imprecaciones** to curse, to imprecate (frml)

imprecar [A2] *vt* (frml) to curse, imprecate (frml)

imprecatorio -ria *adj* (frml) abusive, imprecatory (frml)

imprecisamente *adv* vaguely, imprecisely

imprecisión *f* [1] (cualidad) imprecision, vagueness [2] (error) inaccuracy

impreciso -sa *adj* vague, imprecise; **un número ~ de personas** an indeterminate number of people

impredecibilidad *adv* unpredictability, unpredictable nature

impredecible *adj* unpredictable

impregnación *f* impregnation

impregnar [A1] *vt*

A (empapar) ‹*algodón/esponja*› to soak, impregnate

B [1] «*olor/aroma*» to fill, pervade [2] (liter) «*sentimiento*» to pervade

impremeditado -da *adj* unpremeditated

imprenta *f* [1] (taller) printer's [2] (aparato) printing press, press [3] (actividad) printing; ▸**letra**

imprescindible *adj* ‹*requisito/herramienta/factor*› essential, indispensable; **nadie es ~** nobody is indispensable; **sólo llevo lo ~** I'm only taking the bare essentials *o* what is absolutely necessary; **Ⓢ imprescindible dominio del inglés** fluent English essential *o* indispensable; **ser ~ + INF** to be essential to + INF; **es ~ tener conocimientos de inglés** it is essential to know *o* that you should know some English; **ser ~ QUE + SUBJ: es ~ que nos acompañe** it is essential that you accompany us

imprescriptible *adj* imprescriptible

impresentable *adj* unpresentable; **estás ~ ¿por qué no te arreglas un poco?** you're not presentable *o* fit to be seen, why don't you tidy yourself up a bit?

impresión *f*

A [1] (idea, sensación) impression; **da la ~ de ser demasiado ancho** it looks (as if it might be) too wide; **nos causó** *or* **nos hizo muy buena ~** he made a very good impression on us, we were very impressed with him; **me da/tengo la ~ de que me está mintiendo** I have a feeling *o* an idea he's lying to me, I get the impression *o* feeling he's lying to me; **no tuvimos oportunidad de cambiar impresiones** we didn't get a chance to compare notes *o* talk about it [2] (sensación desagradable): **tocar el pescado me da ~** handling fish turns my stomach; **ver sangre le daba ~** she couldn't stand the sight of blood; **el agua está tan fría que da ~ al entrar** the water's so cold, it's a bit of a shock when you first get in

B [1] (Impr) (acción) printing; (tirada) print run, impression (frml) [2] (Inf) (acción) printing; (producto) printout [3] (de un disco) pressing [4] (huella) imprint; **la ~ de un pie en la arena** a footprint in the sand

(Compuestos)

- **impresión digital** fingerprint
- **impresión en cuatricromía** four-color* printing
- **impresión en policromía** multicolor* printing

impresionable *adj* squeamish, easily affected *o* upset

impresionante *adj* ‹*éxito*› amazing, incredible; ‹*accidente*› horrific; **había una vista ~ desde el hotel** there was a spectacular *o* an amazing view from the hotel; **había una cantidad ~ de gente** there was an amazing *o* incredible number of people there; **la caída del dólar fue ~** the dollar's fall was dramatic

impresionantemente *adv* amazingly, incredibly

impresionar [A1] *vt*

A ‹*persona*›: **ver a mi padre llorar me impresio-**

nó mucho seeing my father cry really affected me *o* moved me *o* made a deep impression on me; **me impresionó mucho verla tan delgada** it really shocked me to see her looking so thin; **lo que más me impresionó fue el estado lamentable del edificio** what struck me most was the terrible state the building was in; **me impresionó muy bien** (RPl) he made a very good impression (on me), he really impressed me

B 1 (Fot) ‹*película*› to expose 2 ‹*disco*› to press

■ **impresionar** *vi* to impress; **te lo dice para ~** he's only saying it to impress you

■ **impresionarse** *v pron* to be shocked (*o* moved *etc*)

impresionismo *m* impressionism

impresionista[1] *adj* ‹*movimiento/pintor*› Impressionist; ‹*estilo/descripción*› impressionistic

impresionista[2] *mf* Impressionist

impreso[1] **-sa** *pp see* **imprimir**

impreso[2] *m* 1 (formulario) form; **~ de solicitud** application form; **rellenar un ~** to fill out *o* in a form 2 **impresos** *mpl* (Corresp) printed matter

impresor -sora *m,f*

A (persona) printer

B **impresora** *f* (Inf) printer

(Compuestos)

- **impresora de margarita** daisywheel printer
- **impresora de matriz** dot-matrix printer
- **impresora láser** *or* **de láser** laser printer
- **impresora matricial** dot-matrix printer
- **impresora térmica** thermal printer

imprevisibilidad *f* 1 (de hecho, suceso) unforeseeable nature 2 (de persona) unpredictability, unpredictable nature

imprevisible *adj* ‹*hecho/factor*› unforeseeable; ‹*persona*› unpredictable

imprevisión *f* lack of foresight

imprevisor -sora *adj* improvident

imprevisto[1] **-ta** *adj* ‹*hecho/problema/gasto*› unforeseen, unexpected; **ocurrió de modo ~** it happened unexpectedly

imprevisto[2] *m* unforeseen event (*o* factor *etc*); **dejó un margen de dinero para ~s** he left a sum of money in reserve for unforeseen *o* incidental expenses; **si no surge ningún ~** if nothing unexpected *o* unforeseen happens

imprimación *f* primer

imprimátur *m* imprimatur

imprimir [I36] *vt*

A 1 (Impr) to print; **impreso en Perú** printed in Peru 2 ‹*huella/marca*›: **dejó sus huellas impresas en el barro** he left his footprints in the mud

B (comunicar, dar) 1 (frml) ‹*movimiento*› to impart (frml), to transmit (frml); **imprimió excesiva velocidad al vehículo** he drove the vehicle at excessive speed; **imprimió un trotecito corto a la yegua** he brought the mare to a brisk trot; **imprimió a sus caderas un leve balanceo** she swung her hips slightly as she walked 2 (frml) ‹*orientación*› to give; **esas experiencias imprimen carácter** those are character-forming *o* character-building experiences; **le imprimió su estilo propio al personaje** he stamped his own style on the character, he stamped the character with his own style

improbabilidad *f* improbability, unlikelihood

improbable *adj* unlikely, improbable; **ser ~ QUE + SUBJ: es muy ~ que lo logre** it's very unlikely *o* improbable that he'll manage it

ímprobo -ba *adj*

A (frml) (enorme) ‹*tarea/esfuerzo*› enormous, huge

B (frml) (deshonesto) unprincipled, dishonest, corrupt

improcedencia *f* (frml) inadmissibility

improcedente *adj* (frml) 1 ‹*demanda/reclamación/recurso*› inadmissible; **despido ~** unfair dismissal 2 ‹*conducta*› improper, inadmissible; **sería ~ plantearlo en la asamblea sin consultarlo antes** it would be improper *o* inappropriate *o* wrong to raise it at the meeting without consulting him first

improductividad *f* unproductiveness, lack of productivity

improductivo -va *adj* unproductive

impromptu /in'promptu/ *m* impromptu

impronta *f* 1 (liter) (marca, huella) stamp, mark 2 (Art, Tec) imprint, impression

(Compuesto) **impronta genética** genetic imprinting

impronunciable *adj* unpronounceable

improperio *m* insult; **profirió una serie de ~s** he uttered a series of insults *o* a string of abuse

impropiedad *f* (frml) 1 (cualidad) unsuitability, inappropriateness 2 (dicho, acto) impropriety (frml)

impropio -pia *adj* 1 ‹*comportamiento/actitud/respuesta*› inappropriate; **un libro ~ para su edad** an unsuitable book for someone his age; **un comportamiento ~ de una persona educada** inappropriate behavior for an educated person, behavior unbecoming to an educated person (frml) 2 (incorrecto) incorrect; **es un uso ~ de la palabra** it is an incorrect usage of the word

improrrogable *adj*: **el plazo es ~** the deadline cannot be extended

improvisación *f* (acción) improvisation; (actuación) impromptu performance

improvisadamente *adv* 1 (con improvisación) off the cuff, extempore; **hablar ~** to speak off the cuff, extemporize 2 (sin aviso) unexpectedly

improvisar [A1] *vt* 1 ‹*lección/discurso/versos*› to improvise 2 (preparar con pocos recursos) ‹*cama/cortina*› to improvise; **~on una fiesta con lo que tenían en casa** they had an impromptu party *o* (colloq) they got up a party with what they had in the house; **con cuatro latas improvisamos una cena estupenda** we rustled up a great meal from a few cans; **no podemos ~ un director gerente de un día para otro** we can't conjure up a managing director overnight

■ **improvisar** *vi* «*actor*» to improvise, ad-lib, extemporize (frml); «*músico*» to improvise, extemporize

improviso: **de ~** (*loc adv*) ‹*llegar/aparecer*› unexpectedly, out of the blue, without warning

imprudencia *f* 1 (acción) imprudence; **decir eso fue una ~** it was a rash *o* an imprudent thing to say; **se debió a una ~ del piloto** it was caused by the pilot's imprudence; **no cometas esa ~** don't be so rash *o* reckless 2 (cualidad) imprudence; **su ~ al conducir** his reckless driving

(Compuesto) **imprudencia temeraria** criminal negligence; **el conductor fue condenado por ~ ~** the driver was convicted of reckless driving *o* of criminal negligence

imprudente[1] *adj* (que actúa sin cuidado) imprudent, careless; (temerario) reckless; **fuiste muy ~ al decírselo** it was very rash *o* imprudent of you to tell him

imprudente[2] *mf*: **es un ~** he's very reckless

imprudentemente *adv* ‹*actuar/proceder*› imprudently; ‹*conducir*› recklessly

impúber *adj* (frml) prepubescent (frml); **un muchacho ~** a boy who has/had not reached puberty

impublicable *adj* unprintable

impúdicamente *adv* 1 (con obscenidad) indecently 2 (con desvergüenza) shamelessly

impudicia *f* 1 (frml) (obscenidad) indecency; **la ~ de algunas escenas de la película** the indecency of some of the scenes in the movie 2 (desvergüenza) shamelessness; **se desnudó con ~ delante de todo el mundo** she got undressed, quite shamelessly, in front of everyone 3 **impudicias** *fpl* (hum) privates (*pl*) (hum)

impúdico[1] **-ca** *adj* 1 (frml) (obsceno): **las fotografías la mostraban en poses impúdicas** the photographs showed her in indecent poses 2 (frml *o* hum) ‹*persona*› shameless; **no seas impúdica** don't be so shameless *o* brazen

impúdico[2] **-ca** *m,f* (frml o hum): **es un ~** he has no shame

impudor *m* (frml) shamelessness; **prendas íntimas colgadas con ~ en la entrada de la casa** underwear hanging up indecorously in the hallway

impuesto[1] **-ta** *adj*

A (informado) **estar ~ EN** *or* **DE algo** to be well versed IN sth, be well informed ABOUT sth; **está muy ~ en los asuntos del Oriente Medio** he is very well versed in *o* well informed about *o* (colloq) well up on Middle Eastern affairs

B (Méx fam) (acostumbrado) **estar ~ A algo** to be used TO sth; **estaba impuesta a madrugar todos los días** she was used to getting up early every day *ver tb* **imponer**

impuesto[2] ➡ *m* tax; **el ~ al tabaco** the tax on tobacco; **evasión de ~s** tax evasion; **libre de ~s** tax-free, duty-free

(Compuestos)

- **impuesto al activo** (Méx) wealth tax
- **impuesto a** *or* **sobre la renta (de las personas físicas)** income tax
- **impuesto al** *or* **sobre el valor agregado** value-added tax
- **impuesto al** *or* **sobre el valor añadido** value-added tax
- **impuesto ambiental** environmental tax
- **impuesto de actividades económicas** business tax
- **impuesto de circulación** road tax
- **impuesto de lujo** luxury tax
- **impuesto de rodaje** road tax
- **impuesto de sociedades** corporation tax
- **impuesto directo** direct tax
- **impuesto indirecto** indirect tax
- **impuesto predial** (Col, Méx) property tax
- **impuesto revolucionario** protection money (*paid to terrorist organization*)
- **impuesto sobre beneficios extraordinarios** windfall tax
- **impuesto sobre bienes inmuebles** (Esp) property tax

impugnable *adj* challengable, disputable

impugnación *f* challenge, contestation

impugnar [A1] *vt* ‹*decisión/fallo*› to contest, challenge, impugn (frml)

impugnativo -va *adj* (Der) challenging (*before noun*)

impulsar [A1] *vt* 1 ‹*motor/vehículo*› to propel, drive; **el viento impulsa la nave** the wind propels the ship 2 ‹*persona*› to drive; **el motivo que lo impulsó a hacerlo** the motive that drove him to do it; **se sintió impulsada a decírselo** she felt impelled to tell him 3 ‹*comercio*› to boost, give a boost to; **para ~ las relaciones culturales** in order to promote cultural relations; **quieren ~ la iniciativa** they are trying to give impetus to *o* to boost the initiative

impulsivamente *adj* impulsively

impulsividad *f* impulsiveness

impulsivo -va *adj* impulsive

impulso *m* 1 (empuje): **un fuerte ~ para el comercio** a major boost for trade; **queremos dar un nuevo ~ a la iniciativa** we want to give fresh impetus to the initiative; **la organización fue creada bajo el ~ del doctor Pascual** Dr Pascual was the driving force behind the creation of the organization; **se fue para atrás para coger** *or* **darse ~** he moved back to gather momentum *o* to get up speed 2 (reacción) impulse; **actuó por ~** he acted on impulse; **mi primer ~ fue irme** my first instinct was to leave; **no pude resistir el ~ de tocarlo** I couldn't resist touching it *o* the urge to touch it; **sentí el ~ de besarlo** I had a sudden urge *o* impulse to kiss him 3 (Fís) impulse

impulsor[1] **-sora** *adj* driving (*before n*)

impulsor[2] **-sora** *m,f* driving force; **fue el gran ~ de esa política** he was the driving force behind that policy

---

➡ *ver* Vivir en un país de habla inglesa

impune *adj* unpunished; **un crimen así no puede quedar ~** such a crime cannot go *o* remain unpunished

impunemente *adv* with impunity

impunidad *f* impunity; **el crimen ha quedado en la ~** the crime has gone unpunished; **con la más absoluta ~** with total impunity

impuntual *adj* unpunctual

impuntualidad *f* unpunctuality

impureza *f* 1 (partícula, elemento) impurity 2 (del agua) impurity 3 (de los pensamientos) impurity

impurificar [A2] *vt* to make impure, contaminate

impuro -ra *adj* 1 ‹*aire/mineral*› impure 2 (Relig) ‹*pensamientos*› impure, unwholesome

impuse, impuso, etc ▸**imponer**

imputable *adj* (frml) **~ A algn** attributable TO sb; **~ A algo** attributable *o* ascribable TO sth

imputación *f* (frml) accusation, imputation (frml)

imputar [A1] *vt* 1 (frml) ‹*responsabilidad*› **~le algo A algn** to attribute sth TO sb, impute sth TO sb (frml); **no es culpable del delito que se le imputa** she is not guilty of the crime which is attributed to her *o* imputed to her *o* of which she is accused; **no se me puede ~ la responsabilidad** I cannot be held responsible; **~le algo A algo** to attribute sth TO sth 2 (frml) ‹*valor*› **~le algo A algo** to assign sth TO sth

imputrescible *adj* rotproof

IMSS *m* = **Instituto Mexicano del Seguro Social**

in *adj inv* ‹*discoteca*› trendy (colloq); **lo que está muy ~** the in thing (colloq), the trendy thing (colloq), what's trendy (colloq); **si quieres estar ~ este verano** if you want to be in this summer

in- *pref* [*This prefix takes the form* **im-** *before* **p** *or* **b**; **i-** *before* **l**, *and* **ir-** *before* **r**] in- (*as in* **insustancial**, **increíble**, un- (*as in* **irrompible**, **innecessario**); **inmortal** immortal; **irresponsable** irresponsible; **ilógico** illogical; **inútil** useless; **la obra es irrepresentable** the play is impossible to stage; **es cada vez más indisimulable** it is becoming more and more difficult to disguise

inabarcable *adj*: **tantos conocimientos son ~s en un curso** it's too much information to tackle *o* cover in one academic year, it's impossible to cover so much in one academic year; **extensiones ~s de hielo** endless *o* never-ending stretches of ice

inabordable *adj* 1 ‹*persona*› unapproachable 2 ‹*tema*› **mientras él esté presente el tema de los salarios es ~** we cannot broach *o* tackle the question of salaries while he is present

in absentia *loc adv* (frml) in absentia (frml), in one's absence

inacabable *adj* interminable, neverending

inacabado -da *adj* ‹*trabajo*› unfinished; **todo lo deja ~** she leaves everything half-done *o* unfinished

inaccesibilidad *f* inaccessibility

inaccesible *adj* 1 ‹*lugar/montaña*› inaccessible 2 ‹*persona*› inaccessible 3 ‹*autor/concepto*› inaccessible; **son nociones ~s para estudiantes del primer curso** these concepts are beyond the grasp of *o* are inaccessible to first year students 4 (crit) ‹*precios*› prohibitive; ‹*objetivo*› unattainable

inacción *f* inaction; **la ~ del gobierno** the government's inaction; **tras meses de ~ por enfermedad** after months of inactivity owing to illness, after being out of action for months owing to illness

inacentuado -da *adj* unstressed

inaceptabilidad *f* unacceptability

inaceptable *adj* unacceptable

inactivar [A1] *vt* to render … inactive

inactividad *f* inactivity

inactivo -va *adj* 1 ‹*persona*› inactive; **la maquinaria se halla inactiva desde hace más de dos meses** the machinery has been inactive *o* has been standing idle for more than two months 2 ‹*volcán*› inactive, dormant

inadaptable *adj* unadaptable; **es muy ~** she's very unadaptable, she finds it very difficult to adapt

inadaptación *f* failure to adapt

inadaptado[1] -da *adj* maladjusted; **jóvenes ~s** youngsters who fail to adapt *o* who have problems fitting in, maladjusted youngsters

inadaptado[2] -da *m,f*: **los drogadictos son considerados unos ~s sociales** drug addicts are seen as social misfits; **toda la vida fue un ~** all his life he had problems fitting in

inadecuación *f* inadequacy

inadecuado -da *adj* 1 (no apropiado) inappropriate 2 (insuficiente) inadequate; **me siento totalmente ~** I feel totally inadequate

inadmisibilidad *f* inadmissibility

inadmisible *adj* 1 ‹*comportamiento/pretensiones*› unacceptable, inadmissible 2 (Der) inadmissible

inadvertencia *f* 1 (descuido) mistake, slip, oversight; **por ~** inadvertently, by mistake 2 (distracción) lack of attention; **en un momento de ~ del profesor** while the teacher's attention was distracted for a moment

inadvertidamente *adv* 1 (por equivocación) inadvertently, by mistake 2 (sin darse cuenta) without noticing

inadvertido -da *adj*
A (no notado): **pasar ~** to go unnoticed; **su presencia pasó inadvertida** his presence went unnoticed
B (distraído) distracted

inagotable *adj* ‹*fuente/reservas*› inexhaustible, infinite, endless; **tiene una paciencia ~** she has endless patience

inaguantable *adj* 1 [SER] ‹*dolor/calor/peso*› unbearable 2 ‹*persona*› unbearable; **hoy está ~** he's (being) unbearable today; **ese tipo es ~** that guy is unbearable

INAH /'ina/ *m* (en Méx) = **Instituto Nacional de Antropología e Historia**

inalámbricamente *adv* wirelessly

inalámbrico -ca *adj* ‹*teléfono*› cordless; ‹*comunicaciones*› wireless

in albis *loc adv*: **me quedé ~ ~** I was totally lost *o* baffled *o* in the dark (colloq), I didn't have a clue (colloq)

inalcanzable *adj* ‹*objetivo*› unattainable, unachievable; **los Lakers ya son prácticamente ~s** (Dep) the Lakers now have a practically unassailable lead

inalienable *adj* inalienable

inalterabilidad *f* inalterability, immutability

inalterable *adj* 1 ‹*expresión*› impassive; ‹*valores*› immutable (frml); **una mujer de una serenidad ~** a woman of immutable *o* unalterable serenity 2 ‹*roca*› inalterable, unalterable; **un metal ~** a metal which does not rust or corrode 3 ‹*color*› fast

inalterado -da *adj* unchanged, unaltered

inamovible *adj*: **es ~ de su cargo** she cannot be removed from her post

inane *adj* (frml) inane

inanición *f* starvation; **murió de ~** he died of starvation, he starved (to death)

inanidad *f* (frml) inanity

inanimado -da *adj* inanimate

inánime *adj* (frml) inanimate, lifeless

inapelabilidad *f* finality, unappealable nature

inapelable *adj* 1 ‹*decisión*› unappealable, not open to appeal; **el fallo es ~** there is no right of appeal against the verdict 2 ‹*triunfo/victoria*› indisputable

inapetencia *f* lack of appetite

inapetente *adj* lacking in appetite; **llamó al médico porque el niño estaba ~** she called the doctor because her son wasn't eating *o* had lost his appetite

inaplazable *adj*: **tengo una reunión ~** I have a meeting which can't be postponed *o* put off

inaplicable *adj* inaplicable; **~ A algo/algn** inapplicable TO sth/sb, not applicable TO sth/sb

inapreciable *adj*
A (muy valioso) invaluable; **gracias a su ~ ayuda** thanks to her invaluable assistance; **un cuadro de un valor ~** a priceless painting
B (insignificante) negligible; **la diferencia es ~** the difference is negligible *o* hardly noticeable

inaprehensible *adj* intangible

inapropiado -da *adj* inappropriate

inarrugable *adj* crease-resistant

inarticulado -da *adj* 1 ‹*sonido*› inarticulate 2 (Zool) inarticulate

in artículo mortis *loc adv* (frml) in articulo mortis (frml), at the point *o* moment of death

inasequible *adj* 1 ‹*precio*› prohibitive; **una casa en esa zona es totalmente ~ para mí** a house in that area is totally beyond my means *o* is much more than I could afford 2 ‹*persona/tema*› (crit) inaccessible

inasistencia *f* absence; **su ~ a la reunión** his absence from the meeting, his failure to attend the meeting; **ha tenido dos ~s este mes** she has been absent twice *o* she has had two absences this month

inastillable *adj* shatterproof

inatención *f* inattention, lack of attention

inaudible *adj* inaudible

inaudito -ta *adj* ‹*decisión/suceso*› unprecedented; **alcanza límites ~s** it is beyond belief

inauguración *f* opening, inauguration (frml); **la ceremonia de ~ del nuevo hospital** the inauguration of *o* opening ceremony for the new hospital; **la ~ del curso universitario** the start of the university year

inaugural *adj* opening (*before n*), inaugural (frml)

inaugurar [A1] *vt* ‹*teatro/hospital*› to open, inaugurate (frml); ‹*monumento*› to unveil; ‹*exposición/sesión*› to open; **Brasil inauguró el marcador a los trece minutos** (period) Brazil opened the scoring after thirteen minutes

INB *m* (en Esp) = **Instituto Nacional de Bachillerato**

INBA /'imba/ *m* (en Méx) = **Instituto Nacional de Bellas Artes**

INBAD /'imbað/ *m* (en Esp) = **Instituto Nacional de Bachillerato a Distancia**

INC *m* (en Esp) = **Instituto Nacional del Consumo**

inca[1] *adj* Inca, Incaic

inca[2] *mf* Inca

> **Incas**
>
> Founded in the twelfth century in the region of Lake Titicaca, the Andean empire of the Quechua-speaking Incas grew until, by the fifteenth century, it extended from southern Colombia in the north to Argentina and central Chile in the south. Their society was rigidly divided into classes: the nobility, their servants, and the common people. The Incas worshipped the sun and the moon, and believed that Manco Capac, their first emperor or *inca*, was descended from the sun. An extensive network of roads was built to facilitate control over the empire from its capital in Cuzco. The Incas left an impressive heritage of monuments, including the palace complex of ▸**Machu Picchu**. The empire collapsed in 1533 when the Spanish *conquistador* Francisco Pizarro had the emperor Atahualpa executed and occupied Cuzco.

incaíble *m* (Méx) bobby pin (AmE), hairgrip (BrE)

incaico -ca *adj* Inca, Incaic

incalculable *adj* inestimable, incalculable

incalificable *adj* unspeakable; **su conducta es ~** his behavior is unspeakable *o* indescribable

incanato *m* Inca Empire
incandescencia *f* incandescence
incandescente *adj* incandescent
incansable *adj* tireless; **es ~** he's tireless, he has endless stamina
incansablemente *adv* tirelessly
incapacidad *f*
A 1 (física) disability, physical handicap; (mental) mental handicap 2 (Der) incapacity
(Compuestos)
• **incapacidad laboral** invalidity
• **incapacidad laboral transitoria** temporary disability
• **incapacidad legal** legal incapacity
B 1 (ineptitud) incompetence 2 (falta de capacidad) inability; **su ~ de** *or* **para organizarse** their inability to organize themselves
C (Col, Méx) (baja) sick leave
incapacitación *f* incapacitation (frml)
incapacitado -da *adj* 1 (físicamente) disabled, physically handicapped; (mentalmente) mentally handicapped; **quedó ~ a raíz de un accidente** he was disabled as a result of an accident 2 (Der) incapable
incapacitante *adj* ‹*herida/enfermedad*› (temporal) disabling, incapacitating; (permanente) disabling, crippling
incapacitar [A1] *vt* 1 «*enfermedad*» to incapacitate; **la lesión lo incapacita para el desempeño de su trabajo** the injury has left him unfit for work 2 (Der) to disqualify
■ **incapacitar** *vi* to incapacitate
incapaz¹ *adj*
A [SER] (de un logro, una hazaña): **no lo conseguirá nunca, es ~** he will never achieve it, he just isn't capable of it; **¿haría tal cosa? — no, hombre, es ~** would he do such a thing? — no way, he'd never do a thing like that (colloq); **~ DE algo** incapable OF sth; **es ~ de una cosa así** he's incapable of doing something like that, he'd never do a thing like that; **resultó ~ de vencerla** he was unable to beat her; **es ~ de hacerle daño a nadie** he's incapable of harming anyone, he wouldn't harm a fly (colloq); **este niño es ~ de estarse quieto un minuto** this child is incapable of sitting still *o* can't sit still for a minute; **es ~ de escribirme unas líneas** he can't even be bothered to write a few lines to me
B (Der) incapable
incapaz² *mf*
A (inútil, inepto) incompetent, incompetent fool; **hay que despedir a ese ~** we'll have to fire that incompetent fool *o* that hopeless incompetent; **es un ~ para todo** he's totally incompetent *o* useless *o* hopeless
B (Der) person lacking legal capacity
incario *m* Inca Empire
incásico -ca *adj* Inca, Incaic
incatalogable *adj* unclassifiable
incautación *f* (frml) seizure, confiscation
incautamente *adv*: **el engaño que sufren los turistas que ~ los compran** the deception suffered by the unwary tourists who buy them; **el virus entra en el sistema del usuario que ~ abre el archivo** the virus enters the system of the unwary user who opens the file; **cayeron ~ en la trampa** they were incautious and fell into the trap
incautar [A1] *vt* (frml) to seize, confiscate; **el dinero incautado será utilizado como prueba** the money seized will be used as evidence
■ **incautarse** *v pron* **~se DE algo** to seize *o* confiscate sth; **el juez se incautó de los bienes** the judge ordered the seizure *o* confiscation of the assets
incauto¹ -ta *adj* unsuspecting, unwary; **timan a los turistas ~s** they swindle unwary *o* unsuspecting *o* gullible tourists; **el lector ~ podría sacar la conclusión de que ...** if he is not careful, the reader could come to the conclusion that ...
incauto² -ta *m,f* unwary *o* unsuspecting person, sap (colloq)
INCE /'inse/ *m* (en Ven) = **Instituto Nacional para la Cultura y Educación**
incendiar [A1] *vt* 1 (prender fuego a) to set fire to 2 (quemar) ‹*edificio*› to burn down; ‹*coche*› to burn; ‹*pueblo/bosque*› to burn ... to the ground
■ **incendiarse** *v pron* 1 (empezar a arder) to catch fire 2 (destruirse) «*edificio*» to be burned down; **las ruinas de la casa incendiada** the ruins of the burnt-out house; **los bosques que se ~on el verano pasado** the forests that were destroyed by fire last summer
incendiario¹ -ria *adj* 1 ‹*proyectil*› incendiary (*before n*) 2 ‹*discurso/palabras*› inflammatory, incendiary (frml)
incendiario² -ria *m,f* arsonist
incendiarismo *m* arson
incendio *m* fire; **el ~ fue provocado** the fire was started deliberately; Ⓢ **peligro de incendio** fire hazard
(Compuestos)
• **incendio forestal** forest fire
• **incendio provocado** arson attack
incensario *m* censer, thurible
incentivación *f* 1 (estímulo) motivation 2 (Com) incentive scheme
incentivar [A1] *vt* (estimular) to encourage; (recompensar) to provide ... with incentives, give incentives to; **medidas para ~ la creación de puestos de trabajo** measures to encourage *o* stimulate the creation of jobs; **incentivan a los agricultores para que no planten estos cultivos** farmers are being provided with *o* given incentives not to plant these crops
incentivo *m* incentive; **un gran ~ para el ahorro** a great incentive to save; **sueldo fijo más ~s** basic wage plus bonuses *o* plus incentive payments
(Compuesto) **incentivo fiscal** tax incentive
incertidumbre *f* uncertainty
incesante *adj* incessant
incesantemente *adv* incessantly, unceasingly
incesto *m* incest
incestuoso -sa *adj* incestuous
incidencia *f*
A (frml) 1 (influencia, efecto) effect, impact; **tener ~ SOBRE** *or* **EN algo** to affect sth, have an effect *o* impact ON sth 2 (número de casos) incidence
B (Fís, Mat) incidence
C (episodio, suceso) incident, event; **un resumen de las ~s del viaje real** highlights of the royal tour
incidentado -da *adj* incident-packed, full of incident
incidental *adj* incidental
incidentalmente *adv* by chance; **~ pasaba por allí** I happened to be passing by
incidente¹ *adj* **~ EN algo**: **una agrupación ~ en la actualidad política** a group which plays an influential role in the current political situation
incidente² *m* incident; **no se registraron ~s durante la manifestación** (frml) the demonstration passed off without incident
incidiario -ria *adj* ▸ **prueba¹ A2**
incidir [I1] *vi* (frml)
A (influir) **~ EN algo** to have a bearing ON sth; **eso no incidió en nuestra decisión** that did not influence *o* affect our decision, that did not have any bearing on our decision; **la pobreza incide en la salud de estos jóvenes** poverty affects *o* has an effect on the health of these young people; **los factores que inciden en los accidentes de este tipo** the factors which contribute to *o* have a bearing on accidents of this kind
B (period) (insistir) **~ EN algo** to stress sth; **incidió en la necesidad de reducir la plantilla** he stressed the need to reduce the workforce
C (incurrir) **~ EN algo**: **generación tras generación incidimos en el mismo error** we make the same mistake generation after generation, generation after generation we fall into the same error (frml)
D 1 (Fís, Mat) **~ EN** *or* **SOBRE algo** «*luz/rayos*» to fall ON sth, strike sth; «*línea*» to meet *o* intersect sth 2 (cortar) to incise
incienso *m* incense; **oro, ~ y mirra** (Bib) gold, frankincense and myrrh
incierto -ta *adj* 1 (dudoso, inseguro) uncertain; **el futuro es ~** the future is uncertain 2 (no verdadero) untrue 3 (poco firme) unsteady
incineración *f* 1 (de basura) incineration 2 (de cadáveres) cremation
incinerador *m*, **incineradora** *f* incinerator
incinerar [A1] *vt* 1 ‹*basura*› to incinerate, burn 2 ‹*cadáver*› to cremate
incipiente *adj* (frml o liter) 1 ‹*barba/bigote*› incipient (liter) 2 ‹*mejoría/síntoma*› incipient (frml); **una ~ amistad** a newly found friendship; **esta ~ democracia** this incipient *o* infant democracy
incircunciso -sa *adj* uncircumcised
incisión *f* incision
incisivo¹ -va *adj* 1 ‹*instrumento*› cutting 2 ‹*crítica/discurso*› incisive
incisivo² *m* incisor
inciso¹ -sa *adj*: **heridas incisas** knife wounds, gashes
inciso² *m* 1 (paréntesis) digression; (interrupción) interpolation; **hizo un ~ para explicar el cambio** he digressed in order to explain the change 2 (párrafo) paragraph, subsection; **artículo 27, ~ vii** article 27, paragraph *o* subsection vii 3 (Ling) interpolated clause
incitación *f* **~ A algo** incitement TO sth; **~ a la rebelión/violencia** incitement to rebellion/violence
incitador¹ -dora *adj* inflammatory, provocative
incitador² -dora *m,f* agitator
incitante *adj* provocative
incitar [A1] *vt* **~ a algn A algo** to incite sb TO sth; **~on al ejército a la rebelión** they incited the army to rebellion *o* to rebel; **películas que incitan a la violencia** films which encourage violence *o* which incite people to violence; **lo hizo incitado por sus compañeros** his friends encouraged him to do it, his friends put him up to it (colloq); **~ a algn CONTRA algn** to incite sb AGAINST sb; **los incitaba contra sus superiores** he was inciting them against their superiors
incívico -ca *adj* antisocial, lacking public spirit
incivil *adj* uncivil, discourteous, impolite
incivilidad *f* incivility, bad manners (*pl*), impoliteness
incivilizado -da *adj* 1 (falto de modales) uncivilized 2 ‹*pueblo*› uncivilized
incivismo *m* lack of public spirit
incl. (= **inclusive**) incl.
inclasificable *adj* unclassifiable
inclemencia *f* inclemency; **las ~s del tiempo** the inclemency of the weather
inclemente *adj* bad, inclement (liter)
inclinación *f*
A 1 (pendiente) slope; **la ~ del terreno** the slope of the land 2 (ángulo) inclination; **la ~ de una torre** the lean *o* inclination of a tower; **a una ~ de 60 grados** at an inclination of 60 degrees
(Compuesto) **inclinación magnética** magnetic dip *o* inclination
B (movimiento del cuerpo) bow; **me saludó con una leve ~** he acknowledged me with a slight bow; **asintió con una ~ de la cabeza** he nodded (his head) in agreement
C 1 (interés, tendencia) **~ POR** *or* **HACIA algo**: **siempre tuvo ~ por** *or* **hacia la música** he always had a musical bent *o* musical inclinations; **sus inclinaciones políticas** his political leanings *o* tendencies; **inclinaciones sexuales** sexual leanings; **tiene una cierta ~ a decir mentiras** he has a tendency to *o* he tends to tell lies; **inclinaciones suicidas** suicidal tendencies 2 (predilección) **~ POR algn**: **tiene una ~ especial por la pequeña** she's especially fond of the youngest one

inclinado -da *adj*
A ‹*tejado/terreno*› sloping; ‹*torre*› leaning (*before n*); ‹*cuadro*› crooked; **subieron por una pendiente muy inclinada** they went up a very steep slope *o* incline; **tiene la letra inclinada** she has sloping *o* slanting handwriting
B (predispuesto) **sentirse ~ A + INF** to feel inclined to + INF; **me siento inclinada a aceptar** I feel *o* I am inclined to accept

inclinar [A1] *vt*
A ‹*botella/sombrilla/plato*› to tilt; **árboles inclinados por el viento** trees leaning over in *o* bowed by the wind; **inclinó la cabeza en señal de asentimiento** he nodded (his head) in agreement; **inclinó la cabeza a un lado** she tilted *o* leaned her head to one side
B (inducir, predisponer) ‹*persona*› **~ a algn A + INF**: **todo me inclina a pensar que no habrá cambios** all this makes me inclined to think that things will not change; **su testimonio inclinó al juez a revocar la sentencia** his evidence disposed the judge to revoke the sentence (frml)
■ **inclinarse** *v pron*
A (tender) **~se A + INF** to be inclined to + INF; **me inclino a creer su versión** I am inclined *o* I tend to believe her version; **~se POR algn** *or* **algo**: **me inclino por el último candidato** I'm inclined to go for the last interviewee; **yo me ~ía por la primera alternativa** I would tend to favor the first alternative
B **1** (doblarse) to bend; (en señal de respeto) to bow; **se inclinó ante el Rey** he bowed to *o* before the King; **me incliné para besarle la mano** I bent (down) to kiss her hand **2** (hacia adelante, hacia un lado) to lean; **se inclinó sobre la cuna** she leaned over the cradle; **~se hacia adelante/atrás** to lean forward/back

ínclito -ta *adj* (liter) illustrious (frml)

incluir [I20] *vt*
A (comprender) **1** ‹*impuestos/gastos*› to include; **sin ~ los gastos** exclusive of expenses; **$500 todo incluido** $500 all inclusive *o* all in **2** ‹*tema/sección*› to include, contain; **sus tareas incluyen la preparación del presupuesto** her duties include preparing the budget
B (poner, agregar) **1** (en un grupo) to include; **¿vamos a ~ a todo el personal?** are we going to include all the staff?; **¿te incluyo en la lista?** shall I put you on the list? **2** (en una carta) ‹*cheque/folleto*› to enclose

inclusa *f* children's home

inclusero -ra *m,f*: *child brought up in a children's home*

inclusión *f* inclusion

inclusive *adj inv* inclusive; **del 10 al 18, ambos ~** from 10 to 18 inclusive; **abierto toda la semana, domingos ~** open every day including Sundays; **hasta el sábado ~** up to and including Saturday

incluso *adv* even; **~ se ofreció para llevarme al aeropuerto** she even offered to take me to the airport; **estaba muy animado, ~ hablador** he was very cheerful, in fact he was quite talkative

incoación *f* (frml) initiation (frml)

incoar [A1] *vt* (frml) to initiate (frml)

incoativo -va *adj* (frml) inchoative (frml)

incobrable *adj* irrecoverable

incógnita *f* **1** (Mat) unknown, unknown factor *o* quantity **2** (misterio) mystery; **sus motivos siguen siendo una ~** his motives remain a mystery; **el pequeño es todavía una ~** the youngest (child) is still an unknown quantity; ***despejar la ~*** (Mat) to find (the value of) the unknown factor *o* quantity; **queda por despejar la ~ de si ...** what we still do not know is whether ..., what remains to be seen is whether ...

incógnito **-ta** *adj* **1** (liter) (desconocido) unknown; **vastas regiones incógnitas** vast unexplored *o* unknown regions; **ciertos aspectos de su cultura aún permanecen ~s** certain aspects of their culture still remain a mystery, we still know nothing about certain aspects of their culture **2** **de incógnito** ‹*viajar*› incognito

incognoscible *adj* unknowable

incoherencia *f* **1** (cualidad) incoherence **2** (dicho, hecho): **murmuraba ~s** she was mumbling something incoherent *o* things that didn't make sense; **hacer eso fue una ~** that was an inconsistent thing to do

incoherente *adj* **1** (incongruente) incoherent, illogical **2** (inconsecuente) inconsistent

incoloro -ra *adj* colorless*

incólume *adj* (liter) unscathed, unharmed

incombustible *adj* fireproof, incombustible (tech)

INCOMEX /iŋko'meks/ *m* (en Col) = **Instituto Nacional de Comercio Exterior**

incomible *adj* inedible, uneatable

incomodada *f* (Méx fam) fit (colloq), conniption fit (AmE colloq); **se dio una ~ de todos los diablos cuando lo vio** she had fifty fits when she saw it (colloq)

incómodamente *adv* **1** (sin confort) uncomfortably **2** (inconvenientemente) inconveniently; **lugares ~ apartados** inconveniently remote places

incomodar [A1] *vt* **1** (causar vergüenza) to make ... feel uncomfortable; **su pregunta me incomodó bastante** her question made me feel rather awkward *o* uncomfortable **2** (causar inconvenientes) to inconvenience, put ... out; **perdón, no quería ~** I'm sorry, I didn't mean to put you out *o* to incovenience you *o* to put you to any trouble; **espero que no te incomode compartir la habitación** I hope you don't mind sharing the room
■ **incomodarse** *v pron* **1** (sentir vergüenza) to feel uncomfortable **2** (pasar inconvenientes) to put oneself out **3** (enojarse) to get annoyed

incomodidad *f* **1** (de un sillón, una postura) uncomfortableness **2** (molestia) inconvenience; **no tener teléfono es una ~** it's a nuisance *o* it's very inconvenient not having a telephone; **siento mucho causarles tantas ~es** I'm very sorry to cause you so much bother *o* inconvenience, I'm very sorry to put you to so much trouble; **la ~ de vivir tan lejos** the inconvenience of living so far away

incómodo -da *adj* **1** ‹*silla/cama*› uncomfortable; **¿no estás ~ en ese sillón?** aren't you uncomfortable in that armchair? **2** (molesto, violento) uncomfortable; **me siento incómoda con esta ropa** I feel uncomfortable in these clothes, I don't feel right in these clothes; **se siente muy ~ en las fiestas** he feels very awkward *o* ill at ease *o* uncomfortable at parties; **sería muy ~ para mí tener que decírselo** it would be very awkward *o* embarrassing for me to have to tell him; ***estar ~ con algn*** (Andes) to be annoyed with sb **3** (inconveniente) inconvenient; **es muy ~ vivir tan lejos del centro** it's very inconvenient *o* it's a nuisance living so far from the center

incomparable *adj* incomparable

incomparablemente *adv* incomparably

incomparecencia *f* (frml) failure to appear, nonappearance

incompatibilidad *f*
A (cualidad) incompatibility; **~ de intereses** conflict *o* clash of interests
(Compuesto) **incompatibilidad de caracteres** incompatibility
B (Inf, Video) incompatibility

incompatibilizar [A4] *vt*
A ‹*cargos/funciones*› to make ... incompatible; **~ algo CON algo** to make sth incompatible WITH sth
B ‹*persona*› to disqualify; **~ a algn PARA hacer algo** to disqualify sb FROM doing sth

incompatible *adj* **1** ‹*personas/caracteres*› incompatible **2** ‹*cargos/trabajos*›: **los dos cargos son ~s** the two posts may not be held concurrently *o* at the same time; **el horario de clases es ~ con el de mi trabajo** the times of the classes clash with my work hours

incompetencia *f* incompetence

incompetente *adj/mf* incompetent

incompleto -ta *adj* ‹*colección/vajilla*› incomplete; ‹*informe/lista*› incomplete, unfinished

incomprendido[1] **-da** *adj* misunderstood; **se siente ~** he feels misunderstood, he feels people don't understand him

incomprendido[2] **-da** *m,f*: **se consideraba un ~** he used to feel that he was misunderstood *o* that people did not understand him

incomprensible *adj* incomprehensible; **su decisión me parece ~** I find her decision incomprehensible, I just do not understand her decision

incomprensiblemente *adv* incomprehensibly

incomprensión *f* lack of understanding

incomprensivo -va *adj*: **eres muy ~ con ellos** you aren't very understanding *o* sympathetic with *o* toward(s) them

incomunicación *f* **1** (incomprensión) lack of communication **2** (entre lugares) lack of communications **3** (de un detenido — como castigo) solitary confinement; (— para interrogar): **solicitó la ~ del detenido** he requested that the prisoner be held incommunicado

incomunicar [A2] *vt* **1** ‹*pueblo/zona*› to cut ... off **2** ‹*detenido*› (para interrogar) to hold ... incommunicado; (como castigo) to put ... in solitary confinement

inconcebible *adj* inconceivable; **es ~ que no tomen medidas para evitarlo** it's unbelievable *o* it seems inconceivable that they don't take steps to avoid it; **un gesto así en él hubiera sido ~ hace algunos años** a few years ago it would have been inconceivable *o* unthinkable for him to have made a gesture like that

inconcebiblemente *adv* inconceivably

inconciliable *adj* irreconcilable

inconcluso -sa *adj* unfinished

inconcluyente *adj* inconclusive

inconcreción *f* vagueness, imprecision

inconcreto -ta *adj* vague, imprecise

inconcuso -sa *adj* (frml) indisputable, undeniable

incondicional[1] *adj* **1** ‹*apoyo*› unconditional, wholehearted; ‹*obediencia*› absolute; **un amigo ~** a true *o* staunch friend **2** ‹*rendición*› unconditional

incondicional[2] *mf* committed supporter, stalwart

incondicionalidad *f* unconditionality, unconditional nature

incondicionalismo *m* servility

inconexo -xa *adj* unconnected, disjointed

inconfesable *adj* unmentionable

inconfeso -sa *adj* unconfessed

inconforme *adj/mf* nonconformist

inconformismo *m* nonconformity

inconformista *adj/mf* nonconformist

inconfundible *adj* unmistakable

inconfundiblemente *adv* unmistakably

incongruencia *f* **1** (cualidad) incongruity, inconsistency **2** (dicho, hecho) inconsistency; **no dice más que ~s** she's always contradicting herself, the things she says don't make any sense *o* are totally inconsistent; **un sistema político lleno de ~s** a political system riddled with contradictions *o* incongruities

incongruente *adj*: **decía palabras ~s** his words didn't make sense; **estas imágenes aparentemente ~s** these apparently unconnected images

incongruo -grua *adj* incongruous

inconmensurable *adj* (liter) vast, immense

inconmovible *adj*: **es ~, de nada valen las súplicas** he's implacable, no amount of pleading will make him change his mind; **permaneció ~ ante mi llanto** she remained unmoved by my tears

inconmutable *adj* non-commutable

inconocible *adj*
A (frml) ‹*verdad/origen*› unknowable; **lo ~** the unknowable
B (esp AmL) ▸ **irreconocible**

inconquistable *adj* ‹*fortaleza*› impregnable; ‹*tierras*› unconquerable

i

inconsciencia *f* 1 (Med) unconsciousness; **se encuentra en estado de ~** she is unconscious 2 (insensatez) irresponsibility; **actúa con una ~ propia de los 15 años** he acts as irresponsibly *o* he's as irresponsible as a 15-year-old

inconsciente[1] *adj*
A [ESTAR] (Med) unconscious
B [SER] (insensato) irresponsible
C [SER] (no voluntario) ‹*movimiento/gesto*› unwitting, unconscious; **lo hizo de una manera ~** he did it unwittingly *o* unconsciously, he did it without realizing

inconsciente[2] *mf* irresponsible person; **a esa edad los jóvenes son unos ~s** at that age youngsters are very irresponsible

inconsciente[3] *m* unconscious
(Compuesto) **inconsciente colectivo** collective unconscious

inconscientemente *adv* unconsciously, unwittingly

inconsecuencia *f* failure to act according to one's beliefs (*o* principles *etc*)

inconsecuente *adj*: **no puedo aceptar, no puedo ser ~ conmigo mismo** I can't accept, it would be inconsistent with my principles; **no seas ~** don't betray your principles, you must act according to your principles (*o* beliefs *etc*)

inconsistencia *f* 1 (de un material) flimsiness, weakness; **explotaron bien las ~s de los Eagles** they exploited the Eagles' weak points well 2 (de un argumento — falta de solidez) weakness, flimsiness; (— falta de coherencia) inconsistency; **la ~ de la defensa** the weakness *o* flimsiness of the case for the defense; **hay varias ~s en su razonamiento** there are several inconsistencies *o* discrepancies in his reasoning

inconsistente *adj* 1 ‹*material*› flimsy, weak 2 ‹*argumento*› (falto de solidez) weak, flimsy, insubstantial; (falto de coherencia) inconsistent

inconsolable *adj* inconsolable

inconstancia *f* 1 (falta de perseverancia) lack of perseverance *o* determination 2 (volubilidad) fickleness

inconstante *adj* 1 (falto de perseverancia) lacking in perseverance; **nunca llegó a ser campeón por ~** he never became champion because he lacked application 2 (voluble) fickle

inconstitucional *adj* unconstitutional

inconstitucionalidad *f* unconstitutionality, unconstitutional nature

inconsumible *adj*
A ‹*agua/producto*› unfit for consumption
B (liter) ‹*fuego*› inextinguishable; ‹*amor*› undying

incontable *adj* countless, innumerable

incontaminado -da *adj* ‹*región*› unpolluted; ‹*río*› uncontaminated, unpolluted; **un hombre sencillo ~ por el consumismo** a simple man uncontaminated *o* untainted by consumerism

incontenible *adj* ‹*risa/llanto*› uncontrollable, uncontainable; **los gritos de júbilo eran ~s** their cries of joy were uncontainable; **me entraron unos deseos ~s de darle una bofetada** I had an uncontrollable *o* irrepressible urge to hit him

incontestable *adj* 1 ‹*razonamiento*› unanswerable, irrefutable; ‹*prueba*› indisputable, irrefutable, incontestable (frml) 2 ‹*pregunta*› impossible to answer, unanswerable

incontestablemente *adv* undeniably

incontestado -da *adj* undisputed, unchallenged

incontinencia *f* incontinence

incontinente *adj* incontinent

incontrolable *adj* uncontrollable

incontrolablemente *adv* uncontrollably

incontroladamente *adv* uncontrollably

incontrolado[1] **-da** *adj* 1 ‹*furia/pasión/ira*› uncontrolled, unbridled (liter); **unos jóvenes ~s prendieron fuego a un autobús** some young hooligans set fire to a bus; **la furia incontrolada de la tormenta** (liter) the unbridled fury of the storm (liter) 2 ‹*llanto/risa*› uncontrollable 3 ‹*fuego*›: **el fuego sigue ~** the fire is still out of control

incontrolado[2] **-da** *m,f*: **un grupo de ~s saqueaba las tiendas** an uncontrolled *o* wild mob was looting the stores

incontrovertible *adj* indisputable, irrefutable, incontrovertible (frml)

incontrovertido -da *adj* undisputed

inconveniencia *f* 1 (cualidad) inconvenience; **destacó la ~ de convocar una nueva reunión** he pointed out that it would be inconvenient to call another meeting 2 (comentario inoportuno) tactless remark

inconveniente[1] *adj* 1 (incómodo) ‹*hora/fecha*› inconvenient 2 (inapropiado) ‹*lecturas/chistes*› unsuitable

inconveniente[2] *m* 1 (problema) problem; **si no surge ningún ~ llegaré mañana** if everything goes according to plan *o* if there are no problems *o* hitches I'll be there tomorrow; **tiene el ~ de que está muy lejos** the problem with it *o* (colloq) the snag is it's too far; **¿habría algún ~ en que nos quedemos unos días más?** would it be alright *o* would there be any problem if we stayed a few more days? 2 (desventaja) drawback, disadvantage; **el horario tiene sus ventajas y sus ~s** the schedule has its advantages and its disadvantages *o* drawbacks 3 (objeción) objection; **no tengo ~, puedes ir** I've no objection: you can go; **si usted no tiene ~ preferiría que lo pagara ahora** I would rather you paid now if you don't mind; **no tengo ~ en decírselo** I don't mind telling him; **¿hay algún ~ en pagar en pesos?** is it all right to pay in pesos?; **no veo ningún ~ en que venga** I see no reason why he shouldn't come, I have nothing against his coming

INCORA /iŋ'kora/ *m* = **Instituto Colombiano de Reforma Agraria**

incordiante[1] *adj* (Esp fam) annoying, bothersome

incordiante[2] *mf* (Esp fam) nuisance, pest (colloq)

incordiar [A1] *vt* (Esp fam) to annoy, to pester (colloq), to bug (colloq)
■ **incordiar** *vi* (Esp): **¡no incordies!** don't be such a nuisance!; **lo hace para ~** (fam) he does it just to be annoying; **intentaré ~ lo menos posible** I'll try to cause as little inconvenience *o* trouble as possible

incordio *m* (Esp fam) 1 (persona pesada) nuisance, pest (colloq) 2 (cosa molesta) nuisance (colloq), pain in the neck (colloq), drag (colloq)

incorporación *f* incorporation; **excelente remuneración. I~ inmediata** excellent salary. To start immediately

incorporado -da *adj* integral, built-in

incorporal *adj* incorporeal

incorporar [A1] *vt* (frml)
A 1 (agregar) to add; **~ algo A algo** to add sth TO sth, include sth IN sth; **incorporó estos detalles a su informe** he added these details to *o* included these details in his report; **~ las claras batidas a la mezcla** fold the whisked egg whites into the mixture; **le ha sido incorporado un nuevo sistema de ventilación** it has been fitted with a new cooling system 2 ‹*empleado*› **~ a algn A algo** to assign sb TO sth 3 ‹*recluta*› to draft, call up
B (incluir, contener) ‹*innovaciones/información*› to incorporate, include
C ‹*enfermo/niño*› to sit … up
■ **incorporarse** *v pron* (frml)
A (a un equipo, puesto) to join; **~se A algo** to join sth; **~se a filas** to join up, join the army
B (levantarse) to sit up

incorpóreo -rea *adj* incorporeal

incorrección *f* 1 (error) mistake, error; **el artículo está lleno de incorrecciones** the article is full of errors *o* inaccuracies *o* mistakes; **ese uso de la palabra es una ~** that use of the word is incorrect 2 (descortesía) discourtesy; **me parece una ~ no invitarlo** it seems impolite *o* bad manners *o* a discourtesy not to invite him

incorrectamente *adv* 1 ‹*sumar/contestar*› incorrectly, wrongly 2 (con descortesía) rudely, improperly

incorrecto -ta *adj* 1 ‹*respuesta*› incorrect, wrong; ‹*interpretación*› incorrect 2 ‹*comportamiento*› impolite, discourteous (frml)

incorregible *adj* 1 ‹*persona*› incorrigible 2 ‹*defecto*› irremediable, uncorrectable

incorruptibilidad *f* incorruptibility

incorruptible *adj* incorruptible

incorrupto -ta *adj* incorrupt

incredibilidad *f* incredibility, incredible nature

incredulidad *f* skepticism*

incrédulo[1] **-la** *adj* skeptical*

incrédulo[2] **-la** *m,f* skeptic*

increíble *adj* ‹*historia*› incredible, unbelievable; **me pasó una cosa ~** (fam) something incredible happened to me (colloq)

increíblemente *adv* incredibly, unbelievably

incrementar [A1] *vt* (frml) to increase
■ **incrementarse** *v pron* (frml) to increase

incremento *m* (frml) (aumento) increase; (del salario) increase, increment

increpación *f* (frml): **fue objeto de duras increpaciones por parte de los demás miembros** he was taken to task by *o* upbraided by *o* severely criticized by the other members

increpar [A1] *vt*: **los jugadores ~on al árbitro** the players spoke angrily to *o* berated the referee; **-nunca debiste permitirlo -lo increpó** you should never have allowed it, she rebuked him; **me increpaba y trataba de pegarme** he was shouting (angrily) at me and trying to hit me

in crescendo *loc adv* (frml): **ir ~ ~** to increase *o* build gradually

incriminación *f* (frml) incrimination

incriminar [A1] *vt* (frml) 1 «*pruebas*» to incriminate; **hay pruebas que lo incriminan** there is evidence which incriminates him, there is incriminating evidence against him 2 (acusar, inculpar) to charge

incriminatorio -ria *adj* (frml) incriminating

incróspido -da, incrúspido -da *adj* (Méx fam) plastered (colloq)

incruento -ta *adj* (liter) bloodless

incrustación *f* 1 (Art): **con incrustaciones de nácar** inlaid with mother-of-pearl; **un brazalete de oro con incrustaciones de rubíes** a gold bracelet set with rubies 2 (Col) (Odont) filling

incrustar [A1] *vt* 1 ‹*piedra preciosa*› **~ algo EN algo** to set sth IN sth; **casi me incrusta en la pared** (fam) he nearly knocked me through the wall (colloq) 2 **~ algo DE or CON algo**: **una tiara incrustada de or con diamantes** a tiara set *o* incrusted with diamonds 3 ‹*espada/navaja*› **~ algo EN algo** to bury sth IN sth
■ **incrustarse** *v pron*: **la bala se incrustó en la pared** the bullet embedded *o* buried itself in the wall; **la suciedad se incrusta entre las baldosas** the dirt gets embedded between the tiles

incubación *f* 1 (de huevos) incubation 2 (de una enfermedad) incubation; **período de ~** incubation period

incubadora *f* incubator

incubar [A1] *vt* 1 ‹*huevos*› to incubate 2 ‹*enfermedad*› to incubate
■ **incubarse** *v pron* «*crisis*» to brew, build up

incuestionable *adj* unquestionable

incuestionablemente *adv* unquestionably

inculcación *f* (frml) inculcation (frml)

inculcar [A2] *vt* to instill*, inculcate (frml); **hay que ~les la honestidad desde pequeños** honesty has to be instilled in them from an early age; **la fe no se puede ~** faith cannot be taught; **las ideas que les inculcan en ese**

colegio the ideas they fill their heads with at that school

inculpabilidad *f* blamelessness, inculpability (frml)

inculpable *adj* blameless, inculpable (frml)

inculpación *f* charge, accusation

inculpado -da *m,f*: **el ~/la inculpada** the accused

inculpar [A1] *vt* (frml) to charge, accuse; **~on a uno de los cajeros del robo** one of the cashiers was charged with *o* accused of the robbery

incultivable *adj* uncultivable

inculto¹ -ta *adj*
A 1 (sin cultura) uncultured, uneducated 2 (ignorante) ignorant
B ‹*tierra*› uncultivated

inculto² -ta *m,f* 1 (persona sin cultura): **es un ~** he's uncultured *o* uneducated, he has no culture 2 (persona ignorante) ignorant person

incultura *f* 1 (falta de cultura) lack of culture 2 (ignorancia) ignorance, lack of education

incumbencia *f* responsibility; **eso es ~ del departamento comercial** (frml) that is the sales department's responsibility, the sales department is responsible for that; **eso no es de tu ~** that has nothing to do with you *o* does not concern you, that is no concern of yours

incumbir [I1] *vi* (*en tercera persona*): **~le a algn** to be sb's responsibility, be incumbent on *o* upon sb (frml); **este asunto no me incumbe** this matter is not my responsibility *o* does not concern me

incumplible *adj* unattainable, unachievable

incumplido -da *adj* (Col, Méx, Per) unreliable

incumplidor -dora *adj* (CS) unreliable

incumplimiento *m*: **el ~ de la ley** failure to comply with the law; **~ de contrato** breach of contract; **el ~ de esta promesa** failure to keep this promise

incumplir [I1] *vt* ‹*ley*› to break; ‹*contrato*› to breach; ‹*promesa*› to break
■ **incumplir** *vi* (Col, Méx, Per): **no me vayas a ~** don't let me down; **~ A algo: incumplió a la cita** she didn't show *o* turn up

incunable¹ *adj* incunabular

incunable² *m* incunabulum, incunable

incurabilidad *f* incurability

incurable *adj* incurable

incurrir [I1] *vi* (frml) 1 (en un error) **~ EN algo: incurrieron en el mismo error** they made the same mistake, they fell into the same error (frml); **incurrió en una tautología** what he said/wrote was tautologous; **incurrió en un delito de fraude** he committed fraud 2 (en gastos) **~ EN algo: los gastos en que incurrimos** the expenses we incurred; **incurrieron en pérdidas de cuatro millones de dólares** they incurred *o* suffered losses of four million dollars

incursión *f* (Mil) incursion, raid; **su ~ en el surrealismo** her foray into surrealism

incursionar [A1] *vi* (AmL) **~ EN algo** to make incursions INTO sth

INDA /'inda/ *m* (en Chi) = **Instituto Nacional de Desarrollo Agropecuario**

indagación *f* (frml) investigation; **indagaciones** inquiries*, investigations; **hacer indagaciones** to make inquiries*, to investigate

indagar [A3] *vt* (frml) to investigate
■ **indagar** *vi* to make inquiries*, investigate

indagatoria *f* (frml) statement; **rendir ~** to make a statement

indagatorio -ria *adj* (frml) ‹*fase*› investigatory; **la comisión indagatoria** the investigating committee, the committee of inquiry*

indebidamente *adv* 1 (incorrectamente) improperly 2 (injustamente) wrongfully; **lo acusaron ~** he was wrongfully accused

indebido -da *adj* 1 (incorrecto) improper; **el uso ~ de una medicina/palabra** the improper use of a medicine/word 2 (injustificado) wrongful; **el uso ~ de los fondos del club** improper *o* wrongful use of club funds; **el uso ~ de la canción en un anuncio** use of the song in a commercial without permission; Ⓢ **prohibido el uso indebido bajo multa de 30 euros** penalty for improper use: 30 euros; ▸**apropiación, despido** 3 ‹*acusación/multa*› unjust

indecencia *f* 1 (cualidad) indecency 2 (cosa, hecho): **esa película es una ~** that movie is obscene; **presentarse así en público es una ~** it's indecent to appear in public like that

indecente¹ *adj* 1 ‹*persona*› indecent; ‹*vestido*› indecent; ‹*película/lenguaje*› obscene 2 (miserable) wretched, miserable

indecente² *mf* rude *o* shameless person

indecentemente *adv* indecently

indecible *adj* indescribable; **ha sufrido lo ~ con esa enfermedad** he has suffered indescribable pain with that illness; **hizo lo ~ por ayudarme** she did her utmost to help me; **la ~ miseria de la droga** the unspeakable *o* indescribable misery that drugs cause

indeciblemente *adv* unspeakably

indecisión *f* indecision; **un momento de ~** a moment's indecision

indeciso¹ -sa *adj*
A ‹*persona*› 1 [SER] indecisive; **tiene un carácter muy ~** she's naturally indecisive 2 [ESTAR] undecided; **está ~ sobre qué candidato votar** he's undecided about which candidate to vote for
B ‹*resultado*› indecisive

indeciso² -sa *m,f* 1 (en general) indecisive person 2 (sobre un tema): **hay un gran número de ~s** there are a lot of people who are as yet undecided *o* who have still not made up their minds, there are a lot of undecided voters (*o* delegates *etc*)

indeclinable *adj*: **es una invitación ~** it's an invitation I can't turn down *o* decline; **su renuncia tiene carácter ~** his resignation is irrevocable

indecorosamente *adv* indecorously

indecoroso -sa *adj* unseemly, indecorous

indefectible *adj* (frml) ‹*buen humor/cortesía*› unfailing; **es ~ que llegue tarde** she never fails to arrive late; **él, su perro y la ~ bufanda de lana** him, his dog and his faithful *o* ever-present *o* trusty woolen scarf; **el ~ loquito que se lanza al ruedo** the usual *o* inevitable nutcase who jumps into the ring

indefectiblemente *adv* invariably, inevitably; **cuando vamos al campo ~ llueve** it invariably *o* inevitably rains when we go to the countryside

indefendible, indefensible *adj* indefensible

indefensión *f* defenselessness*; **se hallaban en un estado de total ~** they were totally defenseless

indefenso -sa *adj* ‹*niño/animal*› defenseless*; ‹*fortaleza*› undefended

indefinible *adj* indefinable

indefinición *f* lack of definition

indefinidamente *adv* indefinitely

indefinido -da *adj* 1 ‹*forma*› undefined, vague; **un color ~, entre gris y beige** a color that's difficult to describe, somewhere between gray and beige 2 (ilimitado) indefinite, unlimited; **el contrato es por tiempo ~** the contract is for an indefinite *o* unlimited period; ▸**artículo C**

indeformable *adj*: **materiales ~s** materials which do not lose their shape

indeleble *adj* ‹*tinta*› indelible; **aquella experiencia dejó en él una huella ~** that experience made a lasting *o* an indelible impression on him

indelicadeza *f* 1 (cualidad) indelicacy, lack of discretion 2 (acción) indiscretion; **cometió una ~ al preguntárselo** it was indiscreet *o* indelicate of her to ask him

indelicado -da *adj* indelicate (frml)

indemallable *adj* (CS) run-resistant, run-resist (AmE), ladderproof (BrE)

indemne *adj* (físicamente) unharmed, unscathed; **salió ~ de la investigación** she came through the investigation unscathed

indemnidad *f* indemnity

indemnizable *adj* indemnifiable, compensable; **perjuicios fácilmente ~s** damages that can be easily indemnified

indemnización *f* 1 (por pérdidas sufridas) compensation, indemnity (frml); (por posibles pérdidas) indemnity; **cobramos una buena ~** we received generous compensation 2 (por despido) severance pay

Compuestos
- **indemnización por daños y perjuicios** damages (*pl*)
- **indemnización por desplazamiento** relocation allowance

indemnizar [A4] *vt* 1 (por pérdidas sufridas) to compensate, indemnify (frml); (por posibles pérdidas) to indemnify; **tuvimos que ~lo por los daños ocasionados** we had to compensate him *o* pay him compensation for the damage; **fue indemnizado con un millón de euros** he was given one million euros (in) compensation 2 (por despido) to pay severance pay to

indemnizatorio -ria *adj* compensatory

indemostrable *adj* indemonstrable, impossible to demonstrate

independencia *f* independence; **quiere conservar su ~** she wants to retain her independence; **con ~ de lo que se pueda decidir posteriormente** independently of what may be decided subsequently

independentismo *m* independence movement

independentista¹ *adj* ‹*político/ideas*› pro-independence (*before n*); **el movimiento ~** the independence *o* pro-independence movement

independentista² *mf* supporter of the independence movement, pro-independence politician (*o* campaigner *etc*)

independiente¹ *adj* 1 ‹*carácter*› independent 2 ‹*político*› independent

independiente² *mf* independent, independent candidate

independientemente *adv* 1 ‹*actuar/funcionar*› independently 2 **~ DE algo** regardless OF sth; **yo voy a ir, ~ de que tú vengas o no** I'm going (regardless of) whether you come or not; **~ de lo que él pueda haber pensado** regardless of what he may have thought

independizar [A4] *vt* to make … independent
■ **independizarse** *v pron* to become independent, gain independence; **el país se independizó en el siglo XIX** the country became independent *o* gained (its) independence in the 19th century; **~se DE algn** to become independent OF sb; **quiere ~se de su familia** he wants to become independent of his family

indescifrable *adj* 1 ‹*jeroglífico/mensaje*› undecipherable 2 ‹*misterio*› unfathomable

indescriptible *adj* indescribable

indescriptiblemente *adv* indescribably

indeseable¹ *adj* undesirable

indeseable² *mf* undesirable

indeseado -da *adj* unwanted

indesmallable *adj* run-resistant, run-resist (AmE), ladderproof (BrE)

indesmayablemente *adv* tirelessly, unflaggingly

indestructible *adj* indestructible

indetectable *adv* undetectable

indeterminación *f* indecisiveness; ▸**principio**

indeterminado -da *adj* 1 (indefinido) indefinite; **se han declarado en huelga por tiempo ~** they have gone on indefinite strike 2 (no establecido) undetermined 3 (vago, impreciso) ‹*contorno/forma*› indeterminate 4 (Ling) indefinite

indexación *f* index-linking, indexation, indexing

indexar [A1] *vt* to index, index-link

India *f*: **la ~** India

indiada *f*
A (Bol, CS fam) **1** (grupo de indios) Indians (*pl*), group of Indians **2** (panda) gang (colloq), mob (colloq)
B (Col fam) (canallada) dirty trick (colloq); **hacerle una ~ a algn** to play a dirty trick on someone

indiano *m* (ant) *Spaniard who returned to Spain having made his fortune in Latin America*

Indias *fpl*: **las ~** (Hist) the Indies
Compuestos
- **Indias Occidentales** West Indies
- **Indias Orientales** East Indies

indicación *f* **1** (instrucción): **le dio indicaciones de cómo llegar ▸ p.431**; he gave her directions as to how to get there; **siguió las indicaciones del prospecto** she followed the instructions on the leaflet; **hizo algunas indicaciones sobre la forma de hacerlo** he gave us some indication *o* a few suggestions as to how to do it; **no dio ninguna ~ de sus intenciones** she gave no hint *o* indication of her intentions; **tiene que descansar después de comer por ~ médica** she is under doctor's orders to rest after eating **2** (señal) signal; **me hizo una ~ para que me acercara** he beckoned to me to go over **3** (de un instrumento) reading

indicado -da *adj* **1** (adecuado) suitable; **es la persona más indicada para hacerlo** he's the right *o* the best *o* the most suitable person for the job; **es la menos indicada para hacerlo** she's the last person who should do it; **es el momento menos ~ para hablar de eso** this is the worst possible time to talk about that; **es el tratamiento ~ en estos casos** it is the recommended treatment in these cases; **lo más ~ sería ir a su casa** the best thing to do would be to go to his house, it would be best to go to his house; **no me parece que sea el color ~** I don't think it's a very suitable *o* appropriate color **2** (señalado) ‹*hora/fecha*› specified; **a la hora indicada** at the time specified

indicador¹ -dora *adj* warning; **señal ~a de peligro** danger *o* warning sign

indicador² *m*
A (Auto) **1** (señal de tráfico) sign **2** (dispositivo) gauge; **~ del aceite** oil pressure gauge; **~ del nivel de la gasolina** fuel gauge; **~ de la velocidad del viento** wind speed indicator
Compuestos
- **indicador de dirección** indicator
- **indicador de velocidad** speedometer

B (Econ) indicator
C (Inf) flag

indicar [A2] *vt*
A (señalar) to indicate; **hay una flecha que indica el camino** there's an arrow indicating *o* showing the way; **¿me podría ~ dónde está la oficina/cómo llegar allí?** could you tell me where the office is/how to get there?; **me indicó el lugar en el mapa** he showed me *o* pointed out the place on the map; **todo parece ~ que ...** all the indications are that ..., there is every indication that ...; **no hay nada que indique lo contrario** there's nothing to say you can't (*o* he won't *etc*), there's nothing to indicate otherwise, there is no indication to the contrary (frml)
B (prescribir): **el abogado indicó el procedimiento que había que seguir** the lawyer told us the procedure we had to follow, the lawyer advised us of *o* indicated the procedure we had to follow; **siga las instrucciones que se indican al dorso** follow the instructions given on the back
C «*hechos/indicios*» (mostrar, denotar) to indicate, show; **el asterisco indica que se trata de la versión original** the asterisk indicates *o* shows *o* means that it is the original version; **todo parece ~ que van a bajar los tipos de interés** everything seems to point to a fall in interest rates; **es, como su propio nombre indica, una flor azul** it is, as its name suggests, a blue flower; **el termómetro indica un ligero descenso de las temperaturas** the thermometer shows a slight drop in temperature; **el precio no está indicado en el catálogo** the price isn't given *o* shown in the catalogue

indicativo¹ -va *adj*
A ‹*señal/síntoma*› **~ DE algo** indicative OF sth; **esto es ~ de que algo marcha mal** this is an indication that *o* this is indicative that something is wrong
B (Ling) indicative

indicativo² *m*
A (Ling) indicative; **presente de ~** present indicative
B **1** (Telec) code **2** (Rad) call sign
Compuesto **indicativo de nacionalidad** (vehicle) nationality plate

índice *m*
A **1** (de una publicación) index; (catálogo) catalog* **2** **el Índice** (Hist, Relig) the Index
Compuestos
- **índice alfabético** alphabetical index
- **índice temático** *or* **de materias** table of contents

B (Anat) index finger, forefinger
C **1** (Mat) index **2** (Inf) index **3** (tasa, coeficiente) rate; **un aumento en el ~ de criminalidad** an increase in the crime rate
Compuestos
- **índice cefálico** cephalic index
- **índice de audiencia** ratings (*pl*)
- **índice del costo** *or* (Esp) **coste de (la) vida** cost-of-living index
- **índice de masa corporal** body mass index
- **índice de mortalidad** death rate, mortality rate
- **índice de natalidad** birth rate
- **índice de precios al consumo** *or* **al consumidor** consumer prices index, ≈ retail price index (*in UK*)
- **índice de precios al por mayor** wholesale price index
- **índice de sobrevivencia** *or* **supervivencia** survival rate

D (indicio, muestra) sign, indication; **es un ~ de la crisis** it is a sign *o* an indication of the crisis

indiciación *f* index-linking, indexation, indexing

indiciado -da *m,f* (AmC, Méx, Ven): **el ~/los ~s** the accused

indiciar [A1] *vt*
A (poner índice a) to index, index-link
B (AmC, Méx, Ven) (Der) to prefer a charge *o* charges against

indicio *m*
A (señal, huella) sign, indication; **al menor ~ de peligro** at the slightest sign *o* indication *o* hint of danger; **no hay ~s de vida en la zona** there are no signs of life in the area; **el análisis revela ~s de potasio** the analysis shows traces of potassium
B (Der) piece of circumstantial evidence

Índico *adj*: **el (Océano) ~** the Indian Ocean

indiferencia *f* indifference

indiferente *adj* **1** (poco importante, de poco interés): **es ~ que salga hoy o mañana** it doesn't matter *o* it makes no difference *o* it's immaterial whether it goes today or tomorrow; **¿té o café? — me es ~** tea or coffee? — either *o* I don't mind *o* it makes no difference; **no me cae mal, me es ~** I don't dislike her, I don't really have any feelings one way or the other; **todo lo que no sea de su especialidad le es ~** he's not interested in anything that isn't connected with his speciality; **me es ~ su amistad** I'm not concerned *o* (colloq) bothered about his friendship **2** (poco interesado) indifferent; **se mostró totalmente ~ ante mi propuesta** he was totally indifferent to *o* uninterested in my suggestion; **~ A algo** indifferent TO sth; **~ al peligro** indifferent to *o* unconcerned about the danger; **permanecieron/se mostraron ~s a mis súplicas** they remained/they were indifferent to my pleas **3** (poco amable, afectuoso): **conmigo es fría e ~** she's cold and distant with me, she treats me coldly and with indifference **4** (mediocre) indifferent

indiferentemente *adv* indifferently

indígena¹ *adj* indigenous, native (*before n*)

indígena² *mf* native

indigencia *f* (frml) poverty; **vivió y murió en la más completa ~** he lived and died in abject poverty

indigenismo *m*
A (doctrina, estudio) indigenism
B (Ling) indigenous word (*o* expression *etc*)

indigenista¹ *adj*
A ‹*movimiento/política*› indigenist
B (Ling) indigenous

indigenista² *mf* indigenist

indigente¹ *adj* (frml) destitute, indigent (frml)

indigente² *mf* (frml) indigent (frml); **los ~s** the destitute

indigerible *adj* indigestible, undigestible

indigestarse [A1] *v pron*
A (Med) **1** «*persona*» to get indigestion **2** «*alimentos*» (+ *me/te/le etc*): **se me indigestaron los pimientos** the peppers gave me indigestion
B (fam) «*actividad*»: **tiene la química indigestada** he can't stand *o* (colloq) stomach chemistry

indigestión *f* indigestion

indigesto -ta *adj* ‹*alimento*› indigestible, difficult to digest; **un libro bastante ~** a book that is rather difficult to read *o* that is rather heavy going

indignación *f* indignation, anger; (más fuerte) outrage; **sentí una gran ~ al ver cómo la trató** I felt a great sense of indignation *o* I felt great anger when I saw how he treated her

indignado -da *adj* indignant, angry; (más fuerte) outraged, incensed; **se sintió indignada ante el tratamiento que recibió** she was indignant at the treatment she received; **estoy ~ con él** I'm very angry with him

indignante *adj* outrageous

indignar [A1] *vt* to make ... angry *o* indignant; (más fuerte) to outrage; **esto ha indignado a la opinión pública** this has aroused *o* caused public indignation; **lo indignó que lo despidieran sin previo aviso** he was outraged by the way in which he was dismissed without notice

■ **indignarse** *v pron* to get angry, become indignant; (más fuerte) to be outraged *o* incensed

indignidad *f* indignity

indigno -na *adj* **1** (impropio) unworthy; **~ DE algn** unworthy OF sb; **ese comportamiento es ~ de una persona de su clase** such behavior is unworthy of *o* unbecoming in a person of your background **2** (no merecedor) unworthy; **~ DE algo/algn: eres ~ de todo lo que ha hecho por ti** you're unworthy of *o* (frml) undeserving of all she's done for you, you don't deserve all she's done for you; **esa mujer es indigna de ti** that woman is unworthy of you **3** (humillante) degrading, humiliating **4** (vergonzoso) shameful, disgraceful, outrageous

índigo *m* indigo

indino¹ -na *adj* (Méx fam) (malvado) mean (colloq), rotten (colloq)

indino² -na *m,f* **1** (fam) (bribón) rascal (colloq) **2** (Méx fam) (malvado) mean bastard (sl), rotten swine (BrE colloq)

indio¹ -dia *adj*
A **1** (de América) Indian, American Indian, Amerindian; ***subírsele a algn lo ~*** (Méx fam): **ya se le estaba subiendo lo ~ con dos copas de más** he'd had too much to drink and he was getting out of hand *o* (colloq) out of order **2** (de la India) Indian, of/from India
B (Méx) ‹*gallo*› dark red

indio² -dia *m,f* **1** (de América) Indian, American Indian, Amerindian; ***hacer el ~*** (Esp fam) to act the fool (colloq); **~ *comido,* ~ *ido*** (Andes) *said by or of a person who eats and then leaves immediately* **2** (de la India) Indian **3** (Méx fam) (palurdo) yokel (pej *o* hum), hick (AmE colloq & pej), rube (AmE sl)

indirecta *f* hint; **lanzar** *or* **soltar una ~** to drop a hint; **¡vaya una ~ que le soltó!** that was a pretty heavy hint!; **¿en serio le dijiste eso? ¡qué ~!** you didn't really say that to him? that was subtle of you! (iro)

indirectamente *adv* indirectly

indirecto -ta *adj* 1 ‹*manera*› indirect; **contacto directo e ~** direct and indirect contact; **lo dijo de manera indirecta** he said it indirectly *o* in a roundabout way; **es una manera indirecta de decir que no** it's a roundabout *o* an indirect way of saying no 2 ‹*impuesto*› indirect 3 (Ling) ‹*objeto*› indirect

indiscernible *adv* indiscernible

indisciplina *f* (de una persona) indiscipline, lack of discipline; (Mil) insubordination

indisciplinado -da *adj* ‹*alumno*› undisciplined, unruly; ‹*soldado*› insubordinate

indisciplinarse [A1] *v pron* 1 «*tropa/soldado*» to be insubordinate 2 «*clase/alumno*» to get out of control

indiscreción *f* 1 (dicho, declaración — que molesta) indiscreet *o* tactless remark; (— que revela un secreto) indiscreet *o* unguarded remark; **¿podría decirme su edad, si no es ~?** could you tell me how old you are, if you don't mind my asking *o* if that's not a rude *o* an indiscreet question?; **cometió la ~ de preguntarle cuánto ganaba** he was so tactless as to ask her how much she earned, he committed the indiscretion of asking her how much she earned; **una ~ por su parte nos permitió conocer la verdad** an indiscreet *o* unguarded remark that he made enabled us to find out the truth 2 (cualidad — al decir cosas que molestan) lack of discretion *o* tact, tactlessness; (— al revelar un secreto) lack of discretion, indiscretion

indiscretamente *adv* indiscreetly

indiscreto -ta *adj* 1 (falto de tacto) ‹*pregunta*› indiscreet, tactless; **no seas ~, eso no se pregunta** don't be so indiscreet *o* tactless, you don't ask questions like that 2 (que revela un secreto) ‹*comentario*› indiscreet, unguarded; ‹*persona*› indiscreet; ‹*mirada*› indiscreet

indiscriminadamente *adv* indiscriminately

indiscriminado -da *adj* indiscriminate

indiscutible *adj* 1 ‹*pruebas*› indisputable, incontrovertible (frml); ‹*hecho/verdad*› indisputable, undeniable 2 ‹*líder/campeón*› undisputed

indiscutiblemente *adv* indisputably, undeniably

indiscutido -da *adj* undisputed

indisolubilidad *f* 1 (de un lazo) indissolubility 2 (Quím) insolubility

indisoluble *adj* 1 ‹*matrimonio/lazo*› indissoluble 2 (Quím) insoluble

indisolublemente *adv* indissolubly

indispensable *adj* ‹*persona*› indispensable; ‹*objeto*› indispensable, essential; **es ~ que acuda en persona** it is essential that you come in person; **se llevaron sólo lo ~** they took only the essentials *o* only what was strictly necessary

indisponer [E22] *vt*

A (Med) ‹*persona*› to make … unwell *o* ill

B (enemistar) **~ a algn CON *or* CONTRA algn** to turn *o* set sb AGAINST sb; **logró ~me con ella** he managed to turn *o* set me against her

■ **indisponerse** *v pron*

A 1 (Med) (caer enfermo) to fall *o* get ill, become indisposed (frml) 2 (CS euf) (empezar a menstruar) to start one's period

B (enemistarse) to fall out; **~se CON algn** to fall out WITH sb

indisposición *f* 1 (Med) slight illness, indisposition (frml) 2 (falta de voluntad) unwillingness; (falta de entusiasmo) disinclination

indispuesto -ta *adj*

A 1 (enfermo) unwell, indisposed (frml); **no acudió a la cita por hallarse ~** he did not keep the appointment as he felt unwell *o* he was indisposed 2 (CS euf) ‹*mujer*› **está indispuesta** she has her period, it's the time of the month (euph)

B (enfadado) **estar ~ CON *or* CONTRA algn** to be annoyed WITH sb

indisputable *adj* 1 ‹*hecho*› indisputable, unquestionable, undeniable 2 ‹*líder*› undisputed

indistinguible *adj* indistinguishable; **~ DE algo** indistinguishable FROM sth

indistintamente *adv* 1 (sin distinción, separación): **puede firmar uno u otro ~** either of you can sign, it doesn't matter which of you signs; **todos, ~, deberán hacer la prueba** everyone, without distinction *o* exception, will have to do the test; **culpaba a los liberales y a los conservadores ~** she blamed both liberals and conservatives alike 2 (no claramente) ‹*percibir/recordar*› vaguely; **las voces le llegaban ~ a través de la pared** she could hear the voices faintly *o* indistinctly through the wall

indistinto -ta *adj* 1 ‹*forma/contorno*› indistinct, vague; ‹*idea/recuerdo*› hazy, vague; ‹*voz/ruido*› indistinct, faint 2 (indiferente): **a mí me es ~** it makes no difference to me, it is immaterial to me

individua *f* (fam & pey) floozy (colloq & pej)

individual[1] *adj* 1 ‹*rasgos/características*› individual; ‹*libertades*› individual 2 ‹*cama/habitación*› single (*before n*); **mantel ~** place mat 3 ‹*caso*› one-off (*before n*), isolated 4 (Dep) ‹*prueba/final*› singles (*before n*)

individual[2] *m* 1 (Dep) singles (*pl*); **~ masculino/femenino** men's/women's singles 2 (mantel) place *o* table mat, mat

individualidad *f* individuality

individualismo *m* individualism

individualista[1] *adj* individualistic

individualista[2] *mf* individualist

individualizar [A4] *vi*: **no voy a ~** I'm not going to mention any names *o* single anyone out

■ **individualizar** *vt* ‹*causa/problema*› to isolate; **es preciso ~ los problemas y definirlos** we need to isolate the problems and define them

individualmente *adv* individually

individuo *m* 1 (persona indeterminada): **el presunto ladrón, un ~ alto, de mediana edad** the suspected thief, a tall, middle-aged man; **no podemos centrarlo en el idiolecto de un ~** we cannot base it on the idiolect of one individual *o* one person 2 (pey) (tipo) character (colloq), individual (colloq); **dos ~s un tanto extraños** two somewhat strange characters *o* individuals; **¿quién era ese ~ que iba contigo?** who was that guy you were with? (colloq) 3 (Fil, Sociol): **el ~** the individual 4 (de una especie) individual

indivisibilidad *f* indivisibility

indivisible *adj* indivisible

indivisión *f* joint possession *o* ownership

indiviso -sa *adj* undivided, whole

indizar [A4] *vt* ‹*libro/revista*› to index; ‹*archivo/datos*› (Inf) to index

Indo *m*: **el ~** the Indus

Indochina *f* Indochina

indocumentado[1] **-da** *adj* ‹*inmigrante/trabajador*› illegal; **un joven ~** a young man with no identity papers *o* who was not carrying his identity papers

indocumentado[2] **-da** *m,f* 1 *person lacking, or not carrying, identity papers* 2 (inmigrante) illegal immigrant

indoeuropeo[1] **-pea** *adj* Indo-European

indoeuropeo[2] **-pea** *m,f* 1 (persona) Indo-European 2 **indoeuropeo** *m* (idioma) Indo-European

índole *f* 1 (tipo, clase) kind, nature; **un problema de ~ afectiva** a problem of an emotional nature *o* kind; **temas de esta ~** matters of this sort *o* kind *o* nature 2 (manera de ser) nature; **ser de buena/mala ~** to be good-natured/ill-natured

indolencia *f* laziness, slackness, indolence

indolente *adj* lazy, slack, indolent

indoloro -ra *adj* painless

indomable *adj* 1 ‹*animal salvaje*› untamable*; ‹*caballo*› unbreakable 2 ‹*pueblo/tribu*› indomitable, unconquerable; **un joven valiente e ~** a courageous, indomitable young man; **niños rebeldes e ~s** rebellious, uncontrollable children 3 (fam) ‹*pelo/remolino*› unruly, unmanageable

indomado -da *adj* untamed

indomesticable *adv* which cannot be domesticated

indomiciliado -da *adj* (frml) undomiciled

indomitable *adj* (AmL) indomitable

indómito -ta *adj* 1 ‹*animal*› untamed 2 ‹*persona/temperamento*› indomitable, irrepressible; **aun después de este revés siguió ~** even after this setback he remained undaunted

Indonesia *f* Indonesia

indonesio -sia *adj/m,f* Indonesian

indostanés -nesa *adj/m,f* Hindustani

indostaní *m* Hindustani

indubitable *adj* (frml) indubitable (frml); **quedó establecido, de modo ~, su autenticidad** its authenticity was established beyond any doubt

inducción *f*

A (Elec) induction; **bobina de ~** induction coil

B (Fil) induction

C 1 (Med) induction 2 (Der) inducement, induction 3 (Psic) induction

inducir [I6] *vt*

A 1 (empujar, llevar) **~ a algn A + INF: su actitud nos indujo a pensarlo** his attitude led us to think it; **¿qué fue lo que lo indujo a escribir este libro?** what led *o* prompted *o* induced you to write this book?; **los indujo a error** it led them into error 2 (Der) to induce

B (Fil) to induce

C 1 (Med) ‹*parto*› to induce 2 (Elec) to induce 3 (Psic) ‹*comportamiento*› to induce, bring on

■ **inducir** *vi*: **estas afirmaciones inducen a creer que …** these statements lead us to believe that …; **esto podría ~ a error** this could be misleading; **otro factor que puede ~ a la compra de un piso** another factor that may encourage *o* induce people to buy an apartment

inductancia *f* inductance, induction

inductivo -va *adj*

A (Fil) inductive

B (Elec) inductive, induction (*before n*)

inductor -tora *m,f*

A (de un delito) instigator

B **inductor** *m* (Elec) inductor

indudable *adj* unquestionable; **es ~ que se trata de un asesinato** there is no doubt that it is a case of murder, it is unquestionably a case of murder; **joyas de ~ valor** jewels of undoubted *o* unquestionable value; **una mujer de ~ belleza** a woman of unquestionable beauty; **su talento es ~** her talent is beyond question *o* beyond doubt, her talent is unquestionable

indudablemente *adv* undoubtedly, unquestionably; **es ~ el mejor** it is undoubtedly *o* unquestionably the best, there is no question *o* no doubt that it is the best

indulgencia *f*

A (tolerancia) indulgence; (para perdonar un castigo) leniency; **el director mostró mucha ~ con ellos/los trató con ~** the principal was very lenient with them/treated them leniently

B (Relig) indulgence; ***ganar ~s con escapulario ajeno*** *or* ***con padrenuestros ajenos*** (Ven fam) to take the credit for somebody else's hard work

(Compuesto) **indulgencia plenaria** plenary indulgence

indulgente *adj* (tolerante) indulgent; (para perdonar castigos) lenient; **~ CON algn** indulgent WITH/lenient TOWARD(s) sb

indultar [A1] *vt* 1 (Der) ‹*persona*› to pardon; (de la pena de muerte) to reprieve 2 (Taur) ‹*toro*› to spare

indulto *m* 1 (Der) pardon; (de la pena de muerte) reprieve 2 (Taur): **el público pidió el ~ del toro** the public asked for the bull to be spared

indumentaria *f* clothing, clothes (*pl*), attire (frml)

industria *f*

A (Com, Econ) industry; **la ~ de la construcción**

the construction industry

(Compuestos)

- **industria artesanal** cottage industry
- **industria automovilística** motor industry, car industry
- **industria casera** cottage industry
- **industria de las telecomunicaciones** telecommunications industry
- **industria del sexo** sex industry
- **industria espacial** space industry
- **industria ligera** light industry
- **industria militar** arms *o* weapons industry, defense* industry
- **industria pesada** heavy industry
- **industria pesquera** fishing industry
- **industrias básicas** staple industries (*pl*)
- **industria siderúrgica** iron and steel industry

B 1 (esfuerzo) diligence, industry 2 (destreza) resourcefulness, ingenuity

industrial[1] *adj* ‹*sector/zona/desarrollo*› industrial; ‹*maquinaria/instalaciones*› industrial

industrial[2] *mf* industrialist

industrialismo *m* industrialism

industrialista[1] *adj* industrial

industrialista[2] *mf* 1 (partidario del industrialismo) industrializer, proponent of industrialism 2 (AmL) (industrial) industrialist

industrialización *f* industrialization

industrializador -dora *adj*: **el proceso ~** the industrialization process

industrializar [A4] *vt* to industrialize

■ **industrializarse** *v pron* to become industrialized

industrioso -sa *adj* 1 (diligente) industrious 2 (ingenioso) resourceful

INE /'ine/ *m* (en Esp) = **Instituto Nacional de Estadística**

inédito -ta *adj* 1 ‹*obra/autor*› unpublished 2 (nuevo, sin precedente) unprecedented; **ha llegado a niveles ~s** it has reached unprecedented levels; **una técnica inédita en nuestro país** a technique which has never been used before in this country, a technique hitherto unknown in this country

INEF /i'nef/ *m* (en Esp) = **Instituto Nacional de Educación Física**

inefable *adj* (liter) indescribable, ineffable (liter)

inefablemente *adv* (liter) ineffably (frml)

inefectivo -va *adj*

A (AmL) ‹*tratamiento/medicina*› ineffectual, ineffective; ‹*método/sistema*› inefficient

B (Chi frml) (no verdadero): **ser ~** to be untrue

ineficacia *f* (de una medida) ineffectiveness; (de un método) inefficiency; (de una persona) inefficiency, incompetence

ineficaz *adj* 1 ‹*remedio/medida*› ineffectual, ineffective 2 ‹*método/sistema*› inefficient; ‹*persona*› inefficient, incompetent

ineficazmente *adv*

A (sin resultado) ineffectively

B (sin eficacia) inefficiently

ineficiencia *f* (de un sistema) inefficiency; (de una persona) inefficiency, incompetence

ineficiente *adj* ‹*proceso*› inefficient; ‹*empleado*› inefficient, incompetent

inelástico -ca *adj* 1 ‹*sustancia/material/tejido*› inelastic 2 (Econ) ‹*mercado/demanda*› inelastic 3 (Fís) inelastic

inelegibilidad *f* inelegibility

inelegible *adj* ineligible

ineluctable *adj* (liter) inescapable, inevitable, ineluctable (liter)

ineludible *adj* inescapable, unavoidable, inevitable

INEM /i'nem/ *m* (en Esp) = **Instituto Nacional de Empleo**

> **INEM - Instituto Nacional de Empleo**
>
> The Spanish department of employment. It is responsible for all aspects of employment, from unemployment benefits to employee protection and statistics. It is an employment agency for hard-to-place job seekers, runs training courses, and gives career advice.

inembargable *adj* nonseizable

inenarrable *adj* (liter) ‹*alegría/entusiasmo*› indescribable, inexpressible; ‹*espectáculo*› indescribable

inencogible *adj* shrink-resistant

inepcia *f* (frml) ineptitude

ineptitud *f* ineptitude, incompetence

inepto[1] **-ta** *adj* inept, incompetent

inepto[2] **-ta** *m,f* incompetent

inequívoco -ca *adj* unequivocal, unmistakable

inercia *f* 1 (Fís) inertia 2 **por ~** (por rutina) out of habit; (por apatía) out of inertia *o* apathy

inerme *adj* 1 (sin armas) unarmed 2 (ante críticas, calumnias) defenseless*

inerte *adj* 1 [SER] (Quím) inert; **gas ~** inert gas 2 [ESTAR] (sin movimiento) inert (liter), motionless; (sin vida) lifeless

inescrupuloso -sa *adj* unscrupulous

inescrutabilidad *f* inscrutability

inescrutable *adj* inscrutable; **su ~ mirada** his inscrutable expression; **los designios del Señor son ~s** the Lord moves in mysterious ways

inesperadamente *adv* unexpectedly

inesperado -da *adj* unexpected; **se marchó de manera inesperada** she left unexpectedly

inesquivable *adj* unavoidable

inestabilidad *f* 1 (de un edificio) instability; (de una estructura) unsteadiness, instability 2 (de un país, gobierno) instability; **un período de ~ económica** a period of economic instability 3 (Psic) instability, lack of stability 4 (Meteo) instability, changeability

inestable *adj* 1 ‹*edificio*› unstable; ‹*estructura*› unsteady, unstable 2 ‹*país/gobierno/economía*› unstable 3 ‹*persona/carácter*› unstable 4 ‹*tiempo*› changeable, unsettled 5 (Fís, Quím) unstable

inestimable *adj* ‹*ayuda*› invaluable; **cuadros de valor ~** invaluable *o* priceless paintings, paintings of inestimable value

inevitabilidad *f* inevitability, unavoidability

inevitable *adj* inevitable; **era ~ que empeorase la situación** it was inevitable that the situation would get worse, the situation was bound to get worse; **el accidente fue ~** the accident was inevitable *o* unavoidable; **salió con el ~ chiste racista** he came out with the inevitable racist joke

inevitablemente *adv* inevitably, unavoidably

inexactitud *f* inaccuracy

inexacto -ta *adj* 1 ‹*cálculo/definición*› inaccurate, inexact 2 (falso) untrue; **es ~ afirmar que yo lo haya escrito** it is incorrect *o* untrue to say that I wrote it

inexcusable *adj* 1 ‹*comportamiento/error*› inexcusable, unforgivable 2 ‹*deber*› inescapable, unavoidable

inexcusablemente *adv* 1 (imperdonablemente) inexcusably, unforgivably 2 (ineludiblemente) inescapably, unavoidably

inexhausto -ta *adj* (liter) inexhaustible

inexistencia *f* lack; **la ~ de pruebas en su contra** the lack of evidence against him; **la ~ de unas normas que lo regulen** the fact that there are no regulations to control it, the non-existence of regulations to control it

inexistente *adj* nonexistent

inexorabilidad *f* inexorability

inexorable *adj* inexorable; **el ~ paso del tiempo** the inexorable passing of time

inexorablemente *adv* inexorably

inexperiencia *f* inexperience, lack of experience

inexperto -ta *adj* 1 (falto de experiencia) inexperienced 2 (falto de habilidad) inexpert, unskilled

inexplicable *adj* inexplicable, unexplainable

inexplicablemente *adv* inexplicably

inexplicado -da *adj* unexplained

inexplorado -da *adj* unexplored

inexplotado -da *adj* unexploited

inexpresable *adj* inexpressible, indescribable

inexpresivo -va *adj* expressionless, inexpressive

inexpugnabilidad *f* impregnability

inexpugnable *adj* impregnable

inextinguible *adj* (liter) ‹*deseo/amor*› inextinguishable (liter), undying (liter); **una ~ sed de justicia** an unquenchable thirst for justice

inextirpable *adj* ‹*tumor/quiste*› which cannot be removed, inoperable; ‹*vicio/mal*› ineradicable

in extremis *loc adv* 1 (moribundo) at death's door 2 (como último recurso) as a last resort

inextricable *adj* 1 ‹*problema*› inextricable 2 ‹*bosque/maleza*› impenetrable

infalibilidad *f* infallibility

infalible *adj* ‹*persona/método*› infallible; ‹*puntería*› unerring; **tiene un instinto ~** her instincts are infallible *o* unerring *o* never wrong

infaliblemente *adv* 1 (sin equivocarse) infallibly, unerringly 2 (siempre): **cada vez que lavo el coche, ~ llueve** every time I wash the car it never fails to rain *o* it inevitably rains

infalsificable *adj* forgery-proof (*before n*); **son ~s** they are impossible to forge

infaltable *adj* (CS) inevitable

infamador -dora *adj*

A ‹*persona*› who casts slurs

B ▸ **infamatorio**

infamante *adj* 1 ‹*práctica*› shameful; ‹*castigo*› degrading 2 ▸ **infamatorio**

infamar [A1] *vt* (frml) to defame (frml), to slander

infamatorio -ria *adj* ‹*artículo/carta*› defamatory, libelous*; ‹*declaraciones/comentario*› defamatory, slanderous

infame[1] *adj* 1 (vil, cruel) ‹*persona*› loathsome, despicable; ‹*acción/comportamiento*› monstrous, unspeakable, disgraceful 2 (fam) (uso hiperbólico) horrible, terrible; **hizo un tiempo ~** we had foul *o* terrible *o* vile *o* horrible weather (colloq)

infame[2] *mf* loathsome *o* despicable person

infamia *f* 1 (acción vil): **lo que nos han hecho es una ~** what they have done to us is a disgrace, they have done us a terrible wrong; **fue una ~ que lo despidieran por eso** it was disgraceful *o* despicable of them *o* it was a disgrace to fire him like that 2 (fam) (uso hiperbólico) sacrilege (hum); **hacer sangría con este vino tan caro es una ~** it's sacrilege *o* it's a crime to make sangria with such an expensive wine

infancia *f* 1 (período) childhood; **en mi más tierna ~** when I was a little child, in my tender infancy (liter); **el pobre está en su segunda ~** the poor man is in his second childhood; **la vuelta a la ~** the return to childhood *o* infancy; **la democracia aquí está todavía en la ~** democracy is still in its infancy here 2 (conjunto de niños) children (*pl*); ▸ **jardín**

infante -ta *m,f*

A 1 (hijo del Rey) (*m*) prince, infante; (*f*) princess, infanta 2 (liter) (niño) infant

B **infante** *m* (Hist, Mil) infantryman

(Compuesto) **infante de marina** marine

infantería *f* infantry

(Compuesto) **infantería de marina** marines (*pl*), Marine Corps

infanticida *mf* child killer

infanticidio *m* infanticide

infantil *adj* 1 ‹*enfermedad*› children's (*before n*), childhood (*before n*); ‹*literatura/programa/moda*› children's (*before n*); ‹*rasgos/sonrisa*› childlike; **el aumento de la población ~** the increase in the child population; **un coro de voces ~es** a children's choir 2 (pey) ‹*persona/actitud/reacción*› childish (pej), infantile (pej)

infantilada *f* (fam): **¡qué ∼!** what a childish thing to do! (pej)

infantilismo *m* infantilism

infantiloide *adj* (fam & pey) childish (pej)

infartante *adj* (fam) **1** ‹*partido/final*› heart-stopping (colloq) **2** ‹*modelo/chica*› drop-dead gorgeous (colloq)

infarto *m* heart attack; **como se entere su madre le va a dar un ∼** (fam) if his mother finds out, she'll have a heart attack (colloq); ***de* ∼** (fam): **fue un partido muy reñido con un final de ∼** it was a hard-fought game with a heart-stopping finish (colloq); **una noticia de ∼** incredible *o* staggering news

Compuestos

- **infarto de miocardio** heart attack, myocardial infarction (tech)
- **infarto pulmonar** pulmonary infarction

infatigable *adj* indefatigable, tireless, unflagging (*before n*)

infatigablemente *adv* tirelessly

infatuación *f* vanity, conceit

infatuar [A18] *vt* to make … conceited
■ **infatuarse** *v pron* to become conceited

infausto -ta *adj* (liter) sad; **un día ∼** a sad day, an ill-fated *o* ill-starred day (liter); **un suceso de infausta memoria** an event which will always be remembered with sadness; **una noticia infausta** a sad piece of news

infección *f* infection

infeccioso -sa *adj* infectious

infectar [A1] *vt* to infect
■ **infectarse** *v pron* to become infected

infecto -ta *adj* **1** ‹*olor*› repulsive, foul; **había un ambiente ∼ en la oficina hoy** there was a horrible atmosphere in the office today **2** (Med) infected

infectocontagioso -sa *adj* infectious

infecundidad *f* infertility

infecundo -da *adj* **1** (Biol) ‹*mujer/hembra*› infertile, barren (liter) **2** ‹*tierra*› infertile, barren

infelicidad *f* unhappiness

infeliz[1] *adj* **1** ‹*persona*› unhappy; ‹*vida*› unhappy, wretched, miserable **2** ‹*intervención/tentativa*› unfortunate, unhappy

infeliz[2] *mf* poor wretch, poor devil

infelizmente *adv* **1** (sin felicidad) unhappily; **una mujer ∼ casada** an unhappily married woman **2** (*indep*) (desgraciadamente) unfortunately, unhappily

inferencia *f* inference

inferible *adj* (frml) inferable, which can be inferred

inferior[1] *adj*
A (en el espacio) lower; **mandíbula/labio ∼** lower jaw/lip; **en los pisos ∼es** on the lower floors; **las capas ∼es de la atmósfera** the lower layers of the atmosphere
B (en una jerarquía) ‹*especie*› inferior; **no somos seres ∼es** we are not inferior beings
C (en comparaciones) lower; **pero el número puede haber sido muy ∼** but the number may have been much lower; **∼ A algo**: **temperaturas ∼es a los 10°** temperatures lower than *o* below 10°; **un número ∼ al 20** a number less than *o* below twenty; **el número de votantes fue ∼ a lo que se había previsto** the number of voters was lower than expected; **el bebé nació con un peso ∼ al normal** the baby was below average weight when it was born
D (pobre) poor

inferior[2] *mf* inferior; **trata a todos sus compañeros como sus ∼es** he treats all his workmates as inferiors

inferioridad *f* inferiority

inferir [I11] *vt*
A (deducir) **∼ algo DE algo** to infer *o* deduce sth FROM sth; **de todo ello se infiere que …** we can infer *o* deduce from this that …, from this it may be deduced *o* inferred that … (frml)
B (frml) ‹*herida/puñalada/golpe*› to inflict (frml); **el asaltante le infirió una puñalada** the attacker inflicted a stab wound on him; **puede ∼ un daño irreparable a nuestra juventud** it could cause *o* do irreparable harm to our young people

infernal *adj* ‹*ruido*› infernal, hideous; ‹*música*› diabolical; **hacía un calor ∼** it was baking *o* unbearably *o* hellishly hot (colloq); **tengo un dolor de muelas ∼** I have terrible *o* unbearable toothache

infértil *adj* infertile

infertilidad *f* infertility

infestación *f* infestation

infestado -da *adj* **∼ DE algo** (de insectos, parásitos) infested WITH sth; **esta playa está infestada de turistas** this beach is crawling with tourists

infestar [A1] *vt* to infest

infibulación *f* infibulation

infibular [A1] *vt* to infibulate

infición *f* (Méx) pollution

infidelidad *f* infidelity, unfaithfulness; **∼ conyugal** marital infidelity

infidencia *f* **1** (Der) breach of confidence **2** (Andes) (secreto) intimate detail, secret

infiel[1] *adj* **1** ‹*marido/esposa*› unfaithful; **ser ∼ A algn/algo** to be unfaithful TO sb/sth; **nunca le había sido ∼ a su mujer** he had never been unfaithful to his wife; **ha sido ∼ a sus principios** she has betrayed *o* she has not been faithful to her principles **2** (Relig) unbelieving (*before n*), infidel (*before n*) (dated)

infiel[2] *mf* unbeliever, infidel (dated)

infiernillo *m* kerosene stove, primus® stove (BrE)

infierno *m* **1** hell; **¡vete al ∼!** (fam) go to hell! (sl); ***estar en el quinto* ∼** *or* ***en los quintos* ∼s** (fam) (en un lugar — aislado) to be out in the sticks *o* (AmE) the Boonies (colloq), to be in the back of beyond (colloq) (— lejano) to be miles away **2** (suplicio, sufrimiento): **un ∼** hell; **su vida de casada se ha convertido en un ∼** her married life has become hell **3** (fam) (lugar — ruidoso) madhouse (colloq), bedlam (colloq); (— horrendo) hellhole (colloq)

infijo *m* infix

infílder *mf* (Col, Ven) infielder

infiltración *f*
A (Mil, Pol) infiltration
B (Med) infiltration

infiltrado -da *m,f* infiltrator

infiltrar [A1] *vt*
A ‹*partido/organización*› to infiltrate; ‹*agente*› to infiltrate; **∼on un agente en la célula terrorista** they infiltrated an agent into the terrorist cell, they infiltrated the terrorist cell
B (Med) to infiltrate
■ **infiltrarse** *v pron*
A (en un partido, una organización) to infiltrate; **soldados infiltrados en las filas enemigas** soldiers who have/had infiltrated the enemy lines; **las tropas se ∼on en territorio enemigo** the troops infiltrated (into) enemy territory
B «*ideas/vocablos*»: **palabras nuevas que se han ido infiltrando en la lengua** new words which have been filtering into the language
C «*luz*» to filter; **la humedad se infiltraba en la pared** the damp seeped into the wall

ínfimo -ma *adj* ‹*cantidad*› negligible; ‹*calidad*› very poor

infinidad *f* (multitud, gran cantidad) **∼ DE algo**: **en ∼ de ocasiones** on countless occasions; **hay ∼ de personas dispuestas a colaborar** there are vast numbers of people willing to cooperate, there are no end of people willing to cooperate (colloq); **el frío ha causado ∼ de roturas de cañerías de gas** the cold has caused an enormous *o* a huge number of burst gas pipes; **recibimos ∼ de cartas/llamadas** we received countless letters/calls; **se lo he dicho ∼ de veces** I've told him innumerable *o* countless times

infinitamente *adv* infinitely; **te lo agradezco ∼** I'm deeply *o* infinitely grateful to you; **siento ∼ no haber podido asistir a la ceremonia** I'm terribly *o* awfully sorry not to have been able to attend the ceremony; **es ∼ superior** it is infinitely *o* vastly superior

infinitesimal *adj* infinitesimal

infinitésimo -ma *adj* infinitesimal

infinitivo *m* infinitive

infinito[1] **-ta** *adj* **1** (Fil, Mat) ‹*conjunto*› infinite; ‹*espacio/universo*› infinite **2** ‹*bondad/sabiduría*› infinite; ‹*amor*› boundless; **sentí una infinita tristeza** I felt (an) immense sadness **3** (*delante del n, en pl*) (liter) (innumerables) innumerable, countless

infinito[2] *adv* infinitely; **te lo agradezco ∼** I'm deeply *o* infinitely grateful to you

infinito[3] *m*: **el ∼ 1** (Fil) the infinite; **mirar al ∼** to look into the distance **2** (Mat) infinity; **tender al ∼** to stretch to infinity

infinitud *f* ▸ **infinidad**

inflable *adj* inflatable

inflación *f* inflation

inflacionario -ria *adj*, **inflacionista** *adj*, inflationary

inflacionismo *m* inflationism

inflador *m* (Bol, Per, RPl) bicycle pump

inflagaitas *mf* (*pl* ∼) (Esp fam) dork (AmE colloq), twerp (BrE colloq)

inflamabilidad *f* inflammability

inflamable *adj* flammable, inflammable

inflamación *f* **1** (Med) inflammation **2** (Quím) ignition

inflamar [A1] *vt* **1** (Med) to inflame **2** (Quím) to ignite, set … on fire **3** (liter) (exaltar): **la arenga inflamó los corazones de los soldados** the speech stirred the hearts of the soldiers (liter); **estaba inflamado por la más incontrolable pasión** he was inflamed with uncontrollable passion (liter)
■ **inflamarse** *v pron* **1** (Med) to become inflamed **2** (Quím) to ignite

inflamatorio -ria *adj* inflammatory

inflar [A1] *vt*
A 1 ‹*balón/rueda*› to inflate; ‹*globo*› to blow up; **con las velas infladas por el viento** with the sails filled by the wind **2** ‹*noticia/acontecimiento*› to exaggerate; ‹*cifras*› to massage
B (Chi fam) (hacer caso a) to take notice of
■ **inflar** *vi*
A (RPl arg) to be a pain in the neck (colloq), to be a pain (BrE colloq)
B (Méx fam) (beber) to booze (colloq), to drink
■ **inflarse** *v pron*
A «*velas*» to swell, fill; **se infla de orgullo cuando habla de su hijo** he swells with pride when he speaks about his son
B (Méx fam) (beberse) to drink, down (colloq)

inflectar [A1] *vt* (frml) to inflect

inflexibilidad *f* **1** (de un material) inflexibility **2** (de una persona) inflexibility, inflexible nature

inflexible *adj* **1** ‹*material*› inflexible **2** ‹*persona/carácter*› inflexible; **tiene fama de ser ∼** he is renowned for his inflexibility *o* for his inflexible nature; **es ∼ con sus hijos** he's very strict with his children; **se mostró ∼** he wouldn't yield *o* budge

inflexión *f* **1** (Ling) inflection **2** (Mat) inflection **3** (de la voz) tone of voice, inflection

infligir [I7] *vt* to inflict

influencia *f*
A (influjo) influence; **el edificio es de** *or* **tiene ∼ barroca** the building displays baroque influence; **bajo la ∼ del alcohol** under the influence of alcohol; **∼ EN** *or* **SOBRE algo** influence ON *o* UPON sth; **los clásicos ejercieron una gran ∼ en su obra** his works were greatly influenced by the classics, the classics had an important influence on his works; **la ∼ de los astros sobre la vida humana** the influence of the stars on human life; **∼ SOBRE algn** influence ON sb; **esa mujer ejerce una mala ∼ sobre ti** that woman is *o* has a bad influence on you
B influencias *fpl* (contactos) contacts (*pl*); **tiene ∼s en las altas esferas** she's got friends in high places, she's got influential contacts

influenciable *adj* easily influenced

influenciar [A1] *vt* to influence

influenza *f* (esp AmL) flu, influenza (tech)

influir [I20] *vi* ~ **EN algo/algn** to influence sth/sb, have an influence ON sth/sb; **eso no ha influido para nada en mi decisión** that hasn't influenced my decision at all; **el medio ambiente influye considerablemente en el desarrollo de la personalidad** one's environment has a considerable bearing *o* influence on the development of one's personality; **su novela influyó notablemente en otros escritores de la época** her novel had a marked influence on *o* greatly influenced other writers of the time
■ **influir** *vt* to influence

influjo *m* influence; **el ~ de la luna sobre las mareas** the influence of the moon on the tides; **ejerce un gran ~ sobre sus nietos** he is *o* has a strong influence on his grandchildren

influyente *adj* influential

infografía *f* computer graphics

Infonavit *m* (en Méx) = **Instituto del Fondo Nacional de la Vivienda para los Trabajadores**

información *f*
A 1 (datos, detalles) information; **necesito más ~ sobre el tema** I need more information on the subject, I need to know more about the subject; **para mayor ~ llamar al siguiente número** for further details *o* information call the following number; **para su ~ les comunicamos el nuevo horario de apertura** (frml) we are pleased to inform you of our new opening times (frml); **el mostrador de ~** the information desk 2 (Telec) directory assistance (AmE), information (AmE), directory enquiries (BrE) 3 (Mil) intelligence, information
B (Period, Rad, TV) 1 (noticias) news; **y ahora pasamos a la ~ internacional** and now for the foreign news; **la ~ que llega de la zona es confusa** the news coming out of the area is confused, the reports coming out of the area are confused; **¿en qué página viene la ~ cultural?** where's the arts page? 2 (noticia) news item; **continuamos con el resto de las informaciones** and now here is the rest of the news; **informaciones filtradas a la prensa** information *o* news leaked to the press
C (Inf) data (*pl*)

informado -da *adj*
A (sobre un tema, una noticia) informed; **nuestro derecho a estar ~** our right to be kept informed, our right to information; **fuentes bien informadas** well-informed sources; **está muy bien ~ sobre el tema** he is very knowledgeable *o* well-informed about the subject, he knows a great deal *o* a lot about the subject; **me mantuvo ~** she kept me informed; **si eso es lo que le han dicho, está usted muy mal informada** if that is what you have been told, then you have been misinformed *o* wrongly informed
B (con referencias): **una empleada bien informada** a maid with good references

informador¹ -dora *adj*: **la censura obstaculizó la labor ~a de la prensa** the press's ability to report the news was hampered by censorship; **nuestro equipo ~** our team of reporters

informador² -dora *m,f* 1 (Period) reporter, journalist 2 ▸ **informante**
(Compuesto) **informador gráfico, informadora gráfica** *m,f* press photographer

informal *adj*
A 1 ‹*persona*› unreliable 2 ‹*ropa/estilo*› informal, casual; ‹*cena/ambiente*› informal 3 (no oficial) ‹*reunión*› informal
B (AmL) ‹*economía/sector*› black (*before n*), informal (*before n*)

informalidad *f* 1 (de una persona) unreliability 2 (de un acto, una reunión) informality; (de un estilo) informality

informalmente *adv* 1 ‹*reunirse/hablar*› informally 2 ‹*vestir*› informally, casually

informante *mf* (de un hecho, noticia) informant; (de la policía) informer

informar [A1] *vt*
A 1 ‹*persona/prensa*› to inform; **te han informado mal** you've been misinformed; **nos ~on que habría un retraso de cinco horas** we were told *o* informed that there would be a five-hour delay; **no se me había informado de esta decisión** I had not been told about *o* informed of this decision; **informó a la prensa sobre las nuevas medidas** he gave the press information about the new measures, he briefed the press on the new measures; **¿podría ~me sobre los cursos de idiomas?** could you give me some information about language courses?, I'd like to inquire about language courses 2 (comunicar, hacer saber) to report; **fuentes de la organización informan que ...** (period) sources within the organization report that ...; **me place** *or* **me cumple ~le que ...** (frml) (Corresp) it gives me great pleasure to inform you that ... (frml), I am pleased to inform you that ... (frml)
B (frml) (dar forma a) to shape, inform (frml)
■ **informar** *vi* (dar noticias, información) to report; **~ SOBRE algo** to report ON sth, give a report ON sth; **~ DE algo** to announce sth
■ **informarse** *v pron* to get information; **los interesados pueden ~se en nuestras oficinas** those interested can get further information from our offices; **me informé bien antes de decidir** I got plenty of information *o* I made sure I was well-informed *o* I looked into it carefully before I decided; **~se SOBRE algo** to find out *o* inquire ABOUT sth

informática *f* computer science, computing

informáticamente *adv* by computer; **todo se procesa ~** it is all processed by computer

informático¹ -ca *adj* computer (*before n*)

informático² *mf* computer specialist

informativo¹ -va *adj* 1 ‹*servicios/campaña*› information (*before n*); **programa ~** news program*; **un folleto ~** an information booklet; **desempeñamos una labor informativa** we provide information 2 (instructivo) informative; **una guia muy informativa** a very informative guidebook

informativo² *m* news, news program*

informatización *f* computerization

informatizar [A4] *vt* to computerize
■ **informatizarse** *v pron* to become computerized

informe¹ *adj* shapeless, formless

informe² [➡📖] *m*
A (exposición, dictamen) report; **~ policial/médico** police/medical report
(Compuestos)
• **informe anual** annual report
• **informe de gestión** chairman's report
B **informes** *mpl* 1 (datos) information, particulars (*pl*) 2 (de un empleado) reference, references (*pl*); **pedir ~s** to ask for a reference/for references 3 (Per) information desk

infortunado -da *adj* ‹*persona*› unfortunate, unlucky; ‹*suceso*› unfortunate

infortunio *m* misfortune

infovía *f* information highway

infra- *pref* under-; **estaba infraasegurado** he was under-insured; **infrasónico** subsonic, infrasonic

infracción *f* offense*, infraction (frml); **ha cometido una ~ contra el Fisco** she has committed a tax offense; **estos actos constituyen una ~ de la ley** these actions constitute an infringement *o* infraction of the law; **~ de tráfico** traffic violation (AmE), driving offence (BrE); **estaba estacionado en ~** he was parked illegally

infraccionar [A1] *vt* (Chi, Méx frml) to fine
■ **infraccionar** *vi* (Chi, Méx frml) to offend, commit an offense*

infractor -tora *m,f* offender; **los ~es de la ley tributaria** tax offenders

infradesarrollo *m* underdevelopment

infradotado¹ -da *adj*
A ‹*organismo/departamento*› underfunded, under-resourced, underfinanced
B (RPl pey) ‹*persona*› subnormal (pej)

infradotado² -da *m,f* (RPl fam & pey) moron (colloq & pej)

infraestructura *f* 1 (de una ciudad, organización) infrastructure 2 (Arquit, Const) substructure, understructure

in fraganti *loc adv* red-handed, in flagrante delicto (frml); **la pescó ~ ~ con el vecino** (fam) he caught her in flagrante with their neighbor (hum)

infrahumano -na *adj* subhuman

infrainversión *f* underinvestment

infranqueable *adj* ‹*barrera/muro*› impassable; ‹*río*› impassable; ‹*obstáculo/dificultades*› insurmountable, insuperable; **la ~ distancia que los separa** the unbridgeable distance which separates them

infrarrojo -ja *adj* infrared

infrascrito -ta *m,f* (frml): **el ~** the undersigned

infrautilización *f* underuse, underutilization

infrautilizado -da *adj* underused, underutilized

infravaloración *f* undervaluing

infravalorar [A1] *vt* to undervalue

infrecuencia *f* infrequency

infrecuente *adj* infrequent

infringir [I7] *vt* to infringe, break

infructuosamente *adv* unsuccessfully

infructuoso -sa *adj* ‹*investigación/búsqueda*› fruitless; ‹*intento*› fruitless, unsuccessful

ínfulas *fpl*: **darse** *or* **tener muchas ~** to put on *o* give oneself airs; **se da muchas ~** he has a high opinion of himself; **se daba ~ de intelectual** he fancied himself as an intellectual

infumable *adj* 1 ‹*cigarrillo*› unsmokable 2 (Esp fam) ‹*persona*› unbearable, impossible

infundadamente *adv* without foundation

infundado -da *adj* unfounded, groundless

infundio *m* malicious story, lie, false rumor*

infundir [I1] *vt* ‹*confianza/respeto*› to inspire; ‹*sospechas*› to arouse; **una figura que les infundía miedo** a figure who filled them with fear; **buscaban ~ el terror entre los ciudadanos** they sought to instill terror in *o* to terrorize the population; **aplaudían para ~les ánimo** they clapped to give them encouragement

infusa *adj* ▸ **ciencia**

infusión *f* infusion; **~ de manzanilla** chamomile tea

Ing. = **ingeniero/ingeniera**

ingeniar [A1] *vt* ‹*método/sistema*› to devise, think up; **había ingeniado una manera de escaparse de clase** he had worked out *o* thought up *o* devised a way of getting out of class; ***ingeniárselas*** (fam): **no sé cómo se las ingenia para vivir con ese sueldo** I don't know how he manages to survive on that salary; **se las ingenió para arreglarlo** he worked out how to fix it, he found a way to fix it, he managed to fix it

ingeniería *f* engineering
(Compuestos)
• **ingeniería agrícola** agricultural engineering
• **ingeniería biológica** bioengineering
• **ingeniería civil** civil engineering
• **ingeniería de precisión** precision engineering
• **ingeniería de sistemas** systems engineering
• **ingeniería de software** software engineering
• **ingeniería eléctrica** electrical engineering
• **ingeniería electrónica** electronic engineering
• **ingeniería genética** genetic engineering
• **ingeniería industrial** industrial engineering
• **ingeniería mecánica** mechanical engineering

ingeniero -ra *m,f* engineer
(Compuestos)
• **ingeniero aeronáutico, ingeniera aeronáutica** aeronautical *o* aircraft engineer

---

[➡📖] *ver* El inglés que funciona

- **ingeniero agrónomo, ingeniera agrónoma** agriculturist
- **ingeniero/ingeniera civil** civil engineer
- **ingeniero/ingeniera de caminos, canales y puertos** (Esp) civil engineer
- **ingeniero/ingeniera de minas** mining engineer
- **ingeniero/ingeniera de montes** forestry engineer
- **ingeniero/ingeniera de sistemas** systems engineer
- **ingeniero/ingeniera de sonido** sound engineer
- **ingeniero/ingeniera de televisión** television engineer
- **ingeniero/ingeniera de vuelo** flight engineer
- **ingeniero/ingeniera industrial** industrial engineer
- **ingeniero mecánico, ingeniera mecánica** mechanical engineer
- **ingeniero/ingeniera naval** naval architect
- **ingeniero químico, ingeniera química** chemical engineer
- **ingeniero/ingeniera superior** engineer (*qualified after a five-year university course*)
- **ingeniero técnico, ingeniera técnica** engineer (*qualified after a three-year university course*)

ingenio *m*
[A] [1] (talento) ingenuity, inventiveness; ***aguzar el ~*** to rack one's brains [2] (chispa, agudeza) wit
[B] [1] (aparato) device [2] (AmL) (refinería) *tb* **~ azucarero** sugar refinery

(Compuestos)
- **ingenio espacial** spacecraft
- **ingenio nuclear** nuclear device

ingeniosamente *adv* ingeniously, cleverly

ingeniosidad *f* (cualidad) ingenuity; (hecho) clever trick

ingenioso -sa *adj* [1] (lúcido) ‹*persona/idea*› clever, ingenious, inventive [2] (con chispa, agudeza) ‹*persona*› witty; ‹*dicho/chiste*› witty [3] ‹*aparato/invención*› ingenious

ingénito -ta *adj* [1] (liter) (no engendrado) unbegotten [2] (frml) (connatural) inborn

ingente *adj* (frml) ‹*labor/tarea/obra*› enormous, huge; ‹*suma/cantidad*› huge, enormous, vast; **desarrolló una ~ labor en el campo de la bioquímica** she made an enormous *o* a vast contribution to the field of biochemistry; **los daños causados por la tormenta han sido ~s** the storm has caused a vast *o* a tremendous amount of damage

ingenuamente *adv* naively, ingenuously

ingenuidad *f* naivety, ingenuousness

ingenuo[1] -nua *adj* naive, ingenuous; **¡qué ~ eres!** you're so naive!

ingenuo[2] -nua *m,f*: **es un ~ ¿cómo se ha podido creer eso?** he's so naive, how could he possibly have believed that?

ingerencia *f* ▸ **injerencia**

ingerir [I11] *vt* (frml) ‹*alimentos/líquidos*› to consume (frml), to ingest (frml); **habían ingerido alimentos en mal estado** they had eaten *o* consumed food that had gone bad

ingestión, ingesta *f* (frml) ingestion (frml), consumption; **la ~ de vitaminas es vital para todas las edades** it is vital for people of all ages to take vitamins

Inglaterra *f* England

ingle *f* groin

inglés[1] -glesa *adj* [1] (de Inglaterra) English; **un filete a la inglesa** (Méx) a rare steak; ***pagar** or **ir a la inglesa*** (Chi fam) to go Dutch [2] (crit) (británico) British, English (crit)

inglés[2] -glesa *m,f*
[A] [1] (de Inglaterra) (*m*) Englishman; (*f*) Englishwoman; **los ingleses** the English, English people [2] (crit) ▸ **británico[2]**
[B] **inglés** *m* (idioma) ▸ ❶ **p.456**; English

inglete *m* (ángulo) 45° angle, miter*; (junta) miter* joint

ingletear [A1] *vt* to miter*

ingobernabilidad *f* [1] (de país) ungovernability [2] (de embarcación) unsteerability

ingobernable *adj* [1] ‹*país*› ungovernable [2] ‹*barco*› unsteerable

ingratitud *f* ingratitude

ingrato[1] -ta *adj* [1] (desagradecido) ‹*persona*› ungrateful; **¿cómo puedes ser tan ~ con ella?** how can you be so ungrateful to her? [2] (desagradable, difícil) ‹*vida*› hard; ‹*trabajo/tarea*› thankless, unrewarding

ingrato[2] -ta *m,f* ungrateful wretch (*o* swine *etc*) (colloq), ingrate (liter); **es una ingrata** she's so ungrateful, she's an ungrateful devil

ingravidez *f* weightlessness

ingrávido -da *adj* [1] (liter) (ligero) light [2] (Fís) weightless

ingrediente *m* ingredient

ingresar [A1] *vi*
[A] «*persona*» [1] (en una organización, empresa) to join; (en un colegio) to enter; (en el ejército) to join; **quiere ~ en el** *or* **al club local** he wants to become a member of *o* join the local club; **ingresó en el colegio secundario en 1972** she started (at) *o* entered High School in 1972 (AmE), she started (at) *o* entered Secondary School in 1972 (BrE) [2] (en un hospital) to go in, be admitted; **le aconsejó ~ de inmediato en el hospital** he advised her to go into hospital immediately; **fue operado poco después de ~ en el hospital** he was operated on shortly after being admitted to (the) hospital *o* after being hospitalized; **ingresó cadáver** (Esp) he was dead on arrival [3] (en la cárcel): **~ en la cárcel** to be taken to jail, be placed in jail; **~on en prisión preventiva** they were remanded in custody [4] (AmL period) (entrar, introducirse): **los ladrones ~on a su casa** the thieves broke into her house; **los jugadores ingresan en el terreno de juego** the players are coming onto the field
[B] «*dinero*» to come in; **el dinero que ingresa en el país proveniente del turismo extranjero** the money which comes into the country through foreign tourism, the money which foreign tourism brings into the country; **¿cuánto dinero ha ingresado en caja este mes?** how much money have we/you taken this month?

■ **ingresar** *vt*
[A] ‹*persona*› (en un hospital) to admit; **hubo que ~lo de urgencia** he had to be admitted *o* hospitalized as a matter of urgency, he had to be rushed to (the) hospital; **el médico decidió ~lo** the doctor decided to send him to hospital; **fueron ingresados ayer en este centro penitenciario** they were brought to *o* placed in this prison yesterday
[B] (Esp) (Fin) ‹*dinero*› [1] (en una cuenta) to credit; **hemos ingresado esta cantidad en su cuenta** we have credited this sum to your account, we have credited your account with this sum; **ingresé el dinero en el banco/en su cuenta** I paid the money into the bank/into his account [2] (percibir, ganar) to earn

ingreso *m*
[A] [1] (en una organización): **la fecha de nuestro ~ en la organización** the date of our entry into the organization, the date we joined the organization; **su solicitud de ~ al** *or* **en el club** his application to become a member of *o* to join the club; **su discurso de ~** his inaugural address; **el año de mi ~ a** *or* **en la universidad/en el ejército/en la compañía** the year I started *o* entered university/joined the army/joined the company; **examen de ~** entrance examination [2] (en un hospital) admission; **después de su ~ en la clínica** after her admission to *o* after she was admitted to the clinic [3] (en la cárcel): **su ~ en la cárcel tuvo lugar el 10 de Octubre** he was taken to *o* placed in jail on the 10th of October; **fue decretado su ~ en prisión** he was remanded in custody [4] (AmL period) (entrada) entry; **fue difícil el ~ al estadio** it was difficult to get into *o* (frml) to gain access *o* admission to the stadium [5] (Per Espec) (entrada) ticket; **ingresos** *mpl* ticket office
[B] (Fin) [1] (Esp) (depósito) deposit; **efectuó un ~ en el banco** he made a deposit at the bank, he paid some money into the bank [2] **ingresos** *mpl* (ganancias) income; **~s anuales** annual income; **no tiene más ~s que su trabajo en el astillero** his only income is from his job at the shipyard; **los ~s del Estado** State revenue; **una importante fuente de ~s** an important source of income

(Compuestos)
- **ingresos accesorios** *mpl* additional income
- **ingresos brutos** *mpl* gross income
- **ingresos de operación** *mpl* trading *o* operating income
- **ingresos diferidos** *mpl* accrued income
- **ingresos netos** *mpl* net income
- **ingresos tributarios** *or* **por impuestos** tax revenue
- **ingresos por trabajo personal** *mpl* earned income

íngrimo -ma *adj*
[A] (Col, Méx, Ven fam) [1] (sin compañía) all alone, all by oneself [2] ‹*lugar*› lonely, deserted
[B] (Méx fam) (solamente): **traigo ~s diez pesos** I only have ten pesos on me (colloq)

inguinal *adj* groin (*before n*), inguinal (tech)

inhábil *adj*
[A] [1] (torpe) unskillful*, clumsy [2] (no apto) **~ PARA algo** unsuited TO sth; **es ~ para esa clase de trabajo** he's not cut out for that kind of work, he's unsuited to that kind of work
[B] [1] ‹*día*› nonworking (*before n*); **en horas ~es** outside office hours; **el día de las elecciones será ~ a efectos escolares** schools will be closed on election day [2] (Der) (para un cargo): **fue declarado ~ para ejercer la profesión** he was disqualified from practicing the profession; **un testigo ~** an ineligible witness

inhabilidad *f*
[A] [1] (torpeza) lack of skill, clumsiness [2] (falta de aptitud) unsuitability
[B] (Der) (para un cargo) ineligibility; (de un testigo) ineligibility

inhabilitación *f* disqualification, barring

inhabilitar [A1] *vt* [1] (Der) **~ a algn PARA algo** to disqualify sb FROM sth; **fue inhabilitado para ocupar cargos públicos** he was disqualified *o* barred from holding public office [2] (imposibilitar): **el accidente lo inhabilitó para conducir** the accident left him unable to drive

inhabitable *adj* uninhabitable

inhabitado -da *adj* uninhabited

inhabitual *adj* unusual

inhalación *f* inhalation; **hacer inhalaciones** to inhale

(Compuesto) **inhalación de pegamento** *or* (Méx) **de cemento** glue sniffing

inhalador *m* inhaler

inhalante *m* inhalant

inhalar [A1] *vt* to inhale

inherente *adj* **~ A algo** inherent IN sth; **los problemas ~s a este sistema** the problems inherent in this system; **el concepto de libertad es ~ al de democracia** the concept of freedom is inherent to *o* inherent in that of democracy; **las funciones ~s al cargo** the duties attached to *o* which go with the job

inhibición *f* [1] (Psic) inhibition [2] (Fisiol, Med) inhibition [3] (Der) disqualification

inhibidor[1] -dora *adj* inhibiting (*before n*)

inhibidor[2] *m* inhibitor; **~ del crecimiento** growth inhibitor; **~ del apetito** appetite depressant

inhibir [I1] *vt* [1] (cohibir) to inhibit; **su actitud dictatorial me inhibía** I was inhibited by her dictatorial attitude, her dictatorial attitude inhibited me *o* made me feel inhibited [2] (Fisiol, Med) to inhibit [3] (Der) to disqualify

■ **inhibirse** *v pron* [1] (cohibirse) to become inhibited; **se inhibe ante los mayores** he becomes very withdrawn *o* inhibited in front of adults; **vamos, no te inhibas y sal a bailar** come on, don't be shy, get up and dance! [2] (*refl*) «*juez*» to disqualify oneself; **se inhibió de conocer el asunto** he disqualified himself from the case, he said he could not try the case; **se inhibieron de firmar la protesta** they did not sign *o* they said they could not sign the letter of protest

inhibitoria *f* (Der) *petition to a judge to withdraw from a case for lack of competence*

inhibitorio -ria *adj* (Fisiol, Med) inhibitory

ℹ El inglés norteamericano y el inglés británico

El inglés norteamericano y el inglés británico generalmente difieren en ciertos aspectos de la pronunciación, ortografía y vocabulario. No presentamos aquí un análisis exhaustivo de tales diferencias, sino una perspectiva general de las más importantes

Pronunciación

Las diferencias de pronunciación se muestran a través de la parte inglés-español, en la que aparece en primer lugar la forma norteamericana

Vocabulario

Las diferencias de vocabulario se muestran por medio de indicadores regionales a través del diccionario:

glorieta
= traffic circle (*AmE*), roundabout (*BrE*)

autopista de peaje
= turnpike (*AmE*), toll motorway (*BrE*)

damas
= checkers (*AmE*), draughts (*BrE*)

vuelta (de pantalón)
= cuff (*AmE*), turnup (*BrE*)

En ciertas ocasiones el inglés norteamericano y el inglés británico utilizan distintas palabras para el mismo concepto (como se muestra arriba). En otras, una misma palabra tiene distinto significado en cada región, p.ej. *mad = angry* en el inglés norteamericano, *= crazy* en el inglés británico

En términos generales las diferencias en el vocabulario del inglés norteamericano y del inglés británico son, en la actualidad, menos pronunciadas de lo que eran hace veinte o aun diez años atrás, sobre todo desde el punto de vista del hablante británico. Aunque algunas palabras tales como *faucet* y *broiler* todavía suenan extranjeras en el inglés británico, muchas otras se entienden e incluso se usan por las generaciones más jóvenes, debido a la influencia de los medios de comunicación y de la cultura de los Estados Unidos

Ortografía

Siempre que es posible este diccionario presenta términos y ortografías que se aceptan tanto en los Estados Unidos como en el Reino Unido. En caso contrario, las formas norteamericanas y las británicas aparecen claramente diferenciadas mediante indicadores regionales:

	Norteamericano	***Británico***
dg/dge	acknowledgment	acknowledgement
	judgment	judgement, judgment
e/ae o oe	ameba	amoeba
	anemia	anaemia
	anesthetic	anaesthetic
	maneuver	manoeuvre
	orthopedic	orthopaedic
er/re	theater	theatre
	center	centre
	meter	metre
	fiber	fibre
	maneuver	manoeuvre
in/en	inquire	enquire
	inquiry	enquiry
l/ll	jewelry	jewellery
	marvelous	marvellous
	woolen	woollen
	traveled	travelled
	skillful	skilful
	enrollment	enrolment
	fulfill	fulfil
o/ou	mold	mould
	molt	moult
or/our	color	colour
	armor	armour
	favor	favour
	honor	honour
	humor	humour
se/ce	defense	defence
	offense	offence
	pretense	pretence
	practice (vb)	practise

ize/ise — Para la mayoría de los verbos como *realize*, *recognize*, *monopolize* etc., *-ize* es la única ortografía empleada por el inglés norteamericano. En el inglés británico la ortografía predominante es *-ise*, aunque *-ize* se ha establecido en el estilo de algunas editoriales e instituciones

El pretérito y el participio pasado de los verbos *burn*, *dream*, *lean*, *leap*, *learn*, *smell*, *spell*, *spill*, and *spoil* tienen la terminación *-ed* en el inglés norteamericano (*burned*, *learned*), mientras que el inglés británico también utiliza la terminación *-t* (*burnt*, *learnt*)

Los adverbios terminados en *-ward* y la preposición *toward* aparecen más frecuentemente con la terminación *-wards* en el inglés británico:

Norteamericano	***Británico***
toward	towards, toward
backward	backwards, backward
northward	northwards, northward

Otras diferencias frecuentes:

Norteamericano	***Británico***
ax, axe	axe
check	cheque
draft	draught
gage	gauge
mustache	moustache
omelet	omelette
pajamas	pyjamas
plow	plough
skeptic	sceptic
tire (n)	tyre

Gramática

El inglés norteamericano a veces emplea el pretérito indefinido cuando el inglés británico prefiere utilizar el pretérito perfecto, en especial en los casos en que el contexto incluye los adverbios *already*, *yet* y *just*:

Norteamericano	***Británico***
I just saw him	I've just seen him
did you go to the shops already?	have you been to the shops already?
did you see Hamlet yet?	have you seen Hamlet yet?

El subjuntivo es más común en el inglés norteamericano que en el inglés británico, p.ej. *it is vital that they be informed* en lugar de *it is vital that they should be informed*

El participio pasado del verbo *to get* es *gotten* en el inglés norteamericano y *got* en el inglés británico:

Norteamericano	***Británico***
I've gotten used to the idea	I've got used to the idea

Para expresar posesión el inglés británico utiliza la construcción *I've got*, mientras que el inglés norteamericano prefiere utilizar *I have*:

I have three sisters (*AmE*), I've got three sisters (*BrE*)
do you have a car? (*AmE*), have you got a car? (*BrE*)

El inglés norteamericano utiliza el verbo modal *will* para formar el futuro. El inglés británico también emplea el verbo modal *shall*, aunque su uso se ha hecho menos corriente en la actualidad

En el inglés coloquial norteamericano la terminación *-ly* suele desaparecer del adverbio *really* cuando se emplea como intensificador de un adverbio o adjetivo, p.ej. *it's real neat* en lugar de *it's really neat*

Cuando el inglés británico utiliza la construcción *different to* o *from*, el inglés norteamericano también emplea la construcción *different than*

En la construcción imperativa *go and...*, el inglés norteamericano a menudo omite la conjunción *and*:

go and see if he wants to come, go see if he wants to come (*AmE*)

---

inhospitalario -ria *adj* inhospitable

inhóspito -ta *adj* inhospitable

inhumación *f* (frml) burial, interment (frml), inhumation (frml)

inhumanamente *adv* ‹vivir› in subhuman conditions; ‹tratar› inhumanely

inhumanidad *f* inhumanity

inhumano -na *adj* [1] (falto de compasión) inhumane [2] (cruel) inhuman

inhumar [A1] *vt* (frml) to bury, inter (frml)

INI /'ini/ *m* (en Esp) (= **Instituto Nacional de Industria**)

iniciación *f*
A (frml) (comienzo) beginning, start, initiation (frml), commencement (frml)
B [1] (introducción) introduction; **curso de ~** introductory course [2] (a una secta, sociedad secreta) initiation; **ceremonias de ~** initiation ceremonies

iniciado -da *m,f* initiate (frml); **para los ~s/no ~s** for the initiated/uninitiated

iniciador -dora *m,f* [1] (de una técnica) pioneer; (de un plan) initiator [2] (de un problema): **la ~a de la disputa** the one who started o (frml) initiated the argument

inicial[1] *adj* ‹plan/idea› initial, original; ‹temperatura/velocidad› initial

inicial[2] *f* [1] (letra) initial [2] (en béisbol) first base [3] (Ven) (depósito) down payment

inicialar [A1] *vt* to initial

inicialista *mf* first base

inicializar [A4] *vt* to initialize

iniciar [A1] *vt* [1] (frml) ‹curso/viaje› to begin, commence (frml); ‹negociaciones/diligencias› to initiate, commence (frml) [2] (en una secta) **~ a algn EN algo** to initiate sb INTO sth [3] (en un arte) **~ a algn EN algo** to introduce sb TO sth [4] (Inf) to boot, boot up

■ **iniciarse** *v pron*
A «ceremonia/negociaciones» to begin, commence (frml)
B «persona» [1] (en una secta) **~se EN algo** to be initiated INTO sth [2] (en un arte) **~se EN algo** to take one's first steps IN sth; **se iniciaban en el arte de la oratoria** they were taking their first steps in the art of public speaking

iniciático -ca *adj* initiation (*before n*)

iniciativa *f* [1] (cualidad) initiative; **le falta ~** he lacks initiative; **actuó por ~ propia** *or* **por su propia ~** she acted on her own initiative [2] (propuesta) initiative [3] (ventaja, delantera): **tomó/perdió/recuperó la ~** he took/lost/regained the initiative

(Compuesto) **iniciativa privada** (Econ): **la ~ ~** the private sector, private enterprise

inicio *m* beginning, start, commencement (frml)

inicuo -cua *adj* (frml) iniquitous (frml), wicked

inidentificable *adj* unidentifiable

inigualable *adj* ‹belleza› matchless, incomparable; ‹precios/oferta› unbeatable

inigualado -da *adj* unrivaled*, unequaled*

in illo tempore *loc adv* in those days, at that time

inimaginable *adj* unimaginable

inimitable *adj* inimitable

inimputable *adj* ‹persona› unfit to plead; ‹delito› unpunishable

ininteligible *adj* unintelligible, incomprehensible

ininterrumpidamente *adv* ‹trabajar/estudiar› without a break; ‹llover/hablar/llorar› nonstop; **trabajaron ~ hasta las siete** they worked through till seven without a break *o* without stopping; **ha llovido ~ todo el día** it has rained nonstop all day, it hasn't stopped raining all day

ininterrumpido -da *adj* ‹lluvias› continuous, uninterrupted; ‹sueño› uninterrupted; ‹línea› continuous; **seis horas de música ininterrumpida** six hours of nonstop music; **20 horas de funcionamiento ~** 20 hours of continuous use

injerencia *f* interference; **~ EN algo** interference IN sth; **la ~ extranjera en los asuntos internos de nuestro país** foreign interference in our country's internal affairs

injerirse [I11] *v pron* **~ EN algo** to interfere IN sth

injertar [A1] *vt* [1] (Agr) to graft [2] (Med) to graft

injerto[1] *m* [1] (Agr) (acción) grafting; (tallo) graft, scion [2] (Med) graft; **un ~ de piel** a skin graft

injerto[2] **-ta** *m,f* (Per fam) *person of mixed Amerindian and Chinese descent*

injuria *f* [1] (frml) (insulto) insult [2] (Der) slanderous allegation; **se querelló contra ella por ~** he sued her for slander

injuriar [A1] *vt* [1] (frml) (insultar) to insult [2] (Der) to slander

injuriosamente *adv* [1] (frml) (en forma ofensiva) abusively, insultingly [2] (Der) slanderously

injurioso -sa *adj* [1] (frml) (ofensivo) abusive, insulting [2] (Der) slanderous

injustamente *adv* unjustly, unfairly

injusticia *f* [1] (acto injusto) injustice, act of injustice; **protestaban por las ~s cometidas** they protested about the injustices that had taken place; **es una ~ que te hayan dicho eso** it's unfair of them to have said that to you [2] (cualidad) unfairness, injustice; **una sociedad donde predominan la ~ y la miseria** a society where injustice and poverty prevail; **la ~ de ciertos impuestos** the unfairness of certain taxes

injustificable *adj* unjustifiable

injustificadamente *adv* unjustifiably

injustificado -da *adj* unwarranted, unjustified; **despido ~** unfair dismissal

injusto -ta *adj* ‹persona› unfair; ‹castigo/crítica› unjust, unfair; ‹norma/impuesto› unfair; **la decisión fue totalmente injusta** the decision was totally unjust *o* unfair; **ser ~ CON algn** to be unfair TO *o* ON sb; **es ~ que tenga que estar en casa a las diez** it's not fair *o* it's unfair that I have to be home by ten

Inmaculada *f*: **la ~** the Blessed Virgin

inmaculadamente *adv* immaculately

inmaculado -da *adj* [1] ‹presentación› impeccable, immaculate; ‹vestido› immaculate; ‹superficie› spotless; **la blancura inmaculada de la nieve** (liter) the pure *o* (liter) pristine whiteness of the snow [2] ‹fama› impeccable [3] (ant) ‹mujer› chaste

(Compuesto) **Inmaculada Concepción** *f* Immaculate Conception

inmadurez *f* immaturity, lack of maturity

inmaduro -ra *adj* ‹persona/animal› immature; ‹fruta› unripe

inmancable *adj* (Ven) infallible, surefire (*before n*) (colloq)

inmanejable *adj* unmanageable

inmanencia *f* immanence

inmanente *adj* immanent

inmarcesible *adj* [1] (liter) (inmarchitable) everlasting, undying (liter) [2] (Col fam) (inaguantable) impossible, unbearable

inmarchitable *adj* ‹belleza› unfading; ‹ilusión/gloria› everlasting, undying (liter)

inmaterial *adj* [1] (abstracto) ‹problema/tema› abstract [2] (intangible) ‹figura/cuerpo› ethereal, immaterial (frml)

inmediaciones *fpl* vicinity; surrounding area; **en las ~ de la capital** in the area around the capital; **no hay ningún hospital en las ~** there is no hospital in the vicinity *o* the surrounding area

inmediatamente *adv* immediately; **salgan de aquí ~** get out of here immediately *o* at once *o* right away *o* (BrE) straightaway!; **~ después del puente** straight *o* immediately after the bridge

inmediatez *f* immediacy

inmediato -ta *adj* [1] ‹efecto/respuesta› immediate; **de ~** immediately, right away, straightaway (BrE) [2] ‹zona› immediate; ‹lugar/pueblo› **~ A algo** close TO sth; **un pueblo ~ a Madrid** a village close to *o* just outside Madrid

inmejorable *adj* ‹resultados/posición› excellent, unbeatable; **un producto de ~ calidad** a top-quality product; **el edificio está en una situación ~** the building is superbly *o* excellently located

inmejorablemente *adv* superbly

inmemorial *adj* age-old (*before n*); **desde tiempo(s) ~(es)** since time immemorial

in memoriam *loc adv* in memoriam

inmensamente *adv* immensely; **es ~ popular** she is immensely popular; **amar ~** to love greatly *o* enormously

inmensidad *f* immensity

inmenso -sa *adj* ‹fortuna/cantidad› immense, vast, huge; ‹casa/camión› huge, enormous; ‹alegría/pena› great, immense; **sentía por ella un ~ cariño** he was extremely fond of her; **¡cómo ha crecido! ¡si está ~!** hasn't he grown! he's absolutely huge!; **esa blusa te queda inmensa** that blouse is far too big for you

inmensurable *adj* (liter) boundless (liter), immeasurable

inmerecidamente *adv* undeservedly

inmerecido -da *adj* undeserved, unmerited

inmersión *f* [1] (de un submarino) immersion, dive; (de un objeto) immersion; **muerte por ~** (frml) drowning, death by drowning [2] (en un asunto, una actividad) immersion, absorption

inmerso -sa *adj* [1] ‹submarino/buzo› submerged; ‹objeto› immersed [2] (en un problema, una actividad): **estaba inmersa en sus tareas** she was absorbed in her work; **la crisis en que estamos ~s** the crisis in which we are immersed *o* into which we have been plunged

inmesurado -da *adj* (Chi frml) immoderate, excessive

inmigración *f* immigration

inmigrado -da *m,f* immigrant

inmigrante[1] *adj* immigrant (*before n*)

inmigrante[2] *mf* immigrant

(Compuestos)
- **inmigrante económico** economic migrant
- **inmigrante digital** (Inf) digital (im)migrant

inmigrar [A1] *vi* to immigrate

inmigratorio -ria *adj* immigration (*before n*)

inminencia *f* imminence

inminente *adj* imminent, impending

inminentemente *adv* imminently

inmiscuirse [I20] *v pron* **~ EN algo** to interfere IN sth, meddle IN sth; **por favor no te inmiscuyas en mis asuntos** please don't interfere *o* meddle in my affairs

inmisericorde *adj* (liter *o* period) pitiless, merciless

inmobiliaria *f* [1] (agencia) real estate agency (AmE), estate agent's (BrE) [2] (empresa propietaria) real estate company (AmE), property company (BrE) [3] (empresa constructora) property developer

inmobiliario -ria *adj* real estate (*before n*) (AmE), property (*before n*) (BrE)

inmobilizador *m* immobilizer

inmoderación *f* immoderation, lack of moderation; **~ en la bebida** excessive *o* immoderate drinking, lack of moderation in one's drinking

inmoderado -da *adj* excessive, immoderate

inmodestia *f* [1] (vanidad, presunción) immodesty, lack of modesty [2] (falta de recato) immodesty

inmodesto -ta *adj* [1] (vanidoso, presuntuoso) immodest [2] (ant) (sin recato) ‹mujer› unchaste (dated); ‹escote› immodest

inmolación *f* [1] (de una víctima) sacrifice [2] (frml) (de un héroe) sacrifice, immolation (frml)

inmolar [A1] *vt* ‹víctima› to sacrifice

■ **inmolarse** *v pron* (frml) «héroe» to sacrifice oneself

inmoral[1] *adj* immoral

inmoral[2] *mf*: **eres un ~** you have no morals

inmoralidad *f* [1] (cualidad) immorality [2] (acto) immoral act, immorality

inmortal[1] *adj* [1] ‹alma/ser› immortal [2] ‹héroe› immortal; ‹fama/amor› eternal, undying (liter); ‹obra› immortal

inmortal[2] *mf* immortal

inmortalidad *f* immortality

inmortalizar [A4] *vt* to immortalize

■ **inmortalizarse** *v pron* to achieve immortality, be immortalized

inmotivado -da *adj* ‹ataque› unprovoked, motiveless; ‹preocupación› groundless, unfounded

inmovible *adj* immovable

inmóvil *adj* still; **permaneció/se quedó ~ contemplando la escena** she stood stockstill *o* motionless gazing at the scene; **para mantener el brazo ~** in order to keep the arm immobile *o* still, in order to immobilize the arm *o* to keep the arm from moving

inmovilidad *f* immobility

inmovilismo *m* resistance to change; (Pol) immobilism

inmovilista *adj* resistant to change; (Pol) immobilist

inmovilización *f* [1] (de una persona, un país, un vehículo) immobilization [2] (Fin) (de capital) tying up

inmovilizado *m* fixed assets (*pl*)

inmovilizador *m* immobilizer

inmovilizar [A4] *vt*

[A] [1] ‹persona› to immobilize; **la huelga que inmovilizó el país** the strike which immobilized *o* paralyzed the country *o* which brought the country to a standstill [2] (Med) ‹pierna› to immobilize [3] ‹vehículo› to immobilize

[B] (Com, Fin) ‹capital› to tie up

inmueble[1] *adj* ▸ **bien**[5]

inmueble[2] *m* (frml) building, property (frml); **el fuego se extendió por todo el ~** (period) the fire spread right through the whole building

inmundicia *f* [1] (suciedad) filth; **la entrada estaba llena de ~s** the doorway was full of trash (AmE) *o* (BrE) rubbish [2] (dicho, cosa inmoral): **esa película es una ~** that film is filth

inmundo -da *adj* 1 ‹*lugar*› filthy 2 ‹*sabor/comida*› foul, disgusting 3 (repulsivo) ‹*escena/película*› filthy, disgusting; **¡no seas ~!** don't be so revolting *o* filthy *o* disgusting

inmune *adj* (Med) immune; **~ A algo** immune TO sth; **es ~ a toda crítica** she is immune to criticism

inmunidad *f* immunity; **~ A algo** immunity TO sth

(Compuestos)
- **inmunidad diplomática** diplomatic immunity
- **inmunidad parlamentaria** parliamentary *o* congressional privilege

inmunitario -ria *adj* immune (*before n*); **protección inmunitaria** immune protection; **enfermedad inmunitaria** disease of the immune system; **sistema ~** immune system

inmunización *f* immunization; **campaña de ~** immunization campaign

inmunizar [A4] *vt* to immunize; **~ a algn CONTRA algo** to immunize sb AGAINST sth
■ **inmunizarse** *v pron* 1 «*organismo*» to become immune 2 (frml) (vacunarse) **~se CONTRA algo** to be immunized *o* inoculated AGAINST sth

inmunodeficiencia *f* immunodeficiency, immune deficiency

inmunodeficiente *adj* immunodeficient, immune deficient

inmunodepresor[1] **-ra** *adj* immunodepressant (*before n*)

inmunodepresor[2] *m* immunodepressant

inmunodeprimido -da *adj* immunocompromised, immunodepressed

inmunoelectrotransferencia *f* (Biol) immunoblotting

inmunoestimulante *adj/m* immunostimulant

inmunogenética *f* immunogenetics

inmunología *f* immunology

inmunológico -ca *adj* 1 ‹*estudio*› immunological; **instituto ~** institute of immunology, immunological institute 2 ‹*tolerancia*› immunological; ‹*sistema/reacción*› immune (*before n*)

inmunólogo -ga *m,f* immunologist

inmunosupresión *f* immunosuppression

inmunosupresivo -va *adj* immunosuppressive, immunosuppressant (*before n*)

inmunosupresor[1] **-sora** *adj* immunosuppressive, immunosuppressant (*before n*)

inmunosupresor[2] *m* immunosuppressant

inmunoterapia *f* immunotherapy

inmutabilidad *f* immutability

inmutable *adj* 1 (inalterable) ‹*designios/principio*› unchanging, immutable (frml) 2 (impasible) ‹*persona*› impassive; **permaneció ~** he remained impassive; **un hombre de rostro ~** a man whose expression never changes

inmutar [A1] *vt* ‹*persona*› to perturb (frml); **nada consigue ~lo** nothing can upset *o* ruffle *o* unnerve him
■ **inmutarse** *v pron* «*persona*» to be perturbed (frml), to look/become worried; **cuando se lo dije ni se inmutó** she didn't bat an eyelid when I told her (colloq); **no se inmuta por nada** he's not flustered by anything; **escuchó la noticia sin ~se** he listened to the news without turning a hair *o* without showing any sign of what he was feeling

innato -ta *adj* innate, inborn

innavegabilidad *f* (de un río) unnavigability; (de una embarcación) unseaworthiness

innavegable *adj* ‹*río*› unnavigable; ‹*embarcación*› unseaworthy

innecesariamente *adv* unnecessarily, needlessly

innecesario -ria *adj* ‹*comentario*› unnecessary; ‹*gasto*› unnecessary, needless

innegable *adj* undeniable; **es ~ que tiene talento** she is undeniably talented

innegociable *adj* non-negotiable

innivación *f* snow making

innivar [A4] *vt* to cover ... with snow (*with snow machines*)
■ **innivar** *vi* to make snow (*with snow machines*); **para ~ artificialmente hay que utilizar ...** to make snow artificially it is necessary to use ...

innoble *adj* ignoble

innombrable *adj* unmentionable, unspeakable

innovación *f* innovation; **innovaciones técnicas** technical innovations

innovador[1] **-dora** *adj* innovative

innovador[2] **-dora** *m,f* innovator

innovar [A1] *vi* to innovate; **los que ~on en este campo** the innovators in this field
■ **innovar** *vt*: **no hay nada que ~ en esta materia** there are no innovations left to make in this subject

innumerable *adj* innumerable; **un ejército ~** an army too large *o* numerous to count; **se lo he dicho ~s veces** I've told him time and time again *o* innumerable *o* countless times; **ha recibido ~s llamadas** she has received countless *o* innumerable phone calls

inobjetable *adj* unquestionable, indisputable

inobservancia *f* nonobservance; **la ~ de esta regla** nonobservance of this rule, failure to observe this rule

inocencia *f* 1 (Der) innocence 2 (ingenuidad) innocence, naivety; **lo dijo con toda la ~ del mundo** he said it in all innocence

inocentada *f* ≈ April Fools' joke (*played on 28 December*); **gastarle** *or* **hacerle ~s a algn** to play practical jokes on sb

inocente[1] *adj* [SER] 1 (sin culpa) innocent; (Der) innocent, not guilty; **lo declararon ~** he was found not guilty, he was cleared 2 ‹*broma*› harmless 3 (ingenuo) naive, gullible, easily deceived

inocente[2] *mf* innocent; **no te hagas el ~** don't play the innocent, don't come the innocent with me (colloq)

inocentemente *adv* innocently

inocentón -tona *adj* (fam) innocent, wet behind the ears (colloq)

inocuidad *f* harmlessness, innocuousness

inoculación *f* inoculation

inocular [A1] *vt* to inoculate

inocuo -cua *adj* 1 (inofensivo) ‹*sustancia/tratamiento*› harmless, innocuous 2 (intrascendente) ‹*novela/película*› bland

inodoro[1] **-ra** *adj* odorless*

inodoro[2] *m* ▸**baño** 1 (wáter) toilet, lavatory 2 (taza) bowl, pan

inofensivo -va *adj* ‹*persona/animal*› harmless, inoffensive; ‹*broma/comentario*› harmless, inoffensive

inoficioso -sa *adj*
A (Der) ‹*testamento/donación*› inofficious
B (Andes frml) (inútil) futile

inolvidable *adj* unforgettable

inolvidablemente *adv* unforgettably

inoperable *adj* 1 ‹*enfermo/tumor*› inoperable 2 ‹*sistema*› unworkable

inoperancia *f* 1 (inviabilidad) unworkability 2 (falta de eficacia) ineffectiveness

inoperante *adj* 1 (inviable) unworkable, inoperable; **la prohibición resultó ~** the ban proved unworkable 2 (ineficaz) ineffective 3 (ineficiente) inefficient

inopia *f* (fam): **yo, de álgebra, estoy en la ~** I don't know a thing *o* the first thing about algebra; **mi madre está en la ~, no se acuerda nunca de mi cumpleaños** my mother's hopeless, she never remembers my birthday; **a pesar de su explicación, me quedé en la ~** despite his explanation, I was none the wiser *o* I still didn't understand; **siempre está en la ~** he's always daydreaming

inopinadamente *adv* unexpectedly

inopinado -da *adv* unexpected

inoportunamente *adv* (a destiempo) inopportunely; (causando molestias) inconveniently

inoportunidad *f* inopportuneness

inoportuno -na *adj* 1 ‹*visita/llamada*› untimely, inopportune; **llegó en un momento muy ~** she arrived at a very bad *o* inopportune *o* unfortunate 2 ‹*comentario/crítica*› ill-timed, inopportune

inorgánico -ca *adj* inorganic

INOS /'inos/ *m* (en Ven) = **Instituto Nacional de Obras Sanitarias**

inoxidable *adj* ▸**acero**

inquebrantable *adj* ‹*fe*› unshakable, unyielding; ‹*lealtad*› unswerving; ‹*voluntad*› iron (*before n*); **tiene una salud ~** she has an iron constitution

inquietante *adj* ‹*noticia/cifras*› disturbing, worrying; ‹*síntoma*› worrying

inquietantemente *adv* disturbingly; **una mirada ~ intensa** a disturbingly intense look; **las cifras son ~ altas** the figures are worryingly high

inquietar [A1] *vt* to worry, disturb
■ **inquietarse** *v pron* to worry; **~se POR algo/algn** to worry ABOUT sth/sb

inquieto -ta *adj* 1 [ESTAR] (preocupado) worried; **estaba ~ porque no habían llamado** he was worried *o* anxious because they hadn't called; **se sentía inquieta en la casa tan sola** she felt nervous *o* uneasy being all alone in the house 2 [SER] (emprendedor) enterprising; (vivo) lively, inquiring (*before n*) 3 (que se mueve mucho) restless

inquietud *f* 1 (preocupación) worry; **una serie de ~es relacionadas con la ecología** a series of ecology-related worries *o* concerns; **existe gran ~ por el futuro de los astilleros** there is a great deal of anxiety *o* concern over the future of the shipyards; **la creciente ~ por su estado** the increasing worry *o* anxiety *o* uneasiness over its state 2 (interés): **es una persona sin ~es** she has no interest in anything; **la ~ filosófica del poeta** the poet's philosophical preoccupations 3 (agitación) restlessness

inquilinaje *m* (Chi) ▸**inquilinato 2**

inquilinato *m* 1 (arriendo) tenancy; **contrato de ~** tenancy agreement 2 (Agr) tenancy 3 (AmS) (edificio) tenement, tenement house 4 (Chi) (agricultores) tenant farmers (*pl*)

inquilino -na *m,f*
A 1 (arrendatario) tenant; **el actual ~ de la Casa Blanca** the current occupant of the White House 2 (Chi) (Agr) tenant farmer
B **inquilino** *m* (fam & euf) (piojo) louse, lodger (colloq & euph) (gusano) worm

inquina *f*: **tenerle ~ a algn** to bear ill will against sb, have a grudge against sb

inquirir [I13] *vi* (frml) **~ SOBRE algo** to make inquiries ABOUT sth, inquire INTO sth, investigate sth

Inquisición *f* 1 (hum) (interrogatorio) grilling (colloq); **fue una ~** they gave me a real grilling, it was just like the Spanish Inquisition (colloq) 2 (Hist) **la Inquisición** the Inquisition

inquisidor[1] **-dora** *adj* ‹*mirada/ojos*› inquiring (*before n*), searching (*before n*)

inquisidor[2] *m* inquisitor

inquisitivo -va *adj* inquisitive, curious

inrayable *adj* scratch-resistant

inri *m* (Esp): ***para más ~*** (fam) on top of everything else, to cap it all

INRI /'inrri/ (Relig) (= **Iesus Nazarenus Rex Iudaeorum**) INRI

insaciable *adj* ‹*apetito*› insatiable; ‹*sed*› unquenchable; ‹*afán/deseo*› insatiable

insaciablemente *adv* ‹*comer/desear*› insatiably; ‹*repetir/preguntar*› ceaselessly

insalubre *adj* unhealthy, insalubrious (frml); **trabajan en condiciones ~s** they work in unhealthy conditions; **fue clausurado por ~** it was closed down as a health risk

insalubridad *f* unhealthiness, insalubrity (frml)

INSALUD *m* (en Esp) = **Instituto Nacional de la Salud**

insalvable *adj* insurmountable, insuperable

insania *f* (frml) insanity

insano -na *adj* 1 (loco) mad, insane 2 ‹*lugar/condiciones*› unhealthy
insatisfacción *f* dissatisfaction
insatisfactorio -ria *adj* unsatisfactory
insatisfecho -cha *adj* 1 (descontento) dissatisfied; **~ con algo/algn** dissatisfied WITH sth/sb; **se quedó ~ con el trabajo que le hicieron** he was dissatisfied with *o* unhappy with *o* not satisfied with the work they did for him 2 ‹*hambre/deseo*› unsatisfied
inscribir [I34] *vt*
A (en un registro) to register; (en un curso, una escuela) to register, enroll*; **inscribieron al niño/el nacimiento** they registered the child/the birth; **el tema había sido inscrito en el orden del día** the matter had been put on the agenda
B 1 (grabar) ‹*iniciales*› to engrave; **su nombre ha quedado inscrito con letras de oro en la historia** (frml) her name has been inscribed *o* etched in the pages of history (frml) 2 (Mat) to inscribe
■ **inscribirse** *v pron*
A «*persona*» (en un curso, colegio) to enroll*, register; (en un concurso) to enter; (en un congreso) to register; **se inscribió en un curso de árabe** she enrolled in *o* for an Arabic course
B «*acción/obra*» **~se DENTRO DE algo** to be in keeping WITH sth; **esta nueva medida se inscribe dentro del contexto de la política del gobierno** this latest measure is in line with *o* in keeping with government policy; **su novela se inscribe dentro del movimiento surrealista** her novel falls within the context of *o* can be categorized as belonging to the surrealist movement
inscripción *f* 1 (para un curso) enrollment*, registration; (para un concurso) entry; (en un congreso) registration; **las inscripciones se cierran el 30 de mayo** the last day for enrollment is May 30 2 (de un nacimiento) registration; **la ~ debe realizarse** *or* **efectuarse dentro de siete días** the birth should be registered within seven days 3 (leyenda, lema) inscription
inscrito -ta (RPl) **inscripto -ta** *pp see* **inscribir**
insecticida[1] *adj* insecticide (*before n*), insecticidal (frml)
insecticida[2] *m* insecticide
insectívoro -ra *adj* insectivorous
insecto *m* insect
inseguridad *f* 1 (falta de confianza) insecurity 2 (falta de firmeza, estabilidad) unsteadiness 3 (falta de garantías) insecurity, lack of security 4 (en una ciudad, un barrio): **hay mucha ~ en nuestras ciudades** our cities are very unsafe; **la ~ ciudadana** the lack of safety on our streets
inseguro -ra *adj* 1 (falto de confianza) insecure, unconfident 2 (falto de firmeza, estabilidad) ‹*persona*› unsteady; ‹*estructura*› unsteady, unstable 3 ‹*situación/futuro*› insecure 4 ‹*ciudad/barrio*› unsafe, dangerous
inseminación *f* insemination
(Compuesto) **inseminación artificial** artificial insemination
inseminar [A1] *vt* to inseminate
insensatez *f* 1 (cualidad) foolishness, senselessness 2 (dicho, hecho): **fue una ~ dejarlo solo** it was foolish *o* stupid to leave him alone; **lo que has dicho es una ~** that's a foolish *o* senseless thing to say
insensato[1] **-ta** *adj* ‹*persona*› foolish; ‹*acción/palabras*› foolish, senseless
insensato[2] **-ta** *m,f* fool
insensibilidad *f* 1 (a emociones) insensitivity 2 (Med) (de una parte del cuerpo) numbness, lack of sensitivity
insensibilizar [A4] *vt* 1 ‹*persona*› to desensitize, harden 2 (Med) to numb, to render ... insensitive
■ **insensibilizarse** *v pron* «*persona*» to become *o* grow hardened, become desensitized
insensible *adj* 1 ‹*persona*› insensitive; **~ A algo** oblivious *o* insensible TO sth; **es ~ a mis súplicas** he is oblivious *o* insensible to my entreaties 2 (Med) ‹*miembro/nervio*› insensitive; **~ al frío** insensitive to the cold, not feeling the cold
inseparable *adj* inseparable
inseparablemente *adv* inseparably
insepulto -ta *adj* (frml) unburied; ▸**funeral**[2]
inserción *f* 1 (de una sonda) insertion 2 (de un párrafo) insertion 3 (de un anuncio) placing, insertion 4 (integración) integration; **la ~ social de los enfermos mentales** the integration into society of the mentally ill
INSERSO *m* (en Esp) = **Instituto Nacional de Servicios Sociales**
insertar [A1] *vt* 1 ‹*pieza/párrafo*› to insert; **~ a los jóvenes en el trabajo** to find employment for young people, to place young people in employment 2 ‹*anuncio*› to place, insert
■ **insertarse** *v pron* **~se EN algo** to fall WITHIN sth; **un problema que se inserta en el marco de la pobreza generalizada** a problem which falls within *o* is found in situations of widespread poverty
inserto[1] **-ta** *adj*: **~ EN algo** ‹*artículo/anuncio*› inserted IN sth; **el ambiente en el que están ~s algunos menores** the atmosphere into which some minors are placed
inserto[2] *m* insert
inservible *adj* (inútil) useless; (inutilizable) unusable; **colecciona todo tipo de trastos ~s** he collects all kinds of useless objects; **quedó ~ tras el accidente** it was unusable *o* useless after the accident
insidia *f*: **obró con ~** he acted deceitfully *o* treacherously
insidiosamente *adv* treacherously, deceitfully
insidioso -sa *adj* insidious, treacherous, deceitful
insigne *adj* famous, notable
insignia *f* 1 (distintivo, emblema) insignia, emblem; (prendedor) badge, button (AmE) 2 (bandera) flag; (estandarte) standard, banner
insignificancia *f* 1 (intrascendencia) insignificance 2 (cosa insignificante): **me costó una ~** it cost me next to nothing; **es una ~, pero a mí me molestó** it's nothing really *o* it's a small point but it annoyed me; **discutir por ~s** to argue over trifling matters *o* petty things
insignificante *adj* ‹*asunto/detalle/suma*› insignificant, trivial, trifling (*before n*); ‹*objeto/regalo*› small; ‹*persona*› insignificant
insinceridad *f* insincerity, lack of sincerity
insincero -ra *adj* insincere
insinuación *f* insinuation; **hizo insinuaciones sobre su conducta** he made insinuations about her conduct, he insinuated things about her conduct; **por las insinuaciones que me hizo sobre el tema** from the hints he dropped about it
insinuante *adj* ‹*mirada/voz*› suggestive; ‹*escote*› provocative
insinuar [A18] *vt* to imply, hint at; (algo ofensivo) to insinuate; **insinuó que le había mentido** she insinuated that I had lied to her; **¿qué estás insinuando?** what are you insinuating *o* suggesting *o* implying?; **no lo dijo claramente pero lo insinuó** he didn't say it straight out but he hinted at it
■ **insinuarse** *v pron*
A «*barba*» to begin to show; «*problema/síntoma*» to become apparent; **apenas si se insinuó una sonrisa en su rostro** there was the merest suggestion of a smile on her face
B **insinuársele a algn** to make advances to sb, to make a pass at sb
insípido -da *adj* ‹*comida*› insipid, bland; ‹*persona/obra*› bland, insipid
insistencia *f* insistence; **perdone mi ~** forgive me for being so insistent, forgive my insistence; **tengo que quedarme, me lo pidió con tanta ~** I have to stay, she was so insistent, she asked me so insistently that I feel I must stay; **-es necesario hacerlo -repitió con ~** it has to be done, he insisted
insistente *adj* ‹*persona*› insistent; ‹*recomendaciones/pedidos*› repeated (*before n*), persistent; ‹*timbrazos*› insistent, repeated (*before n*); **se dieron ~s avisos por megafonía** they made repeated announcements over the loudspeaker
insistentemente *adv* 1 ‹*pedir*› repeatedly, persistently 2 ‹*golpear*› insistently
insistir [I1] *vi* to insist; **es inútil que insistas** there's no point going on about it *o* insisting; **insiste, tienen que estar** keep trying, they must be there; **bueno, ya que insistes, sírveme otro** OK, if you insist *o* if you twist my arm, I'll have another one (colloq); **~ EN + INF** to insist ON -ING; **insistieron en acompañarme** they insisted on coming with me; **~ EN QUE + SUBJ: insiste en que lo hagamos de nuevo** he insists (that) we do it again; **~ EN QUE + INDIC: insiste en que es suyo** she insists *o* she is adamant that it's hers; **~ SOBRE** *or* **EN algo** to stress sth; **insistió en la importancia de la reunión** she stressed *o* emphasized the importance of the meeting
in situ *loc adv* in situ; **un reportaje ~ ~** an on-the-spot *o* in situ report
insobornable *adj* incorruptible
insociable *adj* unsociable
insolación *f* 1 (Med) sunstroke; **vas a agarrar** *or* (esp Esp) **coger una ~** you're going to get sunstroke 2 (Meteo) sunshine, insolation (frml)
insolarse [A1] *v pron* to get sunstroke
insolencia *f* 1 (cualidad) insolence 2 (dicho): **no pienso tolerar sus ~s** I don't intend to put up with his insolence *o* his insolent behavior; **contestarle así fue una ~** it was very rude of you to answer him like that
insolentarse [A1] *v pron* to become insolent; **~ con algn** to be rude *o* insolent TO sb
insolente[1] *adj* ‹*persona*› rude, insolent; ‹*respuesta/actitud*› insolent
insolente[2] *mf*: **es una ~** she's so rude *o* insolent
insolentemente *adv* insolently
insolidaridad *f* lack of solidarity
insolidario -ria *adj* unsupportive
insólitamente *adv* amazingly, incredibly
insólito -ta *adj* unusual; **fue ~ que viniera** it was unusual for him to come; **hecho ~** freak (occurrence)
insolubilidad *f* 1 (de una sustancia) insolubility 2 (de un problema) insoluble nature, insolubility
insoluble *adj* 1 (Fís, Quím) insoluble 2 ‹*problema/caso*› insoluble
insolvencia *f* insolvency
insolvente *adj* insolvent
insomne *adj/mf* insomniac
insomnio *m* insomnia
insondable *adj* (liter) 1 ‹*abismo/mar*› bottomless 2 ‹*secreto/pensamientos*› unfathomable (liter)
insonorización *f* soundproofing
insonorizado -da *adj* soundproof, soundproofed
insonorizar [A4] *vt* to soundproof
insoportable *adj* unbearable, intolerable
insoportablemente *adv* unbearably; **es ~ arrogante** he is unbearably arrogant
insoslayable *adj* unavoidable, inescapable
insospechable *adj* above suspicion, beyond suspicion
insospechado -da *adj* ‹*reacción/consecuencias*› unforeseen; **descubrieron allí un mundo ~** there they discovered an undreamed-of world
insostenible *adj* 1 ‹*situación/gasto*› unsustainable 2 ‹*posición/tesis*› untenable
inspección *f* 1 (verificación, examen) inspection; **una visita de ~** a tour of inspection 2 (departamento) Health Inspectorate
(Compuestos)
• **inspección ocular** visual inspection *o* examination *o* check

i

ℹ Instrucciones para llegar a un lugar

¿cómo se llega?

When you come out of the station, turn left and go down the road till you get to the traffic lights. Turn left there into Main Street and carry on along past the theater. At the second set of traffic lights turn right and then take the first right. That will bring you to a small square. Cross (over) the square and you'll come to a narrow passage in the corner. Go down there and you'll come out into Washington Avenue. Cross over the street toward(s) the fountain and the office is on the right, between a gym and an office block.

Nótese que también se puede usar el indicativo en lugar del imperativo:

ej. you turn left, you take the first turning on the right, etc.

- **inspección sanitaria** sanitary inspection
- **inspección técnica de vehículos** (*en Esp*), roadworthiness test, MOT test (*in UK*)

inspeccionar [A1] *vt* to inspect

inspector -tora *m,f* inspector

(Compuestos)
- **inspector de armas, inspectora de armas** weapons inspector
- **inspector de Hacienda, inspectora de Hacienda** revenue agent (AmE), tax inspector (BrE)
- **inspector de policía, inspectora de policía** police inspector, inspector
- **inspector/inspectora de seguridad en el trabajo** safety inspector

inspectorado *m* inspectorate

inspiración *f*
A (Art, Lit, Mús) inspiration; **le falta ~** it lacks inspiration; **una canción de su propia ~** a song he wrote himself; **una obra de ~ clásica** a work inspired by the classics
B (Fisiol) inhalation

inspirado -da *adj* inspired; **hoy no estoy muy ~** I'm not feeling very inspired today

inspirador -dora *adj* inspiring

inspirar [A1] *vt*
A ‹*confianza*› to inspire; ‹*compasión*› to arouse, inspire; **la única persona que sabe ~les confianza** the only person who can inspire confidence in them *o* inspire them with confidence; **su sola presencia les inspiraba terror** (liter) his mere presence filled them with fear (liter)
B ‹*persona*› to inspire; ‹*obra/canción*› to inspire; **la vista lo inspiró a escribir un poema** the view inspired him to write a poem
■ **inspirar** *vi* (Fisiol) to inhale
■ **inspirarse** *v pron* **~se EN algo** «*persona*» to draw inspiration FROM sth, be inspired BY sth; «*obra/ley*» to be inspired BY sth

INSS *m* (en Esp) = **Instituto Nacional de la Seguridad Social**

instalación *f* **1** (colocación) installation **2** (equipo, dispositivo) system; **la ~ sanitaria** the plumbing; **la ~ eléctrica** the electrical installation *o* system **3** **instalaciones** *fpl* (dependencias) installations (*pl*); **las instalaciones portuarias** the port installations; **instalaciones deportivas** sports facilities

instalador¹ -dora *adj* ‹*empresa*› installation (*before n*); **técnico ~ de alarmas** alarm installation engineer, alarm installer

instalador² -dora *m,f*
A (persona) installer, fitter
(Compuesto) **instalador eléctrico, instaladora eléctrica** *m,f* electrician
B **instalador** (Inf) *m* installer

instalar [A1] *vt*
A **1** (colocar y conectar) ‹*teléfono*› to install; ‹*lavaplatos*› to install, plumb in; ‹*antena*› to erect, put up **2** (colocar) ‹*archivador/piano*› to put; **~on la mesa en el rincón** they put the table in the corner; **instalamos a mi madre en el cuarto de los niños** we put *o* installed my mother in the children's room **3** ‹*oficina/consultorio*› to open, set up
B (AmL) ‹*comisión*› to set up, establish
■ **instalarse** *v pron* to settle, install oneself; **vino a pasar unos días y acabó instalándose** he came to stay for a few days and ended up moving in; **se instaló en el sillón y se quedó allí toda la noche** she installed herself in the armchair and didn't move all evening; **cuando estemos instalados en las nuevas oficinas** when we've settled into the new offices, when we're installed in the new offices

instancia *f*
A (solicitud) official request *o* application; **a ~s de** at the request of, at the instance of (frml)
B (momento) moment, happening; **las ~s decisivas de nuestra historia** key *o* decisive moments in our history; **en última ~** (como último recurso) as a last resort; (en definitiva) in the final *o* last analysis; **en última ~ podríamos vender el coche** as a last resort we could sell the car; **la responsabilidad es, en última ~, mía** I am ultimately responsible, the ultimate responsibility is mine
C (period) (autoridad) authority; **las más altas ~s de la nación** the highest authorities in the land; ▸**juzgado**

instantánea *f* snapshot

instantáneamente *adv* instantaneously, instantly

instantáneo -nea *adj* **1** ‹*resultado/crédito*› instant (*before n*); ‹*reacción*› instantaneous, immediate; **le produjo la muerte instantánea** (period) it killed him instantly *o* outright, death was instantaneous (frml) **2** ‹*café*› instant (*before n*)

instante *m* moment; **un ~, por favor** just a second *o* moment, please; **me llama a cada ~** he calls me every five minutes *o* the whole time *o* all the time; **en ese mismo ~ llegó** (just) at that very moment *o* instant he arrived; **por un ~ creí que iba a caerse** for a moment *o* an instant I thought he was going to fall; **al ~** right away, immediately, straightaway (BrE)

instar [A1] *vt* (frml) **~ a algn A + INF** *or* **A QUE + SUBJ** to urge sb to + INF; **lo ~on a asistir** *or* **a que asistiese** *or* **para que asistiese** they urged him to attend

instauración *f* establishment

instaurar [A1] *vt* to establish

instigación *f* instigation; **lo hizo por ~ de su hermano** she did it at her brother's instigation *o* at the instigation of her brother

instigador -dora *m,f* instigator

instigar [A3] *vt* **~ a algn A algo** to incite sb TO sth; **lo acusaron de ~ al pueblo a la rebelión** they accused him of inciting the people to rebellion; **~ a algn A + INF** to incite sb to + INF; **lo ~on a robar** they incited him to commit robbery

instilar [A1] *vt* (frml) to instill*; **~le algo A algn** ‹*ideas/sentimientos*› to instill sth IN sb

instintivamente *adv* instinctively

instintivo -va *adj* instinctive

instinto *m* instinct; **por ~** instinctively; **tiene mucho ~ para los negocios** she has a good instinct for business

(Compuestos)
- **instinto de conservación** survival instinct
- **instinto maternal** maternal instinct

institución *f*
A (organismo) institution; **instituciones financieras** financial institutions; ***ser una* ~** (fam) to be an institution; **la siesta es toda una ~ en España** (fam) the siesta is a real institution in Spain; **el viejo Marcos es toda una ~ aquí** old Mr Marcos is quite an institution around here
B (creación, constitución) establishment; **la ~ de un fondo de pensiones** the establishment *o* setting up of a pension fund
C **instituciones** *fpl* (de una sociedad) institutions (*pl*)

institucional *adj* institutional

institucionalización *f* institutionalization

institucionalizar [A4] *vt* to institutionalize

instituir [I20] *vt*
A ‹*reforma*› to institute; ‹*norma*› to establish; ‹*premio/beca*› to set up, institute
B (Der) ‹*persona*› to appoint

instituto *m* institute

(Compuestos)
- **instituto de belleza** (Esp) beauty parlor*
- **instituto de enseñanza secundaria** (en Esp) secondary school
- **instituto nacional de bachillerato** (Esp) high school (AmE), secondary school (BrE)

instituto

In Spain, a center of secondary education providing ▸**ESO - Enseñanza Secundaria Obligatoria**, ▸**Bachillerato**. *Institutos* are part of the state school system so are free of charge.

institutriz *f* governess

instrucción *f*
A (educación) education; **una mujer sin ~** an uneducated woman; **se ha hecho cargo de la ~ de los niños** she has taken responsibility for the children's education *o* for educating the children; **han recibido ~ sobre estos métodos** they have been trained in these methods
(Compuesto) **instrucción militar** military training
B (Der) (de una causa) trying, hearing; **la ~ de un sumario** the preliminary investigation into a case
C **instrucciones** *fpl* **1** (de un aparato, un juego) instructions (*pl*); (para llegar a un lugar) directions (*pl*) **2** (órdenes) instructions; **tengo instrucciones de no dejarlo solo** I have instructions *o* I have been told not to leave him alone

instructivo -va *adj* ‹*juego/película/viaje*› educational; ‹*experiencia*› enlightening, educational

instructor¹ -tora *adj* ▸**juez**

instructor² -tora *m,f* instructor

(Compuestos)
- **instructor de autoescuela, instructora de autoescuela** (Esp) driving instructor
- **instructor de conductores, instructora de conductores** driving instructor
- **instructor de manejo, instructora de manejo** (AmL) driving instructor
- **instructor de vuelo, instructora de vuelo** flying instructor

instruido -da *adj* [SER] educated

instruir [I20] *vt*
A **1** (adiestrar, educar) **~ a algn EN algo** to instruct *o* train sb IN sth; **me instruyó en el manejo del rifle** he instructed *o* trained me in the use of the rifle; **los instruyen en las artes marciales** they are given instruction *o* training in martial arts, they are trained in martial arts **2** (frml) (informar) **~ a algn SOBRE algo** to apprise sb OF sth (frml); **nos instruyó sobre el problema** he apprised us of the problem
B (Der) ‹*causa*› to try, hear; **el juez que instruye el sumario** the judge who is conducting the preliminary investigation into the case
■ **instruir** *vi*: **viajar instruye mucho** travel broadens the mind
■ **instruirse** *v pron* (*refl*) to broaden one's mind, improve oneself

instrumentación *f*
A **1** (Mús) instrumentation, orchestration **2** (Auto) instruments (*pl*)
B (period) (de medidas, de un plan) implementation; (de una campaña) orchestration; **la torpe ~ de**

estas medidas the clumsy manner in which these measures were implemented, the clumsy implementation of these measures

instrumentador -dora *m,f* (RPl) OR nurse (AmE), theatre nurse (BrE)

instrumental¹ *adj*
A (Mús) instrumental
B (Der) ‹*prueba*› documentary, documental; **testigo ~** subscribing witness

instrumental² *m* **1** (Med) equipment, set of instruments **2** (Mús) instruments (*pl*)

instrumentalización *f* exploitation, capitalizing

instrumentalizar [A4] *vt* to capitalize on, exploit

instrumentar [A1] *vt* **1** (Mús) to orchestrate, score **2** (period) ‹*medidas/resolución/plan*› to implement

instrumentista *mf* **1** (Mús) instrumentalist **2** (Med) OR nurse (AmE), theatre nurse (BrE)

instrumento *m*
A **1** (Mús) instrument, musical instrument; **~ de cuerda/de percusión/de viento** string/percussion/wind instrument **2** (herramienta) instrument; (Med) instrument; **~s de medición/de precisión** measuring/precision instruments; **~s quirúrgicos** surgical instruments
(Compuesto) **instrumento musical** musical instrument
B (medio) means; **emplea su encanto como ~ para conseguir sus fines** he uses his charm as a means *o* way of getting what he wants
C (Der) instrument

insubordinación *f* insubordination

insubordinado¹ -da *adj* **1** (desobediente) insubordinate **2** (sublevado) rebellious

insubordinado² -da *m,f* **1** (desobediente) insubordinate **2** (sublevado) rebel

insubordinar [A1] *vt* to rouse to rebellion; **los ~on contra el dictador** they caused them to rebel against the dictator
■ **insubordinarse** *v pron* **1** (desobedecer) to be insubordinate; **~ CONTRA algn** to be insubordinate TO sb **2** (sublevarse) to rebel; **~ CONTRA algn** to rebel AGAINST sb

insubsanable *adj* (frml) ‹*error*› irreparable; ‹*problema*› insoluble; **la situación es ~** the situation cannot be rectified *o* remedied

insubsistente *adj* (Col frml): **ser declarado ~** to be relieved of one's duties (frml)

insuceso *m* (Col period) unfortunate event *o* incident

insuficiencia *f*
A (escasez): **la ~ de medios** the lack of resources; **la ~ de personal** the staff shortage; **~ de calcio en la dieta** lack of calcium in the diet, insufficient calcium in the diet
B **insuficiencias** *fpl* (fallos, inadecuaciones) inadequacies (*pl*); **las ~s del sistema** the inadequacies of the system; **suplir ~s en la alimentación** to compensate for dietary deficiencies
(Compuestos)
- **insuficiencia cardíaca** heart failure
- **insuficiencia renal** kidney failure

insuficiente¹ *adj* **1** ‹*medios/cantidad*› inadequate, insufficient **2** (Educ) ‹*trabajo*› poor, unsatisfactory

insuficiente² *m* fail

insuficientemente *adv* insufficiently

insuflar [A1] *vt* **1** (liter) ‹*ánimos/fuerzas*› **la arenga insufló ánimos en las tropas** the speech gave the soldiers heart; **su ejemplo le insufló fuerzas para seguir adelante** her example gave him the heart *o* inspired him to carry on; **la bruja había insuflado mágicos poderes a la bebida** (liter) the witch had endowed the potion with magic powers (liter) **2** ‹*oxígeno/gas*› to blow, insufflate (tech)

insufrible *adj* **1** ‹*persona*› unbearable, insufferable **2** ‹*situación*› intolerable; ‹*dolor*› unbearable

ínsula *f* (liter) isle (liter)

insular *adj* ‹*características*› insular; **la economía ~** the island's economy, the economy of the island

insularidad *f* insularity

insulina *f* insulin

insulínico -ca *adj* insulin (*before n*); **choque** *or* **shock ~** insulin shock

insulso -sa *adj* **1** ‹*comida*› insipid, tasteless, bland **2** ‹*persona*› insipid, dull; ‹*conversación/libro*› dull

insultante *adj* insulting

insultar [A1] *vt* **1** (proferir insultos) to insult; **nos insultó a todos** he insulted all of us **2** (ofender) to insult, offend; **aquello insultaba la memoria de su padre** that was an insult to the memory of her father

insulto *m* insult

insumir [I1] *vt* **1** (frml) (invertir) to invest **2** (RPl frml) (conllevar) to involve

insumisión *f* refusal to do military service

insumiso -sa *m,f*: *person refusing to do military service*

> **insumiso**
>
> In Spain, a person who refused to do either compulsory military service, abolished in 2001, or the alternative community service.

insumos *mpl* (esp AmL) consumables (*pl*); **~ agrícolas como semillas y fertilizantes** agricultural inputs *o* consumables such as seeds and fertilizers; **un negocio de ~ agrícolas** an agricultural supplies business; **los hospitales recibirán ayuda en ~** the hospitals will receive aid in the form of medical supplies

insuperable *adj* **1** (insalvable) ‹*problema/dificultad*› insurmountable, insuperable **2** (inmejorable) ‹*calidad/precio*› unbeatable

insurgencia *f* **1** (acto) rebellion, insurgency **2** (fuerzas) insurgent *o* rebel forces (*pl*)

insurgente¹ *adj* (frml) rebel (*before n*), insurgent (frml)

insurgente² *mf* (frml) rebel, insurgent (frml)

insurrección *f* (frml) uprising, insurrection (frml)

insurreccionarse [A1] *v pron* to rebel, rise up, revolt

insurrecto¹ -ta *adj* (frml) rebel (*before n*), insurrectionary (frml)

insurrecto² -ta *m,f* (frml) rebel, insurrectionist (frml)

insustancial *adj* lightweight, insubstantial, flimsy

insustituible *adj* irreplaceable

INTA /'inta/ *m* (en Arg) = **Instituto Nacional de Tecnología Agropecuaria**

intachable *adj* impeccable, irreproachable, unimpeachable

intacto -ta *adj* **1** (íntegro, no dañado) intact; **el paquete llegó ~** the package arrived intact *o* in one piece; **conserva toda la dentadura intacta** she still has all her own teeth, she still has a full set of teeth; **su reputación ha quedado intacta** he has kept his reputation *o* his good name intact **2** (no tocado) untouched

intangible¹ *adj* intangible, impalpable

intangible² *m* (Com, Fin) intangible asset

integración *f*
A (incorporación) **~ A or EN algo: la ~ de los dos bancos al grupo Tecribe** the incorporation of the two banks into the Tecribe group; **la ~ de estos grupos minoritarios en** *or* **a la sociedad** the integration of these minority groups into society
B (Mat) integration

integrado -da *adj* **1** (Inf) integrated **2** (Elec) integrated

integrador -dora *adj*: **una política ~a** a policy of integration

integral¹ *adj* **1** (completo, total) ‹*plan*› comprehensive, all-embracing; ‹*reforma/educación*› comprehensive; **el aprovechamiento ~ de los escasos medios disponibles** the maximum use of the limited resources available; **el desnudo ~** full-frontal nudity; **⊙ belleza integral** all-round beauty treatment; ▸**arroz, pan, parte²** **2** (incorporado) built-in **3** (Mat) ▸**cálculo**

integral² *f* integral

integramente *adv*
A (totalmente) entirely; **elaborado ~ con productos naturales** made entirely *o* exclusively from natural products
B ‹*actuar/comportarse*› with integrity

integrante¹ *adj* ▸**parte²**

integrante² *mf* member; **uno de los ~s del equipo** one of the team members

integrar [A1] *vt*
A (formar) ‹*grupo/organización*› to make up; **integran el jurado actores y directores** the jury is made up of *o* composed of actors and directors; **la comisión está integrada por representantes de ambos países** the commission is made up of *o* comprises representatives from both countries; **los países que integran la organización** the countries which make up *o* form the organization
B (incorporar) **~ algo/a algn A or EN algo: ha conseguido ~ todos estos elementos en la película** she has managed to incorporate all these elements into the movie; **estos dos bancos se han integrado al grupo Tecribe** these two banks have been incorporated into *o* have become part of the Tecribe group; **una empresa integrada en el grupo Oriol** a company which forms part of the Oriol group; **para ~ al niño en el grupo** to integrate the child into the group
C (Mat) to integrate
D (CS) ‹*suma/cantidad*› to pay
■ **integrarse** *v pron* **1** (asimilarse) to integrate, fit in; **~se A or EN algo** to integrate INTO sth, fit INTO sth; **le fue difícil ~se a** *or* **en esa sociedad** he found it difficult to integrate into that society *o* fit into that society; **se va a ~ muy rápido al** *or* **en el equipo** he'll fit into the team very quickly **2** (unirse) **~se A or EN algo** to join sth; **cuando España se integró a la Comunidad Europea** when Spain joined the European Community

integridad *f*
A (totalidad, perfección): **amenaza la ~ del estado** it threatens the integrity of the state; **con este envase no hay garantías de la ~ del producto** with this sort of packaging there is no guaranteeing the (good) condition of the product
(Compuesto) **integridad física** personal safety; **un acto que atentó contra su ~ ~** an attempt against her life
B (entereza, rectitud) integrity; **~ moral** moral integrity

integrismo *m* fundamentalism

integrista *adj/mf* fundamentalist

íntegro -gra *adj*
A **1** ‹*texto*› unabridged; **se proyectó en versión íntegra** the full-length version was screened **2** (completo, entero): **tuve que pasarlo ~** I had to write it all out again, I had to write the whole thing out again; **se estudió la obra íntegra en dos días** she learned the whole play in two days
B ‹*persona*› upright

intelectivamente *adv* (frml) intellectually

intelecto *m* intellect

intelectual *adj/mf* intellectual

intelectualidad *f* intelligentsia

intelectualmente *adv* intellectually

intelectualoide *mf* pseudo-intellectual, pseud (BrE colloq)

inteligencia *f*
A **1** (facultad) intelligence **2** (ser inteligente) intelligence; **es obra de una ~ superior** it is the work of a superior intelligence
(Compuesto) **inteligencia artificial** artificial intelligence
B (comprensión) understanding
C (Mil, Pol) intelligence; **servicios de ~** intelligence services
D (intelectuales) intelligentsia

inteligenciarse [A1] *v pron* (Chi fam): **se las inteligenció para conseguir las entradas** he

i

managed to finagle (AmE) o wangle (BrE) some tickets (colloq)

inteligente *adj* 1 (dotado de inteligencia) ‹*animal/ser*› intelligent 2 (dotado de una inteligencia superior) ‹*hombre/mujer*› intelligent, clever; ‹*niño*› intelligent, clever, bright; ‹*perro*› intelligent 3 ‹*terminal/ordenador*› smart; ‹*armas*› smart

inteligentemente *adv* intelligently

inteligibilidad *f* (frml) intelligibility (frml)

inteligible *adj* intelligible

inteligiblemente *adv* intelligibly

intemperancia *f* 1 (frml) (intransigencia) intransigence 2 (frml) (falta de moderación) intemperance 3 (Chi frml) (embriaguez) inebriation (frml)

intemperie *f*: **la ~** the elements (*pl*); **el deterioro es obra de la ~** the deterioration has been caused by exposure to the elements *o* to wind and weather; **tuvimos que pasar la noche a la ~** we had to spend the night out in the open; **no dejes esas plantas a la ~** don't leave those plants outside *o* exposed to the elements; **la temperatura a la ~** the temperature outside *o* outdoors

intempestivamente *adv* ‹*llegar/presentarse*› at an inopportune *o* inconvenient moment; **fue ~ abordado por dos sujetos** he was unexpectedly approached by two individuals

intempestivo -va *adj* ‹*visita*› untimely, inopportune; **¿cómo vas a llamarlo a estas horas tan intempestivas?** (muy tarde, temprano) you can't phone him at this ungodly *o* unearthly hour *o* at this time of the morning (*o* night *etc*) (colloq) (en un momento inoportuno) you can't phone him at such an inconvenient time

intemporal *adj* (frml) timeless, without time; **un mundo ~** a world without time, a timeless world

intemporalidad *f* (frml) timelessness

intención *f* intention; **no fue mi ~ ofenderte** I didn't mean to offend you, it was not my intention to offend you; **¿qué intenciones trae?** what are his intentions?; **tiene buenas intenciones** she's well-intentioned, her intentions are good, she means well; **tiene malas intenciones** he is up to no good; **lo dijo con segundas intenciones** *or* **segunda ~** *or* **doble ~** she had ulterior motives *o* her own reasons for saying it; **me preguntó por ella con (mala) ~** he asked after her on purpose, he deliberately asked after her; **sé que lo hacen con la mejor ~** I know they're doing it with the best of intentions, I know they mean well; **lo que cuenta es la ~** it's the thought that counts; **~ DE + INF: vine con (la) ~ de ayudarte** I came to help you, I came with the intention of helping you, I came intending to help you; **tiene (la) ~ de abrir un bar** she plans *o* intends to open a bar; **no tengo la menor** *or* **la más mínima ~ de devolvérselo** I have no intention whatsoever of giving it back to him, I haven't the slightest intention of giving it back to him; ***de buenas intenciones está empedrado el camino del infierno*** the road to hell is paved with good intentions

(Compuesto) **intención de voto: la ~ de ~ de la mayoría de los encuestados** the way that most of the people interviewed intended to vote

intencionadamente *adv* on purpose, deliberately

intencionado -da *adj* 1 (hecho a propósito) deliberate, intentional; **el incendio fue ~** the fire was started deliberately 2 **mal ~** malicious, hostile 3 **bien ~** ‹*plan/medida*› well-intentioned; ‹*persona*› well-meaning, well-intentioned

intencional *adj* intentional, deliberate

intencionalidad *f* intent, purpose

intencionalmente *adv* (AmL) intentionally

intendencia *f*

A (Mil) Quartermaster Corps

B 1 (Chi, Col) (división territorial) administrative division 2 (RPl) (gobierno municipal) town/city council; (edificio) town/city hall; (cargo) mayoralty; **ganaron la ~ de Montevideo** they took control of the city council in Montevideo

intendente *mf*

A (Mil) quartermaster general

B 1 (Chi, Col) governor 2 (RPl) mayor

intensamente *adv* ‹*trabajar*› tirelessly; ‹*mirar*› intensely; ‹*amar*› intensely; **vivió ~** he lived life to the full, he lived intensely

intensidad *f* 1 (de un terremoto) intensity, strength; (del viento) strength; (de un dolor, sentimiento) intensity 2 (Elec, Fís) intensity

intensificación *f* intensification; **a pesar de la ~ de los esfuerzos** despite intensified efforts

intensificador *m* intensifier

intensificar [A2] *vt* to intensify, step up

■ **intensificarse** *v pron* «*sentimiento/dolor/sonido*» to intensify, become stronger

intensivamente *adv* intensively

intensivo -va *adj* intensive; **cursos ~s** intensive *o* crash courses

intenso -sa *adj* 1 ‹*frío/luz/color*› intense; **para un bronceado más ~** for a deeper tan 2 ‹*emoción*› intense; ‹*dolor/sentimiento*› intense, acute; ‹*mirada*› intense 3 ‹*esfuerzo*› strenuous; ‹*negociaciones*› intensive; **desarrolló una intensa labor en favor de los derechos de la mujer** she campaigned tirelessly for women's rights; **trabaja a ritmo muy ~** she works at a relentless pace

intentar [A1] *vt*: **¡no te des por vencido, inténtalo otra vez!** don't give up, try again! *o* have another try!; **¿qué pierdes con ~lo?** what have you got to lose by trying?; **el piloto intentó un aterrizaje de emergencia** the pilot attempted an emergency landing; **~ + INF** to try to + INF; **~é convencerlo** I'll try to persuade him; **intentaban escalar el pico más alto** they were attempting *o* trying to climb the highest peak; **intenta llegar temprano** try to *o* (colloq) try and arrive early; **~ QUE + SUBJ: ¿has intentado que te lo arreglen?** have you tried getting *o* to get it fixed?; **intenta que no te vean** try not to let them see you; ***por ~lo que no quede*** (fam) there's no harm in trying

intento *m* 1 (tentativa) attempt; **murió en el ~** she died in the attempt; **lo consiguió al tercer ~** she succeeded at the third attempt, she managed the third time round (colloq); **un ~ de suicidio** a suicide attempt 2 (Méx) (propósito) intention, aim; ***de*** *or* ***a (puro) ~*** (Col fam) on purpose, deliberately

intentona *f* rash attempt; **una ~ de golpe de estado** an attempted coup

inter- *pref* inter-; **intersindical** inter-union; **intergaláctico** intergalactic

interacción *f* interaction

interactivamente *adv* interactively; **los sistemas se pueden conectar ~** the systems can be networked

interactividad *f* interactivity

interactivo -va *adj* interactive

interactuación *f* interaction

interactuar [A18] *vi* 1 «*fuerzas/partículas*» to interact 2 «*organizaciones/personas*» to interact

interanual *adj* year-on-year (*before n*)

interbancario -ria *adj* interbank (*before n*)

intercalar [A1] *vt* **~ algo EN algo: intercaló algunas citas en su discurso** she interspersed her speech with some quotations; **hay que ~ estos gráficos en el texto** these diagrams have to be inserted into the text; **~ algo ENTRE algo** to place sth AMONG sth; **intercaló las servilletas rojas entre las verdes** he placed the red napkins among the green ones; **intercalaban las ilustraciones entre las páginas del libro** they interleaved the plates into the book; **~ algo CON algo** to alternate sth WITH sth; **coloca los ramilletes intercalados con las velas** place the bouquets so that they alternate with *o* are interspersed with the candles

intercambiable *adj* interchangeable

intercambiador *m* (Esp) (Transp) interchange

(Compuesto) **intercambiador de calor** heat exchanger

intercambiar [A1] *vt* ‹*impresiones/ideas*› to exchange, swap (colloq); ‹*sellos/revistas*› to swap; **~ cartas** to write to each other, exchange letters; Ⓢ **intercambio clases de inglés por clases de español** English lessons offered in exchange for lessons in Spanish

■ **intercambiarse** *v pron* (*recípr*) to swap (colloq), to exchange

intercambio *m* 1 (de ideas, bienes) exchange; (de sellos, revistas) swap; **va a hacer un ~ con un chico inglés** he's going on an exchange with an English boy; **~ de opiniones/experiencias** exchange of opinions/experiences; **~ cultural** cultural exchange; **el debate terminó con un ~ de insultos** the discussion ended in an exchange of insults; **tuvieron un ~ de palabras** they exchanged words, they had an argument 2 (en tenis) rally

(Compuesto) **intercambio de archivos** (Inf) file sharing

interceder [E1] *vi* (frml) to intercede; **se lo agradecería si pudiera ~ en nuestro favor** I would be very grateful if you could intercede on our behalf (frml); **intercedió por ellos ante el rey** he interceded for them with the king, he interceded with the king on their behalf

intercelular *adj* intercellular

intercepción, interceptación *f* 1 (de correspondencia, un mensaje) interception 2 (de un teléfono) tapping; **hacían intercepciones telefónicas en todo el país** they were tapping telephones all over the country 3 (Dep) (de un balón, pase) interception 4 (de una carretera, calzada) blocking

interceptar [A1] *vt* 1 ‹*correspondencia/mensaje*› to intercept 2 ‹*teléfono*› to tap 3 (Dep) ‹*balón/pase*› to intercept; ‹*golpe*› to block 4 ‹*calzada/carretera*› to block; **~ el paso** to block the way; Ⓢ **calle interceptada** no through road

interceptor *m*

A (Mil) interceptor

B (dispositivo, mecanismo) interceptor

intercesión *f* (frml) intercession (frml)

intercesor -sora *m,f* intercessor; **actuó de ~ ante el monarca** he interceded with *o* acted as intercessor with the king

Intercity *m* (*pl* **~s**) (en Esp) *air-conditioned express train*

intercomunicación *f* intercommunication, link

intercomunicador *m* 1 (en oficina, avión, barco) intercom; **la llamó por el ~** he called her over *o* on the intercom 2 (para bebés) baby alarm 3 (Ven) (portero eléctrico) intercom (AmE), entryphone (BrE)

intercomunicar [A2] *vt* to link (up)

interconectar [A1] *vt* to link (up), interconnect

interconexión *f* interconnection, linking (up)

interconfesional *adj* interdenominational

interconsonántico -ca *adj* interconsonantal, interconsonantic

intercontinental *adj* intercontinental

intercostal *adj* intercostal

intercultural *adj* intercultural, cross-cultural

intercurricular *adj* intercurricular, cross-curricular

interdental *adj* interdental

interdepartamental *adj* interdepartmental

interdependencia *f* interdependence

interdependiente *adj* interdependent

interdicción *f* interdiction, ban, prohibition

interdicto *m* interdiction, ban, prohibition

interdisciplinario -ria *adj*, **interdisciplinar** *adj* interdisciplinary

interés *m*

A 1 (importancia, valor) interest; **de ~ turístico** of interest to tourists; **un tema de ~ humano** a human interest story; **un descubrimiento de enorme ~ científico** a discovery of enormous scientific significance *o* importance; **una anécdota sin ningún ~** an anecdote of little or no interest **2** (actitud) interest; **el anuncio despertó** *or* **suscitó el ~ de todos** the advertisement aroused everyone's interest; **con gran ~** with great interest; **~ EN algo** interest IN sth; **pon más ~ en tus estudios** take more interest in your schoolwork; **tengo especial ~ en que esto se resuelva pronto** I am particularly concerned *o* keen that this should be resolved quickly; **tienen gran ~ en probarlo** they are very interested in testing it **3** (afición, inquietud) interest; **la fotografía se cuenta entre sus muchos intereses** photography is one of her many interests

B **1** (conveniencia, beneficio) interest; **por tu propio ~** in your own interest, for your own good *o* benefit; **las mejoras van en ~ de todos** the improvements are in everyone's interest; **actúa sólo por ~** he acts purely out of self-interest *o* in his own interest **2** **intereses** *mpl* (objetivos) interests (*pl*); **había un conflicto de intereses** there was a conflict of interests **3** **intereses** *mpl* (bienes, capital): **tiene intereses en varias empresas** he has a stake *o* an interest in several companies; **un contable administra sus intereses** an accountant looks after her investments

(Compuestos)
- **intereses creados** *mpl* vested interests (*pl*)
- **intereses privados** *mpl* private interests (*pl*)
- **interés público** *m*: **el ~ ~** the public interest

C (Fin) interest; **un préstamo a** *or* **con un ~ del 12%** a loan at 12% interest *o* at an interest rate of 12%; **pagan unos intereses muy altos** *or* **un ~ muy alto** they pay very high interest *o* very high rates of interest; **devengar** *or* **ganar intereses** to earn interest; **tipo de ~** rate of interest

(Compuestos)
- **interés compuesto** compound interest
- **interés simple** simple interest

interesadamente *adv* selfishly; **actuó ~** he acted selfishly *o* to protect his own interests

interesado¹ -da *adj* **1** [ESTAR] (que muestra interés) interested; **~ EN algo** interested IN sth; **estoy muy ~ en este proyecto/tema** I'm very interested in this project/subject; **las personas interesadas en el puesto** those interested in the post; **no se llegó a un acuerdo entre las partes interesadas** the parties concerned *o* the interested parties failed to reach an agreement **2** [SER] (egoísta): **no puedo creer que su ayuda no sea interesada** I cannot believe that their motives for helping are purely selfless *o* altruistic, I cannot believe that they don't have ulterior motives for helping; **actuó de manera interesada** he acted selfishly, he acted in his own interest *o* to protect his own interests *o* out of self-interest

interesado² -da *m,f* **1** (que tiene interés) interested party (frml); **los ~s deberán presentarse mañana** all those interested *o* (frml) all interested parties should attend tomorrow; **nombre y dirección del ~** name and address of the applicant; **soy el principal ~ en que esto salga bien** I have the biggest interest in seeing this work out well **2** (que busca su provecho): **es un ~** he always acts in his own interest *o* out of self-interest; **amor ~** self-interested love

interesante *adj* interesting; **resultó poco ~** it wasn't very interesting; **nos hizo una oferta ~** she made us an interesting offer; ***hacerse el/la ~*** (fam) to make oneself seem interesting, try to draw attention to oneself

interesar [A1] *vi* **1** (suscitar interés): **ese tipo de programas no interesa en este país** there's no audience for that sort of program in this country; (+ *me/te/le etc*): **no me interesa la política** I'm not interested in politics, politics holds no interest for me; **¿te interesa la propuesta?** are you interested in the proposal?, is the proposal of interest to you?; **este anuncio podría ~te** this advertisement might interest you; **el local me interesa como estudio** I'm interested in the place as a studio; **este problema nos interesa a todos** this is a problem which concerns us all; **esto a ti no te interesa** this doesn't concern you, this is no concern of yours **2** (convenir): **~ía comprobar los datos** it would be useful/advisable to check the data; **en su caso le interesa este tipo de préstamo** this sort of loan would be right for *o* would suit someone in your situation

■ **interesar** *vt*

A ‹*persona*› **~ a algn EN algo** to interest sb IN sth, get sb interested IN sth; **logré ~lo en el proyecto** I managed to get him interested *o* to interest him in the project

B (frml) (afectar) ‹*órgano/miembro*›: **la bala le interesó el pulmón izquierdo** the bullet damaged his left lung; **la afección le ha interesado el corazón** the condition has affected his heart; **el terremoto interesó a miles de casas** the earthquake affected *o* damaged thousands of houses

■ **interesarse** *v pron* **1** (tener interés) to take interest; **~se EN** *or* **POR algo** to take an interest IN sth; **no se interesa por nada** he isn't interested in anything, he takes no interest in anything; **no se interesa por lo que pasa a su alrededor** she takes no interest in what's going on around her; **se interesó mucho en los detalles técnicos** he took a lot of interest in *o* he was very interested in *o* he showed great interest in the technical details; **~se POR algn** to care ABOUT sb; **nadie se interesa por mí** nobody cares about me **2** (preguntar) **~se POR algo/algn** to ask *o* inquire ABOUT sth/sb; **se interesó por tu salud** she asked *o* inquired about your health

interestelar *adj* interstellar

interétnico -ca *adj* interethnic ‹*violencia/estudio/contacto*› intercommunal, communal

interface /inter'fase/ *m or f* interface

(Compuesto) **interface de usuario** user interface

interfaz *m or f* ▸ **interface**

interfecto -ta *m,f* **1** (Der) murder victim **2** (Esp fam & hum): **aquí la interfecta dice que ...** my friend here says that ... (colloq & hum)

interferencia *f* **1** (Rad, Telec) interference; (para obstaculizar la escucha) jamming **2** (Ling) interference

interferir [I11] *vt* **1** (obstaculizar) to interfere IN **2** ‹*emisión*› to jam

■ **interferir** *vi* to interfere, meddle; **~ EN algo** ‹*en un asunto*› to interfere *o* meddle IN sth; **~ en los asuntos internos de otro país** to interfere *o* meddle in the internal affairs of another country; **intentaron ~ en nuestra decisión** they tried to influence our decision

■ **interferirse** *v pron* **~se EN algo** to interfere *o* meddle IN sth; **no te interfieras en sus asuntos** don't interfere in *o* meddle in her affairs

interferón *m* interferon

interfluvio *m* watershed

interfón *m* (Méx) intercom (AmE), entryphone (BrE)

interfono *m* **1** (intercomunicador) intercom **2** (Esp) (portero automático) intercom (AmE), entryphone (BrE) **3** (para bebés) baby alarm

interglacial, interglaciar *adj* interglacial

intergracionismo *m* integrationism

intergracionista¹ *adj* integrationist

intergracionista² *mf* integrationist

intergubernamental *adj* intergovernmental; **la Conferencia I~** (UE) the Intergovernmental Conference/Council

interín, ínterin *m*: **salió un momento y en el ~ lo llamaron por teléfono** he went out for a minute and while he was out somebody phoned him; **terminó los exámenes en junio y empezó a trabajar en enero. En el ~ estuvo en la India** he finished his exams in June and started work in January, and in between *o* in the intervening period *o* (frml) in the interim he was in India

interina *f* (Esp) maid (*who does not live in*)

interinamente *adv* temporarily

interinato *m* (esp AmL) **1** (cargo) temporary post *o* position; **durante su ~** during her period of temporary employment **2** (período): **lo veían como un hombre de ~** he was seen as an interim *o* a stopgap president (*o* manager *etc*)

interinidad *f* temporary nature, provisional status (frml)

interino¹ -na *adj* ‹*secretario/director*› acting (*before n*); **profesor ~** substitute teacher (AmE), supply teacher (BrE); **médico ~** locum; **un gobierno ~** an interim government; **nombramiento/puesto ~** tenure-track appointment/position

interino² -na *m,f* (funcionario) temporary clerk (*o* accountant *etc*); (profesor) substitute teacher (AmE), supply teacher (BrE); (médico) locum

interior¹ *adj* **1** ‹*patio/escalera*› interior, internal, inside (*before n*); ‹*habitación/piso*› *with windows facing onto a central staircase or patio* **2** ‹*bolsillo/revestimiento*› inside (*before n*); **la parte ~ del colchón** the inside *o* interior of the mattress; **en la parte ~** inside *o* on the inside; ▸ **ropa** **3** ‹*vida/mundo*› inner; **oyó una voz ~ que la recriminaba** she heard an inner voice reproaching her **4** ‹*política/comercio*› domestic, internal

interior² *m*

A **1** (parte de dentro): **el ~ del cajón estaba vacío** the drawer was empty; **veía lo que ocurría en el ~ de la habitación** she could see what was happening inside the room; **el ~ estaba en perfectas condiciones** the interior was in perfect condition, inside it was in perfect condition **2** (de un país) interior; **el ~ es muy montañoso** the interior is very mountainous, inland it is very mountainous **3** (Méx, RPl, Ven) (provincias) provinces (*pl*); **en el ~** in the provinces, away from the capital **4** (de una persona): **en su ~ estaba muy intranquilo** inside *o* inwardly he was very worried; **en el ~ de su alma la amaba** deep down he really loved her

(Compuestos)
- **interior derecho** *mf* inside right
- **interior izquierdo** *mf* inside left

B **Interior** *m* (period) (Ministerio del Interior) Ministry of the Interior, ≈ Department of the Interior (*in US*), ≈ Home Office (*in UK*)

C **interiores** *mpl* (Cin) interior shots (*pl*)

D **interiores** *mpl* (Col, Ven) (Indum) underwear

E **interiores** *mpl* (Chi) (Coc) offal

interioridad *f* **1** (liter) (de una persona) inner world (liter) **2** **interioridades** *fpl* (intimidades) personal *o* private matters (*pl*); **esas ~es no se cuentan** one doesn't talk about such personal *o* private matters

interiorismo *m* interior decoration, interior design

interiorista *mf* interior decorator, interior designer

interiorizado -da *adj* (CS frml) well versed; **estar ~ DE** *or* **EN algo** to be well versed IN sth (frml)

interiorizar [A4] *vt*

A (Psic) to internalize

B (CS frml) (informar) **~ a algn DE** *or* **SOBRE algo** to brief sb ON sth, acquaint sb WITH sth

■ **interiorizarse** *v pron* (CS frml) **~se DE** *or* **SOBRE algo** to familiarize *o* acquaint oneself WITH sth (frml); **aún no ha tenido tiempo de ~se de estos problemas** he has not yet had time to familiarize *o* acquaint himself with these problems (frml)

interiormente *adv* inwardly; **~ estaba muy dolido** inwardly he was very hurt, he was very hurt inside

interjección *f* interjection

interlineal *adj* interlinear

interlock *m* interlock

interlocutor -tora *m,f* (frml) interlocutor (frml)

(Compuesto) **interlocutor válido** elected delegate

interludio *m* interlude

intermediación *f* [1] (en conflicto) mediation
(Compuesto) **intermediación laboral** mediation in labor disputes [2] (Fin) intermediation
(Compuesto) **intermediación bursátil** brokerage

intermediar [A1] *vi* [1] (en conflicto) to mediate [2] (Fin) to broker
■ **intermediar** *vt* (Fin) to broker in

intermediaria *f* (Ven fam) mid-evening showing *o* screening *o* performance

intermediario¹ -ria *adj* intermediary

intermediario² -ria *m,f* [1] (Com) middleman, intermediary [2] (mediador) intermediary, mediator, go-between
(Compuesto) **intermediario financiero, intermediaria financiera** broker

intermedio¹ -dia *adj* [1] ‹*nivel/etapa*› intermediate; **alumnos de nivel ~** students at intermediate level, intermediate students [2] ‹*calidad/tamaño*› medium (*before n*); **un coche de precio ~** a medium-priced car, a middle-of-the-range car; **un color ~ entre el gris y el verde** a color halfway between gray and green, a gray-green color

intermedio² *m* [1] (Espec) intermission, interval [2] (mediación): **por ~ de** through

intermezzo /inter'meso/ *m* intermezzo

interminable *adj* ‹*serie/discusión*› interminable, never-ending, endless; ‹*discurso/espera*› interminable, never-ending; ‹*cola/fila*› endless, never-ending

interminablemente *adv* interminably, endlessly

interministerial *adj*: **cartas ~es** (entre ministerios) interdepartmental correspondence, letters between government departments; (entre ministros) interministerial correspondence, letters between government ministers

intermisión *f* intermission, pause

intermitencia *f* intermittence, interval

intermitente¹ *adj* [1] ‹*lluvia*› intermittent, sporadic [2] ‹*luz*› flashing; ‹*señal*› intermittent [3] ‹*fiebre*› intermittent

intermitente² *m* turn signal (AmE), indicator (BrE)

intermolecular *adj* intermolecular

internación *f* admission; **tras su ~ en la clínica** after his admission to the clinic; **recomendamos su ~ inmediata** (CS) we recommend immediate hospitalization

internacional¹ *adj* [1] ‹*organización/torneo/tratado*› international; **de fama ~** of international fame *o* repute, internationally famous [2] ‹*vuelo*› international; Ⓢ **salidas internacionales** international departures; **las noticias ~es** the foreign *o* international news; **la política ~ de este gobierno** this government's foreign policy

internacional² *mf*
[A] (Dep) international
[B] **la Internacional** *f* (asociación) the International; (himno) the Internationale; **la I~ Socialista** the Socialist International

internacionalidad *f* international nature

internacionalismo *m* internationalism

internacionalista *adj/mf* internationalist

internacionalización *f* internationalization

internacionalizar [A4] *vt* to internationalize
■ **internacionalizarse** *v pron* to become internationalized, to become an international issue

internacionalmente *adv* internationally

internada *f* run

internado¹ -da *adj* (CS) [ESTAR]: **está ~ pero todavía no lo han operado** he's been admitted to (the) hospital *o* he's been hospitalized but he hasn't been operated on yet; **está ~ en el hospital de niños** he's in the children's hospital; **fue a hacerse un análisis pero lo dejaron ~** he only went for tests but they kept him in

internado² *m* [1] (Educ) boarding school [2] (Med) *position or term as a house officer at a hospital*, internship (AmE)

internalización *f* (Com) in-sourcing

internamente *adv* internally

internar [A1] *vt*: **la ~on en un manicomio** she was put in an asylum; **lo ~on en el hospital** he was admitted to (the) hospital, he was hospitalized; **vamos a tener que ~lo** we are going to have to take him to (the) hospital; **está (como) para que lo internen** (esp CS fam) he should be certified (colloq)
■ **internarse** *v pron* [1] (adentrarse) **~se EN algo**: **se ~on en el bosque** they penetrated *o* went deep into the woods [2] (CS) (en un hospital) to go into the hospital (AmE) *o* (BrE), into hospital

internauta *mf* netsurfer, Internet user

Internet, internet *m or f* Internet; **navegar por ~** to surf the Internet

internista *mf* internist

interno¹ -na *adj*
[A] [1] ‹*llamada/correo/régimen*› internal; **había luchas internas en el seno del partido** there were battles *o* there was in-fighting within the party [2] ‹*producción/demanda*› internal, domestic [3] ‹*dolor/hemorragia*› internal
[B] [1] (Educ): **su hijo está ~ en un colegio inglés** her son is a boarder at an English school, her son boards at an English school [2] (Med): **médico ~** ≈ intern (*in US*), ≈ house officer (*in UK*)

interno² -na *m,f*
[A] [1] (Educ) boarder [2] (en una cárcel) inmate [3] (médico) ≈ intern (*in US*), ≈ house officer (*in UK*)
[B] **interno** *m* (RPl) (extensión) extension; **¿me da con el ~ 25?** can I have extension 25, please?

inter nos *loc adv* (*indep*) between ourselves, between you and me (colloq), entre nous (hum)

interpartidista *adj* ‹*acuerdo/comisión*› crossparty; ‹*pugna/lucha/convivencia*› between the parties

interpelación *f* (frml) question; **le planteó numerosas interpelaciones** she put a lot of questions to him

interpelar [A1] *vt* (frml) to question; **~ a algn SOBRE algo** to question sb ABOUT *o* ON sth, ask sb for clarification ON *o* REGARDING sth

interpenetración *f* integration

interpersonal *adj* interpersonal

interplanetario -ria *adj* interplanetary

Interpol *f* Interpol

interpolación *f* (frml) (de un párrafo) insertion, interpolation (frml); (de un comentario) interjection, interpolation (frml)

interpolar [A1] *vt* (frml) ‹*párrafo*› to insert, interpolate (frml); ‹*comentario*› to interject, interpolate (frml)

interponer [E22] *vt* [1] ‹*objeto/obstáculo*› to interpose (frml); **trataron de ~ obstáculos en el camino de la independencia** they tried to place obstacles in the way of independence [2] (Der) ‹*demanda*› to bring; ‹*recurso/denuncia*› to lodge, make [3] ‹*autoridad/influencia*› to exert, use [4] (frml) ‹*comentario*› to interject
■ **interponerse** *v pron*: **se interpuso y paró la pelea** he stepped in *o* intervened and stopped the fight; **nadie se interpone entre tú y ella** nobody is coming between you and her; **nada se interpone en su camino** nothing stands in her way; **la enfermedad se interpuso en sus planes** the illness got in the way of *o* upset his plans

interposición *f* [1] (de un objeto, obstáculo) placing [2] (Der) (de una demanda) bringing; (de un recurso, una denuncia) lodging, making

interposita persona *f*: **por ~ ~** ‹*enterarse*› through a third party

interpretación *f* [1] (de un texto, un comentario) interpretation; **se le pueden dar diferentes interpretaciones** it can be interpreted in different ways [2] (de un personaje) interpretation; **la ~ de Romeo** the interpretation of Romeo, the way Romeo is played; (de una pieza musical) interpretation, rendition [3] (traducción oral) interpreting; **~ simultánea** simultaneous interpreting

interpretar [A1] *vt*
[A] ‹*texto/comentario/sueño*› to interpret; **me hizo un gesto que no supe ~** I didn't know how to interpret *o* what to make of her gesture; **el decorador ha sabido ~ mis deseos** the designer has successfully interpreted my wishes; **interpretó mal tus palabras** she misinterpreted what you said
[B] [1] ‹*papel/personaje*› to play [2] ‹*pieza/sinfonía*› to play, perform; ‹*canción*› to sing
■ **interpretar** *vi* (Ling) to interpret

interpretativo -va *adj* interpretive, interpretative

intérprete *mf*
[A] (traductor oral) interpreter
(Compuesto) **intérprete jurado, intérprete jurada** sworn interpreter
[B] [1] (Mús) performer; (cantante) singer [2] (portavoz) mouthpiece, exponent

interprofesional *adj* ▸**salario**

interprovincial¹ *adj* interprovincial

interprovincial² *m* [1] (Dep) interprovincial competition [2] (AmS) (Transp) interprovincial bus

interpuesto -ta *pp see* **interponer**

interregno *m* (frml) interregnum (frml)

interrelación *f* interrelation, interrelationship

interrelacionar [A1] *vt* to interrelate
■ **interrelacionarse** *v pron* to interrelate

interrogación *f* [1] (de un sospechoso) interrogation; **sus métodos de ~** their interrogation methods [2] (Chi) (Educ) test [3] ▸**signo**

interrogador -dora *m,f* (en interrogatorio) interrogator; (en reunión, conferencia) questioner

interrogante¹ *adj* questioning (*before n*)

interrogante² *m or f* [1] (signo de interrogación) question mark [2] (incógnita) question; **se plantea el** *or* **la ~ de si debemos continuar o no** this raises the question of whether we should carry on or not, there is a question mark over whether we should carry on or not

interrogar [A3] *vt* ‹*testigo/acusado*› to question, examine; ‹*detenido/sospechoso*› to interrogate, question; ‹*examinando*› to examine

interrogativo -va *adj* interrogative

interrogatorio *m* (de un acusado, testigo) questioning, examination; (de un detenido) interrogation, questioning; **sometieron al detenido a un nuevo ~** they submitted the suspect to further questioning *o* interrogation; **¿a qué viene este ~?** what's this grilling for? (colloq)

interrumpir [I1] *vt*
[A] (durante un período de tiempo) [1] ‹*persona/reunión*› to interrupt; **interrumpió su discurso para beber agua** he stopped speaking (for a moment) to have a drink of water [2] ‹*suministro*› to cut off; ‹*servicio*› to suspend; **el servicio de trenes quedó interrumpido hasta las diez** the rail service was suspended until ten o'clock; **interrumpimos la transmisión para traerles una noticia importante** we interrupt this broadcast to bring you some important news [3] ‹*tráfico*› to hold up; **el tráfico quedó interrumpido durante una hora** traffic was held up for an hour; **las obras no ~án el paso** the work will not block the road
[B] [1] (acortar) ‹*viaje/vacaciones/reunión*› to cut short [2] ‹*embarazo*› to terminate
■ **interrumpir** *vi* to interrupt; **no interrumpas cuando estoy hablando** don't interrupt *o* (colloq) butt in when I'm talking; **¿interrumpo? — no, no, pasa** am I interrupting? — no, not at all, come in

interrupción *f* interruption; **me molestan tus interrupciones** your interruptions are rather annoying; **rogamos disculpen esta ~ de la emisión** we apologize for this break in transmission
(Compuesto) **interrupción (voluntaria) del embarazo** termination of pregnancy

interruptor *m* switch
(Compuestos)
- **interruptor de desconexión** trip switch
- **interruptor de palanca** tumbler switch

intersecarse [A2] *v pron* to intersect
intersección *f* 1 (en geometría) intersection 2 (frml) (Transp) intersection, junction
intersectarse [A1] *v pron* (AmL) to intersect
intersexual *adj* intersexual
intersexualidad *f* intersexuality
intersideral *adj* interstellar
intersindical *adj* inter-union
intersticio *m* (frml) gap, interstice (frml)
intertanto *m*: **en el ~** (AmL) in the meantime
interurbano -na *adj* ‹*transporte/autobús*› long-distance; ‹*tren*› intercity; **conferencia interurbana** long-distance call
intervalo *m* 1 (de tiempo) interval; **el sonido se repite a ~s regulares** the sound is repeated at regular intervals; **hay un ~ de diez minutos entre clase y clase** there's a ten-minute recess (AmE) *o* (BrE) break between classes; **habrá ~s nubosos** it will be cloudy at times 2 (Mús) interval 3 (Teatr) (intermedio) intermission (AmE), interval (BrE) 4 (en el espacio) gap; **colocar los postes con ~s de un metro** set up the posts a meter apart *o* at one-meter intervals *o* with a gap of one meter between them
intervención *f*
A 1 (participación) intervention; **la inmediata ~ de los bomberos** the swift intervention of the fire service; **se ha probado su ~ en el atraco** his involvement in the robbery has been proved; **su ~ en el congreso fue muy aplaudida** her speech to the conference was warmly applauded; **su última ~ en una película española** the last time she appeared in a Spanish film, her last appearance in a Spanish film 2 (mediación) intervention, intercession (frml)
B 1 (injerencia) intervention; **su política de no ~** their policy of nonintervention; **~ estatal** state intervention 2 (de un teléfono) tapping 3 (de una empresa) placing in administration 4 (inspección de cuentas) auditing, official inspection 5 (de droga, armas) seizure, confiscation 6 (AmL) (de una emisora, escuela) take-over
(Compuesto) **intervención quirúrgica** operation
intervencionismo *m* interventionism
intervencionista *adj/mf* interventionist
intervenir [I31] *vi* 1 (en un debate) to take part; (en un espectáculo) to appear, perform; (en una operación) to take part 2 (mediar) to intervene, intercede (frml); **intervino ante el director a nuestro favor** she intervened *o* interceded on our behalf with the director; **en mi decisión han intervenido muchos factores** many factors have had a bearing on my decision 3 (involucrarse, inmiscuirse) to intervene, get involved; **no pensamos ~ en los problemas internos de otros países** we do not intend intervening *o* getting involved in the internal affairs of other countries; **los profesores tuvieron que ~ en la pelea** the teachers had to intervene to stop the fight; **no quiso ~ en la pelea** he didn't want to get involved in the fight
■ **intervenir** *vt*
A 1 ‹*teléfono*› to tap 2 (tomar control de) ‹*empresa*› to place ... in administration 3 (inspeccionar) ‹*cuentas*› to audit, inspect 4 ‹*armas/droga*› to seize, confiscate 5 (AmL) ‹*universidad/emisora*› to take over the running of, take control of
B (operar) to operate on; **fue intervenido en una clínica privada** he had his operation *o* he was operated on *o* he underwent surgery in a private clinic
interventor -tora *m,f*
A (Fin) 1 (inspector — de un banco) auditor, inspector; (— de una empresa) auditor 2 (administrador) administrator (*appointed by the government or by a court*)
(Compuesto) **interventor/interventora judicial** *m,f* receiver/administrator
B (en elecciones) canvasser (AmE), scrutineer (BrE)
interviú *f* interview

intestado¹ -da *adj* intestate; **morir ~** to die intestate
intestado² -da *m,f* intestate
intestinal *adj* intestinal
intestino¹ -na *adj* (frml) internal
intestino² *m* intestine, gut; **cáncer de ~** bowel cancer; ***mover el ~*** (Med) to move one's bowels
(Compuestos)
• **intestino ciego** cecum*
• **intestino delgado** small intestine
• **intestino grueso** large intestine
inti *m* inti (*former Peruvian unit of currency*)
Inti *m*: *Inca sun god*
Intifada, intifada *f* intifada
intimación *f* summons
íntimamente *adv* intimately; **están ~ relacionados/vinculados** they are intimately related/closely linked
intimar [A1] *vi* **~ CON algn** to get close TO sb
■ **intimar** *vt* (frml) to call on; **le intimó que moderase sus palabras** she called on him to moderate his language, she requested that he moderate his language; **les intimó la rendición** he called for their surrender, he called on them to surrender
intimidación *f* intimidation; **el testigo fue objeto de ~** the witness was subjected to intimidation; **es autor de robos con ~** he has carried out a series of robberies involving threats of violence
intimidad *f*
A 1 (ambiente privado) privacy; **la boda se celebró en la mayor ~** it was a very quiet wedding; **en la ~ del hogar** in the privacy of one's home 2 (relación estrecha) intimacy; **hay gran ~ entre ellos** they are very close
B intimidades *fpl* 1 (cosas íntimas) private life, personal *o* private affairs (*pl*) 2 (euf) (partes pudendas) private parts (*pl*) (euph), privates (*pl*) (colloq)
intimidante *adj* intimidating
intimidar [A1] *vt*: **los intimidó con una pistola** he threatened them with a pistol; **quiso ~lo con sus amenazas** she hoped to intimidate him with her threats
intimidatorio -ria *adj* threatening, intimidating (frml)
intimismo *m* intimism
intimista *adj* intimist
íntimo¹ -ma *adj* 1 ‹*vida/diario*› private; ‹*secreto*› intimate; ‹*ceremonia*› private; **el restaurante tiene un ambiente muy ~** the restaurant has a very intimate *o* cozy atmosphere; **aquello me tocó en lo más ~** I was deeply moved by that; **festejamos el cumpleaños con una cena íntima** we celebrated his birthday by having a small dinner (with a few friends/members of the family); (en pareja) we celebrated his birthday with a candlelit *o* romantic dinner 2 ‹*amistad/amigo*› close; **somos amigos ~s** we're close *o* intimate friends *o* (hum) bosom pals; **hay una íntima relación entre los dos problemas** the two problems are closely *o* intimately related; ▸ **higiene, prenda**
íntimo² -ma *m,f* close friend; **soy ~ de la familia** I'm a close friend of the family
intitular [A1] *vt* (frml) to entitle (frml)
intocable¹ *adj* 1 (sagrado) sacred, sacrosanct; **la figura del emperador era ~** the emperor was a sacred figure, the figure of the emperor was sacred *o* sacrosanct *o* untouchable 2 ‹*tema*› taboo; **este tema en mi casa es ~** this subject is taboo *o* this is a taboo subject in my house 3 ‹*casta*› untouchable
intocable² *mf* (Sociol) untouchable
intolerable *adj* intolerable; **este comportamiento es ~** this sort of behavior is unacceptable *o* intolerable *o* cannot be tolerated; **hace un calor ~** this heat is unbearable, it's unbearably hot
intolerancia *f* 1 (intransigencia) intolerance; **la ~ de algunas sectas religiosas** the intolerance of some religious sects 2 (Med) (a alimentos, medicinas) intolerance
intolerante *adj* intolerant
intoxicación *f*
A (Med) intoxication, poisoning
(Compuestos)
• **intoxicación alimenticia** food poisoning
• **intoxicación etílica** (Med) alcohol poisoning; (borrachera) drunkenness
B (Pol) brainwashing, indoctrination
intoxicar [A2] *vt* to poison
■ **intoxicarse** *v pron* to get food poisoning
intra- *pref* intra-
intracelular *adj* intracellular
intracomunitario -ria *adj* within the European Community; **el comercio ~** trade within the European Community
intradía¹ *adj inv* intraday (*before n*)
intradía² *m* intraday; **mayor volatilidad ~** greatest intraday volatility
intraducible *adj* untranslatable
intragable *adj* 1 ‹*hecho*› unpalatable, unacceptable 2 (fam) ‹*persona*› unbearable
intramuros *adv* within the city walls
intramuscular *adj* intramuscular
intranet *f* intranet
intranquilidad *f* 1 (preocupación) unease, disquiet, sense of unease *o* uneasiness 2 (agitación) restlessness
intranquilizar [A4] *vt* to worry; **su tardanza empezó a ~los** she was so late that they began to get worried *o* anxious, her lateness began to worry them *o* make them uneasy; **la falta de información intranquilizaba a los familiares** the lack of information caused unease *o* disquiet among the families
■ **intranquilizarse** *v pron* to worry, get anxious
intranquilo -la *adj* 1 [ESTAR] (preocupado) worried, anxious; **cuando su hija sale por las noches se queda muy intranquila** when her daughter goes out at night she gets very worried *o* anxious *o* she feels very uneasy 2 [SER] (agitado) restless
intranscendencia *f* ▸ **intrascendencia**
intranscendente *adj* ▸ **intrascendente**
intransferible *adj* not transferable, untransferable
intransigencia *f* intransigence; **la ~ del gobierno** the unyielding attitude *o* the intransigence of the government
intransigente *adj* intransigent; **la actitud ~ del gobierno** the government's unyielding *o* intransigent attitude
intransitable *adj* impassable
intransitivo -va *adj* intransitive
intrascendencia *f* insignificance, unimportance; **detalles de la más absoluta ~** totally unimportant *o* insignificant details
intrascendente *adj* ‹*episodio/detalle*› insignificant, unimportant; ‹*comentario*› trivial
intratable *adj*: **hay días en que está ~** there are days when she's (just) impossible; **desde que ocurrió, está ~** he's become very difficult since it happened
intrauterino -na *adj* intrauterine
intravenoso -sa *adj* intravenous
intrépidamente *adv* intrepidly
intrepidez *f* intrepidness, intrepidity
intrépido -da *adj* intrepid
intriga *f* intrigue; **~s políticas/palaciegas** political/court intrigues; **novela/película de ~** thriller
intrigante¹ *adj* 1 (que extraña) intriguing 2 (que arma intrigas) scheming
intrigante² *mf* schemer, intriguer, intrigant (AmE)
intrigar [A3] *vt* to intrigue; **me intrigan sus frecuentes visitas a la casa** I'm intrigued by his frequent visits to the house; **cuenta ya, que nos tienes intrigados** come on, tell us about it, you've got us in suspense *o* intrigued now (colloq)
■ **intrigar** *vi* to scheme

i

intrincadamente *adv* intricately

intrincado -da *adj* 1 ‹*problema/asunto*› involved, intricate, complex 2 ‹*nudo*› tangled; **la intrincada red de carreteras** the complicated *o* complex network of roads; **las callejuelas formaban un ∼ laberinto** the alleys formed a complicated labyrinth

intríngulis *m* (fam): **no es tan fácil como parece, tiene su ∼** it's not as easy as it seems, it's quite tricky *o* quite difficult *o* there's more to it than meets the eye

intrínsecamente *adv* intrinsically, inherently

intrínseco -ca *adj* intrinsic; **∼ A algo** intrinsic *o* inherent TO sth

intro *m* return, enter

introducción *f*

A (en un libro, una obra musical) introduction

B 1 (de un cambio, una medida) introduction; **la ∼ de un nuevo producto en el mercado** the introduction of a new product onto the market; **la ∼ de esa enmienda modifica sustancialmente la ley** the inclusion of that amendment substantially alters the act 2 (inserción) insertion; **la ∼ de la aguja en el músculo** the insertion of the needle into the muscle 3 (a un tema, una cultura) introduction; **∼ A algo** introduction TO sth; **su ∼ a los misterios de la informática** her introduction to *o* initiation into the mysteries of computers

introducir [I6] *vt*

A (meter) **∼ algo EN algo**: **introdujo la papeleta en la urna** he put his ballot paper in *o* into the ballot box, he placed his ballot paper in the ballot box; **∼ la moneda en la ranura** insert the coin in the slot; **introdujo la llave en la cerradura** he put *o* inserted the key in *o* into the lock; **∼ un cuchillo en el centro del pastel** insert a knife into the middle of the cake

B 1 ‹*cambios/medidas/ley*› to introduce, bring in, institute (frml); **∼ algo EN algo**: **se introdujo una modificación en el reglamento** a change was made in the rules; **fue introducida en Europa en el siglo XVI** it was introduced *o* brought into Europe in the 16th century; **quieren ∼ un nuevo producto en el mercado** they plan to introduce a new product into *o* bring a new product onto the market 2 ‹*contrabando/drogas*› to bring in, smuggle in; **un solo perro podría ∼ la enfermedad en el país** a single dog could bring *o* introduce the disease into the country

C 1 (presentar, iniciar) to introduce; **estas tres notas introducen el nuevo tema musical** these three notes introduce the new theme 2 ‹*persona*› (a una actividad) **∼ a algn A algo** to introduce sb TO sth; **fue él quien me introdujo a la lectura de los clásicos** it was he who introduced me to the classics 3 (en un ambiente) **∼ a algn EN algo**: **su música nos introduce en un mundo mágico** his music transports us to a magical world; **el escritor nos introduce en la Francia del siglo pasado** the writer takes us back to the France of the last century

■ **introducirse** *v pron* 1 (meterse): **el agua se introducía por las ranuras** the water was coming in *o* was seeping through the cracks; **la moneda rodó hasta ∼se por una grieta** the coin rolled along and dropped down a crack 2 «*persona*» to gain access to; **se introdujeron en el banco por un túnel** they gained access to *o* got into the bank via a tunnel 3 «*ideas/costumbres/moda*»: **∼se EN algo**: **ideas foráneas que se introdujeron poco a poco en nuestra sociedad** foreign ideas which gradually found their way into our society; **su obra se introdujo en México a través de las traducciones de Sanz** his works became known in Mexico through Sanz's translations

introductorio -ria *adj* introductory

introito *m* introit

intromisión *f* (frml) interference

introspección *f* introspection

introspectivo -va *adj* introspective

introversión *f* introversion

introvertido[1] -da *adj* introverted

introvertido[2] -da *m,f* introvert

intrusión *f* 1 (en un lugar) intrusion 2 (en un asunto) interference 3 (Geol) intrusion

intrusismo *m*: **el ∼ profesional** the entry of unqualified people into the profession

intruso -sa *m,f* intruder; **me sentí como una intrusa** I felt like an intruder *o* interloper

intuición *f* intuition; **hacer/saber algo por ∼** to do/know sth intuitively; **la ∼ me dice que aquí hay algo extraño** my intuition *o* instinct tells me that there's something funny going on around here; **tuve la ∼ de que era un engaño** I had a feeling *o* an instinctive *o* intuitive feeling it was a trick; **la ∼ femenina** female intuition

intuir [I20] *vt*: **intuyó el peligro y salió corriendo** he sensed the danger and ran out; **intuí que era un engaño** I sensed it was a trick; **muchas veces tengo que ∼ lo que dicen** I often have to try and guess what they are saying; **intuía que se iba a aparecer en cualquier momento** I had the feeling that she was going to appear at any moment; **no la veía pero intuía su presencia** I couldn't see her but I sensed *o* intuited her presence

intuitivamente *adv* intuitively

intuitivo -va *adj* intuitive

intumescencia *f* swelling, intumescence (tech)

intumescente *adj* 1 (Med) intumescent, swollen 2 (Quím) intumescent

inundación *f* 1 (acción) flooding; **la ∼ del mercado con mercancías de contrabando** the flooding of the market with smuggled goods 2 (en un área limitada, una casa) flood 3 **inundaciones** *fpl* (en una zona más amplia) floods (*pl*), flooding

inundar [A1] *vt* 1 «*riada/aguas*» to flood, inundate (frml); «*turistas/manifestantes*» to inundate, crowd; **el escape/la lluvia inundó el sótano** the leak/the rain flooded the basement; **una fuerte depresión lo fue inundando** he gradually sank into a deep depression 2 «*persona*» (con agua) to flood; (con productos) to flood, swamp; **me has inundado la cocina** you've flooded the kitchen; **∼ algo DE *or* CON algo** to flood sth WITH sth; **∼on el mercado de *or* con relojes baratos** they flooded the market with cheap watches

■ **inundarse** *v pron* (de agua) to be flooded; **se ha inundado el sótano** the basement has flooded *o* is flooded *o* has been flooded; **∼se DE algo**: **el mercado se ha inundado de café colombiano** the market has been flooded with *o* swamped by Colombian coffee; **la zona se inundó de turistas** the area was inundated with *o* swamped by tourists

inusitadamente *adv* unusually

inusitado -da *adj* unusual, rare, uncommon (frml); **la oferta ha despertado ∼ interés** the offer has aroused an unusual amount of interest; **un paisaje de inusitada belleza** a landscape of rare *o* uncommon beauty

inusual *adj* unusual

inusualmente *adv* unusually

in útero /in 'utero/ *adj/adv* in utero

inútil[1] *adj*

A 1 ‹*esfuerzo/papeleo*› useless; **es ∼, no lo vas a convencer** it's useless *o* you're wasting your time, you won't convince him; **todo fue ∼** it was all futile *o* useless *o* in vain; **es ∼ que insistas** there's no point (in) insisting; **es ∼ que trates de hacerlo entender** it's pointless trying to make him understand, there's no point trying to make him understand 2 ‹*trasto*› useless

B 1 (incompetente) useless 2 (Mil) (no apto) unfit 3 (Med) disabled; **quedó ∼ después del accidente** the accident left him disabled

inútil[2] *mf*: **es un ∼** he's useless

inutilidad *f* 1 (de un esfuerzo, una tentativa) futility, uselessness 2 (de una persona) uselessness; **quedó demostrada su ∼** it showed how useless he is

inutilizable *adj* unusable, unfit for use

inutilización *f* (de máquina, arma) disablement; (de brazo, pierna) loss of use; **pérdida o ∼ de documentos** loss or irretrievable damage of documents; **pérdida o ∼ parcial o completa de un brazo** loss, or partial or total impairment of an arm; **∼ de una persona por enfermedad/para un servicio** rendering unfit of a person through illness/for service

inutilizar [A4] *vt* to make *o* render ... useless; **lograron ∼ el radar** they succeeded in putting the radar out of action; **el brazo le quedó inutilizado** he lost the use of his arm

inútilmente *adv* uselessly

invadir [I1] *vt* 1 «*ejército/fuerzas*» to invade; **los manifestantes invadieron la plaza** the demonstrators poured into the square; **los turistas que invaden el pueblo cada verano** the tourists who invade the town each summer; **una plaga de langostas invadió la plantación** the plantation was overrun by a plague of locusts; **el virus invade todo el organismo** the virus invades the whole organism; **la televisión invade nuestros hogares** television is invading our homes 2 ‹*espacio aéreo/aguas*› to enter, encroach upon; **había invadido nuestras aguas jurisdiccionales** it had encroached upon *o* entered our territorial waters; **el autobús invadió la calzada contraria** the bus went onto the wrong side of the road; **el gobierno invadió las atribuciones del poder judicial** the government encroached upon the powers of the judiciary 3 «*tristeza/alegría*» to overcome, overwhelm; **se sintió invadido de una sensación de angustia** he felt overcome by *o* filled with a feeling of anxiety

invaledero -ra *adj* (frml) invalid, null and void (frml)

invalidación *f* (de un documento) invalidation, nullification; (de un argumento) invalidation

invalidante *adj* disabling

invalidar [A1] *vt* ‹*documento*› to invalidate, nullify; ‹*premisa/argumento*› to invalidate

invalidez *f*

A (de un documento) invalidity, nullity; (de un argumento) invalidity

B (Med) disability, disablement

(Compuesto) **invalidez permanente** permanent disability *o* disablement

inválido[1] -da *adj*

A ‹*documento*› invalid, null and void (frml); ‹*argumento*› invalid

B (Med) ‹*persona*› disabled, handicapped

inválido[2] -da *m,f* invalid, disabled person

invalorable *adj* (CS) invaluable

invariabilidad *f* 1 (de un precio) stability 2 (Ling) invariability

invariable *adj* 1 ‹*precio/estado*› constant, stable 2 (Ling) invariable

invariablemente *adv* invariably

invasión *f*

A 1 (de una zona, un país) invasion 2 (Der) encroachment, violation

B (Col) (chabolas) shantytown

invasivo -va *adj* invasive

invasor[1] -sora *adj* invading (*before n*)

invasor[2] -sora *m,f* invader

invectiva *f* (frml) invective; **no cesó de lanzar ∼s contra ellos** he continued hurling invectives *o* abuse at them

invencibilidad *f* invincibility

invencible *adj* 1 ‹*luchador/equipo*› unbeatable, invincible; ▸**armada** 2 ‹*miedo/timidez*› insuperable, unconquerable

invención *f* 1 (acción) invention 2 (aparato, cosa) invention 3 (mentira, cuento) fabrication

invendible *adj* unsaleable, unsellable, unmarketable

inventar [A1] *vt* 1 ‹*aparato/sistema*› to invent; ▸**pólvora** 2 ‹*juego/palabra*› to make up, invent; ‹*cuento*› to make up 3 ‹*excusa/mentira*› to make up, invent, come up with

■ **inventarse** *v pron* (enf) ‹*pretexto/mentira*› to invent, come up with, make up

inventariar [A17] *vt* to inventory, make an inventory of

inventario *m* (de un negocio) inventory, stock list; (de una casa) inventory; **cerraron la tienda para hacer el ~** they closed the store to do the stocktaking *o* to do a stockcheck; Ⓢ **cerrado por inventario** closed for stocktaking; **hizo el ~ de la casa** he made an inventory of the contents of the house; **hizo ~ de su vida** she took stock of her life

inventiva *f* creativity, inventiveness, resourcefulness; **tiene mucha ~** she's very inventive

inventivo -va *adj* inventive

invento *m* invention; **son ~s tuyos** you've made it all up; **no le creas, son puros ~s** don't believe him, it's sheer fabrication *o* invention

inventor -tora *m,f* inventor

invernación *f* hibernation

invernáculo *m* greenhouse, glasshouse

invernada *f* 1 (CS) (Agr) winter pasture, wintering place; (período) wintering period 2 (Ven fam) (aguacero) downpour

invernadero *m* greenhouse, glasshouse; (en jardines botánicos) hothouse

invernal *adj* ‹*lluvias*› winter (*before n*); ‹*frío*› wintry

invernante[1] *adj* overwintering (*before n*)

invernante[2] *m* winter visitor

invernar [A1 *or* A5] *vi* 1 (pasar el invierno) to winter, spend the winter, overwinter 2 (hibernar) to hibernate

inverosímil *adj* ‹*situación/historia*› unlikely, improbable; **el guión es un tanto ~** the script is a little implausible

inverosimilitud *f* unlikelihood, improbability

inversamente *adv* inversely; **ser ~ proporcional** to be inversely proportionate

inversión *f*

A 1 (Com, Fin) investment 2 (de tiempo, esfuerzos) investment

B (de posiciones, términos) reversal; (de una imagen) inversion, reversal

(Compuestos)

- **inversión adicional** top-up investment
- **inversión de capital** capital investment
- **inversión de capital (de) riesgo** venture capital
- **inversión en acciones** equity investment
- **inversión extranjera** foreign investment
- **inversión térmica** thermal inversion

inversionista[1] *adj* investment (*before n*)

inversionista[2] *mf* investor

(Compuesto) **inversionista de capital (de) riesgo** venture capitalist

inverso -sa *adj* ‹*sentido/orden*› reverse; **nombró a los ganadores en orden ~** she named the winners in reverse order; **a la inversa** the other way around; **puedes ordenarlo así o a la inversa** you can arrange it like this or the other way around; **a la inversa de lo que ocurre normalmente** contrary to what normally happens

inversor[1] **-sora** *adj* investment (*before n*), investing (*before n*)

inversor[2] **-sora** *m,f* investor

(Compuesto) **inversor institucional** *m* institutional investor

invertebrado[1] **-da** *adj* invertebrate

invertebrado[2] *m* invertebrate

invertido[1] **-da** *adj* 1 ‹*posición/orden*› reversed; ‹*imagen/figura*› inverted, reversed; **la fotografía salió invertida** the photograph came out the wrong way round; **el orden de los números estaba ~** the numbers were in the wrong order; **un matrimonio donde los papeles están ~s** a marriage in which the roles are reversed 2 (ant) (homosexual) homosexual

invertido[2] **-da** *m,f* (ant) invert (dated), homosexual

invertir [I11] *vt*

A ‹*dinero/capital*› to invest; ‹*tiempo*› to invest, devote; **invirtió todos sus ahorros en el proyecto** he invested all his savings in the project, he put all his savings into the project; **invirtió muchas horas en escribirlo** she invested a great deal of time in writing it, she put a great deal of time into writing it, she spent a lot of time writing it

B ‹*orden/términos/posiciones*› to reverse; ‹*imagen/figura*› to invert, reverse

■ **invertir** *vi* to invest; **~ EN algo** to invest IN sth; **invertimos en el futuro** we are investing in the future

■ **invertirse** *v pron* «*papeles/funciones*» to be reversed

investidura *f* investiture

investigación *f*

A 1 (de un caso, un delito) investigation; **30 agentes trabajan en la ~ del caso Torosa** 30 officers are investigating the Torosa case; **la policía ha abierto una ~ sobre el caso** the police have started *o* opened *o* launched an investigation into the case; **el senador exige que se lleve a cabo una ~** the senator is demanding an inquiry *o* an investigation 2 (Educ, Med, Tec) research; **~ científica** scientific research; **realizó una ~ sobre esta terapia** he carried out research into *o* a study of this therapy

(Compuestos)

- **investigación de la paternidad** tests to establish paternity (*pl*)
- **investigación de mercados** market research
- **investigación operativa** operations research
- **investigación y desarrollo** research and development

B **Investigaciones** *fpl* (en Chi) criminal investigation department

investigador[1] **-dora** *adj* 1 (en relación con un delito, siniestro): **se ha nombrado una comisión ~a** a committee of inquiry has been set up; **terminaron sus tareas ~as** they finished their investigative work *o* their investigations 2 (Educ, Med, Tec) research (*before n*); **el equipo ~** the research team; **su labor ~a** their research (work)

investigador[2] **-dora** *m,f* 1 (que indaga) investigator 2 (Educ, Med, Tec) researcher

(Compuesto) **investigador privado, investigadora privada** private investigator

investigar [A3] *vt* 1 ‹*delito/caso*› to investigate; **una comisión para ~ la venta secreta de armas** a committee to investigate the secret sale of arms; **se ~án las causas del accidente** there will be an investigation *o* inquiry into the causes of the accident; **tengo que ~ quién vive arriba** (fam) I have to find out who lives upstairs 2 (Educ, Med, Tec) «*persona*» to research, do research into; **el libro investiga el desarrollo de su música** the book looks at *o* traces the development of his music

■ **investigar** *vi* 1 «*policía*» to investigate 2 (Educ, Med, Tec) **~ SOBRE algo** to do research INTO sth, to research INTO sth

investir [I14] *vt*: **fue investido/lo invistieron presidente** he was sworn in *o* (frml) inaugurated as president; **fue investido caballero** he was knighted; **~ a algn DE** *or* **CON algo** (frml) to invest sb WITH sth (frml); **fue investido de** *or* **con poderes especiales** he was granted special powers, he was invested with special powers (frml)

inveterado -da *adj* (frml) deeply rooted (AmE), deep-rooted (BrE)

inviabilidad *f* unfeasibility, unviability

inviable *adj* non-viable, unviable, unfeasible

invicto[1] **-ta** *adj* 1 (liter) ‹*soldado/ejército*› undefeated 2 (Dep) unbeaten, undefeated

invicto[2] *m* unbeaten record

invidencia *f* (frml) blindness, sightlessness (liter)

invidente[1] *adj* blind, sightless

invidente[2] *mf* (frml) blind person

invierno *m* winter; (en la zona tropical) rainy season; **en ~** in winter, in wintertime; **en pleno ~** in the middle *o* depths of winter; **ropa de ~** winter clothes; **fue un ~ muy crudo** it was a very hard *o* severe winter; **el próximo ~** next winter; **el ~ pasado** last winter

(Compuesto) **invierno nuclear** nuclear winter

invierta, inviertas, etc ▸ **invertir**

inviolabilidad *f* inviolability

(Compuesto) **inviolabilidad parlamentaria** parliamentary immunity *o* privilege

inviolable *adj* inviolable

invirtiera, invirtió, etc ▸ **invertir**

invisibilidad *f* invisibility

invisible *adj* invisible

invitación *f* (oferta) invitation; (tarjeta) invitation; **rechazó/aceptó mi ~** she declined/accepted my invitation; **hizo una ~ a la calma** he made an appeal *o* he appealed for calm

(Compuesto) **invitación de boda** wedding invitation

invitado -da *m,f* guest; **esta noche tenemos ~s a cenar** we have people coming to dinner tonight, we're expecting guests for dinner tonight (frml); **los ~s a la boda** the wedding guests

(Compuestos)

- **invitado de piedra** *m* unwanted guest
- **invitado especial, invitada especial** *m,f* special guest

invitar [A1] *vt* to invite; **se presentó allí sin estar invitado** he turned up uninvited; **~ a algn A algo** to invite sb TO sth; **no lo ~on a la boda** they didn't invite him to the wedding; **te invito a una copa** I'll buy *o* get you a drink; **esta vez te invito yo** this time it's my treat *o* it's on me *o* I'm paying; **~ a algn A + INF** *or* **A QUE + SUBJ** to invite sb to + INF; **me invitó a cenar** (en casa) she invited me (round) to dinner; (en un restaurante) she invited me out to dinner; **la invitó a entrar** he invited her in; **la policía los invitó a desalojar el local** (euf) the police asked them *o* (euph) invited them to leave the premises; **invítalos a que se queden** invite them to stay

■ **invitar** *vi* 1 «*persona*»: **¿quieres una cerveza? invito yo** do you want a beer? it's on me *o* I'm buying; **invita la casa** it's on the house 2 (liter) «*calor/tranquilidad*»: **~ A algo/+ INF**: **la tranquilidad de la tarde invitaba al reposo** the tranquility of the evening invited relaxation (liter); **el mar invitaba a bañarse** (liter) the sea looked very inviting

invite *m* (fam) invitation, invite (colloq)

in vitro *adj inv* in vitro

invocación *f*

A 1 (a una divinidad) invocation (frml) 2 (de auxilio) plea, invocation (frml)

B 1 (de una amistad, situación) citing, recalling 2 (de una ley, un derecho) citing

invocar [A2] *f*

A 1 ‹*divinidad/santos*› to invoke (frml), to call on 2 ‹*auxilio/protección*› to invoke, appeal for

B 1 ‹*amistad/circunstancias*› to cite, invoke (frml) 2 ‹*ley/derecho*› to cite, refer to

involución *f* 1 (period) (en una sociedad) involution, regression 2 (Biol, Med) involution

(Compuesto) **involución senil** senile regression

involucionismo *m* reactionary stance *o* attitude

involucionista *adj* (period) reactionary, involutional (frml)

involucrar [A1] *vt* 1 (en un asunto, crimen) to involve; **~ a algn EN algo** to involve sb IN sth; **no quiero ~los en este asunto** I don't want to involve them in *o* (colloq) drag them into this business 2 (complicar) ‹*cuestión/asunto*› to complicate 3 (AmL) (conllevar) to involve

■ **involucrarse** *v pron* «*persona*» to get involved; **niega estar involucrado en el robo** he denies being involved in the robbery; **me avisó que no me ~a en este negocio** he warned me not to get involved in *o* mixed up in this deal

involuntariamente *adv* involuntarily

involuntario -ria *adj* 1 ‹*error/movimiento/gesto*› involuntary; ‹*testigo/cómplice*› unwitting 2 (Fisiol) involuntary

involutivo -va *adj* (period) regressive, reactionary, involutional (frml)

invulnerabilidad *f* invulnerability

invulnerable *adj* **1** (físicamente) invulnerable **2** (a críticas, tentaciones) **~ A algo** immune TO sth, invulnerable TO sth

inyección *f* **1** (Med) (acción) injection; (dosis) injection, shot (colloq); **le puso una ~ de insulina** she gave him an insulin injection *o* a shot of insulin; **~ intravenosa/intramuscular** intravenous/intramuscular injection **2** (de energía, entusiasmo) injection; (de capital, recursos) injection; **su mensaje supuso una ~ de optimismo para todos** her message was a shot in the arm for everyone (colloq); **la empresa necesitaba una ~ financiera** the company needed an injection of funds **3** (Auto, Tec) injection; **alimentación por ~** fuel injection

(Compuesto) **inyección electrónica** electronic fuel injection

inyectable *adj* injectable

inyectado -da *adj*: **ojos ~s en** *or* **de sangre** bloodshot eyes

inyectar [A1] *vt* **1** (Med) to inject; **lo inyectó en el músculo** he injected it into the muscle; **le ~on morfina** they gave him morphine injections/a shot of morphine **2** ‹*energía/entusiasmo*› to inject; ‹*capital/recursos*› to inject; **inyectó nueva vida a la zona** it injected new life into the area **3** (Auto, Tec) to inject

■ **inyectarse** *v pron* (*refl*) «*persona*» to give oneself an injection, inject oneself; **se inyectó heroína** he injected himself with heroin

inyector[1] -tora *adj* injector (*before n*)

inyector[2] *m* injector

iñor, iñora *m,f* (Chi fam) (*m*) man; (*f*) woman

ion *m* ion

iónico -ca *adj* ionic

ionización *f* ionization

ionizador *m* ionizer

ionizar [A4] *vt* to ionize

ionosfera *f* ionosphere

iota *f* iota

IPC *m* (= **Índice de Precios al Consumo** *or* **al Consumidor**) CPI

ipecacuana *f* (Ven) ipecac, ipecacuanha

iperita *f* mustard gas, yperite

IPN *m* (en Méx) = **Instituto Politécnico Nacional**

iPod® *m* (Electrón) iPod®

ípsilon, ipsilón *f* upsilon

ipso facto *loc adv* **1** (inmediatamente) immediately, at once **2** (expresando consecuencia) ipso facto (frml)

ipso pucho *loc adv* (Arg fam) right away, there and then, on the spot (colloq)

ique *adv* (Ven fam) ▸**dizque**

ir [I27]

GUÍA DE BÚSQUEDA

■ **ir** *verbo intransitivo*

(Sentido I) ir a + infinitivo

- **A** trasladarse, desplazarse
- **B** expresando propósito
- **C** irle a alguien con algo
- **D** **1** al arrojar algo, arrojarse
  2 Juegos
- **E** con comentarios
- **F** estar en juego
- **G** hablando de acciones imprevistas

(Sentido II)

- **A** ir + complemento
- **B** refiriéndose al atuendo
- **C** en calidad de
- **D** tratar

(Sentido III)

- **A** llevar a
- **B** extenderse, abarcar

(Sentido IV)

- **A** marchar, desarrollarse
- **B** en juegos, competiciones
- **C** en el desarrollo de algo
- **D** estar en camino
- **E** sumar, hacer
- **F** haber transcurrido
- **G** haber una diferencia
- **H** depender, radicar

(Sentido V)

- **A** **1** deber colocarse
  2 deber escribirse
  3 estar incluido
- **B** **1** combinar
  2 sentar, convenir
  3 ir en contra de algo
- **C** gustar
- **D** tomar partido por, apoyar

(Sentido VI) vamos

- **A** **1** expresando incredulidad etc
  2 intentando tranquilizar, animar
  3 al aclarar, resumir
- **B** vaya
  1 expresando sorpresa, contrariedad
  2 para enfatizar
  3 al aclarar, resumir

■ **ir** *verbo auxiliar*

(Sentido I)

- **A** **1** para expresar tiempo futuro
  2 expresando intención, propósito
  3 en propuestas, sugerencias
- **B** al prevenir, hacer recomendaciones
- **C** expresando inevitabilidad
- **D** expresando incredulidad
- **E** **1** en afirmaciones enfáticas
  2 al contradecir

(Sentido II) expresando un proceso paulatino

■ **irse** *verbo pronominal*

- **A** marcharse
- **B** consumirse, gastarse
- **C** desaparecer: mancha, dolor
- **D** salirse, escaparse
- **E** morirse
- **F** caerse, perder el equilibrio
- **G** andarse, actuar
- **H** **1** en naipes
  2 en una asignatura
- **I** las medias

vi

(Sentido I)

A (trasladarse, desplazarse) to go; **¿vamos en taxi?** shall we go by taxi?; **iban a caballo/a pie** they were on horseback/on foot; **~ por mar** to go by sea; **¡Fernando! — ¡voy!** Fernando! — (just) coming! *o* I'll be right with you! *o* I'll be with you right away!; **es la tercera vez que te llamo — ¡ya va** *or* **voy!** this is the third time I've called you — alright, alright, I'm (just) coming!; **¿quién va?** who goes there?; **lo oía ~ y venir por la habitación** I could hear him pacing up and down the room; **el ~ y venir de la gente por la avenida** the to-ing and fro-ing of people along the avenue; **el ~ y venir de los invitados** the coming and going of the guests; **no he hecho más que ~ y venir de un lado para otro sin conseguir nada** I've done nothing but run around without getting anything done; **voy al mercado** I'm going to the market, I'm off to the market (colloq); **vamos a casa** let's go home; **¿adónde va este tren?** where's this train going (to)?; **¿tú vas a misa?** do you go to church?; **nunca va a clase** he never goes to *o* attends class; **~ de compras/de caza** to go shopping/hunting; ▸**juerga**, etc; **ya vamos para allá** we're on our way; **¿para dónde vas?** where are you headed (for)?, where are you heading (for)? (BrE); **¿por dónde se va a la estación?** how do you get to the station?; **fuimos por el camino de la costa** we went along *o* took the coastal route; **no vayas por ese lado, es más largo** don't go that way, it's longer; **a eso voy/vamos** I'm/we're just coming *o* getting to that; ***¿dónde vas/va/van?*** (frente a una exageración) (fam): **¿dónde vas con tanto pan?** what are you doing with all that bread?; **¿dejamos 500 de propina? — ¡dónde vas! con 100 hay de sobra** shall we leave 500 as a tip? — you must be joking *o* kidding! 100 will be more than enough; **¡eh, dónde vas! te dije un poquito** steady on *o* easy! I said I wanted a little bit; **~ *a dar a un lugar:* ¿quién sabe dónde fue a dar la pelota?** who knows where the ball got to *o* went?; **nos tomamos un tren equivocado y fuimos a dar a Maroñas** we took the wrong train and ended up in Maroñas; **~ *a por algn*** (Esp): **ha ido a por su madre** he's gone to get *o* fetch his mother, he's gone to pick his mother up; **ten cuidado, que va a por ti** watch out, he's out to get you *o* he's after you; **el perro fue a por él** the dog went for him; **~ *por*** *or* (Esp) ***a por algo:* voy (a) por pan** I'm going to get some bread, I'm off to get some bread (colloq); ***no ~la con algo*** (RPl fam): **no la voy con tanta liberalidad** I don't hold with *o* I don't go along with all this liberalism; ***no me/le va ni me/le viene*** (fam) I'm/he's not in the least bit bothered, I don't/he doesn't mind at all; ***allí donde fueres haz lo que vieres*** when in Rome, do as the Romans do

B (expresando propósito) **~ A + INF: ¿has ido a verla?** have you been to see her?; **ve a ayudarla** go and help her; **fue a ayudarla** he went to help her; **¿me ~ías a comprar el pan?** would you go and buy the bread for me? *ver tb v aux Sentido* I

C **~le a algn con algo: no le vayas con tus problemas** don't bother him with your problems; **a la maestra no le gusta que le vayan con chismes** the teacher doesn't like people telling on each other *o* people coming to her with tales

D **1** (al arrojar algo, arrojarse): **tírame la llave — ¡allá va!** throw me the key — here it comes *o* there you go!; **tírate del trampolín — bueno ¡allá voy!** jump off the board! — here I go/come! **2** (Juegos): **ahí van otros $2.000** there's another $2,000; **¡no va más!** no more bets! *ver tb* **no[1]**; ***¡ahí va!*** (Esp fam): **¡ahí va! me he olvidado el dinero** oh no! I've forgotten the money; **David ganó 20 millones en la lotería — ¡ahí va!** David won 20 million in the lottery — wow *o* (AmE) gee whiz! (colloq)

E «*comentario*»: **no iba con mala intención** it wasn't meant unkindly, I didn't mean it nastily; **ten cuidado con él, que esta vez va en serio** be careful, this time he's serious *o* he means business; **~ POR algn: y eso va por ti también** and that goes for you too *o* and the same goes for you *o* and I'm referring to you too

F (estar en juego) (+ *me/te/le etc*): **se puso como si le fuera la vida en ello** she acted as if her life depended on it *o* was at stake; **le va el trabajo en esto** his job depends on this, his job is on the line

G (fam) (hablando de acciones imprevistas, sorprendentes): **fue y le dio un puñetazo** she went and *o* she upped and punched him; **y la tonta va y se lo cree** and like an idiot she believed him, and the idiot went and believed him (BrE colloq); **fueron y se sentaron justo donde estaba recién pintado** they went and sat down right where it had just been painted

(Sentido II)

A (+ *complemento*) (sin énfasis en el movimiento): **los caminantes iban cantando por el camino** the walkers sang as they went along; **¿van cómodos allí atrás?** are you comfortable back there?; **¿irán bien aquí los vasos?** will the glasses be safe here?; **ella iba dormida en el asiento de atrás** she was asleep in the back seat; **por lo menos íbamos sentados** at least we were sitting down; **el niño iba sentado en el manillar** the child was sitting *o* riding on the handlebars; **iba por la calle hablando solo** he talked to himself as he walked along the street; **vas que pareces un pordiosero** you look like some sort of beggar; **se notaba que iba con miedo** you could see that she was afraid; **el tren iba llenísimo** the train was packed; **déjame que te ayude que vas muy cargada** you have a lot to carry, let me help you; **el ciclista colombiano va a la cabeza** the Colombian cyclist is in the lead; **no vayas tan rápido, que te vas a equivocar** don't do it *o* go so fast or you'll make a mistake; **hay que ~ con los ojos bien abiertos** you have to keep your eyes open; **va de chasco en chasco** he's had one disappointment after another, he seems to lurch from one disappointment to another

B (refiriéndose al atuendo) ~ DE **algo**: **iban de largo** they wore long dresses; **voy a ~ de Drácula** I'm going to go as Dracula; **iba de verde** she was dressed in green, she was wearing green

C (en calidad de) ~ DE **algo** to go (along) AS sth; **yo fui de intérprete, porque él no habla inglés** I went along as an interpreter, because he doesn't speak English; **¿de qué vas, tía? ¿te crees que somos tontos o qué?** (Esp arg) hey, what are you playing at? do you think we're stupid or something?; **va de guapo por la vida** (Esp arg) he really thinks he's something special, he really fancies himself (BrE colloq)

D (Esp fam) (tratar) ~ DE **algo**: **no me voy a presentar al examen, no sé ni de qué va** I'm not going to sit the exam, I don't even know what it's on; **¿de qué va la novela?** what's the novel about?

(*Sentido* III)

A «*camino*» (llevar a) ~ A **algo** to lead TO sth, to go TO sth; **el camino que va a la playa** the road that goes down to *o* leads to the beach

B (extenderse, abarcar): **la autopista va desde Madrid hasta Valencia** the highway goes *o* stretches from Madrid to Valencia; **lo que hay que traducir va de la página 82 a la 90** the part to be translated starts on page 82 and ends on page 90, the part to be translated is from page 82 to page 90; **el período que va desde la Edad Media hasta el Renacimiento** the period from the Middle Ages to the Renaissance; **estados de ánimo que van de la excitación desmedida a la abulia** moods ranging from over-excitement to complete lethargy

(*Sentido* IV)

A (marchar, desarrollarse): **¿cómo va el nuevo trabajo?** how's the new job going?; **el negocio va de mal en peor** the business is going from bad to worse; **¿qué tal va la tesis?** how's the thesis coming along *o* going?; **¿cómo va el enfermo?** how's the patient doing?; (+ *me/te/le etc*): **¿cómo te va?** how's it going?, how are things? (colloq), what's up? (AmE colloq); **¿cómo les fue en Italia?** how did you get on in Italy?, how was Italy?; **me fue mal en el examen** the exam went badly, I did badly in the exam; **¡adiós! ¡que te vaya bien!** bye! all the best! *o* take care!; **¡que te vaya bien (en) el examen!** good luck in the exam, I hope the exam goes well; **¿cómo le va con el novio?** how's she getting on with her boyfriend?, how are things going between her and her boyfriend?

B (en juegos, competiciones): **¿cómo van? — 3-1** what's the score? — 3-1; **voy ganando yo** I'm ahead *o* I'm winning *o* I'm in the lead; **ya va perdiendo casi $8.000** he's already lost almost $8,000

C (en el desarrollo de algo) ~ POR **algo**: **¿por dónde van en el programa de historia?** how far have you got in the history syllabus?, where have you got (up) to in history?; **¿todavía vas por la página 20?** are you still on page 20?; **estoy por terminar, ya voy por las mangas** I've nearly finished, I'm just doing the sleeves now

D (estar en camino) ~ PARA **algo**: **¿qué quieres? ¡vamos para viejos!** what do you expect? we're getting on! *o* we're getting old!; **ya va para los cincuenta** she's going on fifty, she's not far off fifty; **ya va para dos años que no lo veo** it's getting on for two years since I last saw him; **iba para médico** he was going to be a doctor

E (sumar, hacer): **ya van tres veces que te lo digo** this is the third time I've told you; **¿cuántos has leído? — con éste van seis** how many have you read? — six, counting this one *o* six, including this one *o* this one makes six *o* this is the sixth one; **ya van tres pasteles que se come** that makes three cakes he's eaten now

F (haber transcurrido): **en lo que va del** *or* (Esp) **de año/mes** so far this year/month

G (haber una diferencia): **de tres a ocho van cinco** eight minus three is five; **¡lo que va de un hermano a otro!** (fam) it's amazing the difference between the two brothers! (colloq)

H (CS) (depender, radicar) ~ EN **algo** to depend ON sth; **no sé en qué ~á** I don't know what it depends on; **eso va en gustos** that's a question of taste

(*Sentido* V)

A **1** (deber colocarse) to go; **¿sabes dónde va esta pieza?** do you know where this piece goes?; **¿dónde van las toallas?** where do the towels go?; ***¡qué va!*** (fam): **¿has terminado? — ¡qué va! todavía tengo para rato** have you finished? — you must be joking! I still have a while to go yet; **¿se disgustó? — ¡qué va! todo lo contrario** did she get upset? — not at all! quite the opposite in fact; **vamos a perder el avión — ¡qué va! ¡si hay tiempo de sobra!** we're going to miss the plane — nonsense! we have more than enough time **2** (deber escribirse): **¿va con mayúscula?** is it written with a capital letter?; **¿va con acento?** does it have an accent? **3** (RPl) (estar incluido): **todo esto va para el examen** all of this will be included in the exam

B **1** (combinar) ~ CON **algo** to go WITH sth; **esos zapatos no van (bien) con esa falda** those shoes don't go with that skirt **2** (sentar, convenir) (+ *me/te/le etc*): **el negro no te va bien** black doesn't suit you; **te ~á bien una semanita de vacaciones** a week's vacation will do you good **3** ~ **en contra de algo** to go against sth; **esto va en contra de sus principios** this goes against her principles

C (Esp arg) (gustar) (+ *me/te/le etc*): **a mí esa música no me va** that music does nothing for me *o* leaves me cold; ▸**marcha H**

D (Méx) (tomar partido por, apoyar) ~**le** A **algo/algn** to support sth/sb; **mucha gente le va al equipo peruano** a lot of people support *o* are backing *o* are rooting for the Peruvian team

(*Sentido* VI) **vamos**

A **1** (expresando incredulidad, fastidio): **¡vamos! ¿eso quién se lo va a creer?** come off it *o* come on! who do you think's going to believe that?; **¿cómo que le vas a ganar? ¡vamos!** what do you mean you're going to beat him? come off it! **2** (intentando tranquilizar, animar, dar prisa): **vamos, mujer, dile algo, no seas vergonzosa** go on, say something to him, don't be shy; **¡vamos! ¡ánimo, que falta poco!** come on! keep going! it's not far now!; **¡vamos, date prisa!** come on, hurry up!; **¡vamos, vamos! ¡circulen!** OK *o* come on, move along now please!; ***dar el vamos a algo*** (Chi) to inaugurate sth; ***desde el vamos*** (RPl fam) from the word go **3** (al aclarar, resumir): **eso sería un disparate, vamos, digo yo** that would be a stupid thing to do, well, at least that's what I think anyway; **podrías haberte disculpado, vamos, no habría sido mucho pedir** you could have apologized, I mean that's not much to ask; **vamos, que no es una persona de fiar** basically, he's not very trustworthy; **es mejor que el otro, vamos** it's better than the other one, anyway

B **vaya** **1** (expresando sorpresa, contrariedad): **¡vaya! ¡tú por aquí!** what a surprise! what are you doing here?, well! fancy seeing you here! (BrE); **¡vaya! ¡se ha vuelto a caer!** oh no! it's fallen over again!; **¡vaya! nos quedamos sin saber cómo termina la película** damn! now we won't know how the film ends (colloq) **2** (para enfatizar): **¡vaya cochazo se ha comprado!** that's some car he's bought himself!; **¡vaya contigo! ¡no hay manera de hablarte!** what on earth's the matter with you? you're so touchy!; **¡vaya día!** what a day!; **¡vaya película me has traído a ver!** (iró) this is a really great movie you've brought me to see (iro); **¡vaya si le voy a decir lo que pienso!** you bet I'm going to tell him what I think!; **¡vaya (que) si la conozco!** you bet I know her! **3** (al aclarar, resumir): **tampoco es tan torpe, vaya, los hay peores** he isn't totally stupid, well, I mean there are plenty worse

■ *v aux*

(*Sentido* I) ~ A + INF

A **1** (para expresar tiempo futuro): **¡te vas a caer!** you're going to fall!; **a este paso no van a terminar nunca** they'll never finish at this rate; **el barco va a zarpar** the boat's about to set sail; **dijo que lo iba a pensar** she said she was going to think it over; **ya van a ser las cuatro** it's almost *o* nearly four o'clock; **va a hacer dos años que no nos vemos** we haven't seen each other for nearly two years, it's getting on for two years since we saw each other; **esto no te va a gustar** you're not going to like this; **no te preocupes, ya se va a solucionar** don't worry, it'll sort itself out; **tenía miedo de que se fuera a olvidar** I was afraid he'd forget **2** (expresando intención, propósito): **se lo voy a decir** I'm going to tell him; **lo voy a conseguir, sea como sea** I'll get it one way or another; **me voy a tomar unos días libres en abril** I'm going to take a few days off in April; **vamos a ~ a verla esta tarde** we're going to go and see her this evening **3** (en propuestas, sugerencias): **vamos a ver ¿cómo dices que te llamas?** now then, what did you say your name was?; **siéntate, vamos a discutir el asunto** have a seat and let's discuss the matter; **bueno, vamos a trabajar** all right, let's get to work

B (al prevenir, hacer recomendaciones): **que no se te vaya a escapar delante de ella** make sure you don't blurt it out in front of her; **ten cuidado, no te vayas a caer** mind you don't fall (colloq), be careful or you'll fall; **lleva el paraguas, no vaya a ser que llueva** take the umbrella in case it rains

C (expresando inevitabilidad): **¡qué voy a hacer!** what else can I do?; **¡qué le iba a decir!** what else could I tell her?; **¿qué iba a pensar el pobre hombre?** what was the poor man supposed *o* meant to think?; **¿seguro que fue ella? — ¿quién iba a ser si no?** are you sure it was her? — who else could it have been?

D (expresando incredulidad): **¡no ~ás a darle la razón a él!** surely you're not going to say he was right!; **está muy deprimida — ¿no ~á a hacer alguna tontería?** she's really depressed — you don't think she'll go and do something stupid, do you?

E **1** (en afirmaciones enfáticas): **¿te acuerdas de él? — ¡no me voy a acordar!** do you remember him — of course I do *o* how could I forget? **2** (al contradecir): **¿dormiste bien? — ¡qué voy a dormir!** did you sleep well?— how could I?; **¡cómo iba a saberlo, si nadie me dijo nada!** how was I supposed to know? no one told me anything; **¿por qué lo voy a ayudar? ¡si él a mí nunca me ayuda!** why should I help him? he never helps me!

(*Sentido* II) (expresando un proceso paulatino) ~ + GER: **poco a poco va a ~ aprendiendo** she'll learn little by little; **a medida que va subiendo el nivel del agua** as the water level rises; **ha ido cambiando con el tiempo** he's changed as time has passed; **tú puedes ~ pelando las cebollas** you could start peeling the onions; **ahora les toca a ustedes, vayan preparándose** it's your turn now, so start getting ready; **como te iba diciendo** as I was saying; **ya puedes ~ haciéndote a la idea** you can start *o* you'd better start getting used to the idea, you'd better get used to the idea; **la voz parecía ~se alejando cada vez más** the voice seemed to grow more and more distant; **la situación ha ido empeorando** the situation has been getting worse and worse

■ **irse** *v pron*

A (marcharse): **¿por qué te vas tan temprano?** why are you leaving *o* going so soon?; **vámonos, que se hace tarde** let's go, it's getting late; **bueno, me voy** right then, I'm taking off (AmE) *o* (BrE) I'm off; **el tren ya se ha ido** the train's already gone; **se quiere ~ a vivir a Escocia** she wants to go (off) and live in Scotland; **se han ido todos a la plaza** everybody's gone down to the square; **vete a la cama** go to bed; **se fue de casa** she left home; **vete de aquí** get out of here; **se ha ido de la empresa** she's left the company; **se han ido de viaje** they're away, they've gone away; **anda, vete por ahí** (fam) get lost! (colloq); (+ *me/te/le etc*): **la**

mayor se nos ha ido a vivir a Florida our eldest daughter's gone (off) to live in Florida; **no te me vayas, quiero hablar contigo** (fam) don't run away, I want to talk to you (colloq)

B (consumirse, gastarse): **¡cómo se va el dinero!** I don't know where the money goes!, the money just disappears!, we get through money so quickly; (+ *me/te/le etc*): **se me va medio sueldo en el alquiler** half my salary goes on the rent; **se nos ha ido el día en tonterías** we've spent *o* wasted the whole day messing around; **¿te das cuenta de lo rápido que se nos ha ido la tarde?** hasn't the evening gone quickly?

C (desaparecer) ‹‹*mancha/dolor*›› to go; **se ha ido la luz** the electricity's gone off; (+ *me/te/le etc*): **no se me va el mareo** I'm still feeling queasy; **¿se te ha ido el dolor de cabeza?** has your headache gone?

D (salirse, escaparse) ‹‹*líquido/gas*›› to escape; (+ *me/te/le etc*): **se le está yendo el aire al globo** the balloon's losing air *o* going down; **que no se te vaya la leche por el fuego** don't let the milk boil over; **tápalo para que no se le vaya la fuerza** put the top on so that the fizz doesn't go out of it *o* so that it doesn't lose its fizz; **cuando empezó la música se me iban los pies** once the music began I couldn't stop my feet tapping *o* I couldn't keep my feet still; ▸**lengua, mano**[1]

E (euf) (morirse) to slip away (euph); **creo que se nos va** I think he's slipping away, I think we're losing him

F (caerse, perder el equilibrio) (+ *compl*): **∼se de boca/espaldas** to fall flat on one's face/back; **me daba la impresión de que me iba para atrás** I felt as if I was falling backwards; **frenó y nos fuimos todos para adelante** he braked and we all went flying forwards

G (andarse, actuar) (+ *compl*): **vete con cuidado/tacto** be careful/tactful

H 1 (CS) (en naipes) to go out 2 (RPl) (en una asignatura) *tb* **∼se a examen** to have to take an exam

I (Col) ‹‹*medias*›› to run

ira *f* rage, anger; **estaba ciego de ∼** he was blinded with rage; **en un arrebato de ∼** in a fit of rage *o* anger; **descargó su ∼ en el pobre animal** he vented his anger *o* fury on the poor animal; **el plan ha suscitado las ∼s del vecindario** the plan has kindled the wrath of local residents (liter), the plan has made local residents irate *o* furious; **la ∼ de los elementos** (liter) the wrath of the elements (liter)

IRA /'ira/ *m* IRA; **el ∼ provisional** the Provisional IRA

iracundia *f* 1 (cólera) rage, wrath (liter), ire (liter) 2 (propensión a la ira) irascibility

iracundo -da *adj* 1 [ESTAR] (colérico) irate 2 [SER] (propenso a la ira) irascible, easily angered

Irak, Iraq *m* Iraq

Irán *m* Iran

iraní *adj/mf* Iranian

iraquí *adj/mf* Iraqi

irascibilidad *f* irascibility

irascible *adj* irascible

irguieron, irguió, etc ▸**erguir**

iridio *m* iridium

iridiscencia *f* iridescence

iridiscente *adj* iridescent

iris *m* (*pl* ∼) iris

irisación *f* iridescence

irisado -da *adj* iridescent

irisar [A1] *vi* to iridesce

Irlanda *f* Ireland

(Compuesto) **Irlanda del Norte** Northern Ireland

irlandés[1] **-desa** *adj* Irish

irlandés[2] **-desa** *m,f* 1 (persona) (*m*) Irishman; (*f*) Irishwoman; **los irlandeses** the Irish, Irish people 2 **irlandés** *m* (idioma) Irish, Irish Gaelic

ironía *f* 1 (situación irónica) irony; **fue una cruel ∼ que tuviese que pedirle ayuda a ella** it was a cruel irony that he had to ask her for help; **las ∼s del destino** the irony of fate 2 (figura retórica) irony; (burla) sarcasm; **lo dijo con ∼** he said it ironically/sarcastically; **ya estoy harto de sus ∼s** I'm fed up with his sarcastic remarks

irónicamente *adv* ironically

irónico -ca *adj* 1 ‹*situación*› ironic 2 (burlón) sarcastic; **hizo un comentario ∼ sobre la casa** he made a sarcastic remark about the house; **lo dijo en tono ∼** she said it sarcastically

ironizar [A4] *vi* **∼ SOBRE algo** to satirize sth; **no tienes para qué ∼** there's no need to be ironic; **∼ SOBRE algo** to speak ironically ABOUT sth

■ **ironizar** *vt* to say … ironically; **–están todos locos – ironizó** they're all mad, he said ironically

IRPF ➡ *m* (en Esp) **= Impuesto sobre la Renta de las Personas Físicas**

irracional *adj* 1 ‹*comportamiento/ser*› irrational 2 (Mat) irrational

irracionalidad *f* irrationality

irracionalmente *adv* irrationally

irradiación *f* irradiation

irradiar [A1] *vt*

A 1 ‹*calor/luz*› to radiate 2 ‹*simpatía/felicidad*› to radiate, irradiate

B (someter a radiaciones) ‹*alimentos*› to irradiate; ‹*tumor*› to irradiate

irrazonable *adj* unreasonable

irreal *adj* ‹*situación/ambiente*› unreal; **vive encerrada en un mundo ∼** she lives in a fantasy world

irrealidad *f* unreality

irrealizable *adj* ‹*proyecto*› unfeasible; ‹*deseo*› unattainable, unrealizable

irrebatible *adj* irrefutable, unanswerable

irreconciliable *adj* irreconcilable

irreconocible *adj* unrecognizable; **está ∼ con ese corte de pelo** he's unrecognizable with that haircut; **¡cuánta amabilidad! está verdaderamente ∼** he's being so friendly! it's most unlike him!

irrecuperable *adj* 1 ‹*delincuente*› incorrigible 2 ‹*deuda*› unrecoverable, irretrievable

irrecurrible *adj*: **la decisión es ∼** there is no (right of) appeal against the decision, the decision is final

irrecusable *adj* 1 ‹*juez/jurado*› unimpeachable, unchallengeable 2 ‹*hecho/testimonio*› incontestable, unchallengeable

irredargüible *adj* (Chi frml) irrefutable

irredimible *adj* 1 (Rel) irredeemable 2 (Der) ‹*obligación*› unavoidable; ‹*pena*› incommutable

irreducible *adj* 1 (Mat) ‹*fracción*› prime 2 (Med) ‹*fractura*› irreducible

irreductible *adj* 1 ‹*persona/actitud*› uncompromising, unyielding 2 ‹*enemigo*› unyielding, unbeatable; ‹*fortaleza*› impregnable

irreemplazable *adj* irreplaceable

irreflexión *f* rashness

irreflexivamente *adv* rashly, without thinking

irreflexivo -va *adj* ‹*persona*› unthinking, rash; ‹*acto/impulso*› rash

irreformable *adj* unreformable

irrefrenable *adj* irrepressible, uncontrollable

irrefutable *adj* irrefutable, unanswerable

irregular *adj*

A 1 ‹*trazos/facciones*› irregular; ‹*letra*› irregular, uneven; ‹*terreno/superficie*› irregular, uneven 2 ‹*rendimiento/asistencia*› irregular, erratic; ‹*pulso/ritmo*› irregular; **su trabajo este año ha sido muy ∼** his work has been very erratic *o* inconsistent this year; **lleva una vida muy ∼** he leads a very disorganized *o* a chaotic life

B (Der) ‹*procedimiento/acción*› irregular; **su situación legal es ∼** his legal situation is irregular; **hay posibles acciones ∼es** there are possible irregularities

C (Ling) irregular

irregularidad *f*

A (de una superficie) irregularity, unevenness; (del pulso, de un ritmo) irregularity; **la ∼ de su rendimiento** his erratic performance, the erratic nature of his performance

B (Der) irregularity; **se detectaron ∼es en el proceso electoral** irregularities were discovered in the electoral process

C (Ling) irregularity

irregularmente *adv* irregularly

irrelevante *adj* irrelevant

irreligioso -sa *adj* (frml) irreligious (frml)

irremediable *adj* ‹*daños/defecto*› irreparable, irremediable; ‹*pérdida*› irreparable, irretrievable

irremediablemente *adv* inevitably; **ese camino conduce ∼ al fracaso** that road leads inevitably to failure *o* is bound to lead to failure; **van a perder ∼** they're bound *o* certain to lose

irremisible *adj* (frml) irremissible

irremisiblemente *adv* irremissibly

irremunerado -da *adj* unremunerated

irrenunciable *adj* ‹*derecho*› that cannot be waived; **sus conciertos son ∼s** her concerts are a must, you must not miss her concerts

irreparable *adj* ‹*pérdida/daños*› irreparable; **el temporal causó daños ∼s** the storm caused irreparable damage; **el coche quedó ∼** the car was a total wreck *o* (BrE) a write-off

irreparablemente *adv* irreparably

irrepetible *adj* unrepeatable

irreprimible *adj* irrepressible

irreprochable *adj* irreproachable

irreproducible *adj* unreproducible

irresistible *adj* 1 ‹*sonrisa/mujer/hombre*› irresistible; ‹*deseo/tentación*› irresistible 2 ‹*dolor*› unbearable

irresistiblemente *adv* irresistibly

irresoluble *adj* unable to be resolved

irresolución *f* (frml) indecision, irresolution (frml)

irresoluto -ta *adj* (frml) indecisive, irresolute (frml)

irrespetar [A1] *vt* (Col, Ven) ‹*persona*› to be disrespectful *o* rude to; ‹*lugar sagrado*› to desecrate

irrespetuosamente *adv* disrespectfully

irrespetuoso -sa *adj* disrespectful

irrespirable *adj* unbreathable

irresponsabilidad *f* irresponsibility, lack of responsibility

irresponsable[1] *adj* 1 (insensato) irresponsible 2 (Der) incompetent

irresponsable[2] *mf*: **es un ∼** he's irresponsible, he's an irresponsible person

irrestricto -ta *adj* (AmL) unrestricted, unlimited

irreverencia *f* (frml) 1 (cualidad) disrespect, irreverence 2 (acto irrespetuoso) act/sign of disrespect, irreverence

irreverente *adj* (frml) disrespectful, irreverent

irreverentemente *adv* irreverently

irreversibilidad *f* irreversibility

irreversible *adj* irreversible

irrevocable *adj* irrevocable; **una decisión de carácter ∼** an irrevocable decision

irrevocablemente *adv* irrevocably

irrigación *f*

A (Agr) irrigation

B (Med) 1 (riego sanguíneo) blood supply, irrigation 2 (lavativa) irrigation

irrigador *m* 1 (Agr) sprinkler 2 (Med) irrigator

irrigar [A3] *vt*

A (Agr) to irrigate

B 1 (Fisiol) ‹*cerebro/órgano*› to supply … with blood, to irrigate 2 (Med) (con agua) to irrigate

---

➡ *see* Living in a Spanish-speaking country

irrisión *f* (frml) derision
irrisorio -ria *adj* ‹*excusas/pretensiones*› derisory, laughable, risible (frml); Ⓢ **liquidamos todo a precios irrisorios** everything must go, ridiculous prices
irritabilidad *f* irritability
irritable *adj* irritable
irritación *f* 1▸ (Med) irritation, inflammation 2▸ (enfado) irritation, annoyance
irritante[1] *adj* 1▸ ‹*situación/actitud*› irritating, annoying 2▸ (Med) irritant
irritante[2] *m* irritant
irritar [A1] *vt* 1▸ ‹*piel/garganta*› to irritate; **el humo le irritaba los ojos** the smoke was irritating his eyes; **tiene la garganta irritada** his throat is sore *o* inflamed 2▸ ‹*persona*› to annoy, irritate
■ **irritarse** *v pron* 1▸ «*piel/ojos*» to become irritated 2▸ «*persona*» to get annoyed, get irritated; **se irritó por lo que le dije** he got annoyed *o* irritated at what I said; **nunca se irrita con las críticas de sus adversarios** she never gets annoyed at her opponents' criticisms
irrogar [A3] *vt* (frml) to cause, occasion (frml)
irrompible *adj* unbreakable
irrumpir [I1] *vi* to burst in; **la policía irrumpió en el bar** the police burst into the bar
irrupción *f*: **el tiroteo empezó con la ~ de la policía en el bar** the firing began when the police burst into the bar; **la ~ del capitalismo en el mundo socialista** the irruption *o* inrush of capitalism into the socialist world
IRTP *m* (en Esp) = **Impuesto sobre el Rendimiento del Trabajo Personal**
IRYDA /'iriða/ *m* (en Esp) = **Instituto de Reforma y Desarrollo Agrario**
isabelino -na *adj* Elizabethan
iscle *m* (Méx) istle, ixtle
Isis Isis
isla *f* 1▸ (Geog) island, isle (liter); **el parque era una ~ de paz en medio de la ciudad** the park was an oasis of peace in the middle of the city 2▸ (Ven) (en autopistas) median strip (AmE), central reservation (BrE)
(Compuestos)
• **isla desierta** desert island
• **isla peatonal** safety island (AmE), traffic island (BrE)
Isla de Pascua *f*: **la ~ de ~** Easter Island
Islam *m*: **el ~** Islam
islámico -ca *adj* Islamic
islamismo *m* Islamism
islamista *adj/m/f* Islamist
islamización *f* Islamization
islamizar [A4] *vt* to Islamize, convert ... to Islam
islandés[1] **-desa** *adj* Icelandic
islandés[2] **-desa** *m,f* 1▸ (persona) Icelander 2▸ **islandés** *m* (idioma) Icelandic
Islandia *f* Iceland
Islas Anglonormandas *fpl* Channel Islands (*pl*)
Islas Baleares *fpl* Balearic Islands (*pl*)
Islas Británicas *fpl* British Isles (*pl*)
Islas Canarias *fpl* Canary Islands (*pl*), Canaries (*pl*)
Islas de Barlovento *fpl* Windward Islands (*pl*)
Islas de Sotavento *fpl* (en las Antillas — grupo meridional) Netherlands Antilles (*pl*); (— grupo septentrional) Leeward Islands (*pl*); (en el Pacífico) Leeward Islands (*pl*)
Islas Galápagos *fpl* Galapagos Islands (*pl*)
Islas Jónicas *fpl* Ionian Islands (*pl*)
Islas Malvinas *fpl* Falkland Islands (*pl*)
isleño[1] **-ña** *adj* 1▸ ‹*población/productos*› island (*before n*) 2▸ (Ven) (de las islas Canarias) of/from the Canary Islands
isleño[2] **-ña** *m,f* 1▸ (habitante de una isla) islander 2▸ (Ven) Canary Islander
isleta *f* safety island (AmE), traffic island (BrE)
islote *m* small island, islet
ismo *m* ism; **el expresionismo, el abstraccionismo y otros tantos ~s** expressionism, abstractionism and so many other isms
-ismo *suf* -ism; **consumismo** consumerism
ISO /'iso/ *m* ISO
isóbara, isobara *f* isobar
isobárico -ca *adj* isobaric
isomería *f* isomerism
isómero[1] **-ra** *adj* isomeric
isómero[2] *m* isomer
isométrico -ca *adj* isometric
isomorfismo *m* isomorphism
isomorfo -fa *adj* isomorphic, isomorphous
isósceles *adj* isosceles
isoterma *f* isotherm
isotérmico -ca *adj* 1▸ (Fís) isothermal 2▸ ‹*recipiente*› **recipientes ~s** containers designed to keep the contents hot/cold/at a constant temperature; **un camión/contenedor ~** a refrigerated truck/container
isotermo -ma *adj* 1▸ (Fís) isothermal 2▸ (Meteo) isothermal
isótopo *m* isotope
ISP *m* (= **proveedor de servicios de internet**) ISP
isquémico -ca *adj* (Med) ischemic
Israel *m* Israel
israelí *adj/mf* Israeli
israelita *adj/mf* Israelite
ISSSTE *m* (en Méx) = **Instituto de Seguridad y Servicios Sociales de los Trabajadores del Estado**
-ista *suf*
A (quien apoya) -ist; **activista** activist; **integrista** fundamentalist; **madridista** supporting Real Madrid; **la era fidelista** the Castro years
B (quien ejerce) -ist, -er; **flautista** flautist; **gruista** crane driver; **inversionista** investor; **quiere ser futbolista** he wants to be a soccer player
istmo *m* isthmus
(Compuesto) **istmo de Panamá** Isthmus of Panama
itacate *m* (Méx) pack, bundle; ***hacer su ~*** to pack up
Italia *f* Italy
italianada *f*: ***subírsele la ~ a algn*** (RPl fam): **soy muy tranquila, pero cuando se me sube la ~ ...** I'm a very calm person but when I get mad...
italianismo *m* Italianism
italianizante *adj* italianizing
italiano[1] **-na** *adj* Italian
italiano[2] **-na** *m,f* 1▸ (persona) Italian 2▸ **italiano** *m* (idioma) Italian
itálico -ca *adj* 1▸ (Hist) Italic 2▸ (Impr) italic
ítalo- *pref* Italo-
ITE *m* (en Esp) = **Impuesto sobre el Tráfico de Empresas**
ítem *m* (*pl* **ítems**) item
itemizar [A4] *vt* (AmL) to itemize
iteración *f* (frml) iteration (frml), repetition
iterar [A1] *vt* (frml) to iterate (frml), to repeat
iterativo -va *adj* 1▸ ‹*tema*› recurrent, repeated, iterant (frml) 2▸ (Inf, Ling) iterative
itinerancia *f* (Telec) roaming
itinerante *adj* ‹*exposición/muestra*› traveling* (*before n*), itinerant (frml); ▸**embajador**
itinerario *m* itinerary, route
-itis *suf* -itis (*as in* **sinusitis**)
-ito -ita *suf*
A (expresando menor tamaño o cuantía): **un perrito/jardincito** a little dog/garden; **queda cerquita de aquí** it's quite near here; **¿puede esperarme un momentito?** can you wait just a moment?; **sírveme un poquito** I'll just have a little bit
B 1▸ (en tono afectuoso): **¿te preparo una sopita?** would you like me to make you some nice soup?; **¡pobrecita! ¿qué le pasa?** poor thing! what's the matter with her?; **dame un beso, Raquelita** Raquel, darling, give me a kiss; **hazlo despacito** do it (nice and) slowly 2▸ (quitando importancia, suavizando la expresión, expresando condescendencia): **cualquier problemita la agobia** the slightest problem overwhelms her; **es más bien gordita** she's a little plump; **tiene un gustito raro** it has a strange tang *o* aftertaste to it; **es lo mejorcito que había** it's the best there was 3▸ (uso enfático): **vamos, rapidito** come on, quick; **hay que salir bien tempranito** we have to leave really early; **¡hablen más bajito!** keep your voices down a bit!
ITS *fpl* (Med) (= **Infecciones de Transmisión Sexual**) STD
ITV *f* (en Esp) (= **inspección técnica de vehículos**) roadworthiness test, ≈ MOT (*in UK*)
IU *f* (en Esp, Per) = **Izquierda Unida**
IVA /'iβa/ *m* (= **Impuesto al Valor Agregado** *or* **sobre el Valor Añadido**) VAT
IVIC /i'βik/ *m* = **Instituto Venezolano de Investigaciones Científicas**
ixtle *m* (Méx) istle, ixtle
izamiento *m* hoisting, raising
izar [A4] *vt* ‹*vela/bandera*› to hoist, raise, run up
izq. = **izquierda**
izquierda *f*
A 1▸ (mano izquierda): **la ~** the left hand 2▸ (lado) left; **la puerta de la ~** the door on the left *o* on the left-hand side, the left-hand door; **¡~, ar!** (Mil) by the left, quick march!; **a la ~ pueden ver la catedral** to *o* on the left you can see the cathedral; **el coche torció a la ~** the car turned left; **se colocó a la ~ de su padre** he stood to the left of his father *o* on his father's left; **ahí enfrente a la ~** over there on the left; **conducen por la ~** they drive on the left
B (Pol) left; **de ~** *or* (Esp) **de ~s** left-wing
izquierdismo *m* left-wing policies (*o* tendencies *etc*) (*pl*)
izquierdista[1] *adj* left-wing, leftist (*before n*)
izquierdista[2] *mf* left-winger
izquierdización *f* (Pol) shift to the left
izquierdizar [A4] *vt* ‹*partido*› to move ... to the left; **el partido ha izquierdizado su postura** the party has adopted a more left-wing stance *o* has shifted to the left
■ **izquierdizarse** *v pron* «*partido/postura*» to swing to the left
izquierdo -da *adj* left (*before n*); **tiene el lado ~ paralizado** his left side is paralized; **en la margen izquierda del río** on the left bank of the river; ▸**mano**[1]
izquierdoso -sa *adj* (pey) lefty (colloq & pej)

i

Jj

j, J *f* (*read as* /ˈxota/) (the letter) j, J

ja, ja, ja *interj* ha, ha!

jab /dʒaβ/ *m* (Dep) jab

jaba *f* (Chi, Per) crate

jabalí *m* (*pl* **-líes**) wild boar

(Compuesto) **jabalí verrugoso** warthog

jabalina *f* 1 (Arm, Dep) javelin 2 (Zool) wild sow, female wild boar

jabalinista *mf* javelin thrower

jabato *m* 1 (Zool) wild boar piglet, young wild boar 2 (Esp fam) (valiente) daredevil

jábega *f* 1 (red) dragnet 2 (barco) fishing smack

jabón *m*

A (producto) soap; **una pastilla** *or* **barra de ~** a bar *o* cake of soap; ***darle ~ a algn*** (Esp fam) to soft-soap sb (colloq), to butter sb up (colloq); ***se acabó el ~*** (Per fam) that's the lot! (colloq), that's it!

(Compuestos)

- **jabón de afeitar** *or* (Méx) **rasurar** shaving soap, shaving stick
- **jabón de baño** bath soap
- **jabón de lavar** (en barra) household soap; (en polvo) soap powder
- **jabón de sastre** tailor's chalk, French chalk
- **jabón de tocador** toilet soap
- **jabón en barra** soap in a block
- **jabón en escamas** soapflakes (*pl*)
- **jabón líquido** liquid soap
- **jabón neutro** mild soap

B (RPl fam) (susto) fright; **me pegué un ~** I got a fright; **tenía un ~ la pobre** she was so scared, poor thing

jabonada *f*

A (con jabón): **dale una buena ~** wash it well in soapy water *o* with some soap

B (Chi, Méx fam) (reprimenda) telling-off, ticking-off (BrE colloq)

jabonado -da *adj* (Chi fam): **se escapó ~** he just got away; **se libró ~** he had a narrow escape

jabonadura *f* 1 (acción): **dale una buena ~** wash it well in soapy water *o* with some soap 2 (espuma) suds

jabonar [A1] *vt* ▸**enjabonar**

jaboncillo *m* small bar of soap

(Compuesto) **jaboncillo de sastre** tailor's chalk

jabonera *f* soap dish

jabonería *f* soap factory

jabonero -ra *adj*

A ‹*industria*› soap (*before n*)

B (Méx) ‹*vaca/toro*› off-white, whitish

jabonoso -sa *adj* soapy

jaca *f* pony

jacal *m* (Méx) hut, small house (*made of adobe or reeds*)

jacalear [A1] *vi* (Méx fam) to spread gossip *o* rumors*

jácara *f* 1 (Lit) *seventeenth-century ballad about underworld figures* 2 (música y danza) *music and dance performed to accompany a* ▸**jácara**

jacarandá *m or f* jacaranda

jacarandoso -sa *adj* 1 ‹*porte/andares*› jaunty, carefree; **iba muy jacarandosa con su nuevo vestido** she looked very jaunty *o* very bright and breezy in her new dress 2 [SER] ‹*persona*› lively, vivacious, spirited

jacaré *m* (AmL) cayman

jácena *f* main beam

jacinto *m* 1 (Bot) hyacinth 2 (Min) hyacinth, jacinth

Jack el destripador Jack the Ripper

jaco *m* nag

Jacob Jacob

jacobeo -bea *adj* 1 (relativo al apóstol Santiago) of/relating to Saint James; **la peregrinación jacobea** the pilgrimage to Santiago de Compostela 2 (relativo a Jacobo I) Jacobean

jacobino -na *adj/m,f* Jacobin

jacobita *adj/mf* Jacobite

Jacobo: **~ I** *read as: Jacobo primero* James I

jactancia *f* 1 (cualidad) boastfulness 2 (acción) boasting, bragging; **sin ~, debo decir que el nuestro es el mejor** without wishing to boast *o* brag, I have to say that ours is the best one

jactanciosamente *adv* boastfully

jactancioso¹ -sa *adj* boastful

jactancioso² -sa *m,f* boaster, braggart

jactarse [A1] *v pron* to boast, brag; **~ DE algo** to boast *o* brag ABOUT sth; **se jactaba de ser el mejor tenista del club** he used to boast about being *o* that he was the best tennis player in the club

jaculatoria *m* short prayer, ejaculation (frml)

Jacuzzi® /dʒaˈkuzi/ *m* Jacuzzi®, jacuzzi

jade *m* ▸❶ **p.181** jade

jadeante *adj*: **venía ~ por la cuesta** he came up the hill (puffing and) panting; **con voz ~** in a breathless voice

jadear [A1] *vi* 1 «*persona*» (por cansancio) to pant, puff; (por calor, falta de aire) to pant, gasp; **llegó al quinto piso jadeando de cansancio** when she got to the fifth floor she was puffing and panting *o* breathless with exhaustion 2 «*perro*» to pant

jadeo *m* 1 (de una persona) (puffing and) panting, gasping 2 (de un perro) panting

jaez *m*

A (liter) (ralea, calaña) kind, ilk (liter); **gente de ese ~** people of that ilk *o* kind

B **jaeces** *mpl* (Equ) trappings (*pl*)

jafbac *m* halfback

jaguar *m* jaguar

jagüey, jagüel *m* (AmL) pool

jai *f*

A (Esp arg) (mujer) chick (AmE colloq), bird (BrE colloq)

B (AmS fam) (alta sociedad) high society; **se codea con la ~** she mixes in high society, she rubs shoulders with the rich and famous

jai alai *m* jai alai, pelota

jaiba *f* (AmL) crab; (de río) freshwater crab

jaibol *m* (Méx) highball (AmE), whisky and soda (BrE)

jaibón¹ -bona *adj* (Chi fam) 1 (encopetado) posh (colloq) 2 (elegante) snazzy (colloq), smart

jaibón² -bona *m,f* (Chi fam) posh person (colloq)

jailaif *f* (Chi fam) high society

jailoso -sa *adj* (Col fam) posh (colloq)

jalada *f*

A (Méx fam) (tirón) pull, tug, yank; **le dimos varias ~s a la cuerda** we tugged at *o* pulled on *o* yanked the rope several times

B (Méx fam) (tontería, exageración) stupid comment; **ésas son puras ~s** that's a load of nonsense (colloq)

C 1 (Per fam) (en automóvil) lift, ride 2 (Per arg) (en un examen) ▸**jalado³**

jaladera *f* (Per arg): **ha habido una ~ brava en geografía** loads of people have flunked geography (colloq)

jalado¹ -da *adj*

A (AmC, Col, Méx fam) (borracho) tight (colloq)

B (Méx) (*como adv*) (rápidamente) fast; **iba muy ~** he was tearing *o* racing along (colloq)

C (Méx fam) (descabellado) crazy (colloq)

D (Per fam) ‹*ojos*› slanting

jalado² -da *m,f* (Per fam) oriental-looking person

jalado³ *m* (Per arg) fail; **¿cuántos ~s tienes?** how many have you failed?, how many have you flunked? (colloq)

jalador¹ -dora *adj*

A (Méx fam) (que ayuda) cooperative

B (Per arg) ‹*profesor*› tough (colloq)

jalador² -dora *m,f*

A (Méx fam) (persona dispuesta a ayudar) cooperative person

B (Per arg) (profesor) hard taskmaster

C (Col arg) (ladrón) *tb* **~ de carros** car thief

D **jalador** *m* (Méx) 1 (para limpiar) squeegee 2 (del baño) lavatory chain

jalapeño *m* (Méx) jalapeño pepper

jalar [A1] *vt*

A 1 (AmL exc CS) (tirar de) to pull; **¡jalen ese cable!** pull on that cable!; **me jalaba la manga** she was pulling at *o* tugging at my sleeve; **~ la cadena** to pull the chain, to flush the lavatory; ❸ **jale** pull 2 (Méx) (agarrar): **jaló el periódico y se puso a leer** he picked up *o* took the newspaper and began to read; **jaló una silla y se sentó** she drew up *o* took a chair and sat down 3 (Méx) (atraer): **ahora lo jalan más sus amigos** he's more interested in seeing his friends these days; **lo jalan mucho hacia sus gustos** his tastes are very much influenced by them, they influence him a great deal in his tastes

B (Méx arg) (robar) to lift (colloq), to swipe (colloq)

C (Per arg) ‹*alumno*› to fail, flunk (colloq)

D (Per fam) (en automóvil, moto): **¿me puedes ~ hasta el centro?** could you give me a lift *o* a ride into town?

■ **jalar** *vi*

A (AmL exc CS) (tirar) to pull; **todos tenemos que ~ parejo** we all have to pull together; **~ DE algo** to pull sth; **no le jales del pelo a tu hermana** don't pull your sister's hair; ***~le a algo*** (Col fam): **¿quién le jala a un partido de ajedrez?** who's for a game of chess?, who fancies a game of chess? (BrE); **ahora le jala a la política** she's into politics now (colloq); ***no ~ con algn*** (Méx fam): **no jala con ellos** he doesn't get on *o* along well with them; **nunca jalaba con nosotros cuando hacíamos fiestas** he never used to join in when we had parties

B 1 (Méx, Per fam) (apresurarse) to hurry up, get a move on (colloq); **jala** *or* **jálale, que van a cerrar** get a move on *o* hurry up, they're closing 2 (Col, Méx fam) (ir) to go; **jálale por el pan** go and get the bread; **estaba tan oscuro, que no sabía para dónde ~** it was so dark, I didn't

j

know which way to go; **jala por la izquierda** turn left, take a left (colloq)

C (Per fam) **1** (beber) to booze (colloq) **2** (inhalar cocaína) to have a snort (colloq)

D (Méx fam) ‹*auto/refrigerador*› to work; **¿cómo te va? — jalando** how's it going? — oh, all right *o* OK *o* not too bad (colloq); **¿cómo van los negocios? — jalando, jalando** how's business? — oh, not so bad (colloq)

E (Esp fam) (atiborrarse) to stuff oneself (colloq)

F (AmC fam) (dos personas) to date, go out; **~ CON algn** to date *o* see sb, go out WITH sb

■ **jalarse** *v pron*

A (Méx) (*enf*) (agarrar, acercar): **jálate una silla y siéntate** draw up a chair and sit down; ***jalársela*** (Méx) (exagerar) (fam) to go over the top (colloq); (masturbarse) (vulg) to jerk off (AmE vulg), to wank (BrE vulg)

B (Méx) (*enf*) **1** (irse) to go; **yo me jalo por los refrescos** I'll go for *o* I'll get the drinks; **se ~on con los libros** they went off with the books **2** (venir) to come; **jálate a mi casa** come round *o* over to my house

C (Méx arg) (robar) to lift (colloq), to swipe (colloq)

D (*enf*) (Esp fam) (comerse) to scoff (colloq)

E (Col fam) (emborracharse) to get tight (colloq)

F (Col fam) (realizar): **se jaló un buen discurso** she gave *o* made a good speech; **se jaló un partido excelente** he played an excellent match

jalbegue *m* whitewash

jalca *f: area of the Andes between 3,500 and 4,000 meters*

jale *m* (Per fam) **1** (conquista amorosa): **¡qué buen ~, Pablito!** you really scored there, Pablito! (colloq) **2** (atractivo): **¡tiene su ~ la costilla!** that girl of his is quite something! (colloq)

jalea *f* jelly; **~ de limón/guayaba** lemon/guava jelly

(Compuesto) **jalea real** royal jelly

jalear [A1] *vt* ‹*cantante/bailaor*› to encourage (*with shouts and clapping*); ‹*deportista/equipo*› to cheer on; **lo jaleaban para que echara un discurso** they were calling for him to *o* egging him on to give a speech

jaleo *m* (fam) **1** (alboroto, ruido) racket (colloq), row (colloq), ruckus (AmE colloq) **2** (confusión) muddle, mess; (desorden) mess; (problemas) hassle (colloq); **me armo un ~ con estas calles** I get into a muddle *o* I get confused with these streets; **perdón por este ~, es que acabo de llegar de viaje** excuse the mess, I've just got back from a trip **3** (actividad intensa): **hemos tenido mucho ~ en casa** everything's been very hectic at home; **con todo el ~ de la mudanza** with all the upheaval of the move **4** (riña) brawl; **aquí no quiero ~s** I don't want any brawling here

jaleoso -sa *adj* hectic

jalisciense *adj: of/from Jalisco*

jallán *m* (AmC, Col) lout

jalón *m*

A **1** (mojón) landmark; (en topografía) ranging rod **2** (liter) (hito) milestone, landmark

B **1** (AmL exc CS fam) (tirón) pull, tug, yank; **le dio un ~ del bolso y salió corriendo** he wrenched *o* yanked her bag away and ran off; ***de un ~*** (AmL exc CS): **lo voy a hacer de un ~** I'm going to get it over and done with, I'm going to get it done in one fell swoop **2** (Méx) (distancia) distance; **aún nos queda un buen ~** we still have a fair way *o* a fair distance to go

C (Méx) **1** (fam) (trago) tot, shot **2** (en una media) run, ladder (BrE)

jalonar [A1] *vt* **1** (marcar) to mark; **una carrera jalonada de éxitos** a career marked *o* punctuated by successes **2** ‹*terreno/área*› to mark *o* stake out

jalonazo *m* (AmL exc CS fam) tug, yank; **el carro iba a ~s** the car jerked *o* lurched along

jalonear [A1] *vt* (Méx, Per fam) to tug, tug at

■ **jalonear** *vi* **1** (Col, Méx, Per fam) (dar tirones) to pull, tug; **te dije que no ~as tanto** I told you not to keep pulling at it *o* tugging at it **2** (AmC fam) (regatear) to haggle

■ **jalonearse** *v pron* (Méx, Per fam) **1** (darse tirones) to pull, tug; **se jaloneaba el pelo** she was tugging at her hair **2** (dar sacudidas) to jerk

jaloneo *m* (Col, Méx, Per fam) (tironeo) tugging

jamaica *f*

A (Bot) hibiscus

B (Méx fam) **1** (sangre) blood **2** (fiesta) street party

Jamaica *f* Jamaica

jamaicano -na *adj/m,f* Jamaican

jamás *adv* ▸ ❶ **p.567**; never; **~ había oído cosa igual** I'd never heard anything like it; **~ volverá a suceder** *or* **no volverá a suceder ~** it will never happen again; **nunca ~** *or* **~ de los jamases** never ever; **por** *or* **para siempre ~** for ever and ever

jamba *f* jamb, reveal (tech)

jamelgo *m* nag, hack

jamón *m*

A (Coc) ham; ***¡y un ~ (con chorreras)!*** (fam): **dice que tiene 30 años — ¡y un ~ (con chorreras)!** she says she's 30 — come off it! *o* (BrE) pull the other one! (colloq)

(Compuestos)

- **jamón cocido** ham, cooked ham
- **jamón crudo** ≈ Parma ham
- **jamón (de) York** ham, cooked ham
- **jamón (en) dulce** ham, cooked ham
- **jamón inglés** (Chi, Per) ham, cooked ham
- **jamón serrano** (Esp) ≈ Parma ham

B (fam & hum) (muslo) thigh

jamona *adj* **1** (fam) (grande) buxom, well-upholstered (colloq & euph) **2** (Esp fam) (muy atractiva) stunning (colloq)

jamoncillo *m* (en Méx) *candy made with milk, sugar and ground pumpkin seeds*

jam session /'jam 'seʃon/ *f* (*pl* **~ ~**) jam session

janca *f: area of the Andes above 4,800 meters*

jaña *f* (AmC fam) (compañera) girlfriend; (chica) girl

Japón *m tb* : **el ~** Japan

japonés¹ -nesa *adj* Japanese

japonés² -nesa *m,f* **1** (persona) (*m*) Japanese, Japanese man; (*f*) Japanese, Japanese woman; **los japoneses** the Japanese, Japanese people **2** **japonés** *m* (idioma) Japanese

japuta *f* pomfret

jaque *m* check; ***tener a algn en ~*** to have sb on the rack

(Compuesto) **jaque mate** checkmate; **le dio ~ ~ a su adversario** he checkmated his opponent

jaqué, jaquet /(d)ʒa'ke(t)/ *m* (CS, Méx) morning coat

jaquear [A1] *vt* to check

jaqueca *f* migraine, severe headache; **tengo una ~ espantosa** I have a terrible *o* splitting headache; **el ruido le da** *or* **le produce ~** the noise gives her migraine

jara *f* rock rose, cistus

jarabe *m*

A **1** (Coc) syrup; **~ de frambuesa** raspberry syrup **2** (Farm, Med) syrup; **~ para la tos** cough mixture, cough syrup; ***~ de pico:*** **¿qué te pasa hoy? ¿te dieron ~ de pico?** (fam) what's got into you today? you're very talkative; **es puro ~ de pico** (fam) he's full of hot air

(Compuesto) **jarabe de palo** (Esp fam & hum) thrashing, walloping (colloq)

B (Mús) *Mexican folk dance and music*

jaral *m* rock rose *o* cistus patch

jarana *f*

A (fam) **1** (bromas): **basta de ~** that's enough fun and games *o* larking around *o* fooling around (colloq) **2** (juerga): **salir de ~** to go out on the town (colloq), to go out partying (colloq)

B (instrumento) *type of small guitar*

C **1** (baile) *folk dance from south-east Mexico* **2** (Per) (fiesta) party (*with folk music*)

jaranear [A1] *vi*

A (fam) (divertirse) to have a good time, live it up (colloq)

B (Méx) (Mús) to play the ▸**jarana**

jaranero¹ -ra *adj* (fam): **es muy ~** he's always out living it up *o* partying (colloq)

jaranero² -ra *m,f*

A (fam): **son unos ~s** they're always out living it up *o* partying (colloq)

B (Méx) (Mús) person who plays the ▸**jarana**

jaranista *mf* (Per) *musician or singer at a* ▸**jarana**

jarano *m* (Méx) sombrero (*wide-brimmed hat*)

jarcia *f* **1** (Náut) *tb* **~s** rigging **2** (AmC, Méx) (cuerda) rope

jardín *m*

A (con plantas) garden

(Compuestos)

- **jardín botánico** botanical garden
- **jardín de infancia** kindergarten, nursery school (BrE)
- **jardín de infantes** (RPl) kindergarten, nursery school (BrE)
- **jardín de invierno** winter garden
- **jardín de niños** (Méx) kindergarten, nursery school (BrE)
- **jardines colgantes** *mpl:* **los ~ ~ de Babilonia** the hanging gardens of Babylon
- **jardín infantil** (AmL) kindergarten, nursery school (BrE)
- **jardín tacto-olfativo**: *garden for the blind with tactile and sense-of-smell features*
- **jardín zoológico** zoological garden, zoo

B **los jardines** *mpl* (en béisbol) the outfield

(Compuesto) **jardín central** center* field

jardinear [A1] *vi*

A (en béisbol) to field

B (Chi) (en el jardín) to garden, do the gardening

jardinera *f*

A **1** (para la ventana) window box; (con pedestal) jardinière **2** (Coc): **a la ~** à la jardinière

B (Indum) **1** (Col) (delantal) apron **2** (Col) (abrigo) coat **3** (Chi) (pantalón) overalls (*pl*) (AmE), dungarees (*pl*) (BrE)

C (Ur) (en una escuela) kindergarten class (AmE), nursery class (BrE)

D (Transp) **1** (en aeropuerto) passenger bus **2** (vehículo abierto) safari vehicle (*open-backed vehicle with wooden seats*)

jardinería *f* gardening

jardinero -ra *m,f*

A (persona) gardener

B (Dep) outfielder; **juega de ~ izquierdo** he plays left field

(Compuesto) **jardinero central** *or* **centro** center* fielder

C **jardinero** *m* (RPl) (pantalón) overalls (*pl*) (AmE), dungarees (*pl*) (BrE)

jareta *f* **1** (para pasar una cinta) casing; (de adorno) tuck **2** (AmC) (bragueta) fly, flies (*pl*) (BrE)

jaretón *m* hem

jaripeo *m* (Méx) cowboy festival

jarocho -cha *adj* of/from Veracruz

jarra *f*

A **1** (para servir) pitcher (AmE), jug (BrE); **se bebieron una ~ de sangría** they drank a pitcher *o* a jug *o* a jugful of sangria **2** (para beber) stein (AmE), tankard (BrE); ***en ~s:*** **con los brazos en ~s** (with) arms akimbo, hands on hips; **se puso en ~s** she put her hands on her hips

B (Méx fam) bender (colloq), toot (AmE colloq); **irse de ~** to go on a bender *o* binge *o* drinking spree; ***agarrar la ~*** (Méx fam) to get plastered (colloq)

jarrada *f* (Chi, Col) pitcherful (AmE), jugful (BrE)

jarrete *m* back of the knee

jarro *m* **1** (para servir) pitcher (AmE), jug (BrE); ***caer*** *or* ***sentar como un ~ de agua fría*** (fam) to come as a shock *o* a nasty surprise; **aquella decisión me sentó como un ~ de agua fría** that decision was a bombshell *o* came as a complete shock *o* came as a nasty surprise **2** (AmL) (tazón) mug; (para cerveza) beer mug, stein (AmE), tankard (BrE)

jarrón *m* vase

jartar [A1] *vt* (fam) ▸**hartar**

jartera *f* (Col fam) drag (colloq), bore

jarto -ta *adj* (Col fam) **1** [SER] ‹*persona/película/clase*› lethal (AmE colloq), deadly (BrE colloq), boring **2** [ESTAR] ‹*persona*› fed up (colloq)

j

Jartum *m* Khartoum

Jasón Jason

jaspe *m* (piedra) jasper; (mármol) veined marble; ***como un ~*** (Esp, Ur) absolutely spotless, as clean as a new pin

jaspeado¹ -da *adj* ‹*mármol*› veined; ‹*tela/lana*› flecked; ‹*hojas*› variegated; ‹*plumaje/huevos*› speckled; **un traje gris ~** a flecked gray suit

jaspeado² *m* veining; **el ~ de la lana** the flecks in the wool

jato *m* (Per fam): **nos reunimos en mi ~ ¿qué te parece?** shall we meet at my place *o* at my pad *o* at mine? (colloq)

Jauja, jauja *f* (fam): **¿qué te crees? ¿que esto es ~? ¡a trabajar!** what do you think this is, a holiday camp? get on with your work!; **piensan que la universidad es ~** they think that university is a bed of roses; **¡esto es ~!** this is the life!, this is heaven *o* bliss!

jaula *f*

A (para animales) cage; **~ *de grillos*** (fam) madhouse (colloq)

(Compuesto) **jaula de oro** gilded cage

B (de un ascensor) cage

C (de embalaje) crate

D **1** (fam) (cárcel) jail; **está en la ~** he's doing time (colloq), he's in the can (AmE) *o* (BrE) nick (colloq) **2** (Méx) (Ferr) cattletruck

E (Col fam) paddy wagon (AmE colloq), police van (BrE), meat wagon (sl)

jauría *f* (de perros) pack, pack of hounds; **perseguido por la ~** pursued by the pack *o* by the hounds; **una ~ de mendigos** a pack of beggars

Java *f* Java

javanés -nesa *adj/m,f* Javanese

jayán -yana *adj* (AmC fam) foul (colloq); **no seas ~** don't be foul, don't be a jerk *o* creep (colloq)

jazmín *m* jasmine

(Compuesto) **jazmín de la India** *or* **del Cabo** gardenia

jazz /(d)ʒas/ *m* jazz; **banda** *or* **conjunto de ~** jazz band

jazzista¹ *adj* jazz (*before n*)

jazzista² *mf* (*m*) jazzman; (*f*) jazzwoman

jazzístico -ca *adj* jazz (*before n*)

je, je, je *interj* tee, hee!, hee, hee!

jeans /(d)ʒins/ *mpl* jeans (*pl*)

jebe *m* (Col, Per) **1** (goma) rubber; **zapatos de ~** rubber-soled shoes **2** *tb* **~cito** (para sujetar algo) rubber band, elastic band (BrE) **3** (fam) (preservativo) condom, rubber (AmE colloq), johnny (BrE sl)

jebo -ba *m,f* (Ven) **1** (arg) (novio) (*m*) boyfriend; (*f*) girlfriend **2** **jeba** *f* (arg) (muchacha) girl, chick (AmE colloq), bird (BrE colloq)

jedi: **el que te ~** (RPl fam) you-know-who (colloq)

Jeep® /(d)ʒip/ *m* (*pl* **Jeeps**) Jeep®, jeep

jefatura *f*

A (sede) headquarters (*sing o pl*); **fue conducido a la ~ de policía** he was taken to police headquarters

B (cargo — en un partido) leadership; (— en una empresa): **la división en la ~ del partido** the split in the party leadership, the split between the leaders of the party; **ostenta la ~ de una empresa internacional** he heads up *o* is head of an international company

jefazo *m* (fam) big boss (colloq)

jefe -fa *m,f*, **jefe** *mf* **1** (superior) boss; **aquí el ~ soy yo** *I'm* the boss here, *I'm* in charge here **2** (de una sección, un departamento) head **3** (de una tribu) chief **4** (de un partido, una banda) leader **5** (como apelativo) buddy (AmE colloq), mate (BrE colloq), guv (BrE colloq & dated) **6** **jefes** *mpl* (fam) (padres) folks (*pl*) (colloq), parents (*pl*)

(Compuestos)

- **jefe/jefa de bomberos** fire chief
- **jefe/jefa de cocina** chef
- **jefe/jefa de departamento** head of department
- **jefe/jefa de estación** stationmaster
- **jefe/jefa de Estado** head of state
- **jefe/jefa de Estado Mayor** Chief of Staff
- **jefe/jefa de estudios** director of studies
- **jefe/jefa de filas** group leader
- **jefe/jefa de gobierno** (primer ministro) prime minister; (presidente) president
- **jefe/jefa de la guerrilla** guerrilla leader
- **jefe/jefa de la oposición** leader of the opposition
- **jefe/jefa de la policía** chief of police
- **jefe/jefa de los espías** spymaster
- **jefe/jefa de máquinas** chief engineer
- **jefe/jefa de negociado** head of section, head of department
- **jefe/jefa de oficina** chief clerk, office manager
- **jefe/jefa de personal** personnel manager
- **jefe/jefa de planta** floor manager
- **jefe/jefa de producción** production manager
- **jefe/jefa de producto** product manager
- **jefe/jefa de redacción** editor-in-chief
- **jefe/jefa de sección** section head
- **jefe/jefa de seguridad** chief of security
- **jefe/jefa de taller** supervisor, foreman
- **jefe/jefa de tren** head conductor, train manager (BrE)
- **jefe/jefa de ventas** sales manager

Jehová Jehovah

jején *m: small mosquito*

jemer *mf* Khmer; **los ~es rojos** the Khmer Rouge

jemiquear [A1] *vi* (Chi fam) ▸**jeremiquear**

JEN /xen/ *f* (en Esp) = **Junta de Energía Nuclear**

jengibre *m* ginger

jenízaro -ra *m,f* janissary

Jenofonte Xenophon

jeque *m* sheik, sheikh

jerarca *mf* (Relig) hierarch (frml), leader; **los ~s del partido** the party leaders

jerarquía *f* **1** (organización) hierarchy; **la ~ eclesiástica/militar** the ecclesiastical/military hierarchy **2** (categoría, rango) rank; **no se aprovechaba de su ~** he didn't abuse his position *o* rank

jerárquico -ca *adj* hierarchical

jerarquización *f* organization into a hierarchy

jerarquizado -da *adj* hierarchical

jerarquizar [A4] *vt* **1** ‹*organización*› to organize … into a hierarchy, make … hierarchical **2** (poner por orden) to arrange … in order of importance

jeremiada *f* jeremiad

jeremías *mf* (fam) moaner, whiner, whinger (BrE colloq)

jeremiquear [A1] *vi* (AmL fam) to whine, moan, whinge (BrE colloq)

jerez *m* sherry; **~ dulce/seco** sweet/dry sherry

> **jerez**
>
> Sherry is produced in an area of chalky soil known as *albariza* lying between the towns of Puerto de Santa María, Sanlúcar de Barrameda, and Jerez de la Frontera in Cádiz province. It is from Jerez that sherry takes its English name. Sherries, made from grape varieties including Palomino and Pedro Ximénez, are drunk worldwide as an aperitif, and in Spain as an accompaniment to ▸**tapas**. The styles of *jerez* vary from the pale *fino* and *manzanilla* to the darker aromatic *oloroso* and *amontillado*. *See also* ▸**solera**

jerga *f*

A **1** (de un gremio, una profesión) jargon; **la ~ de los adolescentes/drogadictos** teenage/drug addicts' slang; **~ técnica** technical jargon **2** (galimatías) gobbledygook (colloq), mumbo jumbo (colloq)

B (Méx) (trapo) floorcloth

jergal *adj* slang (*before n*); **lenguaje ~** slang

jergón *m* straw mattress, palliasse (liter)

jeribeque *m* (fam) wild gesture

jericaya *f* (Méx) (Coc) crème caramel

Jericó *m* Jericho

jerigonza *f* **1** (mezcla de idiomas) mumbo jumbo (colloq), gobbledygook (colloq); (lenguaje en clave) secret language *o* code **2** (Chi) ▸**jeringozo**

jeringa *f*

A (Med) syringe

(Compuestos)

- **jeringa de engrase** grease gun
- **jeringa hipodérmica** hypodermic syringe

B (fam) (molestia) hassle (colloq)

jeringar [A3] (AmL) **jeringuear** [A1] *vt* (fam) to bug (colloq), to pester

■ **jeringar** *vi* (fam) to be a nuisance, pester

■ **jeringarse** *v pron* (fam): **si no te gusta te jeringas** if you don't like it, that's tough *o* you'll just have to lump it (colloq)

jeringazo *m* (fam) shot (colloq)

jeringozo, jeringoso *m* (RPl) *children's play-language*

jeringuilla *f* syringe

Jerjes Xerxes

jerma *f* (Per fam) girl

jeroglífico¹ -ca *adj* hieroglyphic

jeroglífico² *m* **1** (escritura) hieroglyphic, hieroglyph **2** (acertijo) rebus; **todo esto es un ~ para mí** all this is a complete mystery to me, all this is completely over my head

jerosolimitano -na *adj* of/from Jerusalem

jersey *m* (*pl* **-seys**)

A /'ʒersi/ (AmL) (tela) jersey

B /xer'sei/ (Esp) (prenda) sweater, jumper (BrE), jersey (BrE)

Jerusalén *m* Jerusalem

Jesucristo Jesus Christ

jesuita *adj/m* Jesuit

Jesús **1** (Relig) Jesus; **el niño ~** the baby Jesus; **~ Nazareno** Jesus of Nazareth **2** (*como interj*): **¡~!** (expresando — dolor, fatiga) heavens!; (— susto, sorpresa) good heavens!, good grief!; (cuando alguien estornuda) (Esp) bless you!; ***con el ~ en la boca*** with one's heart in one's mouth; ***hasta verte, ~ mío*** (fam) down the hatch! (colloq)

jet¹ /(d)ʒet/ *f* (Esp) (grupo) jet set

jet² /'(d)ʒet/ *m* (*pl* **jets**) (Aviac) jet

jeta *f*

A (fam) **1** (cara) face, mug (colloq); **partirle la ~ a algn** to smash sb's face in (colloq); ***tener ~*** (fam) to have a nerve (colloq), to have a cheek (BrE colloq); **¡qué ~ tienes!** what a nerve *o* cheek!, you have a nerve!, you've got a cheek! **2** (AmL fam) (boca) trap (sl), gob (BrE sl); **¡cállese la ~!** shut your trap *o* gob *o* (AmE) yap! (sl), belt up! (sl); ***estirar la ~*** (Chi fam) to pull a face; **anda con la ~ estirada** he's going around with a long face (colloq)

B (Méx fam) nap (colloq); ***echarse una ~*** to have a nap *o* sleep

C **jeta** *mf* (Esp fam) (caradura): **esa tía es una ~** that woman has a nerve (colloq)

jet foil /'jet foil/ *m* hydrofoil

jet lag /'(d)ʒetlaɣ/ *m* jet lag

jetón -tona *adj*

A **1** (AmL fam) (de boca grande) big-mouthed; (de labios gruesos) thick-lipped **2** (Chi fam) (estúpido) stupid

B (Chi fam) ‹*falda*› lopsided

jet set /'(d)ʒetset/ *m or* (Esp) *f* jet set

jet ski /'jet ski/ *m* jet ski

Jezabel Jezebel

ji, ji, ji *interj* hee, hee, hee!

jibarizar [A4] *vt* (Chi frml) ‹*cifra*› to reduce; ‹*texto*› to cut, abridge

jíbaro¹ -ra *adj* **1** ‹*indio/pueblo*› Jivaro **2** (AmC, Méx) (rústico) rustic

jíbaro² -ra *m,f* **1** (indio) Jivaro **2** (Col, Ven arg) (vendedor de droga) pusher (colloq)

jibia *f* cuttlefish

jicaco *m* ▸**hicaco**

jícama *f* yam bean

jícara *f*

A (Méx) (Bot) calabash

B 1 (Méx) (taza) drinking bowl, bowl 2 (Col, Méx) (vasija — de calabaza) gourd, calabash; (— de otro material) pot 3 (Méx) (medida) *unit of measurement approx. equivalent to one kilogram or one liter*

jícaro *m* (Méx) calabash

jicote *m* (Méx) hornet

jicotea *f* (Méx) turtle

jicotera *f* 1 (Méx) (nido) wasp's nest 2 (ruido) row (colloq), racket, ruckus (AmE colloq); ***armar una ~*** to kick up a fuss *o* row (colloq)

jiennense *adj* of/from Jaén (*Spain*)

jihad /ji'ad/ *m or f* jihad

ji jau *interj* hee haw!

jijez *f* (Méx fam & euf) dirty trick

jijona *m: soft nougat with almonds*

jilguero *m* goldfinch

jili... *etc* ▸**gili¹**, **gili²**

jilote *m* (Méx) green spike (*of corn/maize*)

jinchar [A1] *vi* (Col arg) to booze (colloq)

■ **jincharse** *v pron* (Col arg) to get wrecked *o* smashed (sl), to get pissed (BrE sl)

jincho -cha *adj* (Col) 1 (fam) (lleno) full; **el estadio estaba ~ de gente** the stadium was packed (colloq); **estoy ~** I'm full *o* (colloq) stuffed 2 (arg) (borracho) wrecked (sl), smashed (sl), pissed (BrE sl)

jineta *f* genet

jinete *mf* 1 (Equ) (*m*) horseman, rider; (*f*) horsewoman, rider 2 (Mil) cavalryman

jinetear [A1] *vt*

A (Equ) 1 (Chi) (montar) to ride 2 (Méx) (domar) to break

B (Méx fam) ‹*dinero*› to speculate with

■ **jinetear** *vi* (Chi) to ride; **se vino jineteando** he came on horseback, he rode

jinetera *f* (AmC fam) hooker (colloq), prostitute

jingle /(d)ʒingel/ *m* (Col, CS) jingle

jingoismo *m* jingoism

jingoísta¹ *adj* jingoistic

jingoísta² *mf* jingoist

jiote *m* (Méx) impetigo

jipato -ta *adj* (Méx fam) pale

jipi *mf* hippy

jipiento -ta *adj/m,f* (Chi fam & pey) ▸**jipioso¹**, **jipioso²**

jipijapa¹ *f* jipijapa

jipijapa² *m* panama, panama hat

jipío *m* flamenco lament

jipioso¹ -sa *adj* (fam & pey) hippy (*before n*); **es medio ~** he's sort of a hippy

jipioso² -sa *m,f* (fam & pey) hippy

jipismo *m* hippy lifestyle

jirafa *f*

A (Zool) giraffe

B (Cin, Rad, TV) boom

jirimiquear [A1] *vi* (Méx) ▸**jeremiquear**

jirón *m*

A (de tela) shred; **con la ropa hecha jirones** with his clothes in tatters *o* shreds

B (Per) (avenida) avenue, street

jit *m* (*pl* **~s**) (Méx) (Dep) hit

JIT *m or f* (en empresas) (**= Just in Time**) JIT

jitazo *m* (Méx fam) 1 (exitazo) big hit 2 (Dep) big hit

jitomate *m* (AmC, Méx) tomato

(Compuesto) **jitomate bola** (AmC, Méx) beef tomato

jiu-jitsu /ju'jitsu/ *m* jiu-jitsu

JJCC *fpl* **= Juventudes Comunistas**

JJ.OO. *mpl* **= Juegos Olímpicos**

JJSS *fpl* **= Juventudes Socialistas**

jo, jo, jo *interj* ho, ho, ho!

Job Job

jocketta *f* (CS) jockey

jockey /'(d)ʒoki/ *mf* (*pl* **-ckeys**) jockey

jocoque *m* (Méx) *drink or dessert made from soured milk*

jocosamente *adv* humorously, jokily

jocosidad *f* jokiness, jocularity

jocoso -sa *adj* humorous, jokey, jocular; **me lo preguntó en plan ~** she asked me jokingly *o* playfully

jocundo -da *adj* (liter) joyous (liter), joyful

joda *f*

A 1 (AmL fam) (fastidio) pain (colloq), drag (colloq); **si no es mucha ~** if it's not too much of a pain *o* drag for you 2 (AmL fam) (broma): **en ~** as a joke

B (AmL fam) (juerga) party, rave-up (BrE colloq)

C (Andes fam) (cosa) thingamajig (colloq); **esta ~ no funciona** this thingamajig isn't working (colloq)

joder¹ [E1] *vi*

A (vulg) (copular) to screw (vulg), to fuck (vulg)

B (fam: en algunas regiones vulg) (fastidiar): **lo hace sólo por ~** he only does it to annoy *o* to be annoying; **deja** *or* **déjate de ~** stop being such a pain in the ass (AmE) *o* (BrE) arse! (sl); **lo que me jode es tener que hacer el trabajo de ella** what pisses me off is having to do her work (sl); ***¡no (me) jodas!*** (fam) you're kidding *o* joking! (colloq); ***¡no te jode!*** (Esp fam): **claro que no se lo di yo ¡no te jode!** of course I didn't give it to him, what do you take me for? (colloq); **ahora quiere que se lo devuelva ¡no te jode!** can you believe it! now she wants me to give it back! (colloq)

■ **joder** *vt*

A (vulg) to screw (vulg), to fuck (vulg)

B (fam: en algunas regiones vulg) 1 (molestar) to pester, bug (colloq) 2 (engañar) to rip … off; **te jodieron** you were conned (colloq) *o* (sl), ripped off

C (fam: en algunas regiones vulg) ‹*televisor/reloj*› to fuck up (vulg), to bugger up (BrE sl); ‹*planes*› to screw *o* fuck up (vulg), to cock up (BrE sl); ***~ la*** (fam) to screw up (vulg), to cock things up (BrE sl); **ahora sí que la hemos jodido** now we've really screwed up! (vulg), now we've really cocked things up! (vulg), now we've really blown it! (colloq)

■ **joderse** *v pron* (fam: en algunas regiones vulg) 1 (fastidiarse): **y si no te gusta, te jodes** and if you don't like it, tough shit! (vulg), and if you don't like it, that's tough! *o* that's just too bad! (colloq); **ellos se enriquecen y nosotros nos jodemos** they get rich and we can just go to hell (colloq); **¡hay que ~se!** can you believe it! 2 (dañar) ‹*espalda*› to do … in (colloq), to bugger up (BrE sl); ‹*hígado/estómago*› to mess up (colloq), to bugger up (BrE sl) 3 (estropearse) ‹‹*planes*›› to get screwed up (vulg), to be buggered up (BrE sl); **se ha jodido el motor** the engine's had it (colloq), the engine's buggered *o* knackered (BrE sl); **¡se jodió el invento!** (Esp) well that's really done it!, now we've really screwed up! (vulg), that's really cocked things up! (BrE sl)

joder² *interj* (esp Esp fam: en algunas regiones vulg) (expresando fastidio) for heaven's sake! (colloq), for fuck's sake! (vulg); (expresando asombro) good grief!, jeez (AmE colloq), holy shit! (vulg), bloody hell! (BrE sl); **¡~, qué frío hace!** shit! it's cold! (sl), it's bloody freezing! (BrE sl); ***¡~ con ...!*** (fam: en algunas regiones vulg): **¡~ con este frasco! no lo puedo abrir** shit! I can't open this damned *o* (BrE) bloody bottle! (sl); **¡~ con el tío éste! se cree que lo sabe todo** can you believe this guy! he really thinks he knows it all (colloq)

jodido -da *adj*

A (fam: en algunas regiones vulg) 1 [SER] (difícil) ‹*trabajo*› tricky, tough (colloq); **es ~ criar los hijos solo** bringing kids up on your own is really hard; **es un tipo muy ~ de tratar** he's a very difficult guy to deal with (colloq), he's a son-of-a-bitch to deal with (AmE sl), he's an awkward sod (BrE sl) 2 (*delante del n*) (maldito) fucking (vulg), damn (colloq), goddamn (AmE colloq), bloody (BrE sl), sodding (BrE sl) 3 [SER] (AmL) (exigente) demanding, tough (colloq)

B (fam: en algunas regiones vulg) 1 [ESTAR] (estropeado) ‹*ascensor/radio*› bust (colloq), buggered (BrE sl) 2 [ESTAR] (enfermo) in a bad way (colloq) 3 [ESTAR] (deprimido) down (colloq); **anda muy ~** he's really down (in the dumps) (colloq)

C [SER] (Col fam) (astuto) sharp

jodienda *f* (fam) pain (colloq), drag (colloq), pain in the ass (AmE) *o* (BrE) arse (sl)

jodón -dona *adj*

A (AmL arg) (fastidioso, pesado): **¡no seas jodona!** don't be a pain! (colloq), don't be a pain in the ass (AmE) *o* (BrE) arse! (sl)

B (Méx fam) (listo, hábil): **parece jodona con la guitarra** she seems to be pretty good on the guitar (colloq)

jofaina *f* 1 (palangana) washbowl, washbasin 2 (jarra) ewer, pitcher, jug (BrE)

jogging /(d)ʒoɣin/ *m* 1 (Dep, Ocio) jogging; **hacer ~** to jog, go jogging 2 (RPl) (Indum) jogging suit, track suit, sweat suit (AmE)

jojoba *f* jojoba

jojoto *m* (Ven) corn (AmE), maize (BrE)

jol *m*

A (Dep) huddle

B (AmL) (vestíbulo) hall

jolgorio *m* revelry, merrymaking; **nos fuimos de ~** (fam) we went out on the town *o* out partying (colloq)

jolín, jolines *interj* (Esp fam) 1 (expresando emoción, sorpresa) wow!, jeez! (AmE colloq), gosh! (BrE colloq) 2 (expresando decepción) oh, no!, jeez! (AmE colloq)

jónico -ca *adj* ‹*columna*› Ionic; **el mar J~** the Ionian Sea

jonrón *m* (AmL) home run

jonronear [A1] *vi* (AmL) to score a home run

jopé *interj* (Esp fam) ▸**jolín**

jopo *m* 1 (rabo) tail; (del zorro) brush, tail 2 (CS) (copete) quiff 3 (Col vulg) (culo) ass (AmE vulg), arse (BrE vulg)

jora *f* (Andes) fermented maize

Jordán *m*: **el ~** the River Jordan

Jordania *f* Jordan

jordano -na *adj/m,f* Jordanian

jornada *f*

A 1 (period) (día) day; **la ~ transcurrió con absoluta normalidad** the day passed off without incident; **una nueva ~ de protesta** another day of protest; **la ~ de huelga convocada para hoy** the strike called for today 2 (Rels Labs) *tb* **~ laboral** *or* **de trabajo** working day; **un trabajo de ~ completa/de media ~** a full-time/part-time job; **trabaja ~ completa/media ~** she works full-time/part-time; **una ~ semanal de 40 horas** a 40-hour (working) week

(Compuestos)

- **jornada continuada** *or* **intensiva** *working day with a short break or no break for lunch so as to finish earlier*
- **jornada de puertas abiertas** open house (AmE), open day (BrE)
- **jornada partida** split shift (*working day with long break for lunch*)
- **jornada única** (Chi) ▸**jornada continuada**

B **jornadas** *fpl* (congreso) conference, symposium; (de teatro, arte) workshop, course

C (esp Col) (viaje): **son tres días de ~ para llegar a la sierra** it's a three-day journey to the mountains; **fue una larga ~** it was a long day's journey

jornadista *mf* conference participant

jornal *m* day's wages (*pl*), day's pay; **trabajar a ~** to be paid by the day *o* on a daily basis

jornalero -ra *m,f* day laborer

joroba¹ *f* 1 (de una persona) hump; (de un camello) hump 2 (fam) (molestia) drag (colloq), pain in the neck (colloq)

joroba² *interj* (Esp fam) (expresando sorpresa) heavens! (colloq), gosh! (colloq); (expresando enfado) for heaven's sake!; **¡~! ¡me has roto la bici!** hey! you've broken my bike! (colloq)

jorobado¹ -da *adj*

A (giboso) hunchbacked

B (fam) 1 (fastidiado): **anda todavía algo jorobada** she's still a bit low (colloq); **está** *or* **anda ~ del estómago últimamente** his stomach's been playing (him) up *o* giving him some trouble recently (colloq); **tantos gastos lo tienen ~** he's in a mess with all the money he's had to spend 2 (delicado) ‹*asunto*› tricky

jorobado[2] **-da** *m,f* hunchback, humpback (AmE)

jorobar [A1] *vt* (fam) 1 (fastidiar): **lo que me joroba es el frío que hace aquí** what really gets me is how cold it is here (colloq); **ese ruido me está empezando a ~** that noise is starting to get to me *o* to get on my nerves (colloq); **me joroba que me llamen por teléfono tan tarde** it really bugs me *o* (AmE) ticks me off when people phone so late at night (colloq); **este niño me está jorobando** this kid won't stop pestering me 2 (malograr) to ruin, spoil

- **jorobar** *vi* (fam) 1 (fastidiar) to be a nuisance, be annoying 2 **¡no jorobes!** (expresando — asombro, sorpresa) you don't say! (colloq), no kidding! (colloq) (— incredulidad, rechazo) come off it! (colloq), tell me another one! (AmE colloq), pull the other one! (BrE colloq); (— fastidio) knock it off! (colloq), cut it out! (colloq)
- **jorobarse** *v pron* (fam) 1 (aguantarse): **y si no te gusta, te jorobas** and if you don't like it, you'll just have to lump it *o* that's tough (colloq); **¡hay que ~se!** that/this really is the limit! (colloq), bloody hell! (BrE sl) 2 «*plan*» to be ruined, be scuppered (colloq); «*fiesta*» to be ruined 3 (dañarse) «*hígado*» to mess up (colloq); **me he jorobado la mano** I've done my hand in (colloq), I've hurt my hand; **te vas a ~ el estómago** you're going to do terrible things to *o* mess up your stomach (colloq)

jorobón -bona *adj* (RPl fam) annoying, pesky (AmE colloq); **¡qué ~!** what a pest!

jorongo *m* (Méx) poncho

joropo *m*: *Colombian/Venezuelan folk dance*

José (Bib) Joseph; **San ~** (Saint) Joseph

josefino[1] **-na** *adj* of/from San José (*Costa Rica*)

josefino[2] **-na** *m,f* person from San José

jota *f* 1 (letra) *name of the letter* **j**; ***no saber/entender/ver ni ~*** (fam): **no entiendo/no veo ni ~** I don't understand/I can't see a thing; **no sabe ni ~ de música** he doesn't have a clue about music (colloq), he doesn't know the first thing about music (colloq) 2 (Mús) jota (*Aragonese folk song/dance*) 3 (en naipes) jack, knave

> **jota**
>
> In Spain, a song or dance typical of several Spanish regions. The music is played on string and percussion instruments. The genre is characterized by its liveliness and merriness.

jote *m*
A (Zool) turkey buzzard
B (Chi, Col fam) (clérigo) priest, sky pilot (AmE colloq)
C (Chi) (volantín) kite

joto *m*
A (Méx fam) (homosexual) gay man, gay
B (Col) (atado) bundle
C (Méx) (en naipes) jack

joven[1] *adj* ‹*persona/animal*› young; ‹*industria/país*› young; ‹*vino*› young; **es tres años más ~ que yo** she is three years younger than me; **está muy ~ para su edad** he's very young *o* youthful for his age; **la noche es ~** the night is young; **para mantenerse ~** to keep oneself young

joven[2] *mf* (*m*) young person, young man; (*f*) young person, young woman; **el número de jóvenes sin empleo** the number of young people out of work; **¿qué desea, ~?** what would you like, young man/young lady?; **fue atacado por un grupo de jóvenes** he was attacked by a gang of youths; **yo no entiendo a los jóvenes de hoy día** I don't understand the youth of today

jovencito -ta, jovenzuelo -la *m,f*
A (*m*) young man
B (*f*) young lady, young woman; **moda para jovencitas** teenage fashions (*for girls*)

jovial *adj* jovial, cheerful

jovialidad *f* joviality, cheerfulness

jovialmente *adv* jovially, cheerfully

joya *f*
A (alhaja) piece of jewelry*; **sus ~s** her jewelry *o* jewels; **las ~s de la corona** the crown jewels

(Compuesto) **joya de fantasía** piece *o* item of costume *o* imitation jewelry; **~s de ~** costume jewelry

B (cosa, persona) gem; **este coche es una ~** this car is a real gem; **es una ~ literaria** it is a literary gem; **una ~ de la arquitectura gótica** a jewel of Gothic architecture; **mi marido es una ~** my husband is a real treasure *o* gem

joyería *f* 1 (tienda) jeweler's*, jewelry store (AmE), jeweller's shop (BrE) 2 (comercio, ramo) jewelry* trade *o* business

joyero -ra *m,f* 1 (persona) jeweler* 2 **joyero** *m* (estuche) jewelry* box, jewel case

joystick /'(d)ʒojstik/ *m* joystick

Jr. (= **Júnior**) Jr

juagada *f* (Col fam): **meterse** *or* **pegarse una ~** to get soaked *o* drenched to the skin

juagar [A3] *vt* (Col) ▸**enjuagar**

juan *m* (Méx fam) ordinary soldier, GI (AmE colloq), squaddie (BrE colloq)

Juan: **San ~ Bautista/Evangelista** John the Baptist/Evangelist

juana *f* (Méx fam) *tb*: **juanita** marihuana, grass (colloq)

Juana: **~ de Arco** Joan of Arc; **~ la Loca** Joanna the Mad

Juan Bimba *m* (Ven period): **ellos se enriquecen mientras ~ ~ pasa hambre** they get rich while the poor man in the street *o* (BrE) poor Joe Bloggs goes hungry

juancarlismo *m* suppport for King Juan Carlos I

juancarlista[1] *adj* ‹*monarquía/régimen*› of King Juan Carlos I; **es ~** he is a supporter of King Juan Carlos I

juancarlista[2] *m,f* supporter of King Juan Carlos I

juanete *m*
A (Med) bunion
B (Náut) topgallant

juanillo *m* (Per) premium

jubilación *f* 1 (retiro) retirement; **cuando me den la ~** when I retire 2 (pensión) pension

(Compuestos)
- **jubilación anticipada** early retirement
- **jubilación forzosa** compulsory retirement
- **jubilación parcial** semiretirement
- **jubilación voluntaria** voluntary retirement

jubilado[1] **-da** *adj* retired

jubilado[2] **-da** *m,f* pensioner, retiree (AmE), retired person (*o* worker *etc*)

jubilar[1] *adj* jubilee (*before n*)

jubilar[2] [A1] *vt* 1 ‹*trabajador/empleado*› to retire, pension off 2 (fam) (desechar, tirar) ‹*silla/televisor*› to get rid of, chuck out (colloq); ‹*novio*› to get rid of, to ditch (colloq), to dump (colloq)

- **jubilar** *vi* (Chi, Col) to retire
- **jubilarse** *v pron*

A (del trabajo) to retire; **si no me sale bien esta vez, me jubilo** (fam) if it doesn't work this time I'm giving up
B (Ven arg) (del colegio) to play truant, play hooky (esp AmE colloq), skive off (school) (BrE colloq)

jubilatorio -ria *adj* retirement (*before n*)

jubileo *m* jubilee

júbilo *m* jubilation

jubiloso -sa *adj* (liter) jubilant

jubón *m* doublet

judaico -ca *adj* Jewish, Judaic (frml)

judaísmo *m* Judaism

judaizante[1] *adj* Judaizing

judaizante[2] *mf* (Hist) Judaizer

judaizar *vi* (Hist) to practise Judaism

judas *m* Judas, traitor

Judas Judas; **~ Iscariote** Judas Iscariot

Judea *f* Judea

judeada *f* (Ur fam) ▸**judiada**

judeocristiano -na *adj* Judeo-Christian*

judeoespañol[1] **-la** *adj* Judeo-Spanish*, Sephardic

judeoespañol[2] **-la** *m,f*
A (persona) Spanish Jew, Sephardi
B **judeoespañol** *m* (Ling) Judeo-Spanish*, Ladino

judeomasónico -ca *adj* Judeo-Masonic*

judería *f* 1 (barrio) Jewish quarter, Jewry (arch) 2 (grupo) Jewry

judía *f* (Esp) bean

(Compuestos)
- **judía blanca** navy bean (AmE), haricot bean (BrE)
- **judía pinta** pinto bean
- **judía verde** (Esp) green bean

judiada *f* (fam) dirty trick (colloq); **hacerle una ~ a algn** to play a dirty trick on sb

judicatura *f* 1 (cargo) judgeship; **desempeñó/ejerció la ~** he served as a judge *o* on the bench 2 (mandato) judgeship, term of office (*as a judge*) 3 (cuerpo de jueces) judiciary

judicial[1] *adj* judicial; **recurrir a la vía ~** to have recourse to law (frml)

judicial[2] *m* (Méx) policeman

judicialmente *adv* judicially, by the court

judío[1] **-día** *adj*
A (Relig, Sociol) Jewish
B (fam & pej) (tacaño) miserly, tightfisted (colloq)

judío[2] **-día** *m,f* Jewish person, Jew; **como un ~ errante** like a wandering Jew

judo /'(d)ʒuðo/ *m* judo

judoca *mf* ▸**judoka**

judoka *mf* judoka, judoist

juega[1] *interj* (Col, Méx) sure!

juega[2]**, juegas, etc** ▸**jugar**

juego *m*
A 1 (recreación) play; **le gustaba observar el ~ de los niños** she liked watching the children playing *o* at play 2 (Dep) play; **la lluvia interrumpió el ~** rain stopped play *o* the game; **en el tercer minuto de ~** in the third minute of play *o* of the game; ▸**fuera de juego**; ***entrar en ~*** «*jugador*» to come on; «*factores/elementos*» to come into play 3 (por dinero): **el ~** gambling; **hagan ~, señores** place your bets, ladies and gentlemen; ***estar en ~*** to be at stake; **mi reputación está en ~** my reputation is at stake *o* on the line; **hay mucho dinero en ~** there's a lot of money at stake; ***poner algo en ~***: **puso en ~ toda su influencia para conseguir el contrato** he brought all his influence to bear in order to get the contract; **puso en ~ toda su fortuna para adquirir esa empresa** she staked her entire fortune on acquiring that company; ***desgraciado*** *or* ***desafortunado en el ~, afortunado en amores*** *or* ***de malas en el ~, de buenas en el amor*** unlucky at cards, lucky in love 4 (modalidad): **tienen un ~ ágil y veloz** they play a fast, free-flowing game, their style of play is fast and free-flowing; **~ *limpio/sucio*** fair/foul play; **practican un ~ sucio, violento** they play a dirty, rough game; **si no va a haber ~ limpio, prefiero no entrar en el negocio** if people aren't going to play fair, I'd rather not get involved; **criticaron el ~ sucio de la empresa rival** they criticized the rival company for its underhand tactics *o* (colloq) for not playing the game 5 (fam) (maniobras, estratagemas) game (colloq); **ya le conozco el jueguito** I know his little game (colloq), I know what he's up to (colloq); **entre pillos/sinvergüenzas anda el ~** they're all as bad as each other, everyone involved in this thing is a rogue; ***hacerle el ~ a algn*** to go *o* play along with sb; **les hace el ~ a sus enemigos sin darse cuenta** he's playing into his enemies' hands without realizing it; ***jugar*** *or* ***hacer un doble ~*** to play a double game, to run with the hare and hunt with the hound; ***seguirle el ~ a algn*** to go *o* play along with sb 6 (en naipes) hand, cards (*pl*); **tengo buen ~** I have a good hand *o* good cards

B 1 (de mesa, de niños etc) game; **un nuevo ~ de cartas** a new card game; **mira que esto no es un ~** look, this isn't a game; ***ser un ~ de niños*** to be child's play 2 (conjunto — de cartas) pack, deck; (— de fichas) set; **a este ~ le faltan fichas** this set has some pieces missing

3▸ (AmL) (en la feria) fairground attraction, ride 4▸ **juegos** *mpl* (columpios, etc) swings, slide, etc (*in a children's playground*); **¿me llevas a los ~s?** will you take me to the swings? 5▸ (en tenis) game; **~, set y partido** game, set and match

Compuestos
- **juego de azar** game of chance
- **juego de computadora** (AmL) *or* (Esp) **ordenador** computer game
- **juego de ingenio** guessing game
- **juego de la oca** ≈ snakes and ladders
- **juego del teléfono** Chinese whispers
- **juego de manos** (de prestidigitación) conjuring trick; (físico): **no me gustan los ~s de ~** I don't like these games where they hit each other; **~ de manos, ~ de villanos** it'll only end in tears
- **juego de mesa** board game
- **juego de palabras** pun, play on words
- **juego de rol** role play
- **juego de salón** board game
- **juego de video** (AmL) *or* (Esp) **de vídeo** video game
- **juego poceado** *lottery with a roll-over jackpot*
- **juegos florales** *mpl* poetry festival (*at which flowers are awarded as prizes*)
- **juegos malabares** *mpl* juggling
- **Juegos Olímpicos** *mpl* Olympic Games (*pl*), Olympics (*pl*)
- **Juegos Olímpicos de Invierno** *mpl* winter Olympics (*pl*)
- **Juegos Paralímpicos** *mpl* Paralympic Games

C 1▸ (de un mecanismo) play; **tiene demasiado ~** there's too much play in it 2▸ (interacción): **el libre ~ de la oferta y la demanda** the free interaction of supply and demand; **interesantes ~s de luces** interesting lighting effects; ***dar ~ a algn:*** **el director me da mucho ~** the director gives me a lot of freedom to take decisions *o* a lot of freedom of action; **no da ~ para que la gente se conozca** it doesn't allow people to get to know each other

D (conjunto) set; **un ~ de cuchillos de cocina** a set of kitchen knives; **nos regalaron un ~ de platos** they gave us a dinner service; **un ~ de collar y pendientes** a necklace and matching earrings; **me falta una copa para completar el ~** I need one more glass to complete the set; ***a ~*** (Esp): **un cinturón a ~ con los zapatos** a belt to match the shoes; ***hacer ~:*** **la chaqueta y la camisa no hacen ~** the jacket and the shirt don't go together *o* don't match; **esa chaqueta me haría ~ con la falda azul** that jacket would go (well) with my blue skirt

Compuestos
- **juego de baño** set of towels
- **juego de café** coffee set
- **juego de cama** set of matching sheets and pillowcases
- **juego de comedor** dining room suite
- **juego de cubiertos** set of cutlery, canteen of cutlery (BrE)
- **juego de dormitorio** bedroom suite
- **juego de escritorio** desk set
- **juego de llaves** set of keys
- **juego de té** tea set

juepucha *interj* (AmC euf & fam) ▸**pucha**

juerga *f* (fam) partying; **anoche nos fuimos de ~** last night we went out on the town *o* we went out partying (colloq); **organizar** *or* **montar una ~** to have *o* throw a party; **no puedo estar todas las noches de ~** I can't live it up every night, I can't go out on the town every night (colloq); ***correrse una ~*** (fam) to have a ball *o* a great time (colloq)

juerguista *mf* (fam) reveller, raver (BrE colloq); **¡que ~ eres!** you're always out partying *o* living it up!

juev. (= **jueves**) Thurs., Thur

jueves *m* (*pl* ~) ▸ⓘ **p.371** Thursday; *para ejemplos ver* **lunes**; ***estar en el medio como el*** *or* **un ~** (fam) to be right in the way; ***nada del otro ~*** (fam) ⟨*persona/casa*⟩ nothing to write home about (colloq), nothing special; ⟨*examen*⟩ not especially difficult

Compuesto **Jueves Santo** Maundy Thursday

juez *mf*, **juez -za** *m,f* 1▸ (Der) judge 2▸ (Dep) referee

Compuestos
- **juez de banda** (en fútbol) (*m*) linesman; (*f*) lineswoman; (en tenis) (*m*) linesman, line judge (BrE); (*f*) lineswoman, line judge (BrE); (en fútbol americano, rugby) line judge, touch judge
- **juez de campo** field judge
- **juez de instrucción** examining magistrate
- **juez de línea** ▸**juez de banda**
- **juez de paz** justice of the peace
- **juez de primera instancia** examining magistrate
- **juez de salida** starter
- **juez de silla** umpire
- **juez instructor** examining magistrate

jugable *adj* playable

jugada *f* 1▸ (con pelota — individual) move, play (AmE); (— entre varios) play; **veamos la repetición de la ~** let's see a replay of that move, let's watch that play again; **la repetición de las mejores ~s del partido** highlights of the match 2▸ (en ajedrez, damas, etc) move 3▸ (en naipes): **¡qué ~ más tonta!** that was a silly thing to do!; ***hacerle una (mala) ~ a algn*** to play a (dirty) trick on sb

jugado -da *adj* (Col, Méx) experienced

jugador -dora *m,f* 1▸ (Dep) player 2▸ (en naipes, juegos de mesa) player 3▸ (que juega habitualmente por dinero) gambler; **un ~ empedernido** an inveterate gambler, a habitual gambler

Compuestos
- **jugador de cuadro** infielder
- **jugador de videoconsolas, jugadora de videoconsolas** *m,f* gamer

jugar [A15] *vi*

A 1▸ (divertirse) to play; **¿puedo salir a ~?** can I go out to play?; **¡deja de ~ con el televisor!** stop playing around *o* messing around with the television!; **~ A algo** to play sth; **~ al fútbol/a la pelota** to play football/ball; **¿a qué jugamos?** what shall we play?; **juegan a las cartas por dinero** they play cards for money; **~ a las muñecas** to play with dolls; **juguemos a que yo era la maestra** let's pretend I'm the teacher; **~ A + INF: le gusta ~ a ser el jefe** he likes playing (at being) boss; **está jugando a ser la hija modelo** she's playing (the part of) the model daughter 2▸ (Dep) to play; **juegan mañana contra el Atlético** they're playing (against) Atlético tomorrow; **~ *limpio*** (en deportes) to play fair; (en negocios) to play the game, play fair; **~ *sucio*** (en deportes) to play dirty (colloq) (en negocios) to be underhand, play dirty 3▸ (hacer una jugada — en ajedrez, damas) to move; (— en naipes) to play; (en otros juegos) to play, go (colloq); **¿quieres ~ de una vez?** will you hurry up and move/play?; **me tocaba ~ a mí** it was my turn/move, it was my go (colloq) 4▸ (apostar fuerte) to gamble 5▸ (Inf) to game 6▸ (fam) (bromear): **¿tú le tiraste del pelo? — pero fue jugando** *or* **fue por ~** did you pull her hair? — I was only playing; **no sé por qué se ofendió, se lo dije jugando** I don't know why he took offense, I was only joking *o* I only said it as a joke *o* in jest; ***ni por ~:*** **no sube a un avión ni por ~** she wouldn't get on a plane (even) if you paid her 7▸ (Fin): **jugaban al alza/a la baja** they were betting on a bull/bear market

B **jugar con** 1▸ (tratar sin respeto, sin seriedad) to play with; **¿te das cuenta de que estás jugando con tu futuro?** do you realize you're playing with your future *o* you're putting your future at risk?; **está jugando con tus sentimientos** he's playing *o* toying with your feelings 2▸ (manejar) to play with; **el artista juega con interesantes efectos de luz y sombra** the artist plays with interesting effects of light and shade

C «*factores/elementos*» (actuar): **~ a favor de algn** to work in sb's favor; **~ en contra de algn** to work *o* count AGAINST sb

■ **jugar** *vt*

A 1▸ ⟨*partido/carta*⟩ to play *ver tb* **carta**; ***jugársela a algn*** to play a dirty trick on sb, to do the dirty on sb (BrE) 2▸ (AmL exc RPl) ⟨*tenis/fútbol/golf*⟩ to play; ⟨*ajedrez/póquer*⟩ to play

B 1▸ (apostar) **~ algo A algo** to bet sth ON sth; **lo jugó todo al 17** he bet *o* put everything he had on number 17; **te juego una cerveza a que me cree** I bet you a beer he believes me 2▸ (sortear): **se juega mañana** the draw takes place tomorrow

C ⟨*rol/papel*⟩ to play

■ **jugarse** *v pron* 1▸ (gastarse en el juego) ⟨*sueldo*⟩ to gamble, gamble away 2▸ (arriesgar) ⟨*reputación/vida*⟩ to risk, put … at risk; **se lo jugó todo en el negocio** she staked *o* risked everything on the business; **se jugaba su credibilidad ante el electorado** he was putting his credibility with the voters on the line *o* at risk; **~se la vida** *or* (fam) **el pellejo** to risk one's life *o* (colloq) one's neck 3▸ (apostarse) (*recípr*): **nos habíamos jugado una comida y gané yo** we'd bet a meal on it and I won

jugarreta *f* (fam) dirty trick (colloq); **hacerle una ~ a algn** to play a dirty trick on sb

juglar -glaresa *m,f* minstrel, jongleur

juglaresco -ca *adj* minstrel (*before n*)

juglaría *f* minstrelsy (liter)

jugo *m*

A (líquido) juice; **~ de tomate/naranja** tomato/orange juice; **el ~ de la carne** the meat juices

Compuestos
- **jugo gástrico** gastric juice
- **jugo pancreático** pancreatic juice

B (fam) (sustancia) substance; **este artículo tiene mucho ~** this is a very meaty article, this article has a lot of substance; ***sacarle el ~ a algo*** (fam) to make the most of sth; **sacamos el ~ al tiempo que estuvimos allí** we made the most of *o* we got a lot out of our time there; **les saca el ~ a sus obreros** he gets his money's worth from his workforce, he gets everything he can out of his workforce

jugosidad *f* juiciness

jugoso -sa *adj* 1▸ ⟨*fruta/carne*⟩ juicy 2▸ ⟨*historia/anécdota*⟩ colorful*; **unos comentarios ~s acerca de su último romance** some juicy gossip about his latest romance 3▸ ⟨*artículo/guión*⟩ meaty 4▸ ⟨*negocio*⟩ lucrative, profitable

juguera *f* 1▸ (CS) (para hacer jugos) juicer 2▸ (Chi) (licuadora) liquidizer, blender

juguete *m* toy; **un tren/una pistola de ~** a toy train/gun; ***ser un ~ en manos de algn/algo:*** **no es más que un ~ en manos de sus consejeros** he is merely a puppet in the hands of his advisers; **era un ~ en manos del destino** (liter) she was the plaything of fate (liter)

Compuestos
- **juguete bélico** war toy
- **juguete educativo** educational toy

juguetear [A1] *vi* to play; **los gatitos jugueteaban en el jardín** the kittens were playing in the garden; **jugueteaba nerviosamente con su collar** she was fiddling *o* playing nervously with her necklace

jugueteo *m* playing

juguetería *f* 1▸ (tienda) toy store, toyshop (BrE) 2▸ (ramo) toy trade *o* business

juguetero[1] **-ra** *adj* toy (*before n*)

juguetero[2] **-ra** *m,f* toy store *o* (BrE) toyshop owner

juguetón -tona *adj* playful

juicio *m*

A (facultad) judgment; **tiene una gran claridad de ~** he has very good judgment, he's very clear-sighted; **no está en su sano ~** he's not in his right mind; ***perder el ~*** to go out of one's mind; **me vas a hacer perder el ~** you're going to drive me crazy *o* mad

B (prudencia, sensatez) sense; **tiene muy poco ~** he's not very sensible, he's rather lacking in (common) sense; **¡mucho ~!** don't do anything silly!, be sensible!

C (opinión) opinion; **tiene derecho a expresar su ~ sobre el tema** she has a right to express her opinion on the matter; **a mi ~, se han exagerado los hechos** in my opinion *o* to my mind, the facts have been exaggerated; **lo dejo a tu**

j

~ I'll leave it up to you, I'll leave it to your discretion; **todavía no tengo un ~ formado sobre el asunto** I haven't formed an opinion on the subject yet

(Compuesto) **juicio de valor** value judgment

D (Der) trial; **lo llevaron a ~ por plagio** he was taken to court *o* sued for plagiarism; **ir a ~** to go to court

(Compuestos)
- **juicio civil** civil proceedings (*pl*), civil action
- **juicio criminal** criminal proceedings (*pl*), criminal trial
- **juicio en rebeldía** judgment by default
- **Juicio Final**: **el ~ ~** the Final Judgment
- **juicio oral** trial (*where witnesses testify in person*)
- **juicio por crímenes de guerra** war trial
- **juicio sumarísimo** brief *o* summary trial

E (Chi fam) (caso): **hacerle ~ a algn** to listen to sb, to pay heed to sb

juicioso -sa *adj* sensible

juil *m* carp

JUJEM /xu'xem/ *f* (en Esp) (**= Junta de Jefes de Estado Mayor**) Joint Chiefs of Staff (*pl*)

juke-box /'(d)ʒukboks/ *m* jukebox

jul. (**= julio**) Jul.

julandrón -drona *m,f*
A (Esp fam) (desgraciado) wretch
B **julandrón** *m* (Esp fam & pey) (homosexual) fag (AmE sl & pej), poofter (BrE sl & pej)

julay, julai *m* **1** (Esp arg & pey) (homosexual) fag (AmE sl & pej), poofter (BrE sl & pej) **2** (Esp arg) (incauto) fall guy (colloq), mug (BrE colloq)

julepe *m*
A (Jueg) *card game similar to whist*
B (Med) julep; ***estar con un ~*** (Ven fam) to be up to something (colloq), to be up to some funny business (colloq); ***ponerle ~ a algo*** (Col fam) to complicate sth
C (AmS fam) (susto) fright; **se pegó** *or* **se llevó un ~** he got a terrible fright; **le da ~ la oscuridad** she's scared *o* afraid *o* frightened of the dark

julepear [A1] *vt* (RPl fam) to scare, give … a fright
■ **julepearse** *v pron* (RPl fam) to get a fright, get scared

julia *f* (Méx fam) paddy wagon (AmE colloq), police van (BrE), meat wagon (sl)

juliana *f* julienne; **cortar en ~** to cut … into julienne strips

juliano -na *adj* Julian

julio *m*
A ▸❶ **p.371**; (mes) July; *para ejemplos ver* **enero**
B (Fís) joule

Julio César Julius Caesar

juma, jumá *f* (fam): **anda con una ~ terrible** he's completely plastered (colloq); **se pegó una ~ increíble** she got blind drunk *o* totally plastered (colloq)

jumado -da *adj* (fam) plastered (colloq), blind drunk (colloq)

jumar [A1] *vi* (fam) to stink (colloq)
■ **jumarse** *v pron* (fam) to get plastered (colloq), to get blind drunk (colloq)

jumbo /'(d)ʒumbo/ *m* jumbo jet

jumento *m* (liter) donkey, ass

jumil *m: edible bug*

jumo -ma *adj* (fam) plastered (colloq), blind drunk (colloq)

jumper /'(d)ʒumpe(r)/ *m or f* (*pl* **-pers**) (CS, Méx) jumper (AmE), pinafore dress (BrE)

jun. (**= junio**) Jun.

juncal, juncar *m* reed bed

juncia *f* sedge

junco *m*
A (planta) rush, reed

(Compuestos)
- **junco de Indias** rattan
- **junco marinero** bulrush

B (Náut) *tb* **~ chino** junk

jungiano -na /juŋ'gjano/ *adj* Jungian

jungla *f* jungle

(Compuesto) **jungla de asfalto** concrete jungle

junio *m* ▸❶ **p.371** June; *para ejemplos ver* **enero**

júnior[1] /'(d)ʒunjo(r)/ *adj inv* ‹*equipo/categoría*› (Dep) junior (*before n*), youth (*before n*) (BrE); **director de cuentas ~** junior account manager

júnior[2] /'(d)ʒunjo(r)/ *mf* (*pl* **~s**)
A **1** (Dep): **los ~s** the junior *o* (BrE) youth team **2** (el más joven) Junior; **Francisco Silva, J~** Francisco Silva Junior, Francisco Silva Jr
B **júnior** *m* **1** (Chi) (en una oficina) office junior **2** (Méx) (hijo de papá) rich kid (colloq)

Juno Juno

junquera *f* bulrush

junquillo *m* jonquil

junta *f*
A **1** (comité, comisión) board, committee **2** (de una empresa) board **3** (reunión) meeting **4** (de militares) junta; **~ militar** military junta **5** (gobierno regional) *autonomous government in some regions of Spain*

(Compuestos)
- **junta de accionistas** stockholders' *o* shareholders' meeting; **celebraron/convocaron una ~ de accionistas** they held/called a shareholders' meeting
- **junta de distrito** district council
- **junta de energía nuclear** nuclear energy commission
- **junta de gobierno** (Pol) government junta; (Com) executive board; (Méx) (Educ) senate (*of a university*)
- **junta departamental** (en Ur) provincial government
- **junta de socios** members' meeting
- **junta directiva** board of directors

B (Mec) (acoplamiento) joint; (para cerrar herméticamente) gasket

(Compuestos)
- **junta cardán** universal joint
- **junta de compensación** compensation joint
- **junta de culata** head gasket
- **junta de dilatación** *or* **de expansión** expansion joint
- **junta universal** universal joint

C (CS pey) (amistad) association; **las malas ~s** bad company

> **Junta Autonómica**
> The name given to the governments of Spain's autonomous regions, with the exception of Catalonia and Valencia's *Generalitat* and Galicia's *Xunta* .

juntamente *adv* together, jointly

juntar [A1] *vt* **1** (unir) ‹*pies/manos/camas*› to put … together; **si juntamos dos mesas, cabremos todos** if we put two tables together we'll all be able to fit round; **como faltó un profesor, ~on dos clases** one teacher was away so they combined two classes *o* put two classes together; **junta los verdes con los azules** put the green ones and the blue ones together **2** (reunir): **junta las fichas y ponlas en la caja** collect up the counters and put them in the box; **tendrás que ~ fuerzas para decírselo** you'll have to pluck up courage to tell him; **están juntando (dinero) para el viaje** they are saving (up) for the trip; **me va a llevar tiempo ~ el dinero** it's going to take me some time to get the money together *o* to raise the money; **junta monedas/sellos** (esp AmL) she collects coins/stamps **3** (cerrar): **junta la puerta** push the door to

■ **juntarse** *v pron*
A «*personas*» **1** (acercarse) to move *o* get closer together; **júntense más, así salen todos en la foto** get (in) *o* move (in) closer together so I can get you all in the picture **2** (reunirse) to get together; **tenemos que ~nos un día para tomar una copa** we must get together for a drink one of these days; **se juntó con nosotros en Caracas** he met up with us *o* joined us in Caracas; **nos juntamos para comprarle un regalo** we got *o* (BrE) clubbed together to buy her a present; **¡vaya dos que se han juntado!** what a pair! **3** (relacionarse) **~se CON algn**: **yo no me junto con gente de su calaña** I don't mix with her sort; **se empezó a ~ con malas compañías** she fell into bad company; **no me junto más contigo** (leng infantil) I'm not playing with you any more **4** (como pareja): **no se podían casar, así que se ~on** they couldn't get married so they started living together; **se volvieron a ~** they got back together again
B **1** «*desgracias/sucesos*» to come together; **¡este mes se nos ha juntado todo!** this month it's just been one thing after another; **se juntó el accidente del niño con lo de la mudanza** their son's accident came right on top of the move *o* came just as they were moving house **2** «*carreteras/conductos*» to meet, join

juntillas ▸**pie**[1]

junto -ta *adj*
A **1** (unido, reunido) together; **nunca había visto tanto dinero ~/tanta gente junta** I'd never seen so much money/so many people in one place; **come más que todos nosotros ~s** he eats more than the rest of us put together; **¿se los envuelvo todos ~s?** shall I wrap them all up together? **2** (*pl*) (cercanos, contiguos) together; **pusimos las camas juntas** we put the beds together; **los cuadros están demasiado ~s** the pictures are too close together; **hay que hacer este ejercicio con los pies ~s** this exercise should be done with your feet together; **bailaban muy juntitos** they were dancing very close **3** (*pl*) (Col crit) (ambos) both
B (*como adv*) **1** ‹*estudiar/trabajar/jugar*› together; **hicimos el trabajo juntas** we did the work together; **siempre van ~s a todas partes** they always go everywhere together; **éstos van ~s** these go together; **viven ~s** they live together; ***~s pero no revueltos*** (fam & hum): **viven ~s pero no revueltos** they share the same house but they lead separate lives *o* they live independently **2** (simultáneamente) at the same time; **llegaron ~s** they arrived at the same time, they arrived together; **repitan todos ~s** repeat together after me; **¡les han pasado tantas cosas juntas …!** they've just had one thing after another *o* one thing on top of another!
C (*en locs*): **junto a** by, next to; **pon la mesa ~ a la ventana** put the table next to *o* by the window; **junto con** with; **no laves las sábanas ~ con los jeans** don't wash the sheets with the jeans; **~ con el Presidente viajan varios ministros** several ministers are traveling with the President; **Fuentes, ~ con otros dos delegados, se abstuvo** Fuentes, together with *o* along with two other delegates, abstained

juntura *f* join, joint

Júpiter Jupiter

jura *f* swearing in; **ayer tuvo lugar la ~ del cargo de los nuevos ministros** the new ministers were sworn in yesterday; **la ~ de bandera** *or* (AmL) **la ~ a la bandera** *or* (RPl) **la ~ de la bandera** the ceremony at which recruits (*o* schoolchildren *etc*) swear allegiance to the flag

juraco *m* (AmC, Ven fam) hole

jurado[1] **-da** *adj* sworn; **declaración jurada** sworn statement, affidavit; ▸**guarda**[1], **guardia**[2], **traductor**

jurado[2] *m*
A **1** (Der) jury; **~ de primera instancia** trial jury (AmE) **2** (de un concurso) panel of judges, jury
B **jurado** *mf* (persona) **1** (Der) juror, member of a jury **2** (de un concurso) judge, member of the jury

juramentar [A1] *vt* (frml) **1** (Der) to swear in, administer the oath to, put … on oath **2** (para un cargo) to swear in

juramento *m*
A oath; **prestar ~** to take an oath; **tomarle ~ a algn** (Der) to swear sb in, to administer the

oath to sb, to put sb on oath; (para un cargo) to swear sb in; **bajo ~** under *o* on oath

(Compuesto) **juramento hipocrático** Hippocratic oath

B (blasfemia) oath

jurar [A1] *vt* **1** (al prometer algo) to swear; **le hizo ~ que no se lo diría a nadie** she made him swear not to tell anyone; **le juró amor eterno** she swore undying love to him; **juró su cargo el 22 de julio** he was sworn in on July 22, he took the oath of office on July 22; **~on la Constitución/(la) bandera** *or* (AmL) **a la bandera** they swore allegiance to the Constitution/to the flag; **le juro por Dios que no sabía nada** I swear to God I didn't know anything; **te juro por mi madre que es verdad** honestly, I *swear* it's true; **~ + INF** to swear to + INF; **juró vengarse de ella** he swore to get his revenge on her; ***tenérsela jurada a algn*** (fam) to have it in for sb (colloq) **2** (fam) (asegurar) to swear; **habría jurado que era tu tío** I could have sworn it was your uncle; **~ía que las había dejado aquí** I could have sworn I'd left them here; **no lo entiendo, te lo juro** I honestly don't understand

■ **jurar** *vi* **1** (maldecir) to curse, swear **2** (prometer): **~ en falso** *or* **vano** to commit perjury, to bear false witness (liter)

jurásico[1] **-ca** *adj* Jurassic

jurásico[2] *m* Jurassic period, Jurassic

jurel *m* horse mackerel

jurgo *m*, **jurgonera** *f* (Col fam): **le gusta un ~ el fútbol** he's crazy about soccer (colloq); **tengo un ~ de cosas que hacer** I've got loads *o* stacks of things to do (colloq)

jurídicamente *adv* legally, by law

jurídico -ca *adj* legal (*before n*); **sistema ~** legal system; **una laguna jurídica** a legal loophole, a loophole in the law

juriperito -ta *m,f* legal adviser

jurisconsulto -ta *m,f* legal adviser

jurisdicción *f* (autoridad, poder) jurisdiction; (territorio) jurisdiction; **el asunto cae dentro/fuera de mi ~** the matter is within/beyond my jurisdiction

jurisdiccional *adj* ‹*ámbito*› jurisdictional; **territorio ~** jurisdiction; ▸**agua**

jurispericia *f* jurisprudence

jurisprudencia *f* **1** (ciencia) jurisprudence **2** (legislación) jurisprudence, body of law; (criterio) case law; **libro de ~** digest

jurista *mf* jurist

juro (Ven fam): **no me gusta hacer las cosas a ~** I hate being made *o* forced to do things

jurungar [A3] *vt* (Ven fam) to go *o* rummage through (colloq)

■ **jurungarse** *v pron* (Ven fam): **~se la nariz** *or* **los mocos** to pick one's nose

justa *f* **1** (Hist) joust **2** (Dep) (period) tournament, competition; **las ~s de remo** the rowing tournaments *o* competitions

(Compuesto) **justa poética** poetry competition

justamente *adv*

A (exactamente) exactly, precisely; **eso es ~ lo que trataba de decir** that's exactly *o* precisely what I was trying to say; **~ por eso me fui** that's exactly *o* precisely why I left; **~ hoy que tengo invitados** today of all days, just when I have visitors; **y al final no consiguieron nada — justamente** (*indep*) and in the end they achieved nothing — precisely *o* exactly *o* that's right!

B (con justicia) fairly; **ganó ~** she won fairly, she won fair and square (colloq)

justicia *f* **1** (equidad) justice; **~ social** social justice; **los manifestantes pedían ~** the protestors called for justice; **es de ~ que se lo hayan dado** it is only right *o* just *o* fair that he should have been given it; **la distinción de que ha sido objeto es de ~** the award he has received is richly deserved; **en ~** in all fairness, to be fair; **la ~ de su decisión** the fairness of her decision; **nunca se le ha hecho ~ como escritor** he has never received due recognition as a writer; **esta foto no le hace ~** this picture doesn't do him justice **2** (sistema, leyes): **la ~** the law; **quienes administran la ~** those who administer justice *o* the law; **huyeron de la ~** they fled from justice *o* the law; **recurrieron a la ~** (frml) they had recourse to law (frml); **tomarse la ~ por su mano** to take the law into one's own hands

(Compuestos)

- **justicia militar** military justice system, military law
- **justicia poética** poetic justice

justiciable[1] *adj* justiciable; **controversia ~** justiciable controversy

justiciable[2] *mf* defendant

justicialismo *m* (en Arg) *political movement founded by Juan Domingo Perón*

justicialista *adj: related or belonging to* ▸**justicialismo**

justicieramente *adv* justly, fairly

justiciero -ra *adj* ‹*persona*› avenging; **con espíritu ~ salieron en su busca** seeking justice they set off to find him; **todos cayeron bajo su espada justiciera** (liter) they all fell to his avenging sword

justificable *adj* justifiable

justificación *f*

A **1** (disculpa) justification; **lo que has hecho no tiene ~** there is no justification for what you have done, what you have done cannot be justified **2** (razón) justification **3** (Der) (prueba) proof

B (Impr) justification

justificante *m* receipt; **~ de pago** receipt, proof of payment; **~ de asistencia** certificate of attendance; **~ de ausencia** note explaining reasons for one's absence

justificar [A2] *vt*

A **1** «*persona*» ‹*ausencia/acción*› to justify; **justificó su ausencia diciendo que ...** he justified *o* excused his absence by saying that ... **2** (disculpar) ‹*persona*› to find *o* make excuses for **3** «*situación/circunstancia*» to justify; **no justifica su actitud** it does not justify her attitude, it is no excuse for her attitude; **sus sospechas no estaban justificadas** his suspicions were not justified; **trabajar por tan poco dinero no se justifica** working for such low wages just isn't worth it

B (Impr) to justify

■ **justificarse** *v pron* to justify oneself, excuse oneself; **no intentes ~te** don't try to justify yourself *o* make excuses for yourself; **yo no tengo por qué ~me por algo que no he hecho** I have no reason to apologize for something I did not do

justificativo *m* (CS) note explaining reasons for one's absence

Justiniano Justinian

just-in-time /'jast in 'taim/ *m or f* (en empresas) Just in Time, JIT

justipreciar [A1] *vt* to value

justiprecio *m* valuation

justo[1] **-ta** *adj*

A ‹*decisión/castigo/sentencia*› fair, just; ‹*persona/sociedad*› just, fair; ‹*causa*› just

B **1** (exacto): **quedan 200 gramos ~s** there are exactly 200 grams left; **me dio el dinero ~** he gave me the right money *o* the right amount *o* the exact money; **son 30 euros justos** that's 30 euros exactly; **estamos los ~s para una partida de cartas** there's just the right number of us here for a game of cards; **buscaba la palabra justa** he was searching for exactly *o* just the right word **2** (apenas suficiente): **tenemos el tiempo ~** we have just enough time; **tenemos el dinero ~** *or* **tenemos lo ~ para vivir** we have just enough to live on; **andan muy ~s de dinero** they're very short of money, money's very tight; **la comida estuvo un poco justa** there was only just enough food **3** (ajustado): **estos zapatos me quedan demasiado ~s** these shoes are too tight (for me)

justo[2] *adv* **1** (exactamente) just; **es ~ lo que quería** it's just *o* exactly what I wanted; **vive ~ al lado** he lives just *o* right next door; **¡qué fastidio! y ~ hoy que pensaba salir** what a nuisance, and today of all days, when I was planning to go out; **saltó ~ a tiempo** he jumped just in time *o* (colloq) in the nick of time; **llegamos a lo ~** we got there just in time; **llegó justito en ese momento** (fam) he arrived just *o* right at that very moment **2** (ajustado): **con el sueldo que gana vive muy ~** he only just manages to scrape by on what he earns; **me cupo todo, pero muy ~** I managed to get everything in, but only just

jutía *f* hutia (*edible caribbean rodent*)

Jutlandia *f* Jutland

juvenil[1] *adj* ‹*moda*› young; ‹*aspecto*› youthful; ‹*categoría/competición*› junior (*before n*), youth (*before n*) (BrE)

juvenil[2] *mf* junior; **los ~es** the juniors, the junior *o* (BrE) youth team

juventud *f* **1** (edad) youth; **~, divino tesoro** (fr hecha) what it is to be young **2** (gente joven) youth; **¡esta ~ de hoy!** young people today!, the youth of today!

(Compuestos)

- **Juventudes Comunistas** *fpl* Young Communists (*pl*)
- **Juventudes Socialistas** *fpl* Young Socialists (*pl*)

juzgado *m* court

(Compuestos)

- **juzgado de guardia** police court; **¡es de ~ de ~!** (Esp fam) it's criminal *o* wicked *o* outrageous! (colloq)
- **juzgado de instrucción** *or* **de primera instancia** court of first instance
- **juzgado municipal** town/city court

juzgar [A3] *vt* **1** (Der) ‹*acusado*› to try; ‹*caso*› to try, judge **2** ‹*conducta/persona*› to judge; **creo que juzga usted mal a la muchacha** I think you're misjudging the girl; **juzga por ti mismo** judge for yourself **3** (considerar) to consider; **no juzgué que fuera importante** I did not consider it to be important; **juzgó necesaria la intervención de la policía** he judged *o* considered *o* (frml) deemed it necessary to call in the police; **a ~ por las apariencias/los hechos** judging by appearances/the facts

juzgón -gona *adj* (AmC fam) nitpicking; **ser ~** to be nitpicking, be a nitpicker

j

k, K *f* (*read as* /ka/)
A (the letter) k, K
B (= **kilobyte**) K (quilate) k
ka[1] *f*: *name of the letter* **k**
ka[2] *m* (Hist, Relig) ka
kabuki *m* kabuki
kafkiano -na, **kafquiano -na** *adj* Kafkaesque
kaftán *m* kaftan, caftan
kaiku *m* **1** (Culin) *wooden bowl used for boiling milk and making yogurt in the Basque country* **2** (Indum) *woolen jacket typical of the Basque country*
kaki *adj inv/m* khaki
Kalashnikov /kalaʃni'kof/ *m* (*pl* ~) Kalashnikov
kaleidoscopio *m* kaleidoscope
kalmia *f* mountain laurel
kamikaze[1] /kami'kase, kami'kaθe/ *adj* kamikaze (*before n*)
kamikaze[2] *m*
A **kamikaze** *mf* (terrorista suicida) suicide bomber
B (en parque acuático) bomber chute
C (vehículo) car bomb
D (piloto) kamikaze pilot; (avión) kamikaze plane
Kampuchea *f* Kampuchea ▸**Camboya**
kampucheano -na *adj/m,f* Kampuchean ▸**camboyano**[1], **camboyano**[2]
kan *m* khan
kanamicina *f* (Med) kanamycin
kantiano -na *adj* Kantian
kapok *m* (Tex) kapok
kaput *adj* (fam) kaput (colloq); **la tele está ~** the TV's kaput
kaqui *adj inv/m* ▸ⓘ **p.181** khaki
karakul *m* karakul
karaoke *m* karaoke
karate, kárate *m* karate
karateka, karateca *mf* karateist
kárdex *m* (archivo) file; (mueble) filing cabinet
karma *m* karma
kart *m* (*pl* **karts**) kart, go-kart (BrE)
karting /'kartin/ *m* karting, go-kart racing (BrE)
kartódromo *m* karting track, go-kart track (BrE)
KAS (en Esp) = **Koordinadora Abertzale Sozialista**
kasako -ka *adj, m,f* ▸**kazajo**[1] **kazajo**[2]
kata *f* kata
katana *f* katana
Katanga *f* Katanga
katangueño -ña *adj/m,f* Katangan
katangués -guesa *adj/m,f* Katangan
Katar *m* Qatar
katiuska *f* (Esp) rubber boot, Wellington boot (BrE)
katún *m*: *in the Mayan calendar, a period of 20 years, each of 360 days*
kayac /'kajak/ *m* (*pl* **-yacs**) kayak
kayakista, kayaquista *mf* (Dep) kayaker, canoeist
kazajo[1] **-ja** *adj* Kazakh
kazajo[2] **-ja** *m,f*
A (persona) Kazakh
B **kazajo** *m* (idioma) Kazakh
Kazajstán, Kazakistán *m* Kazakhstan
Kb **1** *tb* (= **KB**, **kilobyte**) KB, Kb **2** (= **kilobase**) Kb
KB *m* (= **kilobyte**) KB
Kc (= **kilociclo**) KC, kc
kebab *m* (*pl* **~s**) kebab
kéfir *m* kefir
kelper /'kelper/ *mf* (Arg) falklander
kelvin *m* kelvin
kendo *m* kendo
Kenia, Kenya *f* Kenya
keniano -na *adj/m,f* Kenyan
keniata *adj/mf* (crit) ▸**keniano**
kepis (*pl* ~), **kepí** *m* kepi
keratomileusis *m* (Med) keratomileusis
kermesse /ker'mes/, **kermés** *f* (CS, Méx) charity fair *o* fête *o* bazaar, kermess (AmE)
kero *m* (Hist) *ceremonial, decorated wooden or earthenware jar (in pre-Incaic and Inca culture)*
kerosén, kerosene, keroseno *m* ▸**querosén**
ketch *m* ketch
ketchup /'katʃup, 'katsup/ *m* catsup (AmE), ketchup (BrE)
keynesianismo, keynesismo *m* (Econ) Keynesianism, Keynesian economics
keynesiano[1] **-na** *adj* Keynesian; **economía keynesiana** Keynesian economics
keynesiano[2] **-na** *m,f* Keynesian, Keynesian economist
keynesista[1] *adj* Keynesian
keynesista[2] *mf* Keynesian, Keynesian economist
Kg. (= **kilogramo**) kg
KGB *f* KGB
khan *m* khan
Khz (= **kilohertz**) kHz
kibbutz, kibutz *m* (*pl* **-butzim**) kibbutz
kickboxing /'kikboksiŋ/ *m* kickboxing
kifi *m* (Esp arg) dope (colloq)
kiko® *m* (Esp) ▸**quico**
kikuyu[1] *adj* Kikuyu
kikuyu[2] *m,f* (persona) Kikuyu; **kikuyu** *m* (idioma) Kikuyu
kilim *m* (*pl* ~ *or* **-lims**) kilim
kilo *m* **1** ▸ⓘ **p.630**; (unidad de peso) kilogram, kilo **2** (fam) (gran cantidad): **tengo ~s de** *or* **un ~ de cosas que hacer** I have loads of *o* a whole load of things to do (colloq); ***estar un ~*** (RPl fam) to be great (colloq); ***sudar un ~*** (Esp fam) to sweat blood, to work one's butt off (AmE colloq), to slog one's guts out (BrE colloq) **3** (Esp arg) (de pesetas) million; **me costó un ~/dos ~s** I paid a million/two million (pesetas) for it
kilo- *pref* kilo-
kilobase *m* kilobase
kilobit *m* (*pl* **~s**) kilobit
kilobyte /kilo'bait/ *m* (*pl* **~s**) kilobyte
kilocaloría *f* kilocalorie, Calorie
kilociclo *m* kilocycle
kilogramo *m* ▸ⓘ **p.630** kilogram
kilohercio *m* kilohertz
kilohertz /kilo'xerts/ *m* kilohertz
kilojulio *m* kilojoule
kilolitro *m* kiloliter (AmE), kilolitre (BrE)
kilometraje *m* ≈ mileage
kilometrar [A1] *vt* to measure (*in kilometers*)
kilométrico[1] **-ca** *adj* (fam) ‹*lista de espera/pasillo*› endless; ‹*proceso*› unending, never-ending; **había una cola kilométrica** there was a line (AmE) *o* (BrE) queue miles long
kilométrico[2] *m* (Esp) (Transp) *railroad ticket entitling the holder to travel a fixed distance at a discounted price*
kilómetro *m* ▸ⓘ **p.1376**, ▸ⓘ **p.1757** kilometer*; **~ cero** *point at which a road or several main roads begin*; **~ cuadrado** square kilometer (AmE), kilometre (BrE)
kilooctete *m* kilobyte
kilopondio *m* kilogram-force
kilotón *m* kiloton
kilotonelada *f* kiloton
kilovatio *m* kilowatt
(Compuesto) **kilovatio-hora** kilowatt-hour
kilt *m* (*pl* **kilts**) kilt
kiludo -da *adj* (Ven) (fam) chubby, well-built
kimono *m* kimono
kinder /'kinder/ *m* (*pl* ~ *or* **-ders**) (AmL fam) ▸**kindergarten**
kindergarten *m* (*pl* ~ *or* **-tens**) kindergarten, nursery class (*o* school *etc*) (BrE)
kinesiología *f* physiotherapy, kinesiology
kinesiólogo -ga *m,f* physiotherapist, kinesiologist
kinesiterapia *f* physiotherapy, kinesitherapy
kiosco, kiosko *m* **1** (Com) (de periódicos, revistas) newsstand, newspaper kiosk; (de bebidas, refrescos) refreshments *o* drinks stand; (de helados) ice-cream stand; (de caramelos, tabaco) kiosk; ***cerrar el ~*** (Esp fam) to call it a day (colloq), to shut up shop (BrE colloq) **2** (para orquesta) bandstand
(Compuesto) **kiosco de música** bandstand
kiosquero -ra *m,f* (de periódicos, revistas) newspaper vendor *o* (BrE) seller; (de bebidas, refrescos) drinks vendor *o* (BrE) seller; (de helados) ice-cream vendor *o* (BrE) seller; (de caramelos, tabaco) kiosk attendant
kirguís[1] **-guisa** *adj* Kyrgyz
kirguís[2] **-guisa** *m,f*
A (persona) Kyrgyz
B **kirguís** *m* (idioma) Kyrgyz
Kirguizia *m* Kyrgyzstan
Kirguizistán *m* Kirghizstan, Kirghizia
kirie *m* *tb*: **~ eleison** kyrie eleison
kirsch /kirʃ, kirs/ *m* kirsch
kit *m* (*pl* **kits**) kit
kitsch /kitʃ/ *adj inv/m* kitsch
kiwi /'kiwi/ *m* **1** (Bot) kiwifruit, Chinese gooseberry **2** (Zool) kiwi
Kj. (= **kilojulio**) Kj, kj
klaxon *m* ▸**claxon**
Kleenex®, kleenex /'klineks/ *m* (*pl* ~) tissue, paper handkerchief, Kleenex®
klínex *m* ▸**Kleenex**
Km. (= **kilómetro**) km
Km/h. (= **kilómetros por hora**) kph, kmh

knock-on /no'kon/ *m* knock-on

knock-out /'nokau(t)/ *m* (*pl* **-outs**) knockout; **dejar** *or* **poner a algn** ~ to knock sb out

K.O. KO; **lo dejó** ~ he knocked him out; **perdió por** ~ **técnico** he lost on a technical knock-out *o* on a TKO

koala *m* koala bear, koala

kohl *m* kohl

koiné *f* (Ling) (en la antigüedad) koine; (lengua común) lingua franca

kokotxa *f* cheek (*of cod or hake*)

Komintern *f* Comintern

kopek /'kopek/ *m* kopeck

kosher[1] /'koʃer/ *adj* kosher

kosher[2] *m* (Relig) kosher food

kosovar *adj/mf* Kosovar

Kosovo *m* Kosovo

kótex /'koteks/ *m* (*pl* ~) (Méx)
A (toalla femenina) sanitary napkin (AmE), sanitary towel (BrE)
B (tampón) tampon

krausismo *m* (Fil) *ethical system of the German thinker Krause, popularized in Spain by J. Sanz del Río in the 19th century*

krausista[1] *adj relating to* ▸**krausismo**

krausista[2] *mf proponent of* ▸**krausismo**

Kremlin *m* **el** ~ the Kremlin

kremlinología *f* (Pol) Kremlinology

kremlinólogo -ga *m,f* Kremlinologist

krill /kril/ *m* krill

kriptón *m* krypton

krugerrand /kruɣe'rrand/ *m* krugerrand

kuchen /'kuxen/ *m* (Chi) tart

kumis *m* koumiss

kung-fu *m* kung fu

Kurdistán *m* Kurdistan

kurdo[1] **-da** *adj* Kurdish

kurdo[2] **-da** *m,f*
A (persona) Kurd
B **kurdo** *m* (idioma) Kurdish

Kuwait *m* Kuwait

kuwaití *adj/mf* Kuwaiti

Kv (= **kilovoltio**) kV, kv

Kw (= **kilowatio**) kW, kw

kwashiorkor *m* (Med) kwashiorkor

kyrie *m* ▸**kirie**

Ll

l, L *f* (*read as* /'ele/) (the letter) l, L; **una cocina haciendo 'L' con el comedor** a kitchen at right angles to the dining room

l. (= **litro**) l, liter*

la¹ *art* ▶ℹ **p.482** *ver* **el**

la² *pron pers* 1 (referido — a ella) her; (— a usted) you; (— a una cosa, etc) it; **~ conozco del colegio** I know her from school; **¿~ atienden, señora?** are you being served, Madam?; **~ comí yo** I ate it; **a Susana ~ veo a menudo** I see Susana often; **a usted no ~ llamé** I didn't call *you*; **dame la carta que yo se ~ llevo** give me the letter, I'll take it to him 2 (*impers*) you, one (frml)

la³ *m* (nota) A; (en solfeo) la, lah (BrE); **~ bemol/sostenido** A flat/sharp; **en ~ mayor/menor** in A major/minor

laberíntico -ca *adj* labyrinthine, labyrinthian

laberinto *m* 1 (de caminos, pasillos) maze, labyrinth; (en un parque, jardín) maze; **un ~ de normas y regulaciones** a labyrinth *o* maze of rules and regulations 2 (Per fam) commotion, hubbub

labia *f* (fam) gift of the gab (colloq)

labiado -da *adj* labiate

labial¹ *adj* (Ling) labial; ▶**lápiz**

labial² *f* labial

labialización *f* labialization

labializar [A4] *vt* to labialize

labio *m* 1 ▶ℹ **p.231**; (de la boca) lip; **~ superior** upper *o* top lip; **~ inferior** lower *o* bottom lip; **leer los ~s** to lip-read; **de sus ~s no salió ni una queja** (liter) not a single word of complaint passed his lips (liter); **apretó los ~s y trató de resistir el dolor** he bit his lip and tried to resist the pain; **la besó en los ~s** he kissed her on the lips; **no despegó los ~s en toda la tarde** she didn't say *o* utter a single word all afternoon *o* she didn't open her mouth all afternoon 2 (de la vulva) labium

(Compuesto) **labio leporino** harelip

labiodental *adj/f* labiodental

labiolectura *f* lipreading

La Boca *f*

> **La Boca**
>
> A neighborhood on the Riachuelo River in Buenos Aires, near the mouth of the River Plate. It was the city's first port, where Genoese immigrants settled in the early twentieth century. Its brightly painted wooden houses with corrugated iron roofs make it a major tourist destination.

labor *f* 1 (trabajo) work; **una ~ de equipo** teamwork; **los vecinos contribuyeron en las ~es de búsqueda** the neighbors joined in the search; **~es domésticas** *or* **del hogar** housework; **profesión: sus ~es** (frml) occupation: housewife; **su importante ~ en el campo de la física** her important work in the field of physics; ***estar por la*** **~** to be in favor*; **están por la ~ de poner en marcha estas medidas** they are in favor of putting these measures into action 2 (de coser, bordar) needlework; (de punto) knitting; **clase de ~(es)** (Educ) needlework class 3 (Agr) plowing (AmE), ploughing (BrE); ▶**tierra A**

(Compuesto) **labores agrícolas** *or* **del campo** *fpl* farm work

laborable *adj* 1 ‹*día*› working (*before n*), work (*before n*) (AmE) 2 ‹*tierra*› arable

laboral *adj* ‹*problemas/conflictos*› labor* (*before n*), work (*before n*), work-related; **accidentes ~es** work-related accidents, accidents in the workplace

laboralista¹ *adj* labor* relations (*before n*)

laboralista² *mf* labor* relations lawyer

laboralmente *adv*: **la población ~ activa** the active working population; **los explotan ~** they are exploited in the workplace *o* at work; **mujeres que se reintegran ~ después de tener hijos** women who return to work after having children; **estar capacitado ~** to be qualified to work

laborar [A1] *vi* (frml) to work; **toda su vida laboró por la reforma social** all his life he worked *o* strove to bring about social reform

■ **laborar** *vt* (liter) ‹*tierra*› to till (liter), to work

laboratorio *m* laboratory

(Compuestos)
- **laboratorio de análisis clínicos** clinical analysis laboratory
- **laboratorio de idiomas** language laboratory
- **laboratorio de investigación** research laboratory
- **laboratorio espacial** space laboratory
- **laboratorio fotográfico** photographic laboratory

laborear [A1] *vt* ‹*tierra*› to till (liter), to work

laboreo *m* farm work; **técnicas de ~** farming techniques

laborero *m* (Andes) foreman

laboriosamente *adv* 1 (con diligencia) industriously, painstakingly 2 (con dificultad) with great difficulty

laboriosidad *f* 1 (diligencia) diligence, industriousness; **trabajar con ~** to work diligently 2 (dificultad) laboriousness

laborioso -sa *adj* 1 ‹*persona*› hardworking, industrious, diligent; ‹*abejas*› industrious 2 ‹*trabajo/investigación*› laborious

laborismo *m* Labour Movement

laborista¹ *adj* Labour (*before n*); **el partido ~** the Labour Party

laborista² *mf* member of the Labour Party; **los ~s defienden una reforma social más profunda** the Labour Party is *o* are arguing for a more profound social reform; **los ~s en el parlamento** Labour members of Parliament

laborterapia *f* work therapy

labrado -da *adj* 1 ‹*madera*› carved; ‹*piedra*› cut, carved 2 ‹*cuero*› tooled 3 (Tex) patterned

labrador -dora *m,f*

A (Agr) 1 (propietario) farmer 2 (trabajador) farmworker, farmhand

B (perro) labrador

labrantío -tía *adj* arable

labranza *f* farming the land, tilling the soil (liter); **herramientas de ~** farm tools; **tierras de ~** arable land

labrar [A1] *vt*

A (Agr) ‹*tierra*› to work

B 1 ‹*madera*› to carve; ‹*piedra*› to cut, carve; ‹*metales*› to work 2 ‹*cuero*› to tool, work

■ **labrarse** *v pron* (forjarse): **~se un porvenir** to carve out a future for oneself; **se está labrando su propia ruina** he's bringing about his own destruction, he's digging his own grave

labriego -ga *m,f* farmworker

laburante *mf* (CS fam) worker

laburar [A1] *vi* (CS fam) to work; **labura de mozo** he works as a waiter

laburno *m* laburnum

laburo *m* (CS fam) (trabajo) work; (lugar de trabajo) work; **busca ~** she's looking for a job *o* for work; **no le gusta el ~** he doesn't like hard work

laca *f* 1 (resina) lac, shellac; (barniz) lacquer; (objeto barnizado) lacquered box (*o* case *etc*) 2 (para fijar el peinado) hairspray, hair lacquer, lacquer

(Compuesto) **laca de uñas** nail polish, nail varnish (BrE)

lacar [A2] *vt* to lacquer

lacayo *m* (criado) footman; (persona servil) lackey

lacear [A1] *vt* 1 (Esp) ‹*caza menor*› to snare 2 (CS) ‹*ganado*› to lasso

laceración *f* laceration

lacerante *adj* (liter) ‹*dolor*› searing (liter); ‹*palabras*› cutting, wounding

lacerar [A1] *vt* (liter) ‹*piel/cuerpo*› to cut, lacerate (frml); **su desprecio lo laceraba profundamente** her scorn wounded him deeply *o* cut him to the quick

lacero -ra *m,f* dogcatcher

lachar [A1], **lachear** [A1] *vi* (Chi fam): **salieron a ~** they went out trying to pick up girls/men (colloq); **anda lachando con la vecina** he's having an affair *o* (colloq) fooling around with the woman next door

lacho -cha *m,f* (Chi fam) 1 (libertino) (*m*) womanizer (colloq); (*f*) man-chaser (colloq) 2 (pey) (amante) live-in lover

laciar [A1] *vt* (AmL) to straighten

lacio -cia *adj* 1 ‹*pelo*› straight 2 ‹*cuerpo*› limp, weak; **las hojas estaban lacias** the leaves hung limp

Lacio *m*: **el ~** Latium

lacón *m* ham (*from the foreleg*); **~ con grelos** ham and turnip tops

> **La Concertación**
>
> A multi-party, pro-democracy coalition founded in Chile in 1988 to oppose the then president Augusto Pinochet. Its specific aim was to present a united front at the plebiscite on whether Pinochet should continue as president. Pinochet lost the plebiscite and since then it has facilitated Chile's peaceful transition to democracy after the years of dictatorship.

lacónicamente *adv* laconically

lacónico -ca *adj* laconic

laconismo *m* laconicism, laconic manner

lacra *f* 1 (Med) mark 2 (defecto, mancha) blight 3 (Col pey) (persona) degenerate

lacrar [A1] *vt* ‹*sobre/documento*› to seal (*with sealing wax*)

lacre¹ *adj* (AmL) ▶ℹ **p.181**; bright-red

lacre² *m* sealing wax

lacrimal *adj* tear (*before n*), lacrimal (tech)

lacrimógeno -na *adj* (fam) ‹*película*› weepy (colloq), tear-jerking (*before n*) (colloq); ▸**gas**

lacrimoso -sa *adj* ‹*persona*› tearful, lachrymose (liter); ‹*despedida*› tearful; ‹*película*› weepy (colloq), tear-jerking (*before n*) (colloq)

lacrosse /la'kros/ *m* lacrosse

LACSA /'laksa/ = **Líneas Aéreas Costarricenses Sociedad Anónima**

lactación *f* lactation

lactancia *f* [1] (secreción de leche) lactation; **no se recomienda utilizar este medicamento durante el período de ~** this drug should not be used while breastfeeding [2] (etapa de la vida) pre-weaning period

lactante *adj*: **un niño ~** a child still on a milk diet *o* still on milk

lactar [A1] *vt* ‹*bebé*› to suckle, breastfeed; ‹*cría*› to suckle

■ **lactar** *vi* to suckle, feed

lacteado -da *adj* mixed with milk

lácteo -tea *adj* dairy (*before n*), milk (*before n*)

láctico -ca *adj* lactic

lacto-ovo-vegetariano -na *adj/m,f* lacto-ovo-vegetarian

lactosa *f* lactose

lactosuero *m* whey

lacto-vegetariano -na *adj/m,f* lacto-vegetarian

lacustre *adj* lacustrine (frml); **plantas ~s** plants which grow in/around lakes; **la zona ~** the lakeside area, the area around the lake

LADA *m* (Méx) = **Larga Distancia Automática**

ladeado -da *adj* [ESTAR]: **el cuadro está ~** the picture's not straight, the picture's crooked; **llevaba el sombrero ~** he wore his hat at an angle *o* tilted to one side; **llevas la falda ladeada** (descentrada) your skirt's twisted; (caída de un lado) your skirt's up at one side, your skirt's lopsided

ladear [A1] *vt* [1] ‹*cabeza*› to tilt … to one side [2] ‹*objeto*› to tilt [3] ‹*persona*› to give … the cold shoulder

■ **ladearse** *v pron*

A [1] (hacerse a un lado) to move to one side [2] (girar) to turn sideways [3] (inclinarse) to lean over

B ‹*sombrero*› to tilt … to one side

LADECO /la'ðeko/ *f* (en Chi) = **Línea Aérea del Cobre**

ladera *f* hillside, mountainside; **subían por la ~** they were going up the hillside/mountainside; **las ~s estaban cubiertas de nieve** the slopes *o* hillsides were covered in snow; **la ~ norte está cubierta de árboles** the northern slope *o* side is wooded

ladilla[1] *adj* (Ven vulg): **¡qué ~!** it's so boring *o* such a drag (colloq)

ladilla[2] *f* [1] (Zool) crab louse, crab (colloq) [2] (Andes, Méx, Ven fam) (persona pesada) pain (colloq), pest (colloq) [3] (Ven vulg) (fastidio) drag (colloq); **me da una ~ horrible** it's a real drag, it really pisses me off (vulg), it really ticks me off (AmE colloq); **¡deja la ~!** stop being such a pain in the ass (AmE vulg) *o* (BrE vulg) arse

ladillado -da *adj* (Ven vulg): **estar ~ de algo** to be sick of sth (colloq), to be fed up with sth (colloq)

ladillar [A1] *vt* (Ven vulg) to hassle (colloq), to bug (colloq), to pester

■ **ladillarse** *v pron* (Ven vulg) to get fed up (colloq)

ladino[1] **-na** *adj*

A ‹*lengua/pueblo*› [1] (sefardí) Ladino [2] (rético) Ladin

B (taimado) sly, cunning

C (AmC, Méx) [1] (mestizo) mestizo, of mixed race [2] (hispanohablante) Spanish-speaking (*often used to refer to Indians who adopt Spanish ways*)

D (Méx fam) (agudo) high-pitched, piercing

ladino[2] **-na** *m,f*

A (socarrón) sly *o* cunning devil

B (AmC, Méx) [1] (mestizo) mestizo, person of mixed race [2] (hispanohablante) Spanish-speaking Indian

C **ladino** *m* [1] (sefardí) Ladino [2] (rético) Ladin

lado *m*

A [1] (parte lateral) side; **está en el ~ derecho** it is on the right side *o* the righthand side; **a este/al otro ~ del río** on this/on the other side of the river; **¿de qué ~ de la calle está su casa?** which side of the street is your house on?; **se hizo a un ~ para dejarlo pasar** she stood aside *o* moved to one side to let him pass; **tuvo que echarse a un ~ para evitar la colisión** he had to swerve to avoid a collision; **pon estas fichas a un ~** set these pieces aside, put these counters to one side (BrE); **cambiar de ~** (Dep) to change sides (AmE) *o* (BrE) ends [2] (de un papel, una moneda, una tela) side; **escribe sólo por un ~ del folio** write on *o* use one side of the paper only [3] (Mat) (de un polígono) side [4] (Econ): **el ~ de la demanda/de la oferta** the demand/supply side

(Compuesto) **lado ciego** blind side

B (aspecto, ángulo) side; **hay que ver el ~ positivo de las cosas** you have to look on the bright side of things; **todas las cosas tienen su ~ bueno y su ~ malo** there's a good side and a bad side to everything; **Luisa tiene su ~ bueno** Luisa has her good points; **por ese ~ te conviene aceptar** from that point of view it's to your advantage to accept

C [1] (bando) side; **¿tú de qué ~ estás, del suyo o del nuestro?** whose side are you on? theirs or ours?; **igualar a dos goles por ~** they drew/tied two goals each [2] (rama familiar) side; **por el ~ materno/paterno** on the maternal/paternal side; **por el ~ de mi madre/padre** on my mother's/father's side (of the family)

D (sitio, lugar): **he mirado en** *or* **por todos ~s y no lo encuentro** I've looked everywhere and I can't find it; **ponlo por ahí en cualquier ~** put it over there somewhere *o* (AmE) someplace; **¿por qué no vamos por otro ~?** why don't we go a different way?; **va a todos ~s en taxi** she goes everywhere by taxi; **me he pasado toda la mañana de un ~ para otro** I've been running around all morning; **vas a tener que intentarlo por otro ~** you're going to have to try some other way

E (*en locs*): **al lado: viven en la casa de al ~** they live next door; **nuestros vecinos de al ~** our next-door neighbors; **el colegio nos queda aquí al ~** the school's very near here *o* (colloq) is right on the doorstep; **al lado de algn/algo** (contiguo a) next to sb/sth, beside sb/sth; (en comparación con) compared to sb/sth; **se sentó al ~ de su padre** she sat down next to *o* beside her father; **ponte aquí a mi ~** sit here next to *o* beside me; **al ~ de él** *or* (crit) **al ~ suyo hasta yo parezco inteligente** compared to him even I seem intelligent; **a su ~ me siento segura** I feel safe when I'm with him; **todas las cosas que he aprendido a su ~** everything I've learned from (being with) her; **viven al ~ de mi casa** they live next door to me; **me queda al ~ del trabajo** it's right by *o* very near where I work; **eso no es nada al ~ de lo que él tiene** that's nothing compared to *o* with what he has; **de mi/tu/su lado: no te muevas de mi ~** don't leave my side, stay close to me; **de lado** ‹*meter/colocar*› sideways; ‹*tumbarse/dormir*› on one's side; **ponlo de ~ a ver si cabe** turn it sideways, maybe it'll fit that way; **de medio lado** at an angle; **llevaba el sombrero de medio ~** he wore his hat at an angle; **por otro lado** (en cambio) on the other hand; (además) apart from anything else; **por otro ~, estas cifras tampoco son muy significativas** there again *o* however *o* on the other hand, these figures are not very significant; **por un ~ …, pero por otro ~ …** on the one hand …, but on the other hand …; **por otro ~ yo ni siquiera lo conozco** apart from anything else I don't even know him; ***dejar algo de ~*** *or* ***a un ~*** to leave sth aside *o* to one side; ***dejar*** *or* (Esp) ***dar a algn de ~*** *or* ***a un ~*: últimamente lo están dejando de ~ en la oficina** lately they've been leaving him out of things in the office; **sus amigos la están dejando a un ~** her friends have been giving her the cold shoulder; ***estar al*** *or* ***del otro ~*** (CS, Méx fam) to be over the worst, be laughing (colloq); ***ir cada uno por su ~*: mejor vamos cada uno por nuestro ~ y allí nos encontramos** it's better if we all make our own way and meet each other there; **se pelearon y cada uno se fue por su ~** they had an argument and went their separate ways; **aunque viven juntos, luego cada uno va por su ~** although they live together, they all lead their own separate lives *o* (colloq) they all do their own thing; ***mirarle a algn de ~*** (fam) to look down on sb; ***por cualquier ~ que se mire*** whichever way *o* however you look at it; ***saber de qué ~ sopla el viento*** to know which way the wind blows, know how the land lies; ***ser*** *or* ***patear para el otro ~*** (CS fam) to be gay

ladrar [A1] *vi* [1] «*perro*» to bark [2] (fam) «*persona*» to yell (colloq), to bark (colloq); ***estar ladrando*** (Ven arg) to be broke (colloq); ***~ de hambre*** (Col, Per fam) to be starving (colloq)

ladrerío *m* (Méx) barking

ladrido *m* bark; **~s** barking

ladrillar *m*, **ladrillera** *f* brickworks (*sing or pl*)

ladrillo *m* [1] brick; **una pared de ~** a brick wall; **fachada a ~ visto** *or* (AmL) **de ~ a la vista** brick facade; ***ser un ~*** (fam) «*libro*» to be heavy-going; «*persona*» (Arg) to be dense *o* slow (colloq) [2] **(de) color ~** brick-red [3] (Esp fam): **el ~** the construction industry

(Compuestos)

• **ladrillo hueco** perforated brick

• **ladrillo refractario** fireproof brick

ladrón[1] **-drona** *adj* (fam) thieving (*before n*); **son muy ladrones en ese restaurante** they're such crooks *o* they really rip you off in that restaurant (colloq)

ladrón[2] **-drona** *m,f*

A (de bolsos, coches) thief; (de bancos) bank robber; (de casas) burglar; **en esta tienda son unos ladrones** (fam) they're real crooks in this store (colloq), they really rip you off in this store (colloq); ***el que roba a un ~ tiene cien años de perdón*** it's no crime to steal from a thief; ***piensa el ~ que todos son de su condición*** evildoers always think the worst of others

B **ladrón** *m* (Elec) adaptor

ladronera *f*

A (Col fam) (lugar) den of thieves (colloq)

B (Col fam) [1] (robos, atracos) robberies (*pl*); **ha aumentado la ~ en los buses** crime on buses *o* the number of robberies on buses has increased [2] (estafa) rip-off (colloq), swindle (colloq)

ladronería *f* (Per fam) ▸**ladronera B**

ladronzuelo -la *m,f* petty thief

lagaña *f* sleep, sleepy-dust (BrE colloq); **tienes ~s en los ojos** you have (some) sleep in your eyes; ***no es cualquier ~ de mico*** (Col fam) it's not to be sneezed at (colloq)

lagar *m* press

lagarta *f* (Esp fam & pey) sly bitch (sl & pej)

lagartear [A1] *vi* (Col fam) to toady (colloq), to crawl (colloq)

■ **lagartear** *vt* (Col fam) ‹*puesto/cargo*› to finagle (AmE colloq), to wangle (BrE colloq)

lagartija *f*

A (Zool) wall lizard

B (ejercicio) (Méx) push-up, press-up (BrE)

lagarto *m*

A (Zool) lizard; ***¡~, ~!*** (Esp) Heaven help us!

(Compuesto) **lagarto de Indias** alligator

B (Col fam) (persona) toady (colloq), crawler (colloq)

C (Ven) (Coc) cheap cut of meat

lago *m* lake

(Compuesto) **lago salado** soda *o* salt lake

lágrima[1] *f*

A (Fisiol) tear; **he derramado muchas ~s por ti** I have shed many tears over you; **secarse las ~s** to dry one's tears; **se le caían las ~s** tears were running *o* streaming down her face; **me ha costado muchas ~s** it has caused me a lot of heartache, I've suffered a lot over it; **se le saltaron las ~s** tears welled up in *o* came to his eyes, it brought tears to his eyes; ***llorar a ~ viva*** *or* ***deshacerse en ~s*** to sob one's heart out, to cry one's eyes out; ***llorar ~s de***

sangre to cry bitterly; ***lo que no va en ~s, va en suspiros*** it's six of one and half a dozen of the other

(Compuesto) **lágrimas de cocodrilo** *fpl* crocodile tears (*pl*)

B (adorno) teardrop

lágrima[2] *m: type of sweet wine*

lagrimal[1] *adj* tear (*before n*), lacrimal (*before n*) (tech)

lagrimal[2] *m* **1** (extremo del ojo) corner of the eye **2** *tb* **conducto ~** tear duct, lacrimal duct (tech)

lagrimear [A1] *vi*

A «*ojo*» to water

B «*persona*» **1** (llorar) to sob quietly **2** (tener tendencia a llorar) to be prone to tears

lagrimeo *m* weeping; ***echarse un ~*** (Chi fam) to have a cry

lagrimilla *f* (Chi) unfermented grape juice

lagrimoso -sa *adj* ▸**lacrimoso**

laguna *f*

A (de agua dulce) lake, pool; (de agua salada) lagoon

B **1** (vacío, imperfección) gap, lacuna (frml); **este caso demuestra las ~s que existen en nuestra legislación** this case demonstrates the lacunae *o* the omissions *o* the gaps in our legislation; **la ~ informativa sobre el tema** the lack of information on the subject; **tengo una gran ~ en historia** there are huge gaps in my knowledge of history **2** (en la memoria) memory lapse; **se me hizo una ~** my mind went blank; **¿cuando toma, sufre ~s?** (Col) when you drink, do you suffer from loss of memory?

(Compuestos)
- **laguna fiscal** tax loophole
- **laguna jurídica** legal loophole

La Haya *f* The Hague

laicado *m* laity

laicalización *f* (Andes) laicization, secularization

laicalizar [A4] *vt* (Andes) to laicize, secularize

laicidad *f* ▸**laicismo**

laicismo *m* laicism, secularism

laicización *f* laicization, secularization

laicizar [A4] *vt* to laicize, secularize

laico[1] **-ca** *adj* secular, lay (*before n*)

laico[2] **-ca** *m,f*

A (*m*) layman, layperson

B (*f*) laywoman, layperson

laísmo *m: the use of the pronouns* la *and* las *instead of* le *and* les *(as in* la/las dije que no*), is common in some regions of Spain but is not accepted as standard by most Spanish speakers*

laissez faire /lese'fer/ *m* laissez-faire

laísta *mf: a Spanish speaker who uses the pronouns* la *and* las *instead of* le *and* les ▸**laísmo**

laja *f* (AmS) slab

lama[1] *m* lama

lama[2] *f*

A **1** (AmL) (musgo) moss **2** (AmL) (verdín) green slime **3** (AmL) (moho) mold* **4** (Col) (liquen) lichen

B (listón) slat

lambada *f* lambada

lambeculo *mf* (Col, Méx vulg) ▸**lameculos**

lamber [A1] *vt* (AmL crit) ▸**lamer**

lambetazo *m* (AmL fam) lick

lambetear [A1] *vt* (Col, Méx, Ven) to lick

lambida *f* (AmL crit) ▸**lamida**

lambiscón -cona *m,f* (Méx fam) creep (colloq), bootlicker (colloq), toady (colloq)

lambisconear [A1] *vt* (Méx fam) to suck up to (colloq)

■ **lambisconear** *vi* to crawl (colloq), creep (colloq)

lambisquear [A1] *vt* **1** (Col) (lamer) to lick **2** (Méx fam) (lisonjear) to suck up to (colloq)

lambón -bona *m,f* (Col fam) creep (colloq), bootlicker (colloq), toady (colloq)

lambonear [A1] *vi* (Col fam) to crawl (colloq), to creep (colloq)

■ **lambonear** *vt* (Col fam) to suck up to (colloq)

lambonería *f* (Col fam) crawling (colloq)

lambucio -cia *adj* (Ven fam): **es muy ~** he's a real scrounger *o* freeloader (colloq), he's a real sponger (BrE colloq)

lamé *m* lamé

lameculos *mf* (*pl* ~) (Méx) **lamehuevos** *mf* (*pl* ~) (vulg) asslicker (AmE vulg), arse licker (BrE vulg), brown nose *o* noser (AmE vulg)

lamedura *f* lick; **~s** licking (*sing*)

lamentable *adj* **1** (deplorable) ‹*conducta/error/suceso*› deplorable, terrible, lamentable **2** (triste) ‹*pérdida*› sad; ‹*estado/aspecto*› pitiful; ‹*error*› regrettable; **verle suplicando de esa manera era un espectáculo ~** it was a pitiful sight to see him begging like that

lamentablemente *adv* sadly, regrettably

lamentación *f* lamentation (liter); **estoy harta de oír tus lamentaciones** (fam) I'm fed up with your complaining *o* grumbling *o* (BrE) moaning; ▸**muro**

lamentar [A1] *vt* to regret; **lamentamos las molestias que pudo ocasionarles el retraso** we regret any inconvenience that the delay may have caused you; **lamento mucho lo ocurrido** I am very sorry about *o* I very much regret what has happened; **no hubo que ~ daños personales en el accidente** (period) there were no casualities in the accident; **todos lamentamos tan irreparable pérdida** we all mourn *o* lament such a sad loss; **~ + INF**: **lamento molestarlo/haberle causado tantas molestias** I'm sorry to disturb you/to have caused you so much trouble; **lamentamos tener que comunicarle que ...** (frml) we regret *o* we are sorry to have to inform you that ...; **~ QUE + SUBJ**: **lamento mucho que tengas que irte** I'm very sorry (that) you have to go; **lamento que no se encuentre bien** I'm sorry to hear that you aren't well

■ **lamentarse** *v pron* to complain, to grumble (colloq), to moan (BrE colloq); **de nada sirve ~se** it's no use grumbling *o* moaning about it; **~se DE algo** to deplore sth; **se lamentaba de la insolidaridad humana** she deplored people's lack of solidarity

lamento *m* **1** (quejido — por un dolor físico) groan; (— por tristeza) wail **2** (palabras, expresiones) lament; **el poema es un ~ a la fugacidad del amor** the poem is a lament on the fleeting nature of love

lamer [E1] *vt* **1** «*persona/animal*» to lick **2** (liter) «*agua/olas*» to lap against

lametada *f*, **lametazo** *m* (fam) lick

lametón *m* (fam) lick

lamida *f* (AmL fam) lick

lamido -da *adj* (ant) **1** (flaco) gaunt **2** (relamido) excessively neat

lámina *f*

A (hoja, plancha) sheet; **una ~ de acero** a sheet of steel; **recubierto con una ~ de oro** gold-plated

B (Impr) **1** (plancha) plate **2** (grabado) engraving **3** (ilustración) plate, illustration; (Educ) wall chart; **¡qué ~ de hombre!** (Col fam) what a fine figure of a man!

laminación *f* **1** (Metal, Tec) lamination **2** (AmC, Col) (de documentos) laminating

laminado *m* **1** (Metal, Tec) lamination **2** (plancha) sheet

laminador *m*, **laminadora** *f* rolling mill, laminator

laminar[1] *adj* laminar

laminar[2] [A1] *vt* **1** ‹*metal*› to laminate, roll **2** (recubrir con láminas) to laminate; **parabrisas (de cristal) laminado** laminated windscreen **3** (AmC, Col, Méx) ‹*documentos/carnet*› to laminate

lampa *f* (Andes) (azada) mattock; (pala) spade

lampacear [A1] *vt* (AmL) ‹*cubierta*› to swab; ‹*suelo*› to mop

lampalagua *f* (AmS) **1** (Zool) *type of anaconda* **2** (Mit) *snake said to drink rivers dry*

lámpara *f* **1** (Elec) lamp; **~ eléctrica/de aceite/de alcohol** electric/oil/spirit lamp **2** (Rad) valve

(Compuestos)
- **lámpara de pie/mesa** standard/table lamp
- **lámpara de soldar** blowtorch, blowlamp (BrE)
- **lámpara solar** sun lamp
- **lámpara votiva** votive lamp

lamparazo *m* (Col fam) (idea brillante) brainwave (colloq); **algunos ~s de ese viejo humor negro** some flashes of that old black humor

lamparín *m* (Per) kerosene lamp, paraffin lamp (BrE)

lamparita *f* (RPl) light bulb, bulb; ***se me/le prendió la ~*** (RPl fam) I/he had a brainwave *o* a bright idea (colloq)

lamparón *m*

A (fam) (mancha) stain (*gen of grease*)

B (Med) (herpes) cold sore

lampazo *m*

A (Bot) burdock

B **1** (Náut) swab, mop **2** (AmS) (mopa) mop **3** (Ur) (con goma) squeegee

lampear [A1] *vt* (Bol, Per) to shovel

lampiño -ña *adj* (sin barba) smooth-cheeked, smooth-faced; (con poco vello) with little body hair

lampistería *f* electrical store

lamprea *f* lamprey

LAN /'lan/ *f*

A (Inf) (= **Local Area Network**) LAN

B (en Chi) = **Línea Aérea Nacional**

lana *f*

A (material) wool; (vellón, pelambre) fleece; **~ de alpaca** alpaca wool; **una madeja de ~** a skein of wool; **usó tres ~s distintas** she used three different wools *o* kinds of wool; **una bufanda de ~** a wool *o* woolen *o* (colloq) wooly scarf; **tela de ~** woolen cloth, wool; **no son de nylon, son de ~** they're not nylon, they're wool; ***ir (a) por ~ y volver trasquilado*** to be hoist by one's own petard; ***unos cardan la ~ y otros cobran la fama*** some do all the work and others get all the credit

(Compuestos)
- **lana de acero** steel wool
- **lana de vidrio** fiberglass*
- **lana merino** *or* **merina** Botany wool
- **lana virgen** new wool; **pura ~ ~** pure new wool

B (AmL fam) (dinero) dough (sl), cash (colloq); **tienen mucha ~** they're loaded (colloq); ***caerse con la ~ (para algo)*** (Méx fam) to put up the money (for sth)

lanar[1] *adj* ▸**ganado**

lanar[2] *m* sheep; **los ~es** sheep (*pl*)

lance *m*

A **1** (Taur) incident, move **2** (Jueg) (jugada) move, play (AmE); (de dados) throw; ***hacer el*** *or* ***un ~ a algo*** (Chi fam) to dodge sth; ***tirarse un ~*** (CS fam) (probar suerte) to chance one's arm, try one's luck; ***tirarse un ~ con algn*** (CS fam) (en sentido sexual) to make a pass at sb, hit on sb (AmE colloq)

B **1** (incidente) incident **2** (riña) quarrel

(Compuesto) **lance de honor** duel, affaire d'honneur

C (ocasión): **de ~** secondhand; **libro/librería de ~** secondhand book/bookstore; **comprar/vender algo de ~** to buy/sell sth secondhand

lancear [A1] *vt*

A (con lanza) to spear

B (Taur) to make a pass at...with the cape

Lancelote Lancelot

lanceolado -da *adj* (frml) lanceolate (frml)

lancero *m* lancer

lanceta *f* **1** (Med) lancet **2** (Andes, Méx) (aguijón) sting

lancha *f* (barca grande) launch, cutter; (bote) motorboat

(Compuestos)
- **lancha a motor** motor launch, motorboat
- **lancha de desembarco** landing craft

- **lancha de motor** motor launch, motorboat
- **lancha de pesca** fishing boat
- **lancha de salvamento** lifeboat
- **lancha fuera borda** outboard, outboard launch
- **lancha motora** motor launch, motorboat
- **lancha neumática** inflatable, rubber *o* inflatable dinghy
- **lancha patrullera** patrol boat
- **lancha salvavidas** lifeboat

lanchero -ra *m,f* (*m*) boatman; (*f*) boatwoman

lanchón *m* barge, lighter

lancinante *adj* (liter) piercing

landó *m* landau

lanero[1] **-ra** *adj* wool (*before n*)

lanero[2] **-ra** *m,f* wool merchant

langaruto -ta *m,f* (Col, Per fam) beanpole (colloq)

langosta *f* **1** (crustáceo) lobster **2** (insecto) locust

langostera *f* lobster pot

langostinero -ra *adj* ‹*mercado/pesca*› prawn (*before n*); ‹*sector/barco*› prawn (*before n*), prawn-fishing (*before n*)

langostino *m* (grande) king prawn; (pequeño) prawn

(Compuesto) **langostino de río** crawfish (AmE), crayfish (BrE)

languciento -ta *adj* (Chi fam) starving (colloq), famished (colloq)

langüetear [A1] *vt* (Chi) ▸**lengüetear**

lánguidamente *adv* **1** ‹*mirar/suspirar*› languidly, languorously; **recostada ~ en el sofá** lying *o* reclining languidly *o* languorously on the sofa **2** (débilmente) listlessly

languidecer [E3] *vi* «*persona*» to languish (liter); **la conversación había empezado a ~** the conversation had begun to flag; **un debate que parece haber languidecido últimamente** a debate which seems to have faded away *o* subsided lately

languidez *f* (debilidad) listlessness, weakness; (falta de energía) languor (liter)

lánguido -da *adj* **1** (débil) listless, weak **2** ‹*rostro/mirada/aspecto*› languid, languorous; **reposaba lánguida en el sofá** she was reclining languidly *o* languorously on the sofa

LANICA /la'nika/ = **Líneas Aéreas de Nicaragua**

lanilla *f* **1** (pelillo) fluff **2** (tela) flannel

lanolina *f* lanolin

lanoso -sa *adj* wooly*

lanudo -da *adj* long-haired, shaggy

lanza[1] *f* (arma — en las lides) lance; (— arrojadiza) spear; **~ en ristre** ready for action; ***romper una ~ en favor de algn/algo*** to stick one's neck out for sb/sth; ***ser una ~*** (AmL fam) to be on the ball (colloq), to be sharp (colloq)

lanza[2] *m*
A (Col arg) (compañero) buddy (AmE colloq), mate (BrE colloq)
B (Chi) (delincuente) pickpocket, thief

lanzabengalas *m* (*pl* ~) flare gun, Very pistol

lanzabombas *m* (*pl* ~) (en un avión) bomb release gear; (de trinchera) trench mortar

lanzacohetes *m* (*pl* ~) rocket launcher

lanzadera *f* shuttle

(Compuesto) **lanzadera espacial** space shuttle

lanzado[1] **-da** *adj*
A [SER] **1** (fam) (precipitado) impulsive, impetuous; **no seas tan ~** don't be so impulsive *o* impetuous, don't rush into things **2** (fam) (decidido, atrevido) enterprising; **es muy ~** he's really enterprising, he's a real go-getter, he has plenty of initiative; **es muy ~ con las mujeres** he's very forward with women
B [ESTAR] (fam) (rápido): **iban ~s** they were bombing *o* tearing along (colloq); **salió ~** he rushed *o* dashed out
C [ESTAR] (fam) (en sentido sexual) horny (sl), randy (BrE colloq)

lanzado[2] **-da** *m,f* (fam): **es un ~** he's so impulsive *o* impetuous

lanzador -dora *m,f*
A (Dep) (de disco, jabalina) thrower; (en béisbol) pitcher; **~ de peso** shot-putter
B (promotor) promoter
C **lanzador** *m* (Espac) rocket launcher

lanzagranadas *m* (*pl* ~) grenade launcher

lanzallamas *m* (*pl* ~) flamethrower

lanzamiento *m*
A **1** (de objetos, de una pelota) throwing **2** (de un misil, torpedo) launch; (de una bomba) dropping **3** (de una nave espacial, un satélite) launch **4** (Dep) (de disco, jabalina) throw; (de peso) put; (en béisbol) pitch; **encestó su primer ~** he scored (a basket) with his first throw

(Compuestos)
- **lanzamiento de bala** (AmL) shot put
- **lanzamiento de disco** discus throwing
- **lanzamiento de jabalina** javelin throwing
- **lanzamiento de penaltys** penalty shoot-out
- **lanzamiento de peso** (Esp) shot put
- **lanzamiento libre** free throw *o* shot

B (de un producto, libro) launch, launching; (de una campaña) launch, launching; **el ~ de su plan económico** the launching of their economic plan
C (CS) (Der) *tb* **orden de ~** eviction order

lanzamisiles[1] *adj inv* missile-launching (*before n*)

lanzamisiles[2] *m* (*pl* ~) missile launcher

lanzar [A4] *vt*
A **1** ‹*piedras/objetos*› to throw **2** ‹*disco/jabalina/pelota*› to throw; ‹*peso*› to put; (en béisbol) to pitch **3** ‹*misil/torpedo/proyectil*› to launch; ‹*bomba*› to drop **4** ‹*satélite/cohete*› to launch
B ‹*producto/libro/proyecto*› to launch; **la canción que los lanzó a la fama** the song which shot them to fame
C **1** (Mil) ‹*ataque/ofensiva*› to launch **2** ‹*crítica/acusación*› to launch; **~on una serie de ataques contra la organización** they launched a series of attacks on the organization; **las acusaciones lanzadas contra él por miembros del partido** the accusations made against him *o* leveled at him by party members; **lanzó un llamamiento a la calma** he called *o* appealed for calm, he made an appeal for calm
D **1** ‹*mirada*› to shoot, give; **le lanzó una mirada inquisidora** he shot *o* gave her an inquisitive look; **me lanzó una indirecta** she dropped me a hint **2** ‹*grito*› **los manifestantes ~on gritos de protesta contra el gobierno** the demonstrators shouted protests against the government; **~on consignas contra el régimen** they shouted anti-government slogans; **lanzó un grito de dolor** he let out a cry of pain, he cried out in pain; **~ un suspiro** to sigh, to breathe a sigh; **el piloto lanzó un mensaje de emergencia** the pilot sent out an SOS

■ **lanzar** *vi*
A (en béisbol) to pitch
B (vomitar) to throw up (colloq)

■ **lanzarse** *v pron* **1** (*refl*) (arrojarse) to throw oneself; **se lanzó al vacío desde lo alto de un edificio** he threw *o* flung himself off the top of a building; **se lanzó al agua** she threw herself *o* jumped *o* leaped into the water; **~se en paracaídas** to parachute; (en una emergencia) to parachute, to bale out; ***lanzársele a algn*** (Chi, Méx fam) to make a pass at sb **2** (abalanzarse, precipitarse): **se lanzó en su búsqueda** he set about looking for her; **~se a la calle** to take to the streets; **se ~on sobre** *or* **contra el ladrón** they pounced *o* leaped on the thief; **los niños se ~on sobre los pasteles** the children pounced *o* dived on the cakes; **se ~on escaleras arriba** they rushed *o* charged upstairs; **se ~on al ataque** they attacked; **no te lances a comprar** (fam) don't rush into buying anything; **se lanza a hacer las cosas sin pensar** (fam) she dives *o* rushes into things without thinking **3** (emprender) **~se A algo** to undertake sth, embark UPON sth; **se ~on a una campaña aparatosa de publicidad** they embarked on *o* undertook a spectacular publicity campaign **4** (en una carrera) to launch oneself; **se lanzó como cantante popular** she launched herself as a pop singer

Lanzarote *m* **1** (Geog) Lanzarote **2** (Lit) Lancelot

lanzatorpedos *m* (*pl* ~) torpedo tube *o* launcher

laosiano -na *adj/m,f* Laotian

lapa *f*
A **1** (molusco) limpet; ***pegarse como una ~ a algn*** (fam) to cling to sb like a limpet (colloq) **2** (bomba) car bomb **3** (Ven) (mamífero) paca
B (AmC) (ave) macaw

(Compuesto) **lapa verde** (AmC arg) greenback (sl)

laparoscopia *f* laparoscopy

laparotomía *f* laparotomy

La Paz *f* La Paz

lapicera *f* (CS) pen

(Compuesto) **lapicera fuente** *or* **estilográfica** (CS) fountain pen

lapicero *m* **1** (portaminas) automatic pencil (AmE), propelling pencil (BrE) **2** (Esp) (lápiz) pencil **3** (AmC, Per) (bolígrafo) ballpoint pen, biro® (BrE) **4** (Arg) (portaplumas) pen holder

lápida *f* **1** (en una tumba) tombstone, gravestone **2** (losa conmemorativa) stone plaque

lapidación *f* stoning (to death), lapidation (liter)

lapidar [A1] *vt* to stone (to death)

lapidario[1] **-ria** *adj* **1** ‹*inscripción*› lapidary (frml) **2** (categórico) ‹*frase/afirmación*› categorical, dogmatic; (devastador) ‹*comentario/crítica*› scathing

lapidario[2] **-ria** *m,f* lapidary

lapislázuli *m* lapis lazuli

lápiz *m* (de madera) pencil; (portaminas) automatic pencil (AmE), propelling pencil (BrE); **escríbelo con** *or* **en** *or* **a ~** write it in pencil; **un dibujo a** *or* **en ~** a pencil drawing

(Compuestos)
- **lápices de colores** *mpl* colored* pencils (*pl*), crayons (*pl*)
- **lápiz de cejas** eyebrow pencil
- **lápiz de cera** wax crayon
- **lápiz de labios** lipstick
- **lápiz de memoria** (Inf) pendrive
- **lápiz de ojos** eye pencil
- **lápiz de pasta** (Chi) ballpoint pen
- **lápiz fotosensible** light pen
- **lápiz labial** lipstick
- **lápiz óptico** light pen

lapo *m* (fam) **1** (Esp) (escupitajo) spit, gob (sl) **2** (Andes, Méx) (bofetada) wallop (colloq), clout (colloq)

lapón[1] **-pona** *adj* Lapp

lapón[2] **-pona** *m,f*
A (persona) Lapp, Laplander
B **lapón** *m* (idioma) Lapp

Laponia *f* Lapland

lapso *m*
A (de tiempo) space; **en el ~ de una semana** in the space of a week; **era un ~** *or* (crit) **un ~ de tiempo demasiado breve para …** it was too short a space *o* period of time to …
B (error, olvido) ▸**lapsus**

lapsus *m* (*pl* ~) (error) slip, blunder; (olvido): **tuve un pequeño ~** I forgot, it slipped my mind

(Compuestos)
- **lapsus freudiano** Freudian slip
- **lapsus linguae** slip of the tongue
- **lapsus cálami** slip of the pen

laptop *m or* (esp AmL) *f* laptop computer, laptop

laque *m* (Chi) chain

laqueado *m* lacquering

laquear [A1] *vt* to lacquer

lar *m* **1** (liter) (chimenea) hearth **2** **lares** *mpl* (Mit) lares **3** **lares** *mpl* (arc) (lugar): **volvió a sus ~es** he returned home (*o* to his home town *etc*); **¿qué haces por estos ~es?** what are you doing in these parts *o* (colloq) in this neck of the woods?

larga *f* 1 (largo plazo): **a la ~** in the long run; ***darle ~s a algn/algo*** to put sb/sth off 2 (Auto) main beam; **puso** *or* (AmL) **dio la(s) ~(s)** he put the lights on main *o* full beam

largada *f* (CS) (Dep, Equ) start; **dar la ~** to start *o* signal the race

largamente *adv* at length; **fue ~ debatido** it was debated at length

largar [A3] *vt*

A 1 (Náut) ‹*amarras/cabo*› to let out, pay out 2 (RPl) (soltar, dejar caer) to let … go; **ve largando el peso de a poco** let it down slowly

B 1 (esp CS fam) ‹*discurso/sermón*› to give; ‹*palabrota/insulto*› to let fly; **de repente le largó que se iba mañana** he suddenly came out with the news that he was leaving the next day; **no me largó ni un peso** he didn't give me a penny; **largá la plata** (RPl fam) hand over the dough (colloq) 2 (RPl) ‹*olor*› to give off

C (fam) (encajar) to dump (colloq), to unload (colloq); **siempre le larga los niños a la madre** she's always dumping the kids on her mother

D (fam) (despedir) to fire, to give … the boot (colloq), to sack (BrE); **la novia lo largó** (RPl) his girlfriend ditched him *o* dumped him *o* gave him the boot (colloq)

E (fam) (de la cárcel) to let … out

F (CS, Méx) (Dep) 1 ‹*pelota*› to throw 2 ‹*carrera*› to start

■ **largar** *vi*

A (Esp arg) (hablar) to yack (colloq), to natter (colloq)

B (Andes) (Dep, Equ) to start; **¡~on!** they're off!

■ **largarse** *v pron* 1 (fam) (irse) to beat it (colloq), to clear off (colloq); **¡lárgate!** beat it!, clear off!; **larguémonos antes de que venga la policía** let's get out of here before the police arrive; **esto se pone feo, yo me largo** I don't like the look of this, I'm taking off (AmE) *o* (BrE) I'm off (colloq) 2 (RPl) (saltar) to jump; **se largó a la pileta de cabeza** she dived (headfirst) into the pool 3 **~se un pedo** (RPl fam) to blow off (colloq), to let off (colloq), to fart (sl) 4 (CS fam) (empezar) to start, get going (colloq); **está a punto de hablar, cualquier día se larga** she's almost talking, she'll start any day now; **~se A + INF** to start to + INF, to start -ING; **se largó a llover** it started to rain, it started raining; **ya se largó a caminar** he has already started to walk *o* started walking

largavistas *m* (*pl* ~) (CS) binoculars (*pl*)

largo[1] **-ga** *adj*

A 1 ‹*camino/pasillo*› long; ‹*pelo/uñas/piernas*› long; ‹*falda/pantalones*› long; **una camisa de manga larga** a long-sleeved shirt; **las mangas me quedan largas** the sleeves are too long (for me); **se cayó cuan ~ era** he fell flat on his face; **es un tío muy ~** (fam) he's very tall *o* (colloq) lanky 2 (*en locs*): **a lo largo** ‹*cortar/partir*› lengthwise, lengthways; **a lo largo de** (de un camino, río) along; (de una jornada, novela) throughout; **los libros que publicó a lo ~ de su vida** the books she published during her lifetime *o* in the course of her life; **tras los incidentes que se han producido a lo ~ de la semana** following the incidents which have taken place in the course of the week; **a lo ~ y ancho del continente americano** all over *o* throughout the American continent, the length and breadth of the American continent; **ponerse de largo** to wear a long skirt/dress; (como debutante) to come out

B ‹*espera/viaje/visita*› long; ‹*conferencia/novela*› long; ‹*vocal/sílaba*› long; **la semana se me ha hecho muy larga** it's been a long week; **un juicio que se está haciendo muy ~** a trial which is going on for a long time *o* dragging on; **les unía una larga amistad** they had been friends for a long time; **es muy ~ de contar** it's a long story; **un tren de ~ recorrido** a long-distance train; ▸**plazo, alcance**; ***ir para ~*** (fam): **parece que va para ~** it looks like it's going to be a while yet *o* to go on for a while yet; ***~ y tendido*** at great length; **hablaron ~ y tendido sobre el tema** they discussed the topic at great length, they had a lengthy discussion on the subject; ***pasar*** *or* ***seguir de ~*** to go straight past; ***ser más ~ que un día sin pan*** *or* (RPl) ***que esperanza de pobre*** (fam) to take forever (colloq); ***venir de ~*** to go back a long way; **esa disputa ya viene de ~** that dispute goes back a long way *o* has been going on for a long time, that is a longstanding dispute

C (en expresiones de cantidad): **media hora larga** a good half-hour; **tres kilómetros ~s** a good three kilometers

largo[2] *m*

A 1 (longitud) length; **¿cuánto mide** *or* **tiene de ~?** what length is it?, how long is it?; **3 metros de ancho por 2 de ~** 2 meters long by 3 meters wide; **el ~ de un vestido** the length of a dress 2 (en costura) length 3 (en natación) lap (AmE), length (BrE)

B (Mús) largo

largo[3] *interj* (fam) *tb* **¡~ de aquí!** go away!, get out of here!

largometraje *m* feature film, full-length film

largona *f*: **darle ~ a algn** (fam) to ease up on sb (colloq)

largucho -cha *adj* (Per fam) lanky, gangling (*before n*)

larguero *m*

A 1 (Arquit, Const) (viga) crossbeam, longitudinal beam; (de una puerta) jamb 2 (de una cama) side 3 (de una mesa) leaf 4 (Aviac) spar 5 (Dep) crossbar

B (cabezal) bolster

largueza *f* largesse, openhandedness, generosity; **daba propinas con ~** he tipped very generously, he gave very generous tips

larguirucho -cha *adj* (fam) lanky, gangling (*before n*)

largura *f* (fam) length; **mira la ~ de sus brazos** look at the length of his arms, look how long his arms are

largurucho -cha *adj* (Chi fam) ▸**larguirucho**

laringe *f* larynx

laríngeo -gea *adj* laryngeal

laringitis *f* laryngitis

laringoscopia *f* laryngoscopy

larva *f* larva, grub

larvado -da *adj* latent; **puede permanecer ~ hasta cinco años** it can remain latent *o* dormant for up to five years; **un odio ~ entre los dos hermanos** a latent *o* hidden hatred between the two brothers

larvario -ria, larval *adj* (Zool) larval; **el proyecto fue abandonado en su estado ~** the project was abandoned while still at the embryonic stage *o* in its very early stages

las[1] *art* ▸**ⓘ p.69** *ver* **el**

las[2] *pron pers ver* **los**[2]

lasaña *f* lasagna, lasagne

lasca *f*

A (de una piedra) chip, chipping

B (Náut) reef knot

lascivamente *adv* lasciviously, lustfully, lecherously

lascivia *f* lasciviousness, lust, lustfulness, lechery

lascivo -va *adj* lascivious, lustful, lecherous

láser *m* laser

láser disc, laserdisc *m* laser disc

lasérico -ca *adj* laser (*before n*); **bombas de guiado ~** laser-guided bombs

laserterapia *f* laser treatment *o* therapy

lasitud *f* (liter) lassitude (liter), weariness

laso -sa *adj* (liter) weary, tired

lástex® *m* Lastex®

lástima *f* 1 (pena) shame, pity; **¡qué ~ que tengas que irte!** what a shame *o* pity that you have to leave!; **es una ~ que no puedas venir** it's a shame *o* pity you can't come; **me da ~ tener que tirar este vestido** it seems a pity *o* shame to throw out this dress 2 (compasión): **siento ~ por ellos** I feel sorry for them; **da ~ verla así de triste** it makes you sad *o* it's sad to see her so unhappy; **me da ~ (de) ese hombre** I feel sorry for that man; **¡no te tengo ~, tú te lo has buscado!** I have no sympathy (for you), you brought it upon yourself; **una persona digna de ~** someone worthy of compassion *o* sympathy

lastimadura *f* (AmL) graze

lastimar [A1] *vt* 1 (físicamente) to hurt; **déjame, me estás lastimando** let go: you're hurting me 2 (emocionalmente) to hurt

■ **lastimarse** *v pron* (*refl*) to hurt oneself; **se lastimó las rodillas** he hurt his knees; **me caí y me lastimé** I fell and hurt myself

lastimero -ra *adj* pitiful

lastimosamente *adv* 1 (expresando tristeza) pitifully; **lloraba ~** she was crying pitifully 2 (expresando censura) shamefully; **perdieron ~ el tiempo** they wasted their time shamefully

lastimoso -sa *adj* 1 (triste) terrible, pitiful 2 (deplorable) shameful, terrible, appalling

lastrar [A1] *vt* 1 ‹*buque/globo*› to ballast 2 (entorpecer) to encumber, burden, weigh down

■ **lastrar** *vi* (RPl arg) (comer) to stuff oneself (colloq), to pig out (sl)

lastre *m*

A 1 (de un buque, globo) ballast; **soltar** *or* **largar ~** to drop ballast 2 (carga, estorbo) burden; **es un ~ para la familia** she's a burden on her family; **~ financiero** financial burden

B (RPl arg) (comida) grub (colloq); **¿qué hay para el ~?** what is there to eat?, what's for dinner (*o* lunch *etc*)?

lat. (= **latitud**) lat.

lata *f*

A 1 (hojalata) tin; **vivían en una casa de ~** they lived in a tin shack 2 (envase) can, tin (BrE); **una ~ de cerveza** a can of beer; **una ~ de aceite para el coche** a can of oil for the car; **los tomates son de ~** the tomatoes are out of a can *o* tin, the tomatoes are canned *o* tinned; **sardinas en ~** canned *o* tinned sardines 3 (para galletas, etc) tin

(Compuesto) **lata de hornear** (Andes) baking sheet, baking tray (BrE)

B (fam) (pesadez) bore, nuisance, pain (colloq); **¡qué ~!** *or* **¡vaya una ~!** what a pain *o* bore *o* nuisance!; **¡qué ~ de chico, siempre con lo mismo!** this boy's such a bore *o* pain (in the neck), always the same old story (colloq); ***dar la ~*** (fam) to be a nuisance; **deja ya de dar la ~** stop being such a nuisance *o* (colloq) pain; **estos niños no hacen más que dar la ~** these children are nothing but trouble; **¡deja ya de darme la ~!** stop bugging *o* pestering me! (colloq); **me da ~ levantarme temprano** (Chi) it's a real drag *o* bore having to get up early

C (Col fam) (comida) chow (colloq)

latazo *m* (fam) nuisance, pain (colloq)

latear [A1] *vt* (Andes fam) (aburrir) to bore; **me latea el colegio** I'm fed up with school (colloq); **bueno, no los lateo más...** well, I won't keep you any longer…

■ **latear** *vi* (dar la lata) to be a nuisance, be a pain (colloq)

■ **latearse** *v pron* (Chi fam) (aburrirse) to get bored; **en mi vida me había lateado tanto** I had never been so bored *o* (colloq) fed up in my life

latente *adj* 1 (Fís, Med) latent; **el virus está en estado ~** the virus is in a latent state *o* is latent 2 ‹*tensión/mal*› latent, underlying (*before n*) 3 (vivo): **su recuerdo aún está ~ entre nosotros** his memory still lives on among us

lateral[1] *adj* 1 ‹*puerta/salida/calle*› side (*before n*) 2 ‹*línea/sucesión*› indirect, lateral 3 (Ling) lateral

lateral[2] *m*

A 1 (de una estantería) end piece, end panel; (de una cama) side rail, side 2 (Dep) (poste) goalpost

B **lateral** *m or f* (Auto) (calle perpendicular) side street; (calle paralela) service road, access road

C **laterales** *mpl* (del escenario) wings (*pl*)

lateral[3] *mf* (Dep) (alero) wing, winger; (defensa) left/right back

lateralmente *adv* laterally, sideways

latero[1] **-ra** *adj* (Andes fam) long-winded, boring

latero[2] **-ra** *m,f*

A (hojalatero) tinsmith

B (Andes fam) (pesado) bore

látex *m* latex

latido *m*

A 1 (golpe) beat; (ritmo) beating; **registraba los ~s de su corazón** it registered her heartbeat 2 (en la sien, una herida) throbbing

B (ladrido) bark

latifundio *m* 1 (propiedad) large estate (*o* ranch *etc*) 2 (sistema) division of land into large estates

latifundismo *m: land-ownership system based on large estates*

latifundista *mf* owner of a large estate (*o* ranch *etc*), big landowner

latigazo *m*

A 1 (golpe) lash; **le dieron 40 ~s** he was given 40 lashes; **los hacían trabajar a ~s** they whipped *o* flogged them to make them work 2 (chasquido) crack of the whip 3 (reprensión) tongue-lashing

B (Esp fam) (trago) drink; **voy a darme** *or* **pegarme un ~** I'm going to have a drink

látigo *m*

A (rebenque) whip

(Compuesto) **látigo de montar** riding crop

B (en un parque de atracciones) whip

latigudo -da *adj* (Chi fam) 1 (correoso) rubbery 2 ‹*persona*› sentimental, soppy (BrE colloq); ‹*voz*› sickly-sweet (colloq) 3 (desganado) listless, feeling lazy (colloq)

latiguera *f* (Per) flogging, whipping

latiguillo *m* 1 (Ling) (tópico) cliché, well-worn phrase; (muletilla) filler (*word, often with no real meaning, which a person uses a lot*) 2 (frase vacía) platitude 3 (de un político) catchphrase, slogan

latín *m* Latin; ***jurar en ~*** (fam) to swear, to eff and blind (colloq & euph); ► **bajo**[1]; ***saber (mucho) ~*** (fam) to be very sharp, to know what's what (colloq), to be wised up (colloq)

(Compuesto) **latín clásico/vulgar** Classical/ Vulgar Latin

latinajo, latinazgo *m* 1 (fam) (frase latina) Latin word/expression 2 (latín macarrónico) dog latin

latinidad *f* (lengua y cultura latinas) Latin language and culture; (pueblos latinos) *nations and peoples of Latin culture*

latinismo *m* Latinism

latinista *mf* Latinist

latinización *f* latinization

latinizar [A4] *vt* to latinize

latino[1] **-na** *adj* 1 ‹*literatura/gramática*› Latin 2 ‹*país/pueblo*› Latin; **se nota que tiene sangre latina** you can tell she has Latin blood in her 3 (Esp period) (latinoamericano) Latin American

latino[2] **-na** *m,f* 1 (español, italiano, etc) Latin; **los ~s** Latin people 2 (Esp period) (latinoamericano) Latin American

Latinoamérica *f* Latin America

latinoamericano -na *adj/m,f* Latin American

latir [I1] *vi*

A 1 «*corazón*» to beat; «*vena*» to pulsate; **afuera latía viva la ciudad** outside the city was pulsating with life 2 «*herida/sien*» to throb

B «*perro*» to bark

C (Chi, Méx fam) (parecer) (+ *me/te/le etc*): **me late que no lo va a traer** I have a feeling *o* something tells me he isn't going to bring it

D (Méx arg) (parecer bien, gustar) (+ *me/te/le etc*): **te llamo mañana ¿te late?** I'll call you tomorrow, OK? (colloq); **¿te late ir al cine?** do you feel like going *o* how about going to the movies?; **me late el vestido que te compraste** I really like that dress you bought, that dress you bought is great (colloq)

latitud *f*

A 1 (Astron, Geog) latitude; **está a 38 grados de ~ norte** it is at latitude 38 degrees north 2 **latitudes** *fpl* (zona, lugar) parts (*pl*); **la flora de otras ~es** the flora of other parts of the world; **en estas ~es** in this area, in these parts

B (frml) (amplitud) latitude; **este adjetivo se ha usado con la suficiente ~ para ...** this adjective has been used broadly enough to ...

latitudinal *adj* latitudinal

lato -ta *adj* (frml) broad, wide

latón *m* 1 (Metal) brass 2 (RPl) (palangana) metal bowl

latonería *f* (Col) body shop

latonero -ra *m,f* (Col) auto bodyworker (AmE), panel beater (BrE)

latoso[1] **-sa** *adj* 1 (molesto) annoying, tiresome; **no seas ~** don't be so annoying *o* tiresome, don't be such a pain *o* nuisance *o* pest (colloq) 2 (Andes fam) (aburrido) dull, boring

latoso[2] **-sa** *m,f* 1 (fam) (pesado) pain (colloq), pain in the neck (colloq), pest (colloq) 2 (Andes fam) (aburrido) bore

latrocinio *m* (frml) theft, larceny

Latvia *f* Latvia

latvio[1] **-via** *adj* Latvian

latvio[2] **-via** *m,f*

A (persona) Latvian

B **latvio** *m* (idioma) Latvian

laucha *f* (CS) mouse; ***aguaitar*** *or* ***catear la ~*** (Chi fam) to lie in wait; ***peor es mascar ~s*** (Chi fam) things could be worse, it's better than a poke in the eye with a sharp stick (colloq); ***ser pobres como ~s*** (RPl fam) to be as poor as church mice

laúd *m* lute

laudable *adj* laudable, praiseworthy

láudano *m* laudanum

laudatorio -ria *adj* (frml) laudatory (frml)

laudo *m*

A (Der, Rels Labs) *tb* **~ arbitral** decision, findings (*pl*), judgment; **dictar ~** to announce one's decision *o* judgment *o* findings

(Compuesto) **laudo de obligado cumplimiento** binding (arbitration) decision

B (RPl) (en restaurantes) service charge

laureado -da *adj* (frml) prize-winning (*before n*)

laurear [A1] *vt* (frml) **~ a algn con algo** to award sth TO sb, to honor* sb WITH sth (frml); **fue laureado con el Premio Nobel en 1965** he was awarded the Nobel Prize in 1965

laurel *m*

A (árbol) laurel; (Coc) bay leaf; **ponle un poco de ~/unas hojitas de ~** add a bay leaf/a few bay leaves

(Compuesto) **laurel de jardín** (CS) oleander

B **laureles** *mpl* (honores) laurels (*pl*), honors (*pl*); ***dormirse en*** *or* ***sobre los ~es*** to rest on one's laurels

lauro *m* (frml) laurel

lava *f* lava

lavable *adj* washable

lavabo *m* 1 (pila) sink (AmE), washbowl (AmE), wash-hand basin (AmE), washbasin (BrE), basin (BrE) 2 (mueble) washstand 3 ► **baño**; (retrete, cuarto de baño) toilet, bathroom; Ⓢ **lavabos** rest rooms (*in US*), toilets (*in UK*)

lavacarros *mf/m* (*pl* ~) (AmL exc CS) ► **lavacoches**

lavacoches *mf* (*pl* ~) 1 (persona) car washer 2 **lavacoches** *m* (lugar) car wash

lavada *f* 1 (AmL) (lavado) wash; **dale una ~ a esto, por favor** can you wash this out *o* give this a wash, please? 2 (Col fam) (por la lluvia) soaking; **pegarse una ~** to get soaked *o* drenched

lavadero *m* 1 (habitación) utility room, laundry room; (pila) sink 2 (lugar público — edificio) washhouse; (— al aire libre) washing place 3 (RPl) (tienda) laundry; (en un hospital, hotel) laundry 4 (Col) (tina de lavar) washtub

(Compuesto) **lavadero de oro** gold-panning site

lavado[1] **-da** *adj* 1 ‹*ropa/manos*› washed 2 (RPl fam) ‹*color*› (descolorido) washed-out; (muy claro) pastel, light 3 (RPl fam) ‹*persona*› pale, pasty-faced (colloq)

lavado[2] *m*

A 1 (de ropa) wash, washing; (de un coche) wash; **para el ~ de la ropa delicada** for washing delicate articles; **~ en seco** dry cleaning; ***~ a mano*** handwashing; ***hacerse el ~ del gato*** (fam) to have a quick wash 2 (ropa, tanda) wash; **un ~ de ropa oscura** a dark wash; **tenía ropa para varios ~s** I had several washes to do

(Compuestos)

- **lavado automático** carwash
- **lavado de cerebro** brainwashing; **te han hecho un ~ de ~** you've been brainwashed
- **lavado de dinero** (AmL) money laundering
- **lavado de estómago**: **le hicieron un ~ de ~** they pumped his stomach out

B (enema) enema

lavadora *f* washing machine; **~ de carga superior/frontal** top-loading/front-loading washing machine

(Compuesto) **lavadora de platos** *or* **trastes** (Méx) dishwasher

lavafaros *m* (*pl* ~) (Auto) headlight *o* headlamp washer

lavafrutas *m* (*pl* ~) finger bowl

lavaluneta *m* windshield washer (AmE), windscreen washer (BrE)

lavamanos *m* ► **lavabo 1**

lavanda *f* lavender

lavandera *f* 1 (mujer) washerwoman 2 (pájaro) wagtail

lavandería *f* laundry

(Compuesto) **lavandería automática** Laundromat® (AmE), washeteria (AmE), launderette (BrE)

lavandero *m* (Ven) ► **lavadero 1**

lavandina *f* (RPl) bleach

lavándula *f* lavender

lavaojos *m* (*pl* ~) eyecup (AmE), eyebath (BrE)

lavaparabrisas *m* (*pl* ~) ► **lavaluneta**

lavapiés *m* (*pl* ~) foot bath

lavaplatos *mf* (*pl* ~)

A (persona) dishwasher

B **lavaplatos** *m* 1 (máquina) dishwasher 2 (Andes) (fregadero) sink

lavar [A1] *vt*

A ‹*ropa/coche*› to wash; ‹*suelo*› to mop, wash; ‹*platos*› to wash, wash up (BrE); ‹*fruta/verdura*› to wash; **lávalo a mano** wash it by hand; **hay que ~lo en seco** it has to be dry-cleaned; **pantalón vaquero lavado a la piedra** stonewashed jeans; **¿me lavas el pelo?** will you wash my hair?

B (AmL) ‹*dinero*› to launder

■ **lavar** *vi* 1 (lavar ropa) to do the laundry *o* (BrE) washing 2 (en peluquería): **~ y marcar** to shampoo and set

■ **lavarse** *v pron* 1 (*refl*) to have a wash; ‹*cara/manos*› to wash; ‹*dientes*› to clean, brush; **tengo que ~me el pelo** *or* **la cabeza** I have to wash my hair *ver tb* **mano** 2 (Col fam) (empaparse) to get soaked

lavarropas *m* (*pl* ~) (RPl) washing machine

(Compuesto) **lavarropas automático** automatic washing machine

lavasecadora *f* washer dryer

lavaseco *m* (Chi) dry cleaner('s)

lavativa *f* 1 (Med) enema 2 (Ven fam) (molestia) drag (colloq), bind (colloq)

lavatorio *m*

A (Relig) 1 (del Jueves Santo) maundy 2 (en la misa) lavabo

B 1 (AmL) (mueble) washstand 2 (CS) (artefacto moderno) sink (AmE), washbowl (AmE), washbasin (BrE)

C (Chi, Per) (palangana) washbowl (AmE), washbasin (BrE)

lavatrastes *mf* (Méx)

A (persona) dishwasher, washer-up (BrE colloq)

B **lavatrastes** *m* (detergente) dish liquid (AmE), washing-up liquid (BrE)

lavavajillas *m* (*pl* ~) 1 (detergente — líquido) dish soap (AmE), dishwashing liquid (AmE), washing-up liquid (BrE), detergent; (— en polvo) dishwashing powder, detergent [2] (máquina) dishwasher

lavaza *f*
[A] (Agr) (Col) slops (*pl*), hogwash (AmE), pigswill (BrE)
[B] (Chi) (para lavar) soapy water
[C] **lavazas** *fpl* (agua sucia) dirty water

laxante¹ *adj* laxative (*before n*)

laxante² *m* laxative

laxar [A1] *vi* to act as a laxative
■ **laxar** *vt*: **me laxó** it loosened my bowels

laxativo -va *adj/m* ▸**laxante¹**, **laxante²**

laxismo *m* laxity, laxness

laxista *adj* lax

laxitud *f* (de la moral) laxity, laxness; (de la disciplina) laxity, laxness, slackness

laxo -xa *adj* [1] ‹*músculo*› relaxed [2] ‹*moral*› lax, loose; ‹*disciplina*› lax, slack

laya *f* (liter) kind; **de la misma ~** of the same ilk *o* breed *o* kind

lazada *f* [1] (nudo) bow [2] (CS) (en tejido) slip stitch; **una ~, dos puntos juntos** slip one, knit two together

lazar [A4] *vt* (Méx) to rope, lasso

lazareto *m* lazaretto, lazar house

lazarillo *m* guide (*for a blind person*)

Lázaro Lazarus

lazo *m*
[A] [1] (cinta) ribbon [2] (nudo decorativo) bow; **¿te hago un ~?** shall I tie it in a bow for you?; **se puso un ~ en la cabeza** she put a bow in her hair [3] (RPl) (medio nudo) knot; **le hizo el ~ del zapato** he tied her shoelace [4] (Méx) (del matrimonio) *cord with which the couple are symbolically united during the wedding ceremony*
[B] [1] (Agr) lasso; **le echó el ~ al potro** he lassoed the colt; ***no echarle*** *or* ***tirarle un ~ a algn*** (Méx fam) not to give sb a second glance; ***poner a algn como ~ de cochino*** (Méx fam) to give sb a dressing-down [2] (cuerda — para atar) (Col, Méx) rope; (— para saltar) (Col) skip *o* jump rope (AmE), skipping rope (BrE); **saltar ~** to skip rope (AmE), to skip (BrE) [3] (para cazar) snare, trap
[C] (vínculo) link, bond, tie; **nos unen ~s de amistad** we are joined by bonds of friendship; **~s culturales** cultural ties

(Compuesto) **lazo de amor** (RPl) (Bot) spider plant

LCD *m* (= **liquid crystal display**) LCD

LCR *f* (en Esp) = **Liga Comunista Revolucionaria**

L-dopa *f* L-dopa

le *pron pers*
[A] (como objeto indirecto) [1] **~ dije la verdad** (a él) I told him the truth; (a ella) I told her the truth; (a usted) I told you the truth; **~ di otra mano de barniz** I gave it another coat of varnish; **no tengo por qué dar~ explicaciones a nadie** I don't have to explain myself to anyone; **el dinero ~ sería muy útil** she would find the money very useful, the money would be very useful to her; **tengo que regar~ las plantas a la vecina** I have to water my neighbor's plants; **no te ~ acerques, que muerde** don't go near it, it bites; **~ robó el dinero a su padre** he stole the money from his father; **explícale al señor qué pasó** explain to the man what happened; **¡qué rápido ~ crece el pelo a Cristina!** doesn't Cristina's hair grow quickly?; **a este libro ~ faltan páginas** there are some pages missing from this book; **no te ~ pongas delante** don't stand in front of her; **cuando se ~ murió el marido** when her husband died [2] (*impers*): **a nadie ~ gusta que ~ digan esas cosas** nobody likes having that kind of thing said to them
[B] (como objeto directo) (esp Esp) (referido — a él) him; (— a usted) you; **a Enrique ~ conozco desde que era niño** I've known Enrique since he was a boy; **hoy no ~ puedo recibir** I can't see you today

leal¹ *adj* ‹*amigo/criado*› loyal, faithful, trusty (liter); ‹*tropas*› loyal; **~ A algo/algn** loyal to sth/sb; **se mantuvo ~ a sus principios** she remained loyal *o* faithful to her principles; **las fuerzas ~es al gobierno** the forces loyal to the government

leal² *m* (seguidor) faithful follower; (partidario) loyal supporter

lealmente *adv* loyally, faithfully

lealtad *f* (de un amigo, criado) faithfulness, loyalty; (al gobierno, rey) loyalty

leasing /'lisin/ *m* (contrato) lease; (sistema) leasing

lebrel *mf* sighthound

(Compuestos)
- **lebrel inglés** deerhound
- **lebrel irlandés** Irish wolfhound

lebrero *m* greyhound

lebrillo *m* bowl

lebrón -brona *adj* (Méx fam) worldly-wise

LEC *f* (en Esp) = **Ley de Enjuiciamiento Civil**

lección *f* [1] (tema) lesson; **estudiar/repasar/aprender la ~** to study/revise/learn the lesson; **tomarle la ~ a algn** to test sb on the lesson; **no me supe la ~** I hadn't learned the lesson [2] (clase) lesson, class; **da lecciones de física** she teaches physics; **doy lecciones de inglés con un profesor nativo** I have English lessons *o* classes with a native speaker [3] (ejemplo) lesson; **su entereza ante la desgracia fue una ~ para todos** his strength in the face of misfortune was a lesson to us/them all [4] (escarmiento) lesson; **¡lo que ese chico necesita es una buena ~!** that boy needs to be taught a lesson!; **eso te servirá de ~** let that be a lesson to you

lecha *f* milt, soft roe

lechada *f* [1] (para blanquear) whitewash; (para azulejos) grout [2] (de papel) pulp

lechal¹ *adj* sucking (*before n*), suckling (*before n*), young

lechal² *m* sucking *o* suckling *o* young lamb

lechar [A1] *vt*
[A] (AmL fam) (ordeñar) to milk
[B] (Méx) (Const) to whitewash
■ **lechar** *vi* (AmL) (Zool) to suckle; **la vaca todavía está lechando** the cow is still feeding *o* suckling her calf

lechazo *m*
[A] (Esp) (Coc, Zool) suckling lamb
[B] (Ven fam) (golpe de suerte) stroke of luck; **lo encontré por ~** I found it by sheer luck

leche *f*
[A] (de la madre, de una vaca) milk; **~ materna** mother's milk; **~ de vaca/cabra** cow's/goat's milk; **la ~ se ha cortado** the milk has gone off; ***más blanco que la ~*** as white as a sheet; ***¡me cago en la ~!*** (vulg) (expresando enfado) shit! (vulg), damn it! (colloq) (expresando sorpresa) son of a bitch! (AmE sl), bloody hell! (BrE sl); ***oler a ~*** (Col, Ven fam) to be wet behind the ears; ***ser una ~ hervida*** (RPl fam) to have a very short fuse (colloq)

(Compuestos)
- **leche chocoleatada** *or* **chocolatada** chocolate milk
- **leche condensada** condensed milk
- **leche de magnesia** milk of magnesia
- **leche desnatada** *or* **descremada** skim milk (AmE), skimmed milk (BrE)
- **leche de soya** *or* (Esp) **soja** soy milk (AmE), soya milk (BrE)
- **leche en polvo** powdered milk
- **leche entera** whole milk, full-cream milk
- **leche esterilizada** sterilized milk
- **leche frita** *dessert made from milk and flour fried in egg*
- **leche homogeneizada** homogenized milk
- **leche malteada** (Col) malted milk
- **leche merengada** *type of ice cream made with egg whites, cinnamon and sugar*
- **leche pasteurizada** pasteurized milk

[B] [1] (Bot) milky sap, latex [2] (en cosmética) milk, lotion

(Compuestos)
- **leche bronceadora** tanning lotion *o* milk
- **leche de almendras/pepinos** almond/cucumber lotion
- **leche hidratante** moisturizing lotion, moisturizer
- **leche limpiadora** cleansing milk

[C] (vulg) (semen) cum (vulg), spunk (BrE vulg)
[D] (Esp arg) [1] (golpe): **nos vamos a dar una ~** we're going to crash; **se liaron a ~s** they beat the hell out of each other (sl); **te voy a dar una ~** you're going to get it (colloq), I'm going to thump you (colloq) [2] (velocidad): **iba a toda ~** I was going flat out (colloq) [3] (*como interj*): **¡la ~!** good grief! (colloq), bloody hell! (BrE sl) [4] **de la leche** (arg): **hace un frío de la ~** it's goddamn freezing (AmE), it's bloody freezing (BrE colloq); **estoy harta de ese pesado de la ~** I'm fed up with that boring old fart (sl) [5] (colmo): **ese tío es la ~** that guy is the pits *o* the end (colloq); **se han vuelto a equivocar, son la ~** they've got it wrong again, they're the pits *o* (BrE) they're bloody useless (colloq)
[E] (Esp vulg) [1] (mal humor): **tiene una ~ ...** he's so bad-tempered, he's got a foul temper *ver tb* **malo¹ Sense III** [2] (expresando fastidio, mal humor): **¿qué ~s pintas tú en este asunto?** what the hell has this got to do with you? (colloq); **pídele que te lo devuelva ¡qué ~s!** ask her to damn well give it back to you (colloq); **no seas pesado, ~** don't be so goddamn annoying (AmE), don't be so bloody annoying (BrE sl)
[F] (Andes fam) (suerte) luck; **ganó a la lotería ¡qué ~ tiene!** she won the draw, what a lucky *o* (BrE) jammy devil! (colloq); **estar con** *or* **de ~** to be lucky, to be jammy (BrE colloq)

lechear [A1] *vt/vi* (AmL) ▸**lechar**

lechecillas *fpl* sweetbreads (*pl*)

lechera *f*
[A] (recipiente — para transportar) churn; (— para servir) milk jug
[B] (en cuentos) milkmaid *ver tb* **lechero² A**
[C] (arg) (coche de la policía) patrol car, police car

lechería *f* dairy, creamery

lechero¹ -ra *adj*
[A] ‹*industria/central*› dairy (*before n*); ‹*vaca*› dairy (*before n*); ‹*producción*› milk (*before n*)
[B] (AmC, Col, Per fam) (afortunado) lucky, jammy (BrE colloq)

lechero² -ra *m,f*
[A] (vendedor) (*m*) milkman; (*f*) milkwoman *ver tb* **lechera**
[B] (AmC, Col, Per fam) (afortunado) lucky devil (colloq), jammy devil (BrE colloq)
[C] **lechero** *m* (Chi) (jarra) milk jug; (hervidor) milk pan

lechina *f* (Ven) chicken pox

lecho *m*
[A] (liter) (cama) bed; **en su ~ de muerte** on her deathbed; **la vida no es un ~ de rosas** life isn't (always) a bed of roses
[B] [1] (de un río) bed [2] (capa, estrato) layer

lechón -chona *m,f*
[A] (cerdo) [1] (Agr) piglet [2] **lechón** *m* (Coc) (cochinillo) suckling *o* sucking pig
[B] (persona) (fam) dirty slob (colloq), filthy pig (colloq)

lechosa *f* (AmC, Col, Ven) papaya

lechosidad *f* milkiness

lechoso -sa *adj* ‹*líquido*› milky; ‹*piel*› pale, pasty (colloq)

lechucear [A1] *vi*
[A] (Per fam) (trabajar) to work nights (*esp as a taxi driver*)
[B] (Ur fam) (husmear) to nose about *o* around (colloq)
[C] (Esp fam) (picar) to pick
■ **lechucear** *vt* (Arg fam) (traer mala suerte) to put a jinx on (colloq)

lechucero -ra *m,f* (Per fam) (en fábricas, hospitales) nightshift worker; (taxista) taxi driver (*who works nights*)

lechudo¹ -da *adj* (Ven vulg) lucky, jammy (BrE colloq)

lechudo² -da *m,f* (Ven vulg) lucky devil (colloq), jammy sod (BrE sl)

lechuga *f* lettuce; ***fresco como una ~*** (fam) as fresh as a daisy; ***ser más fresco que una ~*** (fam) to have a lot of nerve (colloq)

(Compuestos)
• **lechuga costina** (Chi) romaine lettuce (AmE), cos lettuce (BrE)
• **lechuga repollada** iceberg lettuce

lechuguilla *f*
A (Bot) wild lettuce
B (Indum) (cuello) starched ruff; (puño) starched cuff
C (Méx) *type of agave*

lechuguino *m* (ant) dandy (dated), fop (dated)

lechuza *f* **1** (como nombre genérico) owl **2** *tb* ~ **común** barn owl

leco[1] **-ca** *adj* (Méx fam) crazy (colloq), nuts (colloq)

leco[2] *m* (Ven fam) shout; **le pegó** *or* **dio un ~** he shouted at him

lectivo -va *adj* ‹día› school (*before n*); ‹año› academic (*before n*), school (*before n*); **tiene 30 horas lectivas a la semana** she has 30 hours of lessons *o* classes a week

lectoescritura *f* reading and writing

lector[1] **-tora** *adj* reading (*before n*)

lector[2] **-tora** *m,f*
A (de libros, revistas) reader
(Compuestos)
• **lector biométrico** *m* biometric reader
• **lector de código de barras** *m* bar code reader
• **lector de DVD** *m* DVD player
• **lector de tarjetas de banda magnética** *m* swipe card reader
• **lector digital** *m* digital scanner
• **lector óptico** *m* optical scanner
• **lector óptico de caracteres** *m* optical character reader
B (Esp) (Educ) foreign language assistant

lectorado *m* (Educ) assistantship

lectura *f* **1** (acción) reading; **el secretario dio ~ al acta de la sesión anterior** the secretary read the minutes of the previous meeting; **~ de los labios** lipreading; **la ~ del contador de electricidad** the electricity meter reading **2** (texto) reading matter; **~s apropiadas para niños** reading material *o* reading matter suitable for children **3** (como disciplina) reading **4** (interpretación) interpretation, reading
(Compuesto) **lectura rápida** *or* **veloz** skim reading, speed reading

LED /'leð/ *m* (= **diodo electroluminiscente**) LED

leer [E13] *vt* **1** ‹libro/texto› to read; **un libro muy leído** a widely-read book; **¿has leído a García Márquez?** have you read García Márquez?; **no habla alemán pero lo lee** she can't speak German, but she can read it; **~ los labios** to lip-read; **~ la mano de algn** to read sb's palm **2** (adivinar) to read; **justo lo que iba a decir, me has leído el pensamiento** just what I was going to say! you must have read my mind; **estás enamorada, lo leo en tus ojos** you're in love, I can see it in your eyes **3** (Educ) ‹tesis doctoral› to defend **4** (Inf) to scan
■ **leer** *vi* to read; **no sabe ~** he can't read; **~ en voz alta/baja** to read aloud/quietly
■ **leerse** *v pron* (*enf*) to read; **¿te lo has leído todo entero?** have you read it all?

legación *f* legation

legado *m*
A (Der) bequest, legacy
B (enviado) legate

legajador *m* (Col) folder, file

legajar [A1] *vt* (Andes, Méx, Rpl) to file

legajo *m* file, dossier

legal *adj*
A (Der) **1** ‹trámite/documentos/requisitos› legal; **por la vía ~** through legal channels, through the courts **2** (lícito, permitido) lawful; **haré lo que me pidas, siempre que sea ~** I'll do whatever you ask, as long as it's within the law *o* it's legal; **una manifestación ~** a lawful demonstration **3** (Esp period) ‹terrorista/comando› with no previous convictions, with no criminal record
B (Esp arg) (de confianza) great (colloq)
C (Col, Per, AmC arg) (estupendo) great (colloq), far out (sl & dated)
D (AmC fam) (justo) fair; **ser ~** to be fair

legalidad *f* **1** (de un acto, una medida) legality, lawfulness **2** (conjunto de leyes) law; **la ~ vigente** the current legislation

legalista[1] *adj* legalistic

legalista[2] *mf* legalist

legalización *f* (Der) **1** (de un partido, una droga) legalization **2** (de un documento, una firma) authentication

legalizar [A4] *vt* (Der) **1** ‹partido/droga› to legalize **2** ‹documento/firma› to authenticate

legalmente *adv* legally, lawfully

légamo *m* mud, slime

legaña *f* sleep, sleepy-dust (BrE colloq); **tienes ~s en los ojos** you have some (sleep) in your eyes

legañoso -sa *adj*: **con los ojos ~s** with sleep in his eyes

legar [A3] *vt* (en un testamento) to bequeath, leave; **los problemas que nos ha legado el gobierno anterior** the problems handed down to us by the previous government

legatario -ria *m,f* legatee

legendario -ria *adj* **1** (Lit) legendary **2** (famoso) legendary; **el ~ jugador brasileño** the legendary Brazilian player

leggings /'legins/ *mpl* leggings (*pl*); **se compró unos ~** she bought a pair of leggings

legible *adj* legible

legión *f* **1** (Hist, Mil) legion **2** (multitud) crowd; **una ~ de admiradores** legions *o* hordes *o* a crowd *o* a host of admirers
(Compuestos)
• **Legión de Honor** Legion of Honor*
• **Legión Extranjera** Foreign Legion

legionario[1] **-ria** *adj* legionary

legionario[2] *m* **1** (romano) legionary **2** (de otras asociaciones) legionnaire

legionella, legionela /lexjo'nela/ *f* (bacteria) legionella bacterium; (enfermedad) Legionnaire's disease

legionelosis *f* Legionnaire's disease

legislación *f* **1** (acción de legislar) lawmaking, legislation **2** (conjunto de leyes) legislation, laws (*pl*); **modificaciones a la ~ tributaria** modifications to the tax laws *o* legislation; **la ~ española no lo permite** it is forbidden under Spanish law

legislador[1] **-dora** *adj* legislative (*before n*)

legislador[2] **-dora** *m,f* legislator, lawmaker

legislar [A1] *vi* to legislate

legislativas *fpl* parliamentary elections (*pl*)

legislativo -va *adj* legislative (*before n*)

legislatura *f* **1** (mandato) term of office, term **2** (año parlamentario) session **3** (AmL) (cuerpo) legislature, legislative body

legista *mf* **1** (Der) legist, jurist **2** (médico) forensic expert

legitimación *f*
A (Der) **1** (de un documento, una firma) authentication **2** (de un hijo) legitimization
B (de un régimen) recognition, legitimization (frml)

legítimamente *adv* (conforme a la ley) lawfully, legitimately; (conforme a sus derechos) legitimately

legitimar [A1] *vt*
A (Der) **1** ‹documento/firma› to authenticate **2** ‹hijo› to legitimate, legitimize
B ‹poder/régimen› to recognize … as lawful, legitimize (frml)

legitimario[1] **-ria** (Der): **porción legitimaria** legitime, legal portion

legitimario[2] **-ria** *m,f* (Der) *person entitled to a legitime*

legitimidad *f* legitimacy

legitimista *mf* legitimist

legitimización *f* ▸**legitimación**

legitimizar [A4] *vt* ▸**legitimar**

legítimo[1] **-ma** *adj*
A **1** ‹hijo› legitimate; ‹esposa› lawful (*before n*); ‹heredero› legitimate (*before n*), rightful (*before n*) **2** ‹gobierno/representante› legitimate **3** ‹derechos/reclamación› legitimate; **actuó en legítima defensa** he acted in self-defense
B ‹cuero› genuine, real; ‹oro› real

legítimo[2] **-ma** *m,f*
A (Esp fam) (cónyuge) (*m*) husband; (*f*) wife
B **legítima** (Der) *f* legitime, legal portion

lego[1] **-ga** *adj*
A (seglar) lay (*before n*), secular (*before n*); **hermano ~** lay brother
B (ignorante) **~ EN algo**: **soy ~ en la materia** I know nothing at all about *o* I'm completely ignorant about the subject

lego[2] **-ga** *m,f*
A (Relig) **1** (fiel laico) (*m*) layman, layperson; (*f*) laywoman, layperson **2** (religioso) (*m*) lay brother; (*f*) lay sister
B (Col) (curandero) quack

legra *f* curette*

legrado *m* **1** (de la matriz) D and C, dilation and curettage (tech), scrape (colloq) **2** (de un hueso) scraping, curettage

legrar [A1] *vt* **1** ‹matriz› to curette, scrape (colloq) **2** ‹hueso› to scrape, curette

legua *f* league; ***a la* ~** *or* (Col, Méx) ***a* ~s** (fam)***:*** **se le notaba a la ~ que estaba mintiendo** it was patently obvious that he was lying

leguleyo -ya *m,f* (pey) pettifogging lawyer, shyster (AmE)

legumbre *f* **1** (garbanzo, alubia, etc) pulse, legume **2** (hortaliza) vegetable
(Compuesto) **legumbres secas** pulses (*pl*)

leguminosa *f* leguminous plant; **las ~s** leguminous plants, the leguminosae (tech)

leguminoso -sa *adj* leguminous

lehendakari *mf*

> **lehendakari**
> The president of the Basque autonomous government. The *lehendakari* is responsible for the administration of the Basque Country, and liaises with the prime minister of the Spanish central government.

leída *f* (AmL fam) reading; **de una ~** in one reading; **pégale una ~ rápida** cast your eye over this, give this a quick read (through)

leído -da *adj*: **ser muy ~** to be well-read

leísmo *m*: *the use of the pronouns* le, les *instead of* lo, los; la, las *(as in* este libro no te le presto *or* a Mareia le vi ayer*), common in certain regions of Spain but not accepted as standard by most Spanish speakers*

leísta *mf*: *a Spanish speaker who uses the pronouns* le, les *instead of* lo, los; la, las. ▸**leísmo**

leitmotiv, leit-motiv *m* leitmotiv

lejanía *f* **1** (distancia) remoteness **2** (lugar): **en la ~** in the distance

lejano -na *adj* **1** ‹lugar/época› far-off; **en un ~ país vivía un rey** in a distant *o* far-away *o* far-off country there lived a king (liter); **un pueblo ~** a remote village; **en épocas lejanas** in the distant past, in far-off times, long ago; **cada vez se sentían más ~s el uno del otro** they felt increasingly distant from each other, they felt they were growing further and further apart **2** ‹pariente› distant; **hay un ~ parentesco entre ellos** they are distantly related
(Compuestos)
• **Lejano Oeste** *m* Far West
• **Lejano Oriente** *m* Far East

lejía *f* bleach

lejísimos *adv ver* **lejos**

lejos *adv*
A **1** (en el espacio): **la estación queda** *or* **está muy ~** the station is a long way away; **está** *or* **queda demasiado ~ para ir andando** it's too far to walk; **no está muy ~** it isn't very far; **vive lejísimos** she lives miles away; **¿ves aquel edificio allá ~?** do you see that building way *o* right over there?; **~ DE algo/algn**: **queda ~ del centro** it's a long way from the center; **ponte ~ de mí** *or* (crit) **~ mío** stand well away from me; **estaba ~ de imaginarme la verdad** I was far from guessing the truth **2** (*en locs*): **a lo lejos** in the distance; ***muy a lo***

L

~ (Chi) now and again, from time to time; **de lejos** from a distance; **no veo bien de ~** I'm shortsighted; **seguido muy de ~ por el ciclista francés** followed, a long way behind, by the French cyclist; ***llevar algo/ir demasiado ~*** to take sth/to go too far; ***sin ir más ~*: ¿has visto a María últimamente? — ayer, sin ir más ~, cené con ella** have you seen María recently? — yes, in fact I had dinner with her just yesterday; **Gustavo, sin ir más ~, lleva ocho meses esperando** Gustavo, to take a case in point, has been waiting for eight months; ▸**llegar** 3 (AmL fam) (con mucho) by far, easily; **es ~ la mejor** (CS) *or* (Col, Méx) **es de ~** *or* (RPl) **por ~ la mejor** she's by far *o* easily the best, she's the best by far *o* by a long way

B (en el futuro) a long way off; (en el pasado) a long time ago; **¡el día 30 queda tan ~!** the 30th is so far off *o* such a long way off!; **~ DE algo: estamos ya ~ de aquellos acontecimientos** those events happened a long time ago; **aún estamos ~ del día de pago** payday's still a long way off

C (señalando contraste) **~ DE + INF** far FROM -ING; **~ de molestarle, le encantó la idea** far from being upset, he thought it was a great idea

lejura *f* (AmL) 1 (distancia) remoteness 2 **lejuras** *fpl* (lugar lejano) remote place

lek *m* lek

lelo¹ -la *adj* (fam) 1 (tonto) slow on the uptake, goofy (AmE colloq), dozy (BrE colloq) 2 (pasmado) speechless; **me quedé ~ con su respuesta** I was struck dumb by his reply, his reply left me speechless

lelo² -la *m,f* (fam) dummy (colloq), fool

lema *m*

A (de un emblema, una insignia) motto; (de una persona) motto; (de un partido, grupo) slogan

(Compuesto) **lema publicitario** advertising slogan

B (Esp) (en un concurso) pseudonym

C (Mat) lemma

D (Ur) (Pol) party, ticket

lemming, leming /'lemin/ *m* (*pl* **~s**) lemming

lempira *m* lempira (*Honduran unit of currency*)

lémur *m* lemur

lencería *f* lingerie

lendakari *mf* ▸**lehendakari**

lengua *f*

A 1 ▸❶ **p.231** (Anat) tongue; **saca la ~** put out your tongue; **me sacó la ~** he stuck his tongue out at me; **se me traba la ~** I get tongue-tied; **tengo la ~ pastosa** *or* **estropajosa** I have a cotton mouth (AmE colloq), I've got a furry tongue (BrE colloq); ***andar en ~s*** (fam) to be the subject of gossip; ***con la ~ fuera*** (fam): **llegamos a casa con la ~ fuera** by the time we got home our tongues were hanging out (colloq); ***darle a algn hasta por debajo de la ~*** (Méx fam) to thrash sb (colloq); ***darle a la ~*** (fam) to chatter, gab (colloq); ***hacerse ~s de algn/algo*** (fam) to rave about sb/sth (colloq); **todos se hacen ~s de su belleza** everyone raves about how beautiful she is; ***irse de la ~*** *or* ***írsele la ~ a algn*** (fam): **no debía haber dicho eso pero se me fue la ~** I shouldn't have said that but it just slipped out; **quiero que sea una sorpresa así que no te vayas a ir de la ~** I want it to be a secret so don't go and let the cat out of the bag (colloq); ***morderse la ~*** to bite one's tongue; ***soltar la ~*** to spill the beans; ***soltarle la ~ a algn*** to make sb talk; ***¿te comieron la ~ los ratones?*** *o* (Esp) ***¿te ha comido la lengua el gato?*** (fam & hum) has the cat got your tongue? (colloq), have you lost your tongue? (colloq); ***tener una ~ viperina*** *or* ***de víbora*** to have a sharp tongue; ***tirarle*** *or* (AmL) ***jalarle (de) la ~ a algn*:** **hay que tirarle de la ~ para que te cuente nada** you have to drag everything out of him *o* you have to pump him, otherwise he doesn't tell you anything; **sé mucho sobre tus negocios así que no me tires de la ~** I know a lot about your shady deals, so don't provoke me … 2 (Coc) tongue 3 (de tierra) spit, tongue 4 (de fuego) tongue

(Compuesto) **lengua de gato** langue de chat

B (Ling) language; **la ~ y el habla** langue and parole; ***~ de trapo*** baby talk; ▸**medio¹**

(Compuestos)

- **lengua de destino** target language
- **lengua de oc/d'oïl** langue d'oc/d'oïl
- **lengua de origen** source language
- **lengua madre** *or* **materna** mother tongue
- **lengua meta** target language, object language
- **lengua muerta** dead language
- **lengua objeto** target language, object language
- **lengua viva** living language

> **lenguas cooficiales**
>
> The regional languages of Spain, ▸**catalán**, ▸**euskera**, and ▸**gallego**, which now have equal status with Castilian in the regions where they are spoken. Banned under Franco, they continued to be spoken privately. They are now widely used in public life, education, and the media, cinema and literature.

lenguado *m* sole

lenguaje *m* language; **~ hablado/escrito** spoken/written language; **~ periodístico** journalistic language

(Compuestos)

- **lenguaje corporal** body language
- **lenguaje gestual** *or* **de gestos** sign language
- **lenguaje de** *or* **por señas** (esp AmL) sign language

lenguaraz *adj* insolent

lengüeta *f* 1 (de un zapato) tongue 2 (Mús) reed

lengüetazo *m*, **lengüetada** *f* big lick; **le dio un ~ al helado** he took a big lick of the ice cream; **se daba ~s en el pelaje** it was licking its coat; **bebió la leche a ~s** it lapped up the milk

lengüetear [A1] *vt* to lick

■ **lengüetearse** *v pron* to lick oneself; **se lengüeteaba la herida** it was licking the wound

lenidad *f* (frml) lenience, leniency

Lenin, Lenín Lenin

leninismo *m* Leninism

leninista *adj/mf* Leninist

lenitivo¹ -va *adj* alleviating (*before n*), soothing, lenitive (tech)

lenitivo² *m* 1 (Med) (medicamento) lenitive (tech); **el calor es un buen ~ para los dolores musculares** heat is good for alleviating muscular pains 2 (liter) (alivio) balm (liter); **sus palabras supusieron un ~ para mi tristeza** his words helped alleviate my sorrow (liter); **la música es un ~ para el alma** music is soothing *o* is (a) balm to the soul

lenocinio *m* procuring; ▸**casa**

lentamente *adv* slowly

lente *m* [*en algunas regiones f*] lens; *ver tb* **lentes**

(Compuestos)

- **lente de contacto** *m or f* contact lens; **~s de ~ duros/blandos** hard/soft contact lenses
- **lente telefotográfico** tele-lens
- **lente telescópico** telescopic lens

lenteja *f* lentil; ***ganarse las ~s*** (fam) to make one's living, earn one's daily bread

lentejuela *f* sequin; **un vestido de ~s** a sequined dress

lentes *mpl* (esp AmL) glasses (*pl*), spectacles (*pl*) (frml)

(Compuestos)

- **lentes bifocales** bifocals (*pl*)
- **lentes de aumento** *or* **de fórmula** prescription glasses *o* spectacles (*pl*)
- **lentes de sol** sunglasses (*pl*)
- **lentes multifocales** bifocals (*pl*), multifocals (*pl*)
- **lentes negros** sunglasses (*pl*), dark glasses (*pl*)
- **lentes ópticos** prescription glasses *o* spectacles (*pl*)
- **lentes oscuros** sunglasses (*pl*), dark glasses (*pl*)
- **lentes progresivos** varifocal lenses *pl*

lentificar [A2] *vt* to slow … down

■ **lentificarse** *v pron* to slow down

lentilla *f* (Esp) contact lens; **~s blandas/duras** soft/hard lenses

lentitud *f* slowness; **el tiempo pasaba con una ~ insufrible** time passed unbearably slowly; **en el pueblo la vida transcurre con ~** life moves at a slow pace in the village

lentivirus *m* (*pl* **~**) lentivirus

lento¹ -ta *adj*

A 1 ‹*proceso/trabajador/vehículo*› slow; **un ~ crecimiento económico** a slow *o* sluggish rate of economic growth; **movimientos ~s** slow movements; **sufrió una muerte lenta** she suffered a slow *o* lingering death 2 ‹*compás/ritmo*› slow 3 ‹*película/argumento*› slow-moving, slow 4 ‹*estudiante*› slow, slow-witted; **eres muy ~** you're very slow (on the uptake)

B 1 ‹*combustión*›: **una mecha de combustión lenta** a slow-burning *o* slow fuse 2 (Coc): **cocinar a fuego ~** cook over a low heat; **hervir a fuego ~** simmer gently

lento² *adv* ‹*andar/conducir*› slowly; ‹*hablar*› slowly; **¡qué ~ pasa el tiempo!** time is going so slowly!; **prefiero ir ~ pero seguro** I prefer to go slowly and be safe

leña *f* wood, firewood; **recogió ~ para la chimenea** he collected some firewood; **la ~ tardó en prender** the wood took time to catch; ***dar/repartir ~*** (fam): **reparte/da mucha ~** (Dep) he plays dirty; **ven aquí que te voy a dar ~** I'm going to give you a good hiding (colloq); **en el debate le dieron ~** he took a lot of flak *o* (BrE) stick in the debate (colloq); **la policía repartió ~ en la manifestación** the police set about *o* laid into the demonstrators (colloq); ***echar ~ al fuego*** to add fuel to the fire *o* flames; ***estar vuelto ~*** (Ven fam) to be exhausted, be shattered (colloq); ***hacer ~ del árbol caído*** (Ven) to take advantage of somebody else's misfortune; ***llevar ~ al monte*** to take *o* carry coals to Newcastle

leñador -dora *m,f* woodcutter

leñatero -ra *m,f* (AmC, CS) (leñador) woodcutter; (comerciante) log merchant, firewood merchant

leñazo *m* 1 (fam) (golpe) nasty knock (colloq) 2 (fam) (choque) bump (colloq)

leñe *interj* (Esp euf & fam): **¡déjame en paz, ~!** leave me alone, for Pete's sake! (euph)

leñera *f* woodshed

leñero -ra *adj* (fam) dirty (colloq); **lo expulsaron por ~** he was sent off for dirty play

leño *m* log; ***dormir como un ~*** to sleep like a log

leñoso -sa *adj* woody

Leo¹ (signo, constelación) Leo; **es (de) ~** he's (a) Leo

Leo², leo *mf* (*pl* **~**) (persona) Leo

león -ona *m,f* 1 (de África) (*m*) lion; (*f*) lioness; **es un ~ para defender sus derechos** he'll fight to the death to defend his rights; ***no es tan fiero el ~ como lo pintan*** (refiriéndose a un asunto) it is not as bad as it seems; (refiriéndose a una persona) he's not as bad as he's made out to be/as he seems, he isn't the monster he's made out to be, his bark is worse than his bite; ***echar*** *or* ***arrojar a algn a los leones*** (fam) to throw sb to the lions 2 (AmC, Chi, Méx) (puma) puma, cougar; ***tirar a algn de a ~*** (Méx fam) to ignore sb; **me tiraste de a ~** you totally ignored me, you didn't pay me the blindest bit of notice (colloq)

(Compuesto) **león marino** sea lion

leonado -da *adj* tawny

leonera *f* 1 (de un león) lion's den 2 (Esp fam) (lugar desordenado) tip (colloq); **esta habitación parece una ~** this room is a tip (colloq)

leonino -na *adj*

A ‹*contrato/condiciones*› unfair, one-sided; ‹*reparto*› unequal, uneven, unfair; ‹*intereses*› excessive

B (del león) leonine

leontina *f* watch chain

leopardo *m* leopard; **~ hembra** leopardess

leotardo *m*

A (de bailarín, gimnasta) leotard, tights (*pl*)

B (Esp) *tb* **~s** (medias) woolen pantyhose (AmE) *o* (BrE), tights (*pl*)

C (pantalón) (Esp) leggings (*pl*)

Lepe: ***saber más que*** *or* ***ser más listo que ~*** (fam) to be really smart

lépero -ra *adj* (Méx) coarse

lepidóptero¹ -ra *adj* lepidopterous

lepidóptero² *m* lepidopteran; **~s** lepidopterans, lepidoptera

lepidopterólogo -ga *m,f* lepidopterist

lepidosirena *f* lungfish

lepisma *m* silverfish

leporino -na *adj* ▸**labio**

lepra *f* leprosy

leprocomio *m* leprosarium

leprosario *m* (CS) leper colony

leprosería *f* leper colony

leproso¹ -sa *adj*

A ‹*enfermo*› leprous

B (Col fam) ‹*pintura*› trashy (colloq); ‹*fiesta*› lousy (colloq); **una novela leprosa** a trashy novel, a pulp novel

leproso² -sa *m,f* leper

leptón *m* lepton

lerdo¹ -da *adj* (fam) 1▸ (en los movimientos — torpe) clumsy; (— lento) slow; **como es muy ~ se le cayó todo** he's so clumsy *o* ham-fisted that he dropped everything 2▸ (tonto) slow, slow-witted, thick (colloq)

lerdo² -da *m,f* (fam) 1▸ (en los movimientos — torpe) clumsy oaf (colloq); (— lento) slowpoke (AmE colloq), slowcoach (BrE colloq) 2▸ (tonto) dimwit (colloq)

les *pron pers*

A (*como objeto indirecto*): **~ quiero mostrar algo** (a ellos, ellas) I want to show them something; (a ustedes) I want to show you something; **~ puse las fundas a los muebles** I put the covers on the furniture; **pregúntales a ellas** ask them; **¿a ustedes no ~ molesta el ruido?** doesn't the noise bother you?; **~ han dado un ultimátum** they've been given an ultimatum; **~ resultó muy difícil entenderte** they found it very difficult to understand you, it was very difficult for them to understand you; **se ~ han echado a perder los tomates** their tomatoes have gone rotten; **el niño no ~ duerme** their son isn't sleeping

B (*como objeto directo*) (esp Esp) (referido — a ellos) them; (— a ustedes) you; **mírales ¿no están guapos?** look at them, don't they look handsome?; **perdonen, no ~ había reconocido** sorry, I didn't recognize you

lesa humanidad *f*: **crimen/delito de ~ ~**; crime against humanity

lesa majestad *f* lese-majesty; **delito de ~ ~** crime of lese-majesty *o* treason

lesa nación, lesa patria *f*: **delito de ~ ~** offense against the State

lesbiana *f* lesbian

lesbianismo *m* lesbianism

lesbiano -na, lésbico -ca *adj* lesbian

lesear [A1] *vi* (Chi fam) 1▸ (tontear) to clown *o* fool around (colloq) 2▸ (bromear) to joke (colloq); **lo dijo por ~** he was only joking *o* only being funny *o* just fooling 3▸ (flirtear) to flirt 4▸ (perder el tiempo) to do nothing, laze around

lesera *f* (Chi fam) stupid thing; **hiciste una ~** you did a stupid thing; **fue una ~ no aceptar** it was stupid not to accept; **se enojó por una ~** he got angry over a trifle *o* over next to nothing; **déjate de hacer ~s** stop acting the fool; **dijo puras ~s** what he said was a load of drivel; **¡que ~!** how stupid!

lesión *f*

A (Med) injury, lesion (tech); **sufrió una ~ cerebral** he suffered brain damage; **~ interna** internal injury; **sufrió una ~ en la pierna** he suffered *o* sustained a leg injury; **algunas personas resultaron con lesiones** several people were injured

B (Der) injury

(Compuesto) **lesión corporal grave** grievous bodily harm

lesionado¹ -da *adj* injured; **algunos pasajeros resultaron ~s** several passengers were injured; **tiene una mano lesionada** he has injured *o* hurt his hand

lesionado² -da *m,f*: **sólo hubo algunos ~s** only a few people were injured; **el equipo tiene varios ~s** the team has several players injured

lesionar [A1] *vt* 1▸ ‹*persona*› to injure; ‹*pierna/rodilla*›: **le ~on la pierna en el partido** his leg was hurt *o* injured in the game; **lo agredieron con intenciones de ~lo** they assaulted him with intent to cause injury (frml) 2▸ ‹*derechos*› to infringe on; ‹*intereses*› to damage, be detrimental to, be injurious to (frml); **lesiona los intereses de la compañía** it is damaging *o* detrimental to the interests of the company

■ **lesionarse** *v pron* «*persona*» to injure oneself, get injured; ‹*pierna/rodilla*› to injure; **se lesionó el brazo en los entrenamientos** she injured her arm during training

lesivo -va *adj* (frml) 1▸ detrimental, damaging, injurious (frml) 2▸ ‹*sustancia*› harmful

leso¹ -sa *adj* (Chi fam) dumb (colloq); ***hacer ~ a algn*** (fam) to make a monkey out of sb (colloq)

leso² -sa *m,f* (Chi fam) fool; ***hacerse el ~*** to act dumb *o* stupid, play the fool

Lesoto *m* Lesotho

letal *adj* lethal, deadly

letanía *f* 1▸ (Relig) litany 2▸ (fam) (retahíla): **empezó con su ~ de siempre** he launched into his usual spiel (colloq); **una ~ de quejas** a long list *o* a litany of complaints; **su discurso fue una ~ de amenazas** his speech was a barrage of threats

letárgico -ca *adj* lethargic

letargo *m* lethargy; **el calor le produjo un profundo ~** the heat made him feel very lethargic

letón¹ -tona *adj* Latvian

letón² -tona *m,f* 1▸ (persona) Latvian 2▸ **letón** *m* (idioma) Latvian, Lettish

Letonia *f* Latvia

letra *f*

A 1▸ (Impr, Ling) letter; ***aprender/saber las primeras ~s*** to learn/know how to read and write; ***la ~ con sangre entra*** spare the rod, spoil the child 2▸ (caligrafía) writing, handwriting; **escríbelo con buena ~** write it neatly; **tienes una ~ muy clara** your writing *o* handwriting is very clear; **no entiendo tu ~** I can't read your writing *o* handwriting; ***despacito y buena ~*** slowly and carefully 3▸ **letras** *fpl* (carta breve): **sólo cuatro** *or* **unas ~s para decirte que ...** just a note *o* just a few lines to let you know that ...

(Compuestos)

- **letra bastardilla** *or* **cursiva** italic script, italics (*pl*)
- **letra chica** (RPl) small print
- **letra de molde** *or* **imprenta** print; **escriba el nombre completo en ~ de ~** please print your full name
- **letra doble** double letter
- **letra gótica** Gothic script
- **letra itálica** italic script, italics (*pl*)
- **letra mayúscula** capital letter, uppercase letter; **con** *or* **en ~s ~s** in capital letters, in upper case (tech)
- **letra minúscula** lowercase letter, small letter; **con** *or* **en ~s ~s** in small letters, in lower case (tech)
- **letra muerta** dead letter
- **letra negrita** *or* **negrilla** boldface, bold type
- **letra pequeña** small print
- **letra redonda** roman type

B (sentido): **la ~ de la ley** the letter of the law; **ateniéndonos a la ~, el texto dice que ...** if we read it absolutely literally, the text appears to say that ...

C (Mús) (de canción) words (*pl*), lyrics (*pl*)

D (Fin) *tb* **~ de cambio** bill of exchange, draft; **aceptar/girar una ~** to accept/present a bill of exchange *o* a draft; **devolver/protestar una ~** to dishonor/protest a bill of exchange *o* a draft; **me quedan tres ~s por pagar** ≈ I still have three installments to pay *o* three payments to make

E **letras** *fpl* (Educ) arts (*pl*); **licenciado en Filosofía y L~s** ≈ arts graduate

letrado¹ -da *adj* learned

letrado² -da *m,f* (frml) lawyer

letrero *m* sign, notice; **el ~ decía** *or* **ponía 'prohibido fumar'** the sign said 'no smoking'

(Compuesto) **letrero luminoso** illuminated sign, neon sign

letrina *f* latrine

letrista *mf* lyricist

leucemia *f* leukemia

leucémico¹ -ca *adj* 1▸ ‹*proceso/relapso*› leukemic* 2▸ ‹*paciente*› leukemia* (*before n*); ‹*niño*› with leukemia*

leucémico² -ca *m,f* leukemia* sufferer

leucocito *m* leukocyte

leucoma *m* leukoma

leudante *adj* ▸**harina**

leudar [A1] *vi* to rise

leva *f*

A (Mil) levy

B (Mec) cam; ▸**árbol**

C (Chi fam) (Indum) old coat

levadizo -za *adj*: **una plataforma levadiza** a platform that can be raised and lowered

levadura *f* yeast; **pan sin ~** unleavened bread

(Compuestos)

- **levadura de cerveza** brewer's yeast
- **levadura de panadero** fresh yeast
- **levadura en polvo** (Esp) baking powder
- **levadura seca** dried yeast

levantada *f* (Andes): **va a ser dura la ~ mañana** it's going to be hard getting up tomorrow

levantado -da *adj*: **ya estaba ~** I was already up; **está ~ desde las siete de la mañana** he's been up since seven o'clock

levantador -dora *m,f*

A (Dep) *tb* **~ de pesas** weightlifter

B **levantadora** *f* (Col) (Indum) bathrobe, dressing gown (BrE)

levantamiento *m*

A (sublevación) uprising

B (de un embargo, una sanción) lifting

C 1▸ (de un bulto, peso) lifting 2▸ (de un cadáver) removal 3▸ (Geol) uplifting

(Compuesto) **levantamiento de pesas** weightlifting

levantamuertos *m* (*pl* **~**) (Andes fam) soup (*with reviving qualities*)

levantar [A1] *vt*

A 1▸ ‹*bulto/peso/piedra*› to lift, pick up; ‹*persiana*› to pull up, raise; **ayúdame a ~ este baúl** help me to lift this trunk *o* pick this trunk up; **levanta la alfombra** lift up the rug; **~on las copas para brindar** they raised their glasses in a toast 2▸ ‹*ojos/mirada/vista*›: **me contestó sin ~ los ojos** *or* **la vista del libro** she answered me without looking up *o* without lifting her eyes from her book; **levantó la mirada hacia el cielo** he raised his eyes to heaven 3▸ ‹*voz*› to raise; **~ el tono** to raise one's voice; **¡a mí no me levantes la voz!** don't raise your voice to me! 4▸ ‹*polvo*› to raise; **el coche levantó una nube de polvo** the car raised a cloud of dust 5▸ (en naipes) ‹*carta*› to pick up

B 1▸ ‹*ánimos*›: **esto nos levantó los ánimos/la moral** this raised our spirits/our morale; **venga, levanta el ánimo** come on, cheer up! 2▸ ‹*industria/economía*› to help ... to pick up; **a ver si conseguimos ~ este país** let's see if we can get this country back on its feet

C ‹*estatua/muro/edificio*› to erect, put up

D ‹*restricción/embargo/sanción*› to lift; ‹*huelga*› to call off; **la madre le levantó el castigo** his mother let him off *o* lifted his punishment; **~ el asedio** to raise *o* lift the siege; **se levanta**

l

la sesión the meeting is adjourned
E ‹*protestas*› to cause, spark, spark off, give rise to; ‹*polémica*› to cause, arouse; ‹*rumor*› to give rise to, spark, spark off; **su comportamiento levantó sospechas entre los vecinos** her behavior aroused *o* caused suspicion among the neighbors
F (Der) **1** ‹*acta*› to prepare; **levantó atestado del accidente** he wrote a report on the accident **2** ‹*cadáver*› to remove
G ‹*censo*› to take
H (desmontar, deshacer): **~ (el) campamento** to strike camp; **~ la cama** to strip the bed; **~ la mesa** (AmL) to clear the table
I **1** (en brazos) ‹*niño*› to pick up **2** (de la cama) to get … up, get … out of bed **3** (poner de pie): **ayúdame a ~ al abuelo de la silla** help me to get grandpa up out of his chair; **un discurso que levantó al público de sus asientos** a speech which brought the audience to its feet
J (fam) (robar) to lift (colloq), to swipe (colloq), to pinch (BrE colloq); **me levantó la novia** he went off with *o* stole *o* pinched my girlfriend (colloq)
K (AmS fam) ‹*mujer*› to pick up (colloq)
■ **levantarse** *v pron*
A **1** (de la cama) to get up; **nunca se levanta antes de las diez** he never gets up *o* gets out of bed before ten; **¿a qué hora te levantas?** what time do you get up?; **ya se levanta un poco por la casa** she can get up and move around the house a bit now, she's up and moving around the house a little now **2** (ponerse en pie): **al entrar el monarca todos se ~on** everyone rose to their feet as the monarch entered (frml); **intentó ~se del suelo** he tried to get up off the floor *o* to stand up; **hasta que no terminemos todos no se levanta nadie de la mesa** no one is getting up from (the) table until we've all finished; **se levantó de su asiento para saludarme** she stood up *o* got up *o* rose to greet me
B ‹‹*polvareda*›› to rise; ‹‹*temporal*›› to brew; **se ha levantado un viento muy fuerte** a strong wind has got up *o* picked up
C ‹‹*torre/monumento/edificio*›› (erguirse) to rise
D ‹‹*pintura*›› to peel off, peel, come off
E (sublevarse) to rise up, rise; **la nación entera se levantó (en armas) para repeler la invasión** the whole nation rose up (in arms) to repel the invasion
F (*refl*) ‹*solapas/cuello*› to turn up
G (AmS fam) ‹*mujer*› **1** (ligar) to pick up (colloq) **2** (acostarse con) to score with (colloq), to go to bed with

levantaválvulas *m* (*pl* ~) valve tappet

levante *m*
A **1** (Geog) (este) east; **soplarán vientos de ~** the winds will be easterly **2** (viento) east wind, levanter (dated)
B (AmS fam) (conquista): **salieron de ~** they went out trying to pick up girls (colloq), they went out on the make (AmE sl); **no es la novia, es un ~** she's not his girlfriend, she's just some girl he's met *o* (colloq) picked up

Levante *m* **1** (Cercano Oriente): **el ~** the Levant (dated) **2** (en Esp) *the provinces of Alicante, Castellón, Murcia and Valencia*

levantino -na *adj: of/from the* ▸**Levante** *region of Spain*

levantisco -ca *adj* (liter) rebellious

levar [A1] *vt*: **~ anclas** to weigh anchor

leve *adj*
A **1** (delicado, tenue) ‹*perfume/gasa*› delicate **2** (ligero): **tenía una ~ sospecha/duda** she had a slight *o* faint suspicion/a slight doubt; **insinuó una ~ sonrisa** she gave a slight smile; **soplaba una ~ brisa** there was a gentle *o* slight breeze blowing; **sintió unos ~s golpes en la puerta** he heard a gentle *o* light knocking at the door; **hay un ~ parecido entre ellos** there's a faint *o* slight resemblance between them; **tuvo la varicela pero muy ~** she had chickenpox but only very mildly
B (de poca importancia) ‹*pecado*› venial; ‹*castigo/sanción*› light; ‹*herida/lesión*› slight; **cometió una infracción ~** he committed a minor offense; **sus heridas son de carácter ~** he has only slight *o* minor injuries

levedad *f* lightness; **la ~ de las penas aplicadas** the lightness of the sentences given; **la ~ de las heridas no lo justificaba** his injuries were not serious enough to justify it

levemente *adv* **1** (un poco, algo) slightly; **estaba ~ sorprendido** I was slightly surprised; **resultó ~ herido** he was slightly hurt **2** (superficialmente) lightly; **lo tocó ~ en el hombro** she tapped him lightly *o* gently on the shoulder

leviatán *m* (Bib) leviathan, Leviathan

levita *mf*
A (Bib) Levite
B **levita** *f* (Indum) frock coat

levitación *f* levitation

levitar [A1] *vi* to levitate

Levítico: **el ~** Leviticus

lexema *m* lexeme

lexicalización *f* lexicalization

lexicalizar [A4] *vt* to lexicalize
■ **lexicalizarse** *v pron* to become lexicalized

léxico[1] -ca *adj* lexical

léxico[2] *m* **1** (vocabulario) range of vocabulary, vocabulary, lexis (tech) **2** (diccionario) lexicon; (glosario) glossary, lexicon

lexicografía *f* lexicography

lexicográfico -ca *adj* lexicographical

lexicógrafo -fa *m,f* lexicographer

lexicología *f* lexicology

lexicólogo -ga *m,f* lexicologist

lexicón *m* lexicon

ley *f*
A (disposición legal) law; **conforme a la ~** *or* **según disponen las ~es** in accordance with the law; **promulgar/dictar una ~** to promulgate/issue a law; **aprobar/derogar una ~** to pass/repeal a law; **aplicar una ~** to apply a law; **se acogió a la ~ de ciudadanía** he sought protection under the citizenship law; **violar la ~** to break the law; **atenerse a la ~** to abide by *o* obey the law; ***es ~ de vida*** it is a fact of life; ***hacerle la ~ del hielo a algn*** (Chi, Méx) to give sb the cold shoulder; ***la ~ de la selva*** *or* ***de la jungla*** the law of the jungle; ***la ~ del más fuerte*** the survival of the fittest; ***la ~ del mínimo esfuerzo*** the line of least resistance; ***la ~ del Talión*** an eye for an eye; **aplicar la ~ del Talión** to demand an eye for an eye; ***morir en su ~*** (Andes) to die as one lived; ***tenerle ~ a algn*** (Chi fam) to have it in for sb (colloq); ***hecha la ~ hecha la trampa*** *or* ***quien hace la ~ hace la trampa*** every law has its loophole; ***~ pareja no es dura*** *or* ***rigurosa*** (CS) a rule isn't unfair if it applies to everyone
(Compuestos)
• **ley de extranjería** (en Esp) ≈ immigration laws (*pl*)
• **ley de fuga(s)** (Andes, Méx): **aplicarle a algn la ~ de ~** *the practice of allowing a prisoner to escape and then shooting him/her in the back*
• **ley de la ventaja** advantage rule
• **ley del embudo** unfair law/rule
• **ley orgánica** organic law
• **ley seca**: **la ~ ~** Prohibition
• **ley tributaria** tax law
B (justicia): **la ~** the law; **todos somos iguales ante la ~** we are all equal in the eyes of the law *o* under the law; **un representante de la ~** a representative of the law; ***con todas las de la ~*: ganó con todas las de la ~** she won very fairly *o* rightly *o* deservedly; **un almuerzo con todas las de la ~** a proper *o* real lunch
(Compuestos)
• **ley marcial** martial law
• **ley sálica** Salic law
C **1** (regla natural) law; **las ~es de la física** the laws of physics **2** (Bib) law
(Compuestos)
• **ley de la gravedad** law of gravity
• **ley de la oferta y la demanda** law of supply and demand
• **leyes de Mendel** *fpl* Mendel's laws (*pl*)
D (de oro, plata) assay value; ***de buena ~*** genuine

leyenda *f*
A (Lit) (narración) legend; **según cuenta la ~** according to the legend, the legend has it that …; **un actor que se convirtió en ~** an actor who became a legend
(Compuesto) **leyenda negra** *unfavorable interpretation of Spain's colonizing role in the Americas*
B (de una moneda, un escudo) legend; (de una ilustración, foto) caption, legend; **como reza la ~** according to the caption

leyeron, leyó, etc ▸**leer**

lezna *f* awl, bradawl

LGTB *adj* (= **Lesbio, Gay, Transexual y Bisexual**) LGTB

liado -da *adj* (fam) **1** (ocupado) tied up (colloq); **~ CON algo** tied up WITH sth (colloq); **últimamente ando muy liada con el trabajo** I've been very tied up *o* busy with my work lately **2** (relacionado) **~ CON algn** involved WITH sb

liana *f* liana

liante[1] -ta *adj* (Esp fam): **¡qué ~ es!** he's a real smooth talker! (colloq); **¡no seas ~! ya te he dicho que no me interesa** don't try to talk me into it! I've already told you that I'm not interested (colloq)

liante[2] -ta *m,f* (Esp fam) smooth talker (colloq)

liar [A17] *vt*
A **1** ‹*cigarrillo*› to roll **2** (atar) to tie, tie up **3** (envolver) to wrap, wrap up; (en un fardo, manojo) to bundle, bundle up; **llevaba las monedas liadas en un pañuelo** the coins were wrapped (up) *o* tied up in a handkerchief
B **1** (fam) ‹*situación/asunto*› to complicate; **y ella lió el asunto aún más** and she confused *o* complicated matters still further; **~la** (Esp fam) to goof (colloq), to boob (BrE colloq) **2** (fam) (confundir) ‹*persona*› to confuse, get … in a muddle; **me estás liando con tantos números** you're getting me in a muddle *o* confusing me with all these numbers **3** (fam) (en un asunto) ‹*persona*› to involve; **a mí no me líes en ese asunto** don't go getting me mixed up *o* involved in all that **4** (fam) ‹*bronca*› **me lió la bronca por llegar tarde** (Esp) she tore into me for being late (AmE), she tore me off a strip for being late (BrE colloq), she had a go at me for being late (BrE colloq)
■ **liarse** *v pron*
A (fam) **1** ‹‹*asunto/cuestión*›› (complicarse) to get complicated **2** ‹‹*persona*›› (confundirse) to get *o* become confused, get muddled
B (Esp fam) (entretenerse): **me lié con la radio** I started tinkering about with the radio; **~se A + INF: me lié a comprobar los datos** I got held up *o* tied up *o* caught up checking the statistics; **nos liamos a hablar y estuvimos allí toda la noche** we got talking and we were there all night; ***~se a tortas/patadas*** (Esp fam): **se ~on a patadas** they started kicking each other; **se lió a tortas conmigo** he laid into me (colloq)

libación *f* **1** (del néctar) sucking **2** (de una bebida) (liter *o* hum) imbibing (liter *or* hum) **3** (Hist) libation

libanés[1] -nesa *adj* Lebanese

libanés[2] -nesa *m,f*
A (*m*) Lebanese, Lebanese man
B (*f*) Lebanese, Lebanese woman

Líbano *m* (Geog) *tb*: **el ~** Lebanon, the Lebanon (dated)

libar [A1] *vt* **1** ‹*néctar*› to suck **2** ‹*bebida*› (liter *or* hum) to imbibe (liter *o* hum)

libelo *m* **1** (Der) (petición) petition; (demanda) action, lawsuit **2** (escrito difamatorio) libelous* article

libélula *f* dragonfly

liberación *f*
A **1** (de un preso, rehén) release, freeing **2** (de un pueblo, país) liberation
(Compuesto) **liberación de la mujer**: **la ~ de la ~** Women's Liberation, Women's Lib
B **1** (de precios) deregulation **2** (de recursos) release
C (de energía, calor) release

l

liberacionista *adj*
A ‹*movimiento*› women's liberation (*before n*)
B (Pol) *related or belonging to the Partido de Liberación Nacional de Costa Rica*
liberado[1] **-da** *adj* **1** ‹*mujer*› liberated **2** (Esp) ‹*miembro/militante*›: **es miembro ~ del sindicato** he is a paid member/officer of the union
liberado[2] **-da** *m,f* paid worker/officer
liberador -dora *adj* liberating (*before n*)
liberal[1] *adj* **1** ‹*política/régimen*› liberal **2** (tolerante) liberal; **son ~es en cuanto a la educación de sus hijos** they have a liberal approach to their children's upbringing **3** (generoso) generous, liberal
liberal[2] *mf* Liberal
liberalidad *f* **1** (liberalismo) liberalism **2** (generosidad) generosity, liberality (frml)
liberalismo *m* liberalism; **~ económico** economic liberalism
liberalista *adj* liberalist
liberalización *f* liberalization; **la ~ del comercio exterior** the easing *o* relaxing of restrictions on foreign trade; **la ~ del transporte de mercancías por carretera** liberalization *o* deregulation of road haulage; **hubo una total ~ de los precios** price controls were abolished *o* removed
liberalizador -dora *adj* liberalizing
liberalizante *adj* in favor* of liberalization
liberalizar [A4] *vt* ‹*comercio/importaciones*› to liberalize, relax the restrictions on; **~ el transporte aéreo** to deregulate air fares and routes
■ **liberalizarse** *v pron* to become more liberal; **el país se ha liberalizado mucho** the country has become much more liberal in its outlook
liberalmente *adv* liberally
liberar [A1] *vt*
A **1** ‹*preso*› to free, release, set … free; ‹*pueblo/país*› to liberate; **los secuestradores ~on a su rehén** the kidnappers freed *o* released their hostage; **la policía logró ~ a los rehenes** the police managed to free the hostages **2** (de una obligación) **~ a algn DE algo** to free sb FROM sth; **para ~lo de preocupaciones sobre su futuro** to save him worrying about his future, to free him of worries about his future; **esto me libera de todo compromiso** this frees *o* absolves me from all obligation
B **1** ‹*precios*› to deregulate **2** ‹*recursos/fondos*› to release
C ‹*energía/calor*› to release
■ **liberarse** *v pron* **~se DE algo**: **intentó ~se de las ataduras** she attempted to get free of *o* to free herself from the ropes; **es incapaz de ~se de los prejuicios** he's unable to rid himself of *o* get rid of his prejudices; **para ~se de las deudas** to free themselves of *o* from the burden of their debts
Liberia *f* Liberia
liberiano -na *adj/m,f* Liberian
líbero *m* (Dep) sweeper, libero (AmE)
libérrimo -ma *adj* (frml): **por su libérrima voluntad** of his own free will, of his own volition (frml)
libertad *f*
A (para actuar, elegir) freedom; **la ~ de movimiento de trabajo** the freedom of movement of labor; **tiene plena ~ para tomar las medidas necesarias** he is completely free *o* he is at complete liberty to take the necessary measures; **~, igualdad, fraternidad** liberty, equality, fraternity; **les dieron la ~ a los esclavos** the slaves were given *o* granted their freedom; **queda usted en ~** you are free to go; **dejaron en ~ a los sospechosos** they let the suspects go; **lo pusieron en ~** they released him, they set him free; **exigían la ~ de los estudiantes encarcelados** they were demanding the release of the imprisoned students
(Compuestos)
- **libertad bajo fianza** *or* **bajo palabra** bail
- **libertad con cargos** (Esp) *release pending trial*
- **libertad condicional** parole
- **libertad de cátedra** academic freedom
- **libertad de conciencia** freedom of conscience
- **libertad de cultos** freedom of worship
- **libertad de expresión** *or* **de palabra** freedom of expression, freedom of speech
- **libertad de prensa** freedom of the press
- **libertad de reunión** freedom of assembly
- **libertad provisional** bail
- **libertad vigilada** *monitored release*

B **libertades** *fpl* (derechos) rights (*pl*); **no respetan las ~es fundamentales** they do not respect basic human rights
C (confianza): **si necesitas algo, pídelo con toda ~** if you need anything, feel free to ask; **puedes hablar con toda ~** you can speak freely; **me tomé la ~ de invitarlo** I took the liberty of inviting him; **se está tomando muchas ~es** he's taking a lot of liberties
libertador[1] **-dora** *adj* liberating (*before n*)
libertador[2] **-dora** *mf* liberator; **el L~** the Liberator (*title given to certain historical figures, esp Simón Bolívar*)
libertar [A1] *vt* to liberate, set … free
libertario[1] **-ria** *adj*
A (anarquista) libertarian
B (AmL) (libertador) liberating (*before n*); **guerra libertaria** war of liberation
libertario[2] **-ria** *m,f*
A (anarquista) libertarian
B (AmL) (libertador) liberator
libertarismo *m* libertarianism
libertinaje *m* license*, licentiousness, dissolute behavior*
libertino[1] **-na** *adj* dissolute, licentious
libertino[2] **-na** *m,f* libertine
liberto[1] **-ta** *adj* freed, emancipated
liberto[2] **-ta** *m,f*
A (*m*) freedman
B (*f*) freedwoman
Libia *f* Libya
libídine *f* (liter) lust, lechery
libidinoso -sa *adj* lustful, libidinous (liter)
libido, líbido *f* libido
libio -bia *adj/m,f* Libyan
libra *f*
A (Fin) pound
(Compuesto) **libra esterlina** pound sterling
B ▸❶ **p.630**; (peso) pound
Libra[1] (signo, constelación) Libra; **es (de) ~** she's (a) Libra, she's a Libran
Libra[2], **libra** *mf* (*pl* **~** *or* **-bras**) (persona) Libran, Libra
libraco *m* (fam) (libro grande) big book, whopping great book (colloq); (libro malo) lousy book (colloq)
librada *f* (Chi fam) lucky escape, close shave (colloq)
librado[1] **-da** *adj*
A (Fin): **el banco ~** the issuing bank
B **1** (dependiente) **~ A algo**: **queda ~ a tu discreción** I leave it to your discretion; **lo dejó ~ al azar** he left it to fate **2** **salir bien/mal ~ de algo** to come out of something well/badly
librado[2] *m* drawee
librador -dora *m,f* drawer
libramiento *m*
A (Fin) order of payment
B (Méx) (Transp) beltway (AmE), relief road, bypass (BrE)
libranza *f*
A (Fin) order of payment
B (Esp) (descanso): **los turnos de ~ semanal** days off *o* time off during the week
librar [A1] *vt*
A (liberar) **~ a algn DE algo** ‹*de un peligro*› to save sb FROM sth; **líbranos del mal** (Relig) deliver us from evil; **¡Dios nos libre!** God *o* heaven forbid!; **esto me libra de toda responsabilidad** this absolves me *o* frees me from all responsibility
B ‹*batalla/combate*› to fight
C **1** ‹*letra/cheque*› to draw, issue; **un cheque librado contra el Banco Salmir** a check drawn on the Salmir Bank **2** ‹*sentencia*› to pass
■ **librar** *vi* (Esp): **libro los martes** I have Tuesdays off, Tuesday is my day off
■ **librarse** *v pron* **~se DE algo**: **se ~on de un buen castigo** they escaped a severe punishment; **me libré del servicio militar** I got out of doing military service (colloq); **no sé cómo ~me de él** I don't know how to get rid of him; **de ésa no te libras** there's no way around it, you can't get out of it; **~se DE + INF**: **se ~on de milagro de morir asfixiados** by some miracle they escaped being suffocated; **se libró de tener que ayudarlo** she got out of having to help him; **si vas tú, me libro de tener que verla** if you go, it'll save me having to see her
libre[1] *adj*
A **1** ‹*país/pueblo*› free; **lo dejaron ~** they set him free **2** **~ DE + INF** free to + INF; **eres ~ de ir donde quieras** you're free to go wherever you want; **soy muy ~ de ir vestida como se me antoje** I'm perfectly entitled to dress however I like **3** (sin compromiso): **me confesó que no era ~** he admitted that he wasn't a free man
(Compuestos)
- **libre albedrío** *m* free will
- **libre cambio** *or* **comercio** *m* free trade
- **libre empresa** *f* free market, free market system
- **libre mercado** *m* free market

B **1** ‹*traducción/adaptación*› free; **una redacción sobre tema ~** an essay on a theme of your choice, a free composition; **los 200 metros ~s** the 200 meters freestyle **2** ‹*estudiante*› external; **trabajar por ~** to work freelance; ***hacer algo por ~*** (Esp) to do sth one's own way; ***ir por ~*** (Esp fam) to do as one pleases
C (no ocupado) **1** ‹*persona*› free; **¿estás ~ esta noche?** are you free tonight? **2** ‹*tiempo*› free; **¿tienes un rato ~?** do you have a (spare) moment?; **en sus ratos ~s** in her spare *o* free time; **hoy tengo el día ~** I have the day off today; **cuando tengas un par de horas ~s** when you have a couple of hours free *o* to spare **3** ‹*asiento*› free; **¿ese asiento está ~?** is that seat free?; **no pasó ni un taxi ~** not a single empty taxi went by; **¿está ~ el cuarto de baño?** is the bathroom free?; **Ⓢ Parking: libre** Parking Lot: spaces (AmE), Car Park: spaces (BrE)
D (exento, no sujeto) **~ DE algo**: **una propiedad ~ de hipotecas** an unmortgaged property; **la empresa queda ~ de toda responsabilidad** the company does not accept any responsibility; **artículos ~s de impuestos** duty-free *o* tax-free goods; **nadie está ~ de culpa** nobody is blameless; **nadie está ~ de que le pase una cosa así** something like that could happen to any of us; **~ de riesgo** risk-free
libre[2] *m* (Méx) taxi
librea *f* livery; **un portero de ~** a liveried *o* uniformed doorman
librecambio *m* free trade
librecambismo *m* free trade
librecambista[1] *adj* free-trade (*before n*)
librecambista[2] *mf* free trader
libremente *adv* freely
librepensador[1] **-dora** *adj* freethinking
librepensador[2] **-dora** *m,f* freethinker
librería *f*
A (tienda) bookstore (AmE), bookshop (BrE)
(Compuesto) **librería de viejo** *or* **de ocasión** second-hand bookstore *o* bookshop
B (Esp) (mueble) bookcase
librero -ra *m,f* **1** (Com) bookseller **2** **librero** *m* (Méx) (mueble) bookcase
libresco -ca *adj* bookish
libreta *f* notebook
(Compuestos)
- **libreta de ahorro** passbook, bankbook
- **libreta de calificaciones** (AmL) school report
- **libreta de casamiento** (RPl) ▸**libro de familia**

L

- **libreta de enrolamiento** (Arg) military service record
- **libreta de espiral** spiral-bound notebook
- **libreta de familia** (Chi) ▸**libro de familia**
- **libreta de manejar** (Ur) driver's license (AmE), driving licence (BrE)
- **libreta de matrimonio** (Chi) ▸**libro de familia**
- **libreta militar** military service record

libretearse [A1] *v pron* (AmC fam) to play truant, to play hooky (esp AmE colloq), to skive off (school) (BrE colloq)

libretista *mf* 1 (de ópera) librettist 2 (AmL) (guionista) scriptwriter

libreto *m*
A 1 (de una ópera) libretto 2 (AmL) (guión) script; **se salió del ~** he departed from the script
B (Chi) *tb* **~ de cheques** checkbook*

librillo *m* third stomach, psalterium

libro *m*
A (Impr) book; **un ~ de arquitectura/sobre el imperio romano** a book on architecture/on the Roman Empire; **un ~ de cocina** a cookbook, a cookery book (BrE); ***hablar como un ~ (abierto)*** (con afectación) to use high-flown *o* highfalutin language; (con sensatez) to talk sense, know what one is talking about; ***perder los ~s*** to lose one's touch, lose the knack (colloq); ***sabérselas por ~*** (Chi) to know every trick in the book, know what one is talking about/doing; ***ser (como) un ~ abierto*** to be an open book; **no intentes negarlo, eres un ~ abierto** don't try to deny it, I can read you like a book *o* you're an open book
B **libros** *mpl* 1 (Fin): **llevaba los ~ de la empresa** I was keeping the books *o* doing the bookkeeping for the company 2 (lectura): **no le gustan los ~s** he doesn't like reading; ***colgar los ~*** to quit (AmE) *o* (BrE) give up studying
C (Lit) (parte) book

Compuestos
- **libro animado** pop-up book
- **libro blanco** (preparado — por el gobierno) consultation document, white paper (BrE); (— por una organización independiente) report, consultation document
- **libro de actas** minute book
- **libro de bolsillo** paperback
- **libro de cabecera**: **su ~ de ~** (que lee en la cama) his bedtime reading; (que le es imprescindible) his bible (colloq)
- **libro de caja** cashbook
- **libro de consulta** reference book
- **libro de contabilidad** *or* **cuentas** ledger
- **libro de cuentos** book of short stories
- **libro de escolaridad** school record
- **libro de estilo** style guide
- **libro de familia** *booklet recording details of one's marriage, children's birthdates, etc*
- **libro de instrucciones** instruction manual
- **libro de lectura** reader
- **libro del profesor** teacher's book
- **libro de oraciones** prayer book
- **libro de pedidos** order book
- **libro de poemas** poetry book, book of poems
- **libro de reciente aparición** new title
- **libro de reclamaciones** complaints book
- **libro de registro** register
- **libro de tapa dura** hardback
- **libro de texto** textbook
- **libro de viajes** travel guide
- **libro de visitas** visitors' book; guest book
- **libro diario** daybook
- **libro inventario** stock book
- **libro mágico** *or* **mecánico** *or* **móvil** pop-up book
- **libro mayor** general ledger

Lic. = licenciado/licenciada

licantropía *f* lycanthropy

licántropo *m* lycanthrope

liceal *mf* (Ur) high school student (AmE), secondary school pupil (BrE)

liceano -na *m,f* (Chi) ▸**liceal**

liceísta *mf* (Ven) ▸**liceal**

licencia *f*
A (documento) license*

Compuestos
- **licencia de armas** gun permit (AmE), gun licence (BrE), license* to carry firearms
- **licencia de caza** hunting permit
- **licencia de conducción** *or* **de conducir** driver's license (AmE), driving licence (BrE)
- **licencia de exportación** export license*
- **licencia de importación** import license*
- **licencia de manejar** *or* **de manejo** (AmC, Méx, Ven) ▸**licencia de conducir**
- **licencia de obras** planning permission
- **licencia de pesca** fishing license* *o* permit
- **licencia fiscal** *fee paid to the government by lawyers, doctors, etc for the right to practice their profession*
- **licencia internacional de conducción** international driver's license(AmE), international driving licence (BrE)

B 1 (frml) (permiso, beneplácito) permission; **¿da usted su ~?** do you give your permission *o* consent?, do I have your permission?; **pidió ~ para verlo** she asked permission to see it 2 (ant) (libertad, confianza) liberty

Compuesto **licencia poética** poetic license*

C 1 (Mil) leave; **viene a casa con ~** he's coming home on leave 2 (AmL) (de un trabajo) leave; **le dan 20 días de ~ anual** he gets 20 days' annual leave; **está de ~** she's on leave

Compuestos
- **licencia absoluta** absolute discharge
- **licencia por enfermedad/maternidad** (RPl) sick/maternity leave

licenciado -da *m,f* 1 (Educ) graduate; **~ en Filosofía y Letras** ≈ arts graduate 2 (Mil) *soldier who has been discharged from military service* 3 (AmC, Méx) (abogado) lawyer; **nos representa el ~ Argüello** Mr Argüello is representing us

licenciamiento *m* discharge

licenciar [A1] *vt* to discharge
■ **licenciarse** *v pron* to graduate; **se licenció en Filosofía por la Universidad de Santiago** she got *o* (AmE) earned a degree in Philosophy from the University of Santiago

licenciatario -ria *m,f* license* holder

licenciatura *f* degree; **no terminó la ~** he didn't finish his degree; **hizo la ~ en Deusto** she did *o* took her degree at the University of Deusto

> **licenciatura**
>
> The name given to the first university degree. Degree courses in Spain used to last five years. Now, after the passing of the ▸**LRU - Ley de Reforma Universitaria,** degrees normally take four years. Exceptions are medicine and architecture.

licencioso -sa *adj* licentious, dissolute

liceo *m* (CS, Ven) high school (AmE), secondary school (BrE)

lichi *m* lychee

licitación *f* tender; **lanzar una convocatoria de ~** to issue an invitation to tender; **se llamará a ~ para la construcción del puente** the construction of the bridge will be put out to tender; **presentarse a una ~** to submit a tender; **ganar una ~** to win a contract, to have a tender accepted

Compuesto **licitación desierta** *tendering process in which no tender is awarded*

licitador -dora *m,f* bidder

licitar [A1] *vt* (esp AmL) (llamar a concurso para) to invite tenders for; (presentar una propuesta para) to put in *o* submit a tender for, to bid for

lícito -ta *adj*
A 1 ‹*acto/conducta*› legal, lawful, licit (frml); **carece de medios ~s de subsistencia** he has no lawful means of subsistence *o* of keeping himself 2 ‹*jugada*› legal
B (admisible) justifiable, reasonable

licitud *f* legality, lawfulness, licitness (frml)

licor *m* (bebida dulce) liqueur; (alcohol) liquor, spirits (*pl*)

Compuesto **licor de huevo** advocaat

licorera *f* 1 (botella) decanter 2 (Col) (fábrica) distillery 3 (Chi) (mueble) drinks cabinet

licorería *f* (fábrica) distillery; (tienda) liquor store (AmE), off-licence (BrE)

licorero -ra *adj* ‹*industria/mercado/sector*› alcoholic beverages (*before n*)

licra *f* ▸**lycra**

licuación *f* 1 (de frutas, verduras) blending, liquidizing 2 (Fís, Quím) liquefaction

licuado *m*
A (AmL) (con leche) milk shake, shake (AmE); (de frutas) fruit shake
B (AmC arg) (aguafiestas) killjoy, wet blanket (colloq)

licuadora *f* blender, liquidizer (BrE)

licuar [A18] *vt* 1 (Coc) ‹*frutas/verduras*› to blend, liquidize 2 (Fís, Quím) to liquefy
■ **licuarse** *v pron* to liquefy

licuefacción *f* liquefaction

lid *f*
A (liter) (combate) fight, combat; (discusión) wrangle, dispute; ***en buena ~*** fair and square; **ganó en buena ~** he won fair and square; **derrotó al boxeador cubano en buena ~** he beat the Cuban boxer fair and square *o* in a clean fight
B **lides** *fpl* (actividades): **es un experto en esas ~es** he is an expert in these matters *o* these things; **las ~es del amor** matters *o* affairs of the heart

líder[1] *mf*
A 1 (de un partido, país) leader 2 (en una carrera) leader; **el Valencia es ~ con 48 puntos** Valencia leads the division with 48 points, Valencia is the leader with 48 points 3 (Com) leader

Compuestos
- **líder de la oposición** leader of the opposition
- **líder sindical** labor* leader (AmE), trade union leader (BrE)

B (*como adj*) ‹*equipo/marca/empresa*› leading (*before n*)

líder[2] **lideresa** *m,f* (Méx) (Dep, Pol) leader

liderar [A1] *vt* to lead, head; **el grupo que lidera Antonio Pérez** the group headed *o* led by Antonio Pérez

liderazgo, liderato *m* leadership; **ostentaba el ~ del partido** she was the leader of the party, she held the party leadership; **la empresa ostenta el ~ en su especialidad** the company is the market leader in its field; **recuperó el ~ de la carrera** he regained the lead in the race

lidia *f* bullfighting; ***dar ~*** (Col): **¡qué ~ dan estos niños!** these children are a real handful!; **¡qué ~ me dio resolver este crucigrama!** finishing this crossword was a real struggle

lidiador -dora *m,f* bullfighter

lidiar [A1] *vt* to fight
■ **lidiar** *vi* **~ con algn/algo** to battle WITH sb/sth; **me paso el día lidiando con los chicos** my whole day is spent battling with the kids; **me pasé una hora lidiando con la primera pregunta** I spent an hour battling *o* wrestling with the first question

liebre *f*
A (Zool) hare; ***cuando*** *or* ***donde menos se piensa, salta la ~*** things often happen when you least expect them to; ***levantar la ~*** to let the cat out of the bag, to blow the gaff (BrE colloq)
B (Dep) pacemaker
C (Chi) (Transp) small bus

lied /'lið/ *m* (*pl* **lieder**) lied

Lieja *f* Liège

liencillo *m* (Ven) cotton fabric

liendre *f* nit

lienza *f* (Chi) 1 (para pescar) line, fishing line 2 (para atar) twine, cord 3 (de un albañil) leveling* line

lienzo *m*
A 1 (period) (Art) canvas 2 (Tex) cloth, piece of cloth *o* material

B (Arquit) (pared) wall; (trozo de pared) stretch of wall, length of wall

liftar [A1] *vt* (Esp) (Dep) ‹*pelota*› to put topspin on

lifting /'liftin/ *m* facelift

liga *f*

A [1] (asociación, agrupación) league; **~ antialcohólica** ≈ Temperance Society; **la L~ Árabe** the Arab League [2] (Dep) league, conference (esp AmE); **~ de fútbol** football league; **campeón de ~** league champion

B [1] (Indum) garter [2] (AmL) (para sujetar) rubber band, elastic band (BrE)

C (para cazar) birdlime

ligado[1] -da *adj*

A [ESTAR] connected, linked; **personas ligadas por lazos familiares** people connected *o* linked by family ties; **~ A algn/algo** attached TO sb/sth; **todavía se siente muy ~ a su país** he still feels very attached to his country, he still feels a very close bond *o* strong ties with his country; **personajes ~s al anterior gobierno** figures who have ties with *o* are linked to the previous government; **no sabía que ya estaba ~** (Esp fam) I didn't know that he was already attached (colloq)

B [ESTAR] (Arg, Ven) (Telec) crossed; **está ~** the line's crossed, there's a crossed line

ligado[2] *m* (Mús) tied note, slur

(Compuesto) **ligado de trompas** ▸**ligadura de trompas**

ligadura *f* [1] (Med) ligature [2] (Mús) ligature [3] (Náut) lashing [4] **ligaduras** *fpl* (ataduras) bonds (*pl*), ties (*pl*)

(Compuesto) **ligadura de trompas** sterilization, tubal ligation (tech); **le hicieron una ~ de ~** she was sterilized

ligamento *m* ligament; **sufrió/tiene rotura de ~s** he tore the/he has torn ligaments

ligar [A3] *vt*

A (unir, vincular) to bind; **el contrato que la ligaba a la empresa** the contract which bound her to the company; **los ligaba una larga amistad** they were bound together by a long-standing friendship

B (atar): **le ~on las manos con una cuerda** they tied his hands together *o* they bound his hands with a rope; **un fajo de billetes ligados con una goma elástica** a bundle of bills held together with a rubber band

C [1] ‹*metales*› to alloy [2] ‹*salsa*› to bind

D [1] (fam) (en naipes): **~ un full** to get a full house [2] (RPl fam) (conseguir, obtener) to get; **van a visitarlos sólo para ver si ligan algo** they only go to visit them to see what they can get out of them [3] (Esp arg) ‹*hachís/coca*› to score (sl) [4] (Esp arg) (apresar) to bust (sl), to nick (BrE sl)

■ **ligar** *vi*

A (fam) (conquistar): **los sábados salían a ~** on Saturdays they went out trying to pick up girls/boys (colloq), on Saturdays they went out on the pick-up *o* (AmE) on the make (sl); **~ CON algn** to make out WITH sb (AmE), to get off WITH sb (BrE)

B (Chi fam) (flirtear con) to give … the come-on (colloq), to give … the eye (BrE colloq)

C (Chi fam) (tocar) (+ *me/te/le etc*): **a mí siempre me liga lavar los platos** it's always me who gets landed with washing *o* who has to wash the dishes (colloq); **~*le*** (Per fam) to pull it off (colloq)

■ **ligarse** *v pron*

A (fam) (conquistar) to make out with (AmE colloq), to get off with (colloq BrE)

B «*salsa*» to bind

C (RPl fam) ‹*reto/cachetada*› to get; **se ligó tres meses a la sombra** he got three months in prison *o* (colloq) inside; ***ligársela*** (RPl fam) to get a hiding *o* clobbering (colloq)

D (Arg, Ven) (Telec): **la línea se ligó** I got a crossed line

ligazón *f*: **es un texto incoherente, sin ~** it's an incoherent passage, without any unifying theme; **la ~ entre estas dos maneras de expresión artística** the connection *o* link between these two forms of artistic expression

ligeramente *adv* [1] (un poco) slightly; **se sintió ~ mareado** he felt slightly dizzy; **quedó ~ sorprendida con el resultado** she was somewhat *o* slightly surprised at the outcome; **sabe ~ a pescado** it has a slight taste of fish; **tostar ~ en el horno** brown lightly in the oven [2] (superficialmente) ‹*tocar*› lightly, gently; ‹*juzgar*› casually, hastily; **la bala sólo lo rozó ~** the bullet only grazed him slightly; **temas que no se deben tratar ~** subjects which shouldn't be taken lightly *o* treated flippantly

ligereza *f*

A (de un objeto) lightness

B [1] (de carácter) flippancy; **actuó con ~** he acted flippantly; **criticó la ~ de su carácter** she criticized his flippant nature *o* his flippancy [2] (acto, dicho irreflexivo): **cometió la ~ de mencionar el tema** he thoughtlessly brought the subject up; **habló con ~** she spoke without thinking

C (agilidad) agility, nimbleness

D (rapidez) speed; **¿viste la ~ con que se lo metió en el bolsillo?** did you see how deftly *o* quickly he slipped it into his pocket?

ligero[1] -ra *adj*

A (liviano) [1] ‹*maleta/paquete*› light; ‹*gas/metal*› light; ‹*tela/vestido*› light, thin; **es ~ como una pluma** it's (as) light as a feather; **material ~** lightweight material [2] **~ DE algo**: **salió muy ligera de ropa** she went out very lightly dressed; **siempre viaja muy ~ de equipaje** he always travels very light [3] ‹*comida/masa*› light; ‹*vino*› light; ‹*perfume*› delicate, discreet; **vamos a comer algo ~ ahora** we're going to have a light meal *o* snack now

B (leve) [1] ‹*dolor/sabor*› slight; ‹*olor*› faint, slight; ‹*inconveniente*› slight, minor; **oyó unos pasos ~s por el pasillo** she heard light steps in the corridor; **le dio un golpe ~ en la mano** she gave him a gentle smack on the hand; **soplaba una brisa ligera** there was a slight *o* light *o* gentle breeze; **cualquier ruido, por muy ~ que sea, la despierta** she wakes up at the slightest noise; **tiene un sueño muy ~** he's a very light sleeper [2] ‹*noción/conocimientos*› slight; ‹*sensación*› slight; **un ~ conocimiento del latín** a slight knowledge of *o* a smattering of Latin; **tengo la ligera impresión de que nos mintió** (iró) I have the tiniest suspicion that he was lying to us (iro)

C [1] (no serio) ‹*conversación*› lighthearted; ‹*película/lectura*› lightweight; **lo dijo en tono ~** he said it lightheartedly [2] (frívolo) ‹*persona*› flippant, frivolous; **una mujer ligera** (ant) a woman of easy virtue (dated *or* hum); ***a la ligera*** ‹*actuar*› without thinking, hastily; **todo se lo toma a la ligera** he doesn't take anything seriously; ▸**casco**

D (ágil) ‹*salto/movimiento*› agile, nimble; **de un salto ~ cruzó el riachuelo** she leaped nimbly across the stream

E (rápido) ‹*persona/animal/vehículo*› fast; **¿por qué no vas tú, que eres más ~?** why don't you go? you're quicker *o* faster than me; **un caballo ~ como el viento** a horse that runs like the wind

ligero[2] *adv* quickly, fast; **bébelo ligerito que nos vamos** drink it up quickly, we're going; **vamos, ~, que llegamos tarde** come on, let's move it *o* let's get a move on, we're late (colloq)

light /lajt/ *adj inv* [1] ‹*cigarrillos*› low-tar; ‹*comida/mayonesa*› low-calorie; ‹*refresco*› diet (*before n*) [2] ‹*plan/política*› watered-down, diluted

lignito *m* lignite

ligón[1] -gona *adj* (Esp fam): **es un tío muy ~** he picks up one woman after another, he's a real womanizer *o* Don Juan *o* Casanova

ligón[2] -gona *m,f* (Esp fam): **chica ¡qué ligona!** it's one man after another with you! *o* you always seem to have a new man in tow! (colloq); **los típicos ligones de discoteca** the typical guys that hang around discotheques trying to pick up *o* chat up women (colloq); **es un ~ de cuidado** he's a real womanizer *o* Don Juan *o* Casanova

ligoteo *m* (Esp fam): **una zona de copas y ~** an area where there are lots of singles bars *o* (colloq) pick-up joints; **los sábados salimos de ~** on Saturdays we go out on the pick-up *o* (AmE) on the make *o* (BrE) on the pull (sl), on Saturdays we go out looking for some talent (colloq)

ligue *m* (Esp, Méx fam) [1] (persona): **¿conoces al nuevo ~ de Marta?** have you met Marta's latest man *o* (AmE) Marta's new date? (colloq), have you met the guy Marta's seeing *o* (AmE) dating? [2] (acción): **estar en el ~** to be on the pickup (colloq); **nos vamos de ~** we're going out looking for talent (colloq), we're going out on the pickup *o* (AmE) on the make *o* (BrE) on the pull (sl); **siempre está de ~ en los clubs de moda** he spends all his time in trendy nightclubs trying to pick up *o* chat up women (colloq)

liguero[1] -ra *adj* league (*before n*)

liguero[2] *m* garter belt (AmE), suspender belt (BrE)

liguilla *f* pool, minileague

ligustro *m* privet

lija *f*

A [1] (para madera, metales) *tb* **papel de ~** sandpaper; **pásale una ~ antes de pintarlo** sand it down before you paint it [2] (Ven) (para uñas — de metal) nail file; (— de papel) emery board

B (Zool) dogfish

C (RPl arg) (vino) cheap wine, plonk (BrE colloq)

lijado *m* sanding

lijadora *f* sander

(Compuesto) **lijadora de disco** disk* sander

lijar [A1] *vt* to sand, sand down

lila[1] *f* (Bot) lilac

lila[2] *adj*

A ▸ⓘ **p.181** (*gen inv*) ‹*vestido*› lilac, lilac-colored*; **unos calcetines color ~** lilac *o* lilac-colored socks

B (Esp fam & ant) (tonto) silly

lila[3] *mf*

A (Esp fam) (tonto) fool

B **lila** *m* [1] (color) lilac [2] (Esp arg) (homosexual) pansy (sl & pej), fag (AmE sl & pej), poof (BrE colloq & pej)

liliácea *f* liliaceous plant

Liliput *m* Lilliput

liliputense, liliputiense *mf* Lilliputian

lilo *m* (Méx) gay man

lima *f*

A [1] (herramienta) file [2] (para uñas — de metal) nail file; (—de papel) emery board; ▸**comer[1]**

B (Bot) (fruto) lime; (árbol) lime tree, lime

Lima *f* Lima

limado *m* filing down

limadura *f* filing

limar [A1] *vt*

A ‹*uñas*› to file; **lo cogieron limando los barrotes** they caught him trying to file through the bars; **hay que ~ este extremo** this end needs filing down

B ‹*obra/texto*› to polish

■ **limarse** *v pron* to file

limbo *m* [1] (Relig) limbo; **enterrado en el ~ del olvido** lost in the mists of time; ***estar en el ~*** to be in a dreamworld [2] (Bot) limb [3] (Astron) limb

limeño[1] -ña *adj* of/from Lima

limeño[2] -ña *m,f* person from Lima; **~ *mazamorrero:* mi padre es ~ mazamorrero** my father was born and bred in Lima

limero *m* lime tree

limitación *f*

A (restricción) restriction, limitation; **sin limitaciones de ningún tipo** with no restrictions *o* limitations of any kind; **sin limitaciones de tiempo** with no time limit; **hay varias limitaciones que pueden afectar el resultado** there are several limiting factors *o* constraints which can influence the result; **12 meses de garantía sin ~ de kilómetros** 12 months' warranty with unlimited mileage; **las limitaciones del derecho de propiedad** the limits *o* restrictions on property rights; **ejerce el**

poder sin limitaciones he exercises unrestricted *o* unlimited power
B [1] (carencia) limitation; **soy** *or* **estoy consciente de mis limitaciones** I know my limitations [2] (defecto) failing, shortcoming

limitado -da *adj*
A [1] (restringido) ‹*poder/tiempo/responsabilidad*› limited; **productos de duración limitada** products with a limited shelf life; **tiene un visado por tiempo ~** he has a temporary visa; **edición limitada** limited edition [2] (escaso) limited; **son casos muy ~s** these are a few very limited *o* isolated cases; **se siente muy ~ por las presiones externas** she feels very restricted *o* constrained by external pressures; **estar ~ A algo** to be restricted TO sth; **están ~s a un espacio muy reducido** they are restricted to a very small space
B ‹*persona*›: **como actor es algo ~** as an actor he's rather limited; **es un estudiante bastante ~** he's a student of limited ability

limitador¹ -dora *adj* ▸**limitativo**

limitador² *m* limiter
(Compuestos)
- **limitador acústico** acoustic limiter
- **limitador de llamadas telefónicas** call limiter
- **limitador de velocidad** speed limiter

limitante *f* (CS): **la gran ~ es la falta de recursos** the main constraint *o* limiting factor is the lack of resources; **a pesar de sus ~s logró triunfar** despite her shortcomings *o* limitations she won through

limitar [A1] *vt* ‹*funciones/derechos/influencia*› to limit, restrict; **las disposiciones que limitan la tenencia de armas de fuego** the regulations which restrict *o* limit the possession of firearms; **es necesario ~ su campo de acción** restrictions *o* limits must be placed on his freedom of action; **habrá que ~ el número de intervenciones** it will be necessary to limit *o* restrict the number of speakers; **le han limitado las salidas a dos días por semana** he's restricted to going out twice a week
▪ **limitar** *vi* **~ CON algo** to border ON sth; **España limita al oeste con Portugal** Spain borders on *o* is bounded by Portugal to the west, Spain shares a border with Portugal in the west
▪ **limitarse** *v pron* **~se A algo**: **yo me limité a repetir lo que tú me habías dicho** I just repeated *o* all I did was repeat what you'd said to me; **no hizo ningún comentario, se limitó a observar** he didn't say anything, he merely *o* just stood watching; **limítate a hacer lo que te ordenan** just confine yourself to *o* keep to what you've been told to do; **el problema no se limita únicamente a las grandes ciudades** the problem is not just confined *o* limited to big cities; **tiene que ~se a su sueldo** she has to live within her means

limitativo -va *adj* limiting

límite *m*
A (Geog, Pol) boundary; **el ~ norte del país** the country's northern border *o* boundary; **los ~s de la propiedad** the boundaries of the property
B [1] (cifra máxima) limit; **el ~ de edad es de 25 años** the age limit is 25; **no hay ~ de tiempo** there is no time limit; **el ~ de velocidad** the speed limit; **no puede gastar lo que quiera, tiene un ~** she can't spend what she likes, she has to keep within a limit; **pusieron un ~ al número de llamadas** they limited *o* restricted the number of calls [2] (tope, extremo) limit; **mi paciencia ha llegado a su ~** I've reached the limit of my patience; **su generosidad no conoce ~s** his generosity knows no limits *o* bounds; **bondad sin ~s** unlimited *o* boundless goodness; **la situación está llegando a ~s insostenibles** the situation is becoming untenable; **no te lo consiento, todo tiene un ~** I won't allow it, enough is enough *o* there are limits
(Compuestos)
- **límite de crédito** credit limit
- **límite de gastos** spending limit
- **límite de peso** weight limit
- **límite de tolerancia** tolerance level

C (*como adj inv*): **tiempo ~** time limit; **situación ~** extreme situation; **es un caso ~** it's a borderline case; **fecha ~** final date, deadline, closing date

limítrofe *adj* ‹*país/provincia*› bordering (*before n*), adjoining (*before n*), neighboring* (*before n*); ‹*conflicto*› border (*before n*); **patrullaban la zona ~** they were patrolling the border zone

limo *m*
A (barro) mud, slime
(Compuesto) **limo fertilizante** silt
B (Col) (Bot) lime tree, lime

limón *m* [1] (fruto) lemon [2] (AmL) (árbol) lemon tree [3] (Méx, Ven) (lima) lime
(Compuestos)
- **limón agrio** (Méx) lime
- **limón dulce** (AmC) lemon
- **limón francés** (Méx, Ven) lemon

limonada *f* lemonade

limonar *m* lemon grove

limonero *m* lemon tree

limonita *f* limonite

limosina *f* ▸**limusina**

limosna *f* alms (*pl*) (arch); **viven de ~s** they live off begging *o* charity; **pedir ~** to beg; **nunca doy ~** I never give money to beggars; **una limosnita por amor de Dios** can you spare a little money (for the love of God)?

limosnear [A1] *vi* (AmL) to beg (for charity)

limosnera *f*, **limosnero** *m* purse

limosnero -ra *m,f* (AmL) beggar

limoso -sa *adj* muddy, slimy

limpia¹ *m* (fam) ▸**limpiabotas**

limpia² *f*: **hizo una ~ en el personal** he made sweeping staff cuts

limpiabarros *m* (*pl* ~) boot scraper

limpiabotas *mf* (*pl* ~) (adulto) bootblack, shoeblack; (niño) shoeshine boy

limpiabrisas *m* (*pl* ~) (Col) ▸**limpiaparabrisas**

limpiacoches *mf/m* (*pl* ~) ▸**lavacoches**

limpiacristales *m* [1] (líquido) window cleaning liquid *o* fluid, window cleaner (colloq) [2] (paño) cloth for cleaning windows [3] **limpiacristales** *mf* (persona) window cleaner

limpiada *f* clean; **dale una ~ a la mesa** give the table a wipe *o* a clean, wipe the table over; **los vidrios necesitan una ~** the windows need cleaning

limpiador¹ -dora *adj* cleansing (*before n*)

limpiador² -dora *m,f*
A (persona) cleaner
B **limpiador** *m* (Méx) ▸**limpiaparabrisas**

limpiafaros *m* (*pl* ~) headlamp wiper

limpiahogares *m* (*pl* ~) cleaning fluid

limpiahornos *m* (*pl* ~) oven cleaner

limpialuneta *m*: **~ trasero** *or* **posterior** rear windshield (AmE) *o* (BrE) windscreen wiper

limpiamente *adv* honestly; **siempre actuó ~ con nosotros** she was always honest with us; **le quité el balón ~** I took the ball off him cleanly *o* fairly

limpiametales *m* (*pl* ~) metal polish

limpiamuebles *m* (*pl* ~) furniture polish

limpiaparabrisas *m* (*pl* ~) windshield wipers (*pl*) (AmE), windscreen wipers (*pl*) (BrE)

limpiapiés *m* (*pl* ~) (Chi) doormat

limpiar [A1] *vt*
A [1] ‹*casa/mueble/zapatos*› to clean; ‹*arroz/lentejas*› to wash; ‹*pescado*› to clean; **el camarero limpiaba el mostrador con un trapo** the waiter was wiping the counter with a cloth; **la lluvia limpió el aire** the rain cleared the air; **hay que ~lo en** *or* **a seco** it must be dry-cleaned; **una infusión que limpia el hígado** an infusion which cleanses the liver; **le tuve que ~ las narices** I had to wipe his nose; **le ~on el estómago** he had his stomach pumped [2] ‹*nombre*› to clear; ‹*honor*› to restore
B (dejar libre) **~ algo DE algo** to clear sth OF sth; **~on el jardín de hierbajos** they cleared the garden of weeds
C [1] (fam) (en el juego) ‹*persona*› to clean … out (colloq) [2] (fam) «*ladrones*» ‹*casa*› to clean … out (colloq) [3] (RPl arg) (matar) to do away with (colloq), to get rid of (colloq), to ice (sl)
▪ **limpiar** *vi* to clean
▪ **limpiarse** *v pron* (*refl*): **me limpié las manos en un trapo** I wiped my hands on a cloth; **se limpió la nariz en la manga** he wiped his nose on his sleeve; **me limpié los zapatos antes de salir** I cleaned my shoes before I went out; **se ~on los zapatos al entrar** they wiped their feet as they came in

limpiavidrios *mf* (*pl* ~)
A (esp AmL) (persona) window cleaner
B **limpiavidrios** *m* [1] (esp AmL) (líquido) window cleaner [2] (Méx) (Auto) ▸**limpiaparabrisas**

limpidez *f* (liter) limpidity (liter), limpidness (liter)

límpido -da *adj* (liter) limpid (liter)

limpieza *f*
A (estado, cualidad) cleanliness
(Compuestos)
- **limpieza de corazón** purity
- **limpieza de sangre** purity of blood

B (acción) cleaning; **yo cocino y él se encarga de la ~** I do the cooking and he does the cleaning; **la señora de la ~** the cleaning lady
(Compuestos)
- **limpieza de cutis** (acción) skin cleansing; (tratamiento) facial
- **limpieza en** *or* **a seco** drycleaning
- **limpieza general** spring-cleaning (AmE), spring-clean (BrE); **voy a hacer una ~ ~** I'm going to do some spring-cleaning *o* a spring-clean *o* to have a general cleanup

C [1] (Dep) (de un salto, movimiento) cleanness; **el caballo saltó la valla con toda ~** the horse cleared the fence easily *o* jumped the fence cleanly [2] (de un movimiento de las manos) dexterity
D (honradez, rectitud): **les ganó con ~** she beat them fair and square; **las elecciones se llevaron a cabo con ~** the elections were conducted fairly
E (por la policía) clean-up operation; (Pol) purge
(Compuesto) **limpieza étnica** ethnic cleansing

limpio¹ -pia *adj*
A [1] [ESTAR] ‹*casa/vestido/vaso*› clean; **¿tienes las manos limpias?** are your hands clean? [2] ‹*aire/medio ambiente*› clean; **un cielo ~, sin nubes** a clear, cloudless sky [3] **pasar algo en** *or* (Esp) **a ~** to write sth out neatly, to make a clean *o* (BrE) fair copy of sth
B [SER] ‹*persona*› clean; **es ~ y ordenado** he's very clean and tidy
C [1] [SER] ‹*dinero/elecciones*› clean; **está metido en un asunto poco ~** he's involved in some rather underhand *o* (colloq) shady business; **sus intenciones hacia ella eran limpias** his intentions toward(s) her were honorable [2] (libre) **~ DE algo**: **agua limpia de impurezas** purified water; **un alma limpia de toda mácula** (liter) an unblemished soul; **dicción limpia de vicios** faultless diction
D [1] ‹*perfil/imagen*› well-defined, clean; ‹*corte*› clean [2] (Dep) ‹*salto/movimiento*› clean [3] ‹*movimiento*› (de las manos) dexterous
E (neto): **saca unos $700 ~s por mes** she makes a clear $700 a month, she makes $700 a month net *o* after deductions, she clears $700 a month; ***sacar en ~***: **lo único que saqué en ~ es que no venía** the only thing that was clear to me *o* that I got clear was that he wasn't coming; **no pude sacar nada en ~ de todo lo que dijo** I couldn't make sense of anything he said
F (fam) (uso enfático): **la discusión terminó a puñetazo ~** the argument degenerated into a fistfight; **conseguí entrar a empujón ~** I managed to push my way in; **se rió a carcajada limpia** she roared with laughter
G (fam) (sin dinero) broke (colloq), skint (BrE colloq); **jugamos al póker y me dejaron ~** we played poker and they cleaned me out (colloq); **los ladrones le dejaron la casa limpia** the

thieves cleaned the house out (colloq)

limpio[2] *adv* ‹*jugar/pelear*› fairly

limpión *m* (Col) dishtowel (AmE), tea towel (BrE)

limusina *f* limousine

linaje *m* descent, lineage (frml); **de noble ~** of noble lineage *o* descent *o* origin; **una familia de ~** an old family

linajudo -da *adj* noble, highborn; **un apellido muy ~** a very old name

linaza *f* linseed

lince *m* **1** (Zool) lynx **2** (persona): **es un ~ para los negocios** he's razor-sharp when it comes to business, he's a very shrewd businessman; **no hace falta ser un ~ para darse cuenta de cuáles son sus intenciones** you don't have to be a mind reader to see what his intentions are

(Compuesto) **lince rojo** bobcat, bay lynx

linchamiento *m* lynching

linchar [A1] *vt* to lynch

lindamente *adv*

A (iro) (tranquilamente) just like that; **le levantó ~ la novia** he swiped his girlfriend just like that *o* as cool as you please (colloq)

B (esp AmL) (muy bien) beautifully; **habitaciones ~ decoradas** beautifully decorated rooms

lindante *adj* adjoining; **compró los terrenos ~s** he bought the adjoining *o* neighboring land; **~ CON algo** adjoining sth; **un campo ~ con el camino** a field adjoining the path

lindar [A1] *vi* **1** (limitar) **~ CON algo** to adjoin sth; **el parque linda con la carretera** the park runs alongside *o* runs adjacent to the road, the park adjoins the road **2** (asemejarse) **~ CON algo** to border ON sth, verge ON sth; **su novela linda con el melodrama** her novel borders *o* verges on the melodramatic

linde *m or f* (liter) boundary; **en las ~s del bosque** on the edges *o* limits of the forest

lindero[1] **-ra** *adj* ▸ **lindante**

lindero[2] *m* (frml) **1** (de un terreno) boundary **2** (límite): **salirse de los ~s de la sensatez** to go beyond the bounds of common sense; **llegó a ~s peligrosos** it reached crisis level

lindeza *f* **1** (comentario irónico) sarcastic comment, clever remark (iro) **2** **lindezas** *fpl* (iró) (insultos) nasty comments (*pl*)

lindo[1] **-da** *adj*

A (bonito) ‹*bebé*› cute, sweet; ‹*casa/canción*› lovely; **es muy linda de cara** she has a very pretty face; **ese vestido te queda muy ~** (AmL) that dress looks lovely on you, you look very nice in that dress

B (esp AmL) (agradable) ‹*gesto/detalle*› nice; **la fiesta estuvo lindísima** it was a wonderful party; **fue una linda ceremonia** it was a beautiful ceremony; **un viaje lindísimo por Bolivia y Perú** a wonderful trip through Bolivia and Peru; **¡qué ~ sería poder ir contigo!** it would be wonderful to be able to go with you!; **¡es una persona tan linda!** she's such a lovely person; ***de lo ~*** (fam): **esta bolsa pesa de lo ~** this bag weighs a ton (colloq); **trabajamos de lo ~** we worked like crazy (colloq); **nos reímos de lo ~** we laughed till we cried; **nos divertimos de lo ~** we had a great time, we had a ball (colloq), we had a whale of a time (colloq)

lindo[2] *adv* (AmL) beautifully; **canta muy ~** he sings beautifully; **se siente ~** (Méx) it feels wonderful

lindura *f* (AmL) delight; **me pareció una ~** I thought it was delightful *o* lovely

línea *f*

A **1** (raya) line; **una ~ curva/recta/quebrada** a curved/straight/broken line; **~ divisoria** dividing line; **la ~ del horizonte** the line of the horizon, the horizon; **cortar por la ~ de puntos** cut along the dotted line **2** (Art) (dibujo, trazo) line **3** (de cocaína) (fam) line (colloq)

(Compuestos)

- **línea continua** continuous *o* unbroken line
- **línea de carga** Plimsoll line, load line
- **línea de demarcación** demarcation line
- **línea de flotación** water line
- **línea de la vida** life line
- **línea del corazón** heart line
- **línea de policía** police line
- **línea de tiempo** time line
- **línea equinoccial** equinoctial circle *o* line
- **línea internacional del cambio de fecha** international date line
- **línea meridiana** meridian

B (Dep) **1** (en fútbol) line; **~ de gol** *or* **de fondo** goal line **2** (en béisbol) drive

(Compuestos)

- **línea de banda** sideline, touchline
- **línea de contacto** line of scrimmage
- **línea de fondo** (en el tenis) baseline; (en el baloncesto) end line
- **línea de golpeo** line of scrimmage
- **línea de llegada** finishing line, wire (AmE)
- **línea de los veintidós metros** (en rugby) twenty-two meter line
- **línea de meta** (en una carrera) finishing line, wire (AmE); (en fútbol) goal line
- **línea de salida** starting line

C **1** (renglón) line; **te saltaste una ~** you missed out *o* skipped a line; ***leer entre ~s*** to read between the lines **2** **líneas** *fpl* (carta breve): **les mandó unas ~s para decir que estaba bien** she dropped them a few lines to say that she was well

D (fila, alineación) line; **las ~s enemigas** the enemy lines; ***de primera ~*** ‹*tecnología*› state-of-the-art; ‹*producto*› top-quality, high-class; ‹*actor/jugador*› first-rate; ***en primera ~*: el alero demostró que sigue en primera ~** the winger showed that he still ranks among the best *o* he is still a top-class player

(Compuestos)

- **línea de batalla** battle line, line of battle
- **línea delantera** forward line

E **1** (Transp): **no hay ~ directa, tiene que hacer transbordo en Río** there is no direct service, you have to change in Rio; **final de la ~** end of the line; **no hay servicio en la ~ 5** (de autobuses) the number 5 (bus) is not running, there are no buses operating *o* there is no service on the number 5 bus route; (de metro) there is no service on line 5; **los barcos que cubren la ~ Cádiz-Las Palmas** the ships which cover the Cadiz-Las Palmas route *o* run **2** (Elec, Telec) line; **~ telefónica/telegráfica** telephone/telegraph line; **no hay ~** *or* **no me da ~** the phone *o* the line is dead; **la ~ está ocupada** the line is busy *o* (BrE) engaged

(Compuestos)

- **línea compartida** (Tel) party line
- **línea fija** (Tel) land line **3** (en genealogía) line; **por ~ materna** on his (*o* her *etc*) mother's side; **descendiente por ~ directa** direct descendant **4** (Arg) (de pescar) line

(Compuestos)

- **línea aérea** airline
- **línea de montaje** assembly line
- **línea férrea** railroad track (AmE), railway line (BrE)
- **línea regular** airline (*operating scheduled flights*)

F (sobre un tema): **seguir la ~ del partido** to follow the party line; **los partidarios de una ~ más radical** those in favor of taking a more radical line; **las principales ~s de su programa político** the main points of their political program; **en la ~ de ...** along the lines of ...; **el proyecto, en ~s generales, consiste en ...** broadly speaking *o* broadly, the project consists of ...; **en ~s generales las dos versiones coinciden** broadly speaking, the two versions coincide, on the whole *o* by and large the two versions coincide; ***darse la ~*** (Chi): **se dio la ~ y ganaron los liberales** as expected, the liberals won; ***ser de una sola ~*** (Chi) to be straight (as a die) (colloq)

G **1** (estilo, diseño): **un coche de ~s aerodinámicas** a streamlined car, an aerodynamically designed car; **ésta es la ~ que llega para la próxima primavera** this is the look for next spring; **le gusta la ropa de ~ clásica** she likes the classical look **2** (gama, colección) line; **nuestra nueva ~ de productos de belleza** our new line *o* range of beauty products

(Compuesto) **línea blanca/marrón** white/brown goods (*pl*)

H (figura): **mantener/cuidar la ~** to keep/watch one's figure

lineal *adj* **1** ‹*proporción/crecimiento*› linear **2** ‹*historia/narración*› linear

linealidad *f* linearity

lineamientos *mpl* (AmL frml) guidelines (*pl*)

linfa *f* lymph

linfático -ca *adj* lymphatic, lymph (*before n*)

linfocito *m* lymphocyte

(Compuesto) **linfocito T** T-lymphocyte, T-cell

linfoma *m* lymphoma

lingo *m* (Per) leapfrog

lingotazo *m* (Esp fam) drink; **ya llevaba varios ~s** he'd already had a few drinks (colloq)

lingote *m* ingot; **~ de oro** gold ingot

lingua franca *f* lingua franca

lingual[1] *adj* lingual

lingual[2] *f* lingual

lingüista *mf* linguist

lingüística *f* linguistics

(Compuesto) **lingüística computacional** computational linguistics

lingüístico -ca *adj* ‹*fenómeno/aptitud*› linguistic; ‹*barrera*› language (*before n*)

linimento *m* liniment

link *m* (*pl* **~s**) (Inf) link

lino *m* **1** (planta) flax **2** (fibra) flax; (tela) linen **3** (linaza) (AmL) linseed, flaxseed

linóleo *m* lino, linoleum

linón *m* lawn

linotipia *f* (sistema) Linotype®; (taller) typesetter's

linotipista *mf* typesetter, Linotype® operator

linotipo *m* (máquina) Linotype®; (plancha) linotype

linterna *f*

A (fanal) lantern; (de pilas) flashlight (AmE), torch (BrE)

(Compuesto) **linterna mágica** magic lantern

B (Arquit) lantern

C **linternas** *fpl* (Méx fam) (ojos) eyes (*pl*)

linyera *mf* **1** (CS fam) (vagabundo) drifter, hobo (AmE), tramp (BrE) **2** **linyera** *f* (CS) (atado) bundle, pack

lío *m*

A **1** (fam) (embrollo, confusión) mess; **¡qué ~! ¡esto no hay quién lo entienda!** what a mess! this is totally incomprehensible; **se hizo un ~ con las cuentas** she got into a mess *o* a muddle *o* she got confused with the accounts (colloq) **2** (fam) (problema, complicación): **tiene ~s con la policía** he is in trouble with the police (colloq); **no me vengas con tus ~s** don't come to me with your problems; **¡qué ~ se va a armar!** there's going to be hell to pay! (colloq), the shit is really going to hit the fan (sl); **armó un ~ tremendo porque le sirvieron la sopa fría** he created *o* kicked up a real fuss because his soup was cold (colloq); **si no obedeces te vas a meter en un buen ~** if you don't do as you're told, you're going to get into a lot of trouble *o* to land yourself in serious trouble; **no vengas aquí buscando ~s** don't come here looking for trouble (colloq) **3** (fam) (amorío) affair; **tuvo un ~ con una periodista famosa** he had an affair *o* (colloq) a fling with a famous journalist

B (fardo) bundle

liofilizado -da *adj* freeze-dried

lioso -sa *adj* (fam) confusing, muddling

lipasa *f* lipase

lipidia, lipiria *f* (Chi fam) the runs (colloq)

lípido *m* lipid

lipoaspiración, liposucción *f* liposuction

lipoescultura *f* liposculpture

lipólisis *f* lipolysis

lipoma *m* lipoma

lipoproteína *f* lipoprotein

liposarcoma *m* liposarcoma

liposoma *m* liposome

liposucción *f* liposuction

lipotimia *f* fainting fit, blackout; **sufrió una ~** she fainted, she had a blackout

liquelique, liquilique *m* white linen jacket

liquen *m* lichen

liquidación *f*
A (en una tienda) sale; Ⓢ **liquidación de fin de temporada** end of season sale; Ⓢ **liquidación total** clearance sale; Ⓢ **liquidación de existencias** sale of entire stock, stock clearance; Ⓢ **liquidación por cierre** closing up sale (AmE), closing down sale (BrE)
B 1 (de un negocio, una compañía) liquidation 2 (de un activo) liquidation
C 1 (de una cuenta, deuda) settlement, liquidation (frml) 2 (cuenta final) final account; (cantidad) final payment, settlement 3 (pago) payment; (cálculo): **el contable preparó la ~ de mis impuestos** the accountant worked out my tax return *o* calculated my tax liability; **se hizo la ~ de lo que correspondía a cada uno** (se calculó) we/they worked out *o* calculated how much was due to each person; (se pagó) each person was paid what was due to him or her 4 (Méx) (compensación por despido) severance pay, redundancy pay
D (fam) (eliminación) liquidation
E (Quím) liquefaction

liquidador -dora *m,f* liquidator

liquidámbar *m* liquidambar

liquidar [A1] *vt*
A ‹*existencias/mercancías*› to sell off, sell up, liquidate (frml)
B 1 ‹*negocio/compañía*› to wind up, put … into liquidation 2 ‹*activo*› to liquidate
C 1 ‹*deuda*› to settle, pay off, clear; ‹*cuenta*› to settle, liquidate (frml); ‹*sueldo/pago*› to pay; **mañana voy a ~le al fontanero** tomorrow I'm going to settle up with *o* pay the plumber; **me ~on lo que me debían** they paid me what they owed me; **hoy ~on los sueldos** today was payday 2 (Méx) ‹*trabajador*› to pay … off
D (fam) 1 ‹*persona*› (matar) to do away with (colloq), to waste (sl); (destruir) (AmL) to destroy (colloq) 2 ‹*trabajo/comida*› to polish off (colloq); ‹*dinero/herencia*› to blow (colloq); **le mandas unas flores y asunto liquidado** you just send her some flowers and … problem solved!
■ **liquidarse** *v pron* (*enf*) (acabar con) (fam): **se liquida el sueldo de un mes en 15 días** she gets through *o* she blows a month's salary in two weeks (colloq); **los chicos se ~on todas las galletas** the kids polished off *o* made short work of all the cookies (colloq)

liquidez *f* liquidity; **~ en la economía** liquidity in the economy; **la empresa sufría problemas de ~** the company was suffering cash-flow *o* liquidity problems

líquido[1] -da *adj*
A ‹*sustancia*› liquid
B ‹*sueldo/renta*› net
C ‹*consonante*› liquid

líquido[2] *m*
A (sustancia) liquid; **una dieta a base de ~s** a liquid diet; **retención de ~** water retention

(Compuestos)
- **líquido amniótico** amniotic fluid
- **líquido anticongelante** antifreeze
- **líquido corrector** correction fluid, Tipp-Ex®
- **líquido de frenos** brake fluid
- **líquido elemento** (liter *o* hum) water
- **líquido seminal** seminal fluid

B (dinero) cash; **~ disponible/imponible** disposable/taxable income

liquiliqui *m* (Col, Ven) suit

lira *f*
A (Mús) lyre
B (Fin) lira

lírica *f* poetry

lírico[1] -ca *adj* 1 (Lit) ‹*género/poesía*› lyric; **utiliza un lenguaje ~** he uses lyrical language 2 (Mús) lyric, lyrical 3 (Per, RPl fam) ‹*persona*› dreamy, starry-eyed (colloq)

lírico[2] -ca *m,f* (Per, RPl fam) dreamer

lirio *m* iris

(Compuestos)
- **lirio blanco** Madonna lily
- **lirio de agua** calla lily, arum lily
- **lirio de los valles** lily of the valley
- **lirio tigrado** tiger lily

lirismo *m* lyricism

lirón *m* dormouse; ▸**dormir**

lis *f* lily

lisa *f*
A (Zool) (de mar) grey mullet; (de río) loach
B (Ven arg) (cerveza) beer

Lisboa *f* Lisbon

lisboeta, lisbonense *adj/mf* Lisboan, of/from Lisbon

lisiado[1] -da *adj* crippled

lisiado[2] -da *m,f* cripple; **un ~ de guerra** a disabled veteran *o* ex-serviceman; **los ~s de guerra** the war wounded

lisiar [A1] *vt* to cripple, lame

liso -sa *adj*
A 1 ‹*piel/superficie*› smooth 2 ‹*pelo*› straight 3 ‹*terreno*› flat; **carrera de 200 metros ~s** (Esp) 200 meter sprint *o* race
B (sin dibujos) plain; **un diseño geométrico sobre un fondo ~** a geometrical pattern on a plain background; **una falda verde, lisa** a plain, green skirt; **~ y *llano*** plain and simple; ▸**llanamente**
C (fam) ‹*mujer*› flat-chested
D (Per fam) (insolente) fresh (AmE colloq), cheeky (BrE colloq)

lisonja *f* flattery

lisonjeador -dora *adj* ▸**lisonjero**

lisonjear [A1] *vt* to flatter

lisonjero -ra *adj* ‹*palabras*› flattering; ‹*persona*› **¡qué ~ estás hoy!** you're being very flattering *o* complimentary (to me) today; **es un hombre muy ~** he's a terrible flatterer

lista *f*
A 1 (de nombres, números) list; **no estás en la ~** you're not on the list; **lo han borrado** *or* **tachado de la ~** he's been crossed off the list; **¿has hecho la ~ de las compras** *or* (Esp) **de la compra?** have you written the shopping list?; **la ~ de precios** the price list; **la ~ de bajas** the casualty list; **pasan ~ a las nueve** (Educ) roll call is at nine, they take the register at nine (BrE); (Mil) they call the roll at nine, roll call is at nine 2 (en un restaurante) menu

(Compuestos)
- **lista blanca** whitelist
- **lista de boda** wedding list
- **lista de correo electrónico** electronic mailing list
- **lista de correos** general delivery (AmE), poste restante (BrE)
- **lista de direcciones electrónicas** (electronic) address book
- **lista de espera** waiting list
- **lista de éxitos** (Mús) charts (*pl*); (Lit) best-seller list
- **lista del censo electoral** electoral roll *o* register
- **lista del partido** (Pol) party list
- **lista de pasajeros** passenger list
- **lista de prioridades** list of priorities
- **lista de usuarios** user list
- **lista de vinos** wine list
- **lista electoral** party list, slate (AmE)
- **lista negra** blacklist

B 1 (raya) stripe; **una tela a ~s blancas y negras** a black and white striped material 2 (tira) strip

listado[1] -da *adj* striped

listado[2] *m* 1 (Inf) printout 2 (lista) list
(Compuesto) **listado electoral** (RPl) electoral roll *o* register

listar [A1] *vt* to list; **su nombre no sale listado** her name is not on the list *o* is not listed

listeria *f* listeria

listillo -lla *m,f* (Esp fam) smart aleck (colloq), smart ass (sl)

listín *m* (esp Esp) 1 (lista) list 2 (guía de teléfonos) telephone directory; **~ de teléfonos internos** internal telephone directory

listo[1] -ta *adj*
A [SER] ‹*persona*› clever, bright, smart (colloq); **te crees ~ ¿verdad?** you think you're so smart *o* clever, don't you? (colloq); **te pasaste de ~** you've gone too far; ***estar*** *or* ***ir*** **~** (fam): **ahora sí que estamos** *or* **vamos ~s** we're (really) done for now (colloq), we're in real trouble now (colloq), we've really had it now (BrE colloq); **está lista si se cree que la voy a seguir manteniendo** if she thinks I'm going to carry on supporting her then she's got another think coming (colloq)
B 1 [ESTAR] (preparado) ready; **no creo que esté ~ a tiempo** I don't think it'll be ready on time; **la comida ya está lista** the food's ready; **¡preparados** *or* (RPl) **prontos, ~s, ya!** ready, set, go!, ready, steady, go! (BrE); **~ PARA algo: ¿estás ~ para salir?** are you ready to go?; **el avión estaba ~ para el despegue** the plane was ready for takeoff 2 [ESTAR] (terminado) finished; **el trabajo deberá estar ~ para el jueves** the job has to be finished by Thursday; **le das una pasadita más con la brocha y ~** you go over it once more with the paintbrush and that's it (finished) *o* (BrE colloq) and Bob's your uncle 3 (Andes fam) (manifestando acuerdo) okay (colloq), OK (colloq)

listo[2] -ta *m,f* (esp Esp) 1 (inteligente) clever one, brainy one (colloq); **es el ~ de la clase** he's the brainy *o* clever one *o* the brains of the class; (pey) he's the class know-it-all *o* know-all (colloq & pej) 2 (vivo, astuto) tricky customer (colloq)

listón *m* 1 (de madera) strip 2 (en salto de altura) bar 3 (meta, nivel): **el más alto ~ alcanzado por un cuadro** the highest price ever fetched by a painting; **seguiré subiendo el ~** I will continue to set myself higher goals; **el ~ de las libertades nunca recuperó esta altura** we/they never regained this level of freedom 4 (Méx) (cinta) ribbon

lisura *f*
A (de una superficie) smoothness
B (Per) 1 (fam) (grosería) four-letter word (colloq), coarse remark 2 (gracia) gracefulness

lisuriento -ta *m,f* (Per fam): **es un ~ espantoso** he swears like a trooper (colloq)

litera *f* 1 (en un dormitorio) bunk; (en un barco) bunk, berth; (en un tren) couchette 2 (vehículo) litter

literal *adj* ‹*cita/significado*› literal; **una traducción ~** a literal *o* word-for-word translation

literalidad *adv* (de traducción) literalness; (sentido literal) literal sense

literalmente *adv* 1 ‹*traducir*› literally, word for word; ‹*citar/repetir*› word for word 2 (para énfasis) literally; **estoy ~ muerta de cansancio** I'm literally *o* absolutely exhausted

literario -ria *adj* literary

literato -ta *m,f*
A (*m*) man of letters, literary person
B (*f*) woman of letters, literary person

literatura *f* literature; **existe abundante ~ sobre el tema** there is a wealth of literature on the subject; **en esta biblioteca escasea la ~ científica** in this library there is a shortage of science books

(Compuestos)
- **literatura de evasión** escapist literature
- **literatura fantástica** fantasy
- **literatura infantil** juvenile books (*pl*) (AmE), children's books (*pl*) (BrE)
- **literatura rosa** romantic fiction, novelettes (*pl*)

litigación *f* litigation

litigante[1] *adj* litigant

litigante[2] *mf* litigant

litigar [A3] *vi* to be at law *o* in litigation (frml), to be in dispute

litigio *m* 1 (Der): **tiene un ~ con su vecino por unas tierras** he's involved in litigation *o* in a lawsuit with his neighbor over some land; **no se puede enajenar las tierras en ~** land which is the subject of a legal dispute *o* of legal action cannot be disposed of 2 (disputa) dispute; **la propiedad de la finca está en ~** the ownership of the estate is in dispute *o* is disputed; **sometieron el ~ a arbitraje** they took the dispute to arbitration

litigioso -sa *adj* litigious, contentious

litio *m* lithium

litisexpensas *fpl* (Der) costs (*pl*)

litografía *f* 1 (sistema) lithography 2 (grabado) lithograph

litografiar [A17] *vt* to lithograph

litoral[1] *adj* coastal; **la región ~** the coastal *o* (tech) littoral region

litoral[2] *m* coast; **el ~ mediterráneo** the Mediterranean coast *o* seaboard; **Chile tiene un largo ~** Chile has a long coastline

litosfera *f* lithosphere

lítote *f* litotes

litre *m* 1 (Bot) litre 2 (Chi fam) (sarpullido) rash (*caused by contact with litre*)

litro *m* ▸ℹ **p.998** liter*

litrona *f* (Esp fam) liter* bottle

Lituania *f* Lithuania

lituano[1] -na *adj* Lithuanian

lituano[2] -na *m,f* 1 (persona) Lithuanian 2 **lituano** *m* (idioma) Lithuanian

liturgia *f* liturgy

litúrgico -ca *adj* liturgical

liviandad *f* lightness

liviano -na *adj*

A (esp AmL) 1 ‹*maleta/paquete*› light; ‹*tela/vestido*› light; ***ser ~ de sangre*** (Chi fam) to be likable 2 ‹*comida/masa*› light; **tiene un sueño muy ~** she's a very light sleeper 3 ‹*obra/película*› lightweight

B (liter) (inconstante) fickle

lividez *f*

A (palidez) pallor; **~ cadavérica** deathly paleness

B (cualidad de morado) lividness

lívido -da *adj* 1 (pálido) deathly pale, pallid, livid (liter) 2 (morado) livid; **estaba ~ de rabia** he was livid (with rage)

living /'lißin/ *m* (*pl* **-vings**) (esp AmS) (habitación) living room; (muebles) (CS) three-piece suite

living-comedor *m* (CS) living-cum-dining room

liza *f* 1 (liter) (lucha) lists (*pl*), tournament field; ***entrar en ~:* un tercer candidato ha entrado en ~** a third candidate has entered the arena/the fray 2 (pugna): **para el cargo en ~** for the available post; **las distintas formaciones en ~** the different parties involved in *o* taking part in the election

ll, Ll *f* (*read as* /'eʎe/) *combination traditionally considered as a separate letter in the Spanish alphabet*

llaga *f* 1 (Med) sore, ulcer; **renovar la(s) ~(s)** to open up an old wound *o* old wounds; ▸**dedo** 2 (Bib) wound

llagar [A3] *vt* to cause a sore *o* wound on

■ **llagarse** *v pron* to get a sore/sores; **se le llagó la boca** she got a mouth ulcer; **estuvo acostado tantos meses que se le llagó la espalda** he was in bed for so many months that he got bedsores on his back

llama *f*

A (de fuego) flame; **la gente se acercaba al edificio en ~s** people were going toward(s) the blazing building; **la casa ardía en ~s** the house was in flames *o* on fire; **mantienen viva la ~ del amor** they keep alive *o* alight the flame of their love

(Compuesto) **llama piloto** pilot light

B (Zool) llama

llamada ➡📖 *f*

A 1 (Telec) call; **gracias por la ~** thank you for calling *o* phoning *o* (BrE) ringing 2 (acción) call; **la perra acudió a su ~** the dog came when he called; **última ~ para los pasajeros con destino a París** last call for passengers flying to Paris; **la ~ del deber/de la selva** the call of duty/of the wild

(Compuestos)

- **llamada a filas** draft (AmE), call-up (BrE)
- **llamada a las armas** call to arms
- **llamada por cobrar** (Chile, Méx) collect call (AmE), reverse-charge call (BrE)
- **llamada a cobro revertido** collect call (AmE), reverse-charge call (BrE)
- **llamada en conferencia** (AmL) conference call, teleconference
- **llamada al orden** call to order; **tuvo que hacer varias ~s al ~** he had to call the meeting (*o* session *etc*) to order several times
- **llamada de larga distancia** long-distance call
- **llamada de socorro** distress call
- **llamada internacional** international call
- **llamada interurbana** long-distance *o* (BrE) trunk call
- **llamada telefónica** telephone call
- **llamada urbana** local call

B (Impr) (en un texto) reference mark

C (Inf) call

llamado[1] -da *adj*

A (por un nombre) called; **un arqueólogo francés ~ Lamy** a French archaeologist named *o* called Lamy; **nos detuvimos en un lugar ~ La Dehesa** we stopped at a place called La Dehesa; **el 747, también ~ 'jumbo'** the 747, also known as the jumbo jet; **el ~ 'boom' de los sesenta** the so-called 'boom' of the sixties; **la enfermedad de Chagas, así llamada por el nombre de su descubridor** Chagas' disease, named after *o* so called because of the physician who discovered it

B [ESTAR] (destinado) **~ A algo: está ~ a convertirse en la principal atracción del parque** it is destined *o* set to become the park's main attraction

llamado[2] *m* 1 (AmL) (Telec) ▸**llamada A1** 2 (AmL) (al público) ▸**llamamiento**

llamador *m* door knocker

llamamiento *m* call; **el ~ a las urnas** the call to vote; **las autoridades hicieron** *or* **lanzaron un ~ a la serenidad** the authorities made *o* issued an appeal for calm, the authorities appealed for calm; **~ a filas** draft (AmE), call-up (BrE)

llamar [A1] ➡📖 *vt*

A 1 (requerir, hacer venir) ‹*bomberos/policía*› to call; ‹*médico*› to call, call out; ‹*camarero/criada*› to call; ‹*ascensor*› to call; ‹*súbditos/servidores*› to summon; **llamé un taxi** (por teléfono) I called a cab; (por la calle) I hailed a cab; **la llamó a gritos** he shouted to her to come; **lo llamó por señas** she beckoned to him, she beckoned him over; **Dios la llamó (a su lado)** (euf) God called her to him (euph); **el juez lo llamó a declarar** the judge called on him to testify; **la madre lo mandó ~** (AmL) his mother sent for him; **lo ~on para hacer el servicio militar** he was called up for military service 2 (instar) **~ a algn A algo: el sindicato llamó a sus afiliados a la huelga** the union called its members out on strike *o* called upon its members to strike; **se sintió llamado a hacerlo** he felt driven *o* compelled to do it

B (Telec) (por teléfono) to phone, to call, to call up (AmE), ring (BrE); **la voy a ~** I'm going to call *o* phone *o* ring her, I'm going to call her up, I'm going to give her a call *o* ring (BrE); **te llamó Ernesto** Ernesto phoned (for you), Ernesto called (you) *o* rang

C 1 (dar el nombre de) to call, name; (dar el título, apodo de) to call; **los amigos lo llaman Manolo** his friends call him Manolo; **la llamó imbécil/de todo** he called her an idiot/every name under the sun; **lo que se ha dado en ~ el movimiento postmodernista** what has become known *o* what has come to be known as the postmodernist movement 2 (considerar) to call; **eso es lo que yo llamo un amigo** that's what I call a friend

D (atraer) to draw; **los llama lo suyo** they feel drawn to their roots; **el dinero lo llama mucho** he is very interested in money; ▸**dinero**

■ **llamar** *vi*

A (con los nudillos) to knock; (tocar el timbre) to ring, ring the doorbell; **llaman a la puerta** there's someone at the door; **¿quién llama?** who is it?, who's there?

B (Telec) «*persona*» to telephone, phone, call, ring (BrE); «*teléfono*» to ring; **¿quién llama?** who's calling?, who's speaking?; **te llamo** *or* **te llamaré mañana** I'll call you tomorrow; **llámame al celular** (AmL) *or* **móvil** (Esp) call me on my mobile; **para más información llame** *or* **llámenos al (teléfono) 111-12-20** for more information call us ON *o* AT 111 12 20

C (gustar) to appeal; **a mí no me llaman las pieles** fur coats don't appeal to me, I don't like fur coats

■ **llamarse** *v pron* to be called; **su padre se llama Pedro** his father is called Pedro, his father's name is Pedro; **¿cómo te llamas?** what's your name?; **no sé cómo se llama el libro** I don't know what the book's called; **ése acabará en la cárcel como que (yo) me llamo Beatriz** he'll end up in prison as sure as my name's Beatriz

llamarada *f* 1 (de fuego) sudden blaze, flare-up 2 (liter) (de ira, pasión) blaze; **una ~ de rubor encendió su rostro** her face flushed red with embarrassment

llamarón *m* (Col) ▸**llamarada**

llamativo -va *adj* ‹*color*› bright; ‹*mujer*› striking; **el plumaje ~ del guacamayo** the striking plumage of the macaw; **siempre se viste con ropa llamativa** she always wears flamboyant clothes; **ponte algo menos ~** wear something less conspicuous *o* flamboyant

llameante *adj* flaming, blazing

llamear [A1] *vi* to blaze, flame

llana *f*

A (Geog) plain

B (Const) trowel

llanamente *adv*: ***lisa*** *or* ***simple y ~*** ‹*explicar/hablar*› plainly and simply, clearly and simply, in straightforward terms; **lo que hay que hacer con ellos es simple y ~ despedirlos** they should just be fired, that's all there is to it *o* they should be fired, it's as simple as that

llanero -ra *m,f* 1 (habitante del llano) (*m*) plainsman; (*f*) plainswoman; **el L~ Solitario** the Lone Ranger 2 (vaquero) cattle herder, cowboy (*of the Colombian/Venezuelan* ▸**llanos**)

llaneza *f* simplicity, straightforwardness, naturalness

llanito -ta *m,f* (Esp fam) Gibraltarian

llano[1] -na *adj*

A ‹*terreno/superficie*› (horizontal) flat; (sin desniveles) level, even; **los 100 metros ~s** (RPl) the 100 meters; ▸**plato**

B ‹*persona*› unassuming, straightforward; ‹*modales/trato*› simple, natural, unassuming; ‹*lenguaje*› plain, straightforward, simple; **la verdad lisa y llana** the truth, plain and simple *o* the plain truth

C ‹*palabra*› *with the stress on the penultimate syllable*

llano[2] *m* 1 (Geog) (llanura) plain 2 (extensión de terreno) area of flat ground

llanque *m* (Per) rubber sandal (*gen made from old tires*)

llanta *f*

A 1 (de metal) rim; **estar en ~** to have a flat tire, to have a flat (colloq) 2 (AmL) (neumático) tire*

(Compuestos)

- **llanta de refacción** (Méx) spare tire*
- **llanta de repuesto** (AmL) spare tire*

B (AmL fam) (rollo) spare tire* (colloq)

llantén *m* (Ven fam) 1 (lamentación) moaning 2 (grito) ▸**llantina**

llantera *f*, **llanterío** *m* (fam) howling, wailing

llantina *f* (fam) howling, wailing

llanto *m* (de un niño) crying; (de un adulto) crying, weeping (liter); **prorrumpió en ~** he burst into tears; **déjate de ~s** stop crying

llanura *f*

A (de una superficie) evenness, smoothness

B (Geog) plain, prairie

llapa *f* ▸**yapa**

llave[1] *adj* (Col, Ven fam) pally (colloq), buddy-buddy (AmE colloq)

➡📖 *ver* El teléfono

L

llave[2] *f*
A 1 (de cerradura, candado) key; **cierra la puerta con ~** lock the door; **recibió la ~ de oro** *or* **las ~s de la ciudad** he was given the freedom of the city *o* the keys to the city; **la ~ que te abrirá las puertas del éxito** the key to success; **tiene el dinero guardado bajo ~** she has the money under lock and key 2 (de una propiedad): **entrega de ~s en junio** ready for occupancy (AmE) *o* (BrE) occupation in June; **vendo apartamento, ~ en mano** apartment for sale, available for immediate occupancy (AmE) *o* (BrE) occupation 3 (CS) (por el alquiler) key money, premium; (por la clientela) goodwill; ***bajo siete ~s*** hidden away; **lo tiene bajo siete ~s** she keeps it hidden away; ***en ~*** (Col fam): **trabajaban en ~** they were working together; **están en ~** they're in on it together *o* in league with each other; **estar en ~ con algn** «*comerciante*» to work in cooperation with sb; «*delincuente*» to be in league with sb

Compuestos
- **llave de contacto** *or* **de encendido** ignition key
- **llave maestra** master key, passkey

B (para dar cuerda) key
C (Mec) (herramienta) wrench (AmE), spanner (BrE)

Compuestos
- **llave de carraca** ratchet wrench (AmE), ratchet spanner (BrE)
- **llave de cruceta** wheel brace
- **llave de tubo** *or* (Méx) **de dado** box wrench (AmE), box spanner (BrE)
- **llave de vaso** socket wrench (AmE), socket spanner (BrE); **~s de vaso** socket set
- **llave dinamométrica** torque wrench
- **llave inglesa** monkey wrench, adjustable wrench (AmE), adjustable spanner (BrE)

D 1 (interruptor) switch 2 (en una tubería) valve; **la ~ del gas** the gas jet (AmE) *o* (BrE) tap 3 (del agua) faucet (AmE), tap (BrE); **agua de la ~** tap water 4 (Mús) (de un órgano) stop; (de una trompeta) valve; (de un clarinete, saxofón) key

Compuestos
- **llave de chispa** flintlock
- **llave de paso** (del agua) stopcock; (del gas) main valve (AmE), mains tap (BrE); **cerrar la ~ de ~** to turn the water/gas off at the main valve (AmE) *o* (BrE) at the mains

E (Impr) (en un texto) brace; **entre ~s** in braces
F (en lucha, judo) hold; **lo inmovilizó con una ~ (de brazo)** she put an armlock on him, she got him in an armlock; **~ de candado** (Col, Méx) hammerlock
G (Col, Ven fam) buddy (AmE colloq), mate (BrE colloq)
H (Col, Ven) (en hípica) double

llavero *m* key ring

llavín *m* small key

llegada *f* 1 (de un viaje) arrival; **a su ~ al aeropuerto** on his arrival at *o* when he arrived at the airport; **el vuelo tiene prevista su ~ para las 11 horas** the estimated time of arrival of the flight is 11 a.m., the flight is due to arrive at 11 a.m.; **con la ~ de la primavera** when spring comes, with the arrival of spring 2 (Dep) (meta) winning post

llegar [A3] *vi*
A «*persona/tren/carta*» to arrive; **tienen que estar al ~** they'll be arriving any minute now; **¿cuándo llegan tus primos?** when are your cousins arriving?, when do your cousins arrive?; **¿falta mucho para ~?** is it much further (to go)?; **¿a qué hora llega el avión?** what time does the plane arrive *o* get in?; **siempre llega tarde** he's always late; **llegó (el) primero/(el) último** he was the first/the last to arrive, he arrived first/last; **~on cansadísimos** they were exhausted when they arrived; **no me llegó el telegrama** I didn't get the telegram, the telegram didn't get to me *o* didn't reach me; **nos llega una noticia de última hora** we have a late news item; **me hizo ~ un mensaje** he got a message to me; **sus palabras me llegaban con mucho ruido de fondo** there was a lot of background noise when I was talking to him; **~ A** (a un país, una ciudad) to arrive in; (a un edificio) to arrive at; **llegó a Bogotá en un vuelo de Avianca** he arrived in Bogotá on an Avianca flight; **llegó al aeropuerto a las dos** she arrived at *o* got to the airport at two o'clock; **el primer corredor que llegó a la meta** the first runner to cross *o* reach the finishing line; **llegamos a casa a las dos** we got *o* arrived home at two o'clock; **llegué a su casa de noche** I got to *o* reached his house at night; **la carta nunca llegó a mis manos** the letter never reached me; **el rumor llegó a oídos del alcalde** the rumor reached the mayor; **¿adónde quieres ~ con tantas preguntas?** what are you getting at *o* driving at with all these questions?; **~ DE** to arrive from; **acaba de ~ de Hamburgo** he's just arrived from *o* got(ten) (*o* flown *etc*) in from Hamburg
B 1 «*camino/ruta*» (extenderse) **~ HASTA** to go all the way to, go as far as; **ahora la carretera llega hasta San Pedro** the road goes all the way to *o* goes as far as San Pedro now 2 (ir) **~ A/HASTA**: **este autobús no llega hasta** *or* **a Las Torres** this bus doesn't go as far as *o* all the way to Las Torres; **sólo llega al tercer piso** it only goes (up) to the third floor
C «*día/invierno*» to come, arrive; **el invierno llegó temprano** winter came early; **cuando llegue la estación de las lluvias** when the rainy season starts; **ha llegado el momento de tomar una decisión** the time has come to make a decision; **pensé que nunca ~ía este momento** I thought this moment would never come *o* arrive; **~á el día en que se dé cuenta de su error** the day will come when he'll realize his mistake; **cuando llegó la noche todavía estaban lejos** when night fell *o* at nightfall they were still a long way away
D 1 (alcanzar) to reach; **no llego ni con la escalera** I can't even reach with the ladder; **~ A algo** to reach sth; **tiene que subirse a una silla para ~ al estante** he has to stand on a chair to reach the shelf; **las cosas han llegado a tal punto, que ...** things have got to *o* have reached such a point that ...; **los pies no le llegan al suelo** her feet don't touch the floor; **esa cuerda no llega al otro lado** that rope won't reach to the other side; **la falda le llegaba a los tobillos** her skirt came down to *o* reached her ankles; **su voz llegaba al fondo del teatro** her voice carried to the back of the theater; **el agua le llegaba al cuello** the water came up to her neck; **por ambos métodos llegamos al mismo resultado** both methods lead us to the same result, we arrive at *o* reach the same result by both methods; **llegué a la conclusión de que me habías mentido** I reached *o* came to the conclusion that you had been lying to me; **no se llegó a ningún acuerdo** no agreement was reached; **sé algo de electrónica, pero a tanto no llego** I know something about electronics but not that much *o* but my knowledge doesn't extend that far; ▸ **ahí** 2 «*dinero/materiales*» (ser suficiente) to be enough; **con un kilo llega para todos** a kilo's enough *o* a kilo will do for all of us; **no me llega el dinero** I don't have enough money 3 (alcanzar a medir, costar, etc): **este trozo de tela no llega a los dos metros** this piece of material is less than two meters; **me sorprendería si ~a a tanto** I'd be surprised if it came to that much *o* if it was as much as that; **no llegaban a 500 personas** there weren't even 500 people there 4 (expresando logro): **~á lejos** she'll go far *o* a long way; **como sigas así no vas a ~ a ningún lado** if you carry on like this, you'll never get anywhere; **no creo que llegues a convencerme** I don't think you'll manage to convince me; **quiero que llegues a ser alguien** I want you to be someone *o* to make something of yourself; **nunca llegó a (ser) director** he never became director, he never made it to director (colloq) 5 (en el tiempo): **este gobierno no ~á a las próximas elecciones** this government won't survive till the next elections; **como sigas fumando así no ~ás a viejo** if you go on smoking like that you won't live to old age; **con los años llegué a conocerlo mejor** I got to know him better over the years; **¿llegaste a verlo?** did you manage *o* did you get to see it?; **¿llegó a saber quién era su padre?** did she ever find out who her father was?; **el invento puede ~ a ser de gran utilidad** the invention could prove to be very useful
E 1 (como intensificador) **~ A + INF**: **llegó a amenazarme con el despido** she even threatened to fire me, she went so far as to threaten to fire me; **llegué a pensar que me engañaba** I even began to think he was deceiving me; **no llegó a pegarme, pero ...** he didn't actually hit me, but ...; **llegó a aburrirme con sus constantes quejas** I grew tired of *o* I got bored with his constant complaining; **puede incluso ~ a ganarle** he might even beat him 2 (en oraciones condicionales): **si lo llego a saber, no vengo** if I'd known, I wouldn't have come; **si llego a enterarme de algo, te aviso** if I happen to hear anything, I'll let you know; **si lo llegas a perder, te mato** if you lose it, I'll kill you, if you go and lose it *o* if you manage to lose it, I'll kill you (colloq)
F «*estilo/música*» (ser entendido, aceptado): **tiene un estilo que no llega a la gente** people can't relate to *o* understand his style; **emplea un lenguaje que llega a la juventud** he uses language that gets through to *o* means something to young people

■ **llegarse** *v pron* (fam): **llégate hasta su casa y dale este paquete** run over to her house and give her this parcel (colloq); **llégate a la tienda y trae algo de beber** run out *o* over to the store and get something to drink, nip *o* pop out to the shop and get something to drink (BrE colloq)

llenado *m* filling, filling up; **proceder al ~ del tanque** now fill the tank

llenador -dora *adj* 1 (CS) ‹*comida*› filling 2 (Ur fam) (fastidioso) annoying

llenar [A1] *vt*
A 1 ‹*vaso/plato*› to fill; ‹*tanque*› to fill up, fill; ‹*maleta*› to fill, pack; ‹*cajón*› to fill; **no me llenes el vaso** don't fill my glass right up *o* don't give me a full glass; **el agua casi llenaba el cubo** the water almost filled the bucket; **siempre llena la sala** he always manages to fill the hall *o* always has a full house; **no sabe cómo ~ su tiempo libre** he doesn't know how to fill *o* occupy his spare time; **su nombramiento llena un importante vacío en la empresa** his appointment fills an important vacancy in the company; **~ algo DE algo** to fill sth WITH sth; **le ~on la cabeza de ideas extrañas** they filled his head with strange ideas; **~ algo CON algo** to fill sth WITH sth; **llenó una bolsa con la ropa sucia** he filled a bag with the dirty clothes 2 ‹*formulario*› to fill out, to fill in (esp BrE), to complete 3 (cubrir) **~ algo DE algo** to cover sth WITH sth; **~on la pared de fotografías** they covered the wall with photographs; **llenó el pizarrón de fórmulas** she filled *o* covered the blackboard with formulae
B (colmar) ‹*persona*› **~ a algn DE algo**: **la noticia nos llenó de alegría/confusión** we were overjoyed/completely thrown by the news; **nos llenó de atenciones** he made a real fuss over us *o* (BrE) of us, we were showered with attention (AmE) *o* (BrE) attentions; **me llenó de ira** it made me very angry *o* (liter) filled me with anger
C (satisfacer) ‹*persona*›: **su carrera no la llena** she doesn't find her career satisfying *o* fulfilling
D (cumplir) ‹*requisitos*› to fulfill*, meet
E (Ur fam) (fastidiar) to bug (colloq), to annoy

■ **llenar** *vi* «*comida*» to be filling; **la pasta llena mucho** pasta is very filling

■ **llenarse** *v pron*
A 1 «*recipiente/estadio*» to fill; **el tren siempre se llena en esta estación** the train always gets full *o* fills up with people at this station; **el teatro se llenó hasta los topes** the theater was (jam) packed *o* was full to bursting; **~se DE algo** to fill WITH sth; **el cubo se había llenado de agua de lluvia** the bucket had filled with rainwater; **se le ~on los ojos de lágrimas** his eyes filled with tears, tears welled up in his eyes; **la casa se llenó de mosquitos** the

house filled with mosquitoes **2** (cubrirse) **~se DE algo: se le ha llenado la cara de granos** he's gotten very pimply (AmE colloq), he's got very spotty (BrE colloq); **la pared se llenó de manchas de humedad** damp patches appeared all over the wall

B «*persona*» ‹*bolsillo/boca*› to fill; **sólo buscan ~se los bolsillos** they're only interested in lining their own pockets; **~se algo DE algo** to fill sth WITH sth; **se llenó los bolsillos de guijarros** he filled his pockets with pebbles; **no te llenes la boca de comida** don't stuff your mouth with food, don't put so much food in your mouth

C «*persona*» (colmarse) **~se DE algo: se ~on de oro** they made a fortune; **con esa hazaña se llenó de gloria** it was an achievement that covered him in glory; **en poco tiempo se ~on de deudas** they were soon up to their necks in debt

D «*persona*» (de comida): **se llena tomando cerveza y después no quiere comer** he fills himself up with beer and then doesn't want anything to eat; **sólo viene a ~se la barriga** (fam) he only comes here to fill his belly *o* to stuff his face (colloq); **con un plato de ensalada ya se llena** one plate of salad and she's full

lleno[1] **-na** *adj*

A **1** ‹*teatro/estadio/autobús*› full; ‹*copa/tanque*› full; **sírveme una taza bien llena** pour me a nice full cup; **el teatro estaba ~ de bote en bote** *or* **hasta los topes** the theater was (jam) packed *o* was full to bursting; **no hables con la boca llena** don't speak with your mouth full; **~ DE algo** full OF sth; **lo dijo con los ojos ~s de lágrimas** he said it with his eyes full of tears; **le gusta tener la casa llena de gente** she loves having a houseful of people; **una mirada llena de rencor** a look full of resentment, a resentful look **2** (cubierto) **~ DE algo** covered IN sth; **esta falda está llena de manchas** this skirt is covered in *o* with stains; **tengo la cara llena de granos** my face is covered in *o* with spots **3** (de comida) full, full up (colloq); **no gracias, estoy ~** no thanks, I'm full (up)

B (expresando abundancia) **~ DE algo** full OF sth; **es una persona llena de complejos** he's full of complexes

C (regordete) plump; **es de cara llena** she has a full face; **está algo llenita** she has a full figure (euph), she's a bit on the plump side

D (Ur fam) (harto): **me tiene ~** I'm fed up with her (colloq), I'm sick of her (colloq)

E **de lleno** fully; **se dedicó de ~ a su carrera** she dedicated herself fully *o* entirely to her career; **el sol le daba de ~ en la cara** the sun was full on his face *o* was shining directly on his face

lleno[2] *m* sellout; **se espera un ~ total** they're expecting a sellout; **se registraron ~s totales** *or* **completos noche tras noche** the show played to capacity audiences *o* was sold out night after night

lleva *f* (Col fam): **la ~** the tag (colloq)

llevadero -ra *adj* bearable; **cuando se está acompañado la espera resulta más llevadera** when you've got somebody to keep you company the waiting is easier to bear *o* is more bearable

llevándola *adv* (Ven fam) so-so (colloq); **¿cómo te va? — pues ~** how's it going? — well, so-so *o* not too good

llevar [A1] *vt*

Sentido I

A **1** (de un lugar a otro) to take; **tengo que ~ los zapatos a arreglar** I must take my shoes to be mended; **le llevé unas flores** I took her some flowers; **te lo ~é cuando vaya el sábado** I'll bring it when I come on Saturday; **este programa pretende ~ un mensaje de paz y amor a sus hogares** this program aims to bring a message of peace and love into your homes; **el camión llevaba una carga de abono** the truck was carrying a load of fertilizer; **deja que te ayude a ~ las bolsas** let me help you carry your bags; **¿qué llevas en el bolso que pesa tanto?** what have you got in your bag that weighs so much?; **dos hamburguesas para ~** two hamburgers to go (AmE), two hamburgers to take away (BrE); **Ⓢ comida para llevar** take out meals (AmE), takeaway meals (BrE) **2** ‹*persona*› to take; **iba para ese lado y me llevó hasta la estación** she was going that way so she gave me a lift to *o* took me to *o* dropped me at the station; **voy a ~ a los niños al colegio** I'm going to take the children to school; **nos llevó a cenar fuera** he took us out to dinner; **la llevaba de la mano** I was holding her hand, I had her by the hand **3** (tener consigo): **los atracadores llevaban metralletas** the robbers carried submachine guns; **no llevo dinero encima** *or* **conmigo** I don't have any money on me **4** (CS) (comprar) to take; **¿la señora ha decidido? — sí, llevo éste** have you decided, madam? — yes, I'll take *o* I'll have this one; **¿cuántos va a ~?** how many would you like?

B **1** (guiar, conducir): **nos ~on por un sendero hacia la cueva** they led *o* took us along a path toward(s) the cave; **este camino te lleva al río** this path leads *o* takes you to the river; **esta discusión no nos ~á a ninguna parte** arguing like this won't get us anywhere **2** (impulsar, inducir) to lead; **su afición por el juego lo llevó a cometer el desfalco** his passion for gambling led him to embezzle the money; **esto me lleva a pensar que miente** this leads me to believe that she is lying; **¿qué puede ~ a una madre a hacer una cosa así?** what could induce a mother to do such a thing?

C **1** ‹*vestido/sombrero*› to wear; **puede ~se suelto o con cinturón** it can be worn loose or with a belt; **llevaba uniforme** he was wearing his uniform, he was in uniform; **no llevo reloj** I'm not wearing a watch, I haven't got a watch on **2** (hablando de modas): **vuelven a ~se las faldas cortas** short skirts are back in fashion; **ya no se lleva eso de las fiestas de compromiso** people don't have engagement parties any more

D (tener): **llevas la corbata torcida** your tie's crooked; **hace años que lleva barba** he's had a beard for years; **llevaba el pelo corto** she wore *o* had her hair short, she had short hair; **cada entrada lleva un número** each ticket bears a number *o* has a number on it; **el colegio lleva el nombre de su fundador** the school carries *o* bears the name of its founder; **una canción que lleva por título 'Rencor'** a song entitled 'Rencor'

Sentido II

A (tener a su cargo): **lleva la contabilidad de la empresa** she does the company's accounts; **su padre lleva la tienda/el bar** his father runs the shop/the bar; **el abogado que lleva el caso** the lawyer *o* (AmE) attorney who is handling the case; **mi compañero lleva lo de los créditos** my colleague deals with loans; **trabaja a tiempo completo y además lleva la casa** she works full time and does all the housework as well

B **1** (conducir) ‹*vehículo*› to drive; ‹*moto*› to ride; **¿quién llevaba el coche?** who was driving the car? **2** ‹*pareja*› (al bailar): **no sé bailar — no importa, yo te llevo** I can't dance — it doesn't matter, I'll lead

C **1** ‹*vida*› to lead; (+ *compl*): **lleva una vida normal/muy ajetreada** he leads *o* has a normal life/very hectic life; **llevan su relación en secreto** they're keeping their relationship secret; **¿cómo llevas lo del divorcio?** how are you coping with the divorce?; **está en segundo año y lo lleva muy bien** he's in the second year and he's doing very well; **¿qué tal lo llevas?** (fam) how are things? (colloq); **lleva muy mal lo de que te vayas al extranjero** she's taking this business of you going abroad very badly; **llevaste muy bien la entrevista** you handled the interview very well **2** (Ven) ‹*golpe/susto*› to get; **llevamos un susto grande cuando ...** we got a terrible fright when ...; **va a ~ un disgusto grande cuando se entere** he's going to be very upset when he finds out

D (seguir, mantener): **~ el ritmo** *or* **el compás** to keep time; **baila mal, no sabe ~ el compás** he's a bad dancer, he can't keep in time to the music; **¿estás llevando la cuenta de lo que te debo?** are you keeping track of what I owe you?; **¿qué rumbo llevan?** what course are they on?; **¿qué dirección llevaban?** which direction were they going in *o* were they headed in?

Sentido III

A **1** (requerir, insumir) to take; **lleva mucho tiempo hacerlo bien** it takes a long time to do it well; (+ *me/te/le etc*): **le llevó horas aprendérselo de memoria** it took her hours to learn it by heart; **me va a ~ horas** it's going to take me hours **2** (tener como ingrediente, componente): **¿qué lleva esta sopa?** what's in this soup?; **esta masa lleva mantequilla en lugar de aceite** this pastry is made with butter instead of oil; **lleva unas gotas de jugo de limón** it has a few drops of lemon juice in it; **este modelo lleva tres metros de tela** you need three meters of material for this dress; **la blusa lleva un cuello de encaje** the blouse has a lace collar; **el tren lleva dos vagones de primera** the train has *o* (frml) conveys two first-class carriages

B (aventajar, exceder en) (+ *me/te/le etc*): **me lleva dos años** he's two years older than me; **mi hijo te lleva unos centímetros** my son is a few centimeters taller than you, my son is taller than you by a few centimeters; **nos llevan tres días de ventaja** they have a three-day lead over us

C (Esp) (cobrar) to charge; **no me llevó nada por arreglármelo** he didn't charge me (anything) for fixing it

■ *v aux*: **lleva media hora esperando** she's been waiting for half an hour; **¿llevas mucho rato aquí?** have you been here long?; **lleva tres días sin probar bocado** he hasn't eaten a thing for three days; **el tren lleva una hora de retraso** the train's an hour late; **¿te desperté? — no, llevo horas levantada** did I wake you? — no, I've been up for hours; **lleva cinco años en la empresa** she's been with the company for five years; **hasta ahora llevan ganados todos los partidos** they've won every game so far; **ya llevaba hecha la mitad de la manga** I'd already done half the sleeve; **~ *las de ganar/perder*** to be bound to win/lose; **con el apoyo del jefe, llevas todas las de ganar** if the boss is behind you, you're bound to succeed

■ **llevar** *vi* **1** «*camino/carretera*» to go, lead; **lleva directamente al pueblo** it goes *o* leads straight to the village; **¿adónde lleva este camino?** where does this road go *o* lead? **2** (al bailar) to lead

■ **llevarse** *v pron*

A **1** (a otro lugar) to take; **la policía se llevó al sospechoso** the police took the suspect away; **¿quién se ha llevado mi paraguas?** who's taken my umbrella?; **nos lo llevamos a la playa** we took him off to the beach; **no te lleves el diccionario, lo necesito** don't take the dictionary (away), I need it; **llévate a los chicos de aquí** get the children out of here; **los ladrones se ~on las joyas** the thieves went off with *o* took the jewels; **el agua se llevó cuanto encontró a su paso** the water swept away everything in its path **2** ‹*dinero/premio*› to win; **la película que se llevó todos los premios** the movie that carried off *o* won *o* took all the prizes **3** (quedarse con, comprar) to take; **no sé cuál ~me** I don't know which one to have *o* take; **¿cuántos se quiere ~?** how many would you like? **4** (Mat) to carry; **9 y 9 son 18, me llevo una** 9 plus 9 is 18, carry one **5** (Arg) ‹*asignatura*› to carry over

B (dirigir): **no te lleves el cuchillo a la boca** don't put your knife in your mouth; **se llevó la mano al bolsillo** he put his hand to his pocket

C ‹*susto/regañina*› to get; **¡qué susto me llevé!** what a fright I got!; **me llevé una gran decepción** I was terribly disappointed, it was a terrible disappointment; **se llevó su merecido** he got what he deserved; **quiero que se lleve**

un buen recuerdo I want him to leave here with pleasant memories
D **~se bien con algn** to get along with sb, to get on (well) with sb (BrE); **nos llevamos mal** we don't get along *o* on; **se llevan a matar** they really hate each other; **se llevan como perro y gato** they fight like cat and dog

lloradera *f* (AmL fam) ▸**llorera**

llorado -da *adj* (frml) late lamented (*before n*) (frml)

llorar [A1] *vi*
A (derramar lágrimas) **1** «*persona*» to cry; **me dieron** *or* **entraron ganas de ~** I felt like crying; **lo hizo ~** she made him cry; **lloramos ante aquel espectáculo desolador** we wept at that heartrending sight; **estaba a punto de ~** she was on the verge of tears; **se puso** *or* **se echó** *or* (liter) **rompió a ~** she started crying *o* to cry, she burst into tears; **estaba que lloraba de (la) rabia** she was crying with rage, she shed tears of rage; **llorábamos de (la) risa** we were crying with laughter, we laughed so much we had tears in our eyes, we laughed until we cried; **cuando la vio lloró de (la) emoción** when he saw her he wept with emotion; **~ POR algo/algn**: **no vas a ~ por esa tontería** surely you're not going to cry over *o* about a silly thing like that; **llora por cualquier cosa** he cries at *o* over the slightest thing; **lloraba por la pérdida de su amigo** he wept *o* cried for the loss of his friend; **no llores por él, no se lo merece** don't cry over him, he's not worth it; **lo encontré llorando por las notas** I found him crying *o* in tears over his grades; ***ser de*** *or* ***para ~*** to be enough to make one weep; **la calidad de las obras expuestas era de** *or* **para ~** the standard of the work on show was enough to make you weep; ***el que no llora, no mama*** if you don't ask, you don't get **2** «*ojos*» to water; **le lloran los ojos por el catarro** his eyes are watering *o* streaming because of his cold
B (fam) (quejarse) to grumble, whine, moan (BrE)
■ **llorar** *vt* ‹*persona/muerte*› to mourn; **nadie lo lloró** nobody mourned him, nobody mourned his passing

llorera *f* (fam): **me entró una ~** I burst into tears, I started crying; **no vayas a despedirlo porque te dará la ~** don't go to see him off, you'll only start crying

lloretas *mf* (*pl* ~) (Col fam) ▸**llorón² A**

llorica *mf* (Esp fam) ▸**llorón² A**

lloriquear [A1] *vi* (fam) to whimper, to whine (colloq), to grizzle (BrE colloq)

lloriqueo *m* (fam) whimpering, whining (colloq), grizzling (BrE colloq), whinging (BrE colloq); **déjate de ~s** stop whining

lloriquera *f* (Ven) ▸**lloriqueo**

lloro *m* **1** (llanto) crying; **los ~s del bebé** the baby's crying **2** (Bot) bleeding, weeping

llorón¹ -rona *adj* (fam): **es muy ~** ‹*bebé*› he cries all the time *o* a lot; ‹*adulto*› he cries very easily *o* a lot; **no seas tan ~** don't be such a crybaby (colloq)

llorón² -rona *m,f*
A **1** (fam) (que llora mucho) crybaby (colloq) **2** (Col, RPl fam) (quejica) whiner (colloq), moaner (BrE colloq), moaning minnie (BrE colloq)
B **la llorona** *f* (fam) (por borrachera): **siempre que bebe le da la llorona** whenever he drinks he gets weepy *o* maudlin
C **la llorona** *f* (Col, Méx, Ven fam) (fantasma) ghost (*of a woman said to roam the streets wailing*)

lloroso -sa *adj* ‹*tono*› tearful; **¿qué te pasa? traes los ojos ~s** you've been crying, what's the matter?; **vino ~ y apenado a pedirme perdón** he came to apologize all tearful and repentant; **tenía los ojos ~s** her eyes were full of tears; **el humo me pone los ojos ~s** the smoke makes my eyes water *o* run

llovedera *f* (Col fam) endless rain

llovedizo -za *adj* **1** ‹*techo/azotea*› leaky **2** **aguas llovedizas** rainwater

llover [E9] *v impers* ▸ⓘ **p.802**; to rain; **parece que va a ~** it looks as though it's going to rain, it looks like rain; **se puso** *or* (AmL) **se largó a ~** it started *o* began to rain; **nos llovió todo el fin de semana** (fam) it rained all weekend, we had rain all weekend; **ayer llovió con ganas** it poured (with rain) yesterday; ***ha llovido mucho desde entonces*** a lot of water has flowed *o* passed under the bridge since then; ***~ sobre mojado:*** **a este pobre país le llueve sobre mojado** it's just one disaster after another in this wretched country; **decirnos que ha gastado el dinero es ~ sobre mojado** telling us he's spent the money only makes matters worse *o* is really adding insult to injury; ***llueva o truene*** come rain or shine, no matter what; ***llueve/llovía a cántaros*** *or* ***chuzos*** *or* ***mares*** it's/it was raining cats and dogs, it's/it was pouring *o* (BrE) bucketing down; ***mandar a algn a ver si llueve*** (AmL hum) to send sb on a fool's errand; ***nunca llueve a gusto de todos*** you can't please everybody; ▸**oír**
■ *vi*: **las desgracias llovieron sobre nosotros** misfortunes rained down on us; (+ *me/te/le etc*): **le llovieron golpes** blows rained down on him; **le llovieron piropos/regalos** she was showered with compliments/gifts; **le han llovido las ofertas de trabajo** she's been deluged *o* inundated with offers of work
■ **lloverse** *v pron* ‹*techo/azotea*› to leak

llovida *f* (AmS fam) shower, rain shower; **con una ~ quedan las calles limpias** a good shower leaves the streets nice and clean (colloq)

llovido -da *adj* (RPl) lank

llovizna *f* drizzle

lloviznar *v impers* [A1] ▸ⓘ **p.802** to drizzle

llueva, llueve ▸**llover**

lluvia *f*
A **1** (Meteo) ▸ⓘ **p.802**; rain; **un día de ~** a rainy *o* wet day; **~s torrenciales** torrential rain; **caía una ~ menuda** *or* **fina** it was drizzling; **la estación de las ~s** the rainy season; **es una zona de mucha ~** it's an area of heavy *o* high rainfall, it's a very rainy area **2** (de balas) hail; (de críticas) hail, barrage; **fue saludada con una ~ de flores** when she appeared she was showered with flowers

Compuestos
- **lluvia ácida** acid rain
- **lluvia de estrellas** meteor shower
- **lluvia nuclear** *or* **radiactiva** nuclear fallout

B (RPl fam) (ducha) shower

lluvioso -sa *adj* ‹*tiempo*› ▸ⓘ **p.802**; rainy, wet; ‹*región*› wet; **la época más lluviosa del año** the wettest time of the year

lo¹ *art*
A **prefiero ~ dulce** I prefer sweet things; **~ difícil es más interesante** difficult things are more interesting; **dejemos ~ difícil para mañana** let's leave the difficult part until tomorrow; **~ interesante del caso es que ...** the interesting thing about the case is that ...; **¿estoy en ~ correcto?** am I right?; **desde ~ alto de la sierra** from high up in the mountains; **trata de ser ~ más objetivo posible** try to be as objective as possible; **~ expresado por mi colega** what my colleague said; **que cada cual se ocupe de ~ suyo** everyone should take care of their own things; **se ha enterado de ~ nuestro** she's found out about us; **~ de la enfermedad de su madre es puro cuento** this business *o* story about his mother being ill is complete fiction; **~ de Rafael fue realmente trágico** what happened to Rafael was really tragic; **~ de María es muy triste** it's very sad about María; **voy a ~ de Cristina** (RPl) I'm going to Cristina's, I'm going to Cristina's house *o* (colloq) place
B (con oraciones de relativo): **no entiendo ~ que dices** I don't understand what you're saying; **haz ~ que creas oportuno** do as you see fit, do what you think fit; **~ que más me gustó fue la música** what I liked most was the music; **~ que es por mí, que se muera** (fam) for all I care *o* as far as I'm concerned, he can drop dead (colloq); (fam): **en ~ que se refiere a la televisión ...** as far as television is concerned ...; **~ cual** *or* **~ que fue desmentido por el Gobierno** which was denied by the Government
C (con valor ponderativo): **¡~ que debe haber sufrido!** how she must have suffered!; **¿no te das cuenta de ~ ridículo que es?** don't you realize how ridiculous it is?; **¡no te imaginas ~ que fue aquello!** you can't imagine what it was like!; **¿has visto ~ mal que habla?** you see how badly he speaks?; **¡~ que es tener la conciencia tranquila!** it's wonderful *o* what it is to have a clear conscience!; **pobre abuelo, con ~ enfermo que está ...** poor grandpa, he's so ill ...; **nosotros estábamos aquí ~ más tranquilos** (fam) we were just sitting here as quiet as you like (colloq)

lo² *pron pers*
A **1** (referido — a él) him; (— a usted) you; (— a cosa, etc) it; **~ presentó como su novio** she introduced him as her boyfriend; **~ encuentro muy bien, señor Calvo** you're looking very well, Mr Calvo; **léelo en voz alta** read it aloud; **a él no ~ pienso invitar** I don't intend inviting *him*; **yo a usted ~ respeto mucho** I have great respect for you; **el pollo ~ voy a hacer con arroz** I'm going to cook the chicken with rice **2** (*impers*): **duele que a uno ~ traten así** it hurts when people treat you like that
B (con: **ser, estar, haber**): **¿que si estoy harta? pues sí, ~ estoy** am I fed up? well, yes, I am; **si ella es capaz de hacerlo yo también ~ soy** if she can do it, so can I; **no será estúpido, pero ~ parece** he may not be stupid but he certainly acts like it; **¿hay algo que hacer? — sí, ~ hay, y mucho** is there anything needs doing? — yes, there is, plenty

loa *f* (liter) praise; **hicieron grandes ~s del** *or* **al cuadro** the painting earned tremendous praise *o* (frml) plaudits, they heaped praise on the painting

loable *adj* commendable, praiseworthy, laudable

loablemente *adv* commendably

LOAPA *f* (en Esp) = **Ley Orgánica de Armonización del Proceso Autonómico**

loar [A1] *vt* (liter) to praise, laud (frml)

lob *m* (*pl* **~s**) lob; **le hizo un ~** she lobbed the ball over his head

lobagante *m* lobster

lobanillo *m* wen

lobato -ta *m,f* **1** (Zool) wolf cub **2** **lobato** *m* (niño) Cub, Cub Scout

lobby /'loβi/ *m* (*pl* **-bbies**) **1** (grupo de presión) lobby **2** (de un hotel) lobby

lobelia *f* lobelia

lobería *f* (Col fam) tackiness (colloq)

lobezno -na *m,f* wolf cub

lobito de río *m* (CS) otter

lobizón, lobisón *m* (Per, RPl) werewolf

lobo¹ -ba *adj* (Col fam) ‹*vestido/color*› garish; ‹*cuadro*› tacky (colloq)

lobo² -ba *m,f*
A (Zool) wolf; ***arrojar a algn a los ~s*** to throw sb to the wolves; ***un ~ con piel de oveja*** (fam) a wolf in sheep's clothing

Compuestos
- **lobo acuático** otter
- **lobo cervario** lynx
- **lobo de mar** (marino) sea dog; **un viejo ~ de ~** an old sea dog
- **lobo de río** otter
- **lobo feroz**: **el ~ ~** the big bad wolf
- **lobo marino** seal
- **lobo solitario** lone wolf

B (Col) (persona de mal gusto) person with bad taste

lobotomía *f* lobotomy

lóbrego -ga *adj* ‹*día/lugar*› gloomy; ‹*persona*› lugubrious, somber*, gloomy

lobreguez *f* (de lugar) gloominess; (de persona) lugubriousness, somberness*, gloominess

lóbulo *m* **1** ▸ⓘ **p.231**; (de la oreja) lobe; (del pulmón, cerebro) lobe **2** (de un arco, una hoja) lobe

LOC *m* (= **lector óptico de caracteres**) OCR

loca *f ver tb* **loco² A**
A (fam) (travestí) drag queen (colloq); (homosexual afeminado) queen (sl)
B (RPl fam) (mujer fácil) floozy (colloq), tart (BrE colloq)
C (RPl fam) (locura): ***darle*** *or* ***dársele la ~ a algn*** *ver* **vena**

locación *f* **1** (Cin) location; **filmaron en ~** they did the filming *o* they shot it on location **2** (Méx) (lugar): **está en Cuernavaca — ¿en qué ~?** it's in Cuernavaca — whereabouts?; **visite el museo Rivera, ~: Calle Altavista** visit the Rivera Museum on *o* located on Altavista Street

local¹ *adj* **1** ‹*tradiciones/autoridades/periódico*› local; **ganó el equipo ~** the home team won **2** ‹*infección*› local

local² *m* premises (*pl*); **S se alquilan locales comerciales** business premises to let; **por favor desalojen el ~** please vacate the premises *o* the building; **tocaba en un ~ nocturno de dudosa reputación** he used to play in a seedy nightclub/bar; **para mayor información dirigirse a nuestros ~es en la calle Paz 13** for further details visit our offices at number 13 Paz Street

localidad *f*
A (población) town, locality (frml)
B (Espec) seat, ticket; **S no hay localidades** house full, sold out; **~es en venta desde 500 pesos** seats *o* tickets available from 500 pesos; **~es numeradas/sin numerar** numbered/unnumbered seats

localismo *m* **1** (Ling) localism **2** (apego) provincialism, localism

localizable *adj*: **no está ~** he cannot be found *o* traced

localización *f* **1** (acción): **la tormenta dificultó la ~ del pesquero** the storm made it difficult to locate *o* to find the fishing boat **2** (lugar) location

localizado -da *adj* localized

localizador *m*
A (de personas) pager
B (de reserva) booking reference
C **~ de averías** (dispositivo, aparato) fault locator; (persona) troubleshooter

localizar [A4] *vt* **1** ‹*persona*› to locate; ‹*lugar*› to locate; ‹*tumor*› to locate; **lograron ~ la avioneta siniestrada** they succeeded in finding *o* locating the crashed plane; **llevo varios días intentando ~la** I've been trying to locate her *o* get hold of her *o* track her down for several days; **no logro ~lo en el mapa** I can't find it on the map; **no pudieron ~ el remitente del paquete** they were unable to trace the sender of the parcel **2** ‹*incendio/epidemia*› to localize
■ **localizarse** *v pron* «*dolor*» to be/become localized

localmente *adv* locally

locamente *adv* **1** ‹*amar*› madly; **estar ~ enamorado** to be madly in love **2** ‹*vivir/actuar*› wildly

locatario -ria *m,f* (AmL) tenant

locateli *adj/mf* (CS fam) ▸**locatis¹**, **locatis²**

locatis¹ *adj* (Esp fam) crazy (colloq), loopy (colloq); **es/está ~** he's round the bend (colloq), he's crazy *o* loopy *o* nuts (colloq)

locatis² *mf* (Esp fam) loony (colloq), nutcase (colloq)

locativo *m* locative

locato -ta *adj/m,f* (Col fam) ▸**locatis¹**, **locatis²**

loc. cit. (**= loco citato**) loc. cit.

locería *f* (AmL) (arte) pottery, ceramics; (fábrica) pottery

locero -ra *m,f* (AmL) potter

locha *f*
A (Zool) loach
B (Col fam) (pereza) laziness; **tengo ~** I feel lazy
C (Ven) (Hist) *coin worth an eighth of a bolívar*; ***no tener una*** (fam) ~ to be broke (colloq)

lochar [A1] *vi* (Col fam) to laze around (colloq)

locho¹ -cha *adj* (Col fam) lazy, bone-idle (BrE colloq)

locho² -cha *m,f* (Col fam) lazybones (colloq)

loción *f* lotion
(Compuestos)
• **loción capilar** hair lotion
• **loción para después de afeitarse** *or* **del afeitado** after-shave, after-shave lotion

locker /'loker/ *m* (*pl* **-ckers** *or* **-ckeres**) (AmL) **1** (gaveta) locker **2** **lockers** *mpl* (vestuario) locker room, dressing room (BrE)

lock-out /lo'kaut/ *m* (*pl* **-outs**) lockout

loco¹ -ca *adj*
A **1** (Med, Psic) mad, insane **2** (chiflado) crazy (colloq), nuts (colloq), mad (BrE colloq); **este tipo está medio ~** (fam) this guy's not all there (colloq), this guy's a bit cracked (colloq); **¡pero ustedes están** *or* (AmL) **son ~s!** you must be crazy *o* mad *o* insane *o* out of your mind! (colloq); **no seas ~, te vas a matar** don't be so stupid *o* foolish, you'll kill yourself; **eso no lo hago (pero) ni ~** there's no way I'd do that, nothing in the world would make me do that *o* induce me to do that; **¿disculparme yo? ¡ni (que estuviera) ~!** what, me apologize? not in a million years *o* no way *o* never!; **llenó el formulario a lo ~** she completed the form any which way (AmE) *o* (BrE) any old how (colloq); **gasta dinero a lo ~** he spends money like water *o* like there's no tomorrow; ***estar ~ de remate*** *or* ***de atar*** (fam) to be stark raving *o* stark staring mad, to be nutty as a fruitcake (colloq), to be completely nuts (colloq), to be mad as a hatter (BrE); ***traer*** *or* ***tener ~ a algn*** (Esp) to be driving sb mad *o* crazy *o* up the wall *o* round the bend (colloq); ***volver ~ a algn*** to drive sb mad *o* crazy (colloq); **vuelve ~s a los hombres** she drives men wild (colloq); **el chocolate me vuelve loca** I adore chocolate, I'm a chocolate addict (colloq); ***volverse ~*** to go mad; **este desorden es para volverse ~** this mess is enough to drive you crazy (colloq) **3** (contento, entusiasmado): **están ~s con el nieto** they're besotted with *o* crazy about their grandchild; **está loca por él** she's mad *o* crazy *o* wild about him (colloq); **está ~ por verla/por que le presenten a Laura** he's dying *o* (BrE) mad keen to see her/to be introduced to Laura (colloq); **es ~ por las aceitunas** (CS) he's crazy about *o* mad on olives (colloq) **4** (fam) (preocupado) worried sick (colloq); **anda (como) ~ con las pruebas** he's worried sick about the tests
B **1** (indicando gran cantidad): **tengo unas ganas locas de verla** I'm really looking forward to seeing her, I'm dying to see her (colloq); **tuvo una suerte loca** she was incredibly lucky; **la obra tuvo un éxito ~** the play was hugely successful; **tienen la guita loca** (RPl arg) they're rolling in it (colloq), they're absolutely loaded (colloq) **2** **~ DE algo**: **estaba loca de alegría** *or* **de contenta** she was incredibly happy, she was over the moon (BrE colloq); **está ~ de ira/celos** he's wild with anger/jealousy; **estaba ~ de dolor** he was racked with pain; **está loca de amor por él** she's madly in love with him **3** (CS fam) (indicando poca cantidad): **por cuatro clientes ~s que puedan venir, no vamos a abrir** it's not worth opening up just for a few odd customers

loco² -ca *m,f*
A (enfermo mental) (*m*) madman; (*f*) madwoman; **se puso como un ~ al oír la noticia** he went crazy *o* mad when he heard the news; **maneja** *or* (Esp) **conduce como un ~** he drives like a madman *o* lunatic; **corrimos como ~s para alcanzar el autobús** (fam) we ran like crazy *o* mad to catch the bus (colloq); **gritaba como una loca** she was shouting like a madwoman, she was shouting her head off (colloq); **¡qué desorganización, esto es de ~s!** what chaos! this is pure *o* sheer madness!; **el ~ de Javier se ha venido a pie** Javier walked here, madman that he is; **hoy en día hay mucho ~ suelto** (fam) there are a lot of loonies *o* nutcases *o* weirdos about these days (colloq); ***cada ~ con su tema*** (fam) to each his own, each to his own (BrE); **ahora le ha dado por el budismo — cada ~ con su tema** she's into Buddhism now — oh well, each to his own *o* (colloq) whatever turns you on; ***hacer el ~*** (Chi fam) to make a fool of oneself; ***hacerse el ~*** to act dumb (colloq); **no te hagas el ~** don't act dumb, don't pretend you haven't seen/heard; ***la loca de la casa*** (liter) the imagination
B **loco** *m* (Chi) (Zool) abalone
C **loco** *m* (RPl arg) (hombre) guy (colloq), bloke (BrE colloq)

locomoción *f* **1** (acción) locomotion **2** (Chi) (Transp) public transport, public transportation (AmE)

locomotor¹ -tora *adj* **1** ‹*aparato*› locomotive (*before n*) **2** ‹*músculo*› locomotor (*before n*)

locomotor² -triz *adj* locomotive (*before n*)

locomotora *f* **1** (Ferr) locomotive, engine **2** (elemento impulsor) driving force
(Compuestos)
• **locomotora de diesel** diesel locomotive
• **locomotora de maniobras** switch engine (AmE), shunter (BrE)
• **locomotora de vapor** steam locomotive
• **locomotora eléctrica** electric locomotive
• **locomotora ténder** tank engine

locomóvil *f* traction engine

locro *m*: *stew containing meat, beans and vegetables*

locuacidad *f* talkativeness, loquacity (frml)

locuaz *adj* talkative, loquacious (frml)

locución *f* phrase; **~ adjetiva/adverbial** adjectival/adverbial phrase

locuelo -la *adj* (fam) silly, daft (BrE colloq)

locura *f* **1** (Med) madness, insanity; **ataque de ~** fit of madness **2** (insensatez) crazy thing (colloq); **hizo muchas ~s en su juventud** she did a lot of crazy things in her youth (colloq); **lo que dices es una ~** what you're saying is sheer *o* complete madness; **cometió la ~ de casarse a los quince años** she committed the folly of getting married at fifteen; **gastó una ~ en ese coche** he spent a ridiculous amount on that car **3** (inclinación exagerada): **siente ~ por la pequeña** she's absolutely mad about *o* besotted with the little one (colloq); **la quiero/me gusta con ~** I'm crazy *o* mad *o* wild about her (colloq)

locutor -tora *m,f* (Rad, Tel) broadcaster; (informativo) newscaster (esp AmE), newsreader (esp BrE); (comentarista) commentator, announcer (AmE); **~ de continuidad** continuity announcer, announcer (BrE); **~ deportivo** sports commentator

locutorio *m*
A (Telec) (cabina) telephone booth
B (local) *shop where telephone calls can be made, often with Internet access*
C (Rad) studio
D (en una cárcel) visiting room; (en un convento) parlor*

lodazal *m* quagmire

LODE /'loðe/ *f* (en Esp) **= Ley Orgánica del Derecho a la Educación**

loden *m* loden

lodo *m* mud, mire, sludge; *para modismos ver* **barro**

lodoso -sa *adj* muddy

LOE /'loe/ *f* (en Esp) **= Ley Orgánica del Estado**

loess /'loes/ *m* loess

loft *m* (*pl* **~s**) *designer apartment in old industrial building*

loftero -ra *adj* ‹*estilo*› designer (*before n*); ‹*barrio*› fashionable (*with many designer apartments*)

logarítmico -ca *adj* logarithmic

logaritmo *m* logarithm

logia *f*
A (de los masones) lodge
B (Arquit) loggia

lógica *f* **1** (coherencia) logic; **lo que hizo carece de toda ~** there was no logic to what she did, what she did was completely illogical **2** (Fil) logic
(Compuestos)
• **lógica matemática** mathematical logic
• **lógica simbólica** formal *o* symbolic logic

lógicamente *adv* **1** ‹*deducir/razonar*› logically; **es ~ deducible** it can be logically deduced **2** (*indep*) obviously, of course, naturally

lógico[1] **-ca** *adj* **1** (normal, natural) natural, logical; **como es ~, vendrá con ellos** naturally *o* obviously he will come with them; **es ~ que quiera más libertad** it's (only) natural that he should want more freedom; **es ~ que se haya ofendido** it's understandable *o* not surprising that he should be offended; **lo ~ sería que se lo hubiera dicho antes a él** the logical thing would have been to tell him first **2** ‹*conclusión/consecuencia*› logical **3** (Fil) logical

lógico[2] *adv* (*indep*) (fam) of course; **¿tú también vienes? — ¡~!** are you coming too? — naturally *o* of course!

lógico[3] **-ca** *m,f* logician

logista *mf* logistics expert

logística *f* logistics (*pl*)

logístico -ca *adj* logistic, logistical

logo *m* ▸**logotipo**

logopeda *mf* speech therapist

logopedia *f* speech therapy, logopedics (tech); **centro de ~** speech clinic

logos *m* logos

logoterapeuta *mf* speech therapist

logoterapia *f* speech therapy

logotipo *m* logo, logotype

logrado -da *adj* successful; **uno de los aspectos más** *or* **mejor ~s de la obra** one of the most successful aspects of the work; **un ~ busto del escritor** a lifelike bust of the writer; **una recreación muy lograda del ambiente de la época** a very authentic recreation of the atmosphere of the period

lograr [A1] *vt* ‹*objetivo*› to attain, achieve; ‹*éxito*› to achieve; **no logró lo que quería** he didn't get *o* achieve what he wanted, he didn't achieve his aim; **sólo logró el quinto puesto** she only managed fifth place; **~on una victoria histórica en la final** they won *o* achieved a historic victory in the final; **~ + INF** to manage to + INF; **~on llegar a la cima** they managed to reach the top, they succeeded in reaching the top; **no logró convencerla** he was unable to *o* he couldn't persuade her, he did not manage to *o* he failed to persuade her; **todavía no han logrado asumir esta realidad** they still haven't come to terms with this fact; **~ + SUBJ: por fin logró que le pagaran** he finally managed to get *o* he finally succeeded in getting them to pay him, he finally got them to pay him

logrero -ra *adj* (Chi fam & pey) opportunistic (pej)

logro *m* **1** (de un objetivo) achievement, accomplishment, attainment (frml) **2** (éxito): **los ~s de la medicina actual** the achievements of modern medicine; **los ~s y fracasos de la organización** the successes and failures of the organization; **consiguieron importantes ~s en este campo** they achieved some important victories *o* successes in this field

LOGSE /'loxse/ *f* ▸**LOE - Ley Orgánica de Educación (2006)**

> **LOE - Ley Orgánica de Educación (2006)**
>
> This Spanish reform established four stages of pre-university education: non-compulsory **educación infantil**, from birth to six years; compulsory primary education **Primaria**, from six to twelve; compulsory secondary education **ESO - Enseñanza Secundaria Obligatoria**, from twelve to sixteen; and either two years of **Bachillerato**, leading to university entrance, or two years of *Formación Profesional Específica de Grado Medio*, vocational training that can lead to *Formación Profesional Específica de Grado Superior*. The LOE superseded the LOGSE *Ley Orgánica de Ordenación General del Sistema Educativo* of 1990. The major change was a reduction in humanities subjects in the curriculum, while citizenship classes *Educación para la Ciudadanía* were introduced. The latter have been controversial in some quarters.

Loira *m*: **el ~** the Loire

loísmo *m*: *the use of the pronouns* lo, los *instead of* le, les *(as in* lo/los dije que no*), common in certain regions but not accepted as standard by most Spanish speakers*

loísta *mf*: *a Spanish speaker who uses the pronouns* lo, los *instead of* le, les ▸**loísmo**

lola *f* (fam & hum) tit (sl), boob (colloq)

lolerío *m* (Chi fam) teenagers (*pl*)

lolo -la *m,f* (Chi fam) teenager

loma *f* hill; (más pequeño) hillock; ***en la ~ del diablo*** *or* ***del peludo*** *or* ***del quinoto*** (RPl fam) (out) in the sticks (colloq), in the boondocks *o* boonies (AmE colloq), in the back of beyond (BrE)

lomada *f* (RPl) small hill, hillock

lomaje *m* (Chi) rolling hills (*pl*)

lombarda *f* red cabbage

Lombardía *f* Lombardy

lombardo -da *adj/m,f* Lombard

lombriciento *m* (fam) wormy, full of worms

lombricultura *f* earthworm farming, vermiculture (tech)

lombriz *f* **1** (de tierra) worm, earthworm; ***feliz como una ~*** (Méx fam) as happy as Larry (colloq) **2** (en el intestino) (fam) worm (colloq); **tiene lombrices** he has worms

(Compuesto) **lombriz solitaria** (fam) tapeworm

lomerío *m* (AmL) rolling hills (*pl*)

lomo *m*

A (de un animal) back; **venía a ~** *or* **~s de burro** he was riding a donkey; ***jugar de ~*** (AmC fam) to be lazy *o* idle; ***sobarse el ~*** (Méx fam) to work one's butt off (AmE colloq), to slog one's guts out (BrE colloq)

(Compuestos)
- **lomo de burro** (RPl) speed bump, sleeping policeman (BrE)
- **lomo de toro** (Chi) ▸**lomo de burro**

B (Coc) **1** (de cerdo) loin **2** (AmS) (de vaca) fillet steak; (parte superior) sirloin

(Compuesto) **lomo embuchado** (Esp) cured loin of pork

C **1** (de un libro) spine **2** (de un cuchillo) back

lona *f* **1** (Tex) canvas; **bolso/zapatos de ~** canvas bag/shoes **2** (en boxeo) canvas; ***a la ~*** (Arg fam): **si no te gusta, a la ~** if you don't like it, that's tough *o* you'll have to lump it (colloq); ***dejar ~ a algn*** (Chi fam) to knock sb out (colloq); ***estar en la ~*** (Ven fam) to be broke (colloq); ***quedar ~*** (Chi fam): **bailó hasta quedar ~** she danced till she dropped (colloq) **3** (carpa del circo): **bajo la ~** under the big top, in the circus **4** (RPl) (para sentarse encima) mat

loncha *f* slice; (de beicon) rasher

lonchar [A1] (AmL exc CS) *vt* to have … for lunch

■ **lonchar** *vi* to have lunch

lonche *m* **1** (Andes) (fiesta) party **2** (Per) (merienda) tea

lonchera *f* (AmL exc CS) lunch box

lonchería *f* (AmL exc CS) snack bar

londinense[1] *adj* ‹*público/teatro/periódico*› London (*before n*); **los parques ~s** the parks of London, London's parks; **es ~** she's from London, she's a Londoner

londinense[2] *mf* Londoner

Londres *m* London

loneta *f* sailcloth

long. (= **longitud**) long.

longanimidad *f* (frml) forbearance (frml)

longánimo -ma *adj* (frml) forbearing (frml)

longaniza *f*: *spicy pork sausage*

longevidad *f* (frml) longevity (frml)

longevo -va *adj* (frml) long-lived, longevous (frml)

longitud *f* **1** ▸❶ **p.1376**; (largo) length; **de 30 metros de ~** 30 meters long *o* in length; **tiene una ~ de 25 metros** it's 25 meters long *o* in length **2** (Astron, Geog) longitude **3** (de una vocal, un sonido) length

(Compuesto) **longitud de onda** (Fís, Rad) wavelength; **estamos en la misma ~ de ~** (fam) we're on the same wavelength (colloq)

longitudinal *adj* longitudinal

longitudinalmente *adv* lengthways, longitudinally

long play /lon'plaj, lon'plej/ *m* (*pl* **-plays**) LP, long-playing record, long play (AmE)

longui *mf* (Esp fam): **hacerse el/la ~** *or* **el/la ~s** to act dumb (colloq), to pretend one hasn't heard (*o* noticed *etc*)

lonja *f*

A **1** (loncha) slice **2** (RPl) (de cuero) strip

B **1** (Esp) (mercado de pescado) fish market; (mercado) marketplace **2** (institución mercantil) guild; (sede de gremio) (Hist) guildhall; **~ de propiedad raíz** (Col) association of realtors (AmE), association of estate agents (BrE)

C (Méx fam) (por gordura) spare tire* (colloq), roll of fat

lontananza *f*: **en ~** (liter) in the distance

look /'luk/ *m* (*pl* **looks**) look; **el nuevo ~ para el verano** the new look for summer

loor *m* (liter) praise

loquear [A1] *vi* (AmL fam) to lark about (colloq), to horse *o* clown around (colloq)

■ **loquearse** *v pron* (Per fam) to go crazy *o* around the bend (colloq)

loquera *f* (Col, Ven fam) fit of madness (colloq)

loquerío *m* (AmL fam) **1** (manicomio) madhouse (colloq), loony bin (colloq) **2** (situación caótica) bedlam; **aquello era un ~** it was bedlam in there

loquero -ra *m,f* (fam & hum) **1** (psiquiatra) shrink (colloq); (enfermero) nurse (*in a lunatic asylum*) **2** **loquero** *m* (manicomio) loony bin (colloq & hum), funny farm (colloq & hum); **esta casa es un ~** this place is a madhouse (colloq)

lor, lord *m* lord

lora *f* (Col) parrot; ***hablar como una ~ (mojada)*** (fam) to be a chatterbox (colloq), to talk nineteen to the dozen (colloq) *ver tb* **loro**[1]

lord /lor/ *m* (*pl* **lores**) lord

lordosis *f* lordosis

lordótico -ca *adj* lordotic

lorear [A1] *vt* (Ur fam) to tell; **le fue a ~ a la maestra que había sido yo** he went and told the teacher on me

Lorena *f* Lorraine

lorenzo -za *adj* (Méx fam) crazy (colloq), loopy (colloq)

loriga *f* (de un soldado) lorica, cuirass; (de un caballo) cuirass

lornear ▸ *vt* (Per fam) to cheat, fleece (colloq); **se dedican a ~ a los pobres turistas** they do their best to fleece the poor tourists

loro[1] **-ra** *m,f*

A (Zool) parrot; **dijo la lección como un ~** he recited the lesson parrot-fashion; ***callado el ~*** (Chi fam) be quiet! (colloq); ***estar al ~*** (Esp fam) (pendiente, alerta) to be on one's toes (colloq), to be on the ball (colloq), to keep one's eyes open (colloq); (informado): **está al ~ de lo que pasa allí** he keeps up with what's going on there, he's very clued up about *o* he's very up on what's going on there (colloq); ***hablar como un ~*** (fam) to be a chatterbox (colloq), to talk nineteen to the dozen (colloq)

B (fam) (charlatán) chatterbox; **esa mujer es un ~** *or* **una lora** that woman is a real chatterbox *o* windbag (colloq)

C (Ur fam) (alcahuete) sneak (colloq), telltale (colloq)

loro[2] *m*

A (fam) (mujer ridícula) hag, old bag (colloq)

B (fam) (en un robo) lookout

C **1** (Chi) (jarrita) pitcher, jug **2** (Chi fam) (para orinar) bottle

D (Chi fam) (moco) bogey (colloq); **sacarse los ~s** to pick one's nose

E **loros** *mpl* (Esp fam) earphones (*pl*)

lorquiano -na *adj* of/relating to Federico García Lorca

los[1] **las** *art* ▸❶ **p.69** *ver* **el**

los[2] **las** *pron pers*

A (referido — a ellos, ellas, cosas, etc) them; (— a ustedes) you; **les prometí que ~ llevaría al circo** I promised (them) I'd take them to the circus; **no te lleves esos discos, todavía no**

~ **he escuchado** don't take those records away, I haven't listened to them yet; **a mis primas hace años que no las veo** I haven't seen my cousins in years, it's been years since I saw my cousins; **estos cachivaches ~ voy a tirar a la basura** I'm going to throw this junk in the dustbin; **¿las atienden, señoras?** are you being served, ladies?
B (*con el verbo:* **haber**): **las hay de muchos tamaños** they come in many different sizes; **también ~ hay de chocolate** we have chocolate ones too; **~ hay en todas las ciudades del mundo** you find them in every city in the world

losa *f* **1** (de sepulcro) tombstone **2** (de suelo, piso) flagstone, flag
(Compuesto) **losa radiante** radiant heating (AmE), underfloor heating (BrE)

loseta *f* floor tile

lote *m*
A **1** (de un producto) batch, lot **2** (en subastas) lot; ***darse*** *or* ***pegarse el ~*** (Esp fam) to make out (colloq), to pet (colloq); ***darse*** *or* ***pegarse un ~ de algo*** (Esp fam) to stuff oneself with sth (colloq)
B (AmL) (terreno) plot, lot (AmE)
(Compuesto) **lote urbanizado** serviced site
C (Chi fam) (montón) loads (*pl*) (colloq); **un ~ de cosas que hacer** loads *o* lots of things to do; ***al ~*** (Chi fam): **tiene mujeres al ~** he has loads *o* lots of women chasing after him; **los asuntos aquí andan al ~** things are in a total mess here (colloq); **es muy al ~** she's very careless *o* slapdash

lotear [A1] *vt* (CS) to divide … into lots (AmE) *o* (BrE) plots

loteo *m* (CS) division of land into lots (AmE) *o* (BrE) plots

lotería *f* **1** (sorteo) lottery; **juega a la ~ todas las semanas** she plays (AmE) *o* (BrE) does the lottery every week; **les tocó** *or* **ganaron** *or* (AmL) **se sacaron la ~** they won the lottery; **con ese maridito le tocó** *or* (AmL) **se sacó la ~** she really struck lucky *o* gold with that husband of hers; **comprarse un coche de segunda mano es una ~** buying a secondhand car is a lottery *o* a bit of a gamble **2** (juego casero) lotto, housey-housey (BrE)
(Compuestos)
- **lotería instantánea** instant lottery, scratchcard lottery
- **lotería primitiva** (en Esp) state lottery

> **Lotería Nacional**
>
> A Spanish state-run lottery founded in 1812. There is an "ordinary" draw on Thursdays and "special" and "extraordinary" draws, offering bigger prizes. The biggest are ▸**El Gordo**, drawn before Christmas, and *El Niño*, drawn at Epiphany.
>
> You can buy a complete ticket or a *participación de lotería*, worth one tenth of a ticket. It is common to buy *participaciones* collectively. Prize money is shared among the co-owners of the ticket.
>
> Other lotteries are the ▸**bonoloto**, ▸**Lotería Primitiva or Loto**, and the ▸**ONCE - Organización Nacional de Ciegos Españoles.**

> **Lotería Primitiva** *or* **Loto**
>
> A Spanish state lottery founded in 1985. It works like the ▸**bonoloto**: players mark six numbers on a ticket containing 49 numbers and win the main prize if all their numbers come up in the draw. There are "ordinary" draws on Thursdays and Saturdays, and a draw for a larger prize on the last Sunday of each month, known as ▸**El Gordo**, or *El Gordo de la Primitiva* .

lotero -ra *m,f* lottery ticket seller

lotificación *f* (Méx, Per) ▸**loteo**

lotificar [A2] *vt* (Méx, Per) ▸**lotear**

loto[1] *m* lotus

loto[2] *f* (Esp fam) lottery

lotófago -ga *m,f* lotus eater

loza *f* **1** (material) china; **un plato de ~** a china plate **2** (vajilla) crockery; (de mejor calidad) china

lozanía *f* **1** (de una persona) healthiness; (del cutis) freshness **2** (de las flores, verduras) freshness; (verdor) lushness

lozano -na *adj* **1** ‹*persona*› healthy-looking, young and healthy; ‹*cutis*› healthy-looking, fresh **2** ‹*flores/verduras*› fresh; ‹*árboles*› lush

LP *m* LP

> **LRU - Ley de Reforma Universitaria**
>
> This Spanish law of 1983 upheld the principle of university autonomy and divided responsibility for universities between the state, the autonomous regions, and the universities themselves. It gave universities academic independence and responsibility for hiring and promoting staff. It shortened degree courses from five to four years. Subjects offered were changed to meet the needs of the labor market.

LRU *f* **= Ley de Reforma Universitaria**

LSD *m or f* LSD

Ltda (**= Limitada**) Ltd, Limited

lubina *f* sea bass

lubricación *f* lubrication

lubricador[1] **-dora** *adj* lubricating (*before n*)

lubricador[2] *m* lubricator

lubricante[1] *adj* lubricating

lubricante[2] *m* lubricant

lubricar [A2] *vt* to lubricate

lubricidad *f* (frml) lewdness, lubricity (liter)

lúbrico -ca *adj* (frml) lewd, lubricious (liter)

lubrificación *f* lubrication

lubrificante[1] *adj* lubricating

lubrificante[2] *m* lubricant

lubrificar [A2] *vt* to lubricate

luca *f*
A (CS arg) 1,000 pesos (*o* australes *etc*)
B (Per arg) 5,000 soles
C (Ven fam) 500 bolivar note

Lucas: **San ~** Saint Luke, Luke

Lucayas *fpl*: **las (islas) ~** the Bahamas

lucense *adj* of/from Lugo

Lucerna *f* Lucerne

lucernario *m* skylight, fanlight

lucero *m*
A (estrella brillante) bright star; (Venus) Venus
(Compuestos)
- **lucero del alba** morning star
- **lucero de la tarde** *or* **vespertino** evening star

B (Equ) (mancha) star
C **luceros** *mpl* (liter) (ojos) eyes (*pl*), orbs (*pl*) (liter)

luces *fpl* ▸**luz**

lucha *f*
A **1** (combate, pelea) fight **2** (para conseguir algo, superar un problema) struggle; **decidieron abandonar la ~** they decided to give up the struggle; **la eterna ~ entre el bien y el mal** the eternal struggle between good and evil; **las ~s internas están debilitando el partido** infighting *o* internal conflict is weakening the party; **una campaña de ~ contra el hambre** a campaign to combat famine; **la ~ por la supervivencia** the fight *o* struggle for survival; **la ~ contra el cáncer** the fight against cancer
(Compuestos)
- **lucha armada** armed struggle *o* conflict
- **lucha de clases** class struggle

B (Dep) wrestling
(Compuestos)
- **lucha en jaula** cage fighting
- **lucha libre** all-in wrestling, freestyle wrestling
- **lucha en parejas** tag wrestling

luchador -dora *m,f*
A (persona esforzada) fighter
B (Dep) wrestler

luchar [A1] *vi*
A **1** (combatir, pelear) to fight; **~emos contra los invasores** we shall fight the invaders; **~ cuerpo a cuerpo** to fight hand to hand **2** (para conseguir algo, superar un problema) to struggle, fight; **~on por la paz** they fought for peace; **luchó valientemente contra la enfermedad** he struggled *o* fought bravely against his illness; **ha luchado mucho para salir adelante en la vida** he has struggled hard to get on in life **3** (lidiar, batallar) to wrestle, struggle; **~ CON algo** ‹*con maletas/bultos*› to wrestle *o* struggle WITH sth
B (Dep) to wrestle

luche *m*
A (Bot) *type of edible seaweed*; ***como ~*** (Chi fam) wrinkled (AmE), crumpled (BrE)
B (Chi) (Jueg) hopscotch

lucidez *f* **1** (Psic) lucidity; **en un momento de ~** in a lucid moment, in a moment of lucidity **2** (inteligencia) lucidity, clarity; **una crítica hecha con ~ y acierto** a lucid and perceptive critique

lucido -da *adj* **1** ‹*fiesta*› magnificent, splendid; **su actuación no fue muy lucida** her performance wasn't particularly outstanding; **un papel secundario pero muy ~** a minor role but nevertheless very well played **2** (fam) ‹*niño/bebé*› bouncing (*before n*), healthy

lúcido -da *adj* **1** [SER] ‹*mente*› lucid, clear; ‹*persona*› clear-thinking, clear-sighted; ‹*análisis/reseña*› lucid, clear; **un ~ observador de nuestra realidad política** a perceptive observer of today's political situation **2** [ESTAR] ‹*enfermo*› lucid

luciente *adj* bright, shining

luciérnaga *f* (insecto volador) firefly, lightning bug (AmE); (larva) glowworm; (insecto sin alas) glowworm

Lucifer Lucifer

lucimiento *m* **1** (acción): **ocasiones para el ~ de los gimnastas** opportunities for the gymnasts to show off their skills *o* to shine **2** (brillo) sparkle, brilliance

lucio *m* pike

lucir [I5] *vi* **1** (aparentar) to look good; **~ían mucho más en un florero alto** they would look much better *o* would be shown (off) to much better effect in a tall vase; **un regalo que no luce** a gift that doesn't look anything special; (+ *me/te/le etc*): **come mucho pero no le luce** (hum) he eats like a horse, but it doesn't show; **gasta mucho en maquillaje pero no le luce** she spends a fortune on makeup but it doesn't do much for her **2** (liter) ‹‹*estrellas*›› to twinkle, shine **3** (AmL) (aparecer, mostrarse) (+ *compl*) to look; **la paciente luce mucho mejor hoy** the patient is looking much better today; **la catedral lucía esplendorosa** the cathedral stood out in all its splendor
■ **lucir** *vt* **1** (period) ‹*vestido/modelo*› to wear, sport (journ); ‹*peinado*› to sport (journ); **lucía un vestido de terciopelo azul** she was sporting a blue velvet dress; **la novia lucía un traje de organza** the bride wore an organza wedding dress **2** ‹*figura/piernas*› to show off, flaunt
■ **lucirse** *v pron* **1** (destacarse) to excel oneself; **se lució en el oral** she passed the oral with flying colors, she excelled herself in the oral; **¡te has lucido!** (iró) you've really excelled yourself! (iro); **recetas para ~se** recipes to impress your guests **2** (presumir) to show off

lucrar [A1] *vi*, **lucrarse** *v pron* to make a profit, feather one's nest (colloq)

lucrativo -va *adj* lucrative, profitable; **una entidad sin fines ~s** a nonprofit (AmE) *o* (BrE) non-profit-making organization

lucro *m* profit, gain; **sin afán** *or* **ánimo de ~** with no profit motive in mind

luctuoso -sa *adj* (frml) painful, sorrowful (frml)

lucubración *f* ▸**elucubración**

lucubrar [A1] *vi* ▸**elucubrar**

lúcuma *f* eggfruit

ludibrio *m* jeer, scoff

l

lúdico -ca *adj* ‹*fantasías/diversiones*› playful, ludic (*before n*) (liter); **las actividades lúdicas de su hijo** your child's play activities, the games that your child plays

ludita *mf* Luddite

ludo *m* (CS) ludo

ludópata *mf* compulsive gambler

ludopatía *f* compulsive gambling

ludoteca *f* toy library

luego[1] *adv*

A (más tarde) later, later on; (después de otro suceso — en el futuro) afterwards; (— en el pasado) afterwards, then; **esto podemos dejarlo para ~** we can leave this till later *o* afterwards; **nos vemos ~** I'll see you later (on); **¡hasta ~!** goodbye!, see you!; **habló conmigo y ~ fue a contárselo a ella** he talked to me and then went and told her everything; **~ de** after; **~ DE + INF** after -ING; **~ de examinarla** after examining her; **~ QUE** once, as soon as

B **1** (Chi, Méx) (pronto): **anda ~ a su casa** go home quickly; **devuélvemelo ~** I want it back soon *o* quickly; **lueguito vuelvo** I'll be back in a moment *o* in a minute *o* in no time; **luego luego** (Méx) immediately, right away, at once, straightaway (BrE) **2** (Méx) (de vez en cuando) from time to time

C **1** (en el espacio): **hay un supermercado y ~ está el banco** there's a supermarket and then you come to the bank **2** (Méx) (cerca) nearby; **vive aquí ~** he lives just along the road here *o* just near here

D **1** (indicando orden, prioridad) then; **primero está este señor y ~ nosotros** this man is first and then it's our turn *o* then it's us **2** (además) then; **~ tenemos éstos de plástico** and then we have these plastic ones

E **desde luego** of course; **desde ~ que no** of course not; **el ruido, desde ~, es insoportable** of course, the noise is unbearable *o* the noise, of course, is unbearable

luego[2] *conj* (frml) therefore; **pienso, ~ existo** I think, therefore I am

luengo -ga *adj* (arc *o* liter) ‹*barba*› long; ‹*tierra*› distant, far-off, faraway; **hace ~s años** long, long ago *o* a long, long time ago *o* many, many years ago

lúes *f* syphilis

lugar *m*

A (sitio) place; **no es éste el ~ ni el momento oportuno para hablar de ello** this is neither the time nor the place to discuss it; **esto no está en su ~** this is not in its place, this is not where it should be *o* in the right place *o* where it belongs; **en cualquier otro ~ la gente se hubiera echado a la calle** anywhere else *o* in any other country, people would have taken to the streets; **hemos cambiado los muebles de ~** we've moved the furniture around; **tiene que estar en algún ~** it must be somewhere; **guárdalo en un ~ seguro** keep it in a safe place; **Ⓢ consérvese en lugar fresco** keep in a cool place; **se trasladaron al ~ del suceso** they went to the scene of the incident; **¿se te ocurre un ~ por aquí cerca donde podamos ir a comer?** can you think of anywhere around here where we can go and eat?

B (localidad, región): **visité varios ~es** I visited several places; **los habitantes del ~** the local inhabitants *o* people; **en un ~ de África** somewhere in Africa; **~ y fecha de nacimiento** place and date of birth

C **1** (espacio libre): **¿podrían hacer ~ para alguien más?** could you make room *o* space for one more?; **no hay ~ para nada más** there's no room for anything else; **aquí te dejé un ~ para que pongas tus cosas** I left you some space here for you to put your things **2** (asiento) seat

D **1** (situación) place; **ponte en mi ~** put yourself in my place; **yo en tu ~ no se lo diría** I wouldn't tell her if I were you; **¡ya quisiera verte en mi ~!** I'd like to see what you'd do in my place *o* position *o* (colloq) shoes **2** (en una organización, jerarquía) place; **el ~ que le corresponde** her rightful place *o* position; **nadie puede ocupar el ~ de una madre** nobody can take a mother's place; **según el ~ que ocupan en la lista** according to their position on the list; **en quinto ~ se clasificó el equipo australiano** the Australian team finished fifth *o* in fifth place *o* in fifth position

E **dar lugar a** (a una disputa) to provoke, give rise to, spark off; (a comentarios) to give rise to, provoke; **han dado ~ a que la gente hable** their behavior has got *o* set people talking

F (Der): **no ha ~ la protesta** the objection is overruled

G (*en locs*): **en lugar de** instead of; **fue él en ~ de su hermano** he went instead of his brother *o* in his brother's place; **en ~ de hablar tanto podrías ayudar un poco** instead of talking so much you might help a bit; **¿puede firmar ella en mi ~?** can she sign for me *o* on my behalf; **¿y si en ~ de ir nosotros viene él aquí?** and how about him coming here rather than us going there?; **en primer/segundo/último lugar: los temas que serán tratados en primer ~** the topics which will be dealt with first; **no estoy de acuerdo, en primer ~ porque ...** I don't agree, first of all *o* firstly because ...; **y en último ~, hablaremos de las posibles soluciones** and finally *o* lastly, we will discuss possible solutions; ***a como dé/diera ~*** (AmL): **se trata de venderlo a como dé ~** the idea is to sell it however possible *o* however they can; **a como diera ~ yo iba a entrar al concierto** one way or another I was going to get into the concert; ***dejar a algn en mal ~*** to put sb in an awkward position; ***hacerse un ~* (*en la vida*)** to get on in life; ***no dejar ~ a dudas:*** **lo dijo con tal convicción que no dejó ~ a dudas sobre su sinceridad** she said it with such conviction that there could be no doubt about her sincerity; ***poner a algn en su ~*** to put sb in her/his place; ***sin ~ a dudas*** without doubt, undoubtedly; ***tener ~*** to take place; ***un ~ para cada cosa y cada cosa en su ~*** a place for everything and everything in its place

(Compuestos)

- **lugar común** cliché, commonplace
- **lugar geométrico** locus

lugareño[1] **-ña** *adj* local

lugareño[2] **-ña** *m,f* local; **los ~s lo sabían** the local people *o* the locals knew it

lugarteniente *mf* deputy; **es el ~ del director** he's the director's right-hand man

lugre *m* lugger

lúgubre *adj* ‹*habitación/ambiente*› gloomy, dismal, lugubrious (liter); ‹*persona*› gloomy, somber*, lugubrious (liter); ‹*paisaje*› gloomy, dismal; ‹*rostro/voz*› gloomy, mournful, somber*

Luisiana *f* Louisiana

lujo *m* luxury; **es un ~ que no me puedo permitir** it's a luxury I can't afford; **no podemos permitirnos el ~ de llegar tarde** we can't afford to be late; **vamos a darnos el ~ de decirles que no** we're going to have the satisfaction of saying no to them; **artículos/hoteles de ~** luxury goods/hotels; **vivir/viajar a todo ~** to live/travel in luxury; **con ~ de detalles** with a wealth of detail; **con ~ de sadismo y crueldad** with extreme sadism and cruelty

(Compuesto) **lujo asiático**: **vivir con ~ ~** to live in the lap of luxury; **eso ya es un ~ ~** that is the ultimate in luxury

lujosamente *adv* luxuriously

lujoso -sa *adj* luxurious

lujuria *f* (liter) lust, lechery

lujuriante *adj* luxuriant, lush

lujurioso -sa *adj* lecherous, lustful

lulo *m*

A (Bot, Coc) *tomato-like fruit*

B (Chi) **1** (bulto) bundle **2** (rizo) curl

lulú *mf* Pomeranian

luma *f*

A (Bot) Chilean myrtle

B (Chi fam) **1** (porra) billy club (AmE), truncheon (BrE) **2** (reprimenda) telling-off (colloq), talking-to (colloq); **le metieron una ~** he got a telling-off *o* a talking-to, he was told off

lumbago *m* lumbago

lumbar *adj* lumbar (*before n*)

lumbre *f* **1** (de hoguera, chimenea) fire; **se sentaron cerca de la ~** they sat down by the fireside *o* in front of the fire **2** (de la cocina): **puso el cazo en la ~** she put the saucepan on the stove; **tengo la leche en la ~** I'm heating up some milk **3** (ant) (para un cigarrillo) light; **¿me das/tienes ~?** could I have/do you have a light?

lumbrera *f*

A (fam) (persona brillante) genius, whiz* (colloq); **es una ~ para la** *or* **en química** she's a real whiz *o* a genius at chemistry (colloq), she's brilliant at chemistry; **no es ninguna ~** he's no genius

B (Auto) port

(Compuestos)

- **lumbrera de admisión** intake port
- **lumbrera de escape** exhaust port

lumen *m* lumen

luminaria *f*

A **1** (adorno) light **2** (en un altar) altar lamp

B (AmL) (persona — sabia) luminary; (— importante) prominent figure, celebrity; **~s del ciclismo** cycling stars, prominent figures *o* celebrities of the cycling world

lumínico -ca *adj* ‹*potencia/columna/haz*› of light; **un letrero ~** an illuminated sign, a neon sign

luminiscencia *f* luminescence

luminiscente *adj* luminescent

luminosidad *f* brightness, luminosity

luminoso -sa *adj* **1** ‹*habitación*› bright, light **2** ‹*fuente*› luminous; **un reloj de cuadrante ~** a watch with a luminous dial **3** ‹*idea/ocurrencia*› bright, brilliant **4** ‹*letrero*› illuminated

luminotecnia *f* lighting

luminotécnico[1] **-ca** *adj* lighting (*before n*)

luminotécnico[2] **-ca** *m,f* lighting engineer

lumpen[1] *adj inv* underprivileged, lumpen (*before n*) (tech)

lumpen[2] *m* (*pl* ~ *or* **lúmpenes**) **1** (individuo) underprivileged member of society, lumpen (tech) **2** (grupo social) lumpenproletariat (tech), underclass

lumpo *m* lumpfish; **huevas de ~** lumpfish roe

lun. (= **lunes**) Mon.

luna *f*

A (Astron) moon; **a la luz de la ~** in the moonlight; **esta noche hay ~** the moon's out tonight, there's a moon tonight; ***estar de mala ~*** to be in a bad mood; ***estar*** *or* ***vivir en la ~* (*de Valencia*** *or* (Per) ***de Paita*)** (fam) to have one's head in the clouds; **este niño vive en la ~ de Valencia** this child has his head in the clouds; **perdón, estaba en la ~** sorry, I was miles away; ***ladrarle a la ~*** to talk to a brick wall (colloq); ***pedir la ~*** to ask (for) the impossible

(Compuestos)

- **luna creciente** waxing moon
- **luna de miel** honeymoon; **se fueron de ~ de ~ a Roma** they went to Rome on *o* for their honeymoon, they honeymooned *o* had their honeymoon in Rome; **una nueva ~ de ~ entre los dos países** a new honeymoon period between the two countries
- **luna llena** full moon
- **luna menguante** waning moon
- **luna nueva** new moon

B **1** (espejo) mirror; (de una puerta, ventana) glass **2** (escaparate) window **3** (parabrisas) windshield (AmE), windscreen (BrE)

C (de la uña) half-moon, lunule (tech)

D (RPl fam) (mal humor) foul mood (colloq); **estar con** *or* **de ~** to be in a foul mood (colloq); **se debe haber levantado con** *or* **de ~** she must have got out of bed the wrong side *o* out of the wrong side of the bed

lunación *f* lunation, lunar *o* synodic month

lunar[1] *adj* ‹*año/calendario*› lunar; ‹*paisaje*› lunar; **la superficie ~** the surface of the moon

lunar[2] *m* **1** (en la piel) mole; **se pintó un ~ en la mejilla** she painted a beauty spot on her cheek **2** (en el pelo) patch of gray* hair, gray* patch **3** (en un diseño) polka-dot; **una corbata de ~citos** a polka-dot tie **4** (mácula) blemish, flaw

lunaria *f* honesty

lunático[1] **-ca** *adj* lunatic (*before n*)

lunático[2] **-ca** *m,f* lunatic

lunch /'luntʃ, 'lʌntʃ/ *m* (RPl) cold buffet; **S servicio de lunch** private functions catered for

lunes *m* (*pl* ~) ▸ **i p.371** Monday; **el ~ por la mañana/noche** on Monday morning/night; **nos reunimos (todos) los ~** we meet every Monday, we always meet on Mondays; **el próximo ~** next Monday; **el ~ pasado** last Monday; **el ~ es fiesta** Monday is a holiday; **el ~ hizo un año de su muerte** he died a year ago last Monday; **la boda tendrá lugar el ~ 25 de Mayo** the wedding will take place on Monday May 25th; **el primer ~ del mes** the first Monday of the month; **hasta el ~** *or* **nos vemos el ~** I'll see you on Monday; **llegó el ~ y se fue el viernes** she arrived on Monday and left on Friday; **sólo abre los ~** it is only open on Mondays; **el ~ es su día libre** Monday is her day off; **nos conocimos un ~** we met on a Monday; **¿tienes el periódico del ~?** do you have Monday's paper?; **Navidad cae en (un) ~ este año** Christmas Day falls on a Monday this year; ***hacer ~ de zapatero*** (Col) *or* (Chi, Méx) ***hacer san ~*** (fam & hum) to skip work *o* (BrE colloq) skive off work on Mondays

luneta *f*
A **1** (Auto) window; **~ trasera** rear window **2** (Arg) (para bucear) goggles (*pl*), face mask
B (Col, Méx) (Teatr) front stalls (*pl*), orchestra (AmE)

lunfardo[1] **-da** *adj* Buenos Aires slang (*before n*)

lunfardo[2] *m* Buenos Aires slang

> **lunfardo**
> A form of Buenos Aires slang that originated in the underworld. It draws on many languages, including Italian, Portuguese, Spanish, French, German, and several African languages. It has found its way into popular songs and theater. *Lunfardo* words in standard colloquial speech are: *morfar* (to eat), *güita* (money), and *mina* (woman).

lúnula *f* half-moon, lunule (tech)

lupa *f* magnifying glass, magnifier; **esta letra hay que mirarla con ~** you need a magnifying glass to read this handwriting; **lo mira todo con ~** he goes through everything with a fine tooth comb

lupanar *m* brothel

lúpulo *m* (planta) hop plant, hop; (fruto) hop; **el sabor del ~** the flavor of hops

luquear [A1] *vt* (Chi fam) to look at

lurex®, lúrex *m* Lurex®

Lusitania *f* Lusitania

luso -sa, lusitano -na *adj/m,f* Portuguese

luso- *pref* Portuguese-, Luso- (frml)

lustrabotas *mf* (*pl* ~) (AmS) bootblack, shoeblack; (niño) shoeshine boy

lustrada *f* (AmS) polish, shine; **estos zapatos necesitan una buena ~** these shoes need a good shine *o* polish

lustrador -dora *m,f*
A (AmS) (adulto) bootblack, shoeblack; (niño) shoeshine boy
B **lustradora** *f* (RPl) floor polisher

lustramuebles *m* (*pl* ~) (CS) furniture polish

lustrar [A1] *vt* (esp AmL) ‹*zapatos*› to polish, shine; ‹*piso/muebles*› to polish
■ **lustrarse** *v pron*
A (esp AmL) ‹*zapatos*› to polish; **lústrate los zapatos** polish your shoes, give your shoes a polish
B (AmC) (en una actividad) to excel

lustraspiradora *f* (RPl) vacuum cleaner and polisher

lustre *m* **1** (brillo) shine, luster*; **dio** *or* **sacó ~ a los zapatos** he polished the shoes, he gave the shoes a polish **2** (distinción) luster* (liter), glory, distinction; **el ~ que dan los años** the distinction that comes with age

lustrín *m* (AmS) (cajón) bootblack's box; (puesto) shoeshine stand

lustro *m* period of five years, lustrum (frml)

lustroso -sa *adj* ‹*zapato*› shiny; ‹*pelo*› shiny, glossy; ‹*tela/pantalones*› (CS) shiny

luteranismo *m* Lutheranism

luterano -na *adj/m,f* Lutheran

Lutero Luther

luto *m* mourning; **estar de ~** to be in mourning; **está de ~ por su hermano** she's mourning her brother, she's in mourning for her brother; **están de ~ riguroso** they are in deep mourning; **ir de ~** *or* **llevar ~** to wear mourning clothes *o* mourning; **el ~ se lleva por dentro** grief is carried within; **guardó ~ a su marido durante cinco años** she was in mourning for her husband for five years; **ponerse de ~** to go into mourning; **quitarse el ~** to come out of mourning; ▸ **medio**[1]

(Compuesto) **luto oficial/nacional** official/national mourning

lutria *f* otter

lux *m* lux

luxación *f* dislocation, luxation (tech); **se hizo una ~ en el hombro jugando al rugby** he dislocated his shoulder playing rugby

Luxemburgo *m* Luxembourg

luxemburgués -guesa *adj* of/from Luxembourg

luz *f*
A **1** (claridad) light; **la ~ del sol** the sunlight; **a las 10 de la noche todavía hay ~** it's still light at 10 o'clock at night; **la habitación tiene mucha ~** it's a very light room, the room gets a lot of light; **me está dando la ~ en los ojos** the light's in my eyes; **a plena ~ del día** in broad daylight; **esta bombilla da muy poca ~** this bulb isn't very bright *o* doesn't give off much light; **no leas con tan poca ~** don't read in such poor light; **la habitación estaba a media ~** the room was in semi-darkness/half-light; **esta planta necesita mucha ~** this plant needs a lot of light; **me estás tapando** *or* **quitando la ~** you're in my light, you're blocking the light; **partieron con las primeras luces** (liter) they left at first light (liter); ***claro como la ~ del día:* fue él, eso está claro como la ~ del día** it was him, that's patently obvious, it was him, it's as plain as daylight; **bueno ¿te ha quedado claro? — como la ~ del día** right, is that clear then? — crystal clear; ***dar a ~*** to give birth; **dio a ~ (a) un precioso bebé** she gave birth to a beautiful baby boy; ***entre dos luces*** (liter) (al amanecer) at daybreak (liter), at first light (liter), at dawn; (al anochecer) at twilight (liter), at dusk; ***sacar algo a la ~*** ‹*secreto/escándalo*› to bring sth to light; ‹*publicación*› to bring out; ***salir a la ~*** «*secreto/escándalo*» to come to light; «*publicación*» to come out; **el diario salió a la ~ en 1951** the newspaper first came out *o* was first published in 1951; **el segundo número nunca salió a la ~** the second issue never saw the light of day *o* was never published; ***ser de*** *or* ***tener pocas luces*** (fam) to be dim-witted *o* (BrE) dim; **tiene pocas luces** he's a bit dim-witted *o* dim, he's not very bright; ***ser una ~*** (Arg) to be as bright as a button; ***ver la ~*** (liter) «*persona*» to come into the world (liter); «*publicación*» to be published (*for the first time*) **2** (que permite la comprensión): **a la ~ de los últimos acontecimientos** in the light of recent events; **arrojar** *or* **echar ~ sobre algo** to throw *o* cast *o* shed light on sth; ***a todas luces:* esto es, a todas luces, una injusticia** whichever way *o* however *o* no matter how you look at it, this is an injustice; ***hacérsele la ~ a algn:* entonces se me hizo la ~** then it became clear to me

(Compuestos)
- **luz artificial** artificial light
- **luz blanca** white light
- **luz cenital** overhead light
- **luz natural** natural light
- **luz negra** black light

B (fam) (electricidad) electricity; **les cortaron la ~** their electricity was cut off; **el recibo de la ~** the electricity bill; **se fue la ~** (en la casa) the power went off, the electricity went (off); (en toda la calle, zona) there was a power cut

C (dispositivo) light; **se ha fundido la ~ del cuarto de baño** the bathroom light's fused *o* gone; **encender** *or* (AmL) **prender la ~** to turn on *o* switch on the light; **da la ~** *or* **dale a la ~** (Esp) turn on *o* switch on the light; **apagar la ~** to turn off *o* switch off the light; **¿qué haces todavía con la ~ encendida** *or* (AmL) **prendida?** what are you doing with the light still on?; **las luces de la ciudad** the city lights; **dejó la ~ de la mesita encendida** he left the table lamp on; **cruzó con la ~ roja** she crossed when the lights were red; ***brillar con luces propias:* un discípulo suyo que ya brilla con luces propias** a student of his who has now become a great scholar (*o* performer *etc*) in his own right, a student of his who has now become famous in his own right; ***comerse una*** *or* ***la ~*** (Ven fam) to go through a red light; ***dar ~ verde a algo*** to give sth the green light *o* the go-ahead

(Compuestos)
- **luces altas** *fpl* (Chi) ▸ **luces largas**
- **luces bajas** *fpl* (Chi) dipped headlights (*pl*)
- **luces cortas** *fpl* dipped headlights (*pl*)
- **luces de alarma** *fpl* warning lights (*pl*)
- **luces de aterrizaje** *fpl* landing lights (*pl*)
- **luces de ciudad** *fpl* parking lights (*pl*)
- **luces de colores** *fpl* colored* lights (*pl*)
- **luces de cruce** *fpl* dipped headlights (*pl*)
- **luces de estacionamiento** *fpl* ▸ **luces de ciudad**
- **luces de gálibo** *fpl* clearance lights (*pl*)
- **luces de navegación** *fpl* navigation lights (*pl*)
- **luces de parqueo** *mpl* (Col) parking lights (*pl*)
- **luces de pista** *fpl* runway lights
- **luces de situación** *fpl* ▸ **luces de ciudad**
- **luces largas** *fpl*: **pon las ~ ~** put the headlights on main *o* full beam
- **luces y sombras** *fpl*
A (Art) light and shade
B (aspectos buenos y malos) the good and the bad; **~ y ~ en el balance del gobierno** the good and bad aspects of the government's performance
- **luz de bengala** (para iluminar) flare, Bengal light; (para señales) flare; (juguete) sparkler
- **luz de carretera** ▸ **luces largas**
- **luz de cortesía** courtesy light
- **luz de estribo** courtesy light
- **luz de frenado** stoplight, brake light (BrE)
- **luz de giro** (Arg) indicator
- **luz de mercurio** mercury vapor* lamp
- **luz de neón** neon light
- **luz de sodio** sodium vapor* lamp
- **luz larga** ▸ **luces largas**
- **luz piloto** pilot light
- **luz y sonido** son et lumière

D (Taur): **siempre había soñado con vestirse de luces** he had always dreamed of becoming a bullfighter; ▸ **traje de luces**

E (Arquit, Ing) span

luzca, luzcan, etc ▸ **lucir**

lycra *f* lycra

Iyengar *m* Iyengar

L

m, M *f* (*read as* /'eme/)
A (the letter) m, M
B (= **masculino**) m, male
C (= **mujer**) female
D (= **metro**) meter*

M (= **marzo**) **11-M** (en Esp) (Period); 11 March (*date of the 2005 Madrid bombings*)

M-19 *m* (en Col) = **Movimiento 19 de Abril**

m² (= **metros cuadrados**) square meters*, m²

m³ (= **metros cúbicos**) cubic meters*, m³

Mac® *f or* (Esp) *m* Mac®

maca *f*
A **1** (en fruta) bruise **2** (defecto) flaw, defect
B (Bol, Per) (Bot) *tb* ~ **andina** maca, Peruvian ginseng

macabeo -bea *adj* (Hist) Maccabean; ▸**rollo²**

macabro -bra *adj* macabre

macaco -ca *m,f*
A (Zool) macaque
B **1** (fam) (bribón) little devil (colloq), rascal (colloq) **2** (Per fam & pey) (chino) (*m*) Chinaman (colloq), chink (sl & pej); (*f*) Chinesewoman, chink (sl & pej) **3** (CS fam & pey) (persona fea) ugly person **4** (Esp arg) (chulo) pimp

macadam, macadán *m* Tarmac®, tarmacadam

macadamizar [A4] *vt* to tarmac, macadamize (dated)

macagua *f* (en Ven) *large poisonous snake*

macairodo *m* saber-toothed* tiger

macana *f*
A (AmL) (de policía) billy club (AmE), truncheon (BrE)
B **1** (CS fam) (tontería, disparate): **no digas ~s** don't talk nonsense (colloq); **no hagas la ~ de renunciar** don't be so stupid as to resign (colloq) **2** (CS fam) (contrariedad): **¡qué ~ que no puedas venir!** what a shame *o* (colloq) drag you can't come!; **la ~ es que queda lejísimos** the snag *o* trouble is that it's miles away **3** (RPl fam) (mentira) lie; **no me vengas con ~s** don't give me that! (colloq) **4** (Chi, Per fam) (porquería): **estoy aburrido con esta ~ de auto** I'm fed up with this damn *o* lousy car (colloq)

macaneador -dora *adj* (CS fam) **1** (mentiroso): **¡qué ~ es!** he's such a liar! **2** (molestoso) annoying, irritating

macanear [A1] *vi* **1** (RPl fam) (mentir) to lie, tell tall stories **2** (RPl fam) (decir tonterías) to talk garbage (AmE colloq), to talk rubbish (BrE colloq)
■ **macanear** *vt*
A (Chi fam) (molestar) to pester
B (Méx) (golpear) to beat

macanudo -da *adj* (CS, Per fam) **1** (estupendo) great (colloq), fantastic (colloq); ***botarse a ~*** (Chi fam) to give oneself airs, put on airs **2** (*como interj*): **¡~!** great! (colloq), fantastic! (colloq)

macaquear [A1] *vi* (CS fam) to clown around (colloq), to monkey around (colloq)

macar [A2] *vt* to bruise
■ **macarse** *v pron* to begin to rot

macarra¹ *adj* (Esp fam) **1** (hortera): **es un tío muy ~** he's a real flashy type (colloq), he's a real spiv (BrE sl) **2** (gamberro) loutish, thuggish

macarra² *m* (Esp fam) **1** (hortera) medallion man (colloq) **2** (rufián) lout, thug **3** (chulo) pimp

macarrón *m*
A (Coc) **1** (pasta) piece of macaroni; **macarrones** macaroni **2** (tipo de galleta) macaroon
B (Náut) bulwark

macarrónico -ca *adj*: **habla un inglés ~** (fam & hum) his English is absolutely chronic (colloq)

macartismo *m* McCarthyism

macaurel *f* (en Col, Ven) *large poisonous snake*

macedonia *f* (de frutas) fruit salad, macedoine; (de verduras) mixed vegetables (*pl*), macedoine; **yogur de ~** mixed fruit yogurt

Macedonia *f* **1** (Hist) Macedon, Macedonia **2** (Geog) Macedonia

macehual, macegual *m* serf (*in pre-Hispanic Mexico*)

maceración *f* (de fruta) soaking, maceration; (de carne) marinading

macerado *m* macerate

macerar [A1] *vt* **1** (en un líquido) ‹*fruta*› to soak, macerate; ‹*carne*› to marinate, marinade **2** (machacar) ‹*ajo*› to crush

macero *m* macebearer, mace

maceta *f* **1** (tiesto) flowerpot **2** (martillo) mallet **3** (Méx fam) (cabeza) nut (colloq), skull (colloq)

maceteado -da *adj* (Chi, Per fam) burly

macetero *m* **1** (para tiestos) flowerpot holder **2** (AmS) (tiesto) large flowerpot; (jardinera) window box

macfarlán, macferlán *m* inverness

mach *m* Mach

macha *f*: *edible clam*

machaca *f* **1** (aparato) crusher, pounder **2** (Coc) *traditional Mexican dish made with ground dried meat fried with egg and onion*; ***te/lo picó la ~*** (Col, Ven fam) you're/he's in a horny mood (sl)

machacadora *f* crusher, pounder

machacar [A2] *vt*
A **1** ‹*ajo*› to crush; ‹*almendras*› to grind, crush; ‹*piedra*› to crush, pound **2** (fam) ‹*contrincante*› to thrash (colloq) **3** (fam) (pegar) to beat … to a pulp **4** ‹*precios*› to slash
B (Esp) **1** (fam) (remachar): **machácale bien lo que tiene que hacer** make sure you drum into her what she has to do; **siguen machacando los mismos puntos** they're still going on about *o* harping on about the same points (colloq) **2** (fam) (estudiar) to bone up on (colloq), to swot up on (BrE colloq)
■ **machacar** *vi* **1** (fam) (insistir): **~ con** *or* **sobre algo** to go on *o* harp on about sth (colloq) **2** (Esp fam) (para un examen) to cram (colloq), to swot (BrE colloq)
■ **machacarse** *v pron* **1** (fam) ‹*dedo*› to smash, crush; ***machacársela*** (vulg) to jerk off (vulg); ***machacárselas*** (Chi fam) to get by **2** (Esp fam) ‹*comida/bebida*› to put away (colloq), to polish off (colloq); ‹*trabajo*› to polish off (colloq); ‹*dinero*› to blow (colloq)

machacón -cona *adj* ‹*persona*› insistent, tiresome; **con machacona insistencia** with tiresome insistence

machaconamente *adv* relentlessly

machada *f* (fam) stunt (colloq); **las ~s que hacían** the stunts they used to pull

machamartillo *m*: **a ~** (*loc adj*) ‹*monárquico/feminista*› ardent, staunch; (*loc adv*) firmly; **lo creo a ~** I firmly believe it

machaquear [A1] *vt* (Chi, Méx) ▸**machacar**

machaqueo *m* **1** (aplastamiento) crushing **2** (bombardeo) pounding **3** (insistencia) dogged insistence

machetazo *m*: **se abrieron paso con un ~** they hacked their way through with a machete; ***hacer algo a los ~s*** (Col, Ven fam) to do sth sloppily *o* in a very slapdash way

machete¹ *adj inv* (Ven fam) great (colloq), fabulous (colloq)

machete² -ta *adj* (Ur fam) stingy (colloq), tightfisted (colloq)

machete³ *m*
A (cuchillo) machete
B (Arg fam) (para un examen) crib (colloq)
C (Ven vulg) (pene) prick (vulg)

machetear [A1] *vt*
A (Méx arg) «*estudiante*» to cram (colloq), to swot (BrE colloq)
B ‹*pasto*› to cut; ‹*caña*› to cut, chop; ‹*persona*› to slash
C (Per arg) (acariciar) to fondle, pet with (colloq)
D (Ur fam) (cicatear) ‹*vino/comida*› to skimp on
■ **machetear** *vi*
A (Méx arg) «*estudiante*» to cram (colloq), to swot (BrE colloq)
B (Ur fam) (cicatear) to be stingy *o* tightfisted (colloq)
■ **machetearse** *v pron* (Méx arg) ‹*lección/poema*› to cram (colloq), to swot up (on) (BrE colloq)

machetero¹ -ra *adj* (Méx fam) persevering

machetero² -ra *m,f*
A (cañero) cane cutter
B **1** (Méx) (descargador) porter; (en mudanzas) removal man **2** (Méx fam) (estudiante) plodder (colloq)

machetona¹ *adj* (Méx fam) tomboyish

machetona² *f* (Méx fam) tomboy

machi *mf* (Chi) witch doctor

machiche *m* (Ven fam) grass (colloq)

machichero -ra *m,f* (Ven fam) dopehead (sl)

machihembrado *m* (ensambladura — de caja y espiga) mortise and tenon joint; (— de cola de milano) dovetail joint; (— de ranura y lengüeta) tongue and groove joint

machihembrar [A1] *vt* (ensamblar — a caja y espiga) to mortise; (— a cola de milano) to dovetail; (— a ranura y lengüeta) to tongue and groove

machimbre, machimbrado *m* (RPl) tongue-and-groove boards (*pl*)

machín-machón *m* (Col) seesaw, teeter-totter (AmE)

machismo *m* **1** (actitud, ideología) sexism, male chauvinism **2** (cualidad) masculinity, virility

> **machismo**
>
> A concept deeply rooted in the Spanish-speaking world. It has its origin in a sense of honor, felt to depend on a man's own actions and those of his close family, particularly its female members.
>
> Machismo is present in the home, where even working women usually do most of the housework, and extends to the workplace. It can affect the legal status of women. In Spain legal reforms since the 1970s have contributed to undermining machismo.

machista¹ *adj* sexist, chauvinist

machista² *mf* sexist, male chauvinist

machitún *m* (Chi) **1** (ceremonia) healing ceremony **2** (fam) (fiesta) shindig (colloq)

macho¹ *adj*
A ‹*animal/planta*› male; **ballena/elefante ~** bull whale/elephant; **liebre ~** buck hare; **gato ~** tomcat; **oso ~** male bear
B (fam) (valiente, fuerte) tough, brave; (pey) macho (pej); **fue muy machito y no lloró** he was a very brave boy and didn't cry
C ‹*pieza*› male

macho² -cha *adj* (Col fam) great (colloq), fantastic (colloq)

macho³ *m*
A **1** (Biol, Zool) male **2** (fam) (hijo) boy
(Compuesto) **macho cabrío** billy goat
B (mula) mule; ***atarse los ~s*** to pluck up courage; ***montarse en el ~*** *or* ***machito*** to dig one's heels in; ***no bajarse del ~*** *or* ***machito*** to stick to one's guns; **no se baja del machito** he's sticking to his guns, he won't budge (an inch), he refuses to back down
C **1** (fam) (hombre fuerte) tough guy (colloq); (pey) macho man (colloq & pej); **¡aguántese como los ~s!** take it like a man!
(Compuesto) **macho ibérico** archetypal Spanish macho man **2** (como apelativo) (Esp fam): **jo, ~, ¡qué calor hace!** boy *o* wow *o* gee *o* man, it's hot! (colloq); **oye, ~, ¡deja algo para mí!** hey you, leave some for me! (colloq)
D (Mec, Tec) pin; (Elec) male plug, male; (de un corchete) hook; (en carpintería) peg, pin

machón *m* buttress

machona¹ *adj* (RPl fam) tomboyish

machona² *f* **1** (RPl fam) (niña) tomboy **2** (Per fam & pey) (lesbiana) dyke (colloq & pej) **3** (Arg fam & pey) (mujer hombruna) butch woman (colloq & pej)

machorra¹ *adj* **1** ‹*vaca*› sterile, barren **2** (fam & pey) (hombruna) butch (colloq & pej) **3** (fam & pey) (lesbiana) lesbian

machorra² *f* **1** (fam & pey) (mujer hombruna) butch woman (colloq & pej) **2** (fam & pey) (lesbiana) dyke (colloq & pej)

machote -ta *m,f*
A **1** (fam) (hombre) tough guy (colloq); (pey) macho man (colloq & pej) **2** (fam & pey) (mujer) butch woman (colloq & pej)
B **machote** *m* (AmC, Méx) **1** (borrador) draft **2** (formulario) blank form **3** (modelo) model **4** (plantilla) template

machuca *adj* (Chi fam) insistent, tiresome

machucadura *f* **1** (en fruta) bruise **2** (en el cuerpo) bruise

machucar [A2] *vt*
A **1** ‹*fruta*› to bruise **2** (fam) ‹*dedo*› (estrujar) to crush; (golpear) to hit, smash **3** (Méx) ‹*ajo*› to crush
B (Méx) (en béisbol) to chop
■ **machucarse** *v pron* **1** «*fruta*» to bruise, get bruised **2** (*refl*) (lastimarse) ‹*dedo*› (estrujar) to squash; (golpear) to hit, smash; ***machucárselas*** (Chi fam) to have a rough time (colloq)

machucón *m*
A (AmL fam) (moretón) bruise
B (Méx) (en béisbol) chop

> **Machu Picchu**
>
> An Inca fortress and sacred city in the southern Peruvian Andes. The site covers an area of around five square miles (thirteen square kilometers) at an altitude of 7,874 feet (2,400 meters). It includes a temple and citadel and is surrounded by terraces. It was rediscovered in 1911 by the American, Hiram Bingham.

Machu Picchu /'matʃu: 'pi:tʃu:/ ▸**Machu Picchu**

macia *f* mace

macicez *f* **1** (solidez) solidity **2** (robustez) sturdiness, robustness

macilento -ta *adj* **1** ‹*persona/cara*› gaunt, haggard **2** ‹*luz*› wan (liter)

macillo *m* hammer

macis *f* mace

macizo¹ -za *adj* **1** [SER] (sólido) solid; **una pulsera de oro ~** a solid gold bracelet **2** [ESTAR] (fam) ‹*persona*› (robusto) strapping (colloq) **3** [ESTAR] (Esp fam) (atractivo) «*hombre*» hunky (colloq); «*mujer*» gorgeous (colloq)

macizo² *m*
A **1** (de montañas) massif **2** (de flores, arbustos) clump
B (Arquit) section

macla *f* macle, twin crystal

maco *m* (Col) monkey

macramé *m* macramé; **hacer ~** to do macramé

macro *m* (Inf) (arg) macro

macro- *pref* macro-

macró *m* pimp

macrobiótico -ca *adj* macrobiotic; (en sentido no estricto) wholefood (*before n*)

macrocefalia *f* macrocephaly

macrocéfalo -la *adj* macrocephalous

macroconcierto *m* big concert, mega-concert (colloq)

macrocosmos, macrocosmo *m* macrocosm

macroeconomía *f* (disciplina) macroeconomics; (sistema) macroeconomy

macroeconómico -ca *adj* macroeconomic

macrófago -ga *adj* macrophagic

macrofotografía *f* macrophotography

macroscópico -ca *adj* macroscopic

macuache *adj* (Méx fam) rough, coarse

macuco -ca *adj* (Chi, Per fam) cute (AmE colloq), sharp (BrE colloq)

mácula *f* **1** (liter) (mancilla) blemish (frml), taint (liter); **un historial sin ~** an unblemished record **2** (del sol) sunspot

macundales *mpl* (Ven fam) stuff (colloq), gear (colloq); **~ personales** personal belongings

macuquear [A1] *vi* (Chi, Per fam) to scheme

macuto *m* knapsack, back pack

Madagascar *m* Madagascar

madalena *f* ≈ fairy cake

madama *f* **1** (de un prostíbulo) madam **2** (Urant) (partera) midwife

madame /ma'ðam/ *f* madam

madeira *m* (Vin) Madeira

Madeira *f* (Geog) Madeira

madeja *f* (de lana, hilo) hank, skein; ***enredar la ~*** (fam) to complicate matters *o* things; **se está enredando la ~** things are getting complicated, the plot thickens

madera *f*
A (material) wood; (para la construcción, carpintería) lumber (esp AmE), timber (BrE); **es de ~** it's made of wood, it's wooden; **mesa de ~** wooden table; **las puertas son de ~ maciza** the doors are (made of) solid wood; **~ de pino/castaño** pine/chestnut (wood); **la mesa no es más que una ~ y dos ladrillos** the table is just a piece of wood and two bricks; **una talla en ~** a wood carving; ***dar ~ a algn*** (Col fam) to make mincemeat of sb (colloq); ***tener ~: tiene ~ de político*** he has the makings of a politician, he's politician material, he's political timber (AmE); ***tocar ~*** to knock (on) wood (AmE), touch wood (BrE); **nunca me han operado, toco ~** I've never had an operation, knock (on) wood *o* touch wood
(Compuestos)
- **madera aglomerada** chipboard
- **madera blanda** softwood
- **madera conglomerada** chipboard
- **madera (de) balsa** (CS) balsawood
- **madera dura** hardwood
- **madera prensada** chipboard
- **madera terciada** (Chi) plywood

B **maderas** *fpl* (Mús) woodwind (+ *sing or pl vb*)
C (en golf) wood

Madera *f* Madeira

maderable *adj* timber-yielding

maderamen *m* woodwork, timbering

maderero¹ -ra *adj* timber (*before n*), lumber (*before n*) (AmE)

maderero² -ra *m,f* timber merchant

madero *m*
A (Const) timber, piece of timber
B (Esp arg) (policía) pig (sl)

madona *f* Madonna; ***hermosa como una ~*** breathtakingly beautiful

madrás *m* madras

madrastra *f* stepmother

madraza *f* (fam) devoted *o* doting mother

madrazo *m* (Méx fam): **me di un ~** I gave myself a nasty bump *o* bang (colloq); **le dieron un ~ de aquellos** they gave him a hell of a beating (colloq); **¿y ese madrazote que trae tu coche?** how did you get that dent in the car?; **películas de ~** violent movies

madre¹ *adj inv* (Chi fam) great (colloq), terrific (colloq)

madre² *f*
A **1** (pariente) mother; **~ de todos los vicios** mother of all vices; ***ahí está*** *or* ***ésa es la ~ del cordero*** that's the root of the problem, that's the crux of the matter; ***estar hasta la ~ de algo*** (Méx fam) to be fed up to the back teeth of sth; ***mentarle*** *or* (Chi) ***sacarle la ~ a algn*** to insult sb (*by referring to his/her mother*); ***no tener ~*** (Méx fam): **ése no tiene ~** he's shameless! (colloq); ***ser un/una ~ para algo*** (Chi fam) to be brilliant at sth, be a wizard *o* whiz at sth (colloq) **2** (en exclamaciones): **¡~ mía!** *or* **¡mi ~!** (my) goodness!, good heavens!, heavens!; **¡~ mía! ¡qué tarde se ha hecho!** goodness! look how late it is!; **¡la ~ que te parió!** *or* **te trajo al mundo!** (fam: en algunas regiones vulg) you jerk! (colloq), you bastard! (sl); **¡tu ~!** (vulg) screw you! (vulg), up yours! (BrE sl); ***¡chinga (a) tu ~!*** (Méx vulg) fuck off! (vulg), screw *o* fuck you! (vulg); ***me vale ~s*** (Méx vulg) I don't give a damn (colloq), I don't give a shit *o* fuck (vulg) *ver tb* **puto¹** **3** (Relig) mother; **la ~ Soledad** Mother Soledad
(Compuestos)
- **madre alquilada** surrogate mother
- **madre biológica** biological mother
- **madre de alquiler** surrogate mother
- **madre de familia** mother
- **madre de mil** (Méx) spider plant
- **Madre Patria** (AmL): **la ~ ~** Spain
- **madre política** mother-in-law
- **madre soltera** single *o* unmarried mother
- **madre superiora** Mother Superior
- **madre suplente** surrogate mother

B **1** (cauce): **el río se salió de ~** the river burst its banks; **todo se salió de ~** everything got out of hand **2** (Esp) (sedimento) lees (*pl*), sediment

madrear [A1] *vt* (Méx fam) to beat … up (colloq)

madreperla *f* mother-of-pearl

madrépora *f* **1** (pólipo) madrepore **2** (polipero) coral reef

madrero -ra *adj* (fam): **es muy ~** he's very attached to his mother, he's a real mummy's boy (colloq)

madreselva *f* honeysuckle

Madrid *m* Madrid

madridismo *m* : (*the supporters of Real Madrid*)

madridista¹ *adj* ‹*peña/jugador*› of Real Madrid, Real Madrid (*before n*)

madridista² *mf*
A (hincha) Real Madrid supporter; (jugador) Real Madrid player
B **madridistas** *fpl* (equipo) Real Madrid; **los ~s se perfilan como semifinalistas** Real Madrid are looking like possible semi-finalists

madrigal *m* madrigal

madriguera *f* **1** (de conejos) warren, burrow; (de zorros) earth; (de tejones) set **2** (de maleantes) den, lair

madrileño¹ -ña *adj* of/from Madrid

madrileño² -ña *m,f* person from Madrid

Madriles *mpl* (fam): **los ~** Madrid

madrina *f*

> ⚠ En inglés *godmother* no se usa como apelativo

A **1** (en un bautizo) godmother **2** (en una boda) ≈ matron of honor* (*gen bridegroom's mother*) **3** (de un barco) *woman who launches a ship*

B (de confirmación) sponsor
C (Méx fam) (coche celular) paddy wagon (AmE colloq), police van (BrE), meat wagon (sl)

madriza *f* (Méx vulg): **le dieron** *or* **pusieron una imponente ~** they really beat the shit out of him (vulg)

madroño *m* 1 (Bot) tree strawberry 2 (borla) tassel

madrugada *f*
A 1 (amanecer, alba) dawn, daybreak, early morning; **se levantó de ~** (muy temprano) she got up very early (in the morning); (al amanecer) she got up at dawn *o* daybreak 2 (después de medianoche) early morning, morning; **la una/las tres de la ~** one/three o'clock in the morning; **llegó a casa de ~** he got home in the early hours of the morning *o* in the small hours
B (fam) (acción): **pegarse una ~** to get up very early *o* (colloq) at the crack of dawn

madrugador -dora *adj*: **no soy muy ~** I'm not an early riser, I don't usually get up very early

madrugar [A3] *vi* to get up early; ***a quien madruga Dios lo ayuda*** the early bird catches the worm; ***no por mucho ~ amanece más temprano*** everything at its appointed time
■ **madrugar** *vt* (AmL fam) to beat … to it (colloq); **¡me madrugaste! yo me iba a sentar allí** you beat me to it! I was going to sit there

madrugón *m* (fam): **darse** *or* **pegarse un ~** (fam) to get up very early *o* (colloq) at the crack of dawn

madruguete *m* (Méx fam): **le tendieron** *or* **hicieron un ~** they stole a march on him

maduración *f* 1 (de fruta) ripening process, ripening 2 (de una persona) maturing process, maturing 3 (de una idea) development, maturing

madurar [A1] *vi* 1 «*fruta*» to ripen 2 «*persona*» to mature; **ha madurado mucho en el último año** she's grown up *o* matured a lot in the last year, she's become much more mature in the last year 3 «*ideas/plan*» to mature, come to fruition
■ **madurar** *vt* 1 ‹*fruta*› to ripen 2 ‹*plan*› to develop, bring to fruition
■ **madurarse** *v pron* to ripen

madurez *f*
A (de una fruta) ripeness
B (de una persona) 1 (cualidad) maturity 2 (edad, período) maturity; **al llegar a la ~** on reaching maturity; **como autor tuvo una ~ prolífica** as an author he was prolific in his later years

maduro[1] **-ra** *adj*
A 1 [ESTAR] ‹*fruta*› ripe; ▸**caer** 2 [ESTAR] (listo) **~** PARA **algo** ripe FOR sth; **la situación no estaba madura para la revolución** the situation was not yet ripe for revolution 3 [ESTAR] ‹*grano/forúnculo*›: **todavía no está ~** it isn't ready (to burst) yet, it hasn't come to a head yet
B 1 [SER] (entrado en años) mature, of mature years 2 [SER] (sensato) mature; **es muy poco ~** he is very immature; **es joven pero muy ~** he's young but very mature for his age

maduro[2] *m* (Col) plantain

maese *m*
A (arc) (maestro) Master (arch)
B (Méx fam) 1 (amigo) buddy (AmE colloq), mate (BrE colloq) 2 (profesor) teacher

maestranza *f* 1 (talleres — del ejército) arsenal, armory (AmE); (— de la marina) naval dockyard 2 (trabajadores) arsenal/dockyard workers (*pl*)

maestre *m* Master; ▸**grande**[1]

maestrear [A1] *vt*
A ‹*operación*› to direct, oversee
B (Const) ‹*pared*› to repair
■ **maestrear** *vi* (Chi fam) to do do-it-yourself, do DIY (BrE)

maestría *f*
A (liter) (habilidad) skill, mastery; **toca el piano con ~** she plays the piano with great mastery *o* skill; **demuestra gran ~ en el manejo de las armas** he shows great skill *o* expertise in his handling of weapons
B (Col, Méx, Ven) (Educ) (postgrado) master's degree, master's

maestrillo -lla, maestrito -ta *m,f*: **cada ~ tiene su librillo** *or* **cada maestrito con su librito** each to his own

maestro[1] **-tra** *adj* ▸**llave**[2], **obra**, etc

maestro[2] **-tra** *m,f*
A 1 (Educ) teacher, schoolteacher; **la maestra/el ~ del pueblo** the village schoolteacher, the village schoolmistress/schoolmaster (BrE); **la vida es la mejor maestra** life is the best teacher; ***no hay mejor maestra que la necesidad*** *or* ***la necesidad hace ~s*** necessity is the mother of invention 2 (en un arte, disciplina): **es un consumado ~ de la danza española** he is a master of Spanish dance; **el profesor Moreno, ~ de las letras españolas** Professor Moreno, a leading authority *o* an expert on Spanish literature 3 (en un oficio) master (*before n*); **~ panadero/carpintero** master baker/carpenter 4 (Chi) (obrero) builder

(Compuestos)
• **maestra jardinera** (Arg, Col) *f* kindergarten teacher, nursery school teacher (BrE)
• **maestro chasquillas** (Chi fam & pey) shoddy workman
• **maestro de armas** fencing master
• **maestro de ceremonias** master of ceremonies
• **maestro de escuela, maestra de escuela** *m,f* school teacher
• **maestro (mayor) de obras** master builder

B (Mús) maestro
C (Taur) matador
D (en ajedrez) master
E **maestro** *m* (AmL) (como apelativo) buddy (AmE colloq), mate (BrE colloq); **¡hola ~!** hi buddy!, how are you doing, mate?

mafia *f* 1 (grupo de criminales) mafia; **la M~ siciliana** the Sicilian Mafia 2 (en una organización, sociedad) mafia, clique

mafioso[1] **-sa** *adj* mafia (*before n*)

mafioso[2] **-sa** *m,f* (criminal) gangster, racketeer; (de la Mafia siciliana) mafioso

Magallanes Magellan

magazine /maɣa'sin/ *m* 1 (TV) magazine program, magazine (AmE) 2 (Period) magazine 3 (RPl) (para diapositivas) magazine

magdalena *f* ≈ fairy cake

Magdalena: **María ~** *or* **la ~** Mary Magdalene; ***llorar como una*** *or* ***la ~*** to cry one's eyes out

magdalenense *adj* of/from Magdalena (*in Colombia*)

magenta *adj inv* magenta

magia *f* 1 (arte) magic; **los prestidigitadores que hacen ~ en la televisión** the conjurers who do magic *o* magic tricks on television 2 (encanto, atractivo) magic; **la ~ de su voz** the magical quality *o* the magic of her voice

(Compuesto) **magia blanca/negra** white/black magic

magiar *adj/mf* Magyar

mágico -ca *adj* 1 ‹*poderes/número*› magic (*before n*); **dijo las palabras mágicas** he said the magic words 2 ‹*belleza/ambiente/lugar*› magical

magín *m* (Esp fam) mind; **ni se me pasó por el ~** it never crossed my mind

magisterial *adj* teaching (*before n*)

magisterio *m* 1 (enseñanza) teaching; (carrera) teacher training; **estudia ~** he's training to be a teacher; **ejerció el ~ durante 20 años** she taught for 20 years, she was a teacher for 20 years; **estudiante de ~** trainee teacher 2 (conjunto de maestros) teachers (*pl*), teaching profession

magistrado -da *m,f* 1 (Der) judge, magistrate; ▸**primer magistrado, primera magistrada** 2 (Esp) (de las Magistraturas de Trabajo) judge

magistral *adj* 1 ‹*interpretación/actuación/libro*› masterly 2 ‹*tono/actitud*› magisterial (frml)

magistralmente *adv* brilliantly

magistratura *f* 1 (cargo) judgeship, magistracy, post of magistrate/judge 2 (período) judgeship, magistracy, period as magistrate/judge 3 (conjunto de magistrados) magistracy, magistrates (*pl*), judges (*pl*)

(Compuesto) **Magistratura de Trabajo** (Esp) Industrial Tribunal

magma *m* magma

magnánimamente *adv* magnanimously

magnanimidad *f* magnanimity

magnánimo -ma *adj* magnanimous

magnate *mf* magnate, tycoon; **un ~ naviero** a shipping magnate *o* tycoon; **los ~s de la prensa** the press barons

magnavoz *m* (Méx) bullhorn (AmE), loudhailer (BrE)

magnesia *f* magnesia; ▸**leche, gimnasia**

(Compuesto) **magnesia blanca** magnesium carbonate, magnesite

magnesio *m* magnesium

magneta *m* (Astron) magnetar

magnético -ca *adj* 1 (Fís) magnetic 2 ‹*personalidad/atracción*› magnetic

magnetismo *m* 1 (Fís) magnetism 2 (de una persona) magnetism; **ejerce una especie de ~ sobre sus seguidores** he has a kind of magnetic hold *o* power over his followers

(Compuesto) **magnetismo terrestre**: **el ~ ~** terrestrial magnetism

magnetita *f* magnetite

magnetizable *adj* magnetizable

magnetización *f* magnetization

magnetizar [A4] *vt* 1 (Fís) to magnetize 2 (fascinar) to captivate, mesmerize

magneto *f or m* magneto

magnetofónico -ca *adj*: **una grabación magnetofónica** a tape recording

magnetófono, magnetofón *m* (reel-to-reel) tape recorder

magnetómetro *m* magnetometer

magnetoscopio *m* (frml) video cassette recorder

magnetosfera *f* magnetosphere

magnetoterapia *f* magnetotherapy, magnetic therapy

magnetrón *m* magnetron

magnicida[1] *adj* (frml): **esta acción ~** this assassination

magnicida[2] *mf* (frml) assassin

magnicidio *m* (frml) assassination

magníficamente *adv* magnificently

magnificar [A2] *vt*
A (liter) (alabar) to extol, to laud (liter), to magnify (liter)
B (AmL) 1 ‹*imagen/objeto*› to magnify 2 ‹*problema*› to exaggerate, blow … up (out of all proportion)

Magníficat *m*: **el ~** the Magnificat

magnificencia *f* magnificence, splendor*

magnífico -ca *adj* 1 (excelente, estupendo) ‹*edificio/panorama*› magnificent, marvelous*, superb; ‹*espectáculo/escritor*› marvelous*, superb, wonderful; ‹*oportunidad*› wonderful, marvelous*, splendid; **hace un día ~** it's a beautiful day; **ha llegado el señor Díaz — ¡~!** Mr. Díaz has arrived — splendid *o* excellent!; **es un ~ escritor** he's a superb writer; **Galán estuvo ~, ganando en un tiempo de 5:31:27** Galán was magnificent *o* superb, winning in a time of 5:31:27 2 (suntuoso) magnificent, splendid 3 (en títulos) honorable*

magnitud *f*
A 1 (Fís, Mat) magnitude 2 (Astron) magnitude; **una estrella de tercera ~** a star of the third magnitude
B (importancia) magnitude; **la ~ del problema** the magnitude of the problem; **consecuencias sociales de ~** far-reaching social consequences; **la ~ de la tragedia** the extent *o* magnitude of the tragedy; **una crisis de primera ~** a full-scale crisis, a crisis of the first magnitude *o* order

magno -na *adj* (*delante del n*) (frml) great; **para celebrar este ~ acontecimiento** to celebrate this great *o* momentous event

magnolia *f* magnolia
magnolio *m* magnolia, magnolia tree
mago -ga *m,f* 1 (prestidigitador) conjurer, magician 2 (en cuentos) wizard, magician 3 (persona habilidosa) wizard 4 (Hist) (sacerdote) magus; ▸ **rey**
magras *fpl* (Col) *fried eggs, ham, cheese and tomato*
magrear [A1] *vt* (Esp fam) to grope (colloq), to touch ... up (colloq)
Magreb *m*: **el ~** the Maghreb
magrebí, magrebino -na *adj* Maghrebi, Maghribi
magreo *m* (Esp fam) grope (colloq), groping (colloq)
magrez *f* leanness
magro[1] -gra *adj*
A 1 ‹*carne*› lean 2 (liter) ‹*persona*› lean
B 1 (liter) ‹*tierra*› lean (liter), poor 2 (*delante del n*) (mezquino) meager*; **las magras remuneraciones que reciben** the poor *o* meager wages they receive
magro[2] *m* (Esp) loin
magrura *f* leanness
maguey *m* maguey (*kind of agave*)
magulladura *f* ▸ **machucadura**
magullar [A1] *vt* to bruise
▪ **magullarse** *v pron* 1 «*fruta*» to bruise 2 (*refl*) «*persona*» ‹*dedo/rodilla*› to bruise
magullón *m* (AmL) ▸ **machucadura**
Maguncia *f* Mainz
maharajá *m* maharaja, maharajah
maharaní *f* maharani, maharanee
mahatma *m* mahatma
Mahoma Mohammed; ▸ **montaña**
mahometano[1] -na *adj* Islamic, Mohammedan (dated)
mahometano[2] -na *m,f* follower of Islam, Mohammedan (dated)
mahometismo *m* Islam, Mohammedanism (dated)
mahón *m* nankeen
mahonesa *f* mayonnaise
mai *m* (Esp arg) joint
maicena® *f* cornstarch (AmE), cornflour (BrE)
maicero -ra *adj* ‹*producción*› maize (*before n*), corn (*before n*) (AmE); ‹*zona*› maize-growing (*before n*), corn-growing (*before n*) (AmE)
maicillo *m* (Chi) gravel
mail //maɪl// *m* (*pl* **~s**) email
mailing /'meilin/ *m* (*pl* **-lings**) mailing, mailshot (BrE); **hacer/enviar un ~** to compose/send a mailing *o* (BrE) a mailshot
(Compuestos)
• **mailing electoral** electoral mailing
• **mailing masivo** 1 (cartas) bulk mailing, mailshot (BrE) 2 (en Internet) spam
maillot /ma'ʏo(t)/ *m* 1 (traje de baño) swimsuit 2 (de ciclista) jersey
(Compuesto) **maillot amarillo** (camiseta) yellow jersey; (ciclista) yellow jersey, leader
mainel *m* mullion
mainstreaming /meɪn'stri:mɪ:n/ *m* mainstreaming; **~ de género** gender mainstreaming
maitines *mpl* matins (+ *sing or pl vb*)
maître /'metre/ *mf* head waiter, maître d'hôtel, maître d' (AmE)
maíz *m* (planta) maize, corn (AmE); (Coc) corn (AmE), sweet corn (esp BrE); **dos mazorcas de ~** two corncobs *o* cobs of corn
(Compuesto) **maíz tostado** *or* **pira** *or* **tote** (Col) popcorn
maizal *m* cornfield (AmE), maize field (BrE)
maizena® *f* ▸ **maicena**
maja *f* pestle *ver tb* **majo[1]**, **majo[2] A**
majada *f* 1 (aprisco) fold 2 (estiércol — de vaca) cowpat; (— de caballo, búfalo): **una ~** some horse/buffalo dung 3 (CS) (rebaño — de ovejas) flock; (— de cabras) herd
majaderear [A1] *vi* (AmL fam): **deja de ~ con eso** stop going on and on about it; **la familia majadareó para que le pusieran Antonio** the family insisted that they should call him Antonio
majadería *f* 1 (fam) (cualidad) stupidity 2 (fam) (dicho, acto): **no dice más que ~s** he says one stupid thing after another, he talks a lot of rubbish *o* nonsense (colloq); **lo que hizo fue una ~** it was a stupid thing to do
majadero[1] -ra *adj* 1 (fam) (insensato) stupid 2 (CS, Per fam) (fastidioso) whiny (colloq)
majadero[2] -ra *m,f*
A 1 (fam) (insensato) clown (colloq) 2 (CS fam) (quejoso) whiner (colloq), whinger (colloq)
B **majadero** *m* (Tec) pestle
majamama *f* (Chi fam) jumble
majar [A1] *vt* to crush
majara[1], majareta *adj* (Esp fam) nuts (colloq), crazy (colloq)
majara[2], majareta *mf* (Esp fam) loony (colloq), nutter (colloq); **un grupo de ~s** a group of crazy kids
majarete *m* (Ven) corn pudding
maje *mf*
A (AmC arg) (individuo) (*m*) guy (colloq), bloke (BrE colloq); (*f*) girl; ***hacerse el ~***: **no te hagas el ~** don't be such a pain (colloq)
B (Méx fam) (persona crédula) sucker (colloq); **te vieron cara de ~** they could see you were a sucker, they saw you coming (colloq); ***hacerle ~ a algn*** (Méx fam) to make a sucker out of sb (colloq); ***hacerse (el/la) ~*** (Méx fam) to play the innocent (colloq)
majestad *f*
A (aspecto grandioso) majesty; **la ~ de su porte** the majesty of her bearing
B **su Majestad** (al referirse — al rey) His Majesty; (— a la reina) Her Majesty; (al dirigirse al rey, a la reina) Your Majesty; **sus M~es los Reyes** Their Majesties the King and Queen
majestuosamente *adv* majestically
majestuosidad *f* majesty
majestuoso -sa *adj* majestic; **las torres se alzan majestuosas sobre el perfil de la ciudad** the towers rise majestically above the skyline of the city
majeza *f* (Esp fam) (simpatía) charm; (belleza) attractiveness
majo[1] -ja *adj* (Esp fam) 1 ‹*persona*› (simpático) nice; (guapo) ‹*hombre*› handsome, good-looking; ‹*mujer*› good-looking, pretty 2 ‹*casa/vestido*› lovely, nice
majo[2] -ja *m,f*
A (Esp) (apelativo): **bueno ~, me despido** right, (pal), I'm off; **oye maja, no te pases** OK, there's no need to go over the top
B (Hist) *19th Century inhabitant of one of Madrid's working-class areas*
majoleta *f* haw, hawthorn berry
majoleto *m* hawthorn
majorette /majo'ret/ *f* majorette
majuelo *m* 1 (Bot) hawthorn 2 (Agr) young vine
majuga *f* (Ur) fry, whitebait
mal[1] *adj ver* **malo[1]**
mal[2] *adj inv*
A 1 (enfermo, con mal aspecto) **estar ~** to be bad *o* ill; (anímicamente) to be *o* feel low (colloq), to be *o* feel down (colloq); **me siento ~** I don't feel well, I feel ill; **hace días que ando ~ del estómago** I've been having trouble with my stomach for some days now; **lo encontré muy ~, pálido y desmejorado** he didn't seem at all well, he looked pale and sickly; **está muy ~, no se ha repuesto de lo del marido** she's in a bad way, she hasn't got over what happened to her husband; **¡éste está ~ de la cabeza!** he's not right in the head; **esas cosas me ponen ~** things like that really upset me 2 (incómodo, a disgusto): **¿tan ~ estás aquí que te quieres ir?** are you so unhappy here that you want to leave?; **tú allí estás ~** you aren't comfortable there
B (fam) (*en frases negativas*) (refiriéndose al atractivo sexual): **no está nada ~** he's/she's not at all bad (colloq)
C (desagradable) ‹*oler/saber*› bad; **aquí huele ~** there's a horrible smell in here, it smells in here; **no sabe tan ~** it doesn't taste that bad; **esta leche huele ~** this milk smells bad *o* off
D (insatisfactorio): **los soufflés siempre me quedan ~** my soufflés never turn out right; **estoy** *or* **quedé** *or* **salí muy ~ en esta foto** I look awful in this photo; **le queda ~ ese peinado** that hairstyle doesn't suit her; **la casa no está ~, pero es cara** the house isn't bad *o* is quite nice but it's expensive; **sacarnos un millón no estaría nada ~** I wouldn't mind winning a million
E (incorrecto) wrong; **la fecha está ~** the date is wrong; **creo que está muy ~ no decírselo** I think it's very wrong *o* bad not to tell her; **está ~ que le hables en ese tono** it's wrong (of you) to speak to him in that tone; **estuviste muy ~ en no ayudarlo** it was wrong of you not to help him
F (indicando escasez) **estar ~ DE algo**: **estamos ~ de dinero** we're hard up (colloq), we're short of money; **estamos ~ de arroz** we have hardly any rice (left), we're low on *o* almost out of rice
mal[3] *adv*
A (de manera no satisfactoria) ‹*hecho/organizado/pintado/vestido*› badly; **canta muy ~** she sings very badly, she's a very bad singer, she's very bad at singing; **se expresó ~** he didn't express himself very well, he expressed himself badly; **te oigo muy ~** I can hardly hear you, I can't hear you very well; **en el colegio se come muy ~** the food's terrible at school; **le fue ~ en los exámenes** his exams went badly; ***de ~ en peor*** from bad to worse
B (desventajosamente): **se casó muy ~** she made a bad marriage; **vendieron muy ~ la casa** they got a terrible price for the house; **el negocio marcha ~** the business isn't doing very well
C (desfavorablemente) badly, ill; **no hables ~ de ella** don't speak badly *o* ill of her; **piensa ~ de todo el mundo** he thinks ill of everyone
D 1 (de manera errónea, incorrecta) wrong, wrongly; **lo has hecho ~** you've done it wrong; **mi nombre está ~ escrito** my name has been misspelt, my name is spelt/has been spelt wrong(ly); **te han informado ~** you've been badly *o* wrongly informed; **te entendí ~** I misunderstood you, I didn't understand you properly 2 (de manera reprensible) badly; **obró** *or* **procedió ~** he acted wrongly *o* badly; **haces ~ en no ir a verla** it's wrong of you not to go and see her; **me contestó muy ~** she answered me very rudely *o* in a very rude manner; **si te portas ~ no te traigo más** if you behave badly *o* if you misbehave I won't bring you again
E (difícilmente): **~ puedes saber si te gusta si no lo has probado** you can hardly say *o* I don't see how you can say whether you like it when you haven't even tried it
F (*en locs*): **hacer mal** (AmL) (a la salud): **los fritos hacen ~ al hígado** fried food is bad for the liver; **comí algo que me hizo ~** I ate something which didn't agree with me *o* which made me feel bad *o* ill *ver tb* **mal[4] B**; **mal que bien** *or* (Chi) **mal que mal** (fam) somehow or other; **mal que me/te/nos pese** whether I/you/we like it or not; **menos mal: aceptaron tu solicitud — ¡menos ~!** they've accepted your application — thank goodness!; **¡menos ~ que le avisaron a tiempo!** it's just as well they told him in time!; **¡menos ~ que no se enteró!** it's a good thing *o* (BrE) a good job she didn't find out! (colloq); ***estar a ~ con algn*** to be on bad terms with sb; ***tomarse algo a ~*** to take sth to heart; ▸ **traer B**
(Compuesto) **mal nacido, mal nacida** *m,f* swine (colloq), rat (colloq) *ver tb* **maleducado[1]**, **maleducado[2]**
mal[4] *m*
A (Fil) evil; **el bien y el ~** good and evil, right and wrong; **líbranos del ~** deliver us from evil
B (daño, perjuicio): **no le perdono todo el ~ que me hizo** I can't forgive her all the wrong she did me; **le estás haciendo un ~ consintiéndole todo** you're doing her a disservice *o*

m

you're not doing her any good by giving in to her all the time; **el divorcio de sus padres le hizo mucho ~** her parents' divorce did her a lot of harm; **lo que me dijo me hizo mucho ~** what he said hurt me deeply *o* really hurt me *ver tb* **mal**[3] **F**

C (inconveniente, problema): **los ~es que aquejan a nuestra sociedad** the ills afflicting our society; **la contaminación es uno de los ~es de nuestro tiempo** pollution is one of the evils of our time; ***a grandes ~es grandes remedios*** desperate situations call for desperate measures; ***no hay ~ que cien años dure*** nothing goes on for ever; ***no hay ~ que por bien no venga*** every cloud has a silver lining; ***~ de muchos, consuelo de tontos: ... pero a mucha gente le pasó lo mismo — ~ de muchos, consuelo de tontos*** ... but the same thing happened to a lot of other people — so that makes you feel better, does it? (iro); ***todos mis amigos suspendieron también, así que ~ de muchos, consuelo de tontos*** all my friends failed too, so that's some consolation, I suppose *o* so that makes things a bit better, I suppose; ***quien canta sus ~es espanta*** problems don't seem so bad if you keep cheerful

(Compuesto) **mal menor** (entre dos alternativas) lesser of two evils; **eso fue un ~ ~ porque se podría haber matado** in fact he was lucky *o* he can count himself lucky, he could have been killed

D (Med) **1** (liter) (enfermedad) illness **2** (epilepsia): **el ~** (enfermedad) epilepsy; **cuando le da el ~** when she has a fit

(Compuestos)
- **mal de Alzheimer** Alzheimer's disease
- **mal de amores** (fam): **tiene ~ de ~** he's lovesick
- **mal de Chagas** Chagas' disease
- **mal de (las) altura(s)** altitude sickness, mountain sickness
- **mal de ojo** evil eye; **le echó el ~ de ~** *or* (CS) **le hizo ~ de ~** she gave him the evil eye
- **mal de Parkinson** Parkinson's disease
- **mal francés** (euf) syphilis

E (pena) trouble; **no me vengas a contar tus ~es** don't come to me with your troubles

mala *f* (Chi fam): **me ha agarrado ~** he's taken a dislike to me; **le tiene ~** she has something against him

malabar *adj* ▸**juego**

malabarismo *m* juggling; ***hacer ~s*** «*malabarista*» to juggle; (en una situación difícil) to do a juggling *o* balancing act; **tuvo que hacer verdaderos ~s para contentar a todo el mundo** he had to do a real juggling *o* balancing act to keep everyone happy

malabarista *mf* juggler

malacate *m* **1** (torno) winch **2** (Méx) (huso) spindle

malacatoso[1] **-sa** *adj* (Chi fam) **1** (de mal aspecto) nasty-looking, unsavory-looking* **2** (deshonesto) crooked

malacatoso[2] **-sa** *m,f* (Chi fam) **1** (delincuente) crook (colloq) **2** (persona de mala pinta) unsavory-looking* character (colloq)

malacia *f* pica

malaconsejado -da *adj* [ESTAR] ill-advised

malaconsejar [A1] *vt* to give bad advice to, advise badly; **lo ~on en cuestiones políticas** he was badly advised *o* given bad advice on political matters

malacostumbrado -da *adj* spoiled*, pampered

malacostumbrar [A1] *vt* to spoil

■ **malacostumbrarse** *v pron* to become spoilt

malacrianza *f* (AmL) rudeness

málaga *m* Malaga wine

Málaga *f* Malaga; ***salir de ~ para entrar en Malagón*** to jump out of the frying pan into the fire

malage *m* (Esp fam) **1** (persona — aburrida) wet blanket (colloq), killjoy (colloq); (— con mala idea) malicious (*o* nasty *etc*) person (colloq) **2** (gafe): **¡cállate, ~!** shut up, are you trying to put a jinx on us? **3** (aburrimiento, fastidio) drag (colloq), pain (colloq) **4** (mala idea): **tener ~** to be a pain in the neck (colloq)

malagestado -da *adj* (Chi fam) sour-looking

malagradecido -da *adj* ungrateful

malagueño -ña *adj* of/from Malaga

Malaisia *f* Malaysia

malaisio -sia *adj* Malaysian

malaje *m* ▸**malage**

malaleche[1] *adj* (Esp fam) nasty (colloq), horrible (colloq), mean (colloq)

malaleche[2] *m* (Esp fam): **es un ~** he's nasty *o* mean *o* horrible (colloq), he's a nasty piece of work (colloq)

malamadre *f* (Méx, Ven) spider plant

malamente *adv*: **el sueldo le llega ~ hasta fin de mes** his salary hardly *o* barely *o* only just lasts him to the end of the month; **se ha adaptado ~ a la situación** she hasn't adapted well to the situation

malandante *adj* (arc) hapless (arch), luckless (arch)

malandanza *f* (arc) misfortune

malandrín -drina *m,f* (arc) scoundrel (dated)

malandro -dra *m,f* (Ven fam) **1** (delincuente) crook **2** (sinvergüenza) scoundrel **3** (de barrio) lout

malanga *f* (Ven fam) grass (colloq)

malapata *mf* (Esp fam) clumsy oaf (fam)

malaquita *f* malachite

malar *adj* malar

malaria *f* malaria

Malasia *f* Malaysia

malasio -sia *adj/m,f* Malaysian

Malaui *m* Malawi

malauiano -na *adj* Malawian

malaúva *adj/mf* ▸**malaleche**[1], **malaleche**[2]

malavenido -da *adj ver* **avenido**

malaventura *f* (liter) misfortune

malaventurado -da *adj* (liter) ill-fated (liter)

malaventuranza *f* (liter) misfortune

malaya *f* (Chi) (Coc) flank steak (AmE), skirt (BrE)

malayo[1] **-ya** *adj* Malay

malayo[2] **-ya** *m,f* **1** (persona) Malay **2** **malayo** *m* (idioma) Malay

malbaratar [A1] *vt* **1** (malgastar) to squander **2** (malvender) to sell ... at a loss, sell ... off cheap

malcarado *adj* (con cara — de maleante) nasty looking; (— de enfado) grim-faced with anger

malcasado[1] **-da** *adj* unhappily married

malcasado[2] **-da** *m,f*: **es una malcasada** she is unhappily married; **los ~s** unhappily married people

malcasar [A1] *vi*: **sus historias malcasaban unas con otras** their stories did not tally

malcomer [E1] *vi* to eat badly; **no tienen ni para ~** they can't even afford a crust of bread

malcriadez, malcrianza *f* (Chi, Per) rudeness

malcriado[1] **-da** *adj* (mimado) spoiled*; (travieso) naughty, bad-mannered, badly brought up

malcriado[2] **-da** *m,f* **1** (niño): **eres un ~** you're so bad-mannered *o* badly brought up **2** **malcriado** *m* (muñeco) doll

malcriar [A17] *vt* to spoil, bring ... up badly

maldad *f* **1** (cualidad) evilness, wickedness **2** (acto) evil deed, wicked thing; **la envidia la llevó a hacer muchas ~es** envy led her to commit many evil deeds

maldadoso -sa *adj* (fam) wicked, nasty, horrible

maldecir [I25] *vt* to curse; **maldigo la hora en que te conocí** I curse the day I met you; **maldijo su suerte** he cursed his luck

■ **maldecir** *vi* **1** (renegar) to curse; **~ DE algo/algn** to speak ill OF sth/sb **2** (blasfemar) to swear, curse (AmE)

maldiciente *adj* **1** (liter) (blasfemo) foul-mouthed **2** (calumniador) slanderous, libelous*

maldición[1] *f* **1** (imprecación) curse; **nos echó una ~** she put a curse on us; **creen que una ~ ha caído sobre la familia** they believe that there's a curse on the family **2** (palabrota) swearword; **soltó una ~** he swore

maldición[2] *interj* (fam) damn (it)! (colloq)

maldiga, maldijo, etc ▸**maldecir**

maldito -ta *adj*

A (fam) (expresando irritación) damn (*before n*) (colloq), wretched (*before n*) (colloq); **este ~ ruido no me deja dormir** I can't get to sleep with this damn *o* wretched noise; **no tengo un ~ centavo** I don't have a cent *o* penny to my name; **maldita la gana que tengo de ir** I really don't feel like going, I don't feel like going one bit; **maldita la hora en que lo acepté** I wish I'd never accepted, I rue the day I ever accepted; **maldita la gracia que me hace que traiga a sus amigotes a cenar** that's all I needed, him bringing his friends to dinner! (colloq & iro); **¡maldita** *or* **~ sea!** damn (it)! (colloq)

B (Lit) ‹*escritor/poeta*› accursed

C (RPl fam) (egoísta) mean (colloq)

Maldivas *fpl*: **las (islas) ~** the Maldives

maldormir [I16] *vi* to sleep badly

maldoso -sa *adj* (Méx) mischievous

maleabilidad *f* malleability

maleable *adj* **1** ‹*metal*› malleable **2** ‹*persona/carácter*› malleable

maleante *mf* criminal; **lo atacaron unos ~s en la puerta de su casa** he was attacked by some thugs (*o* youths *etc*) at the entrance to his house; **fue abordada por unos ~s que le quitaron los anillos** she was accosted by some muggers (*o* youths *etc*) who stole her rings

malear [A1] *vt* to corrupt, pervert

■ **malearse** *v pron* to fall into evil ways, become corrupted

malecón *m* **1** (rompeolas) breakwater; (embarcadero) jetty **2** (AmL) (paseo marítimo) seafront **3** (Ferr) embankment

maledicencia *f* gossip, slander

malediciente *adj* ‹*campaña*› smear (*before n*); ‹*rumor*› slanderous; **es muy ~** he loves spreading scandal *o* malicious gossip

maleducado[1] **-da** *adj* rude, bad-mannered

maleducado[2] **-da** *m,f*: **son unos ~s** they're so rude *o* bad-mannered

maleducar [A2] *vt* to spoil, bring up badly

maleficencia *f* malice

maleficio *m* curse, spell; **como por efecto de un ~** as if under a spell *o* curse

maléfico -ca *adj* ‹*poderes/espíritus*› evil; ‹*influencia*› harmful

malencachado -da *adj* (Chi fam) ugly

malenseñado -da *adj* (CS) (maleducado) rude, bad-mannered; (mimado) spoiled

malenseñar [A1] *vt* (CS) to spoil

malentender [E8] *vt* to misunderstand; **no me malentiendas** don't misunderstand me *o* (colloq) get me wrong

malentendido *m* misunderstanding; **me parece que ha habido un ~** there seems to have been a misunderstanding

malestar *m* **1** (Med) discomfort; **sentía un ~ general** I felt generally unwell **2** (desazón, inquietud) unease; **causó un profundo ~** it created a deep sense of unease; **el ~ que reina en el ambiente universitario** the prevailing malaise in the universities; **sus comentarios me produjeron un cierto ~** the things he said made me feel uneasy *o* uncomfortable

maleta[1] *adj* (Per fam) unlucky

maleta[2] *f*

A (valija) suitcase, case; **todavía no he hecho la ~** I haven't packed (my case) yet; ***estar de ~*** (Chi fam) to be in a bad mood; **se levantó de ~** he got out of bed on the wrong side (colloq)

B (Col, Ven fam) (joroba): **¡qué ~ la de ese tipo!** that guy is such a pain! (colloq)

C (Andes) (Auto) trunk (AmE), boot (BrE)

D **maleta** *mf* (Esp, Méx fam) (persona inepta): **es un ~**

m

he's useless *o* hopeless (colloq)

maletera *f* (Chi, Per) trunk (AmE), boot (BrE)

maletero *m* [1] (Auto) trunk (AmE), boot (BrE) [2] (mozo de estación) porter

maletilla *mf* novice bullfighter

maletín *m* [1] (para documentos) briefcase [2] (maleta pequeña) overnight bag, small case; (de médico) bag

malevaje *m* (RPl ant) ruffians (*pl*) (dated)

malevo *m* (RPl ant) ruffian (dated)

malevolencia *f* malevolence, malice

malévolo -la *adj* malevolent, malicious

maleza *f*
A (plantas) [1] (espesura) undergrowth [2] (malas hierbas) weeds (*pl*)
B (AmL) (mala hierba) weed

malezal *m* (Chi) mass of weeds

malformación *f* malformation

malgache *adj/mf* Malagasy

malgastador¹ -dora *adj* wasteful, spendthrift

malgastador² -dora *m,f* squanderer, spendthrift

malgastar [A1] *vt* ‹*tiempo/esfuerzo*› to waste; **malgastó su parte de la herencia** she squandered her part of the inheritance

malgeniado -da *adj* (Col, Per) bad-tempered

malhabido -da *adj* (AmL) ill-gotten; **dinero ~** dirty money; **se hacía pasar por médico con un título ~** he was passing himself off as a doctor, using an illegally obtained degree

malhablado¹ -da *adj* foul-mouthed

malhablado² -da *m,f*: **es un ~** he's so foul-mouthed

malhadado -da *adj* (liter) [1] ‹*persona*› ill-fated (liter) [2] ‹*día/suceso*› ill-fated (liter), fateful

malhaya *adj* (AmL fam & ant): **¡~ sea!** damnation! (dated)

malhecho -cha *adj* misshapen, malformed

malhechor -chora *m,f* criminal, delinquent

malherir [I11] *vt* to wound … badly; **resultó malherido** he was seriously *o* badly wounded

malhumorado -da *adj* [1] [SER] ‹*persona/gesto*› bad-tempered [2] [ESTAR] ‹*persona*› in a bad mood; **hoy se ha levantado/anda muy ~** he has woken up/he is in a very bad mood today

Malí *m* Mali

malicia *f*
A [1] (intención malévola) malice, malevolence; **lo dijo sin ~** he said it without malice [2] (picardía) mischief; **es un chico sin ninguna ~** he's completely without guile; **me guiñó con ~** he winked at me mischievously; **tiene tan poca ~ que no se da cuenta de estas cosas** she is so naive that she doesn't see these things [3] (astucia) slyness
B (Chi fam) (licor) shot of brandy (*o* rum *etc*) (colloq)

maliciar [A1] *vt* to suspect
■ **maliciarse** *v pron* to suspect; **me maliciaba que estaban tramando algo** I suspected that they were plotting something

maliciosamente *adv* [1] (con malevolencia) maliciously [2] (con picardía) mischievously

malicioso -sa *adj* [1] (malintencionado) ‹*persona/comentario*› malicious, spiteful [2] (pícaro) ‹*comentario/mirada/sonrisa*› mischievous

málico -ca *adj* ▸**ácido²**

maliense *adj* Malian

malignidad *f* [1] (de un tumor) malignancy [2] (maldad) evil nature

maligno -na *adj* [1] ‹*tumor*› malignant [2] ‹*persona/intención*› evil; ‹*influencia*› harmful, evil

malinchismo *m* (Méx) *preference for imported goods (over Mexican produce)*

malinchista¹ *adj* (Méx): **es muy ~** he prefers imported goods

malinchista² *mf* (Méx): **son unos ~s** they prefer imported goods

malinformar [A1] *vt* (CS frml) to misinform (frml)

malintencionadamente *adv* ‹*actuar/interpretar/ocultar*› maliciously, spitefully; ‹*jugar*› dirty (colloq), unfairly

malintencionado -da *adj* ‹*persona/palabras*› malicious, spiteful; ‹*golpe*› malicious

malinterpretación *f* misinterpretation

malinterpretar [A1] *vt* to misinterpret

malísimo -ma *adj* very bad, terrible, awful

mall /mol/ *m* (*pl* **~es**) (AmL) shopping center*, (shopping) mall (AmE)

malla *f*
A [1] (Tex): **una bolsa de ~** a string bag; **medias de ~ fina/gruesa** sheer/thick tights; **las ~s de las redes** the mesh of the nets; **una ~ para los insectos** a screen *o* mesh to stop insects; **al fondo de las ~s** (period) (Dep) into the back of the net [2] (de armadura) mail, chain mail [3] (de alambre) wire netting
B [1] (para gimnasia) leotard [2] **mallas** *fpl* (medias) pantyhose (*pl*) (AmE), tights (*pl*) (BrE); (sin pie) leggings (*pl*)
(Compuesto) **malla de baño** (RPl) bathing suit, swimsuit, swimming costume (BrE)

mallo *m* mallet

mallones *mpl* (Méx) leggings; **se compró unos ~** she bought a pair of leggings; **llevaba unos ~ negros** she was wearing black leggings

Mallorca *f* Majorca

> **mallorquín**
> The variety of ▸**catalán** spoken in the Balearic Islands. Some people regard it as a separate language from Catalan, which enjoys official status, but it is not officially recognized as such.

mallorquín¹ -quina *adj* Majorcan

mallorquín² -quina *m,f* [1] (persona) Majorcan [2] **mallorquín** *m* (idioma) Majorcan

mallugadura *f* (Méx, Ven) ▸**machucadura**

mallugar [A3] *vt* (Méx, Ven) ▸**magullar**

malnacido -da *m,f* louse (colloq), swine (colloq), rat (colloq)

malnutrición *f* malnutrition

malnutrido -da *adj* malnourished

malo¹ -la *adj* [*The form* **mal** *is used before masculine singular nouns.* ▸**mal²**]
(Sentido I)
A [SER] (en calidad) ‹*producto*› bad, poor; ‹*película/novela*› bad; **la tela es de mala calidad** the material is poor quality; **tiene mala ortografía** her spelling is bad *o* poor, she's a bad *o* poor speller; ***más vale ~ conocido que bueno por conocer*** better the devil you know (than the devil you don't)
B [SER] [1] (incompetente) ‹*alumno/actor*› bad; **soy muy mala para los números** I'm terrible *o* very bad with figures [2] ‹*padre/marido/amigo*› bad
C [SER] (desfavorable, adverso) bad; **¡qué mala suerte!** what bad luck!, how unlucky!; **la obra tuvo mala crítica** the play got bad reviews; **están en mala situación económica** they're going through hard times; **lo ~ es que va a haber mucho tráfico** the only thing *o* trouble *o* problem is that there'll be a lot of traffic; ***en las malas*** (AmS): **un amigo no te abandona en las malas** a friend doesn't abandon you when things are tough *o* when times are bad; ***estar de malas*** (de mal humor) (fam) to be in a bad mood; (desafortunado) (esp AmL) to be unlucky; ***por las malas*** unwillingly; **vas a tener que hacerlo, ya sea por las buenas o por las malas** you'll have to do it whether you like it or not
D [SER] (inconveniente, perjudicial) ‹*hábitos/lecturas*› bad; **las malas compañías** bad company; **llegas en mal momento** you've come at an awkward *o* a bad moment; **es ~ tomar tanto sol** it's not good to sunbathe so much
E [SER] (sin gracia) ‹*chiste*› bad
F [SER] [1] (desagradable) ‹*olor/aliento*› bad; **hace un día muy ~** it's a horrible day; **nos hizo mal tiempo** we had bad weather; **hace tan ~** (Esp) it's such horrible weather, the weather's so horrible [2] (Chi fam) (feo) ugly
G [ESTAR] (en mal estado) ‹*alimento*› **ese pescado/queso está ~** that fish/cheese has gone bad, that fish/cheese is off (BrE)
H [1] (desmejorado, no saludable): **tienes mal aspecto** you don't look very well; **tienes mala cara** you don't look well; **yo le veo muy mal color** he looks terribly pale to me [2] [SER] (serio, grave) serious; **fue una mala caída** it was a bad fall; **no tiene nada ~** it's nothing serious [3] [ESTAR] (Esp, Méx fam) (enfermo) sick (AmE), ill (BrE); **el pobre está malito** the poor thing's not very well (colloq) [4] [ESTAR] (Esp fam & euf) ‹*mujer*›: **estoy mala** I've got my period, it's the time of the month (colloq & euph); **me he puesto mala** my period's started
I [SER] (difícil) **~ DE + INF** difficult to + INF; **esta tela es mala de planchar** this material is difficult to iron; **es muy ~ de convencer** he's very difficult *o* hard to persuade, it's very difficult *o* hard to persuade him
(Sentido II) [SER] (en sentido ético) ‹*persona*›: **¡qué ~ eres con tu hermano!** you're really horrible *o* nasty to your brother; **no seas mala, préstamelo** don't be mean *o* rotten, lend it to me (colloq); **una mala mujer** a loose woman; **es una mujer muy mala** she's a wicked *o* an evil woman; ***a la mala*** (Chi fam): **se lo quitaron a la mala** they did him out of it (colloq); **pasó la cámara a la mala** she sneaked the camera through (colloq); **un ataque a la mala** a sneak attack
(Sentido III) (uso enfático) (*delante del n*): **no nos ofrecieron ni un mal café** they didn't even offer us a (lousy) cup of coffee; **no había ni una mala silla para sentarse** there wasn't a single damn chair to sit on (colloq)
(Compuestos)
- **mala hierba** *f* weed
- **mala idea** *f* (Esp): **tiene muy ~ ~** she's a nasty character *o* a nasty piece of work (colloq); **lo hizo a** *or* **con ~ ~** he did it deliberately *o* to be nasty, he did it knowing it would hurt (*o* cause trouble *etc*)
- **mala leche** *f* (fam): **lo hizo con ~ ~** (Esp, Méx, Ven) he did it deliberately *o* to be nasty, he did it knowing it would hurt (*o* cause trouble *etc*); **está de ~ ~** (Esp) she's in a foul mood (colloq); **¡qué ~ ~, se ha puesto a llover!** (Esp) what a drag! it's started raining (colloq)
- **mala palabra** *f* (esp AmL) rude *o* dirty word
- **mala pasada** *f* dirty trick; **me hizo** *or* **jugó una ~ ~** she played a dirty trick on me; **los nervios me jugaron una ~ ~** my nerves got the better of me
- **mala pata** *f* (fam) bad luck
- **mala sangre** *f*: **hacerse ~ ~** to get worked up (colloq), to get into a state (colloq)
- **malas artes** *fpl* guile, cunning; **todo lo ha conseguido con ~ ~** she's got everything she has by guile *o* through cunning
- **malas lenguas** *fpl* (fam): **dicen las ~ ~ que …** rumor* has it that …, there's a rumor* *o* there are rumors* going around that …, people are saying that …
- **mala uva** *f* (Esp) ▸**mala leche**
- **malos pensamientos** *mpl* bad *o* impure thoughts (*pl*)
- **malos tratos** *mpl* (a persona, animal) maltreatment, ill-treatment; (a un niño, mujer) physical abuse, battery; **~ ~ a menores** *or* **a la infancia** child abuse

malo² -la *m,f* (leng infantil *or* hum) baddy (colloq); **uno de los ~s** one of the baddies *o* bad guys

maloca *f* [1] (AmS) (Hist) (ataque por los indios) Indian raid; (incursión en tierra de indios) raid on Indian territory [2] (cabaña) hut

malogrado -da *adj* [1] ‹*intento/proyecto*› failed [2] (period) ‹*persona*› ill-fated (journ); **el ~ doctor García** the ill-fated Doctor García, Doctor García, who died so young *o* before his time [3] (Per) (averiado) out of order, broken

malograr [A1] *vt*
A ‹*oportunidad*› to waste; ‹*trabajo*› to ruin, spoil, wreck
B (Ven euf) (desvirgar) to deflower
■ **malograrse** *v pron*
A «*proyecto*» to fail, miscarry; «*sueños*» to come to nothing; «*cosecha*» to fail; **todos**

nuestros esfuerzos se ~on all our efforts came to nothing *o* were in vain

B 1 ‹‹*persona*›› (morir joven) to die young *o* before one's time 2 ‹‹*cría*›› to be stillborn 3 (Per) ‹‹*reloj*›› to stop working; ‹‹*lavadora*›› to break down

malogro *m* 1 (de un plan, esfuerzo) failure 2 (de una persona) untimely death 3 (de la cosecha) failure

malojal *m* (Ven) maize plantation

malojo *m* (Ven) maize

maloliente *adj* stinking, smelly

malón[1] -lona *adj* (Chi fam) ugly

malón[2] *m* 1 (Hist) Indian raid 2 (CS) (grupo revoltoso) mob; **salieron del colegio en ~** they came out of school in a mob *o* gang 3 (Chi) (fiesta) (*dancing party to which invitees bring food and drink*)

malpagar [A3] *vt* to underpay; **son empleados muy malpagados** they are very badly paid employees

malparado -da *adj*

A 1 (maltrecho): **salió muy ~ de esa pelea** he was in a bad way *o* in a sorry state after that fight (colloq), he came out of that fight very badly; **él fue el que salió más ~** he was the one who came off worst (colloq); **en el debate televisado quedó muy ~** he took a real battering in the television debate, he came out of the television debate very badly 2 (frente a los demás): **no le mandamos ni un ramo de flores y quedamos muy ~s** we didn't even send him a bunch of flowers and it looked very bad; **no me avisaste que era su cumpleaños y me dejaste muy ~** you didn't tell me that it was her birthday and made me look really bad (colloq) *ver tb* **parado[1] D**

B (Ven fam) (fácil de robar) easy to swipe (colloq)

mal parecido -da *adj* (ant) ill-favored* (dated)

malparido -da *m,f* (fam: en algunas regiones vulg) son of a bitch (AmE vulg), bastard (vulg)

malpensado[1] -da *adj*: **no seas ~** don't jump to conclusions, why do you always think the worst of people?; **seré ~, pero no puedo creer que ...** I'm probably being unfair but I can't believe ..., it's probably nasty of me to think this but I can't believe ...

malpensado[2] -da *m,f*: **eres una malpensada** you always think the worst of people *o* jump to conclusions

malpensar [A5] *vi*: **~ DE algn** to think ill *o* badly OF sb

malquerencia *f* ill will, dislike; **~ HACIA algn** ill will TOWARD(s) sb, dislike OF sb

malquerer [E24] *vt* to dislike; **fue un monarca muy malquerido** he was a highly unpopular monarch; **los que te malquieren** those who dislike you *o* bear you ill will

malquistarse [A1] *v pron* **~ CON algn** to fall out WITH sb, become estranged FROM sb (frml)

malsano -na *adj* 1 ‹*clima/lugar*› unhealthy 2 ‹*lectura*› unhealthy, unwholesome; ‹*influencia*› bad, unhealthy

malsonante *adj* rude

malta *f* 1 (cereal) malt 2 (bebida sin alcohol) malt drink 3 (Chi) (cerveza) stout

Malta *f* Malta

malteada *f* (AmL) milk shake

malteado *m* malting

maltear [A1] *vt* to malt

maltería *f* malting, malthouse

maltés[1] -tesa *adj* Maltese

maltés[2] -tesa *m,f* 1 (persona) Maltese 2 **maltés** *m* (idioma) Maltese

maltosa *f* maltose

maltraer [E23] *vi* to ill-treat, mistreat, maltreat; ***tener** or **traer a algn a ~*** *ver* **traer**

maltraído -da *adj* (Andes) slovenly

maltratar [A1] *vt* 1 ‹*persona/animal*› to maltreat, ill-treat, mistreat; (pegar) ‹*niño/mujer*› to batter 2 ‹*juguete/coche*› to mistreat, treat ... very roughly

maltrato *m* 1 (de una persona) mistreatment, poor treatment

(Compuesto) **maltrato entre iguales** bullying (*at school*) 2 (de un objeto) misuse, mistreatment

maltrecho -cha *adj* [ESTAR]: **lo dejaron muy ~** they left him in a bad way (colloq); **las arcas maltrechas del ayuntamiento** the depleted coffers of the town hall

maltusianismo *m* Malthusianism

maltusiano -na *adj* Malthusian

malucho -cha *adj* 1 (fam) (algo enfermo) **estar ~** to be *o* feel poorly, be *o* feel under the weather (colloq) 2 [SER] (fam) (de mala calidad) ‹*material/producto*›: **es una madera bastante malucha** the wood is pretty *o* fairly poor quality

maluco ca *adj* (Col fam) ▸**malucho 1**

malva[1] *adj inv* ▸ⓘ **p.181** mauve

malva[2] *f* mallow; ***estar criando ~s*** (fam) to be pushing up daisies (colloq)

(Compuesto) **malva real** hollyhock, rose mallow (AmE)

malva[3] *m* ▸ⓘ **p.181** mauve

malvado[1] -da *adj* wicked, evil; (uso hiperbólico) wicked

malvado[2] -da *m,f*: **el ~ que la había engañado** the evil man who had deceived her; **no llores por esa malvada** don't cry over that evil *o* wicked woman

malvarrosa, malvaloca *f* hollyhock, rose mallow

malvasía *f* 1 (uva) malvasia 2 (vino) malmsey

malvavisco *m* marshmallow

malvender [E1] *vt* to sell ... off cheap, sell ... at a loss

malversación *f tb*: **~ de fondos** misappropriation of funds, embezzlement

malversador -dora *m,f tb* **~ de fondos** embezzler

malversar [A1] *vt* to embezzle, misappropriate

Malvinas *fpl*: **las ~** the Falkland Islands, the Falklands

malvinense[1] *adj* of/from the Falkland Islands

malvinense[2] *mf* Falkland Islander

malvís *m* song thrush, mavis (liter)

malviviente *mf* (AmL) ▸**maleante**

malvivir [I1] *vi*: **lo que gana apenas le da para ~** what he earns is barely enough to survive on; **ahora malviven en un apartamento en Bogotá** now they're struggling to make ends meet in an apartment in Bogotá; **un hombre de ~** an unsavory character

malviz *m* ▸**malvís**

malvón *m* (CS, Méx) geranium

mama *f*

A (Anat) ▸ⓘ **p.231**; breast; (Zool) mammary gland

B 1 (fam) (madre) ▸**mamá** 2 (Chi, Per) (nodriza) wet-nurse

mamá *f* (*pl* **-más**) (fam) mom (AmE colloq), mum (BrE colloq); (usado por los niños) mommy (AmE colloq), mummy (BrE colloq); ***creerse la ~ de los pollitos*** (Méx) to think one is the bee's knees *o* the cat's whiskers (colloq)

mamacita *f* (AmL fam) 1 (madre) ▸**mamá** 2 (mujer atractiva): **¡adiós, ~ rica!** hi there, gorgeous! (colloq)

mamada *f*

A (del bebé) feed

B (Méx arg) 1 (estupidez): **no me vengas con tus ~s** don't give me any of your stupid stories; **hablar ~s** to talk crap (vulg) 2 (vulg) (en sentido sexual): **darle una ~ a algn** to give sb head *o* (BrE) a blow job 3 (vulg) (mala pasada) dirty trick (colloq); **hacerle una ~ a algn** to play a dirty trick on sb (colloq), to do the dirty on sb (colloq)

C (AmS fam) (borrachera) bender (colloq), binge (colloq)

mamadera *f*

A (CS, Per) (biberón) bottle, feeding bottle, baby bottle

B (Andes fam) (trabajo) cushy job (colloq)

mamado -da *adj* 1 (fam: en algunas regiones vulg) (borracho) tight (colloq), sloshed (colloq) 2 (Col, Ven fam) (cansado) dead beat (colloq), shattered (colloq); (aburrido) bored

mamador -dora *adj* (Col fam) boring, deadly (colloq), lethal (AmE colloq)

mamador de gallo, mamadora de gallo *m,f* (Col, Ven fam) joker

mamagallista *mf* (Col, Ven fam) joker

mamagrande *f* (CS, Méx) grandmother

mamaíta *f* (fam) ▸**mamá**

mamamama *f* (Per fam) grandma (colloq), granny (colloq)

mamar [A1] *vi*

A 1 ‹‹*bebé*›› to feed; **a las seis le tengo que dar de ~ a Clarita** at six o'clock I have to feed Clarita; **a todos sus hijos les dio de ~** she breastfed all her children 2 ‹‹*gato/cordero*›› to suckle; **todavía está mamando** it's still suckling *o* it hasn't been weaned yet

B (fam: en algunas regiones vulg) (beber alcohol) to hit the bottle (colloq), to booze (colloq)

■ **mamar** *vt*

A ‹*cultura/teatro*›: **son cosas que uno ha mamado** they're things that one has learned/seen from childhood; **ha mamado la música** he's been surrounded by music *o* he's lived and breathed music since birth

B (vulg) ‹*hombre*› to suck ... off (vulg)

■ **mamarse** *v pron*

A (fam) 1 (fam: en algunas regiones vulg) (emborracharse) to get tight *o* sloshed (colloq) 2 (Chi) (engullir) to demolish (colloq), to polish off (colloq)

B (AmS fam) (aguantar, resistir): **no me mamo un partido de fútbol por televisión** I can't bear to sit through a football game on television; **no sería capaz de ~me la subida de ese cerro** I wouldn't be able to make it up that hill *o* to manage the climb up that hill

C (Col, Ven) (cansarse) to get tired

D (Col fam) 1 (aventajar, ganar): **Brasil se mamó a Polonia sin el menor problema** Brazil walked over *o* thrashed Poland (colloq); **me lo mamé con ese movimiento** I finished him off with that move (colloq) 2 (despilfarrar) to blow (colloq)

mamario -ria *adj* mammary

mamarrachada *f* (fam): **otra de sus ~s fue poner esas ventanas tan feas** another awful thing he did was put in those horrible windows; **ese cuadro es una ~** that painting is a daub *o* (colloq) a whole lot of splodges; **¡qué ~ han hecho en esta pared!** what a mess *o* botch they've made of this wall! (colloq)

mamarracho[1] *m*

A (fam) (persona): **es un ~, mira cómo viste** he has no taste *o* he has awful taste, look how he dresses; **estás hecho un ~** you look a sight (colloq)

B (fam) (cosa fea, ridícula) sight (colloq); **tienen la casa que es un ~** their house is a sight *o* looks a real mess (colloq); **llevaba un ~ de sombrero** the hat she was wearing was grotesque *o* ridiculous *o* a monstrosity (colloq); **la decoración del salón es un ~** the decor in the drawing room is a mess

mamarracho[2] -cha *m,f* ▸**mamarracho[1] A**

mambear [A1] *vi* (Col) to chew coca

mambí -bisa *m,f* rebel (*in the Cuban uprising of 1868*)

mambo *m* (Mús) mambo

mamboreta, mamboretá *m* (CS) mantis, praying mantis

mameluco *m*

A (AmL) 1 (de niño, bebé) rompers (*pl*), romper suit (BrE) 2 (pantalón con peto) overalls (*pl*) (AmE), dungarees (*pl*) (BrE); (de trabajo) coveralls (*pl*) (AmE), overalls (*pl*) (BrE)

B (Hist) mameluke

mamerto -ta *m,f* (RPl fam) dope (colloq), twit (BrE colloq)

mamey *m* (de pulpa amarilla) mammee (apple), mamey (apple); (de pulpa roja) *tb* **~ colorado** mammee (sapote), mamey (sapote)

mami *f* (fam) ▸**mamá**

mamífero[1] *adj* mammalian

mamífero[2] *m* mammal

mamila *f* (Méx) 1 (biberón) bottle, feeding bottle, baby bottle; **ya se tomó dos ~s** he's already had two bottles 2 (tetilla) nipple (AmE), teat (BrE)

mamita *f* (esp AmL fam) ▸**mamá**

mamografía *f* (técnica) mammography; (radiografía) mammogram

mamón[1] **-mona** *adj*

A (Col fam) (aburridor) boring; **es un trabajo muy ~** it's a really boring job, it's a real drag (colloq)

B (Méx arg) (engreído) cocky (colloq)

mamón[2] **-mona** *m,f* 1 (fam) (persona crédula) sucker (colloq), mug (BrE colloq) 2 (arg) (como insulto) swine (colloq), bastard (vulg)

mamón[3] *m* (AmC) genip

mamoncillo *m* ackee

mamotreto *m* (fam) 1 (libro) hefty volume, huge tome 2 (armatoste) huge thing, useless object

mampara *f* 1 (biombo, tabique) screen, partition 2 (Chi, Per) (puerta) inner door

mampato *m* (Chi) dwarf pony

mamporro *m* (Esp fam) clout (colloq); **te voy a pegar** *or* **dar un ~** I'm going to give you a good clout *o* to clout you one; **se cayó y se dio un ~ morrocotudo** he fell over and gave himself a terrible bang *o* knock (colloq)

mampostería *f* masonry

mampuesto *m* 1 (piedra) rough stone 2 (muro) wall

mamúa *mf* (RPl arg) 1 (borracho) lush (colloq), soak (colloq) 2 **mamúa** *f* (borrachera): **agarrarse una ~** to get smashed (sl); **traía una ~ encima** he was smashed (sl)

mamut *m* (*pl* **-muts**) mammoth

mana *f* (Col) spring

maná *m*

A (Bib) manna; **~ *del cielo*** manna from Heaven

B (Bot) manna

manada *f* 1 (Zool) (de elefantes) herd; (de leones) pride; (de lobos) pack 2 (fam) (de gente) herd; **son una ~ de brutos** they're a mob of (wild) animals; **los turistas llegaron a** *or* **en ~s** swarms *o* hordes of tourists arrived; ***seguir (a) la ~*** to follow the crowd *o* herd

manager /'mana(d)ʒer/ (*pl* **-gers**) *mf*, **mánager** *mf* (*pl* **-gers**) manager

Managua *f* Managua

managuá *m* (Chi fam) tar (colloq), leatherneck (AmE sl), matelot (BrE sl)

managüense *adj* of/from Managua

manantial *m* 1 (de agua) spring 2 (origen) source

manar [A1] *vi* 1 ‹‹*sangre/sudor*›› to pour; **las palabras manaban de su boca** the words flowed from his mouth 2 (liter) (abundar) to be rich; **esta tierra mana en vegetación** the land is very rich in vegetation

■ **manar** *vt* to drip with; **su frente manaba sudor** his brow was dripping with sweat

manare *m* (Ven) sieve

manatí *m* manatee

manaza *f*

A (fam) (mano): **¡quítame esas ~s de encima!** take your filthy *o* dirty hands off me! (colloq); **metió su ~ y se los llevó todos** he stuck in his great big mitt and grabbed them all (colloq)

B **manazas** *mf* (fam) (torpe) clumsy oaf (colloq), clumsy idiot (colloq)

mancarse [A2] *v pron*

A ‹‹*caballo*›› to go lame

B (RPl arg) ‹‹*persona*›› to miscalculate; **pensaba que iba a ganar pero se mancó** she thought she was going to win but she miscalculated *o* she got it wrong *o* things didn't turn out the way she planned

manceba *f* (arc) 1 (concubina) concubine, mistress 2 (mujer joven) maiden (arch)

mancebía *f* (arc) 1 (burdel) bawdyhouse (arch) 2 (juventud) youth

mancebo *m* (arc) youth, shaveling (arch)

mancha *f*

A 1 (de suciedad) spot, mark; (difícil de quitar) stain; **una ~ de grasa/sangre** a grease/blood stain; **la ~ no salió** the stain didn't come out; **~s de humedad** damp patches; **no le pude quitar** *or* (AmL) **sacar la ~** I couldn't get rid of the stain, I couldn't get the stain out; **este mantel está lleno de ~s** this tablecloth is covered in stains; **la sábana tiene ~s de óxido** the sheet has rust marks on it 2 (borrón) blot; ***extenderse como una ~ de aceite*** ‹‹*noticia*›› to spread like wildfire; **estas barriadas pobres se están extendiendo como una ~ de aceite** these shantytowns are spreading rapidly; ***¿qué le hace una ~ más al tigre?*** (Arg) what difference does/will it make?

(Compuestos)

- **mancha de hielo** patch of ice
- **mancha de petróleo** oil slick
- **mancha solar** sunspot

B 1 (en la piel) mark; **una ~ de nacimiento** a birthmark 2 (en el pelaje, las plumas) patch; **negro con ~s blancas** black with white patches; **las ~s del tigre** the tiger's stripes *o* markings; **las ~s del leopardo** the leopard's spots *o* markings

(Compuesto) **mancha amarilla** yellow spot

C (en el pulmón) shadow

D (de vegetación) patch

E (liter) (imperfección, mácula) stain; **un alma sin ~** a pure soul; **una reputación sin ~** a spotless reputation; **una ~ imborrable en el honor de la familia** an indelible stain on the family honor

F (Per fam) (pandilla) gang

G (RPl) (juego): **la ~** tag

manchado -da *adj*

A ‹*mantel/vestido*› stained; **está ~ de vino** it's stained with wine, it has wine stains/a wine stain on it; **una camisa manchada de sangre** a blood-stained shirt

B ‹*pelaje/plumaje*› **con el pelaje ~** with different-colored markings on its coat

manchar [A1] *vt*

A (ensuciar) to mark, get … dirty; (de algo difícil de quitar) to stain; **cuidado, no vayas a ~ la alfombra** careful, don't get the carpet dirty; **manchó el mantel de vino** he got wine stains on the tablecloth; **vas a ~ el libro de tinta** you're going to get ink stains *o* ink all over the book

B ‹*reputación/honra*› to stain, tarnish; ‹*memoria*› to tarnish

■ **manchar** *vi* to stain; **¿el café mancha?** does coffee stain?

■ **mancharse** *v pron* 1 ‹‹*ropa/mantel*›› to get dirty; (de algo difícil de quitar) to get stained; **~se DE algo**: **se me manchó de chocolate** I got chocolate on it; **se manchó de grasa** it got grease stains on it, it got stained with grease 2 (*refl*) ‹‹*persona*››: **ponte un delantal para no ~te** put an apron on so you don't get dirty; **está recién pintado, no te manches** it's still wet, don't get paint on your coat (*o* shirt *etc*), it's still wet, don't get paint on yourself; **me manché la blusa de aceite** I got oil stains on my blouse

manchego -ga *adj* of/from La Mancha; ▸**queso**

mancheta *f* masthead

mancilla *f* (liter) blemish

mancillar [A1] *vt* (liter) to sully, besmirch (liter)

manco[1] **-ca** *adj*: **es ~ de un brazo/una mano** he only has one arm/hand; **es ~ de los dos brazos** he has no arms; **quedó ~ del brazo derecho** he lost his right arm; **hazte la cama que no eres ~** (fam) make your bed, you're not an invalid (colloq); ***no ser ~*** (fam) (para robar) to be light-fingered; (ser habilidoso) to be useful (colloq); **este lanzador tampoco es ~** this pitcher is pretty useful *o* is no slouch (colloq); **ella me pegó primero — bueno, tú tampoco eres ~** she hit me first — well, you're pretty good at hitting people yourself (colloq)

manco[2] **-ca** *m,f*

A (persona): **el ~ que pide limosna en la esquina** the man with one arm who begs on the corner; **el ~ de Lepanto** *nickname given to Miguel de Cervantes*

B **manco** *m* (Chi fam) (caballo) horse

mancomún: **de ~** (*loc adv*) ▸**mancomunadamente**

mancomunadamente *adv* (frml) together; **trabajar ~ por el bien del país** to work together for the good of the country

mancomunado -da *adj* 1 ‹*países/grupos*› united 2 (Der) ‹*deudores*› joint, jointly-responsible; ‹*bienes*› common, jointly-owned

mancomunar [A1] *vt* (frml) ‹*recursos*› to join together, combine; **~ esfuerzos** to join forces

■ **mancomunarse** *v pron* (frml) to unite, join together; **se han mancomunado para derrotar al enemigo común** they have joined forces *o* united to defeat the common enemy

mancomunidad *f* community, association

(Compuesto) **Mancomunidad Británica de Naciones** British Commonwealth

mancorna *f* (Col) cufflink

mancuerna *f*

A 1 (de bueyes) yoke 2 (Méx) (de detectives) team

B (Dep) (pesa) weight; (pequeña) dumbbell

C (Indum) cufflink

mancuernilla *f* (Méx) cufflink

manda *f*

A (Chi, Méx) (Relig) offering, promise

B (ant) (legado) bequest

mandadera *f* (ant) charwoman (dated)

mandadero -ra *m,f* (esp AmL) (*m*) office boy, errand boy; (*f*) office girl

mandado[1] **-da** *adj* (Méx fam): **es muy ~** he's a real opportunist *o* (BrE colloq) chancer; **no seas mandada** don't take advantage (of the situation); ***ser (como) ~ a hacer para algo*** (CS fam): **es como ~ a hacer para escabullirse cuando hay que trabajar** he's a great one for bunking off when there's work to be done (colloq); **es (como) mandada a hacer para trabajar** she's a born worker (colloq), she's made for hard work

mandado[2] **-da** *m,f*

A (esp Esp) (subordinado) minion (hum *or* pej); **no soy más que un ~** I'm just following orders

B **mandado** *m* 1 (esp AmL) (compra): **hacer los ~s** *or* (Méx) **ir al ~** to go shopping 2 (Méx) (cosa comprada): **¿me trajiste el ~?** did you get the shopping *o* the things I asked you for? 3 (diligencia) errand; **salió a hacer un ~** he went out on an errand; ***comerle el ~ a algn*** (Méx fam) to do the dirty on sb (colloq); ***comerse el ~*** (Méx fam) to have sex (*before marriage*); ***hacerle los ~s a algn*** (Méx fam): **a mí me hace los ~s** I couldn't care less (colloq), I don't give a damn (colloq)

mandamás *mf* (*pl* **~** *or* **-mases**) (fam) big boss (colloq), bigwig (colloq)

mandamiento *m*

A (Relig) commandment; **los diez ~s** the Ten Commandments

B 1 (orden) order 2 (Der) warrant, order; **~ judicial** court order, warrant; **~ de embargo** sequestration order

mandanga *f*

A (fam) (tontería) nonsense, trash (AmE colloq), rubbish (BrE colloq); **no me vengas con ~s** don't give me that nonsense *o* (AmE) trash *o* (BrE) rubbish

B (fam) (indolencia) sluggishness

C (fam) dificultad; **la cosa tiene ~** it's a tricky one (colloq)

D (arg) (droga) hash (sl), grass (sl)

mandante *mf* mandator, constituent

mandar [A1] *vt*

A 1 (ordenar): **haz lo que te mandan** do as you're told; **a mí nadie me manda** I don't take orders from anyone, nobody tells me what to do *o* orders me about; **de acuerdo a lo que manda la ley** in accordance with the law; **sí señor, lo que usted mande** as you wish, sir *o* very good, sir; **~ + INF**: **la mandó callar** he told *o* ordered her to be quiet; **mandó encender una fogata** she ordered that a bonfire be lit; **~ QUE + SUBJ**: **mandó que sirvieran la comida** she ordered lunch to be served; **le mandó que nos dejara en paz** she ordered *o* told him to

m

leave us alone; **¿quién te manda revolver en mis papeles?** who said you could go rummaging through my papers?; **¿y quién te manda ser tan tonta?** how could you be so silly! **2** (recetar): **le mandó unos antibióticos** she prescribed (him) some antibiotics; **el médico le mandó hacerse unas gárgaras** the doctor advised him to gargle

B (enviar) ‹*carta/paquete/persona*› to send; **mi madre te manda saludos** my mother sends you her regards; **lo ~on de** or **como representante a la conferencia** he was sent to the conference as their delegate; **a las nueve nos mandaban a la cama** they used to send us to bed at nine o'clock; **la mandé por el pan** I sent her out to buy the bread

C (AmL) (tratándose de encargos): **mis padres me ~on llamar** my parents sent for me; **mandó decir que no podía venir** she sent a message to say *o* she sent word that she couldn't come; **¿por qué no mandas a arreglar esos zapatos?** why don't you get *o* have those shoes mended?

D (AmL fam) (arrojar, lanzar): **mandó la pelota fuera de la cancha** he kicked/sent/hit the ball out of play; **le mandó un puñetazo** he punched him

■ **mandar** *vi*

A (ordenar): **en mi casa mando yo** I'm the boss in my house, I wear the trousers in my house; **¡mande!** yes sir/madam?, excuse me?; **¿mande?** (Méx) (I'm) sorry? *o* pardon? *o* (AmE) excuse me?; **¡María! — ¿mande?** (Méx) María! — yes?

B (AmL) (tratándose de encargos) **~ a hacer algo** to send sb to do sth; **fue mandada a matarlo** she was sent to kill him

■ **mandarse** *v pron*

A (AmS fam) ‹*hazaña*› to pull off (colloq); ‹*mentira*› to come out with (colloq); **se mandó un postre delicioso** he managed to produce *o* he rustled up a delicious dessert; **se mandó un discurso de dos horas** she regaled us with a two hour speech, she gave a speech that went on for two hours

B (AmS fam) **1** (engullir) to demolish (colloq), to polish off (colloq) **2** (beberse) to knock back (colloq)

C (Méx fam) (aprovecharse) to take advantage; **~se abajo** (Chi fam) to fall down *o* over; **~se cambiar** (Andes) or (RPl) **mudar** (fam)**: se mandó cambiar dando un portazo** he stormed out, slamming the door; **un buen día se cansó y se mandó cambiar** or **mudar** one day he decided he'd had enough, and just walked out *o* upped and left (colloq); **¡mándense cambiar** or **mudar de aquí!** clear off! (colloq), get lost! (colloq)

mandarín *m* Mandarin, Mandarin Chinese

mandarina *f* (Bot, Coc) mandarin (orange), tangerine

mandarinero, mandarino *m* mandarin, mandarin orange tree

mandatario -ria *m,f*

A (Pol) *tb* **primer ~/primera mandataria** head of state

B (Der) attorney, agent

mandato *m*

A **1** (período) term of office **2** (orden) mandate; **la Regencia se ejercerá por ~ constitucional** the Regency will operate according to the constitution

B (Der) mandate

mandíbula *f* jaw; ***reírse a ~ batiente*** (fam) to laugh one's head off (colloq)

mandil *m* **1** (delantal) leather apron **2** (Chi) (cobertura) horse blanket

mandilón *m* (Méx fam) henpecked husband

mandinga *m* (AmL fam) devil; **esto es cosa de ~** this is the devil's doing

mandioca *f* (planta) cassava; (fécula) tapioca

mando *m*

A **1** (Gob, Mil) command; **el ~ supremo de las Fuerzas Armadas** the supreme command of the Armed Forces; **tiene dotes de ~** she has leadership qualities; **entregó el ~ a su sucesor** he handed over command to his successor; **las cosas van a cambiar con ella al ~** things are going to change now she's in charge *o* (colloq) in the saddle **2** **al ~ de algo** in charge of sth; **quedó/lo pusieron al ~ de la empresa** he was put in charge of the company; **la expedición iba al ~ de un conocido científico** the expedition was led by a well-known scientist

(Compuestos)

- **mando medio** manager (*in middle management*)
- **mandos militares** *mpl* military commanders (*pl*)

B (Dep) lead; **tomar el ~** to take the lead

C (Auto, Elec) control; (de TV, DVD) remote control

(Compuesto) **mando a distancia** remote control

mandoble *m* **1** (golpe) two-handed blow **2** (espada) large sword

mandolina *f* mandolin

mandón[1] **-dona** *adj* bossy; **es muy ~** he's very bossy, he's always ordering *o* (colloq) bossing other people around

mandón[2] **-dona** *m,f*: **su esposa es una mandona** his wife is really bossy, his wife's a real bossyboots (colloq & hum)

mandonear [A1] *vt* (AmL fam) to boss … around (colloq)

mandrágora *f* mandrake

mandril *m*

A (Zool) mandrill

B (de un torno) mandrel

manduca *f* (Esp fam) grub (colloq), nosh (colloq), food

manducar [A2] *vi* (fam) to stuff oneself (colloq); **manducamos de lo lindo en la fiesta** we really stuffed ourselves *o* pigged out at the party (colloq); **no hace más que ~ todo el día** he does nothing but stuff his face all day long (colloq)

■ **manducarse** *v pron* (fam) to scoff (colloq), to guzzle (colloq); **se manducó el postre de un tirón** he scoffed *o* guzzled the dessert down in one go

manduquear [A1] *vi* (Chi) ▸**manducar**

maneado -da *adj* (Chi fam) ham-fisted (colloq)

manear [A1] *vt* (Chi) to hobble

■ **manearse** *v pron* (Chi fam) to get in a tangle (colloq), to be all fingers and thumbs (colloq)

manecilla *f* **1** (de un reloj) hand; **la ~ grande/pequeña** the minute/hour hand **2** (de un instrumento) hand, pointer

manejabilidad *f* maneuverability*

manejable *adj*

A **1** ‹*coche*› maneuverable*; ‹*máquina*› easy-to-use; **esta aspiradora es muy poco ~** this vacuum cleaner is really cumbersome *o* unwieldy **2** ‹*pelo*› manageable

B ‹*persona*› easily led, easily manipulated

manejar [A1] *vt*

A (usar) ‹*herramienta/arma*› to use; ‹*máquina*› to use, operate; ‹*diccionario*› to use; ‹*explosivos*› to handle; **manejan conceptos que me resultan incomprensibles** they use concepts that I find incomprehensible

B (dirigir, llevar) ‹*negocio/empresa*› to manage; ‹*asuntos*› to manage, handle; **no sabe ~ el dinero** he doesn't know how to handle money

C (manipular) ‹*persona*› to manipulate; **estos periódicos manejan la información a su antojo** these newspapers manipulate information just as they please

D (AmL) (Auto) to drive

■ **manejar** *vi* (AmL) to drive; **maneja muy bien** she drives very well

■ **manejarse** *v pron*

A (desenvolverse) to get by, manage; **se maneja muy bien con el inglés** he gets by very well in English; **estuvo viajando solo por Europa y se manejó muy bien** he was traveling around Europe on his own and he managed very well

B (Col) (comportarse) to behave; **¿cómo se ~on los niños?** how did the children behave?; **manéjese bien** behave yourself

manejo *m*

A (uso): **el ~ de la máquina es muy sencillo** the machine is easy to use *o* operate; **esto facilita el ~ del diccionario** this makes using the dictionary easier; **su excelente ~ de la cámara** his excellent camerawork; **su ~ de la lengua** his use of the language, the way he uses the language

B (de un asunto, negocio) management; **el mal ~ de los fondos públicos** the mismanagement *o* mishandling of public funds

C (AmL) (Auto) driving

D **manejos** *mpl* (intrigas) scheming, schemes (*pl*)

manera *f*

A **1** (modo, forma) way; **yo lo hago a mi ~** I do it my way, I have my own way of doing it; **¿qué ~ de comer es ésa?** that's no way to eat your food; **¡comimos de una ~ …!** you should have seen the amount we ate!; **¡qué ~ de llover!** it's absolutely pouring (with rain); **¡qué ~ de malgastar el dinero!** what a waste of money!; **no saldrás a la calle vestida de esa ~ ¿no?** you're not going out dressed like that, are you?; **se puede ir vestido de cualquier ~** you can dress however you want, you can wear whatever you like; **no lo pongas así, de cualquier ~, dóblalo** don't just put it in any which way (AmE) *o* (BrE) any old how *o* way, fold it up; **de esta ~ iremos más cómodos** we'll be more comfortable this way *o* like this; **de alguna ~ tendré que conseguir el dinero** I'll have to get the money somehow (or other); **sus novelas son, de alguna ~, un reflejo de su propia juventud** her novels are, to some extent *o* in some ways, a reflection of her own youth; **de una ~ u otra habrá que terminarlo** it'll have to be finished one way or another; **no hay/hubo ~** it is/was impossible **2** (*en locs*): **a manera de** by way of; **a ~ de ejemplo** by way of example; **se levantó el sombrero a ~ de saludo** he lifted his hat in greeting; **de cualquier manera** or **de todas maneras** anyway; **de cualquier ~** or **de todas ~s ya tenía que lavarlo** I had to wash it anyway *o* in any case; **de todas ~s prefiero que me llames por teléfono antes** I'd rather you called me first anyway; **de manera que** (así que) (+ *indic*) so; (para que) (+ *subj*) so that, so; **¿de ~ que te casas en julio?** so you're getting married in July, are you?; **dilo en voz alta, de ~ que todos te oigan** say it out loud, so (that) everyone can hear you; **de ninguna manera: ¿me lo das? — de ninguna ~** will you give it to me? — certainly not; **de ninguna ~ lo voy a permitir** there's no way I'm going to allow it; **no son de ninguna ~ inferiores** they are in no way inferior; **sobre manera** ▸**sobremanera**: ***de mala ~***: **me contestó de muy mala ~** she answered me very rudely; **la trataba de mala ~** he used to treat her badly; **los precios han subido de mala ~** (Esp) prices have shot up (colloq), prices have risen exorbitantly; **lo malcrió de mala ~** (Esp) she spoiled him terribly *o* (colloq) rotten; **querer algo de mala ~** (Esp fam) to want sth really badly, want sth in the worst way (AmE colloq)

(Compuesto) **manera de ser**: **su ~ de ~** the way she is; **tiene una ~ de ~ que se lleva bien con todos** she has a nice way about her, she gets on well with everyone (colloq); **su ~ de ~ le acarrea muchos problemas** his manner *o* the way he comes across causes him a lot of problems

B **maneras** *fpl* (modales) manners (*pl*)

manflora *f* (Méx fam) lesbian

manga *f*

A (Indum) sleeve; **un vestido sin ~s** a sleeveless dress; **camisas de ~ corta/larga** short-sleeved/long-sleeved shirts; **~ tres cuartos** three-quarter (length) sleeve; **en ~s de camisa** in shirtsleeves; ***estar ~ por hombro*** (fam) ‹*casa*› to be upside-down *o* topsy-turvy *o* in a mess (colloq); **un país donde todo anda ~ por hombro** a country where everything is in a state of chaos; ***sacarse algo de la ~***: **esa definición se la ha sacado de la ~** he's just made that definition up (off the top of his head); **se sacó una buena respuesta de la ~** she came up with a good answer off the top of her head; ***ser más corto que las ~s de un***

chaleco (fam) (burro) to be really dumb (colloq), to be as thick as two short planks (BrE colloq) (tímido) to be very shy; ***tener (la) ~ ancha*** to be easygoing; ***tirarle la ~ a algn*** (RPl fam) to ask sb for money, to touch sb for money (colloq); **cada vez que viene le tira la ~ a la madre** every time he comes he asks *o* touches his mother for money

(Compuestos)
- **manga abombada** *or* **de jamón** leg-of-mutton sleeve
- **manga dolman** dolman sleeve
- **manga japonesa** *or* **murciélago** batwing sleeve
- **manga raglan** *or* **ranglan** raglan sleeve

B 1 (Coc) (filtro) strainer; (para repostería) *tb* **~ pastelera** pastry bag 2 (para pescar) net

(Compuesto) **manga de viento** (indicador) windsock, wind cone *ver tb* **manga G2**

C 1 (Dep) round; (en esquí, motocrós) run, round; (en tenis) leg, set 2 (en bridge) trick

D (manguera) hose

(Compuestos)
- **manga de incendio** fire hose
- **manga de riego** hosepipe
- **manga de ventilación** ventilation shaft

E (Bot) *type of mango*

F (Náut) 1 (del barco) beam 2 (red) net

G (Meteo) 1 (remolino) *tb* **~ de agua** waterspout; (chaparrón) squally shower 2 (torbellino) *tb* **~ de viento** whirlwind

H 1 (AmL) (de langostas) swarm; (de aves) flock 2 (CS fam & pey) (grupo) bunch (colloq)

I 1 (Aviac) jetty, telescopic walkway 2 (AmL) (Agr) (para el ganado) run, chute

J 1 (Méx) (de hule) oilskin cape 2 (AmC) (de jerga) poncho

K (Col fam) (persona fuerte): **es chiquito pero es una ~** he's small but he's very tough

manganeso *m* manganese

mangánico -ca *adj* manganic

mangante *mf* (Esp fam) thief

manganzón¹ -zona *adj* (AmC, Andes, Ven fam) lazy, idle

manganzón² -zona *m,f* (AmC, Andes, Ven) lazybones (colloq), idler

manganzonear [A1] *vi* (Ven fam) to laze *o* loaf around (colloq)

mangar [A3] *vt* 1 (Esp fam) (robar) to swipe (colloq), to nick (BrE colloq) 2 (RPl) (gorrear) ▸**manguear A**

manglar *m* mangrove swamp

mangle *m* mangrove

mango *m*

A (de un cuchillo, paraguas) handle

B (Bot) 1 (árbol) mango tree, mango 2 (fruta) mango

C (CS arg) (peso) peso; **ando sin un ~** I'm broke (colloq), I'm skint (colloq)

D (Méx fam & hum) (persona atractiva): **es un ~** ‹‹*mujer*›› she's a real stunner (colloq); ‹‹*hombre*›› he's a real hunk (colloq)

mangoneador -dora *adj*

A (fam) 1 (mandón) bossy (colloq) 2 (entrometido) nosy (colloq)

B (Méx fam) (estafador): **es muy ~** he's a real cheat *o* (AmE) cheater

mangonear [A1] *vi* (fam) 1 (mandonear) to order *o* (colloq) boss people around 2 (entrometerse) to meddle 3 (holgazanear) to laze *o* loaf around (colloq)

■ **mangonear** *vt* (fam) 1 ‹*persona*› to boss … around (colloq) 2 (robar) to swipe (colloq)

mangoneo *m* (fam) 1 (intromisión) meddling 2 (holgazanería) laziness 3 (robo) thieving

mangosta *f* mongoose

mangostán *m* mangosteen

manguear [A1] *vt*

A (RPl arg) ‹*dinero/cigarrillos*› to scrounge (colloq)

B (Chi) ‹*ganado*› to round up; ‹*perdices*› to put up, beat for

■ **manguear** *vi* (RPl arg) to scrounge (colloq), to hit on sb for money (AmE sl)

manguera *f* 1 (para regar) hose, hosepipe; (de bombero) hose 2 (Náut) pump hose

manguerazo *m* (fam): **le voy a dar un ~ al patio/al jardín** I'm going to hose the patio down/water the garden

manguerear [A1] *vt* (Chi fam) 1 ‹*jardín*› to water (with a hose pipe) 2 ‹*suelo*› to hose down, hose 3 ‹*persona*› to hose down, spray … with a hose

manguito *m*

A 1 (del radiador) hose 2 (Tec) sleeve

B (Indum) (de una mujer) muff; (de un oficinista) oversleeve

maní *m* (*pl* **-níes** *or* crit **-nises**) (AmC, AmS) peanut

manía *f*

A (antipatía): **tenerle ~ a algn** to have it in for sb (colloq)

B (obsesión, capricho): **déjate de ~s, que no estás nada gorda** stop saying such silly things *o* stop being silly *o* stop being neurotic, you're not at all fat; **está viejo y tiene sus ~s** he's an old man, and he has his funny little ways *o* some odd habits; **tiene la ~ de la limpieza** she has an obsession *o* a mania *o* (colloq) a thing about cleaning; **tiene la ~ de mirar debajo de la cama antes de acostarse** she has this peculiar habit of looking under the bed before she gets into it; **el pescado siempre me cae mal — eso es una ~** fish always upsets my stomach — that's just your imagination *o* you've just got a thing about it; **ahora le ha dado la ~ de vestirse siempre de negro** now she has this fad *o* craze of always dressing in black; **tiene la ~ de que la gente se ríe de él** he has this obsession *o* this strange idea that people are laughing at him

(Compuesto) **manía persecutoria** *or* **de persecución** persecution complex *o* mania

maniaco¹ -ca, maníaco -ca *adj* manic

maniaco² -ca, maníaco -ca *m,f* 1 (Psic) manic 2 (fam) (loco) maniac

(Compuesto) **maniaco sexual** sex maniac

maniacodepresión *f* manic depression

maniacodepresivo -va *adj/m,f* manic-depressive

maniatar [A1] *vt* 1 ‹*persona*›: **los ladrones lo ~on** the burglars tied his hands 2 (restringir) to hinder, shackle 3 ‹*animal*› to hobble

maniático¹ -ca *adj* 1 (delicado, difícil) finicky, fussy 2 (obsesionado) obsessive; **es tan ~ que se lava las manos veinte veces al día** he's obsessive, he washes his hands twenty times a day; **¡qué vas a estar gorda! no seas maniática** of course you're not fat!, stop being obsessive *o* neurotic *o* so silly; **son muy ~s con la comida** they're very cranky about what they eat

maniático² -ca *m,f* 1 (delicado): **no come nada que no haya preparado él mismo, es un ~** he won't eat anything that he hasn't prepared himself, he's incredibly fussy *o* finicky like that 2 (fanático): **es una maniática de la limpieza** she's obsessed with *o* fanatical about cleanliness, she has a real obsession with cleanliness; **~s que comen sólo arroz y algas** cranks who eat only rice and seaweed

manicero -ra *m,f* ▸**manisero**

manicomio *m* mental hospital, lunatic asylum; **¡esta casa es un ~!** this is a madhouse!; **si sigue así, va a terminar en el ~** if he carries on the way he is, he'll end up in the loony bin (colloq)

manicura, manicure *f* manicure; **hacerse la ~** (*refl*) to do one's nails; (*caus*) to have a manicure

manicuro -ra *m,f*, **manicurista** *mf* manicurist

manido -da *adj* ‹*frase*› hackneyed; ‹*tema*› stale

manierismo *m* mannerism

manierista *adj/mf* mannerist

manifestación *f*

A (Pol) demonstration; **asistieron a la ~** they took part in *o* went on the demonstration; **dispersar una ~** to break up a demonstration

B (expresión, indicio): **fueron recibidos con grandes manifestaciones de júbilo** they were received with great rejoicing *o* jubilation; **las manifestaciones artísticas/culturales de la época** the artistic/cultural expression of the era; **las primeras manifestaciones del cambio que se estaba produciendo** the first signs of the change that was taking place; **por todas partes se observaban manifestaciones de duelo** signs of mourning were visible everywhere

C **manifestaciones** *fpl* (period) (declaraciones) statement; **las manifestaciones que hizo a la prensa** the statement he made to the press, his statement to the press, what he said to the press

manifestamente *adv* manifestly

manifestante *mf* demonstrator

manifestar [A5] *vt* 1 (declarar, expresar): **manifestó públicamente su adhesión a la campaña** she publicly declared *o* stated her support for the campaign; **~on su apoyo a esta propuesta** they spoke in favor of this proposal, they expressed *o* made known their support for the proposal; **manifestó su condena del atentado** she expressed her condemnation of the attack; **queremos ~ nuestro agradecimiento a todos aquellos que nos han apoyado** we wish to express our gratitude to all those who have supported us 2 (demostrar) ‹*emociones/actitudes*› to show; **manifestó gran entusiasmo por el proyecto** he showed *o* demonstrated a great deal of enthusiasm for the project

■ **manifestarse** *v pron*

A (hacerse evidente) to become apparent *o* evident; (ser evidente) to be apparent *o* evident; **las consecuencias se ~án a largo plazo** the consequences will become apparent *o* evident in the long term; **el problema no se manifiesta hasta la pubertad** the problem does not manifest itself *o* appear until puberty

B (Pol) to demonstrate; **más de 10.000 personas se ~on ayer en Valencia** more than 10,000 people demonstrated *o* took part in a demonstration in Valencia yesterday

C (dar una opinión): **se ha manifestado en contra de las medidas** she has spoken out against the measures, she has made known *o* expressed her opposition to the measures

manifiesta, manifiestas, etc ▸**manifestar**

manifiestamente *adv* manifestly (frml)

manifiesto¹ -ta *adj* (frml) manifest (frml), evident (frml); **hay una manifiesta inquietud en la ciudad** there is evident *o* manifest unease in the city; **un error ~** a glaring error, an obvious mistake; **puso de ~ su falta de experiencia** it highlighted *o* revealed her inexperience; **quedar de ~** to become plain *o* obvious *o* evident

manifiesto² *m*

A (Pol) manifesto

B (Náut) manifest

manigua *f* (AmC, Col, Ven) 1 (marisma) swamp 2 (maleza) scrubland 3 (selva) jungle

manija *f* (esp AmL) handle; ***darle ~ a algn*** (RPl fam) to egg sb on (colloq), to encourage sb

Manila *f* Manila

manilargo -ga *adj*

A (fam) (pegón) fond of hitting people

B (fam) (generoso) open-handed

C (fam) (ladrón) light-fingered

D (CS fam) (con las mujeres): **es muy ~** he puts his hands all over you

manilense *adj*, **manileño -ña** *adj* of/from Manila

manilla *f* 1 (de un reloj) hand 2 (de un cajón) handle 3 (Col) (guante) baseball glove

manillar *m* (esp Esp) handlebars (*pl*)

maniobra *f*

A 1 (de un coche, barco, avión) maneuver* 2 **maniobras** *fpl* (Mil, Náut) maneuvers* (*pl*); **~s conjuntas** joint maneuvers; **estar de ~s** to be on maneuvers

B (ardid, maquinación) ploy, maneuver*; **una ~ electoralista** an electoral ploy *o* maneuver; **~s políticas para alcanzar el poder** political maneuvering *o* maneuvers aimed at gaining power

maniobrabilidad *f* maneuverability*

m

maniobrable *adj* ‹*coche*› maneuverable*, easy to handle, easy to drive; ‹*máquina*› easy to handle *o* use

maniobrar [A1] *vi*
A **1** (Auto, Aviac, Náut) to maneuver*; **no hay espacio para ~** there's no room to maneuver
2 «*ejército*» to carry out maneuvers*
B (intrigar) to maneuver*
■ **maniobrar** *vt* **1** ‹*vehículo*› to maneuver* **2** ‹*persona*› to manipulate

maniota *f* hobble

manipulable *adj*
A ‹*aparato/máquina*› operable, easy to operate
B **1** ‹*persona*› manipulable; **es fácilmente ~** he is easy to manipulate *o* easily manipulated
2 ‹*información/datos*› manipulable

manipulación *f*
A **1** (de alimentos) handling **2** (de una máquina) operation, use
B **1** (de una persona) manipulation **2** (de información, datos) manipulation; **ha habido una evidente ~ de las cifras** the figures have obviously been manipulated *o* massaged
(Compuesto) **manipulación genética** genetic manipulation

manipulador¹ -dora *adj* manipulative

manipulador² -dora *m,f* **1** (de mercancías) handler **2** (aprovechado) manipulator, manipulative person

manipular [A1] *vt*
A **1** ‹*mercancías*› to handle; **el permiso para ~ alimentos** the license to handle food
2 ‹*aparato/máquina*› to operate, use
B **1** ‹*persona*› to manipulate **2** ‹*información/datos*› to manipulate; **~ los resultados** to fix *o* rig the results
■ **manipular** *vi*: **manipulaba en** *or* **con las cuentas de sus clientes** he made illicit use of his clients' accounts

manipulativo -va *adj* **1** ‹*técnica/habilidad*› manipulative; **juguetes ~s** manipulative toys; **material didáctico ~** manipulative teaching materials **2** (Med) ‹*tratamiento*› manipulative

maniqueísmo *m* Manichaeism

maniqueo -quea *adj/m,f* Manichaean

maniquí *mf* **1** (persona) model **2** **maniquí** *m* (de sastre, escaparate) mannequin, dummy

manir [I1] *vt* to hang

manirroto¹ -ta *adj* **1** (fam) (derrochador) extravagant; **es tan ~** he's so extravagant *o* he spends money like water **2** (Col, Ven) (generoso) generous, open-handed

manirroto² -ta *m,f* (fam) spendthrift

manisero -ra *m,f* (AmC, AmS) peanut seller

manita *f*
A (Esp, Méx) *ver tb* **mano**; ***estar*** *or* ***andar hasta las ~s*** (Méx fam) (estar — ebrio) to be legless (colloq); (— drogado) to be high (colloq); ***hacer ~s*** (Esp fam) to neck (colloq), to canoodle (BrE colloq); ***ser de ~ caída*** (Méx fam) to be limp-wristed (colloq); ▸**doblar**
(Compuesto) **manitas de cerdo** *fpl* pig's trotters (*pl*)
B **manitas** *mf* (Esp, Méx fam) handyman (colloq)

manito¹ *m ver* ▸**mano¹**

manito² -ta *m,f ver* **mano²**

manitú *m* manitou

manivela *f* crank, handle

manjar *m* delicacy; **los más exquisitos ~es** the most exquisite delicacies; **con un poco de crema es un verdadero ~** with a little cream it makes a real treat
(Compuesto) **manjar blanco** (Andes) ▸**dulce de leche**

mano¹ *f*

GUÍA DE BÚSQUEDA
(Sentido I)
A **1** Anatomía
2 Zoología: de un oso, perro
B indicando posesión, control
C en fútbol
D del mortero
E **1** de papel
2 de plátanos
F de pintura, cera, barniz
G Juegos
1 vuelta, juego
2 conjunto de cartas
3 jugador
H en locuciones
(Compuestos)
- **mano a mano**
- **mano de cerdo**
- **mano de hierro**
- **mano de obra**
- **mano de obra asalariada**
- **mano derecha**
- **mano dura**
- **mano izquierda**
- **mano negra**
- **mano santa**
- **manos muertas**

(Sentido II)
1 lado
2 Automovilismo
(Sentido III) obreros

(Sentido I)
A **1** ▸ⓘ **p.231** (Anat) hand; **tengo las ~s sucias** my hands are dirty; **no tengo más que dos ~s** I only have one pair of hands; **le dijo** *or* **hizo adiós con la ~** he waved goodbye to her; **con las dos ~s** with both hands; **entrégaselo en sus propias ~s** give it to him in person; Ⓢ **en su mano** (Corresp) by hand; **levanten la ~ los que estén de acuerdo** all those in favor raise their hands *o* please show (frml); **los que hayan terminado que levanten la ~** put your hand up if you've finished; **lo hice yo, con mis propias ~s** I did it myself, with my own two hands; **salió con las ~s en alto** he came out with his hands in the air *o* up; **¡~s arriba!** *or* **¡arriba las ~s!** hands up!; **habla con las ~s** she talks with her hands; **con la ~ en el corazón** hand on heart; **se nota la ~ de una mujer** you can see the feminine touch; **¡las ~s quietas!** keep your hands to yourself!; **su carta pasó de ~ en ~** her letter was passed around; **recibió el premio de ~s del Rey** she received the prize from the King himself; **darle la ~ a algn** (para saludar) to shake hands with sb, to shake sb's hand; (para ayudar, ser ayudado) to give sb one's hand; **dame la mano** *or* (Esp, Méx) **manita** hold my hand; **le estreché la ~** I shook hands with him, I shook his hand; **me tendió** *or* **me ofreció la ~** he held out his hand to me; **hacerse las ~s** to have a manicure; **me leyó las ~s** she read my palm; **tocaron la pieza a cuatro ~s** they played the piece as a duet **2** (Zool) (de un oso, perro) paw; (de un mono) hand; (Equ) forefoot, front foot; **el perro se puso de ~s** the dog stood on its hind legs
B (posesión) *gen* **~s** hands (*pl*); **ha cambiado de ~s varias veces** it has changed hands several times; **cayó en ~s del enemigo** it fell into enemy hands *o* into the hands of the enemy; **nueve de estas ciudades están en ~s de los socialistas** nine of these cities are held by the socialists; **el asunto está en ~s de mis abogados** the matter is in the hands of my lawyers; **el negocio está en buenas ~s** the business is in good hands; **haré todo lo que esté en mis ~s** *or* (RPl) **de mi ~** I will do everything in my power; **mi mensaje nunca llegó a sus ~s** my message never reached him; **la muerte de José Ruiz a ~s de la policía secreta** the death of José Ruiz at the hands of the secret police; **la situación se nos va de las ~s** the situation is getting out of hand; **¡qué oportunidad se nos ha ido de las ~s!** what an opportunity we let slip through our fingers!
C (en fútbol) handball
D (del mortero) pestle
E **1** (de papel) quire **2** (de plátanos) hand
F (de pintura, cera, barniz) coat
G (Jueg) **1** (vuelta, juego) hand; **no gané ni una ~** I didn't win a single hand; **¿nos echamos unas ~s de dominó?** how about a game of dominoes? **2** (conjunto de cartas) hand; **me ha tocado una ~ muy mala** I've got a very bad hand *o* very bad cards **3** (jugador): **soy/eres ~** it's my/your lead; **tener la ~** (Col) to lead; ***ganarle por la ~*** *or* (CS) ***de*** *or* ***la ~ a algn*** (fam)***:*** **César me ganó por la ~** César just beat me to it (colloq)
H (*en locs*): **a mano** (no a máquina) by hand; (cerca) to hand; **hecho a ~** handmade; **pintado a ~** hand-painted; **escrito a ~** handwritten; **un tapiz tejido a ~** a handwoven tapestry; **zapatos cosidos a ~** hand-stitched shoes; **tuve que batir las claras a ~** I had to beat the egg whites by hand; **las tiendas me quedan muy a ~** the shops are very close by *o* near *o* handy; **siempre tengo un diccionario a ~** I always keep a dictionary handy *o* by me *o* (BrE) to hand; **a mano** (AmL) (en paz) all square, quits; **a la mano** (AmL) close at hand; **de mano** hand (*before n*); **en mano** ‹*lápiz/copa*› in hand; **cayó fusil en ~** he fell gun in hand; Ⓢ **llave en mano** immediate possession; ▸**doblar**; ***agarrar*** *or* (esp Esp) ***coger a algn con las ~s en la masa*** to catch sb red-handed; ***agarrarle*** *or* ***tomarle la ~ a algo*** (CS fam) to get the hang of sth (colloq); ***a ~ alzada*** ‹*votación*› by a show of hands; ‹*dibujo*› freehand; ‹*dibujar*› freehand; ***a ~s llenas*** ‹*dar*› generously; ‹*gastar*› lavishly; ***aspirar a/pedir/conceder la ~ de algn*** to aspire to/ask for/give sb's hand in marriage; **le concedió la ~ de su hija en matrimonio** he gave him his daughter's hand in marriage; ***bajo ~*** on the quiet, on the sly (colloq); ***caérsele la ~ a algn*** (Méx fam & pey) to be a fairy (colloq & pej); ***cargar la ~*** (fam): **si cargas la ~ se corre la tinta** if you press too hard the ink runs; **no cargues la ~ con la sal** don't overdo the salt, go easy on the salt; **me cargó la ~ en el precio** she overcharged me; **le están cargando la ~ en el trabajo** they are asking too much of her *o* putting too much pressure on her at work; **desde que me cargó la ~ no le he vuelto a hablar** I haven't spoken to him since he hit me; ***con las ~s vacías*** (sin regalos) empty-handed; (sin éxito) empty-handed; ***con una ~ atrás y otra delante*** without a penny to one's name; ***correrle ~ a algn*** (Chi vulg) to touch *o* feel sb up (colloq); ***dar la ~ derecha por algo*** to give one's right arm for sth; ***darse la ~*** (para saludar) to shake hands; (para cruzar, jugar etc) to hold hands; (reunirse, fundirse) to come together; **el cristianismo y el paganismo se dan la ~ en estos ritos** Christianity and paganism come together in these rites; ***dejado de la ~ de Dios*** godforsaken; **la miseria de aquellas tierras dejadas de la ~ de Dios** the poverty of that godforsaken *o* desolate region; **se sentía totalmente dejado de la ~ de Dios** he felt utterly forlorn; ***de la ~:*** **me tomó de la ~** she took me by the hand, she took my hand; **iban (cogidos) de la ~** they walked hand in hand; **de la ~ de Mao** under Mao's leadership; ***de ~s a boca*** suddenly, unexpectedly; ***de primera ~*** (at) first hand; ***de segunda ~*** ‹*ropa*› secondhand; ‹*coche*› used, secondhand; ‹*información*› secondhand; ***echar*** *or* ***dar una ~*** to give *o* lend a hand; ***echarle ~ a algn*** (fam) to lay *o* get one's hands on sb (colloq); ***echar ~ a algo*** (fam) to grab sth; ***echar ~ de algo:*** **tuvimos que echar ~ de nuestros ahorros** we had to dip into our savings; **la gente de quien podía echar ~** the people I could turn to for help; ***echarse/darse una ~ de gato*** (CS fam) to retouch one's makeup *o* (colloq) face; ***echarse*** *or* ***llevarse las ~s a la cabeza*** (literal) to put one's hands on one's head; (horrorizarse) to throw up one's hands in horror; ***embarrar la ~ a algn*** (Méx fam) (sobornar con dinero) to grease sb's palm (colloq); ***ensuciarse las ~s*** (literal) to get one's hands dirty; (en un robo, crimen) to dirty one's hands; ***estar atado de ~s*** *or* ***tener las ~s atadas*** (literal) to have one's hands tied; (no poder actuar): **la decisión es de ellos, yo tengo las ~s atadas** it's up to them, my hands are tied; ***estar/quedar a ~*** (fam AmL) to be even *o* quits (colloq); ***frotarse las ~s*** (literal) to rub one's hands together; (regodearse) to rub one's hands with glee; ***írsele*** *or* (Chi) ***pasársele la ~ a algn:*** **se te fue la ~ con la sal** you overdid the salt *o* put too much salt in; **le cobré $1.000 — se te fue un**

m

poco la ~ ¿no? I charged him $1,000 — that was a bit steep, wasn't it? (colloq); **se te fue la ~, no deberías haberle contestado así** you went too far *o* (colloq) a bit over the top, you shouldn't have answered her back like that; ***jugar a lo que hace la ~, hace la tras*** (Méx) to play follow-the-leader; ***lavarse las ~s*** (literal) to wash one's hands; **yo me lavo las ~s de todo este asunto** I wash my hands of the whole affair; ***les das la/una ~ y se toman el brazo*** give them an inch and they'll take a mile; ***levantarle la ~ a algn*** to raise one's hand to sb; ***llegar*** *or* ***irse*** *or* ***pasar a las ~s*** to come to blows; ***~ a ~:*** **nos comimos cuatro raciones de setas, ~ a ~** we polished off four dishes of mushrooms, just the two of us *o* between the two of us; (*ver tb* **mano a mano** *m*); ***meter la ~ en la caja*** *or* ***lata*** to dip one's fingers in the till, put one's hand in the till (BrE); ***meterle ~ a algn*** (fam) (magrear, tocar) to touch *o* feel sb up (colloq); (por un delito) to collar sb (colloq); ***meterle ~ a algo*** (fam) to get to work on sth; ***poner la(s) ~(s) en el fuego por algn*** to stick one's neck out for sb, put one's head on the block for sb; ***ponerle la ~ encima a algn*** to lay a hand *o* finger on sb; ***poner ~s a la obra*** to get down to work; **¡~s a la obra!** let's get down to it!; ***por mi/tu/su ~:*** **tomó la justicia** *or* **las cosas por su ~** he took the law *o* he took things into his own hands; ***quitarle algo de las ~s a algn:*** **me lo quitó de las ~s** she took it right out of my hands; **tuvieron mucho éxito, nos las quitaron de las ~s** they were a great success, they sold like hotcakes (colloq); ***saber algn dónde tiene la ~ derecha*** to know what one is about; ***ser ~ ancha*** (Arg) to be generous; ***ser ~ de santo*** to work wonders; ***ser ~ larga*** (para pegar) to be free with one's hands; (para robar) to be light-fingered; ***tenderle una ~ a algn*** to offer sb a (helping) hand; ***tener algo entre ~s*** to be dealing with *o* working on sth; ***tener (la) ~ larga*** *or* ***las ~s largas*** (fam) (para pegar) to be free with one's hands; (para robar) to be light-fingered; ***tener la ~ pesada*** to be heavy-handed; ***tener ~ de seda*** to have a light touch; ***tener ~ para algo*** to be good at sth; **tiene ~ para la cocina/el dibujo** he's very good at cooking/drawing; ***traerse algo entre ~s:*** **los niños están muy callados, algo se traen entre ~s** the children are very quiet, they must be up to something (colloq); ***untarle la ~ a algn*** (fam) to grease somebody's palm (colloq); ***muchas ~s en un plato hacen mucho garabato*** too many cooks spoil the broth

(Compuestos)

- **mano a mano** *m* (Taur) *bullfight with two bullfighters instead of three*; **en un ~ a ~ se terminaron una botella de ginebra** (fam) between the two of them they got through a bottle of gin; **jugamos un ~ a ~ y gané yo** it was him against me and I won; **el debate se convirtió en un ~ a ~ entre los dos líderes** the debate turned into a contest between the two leaders; *ver tb* ***mano a mano***
- **mano de cerdo** pig's foot (AmE), pig's trotter (BrE)
- **mano de hierro** ▸ **mano dura**
- **mano de obra** labor*
- **mano de obra asalariada** wage labor, wage labour (BrE)
- **mano derecha** right-hand man/woman
- **mano dura** firm hand; **hay que tener ~ con ellos** you have to be firm with them
- **mano izquierda**: **tiene mucha ~ ~ con sus hijos** he knows how to handle his children
- **mano negra** (Méx fam): **no vale ~ ~** you're not allowed to help him (*o* tell him the answer *etc*); **en esa quiebra hubo ~ ~** there was something fishy about the way that company went bankrupt (colloq)
- **mano santa** (Méx fam) *child (or other neutral person) who draws the numbers in a lottery*
- **manos muertas** *fpl*: **tierras en ~ ~** lands held in mortmain

(Sentido II) [1] (lado) side; **¿queda de esta ~ o tengo que cruzar?** is it on this side of the street or do I have to cross?; **tome la segunda calle a ~ derecha** take the second street on the right; **la casa queda a ~ derecha** the house is on the right *o* on the right-hand side [2] (Auto): **yo iba por mi ~** I was on my side of the road, I was on the right side of the road

(Sentido III) **manos** *mpl* (obreros) hands (*pl*)

mano[2] **-na** *m,f* (AmL exc CS fam) (apelativo) buddy (AmE colloq), mate (BrE colloq)

manojo *m* (de flores, hierbas) bunch; (de llaves) bunch; ***ser un ~ de nervios*** to be a bundle of nerves

manoletina *f*

A (Taur) *pass made with the red cape, during which the bullfighter stays immobile during the bull's attack*

B (Esp) (Ind) flat shoe (*similar to those worn by bullfighters*)

manómetro *m* pressure gauge, manometer

manopla *f* [1] (guante) mitten; (para lavarse) face cloth, flannel (BrE) [2] (AmL) (puño de hierro) knuckle-duster

manoseado -da *adj* [1] ‹*objeto*›: **un libro muy ~** a well-thumbed book; **fruta manoseada** fruit that has been handled by lots of people [2] ‹*tema*› hackneyed, well-worn

manosear [A1] *vt* [1] ‹*objeto*› to handle; **por favor, no me manosee la fruta** please don't touch *o* handle the fruit [2] (fam) ‹*persona*› to grope (colloq)

manoseo *m* [1] (de un objeto) handling, touching [2] (fam) (de una persona) groping (colloq)

manotada *f* (Col) handful

manotazo *m* swipe; **se lo quitó de un ~** she grabbed it from him with one swipe; **pasamos la noche matando mosquitos a ~s** we spent the night swatting mosquitoes

manotear [A1] *vi* to wave one's hands/arms around; **el pequeño manoteaba en el aire** the baby waved his arms in the air; **nadaba manoteando desordenadamente** she flailed about in the water

■ **manotear** *vt* (CS) to grab at

manoteo *m*: **deja de ~s** stop waving your hands/arms around

manotón *m* (CS) swipe, grab

mansalva *f* [1] **a mansalva** (*loc adv*) ‹*disparar*› at close range; **lo atacaron a ~, por la espalda** they attacked him from behind so that he couldn't fight back [2] **a mansalva** (*loc adj*) (Esp fam) (en cantidad): **había gente a ~** there were loads of people there (colloq)

mansamente *adv* gently, meekly

mansarda *f* attic

mansedumbre *f* [1] (de una persona) meekness, gentleness [2] (de un animal) tameness, docility [3] (liter) (del tiempo) mildness

mansión *f* mansion; **~ señorial** stately home

manso -sa *adj*

A [1] ‹*caballo*› tame; ‹*toro*› docile; **un perro ~** a friendly dog *o* a dog that won't bite [2] (liter) ‹*persona/carácter*› gentle, meek (liter); **la reprimenda lo dejó ~ como un corderito** after being told off he was meek and mild *o* he behaved like a lamb [3] (liter) ‹*río*› gently-flowing, peaceful; ‹*brisa*› gentle

B (Chi fam) (enorme, tremendo) (*delante del n*): **mansa pateadura que le dieron** they gave him a terrible beating (colloq); **y yo que llevaba esta mansa valija** and there I was carrying this whopping *o* huge great suitcase (colloq)

manta[1] *f*

A (de cama) blanket; ***a ~*** (Esp): **había comida a ~** there was stacks of food (colloq); **hay restaurantes a ~** there are hundreds of restaurants; ***liarse la ~ a la cabeza*** (Esp) to throw caution to the wind; ***tirar de la ~*** to reveal the truth; **tenía miedo de que alguien tirara de la ~** she was afraid someone would reveal *o* tell the truth

(Compuestos)

- **manta apagafuegos** *or* **ignífuga** fire blanket
- **manta de viaje** travel rug, travelling rug (BrE)
- **manta eléctrica** electric blanket

B (Zool) *tb* **~ raya** devilfish, manta ray

C (Chi) (poncho) poncho

D (Méx) (tela) calico

(Compuesto) **manta de cielo** (Méx) muslin

manta[2] *m* (Esp fam) layabout (colloq), bum (AmE colloq)

mantarraya *f* (AmL) devilfish, manta ray

mantear [A1] *vt* to toss … in a blanket

manteca *f*

A [1] (grasa) fat; (de cerdo) lard [2] (RPl) (mantequilla) butter; ***tirar ~ al techo*** (RPl) to throw a big party

(Compuestos)

- **manteca de cacao** cocoa butter
- **manteca de cerdo** lard
- **manteca de maní** (RPl) peanut butter

B (Esp arg) (dinero) bread (colloq)

C (Col fam) (criada) slave (colloq), skivvy (BrE colloq)

mantecada *f* (Col) ▸ **mantecado**

mantecado *m* [1] (Esp) (dulce) *traditional Christmas sweet made mainly from lard* [2] (Esp) (helado) ≈ dairy ice cream [3] (RPl) (magdalena) madeleine

mantecoso -sa *adj* greasy

mantel *m* (de mesa) tablecloth; (del altar) altar cloth; ***celebrar algo de ~ largo*** (Chi) to celebrate sth with a formal dinner

(Compuesto) **mantel individual** place mat

mantelería *f* table linen

mantelito *m* (AmL) [1] *tb* **~ de adorno** doily [2] *tb* **~ individual** table mat

mantención *f* (CS) [1] (de una persona) maintenance, support [2] (de un vehículo, una máquina) maintenance

mantenedor -dora *m,f* president

mantener [E27] *vt*

A (sustentar económicamente) ‹*familia/persona*› to support, maintain; **cuesta una fortuna ~ a ese perro tan grande** it costs a fortune to keep that enormous dog; **¡y pretende que ella lo mantenga!** and he expects her to support *o* keep him!

B [1] (conservar, preservar) to keep; **~ la calma/la compostura** to keep calm/one's composure; **~ el orden** to keep *o* (frml) maintain order; **para ~ la paz** in order to keep the peace; **~ su peso actual** to maintain his present weight; **~ las viejas tradiciones** to keep up the old traditions [2] (en cierto estado, cierta situación) (+ *compl*) to keep; **los postes mantienen la viga en posición** the posts keep the beam in position; **~ el equilibrio** to keep one's balance; **lo mantiene en equilibrio sobre la punta de la nariz** he balances it on the end of his nose; **los militares lo mantuvieron en el poder** the military kept him in power; **todos los medicamentos deben ~se fuera del alcance de los niños** all medicines should be kept out of reach of children; Ⓢ **mantenga limpia su ciudad** keep Norwich (*o* York *etc*) tidy; Ⓢ **una vez abierto manténgase refrigerado** keep refrigerated once open; **no mantiene su coche en buenas condiciones** he doesn't keep his car in good condition, he doesn't maintain his car very well; **sigue manteniendo vivos sus ideales** he still keeps his ideals alive

C [1] ‹*conversaciones*› to have; ‹*contactos*› to maintain, keep up; ‹*correspondencia*› to keep up; ‹*relaciones*› to maintain; **durante las negociaciones mantenidas en Ginebra** during the negotiations held in Geneva [2] (cumplir) ‹*promesa/palabra*› to keep

D (afirmar, sostener) to maintain; **mantiene que es inocente** he maintains that he is innocent

■ **mantenerse** *v pron*

A (sustentarse económicamente) to support *o* maintain *o* keep oneself

B (en cierto estado, cierta situación) (+ *compl*) to keep; **se mantuvieron en primera división** they kept their place *o* they stayed in the first division; **~se en forma** to keep in shape, to keep fit; **lo único que se mantiene en pie es la torre** all that remains is the tower, only the tower is still standing; **se mantiene al día** she keeps up to date; **siempre se mantuvo a distancia** he always kept his distance; **se mantuvo en contacto con sus amigos de la infancia** he kept in touch with *o* kept up with his childhood friends; **se mantuvo neutral en**

la disputa he remained neutral in the dispute
C (alimentarse): **nos mantuvimos a base de latas** we lived off tinned food; **se mantiene a base de vitaminas** he lives on vitamin pills

mantenible *adj* maintainable; **un sistema que sea ~** a system which can be easily maintained

mantenida *f* (esp AmL) kept woman (pej)

mantenimiento *m*
A **1** (conservación) maintenance; **el ~ de estas instalaciones deportivas** the maintenance *o* upkeep of these sports facilities; **hace ejercicios de ~** she does keepfit exercises; **dieta de ~** maintenance diet **2** (Tec) maintenance
B (de una actitud, posición) maintenance; (de una tradición) upholding, preservation; **exigían el ~ de la unión** they demanded that the union be upheld *o* preserved
C (Méx) (de un departamento) service charge

mantequera *f* **1** (para batir) churn **2** (RPl) (para servir) butter dish

mantequería *f* **1** (ultramarinos) grocery store (AmE), grocer's (shop) (BrE) **2** (lechería) dairy

mantequilla *f* butter; **~ salada/sin sal** salted/unsalted butter; **eres de ~** (fam) you're such a crybaby (colloq)
(Compuestos)
- **mantequilla de cacao** (Chi, Per) cocoa butter
- **mantequilla vegetal** vegetable butter

mantequillera *f* butter dish

mantiene, mantienes, etc ▸**mantener**

mantilla *f* **1** (de mujer) mantilla; **la España de ~ y peineta** traditional Spain; ***nacer con ~*** (Ven fam) to be born lucky (colloq), to be born under a lucky star (colloq) **2** (de caballo) saddle cloth **3** (de bebé) terry diaper (AmE), terry nappy (BrE); ***en ~s:*** **la televisión estaba aún en ~s** television was still in its infancy *o* in its early stages **4** (Ur) (de una lámpara) mantle

mantisa *f* mantissa

mantis religiosa *f* praying mantis

manto *m*
A (Indum) cloak; **la ciudad amaneció cubierta con un ~ de nieve** (liter) when dawn came the city was covered by a mantle of snow (liter); **la noche envolvió con su ~ a la pequeña aldea** (liter) night enveloped the little village in a cloak of darkness (liter); ***echar el ~ del olvido sobre algo*** to draw a veil over sth
(Compuesto) **manto negro** (Arg) German shepherd, Alsatian (BrE)
B (Geol) stratum, layer
(Compuestos)
- **manto freático** water table
- **manto petrolífero** oil-bearing stratum

mantón *m* shawl
(Compuesto) **mantón de Manila** embroidered silk shawl

mantra *m* mantra

mantuano -na *m,f* (Ven) (Hist) member of the ruling class

mantuve, mantuvo, etc ▸**mantener**

manual[1] *adj* ‹*trabajo/destreza*› manual; **tiene muy poca habilidad ~** he's not very good with his hands

manual[2] *m* manual, handbook
(Compuesto) **manual de instrucción** training manual

manualidades *fpl* handicrafts (*pl*)

manualmente *adv* manually, by hand

manubrio *m* **1** (manivela) crank, handle **2** (AmL) (de una bicicleta) handlebars (*pl*)

manuela *f* (Ven vulg): **hacerse una** *or* **la ~** to jerk off (AmE vulg), to wank (BrE vulg)

manufactura *f* **1** (fabricación) manufacture **2** (artículo) product; **la exportación de estas ~s** the export of these products *o* manufactured goods

manufacturar [A1] *vt* to manufacture; **artículos manufacturados** manufactured goods; **manufacturado en México** manufactured *o* made in Mexico

manufacturero[1] **-ra** *adj* manufacturing (*before n*)

manufacturero[2] **-ra** *m,f* manufacturer

manumisión *f* manumission

manumitir [I1] *vt* (frml) to set free, manumit (frml)

manuscrito[1] **-ta** *adj* hand-written, manuscript (frml)

manuscrito[2] *m* **1** (escrito a mano) manuscript; **los ~s del Mar Muerto** the Dead Sea Scrolls **2** (de un libro) manuscript, original

manutención *f* **1** (sustento) maintenance **2** (Tec) maintenance

manyar [A1] *vt* (CS arg) to eat; **manyemos algo** let's have some grub (colloq)
■ **manyar** *vi* to eat

manzana *f*
A (Bot) apple; ***la ~ de la discordia*** the apple of discord; ***una ~ podrida echa un ciento a perder*** one bad apple can spoil the whole barrel
B (de edificios) block; **dar una vuelta a la ~** to go round the block
C (AmL) (Anat) *tb* **~ de Adán** Adam's apple

manzanal *m* (huerto) apple orchard; (árbol) apple tree

manzanar *m* apple orchard

manzanilla[1] *f* (planta) camomile; (infusión) camomile tea

manzanilla[2] *m* manzanilla (*dry sherry*)

manzano *m* apple tree

maña *f*
A (habilidad) skill, knack (colloq); **tiene** *or* **se da mucha ~ para la costura** she's got a real knack for sewing, she's a dab hand at sewing (colloq); ***más vale ~ que fuerza*** brain is better than brawn
B **mañas** *fpl* (artimañas) wiles (*pl*), guile
C **1** (capricho) bad habit; **tiene la ~ de morderse las uñas** he has the annoying *o* irritating habit of biting his nails **2** (AmL fam) (manía): **tiene más ~s que un viejo** he's like an old man with all his funny little ways (colloq)

mañana[1] *adv*
A (refiriéndose al día siguiente) tomorrow; **pasado ~** the day after tomorrow; **~ por la ~** tomorrow morning; **hasta ~, que duermas bien** goodnight/see you in the morning, sleep well; **adiós, hasta ~** goodbye, see you tomorrow; **~ hace** *or* **hará un mes que nos mudamos** tomorrow it'll be a month since we moved; **a partir de ~** (as) from tomorrow, starting tomorrow, from tomorrow onward(s); ***~ será otro día*** tomorrow is another day; ***no dejes para ~ lo que puedas hacer hoy*** don't put off until tomorrow what you can do today
B (refiriéndose al futuro) tomorrow; **nunca se sabe lo que pasará el día de ~** you never know what the future holds *o* what tomorrow will bring

mañana[2] *m* future; **hay que mirar el ~ con optimismo** we must look to tomorrow *o* the future with optimism; **un ~ mejor para nuestros hijos** a better tomorrow *o* future for our children

mañana[3] *f* ▸❶ p.431
A (primera parte del día) morning; **una ~ nublada** a cloudy morning; **a la ~ siguiente** (the) next *o* the following morning; **a media ~ nos reunimos** we met mid-morning; **a las nueve de la ~** at nine (o'clock) in the morning; **por la ~** in the morning; **a la** *or* **de ~** (RPl) in the morning; **en la ~** (AmL) in the morning; **ya desde (por) la ~ empieza a beber** he starts drinking in the morning; **se levanta muy de ~** she gets up very early in the morning; **el tren/turno de la ~** the morning train/shift
B (madrugada) morning; **eran las dos/cuatro de la ~** it was two/four in the morning

mañanero -ra *adj* (fam) **1** (matutino) ‹*sol*› morning (*before n*) **2** (madrugador): **soy muy ~** I'm a very early riser

mañanita *f* ▸**mañanitas**
A (madrugada): **de ~** very early in the morning, at the crack of dawn
B (Indum) wrap, shawl (*worn in bed*); (con mangas) bed jacket
C **mañanitas** *fpl* (en Méx) *song often sung on birthdays*

> **mañanitas**
>
> In Mexico, a short love song sung on someone's birthday, ▸**santo**, or in honor of an important person. It is also a song that *mariachis* sing at dawn serenades ▸**mariachi**. The music of the song is almost always the same, but the verses vary according to the subject matter.

mañero -ra *adj* (CS) ‹*caballo*› (arisco) skittish, shy; (con malas costumbres) difficult, stubborn

maño -ña *adj* (Esp fam) Aragonese

mañoco *m* (Ven) cassava *o* manioc flour

mañosear [A1] *vi* (Chi fam) **1** ‹‹*niño/viejo*›› to play *o* act up (colloq) **2** ‹‹*caballo*›› to play up (colloq)

mañosería *f* (Chi fam) ▸**maña C**

mañoso[1] **-sa** *adj*
A (habilidoso) good with one's hands
B (AmL) **1** (caprichoso) ‹*niño/anciano*› difficult; **es muy ~ para comer** (AmL) he's a very fussy *o* finicky eater **2** (Chi) ‹*caballo*› difficult, stubborn

mañoso[2] **-sa** *m,f* (Chi fam) thief

maoísmo *m* Maoism

maoísta *adj/mf* Maoist

maorí *adj/mf* Maori

mapa *m* map; **te hago un mapita** I'll draw you a map; **estos cambios en el ~ político** these changes in the political scene *o* landscape; ***desaparecer del ~*** to disappear off the face of the earth
(Compuestos)
- **mapa celeste** map *o* chart of the heavens
- **mapa de carreteras** road map
- **mapa del mundo** world map, map of the world
- **mapa del tiempo** weather map *o* chart
- **mapa de rutas** road map
- **mapa de sitio** (Inf) site map
- **mapa físico** physical map
- **mapa genético** genetic *o* gene map
- **mapa génico** gene map
- **mapa hipsométrico** relief map
- **mapa mudo** blank *o* skeleton map
- **mapa político** political map
- **mapa topográfico** topographic map

mapache *m* racoon

mapamundi *m* map of the world, world map

mapaná, mapanare *f* bonetail, fer-de-lance

mapear [A1] *vt* to map

MAPU /'mapu/ *m* (en Chi) (Hist) **= Movimiento de Acción Popular Unitario**

mapuche[1] *adj* Mapuche (*before n*)

mapuche[2] *mf* Mapuche

> **mapuche**
>
> The largest group of Araucanian-speaking South American Indians, living in the central valley of Chile. The Mapuche struggled for 350 years against Spanish and Chilean domination.
>
> After Chilean independence the Mapuche were put in reservations. In the 1980s, the Chilean government transferred ownership of the land to individual Mapuche, who risk losing their land if they incur debts that they cannot repay.
>
> Originally the Mapuche were one part of the Araucanian people but nowadays the two terms are used synonymously, as most Araucanians are Mapuche.
>
> The Mapuche language, *araucano* or *mapuche*, is spoken in Chile and Argentina.

mapurite *m* (AmC, Ven) skunk

maqueta *f* **1** (de un edificio) model, mock-up **2** (de un libro) dummy, mock-up; (de una página)

paste-up **3** (de un disco) rough cut
maquetación *f* layout, page makeup
maquetar [A1] *vt* to do the layout of
maquetista *mf* **1** (Arquit) model maker **2** (Imp) page designer, paste-up artist
maquiavélico -ca *adj* Machiavellian
Maquiavelo Machiavelli
maquiladora *f* maquila, maquiladora, cross-border plant
maquilar [A1] *vt* (Méx) to assemble (*in a cross-border plant*)
maquillador -dora *m,f* makeup artist
maquillaje *m*
A (de una persona) makeup
(Compuesto) **maquillaje de fondo** foundation
B (Esp) (de datos, cifras) dressing up, massaging
maquillar [A1] *vt*
A ‹*persona*› to make up
B (Esp) ‹*datos/cifras*› to massage, dress up
■ **maquillarse** *v pron* to put one's makeup on, make up
maquillista *mf* (AmC) (Méx) makeup artist
máquina *f*
A **1** (aparato) machine; **una ~ para hacer pasta** a pasta-making machine; **~ expendedora de bebidas** drinks machine; **¿sabes coser a ~?** do you know how to use a sewing machine?; **esto hay que coserlo a ~** this will have to be sewn on the machine; **¿se puede lavar a ~?** can it be machine-washed?; **no sé escribir a ~** I can't type; **¿me pasas esto a ~?** would you type this (up) for me? **2** (Jueg) fruit machine **3** (cámara) camera **4** (de café) coffee machine
(Compuestos)
• **máquina de afeitar** electric razor, shaver *ver tb* **maquinilla A**
• **máquina de calcular** calculator
• **máquina de coser** sewing machine
• **máquina de discos** jukebox
• **máquina de escribir** typewriter
• **máquina de frutas** one-armed bandit, fruit machine
• **máquina de hacer punto** knitting machine
• **máquina de lavar** washing machine
• **máquina de nieve** snow machine
• **máquina de pesas** weight machine
• **máquina de tricotar** *or* **tejer** knitting machine
• **máquina de viento** wind machine
• **máquina escaladora** climbing machine
• **máquina expendedora** vending machine
• **máquina expendedora de billetes** (Esp) ticket machine
• **máquina expendedora de boletos** (AmL) ticket machine
• **máquina franqueadora** postage meter (AmE), franking machine (BrE)
• **máquina tragamonedas** slot machine, fruit machine
• **máquina traganíqueles** (Col) slot machine, fruit machine
• **máquina tragaperras** (Esp) slot machine, fruit machine
B **1** (Náut) engine; ***a toda ~*** at top speed, flat out (colloq); ▸**sala** **2** (Ferr) engine, locomotive **3** (Ven fam) (auto) car
C (organización) machine; **la ~ del partido** the party machine
maquinación *f* plot, scheme; **oscuras maquinaciones** evil machinations *o* scheming
maquinador¹ -dora *adj* scheming
maquinador² -dora *m,f* schemer, plotter
maquinal *adj* mechanical
maquinalmente *adv* mechanically
maquinar [A1] *vt* to plot, scheme
maquinaria *f* **1** (conjunto de máquinas) machinery **2** (mecanismo) mechanism; **la ~ de un reloj** the mechanism of a watch; **la delicada ~ del organismo humano** the delicate mechanism of the human body; **la ~ del estado** the state machinery; **la ~ electoral** the electoral machine; **la ~ bélica** the war machine
maquinilla *f*
A *tb* **~ de afeitar** safety razor
B (Náut) winch
C (AmC) (máquina de escribir) typewriter
maquinista *mf*
A (operador de una máquina) machine operator
B **1** (Ferr) engine driver, engineer (AmE) **2** (Náut) engineer
C **1** (Teatr) stagehand, scene shifter **2** (Cin) cameraman's assistant, focus puller
mar *m* (*sometimes f in literary language and in set idiomatic expressions*)
A (Geog) sea; **la vida en el ~** life at sea; **a orillas del ~** by the sea; **el ~ estaba como un plato** *or* **una balsa** the sea was like a millpond; **el ~ está picado** *or* **rizado** the sea is choppy; **el ~ estaba agitado** *or* **revuelto** the sea was rough; **el galeón surcaba los ~es** (liter) the galleon plied the seas (liter); **el fondo del ~** the seabed, the bottom of the sea; **~ abierto** open sea; **la corriente llevó la barca ~ adentro** the boat was swept out to sea by the current; **la tormenta los sorprendió ~ adentro** they were caught out at sea by the storm; **hacerse a la ~** (liter) to set sail; **por ~** by sea; ***a ~es*** (fam): **llovió a ~es** it poured with rain, it bucketed down (BrE colloq), it rained cats and dogs; **sudaba a ~es** he was sweating streams, he was streaming *o* pouring with sweat; ***arar en el ~*** to flog a dead horse; ***la ~ en coche*** (RPl fam): **una cena con champán, el mejor caviar y la ~ en coche** a meal complete with champagne, the finest caviar, the works *o* the whole shebang *o* the whole caboodle (colloq); ***me cago*** (vulg) *or* (euf) ***me cachis en la ~*** shit! (vulg), shoot! (AmE euph), sugar! (BrE euph); ***surcar los siete ~es*** to sail the seven seas; ***quien no se arriesga no pasa la ~*** nothing ventured, nothing gained; ▸**alto¹**
(Compuestos)
• **mar Adriático** Adriatic Sea
• **mar Amarillo** Yellow Sea
• **mar Báltico** Baltic Sea
• **mar Cantábrico** Bay of Biscay
• **mar Caribe** Caribbean Sea
• **mar Caspio** Caspian Sea
• **mar de Barents** Barents Sea
• **mar de (la) China** China Sea
• **mar de fondo** (marejada) swell; **parece que se llevan muy bien pero hay mucho ~ de ~** on the surface they seem to get on really well but underneath it all there's a lot of tension *o* but there's a lot of underlying tension
• **mar de las Antillas** Caribbean Sea
• **mar del Norte** North Sea
• **mar Egeo** Aegean Sea
• **mar gruesa** rough *o* heavy sea
• **mar interior** inland sea
• **mar Jónico** Ionian Sea
• **mar Mediterráneo** Mediterranean Sea
• **mar Muerto** Dead Sea
• **mar Negro** Black Sea
• **mar patrimonial** territorial waters (*pl*) (*within a 200 mile limit*)
• **mar Rojo** Red Sea
• **mar territorial** *or* **jurisdiccional** territorial waters (*pl*) (*within a 12 mile limit*)
• **mar Tirreno** Tyrrhenian Sea
B (costa): **el ~** the coast; **¿prefieres ir al ~ o a la montaña?** would you prefer to go to the coast *o* to the seaside or to the mountains?
C **1** (indicando abundancia, profusión): **un ~ de ...: está sumido en un ~ de dudas** he's plagued by *o* beset with doubts; **tiene un ~ de problemas** he has no end of problems; **estaba hecha un ~ de lágrimas** she was in floods of tears **2** (abismo): **hay un ~ de diferencia entre los dos países** there's a world of difference between the two countries; **los separaba un ~ de silencio** (liter) a gulf of silence lay between them (liter) **3** **la ~ de ...** (fam): **está la ~ de contento** he's really happy, he's over the moon (colloq); **es la ~ de simpática** she's *so* nice; **lo pasamos la ~ de bien** we had a whale of a time (colloq); **el vestido te queda la ~ de bien** the dress suits you perfectly, the dress looks really good on you; **tengo la ~ de cosas que contarte** I have loads of things to tell you (colloq)
mar. (= marzo) Mar.
mara *f* (Col) crystal ball
marabú *m* marabou stork, marabou
marabunta *f* **1** (de hormigas voraces) horde **2** (multitud) horde
maraca *f*
A (Mús) maraca; ***darle ~s a algn*** (Ven fam) (acariciar lascivamente) to grope sb (colloq); (intentar convencer) to try to get round sb; ***irse/pasarse de ~s*** (Ven fam) to go too far
B (Chi vulg) (prostituta) whore (colloq)
maraco -ca *adj/m,f* (Chi fam & pey) ▸**maricón¹**, **maricón²**
maracuyá *m* passion fruit
marajá *m* maharaja, maharajah
maraña *f* **1** (de hilos, cabello) tangle; **un ovillo hecho una ~** a tangled ball of wool **2** (de arbustos, malezas): **mi jardín es una verdadera ~** my garden is a real tangle of weeds *o* is a real jungle; **con un machete se abrió paso en la ~** he hacked his way through the tangled vegetation with a machete **3** (lío, confusión): **el argumento es una ~ de personajes y relaciones** the plot is a complicated *o* tangled web of characters and relationships; **no sé cómo entiende esta ~ de números** I don't know how he can understand this mess *o* jumble of numbers
marasmo *m* **1** (Med) wasting, marasmus (tech) **2** (estancamiento) paralysis; **sumido en el ~ de la apatía** deep in listless apathy *o* paralyzed by apathy; **la guerra había dejado al país hundido en un ~** the war had left the country paralyzed *o* at a complete standstill
maratón *m or f* marathon
(Compuesto) **maratón benéfica** charity marathon (colloq)
maratoniano¹ -na *adj* marathon (*before n*)
maratoniano² -na *m,f* marathon runner
maratónico -ca *adj* marathon (*before n*); **una sesión maratónica** a marathon session
maratonista *mf* marathon runner
maravedí *m* (*pl* **-dís** *or* **-díes**) maravedi
maravilla *f*
A (portento, prodigio) wonder; **las siete ~s del mundo** the seven wonders of the world; **las ~s de la tecnología moderna** the wonders *o* marvels of modern technology; **la catedral es una verdadera ~** the cathedral is absolutely wonderful *o* marvelous; **volvió del viaje contando ~s** he came back from his trip quite delighted with the way it had gone; **borda que es una ~** she embroiders beautifully; **mi secretaria es una ~** my secretary is absolutely wonderful; **¡qué ~ de niño! se ha portado como un santo** what a lovely child!, he's behaved like an angel; ***a las mil ~s:*** **nos atendieron a las mil ~s** they were extremely kind to us; **todo salió a las mil ~s** everything turned out beautifully *o* wonderfully *o* marvelously; ***de ~*** wonderfully; **se lleva de ~ con él** she gets on wonderfully (well) with him; **ahora funciona de ~** it works beautifully now; **cocina de ~** he is a wonderful *o* marvelous cook; **me vino de ~** it came at just the right time, it was just what I needed; ***hacer ~s*** to work wonders
B (asombro) amazement; **para ~ de todos** to everyone's amazement
C (Bot) marigold
maravillar [A1] *vt* to amaze, astonish; **quedé maravillado al ver lo cambiada que estaba la ciudad** I was amazed *o* astonished at how much the city had changed; **la actuación del niño maravilló al público** the child's performance amazed *o* astonished the audience
■ **maravillarse** *v pron* to be amazed *o* astonished; **~se DE algo/algn** to be amazed *o* astonished AT sth/sb, marvel AT sth/sb; **todos se ~on de lo bien que habló** everyone was amazed *o* astonished at how well she spoke, everyone marveled at how well she spoke
maravillosamente *adv* wonderfully, marvelously*
maravilloso -sa *adj* marvelous*, wonderful; **se me ha ocurrido una idea maravillosa** I've

m

had a marvelous *o* wonderful idea; **nos hizo un tiempo ~** we had splendid *o* marvelous *o* wonderful weather

marbete *m* label

marca *f*

A 1 (señal, huella) mark; **te ha quedado la ~ del bikini** you've got a mark where your bikini was 2 (en el ganado) brand

Compuestos

- **marca de agua** watermark
- **marca de ley** hallmark

B (Com) (de coches, cámaras) make; (de productos alimenticios, cosméticos, etc) brand; **¿qué ~ de lavadora es?** what make (of) washing machine is it?; **prefiero comprar artículos de ~** I prefer to buy brand products *o* brand names; **una ~ de prestigio** a well-known brand; **ropa de ~** designer clothes; ***de ~ mayor*** (fam) terrible (colloq); **me llevé un susto de ~ mayor** I got one hell of a fright *o* a terrible fright

Compuestos

- **marca de fábrica** trade name
- **marca de lujo** luxury brand
- **marca líder** leading brand, brand leader
- **marca registrada** registered trademark

C (Dep) record; **superar** *or* **batir** *or* **mejorar una ~** to break a record; **establecer una ~ mundial** to set a world record; **mi mejor ~ de la temporada** my best time (*o* height *etc*) of the season

marcación *f*

A (Náut) bearing

B 1 (de texto, página) marking; (de precio, producto) marking 2 (de animal, pájaro) tagging

Compuesto **marcación electrónica** electronic tagging

C (Tel) dialing*

Compuestos

- **marcación automática** automatic dialing*
- **marcación directa** direct dialing*

D (AmL) (Dep) 1 (de un gol, tanto) scoring 2 (de una falta) award 3 (de jugador, zona) ▸**marcaje**

marcadamente *adv* markedly

marcado[1] **-da** *adj* marked; **un ~ optimismo** a marked degree of optimism, marked optimism; **una marcada preferencia** a distinct *o* marked *o* definite preference; **un ~ acento escocés** a marked *o* pronounced Scottish accent

marcado[2] *m* 1 (del pelo) set; **lavado y ~** shampoo and set 2 (de reses) branding

Compuesto **marcado por tono** tone dialing*

marcador *m*

A (Dep) scoreboard; **¿cómo va el ~?** what's the score?; **inaugurar el ~** (period) to open the scoring

Compuesto **marcador electrónico** electronic scoreboard

B 1 (para libros) bookmark 2 (Inf) bookmark 3 (AmL) (rotulador) felt-tip pen, fiber-tip* pen

marcaje *m* (Dep) coverage, cover, marking; **sujetos a un fuerte ~ político** subject to tight political control

Compuesto **marcaje al hombre** one-on-one coverage, man-for-man marking

marcapasos *m* (*pl* ~) pacemaker

marcar [A2] *vt*

A 1 (con una señal) ‹*ropa/página/baraja*› to mark; ‹*ganado*› to brand; **marca la respuesta correcta con una cruz** mark the correct answer with a cross, put a cross next to the correct answer 2 «*experiencia/suceso*» (dejar huella) to mark; **aquel desengaño la marcó para siempre** that disappointment marked her for ever; **una generación marcada por la violencia y el desorden** a generation marked by violence and unrest 3 (Inf) ‹*opción/cuadro*› to check (AmE), tick (BrE) 4 (CS arg) to scar … for life

B 1 (indicar, señalar) to mark; **este artículo/el precio de este artículo no está marcado** there is no price (marked) on this article; **dentro del plazo que marca la ley** within the period specified by the law; **el reloj marca las doce en punto** the time is exactly twelve o'clock; **el altímetro marcaba 1.500 metros** the altimeter showed *o* (frml) registered 1,500 meters; **su muerte marca el final de una era** his death signals *o* marks the end of an era; **hoy ha marcado un nuevo mínimo** it has reached a new low today; **seguimos la pauta marcada por nuestro fundador** we follow the guidelines established by/the standard set by our founder; **el año ha estado marcado por hechos de especial relevancia** the year has been marked by particularly significant events 2 (hacer resaltar): **el vestido le marca mucho el estómago** the dress makes her stomach stick out *o* accentuates her stomach 3 (Mús): **~ el compás/el ritmo** to beat time/the rhythm 4 (Fís) to mark, tag

C ‹*pelo*› to set

D (Telec) to dial

E (Dep) 1 ‹*gol/tanto*› to score 2 ‹*tiempo*› to clock; **marcó un tiempo de 2.08** she clocked a time of 2.08 3 ‹*jugador*› to mark

■ **marcar** *vi*

A (Dep) to score

B (Telec) to dial

■ **marcarse** *v pron*

A **~se el pelo** (*caus*) to have one's hair set; (*refl*) to set one's hair

B (Náut) to take a bearing

marcasita *f* marcasite

marcha *f*

A 1 (Mil) march; (manifestación) march; (caminata) hike, walk; **los scouts van de ~ los domingos** the scouts go walking *o* hiking on Sundays; **abrir** *or* **encabezar la ~** to head the march; **cerrar la ~** to bring up the rear; **¡en ~!** (Mil) forward march!; **vamos, recojan todo y ¡en ~!** come on, pick up your things and off you/we go!; ***ponerse en ~*** to set off 2 (en atletismo) *tb* **~ atlética** walk

B (paso, velocidad) speed; **¡qué ~ llevas!** (Esp) what a speed *o* pace you go at!; **el vehículo disminuyó la ~** the car reduced speed *o* slowed down; **llevamos una buena ~, creo que acabaremos a tiempo** we're getting through it at quite a rate, I think we'll finish on time; **hay que acelerar la ~, que vamos retrasados** we've got to speed up, we're getting behind; ***a ~s forzadas*** (Esp) at top speed; ***a toda ~*** at full *o* top speed, flat out; ***coger la ~*** (Esp): **en cuanto cojas la ~ te será más fácil** once you get into the rhythm of it, you'll find it easier

C (Auto) gear; **cambiar de ~** to change gear; **un coche de cinco ~s** a car with five gears

Compuesto **marcha atrás** reverse, reverse gear; **meter la ~ ~** to put the car into reverse; ***dar*** *or* ***hacer ~ ~*** (Auto) to go into reverse; (arrepentirse, retroceder) to pull out, back out; (en el acto sexual) (fam) to withdraw; **al final dieron ~ ~** they pulled out at the last minute; **esto supondría dar ~ ~ en las negociaciones de paz** this would mean withdrawing from the peace negotiations

D (funcionamiento) running; **la buena ~ del vehículo** the efficient running of your vehicle; ***estar en ~*** «*motor*» to be running; «*proyecto*» to be up and running, to be under way; «*gestiones*» to be under way; **tenemos todos los operativos de seguridad en ~** all security measures are now in force *o* operation; ***poner en ~*** ‹*coche/motor*› to start; ‹*plan/proyecto/sistema*› to set … in motion; **las negociaciones se han puesto en ~** the negotiations have been set in motion; **puso en ~ un nuevo experimento** he set up a new experiment; ***ponerse en ~*** «*tren/coche*» to move off; «*persona*» to set off, set out

E (curso, desarrollo) course; **la ~ de los acontecimientos** the course of events; **la ~ del progreso económico** the march of economic progress; ***sobre la ~:*** **iremos solucionando los problemas sobre la ~** we'll solve any problems as we go along *o* as we go, we'll cross our bridges when we come to them; **lo decidiremos sobre la ~** we'll play it by ear

F (partida) departure

G (Mús) march; **~ militar/nupcial/fúnebre** military/wedding/funeral march

H (Esp fam) (animación, ambiente): **en esta ciudad hay mucha ~** this city is very lively *o* has a lot of night life; **¡qué ~ tiene!** he's so full of energy, he has so much energy; ***irle a algn la ~*** (Esp fam): **les va la ~ cantidad** they're really into having a good time *o* into the night life *o* into the action (colloq); **no la invites porque no le va la ~** don't invite her because she's not into parties (*o* dancing *etc*) (colloq)

marchador -dora *m,f* walker

marchamo *m* label, tag

marchante -ta *m,f*

A (de obras de arte) art dealer

B (Méx) 1 (en un mercado — vendedor) stallholder; (— comprador) customer 2 (fam) (amante) lover

marchar [A1] *vi*

A «*coche*» to go, run; «*reloj/máquina*» to work; «*negocio/relación/empresa*» to work; **esto no marcha** this isn't working; (+ *compl*): **su matrimonio no marcha muy bien** his marriage isn't going *o* working very well; **aquí todo marcha a las mil maravillas** everything's going wonderfully here

B 1 (Mil) to march; **~on sobre el enemigo/sobre París** they marched on the enemy/on Paris 2 (caminar) to walk; **~on durante días hasta llegar a Santiago** they walked for days to get to Santiago 3 (en un bar): **¡marchando** *or* **marchen dos hamburguesas!** two hamburgers coming up!; **dos de calamares — ¡marchando!** calamari for two — coming up! 4 (liter) (irse) to leave

■ **marcharse** *v pron* (esp Esp) to leave; **se marcha a Roma a estudiar diseño** he's leaving for *o* going off to Rome to study design; **se marchó de casa a los 18 años** she left home at 18; **¿te marchas ya?** are you leaving *o* going already?, are you taking off already? (AmE colloq), are you off already? (BrE colloq)

marchista *mf*

A (de una manfestación) marcher

B (Dep) walker

marchitar [A1] *vt* 1 ‹*flores*› to make … wither 2 (liter) ‹*belleza/juventud*›: **el tiempo había marchitado su belleza** her beauty had faded with time (liter)

■ **marchitarse** *v pron* 1 «*flores*» to wither 2 (liter) «*persona*» to fade away; «*belleza/juventud*» to fade

marchitez *f* 1 (de planta, flor) withered state 2 (liter) (de la piel) faded look; (de belleza) faded state

marchito -ta *adj* 1 ‹*flores*› withered 2 (liter) ‹*belleza/juventud*› faded

marchoso -sa *adj* (Esp fam) ‹*ambiente/lugar/ciudad*› lively; **es un tío ~** he's really into the night life *o* the action (colloq), he's really into having a good time (colloq)

marcial *adj* martial

marcianitos *mpl* (Jueg) Space Invaders

marciano -na *adj/m,f* Martian

marco *m*

A 1 (de un cuadro) frame; (de una puerta) doorframe 2 (Dep) goalposts (*pl*), goal 3 (Andes) (de una bicicleta) frame

B (entorno, contexto): **las conversaciones se desarrollaron en un ~ de cordialidad** the talks took place in a friendly atmosphere; **el ~ político** the political framework; **el ~ ideal para este tipo de concierto** the ideal setting for this type of concert; **dentro del ~ de la ley** within the framework of the law

Compuesto **marco de referencia** frame of reference

C (Fin) mark

D (*como adj inv*): **un plan ~** a draft plan; ▸**acuerdo**

Marco Antonio Mark Antony

Marcos: **San ~** Mark, Saint Mark

marea *f* tide; **cuando baja/sube la ~** when the tide goes out/comes in, when the tide falls/rises; **un río con régimen de ~** a tidal river

Compuestos

- **marea alta/baja** high/low tide
- **marea creciente** rising tide, flood tide
- **marea menguante** falling tide, ebb tide
- **marea muerta** neap tide

m

- **marea negra** oil slick
- **marea roja** (fenómeno) red tide; (enfermedad) neurotoxic shellfish poisoning, NSP
- **marea viva** spring tide

mareado -da *adj* 1 (Med): **está ~** (con náuseas) he's feeling sick *o* queasy; (con pérdida del equilibrio, etc) he's feeling dizzy *o* giddy; (a punto de desmayarse) he's feeling faint 2 (aturdido): **me tienes ~ con tanta cháchara** all your chatter is making my head spin; **estoy ~ con las fechas** I'm in a real muddle *o* mess with these dates (colloq)

marear [A1] *vt* 1 (Med): **el olor a pintura me marea** the smell of paint makes me feel sick *o* queasy; **las luces la mareaban** the lights were making her dizzy; **el vino lo mareó** the wine made him feel drunk *o* light-headed 2 (confundir) to confuse, get … confused *o* muddled; **me mareas con tantas preguntas** you're confusing me *o* making my head spin with all these questions, you're getting me confused *o* muddled with all these questions; **me mareó más con su explicación** his explanation confused me even more *o* got me even more confused *o* muddled

■ **marear** *vi* (arc) to navigate

■ **marearse** *v pron* 1 (Med): **siempre se marea en el coche/en barco/en avión** he always gets carsick/seasick/airsick; **miró hacia abajo y se mareó** he looked down and felt *o* went dizzy; **bebió dos copas y se mareó** she had two drinks and started to feel drunk *o* light-headed 2 (confundirse) to get muddled *o* confused

marejada *f* heavy sea, swell; **una ~ de protestas** a wave of protests

marejadilla *f* slight swell

maremágnum, mare mágnum *m*: **un ~ de fórmulas y números** a sea of figures and formulae; **el ~ que siguió a la catástrofe** the chaos *o* confusion that followed the disaster; **el ~ de cosas que tenía sobre el escritorio** the mountain of things on his desk; **un ~ de detalles** a welter *o* plethora of details

maremoto *m* 1 (seísmo) seaquake 2 (ola) tidal wave

mareo *m* 1 (Med) (del estómago) sickness, nausea; (producido por el movimiento) motion sickness; (en barcos) seasickness; (pérdida del equilibrio, etc) dizziness, giddiness; **le dan ~s en el coche** she gets carsick; **me dio un ~** I felt *o* went dizzy, I had a dizzy *o* giddy turn (colloq); **¿se te ha pasado el ~?** are you feeling less dizzy? 2 (confusión) muddle, mess

mareomotriz *adj*: **energía ~** wave *o* tidal power

marfil *m* 1 (sustancia) ivory 2 **(de) color ~** ivory, ivory-colored*

marfilense *adj* Ivorian

marfileño¹ -ña *adj* Ivorian; of/from the Ivory Coast

marfileño² -ña *m,f* Ivorian; person from the Ivory Coast

margarina *f* margarine

margarita *f* 1 (Bot) (pequeña) daisy; (grande) marguerite; ***dar*** *or* ***echar ~s a los cerdos*** *or* ***puercos*** (fam) to cast pearls before swine; ***deshojar la ~*** *to play 'she loves me, she loves me not'* 2 (de una máquina de escribir) golf ball 3 (cóctel) margarita

margen¹ *f* (*a veces m*) (de un río) bank; (de la carretera) side; **en la ~ derecha/izquierda del río** on the right/left bank of the river; **fundada a las márgenes del río Mapocho** founded on the banks of the Mapocho River

margen² *m*

A (de una página) margin; **fijar los márgenes en una máquina de escribir** to set the margins on a typewriter

B **al margen: ver nota al ~** see marginal note; **prefiero mantenerme al ~ de ese enredo** I prefer to keep out of that business; **al ~ de la ley** on the fringes of the law; **lo dejan al ~ de todas las decisiones importantes** they leave him out of all the important decisions; **viven al ~ de la sociedad** they live on the margin *o* fringes of society, they live apart from society; **al ~ de algunos cambios menores** apart from a few minor changes

C (franja de terreno) strip of land

D (holgura) margin; **ganó por un amplio/estrecho ~** he won by a comfortable/narrow margin; **dame un ~ razonable de tiempo** give me a reasonable amount of time; **le han dejado un ~ de acción muy reducido** they have left him very little room for maneuver, they have left him very little leeway; **un ~ de autonomía más amplio** a greater degree of autonomy

(Compuestos)

- **margen de beneficio** profit margin
- **margen de error** margin of error
- **margen de ganancias** profit margin
- **margen de seguridad** safety margin
- **margen de tolerancia** tolerance

E **márgenes** *mpl* (límites, parámetros): **dentro de los márgenes normales** within the normal range *o* limits; **los márgenes de credibilidad de estos sondeos** the extent to which these polls can be believed

F (Com) margin, profit

(Compuestos)

- **margen comercial** profit margin, mark-up
- **margen de explotación** trading profit

marginación *f* marginalization; **el desarraigo y la ~ social** alienation and social isolation; **temen la ~ a la hora de las negociaciones** they are afraid of being frozen out of the negotiations; **los minusválidos a menudo viven situaciones de verdadera ~** disabled people often find themselves marginalized *o* isolated

marginado¹ -da *adj* alienated, marginalized; **se sienten ~s** they feel alienated from *o* marginalized by society, they feel rejected *o* shunned by society

marginado² -da *m,f*: **los ~s de nuestra sociedad** the deprived elements *o* sectors of our society; **los ~s que acudían al refugio** the down-and-outs *o* (AmE) the derelicts who used to come to the refuge; **delincuentes, drogadictos y todo tipo de ~s** delinquents, drug addicts and all kinds of people who live on the fringes of society *o* delinquents, drug addicts and all kinds of social misfits

marginal *adj*

A 1 ‹*barrio*› **en las barriadas ~es** in the poor, outlying areas of the city 2 (no central, de poca importancia) ‹*posición*› peripheral; ‹*asunto*› marginal, peripheral

B (Fin) ‹*costo*› marginal; ‹*tipo*› marginal

C (Impr): **una nota ~** a note in the margin, a marginal note; **correcciones ~es** corrections in the margin

marginalidad *f* 1 (de un barrio, zona) poverty 2 (falta de integración) social exclusion, marginalization; **viven en la ~** they live in a state of social exclusion 3 (falta de importancia) marginal importance

marginalización *f* ▸ **marginación**

marginalizar [A4] *vt* (AmL frml) ▸ **marginar A**

marginar [A1] *vt*

A (en la sociedad) to marginalize; (en un grupo) to ostracize; **la sociedad margina a los expresidiarios** society tends to marginalize ex-convicts; **lo han marginado y toman las decisiones sin consultarlo** he has been pushed to one side, and they make the decisions without consulting him; **sus compañeros de clase lo habían marginado** his classmates had ostracized *o* shunned him

B (Impr) ‹*texto*› (anotar) to add marginal notes to; (fijar márgenes): **margínelo con tres centímetros a cada lado** set *o* leave a three-centimeter margin on each side

■ **marginarse** *v pron* **~se DE algo** to cut oneself off FROM sth

maría *f*

A (arg) (marihuana) grass (colloq)

B (Esp fam) (Educ) easy subject (*traditionally physical education, religious studies or politics*)

C (Méx): *indigenous woman working as a street vendor of fruit and candy in Mexico City*

María: **Santa ~** *or* **la Virgen ~** the Virgin Mary

mariachi *m* mariachi musician; **sones de ~** mariachi music

> **mariachi**
>
> The word can mean the traditional Mexican musical ensembles, the lively mestizo music that they play, and the dance performed to it. The instruments used by mariachis are the guitar, harp, *vihuela* (an early form of guitar), violin, and trumpet. Mariachis wearing costumes based on those worn by charros ▸ **charro** can be seen in the plaza Garibaldi, in Mexico City, where they are hired for parties, or to sing ▸ **mañanitas** or serenades.

marialuisa *f* (Méx) mount, passe-partout

mariano -na *adj* Marian

marica¹ *adj* 1 (fam & pey) ‹*hombre*› (homosexual) faggoty (AmE colloq & pej), poofy (BrE colloq & pej) 2 (fam) ‹*hombre/mujer*› (cobarde) wimpish (colloq), namby-pamby (colloq)

marica² *m* (fam & pey) fag (AmE colloq & pej), poof (BrE colloq & pej)

Maricastaña ▸ **tiempo**

maricón¹ -cona *adj* (fam & pey) 1 (homosexual) queer (colloq & pej), bent (sl & pej) 2 (como insulto) (*m*) bastard (vulg), son of a bitch (AmE sl); (*f*) bitch (vulg) 3 (AmL) (cobarde) wimpish (colloq), wimpy (colloq)

maricón² *m* (fam & pey) fag (AmE colloq & pej), poof (BrE colloq & pej)

mariconada *f* (fam) dirty trick (colloq)

mariconaje *m* (CS fam & pey) ▸ **mariconeo**

mariconear [A1] *vi*

A (fam & pey) «*homosexual*» to behave like a fag (AmE sl & pej), to behave like a poof (BrE sl & pej)

B (vulg) (hacer tonterías) fuck around (vulg), arse about (BrE vulg)

■ **mariconear** *vt* (Chi fam): **a mí nadie me mariconea** nobody calls me a fag *o* (BrE) a poof (sl & pej)

mariconeo *m* (fam & pey) gay activity

mariconera *f* (fam & hum) (men's) handbag

maricueca *m* (Chi) ▸ **marica²**

maridaje *m* 1 (combinación) combination, marriage 2 (conexión) close association *o* connection

maridar [A1] *vt* to marry, combine

marido *m* husband

marielito -ta *m,f* Cuban exile (*who sailed from Mariel in 1980*)

mariguana *f* ▸ **marihuana**

mariguanero -ra *adj/m,f* ▸ **marihuanero¹**, **marihuanero²**

marihuana, marijuana *f* marijuana

marihuanero¹ -ra, marijuanero -ra *adj* (fam): **tienen un hijo ~** one of their sons is a dope fiend (colloq)

marihuanero² -ra, marijuanero -ra *m,f* (fam) dope fiend (colloq)

marimacha *f* (Chi, Per) ▸ **marimacho**

marimacho *m or f* 1 (fam) (niña) tomboy (colloq) 2 (fam & pey) (mujer hombruna) butch woman (colloq)

marimandón -dona *m,f* (Esp fam) bossy-boots (colloq)

marimba *f*

A (Mús) marimba, (*type of xylophone*)

B (RPl fam) (paliza) beating, going-over (colloq)

C (Col arg) (marihuana) dope (colloq)

marimorena *f* (fam) row, ruckus (AmE colloq), barney (BrE colloq); **se armó la ~** there was a hell of a row *o* ruckus, there was a real barney

marina *f*

A 1 (organización) navy; (barcos) fleet 2 (náutica): **un término de ~** a nautical term

(Compuestos)

- **marina de guerra** navy
- **marina mercante** merchant navy

B (Art) seascape

marinar [A1] *vt* to marinate, marinade

marine /ma'rin(e)/ *m* (in US Navy) marine

marinera *f*

A 1 (blusa) sailor top 2 (Col) (chaqueta) sailor jacket

B (baile) *Andean folk dance*

marinería *f* **1** (profesión) rank of ordinary seaman **2** (marineros) sailors (*pl*), seamen (*pl*)

marinero¹ -ra *adj* **1** ‹*barco*› seaworthy **2** ‹*brisa*› sea (*before n*)

marinero² *m* sailor; **traje de ~** sailor suit

(Compuestos)
- **marinero de agua dulce** fairweather sailor
- **marinero de cubierta** deckhand
- **marinero de primera** seaman (AmE), able seaman (BrE)
- **marinero de segunda** seaman (AmE), ordinary seaman (BrE)

marino¹ -na *adj* ‹*brisa/corriente*› sea (*before n*); ‹*fauna/vegetación/biología*› marine (*before n*); ▸**azul²**

marino² *m* (marinero) sailor; (oficial) naval officer; **un pueblo de ~s** a seafaring nation, a nation of sailors

(Compuesto) **marino mercante** merchant seaman

marioneta *f* puppet, marionette; **es una ~ de los militares** (pey) he's a puppet of the army (pej)

marionetista *mf* puppeteer, marionette artist

mariposa *f*

A (Zool) butterfly

(Compuesto) **mariposa monarca** monarch butterfly

B *tb* **~ nocturna** **1** (Zool) moth **2** (fam & euf) (prostituta) lady of the night (euph)

(Compuesto) **mariposa de la luz** moth

C (Dep) butterfly; **aprendió el estilo ~** she learned to do *o* to swim butterfly; **nadaba (a)** *or* (Méx) **de ~** I was swimming butterfly

D (tuerca) wing nut

E **mariposa** *m or f* (fam) (homosexual) fairy (colloq)

mariposear [A1] *vi* **1** (fam) (alrededor de algn) to buzz around, be constantly around **2** (fam & pey) (en el trabajo, el amor): **mariposeaba de un empleo a otro** he flitted from one job to another; **no se ha casado todavía, se dedica a ~** he isn't married yet, he just has one flirtation after another *o* he just has a fling with a girl and then moves on to another

mariposo *m* (fam & pey) ▸**marica²**

mariposón *m* **1** (fam) (galanteador) flirt **2** (fam & pey) (homosexual) ▸**marica²**

mariquita *f* **1** (Zool) ladybug (AmE), ladybird (BrE) **2** **mariquita** *m or f* (fam & pey) (afeminado) sissy (colloq) **3** **mariquita** *mf* (fam & pey) (cobarde) wimp (colloq)

marisabidilla *f* (Esp fam) know-it-all (colloq), know-all (colloq)

mariscada *f* (Coc) seafood platter

mariscador -dora *m,f* shellfish gatherer

mariscal *m*

A (Hist, Mil) marshal

(Compuesto) **mariscal de campo** (Mil) field marshal; (en fútbol americano) quarterback

B (Chi) (Coc) *mixed seafood dish*

mariscar [A2] *vi: to fish for shellfish*

marisco *m* shellfish (*pl*), seafood; **los ~s me sientan mal** *or* (Esp) **el ~ me sienta mal** seafood doesn't *o* shellfish don't agree with me

marisma *f* marsh; **~s** marshes, marshland, wetlands

marisqueo *m* shellfishing, shellfish gathering

marisquería *f* seafood restaurant/bar/shop, shellfish restaurant/bar/shop

marisquero¹ -ra *adj* shellfish (*before n*), seafood (*before n*)

marisquero² -ra *m,f* shellfish gatherer

marital *adj* ‹*relaciones*› marital (*before n*); ‹*vida*› married (*before n*)

marítimo -ma *adj* ‹*comercio*› maritime; ‹*ruta/agente*› shipping (*before n*); **una ciudad marítima** a coastal *o* maritime city, a city on the coast; **un puerto ~** a seaport; **el transporte ~** sea transport, transport by sea; **el pronóstico del tiempo para la navegación marítima** the weather forecast for shipping, the shipping forecast; ▸**paseo**

marjal *m* marsh

marjoleto *m* hawthorn

márketing, marketing /'marketin/ *m* marketing

(Compuestos)
- **márketing relacional** relationship marketing
- **márketing telefónico** telemarketing; telesales
- **márketing viral** viral marketing

marlo *m* (RPl) cob

marmita *f* cooking pot

mármol *m* **1** (Min) marble **2** (escultura) marble

marmolado¹ -da *adj* marbled

marmolado² *m* rag-rolling

marmolería *f* marble mason's workshop; **S** **marmolería funeraria** monumental mason

marmolista *mf* marble mason

marmóreo -rea *adj* (liter) marble (*before n*), marmoreal (liter)

marmota *f* **1** (Zool) marmot **2** (fam) (persona — poco espabilada) silly *o* dopey fool; (— dormilona) sleepyhead (colloq)

maroma *f*

A **1** (Náut) rope, cable **2** (cuerda) rope; ***se viene la ~*** (RPl fam) there's a storm brewing

B **1** (Andes) (acrobacia, malabarismo) trick, stunt; **las ~s del payaso** the clown's antics; ***hacer ~s*** (Andes fam) to work miracles **2** (Méx) (voltereta) somersault, tumble; **dar** *or* **echar una ~** to do a somersault **3** (Andes fam) (treta, ardid) device, trick

maromear [A1] *vi* (Col, Méx, Ven) to walk a tightrope

maromero -ra *m,f*

A **1** (Col, Méx, Ven) (equilibrista) tightrope walker **2** (Andes) (acróbata) acrobat; **un ~ de circo** a circus acrobat

B **1** (AmL) (Pol) (fam) political opportunist **2** (Andes fam) (embaucador) trickster

marometa *f* (Méx) walk on the tightrope

marometero -ra *m,f* (Méx) acrobat (*who turns somersaults*)

marqués -quesa *m,f*

A (persona) (*m*) marquis, marquess (BrE); (*f*) marquise, marchioness (BrE); **el señor ~** the Marquess

B **marquesa** *f* (Chi) (catre) bed

marquesado *m* marquisate, marquessate (BrE)

marquesina *f* (en una parada, un andén) shelter; (de un teatro, hotel) marquee (AmE), canopy (BrE); (en un estadio) roof

marquesita *f* marcasite

marqueta *f* (Méx) (de chocolate) block; (de azúcar, sal) block, lump

marquetería *f* marquetry

márquetin *m* marketing

marrajo¹ -ja *adj* **1** ‹*toro*› dangerous, vicious **2** ‹*persona*› sly

marrajo² *m* mako, mackerel shark

marranada *f* (fam) **1** (faena) dirty trick **2** (acción grosera): **siempre anda haciendo ~s** he's always doing disgusting things

marrano¹ -na *adj* filthy

marrano² -na *m,f* (fam) **1** (animal) (*m*) pig, hog (AmE); (*f*) pig, sow **2** (Col) (carne) pork **3** (persona — despreciable) swine (colloq); (— grosera) dirty swine (colloq), filthy pig (colloq)

marraqueta *f* (Chi) bread roll

marrar [A1] *vt* to miss

■ **marrar** *vi* to go wrong, fail

marras

A **de marras: el individuo de ~ ...** you-know-who ...; **y se puso a contar otra vez la aventura de ~** and he started telling the same old story again

B (Col fam) (en expresiones de tiempo): **hace ~ que no voy al cine** I haven't been to the movies for ages; **¡~ sin verlo!** long time no see! (colloq)

marrasquino *m* maraschino

marro *m* (Méx) mallet

marrón¹ *adj* ▸ⓘ **p.181** **1** ‹*color/ojos/zapatos*› brown **2** (*modificado por otro adj: inv*) brown; **~ oscuro** dark brown

marrón² *m*

A ▸ⓘ **p.181**; (color) brown

(Compuesto) **marrón glacé** marron glacé

B (Col) (rulo) roller, curler

marroncito *m* (Ven) *coffee with a dash of milk*

marroquí *adj/mf* Moroccan

marroquín *m* morocco, morocco leather

marroquinería *f* **1** (artículos de cuero) leather goods (*pl*) **2** (tienda) leather goods shop **3** (taller) leather workshop

marrubio *m* horehound

marrueco *m* (Chi) fly, flies (*pl*)

Marruecos *m* Morocco

marrullero -ra *adj* (fam) dirty (colloq)

Marsella *f* Marseilles

marsopa *f* porpoise

marsupial¹ *adj* marsupial; **bolsa ~** marsupial pouch

marsupial² *m* marsupial

mart. (= **martes**) Tues., Tue.

marta *f* marten, pine marten

(Compuesto) **marta cebellina** *or* **cibelina** sable

martajar [A1] *vt* (Méx) to crush, pound

Marte Mars

martes *m* (*pl* **~**) ▸ⓘ **p.371** Tuesday; **~ (y) trece** ≈ Friday the thirteenth; ***en ~, ni te cases ni te embarques*** *proverb suggesting that it will bring bad luck to start a new venture on a Tuesday; para ejemplos ver* **lunes**

(Compuesto) **martes de carnaval** Shrove Tuesday, Mardi Gras

martillada *f* tap with a hammer

martillar [A1] *vt/vi* ▸**martillear**

martillazo *m*: **le dio** *or* **pegó un ~** he hit it with a hammer; **hundió el clavo de un ~** he hammered the nail in with one blow; **lo rompió a ~s** she smashed it with a hammer

martilleante *adj* pounding (*before n*)

martillear [A1] *vt* **1** (con un martillo) to hammer **2** «*ruido*»: **el ruido me martilleaba la cabeza** the noise was pounding in my head *o* making my head pound **3** (atormentar) to torment

■ **martillear** *vi* to hammer

martilleo *m* hammering; **un ~ terrible en las sienes** a terrible pounding in the temples

martillero -ra *m,f* (CS, Per) auctioneer

martillo *m*

A (herramienta) hammer; (de un subastador) hammer, gavel; (Dep) hammer

(Compuestos)
- **martillo de orejas** claw hammer
- **martillo neumático** jackhammer, pneumatic drill
- **martillo perforador** hammer drill

B (Anat) hammer, malleus (tech)

C (de un piano) hammer

martín del río *m* heron

martineta *f* (RPl) martineta, tinamou

martinete *m*

A (Zool) heron

B **1** (Const) pile driver, drop hammer **2** (del piano) hammer

martingala *f*

A (CS) **1** (Jueg) martingale, system **2** (maquinación) scheme

B (RPl) (Indum) half-belt

Martinica *f tb* : **La ~** Martinique

martiniqués -quesa *m,f* Martinican

martín pescador *m* kingfisher

mártir *mf* martyr; **hacerse el ~** (pey) to act the martyr (pej)

martirio *m* **1** (muerte) martyrdom **2** (sufrimiento) torment, ordeal

martirizante *adj* ‹*dolor*› excruciating; ‹*espera*› agonizing

m

martirizar [A4] *vt* **1▸** (matar) to martyr **2▸** (atormentar) to torment

martirologio *m* martyrology

maruja *f* (Esp fam & pey): **dice que no quiere ser una ~** she says she doesn't want to be a housewife

marullero -ra *adj* (Chi fam) **1▸** ‹*jugador*› cheating (*before n*); **es muy ~** he's a cheat **2▸** (astuto) crafty (colloq), sly

marullo *m* (Chi fam) **1▸** (trampa) trick; **ganó haciendo ~s** he won by cheating **2▸** (argucia, artimaña) trick, fiddle (BrE colloq)

marxismo *m* Marxism

marxismo-leninismo *m* Marxism-Leninism

marxista *adj/mf* Marxist

marxista-leninista *adj/mf* Marxist-Leninist

marzo *m* ▸ⓘ **p.371** March *para ejemplos ver* **enero**

mas *conj* (liter) but

MAS /mas/ *m*

A (en Col) = **Muerte a Secuestradores**
B (en Ven) = **Movimiento al Socialismo**

más[1] *adv*

A 1▸ ▸ⓘ **p.186**; (comparativo): **¿tiene algo ~ barato/moderno?** do you have anything cheaper/more modern?; **el que ~, el que menos, todos se beneficiaron** they all benefitted, some more than others, but they all got something out of it; **estas pilas duran ~** these batteries last longer; **me gusta ~ sin azúcar** I prefer it without sugar; **ahora que vive cerca la vemos ~** now that she lives nearby we see her more often *o* we see more of her; **ponlo ~ allá/atrás** put it further over there/further back; **más (...) QUE: el Rex queda ~ lejos que el Trocadero** the Rex is further away than the Trocadero; **aún ~ que el año pasado** even more than last year; **ahora ~ que nunca** now more than ever; **me gusta ~ el vino seco que el dulce** I prefer dry wine to sweet, I like dry wine better than sweet; **es cuestión de paciencia ~ que de inteligencia** it's more a question of patience than intelligence, it's a question of patience rather than intelligence; **más (...) DE: pesa ~ de lo que parece** it's heavier than it looks; **es ~ complicado de lo que tú crees** it's more complicated than you think; **¡no pueden ser ~ de las cinco!** it can't be after five!; **pesa ~ de 80 kilos** he weighs over 80 kilos; **éramos ~ de 30** there were more than *o* over 30 of us; **tiene ~ de 60 años** she's over 60 **2▸** (especialmente) particularly, especially

B ▸ⓘ **p.781**; (superlativo): **es la ~ bonita/la ~ inteligente de todas** she's the prettiest/the most intelligent of them all; **el río ~ largo del mundo** the longest river in the world; **es el que ~ viene por aquí** he's the one who comes around most (often); **el azul es el que ~ me gusta** I like the blue one best; **lo ~ que puede pasar** the worst that can happen; **se fue cuando ~ lo necesitaba** he left when I needed him most; **me preocupa tanto como al que ~** I'm as worried about it as the next person *o* as anybody; **están de lo ~ entusiasmados** they're really excited; **la fiesta estuvo de lo ~ divertida** the party was most *o* really enjoyable

C (*en frases negativas*) (con valor limitativo): **no tiene ~ que tres meses** she's only three months old; **no se lo dijo a nadie ~ que a ella** he told nobody but her; **no tienes ~ que apretar este botón** you have only to press this button; **no fue ~ que un rasguño** it was no more than *o* only a scratch; **no tuve ~ remedio** I had no alternative

D (con valor ponderativo): **¡cantó ~ bien ...!** she sang so well!; **¡qué cosa ~ rara!** how strange!; **¡qué gente ~ amable!** what kind people!

E (*en frases negativas*) (de nuevo) any more; **no juego ~ contigo** I'm not playing with you any more; **no voy ~ a ese dentista** I'm not going to that dentist again; **nunca ~ la volví a ver** I never saw her again *para locs ver* **más**[3] **B**

más[2] *adj inv*

A ▸ⓘ **p.186**; (comparativo) more; **necesito ~ dinero** I need more money; **le ruego me envíe ~ información** please send me more *o* further information; **hoy hace ~ calor** it's warmer today; **cuesta tres veces ~** it costs three times as much; **una vez ~** once more; **ponle dos cucharadas ~** add two more spoonfuls; **éste pesa medio kilo ~** this one weighs half a kilo more; **no espere ni un minuto ~** don't wait a minute longer *o* more!; **más (...) QUE: tienes ~ tiempo que yo** you have more time than me; **son ~ que nosotros** there are more of them than us; **ésta es mucho ~ impresora que la nuestra** (fam) this is a much better printer than ours; **más (...) DE: sucede con ~ frecuencia de la deseable** it happens more often than one would wish

B (superlativo) ▸ⓘ **p.781**; most; **el equipo que ganó ~ partidos** the team that won most games; **los ~ se cansaron y se fueron** most of them got tired and left; **las ~ de las veces** more often than not

C (con valor ponderativo): **¡me da ~ rabia ...!** it makes me so mad!

D **¿qué/quién ~?** what/who else?; **nada/nadie ~** nothing/nobody else; **algo/alguien ~** something/somebody else; **¿quién ~ vino?** who else came?; **¿algo ~? — nada ~ gracias** anything else? — no, that's all, thank you; **no se lo digas a nadie ~** *or* (AmL) **~ nadie** don't tell anyone else; **¿alguien ~ quiere venir?** does anyone else want to come?

más[3] *pron*

A more; **¿te sirvo ~?** would you like some more?; **lo siento, no hay ~** I'm sorry, there isn't/aren't any left

B (*en locs*): **a lo más** *or* **todo lo más** at the most; **costará, a lo ~, 30 euros** it'll cost 30 euros at the most *o* at the outside; **a más de** besides, as well as; **a más no poder: comieron y bebieron a ~ no poder** they ate and drank till they were fit to burst; **corrimos a ~ no poder** we ran as fast *o* hard as we could; **a más tardar** at the latest; **vengan a ~ tardar a las siete** be here by seven at the latest; **cuanto más** at the most; **de ahora** *or* **aquí en ~** (RPl) from now on; **de más: ¿alguien tiene un lápiz de ~?** does anybody have a spare pencil?; **me has dado cinco dólares de ~** you've given me five dollars too much; **de ~ está decir que no me lo devolvió** needless to say, he didn't give it back to me; **siento que estoy de ~ aquí** I feel I'm not needed *o* I'm in the way here; **no está de ~ repetirlo** there's no harm in repeating it; **es más** what's more; **no quiero hacerlo, es ~, me niego rotundamente** I don't want to do it, in fact, I absolutely refuse; **más allá de: ~ allá del río** beyond the river; **~ allá de que no es cierto ...** quite apart from the fact that it's not true ...; **~ allá de que a ti te guste o no te guste ...** setting aside whether you like it or not ...; **más bien: es ~ bien bajita** she's rather short *o* a bit on the short side; **~ bien deberías ayudarla tú a ella** I would have thought it was you who should be helping her; **más o menos** (aproximadamente) more or less; (no muy bien) so-so; **¿cómo sigue? — ~ o menos igual** how's he doing? — more or less the same *o* much the same; **¿qué tal el concierto? — ~ o menos** what was the concert like? — so-so; **llegaremos a las cinco, poco ~ o menos** we'll arrive around five o'clock; **ni más ni menos** no more, no less; **no sería ni ~ ni menos que un milagro** it would be nothing short of a miracle; **no más** ▸**nomás**; **por más: por ~ que llores no te voy a dejar ir** you can cry as much as you like but I'm not letting you go, cry all you like, I'm still not letting you go; **por ~ que trataba no lograba que la aceptaran** try as he might *o* no matter how hard he tried he couldn't get them to accept her; **¿qué más da?** what does it matter?; **¿a ti qué ~ te da que él nos acompañe?** what does it matter to you if he comes with us?; **sin más (ni más)** just like that; **no puedes echarte atrás ahora, sin ~ ni ~** you can't back out now, just like that; ▸**cuanto**[1], **nada**[1], **valer**; *ir a* **~** (Esp) to be on the up and up

(Compuesto) **más allá**: **el ~ ~** the other world; **voces/seres del ~ ~** voices/beings from beyond the grave

más[4] *prep* **1▸** ▸ⓘ **p.575** (Mat) (en sumas) plus; **8+7=15** *read as: ocho más siete (es) igual (a) quince* eight plus seven equals *o* is fifteen **2▸** (además de) plus; **te debo treinta euros, ~ los diez de ayer** I owe you thirty euros, plus the ten from yesterday

más[5] *m* plus sign; *tener sus* **~** *y sus menos:* **tienen sus ~ y sus menos** «*personas*» they have their ups and downs; «*cosas*» they have their good points and their bad points

masa *f*

A (Coc) **1▸** (para pan, pasta) dough; (para empanadas, tartas) pastry; (para bizcocho) mixture; (para crepes) batter **2▸** (RPl) (pastelito) ▸**masita**

(Compuesto) **masa de hojaldre** puff pastry

B (volumen, conglomerado) mass; **una ~ de agua/aire** a mass of water/air; **una enorme ~ forestal** a huge expanse of forest; **un aumento de peso y de ~ muscular** an increase in weight and bulk

(Compuestos)
- **masa atómica** atomic mass
- **masa monetaria** money supply
- **masa salarial** payroll

C **en masa: producción/fabricación en ~** mass production; **despidos de trabajadores en ~** mass *o* wholesale redundancies; **hubo emigraciones en ~ hacia el Nuevo Mundo** huge waves of emigrants headed for the New World; **todos acudieron en ~ a recibirlo** they all went en masse to meet him

D (Pol, Sociol) mass; **no llega a la gran ~ de la población** it does not reach the great mass of the population; **educar a las ~s** to educate the masses

E (Elec) ground (AmE), earth (BrE); **deriva a** *or* **hace ~** it goes to ground *o* earth; **lo derivaremos a ~** we shall connect it to ground *o* earth, we shall ground *o* earth it

masacotudo -da *adj* (Chi, Per) ▸**amazacotado**

masacrar [A1] *vt* **1▸** (matar) to massacre **2▸** (fam) ‹*música/obra*› to massacre (colloq), murder (colloq)

masacre *f* massacre

masaje *m* massage; **darle ~s** *or* **un ~ a algn** to give sb a massage

masajear [A1] *vt* to massage

masajista *mf*

A (que da masajes) (*m*) masseur; (*f*) masseuse
B (en fútbol) coach, trainer, physio

masato *m* (Col) *drink made from fermented maize or rice*

mascada *f* **1▸** (Chi) (mordisco) bite **2▸** (Méx) (pañuelo grande) scarf

mascar [A2] *vt* to chew; *darle todo mascado a algn* to spoonfeed sb; *estar de* **~lo** (Chi fam) to be delicious

máscara *f* **1▸** (careta) mask **2▸** (persona disfrazada) masked person, masker (arch); **baile de ~s** masked ball **3▸** (apariencia) mask, appearance; **bajo esa ~ de indiferencia** beneath that mask of indifference **4▸** (para bucear) face mask **5▸** (Chi) (de un auto) grille

(Compuestos)
- **máscara antigás** gas mask
- **máscara de gas** gas mask
- **máscara de oxígeno** oxygen mask
- **máscara facial** face pack *o* mask

mascarada *f* masquerade; **¿a quién cree engañar con esa ~?** who's he trying to fool with all this masquerade *o* charade?

mascarilla *f* **1▸** (de un cirujano, dentista) mask **2▸** (de un muerto) death mask **3▸** (de oxígeno) mask **4▸** (en cosmética) face pack *o* mask

mascarita *f* (RPl) masked person, masker (arch)

mascarón *m tb:* **~ de proa** figurehead

mascota *f*

A 1▸ (talismán) mascot **2▸** (animal doméstico) pet
B (Méx) (Tex) gingham
C (Ec, Ven) (guante de béisbol) catcher's mitt

masculinidad *f* masculinity, manliness

masculinizar [A4] *vt* to masculinize, make ... masculine

m

■ **masculinizarse** *v pron* to become masculine

masculino¹ -na *adj* 1 ‹*actitud/hormonas*› male; ‹*mujer/aspecto*› masculine, manly; **sexo:** ~ sex: male; **una chica de cabello corto y ropas muy masculinas** a girl with short hair and very masculine clothes; **diseñador de ropa masculina** men's fashion designer, designer of men's clothing 2 ‹*género/forma*› masculine

masculino² *m* masculine

mascullar [A1] *vt* to mumble, mutter

masetero *m* masseter

masía *f* (granja) farm; (casa) country house

masificación *f* 1 (exceso de personas) overcrowding; **la ~ de las universidades** the overcrowding in universities, the excessive student numbers at universities 2 (propagación) spread, extension

masificado -da *adj*: **una sociedad masificada** a mass society; **las universidades más masificadas** the most overcrowded universities, the universities where the problem of excessive student numbers is most severe

masificador -dora *adj*: **ha tenido una influencia ~a en la moda** it has created a tendency toward(s) mass-produced fashion, it has had the effect of standardizing fashion

masificar [A2] *vt*
A 1 ‹*producción*› to apply the techniques of mass production to 2 ‹*gustos/forma de vestir*› to standardize
B ‹*información/cultura*› to give everyone access to; **~ la universidad** to open up university education to all; **~ la enseñanza de idiomas** to give everyone access to language teaching; **se debería ~ el uso de la bicicleta** everyone should be encouraged to cycle
■ **masificarse** *v pron*
A 1 «*producción*»: **cuando se masificó la producción del vehículo** when mass production of the vehicle began 2 «*gustos/forma de vestir*» to become standardized
B «*lugar*» to become *o* get overcrowded

masilla *f* 1 (para cristales) putty 2 (para rellenar grietas) mastic, filler

masita *f* (RPl) pastry, cake (BrE)
(Compuesto) **masitas secas** *fpl* fancy cookies (*pl*) (AmE), fancy biscuits (*pl*) (BrE)

masitero -ra *m,f* (AmL) pastrycook

masivamente *adv* en masse; **se manifestaron ~ en contra de la decisión** they held *o* staged a mass demonstration against the decision

masivo -va *adj* 1 ‹*ejecución/migración*› mass (*before n*); ‹*protesta*› large-scale (*before n*), mass (*before n*); **hubo una concurrencia masiva a las urnas** there was a massive *o* huge turnout at the polls 2 ‹*dosis*› massive, huge

masoca *mf* (arg) masochist

masón¹ *adj* Masonic

masón² *m* Freemason, Mason

masonería *f* Freemasonry

masónico -ca *adj* Masonic

masoquismo *m* masochism

masoquista¹ *adj* masochistic

masoquista² *mf* masochist

masoterapia *f* massage therapy

mastaba *f* mastaba

mastectomía *f* mastectomy

mastelerillo *m* topgallant mast

mastelero *m* topmast

master, máster /'master/ *m* (*pl* **-ters**)
A (Audio, Vídeo) master
B (Educ) master's degree

mastering *m* (Audio, Inf) mastering

masterización *f* (Audio, Inf) mastering

masterizar *vt* (Audio, Inf) to make the master copy of

masticación *f* chewing, mastication (frml)

masticar [A2] *vt* to chew, masticate (frml); ***darle todo bien masticado a algn*** to spoonfeed sb
■ **masticar** *vi* to chew

mástil *m* 1 (Náut) mast 2 (para una bandera) flagpole, flagstaff 3 (de una guitarra, un violín) neck 4 (de una carpa) centerpole*

mastín *m* mastiff

mástique, (Méx, Ven) **mastique** *m* (para huecos, junturas) putty, mastic; (para igualar superficies) filler, mastic

mastitis *f* mastitis

mastodonte *m* 1 (animal prehistórico) mastodon 2 (fam) (persona grande): **es un ~** he's a great hulk of a man (colloq), he's a giant

mastodóntico -ca *adj* (fam) ‹*proyecto*› mammoth (*before n*), huge; ‹*edificio*› gigantic, colossal

mastoideo -dea *adj* mastoid

mastoides *f* mastoid

mastuerzo *m* 1 (planta) garden cress, cress 2 (fam) (torpe) oaf

masturbación *f* masturbation

masturbar [A1] *vt* to masturbate
■ **masturbarse** *v pron* to masturbate

mata *f*
A 1 (arbusto) bush, shrub 2 (AmL) (planta) plant
(Compuestos)
• **mata parda** dwarf evergreen oak
• **mata rubia** kermes oak
B 1 (ramita) sprig; (de hierba) tuft 2 (de raíces) clump 3 (bosque) thicket
C (fam) (de pelo) mane (colloq), mop (colloq)

mataburros *m* (*pl* ~) (RPl fam & hum) (diccionario) dictionary; (manual) handbook, manual

matachín¹ *m*
A (fam) (bravucón) bully
B (bailarín) dancer (*who performs traditional dances*)

matachín² -china *m,f* (Méx fam) fidget

matadero *m* slaughterhouse, abattoir; **los soldados sabían que iban al ~** the soldiers knew that they were going to their deaths

matado -da *m,f* (Méx fam & pey) grind (AmE colloq), swot (BrE colloq)

matador¹ -dora *adj* (fam) 1 ‹*trabajo/espera*› **estas clases de gimnasia son ~as** these gym classes are murder *o* killing (colloq); **es una carrera ~a** it's a really tough race 2 ‹*vestido/corbata*› horrible, hideous; **esa blusa le queda ~a** that blouse looks horrible *o* hideous on her; **con ese sombrero está ~a** she looks terrible *o* a real sight in that hat (colloq)

matador² *m* matador

matadura *f* sore

matalotaje *m* ship's stores (*pl*)

matalote *m* ship; **~ de popa/proa** next ship ahead/astern

matamaleza *f* (Col) weedkiller

matambre *m* 1 (corte de carne) flank steak (AmE), skirt (BrE) 2 (RPl) (plato) meat roulade (*filled with vegetables and hard-boiled eggs*)

matamoscas *m* (*pl* ~) 1 (paleta) flyswatter 2 (spray) fly spray, fly killer 3 (*como adj inv*) fly (*before n*); **papel ~** flypaper; **spray ~** fly spray

matanza *f*
A (acción de matar) killing, slaughter; (de una res, un cerdo) slaughter; **la ~ se hace cada año en noviembre** the animals are slaughtered in November each year; **la ~ de ciudadanos inocentes** the slaughter *o* killing of innocent citizens
B (Esp) (embutidos) pork products (*pl*)

matapasiones *m* (*pl* ~) (Chi fam & hum) underpants (*pl*)

mataperrada *f* (Bol, Per fam) trick; **¡no hagas ~s!** don't get up to any mischief *o* any tricks!

mataperrear [A1] *vi* (Bol, Per fam) to hang around (colloq)

mataperro, mataperros *m* (*pl* ~) (Bol, Per fam) devil

matapiojos *m* (*pl* ~) (Andes) dragonfly

matapolillas *m* (*pl* ~) moth killer

matar [A1] *vt*
A 1 ‹*persona*› to kill; ‹*reses*› to slaughter; **lo ~on a golpes** they beat him to death; **lo mató con un cuchillo** she stabbed him to death; **lo mató un coche** he was run over and killed by a car; **hubo que ~ al caballo** the horse had to be put down *o* destroyed; **entrar a ~** (Taur) to go in for the kill; **la vida que llevas acabará matándote** you're going to kill yourself with the sort of life you're leading; **entre todos la ~on (y ella sola se murió)** (fr hecha) they are all to blame; **así me maten** *or* **que me maten si no es verdad lo que digo** may God strike me dead if I speak a word of a lie; ***las mata callando*** he's a wolf in sheep's clothing; **~*las*** (Chi fam) to blow it (colloq) 2 (en sentido hiperbólico): **pobre de tu madre, la vas a ~ a disgustos** your poor mother, you'll be the death of her; **es para ~los, me hicieron esperar dos horas** I could murder *o* kill them, they kept me waiting for two hours (colloq); **en el colegio nos matan de** *or* (AmL) **a hambre** they starve us at school; **cuando se entere me mata** she'll kill me when she finds out (colloq); **me mata tener que levantarme a estas horas** it kills me having to get up at this time (colloq); **¡me mataste, no tengo ni idea!** (fam) you've really got me there, I haven't a clue! (colloq); **¿sabes que le dieron el puesto a Rodríguez? — ¡no me mates!** (fam) you know they gave Rodríguez the job? — you're kidding! (colloq); **estos zapatos me matan** these shoes are killing me!
B (fam) ‹*sed*› to quench; **compraron fruta para ~ el hambre** they bought some fruit to keep them going *o* to take the edge off their appetite; **para ~ el tiempo** to kill time
C 1 ‹*pelota*› to kill 2 ‹*carta*› to cover
■ **matar** *vi* 1 (causar muerte) to kill; **no ~ás** (Bib) thou shalt not kill; **hay miradas que matan** if looks could kill; ***estar*** *or* ***llevarse a ~*** to be at daggers drawn 2 (RPl fam) «*vestido/escote*»: **un escote que mata** a sensational low neckline; **mataba con ese vestido** she looked stunning *o* (colloq) a knockout in that dress
■ **matarse** *v pron*
A 1 (morir violentamente): **se mató en un accidente** she was killed in an accident; **al bajar del tren casi me mato** I almost got killed getting off the train 2 (*refl*) (suicidarse) to kill oneself; **se mató de un tiro** she shot herself
B 1 (fam) (esforzarse): **me maté estudiando** *or* (Esp) **a estudiar y no aprobé** I studied like crazy *o* mad and still didn't pass (colloq); **no hace falta que te mates haciéndolo** there's no need to go crazy *o* to go mad *o* to kill yourself (colloq) 2 (Méx fam) «*estudiante*»: **~se en algo** to cram sth (colloq), to swot up (on) sth (BrE colloq)

matarife *m* 1 (en un matadero) slaughterman; (de caballos) knacker 2 (fam) (matón) thug, heavy (colloq)

matarratas *m* (*pl* ~) 1 (veneno) rat poison 2 (fam) (bebida) rotgut (colloq)

matasanos *m* (*pl* ~) (fam) quack (colloq)

matasellado *m* franking

matasellar [A1] *vt* to frank, cancel

matasellos *m* (*pl* ~) 1 (marca) postmark 2 (instrumento) datestamp, stamp

matasuegras *m* (*pl* ~) party blower

matasuelo *m* (Chi fam): **darse un ~** (al caerse) to crash to the ground, come a cropper (colloq) (sufrir un fracaso) to suffer a blow

matatena *f* (Méx) jacks

matatigres *m* (*pl* ~) (Ven fam) moonlighter

matazón *f* (Col, Méx fam) massacre, slaughter

mate¹ *adj or adj inv* ‹*pintura/maquillaje*› matt; **fotos ~** photos with a matt finish

mate² *m*
A (en ajedrez) *tb* **jaque ~** checkmate, mate
B 1 (infusión) maté; **cebar ~** to brew maté; ***tomá ~*** (RPl fam) well I never!, well, what d'you know! (colloq); ▸**yerba** 2 (calabaza — para tomar mate) gourd (*for drinking maté*); (— ornamental) ornamental gourd; **~ burilado** engraved gourd
C (CS fam) (cabeza) head; **está mal del ~** he's not right in the head (colloq), he's got a screw loose (BrE colloq)
D (Esp) (en tenis, bádminton) smash; (en baloncesto) slam dunk, dunk shot

matear [A1] *vi* (CS fam) to drink maté
■ **matear** *vt* (Ven fam): **mateemos el trabajo** let's finish the work off quickly; **no me lo matees con una respuesta rápida** don't try to make do with quick answer
■ **matearse** *v pron* (Chi fam) to grind (AmE colloq), to swot (BrE colloq)

matemáticamente *adv* mathematically

matemáticas *fpl*, **matemática** *f* mathematics, math (AmE), maths (BrE)
(Compuesto) **matemáticas puras/aplicadas** *fpl* pure/applied mathematics

matemático[1] **-ca** *adj* [1] (Mat) mathematical [2] (exacto) mathematical; **con precisión matemática** with mathematical precision

matemático[2] **-ca** *m,f* mathematician

mateo -tea *m,f*
A (Chi fam) (Educ) grind (AmE colloq), swot (BrE colloq)
B **mateo** *m* (Ven fam): **darle ~ a algo** to finish sth off quickly

Mateo: **San ~** Matthew, Saint Matthew

materia *f*
A (sustancia) matter; **~ orgánica/viva** organic/living matter
(Compuestos)
- **materia fecal** feces* (*pl*), fecal* matter
- **materia grasa** fat
- **materia gris** gray* matter
- **materia oscura** dark matter
- **materia prima** (Econ, Tec) raw material; (Fin) commodity; **el mercado de ~s ~s** the commodities market

B [1] (tema, asunto) subject; **los libros están ordenados por ~s** the books are arranged according to subject; **en ~ jurídica es un experto** he's an expert on legal matters; **en ~ de** as regards, with regard to; **es un país muy avanzado en ~ de sanidad** it is a very advanced country in terms of *o* with regard to *o* as regards health care; ***entrar en ~*: entró inmediatamente en ~** he went straight into the subject, he got straight to the point [2] (material) material; **aquí hay ~ para hacer un estudio muy completo** there is enough material here to do an in-depth study [3] (esp AmL) (asignatura) subject
(Compuesto) **materia clasificada** classified information

material[1] *adj* [1] ‹*necesidades/ayuda*› material; ‹*valor*› material; **los daños ~es eran graves** the damage to property *o* the material damage was serious; **está muy apegado a los bienes ~es** he is very materialistic, he cares a lot about material possessions [2] (uso enfático) **no tengo tiempo ~ para cosértelo** I really don't have time to sew it for you; **ante la imposibilidad ~ de asistir al acto** since it was quite impossible for her to attend the ceremony [3] ‹*autor/causante*› actual

material[2] *m*
A [1] (elemento, sustancia) material; **es un ~ muy flexible** it is a very flexible material; **~es para la construcción** building materials [2] (RPl) (Const): **de ~** brick (*before n*)
(Compuesto) **material plástico** (ant) plastic
B [1] (útiles) materials (*pl*) [2] (datos, documentos, etc) material; **está reuniendo ~ para el artículo** she is collecting material for the article
(Compuestos)
- **material bélico** (period) military equipment
- **material de demoliciones** *or* **derribo** reclaimed *o* secondhand building materials (*pl*)
- **material de laboratorio** (probetas, retortas, etc) laboratory apparatus; (sustancias químicas) laboratory materials (*pl*)
- **material de oficina** office stationery
- **material didáctico** teaching materials (*pl*)
- **material escolar** school materials (*pl*), school things (*pl*) (colloq)
- **material fotográfico** (papel, películas) photographic materials (*pl*); (lentes, filtros) photographic equipment
- **material móvil** *or* **rodante** rolling stock

materialidad *f* [1] (aspecto material) material aspect, material nature [2] (apariencia) outward appearance

materialismo *m* materialism
(Compuesto) **materialismo dialéctico/histórico** dialectical/historical materialism

materialista[1] *adj* materialistic

materialista[2] *mf*
A (persona apegada a los bienes materiales) materialist
B (Méx) (constructor) building contractor; (camionero) truck driver, lorry driver (BrE)

materialización *f* materialization, coming to fruition

materializar [A4] *vt* ‹*idea/plan*› to bring … to fruition; **para ~ su proyecto** in order to carry out her plan *o* to bring her plan to fruition
■ **materializarse** *v pron* «*proyecto/plan*» to come to fruition, bear fruit, materialize; **esa promesa no se ha materializado en nada concreto** that promise hasn't come to anything

materialmente *adv* absolutely

maternal *adj* ‹*instinto*› maternal; ‹*amor*› motherly, maternal

maternidad *f* [1] (estado) motherhood, maternity [2] (hospital) maternity hospital; (sala) maternity ward

materno -na *adj*: **el amor ~** motherly love; **leche materna** mother's milk; **mi abuelo ~** my maternal grandfather

matero[1] **-ra** *adj* (CS, Per) fond of drinking maté

matero[2] *m* (Ven) [1] (maceta) flower pot [2] (fam) (matas) bushes (*pl*)

mates *fpl* (fam) math (AmE), maths (BrE)

matete *m* (RPl fam) [1] (lío, confusión) muddle; **¡qué ~ tengo en la cabeza!** I'm so confused! [2] (mezcla, pegote) sticky mess

matinal[1] *adj* morning (*before n*)

matinal[2] *m* (Col) morning performance

matinal[3] *f* morning performance

matinée, matiné *f* [1] (AmS) (de la tarde) matinée [2] (Méx) (de la mañana) morning performance
(Compuesto) **matinée infantil** (Chi) children's party

matiz *m* [1] (rasgo): **la palabra tiene matices que no se pueden traducir** the word has nuances that are impossible to translate; **se diferencian en algunos matices** there are some subtle *o* slight differences in meaning; **tiene un cierto ~ peyorativo** it has a slightly pejorative nuance *o* has slightly pejorative connotations; **una protesta con matices políticos** a protest with political overtones; **le da un ~ irónico a la afirmación** it gives the statement a touch of irony [2] (de color) shade, hue, nuance

matización *f*: **quisiera hacer algunas matizaciones sobre este tema** I should like to clarify a few things regarding this matter; **aceptaron la propuesta pero con muchas matizaciones** they accepted the proposal but only after clarification of a number of points

matizar [A4] *vt* [1] ‹*afirmación/intervención*› to qualify; **quisiera ~ lo que dije antes** I'd like to qualify what I said earlier; **necesitas ~ algunos aspectos** you need to deal with certain points in greater detail; **se mostró satisfecho con la propuesta, pero matizó que …** he was satisfied with the proposal, but pointed out *o* explained that …; **un discurso matizado de** *or* **con ironía** a speech tinged with irony [2] ‹*colores*› to blend
■ **matizar** *vi*: **aquí habría que ~ diciendo que …** here you'd have to qualify it by saying …
■ **matizarse** *v pron* (Ven fam) to enjoy; **¡matízate ese mural!** get that mural! (sl), wow, look at that mural! (colloq)

matojo *m* [1] (mata) bush [2] (AmC, Col) (matorral) thicket

matón[1] *adj* bullying (*before n*); **chiquito** *or* **chiquito** *or* **chico** *or* **pequeño pero ~** small but powerful

matón[2] *m* (del barrio) thug; (en la escuela) bully; (criminal) thug, heavy (colloq)

matonear [A1] (AmL fam) to bully

matonería *f*, **matonismo** *m* (fam) (en el barrio) thuggery; (en la escuela) bullying

matorral *m* [1] (conjunto de matas) thicket, bushes (*pl*) [2] (terreno) scrubland

matraca *f*
A [1] (juguete) rattle; ***darle ~*** (fam): **¡y dale ~! ¿no te he dicho que no puedes salir?** oh, you do go on! *o* won't you stop pestering me! I've already told you you're not going out! (colloq); **estuvo dándonos (la) ~ con sus problemas** he was going on and on *o* harping on about his problems (colloq) [2] **matraca** (fam) *mf* (persona latosa) pain (colloq), nuisance
B (Méx fam) (coche) rattletrap (colloq), old banger (BrE colloq)
C **matracas** *fpl* (arg) (asignatura) math (AmE), maths (BrE)

matraquear [A1] *vi* (fam) to nag

matraz *m* flask, balloon flask

matrero -ra *adj*
A (Col fam) (basto) shoddy; **¡qué arreglo tan ~!** what a shoddy *o* (colloq) botched job!
B (RPl) (fugitivo): **un gaucho ~** a gaucho on the run from the law
C (Col) (traicionero) sly, crafty

matriarca *f* matriarch

matriarcado *m* matriarchy

matriarcal *adj* matriarchal

matricaria *f* matricaria

matricería *f* die-stamping

matricial *adj* dot-matrix (*before n*)

matricida[1] *adj* matricidal

matricida[2] *mf* matricide

matricidio *m* matricide

matrícula *f*
A [1] (Educ) (inscripción) registration, matriculation (frml); **hacer la ~** to register; **está abierta la ~** registration has already begun; **la ~ se cierra el viernes** registration *o* enrollment ends on Friday; **derechos** *or* **tasas de ~** registration fees; **~ gratuita** free registration [2] (alumnado) roll; **el colegio tiene una ~ de 1.200 niños** the school has a roll of 1,200 children *o* has 1,200 children on its roll [3] (registro) register
(Compuesto) **matrícula de honor** ≈ distinction, ≈ magna cum laude
B (Transp) (número) registration number; (placa) license* plate, number plate (BrE); **el coche tiene ~ de Barcelona** the car has a Barcelona registration number; **un barco de ~ extranjera** a foreign-registered ship, a ship registered in another country
(Compuesto) **matrícula personalizada** vanity plate (AmE), personalized numberplate (BrE)

matriculación *f* registration; **~ de vehículos** vehicle registration

matriculado -da *m,f* registered student

matricular [A1] *vt* [1] ‹*persona*› to register, enroll*, matriculate (frml) [2] ‹*coche/barco*› to register
■ **matricularse** *v pron* (*refl*) to register, enroll*, matriculate (frml); **se va a ~ en un curso de alemán** he's going to register *o* enroll for a German course

matrimonial *adj* ‹*felicidad/conflicto*› marital; ‹*vida*› married (*before n*); ‹*asunto*› matrimonial

matrimonialista *adj*: **abogado ~** *lawyer specializing in matrimonial law*

matrimoniar [A1] *vt* (Méx fam) to get married, get hitched (colloq)
■ **matrimoniarse** *v pron* (Chi, Méx fam) ▸ **matrimoniar**

matrimonio *m* (Sociol) [1] (institución) marriage, matrimony (frml); **contraer ~** (frml) to marry; **~ de conveniencia** marriage of convenience; **nació fuera del ~** he was born out of wedlock [2] (pareja) (married) couple; **el ~ Garrido** Mr and Mrs Garrido, the Garridos [3] (AmS exc RPl) (boda) wedding
(Compuestos)
- **matrimonio abierto** open marriage
- **matrimonio civil/religioso** civil/church wedding
- **matrimonio consensual** *or* **de hecho** common-law marriage
- **matrimonio in artículo mortis** *or* **in**

extremis marriage in articulo mortis
• **matrimonio por poder(es)** marriage by proxy

matriz[1] *adj* ▸**casa**

matriz[2] *f*
A 1 (útero) womb, uterus 2 (molde) mold* 3 (de un documento) original; (de un disco) master 4 (de un talonario) stub, counterfoil 5 (de un test) master copy 6 (esténcil) stencil
B (Mat) matrix
C (de una empresa) headquarters (*sing o pl*); (de una orden religiosa) mother church

matrona *f* 1 (mujer distinguida) matron (liter *or* dated) 2 (mujer madura) matron (pej); **tiene 30 años y ya está hecha una ~** she's only 30 and she's already rather matronly 3 (comadrona) midwife

matufia *f* (RPl arg) shady deal

matungo *m* (RPl fam & pey) old nag (colloq)

Matusalén Methuselah; ***ser más viejo que ~*** to be as old as Methuselah

matute *m* (fam) (contrabando) smuggling; (artículos de contrabando) smuggled *o* contraband goods; **lo cogieron haciendo ~** he was caught smuggling; **una botella de whisky de ~** a bottle of bootleg whiskey

matuteo *m* (fam) smuggling

matutero -ra *m,f* (fam) smuggler

matutino[1] **-na** *adj* ‹*ducha/paseo*› morning (*before n*); **un periódico ~** a morning paper

matutino[2] *m* morning paper

maula[1] *adj* (fam) 1 (tramposo): **es muy ~** he's a real cheat; (pesado): **no seas ~** don't be such a pain in the neck (colloq) 2 (inútil) useless 3 (RPl fam) (cobarde) cowardly

maula[2] *mf* (fam)
A (tramposo) cheat
B (pesado) pain in the neck (colloq), nuisance
C (inútil) good-for-nothing

maullar [A23] *vi* to miaow

maullido *m* miaow; **los ~s del gato** the cat's miaowing

Mauricio *m* Mauritius

mauritano -na *adj* Mauritanian

mausoleo *m* mausoleum

máx (= **máximo**) max.

maxi- *pref* maxi-

maxiabrigo *m* ankle-length coat

maxifalda *f* maxiskirt, maxi

maxilar[1] *adj* maxillary

maxilar[2] *m* jawbone, maxilla (tech)

maxilofacial *adj* maxillofacial; **cirugía ~** maxillofacial surgery

máxima *f* 1 (refrán) maxim, saying 2 (norma, regla) maxim

maximalismo *m* maximalism

maximalista *adj/mf* maximalist

máxime *adv* especially; **claro que lo haré, ~ cuando eres tú la que me lo pides** of course I'll do it, especially as it's you who's asking; **no creo que me lo dé, ~ después de lo de esta mañana** I don't think she'll give it to me, especially *o* particularly after what happened this morning

maximización *f* maximization

maximizar [A4] *vt* ‹*oportunidades/beneficios*› to maximize; **~ la utilización de recursos** to make optimum use of resources

máximo[1] **-ma** *adj* ‹*temperatura/velocidad*› top (*before n*), maximum (*before n*); ‹*carga/precio*› maximum; **le fue conferido el ~ galardón** she was awarded the highest honor; **su máxima ilusión/ambición es llegar a ser senadora** her great dream/greatest ambition is to become a senator; **el ~ dirigente francés** the French leader; **lo ~ que puede ocurrir es que llegue con retraso** the worst that can happen is that she'll arrive late
(Compuestos)
• **máximo castigo** *m* (period) penalty
• **máximo común divisor** *m* highest common factor

máximo[2] *m* maximum; **el ~ de tiempo que le concedieron para pagar fue un año** he was given a maximum of one year in which to pay; **el trabajo puede tener un ~ de 20 folios** the piece can be up to 20 pages long; **como ~ te costará mil pesetas** it'll cost you a thousand pesetas at the most *o* at the outside; **como ~ llegaremos a las once** we'll get there at eleven at the latest; **aprovechó las vacaciones al ~** he enjoyed his vacation to the full, he made the most of his vacation; **las máquinas están rindiendo al ~** the machines are working flat out; **se esforzó al ~** she did her utmost

máximum *m* ▸**máximo**[2]

maxisencillo *m* maxisingle, twelve-inch single

maxisingle *m* maxisingle, twelve-inch single

maxtate *m* (Méx) straw basket

maxvelio, maxwell *m* maxwell

maya[1] *adj* Mayan

maya[2] *mf* Maya, Mayan; **los ~s** the Maya *o* Mayas

> **Mayas**
>
> The Mayas, possibly of North American origin, settled in the Yucatán Peninsula around 2600 BC, and established a civilization which spread through Southern Mexico, into Guatemala, Belize, parts of Honduras and El Salvador, flourishing until the arrival of the Spanish in the sixteenth century. Their society was organized on the basis of city states grouped into confederations. Though lacking metal tools, the Mayas built stepped pyramids and other stone monuments such as those at Chichén Itzá, Uxmal, Petén and Palenque.

mayal *m* flail

mayate *m: winged beetle*

mayestático -ca *adj* (liter) majestic; **el plural ~** the royal we

mayo *m* ▸ⓘ **p.371** May; **el primero de ~** May Day; *para ejemplos ver* **enero**; ***hasta el cuarenta de ~ no te quites el sayo*** (Esp) ne'er cast a clout till May is out (BrE dated), you can't be sure of warm weather until June

mayólica *f* majolica

mayonesa *f* mayonnaise, mayo (AmE colloq)

mayor[1] *adj*
A 1 (comparativo de ▸**grande**[1]): **pueden volar a ~ altura** they can fly at a greater height; **estas tablas le dan ~ amplitud a la falda** these pleats make the skirt fuller; **un material de ~ flexibilidad** a more flexible material; **en otros países el índice de mortalidad infantil es aún ~** in other countries the infant mortality rate is even higher; **esto podría reportar beneficios aún ~es** this could bring even greater benefits; **~ QUE algo**: **una superficie cuatro veces ~ que la de nuestro país** a surface area four times greater than that of our country; **cualquier número ~ que 40** any number above 40 *o* greater than 40 *o* higher than 40; **X > Z** (Mat) (*read as: equis es mayor que zeta*) X > Z (*léase: x is greater than z*) 2 (superlativo de) ▸**grande**): **el ~ país de América Latina** the biggest country in Latin America; **el ~ número de accidentes de Europa** the greatest *o* highest number of accidents in Europe; **ésa ha sido siempre su ~ preocupación** that has always been her greatest worry; **le ruego lo envíe a la ~ brevedad posible** (Corresp) please send it as soon as possible *o* (frml) at your earliest convenience; **la ~ parte de los argentinos** most Argentinians, the majority of Argentinians
B ((en edad) **grande**[2] **B1** 1 (comparativo) older; **¿tienes hermanos ~es?** do you have any older *o* elder brothers or sisters?; **~ QUE algn** older THAN sb; **soy dos meses ~ que tú** I am two months older than you 2 (superlativo): **¿quién de los dos es el ~?** who is the older *o* elder of the two?; **éste es mi hijo ~** this is my eldest *o* oldest son; **el ~ de todos los residentes** the oldest of all the residents 3 (viejo) elderly; **ya es muy ~ y no puede valerse sola** she's very old *o* (colloq) she's getting on and she can't manage on her own 4 (adulto): **no se les habla así a las personas ~es** you shouldn't talk to adults *o* grown-ups like that; **cuando sea ~ quiero ser bombero** when I grow up I want to be a fireman; **vamos, que ya eres ~cito para estar haciendo esas cosas** come on, you're a bit old to be doing things like that; **cuando sea ~ de edad** (Der) when he reaches the age of majority; **soy ~ de edad y haré lo que quiera** I'm over 18 (*o* 21 *etc*) and I'll do as I please
C (*en frases negativas*) (grande): **no creo que esto requiera ~es explicaciones** I don't think this needs much in the way of explanation; **no tengo ~ interés en el tema** I'm not particularly interested in *o* I don't have any great interest in the subject; **la noticia no me produjo ~ inquietud** the news did not worry me particularly *o* unduly; **se llevó a cabo sin ~es contratiempos** it was carried out without any serious *o* major hitches; ***no pasar or llegar a ~es:*** **tuvo un pretendiente, pero la cosa no pasó a ~es** she had a boyfriend, but it didn't come to anything *o* but nothing came of it; **hubo una pelea pero no llegó a ~es** there was a fight but it was nothing serious
D (en nombres) (principal): **Calle M~** Main Street (*in US*), High Street (*in UK*)
E (Mús) major
F (Com): **(al) por ~** wholesale; Ⓢ **venta sólo (al) por mayor** wholesale only; **los compran (al) por ~** they buy them wholesale; **hubo problemas (al) por ~** there were innumerable problems

mayor[2] *mf*
A 1 (adulto): **no te metas en las conversaciones de los ~es** don't interrupt when the adults *o* grown-ups are talking; **cada niño debe ir acompañado de un ~** each child must be accompanied by an adult 2 **mayores** *mpl* **mis/tus ~es** my/your elders
(Compuesto) **mayor de edad** *mf* person who is legally of age *o* who has reached the age of majority
B **mayor** *m* (AmL) (Mil) major

mayoral *m* 1 (capataz) foreman 2 (de una finca) farm manager, steward 3 (Hist) (cochero) coachman

mayorazgo *m* 1 (institución) primogeniture 2 (bienes) entailed estate

mayordomo *m* 1 (criado principal) butler, majordomo 2 (CS) (capataz) steward, foreman 3 (Chi) (portero) superintendent (AmE), caretaker (BrE)

mayoreo *m* (AmL) wholesale trade; Ⓢ **medio mayoreo** discounts for large purchases

mayoría *f* 1 (mayor parte) majority; **la ~ de los especialistas** most of the experts, the majority of experts; **la inmensa ~ de los españoles** the great *o* vast majority of Spaniards; **los participantes, en su ~ jóvenes, ...** the participants, most of them young, ... *o* the majority of them young, ...; **estar en ~** to be in the majority 2 (Pol) (margen) majority
(Compuestos)
• **mayoría absoluta** absolute majority
• **mayoría de edad** age of majority; **al alcanzar** *or* **llegar a la ~ de ~** on coming of age, on reaching the age of majority
• **mayoría moral** moral majority
• **mayoría relativa** simple *o* (BrE) relative majority; **consiguió una ~ ~** he topped the poll *o* he achieved the highest number of votes
• **mayoría silenciosa** silent majority
• **mayoría simple** simple majority

mayorista[1] *adj* wholesale

mayorista[2] *mf* wholesaler

mayoritariamente *adv*: **la zona es ~ urbana** the area is mainly *o* chiefly urban; **las mujeres estudian ~ carreras literarias, artísticas y humanísticas** in the main, women study degrees in literature, art and the humanities; **los trabajadores aceptaron ~ la propuesta** (crit) a majority of the workers accepted this proposal

mayoritario -ria *adj* 1 (de la mayoría) majority (*before n*); **apoyo ~ a la huelga** majority support for the strike; **una decisión mayoritaria** a majority decision; **los sindicatos ~s** the unions which represent most of the workers **2** (Fin) ‹*socio/accionista*› principal

mayormente *adv* **1** (principalmente) mainly, chiefly **2** (particularmente) especially, particularly; **no me atrae ~** it doesn't particularly appeal to me, I'm not particularly *o* especially fond of it; **no me preocupa ~** it doesn't worry me overmuch *o* particularly *o* unduly

mayúscula *f* capital, capital letter, uppercase letter (tech); **los nombres propios se escriben con ~** proper names are written with a capital letter; **rellenar en** *or* **con ~s** write in block capitals *o* in capital letters; ***con ~s*** ‹*amigo/profesional*› true (*before n*), real (*before n*); **no es un escritor cualquiera sino un literato con ~s** he's not just any old writer, he's an absolutely first-rate author; **se trata de dinero con D ~** we're talking serious money (colloq)

mayúsculo -la *adj* **1** ‹*letra*› capital (*before n*), upper-case (tech) **2** ‹*susto*› terrible; **me dio un susto ~** she gave me a terrible fright; **es un disparate ~** it's an absolutely stupid thing to do/say; **un fallo ~** a terrible mistake

maza *f* **1** (Coc) meat tenderizer **2** (Const) drop hammer **3** (en gimnasia) Indian club **4** (de bombo) drumstick **5** (arma) mace **6** (Tex) brake

mazacote *m*

A **1** (fam) (Coc): **el puré/arroz quedó hecho un ~** the purée/rice was just a horrible lumpy mess **2** (fam) (obra tosca) eyesore; **la escultura es un ~** the sculpture is an eyesore *o* a hideous mess

B (Const) concrete

C (Méx) (Zool) boa

mazacotudo -da *adj* (esp AmL) ▸**amazacotado**

mazamorra *f* **1** (AmS) *milky pudding made with maize* **2** (Per) *pudding made with corn starch, sugar and honey* **3** (Col) *maize soup*

mazamorrero -ra *adj* ▸**limeño²**

mazapán *m* marzipan

mazazo *m* (fam) (golpe — físico) blow, thump (colloq); (— moral) blow

mazdeísmo *m* Mazdeism, Zoroastrianism

mazmorra *f* dungeon

mazo *m*

A **1** (herramienta) mallet **2** (del mortero) pestle **3** (para la carne) meat tenderizer **4** (porra) club **5** (de una campana) clapper **6** (en croquet, polo) mallet

B (esp AmL) **1** (baraja) deck (AmE) *o* (BrE) pack (of cards) **2** (fajo) wad, roll (AmE)

mazorca *f*

A (Bot, Coc) cob; **~ de maíz** corncob

B (Méx fam) (boca) mouth; ***pelar la ~*** (Méx fam) to give a toothy grin, smile from ear to ear

C **la Mazorca** (Hist) the secret police (*during the Rosas dictatorship*)

mazurca *f* mazurka

mb *m* (= **milibar** *or* **milibares**) mb

Mb., MB (= **megabyte**) Mb

mburucuyá *f* (RPl) *type of passion flower*

Mbytes *mpl* = **megabytes**

Mc (= **megaciclo**) Mc

m/c. **1** = **mi cargo** **2** = **mi cuenta**

MCCA *m* (= **Mercado Común Centroamericano**) Central American Common Market, CACM

me *pron pers* me; **~ mandaron una postal** they sent me a postcard; **~ han robado el reloj** I've had my watch stolen, my watch has been stolen; **¿~ lo prestas?** will you lend it to me *o* lend me it?; **~ arregló el televisor** he fixed the television for me; **~ lo quitó** he took it off me *o* away from me; **~ fue imposible asistir** it was impossible for me to attend; **~ miré en el espejo** (*refl*) I looked at myself in the mirror; **~ hice una chaqueta** (*refl*) I made myself a jacket; (*caus*) I had a jacket made; **~ terminé el libro en un día** (*enf*) I finished the book in a day; **~ equivoqué** I made a mistake, I was mistaken; **~ alegro mucho** I'm very pleased; **se ~ murió el gato** my cat died; **no te ~ vayas, que quiero hablar contigo** don't go away, I want a word with you; **el nene no ~ come/duerme** my baby won't eat/sleep

MEAC /me'ak/ *m* = **Museo Español de Arte Contemporáneo**

mea culpa *loc adv*: **¿quién me escondió el libro? — mea culpa** who's hidden my book? — guilty *o* (hum) mea culpa; ***entonar el ~ ~*** to admit one's guilt

meada *f* (vulg) piss (vulg); **echar una ~** to have a piss *o* (BrE sl) slash

meadero *m* (fam & hum) john (colloq), bog (BrE colloq)

meados *mpl* (vulg) piss (vulg)

meandro *m* meander

mear [A1] *vi* (vulg) to piss (vulg); **voy a ~** I'm going for a piss, I'm going to have a piss

■ **mearse** *v pron* (fam) to wet oneself; **me estoy meando** I'm dying for a pee (colloq); **el bebé se me meó encima** the baby peed all over me; ***estar*** *or* ***andar meado de perro*** (Chi fam) to be down on one's luck; ***~se de risa*** to wet *o* (colloq) pee oneself laughing; ***~se en algn/algo*** (Ven vulg): **yo me meo en él** I don't give a shit about how clever (*o* strong *etc*) he is (vulg)

meato *m* meatus

(Compuestos)

• **meato auditivo** auditory *o* acoustic meatus

• **meato urinario** urinary meatus

meca *f*

A (Per fam) (prostituta) prostitute, hooker (colloq), tart (BrE colloq)

B (Chi fam & euf) (caca) turd (vulg)

Meca *f*: **La ~** Mecca; **la ~** *or* **meca del cine** (fr hecha) Hollywood

mecachis *interj* (Esp fam & euf) (expresando enfado) shoot! (AmE colloq & euph), sugar! (BrE colloq & euph); (expresando sorpresa) wow! (colloq), hey! (colloq)

mecánica *f*

A (Fís) mechanics

B (Auto, Mec) **1** (técnica) mechanics; **cursos de ~ automotriz** courses in car maintenance **2** (funcionamiento) mechanics (*pl*); **la ~ de la administración** the mechanics of the administration

(Compuestos)

• **mecánica cuántica** quantum mechanics

• **mecánica ondulatoria** wave mechanics

mecánicamente *adv* **1** ‹*trabajar/repetir*› mechanically, automatically **2** (Mec) mechanically

mecanicismo *m* mechanism

mecanicista¹ *adj* mechanistic

mecanicista² *mf* mechanist

mecánico¹ -ca *adj* **1** (Mec) mechanical **2** ‹*gesto/acto*› mechanical; **lo hacen de manera mecánica** they do it mechanically

mecánico² -ca *m,f* **1** (de vehículos) mechanic **2** (de maquinaria industrial) fitter **3** (de fotocopiadoras, lavadoras) (*m*) technician, repairman, engineer (BrE); (*f*) technician, repairwoman, engineer (BrE)

(Compuestos)

• **mecánico dental, mecánica dental** *m,f* dental technician

• **mecánico dentista, mecánica dentista** *m,f* dental technician

• **mecánico de vuelo, mecánica de vuelo** *m,f* flight engineer

mecanismo *m* **1** (Mec) mechanism; **~ de apertura retardada** time lock mechanism; **~ de relojería** clockwork mechanism; **el ~ de dirección** the steering gear; **un ~ que bloquea las ruedas** a device *o* mechanism that stops the wheels from moving **2** (de un proceso, sistema) mechanism; **el ~ administrativo** the administrative mechanism; **se espera encontrar soluciones aceptables a través de los ~s de negociación** it is hoped that acceptable solutions will be found through the negotiating process; **a través de otros ~s diferentes al de las armas** by means other than the use of arms

(Compuestos)

• **mecanismo de cambio europeo** *or* **de cambios** European Exchange Rate Mechanism

• **mecanismo de defensa** defense* mechanism

• **mecanismo de paridades** Exchange Rate Mechanism

mecanización *f* mechanization

mecanizado -da *adj* mechanized

mecanizar [A4] *vt* to mechanize

mecano® *m* Meccano®

mecanografía *f* typing

(Compuesto) **mecanografía al tacto** touch-typing

mecanografiar [A17] *vt* to type; **una carta mecanografiada** a typewritten *o* typed letter

mecanógrafo -fa *m,f* typist

(Compuesto) **mecanógrafo/mecanógrafa al tacto** touch-typist

mecanoterapia *f* mechanotherapy

mecapal *m* (Méx) headband (*used to help carry things on one's back*)

mecapalero *m* (Méx) porter

mecatazo *m* (AmC, Méx) **1** (latigazo) lash **2** (fam) (trago) swig

mecate *m* (AmC, Méx, Ven) string, cord; (más grueso) rope; ***andar como burro sin ~*** (Méx, Ven fam) to be wild, be out of control; ***jalarle ~ a algn*** (Ven fam) to suck up to sb (colloq), to lick sb's boots (colloq)

mecateada *f* (AmC, Méx fam) thrashing, beating

mecatear [A1] *vt* (AmC, Méx fam) to beat, thrash, give … a thrashing *o* beating

■ **mecatear** *vi* (Col fam) to nibble

mecato *m* (Col fam) packed lunch

mecedora *f* rocking chair

mecenas *mf* (*pl* ~) patron, sponsor

Mecenas Maecenas

mecenazgo *m* patronage, sponsorship

mecencéfalo *m* midbrain

mecer [E2] *vt* **1** ‹*bebé/cuna*› to rock; ‹*niño*› (en un columpio) to push **2** ‹‹*olas*›› to rock; **el viento mecía las ramas** the branches swayed in the wind

■ **mecerse** *v pron* **1** (en una mecedora) to rock; (en un columpio) to swing **2** (bambolearse) to sway

mecha *f*

A **1** (de una vela) wick **2** (de armas, explosivos) fuse; **~ de seguridad** safety fuse; **~ lenta** slow fuse; ***aguantar ~*** (fam) to grin and bear it, stand the gaff (AmE colloq); ***a toda ~*** (fam) like greased lightning (colloq), like the clappers (BrE) **3** (RPl) (broca) bit

B (Coc) piece of bacon/ham (*used for larding or stuffing*)

C **mechas** *fpl* **1** (en peluquería) highlights (*pl*); **hacerse ~s** to have highlights put in **2** (AmL fam) (pelo): **¡mira cómo tienes las ~s!** look at the state of your hair! (colloq), your hair's a bit of a mess! (colloq); **la agarró de las ~s** she grabbed her by the hair; ***ser tieso de ~s*** (CS fam) to be pigheaded (colloq); ***ser tirado de las ~s*** (CS fam) to be ridiculous

mechar [A1] *vt* to stuff, lard

mechero¹ *m*

A **1** (quemador) burner **2** (Esp) (encendedor) lighter **3** (Col) (candil) oil lamp

(Compuesto) **mechero Bunsen** *or* **de Bunsen** Bunsen burner

B (Col, Ven fam) (pelo) ▸**mecha C2**

mechero² -ra *m,f* (Esp arg) shoplifter

mechón *m*

A **1** (de pelo) lock **2** (de lana) tuft **3** **mechones** *mpl* (Col) (en peluquería) highlights (*pl*); **hacerse mechones** to have highlights put in

B **mechón, -chona** *m,f* (Chi) (estudiante) freshman, fresher (BrE)

mechonear [A1] *vt* (Chi fam): **¡no me mechonees!** don't pull my hair!

mechudo¹ -da *adj* **1** (Méx fam) (con el cabello en desorden): **andas muy mechuda** your hair looks an absolute mess (colloq) **2** (Col fam) (melenudo) long-haired

mechudo² -da *m,f*

A (Col fam) (peludo) (*m*) long-haired man (*o* boy *etc*);

m

(*f*) long-haired woman (*o* girl *etc*)
B (Méx) **mechudo** *m* (para el piso) mop

medalla *f* (Dep, Mil) medal; (Relig) medallion (*with religious engraving on it*); **se adjudicó la ~ de bronce** he won the bronze medal; **fue ~ de oro en las Olimpiadas** he won a gold medal at the Olympics, he was a gold medalist in the Olympics; ▸ **reverso**

medallero *m* medal table

medallista *mf* medallist

medallón *m* 1 (alhaja) medallion 2 (Coc) medallion, slice 3 (Arquit, Art) medallion

médano *m* (duna) dune; (banco de arena) sandbank

media[1] *f*
A (Indum) 1 (hasta el muslo) stocking; **~s con costura** seamed stockings; **~s sin costura** seamless stockings 2 **medias** *fpl* (hasta la cintura) panty hose (*pl*) (AmE), tights (*pl*) (BrE) 3 (AmL) (calcetín) sock; ***chuparle las ~s a algn*** (RPl fam) to suck up to sb (colloq), to lick sb's boots (colloq)
(Compuestos)
- **medias bombacha(s)** (RPl) *or* (Col) **pantalón** *fpl* panty hose (*pl*) (AmE), tights (BrE) (*pl*)
- **medias elásticas** *fpl* surgical stockings (*pl*)
- **medias veladas** *fpl* (Col) nylon stockings (*pl*)
- **media tobillera** (Col) anklet (AmE), ankle sock (BrE)

B (Mat) average; **la ~ de velocidad es 80 km/h** the average speed is 80 kph; **duerme una ~ de siete horas** on average she sleeps seven hours a night, she sleeps an average of seven hours a night
(Compuestos)
- **media aritmética** arithmetic mean
- **media de edad** average age
- **media móvil** (Fin) moving average

C **a medias** (*loc adv*) 1 (de manera incompleta): **dejó el trabajo a ~s** he left the work half-finished; **me dijo la verdad a ~s** she didn't tell me the whole truth *o* story; **lo arregló a ~s** he didn't fix it properly 2 (entre dos): **voy a comprar un número de lotería ¿vamos a ~s?** I'm going to buy a lottery ticket. Do you want to go halves?; **pagar a ~s** to pay half each, go halves; **lo hicimos a ~s** we did it between us

media[2] *mpl* media (*pl*)

mediación *f* mediation; **por ~ de** through; **conseguí el puesto por ~ de mi tío** I got the job through my uncle

mediado -da *adj* 1 (a mitad de) halfway through; **~ el siglo pasado** halfway through the last century; **mediada la tarde empezó a llover** halfway through the afternoon *o* around mid-afternoon it started raining 2 (medio lleno) half-full, half-empty; **una botella de vino mediada** a half-full *o* half-empty bottle of wine

mediador -dora *m,f* mediator

mediados *mpl* ▸ ❶ **p.371: nos pagan a ~ de mes** we get paid mid-month *o* halfway through the month *o* in the middle of the month; **hacia ~ de mayo** around the middle of May

mediagua *f* (Andes) hut, shack

medial *adj* medial

medialuna *f* 1 (esp RPl) (Coc) croissant (*often with ham and cheese*) 2 (Arg) (en gimnasia) cartwheel 3 (Chi) (corral) ring

mediana *f*
A (Mat) median
B (Auto) median strip (AmE), central reservation (BrE)

medianamente *adv* moderately, fairly; **un resultado ~ bueno** a fairly good result

medianera *f* party wall

medianería *f*
A (pared divisoria) party wall
B (Méx) (Agr) (contrato) sharecropping

medianero -ra *adj* ‹*muro/pared*› party (*before n*), dividing (*before n*); ‹*cerco*› dividing (*before n*)

medianía *f*
A 1 (punto medio) half-way point 2 (mediocridad) mediocrity; **su actuación no salió de la ~** his performance was nothing out of the ordinary *o* was undistinguished
B (Andes) (pared) party wall, dividing wall

mediano -na *adj* 1 ‹*tamaño/porción*› medium; ‹*coche*› medium-sized; **viene en tres tallas, pequeña, mediana y grande** it comes in three sizes, small, medium and large; **un hombre de mediana estatura** a man of medium *o* average height; **una chica de mediana inteligencia** a girl of average intelligence; **de mediana edad** middle-aged; **son tres hermanas, la que se casó es la mediana** there are three sisters, and the one who got married is the middle one; **la mediana empresa en este país** medium-sized business in this country 2 (mediocre) average, mediocre; **un trabajo de mediana calidad** a rather average piece of work, a mediocre piece of work

medianoche *f*
A (las doce de la noche) midnight; **llegó a ~** he arrived at midnight
B (Coc) (Esp, Méx) *type of roll for sandwiches*

mediante *prep* 1 (frml) ‹*proceso/técnica/instrumento*›: **~ el proceso de la pasteurización** through (the process of) pasteurization, by pasteurization, by means of pasteurization; **los resultados obtenidos ~ este método** the results obtained with *o* by *o* using this method; **el animal atrapa a su presa ~ estas pinzas** the animal traps its prey with these claws, the animal uses these claws to trap its prey 2 **Dios mediante** God willing; **estaremos nuevamente con ustedes, Dios ~, el próximo jueves** we'll be with you again next Thursday, God willing

mediar [A1] *vi*
A «*persona/organización*» 1 (intervenir) to mediate; **~ EN algo** ‹*en un conflicto*› to mediate (IN sth), to act as mediator (IN sth); **medió en las negociaciones entre los secuestradores y el gobierno** she acted as intermediary *o* she mediated in the negotiations between the kidnappers and the government 2 (interceder) **~ POR algn** to intercede FOR sb *o* on sb's behalf, intervene on sb's behalf; **~ ANTE algn** to intercede *o* intervene WITH sb
B 1 «*tiempo/distancia*»: **entre los dos hechos ~on cinco meses** the two incidents were separated by an interval of five months, five months elapsed between *o* separated the two incidents; **entre los dos pueblos median 50 kms** the two villages are separated by a distance of 50 kms; **me parece bastante inteligente pero de ahí a decir que es un genio media un abismo** he seems quite intelligent but that's a long way from saying he's a genius; **siempre medió entre nosotros un abismo** we were always poles *o* worlds apart; **pasé la primera prueba pero de ahí a tener el puesto media un buen trecho** I passed the first test but I'm still a long way from getting the job 2 (interponerse): **sin ~ palabra, se levantó y se marchó** without saying a word, she got up and left; **no debemos permitir que medien intereses personales** we must not allow personal interests to enter into it
C (existir) «*hecho/circunstancia*»: **media la circunstancia de que es casado** the fact is that he's married

mediasnueves *fpl* (Col) mid-morning snack, elevenses (BrE colloq)

> **mediasnueves**
> ▸ onces.

mediático -ca *adj* media (*before n*); **el poder ~** the power of the media

mediatizar [A4] *vt* 1 (influir) to influence 2 (estorbar) to interfere with

mediatriz *f* perpendicular bisector

medible *adj* measurable

medicación *f* (frml) (medicinas) medication; (tratamiento) treatment, medication (frml)

médicamente *adv* ‹*evaluar/examinar*› medically; **~ no tiene explicación** it has no medical explanation

medicamento *m* (frml) medicine, medicament (frml)

medicamentoso -sa *adj* (frml): **alergia medicamentosa** allergy brought on by medication

medicar [A2] *vt* (frml) ‹*enfermo*› to give *o* administer medication to (frml); **está medicado** he's on medication

medicastro -tra *m,f* (pey) quack (pej)

medicatura *f* (Ven) first aid post, clinic

medicina *f*
A (ciencia) medicine
(Compuestos)
- **medicina alternativa** alternative medicine
- **medicina clínica** clinical medicine
- **medicina forense** forensic medicine
- **medicina general** general medicine
- **medicina homeopática** homeopathy, homeopathic medicine
- **medicina interna** internal medicine
- **medicina legal** forensic medicine
- **medicina naturista** naturopathy
- **medicina preventiva** preventive medicine
- **medicina regenerativa** regenerative medicine
- **medicina tropical** tropical medicine

B (medicamento) medicine

medicinal *adj* ‹*aguas/planta*› medicinal; ‹*champú/jabón*› medicated

medición *f* 1 (acción) measuring; **instrumentos de ~** measuring instruments; **¿cómo se realiza la ~ de la presión?** how is the pressure measured? 2 (frml) (medida) measurement

médico[1] **-ca** *adj* medical; **un reconocimiento ~** a medical examination, a medical; **está en tratamiento ~** he is having *o* undergoing treatment; ▸ **guerra**

médico[2] **-ca** *m,f*, **médico** *mf* doctor
(Compuestos)
- **médico cirujano** surgeon
- **médico de cabecera** family doctor *o* (AmE) physician, general practitioner, GP
- **médico de medicina general** general practitioner, GP
- **médico forense** *or* (Chi, Per) **legista** forensic scientist
- **médico interno residente** intern (AmE), houseman (BrE)
- **médico podólogo** chiropodist, podiatrist (AmE)
- **médico rural** country doctor
- **Médicos sin Fronteras** *mpl* Doctors Without Borders, Médecins sans frontières

medicucho -cha *m,f* (pey) quack (pej)

medida *f*
A (Mat) (dimensión) measurement; **anota las ~s de la lavadora** make a note of the measurements of the washing machine; **¿qué ~s tiene el cuarto?** what are the dimensions of the room?; **¿cuáles son las ~s reglamentarias de una piscina olímpica?** what's the regulation size of an olympic pool?; **la modista me tomó las ~s** the dressmaker took my measurements; **tomar las ~s de algo** to measure something
(Compuesto) **medida de superficie** surface measurement
B (*en locs*): **a (la) medida: un traje (hecho) a ~** a custom-made suit (AmE), a made-to-measure suit (BrE); **usa zapatos a ~** he wears made-to-measure shoes; **servicios diseñados a la ~** custom-designed services; **a la medida de algo: fabricamos muebles a la ~ de su exigencia** we manufacture furniture to meet all your requirements; **éste es un proyecto a la ~ de su ambición** this is a project in keeping with *o* which matches his ambitions; **necesita una actividad a la ~ de su talento** he needs a job which will suit *o* which is commensurate with his abilities; **a medida que** as; **a ~ que va pasando el tiempo uno se va adaptando** as time goes on, one (gradually) adapts; **a ~ que se acercaba la fecha se ponía más y más nervioso** as the date drew closer he got more and more nervous; **a ~ que la fue conociendo se fue desengañando** the more he

got to know her *o* the better he got to know her *o* as he got to know her the more disillusioned he became

C [1] (objeto) measure [2] (contenido) measure; **un vaso de leche por cada ~ de cacao** one glass of milk per measure of cocoa; ***llenar*** *or* ***colmar la ~*: eso colmó la ~, ya no estaba dispuesto a aguantar más** that was the last straw, I wasn't going to take any more

(Compuestos)

- **medida de capacidad** cubic measure
- **medida (de capacidad) para áridos/líquidos** dry/liquid measure

D (grado, proporción): **en buena** *or* **gran ~** to a great *o* large extent; **en cierta/menor ~** to a certain/lesser extent; **intentaremos, en la ~ de lo posible, satisfacer a todo el mundo** insofar as it is possible *o* as far as possible we will try to satisfy everyone; **intentará hacer algo por ti en la ~ en que le sea posible** she'll try and do whatever she can for you

E (moderación): **come con ~** he eats moderately; **gastan dinero sin ~** they spend money like water, they're very extravagant (with money)

F (Lit) measure

G (disposición) measure; **la huelga y otras ~s de presión** the strike and other forms of pressure; **expulsarlo me parece una ~ demasiado drástica** I think expelling him is too drastic a step *o* is a rather drastic measure; **tomar ~s** to take steps *o* measures; **me veré en la obligación de tomar ~s más estrictas** I will be obliged to adopt more severe measures; **tomaré todas las ~s necesarias para que no vuelva a suceder** I will take all the necessary steps to see that this does not happen again; **es conveniente tomar estas pastillas como ~ preventiva** it's advisable to take these pills as a preventive measure

(Compuestos)

- **medida cautelar** preventative *o* precautionary measure
- **medidas de seguridad** security measures
- **medidas prontas de seguridad** (en Ur) emergency security measures

medido -da *adj* (CS): **es muy ~ con la bebida/al comer** he's very moderate in his drinking/eating habits; **fue muy ~ en sus palabras** he was very restrained in what he said, he measured his words very carefully; **fueron declaraciones muy medidas** it was a very measured statement

medidor *m* (AmL) meter

mediería *f* (Chi) sharecropping

mediero -ra *m,f* (Chi) sharecropper

medieval *adj* medieval

medievalismo *m* medievalism

medievalista *mf* medievalist

medievo *m* Middle Ages (*pl*)

medio[1] **-dia** *adj*

A (*delante del n*) (la mitad de): **~ litro** half a liter, a half-liter; **~ kilo de harina** half a kilo of flour; **media docena de huevos** half a dozen eggs, a half-dozen eggs; **¿quieres media manzana?** do you want half an apple?; **los niños pagan ~ billete** *or* **pasaje** children pay half fare *o* half price; **un retrato de ~ cuerpo** a half-length portrait; **llevo media hora esperando** I've been waiting for half an hour; **la última media hora es muy divertida** the last half hour is very entertaining; **hay trenes a y cinco y a y media** there are trains at five past and half past (the hour); **aún faltan dos horas y media para que empiece la función** there are still two and a half hours to go before the show starts; **si se lo dices a él mañana lo sabe ~ Buenos Aires** if you tell him, half (of) Buenos Aires will know by tomorrow; **la bandera ondea a media asta** the flag is flying at half-mast; **la falda le llega a media pierna** she's wearing a calf-length skirt; **a media mañana/tarde siempre da un paseo** he always goes for a mid-morning/mid-afternoon stroll, he always goes for a stroll mid-morning/mid-afternoon; **¿qué haces aquí leyendo a media luz?** what are you doing in here reading in such poor light?; **la habitación estaba a media luz** the room was dimly lit

(Compuestos)

- **media lengua** *f*: **habla con** *or* (CS) **en ~ ~** he talks in baby language; **la deliciosa ~ ~ de los dos años** the delightful way a two-year-old talks
- **media luna** *f*

A (Astron) half-moon; **en forma de ~ ~** crescent-shaped; **la M~ L~ de las tierras fértiles** the Fertile Crescent

B (de las uñas) half-moon

C (RPl) (Coc) croissant (*often with ham and cheese*)

D (organización) **la M~ Luna Roja** the Red Crescent

- **media manga** *f* short sleeve; **llevaba un vestido de ~ ~** she was wearing a dress with short sleeves *o* a short-sleeved dress
- **media naranja** *mf* (fam & hum): **todavía no ha encontrado su ~ ~** (el hombre ideal) Mr Right hasn't come along yet; (la mujer ideal) he hasn't found his ideal woman yet; **vino con su ~ ~** he/she came along with his/her better half (colloq & hum)
- **media pensión** *f* (en hoteles) half board; (en colegios): **los alumnos en régimen de ~ ~** pupils who have school dinners
- **medias palabras** *fpl*: **me lo dijo con ~ ~** she didn't say it in so many words
- **media suela** *f* half sole, sole
- **media volea** *f* half volley
- **media voz** *f*: **a ~ ~** in a low voice; **hablaban a ~ ~** they were talking in low voices
- **media vuelta** *f* (Mil) about-face (AmE), about-turn (BrE); **(se) dio ~ ~ y se fue** she turned on her heel *o* she turned around and left
- **medio apertura** *mf* fly half, outside half
- **medio campo** *m* midfield
- **medio del melé** *mf* scrum half
- **medio fondista** *mf* middle-distance runner
- **medio fondo** *m* middle-distance
- **medio hermano, media hermana** *m,f* (*m*) half-brother; (*f*) half-sister
- **medio luto** *m* half-mourning
- **medio pupilo, media pupila** *or* **medio pupila** *m,f* (CS) day pupil; **los ~ ~s** the day pupils
- **medio tiempo** (AmL) half-time

B (mediano, promedio) average; **el cuidadano/mexicano ~** the average citizen/Mexican; **barrios madrileños de standing alto a ~** middle to upper-class districts of Madrid; **a ~ y largo plazo** in the medium and long term; **técnico de grado ~** *technician who has taken a three-year course rather than a five-year degree course*; **la temperatura media es de 22 grados** the average temperature is 22 degrees; ▸**clase**[1], **edad**, **término**, etc

C a medias (*loc adv*) [1] (de manera incompleta): **dejó el trabajo a ~s** he left the work half-finished; **me dijo la verdad a ~s** she didn't tell me the whole truth *o* story; **lo arregló a ~s** he didn't fix it properly [2] (entre dos): **voy a comprar un número de lotería ¿vamos a ~s?** I'm going to buy a lottery ticket. Do you want to go halves?; **pagar a ~s** to pay half each, go halves; **lo hicimos a ~s** we did it between us

D (Chi fam) (*delante del n*) (uso enfático): **el ~ auto que se gasta** just look at the car he drives!

medio[2] *adv* half; **está ~ borracha/loca** she's half drunk/crazy; **lo dejaron allí ~ muerto** they left him there half dead; **fue ~ violento encontrármelo ahí** it was rather awkward meeting him there; **me lo dijo ~ en broma ~ en serio** she said it half joking and half serious; **todo lo deja a ~ hacer** he never finishes anything, he leaves everything half finished; **~ como que se molestó cuando se lo dije** (CS fam) she got kind of *o* sort of annoyed when I told her (colloq)

medio[3] *m*

A ▸ⓘ **p.243** (Mat) (mitad) half

B [1] (centro) middle; **en (el) ~ de la habitación** in the middle *o* center of the room; **el botón de en** *or* **del ~** the middle button, the button in the middle; **el justo ~** the happy medium; **quítate de en** *or* **del ~, que no me dejas ver** get out of the way, I can't see; ***quitar a algn de en ~*** (euf) to get rid of sb (euph), bump sb off (colloq) [2] **los medios** *mpl* (Taur) center* (*of the ring*)

C [1] (recurso, manera) means (*pl*); **lo intentaron por todos los ~s** they tried everything they could; **no hay ~ de localizarlo** there's no way *o* means of locating him; **hizo lo que pudo con los ~s a su alcance** she did everything she could with the resources at her disposal; **como ~ de coacción** as a means of coercion [2] (Art) (vehículo) *tb* **~ de expresión** medium [3] **medios** *mpl* (recursos económicos) *tb* **~s económicos** means (*pl*), resources (*pl*); **no escatimó ~s** he spared no expense; **a pesar de los escasos ~s de que dispone** in spite of his limited means; **no cuenta con los ~s necesarios para hacerlo** she does not have the means *o* resources to do it

(Compuestos)

- **medio de comunicación**: **la entrevista concedida a un ~ de ~ francés** the interview given to a French newspaper (*o* television station *etc*); **los ~s de ~** the media; **los ~s de ~ sociales** *or* **de masas** the mass media
- **medio de difusión** ▸**medio de comunicación**
- **medio de transporte** means of transport
- **medio impugnativo** (Méx) legal challenge
- **medio informativo** ▸**medio de comunicación**
- **medios audiovisuales** *mpl* audiovisual aids (*pl*)
- **medios de producción** *mpl*: **los ~ de ~** the means of production

D (*en locs*): **de por medio: no puedo dejarlo, están los niños de por ~** I can't leave him, there are the children to think of; **hay muchos intereses creados de por ~** there are a lot of vested interests involved; **en medio de: en ~ de tanta gente** (in) among so many people; **no sé cómo puedes trabajar en ~ de este desorden** I don't know how you can work in all this mess; **en ~ de la confusión** in *o* amid all the confusion; **en medio de todo** all things considered; **en ~ de todo más vale así** all things considered, it's probably better this way; **por medio** (CS, Per): **día/semana por ~** every other day/week; **dos o tres casas por ~** every two or three houses; **por medio de: nos enteramos por ~ de tu primo** we found out from *o* through your cousin; **atrapa su presa por ~ de estas pinzas** it catches its prey by using these pincers; **se comunicaban por ~ de este sistema** they communicated by means of this system; **obtuvo el puesto por ~ de estas influencias** she got the job through these contacts; ***de ~ a ~*: te equivocas de ~ a ~** you're completely wrong *o* utterly mistaken; **le acertó de ~ a ~** she was absolutely right

E [1] (círculo, ámbito): **en ~s literarios/políticos** in literary/political circles; **no está en su ~** he's out of his element; **un artista prácticamente desconocido en nuestro ~** (Col, CS) an artist who is practically unknown here *o* in our country (*o* area *etc*); **en ~s bien informados se comenta que ...** informed opinion has it that ... [2] (Biol) environment; **estos animales no sobreviven fuera de su ~ natural** these animals do not survive if removed from their natural habitat; **la adaptación al ~** adaptation to one's environment *o* surroundings

(Compuesto) **medio ambiente** environment; **que no daña el ~ ~** eco-friendly, environmentally friendly

F (dedo) middle finger

G (moneda) *five centavo or centésimo coin formerly used in some Latin American countries*; **ni ~** (RPl fam): **no se ve/no entendí ni ~** you can't see/I didn't understand a thing; ***el que nace para ~ nunca llega a real*** if you don't have what it takes, you won't get on in the world

medioambiental *adj* environmental

medioambientalista *adj/mf* environmentalist

mediocampista *mf* midfield player

mediocampo *m* midfield

mediocre *adj* mediocre

mediocridad *f* mediocrity

mediodía *m*

A ▸ⓘ **p.431** [1] (las doce de la mañana) midday, noon; **a ~** *or* **al ~** at midday [2] (la hora de comer) lunch time

B (Geog) south; **el ~ francés** the French Midi

medioevo *m* Middle Ages (*pl*)

mediofondista *mf* middle-distance runner

mediometraje *m* medium-length movie, medium-length film (BrE)

mediooeste *m* Midwest

Medio Oriente *m* Middle East, Mid-East (AmE)

mediopensionista[1] *adj* day (*before n*)

mediopensionista[2] *mf* day pupil (*who has school lunch*)

medir [I14] *vt*

A ‹*habitación/ángulo*› to measure; ‹*distancia/temperatura/velocidad*› to measure, gauge; **¿me mide tres metros de esta tela?** can you measure me off three meters of this material?

B (tener ciertas dimensiones) to be, measure; **mido 60 cm de cintura** I measure *o* I'm 60 cm round the waist; **la tela mide 90 cm de ancho** the cloth is 90 cm wide; **la mesa mide 50 por 40** the table is 50 by 40, the table measures 50 by 40; **¿cuánto mide de ancho/largo?** how wide/long is it?; **mide casi 1,90 m** he's almost 1.90 m (tall); **medía 52 cm al nacer** she measured *o* was 52 cm at birth

C (calcular, considerar) to consider, weigh up; **eso te pasa por no ~ las consecuencias de tus actos** that is what happens (to you) when you don't consider the consequences of your actions; **midió cuidadosamente las ventajas y los inconvenientes de la oferta** she carefully weighed up the pros and cons of the offer

D (moderar): **~é mis palabras** I'll choose my words carefully, I'll weigh my words; **tuvo que ~ lo que decía para no ofender a nadie** he had to choose *o* measure his words carefully so as not to offend anyone, he had to be as restrained as possible in what he said so as not to offend anyone

■ **medirse** *v pron*

A (*refl*) to measure oneself; ‹*caderas/pecho*› to measure; **me medí sin zapatos** I measured myself without shoes on; **mídete la cintura** measure your waist; ***medírsele a algo/algn*** (Col): **me retó a cruzar el río a nado, pero no me le medí al asunto** he dared me to swim across the river but I didn't take up the challenge; **era capaz de medírsele a cualquier tarea** she was capable of taking on *o* tackling any task

B (Col, Méx) (probarse) ‹*ropa/zapatos*› to try on

meditabundo -da *adj* (liter *o* hum) pensive, thoughtful; **estás muy ~** you're (looking) very pensive *o* thoughtful

meditación *f* meditation; **estaba sumido en profundas meditaciones** he was deep in thought

(Compuesto) **meditación trascendental** transcendental meditation

meditar [A1] *vi* to meditate; **después de ~ largamente sobre el tema** after reflecting *o* meditating on the matter for a long time

■ **meditar** *vt* (considerar) to think about; (durante más tiempo) to think about, ponder, meditate on; **meditó su respuesta durante unos instantes** he thought about his answer for a few moments; **una decisión muy meditada** a very carefully thought-out decision

meditativo -va *adj* meditative

mediterráneo -nea *adj* Mediterranean; ▸**clima**

Mediterráneo *m tb* : **el (mar) ~** the Mediterranean (sea)

médium *mf* (*pl* **-diums**) medium

medo *m* Mede

medrar [A1] *vi* **1▸** (prosperar) «*persona*» to prosper, get ahead; «*economía/propiedad*» to prosper, flourish, thrive **2▸** (aumentar) to increase, grow; **su fortuna había medrado** his fortune had increased *o* grown **3▸** «*planta/animal*» to thrive, grow

medro *m* **1▸** (prosperidad) prosperity **2▸** (aumento) increase, growth **3▸** (Bot, Zool) growth

medroso -sa *adj* (liter) fearful, fainthearted (liter)

médula, medula *f* **1▸** (Anat) marrow, medulla (tech); **me mojé hasta la ~** I got soaked to the skin, I got soaked through; **británico hasta la ~** British through and through; ***estar hasta la ~ de algn/algo*** (fam) to be fed up to the back teeth of sb/sth (colloq) **2▸** (Bot) pith **3▸** (de un problema) heart; **hay que llegar hasta la ~ de este asunto** we must get to the heart of this matter

(Compuestos)

- **médula espinal** spinal cord
- **médula oblonga** medulla oblongata
- **médula ósea** bone marrow

medular *adj* **1▸** (Anat) bone-marrow (*before n*), medullary (tech) **2▸** (fundamental) central, fundamental

medusa *f* jellyfish, medusa

Medusa *f* Medusa

Mefistófeles Mephistopheles

mega- *pref* mega-

megabyte /ˈmeɣaβajt/ *m* megabyte

megaciclo *m* megacycle

megaciudad *f* megalopolis

megaestrella *mf* megastar

megafonía *f* public-address system, PA system

megáfono *m* **1▸** (bocina) megaphone **2▸** (ant) (altavoz) loudspeaker

megahercio, megaherzio *m* megahertz

megalítico -ca *adj* megalithic

megalito *m* megalith

megalomanía *f* megalomania

megalómano[1] **-na** *adj* megalomaniac, megalomaniacal

megalómano[2] **-na** *m,f* megalomaniac

megapixel *m* (Fot) megapixel

megatón *m* megaton

megavatio *m* megawatt

megavoltio *m* megavolt

meiga *f* witch, wise woman

meiosis *f* meiosis

mejicano -na *adj/m,f* Mexican

Méjico *m* ▸**México**

mejilla *f* ▸❶ **p.231** cheek; ***poner la otra ~*** to turn the other cheek

mejillón *m* mussel

mejor[1] *adj*

A **1▸** (comparativo de ▸**bueno**) ‹*producto/obra/profesor*› better; ‹*calidad*› better, higher, superior; **resultó ~ que el otro/de lo que pensábamos** it was better than the other one/than we expected; **va a ser ~ que no nos veamos más** it's better if we don't see each other anymore; **y si no quiere comer tanto ~** *or* **~ que ~** and if she doesn't want to eat, all the better *o* so much the better; **cuanto más grande ~** the bigger the better; **al final todo fue para ~** it was all *o* it all worked out for the best in the end **2▸** (comparativo de ▸**bien**) better; **me siento ~ que ayer** I feel better than (I did) yesterday; **sabe mucho ~ así** it tastes much better like that

B **1▸** (superlativo de ▸**bueno**) (entre dos) better; (entre varios) best; **es el ~ jugador del equipo** he's the best player in the team; **mi ~ amiga** my best friend; **productos de la ~ calidad** products of the highest quality; **este vino es de lo ~cito que producen** (fam) this is one of their better wines; **lo ~ es que le digas la verdad** the best thing (to do) is to tell her the truth; **le deseo lo ~** I wish you the very best *o* all the best **2▸** (superlativo de ▸**bien**): **hoy es el día en que la he encontrado ~** today is the best I've seen her; **la que está ~ de dinero** the one who has most money *o* (colloq) who's best off

mejor[2] *adv*

A **1▸** (comparativo) better; **luego lo pensé ~ y decidí aceptar** then I thought better of it and decided to accept; **pintas cada vez ~** your painting is getting better and better *o* is getting better all the time **2▸** **mejor dicho: me lleva dos años, ~ dicho, dos años y medio** she's two years older than me, sorry, two and a half *o* or rather, two and a half *o* no, two and a half

B **1▸** (superlativo) best; **éste es el lugar desde donde se ve ~** this is where you can see best (from); **la versión ~ ambientada de la obra** the best-staged production of the play; **lo hice lo ~ que pude** I did it as well as I could, I did it as best I could *o* (frml) to the best of my ability **2▸** **a lo mejor: a lo ~ este verano vamos a Italia** we may *o* might go to Italy this summer; **a lo ~ no se han enterado** they may *o* might not have heard, maybe *o* perhaps they haven't heard

C (esp AmL) (en sugerencias): **~ lo dejamos para otro día** why don't we leave it for another day?, I suggest we leave it *o* let's leave it for another day; **~ me callo** I think I'd better shut up; **~ pídeselo tú** it would be better if *you* asked him, why don't *you* ask him?

mejor[3] *mf*: **el/la ~** (de dos) the better; (de varios) the best; **se quedó con el ~ de los dos/de todos** she kept the better of the two/the best one of all for herself; **es la ~ de la clase** she's the best in the class, she's top of the class

mejora *f* **1▸** (perfeccionamiento) improvement; **la empresa prometió ~s en las condiciones de trabajo** the company promised (to make) improvements in working conditions *o* promised to improve working conditions **2▸** **mejoras** *fpl* (obras) improvements (*pl*)

mejorable *adj*: **la redacción es ~** the essay could be better *o* could be improved on, there is room for improvement in the essay

mejoramiento *m* improvement

mejorana *f* marjoram

mejorante *m* improver

mejorar [A1] *vt* **1▸** ‹*condiciones/situación*› to improve; **este tratamiento te ~á enseguida** this treatment will make you better right away; **tienes que ~ las notas/la letra** you must improve your grades/your handwriting; **intentó ~ su marca** she tried to improve on *o* beat her own record **2▸** ‹*oferta*› (en subastas) to increase; **los empresarios ~on la propuesta** the management improved their offer *o* made a better offer

■ **mejorar** *vi* «*tiempo*» to improve, get better; «*resultados/calidad*» to improve, get better; «*persona*» (Med) to get better; **mi situación económica no ha mejorado nada** my financial situation hasn't improved at all *o* got any better; **ha mejorado de aspecto** he looks a lot better; **tus notas no han mejorado mucho** your grades haven't improved much *o* got(ten) any better; **han mejorado de posición** they've come *o* gone up in the world; **el paciente sigue mejorando** the patient is making a steady improvement

■ **mejorarse** *v pron* **1▸** «*enfermo*» to get better; **¿ya te mejoraste de la gripe?** have you got over the flu?; **que te mejores** get well soon, I hope you get better soon **2▸** (Chi fam & euf) (dar a luz) to give birth

mejoría *f* **1▸** (Med) improvement; **el enfermo ha experimentado una notable/ligera ~** there has been a significant/slight improvement in the patient's condition; **le deseamos una pronta ~** we wish him a speedy recovery **2▸** (del tiempo, condiciones) improvement

mejunje *m* (fam & pey) **1▸** (comida) concoction, mixture; (bebida) brew, concoction **2▸** (cosmético) mixture, gunk (colloq), gunge (BrE colloq)

melado *m* (AmL) syrup

melamina *f* melamine

melancolía *f* **1▸** (tristeza) melancholy, sadness **2▸** (Psic) melancholia

melancólicamente *adv* **1▸** (con tristeza) sadly, in a melancholy way **2▸** (con nostalgia) wistfully; **sonrió ~** she smiled wistfully

melancólico[1] **-ca** *adj* **1▸** ‹*música/versos*› melancholy, melancholic **2▸** ‹*persona*› [SER] melancholic, melancholy; [ESTAR] melancholy; **te noto muy ~** you seem very melancholy *o* sad *o* gloomy

m

melancólico[2] **-ca** *m,f* melancholic
melanina *f* melanin
melanismo *m* melanism
melanoma *m* melanoma
melatonina *f* melatonin
melaza *f* molasses
Melchor Melchior
melcocha *f* [1] (dulce) *type of candy made with molasses* [2] (Chi fam) (mugre) dirt
melcochudo -da *adj* (Col) chewy
melé *f* (en rugby — libre) ruck, maul; (— organizada) scrum; **se produjo una auténtica ~ en la puerta** there was a terrible melee at the door, there was a lot of pushing and shoving at the door; ▸**medio**[1]
melena *f* [1] (pelo suelto) long hair; **con la ~ al viento** with her hair flowing in the wind; ***andar a la ~*** to be at each other's throats; ***soltarse la ~*** to let one's hair down [2] (estilo de corte) bob; **lleva melenita al estilo de los años 20** she has a 20's bob [3] (del león) mane [4] **melenas** *fpl* (fam & pey) (pelo largo) mop of hair (colloq)
melenas *m* (*pl* ~) (fam) long-haired guy (*o* hippy *etc*)
melenudo[1] **-da** *adj* (fam) long-haired
melenudo[2] **-da** *m,f* (fam) long-haired boy (*o* youth *etc*); **ese bar está lleno de ~s** that bar is full of long-haired hippy types
melifluo -flua *adj* sickly-sweet
melillense *adj* of/from Melilla
melindres *mpl* [1] (afectación) affectation, affected ways (*pl*), airs and graces (*pl*) [2] (delicadeza) delicate ways (*pl*); **déjate de ~ y cómetelo** stop being so picky *o* finicky and eat it [3] (gazmoñería) prudishness
melindroso -sa *adj* [1] (remilgado) affected [2] (Méx) (delicado) choosy, picky, finicky [3] (gazmoño) prudish
melisa *f* lemon balm
mella *f* (en la hoja de un cuchillo) notch, nick; (en un diente) chip; (en porcelana, cristal) chip; ***hacer ~ en algn/algo:*** **el accidente/ese fracaso no hizo ~ en él** the accident/that failure didn't affect him; **dejó ~ en su personalidad** it marked his personality; **estás igualito, los años no hacen ~ en ti** you haven't changed at all, time seems to have stood still for you
mellado -da *adj* ‹*diente/taza/vaso*› chipped; ‹*cuchillo/borde*› jagged; ‹*persona*› (falto de algún diente) gap-toothed; (con labio leporino) harelipped; **labio ~** harelip
mellar [A1] *vt* [1] ‹*cuchillo/hoja*› to notch, nick; ‹*diente/porcelana*› to chip [2] (esp AmL) ‹*prestigio/honor/fama*› to damage
mellizo[1] **-za** *adj* twin (*before n*); **hermanos ~s** twin brothers
mellizo[2] **-za** *m,f*
A (*m*) twin, twin brother
B (*f*) twin, twin sister; **no sé si lo vi a él o a su ~** I don't know if it was him or his twin (brother) that I saw; **tuvo ~s** she had twins
melocotón *m* [1] (esp Esp) (fruta redonda) peach; **melocotones en almíbar** peaches in syrup, canned *o* (BrE) tinned peaches [2] (AmC) (fruta en forma de estrella) star fruit
melocotonero *m* peach, peach tree
melodía *f* melody, tune; ***estar hecho una ~*** (Col fam) to be shattered (colloq)
melódico -ca *adj* melodic
melodiosamente *adv* melodiously, tunefully
melodiosidad *f* melodiousness, tunefulness
melodioso -sa *adj* melodious, tuneful
melodrama *m* melodrama; **del menor problema hace un ~** she's always blowing things up into a huge drama
melodramáticamente *adv* melodramatically
melodramático -ca *adj* ‹*género/actriz*› melodramatic; ‹*gesto/reacción/situación*› melodramatic
melomanía *f* love of music
melómano -na *m,f* music lover
melón *m* [1] (Bot) melon [2] (fam & hum) (bobo, idiota) dummy (colloq), idiot, lemon (BrE colloq) [3] (fam) (cabeza): **me dio un pelotazo en el ~** he gave me a thwack on the head with the ball (colloq); **no me funciona el ~** my brain's not working [4] **melones** *mpl* (arg) (senos) tits (*pl*) (sl), boobs (*pl*) (sl), melons (*pl*) (sl)
meloncillo *m* ichneumon, mongoose
melopea *f* (Esp fam): **coger** *or* **agarrar una ~** to get plastered (colloq)
meloso -sa *adj* [1] (pringoso) sticky [2] ‹*persona*› sickly-sweet, sugary; ‹*música/canción*› schmaltzy, slushy; ‹*voz*› sickly-sweet [3] ‹*color*› honey-colored*
membrana *f* membrane

Compuestos
- **membrana mucosa** mucous membrane
- **membrana vitelina** vitelline membrane, yolk sac

membranoso -sa *adj* membranous
membresía *f* (AmL frml) membership (frml), members (*pl*)
membretado -da *adj* headed
membrete *m* letterhead; **~ oficial** official letterhead; **papel con ~** headed paper
membreteado -da *adj* (Andes) headed
membrillero *m* quince tree, quince
membrillo *m* (árbol) quince tree; (fruta) quince; **dulce de ~** quince cheese, quince jelly
meme[1] *f* (Méx leng infantil): **vámonos ya, hay que hacer la ~** come on now, it's time for bed *o* it's time you went to bed *o* (used to *or* by children) it's time for beddy-byes
meme[2] *m* (Biol, Inf) meme
memela *f* (Méx) (de maíz) thick maize tortilla; (rellena) tortilla filled with fried beans
memento *m* memento
memez *f* (fam) stupid thing; **eso que has dicho es una ~** that's a stupid *o* (colloq) dumb thing to say
memo[1] **-ma** *adj* (fam) stupid, dumb (colloq); **no seas ~** don't be so stupid *o* dumb; **¡no te quedes ahí mirando como si estuvieras mema!** don't just stand there like an idiot!
memo[2] **-ma** *m,f*
A (Esp fam) idiot, peabrain (colloq), dummy (colloq)
B **memo** *m* (memorándum) memo
memorable *adj* memorable
memorablemente *adv* memorably
memorándum *m* (*pl* **-dums**), **memorando** *m* [1] (nota) memorandum, memo [2] (agenda) notebook
memoria *f*
A (facultad) memory; **tener mucha** *or* **buena/poca** *or* **mala ~** to have a good/poor *o* bad memory; **tiene muy mala ~ para los números** she has a terrible memory for numbers; **tiene una ~ fotográfica/prodigiosa** he has a photographic/prodigious memory; **si la ~ no me falla** if my memory serves me right *o* correctly *o* well, if I remember rightly (colloq); **esa escena se me ha quedado grabada en la ~** that scene has remained etched on my memory, I'll never forget that scene; **desde que tengo ~ se han llevado mal** they've got on badly for as long as I can remember; **pérdida progresiva de la ~** gradual loss of memory; **¡qué ~ la mía!** what a memory I have!; **se sabe todo el poema de ~** she knows the whole poem off by heart; **tenemos que aprenderlo de ~ para mañana** we have to learn it by heart for tomorrow; **quizás me equivoque, estoy citando de ~** I may have it wrong, I'm quoting from memory; **se me había borrado totalmente de la ~** I'd completely forgotten about it, it had been completely erased from my memory (liter); **ya puedes ir refrescando la ~: te presté $50** allow me to refresh *o* jog your memory: I lent you $50; **dos cosas saltan de inmediato a la ~** two things immediately come *o* spring to mind; **la canción me trajo aquel episodio a la ~** the song brought back that whole affair; **al oír su nombre ¡cuántos recuerdos me vienen a la ~!** hearing her name brings back so many memories!; **su nombre no me viene a la ~** I can't remember his name; ***hacer ~:*** **trata de hacer ~** try to remember *o* (frml) recall; **seguro que te acuerdas, haz ~** of course you can remember, think hard; ***tener una ~ de elefante*** to have an incredible memory

Compuestos
- **memoria colectiva** collective memory
- **memoria operativa** *or* **operacional** (Psic) working memory

B (recuerdo) memory; **un incidente de triste ~** a lamentable incident; **respetar/profanar la ~ de algn** to respect/blacken the memory of sb; **una novela digna de ~** a novel worth remembering; **a la** *or* **en ~ de algn** in memory of sb; **se guardó un minuto de silencio/se celebró una misa en su ~** there was a minute's silence/a service was held in his memory; **un monumento a la** *or* **en ~ de los caídos** a memorial to those killed *o* to the fallen (liter)
C **memorias** *fpl* (Lit) memoirs (*pl*)
D (Inf) memory

Compuestos
- **memoria auxiliar** *or* **secundaria** backing store
- **memoria externa/interna** external/internal memory
- **memoria flash** flash drive
- **memoria RAM/ROM** RAM/ROM
- **memoria temporal** working storage
- **memoria virtual** virtual memory

E [1] (Adm, Com) report; **~ anual** annual report [2] (Educ) written paper
F (ant) (saludo): **darle** *or* **mandarle ~s a algn** to give *o* send sb one's regards
memorial *m* memorial
memorión[1] **-riona** *adj*: **es muy ~** he has an amazing *o* a wonderful memory
memorión[2] **-riona** *m,f*
A (persona) person with a good memory; **es un ~** he has an incredible memory
B **memorión** *m* amazing memory
memorioso -sa *m,f*: **los ~s dicen que fue así** those with good memories say that it happened like that
memorista *mf*: **no es tan brillante, es un ~** he's not so brilliant, he just learns everything by rote *o* by memory *o* (colloq) parrot-fashion
memorístico -ca *adj*: **un aprendizaje netamente ~** a system based mainly on rote-learning *o* learning by heart *o* learning by memory
memorización *f* memorizing, memorization
memorizar [A4] *vt* to memorize, commit … to memory (frml)
mena *f* ore
ménade *f* maenad; **como** *or* **hecha una ~** like a woman possessed
menaje *m* [1] (para el hogar): **artículos de ~** household items; **sección de ~ del hogar** household department [2] (Mil) mess kit
menchevique *adj/mf* (Hist) Menshevik, Menshevist
mención *f* mention; **la sola ~ de su nombre** the mere mention of his name; **no hizo ~ de lo ocurrido** he didn't mention what had happened

Compuesto **mención honorífica** *or* **de honor** honorable* mention

mencionar [A1] *vt* to mention; **con referencia al tema mencionado anteriormente** with reference to the aforementioned *o* above-mentioned matter (frml); **no quiero oír ~ ese nombre** I don't want to hear that name mentioned
menda *mf* (Esp arg) [1] (yo): **el/la ~** yours truly (colloq), muggins (BrE colloq); **¿y quién lo tuvo que terminar? el ~** and who had to finish it? yours truly *o* muggins here [2] (pey) (tipo) jerk (colloq & pej), creep (colloq & pej); (tipa) old bag (colloq & pej), (silly) cow (BrE colloq & pej)
mendacidad *f* (frml) lying, mendacity (frml)
mendaz *adj* (frml) mendacious (frml), lying (*before n*), untruthful

mendeliano -na *adj* Mendelian; **las leyes mendelianas** Mendel's Laws

mendelismo *m* Mendelism

mendicante *adj* **1** (Relig) mendicant **2** (indigente) begging (*before n*), mendicant (frml)

mendicidad *f* begging, mendicancy (frml), mendicity (frml)

mendigar [A3] *vi* to beg
■ **mendigar** *vt* «*mendigo*» to beg for; **siempre tengo que andar mendigando que me ayudes** I always have to come to you hat in hand for help; **vino a ~ un vestido** she came to see if she could borrow a dress

mendigo -ga *m,f* beggar

méndigo -ga *adj* (Méx fam) (tacaño) stingy (colloq), tightfisted (colloq); (malo) mean

mendrugo *m*
A *tb* **~ de pan** piece of stale bread
B (Esp fam) (tonto, bruto) thickhead (colloq), blockhead (colloq)

meneallo: **mejor es** *or* **más vale no ~** (fam) the less said the better, let sleeping dogs lie, don't stir things up

menear [A1] *vt* **1** ‹*rabo*› to wag; ‹*cabeza*› to shake; **caminaba meneando las caderas** she wiggled her hips as she walked **2** (fam) ‹*asunto/problema*› to go on about (colloq)
■ **menearse** *v pron* **1** (con inquietud) to fidget **2** (provocativamente) to wiggle one's hips; ***de no te menees*** (Esp fam): **se armó un escándalo de no te menees** there was one hell of a scandal (colloq), the shit really hit the fan (sl); ***meneársela*** (vulg) to jerk off (vulg), to wank (BrE vulg) **3** (fam) (apresurarse) to hurry up

meneo *m* **1** (con inquietud) fidgeting; **un provocativo ~ de caderas** a provocative wiggle of the hips; **le han dado un buen ~ por las malas notas** (Esp fam) they gave him a real telling-off because of his bad grades (colloq); ***darle un ~ a algo*** (Esp fam): **vaya ~ le dieron a la botella de ron** they really laid into *o* got stuck into that bottle of rum (colloq); **le dieron un ~ a la paella que casi no nos dejan nada** they really tucked into the paella, they hardly left us any (colloq) **2** (Esp fam) (empujón, sacudida) bump; **le dio un ~ a la mesa** he banged *o* knocked *o* bumped into the table

menester *m*
A **ser ~** (frml) (ser necesario) to be necessary; **es ~ trabajar para vivir** one must work in order to live; **es ~ que lo hagamos sin demora** we must do it without delay
B (frml) (tarea) occupation; **se ganaba la vida en los ~es más diversos** he earned his living from some very diverse activities; **estaban ocupados en otros ~es** they were busy with other activities *o* they were otherwise engaged

menesteroso[1] **-sa** *adj* needy

menesteroso[2] **-sa** *m,f* *gen* **los ~s** the needy

menestra *f* **1** (ingrediente) mixed vegetables (pl) **2** (plato) vegetable stew

menestral *m* artisan

mengano -na *m,f* *ver* **fulano**

mengua *f* (frml) decline; **ha habido una ~ en su influencia dentro de la asociación** his influence within the association has declined; **una considerable ~ en el número de suscripciones** a substantial reduction *o* decline in the number of subscriptions; **sin ~ apreciable de la calidad del servicio** with no noticeable deterioration in the quality of the service

menguado[1] **-da** *adj* (frml) ‹*ejército*› reduced in numbers; ‹*provisiones*› diminished; **hubo una menguada asistencia a la segunda reunión** there was a lower *o* poorer turnout at the second meeting, attendance was poorer at the second meeting; **sus ya menguadas reservas de oro** their already diminished *o* depleted gold reserves

menguado[2] *m* decrease

menguante *adj* ▸**luna, cuarto**[2]

menguar [A16] *vi*
A (frml) «*temperatura/nivel*» to fall, drop; «*río*» to go down, drop in level; «*cantidad/número*» to diminish, dwindle, decrease; «*esperanzas*» to fade, dwindle; «*fuerzas*» to fade, wane, dwindle; **los embalses vieron ~ sensiblemente su contenido** the water level in the reservoirs dropped considerably; **pasaban los días y el calor no menguaba** the days passed and the hot weather continued unabated *o* there was no letup in the hot weather; **las reservas iban menguando rápidamente** the reserves were diminishing rapidly; **en los últimos tiempos, su papel predominante se ha visto menguado** the importance of his role has been diminished of late
B (al tejer) to decrease
C «*luna*» to wane
■ **menguar** *vt*
A (frml) ‹*responsabilidad*› to diminish; **el escándalo no menguó su popularidad** the scandal did not detract from *o* diminish his popularity; **el incidente menguó su reputación como pediatra** the incident damaged his reputation as a pediatrician; **no había factores que ~an su responsabilidad en el asunto** there were no factors which might diminish his responsibility in the matter
B ‹*puntos*› (en tejido) to decrease

mengue *m* (fam) devil

menhir *m* menhir

menina *f*: *girl from a noble family brought up to serve at court*

meninge *f* meninx; **~s** meninges; ***estrujarse las ~s*** (fam) to rack one's brains (colloq)

meníngeo -gea *adj* meningeal

meningitis *f* meningitis

menisco *m* **1** (Fís) meniscus **2** (Anat) cartilage, meniscus (tech)

menjurje, menjunje *m* ▸**mejunje**

Meno *m*: **el (río) ~** the (River) Main

menopausia *f* menopause

menopáusico -ca *adj* ‹*fase*› menopausal; **una mujer menopáusica** a menopausal woman, a woman going through the menopause; **no le hagas caso, está menopáusica** (fam & hum) take no notice of her, she's menopausal *o* she's going through the change (colloq)

menor[1] *adj*
A **1** (comparativo de ▸**pequeño**[1]): **un período de ~ interés histórico que el anterior** a period of less historical interest than the previous one; **nuestro poder adquisitivo es cada vez ~** our purchasing power decreases every day; **en ~ medida** to a lesser extent *o* degree; **en mayor o ~ grado** to a greater or lesser extent *o* degree; **alimentos de ~ contenido calórico** food which is lower in calories; **~ QUE algo**: **un ingreso tres veces ~ que el mío** an income three times lower than mine; **un porcentaje de indecisos ~ que el del último sondeo** a lower *o* smaller percentage of don't knows than in the last poll; (Mat): **X < Z** (*read as: equis es menor que zeta*) X < Z (*léase: X is less than Z*); **esto sucede con ~ frecuencia que antes** this happens less often *o* less frequently than before **2** (superlativo de ▸**pequeño**): **haciendo el ~ ruido posible** making as little noise as possible; **eligió el de ~ tamaño** she chose the smallest one; **¿cuál es la ~ de las islas Baleares?** which is the smallest of the Balearic islands?
B (en edad) **pequeño**[1] **2** **1** (comparativo): **¿tienes hermanas ~es?** do you have any younger sisters?; **~ QUE algn** younger THAN sb; **es un año ~ que yo** she's a year younger than me **2** (superlativo): **¿cuál es el ~ de los hermanos?** who's the youngest of the brothers?; **mi hijo ~** my youngest son; **el ~ de los dos niños** the younger of the two boys
C (secundario) ‹*escritor/obra*› minor; **sufrió lesiones de ~ importancia** she received minor injuries
D (Mús) minor
E (Com): **(al) por ~** retail; Ⓢ **venta (al) por menor** retail sales; **los distribuidores (al) por ~** retail shops *o* outlets

menor[2] *mf* (Der) minor; Ⓢ **película no apta para menores** movie not suitable for under-18s, certificate 18

(Compuesto) **menor de edad** *mf* minor; **ser ~ ~ ~** to be a minor, be underage

Menorca *f* Minorca

menorista[1] *adj* (Col, Méx) retail (*before n*)

menorista[2] *mf* (Col, Méx) retailer

menorquín -quina *adj/m,f* Minorcan

menorragia *f* menorrhagia, excessive bleeding

menos[1] *adv*
A ▸ⓘ **p.186**; (comparativo): **cada vez estudia ~** she's studying less and less; **quiere trabajar ~ y ganar más** he wants to work less and earn more; **ya me duele ~** it doesn't hurt so much now; **ahora que vive en Cádiz lo vemos ~** now that he's living in Cadiz we don't see him so often *o* we don't see so much of him; **eso es ~ importante** that's not so important; **no voy a permitir que vaya, y ~ aún con él** I'm not going to let her go, much less with him; **menos (...) QUE**: **un hallazgo no ~ importante que éste** a find which is no less important than *o* just as important as this one; **ella ~ que nadie puede criticarte** she of all people is in no position to criticize you; **no pude ~ que aceptar** I had to accept, it was the least I could do; **menos (...) DE**: **los niños de ~ de 7 años** children under seven; **pesa ~ de 50 kilos** it weighs less than *o* under 50 kilos; **éramos ~ de diez** there were fewer than ten of us; **lo compraron por ~ de nada** they bought it for next to nothing; **no lo haría por ~ de cien mil** I wouldn't do it for less than a hundred thousand; **está a ~ de una hora de aquí** it's less than an hour from here; **es ~ peligroso de lo que tú crees** it's not as dangerous as you think
B ▸ⓘ **p.781**; (superlativo) least; **es la ~ complicada que he visto** it is the least complicated one I have seen; **éste es el ~ pesado de los dos** this is the lighter of the two; **es el que ~ viene por aquí** he's the one who comes around least (often); **soy el que ha bebido ~ de todos** I've had less to drink than anyone, I'm the one who's had least to drink; **es el que ~ me gusta** he's the one I like (the) least; **se esfuerza lo ~ posible** he makes as little effort as possible; **es lo ~ que podía hacer por él** it's the least I could do for him; **sucedió cuando ~ lo esperábamos** it happened when we were least expecting it *para locs ver* **menos**[3] **B**

menos[2] *adj inv*
A ▸ⓘ **p.186** (comparativo) (en cantidad) less; (en número) fewer; **alimentos con ~ fibra/calorías** food with less fiber/fewer calories; **ya hace ~ frío** it's not as *o* so cold now; **recibimos cada vez ~ pedidos** we are getting fewer and fewer orders; **cuesta tres veces ~** it costs a third of the price *o* a third as much; **mide medio metro ~** it's half a meter shorter; **a éste ponle dos cucharadas ~** add two tablespoonfuls less to this one; **menos (...) QUE**: **tengo ~ tiempo que tú** I haven't as *o* so much time as you; **~ estudiantes que el año pasado** fewer students than last year; **somos ~ que ellos** there are fewer of us than them; **no soy ~ hombre que él** I'm no less a man than him; **yo no soy ~ que él** he's no better than me
B ▸ⓘ **p.781** (superlativo) (en cantidad) least; (en número) fewest; **el rincón donde hay ~ luz** the corner where there's least light; **el partido que obtuvo ~ votos** the party that got (the) fewest votes; **esos casos son los ~** cases like that are the exception

menos[3] *pron*
A **sírveme ~** don't give me as *o* so much; **ya falta ~** it won't be long now; **aprobaron ~ que el año pasado** not so *o* as many passed as last year, fewer passed than last year
B (*en locs*): **al menos** at least; **a menos que** unless; **a ~ que tú nos ayudes** unless you help us; **cuando menos** at least; **de menos**: **me ha dado 100 pesos de ~** you've given me 100 pesos too little; **siempre te da unos gramos de ~** he always gives you a few grams

under *o* too little; **me has cobrado de ~** you've undercharged me, you haven't charged me enough; ▸**echar**; **lo menos** (fam) at least; **les pagaron lo ~ un millón** they paid them at least a million pesos; **menos mal** just as well; **~ mal que no me oyó** just as well *o* good thing *o* thank goodness he didn't hear me; **nos van a dar una prórroga — ¡~ mal!** they are going to give us extra time — just as well! *o* thank goodness for that!; **por lo menos** at least; **si por lo ~ me hubieras avisado ...** if you'd at least told me ...; **había por lo ~ diez mil personas** there were at least ten thousand people there; ***ir a ~*** to go downhill; ***ser lo de ~:* eso es lo de ~, a mí lo que me preocupa es su falta de honradez** that's the least of it, what worries me is his lack of integrity; **la fecha es lo de ~** the date is the least of our/their problems; ***tener a algn en ~*** to feel sb is beneath one; ▸**cuanto**[1], **más**[3], **mucho**[3], **nada**[1]; ***tener algo a ~*** to think sth is beneath one *o* beneath one's dignity; ***venirse a ~*** to come down in the world; **un aristócrata venido a ~** an aristocrat who has come down in the world *o* who has fallen on hard times; **un hotel/barrio venido a ~s** a rundown hotel/neighborhood*

menos[4] *prep*
A (excepto): **firmaron todos ~ Alonso** everybody but Alonso signed, everybody signed except *o* but Alonso; **~ estos dos, todos están en venta** apart from *o* with the exception of these two, they are all for sale; **tres latas de pintura, ~ la que usé para la puerta** three cans of paint, less what I used on the door
B [1] (Mat) ▸ⓘ **p.575**; (en restas, números negativos) minus; **8-15=-7** *read as: ocho menos quince (es) igual (a) menos siete* eight minus fifteen equals *o* is minus seven [2] (Esp, RPl) (en la hora) ▸ⓘ **p.431 son las ocho ~ diez/cuarto** it's ten to eight/(a) quarter to eight; **¿tienes hora? — ~ veinte** do you have the time? — it's twenty to

menos[5] *m* minus sign

menoscabar [A1] *vt* ‹*autoridad/fortuna*› to diminish, reduce; ‹*derechos*› to impinge upon, infringe; ‹*honor/fama*› to damage, harm; **su salud se vio menoscabada por las preocupaciones** the worrying damaged her health

menoscabo *m*: **su salud no sufrió ~ alguno** his health was not impaired *o* adversely affected in any way, his health did not suffer any detrimental effect; **su reputación ha sufrido gran ~** his reputation has been badly damaged *o* has suffered great harm; **una medida que irá en ~ de los partidos minoritarios** a measure which will prove damaging to the minority parties; **sin ~ de su autoridad** without his authority being affected *o* reduced *o* diminished in any way; **sin ~ de nuestros lazos con el mundo occidental** without detriment to our links with the West

menospreciable *adj* contemptible, worthy of scorn; **un hecho nada ~** a deed that in no way deserves scorn *o* contempt

menospreciar [A1] *vt* [1] (despreciar) ‹*persona/obra*› to despise, scorn, look down on [2] (subestimar) to underestimate; **~ el valor de algo** to underestimate the value of sth; **no lo menosprecies** don't underestimate *o* underrate him

menospreciativo -va *adj* contemptuous

menosprecio *m* contempt

mensada *f* (Méx fam) stupid thing to say (*o* do *etc*)

mensáfono *m* pager, bleeper

mensaje *m* [1] (noticia, comunicación) message; **un ~ radiofónico** a radio message; **un ~ de paz** a message of peace; **¿hay algún ~ para mí?** are there any messages for me?; **le dejó un ~ sobre la mesa** she left him a note on the table [2] (de una obra, canción) message; **la canción tiene un ~ político** the song has a political message; **el ~ que pretende transmitir en esta novela** the message he is trying to put across *o* communicate in this novel

(Compuestos)
- **mensaje de celular** ⇒ (AmL) text message
- **mensaje de error** error message
- **Mensaje de la Corona** King's/Queen's Speech
- **mensaje de móvil** ⇒ (Esp) text message
- **mensaje de texto** ⇒ text message
- **mensaje de voz** voice mail message

mensajería *f* messenger company, courier company (BrE)

(Compuestos)
- **mensajería de texto** ⇒ text messaging
- **mensajería de voz** voice mail
- **mensajería electrónica** ⇒ electronic text messaging

mensajero[1] **-ra** *adj* messenger (*before n*)

mensajero[2] **-ra** *m,f* [1] (persona que lleva un mensaje) messenger [2] (Com) messenger, courier (BrE); **servicio de ~s** messenger service, courier service (BrE)

menso[1] **-sa** *adj* (AmL fam) stupid

menso[2] **-sa** *m,f* (AmL fam) fool

menstruación *f* menstruation; **estar con la ~** to have one's period

menstrual *adj* menstrual

menstruar [A3] *vi* to menstruate

menstruo *m* [1] (menstruación) menstruation [2] (sangre) menses (*pl*)

mensual *adj* ‹*publicación/cuota/sueldo*› monthly; **9.000 pesos ~es** 9,000 pesos a month

mensualidad *f* [1] (sueldo) monthly salary [2] (cuota) monthly payment *o* installment*; **debe dos ~es** he's two months behind with the payments, he's missed two payments *o* installments; **lo pagué en ocho ~es** I paid for it in eight monthly installments

mensualmente *adv* monthly, every month

ménsula *f* corbel

mensura *f* measurement

mensurable *adj* measurable

menta *f* mint; **té de ~** mint *o* peppermint tea; **licor de ~** crème de menthe; **helado de ~** peppermint-flavored ice cream; **caramelos de ~** mints, peppermints

mentada *f* (Col, Méx, Ven euf) *tb*: **~ de madre** insult (*usually about a person's mother*)

mentado -da *adj*
A (famoso) famous, well-known
B (mencionado) aforementioned

mental *adj* ‹*capacidad*› mental, intellectual; ‹*cansancio*› mental; **proceso ~** thinking process

mentalidad *f*: **tiene una ~ muy abierta/cerrada** she has a very open/closed mind; **tiene la ~ de un niño de tres años** he has the mentality of a three-year-old; **su madre tiene una ~ muy anticuada** her mother is very old-fashioned in her outlook, her mother has very old-fashioned ideas

mentalización *f* [1] (concienciación): **una campaña para conseguir la ~ de los ciudadanos ante el problema de la droga** a campaign to heighten *o* raise public awareness of the drug problem [2] (preparación mental) mental preparation

mentalizado -da *adj* [ESTAR]: **están ~s para imponerse a cualquier dificultad** they are mentally prepared to overcome any difficulty; **está muy mentalizada de que debe esforzarse al máximo** she is well aware that she will have to exert herself to the full; **todavía no están muy ~s de la necesidad de votar** they are still not fully aware of the importance of voting

mentalizar [A4] *vt* ‹*persona*›: **lo ha mentalizado para que haga más ejercicio** she has made him realize *o* see that he needs to do more exercise; **~ a algn DE algo** to make sb aware OF sth; **para ~ a la gente de la necesidad de mantener limpias las calles** to make people aware of the need to keep the streets clean

■ **mentalizarse** *v pron* [1] (prepararse mentalmente) to prepare oneself (mentally), get into the right frame of mind; **yo me había mentalizado para lo peor** I had prepared myself for the worst [2] (tomar conciencia) **~se DE algo**: **fue muy difícil ~me de que mi carrera se había acabado** it was very difficult to come to terms with the idea that *o* to accept that my career was over; **se ~on de la necesidad de construirlo** they came to terms with *o* took on board the fact that it had to be built

mentalmente *adv* mentally; **hizo la cuenta ~** she added it up in her head

mentar [A5] *vt* to mention; **el muy mentado escritor** the much mentioned *o* talked-about writer; **~ *(a) la madre*** (euf) to insult (*referring particularly to a person's mother*)

mente *f* [1] (cerebro, intelecto) mind; **no podía apartar esas imágenes de la ~** she couldn't get those images out of her mind *o* head; **tiene una ~ calenturienta** he has an overactive imagination; **tiene la ~ ocupada en muchas cosas** he has a lot of things on his mind; **tiene la ~ en otra cosa** her mind's on other things; **de repente me vino a la ~ su nombre** her name suddenly came to me; **esas fotos me traen a la ~ muchos recuerdos** those photos bring back a lot of memories; **tenía la ~ en blanco** my mind was a blank; **no se le pasó por la ~ que pudiera ser el culpable** it never entered her mind *o* occurred to her that he could be the culprit; ***tener algo en ~*** to have sth in mind; **¿tienes en ~ algún modelo específico?** do you have any specific model in mind?; **tengo en ~ comprarme un piso** I'm thinking of buying an apartment [2] (persona) mind; **es una de las ~s más destacadas del país** he is one of the country's most outstanding minds

-mente *suf* -ly (*as in* **naturalmente, claramente**)

mentecato[1] **-ta** *adj* (bobo) silly; (alocado) mad, crazy (colloq)

mentecato[2] **-ta** *m,f* (bobo) fool; (alocado) lunatic

mentir [I11] *vi* to lie; **me mintió** he lied to me; **miente descaradamente, yo no dije eso** that's a downright lie *o* (colloq) she's lying through her teeth, I didn't say that; **siempre andas mintiéndome** you're always lying to me, you're always telling me lies; **y aquí está Luis que no me deja ~** and Luis here will bear me out; **no he estado nunca en su casa. ¡Miento! estuve una vez** I've never been to her house. No, I tell a lie, I did go there once

mentira *f*
A lie; **eso es ~** that's a lie; **¡~! yo no le pegué** that's a lie, I didn't hit him!; **estoy harto de tus ~s** I'm tired of your lying *o* lies; **¿por qué dices tantas ~s?** why do you tell so many lies?, why do you lie so much?; **ya lo he agarrado** *or* **cogido en una ~ en varias ocasiones** he's lied to me on several occasions, I've caught him lying several times; **parece ~ que a tu edad te dé por hacer esas tonterías** I'm amazed at you getting up to such silly antics at your age; **parece ~ que no haya venido a verme** I can't believe that he hasn't been to see me; **llevan casados once años — ¡parece ~! ¡cómo pasa el tiempo!** they've been married eleven years — isn't it incredible! *o* it hardly seems possible! doesn't time fly!; **aunque parezca ~ tiene 50 años** you may find it hard to believe but she's 50; **no quiero seguir viviendo en la ~** I don't want to go on living a lie; **una araña de ~** *or* (Méx) **de mentiras** (leng infantil) a toy spider; **me ha llamado tonta — ¡pero se lo dije de ~!** *or* **¡pero fue de ~!** he said I was stupid — I was only joking! *o* I didn't mean it!; ***una ~ como una casa*** *or* ***catedral*** *or* ***un templo*** (fam) a whopping great lie (colloq), a whopper (colloq); ***las ~s tienen patas cortas*** truth will out

(Compuesto) **mentira piadosa** white lie
B (fam) (en la uña) white mark

mentirijillas *fpl*: **de ~** (*loc adv*) (fam) in jest; **no te enfades, lo dije de ~** don't get mad, I was only joking *o* I was only teasing *o* I said it in jest; **no hagas caso que va de ~** take no notice, it's just a joke

---

⇒ *ver* SMS (mensajería de texto)

mentiroso[1] **-sa** *adj*: **es muy ~** he's an awful *o* terrible liar; (dicho sin ánimo de ofender) he's a real fibber (colloq)

mentiroso[2] **-sa** *m,f* liar; (dicho sin ánimo de ofender) fibber (colloq); ***antes se coge al ~ que al cojo*** *or* ***más rápido cae un ~ que un cojo*** the liar is sooner caught than the cripple

mentís *m* (*pl* ~) (frml) denial; **dio el más rotundo ~ a los rumores** he vigorously denied the rumors

mentol *m* menthol

mentolado -da *adj* menthol (*before n*), mentholated

mentón *m* ▸ **p.231** chin

mentor[1] **-tora** *adj* mentoring

mentor[2] **-tora** *m,f* mentor

mentoring /ˈmentorɪːn/ *m* mentoring

mentorizar [A1] *vt* to mentor

menú *m* (*pl* **-nús**)
A **1** (carta) menu **2** (comida): **para mí, el ~ del día** I'd like the set menu; **nos había preparado un ~ exquisito** he had cooked us a delicious meal
B (Inf) menu
(Compuesto) **menú desplegable** pull-down, pull-down menu

> **menú del día**
> Common in Spain, especially at lunchtime, this consists of a selection of courses for a fixed price. A drink and coffee are often included in the price.

menudear [A1] *vi*
A (abundar) to be plentiful; **menudeaban las reyertas entre los soldados** there were frequent fights among the soldiers, fights among the soldiers were frequent *o* plentiful; **aquel invierno ~on las lluvias** there was plenty of rain that winter, the rains were plentiful *o* abundant that winter; **~on los improperios** insults flew, insults came thick and fast, insults were not in short supply
B (Col, Méx) (Com) to sell retail

menudencia *f*
A (cosa insignificante): **no te preocupes por eso que es una ~** don't worry about that, it's of no importance
B **menudencias** *fpl* (AmL) (Coc) giblets (*pl*)

menudeo *m* (Col, Méx) retail trade; **ventas al ~** retail sales

menudez *f*
A (de una persona) slightness, slight build
B (cosa insignificante) trifle; **pagó una ~** she paid next to nothing

menudillos *mpl* giblets (*pl*)

menudo[1] **-da** *adj*
A **1** ‹*persona*› slight; ▸ **gente**[3] **2** ‹*letra/pie*› small; **picar el ajo muy menudito** chop the garlic very finely
B (Esp) (en exclamaciones) (*delante del n*): **¡en ~ lío te has metido!** you've got yourself into a fine mess!; **¡~ jaleo que se armó!** there was an incredible row!; **¡menuda vida se pega!** he has a nice life!, he leads the life of Riley
C **a menudo** (*loc adv*) often

menudo[2] *m*
A **menudos** *mpl* **1** (vísceras de las aves) giblets (*pl*) **2** (guiso) *dish made with tripe*
B (Col) (dinero suelto) loose change

meñique[1] *adj*: **el dedo ~** the little finger

meñique[2] *m* ▸ **p.231** little finger

meollo *m* **1** (Anat) marrow **2** (de un tema) heart; **llegar al ~ de la cuestión** to get to the heart of the matter; **este es el verdadero ~ del asunto** this is the crux of the matter

meón[1] **meona** *adj* (fam): **¡que niño más ~!** that child is always wetting himself; **soy muy meona** I'm always having to go for a pee (colloq), I have a weak bladder

meón[2] **meona** *m,f* (fam): **es un ~** he's forever needing to have a pee (colloq), he has a weak bladder

MEP /mep/ *m* (en Ven) = **Movimiento Electoral del Pueblo**

meperidina *f* meperedine, pethidine

mequetrefe *m* (fam) good-for-nothing

meramente *adv* merely, just

merca *f* (RPl arg) coke (colloq)

mercachifle *m* **1** (buhonero) hawker **2** (comerciante) greedy store owner (AmE), greedy shopkeeper (BrE)

mercadeable *adj* marketable

mercadear [A1] *vt* **1** (vender) to market **2** (regatear) to haggle over
■ **mercadear** *vi* to deal, buy and sell

mercadeo *m* marketing

mercader *m* (ant) merchant

mercadería *f* (esp AmS) merchandise; **todavía no hemos recibido la ~** we still have not received the merchandise *o* the goods; **toda la ~ está a la vista** all the merchandise is on display, everything we have is on display; **las ~s que llegaban de Oriente** the merchandise which arrived from the East

mercadillo *m* street market

mercado *m*
A (plaza) market; **ir al ~** *or* (Col, Méx) **hacer el ~** to go to market; **día de ~** market day; ▸ **libre**[1]
(Compuestos)
- **mercado de abastos** *or* (RPl) **de abasto** market (*selling fresh food*)
- **mercado de cháchara**s (Méx) flea market
- **mercado de las pulgas** *or* (AmL) **de pulgas** flea market
- **mercado persa** (CS) bazaar, street market

B (Com, Econ, Fin) market; **empresa líder en el ~** market leader; **el ~ del petróleo** the oil market; **inundan el ~ con sus productos** they are flooding *o* swamping the market with their products; **el ~ nacional** the domestic market; **el nuevo modelo ya salió al ~** the new model is available *o* on sale now, the new model is now on the market; **no hay ~ para ese producto** there's no market for that product; **un ~ alcista** a rising *o* bull market; **un ~ bajista** a falling *o* bear market; ▸ **cuota**
(Compuestos)
- **mercado cambiario** foreign exchange market
- **Mercado Común** (Hist): **el ~ ~** the Common Market
- **mercado de capitales** capital market
- **mercado de dinero** money market
- **mercado de divisas** foreign exchange market
- **mercado de futuros** futures market
- **mercado de materias primas** commodities market
- **mercado de trabajo** labor* market
- **mercado de valores** stock market
- **mercado emergente** emerging market
- **mercado especializado** niche market
- **mercado fuera de hora** aftermarket, after-hours market
- **mercado laboral** labor* market
- **mercado monetario** money market
- **mercado mundial** world market
- **mercado negro** black market
- **mercado nicho** niche market
- **mercado paralelo** (esp AmL period) parallel market, gray* market
- **mercado secundario** secondary market
- **mercado único (europeo)** single (European) market
- **mercado vertical** vertical market

mercadotecnia *f* marketing

mercadotécnico -ca *adj* marketing (*before n*)

mercancía *f*, **mercancías** *fpl* **1** (Com) goods (*pl*), merchandise; **~s perecederas** perishable goods, perishables; ▸ **tren** **2** (fam) (droga) merchandise (sl), stuff (colloq)

mercante[1] *adj* merchant (*before n*)

mercante[2] *m* merchant ship

mercantil *adj* ‹*ley/operación*› commercial, mercantile; ▸ **derecho**[3], **sociedad**

mercantilismo *m* mercantilism, mercantile system

mercantilista[1] *adj* mercantilist

mercantilista[2] *mf* **1** (Econ) mercantilist **2** (Com, Der) *expert in mercantile law*

mercantilización *f* commercial exploitation

mercantilizar [A4] *vt* to commercialize

mercar [A2] *vi* (arc *o* hum) to go shopping

merced *f*
A (arc) (favor) favor*; **conceder** *or* **otorgar una ~** to grant a favor; **fue descubierta ~ a una llamada telefónica** (frml) she was discovered through *o* thanks to a telephone call; **a (la) merced de** at the mercy of
B **su/vuestra ~** Your Worship (*o* Honor* *etc*) (*form of address formerly used to a person of title or rank*)

mercenario[1] **-ria** *adj* **1** (Mil) mercenary **2** (pey) (interesado) mercenary (pej)

mercenario[2] **-ria** *m,f* **1** (Mil) mercenary **2** (pey) (persona interesada): **es un ~** he's very mercenary (pej)

mercería *f* **1** (tienda de hilos, botones) notions store (AmE), haberdashery (BrE) **2** (Chi) (ferretería) hardware store, ironmonger's (BrE)

mercerizar [A4] *vt* to mercerize; **algodón mercerizado** mercerized cotton

mercero -ra *m,f* notions dealer (AmE), haberdasher (BrE)

merco *m* (Per fam) food, grub (colloq), nosh (colloq)

mercocha *f* (Chi fam) **1** (pasta) gunk (colloq), gunge (BrE colloq) **2** (mugre) filth, grime

Mercosur *m: economic community comprising Argentina, Brazil, Paraguay and Uruguay*

mercromina® *f* Mercurochrome®

mercurial *adj* **1** (Farm, Quím) mercurial **2** (Mit) Mercurial

mercurio *m* mercury; **termómetro de ~** mercury thermometer; **luces de ~** mercury-vapor lamps

Mercurio Mercury

mercurocromo *m* Mercurochrome®

merecedor -dora *adj* **~ DE algo**: **no es ~ de tu cariño** he doesn't deserve your affection, he is unworthy of your affection; **es ~ del respeto de todos** he deserves *o* he's worthy of *o* (frml) he is deserving of everyone's respect; **es ~a de la más alta distinción** she merits the highest distinction (frml)

merecer [E3] *vt* ‹*premio/castigo/victoria*› to deserve; **merece el respeto y la admiración de todos** she deserves everyone's respect and admiration; **un hecho que merece toda nuestra atención** a fact that deserves our full attention, a fact that merits *o* is worthy of our full attention (frml); **no mereces la suerte que tienes** you don't deserve to be so lucky; **~ + INF** to deserve to + INF; **mereció ganar** he deserved to win; **~ QUE + SUBJ**: **merece que le den el puesto** she deserves to get the job; **merece que lo metan en la cárcel** he deserves to be put in prison; ▸ **edad**, **pena**
■ **merecerse** *v pron* (*enf*) ‹*premio/castigo*› to deserve; **qué marido tienes, no te lo mereces** what a wonderful husband you have, you don't deserve him; **te lo tienes bien merecido** it serves you right, you deserve it; **tiene la bien merecida fama de mujeriego** he has a well-deserved reputation as a womanizer; **~se + INF** to deserve to + INF; **se mereció ganar el concurso** she deserved to win the contest; **~se QUE + SUBJ**: **se merece que le den el trabajo** she deserves to get the job; **te mereces que te den una buena paliza** you deserve a good hiding

merecidamente *adv* ‹*famoso/respetado*› deservedly; **se llevó la bofetada ~** he deserved to get that slap; **fueron ~ aplaudidos** they received well-deserved applause, they were applauded and deservedly so

merecido *m*: **recibió** *or* **se llevó su ~** he got his just deserts, he got what he deserved

merecimiento *m* **1** (mérito) merit; **se impusieron con todo ~** they fully deserved to win; **acreditó el ~ del premio** he proved himself worthy of the prize; **deberá trabajar mucho y hacer ~s** she will have to work hard and be on her best behavior; **no tiene ~ suficiente para obtener el cargo** he is not good enough to get the job **2** (reconocimiento) recognition; **un ~ bien ganado** well-deserved recognition; **en ~ a su gran labor** in recognition of her great work

merendar [A5] *vi* to have a snack in the afternoon, have tea; **merendamos en el campo** we had a picnic (tea) in the country; **¡niños, a ~!** teatime, children

■ **merendar** *vt* to have ... as an afternoon snack, have ... for tea

■ **merendarse** *v pron* (fam) ‹*adversarios/contrincantes*› to thrash (colloq), to trounce (colloq); ‹*trabajo*› to polish off (colloq); **este libro te lo meriendas en una tarde** you'll get through this book in an afternoon

merendero *m* **1** (bar) outdoor bar **2** (instalaciones para picnics) picnic area

merendola *f* (Esp fam) picnic

merengada *f* (Ven) milkshake

merengado -da *adj* ▸**leche**

merengue *m*

A **1** (pastel) meringue **2** (persona empalagosa): **cuando quiere pedir algo se pone como un ~** when she wants to ask for something she's sweetness itself *o* she goes all sickly sweet

B (Chi fam & pey) (persona enclenque) weakling, weed (colloq)

C **1** (CS fam) (lío, problema) jam (colloq), mess, fix (colloq) **2** (RPl fam) (confusión) mess (colloq), muddle; **se me armó un ~ con los papeles** I got my papers into a terrible mess *o* muddle (colloq)

D (baile) merengue

meretriz *f* (frml) prostitute

mérgulo *m* little auk

meridano -na *adj* (en Méx) of/from Mérida

meridense *adj* (en Ven) of/from the city of Mérida

merideño -ña *adj* (en Ven) of/from the state of Mérida; (en Esp) of/from Mérida

meridiana *f* divan

meridiano¹ -na *adj* **1** (del mediodía) meridian; **la hora meridiana** (liter) noon **2** ‹*luz*› dazzling; **su explicación fue de una claridad meridiana** his explanation was crystal clear

meridiano² *m* **1** (Astron, Geog) meridian **2** (Mat) meridian

(Compuesto) **meridiano cero** *or* **de Greenwich** Greenwich Meridian

meridional¹ *adj* southern

meridional² *mf* southerner

merienda *f* (por la tarde) afternoon snack, tea; (para la escuela) (RPl) snack; **fueron de ~ al campo** they had *o* went for a picnic (tea) in the country; **~ *de negros*** (arreglo) (Esp fam) fix (colloq), shady arrangement (colloq) (alboroto) (Ven fam) pandemonium

(Compuestos)
- **merienda campestre** picnic
- **merienda cena** *substantial early evening meal*, ≈ high tea (*in UK*)

merino¹ -na *adj* merino (*before n*)

merino² -na *m,f* **1** (animal) merino, merino sheep **2** **merino** *m* (lana) merino wool

meristemo *m* meristem

mérito *m* merit, worth; **una obra de ~** a commendable piece of work; **una persona de ~** a worthy person; **una novela de poco ~** a novel of little worth *o* merit; **no le veo ningún ~ a lo que ha hecho** I don't think that what she's done is at all admirable, I can't see any merit in what she's done; **quitarle** *or* **restarle ~s a algn** to take the credit away from sb; **se atribuyó el ~ de haberlo descubierto** he took the credit for having discovered it; **tiene mucho ~ que lo hayas hecho sin ayuda** it says a lot for you *o* it's very commendable that you did it without any help; ***hacer ~s:* va a tener que hacer ~s** (para conseguir algo) he's going to have to earn it; (para compensar algo) he's going to have to make amends; **te voy a llevar al teatro pero vas a tener que hacer ~s** I'll take you to the theater but you'll have to be on your best behavior *o* you'll have to behave; **tendrá que hacer ~s si quiere que lo perdone** he'll have to make it up to me if he wants me to forgive him

(Compuesto) **méritos de guerra** *mpl* mention in dispatches

meritocracia *f* meritocracy

meritorio¹ -ria *adj* [SER] (frml) commendable, praiseworthy, admirable, meritorious (frml); **~ DE algo** worthy OF sth; **no es ~ de tales honores** he isn't worthy of *o* he isn't deserving of *o* he doesn't merit such honors (frml); **sus acciones son meritorias de las mayores alabanzas** her actions deserve *o* are deserving of the highest praise

meritorio² -ria *m,f* unpaid trainee

Merlín Merlin

merlucero¹ -ra *adj* hake fishing (*before n*)

merlucero² *m* hake fishing boat

merluza *f* **1** (Coc, Zool) hake **2** (Esp fam) (borrachera): **coger una ~** to get plastered (colloq), to get sozzled (colloq)

merluzo -za *m,f* (Esp fam) numskull (colloq), bonehead (AmE colloq)

merma *f* (frml) decrease, decline; **las pensiones de jubilación no sufrirán ~ alguna** there will be no reduction *o* decrease in the value of pensions; **no podía volverse atrás sin ~ de su prestigio** he couldn't back down without losing face *o* damaging his reputation

mermar [A1] *vi* (frml) «*viento*» to abate (frml), to drop, to die down; «*luz*» to fade; **el frío ha mermado** it's less cold now, the cold has abated (frml); **el nivel del agua ha mermado con el calor** the water level has fallen because of the heat

■ **mermar** *vt* (frml) ‹*suministro/provisión*› to reduce, cut down on; ‹*capital*› to reduce; **mermó las arcas de la organización** it diminished *o* depleted the resources of the organization

mermelada *f* **1** (de cítricos) marmalade; **~ de naranja** marmalade, orange marmalade **2** (de otras frutas) jam

mero¹ -ra *adj* (*delante del n*)

A (solo, simple) mere; **el ~ hecho de ...** the mere *o* simple fact of ...; **es un ~ juego** it's only *o* just a game; **la mera mención de su nombre lo pone nervioso** the mere mention of her name makes him agitated

B (AmC, Méx fam) (uso enfático): **¿cuántas piñas quedaron? — una mera** how many pineapples were left? — just one *o* only one; **el ~ día de su boda** the very day of her wedding; **el ~ patrón entró por la puerta** the boss himself walked in; **en la mera esquina está la farmacia** the drugstore is right on the corner; **le pegué en la mera cabezota** I hit him bang *o* smack in the middle of his head (colloq); **déjame pensar cuánto me costó, 500 pesos ¡es ~!** let me think how much it cost me, that's right, 500 pesos; **yo ~ armé este rompecabezas** I did this puzzle myself; ***el ~ ~*** (Méx fam): **se creen los ~s ~s** they think they're the tops *o* the bee's knees *o* the cat's whiskers (colloq), they think they're really it (colloq); **eres el ~ ~** you're the boss; ***el ~ petatero*** the boss (colloq); **¿quién es el ~ petatero en esta casa?** who's the boss *o* who wears the pants (AmE) *o* (BrE) trousers in this house? (colloq)

mero² *adv* (Méx fam) **1** (casi) nearly, almost; **ya ~ llegamos** we're nearly there; **por ~ y me atropellas** you nearly ran me over; **merito y lo quiebras** you very nearly broke it **2** (uso enfático): **así ~ me gustan los tacos** this is just how I like tacos; **ya ~** right now, this minute; **¿dónde te duele? — aquí merito** where does it hurt? — right here **3** (indicando incredulidad) (fam & iró): **ya ~ que su papá le iba a dar permiso de ir** there was no way her dad was going to let her go (colloq), sure, her dad was going to let her go! (colloq & iro); **¡ya ~ (que) te voy a estar prestando el carro!** (iró) you must be joking if you think I'm going to lend you the car!

mero³ *m* grouper

merodeador -dora *m,f* prowler

merodear [A1] *vi* to prowl; **lo vi merodeando por aquí** I saw him prowling around here

merodeo *m* prowling, snooping

merolico -ca *m,f* (Méx) (curandero) quack (colloq); (vendedor) street trader

merovingio -gia *adj/m,f* Merovingian

mersa¹ *adj* (RPl fam & pey) ‹*ropa/lugar*› tacky (colloq), naff (BrE colloq); ‹*persona*› common (pej)

mersa² *mf* (RPl fam & pey) **1** (persona): **es un ~** he's so common (pej) **2** **la mersa** *f* the plebs (*pl*) (colloq & pej), the riffraff (hum *or* pej)

mersada *f* (RPl fam & pey): **ese vestido es una ~** that dress is really tacky *o* (BrE) naff (colloq)

mersón -sona *adj* ▸**mersa¹**

merza, etc ▸**mersa¹**, **mersa²**

mes *m* ▸ℹ **p.371** month; **el ~ pasado/que viene** last/next month; **una vez al ~** once a month; **¿cuánto pagas al ~ de alquiler?** how much rent do you pay a month?, how much is your monthly rent?; **durante los ~es de verano** during the summer months; **a principios de ~** at the beginning of the month; **tiene siete ~es** he's seven months old; **está embarazada de tres ~es** she's three months pregnant; **nos deben dos ~es** they owe us two months' rent (*o* pay *etc*); ***estar con el ~*** to be having one's period

(Compuesto) **mes de María** (Relig): **el ~ de ~** May; (en CS) *period from November 8 to December 7*

mesa *f*

A (mueble) table; **~ de comedor/de cocina** dining room/kitchen table; **una ~ de caoba** a mahogany table; **poner la ~** to lay the table; **levantar** *or* **quitar** *or* **recoger la ~** to clear the table, clear away; **bendecir la ~** to say grace; **¡a la ~!** dinner (*o* lunch *etc*) is ready!; **sentarse a la ~** to sit at the table; **se levantó de la ~** he got up from *o* left the table; **¿han reservado ~?** have you reserved a table?; ***por debajo de la ~*** (literal) under the table; (encubiertamente) under the table *o* counter; **no con tejemanejes ni por debajo de la ~, las cosas claras** no shady business or underhand dealings, everything's to be above board; **recibió por debajo de la ~ una elevada suma de dinero** he received a large sum of money under the table *o* counter; ***quedarse debajo*** *or* ***abajo de la ~*** (CS fam) to go hungry, miss out on the food; ▸**bueno¹**, **sal¹**, **uva**, **vino**

(Compuestos)
- **mesa abatible** folding table
- **mesa auxiliar** side table
- **mesa camilla** *small round table often with a small heater underneath*
- **mesa de billar** billiard table
- **mesa de caballetes** trestle table
- **mesa de centro** coffee table
- **mesa de despacho** office *o* writing desk
- **mesa de dibujo** drawing board
- **mesa del pellejo** (Chi fam) *small dining table for children*
- **mesa de mezclas** mixing desk
- **mesa de noche** *or* (RPl) **luz** bedside table
- **mesa de operaciones/partos** operating/delivery table
- **mesa de tijera** folding table
- **mesa nido** nest of tables
- **mesa petitoria** stand (*for charity collection, etc.*)
- **mesa plegable** folding table
- **mesa rodante** tea cart (AmE), tea trolley (BrE)

B (conjunto de personas) committee; **el Presidente de la ~** the Chairman of the committee

(Compuestos)
- **mesa de entradas** (Arg) sorting office
- **mesa de examen** (RPl) examining board
- **mesa del congreso** (en Esp) congressional committee, parliamentary committee
- **mesa de negociaciones** negotiating table
- **mesa de trabajo** working session
- **mesa electoral** *group of people who preside over a polling station on election day*
- **mesa negociadora** negotiating table
- **mesa ratona** (RPl) coffee table
- **mesa redonda** round table

mesada *f*

A (AmL) (dinero) monthly allowance; (para niños) pocket money

m

B (RPl) (en la cocina) work surface, worktop; (en un laboratorio) bench

mesana *f* **1** (mástil) mizzenmast **2** (vela) mizzen, mizzen sail

mesarse [A1] *v pron*: ~ **la barba** to pull *o* tug one's beard; **se mesaba los cabellos con desesperación** (liter) she was tearing her hair out in desperation

mescalina *f* mescaline

mescolanza *f* ▸ **mezcolanza**

mesencéfalo *m* midbrain

mesenterio *m* mesentery

mesero -ra *m,f* (AmL) (*m*) waiter; (*f*) waitress

meseta *f* **1** (Geog) plateau; **la ~ castellana** the Castilian plateau *o* meseta *o* tableland **2** (de una escalera) landing **3** (Educ) plateau

mesiánico -ca *adj* messianic

mesianismo *m* messianism

Mesías *m* **1** (Relig) Messiah **2** (salvador) savior*, Messiah

mesilla, mesita *f tb*: ~ **de noche** *or* (RPl) **de luz** bedside table

mesnada *f* armed retinue; **las ~s del rey asaltaron el castillo** the king's men attacked the castle

Mesoamérica *f* Middle America (*most of Mexico and Central America*)

mesoamericano -na *adj* Middle American

mesocéfalo -la *adj* mesocephalic

mesocracia *f*: *government by the middle classes*

mesocrático -ca *adj*: *of/relating to government by the middle classes*

mesolítico¹ -ca *adj* Mesolithic

mesolítico² *m*: **el ~** the Mesolithic

mesomorfo¹ -fa *adj* mesomorphic

mesomorfo² -fa *m,f* mesomorph

mesón *m*

A **1** (bar) *old-style bar/restaurant* **2** (arc) (posada) tavern (arch), inn

B (Fís) meson

C (Chi) **1** (en una tienda) counter **2** (de un bar) bar, counter; ~ **de información** information desk

mesonero -ra *m,f* **1** (de un bar) (*m*) bar owner, landlord; (*f*) bar owner, landlady **2** (arc) innkeeper **3** (Ven) (camarero) (*m*) waiter; (*f*) waitress

Mesopotamia *f* **1** (en Asia) Mesopotamia **2** (en Argentina) *region between the Paraná and Uruguay rivers*

mesosfera *f* mesosphere

mesotelio *m* mesothelium

mesotrón *m* mesotron

mesozoico¹ -ca *adj* Mesozoic

mesozoico² *m*: **el ~** the Mesozoic

Mesta *f* (Hist): **la ~** *association of sheep and cattle farmers*

mester *m* (ant) trade, craft

(Compuestos)

- **mester de clerecía** *learned poetry of the Middle Ages in Spain*
- **mester de juglaría** *popular minstrel verse of the Middle Ages in Spain*

mestizaje *m* **1** (conjunto de mestizos) mixed race group, people of mixed race (pl) **2** (mezcla de razas) miscegenation, crossbreeding

mestizo¹ -za *adj* **1** ‹*persona*› *of mixed race, particularly of Indian and white parentage*; **de sangre mestiza** of mixed blood *o* race **2** ‹*animal*› crossbred **3** ‹*planta*› hybrid

mestizo² -za *m,f* half-caste, mestizo, person of mixed race; **los derechos de los ~s** the rights of people of mixed race

mesura *f* moderation, restraint; **hay que comer con ~** you should eat in moderation; **no tiene ~ a la hora de gastar dinero** she knows no restraint *o* she has no sense of moderation when it comes to spending money

mesurado -da *adj* ‹*persona*› moderate, restrained; ‹*palabras*› restrained, measured

meta¹ *f*

A (Dep) **1** (en atletismo) finishing line, tape; (en ciclismo, automovilismo) finish; (en carreras de caballos) winning post **2** (en fútbol) goal; **chutar a ~** to shoot at goal

B (objetivo) aim; **su única ~ es ganar dinero** his only objective *o* aim is to earn money, he's only out to make money (colloq & pej); **me he puesto por ~ terminar el trabajo mañana** I've set myself the goal of finishing the work tomorrow; **no tiene ~s en la vida** she has no aims *o* ambitions in life; **se ha trazado ~s inalcanzables** she has set herself impossible targets *o* goals

meta² *m* goalkeeper

metabólico -ca *adj* metabolic

metabolismo *m* metabolism

(Compuesto) **metabolismo basal** basal metabolism

metabolizar [A4] *vt* to metabolize

■ **metabolizarse** *v pron* to metabolize

metacarpiano *m* metacarpal

metacarpo *m* metacarpus

metacrilato *m* methacrylate

metacualona *f* (Farm) methaqualone

metadatos *mpl* metadata

metadona *f* methadone

metafísica *f* metaphysics

metafísico¹ -ca *adj* metaphysical

metafísico² -ca *m,f* metaphysician

metáfora *f* metaphor

metafórico -ca *adj* metaphorical

metagoge *f* personification

metal *m* **1** (material, elemento) metal; ***el vil ~*** filthy lucre (hum) **2** *tb* **metales** (Mús) brass section, brass **3** (de la voz) timbre

(Compuestos)

- **metal blanco** white *o* antifriction metal
- **metal noble** precious metal
- **metal pesado** heavy metal
- **metal precioso** precious metal

metalenguaje *m* metalanguage

metalero -ra *adj* (Andes) **1** (Min) metal-rich (*before n*), rich in metals **2** ‹*industria/sector*› metal (*before n*)

metálico¹ -ca *adj* **1** (de metal) metallic, metal (*before n*) **2** ‹*sonido/voz*› metallic **3** ‹*brillo*› metallic; **un coche azul ~** a metallic blue car

metálico² *m*: **pagar en ~** to pay (in) cash; **recibió el premio en ~** she received a cash prize

metalífero -ra *adj* metalliferous

metaliteratura *f* self-conscious literature

metalización *f* metalization*

metalizar [A4] *vt* **1** (Metal) to metalize* **2** (esp AmL) ‹*persona*› to make … money-minded; ‹*actividad*› to commercialize

■ **metalizarse** *v pron* **1** (Metal) to become metalized* **2** (esp AmL) «*persona*» to become money-minded; «*actividad*» to become commercialized

metalmecánico -ca *adj* (CS) metallurgical

metaloide *m* metalloid

metalurgia *f* metallurgy

metalúrgico¹ -ca *adj* metallurgic, metallurgical

metalúrgico² -ca *m,f* metalworker

metamórfico -ca *adj* metamorphic, metamorphous

metamorfismo *m* metamorphism

metamorfosearse [A1] *v pron* to metamorphose

metamorfosis, metamórfosis *f* (*pl* ~) metamorphosis; **su personalidad ha sufrido una verdadera ~** she has undergone a real character transformation *o* personality change

metano *m* methane

metanol *m* methanol

metástasis *f* metastasis

metastatizar [A4] *vi* to metastatize; ~ **EN algo** to metastatize TO sth; **un tumor que metastatizó en el hígado** a tumor which metastatized to her kidney

metatarsiano -na *adj* metatarsal

metatarso *m* metatarsus

metate *m* (AmC, Méx) *flat stone used for grinding corn*

metátesis *f* metathesis

metazoo, metazoario *m* metazoan

metedero *m* (Col fam) dive (colloq), joint (colloq)

metedura de pata *f* (fam) blunder, gaffe; **es famoso por sus ~s de ~** he's well-known for putting his foot in it, he's renowned for making blunders *o* gaffes

metegol *m* (Arg) table football

metejón *m* (RPl fam): **tiene un ~ bárbaro con ese tipo** she's really crazy about that guy (colloq)

metelón¹ -lona *adj*

A (Méx fam) (entrometido) nosy (colloq)

B (Col fam) (fumador de marihuana) dope-smoking (*before n*) (colloq)

metelón² -lona *m,f*

A (Méx fam) (entrometido) busybody (colloq), nosy parker (BrE colloq)

B (Col fam) (fumador de marihuana) dopehead (sl)

metempsicosis, metempsícosis *f* metempsychosis

meteórico -ca *adj* **1** (Astron) meteoric **2** ‹*carrera*› meteoric; **su meteórica carrera para alcanzar el poder** his meteoric rise to power

meteorismo *m* meteorism

meteorito *m* meteorite

meteoro *m* meteor

meteoroide *m* meteoroid

meteorología *f* meteorology

meteorológico -ca *adj* meteorological, weather (*before n*); ▸ **parte¹**

meteorólogo -ga *m,f* meteorologist

metepatas¹ *adj* (*pl* ~) (fam): **¡qué ~ es!** he's always putting his foot in it (colloq), he's always making blunders *o* gaffes

metepatas² *mf* (*pl* ~) (fam): **es una ~** she's always putting her foot in it (colloq), she's always making blunders *o* gaffes

meter [E1] *vt*

A **1** (introducir, poner) to put; **le metieron un tubo por la nariz** they put *o* (colloq) stuck a tube up her nose; **¿dónde habré metido su carta?** where can I have put his letter?; ~ **algo EN algo**: **metí la tarjeta en un sobre** I put the card in(to) an envelope; **no lograba ~ la llave en la cerradura** she couldn't get the key into the lock; **metió el pie en el agua** he put his foot in(to) the water; **a ver si consigo ~ todo esto en un folio** I wonder if I can get *o* fit all of this onto one sheet; **no le metas esas ideas en la cabeza a la niña** don't put ideas like that into her head, don't go giving her ideas like that **2** (hacer entrar) ~ **a algn EN algo**: **no puedo ~ más de cuatro personas en mi coche** I can't get *o* fit more than four people in my car; **lo metieron en la cárcel** they put him in prison; **metió a su hijo interno en un colegio** he sent his son to (a) boarding school **3** (colocar, emplear) ~ **a algn EN algo**: **consiguió ~ a su amigo en la empresa** she managed to get her friend a job with *o* in the company; ~ **a algn DE algo**: **lo metieron de aprendiz de carpintero** they apprenticed him to a carpenter, they got him a job as a carpenter's apprentice; **la metieron de sirvienta en la ciudad** they sent her to work as a maid in the city **4** (involucrar) ~ **a algn EN algo** to involve sb IN sth, get sb involved IN sth; **no quiero que metas a mi hijo en negocios sucios** I don't want you involving my son *o* getting my son involved in any dirty business; **no la metas a ella en esto** don't bring *o* drag her into this

B **1** (invertir) to put; **voy a ~ mis ahorros en el banco** I'm going to put my savings in the bank; **metió todo su capital en el negocio** she put all her capital into the business **2** ‹*tanto/gol*› to score **3** (en costura) ‹*dobladillo*› to turn up; **mételo un poco en las costuras** take it in a bit at the seams **4** **~le tijera/sierra a algo** to set to with the scissors/

saw on sth **5** (Auto) ‹*marcha/cambio*›: **mete (la) primera/tercera** put it into first/third (gear); **en este coche es muy difícil ~ la marcha atrás** it's very difficult to get into reverse in this car

C **1** (provocar, crear): **no metas ruido que estoy estudiando** keep the noise down, I'm studying; **no trates de ~me miedo** don't try to frighten *o* scare me; **nos están metiendo prisa en el trabajo** we're under a lot of pressure to do things faster at work; ***a todo ~*** (fam) ‹*ir/conducir*› flat out; **lleva una semana estudiando a todo ~** he's been studying flat out for a week; **~*le*** (AmL) to get a move on (colloq); **¡métanle, que no llegamos!** step on it *o* get a move on, or we won't get there in time!; **le metimos con todo** we did our utmost, we pulled out all the stops, we did everything we could **2** (fam) (encajar, endilgar): **me metieron una multa por exceso de velocidad** I got a ticket for speeding (colloq); **no me metas más mentiras** don't tell me any more lies, don't give me any more of your lies (colloq); **nos metió una de sus historias** she spun us one of her yarns **3** (Col arg) ‹*cocaína*› to snort (sl), to do (sl); ‹*marihuana*› to smoke

■ **meter** *vi* (Col arg) (consumir marihuana) to smoke (dope)

■ **meterse** *v pron*

A **1** (entrar) **~se EN algo**: **me metí en el agua** (en la playa) I went into the water; (en la piscina) I got into the water; **nos metimos en un museo** we went into a museum; **se metió en la cama** he got into bed; **métete por esa calle** go down that street; **quise ~me bajo tierra** I just wanted the ground to swallow me up; **no sabía dónde ~se de la vergüenza que le dio** she was so embarrassed she didn't know what to do with herself *o* where to put herself; **¿dónde se habrá metido el perro?** where can the dog have got to?, where can the dog be?; (+ *me/te/le etc*): **se me metió algo en el ojo** I got something in my eye; **cuando se le mete una idea en la cabeza ...** when he gets an idea into his head ... **2** (introducirse) **~se algo EN algo**: **me metí el dedo en el ojo** I stuck my finger in my eye; **se metió el dinero en el bolsillo** he put the money in(to) his pocket; **no te metas los dedos en la nariz** don't pick your nose; ***¡que se lo meta ahí mismo!*** or ***¡que se lo meta por dónde le quepa!*** (vulg) she can stuff it! (sl); ***ya sabes dónde te lo puedes ~*** (vulg) you know where you can stuff *o* shove it (vulg) **3** (fam) ‹*comida/bebida*› to put away (colloq)

B **1** (en un trabajo): **se metió de secretaria** she got a job as a secretary; **~se de** or **a cura/monja** to become a priest/nun **2** (involucrarse) **~se EN algo** to get involved IN sth; **no quiero ~me en una discusión** I don't want to get into *o* to get involved in an argument; **te has metido en un buen lío** you've got yourself into a fine mess; **no te metas en gastos** don't go spending a lot of money; **se había metido en un asunto muy turbio** she had got involved in *o* mixed up in a very shady affair **3** (entrometerse) to get involved; **no te metas en lo que no te importa** mind your own business, don't get involved in *o* don't meddle in things that don't concern you; **todo iba bien hasta que ella se metió por medio** things were going fine until she started interfering; **~*se con algn*** (fam): **no te metas conmigo que yo no te he hecho nada** don't go picking a fight with me, I haven't done anything to you; **no te metas conmigo que hoy no estoy para bromas** leave me alone, I'm in no mood for jokes today; **tú métete con los de tu edad/tamaño** why don't you pick on someone your own age/size?; **con su hijo no te metas, que es sagrado** (iró) don't say a word against her son, she worships him; **~*se donde no lo llaman*** to poke one's nose into other people's business (colloq); **¡no te metas donde no te llaman!** mind your own business!

meterete[1] **-ta** *adj* (RPl fam) nosy (colloq); **no seas ~** don't be nosy, don't poke your nose in (colloq)

meterete[2] **-ta** *m,f* (RPl fam) snoop (colloq), nosy parker (BrE colloq)

metete[1] *adj* (Andes) ▸**metiche**[1]

metete[2] *mf* (Andes) ▸**metiche**[2]

metiche[1] *adj* (AmL fam) nosy (colloq)

metiche[2] *mf* (AmL fam) snoop (colloq), nosy parker (BrE colloq); **siempre anda de ~ en todas partes** (Méx) she's always poking her nose in everywhere (colloq)

meticulosamente *adv* meticulously; **fueron ~ registrados** they were meticulously *o* thoroughly searched

meticulosidad *f* meticulousness

meticuloso -sa *adj* ‹*trabajo/investigación*› meticulous, thorough; ‹*persona*› meticulous

metida de pata *f* (AmL fam) ▸**metedura de pata**

metido[1] **-da** *adj*

A **[ESTAR]** (en un ambiente, una situación) **~ EN algo** mixed up *o* involved IN sth; **está muy ~ en política** he's very involved in politics; **¡quién sabe en qué tejemanejes andará ~!** it's anybody's guess what he's mixed up in!; **estoy ~ en un lío** I'm in trouble; ▸**carne**

B **1** **[SER]** (AmS fam) (entrometido) nosy (colloq); **no seas ~** don't be so nosy **2** **[ESTAR]** (Chi fam) (intrigado) intrigued

C **[ESTAR]** (CS fam) (enamorado) **~ CON algn** crazy *o* mad about sb (colloq), head over heels in love with sb (colloq); ***dejar ~ a algn*** (meter en problemas) (Chi fam) to put sb in a tight spot; (dejar plantado) (Col fam) to stand sb up (colloq)

metido[2] **-da** *m,f* (AmS fam) busybody (colloq), nosy parker (BrE colloq)

metileno *m* methylene

metilo *m* methyl

metlapil *m* (AmC, Méx) stone rolling pin

metódicamente *adv* methodically

metódico -ca *adj* methodical

metodismo *m* Methodism

metodista *adj/mf* Methodist

metodizar [A4] *vt* to methodize

método *m*

A (procedimiento) method; **~s de tortura** methods of torture; **todos aplicaron el mismo ~** everyone used *o* employed the same method; **el mejor ~ para aprobar es estudiar** the best way to pass is to study; **no conozco ningún ~ para quitar esa mancha** I don't know any way of getting that stain out

(Compuestos)

- **método analítico** analytic method
- **método anticonceptivo** contraceptive method, method of contraception
- **método sintético** synthetic method

B (de aprendizaje, enseñanza) method

(Compuestos)

- **método audiovisual** audiovisual method
- **método directo** direct method

C (libro de texto) course book; (manual) handbook

D (orden) method; **trabajar/proceder con ~** to work/proceed methodically

metodología *f* methodology

metomentodo *mf* (*pl* ~) (fam) busybody (colloq), nosy parker (BrE colloq)

metonimia *f* metonymy

metopa *f* metope

metraje *m* length (*of film*); **película de corto ~** a short, a short movie *o* film; **película de largo ~** a feature *o* feature-length movie *o* film

metralla *f* **1** (trozos) shrapnel **2** (munición) grapeshot

metralleta *f* submachine gun

métrica *f* metrics

métrico -ca *adj* metric, metrical

metrificación *f* metrification

metro *m*

A **1** ▸❶ **p.1376**, ▸❶ **p.1757**; (medida) meter*; **~ cuadrado/cúbico** square/cubic meter; **¿cuánto cuesta el ~ de esta tela?** how much is this material per meter?; **vender algo por ~(s)** to sell sth by the meter; **los 100 ~s vallas** the 100-meter hurdles **2** (cinta métrica) tape measure; (regla) ruler

(Compuesto) **metro de carpintero** carpenter's rule

B (Transp) subway (AmE), underground (BrE frml), tube (BrE)

C (en poesía) meter*

metrobús *m* **1** (para viajar) *combined bus and subway travel pass* **2** (vehículo) bus (*serving subway station*)

metrónomo *m* metronome

metrópolis (*pl* ~), **metrópoli** *f* **1** (ciudad grande) metropolis **2** (Hist) (capital) metropolis; (nación) mother country

metropolitano[1] **-na** *adj* **1** (de la ciudad) metropolitan; **área metropolitana** metropolitan area **2** ‹*iglesia*› metropolitan

metropolitano[2] *m* **1** (Transp) subway (AmE), underground (BrE) **2** (arzobispo) metropolitan

metrosexual *adj* metrosexual

mexicanismo *m* Mexicanism, Mexican word (*o* expression *etc*)

mexicano -na *adj/m,f* Mexican

México *m* **1** (país) Mexico **2** (capital) Mexico City

mexiquense *adj* (Méx) of/from Mexico City

mezanina *f* (Ven) mezzanine

mezanine *m or f* (esp AmL) mezzanine (floor)

mezcal *m* **1** (planta) mescal **2** (bebida) mescal

> **mezcal**
>
> An alcoholic drink similar to ▸**tequila** obtained in Mexico by distilling the juice or *aguamiel* extracted from roasted tips of the maguey plant. Bottles of *mezcal* are usually sold containing a *gusano*, the larva of an insect that lives on the maguey. This is said to enhance the flavor.

mezcla *f*

A (proceso) **1** (de productos) mixing; (de vinos, tabacos, cafés) blending **2** (de razas, culturas) mixing; **estos perros son producto de una ~** these dogs are crossbreeds **3** (Audio) mixing

B (combinación) **1** (de productos) mixture; (de vinos, tabacos, cafés) blend; (de tejidos) mix; **añadir cuatro cucharadas de azúcar a la ~** add four spoonfuls of sugar to the mixture; **es una ~ de distintos colores** it is a combination *o* mixture of different colors; **no me gusta la ~ de dulce y salado** I don't like mixing sweet and savory things; **habla una ~ de inglés y francés** he speaks a mixture of English and French **2** (de razas, culturas) mix **3** (Audio) mix **4** (Const) mortar

(Compuesto) **mezcla explosiva** (Arm) explosive mixture; **este cóctel es una ~ ~** (hum) this is a lethal cocktail (hum)

mezclado *m* mixing; **operaciones de ~** mixing process; **consola de ~** (Audio) mixing desk

mezclador[1] **-dora** *m,f* (persona) *tb* **~ de sonido** or **audio** sound mixer

mezclador[2] *m*, **mezcladora** *f* (aparato) mixing panel *o* board

mezclar [A1] *vt*

A **1** (combinar) to mix; **~ todo hasta formar una pasta** mix all the ingredients into a paste, mix all the ingredients together to form a paste; **mezclando diferentes estilos se obtiene esta decoración** this kind of decoration is achieved by mixing *o* combining different styles; **~ la harina y la mantequilla con los dedos** rub the butter into the flour with your fingertips; **~ algo CON algo** to mix sth WITH sth; **esta pintura se puede ~ con agua** this paint can be mixed with water; **~ los huevos con el azúcar** mix the eggs and the sugar together **2** ‹*café/vino/tabaco*› to blend

B ‹*papeles/documentos/ropa*› to mix up, get ... mixed up; **has mezclado todas las fotos** you've got(ten) the photographs all mixed *o* muddled up; **mezcla los dos idiomas** she gets the two languages mixed *o* muddled up; **~ algo CON algo** to get sth mixed up WITH sth; **mezcló estos recibos con los del mes pasado** she got these receipts muddled *o* mixed up with last month's

C (involucrar) **~ a algn EN algo** to get sb mixed up *o* involved IN sth, involve sb IN sth; **no la mezcles en esto** don't get her involved in this, don't involve her in this

■ **mezclarse** *v pron*
A «*persona*» **1** (con un fondo, una multitud) to merge **2** (involucrarse) **~se EN algo** to get mixed up *o* involved IN sth; **evita ~se en cuestiones políticas** she avoids getting mixed up *o* involved in politics **3** (tener trato con) **~se CON algn** to mix WITH sb; **se mezcla con toda clase de gente** she mixes with all kinds of people; **no te mezcles con ese tipo de gente** don't associate *o* mix with people like that
B «*razas/culturas*» to mix

mezclilla *f* **1** (tela de mezcla) cloth of mixed fibers **2** (Chi, Méx) (tela de jeans) denim

mezcolanza *f* (pey): **habla una ~ de francés y español** he speaks a mishmash (colloq) *o* peculiar mixture of French and Spanish; **¿cómo pretendes que encuentre algo en esta ~?** how do you expect me to find anything in this mess *o* muddle *o* jumble of things?; **es una ~ de estilos muy diferentes** it is a hodgepodge (AmE) *o* (BrE) hotchpotch of very different styles

mezquinar [A1] *vt* (esp AmL fam) to skimp on, be stingy with (colloq)

mezquindad *f* **1** (cualidad — de tacaño) meanness, stinginess (colloq); (— de ruin): **una persona de una ~ asombrosa** an incredibly nasty *o* (colloq) mean person **2** (acción egoísta) mean thing to do **3** (cantidad insignificante): **¡qué ~ de sueldo te pagan!** what paltry wages *o* what a pittance they pay you!; **esta ración es una ~** this is a really mean *o* stingy portion

mezquino¹ -na *adj* **1** (vil) mean, petty, small-minded **2** (tacaño) mean, stingy (colloq) **3** (escaso) ‹*sueldo/ración*› paltry, miserable

mezquino² *m* (Col, Méx) wart

mezquita *f* mosque

mezquital *m* mesquite wood

mezquite *m* mezquite; **vaina de ~** mesquite pod

mezzanina *f*, **mezzanine** /me(t)sa'nine/ *m or f* (AmL) mezzanine

mezzo-soprano, mezzo *f* mezzo soprano

mg. (= **miligramo**) mg

m/g. = **mi giro**

m'hijo -ja *pron* ▸ **mijo²**

MHz (= **megaherzio**) MHz

mi¹ *adj* (*delante del n*) my; **con ~s propias manos** with my own hands; **~ Fernandito es muy trabajador** (fam) my Fernando's very hard-working (colloq); **te voy a enseñar ~ Madrid** I'm going to show you *my* Madrid; **no fue ~ intención hacerte daño** I didn't mean *o* intend to hurt you; **~ querido amigo** my dear friend (frml *or* dated); **sí, ~ vida** yes, darling; **~s queridos hermanos** (Relig) dearly beloved; **sí, ~ capitán** yes, sir

mi² *m* (nota) E; (en solfeo) mi; **~ bemol/sostenido** E flat/sharp; **en ~ mayor/menor** in E major/minor

M.I. = **Muy Ilustre**

mí *pron pers* **1** me; **¿es para ~?** is it for me?; **delante de ~** in front of me; **para ~ que no entendió** if you ask me she didn't understand; **por ~ que haga lo que quiera** he can do as he likes as far as I'm concerned; **¿preguntó por ~?** did she ask after me?; **creo que se ofendió — ¿y a ~ qué?** (fam) I think she was offended — so? *o* so what? (colloq) **2** (uso enfático): **a ~ no me importa** *I* couldn't care less; **a ~ me parece estúpido** it seems stupid to *me*; **¡a ~ no me hables así!** don't speak to *me* like that! **3** (*refl*): **~ mismo/misma** myself; **voy a pensar en ~ misma** I'm going to think of myself, I'm going to look after number one (colloq); **todavía puedo valerme por ~ mismo** I can still look after myself

miaja *f* (fam): **no tiene ni ~ de sentido común** she doesn't have a scrap *o* an ounce of common sense (colloq); **ponme una ~ más de vino** give me a drop *o* a tiny bit more wine; **¡come un poco más, eso es una ~!** have a little more, that's a tiny portion

mialgia *f* myalgia

miasma *m* miasma

miau *m* miaow; **el gato hizo ~** the cat miaowed

mica *f*
A **1** (Min) mica **2** (AmL) (de un reloj) crystal
B (Col) (de niño) potty (colloq)

micado *m* mikado

micción *f* urination, micturition (tech)

miccionar [A1] *vi* (frml) to urinate, micturate (frml)

Micenas Mycenae

miche *m* (Ven) *spirituous liquor flavored with herbs and spices*

michelín *m* (fam) spare tire• (colloq), roll of fat

michi *m* (AmL fam) puss (colloq), pussy (colloq), pussy cat (colloq)

michicato -ta *adj* (Col fam) tightfisted (colloq)

michimán *m* (Chi fam) midshipman

michino -na *m,f* (fam) puss (colloq), pussy (colloq), pussy cat (colloq)

micho -cha *m,f*
A (fam) (gato) puss (colloq), pussy (colloq), pussy cat (colloq)
B **micho** *m* (Per) (Jueg) noughts and crosses

micifuz *m* pussycat (colloq)

mico -ca *m,f*
A (Zool) long-tailed monkey; (como término genérico) monkey; ***como ~ en costurero*** (Col fam): **gozaron** *or* **se divirtieron como ~s en costurero** they had a whale of a time (colloq); ***volverse ~*** (Esp fam) to go crazy
B **mico** *m* (fam) **1** (persona coqueta): **eres un ~** you're so vain **2** (persona fea): **es un ~** he's an ugly devil (colloq) **3** ▸ **microbio 2** **4** (Ven) (persona de mala pinta) unsavory• type
C **mico** *m* (AmC vulg) (de la mujer) beaver (AmE sl), fanny (BrE sl)

micología *f* mycology

micosis *f* (*pl* ~) mycosis

micótico -ca *adj* mycotic

micra *f* micron

micrero -ra *m,f* (Chi) bus driver

micro¹ *m*
A (Transp) **1** (fam) (microbús) small bus **2** (Arg) (autocar) bus, coach (BrE)
B (fam) (micrófono) mike (colloq)
C (microordenador) microcomputer, micro

micro² *f* (Chi) bus

micro- *pref* micro-

microanalizador *m* microprobe

microbiano -na *adj* microbial, microbic

microbio *m* **1** (Biol) microbe **2** (fam) (niño pequeño): **tú, ~, a la cama** come on, shrimp, off to bed (colloq); **cuando yo era un ~** when I was knee-high to a grasshopper (colloq), when I was a toddler

microbiocida *m* (Farm) microbiocide

microbiología *f* microbiology

microbiológico -ca *adj* microbiological

microbiólogo -ga *m,f* microbiologist

microbús *m* **1** (bus pequeño) small bus **2** (Chi frml) (autobús) bus

microcéfalo -la *adj* microcephalic

microchip /mikro'tʃip/ *m* (*pl* **-chips**) microchip

microcirugía *f* microsurgery

microclima *m* microclimate

microcomputación *f* microcomputing

microcomputadora *f* (esp AmL) microcomputer, micro

microcosmos (*pl* ~), **microcosmo** *m* microcosm

microcrédito *m* (Fin) microcredit

microeconomía *f* microeconomics

microeconómico -ca *adj* microeconomic

microelectrónica *f* microelectronics

microelectrónico -ca *adj* microelectronic

microfibra *f* microfiber•

microficha *f* microfiche, fiche

microfilm (*pl* **-films**), **microfilme** *m* microfilm

microfilmar [A1] *vt* to microfilm

microfísica *f* microphysics

micrófono *m* microphone; **hablar por el ~** to speak over the microphone

microgestión *f* micromanagement

microgestionar [A1] *vt* to micromanage

microgravedad *f* microgravity

microinformática *f* microcomputing

microinformático -ca *adj* microcomputer (*before n*)

microlentilla *f* contact lens

micrómetro *m* micrometer

microminiaturización *f* microminiaturization

micromundo *m* microworld

micrón *m* micron

micronavegador *m* (Inf) microbrowser

microonda *f* microwave; **transmisión mediante enlaces de ~s** transmission using microwave links

microondas *m* (*pl* ~) microwave oven, microwave

microordenador *m* (Esp) microcomputer, micro

microorganismo *m* microorganism

micropago *m* (Fin) micropayment

microprocesador *m* microprocessor

microprograma *m* microprogram

microprogramación *f* (Comput) microprogramming

micropunto *m* microdot

microscopía *f* microscopy

microscópico -ca *adj* **1** (Ópt) microscopic **2** (fam) (diminuto) microscopic; **tiene una letra microscópica** she has microscopic *o* minute handwriting

microscopio *m* microscope; **mirar algo al** *or* **por el ~** to look at sth under the microscope
(Compuesto) **microscopio electrónico** electron microscope

microsegundo *m* microsecond

microsurco *m* microgroove

microtecnología *f* microtechnology

microteléfono *m* (Esp) receiver

microtransmisor *m* microtransmitter

microtul *m* (RPl) micromesh

mida, midas, etc ▸ **medir**

Midas Midas; ***ser un rey ~*** to have the Midas touch

midi¹ *adj inv* (Indum) midi-length (*before n*)

midi² *f* midi

miéchica *interj* (Chi, Per fam) **1** (expresando disgusto) damn! (colloq), darn it! (colloq) **2** (uso expletivo): **¿quién/qué/dónde ~ ...?** who/what/where the hell ...?

miedica *mf* (Esp fam) coward, chicken (colloq)

mieditis *f* (fam & hum): **¿te da ~?** are you scared?; **les tengo ~ a las jeringas** I'm terrified of needles, I get the jitters when I see a needle (colloq)

miedo *m* fear; **¡qué ~ pasamos!** we were so frightened *o* scared!; **el ~ se apoderó de ellos** they were gripped by *o* overcome with fear; **estaba temblando de ~** he was trembling with fear; **casi me muero de ~** I almost died of fright, I was scared half to death (colloq); **me da ~ salir de noche** I'm afraid to go *o* of going out at night; **esto le hará perder el ~** this will help him overcome his fear; **estaba que se cagaba de ~** (vulg) he was shit-scared *o* scared shitless (vulg); **~ A algo/algn** fear OF sth/sb; **el ~ a la muerte/a lo desconocido** fear of death/the unknown; **le tiene ~ a la oscuridad/su padre** he's scared *o* frightened *o* afraid of the dark/his father; **cogerle** *or* **agarrarle ~ a algo/algn** to become frightened *o* scared of sth/sb; **por ~ a ser descubierto** for fear of being found out; **tengo ~ de perderme** I'm worried *o* afraid I might get lost; **tiene ~ de caerse** he's afraid of falling, he's afraid he might fall; **tengo ~ de que se ofenda** I'm afraid he will take offense, I'm worried he might take offense; ***de ~*** (esp Esp fam): **se ha**

m

comprado un coche de ~ he's bought himself a fantastic *o* great car (colloq); **en la fiesta lo pasamos de ~** we had a fantastic *o* great time at the party (colloq); **jugaron de ~** they played fantastically *o* brilliantly (colloq); **hace un frío de ~** it's freezing cold; ▸**película**

(Compuesto) **miedo escénico** stage fright

miedoso[1] **-sa** *adj*: **¡no seas ~! no te va a hacer daño** don't be frightened *o* scared! it won't hurt you; **¡qué ~ es!** he's such a coward!, he's so easily scared *o* frightened by things

miedoso[2] **-sa** *m,f* coward, scaredy cat (colloq)

miel *f* honey; **dulce como la ~** as sweet as honey; ***dejar a algn con la ~ en los labios*** to snatch sth away from under sb's nose; ***~ sobre hojuelas:* es un piso estupendo y además muy barato, ~ sobre hojuelas** it's a fantastic apartment and, what's more *o* better still, it's cheap; ***no se hizo la ~ para la boca del asno*** I'm/you're casting pearls before swine; ***no hay ~ sin hiel*** there's no rose without a thorn, there's always a catch

(Compuestos)
- **miel de caña** sugar-cane syrup, golden syrup (BrE)
- **miel de maíz** corn syrup
- **miel de palma** palm syrup

mielera *f* honeypot, honey jar *ver tb* **mielero**[2]

mielero[1] **-ra** *adj* ‹*producción*› honey (*before n*); ‹*región*› honey-producing (*before n*)

mielero[2] **-ra** *m,f* honey producer

mielga *f* 1 (Bot) alfalfa 2 (Zool) spiny dogfish

mielina *f* myelin

mieloma *f* myeloma

miembro *mf*

A 1 (de una organización, asociación) member; **dos de los ~s de la expedición** two members of the expedition 2 (*como adj*) ‹*estado/países*› member (*before n*) 3 (Mat) member

(Compuestos)
- **miembro de número** full member
- **miembro de pleno derecho** full member

B **miembro** *m* (Anat) limb; **~s anteriores/posteriores** fore/back limbs

(Compuesto) **miembro viril** (euf) male member (euph)

mienta, mientas, etc ▸**mentir**

mientes *fpl* (liter): **tener algo en ~** to have sth in mind; **me vino a las ~ que ...** it occurred to me that ...; **parar** *or* **poner ~ en algo** to consider sth, think about sth

mientras[1] *adv*

A (al mismo tiempo) *tb* **~ tanto** in the meantime, meanwhile; **yo caliento la comida, tú ~ (tanto) puedes poner la mesa** I'll heat the food up and while I'm doing that you can set the table *o* and you can be setting the table meanwhile

B (esp AmL) (cuanto): **~ más se le da, más pide** the more you give him, the more he wants; **~ menos tenga que tratar con ella, mejor** the less I have to deal with her the better

mientras[2] *conj*

A (indicando simultaneidad) while; **entraron ~ dormíamos** they got in while we were asleep

B 1 (con idea de futuro, condición, etc) (+ *subj*) as long as; **mientras pueda/viva** as long as I can/live; **~ persistan en esa actitud no van a conseguir nada de él** as long as they persist with that attitude *o* unless they change their attitude they won't get anywhere with him 2 **~ (que)** (siempre que) (+ *subj*) as long as; **~ (que) él no se entere ...** as long as he doesn't find out ...

C **mientras que** (con valor adversativo) whereas, while; **él ha ganado varios premios, ~ que su hermano es totalmente desconocido** he has won several awards while *o* whereas his brother is totally unknown

miérc. (= **miércoles**) Wed.

miércoles *m* (*pl* **~** ▸**❶ p.371**)

A (día) Wednesday; *para ejemplos ver* **lunes**

(Compuesto) **miércoles de ceniza** Ash Wednesday

B (fam & euf) (uso expletivo): **¡~!** shoot! (AmE colloq & euph), sugar! (BrE colloq & euph); **perro de ~** (AmL) blooming dog (colloq), effing dog (colloq & euph); **hace un tiempo de ~** it's lousy weather (colloq)

mierda *f*

A (vulg) (excremento) shit (vulg)

B (vulg) 1 (cosa despreciable): **es una ~ de empleo** it's a crappy *o* lousy job (colloq); **la película resultó ser una ~** the movie was (a load of) crap (sl) 2 (mugre) filth, crap (sl), shit (vulg) 3 (Esp) (para desear suerte) break a leg! 4 (uso expletivo): **y ahora ¿qué ~ hago con esto?** and what the hell do I do with this? (colloq); **¿dónde ~ me dejaron las llaves?** where the hell have they put my keys? (colloq); ***¡a la ~ con ... !*** (vulg) to hell with ... ! (colloq); ***hacer ~ a algn*** (Méx vulg) to beat the hell (colloq) *o* (vulg) shit out of sb; ***hecho (una) ~*** (vulg): **tiene la casa hecha una ~** his house is in a hell of a mess *o* a real state (colloq); ***irse a la ~*** (vulg) ‹‹*proyecto/empresa*›› to go to the dogs, go to pot (colloq); ***mandar a algn a la ~*** (vulg) to tell sb to go to hell *o* get lost (colloq), to tell sb to screw himself/herself *o* (BrE) to piss off (vulg); ***mandar algo a la ~*** (vulg): **decidió mandar el trabajo a la ~** she decided that work could go to hell (colloq); ***sacarle la ~ a algn*** (Chi vulg) to beat the hell (colloq) *o* (vulg) shit out of sb; **¡vete a la ~!** (vulg) go to hell! (colloq), fuck off! (vulg), piss off! (BrE vulg); ***¡y una ~!*** (Esp vulg) like hell! (sl); **¿me prestas el coche? — ¡y una ~!** will you lend me the car? — like hell (I will)! (colloq)

C (Esp vulg) (borrachera): **agarrar** *or* **pillar una ~** to get rat-assed (vulg), to get shit-faced (AmE vulg), to get pissed (BrE sl)

D (arg) (hachís) shit (sl)

E **mierda** *mf* (vulg) shit (vulg)

mies *f* ripe grain; **~es** cornfields

miga *f*

A 1 (trocito) crumb 2 (parte blanda) crumb; **se comió la corteza y dejó la ~** he ate the crust and left the crumb *o* the inside part of the bread; ***estar/quedar hecho ~s*** (fam) ‹‹*jarrón/vaso*›› to be smashed to pieces *o* smithereens; ‹‹*persona*›› to be shattered (colloq); ***hacer buenas/malas ~s (con algn)*** to get on well/badly (with sb)

B **migas** *fpl* (Coc) *breadcrumbs fried in garlic, etc*

C 1 (contenido, sustancia) substance 2 (dificultad) difficulties (*pl*); **el asunto tiene su ~** it has its difficulties *o* it's quite tricky *o* there's more to it than meets the eye

migajas *fpl* 1 (de pan) breadcrumbs (*pl*) 2 (sobras) leftovers (*pl*), scraps (*pl*), remains (*pl*)

migar [A3] *vt* to crumble

migra *f* (Méx fam & pey): **la ~** the immigration police (*on the US-Mexican border*)

migración *f* migration

migrante *mf* migrant

migraña *f* migraine

migrar [A1] *vt/i* to migrate

migratorio -ria *adj* migratory

Miguel Ángel (Art) Michelangelo

miguelito *m* (CS) *device with metal spikes laid in the road to stop cars*

mijo[1] *m* millet

mijo[2] **-ja** *pron* (apelativo) (AmL fam): **sírvase, ~** help yourself, dear; **¿qué le pasa, mijito?** what's the matter, sweetie *o* darling *o* honey *o* (BrE) love? (colloq); **¡ah no, mijito, yo lavé los platos ayer!** no way, buddy (AmE) *o* (BrE) sunshine, I did the dishes yesterday! (colloq)

mikado *m* 1 (Hist) mikado 2 (Jueg) spillikins, jackstraws, pick up sticks

mil[1] *adj inv/pron* thousand; **~ quinientos pesos** fifteen hundred pesos, one thousand five hundred pesos; **un billete de ~** a thousand peso/euro bill (AmE) *o* (BrE) note; **20 ~ millones de euros** 20 billion euros (AmE), 20 thousand million euros (BrE); **el año ~** the year one thousand; **Las ~ y una noches** (Lit) the Arabian Nights; **se lo he dicho una y ~ veces** I've told him a thousand times; **tengo ~ cosas que hacer** I have a thousand and one things to do; ***a las ~ quinientas*** *or* ***a las ~ y una*** very late; ***estar/ponerse a ~*** (Col fam) (nervioso) to be/get uptight (colloq) (furioso) to be/get hopping mad (colloq)

mil[2] *m* ▸**❶ p.575** (number) one thousand; **el dos por ~ de la población** two per thousand of the population, zero *o* nought point two percent of the population; **se lo he dicho ~es de veces** I've told him hundreds *o* thousands of times

milady /mi'leidi/ *f* milady

milagrero -ra *m,f* (fam) miracle-worker

milagro *m* 1 (Relig) miracle 2 (hecho insólito, asombroso) miracle; **tú por aquí ¡qué ~!** well, imagine *o* (BrE) fancy seeing you here!; **es un ~ que no llegaras tarde con este tráfico** it's a wonder you weren't late with all this traffic; **salió con vida de ~** it was a miracle that she got out of there alive; **cogí el tren de ~** by a miracle I caught the train *o* miraculously, I caught the train; **escaparon de ~** they had a miraculous escape, it was a miracle that they escaped; ***hacer ~s*** to work wonders

milagrosamente *adv* miraculously

milagroso -sa *adj* 1 ‹*cura/remedio*› miraculous, miracle (*before n*) 2 (insólito, asombroso) amazing, miraculous; **fue ~ que saliera ileso** it was amazing *o* miraculous that he wasn't hurt, it was a miracle that he wasn't hurt

Milán *m* Milan

milanesa *f*: *thin breaded cutlet of meat or chicken*, escalope (BrE); **berenjenas a la ~** aubergines fried in breadcrumbs

milano *m* kite

mildeu, mildiu *m* mildew

milenariamente *adv* for a thousand years *or* more

milenario -ria *adj* thousand-year-old (*before n*)

milenio *m* millennium

milenrama *f* yarrow

milésima *f* (de un segundo) thousandth; (de un grado) thousandth

milésimo[1] **-ma** *adj/pron* 1 ▸**❶ p.575**; (ordinal) thousandth 2 (partitivo): **la milésima parte** a thousandth

milésimo[2] *m* ▸**❶ p.243** thousandth

milhojas *f* (*pl* ~) 1 (Coc) millefeuille 2 (Bot) yarrow, milfoil

mili *f* (Esp fam) military service; **hacer la ~** to do one's military service; **está en la ~** he's doing his military service

mili- *pref* milli-

> **mili**
>
> In Spain, the colloquial term for compulsory military service. Abolished in 2001, it was for years an important factor in Spanish life. It was once an opportunity for many people to leave their home town and learn to read and write. One could avoid ▸**la mili** by declaring oneself an *objetor de conciencia*. Objectors did community service *prestación social sustitutoria*. Those who refused to do this were called ▸**insumisos**.

milibar *m* millibar

milicia *f* militia; **~s populares** popular militias

(Compuesto) **milicias universitarias** *fpl* (Hist) *military service done by students in the summer vacation*

miliciano -na *m,f* militiaman, member of the militia

milico *m* (AmL fam & pey) soldier; **los ~s** the military; **se casó de ~** he was married in uniform

miligramo *m* ▸**❶ p.630** milligram

mililitro *m* ▸**❶ p.998** milliliter*

milimetrado -da *adj*: **papel ~** graph paper

milimétricamente *adv* ‹*calcular*› precisely, exactly; ‹*planear*› in minute detail, to the last detail; ‹*ejecutar*› precisely, accurately; **rastrearon ~ el lugar** they searched the place thoroughly, they went through the place with a fine-toothed comb; **piezas que se encajan ~** pieces which fit together exactly; **son ~ precisos** they are accurate to the millimeter*

milimétrico -ca *adj* (Tec) millimetric; **con precisión milimétrica** with pinpoint accuracy
milímetro *m* ▸ⓘ **p.1376** millimeter*
milisegundo *m* millisecond
militancia *f* [1] (filiación) political affiliation [2] (militantes) members (*pl*)
militante[1] *adj* politically active; **era de izquierda, pero nunca fue ~** he was left-wing, but never particularly active *o* militant
militante[2] *mf* activist
(Compuesto) **militante de base** rank-and-file *o* grassroots member
militar[1] *adj* military
militar[2] *mf* soldier, military man; **los ~es** the military
(Compuesto) **militar de carrera** career soldier
militar[3] [A1] *vi* to be politically active; **~ en un partido político** to be an active member of a political party; **era de izquierda, pero nunca militó** he was left-wing, but never politically active
militarada *f* putsch, attempted military coup
militarismo *m* militarism
militarista *adj/mf* militarist
militarización *f* militarization
militarizar [A4] *vt* to militarize
militroncho *m* (Esp fam & pey) soldier
milivatio *m* milliwatt
milivoltio *m* millivolt
milla *f* ▸ⓘ **p.1376** mile
(Compuesto) **milla náutica** *or* **marina** nautical mile
millaje *m* mileage
millar *m* [1] (mil unidades) thousand; **hubo un ~ de heridos** about a thousand people were injured [2] **millares** *mpl* (gran cantidad) thousands (*pl*); **recibieron ~es de llamadas** they received thousands of calls
millardo *m* billion, thousand million
millo *m* (Esp) maize, corn (AmE)
millón *m* ▸ⓘ **p.575** million; **15 mil millones de euros** 15 billion euros (AmE), 15 thousand million euros (BrE); **un ~ de gracias** thank you very much; **tengo un ~ de cosas que hacer** I've got a million and one things to do; **se lo he dicho millones de veces** I've told him thousands *o* millions of times; **esas joyas valen millones** those jewels are worth millions (of pesos *o* euros *etc*)
millonada *f* (fam) fortune; **el coche les ha costado una ~** the car has cost them a fortune *o* (BrE colloq) a packet
millonario[1] **-ria** *adj*: **es ~** he's a millionaire; **premios ~s** prizes worth millions
millonario[2] **-ria** *m,f* millionaire
millonésima *f* millionth; **a la ~** to the millionth (power)
millonésimo[1] **-ma** *adj/pron* [1] ▸ⓘ **p.575**; (ordinal) millionth [2] (partitivo): **la millonésima parte** a millionth
millonésimo[2] ▸ⓘ **p.243** *m* millionth
milonga *f*
[A] (Mús) *a type of dance and music from the River Plate region*
[B] (RPl arg) [1] (fiesta) party, bash (colloq) [2] (juerga): **le gusta tanto la ~** he's a real party-goer, he loves going out on the town (colloq) [3] (mujer fácil) slut (colloq & pej)
milonguero -ra *m,f* (RPl arg) reveler, raver (BrE colloq)
milord /mi'lor/ *m* milord
milpa *f* (AmC, Méx) [1] (campo) field (*used mainly for the cultivation of maize*), milpa [2] (cultivo) crop, milpa
milpear [A1] *vi* (AmC, Méx) to work the land
milpero[1] **-ra** *adj* (AmC, Méx) ‹*cultivo*› maize (*before n*), corn (*before n*); ‹*región/campesino*› maize-growing (*before n*), corn-growing (*before n*); ‹*agricultura*› maize-based, corn-based
milpero[2] **-ra** *m,f* (AmC, Méx) maize farmer, corn farmer
milpiés *m* (*pl* ~) [1] (cochinilla) woodlouse [2] (miriápodo) millipede
milrayas *m* (*pl* ~) [1] (Tex) striped fabric [2] (pantalón) fine-striped pants (AmE) *o* (BrE) trousers (*pl*)
miltomate *m* (AmC, Méx) tomatillo, husk-tomato, ground cherry
mimado[1] **-da** *adj* spoiled, pampered
mimado[2] **-da** *m,f* spoiled child; **el niño este es un ~** this child is spoiled *o* (pej) is a spoiled brat; **son los ~s de la prensa** they are the darlings of the press
mimar [A1] *vt* to spoil, pamper, mollycoddle
mimbre *m* [1] (material) wicker, wickerwork, basketwork; **silla de ~** wicker(work) *o* basket chair [2] (varita) wicker [3] (planta) osier, willow
mimbrera *f* [1] (arbusto) osier [2] (sauce) willow
mimeografiar [A17] *vt* to mimeograph, roneo (BrE)
mimeógrafo *m* mimeograph, Roneo®
miméticamente *adv* mimetically, by way of imitation
mimético -ca *adj* [1] (imitativo) mimetic, imitative; **tendencias miméticas de los niños** children's imitative tendencies [2] (Biol) mimetic
mimetismo *m* mimicry, mimesis (tech)
mimetizarse [A4] *v pron*: **se mimetizó en el terreno** it merged *o* blended into the landscape
mímica *f* [1] (Teatr) mime [2] (gestos, señas) sign language, mime; **se hace entender con ~** he communicates by sign language; **yo hago la ~ y tú adivinas el título de la película** I'll mime it and you guess the title of the movie [3] (imitación) imitation
mímico -ca *adj* mimic (*before n*); **lenguaje ~** sign language
mimo *m*
[A] [1] (caricia) cuddle; **la convenció con un ~** he gave her a cuddle and persuaded her; **¡cómo le gusta que le hagan mimitos!** he loves to be cuddled *o* to be made a fuss of, he loves affection [2] (trato indulgente) pampering; **lo criaron con mucho ~** he had a very pampered upbringing [3] (cuidado, celo): **limpiaba con ~ los adornos** she lovingly cleaned the ornaments; **trátalo con mucho ~** treat it with great care [4] (fam) (mañas): **lo único que tiene es ~(s)** she's just a spoiled brat trying to get attention (colloq & pej)
[B] **mimo** *mf* mime
mimosa *f* mimosa
mimoso[1] **-sa** *adj*: **es muy ~** he loves being made a fuss of *o* being pampered
mimoso[2] **-sa** *m,f*: **es una mimosa incorregible** she loves being made a fuss of *o* being pampered
min (= **minuto**) min
mín (= **mínimo**) min
mina *f*
[A] (yacimiento) mine; (excavación) mine; **una ~ de carbón** a coalmine; **es una ~ de información** he's a mine of information; ***ser una ~* (de oro)** ‹‹*negocio*›› to be a real goldmine; ‹‹*persona*›› to be worth one's weight in gold
(Compuestos)
- **mina a cielo abierto** strip mine (AmE), open-cast mine (BrE)
- **mina a tajo abierto** (Andes) ▸**mina a cielo abierto**

[B] (de lápiz) lead
[C] (Mil, Náut) mine; **un campo sembrado de ~s** a minefield
(Compuestos)
- **mina antipersonal** anti-personnel mine
- **mina magnética** limpet mine
- **mina submarina** submarine mine

[D] (Hist, Mil) (galería) underground passage
[E] (CS arg) (mujer) broad (AmE sl), bird (BrE sl)
minador -dora *m,f*
[A] (Hist) sapper
[B] **minador** *m* (barco) minelayer
minar [A1] *vt* [1] (Mil, Náut) ‹*campo/mar*› to mine [2] (debilitar) ‹*salud*› to damage; ‹*autoridad/moral*› to undermine; **el país había sido minado por una guerra civil** the country had been weakened by a civil war
minarete *m* minaret
mineral[1] *adj* mineral
mineral[2] *m* [1] (sustancia) mineral [2] (de un metal) ore; **~ de cobre/hierro** copper/iron ore [3] (Chi) (mina) mine
mineral[3] *f* (fam) mineral water
mineralero *m* ore carrier
mineralogía *f* mineralogy
mineralogista *mf* mineralogist
minería *f* mining industry
minero[1] **-ra** *adj* mining (*before n*); **explotación minera** mining development
minero[2] **-ra** *m,f* miner
Minerva Minerva
minestrón *f o m* (AmL) minestrone
MINEX /mi'neks/ *m* (en Nic) = **Ministerio del Exterior**
minga *f*
[A] (Esp vulg) (pene) prick (vulg), cock (vulg)
[B] (Andes) (faena) *farm work carried out in exchange for food*
[C] (RPl fam): **no tiene ~ de tacto** he hasn't an ounce of tact; **hablar, habla mucho, pero ~ de ayudar** oh, she talks a lot, but she won't lift a finger *o* doesn't do a thing to help (colloq); **~ que se lo voy a dar** like hell I'll give it to him! (colloq)
mingaco *m* (Chi) ▸**minga B**
mingitorio *m* urinal
mingo *m* (Ven) target ball (*used in* ▸**bolas criollas**)
mini[1] *m* (fam) mini, minicomputer
mini[2] *f* (fam) miniskirt, mini (colloq)
mini- *pref* mini-; **fue una ~crisis** it was a mini-crisis *o* a minor crisis; **el ~presupuesto de que disponemos** (hum) our mini-budget (hum)
miniado *m* illumination
miniar [A1] *vt* to illuminate
miniatura *f* [1] (Art) miniature; **retratos en ~** miniatures [2] (fam) (cosa, persona diminuta): **¡qué ~ de pie!** what a tiny *o* (BrE colloq) dinky little foot; **trabajan cinco personas en esa ~ de oficina** five people work in that tiny *o* poky *o* (BrE) titchy little office (colloq)
miniaturista *mf* miniaturist
miniaturización *f* miniaturization
miniaturizar [A4] *vt* to miniaturize; **electrónica miniaturizada** miniaturized electronics
minibar *m* minibar
minicámara *f* minicam
minicine *m* small movie house (*within a multiplex*)
minicomputadora *f* minicomputer
minicumbre *f* mini-summit
minifalda *f* miniskirt
minifaldera *f*: **las ~s** miniskirted girls, girls in miniskirts; **recordaba sus años de ~** she remembered her miniskirt-wearing years *o* the years when she wore miniskirts
minifaldero -ra *adj* ‹*moda*› miniskirt (*before n*); **jovencitas minifalderas** miniskirted young girls, young girls in miniskirts; **lucía un modelito ~** she was wearing a little miniskirted number
minifundio *m* (propiedad) small farm, smallholding (BrE); (sistema) *division of land into small farms*
minifundismo *m*: *land-ownership system based on small farms*
minifundista *mf* small farmer, smallholder (BrE)
mini-golf *m* miniature golf
mínima *f* minimum temperature; **las temperaturas de hoy han sido 20°C de máxima y 5°C de ~** the maximum temperature today was 20°C and the minimum 5°C; ***a la ~*** (fam) at/for the slightest little thing
minimalismo *m* minimalism
minimalista *mf* minimalist
mínimamente *adv* minimally; **una operación ~ invasiva** a minimally invasive operation; **serán los ~ beneficiados** they will be

the ones who least benefit; **es lo ~ exigible** it is the least that can be demanded

minimizar [A4] *vt* **1** (reducir al mínimo) to minimize **2** (quitar importancia) ‹*gravedad/problema/preocupación*› to make light of, play down

mínimo[1] **-ma** *adj* **1** ‹*temperatura/cantidad/peso*› minimum (*before n*); **los beneficios han sido ~s** profits have been minimal; **no le importa lo más ~** he couldn't care less, he doesn't care in the least; **el trabajo no le interesa en lo más ~** he is not in the least *o* slightest bit interested in his work; **S consumición/tarifa mínima 2 euros** minimum charge 2 euros; **no tengo la más mínima idea** I haven't the faintest *o* slightest idea; **no se preocupa en lo más ~ por su familia** she doesn't show the slightest concern for her family; **me contó hasta los detalles más ~s de su experiencia** he told me about his experience in minute detail; **era lo mínimo que podía hacer** it was the least I could do **2** (muy pequeño) minute, tiny; **una casa de proporciones mínimas** a tiny house, a house of minute proportions

(Compuesto) **mínimo común denominador/múltiplo** lowest common denominator/multiple

mínimo[2] *m*: **la bolsa ha alcanzado el ~ del año** the stock exchange has reached its lowest point this year; **pretende hacer todo con un ~ de esfuerzo** he tries to do everything with a minimum of effort *o* with as little effort as possible; **gana un ~ de $50.000** she earns a minimum of $50,000; **no tiene ni un ~ de educación** she has absolutely no manners; **al menos podría tener un ~ de respeto** he could at least show a little (bit of) *o* a modicum of respect; **para hacer ese trabajo tiene que tener un ~ de inteligencia** a modicum of intelligence is required to do this job; **si tuvieras un ~ de sentido común, no habrías hecho eso** if you had any sense at all *o* if you had a modicum of sense, you wouldn't have done that; **tendrá, como ~, unos 40 años** he must be at least forty; **como ~ podrías haberle dado las gracias** you could at least have thanked him; **habrá que reducir al ~ los gastos** costs will have to be kept to a minimum

minimoto *f* (Transp) minmoto; pocketbike

mínimum *m* ▸**mínimo**[2]

minino -na *m,f* (fam) puss (colloq), pussy (colloq), pussy cat (colloq)

minio *m* minium, red lead

miniordenador *m* (Esp) minicomputer

minipíldora *f* minipill

minipímer® *m or f* (Esp) hand blender

miniserie *f* miniseries

minishorts /mini'ʃors/ *mpl* hot pants (*pl*)

ministerial *adj* ‹*reunión*› cabinet (*before n*); ‹*orden*› ministerial

ministerio *m*

A (Pol) ministry, department (AmE)

(Compuestos)

- **Ministerio de Asuntos Exteriores** ▸**Ministerio de Relaciones Exteriores**
- **Ministerio de Defensa** ≈ Defense Department (*in US*), ≈ Ministry of Defence (*in UK*)
- **Ministerio de Economía** ≈ Treasury Department (*in US*), ≈ Treasury (*in UK*)
- **Ministerio de Hacienda** ≈ Treasury Department (*in US*), ≈ Treasury (*in UK*)
- **Ministerio de la Gobernación** (ant) ▸**Ministerio del Interior**
- **Ministerio del Interior** ≈ Department of the Interior (*in US*), ≈ Home Office (*in UK*)
- **Ministerio de** *or* **del Medio Ambiente** Ministry/Department of the Environment
- **Ministerio de Relaciones Exteriores** ≈ State Department (*in US*), ≈ Foreign Office (*in UK*)
- **Ministerio de** *or* **del Trabajo** Ministry/Department of Employment
- **Ministerio Fiscal** *or* **Público** Attorney General's office

B (Relig) ministry

ministrable *mf* potential ministerial candidate

ministro -tra *m,f* minister, government minister

(Compuestos)

- **Ministro de Asuntos Exteriores** ▸**Ministro de Relaciones Exteriores**
- **Ministro de Comercio** Secretary of Commerce (AmE), Trade Secretary (*in UK*)
- **Ministro de Defensa** ≈ Defense Secretary (*in US*), ≈ Minister of Defence (*in UK*)
- **Ministro de Economiá** ≈ Secretary of the Treasury (*in US*), ≈ Chancellor of the Exchequer (*in UK*)
- **Ministro de Hacienda** ≈ Secretary of the Treasury (*in US*), ≈ Chancellor of the Exchequer (*in UK*)
- **Ministro del Interior** ≈ Secretary of the Interior (*in US*), ≈ Home Secretary (*in UK*)
- **Ministro de Relaciones Exteriores** ≈ Secretary of State (*in US*), ≈ Foreign Secretary (*in UK*)
- **ministro plenipotenciario** plenipotentiary, envoy
- **ministro sin cartera** minister without portfolio

minisubmarino *m* (Náut) minisubmarine

miniturismo *m* (Arg): **me voy a dedicar a hacer ~ por los alrededores** I'm going to spend some time going on short trips *o* excursions around the area

minoico -ca *adj* Minoan

minoría *f* minority; **~ parlamentaria** parliamentary minority; **estar en ~** to be in a/the minority; **~s étnicas** ethnic minorities; **proteger los derechos de las ~s** to protect the rights of minorities *o* minority rights; **los que apoyaban la huelga eran una ~** those who supported the strike were a minority; **gobernar en ~** to rule with a minority government

(Compuesto) **minoría de edad** minority

minoridad *f* minority

minorista[1] *adj* retail (*before n*); **comerciante/vendedor ~** retailer

minorista[2] *mf* retailer

minoritario -ria *adj* minority (*before n*); **un deporte ~** a minority sport

Minos Minos

Minotauro Minotaur

MINT /mint/ *m* (en Nic) = **Ministerio del Interior**

mintiera, mintió, etc ▸**mentir**

minucia *f* **1** (detalle pequeño) minutia (frml), minor detail; **no te entretengas en ~s** don't waste time with minutiae *o* petty details *o* trivialities **2** (cualidad) detail; **nos explicó con ~ la situación** he explained the situation to us in detail *o* thoroughly

minuciosamente *adv* meticulously, thoroughly

minuciosidad *f*: **el cuadro está pintado con ~** the picture is painted with great attention to detail

minucioso -sa *adj* meticulous, thorough; **un reconocimiento médico ~** a thorough medical checkup; **un informe ~ de la situación financiera** a detailed report of the financial situation

minué *m* minuet

minuendo *m* minuend

minueto *m* minuet

minúscula *f* lower case letter, minuscule (tech)

minúsculo -la *adj* **1** (diminuto) minute, tiny, miniscule **2** ‹*letra*› lower case

minusvalía *f*

A (Med, Psic) (física) physical handicap *o* disability; (psíquica) mental handicap; **personas con ~** disabled *o* handicapped people, people with a disability

B **1** (disminución del valor) drop *o* fall in value; **una acusada ~ en el precio de los terrenos** a sharp fall *o* drop *o* depreciation in the price of land **2** (en impuestos) capital loss; **las ~s pueden compensarse con las plusvalías** capital losses can be offset against capital gains

minusválido[1] **-da** *adj* (físico) physically handicapped, disabled; (psíquico) mentally handicapped

minusválido[2] **-da** *m,f* (físico) disabled person, physically handicapped person; (psíquico) mentally handicapped person; **coches para ~s** cars for the disabled

minusvalorar [A1] *vt* to undervalue, underestimate

minusvalorizar [A4] *vt* ▸**minusvalorar**

minuta *f*

A **1** (de un abogado, notario) bill **2** (borrador) draft copy

B (Coc) **1** (ant) (menú) bill of fare (dated), menu **2** (RPl) (plato rápido) quick meal

minutero *m* minute hand

minutisa *f* sweet william

minuto *m*

A ▸❶ p.431; (división de la hora) minute; (momento) minute; **tardo 20 ~s en llegar a la oficina** it takes me 20 minutes to get to the office; **está a tres ~s (de distancia) de su casa** it's three minutes (away) from his house; **salí con los ~s contados** I left with hardly any time to spare; **no me llevó ni un ~** it didn't take me a minute; **te veré cuando tenga un ~** I'll see you when I have a minute *o* moment

B (de ángulos) minute

Miño *m*: **el (río) ~** the (River) Minho

mío[1] **mía** *adj* (*detrás del n*) mine; **éste es ~** this one's mine; **un primo ~** a cousin of mine; **eso es asunto ~** that's my business; **amigo ~, creo que debería aceptar** my friend, I think you should accept; **amor ~** sweetheart; **Muy señor ~** (Corresp) (frml) Dear Sir; **no sé, hija mía** (esp Esp) I don't know, dear *o* (BrE) love; **hijo ~, tienes que estudiar** (esp Esp) son, you have to study

mío[2] **mía** *pron*: **el ~/la mía** *etc* mine; **éste no es mi libro, quiero el ~** this isn't my book, I want my own *o* *mine*; **sus hijos son amigos de los ~s** their children and mine are friends; **sabes que todo lo ~ es tuyo** you know that what's mine is yours; **los idiomas no son lo ~** I'm no linguist, languages are not my thing; **lo ~ con ella se acabó** it's all over between us; **prefiero pasar la Navidad con los ~s** I prefer to spend Christmas with my family and friends; **ésta es la mía, pensé** (fam) this is my chance, I thought to myself

miocardio *m* myocardium; **infarto de ~** myocardial infarction

mioceno *m*: **el ~** the Miocene

mioma *m* myoma

mionca *m* (CS, Per fam) truck, lorry (BrE)

miope[1] *adj* **1** (Med, Ópt) myopic (tech), nearsighted (AmE), short-sighted (BrE); **no me acerques tanto el libro que no soy ~** (hum) don't put the book so close, I'm not blind! **2** (falto de perspicacia) short-sighted

miope[2] *mf* myopic person (tech), nearsighted person (AmE), short-sighted person (BrE)

miopía *f* **1** (Med, Ópt) myopia (tech), nearsightedness (AmE), short-sightedness (BrE) **2** (falta de perspicacia) shortsightedness; **~ política** political shortsightedness

miosis *f* miosis, myosis

miosotis *f* (*pl* ~) forget-me-not

MIR[1] /mir/ *m* = **Movimiento de Izquierda Revolucionario**

MIR[2] /mir/ *mf* (en Esp) = **médico interno residente**

mira *f*

A **1** (Arm, Ópt) sight; **~ telescópica** telescopic sight **2** (intención, objetivo): **con ~s a reducir los gastos** with a view to reducing costs; **vino con la ~ de quedarse unos días** he came intending to stay *o* with the idea of staying (for) a few days; **tiene la ~ puesta en ese cargo** he's set his sights on getting that job; **sus ~s son egoístas** his motives are selfish; **es de una estrechez de ~s increíble** she has an amazingly narrow *o* shortsighted outlook (on things); **hay que encarar el proyecto con amplitud de ~s** we have to adopt a broad-minded approach to the project; **es muy estrecho de ~s** he's very narrow-minded

B (RPl) (perspectiva): **¿están por terminar? — ¡ni ~s!** are you nearly finished? — nowhere near! *o* you must be joking! (colloq); **llevan tres años de novios pero no tienen ~s de casarse** they've been going out for three years but they don't have any plans to marry

mirada *f* [1] (modo de mirar) look; **su ~ era triste/dulce** he had a sad/tender look in his eyes; **tiene una ~ penetrante** he has a penetrating gaze; ***hay ~s que matan*** if looks could kill … [2] (acción de mirar) look; **los vi intercambiar una ~ de soslayo** I saw them exchange a sidelong glance; **lo fulminó con la ~** she looked daggers at him, she gave him a withering look; **le dirigió** *or* **lanzó una ~ reprobatoria** he looked at her disapprovingly, he gave *o* threw her a disapproving look; **quería huir de las ~s curiosas de los vecinos** he wanted to get away from the neighbors' prying eyes; **echa una ~ a ver si no nos dejamos nada** take *o* have a quick look to make sure we haven't left anything behind; **sólo le eché una miradita por encima** I just had a quick glance at it; **le voy a echar una ~ a tu trabajo** I'm going to cast an eye over *o* take a look at your essay; **échale una miradita al arroz** have a little *o* quick look at the rice; **voy a echarle una ~ a Gabriela a ver si sigue dormida** I'm going to look in on Gabriela to see if she's still asleep [3] (vista): **tenía la ~ fija en el suelo** she was staring at the ground, she had her eyes fixed on the ground; **con la ~ perdida en el horizonte** (with) his eyes *o* gaze fixed on the horizon; **recorrió la habitación con la ~** she cast her eyes over *o* she looked around the room; **su ~ se posó en ella** (liter) his gaze settled on her (liter); **ni siquiera se molestó en levantar la ~ cuando le hablé** he didn't even bother to look up when I spoke to him; **seguía con la ~ los movimientos de la madre** she followed her mother's movements with her eyes [4] (mira) sights (*pl*); **trabajar con la ~ puesta en el porvenir** to work with one's sights set on the future

miradero *m* (Col) ▸**mirador**

mirado -da *adj*

A (visto, considerado): **bien/mal ~: está muy mal ~ en el barrio** he is not at all well thought of *o* well regarded in the neighborhood; **eso no está bien ~** that's not approved of, that's looked down on *o* frowned upon *ver tb* **mirar C**

B ‹*persona*› [1] (con el dinero) careful with money [2] (comedido, considerado): **es muy ~ y no se le ocurriría llamar a estas horas** he's very considerate *o* thoughtful, he wouldn't dream of calling so late; **es muy ~, no le gusta pedirle nada a nadie** he doesn't like to ask anything of anyone, he hates to put people out

mirador *m* viewpoint; **el hotel constituye un magnífico ~ hacia el río** the hotel has *o* (liter) affords a superb view of the river

miramiento *m*: **¿por qué he de tener yo ~s con ella?** why should I show her any consideration?, why should I put myself out for her?; **siempre anda con muchos ~s, procurando no ofender a nadie** he's always extremely considerate and takes great pains not to offend anyone; **aun sabiendo eso lo despidieron sin ningún ~** *or* **sin ~s** although they knew about that, they fired him regardless; **tratan a los ancianos sin ningún ~** they treat elderly people with a total lack of consideration

mirar [A1]

GUÍA DE BÚSQUEDA

- **mirar** *verbo transitivo*
  - **A** [1] contemplar: dibujo, etc
    - [2] mirar: programa, partido
  - **B** fijarse
  - **C** considerar: problema, cuestión
  - **D** ser cuidadoso con
  - **E** [1] expresando incredulidad etc
    - [2] en advertencias
- **mirar** *verbo intransitivo*
  - **A** observar, contemplar
  - **B** fijarse
  - **C** estar orientado hacia algo
  - **D** [1] preocuparse por
    - [2] cuidar
- **mirarse** *verbo pronominal*
  - [1] cuidarse
  - [2] contemplarse

vt

A [1] (contemplar) ‹*dibujo/persona*› to look at; **se me quedó mirando con la boca abierta** he just stared at me open-mouthed, he just gaped at me; **miró el reloj con disimulo** she glanced furtively at her watch; **miraba distraída por la ventana** he was gazing absent-mindedly out of the window; **no me mires así** don't look at me like that; **nunca te mira a los ojos cuando te habla** he never looks you in the eye when he's talking to you; **la miró de arriba (a) abajo** he eyed *o* looked her up and down; **estaba mirando una revista** he was looking *o* leafing through a magazine; **se quedó mirando cómo lo hacía** he stood watching how she did it; **¿has leído el informe? — lo he mirado muy por encima** have you read the report — I've only had a quick look at it *o* I've only given it a cursory glance; **salieron a ~ escaparates** *or* (AmL) **vidrieras** they went (out) window shopping; ***mírame y no me toques:* esta cristalería es de las de mírame y no me toques** you've only to look at this glassware and it breaks; **el encaje es muy antiguo y está que mírame y no me toques** the lace is very old and it's very fragile *o* delicate [2] ‹*programa/partido*› to watch; **~ televisión** to watch television

B (fijarse) to look; **mira qué vestido más bonito** what a lovely dress!, that's a lovely dress, isn't it?; **a ver si mira por dónde va** why don't you look where you're going?; **mira cómo se divierten** look what fun they're having!; **¡mira lo que has hecho!** look what you've done!; **antes de salir mira bien que no quede ninguna luz encendida** make sure *o* check there are no lights left on before you go out; **mira a ver si el pollo está listo** look *o* have a look at the chicken to see if it's done; **mira a ver si lo puedes abrir tú** see if *you* can open it

C (considerar) ‹*problema/cuestión*›: **míralo desde otro punto de vista** look at it from another point of view; **mira bien lo que haces** think hard *o* carefully about what you're doing; **bien mirado** *or* **mirándolo bien, no es una mala idea** thinking about it *o* all things considered, it's not a bad idea; **bien mirado** *or* **mirándolo bien, había algo extraño en él** thinking about it *o* now that I come to think about it, there was something strange about him; **mirándolo bien creo que prefiero quedarme en casa** on second thoughts, I think I'd prefer to stay at home; **lo mires por donde lo mires** whatever *o* whichever way you look at it; **~ *algo/a algn en menos:*** **me miró en menos el regalo y me costó tan caro** the present I gave her cost the earth and she looked down her nose at it; **yo que lo miré en menos y es un rico heredero** I turned my nose up at him and it turns out he's the the heir to a fortune!; **los miran en menos porque son pobres** people look down on them because they're poor; **~ *mal*** *or* ***no ~ bien a algn:*** **en el trabajo no lo miran bien** he's not very highly thought of at work, they don't have a very high opinion of him at work; **lo miran mal porque lleva el pelo largo** they disapprove of him because he has long hair; **los miran mal porque no están casados** they're frowned upon because they're not married, people disapprove of them because they're not married

D (ser cuidadoso con): **mira mucho el dinero** she's very careful with her money; **mira hasta el último céntimo** he watches every penny

E [1] (expresando incredulidad, irritación, etc): **¡mira que poner un plato de plástico en el horno …!** honestly *o* really! imagine putting a plastic dish in the oven …! (colloq); **¡mira que tú también te metes en cada lío …!** you're a fine one to talk, with all the scrapes you get into! (colloq); **¡mira que no saber dónde está Helsinki …!** imagine *o* (BrE) fancy not knowing where Helsinki is!; **¡mira que eres tacaño!** you're so mean! boy, you're mean! (colloq); **¡mira que te lo he dicho de veces …!** the times I've told you!, how many times do I have to tell you?; **¡mira quién habla!** look *o* hark who's talking!; **mira si será egoísta, que no me lo quiso prestar** talk about (being) selfish! he wouldn't lend it to me [2] (en advertencias): **mira que mañana hay huelga de trenes** remember that there's a train strike tomorrow; **mira que mi paciencia tiene un límite** I'm warning you, I'm running out of patience; **¿todavía estás aquí? mira que ya son las nueve** are you still here? you realize *o* you (do) know it's already gone nine …

■ **mirar** *vi*

A (observar, contemplar) to look; **no mires, que es una sorpresa** don't look, it's a surprise; **cuando hay alguna escena violenta yo no miro** when there's a violent scene I don't look; **se mira y no se toca** look but don't touch; **he mirado por todas partes y no lo encuentro** I've looked everywhere but I can't find it; **se pasa el día mirando por la ventana** he spends the whole day looking out of the window; **¿estás seguro de que no está? ¿miraste bien?** are you sure it's not there? did you have a good look? *o* did you look properly?; **tienes que ~ por aquí/por este agujero** you have to look through here/through this hole; **~ *atrás*** to look back

B (fijarse) to look; **mire usted, la cosa es muy sencilla** well, it's very simple; **sacó el primer premio — ¡mira tú!** he won first prize — well, well! *o* well I never! *o* you're kidding! *o* (BrE) get away! (colloq); **mire, le quería hacer una pregunta** look, there's something I wanted to ask you; **no, mira, yo tampoco me lo creo** no, to be honest *o* to tell you the truth, I don't believe it either; **mira, no me vengas ahora con excusas** look, I don't want to listen to your excuses; **mira, hazlo como te dé la gana** well *o* look, just go ahead and do it however you like!; ***mira por dónde*** (Esp fam): **yo no quería participar y, mira por dónde, me llevé el trofeo** I didn't even want to take part and yet, would you believe it? I won the trophy *o* and guess what? I won the trophy; **¿no decías que era tan difícil conseguir una entrada? pues mira por dónde, no había ni cola** didn't you say it was really difficult to get a ticket? well, can you believe it? there wasn't even a line (AmE) *o* (BrE) queue (colloq); **y mira por dónde, tenía yo razón** and, you know what? I was right (colloq)

C (estar orientado) **~ A/HACIA algo** to face sth; **la fachada mira al sur** the front of the building faces south *o* is south-facing; **esa habitación mira al mar** that room overlooks the sea; **el balcón mira a las montañas** the balcony looks out onto the mountains; **ponte mirando hacia la ventana** stand (*o* sit *etc*) facing the window

D **mirar por** [1] (preocuparse por) to think of; **no mira más que por sus intereses** he only thinks of his own interests; **mira por ti misma, los demás que se las arreglen** just worry about yourself *o* just think of *o* about yourself, and let others sort out their own problems [2] (Col) (cuidar) to look after; **¿quién mira por los niños?** who's looking after *o* taking care of the children?

■ **mirarse** *v pron* [1] (*refl*) to look at oneself; **se miró en el** *or* **al espejo** she looked at herself in the mirror [2] (*recipr*) to look at each other; **se ~on extrañados** they looked at each other in surprise

mirasol *m* sunflower

miríada *f* (frml) myriad

miriápodo *m* myriapod

mirilla *f* peephole, spyhole

miriñaque *m* crinoline

miriópodo *m* myriapod

mirlo *m* blackbird

mirón[1] -rona *adj* (fam): **es muy ~** he's always ogling people (colloq), he's always eyeing people up (colloq)

mirón[2] -rona *m,f*: **unos mirones observaban a los nudistas desde las rocas** a few voyeurs watched the nudists from the rocks; **se acercaron unos mirones a ver qué había pasado** a few inquisitive passers-by came over to stare *o* (colloq) gawk at what had happened; **todos están de mirones, no ayudan en absoluto** they're not helping at all, they're all just standing around watching *o* (colloq) gawking;

¿qué haces tú ahí de ~? ¡haz algo! (well,) don't just stand there watching *o* looking, do something!; ***los mirones son de piedra*** if you want to watch you'd better keep quiet

mirra *f* myrrh

mirrimucia *f* (Ven fam) worthless little thing (colloq)

mirrimucio -cia *adj* (Ven fam) tiny, wee (colloq), teeny (colloq)

mirringa *f* (Col fam) tiny bit

mirruña, mirrusca *f* (Col, Méx fam) tiny bit; **se comió hasta la última ~** he ate up the very last scrap (colloq); **una ~ de aguardiente** a tiny drop of liquor

mirtillo *m* (Bot) bilberry

mirto *m* myrtle

mirujear [A1] *vi* (Méx) to browse

misa *f* mass; **celebrar ~** to say *o* celebrate *o* offer mass; **están en ~** they're at mass; **ir a ~** to go to mass; **oír ~** to attend *o* hear mass; **ayudar a ~** to serve at mass; ***decir ~*** ‹*sacerdote*› to say *o* celebrate *o* offer mass; (expresando indiferencia) (fam): **por mí como si dice ~** *or* **que diga ~** I couldn't care less *o* (AmE) I could care less what he says (colloq); ***no saber de la ~ la mitad*** *or* ***la media*** (fam): **no sabe de la ~ la mitad** he doesn't know the first thing about it, he doesn't know what he's talking about; ***va a ~*** (fam): **todo lo que él dice va a ~** what he says goes (colloq)

Compuestos

- **misa campal** open-air mass
- **misa cantada** sung mass
- **misa de campaña** open-air mass
- **misa de cuerpo presente** funeral mass
- **misa de difuntos** Requiem mass, Requiem
- **misa de** *or* **del gallo** midnight mass (*on Christmas Eve*)
- **misa de relaciones** marriage service
- **misa mayor** High Mass
- **misa rezada** Low Mass
- **misa solemne** ▸ **misa mayor**

misal *m* missal

misantropía *f* misanthropy

misantrópico -ca *adj* misanthropic

misántropo -pa *m,f* misanthrope, misanthropist

miscelánea *f* [1] (variedad) miscellany [2] (Lit, Period) miscellany [3] (Méx) (tienda) small general store, corner shop (BrE)

misceláneo -nea *adj* miscellaneous; **su obra presenta caracteres ~s** his work features a miscellany *o* mixture of different characters

miserable¹ *adj* [1] (pobre) ‹*vivienda*› miserable, wretched; ‹*sueldo*› paltry, miserable [2] (avaro) mean, stingy (colloq) [3] (malvado) malicious, nasty

miserable² *mf* wretch, scoundrel, nasty piece of work (colloq)

miserablemente *adv* ‹*vivir*› wretchedly, in misery; ‹*vestirse/pagar*› miserably; ‹*actuar*› shamefully

miserere *m* miserere

miseria *f*

A (pobreza) poverty, destitution; **vivir sumido en la más absoluta ~** to live in abject poverty

B (cantidad insignificante): **gana una ~** she earns a pittance; **mira la ~ que me diste** look at the miserable *o* paltry *o* measly amount you gave me (colloq)

C (desgracia) misfortune; **las ~s de la guerra** the miseries of war; ***estar/quedar a la ~*** (RPl fam): **el auto quedó a la ~** the car was a write-off *o* was wrecked *o* (AmE) was totaled (colloq); **está a la ~** he's in a very bad way *o* in a terrible state (colloq); ***llorar ~(s)*** (CS fam) to complain about not having any money, to plead poverty

misericordia *f*

A (compasión) mercy, compassion; **lo perdonaron por ~** they pardoned him on compassionate grounds; **Señor, ten ~ de nostros** Lord, have mercy (up)on us

B (asiento) misericord, misericorde

misericordioso -sa *adj* merciful; **obras misericordiosas** charitable works

mísero -ra *adj* [1] (pobre) miserable; **viven en un ~ cuartucho** they live in a miserable *o* squalid *o* wretched hovel [2] (*delante del n*) (escaso) miserable, measly; **el ~ sueldo que me pagan** the miserable *o* paltry *o* measly salary they pay me, the pittance they pay me

misérrimo -ma *adj* (frml) [1] (muy pobre) wretched [2] (muy tacaño) miserly

misia, misiá *f* (AmS) Mrs; **misia Margarita** Mrs Margarita

misil *m* missile

Compuestos

- **misil antiaéreo** antiaircraft missile
- **misil anticarro** *or* **antitanque** *or* **contracarro** anti-tank missile
- **misil balístico** ballistic missile
- **misil de corto/medio/largo alcance** short-range/medium-range/long-range missile
- **misil (de) crucero** cruise missile
- **misil superficie-aire** *or* **S.A.M.** surface-to-air missile
- **misil superficie-superficie** surface-to-surface missile
- **misil tierra-aire** ground-to-air missile

misilístico -ca *adj* missile (*before n*)

misión *f*

A (tarea) mission; **desempeñar/cumplir una ~** to carry out/accomplish a mission *o* task; **¡~ cumplida!** (fr hecha) mission accomplished!

Compuestos

- **misión de combate** combat mission
- **misión de reconocimiento** reconnaissance mission

B (delegación): **la ~ científica que viajó al Polo Norte** the team of scientists who went to the North Pole; **la ~ (diplomática) española en la ONU** the Spanish diplomatic delegation to the UN

C (Relig) mission

misional *adj* missionary

misionero¹ -ra *adj* missionary (*before n*)

misionero² -ra *m,f* [1] (Relig) missionary [2] (de Misiones) person from Misiones, Argentina

Misisipí *m* [1] (río): **el (río) ~** the Mississippi (River) [2] (estado) Mississippi

misiva *f* (frml *or* liter) missive

mismamente *adv* (fam): **cuánto tiempo sin verte, ~ ayer hablábamos de ti** long time no see, we were talking about you only yesterday; **¿se hace así? — mismamente** is this the right way to do it? — exactly *o* that's it

mismísimo -ma *adj ver* **mismo¹ B2**

mismo¹ -ma *adj*

A [1] (*delante del n*) (expresando identidad) same; **no puedo hacer dos cosas al ~ tiempo** I can't do two things at once *o* at the same time; **es la misma historia de siempre** it's the same old story; **~ ... QUE: le gustan las mismas películas que a mí** she likes the same movies as I do *o* as me [2] (*como pron*) same; **Roma ya no es la misma** Rome isn't the same any more; **¿mi hermana? siempre la misma, no escribe nunca** my sister? just the same as ever *o* she hasn't changed, she never writes; **¿usted es Pedro Lecue? — el ~** are you Pedro Lecue? — I am indeed *o* that's right *o* (hum) the very same; **~ QUE: es el ~ que vimos ayer** it's the same one we saw yesterday; ***en las mismas:*** **el pedido no ha llegado, así que seguimos en las mismas** the order hasn't arrived so we're no further on; **si vienes el sábado pero faltas mañana, estamos en las mismas** if you come on Saturday but you don't turn up tomorrow, then we're no better off *o* we're back to square one

B (uso enfático) [1] (refiriéndose a lugares, momentos, cosas): **queda en el centro ~** *or* **en el ~ centro de Lima** it's right in the center of Lima, it's in the very center of Lima; **en este ~ instante lo estaba por hacer** I was (just) about to do it this very minute; **eso ~ pienso/digo yo** that's exactly *o* just what I think/say; **me resulta difícil — por eso ~ debes esforzarte más** I find it difficult — that's just the reason *o* that's precisely *o* that's exactly why you have to make more of an effort [2] (refiriéndose a personas): **el obispo ~ salió a recibirlos** the bishop himself came out to welcome them; **hablé con el mismísimo presidente** I spoke to the president himself; **este niño es el mismísimo diablo** this child is a real little devil! (colloq); **lo haré yo misma** I'll do it myself, I'll deal with it personally; **te perjudicas a ti ~** you're only spiting *o* hurting yourself; **él ~ lo trajo** he brought it himself; **tiene que aprender a valerse por sí ~** he has to learn to manage *o* cope by himself; **se corta el pelo ella misma** she cuts her own hair; **él ~ se pone las inyecciones** he gives himself the injections

C **lo mismo** (la misma cosa): **siempre dice lo ~** he always says the same (thing); **¿por qué llora? — por lo ~ de siempre** why is she crying? — the same as usual *o* what does she *ever* cry about?; **si lo haces con aceite ya no es lo ~** if you make it with oil it's not quite the same (thing); **un café y una tostada — lo ~ para mí** a coffee and a slice of toast — the same for me, please *o* I'll have the same, please; **¡qué elegante te has venido! — lo ~ digo** you're looking very smart! — so are you *o* you, too; **¡que lo pases bien! — lo ~ (te) digo** have a good time — you too *o* I hope you do too *o* and you; **lo despidieron o, lo que es lo ~ le dijeron que ya no necesitaban sus servicios** they fired him, or at least they told him his services were no longer required, which comes to the same thing; **lo ~ (...) QUE** the same (...) AS; **no es lo ~ cocinar para dos que para una familia** cooking for a family is quite different from *o* is not the same as cooking for two; **se murió de lo ~ que su padre** he died of the same thing as his father; **pidió lo ~ que yo** he ordered the same as me; ***dar lo ~:*** **si sigues así lo vas a romper — me da lo ~** if you carry on like that you'll break it — I don't care; **¿lo quieres con o sin leche? — me da lo ~** do you want it black or white? — I don't mind; **¿prefieres un cheque o dinero en efectivo? — me da lo ~, con tal de que me paguen ...** would you prefer a check or cash? — I don't mind *o* it makes no difference (to me) *o* (BrE) it makes no odds (to me), as long as I get paid; **da lo ~ quién lo haga** it doesn't matter *o* it makes no difference who does it

D **lo mismo** (*como adv*) [1] (fam) (expresando posibilidad): **te ve por la calle y lo ~ no te saluda** you can meet him in the street and he might not even say hello to you *o* and sometimes he doesn't even say hello to you; **¿por qué no le preguntas? lo ~ dice que sí** why don't you ask him? he might (well) *o* may (well) say yes; **lo ~ (...) QUE: ¿cuántos años crees que tiene? — lo ~ puede tener cuarenta que cincuenta** how old do you think he is? — he could just as easily be forty as fifty *o* he could be anything from forty to fifty; **lo ~ puedes conseguir un destornillador que una botella de whisky** you can get anything, from a screwdriver to a bottle of whiskey [2] (RPl fam) (de todos modos) just *o* all the same, anyway; **ya sé que se va a enojar pero lo ~ se lo voy a decir** I know he's going to get annoyed but I'm going to tell him just the same *o* all the same *o* anyway; **yo le dije que no había sido yo pero me pegó lo ~** I told her it wasn't me but she still hit me *o* she hit me anyway

E **lo mismo que** (al igual que): **nuestra empresa, lo ~ que tantas otras, se ha visto afectada por la crisis** our company, like so many others, has been affected by the crisis; **si lo ~ que decidiste ir en tren hubieras ido en avión, no habrías contado el cuento** if you'd decided to go by plane instead of by train, you wouldn't be here to tell the tale

F [1] (*como pron*) (frml): **se detuvo un coche y tres individuos bajaron del ~** a car pulled up and three individuals got out [2] (*como pron relativo*) (Méx frml): **agradecemos su generoso donativo, ~ que fue aplicado a la compra de medicamentos** we thank you for your generous donation, which has been used to buy medicines; **veintidós millones de estudiantes reanudarán sus clases, ~s que serán atendidos por unos 900 mil maestros**

twenty-two million students will resume classes, to be taught by some 900 thousand teachers

mismo[2] *adv*

A (uso enfático): **aquí ~ podemos comer** we can eat right here; **hoy ~ te mando el cheque** I'll send you the check today; **mañana ~ nos podemos ver** we can see each other *tomorrow*; **¿cómo puede ser? si ayer ~ hablé con él y estaba de acuerdo** how do you mean? I spoke to him only yesterday and he agreed; **quiero que lo hagas ahora ~** I want you to do it right *o* (BrE) straightaway, I want you to do it right now

B (RPl fam) (hasta, incluso) even; **se visten muy bien, ~ con la crisis** they dress very well, even in these times of shortage; **resultó muy difícil, ~ para él que tiene mucha experiencia** it was very difficult, even for him with all his experience

misogamia *f* misogamy

misógamo -ma *m,f* misogamist

misoginia *f* misogyny

misogínico -ca *adj* misogynistic

misógino[1] **-na** *adj* misogynist

misógino[2] *m* misogynist

miss /mis/ *f*: **M~ Mundo/Universo** Miss World/Universe; **un concurso de ~es** a beauty contest *o* (AmE) pageant

mistela *f* (Chi) hot punch

míster *m* **1** (Dep) coach, trainer **2** (extranjero) *term used to address or refer to a non-Spanish-speaking man*

misterio *m*

A (enigma, secreto) mystery; **una novela de ~** a mystery novel; **¡déjate de ~s y habla claro!** stop being so mysterious and tell us straight! (colloq); **el crimen sigue siendo un ~** the crime remains a mystery; **el asunto está envuelto en un halo de ~** the affair is shrouded in mystery; **nos iniciaron en los ~s del periodismo** we were initiated into the mysteries of journalism

B (Relig) **1** (dogma) mystery; **el ~ de la Santísima Trinidad** the mystery of the Holy Trinity **2** (del rosario) mystery **3** (Teatr) mystery play

misteriosamente *adv* mysteriously

misterioso -sa *adj* mysterious

mística *f* **1** (en teología) mysticism **2** (Lit): **la ~** mystic literature

misticismo *m* mysticism

místico[1] **-ca** *adj* ‹*contemplación/experiencia*› mystic, mystical; ‹*poeta/escritor*› mystic (*before n*)

místico[2] **-ca** *m,f* mystic

mistificación *f*

A (falseamiento) distortion

B (engaño) deception

C (crit) ▸**mitificación**

mistificar [A2] *vt*

A (falsear, deformar) to distort

B (engañar, embaucar) to deceive

C (crit) ▸**mitificar**

misto *m* ▸**mixto**[2] **C**

mistol *m* jujube tree

Mistol® *m* (Esp) dish liquid (AmE), washing-up liquid (BrE)

mistral *m* mistral

Misuri *m* **1** (río): **el (río) ~** the Missouri (River) **2** (estado) Missouri

mita *f* (Hist) forrced labour (*by Indians for Spanish colonists*)

mitad *f*

A (parte) half; **la primera ~ del siglo/partido** the first half of the century/game; **¿me das la ~?** can I have half?; **lo compró a ~ de precio** she bought it half price; **nos bebimos más de la ~ de la botella** we drank more than half the bottle; **la ~ de los beneficios** half the profits; **lo hizo en la ~ del tiempo** she did it in half the time; **¿cuánto queda? — la ~** how much is left? — half (of it); **~ lana y ~ acrílico** half wool, half acrylic; **~ y ~** half and half

B (medio, centro): **corta el pastel por la ~** cut the cake in half; **dividámoslo por la ~** let's halve it; **voy por la ~ del libro** I'm halfway through the book; **lo deja todo por la ~** she leaves everything half finished; **llenar el vaso hasta la ~** half-fill the glass; **a** *or* **en (la) ~ de la reunión** in the middle of the meeting; **se salió en la ~ de la película** she left halfway through the movie; **queda a ~ de distancia entre tu casa y la mía** it's halfway between your house and mine; ***partir a algn por la ~:*** **tener que trabajar el sábado me parte por la ~** having to work on Saturday really puts my plans out *o* upsets my plans *o* (BrE colloq) really puts a spanner in the works; ▸**camino**

mitayo *m*: *Indian forced to work for Spanish colonists*

mítico -ca *adj* mythical

mitificación *f* mythification

mitificar [A2] *vt* to turn into a legend; mythicize; **se ha mitificado a Marilyn Monroe** Marilyn Monroe has been turned into a legend

mitigación *f* (frml) mitigation (frml); (del dolor) relief; (de la sed) quenching

mitigar [A3] *vt* to mitigate; **para ~ los efectos de la crisis económica** to mitigate the effects of the economic crisis; **~ la pena** to alleviate the grief; **no mitiga el dolor** it does not relieve *o* ease *o* calm the pain; **mitigó el hambre que tenían** it relieved their hunger

mitin, mitín *m* **1** (Pol) political meeting, rally; **llevar a cabo** *or* **celebrar** *or* (Esp) **dar un ~** to hold a meeting **2** (sermón) lecture (colloq), sermon (colloq); **no tienes que soltarme todo un ~** there's no need to give me a great lecture *o* sermon; **dio un ~ sobre el tema** he held forth *o* pontificated on the subject

mitinear [A1] *vi* to make a (political) speech

mitinero -ra *m,f* rabble-rouser

mito *m* **1** (leyenda) legend; **un actor que se ha convertido en un ~** an actor who has become a legend **2** (invención, mentira) myth; **el ~ de la igualdad social** the myth of social equality

mitocondria *f* mitochondrion

mitología *f* mythology

mitológico -ca *adj* mythological

mitologizar [A4] *vt* to mythologize

mitomanía *f* mythomania

mitómano -na *m,f* mythomaniac

mitón *m* mitten; (de medio dedo) fingerless glove

mitosis *f* mitosis

mitote *m* (Méx) **1** (baile) Aztec dance **2** (fam) (jaleo) trouble

mitra *f* **1** (gorro) miter* **2** (cargo) prelacy

mitrado[1] *adj* mitered*

mitrado[2] *m* (frml) prelate

mitral *adj* ▸**válvula**

miura *m* Miura (*fierce fighting bull from the Miura ranch*)

mixomatosis *f* myxomatosis

mixtificación *f* ▸**mistificación A**, **mistificación B**

mixtificar [A2] *vt* ▸**mistificar A**, **mistificar B**

mixto[1] **-ta** *adj*

A **1** ‹*escuela*› mixed, coeducational; **educación mixta** coeducation **2** ‹*partido*› mixed

B **1** ‹*comisión/comité*› joint (*before n*) **2** ‹*economía/capitales*› mixed **3** ‹*agricultura/explotación*› mixed **4** (Ferr): **un tren ~** a train carrying passengers and freight; ▸**ensalada**, **número**

mixto[2] *m*

A (sandwich) toasted sandwich (*with two different fillings*); **un ~ de jamón y queso** a toasted ham and cheese sandwich

B (Ferr) train carrying passengers and goods

C **1** (Mil) gunpowder **2** (Jueg) cap **3** (ant) (cerilla) match; ***echando ~s:*** **se fue echando ~s** he dashed off, he left like a shot

mixtolobo *m* German shepherd, Alsatian (BrE)

mixtura *f* **1** (liter) (mezcla) blend, mixture **2** (ant) (Farm) mixture

ml. (= **mililitro**) ml

m/l. = **mi letra**

MLN-T *m* (Hist) (en Ur) = **Movimiento de Liberación Nacional (Tupamaros)**

mm. (= **milímetro**) mm

M-N, m/n = **moneda nacional**

mnemónico -ca *adj* mnemonic

mnemotecnia, mnemotécnica *f* mnemonics

mnemotécnico -ca *adj* mnemonic

Mnez. = **Martínez**

m/o. = **mi orden**

moai *m*: *Easter Island statue*

moaré *m* moiré

mobbing *m* (Esp) (Rels Labs) bullying (*in the workplace*)

(Compuesto) **mobbing inmobiliario** (Esp) harassment (*of tenants to sell a property as vacant*)

mobiliario[1] **-ra** *adj* **1** ‹*industria/mercado*› furniture (*before n*) **2** (Fin) ‹*bienes*› movable; ‹*hipoteca*› on intangible assets; **mercado de valores ~s** market in transferable securities; **sociedad de inversión mobiliaria** mutual fund, unit trust (in UK)

mobiliario[2] *m* furniture, furnishings (*pl*); **quiero renovar el ~ del comedor** I want to refurnish the dining room; **ya forma parte del ~** she's part of the furniture here, she's a permanent fixture here

(Compuestos)

- **mobiliario de baño** bathroom furnishings (*pl*)
- **mobiliario de cocina** kitchen fittings *o* units (*pl*)
- **mobiliario sanitario** bathroom furnishings (*pl*)
- **mobiliario urbano** street furniture (*benches, streetlamps, etc*)

mobilidad social *f* (Sociol) social mobility

moblaje *m* furniture, furnishings (*pl*)

moca *m tb*: **café ~** mocha; **tarta de ~** coffee cake

mocasín *m* moccasin

mocedad *f* (liter) youth; **las ~es del Cid** the youth of El Cid; **en su ~** in his youth *o* (liter) young days

mocerío *m*: **el ~** young people

mocetón -tona *m,f* (*m*) strapping youth *o* lad; (*f*) strapping girl *o* young woman

mocha *f*

A (Chi fam) (pelea) fight *ver tb* **mocho**[3]

B (Ven fam) (de un camión) very low gear

mochales *adj inv* (Esp fam) crazy (colloq), nuts (colloq); **estar ~ POR** *or* **CON algo/algn**: **está ~ por** *or* **con ella** he's really gone on her (colloq), he's crazy *o* nuts about her (colloq)

mochar [A1] *vt* **1** (fam) (cercenar): **le mochó una pierna/un dedo** it chopped off his leg/finger (colloq); **le ~on el artículo** they hacked her article about (colloq) **2** (cortar mal): **me ~on en la peluquería** they sheared me at the hairdresser's (colloq); **el jardinero mochó el arbolito** the gardener lopped *o* hacked the top off the tree

■ **mocharse** *v pron*

A (Méx fam) (irse): **si no quieres andar con nosotros, móchate** if you don't want to be with us, get lost! *o* (BrE) you can push off! (colloq); ***~se con algo*** (Méx fam): **tenemos que pagar entre todos, así es que móchate con tu parte** we all have to pay our share, so cough up (colloq)

B (Chi, Ven fam) ‹*pelo*› to chop … off (colloq)

moche ▸**troche**

mochila *f* **1** (de un excursionista) backpack, packsack (AmE), rucksack (BrE); (de un soldado) pack, backpack; (de un escolar) satchel **2** (Col) (que cuelga del hombro) shoulder bag

mochilear [A1] *vi* (CS) to backpack

mochilero -ra *m,f* (CS) backpacker

mocho[1] **-cha** *adj*

A **1** (fam) ‹*buey/toro*› polled, with its horns cut off; ‹*lápiz/cuchillo*› blunt; **el jardinero dejó todos los pinos ~s** the gardener lopped (the tops off) all the pine trees; **tiene un brazo ~** he's missing an arm, he only has one arm; **la máquina le dejó el dedo ~** the machine sliced *o* chopped the top off his finger 2 (Chi, Esp fam) (pelado): **me dejaron ~** they chopped all my hair off (colloq), they scalped me (colloq) 3 (Ven fam) ‹*melena/pelo*› short

B (Méx) (mojigato) prudish

mocho[2] *adv* (Méx fam): **habla medio ~** he doesn't pronounce his words clearly

mocho[3] **-cha** *m,f*

A (Col, Méx) ► **manco**[2] **A**

B (Méx) (mojigato) prude; ***hecho la mocha*** (Méx fam): **pasó hecha la mocha a su clase** she whizzed past on the way to her class; **se fue hecho la mocha** he dashed off

C **mocho** *m* (Col fam) (caballo) horse; (rocinante) (fam & pey) nag (colloq & pej)

mochuelo *m* little owl; ***cada ~ a su olivo:*** **dejemos el asunto en paz y cada ~ a su olivo** let's forget it and get back to our places; **ya es muy tarde, cada ~ a su olivo** it's very late now, let's all go home to bed; ***cargar a algn (con) el ~:*** **nunca hace nada, siempre me carga a mí (con) el ~** he never does anything, I always get landed *o* (BrE) lumbered with everything (colloq); ***cargar (con) el ~*** to be left holding the bag (AmE) *o* (BrE) the baby; ***sacudirse el ~:*** **no te sacudas el ~ y hazlo** stop trying to get *o* (colloq) wriggle out of it, and just do it

moción *f* motion; **presentar una ~** to propose *o* (BrE) table a motion; **no apoyaron la ~** they didn't support the motion; **votar una ~** to vote on a motion; **promover una ~** to bring forward a motion (for discussion); **aceptar/rechazar una ~** to pass/reject a motion; **la ~ se aprobó por 130 votos a favor y 70 en contra** the motion was carried *o* passed by 130 votes to 70; **hacer una ~ de orden** to make a point of order

(Compuesto) **moción de censura** vote of censure *o* no confidence

mocionante *mf* (AmC, Méx, RPl) proposer (of a motion)

mocionar [A1] *vi* (AmC, Méx, RPl) to propose a motion (from the floor)

mocito[1] **-ta** *adj* (fam): **tus niñas ya son mocitas** your daughters are very grown-up now; **tiene dos hijos ~s que pronto entrarán a la universidad** he has two youngsters *o* boys *o* young lads who are about to go to university (colloq)

mocito[2] **-ta** *m,f* (fam): **ya no es ningún ~** he's no longer a lad *o* a youngster; **su sobrina es una mocita de unos 15 años** her niece is a young girl *o* a youngster of about 15

moco *m*: **límpiate los ~s** wipe *o* blow your nose; **se limpió los ~s en la manga** she wiped her nose on her sleeve; **le colgaban** *or* **se le caían los ~s** he had a runny nose (colloq), he had a snotty nose (sl); **tengo ~s** my nose is running, I've got a runny nose; **suelta una especie de ~** it exudes a kind of mucus; **tenía un ~ pegado en la nariz** he had a bogey *o* piece of snot stuck to his nose (sl); ***llorar a ~ tendido*** (fam) to cry one's eyes out, sob one's heart out; ***tirarse el ~*** (Esp arg) to bullshit (sl)

(Compuesto) **moco de pavo** (Bot) cockscomb; (Zool) crest, caruncle; ***no ser ~ de ~*** (fam): **gana cinco mil dólares al mes, que no es ~ de ~** he earns $5,000 a month which is a considerable sum of money; **pasé el examen a la primera, que no es ~ de ~** I passed the exam first go, which is no mean feat (colloq)

mocoso -sa *m,f* (fam) squirt (colloq), pipsqueak (colloq); **¿y ese ~ me va a decir a mí lo que tengo que hacer?** so that little brat *o* squirt *o* pipsqueak thinks he can tell me what to do, does he? (colloq); **¡cómo te vas a poner tacones altos! si eres una mocosa** what do you mean you're going to wear high heels? you're just a kid (colloq)

moda *f* fashion; **la ~ de los años 60** 60's fashion; **la ~ joven** *or* **juvenil** young fashion; **ir a la ~** to be fashionably dressed *o* trendy; **estar de ~** to be in fashion; **estar muy de ~** to be very fashionable; **(se) pasan de ~ enseguida** they go out of fashion very quickly; **se ha vuelto a poner de ~ la minifalda** miniskirts are back in fashion *o* have come back into fashion, miniskirts are in again (colloq); **un peinado de última ~** a very fashionable hairstyle, an up-to-the-minute hairstyle (colloq); **revista de ~s** fashion magazine; **la ~ de los patines** the rollerskating craze; ***lo que es ~ no incomoda*** you have to suffer in the name of fashion *o* to be fashionable

modal *adj* modal

modales *mpl* manners (*pl*); **tiene muy buenos/malos ~** he is very well-mannered/bad-mannered, he has very good/bad manners; **tiene que aprender ~** she needs to learn some manners

modalidad *f*: **el rechazo a cualquier ~ de disidencia** refusal to tolerate any kind *o* form of dissent; **ofrecen varias ~es de pago** they offer several methods *o* modes of payment; **ganó la medalla de oro en la ~ de esquí alpino** she won the gold medal for downhill skiing

modelado *m* 1 (acción) modeling* 2 (resultado): **el ~ del rostro es perfecto** the face is perfectly sculpted *o* modeled

modelador -dora *m,f*

A (Art) modeler*

B **modelador** *m* (RPl) (Indum) corselet

modelaje *m* (Andes, Ven) modeling*; **hacer ~** to model

modelar [A1] *vt* 1 (Art) ‹*barro/arcilla*› to model; ‹*estatua/figura*› to model, sculpt 2 ‹*carácter/personalidad*› to mold*

■ **modelar** *vi*

A (Art) to model; **~ en barro** to model in clay

B (Andes) (para fotos, desfiles) to model

modélico -ca *adj* model (*before n*); **el hospital es un centro ~** the hospital is a model of its kind *o* a model center; **las relaciones entre los dos estados han sido calificadas de modélicas** relations between the two states have been described as exemplary

modelismo *m* model-making

modelista *mf* 1 (Art) modeler* 2 (de costura) pattern maker 3 (de moldes) molding* machine operator

modelización *f* modeling*

modelo[1] *adj inv* model (*before n*); **un marido/estudiante ~** a model husband/student; **visitaron la casa ~** they visited the showhouse

modelo[2] *m*

A 1 (ejemplo) model; **su conducta es un ~ para todos** her conduct is an example to us all; **tomaron el sistema francés como ~** they used the French system as a model, they modeled their system on the French one; **copiaron el ~ cubano** they copied the Cuban model 2 (muestra, prototipo) model; **el ~ se reproducirá en bronce** the model will be reproduced in bronze; **~ en** *or* **a escala** scale model

(Compuestos)

- **modelo económico** economic model
- **modelo matemático** mathematical model

B (tipo, diseño) model; **el ~ de lujo** the deluxe model

C (Indum) model; **~s exclusivos de las mejores boutiques** exclusive designs from the best boutiques; **hoy se ha venido con un nuevo modelito** (fam) she arrived wearing a new little number today; **un sombrero último ~** the (very) latest in hats; **un ~ de Franelli** a Franelli, a Franelli design; **Gloria luce un ~ de talle bajo realizado en lino** Gloria is wearing a drop-waisted design in linen

modelo[3] *mf* 1 (maniquí) model; **~ de alta costura** an haute couture model; **desfile de ~s** fashion show 2 (de publicidad) model 3 (de un artista) model

módem *m* (*pl* **-dems**) modem

moderación *f* moderation; **beber con ~** to drink in moderation; **le pidieron que obrara con ~** they asked him to act with restraint; **me dijo que hablara con ~** she told me to be more restrained *o* moderate in what I said

(Compuesto) **moderación salarial** wage restraint

moderadamente *adv* moderately

moderado[1] **-da** *adj* 1 ‹*temperatura*› moderate; ‹*precio*› reasonable 2 ‹*ideología/facción*› moderate 3 ‹*persona/comportamiento*› restrained

moderado[2] **-da** *m,f* moderate

moderador[1] **-dora** *adj* moderating (*before n*)

moderador[2] **-dora** *m,f*

A (en un debate) moderator, chair; (Rad, TV) presenter

B **moderador** *m* (Fís) moderator

moderar [A1] *vt*

A 1 ‹*impulsos/aspiraciones*› to curb, moderate 2 ‹*palabras/vocabulario*›: **por favor modera tu vocabulario** please mind your language; **modera el tonito** don't use that tone of voice with me 3 ‹*gasto/consumo*› to curb; ‹*velocidad*› to reduce; **~on la velocidad** they slowed down, they reduced their speed; **tenemos que ~ el consumo de energía** we have to curb *o* reduce energy consumption

B ‹*debate/coloquio*› to moderate, chair

■ **moderarse** *v pron*: **modérate, estás comiendo demasiado** restrain yourself *o* (colloq) go easy, you're eating too much; **modérate, no hables así** calm down *o* control yourself, don't talk like that; **este mes tendremos que ~nos en los gastos** this month we'll have to cut down on our spending

modernamente *adv* nowadays, in modern times

modernidad *f* 1 (calidad) modernness, modernity; **la ~ del diseño** the modernness *o* modernity of the design; **es un retroceso, es lo contrario de la ~** it is a backward step, completely contrary to modern ideas *o* thinking 2 (edad) modern age; **otro rasgo de la ~** another feature of the modern age

modernismo *m* 1 (Arquit, Art, Lit) modernism 2 (cualidad) modernness, modernity

modernista[1] *adj* modernist

modernista[2] *mf* modernist

modernización *f* modernization; **la ~ de nuestra planta industrial** the modernization of our industrial plant; **la ~ de su estilo de vida** the updating *o* modernization of their way of life

modernizador -dora, modernizante *adj* ‹*efecto*› modernizing (*before n*); **un proceso ~** a process of modernization

modernizar [A4] *vt* ‹*fábrica/técnica*› to modernize; ‹*costumbres*› to update; ‹*sociedad*› to modernize, bring ... up to date; ‹*vestido/abrigo*› to do up, revamp (colloq)

■ **modernizarse** *v pron*: **eso ya no se lleva, debes ~te** that's not fashionable any more, you have to keep up with the times *o* get up to date

moderno[1] **-na** *adj* 1 (actual) modern; **el hombre ~** modern man; **no es un invento ~** it is not a new *o* modern invention; **una edición más moderna** a more up-to-date edition; **comparado con los métodos ~s** compared with modern *o* present-day methods 2 (a la moda) ‹*vestido/peinado*› fashionable, trendy; **es una chica muy moderna** she's a very modern *o* trendy girl 3 (Hist) ‹*edad/historia*› modern

moderno[2] **-na** *m,f* trendy (colloq)

modes® *m* (*pl* ~) (Ven) sanitary towel

modestamente *adv* 1 (con sencillez) ‹*vivir/vestir*› simply, modestly; **una vivienda ~ amueblada** a simply furnished home 2 (sin jactancia) modestly, humbly; **en lo que ~ podamos contribuir/servir** to which we may make a modest contribution/in which we may humbly serve; **~ ofreció su experiencia** she modestly offered her experience; **confesó ~ no recordarlo** he humbly admitted not remembering it

modestia *f* 1 (falta de pretensión) modesty; ***~ aparte:*** **la tarta me quedó estupenda, ~ aparte** the cake turned out brilliantly, though I (do) say so myself; **~ aparte, soy uno de los mejores del equipo** although I say so myself *o* in all modesty *o* modesty apart, I am one of the best in the team 2 (sencillez) modesty; **vivir con ~** to live modestly 3 (escasez): **pese a la ~ de medios, es un éxito** despite

m

modest *o* limited resources, it is very successful **4** (ant) (recato) modesty (liter)

modesto -ta *adj* **1** (falto de orgullo) ‹*actitud/persona*› modest; **en mi modesta opinión** in my humble *o* modest opinion **2** (humilde, sencillo) ‹*familia*› humble; ‹*posición social*› modest, humble; **viven/visten de una manera muy modesta** they live/dress very modestly **3** (escaso, pequeño) ‹*sueldo*› modest; **un hombre de ambiciones modestas** a man of modest ambitions; **un paso ~ hacia un acuerdo** a modest step towards an agreement **4** (ant) ‹*mujer*› modest (liter)

módico -ca *adj* ‹*precio/alquiler/suma*› reasonable; **en módicas cuotas mensuales** in reasonable monthly payments

modificable *adj* modifiable

modificación *f* (en un aparato) modification; (en un plan) change; (en un texto, programa) change, alteration

modificador[1] -dora *adj* modification (*before n*), modifying (*before n*)

modificador[2] *m* modifier

(Compuesto) **modificador directo/indirecto** direct/indirect modifier

modificar [A2] *vt* **1** ‹*aparato*› to modify; ‹*plan*› to change; ‹*horario/ley*› to change, alter; **la dosis puede ~se según criterio médico** the dosage may be altered *o* varied on the advice of your doctor; **la entonación modifica el sentido de la frase** the intonation alters *o* changes the meaning of the sentence **2** (Ling) to modify

■ **modificarse** *v pron* to change, alter

modillón *m* modillion

modismo *m* idiom

modista *mf* **1** (que diseña) couturier, designer **2** (que confecciona) dressmaker

modistería *f* (Col) **1** (actividad) dressmaking **2** (establecimiento) dressmaker's shop/workshop

modisto *m* couturier, designer

modo *m*

A **1** (manera, forma) way, manner (frml); **éste no es ~ de hacer las cosas** this is no way of going about things; **no lo digas de ese ~** don't say it like that; **hay que hacerlo del siguiente ~** it has to be done in the following manner; **a mi ~ de ver** to my way of thinking, in my opinion; **¿qué ~ de hablarle a tu abuela es ése?** that's no way to speak to your grandmother; Ⓢ **modo de empleo** instructions for use, directions; **me lo pidió de muy mal ~** (AmL) she asked me (for it) very rudely *o* in a very rude way **2** (*en locs*): **a mi/tu/su modo** (in) my/your/his (own) way; **hazlo a tu ~** do it (in) your (own) way; **le gusta hacer las cosas a su ~** he likes to do things his (own) way; **a modo de: se puso una manta a ~ de poncho** he put a blanket round his shoulders like a poncho; **a ~ de introducción** by way of introduction; **de cualquier modo** (de todas formas) (*indep*) in any case, anyway; (sin cuidado) anyhow, any which way (AmE colloq), any old how (BrE colloq); **del mismo** *or* **de igual modo que** just as, in the same way (that); **de modo que** (así que) (+ *indic*) so; (para que) (+ *subj*) so that; **lo hiciste porque quisiste, de ~ que ahora no te quejes** you did it because you wanted to, so don't complain now; **¿de ~ que se van?** so they're going, are they?; **colócalos de ~ que se vean desde aquí** arrange them so that they can be seen from here; **de ningún modo** no way; **yo no puedo aceptarlo, de ningún ~** there is no way I can accept it; **de todos modos** anyway, anyhow; **no creo que lo pueda lograr, de todos ~s volveré a intentarlo** I don't think I can do it, but I'll have another try anyway *o* anyhow; **en cierto modo** in a way; **ni modo** (AmL exc CS fam): **¿pudieron entrar? — no, ni ~, las entradas se habían acabado** did they get in? — no, no way *o* not a chance, it was sold out (colloq); **traté de persuadirlo para que fuera pero ni ~** I tried to persuade him to go but it was no good; **ni ~, yo soy como soy** that's tough *o* too bad, I am the way I am (colloq); **ni modo que** (AmL exc CS): **tienes que regresar a tu casa, ni ~ que te quedes aquí** you have to go home, there's no way you're staying here (colloq)

B **modos** *mpl* (modales) manners (*pl*); **con buenos/malos ~s** politely/rudely *o* impolitely

C (Ling) mood; **el ~ indicativo/subjuntivo** the indicative/subjunctive mood

D (Mús) mode

(Compuesto) **modo mayor/menor** major/minor mode

E (Inf) mode

(Compuesto) **modo de reposo** sleep mode

modorra *f*

A (fam) (somnolencia): **qué ~ tengo esta mañana** I'm so sleepy this morning; **sacúdete la ~** wake up!; **le entró ~ y se durmió** she became drowsy and fell asleep

B (Vet) staggers

modosito -ta *adj* **1** (de buen comportamiento) well-behaved, good; (educado) well-mannered **2** (recatado) demure

modoso -sa *adj* (Méx) houseproud

modulación *f* modulation

(Compuestos)

- **modulación de amplitud** amplitude modulation
- **modulación de frecuencia** frequency modulation

modulador *m* modulator

modular[1] *adj* modular

modular[2] [A1] *vt* **1** (Ling, Mús) to modulate; **~ la voz** to modulate one's voice **2** (Rad) ‹*frecuencia*› to modulate

■ **modular** *vi* (Ling, Mús) to modulate

modular[3] *m* (RPl) (estantería) shelf unit, modular shelving; (sofá) modular sofa

módulo *m*

A **1** (de un mueble) unit, module **2** (de una prisión) unit **3** (Espac) module **4** (Educ) module

(Compuestos)

- **módulo de maniobra y mando** command module
- **módulo lunar** lunar module
- **módulo prefabricado** prefabricated unit *o* module

B (Fís, Mat) modulus

modus operandi *m* modus operandi

modus vivendi *m* **1** (modo de vida) way of life, lifestyle, modus vivendi (frml) **2** (arreglo transitorio) modus vivendi

mofa *f* mockery; **hacer ~ DE algo/algn** to make fun of sth/sb; **lo dijo en tono de ~** she said it mockingly *o* in a mocking tone; **la obra es una ~ de los símbolos cristianos** the play makes fun of *o* mocks the symbols of the Christian faith

mofarse [A1] *v pron* **~ DE algo/algn** to make fun of sth/sb; **todos se mofan de él** they all make fun of *o* poke fun at him; **no te mofes de las desgracias de los demás** don't laugh at other people's misfortunes

mofeta *f* skunk

mofle *m* (AmC, Méx) muffler (AmE), silencer (BrE)

moflete *m* (fam) chubby cheek

mofletudo -da *adj* (fam) chubby-cheeked

mogol *mf* ▸ **mongol**

mogólico -ca *adj/m,f* ▸ **mongólico[1]**, **mongólico[2]**

mogolla *f* (Col) bread roll

mogollón *m* (Esp arg) **1** (gran cantidad): **había (un) ~ de gente** there were loads *o* thousands of people there (colloq); **tengo que ordenar este ~ de papeles** I have to sort out this mass of papers; **había cerveza en** *or* **a ~** there was loads *o* there were gallons of beer (colloq); **nos lanzamos a por el periódico a** *or* **en ~** we all made a mad rush for the paper (colloq) **2** (lío): **con el ~ de las Navidades me olvidé de llamarla** with all the fuss over Christmas I forgot to call her; **¡vaya ~ que tenía en la cabeza!** he didn't know whether he was coming or going

mohair /mo'er/ *m* mohair

mohicano -na *m,f* Mohican

mohín *m* face; **hacer un ~** to make *o* (BrE) pull an angry face

mohína *f* **1** (enfado) annoyance; **tener ~** to be annoyed **2** (tristeza) depression; **tener ~** to be upset *o* depressed

mohíno -na *adj* **1** (enfurruñado): **está ~ porque lo regañaron** he's sulking because he's been told off **2** (alicaído) depressed; **quedaron ~s con la noticia** the news depressed *o* upset them

moho *m* **1** (en fruta, pan) mold*, mildew; ***criar ~*** «*fruta/queso*» to go moldy*; «*persona*» to vegetate **2** (en cobre) patina, verdigris; (en hierro) rust

mohoso -sa *adj* **1** ‹*fruta/pan/queso*› moldy*; **este queso se ha puesto ~** this cheese has gone moldy **2** ‹*cobre*› covered in patina *o* verdigris; ‹*hierro*› rusty

MOIR /mo'ir/ *m* (en Col) = **Movimiento Obrero Independiente Revolucionario**

moisés *m* (cuna) cradle, Moses basket; (portátil) carrycot

Moisés Moses

moishe *m* (RPl fam & pey) *offensive term used to refer to a Jew*

mojada *f*

A (con agua) soaking

B (Esp arg) (puñalada) stab wound

mojado[1] -da *adj* ‹*pelo/calle*› wet; ‹*hierba*› wet; **le pasas un trapo ~** you (just) wipe it over with a wet cloth; **llegó a casa completamente ~** he arrived home dripping *o* soaking wet; **no te quedes con los calcetines ~s, que te vas a resfriar** take your wet socks off, you'll catch cold; ▸ **llover**

mojado[2] -da *m,f* (Méx fam) wetback (colloq & pej)

mojama *f* dried salted tuna

mojar [A1] *vt*

A **1** ‹*suelo/papel/pelo*› (accidentalmente) to get *o* make … wet; (a propósito) to wet; **tiró el vaso de agua y mojó el mantel** he knocked over the glass of water and got *o* made the tablecloth (all) wet; **moja un poco la toalla** dampen *o* wet the towel a little; **pasó un coche y me mojó** a car went by and splashed me; **¡no me mojes!** don't get me wet!, don't splash (*o* soak *etc*) me!; **aún moja la cama** (euf) he still wets the bed; **moja la gasa con colonia** moisten the gauze with cologne; **~ el bizcocho con jerez** soak the sponge in sherry **2** (sumergiendo) ‹*galleta/bizcocho*› to dip, dunk (colloq); **mojó la pluma en el tintero** she dipped the pen in the inkwell; **mojé el pan en la salsa** I dipped the bread in the sauce; ***no moja pero empapa*** (Ven fam) he's/she's a wolf in sheep's clothing

B (fam) (celebrar): **esto hay que ~lo** this calls for a drink (colloq)

■ **mojarse** *v pron* **1** «*persona/ropa/suelo*» to get wet; **se me ~on los zapatos** my shoes got wet; **me mojé toda** I got wet through *o* drenched *o* soaked **2** ‹*pelo/pies*› (a propósito) to wet; (accidentalmente) to get … wet; **mójate el pelo si quieres que te lo corte** wet your hair first if you want me to cut it; **me mojé los pies** my feet got wet, I got my feet wet **3** (orinarse): **cámbiale el pañal a la niña porque se mojó** change the baby's diaper (AmE) *o* (BrE) nappy, she's wet; **se mojó en los pantalones** he wet his pants

mojarra *f*: *type of sea bream*

mojicón *m*

A (Coc) ladyfinger, sponge finger (BrE)

B (fam) (golpe) punch; (con la mano abierta) slap

mojiganga *f* mummery

mojigatería *f*: **déjate de ~s y déjala ir a la fiesta** don't be so prudish and let her go to the party; **la ~ de la rectora es legendaria** the principal is renowned for being straitlaced

mojigato[1] -ta *adj* prudish, straitlaced, puritanical

mojigato[2] -ta *m,f* prude

mojinete *m* (CS) gable

mojito *m* (Cu) *long drink of rum, soda water, macerated mint leaves, and lemon juice*

mojo *m: garlic and oil-based sauce*

mojón *m*

A **1** (señal) marker, boundary stone; **un ~ en nuestra literatura** a landmark in our literature **2** (Auto) *tb* **~ kilométrico** milestone
B (fam) (excremento) turd (vulg)
C (Ven fam) (mentira, cuento) story (colloq)

mojonear [A1] *vt* (Ven fam) to spin ... a yarn (colloq), to tell ... stories (colloq)

mojonero -ra *m,f* (Ven fam) fibber (colloq)

moka *m* ▸**moca**

molar[1] [A1] *vi* (Esp arg): **esas gafas de sol molan cantidad** those shades are really cool (colloq); **no veas cómo mola mi nueva moto** my new bike's really great *o* supercool (colloq); **los exámenes no me molan** I can't stand exams (colloq)

molar[2] *m* molar, back tooth

molcajete *m* (Méx) mortar

Moldavia *f* Moldova, Moldavia (Hist)

moldavo[1] **-va** *adj* Moldovan, Moldavian (Hist)

moldavo[2] *m,f*
A (persona) Moldovan, Moldavian (Hist)
B **moldavo** *m* (idioma) Moldavian

molde *m*
A (pieza hueca) **1** (Coc) (para hornear) baking tin; (para flanes, gelatina) mold*; **~ de pan** loaf tin **2** (para jugar en la arena) mold* **3** (Tec) cast; **un ~ de yeso** (Art) a plaster cast; **el dentista me sacó el ~ de los dientes** the dentist made an impression of my teeth; **una obra que rompe con todos los ~s clásicos** a work that breaks all the classical molds **4** (Impr) form; ▸**letra**; ***de ~*** just right, perfect; ***quedarse en el ~*** (Arg) to keep one's mouth shut; ***romper ~s:*** **un atleta que rompe los ~s** an athlete who is rewriting the record books *o* who is in a class of his own; **fue una fiesta que rompió ~s** it was the party to end all parties; **ustedes los jóvenes rompen todos los ~s** you young people break with all the traditions *o* break all the molds; ***sacarle ~ a algo*** (Chi fam): **su metida de pata fue como para sacarle ~** it was a terrible *o* a classic *o* an unforgettable faux pas
(Compuesto) **molde savarín** *or* **chimenea** *or* **de corona** ring mold*
B (AmL) (para coser) pattern; (para tejer) (knitting) pattern

moldeable *adj* ‹*barro*› moldable*, malleable; ‹*persona/carácter*› malleable

moldeado *m*
A (Art) **1** (en bronce) casting **2** (en barro) molding*, modeling*
B (Esp) (en peluquería) styling

moldear [A1] *vt* **1** (en bronce) to cast; (en barro) to mold*, model **2** ‹*persona/carácter*› to mold*, shape **3** ‹*pelo*› to style

Moldova *f* Moldavia

moldovano -na *adj/m,f* ▸**moldavo**[1], **moldavo**[2]

moldovo -va *adj/m,f* ▸**moldavo**[1], **moldavo**[2]

moldura *f* **1** (Arquit) molding* **2** (Méx) (marco) frame

mole[1] *f* mass; **el nuevo hotel es una ~ de hormigón** the new hotel is a huge mass *o* block of concrete; **él es una ~** he's really huge; **se me vino encima con toda su ~** he fell with his full weight on top of me; **se veía su enorme ~ entre la niebla** its enormous mass *o* bulk could be seen through the fog

mole[2] *m*
A (Méx) (Coc) **1** (salsa) chili sauce (*with green tomatoes and often chocolate or peanuts*) **2** (plato) *turkey, chicken or pork with* ▸**mole** *sauce*; ***darle a algn en su (mero)*** **~** (Méx fam): **me dieron en mi mero ~** (con un regalo, una invitación) they couldn't have thought of anything I'd have liked more *o* of anything better, it was a perfect choice; (en una conversación) they got me onto my favorite *o* pet subject; ***ser el (mero) ~ de algn*** (Méx fam): **las matemáticas son su ~** mathematics are his forte *o* his strong point; **ese tipo de trabajo es mi mero ~** that sort of job is right up my street (colloq); **el fútbol es su mero ~** he's crazy about football (colloq), he's a real football freak *o* fanatic (colloq)
(Compuesto) **mole de olla** (Méx fam) meat stew; ***ser ~ de ~*** to be the perfect time; **a darle, que es ~ de ~** let's get on with it, there's no time like the present *o* now's the perfect time *o* let's strike while the iron's hot
B (Méx fam) (sangre) blood

molécula *f* molecule

molecular *adj* molecular

moledera *f* (Chi fam): **de ~** damn (sl); **están en todas partes estas moscas de ~** these pesky *o* darned flies are everywhere (AmE colloq), these damn *o* (BrE sl) bloody flies are everywhere

moledor -dora *adj* grinding (*before n*), crushing (*before n*), milling (*before n*)

moledora *f* meat grinder (AmE), mincer (BrE)

moledura *f* (de café) grinding; (de aceitunas) crushing; (de trigo) grinding, milling

moler [E9] *vt* ‹*especias/café*› to grind; ‹*trigo*› to grind, mill; ‹*aceitunas*› to crush; ‹*carne*› to grind (AmE), to mince (BrE); ‹*plátano*› (Chi, Méx) to mash; **café molido** ground coffee; ***~ a algn a golpes*** *or* ***a palos*** to beat sb to a pulp
■ **moler** *vi*
A (Méx fam) (molestar): **deja de ~ con que quieres una moto** stop going on about wanting a motorbike; **está muele y muele con eso** he keeps going on about it
B (Col fam) to work

moles *interj* (Méx fam) wham! (colloq), smack! (colloq)

molestar [A1] *vt*
A **1** (importunar) to bother; **perdone que lo moleste, pero quisiera pedirle algo** sorry to trouble *o* bother you, but I'd like to ask you something; **¿este señor la está molestando, señorita?** is this man bothering you, Miss? **2** (interrumpir) to disturb; **no la molestes, está estudiando** don't disturb her, she's studying; **que no me moleste nadie, voy a dormir un rato** don't let anybody disturb me, I'm going to take a nap
B (ofender, disgustar) to upset; **perdona si te he molestado** I'm sorry if I've upset you
■ **molestar** *vi*
A (importunar): **¿no te molesta ese ruido?** doesn't that noise bother you?; **S** **se ruega no molestar** please do not disturb; **¿le molesta si fumo?** do you mind if I smoke?; **me molesta su arrogancia** her arrogance irritates *o* annoys me; **ya sabes que me molesta que hables de él** you know I don't like you to talk about him, you know I get upset *o* it upsets me when you talk about him; **nunca uso pulseras, me molestan para trabajar** I never wear bracelets, they get in the way when I'm working; **no me duele, pero me molesta** it doesn't hurt but it's uncomfortable *o* it bothers me; **si le molesta mucho, puedo ponerle una inyección** if it's very sore *o* painful, I could give you an injection
B (fastidiar) to be a nuisance; **si vas a ~, te vas de clase** if you're going to be a nuisance, you can leave the classroom; **vino a ayudar pero no hizo más que ~** he came to help, but he just got in the way *o* made a nuisance of himself; **son unos niños encantadores, nunca molestan** they're lovely children, they're never any trouble *o* they're no trouble at all; **no quiero ~** I don't want to be a nuisance *o* to get in the way *o* to cause any trouble
■ **molestarse** *v pron*
A (disgustarse) to get upset; **no debes ~te, lo hizo sin querer** don't get upset, he didn't mean to do it; **~se POR algo**: **se molestó por algo** he got upset about something; **espero que no se haya molestado por lo que le dije** I hope you weren't upset *o* offended by what I said; **~se CON algn** to get annoyed WITH sb, get cross WITH sb (BrE); **se molestó conmigo porque no lo invité** he got annoyed *o* cross with me because I didn't invite him, he was put out *o* upset because I didn't invite him
B (tomarse el trabajo) to bother, trouble oneself (frml); **no se moleste, me voy enseguida** it's all right *o* please, don't bother *o* don't worry, I'm just leaving; **no se molesta por nadie, sólo piensa en él** he doesn't bother *o* worry about anybody else, all he thinks about is himself; **¿para qué vas a ~te?** why should you put yourself out?; **~se EN + INF**: **ni se molestó en llamarme** he didn't even bother to call me; **se molestó en venir hasta aquí a avisarnos** she took the trouble to come *o* she went to the trouble of coming all this way to tell us; **yo no me voy a ~ en cocinar para ellos** I'm not going to put myself out cooking for them

molestia *f*
A **1** (incomodidad, trastorno): **siento causarte tantas ~s** I'm sorry to be such a nuisance *o* to cause you so much trouble *o* to put you out like this; **perdona la ~, pero ...** sorry to bother you, but ...; **no es ninguna ~, yo te llevo** it's no trouble at all, I'll take you there; **¿me podría cambiar el tenedor, si no es ~?** would you mind giving me a new fork, please?; **rogamos disculpen las ~s ocasionadas por el retraso** (frml) we apologize for any inconvenience caused by the delay (frml) **2** (trabajo): **¿para qué te has tomado la ~?** why did you bother to do that?, you shouldn't have put yourself out; **~ DE + INF**: **ahórrate la ~ de ir** save yourself the trip; **se tomó la ~ de escribirnos a cada uno en particular** she took the trouble to write to each of us individually
B (malestar): **puede causar ~s estomacales** it may cause stomach problems *o* upsets, it may upset the stomach; **las ~s que suelen acompañar a los estados gripales** the aches and pains often symptomatic of flu; **no es un dolor, sólo una ligera ~** it's not a pain, just a slight feeling of discomfort; **a la primera ~, me tomo un calmante** as soon as it starts to hurt, I take a painkiller

molesto -ta *adj*
A **1** [SER] (fastidioso): **tengo una tos sumamente molesta** I have *o* I've got a really irritating *o* annoying cough; **es una sensación muy molesta** it's a very uncomfortable *o* unpleasant feeling; **no es grave, pero los síntomas son muy ~s** it's nothing serious, but the symptoms are very unpleasant; **la máquina hace un ruido de lo más ~** the machine makes a very irritating *o* annoying *o* tiresome noise; **¡es tan ~ que te estén interrumpiendo cada cinco minutos!** it's so annoying *o* trying *o* tiresome *o* irritating when people keep interrupting you every five minutes; **resulta muy ~ tener que viajar con tantos bultos** it's a real nuisance *o* it's very inconvenient having to travel with so much baggage; **¿podría abrir la ventana, si no es ~?** would you be so kind as to open the window? **2** [ESTAR] (incómodo, dolorido): **está bastante ~** he's in some pain; **pasó la noche bastante ~** he had a rather uncomfortable night; **está ~ por la anestesia** he's in some discomfort because of the anesthetic **3** [SER] (violento, embarazoso) awkward; **es una situación muy molesta** it's a very awkward *o* embarrassing situation; **me hace sentir muy molesta que esté constantemente regalándome cosas** it's very embarrassing the way she's always giving me presents, she's always giving me presents, and it makes me feel very awkward *o* embarrassed; **me resulta muy ~ tener que trabajar con ella cuando no nos hablamos** I find it awkward working with her when we're not even on speaking terms
B [ESTAR] (ofendido) upset; **está ~ con ellos porque no fueron a su boda** he's upset *o* put out *o* peeved because they didn't go to his wedding; **está muy ~ por lo que hiciste** he's very upset about what you did

molestoso -sa *adj* (AmL fam) annoying; **¡qué mosquitos/niños más ~s!** these mosquitos/children are such a nuisance *o* so annoying!, what a pest these mosquitos/children are! (colloq)

molibdeno *m* molybdenum

molicie *f* **1** (comodidad): **el lujo y la ~ en que fue criado** the atmosphere of luxury and pampering in which he was brought up; **las causas de la inercia y la ~ de los que**

mandan the causes of the inertia and complacency of those in charge [2] (blandura) softness

molido[1] **-da** *adj* [1] (fam) (agotado) shattered (colloq), bushed (colloq) [2] (Andes fam) (con agujetas) stiff; **estoy tan ~ que casi no me puedo mover** I'm so stiff I can hardly move

molido[2] *m* (Chi fam) loose change

molienda *f* [1] (acción) grinding, milling [2] (liter) (molino) mill [3] (cantidad) batch (*of corn or sugarcane*) [4] (temporada) milling season *o* time

moliente *adj* ▸**corriente**[1]

molinero[1] **-ra** *adj* milling (*before n*), flour (*before n*)

molinero[2] **-ra** *m,f* miller

molinete *m* [1] (juguete) pinwheel (AmE), windmill (BrE) [2] (Esp) (extractor de aire) extractor fan [3] (RPl) (para entrar al metro) turnstile [4] (en danza) spin (*while holding hands*)

molinillo *m* [1] (de café, especias) grinder, mill [2] (juguete) pinwheel (AmE), windmill (BrE) [3] (Col, Méx) (para batir) whisk

(Compuestos)
- **molinillo de café** coffee mill, coffee grinder
- **molinillo de carne** mincer
- **molinillo de pimienta/sal** pepper/salt mill

molino *m* [1] (máquina — para el trigo) mill; (— para la carne) mincer [2] (fábrica) mill; **~ de papel** paper mill

(Compuestos)
- **molino de agua** waterwheel
- **molino de viento** windmill; ***luchar contra ~s de ~*** (liter) to tilt at windmills (liter)
- **molino hidráulico** waterwheel

molla *f*

A [1] (del pan) crumb [2] (de la carne) lean, lean part [3] (de la fruta) flesh

B (Esp fam) [1] (músculo de la pantorrilla) calf muscle; **el ciclismo saca ~** cycling develops your calf muscles [2] (michelín) roll of fat, spare tire* (colloq)

mollar *adj*

A ‹*almendra*› easily-shelled; ‹*fruta*› easy-to-peel

B (Esp arg) ‹*mujer*› foxy (AmE colloq), tasty (BrE sl)

molleja *f*

A [1] (de res) sweetbread [2] (de ave) gizzard

B (Ven fam) (descaro) nerve (colloq), cheek (BrE colloq)

mollera *f* (fam) head; **¿quién le ha metido esa idea en la ~?** who put that idea into her head?; **no le da la ~ para tanto** he isn't that smart (colloq), he hasn't got that much up top *o* upstairs (colloq); **está mal de la ~** he's off his head *o* rocker (colloq); ***cerrado*** *or* ***duro de ~*** pigheaded (colloq)

mollete *m* muffin

molo *m* (Chi) *tb* **~ de abrigo** breakwater, mole

molón -lona *adj* [1] (Méx fam) (insistente, pesado): **¡qué mujer tan molona! siempre está llamándote por teléfono** that woman's such a nuisance *o* pest! she's always phoning you (colloq) [2] (Esp arg) ‹*moto*› fantastic (colloq), awesome (AmE colloq), brilliant (BrE colloq); ‹*vestido*› fantastic (colloq), knockout (*before n*) (BrE sl)

molote *m* (Méx fam): **se hizo un ~** she put her hair up

molotov, Molotov *adj* ▸**cóctel**

molturar [A1] *vt* to grind, mill

Molucas *fpl*: **las ~** the Moluccas

molusco *m* mollusk*

momentáneamente *adv* momentarily, for a moment

momentáneo -nea *adj* [1] (breve) momentary; **experimentó un alivio ~** she had a momentary feeling of relief, for a moment she felt relieved; **aquella calma no fue más que momentánea** that calm was short-lived *o* was only momentary *o* only lasted a moment [2] (pasajero) temporary; **dificultades momentáneas** temporary difficulties; **una momentánea falta de liquidez** a short-term *o* temporary cash-flow problem

momento *m*

A [1] (instante puntual) moment; **justo en ese ~ sonó el teléfono** just at that moment the telephone rang; **¿tiene que ser en este preciso ~?** does it have to be right this minute *o* right now?; **me ayudó en todo ~** he helped me at all times; **a partir de ese ~** from that moment on; **en este ~ no está** she's not in right now *o* at the moment; **en este ~ acaba de irse** she's just this minute left; **en un primer ~ pensé que era mentira** at first I thought it was a lie [2] (lapso breve) minute, moment; **empieza dentro de un ~** it starts in a minute *o* moment; **eso te lo arreglo yo en un ~** I'll fix that for you in no time at all; **¡un momentito!** (por teléfono) just a moment *o* just a minute; **miraba el reloj a cada ~** she kept looking at her watch every two minutes; **no para ni un ~** she's on the go the whole time [3] (época, período) time, period; **el país atraviesa ~s difíciles** the country is going through a difficult time *o* period; **el ~ de mayor esplendor de nuestras letras** the most brilliant time *o* period in our literary history; **está en su mejor ~** he is at his peak [4] (ocasión) time; **llegas en buen/mal ~** you've arrived at the right time/at a bad time; **no es ~ ahora para hablar de eso** this isn't the time to talk about that; **cuando llegue el ~** when the time comes; **en ningún ~ he dicho que ...** I have never said that ..., at no time have I said that ...; **éste no es ~ para ponerse a discutir** this is no time to start arguing [5] (tiempo presente) moment; **la moda del ~** the fashion of the moment; **los temas más importantes del ~ político español** the most important issues in contemporary Spanish politics

B (*en locs*): **al momento** at once; **cuando te llame quiero que vengas al ~** when I call you I want you to come at once; **de momento: de ~ se siente bien** she feels all right at the moment; **de ~ no tiene más remedio que aceptar** for the moment he has no alternative but to accept; **de ~ se va a quedar en casa con nosotros** she's going to stay at home with us for the time being; **desde el momento que** (CS) since, as, seeing as (colloq); **desde el ~ que ni siquiera me contestó la carta** since *o* as *o* seeing as he didn't even answer my letter; **de un momento al otro: están por llegar de un ~ al otro** they'll be arriving any minute now; **cambia de opinión de un ~ al otro** she changes her mind from one minute to the next; **en cualquier momento: puedes llamar en cualquier ~** you can call at any time; **en cualquier ~ viene y nos dice que se casa** any day now he'll come and tell us he's getting married; **en el momento** immediately; **me los arreglaron en el ~** they repaired them for me immediately *o* there and then *o* on the spot; **en el momento menos pensado** when they/you/we least expect it; **en un momento dado: la velocidad del vehículo en un ~ dado** the speed of the vehicle at a given moment; **si en un ~ dado tu quisieras ...** if at any *o* some time you should want to ..., if you should ever want to ...; **por el momento: por el ~ voy a ir a vivir con mi hermano** for the time being I'm going to stay with my brother; **¿necesitas dinero? — por el ~ no** do you need any money — not just now *o* no, for the time being I'm OK; **por el ~ te vas a tener que conformar** you'll have to make do for now *o* for the moment; **por momentos: el frío aumenta por ~s** it's getting colder by the minute; **su estado empeoraba por ~s** her condition was deteriorating from one minute to the next

C (Fís, Mec) momentum

(Compuesto) **momento de inercia** moment of inertia

momia *f* mummy

momiaje *m* (Chi fam & pey) right-wing reactionaries (*pl*)

momificación *f* mummification

momificar [A2] *vt* to mummify

■ **momificarse** *v pron* to mummify, become mummified

momio[1] **-mia** *adj*

A ‹*carne*› lean

B (Chi fam & pey) (Pol) reactionary

momio[2] *m*

A (Esp fam) (sinecura, bicoca) cushy number (*o* job *etc*) (colloq)

B (Esp) (carne) lean meat, lean

momio[3] **-mia** *m,f* (Chi fam & pey) right-wing reactionary

mona *f*

A (fam) (borrachera): **agarrar una ~** to get plastered (colloq); **vete a dormir la ~** go and sleep it off

B [1] (en naipes) old maid [2] (Col) (para un álbum) picture card [3] (CS fam) (dibujo de mujer) *drawing of a woman*; ***como la ~*** (CS fam) terrible; **tiene una secretaria como la ~** her secretary's terrible *o* absolutely hopeless *o* a total disaster

(Compuesto) **mona de Pascua** (Esp) Easter cake

monacal *adj* monastic

monacato *m* monasticism, monastic life

Mónaco *m* Monaco

monada *f* (fam)

A [1] (cosa bonita): **tiene una casa que es una ~** she has a lovely *o* gorgeous house; **¡qué ~ de vestido!** what a beautiful *o* gorgeous *o* cute dress! [2] (persona bonita): **su novia es una verdadera ~** his girlfriend's gorgeous *o* a real stunner (colloq); **¡qué ~ de niño!** what a lovely *o* (colloq) cute kid; **oye, ~, hoy te toca fregar los platos que yo lo hice ayer** listen buddy (AmE) *o* (BrE) sunshine, it's your turn to do the dishes, I did them yesterday (colloq) [3] (RPl) (persona encantadora) angel (colloq)

B **monadas** *fpl* ▸**monería B**

mónada *f* monad

monaguillo *m* altar boy, acolyte, server

Mona Lisa *f* Mona Lisa

monarca *mf* monarch

monarquía *f* monarchy

(Compuesto) **monarquía absoluta/constitucional** absolute/constitutional monarchy

monárquico[1] **-ca** *adj* [1] ‹*régimen/institución*› monarchical [2] ‹*persona/ideas*› monarchist (*before n*)

monárquico[2] **-ca** *m,f* monarchist, royalist

monarquismo *m* monarchism

monasterio *m* monastery

monástico -ca *adj* monastic

Moncloa *f*: **la ~** *the official residence of the Spanish premier*

> **(Palacio de) la Moncloa**
>
> The Spanish prime minister's official residence, in Madrid.

monda *f*

A [1] (de cítricos) peel; **~s de las patatas** potato peelings [2] (acción) peeling; ***ser la ~*** (Esp fam) (ser muy divertido) to be a scream (colloq); (ser el colmo) to be the limit (colloq), to be too much (colloq)

B (Méx fam) (paliza) thrashing, hiding (colloq)

mondá *f* (Col vulg) prick (vulg)

mondadientes *m* (*pl* ~) toothpick

mondadura *f* ▸**monda A1**

mondante *adj* (Esp fam): **es un tío ~** he's a scream (colloq); **nos contó un chiste ~** he told us a joke that had us in tears *o* in stitches (colloq)

mondar [A1] *vt* [1] ‹*fruta/zanahorias*› to peel; ***anda y que te monden*** (fam) get lost (colloq), go fly a kite (AmE colloq) [2] ‹*árbol*› to prune [3] (fam) (cortar el pelo) to scalp (colloq) [4] (fam) (dejar sin dinero) to fleece (colloq)

■ **mondarse** *v pron* (*refl*): **se mondaba los dientes** she was picking her teeth; ***~se de risa*** (Esp) to die laughing, kill oneself laughing

mondo -da *adj*: **le dejaron la cabeza monda** they scalped him (colloq); ***~ y lirondo*** plain and simple; **le conté la verdad monda y lironda** I told her the plain, simple truth

mondongo *m* [1] (entrañas) insides (*pl*), guts (*pl*) [2] (AmS) (callos) tripe [3] (Esp) (embutidos) blood sausage, chorizo, etc (*made when a pig is slaughtered*) [4] (fam) (vientre) paunch, potbelly (colloq); **está criando ~** he's developing a paunch, he's getting a potbelly (colloq)

moneda *f*

A **1** (pieza) coin; **una ~ de dos euros** a two-euro coin; **colecciona ~s antiguas** she collects old coins; **una ~ conmemorativa** a commemorative coin **2** (de un país) currency; **una ~ estable** a stable currency; **acuñar ~** to mint money; ***pagar con la misma ~*** to pay sb back in kind

(Compuestos)

- **moneda blanda** soft currency
- **moneda circulante** (de un país) currency; (cantidad de moneda) currency in circulation
- **moneda convertible** convertible currency
- **moneda corriente** currency; **el dólar es ~ ~ allí** the currency there is the dollar; ***ser ~ corriente*** to be an everyday occurrence
- **moneda débil** soft currency
- **moneda de curso legal** legal tender
- **moneda de reserva** reserve currency
- **moneda fraccionaria** (Fin) fractional currency; (dinero suelto) correct *o* exact change
- **moneda legal** legal tender
- **moneda única** single currency
- **moneda única europea** single European currency

B **la Moneda** (en Chi) Presidential Palace

> **(Palacio de) la Moneda**
>
> The Chilean presidential palace, in the capital, Santiago.

monedero *m* change purse (AmE), purse (BrE)

(Compuesto) **monedero público** (Ur) telephone booth *o* (BrE) box

monegasco -ca *adj/m,f* Monegasque

monería *f* (fam)

A ▸**monada A1**

B **monerías** *fpl* (fam): **deja de hacer ~s y toma la sopa** stop messing around and eat your soup (colloq); **deja de hacer ~s que te vas a caer** stop monkeying *o* clowning around, you're going to fall (colloq)

monetario -ria *adj* ‹*crisis*› monetary, financial; ▸**sistema**, **unidad**

monetarismo *m* monetarism

monetarista *adj/mf* monetarist

monetización *f* (Fin) monetization

monetizar *vt* (Fin) to monetize

money /ˈmoni/ *m* (arg) bread (colloq); **me he quedado sin ~** I'm broke (colloq)

mongol -gola *m,f*, **mongol** *mf* Mongol, Mongolian

mongólico[1] **-ca** *adj* **1** (ant *or* crit) (Med) ‹*rasgos*› mongoloid (dated *o* crit); **niños ~s** Down's syndrome children **2** (fam & pey) (tonto) moronic (colloq & pej) **3** (de Mongolia) Mongolian

mongólico[2] **-ca** *m,f* **1** (ant *or* crit) (Med) person suffering from Down's syndrome, mongol (dated *o* crit); **una escuela para ~s** a school for Down's syndrome children **2** (fam & pey) (tonto) moron (colloq & pej) **3** (de Mongolia) Mongol, Mongolian

mongolismo *m* (ant *or* crit) Down's syndrome, mongolism (dated *o* crit)

mongoloide *adj* **1** (de los mongoles) Mongoloid **2** (Med) (ant *or* crit) mongoloid (dated *o* crit); **un niño con rasgos ~s** a child with mongoloid *o* Down's syndrome features

monicaco -ca *m,f* (fam) (persona — insignificante) squirt (colloq); (— de poca edad) pipsqueak (colloq)

monigote *m* **1** (muñeco) rag doll; (de papel) paper doll **2** (dibujo) doodle **3** (fam) (tonto) fool (colloq); **no debí confiar en semejante ~** I shouldn't have trusted a fool like him; **déjate de hacer el ~ y come** stop clowning *o* messing around and eat your food

monises *mpl* (fam) dough (colloq)

monitor -tora *m,f*

A (persona) **1** (Dep): **~ de esquí** ski instructor; **~ de esgrima** fencing coach *o* instructor; **~ de tenis** tennis coach; **es ~ en una piscina** he's a swimming instructor; **es ~ en un campamento juvenil** he's a monitor at a summer camp **2** (Educ) (en la escuela) (RPl) monitor; (en la universidad) (Col) *student who acts as an assistant teacher*

B **monitor** *m* (aparato) **1** (Inf) monitor **2** (Med, Tec) monitor

monitorear [A1], **monitorizar** [A4] *vt* to monitor

monitoreo *m*, **monitorización** *f* monitoring

monja *f* nun; **meterse a** *or* **de ~** to become a nun

monje *m* monk

monjil *adj* **1** (Relig): **la vida ~** a nun's life, life in a convent **2** ‹*vestimenta*› austere **3** ‹*idea/actitud*› prudish

mono[1] **-na** *adj*

A (fam) ‹*mujer*› pretty, lovely-looking (colloq); ‹*niño*› lovely, cute (colloq), sweet (colloq); ‹*vestido/piso*› gorgeous, lovely; **es muy mona de cara** she has a lovely *o* a very pretty face

B (Col) (rubio) ‹*hombre/niño*› blond; ‹*mujer/niña*› blonde

C (Audio) mono

mono[2] **-na** *m,f* (Zool) monkey; **el ~ desnudo** the naked ape; ***ser el último ~*** (fam) to be a complete nobody, be the lowest of the low, be the low man on the totem pole (AmE); ***ser un ~ de imitación*** (fam) to be a copycat (colloq); ***tener ~s en la cara*** (fam): **¿qué miras? ¿es que tengo ~s en la cara?** is there something funny about me? you're looking at me as if I was from another planet; ***tener ~ de algo/algn*** (Esp fam) ‹*persona*› to miss; ‹*vino/jamón*› to crave; ***aunque la mona se vista de seda mona se queda*** you can't make a silk purse out of a sow's ear

(Compuesto) **mono sabio** *picador's assistant*

mono[3] *m*

A (monigote): **dibujó un ~ en el cuaderno** he drew a little figure in his exercise book; **una revista de monitos** (Andes, Méx) a comic; **la página de los monitos del periódico** (Andes, Méx) the cartoon page, the funnies (AmE colloq)

(Compuestos)

- **mono animado** (Chi) cartoon
- **mono de nieve** (Chi) snowman

B **1** (Indum) (de mecánico) coveralls (*pl*) (AmE), overalls (*pl*) (BrE), boiler suit (BrE) **2** (de moda — de cuerpo entero) jumpsuit; (— con peto) overalls (*pl*) (AmE), dungarees (*pl*) (BrE) **3** (Méx) (malla de bailarina) leotard

C (Audio): **en ~** in mono

D (arg) (síndrome de abstinencia) cold turkey (sl); **está con el ~** he's gone cold turkey (sl)

E (en naipes) joker

mono- *pref* mono-

monoaural *adj* monophonic (*before n*), mono (*before n*)

monobloc (*pl* **~s**), **monobloque** *m* (Arg) tower block

monocarril *m* monorail

monocasco *m* monohull

monociclo *m* unicycle, monocycle

monocigótico -ca *adj* monozygotic

monocolor *adj* one-color* (*before n*)

monocorde *adj* **1** (Mús) monotonic **2** (monótono) monotonous

monocotiledónea *f* monocotyledon

monocotiledóneo -nea *adj* monocotyledonous

monocromático -ca *adj* monochromatic

monocromo -ma *adj* **1** (Art, Fot) monochrome **2** (Inf, TV) monochrome, black and white

monóculo *m* monocle

monocultivo *m* monoculture

monoesquí *m* (*pl* **-quís** *or* **-quíes**) monoskiing; **practicar el ~** to go monoskiing

monofásico -ca *adj* single-phase

monofónico -ca *adj* monophonic, mono

monogamia *f* monogamy

monógamo[1] **-ma** *adj* monogamous

monógamo[2] **-ma** *m,f* monogamist

monografía *f* monograph

monográfico -ca *adj* monographic

monograma *m* monogram

monokini *m* monokini

monolingüe *adj* monolingual

monolingüismo *m* monolingualism

monolítico -ca *adj* monolithic

monolito *m* monolith

monologar [A3] *vi* **1** (Teatr) to deliver a monologue **2** (hablar) to talk; **nos encantaba oírlo ~ sobre sus viajes** we used to love listening to his monologues about his travels, we used to love listening to him talk about his travels; **es difícil hablar con él, ya sabes que le gusta ~** (fam) it's difficult to have a conversation with him, you know how he likes the sound of his own voice *o* how he likes to hold forth *o* how he likes to talk

monólogo *m* monologue

monomando *m* mixer tap

monomanía *f* **1** (Psic) monomania **2** (fam) (obsesión) obsession, mania; **tiene la ~ de los patines** all he thinks about is skating, he's totally obsessed with his skates

monomaníaco -ca, **monomaniaco -ca** *m,f* monomaniac

monomaniático -ca *m,f* monomaniac

monomio *m* monomial

monono -na *adj* (CS fam) divine (colloq)

mononucleosis *f* mononucleosis

(Compuesto) **mononucleosis infecciosa** glandular fever, infectious mononucleosis (tech)

monoparental *adj* (frml): **las familias ~es** one-parent families

monoparentalidad *f* single parenthood; **niños en situación de ~** children in single-parent families

monopartidismo *m* one-party system, single-party system

monopatín *m* (Dep, Jueg) (con manillar) (CS, Ven) scooter; (sin manillar) (Esp) skateboard

monopatinador -dora *m,f* skateboarder

monoplano *m* monoplane

monoplaza[1] *adj* single-seater (*before n*)

monoplaza[2] *m* single-seater

monopolio *m* **1** (dominio) monopoly **2** (compañía) monopoly **3** (derecho, disfrute) monopoly; **la educación universitaria no debería ser ~ exclusivo de unos pocos** university education shouldn't be the monopoly *o* preserve of a chosen few

monopolista *mf* monopolist

monopolístico -ca *adj* monopolistic

monopolización *f* monopolization

monopolizador -dora *adj* monopolistic

monopolizar [A4] *vt* ‹*negocio/sector*› to monopolize; **~ la atención de algn** to monopolize sb's attention; **los varones han monopolizado el mundo de los negocios durante siglos** men have had a monopoly of *o* have monopolized the business world for centuries

Monopoly® /monoˈpoli/ *m* Monopoly®

monoposte *m* (Márketing)

A (de gran tamaño) billboard; hoarding (BrE)

B (de menor tamaño) sign

monorraíl *m* (Esp) monorail

monorriel *m* (AmL) monorail

monosabio *m* picador's assistant

monosémico -ca *adj* monosemic

monosilábico -ca *adj* monosyllabic, one-syllable (*before n*), single-syllable (*before n*)

monosílabo[1] **-ba** *adj* ▸**monosilábico**

monosílabo[2] *m* monosyllable; **respondió con ~s** she gave one-word answers, she answered in monosyllables

monoteísmo *m* monotheism

monoteísta[1] *adj* monotheistic

monoteísta[2] *mf* monotheist

monotema *m* (fam): **su ~ de los caballos me tiene frito** I'm fed up with him going on and on about horses (colloq)

monotemático *adj* (fam): **es ~** he only has one topic of conversation (colloq)

m

monotipo *m* Monotype®

monotonía *f* 1 (de una tarea) monotony 2 (de un sonido) monotone

monótono -na *adj* 1 ‹vida/trabajo› monotonous, humdrum, dreary; ‹discurso/espectáculo› monotonous, tedious 2 ‹voz› monotonous, monotone (*before n*), droning (*before n*)

monotrema *m* monotreme

monousuario -ria *adj* single-user (*before n*)

monovalente *adj* monovalent, univalent

monovolumen *m* minivan, MPV, people carrier (BrE)

monóxido *m* monoxide; **~ de carbono** carbon monoxide

monra *f* (Andes fam): **los ladrones utilizaron la modalidad de la ~ para ingresar** the thieves gained access by breaking the door down

monrero -ra *m,f* (Andes) burglar, housebreaker

Mons. *m* (= **monseñor**) Msgr.

monseñor *m* 1 (Relig) Monsignor 2 (Hist) Monseigneur

monserga *f* (Esp fam) 1 (sermón) lecture; **me soltó una ~ por no estudiar** she gave me a lecture about not studying 2 (lata, rollo): **no me vengas con ~s, no te dejo el coche** stop going on at *o* pestering *o* (colloq) hassling me; I'm not lending you the car; **déjate de ~s y ve al grano** stop beating about the bush and get to the point

monstruo[1] *m* 1 (Mit) monster 2 (persona — deforme, fea) monster, hideous creature; (— malvada) monster 3 (fenómeno) phenomenon; **un ~ de la música pop** a pop phenomenon *o* sensation *o* giant

(Compuesto) **monstruo marino** sea monster

monstruo[2] *adj inv* (fam) fantastic (colloq)

monstruosidad *f* 1 (cosa monstruosa): **¿de dónde sacaste esa ~?** where did you get that monstrosity from?; **es una ~ hacer semejante cosa** it's monstrous to do such a thing; **en los campos de concentración se cometieron muchas ~es** many atrocities were committed in the concentration camps 2 (cualidad) monstrous nature, monstrousness

monstruoso -sa *adj* 1 ‹crimen/comportamiento› monstrous, atrocious 2 ‹precios› outrageous; ‹dimensiones› monstrous 3 (deforme, anormal) ‹ser/facciones› hideous, grotesque

monta *f*

A (monto) total, total value; ***de poca ~*: los daños materiales fueron de poca ~** the damage was slight *o* minor; **toreó en plazas de poca ~** he fought in bullrings of little note; **gentecilla de poca ~** people of little standing; **no se puede considerar un asunto de poca ~** this is no small matter

B (period) (caballo) mount; (jinete) rider

montacargas *m* (*pl* ~) freight *o* service elevator (AmE), service *o* goods lift (BrE)

montado[1] **-da** *adj*: **iba ~ a caballo** he was riding a horse; **la policía montada** the mounted police; **me hablaba montada en su bicicleta** she was sitting on her bicycle talking to me; **yo ya estaba ~ en el tiovivo** I was already on the merry-go-round; ***estar ~ (en el dólar*** *or* ***en pasta)*** (Esp fam) to be loaded (colloq) *ver tb* **montar**

montado[2] *m* (Esp) small sandwich

montador -dora *m,f* 1 (Mec, Tec) fitter 2 (Cin, TV) film editor

(Compuesto) **montador de escena, montadora de escena** *m,f* set designer

montaje *m* 1 (de una máquina, un mueble) assembly; **la estantería es de fácil ~** the shelves are easy to put up *o* put together *o* assemble; **cadena de fabricación y de ~** production and assembly line; **instrucciones para el ~** assembly instructions; **el ~ de la red** the setting up of the network 2 (de una obra) staging, mise en scène; (de una película) editing, montage 3 (para incriminar a alguien) frame-up (colloq); set-up; **seguro que todo es un ~** I bet it's all a big con *o* a set-up (colloq)

(Compuesto) **montaje fotográfico** photomontage

montallantas *m* (*pl* ~) (Col) (taller) *workshop where tires** *are retreaded*; (mecánico) *person who retreads tires**

montante *m*

A (Fin) total, total amount

B (Const) 1 (soporte) upright, post; (de una ventana) mullion 2 (ventana) transom, fanlight

montaña *f*

A 1 (Geog) mountain; **un pueblo de ~** a mountain village; **tienen un chalet en la ~** they have a chalet in the mountains; **no hagas una ~ de ese asunto** don't make a big issue out of it; ***hacer una ~ de un grano de arena*** to make a mountain out of a molehill; ***si la ~ no viene a Mahoma, Mahoma va a la ~*** if the mountain will not come to Mohammed, Mohammed must go to the mountain 2 (Chi) (monte) scrubland

(Compuestos)
- **montaña rusa** roller coaster, big dipper (BrE)
- **Montañas Rocosas** *or* **Rocallosas** *fpl*: **las ~ ~** the Rocky mountains (*pl*), the Rockies (*pl*)

B (montón) pile; **una ~ de ropa sucia** a pile of dirty clothing; **una ~ de folios** a pile *o* stack of papers

montañero -ra *m,f*

A (Dep) mountaineer, mountain climber; **escuela de ~s** mountaineering school

B (Col) (rústico, simple) hayseed (AmE colloq), yokel (BrE colloq)

montañés[1] **-ñesa** *adj* 1 (de la montaña) mountain (*before n*), highland (*before n*) 2 (Esp) (de Santander) of/from Santander

montañés[2] **-ñesa** *m,f* 1 (persona de las montañas) highlander, mountain dweller 2 (Esp) person from Santander

montañismo *m* mountaineering, mountain climbing

montañoso -sa *adj* ‹cadena› mountain (*before n*); ‹terreno/país› mountainous

montaplatos *m* (*pl* ~) dumbwaiter

montar [A1] *vt*

A 1 ‹caballo› (subirse a) to mount, get on; (ir sobre) to ride; **~on sus corceles y salieron al galope** (liter) they mounted their steeds and galloped off (liter); **montaba un precioso alazán** she was riding a beautiful sorrel; **¿quieres ~ mi caballo?** do you want to ride my horse? 2 (subir, colocar): **montó al niño en el poni** he lifted the boy up onto the pony

B 1 ‹vaca/yegua› to mount 2 (vulg) ‹mujer› to screw (vulg)

C 1 (poner, establecer) ‹feria/exposición› to set up; **ha montado un bar en el centro** she has opened a bar in the center; **piensa ~ un negocio con el dinero** she's planning to start up *o* set up a business with the money; **todos los años montan una exposición del trabajo de los niños** every year they put on *o* hold *o* stage an exhibition of the children's work 2 ‹máquina/mueble› to assemble; ‹estantería› to put up; **¿me ayudas a ~ la tienda de campaña?** can you help me to put up *o* pitch the tent?; **montaban unas viviendas prefabricadas** they were putting up *o* erecting some prefabricated houses; **venden las piezas sueltas y tú las tienes que ~** the parts are sold separately and you have to put them together *o* assemble them 3 ‹piedra preciosa› to set; ‹diapositiva› to mount; **brillantes montados sobre oro de 18 kilates** diamonds set in 18 carat gold 4 (organizar) ‹obra/producción› to stage; **la operación se montó con el mayor sigilo** the operation was mounted in the utmost secrecy; ***~ un número*** *or* ***lío*** *or* ***escándalo*** *or* ***show*** *or* ***espectáculo*** (Esp fam) to make *o* cause a scene

D 1 ‹puntos› to cast on 2 ‹pistola› to cock

E (Esp) ‹nata› to whip; ‹claras› to whisk

■ **montar** *vi*

A 1 (ir): **~ a caballo/en bicicleta** to ride a horse/bicycle 2 (Equ) (subir) to get on, mount

B (cubrir parcialmente) **~ SOBRE algo** to overlap sth

C (sumar, importar) **~ A algo** to amount to sth; **la factura monta a más de medio millón** the bill comes *o* amounts to more than half a million; ***tanto monta (monta tanto, Isabel como Fernando)*** (Esp) it makes no difference, it comes to the same thing

■ **montarse** *v pron*

A (en un coche) to get in; (en un tren, autobús) to get on; (en un caballo) to mount, get on; **¿me dejas ~me en tu bicicleta?** can I have a ride on your bicycle?; **quería ~se en todas las atracciones de la feria** he wanted to go on all the rides in the fairground

B (arreglarse) (fam): **¡qué bien te lo montas!** you've got a good thing going (colloq), you're on to a good thing (colloq); **no sé cómo se lo monta, pero siempre acabo perdiendo** I don't know how she manages it, but I always end up losing; **¡ése sí que se lo tiene bien montado!** that guy really has it made *o* is really on to a good thing!

montaraz *adj* 1 ‹animal› wild 2 ‹persona› (tosco) coarse; (arisco) surly, unfriendly

monte *m*

A (Geog) 1 (montaña) mountain 2 (terreno — cubierto de maleza) scrubland, scrub; (— cubierto de árboles) woodland; ***batir el ~*** to beat (*for game*); ***echarse*** *or* ***tirarse al ~*** to take to the hills; ***no todo (en) el ~ es orégano*** life isn't all a bowl of cherries 3 (Ven fam) (campo): **estoy buscando trabajo en la ciudad porque a mí no me gusta el ~** I'm looking for work in town because I don't like living out in the sticks *o* the wilds (colloq); ***~ y culebra:* no hay nada como vivir en la capital, lo demás es ~ y culebra** you can't beat living in the capital, anything else *o* everywhere else is like being back in the Middle Ages; **por donde tú vives es puro ~ y culebra, ni televisión debes tener** where you live is so backward, I bet you don't even have television 4 (RPl) (bosquecillo) copse, coppice

(Compuestos)
- **monte alto** forest, woodland
- **monte bajo** scrubland, bush
- **Monte de los Olivos**: **el ~ de los ~** the Mount of Olives
- **monte de piedad** pawnshop
- **monte de Venus** (pubis) (liter) mons veneris (liter); (en quiromancia) Mount of Venus
- **montes Apalaches** *mpl*: **los ~ ~** the Appalachians (*pl*)
- **montes Balcanes** *mpl*: **los ~ ~** the Balkan mountains (*pl*)
- **montes Cárpatos** *mpl*: **los ~ ~** the Carpathians (*pl*)
- **monte Sinaí**: **el ~ ~** Mount Sinai
- **montes Pirineos** *mpl*: **los ~ ~** the Pyrenees (*pl*)
- **montes Urales** *mpl*: **los ~ ~** the Urals (*pl*)

B (en naipes) 1 (juego) monte 2 (en el tute) last trick

C (AmC, Col, Ven fam) (marihuana) grass (colloq)

Montenegro *m* Montenegro

montepiado -da *m,f* (Chi) *person who receives a dependent's pension*

montepío *m*

A (monte de piedad) pawnshop

B 1 (mutualidad) fund (*collected by a benefit society for its members*) 2 (pensión) pension 3 (Chi) (de huérfano, viuda) dependent's pension

montera *f* 1 (gorra) cap 2 (de torero) bullfighter's hat

montería *f* 1 (caza mayor) hunting (*of deer, wild boar, etc*) 2 (arte de cazar) hunting, art of hunting

montero -ra *m,f* 1 (cazador) hunter (*of deer, wild boar, etc*); **~ mayor** master of the hunt 2 (ojeador) beater

montés *adj* ‹animales/plantas› wild; ▸**cabra**, **gato**[1]

montevideano -na *adj* of/from Montevideo

Montevideo *m* Montevideo

montgomery *m* (CS) duffle coat

montículo *m* 1 (túmulo — de tierra) mound, hillock; (— de piedras) mound, heap 2 (en béisbol) mound

montilla *m*: *type of pale, dry sherry*

monto *m* total

montón *m* **1** (pila) pile; **está en ese ~ de libros** it's in that pile *o* stack of books; **roba una carta del ~** take a card from the pile; **el jardinero hacía montones con la hierba cortada** the gardener was piling up the cut grass; **un ~ de basura** a trash heap; ***(ser) del ~*** (fam): **un estudiante de los del ~** an average student; **es un escritor de los del ~** he's not an outstanding *o* exceptional writer, he's rather a run-of-the-mill writer; **es una chica del ~** she's (just) an ordinary girl **2** (fam) (gran cantidad): **había un ~ de gente** there were loads *o* (BrE) masses of people (colloq); **tiene montones de amigos** she's got loads *o* (BrE) masses of friends (colloq); **me duele un ~** it hurts like hell (colloq); **me gusta un ~** I'm crazy about her/it (colloq); **tiene discos a montones** she's got heaps *o* stacks of records (colloq); **la gente los compra a montones** people buy them by the barrelful *o* cartload

montonera *f*
A (fam) (montón): **una ~ de gente** masses *o* loads of people (colloq), a whole bunch of people (AmE colloq); ***tirar algo a la ~*** (Col) to throw sth into the crowd
B (Hist) peasant militia

montonero -ra *m,f* (Hist) (guerrillero) guerrilla; **los M~s** *Argentinian guerrilla movement*

montura *f*
A (Equ) **1** (silla) saddle **2** (animal) mount
B **1** (de anteojos) frame **2** (engarce) setting, mount

monumental *adj*
A (Arquit): **la riqueza ~ de la ciudad** the wealth of monuments in the city
B (fam) (muy grande) **1** (en tamaño) huge, massive; **una cocina/un jardín ~** a huge kitchen/garden **2** (en grado) monumental; **un error/esfuerzo ~** a monumental error/effort; **me costó un trabajo ~** it took a tremendous amount of work
C (fam) (estupendo) fabulous (colloq); **tiene un cuerpo ~** she has a fabulous body

monumento *m*
A (obra conmemorativa) monument; **~ al soldado desconocido** monument to the unknown soldier; **~ a los caídos** war memorial; **a esa mujer le levanto un ~** that woman deserves a medal, I take my hat off to that woman (colloq)

Compuestos
- **monumento conmemorativo** memorial
- **monumento funerario** commemorative stone
- **monumento histórico** historical monument
- **monumento nacional** national monument; **la casa fue declarada ~ ~ en 1960** the house was declared a national monument in 1960

B (Relig) altar (*decorated for Holy Week*)
C (obra excepcional) masterpiece, classic; **esta obra es un ~ de la épica española** this work is a classic example of the Spanish epic
D (fam) (mujer atractiva) looker (colloq), stunner (colloq); **su novia es un ~** his girlfriend's a stunner *o* a real looker

monzón *m* monsoon

monzónico -ca *adj* monsoon (*before n*)

moña *f*
A (Esp fam) (borrachera): **¡vaya ~ que lleva encima!** he's plastered! (colloq)
B **1** (Taur) ribbon **2** (lazo) bow; (cinta) ribbon

moñita *f* (Ur) bow tie

moño *m* **1** (peinado) bun; **se hizo un ~** she put her hair up in a bun; ***agarrarse del ~:* terminaron riñendo y agarrándose del ~** they ended up at each other's throats (colloq); ***bajarle el ~ a algn*** (Chi) to take *o* bring sb down a peg (or two); ***estar hasta el ~*** to be fed up (to the back teeth) (colloq); **estoy hasta el ~ de aguantar sus tonterías** I'm sick and tired of *o* I'm fed up with having to put up with his stupid games; ***soltarse el ~*** (Ven fam) to let one's hair down **2** (AmL) (lazo) bow

moñona *f* (Col) strike; **hacer ~** to get a strike

moonie /muni/ *mf* moonie

mopa *f* mop

mopear [A1] *vt* to mop

MOPU /'mopu/ *m* (en Esp) = **Ministerio de Obras Públicas y Urbanismo**

moquear [A1] *vi* **1** ⟨*nariz*⟩ to run; ⟨*persona*⟩ to have a runny nose **2** (fam) (llorar) to sniffle (colloq)

moqueo *m* runny nose

moquera *f* (CS fam): **tener ~** to have a sniffle *o* the sniffles (colloq)

moquero *m* (fam & hum) snot rag (colloq & hum), hankie (colloq)

moqueta *f* (Esp) wall-to-wall carpet, fitted carpet

moquete *m* (fam) punch (*in the face*)

moquette /mo'ket/ *f* (RPl) wall-to-wall carpet, fitted carpet (esp BrE)

moquillo *m* **1** (del perro, gato) distemper **2** (de la gallina) pip

mor: **por ~ de** (*loc prep*) (frml) because of, out of consideration for (frml)

mora *f*
A (Bot) (fruto — de la zarzamora) blackberry; (— del moral) mulberry; (— de la morera) white mulberry
B (Der) (retraso) default; **estaba en ~ de hacerte una visita** (fam) it was high time I paid you a visit

morada *f* (frml *or* liter) **1** (residencia, hogar) dwelling (frml), abode (frml *o* liter); **la última ~** the final resting place **2** (estancia): **hacer ~ en un lugar** to stay in a place

morado[1] **-da** *adj* ▸ⓘ **p.181** ⟨*color*⟩ purple; **tenía las manos moradas del frío** his hands were blue with cold; **ponerle un ojo ~ a algn** to give sb a black eye; ***pasarlas*** *or* ***verlas moradas*** (Esp) to have a hard *o* tough time; ***ponerse ~*** (Esp fam) to gorge oneself, stuff oneself (colloq); **nos pusimos ~s de bombones** we stuffed ourselves with *o* gorged ourselves on chocolates (colloq); **me puse morada de sangría** I drank gallons of sangria (colloq)

morado[2] *m*
A ▸ⓘ **p.181**; (color) purple
B (Esp, Ven) (en la piel) bruise

morador -dora *m,f* (liter) inhabitant

moradura *f* bruise

moral[1] *adj*
A (ético) moral; **valores ~es** moral values; **tienes el deber/la obligación ~ de denunciarlo** you have a moral duty/obligation to report him; **la formación ~ del individuo** the moral education of the individual
B (espiritual, psicológico) moral; **demostró tener gran fortaleza ~** she showed that she possessed great moral strength *o* fiber; **no podemos brindarte más que apoyo ~** we can only offer you moral support

moral[2] *m* mulberry tree, mulberry

moral[3] *f*
A (Fil, Relig) **1** (doctrina) moral doctrine; **la ~ cristiana** the Christian doctrine **2** (moralidad, ética) morality, morals (*pl*); **faltar a la ~** to commit an immoral act; **un lugar de dudosa ~** a place of dubious morality
B **1** (estado de ánimo) morale; **levantarle la ~ a algn** to raise sb's morale, lift sb's spirits; **estar bajo de ~** to be feeling low; **han quedado con la ~ por los suelos** their morale has sunk to an all-time low *o* has hit rock bottom; **no pierdas la ~** don't let things get you down; ***tener más ~ que el Alcoyano*** (fam) to be very optimistic, to always look on the bright side **2** (arrojo, determinación) will; **con una ~ de acero** with iron-willed determination

moraleja *f* moral; **sacar una ~ de un cuento/una fábula** to find a moral in a story/fable; **moraleja: nunca creas lo que te dice** the moral of the story is: never believe anything he tells you

moralidad *f* morality, ethics (*pl*); **la ~ de un espectáculo** the morality of a show; **discutían la ~ de los experimentos con embriones** they discussed the morality *o* ethics of experiments on embryos

moralismo *m* **1** (Fil, Relig) moralism **2** (remilgo) (fam): **déjate de ~s** stop being such a prude

moralista[1] *adj* moralistic

moralista[2] *mf* **1** (persona moralizadora) moralist **2** (Fil, Relig) (tratadista) moralist

moralización *f* moralization

moralizador[1] **-dora** *adj* moralizing (*before n*), moralistic

moralizador[2] **-dora** *m,f* moralizer

moralizante *adj* moralizing (*before n*), moralistic

moralizar [A4] *vi* to moralize
■ **moralizar** *vt*: **~ las costumbres de los nativos** to raise the moral standards of the natives' way of life

moralmente *adv* morally

morapio *m* (Esp fam) cheap red wine, plonk (BrE colloq)

morar [A1] *vi* (liter) to dwell (liter)

moratón *m* bruise

moratoria *f* moratorium; **imponer una ~ para** *or* **en las armas espaciales** to impose a moratorium on weapons in space

Moravia *f* Moravia

mórbido -da *adj*
A **1** ⟨*escena/historia*⟩ gruesome **2** (Med) morbid
B (liter) (delicado, suave) soft, delicate

morbo *m*
A (morbosidad) (fam) ghoulish fascination; **hay mucho ~ dentro del toreo** there is a large element of ghoulish fascination in bullfighting; **los accidentes despiertan el ~ de la gente** accidents bring out people's ghoulish instincts
B (fam) (atracción): **tener ~** ⟨*ciudad/partido de fútbol*⟩ to be interesting; ⟨*person*⟩ to be sexy; **le dan ~ las rubias** he can't resist blondes; **lo prohibido tiene mucho ~** what's off-limits is very tempting; **le da ~ vestirse de mujer** dressing in drag turns him on
C (Med) disease

Compuestos
- **morbo comicial** epilepsy
- **morbo regio** jaundice, icterus (tech)

morbosidad *f* morbidity; **me molestó la ~ de la película** I was put off by the morbidity *o* gruesomeness of the film; **la ~ con que se acercaron a ver el cadáver** the ghoulish delight with which they came up to look at the corpse

morboso[1] **-sa** *adj* **1** ⟨*escena/película*⟩ gruesome; ⟨*persona/mente*⟩ ghoulish; (truculento, retorcido) morbid **2** (Med) morbid

morboso[2] **-sa** *m,f* (fam) ghoul

morcilla *f* blood sausage, blood pudding (AmE), black pudding (BrE); **¡que te den ~!** (Esp) go to hell! (colloq), get stuffed! (BrE colloq)

morcón *m* blood sausage, blood pudding (AmE), black pudding (BrE)

mordacidad *f* bite, sharpness, causticity (liter)

mordaz *adj* ⟨*estilo/lenguaje*⟩ scathing, caustic, incisive; ⟨*crítica*⟩ sharp, scathing

mordaza *f*
A (en la boca) gag; **una medida que se convirtió en la ~ de la prensa** a measure which had the effect of gagging the press
B (Tec) clamp

Compuesto **mordaza múltiple** alligator grips (*pl*), pipe wrench

mordazmente *adv* scathingly, caustically, incisively

mordedura *f* bite

mordelón[1] **-lona** *adj*
A (AmL fam) ⟨*perro/niño*⟩ prone to bite *o* biting
B (Méx fam) ⟨*policía/funcionario*⟩ corrupt, bent (BrE sl)

mordelón[2] **-lona** *m,f* (Méx fam) corrupt traffic cop (colloq), bent traffic cop (BrE sl)

mordente *m* **1** (Quím) mordant **2** (Mús) mordent

morder [E9] *vt*
A 1 «*animal*» to bite; **la mordió un perro** a dog bit her; **mordía la manzana con avidez** he was eagerly munching the apple 2 (Tec) «*lima*» to file
B (Méx fam) «*policía/funcionario*» to extract a bribe from
C (Ven fam) (captar, entender) to get; **¿mordiste la indirecta?** did you get the hint?
■ **morder** *vi*
A «*perro/serpiente*» to bite; **ten cuidado que muerde** be careful, it bites; ***estar que muerde*** (fam): **no le preguntes hoy, está que muerde** don't ask him today, he'll just snap at you *o* bite your head off
B (Ven fam) (entender): **no mordió** he didn't get it (colloq)
■ **morderse** *v pron* (*refl*) to bite; **~se las uñas/los labios** to bite one's nails/one's lip

mordida *f*
A (CS) 1 (bocado) bite 2 (acción) bite; (huella) toothmarks (*pl*)
B (Méx fam) sweetener (colloq), backhander (colloq)

mordisco *m* 1 (de animal, persona) bite; **el perro le dio un ~ en el brazo** the dog bit her (on the) arm 2 (bocado) bite; **dame un ~ sólo para probarlo** let me have a bite just to try it 3 (Esp fam) (beso) hickey (colloq), lovebite (BrE colloq)

mordisquear [A1] *vt* to nibble; **no quiso la manzana porque estaba mordisqueada** she didn't want the apple because it had been nibbled (at); **cuando está nervioso mordisquea el lápiz** when he's nervous he chews his pencil

morena *f*
A (Geol) moraine
B (Zool) moray eel, moray *ver tb* **moreno²**

moreno¹ -na *adj* 1 [SER] ‹*persona*› (de pelo oscuro) dark, dark-haired; (de tez oscura) dark; (de raza negra) (euf) dark-skinned (euph) 2 [ESTAR] (bronceado) brown, tanned 3 ‹*piel*› brown, dark; ▸**azúcar**, **pan**

moreno² -na *m,f*
A 1 (persona de pelo oscuro) (*m*) dark(-haired) man (*o* boy *etc*); (*f*) dark(-haired) woman (*o* girl *etc*), brunet* 2 (persona — de tez oscura) dark person (*o* man *etc*); (— de raza negra) (euf) dark-skinned person (*o* man *etc*) (euph), coloured man (*o* woman *etc*) (BrE euph)
B **moreno** *m* (Esp) (bronceado) tan, suntan

morera *f* white mulberry tree

morería *f* Moorish quarter

moreteado -da *adj* (Chi fam) bruised; **se dejó las piernas moreteadas** he bruised his legs

moretón *m* bruise

morfa *f*
A (Bot) morphea
B (Esp arg) (morfina) morf (sl), morphine

morfar [A1] *vi* (RPl arg) to eat; **se fueron a ~** they went off for some grub *o* to grab a bite (colloq)
■ **morfarse** *v pron* (*enf*) (RPl arg) to eat; **me ~ía una vaca entera** I could eat a horse (colloq)

morfe, morfi *m* (CS arg) grub (colloq)

morfema *m* morpheme

morfemático -ca *adj* morphemic

Morfeo Morpheus

morfina *f* morphine

morfinomanía *f* morphine addiction, morphinism (tech)

morfinómano¹ -na *adj* addicted to morphine

morfinómano² -na *m,f* morphine addict

morfo *m* morph

morfología *f* morphology

morfológico -ca *adj* morphological

morganático -ca *adj* morganatic; **matrimonio ~** morganatic marriage

morgue *f* (AmL) morgue, mortuary

moribundo¹ -da *adj* dying, moribund (frml); **está ~** he's dying, he's at death's door; **una industria moribunda** a dying *o* moribund industry

moribundo² -da *m,f* dying man (*o* woman *etc*)

morillo *m* firedog, andiron

morir [I37] *vi* 1 «*persona/animal*» to die; **~ ahogado** to drown; **murió asesinada** she was murdered; **~ DE algo** to die OF sth; **~ de viejo** *or* **de vejez** to die of old age; **~ de muerte natural** to die of natural causes; **~ de frío** to die of cold, freeze to death; **murió de hambre** she died of hunger, she starved to death; **murieron por la libertad de su patria** they died for their country's freedom; **antes ~ que rendirse** (it's) better to die than to surrender; **¡muera el dictador!** death to the dictator!; **¡ahí te mueras!** (fam) drop dead! (colloq); ***hasta ~*** (Méx fam): **la fiesta va a ser hasta ~** we're going to party till we drop (colloq); **¡y allí muere!** (AmC fam) period! (AmE), and that's that! 2 (liter) «*civilización/costumbre*» to die out; **con él moría el siglo XIX** the 19th century died with him; **cuando muere la tarde** as evening falls (liter), as the day draws to a close (liter); **el río va a ~ a la mar** the river runs to the sea; **un caminito que muere al llegar al pueblo** a little path which peters out when it gets to the village
■ **morirse** *v pron* «*persona/animal/planta*» to die; **se murió a los 80 años** she died at the age of 80; **se le ha muerto la madre** her mother has died; **se me murió la perra** my dog died; **si no riegas las plantas se te van a ~** your plants will die if you don't water them; **por poco me muero cuando me dijo el precio** (fam) I nearly died when he told me the price (colloq); **no te vas a ~ por ayudarlo a hacer las camas** (fam) it won't kill you to help him make the beds (colloq); **como se entere me muero** (fam) I'll die if she finds out (colloq); **que me muera si miento** cross my heart and hope to die (colloq); **¡por mí que se muera!** he can drop dead for all I care (colloq); **¡muérete! me caso el sábado** (fam) you'll never guess what! I'm getting married on Saturday! (colloq); **~se DE algo**: **se murió de un infarto** he died of a heart attack; **se moría de miedo** he was nearly dead with fright, he was scared stiff; **nos morimos de aburrimiento** we got bored stiff *o* to death; **cierra la ventana, que me muero de frío** close the window, I'm freezing; **me estoy muriendo de hambre** I'm starving (colloq), I'm dying of hunger (colloq); **es para ~se de risa** it's hilariously funny, you just kill yourself *o* die laughing (colloq); **me muero de ganas de ver a los niños** I'm dying to see the children (colloq), I'm really looking forward to seeing the children; **~se POR algo/algn**: **me muero por un vaso de agua** I'm dying for a glass of water (colloq); **se muere por esa chica** he's nuts *o* crazy *o* (BrE) mad about that girl (colloq); **me muero por una cerveza fría** I could murder a cold beer (colloq), I'm dying for a cold beer (colloq); **~se POR + INF** to be dying to + INF (colloq); **me muero por irme de vacaciones** I'm dying *o* I can't wait to go on vacation; ***ser de ~se*** (fam) to be amazing *o* incredible (colloq)

morisco¹ -ca *adj* 1 (Hist, Relig) Moorish, Morisco 2 (Arquit, Art) Moorish, Morisco

morisco² -ca *m,f* Morisco (*Moorish convert to Christianity who remained in Spain after the* ▸**Reconquista**)

morisqueta *f* (CS): **hacer ~s** to make *o* (BrE) pull faces

morlaco *m*
A (fam) (Taur) fighting bull
B (CS, Méx fam) (dinero): **me prestó unos ~s** she lent me some cash (colloq)

mormado -da *adj* (Méx): **tengo la nariz mormada** I have a blocked *o* blocked-up nose, my nose is blocked; **estoy ~** I'm all stuffed up *o* bunged up (colloq)

mormón -mona *adj/m,f* Mormon

mormónico -ca *adj* Mormon

mormonismo *m* (Relig) Mormonism

moro¹ *adj*
A 1 (Hist) Moorish 2 (oscuro): **ojos ~s** big, dark eyes
B (Esp) 1 (fam & pey) (de África del Norte) North African 2 (fam) (machista) chauvinistic, sexist

moro² -ra *m,f*
A 1 (Hist) Moor; ***a ~ muerto gran lanzada*** it's easy to be brave when the danger has passed; ***hay/no hay ~s en la costa*** (fam): **ya puedes salir, no hay ~s en la costa** you can come out now, the coast is clear (colloq); **no digas nada, hay ~s en la costa** don't say anything, there are people listening *o* this isn't a good moment 2 (mahometano) Muslim
B (Esp) 1 (de África del Norte) North African; ***bajarse*** *or* ***ir*** *or* ***viajar al ~*** (arg) to go to North Africa to buy drugs 2 (fam) (machista) sexist, male chauvinist pig

morocha *f* (Ven fam) double-barreled shotgun (AmE), double-barrelled shotgun (BrE)

morocho¹ -cha *adj* (AmS fam) (de pelo oscuro) dark, dark-haired; (de piel oscura) dark

morocho² -cha *m,f*
A (AmS fam) (de pelo oscuro) dark-haired person (*o* man *etc*); (de piel oscura) dark person (*o* man *etc*)
B (Ven fam) (mellizo) twin

morondanga *f*: **de ~** (RPl fam) lousy (colloq), crummy (colloq); **me quiso conformar con unos bombones de ~** he tried to get round me with a few lousy *o* crummy chocolates; **es un guitarrista de ~** he's a pathetic *o* lousy guitarist

moronga *f* (AmC, Méx) blood sausage (AmE), blood pudding (AmE), black pudding (BrE)

morosidad *f* (Com, Fin) (lentitud en el pago) slowness (in paying); (deudas) arrears (*pl*)

moroso¹ -sa *adj*: **deudores ~s** debtors in arrears, doubtful debtors (tech); **cuentas morosas** delinquent accounts

moroso² -sa *m,f* doubtful debtor

morrada *f* ▸**morrón² A**

morral *m* 1 (que cuelga — del hombro) haversack; (— a la espalda) backpack, rucksack; **~ de cazador** hunter's pouch 2 (para el pienso) nosebag

morralla *f*
A 1 (Coc) small fish *o* fry (*pl*) 2 (cosas sin valor) junk; **no compré nada, era todo ~** I didn't buy anything, it was all trash *o* junk
B (chusma) riffraff, rabble
C (Méx) (dinero suelto) loose change

morrear [A1] *vi* (Esp arg) to neck (colloq), to snog (BrE colloq)

morrena *f* moraine

morreo *m* (Esp fam)
A (besuqueo) necking (colloq), snogging (BrE colloq)
B (beso) smack (colloq), smacker (BrE colloq); **le dio un apasionado ~** he gave her a passionate and resounding kiss

morriña *f* (fam) homesickness; **siente ~ de su tierra** he feels *o* is homesick for his country; **tener ~** to feel *o* be homesick

morrión *m* (Mil) 1 (casco) morion 2 (gorro) shako

morro *m*
A 1 (hocico) snout 2 (Esp fam) (boca) *tb* **morros** mouth, chops (*pl*) (BrE colloq); **límpiate ese ~** wipe your mouth (colloq); ***beber a ~s*** (Esp fam) to drink (straight) from the bottle; ***estar de ~s (con algn)*** (Esp fam) to be in a bad mood (with sb); **estamos de ~s y no nos hablamos** we've fallen out and we're not on speaking terms with each other (colloq); **¿ya estás otra vez de ~s?** are you in a bad mood again? 3 (Esp fam) (descaro) nerve (colloq), cheek (BrE colloq); **¡qué ~ tienes!** you've got some nerve!, you've got a nerve *o* cheek! (BrE); ***echarle ~*** (Esp fam) to stick one's neck out (colloq); ***por el ~*** (Esp fam): **entró en el concierto por el ~** he snuck *o* sneaked into the concert without paying (colloq), he had the nerve *o* the brass neck just to walk straight into the concert without paying (colloq); ***tiene un ~ que se lo pisa*** (Esp fam & hum) he's got a real nerve (colloq) 4 (Esp fam) (de coche, avión) nose
B (cerro) hill

morrocota *f* (Col) *gold coin weighing one ounce*; ***cuidar las ~s*** to be careful with one's money

morrocotudo -da *adj* (fam) 1 ‹*paliza/susto*› terrible (colloq) 2 (estupendo) fabulous (colloq), fantastic (colloq)

morrocoy *m* (Col, Ven) tortoise

morrón¹ *adj* ▸**pimiento**

morrón[2] *m*
A (fam) (golpe): **se dio un ~** he fell flat on his face
B (CS) (pimiento) red pepper
morrongo -ga *m,f* (fam) pussycat (colloq), pussy (colloq), moggie (BrE colloq)
morsa *f* walrus
morse[1] *adj inv* Morse (*before n*)
morse[2] *m* Morse code
mortadela *f* mortadella
mortaja *f*
A (sábana) shroud
B (Tec) mortise
mortal[1] *adj*
A 1 ‹*ser*› mortal 2 ‹*herida*› fatal, mortal; ‹*dosis*› fatal, lethal; **la caída/el accidente fue ~** the fall/accident killed him *o* caused his death; **su enfermedad es ~** he is terminally ill; ▸**necesidad C**
B 1 ‹*odio/enemigo*› mortal 2 ‹*aburrimiento*› **fue un aburrimiento ~** it was lethally (AmE) *o* (BrE) deadly boring
mortal[2] *mf* mortal; **el común de los ~es** the majority of people, the average mortal
mortalidad *f* mortality; **índice** *or* **tasa de ~ infantil** infant mortality rate
mortalmente *adv*
A (de muerte) mortally, fatally; **resultó ~ herido** he was mortally *o* fatally wounded
B (en sentido hiperbólico): **se odian ~** they hate each other bitterly; **se enemistaron ~** they became deadly *o* bitter *o* (liter) mortal enemies
mortandad *f* 1 (por causas naturales) loss of life; **la peste causó una elevada ~** the plague caused enormous loss of life, the plague claimed many lives *o* victims 2 (en una batalla) slaughter, carnage
mortecino[1] **-na** *adj* ‹*luz*› weak; ‹*color*› pale; **la luz mortecina del crepúsculo** the weak *o* fading *o* failing evening light
mortecino[2] *m* (Col) carrion
mortero *m*
A (Coc) mortar
B (Arm) mortar
C (Const) mortar
mortífero -ra *adj* deadly, lethal
mortificación *f* 1 (tormento): **verlos tan felices era una ~ para ella** it was torture *o* hell for her to see them so happy 2 (Relig) mortification
mortificar [A2] *vt* 1 (atormentar): **los celos lo mortifican** he's tortured *o* tormented by jealousy; **me mortifica tener que recordarle el dinero que me debe** I feel awful about having to remind him about the money he owes me; **los mosquitos la ~on toda la noche** she was tormented by mosquitos all night; **deja de ~ al gato** stop torturing *o* tormenting the cat 2 (Relig) to mortify
■ **mortificarse** *v pron* (*refl*) 1 (atormentarse) to fret, distress oneself; **no te mortifiques por esa tontería** don't distress yourself *o* fret over such a stupid little thing 2 (Relig) to mortify the flesh
mortuorio -ria *adj* funeral (*before n*); ▸**casa, cámara mortuoria, coche, esquela**
morueco *m* breeding ram
moruno -na *adj* ‹*aspecto/estilo*› Moorish; **ojos ~s** dark brown eyes; ▸**pincho**
Mosa *m*: **el (río) ~** the (River) Meuse
mosaico[1] **-ca** *adj* Mosaic, Mosaical
mosaico[2] *m* 1 (Art) mosaic; **Europa es un ~ de culturas** Europe is a medley *o* patchwork of different cultures 2 (Méx, RPl) (baldosa) floor tile; **piso de ~** tiled floor 3 (Col) (foto) school/college photograph
mosca[1] *adj inv* 1 (Esp fam) uneasy, edgy (colloq); (enfadado) sore (AmE colloq), mad (AmE), cross (BrE colloq) 2 (Ven fam) (alerta) alert; **hay que estar ~** you have to be alert *o* (colloq) keep on your toes
mosca[2] *f*
A 1 (Zool) fly; **no se oía ni una ~** you could have heard a pin drop (colloq); ***caer como ~s*** to go down *o* drop *o* fall like flies; ***es incapaz de matar una ~*** she wouldn't harm *o* hurt a fly; ***estar con la ~ en*** *or* ***detrás de la oreja*** to be wary, be on one's guard; ***ir de ~*** (Méx): **atrás del trolebús iban dos muchachos de ~** two boys were hanging off the back of the trolleybus; ***papar ~s*** (fam) to mooch around (colloq); ***por si las ~s*** (fam) just in case (colloq), just to be on the safe side (colloq); ***¿qué ~ te/le ha picado?*** (fam) what's got into *o* what's up with you/him? (colloq), what's eating you/him? (colloq); ***sentirse como ~ en leche*** (Col fam) to feel like a fish out of water; ***venir*** *or* ***acudir como ~s*** to swarm round like flies *ver tb* **mosquita** 2 (para pescar) fly

(Compuestos)
- **mosca blanca** whitefly
- **mosca húmeda** *or* **mojada** wet fly
- **mosca seca** dry fly
- **mosca tsé-tsé** *or* **tsetsé** (Med) tsetse, tsetse fly

B (fam) (dinero) dough (colloq), dosh (BrE colloq); **afloja la ~** cough up (colloq)
C (Ven fam) (escolta) escort
mosca[3] *mf* (Ur fam) freeloader (colloq), sponger (BrE colloq)
moscada *adj* ▸**nuez**
moscarda *f* blowfly, bluebottle
moscardón *m* 1 (Zool) botfly 2 (fam) (charlatán) chatterbox (colloq)
moscarria *f* (Col) ▸**mosquerío**
moscatel[1] *adj* muscat (*before n*), muscatel (*before n*)
moscatel[2] *m* muscatel
mosco *m* 1 (Chi) (moscardón) botfly 2 (Col) (mosca) fly
moscón *m* 1 (Zool) botfly 2 (fam) (hombre) creep (colloq)
moscoso *m* (Esp fam) day's leave (*to deal with personal matters*)
Moscovia *f* Muscovy
moscovita *adj/mf* Muscovite
Moscú *m* Moscow
Mosela *m*: **el (río) ~** the (River) Moselle
mosén *m*: *in some parts of Spain, title used to address a clergyman*
mosqueado -da *adj* 1 (fam) (molesto, disgustado) annoyed, sore (AmE colloq), cross (BrE colloq) 2 (fam) (desconfiado, suspicaz) suspicious, wary
mosquear [A1] *vt* (fam) 1 (disgustar) to annoy 2 (hacer sospechar) ‹*persona*› to make ... suspicious
■ **mosquearse** *v pron* (fam) 1 (sospechar, desconfiar) to get suspicious, smell a rat (colloq) 2 (disgustarse) to get annoyed, get mad (AmE colloq); **no te mosquees, era sólo una broma** keep your shirt *o* hair on, it was only a joke (colloq), don't get annoyed *o* mad, it was just a joke 3 (Chi fam) ‹‹*mujer*›› to get a bad name (for oneself)
mosqueo *m* (fam): **menudo ~ agarró cuando se enteró** he was *o* got really annoyed when he found out
mosquerío *m* (fam) flies (*pl*)
mosquero *m* (Méx) ▸**mosquerío**
mosquete *m* musket
mosquetero *m* musketeer
mosquetón *m* 1 (Arm) musket 2 (Dep, Tec) karabiner, snap ring
mosquita *f*: ***ser*** *or* ***parecer una ~ muerta*** to look as if butter wouldn't melt in one's mouth
mosquitero *m*, **mosquitera** *f* (de una ventana) mosquito netting; (de tela) mosquito net
mosquito *m* mosquito

> **Mossos d'Esquadra**
> The police force of the Catalan autonomous region. It has a wide range of responsibilities but the ▸**Guardia Civil** and ▸**Policía Nacional** also operate in Catalonia.

mostacho *m* (fam & hum) mustache*, 'tache (colloq & hum)
mostacilla *f* (CS) bead; **un collar de ~s** a string of beads
mostajo *m* whitebeam
mostaza *f* 1 (Coc) mustard; ***me/le subió la ~*** (CS fam) I/he got in a temper *o* all hot under the collar (colloq) 2 ▸ℹ **p.181**; **(de) color ~** mustard, mustard-colored*
mosto *m* grape juice, must
mostrador *m* (en una tienda) counter; (en un bar) bar; (en un aeropuerto) check-in desk; **~ de tránsito** transfer desk
mostrar [A10] *vt* 1 (enseñar, indicar) to show; **todavía no me has mostrado las fotos** you still haven't shown me the photographs; **¿me podría ~ esa blusa roja?** could I see *o* could you show me that red blouse?; **les mostró el camino que debían seguir** he showed them which way to go, he pointed the route out to them; **muéstrame cómo funciona** show me how it works 2 ‹*interés/entusiasmo*› to show, display (frml); **mostró su preocupación por la publicidad que se le había dado al caso** he showed concern at the publicity the case had received
■ **mostrarse** *v pron* (+ *compl*): **se mostró muy atento con nosotros** he looked after us very well, he showed us great kindness (frml); **se mostró muy contento** he was very happy; **se ~on partidarios de la propuesta** they expressed support for the proposal; **nunca se ha mostrado agresivo con él** she's never displayed *o* shown any aggression toward(s) him, she's never been at all aggressive (in her behavior) toward(s) him
mostrenco[1] **-ca** *adj*
A ▸**bien mostrenco**
B (tonto) oafish
mostrenco[2] **-ca** *m,f* oaf
mota *f*
A (partícula) tiny bit, dot; **una ~ de polvo** a speck of dust; **colocar sobre la coliflor unas motitas de margarina** dot the cauliflower with margarine
B (Tex): **una tela a ~s** a dotted *o* spotted fabric; **lana azul con ~s de colores** blue wool with flecks of colors 1 (Andes) (bolita de lana) ball, bobble 2 (Méx) (borla) pom-pom, bobble
C (AmS) (pelo) tight curls (*pl*)
D (AmC, Méx arg) (marihuana) grass (colloq), weed (sl)
E (Méx) (para empolvarse) powder puff
F (Per) (borrador de pizarrón) blackboard duster
mote *m*
A (apodo) nickname; **le pusieron como ~ 'el Oso'** they nicknamed him *o* gave him the nickname 'the Bear'
B (Chi fam) (equivocación) howler (colloq)
C (Andes) (Coc) (trigo) boiled wheat; (maíz) boiled corn (AmE) *o* (BrE) maize
moteado -da *adj* ‹*tela*› (jaspeado) flecked; (a lunares) dotted, spotted; ‹*piel*› mottled; **los cerros ~s de blanco** (liter) the hills dotted with white (liter)
motear [A1] *vt* (liter) to speckle, dot
■ **motearse** *v pron* (Col) to become covered in little balls of fluff, to go bobbly (colloq)
motejar [A1] *vt* **~ a algn DE algo** to brand sb sth; **la ~on de mentirosa** she was accused of lying, she was branded a liar
motel *m* motel
motero -ra *m,f* (fam) biker (colloq)
motete *m* motet
motilar [A1] *vt* (fam): **¿quién te va a ~?** who's going to do/cut your hair?
■ **motilarse** *v pron* (fam) to have one's hair done *o* cut
motín *m* (de tropas, una tripulación) mutiny; (de prisioneros) riot, rebellion
motivación *f* 1 (incentivo) motivation; **no tiene ninguna ~ para trabajar más** she has no incentive *o* motivation to work harder 2 (motivo) motive
motivacional *adj* motivational
motivador -dora *adj* motivating
motivar [A1] *vt*
A (estimular) to motivate; **no está nada motivada en ese trabajo** that job doesn't motivate her

m

at all, she doesn't feel at all motivated in her job

B 1 (causar): **este fue el principal factor que motivó su derrota** this was the main cause of *o* the principal reason for his defeat; **esto ha motivado la subida de precios** this has brought about *o* given rise to the price increase 2 (impulsar) to motivate; **motivado por deseos de venganza** motivated by revenge *o* feelings of revenge; **¿qué te motivó a hacerlo?** what made you do it?

motivo *m*

A (causa): **no le des ~s para que se queje de ti** don't give him cause to complain about you; **si se ha decidido a marcharse, sus ~s tendrá** she must have her reasons for deciding to leave; **éste es el verdadero ~ de su viaje** this is the real reason for *o* purpose of her trip; **por este ~ nos hallamos aquí reunidos** that's why we're gathered here; **sin ningún ~** for no reason at all; **el adulterio es ~ suficiente de divorcio** adultery is sufficient grounds for divorce; **este hecho no debe ser ~ de preocupación** the fact that this has happened should not be cause *o* give any cause for concern; **por ~s personales** for personal reasons; **habíamos empezado a sospechar de sus ~s** we had begun to suspect his motives; **con ~ del centenario se celebrará una importante exposición** there will be an important exhibition for *o* to mark the centenary; **con ~ de su toma de posesión** to mark (the occasion of) his inauguration; **se aumentaron las medidas de seguridad con ~ de su visita** security measures were stepped up for his visit; ***¡que sea un ~!*** (Col fam) let's drink to that! (colloq)

B 1 (Art, Lit, Mús) motif; **el paisaje es un ~ recurrente en los impresionistas** landscapes are a recurring motif in the work of the Impressionists 2 (en una decoración) motif; **~s ornamentales** *or* **decorativos** ornamental *o* decorative motifs

moto *f* (motocicleta) motorcycle, motorbike (BrE); (motoneta, escúter) scooter, motor scooter; **andar** *or* **montar en ~** to ride a motorbike *o* motorcycle/scooter; **fue hasta Alaska en ~** he went to Alaska on his motorcycle; ***ponerse como una ~*** (Esp fam) (acelerado) to get agitated *o* (colloq) worked up; (loco) to go off one's head (colloq); (en sentido sexual) to get horny (colloq)

(Compuestos)

- **moto acuática** jet ski
- **moto de nieve** snowmobile

motobomba *f* (motorized) pump

motocarro *m* three-wheeler van

motocicleta *f* motorcycle

motociclismo *m* motorcycling

motociclista *mf* motorcyclist

motoconcho *m* (Rep Dom) motorrickshaw

motocross, moto-cross *m* motocross

motocultor *m* (arado) Rototiller® (AmE), Rotovator® (BrE); (tractor) tractor

motoesquí *m* (*pl* **-quís** *or* **-quíes**) motorized ski

motoguadaña® *f* strimmer®

motola *f* (Col fam) head, nut (colloq); **¡usa la ~!** use your loaf *o* nut! (colloq)

motón *m* block, single block

motonauta *mf* (*m*) motorboatman, motorboat driver; (*f*) motorboat driver

motonáutica *f* motorboating

motonáutico -ca *adj* motorboating (*before noun*)

motonave *f* (pequeña) motorboat; (grande) motor ship, motor vessel

motoneta *f* (AmS) scooter, motor scooter

motoneurona *f* motor neuron *o* neurone

motonieve *f* snowmobile

motoniveladora *f* grader

motoquero¹ -ra *adj* (CS) biker (*before n*)

motoquero² -ra *m,f* (CS) biker

motor¹ -triz, motor -tora *adj* motor (*before n*); **el desarrollo ~ de un niño** the development of a child's motor functions

motor² *m*

A (Tec) engine; **calentar el ~** (Auto) to warm (up) the engine

(Compuestos)

- **motor a inyección** fuel-injected engine
- **motor a reacción** jet engine
- **motor de arranque** starter motor
- **motor de combustión interna** internal combustion engine
- **motor de émbolo** *or* **de pistón** piston engine
- **motor de explosión** internal combustion engine
- **motor de propulsión a chorro** jet engine
- **motor diesel** diesel engine
- **motor eléctrico** electric motor
- **motor en estrella** radial engine
- **motor fuera (de) borda** outboard motor
- **motor hidráulico** hydraulic engine

B (impulsor) driving force; **el ~ de la economía alemana** the driving force *o* the engine of the German economy

motora *f* small motorboat, powerboat

motorismo *m* motorcycling

motorista *mf* 1 (que va en moto) motorcyclist, motorcycle rider 2 (Col) (automovilista) motorist (frml), driver

motorístico -ca *adj* ‹*prueba/carrera*› motorcycle (*before n*); ‹*afición*› for motorcycles *o* motorcycling

motorización *f*

A (acción): **la ~ masiva de la población** the massive increase in car ownership

B (Esp) (tipo de motor) engine specification

motorizado¹ -da *adj*: **la división motorizada de la policía** police mobile units; **la división motorizada del ejército** the mechanized *o* motorized division of the army; **hoy no ando ~** (fam) I don't have any transport today, I'm without my wheels today (colloq)

motorizado² -da *m,f* (Ven) motorcycle courier *o* messenger, dispatch rider

motorizar [A4] *vt* to motorize

■ **motorizarse** *v pron* (fam) to get oneself some wheels (colloq), to get mobile (colloq)

motosegadora *f* motor mower, power mower

motosierra *f* chain saw, power saw

motoso¹ -sa *adj* (Col) 1 ‹*suéter/bufanda*› flecked 2 ‹*pelo*› frizzy

motoso² *m* (Col fam) nap (colloq); **me voy a echar un ~ después de comer** I'm going to have forty winks *o* a nap after lunch (colloq)

mototaxi *m or f* (AmL excl CS) motorrickshaw

motovelero *m* 1 glider (*equipped with an engine for takeoff*) 2 (Náut) sailing boat (*with auxiliary engine*)

motricidad *f* motor functions (*pl*)

motriz *adj ver* **motor¹**

motudo -da *adj* (CS fam) frizzy

motu proprio *loc adv*: **lo hizo (de) ~ ~** he did it on his own initiative, he did it off his own bat (colloq)

mountain bike /'montan 'baik/ *m* (*pl* ~ **~s**) mountain bike

mouse /'maus/ *m* (*pl* **~s**) (Inf) mouse

(Compuesto) **mouse de bola** *or* **bolita** trackball

moussaka, mousaka *f* moussaka

mousse /mus/ *f or m* mousse; **~ de chocolate/de salmón** chocolate/salmon mousse

mouton /mu'ton/ *m* sheepskin; **forrado de ~** lined with sheepskin

(Compuesto) **mouton doré** mouton

movedizo -za *adj* ‹*niño*› restless, fidgety; ▸**arena**

mover [E9] *vt*

A 1 (trasladar, desplazar) to move 2 (Jueg) ‹*ficha/pieza*› to move 3 (agitar): **no muevas la cámara** keep the camera still; **el viento movía las hojas de los árboles** the wind shook the leaves on the trees; **está vivo, acaba de ~ la mano** he's alive, he just moved his hand; **movió la cabeza** (asintiendo) he nodded (his head); (negando) she shook her head; **mueve la cola cuando está contento** it wags its tail when it's happy 4 (accionar): **el agua mueve la rueda del molino** the water turns *o* drives the millwheel 5 (manejar) ‹*dinero*› to handle; **la Bolsa movió casi 300 millones de pesos** dealings on the Stock Market amounted to almost 300 million pesos, almost 300 million pesos were moved *o* handled on the Stock Market; **mueve enormes cantidades de dinero** he handles huge amounts of money 6 (fam) ‹*droga*› to push (colloq)

B (incitar, inducir): **actuó movida por razones políticas** her actions were politically motivated; **~ a algn A algo**: **¿qué lo movió a hacer eso?** what moved *o* prompted him to do that?; **me preguntan qué me mueve a escribir este tipo de poema** I am asked what it is that inspires *o* moves me to write this kind of poem; **aquellas imágenes los movían a compasión** they were moved to pity by those pictures

■ **mover** *vi*

A (Jueg) to move; **te toca a ti, yo acabo de ~** it's your turn, I've just moved

B (incitar, inducir) **~ A algo**: **su situación mueve a la compasión** his predicament moves one to pity

■ **moverse** *v pron*

A 1 (desplazarse) to move; **no me he movido de aquí en toda la tarde** I haven't moved from here *o* I've been right here all afternoon; **no te muevas de ahí** stay right where you are, don't move; **no pienso ~me de aquí hasta que me atiendan** I have no intention of moving (from this spot) until I get some service 2 (sin desplazarse) to move; **¡no te muevas! te voy a sacar una foto** don't move *o* keep still! I'm going to take your photograph; **no puedo ~me, me duele todo** I can't move, I ache all over; **aunque me ve tan ocupado ella no se mueve** she can see I'm busy but she doesn't lift a finger to help (colloq); **deja de ~te, me estás poniendo nerviosa** stop fidgeting, you're getting on my nerves; **no se le mueve un pelo durante la pelea** he never has a hair out of place throughout the fight

B 1 (alternar) to move; **ella se mueve en las altas esferas** she moves in high circles; **yo no me muevo en ese ambiente** I don't move in those circles, that's not my scene (colloq) 2 (hacer gestiones): **si no te mueves no conseguirás encontrar piso** if you don't get moving you'll never find an apartment (colloq); **se movió como loca para sacarlo de la cárcel** she moved heaven and earth to get him out of jail 3 (apresurarse) to hurry up, get a move on (colloq); **si no nos movemos, vamos a perder el tren** if we don't hurry up *o* get a move on, we'll miss the train

movible *adj* movable; ▸**fiesta**

Movicom® *m* mobile phone

movida *f*

A (Jueg) move

B (Esp) 1 (fam) (asunto, rollo): **no me interesa la ~ ecológica** I'm not into this ecology thing (colloq); **la ~ pacifista de los años sesenta** the sixties' peace movement; **vamos a montar una ~ por mi cumpleaños** we're going to have a bash *o* a do for my birthday (colloq); **¿cuál es la ~ esta noche?** where's the action tonight? (colloq), what's happening tonight?; **al chico le va la ~** he's really into the scene (colloq); **anda en ~s chuecas** (Méx) he's into some shady deals (colloq) 2 (actividad cultural): **un local de moda de la ~ madrileña** one of the 'in' places of the Madrid scene; **allí es donde está la ~** that's where it's all going on *o* where it's at (colloq), that's where the action is (colloq); **la ~ en provincias deja mucho que desear** there's not enough going on *o* happening in the provinces for my liking (colloq)

la movida madrileña

An expression referring to the Madrid social and cultural scene of the late 1970s and early 1980s, and the people involved in it. It was a youth phenomenon based around night spots in the city, such as the now defunct club Rock-Ola. One of the leading lights of the *movida* was the movie director Pedro Almodóvar.

movido -da *adj* 1 (Fot) blurred; **la foto salió movida** the photograph came out blurred 2 ⟨*mar*⟩ rough, choppy 3 (agitado) hectic, busy; **este año ha sido movidito** this has been a pretty hectic year; **una reunión muy movida** a very lively *o* stormy meeting

móvil[1] *adj* mobile

móvil[2] ➜ *m*

A (frml) (impulso) motive; **el ~ del crimen** the motive for the crime; **su acción obedeció a ~es interesados** his motives were purely selfish, he acted out of selfishness

B 1 (Fís) moving object 2 (adorno) mobile

C (Esp) (Tel) mobile (telephone)

-móvil *suf* -mobile

movilidad *f* mobility; **de escasa ~** with limited mobility

Compuestos
- **movilidad ascendente** upward mobility
- **movilidad social** social mobility

movilización *f*

A 1 (Mil) mobilization 2 (Rels Labs): **se han producido movilizaciones obreras en contra de la nueva ley** there have been organized protests *o* demonstrations by the workers against the new law; **una ~ obrera como hacía tiempo no se veía** mobilization of the workers such as had not been seen for a long time; **el sindicato ha planeado un calendario de movilizaciones** the union has planned a program of industrial action; **los estudiantes están organizando movilizaciones masivas** the students are organizing massive demonstrations

B (Chi) (Transp) *tb* **~ colectiva** public transportation (AmE), public transport (BrE)

movilizar [A4] *vt*

A ⟨*tropas/población*⟩ to mobilize; **para encontrarlo movilizó a toda la familia** she got the whole family working to find him

B (desbloquear) to free, unblock

C (CS) (trasladar) to transport, carry

■ **movilizarse** *v pron*

A (Mil, Rels Labs) to mobilize

B (CS) (desplazarse) to move *o* get around

movimiento *m*

A 1 (Fís, Tec) motion, movement; **un cuerpo en ~** a body in motion; **esto pone el mecanismo en ~** this sets the mechanism in motion; **¿cómo se mantiene en ~?** how is it kept moving *o* in motion?; **cuando el vehículo está en ~** when the vehicle is in motion *o* is moving; **se puso en ~** it started moving; **el ~ de las olas** the movement *o* motion of the waves 2 (desplazamiento) movement; **el número de ~s que se registraron en el puerto** the number of vessel movements in the port, the number of ships that entered or left the port; **el ~ migratorio de las aves** the migratory movement of birds; **ella está siempre en ~** she's always on the go (colloq); **tenemos que ponernos en ~ cuanto antes** we have to get moving as soon as possible; ***el ~ se demuestra andando*** actions speak louder than words 3 (cambio de postura, posición) movement; **hizo un mal ~** he turned (*o* twisted *etc*) awkwardly; **asintió con un vehemente ~ de cabeza** he nodded (his head) vigorously; **un ~ en falso** one false move; **el menor ~ de la mano** the slightest movement of the hand; **andaba con un ligero ~ de caderas** her hips swayed slightly as she walked

Compuestos
- **movimiento acelerado** acceleration
- **movimiento continuo** perpetual motion
- **movimiento de rotación** rotation
- **movimiento de traslación** orbital movement
- **movimiento ondulatorio** wave movement *o* motion
- **movimiento perpetuo** perpetual motion
- **movimiento retardado** deceleration
- **movimiento sísmico** earth tremor
- **movimiento telúrico** earth tremor
- **movimiento vibratorio** wave movement *o* motion

B 1 (traslado — de dinero, bienes) movement; (— de la población) shift; **el libre ~ de capitales/mercancías** free movement of capital/goods 2 (variación, cambio) movement, change; **habrá poco ~ en las temperaturas** there will be little change in temperatures; **los ~s anómalos en los precios** the unusual movements *o* changes in prices 3 (agitación, actividad) activity; **siempre hay mucho ~ en el puerto** there is always a great deal of activity in the port; **es una zona de mucho ~** it's a bustling *o* a very busy area; **hubo poco ~ ayer en la Bolsa** there was little activity on the Stock Market yesterday, the Stock Market was quiet yesterday

C 1 (corriente, tendencia) movement; **el ~ surrealista/revolucionario** the surrealist/revolutionary movement; **~ literario** literary movement; **~ pictórico** school of painting; **~ separatista/pacifista** separatist/pacifist movement; **el ~ de liberación femenina** the women's liberation movement 2 (organización) movement; **el ~ pro amnistía** the pro-amnesty movement 3 **Movimiento** *tb* **M~ Nacional** (Hist) *single party created by Franco in 1937*

D (alzamiento) uprising, rebellion; **el día que saltó el ~** the day the uprising *o* rebellion began

E (Mús) 1 (parte de una obra) movement 2 (compás) tempo

F (Jueg) move

moviola® *f* 1 (aparato) Moviola® 2 (repetición) action replay

moyo *m* (Col) flower pot, pot

mozalbete *m* lad

Mozambique *m* Mozambique

mozárabe[1] *adj* Mozarabic

mozárabe[2] *mf* Mozarab

mozo[1] **-za** *adj*: **en mis años ~s** in my youth, in my younger days; **sus hijos ya son ~s** her children are quite grown-up now

mozo[2] **-za** *m,f* 1 (ant) (joven) (*m*) young boy; (*f*) young girl; **los ~s del pueblo** the young people in the village; ▸**buen mozo** 2 (Col, CS) (camarero) (*m*) waiter; (*f*) waitress 3 (Col fam) (amante) (*m*) fancy man (colloq); (*f*) fancy woman (colloq) 4 (Ferr) *tb* **~ de equipajes** *or* **de estación** porter 5 **mozo** *m* (Esp) (Mil) conscript

Compuestos
- **mozo de cordel** porter
- **mozo de cuadra, moza de cuadra** (*m*) stable boy, stable lad (BrE); (*f*) stable girl
- **mozo de estoques** *bullfighter's assistant*

mozzarella /mosa'rela/ *f* mozzarella

MPAIAC /emepaj'ak/ *m* (en Esp) = **Movimiento para la Autodeterminación e Independencia del Archipiélago Canario**

MPLA *m* (Hist) = **Movimiento Popular de Liberación de Angola**

MRTA *m* (en Per) (Hist) = **Movimiento Revolucionario Túpac Amaru**

ms. (*pl* **mss.**) (= **manuscrito**) ms

MSC *f* (en Ur) = **Mesa Sindical Coordinadora de los Entes del Estado**

Mtro. *m*

A = **maestro**

B = **ministro**

mu *m* moo; ***no decir ni ~*** (fam): **no digas ni ~** not a word (colloq), don't breathe *o* say a word to anyone, don't tell a soul; **no dijo ni ~ en toda la noche** he didn't open his mouth *o* say a single word all evening

mua *interj* smack!

muaré *m* moiré

muca[1] *adj* (Per fam) broke (colloq), skint (BrE sl)

muca[2] *f* (Per) opossum

mucamo -ma (AmL) *m,f* servant; (*f*) maid, servant

Compuesto **mucama de hotel** *f* (AmL) chambermaid

muceta *f* cape

muchacha *f tb*: **~ de servicio** maid *ver tb* **muchacho**

muchachada, muchachería *f* (fam) kids (*pl*) (colloq), youth

muchacho -cha *m,f* (jóven) (*m*) kid (colloq), boy, guy (colloq), lad (BrE); (*f*) girl, lass (BrE); **es un buen ~** he's a good kid *o* lad

muchedumbre *f* crowd, mass of people, throng

muchísimo *ver* ▸**mucho**[1], **mucho**[2], **mucho**[3]

mucho[1] *adv* 1 **salen ~** they go out a lot; **no salen ~** they don't go out much *o* a lot; **¿salen ~?** do they go out much *o* a lot?; **me ayudaron muchísimo** they really helped me a lot; **ahora funciona ~ mejor** it works much *o* a lot better now; **esto preocupa, y ~, a los ecologistas** this is a matter of great concern to ecologists; **trabaja ~** he works very hard; **¿llueve ~?** is it raining hard?; **me gusta muchísimo** I like it a lot *o* very much; **por ~ que insistas, no te va a hacer caso** no matter how much you insist *o* however much you insist he won't listen to you; **por ~ que le grites no te oye** you can shout as much as you like but he won't hear you; **después de ~ discutir llegaron a un acuerdo** after long discussions, they reached an agreement; **~ criticar a los demás pero ella tampoco hace nada por ayudar** she's forever *o* always criticizing others but she doesn't do anything to help either 2 (en respuestas): **¿estás preocupado? — mucho** are you worried? — (yes, I am,) very; **¿te gusta? — sí, ~** do you like it? — yes, very much *para locs ver* **mucho**[3] **C**

mucho[2] **-cha** *adj*

A 1 (*sing*) a lot of; (en negativas e interrogativas) much, a lot of; **tiene mucha vitamina C** it contains a lot of vitamin C; **no le tienen ~ respeto** they don't have much *o* a lot of respect for him; **había mucha gente** there were lots of *o* a lot of people there; **sucedió hace ~ tiempo** it happened a long time ago; **¿tienes mucha hambre?** are you very hungry?; **una ciudad con mucha vida nocturna** a city with plenty of night life 2 (*pl*) a lot of; (en negativas e interrogativas) many, a lot of; **¿recibiste ~s regalos?** did you get many *o* a lot of presents?; **sus muchas obligaciones le impidieron asistir** his many commitments prevented him from attending; **~s niños pasan hambre** many children go hungry; **seis hijos son ~s** six children's a lot; **somos ~s** there are a lot of us

B (*sing*) 1 (fam) (con valor plural): **~ elogio, ~ cumplido pero no me lo van a publicar** they're full of praise and compliments but they're not going to publish it; **hoy día hay ~ sinvergüenza por ahí** these days there are a lot of rogues around 2 (fam) (con valor ponderativo): **era ~ jugador para un equipo tan mediocre** he was much too good a player for a mediocre team like that

mucho[3] **-cha** *pron*

A (refiriéndose a cantidad, número): **~ de lo que ha dicho es falso** much *o* a lot of what he has said is untrue; **tengo ~ que hacer** I have a lot to do; **si no es ~ pedir** if it's not too much to ask; **~s creen que ...** many (people) believe that ...; **~s son los llamados pero pocos los elegidos** (Bib) many are called but few are chosen

B **mucho** (refiriéndose a tiempo) a long time; **hace ~ que no vamos al teatro** we haven't been to the theater for a long time *o* for ages; **¿falta ~ para llegar?** are we nearly there?, is it much further?; **¿tuviste que esperar ~?** did you have to wait long?; **~ antes de conocerte** long *o* a long time before I met you

C (*en locs*): **como mucho** at (the) most; **costará unos 30 dólares como ~** it probably costs about 30 dollars at (the) most; **con mucho** by far, easily; **fue, con ~, la mejor de la clase** she was by far *o* easily the best in the class, she was the best in the class, by far; **cuando mucho** at (the) most; **ni mucho menos: no pretendo aconsejarte ni ~ menos** I'm in no way trying to give you advice; **no es un buen pianista ni ~ menos** he isn't a good pianist, far from it

mucílago *m* mucilage

mucosa *f* mucus

Compuesto **mucosa nasal** nasal mucus

mucosidad *f* mucus, mucosity

➜ *ver* El teléfono

m

mucoso -sa *adj* mucous, mucose

múcura *f* (Col, Ven) pitcher, earthenware jug

muda *f* [1] (de ropa) change of clothes [2] (de la piel) shedding, sloughing off

mudanza *f* removal; **camión de ~s** removal van; **Ⓢ mudanzas** removals; **estoy de ~** I'm in the process of moving (house); **se ha perdido una caja en la ~** one box has been lost in *o* during the move

mudar [A1] *vi*

A (cambiar) **~ DE algo**: **las serpientes mudan de piel** snakes slough off *o* shed their skin; **cuando mudó de voz** when his voice broke; **~ de opinión** (liter) to have a change of opinion; **la cara le mudó de color al oír la noticia** (liter) she blanched when she heard the news

B (Méx) (cambiar los dientes): **a los seis años empezó a ~** she started to lose her milk teeth when she was six

■ **mudar** *vt*

A ‹bebé› to change; **~ la cama** (ant) to change the sheets

B [1] (Zool): **esta serpiente muda la piel una vez al año** this type of snake sloughs off *o* sheds its skin once a year; **a los 3 meses muda las plumas** it sheds its feathers *o* molts at 3 months [2] (Fisiol): **empezará las clases de canto cuando haya mudado la voz** he's going to start singing lessons when his voice has broken

■ **mudarse** *v pron* [1] (de casa) to move, move house; **se ~on a una casa más grande** they moved to a bigger house [2] (de ropa) to change, get changed, change one's clothes; ▸**mandar**

mudéjar *adj/mf* Mudejar

mudez *f* dumbness, muteness

mudo[1] **-da** *adj* [1] (Med) dumb, mute; **es ~ de nacimiento** he was born mute, he's been dumb *o* mute from birth; **se quedó ~ de asombro** he was dumbfounded; **se quedó ~ de emoción** he was speechless with emotion [2] ‹letra› silent, mute

mudo[2] **-da** *m,f* mute, dumb person

mueble[1] *adj* ▸**bien**[5]

mueble[2] *m* piece of furniture; **un ~ antiguo** a piece of antique furniture, an antique table (*o* chair *etc*); **los ~s del dormitorio** the bedroom furniture; **~s de jardín** garden furniture

(Compuestos)

- **mueble bar** drinks cabinet, cocktail cabinet
- **mueble cama** foldaway bed
- **mueble de cocina** piece of kitchen furniture
- **muebles de módulos** unit furniture

mueblería *f* [1] (tienda) furniture store (AmE) *o* (BrE) shop [2] (fábrica) furniture factory

mueca *f*: **le hacían ~s al profesor** they were making *o* (BrE) pulling faces at the teacher; **nos hizo reír a todos con sus graciosísimas ~s** she made us all laugh with her funny faces; **su rostro se retorció en una ~ de dolor** she grimaced with pain; **no hacía más que ~s de asco** he just screwed his face up in disgust; **lo dijo haciendo una ~ burlona** he said it with a sneer

muecín *m* muezzin

mueco -ca *adj* (Col) gap-toothed

muégano *m* (en Méx) *caramel-covered candy*

muela *f*

A ▸❶ **p.231** (Odont) molar, back tooth; (como término genérico) tooth; **todavía no le han salido las ~s** his teeth haven't come through yet, he hasn't teethed yet; **tengo una ~ picada** I have a cavity *o* hole in one of my back teeth; **me sacaron una ~** I had a tooth taken out; **tengo dolor de/me duelen las ~s** I have (a) toothache; ***costar ~s*** (Bol fam): **me costó ~s convencerla** it was no easy job convincing her (colloq); ***ni para tapar una ~*** (Col fam) not enough to feed a sparrow (colloq); ***tener/ser buena ~*** (Col fam): **tiene buena ~** he really enjoys his food

(Compuestos)

- **muela cordal** wisdom tooth
- **muela del juicio** wisdom tooth

B [1] (de un molino) millstone [2] (para afilar) whetstone

C (Geog) hill, mound

D (Col) (en una calle) parking bay; (en una carretera) rest stop (AmE), lay-by (BrE)

muelle[1] *adj* [1] ‹sillón/almohadón› comfortable [2] ‹vida› comfortable, easy

muelle[2] *m*

A [1] (Náut) (saliente) pier, mole; (rústico, más pequeño) jetty; (sobre la costa) quay, wharf [2] (Ferr) freight platform; (para camiones) loading bay

B (resorte) spring

(Compuestos)

- **muelle helicoidal** coil spring
- **muelle real** mainspring

muenda *f* (Col fam) beating, thrashing (colloq)

muera, mueras, etc ▸**morir**

muérdago *m* mistletoe

muere *m* (RPl fam): ***irse al ~*** to go to the wall (colloq)

muérgano[1] **-na** *adj* (Col, Ven fam) mean (colloq), nasty (colloq)

muérgano[2] **-na** *m,f* (Col, Ven fam) mean brute; **el ~ de su marido la trata muy mal** that brute of a husband *o* mean husband of hers treats her very badly (colloq)

muermo *m* (Esp fam) [1] (aburrimiento) boredom; (persona aburrida) bore; **esa película es un ~** that movie is a real bore, that movie is lethal (AmE colloq), that film is deadly (BrE colloq); **vaya ~ de sitio** this place is so dead (colloq), this place is a real dump *o* is as boring as hell (colloq) [2] (desánimo, apatía): **¡vaya ~ que tienes!** you're so apathetic!

muerte *f* [1] (de un ser vivo) death; **~ natural/repentina** natural/sudden death; **el veneno le produjo la ~ instantánea** the poison killed him instantly; **200 personas encontraron la ~ en el incendio** 200 people lost their lives *o* (liter) met their death in the fire; **condenado a ~** sentenced to death; **amenaza de ~** death threat; **hasta que la ~ nos separe** till death us do part; **a la ~ de su padre heredó una fortuna** she inherited a fortune on her father's death *o* when her father died; **herido de ~** fatally wounded; **me dio un susto de ~** (fam) she scared the living daylights out of me (colloq), she scared me to death (colloq); **luchó** *or* **se debatió varios días con la ~** he was at death's door *o* fighting for his life for several days; **odiar a ~** to loathe, detest; ***cada ~ de obispo*** (AmL fam) once in a blue moon; ***de mala ~*** (fam) ‹pensión› grotty (colloq), cheesy (AmE colloq); **es un pueblo de mala ~** it's a dump *o* a hole (colloq), it's a really grotty place; ***ser de ~ lenta*** (Ven fam) to be fantastic (colloq); ***ser la ~*** (fam) (ser atroz) to be hell *o* murder (colloq); (ser estupendo) to be great *o* fantastic (colloq); **meterse de profesor es la ~ en vida** it's murder going into teaching (colloq); **se cree/te crees la ~** he thinks he's/you think you're the bee's knees *o* the cat's whiskers (colloq) [2] (homicidio): **lo acusan de la ~ de tres personas** he is accused of killing three people *o* of causing the deaths of three people; **dar ~ a algn** (frml) to kill sb [3] (fin) death; **la ~ de una civilización** the death *o* demise of a civilization

(Compuestos)

- **muerte cerebral** brain death
- **muerte clínica**: **certificaron la ~ ~ dos horas después** he/she was pronounced clinically dead two hours later
- **muerte de cuna** cot death, sudden infant death syndrome (tech)
- **muerte súbita** (literal) sudden death; (en fútbol, etc) sudden death; (en tenis) tiebreaker, tiebreak
- **muerte violenta** violent death

muerto[1] **-ta** *adj*

A [ESTAR] [1] ‹persona/animal/planta› dead; **sus padres están ~s** her parents are dead; **resultaron ~s 30 mineros** 30 miners died *o* were killed; **se busca vivo o ~** wanted dead or alive; **lo dieron por ~** he was given up for dead; **soldados ~s en combate** soldiers who died in action; **lo encontraron más ~ que vivo** (fam) when they found him he was more dead than alive; **~ *y enterrado*** dead and buried, over and done with (colloq); ***ni ~*** *or* ***muerta*** no way (colloq), no chance (colloq); ▸**caer A2** [2] (fam) (cansado) dead beat (colloq) [3] (fam) (pasando, padeciendo) **~ DE algo**: **estábamos ~s de hambre/frío/sueño** we were starving/freezing/dead-tired (colloq); **estaba ~ de miedo** he was scared stiff (colloq), he was rigid with fear; **~ de angustia** sick with worry; ***~ de (la) risa*** (fam): **estaba ~ de risa delante del televisor** he was sitting in front of the television laughing his head off *o* killing himself laughing; **un vestido tan caro y lo tienes ahí ~ de risa** that's a really expensive dress and you leave it just gathering dust (colloq)

B (*como pp*) (period): **fue ~ a tiros** he was shot dead; **las dos personas que fueron muertas por los terroristas** the two people killed by the terrorists

C [1] ‹pueblo/zona› dead, lifeless [2] (inerte) limp; **deja la mano muerta** relax your hand, let your hand go limp *o* floppy [3] ‹carretera/camino› disused; ▸**vía**[1], **lengua, naturaleza**

muerto[2] **-ta** *m,f*

A (persona muerta): **hubo dos ~s en el accidente** two people died *o* were killed in the accident; **los ~s de la guerra** the war dead; **las campanas doblaron** *or* **tocaron a ~** the bells sounded the death knell (liter); **lo juro por mis ~s** (fam) I swear on my mother's grave *o* life; **hacerse el ~** to pretend to be dead, play possum; ***cargar con el ~*** (fam): **como nadie se ofrece, siempre tengo que cargar con el ~** nobody else volunteers so I'm always left to do the dirty work; **se fueron sin pagar y me tocó cargar con el ~** they took off and left me to pick up the tab (colloq); **ese ~ no lo cargo yo** don't look at me! (colloq); ***cargarle el ~ a algn*** (fam) (responsabilizar) to pin the blame on sb; (endilgarle la tarea) to give sb the dirty work (colloq); ***está como para resucitar a los ~s*** it goes right to the spot *o* really hits the spot (colloq); ***hacer el ~*** to float on one's back; ***levantar el ~*** (fam) to pick up the tab (colloq); ***poner los ~s:*** **en esa guerra nosotros hemos puesto los ~s** we provided the cannon fodder in that war; ***un ~ de hambre*** (fam): **no comas de esa manera, que pareces un ~ de hambre** don't eat like that, anyone would think you hadn't had a meal in weeks; **una chica tan bien y se ha casado con ese ~ de hambre** such a nice girl and she's gone and got married to that nobody (colloq); ***el ~ al hoyo y el vivo al bollo*** dead men have no friends

B **muerto** *m* (en naipes) dummy

muesca *f* [1] (hendidura) nick, notch [2] (para encajar) slot, groove [3] (Agr, Taur) mark

muesli /'musli/ *m* muesli

muestra *f*

A [1] (de mercancía) sample; **una ~ de tela** a swatch *o* sample of material; **~ gratuita** *or* **gratis** free sample; **están de ~, no se venden** they're samples, they're not for sale; ***para ~ (basta) un botón*** (fam) for example, for instance; **es muy detallista, para ~ un botón: mira las flores que trajo** he's very thoughtful, take the flowers he brought, for example *o* for instance (colloq) [2] (de sangre, orina) specimen, sample; (de tejido) sample [3] (en labores) sample of work done (*to check tension etc*) [4] (en estadísticas) sample; **~ de población** population sample

(Compuestos)

- **muestra aleatoria** random sample
- **muestra B** (Dep, Med) B-sample

B (prueba, señal): **te lo doy como** *or* **en ~ de mi gratitud** I'm giving it to you as a token of my gratitude; **eso es (una) ~ de falta de madurez** that's a sign of immaturity; **esta visita la presentan como una ~ de su buena voluntad** this visit is being presented as a demonstration of her goodwill; **no daba ~ alguna de cansancio** she was showing no signs of tiredness

C [1] (exposición) exhibition, exhibit (AmE) [2] (de teatro, cine) festival

muestrario *m* collection of samples; **~ de telas** fabric sampler; **~ de colores** color chart *o* card

muestreado -da *adj* sampled

muestreo *m* sampling; **se hizo un ~ de la población** a sample of the population was chosen

mueva, muevas, etc ▸**mover**

mufa *f* (RPl fam) **1** (mal humor) bad mood; **se levantó con ~** he got up in a bad mood **2** (moho) mold*

MUFACE /mu'faθe/ *f* (en Esp) = **Mutualidad de Funcionarios de la Administración Civil del Estado**

mufarse [A1] *v pron* (RPl fam) to get in a huff (colloq); **está mufado hoy** he's in a bad mood today

mugido *m* moo; **los ~s de las vacas** the mooing *o* lowing of the cows

múgil *m* gray* mullet

mugir [I7] *vi* «*vaca*» to moo; «*toro*» to bellow

mugre *f* dirt, filth; **estos vaqueros se caen de ~** these jeans are filthy; **la ~ acumulada en la cocina** the grease *o* grime that has built up on the stove; ***sacarle la ~ a algn*** (AmL fam) to knock hell *o* beat the hell out of sb (colloq), to clobber sb (colloq); ***sacarse la ~*** (CS fam) (*refl*) to clobber *o* clout oneself (colloq); **me saqué la ~ trabajando** I worked *o* slogged my guts out (colloq); **se sacaron la ~** (*recípr*) they knocked hell *o* beat the hell out of each other (colloq)

mugriento -ta *adj* filthy

mugrón *m* shoot

mugroso -sa *adj* (AmL fam) **1** (sucio) mucky (colloq), grubby **2** (maldito) lousy (colloq); **hay que llenar este ~ formulario** you need to fill out this lousy *o* damn form (colloq); **por unos ~s pesos** for a few lousy pesos (colloq)

muguete, (RPl) **muguet** /mu'ɣe/ *m* lily of the valley

mui *f* (Esp arg) mouth, kisser (sl), gob (BrE sl); ***irse de la ~*** to talk (colloq), to squeal (sl), to sing (colloq); **aunque lo torturen, éste no se va de la ~** even if they were to torture him he wouldn't talk *o* squeal *o* sing

mujahedín, mujaidín *mpl* mujahedin (*pl*), mujahedeen (*pl*)

mujer *f* **1** woman; **una clase de gimnasia para ~es** a women's gymnastics class; **las ~es de la casa** the women of the house; **tiene mucho carácter, es toda una ~** she has a great personality, she's quite a woman!; **tu hija ya es toda una ~cita** your daughter's a young woman already; **es una ~ hecha y derecha** she's a grown woman; **a esta ~ se le ocurre cada cosa** she *o* this woman has the most amazing ideas (colloq); ***hacerse ~*** (euf) to reach puberty, become a woman (euph); ***ser una ~ de su casa*** to be a good housewife **2** (esposa) wife **3** (esp Esp) (como apelativo): **¿se habrá ofendido? — ¡no, ~!** do you think I've offended him — no, of course not; **no te preocupes, ~, ya verás como todo se arregla** don't worry, you'll see everything will be OK (colloq)

(Compuestos)

- **mujer bandera** (Esp period) striking woman
- **mujer de estado** stateswoman
- **mujer de la calle** (CS) streetwalker
- **mujer de la limpieza** cleaning lady *o* woman, cleaner
- **mujer de la vida** (euf) lady of the night (euph & dated), painted woman (euph)
- **mujer de mala vida** *or* **de mal vivir** prostitute
- **mujer de negocios** businesswoman
- **mujer de militar** (Hist) war bride
- **mujer de vida alegre** (euf) loose woman
- **mujer fatal** femme fatale
- **mujer golpeada** *or* **maltratada** battered wife
- **mujer objeto** sex object
- **mujer orquesta** (hum) superwoman (hum)
- **mujer policía** policewoman
- **mujer pública** (ant) fallen woman (dated)
- **mujer taxista** woman taxidriver

mujeriegas: **a ~** (*loc adv*) sidesaddle

mujeriego[1] *adj*: **es muy ~** he's a real womanizer; **la mujer lo dejó por ~** his wife left him because he kept chasing other women

mujeriego[2] *m* womanizer

mujer-rana *f* diver

mújol *m* gray* mullet

mula[1] *f*

A (Zool) mule; **~ de carga** pack mule; **a lomo de ~** on a mule/mules; ***bajarse de la ~*** (Ven fam) to cough up (colloq); ***mantenerse*** *or* ***sostenerse en su ~*** (Méx) to stand one's ground; ***meterle la ~ a algn*** (CS fam) (engañar) to pull a fast one on sb (colloq); (en naipes) to bluff; (mentir): **nos metió una ~ grande como una casa** he told us a whopper (colloq); ***ser terco/tozudo como una ~*** to be as stubborn as a mule (colloq); ***trabajar como una ~*** (fam) to work one's butt off (AmE colloq), to slog one's guts out (BrE colloq)

B (de droga) mule (colloq), courier

C (AmC, Col) (Transp) forklift truck

D (Méx) (en dominó): **tengo la ~ de seises** I have the double six *ver tb* **mulita, mulo**

mula[2] *adj* (Méx fam) mean (colloq)

mulada *f tb* : **~s** mules (*pl*)

muladar *m* garbage dump (AmE), rubbish dump *o* tip (BrE); **su casa parece un ~** her house is like a pigsty (colloq)

mular *adj* mule (*before n*)

mulato[1] **-ta** *adj* of mixed race (*black and white*), mulatto (dated *or* pej)

mulato[2] **-ta** *m,f* person of mixed race (*of a black and a white parent*), mulatto (dated *or* pej)

mulero[1] **-ra** *adj* (RPl fam) **1** (tramposo) cheating (*before n*) **2** (mentiroso) lying (*before n*)

mulero[2] **-ra** *m,f*

A (mozo de mulas) muleteer, mule driver

B (RPl fam) **1** (tramposo) cheat **2** (mentiroso) liar

muleta *f*

A **1** (bastón) crutch; **anda con ~s** he's on *o* he's using crutches **2** (apoyo) crutch, prop

B (Taur) red cape (*attached to a stick*)

muletazo *m* (Taur) *movement performed with the* ▸**muleta**

muletear [A1] *vt* (Taur) *to work a bull using the* ▸**muleta**

muletilla *f* tag, filler (tech); **es una ~ que usa mucho** it's one of his pet expressions, it's an expression *o* tag he uses a lot

muletón *m* (Tex) flanelette; (para la mesa) undercloth

mulillas *fpl* mules (*pl*) (*used to drag the dead bull from the ring*)

mulita *f*

A (RPl) (armadillo) armadillo

B (Chi) (insecto) water strider

C (Per) (de pisco) glass, shot

mullido -da *adj* ‹*colchón/sofá*› soft, springy; ‹*hierba*› springy

mullir [I9] *vt*

A ‹*cojín/almohada*› to plump up, fluff (up)

B ‹*tierra*› to dig over, turn over

mulo *m* (male) mule; ***estar hecho un ~*** (Esp fam) to be as strong as an ox *o* as a horse *ver tb* **mula**[1] **A**

multa *f* fine; **le aplicaron una ~** he was fined; **una ~ de tráfico** a traffic fine

multar [A1] *vt* to fine

multi- *pref* multi-

multiacceso -sa *adj* multi-access

multicanal *adj* multichannel

multicapa *adj inv* multilayered

multicelular *adj* multicellular

multicentro *m* shopping complex, (shopping) mall (AmE)

multicine *m* multicomplex, multiscreen movie complex (AmE), multiscreen cinema (BrE)

multicolor *adj* multicolored*

multiconferencia *f* (Telec) conference call

multiconfesional *adj* (Relig, Sociol) multidenominational

multicopiar [A1] *vt* to duplicate, Roneo®

multicopista *f* (Esp) duplicator, Roneo® (BrE)

multicultural *adj* multicultural

multiculturalidad *f* multiculturality

multiculturalismo *m* multiculturalism

multidimensional *adj* multidimensional

multidireccional *adj* multidirectional

multidisciplinario -ria, **multidisciplinar** *adj* multidisciplinary

multiempleo *etc* ▸**pluriempleo**, etc

multiétnico -ca *adj* multi-ethnic

multifacético -ca *adj* multifaceted

multifamiliar *adj*: **viviendas ~es** apartment blocks (AmE), blocks of flats (BrE)

multifásico -ca *adj* multiphase, polyphase

multiforme *adj* multiform

multifuncional *adj* multifunctional

multigrado *adj* multigrade

multigrafiar [A17] *vt* (Ven) to mimeograph

multígrafo *m* (Ven) ▸**mimeógrafo**

multilateral *adj* multilateral

multilingüe *adj* multilingual

multimedia *adj inv* multimedia

multimillonario[1] **-ria** *adj*: **es ~** he is a multimillionaire; **un contrato ~** a multi-million dollar (*o* pound *etc*) contract; **las pérdidas son multimillonarias** the losses run into many millions

multimillonario[2] **-ria** *m,f* multimillionaire

multinacional[1] *adj* multinational

multinacional[2] *f* multinational, multinational company/corporation

multiorgánico -ca *adj*: **donante/daño ~** multiple organ donor/damage; **falla multiorgánica** *or* (Esp): **fallo ~** multiple organ failure

multipartidario -ria *adj* multiparty

multipartidismo *m* multiparty system

multipartidista *adj* multiparty (*before n*)

multipista *adj* multitrack (*before n*); **grabación ~** multitrack recording

múltiple *adj*

A ‹*aplicaciones/problemas/causas*› many, numerous; **un esfuerzo que dará ~s ventajas** an effort which will yield numerous *o* a great many advantages

B **1** ‹*flor*› multiple **2** ‹*eco/imagen*› multiple **3** ‹*apuesta*› multiple **4** ‹*fractura*› multiple

multiplex *m* (Rad, Telec, TV) multiplex

multiplexar [A1] *vt* to multiplex

multiplexor *m* multiplexer, multiplexor

multiplicación *f*

A (Mat) multiplication; **hacer** *or* **efectuar una ~** to do a multiplication (sum)

B (incremento) increase; **la ~ de los atracos en la zona** a large increase in the number of holdups in the area; **la ~ de los panes y los peces** the feeding of the five thousand

C (Biol) multiplication

multiplicar [A2] *vt* to multiply; **su avanzada edad multiplica los riesgos de la operación** the risks involved in the operation multiply *o* increase because of his age; **~ algo POR algo** to multiply sth BY sth; **12 multiplicado por 15** 12 multiplied by 15, 12 times 15

■ **multiplicar** *vi* to multiply

■ **multiplicarse** *v pron*

A «*especie*» to multiply, reproduce

B (aumentar) to increase several times over

C «*persona*»: **esperan que me multiplique para atenderlos a todos** they expect me to be in a dozen places *o* everywhere at once to see to everyone

multiplicidad *f* multiplicity, wide variety

múltiplo *m* multiple; **25 es (un) ~ de 5** 25 is a multiple of 5; ▸**mínimo**[1]

multiprocesador *m* multiprocessor

multiproceso *m* multiprocessing

multiprogramación *f* multiprogramming

multipropiedad *f* time share

multirracial *adj* multiracial

multirriesgo *adj inv* all risks

multitarea *f* multitasking
multitud *f*
A (muchedumbre) crowd
B ~ DE **algo** (muchos): **tengo (una) ~ de cosas que hacer hoy** I have dozens of things to do today (colloq); **una ~ de usos** an enormous variety of uses, a great many different uses
multitudinario -ria *adj* ‹*manifestación/movilizaciones*› mass (*before n*); ‹*concierto*› heavily/massively attended; **una congregación multitudinaria de fieles** a multitudinous congregation of the faithful (frml)
multiuso *adj inv* multipurpose
multiusuario *adj inv* multiuser
multiviaje *adj*: **boleto** (AmL) or (Esp): **billete ~** multi-journey ticket; **tarjeta ~** travel pass
multivitamínico -ca *adj* multivitamin (*before n*)
muna *f* (Ven fam) money
mundanal *adj* worldly, of the world; **lejos del ~ ruido** (liter) far from the madding crowd (liter)
mundaneidad *f* ▸**mundanidad**
mundanidad *f* (cualidad) worldliness; **~es** worldly goods, worldly things
mundano -na *adj* 1 ‹*problemas/placeres*› worldly 2 ‹*fiesta*› society (*before n*); **su gusto por la vida mundana** his taste for high society
mundial[1] *adj*: **un artista de fama ~** a world-famous artist, an artist of worldwide renown; **el 65% del mercado ~** 65% of the world market; **batió la marca ~** she broke the world record; **ha tenido influencia a escala ~** she has been influential worldwide; **la historia ~** world history; **es un problema ~** it's a global *o* worldwide problem; **la producción ~ de café** world coffee production; **la población ~** the population of the world, the world's population
mundial[2] *m*, **mundiales** *mpl* World Championship(s); **el ~ de fútbol** the World Cup; **el ~ de natación** the World Swimming Championships
mundialismo *m* (Pol) globalism
mundialista *adj* (AmL): **un atleta ~** an athlete who is competing/has competed in the World Championships
mundialización *f* globalization
mundializar [A4] *vt* to globalize; **el capitalismo mundializado** global capitalism
mundialmente *adv*: **es ~ famoso** he is world famous, he is famous worldwide; **un producto conocido ~** a product well-known throughout the world, a product known worldwide *o* all over the world
mundo *m*
A (el universo, la Tierra): **el ~** the world; **todas las naciones del ~** all the nations of the world; **artistas venidos de todo el ~** artists from all over the world; **uno de los mejores del ~** one of the best in the world; **me parece lo más normal del ~** it seems perfectly normal to me; **nadie se preocupa por los problemas ajenos y así anda el ~** nobody worries about other people's problems, and that's why the world is in the state it's in; **si todos fueran como tú ¿cómo estaría el ~?** if everyone was like you, where would we be?; **soñar con un ~ mejor** to dream of a better world; ▸**nuevo, otro**[1], **tercero**[1], **viejo**[1]; ***comerse el ~***: **parece que se va a comer el ~** he looks as if he could take on the world; ***correr ~*** to get around; ***del otro ~***: **el libro no está mal, pero tampoco es nada del otro ~** the book isn't bad, but it's nothing special *o* (colloq) nothing to shout about; **el novio no es nada del otro ~** her boyfriend's nothing special *o* (colloq) nothing to write home about; **hablaba del lugar como si fuera algo del otro ~** he made it out to be the most fabulous place; ***desde que el ~ es ~*** since time began, since time immemorial (liter); ***el ~ es un pañuelo*** it's a small world; ***hundirse*** or ***venirse abajo el ~***: **no te preocupes, por eso no se va a hundir el ~** don't worry, it's not the end of the world; **pensé que el ~ se me venía abajo** I thought my world was falling apart *o* the bottom was falling out of my world; ***ponerse el ~ por montera*** to scorn the world and its ways; ***por nada del*** or ***en el ~: no lo vendería por nada del*** or ***en el ~*** I wouldn't sell it for anything in the world *o* (colloq) for all the tea in China; **yo no me lo pierdo por nada del** or **en el ~** I wouldn't miss it for the world; **por nada del ~ quiso venir** there was no way he'd come; **por nada del ~ voy a repetir lo que me dijo** nothing would induce me to repeat what he told me; ***¡qué pequeño*** or ***chico es el ~!*** it's a small world!; ***tal y como vino al ~*** stark naked, as naked as the day he/she was born; ***traer a algn al ~*** to bring sb into the world, give birth to sb; ***venir al ~*** to come into the world, be born; ***ver ~*** to see the world; ***a beber y a tragar, que el ~ se va a acabar*** eat, drink and be merry (for tomorrow we die)
B (planeta, universo) planet, world; **seres de otros ~s** beings from other worlds *o* planets; **no se entera de nada, él vive en otro ~** he hasn't a clue what's going on, he's on another planet *o* in another world; **¿no lo sabías? ¿pero tú en qué ~ vives?** didn't you know? where have you been hiding *o* where have you been? (colloq); ***por esos ~s de Dios*** here, there and everywhere, all over the place
C 1 (porción de la realidad, de lo concebible) world; **el ~ vegetal** the plant world; **el ~ animal** the animal world *o* kingdom; **el ~ sobrenatural** the realm of the supernatural; **el ~ científico/capitalista/árabe** the scientific/capitalist/Arab world 2 (de actividad humana) world; **el ~ de las letras/de las artes** the world of letters/of the arts; **el mundillo del espectáculo** showbusiness; **el ~ artístico** the artistic world; **el ~ de los negocios/la droga** the business/drugs world
D (gente): **lo sabe todo el ~** everybody *o* everyone knows it; **el ~ entero está pendiente de sus declaraciones** the whole world awaits his statement; **fue y se lo contó a medio ~** he went and told just about everybody
E **un ~** (mucho, muchos): **tengo un ~ de cosas que hacer** I've got masses *o* hundreds of things to do; **había un ~ de gente en la plaza** there were crowds *o* hordes of people in the square; **de tu opinión a la mía hay un ~** our opinions are worlds apart; **hay un ~ entre viajar en primera y viajar en clase turista** there's a world of difference between travelling first class and tourist class; **cualquier problema se le hace un ~** he blows the slightest thing out of all proportion
F 1 (vida material): **el ~** the world; **los placeres del ~** worldly pleasures; **dejar el ~** to renounce the world, take holy orders; **cuando vuelvas al ~** when you go back to the outside world 2 (experiencia): **tienen** or **han visto mucho ~** they've seen a lot of life, they've been around; **una mujer que tiene mucho ~** a woman of the world; ▸**hombre**[1]
munición *f* 1 (carga) *tb* **municiones** ammunition, munitions (*pl*) 2 (Mil) (aprovisionamiento) supplying 3 (Chi) (perdigón) pellet
(Compuesto) **munición de boca** provisions (*pl*)
municipal[1] *adj* ‹*impuestos*› local; ‹*elecciones/piscina/mercado*› municipal
municipal[2] *mf* (Esp) 1 ▸**policía B** 2 **municipales** *fpl* local elections, municipal elections
municipales *fpl* municipal elections
municipalidad *f* ▸**municipio**
municipio *m* 1 (territorio) municipality 2 (entidad) town council 3 (edificio) town hall
munido -da *adj* (liter) ~ DE **algo**: **~s de formidables armas** equipped *o* armed with formidable weaponry; **se ruega presentarse ~s del documento de identidad** (RPl frml) you are requested to bring your identity card (frml); **~s de una fe inquebrantable** armed with an unshakable faith (liter)
munificencia *f* munificence (frml)
munificente *adj* munificent (frml)
muñeca *f*
A 1 (Jueg) doll; **una ~ que habla/anda** a talking/walking doll; **jugar a las ~s** to play with dolls; ***ser/parecer una ~*** to be a little doll 2 (fam) (como apelativo) honey (colloq); darling
(Compuestos)
- **muñeca de trapo** rag doll
- **muñeca rusa** Russian doll

B ▸ℹ **p.231** (Anat) wrist
C 1 (RPl fam) (influencia) pull (colloq); **tiene ~ en la organización** he has a lot of pull *o* clout *o* contacts in the organization (colloq); **consiguió el puesto por ~** he got the job by pulling strings (colloq) 2 (CS) (habilidad): **¡qué bien te quedaron los estantes! — ~ ¿viste?** you've done a really good job on those shelves — pretty good *o* not bad, huh?; **tiene ~ para negociar** he has a real talent for negotiating
D (Méx) (mazorca nueva) baby corn
muñeco *m*
A 1 (juguete con forma — humana) doll; (— de animal) toy animal; **~ de peluche** soft toy 2 (de un ventrílocuo, etc) dummy; **practicaron el boca a boca con un ~** they practiced mouth to mouth resuscitation on a dummy; **quemaron un ~ que representaba al presidente** they burnt an effigy of the president 3 (dibujo) figure 4 (fam) (como apelativo) sweetie (colloq), honey (colloq), darling
(Compuesto) **muñeco de nieve** snowman
B **muñecos** *mpl* (Per fam): **estar con los ~s** to be very nervous
muñeira *f* Galician dance
muñequear [A1] *vt* (Chi fam) to wangle (colloq)
■ **muñequearse** *v pron* 1 (RPl fam) (usando conexiones): **se muñequeó el puesto** he pulled some strings to get the job 2 (Per fam) to get *o* become jumpy (colloq), to get into a state (colloq)
muñequera *f* (Dep) wristband; (Med) wrist bandage
muñidor -dora *m,f* (Esp) (fam) fixer (colloq)
muñir [A1] *vt* (Esp) (fam) to fix (colloq)
muñón *m*
A (de un miembro — amputado) stump; (— atrofiado) atrophied limb
B 1 (de un cañón) trunnion 2 (Chi) (Mec) journal, bearing
mural[1] *adj* wall (*before n*), mural (*before n*)
mural[2] *m* mural

murales y muralistas mexicanos

Mexico's muralist movement flourished between the two World Wars during a time of nationalist fervor. It was led by Diego Rivera, José Clemente Orozco, and David Alfaro Siqueiros. Their work reflected revolutionary themes and working-class struggle. They decorated many public buildings.

muralismo *m* (arte) mural painting; (movimiento pictórico) muralist movement
muralista *adj/mf* muralist
muralla *f* 1 (de una ciudad) walls (*pl*), city wall, ramparts (*pl*); (de un convento) wall; **erigieron una ~ defensiva** they erected a defensive wall *o* rampart 2 (Chi) (pared) wall
(Compuesto) **Muralla China**: **la M~ China** the Great Wall of China
murciélago *m* bat
murga *f*
A (Mús) 1 (grupo) band of street musicians 2 (Col) (concurso) musical competition
B (Esp fam) (molestia) drag (colloq), bind (BrE colloq); ***dar la ~*** (Esp fam) to be a pain (colloq)
muriera, murió, etc ▸**morir**
murmullo *m* 1 (de voces) murmur; **hablaba casi en un ~** she spoke almost in a whisper; **un ~ de desaprobación** a murmur of disapproval 2 (liter) (de agua) murmur (liter), murmuring; (de viento) whispering, murmuring; (de hojas) rustle
murmuraciones *fpl* gossip; **su amistad suscitaba ~** their friendship set tongues wagging *o* gave rise to a lot of gossip

m

murmurador¹ -dora *adj* gossipy

murmurador² -dora *m,f* gossip

murmurar [A1] *vt* 1 (hablar bajo) to mutter; **-no pienso hacerlo -murmuró** I won't do it, she muttered; **le murmuró algo al oído** he whispered something in her ear; **murmuró que lo aceptaría** he murmured his agreement 2 (en son de crítica): **andan murmurando que el hijo no es suyo** there are rumors *o* mutterings that the child is not his; **son cosas que se murmuran en la oficina** they are just rumors that go around the office, it's just office gossip

■ **murmurar** *vi* 1 (criticar) to gossip (*maliciously*); **~ DE algn** to gossip ABOUT sb; **no me importa que murmuren de mí** I don't care if they talk *o* gossip about me 2 (liter) «*agua*» to murmur (liter); «*viento*» to whisper, murmur; «*hojas*» to rustle

muro *m* wall

(Compuestos)
- **Muro de Berlín** Berlin Wall
- **muro de carga** load-bearing wall
- **muro de cerramiento** curtain wall
- **muro de contención** retaining wall
- **Muro de las Lamentaciones** *or* **los Lamentos** Wailing Wall
- **muro maestro** load-bearing wall, supporting wall

murria *f* gloom; **al cabo de un tiempo le entró la ~** after a while he became depressed *o* he became filled with gloom

murruco -ca *adj* (AmC fam) ‹*pelo*› curly; ‹*persona*› curly-haired

mus *m: a Spanish card game*

musa *f* 1 (Mit) Muse; **las nueve ~s** the nine Muses 2 (inspiración) muse

musaka *f* moussaka

musaraña *f*

A (Zool) shrew; ***pensar en*** *or* ***mirar las ~s*** to day-dream; **no te quedes allí pensando en las ~s, haz algo** don't stand there daydreaming *o* dreaming, do something

B (Chi fam) (gesticulación) gesture

muscular *adj* muscular

muscularidad *f* muscularity

musculatura *f* muscles (*pl*), musculature (tech)

músculo *m* ▸ ℹ **p.231** muscle; **sacar ~** to flex one's muscles

(Compuestos)
- **músculo constrictor** constrictor
- **músculo estriado/liso** tight/soft muscle

musculoso -sa *adj* 1 ‹*persona*› muscular, muscly (colloq) 2 ‹*órgano*› muscular

muselina *f* muslin

museo *m* (de pintura, escultura) museum, gallery; (de ciencias naturales, historia, etc) museum; **su casa parece un ~, con cuadros por todos lados** her house looks like an art gallery, there are pictures everywhere

(Compuestos)
- **museo de antropología** museum of anthropology
- **museo de arte contemporáneo** museum of contemporary art
- **museo de arte moderno** museum of modern art
- **museo de cera** wax museum, waxworks (*pl*)
- **museo de ciencias naturales** natural science museum

museología *f* museology

musgo *m* moss

musgoso -sa *adj* mossy

música¹ *adj* (Méx fam) 1 [SER] (antipático) mean (colloq); **no seas ~, préstame tus apuntes** don't be mean, lend me your notes 2 [SER] (negado) **~ PARA algo** hopeless AT sth (colloq); **de veras que eres ~ para bailar** you really are hopeless at dancing *o* a hopeless dancer

música² *f*

A (Mús) music; **pon algo de ~** put some music on; **~ en directo** *or* **en vivo** live music; **una banda de ~** a band; **una ~ muy pegadiza** a very catchy piece of music; **a los 20 años se dedicó a hacer ~** she took up music when she was 20; **no sabe leer ~** she can't read music; **letra y ~ de una canción** lyrics and music of a song; **puso ~ a los versos de Machado** he set Machado's poetry to music; **la ~ amansa las fieras** (fr hecha) music has a great calming effect, music calms the nerves; ***irse con la ~ a otra parte*** (fam): **vámonos con la ~ a otra parte** let's go somewhere else *o* get out of here (colloq); **vete con la ~ a otra parte** clear off! (colloq); **sonar a/ser ~ celestial** (fam) to be music to one's ears

(Compuestos)
- **música ambiental** background music; (en un supermercado, una fábrica) piped *o* canned music
- **música atonal** atonal music
- **música clásica** classical music
- **música coral** choral music
- **música culta** classical music
- **música de acompañamiento** incidental music
- **música de cámara** chamber music
- **música de créditos** title music
- **música de fondo** background music
- **música de programa** program* music
- **música dodecafónica** twelve-tone music
- **música folk** folk music
- **música funcional** (RPl) piped *o* canned music
- **música incidental** incidental music
- **música instrumental** instrumental music
- **música ligera** light music, easy listening
- **música moderna** modern music
- **música sacra** sacred music
- **música serial** serial music
- **música tonal** tonal music

B (Chi fam) (armónica) mouth organ, harmonica

musical¹ *adj* musical

musical² *m* musical

musicalidad *f* musicality

musicalización *f* setting to music

musicalizar [A4] *vt* to set to music

musicante *mf* (CS arg) small-time musician

músico -ca *m,f* (compositor) composer; (instrumentista) musician

(Compuesto) **músico callejero** street musician, busker (BrE)

musicología *f* musicology

musicólogo -ga *m,f* musicologist

musitar [A1] *vt* to whisper, murmur

musiú -siúa *m,f* (Ven fam) foreigner (*white and non-Spanish-speaking*)

muslamen *m* (Esp fam & hum) thigh

muslera *f* thighband, thigh bandage

muslo *m* (Anat) ▸ ℹ **p.231**; thigh; (Coc): **~s de pollo** chicken thighs

mustio -tia *adj*

A ‹*flor/planta*› withered; **terciopelo ~** faded velvet

B (fam) (triste, abatido) down (colloq), low (colloq), down in the mouth (colloq)

C (Méx fam) (hipócrita) two-faced (colloq)

musulmán -mana *adj/m,f* Muslim, Moslem

MUT /mut/ *m* (en Chi) **= Movimiento Unitario de Trabajadores**

mutabilidad *f* (frml) mutability (frml *o* tech), changeable nature; **la ~ del virus** the mutability of the virus; **la ~ de su carácter hacía imprevisible su reacción** the changeableness of his character made his reactions unpredictable; **la ~ de la lengua** the changeable nature of the language

mutable *adj* changeable, mutable (frml)

mutación *f* mutation

mutagene *m* mutagen

mutante *adj/mf* mutant

mutar [A1] *vt* to mutate

■ **mutarse** *v pron* to mutate

mute *m* (Col) cornmeal porridge; ***comer ~*** (Col fam): **si él no quiere venir, que coma ~** if he doesn't want to come, tough (colloq)

mutilación *f* mutilation; **la ~ que sufrió la obra al pasar por la censura** the mutilation *o* bowdlerization which the work suffered at the hands of the censors

mutilado -da *m,f* disabled person; **un ~ de guerra** a disabled serviceman; **un ~ por accidente** a person crippled *o* maimed as a result of an accident

mutilar [A1] *vt* 1 ‹*persona/pierna*› to mutilate; **los cuerpos mutilados de las víctimas** the mutilated bodies of the victims; **quedó mutilado** he was maimed 2 ‹*texto/película*› to mutilate, bowdlerize, hack about; ‹*árbol/estatua*› to vandalize

mutis *m* (Teatr) exit; (silencio) silence; **te lo cuento pero tú de esto, ~** I'm telling you, but not a word to anyone about it *o* (colloq) but mum's the word; ***hacer ~ por el foro*** (callarse) to keep sth to oneself; (irse) to make onself scarce, to disappear; **cuando se les pide soluciones, ~ por el foro** when asked what the solution is they have nothing to say *o* they keep their mouths shut

mutisia *f: genus of South American climbing shrubs*

mutismo *m* silence

mutua *f* mutual savings bank, benefit society (AmE), friendly society (BrE)

(Compuesto) **mutua de seguros** mutual insurance company

mutual *f* 1 (CS) (de asistencia económica) benefit society (AmE), friendly society (BrE) 2 (RPl) (de asistencia médica) *medical care fund*

mutualidad *f* benefit society (AmE), friendly society (BrE)

mutualista¹ *adj* mutualist

mutualista² *mf* 1 (miembro) *member of a friendly society* 2 **mutualista** *f* (Ur) ▸ **mutualidad**

mutuamente *adv* mutually; **se insultaron/acusaron ~** they insulted/accused each other

mutuo -tua *adj* 1 (recíproco) ‹*respeto/simpatía/ayuda*› mutual; **por ~ consentimiento** by mutual consent; **de ~ acuerdo** by mutual *o* joint agreement; **el sentimiento es ~** the feeling is mutual 2 (común) mutual; **trataron cuestiones de interés ~** they discussed matters of mutual interest; **redundará en beneficio ~** it will be to our mutual benefit

muy *adv* 1 very; **~ poca gente** very few people; **soy ~ consciente de mis limitaciones** I'm very *o* acutely aware of my limitations; **es ~ trabajador** he's a very hard worker, he works very hard; **son ~ amigos** they're great friends; **está ~ bien escrito** it's extremely *o* very well written; **su carne es ~ apreciada** its meat is highly prized; **~ admirado** much admired; **~ respetado** highly respected; **~ bien, sigamos adelante** OK *o* fine, let's go on; **~ bien, si eso es lo que tú quieres** very well, if that's what you want; **estoy ~, pero ~ disgustado** I'm very, very upset; **es un gesto ~ suyo** it's a typical gesture of his; **ella es ~ de criticar a los demás** she's very fond of criticizing others; **por ~ cansado que estés** however *o* no matter how tired you are; **¿sabes lo que hizo el ~ sinvergüenza?** do you know what he did, the swine? 2 (demasiado) too; **te ha quedado ~ dulce** it's rather *o* too sweet; **no me gusta sentarme ~ adelante** I don't like sitting too near the front/too far forward

muyahidin *mpl* mujaheddin (*pl*), mujahedeen (*pl*)

muzzarella /musa'rela/ *f* (RPl) mozzarella

mV **(= milivoltio)** mv, mV

MV **(= megavoltio)** MV

MW **(= megawatio)** MW

Nn

n, N *f* (*read as* /'ene/)
A (the letter) n, N
B (Auto) (Esp) **N = (carretera) nacional**
C (noviembre): **20-N** (en Esp) 20 November (*date of Franco's death in 1975*)
D **(= nuevo) N$840** 840 new pesos
n/ = nuestro
N. (= norte) ▸ **p.681**; N, North
nabab *m* nabob
nabina *f* rapeseed
nabiza *f* turnip top; **~s** turnip tops *o* greens
nabo¹ -ba *adj* (RPl fam) dumb (colloq)
nabo² *m* (Bot) turnip; (como nombre genérico) root crop, root vegetable
(Compuesto) **nabo sueco** rutabaga (AmE), swede (BrE)
naborí *mf* Indian servant
Nabucodonosor Nebuchadnezzar
nácar *m* mother-of-pearl, nacre
nacarado -da *adj* ‹*reflejos*› pearly; ‹*esmalte de uñas/lápiz de labios*› pearlized
nacarino -na *adj* (de nácar) mother-of-pearl (*before n*); ‹*reflejos*› pearly
nacatamal *m* (AmC, Méx) (*steamed meat and vegetable pasty, cooked in banana or maize leaves*)
nacer [E3] *vi*
A **1** «*niño/cordero/gato*» to be born; **¿dónde naciste?** where were you born?; **pesaba tres kilos al ~** she weighed three kilos at birth; **~ antes de tiempo** to be born prematurely, to be premature; **el niño nació muerto** the child was stillborn; **~ DE algn** to be born TO sb; **nació en el Perú, de padres españoles** she was born in Peru to *o* of Spanish parents; **~ PARA algo: yo no nací para esta clase de trabajo** I wasn't born to do this kind of work; **nació para (ser) músico** he was born to be a musician; ***naciste/nació parado*** (Chi, Ven fam) you have/he has the luck of the devil (colloq); ***no nací/nació ayer*** I/he wasn't born yesterday; ***volver a ~*** *or* ***~ de nuevo*** to have a lucky escape, be lucky to come out alive **2** «*pollito/insecto*» to hatch **3** «*hoja/rama*» to sprout; **le han nacido nuevas flores a la planta** the plant has produced *o* grown some new flowers **4** «*río*» to rise, have its source; «*carretera*» to start; **la pinza nace debajo de la manga** the dart starts under the sleeve **5** «*pelo/plumas*» to grow; **le nacieron alas** he sprouted wings; **ya le volverá a ~ el pelo** his hair will soon grow back
B **1** (surgir) «*sentimiento*»: **una gran amistad nació entre ellos** a great friendship grew *o* sprang up *o* developed between them; **a ella no le nace ser amable con la gente** being nice to people doesn't come naturally to her; **no me nace ser simpático con él** I find it difficult to be nice to him **2** «*problema/situación*»: **~ DE algo** to arise *o* spring FROM sth; **nace de su inseguridad** this arises *o* springs from his insecurity **3** (liter) (iniciarse) **~ A algo** to be awakened TO sth (liter); **~ al amor** to be awakened to love, to experience love for the first time
nacho *m* (Coc) nacho (*tortilla piece with topping of cheese and spices*)
nacido¹ -da *adj* born; **todas las personas nacidas antes de 1960** everyone born before 1960; **un poeta ~ con el siglo** a poet born at the turn of the century; **un niño recién ~** a newborn baby
nacido² -da *m,f*: **los ~s en este año** those born this year; **todos los ~s han de morir** all mankind *o* all human beings must die; ▸ **recién**
naciente¹ *adj* **1** ‹*sol*› rising (*before n*) **2** ‹*amistad*› newly-formed; **su ~ interés por la música** her newfound interest in music; **el ~ interés por la ecología** the new interest in ecology
naciente² *m*: **el ~** (liter) the East, the Orient (liter)
naciente³ *f*, **nacientes** *fpl* (CS) source
nacimiento *m*
A **1** (de un niño) birth; (de mamíferos) birth; **los niños presenciaron el ~ de los gatitos** the children watched the kittens being born; **es argentino de ~** he's Argentinian by birth; **es sorda de ~** she was born deaf, she's been deaf since birth **2** (de aves) hatching
B **1** (origen, principio) birth; **aquél fue el ~ de una duradera amistad** that was the start *o* beginning of a lasting friendship **2** (liter) (iniciación, despertar) **~ A algo: su ~ al amor** his first experience of love, his awakening to love; **su ~ a la vida de adulto** her initiation into adult life; **mi ~ a las artes** my introduction to the arts **3** (cuna) birth; **de ~ noble/humilde** of noble/humble birth *o* origins
C **1** (de un río) source **2** (del pelo) hairline
D (belén) crib
nación *f* **1** (estado) nation **2** (habitantes) nation; **el presidente se dirigió a la ~** the president addressed the nation *o* the people; **el apoyo de toda la ~** nationwide support, countrywide support, the support of the whole nation **3** (territorio) nation, country
(Compuesto) **Naciones Unidas** *fpl* United Nations (*pl*)
nacional¹ *adj* **1** (de la nación) ‹*deuda/reservas*› national; **en todo el territorio ~** throughout the country; **la bandera ~** the national flag; **el entrenador de la selección ~** the national team's coach, the Spanish (*o* Colombian *etc*) team's coach **2** (no regional) ‹*prensa/comité*› national; **carretera ~** ≈ Interstate (highway) (AmE), ≈ A-road (BrE); **un programa de difusión ~** a program broadcast nationwide; **una campaña a nivel ~** a nationwide *o* countrywide *o* national campaign; **a escala ~** on a national scale **3** (no internacional) ‹*vuelo*› domestic, internal; ‹*mercado*› home (*before n*), domestic; **salidas nacionales** domestic departures **4** (no extranjero) national; **proteger la industria ~** to protect national industry; **compre productos ~es** ≈ buy British (*o* American *etc*); **la ginebra ~ es muy buena** Spanish (*o* Argentinian *etc*) gin is very good; **pasamos ahora a la información ~** now, the national news
nacional² *mf* **1** (frml) (ciudadano) national **2** **los N~es** (fuerzas franquistas) the Nationalists
nacionalidad *f*
A (ciudadanía) nationality; **de ~ panameña** of Panamanian nationality; **ha adquirido la ~ española** he's taken Spanish nationality *o* citizenship; ▸ **doble¹**
B (nación, pueblo) people; **las ~es españolas** the different peoples that make up the Spanish nation
nacionalismo *m* nationalism
nacionalista¹ *adj* nationalist (*before n*)
nacionalista² *mf* nationalist
nacionalización *f* **1** (de una industria, una empresa) nationalization **2** (naturalización) naturalization
nacionalizar [A4] *vt* **1** ‹*industria/empresa*› to nationalize **2** ‹*persona*› to naturalize
■ **nacionalizarse** *v pron* «*persona*» to become naturalized; **se nacionalizó española** she became a naturalized Spaniard
nacionalsindicalismo *m* National Syndicalism (*doctrine advocated by the Spanish Falange*)
nacionalsindicalista *mf*: *advocate of* ▸ **nacionalsindicalismo**
nacionalsocialismo *m* National Socialism
nacionalsocialista *adj/mf* National Socialist
nacismo *m* Nazism
nacista *mf* Nazi
naco¹ -ca *adj* (Méx fam & pey) common (pej), vulgar, plebby (colloq & pej)
naco² -ca *m,f*
A (Méx fam & pey) pleb (colloq & pej)
B **naco** *m* (Col) (Coc) purée; **~ de papas** puréed potatoes, potato purée
nada¹ *pron*
A **1** nothing; **es mejor que ~** it's better than nothing; **de ~ sirve que le compres libros si no los lee** there's no point in buying him books if he doesn't read them; **antes que** *or* **de ~** first of all; **~ te faltará** *or* **no te faltará ~** you won't want for anything; **no hay ~ como un buen baño caliente** there's nothing like a nice hot bath; **hace dos días que no come ~** he hasn't eaten a thing *o* anything for two days; **¡no sirves para ~!** you're useless; **no se hizo ~** he wasn't hurt; **no sé por qué llora, yo no le hice ~** I don't know why he's crying, I didn't touch him; **¿te has hecho daño? — no, no ha sido ~** did you hurt yourself? — no, it's nothing; **¡perdón! — no fue ~** sorry! — that's all right; **no es por ~ pero ...** don't take this the wrong way but ...; **se fue sin decir ~** she left without a word; **nadie me dio ~** nobody gave me anything; **~ DE algo: no necesita ~ de azúcar** it doesn't need any sugar at all; **eso no tiene ~ de gracia** that's not in the least bit *o* not at all funny; **¡~ de juegos** *or* **jugar ahora!** you're not playing *o* I don't want any games now! **2** (*en locs*): **de nada** you're welcome, it's a pleasure, don't mention it (frml); **nada de nada** (fam) not a thing; **nada más: no hay ~ más** there's nothing else; **¿algo más? — ~ más** anything else? — no, that's it *o* that's all *o* that's the lot; **no se pudo hacer ~ más** *or* **más ~ por él** nothing more could be done for him; **~ más fui yo** (Méx) I was the only one who went; **no ~ más yo lo critico** (Méx) I'm not the only one to criticize him; **salí ~ más comer** I went out right *o* straight after lunch; **sacó (~ más ni) ~ menos que el primer puesto** she came first no less; **~ más llegar subió a verla** as soon as he arrived he went up to see her; **nada más que: la verdad, toda la verdad y ~ más que la verdad** the truth, the whole truth, and

nothing but the truth; **no se lo dije ∼ más que a él** he's the only one I told, I didn't tell anyone except him *o* but him; **∼ que ...** (Andes fam): **ya son las diez y ∼ que vienen** it's already ten o'clock and there's still no sign of them; **ni ∼** (fam): **no me avisó ni ∼** (fam) he didn't tell me or anything, he didn't even tell me; **no es ambicioso ni ∼** (iró) he's not at all ambitious or anything like that! (iro); **para ∼** not ... at all; **ese tema no se tocó para ∼** that topic didn't come up at all; **no me gustó para ∼** I didn't like it at all *o* one little bit; ***ahí es ∼*** (fam & iró): **hicieron un par de millones, ahí es ∼** they made a couple of million ... peanuts *o* chickenfeed! (colloq & iro); ***como si ∼*** (fam): **¡me lo dice como si ∼!** she tells me as casual as you like, and she tells me as if it was nothing; **se quedó como si ∼** she didn't even bat an eyelid; **se lo dije mil veces, pero como si ∼** I told her over and over again, but it didn't do the slightest bit of good; ***no estás/está en ∼*** (Ven arg) you're/he's so uncool (colloq), you don't/he doesn't have a clue (colloq); ***no hay ∼ que hacerle*** (fam) that's all there is to it, there are no two ways about it

B **1** (algo): **¿has visto alguna vez ∼ igual?** have you ever seen the like of it *o* the likes of it *o* anything like it?; **antes de que digas ∼** before you say anything **2** (muy poco): **con** *or* **de ∼ se rompe** it breaks just like that; **fue un golpe de ∼** it was only a little bump; **en ∼ de tiempo** in no time at all; **compraron la casa por ∼** they bought the house for next to nothing; **dentro de ∼** very soon, in no time at all; ***estar en ∼:*** **estuvo en ∼ que perdiéramos el tren** we very nearly missed the train; **no nos vieron, pero estuvo en ∼** they didn't see us, but it was a close call *o* shave **3** (fam) (uso expletivo): **y ∼, que al final no lo compró** anyway, in the end she didn't buy it; **pues ∼, ya veremos qué pasa** well *o* anyway, we'll see what happens

C (Esp) (en tenis) love; **quince-∼** fifteen-love

nada² *adv* ▸ **❶ p.567**; **no está ∼ preocupado** he isn't at all *o* the least bit worried; **anoche no dormí ∼** I didn't sleep a wink *o* at all last night; **no me gusta ∼ lo que has hecho** I don't like what you've done one bit; **no es ∼ engreído el chico** (iró) he sure is vain!, he isn't half conceited! (BrE)

nada³ *f*

A (Fil): **la ∼** nothing; **el universo se creó de la ∼** the universe was created from nothing *o* from the void; **surgió de la ∼** it came out of nowhere

B (Méx, RPl fam) (pequeña cantidad): **¿le diste vino al bebé? — sólo una ∼** did you give the baby wine? — only a tiny drop; **le puse una ∼ de sal** I added a tiny pinch of salt; **ganó por una ∼** he won by a whisker

nadador -dora *m,f* swimmer

nadar [A1] *vi*

A **1** «*persona/pez*» to swim; **¿sabes ∼?** can you swim?; **nada como un pez** she swims like a fish; **∼ (estilo) pecho** *or* (Esp) **a braza** to do (the) breaststroke, to swim breaststroke **2** «*ramas/hojas*» (flotar) to float

B **1** «*prenda*» (quedar grande) (+ *me/te/le etc*): **esa falda te nada** that skirt's much *o* far too big for you **2** (en una prenda, un espacio): **nadábamos en esa casa tan grande** we were lost in that great big house; **mis sillones van a quedar nadando en esta sala** my armchairs are going to look lost in this room

C **nadar en** (tener mucho): **nadan en dinero** they're rolling in money (colloq); **el pollo nadaba en grasa** the chicken was swimming in grease; **con las obras en casa estamos nadando en mugre/polvo** with all the work going on the house is filthy/covered in dust

■ **nadar** *vt* to swim

nadería *f* (fam): **discutir por ∼s** to argue over nothing; **se enfada por cualquier ∼** he gets annoyed at the slightest thing; **les compró cuatro ∼s y se quedaron tan contentos** he bought them a few knickknacks *o* a few silly little things and they were over the moon

nadie *pron* ▸ **❶ p.567**; nobody, no-one; **∼ me ayudó** *or* **no me ayudó ∼** nobody helped me; **no vi a ∼** I didn't see anybody; **no hay ∼** there's nobody at home *o* nobody in; **se fue sin que ∼ se diera cuenta** he left without anyone noticing; **toca el arpa como ∼** he's a brilliant harpist; ▸ **don²**

nadien *pron* (hum) ▸ **nadie**

nadir *m* nadir

nado *m*

A (Méx, Ven) (natación) swimming; **tiene el récord en ∼ de pecho** he holds the breaststroke record; **tiene muy buen** *or* **bonito ∼** she's a very good swimmer

(Compuesto) **nado sincronizado** (Méx) synchronized swimming

B **a ∼: fueron hasta las rocas a ∼** they swam out to the rocks; **cruzaron el río a ∼** they swam across the river

nafta *f* **1** (Quím) naphtha **2** (RPl) (gasolina) gas (AmE), gasoline (AmE), petrol (BrE); **cargar** *or* **tomar ∼** to fill up (with gas *o* petrol)

NAFTA /'nafta/ *m* NAFTA

naftaleno *m* naphthalene

naftalina *f* (Quím) naphthalene; (para la ropa) mothballs (*pl*)

nagual *m* (Méx) sorcerer

naguas *fpl* (Méx fam) petticoat

nahual *m* (AmC, Méx)

A **1** (hechicero) sorceror **2** (de persona — doble en forma de animal) *animal with which a spiritual link is established at birth*; (— espíritu protector) personal guardian spirit

B (arg) (ladrón) burglar

náhuatl¹ *adj* (*pl* **nahuas**) Nahuatl

náhuatl² *mf* (*pl* **nahuas**) **1** (indígena) Nahuatl **2** **náhuatl** *m* (idioma) Nahuatl

> **náhuatl**
>
> Nahuatl was the main language of the Aztecs and is still spoken today in Mexico. Spanish words that come from Nahuatl include *chocolate*, *tomate*, *chile*, and *coyote* .

nahuatlato -ta *adj* (Méx) Nahuatl-speaking

naiboa *f*

A (Coc) *cassava bread filled with brown sugar*

B (Ven arg) (respuesta) no, no way (colloq)

naide, naiden *pron* (hum) ▸ **nadie**

naif *adj inv* naive

nailon *m* nylon

naipe *m* playing card, card; **juegos de ∼s** card games

naja *f* cobra; ***salir*** *or* ***darse de ∼*** (Esp arg) to beat it (sl)

najarse [A1] *v pron* (Esp arg) to beat it (sl)

nalga *f* **1** (Anat) buttock; **le pusieron una inyección en la ∼** they gave him an injection in the buttock *o* bottom; **le dio una palmada en las ∼s** she patted him on the bottom, she patted his bottom; **el bebé venía de ∼s** it was a breech birth, the baby was in a breech position **2** (RPl) (Coc) rump steak, rump

nalgada *f* (Méx) smack on the bottom

nalgón -ona *adj* (AmC, Méx) ▸ **nalgudo**

nalgudo -da *adj* fat-bottomed, big-bottomed; **es muy nalguda para usar esos pantalones** her bottom is too big *o* fat for her to wear those pants

Namibia *f* Namibia

namibio -bia *adj* Namibian

nana *f*

A (canción de cuna) lullaby

B **1** (fam) (abuela) grandma (colloq), granny (colloq), nana (colloq); ***hacer ∼*** (CS leng infantil) to hurt oneself; **me caí y me hice ∼ en la rodilla** I fell and hurt my knee; ***ser del año de la ∼*** *or* ***ser más viejo que la ∼*** (fam): **su ropa es del año de la ∼** her clothes are very old-fashioned; **tienen una lavadora del año de la ∼** they have an ancient *o* a prehistoric washing machine (hum) **2** (Col) (niñera) nanny

nanay *interj* (fam) no way! (colloq)

nandrolona *f* nandrolone

nano -na *m,f* (Esp fam) little one

nano- *pref* nano-

nanobacteria *f* nanobacterium

nanobio *m* (Biol) nanobe

nanosegundo *m* nanosecond

nanotecnología *f* nanotechnology

nansú *m* nainsook

nao *f* (arc) vessel, ship

napa *f*

A (cuero — muy blando) nappa; (— más duro) leather

B (Geol) (de agua) aquifer; (de gas) layer

napalm *m* napalm

napia *f*, **napias** *fpl* (fam & pey) schnozzle (AmE colloq & pej), conk (BrE colloq & pej)

napoleónico -ca *adj* Napoleonic

Nápoles *m* Naples

napolitano -na *adj/m,f* Neapolitan

naranja¹ *f* (fruta) orange; ***llevar ∼s al Paraguay*** (Arg) to carry *o* take coals to Newcastle; ***¡∼s de la China!*** (fam) (expresando incredulidad) garbage! (AmE colloq), rubbish! (BrE colloq), come off it! (colloq); (expresando rechazo) no way! (colloq), not on your life! (colloq)

(Compuestos)

- **naranja amarga** Seville orange
- **naranja de ombligo** (CS) navel orange
- **naranja navel** navel orange
- **naranja ombligona** (Col) navel orange
- **naranja sanguina** blood orange

naranja² *adj* ▸ **❶ p.181** **1** (*gen inv*) orange; **calcetines ∼** orange socks **2** (*modificado por otro adj: inv*) orange; **∼ chillón/intenso** lurid/bright orange

naranja³ *m* ▸ **❶ p.181** (color) orange

naranjada *f* orangeade

naranjal *m* orange grove

naranjero -ra *m,f*

A **1** (Agr) orange grower **2** **naranjero** *m* (naranjo) orange tree

B **naranjero** *m* (Esp arg) (metralleta) submachine gun

naranjo *m* orange tree

Narbona *f* Narbonne

narcisismo *m* narcissism

narcisista¹ *adj* narcissistic

narcisista² *mf* narcissist

narciso *m* **1** (Bot) daffodil; (género) narcissus **2** (persona) narcissist

Narciso Narcissus

narco¹ *adj* (Col, Méx fam): **dinero ∼** drug money, money made from drug trafficking

narco² *mf* (fam) drug trafficker

narcocorrupción *f* drugs-related corruption

narcodependencia *f* drug dependence *o* dependency

narcodólar *m* drug dollar; **la economía de los ∼es** the drug-dollar economy

narcoguerrilla *f* drugs-linked guerrillas (*pl*), narco-guerrillas (*pl*)

narcoguerrillero¹ -ra *adj*: **una organización narcoguerrillera** a drugs-linked guerrilla organization, a narco-guerrilla organization

narcoguerrillero² -ra *m,f* drugs-linked guerrilla, narco-guerrilla

narcolepsia *f* narcolepsy

narcoléptico -ca *adj* narcoleptic

narcosis *f* narcosis

narcoterrorismo *m* narcoterrorism

narcoterrorista¹ *adj* narcoterrorist (*before noun*)

narcoterrorista² *adj/mf* narcoterrorist

narcótico¹ -ca *adj* narcotic

narcótico² *m* narcotic

narcotismo *m* narcotism

narcotización *f* narcotization

narcotizante *adj/m* narcotic

narcotizar [A4] *vt* to drug (*with narcotics*), to narcotize (tech)

narcotraficante *mf* drug-trafficker

narcotráfico *m* drug trafficking
narcoturista *mf* narcotourist
nardo *m* (liliácea) tuberose; (espicanardo) spikenard, nard; ***tirarse el ~ de algo*** (Esp fam) to boast about sth
narguile *m* hookah, hubble-bubble
narigón -gona, narigudo -da *adj* (fam): **una chica narigona y feúcha** a rather plain girl with a big nose
nariguera *f* nose ring
narigueta *mf* (CS fam) ▸**narigón**
narina *f* nostril
nariz *f* 1 ▸❶ p.231 (Anat) nose; **sonarse la ~** to blow one's nose; **¡suénate esas narices!** (fam) blow your nose!; **me sale sangre de la ~** my nose is bleeding; **habla con** *or* **por la ~** he has a nasal voice *o* twang; **no te metas los dedos en la ~** *or* **no te hurgues la ~** don't pick your nose; **lo tenía delante de las narices** *or* **la ~** it was right under my nose; ***darle en las narices a algn*** (Esp fam): **me da en las narices que no le ha gustado** I get the feeling she didn't like it; ***darle en*** *or* ***por las narices a algn*** (fam) to get one up on sb (colloq); ***darse de narices con algn*** (fam) to bump into sb (colloq); ***darse de narices con*** *or* ***contra algo*** (fam): **nos dimos de narices contra un árbol** we crashed into *o* (colloq) went smack into a tree; **se dio de narices contra el suelo/la puerta** he fell flat on his face/walked smack into the door; ***de las narices*** (Esp fam) damned (colloq), bloody (BrE colloq); **estoy harta de este teléfono de las narices** I'm fed up with this damned phone; ***de narices*** (Esp fam): **la fiesta estuvo de narices** it was a great party (colloq); **es un problema de narices** it's a really tricky problem (colloq); ***en mis/sus propias narices*** (fam): **se lo quitó en sus propias narices** she took it from right under his nose *o* from right in front of him; **se rió de ella en sus propias narices** he laughed in her face; ***estar hasta las narices de algo/algn*** (fam) to be fed up (to the back teeth) with sth/sb (colloq); ***hincharle las narices a algn*** (Esp fam) to get on sb's nerves (colloq), to get up sb's nose (BrE colloq); ***meter las narices*** *or* ***la ~ en algo*** (fam) to poke one's nose into sth (colloq); ***~ para arriba*** (Arg fam) toffee-nosed, snooty; ***ni ... ni narices*** (Esp fam): **aquí no quiero ni cuchicheos, ni bromas, ni narices ¡a trabajar!** no whispering, no jokes, no nothing, get down to some work! (colloq); ***no ve/no ven más allá de sus narices*** (fam) he can't see further than the end of his nose/they can't see further than the ends of their noses; ***por narices*** (Esp fam): **tiene que estar en ese cajón por narices** it just *has* to be in that drawer, I know it's in that drawer somewhere, it *has* to be *o* it *must* be; **ahora te lo vas a comer, por narices** now you're going to eat it, if it's the last thing you do (colloq), now you're jolly well going to eat it (BrE colloq); ***refregarle algo a algn por las narices*** (fam): **no tienes por qué refregármelo por las narices** there's no need to keep rubbing it in *o* to keep rubbing my nose in it (colloq); ***romperle las narices a algn*** (fam) to smash sb's face in (colloq); ***se me/le están hinchando las narices*** (Esp fam & euf) I'm/he's getting sick and tired (colloq); ***tener narices*** (Esp fam): **¡si tendrá narices el tío!** he has some nerve! (AmE colloq), he's got a nerve *o* cheek! (BrE colloq); **¡tiene narices la cosa!** it's ridiculous *o* outrageous! 2 (de un avión) nose
(Compuestos)
- **nariz aguileña** aquiline nose
- **nariz chata** (aplanada) flat nose; (con la punta redondeada) snub nose
- **nariz griega** Grecian profile
- **nariz respingona** *or* **respingada** turned-up nose

narizota *f* (fam) schnozzle (AmE colloq), conk (BrE colloq)
narizotas *mf* (fam & pey) 1 (de nariz grande) *person with a big nose* 2 (Esp) (pesado) pain in the neck (colloq)
narración *f* 1 (cuento, relato) story 2 (acción de contar) account
narrador -dora *m,f* 1 (en un documental, una obra) narrator 2 (Lit) narrator, storyteller
(Compuesto) **narrador deportivo, narradora deportiva** *m,f* (Col, Ven) sports commentator, sportscaster (AmE)
narrar [A1] *vt* (frml) 1 ‹‹*película/libro*›› ‹*hazañas/experiencias*› to tell of (frml), to tell the story of, to relate; ‹*historia*› to tell, relate 2 ‹‹*persona*›› ‹*historia*› to tell, relate, recount, narrate (frml)
narrativa *f* 1 (género) fiction; **la ~ latinoamericana** Latin American fiction 2 (técnica) narrative technique, narrative 3 (narración) narrative
narrativo -va *adj* narrative
narval *m* narwhal
nasa *f* lobster pot, creel
NASA /'nasa/ *f*: **la ~** NASA
nasal[1] *adj* nasal
nasal[2] *f* nasal, nasal consonant
nasalidad *f* nasal quality, nasality (tech)
nasalización *f* nasalization
nasalizar [A4] *vt* to nasalize
nasciturus *m* unborn child
naso *m* (RPl fam & hum) schnozzle (AmE colloq), conk (colloq)
nata *f*
A 1 (sobre la leche hervida) skin 2 (Esp) (crema) cream; ***hacer ~*** (Chi fam): **los turistas hacen ~ en esta época** the place is inundated *o* swamped with tourists at this time of year; ▸**flor**[1]
(Compuesto) **nata montada/líquida** (Esp) whipped/single cream
B (Méx) (Metal) slag, scoria
natación *f* swimming
(Compuesto) **natación sincronizada** synchronized swimming
natal *adj* 1 ‹*país*› native (*before n*); ‹*ciudad*› home (*before n*); **la casa ~ del poeta** the house where the poet was born 2 (Méx) (originario): **es ~ de Chiapas** she is a native of Chiapas, she was born in Chiapas
natalicio *m* (frml) birth; **hoy se celebra el ~ de nuestro prócer** today we celebrate the anniversary of the birth of our national hero
natalidad *f* birthrate; ▸**control**
natalista *adj*: **una política ~** a policy which encourages an increased birth rate
natatorio[1] **-ria** *adj* natatorial, natatory
natatorio[2] *m* (Arg frml) swimming pool
natillas *fpl* custard
natividad *f* 1 (nacimiento) nativity, birth 2 (de Cristo): **la ~** the Nativity 3 **la N~** (navidad) Christmas
nativo[1] **-va** *adj* 1 ‹*tierra/país*› native 2 (Ling): **lengua ~** native language, mother tongue; Ⓢ **clases de ruso, profesor nativo** native speaker offers Russian classes 3 ‹*flora/fauna*› native; **~ DE algo** native TO sth; **un árbol ~ de África** a tree native to Africa 4 ‹*metal/mineral*› native
nativo[2] **-va** *m,f* 1 (aborigen) native 2 (hablante) native speaker
(Compuesto) **nativo digital, nativa digital** (Inf) digital native
nato -ta *adj* 1 ‹*criminal/deportista/artista*› born (*before n*) 2 ‹*cargo*› ex officio; **quien ocupe la presidencia es comandante ~ del ejército** the president is automatically *o* ex officio commander of the army
natura *f* (*sin art*) (arc) nature; **actos contra ~** unnatural acts; **el parricidio es un crimen contra ~** parricide is a crime against nature; ***lo que ~ non da Salamanca non presta*** (hum) if you don't have the brains, no amount of studying will make you intelligent
naturaca *adv* (arg) sure (colloq), naturally, of course
natural[1] *adj*
A 1 ‹*fenómeno*› natural; ‹*ingredientes*› natural; **una de las grandes bellezas ~es de nuestro país** one of our country's great natural beauty spots 2 (sin elaboración) natural; **en estado ~** natural, native; **¿piña ~ o de lata?** fresh pineapple or tinned?; ***al ~*** ‹*mejillones*› in brine; **una lata de tomates al ~** a can of tomatoes in natural juice; **es mucho más bonita al ~** she's much prettier without makeup 3 (a temperatura ambiente) ‹*cerveza/gaseosa*› unchilled; **se sirve al ~** serve at room temperature 4 (Mús) natural; **fa ~** F natural
B 1 (sin afectación, espontáneo) ‹*gesto/pose/persona*› natural; **es muy ~ en el trato** she has a very natural manner 2 (inherente) natural, innate; **una inclinación ~ hacia la música** a natural *o* an innate musical ability; **la generosidad es ~ en ella** she's generous by nature 3 (normal) natural; **se acostó tarde y como es ~ se quedó dormida** she went to bed late and, of course *o* naturally, overslept; **me parece lo más ~ del mundo** it seems perfectly natural to me; **~ QUE + SUBJ: es ~ que le cueste adaptarse** it's quite natural *o* normal that he should find it hard to adapt; **es muy ~ que le hayan dicho que no** it's only natural that they refused *o* that they should have refused him
C (frml) (nativo) **ser ~ DE** to be a native OF, to come FROM; **Juan Prieto, de 33 años, ~ de Alicante** Juan Prieto, 33 years old, from Alicante
natural[2] *m*
A (carácter) nature; **es de ~ generoso** she has a generous nature, she is generous by nature
B (nativo) native; **los ~es del lugar** people from the area
C (Art): **pintar/dibujar del ~** to paint/draw from life
D (Taur) *close pass made with the* ▸**muleta** *held in the left hand*
natural[3] *mf* (nativo) native; **los ~es del lugar** the people from the area
naturaleza *f*
A (Ecol): **la ~** nature; **vivir en contacto con la ~** to live close to nature; **dejemos obrar a la ~** let's allow nature to take its course
(Compuesto) **naturaleza muerta** still life
B (índole) nature; **afecciones de ~ alérgica** diseases of an allergic nature; **la ~ humana** human nature; **conozco mi ~ y sé cómo voy a reaccionar** I know what I'm like and I know how I'll react; **es indolente por ~** he's naturally lazy; **es de ~ agresiva y violenta** he's aggressive and violent by nature, he has an aggressive and violent nature
C (ant) (nacionalidad) nationality
naturalidad *f*: **la ~ y espontaneidad de la princesa** the princess's natural manner and spontaneity; **me lo dijo con total ~** he told me quite naturally; **con la mayor ~ del mundo** as if it were the most natural thing in the world
naturalismo *m* naturalism
naturalista[1] *adj* naturalistic
naturalista[2] *mf* naturalist
naturalización *f* naturalization
naturalizar [A4] *vt* to naturalize
■ **naturalizarse** *v pron* to become naturalized
naturalmente *adv* 1 (de modo natural) naturally; **es una persona ~ alegre** he is a naturally happy person, he is happy by nature 2 (*indep*) of course, naturally; **¿tú crees que aceptará mi proposición? — ¡~!** do you think she'll accept my proposal? — of course *o* naturally
naturismo *m* 1 (estilo de vida) natural lifestyle 2 (nudismo) naturism, nudism
naturista[1] *adj* 1 ‹*médico/tratamiento*› natural 2 ‹*playa/campamento*› nudist (*before n*), naturist (*before n*)
naturista[2] *mf* naturist, nudist
naturópata[1] *adj* naturopathic
naturópata[2] *mf* naturopath
naturopatía *f* naturopathy (frml)
naufragar [A3] *vi* 1 ‹‹*barco*›› to be wrecked; ‹‹*persona*›› to be shipwrecked 2 ‹‹*plan/intento/negocio*›› to fail
naufragio *m* 1 (Náut) shipwreck; **los sobrevivientes del ~** those who survived the shipwreck; **murió en el ~ del Titanic** he died

n

when the Titanic went down *o* sank 2▸ (fracaso) failure, collapse; **el ~ de mis esperanzas** (liter) the dashing of my hopes (liter)

náufrago¹ -ga *adj* shipwrecked

náufrago² -ga *m,f*
A (Náut) shipwrecked person (*o* sailor *etc*); **el rescate de los ~s** the rescue of the people from the shipwreck *o* of the shipwrecked people; **vivimos tres semanas como ~s en una isla** we lived for three weeks as castaways on an island; ***comer como un ~*** (Méx fam) to eat like a horse
B **náufrago** *m* (Zool) shark

nauseabundo -da *adj* nauseating

náuseas *fpl*, **náusea** *f* nausea, sickness; **~ matutinas** morning sickness; **sentir** *or* **tener ~** to feel sick, feel nauseous; **me da** *or* **produce ~ ver cómo lo adulan** it's nauseating *o* it makes me sick the way they crawl to him

náutica *f* art of navigation; **un término usado en ~** a nautical term; **sus conocimientos de ~** their seamanship/nautical knowledge

náutico -ca *adj* nautical; ▸**club**

nautilo *m* nautilus

navaja *f*
A (de bolsillo) penknife, jackknife; (para afeitar) razor; **le cortó el pelo a (la) ~** he gave him a razor cut
(Compuestos)
- **navaja automática** switchblade (AmE), flick-knife (BrE)
- **navaja barbera** *or* **de afeitar** straight razor (AmE), cutthroat razor (BrE), cutthroat (BrE)
- **navaja de botón** *or* **de resorte** switchblade (AmE), flick-knife (BrE)
- **navaja suiza** Swiss-army knife®

B (Zool) razor clam (AmE), razor-shell (BrE)

navajazo *m*, **navajada** *f* (herida) knife wound; **le pegaron un ~ en la mejilla** they slashed his cheek

navajero -ra *m,f*: *thief armed with a knife*

naval *adj* naval

Navarra *f* Navarre

navarro -rra *adj* of/from Navarre

nave *f*
A (Náut) (arc *o* liter) ship; ***quemar las ~s*** to burn one's boats *o* bridges
(Compuestos)
- **nave capitana** flagship
- **Nave de San Pedro**: **la ~ de ~ ~** the Roman Catholic Church
- **nave espacial** spacecraft, spaceship
- **nave insignia** flagship

B (Arquit) 1▸ (de una iglesia) nave 2▸ (local) premises (*pl*); (sección) section; **alquilaron dos ~s más** they rented two more buildings (*o* warehouses *etc*); **una ~ de 330m²** premises measuring 330m²; **la fruta se almacenará en la ~ C** the fruit will be stored in section (*o* warehouse *etc*) C
(Compuestos)
- **nave industrial** industrial premises (*pl*)
- **nave lateral** aisle

navegabilidad *f* (de un río, canal) navigability; (de una embarcación) seaworthiness

navegable *adj* ‹*río*› navigable; ‹*barco*› seaworthy

navegación *f* 1▸ (acción de navegar) navigation; (tráfico) shipping 2▸ (determinación del rumbo) navigation 3▸ (arc) (viaje) voyage 4▸ (Inf) *tb* **~ por** *or* **en Internet** *or* **la Red** *or* **la web** surfing the Internet *o* the Web, netsurfing; **programa/software de ~** navigation program/software
(Compuestos)
- **navegación aérea** (vuelo) flight; (determinación del rumbo) aerial navigation; **una compañía de ~ ~** an airline
- **navegación astronómica** celestial navigation, astronavigation
- **navegación a vela** sailing
- **navegación costera** (acción de navegar) coasting; (tráfico) coastal shipping; (determinación del rumbo) coastal navigation
- **navegación de altura** ▸**navegación astronómica**
- **navegación de cabotaje** coastal navigation
- **navegación espacial** space travel
- **navegación fluvial** river navigation
- **navegación inercial** *or* **por inercia** inertial navigation
- **navegación submarina** submarine *o* underwater navigation

navegador -dora
A *m,f* (arc) mariner (arch), seafarer (liter)
B **navegador** *m* (Inf) browser; **~ de Internet** web browser
C (Aut, Aviat, Náut): **~ automático** automatic pilot; **~ gps** GPS system

navegante¹ *adj* seafaring (*before n*)

navegante² *mf* 1▸ (arc) (marino) seafarer (liter), mariner (arch) 2▸ (que determina el rumbo) navigator

navegar [A3] *vi*
A 1▸ ‹‹*nave*›› to sail; **el buque navegaba a la deriva** the vessel was drifting 2▸ ‹‹*persona*›› (a vela) to sail 3▸ (determinar el rumbo) to navigate
B (Inf): **~ por** *or* **en Internet** *or* **la Red** *or* **la web** to netsurf, surf the Web
■ **navegar** *vt* (liter) to sail; **había navegado todos los mares del mundo** he had sailed the seven seas

naveta *f* shuttle

Navidad *f* Christmas; **el día de ~** Christmas Day; **felicitar la ~** *or* **las ~es a algn** to wish sb a happy Christmas; **en ~** at Christmas (time); **¿dónde vas a pasar la ~** *or* **las ~es?** where are you going to spend Christmas?; ▸**árbol, feliz, tarjeta**

navideño -ña *adj* Christmas (*before n*)

naviera *f* shipping company

naviero¹ -ra *adj* shipping (*before n*)

naviero² -ra *m,f* shipowner

navío *m* ship
(Compuesto) **navío de guerra** warship

náyade *f* naiad

nayarita *adj* of/from Nayarit

nazarena *f* (CS) spur (*used by gauchos*)

nazareno¹ -na *adj* of/from Nazareth

nazareno² -na *m,f*
A (persona de Nazaret) Nazarene; **Jesús, el N~** Jesus of Nazareth
B **nazareno** *m* (penitente) penitent (*in Holy Week processions*)

Nazaret *m* Nazareth

nazi *adj/mf* Nazi

nazismo *m* Nazism

nazista *adj/mf* Nazi

NB (= nota bene) NB

n/c. 1▸ **= nuestro cargo** 2▸ **= nuestra cuenta**

N. del T. = nota del traductor

N. de R. = nota de redacción

NE (= nordeste) ▸❶ **p.681**; NE

nébeda *f* catnip, catmint (BrE)

neblí *m* peregrine falcon

neblina *f* ▸❶ **p.802** mist

neblinero *m* (Chi) fog light (AmE), fog lamp (BrE)

neblinoso -sa *adj* ▸❶ **p.802** misty

neblumo *m* smog

nebulizador *m* atomizer, nebulizer

nebulosa *f* nebula; ***estar en*** *or* ***andar por la(s) ~(s)*** (fam) to have one's head in the clouds

nebulosidad *f* 1▸ (Meteo) ▸❶ **p.802**; mist 2▸ (de una idea) haziness

nebuloso -sa *adj* 1▸ (Meteo) ▸❶ **p.802**; misty 2▸ (Astron) nebular 3▸ ‹*idea/imagen*› hazy, nebulous

necear [A1] *vi* to mess around (colloq)

necedad *f* 1▸ (cualidad) crassness, gross stupidity 2▸ (dicho): **no decía más que ~es** she talked absolute nonsense 3▸ (acto): **intentar ocultárselo es una ~** it's sheer stupidity to try to hide it from her

necesariamente *adv* necessarily; **tendrás que dárselo — no ~** you'll have to give it to them — not necessarily; **tienen que pasar por aquí ~** they can't avoid coming through here, they have no option *o* choice but to come through here

necesario -ria *adj* 1▸ (imprescindible) necessary; **no dispone del dinero ~** she doesn't have enough money, she doesn't have the necessary money; **me sentía ~** I felt needed; **la situación hizo ~ su regreso inmediato** the situation necessitated *o* required *o* demanded his immediate return (frml), the situation made it necessary for him to return immediately; **su apoyo me es muy ~** I really need her support, her support is vital to me; **si es ~ se lo llevaré personalmente** if necessary *o* if need be, I'll take it to him myself; **no será ~ abrir todas las cajas** it won't be necessary to open all the boxes, we/they won't need to *o* have to open all the boxes; **no es ~ que te quedes toda la noche** there's no need *o* it isn't necessary for you to stay all night, you don't have to *o* you don't need to stay all night; **es ~ que cooperemos todos** we must all cooperate; **no compres más de lo ~** don't buy more than you/we need, don't buy more than is necessary 2▸ (inevitable) ‹*consecuencia/efecto*› inevitable

neceser *m* (estuche) toilet kit (AmE), toilet bag (BrE), wash bag (BrE); (maleta pequeña) overnight bag
(Compuestos)
- **neceser de costura** sewing kit
- **neceser de uñas** manicure set

necesidad *f*
A 1▸ (urgencia, falta) need; **en caso de ~ me lo prestará** she'll lend it to me if necessary *o* if need be; **una imperiosa ~** an urgent *o* a pressing need; **tengo ~ de unas vacaciones** I'm in need of *o* I need a break; **¿qué ~ hay de decírselo?** do we/you have to tell her?, is there any need to tell her?; **no hay ~ de que se entere** there's no need for her to know; **subrayó la ~ de que permaneciera secreto** he emphasized the need for it to remain secret; ***hacer de la ~ virtud*** to make a virtue of necessity; ***la ~ tiene cara de hereje*** beggars can't be choosers; ***la ~ hace maestros*** *or* ***aguza el ingenio*** necessity is the mother of invention 2▸ (cosa necesaria) necessity, essential; **no es un lujo sino una ~** it is not a luxury but a necessity *o* an essential
B (pobreza) poverty, need; **viven en la ~** they live in poverty, they are very poor *o* needy; **la ~ lo impulsó a robar** he stole out of necessity *o* need, poverty drove him to steal; **su muerte los dejó en la más absoluta ~** his death left them in extreme poverty
C (inevitabilidad): **tienen que hacer transbordo en Irún por ~** you have no alternative but to change trains at Irún; **una herida mortal de ~** (period) a fatal wound
D **necesidades** *fpl* 1▸ (requerimientos) needs (*pl*), requirements (*pl*); **no podremos satisfacer sus ~es** we will be unable to meet your requirements *o* needs 2▸ (privaciones) hardship; **sufrieron** *or* **pasaron muchas ~es** they suffered a great deal of hardship 3▸ **hacer sus ~es** (euf) to relieve oneself (euph); **saca al perro a hacer sus ~es** take the dog out to do his business (euph); **se hace sus ~es encima** he dirties *o* soils himself (euph)

necesitado¹ -da *adj* 1▸ (falto) **~ DE algo**: **anda ~ de dinero** he's short of money; **está muy ~ de cariño** he is in great need of affection 2▸ (pobre) needy; **ayudan a la gente necesitada** they help needy people *o* people in need *o* the needy

necesitado² -da *m,f* needy person; **los ~s** the needy, people in need, needy people

necesitar [A1] *vt* to need; **si necesitas algo, llámame** if you need anything, call me; **se necesitan cuatro personas para levantarlo** it takes four people to lift it; **estos geranios necesitan agua** these geraniums need watering; Ⓢ **se necesita chófer** driver required; **me pidió dinero — se necesita ¿eh?** (fam) he

n

asked me for money — what a nerve! (colloq); ~ + INF to need to + INF; **necesito verte hoy** I need to see you today; **no necesito comprarlo hoy** I don't need to *o* I don't have to buy it today, I needn't buy it today, there's no need for me to buy it today; **se necesita ser ingenuo para creerse eso** (fam) you'd have to be naive to believe that; ~ QUE + SUBJ: **necesita que alguien le eche una mano** she needs someone to give her a hand

■ **necesitar** *vi* (frml) ~ DE **algo** to need sth; **necesitamos de la cooperación de todos** we need everyone's cooperation

neciamente *adv* foolishly, stupidly

necio[1] **-cia** *adj*
A (tonto) stupid, brainless (colloq)
B (RPl) (susceptible) touchy
C (AmC, Col, Ven fam) (travieso) naughty

necio[2] **-cia** *m,f*
A (persona tonta) fool; ***el ~ es atrevido y el sabio comedido*** fools rush in where angels fear to tread
B (RPl) (persona susceptible) touchy person
C (AmC, Col, Ven fam) (travieso) naughty boy (*o* child *etc*)

nécora *f: small edible crab*

necrófago -ga *adj* necrophagous

necrofilia *f* necrophilia

necrófilo -la *adj/m,f* necrophiliac

necrofobia *f* necrophobia

necrología *f* obituary

necrológicas *fpl* deaths section/page

necrológico -ca *adj*: **artículo ~** obituary; ▸**nota**[1]

necromancia *f* necromancy

necrópolis *f* (*pl* ~) **1** (Arqueol) necropolis **2** (period) (cementerio) cemetery

necropsia *f* (téc) autopsy, necropsy, post-mortem (examination) (esp BrE)

necrosar [A1] *vt* to necrotize
■ **necrosarse** *v pron* to necrotize

necrosis *f* necrosis

necrótico -ca *adj* dead, necrotic

néctar *m* **1** (Bot) nectar **2** (Mit) nectar; **este vino es ~ de los dioses** *or* **es un ~** this wine is pure nectar **3** (zumo azucarado) *sweetened fruit drink*

nectarina *f* nectarine

neerlandés[1] **-desa** *adj* Dutch

neerlandés[2] **-desa** *m,f* **1** (persona) (*m*) Dutchman; (*f*) Dutchwoman **2** **neerlandés** *m* (idioma) Dutch

nefando -da *adj* (liter) ‹*crimen*› heinous (liter); ‹*persona*› loathsome, odious

nefario -ria *adj* (liter) nefarious (liter)

nefasto -ta *adj* **1** ‹*consecuencias*› disastrous; **una influencia nefasta** a harmful influence; **un día ~ para nuestro país** a sad day for our country **2** (fam) ‹*tiempo/fiesta*› awful (colloq), terrible (colloq)

nefrítico -ca *adj* kidney (*before n*), nephritic (tech)

nefritis *f* nephritis

nefrología *f* nephrology

nefrólogo -ga *m,f* nephrologist

negación *f* **1** (acción) denial, negation **2** (antítesis) antithesis **3** (Ling) negative

negado[1] **-da** *adj* useless (colloq), hopeless (colloq); **es ~ para la geografía** he's useless *o* hopeless at geography

negado[2] **-da** *m,f* dead loss (colloq); **es un ~ para los deportes** he's hopeless *o* terrible *o* a dead loss at sports

negar [A7] *vt*
A ‹*acusación/rumor/alegación*› to deny; **negó la existencia del documento** she denied the existence of the document, she denied that the document existed; **no puedo ~ que me gusta** I can't deny *o* I have to admit (that) I like it; ~ QUE + SUBJ: **no niego que haya mejorado** I don't deny that she's improved, I'm not saying she hasn't improved; **negó que la Tierra fuera plana** he disputed the idea that the earth was flat; ~ + INF: **niega habértelo dicho** she denies having told you, she denies that she told you
B (denegar, no conceder) (+ *me/te/le etc*) to refuse; **les ~on el uso de las instalaciones portuarias** they were refused *o* denied use of the port facilities; **sigue negándome el saludo** he still doesn't say *o* he still refuses to say hello to me; **no le puedo ~ este favor** I can't refuse him this favor; **¿cómo se lo puedes ~?** how can you say no (to him)?, how can you refuse (him) *o* turn him down?
C ‹*persona*› to disown; **su propia madre lo ha negado** his own mother has disowned him; **lo negó tres veces** (Bib) he denied Him three times

■ **negar** *vi*: ~ **con la cabeza** to shake one's head

■ **negarse** *v pron*
A (rehusar) to refuse; **~se A + INF** to refuse to + INF; **se negó rotundamente a recibirlo** she refused point blank to see him; **~se A QUE + SUBJ**: **se negó a que llamáramos un taxi** he refused to let us call a taxi
B (*refl*) ‹*placeres/lujos*› to deny oneself; **se niega todo para dárselo a sus hijos** she goes without all kinds of things so that her children can have them

negativa *f* **1** (ante una acusación) denial; (a una pregunta): **contestó con una ~** she replied in the negative, she said no; **el acusado se mantuvo en su ~** the accused persisted in his denial **2** (a una propuesta) refusal; **su ~ a participar en el campeonato** his refusal to participate in the championship; **una ~ rotunda** a flat refusal

negativamente *adv*
A ‹*responder*› in the negative
B (con espíritu negativo) ‹*jugar/reaccionar*› negatively; **todo lo mira ~** she takes a negative *o* pessimistic view of everything

negativismo *m* negativism

negativo[1] **-va** *adj*
A ‹*respuesta/verbo*› negative; **los análisis dieron/salieron ~s** the results of the tests were negative
B (perjudicial) negative; **su actitud negativa** his negative attitude; **no hay que ver sólo lo ~** you mustn't always look on the negative side *o* be so pessimistic
C **1** (Elec) ‹*terminal/carga*› negative **2** (Mat) ‹*número*› negative

negativo[2] *m* ▸❶ **p.567** negative

negligé /neɣli'ʒe/ *m* negligee; ***a la ~*** (Chi fam) sloppily; ***hizo el trabajo a la ~*** she did the job sloppily *o* in a slapdash way

negligencia *f* negligence

(Compuestos)
• **negligencia criminal** criminal negligence
• **negligencia temeraria** gross negligence

negligente[1] *adj* negligent

negligente[2] *mf* person guilty of negligence

negligentemente *adv* negligently

negociabilidad *f* negotiability

negociable *adj* **1** (Pol, Rels Labs) negotiable **2** (Fin) ‹*valores/títulos/efectos*› negotiable

negociación *f*
A (Pol, Rels Labs) negotiation; **la ruptura de las negociaciones** the breakdown of negotiations *o* talks

(Compuestos)
• **negociación colectiva** collective bargaining
• **negociación salarial** pay bargaining
• **negociaciones salariales** *fpl* pay bargaining *o* negotiations

B (de valores, títulos) negotiation
C (Méx) (empresa) business

negociado *m*
A (departamento) department
B (AmS fam) (negocio sucio) shady deal (colloq)

negociador[1] **-dora** *adj* negotiating (*before n*)

negociador[2] **-dora** *m,f* negotiator

negociante[1] *adj* (pey) money-grubbing (colloq & pej)

negociante[2] *mf* **1** (Com, Fin) (*m*) businessman; (*f*) businesswoman; **un ~ honrado** an honest businessman; **un ~ en cereales** a cereals trader *o* dealer **2** (pey) (mercenario) money-grubber (colloq & pej)

negociar [A1] *vt* **1** ‹*solución/acuerdo*› to negotiate **2** (Fin) ‹*valores/títulos*› to negotiate

■ **negociar** *vi* **1** (mantener conversaciones) to negotiate **2** (Com) to trade; **negocia en** *or* **con pieles** he trades in furs, he is in the fur business *o* trade; **negociaba con su cuerpo** (liter) she used to sell her body

negocio *m* **1** (empresa) business; **montó** *or* **puso un ~ de compraventa de coches** he set up a used-car dealership, he set up in business buying and selling cars; **Ⓢ traspaso negocio de vinos** wine business for sale; **esto de la compraventa de apartamentos es un ~** there's a lot of money to be made buying and selling apartments **2** (transacción) deal; **hicimos un buen ~** we made *o* did a good deal; **hizo un ~ redondo con la venta de la casa** he made a fortune when he sold the house; ***hacer ~*** to make money **3** (CS) (tienda) store (AmE), shop (BrE); **en ese barrio no hay ~s** there are no stores *o* shops in that area **4** **negocios** *mpl* (comercio) business; **dejó la enseñanza para dedicarse a los ~s** he gave up teaching to go into business; **hablar de ~s** to talk business; **en el mundo de los ~s** in the business world **5** (Chi fam) (asunto) business (colloq)

negra *f*
A (Mús) crotchet
B (en ajedrez): **las ~s** the black pieces, black
C (mala suerte): **tener la ~** (fam) to be out of luck

negrear [A1] *vi* (liter) **1** (ponerse negro): **negreaba la noche** night was falling; **ya negrean las moras** the blackberries are already starting to ripen **2** (verse negro): **la montaña negreaba a lo lejos** the black bulk of the mountain was visible in the distance

■ **negrear** *vt*
A (AmC, Méx fam) (explotar) to treat … like a slave
B (Col fam) (marginar) to ostracize, send … to Coventry (BrE colloq)
C (Ven fam) (omitir) to leave … out

negrero[1] **-ra** *adj*: **barco ~** slave ship, slaver

negrero[2] **-ra** *m,f* **1** (Hist) slave trader, slaver **2** (fam) (explotador) slave driver (colloq)

negrita[1], **negrilla** *adj* ▸**letra**

negrita[2], **negrilla** *f* boldface, bold type; **en ~(s)** in boldface, in bold type, in bold

negrito *m* (Ven) black coffee

negro[1] **-gra** *adj*
A **1** ▸❶ **p.181** ‹*color/pelo/ropa*› black; ‹*ojos*› dark; **mira qué ~ está el cielo** look how dark *o* black the sky is; **tienes las manos negras** your hands are black *o* filthy; ~ ***como el azabache*** jet-black; ~ ***como el carbón*** *or* ***un tizón*** *or* ***la pez*** as black as coal *o* soot; ***poner ~ a algn*** (fam) to drive sb crazy *o* up the wall (colloq) **2** (fam) (por el sol) tanned, brown (BrE); **se pone negra enseguida** she tans *o* (BrE) goes brown very quickly **3** (sombrío) black, gloomy, bleak; **lo ve todo tan ~** she's always so pessimistic, she always takes such a gloomy view of things; ***pasarlas negras*** (fam) to have a rough *o* tough time of it (colloq); ***vérselas negras*** (fam): **me las estoy viendo negras con este trabajito** this job is a real uphill struggle (colloq); **se las vio negras para terminarlo** he had a tough time finishing it (colloq)
B ‹*hombre/raza/piel*› black; **la población negra** the black population

negro[2] *m* (color) ▸❶ **p.181**; black

(Compuesto) **negro azabache**
A *m* jet black
B *adj inv* jet-black

negro[3] **-gra** *m,f*
A (de raza negra) black person; ▸**trabajar B**
B (period) (escritor) ghost writer

negroide *adj* negroid

negrura *f* blackness

negruzco -ca *adj* blackish

neis *m* gneiss

Némesis *f* Nemesis; ***encontrar su ~*** (liter) to meet one's nemesis (liter)

n

Negativos

Algunas observaciones generales

Oraciones negativas

Para traducir el adverbio de negación *'no'* cuando modifica a un verbo, se debe tener en cuenta que la negación de la mayoría de los verbos ingleses requiere el uso del auxiliar *do* o de un verbo modal seguido de la negación *not* (por lo general en la forma contraída):

no entiende francés
= he doesn't understand French

no pudo venir
= he couldn't come

Se debe hacer especial mención del verbo *to be* cuya negación sólo requiere el adverbio *not*:

no es caro
= it's not expensive

no eran ricos
= they weren't rich

Cuando en español se emplea el imperativo precedido del adverbio *'no'*, el inglés siempre utiliza el auxiliar *do* seguido de la negación *not*:

no sean/seas egoísta
= don't be selfish

Sin embargo, si se trata de la primera persona plural, se emplea *let's not*:

no seamos egoístas
= let's not be selfish

no discutamos
= let's not argue

Respuestas negativas

El adverbio *'no'* como respuesta se traduce por *no*, pero el inglés suele agregar el verbo auxiliar o el modal empleado en la pregunta pero en su forma negativa:

¿vives aquí? – no
= do you live here? –no, I don't

¿puedes venir? – no
= can you come? –no, I can't

¿lo vas a ver hoy? – no
= will you be seeing him today? –no, I won't

¿vienen? – yo no, pero él sí
= are you both coming? I'm not, but he is

Nótese que en las respuestas cortas en las que *'no'* modifica a un adverbio, el negativo *not* en inglés se coloca delante del adverbio:

todavía no
= not yet

aquí/ahora no
= not here/now

Preguntas negativas

Las preguntas, que en español empiezan con el negativo *'no'* se traducen al inglés por un verbo auxiliar o modal seguido del adverbio *not* (por lo general en la forma contraída):

¿no dejó recado?
= didn't he leave a message?

¿no estarán allí tus padres?
= won't your parents be there?

De la misma manera la pregunta *¿no?* (coletilla interrogativa) al final de una oración se traduce al inglés mediante el uso de un verbo auxiliar o modal seguido del adverbio *not* (en la forma contraída):

usted habla español ¿no?
= you speak Spanish, don't you?

sabes nadar ¿no?
= you can swim, can't you?

tiene una hermana ¿no?
= she has a sister, hasn't she?

fuiste tú ¿no?
= it was you, wasn't it?

Negativos dobles

En español son corrientes las oraciones construidas con dos negativos. En inglés, por el contrario, estas construcciones no son posible.

Así pues, oraciones que en español se inician con el adverbio *'no'* y contienen vocablos como *nada, nadie, ningún, ninguno, nunca, jamás, tampoco* etc. admiten en inglés dos traducciones distintas las que incluyen un solo negativo respectivamente:

no vi nada/a nadie
= I didn't see anything/anybody
= I saw nothing/nobody

no quedaba ningún asiento
= there weren't any seats left
= there were no seats left

no hablé con ninguno (de los dos)
= I didn't speak to either (of them)
= I spoke to neither (of them)

no se había sentido nunca** or **jamás tan humillada
= she had never felt so humiliated before *o* (más formal) never before had she felt so humiliated

Nótese la inversión de verbo sujeto en la traducción anterior

El inglés también evita el doble negativo al traducir las oraciones en español construidas con la conjunción *ni* y otro negativo:

no vino ni llamó
= he neither came nor called
= he didn't come or call

nunca nos visitó ni nos escribió
= he never visited us or wrote (to us)

Las construcciones españolas con *ni...ni* se traducen de la misma manera:

ni vino ni llamó
= he neither came nor called

Para más información, usos y ejemplos suplementarios de *nunca, ninguno, tampoco* etc., ver bajo respectiva entrada

nemorosa *f* wood anemone

nemoroso -sa *adj* (liter) (del bosque) sylvan (liter); (cubierto de bosques) wooded

nemotecnia, nemotécnica *f* mnemonics

nemotécnico -ca *adj* mnemonic

nene -na *m,f* (Esp, RPl fam) **1** (niño pequeño) (*m*) little boy; (*f*) little girl; **los ~s jugaban en el parque** the kids were playing in the park (colloq) **2** (apelativo) (expresando cariño) darling, honey; (expresando fastidio): **bueno nena ¿cómo vas a arreglar todo esto?** OK then, how are you going to sort all this out?; **¡ah no, nenito!** oh no you don't (*o* aren't *etc*)! **3** **nena** *f* (arg) (mujer) chick (AmE colloq), bird (BrE colloq)

nené *mf* (Ven fam) (*m*) little boy; (*f*) little girl; **tuvo una ~ hace dos semanas** she had a little girl two weeks ago

nenúfar *m* water lily

neo- *pref* neo-

neocelandés[1] -desa *adj* of/from New Zealand

neocelandés[2] -desa *m,f* New Zealander

neoclasicismo *m* neoclassicism

neoclásico -ca *adj* neoclassic, neoclassical

neofascismo *m* neofascism

neofascista *adj/mf* neofascist

neófito -ta *m,f* **1** (Relig) neophyte **2** (frml) (de un partido) new member; (en un colegio) new student *o* pupil; (en la universidad) freshman

neofobia *f* neophobia

neolengua *f* newspeak

neoliberal *adj/mf* neoliberal

neoliberalismo *m* neoliberalism

neolítico[1] -ca *adj* neolithic

neolítico[2] *m*: **el ~** the Neolithic (period)

neologismo *m* neologism

neomudéjar *adj* (Arquit) Neomudejar

neón *m* neon

neonatal *adj* neonatal

neonato[1] -ta *adj* newborn

neonato[2] -ta *m,f* newborn baby

neonazi *adj/mf* neo-Nazi

neopreno, neoprene *m* neoprene

neorrealismo *m* neorealism

neoyorquino[1] -na *adj* of/from New York

neoyorquino[2] -na *m,f* New Yorker

neozelandés[1] -desa *adj* of/from New Zealand

neozelandés[2] -desa *m,f* New Zealander

Nepal *m* Nepal

nepalés -lesa *adj/m,f* Nepalese

nepotismo *m* nepotism

neptunio *m* neptunium

Neptuno Neptune

nerd[1] *adj* (fam) nerdy (colloq)

nerd[2] *mf* (*pl* **~s**) (fam) nerd (colloq)

nereida *f* Nereid

Nerón Nero

nerudiano -na *adj* of/relating to Pablo Neruda

nervadura *f*
A **1** (de una hoja) vein structure, veins (*pl*), ribs (*pl*), nervures (*pl*) (tech) **2** (del ala de un insecto) vein structure, veins (*pl*), nervures (*pl*) (tech)
B (de una bóveda) ribs (*pl*)

nervio *m*
A **1** (Anat) nerve **2** (de una hoja) rib, vein, nervure (tech) **3** (del ala de un insecto) vein, rib, nervure (tech) **4** (en la carne) sinew; **esta carne está llena de ~s** this meat is very gristly *o* has a lot of gristle

Compuestos
- **nervio ciático** sciatic nerve
- **nervio óptico** optic nerve
- **nervio vago** vagus nerve

B **nervios** *mpl* **1** (nerviosismo) nerves (*pl*); **tengo unos ~s ...** I'm such a bundle of nerves (colloq); **estoy que me muero de ~s** I'm a nervous wreck (colloq); **le dio un ataque de ~s** he had an attack of nerves **2** (sistema nervioso) nerves (*pl*); **tiene los ~s destrozados** his nerves are in shreds; **está enfermo de los ~s** he suffers with his nerves; **me altera** *or* **crispa los ~s** it gets *o* grates on my nerves; ▸ **manojo**; ***poner le a algn los ~s de punta*** to put sb's nerves on edge, get on sb's nerves; ***ser puro ~*** (activo, dinámico) to be full of energy; (nervioso) to be a bag *o* bundle of nerves (colloq); ***tener los ~s de punta*** to be keyed up *o* very tense *o* on edge, to

n

have butterflies (in one's stomach); ***tener ~s de acero*** to have nerves of steel
C (impulso, vitalidad) spirit
D (de una bóveda) rib

nerviosamente *adv* nervously

nerviosismo *m*, **nerviosidad** *f*: **me lo dijo con ~ creciente** as she told me she got more and more agitated; **el ~ que producen los exámenes** the feeling of nervousness that examinations produce; **noté cierto ~ entre los espectadores** I noticed some agitation among the spectators; **tiene tal ~ que va a llamar hoy mismo** she's so nervous *o* on edge about it that she's going to phone today

nervioso -sa *adj*
A ‹*persona/animal*› **1** [**SER**] (excitable) nervous, high-strung (AmE), highly strung (BrE) **2** [**ESTAR**] (preocupado) nervous; **estoy muy ~ por lo de los exámenes** I'm very nervous *o* (colloq) uptight about the exams **3** [**ESTAR**] (agitado) agitated; **todos estamos muy ~s** we're all very agitated *o* (colloq) worked up *o* (colloq) het up; **estás muy nerviosa hoy ¿qué te ha pasado?** you seem very agitated *o* on edge *o* (colloq) jumpy today, what's up?; **ese ruido me tiene** *or* **me pone nerviosa** that noise is getting on my nerves; **me pongo ~ cada vez que la veo** I get flustered every time I see her
B ‹*trastorno*› nervous

nervudo -da *adj* sinewy

nescafé® *m* instant coffee, Nescafé®

neta *f* (Méx fam): **la ~** the truth; **dime la ~** tell me the truth, give it to me straight (colloq); ***ser la ~*** (Méx) to be great (colloq)

netamente *adv*: **es ~ un malentendido** it is clearly *o* obviously a misunderstanding; **unas aspiraciones ~ altruistas** purely altruistic aspirations; **es un producto ~ español** it is a one hundred per cent Spanish product

netiqueta *f* (fam) netiquette

neto -ta *adj* **1** ‹*sueldo/beneficios/precio*› net **2** (claro) ‹*silueta/perfil*› distinct, clear; **un discurso de ~ corte monetarista** a speech with a clear monetarist line

neumático¹ -ca *adj* pneumatic

neumático² *m* tire (AmE), tyre (BrE)
(Compuestos)
- **neumático de banda blanca** whitewall tire*
- **neumático radial** radial tire

neumonía *f* pneumonia

neumotórax *m* pneumothorax

neura¹ *adj* (fam): **eso me pone ~** that drives me crazy *o* (BrE) mad (colloq); **es tan ~** he gets so uptight about everything (colloq), he gets in such a state *o* in such a flap about everything (colloq), he's so neurotic

neura² *mf* (fam)
A (persona) neurotic; **es un ~** he's neurotic, he's a complete neurotic, he gets so uptight *o* in such a flap *o* in such a state about everything (colloq)
B **neura** *f*: **está con la ~** she's really uptight (colloq), she's in a real flap *o* state (colloq)

neural *adj* neural

neuralgia *f* neuralgia

neurálgico -ca *adj* **1** (Med) neuralgic **2** (clave, importante) key (*before n*)

neurastenia *f* nervous exhaustion, neurasthenic neurosis (tech)

neurasténico¹ -ca *adj* **1** (Med) neurasthenic **2** (fam) ▸**neura¹**

neurasténico² -ca *m,f* **1** (Med) neurasthenic **2** (fam) ▸**neura² A**

neurisma *m* aneurysm

neuritis *f* neuritis

neuro- *pref* neuro-

neuroanatomía *f* neuroanatomy

neurobiología *f* neurobiology

neurociencia *f* neuroscience

neurocirugía *f* neurosurgery, brain surgery

neurocirujano -na *m,f* neurosurgeon, brain surgeon

neurocomputadora *f* (AmL) neural computer

neurodegenerativo -va *adj* neurodegenerative

neurofisiología *f* neurophysiology

neurología *f* neurology

neurológico -ca *adj* neurological

neurólogo -ga *m,f* neurologist

neuroma *m* neuroma

neurona *f* neuron

neurópata *mf* neuropath

neuropatía *f* neuropathy

neuropatología *f* neuropathology

neuropsicología *f* neuropsychology

neuropsiquiatría *f* neuropsychiatry

neurosis *f* (*pl* ~) neurosis
(Compuestos)
- **neurosis bélica** shellshock
- **neurosis compulsiva** compulsive neurosis
- **neurosis obsesiva** obsessional neurosis

neurótico -ca *adj/m,f* neurotic

neurotizarse [A4] *v pron* (Chi, Ven fam) to get wound up (colloq), to get into a state *o* flap (colloq)

neurotomía *f* neurotomy

neurotóxico -ca *adj* neurotoxic

neutral *adj* neutral; **se mantuvo ~ en el debate** he remained neutral *o* he didn't take sides in the debate

neutralidad *f* neutrality; **mantuvieron la ~** they remained neutral, they maintained their neutrality

neutralismo *m* neutralism

neutralista *adj/mf* neutralist

neutralización *f* neutralization

neutralizador¹ -dora *adj* neutralizing (*before noun*)

neutralizador² *m* neutralizer

neutralizar [A4] *vt* to neutralize

neutrino *m* neutrino

neutro¹ -tra *adj*
A **1** (Quím) neutral **2** (Elec, Fís) neutral
B **1** (Biol) neuter **2** (Ling) ‹*género*› neuter
C **1** ‹*color*› neutral **2** (sin connotaciones) ‹*expresión/palabra*› neutral

neutro² *m*
A (Ling) neuter
B (AmL) (Auto) neutral

neutrón *m* neutron

nevada *f* snowfall

nevado¹ -da *adj* **1** ‹*cumbres/picos*› snow-capped, snow-covered; **el prado amaneció ~** in the morning the meadow was covered with snow **2** (liter) (blanco) white; (plateado) silvery

nevado² *m* (AmS) snowcapped mountain

nevar [A5] *v impers* ▸ℹ **p.802**; to snow; **está nevando** it's snowing

nevasca *f* blizzard, snowstorm

nevazón *f* (CS) blizzard, snowstorm

nevera *f* **1** (refrigerador) refrigerator, fridge, icebox (AmE); **esta casa es una ~** this house is like an icebox *o* a fridge **2** (para picnic) cooler (AmE), cool bag/box (BrE)
(Compuesto) **nevera congelador** fridge-freezer

nevería *f* (Méx) ice-cream parlor*

nevero *m* snowfield

nevisca *f* light snowfall

neviscar [A2] *v impers* ▸ℹ **p.802** to snow lightly

nevoso -sa *adj* ▸ℹ **p.802** snowy

newton /'njuton/ *m*, **newtonio** *m* newton

nexo *m* **1** (enlace, vínculo) link; **actuó de ~ entre los dos equipos** she acted as a link *o* liaison between the two teams, she liaised between the two teams **2** (Ling) connective

n/f. = nuestro favor

n/g. = nuestro giro

ni *conj*
A ▸ℹ **p.567**; (con otro negativo): **venía sin gabardina ~ paraguas** he wasn't wearing a raincoat or carrying an umbrella; **no se lastimó ~ nada** he didn't hurt himself or anything; **no vino él ~ su mujer** neither he nor his wife came; **yo no pienso ir — ~ yo (tampoco)** I don't intend going — nor do I *o* neither do I *o* (colloq) me neither; **ni ... ni: ~ fumo ~ bebo** I don't smoke or drink, I neither smoke nor drink; **no nos avisaron ~ a Sol ~ a Pablo ~ a mí** they didn't tell Sol, or Pablo or me; **no vinieron ~ él ~ su mujer** neither he nor his wife came; **~ me gusta ~ me deja de gustar** I don't like him or dislike him, I neither like nor dislike him; ▸**chicha² A**, **fu**, **más³**, **modo**, etc
B **1** *tb* **~ siquiera** not even; **¿~ (siquiera) piensas llamarlo?** aren't you even going to call him? **2** **~ un/una: no vendieron ~ un libro** they didn't sell a single book, they didn't sell *one* book; **y de esto ~ una palabra a nadie** and not a word of this to anyone; **de sus amigos no vino ~ uno** not one of his friends came; **no me queda ~ una** I haven't a single one left
C **1** (en frases que expresan rechazo): **¡~ hablar!** out of the question!, certainly not!; **~ borracha volvería ahí** wild horses wouldn't drag me back there (colloq); **~ aunque me lo pida de rodillas** not even if he gets down on bended knee; **¡qué receta ~ qué receta! yo lo hago a mi manera** recipe? forget the recipe, I do it my own way **2** (en frases que expresan enfado): **¡~ que fuera el dueño de la empresa!** anyone would think he owned the company; **no podemos permitírnoslo ¡~ que fuéramos millonarios!** we can't afford it, we're not millionaires you know *o* it's not as if we're millionaires! **3** (en frases que expresan satisfacción, alegría): **llegas que ~ caída del cielo** you couldn't have arrived at a better time; **te queda que ~ a la medida** it looks as if it was made to measure

niacina *f* niacin, nicotinic acid

Niágara *m*: **las cataratas del ~** Niagara Falls

nica *adj/mf* (AmL fam) Nicaraguan

Nicaragua *f* Nicaragua

nicaragüense *adj/mf* Nicaraguan

nicaragüeñismo *m* Nicaraguan word/expression

nicaragüeño -ña *adj/m,f* Nicaraguan

niche *adj* (Ven pey) vulgar, common (pej)

nicho *m* **1** (hornacina) niche **2** (en un cementerio) *deep recess in a wall used as a tomb* **3** (en un mercado, sistema) niche
(Compuesto) **nicho ecológico** niche

nicotina *f* nicotine

nicotínico -ca *adj* ‹*síndrome/dependencia*› nicotine (*before n*); **terapia de sustitución nicotínica** nicotine replacement therapy; **ácido ~** nicotinic acid

nicotinismo *m* nicotine poisoning

nidada *f* **1** (de huevos) clutch **2** (de crías) clutch, brood

nidal *m* nesting box

nidificación *f* nesting, nest-making; **la época de ~** the nesting season

nidificar [A2] *vi* (frml) to nest, build a nest

nido *m* **1** (de aves, insectos) nest; ***caerse del ~*** (fam): **¿tú te crees que yo me he caído del ~?** I wasn't born yesterday, you know! (colloq); **parece que se acaba de caer del ~** he's so naive *o* (colloq) green; ***ser un ~ de víboras*** to be a nest of vipers; ***en los ~s de antaño no hay pájaros hogaño*** (arc) things have changed *o* time doesn't stand still **2** (hogar) nest; **los hijos ya han dejado el ~** the children have already left home *o* flown the nest **3** (en una guardería) babies' sleeping area **4** (guarida) den; **un ~ de ladrones** a den of thieves; ▸**cama**, **mesa**
(Compuestos)
- **nido de abeja** smocking
- **nido de ametralladoras** machine-gun nest
- **nido de amor** love nest

niebla *f* ▸ⓘ p.802 fog; **una ~ espesa envolvía la ciudad** thick *o* dense fog enveloped the city; **había ~** it was foggy; **un día de ~** a foggy day

niega, niegas, etc ▸**negar**

nieto -ta *m,f*
A (*m*) grandson, grandchild
B (*f*) granddaughter, grandchild; **mis ~s** (sólo varones) my grandsons; (varones y hembras) my grandchildren

nieva *see* ▸**nevar**

nieve *f*
A 1 (Meteo) snow; ***blanco como*** *or* ***más blanco que la ~*** as white as snow, snow-white 2 **nieves** *fpl* (nevada) snows (*pl*); **las primeras ~s del año** the first snows *o* snowfalls *o* snow of the year
(Compuesto) **nieves eternas** *or* **perpetuas** *fpl* perennial snows (*pl*), permanent snow
B (liter) (blancura) snowy whiteness
C 1 (Coc): **batir las claras a (punto de) ~** whisk the egg whites until stiff *o* until they form peaks 2 (Méx) (helado) sorbet, water ice
D (arg) (cocaína) snow (sl)

NIF /nif/ ➡ *m* (Fisco) = **número de identificación fiscal**

> **NIF - Número de identificación fiscal**
> Tax identification code that all residents of Spain must have. People must give it when applying for a loan, opening a bank account, sending invoices, etc. It is the same as a person's identity number, with an additional letter.

Níger *m* 1 (país) Niger 2 (río): **el ~** the Niger

Nigeria *f* Nigeria

nigeriano -na *adj/m,f* Nigerian

nigerino -na *adj* of/from Niger

nigromancia *f* necromancy

nigromante *mf* necromancer

nigua *f* sand flea, jigger; ***comer como una ~*** (Ven fam & hum) to eat like a pig (colloq)

nihilismo *m* nihilism

nihilista[1] *adj* nihilistic

nihilista[2] *mf* nihilist

niki *m* (Esp) polo shirt

Nilo *m*: **el ~** the Nile River (AmE), the River Nile (BrE)

nilón *m* nylon

nimbo *m*
A 1 (Relig) halo 2 (Astron) halo, nimbus
B (Meteo) nimbus

nimboestrato, nimbostrato *m* nimbostratus

nimiedad *f* 1 (cosa insignificante) triviality, trifle; **discuten por cualquier ~** they argue over the slightest *o* least *o* silliest little thing 2 (cualidad) triviality; **es tal la ~ del asunto que no merece comentario** the matter is so trivial that it isn't worth mentioning

nimio -mia *adj* trivial, petty

ninfa *f* 1 (Mit) nymph 2 (Zool) nymph 3 (fam) (mujer atractiva) stunner (colloq) 4 (fam) (prostituta) hooker (colloq)

ninfeta *f* nymphet

ninfómana *f* nymphomaniac

ninfomanía *f* nymphomania

ninfomaníaco -ca, ninfomaniaco -ca *adj* nymphomaniac

ninfómano -na *adj* nymphomaniac

ningún *adj apocopated form of* **ninguno**[1] *used before masculine singular nouns*

ningunear [A1] *vt* (fam) 1 (menospreciar) to look down on 2 (ignorar) to cold-shoulder (colloq) 3 (AmC, Méx) (tratar mal) to treat...like dirt (colloq)

ninguneo *m*: **someter a algn al ~** to ostracize sb; **pasó de la fama al más completo ~** she went from fame to total obscurity

ninguno[1] **-na** *adj* (*see note under* **ningún**) ▸ⓘ p.567 1 (*delante del n*): **no prestó ninguna atención** he paid no attention, he didn't pay any attention; **en ningún momento** never, at no time; **no lo encuentro por ningún lado** *or* **ninguna parte** I can't find it anywhere; **no hay ningún problema** there's no problem; **no le dio ninguna importancia** he didn't consider it to be important, he didn't attach any importance to it; **no es tonta, pero tampoco es ninguna lumbrera** she's not stupid, but she's no genius either; ▸**manera, modo** 2 (*detrás del n*) (uso enfático): **no hay problema ~** there's absolutely no problem

ninguno[2] **-na** *pron*
A ▸ⓘ p.567; (refiriéndose — a dos personas o cosas) neither; (— a más de dos) none; **~ de los dos vino** *or* **no vino ~ de los dos** neither of them came; **no trajo ~ de los dos** she didn't bring either of them; **se le presentaron tres alternativas pero ninguna le pareció aceptable** he was presented with three options but he found none of them acceptable *o* he didn't find any of them acceptable; **le dije que comprara dos/cinco y no compró ~** I told her to buy two/five and she didn't buy any; **empezó cuatro libros y no terminó ~** he started four books and didn't finish any (of them) *o* didn't finish one (of them); **de las siete personas que entrevistaron ninguna tenía experiencia** none of the seven people they interviewed had any experience, of the seven people they interviewed none had any experience; **se fue sin que ~ de nosotros se diera cuenta** she left without any of us realizing
B (nadie) nobody, no-one; **~ me dijo nada** nobody *o* no one told me anything; **toca mejor que ~** he plays better than anybody *o* anyone

niña *f* pupil; ***ser la ~ de los ojos de algn*** to be the apple of sb's eye *ver tb* **niño**[2]

niñada, niñería *f* (pey): **déjate de ~s** stop being so childish, stop your childish nonsense

niñero[1] **-ra** *adj*: **es muy ~** he's very fond of children

niñero[2] **-ra** *m,f* nanny, nursemaid (AmE); **mi marido se quedó de ~** (fam) my husband is babysitting, my husband stayed at home to look after the children

niñez *f* childhood; **los recuerdos de su ~** his childhood memories; **a menudo la vejez es una vuelta a la ~** old age is often like a second childhood

niño[1] **-ña** *adj* 1 (joven) young; **es muy niña para casarse** she's very young to be getting married 2 (infantil, inmaduro) immature, childish; **no seas tan ~** don't be so childish!

niño[2] **-ña** *m,f* 1 (*m*) boy, child; (*f*) girl, child; (bebé) baby; **¿te gustan los ~s?** do you like children?; **de ~ era muy tímido** he was very shy as a child *o* when he was young *o* when he was little; **¡~! ¿qué forma de hablar es ésa?** Michael! (*o* Richard! *etc*) that's no way to talk!, that's no way to talk, young man *o* my boy!; **¡niña! esas cosas no se dicen** Sally! (*o* Stephanie! *etc*) don't say things like that!, don't say things like that, you naughty girl!; ***estar como un ~ con zapatos nuevos*** to be like a child with a new toy 2 (con respecto a los padres) (*m*) son, child; (*f*) daughter, child; **la niña de mi hermana tiene tres años** my sister's daughter *o* child *o* little girl is three; **tengo que llevar a la niña al dentista** I have to take Pilar (*o* Ana *etc*) to the dentist, I have to take my daughter to the dentist; **está esperando un ~** she's expecting a baby; **¿y qué tuvo? ¿un ~ o una niña?** what did she have, a boy or a girl? 3 (adulto joven): **tiene 60 años y se ha casado con una niña de 20** he's 60 and he's married a (young) girl of 20; **sale con un ~ francés** she's going out with a (young) French boy *o* (colloq) guy 4 (AmL) (término de respeto) (*m*) young master; (*f*) young lady; **¿la niña Lupita va a cenar en casa?** will Miss Lupita be dining in this evening?
(Compuestos)
- **niña bonita** *f*: **la ~ ~** number fifteen
- **niño bien, niña bien** *m,f* rich kid (colloq)
- **niño bonito, niña bonita** *m,f* (Esp) rich kid (colloq)
- **niño de brazos, niña de brazos** *m,f* babe-in-arms
- **niño de los azotes** (period) *m* whipping boy, scapegoat
- **niño de pañales, niña de pañales** *m,f* small *o* young baby
- **niño de pecho, niña de pecho** *m,f* small *o* young baby
- **Niño Jesús** *or* **Dios** *m*: **el ~ ~** Baby Jesus
- **niño mimado, niña mimada** *m,f* favorite*, pet
- **niño pera, niña pera** *m,f* (Esp) rich kid (colloq)
- **niño pijo, niña pija** *m,f* (Esp) rich kid (colloq)
- **niño probeta, niña probeta** *m,f* test-tube baby
- **niño prodigio, niña prodigio** *m,f* child prodigy
- **niño soldado, niña soldado** *m,f* child soldier
- **niños envueltos** *mpl* (de carne) beef olives (*pl*); (de repollo) stuffed cabbage leaves (*pl*)

niobio *m* niobium

NIP *m* (= **número de identificación personal**) PIN, PIN number

nipón -pona *adj/m,f* Japanese

níquel *m* nickel

niquelado[1] **-da** *adj* nickel-plated

niquelado[2] *m* nickel plating

niquelar [A1] *vt* to nickel

niqui *m* (Esp) polo shirt

nirvana *m* Nirvana

níscalo *m* milk cap

níspero *m* loquat
(Compuesto) **níspero del Japón** japonica

NIT /nit/ *m* (en Col) (Fisco) = **número de identificación tributaria**

nítidamente *adv* clearly, sharply

nitidez *f* (de una imagen) clarity, sharpness, definition; (de un recuerdo) clarity, vividness; (del día) clarity

nítido -da *adj* ‹*foto/imagen*› clear, sharp, well-defined; ‹*recuerdo*› clear, vivid; ‹*día/mañana*› clear; **dio una respuesta nítida y concisa** she replied clearly and concisely; **ojos de un azul ~** clear blue eyes

nitrato *m* nitrate
(Compuesto) **nitrato de Chile** chile niter*, saltpeter*

nítrico -ca *adj* nitric; ▸**ácido**[2]

nitrito *m* nitrite

nitro *m* niter*, potassium nitrate

nitrobenceno *m* nitrobenzene

nitrocelulosa *f* nitrocellulose, cellulose nitrate

nitrogenado -da *adj* nitrogenous

nitrógeno *m* nitrogen

nitroglicerina *f* nitroglycerine

nitroso -sa *adj* nitrous; ▸**ácido**[2]

nitruro *m* nitride

nivel *m*
A 1 (altura) level; **está a 2.300 metros sobre el ~ del mar** it is 2,300 meters above sea level; **pon los cuadros al mismo ~** hang the pictures at the same height 2 (en una escala, jerarquía) level; **conversaciones de alto ~** high-level talks; **negociaciones al más alto ~** top-level negotiations; **un funcionario de bajo ~** a low-ranking civil servant; **a ~ de mandos medios** at middle-management level; **una solución a ~ internacional** an international solution; **la obra no llega a pasar del ~ de un melodrama** the play never rises above melodrama; **no está al ~ de los demás** he's not up to the same standard as the others, he's not on a par with the others; **no supo estar al ~ de**

➡ *see* Living in a Spanish-speaking country

n

las circunstancias he failed to rise to the occasion, he didn't live up to expectations; **es incapaz de comprometerse tanto a ~ político como a ~ personal** he's incapable of committing himself either politically *o* on either a political or an emotional level

(Compuestos)
- **nivel de vida** standard of living
- **nivel freático** water table

B (Const) *tb* ~ **de burbuja** *or* **de aire** spirit level

nivelación *f*, **nivelamiento** *m*
A (de una superficie) leveling*
B (de un presupuesto) balancing
C (en topografía) leveling*

niveladora *f*, **nivelador** *m* grader

nivelar [A1] *vt*
A (Const) ‹*suelo/terreno*› to level, grade; ‹*estante*› to get … level
B ‹*presupuesto*› to balance
C (en topografía) to level

níveo -vea *adj* (liter) snow-white

nixtamal *m* (Méx) cooked maize (*used to make tortillas*)

n/l. = nuestra letra

NN (= **ningún nombre**) *initials on grave of unidentified person*

no[1] *adv* ▸ⓘ **p.567**
A (como respuesta) no; (modificando adverbios, oraciones, verbos) not [*la negación de la mayoría de los verbos ingleses requiere el uso del auxiliar 'do'*]: **¿te gustó? — no** did you like it? — no *o* no, I didn't; **¿vienes? — no** are you coming? — no *o* no, I'm not; Ⓢ **NO al cierre del hospital** NO to the closure of the hospital; **pídeselo tú — ¡ah, ~! ¡eso ~!** you ask her — oh, no! no way! (colloq); **¿por qué ~ quieres ir? — porque ~** why don't you want to go? — I just don't; **~ todos podemos tener dos casas y un yate** we can't all have two houses and a yacht; **¿lo encontraste difícil? — ~ mucho** did you find it difficult? — not really *o* not very *o* not particularly; **~ sólo que ~ ayuda, sino que molesta** not only doesn't he help, he gets in the way; **se fue, ~ sin antes recordarme que ...** he left, but not before reminding me that …; **~ porque sea caro tiene que ser mejor** the fact that it's expensive doesn't necessarily mean it's better; **~ te preocupes — ¡~ voy a preocuparme!** don't worry — what do you mean, don't worry!
B (con otro negativo): **~ veo nada** I can't see a thing *o* anything; **~ viene nunca** she never comes; **~ es ni rico ni guapo** he isn't rich or good-looking, he's neither rich nor good-looking
C (en coletillas interrogativas): **está mejor ¿~?** she's better, isn't she?; **comprendes ¿~?** you understand, don't you?; **lo mandaste ¿~?** you sent it, didn't you?; **ha dimitido ¿~?** he has resigned, hasn't he?; **más vale tarde que nunca ¿~?** better late than never, don't you think?
D (expresando incredulidad): **la plantó dos días antes de la boda — ¡~!** he broke up with her two days before the wedding — he didn't! *o* no!
E (sustituyendo a una cláusula): **creo que ~** I don't think so; **¿podemos ir? — he dicho que ~** can we go? — I said no; **¿te gustó? a mí ~** did you like it? *I* didn't; **tiene que ser rojo, si ~ ~ sirve** it has to be red, it's no good otherwise; **yo llegaré antes — ¡a que ~!** I'll get there first — I bet you won't!; **~ lo hemos visto, ¿a que ~, Paloma?** we haven't seen him; have we, Paloma?; **voy a salir — ¡que ~!** I'm going out — no, you are not!; **¿~ que ~ vendrías?** (Méx) didn't you say you weren't coming?, I thought you said you weren't coming
F (sin valor negativo): **prefiero que llueva que ~ que haga este frío** I'd rather it rained than have it this cold; **nadie viajará hasta que ~ recibamos el dinero** no-one can travel until we receive the money; **¡cuántas veces ~ se lo habré dicho!** how many times have I told him!; **¿y esta boba ~ va y se lo cuenta todo?** and would you believe this stupid idiot went and told him everything?; **tenía miedo ~ le fuese a ocurrir algo** I was afraid something might happen to him; **¿~ me lavarías esto?** do you think you could wash this for me, please?
G **1** (*delante de n*): **los ~ fumadores** non-smokers; **la ~ violencia** non-violence; **sustantivos ~ numerables** uncountable nouns **2** (*delante de adj, pp*): **un hijo ~ deseado** an unwanted child; **un visado ~ renovable** a nonrenewable visa; **material ~ inflamable** nonflammable material; **los objetos ~ reclamados** unclaimed articles

(Compuesto) **no va más** *m* (Esp): **este restaurante es el ~ ~ ~** this restaurant is in a class of its own *o* is absolutely first-rate; **tiene un equipo de música que es el ~ ~ ~** he has a state-of-the-art sound system; **era el ~ ~ ~ de los clubs** it was the top club

no[2] *m* (*pl* **noes**) no; **contestó con un ~ rotundo** her answer was an emphatic no; **hubo 15 síes y 11 ~es** there were 15 ayes and 11 nays *o* noes, there were 15 votes in favor and 11 against

n/o. = nuestra orden

NO (= **noroeste**) ▸ⓘ **p.681**; NW

nº, Nº (= **número**) no.

Nobel *m* **1** *tb* **Premio ~** Nobel Prize **2** (ganador) Nobel prizewinner

nobelio *m* nobelium

nobiliario[1] **-ria** *adj* ▸**título**

nobiliario[2] *m* peerage

nobilísimo -ma *adj* most noble

noble[1] *adj* **1** ‹*familia/ascendencia*› noble; **un caballero de ~ linaje** (liter) a knight of noble lineage (liter) **2** (magnánimo) noble; **un gesto muy ~** a very noble gesture **3** ‹*animal*› noble **4** ‹*madera*› fine

(Compuesto) **noble bruto** *m* (liter): **el ~ ~** the horse; **palmeó al ~ ~** he patted his noble steed (liter)

noble[2] *m,f*
A (*m*) nobleman; **los ~** the nobles, the nobility
B (*f*) noblewoman

noblemente *adv* nobly

nobleza *f*
A (clase) nobility; **~ obliga** (fr hecha) noblesse oblige
B **1** (de una persona) nobility **2** (de un material) quality

nobuk *m* Nubuck

nocaut[1] *adj* (AmL): **lo dejó ~** he/it knocked him out; **está ~** he's out for the count

nocaut[2] *m* (*pl* **-cauts**) (AmL) knockout

(Compuesto) **nocaut técnico** (AmL) technical knockout

noche *f*
A ▸ⓘ **p.431**; (período de tiempo) night; **el bebé lloró toda la ~** the baby cried all night; **la ~ anterior habíamos cenado juntos** we'd had dinner together the night before *o* the previous evening; **a altas horas de la ~** late at night, in the small hours; **¿tienes ganas de salir esta ~?** do you feel like going out tonight *o* this evening?; **a las ocho de la ~** at eight o'clock in the evening *o* at night; **a las diez de la ~** at ten o'clock at night
B **1** (oscuridad) night; **a las seis de la tarde ya es ~ cerrada** it's completely dark by six o'clock; **vuelve antes de que caiga la ~** come back before it gets dark *o* before nightfall; **en la ~ de los tiempos** (liter) in the mists of time (liter) **2** (liter) (tristeza) sadness, gloom
C (*en locs*): **buenas ~s** (al saludar) good evening; (al despedirse) goodnight; **de ~: trabajan de ~** they work at night; **me llamó el jueves de ~** she called me on Thursday night/evening; **ahora es de ~ en el Japón** it's night *o* nighttime now in Japan; **se hizo de ~** it got dark, night fell; **ya es de ~** it's already dark; **por la ~** *or* (AmL) **en la ~** *or* (Arg) **a la ~: por la ~ fuimos al teatro** in the evening we went to the theater; **el lunes por la ~** on Monday evening/night; **no me gusta salir sola por la ~** I don't like going out on my own at night; ***de la ~ a la mañana*** overnight; **cambió de opinión de la ~ a la mañana** he changed his mind from one day to the next *o* overnight; ***hacer ~*** to spend the night; ***pasar la ~ en blanco*** to have a sleepless night; **pasé la ~ en blanco** I had a sleepless night, I didn't sleep a wink (colloq); ***pasar la ~ en vela*** (vigilando, esperando a algn) to sit *o* stay up all night; (no poder dormir) to have a sleepless night; **pasamos la ~ en vela esperando que volviera** we waited up for him all night; ***pasar una ~ toledana*** (Esp fam) to have a terrible night; ***de ~ todos los gatos son pardos*** no-one will notice (in the dark)

(Compuestos)
- **noche de bodas** wedding night
- **noche de estreno** first night
- **Noche Vieja** New Year's Eve (*the evening*)

Nochebuena *f* Christmas Eve

> **Nochebuena**
>
> In Spanish-speaking countries, Christmas Eve is celebrated rather than Christmas Day. Dinner is eaten before Midnight Mass known as *misa del gallo* .
>
> In Latin America, where many countries do not celebrate the *día de Reyes see* ▸**Reyes Magos**, Christmas gifts are given on Christmas Eve. This custom is spreading in Spain, although the *día de Reyes* is celebrated there.

nochecita *f* (CS) early evening, dusk; **de ~** as it began to get dark, at dusk

nochero[1] **-ra** *adj* **1** (CS) ‹*persona/animal*› nocturnal; **es muy ~** he is very nocturnal **2** ‹*tren*› night (*before n*); ‹*programa*› evening (*before n*) **3** (Chi) ‹*cuidador/vigilante*› night (*before n*)

nochero[2] **-ra** *m,f*
A (Chi) (vigilante) (*m*) night watchman, night security guard; (*f*) night security guard
B **nochero** *m* (Col) (mueble) bedside table

Nochevieja *f* New Year's Eve (*in the evening*)

> **Nochevieja y Año Nuevo**
>
> In Spain and other Spanish-speaking countries, it is customary to see the New Year in by eating twelve grapes for good luck, one on each chime of the clock at midnight.

nochote *m* (AmC, Méx) *drink made from fermented prickly pear or nopal*

noción *f* **1** (idea, concepto) notion, idea; **no tiene la menor ~ del tema** he doesn't know the first thing about *o* he doesn't have the first idea about the subject; **no tiene ~ de lo que su ausencia significa para mí** she has no idea what her absence means to me; **ha perdido la ~ del tiempo** he has lost all sense *o* notion of time **2** **nociones** *fpl* (conocimientos): **tengo nociones de ruso** I know a little Russian, I have a smattering of Russian; **les dio unas nociones de electrónica** she taught them the basics *o* rudiments of electronics

nocional *adj* notional

nocividad *f* harmfulness; **la ~ del tabaco** the harmful effects of smoking

nocivo -va *adj* ‹*sustancia/aditivo*› harmful; Ⓢ **el tabaco es nocivo para la salud** smoking damages your health; **lo consideran una influencia nociva sobre ella** they think he is a bad influence on her; **podría ser ~ para su carrera** it could damage *o* harm her career, it could be damaging to her career

noctambulismo *m*: **el ~ de la vida madrileña** the late-night social activity of Madrid life; **el ~ de los españoles** the Spanish custom of staying up late

noctámbulo[1] **-la** *adj*: **siempre ha sido ~** he's always been a night bird *o* night owl *o* (AmE) nighthawk (colloq)

noctámbulo[2] **-la** *m,f* night bird (colloq), night owl (colloq), nighthawk (AmE colloq)

noctiluca *f* (del mar) noctiluca; (luciérnaga) glow-worm

ℹ Los nombres compuestos

Los nombres compuestos en español pueden estar o no unidos por la preposición *de*, ej. *caja de cambio = gear box*; *perro policía = police dog*.

El plural de los nombres compuestos en español generalmente recae en el primer elemento de los mismos, en inglés, sin embargo, el plural recae en el segundo, ej. *tarjetas de embarque = boarding cards*; *países satelite = satellite nations*. Se deben tener presente los casos de plurales irregulares en inglés, como en los ejemplos: *niños prodigio = prodigy children*; *hombres rana = frogmen*.

noctívago -ga *adj* **1** ‹*animal*› nocturnal **2** ▸**noctámbulo**[1]

nocturnidad *f* nocturnality; **alegaron la ~ como agravante** (Der) they cited as an aggravating circumstance the fact that it had been carried out under cover of darkness

nocturno[1] **-na** *adj* **1** ‹*vuelo/tren*› night (*before n*); **sus visitas nocturnas** his nighttime *o* nocturnal visits; **vida nocturna** night life; **va a clases nocturnas** he goes to night school *o* evening classes; **en el silencio ~** (liter) in the silence of the night, in the still watches of the night (liter) **2** ‹*animal/planta*› nocturnal

nocturno[2] *m*
A (Mús) nocturne
B (en colegios, universidades) *courses held in the evening*

nodal *adj* nodal

nodo *m* (Inf) node

No-Do /'no-ðo/ *m* (Esp) (**= Noticiarios y Documentales**) ≈ newsreel

nodriza *f* **1** (ama de cría) wet nurse **2** (ant) (niñera) nursemaid; ▸**avión, buque**

nodular *adj* nodular, nodal

nódulo *m* (bulto anormal) nodule; (ganglio) node; **~ linfático** lymphatic node

Noé Noah

nogal *m* (árbol) walnut tree, walnut; (madera) walnut

nogalina *f* walnut stain

noguera *f* walnut tree, walnut

nómada[1] *adj* nomadic

nómada[2] *mf* nomad

nómade *adj/mf* (CS) ▸**nómada**[1], **nómada**[2]

nomadear [A1] *vi* **1** ‹*tribu/grupo*› to be nomadic **2** (vagar) to wander

nomádico -ca *adj* nomadic

nomadismo *m* nomadism

nomás *adv*
A (AmL): **pase ~** come on in; **démelo así ~, sin envolver** don't bother wrapping it, I'll take it as it is; **no lo vas a convencer así ~** you're not going to convince him as easily as that; **vive aquí ~, a dos cuadras** she lives just two blocks away from here; **déjelo aquí ~** just leave it here; **aquí ~ está la puerta** the door's right here; **lo dijo por molestar ~** she only said it to be difficult; **ayer ~ lo vi** I saw him only yesterday; **ahora ~ viene Teresa** Teresa's just coming, Teresa will be here any minute now; **~ de imaginármelo me pongo a temblar** I tremble just to think about it, I tremble at the mere thought of it; **faltan dos días ~** there are just *o* only two days to go
B nomás (que) (Col, Méx fam) as soon as; **~ (que) tenga dinero te invito a comer** as soon as I have some money, I'll buy you lunch

nombradía *f* renown, fame; **un escritor de mucha ~** a writer of great renown, a renowned *o* very famous *o* well-known writer

nombrado -da *adj*: **muy ~ en círculos científicos** renowned *o* very well-known in scientific circles; **una película muy nombrada** a very famous film

nombramiento *m* **1** (designación) appointment **2** (documento) letter of appointment

nombrar [A1] *vt*
A (citar, mencionar) to mention; **desde entonces no lo ha vuelto a ~** since then she's never mentioned his name *o* him again; **la persona anteriormente nombrada** the aforementioned person
B (designar) **1** (para un cargo) to appoint; **fue nombrado jefe de sección** he was appointed head of department **2** (Der): **lo nombró heredero** she named *o* appointed him (as) her heir

nombre *m* ▸ℹ **p.571**
A 1 (de una cosa) name; **¿cuál es el ~ de la compañía?** what's the name of the company?, what's the company called? **2** (de una persona, un animal) name; **escriba su ~ completo** *or* **su ~ y apellidos** write your full name *o* your name in full; **¿qué ~ le pusieron?** what did they call him?, what name did they give him?; **le pusieron el ~ de su padrino** they named him for (AmE) *o* (BrE) after his godfather; **responde al ~ de Bobi** he answers to the name of Bobi; **~ de mujer/varón** girl's/boy's name; **estudiante sólo de ~** student in name only; **sólo lo conozco de ~** I only know him by name; **cierto caballero de ~ Armando** (frml *o* hum) a certain gentleman by the name of Armando (frml *or* hum); **llamar a algn por el ~** to call sb by their first name; **en ~ de** (en representación de) in (AmE) *o* on (esp BrE) behalf of; (apelando a) in the name of; **en ~ del director y en el mío propio** in *o* on behalf of the director and myself; **en ~ de la justicia/libertad** in the name of justice/freedom; **en el ~ del Padre y del Hijo y del Espíritu Santo** in the name of the Father and of the Son and of the Holy Spirit *o* Ghost (ant); **a ~ de: un paquete a ~ de ...** a package addressed to ...; **un cheque a ~ de ...** a check made payable to *o* made out to ...; ***llamar a las cosas por su ~*** to call a spade a spade; ***no tiene ~*: lo que les ha hecho a sus padres no tiene ~** what she has done to her parents is unspeakable *o* despicable; **tu egoísmo no tiene ~** your selfishness is beyond belief **3** (sobrenombre): **a todos los profesores les pone ~** he gives all the teachers nicknames; **más conocida por el ~ de la Pasionaria** better known as la Pasionaria

(Compuestos)
- **nombre artístico** stage name
- **nombre comercial** trade name
- **nombre de archivo** *or* **fichero** (Inf) file name
- **nombre de dominio** (Inf) domain name
- **nombre de guerra** *or* (AmL) **de batalla** nom de guerre
- **nombre de lugar** place name
- **nombre de pila** first name, given name, Christian name
- **nombre de pluma** nom de plume
- **nombre de ruta** (Inf) pathname
- **nombre de soltera** maiden name
- **nombre de usuario** (Inf) username, user identification

B (Ling) noun

(Compuestos)
- **nombre colectivo** collective noun
- **nombre compuesto** compound
- **nombre común** common noun
- **nombre contable** countable noun
- **nombre masivo** *or* **no contable** uncountable *o* mass noun
- **nombre propio** proper noun

C 1 (fama): **un científico de ~** a renowned *o* famous *o* well-known scientist; **un pianista de ~ en el mundo entero** a pianist with a worldwide reputation *o* famous the world over; **hacerse un ~ en la vida** to make a name for oneself; ▸**bueno**[1] **2** (persona célebre) name; **uno de los grandes ~s de nuestra historia** one of the great names in our history

nomenclátor *m* directory of names; **~ de calles y plazas** index of streets and squares

nomenclatura *f* **1** (de una ciencia) nomenclature **2** (en un diccionario) nomenclature, word list

nomeolvides[1] *m or f* (*pl* ~) (Bot) forget-me-not

nomeolvides[2] *m* (pulsera) name bracelet

nómina *f* **1** (lista de empleados) payroll; **su nombre no figura en (la) ~** his name does not appear on the payroll; **incluir a algn en la ~** to include sb on the payroll, to put sb on the staff **2** (hoja de pago) payslip **3** (suma de dinero — de un empleado) salary, wages (*pl*); (— de una empresa) salaries (*pl*), wages (*pl*)

nominación *f* nomination

nominal *adj*
A ‹*relación/lista/votación*› nominal; ‹*rey/presidente/jefe*› nominal, in name only; **cheque ~: un cheque ~ a favor de...** a check made out *o* made payable to...
B ‹*sueldo*› nominal; **valor ~** face value, nominal value
C (Ling) noun (*before n*), nominal

nominalismo *m* nominalism

nominalista[1] *adj* nominalistic

nominalista[2] *mf* nominalist

nominalizar [A4] *vt* to nominalize

nominalmente *adv* nominally; **elegir/designar ~ a algn** to elect/designate sb by name; **se identifican, al menos ~, con la iglesia** they identify, nominally at least, with the church; **un cheque extendido ~ a favor de...** a check made out *o* payable to...

nominar [A1] *vt* ‹*película/candidato*› to nominate; **las películas nominadas para el óscar** the movies nominated for an Oscar

nominativo[1] **-va** *adj* **1** (Fin): **un cheque ~ a favor de ...** a check made out to *o* payable to ...; ▸**acción** **2** (Ling) nominative

nominativo[2] *m* nominative

nomo *m* gnome

non[1] *adj* odd; **números ~es** odd numbers

non[2] *m* odd number; **pares y ~es** odds and evens

nonagenario -ria *adj/m,f* nonagenarian

nonagésimo[1] **-ma** *adj/pron* **1** ▸ℹ **p.575**; (ordinal) ninetieth *para ejemplos ver* **vigésimo** **2** (partitivo): **la nonagésima parte** a ninetieth

nonagésimo[2] *m* ▸ℹ **p.243** ninetieth

nonato[1] **-ta** *adj*: *born by Cesarean section especially after mother's death*

nonato[2] *m* (CS) *tb* : **cuero de ~** calfskin

nones *adv* (fam): **le dijo que ~** she said no *o* (colloq) no way

nono[1], **nonón** *m* (leng infantil): **está haciendo ~** he's gone bye-byes *o* beddy byes (used to or by children)

nono[2] **-na** *adj/pron* (frml) ninth; **Pío IX** *read as: Pío nono* Pius IX

nono[3] **-na** *m,f* (RPl fam) (*m*) grandpa (colloq); (*f*) grandma (colloq), gramma (AmE colloq)

non plus ultra *m* (fam & hum) ne plus ultra (hum), last word (colloq); **el ~ ~ ~ en muebles de cocina** the ne plus ultra *o* the last word in kitchen fittings

nopal *m* prickly pear, nopal, cholla (AmE)

nopalera *f* (Méx) (nopal) prickly pear, nopal, cholla (AmE); (terreno) prickly pear (*o* nopal *etc*) patch

nopalero -ra *adj* (Méx) prickly pear (*before n*), nopal (*before n*), cholla (*before n*) (AmE)

noqueada *f* knockout

noquear [A1] *vt* to knock out

noqueo *m* knockout; **ganó por ~** he won by a knockout

(Compuesto) **noqueo de genes** gene-knockout

noratlántico -ca *adj* north-Atlantic (*before n*)

noray *m* bollard

norcoreano -na *adj/m,f* North Korean

nordeste¹, noreste *adj inv* ▸ℹ **p.681** ‹*región*› northeastern; ‹*dirección*› northeasterly

nordeste², noreste *m* ▸ℹ **p.681** [1] (parte, sector): **el ~** the northeast [2] (punto cardinal) northeast, Northeast

nórdico¹ -ca *adj* [1] ‹*país/pueblo*› Nordic, Northern European (*esp Scandinavian*) [2] (Hist) Norse

nórdico² -ca *m,f* [1] (del norte de Europa) Northern European (*esp Scandinavian*) [2] (Hist) Norseman

noria *f* [1] (para sacar agua) waterwheel [2] (Ocio) ferris wheel (AmE), big wheel (BrE); ***ser una ~*** (Esp) to be a roller-coaster; **mi vida es una ~** my life's a complete roller-coaster

norirlandés¹ -desa *adj* Northern Irish

norirlandés² -desa *m,f: person from Northern Ireland*

norma *f* [1] (regla) rule, regulation; **~s de conducta** rules of conduct; **~s sociales** social norms; **observar las ~s de seguridad** to observe the safety regulations; **las ~s vigentes** the regulations currently in force; **dictar ~s** to lay down rules *o* regulations; **tengo por ~ no beber al mediodía** I make it a rule not to drink at lunchtime [2] (manera común de hacer algo): **es ~ que** *or* **la ~ es que acudan a este tipo de reunión los directivos de la empresa** it is standard practice for the directors of the company to attend this kind of meeting

(Compuesto) **norma lingüística** linguistic norm

normal¹ *adj*

A [1] (común, usual) normal; **no es ~ que siempre estén discutiendo** it isn't normal the way they argue all the time; **es una situación muy ~ hoy en día** it's a very common situation nowadays; **no es ~ que haga tanto frío en octubre** it's unusual *o* it isn't normal for it to be so cold in October; **me parece lo más ~ del mundo** to me it seems the most normal *o* natural thing in the world; **inteligencia superior a la ~** above-average intelligence; **es una chica normalita** she's nothing out of the ordinary; ***~ y corriente*** ‹*mujer/chico*› ordinary; ‹*jugador*› ordinary, run-of-the-mill; ‹*libro/vestido*› ordinary [2] (sin graves defectos) normal; **el miedo de una embarazada a que la criatura no sea ~** a pregnant woman's fear that her baby will be abnormal; **esa chica no es ~** (fam) there's something wrong with that girl (colloq)

B (en geometría) perpendicular, normal

normal² *adv* (fam) normally; **habla/anda ~** he talks/walks quite normally; **cocina ~** as a cook she's about average, she cooks averagely well

normal³ *f*

A (en geometría) perpendicular, normal

B (escuela): **la N ~** teacher training college

C (gasolina) regular grade gasoline (AmE), regular gas (AmE), two-star petrol (BrE)

normalidad *f* [1] (cualidad): **seguimos trabajando con toda ~** we carried on working normally *o* as normal; **la manifestación se desarrolló con toda ~** the demonstration passed off without incident [2] (situación) normality, normalcy (AmE); **el país ha vuelto a la ~** the country has returned to normal, the country has returned to normality *o* normalcy

normalista *mf* (Col) primary (school) teacher

normalización *f*

A (de una situación) normalization

B (estandarización) standardization

normalizar [A4] *vt*

A ‹*situación/relaciones*› to normalize

B (estandarizar) to standardize

■ **normalizarse** *v pron*

A ‹‹*situación/relaciones*›› to normalize, return to normal

B (estandarizarse) to become standardized

normalmente *adv* normally, usually; **~ no salgo por las tardes** I don't usually *o* normally go out in the afternoon; **~ tardan unos dos meses en dar los resultados** it usually takes a couple of months to issue the results, in the normal course of events the results take a couple of months

Normandía *f* Normandy; **el desembarco en** *or* **de ~** the Normandy landings

normando -da *adj/m,f* Norman

normar [A1] *vt* (Chi, Méx) [1] (regir): **estos principios ~án el proceso** the process will conform to *o* be guided by these principles [2] (regular) to control, regulate

normativa *f* regulations (*pl*), rules (*pl*); **según la ~ vigente** under current regulations *o* rules

normativo -va *adj*

A ‹*sistema/régimen*›: **se rigen por sistemas ~s distintos** they are governed by different sets of rules *o* regulations; **tienen un régimen ~ muy estricto** they have very strict rules *o* regulations

B (Ling) normative

nornordeste, nornoreste *m* ▸ℹ **p.681** north-northeast

nornoroeste *m* ▸ℹ **p.681** north-northwest

noroccidental *adj* northwestern

noroeste¹ *adj inv* ▸ℹ **p.681** ‹*región*› northwestern; ‹*dirección*› northwesterly

noroeste² *m* [1] ▸ℹ **p.681**; (parte, sector): **el ~** the northwest [2] (punto cardinal) northwest, Northwest

nororiental *adj* northeastern

norovirus *m* (Med) norovirus

norte¹ *adj inv* ▸ℹ **p.681** ‹*región*› northern; **en la parte ~ del país** in the northern part of the country, in the north of the country; **iban en dirección ~** they were heading north *o* northward(s), they were heading in a northerly direction; **la costa ~ de África** the north coast of Africa; **la cara ~ de la montaña** the north *o* northern face of the mountain; **el Atlántico ~** the North Atlantic

norte² *m* [1] ▸ℹ **p.681**; (parte, sector): **el ~** the north; **en el ~ del país** in the north of the country; **viven al ~ de Matagalpa** they live (to the) north of Matagalpa; **está en el ~ de África** it is in North Africa [2] ▸ℹ **p.681**; (punto cardinal) north, North; **la aguja señala hacia el/al N~** the needle points north; **vientos flojos del N~** light northerly winds, light winds from the north; **estas avenidas van de N~ a Sur** these avenues run north-south; **caminaron hacia el N~** they walked north *o* northward(s); **la casa da/está orientada al ~** the house faces north; **está más al ~** it's further north [3] (meta): **su único ~ es progresar en su carrera** his sole aim is to further his career; **el ~ que guía nuestros pasos** the light which guides our steps (liter); **perder el ~ de la realidad** to lose sight of reality [4] **Norte** (Pol): **el N~** the North; **diálogo N~-Sur** North-South dialogue [5] **Norte** (en bridge) North

norteafricano -na *adj/m,f* North African

Norteamérica *f* [1] (América del Norte) North America [2] (EEUU) America, the States (colloq)

norteamericano¹ -na *adj* [1] (de América del Norte) North American [2] (estadounidense) American

norteamericano² -na *m,f* [1] (de América del Norte) North American [2] (estadounidense) American

nortear [A1] *vt* (darle un norte a) to guide, steer

■ **nortearse** *v impers* (Chi): **está norteando** the north wind is blowing

norteño¹ -ña *adj* ▸ℹ **p.681** northern

norteño² -ña *m,f* ▸ℹ **p.681** northerner

nortino¹ -na *adj* (Chi, Per) northern, of/from the north

nortino² -na *m,f* (Chi, Per) northerner

Noruega *f* Norway

noruego¹ -ga *adj* Norwegian

noruego² -ga *m,f* [1] (persona) Norwegian [2] **noruego** *m* (idioma) Norwegian

norvietnamita *adj/mf* North Vietnamese

nos *pron pers*

A [1] (como complemento directo, indirecto) us; **~ ayudaron mucho** they helped us a lot; **escúcha~** listen to us; **~ han robado el coche** our car's been stolen, we've had our car stolen; **¿~ explicas cómo se hace?** can you tell us *o* explain (to us) how it's done?; **~ lo trajeron ayer** they brought it yesterday; **~ lo quitó** she took it off us *o* away from us; **a nosotros no ~ dijo nada** she didn't say anything to us; **a Pablo y a mí ~ trató muy bien** he treated Pablo and me very well; **se ~ quedó el coche a mitad de camino** our car broke down halfway there; **que no se ~ vaya a echar atrás ahora** I hope she isn't going to back out on us now; **el día del picnic ~ llovió/hizo mal tiempo** on the day of the picnic it rained (on us)/the weather was bad *o* we had bad weather [2] (*refl*) ourselves; **~ hicimos daño** we hurt ourselves; **sentémo~** let's sit down; **~ vamos a hacer socios del club** we're going to become members of *o* join the club [3] (*recípr*): **ella y yo ~ conocemos desde hace años** she and I have known each other for years

B (como sujeto) (arc) we; **~, los representantes del pueblo** we, the representatives of the people

nosocomio *m* (frml o period) hospital

nosotros -tras *pron pers pl* [1] (como sujeto) we; **¿quién lo trajo? — ~** who brought it? — we did; **ábrenos, somos nosotras** open the door, it's us; **~ tres no sabíamos** none of us (three) knew, the three of us didn't know; **Alicia, ~ dos podemos ir con Carmen** Alicia, you and I can go with Carmen; **~ mismos lo arreglamos** we fixed it ourselves [2] (en comparaciones, con preposiciones) us; **viven mejor que ~** they live better than we do *o* better than us; **terminaron antes que nosotras** they finished before us; **para/contra/con ~** for/against/with us

nostalgia *f* nostalgia; **~ DE** *or* **POR algo** nostalgia FOR sth; **la ~ del mar impregna estos versos** nostalgia for the sea pervades these verses; **siente ~ por** *or* **de su país** he feels homesick for *o* he misses his country

nostálgico -ca *adj* nostalgic

nota¹ *f*

A [1] (apunte) note; **toma ~ de su nombre** make a note of his name; **tomé ~ del pedido** I took (down) the order; **toma (buena) ~ de lo que le pasó a él** take note of *o* bear in mind what happened to him [2] (acotación) note

(Compuestos)

- **nota al margen** margin note
- **nota a pie de página** footnote
- **notas de quita y pon** *fpl* Post-it® notes

B [1] (mensaje) note; **me mandó una notita diciendo que ...** she sent me a little note saying that ... [2] (noticia breve): **~s sociales** *or* **de sociedad** society column; **y ahora con la ~ deportiva ...** and now with the sports roundup ...; **según una ~ que acaba de llegar a nuestra redacción** according to a report just in

(Compuestos)

- **nota de prensa** press release, statement issued to the press
- **nota diplomática** diplomatic note
- **nota necrológica** announcement of a death; **~s ~s** deaths section, obituaries

C (Educ) (calificación) grade (AmE), mark (BrE); **sacar buenas ~s** to get good grades *o* marks; **me puso una ~ muy baja** she gave me a very bad *o* low grade *o* mark; **ir a por ~** (Esp fam) to aim for top grades (AmE), to go for top marks (BrE)

D [1] (rasgo, característica): **la ~ dominante de su carácter/de su estilo** the dominant feature of his character/of his style; **una ~ melancólica subyace en todos estos poemas** a note of melancholy underlies all of these poems, there is an underlying note of melancholy in all of these poems; **la humedad constituye la ~ característica** high humidity is the most characteristic feature *o* is the main characteristic [2] (detalle) touch; **para agregar una ~ de humor** to add a touch of humor; **fue una ~ muy simpática** it was a very nice touch *o* gesture; **su comentario fue la ~ de mal**

n

gusto de la reunión his remark was the one thing that lowered the tone of the meeting
E (Mús) note; ***dar la ~*** (fam) to stand out; (por algo censurable) to make a spectacle of oneself; ***dar la ~ discordante*** to be difficult (*o* different *etc*); ***darle ~ a algn*** (Ven arg): **me da ~ que me hayas llamado** I'm glad *o* pleased you called; **¿te da ~ si nos vamos a la playa?** are you on for the beach? (colloq), do you fancy going to the beach? (BrE colloq); ***ser la ~ discordante*** to strike a sour note
(Compuesto) **nota musical** note
F **1** (en un restaurante) check (AmE), bill (BrE) **2** (Ur) (en una tienda) receipt
(Compuesto) **nota de consumo** (Méx) detailed receipt (*for a meal*)

nota² *m* (fam) character (colloq)

notabilidad *f*: **un músico de gran ~** a musician of great note; **su ~ ya traspasa las fronteras** his fame has spread far and wide

notable¹ *adj* notable; **una actuación ~** an outstanding *o* a notable performance; **posee una ~ inteligencia** she is remarkably *o* extremely intelligent; **éste es uno de los rasgos más ~s de su obra** this is one of the most notable characteristics of his work; **una ~ mejoría** a marked *o* notable improvement; **uno de los estudios más ~s sobre Cervantes** one of the most notable *o* noteworthy studies on Cervantes

notable² *m* **1** (Educ) *grade between 7 and 8.5 on a scale from 1 to 10* **2** (persona importante) dignitary

notablemente *adv* outstandingly

notación *f* notation

notar [A1] *vt* **1** (advertir, sentir) to notice; **notó que la puerta estaba abierta** she noticed that the door was open; **hizo ~ esta falta de interés** he pointed out this lack of interest; **notaba el frío por todo el cuerpo** she felt cold all over; **notó que alguien le tocaba el brazo** she became aware of *o* she felt somebody touching her arm; (+ *compl*): **te noto muy cambiado** you've changed a lot; **te noto muy triste** you look/sound very sad, you seem very sad; **se le notaba indeciso** he seemed hesitant; ***hacerse ~*** (atraer la atención) to draw attention to oneself; (dejarse sentir) to be felt; **los efectos de la sequía ya se hacen ~** the effects of the drought are already making themselves felt *o* are already being felt **2** (*impers*): **¿se nota que son de distinto color?** can you tell *o* does it show that they're different colors?; **se nota que es novato** you can tell *o* see he's a beginner; **¡cómo se nota que no pagas tú!** you can tell *o* it's obvious you're not paying!; **se notaba que había estado llorando** you could see *o* tell she'd been crying; **¿se notan las puntadas?** do the stitches show?, can you see the stitches?; **se notó mucho que no le gustó** it was very obvious *o* you could tell a mile off she didn't like it; **te has puesto maquillaje — ¿se nota mucho?** you're wearing makeup — is it very noticeable *o* obvious?; (+ *me/te/le etc*): **se le nota ya la barriga** it's beginning to show that she's pregnant; **apenas se le nota la cicatriz** you can hardly see the scar; **se te nota en la cara** I can tell by your face, it's written all over your face; **se le notan las lentillas** you can see she's wearing contact lenses; **se le nota mucho el acento** his accent is very noticeable
■ **notarse** *v pron* (+ *compl*) to feel; **se notaban extraños entre esa gente** they felt strange among those people; **me noto muy rara con este vestido** I think I look funny *o* I feel funny in this dress

notaría *f* **1** (profesión) *profession of notary* **2** (oficina) notary's office **3** (Col) (registro civil) registry office

notariado *m* **1** (profesión) *profession of notary* **2** (cuerpo) notaries (*pl*)

notarial *adj* notarial

notarialmente *adv* notarially; **la firma debe ser certificada ~** the signature must be notarially certified

notariar [A1] *vt* (Chi) to notarize

notario -ria ➡▢ *m,f* notary, notary public; **el sorteo será ante ~** the draw will take place before a notary

noticia *f* **1** (informe): **las ~s son alarmantes** the news is alarming; **¡qué ~ más deprimente!** what a depressing piece of news!, what depressing news!; **la ~ de su muerte** the news of his death; **traigo buenas/malas ~s** I have some good/bad news; **tengo que darte una mala ~** I have some bad news for you; **¿quién le va a dar la ~?** who's going to break the news to him?; **nos llega una ~ de última hora** *or* **de último momento** some late news has just come in; **la última ~ del programa** the final item on the news; ***estar atrasado de ~s*** to be out of touch, be behind with the news; ***hacer ~*** to make news, hit the headlines **2** **noticias** *fpl* (referencias) news; **ya hace un mes que se fue y seguimos sin ~s** she left a month ago and we still haven't heard anything *o* had any news; **hace meses que no tenemos ~s suyas** (provenientes de él) we haven't heard from him for months; (provenientes de otra persona) we haven't had (any) news of him for months **3** (información, conocimiento): **no tenía ~ de que hubiera problemas** I had no idea *o* I didn't know (that) there were problems
(Compuesto) **noticia bomba** (fam): **lo de su divorcio fue una ~ ~** the news of their divorce was a real bombshell (colloq); **traigo una ~ ~** I have some amazing *o* incredible news for you

noticiable *adj* newsworthy

noticiar [A1] *vt* to notify

noticiario *m* **1** (Rad, TV) news **2** (Cin) newsreel

noticiero *m* (AmL) **1** (Rad, TV) news **2** (Cin) newsreel

notición *m* (fam) (noticia — sorprendente) incredible *o* amazing news; (— muy buena) great news

noticioso¹ -sa *adj* (frml) **~ DE algo**: **~s de la tragedia** on hearing about the tragedy, when we/they heard about the tragedy

noticioso² *m* (Andes, RPl) news bulletin

notificación *f* (frml) notification (frml)

notificar [A2] *vt* (frml) ‹*resolución/sentencia*› to notify; **~ algo A algn** to notify sb OF sth (frml); **se le ~á el resultado** you will be notified of the result

notoriamente *adv* markedly; **las cosas habían mejorado ~** there had been a marked improvement, things had improved considerably *o* markedly

notoriedad *f*
A (frml) (conocimiento) knowledge; **circunstancias de pública ~** circumstances which are public knowledge *o* which everybody knows about; **es de ~ pública que tuvo que dimitir** it is common knowledge that she had to resign
B (fama) fame; (mala fama) notoriety

notorio -ria *adj* **1** (evidente) evident, obvious **2** (conocido) well-known; **dos de las figuras más notorias de la oposición** two of the best-known opposition figures; **es público y ~ que ...** it is common knowledge *o* it is a well-known fact that ... **3** (notable, pronunciado) marked; **se ha registrado un ~ descenso de la natalidad** there has been a marked drop in the birthrate

nov. (= **noviembre**) Nov.

nova *f* (Astron) nova

novamás *m* (fam): **el ~** (lo último) the latest thing; (lo mejor) the best thing; (el colmo) the last straw

novatada *f* **1** (broma) practical joke (*played on a new student/recruit*); **hacerle una ~ a algn** to haze sb (AmE), to rag sb (BrE colloq) **2** (error) new boy's/girl's/guy's blunder

novato¹ -ta *adj* inexperienced, new

novato² -ta *m,f* novice, beginner, rookie (AmE colloq); **yo también soy ~ en estas lides** (hum) I'm new to this game too (colloq)

novecientos -tas *adj/pron* ▸ ℹ p.575; nine hundred *para ejemplos ver* **quinientos¹**, **quinientos²**

novedad *f*
A **1** (cosa nueva) innovation; **la última ~ en el campo de la informática** the latest innovation in the field of computing; **en este modelo se han introducido algunas ~es** some new features have been introduced on this model; **la gran ~ para esta temporada** the latest idea (*o* fashion *etc*) for this season; **todas las ~es en discos** all the latest records **2** **novedades** *fpl* novelties (*pl*) **3** (cualidad) newness, novelty; **cuando se acaba la ~** when the novelty wears off
B **1** (noticia): **no es ninguna ~ que viven juntos** everybody knows they're living together; **¡vaya ~!** (iró) have you only just heard?, that's hardly news!; **¿cómo sigue tu padre? — sin ~** how's your father? — much the same *o* no change **2** (percance, contratiempo): **llegamos sin ~** we arrived safely *o* without incident; ***sin ~ en el frente*** (hum) all quiet on the Western front (hum)

novedear [A1] *vi* (Chi fam) to have a nose around (colloq)

novedoso -sa *adj* **1** ‹*idea/enfoque*› novel, original; **un ~ aparatito para deshuesar aceitunas** an ingenious *o* a novel little gadget for pitting olives; **ofrecemos un ~ sistema de financiación** we offer a completely new system of finance **2** (Chi) ‹*persona*› resourceful

novel¹ *adj* new; **cantantes ~es** new young singers; **para que esta ~ industria continúe prosperando** (frml) so that this fledgling industry may continue to prosper (frml); **los ~es padres/médicos** (period) the new parents/newly-graduated doctors

novel² *mf* novice, beginner; **los ~es y profesionales** the novices and the seasoned professionals

novela *f* **1** (Lit) novel; **de ~** like something (straight) out of a novel **2** (TV) soap opera
(Compuestos)
- **novela de aventuras** adventure story
- **novela de ciencia ficción** science fiction story
- **novela de costumbres** novel in the ▸**costumbrista** tradition
- **novela histórica** historical novel
- **novela picaresca** picaresque novel
- **novela policíaca** *or* **policial** detective novel *o* story
- **novela por entregas** serialized novel
- **novela radiofónica** radio serial
- **novela rosa** (pey) novelette (pej), romantic novel

novelar [A1] *vt* ‹*sucesos/guerra*› to write a novel about; ‹*obra*› to make *o* turn ... into a novel

novelería *f* **1** (fantasía) imagination; **lo contó con gran ~** she told it with considerable embellishment **2** (novedad, chuchería) novelty; **siempre se está comprando las últimas ~s** he's always buying the latest gadgets **3** (afición por las novedades): **los compra por pura ~** she just buys them because she loves anything new, she just buys them for novelty value

novelero -ra *adj* **1** (fantasioso): **es muy ~** he tends to embroider *o* embellish his stories **2** (aficionado a la novela): **es muy novelera** she loves reading novels, she's a great novel reader **3** (amigo de lo novedoso): **es muy ~** he loves *o* (colloq) he's crazy about anything that's new

novelesco -ca *adj* ‹*vida/historia*› like something out of a novel; **el relato de sus novelescas andanzas** the account of his fabulous adventures

novelista *mf* novelist

novelística *f*: **la ~** the novel

➡▢ *see* Living in a Spanish-speaking country

n

novelístico -ca *adj* ‹*técnica*› novelistic, novel-writing (*before n*); **su obra novelística** his novels

novelón *m* (fam) epic, great long novel (colloq)

novena *f*

A (Relig) novena

B (en béisbol) ninth

noveno[1] **-na** *adj/pron* **1** ▸ⓘ **p.575**; (ordinal) ninth *para ejemplos ver* **quinto**[1], **quinto**[2] **A1** **2** (partitivo): **la novena parte** a ninth

noveno[2] *m* ▸ⓘ **p.243** ninth

noventa[1] *adj inv/pron* ninety *para ejemplos ver* **cincuenta**[1], **cincuenta**[2]

noventa[2] *m* (number) ▸ⓘ **p.575**; ninety

noventavo[1] **-va** *adj* **1** (partitivo): **la noventava parte** a ninetieth **2** (crit) (ordinal) ninetieth *para ejemplos ver* **veinteavo**[1], **veinteavo**[2]

noventavo[2] *m* ▸ⓘ **p.243** ninetieth

noventayochista *adj: of or relating to the Generation of 1898*

noviar [A1] *vi* (AmL fam) to go out together, to go steady (dated), to date (AmE); **hacía meses que noviaban** they had been going out (together) for months, they had been dating *o* going steady for months; **empezó a ~ a los 14** he started going out with *o* (AmE colloq) going with girls when he was 14; **~ CON algn** to go out WITH sb, to date sb (AmE), to go WITH sb (AmE colloq)

noviazgo *m*: **el ~ duró cuatro años** they went out (together) for four years, their courtship lasted four years (dated); **esos ~s a larga distancia no funcionan** those long-distance relationships don't work

noviciado *m*

A (Relig) novitiate

B (en un oficio) apprenticeship

novicio -cia *m,f*

A (Relig) novice

B (principiante) novice, beginner; **soy ~ en el oficio** (fam) I'm new to the job, I've only just started the job

no-vidente *adj/mf* (CS) ▸**invidente**[1], **invidente**[2]

noviembre *m* ▸ⓘ **p.371** November *para ejemplos ver* **enero**

noviero -ra *adj* (fam): **es muy ~** (con muchas novias) he's had lots of girlfriends; (enamoradizo) he falls in love very easily, he's always falling in love

novillada *f: bullfight using young bulls*

novillero -ra *m,f* apprentice bullfighter (*who fights young bulls*)

novillo -lla *m,f*

A (*m*) young bull

B (*f*) heifer; ***hacer ~s*** (fam) to play truant, to play hooky (esp AmE colloq), to skive off (school) (BrE colloq)

novilunio *m* new moon

novio -via *m,f* **1** (no formal) (*m*) boyfriend; (*f*) girlfriend; (después del compromiso) (*m*) fiancé; (*f*) fiancée; **vive con su ~** she lives with her boyfriend/fiancé; **¿tienes ~?** do you have a boyfriend?, are you going out with *o* (AmE) seeing anybody?; ***quedarse compuesta y sin ~*** (fam) to be left high and dry **2** (el día de la boda) (*m*) groom, bridegroom; (*f*) bride; **los ~s salieron de viaje** the bride and groom *o* the newlyweds left for their honeymoon

novísimo -ma *adj* highly original, highly innovative

novocaína *f* novocaine

NPI *m* (**= número personal de identificación**) PIN, PIN number

n/ref. (**= nuestra referencia**) our ref.

N.S. = Nuestro Señor

nubarrón *m* storm cloud

nube *f*

A (Meteo) cloud; **un cielo cubierto de ~s** an overcast *o* a cloudy sky; **ninguna ~ enturbiaba su felicidad** (liter) not a single cloud marred her happiness (liter); ***como caído de las ~s*** out of the blue; ***estar*** *or* ***andar en las ~s*** to be daydreaming, have one's head in the clouds; ***estar/ponerse por las ~s:*** **la carne se está poniendo por las ~s** the price of meat is going through the roof *o* (AmE) is going out of sight (colloq); **por aquí las casas están por las ~s** around here house prices are sky-high *o* (AmE) out of sight (colloq); ***poner a algn por las ~s*** to praise sb to the skies, sing sb's praises; ***vivir en las ~s*** to live in cloud-cuckoo land (colloq)

(Compuesto) **nube de verano** (Meteo) summer shower; **el enfado fue una ~ de ~** the quarrel was short-lived *o* blew over very quickly; **un interés que no fue más que una ~ de ~** an interest that turned out to be very short-lived *o* to be a nine days' wonder

B (de polvo, humo) cloud; (de insectos) cloud, swarm; **una ~ de fotógrafos** a swarm of photographers

(Compuesto) **nube atómica** mushroom cloud

C (en una piedra preciosa) cloud; (en el ojo) film

núbil *adj* (liter) nubile

nubilidad *f* (liter) nubility

nublado[1] **-da** *adj* **1** ▸ⓘ **p.802** ‹*cielo/día*› cloudy, overcast; **estaba ~** it was cloudy *o* overcast; **el día amaneció ~** the day dawned cloudy **2** (liter) (enturbiado) clouded; **tenía la mirada nublada por las lágrimas** my eyes were clouded with tears; **con el juicio ~ por la ira** with his judgment clouded by anger

nublado[2] *m* (nube) storm cloud; (período) cloudy spell; ***todo ~ tiene su claridad*** every cloud has a silver lining

nublar [A1] *vt* **1** ‹*ojos/mirada*› to cloud; **las lágrimas le ~on la vista** tears clouded her eyes *o* blurred her vision; **pasiones que te nublan la razón** passions which cloud your reasoning **2** (liter) ‹*felicidad*› to mar, cloud (liter)

■ **nublarse** *v pron* **1** ▸ⓘ **p.802**; «*cielo*» to cloud over; **se está nublando** it's getting cloudy, it's clouding over **2** «*mirada/ojos*» to cloud over **3** (liter) «*razón*» to become clouded; **su felicidad se nubló con la noticia** his happiness was marred *o* clouded by the news

nublazón *m* (AmL) **1** (nube) storm cloud; (periodo) cloudy spell **2** (liter) (oscuridad) darkness, blackness

nubloso -sa *adj* **1** ▸ⓘ **p.802** ‹*cielo/día*› cloudy **2** ‹*recuerdo*› hazy, vague; **todo es bastante ~** it's all rather hazy *o* vague

nubosidad *f* ▸ⓘ **p.802** cloud; **la ~ irá en aumento** there will be a buildup of cloud, it will become increasingly cloudy; **un día inestable con abundante ~** a changeable day with a lot of cloud about

nuboso -sa *adj* ▸ⓘ **p.802** cloudy

nuca *f* back of the neck; **le dio un golpe en la ~** he hit him on the back of the neck; **le dio un beso en la ~** he kissed the nape of her neck; ***estar de la ~*** (Arg arg) to be off one's head (colloq)

nuche *m* (Col) botfly

nucleado -da *adj* **1** (agrupado) **~ EN TORNO A algn** grouped AROUND sb **2** ‹*célula*› nucleated

nuclear[1] *adj* nuclear

nuclear[2] *f* nuclear power station

nuclearización *f* nuclearization

nuclearizado -da *adj*: **un país ~** *a country which has nuclear weapons or allows them on its territory*

núcleo *m*

A **1** (Biol, Fís, Quím) nucleus **2** (Ling) nucleus **3** (Elec) (de una bobina) core **4** (de un reactor) core

B **1** (de un asunto) heart, core; (de un conjunto, equipo) nucleus **2** (grupo) group; **pequeños ~s de disidentes** small groups of dissidents **3** (centro) center*

(Compuestos)

- **núcleo de población** center* of population
- **núcleo familiar** family unit

nucleolo *m* nucleolus

nucleón *m* nucleon

nudillo *m* ▸ⓘ **p.231** knuckle

nudismo *m* nudism

nudista *adj/mf* nudist

nudo *m*

A (lazo, atadura) knot; **se hizo un ~ en el hilo** the thread got into a knot *o* became knotted; **haz un ~ flojo aquí** tie a loose knot here; **¿me haces el ~ de la corbata?** can you tie *o* do my tie for me?; **tenía un ~ en la garganta** I had *o* I could feel a lump in my throat

(Compuestos)

- **nudo corredizo** slipknot
- **nudo de rizo** reef knot
- **nudo gordiano** Gordian knot
- **nudo marinero** reef knot

B **1** (en la madera) knot **2** (en una caña) node, joint **3** (Anat) node

C (Transp) (de carreteras) junction; (de transporte aéreo) hub; **un ~ ferroviario** a railroad *o* railway junction

D **1** (de una trama) climax **2** (de un problema) crux, heart

E (Náut) knot

nudoso -sa *adj* **1** ‹*manos*› knotted, gnarled **2** ‹*vara/tronco*› knotty, gnarled; ‹*madera*› knotty

nuera *f* daughter-in-law

nuestro[1] **-tra** *adj* our; **ése es ~ coche** *or* **ése es el coche ~** that's our car; **un amigo ~** a friend of ours; **N~ Señor** (Relig) Our Lord

nuestro[2] **-tra** *pron*: **el ~**: **la nuestra** *etc* ours; **el ~ es azul** ours is blue; **¡qué poca suerte la nuestra!** we're not having/we haven't had much luck!; **su hija es amiga de la nuestra** their daughter and ours are friends; **puedes hablar, es de los ~s** you can talk freely, he's one of us; **¿sabe lo ~?** does she know about us?; **nosotros a lo ~** let's just get on with our own business

nueva *f* (arc) tidings (*pl*) (arch); **anunciar la buena ~** to announce the glad tidings; **portador de buenas ~s** bearer of glad tidings; ***coger a algn de ~s*** (Esp) to take sb by surprise; ***hacerse de ~s*** to act surprised

Nueva Delhi *f* New Delhi

Nueva Escocia *f* Nova Scotia

Nueva España *f* (Hist): **el virreinato de ~ ~** the Viceroyalty of New Spain (*Mexico, the southwestern USA and parts of Central America*)

Nueva Gales del Sur *f* New South Wales

Nueva Granada *f* (Hist): **el virreinato de ~ ~** the Viceroyalty of New Granada (*Colombia, Ecuador, Venezuela and Panama*)

Nueva Guinea *f* New Guinea

Nueva Inglaterra *f* New England

nuevamente *adv* again; **estaremos ~ con ustedes el próximo lunes** we'll be with you again *o* we'll be back with you next Monday

nuevaolero -ra *adj* new wave (*before n*)

Nueva Orleáns *f* New Orleans

Nueva York *f* New York

Nueva Zelanda, Nueva Zelandia *f* New Zealand

nueve[1] *adj inv/pron* nine *para ejemplos ver* **cinco**[1], **cinco**[2]

nueve[2] *m* ▸ⓘ **p.575** (number) nine *para ejemplos ver* **cinco**[1], **cinco**[2]

nueveavo[1] **-va** *adj* **1** (partitivo): **la nueveava parte** a ninth **2** (crit) (ordinal) ninth *para ejemplos ver* **veinteavo**[1], **veinteavo**[2]

nueveavo[2] *m* ▸ⓘ **p.243** ninth

nuevecito -ta *adj* (fam) brand-new; **está ~** it's brand-new

nuevo -va *adj*

A **1** [SER] (de poco tiempo) ‹*coche/juguete/ropa*› new; **me lo dejaron como ~** it was as good as new when I got it back; **soy ~ en la oficina** I'm new in the office **2** [SER] (que sustituye a otro) ‹*casa/novio/trabajo*› new **3** (*delante del n*) (otro) ‹*intento/cambio*› further; **ha surgido un ~ problema** another *o* a further problem has arisen; **decidieron darle una nueva oportunidad** they decided to give him another chance

Números[1]

Números cardinales

1 = one		30 = thirty	
2 = two		31 = thirty-one	
3 = three		32 = thirty-two	
4 = four		33 = thirty-three	
5 = five		40 = forty	
6 = six		50 = fifty	
7 = seven		60 = sixty	
8 = eight		70 = seventy	
9 = nine		80 = eighty	
10 = ten		90 = ninety	
11 = eleven		100 = a hundred	
12 = twelve		101 = a hundred and one	
13 = thirteen		102 = a hundred and two	
14 = fourteen		103 = a hundred and three	
15 = fifteen		200 = two hundred	
16 = sixteen		300 = three hundred	
17 = seventeen		400 = four hundred	
18 = eighteen		500 = five hundred	
19 = nineteen		600 = six hundred	
20 = twenty		700 = seven hundred	
21 = twenty-one		800 = eight hundred	
22 = twenty-two		900 = nine hundred	
23 = twenty-three			

En inglés se usa una coma para separar los millares de las centenas y los millones de los cientos de millares:

1,000 = one thousand
1,001 = one thousand and one
10,000 = ten thousand
90,000 = ninety thousand
100,000 = one hundred thousand
1,000,000 = one million
12,000,000 = twelve million
1,000,000,000 = one billion *o* one thousand million

El numeral '*billion*' equivale a mil millones, aunque en el inglés británico puede significar también un millón de millones

Nótese el uso de '*and*' entre las centenas y las decenas:

220
= two hundred and twenty

pero no entre las decenas y las unidades:

76
= seventy-six

333
= three hundred and thirty-three

Las palabras '*million*' y '*dozen*' funcionan igual que '*hundred*' y '*thousand*' en cuanto al uso de la preposición '*of*':

un millón de personas
= a million people

una docena de huevos
= a dozen eggs

un millón de ellos
= a million of them

una docena de sus amigos
= a dozen of his friends

El cero en inglés

En el inglés norteamericano se prefiere el uso de la palabra '*zero*', mientras que en el inglés británico se emplea más la palabra '*nought*':

0.25
= point two five
= zero point two five
= nought point two five

Al leer un número cifra por cifra, el cero suele leerse '*zero*' en el inglés norteamericano y como la letra 'o' en el inglés británico:

250674
= two – five – zero – six – seven – four (*esp AmE*)
= two – five – oh – six – seven – four (*esp BrE*)

Nótese el uso inglés cuando se trata de dar el resultado de un encuentro deportivo. El cero puede expresarse de las siguientes maneras:

ganaron seis a cero
= they won six – nothing *o* six to nothing
= they won six – zero (*AmE*)
= they won six – zip (*AmE*)
= they won six – nil (*BrE*)

En tenis se usa la palabra '*love*':

iba ganando treinta a cero
= he was winning thirty-love

4▸ [SER] (original, distinto) ‹*estilo/enfoque*› new; **no dijo nada ~** she didn't say anything new; **¿que hay de ~?** (fam) what's new? (colloq) 5▸ [ESTAR] (no desgastado) as good as new; **todavía lo tengo ~** *or* (CS) **nuevito** it's still as good as new

(Compuestos)
- **nueva ola** *f* new wave
- **nuevas tecnologías** *fpl* new technology
- **nuevo rico, nueva rica** *m,f* nouveau riche
- **Nuevo Testamento** *m* New Testament

B **de ~** again; **de ~ tengo el honor de ...** again *o* once again *o* once more I have the privilege of ...

Nuevo Gales del Sur *m* ▸**Nueva Gales del Sur**

Nuevo México *m* New Mexico

Nuevo Mundo *m* (liter): **el ~ ~** the New World (liter)

nuez *f*
A (Bot, Coc) 1▸ (del nogal) walnut 2▸ (Méx) (pacana) pecan, pecan nut
(Compuestos)
- **nuez de Castilla** (Méx) walnut
- **nuez de la India** (Méx) cashew (nut)
- **nuez moscada** nutmeg

B (Anat) Adam's apple

nueza *f* bryony

nulidad *f*
A (Der) nullity
B (fam) (calamidad) dead loss (colloq); **como cocinero es una ~** he's a hopeless cook (colloq), as a cook he's hopeless *o* he's a dead loss (colloq)

nulo -la *adj*
A (Der) ‹*testamento/votación/contrato*› null and void; ‹*voto*› void
B ‹*persona*› useless (colloq), hopeless (colloq); **es ~ para los idiomas** he's useless *o* hopeless at languages
C (inexistente): **mis conocimientos del tema son ~s** I know absolutely nothing about the subject; **su valor nutritivo es casi ~** its nutritional value is virtually zero *o* (BrE) virtually nil

Núm., núm. (= **número**) no.

numen *m* 1▸ (Mit) numen 2▸ *tb* **~ poético** (liter) poetic inspiration

numerable *adj* countable

numeración *f* 1▸ (acción) numbering 2▸ (números) numbers (*pl*) 3▸ (sistema) numerals (*pl*)
(Compuesto) **numeración arábiga/romana** Arabic/Roman numerals (*pl*)

numerador *m* numerator

numeral *adj/m* numeral

numerar [A1] *vt* to number

numerario[1] -ria *adj* 1▸ ‹*empleado*› permanent 2▸ ‹*socio/miembro*› (antiguo) long-standing; (de pleno derecho) full (*before n*)

numerario[2] *m* (frml) cash

numéricamente *adv* numerically

numérico -ca *adj* numerical

número *m*
A 1▸ (Mat) number; **vive en el ~ 15** she lives at number 15; **el ~ premiado es el 10895** the winning number is (number) 10895; **pagó una suma de seis ~s** he paid a six figure sum; **un ~ cada vez mayor de emigrantes** more and more emigrants; **el gran ~ de respuestas recibidas** the large number of replies received; **problemas sin ~** innumerable *o* countless problems; ***en ~s redondos*** in round numbers; ***estar en ~s rojos*** (fam) to be in the red (colloq); **tengo la cuenta en ~s rojos** my account is *o* I'm in the red (colloq); ***hacer ~s*** to do one's arithmetic *o* (BrE) sums 2▸ (de zapatos) ▸ⓘ **p.788**; size; **¿qué ~ calzas?** what size shoe do you take? 3▸ (billete de lotería) lottery ticket
(Compuestos)
- **número aleatorio** random number
- **número arábigo** Arabic numeral
- **número atómico** atomic number
- **número binario** binary number
- **número cardinal** cardinal number
- **número complejo** complex number
- **número decimal** decimal
- **número de chasis** vehicle identification number
- **número de cuenta** account number
- **número de fax** fax number
- **número de identidad** identity number
- **número de identificación** (de persona) identity number; (de producto) identification number
- **número de identificación fiscal** *or* **tributaria** tax identity number, taxpayer ID (AmE), Unique Taxpayer Reference (BrE)
- **número de identificación personal** PIN number, Personal Identification Number
- **número del DNI** (en Esp) national identity card number
- **número de masa** mass number
- **número de matrícula** license number (AmE), registration number (BrE)
- **número de serie** serial number
- **número de teléfono** telephone number
- **número de vuelo** flight number
- **número entero** whole number
- **número fraccionario** fraction
- **número impar** odd number
- **número mixto** mixed number
- **número ordinal** ordinal number
- **número par** even number
- **número perfecto** perfect number
- **número primo** prime number
- **número real** real number
- **número romano** Roman numeral
- **número uno** *mf* (de un equipo) number one; (líder) leader; **es el ~ ~ de su clase** he's top of *o* the best in his class; **el ~ ~ egipcio** the Egyptian leader

B (Espec) act; **un excelente ~ cómico** an excellent comedy act *o* (BrE) turn; ***montar un/el ~*** (Esp fam) to kick up a fuss (colloq)
C (de una publicación) issue; **el ~ del mes de mayo** the May issue *o* edition; **un ~ especial** *or* **extraordinario** a special issue *o* edition; **~s atrasados** back numbers *o* issues
D (en gramática) number
E (Esp frml) (policía) officer, constable (BrE)

numerología *f* numerology

numerológico -ca *adj* numerological

numerosidad *f*: **la ~ de las respuestas recibidas** the large number *o* numbers of replies received

n

❶ Números[2]

Números ordinales

1º	1st	first
2º	2nd	second
3º	3rd	third
4º	4th	fourth
5º	5th	fifth
6º	6th	sixth
7º	7th	seventh
8º	8th	eighth
9º	9th	ninth
10º	10th	tenth
11º	11th	eleventh
12º	12th	twelfth
13º	13th	thirteenth
14º	14th	fourteenth
15º	15th	fifteenth
16º	16th	sixteenth
17º	17th	seventeenth
18º	18th	eighteenth
19º	19th	nineteenth
20º	20th	twentieth
21º	21st	twenty-first
22º	22nd	twenty-second
23º	23rd	twenty-third
24º	24th	twenty-fourth
30º	30th	thirtieth
40º	40th	fortieth
50º	50th	fiftieth
60º	60th	sixtieth
70º	70th	seventieth
80º	80th	eightieth
90º	90th	ninetieth
100º	100th	hundredth
1,000º	1,000th	thousandth
1,000,000º	1,000,000th	millionth

Los números ordinales se emplean:

– en títulos:

Queen Elizabeth II
= (Queen Elizabeth the Second)

Pope John XXIII
= (Pope John the Twenty-third)

– para referirse a siglos:

the 19th century
= (the nineteenth century)

– para indicar la fecha:

April 3rd
= (April the third)

Ver también **página 374**

Operaciones matemáticas

13 + 3 = 16
= thirteen plus three is sixteen
= thirteen plus three equals sixteen
= thirteen and three are sixteen

4 – 1 = 3
= four minus one is three

3 x 2 = 6
= three times two is six
= three twos are six

20 ÷ 4 = 5
= twenty divided by four is five

a > b
= a is greater than b

b < c
= b is less than c

numeroso -sa *adj* [1] ‹*clase/grupo*› large; **la ceremonia se celebró ante ~ público** (frml) the ceremony took place in front of a large audience; ▸**familia** [2] ‹*ocasiones/ejemplos/visitantes*› numerous, many

numerus clausus *m* numerus clausus, restricted entrance (*to an educational establishment*)

numismata *mf* numismatist, coin collector

numismática *f* numismatics, coin collecting

numismático[1] -ca *adj* numismatic

numismático[2] -ca *m,f* numismatist, coin collector

nunca *adv* ▸❶ **p.567**; never; **~ te he mentido** *or* **no te he mentido ~** I have never lied to you; **~ es tarde** it's never too late; **no viene casi ~** he hardly ever comes; **aquello fue algo ~ visto** it was absolutely incredible; **hoy más que ~** today more than ever (before); **bailó como ~** she danced like never before; **~ más le volvió a escribir** she never wrote to him again

nunciatura *f* nunciature

nuncio *m* [1] (Relig) *tb* **~ apostólico** papal nuncio [2] (liter) (anuncio, precursor) herald (liter), harbinger (liter)

nupcial *adj* (liter) ‹*festejos*› nuptial (liter); **el lecho ~** the marriage bed; **la ceremonia ~** (frml) the wedding ceremony

nupcias *fpl* (liter) nuptials (*pl*) (liter), wedding; **en 1970 se casó en segundas ~ con doña Inés Díaz** in 1970 he married his second wife, Inés Díaz

nurse *f* [1] (niñera) nanny, nursery nurse [2] (Ur) /'nurs, 'ners/ (enfermera) staff nurse

nutracéutico *m* (Culin) nutraceutical

nutria *f* [1] (mamífero mustélido) otter [2] (roedor) coypu, nutria

nutrición *f* nutrition

nutricional *adj* nutritional

nutricionista *mf* nutritionist

nutrido -da *adj*

A [1] (*delante del n*) (frml) (abundante): **ante una nutrida concurrencia** in front of a large crowd; **se espera una nutrida participación del estudiantado** many students are expected to participate; **se le brindaron ~s aplausos** he received hearty *o* enthusiastic applause [2] (frml) (con abundancia) **~ DE algo** full OF sth; **un artículo ~ de datos estadísticos** an article full of statistical data, an article containing copious statistical data (frml)

B ‹*niño*›: **mal ~** undernourished, malnourished; **bien ~** well-nourished

nutriente *f* nutrient

nutriólogo -ga *m,f* nutritionist, dietician

nutrir [I1] *vt*

A ‹*organismo*› to nourish; ‹*niño/planta*› to nourish, feed

B (liter) ‹*odio/celos*› to fuel, feed; **intentando ~ la virtud en sus alumnos** trying to foster a sense of virtue in his pupils

■ **nutrirse** *v pron*

A «*planta/organismo*» to receive nourishment; **el feto se nutre a través de la placenta** the fetus obtains *o* receives nourishment through the placenta; **la organización se nutre de subvenciones estatales** the organization is funded by state subsidies

B (liter) «*odio/rencor*»: **~se DE algo** to be fueled BY sth; **su vida espiritual se nutría de aquellas lecturas** he drew spiritual sustenance from his reading of those texts (liter)

nutritivo -va *adj* ‹*alimento*› nutritious; ‹*valor*› nutritional; **rico en sustancias nutritivas** *or* **elementos ~s** rich in nutrients, highly nutritious

nylon /'najlon, ni'lon/ *m* nylon

ñ, Ñ *f (read as /'eɲe/) the letter ñ, Ñ*

ña *f* (AmL fam) *shortened form of* ▸**doña**, *(ver tb* **ño)**

ñaca *interj* (Esp fam) **1** (fastídiate): **me voy a la sierra y tú no, ~** I'm going to the mountains and you're not, eat your little heart out! (colloq); **el mío es más bonito, ~** mine's prettier, so there! (colloq) **2** (fam) (expresando agrado): **~ ~** yippee! (colloq), wa-hey! (colloq); **esta noche me voy de fiesta, ~ ~** I'm going out partying tonight, yippee *o* wa-hey!

ñácate *interj* (RPl fam): **siguió tirando y de repente ~, se rompió** he went on pulling and then, suddenly ... snap! it broke (colloq); **apenas salimos y ¡~! se pone a llover** no sooner had we gone out than down came the rain (colloq); **lo dejó caer y ¡~! se hizo mil pedazos** he dropped it and ... crash! it smashed to pieces (colloq)

ñame *m* yam

ñam ñam *interj* (fam) yum-yum (colloq); **esta noche hago paella, ~ ~** I'm making a paella tonight, yum-yum

ñandú *m* rhea

ñandubay *m* nandubay (*hardwood tree*)

ñandutí *m* nanduti (*fine Paraguayan lace*)

ñángara *adj/mf* (Cu, Ven fam) communist, commie (fam & pej)

ñango -ga *adj* (Méx fam) wimpish (colloq), weedy (BrE colloq)

ñaña *f* (AmC vulg) shit (vulg), crap (vulg)

ñáñara *f*

A (Cu, Méx fam) (en la piel) sore

B **ñáñaras** *fpl* (Méx fam) (miedo) fear (*sing*); **sentir ~s** to get the creeps (colloq); **me da ~** it gives me the creeps (colloq)

ñapa *f* (AmL) *small amount of extra goods given free*; **de ~ me dieron cuatro tomates** they threw in four tomatoes (for free) (colloq); **de ~** *or* (Ven) **para más ~, nos asaltaron** to add insult to injury we were mugged; **se salvó de ~** she only just pulled through; **por una ~ chocamos contra ese carro** (Ven) we very nearly hit that car, we only just missed that car

ñara¹ *adj* (AmC arg) terrible, god-awful (sl)

ñara² *mf* (AmC arg) jerk (colloq), moron (colloq & pej)

ñata *f*, **ñatas** *fpl* (AmL fam) nose

ñatita *f* (AmL fam) snub nose

ñato¹ -ta *adj* (AmS fam) ‹*persona*› snub-nosed; ‹*animal*› pug-nosed; **es muy ~ para usar esos anteojos tan grandes** his nose is too flat for such big glasses

ñato² -ta *m,f* (fam) **1** (CS fam) (tipo) (*m*) guy (colloq), bloke (BrE colloq); (*f*) woman **2** (Andes) (como apelativo cariñoso) funny face (colloq); **ven, ñatita, dame un besito** come here, funny face, give us a kiss **3** (AmS) (de nariz pequeña y chata): **no le gustan los ~s** she doesn't like snub-nosed men

ñauca *f* (Chi) ▸**ñaupa**

ñaupa *f* (RPl fam): **tocan música del año de ~** the music they play is really ancient (colloq); **usa ropa del año de ~** his clothes are so old-fashioned *o* (colloq) are like something from the ark; **el auto es del año de ~** the car is really ancient *o* is a real museum piece (colloq)

ñecla *mf*

A (Chi fam) (persona) wimp (colloq), weed (BrE colloq)

B **ñecla** *f* (Chi) (volantín) small kite

ñeque *m* (Chi fam) strength, stamina; **le faltó ~** he didn't have the strength *o* the stamina, he didn't have what it takes (colloq); **una competencia de mucho ~** a really grueling competition; ***ponerle ~ a algo*** (Chi fam) to put a lot into sth; ***tener ~*** (Chi fam) to have guts (colloq), to have a lot of bottle (BrE colloq)

ñero¹ -ra *adj* (Ven arg) stupid

ñero² -ra *m,f* (Ven arg) jerk (colloq)

ñinga *f* (Ven fam) bit

ñire, ñirre *m: type of beech*

ño, ña *m,f* (Chi fam) *abbreviation of* ▸**Señor/Señora/Señorita** *used to refer to older people in rural communities*

ñoco -ca *adj* (Col fam): **le quedó la mano ñoca** he lost a hand; **tiene un dedo ~** he has a finger missing

ñoña *f* (Chi, Ven fam) shit (vulg), crap (vulg); ***como la ~*** (Chi fam) very badly; **me fue como la ~** it went really badly, I screwed up (colloq); **lo pasamos como la ~** we had a lousy time (colloq); ***sacarle la ~ a algn*** (Chi fam) to beat hell *o* the living daylights out of sb (colloq), to beat the shit out of sb (vulg); ***sacarse la ~*** (Chi fam) (esforzarse mucho) to work like a dog (colloq), to work one's butt off (AmE colloq), to slog one's guts out (BrE colloq) (quedar herido) to get hurt; (matarse) to kill oneself; ***volver** or **hacer algo ~*** (Ven fam) to smash sth; **el carro quedó vuelto ~** the car was totaled (AmE) *o* (BrE) was a complete write-off; ***volverse ~*** «*persona*» (Ven fam) to get into a mess (colloq)

ñoñería *f*: **déjate de ~s** stop whining (colloq), don't be such a crybaby *o* drip (colloq)

ñoño¹ -ña *adj* drippy (colloq), wet (BrE colloq)

ñoño² -ña *m,f* drip (colloq)

ñoqui *m*

A (RPl fam) (trompada) punch; **le encajó un ~** he punched him

B **ñoquis** *mpl* (Coc) gnocchi (*pl*)

Compuestos

- **ñoquis a la romana** *mpl* gnocchi à la romaine (*pl*)
- **ñoquis de papa** *or* (Esp) **patata** *mpl* potato gnocchi (*pl*)
- **ñoquis de sémola** *mpl* semolina gnocchi (*pl*)

ñorbo *m* passionflower

ñu *m* gnu, wildebeest

Oo

o[1], **O** *f* (*read as* /o/) (the letter) o, O; ***no saber hacer la 'o' con un canuto*** (fam) to be absolutely useless (colloq), to be a total waste of time (colloq)

o[2] *conj* 1 (planteando una alternativa) or; **¿vienes o no?** are you coming or not?; **yo te llevo ... ¿o es que no quieres ir?** I'll take you ... or don't you want to go? 2 (si no): **dámelo o se lo digo a la maestra** give it to me or I'll tell the teacher *o* give it to me, otherwise I'll tell the teacher; **o ... o ...** either ... or ...; **tiene que ser o mañana o el jueves** it has to be either tomorrow or Thursday; **o (bien) se retracta o queda despedido** unless you withdraw what you said, you will be dismissed *o* either you withdraw what you said or you will be dismissed 3 (indicando aproximación) [*between two digits* ▸ **o** *is written with an accent* **unas 100 ó 120 personas** about 100 or 120 people] 4 (indicando equivalencia) or; **los glóbulos blancos, o leucocitos** the white blood cells or leucocytes; **o sea** *ver* **ser**[1], **u**[2]

O *m* (Med) O ▸ **grupo sanguíneo**

o/ = **orden**

O. (= **oeste**) ▸ **p.681**; W, West

OACI /o'aθi/ *f* (= **Organización de la Aviación Civil Internacional**) ICAO

oasis *m* (*pl* ∼) (Agr, Geog) oasis; **un ∼ en sus ajetreadas vidas** an oasis of calm in their busy lives

oaxaqueño -ña *adj* of/from Oaxaca

obcecación *f* blindness (to reason), stubbornness, obstinacy

obcecadamente *adv* blindly, stubbornly, obstinately

obcecado -da *adj* 1 [ESTAR] (cegado): **está ∼ con la idea** he's obsessed with the idea; **∼ por los celos** blinded by jealousy 2 [SER] (porfiado) obstinate, stubborn

obcecar [A2] *vt* to blind; **la ira lo obcecó** he was blinded by rage

■ **obcecarse** *v pron* to become obsessed

ob. cit., Ob. cit (= **obra citada**) op cit

obedecer [E3] *vt* 1 ‹*orden/norma*› to obey, comply with; **∼ las leyes** to obey the law; **deberá ∼ el dictado de su conciencia** you must follow the dictates of your conscience (liter) 2 ‹*persona*› to obey; **obedece a tu madre** do as your mother tells you, obey your mother

■ **obedecer** *vi* 1 «*persona*» to obey; **obedeció sin rechistar** she obeyed without a murmur; **para que aprendas a ∼** to teach you to be more obedient *o* do as you're told 2 «*mecanismo*» to respond 3 (frml) (a un motivo, una causa) **∼ A algo** to be due TO sth; **su retraso obedece a problemas auditivos** her backwardness is due to hearing problems

obediencia *f* obedience; **los niños deben ∼ a sus padres** children should obey their parents; **con una ∼ ciega** with blind *o* unquestioning obedience

obediente *adj* obedient

obelisco *m* obelisk

obenque *m* shroud

obertura *f* overture

obesidad *f* obesity

(Compuesto) **obesidad mórbida** morbid obesity

obeso[1] **-sa** *adj* obese

obeso[2] **-sa** *m,f* obese person

(Compuesto) **obeso mórbido, obesa mórbida** *m,f* morbid obese patient

óbice *m* (frml) **no ser ∼ PARA algo**: **esto no es ∼ para que cumplan las normas** this does not stop *o* prevent them (from) complying with the rules; ***no es ∼, cortapisa ni valladar*** (frml *o* hum) it is no problem whatsoever

obispado *m* 1 (dignidad) bishopric 2 (distrito) bishopric, diocese

obispal *adj* episcopal

obispo *m* bishop

óbito *m* (frml) demise (frml)

obituario *m* 1 (en un periódico) obituary 2 (registro) register of deaths

objeción *f* objection; **¿alguien tiene alguna ∼?** does anyone have any objection?, are there any objections?; **nadie hizo** *or* **puso objeciones** nobody objected *o* made *o* raised any objection; **¿existe alguna ∼ a que yo esté presente?** is there any objection *o* does anyone object to my being present?

(Compuesto) **objeción de conciencia** conscientious objection; **se negó a practicarle el aborto alegando ∼ de ∼** he refused to carry out the abortion on moral grounds

objetable *adj* objectionable

objetante[1] *adj* ‹*persona/parte*› objecting (*before n*)

objetante[2] *mf* objector

(Compuesto) **objetante de conciencia** conscientious objector

objetar [A1] *vt* to object; **objetó que saldría muy caro** she objected that it would be very expensive; **-me parece injusto -objetó** I think it's unfair, she objected; **¿tienes algo que ∼?** do you have any objection?

■ **objetar** ∼ *vi* (Esp) to declare oneself a conscientious objector

objetivamente *adv* objectively

objetivar [A1] *vt* to objectify

objetividad *f* objectivity; **con ∼** objectively

objetivismo *m* objectivism

objetivizar [A4] *vt* objectify

objetivo[1] **-va** *adj* 1 ‹*crítica/análisis*› objective 2 ‹*persona*› objective

objetivo[2] *m*

A 1 (finalidad) objective, aim; **su único ∼ era terminar cuanto antes** her one objective *o* aim was to finish as quickly as possible 2 (Mil) objective 3 (*como adj inv*) target (*before n*); **la empresa ∼** the target company

(Compuesto) **objetivo de ventas** sales target

B (Fot, Ópt) lens

(Compuesto) **objetivo zoom** zoom lens

objeto *m*

A (cosa) object; **guardaron los ∼s de valor en la caja fuerte** they put the valuables *o* the items of value *o* the things of value in the safe; **∼s de uso personal** items *o* articles for personal use; **∼s de escritorio** office stationery; Ⓢ **objetos perdidos** lost and found (AmE), lost property (BrE)

(Compuestos)

- **objeto de arte** objet d'art
- **objeto volador no identificado** unidentified flying object, UFO
- **objeto volante no identificado** (Esp) unidentified flying object, UFO

B (finalidad) object; **el ∼ de esta reunión** the object *o* purpose of this meeting; **tuvo por ∼ facilitar el diálogo** it was intended to make it easier to hold talks, the aim *o* objective was to make it easier to hold talks; **con el ∼ de coordinar la operación** in order to coordinate the operation, with a view to *o* with the aim of coordinating the operation; **con el ∼ de que se conozcan antes de empezar el curso** so that *o* in order that you can get to know each other before the course starts

C 1 (de admiración, críticas) object; **el museo fue ∼ de críticas muy duras** the museum was the object *o* target of very harsh criticism, the museum was criticized very harshly; **el niño había sido ∼ de malos tratos** the child had been ill-treated, the child had been the victim of ill treatment; **ese crimen es ahora ∼ de una minuciosa investigación** that crime is now the subject of a detailed investigation; **fue ∼ de grandes demostraciones de afecto** he was the object of great displays of affection 2 (Ling) object 3 (de una ciencia) object

objetor -tora *m,f* objector

(Compuesto) **objetor de conciencia, objetora de conciencia** *m,f* conscientious objector

oblación *f* oblation, offering

oblea *f*

A (Relig) wafer

B (Inf) chip, wafer

C (Chi) (sello postal) postage stamp, stamp

oblicuamente *adv* obliquely

oblicuidad *f* 1 (cualidad) obliquity, obliqueness 2 (Astron) inclination

oblicuo -cua *adj* ‹*línea*› oblique; **una mirada oblicua** a sidelong look

obligación *f*

A (deber) obligation; **tiene (la) ∼ de mantenerlos** it is his duty to support them, he has an obligation to support them; **considero que es mi ∼ decírtelo** I feel it my duty to tell you; **es una ∼ que tienes para con él** you have a duty *o* an obligation to him, it is your duty to him; **lo hace por ∼** she does it out of a sense of duty *o* out of obligation; **no cumple con sus obligaciones** he doesn't fulfill his obligations; **adquirir** *or* **contraer una ∼** (frml) to contract an obligation (frml); **yo no falto a mis obligaciones** I always fulfill my obligations; **irá si sus obligaciones se lo permiten** she will go if her commitments permit; ***antes*** *or* ***primero es la ∼ que la devoción*** business before pleasure

B (Com, Fin) 1 (pasivo) obligation, liability 2 (bono) bond, debenture

obligacional *adj* ‹*relación/vínculo*› obligational, binding; **la fuente del contrato ∼** the source of the contractual obligations; **incumplimiento ∼** failure to fulfill* one's obligations

obligacionista *mf* bondholder

obligado -da *adj*

A 1 [ESTAR] ‹*persona*› obliged; **∼ A + INF** obliged to + INF; **no estás ∼ a asistir** you are not obliged *o* you are under no obligation to attend; **se vio ∼ a acompañarla** he was obliged to accompany her; **me sentí ∼ a aceptar** I felt obliged *o* duty-bound to accept

2 (forzoso): **una disposición de ~ cumplimiento** a legally binding provision; **es de lectura obligada** it is required reading

B [SER] (normal) customary; **en estos casos es ~ llevar regalo** in such instances it is the done thing *o* it is customary to take a gift, in such instances one should take a gift

obligar [A3] *vt* 1 «*circunstancia/persona*»: **~ a algn A + INF: el mal tiempo nos obligó a retrasar la partida** bad weather obliged *o* forced *o* compelled us to postpone our departure; **nos obligan a llevar uniforme** we are required to *o* we have to wear uniform; **no lo obligues a comer** don't force him to eat, don't make him eat; **lo obligué a pedirle perdón a la abuela** I made him apologize to his grandmother; **~ a algn A QUE + SUBJ** to make sb + INF; **oblígalos a que recojan los juguetes** make them pick up their toys 2 «*ley/disposición*» to bind; **esta ley sólo obliga a los mayores de edad** this law only applies to adults, only adults are legally bound by this law

■ **obligarse** *v pron* (*refl*) 1 (forzarse) **~se A + INF** to make oneself + INF, force oneself to + INF; **me obligo a escribir una página todos los días** I force myself to write *o* I make myself write a page every day 2 (comprometerse) to undertake; **~se A + INF** to undertake to + INF

obligatoriamente *adj*

A (de manera obligatoria) compulsorily, obligatorily

B (por fuerza) of necessity; **tienen que pasar por aquí ~** they have no option but to come through here

obligatoriedad *f*: **la ley establece la ~ de la enseñanza hasta los 16 años** the law makes education obligatory *o* compulsory up to the age of sixteen

obligatorio -ria *adj* compulsory, obligatory; **la asistencia es obligatoria** attendance is obligatory *o* compulsory; **servicio militar ~** compulsory *o* obligatory military service; **no es ~ terminarlo para mañana** it doesn't have to be finished by tomorrow

obliteración *f* obliteration

obliterar [A1] *vt* 1 (anular) to obliterate, destroy 2 (Med) to obliterate

oblongo -ga *adj* ovoid, oval

obnubilación *f* 1 (de la vista) blurring 2 (de la mente) confusion

obnubilar [A1] *vt* to cloud; **estaba obnubilado por el poder** power had clouded his judgment; **tenía la mente obnubilada por el alcohol** his mind was clouded by drink

■ **obnubilarse** *v pron* to become confused

oboe *m* 1 (instrumento) oboe 2 **oboe** *mf* (músico) oboist

óbolo *m* (moneda) obol; **contribuyó con su ~** (frml *o* hum) he made his humble contribution (frml & hum)

obra *f*

A 1 (creación artística) work; **esta escultura es una de sus primeras ~s** this sculpture is one of her earliest works *o* pieces; **una ~ literaria importante** an important literary work; **ésta es una ~ menor** this is a minor work; **una excelente ~ de artesanía** an excellent piece of craftsmanship; **la ~ cinematográfica de Buñuel** Buñuel's films, Buñuel's oeuvre (frml); **las ~s completas de García Lorca** the complete *o* collected works of García Lorca; **sus ~s de teatro** *or* **su ~ dramática** her plays 2 (Mús) work, opus

(Compuestos)
- **obra de arte** work of art
- **obra de consulta** reference book, work of reference
- **obra maestra** masterpiece, chef d'oeuvre (frml)

B (acción): **ya he hecho mi buena ~ del día** I reckon I've done my good deed for the day; **por sus ~s los conoceréis** (Bib) by their works will you know them; **hizo muchas ~s de misericordia** she performed many charitable deeds; **ha trabajado incansablemente, todo esto es ~ suya** she has worked tirelessly, all this is her doing; **esto es ~ de Víctor** this is Víctor's doing; **por ~ (y gracia) del Espíritu Santo** (Relig) by the grace of God; **piensa que la casa se va a pintar por ~ y gracia del Espíritu Santo** (hum) he seems to think the house will paint itself; ***ser ~ de romanos*** *or* ***de benedictinos*** to be a huge *o* mammoth task; ***~s son amores que no buenas razones*** actions speak louder than words

(Compuestos)
- **obra benéfica** *or* **de beneficencia** *or* **de caridad** (acto) charitable act *o* deed, act of charity; (organización) charity, charitable organization
- **obra social** (labor filantrópica) benevolent *o* charitable work; (mutualidad) (Arg) ≈ benefit society (*in US*), ≈ friendly society (*in UK*)

C (Arquit, Const) (construcción) building work; **la casa aún está en ~** the house is still being built, the house is still under construction (frml); **perdona el desorden, estamos de** *or* **en ~s** sorry about the mess, we're having some building work done *o* (colloq) we've got the builders in; Ⓢ **instalación de calefacción sin obra** heating systems installed — no building work involved; Ⓢ **peligro: obras** danger: building *o* construction work in progress; Ⓢ **cerrado por obras** closed for repairs/refurbishment; ▸**mano**[1]

(Compuestos)
- **obra muerta** freeboard, dead work (ant)
- **obra negra** (Col, Méx): **el edificio está en ~ ~** the building is just a shell
- **obras mayores** *fpl* major works (*requiring building permission*)
- **obras menores** *fpl* minor works (*which may require building permission*)
- **obras públicas** *fpl* public works (*pl*)
- **obras viales** *fpl* (AmL) roadworks (*pl*)
- **obras viarias** *fpl* (Esp) roadworks (*pl*)

D (sitio) building *o* construction site

E **la Obra** (Relig) the Opus Dei

obrador *m* 1 (taller) workroom 2 (Arg) (depósito) tool store

obraje *m* (RPl): **~ maderero** logging camp

obrajero -ra *m,f* (RPl) timber merchant

obrar [A1] *vi*

A (actuar) to act; **obró de buena fe** he acted in good faith; **~ guiado por los celos** to act out of jealousy

B (frml) (Corresp, Der): **según los documentos que obran en mi poder** according to the documents in my possession; **las pruebas obran en su poder** he is in possession of the evidence

C (frml) (evacuar el vientre) to have a bowel movement, pass a motion (BrE)

■ **obrar** *vt* 1 ‹*madera*› to work 2 ‹*prodigios/maravillas*› to work; **la fe obra milagros** faith works miracles

obrera *f* (hormiga) worker, worker ant; (abeja) worker, worker bee *ver tb* **obrero**[2]

obrerismo *m* 1 (movimiento) labor* movement 2 (clase obrera) working class

obrero[1] **-ra** *adj* ‹*barrio*› working-class; **el movimiento ~** the labor movement; **la clase obrera** the working class

obrero[2] **-ra** *m,f*: **un ~ de la fábrica** one of the workers from the factory; **los ~s dejaron la arena en el jardín** the workmen left the sand in the garden; **~ de la construcción** construction *o* building worker

(Compuestos)
- **obrero autónomo** self-employed worker
- **obrero calificado** (AmL) skilled worker
- **obrero cualificado** (Esp) skilled worker
- **obrero especializado** skilled worker

obscenamente *adj* obscenely

obscenidad *f* 1 (cosa obscena) obscenity; **le gritó una sarta de ~es** he yelled a string of obscenities at her; **una revista pornográfica, llena de ~es** a pornographic magazine, full of obscene material 2 (cualidad) obscenity

obsceno -na *adj* obscene

obscuro *etc* ▸**oscuro**, etc

obsecuencia *f* ▸**obsequiosidad**

obsecuente *adj* ▸**obsequioso**

obseder [E1] *vt* (frml) to obsess

obsequiar [A1] *vt* 1 (frml) ‹*persona*› **~ A algn CON algo** to present sb WITH sth, give sb sth, give *o* present sth TO sb; **fue obsequiado con un reloj** he was presented with *o* he was given a watch; **obsequió a los oyentes con la interpretación de su última creación** he treated the audience to a performance of his latest work 2 (AmL) ‹*reloj/cuadro*› **~ algo A algn** to give *o* present sth to sb, present sb WITH sth, give sb sth; **cuando se jubiló le ~on un hermoso grabado** when he retired they presented him with *o* gave him a beautiful engraving

obsequio *m* (frml) gift; **permítame que le haga un pequeño ~** allow me to present you with a small gift, please accept this small gift; **el libro es ~ de la casa** the book comes with the compliments of the management; **acepte esta copa, ~ de la casa** have this drink on the house; **~ para médicos** complimentary sample for doctors

obsequiosamente *adv* deferentially; **demasiado ~** obsequiously

obsequiosidad *f* deference; **nos atendió con una ~ excesiva** the way he served us was obsequious

obsequioso -sa *adj* deferential; **excesivamente** *or* **demasiado ~** obsequious

observable *adj* observable; **el cometa es ~ a simple vista** the comet is observable *o* can be observed with the naked eye; **un fenómeno ~ a simple vista** a phenomenon which can be observed with the naked eye

observación *f*

A (examen, vigilancia) observation; **lo tienen en ~** (Med) they're keeping him under observation; **tiene poca capacidad de ~** she is not very observant

B (de leyes, preceptos) observance

C 1 (comentario) observation, remark, comment; **anote aquí cualquier ~ que quiera hacer** write any observations *o* comments *o* remarks you wish to make here 2 (en un texto) note

(Compuesto) **observación de trenes** trainspotting (BrE)

observador[1] **-dora** *adj* observant

observador[2] **-dora** *m,f* observer

(Compuesto) **observador/observadora de aves** birdwatcher

observancia *f* observance

observar [A1] *vt*

A 1 (mirar, examinar) to observe; **lo observé detenidamente** I watched *o* observed it carefully; **notó que alguien la observaba** she noticed that someone was watching her; **~ un eclipse** to observe an eclipse 2 (notar) to observe (frml); **como pueden ~, la restauración es excelente** as you can see *o* as you will observe, it has been superbly restored; **¿has observado algún cambio en su conducta?** have you observed *o* noticed any change in his behavior? 3 (comentar) to remark, observe (frml); **-¡qué silencio! -observó al entrar** it's so quiet!, she remarked as she entered

B ‹*leyes/preceptos*› to observe, abide by; ‹*protocolo*› to observe; **siempre ha observado una conducta respetuosa** she has always behaved very respectfully

observatorio *m* observatory

obsesión *f* obsession; **se había convertido en una ~ para él** it had become an obsession with him; **tenía la ~ de que moriría joven** she was obsessed with the idea that she would die young

obsesionante *adj* ‹*temor/aversión*› obsessive; **el dinero es algo ~ para algunos** money is an obsession for some people; **la muerte se ha convertido en un tema ~ para ella** she has become obsessed with the subject of death

obsesionar [A1] *vt* to obsess; **estaba obsesionado con** *or* **por la idea** he was obsessed with *o* by the idea

■ **obsesionarse** *v pron* to become obsessed

obsesivo[1] **-va** *adj* [1] ‹*idea*› obsessive [2] ‹*persona*› obsessive
obsesivo[2] **-va** *m,f* obsessive
obsesivo-compulsivo[1] **-va** *adj* (Psic) obsessive-compulsive; **una personalidad ~** an obsessive-compulsive personality
obsesivo-compulsivo[2] **-va** *m,f* obsessive-compulsive
obseso[1] **-sa** *adj* obsessed
obseso[2] **-sa** *m,f* (Psic) obsessive; **es un ~ sexual** he's a sex maniac *o* he's obsessed with sex
obsidiana *f* obsidian
obsolescencia *f* obsolescence
obsoleto -ta *adj* obsolete
obstaculización *f* (de progreso, proyecto, plan) hindering, hampering, obstruction; (del tránsito) blocking, obstruction
obstaculizar [A4] *vt* ‹*progreso/trabajo*› to hinder, hamper, impede; ‹*tráfico*› to hold up, obstruct; **no obstaculice el paso** don't stand in the way
obstáculo *m* obstacle; **quitaron los ~s del camino** they cleared the obstacles from the road, they cleared the road of obstacles; **superar** *or* **salvar un ~** to overcome an obstacle; **no fue ~ para que ganara** it did not stop *o* prevent him (from) winning; **me puso muchos ~s** he put many obstacles in my path; **el único ~ entre nosotros y la victoria** the only obstacle between us and victory, the only thing that stands/stood between us and victory; **un ~ para el éxito del proyecto** an obstacle to the success of the project; ▸**carrera**
obstante
A **no obstante** (*loc conj*) (sin embargo) nevertheless; **no ~, se negó a recibirlos** nevertheless *o* however, she refused to see them
B **no obstante** (*loc prep*) (a pesar de) despite, in spite of; **no ~ las protestas** in spite of *o* despite the protests
obstar [A1] *vi* (frml) (*en tercera persona*) **no ~ PARA QUE + SUBJ: sus quejas no ~on para que siguiera adelante** their complaints did not stop *o* prevent him (from) proceeding; **eso no obsta para que podamos encontrar una solución** that should not be an obstacle to our finding a solution (frml), that should not prevent us finding a solution
obstetra *mf* (esp AmL) obstetrician
obstetricia *f* obstetrics
obstétrico -ca *adj* obstetric, obstetrical
obstinación *f* [1] (tozudez) obstinacy, stubbornness [2] (tenacidad) tenacity; **luchó con ~** he fought doggedly *o* tenaciously
obstinadamente *adv* [1] (con tozudez) obstinately, stubbornly [2] (con tenacidad) tenaciously, doggedly
obstinado -da *adj*
A [1] (tozudo) ‹*persona/actitud*› obstinate, stubborn [2] (tenaz) ‹*persona/lucha*› tenacious, dogged
B (Ven) (harto) fed up (colloq); **su trabajo le tiene ~** he has had enough of his job *o* he is fed up with his job
obstinante *adj* (Ven fam) exasperating, maddening (colloq)
obstinar [A1] *vt* (Ven fam) to drive … round the bend (colloq)
■ **obstinarse** *v pron*
A **~se EN algo** to insist ON sth; **se obstina en seguir el camino más difícil** she insists on *o* persists in taking the most difficult route; **se ha obstinado en que hay que terminar hoy** he has made up his mind *o* he is determined that it has to be finished today
B (Ven fam) **~se CON** *or* **DE algo/algn** to get sick OF sth/sb, get fed up WITH sth/sb (colloq)
obstrucción *f* obstruction; **fue acusado de ~ a la justicia** he was charged with obstructing the course of justice; **~ intestinal** intestinal obstruction
obstruccionar [A1] *vt* (frml) to obstruct
obstruccionismo *m* obstructionism; (en un debate) filibustering
obstruccionista[1] *adj* obstructionist (*before n*); (en un debate) filibustering (*before n*)
obstruccionista[2] *mf* obstructionist; (en un debate) filibusterer
obstructor[1] **-tora** *adj* obstructive
obstructor[2] **-tora** *m,f* obstructor
obstruir [I20] *vt*
A (bloquear) ‹*conducto*› to block; ‹*salida*› to block, obstruct; Ⓢ **no obstruya el acceso** do not block access, keep clear
B (entorpecer) ‹*plan/proceso*› to obstruct; ‹*tráfico*› to obstruct, hold up; ‹*progreso*› to impede
C (Dep) to obstruct
■ **obstruirse** *v pron* to get blocked (up)
obtención *f* obtaining, securing
obtener [E27] *vt* ‹*premio*› to win, receive; ‹*resultado*› to obtain, achieve; ‹*calificación/autorización/préstamo*› to obtain, get; **se han obtenido importantes mejoras** significant improvements have been obtained *o* achieved; **obtuvimos los fondos necesarios del banco** we got *o* obtained *o* (frml) secured the necessary funding from the bank
obturación *f* closing, sealing, blocking
obturador *m*
A (Fot) shutter
B [1] (Auto) choke [2] (Mec) plug, seal
obturar [A1] *vt* to close, seal, block
obtuso -sa *adj* [1] ‹*ángulo*› obtuse [2] ‹*persona/razonamiento*› obtuse
obtuve, obtuvo, etc ▸**obtener**
obús *m* [1] (arma) mortar, howitzer [2] (proyectil) shell, mortar bomb
obvención *f* (frml) perquisite (frml)
obviamente *adv* obviously, clearly; **~, se ha equivocado** (*indep*) he's obviously made a mistake
obviar [A1] *vt* to avoid, get around, obviate (frml)
obviedad *f*
A (cualidad) obviousness, obvious nature
B (cosa obvia): **es una ~ …** it is obvious that …; **parecería una ~ pero …** it would appear obvious, but …
obvio[1] **-via** *adj* obvious; **es ~ que no lo sabía** it's obvious *o* clear that he didn't know
obvio[2] *adv* (*indep*) obviously
oc *m* ▸**lengua**
OC (= **onda corta**) SW
oca *f*
A (Zool) goose; **el juego de la ~** ≈ snakes and ladders
B (tubérculo) oca (*Andean root vegetable*)
ocarina *f* ocarina
ocasión *f*
A [1] (vez, circunstancia) occasion; **en alguna ~** occasionally *o* on occasion; **con ~ de la inauguración** on the occasion of the inauguration; **un traje para las grandes ocasiones** a suit for special occasions [2] (momento oportuno) opportunity; **ésta es una buena ~ para decírselo** this is a good opportunity *o* chance *o* moment to tell him; **no dejes escapar esta ~** don't pass up *o* miss this opportunity *o* chance; **no tuve ~ de hablarle** I didn't have an opportunity *o* a chance to talk to him; **en la primera ~ que surja** at the first available opportunity; **cogió la ~ al vuelo** she seized the opportunity; ***a la ~ la pintan calva*** you have to strike while the iron is hot, make the most of the chances that come your way; ***la ~ hace al ladrón*** opportunity makes the thief
B (ganga) bargain; **es una auténtica ~** it's a real bargain; **precios de ~** bargain prices; **muebles de ~** (usados) secondhand furniture; (baratos) cut-rate *o* (BrE), cut-price furniture; **coches de ~** used *o* secondhand cars
ocasionado (Ven period): **~ a** (*loc prep*) because of
ocasional *adj* [1] ‹*trabajo*› **es un trabajo ~** I work for them off and on *o* occasionally [2] ‹*encuentro*› chance (*before n*)
ocasionalmente *adv* [1] (de vez en cuando) occasionally, now and then [2] (accidentalmente): **si ~ se encuentran, dígaselo** if you happen to meet him, tell him
ocasionar [A1] *vt* to cause; **su comportamiento me ocasionó grandes problemas** his behavior caused *o* brought me a lot of problems; **espero no ~le demasiadas molestias** I do hope it doesn't put you to *o* cause you too much trouble; **el incendio ocasionó grandes pérdidas** the fire caused *o* (frml) occasioned severe losses
ocaso *m* (liter) [1] (del sol) sunset, sundown [2] (de una vida, un imperio) twilight (liter), decline
occidental[1] *adj* ‹*zona*› western; ‹*cultura/bloque/países*› Western; **África O~** West Africa
occidental[2] *mf* westerner
occidentalidad *f* Western nature, occidentalism
occidentalismo *m* [1] (cualidad) Western nature, occidentalism [2] (posición) pro-Western attitude *o* stance
occidentalista *adj* pro-Western, occidentalist
occidentalización *f* westernization
occidentalizar [A4] *vt* to westernize
■ **occidentalizarse** *v pron* to become westernized
occidente *m* west; **el O~** (Pol) the West
occipital[1] *adj* occipital
occipital[2] *m* occipital bone
occipucio *m* occiput
occiso -sa *m,f* (frml) (Der) (*m*) murder victim, murdered man; (*f*) murder victim, murdered woman
OCDE *f* (= **Organización para la Cooperación y el Desarrollo Económico**) OECD
oceanario *m* oceanarium
Oceanía *f* Oceania
oceánico -ca *adj* oceanic
océano *m* ocean; **lo suyo ya no son lagunas sino ~s** (hum) I wouldn't say there are gaps in his knowledge, more like yawning chasms (hum)
(Compuestos)
- **Océano Atlántico** Atlantic Ocean
- **Océano Índico** Indian Ocean
- **Océano Pacífico** Pacific Ocean

oceanografía *f* oceanography
oceanográfico -ca *adj* oceanographic
oceanógrafo -fa *m,f* oceanographer
ocelote *m* ocelot
ochava *f* chamfer; **esquina en ~** chamfered corner
ochavado -da *adj* eight-sided, octagonal
ochavo *m*: *old Spanish coin of little value*; ***no tener un ~*** (fam) to be broke (colloq); **no tengo un ~** I'm broke (colloq), I don't have a penny *o* (AmE) a red cent (colloq); ***no valer un ~*** (fam) to be worthless
ochenta[1] *adj inv/pron* eighty *para ejemplos ver* **cincuenta**[1], **cincuenta**[2]
ochenta[2] *m* ▸❶ **p.575** (number) eighty
ochentavo[1] **-va** *adj* [1] (partitivo): **la ochentava parte** an eightieth [2] (crit) (ordinal) eightieth *para ejemplos ver* **veinteavo**[1], **veinteavo**[2]
ochentavo[2] *m* ▸❶ **p.243** eightieth
ocho[1] *adj inv/pron* eight; ▸**cuarto**[2] **B** *para ejemplos ver* **cinco**[1] **cinco**[2]
ocho[2] *m*
A ▸❶ **p.575**; (número) (number) eight (*para ejemplos ver* **cinco**[1] **cinco**[2]); ***aventarse un ~*** (Méx fam): **te aventaste un ~ al jugar el cinco** playing the five was a brilliant move *o* a stroke of genius; ***estar hecho/volverse un ~*** (Col, Ven fam) to be/get in a muddle
B **ochos** *mpl* (en punto) cable stitch
ochocientos -tas *adj/pron* ▸❶ **p.575**; eight hundred *para ejemplos ver* **quinientos**[1], **quinientos**[2]
ocio *m* [1] (tiempo libre) spare time, leisure time, free time; **¿qué haces en tus ratos de ~?** what do you do in your spare *o* leisure *o* free time?; **la cultura del ~** the leisure culture [2] (inactividad, holgazanería) inactivity, idleness;

el ~ es madre de todos los vicios the devil makes work for idle hands

ociosear [A1] *vi* (Chi fam) to loaf *o* laze around (colloq)

ociosidad *f* inactivity, idleness

ocioso -sa *adj* 1 [ESTAR] (inactivo) idle; **no deja ~ su dinero** he doesn't leave his money doing nothing *o* lying idle; **una vida ociosa y regalada** a life of idleness and luxury; **expropiaron los terrenos ~s** they expropriated the land that was not being used *o* that was being left idle 2 [SER] (inútil, innecesario) pointless; **resulta** *or* **es ~ volver a repetirlo** there is no point in *o* it's pointless *o* it's a waste of time repeating it

ocluir [I20] *vt* to occlude

■ **ocluirse** *v pron* to become occluded

oclusión *f* 1 (Med) occlusion 2 (Ling) occlusion

oclusiva *f* occlusive, plosive

oclusivo -va *adj* occlusive, plosive

ocote *m* 1 (árbol) ocote pine 2 (madera) ocote wood 3 (tea) torch (*made of ocote wood*)

ocre *m* 1 (Min) ocher* 2 ▸❶ **p.181**; **(de) color ~** ocher-colored*

oct. (= **octubre**) Oct.

OCTA *m* (en Esp) = **Observatorio de Contenidos Televisivos y Audiovisuales**

octaedro *m* octahedron

octagonal *adj* octagonal

octágono *m* octagon

octanaje *m* octane number *o* rating

octano *m* octane; **número de ~s** octane number *o* rating

octante *m* octant

octava *f* octave

octavilla *f*

A (impreso) pamphlet

B (Lit): *eight-line rhyming stanza*

octavo¹ -va *adj/pron* 1 ▸❶ **p.575**; (ordinal) eighth *para ejemplos ver* **quinto¹**, **quinto² A** 2 (partitivo): **la octava parte** an eighth

octavo² *m* ▸❶ **p.243** eighth

(Compuesto) **octavos de final** *mpl round before the quarterfinals*

octeto *m* 1 (Mús) octet 2 (Inf) byte

octogenario¹ -ria *adj* octogenarian (*before n*), eighty-year-old (*before n*)

octogenario² -ria *m,f* octogenarian

octogésimo¹ -ma *adj/pron* 1 (ordinal) eightieth *para ejemplos ver* **vigésimo** 2 (partitivo): **la octogésima parte** an eightieth

octogésimo² *m* ▸❶ **p.575** eightieth

octogonal *adj* octagonal

octógono *m* octagon

octosilábico -ca, **octosílabo -ba** *adj* octosyllabic

octubre *m* ▸❶ **p.371** October; *para ejemplos ver* **enero**

OCU *f* (en Esp) = **Organización de Consumidores y Usuarios**

ocular¹ *adj* ‹*infección/lesión*› eye (*before n*), ocular (frml); ▸**globo**, **testigo ocular** *or* **presencial**

ocular² *m* eyepiece, ocular (frml)

oculista *mf* ophthalmologist

ocultación *f* 1 (Astron) occultation 2 (Der) (encubrimiento) concealment

ocultamiento *m* concealment

ocultar [A1] *vt* 1 ‹*noticia/verdad*› **~le algo A algn** to conceal sth FROM sb; **¿por qué me lo ocultaste?** why did you conceal it from me? 2 (disimular) ‹*sentimientos/intenciones*› to conceal, hide 3 (de la vista) to conceal, hide

■ **ocultarse** *v pron* «*persona*» to hide; **el sol se ocultó detrás de las nubes** the sun disappeared behind the clouds; **tras esa sonrisa se oculta una mala intención** behind that smile there lie dishonest intentions

ocultismo *m* occult, occultism

ocultista *mf* occultist

oculto -ta *adj* 1 [ESTAR] (escondido) hidden; **permanecieron ~s hasta que pasó el peligro** they stayed hidden until the danger had passed 2 [SER] (misterioso) ‹*razón/designio*› mysterious, secret, occult; ▸**ciencia**

ocumo *m* (Ven) taro

ocupa *mf* (Esp fam) squatter

ocupable *adj* 1 ‹*superficie/terreno*› occupiable 2 ‹*plaza/puesto*› vacant; **personas laborablemente ~s** people available for work

ocupación *f*

A (empleo) occupation; (actividad) activity; **sus muchas ocupaciones** her many activities; **una ~ sedentaria** a sedentary occupation; **el nivel de ~ bajó radicalmente** the level of employment fell steeply

B 1 (de una vivienda) occupation 2 (de un cargo): **la ~ de estos puestos por gente joven** the filling of these posts by young people 3 (de una fábrica, un territorio) occupation; **la ~ de la facultad por parte del estudiantado** the students' occupation of the faculty building 4 (Esp) (de armas, contrabando) seizure

ocupacional *adj* 1 ‹*terapeuta/taller*› occupational (*before n*) 2 ‹*censo/sector*› employment (*before n*)

ocupado¹ -da *adj* 1 (atareado) busy; **es un hombre muy ~** he's a very busy man; **últimamente está** *or* **anda muy ocupada** she's been very busy lately; **es difícil mantenerlos ~s durante las vacaciones** it's difficult to keep them occupied during the vacation; **¿no ves que tengo las manos ocupadas?** can't you see I have *o* I've got my hands full?; **esta semana tengo todas las tardes ocupadas** I'm busy every evening this week 2 ‹*línea telefónica*› busy, engaged (BrE); **¿este asiento está ~?** is this seat taken?; ❸ **ocupado** engaged *o* occupied; **¿tiene habitaciones? — no, está todo ~** do you have any rooms? — no, they're all taken *o* we're completely full 3 ‹*territorio*› occupied

ocupado² -da *m,f*: **el número de ~s** the number of people in employment *o* in work

ocupante¹ *adj* occupying (*before n*); **las tropas ~s** the occupying forces

ocupante² *mf* occupant; **los ~s del vehículo salieron ilesos** the occupants of the vehicle escaped unhurt

(Compuesto) **ocupante ilegal de propiedad** squatter

ocupar [A1] *vt*

A ‹*espacio*› to take up; **la cama ocupa toda la habitación** the bed takes up the whole room; **el piano ocupa demasiado sitio** the piano takes up *o* occupies too much space

B «*persona*» 1 ‹*lugar/asiento*›: **volvió a ~ su asiento** she returned to her seat, she took her seat again; **siempre ocupaba la cabecera de la mesa** she always sat at the head of the table 2 ‹*vivienda/habitación*›: **ya han ocupado la casa** they have already moved into the house; **los niños ocupaban la habitación del fondo** the children slept in *o* had the room at the back 3 (en una clasificación): **ocupa el tercer lugar en el ránking** she's third in the rankings; **¿qué lugar ocupan en la liga?** what position are they in *o* where are they in the division?; **pasan a ~ el primer puesto** they move into first place 4 ‹*cargo*› to hold, occupy (frml); ‹*vacante*› to fill; **ocupó la presidencia del club durante varios años** she held the post of *o* she was president of the club for several years

C 1 ‹*fábrica/embajada*› to occupy 2 ‹*territorio*› to occupy

D 1 ‹*trabajadores*› to provide employment for; **~á a 120 trabajadores durante tres meses** it will provide employment for 120 workers for three months; **esta industria ocupa a miles de personas** this industry employs thousands of people 2 (concernir) to concern; **el caso que nos ocupa** the case we are dealing with *o* which concerns us

E ‹*tiempo*›: **¿en qué ocupas tus ratos libres?** how do you spend your spare time?; **me ocupa demasiado tiempo** it takes up too much of my time; **la redacción de la carta me ocupó toda la mañana** it took me all morning to write the letter

F (Esp) ‹*armas/contrabando*› to seize, confiscate

G (AmC, Chi, Méx) (usar) to use; **¿estás ocupando las tijeras?** are you using the scissors?; **esa palabra no se ocupa en Chiapas** (Méx) they don't use that word in Chiapas

■ **ocuparse** *v pron*

A (atender) **~se DE algo/algn**: **¿quién se ocupa de los niños?** who takes care of *o* looks after the children?; **este departamento se ocupa de la administración** this department deals with *o* is in charge of administration; **enseguida me ocupo de usted** I'll be right with you *o* one moment and I'll attend to you; **nadie se ha ocupado de arreglarlo** nobody has bothered to fix it; **ya me ~é yo de eso** I'll see to that in due course; **tú ocúpate de tus cosas que de las mías me ocupo yo** you mind your own business and let me take care of mine

B (Esp arg) (ejercer la prostitución) to be a hooker (sl), to be on the game (BrE sl)

ocurrencia *f*

A 1 (comentario gracioso) witty *o* funny remark, witticism; **todos celebraban sus ~s** they were all laughing at her witty *o* funny remarks 2 (idea disparatada) crazy idea

B (Ling) occurrence

C (de un suceso) occurrence

ocurrente *adj* (gracioso) witty; (ingenioso) clever; **¡qué ~ estás hoy!** you're in (AmE) *o* (BrE) on form today

ocurrido -da *adj*: **los sucesos ~s desde esa fecha** the events that have taken place since that date; **lamento lo ~** I am sorry about what happened

ocurrir [I1] *vi* (*en tercera persona*) to happen; **eso ocurrió hace muchos años** that happened many years ago; **¿ha ocurrido algo?** is anything the matter?, is something wrong?; **ocurre una vez cada 120 años** it occurs *o* happens once every 120 years; **no sabemos qué ocurrió aquella noche** we do not know what happened *o* took place that night; **lo más** *or* **lo peor que puede ~ es que te diga que no** the worst that can happen is that he'll say no; **ocurra lo que ocurra** whatever happens *o* come what may; **lo que ocurre es que no tienes paciencia** the trouble is that you have no patience; **~le algo A algn**: **¿qué te ocurre?** what's the matter?; **nunca me había ocurrido una cosa así** nothing like that had ever happened to me before

■ **ocurrirse** *v pron* (*en tercera persona*) **ocurrírsele algo A algn**: **dime un nombre, el primero que se te ocurra** give me a name, the first one that comes into your head *o* that you think of; **se me ha ocurrido una idea brillante** I've had a brilliant idea; **no se les ocurría nada que regalarle** they couldn't think of anything to give her; **no se me ocurre qué puede ser** I can't think *o* I've no idea what it can be; **¿a quién se le ocurre dejarlo solo?** who in their right mind would leave him on his own?; **¿cómo se te ocurrió decirle semejante disparate?** whatever made you say such a stupid thing?; **se me ocurrió que quizás fuera mejor ir a pie** it occurred to me that it might be better to walk (frml)

oda *f* ode

odalisca *f* odalisque

ODECA /o'ðeka/ *f* (= **Organización de Estados Centroamericanos**) OCAS

odiar [A1] *vt*

A to hate; **lo odio a muerte** I really hate him, I hate his guts (colloq); **odio el queso** I hate *o* can't stand cheese; **~ + INF** to hate -ING; **odio planchar** I hate ironing

B (Chi fam) (fastidiar) to pester (colloq), to hassle (colloq)

Odín Odin

odio *m* hate, hatred; **lleno de ~** full of hate *o* hatred; **le he tomado ~** I've come to hate him; **me tiene ~** he hates me; ***buscar(le) el ~ a algn*** (Chi fam) to aggravate sb

(Compuestos)
- **odio a sí mismo** self-hatred
- **odio racial** race hatred

odiosear [A1] *vt* (Chi fam) to pester (colloq), to hassle (colloq)
■ **odiosear** *vi* (Chi fam) to be a real nuisance (colloq)

odioso -sa *adj* 1 ‹*trabajo/tema*› horrible, hateful; **su odiosa manía de mandar a todo el mundo** her maddening *o* annoying *o* horrible habit of bossing everyone around 2 ‹*persona*› (antipático) nasty, horrible, odious

odisea *f* 1 (viaje) odyssey; **llegar hasta ahí por carretera es una auténtica ~** getting there by road is a real odyssey *o* a marathon journey 2 **la Odisea** (Lit) the Odyssey

odómetro *m* odometer

odontología *f* dentistry, odontology

odontólogo -ga *m,f* dental surgeon, odontologist

odorífero -ra, **odorífico -ca** *adj* odoriferous

odre *m* wineskin

OEA *f* (= **Organización de Estados Americanos**) OAS

oesnoroeste *m* ▸ⓘ **p.681** west-northwest

oessudoeste, oessuroeste *m* ▸ⓘ **p.681** west-southwest

oeste[1] *adj inv* ▸ⓘ **p.681** ‹*región*› western; **en la parte ~ del país** in the western part of the country; **conducían en dirección ~** they were driving west *o* westward(s), they were driving in a westerly direction; **la costa ~** the west coast; **el ala ~** the west wing; **la cara ~ de la montaña** the west *o* western face of the mountain

oeste[2] *m* ▸ⓘ **p.681** 1 (parte, sector): **el ~** the west; **en el ~ de la provincia** in the west of the province; **está al ~ de Oaxaca** it lies *o* it is (to the) west of Oaxaca; **viven al ~ de Camagüey** they live west of Camagüey 2 (punto cardinal) west, West; **el Sol se pone por el O~** the sun sets in the west; **vientos fuertes del O~** strong westerly winds, strong winds from the west; **la avenida va de Este a O~** the avenue runs east-west; **caminaron hacia el O~** they walked west *o* westward(s); **vientos moderados del sector sur rotando al ~** moderate winds from the south becoming *o* veering westerly; **el balcón da al ~** the balcony faces west; **está más al ~** it's further west 3 **el Oeste** (de los Estados Unidos) the West; **una película/novela del O~** a Western 4 **el Oeste** (Pol) the West 5 **Oeste** (en bridge) West

oeste-sudoeste *m* west-southwest

ofender [E1] *vt* 1 (agraviar) to offend; **sus palabras me ofendieron** I was offended by what she said; **~ a Dios** to sin; **~ la memoria de algn** to insult sb's memory; **no quise ~la** I didn't mean to offend her; **está ofendido porque no lo invitaste** he feels *o* is offended because you didn't invite him 2 ‹*buen gusto*› to offend against; **una combinación de colores que ofende la vista** a combination of colors which offends the eye
■ **ofenderse** *v pron* to take offense*; **se ofende por cualquier cosa** he gets offended by the slightest thing, he takes offense at the slightest thing; **se ofendió porque no la invitaron** she was offended *o* took offense because they didn't invite her; **no te ofendas, pero ...** don't be offended, but ...

ofendido -da *adj* offended; **—no me he olvidado —dijo con tono ~** "I haven't forgotten," he said in an offended tone; **darse por ~** to take offense* *ver tb* **ofender**

ofensa *f* (agravio) insult; **lo ha tomado como una ~ personal** she has taken it as a personal insult *o* slight; **no le hagas la ~ de darle propina** don't insult him by giving him a tip

ofensiva *f* offensive; **tomar la ~** to take the offensive; **pasar a la ~** to go onto *o* over to the offensive

ofensivamente *adv* 1 (Mil) offensively, in an offensive capacity 2 (Dep): **jugar ~** to play an attacking game; **jugadores ~ peligrosos** players who are dangerous on the attack; **~, estuvieron muy débiles** they were very weak on the attack

ofensivo -va *adj* 1 ‹*palabra/actitud*› offensive, rude 2 (Mil) ‹*táctica*› offensive (*before n*), attacking (*before n*)

ofensor[1] *adj* offending (*before n*)

ofensor[2] **-sora** *m,f* offender

oferta *f*
A 1 (proposición) offer; **hacer/rechazar una ~** to make/reject an offer; **no hemos recibido ninguna ~** we haven't received any offers; Ⓢ **ofertas de trabajo** job vacancies, situations vacant 2 (Econ, Fin) supply; **la ley de la ~ y la demanda** the law of supply and demand
B (Com) offer; **están de** *or* **en ~** they are on special offer; **¡aproveche nuestras increíbles ~s!** make the most of our unbelievable offers!

(Compuestos)
- **oferta de lanzamiento** introductory offer
- **oferta especial** special offer
- **oferta pública hostil** unfriendly *o* hostile takeover bid

ofertante *mf* bidder

ofertar [A1] *vt* 1 (liquidar) to put ... on special offer 2 (crit) (ofrecer) to offer; **productos ofertados al consumidor** products available *o* on offer to the consumer

ofertorio *m* offertory

off *m*
A **en off** (*loc adj*) (Teatr) offstage; (Cin) offscreen; **una voz en ~ nos recuerda sus palabras** a voice offstage/offscreen reminds us of his words
B **en off** (*loc adv*) (Teatr) offstage; (Cin) offscreen

office /'ofis/ *m* utility room, butler's pantry

offset /'ofset/ *m* offset; **impreso en ~** printed in offset

offside /of'sai/ *m* offside; **había un jugador en ~** one of the players was offside; ***agarrar*** *or* ***pescar a algn en ~*** (AmL fam) to catch sb out (colloq)

oficial[1] *adj* ‹*acto/delegación*› official; ‹*hora*› official; ‹*noviazgo*› official; **fuentes ~es** official sources; Ⓢ **Concesionario Oficial Nolex** authorized Nolex dealer

oficial[2] **-ciala** *m,f*, **oficial** *mf*
A (obrero) skilled worker; **se necesita ~ tornero/albañil** time-served machinist/bricklayer needed
B **oficial** *mf* 1 (de policía) police officer (*above the rank of sergeant*) 2 (Mil) officer

(Compuestos)
- **oficial de aduanas** customs officer
- **oficial de cumplimiento** compliance officer
- **oficial de guardia** officer of the watch
- **oficial de reserva** officer in the reserve

oficialada *f* (Chi) officer corps, officers (*pl*)

oficialidad *f*
A (oficiales) officer corps, officers (*pl*)
B (cualidad) official nature *o* character

oficialismo *m* (AmL): **representantes del ~** representatives of the ruling *o* governing party

oficialista *adj* (AmL) ‹*periódico*› pro-government; ‹*candidato*› fielded by the party in power

oficializar [A4] *vt* to make ... official; **las candidaturas oficializadas** the official list of candidates; **se oficializa protesta en la ONU** official protest at the United Nations

oficialmente *adv* officially

oficiante[1] *adj* officiating (*before n*); **el sacerdote ~** the officiating priest

oficiante[2] *m* officiant, celebrant

oficiar [A1] *vt* ‹*misa*› to officiate at; ‹*servicio*› to conduct
■ **oficiar** *vi* 1 ‹‹*sacerdote*›› to officiate; **¿quién ofició en la boda?** who officiated at the wedding? 2 (actuar) **~ DE algo** to officiate AS sth

oficina *f*
A (despacho) office; **en horas de ~** during office hours; **tendrá lugar en nuestras ~s** it will take place at our offices

(Compuestos)
- **oficina de cambio** bureau de change
- **oficina de empleo** unemployment office
- **oficina de extranjería** (government) immigration office
- **oficina de turismo** tourist office
- **oficina pública** government office

B (Min) nitrate field

oficinesco -ca *adj* 1 ‹*mundo*› of the office; ‹*jornada*› at the office; **un trabajo puramente ~** a purely office *o* office-based job 2 (pey) ‹*trámite*› bureaucratic

oficinista *mf* office worker

oficio *m*
A (trabajo) trade; **era carpintero de ~** he was a carpenter by trade; **aprender un ~** to learn a trade; ***ser del ~*** (fam) to be a hooker (sl), to be on the game (BrE colloq); ▸**gajes**
B 1 (comunicación oficial) official letter; **despachar** *or* **mandar un ~** to send an official letter; **tamaño ~** (Col, CS) foolscap 2 (Der) **de ~**: **abogado de ~** a court-appointed counsel, public defender (AmE); **actuar de ~** to act on one's own initiative
C (Relig) service, office; **los ~s de Semana Santa** the Holy Week services *o* offices; ▸**santo**[1]

(Compuesto) **oficio de difuntos** mass *o* office for the dead

D (Arquit) utility room

oficiosamente *adv*
A (de manera no oficial) unofficially
B (de manera entrometida) officiously

oficiosidad *f*
A (de noticia, declaración) unofficial nature
B 1 (frml) (diligencia) diligence 2 (solicitud) solicitousness (frml)
C (entrometimiento) officiousness
D (Der) *ability of a judge or ministry to institute proceedings*

oficioso -sa *adj*
A 1 (no oficial) unofficial 2 (relacionado con el gobierno): **según fuentes oficiosas** according to sources close to the government
B (entrometido) officious

ofidio *m* snake, ophidian (tech)

ofimática *f* office automation

ofimático -ca *adj*: **sistema ~** office computer system; **gestión ofimática integrada** integrated computer system for office management

ofrecer [E3] *vt*
A 1 ‹*ayuda/cigarrillo/empleo*› to offer; **le ofreció su brazo** he offered her his arm; **no nos ofreció ni una taza de café** he didn't even offer us a cup of coffee; **todavía no nos ha ofrecido la casa** he still hasn't invited us to see his new house; **te llamo para ~te al niño** (Col) I'm ringing to let you know that the baby's been born; **~ + INF** to offer TO + INF; **ofreció prestarnos su coche** she offered to lend us her car 2 ‹*dinero*› (por un artículo) to offer; **ofreció mil dólares por el jarrón** he bid a thousand dollars for the vase; **¿cuánto me ofrece por este cuadro?** how much will you give *o* offer me for this picture? 3 ‹*fiesta*› to give, hold, throw (colloq); **ofrecieron una comida en su honor** they gave a meal in her honor; **ofrecieron una recepción en el Hotel Suecia** they laid on *o* held a reception in the Hotel Suecia 4 ‹*sacrificio/víctima*› to offer, offer up
B 1 ‹*oportunidad*› to give, provide; ‹*dificultad*› to present; **le ofrece la posibilidad de entablar nuevas amistades** it provides her with *o* it gives her *o* (frml) it affords her the chance to make new friends; **el plan ofrece varias dificultades** the plan presents *o* poses a number of problems 2 ‹*aspecto/vista*›: **su habitación ofrecía un aspecto lúgubre** her room was gloomy *o* had an air of gloominess about it; **el balcón ofrecía una vista maravillosa** there was a marvelous view from the balcony; **el año ofrece buenas perspectivas** things look good for the coming year, the coming year looks promising; **ofrecían un espectáculo desgarrador** they were a heartrending sight

O

3 ‹resistencia› «persona» to put up, offer; **la puerta se abrió sin ~ resistencia** the door opened easily; **se entregó sin ~ ninguna resistencia** he surrendered without putting up *o* offering any resistance

■ **ofrecerse** *v pron*
A «persona»: **se ofrece niñera con experiencia** experienced nanny seeks employment; **~se A** *or* **PARA + INF** to offer *o* volunteer to + INF; **se ofreció a venir a buscarnos** she offered *o* volunteered to come and pick us up
B (presentarse): **un espectáculo único se ofrecía ante nuestros ojos** a unique spectacle presented itself before *o* greeted our eyes; **las cumbres nevadas se nos ofrecían en todo su esplendor** the snowy peaks appeared *o* stood before us in all their splendor
C (frml) (querer, necesitar) (*gen neg o interrog*) **ofrecérsele algo A algn**: **¿se le ofrece alguna otra cosa?** can I offer *o* get you anything else?, would you care for anything else?; **si no se le ofrece nada más, me retiro a dormir** if there's nothing else I can do for you, I'll say goodnight; **¿qué se le ofrece a la señora?** what would you like *o* what can I get you to drink, madam? (frml)

ofrecimiento *m* offer

ofrenda *f* offering

ofrendar [A1] *vt* (Relig) to offer up, offer; **~ el alma a Dios** to offer (up) one's soul to God; **~ la vida por la libertad** to lay down one's life for freedom

oftalmía *f* ophthalmia

oftálmico -ca *adj* ophthalmic

oftalmología *f* ophthalmology

oftalmólogo -ga *m,f* ophthalmologist

oftalmoscopia *f* ophthalmoscopy

oftalmoscopio *m* ophthalmoscope

ofuscación *f*, **ofuscamiento** *m* **1** (de la razón): **en un momento de ~** in a moment of blind rage (*o* jealousy *etc*) **2** (de la vista) blurring

ofuscar [A2] *vt* **1** «celos/pasión» to blind; **ofuscado por la ira** blinded by rage **2** «sol/brillo» to dazzle

■ **ofuscarse** *v pron* to get worked up *o* agitated

ogino, Ogino *m* rhythm method

OGM *m* (= **organismo genéticamente modificado**) GMO

ogro *m* ogre

ohm, ohmio *m* ohm

OIC *f* = **Organización Internacional del Café**

OICVM *m* (Fin, UE) = **Organismos de Inversión Colectiva en Valores Mobiliarios**

oídas: **de ~** (*loc adv*): **lo conozco de ~** I've heard of him, I know of him; **lo sabía de ~, pero no me lo habían confirmado** I'd heard it but I hadn't had it confirmed; **lo sabemos sólo de ~** it's only hearsay

oído *m*
A **1** ▸❶ p.231 (Anat) ear; **me duelen los ~s** my ears hurt; **tengo los ~s tapados** my ears are blocked; **me lo dijo/susurró al ~** she said/whispered it in my ear; **no podía dar crédito a mis ~s** I couldn't believe my ears; ▸**parche**; ***hacer ~s de mercader*** to pretend not to hear; ***hacer*** *or* ***prestar ~s sordos a algo*** to turn a deaf ear to sth, take no notice of sth; ***llegar a ~s de algn*** to come to the attention *o* notice of sb; ***por un ~ me/te/le entra y por otro me/te/le sale*** it goes in one ear and comes out the other; ***prestar ~*** *or* ***dar ~s a algo*** to pay attention to sth, take notice of sth; ***regalarle el ~ a algn*** to flatter sb; ***ser todo ~s*** to be all ears; ***silbarle*** *or* ***zumbarle los ~s a algn:*** **¡cómo le estarán silbando** *or* **zumbando los ~s!** his ears must be burning! **2** (sentido) hearing; (para la música, los idiomas) ear; **es duro de ~** he's hard of hearing; **tiene un ~ muy fino** *or* **agudo** she has very sharp *o* acute hearing; **aguzar el ~** to prick up one's ears; **canta muy mal, no tiene ~** she can't sing, she's tone-deaf *o* she has no ear for music; **tengo ~ para estas cosas** I have a good ear for these things; ***tener ~ de artillero*** (Col fam) to be a little deaf, be hard of hearing; (para la música) to be tone-deaf; ***tener ~ de físico*** (RPl fam) to have sharp hearing; ***tocar de ~*** (Mús) to play by ear; **no tengo los papeles aquí, estoy tocando de ~** I don't have the papers here, I'm trusting to memory (*o* instinct *etc*)

(Compuestos)
- **oído interno** inner ear
- **oído medio** middle ear

B (Arm) vent

OIEA *m* (= **Organismo Internacional de Energía Atómica**) IAEA

oiga, oigas, etc ▸**oír**

oíl *m* oïl; **lengua de ~** langue d'oïl

OIM *f* = **Organización Internacional para las Migraciones** IOM

OIR *f* (Hist) = **Organización Internacional para Refugiados** IRO

oír [I28] *vt*
A (percibir sonidos) to hear; **no oigo nada** I can't hear anything *o* a thing; **oí pasos en el pasillo** I heard footsteps in the corridor; **a lo lejos se oía el canto de un ruiseñor** in the distance you/we could hear a nightingale's song; **no se oía ni el vuelo de una mosca** you could have heard a pin drop; **la oí entrar** I heard her come in; **no quiero volver a ~te esas palabrotas** I don't want to hear you using that language again; **ya lo has oído, que no se vuelva a repetir** you've been told, don't do it again; **no te lo voy a decir otra vez ¿me oyes?** I'm not going to tell you again, do you hear me?; **su último disco se oye bastante** her latest record is being played quite a lot; **por lo que he oído** from what I've heard; **¿has oído lo de anoche?** have you heard about last night?; **ya casi no se oye hablar de ellos** you hardly ever hear about them these days; **he oído hablar de él** I've heard of him; **he oído decir que se va** I've heard he's leaving; **la ha dejado — ¿qué? — lo que oyes** *or* **como lo oyes** he's left her — what? — yes, honestly *o* yes, that's right; **me llamó mentiroso, así como lo oyes** he called me a liar … he did, you know; **¡lo que hay que ~!** that's rich! (colloq), well, I like *that*! (iro); ***como quien oye llover*** it's like water off a duck's back; ***me va/van a ~*** (fam) I'm going to give him/them an earful (colloq)
B (escuchar) to listen to; **oigo la radio por la mañana** I listen to the radio in the morning; **el Señor oyó su súplica** the Lord heard his prayer; **~ a algn en confesión** to hear sb's confession; **el juez oyó a las dos partes** the Judge heard both sides *o* parties
C **oír misa** to go to mass
D **oye/oiga** (para llamar la atención): **¡oye, que te olvidas el paraguas!** excuse me! *o* wait a minute! *o* (colloq) hey! you've forgotten your umbrella!; **¡oiga! se le ha caído la cartera** excuse me, you've dropped your wallet; **oye, si ves a Gustavo dile que me llame** listen, if you see Gustavo tell him to call me; **oye ¿tienes fuego?** excuse me, have you got *o* do you have a light?; **oye ¿tú qué te crees?** hey, who do you think you are?; **oye, oye, que te invité a cenar, pero no a dormir** hang on a minute I invited you to supper, not to spend the night (colloq)

■ **oír** *vi* to hear; **no oye bien** he doesn't hear well *o* his hearing isn't very good

OIT *f* (= **Organización Internacional del Trabajo**) ILO

ojal *m* buttonhole

ojalá *interj*: **seguro que apruebas — ¡~!** I'm sure you'll pass — I hope so!; **parece que va a parar de llover — ¡~!** it looks as if it's going to stop raining — oh, I hope so! *o* oh, I wish it would! *o* if only!; **~ (QUE) + SUBJ**: **¡~ que todo salga bien!** let's hope everything turns out all right!; **¡~ se muera!** I hope he drops dead!; **¡~ no caiga!** I hope it doesn't fall!

ojazos *mpl* ▸**ojo**

OJD *f* (en Esp) = **Oficina de Justificación de la Difusión**

OJE /'oxe/ *f* (Hist) = **Organización Juvenil Española**

ojeada *f* glance; **echó una ~ para ver si había alguien conocido** he had a quick glance *o* look around to see if there was anyone he knew; **eché una ~ a los libros** I had a quick glance *o* look at the books

ojeador -dora *m,f* **1** (en caza) beater **2** (cazatalentos) scout, talent scout

ojear [A1] *vt*
A (mirar) to look at, have a look at
B (en caza) to beat

ojén *m* anisette

ojeo *m* beating

ojeras *fpl* bags/rings under the eyes (*pl*)

ojeriza *f* grudge; **me tiene ~** she has something against me *o* a grudge against me

ojeroso -sa *adj*: **estar ~** to have bags/rings under one's eyes

ojete[1] *mf*, **ojete -ta** *m,f* **1** (Méx vulg) (abusón, aprovechado) asshole (vulg), bastard (sl) **2** (Méx vulg) (cobarde) coward, yellow-belly (colloq)

ojete[2] *m*
A (en costura) eyelet
B (vulg) (ano) asshole (AmE vulg), arsehole (BrE vulg)

ojímetro (fam): **a ~** (*loc adv*) at a rough guess

ojito *m*: **hacerle ~s a algn** (fam) to make eyes at sb (colloq) *ver tb* **ojo**

ojiva *f* **1** (Arquit) ogive, pointed arch **2** (de un misil) warhead

ojival *adj* ogival, pointed

ojo *m*
A **1** ▸❶ p.231 (Anat) eye; **un niño de ~s azules/verdes/negros** a boy with blue/green/dark eyes; **tiene los ~s rasgados** *or* **achinados** she has slanting eyes; **de ~s saltones** bug-eyed; **~s de cordero degollado** calf's eyes, doe eyes; **se le llenaron los ~s de lágrimas** her eyes filled with tears; **me miró con aquellos ojazos negros** she looked at me with those big dark eyes; **le guiñó** *or* (Col) **picó el ~** he winked at her; **me miraba fijamente a los ~s** he was staring straight into my eyes; **no me quita los ~s de encima** he won't take his eyes off me; **se le salían los ~s de las órbitas** his eyes were popping out of their sockets *o* out of his head; **me miró con los ~s como platos** she looked at me with eyes as big as saucers; **aceptaría con los ~s cerrados** I'd accept without a second thought *o* I wouldn't think twice about it; **hay que ir con los ~s bien abiertos** you have to keep your eyes open; **lo vi con mis propios ~s** I saw it myself *o* with my own two eyes; **¡dichosos los ~s (que te ven)!** it's wonderful *o* lovely to see you!; **a los ~s de la sociedad** in the eyes of society; ***abrirle los ~s a algn*** to open sb's eyes; ***abrir los ~s*** to open one's eyes; ***cerrar los ~s a algo*** to close one's mind to sth; ***¿con qué ~s, divina tuerta?*** (Méx fam) where do you expect me to get the money from?; ***en un abrir y cerrar de ~s*** in the twinkling of an eye, in a flash; ***irse por ~*** (Chi fam) «barco» to go down; «persona» to be disappointed; ***no era nada lo del ~ (y lo llevaba en la mano)*** there was nothing to it *o* it was nothing serious (iro); ***no pegué/pegó (el*** *or* ***un) ~ en toda la noche*** I/he didn't sleep a wink; ***no ver algo con buenos ~s:*** **sus padres no veían la relación con buenos ~s** her parents did not approve of the relationship *o* did not view the relationship favorably; **no ven con buenos ~s que te quites la chaqueta** they don't approve of you taking your jacket off; ***¡~ pelao!*** *or* ***¡~ de garza!*** (Ven fam) watch out!; ***regalarse los ~s con algo*** to feast one's eyes on sth; ***sacarse un ~*** (Col fam): **me saqué un ~ tratando de entenderlo** I nearly went crazy trying to make sense of it; **no te vayas a sacar un ~** there's no need to overdo it *o* (colloq) to kill yourself; ***salir por*** *or* ***costar un ~ de la cara*** (fam) to cost an arm and a leg (colloq); ***ser el ~ derecho de algn*** to be the apple of sb's eye; ***volverse*** *or* ***hacerse ~ de hormiga*** (Méx fam) to do a vanishing trick (colloq), to make oneself scarce (colloq); ***cuatro ~s ven más que dos*** two heads are better

than one *ver tb* **cuatro**[1]; **~ por ~ y diente por diente** an eye for an eye and a tooth for a tooth; ***~s que no ven, corazón que no siente*** out of sight, out of mind **2▸** (vista): **tenía los ~s clavados en el crucifijo** her eyes were fixed on the cross; **bajó los ~s avergonzada** she lowered her eyes in shame; **sin levantar los ~s del libro** without looking up from her book; **alzó los ~s al cielo** he lifted his eyes heavenward(s); **toda América tiene los ~s puestos en él** the eyes of all America are on him; **no tiene ~s más que para ella** he only has eyes for her; ▸**parche**; ***a ~ de buen cubero*** *or* ***a ~*** *or* (Col, CS) ***al ~*** at a guess; **le eché el azúcar y la nata a ~** I just put the sugar and cream in without measuring it; ***a ~s vista(s)*** visibly; **es novato, se nota a ~s vistas** he's new, you can see it a mile off (colloq); ***comer con los ~s*** to ask for/take more than one can eat; ***tú comes con los ~s*** your eyes are bigger than your belly; ***comerse a algn con los ~s*** to devour sb with one's eyes; ***echarle*** *or* (Col) ***ponerle el ~ a algo/algn*** to eye sth/sb up (colloq); **le tengo echado el ~ a ese vestido** I have my eye on that dress; ***echar un ~ a algo/algn*** (fam) to have *o* take a (quick) look at sth/sb; ***engordar*** *or* ***distraer el ~*** (Chi fam): **engordé el ~ en la fiesta** I had a great time eying up the talent at the party (colloq); ***entrar por los ~s:*** **a Pepe le entra la comida por los ~s** Pepe will only eat his food if it looks nice; ***estar con un ~ al gato y el otro al garabato*** (Méx fam) to have one's mind on two things at the same time; ***hay que estar*** *or* ***andar con cuatro ~s*** (fam) you have to keep your wits about you, you need eyes in the back of your head; ***írsele los ~s a algn:*** **se le van los ~s detrás de las mujeres** he's always eyeing up women (colloq); **estaban comiendo helados y al pobre niño se le iban los ~s** they were eating ice creams and the poor kid was looking on longingly; ***mirar algo/a algn con otros ~s*** to look at sth/sb through different eyes *o* differently; ***tener a algn entre ~s*** (fam) to have it in for sb (colloq); ***tener ~s de lince*** *or* ***~ de águila*** to have eyes like a hawk; ***tener ~s en la nuca*** to have eyes in the back of one's head; ***ver algo con malos ~s*** to take a dim view of sth

(Compuestos)

- **ojo a la funerala** *or* **a la virulé** (Esp fam) ▸**ojo morado**
- **ojo avizor**: **ir/estar con ~ ~** to be alert; **hay que estar con ~ ~** you have to keep your wits about you *o* be alert
- **ojo de agua** (Méx) spring
- **ojo de buey** porthole
- **ojo de cristal** (Esp) glass eye
- **ojo de gallo** corn
- **ojo de gato** (Min) cat's-eye; (Auto) (Arg) cat's-eye
- **ojo de la cerradura** keyhole
- **ojo de pescado** (Méx) corn
- **ojo de pez** fish-eye lens
- **ojo de tigre** tiger's eye
- **ojo de vidrio** (AmL) glass eye
- **ojo en compota** (CS fam) ▸**ojo morado**
- **ojo en tinta** (fam) ▸**ojo morado**
- **ojo mágico** (AmL) spyhole, peephole
- **ojo morado** black eye, shiner (colloq); **le puse un ~ ~** I gave him a black eye *o* a shiner
- **ojo moro** (Méx) ▸**ojo morado**

B (perspicacia): **¡vaya ~ que tiene!** he's pretty clever *o* sharp *o* on the ball!; **una mujer con mucho ~ para los negocios** a very clever *o* sharp businesswoman; ***tener (un) ~ clínico*** (ver bien) to have a good eye; (ser perspicaz) to be sharp *o* clever

C (fam) (cuidado, atención): **mucho ~ con lo que haces** be careful what you do; **hay que andar** *or* **ir con mucho ~** you have to keep your eyes open, you have to have your wits about you; **¡~! que aquí te puedes confundir** watch out *o* be careful, it's easy to make a mistake here; **¡~! que viene un coche** watch out! *o* be careful! there's a car coming; **Ⓢ ojo, mancha** *or* **pinta** wet paint

D (de una aguja) eye; ▸**hacha**[2]

E (de una tormenta, un huracán) eye; ***estar en el ~ del ciclón*** *or* ***del huracán*** to be in the thick of things

F **1▸** (Agr) (en un tubérculo) eye **2▸** (en el queso) hole

G **1▸** (en el caldo) layer of fat **2▸** (de espuma) suds (*pl*), lather

H (de un arco) archway; (de un puente) span

ojota *f* **1▸** (CS, Per) (calzado rústico) sandal (*made out of a car tire*) **2▸** (RPl) (para playa, piscina) thong (AmE), flip-flop (BrE)

OK *interj* OK!, okay!

okapi *m* okapi

okey *interj* (esp AmL) OK!, okay!

okupa, ocupa *mf* (Esp fam) squatter

okupante *mf* squatter

OL (= **onda larga**) LW

ola *f* wave; **una ~ de violencia** a wave of violence; **una ~ de atracos** a wave *o* spate of robberies; **una ~ de despidos** a spate of dismissals; **hicieron la ~ mexicana** they did a Mexican wave; ***hacer ~s*** to rock the boat, to make waves; ▸**nuevo**

(Compuestos)

- **ola de calor** heat wave
- **ola de frío** cold spell

olán *m* (Méx) flounce, frill

olé, ole *interj* olé!, bravo!

oleada *f* wave; **una ~ de turistas** a flood *o* wave of tourists; **una ~ de huelgas** a wave *o* spate of strikes; **una ~ de sangre se le subió al rostro** he blushed furiously *o* the blood rushed to his face

oleaginosa *f* oleaginous plant

oleaginoso -sa *adj* oleaginous, oily

oleaje *m* swell; **hay mucho ~** there's a heavy swell

oleícola *adj* ‹*producción/industria/exposición*› olive oil (*before n*); ‹*sector*› olive growing (*before n*)

oleicultor -tora *m,f* olive grower

oleicultura *f* olive growing (*for oil*)

óleo *m* **1▸** (sustancia) oil; (cuadro) oil painting; **pintura al ~** oil painting; **pintar al ~** to paint in oils; **exposición de ~s** exhibition of oil paintings **2▸** (Relig) holy oil; ▸**santos óleos**

oleoducto *m* pipeline, oil pipeline

oleoquímico *m* (Quím) oleochemical

oleoso -sa *adj* oily

oleosoluble *adj* oil-soluble

oler [E12] *vi*

A (percibir olores) **~ A algo** to smell sth; **¿no hueles a humo?** can't you smell smoke?

B (despedir olores) «*comida/perfume*» to smell; **el guiso huele muy bien** the stew smells very good; **¡qué mal huele!** it smells awful!; (+ *me/te/le etc*): **le huelen los pies** his feet smell; **~ A algo** to smell OF sth; **huele a rosas** it smells of roses; **toda la casa huele a tabaco** the whole house smells *o* (colloq) reeks of cigarette smoke; **huele a gas** there's a smell of gas, it smells of gas; ***huele que alimenta*** (Esp fam): **la sopa huele que alimenta** the soup smells delicious; **estos calcetines huelen que alimentan** (hum) these socks stink to high heaven (colloq); ***ni ~ ni heder*** (Col fam) to be nothing special

C (fam) (expresando sospecha) (+ *me/te/le etc*) to smell; **esto me huele a cuento** I smell a rat *o* something fishy; **me huele que ella está detrás de todo esto** I suspect *o* something tells me she's behind all this

■ **oler** *vt* to smell; **¿no hueles las rosas?** can't you smell the roses?; **el perro olió la ropa del fugitivo** the dog sniffed *o* smelled the fugitive's clothes

■ **olerse** *v pron* (fam) to suspect; **ya me lo olía** I thought so, I suspected as much; **ya me olía yo que aquí había algo raro** I had an idea *o* a feeling there was something funny going on

olfa *mf* (Arg) ▸**chupamedias**

olfatear [A1] *vt* **1▸** (oler con insistencia) to sniff **2▸** ‹*rastro/presa*› to scent, follow

olfativo -va *adj* olfactory

olfato *m* **1▸** (sentido) smell **2▸** (perspicacia, intuición) nose; **tengo muy buen ~ para estas cosas** I have a very good nose for things like this

olfatorio -ria *adj* olfactory

olgopolia *m* oligopoly

oliente *adj*: **~ A algo** smelling OF sth; **con la boca ~ a alcohol** with his breath smelling of alcohol; **mal/bien ~** foul-smelling/sweet-smelling

oligarca *mf* oligarch

oligarquía *f* oligarchy

oligárquico -ca *adj* oligarchic

oligoceno *m* Oligocene

oligoelemento *m* trace element

oligofrenia *f* oligophrenia, mental deficiency

oligofrénico[1] **-ca** *adj* oligophrenic, mentally handicapped

oligofrénico[2] **-ca** *m,f* oligophrenic

oligopolio *m* oligopoly

oligopsonio *m* oligopsony

Olimpia Olympia

olimpiada, olimpíada *f tb*: **~s** Olympic Games (*pl*), Olympics (*pl*)

olímpicamente *adv* (fam): **pasa ~ de lo que digan los demás** he doesn't give a damn *o* he couldn't care less what other people say (colloq); **estás perdiendo el tiempo ~** you're completely wasting your time

olímpico -ca *adj* **1▸** ‹*campeón/récord*› Olympic (*before n*) **2▸** (fam) ‹*desprecio/indiferencia*› total, utter **3▸** (AmL fam) ‹*pase/gol*› fantastic (colloq), sensational (colloq)

olimpismo *m* (movimiento) olympic movement; (deportes) olympic sports (*pl*)

Olimpo *m*: **el ~** (Mount) Olympus; **los dioses del ~** the Olympians

olisco -ca *adj* (esp AmL) smelly

olisquear [A1] *vt* to sniff

oliva *f* olive; ▸**aceite, verde**[2]

oliváceo -cea *adj* ‹*color*› olive-green; ‹*tez/rostro*› olive; **verde ~** olive green

olivar *m* olive grove

olivarero[1] **-ra** *adj* ‹*sector/industria*› olive (*before n*); ‹*región*› olive-producing (*before n*)

olivarero[2] **-ra** *m,f* olive grower

olivícola *adj* ▸**olivarero**[1]

olivicultor -tora *m,f* olive grower

olivicultura *f* olive growing

olivo *m* olive, olive tree; ***dar el ~ a algn*** (RPl fam) to fire sb (colloq); ***tomarse el ~*** *or* ***los ~s*** (fam) to run off

olla *f* pot; ***echarle con la ~*** (Chi fam) (actuar sin medida) to go over the top (colloq); (actuar sin cuidado) to do things haphazardly; ***estar en la ~*** (tener problemas) (Méx fam) to be in the soup (colloq); (no tener dinero) (Col fam) to be broke (colloq); ***~ de grillos*** (fam) madhouse (colloq); ***parar la ~*** (CS, Per fam): **en esta casa soy yo la que para la ~** I'm the breadwinner in this house; **no tengo con qué parar la ~** I can't make ends meet

(Compuestos)

- **olla a presión** pressure cooker
- **olla común** soup kitchen
- **olla exprés** (Esp) pressure cooker
- **olla freidora** deep fryer
- **olla podrida** meat and vegetable stew
- **olla popular** soup kitchen
- **olla presto** (Méx) pressure cooker

ollar *m* nostril (*of a horse*)

olmeca *adj/mf* Olmec

olmedo *m*, **olmeda** *f* elm grove

olmo *m* elm, elm tree

ológrafo -fa *adj* holographic; **testamento ~** holograph

olor *m* smell; **¡qué ~ más bueno/horrible!** what a lovely/horrible smell!; **tiene un ~ raro** it smells strange, it has a strange smell to it; **tomarle el ~ a algo** (AmL) to smell sth; **¡qué rico ~!** (AmL) what a lovely smell!; **~ A algo** smell OF sth; **¡qué ~ a comida hay aquí!** there's a strong smell of food (in) here!; **tiene**

~ a queso it smells of cheese; ***en ~ de multitud:*** **fue recibido en ~ de multitud** he was welcomed by a huge crowd; ***en ~ de santidad:*** **vivir en ~ de santidad** to lead the life of a saint; **morir en ~ de santidad** to die a saint

(Compuesto) **olor a chivo** (Arg fam) body odor*, BO (colloq)

oloroso¹ -sa *adj* ‹*queso/pies*› smelly; ‹*jabón*› scented, fragrant; **~ A algo** smelling OF sth; **olorosa a lavanda** smelling of lavender

oloroso² *m* oloroso (sherry)

olote *m* (AmC, Méx) cob, corncob

olotera *f* (AmC, Méx) corn kernel remover *o* separator

OLP *f* (= **Organización para la Liberación de Palestina**) PLO

olvidadizo -za *adj* forgetful

olvidado -da *adj* 1 (abandonado) forgotten; **murió ~ de todos** (liter) he died forgotten by everyone (liter) 2 (tranquilo) secluded

olvidar [A1] *vt*

A 1 (borrar de la memoria) to forget; **lo mejor es ~ lo ocurrido** it's best to forget what happened; **tienes que ~ el pasado** you must put the past behind you; **tienes que ~la** you have to forget her 2 (no acordarse) to forget; **había olvidado que llegaba hoy** I had forgotten that he was arriving today; **tu sobrina que no te olvida** your loving niece; **~ + INF** to forget to + INF; **olvidé llamarla** I forgot to call her

B (dejar en un lugar): **no olvides las fotocopias** don't forget the photocopies, don't leave the photocopies behind; **había olvidado el pasaporte en casa** she had left her passport at home

■ **olvidarse** *v pron*

A «*persona*» 1 (borrar de la memoria) **~se DE algo** to forget sth; **lo mejor es ~se del asunto** the best thing to do is to forget the whole thing 2 (no acordarse) to forget; **~se DE algo** to forget sth; **nunca se olvida de su aniversario de boda** he never forgets their wedding anniversary; **me había olvidado de que él era vegetariano** I had forgotten that he was a vegetarian; **~se DE + INF** to forget to + INF; **siempre me olvido de echarle sal** I always forget to add salt

B (dejar en un lugar) to forget, leave ... behind; **me olvidé el bolso y tuve que volver** I left my bag behind *o* I forgot my bag and had to go back

C «*nombre/fecha/cumpleaños*» (+ *me/te/le etc*): **se me olvidó su cumpleaños** I forgot his birthday; **se me ha vuelto a ~** I've forgotten again; **¡ah! se me olvidaba** ah! I almost forgot; **se me olvidó decírtelo** I forgot to tell you

olvido *m* 1 (abandono, indiferencia) obscurity; **después de este éxito cayó en el ~** after this success he disappeared into obscurity *o* oblivion; **un escritor relegado al ~** a writer condemned to obscurity; **la obra fue rescatada del ~** the play was rescued from oblivion *o* obscurity 2 (descuido) oversight; **fue un ~** it was an oversight *o* I forgot; **un ~ así es imperdonable** an omission *o* oversight of that kind is unforgivable

OM (= **onda media**) MW

Omán *m* Oman

omaso *m* omasum

ombligo *m* ▸ⓘ p.231 navel, belly button (colloq); ***el ~ del mundo*** the center* of the universe; **se creen que París es el ~ del mundo** they think that Paris is the center of the universe *o* that the universe revolves around Paris; ***mirarse el ~*** to be inward-looking, gaze at *o* contemplate one's navel (hum)

ombliguera *f* crop top

ombliguero *m* bellyband

ombliguismo *m* (pey) self-absorption

ombú *m* ombu

ombudsman /ˈombusman/ *m* (*pl* ~) ombudsman

OMC *f* (= **Organización Mundial del Comercio**) WTO

omega *f* omega

omelette /ˈomelet/ *f* (AmL) omelet*

OMI *f* = **Organización Marítima Internacional** IMO

OMIC *f* = **Oficina Municipal de Información al Consumidor**

ominoso -sa *adj* (frml) 1 (abominable) despicable 2 (de mal agüero) ominous

omisión *f* omission

omiso *pp* ▸ **caso**

omitir [I1] *vt* 1 ‹*frase/nombre*› to omit, leave out; **si se omite este párrafo cambia totalmente el sentido** if this paragraph is left out, it changes the whole meaning 2 (frml) **~ + INF** to omit *o* fail to + INF; **omitió mencionar que no estaría presente en la reunión** he omitted *o* failed to mention that he would not be present at the meeting

OMM *f* = **Organización Meteorológica Mundial** WMO

ómnibus *m* (*pl* ~ *or* **-buses**) 1 (autobús — urbano) (Per, Ur) bus; (— de larga distancia) (Arg) bus, coach (BrE) 2 (Esp) (Ferr) slow train; **el tren ~ con destino a Córdoba** the stopping service to Cordoba

omnidireccional *adj* omnidirectional

omnímodo -da *adj* (frml) absolute, all-embracing

omnipotencia *f* omnipotence

omnipotente *adj* omnipotent

omnipresencia *f* omnipresence

omnipresente *adj* omnipresent

omnisapiente *adj* (liter) all-knowing, omniscient (frml)

omnisciencia *f* (frml) omniscience (frml)

omnisciente *adj* (frml) omniscient (frml)

omnívoro¹ -ra *adj* omnivorous

omnívoro² *m* omnivore

omoplato, omóplato *m* shoulder blade, scapula (tech)

OMPI *f* (= **Organización Mundial de la Propiedad Intelectual**) WIPO

OMS /oemeese/ *f* (= **Organización Mundial de la Salud**) WHO

-ón, -ona *suf* 1 (de gran tamaño, cuantía): **se gastaron un fortunón** they spent an absolute fortune (colloq); **un novelón de este tamaño** a huge great novel this thick (colloq) 2 (uso ponderativo): **estaba de lo más elegantona** she looked really smart; **un chico guapetón** quite a handsome chap *ver tb* **pisotón, cuarentón¹, solterón, -ón,** etc

onanismo *m* onanism

once¹ *adj inv/pron* eleven *para ejemplos ver* **cinco¹, cinco²**

once² *m* ▸ⓘ p.575 (number) eleven; ***ir/venir con el ~*** (RPl fam) to go/come on Shank's mare (AmE) *o* (BrE) Shanks's pony (colloq)

once³ *f* (Chi) ▸ **onces**

ONCE /ˈonθe/ *f* = **Organización Nacional de Ciegos Españoles**

> **ONCE - Organización Nacional de Ciegos Españoles**
>
> *ONCE* was founded in 1938 to create employment for the blind. The organization started fund-raising lotteries, for which blind people sold tickets throughout Spain.
>
> In 1981 *ONCE* launched a national lottery which is drawn every day except Saturday. Money raised is invested in training and social centers for blind people. The biggest of its prizes is the *cuponazo*.

onceavo¹ -va *adj* 1 (partitivo): **la onceava parte** an eleventh 2 (crit) (ordinal) eleventh *para ejemplos ver* **veinteavo¹, veinteavo²**

onceavo² *m* ▸ⓘ p.243 eleventh

onces *fpl* (Andes) tea; **lo invitaron a tomar ~** they invited him to tea

(Compuesto) **onces comida** (Chi) high tea (BrE), (*light evening meal*)

> **onces**
>
> In some Andean countries, particularly Chile, *onces* is a light meal eaten between five and six p.m., the equivalent of "afternoon tea" in Britain. In Colombia, on the other hand, *onces* is a light snack eaten between breakfast and lunch. It is also known as *mediasnueves*.

oncocercosis *f* (Med) onchocerciasis, river blindness

oncogén *m* oncogen

oncogénico -ca *adj* oncogenic

oncología *f* oncology

oncológico -ca *adj* oncological

oncólogo -ga *m,f* oncologist

onda *f*

A (Fís, Rad) wave; **longitud de ~** wavelength; **de nuevo estamos en las ~s** we're back on the air; ***agarrar*** *or* ***captar*** *or* (Esp) ***coger la ~*** (fam) to understand, get it (colloq); ***agarrarle la ~ a algo*** (AmL) to work sth out, suss sth out (colloq); ***estar en la ~*** (fam) (a la moda) to be trendy (colloq), to be hip (colloq), to be with it (colloq) (al tanto) to be bang up to date (colloq); **está en la ~ de la actualidad musical** he's tuned in to *o* he's really up on current musical trends (colloq); ***estar fuera de ~*** (fam) to be (way) behind the times (colloq); ***¡qué buena ~!*** (AmL fam) that's great *o* fantastic! (colloq); ***¡qué mala ~!*** (AmL fam) that's terrible *o* (AmE) too bad!; ***¿qué ~?*** (AmL fam) what's new? (colloq)

(Compuestos)

- **onda corta** short wave
- **onda de choque** shock wave
- **onda de radio** radio wave
- **onda estacionaria** standing wave
- **onda expansiva** blast, shock wave
- **onda larga** long wave
- **onda media** medium wave
- **onda senoidal** *or* **sinusoidal** sine wave
- **onda sísmica** seismic wave

B 1 (del pelo) wave 2 (del agua) wave 3 (en costura) scallop

> **Onda Cero**
>
> A radio network broadcasting on AM and FM. It is owned by *Telefónica*, Spain's most important telecommunications group. *See also* ▸ **la radio española**

ondeado¹ -da *adj* 1 (en costura) scalloped 2 (RPl) ‹*pelo*› wavy

ondeado² *m* (RPl) wave

ondeante *adj* 1 ‹*bandera/cinta*› fluttering; ‹*árboles/juncos*› swaying 2 ‹*movimiento*› undulatory; ‹*terreno/llanura*› undulating, rolling

ondear [A1] *vi* «*agua*» to ripple; «*bandera*» to fly; **la bandera ondeaba al viento** the flag flew *o* fluttered in the wind; **ondea a media asta** it is flying at half-mast

ondina *f* undine, water nymph

ondulación *f* undulation

ondulado *adj* ‹*pelo*› wavy; ‹*terreno*› undulating, rolling

ondulante *adj* ‹*movimiento*› undulatory; ‹*terreno*› undulating, rolling

ondular [A1] *vt* ‹*pelo*› to wave

■ **ondular** *vi* (liter) «*agua*» to ripple; «*terreno*» to undulate

■ **ondularse** *v pron* to go wavy

ondulatorio -ria *adj* wave (*before n*), undulatory (tech)

oneroso -sa *adj* (frml) onerous (frml), burdensome (frml)

ONG *f* (= **organización no gubernamental**) NGO

ónice *m or f* onyx

onírico -ca *adj* (frml) oneiric (frml)

ónix *m* onyx

on-line¹ /onˈlain/ *adj inv* on-line, online; **estar ~** to be on-line *o* online

O

on-line[2] *adv* on line; **trabajar ~** to work on line

onomástica *f* (Esp frml) saint's day

> **onomástica, onomástico**
> ▸santo.

onomástico *m* (AmL frml) ▸**santo** saint's day

onomatopeya *f* onomatopoeia

onomatopéyico -ca *adj* onomatopoeic

ontología *f* ontology

ontológico -ca *adj* ontological

ONU /'onu/ *f* (= **Organización de las Naciones Unidas**) **la ~** the UN, the United Nations

onubense *adj* of/from Huelva

onusiano -na *adj* UN (*before n*), United Nations (*before n*)

onza *f*
A ▸❶ **p.630**; (peso) ounce
(Compuesto) **onza troy** troy ounce
B (de chocolate) square
C (Zool) ounce

oogénesis *f* oogenesis

oolítico -ca *adj* oolitic

oolito *m* oolite

Op. (= **opus**) op; **Op. cit.** op cit

opa[1] *adj* 1▸ (Bol, RPl fam) (tonto, idiota) silly (colloq) 2▸ (RPl fam) (aburrido) boring

opa[2] *mf* 1▸ (tonto) (Bol, RPl fam) dummy (colloq) 2▸ (RPl fam) (persona aburrida) bore

opa[3] *interj* (RPl fam) oops! (colloq), whoops! (colloq)

OPA, opa /'opa/ *f* (Com) (= **Oferta Pública de Adquisición**) takeover bid; **lanzar* una ~ hostil (sobre una empresa)** to launch *o* make a hostile takeover bid (for a company); **una ~ amistosa** a friendly takeover bid

opacar [A2] *vt* (AmL) 1▸ (hacer opaco) to make ... opaque; (oscurecer) to darken; **vidrios opacados por la suciedad** windows so dirty that you couldn't see through them 2▸ (deslucir) to mar; **los disturbios ~on su visita** the riots cast a shadow over *o* marred her visit; **que nada opaque su recuerdo** let nothing darken her memory; **su actuación se vio opacada por algunas fallas técnicas** her performance was marred by technical problems 3▸ (anular) to overshadow; **la personalidad tan fuerte de su hermana la opacaba** she was overshadowed by her sister's strong personality

opacidad *f* opacity

opaco -ca *adj* 1▸ (no transparente) opaque; **es ~ a los rayos ultravioletas** it does not let ultraviolet rays through *o* it is opaque to ultraviolet rays 2▸ (sin brillo) dull

opalescencia *f* opalescence

opalescente *adj* opalescent

opalina *f* opaline

opalino -na *adj* opaline

ópalo *m* opal

op-art *m* op art

opción *f* 1▸ (alternativa) option; **la ~ más viable** the most viable option; **no tenía otra ~** I had no option *o* choice; **no me quedó más ~ que decírselo** I had no option *o* choice but to tell him 2▸ (derecho, posibilidad) **~ A algo**: **con ~ a compra** with option to buy; **el equipo ha perdido toda ~ al título** the team has lost any chance of (winning) the title

(Compuestos)
- **opción de compra** call option, call
- **opción de enajenación** put option, put
- **opción de exclusión** opt-out
- **opción de futuro** futures option
- **opción de no participación** opt-out
- **opción de venta** put option, put
- **opción por defecto** (Inf) default option
- **opción sobre acciones** stock *o* share option

opcional *adj* optional

opcionalmente *adj*: **se ofrece ~ el techo solar y aire acondicionado** the sunroof and air conditioning are available as optional extras

open /'open/ *m* open championship *o* tournament; **el O~ de Golf de Madrid** the Madrid Open (golf tournament)

OPEP /o'pep/ *f* (= **Organización de Países Exportadores de Petróleo**) OPEC

ópera *f* (obra musical) opera; (edificio) opera house

(Compuestos)
- **ópera bufa** comic opera, opera bouffe
- **ópera prima** first work
- **ópera rock** rock opera

operable *adj*
A ‹*enfermo/tumor*› operable; **es ~** she/it is operable *o* we can operate on her/it
B (frml) ‹*cambios*› practicable, feasible

operación *f* ▸❶ **p.575**
A (Mat) operation
B (Med) operation; **una ~ del estómago** a stomach operation; **se sometió a una ~ a corazón abierto** he underwent open-heart surgery; **una ~ a vida o muerte** a life-or-death operation
C (Fin) (transacción) transaction; **una ~ bursátil/financiera** a stock market/financial transaction *o* deal; **~ de ingreso** deposit; **~ de reintegro** withdrawal
D (tarea) operation; **~ policial** police operation; **la ~ de rescate** the rescue operation; **la ~ mudanza será la próxima semana** (hum) the move is next week

(Compuestos)
- **operación limpieza** clean up operation, clean up; **toca ~ ~** (hum) it's time to clean the house *o* (colloq) for a blitz on the house
- **operación rastrillo** search operation
- **operación retorno** 1▸ (en Esp) (*the mass return by road to the cities from the seaside resorts after public holidays*) 2▸ (en AmL) (*the return of refugees or political exiles at the end of a period of repression*)
- **operación tortuga** (Col) go-slow

operacional *adj* operational, working

operador -dora *m,f* 1▸ (Telec) operator 2▸ (Cin, TV) (de una cámara) (*m*) cameraman; (*f*) camerawoman; (de proyección) projectionist 3▸ (Inf, Tec) operator 4▸ (Chi, Méx) (obrero) ▸**operario** 5▸ (Fin) trader

(Compuestos)
- **operador cambiario, operadora cambiaria** *m,f* foreign exchange dealer
- **operador de consola, operadora de consola** *m,f* keyboarder
- **operador turístico** *m* tour operator

operancia *f* (Chi frml) efficiency

operante *adj* operational

operar [A1] *vt*
A (Med) to operate on; **la tuvieron que ~ de urgencia** she had to have an emergency operation; **~ a algn DE algo**: **me van a ~ de la vesícula** I'm having a gallbladder operation; **lo ~on de apendicitis** he had his appendix taken out
B (frml) ‹*cambio/transformación*› to produce, bring about
C (Chi, Méx) ‹*máquina*› to operate

■ **operar** *vi*
A (Med) to operate
B (frml) (funcionar, actuar) to operate; **la protección no ~á hasta que el asegurado haya pagado la prima** cover will not become effective until the insured party has paid the premium; **este vuelo ~á todos los martes y jueves** this flight will operate every Tuesday and Thursday; **las tropas que operan en la frontera** the troops operating along the border
C (frml) (negociar) to deal, do business
D (Mat) to operate

■ **operarse** *v pron*
A (Med) (*caus*) to have an operation; **~se DE algo**: **tiene que ~se del corazón** he has to have a heart operation
B (frml) «*cambio/transformación*» to take place

operario -ria *m,f* (frml) operative (frml); **el ~ de la máquina** the machine operator, the machinist

operático -ca *adj* (CS) ▸**operístico**

operatividad *f* operational capacity/ability, operating capacity

operativo[1] **-va** *adj* operating (*before n*); **sus métodos ~s** their working *o* operating methods; **por necesidades operativas** owing to operational *o* operating demands; **el sistema ~ del ordenador** the computer's operating system; **capacidad operativa** operating capacity

operativo[2] *m* (AmL) operation; **se llevó a cabo un ~ de vigilancia** a surveillance operation was carried out

operatoria *f* operation

operatorio -ria *adj* operating (*before n*)

opereta *f* operetta

operista *mf* opera composer

operístico -ca *adj* operatic; **una representación operística** an operatic production, an opera; **una estrella operística** an opera star

operófilo -la *m,f* opera lover

OPI *f* (= **oferta pública inicial**) IPO

opiáceo[1] **-cea** *adj* opiate; **drogadicción opiácea** opiate addiction, addiction to opiates

opiáceo[2] *m* opiate

opiado -da *adj* (RPl fam) bored stiff (colloq)

opiar [A1] *vt* (RPl fam) to bore ... stiff *o* to tears *o* to death (colloq)

■ **opiarse** *v pron* (RPl fam) to get bored stiff (colloq)

opiata *f* opiate

opinar [A1] *vi*: **parece que todos pueden ~ menos yo** it seems everyone is allowed to express an opinion *o* to have their say except me; **si puedo ~ te diré que ...** if I may venture an opinion, I think ...; **¿le parece un acto legítimo? — prefiero no ~** do you consider it to be legitimate? — I prefer *o* I would prefer not to comment; **el 15% restante no opina** the remaining 15% are undecided *o* did not express an opinion

■ **opinar** *vt* 1▸ (pensar) to think; **¿qué opinas del aborto?** what are your views on *o* what do you think about abortion?; **¿qué opinas de ella?** what do you think of her?; **opinaba que el tiempo lo arreglaba todo** he was of the opinion *o* he held the view *o* he believed that time solved everything; **no opino lo mismo** I do not share that view *o* opinion, I disagree 2▸ (expresar un juicio): **opinó que deberían aplazarlo** he was of the opinion that *o* he expressed the view that it should be postponed

opinión *f* opinion; **no comparto tu ~ sobre este tema** I do not share your view *o* opinion *o* I disagree with you on this subject; **¿cuál es tu ~ sobre el programa?** what do you think of the program?; **¿qué ~ le merece esta nueva producción?** (frml) what is your opinion of this new production?; **en mi ~ fue un error** in my opinion it was a mistake; **cambió de ~** he changed his mind; **es de la ~ de que no se les debe pegar a los niños** she doesn't believe in hitting children, she is of the opinion that you mustn't hit children; **importantes sectores de ~ piensan que ...** significant bodies of opinion think that ...; **es una cuestión de ~** it's a matter of opinion; **no tengo muy buena ~ de él** I don't think very highly of him, I don't have a very high opinion of him

(Compuesto) **opinión pública**: **la ~ ~** public opinion; **un cambio en la ~ ~** a change in public opinion; **no se puede engañar a la ~ ~ con falsas promesas** you cannot fool people *o* the public with false promises

opio *m*
A (Bot, Farm) opium; **el ~ del pueblo** the opium of the masses

B (RPl fam) (aburrimiento): **fue un ~ total** it was incredibly boring

opioide *adj/m* ▸**opiáceo**[1], **opiáceo**[2]

opiómano -na *m,f* opium addict

opíparamente *adv* sumptuously

opíparo -ra *adj* sumptuous

oponente *mf* opponent

oponer [E22] *vt* ‹*resistencia*› to offer, put up; ‹*objeción*› to raise; **~ algo A algo** to counter *o* answer sth WITH sth; **~ la razón a la fuerza** to counter force with reason; **a esto supo ~ convincentes argumentos** he was able to argue convincingly against this, he was able to put forward *o* to present convincing arguments against this; **a los talentos individuales del Santa Cruz el Benadós opone un excelente juego de equipo** Benadós relies on its excellent teamwork to counter the individual talents of the Santa Cruz players

■ **oponerse** *v pron* **1** (ser contrario) to object; **sus padres no se opusieron** his parents didn't object *o* raise any objections; **~se A algo** to be opposed to sth; **su familia se opone a la boda** her family is opposed *o* is against the marriage; **nadie se opuso al plan** nobody objected to *o* opposed the plan **2** (contradecir) **~se A algo** to contradict sth

oporto *m* (vino) port

Oporto *m* (ciudad) Oporto

oportunamente *adv*: **respondió muy ~** her reply was very much to the point *o* very appropriate; **les avisaremos ~** we will inform you at the proper *o* appropriate time

oportunidad *f*

A **1** (momento oportuno) chance, opportunity; **en cuanto surja la ~ se lo digo** I'll tell her as soon as I have the chance *o* the opportunity; **aún no había tenido ~ de saludarlo** I still hadn't had the chance to say hello to him; **aprovecha esta ~, no se te volverá a presentar** make the most of this opportunity, you won't get another one like it; **paré a la primera ~** I stopped at the earliest opportunity *o* as soon as I could; **tiene el don de la ~** (iró) he has a knack of showing up at just the wrong time/putting his foot in it; ***a la ~ la pintan calva*** seize the opportunity while you can **2** (posibilidad) chance; **dame una nueva ~** give me another chance; **estando allí tuve la ~ de conocer a ...** while there I was fortunate enough to be able to meet ...; **no tienen igualdad de ~es** they don't enjoy equal opportunities **3** (en fútbol americano) down

B (AmL) (vez, circunstancia) occasion; **en aquella ~ tuvo que ceder** that time *o* on that occasion he had to give in; **en otras ~es** on other occasions

oportunismo *m* opportunism

oportunista[1] *adj* **1** ‹*persona*› opportunistic **2** (Med) opportunist

oportunista[2] *mf* opportunist

oportuno -na *adj* **1** ‹*momento/visita/lluvia*› timely, opportune; **llegó en el momento ~** she arrived at just the right moment *o* at a very opportune moment **2** (indicado, conveniente) appropriate; **se tomarán las medidas que se estimen** *or* **consideren oportunas** appropriate measures will be taken; **señaló que se llevarían a cabo las investigaciones oportunas** she indicated that the appropriate *o* necessary investigation would be carried out; **sería ~ avisarle** we ought to inform her **3** ‹*respuesta*› appropriate; **estuvo muy ~ en el debate** what he said in the debate was very much to the point; **¡vaya, hombre, tú siempre tan ~!** (iró) you can always be relied upon to show up at the wrong time/to put your foot in it

oposición *f*

A **1** (enfrentamiento) opposition; **~ A algo** opposition TO sth; **hubo una fuerte ~ popular a la nueva ley** there was strong popular opposition to the law **2** (Pol) opposition

B (Esp) (examen) (public) competitive examination; **ganó la plaza por ~** he got the post by taking *o* (BrE) sitting a competitive examination; **estoy preparando oposiciones** I'm studying for my exams

> **oposiciones**
>
> In Spain, competitive examinations for people wanting a public-sector job, to teach in an ▸**instituto**, or to become a judge. The large number of candidates, or *opositores* - much higher than the number of posts available - means that the exams are very difficult. Those successful obtain very secure employment. Many people have private coaching for the exams.

oposicionista[1] *adj* opposition (*before n*)

oposicionista[2] *mf: member of the opposition*

opositar [A1] *vi* (Esp, Ven) **~ A algo** to take *o* (BrE) sit a competitive examination FOR sth

opositor[1] **-tora** *adj* opposition (*before n*)

opositor[2] **-tora** *m,f*

A (de un partido, régimen) opponent; **esta fórmula no encontró ~es** this formula did not meet with any opposition

B (en un concurso de oposición) candidate

opresión *f* **1** (de un pueblo) oppression **2** (en el pecho) tightness

opresivo -va *adj* oppressive

opresor[1] **-sora** *adj* oppressive

opresor[2] **-sora** *m,f* oppressor

oprimente *adj* oppressive

oprimido[1] **-da** *adj* ‹*pueblo*› oppressed; **tenía el corazón ~ por la pena** (liter) his heart was heavy with sadness (liter)

oprimido[2] **-da** *m,f*: **los ~s** the oppressed

oprimir [I1] *vt* **1** (frml) (apretar, presionar) to press; **oprima el botón de la izquierda** press the left-hand button; **la angustia le oprimía el pecho** (liter) he was wracked with anguish **2** (tiranizar) to oppress

oprobio *m* (frml) dishonor*, opprobrium (frml)

oprobioso -sa *adj* (frml) opprobrious (frml)

OPS *f* = **Organización Panamericana de la Salud**

optar [A1] *vi*

A (decidirse) **~ POR algo** to choose sth, opt FOR sth; **optó por el premio en metálico** he opted for *o* chose the cash prize; **~ POR + INF** to choose *o* opt to + INF; **optó por callarse** she chose *o* opted to keep quiet

B **~ A algo** ‹*a una plaza/un puesto*› to apply FOR sth; **sólo los licenciados en Medicina pueden ~ a esta plaza** only medical graduates may apply for *o* are eligible for this post, this post is only open to graduates in medicine; **un atleta que puede ~ a una medalla** an athlete with a chance of winning a medal

optativa *f* option

optativamente *adv* optionally

optativo[1] **-va** *adj* optional

optativo[2] *m* optative

óptica *f* **1** (Fís, Ópt) optics **2** (tienda) optician's **3** (punto de vista) viewpoint, point of view; **ven el problema desde una ~ distinta** they see the problem from a different standpoint *o* viewpoint *o* point of view *o* perspective

óptico[1] **-ca** *adj* **1** (del ojo) optical **2** (Fís, Ópt) optical

óptico[2] **-ca** *m,f* optician

optimación *f* (frml) optimization

óptimamente *adv* ideally

optimar [A1] *vt* (frml) to optimize

optimismo *m* optimism

optimista[1] *adj* optimistic

optimista[2] *mf* optimist

optimización *f* (frml) optimization

optimizar [A4] *vt* (frml) to optimize

óptimo -ma *adj* ‹*posición*› ideal, optimum; **productos de óptima calidad** top-quality products; **se encuentra en condiciones óptimas** he is in peak condition *o* at the peak of his fitness; **las condiciones climáticas son óptimas para el lanzamiento** weather conditions are ideal for the launch

optometría *f* optometry

optometrista *mf* optometrist, ophthalmic optician (BrE)

optómetro *m* optometer

opuesto -ta *adj* ‹*versiones/opiniones*› conflicting; ‹*extremos/polos*› opposite; **tienen caracteres ~s** they have very different personalities; **venía en dirección opuesta** she was coming the other way *o* from the opposite direction; **~ A algo**: **el lado ~ a éste** the opposite side to this one; **es ~ a todo cambio** he is opposed to *o* he is against any change

opulencia *f* opulence, affluence; **viven en la ~** they lead an opulent *o* affluent lifestyle, they live in the lap of luxury (colloq)

opulento -ta *adj* opulent, affluent

opus *m* opus

opúsculo *m* opuscule, brief treatise

Opus Dei *m*: **el ~ ~** the Opus Dei

> **Opus Dei**
>
> *Opus Dei* - Latin for "God's Work" - is a Catholic organization founded in Spain in 1928. The *Opus* became very influential in Spanish society, above all by founding schools and universities. The aim was to create an élite which would spread Christian ideals throughout society. The University of Navarre is one of its foremost institutions.

opusdeísta[1] *adj* ‹*periódico*› which supports Opus Dei; ‹*facción*› of Opus Dei

opusdeísta[2] *mf* member of Opus Dei

OPV *f* = **Oferta Pública de Venta de Acciones**

oquedad *f* (frml) cavity, hollow

oquis (Méx fam): **de ~** (*loc adv*) gratis, for free, for nothing

ora *conj* (liter): **cae ~ en la tierra, ~ en la roca** it falls now on the soil, now among the stones (liter); some falls on the soil, some among the stones

ORA /'ora/ *f* (en Esp) = **Operación de Regulación del Aparcamiento**

oración *f*

A (Relig) **1** (acción de orar) prayer; **¿cuánto tiempo dedicas a la ~?** how much time do you set aside for prayer?; **las campanas llaman a ~** the bells are summoning the faithful to prayer **2** (plegaria) prayer; **rezamos una ~ por su alma** we said a prayer *o* we prayed for her soul

B (Ling) sentence

Compuestos

- **oración principal** main clause
- **oración subordinada** subordinate clause

oracional *adj* **1** (Ling) ‹*estructura/sujeto*› sentence (*before n*) **2** (Rel): **reunión** *or* **encuentro ~** prayer meeting; **libro ~** prayer book; **un momento ~** a moment of prayer

oráculo *m* oracle; **el ~ de Delfos** the Delphic oracle, the oracle at Delphi

orador -dora *m,f* speaker; **es muy buen ~** he's a very good speaker *o* (frml) orator

oral[1] *adj* **1** ‹*examen/tradición*› oral; ▸**juicio** **2** (Med) oral; **administrar por vía ~** to be taken orally

oral[2] *m* oral, oral exam, orals (*pl*)

órale *interj* (Méx fam) **1** (expresando acuerdo) right!, OK!; **¡~!, en eso quedamos** right *o* OK! that's agreed then **2** (para animar) come on!; **¡~, bébetelo!** come on, drink up!

oralmente *adv* orally

orangista *m* Orangeman

orangután *m* orangutan

orante[1] *adj* (frml) at prayer; **en actitud ~** in an attitude of prayer

orante[2] *mf* (frml) person at prayer

orar [A1] *vi*

A (frml) (Relig) to pray; **~ POR algo/algn** to pray FOR sth/sb

B (frml) (hablar) to speak

orate *mf* lunatic

O

oratoria *f* oratory
oratorio¹ -ria *adj* oratorical
oratorio² *m*
A (capilla) oratory, chapel
B (Mús) oratorio
orbe *m* **1** (esfera) sphere, orb (liter) **2** (liter) (mundo) world
órbita *f*
A (Astron) orbit; **entró en ~** it went into *o* entered orbit; **el satélite que pusieron en ~** the satellite they put into orbit; ***poner a algn en ~*** ‹*astronauta*› to put sb into orbit; ‹*artista/cantante*› to launch sb; **te voy a dar una bofetada que te va a poner en ~** (fam) I'm going to knock you into the middle of next week (colloq)
Compuesto **órbita de transferencia** transfer orbit
B (Anat) eye socket, socket, orbit (tech); **se le salían los ojos de las ~s** his eyes were almost popping out of their sockets *o* were coming out on stalks
C (ámbito, esfera) field
orbitador *m* orbiter
orbital *adj* orbital
orbitar [A1] *vi* to orbit
orca *f* killer whale
Órcadas, Orcadas *fpl*: **las ~** the Orkney Islands, the Orkneys
Compuesto **Órcadas del Sur**: **las ~ del ~** the South Orkney Islands
órdago *m*: **de ~** (fam) terrific (colloq); **tiene una casa de ~** she has a lovely *o* fantastic house; **armaron un escándalo de ~** they caused a huge *o* terrific rumpus
ordalía *f* (Hist) ordeal
orden¹ *f*
A **1** (mandato) order; (Mil) order; **recibieron órdenes de desalojar el local** they received orders to clear the premises; **acatar una ~** to obey an order; **está siempre dando órdenes** he's always giving orders; **deja de darme órdenes** stop ordering me about; **por ~ del Sr Alcalde se hace saber que ...** by order of His Worship the Mayor it is announced that ...; **hasta nueva ~** until further notice; **quedo a sus órdenes para ...** (Corresp) (frml) I am at your service for ... (frml); **el coche/la casa está a sus órdenes** the car/house is at your disposal; **por aquí estamos a la ~ para cualquier cosa que necesite** (AmL) just let us know if there's anything we can do for you *o* we can do to help; **¡a sus órdenes!** yes, sir! **2** **¡a la ~!** (Mil) yes, sir!; (fórmula de cortesía) (Andes, Méx, Ven) you're welcome, not at all, it's a pleasure
Compuestos
- **orden de alejamiento** restraining order ,protective order (AmE)
- **orden de arraigo** (AmL) injunction (*restricting the right to freedom of movement*)
- **orden de arresto** arrest warrant
- **orden de busca y captura** *or* **de búsqueda y captura** arrest warrant
- **orden de cateo** (Chi, Méx) search warrant
- **orden de desalojo** notice to quit
- **orden de detención** arrest warrant
- **orden del día** (Mil) order of the day; ***estar a la ~ del ~*** to be the order of the day; **los atracos están a la ~ del ~** muggings are the order of the day (at the moment); **estos ordenadores están a la ~ del ~** these computers are all the rage (colloq) *ver tb* **orden²**
- **orden de viaje** travel warrant
- **orden judicial** court order
- **orden ministerial** ministerial order *o* decree

B (Fin) order; **~ bancaria** banker's order; **~ de pago** order to pay; **páguese a la ~ de ...** pay to the order of ...
Compuesto **orden permanente de pago** standing order
C (institución) **1** (Hist, Mil) order; **~ militar** military order; **~ de caballería** order of knighthood; **la O~ de Calatrava/Santiago** the Order of Calatrava/Santiago **2** (Relig) order; **una ~ religiosa** a religious order
D (Hist, Mil) (condecoración) order
E (Relig) (grado) order
Compuestos
- **órdenes menores/mayores** *fpl* minor/major orders (*pl*)
- **órdenes sagradas** *fpl* holy orders (*pl*)

F (AmL) (Com) (pedido) order
orden² *m*
A **1** (indicando colocación, jerarquía) order; **las fichas están en** *or* **por ~ alfabético** the cards are in alphabetical order; **el ~ de las palabras** the order of the words; **pónganse por ~ de estatura** line up according to height; **reparto por ~ de aparición** cast in order of appearance; **por ~ cronológico** in chronological order; **por ~ de antigüedad** in order of seniority; **vayamos por ~** let's begin at the beginning; **una necesidad de primer ~** a basic necessity **2** (armonía, concierto) order; **pon un poco de ~ en la habitación** straighten your room up a little (AmE), tidy your room up a bit (BrE); **puso ~ en las cuentas** she sorted the accounts out, she got the accounts straight; **puso las páginas en ~** she sorted out the pages, she put the pages in order; **tengo que poner mis ideas en ~** I have to sort my ideas out; **no tenía los papeles en ~** his documents weren't in order; **¿falta algo? — no, está todo en ~** is anything missing? — no, everything is in order; **el nuevo ~ mundial** the new world order; ***llamar a algn al ~*** to call sb to order; ***sin ~ ni concierto*** without rhyme or reason **3** (disciplina) order; **para mantener el ~ en la clase** to keep order in the classroom; **¡~ en la sala!** order in court!; **la policía restableció el ~** the police reestablished order
Compuestos
- **orden de batalla** battle formation
- **orden del día** agenda; **el primer tema del ~ del ~** the first item on the agenda
- **orden natural** natural order; **el ~ ~ de las cosas** the natural order of things
- **orden público** public order; **mantener el ~ ~** to keep the peace; **lo detuvieron por alterar el ~ ~** he was arrested for causing a breach of the peace
- **orden sacerdotal** *or* **sagrado** ordination

B **1** (frml) (carácter, índole) nature; **problemas de ~ económico** problems of an economic nature **2** (cantidad): **del ~ de** (frml) on the order of (AmE), in *o* of the order of (BrE); **ingresos del ~ de los 150.000 dólares** receipts on *o* in *o* of the order of 150,000 dollars **3** (period) (ámbito): **en el ~ internacional** on the international front; **en este ~ de cosas** in this respect; **en otro ~ de cosas** meanwhile **4** **en orden a** (frml) with a view to
C **1** (Arquit) order; **~ dórico/jónico/corintio** Doric/Ionic/Corinthian order **2** (Biol, Zool) order
ordenación *f*
A (de un sacerdote) ordination, ordainment; **recibieron la ~ diez nuevos sacerdotes** ten new priests were ordained *o* were received into holy orders
B **1** (organización) organization, regulation **2** (Arquit) distribution
ordenada *f* ordinate
ordenadamente *adv*: **colocó los libros en la estantería ~** she arranged the books neatly *o* tidily on the bookshelf; **salieron ~** they left in an orderly fashion
ordenado -da *adj* **1** [ESTAR] (en orden) tidy; **tiene el escritorio muy ~** his desk is very tidy **2** [SER] ‹*persona*› (metódico) organized, orderly; (para la limpieza) tidy; **lleva una vida ordenada** she leads an ordered existence
ordenador *m* (Esp) computer
Compuestos
- **ordenador central** central computer
- **ordenador de a bordo** onboard computer
- **ordenador de bolsillo** palmtop
- **ordenador de mano** palmtop
- **ordenador de sobremesa** *or* **de mesa** desktop computer
- **ordenador doméstico** home computer
- **ordenador neural** neural computer
- **ordenador patrón** server
- **ordenador personal** personal computer
- **ordenador portátil** portable computer; (más pequeño) laptop computer

ordenamiento *m* **1** (Der) code **2** (esp AmL) (organización) ▸**ordenación B1**
ordenancista¹ *adj* rigorous, strict
ordenancista² *mf* stickler (*for rules, conventions, tradition etc*)
ordenante¹ *adj* who *o* which places an order
ordenante² *mf* customer placing an order
ordenanza¹ *f* ordinance, bylaw
ordenanza² *m* **1** (en oficinas) porter **2** (Mil) orderly, batman **3** (preso) trusty
ordenar [A1] *vt*
A ‹*habitación/armario/cajón*› to straighten (up) (AmE), to tidy (up) (BrE); **hay que ~ los libros por materias** the books have to be arranged according to subject; **ordena estas fichas** sort out these cards, put these cards in order
B **1** (dar una orden) to order; **la policía ordenó el cierre del local** the police ordered the closure of the establishment *o* ordered the establishment to be closed; **el médico le ordenó reposo absoluto** the doctor ordered him to have complete rest; **~ + INF: le ordenó salir inmediatamente de la oficina** she ordered him to leave the office immediately; **~ QUE + SUBJ: me ordenó que guardara silencio** he ordered me to keep quiet **2** (AmL) (en un bar, restaurante) to order; **~ un taxi** to call a taxi
C ‹*sacerdote*› to ordain
■ **ordenarse** *v pron* to be ordained; **se ordenó sacerdote** he was ordained a priest
ordeña *f* (AmL) milking
ordeñador -dora *adj* milking (*before n*)
ordeñadora *f* milking machine
ordeñar [A1] *vt* to milk
ordeño *m* (Esp) milking
órdiga *f* (Esp fam): **¡(anda) la ~!** jeez! (AmE colloq), bloody hell! (BrE sl)
ordinal¹ *adj* ▸**número**
ordinal² *m* ▸❶ **p.575** ordinal, ordinal number
ordinariamente *adv*
A (por lo común) ordinarily, usually
B (groseramente) coarsely, vulgarly, rudely
ordinariez *f* **1** (falta de refinamiento) vulgarity; (grosería) rudeness, bad manners (*pl*); (en la manera de hablar) vulgarity, coarseness **2** (dicho poco refinado) vulgar comment; (dicho grosero) rude comment; **fue una ~ decirnos cuánto le había costado** telling us how much it had cost him was very vulgar *o* was a very vulgar thing to do; **¡qué ~!** what a rude/vulgar thing to say!
ordinario¹ -ria *adj*
A (poco refinado) vulgar, common (pej); (grosero) rude, bad-mannered, uncouth; (en la manera de hablar) vulgar, coarse
B (de mala calidad) poor *o* bad quality; **una tela ordinaria** a poor-quality material; **un vino ~** a very average wine
C (no especial) ordinary; **correo ~** regular (AmE) *o* (BrE) normal delivery; **serán sometidos a juicio ~** they will be tried in a civil court
D **de ordinario** usually, normally; **de ~ está cerrado a estas horas** it's usually *o* normally closed at this time; **hay menos gente que de ~** there are fewer people than usual *o* normal
ordinario² -ria *m,f* (persona poco refinada) vulgar *o* (pej) common person; (persona grosera) rude *o* bad-mannered person
ordinograma *m* flow chart *o* diagram
oréada, oréade *f* oread
orear [A1] *vt* **1** ‹*habitación*› to air; ‹*ropa/sábanas*› to air **2** ‹*carne*› to dry
■ **orearse** *v pron* (Chi fam) to sober up
orégano *m* oregano
oreja¹ *f*
A ▸❶ **p.231** (Anat) ear; **de ~s grandes** big-eared *o* with big ears; **tiene las ~s paradas** *or* **despegadas** *or* **salidas** his ears stick out; **el**

perro puso las **~s tiesas** the dog pricked up its ears; **puso una sonrisa de ~ a ~** she grinned from ear to ear; **~s de paila** (Chi fam) big ears; ***arderle las ~s a algn*** (AmL): **deben de arderle las ~s** her ears must be burning; ***asomar la ~*** to show one's true colors; ***calentarle la ~ a algn*** (Ven fam) to try to talk sb into sth; ***con las ~s gachas*** with one's tail between one's legs; ***estar hasta las ~s de algo*** (fam) to be up to one's ears *o* eyes in sth (colloq); ***jalarle las ~s a algn*** (Méx, Per fam) to tell sb off; ***parar la ~*** (AmL fam) to pay attention; **para bien la ~, que esto es importante** pay attention, this is important *o* (AmE colloq) listen up, this is important; **paré la ~ para ver de qué hablaban** I pricked up my ears to hear what they were talking about (colloq); ***planchar*** or ***chafar la ~*** (fam) to get some shut-eye (colloq); **voy a planchar la ~** I'm going to get some shut-eye, I'm off to bed (colloq); ***tirarle a algn de las ~s*** or (AmL) ***tirarle las ~s a algn*** (literal) to pull sb's ears; (reprender) to tell sb off, slap sb's wrists (colloq); ***verle las ~s al lobo*** to realize sth is wrong

B **1** (de una taza) handle **2** (de un sillón) wing

(Compuesto) **oreja de burro** dog-ear

oreja[2] *mf* (Méx fam) **1** (soplón — de la policía) informer, stool pigeon (colloq), grass (BrE colloq) **2** (que escucha a escondidas) eavesdropper

orejera *f* earflap

orejero *m* armchair

orejón[1] **-jona** *adj* big-eared, with big ears

orejón[2] *m* (Coc) *dried peach or apricot*; ***soy/sos el último ~ del tarro*** (RPl fam) I'm/you're nobody, I/you don't count for anything

orejudo -da *adj* big-eared, with big ears

orfanato, (Méx) **orfanatorio** *m* orphanage

orfandad *f* being an orphan, orphanage (frml)

orfebre *mf* goldsmith, silversmith

orfebrería *f* **1** (oficio) goldsmithing/silversmithing, working of precious metals **2** (artículos) gold/silver articles (*pl*)

orfelinato *m* orphanage

Orfeo Orpheus

orfeón *m* choral society

organdí *m* organdy (AmE), organdie (BrE)

orgánicamente *adv* organically

orgánico -ca *adj*

A ‹*producto/cultivo*› organic; ‹*fertilizante/abono*› organic

B ‹*química/compuesto*› organic

C ‹*sistema/estructura*› organic; **todas estas partes componen un todo ~** all of these parts make up an organic whole; **▸ley**

organigrama *m* **1** (Inf) flow chart *o* diagram **2** (de una empresa) organization chart

(Compuesto) **organigrama administrativo** *or* **de gestión** management chart

organillero -ra *m,f* organ-grinder

organillo *m* hurdy-gurdy

organismo *m* **1** (Biol) organism; **el ~ humano** the human organism **2** (Adm, Pol) organization; **los ~s internacionales** international organizations

organista *mf* organist

organito *m* (RPl) **▸organillo**

organización *f* **1** (acción) organization **2** (agrupación, institución) organization; **una ~ ecologista** an ecological organization; **una ~ sindical** a labor (AmE) *o* (BrE) trade union; **~ de bienestar social** welfare organization

(Compuestos)

- **Organización de Cooperación y Desarrollo Económico** Organization for Economic Cooperation and Development
- **Organización Mundial de la Propiedad Intelectual** World Intellectual Property Organization
- **Organización Mundial del Comercio** World Trade Organization

Organización de Estados Americanos: **la ~ ~ ~ ~** the Organization of American States

Organización de las Naciones Unidas: **la ~ ~ ~ ~ ~** the United Nations Organization

Organización Mundial de la Salud: **la ~ ~ ~ ~ ~** the World Health Organization

organizadamente *adv* in an organized way

organizado -da *adj* organized

organizador[1] **-dora** *adj* organizing (*before n*)

organizador[2] **-dora** *m,f* organizer

organizar [A4] *vt* **1** ‹*fiesta/actividades*› to organize, arrange; **estaba muy bien organizado** it was very well organized **2** (Esp fam) ‹*lío/follón/escándalo*› to cause

■ **organizarse** *v pron* **1** «*persona*» to organize oneself (*o* one's time *etc*) **2** (Esp fam) «*lío/follón/escándalo*»: **¡menudo follón se organizó!** there was a real ruckus! (colloq)

organizativo -va *adj* organizational

órgano *m*

A **1** (Anat) organ **2** (euf) (pene) organ (euph), member (euph)

(Compuesto) **órgano vital** vital organ

B **1** (entidad) organ **2** (instrumento, portavoz) organ

C (Mús) organ

orgásmico -ca *adj* orgasmic

orgasmo *m* orgasm

orgía *f* orgy

orgiástico -ca *adj* orgiastic

orgullo *m* **1** (satisfacción) pride; **observaron con ~ al niño** they watched their child proudly *o* with pride; **el premio lo llenó de ~** the prize made him feel very proud, he was filled with pride to be awarded the prize **2** (soberbia) pride; **henchido de ~** puffed up with pride **3** (motivo de satisfacción) pride; **sus hijos son su ~** her children are her pride and joy

orgullosamente *adv* proudly

orgulloso -sa *adj* **1** [ESTAR] (satisfecho) proud; **~ DE algn/algo** proud OF sb/sth; **estamos muy ~s de ti** we are very proud of you; **estarás ~ de lo que has hecho** (iró) I suppose you're proud of what you've done (iro); **~ DE + INF** proud to + INF; **estoy ~ de haber participado en este proyecto** I am proud to have been part of this project **2** [SER] (soberbio) proud

orientable *adj*: **es ~ hacia varios satélites** it can be turned *o* positioned to receive various satellites

orientación *f*

A (de una habitación, un edificio) aspect (frml); **¿cuál es la ~ de la casa?** which way does the house face?; **la ~ de la antena** the way the antenna is pointing; **la ~ de las placas solares** the way *o* direction the solar panels are facing

B **1** (enfoque, dirección) orientation; **le dio una ~ práctica al curso** he gave the course a practical bias, he oriented *o* (BrE) orientated the course along practical lines; **la nueva ~ del partido** the party's new direction **2** (inclinación) leaning

C (en un lugar) bearings (*pl*); **perdí la ~** I lost my bearings; **▸sentido**[2]

D **1** (guía, consejo) guidance, direction **2** (acción de guiar) orientation

(Compuestos)

- **orientación profesional** *or* (CS) **vocacional** (para colegiales, estudiantes) vocational guidance, careers advice; (para desempleados) career guidance *o* advice
- **orientación sexual** sexual orientation; **discriminar sobre la base de la ~ sexual** to discriminate on the basis of sexual orientation

orientador -dora *m,f* counselor*

oriental[1] *adj* **1** (del este) Eastern **2** (del Lejano Oriente) Oriental **3** (AmL) (uruguayo) Uruguayan

oriental[2] *mf* **1** (del Lejano Oriente) Oriental **2** (AmL) (uruguayo) Uruguayan

orientalismo *m* orientalism

orientalista[1] *adj*

A ‹*ideología/tendencia*› pro-Eastern, orientalist

B ‹*literatura/escritor/instituto*› of oriental studies

orientalista[2] *mf* orientalist

orientar [A1] *vt*

A **1** ‹*antena/reflector*› **~ algo HACIA/A algo**: **oriente la antena al este** *or* **hacia el este** position/turn the antenna (AmE) *o* (BrE) aerial to face east; **orientó el avión hacia el sur** he headed the plane south **2** ‹*edificio*›: **decidieron ~lo hacia el sur** they decided to build it facing south; **la casa está orientada al sur** *or* **hacia el sur** the house faces south *o* is south-facing, the house has a southern aspect (frml) **3** (Náut) ‹*velas*› to trim

B (encaminar): **orientemos nuestros esfuerzos hacia la consecución de este objetivo** let us direct our efforts toward the achievement of this goal; **una política orientada a combatir la inflación** a policy designed to fight inflation *o* directed at fighting inflation

C (guiar) ‹*persona*› **1** «*faro/estrellas*» to guide **2** «*profesor/amigo*» to advise; **~ a los jóvenes en la elección de una carrera** to give young people guidance on their choice of a career

■ **orientarse** *v pron*

A (ubicarse) to get one's bearings, orient oneself, orientate oneself (BrE); (no perderse) to find one's way around; **los antiguos navegantes se orientaban por las estrellas** in ancient times sailors steered by the stars

B **1** (girar): **plantas que se orientan hacia el sol** plantas that turn toward(s) the sun **2** (inclinarse): **las tres hermanas se ~on hacia las ciencias** the three sisters went in for *o* opted for science **3** (*caus*) (informarse) to get information

orientativo -va *adj* ‹*mapa*› outline (*before n*); ‹*diagnóstico*› initial, preliminary; ‹*test*› guiding (*before n*); **a modo ~** by way of guidance, for guidance

oriente *m*

A **1** (liter) (punto cardinal) east **2** (Geog) East; **▸cercano, extremo**[1]**, lejano** **3** (viento) east wind

(Compuestos)

- **Oriente Medio** Middle East
- **Oriente Próximo** Near East

B (de las perlas) orient

C (en masonería) masonic lodge

orífice *mf* goldsmith

orificio *m* (frml) orifice; **presentaba ~ de salida de la bala en el pecho** there was an exit wound in the chest

oriflama *f* oriflamme

origami *m* origami

origen *m* **1** (del universo, de la vida) origin; (de una palabra, una tradición) origin; **esta costumbre tiene su ~ en un antiguo rito pagano** this custom has its origin in an ancient pagan rite, this custom derives from an ancient pagan rite; **la cocina vasca desde sus orígenes hasta la actualidad** Basque cuisine from its origins to the present day; **el Tratado de Versalles dio ~ a la OIT** the ILO came into being *o* was brought into being by the Treaty of Versailles; **aquel comentario dio ~ a un gran escándalo** that remark gave rise to *o* caused a great scandal; **los orígenes de la guerra** the origins *o* causes of the war **2** (de un producto — establecimiento) point of origin; (— país) country of origin; **embotellado en ~** estate-bottled; **es español de ~** he is Spanish by birth; **de ~ holandés** of Dutch origin *o* extraction; **de ~ humilde** of humble origin(s); **mejillones envasados en ~** mussels canned at point of origin; **▸denominación** **3** (Mat) origin

original[1] *adj*

A **1** (primero, inicial) ‹*texto*› original; **en su forma ~** in its original form **2** (no copiado) original; **es un Hockney ~** it's an original Hockney

B (novedoso) ‹*artista/novela/enfoque*› original; **¡tú siempre tan ~!** (iró) you always have to be different!

C (de un país, una región): **el maíz es ~ de América** corn originated in *o* originally came from America, corn is native to America

original[2] *m* original; **un ~ de Dalí** a Dalí original, an original Dalí; **mándale el ~ y archiva la copia** send her the original and file the copy; **lo leyó en el ~** she read it in the original French (*o* Spanish *etc*)

(Compuesto) **original de imprenta** original, manuscript

originalidad *f* [1] (cualidad) originality [2] (comentario) clever remark

originalmente *adv* originally

originar [A1] *vt* ‹*conflicto*› to start, be the source of, give rise to, spark off; ‹*debate*› to start, give rise to, spark off

■ **originarse** *v pron* «*idea/costumbre*» to originate; «*movimiento*» to start, come into being, originate; «*incendio/disputa*» to start

originariamente *adv* originally

originario -ria *adj* [1] (de un lugar) native; **esta especie es originaria del Brasil** this species is native to Brazil, this species originates in *o* originally comes from Brazil; **es ~ de Valladolid** he comes from Valladolid, he's from Valladolid, he's a native of Valladolid [2] (primero, original) original

orilla *f* [1] (del mar) shore; (de un río) bank; (de un lago) shore; **se bañaban en la ~** they were bathing near the shore; **sentado a la ~ del mar** sitting on the seashore; **a ~s del Tajo** on the banks of the Tagus [2] (de una mesa, un plato) edge [3] (dobladillo) hem

orillar [A1] *vt*

A [1] (evitar) ‹*problema/obstáculo*› to get around [2] ‹*muro/costa/zona*› to skirt, skirt around [3] (Col, Méx) (hacer a un lado) ‹*vehículo*› **orilló el coche para revisarle las llantas** he pulled over to check the tires

B (en costura) to hem

C (Méx) (conducir) **~ a algn A algo** to drive sb TO sth; **el hambre los orilló a robar** hunger drove them to steal

■ **orillarse** *v pron* (Col, Méx) to move over; **si te orillas me puedo sentar a tu lado** if you move up *o* over I can sit next to you; **se orilló para dejarlos pasar** (Auto) he pulled over to let them pass

orillero -ra *adj*

A [1] (RPl fam) ‹*barrio/lenguaje*› working-class [2] (Ven fam) (ordinario, vulgar) vulgar, common (pej)

B (Chi) (de río) riverside (*before n*); (de lago) lakeside

orillo *m* selvage, selvedge

orín *m*

A (herrumbre) rust

B (orina) urine

orina *f* urine

orinal *m* [1] (de dormitorio) chamber pot; (para niños) pot, potty (colloq); (para enfermos) bedpan [2] (en servicios públicos) urinal

orinar [A1] *vi* to urinate

■ **orinar** *vt*: **orinaba sangre** he was passing blood

■ **orinarse** *v pron* to wet oneself; **se orina en la cama** he wets the bed

Orinoco *m*: **el (río) ~** the Orinoco (River)

orisha, oricha *m* (Cu) ≈ divinity of the santería religion/cult

orita *adv* (AmC, Méx fam) ▸**ahorita**

oriundo[1] **-da** *adj* (nativo) native; **es ~ de Santander** he's a native of Santander, he comes from Santander, he's from Santander; **una especie oriunda de la India** a species which originates in *o* originally comes from India, a species which is native to India

oriundo[2] **-da** *m,f* native

orla *f*

A [1] (de retratos, diplomas) border; **con una ~ de armiño** trimmed *o* edged with ermine [2] (en un escudo) orle

B (Esp) (foto) graduation photograph

orlar [A1] *vt* ‹*tela/tapiz*› to edge, trim; ‹*página*› to decorate the borders of

orlón® *m* Orlon®

ornamentación *f* ornamentation

ornamental *adj* ornamental, decorative

ornamentar [A1] *vt* (frml) to decorate, to adorn (frml), to ornament (frml)

ornamento *m* [1] (frml) (adorno, decoración) ornament (frml) [2] **ornamentos** *mpl* (Relig) vestments (*pl*)

ornar [A1] *vt* (frml) to adorn (frml)

ornato *m* (frml) adornment (frml), ornament

ornitología *f* ornithology

ornitológico -ca *adj* ornithological

ornitólogo -ga *m,f* ornithologist

ornitorrinco *m* duck-billed platypus

oro[1] *adj inv* gold

oro[2] *m*

A (metal) gold; **~ (de) 18 quilates** 18-carat gold; **lingote/anillo de ~** gold ingot/ring; **bañado en ~** gold-plated; **reservas de ~** gold reserves; **¿80 pesos? ¡ni que fuera (de) ~!** ¿80 pesos? what's it made of? solid gold or something?; **cabellos/rizos de ~** (liter) golden hair/curls (liter); ***andar cargado al ~*** (Chi fam) to have a lot of money on one (colloq), to be flush (colloq); ***guardar/tener algo como ~ en polvo*** (AmL) *or* (Esp) ***en paño*** to treasure sth (as if it were gold (AmE) *o* (BrE) as if it were gold dust); ***hacerla de ~*** (Chi fam): **ahora sí que la hiciste de ~** (iró) that was a really clever thing to do (iro); ***ni por todo el ~ del mundo*** not for all the tea in China (colloq); ***prometer el ~ y el moro*** to promise the earth; ***valer (su peso en) ~*** to be worth one's weight in gold; ***no es ~ todo lo que reluce*** *or* ***no todo lo que brilla es ~*** all that glitters is not gold

(Compuestos)

- **oro batido** gold leaf
- **oro blanco** white gold
- **oro negro** black gold
- **oro viejo** old gold

B (en naipes) [1] (carta) *any card of the* ▸**oros** *suit* [2] **oros** *mpl* (palo) *one of the suits in a Spanish pack of cards*

C (en heráldica) or

orogénesis *f* orogenesis

orogenia *f* orogeny

orogénico -ca *adj* orogenic

orografía *f* (ciencia) orography; (relieve) relief

orográfico -ca *adj* orographic

orondo -da *adj* smug, self-satisfied; **dijo un disparate y se quedó tan oronda** she said something ridiculous and sat there looking really pleased with herself

oropel *m* [1] (latón) imitation gold leaf [2] (ostentosidad) glitz, glitter, tinsel; **el mundo de Hollywood y su ~** Hollywood and all its glitz *o* glitter; **sus joyas de ~** her glitzy jewels

oropéndola *f* golden oriole

orozuz *m* licorice*

orquesta *f* orchestra; ▸**director**

(Compuestos)

- **orquesta de baile** dance band
- **orquesta de cámara** chamber orchestra
- **orquesta de cuerdas** string orchestra
- **orquesta de jazz** jazz band
- **orquesta filarmónica** philharmonic orchestra
- **orquesta sinfónica** symphony orchestra
- **orquesta típica** (RPl) *orchestra which plays tangos, etc*

orquestación *f* orchestration

orquestal *adj* orchestral

orquestina *f* band

orquídea *f* orchid

orquitis *f* orchitis

orsay *m* offside; ***pescar a algn en ~*** (fam) to catch sb out

ortega *f* imperial sand grouse

ortiga *f* stinging nettle, nettle

(Compuesto) **ortiga muerta** deadnettle

ortigal *m* nettle patch

orto *m*

A (de un astro) rising

B [1] (RPl vulg) (culo) ass* (vulg), butt (AmE colloq), bum (BrE colloq) [2] (RPl arg) (suerte): **tiene un ~ de novela** he's a lucky bastard *o* (AmE) son of a bitch! (sl)

ortodoncia *f* orthodontics, orthodontia

ortodoncista *mf* orthodontist

ortodoxia *f* orthodoxy

ortodoxo -xa *adj* [1] (Relig) orthodox [2] (tradicional, aceptado) orthodox

ortofonista *mf* speech therapist

ortogonal *adj* orthogonal

ortografía *f* spelling, orthography (frml); **tiene muy mala ~** her spelling is terrible; **es la primera vez que veo la palabra con esa ~** it's the first time I've seen the word spelled like that; ▸**falta**

ortográfico -ca *adj* spelling (*before n*), orthographic (frml), orthographical (frml)

ortopeda *mf* orthopedist*

ortopedia *f* [1] (especialidad) orthopedics* [2] (tienda) surgical aids shop

ortopédico[1] **-ca** *adj* orthopedic*; **pierna ortopédica** artificial leg

ortopédico[2] **-ca** *m,f* orthopedist*

ortopedista *mf* orthopedist*

ortóptero *m* orthopteron, orthopteran; **los ~s** the orthoptera, the cricket family

ortóptica *f* orthoptics

ortóptico[1] **-ca** *adj* orthoptic

ortóptico[2] **-ca** *m,f* orthoptist

ortoqueratología *f* (Med) orthokeratology

ortorexia *f* (Med) orthorexia

ortoréxico -ca *adj* orthorexic

oruga *f*

A [1] (Zool) caterpillar [2] (Auto) caterpillar track, crawler track

B (Bot) rocket

orujo *m* [1] (aguardiente) eau-de-vie (*distilled from grape residue*) [2] (residuo) marc

orza *f*

A (vasija) small earthenware jar

B (Náut) [1] (acción) luffing; (efecto) luff [2] (tabla) centerboard*; (quilla) keel

orzaga *f* shrubby orache

orzar [A4] *vi* to luff

orzuela *f* (Méx): **tengo ~** I've got split ends

orzuelo *m* sty*

os *pron pers* (Esp) [1] (como complemento directo, indirecto) you; **~ veo mañana** I'll see you tomorrow; **~ lo he dicho mil veces** I've told you a hundred times; **~ lo ha prometido** she's promised it to you *o* she's promised you it; **~ ha pintado la habitación** he has painted your room for you; **~ voy a quitar el balón** I'm going to take the ball off you *o* away from you; **¿~ resultó interesante?** did you find it interesting?; **se ~ ha manchado la alfombra** your carpet is stained [2] (*refl*) yourselves; **no ~ engañéis** don't kid yourselves; **sentaos** *or* (esp en leng hablado) **sentaros un rato** sit down for a while [3] (*recípr*): **creía que vosotros dos ~ conocíais** I thought you two knew each other

osadamente *adv* daringly, boldly, audaciously

osadía *f* [1] (liter) (valor) daring, boldness [2] (descaro) temerity, audacity

osado -da *adj* (liter) daring, bold, audacious

osamenta *f* bones (*pl*); **parte de la ~ de un mamut** part of the skeleton of a mammoth; **parecía que no podía con el peso de su ~** the weight of his body seemed almost too much for him *o* he looked as if he could hardly support the weight of his own frame

osar [A1] *vi* (liter) **~ + INF** to dare to + INF; **no osó decirles la verdad** he didn't dare (to) tell them the truth, he dared not tell them the truth (liter); **osó insultarme** he dared to insult me

osario *m* ossuary

oscar /'oska/ *m* (*pl* ~ *or* **-cars**) Oscar; **la entrega de los ~s** the Oscar awards, the Oscar award ceremony

oscense *adj* of/from Huesca

oscilación *f* **1** (movimiento) oscillation **2** (fluctuación) fluctuation; **la ~ de los precios/de la temperatura** the fluctuation in prices/in temperature
oscilador *m* oscillator
oscilante *adj* oscillating (*before n*)
oscilar [A1] *vi*
A **1** «*péndulo*» to swing, oscillate (tech); «*aguja*» to oscillate **2** «*torre/columna*» to sway
B «*precios/temperatura*»: **sus edades oscilaban entre los 10 y los 15 años** their ages ranged between 10 and 15 years old *o* from 10 to 15; **la cotización osciló entre $90 y $92** the share price fluctuated between $90 and $92
C «*persona/humor*»: **oscila entre la depresión y la euforia** he oscillates *o* fluctuates between depression and euphoria
oscilatorio -ria *adj* oscillatory
oscilógrafo *m* oscillograph
osciloscopio *m* oscilloscope
ósculo *m* (liter) kiss, osculation (frml)
oscuramente *adv* obscurely
oscurana *f* (AmC, Ven) darkness
oscurantismo *m* obscurantism
oscurantista *adj/mf* obscurantist
oscuras: **a ~** (*loc adv*) in darkness; **nos quedamos a ~** we were left in darkness
oscurecer [E3] *v impers* to get dark; **empezó a ~** it began to get *o* grow dark
■ *vt* **1** ‹*habitación/color*› to darken, make ... darker **2** ‹*significado*› to obscure
■ **oscurecerse** *v pron* «*cuero/madera*» to get darker; «*cielo*» to darken, get darker; **se le ha oscurecido el pelo** her hair has got(ten) darker
oscurecimiento *m* darkening
oscuridad *f*
A **1** (falta de luz) dark; **le tiene miedo a la ~** he's afraid of the dark; **¡qué ~! ¿por qué no enciendes la luz?** it's so dark in here! why don't you switch on the light? **2** (sitio) darkness; **la encontré llorando en la ~** I found her sitting in the dark *o* sitting in darkness crying
B **1** (anonimato) obscurity; **esa película lo sacó de la ~** that film rescued him from obscurity **2** (de un texto, una definición) obscurity, obscureness **3** (circunstancias turbias) suspicious circumstances (*pl*)
oscuro -ra *adj*
A **1** ‹*calle/habitación*› dark; **son las cuatro de la tarde y ya está ~** it's only four o'clock and it's dark already; **la oscura y triste celda** the gloomy cell; **un cuartucho ~** a dim little room; ▸**cuarto²** **2** ‹*color/tono/ropa*› dark; ‹*ojos/pelo/piel*› dark; **vestía de ~** she was wearing dark clothes
B **1** (sospechoso, turbio) ‹*intenciones*› dark; ‹*asunto*› dubious; **su ~ pasado** her murky past; **aún quedan puntos ~s sobre su desaparición** there are still some unanswered questions *o* some things that seem suspicious regarding his disappearance **2** (poco claro) ‹*significado/asunto*› obscure **3** (poco conocido) ‹*escritor/orígenes*› obscure
oséase *adv* (fam, hum) in other words
óseo, ósea *adj* ‹*estructura/tejido*› bone (*before n*), osseous (tech); ‹*consistencia*› bony; **fragmentos ~s** fragments of bone
Osetia del sur *f* South Ossetia
osezno *m* bear cub
osificación *f* ossification
osificarse [A2] *v pron* to ossify
Osiris Osiris
osito *m* Babygro®
osmio *m* osmium
ósmosis, osmosis *f* osmosis
osmótico -ca *adj* osmotic
oso, osa *m,f* bear; ***¡anda la osa!*** (Esp fam) good heavens!, good grief! (colloq); ***hacer el ~*** (fam) (hacer payasadas) to play the fool; (hacer el ridículo) to make a fool of oneself; ***hacerse el ~*** (RPl fam) to act dumb; ***peludo como un ~*** (fam) as hairy as a gorilla, like a gorilla

(Compuestos)
- **Osa Mayor** *f* Great Bear
- **Osa Menor** *f* Little Bear
- **oso blanco** polar bear
- **oso de felpa** *or* **peluche** teddy bear
- **oso hormiguero** anteater, ant bear (AmE)
- **oso panda** panda
- **oso pardo** brown bear; (especie norteamericana) grizzly bear
- **oso perezoso** sloth
- **oso polar** polar bear

ossobuco *m* osso buco
oste: **sin decir (ni) ~ ni moste** (fam) without so much as a word *o* without saying a word
osteítis *f* osteitis
Ostende *m* Ostend
ostensible *adj* obvious, evident; **hizo ~ su desagrado** he made it quite plain *o* evident *o* obvious that he wasn't happy, he made his displeasure quite clear
ostensiblemente *adv* obviously, evidently
ostentación *f* ostentation; **hacen ~ de su fortuna** they flaunt *o* parade their wealth; **viste con ~** she dresses ostentatiously
ostentar [A1] *vt*
A (frml) (tener) ‹*cargo/título*› to hold; **la empresa ostenta el liderazgo en su especialidad** the company is the market leader in its field
B (exhibir) ‹*alhajas/dinero*› to flaunt
■ **ostentar** *vi* to show off; **nos invitó al restaurante más caro sólo para ~** he invited us to the most expensive restaurant just to impress us *o* to show off
ostentosamente *adv* ostentatiously
ostentoso -sa *adj* ostentatious
osteoartritis *f* osteoarthritis
osteomielitis *f* osteomyelitis
osteomuscular *adj* osteomuscular
osteópata *mf* osteopath
osteopatía *f* osteopathy
osteopenia *f* (Med) osteopenia
osteoporosis *f* osteoporosis
ostión *m* **1** (Esp) *type of oyster* **2** (Chi) scallop **3** (Méx) oyster
ostionería *f* (Méx) ▸**marisquería**
ostra *f* oyster; ***aburrirse como una ~*** to get bored stiff *o* to death *o* to tears (colloq)
(Compuesto) **ostra perlífera** pearl oyster
ostracismo *m* ostracism; **condenar a algn al ~** (Hist) to ostracize sb
ostral *m* oyster bed
ostras *interj* (Esp euf & fam) (expresando — sorpresa) wow! (colloq), good grief! (colloq); (— enfado) darn it! (euph & colloq)
ostrería *f* oyster bar/restaurant
ostrero¹ -ra *adj* oyster (*before n*)
ostrero² -ra *m,f*
A (vendedor) oyster seller
B **ostrero** *m* **1** (criadero) oyster bed **2** (pájaro) oystercatcher
ostrogodo¹ -da *adj* Ostrogothic
ostrogodo² -da *m,f* Ostrogoth
osuno -na *adj* bear-like
otalgia *f* earache, otalgia (tech)
OTAN /'otan/ *f* (**= Organización del Tratado del Atlántico Norte**) NATO
otárido -da *m,f* eared seal
otario¹ -ria *adj* (RPl arg) gullible; **no seas tan ~** don't be so gullible, don't be such a sap *o* (BrE) mug (colloq)
otario² -ria *m,f* (RPl arg) sap (colloq), mug (BrE colloq)
otate *m* (Méx) *giant grass used in basket making etc*
-ote, -ota *suf*: **una chica grandota** a strapping lass; **gordo y coloradote** fat and with a ruddy complexion *ver tb* **palabrota**, **-ote** etc
oteadero *m* look-out post
otear [A1] *vt* (escudriñar) ‹*horizonte/cielo*› to scan; ‹*valle*› (desde lo alto) to look down on *o* over
otero *m* hillock
OTI /'oti/ *f* **= Organización de las Televisiones Iberoamericanas**
otitis *f* inflammation of the ear, otitis (tech)
otomán *m* ottoman
otomana *f* ottoman
otomano -na *adj/m,f* Ottoman
otoñada *f* (liter) autumn; **en la ~ de la vida** in the autumn of one's life
otoñal *adj* **1** (de otoño) ‹*colores/paisaje*› autumnal, fall (*before n*) (AmE), autumn (*before n*) (BrE) **2** (liter) ‹*belleza*› autumnal; **un amor ~** an autumnal love (liter), love between two people in the autumn of their life (liter)
otoño *m* fall (AmE), autumn (BrE); **en ~** in the fall, in (the) autumn; **un bello día de ~** a fine fall *o* autumn day; **en el ~ de la vida** in the autumn of one's life
otorgamiento *m* (frml) (de un premio) awarding; (de poderes) bestowal (frml); (de favores) granting
otorgar [A3] *vt*
A (frml) ‹*premio*› to award; ‹*favor/préstamo*› to grant; ‹*poderes*› to bestow (frml), to give; **se le otorgó el máximo galardón** she was awarded the highest honor, she had the highest award bestowed upon her; **sus magníficos goles ~on la victoria a su equipo** his magnificent goals secured victory for his team
B (Der) ‹*contrato*› to sign, execute (tech); **otorgó testamento** she drew up *o* made her will
otorrino -na *m,f* ear, nose and throat *o* ENT specialist
otorrinolaringología *f* otolaryngology (frml), otorhinolaryngology (frml), ENT
otorrinolaringólogo -ga *m,f* ear, nose and throat *o* ENT specialist, otolaryngologist (frml), otorhinolaryngologist (frml)
otredad *f* (liter) otherness (liter)
otro¹ otra *adj* ▸**ℹ p.592**
A (con carácter adicional) (*sing*) another; (*pl*) other; (con numerales) another; **¿puedo comer ~ trozo?** can I have another piece?; **tiene ~s tres hijos** he has another three children, he has three other children; **necesito otras cinco libras/~s dos kilos** I need another five pounds/two kilos; **déjame probar otra vez** let me try again; **una y otra vez** time and time again; **~ tanto** *ver* **tanto³ B**
B (diferente) (*sing*) another; (*pl*) other; **hay otra manera de hacerlo** there's another *o* a different way of doing it; **¿puedes venir en ~ momento?** can you come another *o* some other time?; **¿no sabes ninguna otra canción?** don't you know any other songs?, is that the only song you know?; **no hay otra forma de aprenderlo** there's no other way of learning it *o* to learn it; **decidió probar ~s métodos** she decided to try other methods; **ponlo en ~ sitio** put it somewhere else; **la realidad es muy otra** the truth of the matter is very different
C (estableciendo un contraste) other; **queda del ~ lado de la calle** it's on the other side of the street; **sus otras compañías** his other companies, the rest of his companies

(Compuestos)
- **otro mundo** *m*: **el ~ ~** the next world *ver tb* **mundo**
- **otro yo** *m* alter ego, other self

D **1** (siguiente, contiguo) next; **al ~ día me llamó por teléfono** she phoned me the following *o* (the) next day; **se bajó en la otra parada** he got off at the next stop **2** **el otro día** the other day; **lo vi el ~ día en el club** I saw him at the club the other day
otro² otra *pron*
A (con carácter adicional) (*sing*) another, another one; **¿quieres ~?** would you like another (one)?; **¡otra!** encore!
B (diferente): **desde que adelgazó parece otra** since she lost weight she looks a different person; **quiero éste y no voy a aceptar ningún ~** this is the one I want and I won't accept any other; **la dejó por otra** he left her for somebody else *o* for another woman; **~s piensan que no es así** others feel that this is not so
C (estableciendo un contraste): **la otra es mejor** the other one is better; **los ~s no están listos** (hablando — de personas) the others aren't ready;

O

ℹ Otro, otra

Algunas observaciones sobre el adjetivo

Cuando en español el adjetivo *otro*, se utiliza con nombres en singular, se traduce al inglés por *another*:

eso es otra cosa
= that is another matter

¿quieres otro café?
= do you want another coffee?

Cuando se emplea con nombres en plural, se traduce por *other* (invariable):

otras veces íbamos a la playa
= other times we would go to the beach

¿lo tienen en otras tallas?
= do you have it in other sizes?

El adjetivo plural *otros*, *otras* se traduce por *another* cuando tiene el sentido de *más* y va seguido de numeral:

nos hacen falta otras tres sillas
= we need another three chairs

todavía tengo otras cinco libras
= I still have another five pounds

agrégale otros dos huevos
= add another two eggs

Cuando va precedido de artículo definido o adjetivo posesivo, se traduce por *other* (invariable):

el otro día
= the other day

mi otro hermano
= my other brother

ponte tus otros zapatos
= put your other shoes on

Cuando va precedido de un adjetivo indefinido como *algún*, *alguno*, etc., la traducción suele ser *other*:

algunas otras cosas
= some other things

cualquier otro libro
= any other book

¿algún otro problema?
= any other problems?

Nótese la traducción plural del nombre singular en el ejemplo anterior

En todo caso se debe prestar especial atención a los siguientes ejemplos:

¿alguna otra cosa?
= anything else?

cualquier otra persona/cosa
= anyone else/anything else

(— de cosas) the others *o* the other ones aren't ready; **de lo ~, te llamaré luego** as for the other matter *o* business, I'll call you later; **todo lo ~ va en este cajón** everything else goes in this drawer

D (siguiente, contiguo): **un día sí y ~ no** every other day; **de un día para el ~** overnight, from one day to the next; **la semana que viene no, la otra** not next week, the week after; **se tomó tres, uno detrás del ~** he drank three, one after the other

E **otra que ...** (RPl fam): **otra que un par de días, les llevó dos semanas** a couple of days my foot! *o* what do you mean a couple of days? it took them two weeks; **no vamos a poder ir de vacaciones, otra que viaje a Europa ...** we won't be going on vacation, never mind *o* let alone to Europe!

otrora *adv* (liter) once; **el ~ respetado político** the once-respected politician

otrosí¹ *adv* (frml) furthermore, moreover

otrosí² *m* secondary petition

OUA *f* (= **Organización para la Unidad Africana**) OAU

ouija *f* Ouija board®

out /au(t)/ *adj* (arg) uncool (sl), unhip (sl)

ovación *f* (frml) ovation

ovacionar [A1] *vt* (frml) to applaud, give … an ovation (frml)

oval *adj*, **ovalado -da** *adj* oval

óvalo *m*

A (forma) oval; **el perfecto ~ de su cara** the perfect oval (shape) of her face

B (Per) (Transp) traffic circle (AmE), roundabout (BrE)

ovárico -ca *adj* ovarian; **problemas ~s** ovarian problems, problems with the ovaries; ▸**quiste**

ovario *m* ovary; ***estar hasta los ~s*** (fam) to be fed up to the back teeth (colloq)

oveja *f* (nombre genérico) sheep; (hembra) ewe; **un rebaño de ~s** a flock of sheep; ***contar ~s*** to count sheep; ***encomendar las ~s al lobo*** to ask for trouble, put one's head in the lion's mouth; ***cada ~ con su pareja*** birds of a feather flock together; **te he dicho siempre que cada ~ con su pareja** I've always told you it's best to stick with your own kind

(Compuestos)
- **oveja descarriada** (Bib): **la ~ ~** the lost sheep; **las ~s ~s vuelven al redil** the lost sheep return to the fold
- **oveja negra** black sheep; **la ~ ~ de la familia** the black sheep of the family

ovejería *f*

A (Chi) (ganado) sheep *pl*

B (corral) sheep pen, fold; (actividad) sheep farming

ovejero -ra *m,f tb* **~ alemán** German shepherd, Alsatian (BrE)

ovejo *m* (Col) ram

ovejuno -na *adj* **1** ‹*enfermedad*› sheep (*before n*), ovine (frml) **2** ‹*facciones*› sheep-like, ovine (frml)

overbooking /ober'bukin/ *m* overbooking

overo -ra *adj* dappled

overol *m* (AmL) **1** (pantalón con peto) overalls (*pl*) (AmE), dungarees (*pl*) (BrE) **2** (con mangas) coveralls (*pl*) (AmE), overalls (*pl*) (BrE)

ovetense *adj* of/from Oviedo

Ovidio Ovid

oviducto *m* oviduct

oviforme *adj* egg-shaped, oviform (frml)

ovillar [A1] *vt* to wind … into a ball

■ **ovillarse** *v pron* to curl up (in a ball)

ovillo *m* ball (*of yarn*); ***hacerse un ~*** to curl up (in a ball); ▸**hilo**

ovino¹ -na *adj* sheep (*before n*), ovine

ovino² *m* sheep

ovíparo¹ -ra *adj* oviparous

ovíparo² *m* oviparous animal

ovni, OVNI /'oβni/ *m* (= **objeto volador** *or* **volante no identificado**) UFO

ovoide *adj/m* ovoid

ovolactovegetariano -na *adj/m,f* lactovegetarian (*who also eats eggs*)

óvolo *m* ovolo

ovo-vegetariano -na *adj/m,f* ovo-vegetarian

ovulación *f* ovulation

ovular [A1] *vi* to ovulate

óvulo *m* **1** (Biol) ovule **2** (Farm) pessary

oxálico -ca *adj* ▸**ácido²**

oxiacetilénico -ca *adj* oxyacetylene (*before noun*)

oxidación *f* (del hierro) rusting, oxidation (tech); (de otros elementos) oxidation

oxidado -da *adj* rusty

oxidante¹ *adj* oxidizing (*before n*)

oxidante² *m* oxidant, oxidizing agent

oxidar [A1] *vt* **1** ‹*hierro*› to rust, oxidize (tech) **2** ‹*cobre*› to oxidize

■ **oxidarse** *v pron* **1** ‹‹*hierro*›› to rust, go rusty, oxidize (tech) **2** ‹‹*cobre*›› to oxidize, form a patina

óxido *m* **1** (herrumbre) rust **2** (Quím) oxide; **~ de zinc** zinc oxide

oxigenación *f* oxygenation

oxigenador¹ -dora *adj* oxygenating (*before n*)

oxigenador² *m* oxygenator

oxigenar [A1] *vt* **1** (Quím) to oxygenate **2** ‹*pelo*› to bleach; **una rubia oxigenada** a peroxide blonde

■ **oxigenarse** *v pron* to get a breath of air, get some fresh air

oxígeno *m* oxygen

oxímoron *m* oxymoron

oxítono -na *adj* oxytonic

oxiuro *m* pinworm, threadworm

oxoacetileno *m* oxyacetylene

oye, etc ▸**oír**

oyente¹ *adj*: **un alumno ~** an occasional student, an auditor (AmE)

oyente² *mf*

A (Educ) occasional student, auditor (AmE); **voy de ~ a sus clases** I sit in on her classes

B (Rad) listener

oyera, oyese, etc ▸**oír**

ozono *m* ozone; **la capa de ~** the ozone layer

ozonosfera *f* ozonosphere

Pp

p, P *f* (*read as* /pe/) (the letter) p, P

p. *f* (= **página**) p, page

P. *m* (= **Padre**) Fr, Father

P2P *m or f* (Inf) P2P, peer to peer

pa *interj* (RPI fam) wow! (colloq), oh, boy! (AmE colloq), cor! (BrE colloq)

pa' *prep form often used instead of* **para** *in colloquial or rustic speech*

p.a. (= **por autorización**) pp

PAAU *fpl* = **Pruebas para el Acceso a la Universidad**

PAB *m* (Chi) pago automático bancario

pabellón *m*

A 1 (en un hospital, cuartel) block, building; (en una feria, exposición) pavilion; **~ de suboficiales** NCO's quarters 2 (de un palacio) pavilion; (en un jardín) summerhouse 3 (de un instrumento de viento) bell

Compuestos
- **pabellón auricular** outer ear
- **pabellón de aduanas** customs house (*o* shed *etc*)
- **pabellón de caza** hunting lodge
- **pabellón de la oreja** outer ear
- **pabellón deportivo** *or* **de deportes** sports hall

B (frml) (bandera) flag; **un mercante de** *or* **con ~ panameño** a Panamanian-registered merchant ship, a merchant ship flying the Panamanian flag; **el ~ nacional** the national flag

Compuesto **pabellón de conveniencia** flag of convenience

C (de fusiles) stack

pabilo *m*

A (de una vela) wick

B (Chi) (adorno) tie (*at neck or cuffs of a garment*)

pábulo *m* (liter) fuel; **fue ~ de las llamas** it was fuel for the flames, it was destroyed by the fire; ***dar ~ a algo*** to fuel sth

PAC /pak/ *f* (= **Política Agrícola Comunitaria**) CAP

paca *f*

A (Zool) paca

B (fardo) bale

pacana *f* pecan

pácatelas *interj* (Méx fam) crash!

pacatería *f* prudishness

pacato -ta *adj* prudish, prim

pacay *m* (*pl* **-cayes** *or* **-caes**) (Andes) guava

pacense *adj* of/from Badajoz

paceño[1] -ña *adj* of/from La Paz

paceño[2] -ña *m,f* person from La Paz

pacer [E3] *vi/vt* to graze

paces *fpl* ▸ **paz**

pacha *f* (AmC) baby's bottle

pachá *m* pasha; ***vivir como un ~*** to live like a lord *o* king

pachacho -cha *adj* (Chi fam) shortlegged; **es muy pachacha para ser modelo** she is very shortlegged *o* she has very short legs for a model

Pachamama *f* earth goddess, earth mother, Mother Earth (*in Inca culture*)

pachamanca *f* (Per) *meat barbecued between two hot stones*

pachanga *f* (esp AmL fam) partying (colloq); **esta noche nos vamos de ~** tonight we're going partying *o* we're going out on the town (colloq); **armaron una ~** they had a party *o* a bit of a binge (colloq)

pachanguear [A1] *vi* (AmL fam) to go partying (colloq), go out on the town (colloq)

pachanguero -ra *adj* (esp AmL fam): **es muy ~** he's always out partying (colloq), he's always out on the town (colloq)

pacharán *m*: *type of sloe gin*

pacheco[1] -ca *adj* (Méx fam) stoned (colloq)

pacheco[2] -ca *m,f* (Méx fam) junkie (colloq), dopehead (AmE sl)

pachirrear [A1] *vi* (Ven fam) to scrimp and save

pachocha *f*

A (Per fam) (pachorra) sluggishness

B (Méx fam) (dinero) dough (colloq), cash (colloq), money

pachón[1] -chona *adj* (Méx) ‹*suéter*› chunky; ‹*perro*› wooly*; ‹*gato*› furry

pachón[2] -chona *m,f* basset hound

pachorra *f* (fam) sluggishness, slowness

pachotada *f* (Andes) ▸ **patochada**

pachucho -cha *adj* [ESTAR] (Esp fam) 1 ‹*persona*› poorly (colloq), under the weather (colloq) 2 ‹*fruta*› overripe, past its best (colloq)

pachuco[1] -ca *adj* (Méx fam) flashily-dressed

pachuco[2] -ca *m,f* (Méx) *young Mexican influenced by US culture*

pachulí, pachuli *m* patchouli

paciencia *f* patience; **¡qué ~ hay que tener con ella!** you need the patience of a saint with her!, she really tries your patience!; **es un trabajo delicado para el que se necesita mucha ~** it's a delicate job that requires a great deal of patience; **no tienes ~ para nada** you have absolutely no patience!, you're so impatient!; **ten ~, no tardará mucho** be patient *o* have a little patience, she won't be long; **¡~, otra vez será!** oh well *o* never mind, maybe next time; **perder la ~** to lose patience; **estás poniendo a prueba mi ~** you're trying my patience; **se me está acabando** *or* **agotando la ~** my patience is running out; ***tener más ~ que Job*** *or* ***que un santo*** to have the patience of Job *o* of a saint

paciente[1] *adj*

A (tolerante) patient; **es muy ~** he is very patient, he has such patience

B (Ling) passive

paciente[2] *mf* patient

Compuesto **paciente ambulatorio** *or* **externo** outpatient, day patient

pacientemente *adv* patiently

pacienzudo -da *adj* ‹*persona*› extremely patient; ‹*trabajo/labor*› painstaking

pacificación *f* pacification

pacificador[1] -dora *adj* peace (*before n*); **sus intentos ~es** their efforts to bring about peace, their peace initiatives; **medidas ~as** measures designed to bring about/restore peace

pacificador[2] -dora *m,f* peacemaker

pacíficamente *adv* peacefully, peaceably

pacificar [A2] *vt* 1 (mediante la fuerza) to pacify (frml); **enviaron tropas para ~ la isla** they sent troops to restore peace to the island *o* to pacify the island 2 (serenar, calmar) to pacify, appease; **~ los ánimos** to calm people down

■ **pacificarse** *v pron* «*viento*» to abate; «*mar*» to become calm

pacífico -ca *adj* 1 (no violento) peaceful, pacific (frml); **una manifestación pacífica** a peaceful demonstration; **una transición pacífica a la democracia** a peaceful *o* peaceable transition to democracy; **por la vía pacífica** by peaceful means 2 ‹*carácter/persona*› peace-loving, peaceable, peaceful

Pacífico *m*: **el (océano) ~** the Pacific (Ocean)

pacifismo *m* pacifism

pacifista *adj/mf* pacifist

packaging /'pakajin/ *m* (Marketing) packaging

paco[1] -ca *adj* (Chi fam) hard (colloq)

paco[2] -ca *m,f* (Andes fam) cop (colloq)

Compuesto **paco ladrón** *m* (Chi) cops and robbers

pacota *f* (Méx) ▸ **pacotilla**

pacotilla *f* trash; **de ~** ‹*escritor*› second-rate; ‹*novela*› trashy, second-rate; ‹*reloj*› cheap, shoddy; **dictadores de ~** tinpot dictators (colloq)

pacotillero[1] -ra *adj* (Chi fam) slapdash (colloq)

pacotillero[2] -ra *m,f*

A (vendedor) street vendor (*gen selling shoddy goods*)

B (Chi fam) (chapucero): **es un ~** he's very slapdash

pactar [A1] *vt* 1 ‹*acuerdo/paz/tregua*› to negotiate, agree terms for; ‹*plazo/indemnización*› to agree on; **se pactó una indemnización** compensation was agreed on 2 ‹*precios*› to fix; **fueron multados por ~ precios** they were fined for price-fixing

■ **pactar** *vi* to make a pact, negotiate an agreement

pacto *m* pact, agreement; **cumplir un ~** to abide by the terms of an agreement; **rompieron el ~** they broke the agreement; **hagamos un ~** let's make a pact *o* deal; ***hacer un ~ con el diablo*** to make a pact with the devil

Compuestos
- **Pacto Andino** Andean Pact (*agreement on economic cooperation between Andean countries*)
- **pacto de caballeros** gentlemen's agreement
- **Pacto de Estabilidad y Crecimiento** (UE) stability and growth pact
- **pacto de no agresión** non-aggression pact
- **pacto de retroventa** repurchase agreement
- **Pacto de Varsovia** Warsaw Pact
- **pacto prematrimonial** prenuptial agreement
- **pacto social** social contract

PAD *m* = **procesamiento automático de datos** ADP

padecer [E3] *vt* ‹*enfermedad/hambre*› to suffer from; ‹*injusticias/desgracias/privaciones*› to suffer, undergo; **el país está padeciendo una crisis económica sin precedentes** the country is suffering *o* going through an unprecedented economic crisis

■ **padecer** *vi* to suffer; **~ DE algo** to suffer FROM sth; **padecía de los nervios** I had trouble with my nerves, my nerves were bad; **padece del corazón** he has heart trouble, he suffers with his heart

padecimiento *m* suffering

pádel *m* (RPl) paddle tennis
padrastro *m*
A (pariente) stepfather
B (Anat) hangnail
padrazo *m* (fam) doting father
padre[1] *adj* 1 (fam) (grande) terrible (colloq); **nos dimos** *or* **nos llevamos un susto ~** we got a hell of a *o* a terrible fright (colloq); **se armó un escándalo ~** there was an almighty *o* a terrible fuss 2 [ESTAR] (Méx fam) ‹*coche/película/persona*› great (colloq), fantastic; **¡qué ~!** great!
padre[2] *m*
A (pariente) father; **mis ~s** my parents; ***cada uno es/era de su ~ y de su madre*** they are/were all different; ***de ~ y (muy) señor mío*** terrible (colloq); **le pegó una paliza de ~ y (muy) señor mío** he gave him the thrashing of his life, he gave him a terrible *o* an almighty beating; **un dolor de cabeza de ~ y (muy) señor mío** a terrible *o* an almighty *o* (colloq) a splitting headache; ***no tener ~ ni madre, ni perrito que le ladre*** to be all alone in the world
(Compuestos)
- **padre de familia** father, family man
- **padre de la patria** (Hist) hero of the nation; **los ~s de la ~** (fundadores) the founding fathers, the founders of the nation; **veo que los ~s de la ~ acaban de votarse otro aumento** (iró) (diputados) I see our esteemed leaders have awarded themselves another salary increase (iro)

B (Relig) (sacerdote) father; **el ~ Miguel** Father Miguel
(Compuesto) **padre espiritual** confessor
C **Padre** (Dios): **el P~** the Father; **Dios P~** God the Father
padrenuestro *m* Lord's Prayer; **rezar el/un ~** to say the Lord's Prayer/an Our Father; ***en menos que se reza un ~*** in no time at all, before you can/could say Jack Robinson (BrE)
padrillo *m* (AmS) stallion
padrinazgo *m* sponsorship, patronage
padrino *m*

> ⚠ En inglés *godfather* no se usa como apelativo
> Nótese también que cuando el plural *padrinos* se refiere al padrino y a la madrina se traduce por *godparents*

1 (en un bautizo) godfather 2 (de una boda) *man who gives away the bride, usually her father* 3 (en un duelo) second 4 (protector) sponsor, patron; **para conseguirlo hace falta tener ~s** to achieve it you need to know the right people
padrón *m*
A (Gob, Pol) register
(Compuestos)
- **padrón electoral** (AmL) electoral roll *o* register
- **padrón municipal** municipal register

B (AmL) (Equ) stallion
C (Chi) (Auto) registration documents (*pl*)
padrote *m* (Méx fam & pey) pimp
padrotear [A1] *vt* (Méx fam & pey) to pimp for
paella *f* 1 (comida) paella 2 (recipiente) paella dish *o* pan
(Compuestos)
- **paella marinera** seafood paella
- **paella valenciana** chicken and seafood paella

paellada *f*: *meal of paella*; **me convidaron a una ~** they invited me round to eat paella
paellera *f* paella dish *o* pan
paellero[1] **-ra** *adj* paella (*before n*)
paellero[2] **-ra** *m,f* paella cook
paf *m* splat!, wham!
paflón *m* soffit
pág. *f* (= **página**) p; **760 págs.** 760 pp
paga *f* payment; **treinta mil euros anuales, distribuidos en 15 ~s** thirty thousand euros a year paid in 15 payments *o* installments; **aún no he recibido la ~** I still haven't been paid, I haven't received my wages/salary yet
(Compuestos)
- **paga de Navidad** *extra month's salary paid at Christmas*
- **paga extra** *or* **extraordinaria** *extra month's salary generally paid twice a year*

> **paga extra** *or* **paga extraordinaria**
> In Spain, a bonus payment equivalent to a month's salary, paid twice a year, at Christmas and in July before the summer vacation, on top of the normal monthly salary. These bonuses are written into most permanent employment contracts.

pagable *adj* payable
pagadero -ra *adj* payable; **~ el día 15 de cada mes** payable *o* due on the 15th of each month; **~ en un plazo de noventa días** payable within ninety days, to be paid within ninety days; **~ en cuotas mensuales de $200** to be paid in monthly installments of $200
pagado -da *adj*: **~ de sí mismo** full of oneself, smug
pagador[1] **-dora** *adj*: **la entidad ~a** the payer
pagador[2] **-dora** *m,f* 1 payer; **es mal ~** he's a bad payer; ***al buen ~ no le duelen prendas*** a good payer will not object to leaving a deposit 2 (Mil) paymaster
pagaduría *f* cashier's office, accounts office
págalo *m* skua
paganini *mf* (fam & hum): **el ~ siempre soy yo** I always end up paying for everything, I always end up footing the bill
paganismo *m* paganism
paganizar [A4] *vt* to secularize
■ **paganizarse** *v pron* to lose its religious significance, become secularized
pagano[1] **-na** *adj* pagan; (pey) heathen
pagano[2] **-na** *m,f*
A (Relig) pagan, non-believer; (pey) heathen
B (Esp) ▸ **paganini**
pagar [A3] *vt* 1 (abonar) ‹*cuenta/alquiler*› to pay; ‹*deuda*› to pay, pay off, repay; ‹*comida/entradas/mercancías*› to pay for; **dijo que ya estaba todo pagado** he said everything had already been paid for; **¿cuánto pagas de alquiler?** how much rent do you pay?, how much do you pay in rent?; **los niños pagan sólo medio billete** children only pay half fare; **no me ha pagado la última traducción que le hice** she hasn't paid me for the last translation I did for her; **nos pagaban $100 la hora** they paid us $100 an hour; **sus abuelos le pagan los estudios** his grandparents are paying for his education, his grandparents are putting him through college; **no puedo ~ tanto** I can't afford (to pay) that much; **~ algo POR algo** to pay sth FOR sth; **¿y pagaste $500 por esa porquería?** you mean you paid $500 for that piece of junk?; ***ni que me/le paguen*** not even if you paid me/him; **no salgo con él ni que me paguen** I wouldn't go out with him if you paid me 2 ‹*favor/desvelos*› to repay; **nunca podré ~te lo que has hecho por mí** I'll never be able to repay you for what you've done for me; **¡que Dios se lo pague!** God bless you! 3 (expiar) ‹*delito/atrevimiento*› to pay for; **~ás cara tu osadía** you'll pay dearly for your audacity; **~ algo CON algo** to pay FOR sth WITH sth; **lo pagó con su vida** he paid for it with his life; **pagó su delito con seis años de cárcel** her crime cost her six years in prison; ***el que la hace la paga*** you've made your bed and now you'll have to lie in it ***¡me las vas a ~!*** *or* ***¡ya me las ~ás!*** you'll pay for this!, I'll get you for this!; ▸ **pato**[1]
■ **pagar** *vi* 1 (Com, Fin) to pay; **~ al contado/a plazos** to pay cash/in installments; **pagué por adelantado** I paid in advance; **me pagó en efectivo** *or* **en metálico** she paid me cash; **nos pagaban en especie** they used to pay us in kind; **¿le has pagado a la limpiadora?** have you paid the cleaning lady?; **pagan bien** they pay well, the pay's good 2 (corresponder) to repay; ***~le a algn con la misma moneda*** to pay sb back in their own coin *o* in kind 3 (Col fam) (rendir, compensar) to pay; **el negocio no paga** the business doesn't pay; **no paga pintar estas paredes** it's not worth painting these walls
pagaré *m* promissory note, IOU
(Compuestos)
- **pagaré bancario** bank bill *o* bond
- **pagaré de empresa** corporate bond
- **pagaré del Tesoro** government bond, treasury note

pagel *m* pandora
página *f*
A (de un libro) page; **volver** *or* (CS) **dar vuelta la ~** to turn the page; **los ejercicios de la ~ cinco** the exercises on page five; **en la ~ siguiente** on the next page, overleaf
(Compuestos)
- **páginas amarillas** *or* (Arg) **doradas** *fpl* (Telec) yellow pages (*pl*)
- **página de inicio** *or* **página inicial** (Inf) home page
- **página web** Web page

B (episodio) chapter; **una ~ gloriosa de nuestra historia** a glorious chapter in our history
paginación *f* pagination
paginar [A1] *vt* to number, paginate (tech)
pago[1] **-ga** *adj* [ESTAR] 1 ‹*cuenta*› paid; ‹*pedido/mercancías*› paid for 2 (RPl) ‹*empleado*› paid
pago[2] *m*
A 1 (Com, Fin) payment; **~ adelantado** *or* **anticipado** payment in advance; **~ inicial** down payment, first *o* initial payment; **~ al contado/a plazos** payment in cash/by installments; **el ~ fraccionado de impuestos** payment of taxes by installments; **~ a cuenta** payment on account; **nos atrasamos en el ~ del alquiler** we got behind with *o* we got into arrears with the rent; ▸ **colegio, televisión** 2 (recompensa, premio) reward; **en ~ a** *or* **de sus servicios extraordinarios** as a reward for his outstanding services
(Compuestos)
- **pago automático bancario** (Chi) direct billing (AmE), direct debit (BrE)
- **pago contra entrega** cash on delivery, COD
- **pago por evento** (AmL) *or* (Esp) **por visión** pay-per-view

B (fam) (lugar, región) *tb* **pagos ¿qué haces tú por estos ~s?** what are you doing in this neck of the woods *o* in these parts *o* around here? (colloq); **quiso ir a morir a su(s) ~(s)** (CS) he wanted to go back home to die
pagoda *f* pagoda
pagro *m* porgy
paguro *m* hermit crab
pai *m* (AmC, Méx) pie
(Compuesto) **pai de queso** (AmC, Méx) cheesecake
paila *f* 1 (sartén) large copper frying pan 2 (Chi) (plato) dish; ***irse a las ~s*** (Chi fam) to come to grief (colloq), to go down the tubes (colloq) 3 (Chi fam) (oreja) ear, lughole (BrE colloq)
pailón -lona *adj* (Chi fam) big
paipai *m* (Esp) fan
pairo *m*: **estar al ~** to lie to, to be hove to; **ponerse al ~** to heave to
país *m*
A 1 (unidad política) country; **los ~es miembros** the member countries 2 (ciudadanos) nation; **se dirigió al ~** he addressed the nation; **el apoyo de todo el ~** the support of the whole nation *o* country 3 (en ficción) land; **el ~ de los sueños** the land of Nod; **el ~ de las maravillas** wonderland; **en un ~ lejano** in a distant *o* faraway land; ▸ **ciego**[2]
(Compuestos)
- **país comerciante** trading nation
- **país de origen** (de una persona) home country, native land; (de un producto) country of origin
- **países candidatos** (UE) candidate countries
- **Países de Europa Central y Oriental** (UE) Central and Eastern European Countries
- **país satélite** satellite, satellite nation

B (de un abanico) covering
paisa *mf* (Méx) ▸ **paisano**[2] **A**

> **El País**
> *El País* is the Spanish daily newspaper with the largest circulation (over 445,000). It is available on line at www.elpais.es. First ▸▸▸

P

▸▸▸ published in 1976, it became a symbol of transition, and of the new Spanish democracy.

From the outset it employed some of the best journalists and writers in the Spanish language. The paper generally supports the ▸**PSOE - Partido Socialista Obrero Español**.

It gives considerable coverage to social issues and the arts, and also publishes supplements on subjects such as the economy and culture.

paisaje *m* **1** (panorama) landscape, scenery; **la belleza del ~ asturiano** the beauty of the Asturian countryside *o* landscape *o* scenery; **en esta zona el ~ es precioso** the scenery is beautiful in this part of the country; **desde aquí se aprecia mejor el ~** you get a better view of the countryside from here; **el terremoto alteró el ~** the earthquake changed the landscape; **el ~ es agreste/boscoso** it is a rugged/wooded landscape **2** (Art) landscape

paisajismo *m* **1** (Art) landscape painting **2** (en jardinería) landscape gardening

paisajista *mf* **1** (Art) landscape painter **2** (en jardinería) landscape gardener

paisajístico -ca *adj* landscape (*before n*)

paisanada *f* (RPl fam): **la ~** the country folk (*pl*), the peasants (*pl*)

paisanaje *m* (de la misma zona, ciudad) common origin; (campesinos) peasantry

paisano¹ -na *adj* from the same country (*o* area *etc*); **somos ~s** (compatriotas) we're fellow countrymen, we're from the same country; (de la misma zona, ciudad) we're from the same area/place

paisano² -na *m,f*

A **1** (compatriota) (*m*) fellow countryman, compatriot; (*f*) fellow countrywoman, compatriot; **es una paisana mía** she's a compatriot of mine *o* a fellow countrywoman **2** (de la misma zona, ciudad): **es un ~ mío** he's from the same area/place as I am

B (Indum): **ir/vestir de ~** «*soldado*» to be in/to wear civilian clothes *o* (colloq) civvies; «*policía*» to be in/to wear plain clothes; «*sacerdote*» to be in/to wear secular dress

C **1** (Chi) (árabe) Arab **2** (Per) *mountain-dweller of Indian origin* **3** (RPl) peasant

País de Gales *m*: **el ~ ~ ~** Wales

Países Bajos *mpl*: **los ~ ~** (país) the Netherlands; (región) (Geog, Hist) the Low Countries

País Vasco *m* Basque Country

paja¹ *adj* (Per fam) great (colloq)

paja² *f*

A (Agr, Bot) straw; **sombrero de ~** straw hat; **techo de ~** thatched roof; ***correrse una*** *or* ***la ~*** (Chi, Per vulg) to jerk off (vulg), to wank (BrE vulg); ***hacerse ~s mentales*** (vulg) to indulge in mental masturbation; ***hacerse una*** *or* ***la ~*** (vulg) to jerk off (vulg), to wank (BrE vulg), to have a wank (BrE vulg); ***quítame allá esas ~s*** (fam): **arma un escándalo por cualquier quítame allá esas ~s** she kicks up a fuss over the slightest little thing (colloq); ***ver la ~ en el ojo ajeno y no la viga en el propio*** to see the mote in one's neighbor's eye and not the beam in one's own; ***tener (el) rabo*** (Col, Ven) *or* (RPl) ***(la) cola de ~*** to have a guilty conscience

(Compuesto) **paja brava** *grass similar to esparto*

B (para beber) *tb* **pajita** straw, drinking straw

C **(de) color ~** straw-colored*

D **1** (fam) (en un escrito, discurso) padding, waffle (BrE colloq); **tiene unos capítulos interesantes pero también hay mucha ~** it has some interesting chapters but there's a lot of padding *o* waffle too; **ha escrito siete páginas pero es pura ~** she's written seven pages but it's pure padding **2** (Col fam): **hablar** *or* **echar ~** (decir mentiras) to tell lies; (charlar) to chat, gab (colloq)

E (AmC, Ven) (del agua) faucet (AmE), tap (BrE); **agua de la ~** tap water

pajar *m* (granero) barn; (desván) hayloft

pájara *f*

A (fam & pey) (mujer astuta) crafty woman, scheming bitch (sl & pej)

B (fam) (decaimiento brusco) collapse; **luego viene la ~** *or* **agarras una ~** then you just collapse *o* you lose all impetus *o* (colloq) you hit the wall

pajarear [A1] *vi*

A (fam) **1** (Chi, Méx) (no prestar atención) to daydream; **estaba pajareando** I was miles away (colloq), I was daydreaming **2** (Méx fam) (perder el tiempo) to loaf *o* laze around (colloq)

B (Méx fam) (ahuyentar pájaros) to scare birds away

■ **pajarearse** *v pron* (Per fam) to goof (colloq), to boob (BrE colloq)

pajarera *f*

A (jaula) aviary

B (fam) (casa pequeña) rabbit hutch (colloq), shoebox (colloq)

pajarería *f* **1** (tienda) pet shop (*specializing in birds*) **2** (bandada) flock of birds

pajarero¹ -ra *adj* (Col, Méx) nervous, skittish

pajarero² -ra *m,f* (criador) bird breeder; (vendedor) bird dealer; (cazador) bird hunter *o* trapper

pajarita *f* **1** *tb* **~ de papel** origami bird **2** (Esp) (Indum) bow tie

pajarito *m*

A (Zool) (cría) baby bird; (pájaro) (fam) little bird, birdie (colloq); **¡mira el ~!** look at *o* watch the birdie!; ***comer como un ~*** to eat like a bird; ***me lo dijo un ~*** (fam) a little bird told me (colloq)

B (fam) (pene) thing (colloq), weeny (AmE colloq), willy (BrE colloq)

pájaro *m*

A (Zool) bird; ***con los ~s volados*** (RPl) in a bad mood; ***matar dos ~s de un tiro*** to kill two birds with one stone; ***ser ~ de mal agüero*** to be a prophet of doom *o* a Jeremiah; ***tener ~s en la cabeza*** (fam) to be dizzy-headed (colloq), to be scatterbrained (colloq); ***más vale ~ en mano que cien*** *or* ***ciento volando*** a bird in the hand is worth two in the bush; ***~ que comió, voló*** (RPl) *said of or by a person who eats and then rushes off*

(Compuestos)

- **pájaro bobo** penguin
- **pájaro carpintero** woodpecker
- **pájaro mosca** hummingbird

B (fam) (granuja) bad lot, nasty piece of work (colloq); ***ser un ~ de cuenta*** (fam) to be a nasty piece of work *o* a bad lot *o* an unpleasant character (colloq)

C (Col) (Hist) (asesino) hired killer (*in the pay of landowners*)

pajarón¹ -rona *adj*

A (CS fam) (tonto) silly, daft (BrE colloq)

B (Chi fam) (distraído) scatterbrained, scatty (BrE colloq)

pajarón² -rona *m,f*

A (CS fam) (tonto) nitwit (colloq), dummy (colloq)

B (Chi fam) (distraído) scatterbrain (colloq)

pajarraco *m*

A (fam) **1** (Zool) big, ugly bird **2** (granuja) rogue

B (Chi fam) (persona rara) weirdo (colloq)

paje *m* **1** (Hist) page; **corte de pelo a lo ~** pageboy cut **2** (en una boda) page, page boy

pajero -ra *m,f* (vulg) masturbator, wanker (BrE vulg)

pajita, pajilla *f* drinking straw, straw

pajizo -za *adj* straw-colored*

pajolero -ra *adj* (Esp fam) **1** (gracioso) funny **2** (travieso) naughty; ▸**idea**

pajonal *m* (AmL) scrubland

pajoso -sa *adj* ‹*pelo/consistencia*› straw-like; ‹*color*› straw-colored*

pajuerano -na *m,f* (RPl fam) country bumpkin, yokel (colloq), hick (AmE colloq)

Pakistán *m* Pakistan

pakistaní *adj/mf* Pakistani

PAL /pal/ PAL

pala *f*

A (para cavar) spade; (para mover arena, carbón) shovel; (para recoger la basura) dustpan

(Compuestos)

- **pala mecánica** power shovel
- **pala retroexcavadora** backhoe, backhoe loader (BrE)

B (Coc) (para servir — pescado) slotted spatula (AmE), fish slice (BrE); (— tarta) cake slice; (de panadero) shovel

C **1** (para golpear alfombras) carpet beater **2** (de frontenis) racket; (de ping-pong) paddle, bat (BrE) **3** (en piragüismo) paddle

D **1** (de un remo, una hélice) blade **2** (de un zapato) upper, vamp **3** (de una corbata) apron; **corbata de ~ ancha** wide tie

palabra *f*

A (vocablo) word; **una ~ de seis letras** a six-letter word; **es un bruto en toda la extensión de la ~** he's a brute, in every sense of the word; **~s, ~s, yo lo que quiero son hechos** I've heard enough words *o* talk, I want to see some action; **no son más que ~s** it's all talk; **es un hombre de pocas ~s** he's a man of few words; **sólo quiero decir unas ~s** I just want to say a few words; **tras unas ~s de saludo** after a few words of welcome; **no encuentro** *or* **tengo ~s para expresarles mi agradecimiento** I cannot find words to express my gratitude to you; **mira, yo te lo puedo explicar en dos ~s** look, let me put it to you simply; **en pocas ~s, es un cobarde** basically *o* to put it bluntly, he's a coward; **¿te parece bien? — en una ~, no** is that all right? in a word, no; **lo tradujo ~ por ~** he translated it word for word; **ni una ~ más, te quedas a cenar** not another word *o* I don't want to hear another word, you're staying for dinner; **yo no sabía ni una ~ del asunto** I didn't know a thing *o* anything about it; **de esto ni una ~ a nadie** not a word to anyone about this; **no entendí (ni) una ~ de lo que dijo** I didn't understand a (single) word of what he said; **sin decir (una) ~** without a word; ***comerse las ~s*** to gabble; ***con (muy) buenas ~s*** in the nicest possible way; ***decirle a algn cuatro ~s bien dichas*** to tell sb a few home truths; ***eso ya son ~s mayores*** (refiriéndose — a un insulto) those are strong words; (— a una acusación) that's a serious accusation, those are strong words; (— a una propuesta excesiva) that's taking things too far, that's a bit excessive; ***la última ~*** the last word; **siempre tiene que ser él el que diga la última ~** he always has to have the last word; **en este asunto la última ~ le corresponde a Juárez** Juárez has the final say on this matter; ***quitarle las ~s de la boca a algn*** to take the words right out of sb's mouth; ***tener unas ~s con algn*** to have words with sb (colloq); **tuvieron unas ~s por un asunto de dinero** they had words over some money matter; ***las ~s se las lleva el viento*** actions speak louder than words; ***a ~s necias oídos sordos*** take no notice of the stupid things people say; ▸**malo¹ Sense II**

(Compuestos)

- **palabra clave** key word
- **palabra compuesta** compound word
- **palabra funcional** *or* **vacía** function word
- **palabras cruzadas** *fpl* (CS) crossword, crossword puzzle

B (promesa) word; **me basta con tu ~** your word is enough for me; **me dio su ~** she gave me her word; **es una mujer de ~** she's a woman of her word; **siempre cumple con su ~** she always keeps her word; **nunca falta a su ~** he never breaks *o* goes back on his word; **~ que yo no sabía nada** (fam) honest *o* really *o* (BrE) straight up, I didn't know a thing about it (colloq); **se lo devolví ¡~!** I gave it back to her, honest! (colloq); ***cobrarle la ~ a algn*** (Chi fam) to take sb up on sth (colloq), to keep *o* hold sb to his/her word; ***tomarle la ~ a algn:* le tome la ~ y le pedí un préstamo** I took him up on his offer and asked for a loan

(Compuesto) **palabra de honor** word of honor*; **le dio su ~ de ~ de que no volvería a hacerlo** he gave her his word of honor *o* his solemn word that he wouldn't do it again; **yo no fui ¡~ de ~!** it wasn't me, word of honor *o* I swear!

C **1** (habla) speech; **el don de la ~** the gift of speech; **me invitó sólo de ~** I only got a verbal invitation; **fue un acuerdo de ~** it was a verbal agreement; **pecar de pensamiento, ~ y obra** to sin in thought, word and deed; **no**

me dirigió la ~ en toda la noche she didn't speak to me all night; **nos ha retirado la ~** she doesn't speak to us anymore, she no longer deigns to speak to us (hum); ***dejar a algn con la ~ en la boca:*** **me dejó con la ~ en la boca** (me interrumpió) he cut me off in mid-sentence; (no me dejó hablar) he didn't give me a chance to open my mouth 2 (frml) (en una ceremonia, asamblea): **pido la ~** may I say something, I'd like to say something; **tiene la ~ el delegado estudiantil** the student delegate has the floor (frml); **no le concedieron la ~** he was denied permission to speak, he was denied the floor (frml); **ceder la ~ a algn** to give the floor to sb (frml), to call upon sb to speak; **a continuación hizo uso de la ~ el presidente de la institución** then the president of the institute made a speech

palabrear [A1] *vt* (Chi fam) 1 ‹*asunto/negocio*› to have a chat about (colloq), to discuss 2 ‹*persona*› to work on (colloq) 3 (concertar) to agree on, settle on 4 ‹*mujer*› to promise to marry 5 (insultar) to insult; **a mí no me vengas a ~** don't give me any of your lip (colloq)

palabreja *f* (palabra) word; (palabra rara) strange word

palabrería *f*, **palabrerío** *m* talk; **basta de ~ y pongamos manos a la obra** that's enough talk, let's get down to work; **mucha ~ y poca acción** all mouth *o* all talk and no action; **no dice más que ~** he's full of hot air (colloq)

palabrero -ra *m,f* (fam) gasbag (colloq), windbag (colloq)

palabrota *f* (fam) swearword; **no digas ~s** don't swear; **soltó una ~** he swore, he uttered a swearword

palacete *m* 1 (palacio) small palace 2 (fam) (casa lujosa) mansion

palaciego¹ -ga *adj* 1 (de palacio) ‹*costumbres/vida*› palace (*before n*), court (*before n*) 2 (magnífico) palatial

palaciego² -ga *m,f* courtier

palacio *m* 1 (residencia) palace; **comparado con mi piso éste es un ~** this is a palace compared with my apartment; **el personal de ~** the Royal Household; **ir a ~** to go to the (Royal) Palace; ▸**cosa** 2 (edificio público) *large public building*

(Compuestos)

- **Palacio de Justicia** lawcourts (*pl*)
- **Palacio Episcopal** Bishop's Palace
- **Palacio Real** Royal Palace

Palacio de Oriente

also known as the *Palacio Real* is the official residence of the Spanish Royal Family. The Royal Family now lives in the *Palacio de la Zarzuela*, on the outskirts of Madrid.

palada *f* 1 (con la pala) spadeful, shovelful 2 (con el remo) stroke

paladar *m* 1 ▸ⓘ p.231 (Anat) palate 2 (gusto) palate; **una comida para ~es exigentes** a meal for those with a discerning palate 3 (Vin): **tener buen ~** «*licor/vino*» to be very smooth on the palate

paladear [A1] *vt* ‹*comida/bebida*› to savor*; ‹*éxito/satisfacción*› to savor*; **comía paladeando cada bocado** he was savoring *o* relishing every mouthful

paladeo *m* tasting

paladín *m* 1 (Hist) paladin 2 (defensor) champion

paladino -na *adj* (liter) (claro, patente) clear, unequivocal (frml); (público) public; **es la más paladina manifestación de su autoritarismo** it is the clearest *o* most unequivocal demonstration of his authoritarianism

paladio *m* palladium

palafito *m* palafitte, stilt house

palafrén *m* palfrey

palafrenero *m* groom

palanca *f*

A 1 (para levantar, mover algo) lever; (para forzar, abrir algo) crowbar; **usa esta barra como ~** use this bar as a lever; **forzaron la puerta con una ~ de hierro** they forced the door with a crowbar, they levered the door open with an iron bar 2 (de control) lever; **la ~ del freno de mano** the handbrake (lever) 3 (en una piscina) diving platform

(Compuestos)

- **palanca de cambios** gearshift, shift lever (AmE), gear lever *o* stick (BrE)
- **palanca de mando** joystick

B (fam) 1 (influencia) influence; **hay que tener ~** you have to be able to pull a few strings (colloq) 2 (persona influyente) influential person, contact ▸**enchufe y enchufismo**

palangana¹ *f* 1 (para fregar) bowl 2 (jofaina) washbowl (AmE), washbasin (BrE) 3 (Col) (fuente) serving dish

palangana² *mf* (fam) 1 (Andes) loudmouth (colloq), show-off 2 (RPl fam) (tonto) idiot

palanganear [A1] *vi* (Andes fam) to show off

palangre *m* paternoster line

palangrero *m: fisherman/boat using a paternoster line*

palanquear [A1] *vt*

A 1 (AmL) (para levantar) to lever up; (para abrir) to lever open 2 (Col) ‹*barco*› to tow

B (Col, Per, RPl fam) (usando influencias): **le ~on un puesto** they pulled some strings to get him a job (colloq)

■ **palanquear** *vi* (Col, Per, RPl fam) to pull strings (colloq)

palanquero -ra *m,f*

A (CS) (Ferr) (*m*) brakeman, (*f*) brakewoman

B (Chi fam) ▸**palanquetero**

palanqueta *f*

A (palanca pequeña) jimmy (AmE), jemmy (BrE)

B (Coc) *type of peanut brittle*

palanquetero -ra *m,f*, **palanquetista** *mf* (fam) robber (*who uses a jemmy to force an entry*)

palapa *f* (Méx) palm shelter

palastro *m* 1 (chapa — de hierro) sheet iron; (— de acero) steel plate 2 (de una cerradura) case

palatal *adj/f* palatal

palatalización *f* palatalization

palatalizar [A4] *vt* to palatalize

■ **palatalizarse** *v pron* to become palatalized

palatinado -da *adj* palatinate

palatino -na *adj*

A (de palacio) ‹*moda/costumbre*› court (*before n*), palace (*before n*)

B (del paladar) palatal

C (Hist) palatine

palco *m* box; **~ real/presidencial** the royal/the president's box; ***tomar ~*** (Chi fam) to sit/stand back and watch

(Compuestos)

- **palco de autoridades** *or* **de honor** VIP box
- **palco de platea** ground-floor box
- **palco de proscenio** stage box

palé® *m* (Esp) *board game in which players compete to acquire real estate*

palear [A1] *vt*

A 1 ‹*tierra*› to shovel 2 ‹*piragua*› to paddle

B (AmL) (robar) to swipe (colloq), to lift (colloq)

■ **palear** *vi* to paddle

palenque *m*

A (valla) fence, stockade

B (Col) (escondrijo) hiding place

C (Méx) 1 (fiesta popular) festival (*with cockfights, music, etc*) 2 (para gallos) cockpit

D (RPl) (poste) tethering post

paleografía *f* paleography

paleógrafo -fa *m,f* paleographer*

paleolítico *adj* paleolithic

paleontología *f* paleontology

paleontológico -ca *adj* paleontological

paleontólogo -ga *m,f* paleontologist

Palestina *f* Palestine

palestino -na *adj/m,f* Palestinian

palestra *f* (Hist) arena; **la ~ política** the political arena; ***salir a la ~*** to join the fray; ***saltar a la ~*** to come to the fore, hit the headlines

palet *m* (*pl* **~s**) pallet

paleta¹ *adj* (Chi fam) helpful, obliging

paleta² *f*

A 1 (de pintor) palette 2 (de cocina) spatula 3 (de albañil) trowel 4 (Dep) (de ping-pong) paddle, bat (BrE) 5 (RPl) (matamoscas) fly swat

B (fam) (diente) front tooth

C (Coc) shoulder

D (Tec) (de una noria) paddle, blade; (de un ventilador) vane, blade

E (AmL) (Jueg) beach tennis

F (Col, CS) (omóplato) shoulder blade

G (Andes, Méx) (helado) Popsicle® (AmE), ice lolly (BrE)

H (Méx) (dulce) lollipop

paletada *f*

A (de cemento) trowelful

B (fam) (acto, dicho paleto): **no hagas ~s** don't be such an ignoramus (colloq); **¡qué ~s dice!** he says such dumb things! (colloq)

paletearse [A1] *v pron* (Chi fam) to be obliging *o* helpful; **se paleteó con ellos** she was very obliging *o* helpful, she bent over backwards to help them (colloq)

paletilla *f*

A 1 (Anat, Zool) shoulder blade 2 (Coc) shoulder

B (utensilio) small spatula

paleto¹ -ta *adj* (Esp fam & pey): **no seas ~** don't be such a yokel *o* (AmE) hick (colloq)

paleto² *adv* (Esp fam & pey): **viste muy ~** he dresses like a yokel *o* (AmE) hick (colloq)

paleto³ -ta *m,f*

A (Esp fam & pey) country bumpkin, yokel (colloq), hick (AmE colloq)

B (Zool) fallow deer

paletó *m* (Chi) (man's) jacket

paletón *m* bit

paliacate *m* (Méx) brightly colored* scarf

paliar [A1] *or* [A17] *vt* ‹*dolor*› to ease, alleviate, palliate (frml); ‹*efectos*› to mitigate, lessen, alleviate, palliate (frml)

paliativo¹ -va *adj* palliative

paliativo² *m* 1 (Fin, Med, Pol) palliative, palliative measure 2 **sin ~s** (*loc adj*) inexcusable; (*loc adv*) unreservedly; **comportamiento sin ~s** inexcusable behavior; **condenó sin ~s el uso de las armas** he roundly *o* unreservedly condemned the use of arms

palidecer [E3] *vi* 1 «*persona*» to turn *o* go pale, blanch 2 (liter) (eclipsarse) to pale (liter); **su belleza palidece al lado de la de su hermana** her beauty pales beside that of her sister

palidez *f* 1 paleness; (por enfermedad) paleness, pallor 2 (de la luna) (liter) paleness

pálido -da *adj* 1 ‹*persona*› pale; (por enfermedad) pale, pallid; **tiene la tez muy pálida** she has a very pale complexion; **estás ~ ¿te sientes mal?** you're very pale, are you all right?; **al enterarse de la noticia se puso ~** he went pale *o* he blanched when he heard the news 2 ‹*luz/color*› pale; **a la pálida luz de la luna** (liter) by the pale light of the moon (liter); **no tengo la más pálida idea** (fam) I haven't the faintest idea (colloq)

paliducho -cha *adj* (fam) pale, peaky (colloq)

palier /pa'lje(r)/ *m*

A (Tec) bearing

B (RPl) (Arquit) landing

palillero *m* toothpick holder

palillo *m*

A 1 (mondadientes) *tb* **~ de dientes** toothpick; **tiene las piernas como ~s** her legs are like matchsticks; ***estar como un*** *or* ***hecho un ~*** (fam) to be as thin as a rake 2 (fam) (persona flaca): **es un ~** he's as thin as a rake

B (para comida oriental) chopstick

C 1 (de un tambor) drumstick 2 **palillos** *mpl* (castañuelas) castanets (*pl*)

D (Chi) (para tejer) knitting needle; ***mover los ~s*** (Chi fam) to pull strings (colloq)

P

palimpsesto *m* palimpsest
palíndromo *m* palindrome
palinodia *f* palinode (liter), public recantation; ***cantar la ~*** to make a public recantation
palio *m* 1 (dosel) canopy; ***recibir a algn bajo ~*** to give sb a royal welcome 2 (prenda) pallium
palique *m* (Esp fam) chat, chit-chat (colloq); **estuvieron toda la tarde de ~** they spent the whole afternoon chatting *o* gabbing (colloq)
palisandro *m* rosewood
palista *mf* canoeist
palito *m*
A (palo) small stick (*o* post *etc*); ***pisarse el ~*** (RPl fam) to put one's foot in it (colloq)
B (RPl) (helado) Popsicle® (AmE), ice lolly (BrE)
palitroque *m*
A (fam) (palo) stick
B (Jueg) (bolo) skittle; (juego) skittles; (local) skittle alley
paliza *f*
A 1 (zurra) hiding, beating; **como se entere te va a dar** *or* **pegar una ~** if he finds out he'll clobber you *o* thrash you *o* give you a hiding; **le robaron la cartera y le dieron una ~** they stole his wallet and beat him up *o* (AmE) beat up on him 2 (fam) (derrota) thrashing (colloq); **al Danubio le dieron una ~ en casa** Danubio were hammered *o* thrashed *o* given a thrashing at home (colloq)
B (fam) 1 (esfuerzo agotador): **fue una ~ de viaje** the journey was a real killer; **¡menuda ~ tener que ir hasta allá!** what a trek to have to go all the way over there! (colloq) 2 (pesadez, aburrimiento) drag (colloq); ***darle la ~ a algn*** (fam) to bug sb (colloq), to hassle sb (colloq); ***darse la ~*** (fam) (trabajando, estudiando) to work one's butt off (AmE colloq), to slog one's guts out (BrE colloq); «*pareja*» to be all over each other (colloq)
C **paliza** *mf* (Esp fam) (pesado) *tb* **~s** pain in the neck (colloq)
palizada *f* 1 (valla) palisade 2 (terreno cercado) fenced enclosure
palla *f* (Per fam) mistress
pallar *m* (Per) 1 (Bot, Coc) butter bean, lima bean 2 (lóbulo) earlobe, lobe
pallasa *f* (CS) straw mattress, palliasse
palma *f*
A ▸ⓘ **p.231**; (de la mano) palm; **la gitana le leyó la ~ (de la mano)** the gypsy read his palm; ***conocer algo como la ~ de la mano*** to know sth like the back of one's hand; **conozco la zona como la ~ de la mano** I know the area like the back of my hand; **te conozco como la ~ de la mano** I can read you like a book; ***untarle la ~ a algn*** to grease sb's palm
B 1 (Bot) (planta) palm; (hoja) palm leaf 2 (gloria, triunfo) distinction; **todos realizaron una gran labor pero él se llevó la ~** they all did tremendous work but he was truly outstanding; **aquí nadie trabaja mucho, pero tú te llevas la ~** (iró) no one does very much work around here but you get the prize for laziness *o* you really take the cake *o* (BrE) the biscuit! (colloq)
(Compuesto) **palma de coco** (Col) coconut palm
C **palmas** *fpl* **dar** *or* **batir ~s** (aplaudir) to clap (one's hands), applaud; **tocar las ~s** (para marcar el ritmo) to clap in time
(Compuesto) **palmas de tango** *fpl* slow handclap
palmada *f* 1 (golpecito amistoso) pat; **le dio una ~ en la espalda para animarlo** he gave him an encouraging pat on the back; **me dio unas palmaditas en la mejilla** he patted me on the cheek 2 (para llamar la atención) clap; **el maestro dio unas ~s para pedir silencio** the teacher clapped his hands for silence 3 (AmL) (golpe, azote) smack, slap
palmado *adj* 1 (AmC fam) (sin dinero) broke (colloq), skint (BrE colloq) 2 (Arg fam) (cansado) worn out (colloq), shattered (colloq)
palmar¹ *m* palm grove
palmar² [A1] *vt* (Esp, Méx fam): **~la** to snuff it (colloq), to kick the bucket (colloq)
palmarés *m* 1 (historial) record, list of achievements; **tiene en su ~ dos títulos mundiales** he has two world titles to his name, he has won two world titles 2 (lista) list of winners/champions
palmario -ria *adj* ‹*hecho/fracaso*› clear; ‹*injusticia/abuso*› glaring (*before n*)
palmatoria *f* candlestick
palmeado -da *adj* 1 ‹*pata*› webbed 2 ‹*hoja/raíz*› palmate (*before n*)
palmear [A1] *vt* to slap … on the back
palmer *m* micrometer caliper*
palmera *f* 1 (Bot) palm tree 2 (Coc) palmier
palmeral *m* palm grove
palmero -ra *m,f*
A (Agr) palm farmer
B (de La Palma) native of La Palma
palmeta *f* cane
palmetazo *m* stroke (*of a cane*)
palmiche *m* royal palm
palmípedo¹ -da *adj* webfooted
palmípedo² -da *m,f* webfoot
palmista *mf* palmist
palmita *f*
A (Esp): **llevar** *or* **tener a algn en ~s** to wait on sb hand and foot
B (RPl) (Coc) palmier
palmito *m* 1 (planta) European fan palm, palmetto; (tallo) palm heart 2 (Esp fam) (atractivo) looks (*pl*)
palmo *m* span, handspan; **ha crecido casi un ~** she's grown several inches; **un ~ de tierra** a small plot of land; ***~ a ~*** ‹*avanzar*› slowly, little by little; (con minuciosidad): **recorrer el estado ~ a ~** to travel the length and breadth of the state; **rastrear la zona ~ a ~** to search every inch of the area; **conocer algo ~ a ~** to know sth like the back of one's hand; ***dejar a algn con un ~ de narices*** (fam) to take the wind out of sb's sails (colloq)
palmotear [A1] *vi* to clap one's hands, clap
■ **palmotear** *vt* to slap … on the back
palmoteo *m* clapping
palmtop *m or f* (*pl* **~s**) palmtop
palo *m*
A 1 (trozo de madera) stick; (de una valla) post; (de una herramienta) handle; (de telégrafos) pole; **clavar un ~ en la tierra** to drive a stake into the ground; **la pelota dio en el ~** the ball hit the post *o* goalpost; **el ~ de la escoba** the broomstick *o* broomhandle; **me pegaba con un ~** he used to hit me with a stick; ***estar (flaco) como un ~*** (fam) to be as thin as a rake; ***más tieso que un ~*** as stiff as a board *o* (BrE) poker; ***de tal ~, tal astilla*** a chip off the old block, like father like son (*o* like mother like daughter *etc*) 2 (de una tienda, carpa) tent pole 3 (AmC, Col fam) (árbol) tree 4 (Dep) (de golf) club, golf club; (de hockey) hockey stick 5 (de un polo) stick 6 (Náut) mast; ***a ~ seco*** (fam) under bare poles; **se lo comió a ~ seco** she ate it on its own; **no me gusta beberlo a ~ seco** I don't like drinking it without eating anything; **me lo dijo a ~ seco** she told me outright *o* (BrE) straight out; **le pagaron los $10, a ~ seco** he was paid the $10 and not a penny more *o* and that was it; **le sacaron la muela a ~ seco** he had the tooth taken out with no anesthetic; ***que cada ~ aguante su vela*** each of us must face up to our own responsibilities 7 **palos** *mpl* (Equ) rails (*pl*); **iba por los ~s** he was staying close to the rails
(Compuestos)
- **palo de amasar** (RPl) rolling pin
- **palo de mayo** (AmC) *style of music and dance from the Atlantic coast*
- **palo de mesana** mizzenmast
- **palo de trinquete** foremast
- **palo ensebado** greasy pole
- **palo grueso** (Chi fam) fat cat (colloq)
- **palo mayor** mainmast

B (madera) wood; ▸**pata¹**; ***los de afuera son de ~*** (RPl) those not in the game, keep quiet; ***no está el ~ para cucharas*** (Col fam) the time isn't right, circumstances are not favorable
(Compuestos)
- **palo blanco**

A (Bot) paradise tree
B (Chi) (testaferro) front man, figurehead
- **palo de rosa** rosewood
- **palo dulce** licorice*
- **palo santo** lignum vitae

C (Impr) (de la b, d) ascender; (de la p, q) descender
(Compuesto) **palo bastón** sans serif, sanserif
D 1 (fam) (golpe) blow (with a stick); **le dieron un ~ en la cabeza** he got whacked on the head with a stick (colloq); **lo molieron a ~s** they beat him till he was black and blue; ***dar ~s de ciego*** (al pelear) to lash *o* strike out blindly; (para resolver un problema) to grope in the dark; ***ni a ~(s)*** (AmS) no way; **ni a ~(s) van a lograr que retire lo dicho** there's no way they'll get me to take back what I said; ***~s porque bogas, ~s porque no bogas*** you can't win 2 (fam) (revés, daño) blow; **el accidente de su hijo fue un ~ muy gordo** his son's accident was a terrible blow; **¡qué ~! han perdido otra vez** what a downer! they've lost again (colloq); **el libro recibió un buen ~ de la crítica** the book was panned *o* (AmE) roasted *o* (BrE) slated by the critics 3 (fam) (en cuestiones de dinero): **darle** *or* **pegarle un ~ a algn** to rip sb off (colloq)
E (en naipes) suit; **seguir el ~** to follow suit
F (AmL arg) (millón) million pesos (*o* soles *etc*)
G (Ven fam) (trago) drink; **vamos a echar unos ~s** let's have a drink
H (Méx vulg) (en sentido sexual): **echarse un ~** to have a screw (vulg)
I 1 (Col, Ven fam) (de agua): **ayer cayó un ~ de agua** it poured (with rain) yesterday, it poured down yesterday 2 (Col fam) (caballo) outsider, long shot; (persona) outsider
paloma *f*
A (Zool) pigeon; (blanca) dove; (como símbolo) dove; ***se me/le fue la ~*** (Col fam) it went right out of my/his head (colloq)
(Compuestos)
- **paloma de la paz** dove of peace
- **paloma mensajera** carrier pigeon
- **paloma torcaz** *or* **torcaza** ringdove, wood pigeon (BrE)

B (Pol) dove
C (Méx) (petardo) firecracker, banger (BrE)
D (Méx fam) (marca) check (AmE), tick (BrE)
palomar *m* dovecot, pigeon loft
palomear [A1] *vt* (Per fam) to shoot … dead, blow … away (sl)
palomero -ra *m,f* (Col fam) goalhanger (colloq)
palometa *f* 1 (Zool) pompano 2 (Mec) wing nut, butterfly nut 3 (RPl) ▸**palomino² B**
palomilla¹ *adj* (Andes fam) ‹*niño/muchacho*› (callejero) street (*before n*); (travieso) naughty
palomilla² *f*
A 1 (mariposa nocturna) moth 2 (crisálida) chrysalis
(Compuesto) **palomilla de San Juan** (Méx) woodworm
B 1 (tuerca) wing nut, butterfly nut 2 (soporte) wall bracket
C (Méx fam) (pandilla, grupo) gang
palomilla³ *mf* (Andes fam) (muchacho — callejero) street kid (colloq); (— travieso) little monkey (colloq), little devil (colloq)
palomillada *f* (Andes fam) prank
palomillar [A1] *vi* (Andes fam) 1 (callejear) to hang around the streets (colloq) 2 (hacer travesuras) to lark *o* clown around (colloq)
palomino¹ -na *adj* (AmL) ‹*caballo*› palomino (*before n*)
palomino² *m*
A 1 (Zool) young pigeon, young dove 2 (fam) (joven inexperto) upstart, pipsqueak (colloq) 3 (AmL) (caballo) palomino
B (Esp fam) (en los calzoncillos) skidmark (colloq & hum)
palomita *f*
A 1 (bebida) anisette and water 2 **palomitas** *fpl tb* **~s de maíz** popcorn 3 (Méx fam) (marca) check (AmE), tick (BrE)
B (Dep) full-length dive
C (Méx fam) (marca) check (AmE)), tick ((BrE)
D (Col fam) (Transp) lift, ride (esp AmE); **darle ~ a algn** to give sb a lift *o* ride; **ir de ~** to go hitching

palomo *m*
A (ave) cock pigeon
B (caballo) palomino

palote *m*
A **1** (en caligrafía) line, stroke **2** **palote®** (Esp) (caramelo) candy stick
B (Chi) (insecto) stick insect
C (RPl) (de amasar) rolling pin

palpable *adj* **1** (claro, evidente) palpable (frml), obvious **2** (al tacto) palpable, tangible

palpación *f* palpation

palpador *m* caliper*

palpar [A1] *vt* **1** (Med) to palpate **2** (tantear) to touch, feel; **se palpa el temor del pueblo** you can feel/sense people's fear; **~ *de armas*** (RPl) to frisk (*for weapons*)

palpitación *f* palpitation; **sufrir/tener palpitaciones** to suffer from/have palpitations; **podía sentir las palpitaciones de su corazón** he could feel his heart beating *o* pounding

palpitante *adj* **1** ‹corazón› beating (*before n*); ‹vena/sien› throbbing (*before n*); **con el corazón ~ de alegría** her heart pounding with joy **2** ‹cuestión› burning (*before n*); **un asunto de ~ interés** an issue which is really causing a stir at the moment **3** (agitado) throbbing

palpitar [A1] *vi*
A **1** «corazón» to beat; **le palpitaba el corazón con fuerza al verlo acercarse** her heart throbbed *o* pounded as she saw him come toward(s) her **2** «vena/sien» to throb; **el entusiasmo palpitaba en sus palabras** his words rang with enthusiasm
B (RPl fam) (parecer) (+ *me/te/le etc*): **me palpita que va a llover** I have a feeling *o* something tells me it's going to rain; **ya me palpitaba que nos iba a dejar plantados** I just knew *o* I had a feeling he was going to stand us up (colloq)
■ **palpitarse** *v pron* (AmS fam): **eso ya me lo palpitaba yo** I could see that happening all along (colloq), I had a hunch *o* a feeling that would happen (colloq)

pálpito *m* (AmS fam) feeling (colloq); **me dio el** *or* **tuve un ~ que algo iba a pasar** I had a feeling *o* a hunch that something was going to happen

palta *f*
A (Bol, CS, Per) (Bot, Coc) avocado, avocado pear
B (Per fam) (equivocación) gaffe, blunder

palteado -da *adj* (Per fam) down (colloq), low (colloq)

paltearse [A1] *v pron* (Per fam) to blunder, to goof (colloq), to mess up (AmE colloq)

paltero *m* (RPl) avocado tree

palto *m* (CS, Per) avocado tree

paltó *m* (Chi) (man's) jacket

palúdico *adj* **1** (Med) malarial; **fiebre palúdica** malaria, marsh fever **2** (de los pantanos) marsh (*before n*)

paludismo *m* malaria

palurdo[1] **-da** *adj* (fam) **1** (grosero) boorish, uncouth **2** (pueblerino): **no seas ~** don't be such a yokel *o* (AmE) hick (colloq)

palurdo[2] **-da** *m,f* (fam) **1** (grosero) boor **2** (pueblerino) country bumpkin, yokel (colloq), hick (AmE colloq)

palustre[1] *adj* marsh (*before n*)

palustre[2] *m* trowel

pamela *f* (Indum) picture hat

pamemas *fpl* (Esp fam) silly nonsense

pamento *m* (RPl fam) fuss; **no hagas tanto ~** don't make such a fuss

PAMI /'pami/ *m* (en Arg) *welfare organization for pensioners*

pampa *f* pampa, pampas (*pl*); **la ~ argentina** the Argentinian Pampas; ***en ~*** (Chi fam) (sin ropa) without a stitch on (colloq); (sin dinero) without a bean (colloq); ***quedar(se) en ~ y la vía*** (RPl) to be cleaned out (colloq)

(Compuestos)
- **pampa húmeda** humid pampas (*pl*)
- **pampa salitrera** *region of nitrate deposits in northern Chile*
- **pampa seca** arid pampas (*pl*)

pámpana *f* vine leaf

pámpano *m* **1** (zarcillo) tendril **2** (racimo) *small bunch of grapes*

pampeano -na *adj* pampas (*before n*)

pampearse [A1] *v pron* (Chi fam) to thrash (colloq), beat ... easily

pampero[1] **-ra** *adj* pampas (*before n*)

pampero[2] *m* cold South wind

pampino -na *m,f*: *inhabitant of the* ▸**pampa salitrera**

pamplinas *fpl* **1** (fam) (zalamerías) sweet talk (colloq), soft soap (colloq); **no me vengas con ~** don't try to sweet-talk *o* soft-soap me (colloq), stop trying to butter me up (colloq) **2** (fam) (tonterías) nonsense, rubbish (BrE colloq)

pamplinero[1] **-ra** *adj* (fam) **1** (zalamero) sweet-talking (*before n*); **no seas ~** don't try to sweet-talk *o* soft-soap me (colloq), stop trying to butter me up (colloq) **2** (tonto): **no seas tan ~** don't talk such nonsense *o* (BrE colloq) rubbish **3** (que gusta de cumplidos): **es muy ~** he loves being made a fuss of (colloq)

pamplinero[2] **-ra** *m,f* (fam) **1** (zalamero) sweet-talker (colloq) **2** (tonto): **es un ~** he's full of nonsense

pamplonés -nesa *adj,* **pamplonica** *adj* of/from Pamplona

pamporcino *m* cyclamen

pan *m*
A (Coc) bread; (pieza) loaf; (panecillo) roll; **un ~ de medio kilo** a loaf of bread (*weighing half a kilo*); **una rebanada de ~** a slice of bread; **un pedazo/mendrugo de ~** a piece/crust of bread; **~ duro/fresco** stale/fresh bread; **lo tuvieron una semana a ~ y agua** he was on bread and water for a week; ***al ~, ~, y al vino, vino:* mira, al ~, ~, y al vino, vino, es un vulgar ladrón** I believe in calling a spade a spade *o* I'm not one to mince words, he's a common thief; ***con su ~ se lo coma*** it's his/her tough luck (colloq), it's his/her own look out (BrE colloq); ***contigo ~ y cebolla*** you're all I need, all I need is you; ***creerse el ~ de peso*** (Méx) to think one is the bee's knees *o* the cat's whiskers (colloq); ***dame ~ y dime tonto*** I don't care what people say as long as I get what I want; ***el ~ nuestro de cada día*** (Relig) our daily bread; **estas quiebras se han convertido en el ~ nuestro de cada día** these bankruptcies have become an everyday occurrence; ***estar más bueno que el ~*** (fam) to be gorgeous (colloq); ***ganarse el ~*** to earn one's daily bread; ***hacer ~ como unas hostias*** to make a big mistake (colloq); ***hacer ~ y quesito*** (Col) to skim stones, play ducks and drakes; ***¡ni qué ~ caliente!*** (fam) my foot! (colloq); ***quitarle el ~ de la boca a algn*** to take the food out of sb's mouth; ***ser ~ comido*** (fam) to be a piece of cake (colloq); ***ser un ~ bendito*** *or* ***ser más bueno que el ~*** or (AmS) ***ser más bueno que un ~ de Dios*** to be very good; **mi padre es más bueno que el ~** my father is the salt of the earth; **ese niño es más bueno que el ~** that child is as good as gold; ***con ~ y vino se anda el camino*** things never seem so bad after a good meal; ***no sólo de ~ vive el hombre*** man cannot live by bread alone; ***~ con ~, comida de tontos*** you need a bit of variety, variety is the spice of life; ▸**vender A**

(Compuestos)
- **pan ácimo** *or* **ázimo** unleavened bread
- **pan árabe** pitta bread, pitta
- **pan blanco** *or* **candeal** white bread
- **pan de azúcar** sugarloaf
- **Pan de Azúcar** Sugarloaf Mountain
- **pan de carne** meat loaf
- **pan de centeno** rye bread
- **pan de higos** block of dried figs
- **pan de huevo** (Chi) bun, sweet roll (AmE)
- **pan de los ángeles** communion wafer
- **pan de molde** tin *o* pan loaf (BrE) (*bread/loaf baked gen in a rectangular tin*)
- **pan de Pascua** (Chi) panettone
- **pan de Viena** (RPl) bridge roll
- **pan dulce** (RPl) (con pasas) panettone; (AmC, Méx) (bollo) bun, pastry
- **pan francés** (tipo) French bread; (pieza) baguette, French stick (BrE)
- **pan integral** whole wheat bread, wholemeal bread (BrE)
- **pan lactal** (RPl) ≈ milk loaf
- **pan negro** *or* (Esp) **moreno** brown bread
- **pan rallado** breadcrumbs (*pl*)
- **pan tostado** toast; **un ~ ~** (Chi, Méx) a piece of toast
- **pan y quesillo** shepherd's purse

B (de jabón) cake, bar

Pan *m* (Mit) Pan

> **PAN - Partido de Acción Nacional**
>
> The political party that won the Mexican general elections in 2000, breaking the *Partido Revolucional Institucional's* record of 71 years in power. ▸**PRI - Partido Revolucionario Institucional** *PAN* was founded in 1939 as a conservative alternative to President, Lázaro Cárdenas. It presents an image of being a defender of popular causes, but takes an individualistic approach to matters of education and property. Its traditional policies include limiting state intervention in the economy to a minimum and bringing about a greater rapprochement between the government and the church.

pan- *pref* pan-

PAN /pan/ *m* (en Méx) = **Partido de Acción Nacional**

pana[1] *f*
A (tela) corduroy; **unos pantalones de ~** a pair of corduroy trousers, a pair of cords (colloq)
(Compuesto) **pana lisa** velveteen
B (Chi) (avería) breakdown; **quedamos en ~** we broke down, we had a breakdown; ***tener la ~ del tonto*** (Chi fam) to run out of gas (AmE) *o* (BrE) petrol
C **1** (Chi) (Coc) liver **2** (Chi fam) (sangre fría) guts (*pl*) (colloq)

pana[2] *mf* (Ven fam) (amigo) chum (colloq), buddy (AmE colloq), mate (BrE colloq)

panacea *f* panacea

panaché *m tb*: **~ de verduras** stewed vegetables (*pl*)

panadería *f* **1** (tienda) bakery, baker's (shop); (fábrica) bakery **2** (actividad) breadmaking, baking

panadero -ra *m,f* baker

panadizo *m* whitlow

panafricanismo *m* Pan-Africanism

panafricano -na *adj* Pan-African

panal *m* honeycomb

panamá *m* panama hat

Panamá *m* **1** (país) Panama; **el Canal de ~** the Panama Canal **2** (capital) *tb* **ciudad de ~** Panama, Panama City

panameñismo *m* Panamanian word/expression

panameño -ña *adj/m,f* Panamanian

Panamericana *f*: **la ~** the Pan-American Highway

panamericanismo *m* Pan-Americanism

panamericano -na *adj* Pan-American

panasiático -ca *adj* Pan-Asian

panca *f* (Per) leaf (*which covers the corn cob*)

pancarta *f* banner, placard

panceta *f* **1** (Esp) (sin curar) belly pork **2** (RPl) (curada) streaky bacon

pancho[1] **-cha** *adj*
A (tranquilo) calm; ***quedarse/estar tan ~*** (fam): **le dijeron que no había pasado la prueba y se quedó tan ~** they told him he'd failed the test and he didn't bat an eyelash *o* (BrE) eyelid, they told him he'd failed the test and he wasn't the least bit perturbed *o* worried *o* bothered; **casi lo atropellan y él ahí tan ~** he nearly gets run over and he behaves as if nothing had happened *o* and he doesn't turn a hair *o* and he doesn't bat an eyelash; **me dijo que se acostaba con él y se quedó tan pancha** she just boldly told me she was sleeping with him, she said she was sleeping with him, quite unashamedly *o* quite brazenly; **se equivocó**

de nombre pero se quedó tan ~ he got the name wrong but carried on as if nothing had happened *o* but carried on regardless *o* but he was completely unfazed *o* but he was completely unabashed

B (Col) (rechoncho) (fam) plump, tubby (colloq)

pancho² *m* (RPl) hot dog

pancista¹ *adj* (fam) opportunist (*before n*), opportunistic

pancista² *mf* (fam) opportunist

pancita *f* (Méx) tripe

pancito *m* (AmL) roll, bread roll

pancora *f* (Chi) freshwater crab

páncreas *m* (*pl* ~) pancreas

pancreático -ca *adj* pancreatic

pancreatitis *f* pancreatitis

pancromático -ca *adj* panchromatic

panda¹ *mf* panda

panda² *f* (Esp fam) ▸**pandilla**

pandear [A1] *vi*, **pandearse** [A1] *v pron* «*madera*» to warp; «*pared*» to bulge, sag

pandectas *fpl* 1 (Lit) digest 2 (Der) digest; **las P~ de Justiniano** the Digest

pandemia *f* pandemic

pandémico -ca *adj* pandemic

pandemonio, pandemónium *m* pandemonium; **la casa era un auténtico ~** the house was in a state of absolute mayhem, there was pandemonium in the house; **mi cabeza es un ~** my head is in a whirl

pandeo *m* (de la madera) warping; (de la pared) bulging, sagging

pandereta *f*

A (Mús) tambourine

B (Chi) (Arquit) brick wall

pandero *m*

A (Mús) tambourine; ***dirigir*** or ***llevar el ~*** (Chi fam) to be the ringleader, call the shots (colloq)

B (Esp fam & hum) (culo) ass (AmE colloq), bum (BrE colloq)

C (Per) (Fin) *cooperative savings scheme*

pandilla *f* (fam) gang; **son todos una ~ de maleantes** they're a gang *o* bunch *o* load of villains (colloq)

pandillero -ra *m,f* (esp AmL) member of a gang, hooligan

pandit *m* pundit, pandit

pando -da *adj*

A ‹*pared*› bulging, sagging; ‹*madera*› warped

B (Col) (poco profundo) shallow; **la piscina es bastante panda** the swimming pool is quite shallow *o* isn't very deep

Pandora Pandora

pandorga *f*

A (fam) (mujer gorda) fat woman

B (Méx fam) (broma) joke, prank

pane *f* (Chi) ▸**pana¹ B**

panecillo *m* (Esp) bread roll; ***venderse como ~s*** to sell like hotcakes

panecito *m* (AmL) bread roll

panegírico¹ -ca *adj* eulogistic, panegyrical

panegírico² *m* panegyric, eulogy

panegirista *mf* panegyrist, eulogist

panel *m*

A 1 (de puerta, pared) panel 2 (tablero — de anuncios) noticeboard; (— en una exposición) exhibition panel; (— en una estación) arrivals/departures board 3 (Chi) (de auto) dashboard

(Compuestos)

- **panel de instrumentos** instrument panel *o* console
- **panel de interconexiones** patch panel, patchboard
- **panel solar** solar panel

B (de personas) panel

(Compuesto) **panel de audiencia** (Esp) viewers' panel

pánel *m* (Ven) panel

panela *f* (Col) *brown sugar loaf*

panelista *mf* panelist

panera *f* 1 (para servir el pan) bread basket 2 (para guardar el pan) bread box (AmE), bread bin (BrE)

panero -ra *adj* (fam): **es muy ~** he loves bread

paneuropeo -pea *adj* Pan-European

pánfilo¹ -la *adj* (fam) dimwitted (colloq)

pánfilo² -la *m,f* (fam) dimwit (colloq)

panfletario -ria *adj* ‹*estilo/escrito*› cheap, demagogic; **se confiscó material ~** some political pamphlets were confiscated

panfletista *mf* pamphleteer

panfleto *m* pamphlet

panga *f* 1 (Méx) (plataforma flotante) raft 2 (AmC) (bote) canoe

pangolín *m* pangolin

paniaguado -da *m,f* (*m*) protégé; (*f*) protégée

pánico¹ -ca *adj*

A (pavoroso) panic (*before n*); **sólo de pensarlo me da terror ~** I get panic-stricken *o* (colloq) panicky just thinking about it

B (Mit) Panic; **las fiestas pánicas** the festival of Pan

pánico² *m* panic; **al verlo fueron presas del ~** when they saw him they were panic-stricken; **¡que no cunda el ~!** don't panic!; **tiene ~ a los aviones** he has a horror *o* he's terrified of flying; **le da ~ conducir** she's terrified of driving; ***aprovecharse del ~*** (Chi fam) to take advantage of the situation; ***sembrar el ~*** to spread panic

paniego -ga *adj* wheat-growing (*before n*)

panificación *f* bread-making

panificador -dora *m,f* (frml) baker

panificadora *f* 1 (frml) (panadería) bakery 2 (máquina) bread maker

panizo *m*

A (Agr) millet

B (Chi) (Min) deposit; **se me/le/nos aguó el ~** (Chi fam) my/his/our plans were spoiled

panocha *f*

A (de maíz, trigo) ear

B (Méx) (melaza) *candy made from molasses*

C (Col, Méx vulg) (de la mujer) cunt (vulg)

panoja *f* ear (*of corn or millet*)

panoli¹, panolis *adj inv* (fam) dimwitted (colloq)

panoli², panolis *mf* (fam) dimwit (colloq)

panoplia *f* 1 (armadura) panoply 2 (colección de armas) collection of weapons

panorama *m* 1 (vista, paisaje) view, panorama 2 (perspectiva) outlook; **se presenta un ~ esperanzador** the outlook is promising *o* hopeful 3 (escenario) scene; **el ~ político internacional** the international political scene

panorámica *f* 1 (Cin, TV) pan; **la cámara fue revelando todo el paisaje en una lenta ~** the camera gradually panned across the whole landscape 2 (perspectiva) outlook

panorámico -ca *adj* panoramic

panque *m* (Col, Méx) sponge cake

panqué *m* (Col) pancake, crepe

panqueca *f* (Ven) pancake, crepe

panqueque *m* (AmL) pancake, crepe

panquequera *f* (AmL) frying pan (*used for pancakes*)

panquequería *f* (AmL) crêperie, pancake restaurant

pantagruélico -ca *adj* Pantagruelian (liter)

pantalán *m* jetty, pier

pantaletas *fpl* (AmC, Ven) panties (*pl*), knickers (*pl*) (BrE)

pantalla *f*

A 1 (TV) screen; (Inf) monitor; **~ de radar** radar screen; **aparecer en ~** to appear on screen; ***hacer ~*** (Col fam) to show off (colloq) 2 (Cin) screen; **~ de proyección** projection screen; **llevar la novela a la ~** to do a screen adaptation of the novel, to make a film of the novel; ▸**pequeño¹**

(Compuestos)

- **pantalla chica** (AmL) small screen
- **pantalla de ayuda** help screen
- **pantalla de cristal líquido** liquid crystal display
- **pantalla gigante** big screen
- **pantalla grande** big screen
- **pantalla plana** flat screen
- **pantalla táctil** touch screen

B 1 (de una lámpara) shade 2 (de la chimenea) fireguard 3 (cobertura) front; **la tienda hace de ~ para sus negocios ilegales** the store serves as a front for his illegal activities

(Compuesto) **pantalla acústica** baffle

C (AmL) (abanico) fan

pantallear [A1] *vi* (Col, Ven fam) to show off

pantalones *mpl*, **pantalón** *m* pants (*pl*) (AmE), trousers (*pl*) (BrE); **~ de pinzas** *o* **pinzados** pleated pants *o* trousers; **ponte los ~ azules** put on your blue pants *o* trousers; **se compró unos ~** he bought a pair of pants *o* trousers; **se vuelve loca cuando ve unos ~** she goes wild over anything in trousers (colloq); ***llevar los ~*** to wear the pants *o* trousers; ***tener*** or ***llevar bien puestos los ~*** to be master in one's own home

(Compuestos)

- **pantalones bombachos** baggy pants *o* trousers (*pl*)
- **pantalones cortos** shorts (*pl*), short pants *o* trousers (*pl*)
- **pantalones de buzo** (Chi, Per) sweatpants, sweats (*pl*) (AmE colloq)
- **pantalones de chándal** (Esp) sweatpants, sweats (*pl*) (AmE colloq)
- **pantalones de jogging** (RPl) ▸**pantalones de chándal**
- **pantalones de mezclilla** (Chi, Méx) jeans (*pl*)
- **pantalones de peto** overalls (*pl*) (AmE), dungarees (*pl*) (BrE)
- **pantalones de sudadera** (Col) ▸**pantalones de chándal**
- **pantalones largos** long pants *o* trousers (*pl*)
- **pantalones tejanos** jeans (*pl*)
- **pantalones tobilleros** cropped pants *o* trousers (*pl*)
- **pantalones vaqueros** jeans (*pl*)
- **pantalón fuseau** stretch ski-pants (*pl*)

pantaloneta *f* (Esp) shorts (*pl*)

pantanal *m* marshland

pantano *m*

A 1 (natural) marsh, swamp 2 (artificial) reservoir

B (dificultad) mess, predicament

pantanoso -sa *adj*

A ‹*terreno*› marshy, swampy

B ‹*asunto/negocio*› difficult, tricky (colloq)

panteísmo *m* pantheism

panteísta¹ *adj* pantheistic

panteísta² *mf* pantheist

panteón *m* 1 (monumento funerario) pantheon, mausoleum; **~ de familia** family vault 2 (AmL) (cementerio) cemetery

panteonero *m* (AmL) gravedigger

pantera *f* panther

panti *m* (*pl* **-tis**) ▸**panty**

pantimedia *f* (Méx) ▸**panty**

pantógrafo *m* 1 (Tec) pantograph 2 (Ferr) pantograph

pantomima *f* pantomime; **su malestar es pura ~** his illness is pure playacting

pantomimo -ma *m,f* mime artist

pantoque *m* bilge

pantorrilla *f* ▸**ⓘ p.231** calf

pantruca *f* (Chi) dumpling; ***como ~*** (Chi fam) as white as a sheet (colloq)

pants *mpl* (Méx) tracksuit, sweat suit (AmE)

pantufla *f*, **pantuflo** *m* slipper

panty *m* (*pl* **-tys**) panty hose (*pl*) (AmE), tights (*pl*) (BrE)

panudo -da *adj* (Chi fam) daring

panza *f* 1 (fam) (barriga) belly, paunch (colloq); **tener ~** to have a belly *o* paunch; **tirarse de ~** to do a belly flop (colloq) 2 (de un cántaro) belly 3 (de un rumiante) rumen

panzada *f*

A (fam) (en el agua) belly flop (colloq); **se dio una ~** he did a belly flop

B (fam) 1 (comilona): **darse una ~ de algo** to pig out on sth (colloq) 2 (hartazgo): **me he dado una ~ de trabajar** I've worked really hard, I've worked my butt off (AmE colloq), I've worked my guts out (BrE colloq)

panzazo *m* (Méx, RPl fam) belly flop (colloq); ***pasar*** *or* ***aprobar de ~*** (Méx) to scrape through (colloq)

panzón -zona *adj* ▸**panzudo**

panzudo -da *adj* 1 (fam) ‹*persona*› potbellied (colloq), tubby (colloq) 2 ‹*objeto*› potbellied

pañal *m* diaper (AmE), nappy (BrE); **~es desechables** *or* **descartables** disposable diapers *o* nappies; ***estar en ~es*** «*ciencia/industria*» to be in its infancy; «*persona*» to be a novice *o* a beginner; **comparados con los japoneses, nosotros estamos en ~es** compared to the Japanese we're complete novices

pañería *f* 1 (tienda) dry goods store (AmE), draper's shop (BrE) 2 (género) fabrics (*pl*), material

pañero -ra *m,f* clothier, draper (BrE)

pañetar [A1] *vt* (Col) to skim … with plaster

pañete *m* (Col) stucco

pañito *m* doily

paño *m*

A 1 (Tex) woollen cloth; **traje/abrigo de ~** wool suit/coat; ***conocer(se) el ~*** to know what's what (colloq), to know what/who one's dealing with; ***en ~s menores*** (fam & hum) in my/his undies (colloq & hum); ***ser el ~ de lágrimas de algn*** to be a shoulder for sb to cry on 2 (para limpiar) cloth; **pasa un ~ húmedo por la mesa** wipe the table with a damp cloth; ***jugar a dos ~s*** to play a double game; ***~s calientes*** *or* (Col) ***pañitos de agua caliente*** half measures 3 (de adorno) antimacassar

Compuestos

- **paño de cocina** (para limpiar) dishcloth; (para secar) teatowel, drying-up cloth
- **paño higiénico** sanitary napkin (AmE), sanitary towel (BrE)
- **paño lenci** (CS) baize, felt
- **paño mortuorio** pall

B (de pared) stretch, length

C (en la piel) rash

D **paños** *mpl* (Art) drapes (*pl*), drapery

pañol *m* store room

pañolenci *m* (CS) baize, felt

pañoleta *f* 1 (de mujer) large scarf, shawl 2 (de torero) neckerchief

pañolón *m* shawl, wrap

pañosa *f* cape

pañuelo *m* 1 (para la nariz) handkerchief 2 (para la cabeza) headscarf, scarf; (para el cuello) scarf, neckerchief; **el jardín es un pañuelito** it's a tiny garden; ▸**mundo** 3 (Dep) flag

papa[1] *m* pope; **Su Santidad el P~** His Holiness the Pope

papa[2] *f*

A (esp AmL) (Bot) potato; ***ni ~*** (fam) not a thing; **no sé/no entiendo ni ~ de mecánica** I haven't a clue about mechanics (colloq), I don't know a thing about mechanics; ***ser mala ~*** (Col fam) to be a spoilsport (colloq); ***ser una ~*** (RPl fam) «*persona*» to be a dead loss (colloq); «*tarea*» to be a piece of cake (colloq); to be a cinch (colloq)

Compuestos

- **papa caliente** *f* hot potato
- **papa dulce** *f* (AmL) sweet potato
- **papas a la francesa** *fpl* (Méx) French fries (*pl*) (AmE), chips (*pl*) (BrE)
- **papa frita** *mf* (RPl fam) blockhead (colloq), dummy (colloq)
- **papas chip** *fpl* (Ur) potato chips (*pl*) (AmE), potato crisps (*pl*) (BrE)
- **papas fritas** *fpl* (esp AmL)

A (de paquete) potato chips (*pl*) (AmE), potato crisps (*pl*) (BrE)

B (de cocina) French fries (*pl*) (AmE), chips (*pl*) (BrE)

B (AmL fam) (comida) food; **el bebé no se ha comido la ~** the baby hasn't eaten his food; **le da cuatro ~s diarias** (Chi) she gives him four feeds a day; ***ganarse la ~*** (Col fam) to earn a living *o* (colloq) a crust

C (Chi, Méx fam) (mentira) fib (colloq)

D (CS fam) (agujero) hole

E (Chi) (bulbo) bulb

papá *m* (*pl* **-pás**) (fam) daddy (colloq), pop (AmE colloq); **mis ~s** my parents, my mom and dad (AmE), my mum and dad (BrE colloq); ***enseñarle a su ~ a ser hijo*** (fam) to teach one's grandmother to suck eggs (colloq)

Compuesto **Papá Noel** Santa Claus, Father Christmas

papada *f* (de una persona) double chin, jowl; (de un animal) dewlap

papado *m* papacy

papagayo *m*

A (Zool) 1 (ave) parrot; ***aprender/recitar algo como un ~*** to learn/recite sth parrot-fashion; ***hablar como un ~*** to be a chatterbox *o* windbag (colloq) 2 (pez) parrot fish 3 (en Ec) (víbora) poisonous snake

B (Bot) 1 (amarantácea) *type of amaranth* 2 (arácea) caladium

C (Per, RPl) (para enfermos) bedpan

D (Ven) (cometa) kite; **volar un ~** to fly a kite

papaíto *m* (fam) daddy (colloq)

papal *adj* papal

papalina *f* 1 (cofia) cap 2 (fam) (borrachera): **coger una ~** to get roaring drunk (colloq), to get plastered (colloq)

papalote *m* (AmC, Méx) 1 (juguete) kite 2 (ala delta) hang glider

papalotear [A1] *vi* (Méx fam) to daydream

papamoscas *mf* (*pl* ~) 1 (fam) (papanatas) halfwit (colloq); **se queda ahí parado como un ~** he just stands there like a halfwit *o* like a complete idiot 2 **papamoscas** *m* (Zool) flycatcher

papamóvil *m* (fam) Popemobile (colloq)

papanatas *mf* (*pl* ~) (fam) halfwit (colloq)

Papanicolau *m* (AmL) smear test, Pap smear *o* test

papar [A1] *vi/vt* ▸**papear**

■ **paparse** *v pron* (Ur fam) to scoff (colloq)

paparazzi /papa'rasi, papa'raθi/ *mpl* paparazzi (*pl*)

paparrucha, paparruchada *f* (fam): **todas esas ~s sobre Papá Noel** all that trash *o* baloney about Santa Claus (AmE colloq), all that rubbish about Father Christmas (BrE colloq); **¡~s!** bullshit! (sl), rubbish! (BrE colloq)

papaya *f* papaya, pawpaw; ***de papayita*** (Col fam): **salimos y ahí venía el bus ¡de papayita!** we came out and as luck would have it the bus was just coming!; **me queda de papayita** it's really handy for me (colloq); **me la puso de papayita** she handed it to me on a platter (AmE) *o* (BrE) plate (colloq); ***ser ~*** (Chi fam) to be a cinch *o* a piece of cake (colloq)

papayo *m* papaya tree, pawpaw tree; ***ser capaz de secar un ~*** (Col fam) to be a pain in the neck (colloq)

pape *m* (Chi fam) punch

papear [A1] *vi* (fam) to eat

■ **papear** *vt* (fam) to eat; **mejor papeamos algo antes** we'd better eat sth *o* (colloq) grab a bite to eat beforehand

papel *m*

A (material) paper; **necesito ~ y lápiz** I need a pencil and paper; **¿tienes un ~?** do you have a piece of paper?; **una hoja de ~** a piece *o* sheet of paper; **tenía la mesa cubierta de ~es** her table was covered in papers; **el suelo estaba lleno de ~es de caramelos** the floor was littered with candy (AmE) *o* (BrE) sweet papers *o* wrappers; **toalla/pañuelo de ~** paper towel/tissue; ***blanco como el ~*** (as) white as a sheet; ***perder los ~es*** to lose one's touch; **el equipo visitante perdió los ~es en la segunda parte** the visiting team lost their touch *o* edge in the second half; ***sobre el ~*** on paper

Compuestos

- **papel acordeón** continuous listing paper
- **papel Albal®** (Esp) ▸**papel de aluminio**
- **papel amate** ▸**amate 2**
- **papel biblia** India paper, Bible paper
- **papel carbón** *or* (RPl) **carbónico** carbon paper
- **papel cebolla** onionskin paper, onionskin
- **papel celofán** cellophane®
- **papel charol** glazed paper
- **papel confort** (Chi) toilet paper
- **papel continuo** continuous listing paper
- **papel crepé** *or* **crêpe** crepe paper
- **papel cuadriculado** squared paper
- **papel cuché** coated paper (AmE), art paper (BrE)
- **papel de aluminio** tinfoil, aluminum* foil, Bacofoil® (BrE)
- **papel de arroz** rice paper
- **papel de avión** airmail paper
- **papel de barba** untrimmed paper
- **papel de calcar** (translúcido) tracing paper; (entintado) carbon paper
- **papel de calco** (entintado) carbon paper; (Arquit) film
- **papel de carta** writing paper, note paper
- **papel de cera** waxed *o* wax paper, greaseproof paper (BrE)
- **papel de copia** bond paper
- **papel de diario** (Impr) newsprint; **envuélvelo en ~ de ~** wrap it in newspaper
- **papel de embalar** wrapping paper
- **papel de envolver** wrapping paper
- **papel de estaño** ▸**papel de plata**
- **papel de estraza** gray* paper
- **papel de lija** sandpaper; ***ser más basto que un ~ de ~*** (fam) to be as common as muck (colloq)
- **papel de molde** pattern paper, tear-resistant tissue paper (*used for clothes patterns*)
- **papel de periódico** (Impr) newsprint; **lo envolvió en ~ de ~** she wrapped it in newspaper
- **papel de plata** (para cocina) tinfoil, aluminum* foil; (en paquetes de cigarrillos, etc) silver paper
- **papel de regalo** wrapping paper
- **papel de seda** tissue paper
- **papel (de) tornasol** litmus paper
- **papel de vidrio** glass paper
- **papel de water** (fam) toilet paper, loo paper (BrE colloq)
- **papel encerado** ▸**papel de cera**
- **papel filtro** filter paper
- **papel fotográfico** photographic paper
- **papel glasé** (RPl) glazed paper
- **papel higiénico** toilet paper
- **papel maché** papier-mâché
- **papel Manila** *or* (RPl) **madera** manila paper, manila
- **papel manteca** (RPl) ▸**papel de cera**
- **papel mantequilla** (Chi) ▸**papel de cera**
- **papel mojado** scrap paper, waste paper; **el contrato es ~ ~** the contract isn't worth the paper it's written on
- **papel mural** (CS) wallpaper
- **papel** *or* **papelillo de fumar** cigarette paper
- **papel parafinado** (Esp) ▸**papel de cera**
- **papel picado** (RPl) confetti
- **papel pinocho** (Esp) crepe paper
- **papel pintado** wallpaper
- **papel prensa** newsprint
- **papel reciclado** recycled paper
- **papel secante** blotting paper
- **papel sellado** fiscal paper
- **papel sulfurizado** tracing paper
- **papel timbrado** fiscal paper
- **papel vegetal** film
- **papel verjurado** laid paper

B (documento) document, paper; **los ~es del coche** the car documents *o* papers; **no tenía los ~es en regla** her papers were not in order

C (Fin) 1 (valores) commercial paper 2 (dinero) *tb* **~ moneda** paper money

Compuestos

- **papel del Estado** government bonds (*pl*), government paper
- **papel de pagos al Estado** certificate of payment (*to government agency*)

D 1 (Cin, Teatr) role, part; **la actriz que hace el ~ de institutriz** the actress who plays the part of the governess; **está muy bien en el ~ de Robespierre** he's very good as Robespierre; **le dieron el ~ de San José** he was given the part *o* role of Joseph 2 (actuación): **hizo un**

P

~ lamentable en el congreso his performance at the conference was abysmal, he performed abysmally at the conference; **si no le regalas nada vas a hacer muy mal ~** you're going to look very bad if you don't give her anything; **¡hizo un ~ tan ridículo!** he made such a fool of himself!; **el coro del colegio hizo un triste ~ en el festival** the school choir gave a terrible *o* woeful performance at the festival **3** (función) role; **jugó un ~ decisivo en la campaña** it played a decisive role *o* part in the campaign

Compuestos
- **papel de apoyo** supporting *o* support role
- **papel estelar** (Cin, Teatr) star role
- **papel principal** leading role; **el ~ ~ que tienen las mujeres en algunos países** the lead role that women have in some countries
- **papel secundario** (Cin, Teatr) supporting role

papelear [A1] *vi* (fam) to go *o* rummage through papers

papeleo *m* (fam) red tape, paperwork

papelera *f* **1** (receptáculo — de oficina) wastepaper basket, wastepaper bin (BrE), wastebasket (AmE); (— en la calle) litter basket (AmE), litter bin (BrE) **2** (fábrica) paper mill

papelería *f* **1** (tienda) stationery store (AmE), stationer's (BrE); **artículos de ~** stationery **2** ▸ **papelerío**

papelerío *m* **1** (fam) (revoltijo) jumble, muddle; (montón) heap, mass **2** (información) bumph (colloq), info (colloq)

papelero[1] **-ra** *adj* paper (*before n*)

papelero[2] **-ra** *m,f*
A (fabricante) paper manufacturer; (vendedor) stationer
B **papelero** *m* (CS) ▸ **papelera 1**

papeleta *f*
A **1** (de votación) ballot, ballot paper; **~ en blanco** blank ballot paper *o* ballot; **~ nula** spoiled vote **2** (de una rifa) raffle ticket; **me tocó a mí la ~ de hacer el turno de la noche** I got stuck with doing *o* I ended up having to do the night shift (colloq) **3** (de calificación) grade slip **4** (de empeño) pawn ticket **5** (Per) (de infracción) ticket (*for traffic offence*)
B (cucurucho) paper cone

papelillo *m* cigarette paper

papelina *f* sachet

papelitos *mpl* (Ur) confetti

papelógrafo *m* flip chart

papelón *m*
A (fam) (cosa vergonzosa): **hacer un ~** to make a fool of oneself, to show oneself up; **¡qué ~!** how embarrassing!
B (Ven) (Coc) sugarloaf (*made from unrefined sugar*)

papeo *m* (fam) food, chow (colloq), grub (colloq)

paperas *fpl* mumps

papero -ra *adj*
A (AmL) ‹*producción/cultivo*› potato (*before n*)
B (Chi fam) (mentiroso) lying (*before n*); **es muy ~** he's a real liar (colloq)

papi *m* (fam) daddy (colloq), pop (AmE colloq); **mis ~s** my mom (AmE) *o* (BrE) mum and dad (colloq)

papiamiento *m* creole (*spoken in Curaçao*)

papila *f* papilla

Compuesto **papila gustativa** taste bud

papilar *adj* papillary

papilla *f* (para bebés) baby food, formula (AmE); (para enfermos) puree, pap; ***echar/devolver la (primera)*** ~ (fam) to throw up (colloq), to puke one's guts up (sl); ***hacer*** ~ (fam) ‹*moto/coche*› to smash up; ‹*person*› to beat ... to a pulp; **llegamos hechos ~** we were bushed *o* shattered when we got there (colloq)

papiloma *m* papilloma

papiro *m* **1** (Bot) papyrus **2** (manuscrito) papyrus

pápiro *m* (Esp fam) thousand peseta bill (AmE), thousand peseta note (BrE)

papiroflexia *f* origami

papirotazo *m* (fam) flick

papisa *f*: **la ~ Juana** Pope Joan

papismo *m* papistry

papista[1] *adj* papist; ***ser más ~ que el Papa*** to be very extreme in one's views

papista[2] *mf* papist

papito *m* (fam) daddy (colloq), pop (AmE colloq)

papo *m* (fam) **1** (de un animal) dewlap; (de un ave) crop; (de una persona) jowl **2** (cachaza) slowness; **¡qué ~ tienes!** you're so slow!

paporreta *f* (Per fam): **de ~** parrot-fashion (colloq); **se aprendió la poesía de ~** she learned the poem parrot-fashion

paprika *f* paprika

Papua Nueva Guinea *f* Papua New Guinea

paquebote *m* (ant) packet (arch)

paquete[1] **-ta** *adj* (RPl fam) smart, chic; **¡qué paqueta te has puesto!** you're looking very smart *o* chic; **tienen la casa muy paqueta** their house is done out *o* up really nicely (colloq); **para la fiesta quiero algo más ~** I want something a bit dressier *o* a bit smarter for the party (colloq)

paquete[2] *m*
A **1** (bulto — grande) parcel, package; (— más pequeño) packet; **no soy muy bueno haciendo ~s** I'm not very good at wrapping up parcels; ***ir de ~*** (fam) to ride on the back (*of a motorcycle*), to ride pillion (BrE); ***meterle un ~ a algn*** (fam) to tear sb off a strip (colloq), to tear into sb (AmE colloq) **2** (de galletas, cigarrillos) pack (AmE), packet (BrE); ***dejar a algn con el ~*** (fam) to get sb pregnant, to get sb in the club *o* in the family way (colloq); ***meterle un ~ a algn*** to throw the book at sb

Compuestos
- **paquete bomba** parcel bomb
- **paquete chileno** (Col) *fake wad of money with real notes at either end*
- **paquete postal** parcel (*sent by mail*); **envíalo como ~ ~** send it (by) parcel post

B (conjunto) package; **un ~ de programas** a software package; **un ~ de información** a workpack; **un ~ oferta** a value pack
C (fam) (genitales masculinos) bulge (colloq & euph), packet (colloq & euph), basket (AmE sl)
D (AmL fam) (persona inepta): **el nuevo lanzador es un ~** the new pitcher is useless
E (Esp fam) (pañal) dirty diaper (AmE), dirty nappy (BrE)
F (Méx fam) (problema) headache (colloq); ***cargar con el ~*** (fam) to take responsibility *o* the blame; ***darse (su) ~*** (fam) to act all high and mighty (colloq)

paquetear [A1] *vi* (RPl fam) to dress up smart; **ropa para ~** smart *o* best clothes

paquetera *f* **1** (furgoneta) small truck, van **2** (estante) parcel shelf

paquetería *f* parcels office; **servicio de ~** parcels service

paquidermo *m* pachyderm

Paquistán *m* Pakistan

paquistaní *adj/mf* Pakistani

par[1] *adj* ‹*número*› even; **jugarse algo a ~es o nones** *to decide sth by guessing whether the number of objects held is odd or even*

par[2] *m*
A **1** (de guantes, zapatos) pair; **dos ~es de vaqueros** two pairs of jeans; **¿puedo hacerte un ~ de preguntas?** can I ask you a couple of questions *o* one or two questions?; **sólo lo he visto un ~ de veces** I've only seen him a couple of times *o* once or twice; ***a ~es*** two at a time, two by two; ***de tres ~es de narices*** (fam): **me ha echado una bronca de tres ~es de narices** he gave me a tremendous telling off *o* a hell of a telling off (colloq), he really tore into me (AmE colloq); **hace un frío de tres ~es de narices** it's absolutely freezing! **2** (comparación, igual) equal; **un atleta sin ~** an athlete without equal; **como ceramista no tiene ~** as a ceramicist he has no equal *o* he is unrivaled; **una mujer de una belleza/un talento sin ~** a woman of matchless beauty/unrivaled talent

Compuestos
- **par de fuerzas** couple
- **par de torsión** torque
- **par ordenado** ordered pair

B (Arquit) rafter; ***de ~ en ~*** wide open; **¿quién dejó la puerta abierta de ~ en ~?** who left the door wide open?; **abrió la boca de ~ en ~** she opened her mouth wide
C **al par** *ver* **par**[3]
D (en golf) par; **dos golpes sobre/bajo ~** two strokes over/under par
E (Hist) (título) peer

par[3] *f* par; **a la ~** (Fin) at par, at par value; **estar a la ~/por encima de la ~/por debajo de la ~** to be at/above/below par; **una cocina imaginativa a la ~ que sana** *or* **una cocina imaginativa y a la ~ sana** cooking that is both imaginative and healthy; **el guaraní es lengua oficial a la ~ del castellano** Guarani is an official language on a par with *o* along with Spanish; **baila a la ~ que toca la armónica** he dances and plays the harmonica at the same time

para *prep*

Sentido I
A (expresando destino, finalidad, intención) for; **tengo buenas noticias ~ ustedes** I have some good news for you; **¿~ qué revista escribes?** what magazine do you write for?; **lee ~ ti** read to yourself; **fue muy amable ~ con todos** he was very friendly to everyone; **¿~ qué sirve esto?** what's this (used) for?; **no sirve ~ este trabajo** he's no good at this kind of work; **¿~ qué lo quieres?** what do you want it for?; **¿~ qué tuviste que ir a decírselo?** what did you have to go and tell him for?, why did you have to go and tell him?; **champú ~ bebés** baby shampoo; **jarabe ~ la tos** cough mixture; ***que ~ qué (decirte/hablar)*** (fam): **hacía un frío que ~ qué (decirte)** it was freezing cold (colloq); **venían con un hambre que ~ qué (hablar)** *or* **~ qué te voy a contar** they were starving *o* so hungry when they got here!
B **~ + INF** to + INF; **está ahorrando ~ comprarse un coche** she's saving up for a car *o* to buy a car; **esta agua no es ~ beber** this isn't drinking water; **está listo ~ pintar** it's ready to be painted *o* for painting; **~ serte sincero** to tell you the truth; **como ~ convencerse a sí misma** as if to convince herself; **~ pasar al curso siguiente** (in order) to go on to the next year; **no hay que ser muy inteligente ~ darse cuenta** you don't have to be very intelligent to realize that; **nos cambiamos de sitio ~ ver mejor** we changed places (so as) to see better; **~ no + INF** so as not to + INF; **entró en puntillas ~ no despertarla** he went in on tiptoe so as not to wake her
C **~ QUE + SUBJ**: **lo dice ~ que yo me preocupe** he (only) says it to worry me; **pídeselo — ¿~ qué? ¿~ que me diga que no?** ask him for it — what for? so he can say no?; **~ QUE no + SUBJ**: **cierra la puerta ~ que no nos oigan** close the door so (that) they don't hear us
D **1** (enfatizando la culminación de algo): **~ colmo** *or* **~ rematarla se apagó la luz** to crown *o* top *o* cap it all the light went out **2** (expresando efecto, consecuencia) to; **~ su desgracia** unfortunately for him; **~ mi gran sorpresa** to my great surprise, much to my surprise

Sentido II
A (expresando suficiencia) for; **no había bastante ~ todos** there wasn't enough for everybody *o* to go round; **tranquilízate, no es ~ tanto** calm down, it's not that bad; **~ + INF: apenas tienen ~ comer** they can barely afford to eat; **soy lo bastante viejo (como) ~ recordarlo** I'm old enough to remember it; **bastante tengo yo con mis problemas (como) ~ estar ocupándome de los suyos** I've enough problems of my own without having to deal with his as well; **¡es (como) ~ matarlo!** (fam) I'll kill him! (colloq); **~ QUE + SUBJ: basta que yo diga A ~ que él diga B** if I say it's black, he'll say it's white; **basta con que él aparezca ~ que ella se ponga nerviosa** he only has to walk in and she gets flustered
B (en comparaciones, contrastes): **hace demasiado calor ~ estar al sol** it's too hot to be in the sun; **son altos ~ su edad** they're tall for their age; **~ lo que come, no está nada gordo** considering how much he eats, he's not at all fat;

p

díselo tú — ¡~ el caso que me hacen ...! you tell them — for all the notice they take of me ...; **~ + INF: ~ haber sido improvisado fue un discurso excelente** for an off-the-cuff speech it was excellent, considering it was completely off the cuff it was an excellent speech; **¿quién se cree que es ~ hablarte así?** who does she think she is, speaking to you like that *o* to speak to you like that?; **~ QUE + SUBJ: son demasiado grandes ~ que les estés haciendo todo** they're too old for you to be doing everything for them; **~ que se esté quejando todo el día ...** if he's going to spend all day complaining ...; **¡tanto preocuparse por ellos ~ que después hasta te acusen de metomentodo!** all that worrying about them and then they go and accuse you of being a meddler!

C **estar ~ algo/+ INF** (indicando estado): **mira que no estoy ~ bromas** look, I'm in no mood for joking *o* for jokes; **estas botas están ~ tirarlas a la basura** these boots are only fit for throwing out *o* for the trash *o* (BrE) for the bin; **no está (como) ~ salir tan de veranillo** it's not warm enough to go out in such summery clothes

D (expresando opiniones, puntos de vista): **~ mí que ya no viene** if you ask me, he won't come now; **~ el padre, el niño es un Mozart en ciernes** in the father's opinion *o* as far as the father's concerned, the boy is a budding Mozart; **tú eres todo ~ mí** you're everything to me; **¿~ ti qué es lo más importante?** what's the most important thing for you?, what do you see as the most important thing?; **esto es de gran interés ~ el lector** this is of great interest to the reader

(Sentido III)

A (indicando dirección): **salieron ~ el aeropuerto** they left for the airport; **empuja ~ arriba** push up *o* upward(s); **¿vas ~ el centro?** are you going to *o* toward(s) the center?; **se los llevó ~ la casa de los abuelos** she took them over to their grandparents' house; **tráelo ~ acá/adentro** bring it over here/inside; **córrete ~ atrás** move back

B (en sentido figurado): **ya vamos ~ viejos** we're getting old *o* (colloq) getting on; **va ~ los 50 años** she's pushing fifty (colloq), she's going *o* (BrE) getting on for fifty (colloq)

(Sentido IV) (expresando relaciones de tiempo)

A (señalando un plazo): **tiene que estar listo ~ el día 15** it has to be ready by *o* for the 15th; **¿qué deberes tienes ~ el lunes?** what homework do you have for Monday?; **son cinco ~ las diez** (AmL exc RPl) ▸ⓘ **p.431**; it's five to ten; **faltan cinco minutos ~ que termine la clase** there are five minutes to go before the end of the class; **me lo prometió ~ después de Pascua** he promised I could have it after Easter, he promised it to me for after Easter; **¿cuánto te falta ~ terminar?** how much have you got left to do?, how long will it take you to finish it?

B [1] (indicando fecha aproximada): **piensan casarse ~ finales de agosto** they plan to marry sometime around the end of August; **~ entonces quién sabe si todavía estaremos vivos** who knows if we'll still be alive (by) then?; **¿~ cuándo espera?** when is the baby due? [2] (indicando fecha fija) for; **tengo hora ~ mañana** I have an appointment (for) tomorrow

C [1] (expresando duración): **~ siempre** forever; **tengo ~ rato** (fam) I'm going to be a while (yet), this is going to take me a while (yet); **esto va ~ largo** (fam) this is going to take some time [2] (con idea de finalidad) for; **¿qué le puedo regalar ~ el cumpleaños?** what can I give him for his birthday?

D (liter) (en secuencias de acciones): **se fue ~ nunca volver** she went away never to return; **fue puesto en libertad, ~ más tarde volver a ser detenido** he was set free only to be rearrested later, he was set free but was rearrested later

parabién *m* (frml) *tb* : **parabienes** congratulations (*pl*); **le dio su ~** she offered him her congratulations, she congratulated him; ***estar de parabienes*** (RPl) to be having a run of good luck

parábola *f* [1] (Relig) parable [2] (Mat) parabola

parabólica *f* satellite dish

parabólico -ca *adj* parabolic

parabrisas *m* (*pl* ~) windshield (AmE), windscreen (BrE)

paraca *f*

A (viento) strong wind (*from the Pacific*)

B **paraca** *mf* (fam) parachutist; (Mil) paratrooper, para (BrE colloq)

paracaídas *m* (*pl* ~) [1] (Aviac) parachute; **un salto en ~** a parachute jump; **les lanzaron** *or* **tiraron alimentos en ~** they dropped food to them by parachute, they parachuted food in to them; **tirarse** *or* **lanzarse en ~** (como deporte) to parachute; (en caso de emergencia) to parachute, bale out [2] (fam) (preservativo) condom, rubber (AmE colloq), Durex® (BrE)

paracaidismo *m* parachuting

(Compuesto) **paracaidismo acrobático** skydiving; **hacer ~ ~** to skydive

paracaidista[1] *adj* parachute (*before n*)

paracaidista[2] *mf*

A [1] (Mil) paratrooper [2] (Dep) parachutist

(Compuesto) **paracaidista acrobático, paracaidista acrobática** *m,f* skydiver

B [1] (AmL fam) (que llega sin ser invitado): **mi suegra llegó de ~** my mother-in-law turned up out of the blue; **vengo con tres ~s** I've brought three friends *o* (colloq & hum) gatecrashers with me [2] (Méx) (ocupante ilegal) squatter

paracetamol *m* paracetamol, acetaminophen (AmE)

parachispas *m* (*pl* ~) [1] (Elec) spark arrester [2] (de una chimenea) fireguard

parachoques *m* (*pl* ~) [1] (Auto) bumper, fender (AmE) [2] (Ferr) buffer

paracorto *mf* (Col, Ven) shortstop

parada *f*

A (Transp) [1] (acción) stop; **hicimos una ~ de media hora en Soria** we made a half-hour stop in Soria, we stopped in Soria for half an hour; **tren con ~ en todas las estaciones** local train, stopping train (BrE) [2] (lugar) *tb* **~ de autobús** (*or* **de ómnibus** *etc*) bus stop, stop; **me bajo en la próxima ~** I'm getting off at the next stop

(Compuestos)

- **parada de manos** (RPl) handstand
- **parada de taxi** taxi stand, taxi rank (BrE)
- **parada discrecional** request stop
- **parada nupcial** courtship ritual

B (Dep) (en fútbol) save, stop

C (desfile) parade; ***ir a todas las ~s*** (Chi fam) to be game for anything (colloq)

D (Chi fam) (Indum) get-up (colloq), garb (colloq)

E (Per) (mercado) street market

F (RPl fam) (presunción): **son gente de mucha ~** they are very hoity-toity *o* snooty (colloq); ***hacer la ~*** (CS fam) to put on a show (colloq)

paradera *f* sluice

paradero *m* [1] (frml) (de una persona) whereabouts (*pl*); **se desconoce su ~** *or* **se halla en ~ desconocido** her whereabouts are not known (frml), nobody knows where she is [2] (AmL exc RPl) (de autobús) bus stop; (de tranvía) stop [3] (Chi, Cu, Per) (de trenes) halt

paradigma *m* paradigm (frml); **es un ~ de bondad** he is a model of kindness

paradigmático -ca *adj* paradigmatic

paradisíaco -ca, paradisiaco -ca *adj* heavenly

paraditas *f pl*

> **paraditas**
>
> In Peru, street markets selling food. They are characteristic of Lima.

parado[1] **-da** *adj*

A [1] (detenido, inmóvil): **no te quedes ahí ~, ven a ayudarme** don't just stand there, come and help me; **¿qué hace ese coche ~ en medio de la calle?** what's that car doing sitting *o* stopped in the middle of the street?; **la producción está parada por falta de materia prima** production has stopped *o* is at a standstill because of a lack of raw materials [2] (confuso, desconcertado): **se quedó ~, sin saber qué decir** he was taken aback and didn't know what to say

B (Esp) (desempleado) unemployed; **está ~** he's unemployed *o* out of work

C [1] (AmL) (de pie): **estar ~** to stand, be standing; **tuve que viajar ~** I had to stand for the whole journey; **no lo dejes ahí ~** don't leave him standing there [2] (AmL) (erguido): **tengo el pelo todo ~** my hair's standing on end; **escuchaba con las orejas paradas** she was all ears, she listened carefully; **lo tenía ~** *or* **la tenía parada** (fam) he had an erection, he had a hard on (colloq) [3] (Chi) ‹*cuesta/subida*› steep

D (en una situación): **bien/mal parado: salió muy mal ~ del accidente** he was in a bad way after the accident; **salió bastante bien parada del accidente** she escaped from the accident pretty much unscathed *o* unhurt; **salió mal ~ del último negocio en que se metió** he lost a lot of money on his last business venture; **ha quedado muy mal parada ante la opinión pública** she has been made to look bad in the eyes of the public; **con esas declaraciones ha dejado muy mal ~s a sus colegas** by saying those things he has left his colleagues in a very difficult situation; **él está muy bien ~ con el director** (AmL) he's in *o* he's well in with the director (colloq); **es el que mejor ~ ha salido del reparto** he's the one who's done (the) best out of the share-out

E ‹*persona*› [1] (CS fam) (engreído) stuck up [2] (Esp fam) (soso) drippy (colloq); **no seas parada** don't be such a drip *o* wimp

parado[2] **-da** *m,f* (Esp) unemployed person; **el número de ~s** the number of (people) unemployed, the number of people out of work

paradoja *f* paradox

paradójicamente *adv* paradoxically

paradójico -ca *adj* paradoxical

paradón *m* (fam) tremendous save *o* stop (*in football, etc*)

parador *m*

A [1] (mesón) roadside bar/hotel [2] (en Esp) parador, state-owned hotel (*often housed in a historic building*)

B (Méx) (Dep) *tb* **~ en corto** shortstop

> **parador (nacional de turismo)**
>
> A national chain of hotels in Spain. *Paradores* were designed to give buildings such as former palaces, castles and monasteries a new lease of life and to bring tourism to economically disadvantaged areas. They are often luxurious but relatively inexpensive and emphasize local character and cooking.

paraestatal *adj* public-sector (*before n*), public (*before n*)

parafernal *adj* ▸**bien**[5]

parafernalia *f* (frml) paraphernalia

parafina *f* [1] (sólida) paraffin, paraffin wax [2] (AmL) (combustible) kerosene, paraffin (BrE)

(Compuesto) **parafina líquida** mineral oil (AmE), liquid paraffin (BrE)

parafinar [A1] *vt* to paraffin

parafrasear [A1] *vt* to paraphrase

paráfrasis *f* (*pl* ~) paraphrase

paragolpes *m* (*pl* ~) (RPl) ▸**parachoques**

parágrafo *m* (frml) paragraph

paraguas *m* (*pl* ~) umbrella

Paraguay *m tb* : **el ~** Paraguay

paraguaya *f* (Bot) paraguayo

paraguayismo *m* Paraguayanism, Paraguayan word/expression

paraguayo[1] **-ya** *adj/m,f* Paraguayan

paraguayo[2] *m* (Bot) (Culin) paraguayo

paragüería *f* umbrella shop

paragüero *m*, **paragüera** *f* umbrella stand

paraíso *m* [1] (Relig): **el ~** paradise, heaven [2] (lugar ideal) paradise; **es el ~ de los golosos** it is heaven *o* a paradise for anyone with a sweet tooth [3] (Teatr) upper gallery, family circle (AmE), gods (*pl*) (BrE)

(Compuestos)
- **paraíso fiscal** tax haven
- **paraíso terrenal** Garden of Eden

paraje *m* spot, place

paralaje *m* parallax; **error de ~** parallax error

paralé *m* (Chi, Per fam): **darle** *or* **hacerle un ~ a algn** to put sb in their place

paralela *f*
A 1 (línea) parallel, parallel line 2 (Arquit) parallel rule
B paralelas *fpl* (Dep) parallel bars (*pl*)
(Compuesto) **paralelas asimétricas** asymmetric bars (*pl*)

paralelamente *adv* ‹*correr/extenderse*› parallel; **~ A algo**: **los salarios han ido subiendo ~ a la inflación** salaries have risen in line with inflation; **~ a estos actos** in parallel with these events

paralelepípedo *m* parallelepiped

paralelismo *m* parallelism, parallel; **hay un evidente ~ en las dos historias** there is an obvious parallelism *o* parallel in the two stories

paralelo¹ -la *adj*
A 1 ‹*líneas/planos*› parallel; **~ A algo** parallel TO sth; ▸**dólar**, **mercado** 2 (*como adv*) ‹*marchar/crecer*› parallel; **las dos calles corren paralelas** the two streets run parallel (to each other)
B (Elec): **en ~** in parallel

paralelo² *m*
A (Astron, Geog) parallel
B (comparación) parallel; **son dos situaciones que no admiten ~** no parallel can be drawn between these two situations; **un fraude sin ~** an unparalleled fraud

paralelogramo *m* parallelogram

paralenguaje *m* paralanguage

paralimpiada, paralimpíada *f tb* : **P~s** Paralympics (*pl*), Paralympic Games (*pl*)

paralímpico¹ -ca *adj* Paralympic

paralímpico² -ca *m,f* disabled athlete (*who takes part in Paralympics*)

paralingüístico -ca *adj* paralinguistic

parálisis *f*
A (Med) paralysis
(Compuestos)
- **parálisis agitante** Parkinson's disease
- **parálisis cerebral** cerebral palsy
- **parálisis facial** facial paralysis
- **parálisis infantil** poliomyelitis, infantile paralysis
- **parálisis parcial** partial paralysis
- **parálisis progresiva** creeping paralysis
- **parálisis temblorosa** Parkinson's disease

B (falta de actividad) paralysis

paralítico¹ -ca *adj* paralytic (*before n*); **es ~** he is paralyzed; **se quedó ~** he was paralyzed, he was left a paralytic

paralítico² -ca *m,f* paralytic

paralización *f* 1 (Med) paralyzation 2 (en una actividad): **solicitaron la ~ de las obras** they applied for the work to be stopped *o* halted; **el paro provocó la ~ de la ciudad** the strike completely paralyzed the city *o* brought the city to a standstill

paralizador -dora, paralizante *adj* paralyzing (*before n*)

paralizar [A4] *vt* 1 (Med) to paralyze; **se quedó paralizada de un lado** she was paralyzed down one side; **el miedo me paralizó** I was paralyzed with fear; **sus palabras nos ~on** we were stunned by his words 2 ‹*circulación/obra*› to bring … to a halt *o* standstill; **la huelga paralizó la producción** the strike brought production to a standstill *o* to a halt, the strike paralyzed production

paralogismo *m* fallacious argument, paralogism (frml)

paralogizar [A4] *vt* (Chi) ▸**paralizar 1**

paramar [A1], **paramear** [A1] *vi* (Col) to drizzle

paramédico -ca *adj/m,f* paramedic

paramento *m*
A 1 (Arquit) face 2 (colgadura) hanging
B paramentos *mpl* (del altar) paraments (*pl*)
(Compuesto) **paramentos sacerdotales** *mpl* ecclesiastical vestments *o* robes (*pl*)

parámetro *m* 1 (Mat) parameter 2 (de un estudio) parameter, limit

paramilitar *adj* paramilitary

paramnesia *f* paramnesia

páramo *m* high plateau, bleak upland *o* moor

paramotor® *m* paramotor®

paramuno¹ -na *adj* (Col) upland (*before n*)

paramuno² -na *m,f* (Col) *person from the high plateau*

parangón *m* comparison; **sin ~** incomparable, matchless (liter)

parangonable *adj* comparable

parangonar [A1] *vt* (frml) to compare; **~ algo/a algn CON algo/algn** to compare sth/sb WITH sth/sb; **su obra puede ~se con la de Bartok** his work can be compared to Bartok's, his work bears *o* stands comparison with Bartok's; **el hotel se puede ~ con los mejores de Europa** the hotel is on a par with the best in Europe

paraninfo *m* main hall *o* auditorium

paranoia *f* paranoia

paranoico -ca *adj/m,f* paranoid

paranormal *adj* paranormal

paranza *f* hide

paraolimpiada ▸**paralimpiada**

paraolímpico -ca *adj/m,f* ▸**paralímpico¹**, **paralímpico²**

parapente *f* 1 (deporte) paragliding; **hacer** *or* **practicar ~** to go paragliding, paraglide 2 (paracaídas) paraglider

parapentista *mf* paraglider pilot

parapetarse [A1] *v pron* to take cover; **se parapetaron tras el muro** they took cover behind the wall; **se parapetó tras la excusa de que estaba enferma** she tried to get out of it by saying she was ill

parapeto *m* 1 (Arquit) parapet 2 (barricada) barricade; **los coches les sirvieron de ~ contra las balas** the cars served as a shield *o* barricade against the bullets

paraplejía, paraplejia *f* paraplegia

parapléjico -ca *adj/m,f* paraplegic

parapsicología *f* parapsychology

parapsicológico -ca *adj* parapsychological

parapsicólogo -ga *m,f* parapsychologist

parar [A1] *vi*
A (detenerse) to stop; **¿el 65 para aquí?** does the 65 stop here?; **paró en seco** she stopped dead; **el autobús iba muy lleno y no nos paró** the bus was very full and didn't stop for us; ***¡dónde vas a ~!*** (fam) there's no comparison!; ***ir a ~*** to end up; **si sigue así irá a ~ a la cárcel** if he goes on like this he'll end up in prison; **¿a dónde habrá ido a ~ aquella foto?** what can have happened to that photograph? *o* where's that photograph got to?; **el documento fue a ~ a manos de la policía** the document found its way into *o* ended up in the hands of the police; **¡a dónde vamos a ir a ~!** I don't know what the world's coming to; ***venir a ~*** to end up; **no sé cómo ha podido venir a ~ aquí** I don't know how it got in here *o* how it ended up in here
B (cesar) to stop; **para un momento, que no te entiendo** hang on a minute, I don't quite follow you; **el ruido no paró en toda la noche** the noise didn't let up *o* stop all night; **no ~á hasta lograr su meta** she won't give up *o* stop until she's achieved her goal; **ha estado llorando toda la noche sin ~** he hasn't stopped crying all night; **~ DE + INF** to stop -ING; **aún no ha parado de llover** it still hasn't stopped raining; **no para de comer** she does nothing but eat, she never stops eating; **no para de criticar a los demás** he's always criticizing others; ***no ~*** (fam): **no para quieto ni un momento** he can't keep still for a minute; **no he parado en toda la mañana** I've been on the go all morning (colloq); **no ~ás hasta que rompas algún cristal** you won't be happy until you've broken a window; **no para en casa ni un momento** she's never at home, she never spends any time at home; ***y para de contar*** (fam) and that's it, and that's the lot (BrE)
C 1 (hospedarse) to stay; **siempre paramos en el mismo hotel** we always stay at the same hotel 2 (fam) (en un bar, club) to hang out (colloq)
D (AmL) ‹‹*obreros/empleados*›› to go on strike; **los obreros de la construcción ~án el jueves** construction workers are going on strike *o* are striking on Thursday; **~on a mediodía** they went on strike *o* (BrE) they downed tools at noon

■ **parar** *vt*
A (hacer detener) 1 ‹*coche*› to stop; ‹*motor/máquina*› to stop, switch off; **paró el tráfico para que pasara la ambulancia** he stopped the traffic to let the ambulance past 2 ‹*persona*› to stop; **me paró para preguntarme la hora** he stopped me to ask me the time; **cuando se pone a hablar no hay quien lo pare** once he starts talking, there's no stopping him 3 ‹*hemorragia*› to stanch (AmE), to staunch (BrE) 4 ‹*balón/tiro*› to save, stop, block; ‹*golpe*› to block, ward off, parry; ***~la(s)*** (Chi, Per fam) to catch on (colloq); **de inmediato la(s) paró que querían robarle** he caught on *o* twigged right away that they were out to rob him (colloq); **¿no la(s) paras?** don't you get it? (colloq)
B (AmL) 1 (poner de pie) to stand; **páralo en la silla para que vea mejor** stand him on the chair so he can see better 2 (poner vertical) ‹*vaso/libro*› to stand … up; **el perro paró las orejas** the dog pricked up its ears

■ **pararse** *v pron*
A (detenerse) 1 ‹‹*persona*›› to stop; **se paró a hablar con una vecina** she stopped to talk to a neighbor; **¿te has parado alguna vez a pensar por qué?** have you ever stopped to think why? 2 ‹‹*reloj/máquina*›› to stop; **se me ha parado el reloj** my watch has stopped; **el coche se nos paró en la cuesta** the car stalled *o* the engine stopped as we were going up the hill
B (AmL) 1 (ponerse de pie) to stand up; **párate derecho** stand up straight; **se paró en una silla** she stood on a chair; **los niños se ~on para saludar a la directora** the children stood up to welcome the principal; **¿te puedes ~ de cabeza/de manos?** can you do headstands/handstands?; **se paró de un salto y siguió corriendo** she jumped up *o* jumped back onto her feet and carried on running; ***~se para toda la vida*** (RPl fam) to be set up for life (colloq) 2 (AmL) ‹‹*pelo*››: **se le paró el pelo del susto** he was so scared it made his hair stand on end; **este mechón se me para** this tuft of hair won't stay down *o* keeps sticking up 3 (Méx, Ven) (levantarse de la cama) to get up
C (Chi) (Rels Labs) ‹‹*obreros/empleados*›› to strike, go on strike

pararrayos *m* (*pl* ~), **pararrayo** *m* 1 (en un edificio) lightning rod (AmE), lightning conductor (BrE) 2 (en un circuito) lightning arrester

parasail /para'seil/ *m* parasailing; **hacer ~** to parasail

paraselene *f* paraselene

parasitar [A1] *vt* to parasitize
■ **parasitar** *vi* **~ EN algo** to live as a parasite in sth, to parasitize sth

parasitario -ria *adj* parasitic, parasitical

parasítico -ca *adj* parasitic

parasitismo *m* parasitism

parásito¹ -ta *adj* parasitic

parásito² *m*
A 1 (Bot, Zool) parasite 2 (persona) parasite; **~s sociales** social parasites
B parásitos *mpl* (interferencia) atmospherics (*pl*), interference

parasitología *f* parasitology

parasitólogo -ga *m,f* parasitologist

parasitosis *f* parasitosis

parasol *m* 1 (sombrilla) parasol, sunshade 2 (Cin, Fot) lens hood

paratifoidea *f* paratyphoid

P

paratifus *m* paratyphus

paratopes *m* (*pl* ~) (Col) bumper, fender (AmE)

paravela *f* parasail; **hacer ~** to parasail

parcela *f* **1** (solar) plot of land, plot, lot (AmE) **2** (Chi) (Agric) small farm, smallholding (BrE)

parcelación *f* division (*of land into plots*)

parcelar [A1] *vt* to divide … into plots *o* (AmE) lots, to parcel up

parcelero -ra *m,f* smallholder, owner of an area of land

parcelista *mf* ▸ **parcelero**

parchado *m* (AmL) repair, patching

parchar [A1] *vt* (AmL) (arreglar) to repair; (con un parche) to patch, patch up, put a patch on

parche *m*

A **1** (remiendo) patch; **le puse unos ~s en los codos** I put patches on the elbows; **la nueva ley sólo le pone ~s al problema** the new law only papers over the cracks; ***estar como un ~*** to stick out like a sore thumb; ***¡ojo*** *or* ***oído al ~!*** (fam) watch out! (colloq); ***ser un ~*** to be an eyesore **2** (para un ojo) eye patch, patch **3** (en la piel) mark, blotch; **tenía dos ~s de color en las mejillas** her cheeks were flushed **4** (Chi) (curita) Band-Aid® (AmE), sticking plaster (BrE); ***colocarse el ~ antes de la herida*** (Chi fam) to take precautions

Compuestos

- **parche anticonceptivo** contraceptive patch
- **parche curita** (Chi) Band-Aid® (AmE), sticking plaster (BrE)
- **parche de nicotina** nicotine patch
- **parche transdérmico** transdermal patch

B (del tambor) drumhead

C (Inf) patch

parcheado *m* repair, patching

parchear [A1] *vt* to patch, patch up, put a patch on

parchesi, (Esp, Méx) **parchís** *m* Parcheesi® (AmE), ludo (BrE)

parcial¹ *adj*

A ‹*solución/victoria*› partial; **pago ~** part payment

B (no equitativo) biased, partial, partisan

parcial² *m* **1** (examen) assessment examination (*taken during the year and counting towards the final grade*) **2** (Dep) (tanteo) score (*during a particular period*)

parcialidad *f* **1** (cualidad) partiality, bias **2** (seguidores) supporters (*pl*)

parco -ca *adj* **1** (lacónico) laconic; **—no —fue su parca respuesta** no, he replied laconically *o* tersely **2** (sobrio, moderado) frugal; **es muy ~ con el dinero** he is very frugal *o* thrifty with his money; **~ EN algo**: **suele ser ~ en sus alabanzas** he is usually frugal in his praise, he is not usually very generous with his praise; **siempre han sido ~s en el comer** they have always been moderate in their eating habits **3** (escaso) ‹*sueldo*› meager*; ‹*recursos*› scant, meager*

parcómetro *m* parking meter

pardiez *interj* (arc) gadzooks! (arch *or* hum), criminey! (AmE colloq), crikey! (BrE euph)

pardillo -lla *m,f*

A (Zool) linnet

B (Esp fam) **1** (paleto) hick (AmE colloq), yokel (BrE colloq), country bumpkin (BrE colloq) **2** (novato) novice, beginner, greenhorn (AmE colloq), rookie (AmE colloq)

pardo¹ -da *adj* ‹*color*› dun, brownish-gray*; ▸ **noche**

pardo² -da *m,f* (RPl pey) *offensive term for a person of mixed race*

pardusco -ca, **parduzco -ca** *adj* brownish-gray*

pareado¹ -da *adj* **1** ‹*versos*› rhyming (*before n*) **2** ‹*edificio/casa*› semidetached

pareado² *m* rhyming couplet

parear [A1] *vt* **1** (formar pares) to pair up, match, put … into pairs **2** (juntar) **~ algo A algo** to match sth TO sth; **tratando de ~ su paso al del viejo** trying to keep in step with the old man

parecer¹ [E3] *vi*

A (aparentar ser): **parece mucho mayor de lo que es** she looks much older than she is; **parece muy simpática** she seems very nice; **pareces tonto, no te enteras de nada** are you stupid or something? you never know what's going on; **vestida así parece una artista de cine** she looks like a movie star dressed like that; **no pareces tú en esta foto** this picture doesn't look like you (at all), it's not a good likeness of you; **es de plástico pero parece de cuero** it's plastic but it looks like leather

B **~ + INF** to seem to + INF; **el problema parece no tener solución** there appears *o* seems *o* (frml) would seem to be no solution to the problem; **parece tener más habilidad de la que creímos al principio** she seems to be *o* it seems she is more skillful than we thought at first; **todo parece indicar que …** everything seems to *o* appears to *o* (frml) would seem to indicate that …

C (expresando opinión) (+ *me/te/le etc*): **sus comentarios me parecieron muy acertados** I thought his remarks (were) very apt, his remarks seemed very apt to me; **elegí la que me pareció mejor** I chose the one that I thought was the best *o* the one that seemed the best; **todo le parece mal** he's never happy with anything; **¿qué te parecieron mis primos?** what did you think of my cousins?; **su interpretación me pareció pobrísima** I thought *o* felt she gave a very poor performance, to my mind her performance was very poor

D **1** (*en tercera persona*): **según parece** *or* **al ~** *or* **a lo que parece todo marcha viento en popa** it looks as though everything's going smoothly, everything seems to be going smoothly; **¿por fin se van? — así parece** *or* **parece que sí** are they finally going? — it looks like it *o* it would seem so; **aunque no lo parezca, estuve limpiando toda la mañana** it might not look like it, but I spent the whole morning cleaning; **¿le gusta? — parece que no** does he like it? — apparently not; **parece que no, pero cansa muchísimo** you wouldn't think so, but it's very tiring **2** (+ *me/te/le etc*): **hazlo como mejor te parezca** *or* **como te parezca mejor** do it however *o* as you think best; **como a usted le parezca** whatever you think best; **creo que deberíamos invitarlos — ¿te parece?** I think we ought to invite them — do you think so?; **vamos a la playa ¿te parece?** let's go to the beach, would you like to?, do you fancy going to the beach? (BrE colloq); **podemos reunirnos mañana, si te parece bien** we could meet up tomorrow if that's alright *o* OK with you *o* if that suits you; **¿habrán entendido? — me parece que sí** do you think they understood? — I think so; **creo que así está bien ¿a ti qué te parece?** I think it's alright like that, what do you think? *o* (colloq) what do you reckon?

E **1** (*en tercera persona*) **~ QUE + INDIC**: **parece que va a llover** it looks like (it's going to) rain; **parece que fue ayer** it seems like only yesterday; **parece (ser) que tiene razón** she appears to be right, it seems she's right; **parece (ser) que ha habido un malentendido** there appears to have been *o* it seems there has been a misunderstanding; **~ía que ahora están dispuestos a negociar** it would seem that they are now ready to negotiate **2** (+ *me/te/le etc*): **me/nos parece que tiene razón** I/we think she's right; **me pareció que no era necesario llamarlo** I didn't think it necessary to phone him; **¿te parece que éstas son horas de llegar a casa?** what do you mean by coming home at this time?, what sort of time is this to be coming home?

F (*en tercera persona*) **1** (+ *subj*): **parece increíble que hayan sobrevivido el accidente** it seems incredible that they survived the accident; **parece mentira que ya tenga 20 años** it's hard to believe *o* I can't believe *o* it seems incredible that she's 20 already; (+ *me/te/le etc*): **me parece difícil que venga** I think it's unlikely she'll come; **me parece raro que no te lo haya comentado** it seems odd *o* I find it odd *o* I think it's odd that he hasn't mentioned it to you; **me parece importante que ella esté presente** I think it's important that she (should) be here **2** (+ *inf*), (+ *me/te/le etc*): **me parece importante dejar esto claro** I think it's important to make this clear; **¿te parece bonito contestarle así a tu madre?** is that any way to speak to your mother?

G (*en tercera persona*) **1** **~ QUE + IMPERF SUBJ**: **parece que para él no pasaran los años** he never seems to get any older; **tiene 40 años — parece que tuviera muchos menos** she's 40 — she looks much younger *o* you'd think she was much younger **2** **no ~ QUE + SUBJ**: **no parecía que la situación fuera a cambiar** it didn't look as though the situation was going to change; **no parece que le haya hecho mucha gracia la idea** it doesn't look as though he liked the idea much, he doesn't seem to have been very taken with the idea; (+ *me/te/le etc*): **no me parece que esté tan mal** I don't think it's that bad

■ **parecerse** *v pron* **1** (asemejarse) **~se A algn/algo** (en lo físico) to look like sb/sth, to be like sb/sth; (en el carácter) to be like sb/sth; **esa casa se parece bastante a la nuestra** that house is rather like ours *o* fairly similar to ours; **no son millonarios ni nada que se le parezca** they're not millionaires, not by any means *o* (colloq) not by a long shot (AmE) *o* (BrE) chalk; ***quien a los suyos se parece en nada los desmerece*** like breeds like **2** (*recípr*) to be alike; **no se parecen en nada** they're not/they don't look in the least bit alike; **estos cuadros se parecen mucho** these pictures are very similar

parecer² *m* **1** (opinión) opinion; **a mi ~** in my opinion; **son del mismo ~** they're of the same opinion; **es del ~ de que el asunto debería reconsiderarse** she believes *o* she is of the opinion that the matter should be reconsidered (frml); **ello me hizo cambiar de ~** it made me change my mind **2** **de buen parecer** (ant) handsome

parecido¹ -da *adj*: **no los veo tan ~s como dicen** I don't think they're as much alike as people say; **son muy parecidas de cara** they have very similar features; **llevaba una especie de capa o algo ~** she was wearing a kind of cape or something like that; **yo tengo una falda muy parecida** I have a very similar skirt; **~ A algo/algn** similar TO sth/sb; **eres muy ~ a tu padre** you're a lot like *o* (BrE) very like your father; ▸ **bien parecido, mal parecido**

parecido² *m* resemblance; **tiene cierto ~ con su hermano** he bears some resemblance *o* a certain resemblance to his brother; **no le encuentro ningún ~ con su familia** I can't see any family resemblance; **tiene un gran ~ a** *or* **con Jaime** there is a close resemblance between him and Jaime, he's a lot like Jaime, he and Jaime are very alike; **son de un ~ asombroso** there's a startling resemblance *o* likeness between them

pared *f*

A **1** (Arquit, Const) wall; **viven ~ por medio** they live next door; ***darse contra las ~es*** (fam): **estaba que se daba contra las ~es** he was furious *o* (colloq) hopping mad; **es como darse contra las ~es** it's like banging your head against a brick wall; ***entre cuatro ~es*** cooped up; **me he pasado el día (encerrado) entre cuatro ~es** I've been cooped up *o* stuck indoors all day; ***es como hablarle a la ~*** (fam) it's like talking to a brick wall; ***hasta la ~ de enfrente*** (Chi, Méx fam) loads (*pl*) (colloq); **había gente hasta la ~ de enfrente** there were loads of people there, the place was absolutely packed; **le echó sal hasta la ~ de enfrente** he put half a ton of salt in (colloq); ***las ~es oyen*** walls have ears; ***subirse*** *or* ***treparse por las ~es*** (fam) (de rabia, irritación) to go through the roof (colloq) (de aburrimiento) to be climbing the walls (with boredom) (colloq); (de angustia) to go spare *o* frantic (colloq) **2** (de un recipiente) side **3** (Anat) wall; **~ abdominal** stomach wall; (parte interior) stomach lining; **la ~ del intestino** the intestinal wall **4** (de una montaña) face

Compuestos

- **pared arterial** wall of the artery
- **pared celular** cell wall

- **pared de cerramiento** curtain wall
- **pared maestra** main wall, supporting wall
- **pared medianera** party wall

B (en fútbol) one-two; **hacer la ~** to play a one-two, to play a wall pass (AmE), to play a give and go (AmE)

paredón *m* **1** (de roca) rock face, wall of rock **2** (pared gruesa) thick wall **3** (de fusilamiento) wall; **¡al ~ con ellos!** put them up against the wall and shoot them!; **mandar a algn al ~** to put sb before a firing squad, to put sb up against the wall

pareja *f*
A **1** (equipo, conjunto) pair; **los niños salieron por ~s** the children came out in pairs *o* two at a time; **para este juego es necesario formar ~s** you have to get into pairs for this game; **ya tienen una parejita** (fam) now they have one of each *o* now they have a boy and a girl **2** (en una relación) couple; **hacen una bonita ~** they make a lovely couple; **vivir en ~** to live together

(Compuesto) **pareja de hecho** (heterosexual) co-habiting couple; (homosexual) co-habiting same-sex couple **3** (en naipes) pair

B **1** (de convivencia, baile, juego) partner; **no tengo ~ para el baile** I don't have a partner for the dance, I don't have anyone to go to the dance with; **vengan todos y traigan a sus ~s** you must all come and bring your partners **2** (de un guante, zapato): **la ~** the other one (*of a pair*); **no encuentro la ~ de este calcetín** I can't find the other sock that goes with this one *o* my other sock, I can't find the pair to this sock

parejamente *adv* ‹*distribuir/tratar*› equally; ‹*esparcir*› evenly

parejo[1] **-ja** *adj* **1** (esp AmL) (sin desniveles) even; **el dobladillo no está ~** the hem isn't even; **córtamelo ~** cut it all the same length; **los dos ciclistas van muy ~s** the two cyclists are neck and neck; **el nivel en la clase es muy ~** the class are all at the same level; ***correr ~:*** **no lo defiendas que los dos corren ~s** don't defend him, they're both as bad as each other; **su belleza corre pareja con su ignorancia** her beauty is matched by *o* is on a par with her ignorance **2** (afín, semejante) similar **3** (RPl, Méx) (equitativo) impartial; **siempre ha sido muy ~ con todos nosotros** he's always treated us all equally *o* impartially

parejo[2] **-ja** *m,f*
A (Col) (de baile) partner
B (Méx fam): **al ~** (a la par): **trabajan al ~** they all do the same amount of work; **los viejos gritaban y reían al ~ de los jóvenes** the old folks were shouting and laughing just as loud as the youngsters; **un escritor al ~ de los mejores del mundo** a writer who is on a par with the world's best

paremiología *f* paremiology, study of proverbs

parénquima *m* parenchyma

parentela *f* (fam) clan (colloq), tribe (colloq); **se trajo a toda la ~** he brought the whole clan *o* tribe with him

parenteral *adj* parenteral; **por vía ~** parenterally

parentesco *m* relationship; **¿qué relación de ~ le unía al difunto?** what was your relationship to the deceased?, what relation were you to the deceased?; **no tengo ~ directo con él** I am not directly related to him; **grados de ~** degrees of relationship *o* kinship; **un cierto ~ de estilo** a certain similarity of style

paréntesis *m* (*pl* ~) **1** (signo) parenthesis, bracket (BrE); **abrir/cerrar el ~** to open/close parentheses *o* brackets; ***entre ~*** (literal) in parentheses, in brackets; (a propósito) by the way **2** (digresión) digression, parenthesis **3** (intervalo) break, interval, parenthesis (frml)

pareo *m* beach wrap, pareu

paresa *f* peeress

parezca, parezcas, etc ▸ **parecer**[1]

pargo *m* sea bream, red snapper

paria *mf* pariah

parida *f* (Esp fam) stupid remark; **soltó una ~ tras otra** he said one stupid thing after another; **no decía más que ~s** he was talking a load of garbage (AmE) *o* (BrE) rubbish (colloq)

paridad *f*
A (igualdad) equality, parity
B (Fin) parity, exchange rate

parienta *f* (Esp fam & hum) (esposa): **la ~** the wife, the missus (colloq); **la ~ me está esperando** my old lady's waiting for me (colloq)

pariente *mf,* **pariente -ta** *m,f* (familiar) relative, relation; **~ cercano/lejano** close/distant relative *o* relation

(Compuesto) **pariente político** in-law

parietal[1] *adj* parietal

parietal[2] *m* parietal bone

parihuela *f,* **parihuelas** *fpl* (para cosas) handbarrow; (para personas) stretcher

paripé *m* (Esp fam): **hacer el ~** to put on an act

parir [I1] *vi* **1** ‹‹*mujer*›› to give birth, have a baby; ***poner a ~ a algn*** (vulg) (sacar de quicio) to piss sb off (vulg) (insultar) to badmouth sb (AmE colloq), to chew sb's ass out (AmE sl), to slag sb off (BrE colloq) **2** ‹‹*vaca*›› to calve; ‹‹*yegua/burra*›› to foal; ‹‹*oveja*›› to lamb

■ **parir** *vt* **1** ‹‹*mujer*›› to give birth to, have, bear (frml); **lo conozco como si lo hubiera parido** (fam) I know him inside out (colloq), I can read him like a book (colloq); **¡la (puta) madre que te parió!** (vulg) you son of a bitch! (vulg) **2** ‹‹*mamíferos*›› to have, bear (frml)

París *m* Paris

parisiense, parisién *adj/mf* Parisian

parisino -na *adj/m,f* Parisian

paritario -ria *adj* ‹*valor*› equal; **una situación paritaria** a situation of parity *o* equality

paritorio *m* (Esp) delivery room

parking /ˈparkin/ *m* parking lot (AmE), car park (BrE)

Parkinson /ˈparkinson/ *m tb* : **la enfermedad** *or* **el mal de ~** Parkinson's Disease

parlamentar [A1] *vi* **1** ‹‹*enemigos*›› to talk, parley (dated) **2** (fam & hum) (charlar) to have a chat (colloq), to talk

parlamentario[1] **-ria** *adj* parliamentary

parlamentario[2] **-ria** *m,f* member of parliament, parliamentarian

parlamentarismo *m* parliamentarianism

parlamento *m*
A (asamblea legislativa) parliament
B **1** (Lit, Teatr) speech **2** (negociación) talks (*pl*), negotiations (*pl*)

parlanchín -china *adj* (fam) chatty (colloq); **eres un loro ~** you're a real chatterbox (colloq)

parlante[1] *adj* talking (*before n*)

parlante[2] *m* (AmL) **1** (en un lugar público) loudspeaker **2** (de un equipo de música) speaker

-parlante *suf* ▸ **-hablante**

parlotear [A1] *vi* (fam) to prattle (colloq), to chatter (colloq), to gab (colloq)

parloteo *m* (fam) prattle (colloq), chatter (colloq)

PARM /parm/ *m* = **Partido Auténtico de la Revolución Mexicana**

parmesano *adj/m* Parmesan

Parnaso *m*: **el ~** (Mount) Parnassus

parné *m* (Esp arg) dough (sl), cash (colloq), money

paro *m*
A (esp AmL) (huelga) strike; **hacer un ~ de 24 horas** to go on *o* stage a 24-hour strike; **están en** *or* **de ~** (AmL) they're on strike

(Compuestos)
- **paro cívico** (Col) community protest
- **paro de brazos caídos** (esp AmL) sit-down strike
- **paro general** (esp AmL) general strike
- **paro patronal** (AmL) lockout

B (Esp) **1** (desempleo) unemployment; **está en ~** he's unemployed **2** (subsidio) unemployment benefit, unemployment compensation (AmE); **cobrar el ~** to claim unemployment benefit, to draw the dole (BrE colloq)

(Compuestos)
- **paro forzoso** (Esp): **están en ~ ~** they have been laid off
- **paro registrado** (Esp) official unemployment figures (*pl*)
- **paro técnico** (Esp) (huelga) occupation (*by workers on strike*); (desempleo) layoff; (en la producción) stoppage (*due to lack of parts, etc*)

C (de una máquina, un proceso) stoppage

(Compuesto) **paro cardíaco** *or* **cardiaco** heart failure, cardiac arrest

D (Zool) tit

(Compuesto) **paro carbonero** coal tit

E (Col): **en ~** (totalmente) completely, totally

> **paro**
>
> The name in Spain for both unemployment and unemployment benefit. The period for which *paro* can be claimed ranges from three months to a year, depending on how long a person has been working. The amount paid decreases over the period of unemployment.

parodia *f* parody, takeoff (colloq), send-up (colloq)

parodiar [A1] *vt* to parody, to take off (colloq), to send up (colloq)

paródico -ca *adj* parodic

parodista *mf* parodist

parolimpiada *f* ▸ **paralimpiada**

parolímpico -ca *adj/m,f* ▸ **paralímpico**[1], **paralímpico**[2]

parón *m* sudden stop, dead stop

paronimia *f* paronymy

parónimo[1] **-ma** *adj* paronymic

parónimo[2] *m* paronym

paronomasia *f* play on words, paronomasia (tech)

parótida *f* parotid gland

parotiditis *f* (Med) mumps; parotiditis (tec)

paroxismo *m* paroxysm; **en el ~ de los celos** in a fit *o* (liter) paroxysm of jealousy

paroxítono[1] **-na** *adj* paroxytone, stressed on the penultimate syllable

paroxítono[2] *m* paroxytone, word stressed on the penultimate syllable

parpadear [A1] *vi* **1** ‹‹*persona*›› to blink; ‹‹*ojo*›› to blink, twitch; **me miró sin ~** she stared at me without blinking; **me parpadea el ojo izquierdo** my left eye keeps blinking *o* twitching, I have a twitch in my left eye **2** ‹‹*luz*›› to blink, flicker; ‹‹*estrellas*›› to twinkle

parpadeo *m* **1** (de los ojos) blinking, twitching **2** (de una luz) blinking, flickering; (de las estrellas) twinkling

párpado *m* ▸ ⓘ **p.231** eyelid; **se me caían los ~s** I was falling asleep *o* my eyelids were drooping

parque *m*
A (terreno) park

(Compuestos)
- **parque acuático** waterpark
- **parque de atracciones** amusement park, funfair
- **parque cementerio** memorial park
- **parque de bomberos** (Esp) fire station
- **parque de diversiones** (Col, RPl) amusement park, funfair
- **parque de entretenciones** (Chi) amusement park, funfair
- **parque de la naturaleza** nature park
- **parque empresarial** business park
- **parque eólico** windfarm
- **parque industrial** industrial park
- **parque marino** marine park
- **parque nacional** national park
- **parque natural** nature reserve
- **parque rural** country park
- **parque tecnológico** technology park
- **parque temático** theme park
- **parque zoológico** zoo

B (conjunto): **el ~ automovilístico del país** the number of vehicles in the country; **el ~ de vehículos de la empresa** the company's fleet of vehicles

(Compuestos)
- **parque de automóviles** fleet of automobiles (AmE), fleet of cars (BrE)

P

- **parque de vehículos** fleet of vehicles
- **parque de viviendas** housing stock
- **parque móvil** fleet of official vehicles

C (para niños) playpen
D (Méx) (municiones) ammunition, munitions (*pl*)

parqué *m* **1** (suelo) parquet flooring, parquet **2** (en la Bolsa) floor

parqueadero *m* (Col) parking lot (AmE), car park (BrE)

parquear [A1] *vt* (AmL) to park
■ **parquearse** *v pron* (AmL) to park

parquedad *f* **1** (al hablar): **habló con ~** he was sparing with his words, he spoke very briefly **2** (sobriedad) frugality, moderation **3** (escasez) paucity (frml), scarcity

parqueo *m* (AmL) parking

parqués *m* (Col) Parcheesi® (AmE), ludo (BrE)

parquet *m* (*pl* **-quets**) ▸**parqué**

parquímetro *m* parking meter

parra *f* vine; ***subirse a la ~*** (fam) (envanecerse) to get bigheaded (colloq); (encolerizarse) to blow one's top (colloq), to flip one's lid (colloq)

(Compuesto) **parra virgen** Virginia creeper

parrafada *f* **1** (perorata) lecture (colloq), sermon (colloq); **me soltó una ~ de una hora** he lectured me for an hour (colloq) **2** (fam) (conversación) long talk; **echarse una ~ con algn** to have a heart-to-heart *o* a long talk with sb (colloq)

párrafo *m* **1** (en un texto) paragraph; **este aspecto de su obra merece un ~ aparte** this aspect of his work merits a separate mention **2** (fam) (charla) chat (colloq), talk; **echar un ~ con algn** to have a chat *o* talk with sb

parral *m* **1** (en un jardín) vine arbor* **2** (viñedo) vineyard

parranda *f* (fam): **siempre está** *or* **anda de ~ con sus amigotes** he's always out on the town *o* out partying with his friends (colloq)

parrandear [A1] *vi* (fam) to go out on the town (colloq), to go out partying (colloq), to go out on the razzle (BrE colloq)

parrandero[1] **-ra** *adj* (fam): **es muy ~** he's always out on the town (colloq), he's a real party animal *o* (BrE) raver (colloq)

parrandero[2] **-ra** *m,f* (fam) party lover, party animal (colloq), raver (BrE colloq)

parricida *mf* parricide

parricidio *m* parricide

parrilla *f*
A **1** (Coc) grill, broiler (AmE); **carne/pescado a la ~** grilled *o* (AmE) broiled meat/fish **2** (restaurante) grillroom, grill bar, steak restaurant
B (de la chimenea) grate
C **1** (del radiador) grille **2** (AmL) (para el equipaje) luggage rack, roof rack **3** (de una bicicleta) carrier
D (de la cama) slatted base

(Compuesto) **parrilla de salida** starting grid

parrillada *f* **1** (comida) grill, barbecue **2** (RPl) (restaurante) ▸**parrilla A2**

párroco *m* parish priest

parroquia *f*
A **1** (iglesia) parish church **2** (área) parish **3** (feligresía) parishioners (*pl*), congregation
B **1** (clientela) customers (*pl*), clientele **2** (hinchas) fans (*pl*), supporters (*pl*)

parroquial *adj* **1** (Relig) ‹*registro/boletín*› parish (*before n*); ‹*responsabilidad*› parochial; **escuela ~** parochial school (AmE), parish school (BrE) **2** (Col pey) (limitado) parochial (pej)

parroquiano -na *m,f* **1** (Relig) parishioner **2** (cliente) regular customer, regular patron (frml)

parsec, pársec *m* parsec

parser *m* parser

parsimonia *f* **1** (calma) calm; **¡todo lo hace con una ~ ...!** she has such a relaxed approach to everything!, she's so laid back about everything! (colloq) **2** (frugalidad) parsimony

parsimonioso -sa *adj* **1** (tranquilo) phlegmatic, unhurried, calm **2** (frugal) parsimonious

parte[1] *m*
A (informe, comunicación) report; **me veo obligado a dar ~ de este incidente** I shall have to report this incident *o* file a report about this incident; **llamó para dar ~ de enfermo** he called in sick; **dio ~ de sin novedad** (Mil) he reported that all was well

(Compuestos)
- **parte de defunción** death certificate
- **parte de guerra** dispatch
- **parte facultativo** medical report *o* bulletin
- **parte médico** medical report *o* bulletin
- **parte meteorológico** weather report

B (Andes) (multa) ticket (colloq), fine; **me pasaron** *or* **sacaron** *or* **pusieron un ~** I got a ticket *o* a fine

parte[2] *f*
A **1** (porción, fracción) part; **divídelo en tres ~s iguales** divide it into three equal parts; **una sexta ~ de los beneficios** a sixth of the profits; **entre 180 y 300 ~s por millón** between 180 and 300 parts per million; **~ de lo recaudado** part of the money collected; **destruyó la mayor ~ de la cosecha** it destroyed most of the harvest; **la mayor ~ del tiempo** most of her/your/the time; **la mayor ~ de los participantes** the majority of *o* most of the participants; **su ~ de la herencia** his share of the inheritance; **tenemos nuestra ~ de responsabilidad en el asunto** we have to accept part of *o* a certain amount of responsibility in this affair; **por fin me siento ~ integrante del equipo** I finally feel I'm a full member of the team; **forma ~ integral del libro** it is an integral part of the book **2** (de un lugar) part; **la ~ antigua de la ciudad** the old part of the city; **soy español — ¿de qué ~ (de España)?** I'm Spanish — which part (of Spain) are you from?; **en la ~ de atrás de la casa** at the back of the house; **en la ~ de arriba de la estantería** on the top shelf; **atravesamos la ciudad de ~ a ~** we crossed from one side of the city to the other

(Compuestos)
- **parte de la oración** part of speech
- **parte del león** lion's share

B (*en locs*): **en parte** partly; **en ~ es culpa tuya** it's partly your fault; **esto se debe, en gran ~, al aumento de la demanda** this is largely due to the increase in demand; **es, en buena ~, culpa suya** it is, to a large *o* great extent, his own fault; **de un tiempo a esta parte** for some time now; **de cinco meses a esta ~ la situación se ha venido deteriorando** the situation has been deteriorating these past five months *o* over the past five months; **de mi/tu/su parte** from me/you/him; **díselo de mi ~** tell him from me; **dale saludos de ~ de todos nosotros** give him our best wishes *o* say hello from all of us; **dale recuerdos de mi ~** give him my regards; **llévale esto a Pedro de mi ~** take Pedro this from me; **muy amable de su ~** (that is/was) very kind of you; **de ~ del director que subas a verlo** the director wants you to go up and see him, the director says you're to go up and see him; **vengo de ~ del señor Díaz** Mr Díaz sent me; **¿de ~ de quién?** (por teléfono) who's calling?, who shall I say is calling? (frml); **¿tú de ~ de quién estás?** whose side are you on?; **se puso de su ~** he sided with her; **yo te ayudaré, pero tú también tienes que poner de tu ~** I'll help you, but you have to do your share *o* part *o* (BrE colloq) bit; **forman ~ del mecanismo de arranque** they are *o* they form part of the starting mechanism; **forma ~ de la delegación china** she's a member of the Chinese delegation; **forma ~ del equipo nacional** she's a member of the national team, she's on (AmE) *o* (BrE) in the national team; **entró a formar ~ de la plantilla** he joined the staff; **por mi/tu/su parte** for my/your/his part; **yo, por mi ~, no tengo inconveniente** I, for my part, have no objection (frml), as far as I'm concerned, there's no problem; **por parte de** on the part of; **exige un conocimiento de la materia por ~ del lector** it requires the reader to have some knowledge of the subject, it requires some knowledge of the subject on the part of the reader; **reclamaron una mayor atención a este problema por ~ de la junta** they demanded that the board pay greater attention to this problem; **su interrogatorio por ~ del fiscal** his questioning by the prosecutor; **por ~ de** *or* **del padre** on his father's side; **por partes: revisémoslo por ~s** let's go over it section by section; **vayamos por ~s ¿cómo empezó la discusión?** let's take it step by step, how did the argument start?; **por otra parte** (además) anyway, in any case; (por otro lado) however, on the other hand; ***salva sea la ~*** (euf & hum) derrière (euph & hum), sit-upon (BrE euph & hum); ***el que parte y reparte se lleva la mejor ~*** he who cuts the cake takes the biggest slice
C (participación) part; **yo no tuve ~ en eso** I played no part in that; **no le dan ~ en la toma de decisiones** she isn't given any say in decision-making; **no quiso tomar ~ en el debate** she did not wish to take part in *o* to participate in the debate; **los atletas que tomaron ~ en la segunda prueba** the athletes who competed in *o* took part in *o* participated in the second event
D (lugar): **vámonos a otra ~** let's go somewhere else *o* (AmE) someplace else; **va a pie a todas ~s** she goes everywhere on foot, she walks everywhere; **se consigue en cualquier ~** you can get it anywhere; **en todas ~s** everywhere; **tiene que estar en alguna ~** it must be somewhere; **no aparece por ninguna ~** I can't find it anywhere *o* it's nowhere to be found; **este camino no lleva a ninguna ~** this path doesn't lead anywhere; **esta discusión no nos va a llevar a ninguna ~** this discussion isn't going to get us anywhere; ***mandar a algn a buena ~*** (Chi fam & euf) to tell sb to go take a running jump (colloq), to tell sb to go to blazes (colloq & dated); ***en todas ~s (se) cuecen habas*** it's the same the world over
E **1** (en negociaciones, un contrato) party; **las ~s contratantes** the parties to the contract; **las ~s firmantes** the signatories; **ambas ~s están dispuestas a negociar** both sides are ready to negotiate **2** (Der) party; **soy ~ interesada** I'm an interested party

(Compuesto) **parte contraria** opposing party

F (Teatr) part, role; ***mandarse la ~*** (RPl) *or* (Chi) ***las ~s*** (fam) to show off
G (Méx) (repuesto) part, spare part, spare
H **partes** *fpl* (euf) (genitales) private parts (*pl*) (euph), privates (*pl*) (colloq & euph)

(Compuestos)
- **partes pudendas** (euf) private parts (*pl*) (euph), pudenda (*pl*) (frml)
- **partes vergonzosas** (euf) private parts (*pl*) (euph)

parteluz *m* mullion

partenaire /parte'ner/ *mf* partner; **actuaron como ~s en numerosas películas** they starred opposite each other *o* they were co-stars in several movies

partenogénesis *f* parthenogenesis

Partenón *m*: **el ~** the Parthenon

partero -ra *m,f* midwife

parterre *m* (Esp) **1** (macizo) flowerbed **2** (tipo de jardín) ornamental garden, parterre

partición *f* (frml)
A (de una herencia) division; (de un territorio) partition
B (Inf) partition

participación *f*
A (intervención) participation; **la ~ del público** audience participation; **con la ~ especial de Emilio Dávila** with a special guest appearance by Emilio Dávila; **~ EN algo: su ~ en el proyecto** her participation in the project; **tuvo una destacada ~ en las negociaciones** she played an important role in the negotiations; **confirmó su ~ en el campeonato** he confirmed that he would be taking part in *o* participating in the championship; **el índice de ~ en las elecciones** the turnout for the elections; **su ~ en el fraude no se pudo probar** his part in the fraud could not be proved, it could not be proved that he had taken part in *o* participated in the fraud

P

B 1 (en ganancias, en un fondo) share; **exigen ~ en los beneficios** they are demanding a share in the profits; **aumentaron su ~ en el mercado** they increased their market share 2 (en una empresa) stockholding, interest, shareholding (BrE) 3 (de lotería) share (*in a lottery ticket*)
C (de casamiento, nacimiento) announcement

participante[1] *adj* ‹*empresas/artistas*› participating (*before n*); **~ EN algo**: **los coros ~s en el concurso** the choirs taking part in *o* participating in the competition; **los atletas ~s en la maratón** the athletes taking part in *o* competing in *o* participating in the marathon

participante[2] *mf* (en un debate) participant; (en un concurso) contestant, entrant; (en una carrera) competitor, entrant

participar [A1] *vi*
A (en un debate, concurso) to take part, participate (frml); **no participó en la carrera** she did not take part in *o* run/swim/ride in the race; **diez equipos ~on en el torneo** ten teams took part in *o* played in *o* participated in the tournament; **participó activamente en la toma de decisiones** he took an active part in the decision-making; **los artistas que participan en el espectáculo** the artists taking part in *o* participating in the show; **participaban en la alegría general** they shared in the general feeling of happiness
B 1 (en ganancias, en un fondo) to have a share 2 (en una empresa) to have a stockholding *o* an interest 3 (en una lotería): **participa con la cantidad de 2 euros en el número 20179** he holds a 2 euro share in ticket number 20179
C (frml) **~ DE algo** ‹*de una opinión/un sentimiento*› to share sth; ‹*de una característica*› to share sth; **no participo de su optimismo** I do not share his optimism
■ **participar** *vt*
A (frml) (comunicar) ‹*matrimonio/nacimiento*› to announce; **tengo que ~les que ...** I have to inform you that ...
B 1 ‹*compañía*› to have a stockholding *o* an interest in; **una empresa participada al 50% por Sterosa** a company 50% owned by Sterosa 2 ‹*capital*› to put up, provide

participativo -va *adj* 1 (que supone participación) participatory; **democracia participativa** participatory democracy; **un debate abierto y ~** an open debate in which all views were expressed 2 ‹*ciudadanía/sociedad*› participative

partícipe *mf* (frml) 1 **ser ~ EN algo** (contribuir) to contribute TO sth; **este gran éxito, en el que todos hemos sido ~s** this great success, in which we have all played our part *o* to which we have all contributed 2 **ser ~ DE algo** (compartir) to share IN sth; **todos fuimos ~s de su gran dolor** we all shared his great sorrow; **hizo ~s de la noticia a todos los allí presentes** he informed all those present of the news, he shared the news with all those present

participio *m* participle
(Compuestos)
• **participio pasado** *or* **pasivo** past participle
• **participio presente** *or* **activo** present participle

partícula *f* 1 (Fís, Quím) particle 2 (parte muy pequeña) particle, speck 3 (Ling) particle

particular[1] *adj* 1 (privado) ‹*clases/profesor*› private; ‹*teléfono*› home (*before n*); **en su domicilio ~** at his home 2 (específico) ‹*característica/aspecto*› particular; **en el caso ~ de García** in García's particular case; **la especie presenta ciertos rasgos que le son ~es** the species has certain characteristics which are peculiar *o* unique to it; **en ~** in particular, particularly 3 (especial, diferente): **tiene un estilo muy ~** she has a very individual *o* personal style, she has a style all of her own; **es un tipo muy ~** (fam) he's a very peculiar *o* (colloq) weird guy; **no tiene nada de ~ que quiera ir** there's nothing unusual *o* strange in her wanting to go; **la casa no tiene nada de ~** there's nothing special about the house

particular[2] *m* 1 (frml) (asunto) matter, point; **conocemos su opinión sobre este ~** we know your opinion on this matter *o* point; **sin otro ~ saluda a usted atentamente** sincerely yours (AmE), yours faithfully (BrE) 2 (persona) (private) individual; **viajar como ~** to travel on private *o* personal business; **de ~** (AmL) out of uniform

particularidad *f* 1 (cualidad) peculiarity 2 (rasgo) special feature *o* characteristic

particularizar [A4] *vt*
A 1 (distinguir) to distinguish 2 (caracterizar) to characterize
B 1 (especificar) to specify 2 (entrar en detalles) to particularize, go into detail about
■ **particularizar** *vi* 1 (personalizar): **no particularices, la culpa la tienen todos** don't single anybody out, they're all to blame 2 (dar detalles) to go into details *o* specifics
■ **particularizarse** *v pron* to be characterized; **su obra se particulariza por su realismo** her work is characterized by its realism

particularmente *adv* 1 (especialmente) particularly, especially; **no es ~ nocivo** it isn't particularly *o* especially harmful 2 (*indep*) (personalmente) personally; **yo, ~, considero que se debería omitir** personally, I think it should be omitted

partida *f*
A (Jueg) game; **una ~ de ajedrez/cartas** a game of chess/cards; **¿nos echamos otra partidita?** shall we have another game?
B 1 (en un registro) entry 2 (en contabilidad) entry 3 (en un presupuesto) item; **importantes ~s de dinero** large sums of money 4 (de mercancías) consignment, batch
(Compuestos)
• **partida bautismal** *or* **de bautismo** certificate of baptism
• **partida de nacimiento** birth certificate
• **partida doble** (Fin) double entry; **por ~ ~** twice over
C (frml) (salida) departure, leaving
D (de rastreadores, excursionistas) party, group; **ser ~** (Per fam) to be game (colloq); **esta noche vamos a bailar — ¡yo soy ~!** we're going dancing tonight — I'm game *o* I'll come *o* you can count me in! (colloq)
(Compuestos)
• **partida de caza** (de caza menor) shooting party; (de caza mayor) hunting party
• **partida de reconocimiento** reconnaissance party

partidario[1] **-ria** *adj* 1 (a favor) **~ DE algo** in favor* OF sth; **no soy ~ de los cambios propuestos** I'm not in favor of *o* I don't agree with the proposed changes; **se mostró ~ de la medida** he expressed his support for the measure; **soy ~ de vender la finca cuanto antes** I'm in favor of selling the farm as soon as possible, I think we/you should sell the farm as soon as possible 2 ‹*militancia/ideología*› partisan

partidario[2] **-ria** *m,f* supporter; **~ DE algo/algn**: **los ~s de Gaztelu** Gaztelu's supporters; **los ~s de la violencia** those who favor *o* advocate *o* support the use of violence; **los ~s del cambio** those in favor of the change

partidillo *m* practice game

partidismo *m* partisanship; **una política sin ~s** a nonpartisan policy

partidista *adj* partisan, party (*before n*)

partido[1] **-da** *adj*
A ‹*labios*› chapped; ‹*barbilla*› cleft
B (Mat): **siete ~ por diez** seven over ten; **este número, ~ por tres, nos da el valor de X** this number, divided by three, gives us the value of X

partido[2] *m*
A 1 (de fútbol) game, match (BrE); **vamos a echar un ~ de tenis** let's have a game of tennis; **el ~ de tenis entre Gowans y Rendall** the tennis match between Gowans and Rendall 2 (AmL) (partida) game; **un ~ de ajedrez** a game of chess
(Compuestos)
• **partido amistoso** friendly game *o* match, friendly
• **partido de desempate** replay, deciding game
• **partido de exhibición** exhibition game *o* match
• **partido de homenaje** benefit game *o* match, benefit
• **partido de ida** first leg
• **partido de vuelta** second leg
• **partido en casa** home game *o* (BrE also) match
• **partido fuera de casa** away game *o* (BrE also) match
B 1 (Pol) party; **~ político** political party; **~ de la oposición** opposition party; **un ~ de izquierda(s)/derecha(s)/centro** a left-wing/right-wing/center party; **sistema de ~ único** one-party *o* single-party system; ***tomar* ~** to take sides 2 (partidarios) following; **su música tiene mucho ~ entre la juventud** his music has a big following among young people; **esta postura tiene mucho ~ entre los agricultores** this position enjoys wide support among farmers *o* is widely supported by farmers
(Compuesto) **partido bisagra** *party holding the balance of power*
C (provecho): **le sabe sacar ~ a cualquier situación** he knows how to make the most of any situation; **trata de sacar el mejor ~ de tus conocimientos** try to make the best use of *o* try to take full advantage of your knowledge
D (para casarse): **un buen ~** a good catch; **no pudo encontrar peor ~ para casarse** she couldn't have found anyone worse to marry
E (comarca) administrative area
(Compuesto) **partido judicial** (Esp) administrative area

partidor *m* (Col) starting gate

partir [I1] *vt* 1 (con cuchillo) ‹*tarta/melón*› to cut; **partió la pera en dos/por la mitad** he cut the pear in two/in half; **parte la empanada en cinco partes iguales** cut the pie into five equal pieces; **¿me partes otro trozo?** can you cut me another piece? 2 (romper) ‹*piedra/coco*› to break, smash; ‹*nuez/avellana*› to crack; **¿me partes un pedazo de pan?** could you break me off a piece of bread?; **el rayo partió el árbol por la mitad** the lightning split the tree in two; **partió la vara en dos** he broke *o* snapped the stick in two 3 (con un golpe) ‹*labio*› to split, split open; ‹*cabeza*› to split open; **¡te voy a ~ la cara!** (fam) I'll smash your face in! (colloq) 4 ‹‹*frío*›› ‹*labios*› to chap 5 ‹*baraja*› to cut
■ **partir** *vi*
A (frml) ‹‹*tren/avión/barco*›› to leave, depart (frml); ‹‹*persona/delegación*›› to set off, leave; **partió ayer con destino a Londres** she left for London yesterday; **~emos a las ocho** we'll set off *o* set out at eight, we shall depart at eight o'clock (frml); **la expedición ~á de Lima hacia Cuzco el día 15** the expedition will leave Lima for Cuzco on the 15th
B ‹‹*auto*›› (Chi) to start
C 1 **~ DE algo** ‹*de una premisa/un supuesto*› to start FROM sth; **debemos ~ de la base de que lograremos los fondos** we should start from the premise *o* assumption that we will obtain the funds, we should start by assuming that we will obtain the funds; **partiendo de esta hipótesis** taking this hypothesis as a starting point; **si partimos de que estamos en inferioridad de condiciones** if we start by assuming/accepting that we are at a disadvantage 2 **a partir de** from; **a ~ de ese momento ella empezó a cambiar** from that moment she began to change; **a ~ de la implementación de esas medidas la situación ha venido mejorando** since the implementation of these measures, the situation has been improving; **a ~ de hoy/del sábado** (starting) from today/from Saturday; **a ~ de ahora** from now on, starting from now; **a ~ de ese lugar el ascenso se hace cada vez más difícil** from that point on the ascent becomes increasingly difficult; **a ~ de estos datos ¿qué conclusiones podemos sacar?** what conclusions can we draw from these facts?, given these facts, what conclusions can we draw?
■ **partirse** *v pron* 1 ‹‹*mármol/roca*›› to split, smash, break; **se le partió un diente** she broke *o* chipped a tooth 2 (*refl*) ‹‹*persona*››

P

‹labio› to split; ‹diente› to break, chip; **si te caes, te vas a ~ la cabeza** if you fall, you'll split *o* crack your head open

partisano -na *adj/m,f* partisan

partitivo¹ -va *adj* partitive

partitivo² *m* partitive

partitura *f* (Mús) score; **me olvidé de la ~** I forgot my music; **~ para voz y piano** score for voice and piano

parto *m* **1** (Med) labor*; **estar de ~** to be in labor; **tuvo un ~ larguísimo** she was in labor for a very long time; **fue un ~ difícil** it was a difficult birth; **provocar el ~** to induce labor; **tuvieron que provocarle el ~** she had to be induced; **murió en el** *or* **de ~** she died during childbirth; **le teme al ~** she's afraid of giving birth; **asistir en un ~** to deliver a baby; **fue un ~ prematuro** she gave birth prematurely; **ejercicios de preparación para el ~** prenatal (AmE) *o* (BrE) antenatal exercises; ▸**dolor**, **trabajo** **2** (tarea difícil): **al final lo terminó, pero aquello fue un ~** he finally finished it, but it was like one of the labors of Hercules

(Compuestos)
- **parto en el agua** water birth
- **parto múltiple** multiple birth
- **parto natural** natural birth
- **parto sin dolor** pain-free labor*

parturienta *f* (durante el parto) parturient (tech), woman in labor*; (después del parto) woman who has just given birth

parva *f* **1** (de mies) heap of grain **2** (de paja) haystack

parvada *f* (AmL) flock, bevy

parvulario¹ *m* kindergarten, nursery school

parvulario² -ria *m,f* (Chi) kindergarten teacher, nursery-school teacher

parvulista *mf* kindergarten teacher, nursery-school teacher

párvulo *m* preschooler (AmE), infant (BrE)

pasa *f* raisin; ***estar hecho una ~*** *or* ***estar arrugado como una ~*** to be very wrinkled

(Compuestos)
- **pasa de Corinto** currant
- **pasa de Esmirna** sultana
- **pasa gorrona** large raisin

pasable *adj*

A (tolerable) passable; **la comida está ~** the food's passable *o* all right

B ‹río/arroyo› (AmL) fordable; **el río es ~ a la altura de Melo** you can ford *o* cross the river at Melo

pasabocas *m* (*pl* ~) (Col) (Coc) snack

pasabordo *m* (Col) boarding pass

pasacalle *m* passacaglia

pasacasete *m* cassette player

pasacassettes /pasaka'set/ *m* (*pl* ~) (RPl) cassette player

pasacintas *m* (*pl* ~)

A **1** (festón) casing **2** (aguja) bodkin

B (Audio) cassette player

C (Indum) suspender belt, suspenders (*pl*) (BrE)

pasada *f*

A **1** (con un trapo) wipe; (de barniz, cera) coat; **dale otra ~ de pintura** give it another coat of paint; **con dos ~s con la plancha queda perfecta** just give it a quick run over with the iron *o* (BrE) a quick iron and it'll be fine **2** (en labores) row **3** (paso): **de ~: sólo se refirió al tema de ~** he only touched on the subject in passing, he only made a passing reference to the subject; **de ~ voy a parar a comprar cigarrillos** I'll stop off on the way and buy some cigarettes; **estuvo de ~, no se quedó mucho rato** he was just passing (by), he didn't stay long; ***hacerle*** *or* ***jugarle una mala ~ a algn*** to play a dirty trick on sb

B (Esp arg) (abuso) rip off (colloq); **¿30 euros por eso? ¡qué ~!** 30 euros for that? what a rip off! (colloq); **tratarlo así fue una ~** you went too far treating him like that (colloq)

pasadizo *m* passageway, passage

pasado¹ -da *adj*

A (en expresiones de tiempo): **el año/mes/sábado ~** last year/month/Saturday; **el recital tuvo lugar el ~ día 14** the recital took place on the 14th; **la visita real que tuvo lugar en días ~s** the royal visit which took place a few days ago; **como era la costumbre en tiempos ~s** as was the custom in days gone by *o* (liter) in bygone days; **lo ~, ~ está** (fr hecha) what's done is done, let bygones be bygones; **~s dos o tres días volvió** she came back after two or three days; **son las cinco pasadas** it's after *o* past five o'clock, it's gone five (BrE colloq); **pasadas las tres de la tarde** (sometime) after three o'clock in the afternoon *ver tb* **mañana¹ A**

B **1** (anticuado) passé, old-fashioned; **todo lo que lleva es de lo más ~** all her clothes are so passé *o* old-fashioned **2** (gastado, raído) worn-out; **esos zapatos están muy ~s** those shoes are worn out, those shoes have seen better days (colloq & hum); **los codos de la chaqueta están ~s** the jacket has gone *o* worn through at the elbows

C (arg) ‹persona› stoned (colloq), out of one's head (colloq)

D **1** ‹fruta› overripe; **la leche está pasada** the milk is off *o* sour **2** ‹arroz/pastas› overcooked; **el filete muy ~, por favor** I'd like my steak well done please

pasado² *m* **1** (época pasada) past; **tenemos que olvidar el ~** we must forget the past; **eso pertenece al ~** that's all in the past; **a causa de su ~ político** because of her political background **2** (Ling) past, past tense

pasador *m*

A **1** (de pelo — decorativo) barrette (AmE), hair slide (BrE); (— en forma de horquilla) (Méx) bobby pin (AmE), hair clip (BrE) **2** (de corbata) tiepin **3** (gemelo) cuff link **4** (Per) (cordón) shoelace

B **1** (de puerta, ventana) bolt **2** (de bisagra) pin **3** (chaveta) cotter pin

C (filtro) filter; (colador) strainer

pasaje *m*

A **1** (esp AmL) (para viajar) ticket; **sacar un ~ de ida/de ida y vuelta** to buy a one-way/round-trip ticket (AmE), to buy a single/return ticket (BrE); **el ~ en avión sale más caro** the airline ticket is more expensive, it's more expensive to go by air; **mi madre me regaló el ~** my mother paid my fare **2** (frml) (pasajeros): **el ~** the passengers (*pl*) **3** (ant) (viaje) crossing, voyage, passage (dated)

B **1** (callejón) passage, narrow street **2** (galería comercial) arcade, mall

C (Lit, Mús) passage

pasajero¹ -ra *adj* ‹capricho› passing (*before n*); ‹amorío› fleeting (*before n*), transient; **una moda pasajera** a passing fashion; **puede ser que experimente alguna molestia pasajera** you may experience some discomfort for a while *o* some temporary discomfort

pasajero² -ra *m,f* passenger

(Compuesto) **pasajero/pasajera en** *or* **de tránsito** *m,f* transfer passenger

pasamanería *f* braids (*pl*), cords (*pl*)

pasamanos *m* (*pl* ~), **pasamano** *m* **1** (de una escalera) banister **2** (en un pasillo) handrail **3** (CS) (en un bus, tren) handrail

pasamontañas *m* (*pl* ~) balaclava, ski mask

pasante *mf*

A **1** (ayudante) assistant **2** (Der) articled clerk

B (Méx) (Educ) probationary teacher

pasantía *f* internship (AmE), work experience (BrE)

pasapalo *m* (Ven fam) nibble (colloq), appetizer

> **pasapalo**
>
> In Venezuela, small portions of food that are usually served with drinks at parties, bars, and social get-togethers.

pasaplatos *m* (*pl* ~) serving hatch

pasaportar [A1] *vt* (arg) to bump ... off (colloq)

pasaporte *m* passport; **sacar el ~** to get a passport; ***darle (el) ~ a algn*** (Esp arg) (despedirlo) to give sb a pink slip (AmE), to give sb his/her cards (BrE) (matarlo) to bump sb off (colloq)

pasapurés *m* (*pl* ~), **pasapuré** *m* **1** (con manivela) food mill **2** (para aplastar) potato masher **3** (prensa) ricer

pasar [A1]

GUÍA DE BÚSQUEDA

■ **pasar** *verbo intransitivo*

(Sentido I)

A **1** por un lugar
2 deteniéndose en un lugar
3 caber, entrar

B **1** transmitirse, transferirse
2 comunicar

C entrar

D **1** cambiar de estado, actividad, tema
2 Educación
3 indicando aceptabilidad

E exceder un límite

F **1** pasar por: ser tenido por
2 pasar por: implicar

(Sentido II)

A **1** transcurrir
2 terminar

B arreglárselas

(Sentido III) ocurrir, suceder

(Sentido IV)

A **1** en naipes, juegos
2 rechazando una invitación

B expresando indiferencia

■ **pasar** *verbo transitivo*

(Sentido I)

A **1** hacer atravesar
2 pasar por la aduana
3 hacer recorrer

B exhibir, mostrar

C **1** cruzar, atravesar
2 adelantar, sobrepasar

D aprobar: examen

E dar la vuelta a

F tolerar, admitir

G transcribir

H engañar

(Sentido II)

A entregar, hacer llegar

B contagiar

(Sentido III)

A pasar: tiempo, día etc

B **1** sufrir, padecer
2 pasarlo bien/mal

■ **pasarse** *verbo pronominal*

(Sentido I)

A cambiarse

B **1** ir demasiado lejos
2 excederse
3 lucirse

C **1** pasarse: comestibles
2 Cocina

(Sentido II)

A desaparecer

B tiempo

C olvidarse

(Sentido III)

A enfático: con idea de continuidad

B enfático: ir

C reflexivo

vi

(Sentido I)

A **1** (por un lugar) to come/go past; **no ha pasado ni un taxi** not one taxi has come/gone by *o* come/gone past; **pasó un coche a toda velocidad** a car passed at top speed, a car came/went past at top speed, a car shot *o* sped past; **¿a qué hora pasa el lechero?** what time does the milkman come?; **no aparques aquí, que no pueden ~ otros coches** don't park here, other cars won't be able to get past; **no dejan ~ a nadie** they're not letting anyone through;

no dejes ~ esta oportunidad don't miss this chance; **~ de largo** to go right *o* straight past; **el autobús venía completo y pasó de largo** the bus was full and didn't stop *o* went right *o* straight past without stopping; **pasó de largo sin siquiera saludar** she went right *o* straight past *o* (colloq) she sailed past without even saying hello; **~ POR algo** to go THROUGH sth; **al ~ por la aduana** when you go through customs; **prefiero no ~ por el centro** I'd rather not go through the city center; **el Tajo pasa por Aranjuez** the Tagus flows through Aranjuez; **hay un vuelo directo, no hace falta ~ por Miami** there's a direct flight so you don't have to go via Miami; **¿este autobús pasa por el museo?** does this bus go past the museum?; **¿el 45 pasa por aquí?** does the number 45 come this way/stop here?; **pasamos justo por delante de su casa** we went right past her house; **pasaba por aquí y se me ocurrió hacerte una visita** I was just passing by *o* I was in the area and I thought I'd drop in and see you; **ni me pasó por la imaginación que fuese a hacerlo** it didn't even occur to me *o* it didn't even cross my mind that she would do it; **el país está pasando por momentos difíciles** these are difficult times for the country **2** (deteniéndose en un lugar) **~ POR**: **¿podríamos ~ por el supermercado?** can we stop off at the supermarket?; **de camino tengo que ~ por la oficina** I have to drop in at *o* stop by the office on the way; **pase usted por caja** please go over to the cashier; **pasa un día por casa** why don't you drop *o* come by the house sometime?; **~ A + INF**: **puede ~ a recogerlo mañana** you can come and pick it up tomorrow; **~emos a verlos de camino a casa** we'll drop by *o* stop by and see them on the way home, we'll call in *o* drop in and see them on the way home **3** (caber, entrar): **no creo que pase por la puerta, es demasiado ancho** I don't think it'll go through *o* I don't think we'll get it through the door, it's too wide; **esta camiseta no me pasa por la cabeza** I can't get this T-shirt over my head

B **1** (transmitirse, transferirse): **la humedad ha pasado a la habitación de al lado** the damp has gone through to the room next door; **el título pasa al hijo mayor** the title passes *o* goes to the eldest son; **la carta ha ido pasando de mano en mano** the letter has been passed around (to everyone) **2** (comunicar): **te paso con Javier** (en el mismo teléfono) I'll let you speak to Javier, I'll hand *o* pass you over to Javier; (en otro teléfono) I'll put you through to Javier

C (entrar — acercándose al hablante) to come in; (— alejándose del hablante) to go in; **pasa, no te quedes en la puerta** come (on) in, don't stand there in the doorway; **¿se puede? — pase** may I come in? — yes, please do; **¡que pase el siguiente!** next, please!; **ha llegado el señor Díaz — hágalo ~** Mr Díaz is here — show him in please; **¡no ~án!** (fr hecha) they shall not pass!; **pueden ~ al comedor** you may go through into the dining room; **¿puedo ~ al baño?** may I use the bathroom please?; **¿quién quiere ~ al pizarrón?** (AmL) who's going to come up to the blackboard?

D **1** (cambiar de estado, actividad, tema) **~ (DE algo) A algo**: **en poco tiempo ha pasado del anonimato a la fama** in a very short space of time she's gone *o* shot from obscurity to fame; **pasó del quinto al séptimo lugar** she went *o* dropped from fifth to seventh place; **ahora pasa a tercera** (Auto) now change into third; **pasa a la página 98** continued on page 98; **pasando a otra cosa ...** anyway, to change the subject ...; **~ A + INF**: **el equipo pasa a ocupar el primer puesto** the team moves into first place; **pasó a formar parte del equipo en julio** she joined the team in July; **más tarde pasó a tratar la cuestión de los impuestos** later he went on to deal with the question of taxes; **pasamos a informar de otras noticias de interés** now, the rest of the news **2** (Educación): **Daniel ya pasa a tercero** Daniel will be starting third grade next semester (AmE), Daniel will be going into the third year next term (BrE); **si pasas de curso te compro una bicicleta** if you get through *o* pass your end-of-year exams, I'll buy you a bicycle **3** (indicando aceptabilidad): **no está perfecto, pero puede ~** it's not perfect, but it'll do; **por esta vez (que) pase, pero que no se repita** I'll let it pass *o* go this time, but don't let it happen again

E (exceder un límite) **~ DE algo**: **no pases de 100** don't go over 100; **fue un pequeño desacuerdo pero no pasó de eso** it was nothing more than a slight disagreement, we/they had a slight disagreement, but it was nothing more than that; **estuvo muy cortés conmigo pero no pasó de eso** he was very polite, but no more; **tengo que escribirle, de hoy no pasa** I must write to him today without fail; **está muy grave, no creo que pase de hoy** he's very ill, I don't think he'll last another day; **yo diría que no pasa de los 30** I wouldn't say he was more than 30; **al principio no pasábamos de nueve empleados** there were only nine of us working there/here at the beginning; **no pasan de ser palabras vacías** they are still nothing but empty words *o* still only empty words

F **pasar por** **1** (ser tenido por): **pasa por tonto, pero no lo es** he might look stupid, but he isn't; **podrían ~ por hermanas** they could pass for sisters; **se hacía ~ por médico** he passed himself off as a doctor; **se hizo ~ por mi padre** he pretended to be my father **2** (implicar) to lie in; **la solución pasa por la racionalización de la industria** the solution lies in the rationalization of the industry

(Sentido II)

A «*tiempo*» **1** (transcurrir): **ya han pasado dos horas y aún no ha vuelto** it's been two hours now and she still hasn't come back; **¡cómo pasa el tiempo!** doesn't time fly!; **por ti no pasan los años** you look as young as ever; **pasaban las horas y no llegaba** the hours went by *o* passed and still he didn't come **2** (terminar): **menos mal que el invierno ya ha pasado** thank goodness winter's over; **ya ha pasado lo peor** the worst is over now; **no llores, ya pasó** don't cry, it's all right now *o* it's all over now

B (arreglárselas): **¿compro más o podemos ~ con esto?** shall I buy some more or can we get by on *o* make do with this?; **sin electricidad podemos ~, pero sin agua no** we can manage *o* do without electricity but not without water

(Sentido III) (ocurrir, suceder) to happen; **déjame que te cuente lo que pasó** let me tell you what happened; **claro que me gustaría ir, lo que pasa es que estoy cansada** of course I'd like to go, only I'm really tired *o* it's just that I'm really tired; **lo que pasa es que el jueves no voy a estar** the thing is *o* the problem is I won't be here on Thursday; **iré pase lo que pase** I'm going whatever happens *o* come what may; **¿qué pasó con lo del reloj?** what happened about the watch?; **ahora se dan la mano y aquí no ha pasado nada** now just shake hands and let's forget the whole thing; **en este pueblo nunca pasa nada** nothing ever happens in this town; **siempre pasa igual** *or* **lo mismo** it's always the same; **¿qué pasa? ¿por qué estás tan serio?** what's up *o* what's the matter? why are you looking so serious?; **se lo dije yo ¿pasa algo?** I told him, what of it *o* what's it to you? (colloq), I told him, do you have a problem with that? (colloq); **¡hola, Carlos! ¿qué pasa?** (fam) hi, Carlos! how's things *o* how's it going? (colloq); **no te hagas mala sangre, son cosas que pasan** don't get upset about it, these things happen; (+ *me/te/le etc*): **¿qué te ha pasado en el ojo?** what have you done to your eye?, what's happened to your eye?; **¿qué le ~á a Ricardo que tiene tan mala cara?** I wonder what's up with *o* what's the matter with Ricardo? he looks terrible (colloq); **¿qué te pasa que estás tan callado?** why are you so quiet?; **¿qué le pasa a la lavadora que no centrifuga?** why isn't the washing machine spinning?; **no sé qué me pasa** I don't know what's wrong *o* what's the matter with me; **eso le pasa a cualquiera** that can happen to anybody; **el coche quedó destrozado pero a él no le pasó nada** the car was wrecked but he escaped unhurt

(Sentido IV)

A **1** (en naipes, juegos) to pass; **paso, no tengo tréboles** pass *o* I can't go, I don't have any clubs **2** (fam) (rechazando una invitación, una oportunidad): **tómate otra — no, gracias, esta vez paso** have another one — no thanks, I'll skip this one *o* I'll pass on this round (colloq); **¿vas a tomar postre? — no, yo paso** are you going to have a dessert? — no, I think I'll give it a miss *o* no, I couldn't; **~ DE algo**: **esta noche paso de salir, estoy muy cansada** I don't feel like going out tonight, I'm very tired (colloq)

B (fam) (expresando indiferencia): **que se las arreglen, yo paso** they can sort it out themselves, it's not my problem *o* I don't want anything to do with it; **~ DE algo**: **pasa ampliamente de lo que diga la gente** she couldn't give a damn about *o* she couldn't care less what people say (colloq); **paso mucho de política** I couldn't give a damn about politics (colloq); **~ DE algn** (esp Esp): **paso de él** I don't give a damn what he does/what happens to him (colloq); **mis padres pasan de mí** my parents couldn't care less what I do/what happens to me

■ **pasar** *vt*

(Sentido I)

A **1** (hacer atravesar) **~ algo POR algo**: **~ la salsa por un tamiz** put the sauce through a sieve, sieve the sauce; **pasé la piña por la licuadora** I put the pineapple through the blender, I liquidized *o* blended the pineapple; **pasa el cordón por este agujero** thread the shoelace through this hole **2** (por la aduana): **¿cuántas botellas de vino se puede ~?** how many bottles of wine are you allowed to take through?; **los pillaron intentando ~ armas** they were caught trying to smuggle *o* bring in arms **3** (hacer recorrer): **pasé la aspiradora por el cuarto** I vacuumed *o* (BrE) *tb* hoovered the room; **ven aquí, que te voy a ~ un peine** come here and let me give your hair a quick comb *o* let me put a comb through your hair; **pásale un trapo al piso** give the floor a quick wipe, wipe the floor down; **~lo primero por harina** first dip it in flour; **a esto hay que ~le una plancha** this needs a quick iron *o* (colloq) a quick once-over *o* run over with the iron

B (exhibir, mostrar) ‹*película/anuncio*› to show; **las chicas que ~on los modelos** the girls who modeled the dresses

C **1** (cruzar, atravesar) ‹*frontera*› to cross; **~on el río a nado** they swam across the river; **esa calle la pasamos hace rato** we went past *o* we passed that street a while back; **¿ya hemos pasado Flores?** have we been through Flores yet? **2** (adelantar, sobrepasar) to overtake; **a ver si podemos ~ a este camión** why don't we overtake *o* get past *o* pass this truck?; **está altísimo, ya pasa a su padre** he's really tall, he's already overtaken his father

D (aprobar) ‹*examen/prueba*› to pass

E (dar la vuelta a) ‹*página/hoja*› to turn

F (fam) (tolerar, admitir): **esto no te lo paso** I'm not letting you get away with this; **el profesor no te deja ~ ni una** the teacher doesn't let you get away with anything; **a ese tipo no lo paso** *or* **no lo puedo ~** I can't stand *o* take that guy (colloq); **yo el Roquefort no lo paso** I can't stand Roquefort, I hate Roquefort; **no podía ~ aquella sopa grasienta** I couldn't stomach *o* eat that greasy soup; **~ *por alto*** ‹*falta/error*› to overlook, forget about; (olvidar, omitir) to forget, leave out, omit, overlook

G (transcribir): **tendré que ~ la carta** I'll have to write *o* copy the letter out again; **¿me pasas esto a máquina?** could you type this for me?; ▸**limpio**[1] **A3**

H (AmL) (engañar) to put one over on (colloq); **se cree que me va a ~ a mí** he thinks he can put one over on me

(Sentido II)

A (entregar, hacer llegar): **cuando termines el libro, pásaselo a Miguel** when you finish the book, pass it on to Miguel; **¿me pasas el martillo?**

P

can you pass me the hammer?; **¿han pasado ya la factura?** have they sent the bill yet?, have they billed you/us yet?; **le pasó el balón a Gómez** he passed the ball to Gómez; **el padre le pasa una mensualidad** she gets a monthly allowance from her father, her father gives her a monthly allowance
B (contagiar) ‹*gripe/resfriado*› to give; **se lo pasé a toda la familia** I gave it to *o* passed it on to the whole family
Sentido **III**
A ‹*tiempo*› to spend; **vamos a ~ las Navidades en casa** we are going to spend Christmas at home; **fuimos a Toledo a ~ el día** we went to Toledo for the day
B **1** (sufrir, padecer): **~on muchas penalidades** they went through *o* suffered a lot of hardship; **pasé mucho miedo** I was very frightened; **¿pasaste frío anoche?** were you cold last night?; **pasamos hambre en la posguerra** we went hungry after the war; **está pasando una mala racha** he's going through bad times *o* (BrE) a bad patch (colloq); **no sabes las que pasé yo con ese hombre** you've no idea what I went through with that man **2** **pasarlo** *or* **pasarla bien/mal: lo pasa muy mal con los exámenes** he gets very nervous *o* (colloq) gets in a real state about exams; **¿qué tal lo pasaste en la fiesta?** did you have a good time at the party?, did you enjoy the party?; ▸ **Caín, negro**[1], **pipa**, etc
■ **pasarse** *v pron*
Sentido **I**
A (cambiarse): **~se al enemigo/al bando contrario** to go over to the enemy/to the other side; **queremos ~nos a la otra oficina** we want to move to the other office
B **1** (ir demasiado lejos): **nos hemos pasado, el banco está más arriba** we've gone too far, the bank isn't as far down as this; **nos pasamos de estación/parada** we missed *o* went past our station/stop **2** (fam) (excederse) to go too far; **esta vez te has pasado** you've gone too far this time; **no te pases que no estoy para bromas** that's enough *o* don't push your luck (colloq), I'm not in the mood for jokes; **se ~on con los precios** they charged exorbitant prices, the prices they charged were way over the top *o* way out of line (colloq); **se pasó con la sal** he put too much salt in it, he overdid the salt (colloq); **~se DE algo: se pasó de listo** he tried to be too clever (colloq); **te pasas de bueno** you're too kind for your own good **3** (CS fam) (lucirse): **¡te pasaste! esto está riquísimo** you've excelled yourself! this is really delicious (colloq); **se pasó con ese gol** that was a fantastic goal he scored (colloq)
C **1** «*peras/tomates*» to go bad, get overripe; «*carne/pescado*» to go off, go bad; «*leche*» to go off, go sour; **estos plátanos se están pasando** these bananas are starting to go bad *o* to get overripe **2** (Cocina): **se va a ~ el arroz** the rice is going to spoil *o* get overcooked; **no lo dejes ~ de punto** don't let it overcook
Sentido **II** (+ *me/te/le etc*)
A (desaparecer): **ya se me pasó el dolor** the pain's gone *o* eased now; **espera a que se le pase el enojo** wait until he's calmed *o* cooled down; **hasta que se le pase la fiebre** until her temperature goes down
B «*tiempo*»: **sus clases se me pasan volando** her classes seem to go so quickly; **se me ~on las tres horas casi sin enterarme** the three hours flew by almost without my realizing
C (olvidarse): **lo siento, se me pasó totalmente** I'm sorry, I completely forgot *o* it completely slipped my mind; **se me pasó su cumpleaños** I forgot his birthday
Sentido **III**
A (*enfático*) (con idea de continuidad): **se pasa meses sin ver a su mujer** he goes for months at a time *o* he goes months without seeing his wife, he doesn't see his wife for months on end; **se pasa hablando por teléfono** (AmL) he's always on the telephone; **me pasé toda la noche estudiando** I was up all night studying; **es capaz de ~se el día entero sin probar bocado** he can quite easily go the whole day without having a thing to eat; **pasárselo bien/mal, etc** *ver* **pasar Sentido III B2**
B (*enfático*) (fam) (ir): **pásate por casa y te la presento** come round and I'll introduce you to her (colloq); **¿podrías ~te por el mercado?** could you go down to the market?, could you pop *o* nip down to the market? (BrE colloq)
C (*reflexivo*): **se pasó la mano por el pelo** he ran his fingers through his hair; **ni siquiera tuve tiempo de ~me un peine** I didn't even have time to run a comb through my hair *o* (BrE) to give my hair a comb

pasarela *f* **1** (en desfiles de modelos) runway (AmE), catwalk (BrE) **2** (Náut) gangway, gangplank **3** (puente) footbridge **4** (Inf) gateway
Compuesto **pasarela telescópica** jetty, telescopic walkway

pasatiempo *m* **1** (entretenimiento) hobby, pastime **2** **pasatiempos** *mpl* (en un periódico) puzzles (*pl*)

pascal *m* pascal

Pascua *f* **1** (fiesta de Resurrección) Easter; **el día de ~** Easter Sunday, Easter Day; ***de ~s a*** *or* ***en Ramos*** (fam) once in a blue moon (colloq); ***estar como*** *or* ***más contento que unas ~s*** (fam) to be over the moon (colloq); ***hacerle la ~ a algn*** (fam) to mess up sb's plans (colloq); ***y santas p~s*** (fam) and that's/that was that **2** (Navidad) Christmas **3** (fiesta judía) Passover
Compuesto **Pascua Florida** *or* **de Resurrección** Easter

pascual *adj* paschal, Easter (*before n*)

pascualina *f* ▸ **torta pascualina**

pase *m*
A **1** (permiso) pass; **mostró su ~ de periodista** she showed her press pass *o* card **2** (para un espectáculo) *tb* **~ de favor** complimentary ticket **3** (Col) (licencia de conducción) license*
Compuestos
• **pase de abordar** (Méx) boarding pass
• **pase de temporada** (Méx) season ticket
• **pase pernocta** overnight pass
B **1** (Dep) (en fútbol, baloncesto, rugby) pass; (en esgrima) feint; **~ hacia atrás** back pass; **~ adelantado** *or* **adelante** forward pass; **~ lateral** lateral pass; **~ pantalla** screen pass; **~ con engaño** play-action pass **2** (Taur) pass **3** (en magia) sleight of hand
Compuesto **pase de pecho** pass at chest height
C (Cin) showing, performance; **el último ~ empieza a las diez** the last showing starts at ten
D **1** (Esp arg) (colocón): **tener un ~** to be stoned (colloq) **2** (Col arg) (raya) line; **meterse un ~ de coca** to snort a line of coke (sl)

paseador -dora *adj* (Col) ▸ **paseandero**

paseandero -ra *adj* (CS fam): **es muy paseandera** she goes out a lot, she's always out

paseante *mf* stroller

pasear [A1] *vi* **1** (a pie) to go for a walk; **suele salir a ~ después de cenar** she usually takes a stroll *o* a walk after supper **2** (en bicicleta) to go for a (bike) ride, go cycling **3** (en coche) to go for a drive; **nos llevó a ~ por la costa** he took us for a drive along the coast
■ **pasear** *vt* **1** ‹*perro*› to walk; **nos paseó por todo el edificio** he trailed *o* dragged us around the whole building; **hay que ~la en el cochecito** you have to push her around in the baby carriage (AmE) *o* (BrE) in the pram **2** (lucir) ‹*sombrero/traje*› to show off **3** (fam) (en un examen): **me ~on por todo el programa** they asked me about every subject on the syllabus
■ **pasearse** *v pron* **1** (caminar) to walk; **se paseaban por ahí como si nada** they were walking around as if nothing had happened; **se paseaba de un lado a otro de la habitación** she was pacing up and down the room; **las hormigas se paseaban por la comida** the ants were crawling all over the food **2** (en coche, bicicleta etc) ▸ **pasear**

paseíllo *m* (Taur) opening procession

paseíto *m* gentle stroll, little walk

paseo *m*
A **1** (caminata) walk; **¿salimos a dar un ~?** shall we go for a walk *o* (colloq) stroll?; ***darle el ~ a algn*** to shoot sb, bump sb off (colloq); ***mandar a algn a ~*** (fam) to tell sb to get lost (colloq); **¡vete a ~!** get lost! (colloq), go to hell! (sl) **2** (en bicicleta) ride **3** (en coche) drive; **nos llevó a dar un ~ en su coche nuevo** she took us for a drive in her new car **4** (AmL) (excursión) trip, outing; **no vivo aquí, estoy de ~** I don't live here, I'm just visiting **5** (figura de baile) promenade **6** (Taur) ▸ **paseíllo**
B (en nombres de calles) walk, avenue
Compuesto **paseo marítimo** esplanade, seafront, promenade (BrE)

pashmina *f*
A (Tex) pashmina; (Indum) *tb* **bufanda de ~** pashmina scarf
B **pashmina** *m tb* **chal de ~** pashmina shawl

pasilleo *m* lobbying

pasillo *m*
A **1** (corredor) corridor **2** (en un avión) aisle
Compuesto **pasillo rodante** moving walkway
B (Mús) *Colombian folk dance*

pasión *f*
A **1** (sentimiento intenso) passion; **se dejó llevar por la ~** she was carried away by passion; **dominado por la ~** overcome with passion; **cometió el crimen en un arrebato de ~** she committed the crime in a fit of passion **2** (amor) passion; **lo quiero con ~** I love him passionately; **siente** *or* **tiene verdadera ~ por ella** he's passionately in love with her **3** (afición) passion; **tiene** *or* **siente ~ por el fútbol** he has a passion for football, he loves *o* adores football
B **la Pasión** (Relig) the Passion

pasional *adj* passionate; **en un arrebato ~** in a fit of passion

pasionaria *f* passionflower

pasito *adv* (Col) ‹*hablar*› quietly, softly; **hablen ~** talk quietly *o* keep your voices down; **entró pisando ~ para no despertarlo** she came in softly *o* quietly so as not to wake him, she tiptoed in so as not to wake him; **¿puede poner más ~ la música?** can you turn the music down a bit?

pasiva *f* passive

pasivamente *adv* passively; **fumar ~** to be subjected to passive smoking

pasividad *f*
A **1** (culidad) passivity, passiveness **2** (Tec) passivity
B (Ur frml) (pensión) pension

pasivo[1] **-va** *adj*
A ‹*actitud/persona*› passive
B (Econ, Servs Socs): **la población pasiva** the nonworking population
C (Ling) ‹*oración*› passive
D (Esp frml) (Fisco) **~ DE algo** liable FOR sth; **sujetos ~s de la imposición indirecta** persons liable for indirect taxation

pasivo[2] *m* **1** (en un negocio) liabilities (*pl*) **2** (en una cuenta) debit side

pasivo[3] **-va** *m,f* (Chi, Ur frml) senior citizen, old age pensioner

pasma *f* (Esp arg) **1** (cuerpo): **la ~** the cops (*pl*) (colloq), the bill (*sing or pl*) (BrE colloq) **2** **pasma** *mf* (agente) cop (colloq)

pasmado -da *adj*
A (fam) ‹*persona*› **¡no te quedes ahí ~, ayúdame!** don't stand there gaping *o* gawping *o* with your mouth open, help me! (colloq); **la noticia me dejó pasmada** I was amazed *o* stunned *o* flabbergasted by the news (colloq)
B (Chi, Méx) ‹*fruta*› stunted

pasmante *adj* (Chi) ▸ **pasmoso**

pasmar [A1] *vt* (fam) to amaze, stun; **tiene unos modales que te pasman** you'd be amazed *o* stunned at his manners (colloq)
■ **pasmar** *vi*: **¡hace un frío que pasma!** (fam) it's perishing (cold)! (colloq), it's absolutely freezing! (colloq)
■ **pasmarse** *v pron*
A (fam) «*persona*» to be amazed, be stunned (colloq)
B (Chi, Méx) «*fruta*» to stop growing

pasmarote *mf* (fam) dummy (colloq); **¡no te quedes ahí como un ~!** don't just stand there like a (stuffed) dummy! (colloq)

pasmo *m* (fam) shock; **¡no veas el ~ que le dio la noticia!** she got the shock of her life *o* she nearly died when she heard the news! (colloq); **cuando llegó la cuenta de la luz me dio el ~** when the electricity bill arrived I nearly had a fit

pasmoso -sa *adj* amazing (colloq), incredible (colloq); **su tranquilidad es pasmosa** he's incredibly *o* amazingly relaxed; **a una velocidad pasmosa** at an incredible *o* amazing speed

paso[1] *m*

A **1** (acción): **las compuertas controlan el ~ del agua** the hatches control the flow of water; **a su ~ por la ciudad el río se ensancha** the river widens as it flows through the city; **el ~ de los camiones había causado grietas en la calzada** cracks had appeared in the road surface caused by the passage of so many trucks *o* because of all the trucks using it; **hizo frente a todo lo que encontró a su ~** he faced up to every obstacle in his path; **con el ~ del tiempo se desgastó la piedra** the stone got worn down with time *o* with the passing *o* passage of time; **S ceda el paso** yield (*in US*), give way (*in UK*); **S prohibido el paso** no entry; **al ~** (en ajedrez) en passant; **de ~: no viven aquí, están de ~** they don't live here, they're just visiting *o* they're just passing through; **de ~ puedo dejarles el paquete** I can drop the package off on my way; **lo mencionó pero sólo de ~** he mentioned it but only in passing; **lleva esto a la oficina y de ~ habla con la secretaria** take this to the office and while you're there have a word with the secretary; **te lo recogeré si quieres, me pilla de ~** I'll pick it up for you if you like, it's on my way; **archiva estas fichas y de ~ comprueba todas las direcciones** file these cards and while you're at it *o* about it check all the addresses; **y dicho sea de ~ ...** and incidentally ...; ▸**ave** **2** (camino, posibilidad de pasar) way; **abran ~** make way; **se puso en medio y me cerró el ~** she stood in front of me and blocked my way; **por aquí no hay ~** you can't get through this way; **dejen el ~ libre** leave the way clear; ***abrirse ~*** to make one's way; **el sol se abría ~ entre las nubes** the sun was breaking through the clouds; **consiguió abrirse ~ a codazos entre la gente** she managed to elbow her way through the crowd; **no te será difícil abrirte ~ en la vida** you won't have any problems making your way in life *o* getting on in life; ***salir al ~ de algn*** to waylay sb; ***salir al ~ de algo*** to forestall sth

B (Geog) (en una montaña) pass; ***salir del ~*** to get out of a (tight) spot *o* (AmE) crack (colloq)

(Compuestos)

- **paso a desnivel** (Méx) ▸**paso elevado**
- **paso a nivel** grade crossing (AmE), level crossing (BrE)
- **paso de cebra** zebra crossing, crosswalk (AmE)
- **paso de gatos** (Méx) catwalk
- **paso del Ecuador** (en un barco) *celebration held to mark the crossing of the Equator*; (de estudiantes) *celebration held halfway through a college course*
- **paso de peatones** crosswalk (AmE), pedestrian crossing (BrE)
- **paso elevado** overpass (AmE), flyover (BrE)
- **paso fronterizo** border crossing
- **paso subterráneo** (para peatones) underpass, subway (BrE); (para vehículos) underpass

C **1** (movimiento al andar) step; **dio un ~ para atrás** he took a step backward(s), he stepped backward(s); **¡un ~ al frente!** one step forward!; **camina 50 ~s al norte** walk 50 paces to the north; **dirigió sus ~s hacia la puerta** she walked toward(s) the door; **oyó ~s en el piso de arriba** she heard footsteps on the floor above; **con ~ firme subió las escaleras** he climbed the stairs purposefully; **no da un ~ sin consultar a su marido** she won't do anything without asking her husband first; **~ a ~** step by step; **siguieron el juicio ~ a ~** they followed the trial step by step; **~ a ~ se fue abriendo camino en la empresa** he gradually worked his way up in the company; **me lo explicó ~ por ~** she explained it to me step by step; ***a cada ~*** at every turn; ***a ~s agigantados*** by leaps and bounds; **la informática avanza a ~s agigantados** information technology is advancing by leaps and bounds, enormous strides are being made in information technology; ***dar los primeros ~s*** (literal) to take one's first steps, start to walk; (iniciarse en algo) to start out; **dio sus primeros ~s como actor en televisión** he started out *o* made his debut as a television actor; ***dar un ~ en falso*** (literal) to stumble; (equivocarse) to make a false move; **dar un ~ en falso en política puede conducir al desastre** one false move *o* putting one foot wrong in politics can lead to disaster; ***seguirle los ~s a algn*** to tail sb; ***seguir los ~s de algn*** to follow in sb's footsteps; ***volver sobre sus ~s*** to retrace one's steps **2** (distancia corta): **vive a dos ~s de mi casa** he lives a stone's throw (away) from my house; **estuvo a un ~ de la muerte** she was at death's door; **ánimo, ya estamos a un ~** come on, we're nearly there now; **está a un ~ de aquí** it's just around the corner *o* down the road from here; **de ahí a convertirse en drogadicto no hay más que un ~** it's only a short step from there to becoming a drug addict **3** (logro, avance) step forward; **el que te haya llamado ya es un ~ (adelante)** the fact that he's called you is a step forward in itself; **supone un gran ~ en la lucha contra la enfermedad** it is a great step forward *o* a great advance in the fight against the illness **4** (de una gestión) step; **hemos dado los ~s necesarios** we have taken the necessary steps **5** (de baile) step **6** **pasos** *mpl* (en baloncesto) traveling*, steps (*pl*); **hacer ~s** to travel

D **1** (de un tornillo, una rosca) pitch **2** (en un contador) unit

E **1** (ritmo, velocidad): **aminoró el ~** he slowed down; **al ver que la seguían apretó el ~** when she realized she was being followed she quickened her pace; **el tren iba a buen ~** the train was going at a fair speed; **a este ~ no llegamos ni a las diez** at this rate we won't even get there by ten o'clock; **a este ~ te vas a poner enfermo** if you carry on like this, you'll get ill, at this rate *o* (if you carry on) the way you're going, you'll get ill; **escribía los nombres al ~ que yo se los leía** she wrote down the names as I read them out to her; ***a ~ de hormiga*** or ***tortuga*** at a snail's pace; ***llevar el ~*** to keep in step; ***marcar el ~*** to mark time; **en ese colegio te van a hacer marcar el ~** they'll make you toe the line at that school **2** (Equ): **al ~** at a walking pace

(Compuesto) **paso ligero** or **redoblado**: **a ~ ~** double quick, in double time

F (de la pasión) float (*in Holy Week processions*)

paso[2] **-sa** *adj* ▸**ciruela, uva**

pasodoble *m* paso doble

pasón *m* (Méx arg) trip (colloq); **está en un ~** he's tripping (colloq)

pasoso -sa *adj* (Chi) pervasive, strong

pasota[1] *adj* (Esp fam): **la juventud es ~ hoy en día** the youth of today just couldn't care less *o* couldn't give a damn about anything (colloq); **se pasó todo el verano en plan ~** he spent the whole summer loafing *o* lazing around (colloq)

pasota[2] *mf* (Esp fam): **ese tío es un ~** that guy couldn't care less *o* couldn't give a damn about anything (colloq)

pasote *m* (Esp arg): **este coche es un ~** this car is too much (colloq); **nos tuvieron allí tres horas ¡qué ~, tío!** they kept us there for three hours which was way over the top (colloq)

pasotismo *m* (Esp) indifference, apathy; **el ~ estudiantil** the couldn't-care-less attitude of students

paspadura *f* (RPl) chapped skin

pasparse [A1] *v pron* (RPl) «*cara/labios*» to get chapped; **el bebé tiene la cola paspada** the baby has diaper rash (AmE) *o* (BrE) nappy rash

paspartú *m* (*pl* **-tús**) passe-partout

pasquín *m*

A (esp AmL fam) (periódico) rag

B (cartel) pasquinade, satirical poster

passe-partout /paspar'tu/ *m* passe-partout

pássim *adv* passim

pasta *f*

A (Coc) **1** (fideos, macarrones, etc) pasta; **la ~ engorda** or (AmL) **las ~s engordan** pasta is fattening **2** (Esp) (galleta) *tb* **~ de té** cookie **3** (masa de harina) pastry **4** (de tomates, anchoas, etc) paste

(Compuesto) **pasta de hojaldre** puff paste (AmE), puff pastry (BrE)

B **1** (masa moldeable) paste, filler; (para botones, peines) paste; **un libro en ~** a book in boards; **libros de ~ blanda** (Méx) paperback books; ***ser de buena ~*** to be good-natured; ***tener ~ para/de algo*** to be cut out for sth; **no tengo ~ para los negocios** I'm not cut out for business; **tiene ~ de actriz** she's actress material, she has the makings of an actress **2** (Chi) (betún) polish

(Compuestos)

- **pasta base (de cocaína)** freebase cocaine
- **pasta dental** or **dentífrica** or **de dientes** toothpaste
- **pasta de papel** wood pulp

C (Esp) (dinero) money, cash (colloq), dough (sl), bread (sl & dated); **debe costar un pastón** it must cost a bomb *o* fortune (colloq); ***una ~ gansa*** (arg) a fortune (colloq)

pastaflora, pastafrola *f* **1** (masa) sweet shortcrust pastry **2** (RPl) (torta) lattice cake (*with quince jelly filling*)

pastaje *m* grazing, pasture

pastar [A1] *vi* to graze

pastel[1] *adj inv* pastel; **esta primavera se llevan los colores ~** pastels *o* pastel colors are in fashion this spring

pastel[2] *m*

A **1** (dulce) cake; **~ de chocolate** chocolate cake *o* gateau; **~ de nata** cream cake **2** (cubierto de masa de empanada) pie; ***ni por ~es*** (Arg fam) for love nor money (colloq)

(Compuestos)

- **pastel de boda** wedding cake
- **pastel de carne** (con masa) meat pie; (con puré) shepherd's pie, cottage pie
- **pastel de cumpleaños** birthday cake
- **pastel de papas** (CS) shepherd's pie, cottage pie

B (fam & euf) (caca): **el pobre va con todo el ~ encima** the poor thing has a dirty diaper (AmE) *o* (BrE) nappy; **pisé un ~ que había en la calle** I stepped in some dog mess in the street (euph)

C (fam) (enredo) mess (colloq); **mira con qué ~ me encontré** look at the mess *o* state I found things in! (colloq); ***descubrir el ~*** (fam) to take the lid off sth (colloq); **al final se le descubrió el ~** he was found out in the end, in the end somebody blew the lid off his operation (colloq)

D (Art) (lápiz) pastel; (cuadro) pastel; **al ~** pastel (*before n*); **un dibujo al ~** a pastel drawing

pastelería *f* **1** (tienda) cake shop, patisserie (BrE) **2** (actividad) (cake) baking; **es muy aficionado a la ~** he's very keen on baking *o* making cakes

pastelero -ra *m,f*

A (fabricante) patissier, pastry cook; (vendedor) cake seller *o* vendor

B (Per fam) dopehead (sl)

pastelón *m* (Chi) paving stone, flagstone

pasteurización, pasterización *f* pasteurization, pasteurizing

pasteurizado -da, pasterizado -da *adj* pasteurized

pasteurizar [A4], **pasterizar** [A4] *vt* to pasteurize

pastiche /pas'tiʃ, pas'titʃe/ *m* pastiche

pastilla *f*

A **1** (Farm, Med) (para tragar) pill, tablet; (para chupar) pastille, lozenge; **tome tres ~s al día** take three pills *o* tablets a day; **~s para adelgazar/dormir** slimming/sleeping tablets *o* pills; **~s para la garganta** throat pastilles *o* lozenges; **se tomó una ~ para los nervios** he

P

took a tranquilizer; **~ contra el mareo** (en barco) seasick pill/tablet; (en otros vehículos) travel sickness pill *o* tablet (BrE); **~ de depuración del agua** water purification tablet **2** (caramelo) candy (AmE), sweet (BrE); **~ de anís/mentol** aniseed/menthol candy *o* sweet; **~ de menta** mint; **~s de goma** fruit pastilles/gums; ***a toda ~*** (Esp fam): **el coche iba a toda ~** the car was going flat out *o* at top speed (colloq); **tuve que acabar el examen a toda ~** I had to race through the last part of the exam; **puso la música a toda ~** he put the music on full blast (colloq)

B **1** (de jabón) bar **2** (de chocolate — tableta) bar; (— pedazo) piece **3** (de caldo) cube **4** (de mantequilla) pat

(Compuesto) **pastilla de freno** brake shoe *o* pad

C (Mús) cartridge

D (Electrón) chip, microchip

(Compuesto) **pastilla de silicio** silicon chip

pastillero *m* pillbox

pastinaca *f* parsnip

pastís *m* pastis

pastizal *m* pastureland, grazing land

pasto *m* **1** (Agr) pasture; **la región tiene buenos ~s** the area has good grazing *o* pasture; ***a todo ~*** (fam): **comimos y bebimos a todo ~** we ate and drank until we were fit to burst (colloq); **fumaban a todo ~** they smoked like chimneys (colloq); ***ser ~ de algo:*** **el edificio fue ~ de las llamas** the building was enveloped *o* engulfed in flames; **no quiero ser ~ de la murmuración** I don't want to be the subject of gossip, I don't want to set tongues wagging (colloq) **2** (AmL) (hierba) grass; (extensión) lawn, grass; **cortar el ~** to mow the lawn, to cut the grass; **nos sentamos en el ~** we sat on the lawn *o* grass; ***darle ~ a algn*** (Col fam) to give sb a chance *o* start

pastón *m* (Esp fam) fortune (colloq)

pastor -tora *m,f*

A (Agr) (*m*) shepherd; (*f*) shepherdess; ▸**bueno¹**

(Compuestos)

- **pastor alemán** German shepherd, Alsatian
- **pastor belga** Belgian sheepdog
- **pastor collie** *or* **escocés** Shetland collie
- **pastor húngaro** *or* **puli** puli
- **pastor inglés** Old English sheepdog

B (Relig) minister; **~ luterano** Lutheran minister

pastoral¹ *adj* pastoral

pastoral² *f* **1** (Relig) pastoral, pastoral letter **2** (fam) (escrito) screed; (discurso) sermon (colloq)

pastoralismo *m* pastoralism

pastoralista *mf* pastoralist

pastorear [A1] *vt* to tend

■ **pastorear** *vi* (AmL) to graze, pasture

pastorela *f* (Méx) Nativity play

pastoreo *m* pasture, pasturage; **tierras de ~** pastureland, grazing land

pastoril *adj* pastoral

pastosidad *f* **1** (de una masa) doughy consistency **2** (de la boca, lengua) furriness **3** (de la voz) richness, mellowness

pastoso -sa *adj* **1** ‹*sustancia/masa*› doughy **2** ‹*boca/lengua*› furry **3** ‹*voz/tono*› rich, mellow

pastura *f* pasture

pat *m* (*pl* **pats**) putt

Pat. (= **patente**) pat.

pata¹ *f*

A (Zool) **1** (pierna — de un perro, gato) leg; (— de un ave) leg; **una ~ de pollo** (Coc) a chicken leg, a (chicken) drumstick; **las ~s delanteras/traseras** the front/hind legs **2** (pie — de un perro, gato) paw; (— de un ave) foot **3** (en peletería) paw

B (de una persona) **1** (fam & hum) (pierna) leg; ***a la ~*** (Chi fam) word for word; ***en cada ~*** (fam & hum): **tiene 36 años — sí, en cada ~** he's 36 — you can tell that to the Marines (AmE) *o* (BrE) pull the other one (colloq & hum); ***estirar la ~*** (fam) to kick the bucket (colloq); ***meter la ~*** (fam) to put one's foot in it (colloq); ***~s (para) arriba*** (fam) upside down; **lo dejó todo ~s para arriba** he left everything upside down *o* (colloq) topsy-turvy; **tengo toda la casa ~s para arriba** the house is in a complete mess *o* (BrE colloq) is a tip **2** (AmL fam & hum) (pie) foot; **¡qué olor a ~!** what a smell of cheesy feet! (colloq); ***a la ~ la llana*** (Esp fam): **a mí me gustan las cosas a la ~ la llana** I like things to be clear, I like people to be upfront about things (colloq); **María es muy a la ~ la llana** María is very down-to-earth *o* straightforward; **lo hacen todo a la ~ la llana** they do things in a very slapdash way, they do things any which way (AmE colloq), they do things any old how (BrE colloq); ***a ~*** (fam & hum) on foot; **tuvimos que volver a ~** we had to come back on shank's mare (AmE) *o* (BrE) shanks's pony (colloq & hum), we had to come back on foot; ***a ~ pelada*** (Chi, Per fam) barefoot; ***hacer algo con las ~s*** (Col, Méx fam) to make a botch *o* (BrE) a botched job of sth (colloq), to botch sth up (colloq); ***hacerle la ~ a algn*** (Chi fam) to suck up to sb (colloq); ***por abajo de la ~*** (RPl fam) at least; **les debe haber costado $500 por abajo de la ~** it must have cost them $500 easily, it must have cost them at least $500 *o* (colloq) a good $500; ***saltar a (la) ~ coja*** to hop; **entró dando saltos a (la) ~ coja** she hopped in, she came hopping in; ***saltar en una ~*** (CS) to jump for joy; ***ser ~*** (RPl fam) to be game (colloq); **si van a la playa yo soy ~** if you're going to the beach I'm game *o* I'm up for it (colloq); ***ser un/una ~ de perro*** (Chi, Méx fam) to have itchy feet (colloq), to be a globetrotter (colloq); ***tener ~*** (AmL fam) to have contacts; ▸**malo¹**

(Compuestos)

- **pata de cabra** crowbar, prybar (AmE)
- **pata de gallo** houndstooth check, dog's tooth check
- **pata de palo** wooden leg
- **patas de gallo** *fpl* crow's feet (*pl*)
- **patas de rana** *fpl* (RPl) flippers (*pl*)

C (de una silla, mesa) leg

D **patas** *fpl* (Chi fam) (desfachatez) nerve, cheek (BrE); **¡tiene unas ~s!** he has a lot of nerve (colloq), he's got a nerve *o* cheek (BrE colloq)

pata² *m* (Per fam) **1** (fulano, tipo) guy (colloq), bloke (BrE colloq) **2** (amigo) chum (colloq), buddy (AmE colloq), mate (BrE colloq); **él es mi ~ del alma** he's my best pal *o* (BrE) my best mate (colloq)

pataca *f* Jerusalem artichoke

patache *m*

A (Náut) schooner; (Hist) (two-masted) sloop

B (Chi) (Coc) seafood snack

patacón *m*

A (Chi fam) **1** (en la piel) blotch; **se le quedó el pelo a patacones** her hair came out patchy *o* streaky; **escribe a patacones** the ink comes out in blobs **2** (de pelos) wad, mass; (de barro) lump

B **patacones** *mpl* (Col) banana chips (*pl*)

patada *f*

A (puntapié) kick; **le dio una ~ al balón** he kicked the ball, he gave the ball a kick; **me dio una ~ por debajo de la mesa** she gave me a kick *o* kicked me under the table; **tiró la puerta abajo de una ~** he kicked the door down; **dio una ~ en el suelo** he stamped his foot; **lo agarraron a ~s** (AmL) they kicked him about; **¡te voy a dar una ~ en el culo!** (vulg) I'm gonna kick your ass (AmE) *o* (BrE) arse (vulg); **merece que le den una buena ~ en el culo** (vulg) he deserves to get his butt kicked (AmE colloq), he deserves a good kick up the backside (BrE colloq); ***a las ~s*** (AmL fam) terribly; **se llevan a las ~s** they fight terribly *o* like cat and dog; **el informe está hecho a las ~s** the report has just been thrown together; **los tratan a las ~s** they treat them terribly *o* (colloq) like dirt; ***a ~s*** (fam): **trata a la mujer y a los hijos a ~s** he treats his wife and children really badly *o* (colloq) like dirt; **los echaron del bar a ~s** they were kicked out of the bar; **había comida a ~s** there was tons *o* loads *o* (BrE) masses of food; ***como una ~*** (fam): **cuando me lo dijo me sentó como una ~ (en el estómago** *or* **hígado)** when he told me it was like a kick in the teeth (colloq); **la cena me sentó como una ~** what I had for dinner really disagreed with me; **esa camisa le queda como una ~** (RPl) that shirt looks terrible on him; **pintó la pieza pero le quedó como una ~** (RPl) she painted the room but it looked terrible when she'd finished; ***darle la ~ a algn*** ‹*empleado*› to give sb the push *o* boot (colloq); ‹*novio*› to dump sb (colloq), to give sb the push (colloq); ***darse de ~s*** (fam) to clash; ***de la ~*** (Méx fam): **este año me ha ido de la ~** everything has gone wrong for me this year; **el estreno estuvo de la ~** the premiere was a flop (colloq); **me cae de la ~** I can't stand her (colloq); ***en dos ~s*** (AmL fam) in a flash (colloq), in no time (colloq); ***me/le da cien ~s*** (fam) I/he can't stand it, it pisses me/him off (sl), it ticks me/him off (AmE colloq); **me da cien ~s madrugar** I can't stand getting up early; ***ni a ~s*** (Méx fam) no way (colloq); **ni a ~s vamos a llegar a tiempo** there's no way we're going to get there on time; ***ser una ~ para algn*** (fam) to be one in the eye for sb (colloq)

(Compuestos)

- **patada corta** onside kick
- **patada de inicio** kickoff
- **patada fija** place kick
- **patada voladora** dropkick

B (AmL) **1** (de un arma) kick **2** (fam) (producida por la electricidad) shock (colloq), jolt (colloq); **toqué el cable y me dio tremenda ~** I touched the cable and it gave me a real shock *o* jolt

patagón -gona *adj/m,f* Patagonian

Patagonia *f*: **la ~** Patagonia; ***aquí y en la ~*** (fam): **ése es un robo aquí y en la ~** that's stealing, not just here but anywhere in the world *o* that's stealing, whichever way you look at it; ***ni aquí ni en la ~*** (fam): **eso no lo compra nadie ni aquí ni en la ~** nobody will buy that, and I don't just mean here, they won't buy it anywhere

patagónico -ca *adj* Patagonian

patalear [A1] *vi*

A **1** (con enfado) to stamp (one's feet); **por dentro está que patalea de envidia** inside he's seething with envy **2** (en el aire, agua) to kick; **mira cómo patalea el niño** look at the baby kicking (his legs in the air/water)

B (fam) (protestar) to kick up a fuss (colloq); **por mí que patalee** he can kick and scream as much as he likes (colloq)

pataleo *m*

A **1** (contra el suelo) stamping **2** (en el aire, agua) kicking

B (fam) (protesta) protest; **el derecho al ~** (fr hecha) the right to complain

pataleta *f*

A (fam) (de un niño pequeño) tantrum; **le dio una ~** she threw a tantrum; **le va a dar una ~ cuando reciba la cuenta** she's going to have a fit when she gets the bill (colloq)

B (CS fam): **le dio una ~ al hígado** he got an upset tummy

patán¹ *adj* (fam) loutish, uncouth, boorish; **no seas ~** don't be such a lout *o* so uncouth

patán² *m*

A (fam) (grosero) lout, yob (BrE colloq)

B (Chi) (holgazán) good-for-nothing, layabout (BrE colloq)

pataplún *m* crash, wham (colloq)

Patas *m* (Col fam): **el ~** the devil

patata *f* (Esp) potato; **~s hervidas/salteadas** boiled/sauté *o* sautéed potatoes; **di ~** (Esp) (al sacar una foto) say cheese!; ***ser una ~*** (Esp fam) to be a lemon (colloq), to be a dud (colloq)

(Compuestos)

- **patata caliente** (Esp period) hot potato (journ)
- **patata frita** (Esp) (de sartén) French fry, chip (BrE); (de bolsita) (potato) chip (AmE), (potato) crisp (BrE)
- **patata nueva** (Esp) new potato
- **patatas bravas** *fpl* (Esp) *sautéed potatoes served with a spicy tomato sauce*
- **patatas paja** *fpl* (Esp) potato straws (*pl*)

patatal, patatar *m* (Esp) field of potatoes; (más pequeño) potato patch

patatero¹ -ra *adj* ‹*cosecha*› potato (*before n*); ▸**rollo²**

patatero² -ra *m,f* (cultivador) potato farmer *o* producer; (vendedor) potato merchant

patatín (fam): **que (si) ~, que (si) patatán** (*loc adv*) and so on and so forth, and this, that and the other (colloq)

p

patatús *m* (fam) fit (colloq); **como se entere tu madre le da un ~** if your mother finds out, she'll have a fit; **casi me da un ~ del susto** it nearly frightened me to death

patchouli /pa'tʃuli/, **patchulí** *m* patchouli

paté, pâté *m* pâté; **~ de hígado** liver pâté

pateador[1] -dora *adj* (RPl fam): **los fritos son muy ~es** fried food is very heavy on the stomach

pateador[2] -dora *m,f* kicker

pateadura *f* (CS, Per fam) kicking; **te voy a reventar de una ~** I'm going to kick your face *o* head in (colloq); **lo que dijo me cayó como una ~** what he said came as a real blow *o* was like a kick in the teeth (colloq)

patear [A1] *vt*
A (dar patadas a) **1** ‹‹*persona*›› to kick, boot (colloq); **pateó el balón** he kicked the ball **2** (AmL) ‹‹*animal*›› to kick
B (Chi fam) ‹*novio/novia*› to dump (colloq), to give ... the elbow (colloq)
■ **patear** *vi*
A **1** (dar patadas en el suelo) to stamp, stamp one's feet **2** (AmL) ‹‹*animal*›› to kick **3** ‹‹*escopeta*›› to kick; **~ *para el otro lado*** (RPl fam) to be gay; **~ *para los dos lados*** (RPl fam) to be bisexual, swing both ways (sl)
B (fam) (andar mucho) to traipse *o* tramp around
C (Dep) to putt
D **1** (RPl fam) (+ *me/te/le etc*) ‹‹*comida*›› to disagree with; **me patea la cebolla** onions disagree with me **2** (Chi) (desagradar) (+ *me/te/le etc*): **me patea ese tipo** I loathe *o* I can't stand that guy (colloq)
■ **patearse** *v pron* (fam)
A (*enf*) (recorrer): **me pateé todo el centro buscando ese libro** I traipsed *o* tramped all over town looking for that book
B ‹*dinero*› to blow (colloq), to blue (BrE colloq)

patena *f* paten; ***limpio*** or ***reluciente como una ~*** (Esp) as clean as a new pin, spick-and-span

patentable *adj* patentable

patentado -da *adj* ‹*invento*› patented; **marca patentada** registered trademark

patentar [A1] *vt*
A ‹*marca*› to register; ‹*invento*› to patent
B (CS) ‹*coche*› to register

patente[1] *adj* clear, obvious; **con el sufrimiento ~ en sus rostros** with suffering written all over their faces; **era ~ su esfuerzo por controlarse** he was visibly trying not to lose his temper; **dejó ~ cuál era su objetivo** he made his aim quite clear; **es ~ que no sirve** it's patently obvious that it's no use; **se hizo ~ la necesidad de crear puestos de trabajo** the need to create jobs became evident *o* clear

patente[2] *f*
A (de un invento) patent; **sacar la ~** to take out a patent; **tienen la ~ para este diseño** they hold the patent for this design
(Compuestos)
• **patente de corso** (Hist) letters of marque (*pl*); **le han dado ~ de ~ para actuar** he's been given carte blanche
• **patente de navegación** registration certificate
B (Auto) **1** (CS) (impuesto) road tax; (placa) license* plate, numberplate (BrE); **le tomaron el número de la ~** they took down the (registration) number *o* (AmE) the license number of his car **2** (Col) (carnet de conducir) driving license*
C (Chi) (de un profesional) registration fee (*paid to a professional association*)
D (en tejido) ribbing

patente[3] *adv* (RPl) clearly

patentizar [A4] *vt* (period) **1** (demostrar) ‹*lealtad*› to display, demonstrate **2** (poner de manifiesto) ‹*carencia/problema*› to demonstrate, illustrate

patera *f* **1** (en la caza de patos) punt **2** (Esp) (de inmigrantes ilegales) open boat (*used by illegal immigrants to cross the Strait of Gibraltar*)

pátera *f* (Hist, Relig) patera

> **patera**
> A boat with a shallow draft, used by illegal immigrants, known as *balseros*, to cross the Straits of Gibraltar from Morocco to southern Spain.

páter familias *m* (*pl* ~ ~) paterfamilias

paterista *mf* (Esp) illegal immigrant (*arriving by sea in Spain or the Canary Islands*)

paternal *adj* paternal; **un gesto ~** a paternal *o* fatherly gesture

paternalismo *m* paternalism

paternalista *adj* paternalistic, paternalist (*before n*)

paternidad *f*
A **1** (del padre) paternity; **no reconoció la ~ del niño** he did not acknowledge paternity of the child (frml), he denied being the father of the child; **la ~ lo ha cambiado mucho** fatherhood *o* being a father has really changed him **2** (de los padres) parenthood; **la ~ acarrea muchas responsabilidades** parenthood entails many responsibilities; **la ~ responsable** family planning
B (autoría) authorship; **se le atribuye la ~ de este invento** this invention has been attributed to him, he has been credited with this invention

paterno -na *adj* **1** ‹*abuelo*› paternal (*before n*); **es pariente mío por línea paterna** he's a relative of mine on my father's side **2** ‹*autoridad*› parental **3** ‹*cariño*› (del padre) fatherly; (de los padres) parental; **abandonó el domicilio ~** she left her parents' home

patero -ra *m,f* (Chi fam) ▸**chupamedias**

patético -ca *adj* pathetic, moving

patetismo *m* pathos (liter); **imágenes/escenas de (un) gran ~** very moving images/scenes

patibulario -ria *adj*
A ‹*condena/pena*› hanging (*before n*)
B (siniestro) sinister; **unos tipos de aspecto ~** some sinister-looking characters; **humor ~** gallows humor*

patíbulo *m* **1** (tablado) scaffold **2** (horca) gallows; **lo condenaron al ~** he was sent to the gallows

paticojo[1] -ja *adj* (fam) gimpy (AmE colloq), lame (BrE colloq)

paticojo[2] -ja *m,f* (fam) gimp (AmE colloq), cripple (colloq & pej), person with a limp

paticorto -ta *adj* shortlegged; **es muy paticorta para ser modelo** (fam) she is very shortlegged *o* she has very short legs for a model

patidifuso -sa *adj* (fam) flabbergasted (colloq), astounded (colloq); **se quedó ~** he was flabbergasted *o* astounded

patilla *f*
A **1** (barba) sideburn, sideboard (BrE); **dejarse ~s** to grow sideburns **2** (rizo) spit curl (AmE), kiss curl (BrE)
(Compuesto) **patillas de boca de hacha** *fpl* muttonchops (*pl*)
B (de las gafas) sidepiece, arm
C (Electrón) pin, leg
D (Col) (fruta) watermelon
E (Chi) (esqueje) cutting
F (Chi fam) (tontería): **son ~s, no le hagas caso** he's talking nonsense, don't take any notice of him

patilludo -da *adj*
A (con patillas largas) with long sideburns; **es ~** he has long sideburns
B [ESTAR] (RPl fam) (harto) fed up to the back teeth (colloq); **me tiene patilluda con sus quejas** I'm fed up to the back teeth with her complaints, I've had it up to here with her complaints (colloq)

patín *m*
A **1** (con ruedas) skate, roller skate; (para el hielo) skate, ice skate; (en línea) Rollerblade®; **le regalé unos patines** I gave him a pair of skates *o* ice skates/roller skates/Rollerblades® **2** (tabla) skateboard
(Compuesto) **patín del diablo** (Méx) scooter
B (Aviac) skid
(Compuesto) **patín de cola** tail skid
C (Esp) (bote) pedalo, pedal boat
(Compuesto) **patín de vela** (de remo) float; (con vela) catamaran
D (Chi fam) (prostituta) prostitute, hooker (sl)

pátina *f* patina; **la ~ de tiempo** the patina of age *o* time

patinada *f* (AmL) ▸**patinazo**

patinado[1] -da *adj* patinated

patinado[2] *m* patination

patinador -dora *m,f*
A (Dep) (sobre ruedas) roller skater, skater; (sobre hielo) ice skater, skater
(Compuestos)
• **patinador artístico, patinadora artística** *m,f* figure skater
• **patinador de velocidad, patinadora de velocidad** *m,f* speed skater
• **patinador en línea, patinadora en línea** *m,f* rollerblader
B **patinadora** *f* (Chi fam) (prostituta) prostitute, hooker (sl)

patinaje *m*
A (sobre ruedas) roller skating; (sobre hielo) ice skating; (con patines en línea) rollerblading
(Compuestos)
• **patinaje artístico** figure skating
• **patinaje de velocidad** speed skating
• **patinaje en línea** rollerblading
B (Chi fam) (prostitución) prostitution, streetwalking

patinar [A1] *vi*
A **1** (Dep) (con ruedas) to skate, roller-skate; (sobre hielo) to skate, ice-skate; (con patines en línea) to rollerblade **2** (resbalar) ‹‹*persona*›› to slip, slide; ‹‹*vehículo*›› to skid; ‹‹*embrague*›› to slip; ***a ti te patina/a éste le patina*** (CS fam) you've/he's got a screw loose (colloq), you're/he's not all there (colloq)
B **1** (fam) (equivocarse) to slip up; **patinó en unas cuantas preguntas** she slipped up on a few questions **2** (Esp fam) (traer sin cuidado) (+ *me/te/le etc*): **todo lo que le digo le patina** no matter what I say to him it's like water off a duck's back; **eso a mí me patina** I don't give a damn *o* I couldn't care less about that (colloq)
C (Chi fam) ‹‹*prostituta*›› to walk the streets
■ **patinarse** *v pron* (RPl fam) ‹*dinero*› to blow (colloq)

patinazo *m*
A (de un vehículo) skid; **el coche dio** or **pegó un ~** the car skidded *o* went into a skid
B (fam) (equivocación) blunder, slip-up (colloq)

patineta *f* **1** (con manillar) scooter **2** (CS, Méx, Ven) (sin manillar) skateboard

patinete *m* scooter

patio *m*
A (en una casa) courtyard, patio; (de una escuela) playground, schoolyard; ***cómo está el ~*** (Esp fam): **¡cómo está el ~! ¿qué hacéis todos con esas caras tan largas?** just look at this! why all the long faces? (colloq); **¡cómo está el ~! huelgas, desempleo ...** what a state things are in! strikes, unemployment ...; **voy a ver cómo está el ~ allí adentro** I'm going to see what's going on inside, I'm going to check out the scene inside (colloq); ***pasarse al ~*** (RPl fam) to overstep the mark, go too far
(Compuestos)
• **patio andaluz** interior courtyard (*typical of Andalusian houses*)
• **patio de armas** parade ground
• **patio de luces** or **de luz** well
• **patio de operaciones** floor (*of an exchange*)
B (Esp) (Cin, Teatr) orchestra (AmE), stalls (*pl*) (BrE); **entrada/butaca de ~** ticket/seat in the orchestra *o* stalls
(Compuesto) **patio de butacas** (Esp) orchestra (AmE), stalls (*pl*) (BrE)
C (Méx) (Ferr) shunting yard

patipelado -da *m,f*
A (Chi) (descalzo) barefooted person
B (Chi fam & pey) (de clase baja) pleb (colloq & pej)

patiperrear [A1] *vi* (Chi fam): **se fue a ~ por el mundo** he went off globetrotting; **patiperreó toda la mañana** he traipsed *o* tramped around all morning

patiquín *m* (Ven) dandy

patita *f* leg; ***¡~s pa' qué te quiero!*** (CS fam & hum): **llegó la policía y todos ¡~s pa' qué te quiero!** the police arrived and everyone took to their heels *o* skedaddled (colloq); **si aparece**

P

Roberto, ~s pa' qué te quiero if Roberto comes, I'll be out of here like a shot *o* I'm out of here (colloq); ***poner a algn de ~s en la calle*** (fam) to kick *o* chuck sb out (colloq)

patitieso -sa *adj* (fam) 1 (paralizado): **con este frío nos vamos a quedar ~s** it's so cold we're going to freeze to death *o* get frozen stiff (colloq); **una película que te va a dejar ~** a movie which will frighten the life out of you *o* which will scare you rigid 2 (patidifuso) stunned (colloq), flabbergasted (colloq)

patito -ta *m,f* duckling; ***hacer ~s*** (CS, Méx) to skim stones, play ducks and drakes; **el ~ feo** the ugly duckling

patituerto -ta *adj* (fam) bowlegged, bandy-legged

patizambo -ba *adj* (con las piernas arqueadas — hacia adentro) knock-kneed; (— hacia afuera) bow-legged, bandy-legged

pato¹ -ta *m,f* (Zool) duck; **~ a la naranja** (Coc) duck à l'orange; ***hacerse ~*** (Méx fam) to pretend not to know anything; **si te pregunta por mí, tú hazte ~** if he asks after me, make out *o* pretend you don't know anything; **cuando se lo recordé se hizo ~** when I reminded him of it, he pretended not to know what I was talking about; ***pagar el ~*** (fam) to get the blame, take the rap (AmE colloq), carry the can (BrE colloq); **siempre me toca a mí pagar el ~** I always end up getting the blame *o* taking the rap *o* carrying the can

(Compuestos)
- **pato malo** *mf* (Chi fam) punk (AmE colloq), yob (BrE colloq)
- **pato mareado** *mf* (Esp fam) turkey (AmE colloq), wally (BrE colloq)
- **pato real** mallard
- **pato salvaje** *or* **silvestre** wild duck

pato² -ta *adj* (CS fam) broke (colloq); **la llevé a cenar y me quedé ~** I took her to dinner and that cleaned me out *o* and I was completely broke afterward(s) (colloq)

pato³ *m*

A (Esp fam) (persona) clodhopper (colloq); **tu prima es un ~, no aprenderá nunca a bailar** your cousin has two left feet *o* is a real clodhopper; she'll never learn to dance

B (Esp fam) (aburrimiento) drag (colloq)

C (Dep) *game similar to polo*

D (Col fam) (en una fiesta) gatecrasher (colloq)

E 1 (Andes, Méx) (Med) bedpan 2 (Chi) (biberón) baby's bottle

F (Chi fam) (litro) liter*

patochada *f* (fam) piece of nonsense; **no hace más que decir ~s** he talks utter nonsense, he talks complete baloney (AmE) *o* (BrE) rubbish

patógeno¹ -na *adj* pathogenic

patógeno² *m* pathogen

patojo -ja *adj* (Chi fam) squat

patología *f* pathology; **padecía de diversas ~s** she was suffering from various pathological conditions

patológico -ca *adj* pathological

patólogo -ga *m,f* pathologist

patón -tona *adj* (AmL fam): **¡qué niño tan ~!** his feet are huge *o* enormous!, he has feet like boats! (colloq)

patonearse [A1] *v pron* (Col fam) to traipse around

patoso¹ -sa *adj* (Esp fam) 1 (torpe) clumsy 2 (difícil) difficult, tiresome

patoso² -sa *m,f* (Esp fam) 1 (persona torpe) clumsy idiot (colloq), klutz (AmE colloq) 2 (persona difícil) pain in the neck (colloq)

patota *f* (AmL fam) mob, gang

patotero -ra *m,f* (CS fam) hooligan, hoodlum

patraña *f* tall story, tall tale

patria *f* homeland, mother country, fatherland; **luchar/morir por la ~** to fight/die for one's country; **¡viva la ~!** God save Colombia (*o* Spain *etc*)!; ***hacer ~*** to fly the flag (for one's country); **y para hacer ~ lo único que bebemos es vino español** (hum) we do our bit for our country by only drinking Spanish wine (colloq)

(Compuestos)
- **patria adoptiva** adopted country
- **patria chica** hometown
- **patria potestad** custody, guardianship

patriarca *m* patriarch

patriarcado *m* 1 (Sociol) patriarchy 2 (Relig) patriarchate

patriarcal *adj* patriarchal

patricio -cia *adj/m,f* patrician

patrimonial *adj* patrimonial, hereditary

patrimonio *m* patrimony; **impuesto sobre el ~ de las personas físicas** capital gains tax; **el ~ del causante** the estate of the deceased; **~ personal** personal assets (*pl*); **el ~ social** stockholders' *o* shareholders' equity, corporate assets; **el ~ nacional** national wealth, national resources; **~ histórico** heritage; **~ artístico/cultural** artistic/cultural heritage; **la naturaleza es ~ de todos** the environment is a heritage we all share; **ciudades declaradas ~ de la humanidad** cities which have been given the status of World Heritage Site

patrio -tria *adj* (liter): **deber ~** duty to one's country; **amor ~** love for one's country; **suelo ~** native soil

patriota¹ *adj* patriotic

patriota² *mf* patriot

patriotería *f* jingoism, chauvinism, flag-waving

patriotero¹ -ra *adj* jingoistic, chauvinistic, flag-waving (*before n*)

patriotero² -ra *m,f* jingoist, chauvinist, flag-waver

patrióticamente *adv* patriotically

patriótico -ca *adj* patriotic

patriotismo *m* patriotism

patrística *f* patristics

patrocinado -da *m,f* 1 (protegido) (*m*) protégé; (*f*) protégée 2 (Der) client

patrocinador¹ -dora *adj*: **la empresa ~a** the sponsors, the company sponsoring the event (*o* tournament *etc*)

patrocinador² -dora *m,f* (de un acto, proyecto) sponsor; (Art) patron; **los ~es de la vuelta ciclista** the sponsors of the cycle race

patrocinar [A1] *vt*

A ‹*acto/proyecto*› to sponsor; **la empresa que patrocina la carrera** the company sponsoring the race; **un proyecto patrocinado por el Ayuntamiento** a project sponsored *o* backed by the town council

B (Chi, Méx) ‹‹*abogado*›› to attest

patrocinazgo *m* ▸**patrocinio**

patrocinio *m*

A (de un acto, proyecto) sponsorship; (Art) patronage; **para realizar su proyecto necesita el ~ de personalidades influyentes** in order to carry out the project he needs the sponsorship of *o* he needs to get backing from influential people; **programa ofrecido con/bajo el ~ de Sopifesa** this program is brought to you by Sopifesa

B (Chi, Méx) (de un abogado) attestation

patrón -trona *m,f*

A 1 (Rels Labs) employer (frml), boss 2 (ant) (de un empleado doméstico) (*m*) master (dated); (*f*) mistress (dated) 3 (Esp) (de una casa de huéspedes) (*m*) landlord; (*f*) landlady 4 (Náut) skipper; (de un buque mercante) master, skipper; ***donde hay ~ no manda marinero*** what the boss says goes

B (Relig) patron saint

C (CS fam) (como apelativo) (*m*) sir; (*f*) madam

D **patrón** *m* 1 (en costura) pattern; ***cortados por el mismo ~*** cast in the same mold* 2 (Agr, Bot) stock 3 (para mediciones) standard

(Compuesto) **patrón oro** gold standard

E **patrona** *f* (CS fam & hum) (esposa): **la ~** the boss (colloq & hum), the missus (colloq)

patronaje *m* pattern design

patronal¹ *adj* 1 (Rels Labs) ‹*oferta*› management (*before n*); **organización ~** employers' organization 2 (Relig): **fiesta ~** patron saint's day

patronal² *f* (de una empresa) management; (clase empresarial) employers (*pl*)

patronato *m* board, trust, council

(Compuesto) **patronato de apuestas mutuas** (Esp) totalizer, pari-mutuel (AmE), tote (BrE colloq)

patronear [A1] *vt* to skipper, be the skipper of

patronímico¹ -ca *adj* patronymic

patronímico² *m* patronymic

patronista *mf* pattern designer

patrono -na *m,f* 1 (esp AmL) (Relig) patron saint 2 (Rels Labs) employer

patrulla¹ *f*

A 1 (de soldados, policía, barcos) patrol; **~ de aviones** air patrol; **los barcos fueron divisados por la ~ costera** the boats were spotted by the coastguard (patrol); **una ~ partió en su busca** a party *o* group set out to look for them 2 (acción) patrol; **están de ~** they are on patrol; **la policía andaba de ~ en la zona** the police were on patrol in *o* were patrolling the area

B (Col, Méx) (furgón) patrol wagon (AmE), police van (BrE)

patrulla² *m or f* (coche) patrol *o* squad car

patrullaje *m* patrolling

patrullar [A1] *vi* ‹‹*policía/soldados/barco/avión*›› to patrol; **salieron a ~** they went out on patrol

■ **patrullar** *vt* to patrol

patrullera *f* 1 (lancha) patrol boat 2 (Chi) (coche) patrol *o* squad car

patrullero¹ -ra *adj* patrol (*before n*)

patrullero² *m* (barco) patrol boat; (avión) patrol plane; (coche — militar) patrol car; (— policial) (CS, Per) patrol *o* squad car

patuco *m* (Esp) (para bebés) bootee; (para dormir) bedsock

patudez *f* (Chi fam) nerve, cheek (BrE)

patudo¹ -da *adj*

A (AmL fam) (de pies grandes): **¡qué bebé más ~!** what big feet he/she has!

B (Chi fam) (descarado) nervy (AmE colloq), sassy (AmE colloq), cheeky (BrE colloq)

patudo² *m*: *type of tuna*

patulea *f* 1 (fam) (de maleantes) gang, mob 2 (fam) (de niños) gang

patuleco -ca *adj* (CS fam) bowlegged, bandy-legged

paulatinamente *adv* gradually, little by little; **la producción ha ido aumentando ~** production has been increasing gradually

paulatino -na *adj* gradual; **han ido disminuyendo de manera paulatina** they have been falling gradually

paulista *adj* of/from São Paulo

pauperismo *m* (frml) pauperism (frml)

pauperización *f* (frml) impoverishment

paupérrimo -ma *adj* ‹*país*› poverty-stricken, very poor; ‹*persona*› very poor, destitute

pausa *f*

A (interrupción) pause; **haz una pequeña ~ en la coma** pause slightly at the comma; **continuaremos tras una breve ~** we will carry on after a short break; ***con toda ~*** (Méx) unhurriedly; **se vistió con (toda) ~** he dressed slowly *o* unhurriedly, he took his time getting dressed

(Compuesto) **pausa publicitaria** *or* (AmL tb) **comercial** commercial break

B (Mús) rest

pausadamente *adv* slowly; **habló ~** she spoke slowly and deliberately

pausado¹ -da *adj* deliberate, unhurried; **un ejercicio de movimientos ~s** an exercise involving slow, deliberate movements

pausado² *adv* slowly; **habla más ~** speak more slowly

pauta *f*

A (norma, guía) guideline; **establecieron las ~s a seguir** they established the guidelines *o* criteria to be followed; **las ~s de comportamiento que les fueron inculcadas** the rules *o* norms of behavior that were instilled in them; **marcó ~s que muchos otros escritores**

p

siguieron he established guidelines *o* a model which many other writers followed; **eso me dio la ~ de lo que había pasado** that gave me a clue as to what had happened
B 1 (de un papel) lines (*pl*) 2 (Esp) *tb* **~ de libro** bookmark
C (Chi) (pentagrama) stave, staff

pautado -da *adj* ruled, lined

pautar [A1] *vt* (frml) to provide guidelines *o* criteria for

pava *f*
A (para calentar agua) kettle
B (Col fam) (de un cigarrillo) butt, dog end (BrE colloq); ***tener ~*** (Col, Ven fam) (traer mala suerte) to bring bad luck; (ser de mal gusto) to be tasteless, be tacky (colloq)
C *ver tb* **pavo**[1], **pavo**[2]

pavada *f* (RPl fam) 1 (dicho, acción) silly thing to say/do; **no digas ~s** don't say such silly things; **no pierdas el tiempo en ~s** don't waste time on silly things like that 2 (cosa insignificante): **se pelearon por una ~** they fell out over some ridiculous *o* trivial little thing; **se conforma con cualquier pavadita** she's quite happy with any little trinket 3 (cosa fácil) cinch (colloq), doddle (BrE colloq)

pavana *f* pavane

pavear [A1] *vi* (fam) 1 (RPl) (tontear) to clown *o* lark around (colloq) 2 (Chi) (no prestar atención): **iba paveando** I was miles away (colloq)

pavesa *f* burning smut, particle of burning soot

pavimentación *f* (con asfalto) surfacing, asphalting; (con adoquines) paving; **obras de ~** resurfacing work

pavimentar [A1] *vt* (con asfalto) to surface, asphalt; (con adoquines) to pave

pavimento *m* (de asfalto) road surface; (de adoquines) paving

pavo[1] **-va** *adj* 1 (fam) (tonto, bobo) silly, dumb (AmE colloq) 2 (Chi fam) (ingenuo) naive (colloq)

pavo[2] **-va** *m,f*
A (Coc, Zool) turkey; ***comer ~*** (Col fam) to be a wallflower (colloq); ***de ~*** (Chi, Per fam): **entró de ~ al concierto** he sneaked into the concert without paying; **viajaba de ~ en el bus** he used to dodge his fare on the bus, he didn't use to pay his fare on the bus; ***pelar la pava*** (fam): **se iban al parque a pelar la pava** they used to go to the park for a kiss and a cuddle (colloq); ***se le sube/subió el ~*** (Esp fam) he blushes/blushed, he goes/went red (BrE); **si el profesor le pregunta se le sube el ~** he goes bright red *o* he blushes whenever the teacher asks him a question

(Compuesto) **pavo real** peacock; **se puso como un ~ ~ cuando le dieron el premio** he was proud as could be when he was given the prize; **andaba meneándose como un ~ ~** he was strutting around like a peacock
B (fam) (persona tonta) dummy (colloq), dope (colloq), twit (BrE colloq)
C **pavo** *m* 1 (Esp fam) (moneda) *five peseta coin*; **¿me dejas 20 ~s?** can you lend me 100 pesetas? 2 (Chi) (volantín) large kite

pavón *m*
A (Zool) 1 (pavo real) peacock 2 (mariposa) peacock butterfly
B (del acero) bluing

pavonada *f* (fam): **darse una ~** to have some fun, enjoy oneself

pavonado *m* bluing

pavonar [A1] *vt* to blue

pavonearse [A1] *v pron*: **iba pavoneándose con una rubia** he was swaggering *o* strutting along with a blonde on his arm (colloq); **~ DE algo** to brag *o* crow ABOUT sth (colloq)

pavoneo *m* showing-off

pavor *m* terror; **de sólo pensarlo me da ~** the very thought of it terrifies me *o* fills me with terror; **les tiene ~ a los perros** (fam) she's terrified of dogs

pavorosamente *adv* horrifyingly; **una muerte ~ lenta** a horrifyingly slow death; **ha aumentado ~ la delincuencia** crime has increased to a horrifying degree; **con el cuerpo ~ quemado** with his body terribly burned

pavoroso -sa *adj* terrifying, horrific

pavoso -sa *adj* (Ven fam) 1 (desafortunado) unlucky 2 (que trae mala suerte) jinxed (colloq)

pavote[1] **-ta** *adj* (RPl fam) stupid, dumb (AmE colloq)

pavote[2] **-ta** *m,f* (RPl fam) twit (colloq), dummy (colloq), wally (BrE colloq)

pay *m* (AmL) pie

payada (RPl), **paya** (Chi) *f*: *improvised musical dialogue*

payador *m* (CS) singer (*who performs payadas* ▸ **payada**)

payanés -nesa *adj* of/from Popayán

payar [A1] *vi* 1 (CS) (Mús) to improvise a musical dialogue 2 (RPl) (hablando, escribiendo) to shoot a line (colloq), to flannel (colloq)

payasa *f* (Bol, Chi) straw mattress, palliasse

payasada *f*
A (bufonada): **deja de hacer ~s** stop clowning around *o* acting the clown (colloq); **la asamblea fue una verdadera ~** the meeting was a complete farce
B (Chi fam) 1 (tontería) stupid thing to say/do; **son puras ~s** that's utter nonsense 2 (cosa) thingamajig (colloq), what-d'you-call-it (colloq); **¿cómo se abre esta ~?** how does this thingamajig *o* what-d'you-call-it open? (colloq)

payasear [A1] *vi* (AmL fam) to clown around (colloq)

payasesco -ca *adj* ‹escena› farcical; ‹gesto› clownish

payaso -sa *m,f* 1 (Espec) clown; ***hacer*** *or* ***hacerse el ~*** to clown around (colloq) 2 (persona — cómica) clown, comedian; (— poco seria) joker (colloq & pej)

payés -yesa *m,f*: *person from a rural area of Catalonia or the Balearic Islands*

payo -ya *m,f* (Esp) *word used by gypsies to refer to a non-gypsy*

paz *f* 1 (Mil, Pol) peace; **firmar la ~** to sign a peace agreement *o* treaty; **en épocas de ~** in peacetime; ***estar*** *or* ***quedar en ~*** (fam) to be quits *o* even (colloq); ***hacer las paces*** to make it up, make up; ***poner ~*** to make peace; ***y en ~*** (fam): **si no tienes las seis libras dame cinco y en ~** if you haven't got six pounds, give me five and we'll call it quits (colloq); **si no lo quieres hacer me lo dices y en ~** if you don't want to do it, just tell me and that'll be an end to it; **nos dijeron en dos palabras cómo había que hacerlo y en ~** they explained very briefly how to do it and that was that 2 (calma) peace; **en busca de ~ y tranquilidad** in search of peace and tranquillity; **el marido no la deja vivir en ~** her husband doesn't give her a moment's peace; **¡deja en ~ el reloj/al gato!** leave the clock/the cat alone!; **¡déjame en ~!** leave me alone!; **déjala en ~, está estudiando** leave her alone *o* leave her in peace, she's studying; **vivir en ~ consigo mismo** to be at peace with oneself; **descanse en ~** (frml) rest in peace (frml); **tu abuelo, que en ~ descanse, se horrorizaría** your grandfather, God rest his soul, would be horrified

pazguato[1] **-ta** *adj* (fam) dopey (colloq), dumb (AmE colloq)

pazguato[2] **-ta** *m,f* (fam) dope (colloq), dummy (colloq)

pazo *m* ancestral home, country house (*in Galicia*)

PBI *m* (en RPl) (= **Producto Bruto Interno**) GDP

PC *m*
A 1 = **Partido Comunista** 2 (en algunos países) = **Partido Conservador**
B **PC** *m or f* personal computer, PC

pche, pchs *interj* mm ..., well ...

PCP-U *m* = **Partido Comunista Peruano-Unidad**

p/cta. = **por cuenta**

PCUS /pe'kus/ *m* (Hist) = **Partido Comunista de la Unión Soviética**

P.D. (= **post data**) PS

PDC *m* (en Chi, Ur) = **Partido Demócrata Cristiano**

PDL *m* (en Esp) = **Partido Demócrata Liberal**

PDM *m* = **Partido Democrático Mexicano**

PDP *m* (en Esp) = **Partido Demócrata Popular**

pe *f*: *name of the letter* **p**; ***de ~ a pa*** (fam) from beginning to end, from A to Z

PE *m* (= **Parlamento Europeo**) EP

pea *f* (Esp fam): **se agarró una ~** he got completely plastered (colloq); **¡menuda ~ lleva** *or* **tiene encima!** he's completely plastered *o* (BrE) hammered (colloq)

PEA /'pea/ *f* (Méx) = **población económicamente activa**

peaje *m* 1 (dinero) toll 2 (lugar) toll barrier, tollbooth

peana *f* 1 (pedestal) base 2 (Esp fam) (pie) foot

pearse [A1] *v pron* (AmL fam) to fart (sl), to blow off *o* let off (BrE colloq)

peatón *m* pedestrian

peatonal *adj* pedestrian (*before n*); **esta calle es ~** this is a pedestrian street

peatonalización *f* pedestrianization

peatonalizar [A4] *vt* to pedestrianize

pebete -ta *m,f*
A (RPl fam) kid (colloq)
B **pebete** *m* 1 (RPl) (pan — redondo) bun, bap (BrE); (ovalado) bridge roll 2 (de incienso) joss stick

pebre *m*: *dressing made with onion, chili, coriander, parsley and tomato*; ***hacer ~ a algn*** (Chi fam) to beat sb to a pulp

PEC *m* (UE) (= **Pacto de Estabilidad y Crecimiento**) SGP

peca *f* freckle

pecado *m* 1 (Relig) sin; **arrepentirse/confesarse de los ~s** to repent (of)/confess one's sins; **está en ~** he is in a state of sin; **¿y quién te contó eso? — se dice el ~, pero no el pecador** (fr hecha) and who told you that? — I'm not naming names; ***de mis ~s*** (fam & hum) wretched (colloq), damned (colloq); **este coche de mis ~s** this wretched *o* damned car of mine (colloq); **Inés de mis ~s, a ver si no preguntas tanto** for goodness' sake Inés, don't ask so many questions 2 (lástima) crime, sin; **es un ~ tirar toda esta comida** it's a crime *o* sin to throw away all this food

(Compuestos)
- **pecado capital** deadly sin; **los siete ~s ~es** the seven deadly sins
- **pecado de omisión** sin of omission
- **pecado mortal** mortal sin; **está en ~ ~** he has committed a mortal sin
- **pecado nefando** sodomy
- **pecado original** original sin
- **pecado venial** venial sin

pecador[1] **-dora** *adj* sinful

pecador[2] **-dora** *m,f* sinner

pecaminosidad *f* sinfulness

pecaminoso -sa *adj* sinful

pecar [A2] *vi* 1 (Relig) to sin; **~ de pensamiento/palabra/obra** to sin in thought/word/deed 2 **~ DE algo** (ser): **peca de ingenua** she's very naive *o* ingenuous; **sus declaraciones pecan de optimismo** her statements are somewhat optimistic; **tú no pecas de generosidad precisamente** you're not exactly overgenerous

pecarí, pécari *m* peccary

pecblenda *f* pitchblende

peccata minuta peccadillo

pecera *f* (redonda) goldfish bowl; (rectangular) fish tank

pecero -ra *m,f* (Esp fam) : *member of the Communist Party*

peceto *m* round, round steak (AmE), silverside (BrE)

pechada *f*
A (AmL) (en natación) stroke
B (Esp fam) (hartura, abundancia): **se dieron** *or* **se**

pegaron una ~ de trabajar they worked their butts off (colloq AmE), they slogged their guts out (BrE colloq); **¡qué ~ de reír!** I/we laughed myself/ourselves silly (colloq); **¡qué ~ de llorar!** I/we cried my/our eyes out (colloq)

pechar [A1] *vt*
A (AmL fam) (empujar) to shove, jostle
B 1 (CS fam) ‹*persona*› to scrounge money off (colloq) 2 (CS fam) ‹*cigarrillos/dinero*› to scrounge, to cadge (colloq), to bum (AmE colloq)
■ **pechar** *vi* (fam) (esforzarse mucho) to work one's butt off (AmE colloq), to slog one's guts out (BrE colloq); **~ POR algo: ha pechado mucho por superarse** he's worked hard to improve himself

pechazo *m*
A (AmL fam) (golpe) shove (colloq), push
B (RPl fam) (pedido): **vive del ~** he's always sponging *o* scrounging off other people (colloq)

pechblenda *f* pitchblende

pechera *f*
A (de una camisa) front; (de un vestido) front
(Compuesto) **pechera postiza** dickey*
B (fam & hum) (pecho de mujer) bosom; **es delgada, pero tiene una buena ~** she's slim, but she's well-endowed (hum)

pechero *m* bib

pechina *f* scallop

pecho *m* ▸ⓘ **p.231** (tórax) chest; (mama) breast; **dar (el) ~ a un niño** to breast-feed *o* suckle *o* nurse a child; **en su ~ aún abrigaba la esperanza de volver** (liter) he still nursed in his breast the hope of returning (liter); **nadar (estilo) ~** to swim (the) breaststroke; ***abrirle el ~ a algn*** (liter) to unburden oneself to sb (liter), to pour one's heart out to sb; ***a ~ descubierto*** boldly; ***echarse algo entre ~ y espalda*** or (Chi) ***mandarse algo al ~*** (fam) ‹*comida*› to put sth away (colloq); ‹*bebida*› to knock sth back (colloq), to down (colloq); ***partirse el ~*** to knock oneself out (colloq); **nos partimos el ~ para terminarlo a tiempo** we knocked ourselves out *o* (AmE) we worked our butts off trying to get it finished in time (colloq); **el equipo se partió el ~ para ganar** the team went all out to win (colloq); ***sacar ~*** (literal) to stick one's chest out; (vanagloriarse) (CS fam) to brag, show off; **le gusta sacar ~ con que el hijo es médico** she likes to brag about her son being a doctor; ***tomarse algo a ~*** ‹*crítica*› to take sth to heart; ‹*responsabilidad*› to take sth seriously; **se toma el trabajo demasiado a ~** she takes her work too seriously; ***a lo hecho, ~*** what's done is done; **no me gusta como lo han organizado pero a lo hecho, ~** I don't like the way it's been organized but we'll just have to live with it *o* we'll just have to make the best of a bad job; ***tú les dijiste que sí, ahora a lo hecho, ~*** you agreed to it and now you'll just have to go through with it

pechoño -ña *adj* (Chi) overpious

pechuga *f* 1 (de pollo) breast 2 (fam & hum) (tetas) bust, tits (*pl*) (sl), boobs (*pl*) (colloq); (teta) breast, tit (sl), boob (colloq)

pechugón[1] **-gona** *adj*
A (fam & hum) big-breasted, busty (colloq), big (colloq & euph); **soy demasiado pechugona para usar ese bikini** I'm too big to wear that bikini
B (Per fam) (aprovechador) opportunistic

pechugón[2] **-gona** *m,f*
A (Per fam) (aprovechador) opportunist, user (colloq & pej)
B **pechugona** *f* (fam & hum) big-breasted woman, big woman (colloq & euph)

pechugonada *f* (Per fam) piece of opportunism

pecíolo, peciolo *m* petiole

PECO *mpl* (UE) (= **Países de Europa Central y Oriental**) CEEC

pécora *f*
A (mujer): **mala ~** bitch (colloq), Jezebel (colloq)
B (Per fam) stink of smelly feet, smell of cheesy feet (colloq)

pecoso -sa *adj* ‹*niño*› freckly, freckle-faced; ‹*piel*› freckled, freckly

pectina *f* pectin

pectoral[1] *adj*
A ‹*músculos/aletas*› pectoral (*before n*)
B (Med): **jarabe ~** cough mixture *o* syrup

pectoral[2] *m* 1 ▸ⓘ **p.231** (Anat) pectoral, pectoral muscle 2 (del obispo) pectoral cross; (adorno) pectoral 3 (Farm) cough mixture *o* syrup, pectoral (tech)
(Compuesto) **pectoral mayor/menor** pectoralis major/minor, greater/lesser pectoral muscle

pecuario -ria *adj* livestock (*before n*), cattle (*before n*)

peculado *m* (Chi, Méx) embezzlement

peculiar *adj*
A (característico) particular; **es un rasgo ~ de su personalidad** it's a particular trait of his; **su ~ modo de escribir** her own particular *o* individual way of writing; **las características ~es de este país** the characteristics peculiar to this country; **reaccionó con su ~ buen humor** he reacted with his characteristic *o* usual good humor
B (poco común, raro) ‹*sensación*› peculiar, unusual; **con características muy ~es** with very unusual characteristics

peculiaridad *f* peculiarity; **esta ~ física los protege del frío** this peculiar physical feature protects them from the cold; **las ~es del sistema** the particular *o* special characteristics of the system; **es una ~ suya** it is one of his little quirks

peculio *m* private wealth; **eso lo pagué de mi ~** (hum) I paid for that out of my own pocket

pecuniario -ria *adj* (frml) financial, pecuniary (frml)

peda *f* ▸**pedo**[2] **B**

pedado -da *adj* (Col fam) steaming drunk (colloq), plastered (colloq)

pedagogía *f* 1 (ciencia) pedagogy, teaching 2 (crit) (ejemplo) example

pedagógico -ca *adj* pedagogical, pedagogic, teaching (*before n*)

pedagogo -ga *m,f* (estudioso) educationalist; (educador) educator, teacher, pedagogue (frml)

pedal *m*
A 1 (de una bicicleta) pedal 2 (de un piano) pedal; (de un coche) pedal
(Compuestos)
• **pedal de arranque** kickstart
• **pedal de embrague** clutch pedal
• **pedal de freno** brake pedal
B (Esp fam) (borrachera): **¡menudo ~ lleva/tiene encima!** he's really plastered *o* smashed (colloq)

pedalear [A1] *vi* to pedal

pedaleo *m* pedaling*; **ejercicios de ~** cycling exercises

pedáneo -nea *adj* local, district (*before n*)

pedanía *f* municipal district

pedante[1] *adj* (detallista) pedantic; (presuntuoso) pompous

pedante[2] *mf* pedant

pedantería *f* pedantry

pedazo *m*
A (trozo) piece; **un ~ de pan/carne** a piece of bread/meat; **el vaso se hizo ~s** the glass smashed (to pieces); **el coche saltó** *or* **voló en ~s** the car was blown to pieces; **rompió la carta en muchos ~s** he tore the letter into little pieces *o* to shreds; **lo tiré contra la pared y lo hice ~s** I threw it against the wall and smashed it; ***caerse a ~s*** to fall to pieces; ***estar hecho ~s*** (fam) «*coche/juguete*» to be falling to pieces; «*persona*» to be shattered (colloq); ***ser un ~ de pan*** (fam) to be a real sweetie (colloq), to be a dear *o* (BrE) love (colloq)
B (fam) (en insultos) **~ DE algo: ¡~ de idiota/bestia! ¿es que no miras por dónde vas?** you idiot/you great brute! why don't you look where you're going? (colloq); **¡~ de alcornoque!** thickhead! (colloq), blockhead (colloq); ***ser un ~ de carne con ojos*** (fam) to be a drip (colloq), to be a turkey (AmE colloq)

pederasta *m* 1 (homosexual) homosexual 2 (pedófilo) pederast

pederastia *f* pederasty

pedernal *m* flint

pederse [E1] *v pron* to fart (sl)

pedestal *m* pedestal; **los eleva a un ~** she places *o* puts them on a pedestal; ***bajar(se) del ~*** to get off one's high horse; ***caérsele a algn del ~*** to go down in sb's estimation; ***poner a algn en un ~*** to place *o* put sb on a pedestal

pedestre *adj* ‹*estilo*› pedestrian, prosaic; ‹*lenguaje*› prosaic, ordinary, dull; **su poesía es bastante ~** his poetry is rather run-of-the-mill *o* ordinary *o* prosaic; ▸**carrera**

pedestrismo *m* (Dep) walking, race walking

pediatra *mf* pediatrician*

pediatría *f* pediatrics*

pediátrico -ca *adj* pediatric*; **dósis pediátrica** child's dose *o* dosage

pediculosis *f* pediculosis

pedicura *f* pedicure; **hacerse la ~** to have a pedicure

pedicuro -ra *m,f* (Med) chiropodist; (cosmético) pedicurist

pedida *f* (Esp) proposal, marriage proposal

pedido *m*
A (Com) order; **hacer un ~** to place an order; **entregar** *or* (Esp) **servir un ~** to deliver an order
B (AmL) (solicitud) request; **un ~ de ayuda** a request *o* call for help; **a ~ de** at the request of; **cantó la canción a ~ del público** she sang the song by popular request

pedigree /peðiˈɣri/, **pedigrí** *m* pedigree; **es un perro de** *or* **con ~** it's a pedigree dog; **tiene ~** it has a (good) pedigree

pedigüeño[1] **-ña** *adj* (fam): **¡mira si eres ~!** oh, stop pestering me to get you things!, stop asking for so many things!

pedigüeño[2] **-ña** *m,f* (fam): **es un ~** he's always asking for/borrowing things

pedilón -lona *adj* (Per, Ven fam) ▸**pedigüeño**[1], **pedigüeño**[2]

pedinche *mf* (Méx fam) scrounger (colloq)

pedir [I14] *vt*
A 1 ‹*dinero/ayuda*› to ask for; **pidieron un préstamo al banco** they asked the bank for a loan; **pidió permiso para salir** she asked permission to leave; **me pidió consejo** he asked my advice, he asked me for advice; **pide limosna a la puerta de la iglesia** he begs (for money) at the church door; **préstamelo, te lo pido por favor** *please* lend it to me; **si no me lo pides por favor no te lo doy** I won't give it to you unless you say please *o* unless you ask nicely; **~ algo prestado** *ver* **prestado**: **nadie te ha pedido (tu) opinión** nobody asked (for) your opinion; **me pidió disculpas** *or* **perdón por lo que había hecho** he apologized for what he had done; **pídele perdón a tu padre** apologize to *o* say you're sorry to your father; **¿quién eres tú para venir a ~me cuentas** *or* **explicaciones?** who do you think you are, asking me to justify my actions?; **~ hora** to make an appointment; **~ la palabra** to ask for permission to speak; **pide cuatro años de cárcel para los acusados** he is asking for a four-year sentence for the accused; **es un sitio donde se come barato y bien, no se puede ~ más** it's the sort of place where you can eat cheaply and well, what more could you ask for? *o* it's ideal; **está haciendo todo lo posible, no se le puede ~ más** she's doing all she can, you can't ask for more than that *o* that's all you can ask; **~ QUE + SUBJ: me pidió que le comprara el periódico** he asked me to buy him the newspaper; **pidió que lo trasladaran** he asked to be transferred; ▸**boca** 2 (en un bar, restaurante) to order; **pedimos pescado de segundo** we ordered fish for our second course; **pide la cuenta y nos vamos** ask for *o* get the check (AmE) *o* (BrE) bill and we can go
B (Com) 1 (como precio) **~ algo POR algo** to ask sth FOR sth; **¿cuánto pide por la casa?** how much is she asking for the house? 2 ‹*mercancías*› to order
C (para casarse): **~ a una mujer en matrimonio** to ask for a woman's hand in marriage (frml); **le**

P

pedí la mano de su hija I asked for his daughter's hand in marriage (frml), I asked to marry his daughter; **vino a ~ a mi hermana** he came to ask if he could marry my sister

D (requerir) to need; **este pescado pide un buen vino blanco** this fish needs a good white wine to go with it, this fish would go well with a good white wine; **ese vestido pide unos zapatos más altos** that dress needs shoes with a higher heel; **está pidiendo una bofetada** she's asking for a slap; **esta planta está pidiendo a gritos que la rieguen** this plant is crying out to be watered

■ **pedir** *vi* 1 (mendigar) to beg; **pide a la puerta de la iglesia** he begs at the church door 2 (en un bar, restaurante) to order 3 (para tener algo) (AmL) to ask; **pidió para salir temprano** he asked if he could go early *o* he asked permission to go early; **estos niños sólo saben ~** these chidren are very demanding *o* do nothing but make demands

■ **pedirse** *v pron* (leng infantil) to have dibs on (AmE colloq), to bags (BrE colloq); **me pido la cama de arriba** I have dibs on the top bunk, I bags the top bunk

pedo[1] *adj inv* (Esp, Méx fam) plastered (colloq), pissed (BrE sl)

pedo[2] *m*

A (fam) (ventosidad) fart (sl); **tirarse un ~** to fart (sl), to let off (BrE colloq); ***al ~*** (RPl fam) for nothing; **tanto trabajo y todo al ~** all that work for nothing; ***como un ~*** (AmL vulg) like a shot (colloq); ***de la época del ~*** (Arg fam) as old as the hills

B (arg) (borrachera): **agarró un buen ~ en la fiesta** he got really plastered (colloq) *o* (BrE sl) pissed at the party; **tenía un ~ que no veía** he was blind drunk *o* out of his head (colloq); ***estar en ~*** (RPl fam) (borracho) to be plastered (colloq) (loco) to be off one's head (colloq); **ni en ~ me voy a vivir con mi suegra** no way am I going to live with my mother-in-law (colloq); **estás en ~ si creés que te va a llamar** you must be off your head if you think he's going to call you (colloq)

C (Méx fam) (problema, lío) hassle (colloq); ***armarla*** *or* ***hacerla de ~*** (Méx vulg) to kick up *o* make a stink (colloq); ***armársela*** *or* ***hacérsela de ~ a algn*** (Méx vulg) to give sb hell (colloq); ***ponerse al ~*** (Méx fam) to get tough (colloq)

pedo[3] **-da** *m,f* (Méx fam) drunk

pedofilia *f* pedophilia

pedófilo *m* pedophile*

pedorrera *f* (fam) farting fit (colloq), attack of farting (colloq)

pedorrero -ra *adj* (fam): **es muy ~** he's always farting (sl)

pedorreta *f* (fam) raspberry (colloq); **le hacían ~** they were blowing raspberries at him *o* (AmE) giving him a Bronx cheer (colloq)

pedorro[1] **-rra** *adj* (fam) annoying, irritating

pedorro[2] **-rra** *m,f* (fam) pain in the neck (colloq)

pedrada *f*

A (golpe): **me dio/pegó una ~ en la cabeza** she hit me on the head with a stone; **la ~ le dio justo en la frente** the stone caught *o* hit him right on the forehead; **lo mataron a ~s** he was stoned to death; **lo rompió de una ~** he smashed it with a stone/rock; ***caer*** *or* ***sentar como una ~*** (fam) to go down very badly; **le cayó como una ~ al director** it went down very badly with the director; ***venirle a algn como ~ en ojo de boticario*** (fam) to be just what sb needs/needed, to be just what the doctor ordered (colloq), to be just the ticket (colloq)

B (Méx fam) (indirecta) hint; **¡deja de echarme ~s!** stop dropping hints!

pedraplén *m* (AmC, Cu) causeway

pedrea *f*

A (Esp) (en la lotería): **la ~** the minor prizes; **no me tocó ni la ~** I didn't even get one of the minor prizes

B (Col) (pelea) fight (*with stones*)

pedregal *m* stony area, piece of stony ground

pedregoso -sa *adj* stony

pedregullo *m* (RPl) gravel

pedrejón *m* large rock, boulder

pedrera *f* stone quarry

pedrería *f* precious stones (*pl*), gems (*pl*)

pedrisco *m* hail

pedriza *f* stony area, area of stony ground

Pedro Botero (fam & hum) Old Nick (colloq & hum); ▸ **caldera**

pedrusco *m* 1 (piedra) rough stone; (pedazo de piedra) piece of stone, lump of rock 2 (Esp hum) (piedra preciosa) rock (colloq)

pedunculado -da *adj* pedunculate

pedúnculo *m* 1 (Bot) stem, stalk, peduncle (tech) 2 (Zool) peduncle

pega *f*

A (fam) (broma) trick; **es una araña de ~** it's a joke *o* trick spider; **hacer ~s** to play tricks *o* jokes; ***estar en la ~*** (Ur fam) to be in the know (colloq)

B (Esp fam) (dificultad, inconveniente) problem, snag (colloq); **la única ~ es que queda lejos** the only problem *o* drawback *o* snag is that it's a long way away; **a todo lo que le propongo le encuentra alguna ~** he finds something wrong with everything I suggest; **te ponen muchas ~s si intentas reclamarlo** they make it really difficult for you to claim it, they put a lot of obstacles in your way if you try to claim it; **¡sin ~s!** no problem!

C (Andes fam) 1 (trabajo) work; **tengo mucha ~** I'm snowed under with work (colloq) 2 (empleo) work; **buscar ~** to look for work *o* for a job; **está sin ~** he's out of work 3 (lugar) workplace

D (Chi fam) (excusa tonta) feeble excuse

pegada *f*

A (AmL) (en boxeo) punch; **tiene buena ~** he packs a good punch

B (RPl fam) (acierto): **¡qué ~ con el regalo! es justo lo que quería** you were spot on *o* (AmE) dead on with your gift! it's just what he wanted; **¡qué ~! justo fuimos el día que era gratis** what a stroke of luck! we just happened to go on the day it was free

pegadizo -za *adj* catchy

pegado -da *adj* [ESTAR]

A (junto) **~ A algo**: **su casa está pegada a la mía** her house is right next to mine; **no me gusta ir muy ~ al coche de delante** I don't like sitting right on the tail of *o* being too close to the car in front, I don't like tailgating the car in front (AmE colloq); **la cama iba pegada a la pared** the bed was right up against the wall

B (adherido) stuck; (con cola, goma) glued; **las piezas están pegadas** the pieces are glued together; **me sirvió unos tallarines todos ~s** he gave me some noodles which were all stuck together; **~ A algo**: **está ~ al suelo** it's stuck to the floor; **se pasa todo el día ~ al televisor** he spends all day glued to the television; **está siempre ~ a la puerta a ver si oye lo que digo** he always has an ear to the door to see if he can catch what I'm saying; ***quedarse ~*** (fam) (electrocutarse) to be electrocuted, to fry (AmE colloq) (sorprenderse) (Esp) to be stunned *o* amazed (colloq); (Educ) to stay *o* be kept down; **se quedó ~ en el primer curso** he was kept down *o* he stayed down at the end of the first year, he had to repeat the first year

pegajoso -sa *adj* 1 ‹*superficie/sustancia*› sticky; **tengo las manos pegajosas** my hands are all sticky 2 ‹*calor*› sticky 3 (fam) ‹*persona*› over-affectionate, clinging (colloq) 4 (AmL fam) ‹*canción/música*› catchy

pegamento *m* glue, adhesive

pegante *m* (Col) glue, adhesive

pegar [A3] *vt*

A 1 (propinar) ‹*bofetada/paliza/patada*› to give; **le pegó una paliza terrible** he gave him a terrible beating; **le pegué una patada en la rodilla** I gave him a kick on the knee, I kicked him on the knee; **te voy a ~ un coscorrón** I'm going to clout you *o* give you such a clout! (colloq); **le ~on un tiro** they shot her 2 ‹*grito/salto*› **pegó un chillido** she let out a scream, she screamed; **les pegó cuatro gritos y se callaron** she shouted at them and they shut up; **pegó un salto de alegría** he jumped for joy; **pegó media vuelta y se fue** he turned around and walked away 3 (*susto*) to give; **¡qué susto me pegaste!** you gave me a terrible fright! 4 (fam) ‹*repaso*› **pégale un repaso a este capítulo** look over this chapter again; **le pegué una miradita** I had a quick look at it

B 1 (adherir) to stick; (con cola) to glue, stick; (con engrudo) to paste, stick; **pegué los sellos en el sobre** I stuck the stamps on the envelope; **¿cómo pego la suela?** how can I stick the sole?; **vamos a ~ todos los pedazos** we're going to glue *o* stick all the pieces back together; **pegó un póster en la pared** she stuck (*o* pinned *etc*) a poster up on the wall 2 (coser) ‹*mangas/botones*› to sew … on; **ni siquiera sabe ~ un botón** he can't even sew a button on 3 (arrimar, acercar) to move … closer; **pega el coche un poco más a la raya** move the car a little closer to the line; **pegó el oído a la pared** he put his ear to the wall 4 (Inf) to paste

C (fam) (contagiar) ‹*enfermedad*› to give; **no te acerques, que te pego la gripe** don't come near me, I'll give you my flu *o* you'll get my flu; ***~la*** (RPl fam) to be dead on (AmE colloq), to be spot on (BrE colloq); **la verdad es que la pegamos con su regalo** we really were dead on *o* spot on with her gift; **con este espectáculo sí la vamos a ~** we're going to have a big hit with this show (colloq); ***~ su chicle con algn*** (Méx arg) to score with sb (sl)

■ **pegar** *vi*

A 1 (golpear): **~le a algn** to hit sb; (a un niño, como castigo) to smack sb; **dicen que le pega a su mujer** they say he beats his wife; **si vuelves a hacer eso, te pego** if you do that again, I'll smack you; **¡a mí no me vas a ~!** don't you dare hit me!; **la pelota pegó en el poste** the ball hit the goalpost; ***~le a algo*** (fam): **¡cómo le pegan al vino!** they sure like their wine (colloq), they certainly knock back the wine (colloq); **ahora le pega al canto** (Chi) she's into singing at the moment (colloq) 2 (fam) (hacerse popular) to take off; **si el producto no pega, quebramos** if the product doesn't take off *o* catch on, we'll go under; **una artista que pega en el extranjero** an artist who's very popular abroad; **su último disco está pegando fuerte** her latest record is a big hit (colloq) 3 (fam) (ser fuerte) ‹‹*viento*›› to be strong; **¡cómo pegaba el sol!** the sun was really beating down!, the sun was really hot!; **este vino pega muchísimo** this wine's really strong, this wine goes to your head

B 1 (adherir) to stick 2 (armonizar) to go together; **estos colores no pegan** these colors* don't go together; **~ CON algo** to go WITH sth; **esos zapatos no pegan con el vestido** those shoes don't go (well) with the dress; **esa mesa no pega con los demás muebles** that table doesn't fit in with *o* go with the rest of the furniture; **el vino blanco no pega con la carne** white wine doesn't go with meat; ***no ~ ni con cola*** *or* ***no ~ ni juntar*** (fam): **esos colores no pegan ni con cola** those colors* don't go together at all; **este cuadro aquí no pega ni con cola** this picture looks really out of place here; **no pegamos ni juntamos en este ambiente** we stick out like a sore thumb in a place like this

C (Chi fam) (dirigirse) **~ PARA algo** to head *o* make FOR sth; **pegó para su casa** she made *o* headed for home

■ **pegarse** *v pron*

A 1 (golpearse): **me pegué con la mesa** I bumped into the table, I knocked myself on the table; **me pegué en la cabeza** I banged *o* knocked my head; **me pegué un golpe muy fuerte en la pierna** I hit my leg really hard; **se cayó de la bicicleta y se pegó un porrazo** (fam) she fell off her bike and gave herself a nasty knock; ***pegársela*** (Esp fam) to have a crash; ***pegársela a algn*** (Esp fam) (ser infiel) to be unfaithful to sb, cheat on sb (AmE colloq); (traicionar) to double-cross sb, do the dirty on sb (colloq) 2 (*recipr*) (darse golpes) to hit each other; **estos niños siempre se están pegando** these

kids are always hitting each other *o* fighting
B 1 ‹*susto*› **¡qué susto me pegué cuando la vi!** I got such a fright when I saw her 2 ‹*tiro*› **se pegó un tiro en la sien** he shot himself in the head; **¡es para ~se un tiro!** it's enough to drive you crazy *o* mad! 3 (fam) (tomarse, darse): **me voy a ~ una ducha** I'm going to take *o* have a shower; **tuvimos que ~nos una corrida para no perder el tren** we had to run to catch the train; **anoche nos pegamos una comilona tremenda** we had an amazing meal last night (colloq); **¡me voy a ~ unas vacaciones ...!** I'm going to give myself *o* have myself a good vacation 4 (Esp fam) (pasar) to spend; **me pegué el día entero estudiando** I spent the whole day studying; **me pegué cuatro días sin salir de casa** I didn't leave the house for four days, I went (for) four days without leaving the house (colloq)
C 1 (adherirse) to stick; **no consigo que este sobre se pegue** I can't get this envelope to stick; **se me ha pegado el arroz** the rice has stuck; **mi madre se pega al** *or* **del teléfono y no para de hablar** once my mother gets yakking on the phone there's no stopping her (colloq); **se pegó al** *or* **del timbre** she kept her finger on *o* she leaned on the doorbell; **se me pega y después no se qué hacer para deshacerme de él** he latches on to me and then I can't get rid of him 2 «*costumbre/enfermedad*» (contagiarse) (+ *me/te/le etc*): **en Inglaterra se le pegó la costumbre de tomar té** in England she got into the habit of drinking tea; **se le ha pegado el acento mexicano** he's picked up a Mexican accent; **no te acerques, que se te va a ~ el catarro** don't come too close or you'll catch my cold

Pegaso *m* Pegasus

pegatina *f* (Esp) sticker

pego *m* (Esp fam): **no es de oro pero da el ~** it could pass for gold, it isn't gold but it fools most people; **¿qué? ¿doy el ~?** well, how do I look?, well, do I pass inspection?

pegochento -ta *adj* (Col) ▸**pegajoso**

pegoste *mf* (Méx fam) hanger-on (colloq)

pegote *m* 1 (de suciedad) sticky mess; ***tirarse ~s*** (Esp fam) to brag (colloq); **no te tires ~s** stop bragging *o* don't give me that! (colloq) 2 (Esp fam) (mamarracho): **quedará mejor si no le pones el ~ ese en el medio** it'll look better if you don't put that awful thing in the middle; **ese lazo es un ~** that bow just doesn't go; ***estar de ~*** (Esp fam) to be/feel like a spare part (colloq) 3 (fam) (persona pesada) nuisance, pain (colloq) 4 (RPl fam) (persona apegada a otra): **es un ~ de la mamá** he's tied to his mother's apron strings; **el novio es un ~** her boyfriend never leaves her for a minute *o* sticks to her like glue

pegoteado -da *adj* (CS) sticky

pegujal *m* small plot *o* piece of land

peinada *f* comb; **me voy a dar una ~** I'll just run a comb through my hair *o* give my hair a quick comb

peinado[1] **-da** *adj*: **siempre va muy bien peinada** her hair always looks nice; **iba muy mal peinada** her hair was very untidy *o* looked a mess; **llegó muy peinadito** he arrived with his hair neatly combed *o* groomed

peinado[2] *m*
A 1 (arreglo del pelo) hairstyle; **ese ~ te sienta muy bien** that hairstyle really suits you; **la lluvia me estropeará el ~** the rain will ruin my hair *o* my hairdo 2 (acción): **lavado y ~** shampoo and set
B (period) (por la policía) thorough search; **el ejército efectuó un ~ en la zona** the army combed the area *o* carried out a thorough search of the area

peinador -dora *m,f*
A (Méx, RPl) (persona) hairdresser, stylist
B **peinador** *m* 1 (prenda) peignoir 2 (Chi) (tocador) dressing table
C **peinadora** *f* (Ven) (tocador) dressing table

peinar [A1] *vt*
A 1 ‹*melena/flequillo*› (con un peine) to comb; (con un cepillo) to brush; **ven aquí que te peine** come here and let me comb/brush your hair *o* (colloq) do your hair 2 «*peluquero*»: **¿quién te peina?** who does your hair?
B ‹*lana*› to card
C (period) «*policía*» to comb; **la policía peinó la zona** the police combed the area *o* carried out a thorough search of the area
■ **peinarse** *v pron* 1 (*refl*) (con un peine) to comb one's hair; (con un cepillo) to brush one's hair; **no he tenido tiempo de ~me** I haven't had time to comb/brush my hair *o* (colloq) do my hair 2 ‹*melena/flequillo*› to comb; **¡péinate esas greñas!** comb that mop! (colloq) 3 (*caus*) to have one's hair done; **siempre me peino en la misma peluquería** I always have my hair done at the same salon

peine *m* comb; **me pasé el ~** I ran a comb through my hair, I gave my hair a quick comb; ***te vas a/se va a enterar de lo que vale un ~*** (Esp fam) you'll/he'll soon find out what's what (colloq)

peineta *f* 1 (para sujetar, adornar) ornamental comb 2 (Chi) (peine) comb
(Compuesto) **peineta de teja** *large decorative hair comb*

peinilla *f* 1 (AmL) (peine) comb 2 (Col) (machete) machete

p. ej. (= **por ejemplo**) eg, for example

pejerrey *m* (americano) silverside; (europeo) sand smelt

pejesapo *m* angler fish

pejiguera *f* (Esp fam) drag (colloq), nuisance

Pekín *m* Peking, Beijing

pekinés -nesa *m,f* Pekinese

pela *f*
A (Esp fam) (peseta) peseta; **tiene muchas ~s** he's loaded (colloq)
B (Col, Méx fam) (golpe) slap, smack

pelada *f*
A 1 (AmL fam) (corte de pelo): **¡mira la ~ que me han hecho!** look how short they've cut my hair!, look, I've been scalped! (colloq) 2 (CS fam) (calva — parcial) bald patch; (— total) bald head; **tiene una incipiente ~** he's getting a bit bald on top; ***echarle una ~ a algn*** (Chi fam) to talk about sb (behind his/her back) (colloq)
B (Chi fam & pey) (mujer) common woman (pej)
C **la Pelada** (CS fam & euf) (la muerte) the Grim Reaper

peladero *m* 1 (Andes fam) (zona) wasteland 2 (Chi fam) (solar) site, lot (AmE)

peladez *f* (Méx) rude word; **no digas peladeces** don't use such bad language

peladilla *f* sugared almond

pelado[1] **-da** *adj*
A 1 (con el pelo corto): **lo dejaron con la cabeza pelada (al rape)** they cropped his hair very short, they scalped him (colloq) 2 (CS) (calvo) bald; **es/se está quedando ~** he is/he's going bald 3 (a causa del sol): **tengo la nariz pelada** my nose is peeling 4 ‹*manzana*› peeled; ‹*pollo*› plucked; **almendras peladas** blanched almonds
B (fam) (sin dinero) broke (colloq); **estoy ~** I'm broke *o* (BrE) skint (colloq); **salió ~ del casino** he lost his shirt at the casino
C 1 (fam) ‹*pared/habitación*› bare; **los ladrones les dejaron la casa pelada** the thieves stripped the house bare, the thieves cleaned us/them out; **dejó el hueso ~** he picked the bone clean; **le sirvieron la chuleta pelada** all he got was just a plain chop, on its own; **cobra el sueldo ~** she earns a basic salary with no extras or bonuses; ▸**grito** 2 (fam) ‹*número/cantidad*› exact, round (*before n*) 3 (Chi fam) ‹*pies/trasero*› bare; **no salgas a pie ~** don't go out barefoot *o* in your bare feet
D (Méx fam) (grosero) foulmouthed

pelado[2] **-da** *m,f*
A (CS fam) (calvo): **¿quién es ese ~?** who's that bald guy? (colloq)
B (Col fam) (niño) kid (colloq)
C (Méx fam) (grosero): **es un ~** he's really foulmouthed
D **pelado** *m* 1 (Esp fam) (corte de pelo) haircut; **¡vaya ~ te han hecho!** they've really cropped your hair short, you've been scalped (colloq) 2 (Chi fam) (conscripto) conscript

pelador -dora *m,f*
A (Chi fam) (persona) gossip
B **pelador** *m* (AmL) (utensilio) peeler

peladura *f* 1 (de fruta) peel; **~s de patata** potato peelings 2 (Andes) (en la piel) graze

pelafustán -tana *m,f* (fam) good-for-nothing (colloq)

pelagatos *m* (*pl* ~) (fam) nobody

pelágico -ca *adj* pelagic

pelagra *f* pellagra

pelaje *m* 1 (de un animal) coat, fur 2 (fam) (aspecto) look 3 (fam) (clase) sort

pelambre *f or m*
A 1 (fam) (melena) mop (colloq) 2 (de un animal) tuft of hair/fur
B **pelambre** *m* (Chi fam) (chisme) gossip, gossiping

pelambrera *f* 1 (fam) (melena) mop (colloq) 2 (fam) (calva): **¡qué ~ lleva!** he's as bald as a coot! (colloq)

pelanas *m* (*pl* ~) (fam) nobody

pelandusca *f* (fam) whore (colloq), slut (colloq)

pelapapas (*pl* ~) *m* potato peeler

pelapatatas (*pl* ~) *m* (Esp) potato peeler

pelar [A1] *vt*
A 1 ‹*fruta/zanahoria*› to peel; ‹*guisantes/marisco*› to shell; ‹*caramelo*› to unwrap; **¿te pelo la manzana?** shall I peel your apple for you? 2 (desplumar) ‹*ave*› to pluck; ▸**pavo**[2]
B 1 (rapar): **lo ~on al cero** *or* **al rape** *or* (Méx) **a jícara** they cropped his hair very short, they scalped him (colloq) 2 (Esp fam) (peluquear): **el que me pela a mí es Diego** Diego cuts my hair
C (fam) (en el juego) to clean … out (colloq); **me ~on** they cleaned me out *o* left me without a cent *o* a penny (colloq)
D (Chi fam) ‹*persona*› to badmouth (AmE colloq), to slag off (BrE colloq)
■ **pelar** *vi* 1 **que pela** (fam): **hace un frío que pela** it's freezing (cold) (colloq); **el agua está que pela** the water's boiling (hot) (colloq); ▸**duro**[1] 2 (Chi fam) (chismear) to gossip (maliciously)
■ **pelarse** *v pron* 1 (a causa del sol) «*persona*» to peel; «*cara/espalda/hombros*» (+ *me/te/le etc*) to peel; **me estoy pelando** I'm peeling; **se te están pelando los brazos** your arms are peeling 2 (*caus*) (fam) (cortarse el pelo) to get *o* have one's hair cut, to have a haircut; **voy a ~me** I'm going to get my hair cut; ***... que se las pela*** (fam): **miente que se las pela** he lies like anything *o* like nobody's business (colloq); **corre que se las pela** she runs like the wind (colloq); ***pelársela*** (vulg) to jerk off (vulg), to wank (BrE vulg); ***pelárselas*** (CS fam) to go off (colloq); **se las peló para Argentina** he went off to Argentina (colloq); **yo me las pelo** I'm off (colloq)

pelaverduras *m* (*pl* ~) vegetable peeler

peldaño *m* 1 (escalón) step, stair 2 (travesaño) rung

pelea *f* 1 (riña, discusión) quarrel, fight (colloq), argument; **anda siempre buscando ~** he's always trying to pick a quarrel *o* fight, he's always looking for an argument; **es ella la que siempre está armando ~** she's the one who always starts the fights; **tuvimos una ~** we quarreled *o* had an argument 2 (en sentido físico) fight; ***ni en ~ de perros*** (Chi fam) never in one's life 3 (en boxeo) fight
(Compuesto) **pelea de gallos** (literal) cockfight; (discusión acalorada) shouting match

peleado -da *adj* 1 (enfadado): **están ~s y no se hablan** they've fallen out and they're not talking to each other; **está ~ con la novia** he's quarreled with his girlfriend 2 ‹*partido/carrera*› keenly-contested; ‹*elecciones*› hard-fought, keenly-contested

peleador -dora *adj* (fam) 1 (que discute) argumentative 2 (que pelea): **es muy ~** he's always fighting

pelear [A1] *vi* 1 (reñir, discutir) to quarrel; **~on por una tontería** they argued *o* quarreled *o* (colloq) had a fight over a silly little thing; **todos pelean por ser el jefe** they're all fighting to be the boss 2 «*novios*» (discutir) to

P

quarrel, argue, have a fight (colloq); (terminar) to break up, split up [3] (en sentido físico) to fight; **ya están peleando otra vez por el balón** they're fighting over the ball again; **las tropas ~on con gran valor** the troops fought bravely [4] (batallar): **ha tenido que ~ mucho para lograrlo** she's really had to work hard to get it, getting it was a real struggle; **me paso la vida peleando con los niños para que estudien** it's a constant battle trying to get the children to study [5] (en boxeo) to fight; **Barrios ~á contra Haro en París** Barrios will fight Haro in Paris

■ **pelearse** *v pron* [1] (discutir, reñir) to quarrel; **se ~on por una chica y no se hablan** they quarreled over a girl and now they aren't speaking (to each other); **se estaban peleando por algo sin importancia** they were quarreling *o* having an argument about something trivial [2] «*novios*» (discutir) to quarrel, argue, have a fight (colloq); (terminar) to break up, split up [3] (pegarse) to fight; **los niños se ~on por los juguetes** the children fought over the toys

pelechar [A1] *vi* [1] (perder pelo) to molt* [2] (criar pelo) to grow hair

pelela *f* (CS fam) potty (colloq)

pelele *m*

A [1] (de trapo) rag doll; (de paja) straw doll [2] (persona manipulada) puppet; **es el ~ de los militares** he's a puppet controlled by the military [3] (fam) (persona débil) wimp (colloq)

B (Esp) (Indum) rompers (*pl*), romper suit (BrE), Babygro® (BrE)

peleón -leona *adj*

A (Esp fam) ▸**peleador**

B ‹*vino*› rough, cheap

peleonero -ra *adj* (Méx) ▸**peleador**

peletería *f* [1] (oficio) fur trade [2] (tienda) furrier's, fur shop [3] (género) furs (*pl*)

peletero¹ -ra *adj* fur (*before n*)

peletero² -ra *m,f* furrier

peli *f* (Esp fam) movie, film (BrE)

peliagudo -da *adj* difficult, tricky, thorny

pelicano -na *adj* gray-haired*

pelícano *m* pelican

pelicorto -ta *adj* (Col) short-haired (*before n*); **es alto y ~** he's tall, with short hair

película *f*

A (Cin, TV) movie, film (BrE); **hoy dan** *or* (Esp) **echan** *or* **ponen una ~ de aventuras** there's an adventure movie *o* film on today, they're showing an adventure movie *o* film today; ***de ~*** (fam) fantastic (colloq); **fue un gol de ~** it was a tremendous *o* fantastic goal (colloq); **una chica de ~** a gorgeous *o* fantastic girl; **una casa de ~** a dream house (colloq); **ayer me pasó algo de ~** something incredible happened to me yesterday

(Compuestos)

- **película de acción** action movie *or* film
- **película de dibujos animados** cartoon
- **película del Oeste** Western
- **película de miedo** horror movie *o* film
- **película de suspenso** *or* (Esp) **suspense** thriller
- **película de terror** horror movie *o* film
- **película de vaqueros** Western
- **película muda** silent movie *o* film
- **película snuff** snuff movie (colloq)
- **película sonora** talking picture, talkie
- **película X** X-certificate movie *o* film

B (Fot) film

C (capa fina) film; **una ~ de aceite** a film of oil; **una ~ de polvo** a thin covering/layer of dust

peliculero -ra *adj* (fam) (aficionado al cine): **es muy ~** he's a great movie fan *o* (BrE) film buff (colloq)

peliento -ta *m,f* (Chi fam) slob (colloq)

peligrar [A1] *vi* to be at risk; **su vida peligra** her life is at risk *o* in danger; **la crisis económica hace ~ muchos puestos de trabajo** the economic crisis is putting many jobs at risk *o* is threatening *o* endangering many jobs

peligro *m* danger, peril (liter); **siempre se expone al ~** she's always exposing herself to danger; **su vida está en** *or* **corre ~** his life is in danger *o* is threatened *o* at risk *o* (liter) in peril; **puso en ~ su propia vida** she put her own life in danger, she risked her own life; **esta escalera es un ~ para los niños** this staircase is a hazard *o* is dangerous for children; **el incidente puede poner en ~ las negociaciones** the incident could put the negotiations at risk, the incident could jeopardize *o* endanger the negotiations; **corres el ~ de que se te adelanten** you run the risk of others beating you to it; **corre el ~ de perder un ojo** she is in danger of losing an eye; **el enfermo está fuera de ~** the patient is out of danger; **Ⓢ peligro de incendio** fire hazard; **Ⓢ peligro de muerte** danger

(Compuestos)

- **peligro biológico** biohazard
- **peligro público** (fam) menace, public nuisance

peligrosamente *adv* dangerously

peligrosidad *f* dangerousness; **la ~ de estas actividades** the dangerousness of these activities; **prima de ~** danger money

peligroso -sa *adj* ‹*carretera/trabajo/empresa*› dangerous, hazardous; ‹*deporte*› dangerous; ‹*delincuente*› dangerous; **no te fíes de él, es una persona peligrosa** don't trust him, he's dangerous

pelilargo -ga *adj* long-haired (*before n*); **es moreno y ~** he's dark, with long hair

pelillo *m* small hair; ***no pararse*** *or* ***reparar en ~s*** to let nothing stand in one's way; ***~s a la mar*** (Esp fam) let's just forget all about it (colloq); **echar ~s a la mar** to bury the hatchet (colloq)

pelín *m* (Esp fam): **un ~** a little, a bit (colloq); **se está pasando un ~** he's going a little too far *o* a bit too far; **échale un ~ más de sal** put in a touch more salt

pelirrojo¹ -ja *adj* red-haired, ginger-haired

pelirrojo² -ja *m,f* redhead; **un ~ de ojos azules** a man with red hair and blue eyes

pella *f* (de masa) lump; ***hacer ~s*** (Esp arg) to play hookey (colloq), to skive *o* bunk off school (BrE colloq)

pelleja *f* sheepskin

pellejerías *fpl* (Andes fam) hard times (*pl*)

pellejo *m* [1] (piel — de animal) skin, hide; (— de persona) (fam) skin (colloq); ***estar/ponerse en el ~ de algn*** (fam) to be/put oneself in sb's shoes; **no me gustaría estar en su ~** I wouldn't like to be in his shoes *o* skin; **ponte en su ~** put yourself in her shoes *o* place; ***no caber en el ~*** (fam) to be bursting (colloq); **no cabía en el ~ de alegría/satisfacción** she was bursting with joy/brimming with satisfaction; ***no ser*** *or* ***no tener más que ~*** (fam) to be all skin and bone (colloq); ***quitarle el ~ a algn*** (fam) to tear sb to shreds (colloq), to badmouth sb (AmE colloq), to slag sb off (BrE colloq) [2] (fam) (vida) neck (colloq); **jugarse** *or* **arriesgar el ~** to risk one's neck (colloq); **salvar el ~** to save one's skin *o* neck (colloq) [3] (odre) wineskin

pellet /'pelet/ *m* (*pl* **-llets**) [1] (Tec) pellet [2] (Agr) food pellet

pellica *f* fur-lined coat

pellín *m* (Chi) (Bot) *type of beech*; ***ser un ~*** (fam) to be as strong as an ox

pelliza *f* fur-lined coat

pellizcar [A2] *vt* [1] ‹*persona/brazo*› to pinch [2] (fam) ‹*comida*› to nibble at [3] (Ven) (en béisbol) to chop

pellizco *m* [1] (en la piel) pinch; **me dio un ~ en la pierna** she pinched my leg [2] (fam) (cantidad pequeña) little bit; **se agrega un ~ de sal** add a pinch of salt; **le tocó un buen ~** she won a fair sum *o* a tidy little sum [3] (RPl) (anillo) ring (*with two stones*) [4] (Ven) (en béisbol) chop

pellón *m* (AmL) sheepskin saddle blanket

pelma *adj/mf* (Esp fam) ▸**pelmazo¹**, **pelmazo²**

pelmazo¹ *adj* (fam) boring; **¡qué tipo más ~!** that guy's such a bore! (colloq)

pelmazo² *m* (fam) bore

pelo *m*

A ▸**❶ p.231**, ▸**❶ p.181**; (de personas — filamento) hair; (— conjunto) hair; **~ rizado/liso** *or* **lacio** curly/straight hair; **tengo que ir a cortarme el ~** I have to go and have my hair cut; **tiene un ~ divino** she has lovely *o* beautiful hair; **tiene mucho ~** he has really thick hair; **siempre lleva el ~ suelto** she always wears her hair down *o* loose; **me encontré un ~ en la sopa** I found a hair in my soup; ***al ~*** (fam) great (colloq); **la falda le quedó al ~** the skirt looked great on her, she looked great in the skirt; **el dinero extra me viene al ~** the extra money is just what I need; **¿cómo se portó el coche? — al ~** (Col) how did the car go? — just great *o* spot on (colloq); ***andar*** *or* ***estar con los ~s de punta*** (CS fam) to be in a real state (colloq); ***caérsele el ~ a algn:*** **se le está cayendo el ~** he's losing his hair; **como te descubran se te va a caer el ~** if you get found out, you'll be for it *o* you've had it (colloq); ***con estos ~s*** (fam): **¡llegan dentro de media hora, y yo con estos ~s!** they're arriving in half an hour and look at the state I'm in!; ***con ~s y señales*** (fam): **me contó su viaje con ~s y señales** she gave me a blow-by-blow account of her trip, she described her trip down to the last detail; **lo describió con ~s y señales** she gave a very detailed description of him; ***de medio ~*** (fam) ‹*película/jugador*› second-rate; **le regaló un anillo de medio ~** he gave her a rather tacky ring; ***echar el ~*** (Chi fam) to live it up (colloq), to have a good time (colloq); ***no tiene ~s en la lengua*** (fam) he doesn't mince his words; ***no tiene/tienes (ni) un ~ de tonto*** (fam) you're/he's no fool, there are no flies on you/him (colloq); ***no verle el ~ a algn*** (fam) not to see hide nor hair of sb (colloq); **hace mucho que no se le ve el ~** nobody's seen hide nor hair of him for ages; **ya no te vemos el ~ por aquí** we never see you around here any more; ***ponerle a algn los ~s de punta*** (fam) (aterrorizar) to make sb's hair stand on end (colloq) (poner neurótico) (AmL) to drive sb crazy *o* mad; **una película que te pone los ~s de punta** a spine-chilling movie; ***por los ~s*** (fam) only just; **se libró por los ~s de que lo detuvieran** he narrowly *o* only just escaped being arrested; **aprobó el examen por los ~s** he just scraped through the exam (by the skin of his teeth); ***por un ~*** (AmL) just; **me salvé por un ~** I escaped by the skin of my teeth (colloq); **perdí el autobús por un ~** I just missed the bus, I missed the bus by a few seconds; **por un ~ no llego al banco** I only just got to the bank in time; ***se me/le erizaron los ~s*** (fam) it sent shivers down my/his spine, it made my/his hair stand on end; ***se me/le ponen los ~s de punta*** (fam) it sends shivers down my/his spine, it makes my/his hair stand on end; ***tirado de los ~s*** (fam) farfetched; ***tirarse de los ~s*** (fam): **estaba que se tiraba de los ~s** he was at his wit's end, he was tearing his hair out (in desperation); ***tirarse los ~s (de rabia)*** (Chi fam) to be furious; ***tocarle un ~ a algn*** to lay a finger on sb; ***tomarle el ~ a algn*** (fam): **no va en serio, te están tomando el ~** they don't mean it, they're only joking *o* teasing *o* (colloq) pulling your leg; **me están tomando el ~, ya me han cambiado la fecha cuatro veces** they're messing me around, this is the fourth time they've changed the date; ***traído por*** *or* ***de los ~s*** farfetched; **el argumento es de lo más traído de los ~s** the plot is very farfetched

B (fam) (poco): **se han pasado un ~** they've gone a bit too far *o* (BrE colloq) a bit over the top; **no me fío (ni) un ~ de ese tipo** I don't trust that guy an inch; **no quiso aflojar (ni) un ~** he refused to budge an inch; **te queda un pelito corta** it's a tiny *o* a wee bit short for you

C (Zool) (filamento) hair; (pelaje — de un perro, gato) hair, fur; (— de un conejo, oso) fur; **el gato va dejando ~s por toda la casa** the cat leaves hairs all over the house; **la perra me dejó llena de ~s** I got covered with dog-hairs; **un perro pequeño de ~ largo** a small, long-haired dog; ***montar a*** *or* (RPl) ***en ~*** to ride bareback; ***ser ~s de la cola*** (Chi fam) to be nothing

(Compuestos)

- **pelo de camello** camelhair
- **pelo de conejo** angora, angora wool

• **pelo de elefante** elephant hair

D (de una alfombra) pile; **una alfombra de ~ largo** a shag-pile carpet; **este suéter suelta mucho ~** this sweater leaves a lot of fluff everywhere

pelón¹ -lona *adj*

A **1** (fam) (sin pelo) bald **2** (Ec fam) (con mucho pelo) ‹*hombre*› hairy; **un bebé ~** a baby with a good head of hair

B (Méx fam) (difícil) tough (colloq); **está ~ este libro** this book is tough going (colloq)

pelón² -lona *m,f*

A **1** (fam) (sin pelo) bald person **2** (Ec fam) (con mucho pelo): **es un ~** he has a good head of hair

B **1** **pelón** *m* (RPl) (Bot) (durazno) nectarine **2** **la Pelona** *f* (fam) (la muerte) Death, the Grim Reaper

Peloponeso *m*: **el ~** the Peloponnese; **las guerras del ~** the Peloponnesian Wars

pelota¹ *mf*

A (AmS vulg) (imbécil) jerk (sl), dickhead (BrE vulg)

B (Esp fam) (adulador) creep (colloq)

pelota² *f*

A (Dep, Jueg) ball; **una ~ de tenis** a tennis ball; **una ~ de fútbol** (esp AmL) a football; **Ⓢ prohibido jugar a la pelota** no ball games, no ball playing (AmE); **están jugando a la ~ en el jardín** they're playing ball in the garden; ***darle ~ a algn*** (CS fam) to take notice of sb, pay attention to sb; ***hacerle la ~ a algn*** (Esp fam) to suck up to sb (colloq); ***la ~ está/estaba en el tejado*** it's/it was all up in the air; ***le devolví/devolvió la ~*** I/she gave as good as I/she got; ***pasar la ~*** (fam) to pass the buck

(Compuestos)

• **pelota al cesto** (Arg) *game similar to netball*
• **pelota base** baseball
• **pelota paleta** (Arg) *game similar to racquetball*
• **pelota vasca** jai alai, pelota

B **pelotas** *fpl* (vulg) (testículos) balls (*pl*) (colloq *or* vulg); **en ~s** (vulg) (sin ropa) stark naked; (sin dinero) flat broke (colloq); **jugamos al poker y me quedé** *or* **me dejaron en ~s** we played poker and they cleaned me out (colloq); ***estar hasta las ~s*** (vulg) to be really pissed (AmE) *o* (BrE) pissed off (sl); **estoy hasta las ~s de él** I've had it up to here with him (colloq), I'm really pissed at him (AmE) *o* (BrE) pissed off with him (sl); ***hincharle las ~s a algn*** (vulg) to get up sb's nose (colloq); ***tener ~s*** (AmS arg) to have balls (vulg), to have guts (colloq); ***tocarle las ~s a algn*** to get up sb's nose (colloq), to get on sb's nerves (colloq)

C **pelotas** *m* (CS vulg) (persona) asshole (AmE vulg), arsehole (BrE vulg), dickhead (BrE vulg); **es un ~s** he's an asshole *o* an arsehole *o* a dickhead (vulg)

> **pelota vasca**
>
> A ball game, also known as *jai alai*, that developed in the Basque Country. It is played in Spain, Mexico, Cuba and Florida. The game has similarities to squash and fives. It is played in a *frontón*, a court with three high walls. The players use a *cesta*, a long, concave basket attached to their hand with a strap, to throw and catch the ball against the wall. The ball reaches high speeds and spectators watch from behind a metal fence. Pelota is played by two teams of two players. It is a professional game on which spectators place bets.

pelotari *mf* jai alai *o* pelota player

pelotazo *m*

A (con una pelota): **rompió la ventana de un ~** she kicked (*o* threw *etc*) a ball through the window; **me dio un buen ~** he hit me hard with the ball

B (Esp fam) (de alcohol) drink, slug (colloq)

pelotear [A1] *vi* (en fútbol) to kick a ball around; (en tenis) to knock up, have a knockabout

■ **pelotear** *vt* **1** (Per fam) ‹*persona*› to shunt … around (colloq) **2** (Chi fam) ‹*objeto*› to juggle with (colloq)

peloteo *m* **1** (en fútbol) kickabout; (en tenis) warm-up, knock-up **2** (Per fam) (ir y venir): **ya me estoy cansando de tanto ~** I'm getting fed up with being shunted around (colloq)

pelotera *f* (fam) **1** (lío, jaleo) uproar, ruckus (AmE colloq), rumpus (BrE colloq) **2** (riña) argument, fight, row (colloq)

pelotero -ra *m,f* **1** (AmL) (jugador — de béisbol) baseball player; (— de fútbol) soccer *o* football player, footballer **2** (Chi) (recogepelotas) (*m*) ballboy; (*f*) ballgirl

pelotilla¹ *adj* (Esp fam): **es muy ~** he's a real creep *o* crawler (colloq), he's a real brownnoser (AmE sl)

pelotilla² *f* (fam) (de moco) bogey (colloq); (de mugre) ball of dirt; ***hacerle la ~ a algn*** (fam) to suck up to sb (colloq), to brownnose (AmE sl)

pelotilleo *m* (Esp fam) fawning, creeping (colloq), brownnosing (AmE colloq)

pelotillero¹ -ra *adj* ▸ **pelotilla¹**

pelotillero² -ra *m,f* ▸ **pelota¹ B**

pelotón *m* **1** (Mil) squad **2** (en ciclismo) bunch, pack, group; (en atletismo) pack **3** (fam) (de gente) gang (colloq) **4** (de pelos, hilo) tangle, mass

(Compuesto) **pelotón de ejecución** *or* **fusilamiento** firing squad

pelotudez *f* (AmS vulg) **1** (cualidad) sheer stupidity **2** (hecho estúpido): **fue una ~** it was a damned stupid thing to do (*o* say *etc*) (sl)

pelotudo¹ -da *adj* (AmS vulg): **¡qué ~ es ese tipo!** what a jerk that guy is! (sl)

pelotudo² -da *m,f* (AmS vulg) jerk (sl), dickhead (BrE vulg)

peltre *m* pewter

peluca *f* wig; **lleva** *or* **usa ~** she wears a wig

peluche *m* felt, plush; **un juguete de ~** a cuddly toy; ▸ **oso**

peluco *m* (Esp arg) (big) watch

pelucón -cona *adj* (Chi, Per fam) **1** (con mucho pelo) hairy; **es muy ~** he has a lot of hair, he is very hairy **2** (de pelo largo) long-haired; **se ve mal tan ~** he looks terrible with his hair so long

peludo¹ -da *adj* **1** ‹*hombre/brazo*› hairy; ‹*barba*› bushy **2** ‹*animal*› hairy, furry; ‹*perro*› (con mucho pelo) shaggy; (con pelo largo) long-haired; ‹*cola*› bushy **3** ‹*lana/jersey*› hairy

peludo² *m* **1** (Zool) armadillo; ***como ~ de regalo*** (RPl fam) out of the blue **2** (RPl fam) (borrachera): **agarró un ~ impresionante** she got completely legless *o* plastered (colloq)

peluquear [A1] *vt* (fam): **~ a algn** (cortar) to cut sb's hair; (peinar) to do sb's hair

■ **peluquearse** *v pron* (*caus*) (fam) (cortarse el pelo) to get *o* have one's hair cut; (peinarse) to get *o* have one's hair done

peluquería *f* **1** (establecimiento) hairdresser's, hairdressing salon; **~ de caballeros/señoras** gentlemen's/ladies' hairdresser's; **~ unisex** unisex hairdressing salon **2** (oficio) hairdressing, hairstyling

peluquero -ra *m,f* hairdresser, hairstylist

peluquín *m* toupee, hairpiece; ***¡ni hablar del ~!*** (Esp fam) no way! (colloq), you must be joking!

pelusa¹, pelusilla *f*

A **1** (en la cara) down, fuzz **2** (de melocotón) down **3** (en un jersey) ball of fluff *o* fuzz, piece of lint (AmE) **4** (de suciedad) ball of fluff

B (Esp fam) (celos) jealousy; **tiene ~ de su hermano** he's jealous of his brother

pelusa² *mf* (Chi fam) (niño — callejero) street kid (colloq); (— travieso) little scamp *o* rascal (colloq)

pelusear [A1] *vi* (Chi fam) to be naughty

pelusiento -ta *adj* (CS, Per) ‹*suelo/rincón*› full of fluff; **la falda se me quedó toda pelusienta** my skirt got covered with fluff *o* (AmE) lint

peluso *m* (Esp arg) rookie (colloq), squaddie (BrE colloq)

pelviano -na, pélvico -ca *adj* pelvic

pelvis *f* (*pl* ~) pelvis

Pemex = Petróleos Mexicanos

PEN *m* (en Arg) **= Poder Ejecutivo Nacional**

pena *f*

A **1** (tristeza): **tenía mucha ~** he was *o* felt very sad; **me da ~ ver a esos niños pidiendo limosna** it upsets me *o* it makes me sad to see those children begging; **a mí la que me da ~ es su pobre mujer** it's his poor wife I feel sorry for; **está que da ~** she's in a terrible state; **no te imaginas la ~ que me da tener que decírtelo** you can't imagine how much it hurts me to have to tell you; **lloraba con tanta ~** he was crying so bitterly; **sentí mucha ~ cuando me enteré de su muerte** I was very sad to hear of his death **2** (lástima) pity, shame; **¡qué ~ que no te puedas quedar!** what a pity *o* a shame you can't stay!; **es una ~ que no hayas seguido sus consejos** it's a pity you didn't take her advice; ***de ~*** (Esp) terrible; **ese vestido le queda de ~** that dress looks terrible *o* awful *o* dreadful on her; **en las fotos siempre salgo de ~** I always look awful *o* terrible in photographs; **¿cómo te fue en el examen? — de ~** how was your exam? — awful *o* terrible, how did you get on in your exam? — really badly; ***estar hecho una ~*** to be in a sorry *o* terrible state, be in a bad way; ***sin ~ ni gloria*** almost unnoticed; **una película que pasó por las carteleras sin ~ ni gloria** a movie which came and went almost unnoticed; **pasó por la universidad sin ~ ni gloria** he had an undistinguished university career; ***vale*** *or* ***merece la ~*** it's worth it; **merece la ~ leerlo** it's worth reading; **no vale la ~ intentar convencerlo** there's no point *o* it's not worth trying to persuade him; **un museo que bien vale la ~ visitar** a museum which is well worth a visit *o* (frml) which is worthy of a visit; **bien merece la ~ correr el riesgo** it's well worth the risk

B **penas** *fpl* **1** (dolores, problemas): **bebe para ahogar las ~s** she drinks to drown her sorrows; **vino a contarme sus ~s** he came to tell me his problems *o* troubles *o* (liter *or* hum) woes; **sus hijos no le han dado más que ~s** her children have caused her nothing but sorrow *o* heartache; ***a duras ~s*** (apenas) hardly; (con dificultad) with difficulty; **te oigo a duras ~s** I can scarcely *o* hardly *o* barely hear you; **subió a duras ~s las escaleras** she had great difficulty climbing the stairs; **llegaron a la meta, pero a duras ~s** they reached the finishing line, but only just *o* only with difficulty **2** (penurias, dificultades) hardship; **pasamos muchas ~s para pagarlo** we suffered great hardship to pay for it; **pasaron grandes ~s durante la expedición** they underwent great difficulties *o* hardship during the expedition

C (Der) sentence; **el juez le impuso la ~ máxima** the judge gave him the maximum sentence; **bajo** *or* **so ~ de** (frml) on pain of (frml), under penalty of (frml); **so ~ de caer en repeticiones** at the risk of repeating myself

(Compuestos)

• **pena aflictiva** afflictive punishment
• **pena capital** death penalty; **los que se oponen a la ~ ~** those opposed to the death penalty *o* to capital punishment
• **pena corporal** corporal punishment
• **pena de muerte** death penalty
• **pena pecuniaria** fine
• **pena privativa de libertad** custodial sentence

D (AmL exc CS) (vergüenza) embarrassment; **le da una ~ horrible hablar en público** she's terribly shy *o* embarrassed about speaking in public; **me da ~ molestarlos a esta hora de la noche** I feel awful *o* terrible *o* embarrassed disturbing you at this time of night; **me puse roja de la ~** I went red with embarrassment; ***quitado de la ~*** (Méx) blithely, gaily

E (Per) (fantasma) ghost

penable *adj* punishable

penacho *m* **1** (de ave) tuft, crest **2** (adorno de plumas) plume

penado -da *m,f* (frml) convict

penal¹ *adj* criminal (*before n*)

penal² *m*

A (cárcel) prison, penitentiary (AmE)

B (AmL period) (Dep) penalty

C **penales** *mpl* police *o* criminal record

pénal *m* (Andes) penalty

penalidad *f*

A (Der) punishment

B **penalidades** *fpl* hardship, suffering; **pasaron muchas ∼es** they experienced great hardship *o* suffering

penalista[1] *adj*: **abogado ∼** criminal lawyer

penalista[2] *mf* **1** (abogado) criminal lawyer **2** (estudioso) expert in criminal law

penalización *f* **1** (Der) (acción) penalization; (castigo) penalty, punishment **2** (Dep) penalty

penalizar [A4] *vt* **1** (Der) to penalize, make ... punishable by law **2** (Dep) to penalize

penalti *m* (*pl* **-tis**) (Esp) ▸**penalty**

penalty /'penalti, pe'nalti/ *m* (*pl* **-tys**) penalty; **marcó dos goles de ∼** he scored two penalties; **pitar** *or* **señalar ∼** to award *o* give a penalty; **transformó el ∼** he scored from the penalty; ***se casó/se casaron de* ∼** (Esp fam) she/they got married because she was *o* got pregnant (colloq)

penar [A1] *vt*
A (Der) ‹*delito*› **está penado con dos años de cárcel** it is punishable with two years' imprisonment *o* two years in prison, the penalty *o* punishment for it is two years in prison
B (Andes) «*difunto*» to haunt
■ **penar** *vi*
A (liter) (sufrir) to suffer
B (Andes) «*difunto*» to be in torment

penates *mpl* penates (*pl*)

penca[1] *adj inv* (Chi fam) **1** ‹*cosa*› crappy (sl), cheesy (AmE colloq), rubbishy (BrE colloq); ‹*situación*› lousy (colloq) **2** ‹*persona*› ugly

penca[2] *f*
A **1** (de una hoja) main rib **2** (del nopal) stalk **3** (Méx) (de bananas) bunch
B (Chi vulg) (pene) cock (vulg), prick (vulg)
C (Esp fam) **1** (nariz) big nose **2** (del pollo) pope's nose, parson's nose (BrE)

pencar [A2] *vi* (fam) to slog away (colloq), to work one's butt off (AmE colloq), to work hard

pencazo *m* (Chi fam) **1** (golpe) bang, smash **2** (trago) swig, slug (colloq)

penco *m* nag, hack

pendejada *f* **1** (AmL exc CS fam) (estupidez) stupid thing to say/do; **¡no digas ∼s!** (vulg) don't talk crap! (vulg), don't talk such baloney! (AmE colloq) **2** (Per vulg) (mala jugada) dirty trick

pendejear [A1] *vi* (Méx fam) to clown *o* mess around (colloq); **∼*la*** (Méx) to blow it (colloq)

pendejez *f* (Méx vulg) stupidity

pendejo[1] **-ja** *adj* **1** (AmL exc CS fam) (estúpido) dumb (AmE colloq), thick (BrE colloq) **2** (Per fam) (listo) sly, sharp (colloq)

pendejo[2] **-ja** *m,f*
A **1** (AmL exc CS fam) (estúpido) dummy (colloq), nerd (colloq); ***hacerse el* ∼** (fam) (hacerse el tonto) to act dumb (colloq) (no hacer nada) to bum around (sl), to loaf around (colloq) **2** (Per fam) (persona lista) sly devil, sharp character (colloq) **3** (CS vulg) (mocoso) snotty-nosed kid (colloq)
B **pendejo** *m* (vulg) (vello pubiano) pubic hair, pube (colloq)

pendencia *f* **1** (discusión) quarrel, argument, fight (colloq) **2** (pelea) fight

pendenciero[1] **-ra** *adj* **1** (discutidor) quarrelsome, argumentative **2** (peleador): **un chico ∼** a kid who's always getting into fights *o* who's always fighting

pendenciero[2] **-ra** *m,f* troublemaker

pender [E1] *vi*
A (liter) to hang; **∼ DE algo** to hang FROM sth; **una lámpara pendía del techo** a lamp hung from the ceiling; **la amenaza que pendía sobre ellos** the threat that hung over them
B (Der): **la sentencia pende ante el juez** the case awaits the judge's decision

pendiente[1] *adj*
A ‹*asunto/problema*› unresolved; **el asunto todavía está ∼ de resolución** the matter has still to be resolved, a decision on the matter is still pending (frml); **aún tenemos algunas cuentas ∼s** (hablando — de dinero) we still have some bills outstanding; (— de problemas) we have some unfinished business to settle; ▸**asignatura**
B (atento) **estar ∼ DE algo/algn: está ∼ del niño a todas horas** she devotes her constant attention to the child; **vive ∼ del marido** she's always at her husband's beck and call; **estoy ∼ de que me llamen** I'm waiting for them to call me; **siempre está ∼ de lo que hacen los demás** he's always watching to see what other people are doing, he always has his eye on what everyone else is doing

pendiente[2] *m* (Esp) earring

pendiente[3] *f* (inclinación — de un terreno) slope, incline; (— de un tejado) slope; **subíamos un camino en ∼** we were following an uphill path; **la ladera tiene mucha ∼** the hillside slopes steeply; **el coche se deslizó por la ∼** the car slid down the slope *o* hill; **una ∼ muy pronunciada** a very steep slope *o* incline; **la colina tiene una ∼ del 20%** the hill has a one-in-five *o* a 20% gradient

Pendjab /pen'dʒaβ/ *m* Punjab

péndola *f* **1** (de un puente) suspension cable **2** (de una armadura) king post **3** (pluma) quill

pendón *m*
A (Hist, Mil) banner, standard
B (Esp) **1** (fam) (juerguista) partygoer, raver (BrE colloq) **2** (fam) (mujer de vida licenciosa) whore (colloq), slut (colloq)

pendonear [A1] *vi* (Esp) **1** (fam) (ir de juerga) to live it up (colloq), to party (colloq), to rave (BrE colloq) **2** (no hacer nada) to hang out *o* around (colloq) **3** (fam) «*mujer*» (comportarse de manera licenciosa) to behave like a whore (colloq)

pendoneo *m* (Esp fam): **se pasa el día de ∼ con sus amigos** he spends the day hanging out *o* around with his friends (colloq); **estuvieron toda la noche de ∼** they were living it up *o* partying all night (colloq)

pendular *adj* pendular

péndulo *m* pendulum

pene *m* penis

peneque *m* (Méx) meat/cheese pie (*served in tomato sauce*)

penetrabilidad *f* penetrability

penetración *f* **1** (acción) penetration; **la ∼ de un frente cálido por la costa Atlántica** (Meteo) a warm front pushing in over the Atlantic coast **2** (sagacidad) insight **3** (en un mercado) penetration **4** (en el acto sexual) penetration

penetrante *adj*
A **1** ‹*mirada/voz*› penetrating, piercing **2** ‹*olor*› pungent, penetrating; ‹*sonido*› piercing **3** ‹*viento/frío*› bitter, biting
B **1** ‹*inteligencia/mente*› sharp, incisive **2** ‹*humor/ironía*› sharp, cutting

penetrar [A1] *vi* **1** (en un lugar): **la puerta por donde penetró el ladrón** the door through which the thief entered; **el agua penetraba por entre las tejas** water was seeping in *o* coming in between the tiles; **una luz tenue penetraba a través de los visillos** a pale light filtered in through the lace curtains; **un intenso olor penetraba por todos los rincones de la casa** a pungent smell pervaded every corner of the house; **∼ EN algo: la bala penetró en el pulmón izquierdo** the bullet pierced his left lung; **tropas enemigas han penetrado en nuestras fronteras** enemy troops have pushed over *o* crossed *o* penetrated our borders; **hace un frío que penetra en los huesos** the cold gets right into your bones; **la humedad había penetrado en las paredes** the damp had seeped into the walls; **esta crema penetra rápidamente en la piel** this cream is quickly absorbed by the skin **2** (descubrir, descifrar) **∼ EN algo: intenta ∼ en la intimidad del personaje** he attempts to delve into the personality of the character; **es difícil ∼ en su mente** it is difficult to fathom his thoughts *o* (colloq) to get inside his head **3** (en un mercado) **∼ EN algo** to penetrate sth **4** (en el acto sexual) to penetrate
■ **penetrar** *vt* **1** (atravesar) to penetrate; **un ruido que penetra los oídos** a piercing *o* ear-splitting noise; **es difícil ∼ la corteza** it is difficult to penetrate *o* get through the outer layer **2** ‹*misterio/secreto*› to fathom **3** (Com) ‹*mercado*› to penetrate **4** (en el acto sexual) to penetrate

penetro *m* (Chi fam) cold draft (AmE), cold draught (BrE)

peneuvista[1] *adj* (Esp) (Pol) of the ▸**PNV**

peneuvista[2] *mf* (Esp) (Pol) *member of the* ▸**PNV**

penicilina *f* penicillin

península *f* peninsula; **la P∼ Ibérica** the Iberian Peninsula

peninsular[1] *adj* peninsular

peninsular[2] *mf*: **los ∼es** people from mainland Spain

penique *m* penny

penitencia *f*
A (Relig) penance
B **1** (Andes) (en juegos) forfeit; **el que pierda deberá cumplir con una ∼** whoever loses will have to pay a forfeit **2** (RPl fam) (castigo) punishment; **el maestro me puso en ∼** the teacher punished me; **hoy no puede ir contigo porque está en ∼** she can't go with you today because she's not allowed out *o* (colloq) she's grounded

penitencial *adj* penitential

penitenciaría *f* penitentiary

penitenciario -ria *adj* penitentiary (*before n*), prison (*before n*)

penitente *mf* penitent

Penjab /pen'dʒaβ/ *m* Punjab

penol *m* yardarm

penosamente *adv* with difficulty, laboriously

penoso -sa *adj*
A (lamentable) terrible, awful
B **1** (triste) sad; **tengo el ∼ deber de comunicarle que ...** it is my sad duty to inform you that ... **2** ‹*viaje*› grueling*; ‹*trabajo*› laborious, difficult
C (AmL exc CS fam) **1** ‹*persona*› shy **2** (embarazoso) embarrassing

penquearse [A1] *v pron* (Chi fam) to drink

penquista *adj* of/from Concepción (Chile)

pensado -da *adj* **1** (considerado, esperado): **una decisión muy bien pensada** a well-considered *o* well thought-out decision; **el día menos ∼ me marcho de aquí** one day when you least expect it I'll walk out of here; **siempre aparece en el momento menos ∼** he always turns up when you least expect him to *o* at the most unexpected moments **2** (diseñado) **estar ∼ PARA algo** to be designed FOR sth; **esta ropa no está pensada para la lluvia** these clothes aren't designed to be worn in the rain; **el plan está ∼ para paliar los efectos de la huelga** the plan is designed *o* intended to alleviate the effects of the strike *ver tb* **pensar**

pensador -dora *m,f* thinker

pensamiento *m*
A **1** (facultad) thought **2** (cosa pensada) thought; **siempre me adivina el ∼** she always knows what I'm thinking, she can always read my mind *o* my thoughts **3** (doctrina) thinking; **el ∼ político de la época** the political thinking of the time **4** (máxima, sentencia) thought; **estas citas son ∼s de autores célebres** these quotes are the thoughts of famous writers

(Compuesto) **pensamiento lateral** lateral thinking

B (Bot) pansy

pensante *adj* thinking (*before n*); **un ser ∼** a thinking being, a being with the capacity to think

pensar [A5] *vi* **1** (razonar) to think; **pienso, luego existo** I think, therefore I am; **no entiendo su manera de ∼** I don't understand his way of thinking; **después de mucho ∼ decidió no aceptar la oferta** after much thought she decided not to accept the offer; **déjame ∼** let me think; **siempre actúa sin ∼** he always does things without thinking; **¡pero piensa un poco!** just think about it a minute!; **a ver si piensas con la cabeza y no con los pies** (fam & hum) come on, use your head *o* your brains!; **es una película que hace ∼** it's a thought-provoking movie, it's a movie that makes you think; **∼ EN algo/algn** to think ABOUT sth/sb; **¿en qué piensas?** *or* **¿en qué estás pensando?** what are you thinking about?; **ahora mismo estaba pensando en ti** I was just thinking about you; **tú nunca piensas en mí** you never think about *o* of me; **actúa sin ∼ en las consecuencias** she acts without thinking about *o* considering the consequences; **piensa en el futuro/tus padres**

P

think of *o* about the future/your parents; **se pasa la vida pensando en el pasado** she spends all her time thinking about the past; **sólo piensa en comer/divertirse** all he thinks about is eating/having fun; **es mejor ~ en que todo saldrá bien** it's better to believe *o* think that things will turn out all right in the end; **no quiero ~ en lo que habría ocurrido** I don't even want to think *o* contemplate what would have happened **2** (esperar) to expect; **cuando menos se piensa puede cambiar la suerte** just when you least expect it your luck can change **3** (creer) to think; **~ mal/bien de algn** to think ill *o* badly/well of sb; **es un desconfiado, siempre piensa mal de los demás** he's really distrustful, he always thinks the worst of others; ***dar que ~:*** **un libro que da mucho que ~** a very thought-provoking book, a book which provides plenty of food for thought *o* which makes you think; **su repentina amabilidad me dio que ~** his sudden friendliness made me think *o* set me thinking; **las prolongadas ausencias de su hija le dieron que ~** his daughter's prolonged absences aroused his suspicions; ***piensa mal y acertarás*** if you think the worst, you won't be far wrong

■ **pensar** *vt*

A **1** (creer, opinar) to think; **pensé que la habías olvidado** I thought you had forgotten it; **pienso que no** I don't think so; **pienso que sí** I think so; **yo pienso que sí, que deberíamos ayudarla** personally, I think we should help her; **eso me hace ~ que quizás haya sido él** that makes me think that perhaps it was him; **¡tal como yo pensé!** just as I thought!; **no vaya a ~ que somos unos malagradecidos** I wouldn't want you thinking *o* to think that we're ungrateful; **no es tan tonto como piensas** he's not as stupid as you think; **-esto se pone feo -pensó Juan** this is getting unpleasant, thought Juan; **-es un estúpido -pensé para mis adentros** he's so stupid, I thought to myself; **¿qué piensas del divorcio?** what do you think about divorce?, what are your views on divorce?; **¿qué piensas del nuevo jefe?** what do you think of the new boss? **2** (considerar) to think about; **aún no lo sé, lo ~é** I don't know yet, I'll think about it; **¿sabes lo que estás haciendo? ¿lo has pensado bien?** do you know what you're doing? have you thought it through *o* have you thought about it carefully *o* have you given it careful thought?; **piénsalo bien antes de decidir** think it over before you decide; **pensándolo bien, no creo que pueda** on second thought(s) *o* thinking about it, I don't think I can; **¡~ que ni siquiera nos dio las gracias ...!** to think he never even thanked us!; **sólo de ~lo me pongo a temblar** just thinking about it makes me start trembling; **¡ni ~lo!** *or* **¡ni lo pienses!** no way! (colloq), not on your life! (colloq); **no lo pienses dos veces** don't think twice about it **3** (Col) ‹*persona*› to think about

B (tener la intención de) **~ + INF** to think OF -ING; **tú no estarás pensando irte a vivir con él ¿no?** you're not thinking of going to live with him, are you?; **¿piensas ir?** are you thinking of going?, are you planning to go?; **no pienso esperar más de diez minutos** I don't intend waiting *o* I don't intend to wait more than ten minutes; **tengo pensado hacerlo mañana** I'm planning to do it tomorrow; **pensamos estar de vuelta antes del domingo** we expect *o* plan to be back before Sunday; **mañana pensaba quedarme en casa** I was thinking of staying at home tomorrow

■ **pensarse** *v pron* (*enf*) (fam) ‹*decisión/respuesta*› to think about; **tómate unos días para pensártelo** take a few days to think about it *o* to think it over; **aún no lo sé, me lo voy a ~** I don't know yet, I'm going to think about it; **esto hay que pensárselo dos veces** this needs to be thought through *o* given some (careful) thought

pensativamente *adv* pensively, thoughtfully

pensativo -va *adj* pensive, thoughtful

Pensilvania *f* Pennsylvania

pensión *f*

A (Servs Socs) (por haber trabajado) retirement pension; (por contribuciones de un familiar) widow's/orphan's pension; **cobrar la ~** to draw one's pension

(Compuestos)
- **pensión alimenticia** maintenance
- **pensión de invalidez** disability (allowance) (AmE), invalidity benefit (BrE)
- **pensión de jubilación** retirement pension
- **pensión de veterano de guerra** war pension
- **pensión de viudedad** *or* **viudez** widow's pension
- **pensión vitalicia** annuity

B **1** (casa — de huéspedes) guesthouse, rooming house (AmE), boarding house (BrE); (— para estudiantes) student hostel **2** (alojamiento) accommodations (*pl*) (AmE), lodging, accommodation (BrE); **decidió dar ~** she decided to take in lodgers; ▸**medio**[1]

(Compuesto) **pensión completa** full board

C (Col) (mensualidad) tuition (AmE), school fees (*pl*) (BrE)

D (Chi fam) (melancolía): **tiene ~** she's down in the dumps *o* feeling very low (colloq); **dicen que murió de ~** they say he died of sorrow/of a broken heart

pensionado -da *m,f*

A (Servs Socs) ▸**pensionista A**

B **pensionado** *m* **1** (Esp) (internado) boarding school **2** (CS) (pensión para estudiantes) student hostel **3** (Chi) (en un hospital) private wing

pensionar [A1] *vt* (Per fam) **1** (molestar) to upset, bother **2** (preocupar) to worry

■ **pensionarse** *v pron* (Col) to retire

pensionista *mf*

A (Servs Socs) (trabajador retirado) pensioner, retired person; (viuda, huérfano, etc) pensioner (frml), (*widow or orphan receiving a pension*)

B (en una casa de huéspedes) resident, lodger

pentaedro *m* pentahedron

pentagonal *adj* pentagonal

pentágono *m* **1** (Mat) pentagon **2** **el Pentágono** the Pentagon **3** (Méx) (en béisbol) home plate

pentagrama *m* **1** (Mús) stave, staff **2** (estrella) pentagram

pentámetro *m* pentameter

Pentateuco *m*: **el ~** the Pentateuch

pentatleta *mf* pentathlete

pentatlón *m* pentathlon

pentatónico -ca *adj* pentatonic

Pentecostés *m* **1** (fiesta cristiana) Pentecost, Whit Sunday **2** (fiesta judía) Pentecost

pentotal *m* Pentothal®

penúltima *f* (fam & hum): **vamos a tomar la ~** let's have one for the road (colloq)

penúltimo[1] **-ma** *adj* penultimate; **el ~ día de su visita** the penultimate day *o* the last day but one of his visit

penúltimo[2] **-ma** *m,f*: **era el ~** I was second to last, I was last but one *ver tb* **penúltima**

penumbra *f* **1** (media luz) half-light, semi-darkness **2** (Astron) penumbra

penuria *f* **1** (escasez) shortage, dearth; **una auténtica ~ de medios** a real shortage *o* dearth of resources; **pasaron verdaderas ~s durante la guerra** they suffered real hardship during the war **2** (pobreza) poverty; **viven en la ~** they live in poverty *o* (liter) penury

peña *f*

A (roca) crag, rock

B (grupo) circle, group; **~ folklórica** folk club; **~ taurina** bullfighting club; **la ~ madridista en Santiago** the Real Madrid supporters' club in Santiago

> **peña**
>
> In Spain, *peñas* are associations for leisure activities. At some popular *fiestas* such as the ▸**Feria de Sevilla** and ▸**Sanfermines** people form *peñas* to organize different activities and celebrate.
>
> There are sporting *peñas* for fans of different soccer clubs. Others center on games, such as those that organize championships for the card game *mus* and *peñas quinielísticas*, syndicates to make joint entries for the ▸**quiniela**.

peñaranda *f* (Esp hum) pawnshop

peñascal *m* rocky area/slope

peñasco *m* crag, rocky outcrop

peñascoso -sa *adj* craggy, rocky

peñazo *m* (Esp fam): **ese tío es un ~** that guy is a bore *o* a pain (colloq); **deja de dar el ~** stop hassling me (colloq), quit bugging me (AmE colloq)

péñola *f* quill

peñón *m* crag, rocky outcrop; **el P~ de Gibraltar** the Rock of Gibraltar

peo *m* ▸**pedo**[2]

peón *m*

A **1** (Const) laborer* **2** (esp AmL) (Agr) agricultural laborer*, farm worker, ranch hand

(Compuestos)
- **peón albañil** (bricklayer's) laborer*, building laborer*
- **peón caminero** road worker, roadmender, navvy (BrE colloq)
- **peón de brega** bullfighter's assistant (*who draws the bull to the picador*)

B (Jueg) **1** (en ajedrez) pawn; (en damas) piece, checker (AmE), draughtsman (BrE) **2** (trompo) spinning top

peonada *f* **1** (trabajo) day's work **2** (esp AmL) (equipo) gang of laborers*

peonaje *m* gang of laborers*

peoneta *mf* (Chi) ▸**pioneta**

peonía *f* peony

peonza *f* spinning top; **estuve dos horas dando vueltas como una ~** I spent two hours going around and around in circles

peor[1] *adj*

A **1** (comparativo de ▸**malo**[1]) ‹*producto/película/profesor*› worse; ‹*calidad*› poorer; **resultó ~ que el otro/de lo que pensábamos** it was worse than the other one/than we expected, it wasn't as good as the other one/as we expected; **no quiere venir — ~ para él** he doesn't want to come — that's his loss *o* (colloq) that's his lookout; **y si vienen los dos, tanto ~** *or* **~ que ~** and it'll be even worse if the two of them come; **y para ~ hacía un calor insoportable** and to make matters worse the heat was unbearable **2** (comparativo de ▸**mal**) worse; **éste huele ~ que el otro** this one smells worse than the other one, this one doesn't smell as good as the other one

B **1** (superlativo de ▸**malo**) (entre dos) worse; (entre varios) worst; **de los dos, éste es el ~** of the two, this one is worse; **es el ~ alumno de la clase** he's the worst pupil in the class; **en el ~ de los casos podemos ir en tren** if the worst comes to the worst we can go by train; **lo ~ de todo es que ...** the worst thing of all is that ... **2** (superlativo de ▸**mal**): **los enfermos que estaban ~** *or* **~es** the patients who were most seriously ill; **de toda la familia son los que están ~** *or* **~es de dinero** of the whole family they're the worst off (for money)

peor[2] *adv*

A (comparativo de ▸**mal**); worse; **desde aquí se ve ~** you can't see as well from here; **cuanto más lo mimas, ~ se porta** the more you spoil him, the worse he behaves; **juega cada vez ~** she's playing worse and worse; **cantó ~ que nunca** he sang worse than ever, he's never sung so badly

B (superlativo de ▸**mal**); worst; **el lugar donde ~ se come en toda la ciudad** the worst place to eat in the whole city; **es la novela ~ escrita que he leído** it's the most badly written novel I've ever read

peor[3] *mf*: **el/la ~** (de dos) the worse; (de varios) the worst; **eligió el ~ de los dos/de todos** she chose the worse one of the two/the worst one of them all; **es el ~ de la clase** he's the worst in the class

pepa *f*

A (semilla — de uva, naranja, etc) (AmS) pip; (— de durazno, aguacate, etc) (Col) stone, pit; ***largar la ~*** (Chi fam) to spill the beans; ***ser una ~*** (Col fam) to be a brain box (colloq); **es una ~ para la física** he's a whiz at physics (colloq)

p

B **1** (Col, Ven fam) (en tela) spot, dot **2** (Ven fam) (grano) zit (colloq), pimple, spot (BrE)
C (Per fam) (cara) face
D (Méx vulg) (vagina) cunt (vulg), beaver (AmE vulg), fanny (BrE vulg)

Pepa *diminutive of Josefa or María José*; ***ser un viva la ~*** (fam): **se va la madre y aquello es un viva la ~** when the mother goes away they all do just as they please; ***¡viva la ~!*** (fam) to hell with everybody else (*o* with the work *etc*)! (colloq)

Pepe *diminutive of José*

pepé *m* (Arg leng infantil) shoe

pepenador -dora *m,f* (Méx) scavenger (*on garbage dumps*), totter (BrE)

pepenar [A1] *vt*
A (Méx fam) **1** (recoger) to pick up; (en la basura) to scavenge **2** (agarrar) to grab hold of
B (Méx fam) (sorprender) to catch
■ **pepenarse** *v pron* (Méx fam) to grab hold (colloq)

pepián *m* (salsa) chili sauce; (guiso) chili stew

pepinazo *m* (fam) **1** (choque) smash; **me pegué un ~ con el coche** I had a smash in the car (colloq) **2** (Dep) vicious *o* thumping shot (*o* throw *etc*)

pepinillo *m* gherkin

pepino *m* cucumber; ***amargarse el ~*** (Chi fam) to get upset *o* in a state (colloq); ***me importa un ~*** (fam) I don't care *o* give two hoots (colloq), I don't give a damn (colloq)

pepita *f*
A **1** (de uva) pip; (de tomate) seed **2** (Méx) (de calabaza) dried pumpkin seed
B (de oro) nugget

pepito *m* (Esp) steak sandwich

pepitoria *f*: **pollo en ~** chicken in sauce with egg and almonds

pepón -pona *adj* (fam) **1** (con mofletes) chubby-cheeked (colloq) **2** (Per) (atractivo) good-looking

pepona *f* large doll

peppermint *m* créme de menthe

pepsina *f* pepsin

peptona *f* peptone

peque *mf* (fam) kid (colloq), little one (colloq)

pequeñajo¹ -ja *adj* (fam) tiny, small

pequeñajo² -ja *m,f* **1** (fam) (niño) kid (colloq) **2** (fam) (persona baja) midget (colloq), squirt (colloq)

pequeñez *f* **1** (de tamaño) smallness, small size; **la ~ de sus manos** the smallness of his hands; **~ de espíritu** pettiness **2** (menudencia) trifle, triviality; **discuten por pequeñeces** they argue over such silly *o* trifling *o* pointless little things

pequeñín¹ -ñina *adj* (fam) tiny, teeny-weeny (colloq)

pequeñín² -ñina *m,f* (fam) kid (colloq), little one (colloq)

pequeño¹ -ña *adj* **1** (de tamaño) small; **un paquete ~** a small package; **un país ~ pero poderoso** a small but powerful country; **una casa pequeñita** a small *o* little house; **se me ha quedado ~** it's too small for me now; **en ~** in miniature **2** (de edad) young, small; **de ~** *or* **cuando era ~** when I was small *o* young *o* little **3** (de poca importancia) ‹*distancia*› short; ‹*retraso*› short, slight; ‹*cantidad*› small; ‹*esfuerzo*› slight; **tienen sus pequeñas diferencias** they have their little differences; **tuvimos un ~ problema** we had a slight problem *o* a small problem *o* a bit of a problem

(Compuestos)
- **pequeña burguesía** *f* petite bourgeoisie
- **pequeña empresa** *f* small business
- **pequeña pantalla** *f*: **la ~ ~** the small screen (colloq), television
- **pequeño comerciante, pequeña comerciante** (*m*) small businessperson, small businessman; (*f*) small businessperson, small businesswoman
- **pequeño empresario** ▸**pequeño comerciante**

pequeño² -ña *m,f* little one (colloq); **voy a acostar al ~** I'm going to put the little one *o* the baby to bed; **es el ~ de la familia/de la clase** he's the baby of the family/the youngest in the class

pequeñoburgués¹ -guesa *adj* petit bourgeois

pequeñoburgués² -guesa *m,f* petit bourgeois

pequinés -nesa *m,f* Pekinese

pera¹ *adj inv* ▸**niño²**

pera² *f*
A (Bot) pear; ***estar (sano) como una ~*** to be fighting fit (colloq), to be the picture of health (colloq); ***hacerle la ~ a algn*** (RPl fam) to stand sb up; ***pedirle ~s al olmo*** to ask the impossible; ***poner las ~s al cuarto*** to tear sb off a strip (colloq), to give sb a piece of one's mind; ***ser la ~*** (fam) to be the limit (colloq); ***ser una perita en dulce*** (fam) ‹‹*persona*›› to be lovely; ‹‹*situación/mercado*›› to be ripe for the picking
(Compuesto) **pera de agua** dessert pear
B **1** (de goma) bulb **2** (interruptor) switch **3** (Col) (para tirar, abrir, etc) ▸**perilla B**
C (en boxeo) punching ball (AmE), punchball (BrE)
D (CS fam) **1** (mentón) chin **2** (barba) goatee

peral *m* pear tree

peraltado *m* **1** (Dep) banking **2** (en una carretera) bank, cant

peraltar [A1] *vt* ‹*carretera*› to bank, cant; **curva peraltada** banked curve

peralte *m* **1** (en una pista) banking, camber **2** (en una carretera) bank, cant, camber

perborato *m* perborate

perca *f* perch

percal *m* percale; ***conocer el ~*** (fam) to know the score (colloq), to know the people (*o* situation *etc*) one is dealing with

percala *f* (Chi, Per) percale

percalina *f* percaline

percán *m* (Chi) mold*

percance *m* mishap; **sufrió un ~** she had *o* suffered a mishap; **tuvieron un ~ en la carretera** they had a slight *o* minor road accident

per cápita *loc adj* per capita

percatarse [A1] *v pron* to notice; **~ DE algo** to notice sth; **ni se percató de mi presencia** she didn't even notice *o* realize I was there; **es imposible no ~ de la pobreza** it's impossible not to become aware of *o* not to see the poverty; **no se percató de la gravedad de la situación** he failed to realize how serious the situation was; **¿te percataste de ese pequeño detalle?** did you notice *o* spot that little detail?

percebe *m* **1** (molusco) goose barnacle **2** (fam) (estúpido) twit (colloq)

percentil *m* percentile, centile

percepción *f*
A **1** (a través de los sentidos) perception **2** (idea) perception
(Compuesto) **percepción extrasensorial** extrasensory perception, ESP
B (Fin) (cobro) receipt; (cantidad cobrada) payment

perceptible *adj*
A (por los sentidos) perceptible, noticeable
B (Fin) receivable

perceptiblemente *adv* perceptibly, noticeably

perceptivo -va *adj* perceptive

perceptor¹ -tora *adj* receiving (*before n*), recipient (*before n*)

perceptor² -tora *m,f* recipient

percha *f*
A **1** (para el armario) coat hanger, hanger **2** (gancho) coat hook; (perchero) coat stand
B (persona, figura): **¡qué vestido más bonito! — no es el vestido, es la ~** what a lovely dress! — it's not the dress, it's the person wearing it; **tiene muy buena ~, todo le queda bien** she has a very good figure, everything looks good on her
C (para aves) perch

perchero *m* (de pared) coat rack; (de pie) coat stand

percherón¹ -rona *adj* Percheron (*before n*)

percherón² -rona *m,f* Percheron, ≈ draft horse, ≈ shire horse (*in UK*)

percibir [I1] *vt*
A ‹*sonido/olor*› to perceive; **perciben sonidos que el hombre no oye** they can hear *o* detect *o* perceive sounds that man cannot hear; **percibió el peligro** he sensed *o* noticed the danger, he realized there was danger
B (frml) ‹*sueldo/cantidad*› to receive

perclorato *m* perchlorate

percudido -da *adj* (AmS) ingrained with dirt

percudirse [I1] *v pron* (AmS) to become ingrained with dirt

percusión *f* percussion; **instrumentos de ~** percussion instruments

percusionista *mf* percussionist

percutir [I1] *vt* to strike, hit

percutor, percusor *m* hammer

perdedizo -za *adj* (Méx fam): **hacer ~ algo** to lose sth, do a vanishing trick with sth (colloq); **hizo ~s los documentos** he lost the papers

perdedor¹ -dora *adj* losing (*before n*)

perdedor² -dora *m,f* loser; **es un buen/mal ~** he's a good/bad loser; **es un ~ nato** he's a born loser

perder [E8] *vt*
A **1** (extraviar) ‹*llaves/documento/guante*› to lose; **he perdido su dirección** I've lost her address; **perdió las tijeras y se pasó una hora buscándolas** she mislaid *o* lost the scissors and spent an hour looking for them; **me perdiste la página** you lost my place *o* page; **perdí a mi marido en la muchedumbre** I lost my husband in the crowd; **no pierdas de vista al niño** don't let the child out of your sight; ▸**hilo** **2** ‹*señal/imagen/contacto*› to lose; **hemos perdido el contacto con el avión** we've lost contact with the plane
B (ser la ruina de): **lo perdió la curiosidad** his curiosity was his undoing *o* his downfall
C **1** ‹*dinero/propiedad/cosecha*› to lose; **perdió mil pesos jugando al póker** she lost a thousand pesos playing poker; **perdió una fortuna en ese negocio** he lost a fortune in *o* on that deal; **con preguntar no se pierde nada** we've/you've nothing to lose by asking, there's no harm in asking, we/you can but ask; **más se perdió en la guerra** (fr hecha) things could be worse!, worse things happen at sea, it's not the end of the world; ▸**terreno²** **2** ‹*derecho/trabajo*› to lose; **si te vas pierdes el lugar en la cola** if you go away you lose your place in the line (AmE) *o* (BrE) queue **3** ‹*ojo/brazo*› to lose; ‹*vista/oído*› to lose; **ha perdido mucho peso/mucha sangre** she's lost a lot of weight/blood; **el susto le hizo ~ el habla** the fright rendered him speechless; **~ la vida** to lose one's life, to perish; ▸**cabeza** **4** ‹*hijo/marido*› to lose; **~ un niño** *or* **un bebé** (en el embarazo) to lose a baby, to have a miscarriage
D **1** ‹*interés/entusiasmo*› to lose; ‹*paciencia*› to lose; **no hay que ~ el ánimo** you mustn't lose heart; **yo no pierdo las esperanzas** I'm not giving up hope; **he perdido la costumbre de levantarme temprano** I've got(ten) out of *o* I've lost the habit of getting up early; **llegas tarde, para no ~ la costumbre** (iró) you're late, just for a change (iro); **trata de no ~ la práctica** try not to get out of practice; **tienes que ~les el miedo a los aviones** you have to get over *o* to overcome your fear of flying; **~ el equilibrio** to lose one's balance; **~ el conocimiento** to lose consciousness, to pass out **2** ‹*fuerza/intensidad/calor*› to lose; **el avión empezó a ~ altura** the plane began to lose height; **~ el ritmo** (Mús) to lose the beat; **estás trabajando muy bien, no pierdas el ritmo** you're working well, keep it up! **3** ‹*peso/kilos*› to lose
E **1** ‹*autobús/tren/avión*› to miss **2** ‹*ocasión*› to miss; **sería tonto ~ esta estupenda oportunidad** it would be stupid to miss *o* to pass up this marvelous opportunity; **no pierde oportunidad de recordarnos cuánto le debemos** he never misses a chance to remind us how much we owe him **3** ‹*tiempo*› **¡no me hagas ~ (el) tiempo!** don't waste my time!; **no hay**

P

tiempo que ~ there's no time to lose; **no pierdas (el) tiempo, no lo vas a convencer** don't waste your time, you're not going to convince him; **llámalo sin ~ un minuto** call him this minute *o* immediately; **perdimos dos días por lo de la huelga** we lost two days because of the strike

F 1 ‹*guerra/pleito*› to lose; ‹*partido*› to lose 2 ‹*curso/año*› to fail; **~ un examen** (Ur) to fail an exam

G ‹*agua/aceite/aire*› to lose; **el coche pierde aceite** the car has an oil leak *o* is losing oil; **el globo perdía aire** air was escaping from the balloon

■ **perder** *vi*

A (ser derrotado) to lose; **perdimos por un punto** we lost by one point; **no sabes ~** you're a bad loser; **no discutas con él porque llevas las de ~** don't argue with him because you'll lose; **la que sale perdiendo soy yo** I lose out *o* come off worst

B 1 (RPl) «*cafetera/tanque*» to leak 2 «*color*» (aclararse) to fade; (tiñiendo otras prendas) to run

C **echar(se) a perder** *ver* **echar Sentido I A1**

■ **perderse** *v pron*

A 1 (extraviarse) «*persona/objeto*» to get lost; **siempre me pierdo en esta ciudad** I always get lost in this town; **no te pierdas, llámanos de vez en cuando** don't lose touch, call us now and then; (+ *me/te/le etc*): **se le perdió el dinero** he's lost the money; **guárdalo bien para que no se te pierda** keep it safe so you don't lose it; ***no hay por dónde ~se*** (Chi fam) there's no question about it 2 (desaparecer) to disappear; **se perdió entre la muchedumbre** she disappeared into the crowd 3 (en un tema, una conversación): **cuando se ponen a hablar rápido me pierdo** when they start talking quickly I get lost; **me distraje un momento y me perdí** my attention wandered for a moment and I lost the thread; **las cifras son tan enormes que uno se pierde** the figures are so huge that they start to lose all meaning; **empieza otra vez, ya me perdí** start again, you've lost me already 4 (en una prenda, un espacio): **te pierdes en ese vestido** you look lost in that dress; **los sillones quedan perdidos en ese salón tan grande** the armchairs are rather lost in such a big sitting room

B ‹*fiesta/película/espectáculo*› to miss; **no te perdiste nada** you didn't miss anything; **te perdiste una excelente oportunidad de callarte la boca** (hum) you could have kept your big mouth shut (colloq)

C «*persona*» 1 (acabar mal) to get into trouble, lose one's way (liter) 2 (Per fam) (prostituirse) to go on the streets *o* the game (colloq)

perdición *f* ruin; **el alcohol será su ~** drink will be his ruin *o* downfall *o* undoing; **el chocolate es mi ~** I just can't resist chocolate

perdida *f* 1 (mujer inmoral) loose woman 2 (Chi, Méx) (prostituta) streetwalker

pérdida *f*

A (extravío) loss; **la ~ del pasaporte me ha causado muchos problemas** losing my passport has caused me a lot of problems; ***no tiene ~*** (Esp) you can't miss it

B 1 (Fin) (de dinero, propiedades) loss; **el negocio no les deja sino ~s** the business is making a loss *o* is losing money; **tuvieron que vender la casa con ~** they had to sell the house at a loss 2 (de la vista, de peso) loss; **~ de memoria** loss of memory *o* memory loss 3 (desperdicio) waste; **fue una ~ de tiempo y dinero** it was a waste of time and money 4 (defunción) loss; **la irreparable ~ sufrida por su familia** (frml) the irreparable loss suffered by her family

(Compuestos)

- **pérdidas fiscales** *or* **tributarias** *fpl* tax loss
- **pérdidas humanas** *fpl* loss of life; **no hubo que lamentar ~ ~** there was no loss of life *o* no-one was killed
- **pérdidas materiales** *fpl* damage; **las ~ ~ ascienden a diez millones de dólares** the damage amounts to ten million dollars
- **pérdidas y ganancias** *fpl* profit and loss

C (escape) leak; **hay una ~ de gas** there's a gas leak

D 1 (Chi euf) (aborto) miscarriage 2 **pérdidas** *fpl* (de sangre) heavy bleeding

perdidamente *adv* hopelessly; **estar ~ enamorado de algn** to be hopelessly in love with sb

perdido[1] -da *adj*

A [ESTAR] 1 ‹*objeto/persona*› (extraviado) lost; **me di cuenta de que estaban ~s** I realized that they were lost; ***dar algo por ~*** to give sth up for lost; ***de ~*** (Méx fam) at least 2 (confundido, desorientado) at a loss; **anda ~ desde que se fueron sus amigos** he's been at a loss since his friends left; **no me han explicado cómo hacerlo y estoy totalmente ~** they haven't explained how to do it and I'm completely lost *o* I'm at a complete loss 3 ‹*bala/perro*› stray (*before n*)

B [ESTAR] (en un apuro): **¿pero no trajiste dinero tú? pues estamos ~s** but didn't you bring any money? we've had it then *o* (BrE) that's torn it (colloq); **si se entera tu padre, estás ~** if your father finds out, you've had it *o* you're done for (colloq)

C (aislado) ‹*lugar*› remote, isolated; ‹*momento*› idle, spare; **en una isla perdida del Pacífico** on a remote island in the Pacific; **en algún lugar ~ del mundo** in some far-flung *o* faraway corner of the world

D 1 ‹*idiota*› complete and utter (*before n*), total (*before n*); ‹*loco*› raving (*before n*); **es un borracho ~** he's an out and out *o* a total drunkard, he's an inveterate drinker; ▸**caso** 2 (*como adv*) (totalmente) completely, totally; **llegó borracho ~** he was blind drunk *o* totally drunk when he arrived; **está lelo ~ por ella** he's absolutely crazy about her (colloq)

E (Esp fam) (sucio) filthy; **~ DE algo**: **te has puesto el traje ~ de aceite** you've got oil all over your suit; **estoy ~ de tinta** I'm covered in ink

perdido[2] -da *m,f* degenerate

perdidoso -sa *m,f* (Méx) ▸**perdedor[2]**

perdigón *m* 1 (Arm) pellet; **perdigones** shot, pellets 2 (Zool) partridge chick

perdigonada *f* 1 (disparo) shot 2 (herida) pellet *o* shot wound

perdiguero -ra *m,f* gundog

perdiz *f* partridge; **y fueron felices y comieron perdices** (fr hecha) and they lived happily ever after; ***levantar la ~*** (RPl fam) to give the game away (colloq); ***la ~ por el pico se pierde*** if you talk too much you're likely to give yourself away

(Compuesto) **perdiz blanca** *or* **nival** rock ptarmigan

perdón[1] *m* (Der) pardon; (Relig) forgiveness; **le concedieron el ~** he was pardoned; **el ~ de los pecados** (Relig) the forgiveness of sins; **me pidió ~ por su comportamiento de anoche** he apologized to me for his behavior last night, he said he was sorry about *o* he said sorry for his behavior last night; **pídele ~** apologize to her, tell her you're sorry; **nos pidió ~ por llegar tarde** she apologized to us for arriving late, she said she was sorry she was late; ***con ~*** if you'll pardon the expression; **son todos unos cabrones, con ~** they're all bastards, if you'll pardon the expression *o* (BrE hum) pardon my French; ***con ~ de los presentes*** (con permiso) with your permission; (a excepción de) present company excepted; ***no tener ~ (de Dios)*** «*acción*» to be unforgivable *o* inexcusable; «*persona*»: **no tienes ~ (de Dios)** what you've done is unforgivable *o* inexcusable

perdón[2] *interj* (tras un encontronazo) I beg your pardon (frml), excuse me (AmE), sorry; (al iniciar una conversación) excuse me, pardon me (AmE); (al pedir que se repita algo) sorry?, pardon me? (AmE); **¡~! ¿te hice daño?** I beg your pardon *o* (I'm so) sorry, did I hurt you?; **~ ¿me puede decir la hora?** excuse me *o* (AmE) pardon me, can you tell me the time?; **~ pero no estoy de acuerdo** I'm sorry but I don't agree

perdonable *adj* forgivable, pardonable

perdonar [A1] *vt* 1 (disculpar) to forgive; **te perdono, pero que no se vuelva a repetir** I forgive you, but don't let it happen again 2 (Der) to pardon 3 ‹*pecado*› to forgive; **perdónanos nuestras deudas** forgive us our trespasses; **Dios me perdone, pero creo que lo hizo a propósito** may I be forgiven for saying this, but I think he did it on purpose 4 ‹*deuda*› to write off; **me perdonó la deuda** he wrote off my debt, he let me off the money I owed him; **no le perdona ni una** she doesn't let him get away with anything, she pulls him up over every little thing (BrE colloq); **hoy te perdono el dictado** I'll let you off *o* (BrE) excuse you dictation today; **le perdonó el castigo** she let him off the punishment 5 (en fórmulas de cortesía): **perdona mi curiosidad, pero necesito saberlo** forgive *o* pardon my asking but I need to know; **perdonen las molestias que puedan causar las obras** we apologize for any inconvenience the work may cause you; **perdone que lo moleste, pero ¿hay algún teléfono por aquí?** sorry to bother you *o* (AmE) pardon me for bothering you, but is there a telephone around here?

■ **perdonar** *vi*: **perdone ¿me puede decir dónde está la estación?** excuse me *o* (AmE) pardon me, can you tell me where the station is?; **perdone ¿cómo ha dicho?** sorry? what did you say?, excuse me *o* pardon me? what did you say? (AmE); **perdona ¿te he hecho daño?** (I'm) sorry, are you all right?, excuse me, are you all right? (AmE); **perdona, pero yo lo vi primero** excuse me, but I saw it first; **perdona, pero yo no he dicho eso nunca** I'm sorry but I never said that

perdonavidas *mf* (*pl* ~) (fam) thug, tough (colloq)

perdulario -ria *m,f* (liter) ne'er-do-well (liter)

perdurabilidad *f* durability

perdurable *adj* ‹*recuerdo*› lasting (*before n*), abiding (*before n*); ‹*vida/amor*› everlasting; ‹*relación*› lasting (*before n*)

perdurar [A1] *vi*: **perdura en nuestra memoria** he lives on in *o* he still lives in our memory; **mientras perdure la crisis** for the duration of the crisis, while the crisis lasts; **los restos que perduran** the remains that survive *o* that still exist; **estos sentimientos perduran a pesar de todo** these feelings still remain *o* last despite everything

perecear [A1] *vi* (Col) to laze around

perecedero -ra *adj* 1 ‹*producto/artículo*› perishable 2 ‹*ser*› mortal; ‹*vida*› transitory

perecer [E3] *vi* (frml) to die, perish (journ *or* liter); **pereció ahogado** he died by drowning, he drowned; **pereció en el accidente** he died *o* was killed in the accident; **en el incendio perecieron 15 personas** 15 people perished *o* died *o* were killed in the fire

perecuación *f* (Econ) equitable distribution

peregrinación *f*, **peregrinaje** *m* pilgrimage; **se fueron todos en ~ a esperarlo** (fam & hum) they all trooped off to meet him (colloq); **sus peregrinaciones por Europa** (fam & hum) his travels *o* (hum) peregrinations around Europe

peregrinar [A1] *vi* to make a pilgrimage, go on a pilgrimage; **estoy harto de ~ de oficina en oficina** (fam) I'm fed up with trailing *o* traipsing from one office to another (colloq)

peregrino[1] -na *adj*

A ‹*idea/respuesta*› outlandish, peculiar, strange

B 1 ‹*monje*› wandering (*before n*), traveling* (*before n*) 2 ‹*ave*› migratory

peregrino[2] -na *m,f* pilgrim

perejil *m*

A (Bot, Coc) parsley

B (Chi fam) (persona andrajosa) scruffy-looking person (colloq)

perengano -na *m,f ver* **fulano**

perenne *adj* 1 (Bot) ‹*planta*› perennial; **un árbol de hoja ~** an evergreen (tree) 2 (constante) constant, perennial; **su ~ buen humor** his perennial good humor

perentoriamente *adv* peremptorily

perentoriedad *f* 1 (urgencia) urgency 2 (de un plazo) inflexibility

P

perentorio -ria *adj* 1 ‹*tono/orden*› peremptory; **me dirigió una mirada perentoria** she gave me a peremptory look 2 (frml) ‹*necesidad*› urgent, compelling (frml) 3 ‹*plazo*› fixed, set

pereque *m* (Col fam) nuisance, pain in the neck (colloq)

perestroika *f* perestroika

pereza *f* laziness; **me da ~** I can't be bothered; **tengo una ~ horrible** I feel terribly lazy; **¡qué ~! ¡tener que ir a trabajar!** what a bind *o* drag having to go to work! (colloq)

perezosa *f* (Col, Per) deck chair

perezosamente *adv* lazily

perezoso[1] **-sa** *adj* lazy, idle, slothful (liter)

perezoso[2] **-sa** *m,f*
A (holgazán) lazybones (colloq)
B **perezoso** *m* 1 (Zool) sloth 2 (Ur) (hamaca) deck chair 3 (Arg) (para lavar pisos) squeegee mop

perfección *f* perfection; **habla francés a la ~** she speaks perfect French; **lo hizo con toda ~** he did it perfectly *o* to perfection

perfeccionamiento *m*: **un curso de ~** an advanced course; **trabajan en el ~ del motor** they are working on improving *o* perfecting the engine, they are working on improvements to the engine

perfeccionar [A1] *vt* 1 (mejorar) to improve; (hacer perfecto) to perfect 2 (terminar) to complete

perfeccionismo *m* perfectionism; **déjate de ~s o no acabarás nunca** don't be such a perfectionist or you'll never finish

perfeccionista *mf* perfectionist

perfectamente *adv* perfectly; **lo entiendo ~** I understand perfectly; **ahora se encuentra ~** he's absolutely fine *o* perfectly OK now; **los dos sabían ~ que ...** they both knew perfectly well that ...

perfectibilidad *f* perfectibility

perfectible *adj* perfectible

perfecto[1] **-ta** *adj* 1 (ideal, excelente) perfect; **se encuentra en ~ estado de salud** she is in perfect health; **es un regalo ~** it is a perfect gift; **el marido ~** the perfect husband 2 (*delante del n*) (absoluto): **es un ~ caballero** he's a perfect gentleman; **un ~ idiota** an absolute *o* a complete idiot; **es un ~ desconocido en nuestro país** he is completely unknown *o* he is a complete unknown in our country

perfecto[2] *interj* fine!; **¿te paso a recoger a las siete?** — **¡~!** shall I pick you up at seven? — fine *o* (colloq) great!; **¡~! lo conseguimos** great *o* fantastic! we did it (colloq)

pérfidamente *adv* (liter) perfidiously (liter)

perfidia *f* (liter & hum) perfidy (liter), treachery

pérfido -da *adj* (liter) perfidious (liter), treacherous

perfil *m*
A 1 (del cuerpo, de la cara) profile; **una foto/un retrato de ~ de su hijo** a profile photograph/portrait of her son; **vista de ~ me recuerda a su hermana** seen from the side *o* if you look at her from the side, she looks like her sister, in profile she reminds me of her sister; **un ~ griego/romano** a Greek/Roman profile 2 (contorno, silueta) profile, silhouette
B 1 (Arquit) cross section 2 (Tec) profile, longitudinal section 3 (Inf) footprint
C (rasgos, características): **el ~ de la mujer moderna** the profile of the modern woman; **quiere un puesto de trabajo que se adapte a su ~** he wants a position which suits his qualifications and experience; **les interesa una persona con un ~ empresarial** they are looking for someone with a managerial background *o* with managerial experience

(Compuesto) **perfil genético** genetic profile

perfilado *m* streamlining

perfilador *m* lip pencil

perfilar [A1] *vt* 1 ‹*plan/estrategia*› to shape 2 ‹*coche/avión*› to streamline
■ **perfilarse** *v pron* 1 «*silueta/contorno*» to be outlined; **las montañas se perfilaban a lo lejos** the mountains could be seen outlined in the distance 2 (tomar forma): **se perfila como el candidato con más posibilidades** he is shaping up as *o* beginning to look like the most likely candidate; **su posición al respecto va perfilándose con nitidez** their position on this issue is beginning to take definite shape *o* is becoming clear

perforación *f*
A 1 (Min) (acción) drilling, boring; (pozo) borehole 2 (en madera) drilling, boring 3 (Med) perforation
B (en papeles, sellos) perforation

perforado *m* 1 (Min) boring, drilling 2 (de papeles) perforation, punching 3 (de sellos) perforation

perforador -dora *adj* 1 (Min) drilling (*before n*), boring (*before n*) 2 (Impr, Inf) perforating (*before n*), punching (*before n*)

perforadora *f*
A 1 (Min) drill 2 (Tec) drill
(Compuesto) **perforadora de percusión** hammer drill
B 1 (de papeles) hole puncher 2 (de sellos) perforator

perforar [A1] *vt*
A 1 ‹*pozo*› to sink, drill, bore 2 ‹*madera*› to drill *o* bore *o* make holes/a hole in 3 «*ácido*» to perforate; «*costilla/bala*» to pierce, puncture, perforate
B 1 ‹*papel/tarjeta*› to perforate, to punch holes/a hole in 2 ‹*sello*› to perforate
■ **perforarse** *v pron* 1 «*úlcera/intestino*» to become perforated 2 (Tec) «*capa*» to rupture 3 (*caus*): **~se la nariz/las orejas** to have one's nose/ears pierced

perforista *mf* card punch operator

performance /perfor'mans/ *f* (AmL period) 1 (de un motor) performance 2 (de un equipo) performance

perfumador *m* atomizer

perfumar [A1] *vt* to perfume; **las rosas perfuman el jardín** the roses perfume the garden *o* fill the garden with their scent
■ **perfumarse** *v pron* (*refl*) to put perfume *o* scent on

perfume *m* perfume, scent

perfumería *f* 1 (industria) perfume industry, perfumery 2 (productos) perfumery, perfumes (*pl*) 3 (tienda) perfumery, perfume store (*o* department *etc*)

perfumero[1] **-ra** *adj* perfume (*before n*)

perfumero[2] *m* perfume spray

perfumista *mf* perfumer

pergamino *m* parchment; **papel de ~** parchment, parchment paper; **le entregaron un ~ firmado por todos sus compañeros** they gave him a scroll signed by all his colleagues; **una familia de muchos ~s** a family of impeccable pedigree

pergenio -nia *m,f* (CS fam) youngster, kid (colloq), squirt (colloq)

pergeñar [A1] *vt* 1 ‹*dibujo*› to sketch, do ...in rough 2 ‹*texto*› to draft, prepare; ‹*notas*› to jot down

pérgola *f* pergola

periaca *f* ▸**perico**[2] **B**

periantio *m* perianth

pericardio *m* pericardium

pericarpio *m* pericarp

pericia *f* 1 (destreza) skill; **con gran ~ evitó a su oponente** he dodged his opponent with great skill, he very skillfully dodged his opponent, he dodged his opponent expertly 2 (prueba) test

pericial *adj* expert (*before n*)

periclitar [A1] *vi* (frml) to decline

perico[1] *adj* ▸**huevo, verde**[2]

perico[2] *m*
A (Zool) parakeet; ***cargar hasta con el ~*** (Méx fam) to take everything but the kitchen sink; ***P~ el de los palotes*** anybody
B (arg) (cocaína) snow (sl), coke (colloq)
C (Col) (Coc) strong coffee (*with a dash of milk*)

pericón *m*: *River Plate folk dance*

pericote *m* (Chi, Per) large rat

peridoto *m* peridot

peridural *adj* ▸**anestesia**

periferia *f* 1 (de un círculo) periphery, circumference 2 (de una ciudad) outskirts (*pl*), periphery (frml) 3 (Inf) peripherals (*pl*)

periférico[1] **-ca** *adj* ‹*barrio/zona*› outlying (*before n*); **un cordón de parques ~s** a ring of parks on the periphery *o* edge of the city

periférico[2] *m*
A (Inf) peripheral
B (AmC, Méx) (carretera) beltway (AmE), ring road (BrE)

perifollo *m* 1 (Bot) chervil 2 **perifollos** *mpl* (fam) (adornos) frills and fripperies (*pl*), trimmings (*pl*)

perífrasis *f* (*pl* ~) periphrasis

perifrástico -ca *adj* periphrastic

perigallo *m* dewlap

perigeo *m* perigee

perihelio *m* perihelion

perilla *f*
A 1 (barba) goatee 2 (de la oreja) lobe; ***venir de ~s*** (fam) to be very useful, come in very handy (colloq)
B (AmL) (de puerta) doorknob; (de gareta) knob

perillán -llana *m,f* (ant) rascal (arch *or* hum)

perimetral, perimétrico -ca *adj* perimeter (*before n*); **cerco ~** perimeter fence; **longitud perimétrica** perimeter length; **recorrido ~** circuit

perímetro *m* perimeter; **dentro del ~ urbano** inside the city boundary, within the city limits

perimido -da *adj* (RPl) obsolete

perinatal *adj* perinatal

perineo *m* perineum

perinola *f* teetotum, small top

periódicamente *adv* periodically

periodicidad *f* (Tec) periodicity; **se acordó una ~ de tres años para los congresos** it was agreed that the congresses would be held every three years *o* at three-year periods *o* intervals; **la revista tiene una ~ mensual** the magazine comes out once a month

periódico[1] **-ca** *adj* periodic

periódico[2] *m* newspaper, paper; **puesto/quiosco de ~s** newspaper stand/kiosk

(Compuestos)
- **periódico de opinión** viewspaper
- **periódico dominical** *or* **del domingo** Sunday newspaper
- **periódico matutino** *or* **de la mañana** morning newspaper
- **periódico vespertino** *or* **de la tarde** evening newspaper

periódicos de las principales capitales de Latinoamérica

BOGOTÁ: Has morning and evening newspapers representing the major political parties. All are government controlled. Dailies include *El Tiempo* (www.eltiempo.com), *El Espectador* (www.elespectador.com), and *La República* .

BUENOS AIRES: Morning papers of long standing and of national importance are: *La Prensa*, *La Nación* (www.lanacion.com.ar), the country's oldest, *The Buenos Aires Herald* (www.buenosairesherald.com), *The Standard*, the oldest English-language newspaper, and *Clarín* (www.clarin.com), a morning daily. *La Razón* and *La Crónica* come out in the evening.

CARACAS: has a wide press service. The most important dailies are *El Nacional* (www.el-nacional.terra.com.ve), *El Universal* (www.eud.com), *Últimas Noticias*, *La Religión*, and *La Verdad* (www.laverdad.com), all appearing in the afternoon, and the evening newspapers *El Meridiano*, *El Mundo*, *El Globo*, and *Extra* . There is also an English-language daily, *The Daily Journal* .

HAVANA: Has three dailies. The best known is *Granma* (www.granma.cubaweb.cu), official newspaper of the Cuban Communist Party. *Trabajadores* is published by the Cuban trade union movement, and the more lively *Juventud Rebelde* is aimed at a younger ▸▸▸

▸▸▸
readership.
LIMA: has a dozen daily newspapers. *El Comercio* (www.elcomercioperu.com), founded in 1939, is Peru's oldest newspaper. *Ojo*, a morning newspaper, has the largest circulation. *El Peruano* (www.editoraperu.com) is the official state gazette, and *Expreso* is the leading opposition daily.
MEXICO CITY: Has twenty dailies. The morning daily *Excelsior* (www.excelsior.com.mx), established in 1917, is often considered the nation's best and one of the most important newspapers of the Spanish-speaking world. *La Jornada* is another important daily, and there is an English-language daily, *The News* .
MONTIVIDEO: The British, who occupied the city in 1807, published the first newspaper in the capital, *The Southern Star* . The city has had newspapers ever since, representing the views of all political parties and factions.
SANTIAGO DE CHILE: There are almost a dozen newspapers. The most important dailies are *El Mercurio* (www.elmercurio.cl), founded in 1900, *La Nación*, and *La Tercera* (www.tercera.cl).

periodiquero -ra *m,f* (Méx) newsvendor, newspaper vendor

periodismo *m* journalism
(Compuesto) **periodismo gráfico** photojournalism

periodista *mf* journalist, reporter; **los ∼s** the journalists (*pl*), the press; **∼ gráfico** press photographer

periodístico -ca *adj* ‹*estilo*› journalistic; **su carrera periodística** his journalistic career, his career in journalism; **los medios ∼s** the press; **una filtración periodística** a leak in the press

periodización *f* periodization

período, periodo *m*
A 1 (de tiempo) period; **un ∼ de prueba de tres meses** a three-month trial period; **el ∼ de entreguerras** the period *o* the time *o* the years between the wars 2 (Geol) period 3 (Mat) period 4 (Fís) period
(Compuestos)
- **período de espera** waiting period
- **período de semidesintegración** half-life

B (menstruación) period

periodoncia *f* periodontics

periodontal *adj* periodontal

periostio *m* periosteum

peripatético -ca *adj*
A (ridículo) (fam) ridiculous
B ‹*filósofo*› Peripatetic, Aristotelian

peripecia *f* 1 (incidente): **un viaje lleno de ∼s** an eventful journey, a journey full of incident (liter); **me contó sus ∼s en el extranjero** she told me about her adventures abroad 2 (problema) vicissitude; **las ∼s del presidente** the vicissitudes *o* the ups and downs of the president, the sudden changes in the president's fortunes

periplo *m* 1 (period) (viaje) long journey, tour; (sin destino fijo) wanderings (*pl*) 2 (Náut) (long) voyage

peripuesto -ta *adj* (fam & hum) dressed up to the nines (colloq & hum)

periquete *m*: **vuelvo en un ∼** (fam) I'll be back in a moment *o* second *o* jiffy (colloq); **terminé en un ∼** I finished it in no time

periquito *m* (americano) parakeet; (australiano) budgerigar, budgie (colloq)

periscopio *m* periscope

perista *mf* (Esp fam) fence (colloq), receiver of stolen goods

peristáltico -ca *adj* peristaltic

peristaltismo *m* peristalsis

peristilo *m* peristyle

peritación *f* ▸**peritaje A**

peritaje *m*
A 1 (informe) expert's report; (para el seguro) loss adjuster's report; (de una casa) survey report, survey 2 (inspección) inspection (*by an expert, a loss adjuster, etc*); (de una casa) surveyor's inspection, survey
B (Educ) technical studies (*pl*)
(Compuesto) **peritaje industrial/mercantil** industrial/business studies (*pl*)

peritar [A1] *vt* to give an expert opinion on
■ **peritar** *vi* to give an expert opinion

perito¹ -ta *adj* expert; **no es ∼ en la materia** he's not an expert on the subject

perito² -ta *m,f* 1 (experto) expert 2 (en seguros) loss adjuster, adjuster 3 (Der) expert witness
(Compuestos)
- **perito agrónomo, perita agrónoma** *m,f* agricultural technician
- **perito de montes, perita de montes** *m,f* forestry technician
- **perito electricista, perita electricista** *m,f* qualified electrician
- **perito industrial, perita industrial** *m,f* engineer
- **perito mercantil, perita mercantil** *m,f* qualified accountant

peritoneo *m* peritoneum

peritonitis *f* (*pl* ∼) peritonitis

perjudicado¹ -da *adj*: **el que resultó ∼** the one who lost out *o* who was worst hit; **los más ∼s fueron los del segundo piso** the worst hit *o* the worst affected were the people on the second floor

perjudicado² -da *m,f*: **el ∼ fui yo** I was the one who lost out

perjudicar [A2] *vt* 1 (dañar) to be detrimental to (frml); **el tabaco perjudica tu salud** smoking is detrimental to your health, smoking damages your health; **está perjudicando sus estudios** it is having an adverse effect on *o* it is affecting *o* it is proving detrimental to his schoolwork; **estas medidas perjudican a los jóvenes** these measures harm *o* have adverse effects for *o* are prejudicial to young people, young people are losing out because of these measures; **para no ∼ las investigaciones** in order not to prejudice the investigations 2 (Col, Per fam & euf) (violar) to rape, have one's way with (euph)

perjudicial *adj* damaging, harmful, detrimental (frml); **el alcohol y el tabaco son ∼es para la salud** alcohol and tobacco are harmful *o* damaging *o* detrimental to your health; **esta sequía es muy ∼ para el campo** this drought is very bad for agriculture *o* is seriously damaging agriculture; **resultaría ∼ para la economía** it would be damaging *o* prejudicial to the economy

perjuicio *m* 1 (daño) damage; **causó grave ∼ a su reputación** it caused serious damage to his reputation; **esto le reportará a la empresa un gran ∼ económico** this will prove very damaging for the company financially, this will prove highly detrimental to the company financially (frml); **no sufrió ningún ∼** it did him no harm *o* damage; ▸**daño** 2 **en perjuicio de** (frml): **la ley electoral redunda en ∼ de los partidos minoritarios** the electoral law works against *o* works to the detriment of *o* is detrimental to minority parties; **lo beneficia a él pero va en ∼ de todos los demás** it works to his advantage but to everyone else's disadvantage, it benefits him but it is detrimental to everyone else (frml) 3 **sin perjuicio: sin ∼ para su salud** without detriment to his health (frml); **sin ∼ de los derechos establecidos por la ley** without affecting your statutory rights; **es preciso tomar una decisión ahora, sin ∼ de que más tarde cambiemos de opinión** we need to make a decision now, but this doesn't mean we can't change our minds later *o* it is essential we make a decision now, but this does not preclude a change of plan at a later date

perjurar [A1] *vi* to perjure oneself, commit perjury
■ **perjurar** *vt* to swear; **juró y perjuró que no sabía nada** he swore blind that he knew nothing (colloq)

perjurio *m* perjury

perjuro¹ -ra *adj* perjured

perjuro² -ra *m,f* perjurer

perla¹ *f* 1 (joya) pearl; **un collar de ∼s** a pearl necklace, a string of pearls; **de ∼s** (fam) great (colloq); **el negocio marcha de ∼s** business is great *o* is going really well; **el viernes me vendría de ∼s** Friday would be great for me *o* would suit me down to the ground; **todo salió de ∼s** everything went perfectly, everything turned out fine (colloq) 2 (iró) (frase absurda) pearl of wisdom (iro)
(Compuestos)
- **perla artificial** artificial pearl
- **perla cultivada** *or* **de cultivo** cultured pearl
- **perla natural** *or* **verdadera** natural pearl

perla² *mf* 1 (fam) (persona ideal) gem (colloq) 2 (Chi fam) (fresco) sassy *o* mouthy devil (AmE colloq), cheeky devil (BrE colloq)

perlado -da *adj* ▸❶ **p.181** ‹*esmalte/azul*› pearl (*before n*), pearled; **tenía la espalda perlada de sudor** his back was beaded with sweat

perlero -ra, perlífero -ra *adj* pearl (*before noun*)

perlino -na *adj* (liter) pearly

permafrost *m* permafrost

permanecer [E3] *vi* (frml) 1 (en un lugar) to stay, remain (frml); **permaneció un mes en Roma** he remained *o* stayed in Rome for a month; **versos que ∼án en la memoria** lines which will remain *o* stay *o* endure in the memory 2 (en una actitud, un estado) to remain; **permaneció en silencio antes de contestar** he was *o* remained silent for a while before answering; **permanecía pensativo mirando por la ventana** he remained looking pensively out of the window

permanencia *f* 1 (en un lugar) stay 2 (en una organización) continuance (frml); **la ∼ de nuestro país en la asociación** our country's continuance in *o* continued membership of the association; **su ∼ en el cargo está en duda** his continuance in the post is in doubt, whether or not he remains in the post is in doubt

permanente¹ *adj* permanent; **servicio ∼ de información** 24-hour information service; **una amenaza ∼** a permanent *o* constant threat

permanente² *m* (Méx) ▸**permanente³ A**

permanente³ *f*
A (en el pelo) perm; **hacerse la ∼** to have one's hair permed, to have a perm
B (Col) (juzgado) emergency court (*for cases of violent crime*)

permanentemente *adv* permanently

permanganato *m* permanganate

permeabilidad *f* permeability

permeable *adj* ‹*material*› permeable; **una frontera muy ∼** a border which is very easy to cross

pérmico -ca *adj* Permian

permisible *adj* permissible; **más allá de lo ∼** beyond what is permissible; **gastos ∼s** permissible *o* allowable expenses

permisionario -ria *m,f* (Méx) concessionaire, official agent

permisividad *f* permissiveness

permisivo -va *adj* permissive

permiso *m*
A 1 (autorización) permission; **me dio ∼ para llegar más tarde** she gave me permission to arrive later; **tengo ∼ del jefe** I have the boss's permission, I have permission from the boss 2 **permiso** *or* **con permiso** (al abrirse paso) excuse me; (al entrar) may I come in?; **con su ∼, tengo que irme** if you'll excuse me, I have to go
B (para faltar al trabajo) leave; **obtuvo un ∼ de tres días** he got three days' leave; **de ∼** on leave; **este fin de semana saldré de ∼** I'm going on leave this weekend
(Compuestos)
- **permiso médico** sick leave, doctor's note (BrE)

p

- **permiso por enfermedad** sick leave
- **permiso por maternidad/paternidad** maternity/paternity leave
- **permiso postnatal** (Chi,Ven) maternity leave

C (documento) permit, license*

(Compuestos)

- **permiso de conducir** *or* **de conducción** driver's license (AmE), driving licence (BrE)
- **permiso de exportación** export permit *o* license*
- **permiso de importación** import permit *o* license*
- **permiso de obras** building permit, planning permission (BrE); **solicitar un ~ de obras** to apply for a building permit
- **permiso de residencia** residence permit
- **permiso de trabajo** work permit
- **permiso internacional de conducción** *m* international driver's license (AmE), international driving licence (BrE)
- **permiso por puntos** (en Esp) *driver's license from which points are deducted for driving offenses*

permitir [I1] *vt* **1** (autorizar) to allow, permit (frml); **la ley no lo permite** the law does not permit *o* allow it; **no van a ~ la entrada sin invitación** they're not going to let people in without invitations; **no le permitieron ver a su esposa** he was not allowed to see his wife; **no está permitido el uso de cámaras fotográficas en la sala** the use of cameras is not permitted in the hall; **S no se permite la entrada a personas ajenas a la empresa** staff only, no entry to unauthorized persons; **su título le permite ejercer la profesión** her qualification allows her to practice the profession; **¿me permite la palabra?** may I say something?; **los síntomas permiten hablar de una enfermedad infecciosa** the symptoms point to *o* indicate an infectious disease; **la autorización nos permitió tener acceso a los archivos** the authorization gave us *o* allowed us to have access to the files; **su salud no le permite hacer ese tipo de viaje** her health does not allow *o* permit her to undertake such a journey **2** (tolerar, consentir): **no te permito que me hables en ese tono** I won't have you taking that tone with me; **no ~emos ninguna injerencia en nuestros asuntos** we will not allow anyone to interfere in our affairs; **¿me permite? — sí, por favor, siéntese** (frml) may I? — yes, please, do sit down; **permítame que le diga que está equivocado** with all due respect *o* if you don't mind me saying so, I think you're mistaken; **si se me permite la expresión** if you'll pardon the expression; **si el tiempo lo permite** weather permitting

■ **permitirse** *v pron (refl)*: **puede ~se el lujo de no trabajar** she can allow herself the luxury of not working; **no puedo ~me tantos gastos** I can't afford to spend so much money; **me permito dirigirme a Vd para ...** (Corresp) I am writing to you to ...; **me permito solicitar a Vd que ...** (Corresp) I am writing to request that ...; **se permite muchas confianzas con el jefe** he's very familiar with the boss; **¿cómo se permite hablarle así a una señora?** how dare you speak to a lady like that?

permuta *f* **1** (de bienes) exchange, swap **2** (de destinos) exchange

permutable *adj* exchangeable

permutación *f* permutation

permutar [A1] *vt* **1** (intercambiar) ‹*bienes*› to exchange, swap; ‹*puesto*› to exchange; **S vendo o permuto** for sale or exchange **2** (Mat) to permute

pernada *f* ▸ **derecho**[3]

pernera *f* **1** (del pantalón) leg **2** **perneras** *fpl* (de cuero) chaps (*pl*)

pernicioso -sa *adj* pernicious (frml), destructive

pernil *m* **1** (de un animal) upper leg, haunch; (del cerdo) ham **2** (fam) (de una persona) leg **3** (del pantalón) leg

pernio *m* hinge

perno *m* **1** (chaveta) pin **2** (tornillo) bolt **3** (de bisagra) pintle, pivot pin

pernocta *m* (Mil) (soldado) *soldier with an overnight pass;* ▸ **pase**

pernoctación *f* (frml) overnight stay

pernoctar [A1] *vi* (frml) to stay overnight, stay the night; **~on en Alicante** they spent *o* stayed the night in Alicante

pero[1] *conj*

A but; **me gustaría ir ~ creo que no voy a poder** I would like to go but I don't think I'll be able to; **a ella la invitaron, ~ a mí no** they invited her, but not me *o* but they didn't invite me; **es raro, sí, ~ él siempre ha sido un poco excéntrico** it's strange, I agree, but (then) he always has been a little eccentric

B **1** (introduciendo expresiones de protesta, sorpresa): **¿~ tú estás loca?** are you crazy?; **~ ¿es que no te das cuenta de que ...?** but, don't you understand that ...?; **~ bueno ... ¿me van a atender o no?** for goodness sake, are you going to serve me or not?; **¡~ si me lo habías prometido!** but you promised!; **¡~ si es Marta!** why, if it isn't Marta!, hey, it's Marta!; **¿a pie? ¡~ si queda lejísimos!** on foot? but it's miles! **2** (uso enfático): **no me hizo caso, ~ ningún caso** she didn't take the slightest notice *o* a blind bit of notice (colloq), she didn't take any notice, none whatsoever; **la película está bien, ~ que muy bien** it's a good movie, very good indeed

pero[2] *m* **1** (defecto) defect, bad point; (dificultad, problema) drawback; ***ponerle ~s a algo/algn*** to find fault with sth/sb **2** (reparo, excusa) objection; **no admite ~s, hay que hacerlo como él diga** he won't stand for any 'ifs' or 'buts', it has to be done the way he says; ***¡no hay ~ que valga!*** I don't want any excuses (*o* arguments *etc*)

perogrullada *f* platitude, truism, obvious thing to say

Perogrullo *m*: **ser de ~** to be patently obvious

perol *m*

A (recipiente — pequeño) saucepan; (— grande) pot

B **peroles** *mpl* (Ven fam) stuff (colloq), things (*pl*)

perola *f* saucepan

perolero *m* (Ven fam) stuff (colloq)

perona *f* (Esp) string bean

peroné *m* fibula

peronismo *m* Peronism

> **peronismo**
>
> A political movement, known officially as *justicialismo*, named for the populist politician Colonel Juan Domingo Perón, elected President of Argentina in 1946. An admirer of Italian fascism, Perón claimed always to be a champion of the workers and the poor, the *descamisados* (shirtless ones), to whom his first wife Eva Duarte ('Evita') became a sort of icon, especially after her death in 1952. Although he instituted some social reforms, Perón's regime proved increasingly repressive and he was ousted in an army coup in 1955. He returned from exile to become president again in 1973, but died in office a year later. His *Partido Justicialista* won the 2007 elections led by Alicia Fernández de Kirchner.

peronista *adj/mf* Peronist

perorar [A1] *vi* (fam) to hold forth, make a speech

perorata *f* (fam) lecture (colloq); **nos echó una ~ sobre el patriotismo** she gave us a lecture *o* she lectured us on patriotism

peróxido *m* peroxide

perpendicular[1] *adj* perpendicular; **una calle ~ a Serrano** a street which runs perpendicular to *o* at right angles to Serrano

perpendicular[2] *f* perpendicular

perpendicularmente *adv* perpendicularly, perpendicular

perpetración *f* perpetration

perpetrar [A1] *vt* to perpetrate (frml), to carry out

perpetuación *f* perpetuation

perpetuamente *adv* indefinitely; **lo suspendieron ~ de su cargo** they suspended him indefinitely from his post; **condenado ~ al olvido** condemned to perpetual oblivion

perpetuar [A18] *vt* to perpetuate

perpetuidad *f* perpetuity; **a ~** in perpetuity, forever

perpetuo -tua *adj* perpetual; **en un ~ estado de nervios** in a perpetual *o* constant state of nerves; **una sonrisa perpetua** a permanent *o* perpetual *o* fixed smile

perplejidad *f* perplexity, puzzlement; **mostró ~** he looked perplexed *o* confused *o* puzzled

perplejo -ja *adj* perplexed, puzzled, confused; **estaba ~ con los resultados del experimento** he was puzzled *o* perplexed *o* confused *o* baffled by the results of the experiment

perra *f*

A (Zool) dog, bitch [▸ **bitch** *sólo se emplea cuando se quiere hacer referencia específica al sexo del animal*] **saqué mi ~ a pasear** I took my dog out for a walk *ver tb* **perro**[2]

B (Esp fam) (moneda) coin; **no tenía ni una ~** I didn't have a bean *o* a penny (colloq); **emigró e hizo unas ~s** he emigrated and made a few bucks (AmE) *o* (BrE) a few quid (colloq); ***costar/valer cuatro ~s*** (fam) to cost/to be worth next to nothing (colloq)

(Compuestos)

- **perra chica** (fam) (Hist) five centimo coin; ***para ti la ~*** (fam) you win; ***valer tres ~s ~s*** (fam) to be worth next to nothing (colloq)
- **perra gorda** (fam) (Hist) ten centimo coin

C (Esp fam) **1** (rabieta) tantrum; **cogió una ~ terrible** he had *o* threw a terrible tantrum **2** (manía) obsession; **le ha dado la ~ de comprarse un coche nuevo** he's obsessed with the idea of buying a new car

D **1** (Col fam) (borrachera): **se pegó una ~ espantosa** he got terribly drunk *o* (colloq) completely plastered **2** (Col) *tb* **~ de agua caliente** hot-water bottle

E (Per fam) (olor de pies): **¡qué tal ~!** phew! your feet smell! (colloq)

perrada *f* (AmL fam) dirty trick

perramus *m* (*pl* ~) (Bol, RPl ant) raincoat

perrera *f* **1** (lugar) dog pound, dog's home **2** (vehículo) dog catcher's van, dog warden's van (BrE)

perrería *f* **1** (fam) (acto) terrible thing (colloq); **las ~s que hacíamos en su clase** the awful *o* terrible things we used to get up to in her class; **le hacen ~s al gato** they tease *o* torment the cat mercilessly; **me hizo una ~ que no le voy a perdonar nunca** he played a really dirty trick on me that I'll never forgive him for **2** (insulto) terrible thing (colloq); **me dijo ~s** she said some terrible things to me, she called me every name under the sun (colloq)

perrero -ra *m,f* dog catcher, dog warden (BrE)

perrito *m*

A (Zool) little dog; **nadaba estilo ~** *or* (Méx) **nadaba de ~** he was doing the dog paddle *o* the doggie-paddle (colloq)

(Compuesto) **perrito caliente** hot dog

B (AmL) (Bot) snapdragon

C (Chi) (para colgar la ropa) clothespin (AmE), clothes-peg (BrE)

perro[1] **-rra** *adj*

A (fam) ‹*vida/suerte*› rotten (colloq), lousy (colloq); **¡qué perra suerte!** what rotten *o* lousy luck!

B **1** (fam) (severo) nasty **2** (Col fam) (astuto) sneaky (colloq), crafty (colloq)

perro[2] **-rra** *m,f*

A (Zool) dog; **S ¡cuidado con el perro!** beware of the dog; ***a otro ~ con ese hueso*** go tell it to the marines! (AmE), pull the other one! (BrE); ***atar ~s con longaniza*** (fam) to have money to burn (colloq); ***como ~ en cancha de bochas*** (RPl fam & hum): **andar más perdido que ~ en cancha de bochas** to be like a fish out of water; **me tuvieron todo el día como ~ en cancha de bochas** they had me rushing around from pillar to post all day long (colloq); ***como un ~*** (fam): **terminó sus días como un ~** he ended his days in the gutter; **me dejó tirado como un ~** she abandoned me, as if I were a stray dog; **murió como un ~, en la**

p

miseria he died in abject poverty, like a dog; de ~s (fam) foul; hace un tiempo de ~s the weather's foul o horrible o terrible; está de un humor de ~s he's in a foul mood; echarle los ~s a algn (fam) (para ahuyentar) to set the dogs on sb; (recibir muy mal) to give sb a hostile reception (colloq); es el mismo ~ con diferente collar nothing has really changed, it's the same people (o regime etc) under a different name; estar meado de ~s (CS fam) to be plagued o dogged by bad luck; hacer ~ muerto (Chi fam) to do a runner (colloq); llevarse como (el) ~ y (el) gato to fight like cat and dog; me/nos/les fue como a los ~s en misa I/we/they had a terrible time of it (colloq); meterle a algn el ~ (RPl fam) to con sb (colloq); no tener ni ~ que le ladre (fam) to be all alone in the world; ~ no come ~ (Col fam) there is honor* among thieves; ~ viejo ladra sentado said of sb who has learned how to do things with a minimum of effort; ser como el ~ del hortelano (que ni come ni deja comer al amo) to be a dog in the manger; ser ~ viejo to be a wily o shrewd old bird (colloq); tratar a algn como a un ~ to treat sb like dirt; a ~ flaco todo son pulgas it never rains but it pours; muerto el ~, se acabó la rabia the best way to solve a problem is to attack the root cause of it; por un ~ que maté, mataperros me llamaron give a dog a bad name; ~ que ladra no muerde or (Esp) ~ ladrador, poco mordedor his/her bark's worse than his/her bite

Compuestos
- **perro afgano** Afghan (hound)
- **perro alano** mastiff
- **perro** or **perrito caliente** (Coc) hot dog
- **perro callejero** stray dog, stray
- **perro caniche** poodle
- **perro de aguas** water dog
- **perro de caza** gundog
- **perro de compañía** pet dog
- **perro** or **perrito de faldas** ▸perro faldero
- **perro** or **perrillo de las praderas** prairie dog
- **perro de lanas** poodle
- **perro de muestra** pointer
- **perro (de) policía** (RPl) German shepherd, Alsatian (BrE)
- **perro de presa** bulldog
- **perro de rastreo** ▸perro rastreador
- **perro esquimal** husky
- **perro** or **perrito faldero** (animal) lapdog; (persona) (fam) lapdog (colloq)
- **perro guardián** guard dog
- **perro guía** guide dog
- **perro lazarillo** guide dog
- **perro lebrel** hound
- **perro lobo** German shepherd, Alsatian (BrE)
- **perro lulú** spitz
- **perro mastín** mastiff
- **perro ovejero** sheepdog
- **perro pachón** basset hound
- **perro pastor** sheepdog
- **perro pequinés** or **pekinés** Pekinese
- **perro perdiguero** gundog; seguir a algn como ~ ~ to pursue sb relentlessly
- **perro podenco** spaniel
- **perro policial** (Chi) German shepherd, Alsatian (BrE)
- **perro rastreador** (para seguir una huella) tracker dog; (para buscar drogas) sniffer dog
- **perro salchicha** dachshund, sausage dog (colloq)

B (persona) tyrant
C (Chi fam) (como apelativo cariñoso) sweetie (colloq), pet (BrE colloq)

Compuesto **perro choco** (Chi) (fam) sweetheart

D **perro** m (Chi) [1] (para la ropa) clothespin (AmE), clothes-peg (BrE) [2] (ficha) counter

perruno -na adj (fam) (del perro) dog (before n); (parecido al perro) doglike; una vida perruna a dog's life

persa[1] adj Persian

persa[2] mf [1] (Hist) Persian [2] **persa** m (idioma) Persian

per saecula saeculorum loc adv until the end of time, for ever and ever; ¿te crees que se va a jubilar? — no, va a estar ahí ~ ~ ~ do you think he's going to retire? — no, he'll be there till the end of time o for ever and ever amen (hum)

per se loc adv (frml) per se (frml)

persecución f
A [1] (en sentido físico) pursuit; salieron en ~ del fugitivo they set off in pursuit of the fugitive [2] (en ciclismo) pursuit
B (por la ideología) persecution; fueron objeto de ~ they were subjected to persecution, they were persecuted; sufrieron persecuciones por sus ideas religiosas they were persecuted for their religious ideas

per sécula seculórum loc adv ▸per saecula saeculorum

persecutorio -ria adj ‹régimen› persecutory; ▸manía

perseguible adj prosecutable; ~ de oficio/a instancia de parte prosecutable ex officio/at the instance of the aggrieved party

perseguidor -dora m,f [1] (en sentido físico) pursuer [2] (por una ideología) persecutor

perseguir [I30] vt
A ‹fugitivo/delincuente› to pursue, chase; ‹presa› to pursue, chase, hunt
B (por la ideología) to persecute; el gobierno persiguió a los que se oponían al régimen the government persecuted those who opposed the regime
C [1] ‹objetivo/fin› to pursue; jóvenes que persiguen la fama young people in pursuit of o seeking fame; la finalidad que se persigue es que baje esta cifra the ultimate aim is to lower this figure; no sé qué persigues con esa actitud I don't know what you're hoping to achieve with that attitude [2] (acosar): me persigue pidiéndome el coche prestado he's always pestering me to lend him the car (colloq); me persigue la mala suerte I'm dogged by bad luck; la suerte lo persigue luck always seems to be on his side; parece que te persiguen las enfermedades you seem to be plagued by illness

Perseo m Perseus

perseverancia f perseverance, persistence

perseverante adj persevering, persistent

perseverar [A1] vi to persevere; perseveró hasta conseguir la victoria she persisted o persevered until she achieved victory; ~ EN algo: perseveró en los entrenamientos he persevered with his training; si perseveras en esa actitud, no conseguirás nada you'll get nowhere if you carry on with o persist with that attitude, that attitude will get you nowhere; persevera y triunfarás never say die o if at first you don't succeed, try, try again

Persia f Persia

persiana f [1] (que se enrolla) blind; enrollarse como una ~ (Esp fam) to go on and on; se enrolló como una ~ she went on and on forever; es un pesado, se enrolla como una ~ he's really tedious, he could talk the hind leg off a donkey (colloq) [2] (AmL) (contraventana, postigo) shutter

Compuestos
- **persiana metálica** roll-down shutter
- **persiana veneciana** or **de lamas** Venetian blind

Pérsico adj ▸golfo[3]

persignarse [A1] v pron to cross oneself

persistencia f persistence

persistente adj persistent

persistentemente adv persistently

persistir [I1] vi: persiste la gravedad del enfermo the patient remains in a serious condition; persiste el temporal en la costa there is still a storm blowing on the coast; ~ EN algo to persist IN sth; persiste en esta creencia he persists in this belief

persona f
A [1] (ser humano) person; es una ~ muy educada/simpática he's/she's a very polite/likable person; había tres ~s esperando there were three people waiting; en el coche caben cinco ~s the car can take five people; Ⓢ carga máxima: ocho personas o 500 kilos maximum capacity: eight persons or 500 kilos; como ~ no me gusta I don't like him as a person; ¿cuántas ~s tiene a su cargo? how many people do you have reporting to you?; en la ~ del Rey se concentra el poder civil y militar civil and military power resides in the King himself; se rindió homenaje a los ex-combatientes en la ~ de ... tribute was paid to the war veterans who were represented by ...; las ~s interesadas pueden presentarse mañana a las diez all those interested may come along tomorrow at ten o'clock; es una ~ de recursos she's a resourceful person, she's resourceful [2] (en locs): de persona a persona person to person; conferencia telefónica de ~ a ~ person-to-person call; en persona in person; vino en ~ a traerme la carta she brought me the letter in person; conozco su obra, pero no lo conozco en ~ I know his work, but I don't know him personally; deberán presentarse en ~ you must come personally o in person; es el orden/la estupidez en ~ he is orderliness/stupidity personified; por persona: la comida salió a 20 dólares por ~ the meal came to 20 dollars a head; sólo se venden dos entradas por ~ you can only get two tickets per person o per head; hay dos trozos por ~ there are two pieces each

Compuestos
- **persona desplazada** displaced person
- **persona física** individual
- **persona jurídica** or **moral** legal entity
- **persona natural** individual
- **persona no** or **non grata** persona non grata

B (Ling) person; la primera ~ del singular/plural the first person singular/plural

personaje m [1] (Cin, Lit) character [2] (persona importante) important figure, personage (frml); un ~ de la política an important political figure; ~s del mundo del teatro celebrities o famous names from the world of theater; es todo un ~ (fam) he's a real big shot (colloq)

personal[1] adj ‹asunto/documento/pregunta› personal; ‹opinión/juicio› personal; objetos de uso ~ personal effects; una alusión ~ a personal remark; está basado en su experiencia ~ it is based on (his own) personal experience; no tiene ningún interés ~ en el asunto he has no personal interest in the matter

personal[2] m [1] (de una fábrica, empresa) personnel (pl), staff (sing or pl); estamos escasos de ~ we're short-staffed; intentan aumentar la producción con el mismo ~ they are trying to increase production with the same number of staff o with the same workforce [2] (Esp fam & hum) (gente) people; ¡cuánto ~ hay en la calle! what a lot of people there are in the street!; saca unas copas para el ~ get some glasses out for everyone o for people

Compuestos
- **personal de cabina** cabin staff o crew
- **personal de maestranza** (Arg) staff (of a building)
- **personal de tierra** ground crew o staff
- **personal de vuelo** flight crew

personalidad f [1] (Psic) personality [2] (persona importante) ▸personaje 2

Compuesto **personalidad jurídica** legal status

personalismo m [1] (favoritismo) favoritism*, partiality [2] (protagonismo) personal ambition [3] **personalismos** mpl (ofensas) personal remarks (o attacks etc) (pl), personalities (pl)

personalista adj: luchas ~s personal rivalries; no suelta el balón, es muy ~ he's very selfish, he never passes the ball

personalizado -da adj ‹servicio› personalized; plan ~ de ahorro personal savings plan

personalizar [A4] vi: no quiero ~ I don't want to name names o to mention any names
■ **personalizar** vt to personalize

personalmente adv [1] (en persona) personally; vino a decírnoslo ~ she came to tell us

p

personally *o* in person; **me encargaré ~ de enviárselo** I'll send it to him personally *o* myself 2 (*indep*) personally; **yo, ~, estoy a favor** personally *o* speaking personally, I'm in favor of it; **~, aceptaría la oferta** if I were you *o* personally, I'd accept the offer

personarse [A1] *v pron* 1 (frml) (en un lugar): **la policía se personó en el lugar del accidente** the police arrived at the scene of the accident; **se ruega a Isabel González se persone en el mostrador de información** will Isabel González please go to the information desk; **hasta que el juez se personó no se pudo levantar el cadáver** the body could not be moved until the judge reached the scene 2 (Esp) (Der) to appear in court

personería *f* (Col, RPl) legal capacity

Compuestos

- **personería gremial** (Col, RPl) legal recognition (*of a trade union*)
- **personería jurídica** (Col, RPl) legal status

personero -ra *m,f* (AmL) 1 (representante) representative 2 (portavoz) (*m*) spokesman, spokesperson; (*f*) spokeswoman, spokesperson

personificación *f* 1 (encarnación) embodiment, personification; **es la ~ de la impaciencia** he is impatience personified, impatience is his middle name (colloq) 2 (Lit) personification

personificar [A2] *vt* 1 (encarnar) to personify; **Otelo personifica los celos** Othello is the personification *o* embodiment of jealousy; **es la bondad personificada** she's the soul of kindness, she is kindness personified *o* kindness itself 2 (Lit) to personify

perspectiva *f* 1 (Arquit, Art) perspective; **un dibujo en ~** a drawing in perspective, a perspective drawing 2 (vista, paisaje) view, perspective (frml); **desde lo alto se divisa una magnífica ~** from the top you get a magnificent view 3 (punto de vista) perspective 4 (posibilidad) prospect; **las ~s son muy buenas** the prospects are *o* the outlook is very good; **ante la ~ de morir quemados** faced with the prospect of being burned to death; **no tengo ningún plan en ~** I've no plans for the immediate future

perspicacia *f* shrewdness, insight, perspicacity (frml)

perspicaz *adj* shrewd, perceptive, perspicacious (frml)

perspicuidad *f* (frml) clarity, perspicuity (frml)

perspicuo -cua *adj* (frml) clear, perspicuous (frml)

persuadir [I1] *vt* to persuade; **no lo pude ~** I couldn't persuade him; **la persuadieron con la promesa de un ascenso** she was won over with the promise of promotion; **~ a algn DE QUE** *or* **PARA QUE + SUBJ** to persuade sb to + INF; **la persuadió para que no fuera** he persuaded her not to go, he talked her out of going; **me persuadió para** *or* **de que lo comprara** she persuaded me to buy it, she talked me into buying it

■ **persuadirse** *v pron*: **no se persuadió** he wasn't convinced; **~se DE algo** to become convinced OF sth; **se persuadieron de la importancia de la investigación** they became convinced of the importance of the inquiry

persuasión *f* persuasion; **el poder de ~ de la publicidad** the persuasive power of advertising; **sus dotes de ~** her powers of persuasion

persuasivamente *adv* persuasively

persuasivo -va *adj* persuasive

pertenecer [E3] *vi* 1 (ser propiedad) **~ A algn** to belong TO sb; **la casa perteneció a mi abuela** the house belonged to my grandmother 2 (formar parte) **~ A algo** to belong TO sth, be a member OF sth

perteneciente *adj*: **los países ~s al grupo** the countries belonging to *o* which are members of the group

pertenencia *f*

A 1 (a un grupo, una organización) membership 2 (frml) (propiedad): **se llevó todos los objetos de su ~** he took all his belongings with him; **ese reloj es de mi ~** (hum) that watch is mine 3 **pertenencias** *fpl* (posesiones — de una persona) belongings (*pl*), possessions (*pl*); (— de una finca) appurtenances (*pl*) (frml)

B (Chi) (Min) mineral rights (*pl*)

pértiga *f* pole; **salto con ~** pole vault, pole vaulting

pertiguista *mf* pole-vaulter

pertinacia *f* (frml) 1 (persistencia) persistence 2 (obstinación) pertinacity (frml)

pertinaz *adj* (frml) 1 (persistente) ‹*sequía*› prolonged; ‹*tos*› persistent 2 (obstinado) obstinate, pertinacious (frml)

pertinencia *f* 1 (lo adecuado) appropriateness 2 (relevancia) pertinence, relevance

pertinente *adj* 1 (oportuno, adecuado) appropriate; **considero ~ señalar que ...** I consider it pertinent *o* appropriate to point out that ...; **es ~ recordar que ...** it is worth remembering that ..., one should bear in mind that ...; **las medidas ~s** the appropriate measures 2 (relevante) relevant, pertinent; **considero que su observación no es ~** I do not consider his remark to be pertinent *o* relevant, I consider his remark irrelevant

pertinentemente *adv* 1 (fam) (en forma oportuna) appropriately 2 (en forma relevante) relevantly, pertinently

pertrechar [A1] *vt* 1 (Mil) to equip, supply ... with military equipment; **guerrilleros bien armados y pertrechados** well-armed, well-equipped guerrillas 2 (proveer) to equip, supply

■ **pertrecharse** *v pron* **~se DE** *or* **CON algo** to equip oneself WITH sth

pertrechos *mpl* 1 (Mil) military equipment, military supplies (*pl*), materiel 2 (equipo, utensilios) tackle, gear

perturbación *f* 1 (alteración) disruption; **serias perturbaciones económicas** serious economic disruption 2 (Psic) disturbance

Compuestos

- **perturbación atmosférica** atmospheric disturbance
- **perturbación del orden público** breach of the peace

perturbado[1] -da *adj* disturbed; **está muy ~ por la noticia** he is very disturbed *o* perturbed by the news; **tiene perturbadas las facultades mentales** he is mentally disturbed

perturbado[2] -da *m,f tb* **~ mental** mentally disturbed person

perturbador -dora *adj* 1 (inquietante) ‹*síntomas/comentarios/cifras*› disturbing, perturbing; **de una ~a belleza** of disquieting beauty (liter) 2 (revoltoso) disruptive

perturbar [A1] *vt* 1 ‹*calma*› to disturb; ‹*orden*› to disrupt; **no perturbó la marcha de las negociaciones** it did not disrupt the progress of the negotiations; **una región poco perturbada por el progreso** a region little disturbed *o* barely touched by progress 2 (Psic) to disturb

Perú *m tb* : **el ~** Peru; ***valer un ~*** «*persona*» to be worth one's weight in gold; «*cosa*» to cost a fortune

peruanismo *m* Peruvianism, Peruvian word/expression

peruano -na *adj/m,f* Peruvian

perversamente *adv* wickedly

perversidad *f* depravity; **la ~ de los torturadores** the depravity *o* evil cruelty of the torturers; **la ~ de la madrastra en los cuentos** the wickedness of the stepmother in fairytales

perversión *f* 1 (maldad) evil, wickedness 2 (corrupción) perversion; **un antro de ~** a den of iniquity; **~ sexual** sexual perversion

perverso[1] -sa *adj* evil; **una mente perversa** an evil mind; **la madrastra perversa** the wicked stepmother

perverso[2] -sa *m,f* evil *o* wicked person

pervertido[1] -da *adj* perverted

pervertido[2] -da *m,f* pervert

pervertidor -dora *m,f* corruptor; **~ de menores** corruptor of minors

pervertir [I11] *vt* to corrupt, pervert

■ **pervertirse** *v pron* to become corrupted *o* perverted

pervinca *f* periwinkle

pervivencia *f* survival

pervivir [I1] *vi* to survive, remain

pesa *f* 1 (para una balanza) weight 2 (de un reloj) weight 3 (Dep) (grande) weight; (pequeña) dumbbell; **levantamiento de ~s** weight lifting; **alzar ~s** to lift weights, to pump iron (colloq); ***hacer ~s*** to do weight training 4 (balanza) scales (*pl*)

pesabebés *m* scales (*for weighing babies*)

pesadamente *adv* 1 ‹*caer*› heavily; **se dejó caer ~ en el sillón** he flopped into the armchair, he dropped heavily into the armchair 2 ‹*caminar/moverse*› slowly, heavily

pesadez *f*

A (fam) (aburrimiento, molestia) drag (colloq); **es una ~ tener que esperar aquí** it's a drag having to wait here; **¡pero qué ~ de conversación!** what a boring *o* tedious conversation!

B (sensación de cansancio) heaviness; **tengo ~ en las piernas** my legs feel very heavy; **~ estomacal** *or* **de estómago** bloated *o* heavy feeling in the stomach

C (Andes fam) 1 (broma pesada) tiresome joke 2 (comentario) nasty remark

pesadilla *f* 1 (sueño) nightmare, bad dream 2 (situación) nightmare; **al final su matrimonio era una ~** by the end his marriage had become a nightmare

pesado[1] -da *adj*

A 1 ‹*paquete/maleta*› heavy; ‹*artillería/maquinaria*› heavy 2 ‹*comida*› heavy, stodgy (colloq); ‹*estómago*› bloated; **me siento ~ después de haber comido tanto** I feel bloated after all that food 3 ‹*atmósfera/tiempo*› heavy, oppressive, sultry 4 ‹*ojos/cabeza*› heavy; **tengo las piernas pesadas** my legs feel very heavy *o* like lead 5 ‹*sueño*› deep

B 1 (fam) (fastidioso, aburrido) ‹*libro/película/conferencia*› tedious; **¡qué ~ es!** he's such a pain in the neck! (colloq); **¡qué ~, no me deja en paz ni un minuto!** what a pest, he won't leave me alone for a minute (colloq); **los niños están muy ~s** the children are being really annoying *o* (colloq) being real pests; **no te pongas ~** don't be so annoying *o* (colloq) such a pest!, quit bugging me! (AmE colloq); ***ser más ~ que el plomo*** (fam) to be a pain (in the neck) (colloq) 2 (fam) ‹*tarea/trabajo*› (monótono) tedious

C (Andes fam) (antipático) unpleasant; **¡qué tipo tan ~!** what a jerk! (colloq)

pesado[2] -da *m,f*

A (fam) (molesto, latoso) pain (colloq), pest (colloq); **eres un ~, deja ya de molestar** you're such a pain in the neck, stop annoying me (colloq)

B (Andes fam) (antipático) jerk (colloq)

C (Col fam) (mandamás): **quiero hablar con el ~** I want to speak to the top man *o* the boss (colloq); **es uno de los ~s** he's one of the bigwigs *o* the top men (colloq)

pesadumbre *f* grief, sorrow

pesaje *m* 1 (acción) weighing 2 (Dep) weigh-in

pésame *m* condolences (*pl*); **fui a darle el ~** I went to offer her my condolences; **mi más sentido ~** (fr hecha) my deepest sympathies, my heartfelt condolences

pesar[1] *m*

A 1 (pena, tristeza) sorrow; **me expresó su ~ por la triste noticia** she expressed her sorrow at the sad news; **ahoga sus ~es en el alcohol** he drowns his sorrows in drink; **a ~ mío** *or* **muy a mi ~ tuve que ir** much to my regret I had to go; **no debes causarle ~es a tu madre** you mustn't upset your mother; **el que más ~es le causa** the one who causes her the most grief *o* sorrow *o* heartache 2 (remordimiento) regret, remorse; **no siente ningún ~ por sus malas acciones** he feels no remorse for his wrongdoings, he does not regret his wrongdoings

P

ℹ Peso/Weight

Sistema métrico / *Metric system* — Sistema estadounidense y británico / *US/UK system*

Sistema métrico		Sistema estadounidense y británico
10 miligramos	= 1 centigramo	
10 milligrams	= 1 centigram	
10 centigramos	= 1 decigramo	
10 centigrams	= 1 decigram	
100 centigramos	= 1 gramo	= 0.0352 ounces
100 centigrams	= 1 gram	
10 gramos	= 1 decagramo	= 0.352 ounces
10 grams	= 1 dekagram	
1.000 gramos	= 1 kilo(gramo)	= 2.205 pounds
1,000 grams	= 1 kilo(gram)	
1.000 kilogramos	= 1 tonelada	= 0.9842 tons
1,000 kilograms	= 1 metric ton	
	= 1 tonne	

US/UK system / *Sistema estadounidense y británico* — Metric system / *Sistema métrico*

US/UK system		Metric system
	= 1 ounce	= 28,35 gramos
	= 1 onza	
16 ounces	= 1 pound	= 0,454 kilogramos
	= 1 libra	
14 pounds	= 1 stone*	= 6,35 kilogramos
112 pounds	= 1 hundredweight	= 50,8 kilogramos
20 hundredweight	= 1 ton	1.016 kilogramos
2000 pounds	= 1 short ton	= 0,907 toneladas
2,240 pounds	= 1 long ton	= 1,016 toneladas

* En EEUU el peso de una persona se suele expresar en libras y no en 'stone':

She weighs 129 pounds (US)
She weighs 9 stone 3 pounds (UK)

B **a pesar de** despite; **a ~ de su enfermedad** despite his illness, despite being ill; **insistió en salir a ~ de estar enfermo** he insisted on going out despite being ill *o* in spite of being ill; **a ~ de todo, prefiere quedarse** in spite of *o* despite everything she prefers to stay; **a ~ de los ~es** (fam) in spite of everything; **a ~ de que no sabía mucho inglés, logró hacerse entender** despite not knowing much English *o* although he didn't know much English, he managed to make himself understood; **se llevó el coche, a ~ de que su padre se lo había prohibido** he took the car, despite the fact that *o* although his father had forbidden him to

pesar² [A1] *vi*
A [1] «*paquete/maleta*» to be heavy; **¡cómo pesa tu maleta!** your suitcase is terribly heavy!, your case weighs a ton! (colloq); **estas gafas no pesan** these glasses don't weigh much, these glasses are very light; **¿te lo llevo? — no, si no me pesa** shall I carry it for you? — no, it's not heavy [2] (ser una carga): **ya me pesan los años** I feel my age now; **le pesan todas esas cargas familiares** he's weighed down by all those family reponsibilities, all those family responsibilities weigh heavily on him; **~ SOBRE algn/algo**: **toda la responsabilidad pesa sobre él** all the responsibility falls on his shoulders *o* on him; **la hipoteca que pesa sobre la casa** the mortgage on the house [3] (influir): **su influencia sigue pesando en la región** their influence continues to carry weight in the region; **en esta cuestión no deben ~ los intereses personales** personal interests shouldn't come *o* enter into this; **ha pesado más su personalidad que su ideología** her personality has been more important *o* more of a factor than her ideology; **argumentos que pesan a su favor** arguments which weigh in his favor
B (causar pena, arrepentimiento) (+ *me/te/le etc*): **ahora me pesa haberle dicho eso** now I regret saying that to him, now I'm sorry I said that to him; **ya te ~á no haber estudiado cuando seas mayor** when you're older you'll be sorry you didn't study *o* you'll regret not studying; **me pesa haberlo ofendido** I'm very sorry I offended him
C **pese a** despite, in spite of; **pese a todo, creo que su trabajo es el mejor** despite *o* in spite of everything, I still think her work is the best; **firmó pese a no estar de acuerdo** she signed even though she did not agree; **pese a que** even though; **pese a que no lo invitaron, les mandó un regalo** he sent them a present even though they didn't invite him; **pese a quien (le) pese: voy a decir la verdad, pese a quien (le) pese** I'm going to speak the truth, no matter who I have to upset *o* no matter whose toes I have to tread on; **mal que me/te/le pese** like it or not; **mal que te pese, tienes que reconocer que ganó en buena ley** like it or not, you have to admit he won fair and square; **mal que me pese, tendré que ponerles buena cara** much as I dislike the idea I'll have to be nice to them
■ **pesar** *vt* [1] ‹*niño/maleta*› to weigh; ‹*manzanas*› to weigh out, weigh; **es un kilo bien pesado** that's a good *o* generous kilo [2] (tener cierto peso) to weigh; **¿cuánto pesas?** how much do you weigh?; **pesa 80 kilos** he weighs 80 kilos
■ **pesarse** *v pron* (*refl*) to weigh oneself

pesario *m* pessary

pesaroso -sa *adj* [1] (triste) sad, sorrowful [2] (arrepentido) sorry; **está pesarosa por lo que dijo** she's sorry *o* she feels bad about what she said

pesca *f* [1] (acción) fishing; **la ~ de la sardina/del atún** sardine/tuna fishing; **ir** *or* **salir de ~** to go fishing; **~ con caña** angling; **~ con red** net fishing [2] (peces) fish (*pl*); **aguas abundantes en ~** waters rich in fish, good fishing waters [3] (lo pescado): **hoy hubo buena/mala ~** the fishing was good/bad today, I/we had a good/poor catch today; ***y toda la ~*** (fam & hum): **la madre, la prima y toda la ~** her mother, her cousin, the whole lot (*o* the whole family *etc*); **trajo el tocadiscos, la lavadora y toda la ~** she brought the record player, the washing machine, the lot *o* the works *o* the whole caboodle *o* everything but the kitchen sink (colloq)
(Compuestos)
• **pesca de altura** deep-sea fishing
• **pesca de arrastre** trawling
• **pesca de bajura** coastal fishing
• **pesca en el mar** sea fishing
• **pesca submarina** underwater fishing

pescada *f* hake

pescadería *f* fish shop, fishmonger's (BrE)

pescadero -ra *m,f* fish dealer (AmE), fishmonger (BrE)

pescadilla *f* whiting, young hake

pescado *m* [1] (Coc) fish [2] (AmL) (pez) fish
(Compuestos)
• **pescado azul** blue fish
• **pescado blanco** white fish

pescador -dora *m,f*
A (*m*) fisherman
B (*f*) fisherwoman
(Compuesto) **pescador/pescadora de perlas** pearl fisher, pearl diver

pescante *m* [1] (de un carruaje) driver's *o* coachman's seat [2] (Náut) davit [3] (Teatr) hoist

pescar [A2] *vt*
A ‹*trucha/corvina*› to catch; **no pescamos nada** we didn't catch anything; **fuimos a ~ trucha(s)** we went trout-fishing, we went fishing for trout
B (fam) [1] ‹*catarro/gripe*› to catch; **~ás una pulmonía como salgas con esta lluvia** you'll catch your death if you go out in this rain (colloq); **¡qué borrachera pescó!** he got really drunk! [2] ‹*novio*› to get, hook (colloq & hum); ‹*marido*› to hook (colloq) [3] ‹*chiste/broma*› to get (colloq); **no pescas ni una** you're so slow on the uptake; **no pescó la indirecta** she didn't take the hint; ***~la(s)*** (fam): **creo que no la(s) pescaste, pero se refería a ti** I don't think you realized, but he was talking about you; **se lo he explicado varias veces pero no la(s) pesca** I've explained to him several times but he doesn't get it (colloq) [4] (pillar, sorprender) to catch; **lo ~on robando** they caught him red-handed (as he was stealing something); **por fin te pesqué, llevo toda la mañana buscándote** I've caught you at last, I've been looking for you all morning; **la pesqué en una mentira** I caught her out lying; **la noticia me pescó de sorpresa** the news took me by surprise; **me pescó la lluvia al salir del teatro** I got caught in the rain as I came out of the theater
■ **pescar** *vi* to fish; **~ a mosca** to fly-fish
■ **pescarse** *v pron*
A (*enf*) (fam) ‹*pulmonía/catarro*› to catch, get
B (Chi fam) (engancharse) to get caught

pescozón *m* (fam) slap on the neck

pescuezo *m* [1] (de un animal) neck [2] (fam) (de una persona) neck; ***retorcerle el ~ a algn*** to wring sb's neck (colloq), to throttle sb (colloq), to strangle sb

PESD *f* (UE) (**= Política Europea de Seguridad y Defensa**) CESDP

pese a *loc prep ver* **pesar² C**

pesebre *m* [1] (en un establo) manger, trough [2] (de Navidad) crib

pesebrera *f* (Col) stable

pesera *f* (Méx) ▸**pesero**

pesero *m* (Méx) minibus

peseta *f* peseta (*Spanish unit of currency*); ***cambiar la ~*** (fam) to throw up (colloq)

pesetero¹ -ra *adj* (Esp fam) money-grubbing (colloq)

pesetero² -ra *m,f* (Esp fam) money-grubber (colloq)

pésimamente *adv* terribly, dreadfully, abominably (frml)

pesimismo *m* pessimism

pesimista¹ *adj* pessimistic

pesimista² *mf* pessimist

pésimo¹ -ma *adj* dreadful, terrible, abysmal

pésimo² *adv* ‹*jugar*› terribly; **canta ~** she has a terrible voice

pesista *mf* (Andes) weight lifter

peso *m*
A ▸ℹ **p.630** [1] (Fís, Tec) weight; **sistema de ~s y medidas** system of weights and measures; **a ti no te conviene levantar esos ~s**

you shouldn't lift (heavy) weights like that; **perder/ganar ~** to lose/gain *o* put on weight; **vive preocupada por el ~** she worries about her weight all the time; ***tomarle el ~ a algo*** to weigh sth up; ***valer su ~ en oro*** to be worth one's weight in gold; ▸**caer A2** [2] **al peso** ‹*venta/compra*› by weight; ‹*vender/comprar*› by weight

(Compuestos)

- **peso atómico** atomic weight
- **peso bruto** gross weight
- **peso específico** (Fís, Quím) specific gravity; **su ~ ~ en la empresa es bien sabido por todos** everyone knows he carries a lot of weight in the company
- **peso molecular** molecular weight
- **peso muerto** deadweight
- **peso neto** net weight

B [1] (carga, pesadumbre) weight, burden; **está abrumado por el ~ de tanta responsabilidad** he's overwhelmed by the burden of so much responsibility; **lleva el ~ de la empresa** he carries the burden of responsibility for the company; **el ~ de la prueba recae sobre el fiscal** the onus of proof lies with the prosecution; ***quitarle un ~ de encima a algn*** to take a load *o* a weight off sb's mind; **me he quitado un buen ~ de encima** that's a real load *o* weight off my mind [2] (importancia, influencia) weight; **las asociaciones de mayor ~** the most important associations, the associations which carry the most weight; **su papel tiene poco ~** her role is fairly minor; **la agricultura es una actividad que tiene poco ~ en la economía** agriculture does not play a very important role in the economy; **la Iglesia ejerce un ~ moral muy fuerte en nuestra sociedad** the Church exercises a very strong moral influence in our society; **todo el ~ de la ley** the full weight of the law [3] **de peso** ‹*argumento*› strong, weighty; ‹*razón*› forceful; **tiene amistades de ~ en la dirección** she has influential friends on the board

C (Dep) [1] (en atletismo) shot; **lanzamiento de ~** shot-put, shot-putting [2] (en halterofilia) weight; **levantamiento de ~s** weightlifting [3] (en boxeo) weight

(Compuestos)

- **peso gallo** bantamweight
- **peso ligero** *or* **liviano** lightweight
- **peso medio** *or* **mediano** middleweight
- **peso mosca** flyweight
- **peso pesado** (Dep) heavyweight; **un ~ ~ de la literatura/política** a literary/political heavyweight
- **peso pluma** featherweight
- **peso welter** welterweight

D [1] (báscula) scales (*pl*) [2] (Chi) (de una balanza) weight

E (Fin) peso (*unit of currency in many Latin American countries*); **nunca tiene un ~** he never has a cent *o* penny

pespunte *m* backstitch

pespuntear [A1] *vt* to backstitch

pesquería *f* (CS, Per) [1] (pesca) fishing [2] (compañía) fishery [3] (industria) fishing industry [4] (lugar) fishing ground, fishery

pesquero¹ -ra *adj* fishing (*before n*)

pesquero² *m* fishing boat

pesquis *m* (fam) common sense; **si tuvieras un poco más de ~** if you were a bit more switched on, if you had a bit more common sense (colloq); **¡qué poco ~ tiene!** he's so dumb! (colloq), he doesn't have an ounce of common sense (colloq)

pesquisa *f* investigation, inquiry

pestaña *f* [1] ▸**i p.231** (Anat) eyelash; **~s postizas** false eyelashes; ***quemarse*** *or* ***dejarse las ~s*** (fam) to burn the midnight oil [2] (de un libro) thumb index [3] (Mec) flange [4] (en costura) fringe, edging

pestañada, pestañeada *f* (Chi) blink; ***de una ~*** (Chi fam) in a jiffy (colloq), in a tick (BrE colloq); ***echarse*** *or* ***pegarse una ~*** (Chi fam) to have forty winks (colloq)

pestañear [A1] *vi* to blink; ***sin ~*** (literal) without blinking; (sin inmutarse) without batting an eyelash (AmE) *o* (BrE) eyelid

pestañeo *m* blinking

pestañina *f* (Col) mascara

pestazo *m* (fam) stink, stench, pong (BrE colloq)

peste *f* [1] (Med, Vet) plague, epidemic; ***decir*** *or* ***echar ~s de algn*** (fam) to run sb down (colloq), to slag sb off (BrE colloq); ***hablar ~s de algn*** (fam) to badmouth sb (AmE colloq), to bitch about sb (BrE colloq); ***huirle a algn/algo como a la ~*** *or* ***huir de algn/algo como de la ~*** (fam) to avoid sb/sth like the plague; ***ser la ~*** (fam) to be a nuisance [2] (AmL fam) (enfermedad contagiosa) bug (colloq); (resfriado) cold [3] (fam) (mal olor) stink, pong (BrE colloq); **¡qué ~ hay aquí, abran las ventanas!** what a stink there is in here, open the windows!

(Compuestos)

- **peste bovina** rinderpest
- **peste bubónica** bubonic plague
- **peste cristal** (Chi) chickenpox
- **peste negra** Black Death
- **peste porcina** hog cholera (AmE), swine fever (BrE)

pesticida *m* pesticide

pestilencia *f* [1] (olor) stench [2] (plaga) plague, pestilence (liter)

pestilente *adj* [1] ‹*olor*› foul [2] (Col fam) (molesto) unbearable, pesky (AmE colloq)

pestillo *m* (cerrojo) bolt; (de una cerradura) latch, catch; **echó** *or* **corrió el ~** she put the bolt across

pestiño *m* [1] (Coc) *honey-coated pastry* [2] (Esp fam) (pesado, aburrido) bore; **la película ha sido un ~** the film was a bore *o* was deadly dull (colloq)

pesto *m* (Coc) pesto, pesto sauce; ***darle un ~ a algn*** (RPl fam) to give sb a thrashing *o* hammering (colloq)

pestoso -sa *adj* (RPl fam) smelly (colloq)

peta *m* (Esp arg) joint (colloq), spliff (sl)

petaca *f*

A [1] (cigarrera) cigarette case; (estuche de tabaco — de cuero) tobacco pouch; (— de metal) tobacco tin; ***echarse por las ~s*** (Col) to go to pieces; ***hacerle la ~ a algn*** to make sb an apple-pie bed (colloq), to shortsheet sb (AmE colloq) [2] (frasco) hipflask [3] (Méx) (maleta) suitcase [4] (Ur) (polvera) compact

B (Col) (Zool) ladybug (AmE), ladybird (BrE)

C petacas *fpl* (Méx fam) (nalgas) butt (esp AmE colloq), bum (BrE colloq)

petacón -cona *adj* [1] (RPl fam) (gordito) dumpy (colloq), plump (colloq) [2] (Méx fam) (de nalgas grandes) broad in the beam (colloq); **está petacona** she's very broad in the beam, she has a large bottom (colloq)

pétalo *m* petal

petanca *f* petanque

petaquearse [A1] *v pron* (Col fam) to mess up (colloq); **¿cómo fue a ~ ese examen tan fácil?** how did you manage to mess up *o* flunk such an easy exam?; **la lluvia se petaqueó el fin de semana** the rain ruined *o* (colloq) washed out the weekend

petar [A1] *vi* (fam): **lo haré si me peta** I'll do it if I feel like it; **¿quieres venir al cine? — no me peta** do you want to come to the cinema? — I don't really feel like it (colloq)

petardazo *m* (fam) bang (*of a firecracker*)

petardear [A1] *vi* (Aut) (fam) to backfire

petardo *m* [1] (cohete) firecracker, banger (BrE); (Mil) petard [2] (fam) (pesado, aburrido) pain in the neck (colloq) [3] (Esp arg) (de hachís) joint (colloq), spliff (sl)

petate *m*

A (Mil) (para dormir) bedroll; (bolsa) kit bag; ***liar el ~*** (fam) to up sticks (colloq), to pack one's things and go (colloq)

B (Col, Méx) (estera) matting

C petates *mpl* (RPl fam) (pertenencias) gear (colloq), things (*pl*)

petatearse [A1] *v pron* (Méx fam) to kick the bucket (colloq), to peg out (BrE colloq)

petenera *f*: *Andalusian song*; ***salirse por ~s*** to butt in with some silly remark

petición *f* [1] (acción) request; **a ~ del público** by popular request *o* demand; **respondiendo a su ~, le enviamos la correspondiente información** in reply to your request, we enclose the relevant information; **S consulta previa petición de hora** consultation by appointment [2] (escrito) petition

(Compuestos)

- **petición de divorcio** petition for divorce
- **petición de extradición** application for extradition, extradition request
- **petición de mano** *act of asking for a woman's hand in marriage*

peticionante *adj/mf* ▸**peticionario¹**, **peticionario²**

peticionar [A1] *vt* (AmL) to petition

peticionario¹ -ria *adj* petitionary

peticionario² -ria *m,f* petitioner

petidina *f* pethidine

petigrís *m* gray* squirrel

petimetre *m* (ant) fop (arch), dandy (arch)

petirrojo *m* robin

petiso¹ -sa *adj* (AmS fam) short, tiny, titchy (BrE colloq)

petiso² -sa *m,f*

A (AmS fam) (de baja estatura) shorty (colloq), titch (BrE colloq)

B petiso *m* (CS) (Equ) small horse, pony

(Compuesto) **petiso de polo** polo pony

petisú *m* cream puff

petitorio¹ -ria *adj* ▸**mesa**

petitorio² *m* (CS) list of demands

petizo -za *adj/m,f* ▸**petiso¹**, **petiso²**

peto *m*

A [1] (de un pantalón, delantal) bib; **pantalones con ~** (Esp) overalls (*pl*) (AmE), dungarees (*pl*) (BrE) [2] (de armadura) breastplate [3] (Taur) protective covering (*for picador's horse*) [4] (en béisbol) chest protector

B (Col) (Coc) *corn/maize soup*

Petrarca Petrarch

petrel *m* petrel

pétreo -trea *adj* stone (*before n*)

petrificación *f* petrifaction

petrificado -da *adj* ‹*madera*› petrified; ‹*animal*› fossilized; **al oír la noticia se quedó ~** he was thunderstruck when he heard the news

petrificar [A2] *vt* to petrify

■ **petrificarse** *v pron* to become petrified, turn to stone

petrodólar *m* petrodollar

petrografía *f* petrography

petróleo *m* [1] (Min) oil, petroleum; ***sudar ~*** (Col fam) to sweat blood (colloq) [2] (combustible) kerosene, paraffin (BrE)

(Compuesto) **petróleo crudo** crude oil

petrolera *f* oil company

petrolero¹ -ra *adj* oil (*before n*)

petrolero² *m* oil tanker

petrolífero -ra *adj* oil (*before n*); **una compañía petrolífera** an oil company; ▸**yacimiento**

petrolizar [A4] *vt* (Col) [1] ‹*carretera*› to tar, tarmac [2] ‹*automóvil*› to underseal

petrología *f* petrology

petroquímica *f* petrochemistry

petroquímico -ca *adj* petrochemical (*before noun*)

Petroven = Petróleos de Venezuela

petulancia *f* smugness

petulante¹ *adj* smug, self-satisfied

petulante² *mf* smug *o* self-satisfied fool

petunia *f* petunia

peuco -ca *m,f*

A (ave) rough-legged hawk

B (Chi fam) (novio) (*m*) boyfriend, young man (dated); (*f*) girlfriend, young lady (dated)

peyorativo -va *adj* pejorative

peyorizar [A4] *vt* (Chi) to belittle

peyote *m* peyote, mescal

pez¹ *m* fish; **~ de río** freshwater fish; ***estar ~ en algo*** (Esp fam): **en geografía estoy ~** I

P

haven't a clue when it comes to geography (colloq); **en cuestiones de cocina estoy ~** I don't know the first thing about cooking (colloq); ***estar*** *or* ***sentirse como ~ en el agua*** to be in one's element; ▸**boca**

(Compuestos)

- **pez de colores** goldfish; ***me río/se ríe de los peces de colores*** I/he couldn't care less
- **pez cebra** medaka
- **pez dípneo** lungfish
- **pez espada** swordfish
- **pez gordo** (fam) (persona importante) bigwig (colloq), big cheese (colloq); (en un delito) big fish
- **pez luna** moonfish
- **pez martillo** hammerhead
- **pez pulmonado** lungfish
- **pez sierra** sawfish
- **pez volador** flying fish

pez[2] *f* pitch, tar

(Compuesto) **pez de Castilla** (Chi) chalk

pezón *m* 1 (Anat) nipple; (Zool) teat 2 (Tec) nipple

pezonera *f* nipple shield

pezuña *f*

A 1 (Zool) hoof 2 (fam) paw (colloq); **¡quita tus ~s de ahí!** get your paws off!

B (Per fam) (olor) cheesy smell (*of unwashed feet*)

pezuñento -ta *adj* (Per fam) cheesy-smelling

PFC *f* (en Méx) = **Procuraduría Federal del Consumidor**

PFCRN *m* (en Méx) = **Partido del Frente Cardenista de Reconstrucción Nacional**

PGB (AmS) (= **Producto Geográfico Bruto**) GDP

PGP *m* (en Ur) = **Partido por el Gobierno del Pueblo**

PGR *f* (en Méx) = **Procuraduría General de la República**

pH *m* pH

piache ▸**tarde**[1]

piada *f* chirp, tweet

piadosamente *adv* devoutly, piously

piadoso -sa *adj* 1 (devoto) devout, pious 2 (compasivo) ‹*obra*› kind; **fue ~ y nos ayudó** he took pity on us and helped us

piafar [A1] *vi* to stamp, paw the ground

pial *m* (AmL) lasso

piamadre, piamáter *f* pia mater

Piamonte *m*: **el ~** Piedmont

pianissimo /pja'nisimo/ *m* pianissimo

pianista *mf* pianist

piano[1] *adv* piano; ***piano, piano*** (CS, Méx fam) calm down, take it easy (colloq)

piano[2] *m* piano; ***como un ~*** (Esp fam) huge

(Compuestos)

- **piano de cola** grand piano
- **piano de media cola** baby grand
- **piano mecánico** player piano, Pianola®
- **piano vertical** upright piano

pianoforte *m* pianoforte

pianola *f* player piano, Pianola®

piar [A17] *vi* to chirp, tweet

piara *f* herd

PIAS *m* (en Esp) = **Plan Individual de Ahorro Asegurado**

piastra *f* piaster

piazo *m* (Ven fam): **nos sirvió un ~ de carne todo quemado** she gave us a measly little scrap of burnt meat (colloq); ***ser un ~ de vaina*** (Ven fam) to be worse than useless

PIB *m* (= **Producto Interno** *or* (Esp) **Interior Bruto**) GDP

pibe -ba *m,f* (RPl fam) kid (colloq)

pica *f*

A 1 (Arm) pike; ***poner una ~ en Flandes*** to bring off a coup 2 (Taur) lance, goad 3 (para cavar) pick, pickax*; ***echar ~ y pala*** (Col fam) to work one's fingers to the bone (colloq)

B (Jueg) 1 (carta) spade; **¿tienes alguna ~?** do you have a spade *o* any spades? 2 **picas** *fpl* (palo) spades

C (CS fam) (resentimiento) resentment; **hay mucha ~ entre ellos** there's a lot of resentment between them; ***sacarle ~ a algn*** (Chi fam) to get on sb's nerves

picacho *m* peak

picada *f*

A (de mosquito, serpiente) bite; (de abeja) sting

B (AmL) (descenso) ▸**picado**[2] **B**

C 1 (AmL) (aperitivo) nibbles (*pl*) 2 (Arg) (senda) path, trail 3 (Chi fam) (lugar) cheap bar/restaurant

D (RPl) (Auto) car race

picadero *m*

A (para caballos) exercise ring; (escuela) riding school

B (Esp fam) (apartamento) bachelor pad (colloq)

picadillo *m* 1 (de verduras, etc): **hacer un ~ con la cebolla, el ajo y el perejil** finely chop the onion together with the garlic and the parsley; **~ de atún/caballa** *tuna/mackerel with chopped peppers, onion, etc*; ***hacer ~ a algn*** (fam) to beat sb to a pulp (colloq) 2 (guiso) *ground beef with chopped bacon, vegetables and egg*

picado[1] **-da** *adj*

A 1 ‹*muela*› decayed, bad; ‹*manguera/llanta*› perished; **tenía todos los dientes ~s** all her teeth were bad *o* decayed; **tiene una muela picada** you have a cavity in one tooth; **una cara picada de viruela** a pockmarked face, a face marked by smallpox 2 ‹*manzana*› rotten; ‹*vino*› sour

B 1 (mar) choppy 2 (fam) (enfadado, ofendido) put out (colloq), miffed (colloq); **está ~ porque no lo llamaste** he's a bit put out that you didn't call him (colloq) 3 (Méx fam) (interesado, intrigado): **el asunto lo tiene ~** he's really into the subject (colloq); **estoy ~ con el final del libro** I'm on tenterhooks to see how the book ends

picado[2] *m*

A (de carne) grinding (AmE), mincing (BrE); (de cebolla, ajo) chopping

B (Esp) (descenso pronunciado): **el avión cayó en ~** the plane nose-dived; **el pájaro cayó en ~ al agua** the bird plunged *o* dived into the water; **las acciones descendieron en ~** stocks plummeted *o* plunged

picador *m* 1 (Taur) picador 2 (en una mina) face worker

picadora *f* (Esp, RPl) meat grinder (AmE), mincer (BrE)

picadura *f*

A 1 (de mosquito, serpiente) bite; (de abeja) sting 2 (de una polilla) hole

B (en un diente, una muela) cavity; **tiene una ~** he has a cavity, he needs a filling

C (tabaco) pipe tobacco

picaflor *m* 1 (AmL) (Zool) hummingbird 2 (AmL fam) (donjuán) womanizer

picahielos *m* (*pl* ~) ice pick

picamaderos *m* (*pl* ~) woodpecker

picana *f*

A (AmL) 1 (aguijada) prod 2 *tb* **~ eléctrica** cattle prod

B (AmL fam) (espuela) spur

picanear [A1] *vt* 1 (CS) «*bueyes*» to goad, prod 2 (RPl) (torturar) to torture … with a cattle prod 3 (Chi) (hostigar) to keep on at sb (colloq)

picante[1] *adj*

A 1 (Coc) ‹*comida*› hot; **esto está picantísimo** this is really hot! 2 ‹*chiste/libro*› risqué; ‹*comedia*› racy

B (Chi fam & pey) ‹*persona/lugar*› common (colloq & pej); ‹*música*› trashy (colloq)

picante[2] *m*

A 1 (Coc) hot spices (*pl*); **le has puesto demasiado ~ a la sopa** you've made the soup too hot *o* too peppery; **el médico le ha prohibido el ~** *or* **los ~s** his doctor has told him not to eat spicy food 2 (ingenio, malicia): **la obra es un poco sosa, le falta un poco de ~** the play is a bit dull, it needs something to spice it up a little 3 (Chi, Per) (Coc) (guiso) spicy meat stew

B picante *mf* (Chi fam & pey) (persona ordinaria) pleb (colloq & pej)

picantería *f* 1 (Per) (restaurante) restaurant (*specializing in spicy dishes*) 2 (Chi fam & pey) (puesto) stall (*selling drinks and food*)

picapedrero *m* 1 (obrero de cantera) quarry worker 2 (artesano) stonemason, stonecutter

picapleitos *mf* (*pl* ~) (fam) pettifogger, shyster (AmE colloq)

picaporte *m* 1 (manivela) door handle 2 (mecanismo) latch

picar [A2] *vt*

A 1 «*mosquito/víbora*» to bite; «*abeja/avispa*» to sting; **¿te ~on los mosquitos anoche?** did you get bitten by the mosquitoes last night?, did the mosquitoes get you last night? (colloq) 2 «*polilla*»: **una manta picada por las polillas** a moth-eaten blanket; **las polillas me ~on el poncho** the moths got at my poncho 3 «*ave*» ‹*comida*› to peck at; ‹*enemigo*› to peck 4 ‹*anzuelo*› to bite 5 (fam) (comer) to eat; **~ galletas entre horas engorda muchísimo** eating cookies between meals is very fattening; **nos sirvió un aperitivo con algo para ~** he served us a drink and some nibbles; **no quiero cenar, sólo ~ algo** I don't want supper, just a little snack *o* just a bite to eat 6 ‹*billete/boleto*› to punch 7 (Taur) to jab; (Agr) to goad, prod

B (Méx) (con una aguja, espina) to prick

C 1 (Coc) ‹*cebolla/perejil*› to chop, chop … up; ‹*carne*› (Esp, RPl) to grind (AmE), to mince (BrE); ‹*pan/manzana*› (Ven) to cut 2 ‹*hielo*› to crush; ‹*tierra*› to break up; ‹*pared*› to chip; ‹*piedra*› (deshacer, romper) to break up, smash; (labrar, astillar) to work, chip away at

D ‹*dientes/muelas*› to rot, decay; **el azúcar pica los dientes** sugar rots your teeth *o* gives you tooth decay

E (en billar) ‹*bola*› to put spin on

F (Per fam) (obtener dinero) to get (some) money from *o* out of; **voy a ~ a mi viejo** I'm going to get some money out of my old man (colloq), I'm going to touch my old man for some money (colloq)

G 1 (incitar) to spur on; (ofender, enfadar) to upset, hurt 2 ‹*amor propio*› to wound, hurt; ‹*curiosidad*› to pique, arouse

H ‹*papel*› to perforate

I (Mús) to play … staccato

■ **picar** *vi*

A 1 (morder el anzuelo) to bite, take the bait; **ha picado un pez grande** we've got *o* hooked a big one; **el cliente picó** the customer rose to *o* took the bait; **le tendimos una trampa y picó** we set a trap for him and he fell for it; ***~ alto*** to aim high 2 (comer) to nibble; **siempre anda picando entre comidas** he's always eating *o* nibbling between meals

B 1 «*comida*» to be hot; **esta mostaza pica mucho** this mustard's really hot, this mustard really burns your mouth 2 (producir comezón) «*lana/suéter*» to itch, be itchy; **me pica la espalda** my back itches *o* is itchy; **¿te pican los ojos?** are your eyes stinging *o* smarting? 3 (fam) (quemar): **¡cómo pica el sol hoy!** the sun's really burning *o* scorching today! 4 (Méx) ▸**pinchar A**

C (AmL) «*pelota*» to bounce; **la pelota picó fuera** the ball bounced *o* went out; **hacer ~ la pelota** to bounce the ball

D (Esp) «*motor*» to knock, pink (BrE)

E (RPl arg) (irse, largarse) to split (sl), to beat it (sl); ***~le*** (Méx fam) to get a move on (colloq), to move it (BrE colloq)

■ **picarse** *v pron*

A 1 «*muelas*» to decay, rot; «*manguera/llanta*» to perish; «*cacerola/pava*» to rust; «*ropa*» to get moth-eaten 2 «*manzana*» to rot, go rotten; «*vino*» to go sour

B «*mar*» to get choppy

C (fam) (enfadarse) to get annoyed, get in a huff (colloq); (ofenderse) to take offense*, be piqued; **hombre, no te piques; si sólo era una broma** come on, don't get annoyed, it was only a joke (colloq); **anda picado** he's in a huff (colloq)

D «*avión*» to nose-dive; «*pájaro*» to dive

E 1 (arg) (inyectarse) to shoot up (sl) 2 (Méx) ▸**pinchar A1**

F picárselas (RPl arg) (irse) to split (sl), to be off (colloq), to take off (AmE colloq); **yo me las pico** I'm off (colloq); **a las nueve me las pico** I have to be going *o* to take off at nine (colloq)

picardía *f*

A 1 (cualidad) craftiness, cunning; **tuvo la ~ de esconderlo** he was crafty *o* cunning enough to hide it; **un comentario hecho con ~** a mischievous comment 2 (acción) prank

3 (palabra) rude word, swearword
B (RPl fam) (lástima) shame
Picardía *f* Picardy
picardías *m* (*pl* ~) (Esp) baby-doll pajamas*
picaresca *f* **1** (Lit): **la** ~ the picaresque genre **2** (cualidad de pícaro) craftiness, guile, cunning
picaresco -ca *adj* picaresque

picaresca y pícaro

A picaresque outlook on life, known in Latin America as *viveza criolla*, involves resorting to guile and trickery in order to get ahead or simply survive. In Spanish-speaking countries, this is often regarded as amusing or unavoidably necessary. This perspective results from the injustices often meted out by the rulers and law enforcers in these countries.
In literature, a *novela picaresca* is one that recounts the adventures of a *pícaro*, an appealing rogue. The sixteenth-century Spanish novel *Lazarillo de Tormes* is the earliest example.

pícaro¹ -ra *adj* **1** (ladino) crafty, cunning **2** (malicioso) ‹*persona*› naughty, wicked (colloq); ‹*chiste/comentario*› naughty, racy; ‹*mirada/sonrisa*› wicked (colloq), cheeky (BrE)
pícaro² -ra *m,f* **1** (Lit) rogue, villain **2** (astuto) cunning *o* crafty devil (colloq)
picarón¹ -rona *adj* (fam) wily, crafty
picarón² -rona *m,f*
A (fam) (persona) crafty *o* wily devil (colloq)
B picarón *m* (Chi, Per) (buñuelo) *type of doughnut*
picatoste *m* **1** (para sopa) crouton **2** (Esp) (para chocolate) strip of fried bread (*served with hot chocolate*)
picaza *f* magpie
picazón *f* irritation, itch; **me está dando (una)** ~ it is making me itch
piccolo /'pikolo/ *m* piccolo
picea *f* spruce
picha *f* (Esp vulg) cock (vulg), prick (vulg)
pichanga¹ *adj* (Bol) easy; **¿qué tal fue el examen? — pichanga** how was the exam? — easy *o* (colloq) a cinch
pichanga² *f* (Chi) **1** (partido — improvisado) kickabout, friendly game; (— malo) bad game **2** (en los dados, etc) dud hand (colloq)
pichear [A1] *vi/vt* to pitch
pichel *m* (AmC) pitcher, jug (BrE)
picheo *m* pitch
pichi *m* (Esp) jumper (AmE), pinafore (BrE), pinafore dress (BrE)
pichí *m* (CS fam) wee-wee (used to or by children); **hacer** ~ to do *o* have a wee-wee
pichicata *f* **1** (Per fam) (cocaína) coke (sl) **2** (CS, Per fam) (droga) drugs (*pl*)
pichicatearse [A1] *v pron* (CS, Per fam) to take drugs
pichicatero -ra *m,f* (CS, Per fam) **1** (adicto) drug addict, junkie (colloq) **2** (proveedor) drug dealer, pusher (colloq)
pichicato -ta *adj* (Col, Méx fam) stingy (colloq), tight (colloq)
pichichi *m* (Esp) top goalscorer
pichicho -cha *m,f* (RPl fam) dog
pichincha *f*
A (RPl fam) (ganga) bargain, steal (colloq)
B (Chi) **1** (pizca) tiny bit; **dame una** ~ **de vino** just give me a drop of wine **2** (fam) (cosa fácil) cinch (colloq), piece of cake (colloq), doddle (BrE colloq)
pichintún *m* (Chi fam) smidgen (colloq), smidgeon (colloq); **un** ~ **de leche** a smidgen *o* spot of milk (colloq)
pichirre¹ *adj* (Ven fam) stingy (colloq)
pichirre² *mf* (Ven fam) skinflint (colloq), tightwad (AmE colloq)
picho -cha *adj* (Col) **1** ‹*alimento*› rotten; **la leche está picha** the milk's off **2** ‹*persona*› **estar/sentirse** ~ to feel terrible **3** (fam) ‹*tiempo/día*› terrible, lousy (colloq)

pichón -chona *m,f*
A **1** (de paloma) young pigeon **2** (de otros pájaros) chick **3** (como apelativo) (fam) honey (colloq), darling
B (Méx) (novato, inexperto) beginner, novice
pichonear [A1] *vt* (Col fam) ‹*persona*› to catch ... red-handed
pichula *f* (Chi, Per vulg) cock (vulg), prick (vulg)
pichulear [A1] *vt* (Chi vulg) to trick
■ **pichulear** *vi* (RPl fam) **1** (demostrar mezquindad) to be stingy (colloq); **no pichulees** don't be so stingy; **siempre anda pichuleando** she's always penny-pinching (colloq) **2** (trabajar) to scrape a living by doing odd jobs
pichuleo *m* **1** (RPl fam) (mezquindad) meanness, stinginess (colloq) **2** (RPl fam) (trabajo) odd jobs (*pl*); **vive del** ~ he scrapes a living doing odd jobs *o* doing a bit of this and that (colloq) **3** (Chi fam) (broma): **agarrar** *or* **tomar a algn para el** ~ to poke fun at sb
pichulín *m* (AmL fam) thing (colloq), weenie (AmE colloq), willy (BrE colloq)
pickles /'pikles/ *mpl* (CS) pickles (*pl*)
pick-up, pic-up /'pikʌp, pi'ku(p)/ *m*
A (ant) (tocadiscos) gramophone (dated), record player
B (Col, CS) (camioneta) pick-up, pick-up truck
picnic *m* (*pl* **-nics**) picnic
pico *m*
A **1** (de un pájaro) beak **2** (fam) (boca) mouth; **¡y tú cierra el** ~**!** and you can shut up *o* keep your trap shut! (colloq); **no abrió el** ~ **en toda la noche** he didn't open his mouth all night; **hay que ver el** ~ **que tiene** the things she comes out with!; ***estar/irse de*** ~***s pardos*** (fam) to be/go out on the town (colloq); ***tener el*** ~ ***(muy) largo*** (fam) to be a blabbermouth *o* bigmouth (colloq), to have a big mouth (colloq); ***tener un*** ~ ***de oro*** (fam) to be silver-tongued, to have the gift of the gab (colloq)
(Compuesto) **pico de gallo** (Méx) *chili sauce* (*with tomatoes, onions and coriander*); ***ser puro*** ~ ***de*** ~ to be all talk (colloq)
B **1** (cima) peak; (montaña) peak; **un precipicio a** ~ a sheer drop; **el acantilado caía a** ~ the cliff fell steeply *o* sharply away **2** (en un gráfico) peak **3** (en diseños, costura) point; **por detrás la chaqueta termina en un** ~ the jacket tapers to a point; **esa falda te hace un** ~ your skirt is drooping on one side **4** (punta) corner
C (de una jarra, tetera) spout
D (fam) (algo, parte): **tiene 50 y** ~ **de años** she's fifty odd *o* fifty something (colloq); **son las tres y** ~ it's past *o* gone three, it's just after three; **tres metros y** ~ (just) over three meters; **costará alrededor de 3.000 — y un** ~ **largo** it'll cost about 3,000 — and the rest! (colloq); ***salir por/costar un*** ~ (fam) to cost a fortune (colloq)
E **1** (herramienta) pick **2** **picos** *mpl* (Méx) (zapatillas) spikes (*pl*)
F (Col fam) (beso) kiss, peck
G (Chi vulg) (pene) cock (vulg), prick (vulg)
H (Méx fam) (de una moneda): **¿**~ **o mona?** heads or tails?
picoleto *m* (Esp fam) Civil Guard
picón -cona *adj* (Per fam) huffy (colloq), huffish (colloq)
picor *m* irritation, itch
picoso *adj* (Méx) hot, spicy
picota *f*
A (Hist) pillory; ***poner a algn en la*** ~ to put sb on the spot; ***poner algo en la*** ~ to call sth into question
B (Bot) bigarreau cherry
C (Chi) (pico) pickax*
picotazo *m*, **picotada** *f* peck; **el pato me dio** *or* **pegó un** ~ the duck pecked me
picotear [A1] *vt* to peck
■ **picotear** *vi* **1** (fam) (entre comidas) to nibble, snack **2** (Chi fam) (en una actividad, un tema) to dabble
picto -ta *m,f* Pict
pictografía *f* pictography
pictograma *m* pictograph, pictogram
pictórico -ca *adj* pictorial
picudo -da *adj*
A **1** ‹*nariz*› pointed, sharp **2** ‹*ave*› long-beaked
B (Méx fam) **1** ‹*persona*› ~ **PARA algo** good AT sth; **esas chavas son muy picudas para el baile** those girls are really good *o* (BrE colloq) nifty dancers **2** ‹*zapato/coche*› smart (colloq), nifty (colloq) **3** (complicado) tricky (colloq)
pida, pidas, etc ▸**pedir**
pídola *f* (Esp) leapfrog
pidulle, piduye *f* (Chi): **tiene** ~**s** he has worms
pie¹ *m*
A **1** ▸ℹ **p.231** (Anat) foot; **no arrastres los** ~**s** don't drag your feet; **se rompió un dedo del** ~ he broke a toe; **tiene (los)** ~**s planos** she has flat feet; **se echó a sus** ~**s** (liter) he threw himself at her feet (frml); **a sus** ~**s, señora** (frml) at your service, madam (frml) **2** (*en locs*): **a pie** on foot; **queda muy cerca, podemos ir a** ~ it's very near, we can walk *o* go on foot; **¿vamos a** ~ **o en coche?** shall we walk or take the car?; **esta semana ando a** ~ (AmL) I'm walking everywhere this week; **a** ~ **de**: **una nota a** ~ **de página** a note at the foot of the page; **viviendas a** ~ **de playa** (Esp) houses with access to the beach; **oficina a** ~ **de calle** (Esp) office with direct access to the street; **una entrevista a** ~**calle** (Esp) an interview in the street; **experimentos a** ~ **de aula** (Esp) experiments in the classroom; **al pie** (Col) very close, just round the corner; **de pie** standing; **estuvimos de** ~ **casi dos horas** we were standing (up) *o* we were on our feet for almost two hours; **tuvimos que viajar de** ~ **todo el camino** we had to stand all the way; **ponte de** ~ stand up; **en pie: estoy en** ~ **desde las siete de la mañana** I've been up since seven o'clock this morning; **ya no podía tenerme en** ~ I could hardly walk/stand, I was ready to drop; **sólo la pequeña iglesia quedó en** ~ only the little church remained standing; **queda en** ~ **la cita para mañana** our date for tomorrow is still on; **mi oferta/la promesa sigue en** ~ my offer/the promise still stands; **ganado en** ~ (AmL) livestock, cattle on the hoof; **a** ~ ***pelado*** (Chi) barefoot, in one's bare feet; ***a*** ~***(s) juntillas:* está siguiendo a** ~**s juntillas las indicaciones de sus superiores** he's following his bosses' instructions to the letter; **se cree a** ~**s juntillas todo lo que le dicen** he blindly believes every word he's told; ***buscarle tres*** *or* ***cinco*** ~***s al gato*** (fam) (buscar complicaciones) to complicate matters, make life difficult; (exponerse al peligro) to ask for trouble (colloq); ***cojear del mismo*** ~ (fam) to be two of a kind (colloq), to be tarred with the same brush (colloq); ***con buen*** ~ *or* ***con el*** ~ ***derecho:* a ver si mañana nos levantamos con el** ~ **derecho** I hope things will get off to a better start tomorrow; ***con los*** ~***s*** (fam) badly; **esta camisa la debes haber planchado con los** ~**s** this shirt looks as if you ironed it with your eyes closed; **una solicitud escrita con los** ~**s** a very poorly written letter of application; **el gerente lleva la empresa con los** ~**s** the manager is making a hash *o* mess of running the company (colloq); ***con los*** ~***s por*** *or* ***para delante*** (fam & euf) feet first; **de esta casa me sacarán con los** ~**s por delante** they'll have to carry me out of this house feet first *o* in a box (colloq & euph); ***con los*** ~***s sobre la tierra*** with one's feet on the ground; **tiene los** ~**s bien puestos sobre la tierra** she has her feet firmly on the ground; ***con mal*** ~ *or* ***con el*** ~ ***izquierdo*** badly; **empezó con mal** ~ she got off to a bad start, she started badly; **hoy me levanté** *or* **empecé el día con el** ~ **izquierdo** I got up on the wrong side of the bed today (AmE), I got out of bed on the wrong side today (BrE); ***con*** ~***(s) de plomo*** (fam) very carefully *o* warily; **ándate con** ~**s de plomo** tread very warily *o* carefully; ***dar*** ~ ***a algo*** to give rise to sth; **su conducta dio** ~ **a murmuraciones** her behavior gave rise to *o* sparked off rumors; **no quiero que esto dé** ~ **a una discusión** I don't want this to cause *o* to be the cause of an argument; ***darle*** ~ ***a algn:* no le des** ~ **para que te siga criticando** don't give him cause *o* reason *o* grounds to criticize you again; ***de a*** ~ common, ordinary; **el ciudadano de a** ~ the man in the street, the

P

average man/person; **a mí me gusta hablar con la gente de a ~** I like talking to ordinary people; ***de la cabeza a los ~s*** or ***de ~s a cabeza*** from head to foot o toe, from top to toe (colloq); ***echar ~ atrás*** (Chi) to back down; ***en ~ de guerra*** on a war footing, ready for war, on full alert; ***en (un) ~ de igualdad*** on an equal footing, on equal terms; ***estar a ~*** (Chi fam) to be lost (colloq); ***estar atado de ~s y manos*** to be bound hand and foot, have one's hands tied; ***estar con un ~ en el estribo*** (fam) to be about to leave; **me pillas con un ~ en el estribo** I was just on my way out o about to leave; **ya están con un ~ en el estribo** they're all set to go; ***estar con un ~ en la tumba*** or ***sepultura*** to have one foot in the grave; ***hacer ~*** to be able to touch the bottom; **yo aquí no hago ~** I can't touch the bottom here, I'm out of my depth here; ***írsele los ~s a algn:*** **cuando empezó la música se me iban los ~s** once the music began I couldn't keep my feet still; ***leche al ~ de la vaca*** (AmL) milk fresh from the cow; ***nacer de ~*** to be born under a lucky star; ***no doy/da ~ con bola*** (fam) I/he can't get a thing right; ***no estirar los ~s más de lo que da la frazada*** (RPl fam) to cut one's coat according to one's cloth; ***no tener ni ~s ni cabeza*** to make no sense whatsoever; **el ensayo no tenía ni ~s ni cabeza** the essay made no sense whatsoever o was totally unintelligible; **un plan sin ~s ni cabeza** a crazy o an absurd plan; ***pararle a algn los ~s*** (Esp) to take sb down a peg or two, put sb in his/her place (colloq); ***perder ~*** (en el agua) to get out of one's depth; (resbalarse) to lose one's footing; (confundirse) to slip up; ***~s de barro*** feet of clay; **un héroe con ~s de barro** a hero with feet of clay; ***poner (los) ~s en polvorosa*** (fam) to take to one's heels, make oneself scarce, hotfoot it (colloq); ***poner los ~s en un lugar*** to set foot in a place; **hoy no he puesto ~ en la calle** I haven't set foot outside the house today; ***por mi/tu/su (propio) ~*** unaided, without any help; ***saber de qué ~ cojea algn*** (Esp fam) to know sb's faults o weak points; ***salir por ~s*** (Esp fam) to take to one's heels, make oneself scarce, hotfoot it (colloq); ***ser más viejo que andar a ~*** (CS fam) to be as old as the hills (colloq)

(Compuestos)
- **pie cavo** high instep
- **pie de atleta** athlete's foot
- **pie de pollo** (Chi) dogtooth
- **pie equino** clubfoot

B 1 (de un calcetín, una media) foot 2 (de una lámpara, columna) base; (de una copa — base) base; (— parte vertical) stem 3 (de una máquina de coser) foot, treadle 4 (de una página, un escrito) foot, bottom; **una nota a** or **al ~ de página** a footnote; **remita el cupón que se acompaña al ~** send off the coupon below; **un pueblo al ~** or **a los ~s de la montaña** a village at the foot of the mountain; ***al ~ de la letra*** exactly; **sigue mis instrucciones al ~ de la letra** follow my instructions to the letter o exactly; **repetí al ~ de la letra lo que me dijiste** I repeated word for word o exactly what you told me; ***al ~ del cañón*** working; **todos se habían ido, pero nosotros seguíamos al ~ del cañón** everyone had left, but we were still hard at it o still working away 5 (de una cama) *tb* **~s** *mpl* foot

(Compuestos)
- **pie de biela** little end
- **pie de firma** name and title of signatory
- **pie de fotografía** caption
- **pie de fuerza** (Col) (personal) manpower; (Mil) standing army
- **pie de imprenta** imprint
- **pie de página** footer
- **pie de rey** slide gauge

C (Bot) cutting, slip

(Compuesto) **pie de injerto** rootstock

D ▸ **p.1376**; (medida) foot; **ocho ~s cuadrados** eight square feet

E (Lit) foot

(Compuesto) **pie quebrado** *line of four or five syllables*

F (Chi) (depósito) down payment

pie² /pai/ *m* (AmL) pie

piececito, (CS) **piecito** *m* tiny o little foot

piedad *f* 1 (compasión) mercy; **ten ~ de nosotros** have mercy on us; **no tiene ~** or **es un hombre sin ~** he's merciless, he shows no mercy; **¡por ~, te lo ruego!** please o for pity's sake, I beg you! 2 (devoción) devotion 3 (Art) pietà; **la P~** the Descent from the Cross, the Pietà

pied-de-poule /'pjeðepul/ *m* (CS) houndstooth check, dogtooth check

piedemonte *m* (Col) foothills (*pl*)

piedra¹ *adj* (Col fam) livid (colloq), mad (colloq); **está muy ~ con ella** he's really mad at o livid with her (colloq)

piedra² *f*

A (material) stone; (trozo) stone, rock (esp AmE); **casas de ~** stone houses; **tiraba piedritas** or (Esp) **piedrecitas al agua** he was throwing stones into the water; **pantalones lavados a la ~** stonewashed jeans; ***ablandar hasta las ~s*** (fam) to melt a heart of stone; ***caer como (una) ~*** (AmL fam) to go out like a light, crash out (colloq); ***cerrado a ~ y lodo*** all shut up (colloq), firmly locked; ***darse con una ~ en el pecho*** (Chi fam) to think o count oneself lucky, to be thankful; ***dejar a algn de ~*** (fam) to stun sb (colloq), to knock sb for a loop (AmE colloq), to knock sb for six (BrE colloq); ***(duro) como una ~*** rock hard; **este pan está como (una) ~** this bread's rock hard; **tiene el corazón duro como una ~** he has a heart of stone, he's very hardhearted; ***lo saben hasta las ~s*** it's common knowledge o everybody knows; ***menos da una ~*** (Esp fam) it's better than nothing, it's better than a poke in the eye with a sharp stick (colloq & hum), things could be worse (colloq); ***no dejar ~ por mover*** to leave no stone unturned; ***no dejar ~ sobre ~*** to raze to the ground; **los rebeldes arrasaron la villa, no dejando ~ sobre ~** the rebels razed the town to the ground; **el terremoto no dejó ~ sobre ~** nothing o not a stone was left standing after the earthquake; **cuando los niños nos visitan no dejan ~ sobre ~** when the children come to visit us they wreak havoc o leave a trail of destruction; ***no soy/no es de ~*** I'm/he's only human, I'm not/he's not made of stone; ***pasar a algn por la ~*** (Esp vulg) to lay sb (vulg); ***quedarse de ~*** (fam) to be flabbergasted o stunned o amazed (colloq); ***tirar la ~ y esconder la mano*** to play sneaky tricks; ***tirar la primera ~*** to cast the first stone; ***tirar ~s a su propio tejado*** to foul one's own nest

(Compuestos)
- **piedra angular** (Arquit) cornerstone; (fundamento, base) cornerstone
- **piedra arenisca** sandstone
- **piedra berroqueña** granite
- **piedra caliza** or **de cal** limestone
- **piedra de afilar** whetstone
- **piedra de escándalo** source of gossip
- **piedra de molino** millstone
- **piedra de toque** (en joyería) touchstone, standard; (muestra, punto de referencia) touchstone
- **piedra filosofal** philosopher's stone
- **piedra fundamental** foundation stone
- **piedra imán** lodestone
- **piedra miliar** or **millar** milestone
- **piedra poma** (Méx) pumice stone
- **piedra pómez** pumice stone
- **piedra preciosa** precious stone
- **piedra semipreciosa** semiprecious stone

B 1 (de un mechero) flint 2 (cálculo) stone; **tiene ~s en el riñón/la vesícula** she has kidney stones/gallstones 3 (Meteo) large hailstone; ***cayó ~ sin llover*** (RPl fam & hum) uh-oh! look who's coming to visit

C (Col fam) (rabia): **me da ~** it makes me mad (colloq); **¡qué ~! dejé el libro en casa** damn o what a drag! I've left the book at home (colloq); ***sacarle*** or ***volarle la ~ a algn*** (Col, Ven fam) to get on sb's nerves, make sb mad (colloq)

piel *f*

A ▸ **p.231** (Anat, Zool) skin; **~ grasa/seca** oily o greasy/dry skin; **estirarse la ~** to have a facelift; **las culebras cambian la ~** snakes shed their skin; ***dejarse la ~*** (fam) to sweat blood, to work one's butt off (AmE colloq), to slog one's guts out (BrE colloq); ***quitarle*** or ***sacarle a algn la ~ a tiras*** to tear sb to shreds o pieces (colloq); ***se me/te pone la ~ de gallina*** I/you get gooseflesh o goose pimples o goose bumps; ***ser de la ~ del diablo*** or (Méx, RPl) ***ser (como) la ~ de Judas*** (fam) to be a little monster o devil (colloq); ***tener (la) ~ de gallina*** to have gooseflesh o goose bumps o goose pimples

(Compuestos)
- **piel de invierno** (Zool) winter coat
- **piel roja** *mf* (fam & pey) redskin (colloq & pej), Red Indian

B (Indum) 1 (Esp, Méx) (de vaca) leather; **bolso/guantes de ~** leather bag/gloves; **artículos de ~** leather goods; **~es adobadas** tanned hides o skins, pickled hides o skins; **~es crudas** or **en verde** raw hides o skins 2 (de visón, zorro, astracán) fur; **abrigo de ~(es)** fur coat 3 (sin tratar) pelt

(Compuestos)
- **piel de cocodrilo** crocodile skin
- **piel de durazno** (AmL) brushed cotton
- **piel de melocotón** brushed cotton
- **piel de serpiente** snakeskin
- **piel de toro**: **la ~ de ~** the Iberian Peninsula
- **piel sintética** (cuero sintético) synthetic leather; (imitación nutria, visón, etc) synthetic fur

C (Bot) (de cítricos) peel; (de una manzana) peel, skin; (de otras frutas) skin; **~es de patata** (Esp) potato peelings

(Compuesto) **piel de naranja** orange peel

piélago *m* (liter): **el ~** the ocean, the deep (liter)

pienso *m* 1 (comida) fodder, feed 2 (trozo) pellet

(Compuesto) **pienso compuesto** compound feed

piercing /'pirsin/ *m* (*pl* **~s**)

A (acción) body piercing; **hacerse un ~** to have a piercing; **hacerse un ~ en la lengua** to have one's tongue pierced

B (joya) stud; **se puso un ~ en la lengua** she had a stud put in her tongue

pierda, pierdas, etc ▸**perder**

pierde *m* (Col): **no tiene ~** you can't miss it

pierna¹ *f* 1 ▸ **p.231** (Anat) leg; **con las ~s cruzadas** cross-legged; **la falda le llega a media ~** the skirt is calf length on her; ***abrirse de ~s*** (en gimnasia) to do the splits; (en sentido sexual) to open o spread one's legs; ***dormir a ~ suelta*** (fam) to sleep the sleep of the dead; ***estirar las ~s*** to stretch one's legs; ***hacer ~s*** (andar) (fam) to have a walk; (hacer ejercicio) (fam) to do leg exercises; ***salir por ~s*** (fam) to take to one's heels, leg it (colloq); ***la mujer honrada, la ~ quebrada y en casa*** a woman's place is in the home; ***ser ~*** (RPl): **soy ~ para casi todo** I'm ready for just about anything 2 (Coc) leg; **~ de cordero** leg of lamb; **~ de vaca** round of beef

pierna² *adj inv* (RPl fam): **es un tipo ~ para todo** he's the sort of guy who's game for o who's on for o who'll try anything (colloq); **andá, sé ~ y prestánoslo** come on, be a sport and lend it to us

piernas *m* (*pl* **~**) (Esp): **un ~** a nobody

pierneras *fpl* (Chi) chaps (*pl*)

pierrot *m* pierrot

pieza *f*

A 1 (elemento, parte) piece; **una cubertería de 24 ~s** a 24-piece cutlery set; **una ~ del rompecabezas** a piece of the jigsaw puzzle; **la ~ clave de su política** the key element o feature of their policy; **un bañador de dos ~s** a two-piece bathing suit *ver tb* **dos¹** 2 (Tec) part; **las ~s de un reloj/motor/televisor** watch/engine/television parts o components; ***de una (sola) ~*** (fam) dumbstruck, flabbergasted (colloq); **al verlo se quedó de una (sola) ~** she was (absolutely) flabbergasted o dumbfounded o dumbstruck when she saw him; **me lo dijo de una manera que me dejó de una (sola) ~**

he said it so rudely that I was left speechless *o* I was struck dumb *o* I was completely taken aback; ***ser de una sola ~*** (AmL) to be as straight as a die, be an upright citizen; ***ser mucha ~*** (Méx fam) to be very good; **Luis es (mucha) ~ para el ajedrez** Luis is really good at chess *o* (colloq) a pretty nifty chess player; **no trates de competir con él, es mucha ~ para ti** don't try and compete with him, he's more than a match for you *o* he's in a different class to *o* from you *o* he's out of your league (colloq) **3** (en ajedrez) piece **4** (unidad, objeto) piece; **una ~ de museo** a museum piece *o* exhibit; **la colección se compone de 30 ~s** the collection is made up of 30 pieces; **una ~ arqueológica** an archaeological piece; **una ~ única** a unique piece; **venden las manzanas por ~s** you can buy apples individually; ***ser una ~ de museo*** (fam) to be a museum piece (colloq)

Compuestos
- **pieza de autos** (papeles) documentary evidence; (objeto) item entered in evidence
- **pieza de convicción** piece of evidence
- **pieza dentaria** tooth
- **pieza de recambio** *or* **de repuesto** spare part

B (en caza) piece, specimen; **el total de ~s cobradas** the total bag

C (de tela) roll; **era el final de la ~** it was a remnant *o* an endpiece *o* the end of the roll

D (Mús, Teatr) piece; **¿me permite esta ~?** (ant) may I have the pleasure of this dance?

E (esp AmL) (dormitorio) bedroom; (en un hotel) room

pífano *m* fife

pifia *f*

A **1** (fam) (error) boo-boo (colloq), boob (colloq), goof (AmE colloq) **2** (en billar) miscue **3** (Chi) (defecto) fault

B (Chi, Per) (del público) booing and hissing, catcalls (*pl*)

pifiar [A1] *vt*

A (fam) (fallar) to miss, fluff (colloq); ***~la*** (fam) to goof (colloq), to blow it (colloq)

B (Chi, Per) «*público*» to boo

C (Chi fam) (dañar) to mess up (colloq)

■ **pifiar** *vi*

A (cometer un error) to boob (colloq), to goof (colloq)

B (Chi, Per) «*público*» to boo and hiss

pigmentación *f* pigmentation

pigmentar [A1] *vt* to pigment

pigmento *m* pigment

pigmeo -mea *adj/m,f* pygmy

pignorable *adj* redeemable

pignoración *f* (Der) pawning; (Fin) pledge

pignorar [A1] *vt* (Der) ‹*cosa*› to pawn; (Fin) ‹*títulos/valores*› to pledge ... as security

pignoraticio -cia *adj* ‹*acreedor/crédito*› secured; **préstamo ~** secured loan

pigricia *f* (Per): **una ~ de vino** a tiny drop of wine; **tanto discutir por una ~** all that arguing over something so minor *o* trivial *o* unimportant; **una ~ de sal** a pinch of salt

pija *f* (RPl vulg) cock (vulg), prick (vulg)

pijada *f* (Esp fam) (cosa insignificante) little thing; (estupidez) stupid thing; **¿sabes dónde venden esas pijaditas?** do you know where they sell those little things? (colloq); **se molesta por cualquier ~** he gets upset at the slightest thing *o* the least little thing

pijama *m* pajamas (*pl*) (AmE), pyjamas (*pl*) (BrE)

pije *adj/mf* (Chi) ▸**pijo**[1], **pijo**[2]

pijo[1] **-ja** *adj* (Esp fam & pey) ‹*persona*› posh (colloq & pej), stuck-up (colloq & pej); ‹*moda/lugar*› posh (colloq & pej)

pijo[2] **-ja** *m,f* (Esp fam & pey) rich kid (colloq & pej)

pijotada *f* ▸**pijada**

pijotero[1] **-ra** *adj*

A (Esp fam) (fastidioso) annoying, irritating

B (Arg) (tacaño) stingy (colloq), mean

pijotero[2] **-ra** *m,f*

A (Esp fam) (incordiante) pest (colloq), pain in the neck (colloq)

B (Arg) (tacaño) miser, scrooge (colloq)

pijudo -da *adj* (AmC fam) lovely, gorgeous (colloq)

pila[1] *adj inv* (AmC fam): **estar ~** (muerto) to be dead, to be pushing up daisies (colloq & hum) (sin dinero) to be broke (colloq)

pila[2] *f*

A (Elec, Fís) battery; **funciona a ~(s)** *or* **con ~s** it runs on batteries, it is battery-operated; ***cargar las ~s*** (fam) to recharge one's batteries (colloq); ***ponerse las ~s*** (fam) to get one's act together (colloq), to get cracking (colloq)

Compuestos
- **pila seca** dry battery
- **pila solar** solar battery

B **1** (fregadero) sink; (de una fuente) basin, bowl **2** (fuente — ornamental) (Andes) fountain; (— para beber) (Chi) drinking fountain; ▸**nombre**

Compuestos
- **pila bautismal** baptismal font
- **pila de agua bendita** stoup

C **1** (fam) (de libros, papeles, platos) pile, stack **2** (AmS fam) (gran cantidad) loads (*pl*) (colloq); **tengo ~s** *or* **una ~ de trabajo** I have stacks *o* mountains *o* loads of work (colloq); **había ~s de gente** there were loads *o* (AmE) scads *o* (BrE) masses of people there (colloq); **hace una ~ de años** eons ago (colloq), donkey's years ago (BrE colloq)

D (Inf) stack

pilapuesta *adj inv* (AmC fam) on the ball (colloq)

pilar[1] *f* (Arquit) pillar, column, pier (tech); (de un puente) pier; **los ~es de la sociedad** the pillars *o* mainstays of society

pilar[2] *mf* (en rugby) prop, prop forward

pilastra *f* pilaster

Pilates®[1], **pilates** *adj* pilates® (*before n*)

Pilates®[2], **pilates** *m* Pilates®, the Pilates Method®; **hacer ~** to do Pilates

Pilatos *m* Pilate

pilchas *fpl* (CS fam) clothes (*pl*), gear (colloq)

píldora *f* **1** (pastilla) pill, tablet; ***dorar la ~*** to sweeten *o* sugar the pill **2** *tb* **~ anticonceptiva** pill, contraceptive pill; **estoy tomando la ~** I'm on the pill

Compuestos
- **píldora del día después** *or* **siguiente** morning-after pill
- **píldora envenenada** poison pill
- **píldora postcoital** post-coital pill

pileta *f* **1** (RPl) (fregadero) kitchen sink; (del baño) washbowl (AmE), sink (AmE), washbasin (BrE) **2** (RPl) (piscina) swimming pool **3** (Chi) (estanque) pond

piletón *m* (RPl) pool

pililla *f* (Esp fam) thing (colloq), weenie (AmE colloq), willy (BrE colloq)

pililo -la *m,f* (Chi fam) bum (colloq), down-and-out (colloq)

pilín *m* (Col fam) little bit; **échale un ~ de azúcar** add a little *o* a tiny bit of sugar; **córrete un ~** move up a little bit

pillaje *m* pillage

pillar [A1] *vt*

A **1** (fam) (atrapar) to catch; **corre, corre que te pillo** go on! run, or I'll catch *o* I'll get you; **me pilló la policía** the police caught *o* (colloq) nabbed me; **me has pillado de casualidad, estaba a punto de salir** you were lucky to catch me, I was just going out; **le pilló un dedo** it caught *o* trapped her finger, she got her finger caught *o* trapped in it **2** (fam) (por sorpresa) to catch; **¡ajá, te pillé!** aha, caught *o* got you!; **no me pilla de nuevas** it doesn't surprise me; **nos pilló la lluvia sin paraguas** we got caught in the rain without an umbrella **3** (fam) ‹*catarro/resfriado*› to catch; **pillamos una curda** we got plastered *o* hammered (colloq)

B (Esp fam) **1** «*coche*» (atropellar) to hit; **casi lo pilla un coche** he nearly got run over, he nearly got hit by a car **2** (quedar): **me pilla de camino** it's on my way; **me pilla bastante lejos** it's a bit far for me

C **1** (fam) ‹*sentido/significado*› to get (colloq), to grasp **2** (fam) ‹*ganga*› to get, pick up (colloq)

■ **pillarse** *v pron*

A (fam) ‹*dedos/manga*› to catch; **se pilló los dedos con la ventana** he caught *o* trapped his fingers in the window

B (RPl fam) (hacer pis) to wet oneself

pillarse *m* (Chi) tag (colloq)

pillastre *m* (fam) crafty devil *o* rogue

pillería *f* **1** (cualidad) craftiness, cunning **2** (acto) prank, trick

pillín[1] **-llina** *adj* (fam) crafty (colloq)

pillín[2] **-llina** *m,f* (fam) crafty devil (colloq), rascal (colloq)

pillo[1] **-lla** *adj* (fam) **1** (travieso) naughty, wicked (colloq) **2** (astuto) crafty, cunning

pillo[2] **-lla** *m,f* (fam) **1** (travieso) rascal (colloq) **2** (astuto) crafty *o* cunning devil (colloq)

pilluelo -la *m,f* (fam) little rascal (colloq)

pilmama *f* (Méx) nanny

pilo -la *adj* (Col fam) well-organized, capable, together (colloq)

pilón[1] *m*

A **1** (de una fuente) basin **2** (Arquit) pillar; (de un puente) pylon

B (Coc) sugarloaf

C **1** (Arg fam) (gran cantidad) load (colloq); **tengo un ~ de cosas que hacer** I have a load *o* loads *o* stacks of things to do (colloq) **2** **pilones** *mpl* (Ven) (gran cantidad) loads (colloq), stacks (colloq), masses (BrE colloq)

D (Méx fam) (en la compra) *small amount of extra goods given free*; **siempre da ~** he always gives you a little extra; **me dio tres manzanas de ~** he gave me three extra apples for nothing, he threw in three extra apples (for free)

pilón[2] **-lona** *m,f* (Ven fam) (glotón) greedy pig *o* guts (colloq)

piloncillo *m* (Méx) brown sugar

pilongo -ga *adj* shriveled*, wizened; ▸**castaña**

píloro *m* pylorus

pilosidad *f* hairiness, pilosity (tech)

piloso -sa *adj* hair (*before n*), pilose (tech)

pilot /pi'lo/ *m* (Ur) raincoat

pilotaje *m* **1** (de un avión) piloting, flying **2** (de un barco) pilotage, steering **3** (period) (de un coche) driving; (de una moto) riding

pilotar [A1] *vt* **1** ‹*avión*› to pilot, fly **2** ‹*barco*› to pilot, steer **3** (period) ‹*coche*› to drive; ‹*moto*› to ride **4** ‹*empresa/país*› to guide, steer

pilote *m* pile

pilotear [A1] *vt* (AmL) ▸**pilotar**

piloto *mf*

A **1** (Aviac) pilot **2** (Náut) pilot **3** (period) (de un coche) driver; (de una moto) rider

Compuestos
- **piloto acrobático/piloto acrobática** *mf* stunt pilot
- **piloto automático** *m* automatic pilot
- **piloto de carreras** racing driver
- **piloto de pruebas** (de un avión) test pilot; (de un coche) test driver; (de una moto) test rider
- **piloto suicida** suicide pilot

B **piloto** *m* **1** (luz — de un aparato eléctrico) pilot light; (— de un coche) rear light; (llama de un aparato a gas) pilot light **2** (Arg, Chi) (impermeable) raincoat

C (*como adj inv*) ‹*programa/producto*› pilot (*before n*) *ver tb* **casa**, etc

pilsen, pilsner *f* (Chi) lagger

piltra *f* (Esp fam) bed

piltrafa *f* **1** (de comida) scrap; ***estar hecho una ~ humana*** (fam) (flaco) to be scrawny *o* all skin and bones (colloq) (enfermo) to be a complete wreck (colloq) **2** (cosa inservible) useless thing; **no es un vestido, es una ~** that's not a dress, it looks more like a rag!

piltrafiento -ta *adj* (Chi fam)

A (andrajoso) ragged

B (fofo) flabby

pilucho[1] **-cha** *adj* (Chi fam) naked

pilucho[2] *m* (Chi) (Indum) rompers (*pl*), romper suit (BrE)

pimentero *m* **1** (Bot) pepper plant **2** (para la pimienta) pepper shaker (AmE), pepperpot (BrE)

pimentón *m* **1** (dulce) paprika; (picante) cayenne pepper **2** (Andes, Ven) (fruto) capsicum, pepper

pimienta *f* pepper; ~ **negra/blanca** black/white pepper

pimiento *m* pepper, capsicum; ~ **rojo/verde** red/green pepper; ***me importa un*** ~ (fam) I couldn't care less (colloq), I couldn't give a damn (colloq)

(Compuestos)

- **pimiento de Padrón** small, hot pepper
- **pimiento dulce** sweet pepper
- **pimiento morrón** (fresco) sweet red pepper; (en lata) pimento

pimpampum *m* (Esp) shooting gallery

pimpante *adj* (fam) cool (colloq); **se cayó por la escalera y se levantó tan** ~ she fell down the stairs and got up as if nothing had happened; **lo echaron del trabajo y se quedó tan** ~ they fired him and he didn't bat an eyelash (AmE) *o* (BrE) eyelid *o* he didn't turn a hair

pimpinela *f* scarlet pimpernel

pimplar [A1] *vi* (Esp fam) to booze (colloq)

■ **pimplarse** *v pron* (Esp fam) (*enf*) to down (colloq), to knock back (colloq); **nos pimplamos una botella entre los dos** we knocked back a bottle between us (colloq)

pimpollo *m* **1** (Bot) (de flor) bud; (brote) shoot **2** (fam) (persona) dish (colloq), knockout (colloq); **es un** ~ he's/she's a real dish *o* knockout (colloq); **¡está hecho un** ~**!** he looks great for his age

pimpón *m* Ping-Pong®, table tennis

pimponista *mf* player of Ping-Pong®, table tennis player

pimponístico -ca *adj* Ping-Pong® (*before n*), table tennis (*before n*)

pin *m*

A (broche) pin

B (Col fam) (poquito) tiny *o* little bit (colloq); **estás sólo un** ~ **gorda** you're just a tiny *o* little bit on the plump side

PIN *m* PIN

pinacle *m* pinochle

pinacoteca *f* art gallery

pináculo *m* **1** (Arquit) pinnacle **2** (apogeo) pinnacle, peak

pinar *m* pine forest

pinaza *f* pine needles (*pl*)

pincel *m* (Art) paintbrush

pincelada *f* brushstroke; **le di las últimas** ~**s** I added the final touches

pinchable *adj* (Inf) clickable

pinchadiscos *mf* (*pl* ~) (Esp fam) disc jockey, DJ (colloq)

pinchar [A1] *vt*

A **1** ‹*globo/balón*› to burst; ‹*rueda*› to puncture; ~**on las cuatro ruedas** they punctured (*o* slashed *etc*) all four tires **2** (con alfiler, espina) to prick **3** (para recoger) to spear; **pinchó una aceituna con el palillo** she speared an olive with the cocktail stick; ***ni*** ~ ***ni cortar*** (fam): **él en la oficina ni pincha ni corta** he doesn't have any clout in the office; **yo aquí ni pincho ni corto** my opinion doesn't count for anything around here, I don't have any say in what goes on here

B **1** (fam) (poner una inyección) to give ... a shot (colloq), to give ... a jab (BrE colloq) **2** (fam) (provocar) to needle (colloq), to goad, to wind ... up (BrE colloq) **3** (fam) (incitar, azuzar) to egg ... on

C ‹*teléfono*› to tap, bug

D (Inf) to click on

E (Esp fam) ‹*discos*› to play

F (Chi fam) (conseguir) to get (*by luck*)

■ **pinchar** *vi*

A (herir): **cuidado con esa planta, que pincha** careful with that plant, it's prickly; **necesitas afeitarte, ya pinchas** you need a shave, you're bristly

B (Auto) to get a flat tire*, get a flat, get a puncture

C (Inf) to click; ~ **EN** *or* **SOBRE algo** to click ON sth; ~ **con el botón derecho (del ratón) en algo** to right-click sth

D (period) (perder) to be/get beaten

E (Chi fam) (con el sexo opuesto): **pincha con el profesor de inglés** the English teacher has the hots for her (colloq)

F (Esp fam) (en póker) to ante up (colloq), to put in (one's stake money)

■ **pincharse** *v pron*

A «*persona*» **1** (*refl*) (accidentalmente) to prick oneself; **me pinché el dedo** I pricked my finger **2** (*refl*) (fam) (inyectarse) to shoot up (sl), to jack up (sl)

B «*rueda/neumático*» to puncture; «*globo/balón*» to burst; **tienes una rueda pinchada** you've got a puncture, you have a flat *o* a flat tire; **se me pinchó un neumático** I got a flat tire *o* a flat *o* a puncture

pinchavídeos *mf* (*pl* ~) (Esp fam) video jockey, veejay (AmE colloq)

pinchazo *m* **1** (herida) prick; (inyección) shot (colloq), jab (BrE colloq), injection; **tiene el brazo lleno de** ~**s** her arm is riddled with needle marks; **me pusieron un** ~ they gave me a shot *o* a jab *o* an injection **2** (en una rueda) flat, puncture **3** (dolor agudo) sharp pain **4** (fam) (de droga) fix (colloq)

pinche[1] *adj* **1** (AmL fam) (*delante del n*) (maldito): **¡**~ **vida!** what a (lousy *o* rotten) life!; **me robaron mi** ~ **portafolios** they stole my damn *o* (BrE) bloody briefcase (colloq); **por unos** ~**s pesos** for a few miserable *o* crummy *o* measly pesos (colloq); **¿por qué no nos vamos de este** ~ **sitio?** let's get out of this damn place! **2** (Méx fam) (de poca calidad) lousy (colloq) **3** (Méx fam) (despreciable) horrible **4** (AmC fam) (tacaño) tightfisted (colloq)

pinche[2] *mf* **1** (Coc) kitchen porter, kitchen assistant **2** (en una oficina) office junior **3** (fam) (de albañil) mate (colloq)

pinche[3] *m*

A (Esp) (Jueg) ante, stake money

B (Chi) (para el pelo) bobby pin (AmE), hairgrip (BrE)

C (Arg) (de una planta) ▸ **pincho A**

pincho *m*

A (de una rosa, zarza) thorn, prickle (colloq); (de un cactus) spine, prickle (colloq)

B (Esp) (de aperitivo) bar snack

(Compuestos)

- **pincho de tortilla** (Esp) *small portion of Spanish omelet**
- **pincho moruno** (Esp) pork kebab

C (Per vulg) (pene) cock (vulg), prick (vulg)

> **pincho**
>
> In Spain, *pinchos* are small portions of food, often on a cocktail stick, eaten in a bar or café. Often free, they are similar to ▸ **tapas**, but much smaller. There are *pinchos* of many foods, including Spanish omelet, ham, sausage, and anchovy. *See also* ▸ **ración**

pindongueo *m* (Esp fam): **irse de** ~ to go out on the town (colloq)

pineal *adj* pineal

pinga *f* (Andes, Méx fam) thing (colloq), weenie (AmE colloq), willy (BrE colloq)

pingajo *m* (Esp fam) rag; **llevaba la ropa hecha un** ~ her clothes were in tatters *o* rags

pinganilla *mf* (Chi fam) shady character

pingo[1] *m*

A (Esp fam) (harapo, andrajo) old rag; ***poner a algn como un*** ~ (fam) to tear sb off a strip (colloq), to give sb a dressing down (colloq)

B (CS fam) (caballo) horse

C (Méx fam) (demonio): **el** ~ the devil, Old Nick (colloq & hum)

pingo[2] **-ga** *m,f* (Méx fam) little scamp *o* rascal (colloq), brat (colloq & pej)

pingorotear [A1] *vi* (Chi fam) to skip around

Ping-Pong® *m* Ping-Pong®, table tennis

pingüe *adj* ‹*beneficios*› huge, fat (colloq); ‹*negocio*› profitable, lucrative; **una cosecha** ~ a rich *o* bumper harvest

pingüinera *f* penguin colony

pingüino *m* penguin

(Compuesto) **pingüino emperador** emperor penguin

pininos, pinitos *mpl* (fam) first steps (*pl*); **el niño ya hace sus (primeros)** ~ the baby's started taking his first steps, the baby's starting to walk; **hizo sus primeros** ~ **como actriz en París** she made her acting debut *o* she cut her acting teeth in Paris

pinnípedo -da *adj* pinniped

pino *m*

A (Bot) (árbol) pine, pine tree; (madera) pine; ***en el quinto*** ~ (Esp fam) (en un lugar lejano) miles away; (en un lugar aislado) in the back of beyond (colloq), in the boondocks (AmE colloq)

(Compuestos)

- **pino insigne** Monterey pine
- **pino marítimo** cluster *o* maritime pine
- **pino piñonero** stone *o* umbrella pine
- **pino tea** loblolly pine

B (Esp) (en gimnasia): **hacer el** ~ (apoyando — las manos) to do a handstand; (— la cabeza) to do a headstand, to stand on one's head

C (Méx) (en bolos) pin

(Compuesto) **pino central** kingpin

D (Chi) (Coc) ground beef and onion; ***hacerse el*** ~ (Chi fam) to line one's pockets

pinocha *f* **1** (hoja) pine needle **2** (hojas) pine needles (*pl*)

pinol *m* (AmC) *flour made from toasted maize*

pinolillo *m* (AmC) *drink made from* ▸ **pinol**

pinrel *m* (Esp arg) foot

pinsapo *m* Spanish fir

pinta[1] *f*

A **1** (fam) (aspecto): **¡qué buena** ~ **tiene el pastel!** the cake looks delicious *o* great!; **tiene** ~ **de extranjero** he looks foreign; **tiene** ~ **de delincuente** he has a shady look about him (colloq), he looks like a criminal; **¿dónde vas con esa(s)** ~**(s)?** where are you going looking like that?; **¡qué** ~**(s) llevas! pareces un pordiosero** just look at you! you look like a beggar; ***hacer*** ~ (RPl) *or* (Chi) ***tirar*** ~ *or* (Col) ***echar*** ~ (fam) to impress; **se puso la chaqueta nueva para hacer** ~ she put on her new jacket to show off *o* to impress (colloq); **salió en el auto del papá a tirar** ~ he went out in his dad's car to impress everyone with it; ***ser algn en*** ~ (RPl fam) to be the spitting image of sb **2** (Chi fam) (vestimenta) clothes (*pl*), outfit; ***ponerse la*** ~ (Col fam) to put on one's glad rags (colloq), to get dressed up to the nines (colloq)

B **1** (en una tela) spot, dot **2** (Zool) spot

C (medida) pint

D (Méx fam) (de la escuela): **irse de** ~ to play hooky* (esp AmE colloq), to skive off (school) (BrE colloq)

pinta[2] *mf* (Esp fam) rogue (colloq), dodgy character (colloq)

pintada *f* piece of graffiti, graffito (frml); (Pol) slogan; **las** ~**s de las distintas pandillas** the graffiti drawn/scrawled by the different gangs

pintado -da *adj*

A ‹*vaca*› spotted; ‹*caballo*› dappled, pied; ***el más*** ~ (fam) anyone; **eso le puede pasar al más** ~ that could happen to the best of us *o* to anyone (colloq); ***estar*** ~ (Col): **¡está** ~ **Julián! ¡sólo a él se le iba a ocurrir una cosa así!** it has Julián written all over it! he's the only person who would think of doing a thing like that!; **ayer volvió a insultarme — ¡está** ~**!** yesterday he insulted me again — that's typical of him! *o* he would! *o* trust him!; ***que ni*** ~ (fam): **ese vestido te está** *or* **te queda que ni** ~ you look great *o* a knockout in that dress (colloq); **el dinero me vino que ni** ~ the money couldn't have come at a better time, the money was a godsend

B (AmL fam) (idéntico) identical; **padre e hijo son** ~**s** father and son are identical *o* (colloq) are like two peas in a pod; ~ **A algo** identical TO sth; **iba con un vestido** ~ **al mío** the dress she was wearing was identical to mine; **ser** ~ **A algn** to be identical TO sb, be the spitting image OF sb, be a dead ringer FOR sb; **salió pintada a su madre** she's identical to *o* the spitting image of her mother

pintalabios *m* (*pl* ~) (fam) lipstick

pintamonas *mf* (*pl* ~) (Esp fam): **un** ~ a nobody

pintar [A1] *vt*

A **1** (Art) ‹*cuadro/retrato/paisaje*› to paint; ~ **algo al óleo** to paint sth in oils **2** ‹*pared/puerta*› to paint; ~ **algo DE algo**: **pintó la**

puerta de rojo she painted the door red 3 (fam) (dibujar) to draw; **píntame un perro** draw me a dog 4 (describir) (+ *compl*) to paint; **nos pintó muy mal la situación** he painted a very black picture of the situation; **nos pintó un cuadro/panorama desolador** he painted a bleak picture/a bleak view of the situation (*o* place *etc*)

B (en frases negativas e interrogativas) 1 (fam) (tener relación): **¿se puede saber qué pintas tú en este asunto?** and what (exactly) do you have to do with all this? (colloq), and where exactly do you fit into all this? (colloq); **no, gracias, no voy, yo ahí no pinto nada** no, thanks, I'm not going, I'd be out of place there 2 (fam) (tener influencia): **yo allí no pinto nada, soy un simple empleado** I don't have any say in what goes on there *o* (colloq) any clout there, I'm a mere employee

■ **pintar** *vi*

A 1 (con pintura) to paint; **cuando terminen de ~ colocaremos la alfombra** once they've finished painting we'll lay the carpet; ⓢ **ojo, pinta** wet paint 2 (fam) (dibujar) to draw; **no pintes en las paredes** don't draw *o* scribble on the walls 3 (fam) (escribir) to write; **esta pluma no pinta** this pen doesn't write

B (en naipes) to be trumps; **pintan tréboles** *or* **pinta a** *or* **en tréboles** clubs are trumps

C (AmS fam) «*situación/negocio*» (+ *compl*) to look; **la cosa no pinta nada bien** things don't look at all good (colloq); **las cosas ya pintan mucho mejor** things are looking up *o* looking much better (colloq)

■ **pintarse** *v pron* (*refl*)

A 1 (maquillarse) to put on one's makeup; **tarda media hora en ~se** it takes her half an hour to put her makeup on *o* to get made up *o* to make herself up; **¿tienes un espejo para que me pueda ~?** do you have a mirror so that I can put my makeup on *o* (colloq) do my face?; **¿dónde vas, que te has pintado tanto?** where are you going so madeup *o* with all that makeup on?; **~se los ojos** to put on eye makeup; **~se las uñas** to paint one's nails, put on nail polish; ***pintárselas solo*** (fam) (para algo positivo) to be a dabhand, be an expert; (para algo negativo) to be an expert (iro), to be a past master 2 (fam) (mancharse): **te pintaste la cara de tinta** you've got(ten) ink all over your face

B (Méx arg) (largarse) to sling one's hook (colloq)

pintarrajear [A1] *vt* ‹*pintura*› to daub

■ **pintarrajearse** *v pron* (*refl*) to plaster *o* cake one's face in makeup (colloq); **una mujer vieja y pintarrajeada** an old woman plastered in makeup (colloq)

pintarroja *f* dogfish

pintiparado -da *adj* (Esp fam): **tu regalo me vino ~** your gift was just what I wanted; **esa blusa me viene que ni pintiparada con la falda** that blouse goes perfectly with my skirt; **el apodo le viene que ni ~** his nickname suits him to a T *o* down to the ground

pinto -ta *adj* pinto (*before n*)

Pinto *m* (Esp fam): **estoy entre ~ y Valdemoro** (indeciso) I can't make up my mind; (borracho) I'm plastered (colloq)

pintor -tora *m,f*

A (de cuadros) painter, artist; (de paredes) house painter, painter

(Compuesto) **pintor de brocha gorda** (de casas, barcos) painter; (artista) bad painter, dauber (colloq)

B pintora *f* (Chi) coverall (AmE), overall (BrE)

pintoresco -ca *adj* 1 ‹*lugar/paisaje*› picturesque 2 ‹*lenguaje/costumbres*› picturesque, colorful*

pintura *f* 1 (arte) painting; (cuadro) painting; **~ abstracta** abstract painting; **~ a la acuarela** watercolor* painting; **~ al óleo** oil painting; ***no poder ver algo/a algn ni en ~*** (fam): **no puedo verlo ni en ~** I can't stand the sight of him (colloq); **no puede ver el queso ni en ~** she can't stand *o* bear cheese (colloq) 2 (material) paint; **el techo necesita una mano de ~** the ceiling could do with a coat of paint 3 (en cosmética) makeup 4 **pinturas** *fpl* (Méx) (lápices de colores) crayons (*pl*)

(Compuesto) **pintura rupestre** cave painting

pinturero -ra *adj* (Esp fam) clothes-conscious, fashion-conscious

pinyin *m* (Ling) pinyin

pinza *f*

A 1 (para la ropa) clothespin (AmE), clothes-peg (BrE) 2 (para el pelo) bobby pin (AmE), hairgrip (BrE) 3 (de un cangrejo) pincer 4 (en costura) dart; **un pantalón con ~s** pleated pants (AmE) *o* (BrE) trousers

B *tb* **~s** 1 (para depilar) tweezers (*pl*) 2 (de cirujano) forceps (*pl*) 3 (para el hielo) tongs (*pl*) 4 (alicates) pliers (*pl*); ***tomar algo con ~s*** (CS) to take sth with a pinch *o* (AmE) grain of salt; ***tratar a algn con ~s*** (CS, Méx fam) to treat sb with kid gloves

(Compuesto) **pinzas de corte** *fpl* (Méx) wire cutters (*pl*)

pinzamiento *m* trapping, pinching

pinzón *m* chaffinch

(Compuesto) **pinzón real** hawfinch

piña¹ *adj* (Per fam): **hoy estoy ~** I'm not having much luck today; **¡qué ~ es!** she's so unlucky!

piña² *f*

A (Bot) (fruta) pineapple; (del pino) pine cone; ***pinchar más que una ~ bajo el brazo*** (Ven fam) to be a pain in the neck (colloq)

(Compuesto) **piña colada** piña colada

B (fam) (puñetazo) thump (colloq); **le dio una ~** he thumped him (colloq); **se agarraron a ~s** they started thumping each other (colloq); ***ser una ~*** (Ven) to be very strict

C (Esp) (de personas) tight-knit circle *o* group, close circle *o* group; ***hacer ~ con algn*** to back sb up, close ranks around sb

D (Méx) (de la ducha) rose, showerhead

piñata *f container hung up during festivities and hit with a stick to release candy inside*

> **piñata**
>
> A hollow figure made of cardboard, or from a clay pot lined with colored paper. Filled with fruit, candy, toys, etc, and hung up at parties, people take turns to stand in front of them blindfolded and try to break them with a stick. They feature in Mexican posadas ▸**posada** and in children's parties there, in Cuba and in Spain.

piñazo *m* (RPl fam) thump (colloq); **casi acaban a los ~s** they nearly ended up thumping each other (colloq)

piñear [A1] *vi* (Ven fam) to insist, keep on (colloq)

piñén *m* (Chi fam) grime, muck (BrE colloq)

piño *m*

A (Esp arg) (diente) tooth

B (Chi) (de vacas) herd; (de ovejas) flock

piñón *m*

A (Bot) pine kernel *o* nut; ***estar a partir un ~*** (Esp fam) to be bosom pals *o* bosom buddies (colloq), to be as thick as thieves

B (Mec) pinion; (de bicicleta) sprocket wheel

(Compuestos)
- **piñón fijo** fixed wheel
- **piñón libre** freewheel; ***lanzarse a ~ libre*** to freewheel

piñoso -sa *adj* (Per fam) unlucky

piñufla *adj* (Chi fam) 1 (de mala calidad) useless, lousy (colloq) 2 ‹*cantidad/sueldo*› paltry, miserable

pío¹ pía *adj* devout, pious

pío² *m* peep, tweet; ***no decir ni ~*** (fam) not to say a word; **no dijo ni ~** he didn't say a word; **no has dicho ni ~ en toda la tarde** you haven't said a word all afternoon, we haven't heard a peep out of you all afternoon (colloq)

piocha *f*

A (para romper piedra) pickax*; (para cavar) mattock

B (Chi) (distintivo) badge; **recibió su ~ de piloto** he got his wings

C (Méx) (barbita) goatee beard, goatee; **por ~** per head; ***ser algn muy ~*** (Méx fam) to be very good; **es muy ~ con las manos** she's very good with her hands; **es muy ~ para el tenis** he's a tremendous tennis player (colloq)

piojento -ta *adj* (fam) ▸**piojoso**

piojo *m* louse; **~s** lice

piojoso -sa *adj* 1 (con piojos) lousy, lice-ridden; (con pulgas) flea-ridden 2 (fam) (sucio) filthy

piola¹ *adj* (RPl fam) 1 ‹*persona*› fun (*before n*) (colloq); **invitalos, son una gente muy ~** invite them, they're really good fun *o* they're fun people; **¡qué ~! siempre te elegís el más grande** (iró) oh, that's great! you always choose the biggest one (iro) 2 ‹*ropa*› trendy (colloq), with-it (colloq); **te queda muy ~** you look very cool *o* trendy in it (colloq)

piola² *f* (AmL) cord; ***darle ~ a algn*** (RPl arg) to listen to sb, pay attention to sb; ***pasar ~*** (fam) to be all right; **así como estás, pasás ~** you're all right *o* you'll be fine as you are

piolet /pjo'le(t)/ *m* (*pl* **-lets**) ice ax*

piolín *m* (RPl) parcel twine, string

pionero¹ -ra *adj* pioneering (*before n*)

pionero² -ra *m,f* pioneer

pioneta *m* (Chi) driver's mate

piorrea *f* pyorrhea*

pipa *f*

A (para fumar) pipe; **fumar (en) ~** to smoke a pipe; ***fumarse a algn en ~*** (RPl fam) to take sb for a ride (colloq); ***fumar la ~ de la paz*** to smoke the pipe of peace

B (tonel) cask, barrel; ***como ~*** (Chi fam) plastered (colloq)

C (Esp) (semilla — de sandía, mandarina) pip; (— de girasol, calabaza) seed; ***ni para ~s*** (Esp fam): **no tengo ni para ~s** I'm broke (colloq); **con ese dinero no le da** *or* **llega ni para ~s** that money won't go very far *o* get him very far; ***pasarlo ~*** (Esp fam) to have a fantastic *o* great time (colloq), to have a whale of a time (colloq)

D 1 (Col) (de gas) cylinder, bottle 2 (Col, Per fam) (barriga) belly 3 (Méx) (camión) tanker

pipeño *m: Chilean white wine*

pipeta *f* pipette

pipí¹ *m* (fam) wee (colloq), wee-wee (used to or by children), pee (colloq); **tengo que hacer ~** I need (to have) a pee *o* a wee (colloq); **papá, me hice ~** daddy, I've done a wee-wee

pipí² *f* (Bol, Col, Méx fam) thing (colloq), weenie (AmE colloq), willy (BrE colloq)

pipián *m*

A (AmC) (verdura) *type of squash*

B (AmC) (muchacha) (fam & hum) nymphet (colloq & hum)

pipiciego -ga *adj* (Col fam) nearsighted, shortsighted

pipiolo -la *m,f* 1 (fam) (novato) novice, greenhorn (colloq) 2 (fam) (joven) kid (colloq), youngster

pípiri *mf* (Ven fam): **el ~ del volante** the champion *o* top driver

pipirigallo *m* sainfoin

pipo *m* (fam) pacifier (AmE), dummy (BrE)

pipón -pona *adj* (RPl fam) full up (colloq), stuffed (colloq)

pique *m*

A a pique: el camino bajaba a ~ the road down was very steep; **el barco se fue a ~** the boat sank; **una caída a ~ hasta el mar** a vertical *o* sheer drop to the sea below; **trató de impedir que el negocio se fuera a ~** he tried to stop the business from going under; **sus ilusiones se fueron a ~** her hopes were dashed; **echó a ~ el matrimonio** it ruined *o* wrecked their marriage; **a ~ de** on the point of, about to; **las correas estaban a ~ de romperse** the straps were on the point of snapping *o* were about to snap

B (fam) 1 (enfado, resentimiento): **son ~s entre amigos, sin importancia** they're just petty quarrels between friends; **tuvieron un ~ por lo de la herencia** they fell out over the inheritance; **no es nada más que un ~ de los suyos, ya se le pasará** it's just one of his fits of pique, he'll get over it 2 (rivalidad) rivalry, needle

C (en naipes) 1 (carta) spade 2 **piques** *fpl* (palo) spades (*pl*)

D (arg) (de droga) fix (sl)

E (Auto) acceleration, pick-up (AmE); ***a los ~s*** (RPl fam) at full throttle (colloq), at breakneck speed (colloq); **salió a los ~s** he shot out at top speed *o* at breakneck speed (colloq); ***darse*** *or* ***pegarse un ~*** (Chi fam): **¿por qué no se da un ~ por aquí?** why don't you come around *o* pop over? (colloq); **me pegué el ~ hasta su oficina y no estaba** I trailed *o* traipsed all the way over to his office and he wasn't there (colloq); ***echar un ~*** (Col fam) to race up the strip *o* drag
F (AmL) (rebote): **la pelota entró de ~** the ball went in on the rebound; **la pelota dio tres ~s** the ball bounced three times
G (Chi) (Min) mine shaft

piqué *m* piqué

piquera *f*
A (hoyo) hole
B (Cu) (Aut) car pool; **~ de taxis** taxi stand (AmE), taxi rank (BrE)

piquero *m* (Chi) dive; **se tiró en ~ al agua** he dove (AmE) *o* (BrE) dived into the water

piqueta *f* pick, pickax*

piquetazo *m* (Méx fam) ▸**piquete B1**

piquete *m*
A **1** (de huelguistas) picket **2** (de soldados) squad, picket (arch)
(Compuesto) **piquete móvil** *or* **volante** flying picket
B (Méx fam) **1** (con aguja — herida) prick; (— inyección) injection, shot (colloq), jab (colloq) **2** (de insecto) sting, bite **3** (de licor) drop
C (Chi) (en una tela) small hole
D (Col) (picnic) picnic

piquetear [A1] *vt/vi* (esp AmL) to picket

piquetero¹ -ra *adj* (en Arg) *of or related to* ▸**piquetero²**

piquetero² -ra *m,f* (en Arg) *unemployed worker, using disruptive tactics to force the government to remedy social grievances*

piquituerto *m* crossbill

pira *f* pyre; **~ funeraria** funeral pyre

pirado -da *adj* (Esp, Méx fam) crazy (colloq)

piragua *f* **1** (Dep) canoe **2** (Transp) canoe, pirogue

piragüismo *m* canoeing

piragüista *mf* canoeist

piramidal *adj* pyramid (*before n*), pyramidal

pirámide *f* pyramid; **~ invertida/truncada** inverted/truncated pyramid

piraña¹ *f* (Zool) piranha

piraña² *mf* (persona) shark (colloq)

pirarse [A1] *v pron* (Esp fam) to make oneself scarce (colloq); **yo me piro que ya es muy tarde** I'll make myself scarce now *o* I'll be off now, it's getting late (colloq); ***pirárselas*** (Esp fam) to take to one's heels, to leg it (colloq), to make oneself scarce (colloq)

pirata¹ *adj* **1** ‹*barco*› pirate (*before n*) **2** (clandestino) ‹*casete/copia*› pirate (*before n*), bootleg (*before n*) (colloq) **3** (Ven) (de mala calidad) poor, shoddy (colloq)

pirata² *mf* **1** (Náut) pirate **2** (de casetes, etc) pirate; **los ~s del ordenador** computer hackers
(Compuestos)
- **pirata aéreo** hijacker, skyjacker (journ)
- **pirata informático, pirata informática** hacker

piratear [A1] *vi*
A to commit piracy
B (Ven fam) (trabajar mal) to botch things (colloq)
■ **piratear** *vt* to pirate

piratería *f*
A **1** (Náut) piracy **2** (de videos, casetes) piracy
B (Ven fam) (trabajo mal hecho) botch job (colloq)

pirca *f* (CS) low stone wall

piré *m* (Ven) mashed potato

pirenaico -ca *adj* Pyrenean

Pireo *m*: **el ~** Piraeus

pirigüín *m* (Chi) **1** (de la rana) tadpole **2** (fam) (niño pequeño) squirt (colloq)

Pirineos *mpl*, **Pirineo** *m*: **los ~** *or* **el Pirineo** the Pyrenees (*pl*)

pirinola *mf* **1** (Andes, Méx) (peonza) spinning top **2** (Chi) (de un cajón) knob; (de una puerta) doorknob **3** (AmC fam) (pene) thing (colloq), weenie (AmE colloq), willy (BrE colloq); ***andar en ~*** (AmC fam) to go around naked *o* (colloq) without a stitch on

piripi *adj* (Esp fam) merry (colloq), tipsy (colloq)

pirita *f* pyrite

piro *m* (Esp arg): **darse el ~** to make oneself scarce (colloq), to split (colloq)

pirograbado *m* poker-work, pyrography

piromanía *f* pyromania

pirómano -na *m,f* pyromaniac

piromusical¹ *adj* relating to a pyrotechnic and musical event

piromusical² *m: pyrotechnic and musical event*

piropear [A1] *vt* to make flirtatious/flattering comments to

piropo *m* flirtatious/flattering comment; **le dicen** *or* **le echan muchos ~s por la calle** she gets a lot of comments from men in the street

> **piropo**
> A flirtatious or flattering comment, generally made by a man to a woman as they pass in the street, about her beauty or charm.

pirotecnia *f* fireworks (*pl*), pyrotechnics (frml)

pirotécnico¹ -ca *adj* fireworks (*before n*), pyrotechnic (frml)

pirotécnico² -ca *m,f* fireworks expert, pyrotechnist (frml)

piroxeno *m* pyroxene

pirquén *m* (Chi) (Min) *system whereby miner pays mine owner an agreed amount in kind for the right to work the mine*

pirrar [A1] *vi* (fam) (+ *me/te/le etc*): **me pirran los helados** I love ice cream
■ **pirrarse** *v pron* (fam) **~se POR algo** to be crazy *o* wild ABOUT sth (colloq); **se pirra por las motos** she's crazy *o* wild about motorbikes (colloq)

pírrico -ca *adj* pyrrhic

pirueta *f* **1** (en danza) pirouette **2** (de un caballo) pesade; ***hacer ~s*** to perform miracles

piruetear *vi* to pirouette

piruja *f* (Col, Méx fam) hooker (colloq), whore (colloq)

pirula *f* (Esp fam) dick (vulg), weenie (AmE colloq), willy (BrE colloq)

piruleta *f* lollipop

pirulí *m* **1** (dulce) lollipop **2** (Esp fam) (torre) television tower

pirulo¹ -la *adj* (Chi fam) **1** ‹*lugar*› ritzy (colloq), upmarket **2** ‹*persona*› refined

pirulo² *m*
A (fam) (pene) dick (vulg), weenie (AmE colloq), willy (BrE colloq)
B (RPl fam) (año) year; **hoy cumple 30 ~s** it's the big three-O for him today (colloq), he's 30 today

pis *m* (fam) wee (colloq), piss (sl), pee (colloq); **hacer ~** to have a wee *o* a piss *o* a pee

pisacorbatas *m* (Col) tiepin

pisada *f* (acción) footstep; (huella) footprint; ***no perderle ~ a algn*** to keep close tabs on sb

pisadera *f* (Chi) steps (*pl*)

pisado *m* treading (*of grapes*)

pisapapeles *m* (*pl* ~) paperweight

pisapuré *m* (*pl* ~) (RPl, Ven) potato masher

pisar [A1] *vt*
A **1** (con el pie): **bailando la pisó sin querer** he accidentally stepped *o* trod on her foot while they were dancing; **pisé un charco** I stepped *o* trod in a puddle; **Ⓢ prohibido pisar el césped** keep off the grass; **pisé el acelerador** I put my foot on the accelerator; **~ las uvas** to tread the grapes; **hace una semana que no piso la calle** I haven't been out (of the house) for a week; **no vuelvo a ~ esta casa nunca más** I'll never set foot in this house again; **~ el escenario** to go on stage, tread the boards **2** (humillar) to trample on, walk all over
B (RPl, Ven) **1** (Coc) (aplastar) to mash; **~ las papas con un tenedor** mash the potatoes with a fork **2** (fam) (atropellar) to run over; **la pisó un auto** she was run over (by a car)
C (fam) (robar): **me has pisado la idea** you stole *o* (BrE colloq) pinched my idea!; **otro periódico nos pisó la noticia** another newspaper beat us to the story (colloq)
D **1** «*macho*» to mount **2** (AmC vulg) (joder) to screw (vulg)
■ **pisar** *vi* to tread; **pisa con cuidado, no vayas a resbalar** tread carefully so that you don't slip, watch how you go or you'll slip; **pisó mal y se torció el tobillo** her foot slipped *o* she missed her footing and sprained her ankle; **no pises ahí, está mojado** don't walk *o* tread there, it's wet; **~ *fuerte*** to make a big impact; **entró pisando fuerte en el mundo de la música** she hit the music scene in a big way (colloq); **pisa fuerte en el mercado** it is making a big impact in the market
■ **pisarse** *v pron*
A (Col fam) (irse) to go, split (colloq)
B (RPl fam) (delatarse) to give oneself away (colloq)

pisaverde *m* (ant) fop (arch), dandy (arch)

pisca *f* (Méx) harvest

piscar [A2] *vt* (Méx) ▸**pizcar**

pisciano -na *adj/m,f* Piscean, Pisces

piscicultor -tora *m,f* fish farmer

piscicultura *f* fish farming, pisciculture (frml)

piscifactoría *f* fish farm

pisciforme *adj* fish-shaped

piscigranja *f* (Per) fish farm

piscina *f* swimming pool; **~ cubierta** covered swimming pool; **~ climatizada** *or* (Chi) **temperada** heated swimming pool; **~ descubierta** *or* **al aire libre** open-air swimming pool; **~ olímpica** olympic-sized swimming pool

Piscis¹ (signo, constelación) Pisces; **es (de) ~** he's (a) Pisces, he's a Piscean

Piscis², piscis *mf* (*pl* ~) (persona) Piscean, Pisces

pisco *m*
A (aguardiente) ≈ grappa
(Compuesto) **pisco sauer** *or* **sour** *cocktail made with* ▸**pisco**, *lemon, egg white and sugar*
B (Col fam) **1** (tipo) guy (colloq), bloke (BrE colloq) **2** (pavo) turkey

> **pisco**
> An alcoholic drink, produced by distilling grape juice, originally from Peru but now also characteristic of Chile.

piscola *f* (Chi) ▸**pisco** *with cola*

piscolabis *m* (*pl* ~) (Esp fam) snack (colloq); **tomemos un ~** let's have a bite to eat *o* a snack (colloq)

pisito *m* (Per) table mat

piso ➡📖 *m*
A **1** (planta — de un edificio) floor, story*; (— de un autobús) deck; **una casa de seis ~s** a six-story building; **vivo en el primer ~** I live on the second (AmE) *o* (BrE) first floor; **un autobús de dos ~s** a double-decker bus **2** (de una tarta) layer
B (AmL) **1** (suelo) floor; **no entres, que está el ~ mojado** don't go in, the floor's wet; ***estar por el ~*** (RPl fam) to be very down *o* low (colloq), to be in the doldrums (colloq); ***quedarse sin ~*** (Col): **se quedó sin ~** he was completely floored *o* thrown; ***serrucharle*** (RPl) *or* (Chi) ***aserrucharle el ~ a algn*** (fam) to do the dirty on sb (colloq), to queer sb's pitch (colloq) **2** (de un zapato) sole; **zapatos con ~ de goma** rubber-soled shoes **3** (de una carretera) road surface
C (esp Esp) (apartamento) apartment (esp AmE), flat (BrE)
(Compuestos)
- **piso franco** (Esp) safe house
- **piso piloto** (Esp) show apartment *o* (BrE) flat, model apartment *o* (BrE) flat

D (Chi) **1** (taburete) stool **2** (alfombrita) rug;

➡📖 *ver* Vivir en un país de habla inglesa

(felpudo) doormat; **un ~ de baño** a bath mat

pisotear [A1] *vt* 1 (con los pies) to trample, stamp on 2 ‹*persona*› to walk all over, ride roughshod over; ‹*derecho*› to ride roughshod over

pisoteo *m* 1 (con los pies) treading, trampling 2 (de derecho) violation

pisotón *m* 1 (con el pie) stamp; **darle un ~ a algn** (intencional) to stamp on sb's foot *o* toes; (sin querer) to tread *o* step on sb's foot *o* toes 2 (Esp fam) (Period) scoop

pisquero[1] **-ra** *adj* ‹*industria/sector/uva*› pisco (*before n*); **agricultor ~** pisco grape grower

pisquero[2] **-ra** *m,f* pisco distiller

pista *f*

A 1 (rastro) trail, track; **la policía sigue la ~ del asesino** *or* **le sigue la ~ al asesino** the police are on the trail *o* track of the murderer; **están sobre la ~** they're on the right track; **~ falsa** false trail 2 (indicio) clue; **dame una ~** give me a clue

B 1 (carretera) road, track 2 (Chi) (carril) lane; **pista sólo buses** (Chi) bus lane; ***se me/le puso pesada la ~*** (Chi fam) the going got tough, I/he found it heavy *o* tough going

C (Audio) track

D 1 (en el circo) ring 2 (en el picadero) ring 3 (en el hipódromo) track (AmE), course (BrE) 4 (Esp) (de tenis) court; **~ de hierba/de tierra batida** grass/clay court

Compuestos

- **pista cubierta** indoor track
- **pista de aterrizaje** runway, landing strip
- **pista de atletismo** athletics track
- **pista de baile** dance floor
- **pista de carreteo** (CS) taxiway
- **pista de esquí** ski slope, ski run, piste
- **pista de hielo** ice rink
- **pista de patinaje** skating rink
- **pista de rodadura** *or* **de rodaje** taxiway
- **pista de saltos** showjumping ring *o* arena
- **pista de squash** (Esp) squash court
- **pista de tenis** (Esp) tennis court
- **pista de trineo** toboggan run
- **pista dura** (Esp) hard court

pistache *m* (Méx) pistachio nut, pistachio

pistacho *m* pistachio nut, pistachio

pistero *m* (Col fam) black eye, shiner (colloq); **ponerle un ~ a algn** to give sb a black eye

pistilo *m* pistil

pistito *m* (Méx fam) nap; **me voy a echar un ~** I'm going to have a nap *o* (BrE) forty winks

pisto *m*

A (Esp) (guiso) ≈ ratatouille (*fried mixed vegetables in tomato sauce*); ***darse ~*** (Esp fam) (presumir) to swank around (colloq), to be full of oneself (colloq) (al hablar) to shoot one's mouth off

B (Méx fam) (de alcohol) shot (colloq)

pistola *f* 1 (Arm) pistol; **a punta de ~** at gunpoint; ***hacerle ~ a algn*** (Col fam) ≈ to give sb the finger (sl) 2 (para pintar) spray gun; **pintar a ~** to spray paint 3 (Esp) (de pan) French stick 4 (Méx) (secadora de pelo) hairdryer

Compuestos

- **pistola de agua** water pistol, water gun (AmE)
- **pistola de engrase** grease gun
- **pistola de fogueo** blank pistol
- **pistola de salida** starting pistol

pistolera *f* holster

pistolerismo *m* gun law

pistolero *m* gunman; **~ a sueldo** hired gunman *o* killer

pistoletazo *m* (disparo) pistol shot; (Dep) starting signal *o* gun; **dar el ~** to fire the starting gun

pistón *m* 1 (émbolo) piston 2 (de un arma) percussion cap 3 (de un instrumento) key 4 (Chi) (de una manguera) nozzle

pistonudo *adj* (Esp fam) great (colloq), fantastic (colloq)

pita *f* 1 (Bot) pita 2 (hilo) pita fiber* 3 (Andes) (cordel) twine; ***fregar la ~*** (Andes fam) to make a nuisance of oneself

pitada *f*

A 1 (pitido) beep; **se oían las ~s de los coches** you could hear the beeping *o* hooting *o* honking of the car horns 2 (en un espectáculo) ≈ booing and hissing, whistling (*as sign of disapproval*)

B (AmL) (de un cigarrillo) puff, drag (colloq)

pitadera *f* (Col) beeping, honking, hooting

Pitágoras Pythagoras; ▸**teorema**

pitagórico -ca *adj* Pythagorean

pitanza *f*

A (arc) (comida) daily bread (liter), daily ration; tucker (colloq)

B (Chi fam) (broma) joke

pitar [A1] *vi*

A 1 «*guardia/árbitro*» to blow one's whistle 2 «*vehículo*» to blow *o* sound the horn, beep, hoot, honk 3 «*público*» (como protesta) ≈ to boo and hiss, to whistle (*as sign of disapproval*)

B **pitando** *ger* (Esp fam) (rápido): **me voy pitando que no quiero llegar tarde** I'm going to shoot off *o* dash because I don't want to be late (colloq); **cuando nos vieron llegar, salieron pitando** when they saw us coming, they were off like a shot *o* they legged it *o* they made themselves scarce (colloq)

C (CS fam) (fumar) to smoke

■ **pitar** *vt*

A ‹*falta*› to blow for, award, call (AmE)

B (Chi fam) ‹*persona*› to have ... on (colloq); **no creas que te estoy pitando** I'm not having you on *o* pulling your leg, you know (colloq)

pitazo *m*

A 1 (CS, Per) (del árbitro) whistle 2 (CS) (de un tren) whistle; (de un barco) boom, blast on the siren

B (Méx fam) (información) tip-off

pitchear [A1] *vi/vt* to pitch

pitcheo *m* pitch

pítcher *mf* pitcher

PIT-CNT /'pitθeenete/ *m* (en Ur) **= Plenario Intersindical de Trabajadores - Convención Nacional de Trabajadores**

pitear [A1] *vi* 1 (pitar) to blow a/one's whistle 2 (Chi, Per fam) (protestar) to whine (colloq), to moan (BrE colloq)

pitido *m* 1 (sonido agudo) whistle, whistling 2 (de un claxon) beep, hoot, honk

pitijaña *f* 1 (Bot) *type of cactus* 2 (Chi fam) (cantidad ínfima) trifling amount

pitillera *f* cigarette case

pitillo *m*

A (fam) (cigarrillo) cigarette, fag (BrE colloq)

B (Col) (para beber) straw

pitiminí *m*: **de ~** trifling

pito *m*

A 1 (silbato) whistle; **tocar el ~** to blow the whistle; **tiene voz de ~** she has a really shrill voice; ***entre ~s y flautas*** (fam) (what) with one thing and another (colloq); ***no entender/saber/valer (ni) un ~*** (fam): **no entendí ni un ~** I didn't understand a thing (colloq), I couldn't make head nor tail of it (colloq); **no sabe un ~ de motores** he doesn't know the first thing about *o* he doesn't have a clue about engines (colloq); **el libro no vale un ~** the book's not worth two cents (AmE) *o* (BrE) tuppence (colloq); ***por ~s o flautas*** (fam) somehow or other (colloq); ***tocar ~*** (AmL fam): **¿y este tipo qué ~(s) toca aquí?** what on earth's *o* what the hell's he doing here? (colloq); **nosotros ahí no tocamos un ~** that's nothing to do with us (colloq); ***tomar a algn por el ~ del sereno*** (Esp fam) to mess sb around (colloq); ▸**importar** 2 (fam) (de coche) horn, hooter; (de tren) whistle; **tocar el ~** to hoot, honk, beep, toot one's horn 3 (chasqueo de dedos) snapping, clicking; **tocar** *or* **dar ~s** to snap *o* click one's fingers

Compuesto **pito catalán** (RPl) snook

B 1 (fam) (cigarrillo) cigarette, fag (BrE colloq) 2 (Chi fam) (de marijuana) joint (colloq), spliff (sl)

C (fam) (pene) thing (colloq), weenie (AmE colloq), willy (BrE colloq); ***tocarse el ~*** (vulg) to twiddle one's thumbs (colloq), to do sweet f.a. (colloq), to do sod all (BrE sl)

pitoco -ca *m,f* (Ven) smart young person

pitón[1] *f or m* python

pitón[2] *m* 1 (del toro) horn; (del ciervo) point, spike 2 (de un botijo) spout 3 (en alpinismo) piton

pitonisa *f* fortune-teller

pitopausia *f* (fam) male menopause

pitorrearse [A1] *v pron* (Esp fam) **~ DE algn** to make fun OF sb, take the mickey OUT OF sb (BrE colloq); **se pitorrea de todo** she doesn't take anything seriously

pitorreo *m* (Esp fam): **se lo toma todo a ~** he doesn't take anything seriously; **esto es un ~, así no vamos a ningún lado** this is a joke; we'll never get anywhere like this (colloq); **siempre está de ~** he's always larking *o* clowning around (colloq)

pitorro *m* (Esp) spout

pitote *m* (Esp fam) (ruido) row, din, ruckus (AmE); (caos) chaos, mess (colloq)

pituco[1] **-ca** *adj* (CS, Per fam) 1 (elegante) posh (colloq); **¿adónde vas tan pituca?** where are you going dressed up in that posh gear? (colloq) 2 (engreído) snooty (colloq), stuck-up (colloq)

pituco[2] **-ca** *m,f* (CS, Per fam) snob; **la suegra es una pituca asquerosa** his mother-in-law is a real snob *o* (vulg) a stuck-up cow; **los ~s que van a ese club** the snobs who go to that club

pitucón *m* (RPl) leather patch

pituitaria *adj* pituitary

pituto *m*

A (Chi) (cilindro) short tube/cylinder

B (Chi fam) 1 (trabajo) sideline 2 (beneficio) benefit, perquisite (AmE), perk (BrE); (pago) bonus 3 (para conseguir algo) contact

pívot *mf* (*pl* **-vots**) (Dep) center*, pivot

pivotar [A1] *vi* to pivot

pivote *m* (Tec) pivot

pixel, píxel *m* (*pl* **~s**) pixel

píxide *f* pyx

piyama *m or f* (AmL) pajamas (*pl*) (AmE), pyjamas (*pl*) (BrE)

pizarra *f* 1 (Min) slate 2 (en el aula) blackboard, chalkboard; (del alumno) slate 3 (Cin) clapperboard 4 (en béisbol) scoreboard

pizarral *m* slate quarry

pizarrín *m* slate pencil

pizarrón *m* (AmL) blackboard, chalkboard

pizca *f*

A (cantidad pequeña): **añadir una ~ de sal** add a pinch of salt; **¿quieres más vino? — bueno, una pizquita** would you like some more wine? — well, just a drop; ***ni ~***: **el chiste no me hizo ni ~ de gracia** I didn't find the joke the slightest bit funny *o* in the least funny *o* remotely funny; **levantarme tan temprano no me gusta ni ~** I don't like getting up so early one little bit

B (Méx) (cosecha) harvest

pizcar [A2] *vt* (Méx) ‹*maíz*› to harvest; ‹*algodón*› to pick

■ **pizcar** *vi* (Méx) to take in the harvest; **los campesinos salen muy temprano a ~** the farm workers go out very early to do the harvesting *o* to take in the harvest

pizpireta *adj* (fam) (vivaz) vivacious; (coqueta) (Chi) flirty (colloq)

pizza /'pitsa, 'pisa/ *f* pizza

pizzería /pitse'ria, pise'ria/ *f* pizzeria

pizzicato /pitsi'kato/ *m* pizzicato

PJ *m* (en Arg) (**= Partido Justicialista**) PJ

Pl. (**= Plaza**) Sq, Square

placa *f*

A (lámina, plancha) sheet; **una ~ de acero** a steel sheet; **revestidos de una ~ de madera** covered with a wood *o* wooden panel; **tiene una ~ de metal en el cráneo** he has a metal plate in his skull; **~ de mármol** marble slab

Compuestos

- **placa base** circuit board
- **placa de circuitos impresos** printed circuit board
- **placa de hielo** patch of ice
- **placa de horno** baking tray, baking sheet
- **placa de memoria** memory board
- **placa de silicio** silicon chip
- **placa madre** motherboard
- **placa solar** solar panel

P

- **placa vitrocerámica** ceramic hob

B 1 (con una inscripción) plaque; **~ conmemorativa** commemorative plaque; **una ~ de bronce con su nombre** a bronze nameplate 2 (de un policía) badge

(Compuesto) **placa de matrícula** license plate (AmE), number plate (BrE)

C 1 (Fot) (negativo) plate 2 (radiografía) plate

D (Geol) plate

E 1 *tb* **~ dental** dental plaque, tartar 2 (de infección) spot, pustule 3 (costra) scab

F (period) (Audio) record, disc

G (Chi) (dentadura) dentures (*pl*), dental plate

placaje *m* 1 (en fútbol americano) block 2 (en rugby) tackle

placar [A2] *vt* 1 (en fútbol americano) to block 2 (en rugby) to tackle

placard /pla'kar/ *m* (RPl) built-in closet (AmE), built-in cupboard (BrE), fitted wardrobe (BrE)

placé *m* (caballo): **llegar ~** to be placed; **no llegó ni ~** his horse didn't even place *o* wasn't even placed; **una apuesta a ~** a place bet (AmE), an each-way bet (BrE); **llegué ~ con la noticia** (fam) someone had beaten me to it with the news

placebo *m* placebo

pláceme *m* (frml) message of congratulations, congratulatory message; **vinieron a darle el ~** they came to congratulate her; ***estar de ~(s)*** (Andes frml) to be delighted

placenta *f* placenta, afterbirth

placentero -ra *adj* pleasant, agreeable

placer[1] [E4] *vi* (*en tercera persona*), (+ *me/te/le etc*): **haz lo que te plazca** do as you please; **me place poder informarle que ...** (frml) I am pleased *o* (frml) it is my pleasure to inform you that ...; **nos place poder ofrecerle esta oportunidad** (frml) we are pleased to be able to offer you this opportunity

placer[2] *m*

A (gusto, satisfacción) pleasure; **ha sido un ~ conocerla** (frml) it has been a pleasure to meet you; **tengo el ~ de presentarles a ...** (frml) it is my pleasure *o* I have the pleasure to introduce to you ...; **es un auténtico ~ oírla cantar** it is a real delight *o* pleasure to hear her sing; **no me lo agradezca, ha sido un ~** (frml) there's no need to thank me, it was a pleasure; **los ~es de la carne** the pleasures of the flesh, carnal pleasures; **a ~** as much as one wants; **comimos y bebimos a ~** we ate and drank to our hearts' content; **para que pueda moverse a ~ por la isla** so that you can explore the island at your leisure; ▸ **viaje**

B 1 (Geol, Min) placer 2 (Náut) sandbank

placero *m* (Per) street vendor

plácet *m* assent

plácidamente *adv* placidly, calmly

placidez *f* placidity, placidness, calmness

plácido -da *adj* placid, calm

pladur® *m* (Esp) plasterboard

plaf *m* (en la mejilla) smack!; (al caerse) crash!, bang!; (al caer al agua) splash!

plafón *m* 1 (rosetón) ceiling rose 2 (panel) soffit

plaga *f* 1 (de insectos, ratas) plague; **una ~ de langostas** a plague of locusts; **las ardillas son consideradas una ~** squirrels are considered to be a pest; **trajeron a sus hijos, que eran una ~** they brought along their horde of children 2 (calamidad, azote) plague; **las siete ~s de Egipto** the seven plagues of Egypt; **la ~ del turismo** the menace *o* scourge of tourism; **la ~ de la urbanización descontrolada** the scourge *o* disaster of uncontrolled urban development

plagado -da *adj* **~ DE algo**: **está ~ de faltas** it is riddled with mistakes; **la playa estaba plagada de turistas** the beach was crawling *o* swarming with tourists; **tenía la espalda plagada de granos** his back was covered with *o* in spots

plagiar [A1] *vt*

A ‹*idea/libro*› to plagiarize

B (AmL) ‹*persona*› to kidnap

plagiario -ria *m,f* 1 (que copia) plagiarist 2 (AmL) (secuestrador) kidnapper

plagio *m*

A (copia) plagiarism

B (AmL) (secuestro) kidnap, kidnapping

plaguicida *m* pesticide

plan *m*

A (proyecto, programa) plan; **hacer ~es para el futuro** to make plans for the future; **~ nacional contra la droga** national anti-drugs program *o* plan; **~ de desarrollo** development plan

(Compuestos)

- **plan de ahorro** savings plan
- **plan de campaña** plan of action, plan of campaign
- **plan de estudios** syllabus
- **plan de capacitación** training scheme
- **plan de jubilación** retirement scheme, retirement plan
- **plan de pensiones** pension plan, pension scheme
- **plan de pensiones de beneficios definidos** defined benefit pension plan
- **plan de pensiones de cotizaciones definidas** defined contribution pension plan
- **plan de vuelo** flight plan
- **plan maestro** master plan

B 1 (fam) (cita, compromiso): **si no tienes ~ para esta noche podríamos ir a cenar** if you're not doing anything tonight we could go out for dinner; **¿tienes algún ~ para este fin de semana?** do you have anything planned *o* do you have any plans for this weekend?, do you have anything on this weekend?; ***no es ~*** (Esp) (no es justo) it's not fair, it's not on (BrE colloq); (no es buena idea) it's not a good idea 2 (Esp fam) (ligue): **salió en busca de ~ para la noche** he went out looking for a pickup for the night (colloq); **su marido tiene un ~** her husband's having an affair *o* seeing someone else, her husband's got a bit on the side (BrE colloq)

C (fam) (actitud): **no te pongas en ~ chulo** don't get cocky with me! (colloq); **hoy está en ~ vago** he's in a lazy mood today; **lo dijo en ~ de broma** he was only kidding (colloq), he meant it as a joke; **como siga en ese ~, acabará mal** if he carries on like that, he'll come to no good; **en ~ económico** cheaply, on the cheap (colloq); **nos llevamos muy bien, pero en ~ de amigos** we get on very well but we're just friends

plana *f*

A (de un periódico) page; **aparece en primera ~** it has made *o* it's on the front page; **el artículo viene publicado a toda ~** the article has been given a full page

B (Educ) (ejercicio) handwriting exercise; ***enmendarle la ~ a algn:*** **está siempre enmendándoles la ~ a los demás** he's always finding fault with *o* criticizing other people, he's always trying to tell other people how to do things; **siempre me tiene que enmendar la ~** she always has to try and improve on what I've done

(Compuesto) **plana mayor** (Mil) staff officers (*pl*); (jefes) (fam) top brass (colloq)

plancha *f*

A 1 (electrodoméstico) iron; **pásale la ~** run the iron over it, iron it, give it an iron 2 (acto) ironing; **esa camisa no necesita ~** that shirt doesn't need ironing 3 (ropa para planchar) ironing

(Compuestos)

- **plancha de vapor** steam iron
- **plancha eléctrica** electric iron

B 1 (Const, Tec) sheet; **acero en ~s** sheet steel; **una pared revestida con ~s de madera** a wood-paneled wall 2 (Impr) plate 3 (Chi) (con una inscripción) plaque

(Compuesto) **plancha de vela** *or* **de windsurf** sailboard, windsurfer

C (utensilio) griddle; (parte de la cocina) hotplate, griddle; **un filete a la ~** a grilled steak

D (en natación): **hacer la ~** to float

E 1 (fam) boob (colloq), bloomer (BrE colloq); **tirarse una ~** to put one's foot in it (colloq), to goof (colloq); ***darle*** *or* ***tirarle ~ a algn*** (Méx fam) to stand sb up (colloq); ***pegarse ~*** (Méx fam) to get a shock (colloq) 2 (Chi fam) (vergüenza) embarrassment; **¡qué ~ pasé!** I was *o* felt so embarrassed!

planchada *f*

A (esp AmL) (planchado): **dale una planchadita al cuello** just run the iron over the collar, just give the collar a quick once-over with the iron; **con una buena ~ quedará como nuevo** it'll be as good as new once you iron it *o* (BrE) give it a good iron

B 1 (RPl) (Náut) gangplank 2 (Ur) (Const) roof

planchado[1] **-da** *adj* 1 (RPl fam) (agotado) shattered (colloq), beat (AmE colloq), whacked (BrE colloq) 2 (Chi fam) (sin dinero) broke (colloq), skint (BrE colloq)

planchado[2] *m* ironing

planchador -dora *m,f* 1 (en una tintorería, fábrica) presser; (empleado doméstico) *person paid to iron clothes* 2 **planchadora** *f* (máquina) press, presser

planchar [A1] *vt* ‹*sábana/mantel*› to iron; ‹*pantalones*› to press, iron; ‹*traje*› to press; **siempre lleva las camisas muy bien planchadas** his shirts are always neatly ironed; **hay que guardar la ropa planchada** the ironing needs putting away

■ **planchar** *vi*

A (con la plancha) to do the ironing; **tengo que ~** I have to do the ironing

B 1 (Bol, CS fam) (en un baile): **planchó toda la noche** nobody asked her to dance all night 2 (Chi fam) (quedar en ridículo) to look stupid

C (RPl fam) (caerse) to take a tumble (colloq), to fall over

planchazo *m* 1 (fam) (metedura de pata) goof (colloq), boo-boo (AmE colloq), boob (BrE colloq); **pegarse** *or* **tirarse un ~** to put one's foot in it (colloq), to goof (colloq) 2 (caída de bruces) (fam): **se dio un ~** she fell flat on her face

planchón *m* (Chi) snowfield

plancton *m* plankton

planeación *f* (Méx) planning; **~ familiar** family planning

planeador *m* glider

planeadora *f*

A (Tec) planer

B (Náut) speedboat

planeamiento *m*

A (de un proyecto, viaje) planning

B 1 (Aviac) gliding, soaring (AmE) 2 (Náut) planing

planear [A1] *vt* 1 ‹*fiesta/expedición*› to plan; **fue un robo muy bien planeado** it was a very well planned robbery; **tienen planeado casarse a fin de año** they plan to get married at the end of the year 2 (tramar) to plan; **algo están planeando** they're planning something, they're up to something (colloq)

■ **planear** *vi* 1 (Aviac) to glide, soar (AmE) 2 «*águila*» to soar 3 (Náut) to plane

planeo *m* 1 (Aviac) gliding, soaring (AmE) 2 (Náut) planing

planeta *m* (Astron) planet

(Compuestos)

- **planeta enano** dwarf planet
- **planeta inferior** inferior planet

planetario[1] **-ria** *adj* 1 (Astron) planetary 2 (internacional) global; **una crisis de alcance ~** a crisis of global proportions

planetario[2] *m* planetarium

planicie *f* plain

planificación *f* planning

(Compuestos)

- **planificación familiar** family planning
- **planificación urbana** urban *o* town planning

planificador[1] **-dora** *adj* planning (*before n*)

planificador[2] **-dora** *m,f* planner

planificar [A2] *vt* to plan, draw up a plan for

planilla *f*

A 1 (tabla) table, chart; (lista) list; **la ~ de asistencia** the attendance list *o* sheet 2 (AmL) (nómina) payroll; **estar en ~** to be on the payroll, to be a permanent member of staff; **pasar a ~** to be put on the payroll 3 (AmL) (personal) staff

B 1 (Méx) (en una elección) list of candidates 2 (Col) (censo electoral) electoral register *o* roll

p

planimetría *f* planimetry

planisferio *m* planisphere

planning /'planin/ *m* (*pl* **~s**) agenda, schedule

plano¹ -na *adj*

A ‹*superficie/terreno*› flat; ‹*zapato*› flat; **los 100 metros ~s** (AmL) the hundred meters, the hundred meters dash *o* sprint; ▸**pie¹**

B ‹*figura/ángulo*› plane

plano² *m*

A (de un edificio) plan; (de una ciudad) street plan, plan, map

(Compuesto) **plano acotado** contour map

B (Mat) plane

(Compuestos)
- **plano de cola** tail plane
- **plano inclinado** inclined plane

C **1** (nivel) level; **objetos situados en ~s diferentes** objects located on different levels; **se mueven en ~s sociales muy diferentes** they move in very different social circles; **en cuanto a calidad está en otro ~** as for quality, it's in a different class; **en el ~ afectivo** on an emotional level *o* plane; **en el ~ laboral la situación no es alentadora** on the employment front the news is not encouraging; ▸**primero¹**, **segundo¹** **2** (Cin, Fot) shot

(Compuestos)
- **plano corto** close-up
- **plano general** pan shot
- **plano largo** long shot
- **plano picado** aerial view

D (de una espada) flat

E **de plano: negó de ~ su participación en los hechos** he flatly denied his involvement in the matter; **rechazó de ~ la propuesta** she rejected the proposal outright; **se equivocaron de ~ con esa decisión** they made totally the wrong decision; **el sol nos daba de ~ en los ojos** the sun was shining straight *o* right into our eyes

planta *f*

A (Bot) plant

(Compuestos)
- **planta de interior** houseplant, indoor plant
- **planta de tabaco** tobacco plant
- **planta oxigenante** oxygenator

B (Arquit) **1** (plano) plan; **la ~ y el alzado de un edificio** the ground plan and elevation of a building; **construyeron una biblioteca de nueva ~** they built a new library **2** (piso) floor; **primera/tercera ~** second/fourth floor (AmE), first/third floor (BrE); **una casa de dos ~s** a two-story* house; **grandes ofertas en la ~ de señoras** big savings in the ladies' fashion department

(Compuesto) **planta baja** first floor (AmE), ground floor (BrE)

C (Tec) (instalación) plant; **una ~ industrial** an industrial plant; **una ~ eléctrica** an electricity generating plant, power plant (AmE), power station (BrE)

(Compuestos)
- **planta depuradora** sewage treatment plant
- **planta de reciclaje** recycling plant
- **planta de reprocesamiento** *or* **reprocesado** reprocessing plant
- **planta procesadora de alimentos** food processing plant

D (del pie) sole; ***asentar sus ~s en un lugar*** to make oneself at home

E (tipo, apariencia): **de buena ~** fine-looking; **un animal de magnífica ~** a magnificent beast

F (de empleados) staff; **nuestra ~ de profesores** our teaching staff; **la ~ de obreros de la empresa** the company's work force

plantación *f* **1** (terreno plantado) field; (de árboles) plantation **2** (explotación agrícola) plantation; **una ~ de algodón** a cotton plantation **3** (acción) planting

plantado -da *adj* **~ DE algo** planted WITH sth; **un campo ~ de maíz** a field planted with corn; ***bien ~*** (ant) handsome; **un chico bien ~** a fine-looking young man; ***dejar ~ a algn*** (fam): **esperé dos horas, pero me dejó ~** I waited for two hours but she stood me up *o* but she never showed up (colloq); **prometió ayudarnos pero nos dejó ~s** he promised to help us but he let us down; **lo dejó ~ poco después del compromiso** she ditched *o* dumped him soon after the engagement (colloq); **me dejó plantada y corrió a saludarla** he left me standing there (like a lemon) and ran over to say hello to her

plantador -dora *m,f* **1** (persona) planter **2** **plantador** *m* (utensilio) dibble, dibber **3** **plantadora** *f* (máquina) planter, planting machine

plantar [A1] *vt*

A **1** ‹*árboles/cebollas*› to plant; ‹*semillas*› to sow **2** ‹*postes*› to put in; ‹*tienda*› to pitch, put up

B (fam) **1** (abandonar) ‹*novio*› to ditch (colloq), to dump (colloq); ‹*estudios*› to give up, to quit (AmE), to chuck in (BrE colloq); **planté la carrera en segundo curso** I quit *o* dropped out of college in the second year (colloq); **a la una lo planta todo y se larga** at one o'clock he drops everything and leaves **2** (no acudir a una cita): **su novio la plantó el día de la boda** her fiancé stood her up *o* jilted her on their wedding day; **los invité a cenar a mi casa y me ~on** I invited them to dinner but they didn't turn *o* show up

C (fam) **1** (poner): **lo planté en la calle** I threw *o* (colloq) chucked him out; **fue y plantó su silla delante del televisor** she went and plonked *o* stuck her chair right in front of the television (colloq); **plantó su maleta en mi habitación** she dumped her suitcase in my room **2** ‹*beso*› to plant; **le plantó una bofetada** she slapped his face

■ **plantarse** *v pron*

A (fam) (quedarse, pararse) to plant oneself (colloq); **se plantó delante de la puerta** he planted himself in front of the door (colloq); **el caballo se plantó delante del obstáculo** the horse stopped dead in front of the fence; **se plantó en su actitud** he dug his heels in (colloq)

B (fam) (llegar, presentarse): **me planto ahí en media hora** I'll be there in half an hour; **se plantó aquí con tres amigas** she turned *o* showed up here with three friends

C **1** (Jueg) (en cartas) to stick; (en una apuesta) to stick **2** (Andes fam) (en un vicio) to give up (colloq), to give up smoking (*o* drinking *etc*)

D (Andes fam) (beberse) to down (colloq), to knock back (colloq); (comerse) to put away (colloq), to wolf down (colloq)

plante *m* **1** (protesta) protest; (paro) stoppage **2** (fam) (en una cita): **darle el ~ a algn** to stand sb up

planteamiento *m* **1** (enfoque) approach; **no estoy de acuerdo con ese ~** I do not agree with that approach *o* with that way of looking at things; **la revisión de sus ~s ideológicos** the revision of their ideological platform *o* of their ideology **2** (exposición): **no les sabe dar el ~ adecuado a sus ideas** he doesn't know how to set his ideas out *o* how to present his ideas well; **ése no es el ~ que nos hicieron a nosotros** that's not the way they explained the situation to us; **hizo un ~ absurdo de la situación** he gave us an absurd analysis of the situation; **el ~ de su relación en la película** the depiction *o* portrayal of their relationship in the movie

plantear [A1] *vt*

A **1** (Mat) ‹*problema*› to set out **2** (exponer): **plantéale las cosas tal como son** tell him *o* explain to him exactly how things stand; **me planteó la situación de la siguiente manera** he explained *o* put the situation to me in the following way; **planteó la necesidad de una reestructuración total** she expressed the need for a total restructuring; **las reivindicaciones que ~on** the demands which they put forward *o* made; **le ~é la cuestión a mi jefe** I will raise the question with my boss, I will bring it up with my boss; **nos ~on dos opciones** they presented us with *o* gave us two options; **le planteé la posibilidad de ir de vacaciones a Grecia** I suggested going to Greece on vacation

B (causar, provocar) ‹*problemas/dificultades*› to create, cause; **su dimisión planteó graves problemas** his resignation created *o* caused serious problems; **esto plantea situaciones cómicas** this gives rise to *o* creates comic situations

C ‹*enfrentamiento/debate*› to engage in

■ **plantearse** *v pron*

A (considerar) ‹*problema/posibilidad*› to think about, consider; **¿te has planteado lo que harás cuando termines de estudiar?** have you thought about *o* considered what you'll do when you finish your studies?; **nunca me había planteado esa posibilidad** I had never considered that possibility

B (presentarse) «*problema/posibilidades*» to arise; **se nos ha planteado un nuevo problema** a new problem has arisen *o* has come up, we have encountered *o* come across a new problem; **se me planteó la siguiente disyuntiva** I came up against *o* I was faced with the following dilemma; **se le planteó la necesidad de abandonar el país** he found he had to leave the country, he was faced with a situation in which he had to leave the country

plantel *m*

A (cuerpo) staff; **cuenta con un excelente ~ de profesores** it boasts an excellent teaching staff *o* team; **el equipo se presenta con un renovado ~** the team has a new lineup

B (Agr) nursery

C (AmL frml) (escuela) educational establishment (frml)

planteo *m*: **me hizo el siguiente ~ de la situación** this is how he explained the situation to me *o* summed the situation up for me; **su ~ ha sido muy razonable** the way he set out *o* put his case was very reasonable

planters *m* (*pl* **~**) planter's punch

plantificar [A2] *vt* (fam) (poner) to stick (colloq); **plantificó una estatua horrible en medio del jardín** he went and plonked *o* stuck a hideous statue in the middle of the garden (colloq); **le plantificó los niños a la abuela** she dumped the children on their grandmother (colloq); **le plantificó una bofetada** she slapped his face; **me plantificó un gran beso en la mejilla** he planted a great big kiss on my cheek

■ **plantificarse** *v pron* **1** (fam) (en un lugar) to plant oneself (colloq); **se plantifican en la puerta y no dejan entrar ni salir a nadie** they plant themselves in the doorway and don't let anybody get past; **me plantifiqué en su oficina hasta que me recibió** I didn't budge from her office until she saw me **2** (*refl*) (fam) (ponerse): **se plantifica cada sombrero ...** the hats she wears!; **se plantificó unas flores en la cabeza** she stuck some flowers in her hair (colloq); **se plantificó cualquier cosa** she threw on any old thing (colloq)

plantígrado -da *adj* plantigrade

plantilla *f*

A (de un zapato) insole

B (Esp) (de una empresa) staff; **estar en ~** to be on the staff, to be a permanent member of the staff

C **1** (para marcar, cortar) template **2** (para corregir exámenes) mask

D (RPl, Ven) (bizcocho) sponge finger, lady finger (AmE)

plantío *m* field of crops

plantón *m*

A (fam) (espera) long wait; **me di** *or* **pegué un ~ de cuatro horas** I had a four-hour wait (colloq); **estoy de ~ aquí desde las seis** I've been waiting here *o* (colloq) hanging around here since six o'clock; ***darle el ~ a algn*** (en una cita) to stand sb up (colloq); (el día de la boda) to jilt sb

B (Méx) (para protestar) sit-in

C (árbol) sapling

plañidera *f* hired mourner, weeper

plañidero -ra *adj* mournful, plaintive

plañir [I9] *vi* to moan, wail, lament

plaqué *m* plating; **de ~** plated

plaqueta *f*

A (Biol) platelet

B (de cemento) small slab

C (RPl) (prendedor) brooch

plasma *m* **1** (Biol) plasma **2** (Fís) plasma

plasmar [A1] *vt* (frml) to give expression to; **quiso ~ en el lienzo aquel dolor** he tried to give expression to *o* he tried to capture *o* reflect that pain on canvas; **dejó plasmadas sus ideas en la declaración de independencia** his ideas became reality in the declaration of independence

■ **plasmarse** *v pron* (frml) to be expressed; **esta angustia se plasmó en toda su obra** this suffering is expressed *o* manifests itself throughout his work; **estas modificaciones se ~on en el acuerdo de Chicago** these changes were expressed *o* became reality in the Chicago agreement

plasta[1] *adj* 1 (Esp fam) (pesado): **¡no seas ~, tío!** stop being such a pain in the neck! (colloq), quit bugging me! (AmE colloq) 2 (AmL fam) (cachazudo) lazy, slow, sluggish, laid-back (colloq)

plasta[2] *f*
A (fam) (masa — blanda) soft lump; (— aplastada) flat *o* shapeless lump
B (AmL fam) (cachaza) laid-back attitude (colloq), slowness; **¡qué ~ tiene!** she's so laid back! (colloq)
C (AmL fam) 1 (persona cachazuda) slow *o* (colloq) laid-back person 2 (persona inútil) useless person, waste of time (colloq) 3 (persona fea) ugly mug (colloq) 4 (persona aburrida) bore (colloq)
D **plasta** *mf* (Esp fam) bore, pain in the neck (colloq)

plástica *f* 1 (artes plásticas) plastic arts (*pl*) 2 (escultura) *sculpture and modeling*

plasticidad *f* 1 (de un material) plasticity 2 (de una forma) elasticity, plasticity 3 (de un movimiento) elasticity, fluency

plasticina® *f* (CS) Plasticine®

plástico[1] **-ca** *adj*
A 1 (de plástico) plastic 2 (dúctil) pliable, plastic
B 1 (Art) physical, plastic 2 (Lit) ‹*descripción*› vivid, evocative; ‹*estilo*› expressive

plástico[2] *m* 1 (material) plastic; **una taza de ~** a plastic cup 2 (explosivo) plastic explosive, plastique 3 (Esp arg) (disco) record, disc (colloq); **pinchar un ~** to spin a disc (colloq); **su último ~** their latest release *o* record 4 (fam) (tarjetas de crédito) credit cards (*pl*), plastic (colloq)

plastificación *f* (de tela) plasticization; (de documentos) lamination

plastificado[1] **-da** *adj* ‹*tela*› plasticized; ‹*carné*› laminated; **un mantel de algodón ~** a PVC tablecloth

plastificado[2] *m* (de tela) plasticization; (de documentos) lamination

plastificante *m* plasticizer

plastificar [A2] *vt* ‹*tela*› to plasticize; ‹*carné/documento*› to laminate; **S se plastifican documentos** documents laminated

plastilina® *f* Plasticine®

plastrón *m* cravat

plata *f*
A 1 (metal) silver; **lo dejó limpio y reluciente como la ~** he left it as clean and bright as a new pin (colloq); ***hablando en ~*** (fam) to put it bluntly 2 (vajilla) silver, silverware

Compuestos
- **plata alemana** German silver, nickel silver
- **plata de ley** hallmarked silver

B (AmS fam) (dinero) money, cash (colloq), dough (sl); **tiene mucha ~** she has a lot of money, she's loaded (colloq); ***apalear ~*** (RPl fam) to rake it in (colloq); ***estar podrido en ~*** (fam) to be rolling in it (colloq), to be filthy rich (colloq); ***salvar la ~*** (AmS fam) «*persona*» to save the day; «*servicio/comida*» to be the saving grace

platabanda *f* bed, border

platada *f* 1 (Chi) (de comida) plateful 2 (Chi fam) (dineral) fortune (colloq), packet (colloq), bundle (AmE colloq)

platado *m* (Col fam) plateful

plataforma *f*
A 1 (tarima) platform; **esto le sirvió de ~ para trabajar en el cine** this was a stepping stone to a career in the movies; **usaron el congreso como ~ para hacer proselitismo** they used the conference as a political platform 2 (de un autobús) platform 3 (de un zapato) platform

Compuestos
- **plataforma continental** continental shelf
- **plataforma de lanzamiento** launchpad, launching pad
- **plataforma de perforación** drilling platform *o* rig
- **plataforma espacial** space platform *o* station
- **plataforma petrolífera** *or* **petrolera** oil platform *o* rig

B (Pol) (de un partido) platform

Compuesto **plataforma electoral** (conjunto de políticas) electoral platform; (documento) election manifesto

C (de peticiones) program*; **constituir una ~ ciudadana para su logro** to draw up a citizens' program to achieve it; **una ~ reivindicativa** a schedule of demands

platal *m* (AmS fam) fortune (colloq); **nos salió un ~** it cost us a bomb *o* a fortune (colloq)

platanal, platanar *m* banana plantation

platanera *f* 1 (árbol) banana tree 2 (empresa) banana company

platanero -ra *m,f*
A (persona) banana grower
B **platanero** *m* (árbol) banana tree

plátano *m*
A (árbol caducifolio) plane tree

Compuesto **plátano oriental** plane tree, Oriental plane

B 1 (fruto dulce, que se come crudo) banana; (árbol) banana tree 2 (fruto más grande, para cocinar) plantain; (árbol) plantain

Compuestos
- **plátano grande** plantain
- **plátano guineo** banana
- **plátano macho** (Méx) plantain

platea *f* 1 (patio de butacas) orchestra (AmE), stalls (*pl*) (BrE) 2 (localidad) seat (*in the orchestra/stalls*)

Compuesto **platea alta** dress circle

plateado[1] **-da** *adj* 1 ▸ⓘ p.181 (del color de la plata) ‹*hebilla/coche*› silver; **sus sienes plateadas** (liter) his silvery temples 2 (con baño de plata) silver-plated

plateado[2] *m* silver-plating

platear [A1] *vt* (Metal) to silver-plate, silver; **la luna plateaba las aguas del lago** (liter) the moon tinged the waters of the lake with silver (liter), moonlight silvered the lake (liter)

plateau /pla'to/ *m* set

platelminto *m* platyhelminth

plateresco -ca *adj* plateresque

platería *f* 1 (arte) silverwork 2 (objetos) silver, silverware 3 (taller) silversmith's workshop; (tienda) silversmith's, silverware shop

platero -ra *m,f* silversmith

plática *f* 1 (conferencia) talk; **nos dio una ~ sobre el tema** she gave us a talk on the subject 2 (esp AmL) (conversación) [*this noun is widely used in Mexico and Central America but is literary in other areas*] talk; **estuvimos de ~ hasta las tres de la mañana** we stayed up talking *o* (colloq) chatting until three in the morning; **la empresa reanudará ~s con el sindicato** the company will restart talks *o* negotiations with the union

platicador -dora *adj* (AmC, Méx) chatty

platicar [A2] *vi* (esp AmL) [*this verb is widely used in Mexico and Central America but is literary in other areas*] to talk, chat (colloq); **~on de muchas cosas** they talked about many things; **pasa por casa para que platiquemos un rato** drop in for a chat *o* so we can have a chat

■ **platicar** *vt* (Méx) (contar) to tell; **platícame cómo te fue en el viaje** tell me how your trip went

platija *f* plaice

platillo *m*
A 1 (plato pequeño) saucer 2 (de una balanza) pan 3 (para limosnas) collection plate *o* bowl; ***pasar el ~*** to pass the hat around

Compuestos
- **platillo volador** (AmL) flying saucer
- **platillo volante** (Esp) flying saucer

B (Mús) cymbal
C (Dep) clay pigeon
D (Méx) (en una comida) dish, course

platina *f* 1 (de microscopio) slide 2 (de una máquina) platen 3 (Impr) platen, plate 4 (de un tocadiscos) deck

Compuesto **platina a cassette** tape deck

platinado -da *adj* platinum (*before n*)

platinar [A1] *vt* to platinize

platino *m*
A (metal) platinum
B **platinos** *mpl* (Auto, Mec) contact breaker points (*pl*), points (*pl*) (colloq)

plato *m*
A 1 (utensilio) plate; **fregar** *or* **lavar los ~s** to wash *o* do the dishes, to wash up (BrE), to do the washing up (BrE); ***comer en el mismo ~*** (fam) to get on like a house on fire (colloq); (fam & pey) to be as thick as thieves (colloq); ***nada entre dos ~s*** nothing much; **¿qué pasó al final? — nada entre dos ~s** what happened in the end? — nothing dramatic *o* nothing much; ***no haber roto un ~*** (fam): **tiene cara de no haber roto un ~ en su vida** she looks as if butter wouldn't melt in her mouth (colloq); ***pagar los ~s rotos*** to pay the consequences, to take the rap (AmE colloq), to carry the can (BrE colloq) 2 (para una taza) *tb* **platito** saucer

Compuestos
- **plato bajo** (Chi) dinner plate, plate
- **plato de postre** dessert plate
- **plato extendido** (Méx) dinner plate, plate
- **plato hondo** soup dish
- **plato llano** *or* **liso** dinner plate, plate
- **plato plano** (Méx) dinner plate, plate
- **plato playo** (RPl) dinner plate, plate
- **plato sopero** soup dish

B (contenido) plate, plateful; **estaba delicioso, yo comí dos ~s** it was delicious, I had two helpings *o* platefuls
C 1 (receta) dish; **un ~ de arroz/pescado** a rice/fish dish; **es su ~ favorito** it's his favorite dish; **es el ~ típico de esa región** it is the typical dish of that region; ***no es ~ de gusto*** it's no fun (colloq), it's not much fun 2 (en una comida) course; **una comida de cuatro ~s** a four-course meal; **¿qué hay de segundo ~?** what's for (the) main course?; ***ser ~ de segunda mesa*** (fam) to play second fiddle (colloq); **no me gusta ser ~ de segunda mesa** I don't like being treated as second best *o* playing second fiddle

Compuestos
- **plato central** (Ven) main course
- **plato combinado** (Esp) *meal served on one plate, eg burger, eggs and fries*
- **plato de fondo** (AmL) main course, main dish
- **plato del día** dish of the day
- **plato fuerte** (Coc) main course, main dish; (de un espectáculo) pièce de résistance; **el ~ ~ del día fue la conferencia del doctor Tercedor** the main attraction *o* the high point of the day was the talk by doctor Tercedor

D 1 (de una balanza) scale pan, pan 2 (de un tocadiscos) turntable 3 (Dep) clay pigeon 4 (de la ducha) base, tray 5 (en béisbol) home plate
E (AmS fam) (situación, persona divertida) scream (colloq); **¡qué ~!** what a scream *o* hoot *o* laugh! (colloq); **es un ~** she's a scream *o* a riot
F (Chi) (de una cocina eléctrica — espiral) burner (AmE), ring (BrE); (— placa) hotplate

plató *m* set; **entrar en (el) ~** to come on the set

platón *m* 1 (fam) (plato grande) huge plate 2 (Méx) (de servir) serving dish, platter 3 (Col) (palangana) washbowl (AmE), washbasin (BrE)

Platón Plato

platónicamente *adv* platonically

platónico -ca *adj* platonic

platonismo *m* Platonism

platudo -da *adj* (AmS fam) well-heeled (colloq)

plausible *adj* 1 ‹*motivo/razón*› acceptable, valid 2 (loable) commendable, praiseworthy

playa *f* (extensión de arena) beach; (lugar de veraneo) seaside; **este año vamos a la ~** we're going to the seaside *o* beach *o* (AmE) ocean for our vacation this year; ***hacer*** **~** (RPl) to go to the beach

(Compuesto) **playa de estacionamiento** (CS, Per) parking lot (AmE), car park (BrE)

play-back /plei'bak/ *m* (*pl* **~s**) playback

play back, playback /'plejbak/ *m* 1 (Audio, Video) playback 2 (Espec): **no están cantando de verdad, es ~** they're not really singing, they're just miming

playboy /'plejboj/ *m* (*pl* **-boys**) playboy

playera *f* 1 (zapatilla) canvas shoe, beach shoe 2 (Méx) (camiseta) T-shirt

playero -ra *adj* 1 ‹vestido› beach (*before n*) 2 ‹*persona*› **es muy ~** he spends a lot of time at the beach, he loves the beach

playo -ya *adj* (CS) gently sloping

play-off /plei'of/ *m* (*pl* **~s**) playoff

plaza *f*

A 1 (espacio abierto) square 2 (Taur) bullring; **el toro que abrió/cerró ~** the first/last bull

(Compuestos)
- **plaza de armas** (Mil) parade ground; (lugar público) (Andes) main square
- **plaza de toros** bullring
- **plaza mayor** main square

B (esp AmL) (bolsa) market; **un producto de lo mejor que hay en ~** one of the best products on the market

C (Méx) (mercado) market, market place; **hacer la plaza** to do the shopping

D (ciudad) 1 (Mil) city, town (*usually fortified*); **el enemigo sitió la ~** the enemy laid siege to *o* besieged the town; **tuvieron que rendir** *or* **entregar la ~** they had to surrender 2 (frml) (Corresp): **nuestro representante en la ~** our local representative; **en dicha ~** in the above-mentioned city/town

(Compuestos)
- **plaza de soberanía** enclave
- **plaza fuerte** (con obras de defensa) fortified town; (con soldados) garrison town

E 1 (puesto — de trabajo) post, position; (— en una clase, universidad) place; **concurso para cubrir una ~ de profesor adjunto** selection procedure to fill the position of assistant lecturer; **hay varias ~s vacantes** there are several vacancies; **no quedan ~s en ese curso** there are no places left in (AmE) *o* (BrE) on that course 2 (asiento) seat; **¿queda alguna ~ para el vuelo del sábado?** are there any seats left for the Saturday flight?; **un sofá de tres ~s** a three-seater sofa; **un coche de cinco ~s** a car that seats five; ▸ **cama**

(Compuestos)
- **plaza de aparcamiento** parking space
- **plaza de garaje** parking space

Plaza Roja *f*: **la ~ ~** Red Square

plazo *m*

A (de tiempo) period; **hay un ~ de diez días para reclamar** there is a ten-day period in which to register complaints; **el ~ de inscripción se cierra el próximo lunes** registration closes next Monday, the deadline for registration is next Monday; **tenemos un mes de ~ para pagar** we have one month (in which) to pay; **nos han dado de ~ hasta el día 10** they've given us the 10th as a deadline, they've given us until the 10th to pay (*o* to finish *etc*); **el ~ de admisión finaliza el 20 de octubre** the closing date for entries is the 20th of October; **dentro del ~ estipulado** within the stipulated period; **cuenta/depósito a ~ fijo** (Fin) fixed term account/deposit; **comprar a ~ fijo** (Fin) to buy forward; **un objetivo a corto/largo/medio** *or* (RPl) **mediano ~** a short-term/long-term/medium-term objective

(Compuestos)
- **plazo fatal** immovable deadline
- **plazo perentorio** fixed deadline

B (mensualidad, cuota) installment*; **pagar a ~s** to pay in installments; **lo compré a ~s** I bought it on installments *o* (BrE) on hire purchase; **le quedan por pagar tres ~s del coche** he still has three payments to make on the car

plazoleta, plazuela *f* small square

pleamar *f* high tide

plebe *f* 1 (Hist): **la ~** the masses (*pl*), the populace 2 (pey) (chusma) rabble (pej), hoi polloi (pej), plebs (*pl*) (colloq & pej)

plebeyo -ya *adj/m,f* plebeian

plebiscitar [A1] *vt* (frml) to hold a plebiscite on, decide … by plebiscite

plebiscito *m* plebiscite

plectro *m* plectrum, pick

plegable *adj* folding (*before n*); **silla ~** folding *o* collapsible chair

plegadera *f* 1 (navaja) jackknife, penknife 2 (abrecartas) paperknife

plegadizo -za *adj* ▸ **plegable**

plegado *m* 1 (acción) folding 2 (pliegues) folds (*pl*)

plegamiento *m* 1 (Geol) folding 2 (de un camión) jacknife, jackknifing

plegar [A7] *vt* 1 ‹*papel*› to fold 2 ‹*silla*› to fold up

■ **plegar** *vi* (Esp fam) (terminar) to knock off (colloq)

■ **plegarse** *v pron*

A (ceder) to yield, submit, give way; **~se A algo** to yield TO sth, submit TO sth, give way TO sth; **todos debían ~se a su autoridad** everyone had to yield to *o* submit to *o* give way to her authority

B «*camión*» to jackknife

C (AmS) (unirse) to join in; **~se A algo** to join sth; **mucha gente se fue plegando al desfile** many people joined the procession along the way

plegaria *f* prayer

pleistoceno *m* Pleistocene

pleitear [A1] *vi*

A (Der) to go to litigation, go to court

B (AmL fam) (discutir) to argue

pleitesía *f* respect; **rendirle ~ a algn** to show respect for sb, to treat sb courteously

pleito *m*

A (Der) action, lawsuit; **entablar ~** to bring an action *o* a lawsuit; **ganar un ~** to win a case *o* an action *o* a lawsuit; **tienen un ~ con el dueño** they're involved in a legal dispute with the landlord

B 1 (AmL) (disputa, discusión) argument, fight (colloq); ***estar de*** **~** (Méx) to be arguing *o* (colloq) fighting; **siempre están de ~** they're always arguing *o* quarreling *o* fighting; **terminamos de ~** we ended up fighting *o* arguing; **andan de ~ por tu culpa** it's your fault that they've fallen out 2 (AmL) (de boxeo) fight, boxing match

plenamente *adv* fully, completely; **soy ~ consciente de que la culpa fue mía** I am fully aware that it was my fault; **estaba ~ convencido de ello** he was completely convinced *o* sure of it

plenario[1] **-ria** *adj* plenary, full

plenario[2] *m* (RPl) plenary *o* full session, plenary *o* full meeting

plenas *fpl* (Col fam) brights (*pl*) (AmE colloq); **ponga las ~** put your brights on *o* put your lights on full *o* main beam (BrE)

plenilunio *m* (frml) full moon

plenipotenciario -ria *adj/m,f* plenipotentiary

plenitud *f*: **está en la ~ de la vida** she's in the prime of life; **un hombre en la ~ de su carrera** a man at the height *o* peak of his career; **un logro que me dio una sensación de ~** an achievement which gave me a feeling of fulfillment; **vivir la vida con ~** to live life to the full

pleno[1] **-na** *adj*

A 1 (completo, total) full; **en ~ uso de sus facultades** in full possession of his faculties; **miembro de ~ derecho** full member; **tenía plena conciencia del peligro** he was fully aware of the danger; **~s poderes** full powers; **relaciones diplomáticas plenas** full diplomatic relations 2 (uso enfático): **en ~ verano** in the middle of summer, at the height of summer; **va sin medias en ~ invierno** she walks around with bare legs in the middle of winter; **le dio una bofetada en plena cara** he hit her right across the face *o* full in the face; **vive en ~ centro de la ciudad** she lives right in the city center; **el robo fue cometido a plena luz del día** the robbery was committed in broad daylight; **pasaron la mañana jugando a ~ sol** they spent the whole morning playing out in the sun

(Compuesto) **pleno empleo** full employment

B (liter) (lleno) **~ DE algo** full OF sth; **un país ~ de contrastes** a country full of *o* (liter) rich in contrasts

pleno[2] *m*

A (reunión) plenary *o* full meeting, plenary *o* full session; **asistió la corporación en ~** the whole corporation attended

B (Jueg) 1 (en bolos) strike 2 (en lotería, bingo) full house 3 (en las quinielas) correct forecast *o* prediction

pleonasmo *m* pleonasm

pleonástico -ca *adj* pleonastic

pletina *f* 1 (Tec) platen 2 (Esp) (de un tocadiscos) deck

(Compuesto) **pletina a cassette** (Esp) tape deck

plétora *f* (frml) (abundancia) plethora (frml), abundance; (exceso) plethora (frml), surplus, superabundance

pletórico -ca *adj* (frml) **~ DE algo**: **~s de ilusión** full of expectation; **~ de vida** teeming with life; **estaba ~ de dicha** he was overjoyed, he was bursting with *o* brimming over with happiness

pleura *f* pleura

pleural *adj* pleural

pleuresía *f* pleurisy

pleuritis *f* pleurisy

plexiglás® *m* Plexiglas®, Perspex®

plexo *m* plexus

(Compuesto) **plexo solar** solar plexus

pléyade *f* (liter) pleiad (liter); **una ~ de excelentes investigadores** an illustrious group of researchers

plica *f* (Esp) sealed tender, sealed bid

pliego *m*

A 1 (hoja de papel) sheet of paper 2 (Impr) section, signature

B (documento) document

(Compuestos)
- **pliego de cargos** list of charges
- **pliego de condiciones** specifications (*pl*), schedule of conditions
- **pliego de descargo** defense* depositions *o* submissions (*pl*)
- **pliego de peticiones**

A (Hist) petitions (*pl*)

B (Chi, Ven) (Rels Labs) list of demands

pliegue *m* 1 (en papel) fold, crease 2 (en la piel) fold 3 (en tela) pleat 4 (Geol) fold

plin *m* (Esp) ping; **¡a mí ~!** (fam) I couldn't care less! (colloq), who cares? (colloq)

Plinio Pliny

plinto *m*

A (Arquit) plinth

B (en gimnasia) box

plioceno *m* Pliocene

plisado *m* 1 (acción) pleating 2 (tablas) pleats (*pl*)

plisar [A1] *vt* to pleat; **una falda plisada** a pleated skirt

plom *m* (fam) bang, wham (colloq)

plomada *f* 1 (Const) plumb line 2 (Náut) (línea) lead; (en una red) weights (*pl*), sinkers (*pl*)

plomazo *m*

A (fam) (persona) bore (colloq); **esa tipa es un ~** that girl's a real bore, that girl's as dull as ditchwater; **la película es un ~** the movie's deadly boring (colloq), the movie's lethally boring *o* lethal (AmE colloq)

B (Méx fam) (balazo): **lo mataron de un ~ en la cabeza** they shot him in the head; **sacaron las pistolas y empezaron los ~s** they drew their pistols and bullets began to fly; **no se mueva o le meto un ~** don't move or I'll shoot

plombagina *f* plumbago

plomería *f* (AmL) plumbing

plomero -ra *m,f* (AmL) plumber

plomífero -ra *adj*
A (Min) lead-bearing, plumbiferous (frml)
B (fam) ‹*conferencia/película*› boring, dull (colloq), deadly (colloq)

plomillo *m* fuse

plomizo -za *adj* ‹*cielo*› gray*, leaden (liter); **un día ~** a dull gray day; **el gris ~ de las nubes** the leaden *o* heavy gray color of the clouds

plomo *m*
A **1** (metal) lead; **soldado de ~** tin soldier **2** (arg) (balas) lead (sl); **le llenaron el cuerpo de ~** they filled him with lead (sl); ***ser más pesado que el ~*** (fam) (ser latoso) to be a real pain in the neck (colloq) (ser aburrido) to be deadly boring (colloq), to be a real bore (colloq), to be lethally boring *o* lethal (AmE colloq)
B (fam) (persona, cosa pesada): **este libro/profesor es un ~** this book/teacher is deadly boring (colloq), this book/teacher is lethal (AmE colloq), this book/teacher is deadly (BrE colloq); **¡qué ~!** what a drag *o* pain! (colloq), what a bummer! (sl)
C **1** (plomada) plumb line; **tiene que estar a ~** it has to be plumb *o* exactly vertical; ***caer a ~*** «*tela/cortina*» to hang straight; **el sol caía a ~ sobre la ciudad** the sun was overhead beating down on the city **2** (para cortinas) weight **3** (en pesca) weight
D (Esp) (fusible) fuse
E **(de) color ~** lead-colored*, lead-gray*

pluma *f*
A (de aves) feather; (usada antiguamente para escribir) quill; (como adorno) plume, feather; **mudar la ~** to molt*; **almohada de ~(s)** feather pillow; ***pesar menos que una ~*** to be as light as a feather; ▸**peso**; ***se le ve/veía la ~*** (Esp fam) he is/was gay, he is/was a bit of a fairy (colloq & pej); ***ser ligero*** or (esp AmL) ***liviano como una ~*** to be as light as a feather; ***ser*** or ***tener ~*** (fam) to be gay
B **1** (para escribir) pen; ***a vuela ~*: son sólo unas ideas anotadas a vuela ~** they're just a few ideas I scribbled *o* jotted down; ***dejar correr la ~*** to let one's pen run on **2** (actividad literaria) writing; **vivir de la ~** to make a living out of writing *o* as a writer, to live by the pen (liter) **3** (escritor) writer
(Compuestos)
• **pluma atómica** (Méx) ballpoint pen
• **pluma estilográfica** or (AmL) **fuente** fountain pen
C **1** (de una grúa) jib **2** (barrera) barrier **3** (de un limpiaparabrisas) blade
D (Col, Méx) (grifo) faucet (AmE), tap (BrE)
E (Bol fam) (prostituta) tart (colloq)

plumada *f* (Andes) ▸**plumazo**

plumaje *m* **1** (de ave) plumage **2** (en un casco) plume, crest

plumazo *m* stroke of the pen; ***de un ~*** at a stroke; **eliminó mis dudas de un sólo ~** he dispelled all my doubts in an instant *o* (colloq) just like that; **de un ~ terminó con esos beneficios** she did away with all those benefits at a stroke *o* in one fell swoop

plumbemia *f* lead poisoning

plúmbeo -bea *adj* **1** (hum) (aburrido) dull **2** (de plomo) lead (*before n*)

plúmbico -ca *adj* lead (*before n*), plumbic (tech)

plumcake /'plumkejk, 'plʌmkejk/ *m* fruitcake

plumeado *m* hatching

plumear [A1] *vi* to hatch

plumero *m* **1** (para limpiar) feather duster; ***se te/le ve el ~*** (fam) I know what you're/he's up to (colloq), you're/he's giving yourself/himself away **2** (estuche) pencil case; (recipiente) pen holder

plumier *m* (estuche) pencil case; (caja) pencil box

plumífero¹ -ra *adj* (liter) plumiferous

plumífero² -ra *m,f*
A **1** (pey or hum) (fam) (escritor) hack (pej) **2** (oficinista) pen-pusher (colloq)
B **plumífero** *m* (Esp) anorak

plumilla *f*
A (para escribir) nib
B **1** (del limpiaparabrisas) blade **2** (proyectil) dart **3** (Mús) brush **4** (Dep) shuttlecock
C (Esp) **plumilla** *mf* (fam) (periodista) journalist

plumín *m* nib

plumón *m*
A **1** (pluma suave) down **2** (edredón) down-filled quilt *o* (BrE) duvet **3** (Esp) (anorak) down-filled jacket
B (Chi) (rotulador) felt-tip pen

plumoso -sa *adj* feathery

PLUNA *f* = **Primeras Líneas Uruguayas de Navegación Aérea**

plural¹ *adj* **1** (Ling) plural **2** ‹*sociedad*› plural

plural² *m* plural; **tercera persona del ~** third person plural; **el verbo está en ~** the verb is in the plural

pluralidad *f* plurality

pluralismo *m* pluralism

pluralista *adj* pluralist, pluralistic; **sociedad ~** pluralist society

pluralizar [A4] *vt* **1** (Ling) to pluralize **2** (generalizar): **di lo que tú piensas, pero no pluralices** give your opinion but don't assume you're speaking for all of us; **no pluralices, aquí sólo hay un culpable** don't generalize *o* don't lump everyone together, there's only one person to blame here

pluri- *pref* multi-, pluri-

pluricelular *adj* multicellular

pluriempleado¹ -da *adj* with more than one job; **médicos ~s** doctors who have more than one job

pluriempleado² -da *m,f*: **ser un ~** to have more than one job

pluriemplearse [A1] *v pron* to do a second job/more than one job; **me tengo que pluriemplear porque no me pagan bastante** I have to do a second job *o* (colloq) to do some moonlighting because they don't pay me enough

pluriempleo *m*: *the holding of more than one job by an individual*; **una economía donde el ~ es normal** an economy in which having more than one job is the norm

plurietnicidad *f* multiethnicity

plurilingüe *adj* multilingual

pluripartidismo *m* multiparty system

pluripartidista *adj* multiparty

plus *m* bonus; **~ de peligrosidad** danger money; **~ por desplazamiento** relocation allowance

pluscafé *m* (Ven) liqueur (*drunk with or after coffee, at the end of a meal*)

pluscuamperfecto¹ *adj* ▸**pretérito²**

pluscuamperfecto² *m* pluperfect, past perfect

plusmarca *f* record; **batir una ~** to break a record

plusmarquista *mf* record-holder; **~ mundial en jabalina** world record-holder in the javelin

plusvalía ➡📖 *f* **1** (Fin) capital gain, added value **2** (en la teoría marxista) surplus value

Plutarco Plutarch

plutocracia *f* plutocracy

plutócrata *mf* plutocrat

plutocrático -ca *adj* plutocratic

Plutón Pluto

plutonio *m* plutonium

pluvial *adj* (Meteo) rain (*before n*); **precipitación ~** precipitation in the form of rain, rainfall; ▸**capa**

pluviométrico -ca *adj* rainfall (*before n*); **el nivel ~** the level of rainfall

pluviómetro *m* rain gauge, pluviometer (tech)

pluviosidad *f* rainfall

pluvioso -sa *adj* (liter) rainy, pluvious (liter)

PM *mf* (= **policía militar**) MP

p.m. (= **post meridiem**) pm, PM

PMM *m* (en Esp) = **Parque Móvil de Ministerios**

PMS *m* = **Partido Mexicano Socialista**

PN *m* (en Chi) = **Partido Nacional**

PNB *m* (= **Producto Nacional Bruto**) GNP

PNL *f* (= **programación neurolingüística**) NPL

PNN *mf* (Educ en Esp) = **profesor no numerario**

PNUD /pe'nuð/ *m* = **Programa de las Naciones Unidas para el Desarrollo**

PNV *m* (en Esp) = **Partido Nacionalista Vasco**

> **PNV - Partido Nacionalista Vasco**
>
> The main Basque nationalist party. The *PNV* 's influence on Spanish politics was considerable while the *PSOE* was in power in Madrid, through pacts to ensure the central government's parliamentary majority. Relations have been far less cordial with the conservative *PP* under José María Aznar. Following the Basque parliamentary elections of 2001, the *PNV* was only able to form a government by forming a coalition with the progressive autonomists of *Eusko Alkartasuna* (Basque Alliance) and the communist *Izquierda Unida-Ezker Batua* (United Left).

Pº *m* = **paseo**

P.O., p.o. (Corresp) (= **por orden**) pp

poblacho *m* (fam & pey) hole (colloq & pej), one-horse town (colloq)

población *f*
A (habitantes) population; (Zool) population, colony; **tiene una ~ de cuatro millones de habitantes** it has a population of four million
(Compuestos)
• **población activa** working population
• **población fija** permanent population
• **población flotante** floating population
• **población pasiva** non-working population
B (ciudad) town, city; (aldea) town, village
(Compuesto) **población callampa** (Chi) shantytown
C (acción) settlement

poblacional *adj* population (*before n*)

poblada *f* (AmL) **1** (gente soliviantada) mob **2** (multitud, gentío) crowd

poblado¹ -da *adj*
A (habitado) populated; **una zona muy poco poblada** a very sparsely populated area
B ‹*barba/cejas*› thick, bushy; ‹*pestañas*› thick; **~ DE algo**: **un bosque ~ de castaños y robles** a wood full of *o* filled with *o* populated with chestnut and oak trees

poblado² *m* settlement; **un ~ indio** or **de indios** an Indian settlement; **un pequeño ~ en las estribaciones de la sierra** a small village *o* a hamlet in the foothills

poblador -dora *m,f* **1** (colono) settler **2** (Chi, Per) (de una población callampa) shantytown dweller

poblano -na *adj* **1** (fam) (de la ciudad de Puebla) of/from Puebla **2** (Ven) (de pueblo — pequeño) village (*before n*); (— más grande) small-town (*before noun*)

poblar [A10] *vt*
A ‹*territorio/región*› **1** «*colonos/inmigrantes*» (ir a ocupar) to settle, populate **2** «*autoridades/gobierno*» (mandar a ocupar) to populate, settle; **~on la región con colonos y esclavos** they settled the region with colonists and slaves **3** (habitar) to inhabit; **distintas etnias poblaban la región** various ethnic groups lived in *o* inhabited the region; **las estrellas que pueblan el firmamento** (liter) the stars which populate the firmament; **las pintadas que poblaban las fachadas** the graffiti that covered the facades

➡📖 *see* Living in a Spanish-speaking country

Algunas observaciones sobre el adverbio

Cuando el español emplea *poco* para modificar a un verbo, el inglés prefiere utilizar la oración negativa *do not... much* o *a lot*, generalmente en la forma contraída:

sale poco
= he doesn't go out much *o* a lot
dijeron poco
= they didn't say much *o* a lot

En todo caso, cuando *poco* va precedido por un adverbio como *muy*, *realmente* etc., el inglés prefiere utilizar oraciones positivas con el respectivo adverbio según el contexto:

sale muy poco
= he goes out very little
salen realmente poco
= they hardly go out (at all)
= they seldom go out

Nótese que cuando el español emplea *poco* para modificar a un adjetivo, muchas veces el inglés prefiere utilizar el prefijo *un-*:

poco realista
= unrealistic
poco práctico
= unpractical
poco amistoso/sociable
= unfriendly/unsociable
poco sentimental
= unsentimental
poco comprensivo
= unsympathetic

pero

poco cuidadoso
= careless

En caso de duda, consultar el diccionario

Para ejemplos suplementarios, ver entrada

Respecto del adjetivo

En términos generales, cuando éste califica a un nombre no numerable, siempre lo precede y su traducción al inglés es *little*, aunque se debe tener presente que el inglés en ciertos casos prefiere utilizar la oración negativa *not much*:

poca diferencia
= little difference
poca paciencia
= little patience
poca leche
= not much milk
poco dinero
= not much money

Cuando el nombre al que califica es plural (numerable), su traducción es *few*:

tengo pocos amigos
= I have few friends
a los pocos días
= a few days later
con pocas excepciones
= with few exceptions

Para más ejemplos, ver entrada

Acerca del pronombre

En términos generales cuando en español el pronombre se presenta en singular, el inglés prefiere utilizar la oración negativa *do not... much* (generalmente en la forma contraída) o *not much*, según el contexto:

había mucha cerveza, pero bebió poca
= there was plenty of beer, but he didn't drink much
¿vas a menudo al teatro? – no, poco
= do you go to the theater often? – no, not much

En todo caso cuando el pronombre va precedido de un adverbio como *muy*, *realmente* etc., el inglés prefiere utilizar una oración positiva precedida por el adverbio correspondiente:

compra más, porque queda muy poca
= buy some more, because there's very little left

Cuando el pronombre es plural su traducción es *few* o *not many*, según el caso:

son pocos los escogidos
= few are chosen *o* not many are chosen
hay pocos como él
= there are few like him *o* there aren't many like him
los pocos/las pocas que vinieron
= the few who came
las pocas/los pocos que compré
= the few (that) I bought

Para otros usos y ejemplos suplementarios, ver entrada

B **~ algo DE algo** ‹bosque› to plant sth WITH sth; ‹río/colmena› to stock sth WITH sth; **~on las laderas de nogales** they planted the slopes with walnut trees; **~ el estanque de percas** to stock the pond with perch

■ **poblarse** *v pron* **1** ‹‹*tierra/colonia*›› to be settled; **esta parte se pobló con colonos franceses** this area was settled by French colonists **2** (llenarse) **~se DE algo**: **las calles empezaron a ~se de gente** the streets began to fill with people; **la frente se le pobló de arrugas** his forehead became very lined

pobre[1] *adj*

A **1** ‹*persona/barrio/vivienda*› poor; ‹*vestimenta*› poor, shabby; ‹*nación*› poor; **somos muy ~s** we are very poor; **los sectores más ~s de la población** the poorest *o* the most deprived sectors of the population **2** (escaso) poor, limited; **tiene un vocabulario muy ~** she has a very poor *o* limited vocabulary; **~ EN algo**: **aguas ~s en minerales** water with a low mineral content **3** (mediocre) ‹*examen/trabajo*› poor; ‹*salud*› poor, bad; **indica una comprensión ~ de la obra** it shows a poor understanding of the work; **un argumento bastante ~** a rather weak argument; **su actuación en el festival fue bastante ~** his performance at the festival was fairly mediocre *o* rather poor; **¡qué chiste más ~!** what a pathetic *o* terrible joke! (colloq) **4** ‹*tierra*› poor

B (*delante del n*) (digno de compasión) poor; **tu ~ padre** your poor father; **pobrecito, tiene hambre** poor little thing, he's hungry; **se está quedando ciego, pobrecillo** he's going blind, poor thing *o* poor man *o* poor devil; **¡~ de mí!** poor (old) me!; **¡~ de ti si vuelves a tocarlo!** if you touch it again, you'll be for it!, I wouldn't like to be in your shoes if you touch it again; **un ~ desgraciado** a poor devil

(Compuesto) **pobre diablo** (infeliz) poor devil; (necesitado) poor soul

pobre[2] *mf*

A (necesitado) poor person, pauper (arch); **los ~s** the poor; **se le acercó un ~ pidiendo limosna** a poor beggar came up to her asking for money; ***sacar de ~*** (fam) to make ... rich; ***salir de ~*** (fam) to get somewhere in the world; **nunca saldrás de ~ con ese hombre** you'll never get rich *o* get on *o* get anywhere with him (colloq)

B (expresando compasión) poor thing; **la ~ está siempre sola** the poor thing's always on her own; **el ~ se está quedando sordo** the poor thing *o* the poor man *o* the poor devil is going deaf; **la ~ de la abuela está muy enferma** poor grandmother's very ill

(Compuesto) **pobre de espíritu** (Bib): **los ~s de ~** the poor in spirit

pobremente *adv* poorly; **~ vestido** poorly dressed

pobrerío *m* (Chi) poor people (*pl*)

pobretería *f* **1** (conjunto de pobres) poor people (*pl*) **2** (pobreza) poverty

pobretón -tona *m,f* (fam) (*m*) poor man, pauper (arch); (*f*) poor woman, pauper (arch)

pobreza *f* **1** (económica) poverty; **viven en la más extrema ~** they live in abject poverty; ***~ franciscana*** abject poverty; **vivían en una ~ franciscana** they were poverty-stricken, they lived in abject *o* absolute poverty; **la comida fue de una ~ franciscana** the meal was very frugal **2** (mediocridad) poverty, poorness; **su conversación es de una ~ deprimente** his conversation is depressingly dull; **~ cultural y espiritual** cultural and spiritual poverty **3** (de la tierra) poorness, poor quality

poceta *f* (Ven) toilet bowl *o* pan

pocha *f* bean

poché /po'tʃe, po'ʃe/ *adj* poached

pochismo *m* (Méx fam) **1** (Ling) *term borrowed from American English* **2** (modo de ser) *Americanized Mexican attitude*, Pochismo (AmE)

pocho[1] **-cha** *adj* (fam) off-color, peaked (AmE colloq), peaky (BrE colloq); **esas flores están un poco pochas** those flowers look a bit sad *o* are a bit past it (colloq); **una manzana pocha** a soft *o* an overripe apple

pocho[2] **-cha** *m,f* (Méx fam) **1** (persona) *Americanized Mexican living in the USA* **2** **pocho** *m* (Ling) Spanglish

pochoclo *m* (Arg) popcorn

pocholada *f* (esp Esp fam): **esos pendientes son una ~** those earrings are gorgeous *o* lovely; **¡qué ~ de niño!** what a cute *o* sweet *o* adorable little boy! (colloq)

pocholo -la *adj* (esp Esp fam) sweet (colloq), adorable, gorgeous

pocilga *f* pigsty; **tu habitación está hecha una ~** (fam) your room's a pigsty (colloq)

pocillo *m* **1** (bol) bowl, dish **2** (taza — pequeña) (AmL) small coffee cup; (— cualquiera) (Per) cup

pócima *f* **1** (Farm) potion **2** (fam) (bebida) concoction (colloq)

poción *f* potion

poco[1] *adv* ▸ ⓘ p.645; **es muy ~ agradecido** he is very ungrateful, he isn't at all grateful; **es un autor muy ~ conocido** he is a very little-known author; **me resultó ~ interesante** I didn't find it very interesting, I found it rather uninteresting; **habla ~** he doesn't say much *o* a lot; **duerme poquísimo** she sleeps very little, she doesn't sleep very much; **viene muy ~ por aquí** he hardly ever comes around; **~ y nada me ayudaron** they hardly helped

p

me at all; **... con lo ~ que le gusta el arroz ...** and he doesn't even like rice *para locs ver* **poco[3] D**

poco[2] -ca *adj* ▸ℹ p.645; (con sustantivos no numerables) little; (en plural) few; **muy ~ vino** very little wine; **muy ~s niños** very few children; **hemos tenido muy poca suerte** we've been very unlucky, we've had very little luck; **¡qué ~ sentido común tienes!** you don't have much common sense, do you?; **tengo muy poca ropa** I have hardly any clothes, I have very few clothes; **a poca gente se le presenta esa oportunidad** not many people get that opportunity; **hay muy pocas mujeres en el gremio** there are very few women in the trade; **éramos demasiado ~s** there were too few of us, there weren't enough of us; **fue asombroso, todo lo que te pueda decir es ~** it was amazing, I can't begin to tell you; **a esta mujer todo le parece ~** this woman is never satisfied; **me he olvidado del ~ francés/de las pocas palabras que sabía** I've forgotten the little French/the few words I knew; **le dio unos pocos pesos** she gave him a few pesos

poco[3] -ca *pron* ▸ℹ p.645

A (poca cantidad, poca cosa): **le serví sopa pero comió poca** I gave her some soup but she only ate a little *o* she didn't eat much; **sírvele ~, desayunó muy tarde** don't give him (too) much, he had a late breakfast; **por ~ que gane, siempre es otro sueldo** no matter how little *o* however little she earns *o* even if she doesn't earn much, it's still another salary coming in; **se conforma con ~** he's easily satisfied; **~ faltó para que me pegara** he nearly hit me; **~ y nada saqué en limpio de lo que dijo** what he said made little or no sense to me; **lo ~ que gana se lo gasta en vino** he spends the little *o* what little he earns on wine; **compra más lentejas, nos quedan muy pocas** buy some more lentils, we've hardly any left *o* we have very few left; **es un profesor como ~s** there aren't many teachers like him; **~s pueden permitirse ese lujo** not many people can afford to do that

B **poco** (refiriéndose a tiempo): **lo vi hace ~** I saw him recently *o* not long ago; **hace muy ~ que lo conoce** she hasn't known him for very long, she's only known him a little while; **tardó ~ en pintar la cocina** it didn't take him long to paint the kitchen; **falta ~ para las navidades** it's not long till Christmas, Christmas isn't far off; **a ~ de terminar el bombardeo** soon *o* shortly after the bombing stopped; **dentro de ~ sale otro tren** there'll be another train soon *o* shortly; **~ antes de que ella se fuera** a short while *o* shortly before she left

C **un poco** [1] (refiriéndose a cantidades) a little; (refiriéndose a tiempo) a while; **¿te sirvo un ~?** would you like a little *o* some?; **descansemos un ~** let's rest for a while, let's have a little rest; **espera un poquito** wait a little while; **todavía le duele un poquitín** *or* **poquitito** it still hurts him a little [2] **un poco de: ponle un ~ de pimienta/vino** add a little (bit of) pepper/wine; **tiene un ~ de fiebre** he has a slight fever, he has a bit of a temperature *o* a slight temperature (BrE); **come un ~ de jamón** have a bit of *o* some *o* a little ham [3] **un poco** (hasta cierto punto): **es un ~ lo que está pasando en Japón** it's rather like what's happening in Japan; **un ~ porque me dio lástima** partly because I felt sorry for him [4] **un poco + ADJ/ADV: un ~ caro/tarde** a bit *o* a little expensive/late; **me queda un ~ corto** it's a bit short *o* a little short *o* slightly too short (for me); **habla un ~ más fuerte** speak up a bit *o* a little

D (*en locs*): **a poco** (Méx): **¿a ~ no lees los periódicos?** don't you read the newspapers?; **¡a ~ no está fabuloso Acapulco!** isn't Acapulco just fantastic!; **¡a ~ ganaron!** don't tell me they won!; **nos sacamos el gordo de la lotería — ¡a ~ !** we won the big lottery prize — you didn't!; **de a poco** (AmL) gradually; **agrégale la leche de a poquito** add the milk gradually *o* a little at a time; **de a poquito se lo fue comiendo** little by little *o* slowly she ate it all up; **en poco: en ~ estuvo que nos ganaran** they came very close to beating us, they very nearly beat us; **en ~ estuvo que no viniéramos** we almost didn't come; **tienen en ~ la vida ajena** they set little value on other people's lives; **me tienes bien en ~ si me crees capaz de eso** you can't think very highly *o* much of me if you think I could do such a thing; **poco a poco** *or* (Méx) **a poquito** gradually; **~ a ~ la fueron arreglando** they gradually fixed it up, they fixed it up little by little; **poco más o menos** approximately, roughly; **habrán gastado unos dos millones, ~ más o menos** they must have spent in the neighborhood *o* (BrE) region of two million; **poco menos que** nearly; **es ~ menos que imposible** it's well-nigh *o* almost *o* very nearly impossible; **le pegó una paliza que ~ menos que la mata** (fam) he gave her such a beating he almost *o* nearly killed her; **~ menos que los echan a patadas** (fam) they practically kicked them out; **por poco** nearly; **por ~ nos descubren** we were nearly found out

pocotón *m* (Per fam): **un ~ de comida** loads of *o* a load of *o* stacks of food (colloq)

poda *f* [1] (acción) pruning [2] (temporada) pruning season

podadera *f* (cuchillo) pruner; (tijeras) pruning shears; **~ de mangos largos** loppers

podadora *f* (Méx) *tb* : **~ de pasto** lawnmower

podar [A1] *vt* [1] ‹*árbol*› to prune [2] ‹*rabo*› to dock

podcast *m* (Inf) podcast; **hacer* un ~** to podcast

podenco *m* hound

poder[1] [E21]

GUÍA DE BÚSQUEDA

Sentido **I**
- **A** tener la capacidad de
- **B** expresando idea de permiso
- **C** expresando un derecho moral
- **D** [1] en quejas, reproches
  - [2] en sugerencias
  - [3] solicitando un favor

Sentido **II**
- **A** [1] poder con algo/alguien
  - [2] el dinero lo puede todo
- **B** en locuciones
- **C** [1] vencer, ganar
  - [2] doler

Sentido **III**
- **A** con idea de eventualidad
- **B** en tercera persona

v aux

Sentido **I**

A (tener la capacidad o posibilidad de): **ven en cuanto puedas** come as soon as you can; **no puedo pagar tanto** I can't pay that much; **¿cómo que no puedes?** what do you mean, you can't do it (*o* you can't come *etc*)?; **no podía dejar de reír** I couldn't stop laughing; **no va a ~ venir** he won't be able to come; **¿cuándo podrá darme una respuesta definitiva?** when will you be able to *o* when can you give me a firm answer?; **no pude convencerla** I couldn't persuade her; **no pudo asistir a la reunión** he was unable to *o* he couldn't attend the meeting; **¿pudiste hacerlo sola?** did you manage to do it *o* were you able to do it on your own?; **hicimos todo lo que pudimos por ayudarlos** we did everything in our power *o* everything we could to help them; **no se puede valer por sí mismo** he can't manage by himself; **no habría podido hacerlo sin tu ayuda** I wouldn't have been able to do it *o* I couldn't have done it without your help; **no debe (de) haber podido encontrarlo** she obviously couldn't find it *o* can't have found it; **¡este niño no se puede estar quieto ni un minuto!** this child just won't *o* can't keep still for a minute!; **con aquel ruido no se podía trabajar** it was impossible to work *o* you couldn't work with that noise going on; **¿sabes que se han prometido? — ¡no te (lo) puedo creer!** do you know they're engaged? — you're joking! *o* I don't believe it!

B (expresando idea de permiso): **¿puedo servirme otro?** can *o* may I have another one?; **ya pueden volver la hoja** you may turn the page over now; **¿me puedo ir? — ¡no señor!** can *o* may I go? — no, you cannot *o* may not!; **¿sales a jugar? — no puedo, estoy castigada** are you coming out to play? — I can't, I'm being kept in; **¿puedo pasar?** may I come in?; **¿le puedo hacer una sugerencia?** may I make a suggestion?; **¿podría irme un poco más temprano hoy?** could I leave a little earlier today?; **por mí, puedes hacer lo que quieras** as far as I'm concerned, you can do whatever you like; **no puede comer sal** he isn't allowed to eat salt; **¿quién te lo dijo, si se puede saber?** who told you, may I ask?; **¿se puede? — ¡adelante!** may I? — come in; **aquí no se puede fumar** smoking is not allowed here, you can't smoke here

C (expresando un derecho moral): **no podemos hacerle eso** we can't do that to her; **después de lo que has trabajado, bien puedes tomarte un descanso** you're entitled to *o* you deserve a rest after all the work you've done; **es lo menos que puedes hacer** it's the least you can do

D [1] (en quejas, reproches): **¿cómo pudiste hacer una cosa así?** how could you do such a thing?; **¿cómo puedes ser tan ingrato?** how can you be so ungrateful?; **podías** *or* **podrías haberme avisado** you could *o* might have warned me! [2] (en sugerencias): **podrías** *or* **podías pedírselo tú, a ti siempre te hace caso** why don't *you* ask him? he always listens to you; **ya te puedes ir haciendo a la idea** you'd better start getting used to the idea [3] (solicitando un favor): **¿puedes bajar un momento?** can you come down for a moment?; **¿podrías hacerme un favor?** could you do me a favor?; **¿no puedes irte a jugar a otra parte?** can't you go and play somewhere else?

Sentido **II** (con el verbo principal sobreentendido)

A [1] **~ CON algo/algn: ¿tú puedes con todo eso?** can you manage all that?; **no puedo con esta maleta** I can't manage this suitcase; **yo no puedo solo con la casa, los niños y la tienda** I can't do the housework, look after the children and run the store all on my own, I can't cope with the house, the children and the store all on my own; **no pudo con el alemán y lo dejó** he couldn't get *o* come to grips with German and he gave up; **¡con este niño no hay quien pueda!** this child is just impossible!; ***podérsela*** (Chi fam) to cope, manage; **no se la puede con el trabajo** he can't cope with the job *o* manage the job [2] **el dinero lo puede todo** money talks, you can do anything if you have money

B (*en locuciones*): **a más no poder: comió a más no ~** he ate until he was fit to burst; **gana dinero a más no ~** she's making pots of money (colloq), she's making money hand over fist; **es feo a más no ~** he's as ugly as they come; **corrimos a más no ~** we ran for all we were worth *o* as fast as we could; **no poder más: estoy que no puedo más (de cansancio)** I'm exhausted; **a mí no me des postre que ya no puedo más** don't serve me any dessert, I can't eat anything else; **ya no puedo más con este niño** I'm at the end of my tether with this child; **no podía más, y ese estúpido que no salía del cuarto de baño** I was desperate *o* I was bursting to go and that idiot wouldn't come out of the bathroom (colloq); **ya no puedo más, me está desquiciando** I can't go on like this, it's driving me mad; **no poder (por) menos que: uno no puede menos que sentirse halagado** one can't help feeling flattered; **no puedo menos que expresar mi profunda decepción** I feel I must say how deeply disappointed I am; **no pudo menos que reconocer que teníamos razón** she had no alternative but to admit that we were right

C [1] (fam) (vencer, ganar): **él es más alto pero tú le puedes** he's taller than you but you can beat him; **tu papá no le puede al mío** your dad's not as strong as mine; **a gracioso no hay quien le pueda** as a comic, there's no-one to beat him *o* he's unbeatable [2] (Méx fam) (doler): **tu desprecio le puede mucho** she's very hurt by your disdainful attitude, your disdainful attitude hurts her deeply; **nos pudo mucho la muerte de Julio** we were greatly saddened *o* terribly upset by Julio's death

(*Sentido* **III**)

A (con idea de eventualidad, posibilidad): **puede aparecer en cualquier momento** he may turn up at any moment; **de él se puede esperar cualquier cosa** anything's possible with him; **no sé dónde lo puedo haber puesto** I don't know where I can have put it; **no hagas nada que pueda resultar sospechoso** don't do anything that might look suspicious; **puede haber venido mientras no estábamos** he may have come while we were out; **hace horas que están reunidos ¿de qué pueden estar hablando?** they've been in that meeting for hours, what can they be talking about?; **te podrías** *or* **podías haber matado** you could have killed yourself!; **un error así puede costar millones** a mistake like that could cost millions; **no podía haber estado más amable** she couldn't have been kinder; **llaman a la puerta — ¿quién podrá ser a estas horas?** there's someone at the door — who can *o* could it be at this time?; **podría volver a ocurrir** it could happen again; **Pilar no pudo haber sido** it couldn't have been Pilar

B (*en tercera persona*): **¿nos habrá mentido? — no sé, puede ser** do you think he lied to us? — I don't know, he may have done *o* it's possible; **no puede ser que no lo sepa** he *must* know; **no puede ser que ya haya terminado** he *can't* have finished already; **si puede ser** *or* (Esp) **a ~ ser preferiría la cuarta fila** if possible, I'd prefer row four; **me habría gustado verlo pero no pudo ser** I would have liked to see him but it wasn't possible *o* it wasn't to be; **puede (ser) que tengas razón** you may *o* could be right; **puede (ser) que no nos haya visto** he may not have seen us; **¿vas a votar para ella? — puede que sí** *or* **puede** are you going to vote for her? — maybe *o* I may; **¿lo vas a aceptar? — puede que sí, puede que no** are you going to accept it? — maybe, maybe not

poder[2] *m*

A **1** (control, influencia) power; **el ~ de la prensa** the power of the press; **tiene mucho ~ en el pueblo** he has a great deal of power *o* he is a very powerful man in the village; **la Familia Real no tiene ningún ~** the Royal Family has no power; **Constantinopla cayó en ~ de los turcos** Constantinople fell to the Turks; **estamos/nos tiene en su ~** we are/she has us in her power **2** (Pol): **el ~** power; **estar en el ~** to be in power; **tomar el ~** to take *o* seize power; **asumir el ~** to assume power; **detenta el ~ desde hace 20 años** (frml) he has held power for 20 years; **lleva cuatro años en el ~** he has been in power for four years; **toda la vida buscó el ~ y la gloria** all her life she sought power and fame; ***el ~ en la sombra*** the power behind the throne; ***el ~ corrompe*** power corrupts

B (posesión): **la carta está en ~ de las autoridades** the letter is in the hands of the authorities; **hay que evitar que llegue a su ~** we have to stop it falling into his hands; **obra en su ~ la copia del acta** (frml) you have in your possession a copy of the minutes; **la solicitud ya pasó a ~ de la oficina central** the application has already been passed to our head office

C **1** (derecho, atribución): **tiene amplios/plenos ~es para investigar el asunto** he has wide-ranging powers/full authority to investigate the matter; **la entrega** *or* **transmisión de ~es** the handing over *o* transmission of power; **los ~es de la junta son ilimitados** the junta has unlimited powers; **los ~es que le han sido conferidos** the powers which have been vested in him; **la separación de ~es entre la Iglesia y el Estado** the division *o* separation of power between the Church and the State; ▸ **división** **2** (Der) (documento) letter of authorization; (hecho ante notario) power of attorney; **casarse por ~** (AmL) *or* (Esp) **por ~es** to get married by proxy

D **1** (capacidad, facultad) power; **su ~ de convicción** *or* **de persuasión** her power of persuasion; **el ~ del amor/de la sugestión** the power of love/of suggestion; **tiene ~es extrasensoriales** he has extrasensory powers **2** (de un motor, aparato) power

(Compuestos)

- **poder absoluto** *m* absolute power
- **poder adquisitivo** *m* (de una divisa, un sueldo) purchasing power, buying power; (de una persona, un grupo) purchasing power, spending power
- **poder divino** *m* divine power
- **poder ejecutivo** *m*: **el ~ ~** the executive
- **poderes fácticos** *mpl institutions which hold effective control*
- **poderes notariales** *mpl* power of attorney
- **poderes públicos** *mpl*: **los ~ ~** the authorities
- **poder judicial** *m*: **el ~ ~** the judiciary
- **poder legislativo** *m*: **el ~ ~** the legislature

poderdante *mf*: *person granting a power of attorney*

poderhabiente *mf* (que firma) authorized signatory; (que representa) agent; (que tiene poder de otro) proxy

poderío *m* power

poderosamente *adv* powerfully

poderoso -sa *adj* **1** ‹*nación/persona*› powerful **2** ‹*remedio/calmante*› powerful, effective **3** ‹*motivo/razón*› powerful, strong

podio *m* **1** (Dep) podium **2** (Mús) podium, rostrum

pódium *m* (*pl* **-diums**) ▸ **podio**

podología *f* chiropody, podiatry (AmE)

podólogo[1] **-ga** *adj* ▸ **médico**[2]

podólogo[2] **-ga** *m,f* chiropodist, podiatrist (AmE)

podómetro *m* pedometer

podré, etc ▸ **poder**[1]

podredumbre *f* **1** (mal estado) rottenness, putrefaction **2** (corrupción) corruption **3** (cosa aburrida) bore

podría, etc ▸ **poder**[1]

podrida *f* (RPl fam): **se armó la ~** all hell broke loose (colloq), there was a tremendous ruckus (AmE colloq)

podrido -da *adj*

A **1** (descompuesto) rotten; **huele a** *or* (AmL) **hay olor a ~** there's a smell of something rotting *o* rotten **2** (corrompido) rotten, corrupt; **la organización está podrida por dentro** the organization is rotten inside; ***estar ~ de dinero*** *or* (AmL) ***estar ~ en plata/oro*** (fam) to be stinking *o* filthy rich (colloq)

B (RPl fam) **1** (harto) fed up (colloq); **me tienen podrida** I'm fed up with them, they're getting on my nerves; **estar ~ DE algo/algn** to be fed up WITH sth/sb (colloq); **estoy ~ de hacer todos los días lo mismo** I'm sick and tired of *o* I'm fed up with doing the same thing every day (colloq) **2** (aburrido) fed up (colloq)

podrir [I38] *vt* ▸ **pudrir**

poema *m* poem; ***fue todo un ~*** (fam) you should have seen him/her/it!; ***ir hecho un ~*** (fam) to look a sight (colloq); ***ser un ~*** (AmL fam) to be lovely *o* divine *o* exquisite

(Compuesto) **poema sinfónico** symphonic poem

poemario *m* anthology *o* collection of poems

poemático -ca *adj* poetic

poesía *f* **1** (género) poetry **2** (poema) poem

poeta -tisa *m,f*, **poeta** *mf* poet

poetastro -tra *m,f* (pey) poetaster (pej)

poética *f* poetics, poetic art

poéticamente *adv* poetically

poético -ca *adj* poetic

poetisa *f ver* ▸ **poeta**

poetizar [A4] *vt* to poeticize

pogrom *m* (*pl* **-groms**) pogrom

pogromo *m* pogrom

pointer /'pojnter/ *mf* (*pl* **-ters**) pointer

póker, poker *m* ▸ **póquer**

pola *f* (Col fam) beer

polaco[1] **-ca** *adj* Polish

polaco[2] **-ca** *m,f* **1** (persona) Pole **2** **polaco** *m* (idioma) Polish

polaina *f* **1** (de cuero, paño) gaiter **2** (RPl) (de lana tejida) legwarmer

polar *adj* polar

polaridad *f* polarity

polarización *f*

A (Fot, Ópt) polarization

B (de atención, interés) concentration

C (de la opinión) polarization

polarizador[1] **-dora** *adj* polarizing (*before n*); **filtro ~** polarizing filter

polarizador[2] *m* polarizer

polarizar [A4] *vt*

A **1** (Fot, Ópt) to polarize **2** ‹*atención*› to focus; ‹*interés*› to concentrate

B (dividir) to polarize; **su discurso polarizó la opinión pública** her speech polarized public opinion

■ **polarizarse** *v pron* (dividirse) to polarize, become polarized

polaroid® *f* Polaroid®

polca *f* polka

pólder *m* polder

pole *f* (Dep) pole position; **salir* desde la ~** to start in pole postion

polea *f* (Tec) pulley; (Náut) tackle

poleada *f*: *type of porridge made with flour and milk*

polémica *f* controversy, polemic (frml)

polémico -ca *adj* controversial, polemical, polemic

polemista *mf* polemicist

polemizar [A4] *vi* to argue; **se ha polemizado mucho en torno a este tema** there has been much dispute *o* argument about this matter

polen *m* pollen

polenta *f* **1** (Coc) polenta **2** (RPl fam) energy, enthusiasm

poleo *m* pennyroyal

polera *f* **1** (RPl) (suéter) polo neck **2** (Chi) (camiseta) T-shirt

poli *mf* **1** (fam) (agente) cop (colloq) **2** **la poli** *f* (fam) (cuerpo) the fuzz (*pl*) (colloq), the cops (*pl*) (colloq)

poli- *pref* poly-

poliamida *f* (Quím) polyamide; (Tex) nylon

poliandria, poliandría *f* polyandry

poliándrico -ca *adj* polyandrous

polibán *m* (Esp) hip bath

polichar [A1] *vt* (Col) to polish

polichinela *m* **1** (títere) string puppet **2** **Polichinela** (personaje) Punchinello, ≈ Punch

policía *f* ▸ **Policía Nacional**

A (cuerpo) police; **llamar a la ~** to call the police; **la ~ está investigando el caso** the police are investigating the case

(Compuestos)

- **policía antidisturbios** riot police
- **policía caminera** (RPl) traffic police, highway patrol (AmE)
- **policía de tráfico** *or* (AmL) **de tránsito** traffic police, highway patrol (AmE)
- **policía judicial** officers of court (*pl*)
- **policía local** local *o* city police
- **policía militar** military police
- **policía montada** mounted police
- **policía municipal** local *o* city police
- **policía nacional** police, state police
- **policía secreta** secret police
- **policía vial** (Col) traffic police, highway patrol (AmE)

B **policía** (agente) (*m*) policeman, police officer; (*f*) policewoman, police officer

(Compuestos)

- **policía acostado** *m* (Ven) speed ramp, sleeping policeman (BrE)
- **policía de tráfico** *or* (AmL) **de tránsito** (*m*) traffic officer, traffic policeman, highway patrol officer (AmE); (*f*) traffic officer, traffic policewoman, highway patrol officer (AmE)

P

- **policía militar** (*m*) military police officer, military policeman; (*f*) military police officer, military policewoman
- **policía municipal** (*m*) city *o* local police officer, city *o* local policeman; (*f*) city *o* local police officer, city *o* local policewoman
- **policía nacional** (*m*) police officer, policeman; (*f*) police officer, policewoman
- **policía secreto, policía secreta** (*m*) secret police officer *o* policeman; (*f*) secret police officer *o* policewoman

Policía Nacional

The National Police was set up in Spain in 1976. Its members patrol provincial capitals and big cities, which are responsible for its finance, administration, and recruitment. Although armed, it has never been considered a repressive force, unlike the ▸**Guardia Civil**.

policíaco -ca, **policiaco -ca** *adj* ‹*novela/serie*› crime (*before n*), detective (*before n*)

policial *adj* 1 ‹*control/medidas*› police (*before n*) 2 ‹*novela*› crime (*before n*), detective (*before n*); ‹*película*› detective (*before n*)

policlínica *f*, **policlínico** *m* polyclinic, general hospital

policromado -da *adj* polychrome

policromía *f* polychromy

policromo -ma, **polícromo -ma** *adj* polychrome

policultivo *m* mixed farming

polideportivo[1] **-va** *adj* sports (*before n*)

polideportivo[2] *m* sports center*

poliducto *m* (AmL) pipeline, oil pipeline

poliedro *m* polyhedron

poliéster *m* polyester

poliestireno *m tb* : **~ expandible** polystyrene, expanded polystyrene

polietileno *m* polyethylene (AmE), polythene (BrE); **viene en bolsas de ~** it comes in plastic *o* polythene bags

polifacético -ca *adj* versatile, multifaceted

polifásico -ca *adj* multiphase

polifonía *f* polyphony

polifónico -ca *adj* polyphonic

poligamia *f* polygamy

polígamo[1] **-ma** *adj* polygamous

polígamo[2] **-ma** *m,f* polygamist

políglota *mf* polyglot

poligloto -ta, **polígloto -ta** *m,f* polyglot

poligonal *adj* polygonal

polígono *m*

A (Mat) polygon

B (Esp) 1 (zona) area, zone 2 (residencial) housing development (AmE), housing estate (BrE)

(Compuestos)

- **polígono de tiro** firing range
- **polígono industrial** (Esp) industrial area *o* zone, industrial estate (BrE)

polígrafo *m* lie detector, polygraph (tec)

poliinsaturado -da *adj* polyunsaturated

polilla *f*

A (Zool) moth

(Compuesto) **polilla de la madera** woodworm

B (Per fam) (prostituta) prostitute, hooker (colloq)

polimerización *f* polymerization

polimerizar [A4] *vt* to polymerize

polímero *m* polymer

poli-mili *mf*: *member of the political-military wing of ETA*

polimorfismo *m* polymorphism

polimorfo -fa *adj* polymorphous

Polinesia *f* Polynesia

polinesio[1] **-sia** *adj* Polynesian

polinesio[2] **-sia** *m,f* 1 (persona) Polynesian 2 **polinesio** *m* (idioma) Polynesian

polínico -ca *adj* pollen (*before n*)

polinización *f* pollination; **~ cruzada** cross-pollination

polinizar [A4] *vt* to pollinate

polinomio *m* polynomial

polinosis *m* hay fever

polio *f* polio

poliomielítico[1] **-ca** *adj*: **niños ~s** children with polio

poliomielítico[2] **-ca** *m,f* polio victim

poliomielitis *f* poliomyelitis, polio

polipero *m* coral reef

polipiel® *f* synthetic leather

pólipo *m*

A (Zool) polyp; (coral) coral

B (Med) polyp

polisacárido *m* polysaccharide

Polisario *m* (= **Frente Popular para la Liberación de Saguia el Hamra y Río de Oro**) Polisario

polisemia *f* polysemy

polisémico -ca *adj* polysemous

polisílabo[1] **-ba** *adj* polysyllabic

polisílabo[2] *m* polysyllable

polisón *m* bustle

polista *mf* polo player

Politburó *m* Politburo

politécnico -ca *adj* ‹*universidad*› *specializing in technical or practical subjects*; **escuela politécnica** technical college

politeísmo *m* polytheism

politeísta[1] *adj* polytheistic

politeísta[2] *mf* polytheist

política *f*

A (Pol) politics; **se dedicó a la ~** he went into politics; **siempre están hablando de ~** they are always talking about politics; **meterse en ~** (como profesión) to go into politics; (como militante) to get involved in politics

B (postura) policy; **la ~ económica del gobierno** the government's economic policy; **~ interior/exterior** domestic/foreign policy; **~ gubernamental** government policy; **~ salarial** wage policy; **nuestra ~ educativa** our education policy, our policy on education; **una ~ de negociación** a policy of negotiation

(Compuesto) **Política Europea de Seguridad y Defensa** (UE) Common European Security and Defence Policy

políticamente *adv* politically; **~ correcto/incorrecto** politically correct/incorrect; **países ~ inestables** politically unstable countries

politicastro -tra *m,f* (pey) politician, politico (pej)

político[1] **-ca** *adj*

A (Pol) ‹*partido*› political; ‹*medida/solución*› political; **la vida política** political life

B (diplomático, cortés) diplomatic, tactful

C (en relaciones de parentesco): **es mi sobrino ~** he's my nephew by marriage; **la familia política** the in-laws; **hermano ~** brother-in-law *ver tb* **hijo, padre**, etc

político[2] **-ca** *m,f* politician

politiquear [A1] *vi* (fam) to indulge in politics *o* (pej) politicking

politiqueo *m* (fam) political maneuvering*, politicking (pej)

politiquería *f* ▸**politiqueo**

politiquero[1] **-ra** *adj* (pey) 1 ‹*persona*› **es muy ~** he likes to indulge in politicking (pej) *o* political maneuvering* 2 ‹*discurso/medida*› politically motivated; ‹*ámbito*› political

politiquero[2] **-ra** *m,f* (pey) political maneuverer*

politiquillo *m* minor politician

politización *f* politicization

politizar [A4] *vt* to politicize

■ **politizarse** *v pron* to become politicized

politología *f* political science

politólogo -ga *m,f* political scientist

politraumatismo *m* polytrauma

poliuretano *m* polyurethane

polivalencia *f* polyvalency

polivalente *adj* 1 (Quím) polyvalent 2 (versátil) multipurpose

polivinilo *m* polyvinyl

póliza *f*

A (de seguros) policy; **~ de seguro de incendios/vida** fire/life insurance policy; **suscribir/rescindir una ~** to take out/cancel a policy

B (esp Esp) (sello) fiscal stamp

polizón *mf* stowaway; **viajó de ~** she stowed away

polizonte *mf* (fam) cop (colloq)

polla *f*

A (Esp vulg) (pene) cock (vulg), prick (vulg)

B 1 (AmL) (apuesta) bet 2 (Per) (quiniela) ≈ sports lottery (*in US*), ≈ (football) pools (*in UK*) 3 (Chi) (lotería) national lottery *ver tb* **pollo**

polla

In Chile and Peru a word for an official lottery, whose proceeds go to charity. In some Latin American countries, a *polla* is a private bet on soccer games, horse races etc.

pollada *f* brood

polla-gol

▸**quiniela.**

polla-gol *f* (Chi) ≈ sports lottery (*in US*), ≈ (football) pools (*in UK*)

pollera *f* 1 (CS) (Indum) skirt 2 **polleras** *fpl* (CS fam) (mujeres) women (*pl*); **un lío de ~s** woman trouble, some trouble with a woman

(Compuestos)

- **pollera escocesa** (CS) (de mujer) kilt, tartan skirt; (de hombre) kilt
- **pollera pantalón** (CS) split skirt

pollería *f* poultry *o* poulterer's store

pollero -ra *m,f*

A 1 (vendedor) poulterer 2 (criador) chicken farmer

B (Méx) (coyote) *person who gets illegal immigrants across the border*

pollerudo[1] **-da** *adj* (RPl fam) wet (colloq), wimpish (colloq)

pollerudo[2] **-da** *m,f* (RPl fam) chicken (colloq), wimp (colloq)

pollino -na *m,f* 1 (Zool) donkey 2 (fam) (persona) idiot, silly ass (colloq)

pollito -ta *m,f* (de la gallina) chick; (de otras aves) chick, young bird

pollo -lla *m,f* (*ver tb* **polla**)

A (Zool) 1 (cría — de gallina) chick; (— de otras aves) chick, young bird 2 (adulto) chicken; ***sudar como un ~*** (fam) to sweat like a pig (colloq); **estoy sudada como un ~** I'm soaked in sweat 3 (Coc) chicken; **~ asado** roast chicken; **~ para asar** *or* (RPl) **~ parrillero** *or* (Chi) **~ broiler** roasting chicken, broiler (AmE); ***listo el ~*** (AmL fam) that's that!; **nos tomamos un taxi y listo el ~** we'll take a taxi and that's that!; **hago esto y listo el ~** I'll just do this and then I'm calling it a day; ***quedarse como un ~*** (Col fam) to snuff it (colloq), to kick the bucket (colloq)

(Compuestos)

- **polla de agua** *f* moorhen
- **pollo a l'ast** *m* spit-roast chicken
- **pollo tomatero** *m* (Esp) fryer, spring chicken

B (fam) (*m*) young lad; (*f*) young girl; **oye ~, más respeto** have a little more respect, young lad *o* young man; **está usted todavía hecho un ~** you still look very young *o* like a youngster; **tus hijas ya son pollitas** your daughters have already grown up into real young ladies; **un bar lleno de ~s pera vestidos a la última** a bar full of rich kids wearing the latest fashions (colloq)

C (fam) (escupida) gob (colloq)

polluelo *m* chick, young bird

polo[1] **-la** *adj* (AmC fam) hick (*before n*) (AmE colloq), country (*before n*); **no sea tan ~** don't be such a hick *o* (BrE) yokel (colloq)

polo[2] *m*

A (Geog) pole

(Compuestos)

- **Polo Norte** North Pole
- **Polo Sur** South Pole

p

B (Elec, Fís) pole; ~ **positivo/negativo** positive/negative pole; ~ **magnético** magnetic pole; ***ser el ~ opuesto de algn/algo*** (fam) to be the complete opposite of sb/sth; ***ser ~s opuestos*** (fam) to be poles apart
C (centro) center*, focus
D (Dep) polo
E (Indum) polo shirt
F (Esp) (helado) Popsicle® (AmE), ice lolly (BrE)

pololear [A1] *vi* (Chi) to have a boyfriend/girlfriend; **están pololeando** they're going out together, they're dating (esp AmE colloq); ~ CON **algn** to go out WITH sb, to date sb (esp AmE colloq)

pololeo *m* (Chi): **están de ~** they are going out (together); **los ~s a larga distancia no funcionan** long-distance relationships don't work

pololo[1] **-la** *adj* (Chi fam): **es muy polola** she has a lot of boyfriends

pololo[2] **-la** *m,f* (Chi)
A (*m*) boyfriend; (*f*) girlfriend
B pololo *m* **1** (fam) (trabajo ocasional) odd job **2** (Zool) *type of chafer*

polonesa *f* polonaise

Polonia *f* Poland

poltergeist /polter'ɣajs(t)/ *m* poltergeist

poltrón -trona *adj* (fam) lazy

poltrona *f* armchair, easy chair

poltronear [A1] *vi* (fam) to laze *o* loaf around (colloq)

polución *f* pollution; **la ~ atmosférica** atmospheric pollution
(Compuesto) **polución nocturna** wet dream, nocturnal emission (tech)

polvareda *f* dust cloud; ***levantar una ~*** (fam) to cause an uproar *o* a commotion

polvera *f* powder compact

polvero *m* (Col) dust cloud

polvillo *m* fine dust

polvo *m*
A **1** (suciedad) dust; **limpia** *or* **quita el ~ todos los días** she does the dusting *o* she dusts every day; **no le quitaste el ~ a la mesa** you didn't dust the table; **la casa está llena de ~** the house is very dusty *o* full of dust; **el ~ que levantaban los coches al pasar** the dust raised by the cars as they passed; ***hacer ~ algo/a algn*** (fam): **lleva dos días sin dormir y está hecha ~** she hasn't slept for two days so she's all in *o* (AmE) she's pooped *o* (BrE) she's shattered (colloq); **la noticia los hizo ~** they were stunned *o* shattered by the news (colloq); **a él no le pasó nada pero el coche está hecho ~** he was all right but the car is a wreck *o* (AmE) was totaled *o* (BrE) is a write-off (colloq); **sus planes quedaron hechos ~** her plans went up in smoke *o* (BrE) were scuppered (colloq); ***limpio de ~ y paja*** clear; **diez millones limpios de ~ y paja** a clear ten million; ***morder el ~*** to bite the dust (colloq); ***sacudirle el ~ a algn*** (fam) to beat sb to a pulp (colloq), to beat hell out of sb (colloq); ***aquellos ~s traen estos lodos*** you're/we're suffering the consequences now, the chickens have come home to roost (set phrase) **2** (Coc, Quím) powder; **viene en rama o en ~** you can buy it in sticks or ground *o* in powder form **3** **polvos** *mpl* (en cosmética) face powder
(Compuestos)
- **polvo de ángel** (arg) angel dust (sl)
- **polvo dental** *or* **dentífrico** tooth powder
- **polvo limpiador** *or* **de limpieza** (Arg) scouring powder
- **polvo para limpiar los dientes** tooth powder
- **polvo(s) Royal**® baking powder
- **polvos compactos** *mpl* face powder
- **polvos de arroz** *mpl* rice powder
- **polvo(s) de hornear** baking powder
- **polvos de la madre Celestina** *mpl* (fam & hum) magic potion
- **polvos (de) pica pica** *mpl* itching powder
- **polvos de talco** *mpl* talcum powder, talc (colloq)

B (vulg) (acto sexual) fuck (vulg), screw (vulg); **echar(se) un ~** to screw (vulg), to ball (AmE sl), to have it off (BrE sl)

pólvora *f* **1** (explosivo) gunpowder; ***arder como la ~*** to go up like a torch; ***gastar ~ en salvas*** *or* (RPl) ***en chimangos*** *or* (Andes) ***en gallinazos*** (fam) to waste one's energy; ***inventar la ~*** (fam): **es útil, pero no se puede decir que haya inventado la ~** it's useful but not exactly earth-shattering (colloq) **2** (fuegos artificiales) fireworks (*pl*)
(Compuestos)
- **pólvora de algodón** guncotton
- **pólvora detonante** *or* **fulminante** fulminating mercury, mercury fulminate

polvoriento -ta *adj* dusty

polvorilla *f* (fam): **es una ~** he's/she's really touchy (colloq), he/she has a really short fuse (colloq)

polvorín *m*
A **1** (almacén de explosivos) magazine **2** (lugar, país peligroso) powder keg **3** (frasco) powder flask
B (fam) **1** (persona enojadiza): **es un ~** he/she has a very short fuse **2** (persona activa) ball *o* bundle of energy

polvorón *m: dry, floury sweet made with almonds*

polvorosa *f* (fam) road; ▸ **pie**[1]

pomada *f* (Farm) ointment, cream; ***estar en la ~*** (RPl fam) to be in the know (colloq); ***hacer ~ a algn*** (Méx, RPl fam) to give sb a thrashing *o* hammering (colloq); ***hacer ~ algo*** (RPl fam) to ruin sth; **me lo devolvió hecho ~** when he gave it back it was falling apart *o* it was ruined
(Compuesto) **pomada de zapatos** (RPl) shoe polish

pomelo *m* (fruto) grapefruit; (árbol) grapefruit tree

pómez *f* pumice

pomidoro *m* (Ur) tomato puree

pomo *m*
A **1** (de una puerta, un mueble) handle, knob **2** (de una espada) pommel
B **1** (tubo) tube **2** (de perfume) spray **3** (RPl) (frasco) water bottle (*used to squirt others*); ***un ~*** (RPl fam) nothing; **no veo un ~** I can't see a thing; **no sabe un ~** he doesn't have a clue (colloq)

pompa *f*
A *tb* **~ de jabón** bubble
B (esplendor) pomp, splendor*
(Compuesto) **pompas fúnebres** *fpl* (ceremonia) funeral ceremony; (funeraria) funeral parlor*, undertaker's, funeral director's

pompas *fpl* (Méx fam) (trasero) bottom (colloq), butt (AmE colloq), bum (BrE colloq)

Pompeya *f* Pompeii

pompeyano -na *adj* Pompeian, Pompeiian

pompis *m* (Esp, Méx fam) bottom (colloq), butt (AmE colloq), bum (BrE colloq)

pompón *m* pompom

pomposamente *adv* **1** ‹*celebrar*› with pomp *or* splendor* **2** ‹*hablar*› pompously; **lo que ~ se llamó la fiesta del siglo** what was grandly called the party of the century

pomposidad *f* **1** (esplendor) splendor*, pomp **2** (del lenguaje) pomposity, pompousness; (ostentación) ostentation, pomposity

pomposo -sa *adj* **1** ‹*boda/fiesta*› magnificent, splendid **2** ‹*lenguaje/estilo*› pompous, high-sounding **3** (ostentoso) pompous, ostentatious

pómulo *m* ▸ ⓘ **p.231** (hueso) cheekbone; (mejilla) cheek; **de ~s altos** with high cheekbones

pon *see* ▸ **poner**

ponchada *f* (RPl fam): **me costó una ~ de plata** *or* **de pesos** it cost me a bomb *o* a fortune (colloq); **una ~ de libros** loads *o* stacks of books (colloq)

ponchadura *f* (Méx) flat, puncture

ponchar [A1] *vt*
A (Méx) **1** ‹*llanta/balón*› to puncture **2** ‹*boleto*› to punch
B (en béisbol) to fan (colloq), to strike out; **¡ponchado!** out!

■ **poncharse** *v pron*
A (Méx) ‹‹*balón*›› to puncture; **se nos ponchó una llanta** we had a flat *o* a puncture
B (Col, Ven) (en béisbol) to fan (colloq), to strike out

ponche *m*
A (bebida) punch
(Compuesto) **ponche de huevo** eggnog
B (en béisbol) fan

ponchera *f* punchbowl

poncho *m* poncho

Poncio Pilato Pontius Pilate

ponderable *adj*
A (elogiable) praiseworthy
B (considerable) considerable; **una parte ~ de los sufragios** a considerable proportion of the ballot papers

ponderación *f*
A (elogio) praise
B (mesura) deliberation
C (de un índice, cálculo) weighting, adjustment

ponderado -da *adj*
A (elogiado) praised; **nuestro bien ~ director** our highly praised director
B ‹*acciones/palabras*› balanced, considered
C ‹*índice/cálculo*› weighted, adjusted

ponderar [A1] *vt*
A (alabar) to praise, speak highly of
B (considerar) to weigh up, consider, ponder; **~ algo/a algn** DE + ADJ to consider *o* deem sth/sb TO BE + ADJ; **lo ponderan de inteligente** he is considered *o* deemed to be intelligent
C ‹*cálculo/índice*› to weight, adjust

ponderativo -va *adj*
A (de alabanza): **palabras ponderativas** words of praise
B (Mat): **el valor ~** the weighting

pondré, pondría, etc ▸ **poner**

ponedero *m* nest

ponedora *f* layer, laying hen

ponencia *f* **1** (discurso) (Pol) presentation, address; (en un congreso científico) paper, presentation; **presentó una ~ sobre el tema** she gave a paper on the subject **2** (propuesta) proposal, motion **3** (comisión) committee, board

ponente *mf* **1** (en un congreso, una asamblea) speaker **2** (Der) deponent

poner [E22]

GUÍA DE BÚSQUEDA

■ **poner** *verbo transitivo*
(*Sentido I*)
A **1** colocar
2 poner: anuncio, aviso
B agregar
C ropa, calzado, etc
D ‹inyección/supositorio›
E poner la mesa
F **1** instalar, montar
2 poner: cocina, teléfono, etc
3 poner: cerradura, etc
G poner: huevos
H servir, dar
(*Sentido II*)
A **1** contribuir
2 proporcionar
B poner: atención, cuidado
C **1** imponer
2 oponer
3 adjudicar
D poner: nombre
E enviar
F escribir
G **1** expresar por escrito
2 impersonal
H exhibir, dar
I tardar
(*Sentido III*)
A en un estado, una situación
B poner: cara, voz etc
C **1** hacer empezar
2 poner a alguien de algo
D suponer
(*Sentido IV*)
A **1** conectar, encender
2 ajustar, graduar
B poner al teléfono

■ **poner** *verbo intransitivo*
A **1** apostar
2 contribuir dinero
B poner: gallinas
C México: vulg

■ **ponerse** *verbo pronominal*
(Sentido I)
A **1** colocarse
2 llegar
B ponerse: el sol
C ponerse: calzado etc
(Sentido II)
A en un estado, una situación
B **1** empezar
2 esforzarse, esmerarse
3 contribuir dinero
(Sentido III) ponerse al teléfono

vt

(Sentido I)

A **1** (colocar) to put; **¿dónde habré puesto las llaves?** where can I have put the keys?; **¿dónde vas a ~ este cuadro?** where are you going to put *o* hang this picture?; **pon ese cuadro derecho** put that picture straight, straighten that picture; **lo pusieron en el curso avanzado** he was put *o* placed in the advanced class; **ponle la cadena a la puerta** put the chain on the door; **pon agua a calentar** put some water on to boil **2** ‹*anuncio/aviso*› to place, put; **pusieron un anuncio en el periódico** they put *o* placed an advertisement in the newspaper

B (agregar) to put; **¿cuándo se le pone el agua?** when do you put the water in?, when do you add the water?; **¿le has puesto sal a la sopa?** have you put any salt in the soup?; **¿le pones azúcar al café?** do you take sugar in your coffee?

C ‹*ropa/calzado*› (+ *me/te/le etc*): **¿me pones los zapatos?** can you put my shoes on (for me)?; **le puse el vestido rojo** I dressed her in her red dress

D ‹*inyección/supositorio*› to give; **el dentista le puso una inyección** the dentist gave him an injection

E **poner la mesa** to lay *o* set the table

F **1** (instalar, montar) ‹*oficina/restaurante*› to open; **puso un estudio junto con otra arquitecta** she set up in business with another architect; **consiguió permiso para ~ una autoescuela** he got permission to open a driving school; **les ayudó a ~ la casa** he helped them set up house *o* home; **pusieron la casa/oficina a todo lujo** they furnished the house/fitted the office out in style; **le puso un apartamento a su amante** he set his mistress up in an apartment **2** ‹*cocina/teléfono/calefacción*› to install; **van a ~ cocinas de gas** they are going to install *o* fit gas cookers **3** ‹*cerradura/armario*› to fit

G «*ave*» ‹*huevos*› to lay

H (Esp) (servir, dar): **¿qué le pongo?** what can I get you?; **póngame un café, por favor** I'll have a coffee, please; **¿cuántos le pongo, señora?** how many would you like, madam?

(Sentido II)

A **1** (contribuir): **él pone el capital y yo el trabajo** he puts up the capital and I supply the labor; **pusimos 500 pesos cada uno** we put in 500 pesos each; **que cada uno ponga lo que pueda** each person should give what he or she can afford **2** (proporcionar) ‹*autobús/tren*› to lay on; **la empresa puso la comida y la bebida** food and drink was laid on by the company

B ‹*atención*› to pay; ‹*cuidado*› to take; **pon más atención en lo que estás haciendo** pay more attention to what you're doing; **no ha puesto ningún cuidado en este trabajo** she hasn't taken any care at all over this piece of work; **pone mucho entusiasmo en todo lo que hace** he's very enthusiastic about everything he does, he puts a lot of enthusiasm into everything he does

C **1** (imponer) ‹*deberes*› to give, set; ‹*examen*› to set; **nos pusieron 20 preguntas** we were given *o* set 20 questions; **le pusieron una multa por exceso de velocidad** he was fined for speeding **2** (oponer): **no me puso ningún inconveniente** he didn't have *o* raise any objections; **a todo le tiene que ~ peros** *or* **pegas** she finds fault with everything **3** (adjudicar) ‹*nota*› to give; **¿qué (nota) te puso en la redacción?** what (mark) did he give you for your essay?; **le pusieron un cero** he got nought out of ten

D (dar) ‹*nombre/apodo*› to give; **¡qué nombre más feo le pusieron!** what a horrible name to give him!; **le pusieron Eva** they called her Eva; **¿qué título le vas a ~ al poema?** what title are you going to give the poem?, what are you going to call the poem?; **le pusieron el sobrenombre de 'el cojo'** they nicknamed him 'el cojo'

E (enviar) ‹*telegrama*› to send; ‹*carta*› to mail (AmE), to post (BrE)

F (escribir) to put; **no has puesto ningún acento** you haven't put any of the accents in; **no sé qué más ~le** I don't know what else to put *o* write; **puso mi nombre en la lista** she put my name down on the list

G (esp Esp) **1** (expresar por escrito) to say; **el periódico no pone nada sobre el robo** the newspaper doesn't say anything about the robbery **2** (*impersonal*): **mira a ver lo que pone en esa nota** see what that note says; **allí pone que no se puede pasar** it says there that you can't go in; **¿qué pone aquí?** what does it say here?, what does this say?

H (Esp) (exhibir, dar) ‹*obra/película*›: **¿ponen algo interesante en la tele?** is there anything interesting on TV?; **¿qué ponen en el Trocadero?** what's on *o* what's showing at the Trocadero?; **en el teatro ponen una obra de Casares** there's a play by Casares on at the theater; **no pusieron ninguna película buena en Navidad** there wasn't a single good film on over Christmas, they didn't show a single good film over Christmas

I (RPl) (tardar) to take; **el avión pone media hora de Montevideo a Buenos Aires** the plane takes half an hour from Montevideo to Buenos Aires; **de allí a Salta pusimos tres horas** it took us three hours from there to Salta

(Sentido III)

A (en un estado, una situación) (+ *compl*): **me pones nerviosa** you're making me nervous; **ya la has puesto de mal humor** now you've put her in a bad mood; **¿por qué me pusiste en evidencia así?** why did you show me up like that?; **lo pusiste en un aprieto** you put him in an awkward position; **nos puso al corriente de lo sucedido** he brought us up to date with what had happened; **¡mira cómo has puesto la alfombra!** look at the mess you've made on the carpet!; **me estás poniendo las cosas muy difíciles** you're making things very difficult for me

B (adoptar) ‹*cara/voz*›: **no pongas esa cara** there's no need to look like that; **puso cara de enfado** he looked annoyed; **puso voz de asustado** he sounded scared

C **1** (hacer empezar): **el médico me puso a régimen** the doctor put me on a diet; **~ a algn A + INF**: **tuvo que ~ a las hijas a trabajar** he had to send his daughters out to work; **lo puso a estudiar guitarra con Rodríguez** she sent him to have guitar lessons with Rodríguez; **lo puso a pelar cebollas** she set him to work peeling onions **2** **~ a algn DE algo**: **la pusieron de jefa de sección** they made her head of department; **lo pusieron de ángel** he was given a part as an angel, he was given the part of an angel; **su padre lo puso de botones en la oficina** his father gave him a job as an office boy; **siempre te pone de ejemplo** he always holds you up as an example

D (suponer): **pon que perdemos ese tren, no podríamos volver** say we miss that train *o* if we (were to) miss that train, then we wouldn't be able to get back; **pon que es cierto ¿qué harías entonces?** say *o* suppose *o* supposing it is true, then what would you do?; **pongamos (por caso) que están equivocados** suppose *o* let's just say they're wrong; **~le** (AmL): **¿cuánto se tarda? — ponle dos horas** how long does it take? — about two hours *o* in the region of two hours *o* reckon on two hours; **¿cuánto nos costará? — y ... pónganle alrededor de $200** how much will it cost us? — well, … you'd better reckon on about $200

(Sentido IV)

A **1** (conectar, encender) ‹*televisión/calefacción*› to turn *o* switch *o* put on; ‹*programa/canal*› to put on; **pon un disco** put on a record; **puso el motor en marcha** she switched on *o* started the engine; **todavía no nos han puesto la luz** we haven't had our electricity connected yet **2** (ajustar, graduar): **pon el despertador a las siete** set the alarm (clock) for seven; **¿puedes ~ la música un poco más alta?** can you turn the music up a bit?; **puso el reloj en hora** she put the clock right, she set the clock to the right time; **~ el motor a punto** to tune up the engine

B (Esp) (al teléfono): **en seguida le pongo** I'm just putting you through *o* connecting you; **~ a algn CON algn/algo** to put sb THROUGH TO sb/sth; **¿me puede ~ con el director, por favor?** could you put me through to *o* could I speak to the director, please?; **¿me pone con la extensión 24?** could you put me through to *o* can I have extension 24, please?

■ **poner** *vi*

A **1** (Jueg) (apostar) to put in **2** (contribuir dinero) to contribute; **¿vas a ~ para el regalo de Pilar?** are you going to give something *o* contribute toward(s) Pilar's present?

B «*gallina*» to lay

C (Méx vulg) (copular) to score (sl)

■ **ponerse** *v pron*

(Sentido I)

A **1** (*refl*) (colocarse): **pongámonos un rato a la sombra** let's sit (*o* lie *etc*) in the shade for a while; **~se de pie** to stand up, stand; **~se de rodillas** to kneel, kneel down, get down on one's knees; **ponte ahí, junto al árbol** stand over there, by the tree; ***ponérsele a algn algo*** (AmL fam): **se le puso que tenía que escalar la montaña** he got it into his head that he had to climb the mountain; **a ese viejo se le pone cada cosa** that old man gets the strangest ideas into his head **2** (Esp) (llegar): **en diez minutos nos ponemos allí** we can be there in ten minutes

B «*sol*» to set

C (*refl*) ‹*calzado/maquillaje/alhaja*› to put on; **ponte el abrigo** put your coat on; **no tengo nada que ~me** I don't have a thing to wear; **mi hermano siempre se pone mi ropa** my brother is always borrowing my clothes; **ponte un poco de sombra de ojos** put on a little eyeshadow; **me puse el collar de perlas** I wore *o* put on my pearl necklace

(Sentido II)

A (en un estado, una situación) (+ *compl*): **me puse furiosa** I got very angry; **cuando lo vio se puso muy contenta** she was so happy when she saw it; **adelante, pónganse cómodos** come in, make yourselves comfortable; **no te pongas así, que no es para tanto** don't get so worked up, it's not that bad; **¡mira cómo te has puesto de barro!** just look at you, you're covered in mud!; **no te imaginas cómo se puso, hecha una fiera** you wouldn't believe the way she reacted, she went absolutely wild; **la vida se está poniendo carísima** everything's getting so expensive

B **1** (empezar) **~se A + INF** to start -ING; **se va a ~ a llover de un momento a otro** it's going to start raining *o* to start to rain any minute; **a ver si te pones a trabajar** you'd better start working; **se puso a llorar sin motivo aparente** she started crying *o* to cry for no apparent reason **2** (fam) (esforzarse, esmerarse) to try, make an effort; **si te pones lo acabas hoy mismo** if you make an effort *o* if you try *o* if you put your mind to it, you'll finish it today **3** (CS arg) (contribuir dinero): **cuando se casaron el viejo se puso con $5.000** when they got married, her old man shelled out $5,000 (colloq); **cuando llega la cuenta hay que ~se** when the check comes, everyone has to cough up (colloq); **yo me pongo con cien** I'll put in *o*

chip in a hundred (colloq)
(Sentido III) (Esp) (al teléfono): **¿Pepe? sí, ahora se pone** Pepe? OK, I'll just get him for you; **dile a tu madre que se ponga** tell your mother I want to speak to her, ask your mother to come to the phone

ponga, pongas, etc ▸**poner**

poni *m* ▸**pony**

ponible *adj* wearable

poniente *m* 1 (occidente) west 2 (viento) west wind

p°.n°. *m* (= **peso neto**) net wt.

ponqué *m* (Col, Ven) cake

pontificado *m* pontificate

pontifical *adj* pontifical

pontificar [A2] *vi* to pontificate

pontífice *m* pontiff, pope; ▸**sumo**[1]

pontificio -cia *adj* papal, pontifical

pontón *m* pontoon

pony /'poni/ *m* (*pl* **-nies** *or* **-nys**) pony

ponzoña *f* poison

ponzoñoso -sa *adj* 1 ‹*bebida*› poisonous 2 ‹*ataque*› venomous

pool /pul/ *m* (*pl* **pools**)
A (Com) pool
B (juego) pool; (sala) poolroom

pop[1] *adj inv* pop (*before n*)

pop[2] *m*
A (Mús) pop, pop music
B (Ur) (Coc) popcorn
(Compuesto) **pop salado/acaramelado** (Ur) salted/sweet popcorn

popa *f* stern

pop-art *m* pop art

pope *m* 1 (Relig) priest (*in the Orthodox church*) 2 (fam) (jefe) boss (colloq)

popelín *m*, **popelina** *f* (AmL) poplin

popero -ra *adj* (Esp fam) pop (*before n*)

popis *adj inv* (Méx fam) posh

popó *m*
A (leng infantil) (excremento) poop (AmE) *o* (BrE), pooh (used to or by children); **hacer ~** to do a poop (AmE) *o* (BrE), pooh
B (fam) butt (AmE) *o* (BrE), bum (colloq)

popocho -cha *adj* (Col fam) 1 (rico) loaded (colloq); **estar ~** to be rolling in it (colloq), to be loaded (colloq) 2 (gordo) fat, pudgy (AmE colloq), podgy (BrE colloq)

popoff *adj inv* (Méx fam) posh

popote *m* (Méx) straw

populachería *f* cheap populism

populachero -ra *adj* 1 (vulgar) vulgar, common (pej) 2 (demagógico): **un discurso ~** a speech designed to appeal to the masses

populacho *m* (pey) plebs (*pl*) (pej), masses (*pl*)

popular *adj*
A 1 (tradicional) ‹*cultura/tradiciones*› popular (*before n*); ‹*canción/baile*› traditional, folk (*before n*); ‹*costumbres*› traditional 2 (Pol) ‹*movimiento/rebelión*› popular (*before n*); **protestas ~es** popular *o* mass protests; **una manifestación ~** a mass demonstration
B (que gusta) ‹*actor/programa/deporte*› popular; **muy ~ entre los jóvenes** very popular with young people
C ‹*lenguaje*› colloquial

popularidad *f* popularity; **goza de una gran ~** she enjoys great popularity, she is very popular

popularización *f* popularization

popularizar [A4] *vt* to popularize, make … popular
■ **popularizarse** *v pron* to become popular

populismo *m* populism

populista *adj/mf* populist

populoso -sa *adj* populous, densely populated

popurrí *m* 1 (Mús) potpourri 2 (de cosas, colores) potpourri, mixture

póquer *m* (juego — de naipes) poker; (— de dados) poker dice; **un ~ de ases** four aces

poquísimo *adj ver* **poco**

poquitín *m ver* ▸**poco**[1], **poco**[3]

poquito, poquitito *adj/m ver* **poco**[2], **poco**[3]

por

GUÍA DE BÚSQUEDA
(Sentido I)
A en relaciones causales
B según
C ¿por qué?
D en locuciones
E en expresiones concesivas
F 1 en expresiones de modo
2 indicando el medio
3 Educación
G 1 en relaciones de proporción
2 en multiplicaciones
H 1 en relaciones de sustitución etc
2 por ejemplo
I como
(Sentido II)
A al expresar finalidad, objetivo
B indicando consideración, favor
C indicando inclinación, elección
D en busca de
E en lo que respecta a
F indicando una situación pendiente
G estar por
(Sentido III)
A indicando lugar de acceso, salida
B expresando lugar indeterminado
C expresando lugar determinado
D indicando extensión
(Sentido IV)
A expresando tiempo aproximado
B indicando una ocasión
C durante

prep
(Sentido I)
A (en relaciones causales) because of; **he puesto esto aquí ~ el gato** I've put this here because of the cat; **nunca se lo dijo ~ miedo a perderla** he never told her out of fear of losing her *o* because he was afraid of losing her; **eso te pasa ~ crédulo** that's what you get for being (so) gullible; **lo conseguimos ~ él** we got it thanks to him; **ella es así ~ naturaleza** she's like that by nature; **lo hace ~ necesidad** he does it out of necessity; **no se acabó ~ falta de dinero** it wasn't finished for *o* because of *o* owing to lack of money; **el final no ~ conocido me resulta menos triste** knowing how it ends doesn't make it any less sad; **~ su alto contenido en proteínas** because of *o* owing to its high protein content; **tanto ~ su precio como ~ su practicidad** both for its price and its practical design; **fue ~ eso ~ lo que no te llamé** *or* **fue ~ eso que no te llamé** that was the reason *o* that was why I didn't call you; **precisamente ~ eso no dije nada** that's precisely why I didn't say anything; **la muerte se produjo ~ asfixia** he suffocated, death was caused by suffocation (frml); **éste serviría si no fuera ~ el color** this one would do if it weren't for the color; **fue elogiado ~ su excelente actuación** he was praised for his excellent performance; **~ + INF** for -ING; **me pidió perdón ~ haberme mentido** he apologized for lying *o* for having lied to me; ▸**eso**
B (según) from; **~ lo que he oído** from what I've heard; **~ lo que parece no va a volver** it seems *o* it would seem he's not coming back; **~ mi experiencia diría que …** from my experience, I would say that …
C (fam): **¿por?** why?; **¿con quién vas? — con Daniel ¿~?** who are you going with? — with Daniel, why? *o* why do you want to know?
D (*en locuciones*): **por qué** why; **¿~ qué lloras?** why are you crying?; **¿~ qué no vienes a almorzar a casa?** why don't you come to my house for lunch?; **por si** in case; **llévate una muda, ~ si tuvieras que quedarte** take a change of clothes (just) in case you have to stay; ▸**acaso, mosca**[2]
E (en expresiones concesivas) **~ … QUE**: **~ más que me esfuerzo me sigue saliendo mal** no matter how hard I try *o* however hard I try, I still can't get it right; (+ *subj*): **~ (muy) fácil que se lo pongan, no creo que lo sepa hacer** however easy *o* no matter how easy they make it for him I don't think he'll be able to do it
F 1 (en expresiones de modo): **clasifícalos ~ tamaño** classify them according to size *o* by size; **colóquense ~ orden de altura** line up in order of height; **~ adelantado** in advance; **~ escrito** in writing 2 (indicando el medio): **se lo comunicaron ~ teléfono** they told him over the phone; **lo dijeron ~ la radio** they said it on the radio; **lo mandaron ~ avión/barco** they sent it by air/sea; **~ carretera** by road; **la conocí ~ la voz** I recognized the *o* her voice, I recognized her by her voice; **me enteré ~ un amigo** I heard from *o* through a friend; **conocido ~ el nombre de Pancho** known as Pancho; **lo intenté ~ todos los medios** I tried everything possible *o* every possible way 3 (Educación): **es doctor honoris causa ~ Oxford** he has an honorary doctorate from Oxford; **un graduado en ciencias políticas ~ la universidad de Granada** a graduate in political science from the university of Granada
G 1 (en relaciones de proporción): **cobra $30 ~ clase** he charges $30 a *o* per class; **120 kilómetros ~ hora** 120 kilometers an *o* per hour; **lo venden ~ metro** they sell it by the meter; **tú comes ~ tres** you eat enough for three people; **había un hombre ~ cada dos mujeres** there was one man to every two women; **tiene tres metros de largo ~ uno de ancho** it's three meters long by one meter wide; **ya hemos hecho bastante ~ hoy** we've done enough for today; **los hizo entrar uno ~ uno** she made them come in one by one *o* one at a time; **examinar un escrito punto ~ punto** to go through a document point by point; ▸**ciento**[2] 2 ▸**❶ p.575**; (en multiplicaciones): **tres ~ cuatro (son) doce** three times four is twelve, three fours are twelve
H 1 (en relaciones de sustitución, intercambio, representación): **su secretaria firmó ~ él** his secretary signed for him *o* on his behalf; **yo puedo ir ~ ti** I can go for you *o* in your place; **~ toda respuesta se encogió de hombros** all he did was shrug his shoulders; **tú podrías pasar ~ inglesa** you could pass as English *o* for an Englishwoman; **te dan uno nuevo ~ dos viejos** they give you one new one in exchange for two old ones; **es senador ~ Canarias** he's a senator for the Canary Islands 2 (como): **~ ejemplo** for example; **¿acepta usted ~ esposa a Carmen?** do you take Carmen to be your (lawful wedded) wife?
I (introduciendo el agente) by; **un lugar frecuentado ~ muchos famosos** a place frequented by many famous people; **se vieron sorprendidos ~ una tormenta** they were caught in a sudden storm; **la ocupación de la fábrica ~ (parte de) los obreros** the occupation of the factory by the workers *ver tb* **parte**[2] **B**
(Sentido II)
A (al expresar finalidad, objetivo): **se estaban peleando ~ la pelota** they were fighting over the ball; **lo hace ~ el dinero** he does it for the money; **te lo digo ~ tu bien** I'm telling you for your own good; **~ + INF**: **daría cualquier cosa ~ verte contento** I'd give anything to see you happy; **no entré ~ no molestar** I didn't go in so as not to disturb him *o* because I didn't want to disturb him; **eso es hablar ~ hablar** that's talking for the sake of talking *o* for the sake of it; **~ QUE + SUBJ** *here por que can also be written porque*: **estaba ansioso ~ que lo escucharan** he was eager for them to listen to him; **recemos ~ que lleguen a un acuerdo** let's pray that they'll come to an agreement; **siguieron luchando ~ que se hiciera justicia** they continued fighting for justice to be done
B (indicando consideración, favor): **haría cualquier cosa ~ ti** I'd do anything for you; **intercede**

P

~ **nosotros** intercede for us; ~ **mí no lo hagas** don't do it just for me *o* for my sake
C (indicando inclinación, elección): **su amor ~ la música** her love of music; **demostró gran interés ~ el cuadro** he showed great interest in the painting; **no siento nada ~ él** I don't feel anything for him; **opté ~ no ir** I chose not to go; **votó ~ ella** he voted for her; **¿~ la afirmativa?** all those in favor?; **se manifestaron ~ el derecho al aborto** they demonstrated for the right to abortion; **estar ~ algn** (fam) to be crazy about sb
D (en busca de): **salió/fue ~** *or* (Esp) **a ~ pan** he went (out) for some bread, he went (out) to get some bread
E (en lo que respecta a): ~ **mí no hay inconveniente** I don't mind; **que haga lo que le dé la gana, ~ mí ...** let him do what he likes, as far as I'm concerned ...
F (indicando una situación pendiente) ~ + INF: **tengo toda la casa ~ limpiar** I've got the whole house to clean; **estos cambios aún están ~ hacer** these changes have still not been made *o* are yet to be made; ▸**ver² C1**
G (AmL) **estar ~ + INF** (estar a punto de): **deben de estar ~ llegar** they should be arriving any minute; **la leche está ~ hervir** the milk's about to boil

Sentido **III**

A (indicando lugar de acceso, salida, trayectoria): **entró ~ la ventana** he came in through the window; **sal ~ aquí** go out this way; **el acceso al edificio es ~ la calle Lamas** you enter the building from Lamas Street; **el piano no va a pasar ~ la puerta** the piano won't go through the door; **se cayó ~ la escalera** he fell down the stairs; **subieron ~ la ladera este** they went up by the east face; **¿el 121 va ~ (la) Avenida Rosas?** does the 121 go along Rosas Avenue?; **fuimos ~ el camino más largo** we took the longer route; **no vayas ~ ahí que te vas a perder** don't go that way, you'll get lost; **¿~ dónde has venido?** which way did you come?; **¿puedes pasar ~ la tintorería?** could you call in at *o* drop by the dry-cleaner's?
B (expresando lugar indeterminado): **está ~ ahí** he's over there somewhere; **¿~ dónde está** *or* **queda el restaurante?** whereabouts is the restaurant?; **viven ~ el sur/~ mi barrio** they live in the south somewhere/around my area; **hace mucho que no lo vemos ~ aquí** we haven't seen him around here for ages; **¿qué tal te fue ~ Londres?** how did you get on in London?
C (expresando lugar determinado): **corta ~ aquí** cut here; **voy ~ la página 15** I'm up to *o* I'm on page 15; **empieza ~ el principio** start at the beginning; **agárralo ~ el mango** hold it by the handle
D (indicando extensión): **lo he buscado ~ todos lados** *or* **~ todas partes** I've looked everywhere for it; **la epidemia se extendió ~ todo el país** the epidemic spread throughout the (whole) country; **estuvimos viajando ~ el norte de Francia** we were traveling around *o* in the North of France; **fuimos a caminar ~ la playa** we went for a walk along the beach; **pasa un trapo ~ el piso** give the floor a quick wipe *ver tb* **afuera, adentro, dentro, fuera¹ A1, encima, por,** etc

Sentido **IV**

A (expresando tiempo aproximado): ~ **aquella época** at that time; ~ **aquel entonces vivían en Pozuelo** at that time they were living in Pozuelo; **sucedió ~ allá ~ 1960** it happened some time back around 1960
B (Esp) (indicando una ocasión) for; **me lo regalaron ~ mi cumpleaños** they gave it to me for my birthday; ~ **Semana Santa pensamos ir a Londres** we're thinking of going to London for Easter
C (durante) for; ~ **los siglos de los siglos** for ever and ever; **no se lo confío ni ~ un minuto** I wouldn't trust him with it for a minute; **puede quedar así ~ el momento** *or* **~ ahora** it can stay like that for the time being *o* for now *ver tb* **mañana³, tarde², noche**

porcelana *f* **1** (material) china; (de mejor calidad) porcelain; **una taza de ~** a china cup, a porcelain cup **2** (objeto) piece of china/porcelain; **una ~ de Sèvres** a piece of Sèvres porcelain; **una exposición de ~s** an exhibition of porcelain

porcentaje *m* ▸ⓘ **p.243** percentage; **cobra un ~ sobre las ventas** he gets a percentage *o* (colloq) a cut of the sales; **trabaja a ~** she works on a commission-only basis

porcentual *adj*: **un elevado crecimiento ~** a high rate of growth in percentage terms

porcentualmente *adv* in percentage terms

porche *m* (de una casa) porch; (soportal) arcade

porcino¹ -na *adj* ‹*productos*› pork (*before n*); **ganado ~** pigs, hogs (AmE); ▸**fiebre**

porcino² *m* pig, hog (AmE)

porción *f* **1** (de un todo) portion; **de este pastel puedes sacar ocho porciones** you can get eight portions *o* pieces from this cake **2** (en un reparto) share **3** (de comida) portion, helping, serving

pordiosear [A1] *vi* to beg

pordiosero -ra *m,f* beggar

porfa *interj* (fam) please

porfía *f* stubborn determination; **a ~** doggedly

porfiadamente *adv* stubbornly

porfiado¹ -da *adj* stubborn, pig-headed (colloq)

porfiado² -da *m,f*
A (persona) stubborn creature *o* devil (colloq), stubborn so-and-so (BrE colloq); **es un ~** he's as stubborn as a mule, he's a stubborn creature *o* devil *o* so-and-so
B **porfiado** *m* (Per) (muñeco) roly-poly doll

porfiar [A17] *vi*: **no me porfíes, ya te dije que no** don't keep on *o* go on about it, I said no; **~ EN algo**: **porfió en llegar hasta el fondo del asunto** he insisted on getting to the bottom of the matter; **~on en que tenían la solución** they insisted that they had the answer
■ **porfiar** *vt*: **me porfió que ya me lo había devuelto** she was adamant *o* she insisted that she'd already given it back to me; **le porfiaba al médico que era cáncer** she kept telling the doctor *o* she kept insisting that it was cancer

pórfido, pórfiro *m* porphyry

porfirismo *m* porphyria

pormenor *m* detail; **me contó los ~es del asunto** he explained the whole matter to me in detail, he explained all the details to me; **la que se ocupa de esos ~es es ella** she's the one who takes care of those details; **sin entrar en ~es** without going into detail

pormenorizadamente *adv* in detail

pormenorizado -da *adj* detailed; **un análisis ~** a detailed analysis

pormenorizar [A4] *vi* to go into detail; **no pormenorices tanto** don't go into such detail
■ **pormenorizar** *vt* to describe ... in detail

porno¹ *adj inv* (fam) ‹*película*› porn (*before n*) (colloq), blue (*before n*) (colloq); ‹*libro*› porn (*before n*) (colloq)

porno² *m* (fam) porn (colloq)

pornografía *f* pornography

pornográfico -ca *adj* pornographic

pornografista *mf* pornographer

pornógrafo -fa *m,f* pornographer

poro *m*
A (Anat, Biol) pore
B (Col) (mortero) mortar (*made from a gourd*)
C (Chi, Méx) (puerro) leek

pororó *m* (RPl) popcorn; ***hablar como un ~*** to talk nineteen to the dozen

porosidad *f* porosity

poroso -sa *adj* porous

porotal *m* (CS) bean field; (más pequeño) bean patch

porotera *f* (Chi fam) prison, can (AmE colloq), nick (BrE colloq)

poroto *m*
A (CS) bean; ***anotarse*** *or* ***apuntarse un ~*** (CS fam) to score a point; **te anotaste** *or* **te apuntaste un ~** well done!; ***ganarse los ~s*** (Chi fam) to earn one's bread and butter (colloq)

Compuestos

- **poroto de manteca** (RPl) butter bean
- **porotos granados** *mpl* (Chi) beans with squash and carrots (*pl*)
- **poroto verde** (Chi) green bean

B (Chi fam) (bulto) lump
C (RPl fam) (insignificancia): **tus problemas son un ~ al lado de esto** your problems are nothing compared to this; ***dejar a algn a la altura de*** *or* ***hecho un ~*** (RPl fam) to make sb look small

porpuesto *m* (Ven) ▸**carro por puesto**

porque *conj* **1** (para dar razones, explicaciones) because; **~ lo digo yo** because I say so; **lo hago no ~ tenga ganas, sino ~ es mi deber** I am not doing this because I want to but because I have to; **¿por qué le pegaste? — ~ sí** why did you hit him? — because! (colloq); **¿y por qué le dijiste eso? — ~ sí, ~ me tiene harta** why did you say that to him? — no particular reason, I'm just fed up with him; **¿por qué no quieres ir con él? — ~ no, te digo** why don't you want to go with him? — I just don't want to, that's all **2** (indicando finalidad) *ver* **por Sentido IIA**

porqué *m* reason; **me gustaría saber el ~ de su decisión** I'd like to know the reason for *o* behind his decision, I'd like to know why he decided that

porquería *f*
A **1** (suciedad) dirt; **hay tanta ~ que no sé por dónde empezar a limpiar** it's so filthy *o* there's so much dirt everywhere I don't know where to begin cleaning **2** (cochinada): **no hagas ~s en la mesa** don't do disgusting *o* filthy things like that at the table; **siempre deja la cocina hecha una ~** (fam) she always leaves the kitchen in such a state (colloq); **me hizo una ~** he played a dirty trick on me **3** (palabrota) swearword; **no digas esas ~s** don't use such bad language
B **1** (cosa de mala calidad): **lo que me regaló fue una ~** he gave me a really trashy gift, he gave me a really rubbishy present (BrE); **tiene la casa llena de ~s** her house is full of junk (colloq); **la película es una ~** the movie's a piece of junk, the film's a load of rubbish (BrE colloq); **la comida es una ~** the food is dreadful *o* terrible **2** **de porquería** (AmS fam) lousy (colloq); **un hotel de ~** a lousy *o* crummy hotel (colloq); **¡qué tiempo de ~!** what foul *o* lousy weather!; **¡cómo me duele este diente de ~!** this damn tooth is killing me (colloq); **me regaló unas tazas de ~** she gave me some crummy *o* lousy cups (colloq) **3** (chuchería): **no te comas esa ~/esas ~s** don't eat that junk *o* (BrE) that rubbish

porqueriza *f* pigsty

porquerizo -za *m,f* (ant) swineherd (arch)

porquero -ra *m,f* swineherd

porra *f*
A (de guardia, policía) stick, billy club (AmE), nightstick (AmE), truncheon (BrE)
B **1** (fam) (expresando disgusto, enojo): **¡qué película ni qué ~s! ¡a estudiar!** watch the movie? you must be joking! get on with your schoolwork (colloq); **ya no hago más ¡qué ~s!** I'm damned if I'm doing any more! (colloq); ***a la ~*** (fam): **yo que tú lo mandaba a la ~** I'd send him packing *o* I'd tell him to get lost *o* I'd tell him to go to hell if I were you (colloq); **¡vete** *or* **ándate a la ~!** go to hell! (colloq), get lost! (colloq); **voy a mandarlo a la ~ y a buscarme otra cosa** I'm going to chuck it *o* quit and look for something else (colloq), I'm going to pack it in *o* jack it in and look for something else (BrE colloq); ***y una ~*** (Esp fam) like hell! (colloq); **lo tienes que hacer tú — ¡y una ~!** *you* have to do it — like hell I do! (colloq) **2** (vulg) (pene) cock (vulg), prick (vulg)
C (Jueg) draw, lottery
D (Esp) (Coc) *type of large churro* ▸**churro**
E (Col, Méx fam) **1** (seguidores, hinchas) fans (*pl*) **2** (canto, grito): **¡una ~ para Villanueva!** three cheers for Villanueva!; **la ~ de la universidad** the college chant, the college cheer (AmE); ***echarle ~s a algn*** (Méx fam): **le echaban ~s al**

P

boxeador mexicano they were cheering on *o* cheering for the Mexican boxer; **hay que echarle ~s para que lo intente** you have to encourage him *o* give him some encouragement to try it; **está muy deprimida y necesita que le echemos ~s** she's very depressed and she needs cheering up

porrada *f* (Esp fam) loads (*pl*) (colloq); **había una ~ de gente** there were masses *o* loads of people (colloq), there was a whole bunch of people (AmE colloq); **cuesta una ~ de dinero** it costs a bundle (AmE) *o* (BrE) a packet (colloq)

porrazo *m* (fam) 1 (con una porra): **el policía le dio un ~** the policeman whacked *o* clobbered him with his stick (*o* billy club *etc*) (colloq) 2 (golpe, choque accidental): **se pegó un buen ~** he banged his head (*o* arm *etc*); **se pegaron un ~ contra un árbol** they smashed *o* crashed straight into a tree, they crashed slap-bang into *o* they went smack into a tree (colloq); ***de ~*** (Per fam) in one go (colloq); ▸**golpe**

porreta *f* (Esp fam): **en ~(s)** (*loc adv*) in the nude, stark naked (colloq), in the buff (hum & dated)

porrillo *m* (Esp fam) load (colloq); **tiene dinero a ~(s)** she has stacks *o* pots *o* loads of money (colloq), she's rolling in money (colloq); **tiene novias a ~(s)** he has a string of girlfriends; **hay rebajas a ~(s)** there are sales galore (colloq)

porrista *mf* 1 (Col, Méx) (seguidor) fan 2 **porrista** *f* (Col, Méx) (animadora) cheerleader

porro[1] -rra *adj* (Chi fam) lazy

porro[2] -rra *m,f* (Chi fam) lazy child (*o* student *etc*); **es el ~ de la clase** he's the laziest kid in the class (colloq)

porro[3] *m*

A (Esp arg) (de hachís) joint (colloq), spliff (sl)

B (Méx fam & pey) (policía infiltrado) undercover cop (colloq), pig (sl & pej) (*who infiltrates student organizations*)

porrón *m*

A 1 (de vino) wine bottle (*with a long spout for drinking from*) 2 (Arg) (de cerveza) bottle of beer

B (Esp fam) (montón) load (colloq); **un ~ de** loads of (colloq), a whole bunch of (AmE colloq); **un ~ de gente** masses of *o* loads of *o* a whole bunch of people (colloq)

C (CS) 1 (pimiento) green pepper 2 (puerro) leek

porsiacaso *m* (Ven) 1 (para caballerías) saddlebag 2 (sobre el hombro) knapsack

porta *f* 1 (Náut) porthole 2 (Anat) portal, porta

portaaviones *m* (*pl* ~) aircraft carrier

portabebés *m* (*pl* ~) portacrib® (AmE), carrycot (BrE)

portabicicletas *m* (*pl* ~) bicycle rack

portabilidad *f* portability

portabotellas *m* (*pl* ~) 1 (para guardar botellas) wine rack 2 (para llevar botellas) bottle carrier

portabultos *m* (*pl* ~) carrier, rack

portacasetes *m* (*pl* ~), **portacassettes** *m* (*pl* ~) cassette case

portación *f* (AmL) carrying; **lo detuvieron por ~ de armas** he was arrested for carrying an offensive weapon

portacontenedores *m* (*pl* ~) container ship

portacubiertos *m* (*pl* ~) knife box

portada *f*

A (de un libro) title page; (de un periódico) front page; (de una revista) cover; (Inf) home page

B (de una iglesia) front, facade

portadiscos *m* (*pl* ~) record rack

portadocumentos *m* (*pl* ~) (AmL) (grande) briefcase, attaché case; (pequeño) document wallet

portador[1] -dora *adj*: **el insecto ~ del virus** the insect which carries the virus

portador[2] -dora *m,f*

A 1 (Med) (de un virus) carrier 2 (frml) (de una carta, mensaje) bearer (frml); **el ~ de la buena nueva** (liter) the bearer of good tidings (liter)

B (Com, Fin) bearer; **páguese al ~** pay the bearer

C **portadora** *f* (Rad, TV) carrier

portaequipajes *m* (*pl* ~) 1 (Auto) (para el techo) roofrack; (maletero) trunk (AmE), boot (BrE) 2 (en un tren, autobús) luggage rack

portaesquíes, portaesquís *m* (*pl* ~) ski rack

portaestandarte *mf* standard-bearer

portafolios *m* (*pl* ~), **portafolio** *m* 1 (maletín) briefcase 2 (Chi) (archivador) ring binder

portafusil *m* rifle sling

portahelicópteros *m* (*pl* ~) helicopter carrier

portal *m*

A 1 (de una casa — entrada) doorway; (— vestíbulo) hall 2 (de una iglesia, un palacio) portal 3 (en una muralla) gate; **el ~ de Belén** (Bib) the stable at Bethlehem

B **portales** *mpl* (soportales) arcade

C (Inf) portal

portalada *f* ▸**portalón 1**

portalámparas *m* (*pl* ~) bulbholder

portalápiz *m* pencil case

portalibros *m* (*pl* ~) book strap

portaligas *m* (*pl* ~) (CS) garter belt (AmE), suspender belt (BrE)

portalón *m* 1 (Arquit) portal, monumental gate *o* entrance 2 (Náut) gangway

portamaletas *m* (*pl* ~) ▸**portaequipajes**

portaminas *m* (*pl* ~) automatic pencil (AmE), propelling pencil (BrE)

portamisiles *adj inv*: **una fragata ~** a guided-missile frigate, a frigate armed with guided missiles

portamonedas *m* (*pl* ~) purse, change purse (AmE)

portante *m* (Equ) amble; ***coger*** *or* ***tomar el ~*** (Esp fam) to clear off (colloq)

portaobjetos *m* (*pl* ~), **portaobjeto** *m* microscope slide

portapapeles *m* (*pl* ~) 1 (fam) (de escritorio) letter rack 2 (Inf) clipboard

portaplacas *m* (*pl* ~) plateholder

portaplatos *m* (*pl* ~) platerack

portaplumas *m* (*pl* ~) penholder

portar [A1] *vt* 1 (frml) ‹*arma/bandera*› to carry, bear (frml); **el detenido portaba una pistola** the arrested man was carrying a pistol 2 (frml) ‹*uniforme/vestido*› to wear

■ **portarse** *v pron* (comportarse): **si no te portas bien te vas a la cama** if you don't behave (yourself) you'll go straight to bed; **hoy se han portado muy mal** they've behaved very badly *o* been very badly behaved today; **~se bien/mal con algn** to treat sb well/badly; **la empresa se ha portado muy bien con ellos** the company has treated them very well

portarretratos *m* (*pl* ~) photograph frame, photo frame, frame

portarrollos *m* (*pl* ~) (en la cocina) kitchen roll holder; (en el baño) toilet roll holder

portátil[1] *adj* portable

portátil[2] *m* (Inf) laptop, portable computer

portatrajes *m* (*pl* ~) suit carrier, garment carrier

portavelas *m* (*pl* ~) candle holder

portaviandas *m* (*pl* ~) lunch pail (AmE), lunch box (BrE)

portaviones *m* (*pl* ~) aircraft carrier

portavocía *f* post of spokesperson

portavoz *m,f* (*m*) spokesperson, spokesman; (*f*) spokesperson, spokeswoman

(Compuesto) **portavoz del jurado** foreman

portazo *m* slam, bang; **salió dando un ~** she left slamming the door behind her; **la puerta se cerró de un ~** the door shut with a bang *o* slam, the door slammed shut

porte *m*

A (aspecto, aire) bearing, demeanor*; **un joven de ~ distinguido** a distinguished-looking young man, a young man of distinguished bearing *o* with a distinguished air; **una mansión de ~ señorial** a mansion of extremely grand appearance

B (tamaño) size; **un buque de gran ~** a vessel of enormous size; **es de este ~** (AmL) it's about *this* big; ***del ~ de una casa*** *or* ***catedral*** (Chi fam) huge, enormous, tremendous

C 1 (precio, costo) carriage; **la mercancía se envía a ~ pagado** the goods are sent freight paid *o* postage paid *o* (BrE) carriage paid 2 (acción de portar) carrying; **no se permite el ~ de armas** it is forbidden to carry arms, the carrying of arms is forbidden

D **portes** *mpl* (transporte) transport; **~s pagados** freight/postage paid, carriage paid (BrE); Ⓢ **se hacen portes** freight delivery service

porteador -dora *m,f* bearer, porter

portear [A1] *vt* to carry, transport

portento *m* 1 (persona) genius; **es un ~ para la química** he's a genius at chemistry *o* a chemistry genius; **esta niña es un ~** this girl's a prodigy 2 (prodigio) wonder; **hace verdaderos ~s con materiales realmente pobres** she works wonders using the poorest of materials; **canta que es un ~** she has a wonderful *o* marvelous voice

portentoso -sa *adj* ‹*memoria*› wonderful; ‹*representación/voz*› magnificent, wonderful, marvelous*, superb

porteño -ña *adj* of/from the city of Buenos Aires

portería *f*

A 1 (de un edificio) *desk/area from where the super/caretaker supervises the building*; **deje las llaves en ~** leave the keys at the desk 2 (vivienda) super's *o* superintendent's apartment (AmE), caretaker's flat (*o* house *etc*) (BrE)

B (Dep) goal

portero -ra *m,f*

A (que abre la puerta) doorman, porter; (que cuida el edificio) super (AmE), superintendent (AmE), caretaker (BrE), concierge

(Compuesto) **portero eléctrico** *or* (Esp) **automático** *m* intercom (AmE), entryphone (BrE)

B (Dep) goalkeeper

> **portero**
>
> A superintendent in an apartment building who looks after it, keeps it clean, delivers mail, and keeps an eye on comings and goings. *Porteros* often have an apartment in the building as part of their pay.
>
> Many buildings no longer have *porteros* . In these cases, access is regulated by a *portero automático* (intercom).
>
> The *portero*, and particularly the female *portera*, are part of popular culture. They have a reputation for being inquisitive and fond of gossip.

portezuela *f* door

pórtico *m*

A 1 (entrada) portico, porch 2 (galería) arcade, portico

B (Chi period) (Dep) goal

portilla *f* porthole

portillo *m* 1 (en la dentadura) gap 2 (en un plato) chip 3 (en una pared) chink, crack 4 (entre montañas) narrow pass

portón *m* 1 (puerta grande) large door 2 (puerta principal) front door 3 (en una cerca) gate

(Compuesto) **portón de cuadrillas** gate (*through which bullfighters enter the ring*)

portorriqueño -ña *adj/m,f* Puerto Rican

portuario -ria *adj* port (*before n*), harbor* (*before n*); **zona portuaria** port *o* harbor area; **trabajador ~** port worker, dockworker; **la actividad portuaria** activity in the port/docks

Portugal *m* Portugal

portugués[1] -guesa *adj* Portuguese

portugués[2] -guesa *m,f* 1 (persona) Portuguese 2 **portugués** *m* (idioma) Portuguese

portuguesismo *m* Portuguese word (*o* expression *etc*)

poruña *f* (Chi) scoop; ***estirar la ~*** (Chi fam) to hold one's hand out (for money)

P

porvenir *m* future; **nadie sabe lo que nos depara el ~** nobody knows what the future has in store for us *o* holds for us; **de gran ~** with excellent prospects; **un joven sin ~** a young man with no future *o* no prospects

pos *m*
A en pos de (*loc prep*): **en ~ de su presa** in pursuit of their prey; **partieron en ~ de aventuras/una ilusión** they set off in pursuit of adventure/a dream; **trabaja en ~ del bienestar social** she works for the good of society; **abandonó esta idea en ~ de una política más pragmática** he abandoned this idea in favor of a more pragmatic policy
B (Esp leng infantil) (caca) poop (AmE colloq), pooh (BrE colloq)

pos- *pref* post-

posada *f* **1** (arc) (taberna) inn (arch) **2** (restaurante) restaurant **3** (cobijo) hospitality

> **posada**
>
> A popular celebration in Mexico and Central America between December 16 and Christmas Day to commemorate the journey of Mary and Joseph to Bethlehem. It consists of a procession of models of religious figures that people carry on their shoulders, asking for shelter as they go by. The figures have their origin in an Aztec celebration, adapted to Christian tradition.
>
> Generally one family takes charge of organizing the models, and offers its house as the last of nine *posadas* . Other groups form, one of which goes from house to house with the figures, asking for shelter. It is turned away at each house. At the last house, the figures are taken in and put on an altar. The celebrations continue with food and drink, singing and dancing and end with a ▸**piñata.**

posaderas *fpl* (fam) backside (colloq), butt (AmE colloq), bum (BrE colloq)

posadero -ra *m,f* innkeeper

posafuentes *m* (*pl* ~) (CS) (salvamanteles) table mat; (con patas) trivet

posar [A1] *vi* to pose
■ **posar** *vt* **1** (liter) ‹*mano*› to place, lay; **posó sus ojos en los de ella** their eyes met; **posó su mano sobre la mía** he laid *o* placed his hand on mine; **posó la mirada en el mar inmenso** she rested her gaze on the vast sea **2** ‹*bulto/carga*› to put down, set down, rest
■ **posarse** *v pron* **1** «*pájaro*» to alight, land; **se posó en mi mano** it came and perched on my hand, it alighted on my hand **2** «*insecto*» to alight, land **3** «*avión/helicóptero*» to land

posavasos *m* (*pl* ~) coaster; (de cartón) beermat

posbélico -ca *adj* postwar (*before n*)

poscombustión *m* post-combustion; **dispositivo de ~** afterburner

posconciliar *adj: after the Second Vatican Council*

posdata *f* ▸**postdata**

posdoctoral *adj* post-doctoral

pose *f* **1** (para una foto) pose **2** (pey) (afectación) pose; **todo en él es pura ~** he's nothing but a poseur, he's a real poser (colloq); **siempre adopta ~s de intelectual** he is constantly striking intellectual poses

poseedor[1] **-dora** *adj*: **un hombre ~ de grandes fortunas** a man who possesses *o* (liter) a man in possession of a great fortune, a man of great wealth; **es ~ de gran sensibilidad artística** he is a person of great artistic sensibility

poseedor[2] **-dora** *m,f* (frml) holder; **el ~ del número premiado** the holder of the winning number; **el ~ del título/récord** (Dep) the title/record holder; **se cree el ~ de la verdad absoluta** (iró) he believes himself to be in possession of the absolute truth (iro)

poseer [E13] *vt*
A (tener) **1** ‹*tierras/fortuna*› to own; **posee un título de propiedad** he holds title of ownership **2** ‹*conocimientos/cultura*› to have; **se precia de ~ una gran cultura** he prides himself on being very cultured **3** (Dep) ‹*récord*› to hold
B 1 (liter) (dominar): **lo poseían los celos** he was overcome with jealousy (liter); **no se dejó ~ por el miedo** he didn't let fear get the better of him, he didn't allow himself to be dominated by fear **2** (en sentido sexual) to possess, take

poseído[1] **-da** *adj* possessed; **está ~ por los malos espíritus** he is possessed by evil spirits; **~ por una desmedida ambición** (liter) driven by unbridled ambition (liter)

poseído[2] **-da** *m,f*: **gritaba como un ~** he was screaming like one possessed

Poseidón Poseidon

posesión *f*
A (propiedad, tenencia) possession; **no hemos tomado ~ de la casa todavía** we haven't taken possession of the house yet; **está en ~ de todas sus facultades** he is in full possession of his faculties; **el nuevo director tomará ~ de su cargo el día 16** the new director will take up his post on the 16th; **la ~ de tanta riqueza por unos pocos** the possession of so much wealth by a few people; **se disputan la ~ de las tierras** they are in dispute over ownership of the land *o* over who owns the land; **la ~ de 100 acciones le da derecho a hablar en la reunión** ownership of 100 shares gives you the right to speak at the meeting; **fue hallado en ~ de dos kilos de cocaína** he was caught in possession of two kilos of cocaine
B 1 (objeto poseído) possession; **éstas son todas sus posesiones** these are all the possessions she has **2** (finca) land, estate; **la familia tiene posesiones en Jalisco** the family has estates *o* land in Jalisco **3** (territorio, colonia) possession; **perdieron las posesiones de ultramar** they lost their overseas possessions
C (Psic) possession; **era víctima de una ~ diabólica** he was possessed (by the devil)

posesionar [A1] *vt* (frml) **~ A algn DE algo** to hand over possession OF sth TO sb
■ **posesionarse** *v pron* (frml) **~se DE algo** to take possession OF sth

posesividad *f* possessiveness

posesivo -va *adj* **1** ‹*persona/relación*› possessive **2** ‹*adjetivos/pronombres*› possessive

poseso -sa *m,f* ▸**poseído**[2]

posfechar [A1] *vt* to postdate

posfranquista *adj* post-Franco (*before n*); **la época ~** the post-Franco period, the period after the death of Franco

posglacial *adj* postglacial

posgrado *m* ▸**postgrado**

posgraduado -da *adj/m,f* ▸**postgraduado**[1], **postgraduado**[2]

posguerra *f* postwar period; **los años de la ~** the postwar years, the years following the war

posibilidad *f*
A (circunstancia) possibility; **no se ha descartado esa ~** we haven't ruled out that possibility; **hay que estudiar todas las ~es** we have to explore all the possibilities *o* options; **hemos previsto todas las ~es** we have anticipated every eventuality (frml); **~ DE + INF** chance OF -ING; **¿qué ~(es) tiene de ganar?** what chance does she have *o* what are her chances of winning?; **tiene muchas ~es de salir elegido** he has a good chance of being elected; **hay pocas ~es de encontrarlo con vida** there is little chance of finding him alive; **~ DE QUE + SUBJ**: **esto aumenta las ~es de que gane** this makes it more likely that he will win, this shortens the odds on him winning; **existe la ~ de que estés equivocado** you might just be wrong, it's just possible that you're wrong
B posibilidades *fpl* (medios económicos) means (*pl*); **gente que vive dentro de/más allá** *or* **por encima de sus ~es** people who live within/beyond their means; **eso está por encima de mis ~es** that's out of my price range, I can't afford that

posibilitar [A1] *vt* to make ... possible; **la organización que posibilita estos contactos** the organization which makes these meetings possible *o* which facilitates these meetings; **su gestión posibilitó la realización de este encuentro** his work made it possible for this meeting to take place, his work enabled us to hold this meeting *o* made this meeting possible

posible[1] *adj* possible; **¿crees que se lo darán? — es ~** do you think they'll give it to him? — they might (do) *o* it's possible; **su cambio de actitud hizo ~ el diálogo** his change of attitude made the talks possible, the talks were made possible by his change of attitude; **hazlo cuanto antes, hoy, a ser ~** *or* (CS) **de ser ~** do it as soon as you can, today, if possible; **haré lo ~ por** *or* **para ayudarte** I'll do what I can to help you; **hicieron todo lo ~** they did everything possible *o* everything they could; **prometió ayudarlo dentro de lo ~** *or* **en lo ~** *or* **en la medida de lo ~** she promised to help him insofar as she was able (frml), she promised to do what she could to help (him); **¿que te preste más dinero? ¿será ~?** (fam) you want me to lend you more money? I don't believe this! (colloq); **¿que se ha casado? ¡no es ~!** he's got(ten) married? I don't believe it! *o* that can't be true! *o* surely not! (colloq); **evitó una ~ tragedia** he averted a possible *o* potential tragedy; **llegó con ~s fracturas** he arrived with suspected fractures; **ser ~** (+ *me/te/le etc*): **llámame en cuanto te sea ~** call me as soon as you can; **ven antes si te es ~** come earlier if you can; **no creo que me sea ~** I don't think I'll be able to; **ser ~ + INF** to be possible to + INF; **es ~ encontrarlo más barato** it's possible to find it cheaper; **no fue ~ avisarles** it was impossible to let them know, there was no way of letting them know, we were unable to let them know; (+ *me/te/le etc*): **no me fue ~ terminarlo** I wasn't able to finish it, I couldn't finish it; **¿le sería ~ recibirme hoy?** would it be possible for you to see me today?, would you be able to see me today?, could you see me today?; **ser ~ QUE + SUBJ**: **¿y tú, te lo crees? — es ~ que sea cierto** what about you, do you believe that? — well it might *o* may *o* could be true; **es ~ que se haya roto en tránsito** it may have got(ten) broken in transit; **¿será ~ que no se haya enterado?** can it be possible that she hasn't found out?, can she really not have found out?, surely she must have found out!; **¿será ~ que te atrevas a hablarme así?** how dare you speak to me like that?

posible[2] *adv*: **deben ser lo más breves ~** they should be as brief as possible; **envíemelo lo más pronto ~** send it to me as soon as possible; **intenta hacerlo lo mejor ~** try to do it as well as you can *o* the best you can; **ponlo lo más alto ~** put it as high as possible

posiblemente *adv* possibly; **¿lo traerá? — posiblemente** will she bring it?— possibly *o* maybe; **~ no llegue hasta las 10** he may not arrive until 10, it's possible that he won't arrive until 10

posibles *mpl* means (*pl*); **una señora de ~** a lady of ample means; **los alumnos provienen de familias con ~** the pupils come from wealthy *o* affluent families

posición *f*
A 1 (lugar, puesto) position; **me indicó su ~ en el mapa** she showed me its position *o* where it was on the map; **terminó la carrera en (la) quinta ~** he finished the race in fifth place; **el dólar recuperó posiciones frente al yen** the dollar recovered against the yen **2** (Mil) position; **bombardearon las posiciones enemigas** they bombarded the enemy positions *o* lines

(Compuestos)
• **posición adelantada** *or* **de adelanto** (Chi) offside position
• **posición de salida** starting position

B 1 (situación) position; **no estoy en ~ de hacer críticas a nadie** I'm in no position to criticize anyone **2** (en la sociedad) social standing; **gente de buena ~** *or* **de ~ elevada** people of

p

high social standing; **un hombre de ∼** a man of some standing; **es de una familia de ∼ desahogada** his family is comfortably off; **∼ dominante en el mercado** dominant market position

C **1** (postura física) position; **coloquen sus asientos en ∼ vertical** put your seats in an upright position; **mantenga la cabeza en ∼ erguida** keep your head up **2** (actitud) position, stance; **adoptaron una ∼ intransigente** they took a tough stand, they adopted a tough stance

Compuestos

- **posición de descanso** at ease; **en ∼ de ∼** (standing) at ease
- **posición de firmes** attention; **en ∼ de ∼** at attention, standing to attention

posicionamiento *m* (period) **1** (posición) position **2** (acción) positioning, placing **3** (actitud, postura) position, stance

posicionarse [A1] *v pron* (period): **se posicionaron en contra del proyecto de reestructuración** they took a stand against *o* they declared their opposition to the proposed restructuring; **deberán ∼ sobre el terrorismo** they will have to make clear their position on the issue of terrorism

posimpresionismo *m* post-impressionism

posimpresionista *adj/mf* post-impressionist

positivado *m* printing

positivamente *adv* positively

positivar [A1] *vt* to print

positivismo *m* positivism

positivista *adj/mf* positivist

positivo[1] **-va** *adj*

A ‹*polo/número*› positive; **la cuenta arroja un saldo ∼** the account shows a credit balance; **el análisis dio ∼ por testoterona** the test was *o* proved positive for testosterone

B (provechoso, constructivo) positive; **fue una experiencia muy positiva** it was a very positive *o* worthwhile experience; **el diálogo resultó muy ∼** it was a very constructive *o* positive exchange of opinions

positivo[2] *m*

A (Fot) print, positive (tech)

B (Ling) positive

positrón *m* positron

posmeridiano -na *adj* post meridiem (frml), afternoon (*before n*)

posmodernismo *m*, **posmodernidad** *f* **1** (movimiento) postmodernism **2** (período) postmodern era

posmodernista *adj* postmodernist

posmoderno[1] **-na** *adj* postmodern

posmoderno[2] **-na** *m,f* postmodernist

posnatal *adj/m* ▸ **postnatal**[1], **postnatal**[2]

poso *m* **1** (del vino) sediment, lees (*pl*), dregs (*pl*) **2** (del café) dregs (*pl*), grounds (*pl*) **3** (liter) (huella) trace

posología *f* dosage

posoperatorio[1] **-ria** *adj* ‹*período*› postoperative

posoperatorio[2] *m* postoperative period

posparto *m* puerperium (tech), postpartum period (tech); **la depresión que sufrí durante el ∼** the depression I suffered from after I had the baby

posponer [E22] *vt*

A (aplazar) to postpone, put off; **tuvo que ∼ el viaje** she had to postpone *o* put off the trip

B (relegar) **∼ algo A algo**: **pospone la vida familiar al trabajo** he puts his work before his family life

C (Ling): **se pospone al nombre** it comes after *o* follows the noun

posposición *f* postponement

pospositivo *m* postpositive

pospretérito *m* (Ling) conditional

post- *pref* post-

posta *f*

A **1** (ant) (de caballos) relay **2** (AmL) (Dep) relay, relay race; ***pasarle la ∼ a algn*** (RPl fam) (en una carrera) to pass the baton to sb; (ante un problema) to hand over to sb

B (Arm) pellet

C (AmC) (Mil) sentry post; **estar de ∼** to be on sentry duty

D (Esp): **a posta** on purpose, deliberately

E (AmC, Chi) (Coc) round

F (Chi) (centro médico) accident and emergency center*

postal[1] *adj* ‹*distrito/servicio*› postal; ▸ **giro**[2], **tarjeta**

postal[2] *f* postcard

postdata *f* postscript; **agregó una ∼** she added a PS *o* a postscript

postdiluviano -na *adj* postdiluvian

poste *m* **1** (de un alambrado) fence post, post; ***como un ∼*** (fam): **no te quedes allí como un ∼** don't just stand there (like a dummy) **2** (Dep) post, upright

Compuestos

- **poste alto** (en baloncesto) high post
- **poste bajo** (en baloncesto) low post
- **poste de alta tensión** electricity pylon
- **poste de (la) luz** lamp post
- **poste de llegada** winning post
- **poste de salida** starting post
- **poste de telégrafos** telegraph pole
- **poste indicador** signpost

postear [A1] *vt* (en Internet) to post

postema *f* abscess

postemilla *f* (AmL) gumboil, abscess

póster, poster *m* (*pl* **-ters**) poster

poste restante /'poste rres'tante/ *m* (AmL) general delivery (AmE), poste restante (BrE); **me lo mandó ∼ ∼** he sent it to me general delivery *o* poste restante

postergación *f* (esp AmL) postponement, deferment (frml), deferral (frml)

postergar [A3] *vt*

A (esp AmL) (aplazar) ‹*juicio/reunión*› to postpone, put back; **postergó su decisión** he put off *o* (frml) deferred making a decision

B (relegar) ‹*empleado*› to pass over; **desde que nació el pequeño se siente postergado** since the baby was born he's felt neglected *o* left out

posteridad *f* posterity; **pasará a la ∼ como uno de los grandes pintores de nuestro siglo** posterity will remember him as *o* he will go down in history as one of the greatest painters of our century; **su obra quedará para la ∼** her work will be handed down to *o* will remain for posterity

posterior *adj*

A **1** (en el tiempo) later, subsequent; **en años ∼es** in later *o* subsequent years; **∼ A algo**: **ese incidente fue muy ∼ a los sucesos de los que hablábamos** that incident happened long after the events we were talking about **2** (en un orden) subsequent; **en capítulos ∼es** in subsequent chapters; **ocupaba un puesto ∼ al mío en la lista** she was further down the list than me

B **1** (trasero) ‹*patas*› back (*before n*), rear (*before n*); **la parte ∼** the back *o* rear **2** (Ling) ‹*vocal*› back (*before n*)

posterioridad *f*: **con ∼** subsequently, later; **con ∼ a su fecha de vencimiento** later than *o* subsequent to *o* after the due date

posteriormente *adv* subsequently; **∼ repetiría el viaje con su hermano** later *o* subsequently *o* on a subsequent occasion, he was to do the trip again with his brother; **las reformas que se introdujeron en la ley ∼** the reforms which were subsequently introduced *o* which were introduced at a later date; **fue detenido para ∼ ser llevado ante el juez** he was arrested and subsequently *o* later brought before the judge

postgrado *m* postgraduate course; **hizo un ∼ en turismo** she took a postgraduate qualification *o* she did a postgraduate course in tourism; **curso de ∼** postgraduate course

postgraduado[1] **-da** *adj* postgraduate

postgraduado[2] **-da** *m,f* postgraduate, graduate student

postguerra *f* ▸ **posguerra**

postigo *m* shutter

postilla *f* scab

postillón *m* postilion*

postimpresionista *adj/mf* postimpressionist

postín *m* (Esp): **una profesión con mucho ∼** a very prestigious profession; **de ∼** smart; **sólo frecuenta los restaurantes de ∼** she only goes to plush *o* smart restaurants; **vive en una zona de mucho ∼** he lives in a very smart *o* (colloq) posh area; ***darse ∼*** (Esp) to show off, to give oneself airs and graces, to think one is important

postinero -ra *adj* (Esp) ‹*persona*› pretentious; ‹*casa*› ostentatious

postizo[1] **-za** *adj*

A **1** ‹*pestañas*› false; **dentadura postiza** dentures, false teeth **2** ‹*manga/cuello*› detachable

B **1** ‹*acento*› false, phoney (colloq); **con un tono de voz muy ∼** in a very false tone of voice **2** ‹*persona*› false, two-faced

postizo[2] *m* hairpiece

postnatal[1] *adj* postnatal

postnatal[2] *m* (Chi) **1** (permiso) maternity leave **2** (asignación) maternity benefit *o* allowance

postocoital *adj* post-coital, after-sex (*before n*); ▸ **píldora**

postón *m* pellet

postoperatorio[1] **-ria** *adj* ▸ **posoperatorio**[1]

postoperatorio[2] *m* ▸ **posoperatorio**[2]

postor *m* bidder; **se vendió al mejor ∼** it was sold to the highest bidder

postpalatal *adj* postpalatal

postparto *m* ▸ **posparto**

postración *f* deep depression

postrar [A1] *vt*: **la tuberculosis lo tuvo postrado varios meses** he was confined to bed for several months with tuberculosis; **el accidente lo postró durante varios meses** he was laid up (in bed) for several months as a result of the accident

■ **postrarse** *v pron* (frml) to kneel; **se postró a sus pies** he knelt at her feet *o* before her; **se postró ante el profeta** she prostrated herself before the prophet

postre[1] *m* dessert, pudding (BrE); **¿qué hay de ∼?** (en restaurante) what desserts do you have *o* are there?; (en casa) what's for dessert *o* (BrE) pudding?; **de ∼ tomamos helado** we had ice cream for dessert; **a los ∼s pronunció el discurso** he made his speech during the dessert course; ***llegar a los ∼s*** (fam) to be very late

postre[2] *f*: **a la ∼** (*loc adv*) (frml) in the end; **la reforma, a la ∼, nunca se llevó a cabo** in the end, the reform was never carried out; **promesas que a la ∼ no cumplimos** promises which in the end we did not keep; **una batalla que a la ∼ decidiría la guerra** a battle which, as it turned out, was to decide the course of the war

postrer *adj ver* **postrero**

postrero -ra *adj* (liter) [▸ **postrer** *is used before masculine singular nouns*] last; **exhaló su postrer aliento** he breathed his last

postrimerías *fpl* end; **en las ∼ del siglo** at the end *o* close of the century

postulación *f*

A (colecta) collection

B **1** (Relig) postulancy **2** (AmL) (Pol) (de un candidato) proposal, nomination **3** (CS) (solicitud) application

postulado *m*

A (proposición) postulate

B (principio/idea básica) principle

postulante -ta *m,f*

A (en una colecta) collector

B **1** (Relig) postulant, candidate **2** (AmL) (Pol) (candidato) candidate **3** (CS, Per) (para un trabajo, curso, una universidad) applicant

postular [A1] *vt*

A (frml) **1** ‹*hipótesis*› to advance, put forward, postulate (frml) **2** (proponer) ‹*medidas/soluciones*› to propose

B (AmL) (Pol) ‹*candidato*› to nominate, propose

P

■ **postular** *vi*
A **1** (Relig) to be a candidate for admission, to be a postulant **2** (CS) (para un puesto) **~ PARA algo** to apply FOR sth
B (Esp) (para una obra benéfica) **~ PARA algo** to collect FOR sth
■ **postularse** *v pron* (AmL) to stand, run
póstumo -ma *adj* posthumous
postura *f*
A (del cuerpo) position; **tengo que haber dormido en una mala ~** I must have slept in an awkward position; **tiene muy mala ~** he has very bad posture
(Compuesto) **postura de loto** lotus position
B **1** (actitud) stance; **adoptó una ~ crítica frente a esta propuesta** she adopted a critical attitude toward(s) *o* a critical stance on this proposal; **eso de no comprometerte es una ~ muy cómoda** not committing yourself like that is an easy way out *o* is an easy option **2** (opinión) opinion; **hay ~s encontradas** *or* **enfrentadas en la organización** there are opposing views within the organization; ***tomar ~*** to take a stand
C (AmL) (de ropa, zapatos): **se le rompieron a la primera ~** they broke the first time she wore them
(Compuesto) **postura de argollas** (Chi) (acción) exchange of rings (*to seal one's engagement*); (fiesta) engagement party
postural *adj* postural, posture (*before n*)
postventa, posventa *adj inv* after-sales (*before n*); **servicio ~** after-sales service
potabilidad *f* potability (frml)
potabilización *f* purification
potabilizadora *f* waterworks (*sing or pl*)
potabilizar [A4] *vt* ‹*agua*› to make … drinkable
potable *adj* **1** ‹*agua*› drinkable; **esta agua no es ~** this isn't drinking water, this water isn't drinkable *o* (frml) potable; Ⓢ **agua no potable** not drinking water, not for drinking **2** (fam) ‹*trabajo*› bearable; ‹*comida*› edible; ‹*persona*› decent-looking (colloq), passable
potaje *m* **1** (Coc) vegetable stew/soup (*gen with pulses*) **2** (Col fam) (brebaje) potion (colloq), brew (colloq)
potasa *f* potash
potasio *m* potassium
pote *m* **1** (olla) pot; ***darse ~*** (Esp fam) to show off **2** (CS) (de crema, maquillaje) pot, jar **3** (Esp fam) (de vino) glass; **salieron a tomar unos ~s** they went out for a few drinks
potear [A1] *vi*
A (Esp fam) (beber): **salieron a ~** they went out for a few drinks
B (AmL) (Dep) to putt
potencia *f*
A **1** (fuerza, capacidad) power; **la ~ militar de los dos países** the military power *o* might of the two countries; **se vanagloriaba de su ~ sexual** he used to boast about his sexual prowess; **para reducir la ~ de los sindicatos** to reduce the power of the unions; **este niño es un artista en ~** this child has the makings of an artist *o* has the potential to be an artist **2** (Fís, Mec) power
(Compuestos)
- **potencia al freno** brake horsepower
- **potencia fiscal** power rating (*measured in caballos fiscales*) ▸**caballo fiscal**

B (nación, organización) power; **una ~ naval/nuclear** a naval/nuclear power
C (Mat) power; **cinco elevado a la cuarta ~** five (raised) to the power of four
potenciación *f* (period): **la consiguiente ~ de las exportaciones** the resulting boost in exports; **la ~ de su influencia** the strengthening of *o* the increase in their influence; **la ~ de la música clásica** the promotion of classical music
potenciador[1] **-dora** *adj* ‹*producto/efecto*› stimulating (*before n*); **agente ~** stimulant; **capacidad ~a** ability to stimulate; **ser ~ DE algo** to stimulate sth
potenciador[2] *m* stimulator; **un ~ del crecimiento/de la memoria** a growth/memory stimulator; **un ~ del aroma/sabor** an aroma/a flavor* enhancer
potencial[1] *adj* **1** ‹*cliente/ventas*› potential; **una fuente ~ de energía** a potential source of energy **2** (Ling) conditional
potencial[2] *m*
A (capacidad, posibilidades) potential; **los estudiantes no desarrollan todo su ~** the students do not develop their potential to the full
B **1** (Fís) potential energy **2** (Elec) *tb* **~ eléctrico** potential difference
C (Ling) conditional
potencialidad *f* potential
potencializar [A4] *vt* **1** ‹*turismo/productividad*› to boost; ‹*oferta/conocimientos*› to improve **2** ‹*medicamento*› to increase the effects of, potentiate (tech)
potencialmente *adv* potentially
potenciamiento *m* ▸**potenciación**
potenciar [A1] *vt* (period): **medidas para ~ el desarrollo** measures to boost *o* promote development; **el gobierno quiere ~ las relaciones entre los dos países** the government wants to foster good relations between the two countries; **esto puede ~ nuestra influencia en la comunidad** this may strengthen *o* increase our influence in the community; **se ~á el intercambio cultural entre las dos ciudades** we will be promoting cultural contact between the two towns; **fondos para ~ la seguridad de la red ferroviaria** funds to improve the safety of the railway network; **el alcohol potencia el efecto de los barbitúricos** alcohol increases the effect *o* potency of barbiturates, alcohol potentiates barbiturates (tech); **para ~ su talento musical** in order to foster her musical talent
potenciómetro *m* (Elec) potentiometer; (para luces) dimmer, dimmer switch
potentado -da *m,f* tycoon; **los ~s de la industria del petróleo** the oil barons *o* magnates *o* tycoons; **un ~ de la industria cinematográfica** a movie mogul
potente *adj* **1** ‹*máquina/motor*› powerful; ‹*voz*› powerful, strong **2** ‹*saque/tiro/golpe*› powerful **3** ‹*hombre*› virile
potestad *f* legal authority
(Compuesto) **potestad marital** *in certain countries, a man's legal authority over his wife and her possessions*; ▸**patria**
potestativo -va *adj* facultative, optional
potiche *m* (Chi) earthenware pot
potingue *m* (fam) cream, lotion
potito *m*
A (Esp) (bote) jar of baby food
B (Andes) ▸**poto B**
poto *m*
A (Bot) ivy arum, Ceylon creeper
B (Andes fam) (de una persona) butt (AmE colloq), bum (BrE colloq); (de una botella) bottom; ***a ~ pelado*** (Chi fam) (desnudo) bare-bottomed; (sin dinero) broke (colloq), skint (BrE colloq); **se lo dije a ~ pelado** I told him straight; ***el ~ del mundo*** (Chi fam): **esto es el ~ del mundo** this is a god-forsaken hole, miles from anywhere
potoco -ca *adj* (Chi fam) small
potón -tona *adj* (Chi fam): **es muy potona** she has a big butt (AmE) *o* (BrE), bum (colloq)
Potosí *m* Potosí; ***valer un ~*** «*persona*» to be worth one's weight in gold; «*cosa*» to cost a fortune
potpourrí, potpurrí /popu'rri/ *m* medley
potra *f* **1** (arg) (suerte) luck; **¡qué ~ tiene!** she's so lucky!, she has all the luck!, she's so jammy! (BrE colloq) **2** (fam) (hernia) rupture, hernia *ver tb* **potro A1**
potrada *f* herd of young horses
potranco -ca *m,f*
A (*m*) colt
B (*f*) filly
potrear [A1] *vi* (RPl fam) to romp around
potrero *m* **1** (AmL) (terreno cercado) field; (para pastar) pasture **2** (Chi) (terreno baldío) area of waste ground *o* land, vacant lot (AmE)
potrillo -lla *m,f*
A (Zool) foal
B **potrillo** *m* (Chi) (vaso) large glass
potro -tra *m,f*
A **1** (caballo joven) (*m*) colt; (*f*) filly **2** **potro** *m* (Chi) (semental) stallion
B **potro** *m* **1** (instrumento de tortura) rack **2** (cepo) stocks (*pl*) **3** (en gimnasia) vaulting horse, buck
(Compuesto) **potro con arcos** pommel horse
potroso *adj* (AmL fam): **está ~** he has a rupture *o* hernia
poyo *m* stone bench/ledge
poza *f* **1** (charco) puddle **2** (Chi, Méx) (de río, mar) pool
pozo *m*
A **1** (para sacar agua) well; ***a buen ~ vas por agua*** (iró) you've come to the right person (iro); ***ser un ~ de sabiduría*** to be a fount of wisdom; ***ser un ~ sin fondo*** (fam) to be (like) a bottomless pit (colloq) **2** (en una mina) shaft **3** (en un río) deep pool **4** (RPl) (en el camino) pothole
(Compuestos)
- **pozo artesiano** artesian well
- **pozo ciego** septic tank, cesspool, cesspit
- **pozo de petróleo** oil well
- **pozo negro** *or* **séptico** septic tank, cesspool, cesspit

B **1** (fondo común) pool; **hicieron un ~ para las propinas** they pooled all their tips, all their tips went into a pool *o* (colloq) kitty; **¿cuánto tenemos en el ~ para comprar el regalo?** how much have we collected for his gift? **2** (en un concurso) pool; **el ~ acumulado alcanza unos diez millones** there is about ten million in the pool; **se llevó el ~** she won the jackpot **3** (en juegos, naipes) pool, kitty (colloq)
pozol *m* (AmC, Méx) *drink made from cooked maize*
pozole *m* (AmC, Méx) (Coc) stew (*made with pork or chicken and maize*)
PP *m* (Pol en Esp) = **Partido Popular**
pp. (Mús) (= **pianísimo**) pp
PP., P.P. (Relig) = **padres**
p.p. **1** (Corresp) (= **por poder, por poderes**) pp **2** (Com) (= **porte pagado**) ppd

> **PP - Partido Popular**
>
> One of Spain's two main national political parties, the other being the ▸**PSOE - Partido Socialista Obrero Español**. The *PP* defines itself as a party of the center right.
>
> The *PP* won the Spanish general elections for the first time in 1996, but without an absolute majority. It won in 2000 but lost in 2005. It aims to make the economy more flexible, defeat Basque terrorism and support the European Union.

PPC *m* (en Per) = **Partido Popular Cristiano**
PPD *m* (en Chi) = **Partido por la Democracia**
p. pdo. (= **próximo pasado**) ult.
p.p.m.. **1** (= **partes por millón**) parts per million, ppm **2** (= **pulsaciones por minuto**) **300 p.p.m.** ≈ 60 w.p.m.
PPS *m* (en Méx) = **Partido Popular Socialista**
PR[1] *f* (en Méx) = **Presidencia de la República**
PR[2] *m* (en Chi) = **Partido Radical**
práctica *f*
A **1** (en una actividad) practice; (en un trabajo) experience; **le falta ~** he needs practice; **se aprende con la ~** you learn by practice, it comes with practice; **tiene mucha ~** he's had a lot of practice; **he perdido la ~** I'm out of practice; **necesita ayuda mientras va adquiriendo ~** he needs to be helped while he's gaining experience; ***la ~ hace maestro*** practice makes perfect **2** (ejercicio) practicing*; **abandonó la ~ del derecho para hacer política** she gave up practicing law to go into politics; **es aconsejable la ~ de algún deporte** it's advisable to play *o* do some sport
B (aplicación) practice; **en la ~** in practice; **poner algo en ~** *or* **llevar algo a la ~** to put sth into practice

P

C **prácticas** *fpl* **1** (clase, sesión práctica): **~s de tiro** target practice; **las ~s de Anatomía** the anatomy practicals **2** (de un maestro) teaching practice; **la escuela donde hice (las) ~s** the school where I did my teaching practice **3** (Esp) (Rels Labs) *work during which one gains experience and further training*; **hice las ~s en la clínica de la Paz** I did my internship (AmE) *o* (BrE) my houseman year at the la Paz hospital; **contrato en ~s** work-experience contract

D (costumbre) practice; **son ~s muy extendidas en esta zona** these practices *o* customs are widespread in this area; **esta operación es hoy una ~ habitual en la medicina** this operation is common practice in medicine today

practicable *adj* practicable, workable

prácticamente *adv* practically, virtually; **el teatro estaba ~ vacío** the theater was practically *o* virtually *o* almost empty; **¿has terminado? — prácticamente** have you finished? — almost *o* nearly *o* (colloq) just about *o* (colloq) pretty well

practicante[1] *adj* practicing* (*before n*); **no es ~** she isn't a practicing Catholic (*o* Episcopalian *etc*), she isn't a churchgoer

practicante[2] *mf* **1** (Med) nurse (*specializing in giving injections, dressing wounds, etc*) **2** (Educ) student teacher

practicar [A2] *vt*

A **1** ‹*idioma*› to practice*; **estábamos practicando los tiros libres** we were practicing (taking) free kicks; **no practica ningún deporte** he doesn't play *o* do any sport(s); **hay que ~ lo que se predica** you should practice what you preach **2** ‹*profesión*› to practice*

B (frml) (llevar a cabo, realizar) ‹*corte/incisión*› to make; ‹*autopsia/operación*› to perform, do; ‹*redada/actividad*› to carry out; ‹*detenciones*› to make; **~on unas obras de remozamiento** they carried out some renovation work; **hubo que ~le una cesárea** they had to perform a Cesarean section (on her)

■ **practicar** *vi* **1** (repetir) to practice* **2** (ejercer) to practice*; **ya no practica** he's no longer practicing

practicidad *f* (CS) (de una herramienta) usefulness, handiness; **me saqué el abono por la ~** I got a season ticket for the sake of convenience

practicismo *m* practical approach, practicality

práctico[1] **-ca** *adj*

A ‹*envase/cuchillo*› useful, handy; ‹*falda/bolso*› practical; **es un diseño muy ~** it's a very practical design; **regalémosle algo ~** let's give her something useful *o* practical; **es muy ~ tener el coche para hacer las compras** it's very handy *o* convenient having the car to do the shopping

B (no teórico) practical

C ‹*persona*› **1** [SER] (desenvuelto) practical; **tiene gran sentido ~** she's very practically minded **2** (RPl) [ESTAR] (experimentado) experienced; **cuando estés más práctica, te presto el auto** when you're more experienced *o* when you've had more practice, I'll lend you the car

práctico[2] *mf* (Náut) pilot

pradera *f* grassland, grasslands (*pl*); **las extensas ~s de los Estados Unidos** the great prairies of the United States

prado *m* **1** (Agr) meadow, field **2** (lugar de paseo) park (*with lawns*) **3** (Col) (jardín) garden, yard (AmE)

Praga *f* Prague

pragmática *f* pragmatics

pragmático[1] **-ca** *adj* pragmatic

pragmático[2] **-ca** *m,f* pragmatist

pragmatismo *m* pragmatism

pragmatista *mf* pragmatist

praliné *m* praline

praxis *f* praxis

pre- *pref* pre-

preacuerdo *m* outline *o* draft agreement

prealerta *f* yellow/orange alert

preámbulo *m* **1** (de una obra) introduction; (de una constitución) preamble **2** (rodeo): **sin más ~s** without further ado; **dímelo sin tanto ~** stop beating about the bush and tell me, cut the preamble and tell me what you have to say **3** (preludio) preliminary; **la reunión constituyó el ~ de las negociaciones** the meeting was a preliminary to the negotiations; **unas charlas que sirvieron de ~ al curso** talks which served as an introduction *o* a preliminary to the course

preautonómico -ca *adj* (Esp) (Pol) before the establishment of autonomous regions

preaviso *m* notice; **hay que dar 2 meses de ~** you have to give two months' notice

prebenda *f* **1** (privilegio) privilege; **una de las muchas ~s que otorgaron a la clase terrateniente** one of the many privileges granted to the landowning classes; **la inmunidad diplomática es una de las ~s del cargo** diplomatic immunity is one of the perquisites *o* benefits of the position **2** (Relig) prebend

prebendado *m* prebendary

preboste *m* (Hist) provost

precalentamiento *m* **1** (Dep) warm-up; **ejercicios de ~** warm-up exercises **2** (del horno) preheating **3** (de un motor) warming up

precalentar [A5] *vt* **1** ‹*horno*› to preheat **2** ‹*motor*› to warm up

precandidato -ta *m,f*: *person on the short list to be a candidate*

precariamente *adv* precariously

precariedad *f* **1** (escasez): **la ~ en la que viven** the deprivation in which they live; **la ~ de recursos** the scarcity of resources

(Compuesto) **precariedad laboral** job insecurity **2** (fragilidad) precariousness, instability; **dada la ~ de su estado** in view of the precariousness of his condition, in view of his precarious condition

precario -ria *adj* **1** ‹*vivienda*› poor; ‹*medios*› scarce, meager* **2** ‹*salud/situación*› precarious, unstable; ‹*gobierno/puesto*› unstable

precaución *f*

A **1** (medida) precaution; **tomamos todas las precauciones del caso** we took all the necessary precautions **2** **precauciones** *fpl* (contra el embarazo) precautions (*pl*)

B (prudencia): **como medida de ~** as a precautionary measure; **hemos de actuar con ~** we must act with caution; **lo hice por ~** I did it to be safe *o* to be on the safe side *o* as a precautionary measure; Ⓢ **circule con precaución** drive carefully

precautorio -ria *adj* precautionary

precaver [E1] *vt* to provide against, take steps to prevent *o* avoid

precaverse *v pron* to take precautions; **hay que ~** we/you have to take precautions; **~ del peligro** to guard against danger

precavidamente *adv* cautiously

precavido -da *adj* cautious, prudent; **yo he sido precavida y me he traído el paraguas** I came prepared, I brought my umbrella

precedencia *f* precedence, priority; **este tema ha de tener ~** this subject must be given precedence *o* priority

precedente[1] *adj* previous; **el gobierno ~ ya lo había intentado** the previous government had already tried; **los días ~s a su muerte** the days leading up to *o* preceding his death; **las ideas expresadas en el capítulo ~** the ideas set out in the preceding chapter

precedente[2] *m* precedent; **sentar ~s** *or* **(un) ~** to set a precedent; **bueno, pero que esto no sirva de ~** all right, but I don't want this to become a regular occurrence; **fue un caso sin ~s** it was an unprecedented case

preceder [E1] *vt* to precede; **los días que precedieron a su muerte** the days leading up to *o* (frml) preceding his death; **la persona que le había precedido en el cargo** the person who had preceded him in the post, the previous incumbent of the post

preceptista[1] *adj* preceptive

preceptista[2] *mf* instructor (*in literary precepts*)

preceptiva *f* precepts (*pl*)

(Compuesto) **preceptiva literaria** literary precepts (*pl*)

preceptivo -va *adj* mandatory, compulsory, preceptive (frml)

precepto *m* rule, precept (frml)

preceptor *m* private tutor

preceptuar [A18] *vt* (frml) to establish, lay down

preces *fpl* **1** (liter) (ruegos) prayers (*pl*), supplications (*pl*) **2** (en la misa) invocations (*pl*)

preciado -da *adj* ‹*bien*› prized, valued; ‹*don*› valuable; **una joya muy preciada** a highly prized jewel; **las naranjas son muy preciadas en este país** oranges are very precious here, oranges are prized here

preciarse [A1] *v pron* **1** (estimarse): **un abogado que se precie nunca aceptaría ese caso** no self-respecting lawyer would ever take on that case **2** (jactarse) **~ DE algo** to pride oneself ON sth; **se precia de haber viajado mucho** he boasts of having traveled a lot; **se precia de ser la universidad más antigua del país** it prides itself on being the oldest university in the country

precintado *m* **1** (Com) (de un producto) sealing; **envasado y ~ de botellas** bottling and sealing **2** (de un local — tras un crimen) sealing; (— clausura) closing down

precintar [A1] *vt* **1** ‹*paquete/botella*› to seal **2** ‹*local*› (tras un crimen) to seal; (clausurar) to close down (*often on health or safety grounds*)

precinto *m* seal; **~ de garantía** seal of guarantee

precio *m*

A (de un producto) price; **subir los ~s** to raise prices, to put prices up; **bajar los ~s** to lower prices, to bring prices down; **¿qué ~ tiene este vestido?** what's the price of this dress?, how much is this dress?; **el ~ del viaje** the cost *o* price of the trip; **aquí la fruta está muy bien de ~** fruit is very reasonably priced *o* very reasonable here, the price of fruit is very reasonable here; **un ~ al alcance de todos los bolsillos** a price to suit everyone's pocket, a price everyone can afford; **lo compré a muy buen ~** I got it for a very reasonable price; **en esta zona los apartamentos tienen un ~ prohibitivo** apartments in this area are prohibitively expensive; **tiene un ~ irrisorio** it's ridiculously cheap; **el ~ por unidad es (de) 5 euros** they are 5 euros each; **libros a ~s populares** books at affordable prices; **~ al contado** cash price; **~ a plazos** credit price; **a ~ de saldo** at a bargain price, at a knockdown price (colloq); **aún no han fijado el ~** they still haven't fixed the price; ***hacer ~*** (RPl) to lower the price, give a discount; ***no tener ~*** to be priceless; **este anillo no tiene ~ para mí** for me this ring is priceless; **su ayuda no tiene ~** her help has been invaluable; ***pagar*** *or* ***comprar algo a ~ de oro*** to pay the earth *o* a fortune for sth; ***poner ~ a la cabeza de algn*** to put a price on sb's head

(Compuestos)

- **precio al por mayor/menor** wholesale/ retail price, trade price
- **precio cerrado** fixed price
- **precio de apertura** opening price
- **precio de apoyo** support price
- **precio de cierre** closing price
- **precio de compra** purchase price
- **precio de costo** *or* (Esp) **coste** cost price
- **precio de ejercicio** striking price
- **precio de lanzamiento** launch price
- **precio del dinero**: **el ~ del ~** the cost of money, the cost of borrowing
- **precio de mercado** market price
- **precio de salida** starting price
- **precio de umbral** threshold price
- **precio de venta** sale price
- **precio de venta al público** (de un alimento, medicamento) recommended retail price; (de un libro) published price
- **precio franco (de) fábrica** factory (gate) price, price ex works (BrE)
- **precio psicológico** psychological price

- **precio unitario** unit price

B (sacrificio, esfuerzo): **logró lo que quería ¿pero a qué ~?** she got what she wanted, but at what price *o* cost?; **impedirán a cualquier ~ que se sepa la verdad** they will go to any lengths to stop people knowing the truth, they will stop at nothing to hide the truth; **está dispuesto a mantenerse en el cargo a cualquier ~** he's determined to stay on at any price *o* at all costs *o* whatever the cost

preciosidad *f*: **esta vista es una ~** this view is absolutely beautiful *o* wonderful; **tiene una ~ de casa** she has a really lovely *o* an absolutely gorgeous house; **su hermana es una ~** his sister is really beautiful *o* is lovely-looking

preciosismo *m* preciosity, euphuism

preciosista[1] *adj* precious, euphuistic

preciosista[2] *mf* euphuist

precioso -sa *adj* **1▸** (hermoso) beautiful, gorgeous, lovely **2▸** (de gran valor) precious, valuable; **estamos perdiendo un tiempo ~** we're wasting precious *o* valuable time; ▸**piedra**[2]

preciosura *f* (AmL) ▸**preciosidad**

precipicio *m* (despeñadero) precipice; **económicamente, el país está al borde del ~** the country is on the verge of economic disaster *o* ruin

precipitación *f*

A (prisa) rush, hurry; **lo hizo con tanta ~ que era normal que se equivocara** she did it in such a rush *o* hurry that she was bound to make a mistake; **no hace falta tanta ~, tenemos tiempo de sobra** there's no need to rush *o* hurry, we've got plenty of time

B (Meteo) precipitation (frml); **habrá precipitaciones débiles en el norte** there will be some light rain (*o* snow *etc*) in the north; **cielo nuboso, con alguna ~** overcast with occasional showers

(Compuesto) **precipitación pluvial** rain

C (Quím) precipitation

precipitadamente *adv*: **salió tan ~ que se dejó las llaves** she left in such a rush *o* hurry (that) she forgot her keys; **todo ocurrió ~** everything happened very quickly; **no tomes la decisión ~** don't make any hasty decisions

precipitado[1] **-da** *adj* ‹decisión› hasty, hurried, precipitate (frml); **fue un viaje tan ~ que no tuve tiempo de avisar a nadie** the trip came up so suddenly that I didn't have time to tell anyone

precipitado[2] *m* precipitate

precipitante *m* precipitant

precipitar [A1] *vt*

A (acelerar, apresurar) to hasten, precipitate (frml); **no precipites los acontecimientos** don't rush things; **aquellos incidentes ~on la caída del régimen** those incidents precipitated *o* hastened the downfall of the regime

B (lanzar, arrojar): **lo precipitó al vacío** she pushed him into space, she pushed him out of the window (*o* over the cliff *etc*)

C (Quím) to precipitate

■ **precipitarse** *v pron*

A (en una decisión, un juicio): **no te precipites, piénsalo bien** don't rush into anything *o* don't be hasty, think about it carefully; **te precipitaste juzgándolo así** you were rash to judge him like that

B (apresurarse) to rush; **~se A + INF** to rush to + INF; **el camarero se precipitó a abrirnos la puerta** the waiter rushed to open the door for us; **la muchedumbre se precipitó hacia la salida de emergencia** the crowd rushed toward(s) the emergency exit; **el coche se precipitó a toda velocidad contra el muro** the car hurtled into the wall at full speed; **los acontecimientos se ~on y tuve que emprender viaje inmediatamente** things happened very quickly *o* I was overtaken by events and I had to set off immediately

C **1▸** (caer) to plunge **2▸** (*refl*) (arrojarse) to throw oneself; **se precipitó al vacío desde un noveno piso** he threw himself from the ninth floor

precisado -da *adj* (esp AmL frml): **se vieron ~s a abandonar el barco** they were forced *o* obliged to abandon ship

precisamente *adv* precisely; **llegó ~ cuando salía a buscarlo** he arrived just as I was going out to look for him; **te lo digo ~ por eso** that's exactly *o* precisely why I'm telling you, I'm telling you for precisely that reason; **~ estábamos hablando de eso** we were just talking about that; **no es que sea ~ guapa** she's not exactly pretty; **fue ~ en ese lugar donde nos conocimos** that was the very place where we met; **~, por eso no voy** (*indep*) precisely *o* exactly, that's why I'm not going

precisar [A1] *vt*

A (determinar con exactitud) to specify; **sin ~ ninguna fecha** without specifying any date; **la hora está todavía sin ~** the time has not yet been fixed *o* specified; **no se ha precisado de cuántos casos se trata** there has been no indication of the precise number of cases

B (necesitar) to need; **se precisan más medios y un presupuesto mayor** more resources and a higher budget are needed; **Ⓢ precisamos secretarias bilingües** bilingual secretaries required; **no precisa plancha** no ironing needed; **no se lo puedo prestar porque lo preciso** I can't lend it to you because I need it myself

precisión *f*

A **1▸** (exactitud) precision; **con la ~ de un reloj** with clockwork precision, like clockwork; **es un trabajo que requiere una gran ~** it is a job which requires great precision *o* accuracy; **no puedo decírtelo con ~** I can't tell you exactly; **de ~** ‹*instrumento/máquina*› precision (*before n*) **2▸** (claridad, concisión) precision; **se caracteriza por la ~ de su estilo** he is distinguished by the precision *o* clarity of his style

B **precisiones** *fpl* (puntualizaciones): **en cuanto a este tema debo hacer unas precisiones** I would like to make *o* clarify a few points regarding this subject

preciso -sa *adj*

A **1▸** (exacto, detallado) precise; **¿me puede dar datos más ~s?** can you give me more detailed information *o* more precise details?; **necesitamos instrucciones más precisas** we need more precise *o* more accurate *o* clearer instructions; **se expresó con un lenguaje ~ y llano** he expressed himself in precise, simple terms **2▸** (*delante del n*) (como intensificador) very; **¿tiene que ser en este ~ momento?** does it have to be right this minute? *o* right now? *o* this very minute?; **en el ~ momento en que salía** just as he was going out; **en este ~ lugar** in this very spot **3▸** (Col fam) (seguro): **~ que salgo y suena el teléfono** I bet the phone rings as soon as I go out (colloq)

B (necesario) necessary; **si es ~ se pide un préstamo** if necessary we can ask for a loan; **si es ~ tendremos que contárselo** if need be we'll have to tell him; **haré lo que sea ~** I will do whatever is necessary *o* whatever I have to; **factores que hacen precisa la planificación de la economía** factors which make economic planning necessary *o* a necessity; **ser ~ + INF** to be necessary to + INF; **no es ~ entregarlo hoy** it doesn't have to be handed in today, it's not necessary to hand it in today; **fue ~ darle un sedante** he had to be given a sedative; **ser ~ + SUBJ: es ~ que te vayas inmediatamente** you must go right away, it is essential that you leave immediately; **será ~ que vayas a buscarlo** it will be necessary for you to go and find him, you will have to go and find him; **no es ~ que estemos todos con ella** there's no need for all of us to be with her, we needn't all be with her

preclaro -ra *adj* (frml) illustrious, eminent

precocidad *f* **1▸** (en el desarrollo) precociousness **2▸** (en la sexualidad) sexual precociousness

precocinado *m* precooked dish

precocinar [A1] *vt* to precook; **alimentos precocinados** precooked foods

precognición *f* (frml) precognition (frml)

precolombino -na *adj* pre-Columbian

preconcebido -da *adj* preconceived; **ideas ~s** preconceptions, preconceived ideas

preconcebir [I14] *vt* to preconceive

preconcepción *f* preconception

preconciliar *adj* **1▸** (anterior al Concilio): **la Iglesia ~** the Church prior to the second Vatican Council **2▸** (conservador) conservative, anti-reform (*before n*)

precondición *f* precondition

preconizar [A4] *vt* (frml) **1▸** (abogar por) to advocate; **~ la necesidad de una reforma** to advocate *o* recommend (the need for) reform; **preconizan el control de la natalidad** they advocate birth control **2▸** (elogiar) to praise, extol (frml); **~on las virtudes de la medicina alternativa** they praised *o* extolled the virtues of alternative medicine

precontrato *m* pre-contract

precordillera *f* (en AmS) foothills (*pl*) (*of the Andes*)

precoz *adj* **1▸** ‹*niño/desarrollo*› precocious **2▸** ‹*diagnóstico*› early; **la detección ~ del cáncer** the early detection of cancer **3▸** ‹*fruto*› early, precocious (tech); ‹*helada*› early

precozmente *adv* **1▸** ‹*envejecer/desarrollarse*› prematurely **2▸** ‹*diagnosticar/detectar*› early **3▸** (Bot) early

precursor[1] **-sora** *adj* **1▸** (de una tendencia, un suceso): **un movimiento ~ del Cubismo** a movement which was a precursor *o* forerunner of Cubism **2▸** (Tec) precursor (*before n*)

precursor[2] **-sora** *m,f* precursor, forerunner

predador *m* predator

predecesor -sora *m,f* predecessor

predecir [I25] *vt* to predict, foretell (frml)

predemocrático -ca *adj* pre-democratic

predestinación *f* predestination

predestinado[1] **-da** *adj* predestined; **estaba ~ a triunfar** he was destined to triumph, his triumph was predestined

predestinado[2] **-da** *m,f* predestinate

predestinar [A1] *vt* to predestine

predeterminar [A1] *vt* to predetermine

predial *adj* ▸**impuesto**[2]

prédica *f* (Relig) sermon; **escuchamos atentos su ~** we listened attentively to his sermon; **no vive de acuerdo a su ~** she doesn't practice what she preaches; **su ~ ferviente del control de la natalidad** her fervent advocacy of birth control

predicación *f* **1▸** (Rel) preaching **2▸** (divulgación) spreading

predicado *m* predicate

predicador -dora *m,f* preacher

predicamento *m*

A (prestigio) prestige; **la figura de mayor ~** the most prestigious figure; **un pianista de envidiable ~** a pianist of enviable prestige *o* standing

B (AmL) (situación difícil) predicament

predicar [A2] *vi* **1▸** (Relig) to preach; **~ con el ejemplo** to practice what one preaches **2▸** (sermonear) to preach

■ **predicar** *vt* **1▸** (Relig) to preach **2▸** (aconsejar) to advocate; **predican austeridad** they are preaching *o* advocating austerity

predicativo[1] **-va** *adj* predicative

predicativo[2] *m* predicate, complement

predicción *f* prediction, forecast; **la ~ del tiempo** the weather forecast

predicible *adj* (Andes) predictable

predilección *f* predilection; **tiene/siente ~ por su hijo menor** she's especially fond of her younger son; **es el plato de su ~** it's his favorite dish

predilecto[1] **-ta** *adj* favorite*; **su hijo ~** his favorite son

predilecto[2] **-ta** *m,f* favorite*; **el ~ de la madre** the mother's favorite; **el ~ del profesor** the teacher's pet (colloq)

predio *m* (esp AmL frml) **1▸** (terreno) piece of land; **~s** land; **en los ~s** *or* **en el ~ de la universidad** in the university grounds, on the university campus **2▸** (local) premises (*pl*)

predisponente *adj* predisposing; **factores ~ de la enfermedad** predisposing factors to illness

predisponer [E22] *vt*
A (Med) to predispose; **factores hereditarios que lo predisponen a ciertas enfermedades** hereditary factors which predispose him *o* make him predisposed to certain illnesses
B (influir en): **su simpatía predisponía a la gente en su favor** people tended to look favorably on him because of his pleasant character; **hicieron todo lo posible para ~lo en contra de mi familia** they did everything possible to turn him *o* prejudice him against my family

predisposición *f*
A (Med) predisposition
B (inclinación): **tenía una cierta ~ en contra de ella** he was slightly prejudiced against her, he had a slight prejudice against her; **tienen ~ a aceptar todo lo que dice** they have a tendency to accept everything he says

predispuesto -ta *adj* **1** [ESTAR] (prejuiciado) **~ A FAVOR/EN CONTRA DE algo/algn** biased TOWARD(S)/AGAINST sth/sb; **estaban ~s a** *or* **en mi favor** they were biased in my favor *o* toward(s) me *ver tb* **predisponer** **2** [SER] (propenso) **~ A algo** prone TO sth; **es muy ~ a resfriarse** he's very prone to colds

predominante *adj* predominant

predominantemente *adv* predominantly

predominar [A1] *vi*: **el tema predominó en el congreso** the subject dominated the conference, it was the predominant topic of discussion at the conference; **las tendencias que predominan en la literatura de este período** the prevailing tendencies in the literature of this period; **predomina el negro en su producción pictórica** black predominates *o* is prominent in her paintings; **en el concierto predominaban los jóvenes** the audience at the concert consisted mainly *o* mostly of young people, the audience at the concert was predominantly young; **~án los cielos despejados** the sky will be mainly clear; **~ SOBRE algo** to be predominant OVER sth; **este verano los pasteles predominan sobre los colores vivos** this summer pastel colors rather than bright colors are predominant *o* are the predominant fashion

predominio *m* predominance; **~ SOBRE algo** predominance OVER sth; **el ~ de los tonos claros sobre los oscuros** the predominance of light shades over dark ones

preelectoral *adj* pre-election (*before n*)

preeminencia *f* preeminence

preeminente *adj* preeminent

preeminentemente *adv* preeminently

preencogido -da *adj* preshrunk

preescolar[1] *adj* preschool (*before n*); **edad ~** preschool age; **centro de educación ~** preschool, kindergarten, nursery school (BrE)

preescolar[2] *m* preschool

preestablecer [E3] *vt* to establish ... beforehand, preestablish; **conviene ~ las normas** it is advisable to set out *o* establish the rules beforehand

preestablecido -da *adj* preestablished; **condiciones preestablecidas** preestablished conditions, conditions established beforehand

preestreno *m* preview

preexistencia *f* preexistence

preexistente *adj* preexisting, preexistent (frml)

preexistir [I1] *vi* to preexist

prefabricado -da *adj* prefabricated

prefabricar [A2] *vt* to prefabricate

prefacio *m* preface

prefecto *m* **1** (Relig) prefect **2** (Gob) (en Francia) prefect **3** (Per) (gobernador) civil governor **4** (Col) (Educ) *teacher responsible for discipline*

prefectura *f* **1** (Relig) prefecture **2** (Gob) (en Francia) prefecture **3** (RPl) (Mil, Náut) naval command

preferencia *f* **1** (prioridad): **dieron ~ a los casos más urgentes** priority *o* precedence was given to the most urgent cases; **tienen ~ los que vienen por la derecha** (Auto) traffic approaching from the right has right of way *o* (BrE) priority **2** (predilección) preference; **no quiso expresar ninguna ~** he wouldn't express a preference; **tiene ~ por el más pequeño** she favors the youngest one, the youngest one is her favorite; **de ~** preferably; **la semana que viene, de ~ el martes** this coming week, preferably on Tuesday; **se dará ~ a los candidatos que hablen inglés** preference will be given to candidates who speak English **3** (Espec) (localidad) grandstand

preferencial *adj* preferential

preferente *adj* (especial) special; **un lugar ~ en la sala** a special place in the hall; **fueron objeto de un trato ~** they received special *o* preferential treatment; ▸**clase**[1]

preferentemente *adv* preferably

preferible *adj* [SER] preferable, better; **me parece ~ viajar mañana** I think it would be preferable *o* better to travel tomorrow; **ser ~ A algo**: **es ~ a uno de plástico** it's better than *o* preferable to a plastic one; **es ~ que llegue tarde a que no llegue** I'd rather he arrived late *o* it's better that he should arrive late than not at all; **es ~ que no lo haga a que lo haga mal** it's better not to do it at all (rather) than do it badly; **es ~ morirse a estar en esa cárcel** you're better off dead than in that prison; **~ QUE algo** preferable TO sth, better THAN sth; **~ pan que nada** bread is better than nothing

preferiblemente *adv* preferably

preferido[1] **-da** *adj* favorite*

preferido[2] **-da** *m,f* favorite*; **es el ~ de la maestra** he's the teacher's favorite *o* (colloq) pet

preferir [I11] *vt* to prefer; **la prefiero con el pelo largo** I like her better *o* I prefer her with her hair long; **prefiero esperar aquí** I'd rather wait here, I'd prefer to wait here; **~ía no decírselo** I'd rather not tell him, I'd prefer not to tell him; **~ algo A algo** to prefer sth TO sth; **prefiere el café al té** she prefers coffee to tea; **prefiero vivir sólo a tener que compartir** I prefer living on my own to having to share; **~ía eso a tener que volver** I'd rather that than have to go back, I'd prefer that to having to go back; **~ QUE + SUBJ**: **prefiero que te quedes aquí** I'd rather you stayed here, I prefer you to stay here; **~ía que nevara** I'd rather it snowed, I'd prefer it to snow

prefiera, prefieras, etc ▸**preferir**

prefigurar [A1] *vt* to prefigure
■ **prefigurarse** *v pron* to be prefigured

prefijar [A1] *vt*
A (concertar de antemano) to prearrange, arrange in advance
B (Ling) to prefix

prefijo *m* **1** (Ling) prefix **2** (de teléfono) dialing* code, code; **el ~ telefónico de Madrid es 91** the (area) code for Madrid is 91

prefiriera, prefirió, etc ▸**preferir**

pregón *m* **1** (para vender algo) cry (*of a street or market vendor*) **2** (de fiestas) opening speech **3** (Hist) (bando) proclamation

pregonar [A1] *vt* **1** ‹*noticia/secreto*› to make ... public; **no lo vayas pregonando por ahí** (fam) don't go spreading it around **2** ‹*virtudes/méritos*› to extol **3** ‹*mercancía*› to hawk, cry **4** ‹*bando/aviso*› to proclaim

pregonero -ra *m,f* **1** (Hist) (de un bando) towncrier **2** (de fiestas) *person who inaugurates an event*

pregrabado -da *adj* prerecorded

pregrabar [A1] *vt* to prerecord

preguerra *f* prewar period

pregunta *f* question; **no me hagas ~s** don't ask me any questions; **si no es una ~ indiscreta ¿cuántos años tienes?** how old are you, if you don't mind my asking *o* if it isn't a rude question?; **contesta mi ~** answer my question; **¿quién era ese hombre? si se me permite la ~** who was that man, if you don't mind my asking?; **¿te gustaría ir conmigo? — ¡qué ~!** would you like to come with me?— what do you think? *o* what a question!; ***andar*** *or* ***estar*** *or* ***quedarse a la cuarta ~*** (Esp fam) to be down to one's last nickel (AmE) *o* (BrE) penny (colloq), to be flat broke (colloq)
(Compuesto) **pregunta temada** (Méx) essay question

preguntar [A1] *vt* to ask; **me preguntó la hora** he asked me the time; **pregúntale si viene a comer** ask him if he's coming to lunch; **eso no se pregunta** you shouldn't ask things like that, that's not the sort of thing you ask *o* one asks; **¿cuánto te costó? si no es mucho ~** how much did it cost, if you don't mind my asking *o* if it's not rude to ask?; **la maestra me preguntó la lección** the teacher tested me on the lesson
■ **preguntar** *vi* to ask; **pregunte en el ayuntamiento** ask *o* inquire at the town hall; **a mí no me preguntes, no sé nada** don't ask me, I don't know anything; **le preguntó sobre** *or* **acerca de lo ocurrido** he asked her (about) what had happened; **no le interesa la respuesta, pregunta por ~** she's not interested in the answer, she's just asking for the sake of asking *o* asking for the sake of it; **~ POR algo/algn** to ask ABOUT sth/sb; **vino a ~ por el trabajo** he came to inquire about the job; **me preguntó por ti/por tu salud** he asked about you/how you were, he asked after you/your health (BrE); **preguntaban por un tal Mario** they were looking for *o* asking for someone called Mario
■ **preguntarse** *v pron* (*refl*) to wonder; **me pregunto si habrá llegado** I wonder if she's arrived

preguntón[1] **-tona** *adj* (fam) nosy (colloq)

preguntón[2] **-tona** *m,f* (fam) busybody (colloq), nosy parker (BrE colloq)

prehistoria *f* prehistory

prehistórico -ca *adj* prehistoric

preignición *f* preignition

preinforme *m* preliminary *o* draft report

preinstalado -da *adj* already installed

prejubilación *f* early retirement

prejuiciado -da *adj* (AmL) prejudiced

prejuicio *m* prejudice; **~s raciales/sociales** racial/social prejudices; **tener ~s contra algn** to be prejudiced against sb; **es una persona sin ~s** he has no prejudices, he's not at all prejudiced

prejuzgar [A3] *vt* to prejudge
■ **prejuzgar** *vi* to judge in advance, prejudge

prelacía *f* prelacy

prelación *f* precedence; **tendrán ~ las personas más pobres** the poorest will have priority *o* will take precedence; **tiene ~ el auto que sube** (Col) the car going up the hill has right of way *o* (BrE) priority

prelado *m* prelate

prelatura *f* prelacy, prelature

prelavado *m* prewash

preliminar[1] *adj* **1** ‹*cálculo/nota/etapa*› preliminary **2** (Dep) ‹*pruebas*› qualifying (*before n*), preliminary (*before n*)

preliminar[2] *m or f* **1** (AmL) (Dep) qualifier, qualifying *o* preliminary game (*o competition etc*) **2** **preliminares** *mpl* (Hist, Pol) preliminaries (*pl*)

prelitoral *m* (Geog) area bordering the sea (*but separated from it by a physical feature*)

preludiar [A1] *vt*: **aquella tensión no podía ~ nada bueno** that tension did not bode well; **'Las Señoritas de Aviñón' preludia el Cubismo** 'Les Demoiselles d'Avignon' was a prelude to Cubism; **las primeras lluvias que preludian el otoño** (liter) the first rains which herald the coming of fall *o* signal the beginning of fall (liter)

preludio *m* **1** (Mús) prelude **2** (comienzo, preámbulo) prelude; **aquello era sólo el ~ de lo que había de venir** that was only the prelude to what was to come

premamá *adj inv* (Esp fam) maternity (*before n*)

prematrimonial *adj* ‹*relaciones*› premarital; **cursillo ~** marriage preparation course;

P

▸**acuerdo prematrimonial**, **pacto prematrimonial**

prematuramente *adv* prematurely

prematuro[1] **-ra** *adj* **1** ‹*bebé*› premature **2** ‹*muerte/vejez*› premature **3** ‹*decisión/juicio*› premature; **es demasiado ~ hablar de ello ahora** it's too soon *o* too early to talk about it now, it's rather premature to talk about it now

prematuro[2] **-ra** *m,f* premature baby

premeditación *f* premeditation; **el crimen fue cometido con ~** it was a premeditated crime

premeditadamente *adv* with premeditation

premeditado -da *adj* premeditated, deliberate; **con premeditada ironía** with deliberate irony

premeditar [A1] *vt* ‹*plan*› to premeditate; ‹*crimen*› to premeditate, plan

premenstrual *adj* premenstrual

premiación *f* (AmL) (acción) awarding of prizes; (ceremonia) awards ceremony, prize-giving (BrE); **se hizo el sorteo y ~ del concurso** the draw was held and the prizes awarded

premiado -da *adj* **1** ‹*número/boleto*› winning; **ha resultado** *or* **salido ~ el número 12759** the winning number is 12759 **2** ‹*novela/película*› prizewinning (*before n*); ‹*escritor/actor*› prizewinning (*before n*) *ver tb* **premiar**

premiar [A1] *vt* **1** ‹*actor/escritor*› to award a/the prize to, award … a/the prize; **~on tres películas cubanas en el festival** three Cuban films won awards at the festival; **fue premiado con el Nobel de la Paz** he was awarded the Nobel Peace Prize **2** ‹*generosidad/sacrificio*› to reward; **su actuación fue premiada con una fuerte ovación** his performance was rewarded with *o* received great applause

premier /pre'mje(r)/ *mf* (*pl* **-miers**) premier, prime minister

premiere, première /pre'mjer/ *f* (period) premiere, première

premio *m* **1** (galardón) prize; (galardonado) (period) prizewinner; **de** *or* **como ~** as a prize; **el ~ a la mejor película/al mejor actor** the award *o* prize for the best movie/actor; **conceder** *or* **dar** *or* **otorgar un ~** to award *o* give a prize; **recibir/obtener/ganar un ~** to receive/get/win a prize; **ceremonia de entrega de ~s** awards ceremony, prize-giving ceremony (BrE); **se llevó el primer ~** she took *o* got *o* won first prize, she walked off with first prize (colloq); **viene con ~** (fam & hum) she's got a bun in the oven (colloq) **2** (en un sorteo) prize; **¿le tocó algún ~?** did you win a prize? **3** (a esfuerzos, sacrificios) reward; **como ~ a su dedicación** as a reward for your dedication **4** (competición) trophy; **el P~ Inyala** the Inyala Award *o* Cup *o* Trophy *o* Stakes

(Compuestos)
- **premio de consolación** consolation prize
- **premio (de) consuelo** (CS) consolation prize
- **premio gordo** jackpot
- **Premio Nobel** (galardón) Nobel Prize; (galardonado) Nobel Prize winner
- **premio seco** (Col) minor prize

Premio Cervantes

A prize given in Spain for literary achievement. It is Spain's most prestigious literary prize.

Premio Josep Pla

An annual prize awarded each Epiphany (*día de Reyes*) in Barcelona by the Spanish publisher Destino for the best prose work in Catalan.

Premio Nadal

An annual prize awarded each Epiphany (*día de Reyes*) in Barcelona by the Spanish publisher Destino for the best novel in Spanish. The winners reflect the evolution of Spanish literature over more than half a century.

Premio Planeta

A prize for a novel, awarded by the Spanish publisher Planeta. Writers in Spanish of any nationality may enter. The winning book is virtually assured of becoming a best-seller.

Premio Príncipe de Asturias

Every year the charitable *Fundación Príncipe de Asturias* makes eight awards in various categories. They are presented by the Príncipe de Asturias, the heir to the Spanish throne, in the Asturian city of Oviedo. The prize includes a monetary reward of 50,000 euros and a sculpture by the Catalan artist Joan Miró. Winners have included: the writers Umberto Eco and Mario Vargas Llosa; the politicians Nelson Mandela and Yasser Arafat; the organization Médecins sans Frontières; the scientist Stephen Hawking; and the golfer Severiano Ballesteros.

Premios Goya del cine español

The Spanish equivalent of Oscars, awarded in January every year by the *AACC* (*Academia de las Artes y las Ciencias Cinematográficas de España*). The winners receive a bust of the painter Goya.

premioso -sa *adj*
A (apremiante) pressing, urgent
B **1** (lento) slow **2** (pesado) ‹*estilo/discurso*› labored•

premisa *f* premise; **partimos de una falsa ~** we started from a false premise; **~ mayor/menor** major/minor premise

premolar *adj/m* premolar

premonición *f* premonition

premonitoriamente *adv* premonitorily

premonitorio -ria *adj* premonitory (frml); **sus facultades premonitorias** her powers of premonition, her premonitory powers (frml); **tuve una sensación premonitoria de que iba a ocurrir una desgracia** I had a premonition *o* a feeling of foreboding that something terrible was going to happen

premunirse [I1] *v pron* (Chi frml) **~ DE algo** ‹*de armas/herramientas*› to furnish oneself WITH sth (frml); ‹*de valor/paciencia*› to arm oneself WITH sth; **es necesario ~ de mucho dinero para este viaje** we/you/they will need to take plenty of money for this trip

premura *f* haste

prenatal[1] *adj* prenatal (AmE), antenatal (BrE)

prenatal[2] *m* (Chi) **1** (permiso) maternity leave **2** (asignación) maternity benefit *o* allowance

prenavideño -ña *adj* pre-Christmas (*before noun*)

prenda *f*
A (de vestir) garment

(Compuesto) **prenda íntima** undergarment, item of underwear; **un cajón lleno de ~s ~s** a drawer full of underwear

B (señal, garantía) security, surety; **tuvo que dejar el reloj en ~** she had to leave her watch as security *o* surety; **te lo regalo, en ~ de mi amor** I give it to you as a token *o* pledge of my love; ***no dolerle ~s a algn:* no me duelen ~s reconocerlo** I don't mind admitting it; **a nadie le dolieron ~s para opinar** nobody held back when it came to airing their views, nobody had any qualms about *o* nobody was afraid of airing their views; ***no soltar ~*** (fam) not to say a word; **lo interrogaron, pero no soltó ~** they interrogated him but he didn't breathe *o* say a word *o* but he gave nothing away
C (Jueg) forfeit; **jugar a las ~s** to play forfeits
D (apelativo cariñoso) darling, pet (colloq)

prendar [A1] *vt*
A (liter) ‹*persona*› to captivate; **su sonrisa lo prendó** her smile captivated him
B (esp AmL) (Der) to give … as security *o* surety; **~ algo a favor de algn** to leave sth as security with sb

■ **prendarse** *v pron* **~ DE algn** to fall in love WITH sb; **se prendó de ella en cuanto la vio** he fell in love with her the moment he saw her; **quedaron prendados de su simpatía** they were captivated by her charm; **quedé prendada de Venecia** I fell in love with Venice; **está prendado de su mujer** he adores his wife

prendedor *m* brooch

prender [E1] *vt*
A ‹*persona*› to catch, seize
B (sujetar): **le prendió el pelo con una horquilla** she pinned back her hair with a hairpin; **llevaba una flor prendida en el ojal** he was wearing a flower (pinned) in his buttonhole; **el bajo está prendido con alfileres** the hem's been pinned up
C (Col) ‹*botón/parche*› to sew on
D **1** **prender fuego a** to set fire to; **prendió fuego al bosque** he set fire to the woods, he set the woods on fire; **prendió un cigarrillo/una cerilla** she lit a cigarette/a match **2** (AmL) ‹*gas*› to turn on, light; ‹*estufa/horno*› to turn on; ‹*radio/luz*› to turn on, switch on
E (Chi fam) (llenar de gases) to give … wind

■ **prender** *vi*
A «*vacuna*» to take; «*rama/planta*» to take
B (arder): **la leña está mojada y no prende** the wood's damp and won't catch light *o* won't catch *o* won't take
C «*idea/moda*» to catch on

■ **prenderse** *v pron*
A (con fuego) to catch fire; **se le prendió el trapo** the cloth caught fire
B (Col) (contagiarse): **se le prendió el sarampión de su hermano** she caught her brother's measles, she caught the measles from her brother
C (Col) (animarse) to liven up, get going
D (Chi fam) (llenarse de gases) to get wind; **estoy prendido** I've got wind

prendería *f* (Col) pawnbroker's, pawn shop

prensa *f*
A **1** (Period) press; **leer/comprar la ~** to read/buy the newspapers; **la ~ oral** radio and television; **la ~ escrita** the press; **~ deportiva** sports press; ***buena/mala* ~** good/bad press; **la película ha tenido muy mala ~** the film has had very bad press; **los ecologistas tienen muy mala ~ por aquí** ecologists get a very bad press around here **2** (imprenta) press, printing press; **estar en ~** to be in *o* at the press; **lo dimos a la ~** we sent it to the printers **3** (periodistas): **la ~** the press; **asociaciones de la ~** journalists' *o* press associations

(Compuestos)
- **prensa amarilla** gutter press, yellow press
- **prensa del corazón** gossip magazines (*pl*); ▸**prensa del corazón**
- **prensa roja** (CS) sensationalist press (*specializing in crime stories*)
- **prensa rotativa** rotary press

B (Tec) press

(Compuestos)
- **prensa hidráulica** hydraulic press
- **prensa plancha-pantalones** trouser press

prensa del corazón

A type of magazine, with a huge readership in Spain, whose content revolves around the private lives of the rich and famous. The best-known example of the genre is the magazine *¡Hola!*, whose English-language version, *Hello*, has also proved very successful.

prensaajos *m* (*pl* ~) garlic press

prensado[1] **-da** *adj* pressed; ▸**madera**

prensado[2] *m* **1** (de aceitunas) pressing **2** (de ropa) pressing

prensadora *f*, **prensador** *m* press; **~ de uvas** grape press; **~ de chatarra** crusher; **~ de paja** straw baler; **~ de pantalones** pants (AmE) *o* trouser (BrE) press

prensaje *m* pressing

prensar [A1] *vt* 1 ‹*aceitunas/uvas*› to press 2 ‹*ropa*› to press

prensil *adj* prehensile

preñado -da *adj* 1 ‹*vaca/yegua*› pregnant; **¡no me digas que estás preñada otra vez!** (fam) don't tell me you're pregnant *o* (BrE colloq) in the club again! 2 (lleno) (liter) pregnant (liter); **fue un instante ~ de tensión** it was a moment filled with tension; **palabras preñadas de sentimientos** words filled with *o* (liter) pregnant with emotion

preñar [A1] *vt* ‹*vaca/yegua*› to impregnate; **preñó a la vecina** (fam) he knocked up the woman next door (vulg), he got the woman next door in the family way (BrE colloq)

preñez *f* pregnancy

preocupación *f* 1 (problema) worry; **tiene tantas preocupaciones que no puede dormir** he has so many worries that he can't sleep; **les causa muchas preocupaciones** she causes them a lot of worry *o* problems; **su mayor ~ es el bienestar de sus hijos** her main worry *o* concern is for the well-being of her children 2 (inquietud) concern; **la subida del precio del petróleo es un motivo de ~** the rise in oil prices is cause for concern; **la contaminación es una de las principales causas de ~ en las grandes ciudades** pollution is one of the main worries *o* one of the main causes for concern in large cities

preocupado -da *adj* worried; **me tiene muy preocupada que no llame** I'm really worried (that) he hasn't phoned; **está como distraído y ~** he seems rather distracted and preoccupied; **~ POR algo** worried ABOUT sth; **está ~ por la salud de su mujer/por lo que pueda pasar** he's worried *o* anxious about his wife's health/about what might happen

preocupante *adj* worrying

preocupantemente *adv* worryingly

preocupar [A1] *vt* to worry; **le preocupa el futuro de sus hijos** she's worried *o* concerned about her children's future; **no lo preocupes con esas cosas** don't worry him with things like that; **me preocupa que aún no haya llegado** it worries me that she hasn't arrived yet; **le preocupa mucho lo que puedan pensar de él** he worries a lot *o* he's very worried about what others may think of him; **¿y si se entera alguien? — no me preocupa** and what if somebody finds out? — I don't care *o* it doesn't bother *o* worry me

■ **preocuparse** *v pron*

A (inquietarse) to worry; **no te preocupes** don't worry; **~se POR algo/algn** to worry ABOUT sth/sb; **es tan tranquilo que no se preocupa por nada** he's so easygoing he never worries *o* gets worried about anything; **tiene amigos que se preocupan por ella** she has friends who care *o* who are concerned about her

B (ocuparse) **~se DE algo: me preocupé de que no faltara nada** I made sure *o* I saw to it *o* I ensured that we had everything; **no se preocupó más del asunto** he gave the matter no further thought, he took no further interest in the matter

preolímpico *m* Olympic trials (*pl*), Olympic qualifying competition

prepa *f* (Méx fam) ▸**preparatoria**

prepago: **de ~** *loc adj* ‹*sistema/plan*› prepayment (*before n*); **tarjeta (de) ~** (Tel) prepayment card, top-up card

prepalatal *adj* prepalatal

preparación *f*

A (de un examen, discurso) preparation; **la ~ de este plato es muy laboriosa** there's a lot of preparation involved in this dish; **la ~ de la expedición llevó más de dos meses** preparations *o* preparing for the expedition took more than two months; **tiene varios libros en ~** she has several books in preparation, she's working on several books at the moment

B 1 (conocimientos, educación) education; (para un trabajo) training 2 (de un deportista) training; **su ~ física es muy buena** he's in peak condition *o* form

C (Farm, Med) preparation

preparado[1] -da *adj*

A [ESTAR] (listo, dispuesto) ready; **~ PARA algo** ready FOR sth; **todo está ~ para emprender el viaje** everything's ready for the trip; **aún no está ~ para presentarse al examen** he's still not ready to take *o* not prepared for the exam; **no estaba ~ para recibir la noticia** he wasn't prepared for the news; **viene ~ para echarte una buena reprimenda** he's all set to give you a good telling-off (colloq); **¡~s, listos, ya!** get ready, get set, go! (AmE), on your marks, get set, go (BrE), ready, steady, go (BrE)

B [SER] (instruido, culto) educated; **es una persona muy preparada** she's very well-educated; **un profesional muy bien ~** a highly-trained professional

preparado[2] *m* preparation

preparador -dora *m,f* 1 (Dep) coach, trainer 2 (de caballos) trainer 3 (en un laboratorio) laboratory assistant

preparar [A1] *vt*

A ‹*plato*› to make, prepare; ‹*comida*› to prepare, get … ready; ‹*medicamento*› to prepare, make up; **tengo que ~ la comida** I have to get lunch ready *o* make lunch; **nos había preparado un postre riquísimo** he had made a delicious dessert for us; **preparó la habitación para los invitados** she prepared the room *o* got the room ready for the guests; **verás la sorpresa que te tengo preparada** just wait till you see the surprise I've got (waiting) for you; **prepáreme la cuenta por favor** can you draw up my check, please? (AmE), can you make up my bill, please? (BrE); ▸**terreno[2] C**

B ‹*examen/prueba*› to prepare; **ha preparado la asignatura a fondo** she's prepared the subject very thoroughly; **prepara su participación en los campeonatos** he is training *o* preparing for the championships

C ‹*persona*› (para un examen) to tutor, coach (BrE); (para un partido) to train, coach, prepare; (para una tarea, un reto) to prepare; **no ha sabido ~ a los hijos para la vida** he has failed to prepare his children for life; **¿sabes quién la prepara para el examen?** do you know who's tutoring *o* coaching her for the exam?; **antes de darle la noticia habrá que ~la** the news will have to be broken to her gently; **no estaba preparada para esa grata sorpresa** she wasn't prepared for *o* expecting such a pleasant surprise

■ **prepararse** *v pron*

A «*tormenta*» to brew; **se prepara una crisis en la zona** there's a crisis brewing in the region

B (*refl*) (disponerse): **prepárate que me vas a escuchar** just you listen to me!; **~se PARA algo** to get ready FOR sth; **se preparó para darle la mala noticia** he got ready *o* prepared himself to give her the bad news

C (*refl*) (formarse) to prepare; **se prepara para el examen de ingreso en la Universidad** she's preparing for the University entrance examination; **se prepara para las Olimpiadas** he is training *o* preparing for the Olympics; **no se ha preparado bien (para) la prueba** she hasn't studied hard enough *o* done enough work for the test, she isn't well enough prepared for the test

preparativos *mpl* preparations (*pl*); **los ~ de** *or* **para la boda** the preparations for the wedding

preparatoria *f* (Méx) *three-year pre-university course and school*

preparatorio -ria *adj* ‹*curso*› preparatory; ‹*ejercicios*› warm-up (*before n*)

preparatorios *mpl* (Ur) *former two-year pre-university course*

prepo, (RPl fam): **de** *or* **a ~** (*loc adv*): **se metió en mi oficina de** *or* **a ~** he barged into my office uninvited (colloq); **se lo hice comer de** *or* **a ~** I made him eat it, like it or not (colloq); **me metieron en el auto de** *or* **a ~** they bundled me into the car

preponderancia *f* preponderance

preponderante *adj* predominant, preponderant (frml); **el color ~ es el amarillo** the predominant color is yellow; **desempeña un papel ~ en la economía mundial** it plays a predominant role in the world's economy; **la opinión ~ en la reunión** the dominant *o* predominant view at the meeting

preponderar [A1] *vi* to predominate, preponderate (frml); **preponderaba una actitud derrotista** a defeatist attitude was preponderant *o* predominant; **la tendencia radical prepondera sobre las otras** the radical tendency predominates over the others

preposición *f* preposition

preposicional *adj* prepositional; **el régimen ~ del verbo** the preposition(s) that the verb takes

prepositivo -va *adj* prepositive

prepósito *m* head

prepotencia *f* arrogance; **la ~ de sus guardaespaldas** the arrogance of her bodyguards; **que no venga aquí a dar órdenes con esa ~** he'd better not come around here ordering people around in that high-handed way; **menos ~ ¿eh?** less of your smart mouth, O.K.? (AmE), let's have less of your cockiness, thank you (BrE)

prepotente *adj* ‹*persona*› arrogant, overbearing; ‹*actitud*› high-handed

prepucio *m* foreskin, prepuce (tech)

prerrafaelista *adj/mf* Pre-Raphaelite

prerrequisito *m* prerequisite

prerrogativa *f* prerogative; **el embajador hizo uso de sus ~s** the ambassador exercised his prerogative

presa *f*

A (en caza) prey; ***hacer ~ en algo/algn:*** **el pánico hizo ~ en los espectadores** panic seized the spectators, the spectators were seized with panic; **el fuego hizo ~ en las ramas secas** the fire took hold in the dry branches; **~ *de algo*** seized WITH sth; **~ del terror, se alejó corriendo** seized with terror, he ran off

B (dique) dam, weir; (embalse) reservoir, lake

C (AmS) (de pollo) piece

presagiar [A1] *vt* to presage (frml *or* liter), forebode

presagio *m* 1 (señal) portent (frml *or* liter), omen; **buen/mal ~** good/bad omen 2 (premonición) premonition

presbicia *f* longsightedness, farsightedness, presbyopia (tech)

presbiteriano -na *adj/m,f* Presbyterian

presbiterio *m* presbytery

presbítero -ra *m,f* presbyter

presciencia *f* prescience, foreknowledge

prescindencia *f* (AmL fam) (frml) 1 (no participación) abstention, non-participation; **la ~ electoral** electoral abstention; **reiteró su ~ total en el asunto** she reiterated that she had taken no part in the affair 2 (no necesidad): **~ DE algo** ‹*de trámite/prueba*› **la ~ del trámite será determinada por el juez** the judge will decide whether *or* not to dispense with the procedure 3 (no consideración): **~ DE algo** disregard FOR sth; **la ~ de lo espiritual en su obra** the disregard for spiritual concerns in his work; **se llevará a cabo con ~ de lo que puedan opinar** it will be finished regardless of what they think

prescindente *adj* (AmL): **declararse ~ en algo** to declare o.s. a non-participant in sth; **se mantendrán ~s en el asunto** they will continue not to take part in the matter; **en esas cosas nadie debería ser ~** no one should fail to participate in these things

prescindible *adj* dispensable

prescindir [I1] *vi*

A **~ DE algo** (arreglárselas sin) to do WITHOUT sth; **durante la guerra tuvieron que ~ de muchas cosas** during the war they had to do without *o* go without many things; **no puedo ~ de su ayuda** I can't do without *o* manage without your help; **nos vemos obligados a ~ de sus servicios** (euf) we are obliged to let you go (euph), we find ourselves obliged to dispense with your services (frml)

P

B ~ DE **algo** ‹*de un consejo/una opinión*› to disregard sth; **prescindió de todo lo que le había dicho** she disregarded *o* ignored everything I'd said

C ~ DE **algo** (omitir) to dispense with sth; **~é de los detalles** I'll dispense with *o* skip the details

prescribir [I34] *vt* **1** «*ley/ordenanza*» to prescribe **2** (Med) to prescribe; **le prescribió reposo total** he prescribed complete rest

■ **prescribir** *vi* to prescribe

prescripción *f* prescription; **por ~ facultativa** *or* **médica** on doctor's orders

prescriptivo -va *adj* prescriptive

prescrito -ta, **prescripto -ta** *pp see* **prescribir**

preselección *f* **1** (de candidatos): **hemos hecho una ~ de los candidatos** we have drawn up a shortlist of candidates; **una vez terminada la ~** once the initial selection process is/was complete **2** (Tec) preselection

preseleccionado -da *m,f* **1** (para cargo, puesto) short-listed candidate; (Dep) squad member; **los ~s para el equipo olímpico** those on the short list for the Olympic team **2** **preseleccionado** *m* (Dep) squad

preseleccionar [A1] *vt* **1** ‹*candidatos*› to shortlist; **preseleccionamos a 15 solicitantes** we shortlisted 15 applicants; **preseleccionó a 20 jugadores** he initially selected *o* named 20 players, he named a squad of 20 players **2** (Tec) to preselect

presencia *f* **1** (en un lugar, acto) presence; **las fiestas contaron con la ~ de 250.000 visitantes** there were 250,000 visitors at the festivities; **¿es imprescindible su ~ en la reunión?** is his presence at the meeting essential? (frml), is it essential for him to be at the meeting?; **la ~ militar extranjera** the foreign military presence; **estamos en ~ de un acontecimiento histórico** we are witnessing a historic event; **en ~ del rey** in the presence of the king; **en ~ de tu abuela** in front of your grandmother **2** (euf) (aspecto físico) appearance; **se requiere buena ~** good *o* (BrE) smart appearance required

(Compuesto) **presencia de ánimo** (serenidad) presence of mind; (valor) courage, strength

presencial *adj* ▸**testigo ocular** *or* **presencial**

presenciar [A1] *vt* ‹*suceso/asesinato*› to witness; ‹*acto/espectáculo*› to be present at, to attend; **había presenciado el atentado** she had witnessed the attack; **el rey presenció el desfile** the king was present at *o* attended the parade; **yo presencié la discusión** I saw *o* witnessed the argument, I was there *o* (frml) I was present when they had the argument

presentable *adj* presentable

presentación *f*

A **1** ▸**i** **p.743**; (de personas) introduction; **hizo las presentaciones** he did *o* made the introductions, he introduced everybody **2** (de un programa) presentation; **la ~ del concurso corre a cargo de Laura Soler** Laura Soler hosts *o* presents the competition **3** (primera exposición) presentation (frml), launch; **la ~ del libro tendrá lugar esta tarde** the book launch will take place this evening; **se llevó a cabo la ~ pública del avión** the rollout of the aircraft took place **4** (entrega) presentation; **hizo la ~ de credenciales** he presented his credentials; **el plazo de ~ de solicitudes termina mañana** tomorrow is the last day for submitting applications; **el límite de tiempo para la ~ del trabajo** the deadline for handing in the work **5** (acción de enseñar) presentation; **admisión previa ~ de la invitación** admission on presentation of invitation

B (aspecto) presentation; **la ~ de un plato es tan importante como su sabor** the presentation of a dish *o* the way a dish is presented is as important as its taste; **la ~ de un producto** the way a product is presented

(Compuesto) **presentación en sociedad** coming out, debut

presentador -dora *m,f* presenter

(Compuesto) **presentador/presentadora de programa de videos** *or* (Esp) **vídeos musicales** video jockey, veejay (AmE colloq)

presentar [A1] *vt*

A **1** (mostrar) to present; **un producto bien presentado** a well-presented product **2** (exponer por primera vez) ‹*libro/disco*› to launch; **presentó sus nuevos cuadros** she presented her new paintings; **~á su colección de otoño en Londres** he will present *o* exhibit his autumn collection in London; **el nuevo XS34 se ~á al público en el salón de Turín** the new XS34 will be on display (to the public) for the first time at the Turin show **3** (entregar) ‹*informe/solicitud*› to submit; **le presenté el pasaporte para que me lo sellara** I gave him my passport for stamping, I presented my passport to him for stamping; **tengo que ~ los planes mañana** I have to submit *o* present the plans tomorrow **4** (enseñar) to show; **hay que ~ el carné para entrar** you have to show your membership card to get in **5** ‹*disculpas/excusas*› to make; **fui a ~ mis respetos** I went to pay my respects; **presentó su dimisión** she handed in *o* submitted her resignation, she resigned; **pienso ~ una queja** I intend filing *o* making a complaint; **~on una denuncia** they reported the matter (to the police), they made an official complaint; **~ pruebas** to present evidence; **~ cargos** to bring charges; **~ una demanda** to bring a lawsuit **6** (Mil): **~ armas** to present arms

B (TV) ‹*programa*› to present, introduce

C ▸**i** **p.743** ‹*persona*› to introduce; **el director presentó al conferenciante** the director introduced the speaker; **me presentó a su familia** he introduced me to his family; **te presento a mi hermana** I'd like you to meet my sister/this is my sister

D (mostrar, ofrecer): **el nuevo modelo presenta algunas novedades** the latest model has *o* offers some new features; **presenta muchas ventajas para el consumidor** it offers the consumer many advantages; **el paciente no presentaba síntomas de intoxicación** the patient showed no signs of food poisoning; **el cadáver presenta un impacto de bala en el costado** (frml) there is a bullet wound in the side of the body, the body has a bullet wound in the side

■ **presentarse** *v pron*

A **1** (en un lugar) to turn up, appear; **se presentó en casa sin avisar** he turned up *o* showed up *o* appeared at the house unexpectedly; **se presentó (como) voluntario** he volunteered; **se presentó voluntariamente a la policía** he turned himself in to the police; **tendrá que ~se ante el juez** he will have to appear before the judge **2** (a un concurso, examen): **se presentó al examen** she took *o* (BrE) sat the exam; **me presenté al concurso** I entered the competition; **se presenta como candidato independiente** he's an independent candidate, he's running as an independent (AmE), he's standing as an independent (BrE); **se presentó para el cargo de director** he applied for the post of director

B «*dificultad/problema*» to arise, come up, crop up (colloq); **estaré allí salvo que se presente algún impedimento** I'll be there unless something crops up *o* comes up; **si se me presenta la oportunidad** if I get the opportunity, if the opportunity arises; **el futuro se presenta prometedor** the future looks promising; **el asunto se presenta muy mal** things are looking very bad

C (darse a conocer) to introduce oneself; **permítame que me presente** allow me to introduce myself; **~se en sociedad** to make one's debut (in society)

presente[1] *adj*

A (en un lugar) present; **no estuve ~ en la reunión** I wasn't present at the meeting; **el mineral estaba ~ en cuatro de las muestras analizadas** the mineral was found in four of the samples analyzed; **Juan Prado — ¡~!** (al pasar lista) Juan Prado — present *o* here!; **la guerra civil está ~ en todas sus novelas** the civil war is a constant feature in her novels; **S Presente** (CS) (Corresp) ≈ by hand; ***hacerle ~ a algn*** (frml) to notify sb (frml); **me complace hacerle ~ que su solicitud ha sido aceptada** I am pleased to notify *o* inform you that your application has been accepted; ***mejorando lo ~*:** **es muy inteligente, mejorando lo ~** he's very intelligent, as indeed are you; **tu hermana es muy simpática, mejorando lo ~** your sister's very nice, just like you, your sister's very nice, it must run in the family; ***tener algo ~*** to bear sth in mind; **tendré ~ tu propuesta** I'll bear your proposal in mind; **tengo siempre ~s sus consejos** I always remember *o* bear in mind his advice; ***tener ~ a algn*** to think of sb, remember sb; **te tengo ~ en mis oraciones** I remember you in my prayers

B (actual) present; **hasta el momento ~ no hemos tenido noticias suyas** up to the present time we have had no news of him; **a finales del ~ año** at the end of the current *o* present year; **el día 15 del ~ mes** the 15th of this month, the 15th inst. (frml); **en su atenta carta del 3 ~** (Méx frml) (Corresp) in your letter of the 3rd of this month *o* (frml) of the 3rd inst.; **el ~ documento/contrato** (frml) (Corresp) this document/contract *ver tb* **presente**[3]

presente[2] *m*

A **1** (en el tiempo): **el ~** the present **2** (Ling) present tense, present

B **los presentes** *mpl*, **las presentes** *fpl* (asistentes) those present; **entre los ~s estaba el obispo** among those present was the bishop; **los ~s permanecieron en silencio** everyone there *o* those present remained silent

presente[3] *f* (frml): **por la ~ me complace informarle que ...** I am pleased to inform you that ... (frml); **por la ~ pongo en su conocimiento que ...** I am writing to inform you that ... (frml); **los firmantes de la ~ queremos expresar ...** we the undersigned wish to express ... (frml)

presentimiento *m* premonition, presentiment (frml); **tengo el ~ de que ...** I have a feeling that ...

presentir [I11] *vt*: **presiento que me van a llamar** I have a feeling that they're going to call me; **presintió la muerte de su marido** she sensed beforehand *o* she had a premonition that her husband was going to die

preservación *f* preservation; **la ~ del medio ambiente** the protection of the environment

preservante *m* preserving agent, preserver

preservar [A1] *vt* **1** (proteger) to preserve; **~ algo/a algn** DE **algo** to protect sth/sb FROM sth; **intentaba ~la de todo mal** he tried to protect *o* keep her from harm **2** (AmL) (conservar, mantener) to maintain; **~ el salario real** to maintain real wage levels

preservativo *m*

A (condón) condom

B (Andes) (conservante) preservative

presidencia *f* **1** (Gob, Pol) (cargo) presidency; **candidato a la ~** presidential candidate; **ocupar la ~ del gobierno** to preside over the government, to be the head of government; **la orden viene de la P~** the order comes from the President's office; **~ por rotación** revolving presidency **2** (de una compañía, un banco) presidency (esp AmE), chairmanship (BrE); **~ de honor** honorary presidency *o* chairmanship **3** (de una reunión, un comité) chairmanship, chair

(Compuesto) **presidencia municipal** (Méx) town hall

presidenciable[1] *adj* (AmL) *capable of becoming president*

presidenciable[2] *mf* potential presidential candidate; presidential hopeful

presidencial *adj* presidential; **elecciones ~es** presidential elections

presidenciales *fpl* presidential elections

presidencialismo *m* presidential government

president *mf* prime minister (*of the autonomous government of Cataluña*)

presidente -ta *m,f*, **presidente** *mf* **1** (Gob, Pol) president; **el ~ del gobierno** the premier, the prime minister; **~ del Congreso de los Diputados** Speaker (*of the lower chamber of Spanish Parliament*); **P~ de la Comisión**

Europea President of the European Commission **2** (de una compañía, un banco) president (AmE), chairman (BrE) **3** (de una reunión, un comité, acto) chair, chairperson; ~ **de honor** honorary president *o* chairman **4** (Der) (de un tribunal) presiding judge/magistrate **5** (de un jurado) chairman

(Compuesto) **presidente de mesa** (en elecciones) chief canvasser (AmE), chief scrutineer (BrE); (RPl) (Educ) chairman (*of a panel of examiners*)

Presidente del Gobierno

The president of the Spanish central government and the equivalent of the Prime Minister in the UK. Each party running for power in Spain nominates a person, usually the party leader, to become the president if that party wins the elections. He is appointed for a four-year term, and may be reelected in the next general election. However, the ▸**Congreso de los Diputados** can pass a vote of censure on him, forcing him to resign and call an early election.

presidiario -ria *m,f* convict, inmate, prisoner

presidio *m* **1** (lugar) prison **2** (pena) prison sentence; **condenado a cinco años de** ~ sentenced to five years imprisonment *o* five years in prison

presidir [I1] *vt*

A ‹*país*› to be president of; ‹*reunión*› to chair, preside at *o* over, take the chair at; ‹*comité*› to chair; ‹*jurado*› to preside over; ‹*tribunal/cortes*› to preside over; **presidió la compañía durante diez años** he was president (AmE) *o* (BrE) chairman of the company for ten years

B (reinar en) to prevail; **la cordialidad y la armonía presidieron la reunión** a spirit of harmony and cordiality prevailed at the meeting; **la claridad que preside su prosa** the clarity which is a prevalent feature of *o* which prevails in her prose style

presidium *m* presidium

presilla *f* (Cu) (grapa) staple; (clip) paperclip

presilladora *f* (Cu) stapler

presintonía *f* **1** (acción) presetting, preprogramming **2** (mando) preset **3** pre-tuned station

presión *f*

A **1** (Fís) pressure; **cerveza a** ~ draft beer; ***juntar*** ~ (RPl) to bottle things up (colloq); **juntó** ~ **hasta que un buen día estalló** he kept everything bottled up until one day he just exploded; **portate bien, que tu padre está juntando** ~ you'd better behave, your father's getting very angry *o* (colloq) your father could blow his top at any minute **2** (Meteo) pressure; ~ **atmosférica** atmospheric pressure; **altas/bajas presiones** areas of high/low pressure **3** (Med) pressure

(Compuestos)

- **presión arterial** *or* **sanguínea** blood pressure
- **presión arterial máxima** *or* **sistólica** systolic (blood) pressure
- **presión arterial mínima** *or* **diastólica** diastolic (blood) pressure

B (coacción) pressure; **en su puesto está sometido a muchas presiones** he gets a lot of pressure in his job; **grupo de** ~ pressure group; **ejercieron** ~ **para que el plan fuese rechazado** they pressed for the plan to be rejected, they exerted a lot of pressure to get the plan rejected; **firmó/confesó bajo** ~ he signed/confessed under pressure *o* under duress

(Compuesto) **presión fiscal** tax burden

presionar [A1] *vt* **1** (coaccionar) to put pressure on, to pressure (esp AmE), to pressurize (esp BrE), to bring pressure to bear on (frml); **lo** ~**on para que se retirara del concurso** he was pressured *o* pressurized into withdrawing from the competition **2** ‹*botón/timbre*› to press

■ **presionar** *vi* to put on the pressure; **el equipo presionó sin lograr el empate** the team put on the pressure *o* put pressure on their opponents but failed to tie the game; ~ **SOBRE algo/algn** to put pressure ON sth/sb, bring pressure to bear ON sth/sb (frml); ~**on sobre las autoridades para que abrieran la frontera** the authorities were put under pressure *o* pressure was brought to bear on the authorities to open the border

preso¹ -sa *adj*: **estuvo** ~ **diez años** he was in prison for ten years; **llevarse a algn** ~ to take sb prisoner; **lo metieron** ~ **por robar** (CS) he was put in prison *o* he went to prison for stealing

preso² -sa *m,f* prisoner

(Compuestos)

- **preso común, presa común** *m,f* ordinary prisoner *o* criminal
- **preso de conciencia, presa de conciencia** *m,f* prisoner of conscience
- **preso político, presa política** *m,f* political prisoner
- **preso preventivo, presa preventiva** *m,f*: *prisoner held in preventive custody*

prestación *f*

A (de un servicio) provision; **la** ~ **de servicios especiales** the provision of special services; **la** ~ **de ayuda a las víctimas** giving help to the victims

B **prestaciones** *fpl* (Servs Socs) benefits (*pl*), assistance; **prestaciones económicas en casos de invalidez** financial assistance in cases of disability; **prestaciones por desempleo** unemployment benefit, unemployment compensation (AmE); **las prestaciones sociales se van mermando** welfare (AmE) *o* (BrE) social security benefits are being eroded

C **1** (Tec) feature; **ofrece toda una serie de prestaciones profesionales** it has a whole range of professional features **2** **prestaciones** *fpl* (Auto) performance

prestado -da *adj*: **el vestido no es mío, es** ~ it's not my dress, I borrowed it; **el libro que quería ya estaba** ~ the book I wanted was on loan *o* (colloq) was already out; **me pidió el coche** ~ *or* **me pidió** ~ **el coche** she asked if she could borrow my car; **se lo dejé** ~ I lent it to him; **pidió dinero** ~ she asked for a loan, she asked to borrow some money; ***vivir de*** ~ to live off other people

prestamista *mf* moneylender

préstamo *m*

A (Econ, Fin) (acción — de prestar) lending; (— de tomar prestado) borrowing; (cosa prestada) loan; **pidió un** ~ **en el banco** he asked the bank for a loan; **lo tenemos en** ~ we've borrowed it/we've got it on loan

(Compuestos)

- **préstamo balloon** balloon loan
- **préstamo de estudiante** student loan
- **préstamo puente** bridge loan (AmE), bridging loan (BrE)

B (Ling) loanword

prestancia *f* **1** (excelencia) excellence **2** (distinción en los modales y movimientos) poise, elegance

prestar [A1] *vt*

A **1** ‹*dinero/coche/libro*› to lend **2** (Col) (pedir prestado) to borrow

B **1** ‹*ayuda*› to give; ‹*servicio*› to render; **una condecoración por los servicios prestados a la Universidad** an award *o* a medal for services rendered to the University; **prestó su colaboración desinteresadamente** she gave her help unselfishly; **prestó el servicio militar en la marina** he did his military service in the navy **2** **prestar atención** to pay attention

C ‹*juramento*› to swear; **prestó declaración ante el juez** he made a statement to the judge

D (liter) ‹*alegría/colorido*› to lend; **las farolas prestan un encanto especial a la plaza** the lamps lend a special charm to the square

■ **prestarse** *v pron*

A ~**se A algo** (dar motivo para): **tales declaraciones se prestan a malentendidos** statements like that are open to misinterpretation, statements like that are liable *o* likely to be misinterpreted; **su actitud se presta a equívocos** her attitude could easily be misinterpreted; **el sistema se presta a que se cometan abusos** the system lends itself to *o* is open to abuse

B (ser apto, idóneo) ~**se PARA algo**: **la novela se presta para ser adaptada a la pantalla** the novel lends itself well to being adapted to the screen; **el terreno se presta para construir un campo de golf** the land is suitable for building a golf course on; **ese vestido no se presta para la ocasión** that dress isn't right *o* suitable for the occasion; **se presta para todo tipo de usos** it is suitable for many different uses, it can be used for many different purposes

C (*refl*) (ofrecerse) ~**se A + INF** to offer to + INF; **se prestó a ayudarnos** she offered to help us; (en frases negativas): **no me presto a negocios sucios** I won't take part in anything underhand

prestatario -ria *m,f* borrower

presteza *f* (liter) promptness, swiftness; **acudió con** ~ **a su llamada** he came swiftly *o* promptly in answer to her call

prestidigitación *f* conjuring, prestidigitation (frml *or* hum)

prestidigitador -dora *m,f* conjurer, prestidigitator (frml *or* hum)

prestigiado -da *adj* (Chi) prestigious

prestigiar [A1] *vt*: **estuvo prestigiada por la presencia del primer ministro** its status *o* prestige was enhanced by the presence of the prime minister; **prestigia la institución** he is a credit to the institution; **tales acciones prestigian su nombre** such deeds do him great credit

prestigio *m* prestige; **una marca/joyería de** ~ a prestigious make/jeweler's; **goza de gran** ~ **en este país** she enjoys great prestige in this country; **ese colegio tiene mucho** ~ that school has a great deal of prestige, that is an extremely prestigious school

prestigioso -sa *adj* famous, prestigious

presto¹ -ta *adj*

A (liter *o* frml) (preparado) ready; **acechaba,** ~ **a abalanzarse sobre su víctima** it lay in wait, poised *o* ready to pounce on its victim

B (Mús) presto

presto² *adv* (liter) promptly, swiftly

presto³ *m* (Inf) prompt

presumible *adj*: **en el momento actual no es** ~ **una acción subversiva** at present any subversive activity seems unlikely; **conociéndolo, era** ~ **su reacción** knowing what he's like, his reaction was (only) to be expected, knowing him you could have guessed *o* presumed *o* predicted what his reaction would be

presumiblente *adv* presumably

presumido -da *adj* **1** (engreído) conceited, full of oneself; (arrogante) arrogant **2** (coqueto) vain

presumir [I1] *vi* to show off; **seguro que no es cierto, lo dice para** ~ I'm sure it's not true, she's only saying it to show off *o* she's just boasting; ~ **DE algo**: **presume de guapo** he thinks he's good-looking; **presume de sus éxitos** he's always boasting about his conquests; **presume de intelectual y es un ignorante** he likes to think he's an intellectual *o* (BrE) he fancies himself as an intellectual, but in fact he doesn't know anything; **no presumo de saber nada del tema** I don't profess to know anything about it; **le encanta** ~ **de dinero** she loves to flash her money around

■ **presumir** *vt*: **se presume una reacción violenta** a violent reaction is expected, there is likely to be a violent reaction; **es de** ~ **que ya habrán llegado** presumably they will have already arrived; **presumo que es una ciudad preciosa, aunque no la conozco** I imagine it's a lovely city, though I don't know it; **era de** ~ **lo que ocurriría** it was quite predictable what would happen

presunción *f*

A **1** (engreimiento) presumptuousness, conceit; (arrogancia) arrogance **2** (coquetería) vanity

B (suposición) supposition; ~ **de inocencia** presumption of innocence

P

presuntamente *adv* (frml) allegedly

presunto -ta *adj* (*delante del n*) (frml) ‹*asesino/terrorista*› alleged (*before n*); **presentó una denuncia por ~s malos tratos** he presented an accusation of alleged ill treatment

(Compuesto) **presunto heredero, presunta heredera** *m,f* heir apparent

presuntuosamente *adv* (con pretensión) pretentiously; (con engreimiento) conceitedly, vainly

presuntuosidad *f* ostentation

presuntuoso -sa *adj* conceited, vain

presuponer [E22] *vt* to presuppose (frml), assume

presupuestado -da *adj* **1** ‹*gasto*› included in the budget, budgeted for **2** (Ur) ‹*empleado/profesor*› on the payroll

presupuestal *adj* (AmL) ▸ **presupuestario**

presupuestar [A1] *vt*

A (Fin) to budget for; **los gastos han excedido lo presupuestado para el año** costs have exceeded the budget for the year; **ese viaje no lo teníamos presupuestado** we hadn't budgeted for that trip

B (Chi) (planear) to plan

presupuestario -ria *adj* ‹*reforma/política*› budgetary (*before n*); ‹*déficit*› budget (*before n*), budgetary (*before n*)

presupuesto *m*

A **1** (Fin) budget; **~s generales del Estado** state/national budget **2** (precio estimado) estimate; **pedir/hacer un ~** to ask for/give an estimate

B (supuesto) assumption, supposition; **parten de unos ~s falsos** they are basing their theory on false assumptions *o* premises

presurizado -da *adj* pressurized

presurosamente *adv* hastily, in a hurry

presuroso -sa *adj* (liter): **se alejó presurosa** she rushed off *o* hastened away, she left hastily; **andaba con paso ~** he walked at a brisk *o* quick pace

pret-a-porter /pretapor'te/ *adj* ready-to-wear, off-the-peg (BrE)

pretecnología *f* (Esp) (Educ) handicrafts (*pl*)

pretemporada *f* pre-season

pretencioso -sa *adj*

A ‹*casa*› pretentious, showy; ‹*persona/película*› pretentious

B (AmL) (vanidoso) vain

pretender [E1] *vt*

A (intentar, aspirar): **¿qué pretendes con esa actitud?** what do you hope to gain with that attitude?; **¿pero qué pretendes? ¿que haga yo tu trabajo?** are you trying to get me to do your work, or what?, what are you after? you want me to do your work? (colloq); **¿qué pretendes de mí?** what do you expect of me?, what do you expect me to do?; **~ + INF** to try to + INF; **no ~ás hacerlo tú sola** you're not going to try to do it *o* try and do it alone; **pretendía hacerme cambiar de opinión** her intention was to make me change my mind, she was trying to *o* (colloq) she was out to make me change my mind; **¿qué pretendes decir con eso?** what do you mean by that?, what are you trying to say?, what are you getting at?; **pretende engañarme con sus mentiras** he's trying to fool me with his lies; **con la campaña se pretende llamar la atención sobre el problema** it is hoped that the campaign will draw attention to the problem; **~ QUE + SUBJ**: **¿pretendes que crea esa mentira?** do you expect me to believe such a lie?; **si pretendes que te aprueben porque eres mi hijo, estás muy equivocado** if you expect them to pass you *o* if you're hoping they'll pass you because you're my son, you're badly mistaken; **sólo pretendo que sea feliz** I just want her to be happy

B (ant) ‹*mujer*› to woo (dated); **la pretenden varios hombres** several men are wooing her *o* are trying to win her hand (dated)

pretendido -da *adj* (*delante del n*): **la pretendida duquesa** the so-called duchess; **con pretendida afectuosidad** with false affection; **lo justificó con una pretendida enfermedad** he justified it by pretending *o* saying he'd been ill

pretendiente *mf*

A **1** (al trono) pretender **2** (a un puesto) applicant

B **pretendiente** *m* (de una mujer) suitor

pretensado -da *adj* prestressed

pretensión *f*

A **1** (intención) plan; (deseo) hope, wish, desire; **expresó su ~ de que ...** she expressed her hope that ...; **enviar curriculum indicando pretensiones salariales** *or* **económicas** send résumé (AmE) *o* (BrE) curriculum vitae indicating desired salary **2** (Der) (al trono, una herencia) claim

B **pretensiones** *fpl* (ínfulas): **tener pretensiones** to be pretentious; **una película sin demasiadas pretensiones** an unpretentious film

pretensioso -sa *adj* (AmL crit) ▸ **pretencioso B**

preterir [I1] *vt*

A (frml) (postergar) to postpone, put off

B (Der) ‹*heredero forzoso*› to leave out, pass over

pretérito¹ -ta *adj* (liter) bygone (frml *or* liter), past

pretérito² *m* preterit*

(Compuestos)

- **pretérito anterior** past anterior
- **pretérito indefinido** simple past, preterit*
- **pretérito perfecto** present perfect
- **pretérito pluscuamperfecto** pluperfect, past perfect

pretextar [A1] *vt* to claim; **pretextó desconocer el tema** he pleaded ignorance of the subject (frml), he claimed he knew nothing about the subject; **no acudió a la reunión pretextando otro compromiso** he didn't come to the meeting, with the excuse that *o* on the pretext that *o* claiming that he had another engagement

pretexto *m* pretext; **volvió con el ~ de recoger el paraguas** he went back on the pretext of getting his umbrella; **no hizo los deberes con el ~ de que le dolía la cabeza** he didn't do his homework, with the excuse that *o* saying that he had a headache; **siempre que llega tarde me sale con algún ~** every time she's late she comes out with some excuse, she always has an excuse when she arrives late; **so ~ de** (frml) on the pretext of, under pretext of

pretil *m* parapet

pretina *f* waistband

pretor *m* (Hist) praetor

preu *m* (fam) ▸ **preuniversitario**

preuniversitario *m: pre-university year*

prevalecer [E3] *vi* to prevail; **prevaleció la voluntad de la mayoría** the wishes of the majority carried the day *o* prevailed; **~ SOBRE algo** to prevail OVER sth; **su criterio prevaleció sobre el de sus colegas** his view prevailed over that of his colleagues

prevaleciente *adj* prevailing

prevalerse [E28] *v pron* **~ DE algo** to take advantage OF sth, avail oneself OF sth (frml); **~ de sus amistades/su inmunidad diplomática** to take advantage of *o* to use one's friendships/diplomatic immunity; **~ de sus influencias** to use one's influence

prevaricación *f* malfeasance

prevaricar [A2] *vi* to pervert the course of justice, be guilty of corrupt practices

prevención *f*

A **1** (de un mal, problema) prevention; **una campaña de ~ del alcoholismo** a campaign to fight alcoholism; **para la ~ de enfermedades infecciosas** to prevent the spread of *o* for the prevention of infectious diseases; **en ~ de nuevos disturbios** in order to prevent further riots **2** (medida) precaution; **tomamos todas las prevenciones del caso** we took all the necessary precautions

B (prejuicio): **tiene ~ contra las mujeres independientes** he has something against *o* he's prejudiced against independent women

prevenido -da *adj* **1** [SER] (precavido) well-prepared, well-organized; **es tan ~ que siempre tiene una llave de repuesto** he's so well-organized *o* well-prepared, he always has a spare key; **es muy prevenida y siempre tiene velas en casa** she likes to be prepared *o* ready for all eventualities and always has a supply of candles in the house **2** [ESTAR] (advertido) forewarned; **no estaba ~ del peligro que corría** he had not been warned *o* forewarned of the risk he was running; **ahora que estás ~, haz lo que quieras** now that you've been warned, it's up to you what you do

prevenir [I31] *vt* **1** ‹*enfermedad/accidente/desgracia*› to prevent; **ayuda a ~ la caries** it helps prevent tooth decay; ***más vale ~ que curar*** prevention is better than cure; ***más vale ~ que lamentar*** better safe than sorry **2** (advertir, alertar) to warn; **previnieron a los conductores del mal estado de las carreteras** drivers were warned of the bad state of the roads

■ **prevenirse** *v pron* **~se CONTRA algo** to take preventive *o* preventative measures AGAINST sth, take precautions AGAINST sth

preventiva *f* (Méx) yellow light (AmE), amber light (BrE)

preventivo -va *adj* ‹*medidas*› preventive, preventative; ‹*medicina*› preventive, preventative

prever [E29] *vt* **1** (anticipar) ‹*acontecimiento/consecuencias*› to foresee, anticipate; ‹*tiempo*› to forecast; **lo siento, pero no podía ~ lo que iba a suceder** I'm sorry, but I couldn't foresee *o* anticipate what was going to happen; **no habían previsto los posibles fallos de la maquinaria** they had not foreseen the possibility of machine failure; **se prevé un aumento de los precios del petróleo** an increase in the price of oil is predicted *o* forecast; **todo hace ~ su victoria en las próximas elecciones** everything points to her victory in the coming elections **2** (proyectar, planear): **las medidas previstas por el gobierno** the measures planned by the government; **la terminación del puente está prevista para finales de año** the bridge is due to be completed by the end of the year; **tiene prevista su llegada a las 11 horas** its expected time of arrival is 11 o'clock, it is due *o* scheduled to arrive at 11 o'clock; **todo salió tal como estaba previsto** everything turned out just as planned; **el presidente decidió continuar con el programa previsto** the president decided to continue with the program as planned; **tenía previsto comenzar su gira el próximo martes** he had planned to start his tour next Tuesday; **que su madre viniera no estaba previsto en el programa** (hum) her mother coming along wasn't part of the plan (colloq) **3** «*ley*» to envisage

■ **prever** *vi* to expect; **como era de ~** as was to be expected

previo -via *adj*

A **1** (anterior) previous; **no se necesita experiencia previa** no previous experience required; **tenía un compromiso ~** she had a prior engagement; **sin ~ aviso** without (prior) warning **2** ‹*reunión/asunto*› preliminary; **los requisitos ~s para la obtención de la beca** the prerequisites for obtaining the grant

B (RPl) (Educ): **me queda una materia previa** I have one subject from last year to make up (AmE) *o* (BrE) retake

C (como preposición) (frml): ⓢ **consulta previa petición de hora** consultation by appointment only; **las llaves se entregarán ~ pago de la suma mencionada** the keys will be handed over on receipt of the aforementioned amount

previsible *adj* foreseeable

previsiblemente *adv*: **el gobierno ~ incautará los bienes no declarados** the government is likely *o* expected to confiscate undeclared property; **el éxodo, que ~ continuará, daña la economía** the exodus, which looks set to continue *o* looks as if it is likely to continue, is damaging to the economy

previsión *f* **1** (precaución) precaution; **en ~ de posibles desórdenes** as a precaution against possible disturbances; **por falta de ~** owing to a lack of foresight; **un sistema de ~ social** a welfare system **2** (predicción — de un resultado) forecast, prediction; (— del tiempo) forecast

previsional *adj* (Chi) welfare (*before n*)

previsivo -va *adj* (Col, Méx) well-prepared

previsor -sora *adj* (con visión de futuro) far-sighted; (precavido) well-prepared; **seguro que lleva aspirinas, es muy ~a** she's bound to have some aspirins, she's always well-prepared; **he sido ~ y me he traído el paraguas** I came prepared, I brought my umbrella

prez *f* (frml) glory, honor*

PRI /pri/ *m*
A (en Méx) **= Partido Revolucionario Institucional**
B (**= país de reciente industrialización**) NIC

> **PRI - Partido Revolucionario Institucional**
>
> Mexico's leading political party. Founded in 1929 as the *Partido de la Revolución Mexicana*, it took its present name in 1946. It supports state intervention in economic, political, and cultural life. The *PRI* dominated Mexican politics for most of the twentieth century, staying in power for 71 years until 2000, when it was beaten by **►PAN - Partido de Acción Nacional** It remained an opposition party after the 2006 elections.

prieta *f* (Chi) blood sausage, black pudding (BrE)

prieto -ta *adj*
A (liter) firm
B (Méx fam) (oscuro) dark; (de piel oscura) dark-skinned, swarthy

priísta *adj* of/relating to the **►PRI**

prima *f*
A [1] (de un seguro) premium [2] (pago extra) bonus; **~ de productividad** productivity bonus; **~ de rendimiento** performance-related bonus; **nos dieron una ~ de** *or* **por peligrosidad** we were paid danger money
(Compuesto) **prima legal** (Col) statutory Christmas bonus
B (Mús) (cuerda — de guitarra) first string; (— de violín) E string, top string
C (pariente) *ver* **primo²**

prima ballerina *f* prima ballerina

primacía *f*
A [1] (preeminencia) supremacy; **no afectará nuestra ~ en este campo** it will not affect our preeminence *o* supremacy *o* primacy in this field; **la ~ del equipo en los torneos domésticos** the team's supremacy in domestic competitions [2] (prioridad) priority; **dieron ~ a los problemas económicos** priority was given to the economic problems; **~ SOBRE algo** priority OVER sth, precedence OVER sth; **debe tener ~ sobre los demás problemas** it must take priority *o* precedence over the other problems
B (Relig) primacy

primada *f* (Esp fam) dumb thing to do (AmE colloq), daft thing to do (BrE colloq)

primado¹ -da *adj* ‹obispo/catedral/sede› primatial

primado² *m* primate

prima donna *f* prima donna

prima facie *adv* (frml) prima facie (frml)

primar [A1] *vi*: **un conflicto donde debería ~ el interés público** a conflict in which the public interest should outweigh other considerations *o* should be top priority *o* should be paramount; **prima la preocupación por la innovación y las nuevas tecnologías** concern for innovation and new technology predominates; **priman el rojo y el negro en su obra** red and black predominate in her work, red and black are the predominant colors in her work; **una sociedad donde priman la belleza y la salud** a society in which beauty and health are paramount *o* where beauty and health are all-important; **~ SOBRE algo** to take precedence *o* priority OVER sth; **los intereses comerciales priman sobre la calidad de la enseñanza** commercial interests take precedence *o* priority over the quality of education
■ **primar** *vt* (Dep) ‹jugadores› to give a bonus to

primaria *f*
A (Educ) elementary *o* (BrE) primary education
B (Pol) (en EEUU) primary

primario -ria *adj* [1] (básico) ‹necesidades/objetivo› primary, basic; ‹deber› fundamental, primary [2] (primitivo) ‹instintos› primitive [3] (Psic) primary [4] (Elec) primary

> **Primaria**
>
> The name given in Spain to the first of the two compulsory levels of education. It is for pupils between six and twelve years of age and leads to **►ESO - Enseñanza Secundaria Obligatoria**.

primate *m* primate

primavera *f*
A (estación) spring; **en ~** in spring *o* springtime; **estaba en la ~ de la vida** she was in the springtime of her life; **acababa de cumplir quince ~s** she was just 15, she had just celebrated 15 summers (liter); ***la ~ la sangre altera*** spring is in the air, the sap rises in the spring
B (Bot) primrose

primaveral *adj* ‹tiempo/moda› spring (*before n*); ‹ambiente› spring-like

primer *ver* **►primero¹**

primera *f* [1] (Auto) first, first gear [2] (Transp) (clase) first class; **viajar en ~** to travel first class *ver tb* **primero¹**

primeramente *adv* first of all

primeriza *f* first-time mother, primigravida (tech), primipara (tech)
(Compuesto) **primeriza añosa** (antes del parto) elderly primigravida; (después del parto) elderly primipara

primerizo¹ -za *adj* [1] (fam) (poco experto) green (colloq), inexperienced; **es ~ en la venta de seguros** he's a bit green *o* inexperienced when it comes to selling insurance; **un texto para lectores ~s** a text for the lay person *o* for the uninitiated [2] (Med): **madre primeriza** first-time mother, primigravida (tech), primipara (tech)

primerizo² -za *m,f* novice, beginner

primero¹ -ra *adj/pron* [**►primer** *is used before masculine singular nouns*]
A **►❶ p.575, ►❶ p.371**; (en el espacio, el tiempo) first; **vivo en el primer piso** I live on the second (AmE) *o* (BrE) first floor; **en primer lugar vamos a analizar ...** first (of all) *o* firstly, we are going to analyze ...; **las diez primeras páginas** the first ten pages; **sus ~s poemas** her early *o* first poems; **1º de julio/octubre** (*read as: primero de julio/octubre*) 1st July/October, July/October 1st; **Olaf I** (*read as: Olaf primero*) Olaf I (*léase: Olaf the First*); **estaba sentado en (la) primera fila** he was sitting in the front row; **en las primeras horas de la madrugada de ayer** in the early hours of yesterday morning; **mañana a primera hora** first thing tomorrow; **soy el ~ en reconocerlo** I am the first to admit it
(Compuestos)
- **primera comunión** (Relig) *f* first communion; **hacer la ~ ~** to take one's first communion
- **primera enseñanza** *f* elementary *o* (BrE) primary education; **maestro de ~ ~** elementary *o* primary school teacher
- **primera infancia** *f* early childhood
- **primera piedra** *f* foundation stone
- **primera plana** *f* front page; **salió en ~ ~ en todos los periódicos** it made front-page news *o* the headlines in all the newspapers, it was on the front page of all the newspapers
- **primero de año** *m* New Year's Day
- **primeros auxilios** *mpl* first aid
- **primer plano** (Fot) *m* close-up, close-up shot; **en ~ ~** (Art) in the foreground
- **primer plato** *m* first course, starter

B (en calidad, jerarquía): **un artículo de primerísima calidad** a top-quality product, a product of the very finest *o* highest quality; **de primera categoría** first-class, first-rate; **es el ~ de la clase** he is top of the class; **es el primer atleta del país** he is the country's top athlete; **la primera empresa mundial en el campo de la electrónica** the world's leading electronics company; ***de primera*** ‹comida/cantante› first-class, first-rate; **sólo vendemos productos de primera** we sell only products of the finest *o* highest quality; **un corte de carne de primera** a prime cut of meat
(Compuestos)
- **primer actor, primera actriz** (*m*) leading man; (*f*) leading lady
- **primera dama** *f* First Lady
- **primer bailarín, primera bailarina** (*m*) leading dancer; (*f*) prima ballerina
- **primer espada** (Taur) *m* principal bullfighter
- **primer magistrado, primera magistrada** *m,f* **►mandatario**
- **primer mandatario, primera mandataria** (period) *m,f* head of state; **la entrevista entre ambos ~os ~s** the meeting between the two heads of state; **el ~ ~ estadounidense** the president of the United States
- **primer ministro, primera ministra** *m,f* Prime Minister
- **primer secretario** *mf* First Secretary
- **primer violín** *mf* concertmaster (AmE), leader (of the orchestra); **los ~os violines** the first violins

C (básico, fundamental): **nuestro primer objetivo es ...** our primary objective is ...; **artículos de primera necesidad** basic necessities; **lo ~ es asegurarnos de que no corren peligro** the essential *o* most important thing is to make sure they are not in any danger

primero² *adv*
A (en el tiempo) first; **¿por qué no haces ~ los deberes?** why don't you do your homework first?
B (en importancia): **estar ~** to come first; **para mí ~ está mi familia** as far as I'm concerned my family comes first; **~ está la obligación y después la diversión** business before pleasure
C (para expresar preferencia): **~ se queda sin comer que pedirle dinero** she would sooner *o* rather go hungry than ask him for money

primicia *f* (Bot) first fruit; **nuestra revista consiguió la ~ del reportaje** our magazine was the first to carry the report; **estas fotografías son una auténtica ~ informativa** these photographs are a real scoop; **estamos en condiciones de ofrecerles una gran ~** we can bring you a real exclusive; **la emisora que le trae todas las ~s** the radio station which is always first with the big stories

primigenio -nia *adj* (frml) ‹motivación› underlying (*before n*), original (*before n*); ‹preocupación› basic (*before n*), original (*before n*)

primípara *f* primipara (Med, tech), first-time mother
(Compuesto) **primípara añosa** (antes del parto) elderly primigravida; (después del parto) elderly primipara

primíparo -ra *adj* [1] (Med) ‹mujer› primiparous (tech) [2] (Col fam) (novato) novice (*before n*)

primitiva *f* **►lotería primitiva**

primitivamente *adv*
A (de manera primitiva) primitively, in a primitive fashion
B (en un primer momento) originally

primitivismo *m* primitivism

primitivista *adj/mf* primitivist

primitivo -va *adj*
A ‹pueblo/costumbres› primitive; ‹instalaciones/métodos› primitive; **los hombres ~s** primitive *o* early man; **trabajan en condiciones primitivas** they work in primitive conditions
B (original) original; **el texto ~** the original text
C (Art) primitive

primo¹ -ma *adj* [1] ‹número› prime [2] ‹materia› raw

primo² -ma *m,f* [1] (pariente) cousin [2] (Esp fam) (bobo) sucker (colloq), patsy (AmE colloq), mug (BrE colloq); ***hacer el ~*** (Esp fam) to be taken for a ride (colloq), to be conned (colloq)
(Compuestos)
- **primo carnal, prima carnal** *m,f* first cousin

- **primo hermano, prima hermana** *m,f* first cousin
- **primo segundo, prima segunda** *m,f* second cousin

primogénito[1] **-ta** *adj* firstborn (*before n*) (liter), first (*before n*)

primogénito[2] **-ta** *m,f* firstborn (liter), first *o* firstborn child

primogenitura *f* primogeniture (frml), birthright (liter)

primor *m* 1 (esmero): **esta mantelería está bordada con mucho ~** this table linen is very finely *o* delicately embroidered 2 (delicadeza) delicacy 3 (maravilla, encanto): **esta porcelana es un ~** this is an exquisite piece of porcelain; **la niña es un ~** she is a delightful *o* charming little girl; **canta que es un ~** she sings like an angel

primordial *adj* ‹*objetivo*› fundamental, prime (*before n*); ‹*interés*› paramount; **es ~ analizar las causas del fenómeno** it is essential to analyse the causes of the phenomenon; **es de ~ importancia** it is of paramount importance *o* of the utmost importance

primordialmente *adv* fundamentally, basically

primorosamente *adv* delicately, finely

primoroso -sa *adj* 1 (fino, esmerado) exquisite; **llevaba puesta una mantilla primorosa** she was wearing an exquisite shawl; **tiene un bordado ~** it is exquisitely embroidered 2 (delicado) delicate 3 ‹*niño/mujer*› beautifully dressed

prímula *f* primula; (amarilla) primrose

primulácea *f* primula; **las ~s** the primulaceae (*pl*), the primrose family

primus® *m* primus® (stove)

princesa *f* princess

principado *m* 1 (territorio) principality 2 (título) princedom, principality

principal[1] *adj* ‹*entrada*› main; ‹*carretera/calle*› main; **el papel ~ lo hacía Azucena Romero** the main part *o* leading role was played by Azucena Romero; **el personaje ~ se suicida al final** the main character commits suicide at the end; **lo ~ es que no se hizo daño** the main thing is that he didn't hurt himself; **lo ~ es la salud** there's nothing more important than your health

principal[2] *m* 1 (Fin) principal, capital 2 (en un teatro, cine) upper balcony (AmE), upper circle (BrE)

principalmente *adv* principally, mainly, chiefly

príncipe[1] *adj* ▸**edición**

príncipe[2] *m* prince

Compuestos

- **príncipe azul** Prince Charming (hum)
- **príncipe consorte** prince consort
- **príncipe heredero** crown prince
- **príncipe regente** prince regent

principesco -ca *adj* princely

principiante[1] *adj*: **es un conductor ~** he's a learner driver, he's learning to drive

principiante[2] *mf* beginner; **se matriculó en un curso para ~s** she enrolled in a beginners' course; **a veces comete errores de ~** sometimes he makes really basic mistakes

principiar [A1] *vt* (frml) to commence (frml), to begin

principio *m*

A (comienzo) beginning; **el ~ del verano** early summer, the beginning of summer; **empieza por el ~** start at the beginning; **el ~ del fin** the beginning of the end; **el éxito logrado con su primer libro es un buen ~** the success she's had with her first book is a good start, the success of her first book has got her off to a good start; **se llegó a un ~ de acuerdo en las negociaciones** they reached the beginnings of an agreement in the negotiations; **congeniamos desde el ~** we got along well from the start; **leyó el libro desde el ~ hasta el final sin parar** he read the book from cover to cover *o* from beginning to end *o* from start to finish without putting it down; **a ~s de temporada** at the beginning of the season; **a ~s de siglo** at the turn of the century; **al ~** at first; **en un ~ se creyó que la Tierra era plana** at first *o* in the beginning people believed the Earth was flat

B 1 (concepto, postulado) principle; **es un ~ universalmente aceptado** it's a universally accepted concept; **la teoría parte de un ~ erróneo** the theory is based on a false premise; **en ~ la reunión es el jueves** the meeting's on Thursday unless you hear otherwise *o* provisionally, the meeting is set for Thursday; **en ~ estoy de acuerdo, pero no depende sólo de mí** I agree in principle, but it isn't only up to me 2 (norma moral) principle; **es una cuestión de ~s** it's a question of principle(s); **es una persona de ~s** she's a person of principle *o* a principled person; **por ~** on principle

Compuestos

- **principio de incertidumbre** uncertainty principle
- **principio de indeterminación** uncertainty principle
- **principio de placer/realidad** pleasure/reality principle

pringada *f*: *bread dipped in sauce, fat, etc*

pringado -da *m,f* (Esp arg) poor devil (colloq), poor sod (BrE sl)

pringar [A3] *vt*

A 1 (fam) (ensuciar): **cada vez que cocina lo deja todo pringado** every time she cooks she leaves everything all greasy *o* covered in grease; **¡la he/hemos pringado!** (fam) now I've/we've done it! (colloq) 2 ‹*pan*› to dip

B (fam) **~ a algn EN algo** (comprometer): **si queremos ~lo en el negocio, habrá que ofrecerle algo importante** if we want (to get) him in on the deal, we'll have to make him an attractive offer (colloq); **está pringado hasta el cuello en esto del contrabando** he's in up to his neck in this smuggling business (colloq)

C 1 (Esp fam) (contraer) ‹*gonorrea*› to catch, pick up, get 2 (Andes fam) ‹*persona*› (con una enfermedad venérea): **me pringó una puta de Cartagena** I got the clap *o* I got a dose of VD off a prostitute in Cartagena (sl)

■ **pringarse** *v pron* (fam) 1 (mancharse, ensuciarse): **se pringó con el aceite del coche** he got himself covered in oil from the car 2 (comprometerse): **se pringó en el negocio y luego se arrepintió** she got mixed up in the deal and then regretted it (colloq)

pringoso -sa *adj* greasy

pringue *m* (fam) 1 (grasa) grease; **después de freír las chuletas, la cocina quedó llena de ~** the kitchen was covered in grease from frying the chops; **no hay quien quite el ~ de las hornillas** it's impossible to get the gunk *o* (BrE) gunge off the burners on the stove (colloq) 2 (salsa) sauce, juices (*pl*)

prior, priora *m,f* (Relig)

A (*m*) prior

B (*f*) prioress

priorato *m* 1 (lugar) priory 2 (cargo) priorate

prioridad *f* 1 (precedencia) priority; **dar ~ a algo** to give priority *o* precedence to sth 2 (Auto) priority; **tener ~ (de paso)** to have right of way *o* priority

prioritariamente *adv* first and foremost; **se distribuirán ~ entre los ancianos** the priority will be to distribute them to old people, they will be distributed first and foremost to old people

prioritario -ria *adj* priority (*before n*); **nuestro objetivo ~** our priority objective, our prime objective, our top priority; **la tarea prioritaria de la comisión** the commission's top priority *o* most urgent task

priorizar [A4] *vt* (dar preeminencia a) to give priority to; (decidir el orden de importancia de) to prioritize

prisa *f*

A (rapidez, urgencia) rush, hurry; **¿a qué viene tanta ~?** what's the rush *o* hurry?; **con las ~s olvidé decírselo** in the rush I forgot to tell her; **¿a qué viene tanta ~ por casarse?** why are you in such a hurry *o* rush to get married?; **no me metas ~** don't rush *o* hurry me; **estoy de ~** *or* **tengo ~** I'm in a rush *o* a hurry; **darse ~** to hurry up, to hurry; **date ~ o perderás el tren** hurry up or you'll miss the train

B (*en locs*): **a** *or* **de prisa** ▸**deprisa**: **a toda prisa** as fast as possible; **huyó de allí a toda ~** she fled as fast as she could go; **correr prisa: no se preocupe, éstos no (me) corren ~** don't worry, there's no rush for these *o* I'm not in a rush for these; ***de ~ y corriendo*** ▸**deprisa**: ***sin ~ pero sin pausa:*** **el público entraba en la tienda sin ~ pero sin pausa** there was a steady stream of people going into the shop; **sin ~ pero sin pausa la situación va mejorando** slowly but surely the situation is getting better

prisco[1] **-ca** *adj* (Chi fam) 1 (tranquilo) cool 2 (fresco) nervy (AmE colloq), cheeky (BrE colloq)

prisco[2] *m* (CS) *type of peach*

prisión *f*

A (edificio) prison, jail, penitentiary (AmE)

Compuestos

- **prisión abierta** open prison
- **prisión de alta seguridad** high-security prison
- **prisión de máxima seguridad** maximum-security *o* top-security prison

B (pena) imprisonment; **fue condenado a seis años de ~** he was sentenced to six years' imprisonment *o* six years in prison, he was given a six-year prison sentence

Compuestos

- **prisión mayor** long-term prison sentence (*6 to 12 years*)
- **prisión menor** medium-term prison sentence (*6 months to 6 years*)
- **prisión preventiva** *or* **provisional** preventive detention; **el juez decretó la ~ ~** the judge ordered him to be remanded in custody; **está detenido en régimen de ~ ~** he is being held in preventive detention, he is in custody awaiting trial, he is being held on remand (BrE)

prisionero -ra *m,f* prisoner; **cayó ~ del enemigo** he was taken prisoner *o* captured by the enemy; **lo hicieron ~** he was taken prisoner *o* captured

Compuestos

- **prisionero de conciencia, prisionera de conciencia** *m,f* prisoner of conscience
- **prisionero de guerra, prisionera de guerra** *m,f* prisoner of war
- **prisionero político, prisionera política** *m,f* political prisoner

prisma *m* 1 (Fís, Ópt) prism 2 (perspectiva) perspective; **si se mira la situación desde este ~** if you look at the situation from this perspective *o* from this point of view *o* in these terms

prismático -ca *adj* prismatic

prismáticos *mpl* binoculars (*pl*), field-glasses (*pl*); **me regaló unos ~** she gave me some binoculars *o* a pair of binoculars

prístino -na *adj* 1 (liter) (original) pristine, original 2 (inmaculado) pristine

priva *f* (Esp arg) booze (colloq); **darle a la ~** to hit the bottle (colloq)

privacidad *f* privacy

privación *f* 1 (acción) deprivation; **¿qué se consigue con la ~ de la libertad?** what is to be gained by depriving someone of their freedom *o* taking away someone's freedom?; **se lo castigó con la ~ del carné** he had his license taken away 2 (falta, carencia) privation (frml); **pasó muchas privaciones** she suffered many privations *o* much hardship *o* much deprivation

Compuesto **privación sensorial** sensory deprivation

privada *f* (Méx) private road (*with security control*)

privadamente *adv* privately

privado -da *adj* 1 ‹*reunión/fiesta*› private; **vida privada** private life; **en ~** in private

p

[2] (Col, Méx) (desmayado) unconscious [3] (Méx) ‹*teléfono/número*› unlisted (AmE), ex-directory (BrE)

privar [A1] *vt*

A **~ a algn DE algo** ‹*de un derecho*› to deprive sb OF sth; **se vio privado de su libertad** he was deprived of his freedom; **lo ~on de la licencia** he had his license taken away, he lost his license; **fue privado de sus bienes** he had all his possessions confiscated, all his possessions were confiscated

B (Col, Méx) (dejar inconsciente) to knock … unconscious

■ **privar** *vi*

A (sobresalir, destacar): **en su comportamiento priva siempre la honradez** her behavior is always characterized by honesty; **en la casa privaba un ambiente de serenidad** a serene atmosphere prevailed in the house; **hoy día privan los avances científicos** scientific advances are the important thing nowadays

B (fam) (gustar) (+ *me/te/le etc*): **me privan las manzanas** I adore *o* really love apples

C (fam) (beber) to drink

D (Esp) (estar de moda) to be fashionable, be in (colloq); **ahora priva el pelo corto** short hair is in now

■ **privarse** *v pron*

A **~se DE algo** ‹*de lujos/placeres*› to deprive oneself OF sth; **no se privan de nada** they don't want for anything, they don't deprive themselves of anything; **se privó de comida para pagarlo** he deprived himself of *o* he went without food to pay for it; **se ha privado del pan para no engordar** he's stopped eating *o* he's going without bread so as not to put on weight; **cuando tiene ocasión de comer bien, no se priva** when she gets the chance to eat well she doesn't hold back

B [1] (Col, Méx) (desmayarse) to lose consciousness, pass out; **del golpe que le dieron se privó** he was knocked out by *o* he passed out with the blow he received [2] (Ven) (quedarse pasmado): **el agua estaba tan fría que me privé** the water was so cold that I couldn't breathe properly

privativo -va *adj* [1] [SER] (propio): **es función privativa del rey** it is the king's prerogative, it is the exclusive right of the king [2] (Der): **una condena privativa de libertad** a prison sentence, a custodial sentence

privatización *f* privatization

privatizador -dora *adj* privatizing (*before n*)

privatizar [A4] *vt* to privatize

privilegiado[1] -da *adj* [1] ‹*persona/clase*› privileged [2] (excelente) ‹*clima*› exceptional; ‹*posición*› privileged; ‹*inteligencia/memoria*› exceptional

privilegiado[2] -da *m,f*: **unos pocos ~s** a privileged few

privilegiar [A1] *vt* [1] (frml) (conceder un privilegio a) to grant a privilege to; **un ofrecimiento que me honra y me privilegia** a gift which makes me feel honored and privileged; **lo ~on concediéndole la cabecera de la mesa** he was granted the privilege of sitting at the head of the table [2] (favorecer) to favor*; **una ley que privilegia a los ricos** a law that favors the rich

privilegio *m* privilege; **tengo el ~ de presentarles al gran actor …** I have the honor of introducing *o* it is my privilege to introduce to you that great actor …; **conceder ~s** to grant privileges; **gozar de ~s** to enjoy privileges

pro[1] *m*

A (ventaja): **sopesar el ~ y el contra** *or* **los ~s y los contras de algo** to weigh up the pros and cons of sth; **los contras son más que los ~s** the minuses outweigh the pluses, the disadvantages outweigh the advantages

B **de pro** (ant): **un hombre de ~** a good man and true (arch), a worthy man (arch)

pro[2] *prep*: **una colecta ~ ciegos** a collection for the blind; **los sectores ~ amnistía** the sectors in favor of an amnesty

pro- *pref* pro-

proa *f* bow, prow; **situado en la ~** situated forward *o* in the bow; **pusieron ~ hacia La Habana** they set course for Havana

probabilidad *f* (Mat) probability; **es una posibilidad más que una ~** it's more a possibility than a probability; **con toda ~ llegará mañana** in all probability *o* likelihood it will arrive tomorrow; **¿qué ~** *or* **~es tiene de ganar?** what are her chances of winning?; **existe poca ~** *or* **existen pocas ~es de que sea encontrado con vida** (frml) the possibility of him being found alive is very remote (frml), there is little possibility that he will be found alive, there is little prospect of finding him alive

probabilismo *m* probabilism

probable *adj*

A (posible) probable; **¿lo habrá perdido? — es ~** do you think he's lost it? — probably; **ser ~ QUE + SUBJ**: **es ~ que llegue hoy** he will probably arrive today; **lo más ~ es que no se haya enterado** she most probably hasn't heard; **es muy ~ que le renueven el contrato** her contract will very probably be renewed, they are very likely to renew her contract

B (demostrable) provable

probablemente *adv* probably; **¿se habrá olvidado? — sí, ~** do you think he's forgotten? — yes, probably; **~ + INDIC** *or* **SUBJ**: **~ llegue** *or* **llegaré tarde, empiecen sin mí** I'll probably be late, just start without me

probadamente *adv* demonstrably, provenly

probado -da *adj* [1] ‹*delante del n*› (confirmado) proven; **es una persona de probada rectitud** she is a person of proven integrity; **un remedio de probada eficacia** a proven *o* a tried and tested remedy [2] (Der) proven

probador *m* fitting room, changing room (BrE)

probanzas *fpl* evidence

probar [A10] *vt*

A (demostrar) ‹*teoría/acusación/inocencia*› to prove; **esto prueba que ella tenía razón** this proves that she was right

B [1] ‹*vino/sopa*› to taste; (por primera vez) to try; **nunca he probado el caviar** I've never tried caviar; **no puedo ~ el vino, el médico me lo ha prohibido** I can't drink wine, doctor's orders; **desde entonces no he vuelto a ~ la ginebra** I haven't touched gin again since then; **no ha probado bocado en todo el día** she hasn't eaten a thing *o* had a bite to eat all day [2] ‹*método*› to try; **prueba la aspiradora antes de comprarla** try the vacuum cleaner (out) before buying it; **estoy dispuesto a ~ cualquier cosa con tal de curarme** I'm prepared to try anything if it helps me to get better; **llevaron el coche a que le ~an los frenos** they took the car to have the brakes tested; ►**fortuna**, **suerte** [3] ‹*ropa*› to try on; **~le algo A algn** to try sth ON sb; **no le puedo comprar zapatos sin probárselos** I can't buy shoes for him without him trying them on *o* without trying them on him; **la modista sólo me probó el vestido una vez** the dressmaker only gave me one fitting for the dress [4] (poner a prueba) ‹*empleado/honradez*› to test; **dejaron el dinero allí para ~lo** they left the money there to test him

■ **probar** *vi* [1] (intentar) to try; **déjame ~ a mí** let me try, let me have a go; **~ no cuesta nada** there's no harm in trying; **¿has probado con quitamanchas?** have you tried using stain remover?; **~ A + INF** to try -ING; **prueba a hacerlo de la otra manera** try doing it the other way [2] (ant) (sentar) (+ *me/te/le etc*) to suit; **la vida de ciudad no le prueba** city life doesn't suit him

■ **probarse** *v pron* ‹*ropa/zapatos*› to try on; **¿quiere probárselo?** would you like to try it on?; **quisiera ~me uno más grande** I'd like to try a larger size

probatorio[1] -ria *adj* (Der) ‹*documento*› probative; **carecer de valor ~** to lack evidential value; **término ~** *period allowed for submission of evidence*

probatorio[2] *m* (Der) *period allowed for submission of evidence*

probeta[1] *f* test tube

probeta[2] *adj inv* ‹*gemelos/hijo*› test-tube (*before noun*)

probidad *f* (frml) probity

probiótico -ca *adj* (Biol) probiotic

problema *m* [1] (Mat) problem; **resolver un ~** to solve a problem [2] (dificultad, preocupación) problem; **nos está creando muchos ~s** it is causing us a lot of problems *o* a lot of trouble; **~s económicos** financial difficulties *o* problems; **me gustaría ir, el ~ es que no tengo dinero** I'd like to go, the snag *o* trouble *o* problem *o* thing is I don't have any money; **los coches viejos siempre dan muchos ~s** old cars always give a lot of trouble, old cars always play up a lot (colloq); **si se enteran, vas a tener ~s** if they find out, you'll be in trouble; **no te hagas ~** (AmL) don't worry about it

problemática *f* problems (*pl*); **nuestro punto de vista en torno a la ~ de América Central** our point of view on the problems *o* the situation in Central America; **la ~ que plantea el crecimiento de la ciudad** the problems *o* questions posed by the expansion of the city; **la ~ de la pareja y la familia** the problems within a relationship and the family

problemático -ca *adj* ‹*asunto/situación*› problematic, difficult; **eso puede resultar ~** that could be difficult *o* problematic *o* problematical

probo -ba *adj* (frml) honest, upright

probóscide *f* proboscis

procacidad *f* (de un chiste, comentario) indecency, lewdness; (del lenguaje) obscenity

procaína *f* procaine

procaz *adj* ‹*comentario/chiste*› indecent, lewd; ‹*lenguaje*› obscene; **un guiño ~** a lewd wink

procedencia *f*

A [1] (origen) origin; **es de ~ desconocida** it's of unknown origin; **se investiga la ~ de las armas** they're investigating where the weapons came from [2] (de un barco) port of origin

B (Der) legitimacy

procedente *adj*

A ‹*tren/vuelo*› **~ DE**: **el tren ~ de Madrid efectuará su entrada por la vía dos** the train from Madrid will be arriving on track two; **llegó en el vuelo ~ de Londres** he arrived on the flight from London *o* on the London flight

B (Der) legitimate, fair

proceder[1] *m* (frml) behavior*, conduct (frml); **su ~ en aquella ocasión fue muy extraño** the way she acted *o* her conduct on that occasion was very strange; **ignoro la causa de su ~** I don't know why she behaved *o* acted like that

proceder[2] [E1] *vi*

A (provenir) **~ DE algo** to come FROM sth; **esa palabra procede del árabe** that word comes from Arabic

B (actuar) to proceed (frml); **debemos ~ con cautela** we should proceed with caution; **siempre procedió con mucha corrección** he always behaved very correctly; **~ contra algn** (Der) to initiate proceedings against sb

C (frml) (iniciar) **~ A algo** to proceed TO sth; **una vez presentados los candidatos se procedió a la votación** once the candidates had been introduced voting began; **la policía procedió a su detención** the police proceeded to arrest him

D (ser conveniente): **vistos los hechos procede actuar rápidamente** in view of the circumstances it would be wise to act swiftly; **ejerceremos, cuando proceda, las acciones oportunas** we will take the necessary action, where appropriate

procedimental *adj* procedural

procedimiento *m*

A (método) procedure; (Tec) process, system; **el ~ a seguir en tales casos** the procedure to be followed in such cases; **los compuestos que se obtienen mediante este ~** the compounds obtained using this process *o* system

B (Der) proceedings (*pl*)

C (RPl) (de la policía) operation

proceloso -sa *adj* (liter) stormy, tempestuous (liter)

prócer *m* national hero (*esp of a struggle for independence*)

procesado -da *m,f*

A (Der) accused, defendant; **los ~s** the accused, the defendants

B **procesado** *m* (Fot, Tec) processing

procesador *m* processor

(Compuestos)

- **procesador de alimentos** food processor
- **procesador de textos** *or* **de palabras** text *o* word processor

procesadora *f* (AmL) *tb* : **~ de alimentos** food processor

procesal *adj* ▸**derecho**³

procesamiento *m*

A (Der) prosecution, trial; ▸**auto**

B **1** (Tec) processing **2** (Inf) processing

(Compuestos)

- **procesamiento de datos** data processing
- **procesamiento de textos** *or* **palabras** word processing
- **procesamiento en paralelo** parallel processing

procesar [A1] *vt*

A (Der) to try, prosecute; **fue procesado por su parte en los disturbios** he was tried *o* prosecuted for his part in the disturbances

B **1** ‹*materia prima*› to process **2** ‹*datos/textos*› to process, to word-process **3** ‹*solicitud*› to process

procesión *f* procession; **allá fueron todos a despedirse en ~** (fam) they all trooped over there to say goodbye (colloq); ***la ~ va por dentro*** he's/she's going through a lot, although he/she doesn't show it

procesionaria *f* (Zool) processionary caterpillar

proceso *m*

A **1** (serie de acciones, sucesos) process; **su recuperación será un ~ largo y complicado** his recovery will be a long and complicated process; **un ~ natural/químico** a natural/chemical process; **el ~ de paz** the peace process; **~ de selección** selection procedure *or* process **2** (Med): **sufre un ~ de insuficiencia respiratoria** he has a respiratory complaint

B (Der) trial; **se le sigue ~ por robo** she is being tried on a charge of theft, she is on trial for theft; **no se mencionó en el ~** it was not mentioned during the trial

(Compuestos)

- **proceso criminal** criminal proceedings (*pl*)
- **proceso verbal** written report, procès verbal

C (Inf) processing

(Compuesto) **proceso de datos/textos** data/text processing

D (transcurso) course; **en el ~ de tres meses** in the course of three months, over a period of three months

E (Pol) **el Proceso** *military dictatorship in Argentina 1976-83 and in Uruguay 1973-85*

proclama *f* **1** (Pol) proclamation **2** (notificación pública) announcement; (de un matrimonio) banns (*pl*)

proclamación *f* proclamation, declaration

proclamador -dora *m,f* proclaimer, advocate

proclamar [A1] *vt* to proclaim; **fue proclamado rey** he was proclaimed king; **fue proclamada la ley marcial** martial law was declared *o* proclaimed; **proclamó su inocencia** he proclaimed *o* protested his innocence

■ **proclamarse** *v pron* to proclaim oneself; **se proclamó jefe supremo de las fuerzas armadas** he proclaimed himself commander-in-chief of the armed forces; **se proclamó campeón por cuarta vez** he became champion *o* he won the championship for the fourth time

proclítico -ca *adj* proclitic

proclive *adj* **~ A algo** given to sth; **~ a la depresión** given *o* prone to depression; **políticos ~s al diálogo** politicians who are inclined toward(s) *o* who favor dialogue; **son más ~s a usar la fuerza** they are more inclined *o* given to the use of force, they have a greater proclivity for the use of force

proclividad *f* proclivity, inclination

procónsul *m* proconsul

proconsulado *m* proconsulship

procreación *f* procreation

procreador -dora *m,f* procreator

procrear [A1] *vi* to procreate, breed

procura *f* (AmL frml): **avanzar en ~ de resolver los problemas** to move forward in an attempt to resolve the problems; **fueron a hablar con el Obispo en ~ de ayuda** they went to talk to the Bishop to seek his assistance (frml)

procuración *f* power of attorney, proxy

procurador -dora *m,f*

A (Der) **1** (abogado) attorney, lawyer **2** (asistente) ≈ paralegal (*in US*), ≈ clerk (*in UK*)

(Compuestos)

- **procurador/procuradora del número** (Chi) *m,f* judicial attorney
- **procurador/procuradora general de justicia** (AmL) *m,f* attorney general
- **procurador/procuradora general de la Nación** (AmL) *m,f* attorney general
- **procurador/procuradora general de la República** (AmL) *m,f* attorney general
- **procurador/procuradora general del Estado** (AmL) *m,f* attorney general

B (Gob) (en algunos países) ombudsman

(Compuesto) **procurador/procuradora de los ciudadanos** (PR) *m,f* ombudsman

procuraduría *f* attorney's office, lawyer's office

(Compuestos)

- **procuraduría del consumidor** (Méx) federal office of fair trading
- **procuraduría general** (AmL) attorney general's office

procurar [A1] *vt*

A (intentar) **~ + INF** to try to + INF, endeavor* to + INF (frml); **procura no olvidarte** try not to forget; **~ QUE + SUBJ: procura que no te vea** try not to let him see you; **~emos que llegue intacto** we'll try to get it there in one piece, we'll try to make sure it gets there in one piece

B ‹*ropa/armas*› (frml) to obtain, secure, procure (frml); **les procuró comida** he obtained *o* secured food for them; **el consuelo que le procuran los niños** the comfort the children bring him

■ **procurarse** *v pron* to secure (frml); **se procuró un cargo en la Universidad** she secured a post (for herself) at the University

prode *m* (en Arg) sports lottery (AmE), football pools (*pl*) (BrE)

> **prode**
>
> ▸**quiniela.**

prodigalidad *f* wastefulness, extravagance, prodigality (liter)

pródigamente *adv* **1** (con generosidad) generously, lavishly **2** (con derroche) wastefully, extravagantly

prodigar [A3] *vt* (frml) ‹*elogios*› to be generous *o* lavish with; **las atenciones que le ~on a su llegada** the attention they lavished on her when she arrived

■ **prodigarse** *v pron* (frml) **~se EN algo: no se prodiga en elogios** he is not very generous *o* lavish with his praise; **se prodigó en atenciones con sus invitados** she lavished attention on her guests

prodigio *m* **1** (maravilla) wonder; **estas formaciones son un ~ de la naturaleza** these formations are one of the wonders of nature *o* (frml) are a prodigy of nature; **un ~ de la técnica** a technological marvel *o* wonder; **este nuevo ~ del tenis** this new wonder boy *o* golden boy of tennis **2** (milagro) miracle

prodigiosamente *adv*: **se salvó ~ de morir aplastado** he was miraculously saved from being crushed to death; **está ~ realizado/decorado** it is marvelously* executed/decorated; **una planta ~ adaptada al desierto** a plant that is superbly well adapted to the desert

prodigioso -sa *adj* ‹*fuerza/esfuerzo*› prodigious, incredible; ‹*memoria*› prodigious, phenomenal; ‹*éxito*› phenomenal; ‹*jugador/músico*› phenomenal, exceptional

pródigo -ga *adj* **1** (derrochador) extravagant, wasteful, prodigal (liter); **el Hijo P~** (Bib) the Prodigal Son **2** (generoso, abundante) **~ EN algo**: **fue ~ en alabanzas para con sus colegas** he was generous *o* lavish *o* unstinting in his praise of his colleagues; **un discurso ~ en palabras conciliadoras** a speech which was full of *o* (frml) which abounded in conciliatory words

producción *f*

A **1** (Com, Econ) (proceso, acción) production; (cantidad) output, production; Ⓢ **uvas Lacalle; producción argentina** Lacalle grapes; produce of Argentina **2** (conjunto de obras) output; **su ~ dramática es escasa** his dramatic output is small, he has not written many plays; **la ~ pictórica de Picasso** the works of Picasso, Picasso's paintings

(Compuestos)

- **producción en cadena** *or* **serie** mass production
- **producción sostenida** sustained yield

B (Cin, Teatr, TV) (proceso, acción) production; (obra, película) production; **varios países participaron en la ~ del programa** various countries took part in producing the program *o* in the production of the program; **la etapa de ~** the production stage; **una ~ de la BBC** a BBC production

producir [I6] *vt*

A **1** ‹*trigo/tomates*› to produce, grow; ‹*petróleo*› to produce; ‹*aceite/vino*› to produce, make **2** (manufacturar) to produce, make; **esta fábrica produce 300 coches a la semana** this factory produces *o* makes *o* manufactures *o* turns out 300 cars a week **3** ‹*electricidad/calor/energía*› to produce, generate **4** ‹*sonido*› to produce, cause, generate

B **1** (Com, Fin) ‹*beneficios*› to produce, generate, yield; ‹*pérdidas*› to cause, give rise to, result in **2** «*país/club*» ‹*artista/deportista*› to produce

C ‹*película/programa*› to produce

D (causar): **estas declaraciones produjeron una gran conmoción** these statements caused a great stir; **le produjo una gran alegría** it made her very happy; **me produjo muy buena impresión** I was very impressed with her; **la pomada le produjo un sarpullido** the ointment caused a rash *o* brought her out in a rash; **ver cómo la trata me produce náuseas** it makes me sick to see how he treats her

■ **producirse** *v pron*

A (frml) (tener lugar) «*accidente/explosión*» to occur (frml), to take place; «*cambio*» to occur (frml), to happen; **se produjeron varios incidentes** several incidents occurred *o* took place; **se produjeron 85 muertes** there were 85 deaths, 85 people died *o* were killed; **durante la operación de rescate se produjeron momentos de histerismo** there were moments of panic during the rescue operation; **se ha producido una notable mejora** there has been a great improvement

B (*refl*) (frml) ‹*heridas*› to inflict … on oneself (frml); **se produjo heridas con un objeto cortante** she cut herself with *o* she inflicted wounds on herself with a sharp object; **disparó el arma produciéndose la muerte instantánea** he fired the gun, killing himself instantly; **se produjo varias fracturas al caerse** he broke several bones *o* (frml) incurred several fractures when he fell

productivamente *adv* productively

productividad *f* **1** (cualidad) productivity **2** (rendimiento) productivity, output

productivo -va *adj* ‹*tierra*› productive, fertile; ‹*empresa/negocio*› lucrative; ‹*reunión/jornada*› productive

producto *m*

A **1** (artículo producido) product; **consuma ~s nacionales** buy home-produced goods *o* products; **los ~s derivados del petróleo** products derived from petroleum, petroleum derivatives; **~s de granja** farm produce **2** (resultado) result, product; **el acuerdo es el ~ de varios meses de negociaciones** the agreement is the result *o* product of several months of negotiations; **su éxito es el ~ de muchos años de esfuerzo** her success is the result *o* product of many years of effort; **es el típico ~ de esa clase de colegio** he's the typical product of that kind of school; **todo es ~ de su imaginación** it's all a product *o* a figment of his imagination

(Compuestos)
- **producto alimenticio** foodstuff
- **producto de belleza** beauty product, cosmetic
- **producto de desecho** waste product, by-product
- **producto de marca** brand name product
- **producto de reclamo** promotional item
- **producto derivado** spin-off
- **producto interior bruto** gross domestic product, GDP
- **producto lácteo** dairy product
- **producto manufacturado** manufactured product
- **producto nacional bruto** gross national product, GNP
- **producto principal** staple
- **producto químico** chemical product, chemical
- **producto secundario** by-product
- **producto terminado** finished product

B (Mat) product

productor[1] **-tora** *adj*
A (Agr, Com) producing (*before n*); **países ~es de café** coffee-producing countries
B (Cin, TV) production (*before n*); **la compañía ~a** the production company

productor[2] **-tora** *m,f*
A (Com) producer; (Agr) producer, grower; **~ de vino** winemaker
B (Cin, TV) **1** (persona) producer **2** **productora** *f* (empresa) production company

produje, produzca, etc ▸ **producir**

proemio *m* (de un libro) preface; (de una canción) introduction

proeza *f* (logro) feat, exploit; (Mil) heroic deed *o* exploit

profanación *f* desecration

profanar [A1] *vt* ‹*templo/sepultura*› to desecrate, defile, profane (frml); **están profanando la memoria de mi padre** they are defiling *o* profaning my father's memory

profano[1] **-na** *adj*
A **1** (no sagrado) ‹*escritor/música*› secular, profane (frml); ‹*fiesta*› secular **2** (antirreligioso) profane, irreverent
B (no especializado): **soy ~ en la materia** I'm not an expert on the subject

profano[2] **-na** *m,f*
A (Relig) (*m*) layman; (*f*) laywoman
B (no especialista) non-specialist; **su nombre no dice demasiado a los ~s** his name doesn't mean much to the non-specialist *o* the layperson *o* the layman

profe *mf* (fam) teacher

profecía *f* prophecy

Profeco *f* (en Méx) = **Procuraduría Federal del Consumidor**

proferir [I11] *vt* ‹*palabras/amenazas*› to utter; ‹*insultos*› to hurl; **profirió un grito de pánico** she let out a cry of panic, she shouted in panic; **empezó a ~ maldiciones** he started to curse and swear

profesar [A1] *vt* **1** (declarar) ‹*religión/doctrina*› to profess **2** (sentir) ‹*cariño*› to feel; ‹*respeto*› to have; **profesa una gran admiración por** *or* **hacia usted** she has a great admiration for you
■ **profesar** *vi* (Relig) to take one's vows

profesión *f*
A (ocupación) profession; **es carpintero de ~** he's a carpenter by trade; **era abogada de ~** she was a lawyer by profession; **una ~ que atrae a muchos jóvenes** a profession *o* a career which attracts many young people; **Roberto Ruiz, de ~ arquitecto** Roberto Ruiz, an architect by profession; Ⓢ **profesión** (en formularios) occupation

(Compuesto) **profesión liberal** profession
B (Relig) profession
(Compuesto) **profesión de fe** profession of faith

profesional[1] *adj* ‹*fotógrafo/jugador*› professional; **influye en su vida ~** it is affecting her work *o* her professional life

profesional[2] *mf* **1** (no amateur) professional; **un gran ~** a true professional; **un ~ del crimen** a professional criminal **2** (de las profesiones liberales) professional

profesionalidad *f* professionalism; **todos admiran su ~** everyone admires her professionalism

profesionalismo *m* professionalism; **el ~ ha cambiado el carácter del deporte** professionalism has changed the character of the sport

profesionalización *f* professionalization

profesionalizar [A4] *vt* to professionalize
■ **profesionalizarse** *v pron* to become a professional, turn professional

profesionalmente *adv* professionally

profesionista *mf* (Méx) professional

profeso[1] **-sa** *adj* professed (*before n*)

profeso[2] **-sa** *m,f*
A (*m*) monk
B (*f*) nun

profesor -sora *m,f* (de escuela secundaria) teacher, schoolteacher; (de universidad) professor (AmE), lecturer (BrE); **~ de piano/guitarra** piano/guitar teacher; **es ~a de gimnasia** she's a physical education teacher; **tiene un ~ particular** he has a private tutor

(Compuestos)
- **profesor agregado, profesora agregada** *m,f* **agregado**
- **profesor asociado, profesora asociada** *m,f* part-time professor (AmE) *o* (BrE) lecturer
- **profesor mercantil** (Esp) certified public accountant (AmE), chartered accountant (BrE)

profesorado *m* **1** (cuerpo) faculty (AmE), teaching staff (BrE) **2** (actividad) teaching profession; **ejerció el ~ durante 20 años** she was in the teaching profession *o* she taught for 20 years **3** (estudios) teacher training

profesoral *adj* ‹*aspecto/tono*› teacherly; ‹*círculos/ambiente*› teaching (*before n*)

profeta *m* prophet; ***nadie es ~ en su tierra*** no man is a prophet in his own land

proféticamente *adv* prophetically

profético -ca *adj* prophetic

profetisa *f* prophet, prophetess

profetizar [A4] *vt* to prophesy

profiláctico[1] **-ca** *adj* (frml) prophylactic (frml); **como medida profiláctica** as a preventive *o* preventative *o* (frml) prophylactic measure

profiláctico[2] *m* (frml) condom, prophylactic (frml)

profilaxis *f* prophylaxis

profitar [A1] *vi* (Chi frml) **~ DE algo** to exploit *o* use sth

pro forma *loc adj* pro forma (*before n*)

prófugo[1] **-ga** *adj*: **sigue ~** he is still at large *o* on the run

prófugo[2] **-ga** *m,f* **1** (Der) fugitive **2** (Mil) deserter

profundamente *adv* ‹*emocionado/afectado*› profoundly, deeply; **influyó ~ en el proceso** he influenced the process greatly, he had a profound influence on the process; **estudiaron el tema ~** they studied the subject in depth; **respire ~** breathe deeply; **estaba ~ dormido** he was sound asleep, he was in a deep sleep

profundidad *f*
A **1** (de un pozo, un río) depth; **tiene 20 metros de ~** it's 20 meters deep **2** (de conocimientos, ideas) depth; **analizar un asunto en ~** to analyze a question in depth; **un análisis en ~ del problema** an in-depth analysis of the problem; **conceptos de gran ~** very profound concepts; **una reforma en ~ de la legislación** a radical *o* far-reaching reform of the legislation **3** (de sentimientos) depth **4** (del sueño) depth

(Compuesto) **profundidad de campo** depth of field
B **las profundidades** *fpl* (del océano) the depths (*pl*)

profundímetro *m* depth gauge, depthfinder

profundización *f* **1** (de pozo, zanja) deepening **2** (de conocimientos) deepening; **curso de ~** advanced course

profundizar [A4] *vi* **~ EN algo**: **no tenemos tiempo para ~ en este tema** we don't have time to go into this topic in any depth; **no llega a ~ en el personaje** he doesn't manage to get inside the character; **el escritor ha profundizado más en los personajes femeninos** the writer has portrayed his female characters in greater depth
■ **profundizar** *vt* **1** ‹*conocimientos*› to deepen **2** ‹*pozo/zanja*› to make … deeper

profundo -da *adj* **1** ‹*herida*› deep; ‹*pozo/raíz*› deep; **un hoyo ~** a deep hole; **un río poco ~** a shallow river; **una tradición con profundas raíces** a deeply-rooted tradition; **la guerra dejó una huella profunda en su carácter** the war left a deep impression on him; **lo siento en lo más ~ de mi alma** I'm deeply sorry, I'm truly sorry **2** ‹*pensamiento*› profound, deep; ‹*respeto/desprecio*› profound; **mis conocimientos de la materia no son muy ~s** I don't have an in-depth knowledge of the subject, my knowledge of the subject isn't very profound; **los lazos ~s que nos unen** the strong ties which bind us; **sentía por él un ~ desprecio** she felt a profound *o* deep-seated contempt for him; **hemos sufrido un ~ desengaño** we have suffered a grave *o* terrible disappointment **3** ‹*misterio*› profound; ‹*silencio*› deep, profound; **en la profunda oscuridad de la noche** (liter) in the depths of the night (liter) **4** ‹*voz*› deep **5** ‹*sueño*› deep, sound; ‹*suspiro*› deep

profusamente *adv* profusely; **una obra ~ ilustrada** a profusely *o* lavishly illustrated work; **fue ~ tratado en la reunión anterior** it was dealt with at great length *o* in great detail at the last meeting; **sangraba ~** he was bleeding profusely

profusión *f* profusion, abundance

profuso -sa *adj* ‹*ilustraciones/explicaciones*› abundant, plentiful; **fue recibido con profusas muestras de cariño** he was received with effusive *o* lavish displays of affection

progenie *f* (frml) progeny (frml)

progenitor -tora *m,f* **1** (antepasado) ancestor **2** (frml *o* hum) (*m*) (padre) father; (*f*) (madre) mother; **¿cómo están las cosas con tus ~es?** (hum) how are things with your parents *o* (colloq) your folks?

progesterona *f* progesterone

progestina *f* progestin

prognato -ta *adj* with a projecting lower jaw, prognathous (tech)

programa *m*
A **1** (Rad, TV) program*; **~ doble** (Cin) double bill, double feature **2** (folleto) *tb* **~ de mano** program*

(Compuestos)
- **programa concurso** quiz show
- **programa de entrevistas** talk show, chat show (BrE)

B (programación, plan) program*; **tuvo un ~ de visitas muy apretado** he had a very tight program *o* schedule; **el que viniera con su madre no estaba en el ~** (hum) I hadn't bargained on her mother coming along with her, it wasn't part of the plan for her to bring her mother; **me toca quedarme con los niños ¡mira qué ~!** (iró) I have to stay at home and mind the kids … what a wonderful prospect! (iro); **no tengo ~ para mañana** I don't have anything planned *o* (colloq) I've nothing on tomorrow
C **1** (de medidas) program*; **su ~ electoral** their election manifesto **2** (Educ) (de una materia) syllabus; (de un curso) curriculum, syllabus
D **1** (Inf) program* **2** (Elec) program*

(Compuestos)
- **programa espía** (Inf) spyware
- **programa fuente** source program

E (RPl fam) (conquista) pickup (colloq), bit of stuff (BrE colloq)

programable *adj* programmable

programación *f*

A [1] (Rad, TV) programs* (*pl*); **la ~ de hoy** today's programs; **el encargado de la ~** the person in charge of program planning *o* scheduling [2] (de festejos, visitas — lista) program*; (— organización) organization, planning

(Compuesto) **programación de televisión** television scheduling

B (Inf) programming

(Compuesto) **programación neurolingüística** neurolinguistic programming

programador -dora *m,f* [1] (persona) programmer [2] **programador** *m* (dispositivo) programmer; **un video con ~** a programmable video

programar [A1] *vt*

A [1] (Rad, TV) to schedule; **no estaba programada para hoy** it was not scheduled for today [2] ‹*actividades/eventos*› (planear) to plan, draw up a program* for; (organizar) to schedule, program*; **la agencia programa viajes al Lejano Oriente** the agency organizes trips to the Far East; **la gira todavía no ha sido programada** the program for the tour has yet to be finalized; **las visitas programadas al palacio** the organized *o* group visits to the palace [3] (Transp) ‹*llegadas/salidas*› to schedule, timetable (BrE)

B [1] (Inf) to program [2] ‹*persona*› to program*; **nuestra cultura nos programa para la competencia** our culture conditions *o* programs us to be competitive

programáticamente *adv* (Inf) by program, programmatically

programático -ca *adj* programmatic (frml); **un discurso ~** a programmatic speech, a speech outlining their program *o* policies *o* manifesto; **los principales puntos ~s del partido** the main points of the party's program *o* manifesto

progre[1] *adj* (fam) trendy (colloq); **la típica estudiante liberada y ~** the typical liberated, trendy student; **mis padres son muy ~s y aceptan mi relación con él** my parents are very liberal *o* progressive and they accept my relationship with him; **uno de estos pequeños partidos ~s** one of these small, trendy, left-wing parties

progre[2] *mf* (fam) (persona — moderna) trendy (colloq); (— liberal) liberal; (— de izquierdas) trendy lefty (colloq)

progresar [A1] *vi* «*persona*» to make progress, to progress; «*negociaciones/proyecto*» to progress

progresía *f* (fam): **toda la ~ de Barcelona** all the trendies in Barcelona (colloq)

progresión *f*

A (Mat) progression; **ha habido una ~ anual del 3%** there has been a 3% annual increase

(Compuestos)

- **progresión aritmética** arithmetic progression
- **progresión geométrica** geometric progression

B (Mús) progression

progresismo *m* progressive way of thinking, progressive ideas (*pl*), progressivism (frml)

progresista *adj/mf* progressive

progresivamente *adv* progressively

progresivo -va *adj* [1] (que avanza) progressive [2] (continuo) progressive; **el ~ deterioro que sufre el medio ambiente** the progressive deterioration of the environment [3] (paulatino) progressive, gradual; **un aumento ~** a progressive *o* gradual increase [4] (Ling) ‹*tiempo*› continuous, progressive [5] (Ópt) varifocal

progreso *m* [1] (adelanto): **la electricidad supuso un gran ~** electricity was a great step forward; **ha hecho grandes ~s** he has made great progress [2] (evolución, desarrollo) progress [3] **el progreso** progress; **las injusticias que se cometieron en aras del ~** the injustices which were committed in the name of progress

prohibición *f* [1] (acción) prohibition, banning [2] (orden) ban; **levantaron la ~ de pesca del bacalao** they lifted the ban on cod fishing [3] (Mil, Pol) embargo

prohibicionismo *m* prohibitionism

prohibicionista *mf* prohibitionist

prohibir [I22] *vt* [1] ‹*acto/venta*› to prohibit (frml); **esta ley prohíbe la huelga en los servicios públicos** this law bans *o* prohibits strikes in public services; **queda terminantemente prohibido** it is strictly forbidden *o* prohibited; **se prohibió la venta de hortalizas procedentes de la zona** the sale of vegetables from the area was banned *o* prohibited; **se prohíbe el uso de diccionarios** you are not allowed to use dictionaries, the use of dictionaries is forbidden (frml); **iba en dirección prohibida** I was going the wrong way up a one-way street; Ⓢ **prohibido el paso** *or* **prohibida la entrada** no entry; Ⓢ **prohibido fijar carteles** stick no bills, bill posters *o* bill stickers will be prosecuted; Ⓢ **prohibido fumar** no smoking; **está prohibido fumar aquí** you/she/he can't smoke here *o* this is a no-smoking area [2] **~le algo A algn** to ban sb FROM sth; **me había prohibido la entrada al edificio** he had banned me from the building *o* from entering the building; **el médico me ha prohibido la sal** the doctor has told me I mustn't have salt; Ⓢ **se prohíbe la entrada a menores de 16 años** over 16s only, no admission to persons under 16 years of age; **tengo prohibido el alcohol** I've been told I mustn't drink alcohol [3] **~le A algn + INF** to forbid sb to + INF, prohibit sb FROM -ING (frml); **me prohibió tocar la máquina** he forbade me to touch the machine, he told me not to touch the machine; **prohíben a las mujeres participar en estos actos** women are prohibited *o* banned from participating in these ceremonies, women are not allowed to participate in these ceremonies; **le tenemos prohibido salir** he's not allowed out, we've grounded him (colloq) [4] **~ A algn QUE + SUBJ** to forbid sb to + INF; **te prohíbo que le hables así a tu madre** I forbid you to speak to your mother like that

prohibitivo -va *adj* [1] ‹*precio*› prohibitive; **están a un precio ~** they are prohibitively expensive, they are a prohibitive price [2] ‹*ley/medida*› prohibitive

prohijar [A19] *vt* [1] ‹*niño*› to adopt [2] ‹*opiniones/ideas*› to adopt

prohombre *m* great man, outstanding figure

prójima *f* (ant) loose woman

prójimo *m* [1] (semejante) fellow man; **se alegra de las desgracias del ~** he takes pleasure in other people's misfortunes *o* in the misfortunes of his fellow men; **amarás al ~ como a ti mismo** (Bib) love your neighbor as yourself; **deja ya de molestar al ~** (fam) stop being such a pain! (colloq) [2] (ant) (individuo) fellow (dated)

prolapso *m* prolapse

prole *f* kids (*pl*) (colloq), offspring (hum)

prolegómeno *m* [1] (de un texto) preface, prolegomenon (frml) [2] (de un relato) introduction, preamble; (de una petición) preliminaries (*pl*), introduction; **en los ~s del combate** (period) in the early stages of the fight

proletariado *m* proletariat

proletario[1] **-ria** *adj* [1] (Sociol) proletarian [2] (fam & hum) (plebeyo) plebeian, plebby (colloq)

proletario[2] **-ria** *m,f* proletarian

proliferación *f* proliferation, spread

proliferar [A1] *vi* to proliferate, spread

prolífico -ca *adj* [1] (Biol) prolific [2] ‹*escritor/artista*› prolific

prolijamente *adv* (RPl) tidily

prolijidad *f*

A (minuciosidad) detail; **el relato es de gran ~** the story is told in great detail

B (RPl) (orden, aseo) neatness, tidiness

prolijo -ja *adj*

A [1] (minucioso) detailed [2] (extenso) protracted, long-winded, prolix (frml)

B (RPl) (ordenado, aseado) ‹*persona/casa*› tidy; ‹*cuaderno*› neat

prologar [A3] *vt* to write a preface to, write a prologue to *o* for

prólogo *m* [1] (de un libro) prologue, preface, foreword [2] (de un acto) prelude [3] (en ciclismo) individual time trial, prologue

prologuista *mf* prologue writer

prolongación *f*

A (de una carretera, un muelle) [1] (acción) extension, lengthening [2] (tramo) new part, extension, continuation

B (de un contrato) extension

prolongado -da *adj* long, prolonged, lengthy

prolongamiento *m* ▸ **prolongación**

prolongar [A3] *vt* [1] ‹*contrato/plazo*› to extend; ‹*vacaciones/negociaciones*› to prolong, extend; **si quieres ~ tu vida** if you want to live longer, if you wish to prolong your life (frml) [2] ‹*línea/calle*› to extend

■ **prolongarse** *v pron* [1] (en el tiempo) to go on, carry on; **el debate se prolongó más de lo previsto** the debate went on *o* carried on *o* continued longer than expected; **la espera se prolongó durante horas** we/they had to wait for hours; **la fiesta se prolongó hasta la madrugada** the party went on *o* carried on into the early hours [2] (en el espacio) «*carretera/línea*» to extend

prom. (= **promedio**) av., avg.

promediar [A1] *vt* [1] (Mat) ‹*cifras*› to average out, find the average of [2] (tener un promedio de): **el costo ~á cinco dólares** the average cost will be five dollars, the cost will average five dollars

■ **promediar** *vi*: **al ~ la semana** halfway through the week; **promediando los años cincuenta** halfway *o* midway through the fifties

promedio *m* [1] (Mat) average; **el ~ de ventas fue de 60.000** sales averaged 60,000; **hicimos un ~ de 25 kilómetros al día** we averaged 25 kilometers a day; **¿cuál es el ~ de sus ingresos?** what are your average earnings?; **salen, como ~, tres veces a la semana** they go out three times a week on average [2] (nota media) average grade *o* (BrE) mark [3] (punto medio) midpoint

promesa *f* [1] (compromiso, palabra) promise; **no me vengas con falsas ~s** don't make promises you don't intend to keep; **hacer una ~** (Relig) to make a promise *o* vow; **cumplí (con) mi ~** I kept my promise *o* word; **faltaste a tu ~** you went back on your word, you broke *o* didn't keep your promise; **romper una ~** to break a promise; **fue fiel a su ~** she was as good as her word, she kept her word *o* her promise [2] (persona) hope; **la joven ~ del atletismo italiano** the bright young hope of Italian athletics

(Compuesto) **promesa de venta** agreement to buy and sell (*for the sale and purchase of real estate*)

promesero -ra *m,f* (Andes) pilgrim

prometedor -dora *adj* promising

Prometeo Prometheus

prometer [E1] *vt* [1] (dar su palabra) to promise; **no lo haré más, te lo prometo** I won't do it again, I promise *o* I give you my word; **me prometió un regalo** he promised me a present; **prometió llevarme** she promised to take me; ▸ **oro**[2] [2] (augurar) to promise; **la obra promete ser un éxito** the play promises to be a success; **esas nubes no prometen nada bueno** those clouds look ominous *o* don't look very promising *o* don't bode well [3] (fam) (afirmar, asegurar) to tell; **te prometo que es verdad** it's true, I tell *o* assure you; **estoy harta, te lo prometo** I'm fed up, I can tell you

■ **prometer** *vi* to show *o* have promise; **esta chica promete** this girl shows *o* has promise; **un negocio que promete** a promising business

■ **prometerse** *v pron* [1] (en matrimonio) to get engaged [2] (*refl*) ‹*viaje/descanso*› to promise oneself [3] (esperar) to hope; ***prometérselas muy felices*** (Esp) to have high hopes

prometido[1] **-da** *adj* [1] (para casarse) engaged [2] ‹*aumento/regalo*› promised; **la Tierra Prometida** the Promised Land; **cumplir con lo ~**

p

to keep one's promise *o* word; **lo ~ es deuda** (fr hecha) a promise is a promise

prometido[2] **-da** *m,f*
A (*m*) fiancé
B (*f*) fiancée

prominencia *f*
A 1 (protuberancia) bump, protuberance (frml) 2 (del terreno) rise
B (cualidad) prominence

prominente *adj* prominent; **tiene el mentón muy ~** she has a very prominent *o* a protruding chin; **una figura ~ de la literatura española** a prominent figure in Spanish literature

promiscuidad *f* promiscuity

promiscuo -cua *adj* 1 ‹*persona/relación*› promiscuous 2 (mezclado) mixed, jumbled

promisión *f* ▸ **tierra**

promisorio -ria *adj* 1 (que promete) promising 2 (Der) promissory

promoción *f*
A 1 (de una actividad, un producto) promotion; **hacer la ~ de un nuevo producto** to promote a new product; **~ de ventas** sales promotion 2 (ascenso) promotion
B (Educ): **somos de la misma ~** we graduated together *o* at the same time; **los médicos de la ~ de 1988** the doctors who qualified in 1988; **los oficiales de mi ~** (Mil) the officers who were commissioned at the same time as me
C (en fútbol) play-off

promocional *adj* promotional

promocionar [A1] *vt* ‹*producto/candidatura*› to promote; **~ las ventas** to promote sales; **medidas para ~ la industria** measures to promote *o* encourage *o* boost industry
■ **promocionar** *vi* (en fútbol) to play off, take part in the play-offs

promontorio *m* 1 (en tierra) hill, rise 2 (en el mar) promontory, headland

promotor[1] **-tora** *adj*: **la empresa ~a** (Const) the development company; (Espec) the promoters (*pl*)

promotor[2] **-tora** *m,f*
A (persona) 1 (Const) developer 2 (Espec) promoter 3 (de una rebelión) instigator; **uno de los ~es de la huelga** one of the instigators of the strike; **el ~ de la iniciativa** the man behind the initiative

(Compuestos)
- **promotor comercial, promotora comercial** *m,f* sales representative
- **promotor de ventas, promotora de ventas** *m,f* sales representative
- **promotor inmobiliario, promotora inmobiliaria** *m,f* property developer

B **promotora** *f* (compañía) *tb* **~ inmobiliaria** property developer, developer, development company

promover [E9] *vt*
A 1 ‹*ahorro/turismo*› to promote, stimulate; ‹*plan*› to instigate, promote; ‹*conflicto/enfrentamientos*› to provoke; **sus intentos de ~ un acuerdo entre las dos partes** her attempts to bring about *o* promote an agreement between the two sides; **los centros promovidos por Sanidad** the centers sponsored by the Department of Health; **promovió una ola de protestas** it provoked *o* caused *o* stirred up *o* prompted a wave of protest; **los que promovieron la manifestación** those who organized the demonstration; Ⓢ **promueve: Los Sauces S.A.** developers: Los Sauces S.A. 2 (Der) ‹*querella/pleito*› to bring
B ‹*oficial/funcionario*› to promote; **sólo el 60% de los alumnos fue promovido a segundo** only 60% of the students were promoted to the second year (AmE) *o* (BrE) allowed to continue into the second year

promulgación *f* 1 (de una ley) enactment, promulgation (frml) 2 (anuncio) announcement, promulgation (frml)

promulgar [A3] *vt* 1 ‹*ley/decreto*› to enact, to promulgate (frml), to gazette (BrE) 2 (anunciar) to announce, proclaim, promulgate (frml)

pronombre *m* pronoun

(Compuestos)
- **pronombre personal** personal pronoun
- **pronombre posesivo** possessive pronoun
- **pronombre reflexivo** reflexive pronoun

pronominal *adj* pronominal

pronosticar [A2] *vt* to forecast; **pronosticaban lluvias** rain was forecast; **se pronostica una recuperación económica** an economic recovery is forecast *o* predicted; **pronosticó la muerte del rey** he predicted *o* foretold *o* (frml) prognosticated the king's death; **a ese chico no le pronostico nada bueno** that youngster will come to no good

pronóstico *m* 1 (predicción) forecast, prediction; **todo resultó según mis ~s** everything turned out as I predicted *o* forecast; **el ~ del tiempo** the weather forecast 2 (Med) prognosis; **quedó ingresado con lesiones de ~ reservado** he was taken to (the) hospital where doctors said it was too early to judge the seriousness of his injuries *o* where he is being kept under observation; **sufrió lesiones de ~ grave/menos grave** he was seriously/slightly injured 3 (en carreras de caballos) tip

prontamente *adv* soon

prontito *adv*
A (fam) (en poco tiempo) soon
B (Esp fam) (temprano) early, nice and early (colloq)

prontitud *f* promptness; **la ~ de su respuesta** the speed *o* promptness of their reply; **trabaja con ~ y eficiencia** she works quickly and efficiently; **se agradece la ~ en el pago** (frml) prompt payment would be appreciated

pronto[1] **-ta** *adj*
A 1 (rápido) prompt; **le deseo una pronta mejoría** I wish you a speedy recovery, I hope you get well soon; **esperamos una pronta respuesta** we look forward to your prompt *o* early reply 2 (despierto, vivaz) sharp; **tiene la mente clara y el juicio ~** he has a clear mind and sharp *o* keen judgment
B (RPl) (preparado) ready; **está ~ para salir** he's ready to go out; **la comida está pronta** dinner's ready *para locuciones ver* **pronto**[2] **C**

pronto[2] *adv*
A (en poco tiempo) soon; **~ cumple 40 años** she'll soon be 40; **los efectos se hicieron sentir muy ~** the effects made themselves felt very quickly, the effects very soon made themselves felt; **ven aquí ¡~!** come here, right now!; **¡hasta ~!** see you soon!; **lo más ~ posible** as soon as possible; **~ no se va a poder salir a la calle de noche** soon *o* before long you won't be able to go out at night; **eso se dice muy ~** (fam) that's easy to say; **hizo los dos a la vez, que se dice ~** he made them both at the same time, which is not as easy as it sounds
B (Esp) (temprano) early; **¿tú tan ~ por aquí?** what are you doing here so early?
C (*en locs*): **de pronto** (repentinamente) suddenly; (a lo mejor) (AmS) perhaps, maybe; **de ~ se abrió la puerta y entró Roberto** suddenly the door opened and Roberto walked in; **de ~ no se han enterado** maybe *o* perhaps they haven't heard; **por lo pronto** *or* **por de pronto** (para empezar) for a start; (por el momento) for the moment, for now; **por lo** *or* **de ~ el primer capítulo es bastante flojo** for a start *o* for one thing, the first chapter is rather weak; **Julián, por lo** *or* **de ~, dijo que no vendría** Julián, for one, said he wouldn't be coming; **tan pronto: tan ~ ríe, tan ~ llora** (liter) one moment she's laughing and the next she's crying; **tan ~ te saluda, como te da la espalda** he might say hello to you, but he's just as likely to turn his back on you; **tan pronto como** as soon as

pronto[3] *m* (fam): **le dio un ~ y me tiró el plato** he had a fit of temper and threw the plate at me; **tiene un ~ muy malo** she has a very quick temper; **en uno de sus ~s** in one of his fits of temper *o* bouts of anger

prontuariar [A1] *vt* (CS) to open a file on; **está prontuariada** she has a police record

prontuario *m* 1 (libro) handbook, guide 2 (CS) (Der) criminal record; **tiene ~** she has a criminal record; **abrirle ~ a algn** to open a file on sb

pronunciación *f*
A (Ling) pronunciation
B (Der) announcement, pronouncement

pronunciado -da *adj* 1 ‹*curva*› sharp, pronounced; ‹*pendiente*› steep, pronounced 2 ‹*facciones/rasgos*› pronounced, marked 3 ‹*tendencia*› marked, noticeable

pronunciamiento *m* 1 (de un juez) pronouncement; **lo declararon inocente, con todos los ~s favorables** he was declared *o* pronounced innocent on all counts 2 (Mil) rebellion, military uprising

pronunciar [A1] *vt*
A 1 (Ling) to pronounce 2 (decir): **pronunció unas palabras de bienvenida** he said a few words of welcome; **~ un discurso** to deliver *o* give a speech; **nunca la he oído ~ su nombre** I've never heard her mention his name 3 «*juez*» to pronounce, announce
B (resaltar) to accentuate
■ **pronunciarse** *v pron*
A (dar una opinión): **se pronunció a** *or* **en favor de la moción** she declared herself to be *o* she declared that she was in favor of the motion; **se pronunció por la reducción de los gastos militares** he declared himself to be in favor of *o* he stated that he was in favor of a reduction in military spending; **no se ha pronunciado sobre el tema** he has not commented *o* he has made no statement on the matter
B (acentuarse) to become marked, become more pronounced
C (Mil) to rebel, revolt

propagación *f* propagation; **la rápida ~ del fuego** the rapid spread of the fire; **misioneros encargados de la ~ de la fe** missionaries charged with spreading the faith *o* with the propagation *o* dissemination of the faith

propagador -dora *m,f* propagator

propaganda *f* 1 (Pol) (para promover o desprestigiar una causa) propaganda; **el aparato de ~ de la dictadura** the propaganda apparatus of the dictatorship; **lo que prometieron en su ~ electoral** what they promised in their election material (*o* advertisements *etc*); **el discurso del primer ministro fue pura ~ electoral** the prime minister's speech was pure electoral propaganda 2 (Com, Marketing) advertising; **hacer ~ de un producto/espectáculo** to advertise a product/show; **me regalaron un llavero de ~** they gave me a key ring with their name (*o* logo *etc*) on it; **la revista no trae más que ~** the magazine has nothing but advertisements in it; **repartía ~ de la agencia de viajes** she was handing out advertising leaflets *o* fliers for the travel agent's; **a ver cuando lo conocemos, le has hecho tanta ~** (fam) when are we going to meet him? you've talked so much about him

propagandista *mf* propagandist

propagandístico -ca *adj* 1 (Pol) propaganda (*before n*) 2 (Com, Marketing) publicity (*before n*), advertising (*before n*)

propagar [A3] *vt* 1 ‹*doctrina/rumores*› to spread, to propagate, to disseminate (frml) 2 ‹*enfermedad*› to spread, propagate 3 ‹*especie/raza*› to propagate
■ **propagarse** *v pron* 1 «*doctrina/rumores*» to spread, propagate 2 «*enfermedad*» to spread 3 «*fuego*» to spread 4 (Biol) to propagate 5 «*sonido/luz*» to propagate

propalar [A1] *vt* ‹*secreto*› to divulge, disclose; ‹*rumor*› to spread

propano *m* propane

proparoxítono -na *adj* proparoxytone (tech) (*with the stress on the antepenultimate syllable*)

propasarse [A1] *v pron* 1 (excederse) to go too far, overstep the mark; **siempre te propasas con tus bromas** you always go too far with your jokes; **no te propases bebiendo** don't overdo it with the drink 2 (en sentido sexual) **~ CON algn** to make a pass AT sb; **intentó ~ conmigo** he made a pass at me, he tried it on with me (colloq)

propelente *m* propellant

propender [E1] *vi* **~ A algo** to be prone TO sth; **propende a la depresión** he tends to *o* he has a tendency to get depressed, he is prone to depression, he is inclined to get depressed; **la imagen propende a borrarse** the image tends

p

to *o* has a tendency to fade

propensión *f* tendency, leaning, leanings (*pl*); **un estilo de clara ~ impresionista** (frml) a style that shows strong impressionist tendencies *o* leanings; **la ~ del hombre a la maldad** man's tendency toward(s) *o* propensity for *o* inclination toward(s) evil; **personas que tienen ~ a este tipo de accidente** people who are prone to accidents of this kind; **~ A + INF** tendency to + INF; **tiene ~ a engordar** he has a tendency to put on weight, he tends to put on weight; **tiene gran ~ a resfriarse** he tends to catch a lot of colds, he is very prone to colds

propenso -sa *adj* **~ A algo** prone TO sth; **es propensa a la depresión** she is prone to depression, she has a tendency to get depressed; **~ A + INF: es muy ~ a resfriarse** he's very prone to colds, he catches colds very easily

propergol *m* propellant

propiamente *adv* exactly; **es piel ~ dicha** it is real leather; **no vive en Londres ~ dicho** where he lives is not strictly speaking *o* not exactly London

propiciador -ra *m,f*: **los ~es del acuerdo de paz/del desarme** those in favor* of the peace agreement/of disarmament

propiciante *mf* (Chi) ▸ **propiciador**

propiciar [A1] *vt* (favorecer) to favor*; (causar) to bring about; **medidas que propician la reforma** measures that favor reform; **~ el acercamiento cultural entre los dos países** to bring about *o* foster closer cultural ties between the two countries; **su muerte propició la unión de la familia** his death helped bring the family together; **las condiciones que propician una revolución** conditions that are conducive to revolution *o* that create a favorable atmosphere for revolution

■ **propiciarse** *v pron* to win, gain

propiciatorio -ria *adj* ‹*sacrificio*› propitiatory; ▸ **víctima**

propicio -cia *adj* ‹*momento*› opportune, propitious (frml); ‹*condiciones*› favorable*, propitious (frml); **un clima ~ para las negociaciones** a favorable climate for the negotiations; **no es un ambiente ~ para la meditación** the surroundings are not conducive to meditation

propiedad *f*

A **1** (pertenencia): **la casa no es de mi ~, es alquilada** the house isn't mine *o* I don't own the house, it's rented; **la finca es ~ de mi hijo** the estate belongs to *o* is owned by my son; **se disputan la ~ de las tierras** they're in dispute over the ownership of the land; **la empresa es de ~ estatal** the company is in state ownership; **delito contra la ~** crime against property; **les dejó los terrenos en ~** she left them the freehold to the land; **los cuadros exhibidos son ~ de la fundación** the paintings on show are the property of the foundation **2** (lo poseído) property

B **1** (cualidad) property **2** (corrección): **habla/se expresa con ~** she speaks/expresses herself correctly; **se comportó con ~** he behaved with decorum

(Compuestos)

- **propiedad horizontal** (sistema) condominium (AmE), joint freehold (BrE); (edificio) condominium (AmE) (*building owned under joint freehold*)
- **propiedad industrial** patent rights (*pl*)
- **propiedad inmobiliaria** real estate, property (BrE)
- **propiedad intelectual** copyright
- **propiedad privada/pública** private/public property

propietario¹ -ria *adj*: **la empresa propietaria del teatro** the company which owns the theater, the owners of the theater

propietario² -ria *m,f* **1** (de un comercio) owner, proprietor; **el ~ del restaurante** the owner *o* proprietor of the restaurant; **es ~ de tres supermercados** he owns three supermarkets **2** (de una casa) (*m*) owner, landlord; (*f*) owner, landlady **3** (de tierras) landowner

propina *f* **1** (a un camarero, empleado) tip, gratuity (frml); **dejó 25 pesos de ~** she left a 25 peso tip; **¿cuánto se le da de ~?** what's the usual tip?, how much do you usually tip him?; **nunca les doy ~ a los taxistas** I never tip taxidrivers **2** (Per) (de un niño) pocket money

propinar [A1] *vt*

A ‹*patada/paliza*› to give; **le ~on una paliza** they gave *o* (liter) dealt him a beating; **le ~on cinco balazos** they shot him five times; **me propinó un puntapié** he gave me a kick, he kicked me

B (Méx) ‹*mesero*› to tip

propincuidad *f* (liter) proximity, propinquity (frml)

propincuo -cua *adj* (liter) near, nearby

propio¹ -pia *adj*

A **1** (indicando posesión) own; **se necesita viajante con vehículo ~** salesman with own car required; **tienen piscina propia** they have their own swimming pool **2** (*delante del n*) (uso enfático) own; **tengo mis ~s problemas** I've got problems of my own, I've got my own problems; **salió de la clínica por su ~ pie** she walked out of the clinic, she left the clinic under her own steam; **lo vi con mis ~s ojos** I saw it with my own two eyes *o* with my (very) own eyes **3** (verdadero, no artificial): **la barba parece propia** his beard looks real; **no es permanente, los rizos son ~s** it's not a perm, her hair is naturally curly

B (característico, típico) **~ DE algo/algn: es una enfermedad propia de la edad** it's a common illness in older people *o* among the elderly; **ese desdén es muy ~ de él** that kind of disdainful attitude is very typical of him; **son costumbres propias de los países orientales** these are characteristic customs of oriental countries; **su comportamiento es ~ de un loco** he behaves like a madman, his behavior is fitting of *o* befits a madman (liter)

C **~ PARA algo** (adecuado, idóneo) suitable FOR sth; **es un vestido muy ~ para la ocasión** it's a very suitable dress for the occasion, the dress is just right for the occasion; **este no es lugar ~ para una conversación seria** this is not a suitable *o* an appropriate *o* the right place for a serious conversation

D **1** (*delante del n*) (mismo): **fue el ~ presidente** it was the president himself; **debe ser el ~ interesado quien lo pida** it must be the person concerned who makes the request; **el ~ Juan se llevó una sorpresa** even Juan himself got a surprise **2** **lo propio** the same; **el presidente abandonó la sala y minutos después hizo lo ~ el vicepresidente** the president left the room and minutes later the vice president did the same

propio² *m* (Esp) messenger; **~s y extraños** all and sundry

proponente *mf* proposer

proponer [E22] *vt* **1** ‹*idea*› to propose, suggest; **propuse dos proyectos alternativos** I proposed *o* put forward *o* suggested two alternative plans; **nos propuso pasar el fin de semana en su casa** she suggested we spend the weekend at her house; **te voy a ~ un trato** I'm going to make you a proposition, I'm going to propose a deal; **~ QUE + SUBJ: propongo que se vote la moción** I propose that we vote on the motion; **propuso que se aceptara la oferta** she suggested *o* proposed that the offer should be accepted **2** ‹*persona*› (para un cargo) to put forward, nominate; (para un premio) to nominate; **propuso a Ibáñez como candidato** he put Ibáñez forward as a candidate, he proposed *o* nominated Ibáñez as a candidate **3** ‹*moción*› to propose **4** ‹*teoría*› to propound

■ **proponerse** *v pron*: **cuando se propone algo, lo consigue** when he sets out to do something, he invariably achieves it; **sin proponérselo, se había convertido en el líder del grupo** he had unwittingly become the leader of the group; **me lo había propuesto como meta** I had set myself that goal; **~se + INF: no nos proponemos insultar a nadie** we do not set out to *o* aim to insult anybody, it is not our aim *o* intention to insult anybody; **se proponen construir una sociedad nueva** their aim *o* goal is to build a new society, they plan to build a new society; **se han propuesto alcanzar la cima** they aim to reach the summit, they have set themselves the goal of reaching the summit, their aim *o* goal is to reach the summit; **me propuse ir a hablar con ella** I made up my mind *o* I decided to go and talk to her; **me había propuesto levantarme más temprano** I had decided that I would get up earlier, I had planned *o* intended to get up earlier; **~se QUE + SUBJ: te has propuesto que me enfade** you're determined to make me *o* you're intent on making me lose my temper

proporción *f*

A (relación) proportion; **la cabeza no guarda ~ con el resto del cuerpo** the head is out of proportion to the rest of the body; **la ~ es de tres vasos de agua por uno de limón** the proportion is three glasses of water to one of lemon juice; **los sueldos no suben en ~ a la inflación** salaries are not keeping up with *o* keeping pace with inflation, salaries are not rising at the same rate as inflation; **se fijará en ~ a los ingresos** it will be set in proportion to income; **se agrega leche y harina en proporciones iguales** add milk and flour in equal proportions

(Compuestos)

- **proporción aritmética** arithmetic proportion *o* ratio
- **proporción geométrica** geometric proportion *o* ratio

B **proporciones** *fpl* (dimensiones) proportions (*pl*); **el edificio es de grandes proporciones** it is a large building, the building is of large proportions; **el horno es de unas proporciones gigantescas** the furnace is huge *o* immense *o* massive *o* of massive proportions; **un incendio de grandes proporciones** a huge *o* massive fire

proporcionadamente *adv* ‹*crecer*› in proportion; **repartir algo ~** to share sth out proportionately

proporcionado -da *adj*: **~ a la figura humana** in proportion to the human body; **es bajo pero bien ~** he's short but he's well-proportioned

proporcional *adj* proportional, proportionate; **el reparto de beneficios fue ~ a lo que había invertido cada uno** the profits were distributed proportionately to what each person had invested; **es ~ a los ingresos** it is proportional *o* proportionate to income

proporcionalidad *f*: **debe haber ~ entre los impuestos y los ingresos** taxes must be proportionate *o* proportional to income, there must be some proportion between taxes and income

proporcionalmente *adv* proportionally, proportionately; **el pago de los impuestos se hará ~ a los ingresos** payment of taxes will be made in proportion to income

proporcionar [A1] *vt*: **si tú haces el trabajo yo puedo ~ los materiales** if you do the work I can provide *o* supply the materials; **me proporcionó toda la información necesaria** she provided me with *o* gave me all the necessary information; **los jóvenes siempre proporcionan un ambiente más alegre en casa** young people always liven things up *o* create a livelier atmosphere in the house; **esto proporcionó un buen disgusto a su familia** this greatly upset his family, this caused his family great distress

proposición *f*

A **1** (sugerencia) proposal; **mi ~ es que levantemos la sesión** I propose that we adjourn **2** (oferta) proposal, proposition; **~ de matrimonio** proposal of marriage; **le hizo proposiciones deshonestas** he made improper advances to her *o* he propositioned her

(Compuestos)

- **proposición de ley** bill
- **proposición no de ley** motion (*the result of which is not binding on the government*)

p

B 1 (Mat) proposition 2 (Fil) proposition 3 (Ling) clause

propósito *m* 1 (intención): **tiene el firme ~ de dejar de fumar** she's determined *o* resolved to give up smoking, she's intent on giving up smoking; **mi ~ era salir mañana, pero tuve que aplazar el viaje** I was intending *o* I was aiming *o* (frml) my intention was to leave tomorrow, but I had to postpone the trip; **se ha hecho el ~ de correr una hora diaria** she's made up her mind *o* she's resolved *o* she's decided to go running for an hour every day; **buenos ~s** good intentions; **se hizo con el único ~ de proteger a estas especies** it was done with the sole aim *o* purpose of protecting these species; **con el ~ de comprarse un coche, se puso a ahorrar** he started to save up in order to buy himself a car *o* with the intention of buying himself a car; **vagaba por el pueblo sin ~ alguno** he wandered aimlessly around the village; **lo hizo con el ~ de molestarme** she did it just to annoy me; **se fue con el firme ~ de volver al año siguiente** he left with the firm intention of returning the following year 2 **a propósito: no lo hice a ~** I didn't do it deliberately *o* on purpose; **se hizo un vestido a ~ para la ocasión** she had a dress made specially for the occasion; **me encontré con Carlos Ruiz. A ~, te manda saludos** I bumped into Carlos Ruiz, who sends you his regards, by the way; **me costó $100 — a ~, recuerda que me debes $50** I paid $100 for it — which reminds me *o* speaking of which, don't forget you owe me $50; **a ~ de trenes ¿cuándo te vas?** speaking of trains *o* on the subject of trains, when are you leaving?; **¿a ~ de qué viene eso? — a ~ de nada, era sólo un comentario** what did you say that for *o* why did you say that? — for no particular reason, it was just a comment; **hice un comentario a ~ de sus amigos** I made a comment about his friends

(Compuesto) **propósito de enmienda**: **hizo un firme ~ de ~** he firmly resolved to mend his ways

propuesta *f*

A (sugerencia) proposal; **aprobar/desestimar una ~** to approve/reject a proposal; **formuló una ~ de diálogo** he offered to negotiate, he made an offer to negotiate; **a ~ de** at the suggestion of

(Compuesto) **propuesta de ley** bill

B (oferta) offer; **varias ~s de trabajo** several job offers; **le han hecho varias ~s de matrimonio** she has had several offers of marriage *o* several marriage proposals

C (modelo) design

propugnar [A1] *vt* (frml) (apoyar) to support; (proponer) to advocate, propose; **los que ~on mi nombramiento** those who supported my nomination; **la guerra que propugnan algunos extremistas** the war which is advocated *o* proposed by a few extremists

propulsar [A1] *vt* 1 ‹*desarrollo/actividad*› to promote, stimulate 2 ‹*avión/cohete*› to propel; ‹*vehículo*› to drive, propel

propulsión *f* propulsion; **~ a chorro** *or* **a reacción** jet propulsion; **con ~ a chorro** jet-propelled

propulsor[1] **-sora** *adj* 1 ‹*mecanismo*› driving (*before n*), propulsion (*before n*); ‹*cohete*› propulsion (*before n*) 2 ‹*agente/institución/grupo*› **fue el agente ~ de ese movimiento** he was the driving force behind that movement; **los grupos ~es de dicha idea** the groups responsible for promoting this idea

propulsor[2] **-sora** *m,f* 1 (de una actividad, una idea) promoter; **los ~es de la informática en este país** those responsible for promoting information technology in this country 2 **propulsor** *m* (Tec) propellant

propuse, propuso, etc ▸ **proponer**

prorrata *f* pro rata amount; **lo calculamos a ~** we calculated it pro rata *o* on a pro rata basis *o* on a proportional basis

prorratear [A1] *vt* to calculate (on a pro rata basis), to prorate (AmE)

prorrateo *m* pro rata calculation, proration (AmE)

prórroga *f* 1 (extensión) extension; (Dep) overtime (AmE), extra time (BrE); **están jugando la ~** they are playing overtime *o* extra time, the game is in overtime *o* extra time 2 (aplazamiento) deferral, deferment

prorrogable *adj* 1 ‹*plazo/período*› extendable 2 (aplazable) deferrable; **la fecha no es ~** the date cannot be deferred *o* postponed *o* put back

prorrogar [A3] *vt* 1 (alargar) to extend; **~ el plazo de matrícula** to extend the registration period, put back *o* postpone the deadline for registration; **~ una letra de cambio** to renew a bill of exchange 2 (aplazar) ‹*fecha*› to postpone, put back

prorrumpir [I1] *vi* **~ EN algo**: **el público prorrumpió en aplausos** the audience burst *o* broke into applause; **prorrumpió en carcajadas al verse en la foto** she burst out laughing when she saw herself in the picture; **prorrumpieron en exclamaciones de asombro al contemplarlo** they cried out in amazement when they saw it; **prorrumpió en lágrimas cuando se enteró** she burst into tears when she found out

prosa *f*

A 1 (por oposición a verso) prose; **una poesía en ~** a prose poem 2 (estilo) prose 3 (conjunto de obras) prose, prose writings (*pl*)

B (Per fam) (pomposidad) pomposity

prosaicamente *adv* prosaically

prosaico -ca *adj* ‹*existencia/vida*› mundane, prosaic; **le han dado un tratamiento muy ~ al tema** they have dealt with the subject in a very pedestrian *o* prosaic way; **no seas ~, no puedes regalarle una plancha** don't be so unromantic, you can't give her an iron as a present; **un tema bastante ~** a rather dull *o* mundane subject

prosaísmo *m* 1 (de la vida cotidiana) prosaic nature; **se la acusa de ~** she gets accused of being prosaic 2 (Lit) prosaism

prosapia *f* (liter) ancestry, lineage (liter); **se las da de mucha ~** (fam) he acts as if he's one of the Vanderbilts (AmE colloq), he acts like he's Lord Muck (BrE colloq)

proscenio *m* proscenium

proscribir [I34] *vt* 1 ‹*costumbre/actividad*› to ban, outlaw, proscribe (frml); ‹*libro*› to ban; ‹*partido*› to ban, proscribe (frml) 2 (desterrar) to exile

proscripción *f* 1 (prohibición) ban, proscription (frml) 2 (destierro) exile

proscrito[1] **-ta** (RPl), **proscripto -ta** *pp see* **proscribir**

proscrito[2] **-ta** (RPl) **proscripto -ta** *m,f* (bandido) outlaw; (exiliado) political exile

prosecución *f* (frml) 1 (continuación) continuation 2 (de un fin, objetivo) pursuit; **la ~ de un ideal** the pursuit of an ideal

proseguir [I30] *vi* (frml) to continue; **prosiga, por favor** please continue *o* go on, please proceed (frml); **prosigue la ola de calor** the heatwave goes on *o* continues; **~ CON algo** to continue WITH sth; **prosiguió con su trabajo** he continued (with) his work, he carried on with *o* (frml) proceeded with his work; **prosigamos con la lección** let's continue (with) the lesson, let's go on with the lesson; **proseguimos con nuestras investigaciones** we are continuing (with) *o* pursuing our investigations, we are proceeding with our investigations (frml); **~ + GER** to continue -ING; **prosiguió escribiendo** she continued writing, she carried on writing

■ **proseguir** *vt* (frml) to continue; **prosiguió su camino** he continued on his way, he continued his journey; **prosiguieron la discusión en la sesión de la tarde** they continued (with) the discussion in the afternoon session, they carried on the discussion in the afternoon session

proselitismo *m* (Relig) proselytism (frml); (Pol) propaganda; **hacer ~** to proselytize (frml)

proselitista *adj* proselytizing (*before n*) (frml); **una campaña ~** a propaganda campaign

prosélito -ta *m,f* convert, proselyte (frml)

prosificar [A2] *vt* to write a prose version of, to turn … into prose

prosista *mf* prose writer, writer

prosodia *f* prosody

prosódico -ca *adj* prosodic

prosopopeya *f* 1 (Lit) prosopopeia 2 (fam) (afectación) pompousness, ceremoniousness; **¡hombre! sin tanta ~** there's no need to stand on ceremony *o* to be so formal

prospección *f* 1 (del subsuelo) prospecting; **~ petrolífera** oil prospecting, drilling for oil 2 (Com, Marketing) research; **~ de mercado** market research

prospectar [A1] *vt* to prospect

prospectiva *f* futurology

prospectivo -va *adj* market (*before n*)

prospecto *m* 1 (de un fármaco) directions for use (*pl*), patient information leaflet 2 (de propaganda) pamphlet, leaflet 3 (Fin) prospectus

prospectología *f* futurology

prospectólogo -ga *m,f* futurologist

prospector -ra *m,f* 1 (Min) prospector 2 (Com) *tb* **~ de mercados** market researcher

prósperamente *adv* (de manera próspera) prosperously; (con éxito) successfully

prosperar [A1] *vi* 1 «*negocio/país*» to prosper, thrive; «*persona*» to do well, make good 2 «*iniciativa/proyecto*» (aceptarse) to be accepted, prosper; **la idea no ha prosperado** the idea has been unsuccessful *o* has not prospered

prosperidad *f* prosperity

próspero -ra *adj* ‹*empresa/industria*› prosperous, thriving; ‹*región*› prosperous; ‹*comerciante/industrial*› prosperous; **¡Feliz Navidad y P~ Año Nuevo!** Merry Christmas and a Prosperous New Year!

prostaglandina *f* prostaglandin

próstata *f* prostate, prostate gland

prostático -ca *adj* prostate (*before n*), prostatic

prosternarse [A1] *v pron* (liter) to prostrate oneself

prostibulario -ria *adj* ‹*ambiente/mundo*› of the brothel

prostíbulo *m* brothel

prostitución *f* 1 (actividad) prostitution; **casa de ~** brothel 2 (de ideales) prostitution

prostituir [I20] *vt* 1 ‹*persona*› to prostitute 2 ‹*ideal/talento*› to prostitute

■ **prostituirse** *v pron* to prostitute oneself

prostituto -ta *m,f*

A (*m*) male prostitute

B (*f*) prostitute

protagónico -ca *adj* central, leading (*before n*); **ha desempeñado un papel ~** he has played a central *o* leading role

protagonismo *m* prominence; **el ~ estadounidense en estos campeonatos** the prominence *o* the outstanding performance of the USA in these championships; **un papel de creciente ~** an increasingly prominent *o* important role; **con su afán de ~, no deja hablar a nadie más** she's so keen to be center stage *o* to be in the limelight that she never lets anybody else say anything; **el ~ de los estudiantes en la revuelta** the leading *o* prominent role of the students in the revolt; **gana cada vez más ~** it is becoming more and more prominent/important; **lo ha sabido hacer sin ~s** he has managed to do it without putting himself in the limelight; **el ~ de nuestro país en la escena internacional** our country's leading role on the international scene

protagonista *mf* 1 (actor): **el ~ de la nueva serie** the star of the new series, the actor who is playing the leading role in the new series 2 (personaje) main character; **el ~ de la novela** the main character *o* protagonist of the novel; **el típico ~ de capa y espada** the typical hero of swashbuckling movies 3 (de un suceso): **los ~s de la revolución** those who played a leading role in the revolution; **los principales ~s de nuestra historia** the major figures of our history; **escultura y pintura son ~s en esta exposición** sculpture and painting are the main features of this exhibit (AmE) *o* (BrE) exhibition

protagonístico -ca *adj*: **papel ~** leading role; **sin ningún afán ~** without any desire to be center* stage *o* to be in the limelight

protagonizar [A4] *vt* 1 (Cin, Teatr) to star in, play the lead *o* leading role in 2 (llevar a cabo): **~on un tiroteo con la policía** they were involved in a gun battle with police; **los dos candidatos ~án un debate televisado** the two candidates will take part in a televised debate; **ha protagonizado una escalada sin precedentes en el ránking** his rise in the rankings has been unprecedented; **los grupos opositores al régimen ~on los disturbios** groups opposed to the regime were responsible for the disturbances; **la marcha que ~on alumnos y profesores** the march staged by pupils and teachers

proteáceo -cea *adj* proteaceous

protección *f* protection; **brindar/dar ~ a algn** to offer/give protection to sb; **bajo la ~ de sus padres** protected by his parents; **la ~ del medio ambiente** the protection of the environment; **viviendas de ~ oficial** (Esp) subsidized housing; **es peligroso exponerse a los rayos del sol sin ~** it is dangerous to expose yourself to the sun's rays without (adequate) protection; **~ solar factor 30** sun protection factor 30

(Compuestos)
- **protección antivirus** (Inf) virus protection
- **Protección Civil** civil defense* organization

proteccionismo *m* protectionism

proteccionista[1] *adj* protectionist

proteccionista[2] *mf* protectionist

protector[1] **-tora** *adj* protective; **sociedad ~a de animales** society for the prevention of cruelty to animals; **crema ~a** protective cream; **una barrera ~a** a protective barrier

protector[2] **-tora** *m,f*
A 1 (benefactor) patron; **fue un gran ~ de las artes** he was a great patron of the arts 2 (defensor) protector; **los ~es de la flora y la fauna** the protectors of wildlife; **mi hermano es mi ~** my brother protects me; **tiene un ~ en la compañía** she has friends in high places in the company
B **protector** *m* (en boxeo) gumshield, mouthpiece

(Compuesto) **protector de pantallas** screen saver

protectorado *m* protectorate

proteger [E6] *vt* 1 ‹*persona/ciudad*› to protect; ‹*derecho/propiedad*› to protect, defend; **los guardaespaldas que la protegían** the bodyguards who were protecting her; **el cerco de seguridad que los protegía** the security cordon around them; **las fortificaciones que protegen la ciudad** the fortifications which protect *o* defend the city; **se protegió la cara con los brazos** he shielded *o* protected his face with his arms; **~ algo/a algn DE** *or* **CONTRA algo/algn** to protect sth/sb FROM *o* AGAINST sth/sb; **los árboles nos protegían del sol** the trees protected us from the sun, the trees provided shelter from the sun, the trees kept the sun off us; **nos protegieron de los soldados** they protected us from the soldiers; **estos guantes te ~án del frío** these gloves will protect you from the cold 2 ‹*industria/producto*› to protect 3 ‹*artes/letras*› to champion, patronize; ‹*pintor/poeta*› to act as patron to

■ **protegerse** *v pron* (*refl*) **~se DE** *or* **CONTRA algo** to protect oneself FROM *o* AGAINST sth; **para ~se contra los ataques del enemigo** to protect themselves against *o* from enemy attacks, to defend themselves against enemy attacks; **sirve para ~se contra las picaduras de mosquito** it offers protection *o* it protects against mosquito bites; **~se de la lluvia** to shelter from the rain; **se protegió la cara del golpe** he protected *o* shielded his face from the blow

protegida *f* (euf) (amante) mistress, fancy woman (dated & pej)

protegido[1] **-da** *adj* 1 ‹*especie*› protected 2 ‹*vivienda*› subsidized 3 (Inf) *tb* **~ contra escritura** write-protected

protegido[2] **-da** *m,f* 1 (Der) (*m*) protegé; (*f*) protegée 2 (en un trabajo, una actividad) (*m*) protegé; (*f*) protegée; **es uno de los ~s del jefe** (pey) he's one of the boss's protegés, he's one of the boss's blue-eyed boys *o* (AmE) fair-haired boys (pej)

proteico -ca *adj*
A (liter) (multiforme) protean (liter), multifaceted
B (Biol) proteinaceous, protein (*before n*)

proteína *f* protein; **rico en ~s** rich in protein

proteínico -ca *adj* proteinic (tech), protein (*before n*)

proteome *m* (Biol) proteome

proteómica *f* (Biol) proteomics

protésico -ca *m,f tb* **~ dental** dental technician

prótesis *f*
A (Med) prosthesis
B (Ling) prothesis, prosthesis

protesta *f*
A 1 (queja) protest; **acallaron la ~** they silenced the protest; **hacer una ~** to make *o* lodge a protest; **una campaña de ~** a protest campaign; **no acudió a la reunión en señal de ~** she did not attend the meeting in protest; **hizo ~s de su inocencia** he protested his innocence (frml); **bajo ~** under protest 2 (manifestación) demonstration, protest march (*o* rally *etc*)
B (Méx) (promesa) promise; (juramento) oath; **cumplieron con su ~** they kept their promise *o* word; **le tomaron la ~ al nuevo presidente** the new president was sworn in; **rendir ~** to take an oath; **bajo ~** under oath
C (Fin) ▸ **protesto**

protestante *adj/mf* Protestant

protestantismo *m* Protestantism

protestar [A1] *vi* to protest; **~ CONTRA algo** to protest AGAINST *o* ABOUT sth; **protestan contra la carestía de vida** they're protesting against *o* about the high cost of living; **~ POR** *or* **DE algo** to complain ABOUT sth; **protestó por el trato recibido** he complained about *o* protested about *o* at the way he had been treated; **hágalo ahora mismo y sin ~** do it right now and no complaining *o* don't start complaining; **¡protesto, señoría!** objection, your Honor! *o* I object, your Honor!; **—no es culpa mía —protestó** it's not my fault, he protested; **nadie protestó cuando lo propuse** nobody complained *o* objected when I made the proposal

■ **protestar** *vt*
A 1 (Com, Fin) ‹*letra*› to protest; ‹*cheque*› to refer ... to drawer, dishonor* 2 ‹*actuación*› to protest about *o* at; **~on la decisión del árbitro** they protested about *o* at the referee's decision, they protested the referee's decision (AmE)
B (frml) ‹*inocencia*› to protest

protesto *m* protest; **efectuar** *or* **levantar un ~** to protest; **se debe proceder al ~ de la letra** steps must be taken to protest the bill

protestón -tona *m,f* (fam) grouch (colloq), moaner (BrE colloq); **no seas ~** stop moaning *o* bellyaching (colloq), don't be such a grouch *o* moaner

prótido *m* protide

proto- *pref* proto-

protocolario -ria, protocolar *adj* formal; **los discursos ~s** the formal speeches, the speeches established by protocol *o* convention; **fue un saludo puramente ~** it was a purely formal greeting

protocolizar [A4] *vt* to register

protocolo *m*
A 1 (ceremonial) protocol; **observar el ~** to observe protocol *o* convention; **vestimenta de ~** formal dress; **jefe de ~** head of protocol 2 (solemnidad): **me tratan con mucho ~** they treat me very formally *o* politely
B 1 (de un acuerdo) protocol 2 (Der) registry
C (Inf) protocol

(Compuestos)
- **protocolo de transferencia de archivos** file transfer protocol
- **protocolo de transferencia de hipertextos** hypertext transfer protocol

D (Col) (Educ) notes (*pl*) (*taken in a lecture or seminar*)

protomártir *m*
A (Rel) protomartyr
B (de una causa) first martyr

protón *m* proton

protoplasma *m* protoplasm

protoplasmático -ca, protoplásmico -ca *adj* protoplasmic

prototípico -ca *adj* typical, archetypal, archetypical

prototipo *m* 1 (de una especie) archetype, prototype, working model; **es el ~ del español medio** he's a typical *o* an archetypal *o* an archetypical Spaniard 2 (Tec) prototype

protozoario, protozoo *m* protozoan

protráctil *adj* protractile

protuberancia *f* bulge, protuberance (frml)

protuberante *adj* bulging, protuberant (frml)

provecho *m* 1 (beneficio, utilidad) benefit; **no sacó ningún ~ del curso** he got nothing out of the course, he derived no benefit from the course; **le sacó mucho ~ a su estancia en el extranjero** she got a lot out of her stay abroad; **sólo piensa en su propio ~** he's only out for himself (colloq), everything he does is done for his own benefit; **fue una visita de mucho ~ para los alumnos** it was a very worthwhile visit for the students; **es un estudiante de ~, llegará lejos** he's a hardworking student, he'll go far; **espero que sea una experiencia de ~** I hope it will be a profitable *o* beneficial *o* worthwhile experience 2 (de un alimento): **come mucho pero no le hace ~** he eats a lot but he doesn't gain weight; **¡buen ~!** enjoy your meal!, bon appetit!; ***hacer ~*** *or* ***provechito*** (RPl fam) «*bebé*» to burp (colloq), to bring up wind

provechosamente *adv* profitably

provechoso -sa *adj*: **ese vago no ha hecho nada ~ en su vida** that good-for-nothing has never done anything worthwhile in his life *o* has never done a useful thing in his life; **un contrato muy ~ para la empresa** a very profitable contract for the company; **fue una conversación muy provechosa** it was a very profitable *o* useful conversation

provecto -ta *adj* (liter) advanced (frml); **a mi provecta edad** at my advanced age

proveedor[1] **-dora** *adj*: **establecimientos ~es de maquinaria agrícola** suppliers of *o* establishments supplying agricultural machinery

proveedor[2] **-dora** *m,f* supplier, purveyor (frml); **~ de fondos** financial backer; **pídalo a su ~ habitual** ask your local dealer *o* supplier for it

(Compuestos)
- **proveedor de buques** *m* chandler, ship's *o* ship chandler
- **proveedor de servicios de internet** *m* Internet service provider

proveer [E14] *vt*
A (suministrar) to provide; **~ a algn DE algo** to provide sb WITH sth; **provee de carbón a toda la región** it provides *o* supplies the whole area with coal; **nos proveyeron de todo lo necesario** they provided *o* supplied *o* furnished us with everything we needed; **iban provistos de botes salvavidas** they were equipped with *o* they carried lifeboats; **proveyó a los niños de** *or* **con comida suficiente** she provided the children with *o* she gave the children sufficient food
B ‹*vacante*› to fill
C (Der) to give an interim ruling on

■ **proveer** *vi* to provide; **Dios ~á** the Lord will provide

■ **proveerse** *v pron (refl)*: **nos proveemos en la tienda del pueblo** we get our provisions *o* stores at the village store; **~se DE algo** ‹*de herramientas, armas*› to equip oneself WITH sth; **tenemos que ~nos de suficiente comida** we must get *o* obtain *o* (frml) secure enough food

proveniente *adj*: **estudiantes ~s de diversas universidades extranjeras** students from various foreign universities

provenir [I31] *vi* **~ DE algo/algn** to come FROM sth/sb; **la idea provino de los alumnos** it was the students' idea, the idea came from *o* originated with the students

proventos *mpl* income

Provenza *f* Provence

provenzal¹ *adj* Provençal

provenzal² *mf* 1 (persona) person from Provence 2 **provenzal** *m* (idioma) Provençal

proverbial *adj* proverbial

proverbialmente *adv* proverbially

proverbio *m* proverb

provida, pro-vida *adj inv* pro-life

providencia *f*
A (Relig): **la P~** Providence; **la divina P~** divine Providence; **dejar su destino/suerte en manos de la P~** to leave one's destiny/fate in the hands of Providence
B (medida, precaución) precaution; **tomar ~s para evitar un desastre** to take measures *o* precautions to avoid a disaster; **tomar todas las ~ del caso** to take all necessary precautions
C (Der) ruling; **dictar una ~** to issue a ruling

providencial *adj* 1 (oportuno) fortunate, lucky; **fue ~ que llegara en ese momento** it was a stroke of luck *o* it was lucky *o* it was fortunate that he turned up at that moment; **ha sido un encuentro ~** it was a fortunate *o* (frml) providential meeting 2 (Relig) providential

providencialmente *adv* providentially

providente *adj* provident

próvido -da *adj* (liter) bounteous (liter), provident; **la próvida naturaleza** bounteous nature

provincia *f*
A 1 (Gob) province; **capital de ~** provincial capital 2 (Relig) province
B **provincias** *fpl* (por oposición a la capital) provinces (*pl*); **una gira por las ~s** *or* (Esp) **por ~s** a tour of the provinces; **una ciudad de ~s** a provincial city

> **provincia**
>
> Each of the 55 different administrative areas into which Spain is divided. Each *provincia* includes a main city or town, sometimes more, depending on its social and economic power. The provincial capital usually has the same name as the province.
>
> Most comunidades autónomas ▸**comunidad autónoma** comprise at least two or more *provincias*, except Madrid, Murcia and Cantabria, which consist of just one.

provincial¹ *adj* provincial

provincial² -ciala *m,f* provincial

provincialismo *m* 1 (tendencia) provincialism 2 (Ling) provincialism

provincianismo *m* provincialism

provinciano¹ -na *adj* 1 (de provincias) provincial; **se crió en un ambiente ~** she had a provincial upbringing 2 (pey) (estrecho) parochial; **su actitud es de lo más provinciana** she's very parochial *o* provincial in her outlook, she has a real small-town mentality 3 (pey) (paleto): **hombre, no seas ~** don't be such a hick (AmE) *o* (BrE) country bumpkin

provinciano² -na *m,f* 1 (de provincias): **la capital se llena de ~s** people from the provinces flock into the capital 2 (pey) (de mentalidad estrecha) provincial 3 (paleto) hick (AmE), country bumpkin (BrE)

provisión *f*
A 1 (suministro) provision; **la ~ de fondos para el nuevo hospital** the provision of funds for the new hospital, the funding of the new hospital 2 (de una vacante): **concurso para la ~ de la vacante** competition to fill the vacancy
B (Ur) (almacén) store, shop (BrE)
C **provisiones** *fpl* (víveres) provisions (*pl*)

provisional *adj* provisional; **llegamos a un arreglo ~** we reached a provisional *o* temporary arrangement

provisionalidad *f* provisional nature, temporary nature

provisionalmente *adv* provisionally; **la colección se instalará ~ en Valencia** the collection will be housed provisionally in Valencia; **podrías quedarte con nosotros ~** you could stay with us for the time being

provisionar [A1] *vt* ‹*cantidad/fondos*› to set aside ... for; ‹*pérdidas*› to make provision for

provisorio -ria *adj* (AmS) temporary, provisional, makeshift

provisto -ta *pp ver* **proveer**

provocación *f*
A (incitación) provocation; **lo que dijo me pareció una ~** what she said seemed provocative *o* seemed to be a provocation; **las provocaciones de los manifestantes** the demonstrators' taunts *o* provocative remarks
B (de un parto) induction

provocador¹ -dora *adj*
A (ofensivo, insultante) provocative
B (insinuante) provocative

provocador² -dora *m,f* agitator

provocar [A2] *vt*
A 1 (causar, ocasionar) to cause; **un cigarrillo pudo ~ la explosión** the explosion may have been caused by a cigarette; **una decisión que ha provocado violentas polémicas** a decision which has sparked off *o* prompted violent controversy; **no se sabe qué provocó el incendio** it is not known what started the fire 2 (Med): **~ el parto** to induce labor*; **las pastillas le ~on una reacción cutánea** the pills caused *o* brought on a skin reaction; **el antígeno provoca la formación de anticuerpos** the antigen stimulates the production of antibodies
B ‹*persona*› 1 (al enfado) to provoke 2 (en sentido sexual) to lead … on
■ **provocar** *vi* (Andes) (apetecer): **¿le provoca un traguito?** do you want a drink?, do you fancy a drink? (BrE colloq)
■ **provocarse** *v pron (refl)*: **se disparó un tiro provocándose la muerte** he shot (and killed) himself

provocativo -va *adj*
A (insinuante) provocative; **una mirada provocativa** a provocative look
B (Col, Ven) (apetecible) tempting, mouthwatering

proxeneta *m,f*
A (*m*) procurer (frml), pimp (colloq)
B (*f*) procuress (frml), pimp (colloq)

proxenetismo *m* procurement (frml), pimping (colloq)

próximamente *adv* soon, shortly; Ⓢ **próximamente en esta sala** coming soon; **visitará ~ nuestro país** he will visit our country shortly *o* soon

proximidad *f* 1 (en el tiempo) closeness, proximity (frml) 2 (en el espacio) closeness, proximity (frml); **su ~ me hace sentir incómodo** I feel uncomfortable when she's near me 3 **proximidades** *fpl* (cercanías) vicinity; **en las ~es del aeropuerto** in the vicinity of the airport, around the airport

próximo -ma *adj*
A 1 (siguiente) next; **en la próxima estación** at the next station; **el ~ jueves vamos al cine** (esta semana) we're going to the movies this Thursday *o* on Thursday; (la siguiente) we're going to the movies next Thursday; **el mes/año ~** next month/year 2 (*como pron*): **esto lo dejamos para la próxima** we'll leave this for next time; **tome la próxima a la derecha** take the next right, take the next on the right; **nos bajamos en la próxima** we are getting off at the next stop
B [ESTAR] (cercano) 1 (en el tiempo) close, near; **la fecha ya está próxima** the day is close *o* is drawing near; **el verano está ~** summer's nearly here; **el programa se emitirá en fecha próxima** the program will be transmitted in the near future; **~ A + INF** close TO + ING; **estaba ~ a morir** he was close *o* near to death; **ya estaba ~ a graduarse** he was close to graduating *o* he had nearly finished school *o* he was about to graduate 2 (en el espacio) near, close; **~ A algo** close *o* near TO sth; **un hotel ~ a la playa** a hotel close to *o* near the beach

proyección *f*
A 1 (Cin) showing; **la ~ de la película fue interrumpida** the showing of the film was interrupted; **una ~ de diapositivas** a slide show; **el tiempo de ~ es de 95 minutos** it runs for *o* the running time is 95 minutes 2 (de una sombra) casting; (de luz) throwing 3 (Mat) projection 4 (Psic) projection
B (difusión, alcance): **la nueva ley tendrá una ~ mucho más amplia** the new law will have much wider scope; **su figura ha adquirido una ~ internacional** he has become a figure of international renown; **el problema tiene amplísimas proyecciones sociales** the problem has very broad social implications *o* ramifications
C (de rocas, lava) discharge, throwing out

proyeccionista *mf* projectionist

proyectar [A1] *vt*
A (planear) to plan; **están proyectando un viaje a París** they're planning a trip to Paris; **~ + INF** to plan to + INF; **tiene proyectado ampliar su negocio** she has plans to expand her business, she is planning to expand her business
B 1 ‹*película*› to show, screen; ‹*diapositivas*› to project, show 2 ‹*sombra*› to cast; ‹*luz*› to throw, project 3 (presentar, dar a conocer) to project, put across 4 (Mat) ‹*punto*› to project 5 (Psic) to project
C (Arquit, Ing) to design
D (lanzar) (+ *compl*) to throw, hurl; **el impacto del golpe lo proyectó hacia delante** the force of the collision threw him forward(s); **el volcán proyectaba las rocas a gran distancia** the volcano hurled the rocks enormous distances
■ **proyectarse** *v pron* 1 «*sombra*» to be cast 2 (presentarse) to put oneself across, present oneself

proyectil *m* projectile, missile

proyectista *mf* 1 (diseñador) designer 2 (delineante) (*m*) draftsman*; (*f*) draftswoman*

proyecto *m* 1 (plan) plan; **tiene el ~ de formar su propia empresa** he plans to set up his own business; **es un ~ muy ambicioso** it is a very ambitious project *o* plan; **tienen en ~ publicarlo en marzo** they plan to publish it in March; **tiene varios trabajos en ~** she has several projects in the pipeline; **todo se quedó en ~** it never got beyond the planning stage 2 (diseño) plan, design 3 (Arquit, Ing) plans and costings (*pl*)

(Compuesto) **proyecto de ley** bill

proyector *m*
A (Cin, Fot) projector; **~ de transparencias** *or* **diapositivas** slide projector
B 1 (Teatr) spotlight 2 (para monumentos) floodlight 3 (Mil) searchlight

proyectora *f* (Chi) ▸**proyector A**

PRT *m* (en Méx) = **Partido Revolucionario de los Trabajadores**

prudencia *f* (cuidado) care; (sabiduría) wisdom; **conduce con ~** drive carefully; **hay que manejarlo con mucha ~** it must be handled with great care *o* very carefully; **la ~ de las medidas** the prudence of the measures; **gracias a su ~ en cuestiones de dinero** thanks to her prudence *o* carefulness in money matters; **una ~ que raya en la cobardía** caution bordering on cowardice; **la ~ sólo se aprende con los años** prudence only comes with age; ***la ~ es la madre de la ciencia*** discretion is the better part of valor

prudencial *adj* prudent, sensible; **lo siguió a una distancia ~** she followed him at a safe *o* sensible *o* prudent distance; **un tiempo ~** a reasonable *o* sensible *o* prudent length of time

prudente *adj* prudent, sensible; **se marchó a una hora ~** she left at a reasonable *o* sensible

P

hour; **sería ~ avisar a su familia** it would be as well *o* it would be prudent to tell his family; **sea ~ con la bebida si tiene que conducir** don't drink too much if you have to drive; **consideró ~ no decir nada al respecto** she thought it wise *o* prudent not to say anything about the matter; **con ~ optimismo** with cautious optimism; **es una mujer ~** she is a sensible woman; **lo más ~ en estos casos es guardar silencio** the most sensible *o* prudent thing to do in these cases is to keep quiet

prudentemente *adv* prudently, sensibly

prueba[1] *f*

A 1 (demostración, señal): **te ha llamado, eso es ~ de que le caes bien** he called you, that shows *o* that proves he likes you, he called you, that's a sure sign that he likes you; **no había estudiado nada, la ~ está en que no contestó ni una pregunta** it was quite clear *o* evident that he hadn't done any studying, he didn't answer a single question; **dio constantes ~s de su lealtad** he proved his loyalty over and over again; **no dio la menor ~ de estar sufriendo** he didn't give the slightest hint *o* indication that he was suffering; **acepta este regalo en** *or* **como ~ de mi agradecimiento** accept this gift as a token of my gratitude 2 (Der) (cosa, argumento): **retiraron la acusación por falta de ~s** the charge was withdrawn owing to lack of evidence; **no hay ~s de que eso sea verdad** there's no proof that that's true; **tendrá que presentar ~s de ello** he will have to provide evidence to prove it, he'll have to prove it; **esta nueva ~** this new (piece of) evidence; **esto es ~ concluyente de que nos mintió** this is conclusive proof that he lied to us; ***a las ~s me remito*** this/that proves it 3 (Mat): **hacer la ~ de una operación** to check one's calculations

(Compuestos)
- **prueba circunstancial** circumstantial evidence
- **prueba de compra** proof of purchase
- **prueba del absurdo**: **la ~ del ~** reductio ad absurdum
- **pruebas materiales** *fpl* material evidence

B (Educ) test; (Cin) screen test, audition; (Teatr) audition

(Compuestos)
- **prueba de aptitud** aptitude test
- **prueba de fuego** acid test; **es un papel verdaderamente difícil, que va a ser su ~ de ~ como actor** it's a really difficult part, which will be the acid test of his acting ability
- **prueba de nivel** placement test, grading test

C 1 (ensayo, experimento): **¿qué pasa si aprietas este botón? — no sé, hagamos la ~** what happens if you press this button? — I don't know, let's try it and see; **¿por qué no haces la ~ de dejarlo en remojo?** why don't you try leaving it to soak?; **¡mira que te pego! — ¿a ver? ¡haz la ~!** (CS fam) I'll hit you! — oh yeah? let's see you try! (colloq) 2 (*en locs*): **a prueba: no tenía experiencia pero lo tomaron a ~** he had no experience but they took him on for a trial period *o* on probation; **tenemos esta fotocopiadora a ~** we have this photocopier on trial; **llévelo a ~** take it on trial *o* on approval; **poner algo a ~** to put sth to the test; **estás poniendo a ~ mi paciencia** you're trying my patience; **a prueba de: un reloj a ~ de golpes** a shockproof watch; **un dispositivo a ~ de ladrones** a burglarproof mechanism; **a ~ de niños** (hum) childproof; **cristal a ~ de balas** bulletproof glass; **dio unos argumentos a ~ de balas** she put forward some rock solid *o* cast-iron arguments 3 (en costura) fitting

(Compuestos)
- **prueba de laboratorio** laboratory trial *o* test
- **prueba del alcohol** *or* **de la alcoholemia** Breathalyzer® test, sobriety test (AmE), drunkometer test (AmE)
- **prueba del embarazo** pregnancy test
- **prueba nuclear** nuclear test
- **prueba patrón** *or* **de referencia** benchmark; **hacer la ~ ~** to benchmark
- **pruebas de armas** *fpl* weapons testing

D (Fot, Impr) proof; **corregir ~s** to proofread

(Compuestos)
- **prueba de artista** artist's proof
- **prueba de galera** *or* **imprenta** galley proof

E 1 (Dep): **en las ~s de clasificación** in the qualifying heats; **la ~ de los 1.500 metros** the 1,500 meters event *o* race, the 1,500 meters; **las ~s de descenso** the downhill events 2 (AmL) (ejercicio) feat, act

(Compuesto) **prueba de ruta** road race

prueba[2], **pruebas, etc** ▸**probar**

prurito *m* 1 (afán): **tiene el ~ de la imparcialidad** he is obsessed with impartiality, he is overzealous when it comes to impartiality 2 (Med) itching, pruritus (tech)

Prusia *f* Prussia

prusiano -na *adj/m,f* Prussian

prúsico *adj* ▸**ácido**[2]

PS *m* **= Partido Socialista**

pse *interj* mm …, well …

pseudo- *pref* pseudo-

PSI *m* (**= proveedor de servicios de internet**) ISP

psico- *pref* psycho-

psicoanálisis *m* psychoanalysis

psicoanalista *mf* psychoanalyst

psicoanalítico -ca *adj* psychoanalytic, psychoanalytical

psicoanalizar [A4] *vt* to psychoanalyze

■ **psicoanalizarse** *v pron (caus)* to be psychoanalyzed, have *o* undergo psychoanalysis

psicodélico -ca *adj* psychedelic

psicodinámica *f* psychodynamics

psicodrama *m* psychodrama

psicofármaco *m* psychoactive drug

psicolingüística *f* psycholinguistics

psicología *f* 1 (ciencia) psychology 2 (mentalidad) psychology

(Compuestos)
- **psicología del trabajo** occupational psychology
- **psicología industrial** industrial psychology
- **psicología infantil** child psychology

psicológicamente *adv* psychologically

psicológico -ca *adj* psychological

psicólogo -ga *m,f* 1 (Psic) psychologist 2 (fam) (persona perspicaz): **mi madre es buena psicóloga** my mother's a good judge of character

psicometría *f* psychometry, psychometrics

psicomotor -tora *or* **-triz** *adj* psychomotor (*before n*)

psicópata *mf* psychopath

psicopatía *f* psychopathic personality, psychopathy

psicopático -ca *adj* psychopathic

psicopatología *f* psychopathology

psicosexual *adj* psychosexual

psicosis *f* (*pl* ~) psychosis

psicosomático -ca *adj* psychosomatic

psicotécnico -ca *adj*: **examen** *or* **test ~** aptitude test

psicoterapeuta *mf* psychotherapist

psicoterapia *f* psychotherapy

psicótico -ca *adj/m,f* psychotic

psicotrópico -ca *adj* psychotropic, psychoactive

psique *f* psyche

psiquiatra, psiquíatra *mf* psychiatrist

psiquiatría *f* psychiatry

psiquiátrico[1] **-ca** *adj* ‹*hospital*› psychiatric (*before n*), mental (*before n*); ‹*asistencia*› psychiatric (*before n*)

psiquiátrico[2] *m* psychiatric hospital, mental hospital

psiquiatrizar [A4] *vt* ‹*problema*› to treat as psychological; ‹*paciente*› to psychoanalyse

psíquico -ca *adj* psychic

psiquis *f* (*pl* ~) psyche

psitacosis *f* (*pl* ~) psittacosis, parrot fever

P.S.M. (**= por su mandato**) pp

PSOE /pe'soe/ *m* (en Esp) **= Partido Socialista Obrero Español**

> **PSOE - Partido Socialista Obrero Español**
>
> One of Spain's two main national political parties, the other being the ▸**PP - Partido Popular**. The *PSOE* was transformed from a democratic Marxist party to a liberal democratic party in 1978. It gained power in 1982 and remained in power until 1996. It returned to power in 2005 after the Madrid bombings.

psoriasis *f* psoriasis

PSR *m* (en Per) **= Partido Socialista Revolucionario**

pss *interj* 1 (expresando indiferencia, duda) mm …, well … 2 (para llamar la atención) psst!

PST *m* (en Méx) **= Partido Socialista de los Trabajadores**

PT *m* (en Ur) **= Partido de los Trabajadores**

ptas, pts = pesetas

Pte., pte.

A **= presente**

B (**= puente**) Br.

C (**= presidente**) Pres.

ptialina *f* ptyalin

PTJ *f* (en Ven) **= Policía Técnica Judicial**

pto. (**= punto**) pt.

ptolemaico -ca *adj* Ptolemaic; **el universo ~** the Ptolemaic system

Ptolomeo Ptolemy

ptomaína *f* ptomaine

ptosis *f* ptosis

púa *f*

A 1 (de un erizo) spine, quill; ***darle ~ a algn*** (RPl) to needle sb; ***meter ~*** (RPl fam) to stir up trouble 2 (de alambre) barb 3 (de un peine) tooth 4 (Chi, Ven) (en zapatos de atletismo, golf) spike

B 1 (para la guitarra) plectrum, pick 2 (RPl) (de un tocadiscos) needle

C (Esp arg) (peseta) peseta

puaj, puah *interj* ugh! (colloq), yuck! (colloq)

pub /puβ, pʌβ/ *m* (*pl* **pubs** *or* **pubes**) bar (*gen with music, open late at night*)

(Compuesto) **pub temático** theme pub

> **pub**
>
> Although the name comes from English, Spanish *pubs* are very different from British pubs. They are usually very stylish and modern and are sometimes theme-based. They cater to young people and are open until very late. They always have music, which tends to be very loud.

púber[1] *adj* adolescent, pubescent

púber[2] *mf* adolescent

pubertad *f* puberty

pubescente *adj* pubescent

pubiano -na, púbico -ca *adj* pubic

pubis *m* pubis

publicación *f* 1 (acción) publication; **fecha de ~** date of publication 2 (obra) publication

(Compuesto) **publicación periódica** periodical

públicamente *adv* publicly; **anunció ~ que …** he announced publicly *o* in public that …

publicano *m* publican, tax collector

publicar [A2] *vt* 1 ‹*artículo/noticia*› to publish; **acaba de ~se su última novela** her latest novel has just been published 2 (divulgar) to divulge, disclose; **te voy a contar una cosa pero no lo publiques** (fam) I'm going to tell you something but don't go telling everyone *o* spreading it around (colloq) 3 ‹*amonestaciones*› to publish

publicidad *f* 1 (de un tema, suceso) publicity; **se le ha dado mucha ~** it has received a lot of publicity 2 (Com, Marketing) advertising; **agencia de ~** advertising agency; **espacios de ~** advertising spots; **le están haciendo mucha ~ al nuevo modelo** they're advertising *o* (colloq) plugging the new model a lot; **hay demasiada ~ en la tele** there's too much advertising on TV, there are too many commercials *o* (BrE) advertisements on TV

(Compuestos)
- **publicidad aérea** skywriting
- **publicidad estática** billboard advertising

publicista *mf* 1 (AmL) (Com) advertising executive *o* agent, publicist 2 (Period) publicist 3 (Der) expert on public law

publicitar [A1] *vt* 1 ‹*producto/servicio*› to advertise 2 ‹*acto/causa*› to publicize; **una boda muy publicitada** a highly publicized wedding

publicitario[1] **-ria** *adj* advertising (*before n*); **la campaña publicitaria** the advertising campaign; **era sólo un montaje ~** it was just a publicity stunt

publicitario[2] **-ria** *m,f* advertising executive *o* agent

público[1] **-ca** *adj* 1 ‹*transporte/teléfono/bienestar*› public; ‹*acto/lugar/establecimiento*› public; **conduciendo es un peligro ~** he's a public menace *o* a danger to the public when he's behind the wheel 2 (del Estado) ‹*gasto/sector/organismo*› public; ▸**administración, deuda**, etc 3 (conocido por todos) ‹*escándalo*› public; **cuando hicieron pública la fecha** when they announced the date, when they made the date public 4 ‹*vida*› public

público[2] *m* (en un teatro) audience, public; (Dep) spectators (*pl*); **asistió muy poco ~ al partido** very few people attended the game, there were very few spectators at the game; **se concentró gran cantidad de ~ frente al palacio** a great crowd gathered in front of the palace; Ⓢ **horario de atención al público** (en oficinas públicas) opening hours; (en bancos) hours of business; **la exposición está abierta al ~** the exhibit (AmE) *o* (BrE) exhibition is open to the public; **películas aptas para todos los ~s** *or* (CS) **para todo ~** 'G' movies (AmE), 'U' films (BrE); **la obra está pensada para un ~ joven** the play is aimed at a young audience; **el ~ televidente** *or* **telespectador** the (television) viewing public; **su ~ le ha permanecido fiel a través de los años** her fans have remained loyal to her over the years; **el ~ en general** the general public; **un programa para un ~ que quiere mantenerse informado** a program for people who want to keep informed; **una revista para un ~ muy especializado** a magazine aimed at a very specialized readership; **un libro de ordenadores escrito para el gran ~** a book on computers written for the layperson *o* non-specialist; **escribe novelas destinadas a complacer al gran ~** she writes popular fiction; **se pone muy nervioso cuando habla en ~** he gets very nervous when he has to speak in public; **no le gusta tocar el piano en ~** she doesn't like playing the piano in front of an audience; ***salir al ~*** (Andes) «*periódico/revista*» to come out, appear, be published; «*noticia/información*» to be published

publirreportaje *m* (TV) infomercial

pucará *m* pre-Columbian fortress

pucha, puchacay *interj* (AmS euf & fam) (expresando — sorpresa) wow! (colloq), jeez! (AmE colloq), oh, my! (AmE colloq), blimey! (BrE colloq); (— fastidio) damn! (colloq), oh, no! (colloq), shoot! (AmE colloq & euph), sugar! (BrE colloq & euph); **~ digo** *or* (Chi) **~ Diego, me olvidé de traer el libro** damn *o* oh, no *o* shoot *o* sugar! I forgot to bring the book!; **¡~! ¡qué casualidad!** wow! *o* jeez! *o* well, I'll be damned! what a coincidence! (colloq)

pucherazo *m* (Esp fam) electoral rigging; **hubo ~** the election was fixed *o* rigged

puchero *m*
A (Coc) 1 (recipiente) pot, stewpot 2 (cocido) stew; **no tiene ni para el ~** (fam) he's broke (colloq), he doesn't have a red cent (AmE colloq), he hasn't got a penny to his name (BrE colloq); ***ganarse el ~*** (fam) to earn a crust (colloq)
B (mueca) pout; **hacer ~s** to pout

pucho *m* (AmS fam) 1 (cigarrillo — de tabaco) smoke (colloq), cigarette, fag (BrE colloq); (— de marihuana) joint (colloq) 2 (resto — de cigarrillo) butt, fag end (BrE colloq); (— de comida) scrap; (— de bebida) drop; **queda un puchito de sopa** there's a drop of soup left; ***a ~s*** (AmL fam) bit by bit (colloq), a little at a time (colloq); **me está pagando a ~s** he's paying me bit by bit *o* a little at a time; **se tomó la sopa a ~s** he sipped his soup; ***botarse a ~*** (Chi fam) to be sassy (AmE colloq), to be cheeky (BrE colloq); ***me/le importa un ~*** (Chi fam) I/he couldn't care less (colloq) I/he couldn't give a damn (colloq); ***no valer un ~*** (Chi fam) to be completely worthless; ***sobre el ~ la escupida*** (RPl fam) right away; **tomó la decisión sobre el ~** he made his decision right away *o* there and then

pude ▸**poder**[1]

pudibundo -da *adj* prudish, prim and proper

púdico -ca *adj* ‹*ropa*› modest; ‹*comportamiento/beso*› chaste; **un resumen ~ de las escenas más explícitas** a discreet summary of the most (sexually) explicit scenes

pudiente *adj* (rico) wealthy, rich; (poderoso) powerful

pudiera, pudiese, etc ▸**poder**[1]

pudimos ▸**poder**[1]

pudín *m* ▸**budín**

pudinga *f* pudding stone

pudiste, etc ▸**poder**[1]

pudor *m* 1 (recato sexual) modesty (arch); **no se desnudó por ~** she was too embarrassed *o* shy to take her clothes off; **me parece una falta de ~** I think it shows a lack of (a sense of) decency 2 (reserva) reserve; **nos habló sin ~ alguno de sus dificultades económicas** he talked to us very openly *o* frankly about his financial problems

pudorosamente *adv* (con recato) modestly; (castamente) chastely

pudoroso -sa *adj* ▸**púdico**

pudrición *f*, **pudrimiento** *m*
A (proceso) rotting, putrefaction (frml)
(Compuesto) **pudrición seca** dry rot
B (RPl fam) (cosa aburrida): **la conferencia fue una ~** the conference was deadly boring *o* (AmE) was lethal (colloq)

pudrir [I38] *vt*
A (descomponer) ‹*carne/fruta*› to rot, decay, putrefy (frml); ‹*madera/tela*› to rot
B (RPl fam) 1 (fastidiar, hartar): **me tiene podrida con sus quejas** I'm fed up to the back teeth of *o* I'm fed up to here with his complaining (colloq); **me pudre que me den todos los trabajos difíciles a mí** I'm sick and tired of being given all the difficult jobs (colloq) 2 (aburrir): **me pudren esas películas** that kind of movie bores me to death (colloq)
■ **pudrirse** *v pron*
A (descomponerse) «*fruta/carne*» to rot, decay, go bad; «*madera/tela*» to rot; «*cadáver*» to decompose, rot
B (fam) 1 (por el abandono): **~se en la cárcel** to rot in jail 2 (RPl fam) (por el aburrimiento): **en un pueblo tan chico te vas a ~** you'll die of boredom in a small town like that (colloq); **estoy podrida** I'm bored out of my mind *o* bored stiff (colloq) 3 (expresando enfado): **¡ahí te pudras!** go to hell! (sl); **¡que se pudra!** he can go to hell! (colloq)

pueblada *f* (AmL) ▸**poblada**

pueblerino -na *adj*: **¡qué ~ eres!** you're a real hick (AmE) *o* (BrE) yokel! (colloq); **con sus ropas anticuadas y su aire ~** with her old-fashioned clothes and provincial *o* small-town ways

pueblo *m*
A (poblado) village; (más grande) small town; ***de cada ~ un paisano*** (RPl fam & hum): **los vasos son de cada ~ un paisano** the glasses are all different, none of the glasses match; **yo soy de ~** (Esp) I'm a country boy; ***~ chico infierno grande*** (AmL) living in a small town can be hell (colloq)
(Compuestos)
- **pueblo de mala muerte** dead-end town, one-horse town
- **pueblo fantasma** ghost town
- **pueblo joven** (Per) shantytown

B (comunidad, nación) people; **un ~ nómada** a nomadic people; **~s primitivos** primitive peoples; **el ~ judío** the Jewish people; **la voz del ~** the voice of the people; **el ~ español/vasco** the Spanish/Basque people; **una rebelión del ~** a popular uprising; **un gobierno del ~ y para el ~** a government of the people for the people; **políticos que engañan al ~** politicians who mislead the people *o* country
(Compuesto) **pueblo elegido** chosen people
C (clase popular): **el ~** the working class
(Compuesto) **pueblo llano**: **el ~ ~** the ordinary people

pueda, puedas, etc ▸**poder**[1]

puente[1] *adj inv* ▸**crédito, préstamo**

puente[2] *m*
A (Ing) bridge; **sirvió de ~ entre las autoridades y los secuestradores** he acted as intermediary between *o* as a go-between for the authorities and the kidnappers; ***tender ~*** *or* ***un ~*** to build bridges
(Compuestos)
- **puente aéreo** (servicio frecuente) shuttle service, shuttle; (Mil) airlift
- **puente basculante** bascule *o* balance bridge
- **puente colgante** suspension bridge
- **puente de barcas** *or* **pontones** pontoon bridge
- **puente de carretera** road bridge
- **puente giratorio** swing bridge
- **puente levadizo** (en un castillo) drawbridge; (en una carretera) lifting bridge
- **puente peatonal** footbridge
- **puente transportador** transporter bridge

B 1 (Odont) bridge 2 (Mús) bridge 3 (de anteojos) bridge
C (Elec) bridge circuit, bridge; **le tuve que hacer el** *or* **un ~** (Auto) I had to hot-wire it
D (vacación) ≈ long weekend (*linked to a public holiday by an extra day's holiday in between*); **el martes es fiesta, así que seguramente haremos ~** Tuesday's a public holiday so we'll probably get Monday off as well; **~ de mayo (junio, etc)** the May (June, etc) long weekend
E (Náut) *tb* **~ de mando** bridge

> **puente**
> *Puentes* are very important in Spain and most of Latin America. *Hacer puente* means that when a working day falls between two public holidays, it too is taken as a holiday.

puentear [A1] *vt* (Esp)
A (Elec) to install a bridge circuit in
B (fam) (obviando el orden jerárquico) to bypass
■ **puentear** *vi* (Dep) to go bungee jumping (*from a bridge*)

puenting /'puentin/ *m* (Esp) bungee jumping (*from a bridge*)

puerco[1] **-ca** *adj* (fam & pey) 1 ‹*persona*› (sucio) dirty; (despreciable) low-down (colloq); **el muy ~** the rat (colloq), the low-down so-and-so (colloq) 2 ‹*película/libro*› dirty, smutty (colloq)

puerco[2] **-ca** *m,f*
A 1 (animal) (*m*) pig, hog, boar; (*f*) pig, hog, sow; ▸**margarita**; ***a cada ~ le llega su San Martín*** everyone gets their just deserts *o* their comeuppance in the end 2 (Méx) (carne) pork
(Compuestos)
- **puerco espín** porcupine
- **puerco salvaje** wild boar

B (fam) (persona — sucia) pig (colloq); (— despreciable) swine (colloq)

puericultor -tora *m,f*: *nurse o doctor who specializes in babycare/childcare*

puericultura *f* babycare, childcare

pueril *adj* 1 (infantil) childish, puerile (frml); **deja de comportarte de esa manera tan ~** stop behaving so childishly; **¡qué excusa tan**

P

~! what a childish *o* puerile excuse! [2] (ingenuo) naive, naïve

puerilidad *f* childishness

puérpera *f* woman who has just given birth, puerpera (tech)

puerperal *adj* puerperal

puerperio *m* puerperium

puerro *m* leek

puerta *f*

A (de una casa, un coche) door; (de un horno, lavaplatos) door; (en un jardín, una valla) gate; **te espero en la ~ del teatro** I'll meet you at the entrance of the theater; **tropezamos en la ~** we collided in the doorway; **te acompaño a la ~** I'll see *o* show you out; **no la dejan ni salir a la ~** they won't even let her set foot outside the door; **si no estás conforme, ya sabes donde está la ~** *or* **ahí tienes la ~** if you don't agree, you know where the door is; **servicio ~ a ~** door-to-door service; **de ~ a ~ tardo media hora** it takes me half an hour, door to door; **alguien llamó a la ~** somebody rang the doorbell/knocked on the door; **abre/cierra la ~** open/close the door; **no están dispuestos a abrir las ~s a la democracia** they are not prepared to open their doors to democracy; **ya sabes que para ti siempre tenemos las ~s abiertas** you know you are always welcome; **su intransigencia cerró las ~s a un acuerdo** her intransigence put an end to *o* put paid to any hope of an agreement; **cuando cambió de idea, encontró la ~ cerrada** when he changed his mind he found that he had missed his chance; **un coche de dos ~s** a two-door car; **Ⓢ necesito empleada puertas adentro** (Chi) live-in maid required; **Ⓢ se necesita empleada puertas afuera** (Chi) daily help needed; **trabajo ~s afuera** (Chi) I don't live in; ***a ~(s) cerrada(s)*** behind closed doors; **la reunión se celebró a ~(s) cerrada(s)** the meeting was held in private *o* in camera *o* behind closed doors; **la causa se vio a ~ cerrada** the case was heard in camera; ***coger la ~ (y largarse)*** (Esp fam) to leave; ***darle con la ~ en las narices a algn*** to slam the door in sb's face; **le pedí ayuda y me dio con la ~ en las narices** I asked him for help and he refused point blank; ***de ~s (para) adentro*** in private, behind closed doors; ***de ~s para fuera*** *or* (AmL) ***~s afuera*** in public; ***en ~*** (RPl) on the way; **me parece que hay casamiento en ~** I think there's a wedding on the way *o* I think I hear the sound of wedding bells; ***en ~s:*** **la Navidad está en ~s** Christmas is just around the corner *o* is very close now *o* is almost upon us; ***enseñarle*** *or* ***mostrarle la ~ a algn*** to show sb the door; ***estar a las ~s de algo:*** **el ejército estaba ya a las ~s de la ciudad** the army was already at the gates of the city; **estaba a las ~s de la muerte** he was at death's door; **se quedó a las ~s del triunfo** she narrowly missed winning; ***ir de ~ en ~*** (literal) to go from door to door; **tuve que ir de ~ en ~ por todas las editoriales** I had to do the rounds of all the publishers, I had to go from one publisher to another; **fui de ~ en ~ pidiendo ayuda** I went around (to) everybody asking for help; ***llamar a todas las ~s*** to go anywhere/ask anyone for help; ***cuando una ~ se cierra otra se abre*** as one door closes so another one opens; ***por la ~ grande:*** **el torero salió por la ~ grande** the bullfighter made a triumphal exit; **hizo su debut en el teatro por la ~ grande** he made a grand entrance to the theatrical world; ***tener la ~ siempre abierta*** to keep open house

(Compuestos)

- **puerta cancel** inside door
- **puerta corredera** *or* **corrediza** sliding door
- **puerta de corredera** sliding door
- **puerta de embarque** gate; **~ de embarque número cinco** gate number five
- **puerta de la calle** (de una casa) front door; (de un edificio) main door *o* entrance
- **puerta de servicio** service entrance, tradesman's entrance (BrE)
- **puerta de vaivén** swing door
- **puerta giratoria** revolving door
- **puerta principal** (de una casa) front door; (de un edificio público) main door
- **puerta trasera** back door
- **puerta ventana** French door(s) (AmE), French window(s) (BrE)

B (Dep) [1] (en fútbol): **un tiro** *or* **remate a ~** a shot (at goal); **saca de ~ Esnaola** Esnaola takes the goal kick; **marcó a ~ vacía** he put the ball into the empty net [2] (en esquí) gate

C (Inf) gate

puerto *m*

A (Náut) port, harbor*; **entrar a ~** to enter port *o* harbor; ***llegar*** *or* ***arribar a buen ~*** «*expedición/barco*» to arrive safely; «*negociaciones/proyecto*» to reach a satisfactory conclusion

(Compuestos)

- **puerto artificial** man-made harbor*
- **puerto comercial** commercial port
- **puerto deportivo** marina
- **puerto fluvial** river port
- **puerto franco** *or* **libre** free port
- **puerto marítimo** seaport
- **puerto militar** naval port
- **puerto natural** natural harbor*
- **puerto en paralelo** parallel port
- **puerto paralelo** parallel port
- **puerto pesquero** fishing port
- **puerto serie** serial port

B (Geog) *tb* **~ de montaña** (mountain) pass

C (Inf) port

(Compuesto) **puerto USB** USB port

Puerto Príncipe *m* Port-au-Prince

Puerto Rico *m* Puerto Rico

puertorriqueñismo *m* Puerto Rican word/expression

puertorriqueño -ña *adj/m,f* Puerto Rican

pues[1] *conj*

A [1] well; **~ mira, yo si fuera tú me negaba** well look, if I were you I'd refuse [2] (expresando duda, vacilación) well; **¿tú qué harías? — pues ... no sé** what would you do? — well ... I don't really know [3] (en exclamaciones) well; **se lo dijo a todos — ¡~ yo no sabía nada!** she told everyone — well, I didn't know anything about it!; **¡~ haberlo dicho antes!** well, you could have said so earlier!; **¿a ti te interesaría? — ¡~ claro!** would you be interested? — yes, of course! *o* why, yes! [4] (indicando consecuencia) then; **no me gusta — ~ no lo comas** *or* **no lo comas, ~** I don't like it — well, don't eat it then *o* then don't eat it; **~ si te gusta tanto, cómpralo** if you like it that much, then buy it *o* well, if you like it so much, buy it

B (frml) (porque) as; **no pudo asistir ~ tenía un compromiso anterior** he was unable to attend as *o* since he had a prior engagement (frml)

pues[2] *adv* (liter o frml): **ésta es, ~, la conclusión a la que se llegó** this, then, is the conclusion that was reached; **llegamos, ~, felizmente a nuestro destino** and so we arrived safely at our destination

puesta *f*

A (acción de poner): **la ~ en práctica del plan no va a ser fácil** putting the plan into practice *o* implementing the plan is not going to be easy; **la ~ en práctica de la campaña de vacunación** implementation of the vaccination campaign; **hasta la ~ en servicio de los nuevos autobuses** until the new buses come into service; **la ~ en libertad de los prisioneros** the freeing *o* release of the prisoners; **la fiesta de su ~ de largo** her coming-out party; **la ~ en vigor de la nueva ley se prevé para enero** it is anticipated that the new law will come into effect in January; **la ~ al día de los archivos va a llevar mucho tiempo** updating the records is going to be a lengthy business

(Compuestos)

- **puesta a punto** (de un vehículo) tune-up; (de una máquina) adjustment; **tengo que llevar el coche a que le hagan una ~ a ~** I have to take my car in for a tune-up *o* for tuning; **la ~ a ~ de los partidos políticos de cara a los comicios** the final preparations by the political parties for the elections; **el sistema no es del todo fiable, necesita una ~ a ~** the system isn't altogether reliable, it needs fine tuning *o* it needs some adjustments made; **están empeñados en hacer una ~ a ~ de la industria** they are determined to overhaul the industry *o* to bring the industry up to date
- **puesta de sol** sunset
- **puesta en escena** production
- **puesta en marcha** (de un vehículo, motor) starting (up); **la ~ en ~ de la programación de verano de Radio Sur** the launch of Radio Sur's summer programs *o* schedules; **se prevé la ~ en ~ de nuevas medidas de seguridad** it is anticipated that new security measures will be put into effect

B (de huevos) lay

puestero -ra *m,f* [1] (vendedor) stallholder, market vendor [2] (AmL) (en una estancia) farmer (*responsible for the running of part of a large ranch*)

puesto[1] **-ta** *adj*: **¿qué haces con el abrigo ~?** what are you doing with your coat on?; **la mesa estaba puesta para dos** the table was laid for two; **bien ~** well-dressed; **¿dónde vas tan ~?** where are you off to all dressed up like that?; ***con lo ~:*** **se marchó con lo ~ y un billete de avión** he left with nothing but the clothes he was wearing *o* the clothes he had on and his plane ticket; ***estar ~*** (estar dispuesto) (Méx) to be ready *o* set; (estar borracho) (Chi fam) to be plastered *o* sloshed (colloq); **yo estaba puestísimo, pero ellos se echaron para atrás** I was all ready *o* set to do it, but they got cold feet; ***estar ~ en algo*** (Esp) to be well up on sth (colloq), to know a lot about sth; ***tenerlas bien puestas*** *or* (Esp) ***tenerlos bien ~s*** (arg) to have guts (colloq); **para hacerles frente a esos matones hay que tenerlas bien puestas** it takes guts to stand up to those thugs (colloq) *ver tb* **poner**

puesto[2] *m*

A [1] (lugar, sitio) place; **cada uno que ocupe su ~** (to your) places, everyone!, positions, everyone!; **no pudo ir y me mandó en su ~** she couldn't go so she sent me in her place [2] (en una clasificación) place, position; **siempre saca el primer ~ de su clase** she always comes top *o* (AmE) comes out top of the class

B (empleo) position, job; **tiene un buen ~ en la empresa** she has a good position *o* job in the company; **ha quedado vacante un ~ de mecanógrafa** there is now a vacancy for a typist; **¿te salió el ~ en esa editorial?** did you get the job with that publishing company?; **no es un ~ fijo** it isn't a permanent job *o* position

(Compuesto) **puesto de trabajo** (empleo) job; (Inf) workstation

C [1] (Com) (en el mercado) stall; (quiosco) kiosk; (tienda) stand, stall [2] (de la policía, del ejército) post; **un ~ de la Cruz Roja** a Red Cross post/station

(Compuestos)

- **puesto de observación** observation post
- **puesto de policía** police post
- **puesto de socorro** first-aid post/station
- **puesto fronterizo** border post

D **puesto que** (*conj*) (frml) since; **no veo cómo se puede haber enterado, ~ que yo no se lo dije a nadie** I don't see how she can have found out, given that *o* since I didn't tell anyone; **~ que así lo quieres, así se hará** if *o* since that's the way you want it, that's the way we'll do it

puf[1] *m* (*pl* **pufs**) hassock (AmE), pouffe (BrE)

puf[2] *interj* (expresando — repugnancia) ugh! (colloq), yuck! (colloq); (— cansancio, sofocación) whew!, oof!

puff *interj* ▸**puf**[2]

púgil *m* [1] (period) boxer, pugilist (frml) [2] (Hist) bare-fist fighter (*in Roman times*)

pugilato *m* [1] (period) (Dep) boxing, pugilism (frml) [2] (pelea, riña) fight

pugilismo *m* (period) boxing, pugilism (frml)

pugilista *m* (period) boxer, pugilist (frml)

pugilístico -ca *adj* (period) boxing (*before n*)

pugna *f* [1] (lucha) struggle; **la ~ de los partidos por alcanzar el poder** the struggle between the various parties to win power; **la ~ por el primer puesto** the battle for first place **2** (conflicto): **tendencias/intereses que están en ~** conflicting trends/interests; **facciones en ~ por el poder** factions vying for power; **en ~ CON algo**: **su narrativa estaba en ~ con las tendencias dominantes** his writing was at variance with prevailing trends; **están en ~ con elementos de la oposición** they are at odds with members of the opposition; **entraron en ~ con el gobierno** they clashed *o* came into conflict with the government

pugnacidad *f* (liter) pugnacity, pugnaciousness, aggressiveness

pugnar [A1] *vi* **1** (liter) (luchar) **~ POR + INF** to strive to + INF (frml) **2** (Chi frml) (contraponerse) **~ CON algo** to conflict WITH sth, run contrary to sth

pugnaz *adj* (liter) pugnacious

puja *f*
A **1** (en el parto) pushing **2** (lucha) **~ POR + INF** struggle to + INF; **la ~ por mejorar sus condiciones de vida** the struggle to improve their living conditions
B (Esp) (en una subasta) **1** (acción) bidding **2** (cantidad) bid

pujante *adj* booming (*before n*)

pujanza *f* vigor*, strength; **la industria ha cobrado gran ~** the industry is going from strength to strength

pujar [A1] *vi*
A **1** (en el parto) to push; (al defecar) to strain **2** (luchar) **~ POR + INF** to struggle to + INF; **pujan por salir de esta situación** they are struggling to get out of this situation
B (Esp) (en una subasta) to bid
C (Méx fam) (gemir) to moan, whimper

pujo *m* **1** (en la defecación) tenesmus (tech) (*difficulty in defecating*) **2** (en el parto) push

pulcramente *adv* neatly; **un trabajo ~ presentado** a neatly *o* beautifully presented piece of work; **dejó la casa ~ limpia** he left the house spotlessly clean

pulcritud *f* **1** (cualidad de impecable): **la ~ de su aspecto** her immaculate appearance **2** (esmero): **trabajar con ~** to work meticulously *o* with great care

pulcro -cra *adj* **1** (impecable) ‹*persona/aspecto*› immaculate, neat and tidy; **en esa casa estaba todo muy ~** in that house everything was spotless *o* immaculate **2** (esmerado) ‹*informe/trabajo*› meticulous

pulga *f*
A (Zool) flea; ***buscarle las ~s a algn*** (fam) to put sb on (AmE colloq), to wind sb up (BrE colloq); ***no aguanta/no aguanto ~s*** (fam) he doesn't/I don't suffer fools gladly; ***sacudirse las ~s*** (Esp fam) to wash one's hands of it; ***ser una ~ en la oreja*** (Chi, Per fam) to be a pain in the neck (colloq); ***tener malas*** *or* (RPl) ***pocas ~s*** (fam) to be bad-tempered, have a bad temper; ***hay muchas maneras de matar ~s*** there is more than one way to skin a cat
B (Inf) **1** (error) bug (sl) **2** (chip) silicon chip

pulgada *f* ▸ ❶ **p.1376** inch

pulgar¹ *adj*: **dedo ~** (de la mano) thumb; (del pie) big toe

pulgar² *m* ▸ ❶ **p.231** (de la mano) thumb; (del pie) big toe

Pulgarcito Tom Thumb

pulgón *m* aphid, plant louse
(Compuesto) **pulgón blanco** whitefly

pulgoso¹ -sa *adj* flea-ridden, flea-bitten

pulgoso² -sa *m,f*: **¡saquen ese ~ de aquí!** get that flea-ridden *o* mangy animal out of here!

pulguiento -ta *adj/m,f* (CS) ▸ **pulgoso¹**, **pulgoso²**

pulido¹ -da *adj* **1** (depurado, refinado) ‹*estilo/trabajo/lenguaje*› polished; ‹*modales*› refined **2** (Chi fam) (afectado) ‹*persona*› affected

pulido² *m* **1** (de metales, piedras, vidrio) polishing **2** (de la madera) sanding **3** (lustrado) polishing

pulidor *m* (RPl) scouring powder

pulidora *f* polisher

pulimentado *m* ▸ **pulido²**

pulimentar [A1] *vt* ▸ **pulir**

pulir [I1] *vt*
A **1** ‹*metal/piedra/vidrio*› to polish **2** ‹*madera*› to sand **3** (lustrar) to polish
B (refinar) ‹*estilo/trabajo*› to polish up; ‹*persona*› to make ... more refined; **ella no ha conseguido ~le los modales** she hasn't managed to improve *o* refine his manners; **fue a Inglaterra a ~ su inglés** she went to England to brush up her English
■ **pulirse** *v pron*
A (refinarse) to improve oneself, become more refined
B (fam) ‹*comida/bebida*› to polish off (colloq), to put away (colloq); ‹*dinero*› to go *o* get through

pull /pul/ *m* pullover, sweater, jumper (BrE)

pulla *f*
A **1** (dicho obsceno) obscenity **2** (injuria) gibe, cutting comment *o* remark; (dicho gracioso) quip
B (Zool) gannet

pullman *m* /'pulman/
A **1** (Ferr) Pullman® car **2** (autocar) bus, coach (BrE)
B (Bol, RPl) (Espec) circle

pullover /pu'loβer/ *m* (*pl* **-vers**) ▸ **pulóver**

pulmón *m* ▸ ❶ **p.231** lung; **gritó a pleno ~** he shouted at the top of his voice; **fui al campo para respirar a pleno ~** I went to the countryside to breathe some fresh air *o* to get some fresh air into my lungs; ***echar los pulmones*** (CS fam) to sweat blood (colloq); ***tener buenos pulmones*** (fam) to have a good pair of lungs (colloq)
(Compuesto) **pulmón de acero** iron lung

pulmonar *adj* pulmonary (tech), lung (*before n*)

pulmonaria *f* lungwort

pulmonía *f* pneumonia; **~ doble** double pneumonia

pulmotor® *m* Pulmotor®

puloil® *m* (Arg) scouring powder

pulóver *m* (*pl* **-vers**) (esp AmL) **1** (suéter) pullover, sweater, jumper (BrE) **2** (Ven) (chaleco de lana) sleeveless pullover

pulpa *f*
A (de fruta, vegetal) pulp; (de madera) pulp, wood pulp
B (Ur) (corte de carne) filet*
(Compuesto) **pulpa dentaria** dental pulp

pulpejo *m* fleshy part

pulpería *f* (AmL) local store

pulpero -ra *m,f* (AmL) local storekeeper

púlpito *m* pulpit

pulpo *m*
A (Zool) octopus; ***más despistado que un ~ en un garaje*** (Esp hum) dopey (colloq), out of it (colloq)
B (para atar) **1** (correa) bungee strap, tiger tail **2** **pulpos** *mpl* (correas) octopus (*elasticated luggage straps*)
C (Chi fam) (explotador) shark (colloq)

pulque *m* pulque (*fermented drink made from maguey sap*)
(Compuesto) **pulque curado** *drink made from fermented maguey sap*

> **pulque**
>
> A thick, white, Mexican alcoholic drink made from fermented *maguey* juice; the sacred drink of the Aztecs. It is drunk without being aged, sometimes with added fruit or vegetable juice. *Pulquerías* are bars where it is drunk.

pulquear [A1] *vi* (Méx) to drink pulque
■ **pulquearse** *v pron* (Méx) to get drunk (*on pulque*)

pulquería *f* (Méx) bar, restaurant (*serving pulque*)

pulquero -ra *m,f* (Méx) *owner of a* ▸ **pulquería**

pulquérrimo -ma *adj* (liter) impeccable, immaculate

pulsación *f*
A (latido) beat
B (en mecanografía) keystroke; **¿cuántas pulsaciones piden por minuto?** ≈ how many words a minute do they want?
(Compuesto) **pulsación de ratón** click

pulsador *m* (de un timbre) push button, button; (de la luz) switch

pulsar [A1] *vt* **1** (Mús) ‹*cuerda*› to pluck; ‹*tecla*› to press; **~ cualquier tecla** press any key **2** ‹*botón*› to push, press; ‹*timbre*› to press, ring **3** (Inf) to click
■ **pulsar** *vi*
A (Inf) to click; **~ EN** *or* **SOBRE algo** to click ON sth; **~ con el botón derecho (del ratón) en algo** to right-click on sth
B ‹*opinión/situación*› to gauge, assess

púlsar *m* pulsar

pulsátil *adj* pulsatile; **los puntos ~es del cuerpo** the body's pulse points

pulseada *f* (RPl): **hacer una ~** to have an arm wrestle

pulsear [A1] *vt* (CS) ▸ **pulsar**
■ **pulsear** *vi* (echar un pulso) to arm wrestle

pulsera *f* bracelet; **~ de tobillo** ankle bracelet, anklet; ▸ **reloj**
(Compuesto) **pulsera telemática** (Esp) electronic wrist tag

pulsímetro *m* pulsimeter, pulsometer

pulsión *f* drive
(Compuesto) **pulsión de muerte** death wish

pulso *m* **1** (Med) pulse; **le tomó el ~** she took his pulse; ***tomarle el ~ a algo*** to gauge sth; **para tomarle el ~ a la opinión pública** in order to gauge *o* sound out public opinion **2** (firmeza en la mano): **tengo muy mal ~** I have a very unsteady hand; **para este trabajo hace falta tener muy buen ~** this job requires a very steady hand; **me temblaba el ~** my hand was shaking **3** (sin ayuda): **lo levantó a ~** he lifted it with his bare hands; **una línea hecha a ~** a line drawn without a ruler *o* drawn freehand; ***ganarse algo a ~*** to deserve sth; **y que conste que se lo ha ganado a ~** and he's really earned it *o* worked for it, I can tell you **4** (prueba) arm-wrestling match; ***echar un ~*** to arm wrestle; ***un ~ entre reformadores y tradicionalistas*** a trial of strength between reformers and traditionalists

pulsómetro *m* pulsimeter, pulsometer

pulsorreactor *m* pulse-jet engine

pulular [A1] *vi* **1** (bullir) ‹‹*muchedumbre*›› to mill around **2** (abundar): **aquí pululan los mosquitos en verano** it's swarming with mosquitos here in the summer; **aquí pululan los rateros** this place is teeming *o* crawling with pickpockets

pulverización *f* **1** (de líquidos) spraying **2** (de sólidos) pulverization, crushing **3** (destrucción) crushing

pulverizador *m* **1** (de perfume) atomizer, spray **2** (de pintura) spray gun **3** (del carburador) jet

pulverizar [A4] *vt* **1** ‹*líquido*› to atomize, spray **2** ‹*sólido*› to pulverize, crush **3** (destruir) to crush, pulverize (colloq); **pulverizó el récord nacional** he smashed *o* pulverized the national record

pulverulento -ta *adj* **1** (como polvo) powdery **2** (polvoriento) dusty, covered in dust

pum *m* bang

puma¹ *adj* (Méx) ▸ **puñal¹**

puma² *m*
A (animal) cougar, mountain lion, puma
B (Chi fam) (varón) stud (colloq)

pumba *interj* whoops!

pun *m* (fam & euf): **tirarse un ~** to break wind, to let off (colloq & euph)

puna *f* **1** (páramo) *high Andean plateau* **2** (Andes) (soroche) mountain *o* altitude sickness

punching ball, punching-ball /'putʃin bol/ *m* (*pl* **~ ~s**) punching ball (AmE), punchball (BrE)

punción *f* puncture

puncionar [A1] *vt* to puncture

pundonor *m*: **tiene un gran ~ profesional** he has a great sense of professional pride; **su**

P

~ no le permite pedir ayuda económica he is too proud to ask for money; **el ~ militar** military honor

pundonoroso -sa *adj* honorable*

punga *mf*
A (CS arg) **1** (ladrón) thief **2** (carterista) pickpocket
B punga *f* (CS arg) (robo) theft; **vivir** *or* **tirar de la ~** to lead a life of crime, live by thieving

punguista *mf* (CS arg) pickpocket

punible *adj* (frml) punishable

púnico -ca *adj* ▸**guerra**

punir [I1] *vt* (frml) to punish

punitivo -va *adj* (frml) punitive

Punjab /pun'dʒab/ *m* Punjab

punk[1] /puŋk, pʌŋk/ *adj inv* punk-rock (*before n*), punk (*before n*)

punk[2] /puŋk, pʌŋk/ *mf* (*pl* **punks**) punk rocker, punk

punki /'puŋki, 'pʌŋki/ *adj/mf* (fam) punk

punta[1] *adj inv*: **en la hora ~** during the rush hour; **un sector ~ de nuestra industria** a sector which is at the forefront of our industry; **velocidad ~** top speed

punta[2] *f*
A 1 (de la lengua, los dedos) tip; (de la nariz) end, tip; (del pan) end; **mojó la ~ del pincel** she wetted the tip of the paintbrush; **en la otra ~ de la mesa** at the other end of the table; **vivo en la otra ~ de la ciudad** I live on the other side *o* at the other end of town; **con la ~ del pie** with his toes; **me recorrí la ciudad de ~ a ~** I traipsed all over town *o* from one end of town to the other; **bailaba en ~s de pie** (CS) she danced on the tips of her toes *o* (frml) on her points; **entró caminando en puntitas de pie para no despertarlo** (CS) she tiptoed in *o* she went in on tiptoe so as not to wake him; ***a ~ (de) pala*** (Esp fam) loads (colloq); **tiene dinero a ~ pala** she's loaded (colloq), she's got pots *o* stacks *o* loads of money (colloq); ***a ~ de pistola*** *or* (Per) ***de bala*** at gunpoint; ***hasta la ~ de los pelos*** *or* ***del pelo*** (fam): **estoy hasta la ~ del pelo de este trabajo** I've had it up to here *o* I'm fed up to the backteeth with this job (colloq); ***ir/ponerse de ~ en blanco*** to be/get dressed up; ***la ~ del iceberg*** the tip of the iceberg; ***tener algo en la ~ de la lengua*** to have sth on the tip of one's tongue; **lo tengo en la ~ de la lengua** it's on the tip of my tongue, I have it on the tip of my tongue **2 puntas** *fpl* (del pelo) ends (*pl*); **vengo a cortarme las ~s** I'd like a trim
(Compuesto) **puntas de espárrago** *fpl* asparagus tips (*pl*)
B (de una aguja) point; (de una flecha, lanza) tip; (de un clavo, cuchillo, lápiz) point; **sácale ~ al lápiz** sharpen the pencil; **el cuchillo cayó de ~** the knife fell point first; **en ~** pointed; **los zapatos en ~** pointed shoes; **por un extremo acaba en ~** it's pointed at one end; ***hacerle ~ a algn*** (Chi fam) to try to win sb's affections; ***mandar a algn a la ~ del cerro*** (CS fam) to send sb packing (colloq), to tell sb to get lost (colloq); ***sacarle ~ a algo*** (Esp) to read too much into sth, distort *o* twist sth
(Compuesto) **punta de lanza** spearhead; **estos grupos fueron la ~ de ~ del cambio social** these groups spearheaded the process of social change *o* were the spearhead of social change
C (de un pañuelo) corner
D (Dep): **juega en la ~** he's a forward *o* striker
E (Geog) point
F (CS fam) (montón): **costó una ~ de plata** it cost a lot of money *o* (colloq) a fortune; **tiene una ~ de cosas que hacer** she has loads *o* stacks of things to do (colloq); **son una ~ de asesinos** they're a bunch of murderers (colloq)
G a punta de (AmL fam): **a ~ de repetírselo mil veces** by telling him it a thousand times; **se curó a ~ de antibióticos** he got better by taking antibiotics; **a ~ de palos lo hicieron obedecer** they beat him until he did as he was told; **una dieta a ~ de líquidos** a liquid-based diet

punta[3] *mf* (Dep) striker, forward; **~ izquierdo/~ derecho** left/right winger

puntabola *f* (Bol) ballpoint pen, Biro® (BrE)

puntada *f*
A (en costura) stitch; **voy a darle unas ~s al dobladillo** I'm going to put a few stitches *o* a stitch in the hem; **¡qué ~s más desiguales!** this stitching's very uneven!; ***no da/dan ~ sin hilo*** (CS fam) she doesn't/they don't do anything for nothing; ***no dar ~*** (fam): **aún no has dado ~** you haven't done a stroke (of work) yet (colloq)
B (Esp fam) (insinuación) hint; **soltar una ~** to drop a hint
C (CS) (de dolor) stab of pain, sharp pain; **sentí una ~ en la espalda** I felt a sudden stab of pain in my back; **no puedo seguir corriendo, tengo una ~ en el costado** I can't carry on running, I have (a) stitch (in my side)
D (Méx fam) (comentario ingenioso) quip, witticism

puntaje *m* (AmL): **sacó el ~ más alto de la clase** she got the highest grades (AmE) *o* (BrE) marks in the class; **su canción obtuvo el ~ más bajo del certamen** her song was given the lowest score in the contest; **el ~ logrado en cada prueba del decatlón** the points scored in each event of the decathlon

puntal *m* **1** (Const) (vertical) prop, post; (inclinado) prop, shore **2** (Náut) (soporte de cubierta) stanchion; (altura desde la quilla) height **3** (sostén, apoyo) mainstay

puntapié *m* kick; **darle** *or* **pegarle un ~ a algn/algo** to kick sb/sth, to give sb/sth a kick *para modismos ver* **patada**

puntazo *m*
A (Taur) (cornada) jab; (herida) wound (*inflicted by a bull's horn*)
B (fam) (patada) toe punt

punteado -da *adj* (de puntos) dotted; (de perforaciones) perforated, dotted

puntear [A1] *vt*
A ‹*melodía*› to pluck, play … pizzicato; **~ la guitarra** to pluck the guitar
B (AmL) (Dep) to lead; **Herrera punteó toda la etapa de ayer** Herrera led *o* was in the lead throughout yesterday's stage

punteo *m* plucking

puntera *f* (de un zapato) toe; (de medias, calcetines) toe

puntería *f*: **¡qué ~!** what a shot!; **tener buena/mala ~** to be a good/bad shot; **tiene ~, siempre llega a la hora de comer** (hum) his timing's perfect, he always turns up at mealtimes (hum); **hacer ~** to take aim; ***afinar la ~*** (apuntar con cuidado) to take careful aim; (poner cuidado) to take care, be careful

puntero[1] **-ra** *adj* **1** ‹*empresa/sector/país*› leading (*before n*); **la empresa tiene una situación puntera en el mercado de electrodomésticos** the company leads the market in electrical appliances; **el país ~ en la minería del cobre** the leading copper-producing country; **el ciclista ~** the leading cyclist; **van ~s en la división** they are at the top of the division, they are the division leaders **2** (Esp) (estupendo) great (colloq)

puntero[2] *m*
A 1 (para señalar) pointer **2** (Andes) (de un reloj) hand
B (Dep) **1** (equipo) leader, leaders (*pl*) **2** (Col, CS) (en fútbol) winger

puntete *m*: **se le escapó un ~** he passed wind, he let off (colloq & euph)

puntiagudo -da *adj* (que acaba en punta) pointed; (con la punta afilada) sharp; **una nariz puntiaguda** a pointed nose; **un lápiz ~** a sharp pencil; **un palo ~** a sharp *o* pointed stick

puntilla *f*
A (Taur) dagger (*used to administer the coup de grâce in a bullfight*); ***dar la ~*** (Taur) to administer the coup de grâce; **se dio la ~ a esta práctica** they put an end to this practice
B (clavo) nail
C (punta del pie): **de ~s** *or* (AmL) **en ~s** on tiptoe; **ponerse/andar de ~s** to stand/walk on tiptoe; **entró de ~s para no despertar al niño** she tiptoed into the room so as not to wake the child
D (encaje) lace edging
E (península) spit, headland

puntillazo *m* coup de grâce (*administered using the* ▸**puntilla**)

puntillero -ra *m,f*: *bullfighter who administers the coup de grâce with the* ▸**puntilla**

puntillismo *m* pointillism

puntillista *adj/mf* pointillist

puntilloso -sa *adj* particular, punctilious

punto *m*
A 1 (señal, trazo) dot; **desde el avión la ciudad se veía como un conjunto de ~s luminosos** from the plane the city looked like a cluster of pinpoints of light *o* of bright dots; **el barco no era más que un ~ en el horizonte** the boat was no more than a dot *o* speck on the horizon **2** (Ling) (sobre la 'i', la 'j') dot; (signo de puntuación) period (AmE), full stop (BrE); ***a ~ fijo*** exactly, for certain; **no le sabría decir a ~ fijo cuándo llegan** I couldn't tell you exactly *o* for certain when they will be arriving; ***... y punto:* si te parece mal se lo dices y ~** if you don't like it you just tell him, that's all there is to it; **lo harás como yo digo y ~** you'll do it the way I tell you and that's that, you'll do it the way I tell you, period (AmE) *o* (BrE) full stop; ***poner los ~s sobre las íes*** (dejar algo en claro) to make sth crystal clear; (terminar algo con mucho cuidado) to dot the i's and cross the t's; ***sin faltar un ~ ni una coma*** down to the last detail; ▸**dos**[1]
(Compuestos)
- **punto decimal** ▸ℹ **p.243**; decimal point
- **punto final** period (AmE), full stop (BrE); ***poner ~ ~ a algo*** to end sth; **decidió poner ~ ~ a sus relaciones** he decided to end their relationship
- **puntos suspensivos** *mpl* ellipsis (tech), suspension points (*pl*) (AmE), dot, dot, dot
- **punto y aparte** period, new paragraph (AmE), full stop, new paragraph (BrE)
- **punto y coma** semicolon
- **punto y seguido** period (AmE), full stop (BrE) (*no new paragraph*)

B 1 (momento) point; **en ese ~ de la conversación** at that point in the conversation; **su popularidad alcanzó su ~ más bajo** his popularity reached its lowest ebb *o* point **2** (lugar) point; (en geometría) point; **fijó la mirada en un ~ lejano del horizonte** she fixed her gaze on a distant point on the horizon; **están buscando un local en un ~ céntrico** they are looking for premises somewhere central; **en el ~ en que la carretera se divide** at the point where the road divides; **el ~ donde ocurrió el accidente** the spot *o* place where the accident happened
(Compuestos)
- **punto aéreo** (Esp) (Aviac) air mile
- **punto álgido** crucial moment *o* point
- **punto cardinal** cardinal point
- **punto ciego** blind spot
- **punto crítico** critical point
- **punto culminante** high point
- **punto de apoyo** (para una palanca) fulcrum; **no hay ningún ~ de ~ para la escalera** there is nowhere to lean the ladder; **constituía el ~ de ~ de su defensa** it formed the cornerstone of his defense
- **punto de arranque** ▸**punto de partida**
- **punto débil** weak point
- **punto de caramelo**: ***a ~ de ~*** ‹*almíbar*› caramelized; (en su mejor momento) (fam): **este queso está a ~ de ~** this cheese is just right (for eating); **yo no lo encuentro viejo, para mí está a ~ de ~** I don't think he's old, if you ask me he's in his prime *o* he's just right; **la situación está a ~ de ~ para otro golpe militar** the situation is ripe for another military coup
- **punto de congelación** freezing point
- **punto de contacto** point of contact; **el movimiento tiene muchos ~s de ~ con el surrealismo** the movement has a lot in common with surrealism
- **punto de control** checkpoint
- **punto de ebullición** boiling point
- **punto de fuga** vanishing point
- **punto de fusión** melting point

ℹ Los puntos cardinales

En español como en inglés la lista de los cuatro puntos cardinales se da, tradicionalmente, en el mismo orden:

norte	N	north	N
sur	S	south	S
este	E	east	E
oeste	O	west	W

En las explicaciones siguientes, tanto en lo que se refiere al punto cardinal como a la parte o sección, se empleará *norte* como ejemplo. Los otros puntos cardinales se utilizan de la misma manera:

noreste	NE	northeast	NE
nordeste *or* nornoreste	NNE	north-northeast	NNE
nornoroeste	NNO	north-northwest	NNW

¿Dónde?

viven en el norte
= they live in the north *o* (menos formal) they live up north

queda al norte
= it's to the north

al norte de Londres
= to the north of London

está justo *or* ***exactamente al norte del río***
= it's due north of the river

Cuando se utilizan con el carácter de adjetivo (invariable), el inglés suele utilizar también la terminación *-ern*:

la costa norte
= the north *o* northern coast

la cara norte de la montaña
= the north *o* northern face of the mountain

las regiones norte del país
= the northern regions of the country

También en los siguientes casos:

un pueblo/acento del norte
= a northern town/accent

la ciudad más al norte del país
= the northernmost *o* the most northerly town of the country

En inglés también se emplea la terminación *-ern* para designar las regiones del interior de un país o de un continente:

Europa del norte
= northern Europe

el norte de Inglaterra
= northern England

el hemisferio norte
= the northern hemisphere

Para los países que incluyen en su nombre el punto cardinal (Corea del Norte), consultar el diccionario

¿En qué dirección?

En inglés también se utilizan los adjetivos terminados en *-ward*, *-erly* y los adverbios terminados en *-ward* (AmE) o *-wards* (BrE) para indicar una dirección vaga:

en dirección norte
= in a northward direction

hacia el norte
= in a northerly direction

iban/navegaban hacia el norte
= they were going/sailing northward(s)

viajar al norte
= to travel north *o* northward(s)

doble hacia el norte
= turn north *o* northward(s)

venir del norte
= to come from the north

va de Norte a Sur
= it runs North to South

Para describir el desplazamiento de un objeto, el inglés suele utilizar un compuesto con terminación *-bound*:

el tráfico *or* ***los vehículos que van en dirección norte***
= northbound traffic

el tren que va hacia el norte
= the northbound train

Otros ejemplos:

el tráfico *or* ***los vehículos que vienen del norte***
= traffic from the north

un balcón que da al norte
= a north-facing balcony

el jardín está orientado al norte
= the garden faces north

Nótense las traducciones siguientes cuando se habla de personas y del viento:

es del norte *or* ***es norteño***
= he's from the north *o* he's a northerner

los norteños
= northerners *o* people from the north

el viento norte
= the north wind

viento del norte
= northerly wind *o* wind from the north
= northerly (Náut)

vientos preponderantes del norte
= prevailing northerly winds

- **punto de inflexión** point of inflexion (*on a curve*)
- **punto de interrupción** (Inf) breakpoint
- **punto de libro** (Esp) bookmark
- **punto de mira** (de un rifle) front sight; (blanco) target; (objetivo) aim, objective; (punto de vista) point of view
- **punto de nieve**: **batir las claras a ~ de ~** beat the egg whites until they form stiff peaks
- **punto de no retorno** point of no return
- **punto de partida** (sitio) starting point; (de un proceso, razonamiento) starting point; **esta dramática escalada tiene un claro ~ de ~ en los sucesos del mes pasado** this dramatic escalation clearly has its origins in the events of last month
- **punto de penalty** *or* **penalti** penalty spot
- **punto de referencia** reference point
- **punto de reunión** meeting place, assembly point
- **punto de turrón** (Méx) ▸**punto de nieve**
- **punto de venta** point of sale, outlet, sales outlet
- **punto único de venta** unique selling point
- **punto de vista** (perspectiva) viewpoint, point of view; (opinión) views (*pl*); **desde un ~ de ~ técnico** from a technical viewpoint, from a technical point of view; **todos conocen mi ~ de ~ sobre este asunto** you all know my views on this matter
- **punto fijo** (Chi) (lugar) *permanent or semi-permanent guard post*; (vigilante) guard; **está en ~ toda la noche** he is on guard duty all night
- **punto flaco** weak point
- **punto medio**: **habrá que esperar a que las cosas lleguen a su ~ ~** we'll have to wait until things sort themselves out; **hay que buscar el ~ ~ entre las dos cosas** you have to strike a balance between the two things
- **punto muerto** (Auto) neutral; (Fin) break even point; (en negociaciones) deadlock; **las conversaciones han llegado a un ~ ~** the talks have reached deadlock *o* stalemate; **el proceso está en ~ ~** the process is deadlocked
- **punto negro** (en la carretera) black spot; (en la piel) blackhead
- **punto neurálgico** (Anat) nerve center*; (de una organización, un sistema) nerve center*; **un accidente en uno de los ~s ~s de la ciudad** an accident at one of the busiest spots *o* points in the city; **uno de los ~s ~s de la economía** one of the key elements of the economy

C (grado) point, extent; **hasta cierto ~ tiene razón** she's right, up to a point; **hasta cierto ~ me alegro de que se vaya** to a certain extent *o* in a way I'm glad she's going; **claro que fue atento y amable, hasta tal ~ que llegó a resultarnos pesado** of course he was attentive and kind, so much so that it got a bit much for us

D (asunto, aspecto) point; **en ese ~ no estoy de acuerdo contigo** I don't agree with you on that point; **los ~s a tratar en la reunión de hoy** the matters *o* items on the agenda for today's meeting; **hay algunos ~s de coincidencia entre los dos enfoques** the two approaches have some points in common; **analizamos la propuesta ~ por ~** we analyzed the proposal point by point

E (*en locs*): **a punto** (a tiempo) just in time (Coc) ▸**en su punto**; **has llegado a ~ para ayudarme** you've arrived just in time to help me; **a ~ DE + INF**: **estábamos a ~ de cenar cuando llamaste** we were about to have dinner when you phoned; **estuvo a ~ de matarse en el accidente** he was nearly killed in the accident, he came within an inch of being killed in the accident; **estaba a ~ de decírmelo cuando tú entraste** she was on the point of telling me *o* she was about to tell me when you came in; **se notaba que estaba a ~ de llorar** you could see she was on the verge of tears; **en su punto** just right; **el arroz está en su ~** the rice is just right; **la carne estaba en su ~** the meat was done to a turn; **al punto** (Esp) right away, at once, straightaway (BrE); **en punto**: **te espero a las 12 en ~** I'll expect you at 12 o'clock sharp; **son las tres en ~** it's exactly three o'clock; **llegaron en ~** they arrived exactly on time, they arrived on the dot *o* dead on time (colloq); **de todo punto** absolutely, totally; **eso es de todo ~ inaceptable** that is totally *o* completely unacceptable; **se negaba de todo ~ a hacerlo** she absolutely *o* flatly refused to do it

F **1** (en costura) stitch; **~ *en boca*** (fam): **y ya saben, diga lo que diga él, nosotros ~ en boca** and remember, whatever he says, we keep our mouths shut **2** (en cirugía) *tb* **~ de sutura** stitch; **le tuvieron que poner ~s** she had to have stitches **3** (en labores) stitch; **se me ha escapado un ~** I've dropped a stitch; **artículos de ~** knitwear; **hacer ~** (Esp) to knit

(Compuestos)
- **punto atrás** backstitch
- **punto cadena** chain stitch
- **punto cruzado** herringbone stitch
- **punto (de) cruz** cross-stitch
- **punto de escapulario** herringbone stitch
- **punto del derecho** plain stitch
- **punto del revés** purl stitch
- **punto de media** stocking stitch
- **punto elástico** rib, ribbing
- **punto jersey** stocking stitch
- **punto Santa Clara** garter stitch
- **punto sombra** shadow stitch

G [1] (unidad) (Dep, Jueg) point; (Educ) point, mark; **venció por ~s** he won on points; **tiene dos ~ de ventaja sobre Clark** he is two points ahead of Clark, he has a two point advantage over Clark; **pierdes dos ~s por cada falta de ortografía** you lose two marks *o* points for every spelling mistake; ***anotarse/marcarse un ~*** (fam): **la paella está exquisita, te has anotado un ~** ten out of ten *o* (BrE) full marks for the paella, it's delicious; ***matarle el ~ a algn*** (CS fam) to go one better than sb; ***subir de ~*** «*ira/admiración*» to grow; «*discusión*» to heat up, grow heated [2] (Fin) point

(Compuestos)

- **punto de** *or* **para partido** match point
- **punto de ruptura** break point
- **punto de** *or* **para set** set point
- **punto porcentual** percentage point

H (poco, pizca): **es orgulloso, con un ~ de bravuconería** he's proud, with just a touch *o* hint of boastfulness about him

I [1] (Per, RPl arg) (tonto) idiot; ***agarrar*** *or* ***tomar a algn de ~*** (Per, RPl arg): **lo han agarrado de ~** (burlándose de él) they've made him the butt of their jokes; (aprovechándose de él) they've taken him for a ride (colloq); **la profesora me ha agarrado de ~** the teacher has it in for me (colloq) [2] (RPl arg) (tipo) guy (colloq)

punto com[1]**, puntocom** *adj invar* dot com (*before n*)

punto com[2]**, puntocom** *f* (*pl* ~) dot com company

puntuable *adj*: **es una prueba ~ para el campeonato** the race counts towards the championship

puntuación *f*

A (Impr, Ling) punctuation; ►**signo**

B [1] (acción) (Educ) grading (AmE), marking (BrE); (Dep) scoring [2] (esp Esp) (puntos obtenidos) (Educ) grade (AmE), mark (BrE); (Dep) score; **la canción mexicana consiguió la máxima ~** the Mexican song got the highest score

puntual *adj*

A [1] ‹*persona*› punctual; **soy muy ~** I am very punctual, I am always on time [2] (*como adv*) punctually, on time; **siempre llega ~** he always arrives punctually *o* on time, he is always punctual; **la reunión siempre empieza ~** the meeting always starts punctually *o* on time

B (detallado) detailed; (exacto) precise; (cuestión) specific; **necesito un informe ~** I need a detailed report; **es difícil hacer un balance ~ de los resultados obtenidos** it is difficult to give a precise assessment of the results

C (Ling) ‹*aspecto*› momentary, punctual

puntualidad *f* punctuality; **se ruega ~ en el pago** prompt payment is requested

puntualización *f*: **quisiera hacer algunas puntualizaciones sobre este artículo** there are a few points I would like to make about this article

puntualizar [A4] *vt* [1] (especificar) to state; **una serie de argumentos que será necesario ~** a number of arguments that will have to be stated *o* specified; **puntualizó los principales inconvenientes del proyecto** she listed *o* stated the main arguments against the project [2] (señalar) to point out; **en respuesta a su carta quisiera ~ que ...** in reply to your letter, I should like to point out that ...

puntualmente *adv* (con puntualidad) punctually; (con exactitud) accurately; **siempre llega ~ al trabajo** she's always punctual *o* on time for work

puntuar [A18] *vt*

A ‹*examen/prueba*› to grade (AmE), to mark (BrE)

B ‹*texto*› to punctuate

■ **puntuar** *vi*

A [1] «*partido/prueba*»: **~ PARA algo** to count TOWARD(s) sth [2] «*deportista*» to score, score points; **puntuó muy alto en las dos primeras vueltas** she got a very high score in the first two rounds, she scored very high points *o* very well in the first two rounds

B (calificar): **puntúa muy bajo** she gives very low grades (AmE) *o* (BrE) marks

puntudo -da *adj*

A (Col, CS) (que acaba en punta) pointed; (con la punta afilada) sharp; **un lápiz ~** a sharp pencil; **un palo ~** a sharp *o* pointed stick; **nariz puntuda** pointed nose

B (Chi fam) ‹*tema*› touchy (colloq); ‹*persona*› touchy (colloq)

punzada *f* sharp pain, stab of pain; **me dio una ~ en el costado** I felt a sharp pain *o* a stab of pain in my side; **sintió una ~ de remordimiento** she felt a pang of remorse

punzante *adj* [1] ‹*objeto*› sharp [2] ‹*dolor*› sharp, stabbing (*before n*) [3] ‹*palabras/comentario*› biting, incisive; ‹*estilo*› caustic

punzar [A4] *vt* [1] (agujerear) to punch a hole in [2] (Med) to puncture

punzón *m* [1] (para hacer agujeros) bradawl, awl; (para hacer ojetes) hole punch [2] (de grabador, escultor) burin [3] (para monedas, medallas) stamp, die

puñado *m* handful; **un ~ de arena** a handful *o* fistful of sand; **un ~ de clientes** a handful of customers; **había cucarachas a ~s** there were loads *o* hundreds of cockroaches

puñal[1] *adj* (Méx fam & pey) gay, faggoty (AmE colloq & pej), poofy (BrE colloq & pej)

puñal[2] *m* dagger; ***ponerle un ~ en el*** *or* ***al pecho a algn*** to hold a gun to sb's head

puñalada *f*

A [1] (navajazo) stab; **lo mató a ~s** she stabbed him to death; ***coser a algn a ~s*** to carve sb up (colloq) [2] (herida) stab wound

B (disgusto): **la noticia fue una ~ para ella** the news came as a terrible blow to her

(Compuesto) **puñalada trapera** *or* **por la espalda** stab in the back

puñalear [A1] *vt* (Ven fam) to grind (AmE colloq), to swot up (BrE colloq)

puñeta *f* (Esp fam): **¡~(s)! ¡ya te lo he dicho mil veces!** for heaven's sake! I've already told you a thousand times (colloq); **¿qué ~(s) tiene que venir a hacer él aquí?** what the hell's he doing here? (colloq); **¡qué resfriado ni qué ~s!** I don't give a damn if you have a cold! (colloq); ***en la quinta ~*** (Esp fam *o* vulg) in the back of beyond (colloq), in the boondocks (AmE colloq); ***hacerle la ~ a algn*** (Esp fam): **si no se acuerda de traérmelo hoy, me hace la ~** if she doesn't remember to bring it for me today, I'll be in deep trouble; ***mandar algo/a algn a hacer ~s*** (Esp fam): **como no dejes de molestar te van a mandar a hacer ~s** if you don't stop bothering them they'll tell you where to get off (colloq); **¡vete a hacer ~s!** go to hell! (colloq)

puñetazo *m* punch; **darle** *or* **pegarle un ~ a algn** to punch sb; **terminaron la discusión a ~s** the argument degenerated into a brawl (colloq); **se dieron ~s** *or* **de ~s** they traded punches (colloq); **le rompió la cara de un ~** he smashed his fist into his face, he smashed his face in (colloq); **se hartó y dio** *or* **pegó un ~ en la mesa** he got fed up and thumped the table with his fist

puñetero[1] **-ra** *adj* (fam) [1] (*delante del n*) (uso enfático): **tuvieron otra discusión por la puñetera perra** they had another argument over the damn *o* blasted dog (colloq); **tengo ganas de irme de este ~ pueblo** I want to get out of this lousy *o* miserable town (colloq); **no nos hizo ni ~ caso** he didn't take a damned *o* (BrE) a blind bit of notice of us (colloq); **vete de una puñetera vez** just get the hell out of here (colloq) [2] [SER] ‹*persona*› **no seas ~** don't be a swine (colloq), don't be a jerk (colloq)

puñetero[2] **-ra** *m,f* (fam) jerk (colloq), swine (colloq), bastard (sl)

puño *m*

A ►ⓘ **p.231** (Anat) fist; **golpeé la mesa con el ~** I banged my fist on the table; **apretar los ~s** to clench one's fists; **cierre el ~** make a fist, clench your fist; **saludó al público con el ~ en alto** he greeted the crowd with a clenched fist salute; **intentan conseguirlo todo a base de ~s** they try to get everything by using violence *o* by force; ***caerle a algn como un ~*** (Col) ►**tiro**: ***como ~s:*** **dijo mentiras como ~s** he told some whopping great lies (colloq) *ver tb* **verdad**; ***de mi/tu/su ~ y letra*** in my/your/his own hand; ***pelear a ~ limpio*** to have a fistfight; ***tener a algn (metido) en un ~*** (fam) to have sb twisted around one's little finger

B (de una camisa) cuff

C [1] (de una espada) hilt; (de un bastón) handle, haft [2] (de una moto) grip

pupa *f* [1] (fam) (en los labios) cold sore [2] (Esp leng infantil) (dolor, daño): **mamá, (tengo) ~** mummy, it hurts; **¿te has hecho ~?** have you hurt yourself?

pupas *mf* (Esp fam): **es un ~** he's always hurting himself, he's always in the wars (colloq)

pupila *f* ►ⓘ **p.231** pupil; **siempre tuvo mucha ~ para los negocios** she always had a good head for business

pupilaje *m* (ant) board and lodging

pupilo[1] **-la** *adj* (RPl): **está ~ en el colegio** he's a weekly boarder at the school

pupilo[2] **-la** *m,f*

A [1] (de un maestro) pupil; (de un tutor) ward, charge; **fue ~ del gran entrenador jamaicano** he was trained by the great Jamaican coach [2] (Chi frml) (Educ) (*m*) son; (*f*) daughter [3] (Chi) (respecto del apoderado) ward

B [1] (ant) (en una pensión) boarder [2] (RPl) (alumno interno) boarder

pupitre *m* desk

pupo *m* (Arg fam) belly button (colloq)

pura *f* (CS): **la ~** (fam) the honest truth (colloq)

puramente *adv* purely; **lo hizo ~ por dinero** he did it purely *o* just for money; **se trata, pura y simplemente** *or* **pura y llanamente, de un secuestro** it is a case of kidnapping pure and simple

puras *fpl* (Chi fam): **por las ~** for nothing

purasangre *mf* thoroughbred

puré *m*: **~ de verduras** puréed vegetables; **~ de tomates** tomato purée *o* paste; **~ de manzana** (para carnes) apple sauce; (para bebés) apple purée; **~ de papas** *or* (Esp) **patatas** mashed *o* creamed potatoes; (más líquido) potato purée; ***estar hecho ~*** (fam) to be beat (colloq), to be done in (colloq); ***hacer ~ a algn*** (fam) to beat sb to a pulp (colloq), to make mincemeat of sb (colloq)

pureta *mf* (Esp arg) (persona — vieja) old guy (colloq); (— reaccionaria) boring old fart (sl)

puretera *f*, **puretero** *m* (RPl) (para aplastar) potato masher; (prensa) ricer

pureza *f* [1] (del alma, corazón) purity [2] (de una sustancia) purity

purga *f* [1] (Med) purgative, laxative [2] (Pol) purge

purgante[1] *adj* [1] (Med) purgative, laxative [2] (Relig) ►**iglesia**

purgante[2] *m* purgative, laxative

purgar [A3] *vt*

A [1] (Med) to purge [2] (Tec) ‹*tubería/depósito*› to drain; ‹*frenos*› to bleed [3] (Pol) to purge

B ‹*pecados*› to purge, expiate

■ **purgarse** *v pron* to purge one's bowels

purgatorio *m* purgatory; **las almas** *or* **ánimas del ~** the souls in purgatory; **vivir con ese borracho debe ser un ~** it must be purgatory *o* hell living with that drunkard

puridad *f* (frml): **en ~** strictly, strictly speaking

purificación *f* purification

purificador[1] **-dora** *adj* purifying (*before n*)

purificador[2] *m* purifier

(Compuesto) **purificador de ambientes** (Col) air freshener

purificadora *f tb* : **~ de agua** water treatment plant, waterworks (*sing or pl*)

purificante *adj* purifying (*before n*)

purificar [A2] *vt* [1] ‹*alma*› to purify [2] ‹*aire/agua/sangre*› to purify

Purísima *f*: **la ~** the (Blessed) Virgin

purismo *m* purism

purista *adj/mf* purist

puritanismo *m* puritanism

puritano[1] **-na** *adj* [1] (Relig) Puritanical, Puritan (*before n*) [2] (mojigato) puritanical

puritano[2] **-na** *m,f* 1 (Relig) Puritan 2 (mojigato) puritan

puro[1] **-ra** *adj*

A 1 (sin mezcla) pure; **~ zumo de uva** pure grape juice; **es de pura lana** it's pure wool; **el aire ~ del campo** the fresh *o* clean country air 2 (casto, inocente) ‹*mujer*› chaste, pure; ‹*niño*› innocent; ‹*mirada/amor*› innocent, pure

(Compuesto) **pura sangre** *mf* thoroughbred

B (mero, simple) (*delante del n*): **es la pura verdad** it's the plain *o* honest truth (colloq); **acertó por pura casualidad** she got it right by pure *o* sheer chance; **fue pura coincidencia** it was pure *o* sheer coincidence; **esta carne es pura grasa** this meat is nothing but fat *o* is all fat; **es ~ músculo** he's all muscle; **lo hizo por ~ capricho** she did it purely on a whim; **se quedó dormido de ~ cansancio** he fell asleep from sheer exhaustion; **en ~ invierno** (Col) in the middle of winter

C (AmL fam) (sólo): **en esa oficina trabajan puras mujeres** there are only women in that office, there aren't any men at all in that office; **a ese bar van ~s viejos** only old men go to that bar; **son puras mentiras** it's just a pack of lies (colloq), it's all lies

puro[2] *adv*

A (AmL fam) (muy, tan): **se murió de ~ vieja** she just died of old age; **ni se sabe de qué color es de ~ sucio que está** it's so filthy you can't even tell what color it is; **lo hizo de ~ egoísta** he did it out of sheer selfishness, he did it purely out of selfishness

B (Col fam) (justo) right; **lo mataron ~ al borde de la carretera** they killed him right beside the road

puro[3] *m* 1 (cigarro) cigar 2 (Esp fam) (tarea difícil): **esta asignatura es un ~** this subject is really heavy going *o* is really tough (colloq) 3 (Esp fam) (castigo): **¡vaya ~!** that's a bit stiff *o* tough! (colloq); **te van a meter un buen ~** they're going to throw the book at you (colloq)

(Compuesto) **puro habano** Havana cigar, Havana

púrpura *f*

A (Med) purpura

B ▸ⓘ **p.181**; **(de) color ~** purple

(Compuesto) **púrpura cardenalicia** purple

purpurado *m* cardinal; **ser elevado al ~** (liter) to be raised to the purple (liter)

purpúreo -rea *adj* purple

purpurina *f* 1 (en pinturas) metallic powder 2 (para adornar) glitter

purpurino -na *adj* purple

purrete *m* (RPl fam) kid (colloq)

purulento -ta *adj* purulent

pus *m* pus

pusca *f*, **pusco** *m* (Esp arg) gun, rod (AmE sl), shooter (BrE sl)

puscafé *m* (Col) liqueur

puse, pusiera, etc ▸**poner**

pusilánime[1] *adj* pusillanimous (frml), fainthearted; **inténtalo, no seas ~** try it, don't be such a coward (colloq); **para esta clase de negocios no se puede ser ~** this line of business is not for the fainthearted

pusilánime[2] *mf*: **el mundo no es de los ~s** this world is no place for the fainthearted

pusiste, etc ▸**poner**

puso *see* ▸**poner**

pústula *f* pustule

put /pat/ *m* (*pl* **~s**) (en golf) putt

puta *f*

A (vulg & pey) (prostituta) prostitute, whore (colloq & pej), hooker (colloq); **ir de ~s** to go whoring (colloq); **hijo (de) ~** son of a bitch (vulg), bastard (vulg); **hace un frío de la gran ~** shit, it's freezing! (vulg), it's goddamn (AmE) *o* (BrE) bloody cold! (sl); **venía de un humor de la gran ~** (RPl) he was in a foul mood (colloq); ***por lo que las ~s pudiese*** (Arg) just in case; ▸**casa**

B (vulg) (uso expletivo): **¡la ~!** (expresando — asombro) shit! (sl), wow! (colloq), jeez! (AmE colloq), bloody hell! (BrE sl) (— fastidio) shit! (sl), damn! (colloq); **mira que son lentos ¡la ~!** they're so damned slow! (colloq), they're so slow, damn them! (colloq); ***nos/les fue como las ~s*** (Col vulg) we/they had a really lousy time (colloq), we/they had a bloody awful time (BrE sl); ***nos/les fue de ~s*** (Col vulg) we/they had an amazing time (colloq)

putada *f* (vulg): **no nos hagas esa ~** you can't play a dirty trick like that on us (colloq), you can't do the dirty on us like that (BrE colloq); **¡qué ~! hemos perdido el tren** damn *o* shit! we've missed the train (sl)

putañear [A1] *vi* (fam & ant) to go whoring (colloq)

putañero -ra *adj* (fam & ant) ‹*hombre*› whoring (*before n*) (colloq); ‹*lugar*› **los sitios ~s de la ciudad** the red-light district of the town

putativo -va *adj* putative (frml), presumed

puteada *f* (AmL fam): **me echó una ~ por llegar tarde** he cussed me (colloq) *o* swore at me for arriving late; **salió echando ~s** he went off cussing (colloq) *o* swearing

puteado -da *adj* (Esp vulg): **está muy ~** they're giving him a lot of grief (colloq), they're giving him a lot of shit (sl)

putear [A1] *vt*

A (AmL fam) (insultar): **me puteó porque llegué tarde** he tore into me for arriving late (AmE colloq), he had a go at me for arriving late (BrE colloq); **la puteó de arriba a abajo** he called her every name under the sun (colloq)

B (Esp vulg) (maltratar, jorobar): **me han puteado mucho en esta vida** I've had to take a lot of crap *o* shit in my life (sl)

■ **putear** *vi*

A (vulg) 1 «*prostituta*» to work as a prostitute, work one's beat (colloq) 2 (ir de putas) to go whoring (colloq)

B (AmL vulg) (decir palabrotas) to swear, cuss (sl); **cuando se enteró se puso a ~** when he found out he started swearing *o* cussing *o* (BrE colloq) effing and blinding

putería *f* (Col vulg): **¡qué ~ de película!** what an amazing film! (colloq)

puterío *m* (vulg) whoring (colloq), prostitution

putero *m* (Méx fam *o* vulg) whorehouse (colloq), cathouse (AmE colloq), brothel

puticlub *m* (*pl* **-clubs** *or* **-clubes**) (Esp fam) pickup joint (sl), red-light bar

puto[1] **-ta** *adj*

A 1 (vulg) ‹*mujer*› loose (pej); **es muy puta** she screws around a lot (vulg); **la puta madre que te parió** you son of a bitch! (vulg), you bastard! (vulg), you asshole! (vulg); ***de puta madre*** (Esp vulg) great (colloq), fantastic; **la fiesta estuvo de puta madre** the party was great *o* fantastic; **jugó de puta madre** he played fantastically *o* brilliantly (colloq) 2 (vulg) ‹*hombre*› faggoty (AmE colloq & pej), poofy (BrE colloq & pej)

(Compuestos)

• **puta madre** *m*

A (Chi fam) *hot chili pepper*

B (Chi vulg) son of a bitch (vulg)

• **puta parió** *m* (RPl fam) *hot chili pepper*

B (*delante del n*) (vulg) (uso expletivo): **no tengo ni puta idea** I don't have a goddamn (AmE) *o* (BrE) bloody clue (sl); **no te hacen ni ~ caso** they don't take the damnedest bit of notice *o* the slightest notice of you (colloq); **¡a ver si acabamos de una puta vez con este asunto!** let's get this damn thing sorted out once and for all (colloq); **¿qué ha pasado? ¡dímelo de una puta vez!** what's happened? tell me, damn it! (colloq)

C (Esp vulg) 1 (difícil, malo): **trabaja en unas condiciones bastante putas** she works in pretty terrible *o* (sl) shitty conditions (sl) 2 (cabrón): **fueron tan ~s que volvieron y nos rayaron todo el coche** the sons of bitches *o* the bastards came back and scratched all the paintwork on our car (vulg)

puto[2] *m*

A (vulg & pey) 1 (prostituto) male prostitute, rent boy (BrE colloq) 2 (homosexual) fag (AmE colloq & pej), poof (BrE colloq & pej)

B (Esp vulg) (cabrón) son of a bitch (vulg), bastard (vulg)

C (Chi vulg) (proxeneta) pimp

putrefacción *f* putrefaction

putrefacto -ta *adj* putrid

pútrido -da *adj* putrid

putsch /putʃ/ *m* (*pl* **~**) putsch

putt /put, pʌt/ *m* (*pl* **putts**) putt

putter /'pater/ *m* (*pl* **~s**) putter

puya *f* 1 (Taur) point (*of the picador's lance*) 2 (comentario irónico) gibe; **lanzar** *or* **echar una ~** to make a gibe

puyar [A1] *vt* (Col, Ven) 1 (con alfiler, púa) to prick 2 (fam) (para conseguir algo) to hassle (colloq)

■ **puyarse** *v pron* (Col, Ven): **me puyé con la rosa** I pricked myself on the rose

puyudo -da *adj* (Ven) pointed

puzzle /'pusle/ *m* 1 (rompecabezas) puzzle, jigsaw puzzle 2 (Chi) (crucigrama) crossword, crossword puzzle

PVC /peβe'se, peβe'θe/ *m* PVC

PVP *m* 1 (Com) (**= precio de venta al público**) retail price 2 (Pol) (en Ur) **= Partido por la Victoria del Pueblo**

PYME /'pime/ *f* **= Pequeña y Mediana Empresa**

pyrex® /'pireks || (esp AmL) /'paireks/ *m* Pyrex®

Pza. *f* (**= Plaza**) Sq

p

q, Q *f* (*read as* /ku/) (the letter) q, Q

Qatar *m* Qatar

q.b.s.m. (frml) (Corresp) = **que besa su mano**

q.e.p.d. (= **que en paz descanse**) R.I.P.

QH *f* (en Esp) = **quiniela hípica**

q.m. = **quintal métrico/quintales métricos**

Quáker® *m* (CS) porridge, rolled oats

quántico -ca *adj* ▸**cuántico**

quántum *m* (*pl* **-ta**) quantum

quark *m* (*pl* **quarks**)

A (Fís) quark

B (queso) quark

quásar *m* quasar

que¹ *conj*

A (en oraciones sustantivas) [1] (introduciendo un complemento) **~ + INDIC: ¿puede demostrar ~ estuvo allí?** can you prove (that) you were there?; **creemos ~ ésta es la única solución viable** we believe that this is the only viable solution, we believe this to be the only viable solution; **estoy seguro de ~ vendrá** I'm sure she'll come; **¿cuántos años crees ~ tiene?** how old do you think she is?; **me preguntó ~ quién era yo** he asked me who I was; **dice Javier ~ dónde está la tijera** Javier wants to know where the scissors are, Javier says where are the scissors? (colloq); **lo raro ~ lo pronuncia** the strange way he pronounces it; **~ + SUBJ: quiero ~ vengas** I want you to come; **lamento ~ no puedas quedarte** I'm sorry (that) you can't stay; **dice ~ apagues la luz** he says you're to turn the light off; **~ yo sepa aún no han llegado** as far as I know they still haven't arrived; **ve a ~ te ayude tu padre** go and get your father to help you [2] (introduciendo el sujeto) **~ + INDIC: está claro ~ no te gusta** it's obvious that you don't like it, you obviously don't like it; **eso de ~ estaba enfermo es mentira** (fam) this business about him being ill is a lie; **~ + SUBJ: (el) ~ sea el jefe no significa ...** the fact that he's the boss doesn't mean ..., just because he's the boss doesn't mean ...; **lo más importante es ~ quede claro** the most important thing is for it to be clear *o* is that it should be clear; **sería una pena ~ no pudieses venir** it would be a pity if you couldn't come [3] **es que: es ~ hoy no voy a poder** the thing is *o* I'm afraid (that) I won't be able to today; **me gustaría ir, pero es ~ no tengo dinero** I'd like to go, the trouble is I don't have any money; **pero ¿es ~ eres sordo?** are you deaf or something?

B (con elipsis del verbo o complemento) [1] (en expresiones de deseo, advertencia): **¡~ te mejores!** I hope you feel better soon; **¡~ se diviertan!** have a good time!; **por mí ~ se muera** he can drop dead for all I care; **y ~ no tenga que repetírtelo** and I don't want to have to tell you again [2] (en expresiones de mandato): **¡~ te calles!** shut up! (colloq); **¡~ pase el siguiente!** next please! [3] (en expresiones de concesión, permiso): **si quiere, ~ se quede** let him stay if he wants to, he can stay if he wants to [4] (en expresiones de sorpresa): **¿~ se casa?** she's getting married?; **¿cómo ~ no vas a ir?** what do you mean, you're not going? [5] (en expresiones de indignación): **¡~ tengamos que aguantarle esto!** to think we have to put up with this from him!

C (uso enfático) [1] (reafirmando algo): **¡~ no, ~ no voy!** no, I tell you, I'm not going!, no! I'm not going!; **¡~ sueltes, te digo!** I said, let go! [2] (respondiendo a una pregunta): **¿~ dónde estaba? pues aquí, no me he movido de casa** where was I? right here, I haven't left the house; **¿~ qué hago yo aquí? ¡pero si ésta es mi casa!** what do you mean, what am I doing here? this is my house! [3] (indicando persistencia): **estuvimos todo el día corre ~ te corre** we spent the whole day rushing around

D [1] (introduciendo una razón): **escóndete, ~ te van a ver** hide or they'll see you, hide, they'll see you; **ven, ~ te peino** come here and let me comb your hair [2] (introduciendo una consecuencia) that; **se parecen tanto ~ apenas los distingo** they're so alike (that) I can hardly tell them apart; **canta ~ da gusto** she sings beautifully; **está ~ da pena verlo** he's in a sorry state

E (en comparaciones): **su casa es más grande ~ la mía** his house is bigger than mine; **tengo la misma edad ~ tú** I'm the same age as you; **quiera ~ no, deberá reconocerlo** like it or not, he'll have to accept it, he'll have to accept it, whether he likes it o not

F (fam) (en oraciones condicionales) if; **yo ~ tú no lo haría** I wouldn't do it if I were you

G (arc) (expresando contraste): **justicia pido, ~ no favores** I ask for justice, not for favors

que² *pron*

A (refiriéndose a personas) [1] (*sujeto*) who; **los ~ estén cansados, que esperen aquí** those who are tired *o* anyone who's tired, wait here; **los niños, ~ estaban cansados, se quedaron** the children, who were tired, stayed behind; **no conozco a nadie ~ tenga piscina** I don't know anyone who has a swimming pool; **el hombre ~ está sentado en la arena** the man (who's) sitting on the sand; **ésa es Cecilia, la ~ acaba de entrar** that's Cecilia, the one who's just come in; **todo el ~ no esté de acuerdo, que lo diga** anyone who disagrees should say so, if anyone disagrees, please say so; **aquí la ~ manda es mi madre** my mother's the one who gives the orders here [2] (*complemento*): **todas las chicas ~ entrevistamos** all the girls (that *o* who) we interviewed, all the girls whom we interviewed (frml); **es el único al ~ no le han pagado** he's the only one who hasn't been paid; **la sentaron al lado de Rodrigo, al ~ detestaba** they sat her next to Rodrigo who *o* (frml) whom she hated; **el paciente del ~ te hablé** the patient (that *o* who) I spoke to you about

B (refiriéndose a cosas, asuntos etc) [1] (*sujeto*) that, which; **la pieza ~ se rompió** the part that *o* which broke; **eso es lo ~ me preocupa** that's what worries me; **me contaron lo ~ pasó** they told me what happened [2] (*complemento*): **el disco ~ le regalé** the record (which *o* that) I gave her; **tiene mucha flema, como buen inglés ~ es** he's very phlegmatic, good Englishman that he is; **¿sabes lo difícil ~ fue?** do you know how hard it was? *ver tb* **lo¹ B**, **que¹ C**; **me dormí de tan cansada ~ estaba** I was so tired (that) I fell asleep *o* I fell asleep, I was so tired; **la forma en ~ lo dijo** the way (that *o* in which) she said it; **el día (en) ~ llegaron** the day (that *o* on which) they arrived; **la época en (la) ~ ocurrió** the period in which it took place, the period (that) it took place in

qué¹ *pron*

A (interrogativo) [1] what; **¿~ es eso?** what's that?; **¿~ hacen que no se mueven?** why don't they move?; **¿y ~?** so what?; **¿y a mí ~?** what does that have to do with me?, what's that to me?, so what?; **¿a ~ fuiste a su casa?** why did you go to her house?, what did you go to her house for?; **¿a ~ viene esa pregunta?** why do you ask that?, what makes you ask that?; **¿de ~ habló?** what did she talk about?; **¿para ~ lo quieres?** what do you want it for?; **no sé ~ le puede haber pasado** I don't know what can have happened to him; **¿sabes ~? mejor se lo dices tú** you know what? *o* you know something? I think *you'd* better tell him; **me dijo ~ sé yo ~ cantidad de mentiras** she told me heaven knows how many lies *o* I don't know how many lies [2] (al pedir que se nos repita algo): **¿qué?** *or* (crit) **¿lo qué?** what?; **¿se olvidó de traer el/la ~?** she forgot to bring the what? [3] (en saludos): **¡hola! ¿~ tal?** hello! how are you?; **¿~ es de tu vida?** how's life?, how's life treating you?; ▸**tal³**, **tanto¹**

B (en exclamaciones) [1] **¡qué va!: ¿crees que va a llover? — ¡~ va!** do you think it's going to rain? — no, of course not! *o* (colloq) no way!; **es difícil ¿verdad? — ¡~ va! es facilísimo** it's difficult, isn't it? — nonsense *o* rubbish! it's dead easy; **¡~ va a ser abogado! hizo sólo el primer año de facultad** a lawyer? him? he only did one year at law school! [2] (qué cantidad) **~ DE algo: ¡~ de gente hay!** what a lot of people there are!; **¡~ de agua ha caído!** hasn't it rained heavily *o* a lot!

qué² *adj*

A (interrogativo) what; **¿~ método usas?** what method do you use?; **no sé ~ color elegir** I don't know what *o* which color to choose; **estaba buscando no sé ~ cosa** he was looking for something or other

B (en exclamaciones) what; **¡~ noche!** what a night!; **¡~ mala amiga eres!** a fine friend you are! (iro); **¡~ casualidad!** what a coincidence!; **¡~ maravilla de niña!** what a wonderful *o* lovely little girl!; **¡~ pelo más** *or* **tan bonito!** what lovely hair!; **¡~ cansancio ni ~ niño muerto** *or* **ni ~ ocho cuartos! ¡a trabajar!** tired! I'll give you tired! get on with your work!

qué³ *adv*: **¡~ inteligente eres!** how clever you are!, aren't you clever!; **¡~ hermosa vista!** what a beautiful view!; **¡~ bien (que) se está aquí!** it's so nice here!; **¡~ sucios tienes los zapatos!** your shoes are filthy *o* are terribly dirty!

quebracho *m* quebracho (*South American hardwood tree*)

quebrada *f* [1] (despeñadero) gully; (más profunda) ravine [2] (AmS) (arroyo) stream

quebradero de cabeza *m* problem; **les ha dado muchos ~s de ~** she's caused them a lot of problems *o* worry *o* (colloq) headaches

quebradizo -za *adj* [1] (frágil) easily broken, fragile; ‹*uña/hueso*› brittle; **esta porcelana es muy quebradiza** this china breaks easily *o* is very fragile [2] (que se desmenuza con facilidad) crumbly [3] ‹*voz*› faltering

quebrado¹ -da *adj*

A [1] ‹*hueso*› broken [2] ‹*vaso/huevo*› (roto)

broken; (rajado) cracked **3** ‹*voz*› faltering; **con la voz quebrada por la emoción** his voice faltering with emotion
B ‹*empresa/comerciante*› bankrupt
C **1** ‹*línea*› crooked, zigzag (*before n*) **2** ‹*terreno*› uneven
quebrado² *m* fraction
quebradora *f* (AmC fam): **la ~** dengue fever
quebradura *f* **1** (Geol) crack, fissure **2** (Med) hernia
quebrantahuesos *m* (*pl* ~) lammergeyer, bearded vulture
quebrantamiento *m* breaking
quebrantar [A1] *vt*
A (liter) (dañar) ‹*salud*› to ruin, break (liter); **los constantes bombardeos ~on la moral de los habitantes** the constant bombing broke the spirit of the population; **no quisiera que esta armonía se viera quebrantada** I wouldn't like this harmony to be destroyed; **los aullidos ~on la paz de la noche** the howls shattered the peace of the night
B (liter) ‹*ley/promesa*› to break
quebranto *m*
A (liter) (aflicción, dolor): **le causó penas y ~s** it caused him pain and suffering *o* pain and great sadness; **el poema refleja este ~** the poem reflects this pain *o* suffering
B (liter) (debilitación, daño): **el ~ de sus esperanzas** the shattering of his hopes; **ha sufrido repetidos ~s de salud** she has suffered a series of problems with her health
C (Ven fam) (fiebre) mild *o* slight fever, slight temperature (BrE)
quebrar [A5] *vt*
A (esp AmL) **1** ‹*lápiz/palo*› to snap **2** ‹*vaso/plato*› (romper) to break; (rajar) to crack **3** ‹*diente*› to chip
B (AmL) ‹*cartulina*› to crease
C (Méx fam) (matar) to kill, cut … down
D (AmL) (Dep) ‹*servicio*› to break; ‹*marca/récord*› to break
■ **quebrar** *vi*
A (Com) «*empresa*» to go bankrupt, fail, go into liquidation; «*persona*» to go bankrupt
B **1** (cambiar de dirección) to turn **2** (mover las caderas) to sway at the hips
C (AmC) (romper una relación) to break up; **~ CON algn** to break up WITH sb
■ **quebrarse** *v pron*
A (esp AmL) **1** «*lápiz/rama*» to snap **2** «*vaso/plato*» (romperse) to break; (rajarse) to crack **3** (*refl*) ‹*pierna/brazo*› to break; **se quebró un diente** he chipped a tooth
B (Col) (arruinarse) to go bankrupt
quebrazón *f* (AmL fam) smashing; **escuchó una ~ de vidrios** he heard the sound of glass smashing *o* the sound of smashing glass

> **quechua**
>
> The language of the Incas, Quechua is spoken today by some 13 million people in Peru, Bolivia, Chile, Colombia, Ecuador, and Argentina. Since 1975 it has been an official language in Peru. The Quechua people are one of South America's most important ethnic minorities. Words derived from Quechua include *coca*, *cóndor*, *pampa*, and *puma*.

queche *m* ketch
quechear [A1] *vi* to catch
quécher *mf* catcher
quechua¹ *adj* Quechua
quechua² *mf* ▸**quechua** **1** (persona) Quechuan **2** **quechua** *m* (idioma) Quechua
quechuista *mf* Quechua scholar
queda *f* curfew; ▸**toque**
quedada *f* (Méx fam): **los hombres emigraban, por eso había muchas ~s** the men emigrated, so there were a lot of women left on the shelf (colloq)
quedado -da *adj*
A (Esp fam) (enamorado) **estar ~ CON algn** to be crazy *o* wild ABOUT sb, be mad ABOUT sb (BrE colloq)
B (lento) **1** **estar ~** (Ven fam) to be out of it (colloq), to feel dopey (colloq) **2** **ser ~** (Chi fam) to be slow, be slow on the uptake (colloq)
quedar [A1] *vi*
Sentido I
A (en un estado, una situación): **quedó viuda muy joven** she was widowed *o* she lost her husband when she was very young; **quedó huérfano a los siete años** he was orphaned when he was seven years old; **tuvo un ataque y quedó paralítico** he had a stroke and was left paralyzed; **cientos de familias ~on sin hogar/en la miseria** hundreds of families were left homeless/destitute; **las calles ~on desiertas** the streets were left deserted; **el sombrero quedó hecho un acordeón** the hat was *o* got squashed flat; **el coche ha quedado como nuevo** the car is as good as new (now); **algunas fotos ~on mal** some of the photos came out badly; **ha quedado precioso pintado de blanco** it looks beautiful painted white; **ha quedado acordado que …** it has been agreed that …; **y que esto quede bien claro** and I want to make this quite clear; **¿cómo quedó la cosa? ¿quién tenía razón?** what happened in the end? who was right?; **¿dónde quedamos la clase pasada?** where did we get (up) to in the last class?; **¿quién quedó en primer/último lugar?** who was *o* who came first/last?; (+ *me/te/le etc*): **no me había quedado claro y se lo pregunté otra vez** I hadn't quite understood *o* I hadn't got things quite clear, so I asked him again; **el postre te quedó riquísimo** that dessert (you made) was delicious; ***¿quién la queda?*** (Ur) (en juegos) who's 'it'? (colloq)
B (en la opinión de los demás): **si no vamos, quedamos mal** it'll look bad if we don't go; **~ás muy bien con ese regalo** it's a lovely present, they'll be delighted; **me hiciste ~ muy mal diciendo eso** you really showed me up saying that; **se emborrachó y nos hizo ~ mal a todos** he got drunk and embarrassed us all; **quedó en ridículo** (por culpa propia) he made a fool of himself; (por culpa ajena) he was made to look a fool; **~ mal/bien con algn: si no voy ~é mal con ellos** they won't think much of me *o* it won't go down very well if I don't turn up; **no se puede ~ bien con todo el mundo** you can't please everybody; **los invitó a todos para no ~ mal con nadie** he invited them all so as not to offend anyone *o* to cause any offense*
C (permanecer): **~on en casa** they stayed at home; **¿queda alguien adentro?** is there anyone left inside?; **le quedó la cicatriz** she was left with a scar; **lo lavé pero le quedó la mancha** I washed it but the stain didn't come out; **esto no puede ~ así** we can't leave/I'm not going to leave things like this; **quedamos a la espera de su notificación** (frml) we await your notification (frml); **quedo a sus gratas órdenes** (frml) (Corresp) Sincerely yours (AmE), Yours faithfully *o* (frml) I remain, yours faithfully (BrE); **le quedo a deber 5 euros** I owe you 5 euros; **~ EN algo**: **todo ha quedado en un mero proyecto** none of it has got beyond the planning stage; **todos nuestros planes ~on en nada** all our plans came to nothing; **~ *atrás:* pronto quedó atrás** he soon fell behind; **hemos tenido nuestras diferencias pero todo eso ha quedado atrás** we've had our differences but all that's behind us now *o* that's all water under the bridge now
D (+ *me/te/le etc*) **1** «*tamaño/talla*»: **me queda grande/largo/apretado** it's too big/long/tight for me; **la talla 12 le queda bien** *or* (Col, Méx) **le queda** the size 12 fits (you/him) fine **2** (sentar): **el azul te queda muy bien** blue really suits you, you look really good in blue; **ese peinado le quedaba muy bien** that hairstyle really suited her, her hair looked really good like that; **ese vestido te queda estupendo** that dress looks fantastic on you, you look great in that dress
Sentido II
A (acordar, convenir) **~ EN algo**: **quedamos en eso, vienes tú a mi casa** let's do that, then, you come to my house, so that's agreed, you're coming to my house; **¿al final en qué ~on?** what did you decide/arrange/agree in the end?; **¿en qué quedamos? ¿lo quieres o no?** well *o* so, do you want it or not?; **¿entonces en qué quedamos? ¿nos vemos mañana o no?** so, what's happening, then? are we meeting tomorrow or not?; **~ EN + INF** *or* (AmL) **~ DE + INF**: **~on en no decirle nada** they agreed *o* decided not to tell him anything; **quedó en venir a las nueve** she said she would come at nine, she arranged to come at nine; **~ EN QUE**: **quedamos en que iría él a recogerlo** we agreed *o* arranged that he would go and pick it up
B (citarse): **me tengo que ir porque he quedado con Rafael** I have to go because I've arranged to meet Rafael; **¿a qué hora/dónde quedamos?** what time/where shall we meet?; **quedé con unos amigos para cenar** I arranged to meet some friends for dinner, I arranged to go out for dinner with some friends
Sentido III (estar situado) to be; **queda justo enfrente de la estación** it's right opposite the station; (+ *me/te/le etc*): **puedo ir yo, me queda muy cerca** I can go, it's very near where I live (*o* work *etc*)
Sentido IV (*en tercera persona*)
A **1** (haber todavía): **no queda café** there's no coffee left; **no quedan entradas** there are no tickets left; **sólo quedan las ruinas** only the ruins remain; (+ *me/te/le etc*): **es el único pariente que me queda** he is the only relative I have left, he is my only living relative; **¿te queda algo de dinero?** do you have any money left?; **¿te ha quedado alguna duda?** is there anything you still don't understand?; **me han quedado dos asignaturas (pendientes)** I have to make up two subjects *o* take two subjects over (AmE), I have to retake two subjects (BrE); **no nos queda más remedio que ir** we have no alternative *o* no choice but to go, we'll just have to go; **ya no me quedan fuerzas para seguir** I no longer have the strength to go on, I don't have the strength to go on any more; **me queda la satisfacción de haber cumplido con mi deber** I have the satisfaction of having done my duty **2** (sobrar) to be left, be left over; **me comí la ensalada que había quedado del almuerzo** I ate up the salad that was left (over) from lunch; **el vino que quede se puede guardar para la próxima fiesta** we can keep any wine that's left (over) for the next party
B **1** (faltar): **quedan cinco minutos para que acabe la clase** there are five minutes to go to *o* five minutes left to the end of the class; **¿cuántos kilómetros quedan?** how many kilometers are there to go?, how far is it now?; (+ *me/te/le etc*): **todavía le quedan dos años** he still has two years to go *o* do; **¡ánimo! ¡ya te queda poco para terminar!** come on! you've almost finished! **2** **~ POR + INF**: **quedan tres pacientes por ver** there are three more patients to be seen; **aún queda gente por pagar** some people haven't paid yet, some people still haven't paid; (+ *me/te/le etc*): **aún me queda todo esto por hacer** I still have all this to do; ***no me/le queda otra*** (AmL fam) I have/he has no choice; ***por … que no quede*** (Esp fam): **venga, por intentarlo que no quede** come on, let's at least give it a try; **hazlo, por mí que no quede** go ahead, don't let me stop you
■ **quedarse** *v pron*
Sentido I
A **1** (en un estado, una situación) (+ *compl*): **te estás quedando calvo** you're going bald; **se quedó huérfana/sorda a los seis años** she was orphaned/she went deaf when she was six years old; **cuando se fue me quedé muy sola** when he left I felt very lonely; **me quedé helado cuando me lo dijo** I was staggered when she told me; **quédate tranquilo, yo me ocuparé del asunto** don't (you) worry about it, I'll take care of it; **me quedé dormido en el sofá** I fell asleep on the sofa; ▸**embarazada¹** **2** **quedarse con/sin algo:**

q

¿te has quedado con hambre? are you still hungry?; **me quedé sin postre** I didn't get any dessert; **se ha quedado sin trabajo** she's out of work, she's lost her job; **me quedé sin saber qué había pasado** I never did find out what had happened **3** (Esp) (llegar a ser) (+ *me/te/le etc*): **el vestido se te ha quedado corto** the dress is too short on you now; **la casa se les está quedando pequeña** the house is getting (to be) too small for them **4** (olvidarse) (+ *me/te/le etc*): **se me quedó el paraguas** I left my umbrella behind

B **1** (permanecer): **pienso ~me soltera** I intend to stay single; **no me gusta ~me sola en casa** I don't like being (left) on my own *o* being alone in the house; **no te quedes ahí parado y haz algo** don't just stand there, do something!; **nos quedamos charlando toda la noche** we spent the whole night chatting; **se me quedó mirando** he sat/stood there staring at me, he just stared at me; **la escena se me ha quedado grabada en la memoria** the scene has remained engraved *o* is engraved on my memory; **iba para pintor pero se quedó en profesor de dibujo** he set out to be a painter but he ended up as an art teacher; **se quedó en la mesa de operaciones** (euf) he died on the operating table; **de repente el motor se quedó** (AmL) the engine suddenly died on me **2** (en un lugar) to stay; **quédate aquí** stay here; **me quedé a dormir en su casa** I spent *o* stayed the night at his house; **nos quedamos en un hotel/en casa de unos amigos** we stayed at a hotel/with some friends; **se tuvo que ~ en el hospital una semana más** she had to stay *o* remain in (the) hospital for another week; **se quedó en casa/en la cama todo el día** she stayed at home/in bed all day

(*Sentido* **II**)

A ‹*cambio/lápiz*› to keep; **quédatelo, yo tengo otro** keep it, I have another one; **~se CON algo**: **quédate con la foto si quieres** you can keep the photo *o* (colloq) hang on to the photo if you want; **se quedó con mi libro** she kept my book, she didn't give my book back; **entre él y su mujer no sé con cuál de los dos me quedo** there's not much to choose between him and his wife; **si me lo rebaja me quedo con él** if you knock something off the price, I'll take it (colloq); ***~se con algn*** (Esp fam) (burlarse de él) to have sb on (colloq) (engañarlo) to take sb for a ride (colloq)

B (Chi) ‹‹*pierna/brazo*›› (+ *me/te/le etc*): **quiso levantarse pero se le quedó la pierna** he tried to get up but he couldn't move his leg; **se le queda la pierna al caminar** he drags one leg when he walks

quedito *adv* **1** ‹*entrar/hablar*› quietly; **me lo dijo bien ~** she said it to me very quietly **2** ‹*tocar/cantar*› softly; **me besó ~** he kissed me softly

quedo[1] **-da** *adj* ‹*voz*› soft, quiet; ‹*paso*› quiet

quedo[2] *adv* softly, quietly; **lo dijo tan ~ que no lo oí** he said it so softly *o* quietly that I didn't hear him

quehacer *m* **1** (actividad, tarea) work; **el ~ diario del presidente** the president's daily round *o* routine *o* tasks; **el fruto de su ~ investigador** the fruits of his research; **su ~ artístico** her art, her work **2** **quehaceres** *mpl tb* **~es domésticos** *or* **de la casa** housework, household chores (*pl*); **hacer los ~es** to do the housework *o* the chores

queimada *f. hot Galician punch*

queja *f* **1** (protesta) complaint; **presentar una ~** to make *o* lodge *o* file a complaint; **nunca hemos tenido motivo de ~ con él** he has never given us any cause for complaint; **me han dado ~s de ti** I've received complaints about you; **estoy harto de tus constantes ~s** I've had enough of your endless complaining **2** (de dolor) ▸**quejido**

quejadera *f* (Col, Ven fam) moaning (colloq), complaining

quejarse [A1] *v pron* **1** (protestar) to complain; (refunfuñar) to grumble, moan (colloq); **luego no vengas quejándote** don't come complaining to me afterward(s); **~ DE algo/algn** to complain ABOUT sth/sb; **¿de qué te quejas?** what are you complaining about?; **si te quejas de tus vecinos, tendrías que conocer a los míos** if you think your neighbors are bad, you should meet mine! **2** (de una afección, un dolor) **~ DE algo** to complain OF sth; **se queja de que le duele el pecho** *or* **de un dolor de pecho** she's complaining of chest pains **3** (gemir) to moan, groan

quejica[1] *adj* (Esp fam) whining (*before n*) (colloq)

quejica[2] *mf* (Esp fam) crybaby (colloq), whinger (colloq)

quejido *m* groan, moan; (más agudo) whine; **dejó escapar un ~ de dolor** he let out a cry of pain; **los ~s del viento** (liter) the wailing of the wind (liter)

quejigal, quejigar *m* gall-oak grove

quejigo *m* gall oak

quejón -jona *adj/m,f* ▸**quejica**[1], **quejica**[2]

quejoso[1] **-sa** *adj* ▸**quejumbroso**

quejoso[2] **-sa** *m,f* (Méx) (persona que protesta): **de acuerdo a los ~s** according to the people (*o* the residents *etc*) who complained

quejumbre *f* complaint; **lo dijo en tono de ~** he said it complainingly *o* in a complaining tone

quejumbroso -sa *adj* **1** ‹*tono*› plaintive, querulous; (irritante) whining **2** ‹*persona*› querulous; **hoy estás muy ~** you're complaining a lot today

queli *f* (Esp arg) pad (colloq), place (colloq)

quelite *m* **1** (amarantácea) pigweed, redroot **2** (quenopodiácea) pigweed, fat hen

queloide *m* keloid

quelonio *m* chelonian

quelpo *m* kelp

queltehue *m* teruteru

quema *f*

A (acción de quemar) burning; **Ⓢ prohibida la quema de basuras** the burning of garbage (AmE) *o* (BrE) rubbish is prohibited; ***huir de la ~***: **trataron de huir de la ~** they tried to get out before things got too hot *o* before the going got too tough; ***salvarse de la ~*** to escape; **pocas estaciones se salvaron de la ~** few stations escaped closure *o* the axe

B (Arg) (basurero) garbage dump (AmE), rubbish dump *o* tip (BrE)

quemada *f* **1** (Andes fam) (del sol): **pegarse una ~** to get sunburned **2** (Méx) ▸**quemadura**

quemado -da *adj*

A [ESTAR] ‹*comida/tostada*› burnt; **esto sabe a ~** this tastes burnt; **aquí huele a ~** I can smell burning

B [ESTAR] **1** (rojo) ‹*cara/espalda*› burnt **2** (AmL) (bronceado) tanned, brown

C [ESTAR] **1** (desgastado, agotado) burned-out **2** (por las malas experiencias) disillusioned **3** (desprestigiado) ‹*político/cantante*› finished (colloq); **una canción que está quemada** a song that has been played to death

D [SER] (Chi fam) (con mala suerte) unlucky

quemador *m*

A (de cocina, horno, industrial) burner; **un ~ de aceites esenciales** a burner for essential oils

B (Comp) burner; **un ~ de CD y DVD** a CD and DVD burner

quemadura *f* **1** (herida causada — por el fuego) burn; (— por un líquido caliente) scald; (— por un ácido) burn; **~ de sol** sunburn; **~s de tercer grado** third-degree burns **2** (en una prenda — de cigarrillo) cigarette burn; (— al planchar) scorch mark; (en un mueble) burn mark

quemar [A1] *vt*

A (destruir, eliminar) **1** ‹*basura/documentos*› to burn; ‹*gases*› to burn off **2** (en la hoguera) ‹*herejes/brujas*› to burn ... at the stake

B **1** ‹*leña/combustible/incienso*› to burn **2** ‹*calorías*› to burn up; ‹*grasa*› to burn off

C (accidentalmente) **1** ‹*comida*› to burn; ‹*mesa/mantel*› to burn; (con la plancha) to scorch; **me quemó con el cigarrillo** he burned me with his cigarette **2** ‹‹*líquido/vapor*›› to scald **3** ‹‹*ácido*›› ‹*ropa/piel*› to burn **4** ‹*motor*› to burn... out; ‹*fusible*› to blow

D **1** ‹‹*sol*›› ‹*plantas*› to scorch; **la helada quemó los geranios** the frost burned *o* damaged the geraniums **2** ‹‹*sol*›› ‹*piel*› (poner rojo) to burn; (broncear) (AmL) to tan

E (malgastar) ‹*fortuna/herencia*› to squander

F (RPl arg) (hacer quedar mal) ‹*persona*› **lo ~on publicando esa foto** it made him look ridiculous *o* it was very embarrassing for him when they published that photo; **loco, me quemaste diciéndole eso** you idiot, you really messed me up (AmE) *o* (BrE) dropped me in it by telling him that (colloq)

G ‹*CD*› to burn

■ **quemar** *vi*

A (estar muy caliente) ‹‹*plato/fuente*›› to be very hot; ‹‹*café/sopa*›› to be boiling (colloq), to be boiling hot (colloq), to be very hot

B ‹‹*sol*›› to burn; **aunque está nublado el sol quema igual** even though it's cloudy, you can still get burned; **a estas horas el sol quema mucho** at this time of day, the sun is very strong *o* really burns

■ **quemarse** *v pron*

A **1** (*refl*) (lastimarse) to burn oneself; (con líquido, vapor) to scald oneself; ‹*mano/lengua*› to burn; ‹*pelo/cejas*› to singe; **me quemé con la plancha** I burned myself on the iron; ▸**pestaña** **2** (fam) (en juegos): **caliente, caliente ... ¡te quemaste!** getting warmer, warmer ... you're burning *o* boiling! (colloq) **3** (al sol — ponerse rojo) to get burned; (— broncearse) (AmL) to tan

B **1** (destruirse) ‹‹*papeles*›› to get burned *o* burnt; ‹‹*edificio*›› to burn down **2** (sufrir daños) ‹‹*alfombra/vestido*›› to get burned *o* burnt; ‹‹*comida*›› to burn; **aquí se está quemando algo** something's burning; (+ *me/te/le etc*): **se me ~on las tostadas** I burned the toast, the toast burned

C ‹‹*persona*›› **1** (desgastarse, agotarse) to burn oneself out **2** (pasarse de moda): **un cantante que se quemó en un par de años** a singer who disappeared from the scene after a couple of years; **en el mundo del espectáculo te quemas rápidamente** in show business you're only famous for a short time

D (RPl arg) ‹‹*persona*›› (quedar mal): **te quemás si les hacés un regalo así** it'll look really bad if you give them a gift like that; **no digas eso en la entrevista porque te quemás** don't say that in your interview or you'll blow your chances (colloq)

quemarropa **1** **a quemarropa** (*loc adj*) (a poca distancia) close-range; (a ninguna) point-blank **2** **a quemarropa** (*loc adv*) (a poca distancia) at close range; (a ninguna) at point-blank range; **le dispararon a ~** they shot him at close range/at point-blank range; **le hizo la pregunta a ~** she asked him point-blank

quemazón *f* **1** (sensación de ardor) burning, stinging **2** (AmL) (quema): **salvé estos libros de la ~** I saved these books from being burned; **todavía quedan vestigios de la ~** traces of the fire can still be seen

quemo *m* (RPl arg): **¡qué ~!** how embarrassing!; **vámonos, que nos vieran aquí sería un ~** come on, we'd never live it down if anyone saw us here (colloq)

quemón *m* (Méx fam) letdown, disappointment; **¡qué ~!** what a letdown!, what a disappointment!; ***darse un ~*** (llevarse un chasco) to feel let down *o* disappointed; (sorprenderse) to be surprised

quena *f* reed flute (*used in Andean music*)

quepa, etc ▸**caber**

quepis (*pl* ~), **quepi** *m* kepi

quepo ▸**caber**

queque *m* (AmC, Andes) (pastel, torta) cake; (bizcocho) sponge cake

queratina *f* keratin

queratinizarse [A4] *v pron* to keratinize

querella *f*

A (Der) lawsuit, suit, action; **presentó ~ contra el periódico por difamación** he brought a libel suit *o* a libel action against the newspaper, he took legal action against the newspaper for libel, he sued the newspaper for libel

(Compuesto) **querella criminal** criminal charges (*pl*)
B (disputa) dispute

querellado -da *m,f* defendant

querellante[1] *adj*: **parte/entidad ~** plaintiff

querellante[2] *mf* plaintiff

querellarse [A1] *v pron* ~ CONTRA **algn** to bring a suit *o* an action AGAINST sb, take legal action AGAINST sb, sue sb

querencia *f* **1** (instinto, tendencia) homing instinct **2** (liter) (hogar, terruño): **el ansiado retorno a la ~** the longed-for return to one's homeland/one's country/one's home town **3** (Taur) *spot to which the bull tends to return*

querendón -dona *adj* (AmL) **1** (fam) (cariñoso) affectionate **2** (enamoradizo) flighty

querer[1] *m* love; **sufre por culpa de un ~** he is suffering because of an unhappy love affair; **las penas del ~** the pangs of love; **¡niña de mi ~!** my dear child!

querer[2] [E24] *vt*
A (amar) to love; **me gusta, pero no lo quiero** I like him, but I don't love him *o* I'm not in love with him; **quiere mucho a sus sobrinos/su país** he loves his nephews/his country very much; **quiere con locura a su nieta** she absolutely dotes on her granddaughter; **es una persona que se hace ~** he's the sort of person who endears himself to you; **sus alumnos lo quieren mucho** his pupils are very fond of him, he's well liked by his pupils; **me quiere, no me quiere** (al deshojar una margarita) she loves me, she loves me not; **¡por lo que más quieras! ¡no me abandones!** for pity's sake *o* for God's sake! don't leave me!; **¡Antonio, por lo que más quieras! ¡baja el volumen!** Antonio, turn the volume down, for heaven's sake *o* for goodness sake!; ***~ bien a algn*** to be fond of sb, care about sb; ***~ mal a algn*** to have it in for sb (colloq); ***quien bien te quiere te hará llorar*** sometimes you have to be cruel to be kind
B **1** (expresando deseo, intención, voluntad): **quiere un tren para su cumpleaños** he wants a train for his birthday; **¿que querían, chicas?** can I help you, girls?, what can I do for you, girls?; **quería un kilo de uvas** I'd like a kilo of grapes; **quisiera una habitación doble** I'd like a double room; **no sabe lo que quiere** she doesn't know what she wants; **haz lo que quieras** do as you like, do as you please; **¿qué más quieres?** what more do you want?; **¿cuándo/cómo lo podemos hacer? — cuando/como tú quieras** when/how can we do it? — whenever/however you like *o* any time/any way you like; **¿nos vemos a las siete? — como quieras** shall we meet at seven? — if you like; **quiera o no quiera, tendrá que hacerlo** he'll have to do it, whether he likes it or not; **iba a llamar al médico pero él no quiso** I was going to call the doctor but he wouldn't let me *o* he said no; **¿quieres por esposo a Diego Sosa Díaz? — sí, quiero** will/do you take Diego Sosa Díaz to be your lawfully wedded husband? — I will/do; **¿qué querrán esta vez?** I wonder what they want this time; **será muy listo y todo lo que tú quieras, pero es insoportable** he may be very smart and all that, but personally I can't stand him; **tráemelo mañana ¿quieres?** bring it tomorrow, will you?; **dejemos esto para otro día ¿quieres?** let's leave this for another day, shall we *o* can we?; **~ + INF** to want to + INF; **¿quiere usted hacer algún comentario?** do you want to *o* (frml) do you wish to make any comment?; **no sé si querrá hacerlo** I don't know if she'll want to do it *o* if she'll do it; **hacía tiempo que quería decírselo** I'd been meaning/wanting to tell him for some time; **quisiera reservar una mesa para dos** I'd like to book a table for two; **quisiera poder ayudarte** I wish I could help you; **¡ya quisiera yo estar en su lugar!** I'd change places with him any day!; **no creo que quiera prestártelo** I don't think she'll (be willing to) lend it to you; **cuando se quiera dar cuenta será demasiado tarde** by the time he realizes it'll be too late; **nosotros nos fuimos temprano pero él quiso quedarse** we left early but he stayed/decided to stay/ wanted to stay/ chose to stay; **no quiso escuchar razones** he wouldn't listen to reason; **no quiso comer nada** she wouldn't eat anything, she refused to eat anything; **quería hacerlo sola pero no habría podido** she wanted to do it on her own but she wouldn't have been able to; **quiso hacerlo sola pero no pudo** she tried to do it on her own but she couldn't; **~ QUE algn/algo + SUBJ** to want sb/sth to + INF; **quisiera que alguien me explicara por qué** could someone please explain why?; **¿qué quieres que traiga?** what do you want *o* what would you like me to bring?; **¿por qué lo dejaste entrar? — ¿qué querías que hiciera?** why did you let him in? — what did you expect me to do *o* what was I supposed to do?; **quiso que nos quedáramos a cenar y no tuvimos más remedio** she insisted we stay for dinner and we couldn't say no *o* we couldn't refuse; **¿tú quieres que acabemos en la cárcel?** do you want us to end up in jail?, are you trying to get us put in jail?; **la etiqueta quiere que uno lleve sombrero** etiquette requires one to wear a hat; **su teoría quiere que ...** his theory has it that ...; ***~ es poder*** where there's a will there's a way **2** (*en locs*): **como quiera que** (de cualquier manera que) however; (ya que, como) (liter) since; **como quiera que haya sido, creo que deberías disculparte** whatever happened *o* it doesn't matter what happened, I still think you should apologize; **cuando quiera que** whenever; **donde quiera que** wherever; **¡qué quieres que te diga ...!** quite honestly *o* frankly ...; **¡qué quieres que (le) haga!** what can you do?; **ya sé que no debería fumar, pero no puedo dejarlo ¡qué quieres que le haga!** I know I shouldn't smoke but well, what can you do? I can't give up; **quieras que no** (fam): **quieras que no, ha ido mejorando desde que fue al curandero** believe it or not, she's been getting better ever since she went to see that faith healer; **la decisión, quieras que no, nos va a afectar a todos** whether we like it or not, the decision is going to affect us all, there's no getting away from the fact that the decision is going to affect us all; **quieras que no, yo he notado la diferencia** I have to say *o* admit that it's made a difference; ***el quiero y no puedo:*** **con ese quiero y no puedo inspiran hasta lástima** it's rather pathetic how they're always trying to be something they aren't; ***¡está como quiere!*** (Esp, Méx fam) (es muy guapo, guapa) he's/she's hot stuff! (colloq), he's/she's a bit of all right! (BrE colloq); (tiene mucha suerte) some people have got it made (colloq) **3** (al ofrecer algo): **¿quieres algo de beber?** would you like *o* (less frml) do you want something to drink? **4** (introduciendo un pedido) **~ + INF: ¿quieres pasarme el pan?** could you pass me the bread, please?; **¿querrías hacerme un favor?** would you mind doing me a favor?; **¿te quieres callar?** will you be quiet?, be quiet, will you?; **¿quieres hacerme el favor de no interrumpirme?** would you please stop interrupting me?; **¿quieres decirme qué has hecho con mi abrigo?** would you mind telling me what you've done with my coat? **5** (como precio) **~ algo POR algo: ¿cuánto quieres por el coche?** how much do you want *o* are you asking for the car? **6** **queriendo/sin querer: estoy segura de que lo hizo queriendo** I'm sure he did it on purpose *o* deliberately; **perdona, fue sin ~** sorry, it was an accident *o* I didn't mean to; **no te pongas así, lo hizo sin ~** don't be like that, he didn't do it deliberately *o* on purpose **7** **querer decir** to mean; **¿qué quiere decir 'democracia'?** what does 'democracy' mean?; **¿qué quieres decir con eso?** what do you mean by that? **8** (referido a cosas inanimadas): **el coche no quiere arrancar** the car won't start; **el destino quiso que se volvieran a encontrar** they were destined to meet again; **parece que quiere llover/nevar** it looks as if it's going to rain/snow, it looks like rain/snow; **hace horas que quiere salir el sol** the sun's been trying to break through for hours
■ **quererse** *v pron* (*recípr*): **se quieren como hermanos** they're like brothers; **hombre, si se quieren ¿por qué no han de casarse?** well, if they love each other, why shouldn't they get married?

querido[1] **-da** *adj* **1** (amado): **mi querida patria** my beloved country; **es uno de mis recuerdos más ~s** it's one of my fondest *o* dearest *o* most cherished memories; **rodeado de su familia y de sus seres ~s** surrounded by his family and loved ones; **tu ~ hermano me ha vuelto a dejar plantada** (iró) your darling *o* dear brother has stood me up again (iro) **2** (Corresp) Dear; **Q~s padres/tíos** Dear Mother and Father/Aunt and Uncle; **Mi ~ Carlos** My dear Carlos, Dearest Carlos; **Mi querida amiga** Dear friend (frml) **3** (Col fam) (simpático) nice; **¡mira qué ~!** how nice *o* kind of him!; **es una niña muy querida** she's such a nice *o* (BrE) lovely girl

querido[2] **-da** *m,f* **1** (*como apelativo*) darling, dear, sweetheart **2** (amante) (*m*) fancy man; (*f*) fancy woman; **lo vi en el restaurante con su querida** I saw him in the restaurant with his fancy woman *o* with that woman he's having an affair with

quermés, quermese *f* fair, fête (BrE)

querosén, queroseno *m* **1** (Tec) kerosene, paraffin (BrE) **2** (Aviac) kerosene, aviation fuel

querré, querría, etc ▸**querer**[2]

querúbico -ca *adj* cherubic

querubín *m* cherub

quesadilla *f* **1** (Méx) (tortilla) quesadilla (*tortilla filled with a savory mixture and topped with melted cheese*) **2** (Ven) (panecillo) small roll (*flavored with cheese*)

quesera *f* **1** (plato y campana) cheese dish **2** (para queso rallado) cheese bowl

quesería *f* **1** (tienda) cheese shop **2** (fábrica) dairy (*specializing in cheese*)

quesero[1] **-ra** *adj* cheese (*before n*)

quesero[2] **-ra** *m,f* **1** (fabricante) cheese maker, cheese producer **2** (vendedor) cheese seller

quesillo *m*
A (Andes) (queso) curd cheese
B (Ven) (postre) *dessert similar to crème caramel*

quesito *m* cheese wedge (AmE), cheese triangle *o* portion (BrE)

queso *m*
A (Coc) cheese; **calcetines con olor a ~** (fam) smelly socks, cheesy socks (BrE colloq); ***dársela(s) a algn con ~*** (Esp fam) to fool sb (colloq); **a mí no me la(s) das con ~** you can't kid *o* fool me (colloq), I'm not going to fall for that (colloq); ***no le veo el ~ a la tostada*** (Ven fam) I don't see what's so special about it (colloq), I don't think it's up to much (colloq); ***ser un ~*** (RPl fam) to be a dead loss (colloq)

(Compuestos)
- **queso azul** blue cheese
- **queso crema** (AmL) cream cheese
- **queso de bola** ≈ Edam
- **queso de cerdo** *or* (Andes, RPl) **chancho** head cheese (AmE), brawn (BrE)
- **queso de mano** (Ven) *cheese similar to mozzarella*
- **queso de puerco** (Méx) ▸**queso de cerdo**
- **queso de soja** bean curd, tofu
- **queso fresco** green cheese (*soft unripened cheese*)
- **queso fundido** processed cheese
- **queso manchego** *cheese from La Mancha, usually strong in flavor*
- **queso para untar** cheese spread
- **queso parmesano** Parmesan cheese

B (fam & hum) (pie): **quita ese ~ de ahí** get your big *o* smelly foot off there (colloq & hum)
C (Ven) (desfalco) (fam) racket (colloq), crooked deal (colloq); **meterse un ~** to be involved in a racket *o* crooked deal

quetzal *m* **1** (Zool) quetzal **2** (Fin) quetzal (*Guatemalan unit of currency*)

Quetzalcóatl *Aztec god of fertility, vegetation and civilization*

quevediano -na, **quevedesco -ca** *adj* of/relating to Quevedo

quevedos *mpl: small, round, metal-rimmed glasses*

quia *interj* (fam) no!

quiasma *m* chiasma

quíbole *interj* (Méx fam) ▸ **quiubo**

quiche /kiʃ/ *m o f* quiche

quichicientos -tas *adj* (fam) hundreds of; **había ~ invitados** there were hundreds of guests

quichua *adj/mf* ▸ **quechua**

quicio *m* doorjamb; ***sacar a algn de ~*** to drive sb crazy; **me saca de ~ con sus bromitas** he really gets on my nerves *o* he drives me crazy with his stupid little jokes (colloq); ***sacar las cosas de ~*** (Esp) to blow things up out of all proportion

quico *m: salted, toasted maize snack*

Quico *m: diminutive of* **Francisco** *or in some regions of* **Enrique**; ***ponerse como el ~*** (Esp fam) to stuff oneself (colloq)

quid *m*: **el ~ de la cuestión es que ...** the crux *o* nub of the matter is that ..., the key point is that ...

quiebra[1] *f* [1] (Com, Fin) (de una empresa) bankruptcy, failure; (de un individuo) bankruptcy; **muchas empresas fueron a la ~** many companies failed *o* went bankrupt *o* went into liquidation; **la compañía se declaró en ~** the company went into liquidation [2] (de valores) breakdown; **la ~ de los valores espirituales** the breakdown of spiritual values

quiebra[2], **quiebras, etc** ▸ **quebrar**

quiebre *m*

A [1] (AmL fam) (de relaciones) breaking off; **se produjo un ~ en las conversaciones** the talks were broken off [2] (de sistema, jerarquía) breakdown; **el ~ de valores tradicionales** the breakdown in traditional values

B (cambio de dirección) turn; **marcó un ~ en la historia del país** it marked a turning point in the country's history

C (Dep) [1] (en tenis) service break; **punto de ~** break point [2] (de marca, récord): **hubo varios ~s de marcas** several records were broken

quiebro *m* [1] (regate) dodge [2] (balanceo) swaying movement

quien *pron*

A [1] (con antecedente explícito — como sujeto) who, that; (— como objeto) who, that, whom (frml); **tienes que ser tú misma ~ lo decida** *you* are the one who *o* that has to decide; **es a él a ~ debemos agradecérselo** he's the one (who) we must thank, he's the one (that) we must thank, he's the one (whom) we must thank; **la chica con ~ salía** the girl (who) I was going out with, the girl (that) I was going out with, the girl with whom I was going out [2] (frml o liter) (en frases explicativas — como sujeto) who; (— como objeto) who, whom (frml); **su hermano, a ~ no había visto, ...** her brother, who *o* whom she had not seen, ...; **sus padres, para ~es esto había sido un duro golpe, ...** her parents, for whom this had been a severe blow, ...

B (con antecedente implícito): **~es hayan terminado pueden irse** those who have finished *o* anybody who has finished may go; **sálvese ~ pueda** every man for himself; **hubo ~ la criticó por esto** there were those who criticized her for this; **no encontré ~ me lo pudiera explicar** I didn't find anybody who could explain it to me

C **no ser quien: no soy ~ para opinar al respecto** I'm not the (right) person to comment on this matter; **tú no eres ~ para juzgarme** you're nobody to judge me

quién *pron* [1] who; **¿~ era?** who was it?; **¿~es vinieron?** who came?; **¿~ de ustedes se atrevería?** which of you would dare?; **¿con ~es fuiste?** who did you go with?; **¿de ~ es esto?** who does this belong to?, whose is this?; **ha llegado una postal — ¿de ~?** there's a postcard — who's it from?; **no sé ~ lo hizo** I don't know who did it; **~ más, ~ menos, todos somos egoístas** we're all selfish, to a greater or lesser degree; ***dime con ~ andas y te diré ~ eres*** you can tell a person by the company he keeps [2] (en exclamaciones) who; **¿habrá recibido el recado? — ¡~ sabe!** do you think he got the message? — who knows!; **¡~ pudiera quedarse unos días más!** what I wouldn't give to stay *o* if only I could stay a few more days!; **pidámosle permiso, si no después ¡~ la aguanta!** let's ask her permission first, otherwise she'll be unbearable

quienquiera *pron* (*pl* **quienesquiera**) whoever; **~ QUE + SUBJ**: **~ que se lo haya dicho** whoever told him

quiera, quieras, etc ▸ **querer**[2]

quietismo *m* quietism

quietista *adj/mf* quietist

quieto -ta *adj* still; **¡estáte** *or* **quédate ~!** keep still!; **no han parado ~s ni un momento** they haven't stopped for a minute; **¡todo el mundo ~!** everybody freeze!, nobody move!; **¡las manos quietas!** keep your hands to yourself!; **¡~!** (a un perro) down, boy!

quietud *f* [1] (ausencia de movimiento) stillness; (tranquilidad, sosiego) calm, peace, tranquility; **en la ~ de la noche** in the still of the night (liter); **¡qué ~!** it's so peaceful! [2] (RPl) (Med) rest; **le mandaron hacer ~** he was ordered to rest

quif *m* (Esp arg) hash (colloq), blow (colloq)

quihubo, quihúbole *interj* (AmC, Andes, Méx fam) ▸ **quiubo**

quijada *f* jaw, jawbone

quijotada *f* quixotic act

quijote *m*: **es un ~** he's a hopeless idealist

Quijote *m*: **Don ~** Don Quixote

quijotería *f* [1] (cualidad) quixotism, quixotic nature [2] (acción) quixotic act, quixotism

quijotescamente *adv* quixotically

quijotesco -ca *adj* quixotic

quijotismo *m* [1] (cualidad) quixotism, quixotic nature [2] (acción) quixotic act

quilate *m* [1] (de oro) karat (AmE), carat (BrE); **oro de 18 ~s** 18-karat gold [2] (de piedras preciosas) carat

quilla *f* keel; **pasar a algn por la ~** to keelhaul sb

quillango *m* (Arg) fur blanket

quillay *m* soapbark tree

quilo *m* ▸ **kilo**

quilombear [A1] *vi* [1] (RPl arg) (visitar prostíbulos) to go whoring (colloq) [2] (alborotar) to make a racket *o* row *o* (AmE) ruckus (colloq)

quilombera *f* (RPl arg) whore (colloq & pej)

quilombero -ra *adj* (RPl arg) ‹*persona*› rowdy, noisy; **la hinchada quilombera** the rowdy supporters *o* fans

quilombo *m* (Bol, RPl arg) [1] (burdel) whorehouse (colloq) [2] (lío, jaleo) mess; **tiene un ~ en la cabeza** he doesn't know whether he's coming or going (colloq)

quiltro -tra *m,f* (Chi fam) mongrel

quimbombó *m* (AmC, Cu, Ven) okra

quimera *f*

A (ilusión) illusion, chimera (liter); **la dicha no es sino una ~** happiness is just an illusion; **el proyecto no pasó de ser una ~** the plan was never anything but a pipe dream

B (Mit) chimera

quimérico -ca *adj* ‹*plan/idea*› fanciful, chimeric (liter); **es un sueño ~** it is a wild *o* fanciful dream, it is a pipedream

quimerista *mf* dreamer

química *f* (ciencia) chemistry; **ese vino es pura ~** that wine is full of additives and chemicals

químico[1] **-ca** *adj* chemical

químico[2] **-ca** *m,f* chemist

quimioterapia *f* chemotherapy

quimono *m* kimono

quimoterapia *f* ▸ **quimioterapia**

quina *f*

A [1] (árbol) chinchona; (corteza) cinchona bark; ***joderse y tomar ~ (es la mejor medicina)*** (RPl vulg) you'll just have to grin and bear it!; ***ser más malo que la ~*** (Esp fam) «*niño*» to be a little devil (colloq); ***tragar ~*** (Esp fam): **me insultó y tuve que tragar ~** he insulted me and I just had to take it *o* put up with it [2] (vino) fortified wine (*sometimes taken as a tonic*)

B (Chi) (lista) short list (*of five names*)

quincalla *f* [1] (ant) (Com) hardware, ironmongery (BrE) [2] (baratijas) trash, junk; **no sé cómo puedes trabajar con toda esa ~ en el brazo** I don't know how you can work with all those bits of metal jangling on your arm [3] (Ven) (ferretería) ▸ **quincallería**

quincallería *f* (ant) hardware store, ironmonger's (BrE)

quincallero -ra *m,f* hardware dealer, ironmonger (BrE)

quince[1] *adj inv/pron* fifteen; **dentro de ~ días me voy** I'm going in two weeks' time *o* (BrE) in a fortnight's time *para ejemplos ver tb* **cinco**[1], **cinco**[2]

quince[2] *m* ▸ ❶ **p.575** (number) fifteen

quinceañero -ra *m,f* ▸ ❶ **p.303** [1] (persona de quince años) fifteen-year-old; (menos específico) teenager, teeny bopper (colloq) [2] **quinceañera** *f* (Méx) *girl's fifteenth birthday celebration*

quinceavo[1] **-va** *adj/pron* [1] (partitivo): **la quinceava parte** a fifteenth [2] (crit) (ordinal) fifteenth *para ejemplos ver* **veinteavo**[1], **veinteavo**[2]

quinceavo[2] *m* ▸ ❶ **p.243** fifteenth

quincena *f* [1] (dos semanas) two weeks (*pl*), fortnight (BrE); **la primera ~ del mes de marzo** the first two weeks in March [2] (paga) wages (*pl*) (*paid every two weeks*)

quincenal *adj* bimonthly (AmE), fortnightly (BrE)

quincenalmente *adv* every two weeks, fortnightly (BrE)

quincha *f* (AmS) [1] (de cañas y barro) wattle and daub [2] (de cañas) thatch, thatching

quinchado *m* (Ur) ▸ **quincho**

quinchar [A1] *vt* (Per, RPl) to thatch

quincho *m* (Arg) [1] (choza) wattle and daub hut, mud hut [2] (pérgola) thatched arbor

quincuagenario -ria *adj* 50-year-old

Quincuagésima *f* Quinquagesima

quincuagésimo -ma *adj/pron* [1] ▸ ❶ **p.575**; (ordinal) fiftieth *para ejemplos ver* **vigésimo** [2] (partitivo): **la quincuagésima parte** a fiftieth

quinesiología *f* ▸ **kinesiología**

quinesiólogo -ga *m,f* ▸ **kinesiólogo**

quinesiterapia *f* ▸ **kinesiterapia**

quinicientos -tas *adj* (fam) hundreds of; **se lo dije quinicientas veces** I told her hundreds of *o* thousands of *o* a million times (colloq)

quiniela *f* [1] (Esp) (boleto) sports lottery ticket (AmE), pools coupon (BrE); **¿echaste** *or* **sellaste la ~?** did you send/hand in the pools coupon? [2] (Esp) (juego): **la ~** *or* **las ~s** the sports lottery (AmE), the football pools (BrE); **jugar a las ~s** to play the sport's lottery, to do the pools [3] (RPl) *betting on the last two or three figures of the lottery*

(Compuesto) **quiniela hípica** (Esp) *pools system based on horseracing results*

> **quiniela**
>
> A soccer lottery in Spain. Players predict the results of fourteen games. Thirteen or fourteen correct results qualify for a share of the prize money.
>
> Variants of *quiniela* exist in Latin America: *polla* in Peru, *polla-gol* in Chile, *prode* in Argentina, and *totogol* in Colombia.

quinielista *mf* (Esp) *person who plays the sports lottery/the football pools*

quinielístico -ca *adj* sport's lottery (*before n*) (AmE), pools (*before n*) (BrE)

quinientos[1] **-tas** *adj/pron* five hundred; **~ euros** five hundred euros; **~ cinco** five hundred and five; ~ **mil** five hundred thousand; ~ **y pico** five hundred odd; **el ~ aniversario** the five hundredth anniversary, the fifth centenary

quinientos[2] *m* ▸ⓘ **p.575** (number) five hundred

quinina *f* quinine

quino *m* cinchona

quínoa, quinua *f* (Bot) quinoa

quinoto *m* kumquat

quinqué *m* oil lamp

quinquenal *adj* ‹*revisión/censo*› five-yearly, quinquennial (frml); **un plan ~** a five-year plan

quinquenalmente *adv* every five years, quinquennially (frml); **revisar/renovar algo ~** to revise/renew sth on a five-yearly basis

quinquenio *m* (frml) quinquennium (frml), five-year period

quinqui *m,f* (Esp fam) petty thief

quinta *f*

A 1 (casa) *house in its own grounds, usually in the country* 2 (Agr) estate, farm; **~ del ñato** (AmS fam) cemetery 3 (Per) (conjunto de casas) ≈ close, development (*around a common central area*)

B (Mil) draft, call up; **lo llamaron a ~s** he was drafted *o* called up; **es de mi ~** (fam) he's my age

C (Mús) fifth

quintacolumnista *mf* fifth columnist

quintada *f* practical joke

quintaesencia *f* quintessence (frml); **esto es la ~ del refinamiento culinario** this is the ultimate in culinary refinement; **es la ~ del chic parisino** she is the quintessence *o* the very embodiment of Paris chic

quintaesencial *adj* quintessential

quintal *m* 46 kgs; **la maleta pesa un ~** the suitcase weighs a ton! (colloq)

(Compuesto) **quintal métrico** 100 kgs

quintar [A1] *vt* (Esp) to call up, draft

quintero -ra *m,f* 1 (arrendatario) tenant farmer 2 (mozo) farm laborer*

quinteto *m* 1 (grupo) quintet 2 (composición) quintet

quintilla *f*: *verse made up of five eight-syllable lines with two consonant rhymes*

quintillizo -za *m,f* quintuplet, quint (AmE), quin (BrE)

Quintín: **San ~** Saint Quentin; ***se armó la de San ~*** (fam) there was an incredible rumpus (colloq), it was chaos (colloq)

quinto[1] **-ta** *adj/pron* 1 ▸ⓘ **p.575**; (ordinal) fifth; **llegó ~** he came fifth; **Carlos V** *read as: Carlos quinto* Charles V (*read as: Charles the fifth*); **vive en el ~ (piso)** she lives on the sixth (AmE) *o* (BrE) fifth floor; **en ~ lugar** fifth; **el ~ aniversario** the fifth anniversary; **eres el ~ de la lista** you're fifth on the list; **está en ~ de carrera** she's in the fifth year of her college/university course; **el nuevo profesor de ~** the fifth grade's (AmE) *o* (BrE) the fifth year's new teacher 2 (partitivo): **la quinta parte** a fifth

(Compuesto) **quinta columna** *f* fifth column

quinto[2] *m*

A 1 ▸ⓘ **p.243**; (partitivo) fifth; **tres ~s** three-fifths; **un ~ del presupuesto** a fifth *o* one fifth of the budget 2 (en Méx) (moneda) five centavo coin; ***estar sin un ~*** (Méx fam) to be broke (colloq); ***ni un ~*** (Méx fam): **no traigo ni un ~** I don't have a penny on me *o* (AmE) a dime with me (colloq) 3 (botellín) small bottle of beer (*one fifth of a liter*)

B (Esp) (Mil) conscript

quíntuple[1] *adj* ▸ **quíntuplo**[1]

quíntuple[2] *m* quintuple

quíntuple[3] *mf* (Chi, Ven) ▸ **quintillizo**

quintuplicar [A2] *vt* to quintuplicate, quintuple

■ **quintuplicarse** *v pron*: **en dos años el precio llegó a ~se** there was a fivefold price increase in two years

quíntuplo[1] **-pla** *adj* quintuple, fivefold

quíntuplo[2] *m* quintuple

quiñar [A1] *vt* (Per) to chip

■ **quiñarse** *v pron* (Per) to get chipped

quiñazo *m* (Chi fam) crash (colloq)

quiosco *m* ▸ **kiosco**

quiosquero -ra *m,f* ▸ **kiosquero**

quipus, quipos *mpl* quipu

quiquiriquí *m*

A (canto) cock-a-doodle-doo

B (Esp fam) (mechón) tuft of hair; **peinan al niño con un ~** they comb his hair into a quiff

quirófano *m* operating room (AmE), operating theatre (BrE)

quirografario -ria *adj* ‹*deuda/acreedor*› backed by ▸ **quirógrafo**; **pagaré ~** (handwritten) IOU

quirógrafo *m* handwritten informal agreement

quiromancia *f* palmistry, chiromancy (frml)

quiromántico -ca *m,f* palmist

quiromasaje *m* chiromassage

quiromasajista *mf* chiromassage practitioner, practitioner of chiromassage

quiropráctico -ca *m,f* chiropractor

quiróptero *m* chiropteran

quirquincho *m*: *small armadillo*

quirúrgicamente *adv* surgically; **fue intervenido ~** (frml) he underwent surgery (frml)

quirúrgico -ca *adj* surgical; **fue sometido a una intervención quirúrgica** (frml) he underwent surgery (frml)

quise, quisiera, etc *see* ▸ **querer**[2]

Quisqueya *f* (RD) Dominican Republic

quisqueyano -na *adj/mf* (RD) Dominican

quisqui, quisque *m* (Esp fam): **¡vino todo ~!** everyone and his brother was there! (AmE colloq), the world and his wife were there! (BrE colloq); **eso lo sabe todo ~** everyone knows that!; **se lo ha dicho a todo ~** she's told every Tom, Dick and Harry (colloq), she's told all and sundry (colloq); **vas a tener que pagar como todo** *or* **cada ~** you'll have to pay just like everybody else

quisquilla *f* shrimp

quisquilloso -sa *adj* 1 (meticuloso, exigente): **es terriblemente ~ y no le gusta que nadie toque sus cosas** he is terribly particular and he doesn't like anyone touching his things; **ningún hotel le vino bien, es tan ~** none of the hotels suited him, he's so hard to please *o* so choosy *o* so fussy 2 (susceptible) touchy

quiste *m* cyst

(Compuestos)

- **quiste hidatídico** hydatid cyst
- **quiste ovárico** ovarian cyst
- **quiste sebáceo** sebaceous cyst

quístico -ca *adj* cystic

quita *f* deduction

(Compuesto) **quita de colaboración** (RPl) withdrawal of goodwill

quitacomedones *m* (*pl* ~) blackhead remover

quitacutículas *m* (*pl* ~) cuticle remover

quitaesmalte *m* nail polish remover

quitagrapas *m* (*pl* ~) staple remover

quitamanchas *m* (*pl* ~) stain remover

quitamiedos *m* (*pl* ~) (Esp fam) crash barrier

quitanieves *m* (*pl* ~) snowplow (AmE), snowplough (BrE)

quitapenas *f* (*pl* ~) (fam) (navaja) knife; (pistola) gun

quitapesares *m* (*pl* ~) (fam) comfort

quitapiedras *m* (*pl* ~) cowcatcher

quitapintura *f* paint stripper

quitapresillas *f* (*pl* ~) (Cu) staple remover

quitar [A1] *vt*

A 1 (apartar, retirar): **¡quita esa silla de en medio!** get that chair out of the way!; **quita tus cosas de mi escritorio** take *o* get your things off my desk; **quitó todos los obstáculos de mi camino** he removed all the obstacles from my path; **~ la mesa** (Esp) to clear the table; (+ *me/te/le etc*): **¡quítame las manos de encima!** take *o* get your hands off me!; **le quitó la piel al pollo** he skinned the chicken; **me quitó una pelusa del hombro** she picked a bit of fluff off my shoulder; **no le puedo ~ la tapa** I can't get the top off 2 ‹*prenda/anillo*› (+ *me/te/le etc*) to take off; **quítale los zapatos** take his shoes off

B ‹*juguete/dinero*› (+ *me/te/le etc*): **le quité el cuchillo** I took the knife (away) from her; **la policía le quitó el pasaporte** the police took his passport away; **me ~on la cartera del bolsillo** someone took *o* stole my wallet from my pocket; **le quitó la pistola al ladrón** he got *o* took the gun off the thief; **se lo quitó de un manotazo** she swiped it out of his hand; ▸ **bailar**

C (restar) (+ *me/te/le etc*): **quítale 26 a 84** take 26 away from 84; **no me quites autoridad delante de los niños** don't undermine my authority in front of the children; **los niños me quitan mucho tiempo** the children take up a lot of my time; **no es que quiera ~te la razón pero ...** I'm not saying you're wrong but ...; **no le quites méritos** give him his due; **ese peinado te quita años** that hairstyle takes years off you; **hay que ~le un poco de ancho** it needs to be taken in a bit; **trataba de ~le importancia al asunto** he tried to play the matter down; **le quita valor a la casa** it detracts from the value of the house

D (hacer desaparecer) ‹*mancha*› to remove, get ... out; ‹*dolor*› to relieve, get rid of; (+ *me/te/le etc*): **te quita el hambre pero no te alimenta** it stops you feeling hungry but it isn't very nourishing; **te voy a ~ las ganas de volver a mentirme** when I've finished with you, you'll think twice about lying to me again; **a ver si le quitas esa idea de la cabeza** why don't you try to get that idea out of his head?

E (fam) (prohibir) (+ *me/te/le etc*): **el médico me ha quitado la sal/el vino** the doctor's told me I mustn't have any salt on my food/I mustn't drink wine

F **quitando** *ger* (fam) except for; **quitando a los más chicos todos pueden entrar** they can all go in except for the very youngest ones; **quitando que tuvimos que esperar mucho rato** apart from the fact that we had to wait a long time

■ **quitar** *vi*

A (Esp fam): **¡quita (de ahí)!** get out of the way!; **¡quita ya! ¡eso no se lo cree nadie!** oh come off it, nobody believes that!

B (*en locs*): **de quita y pon** ‹*funda/etiqueta*› removable; **tiene una capucha de quita y pon** it has a detachable hood; **una fe de quita y pon** (iró) a very flexible *o* convenient sort of faith (iro); ***eso no quita que ...***: **yo lo hago así, eso no quita que se pueda hacer de otra manera** I do it like this but that doesn't mean that there aren't other ways of doing it; ***ni ~ ni poner*** (fam): **pregúntaselo a él, yo aquí ni quito ni pongo** ask him about it, I don't count *o* my opinion doesn't count around here; **en ese asunto él ni quita ni pone** he doesn't have any say in that matter; ***quien quita y ...*** (Méx fam): **quien quita y me lo regrese pronto** I hope she brings it back soon

■ **quitarse** *v pron*

A (desaparecer) «*mancha*» to come out; «*dolor*» to go, go away; «*viento*» to die down; (+ *me/te/le etc*): **no hay forma de que se me quite este dolor de cabeza** I just can't get rid of this headache; **ya se me han quitado las ganas de ir** I don't feel like going any more

B (apartarse, retirarse) to get out of the way; **¡quítate de mi vista!** get out of my sight!; **he vendido el negocio, quiero ~me de problemas**

q

I've sold the business, I want to be rid of all this trouble *o* (colloq) to be shot of all this hassle

C (*refl*) **1** ‹*prenda/alhaja/maquillaje*› to take off; **quítate la chaqueta** take your jacket off **2** (deshacerse de) ‹*dolor*› to get rid of; **se quitaban el frío saltando** they jumped up and down to warm themselves up *o* to get warm; **me tengo que ~ este miedo ridículo a los aviones** I have to overcome *o* get over this ridiculous fear of flying **3** (retirar) **~se algo DE algo**: **me tuve que ~ una pestaña del ojo** I had to get an eyelash out of my eye; **¡quítate el dedo de la nariz!** stop picking your nose!; **¡quítate las manos de los bolsillos!** take your hands out of your pockets!; **~se a algn de en medio** to get rid of sb **4** ‹*años*› **te has quitado veinte años de encima** you look twenty years younger; **se quita años** *or* **la edad** she lies about her age

quitasol *m* sunshade

quitasueño *m* (fam) nagging worry

quite *m* **1** (Taur) *move to draw the bull away from a bullfighter in difficulties*; ***estar al ~*** «*torero*» to be ready to draw the bull away; «*amigo/padre*» to be on hand (to help); ***hacerle el ~ a algn*** (Chi, Col fam) to dodge sb **2** (en esgrima) parry

quiteño -ña *adj* of/from Quito

Quito *m* Quito

quiubo *interj* (AmC, Andes, Méx fam) hi! (colloq), how's it going? (colloq)

quizá, quizás *adv* maybe, perhaps; **~ vengan mañana** maybe *o* perhaps they'll come tomorrow, they may come tomorrow; **~ no haya entendido** *or* **no entendió** perhaps *o* maybe she didn't understand, she may not have understood

quórum /'kworum/ *m* (*pl* **-rums**) quorum; **no se pudo votar por falta de ~** they could not vote because they lacked *o* did not have a quorum *o* (frml) because the meeting was inquorate

Rr

r, R *f* (*read as* /'ere/)
A (the letter) r, R
B (= **retirado**) **General Tercedor Sánchez (R)** General Tercedor Sánchez (ret)
R/ = remite
Ra Ra
rabadilla *f* **1** (de un ave) pope's nose (esp AmE), parson's nose (BrE) **2** (de una res) rump **3** (fam) (de una persona) tailbone (colloq)
rabanera *f* (fam & pey) fishwife (colloq & pej)
rabanillo, rabanito *m* wild radish
rábano *m* radish; ***coger*** *or* ***tomar el ~ por las hojas*** to get the wrong end of the stick (colloq); ***¡y un ~!*** (fam) no way! (colloq); ▸**importar**
rabdomancia *f* rhabdomancy (frml), dowsing
rabel *m* rebec
rabí *mf* (*pl* **-bíes**) rabbi
rabia *f*
A (enfermedad) rabies
B **1** (expresando fastidio): **¡me da una ~ tener que irme tan pronto!** it's really annoying that I have to leave so soon; **no sabes la ~ que me da que nunca llegues a tiempo** you've no idea how much it annoys *o* irritates me that you're never on time; **¡qué ~!** how maddening *o* annoying *o* infuriating!; ***donde/cuando/el que más ~ te dé*** (fam) wherever/whenever/whichever you like; **siéntate donde más ~ te dé** sit wherever you like; **elige el que más ~ te dé** take whichever one you like **2** (furor, ira) anger, fury; **cerró la puerta con ~** she slammed the door angrily *o* in a rage **3** (antipatía, manía): **tenerle ~ a algn** to have it in for sb (colloq)
rabiar [A1] *vi* **1** (de furor, envidia): **el jefe está que rabia contigo** the boss is furious with you, the boss is real mad at you (AmE colloq); **yo tengo más que tú ¡chincha, rabia!** (leng infantil) I've got more than you, so there!; **no lo hagas ~** don't tease him; ***a ~*** (fam): **me gusta a ~** I'm crazy about him (colloq); **aplaudieron a ~** they applauded like crazy *o* like mad (colloq); ***que rabia*** (fam): **la salsa pica que rabia** the sauce is incredibly hot (colloq) **2** (de dolor): **se pasó la noche rabiando de dolor** she was in terrible pain all night **3** (desear ansiosamente) **~ POR algo** to be dying FOR sth (colloq); **rabiaba por conocerlo** she was dying *o* itching to meet him
rabicorto -ta *adj* short-tailed
rabieta *f* tantrum; **le dio una ~** he threw a tantrum
rabietas *mf* (fam): **es una ~** she's always throwing tantrums
rabilargo -ga *adj* long-tailed
rabillo *m*
A (Zool) short tail
B **1** (Bot) stem, stalk **2** (del ojo) corner; ***mirar a algn con el ~ del ojo*** to look at sb out of the corner of one's eye
rabinato *m* rabbinate
rabínico -ca *adj* rabbinical
rabino -na *m,f* rabbi
rabiosamente *adv*: **lo tiró ~ al suelo** he hurled it angrily to the floor, he hurled it to the floor in a rage; **una postura ~ anticlerical** a fiercely anticlerical stance
rabioso -sa *adj*
A (Med, Vet) rabid
B **1** (furioso) furious **2** (palpitante): **un tema de rabiosa actualidad** a highly topical issue
rabo *m*
A **1** (Zool) tail; ***irse con el ~ entre las piernas*** *or* ***patas*** to go away with one's tail between one's legs **2** (de una letra) tail **3** (vulg) (pene) cock (vulg), dick (vulg)
B (Bot) stem, stalk
rabón -bona *adj* **1** ‹*animal*› (sin rabo) tailless; (con el rabo corto) short-tailed **2** (Méx) ‹*vestido/pantalones*› short
rabona *f* (prostituta) camp-follower; ***hacer ~*** *or* (RPl) ***hacerse la ~*** (fam) to play hooky (esp AmE colloq), to skive off (school) (BrE colloq)
racamenta *f*, **racamento** *m* parrel
racanear [A1] *vi* (fam) to be stingy (colloq)
rácano[1] -na *adj* (fam) **1** (tacaño) stingy (colloq), tightfisted (colloq) **2** (malhumorado) bad-tempered
rácano[2] -na *m,f* (fam) **1** (tacaño) scrooge (colloq), tightwad (AmE colloq) **2** (malhumorado) bad-tempered person (*o* devil *etc*)
RACE *m* = **Real Automóvil Club de España**
racha *f* **1** (secuencia): **últimamente estoy pasando una ~ de mala suerte** I've been having a run *o* spell of bad luck recently; **una ~ de enfermedades/escándalos** a series *o* string of illnesses/scandals; **está pasando una mala ~** he's going through bad times *o* (BrE) a bad patch; **ya que tengo una buena ~ voy a seguir jugando** I'm on a winning streak so I'm going to carry on playing; ***a*** *or* ***por ~s:*** **duermo a ~s** I sleep very fitfully; **va por ~s** it goes in phases; **llueve a ~s** it's raining on and off **2** (Meteo) gust of wind
racheado -da *adj* gusty
racial *adj* ‹*discriminación/minorías*› racial; **disturbios ~es** race riots
racimo *m*
A (de uvas) bunch, cluster; (de plátanos) bunch, hand; (de flores) bunch; **un ~ de casitas** (liter) a cluster of little houses
B (Chi vulg) (pene) cock (vulg)
raciocinar [A1] *vi* (frml) to reason
raciocinio *m* **1** (facultad) reason **2** (argumento) reasoning
ración *f* **1** (parte) share; **ya ha tenido su ~ de disgustos** he's already had his share of misfortune **2** (porción) portion, helping; **las raciones son muy abundantes** the helpings *o* portions are very generous **3** (en un bar): **¿me pone una ~ de calamares?** a portion *o* plate of squid, please; **Ⓢ hay raciones** assorted dishes available **4** (Mil) ration; **a media ~** on half rations

> **ración**
>
> In Spain, a *ración* is a serving of food eaten in a bar or café, generally with a drink. Friends or relatives meet in a bar or café, order a number of *raciones*, and share them. *Raciones* tend to be larger and more elaborate than *tapas* . They may be: Spanish omelet, squid, octopus, cheese, ham, or *chorizo*, among others. *See also* ▸**pincho**

racional *adj*
A **1** (dotado de razón) rational; **el hombre es un animal ~** man is a rational *o* thinking animal **2** (lógico, razonable) rational
B (Mat) rational
racionalidad *f* rationality; **sus acciones carecen de ~** her actions lack rationality *o* are irrational
racionalismo *m* rationalism
racionalista *adj/mf* rationalist
racionalización *f*
A (de un proceso, una empresa) rationalization, streamlining
B (Psic) rationalization
racionalizar [A4] *vt*
A **1** ‹*empresa/producción/sistema*› to rationalize, streamline **2** (Psic) to rationalize
B (Mat) to rationalize
racionalmente *adv* rationally, sensibly; **hay que discutir las cosas ~** we/you have to discuss things sensibly *o* rationally *o* in a rational manner
racionamiento *m* rationing
racionar [A1] *vt* to ration; **los huevos estaban racionados** eggs were rationed
racismo *m* racism, racialism
racista *adj/mf* racist, racialist
rada *f* road, roadstead, inlet
radar, rádar *m*
A (sistema) radar
B (aparato) radar; **un defecto en los ~s afectó los vuelos** a radar failure affected the flights
C (Auto) speed camara; **una zona controlada por ~s** an area controled by speed cameras

(Compuestos)
- **radar fijo** speed camera
- **radar móvil** mobile speed camera

radiación *f* radiation

(Compuestos)
- **radiación cósmica** cosmic radiation
- **radiación ionizante** ionizing radiation
- **radiación nuclear** atomic *o* nuclear radiation
- **radiación solar** solar radiation

radiactividad *f* radioactivity
radiactivo -va *adj* radioactive
radiado -da *adj* radiate
radiador *m* **1** (de la calefacción) radiator **2** (Auto) radiator
radial *adj*
A **1** ‹*forma/sistema*› radial; **carretera ~** arterial road **2** ‹*neumático*› radial
B (AmS) ‹*cadena/emisión*› radio (*before n*); **novelas ~es** radio serials
radián *m* radian
radiante *adj* **1** (brillante) brilliant; **hace un sol ~** it's brilliantly *o* beautifully sunny; **un día ~** a bright, sunny day **2** ‹*persona*› radiant; **el día de su boda estaba ~** she looked radiant on her wedding day; **estaba ~ de alegría** she was radiant with happiness **3** (Fís) radiant
radiar [A1] *vt*
A (period) (Rad) to broadcast (*on the radio*); **mensajes radiados** radio messages
B **1** (Fís) to radiate **2** (Med) to irradiate, treat … with radiation
C (RPl fam) ‹*persona*› to shun, give … the cold shoulder; **lo han radiado del grupo** he's been given the cold shoulder *o* shunned by the rest of the group; **me sentí radiada** I felt left out *o* shunned
radicación *f* **1** (Mat) extraction **2** (en un lugar) settling

radicado -da *adj*: **están ~s en París** they have settled *o* they are based in Paris; **un autor ~ en San José** a writer based *o* living in San José

radical[1] *adj*
A 1 (Pol) radical 2 ‹*cambio/medida*› radical, drastic
B (Bot) radical

radical[2] *mf*
A (Pol) radical; **~ de izquierdas** left-wing radical
B **radical** *m* 1 (Mat) root 2 (Ling) radical, root

radicalidad *f* radicalism

radicalismo *m* 1 (Pol) radicalism 2 (cualidad, actitud) radicalism

radicalización *f* 1 (Pol) radicalization, toughening 2 (de un conflicto) intensification

radicalizar [A4] *vt* to radicalize, toughen
■ **radicalizarse** *v pron* 1 «*persona/partido*» to become more radical, adopt a more radical position 2 «*situación/conflicto*» to intensify

radicalmente *adv* radically; **ha cambiado ~** she has changed radically, she has undergone a radical change

radicando *m* radicand

radicar [A2] *vi* «*problema/dificultad*» to lie; **el problema radica en el mal uso de la tierra** the problem stems from *o* lies in the misuse of the land, the root of the problem lies in the misuse of the land
■ **radicarse** *v pron* to settle

radícula *f* radicle

radier *m* (Chi) foundation block

radiestesia *f* water divining, dowsing

radiestesista *mf* water diviner, dowser

radio[1] *m*
A 1 (Mat) radius 2 (distancia, área) range, radius; **se oyó la explosión en un ~ de diez kilómetros** the explosion could be heard over a range of ten kilometers *o* within a ten kilometer radius 3 (de una rueda) spoke
(Compuesto) **radio de acción** (de un avión, barco) operational range; (de una organización) area of operations; **el ~ de ~ de la guerrilla** the guerillas' area of operations
B (AmL exc CS) (Rad) radio; **escuchar el ~** to listen to the radio; **nos enteramos por el ~** we heard about it on the radio; **lo han dicho por el ~** they said it on the radio
(Compuestos)
- **radio a** *or* **de transistores** transistor radio
- **radio taxi** radio cab *o* taxi

C (Anat) radius
D (Quím) radium

radio[2] *f* 1 (como medio de comunicación) radio; **el partido fue transmitido por (la) ~** the match was broadcast on the radio; **se pusieron en contacto por ~** they established radio contact; **programas de ~** radio programs; **escuchar la ~** to listen to the radio; **nos enteramos por la ~** we heard about it on the radio; **trabaja en la ~** he works in radio; **lo escuché en ~ macuto** (Esp fam) I heard it through the grapevine *o* on the bush telegraph 2 (CS, Esp) (aparato) radio; **apaga la ~** turn off *o* switch off the radio 3 (emisora) radio station
(Compuestos)
- **radio a** *or* **de transitores** transistor radio
- **radio pirata** pirate radio station

> **la radio española**
>
> Radio broadcasting in Spain began in the 1920s. The state-run *Radio Nacional de España* (*RNE*) was established during the Civil War. There are many private radio stations and they compete fiercely. Radio personalities are paid huge salaries, out of which they employ the staff for their programs. *See also* ▸**Cadena SER**, ▸**COPE - Cadena de Ondas Populares Españolas**, ▸**Onda Cero**.

radioactividad *f* radioactivity

radioactivo -va *adj* radioactive

radioaficionado -da *m,f* radio ham, ham operator (AmE)

radioastronomía *f* radio astronomy

radioastrónomo -ma *m,f* radio astronomer

radiobaliza *f* radio beacon

radiocarbono *m* radiocarbon

radiocassette /rraðioka'set/, **radiocasete** *m* radio cassette player

radiocompás *m* radio compass

radiocomunicación *f* radio communication

radiodespertador *m or f* clock radio, radio alarm

radiodiagnóstico *m* X-ray diagnosis

radiodifundir [I1] *vt* to broadcast

radiodifusión *f* broadcasting

radiodifusor -sora *adj* (AmL) radio (*before n*)

radiodifusora *f* (AmL frml) radio station

radioeléctrico -ca *adj* radio (*before n*)

radioemisora *f* radio station

radioenlace *m* radio link

radioescucha *mf* listener

radiofaro *m* radio beacon

radiofonía *f* radiotelephony

radiofónico -ca *adj* radio (*before n*)

radiofrecuencia *f* radio frequency

radiogoniometría *f* radio direction finding, radiogoniometry (tech)

radiogoniometro *m* radio direction finder, radiogoniometer (tech)

radiografía *f* X-ray; **hacerse** *or* **sacarse una ~** to have an X-ray taken, to be X-rayed; **le hicieron** *or* **sacaron una ~ del brazo** they X-rayed his arm, they took an X-ray of his arm

radiografiar [A17] *vt* to X-ray

radiográfico -ca *adj* X-ray (*before n*), radiographic (tech)

radiógrafo -fa *m,f* radiographer

radiograma *m* radio message, radiogram

radioisótopo *m* radioisotope

radiología *f* radiology

radiólogo -ga *m,f* radiologist

radiometría *f* radiometry

radiómetro *m* radiometer

radiomicrófono *m* radio microphone

radionovela *f* radio serial

radiooperador -dora *m,f* (AmL) radio operator

radiopatrulla *m* radio patrol car

radiorreceptor *m* radio receiver

radioscopía *f* fluoroscopy, radioscopy

radioscópico -ca *adj* fluoroscopic, radioscopic

radiosonda *f* radiosonde, radiometeorograph

radio-taxi *m* radio taxi, radio cab

radiotécnica *f* radio technology

radiotécnico[1] **-ca** *adj* radio technology (*before n*)

radiotécnico[2] **-ca** *m,f* radio technologist

radiotelefonía *f* radio, radiotelephony

radiotelefonista *mf* radio operator

radioteléfono *m* radiotelephone

radiotelegrafía *f* radio, radiotelegraphy

radiotelegrafiar [A17] *vt* to radio, radiotelegraph

radiotelegráfico -ca *adj* radio (*before n*), radiotelegraphic

radiotelegrafista *mf* radio operator

radiotelescopio *m* radio telescope

radioterapeuta *mf* radiotherapist

radioterapéutico -ca *adj* radiotherapy (*before n*), radiotherapeutic

radioterapia *f* radiotherapy

radiotransmisión *f* 1 (acción) transmission 2 (mensaje) broadcast, transmission

radiotransmisor *m* radio transmitter

radioyente *mf* listener

radomo *m* (Aviat, Naut) radome

radón *m* radon

RAE *f* = **Real Academia Española**

> **RAE - Real Academia de la Lengua Española**
>
> A body established in the eighteenth century to record and preserve the Spanish language. It is made up of *académicos*, who are normally well-known literary figures and/or academic experts on the Spanish language.
>
> The *RAE* publishes the *Diccionario de la Real Academia Española*, which is regarded as an authority on correct Spanish. Affiliated academies exist in Latin American countries.

raer [E16] *vt* ‹*superficie*› to scrape; ‹*barniz/pintura*› to scrape off

raf *m* rough

RAF *f* RAF, Royal Air Force

ráfaga *f* (de viento) gust; **una ~ de ametralladora** a burst of machine-gun fire; **le formularon una ~ de preguntas** they bombarded her with questions

rafia *f* raffia

rafting /'raftin/ *m* rafting

raglán *adj inv* raglan

ragout, ragú *m* ragout

raid *m*
A (period) (ataque) raid
B (AmC) (en un carro) ride; **pedir ~** to hitch a ride *o* lift

raído -da *adj* worn-out, threadbare

raigambre *f* 1 (tradición): **música de ~ popular** music which has its roots in the popular tradition; **una costumbre de profunda ~** a deeply-rooted custom; **una familia de mucha ~ en la región** a family with strong ties in the region 2 (Bot) root system, roots (*pl*)

raigón *m* 1 (de una planta) thick root 2 (de un diente) root

raíl *m* (Esp) ▸**riel**

raíz *f*
A 1 (Bot) root; ***de* ~: arrancar una planta de ~** to uproot a plant, to pull a plant up by the roots; **arranca el vello de ~** it removes the hair at the roots; **eliminaron de ~ el problema de la droga** they eradicated the drug problem; ***echar raíces*** «*planta*» to root, take root; «*persona*» to put down roots; «*costumbre/doctrina*» to take root, take hold; **una costumbre que no ha echado raíces aquí** a custom which has not taken root *o* taken hold *o* caught on here 2 (de un diente, pelo) root
B (Ling) root
C 1 (Mat) root; **~ cuadrada/cúbica** square/cube root 2 (Inf): **está en el directorio ~** it's in the root directory
D 1 (origen) root; **la ~ de todos los males de la sociedad** the root of all society's ills; **este problema tiene raíces políticas** the roots of this problem are political; **hay que atacar este mal en su ~** we have to attack the root causes of this evil, we have to attack this evil at its roots; **la tradición tiene sus raíces en los países nórdicos** the tradition originated in the Nordic countries; **tiene sus raíces en la Alta Edad Media** it has its roots in *o* it dates back to the Early Middle Ages; **esta secta tiene sus raíces en la India** this sect originated in India 2 **a raíz de** as a result of; **a ~ de los acontecimientos del pasado martes** as a result of *o* following last Tuesday's events

raja *f*
A 1 (en una pared) crack; (en cerámica) crack 2 (en costura) split; (en una tela) tear, rip; **se hizo una ~ en el pantalón** he split his pants (AmE) *o* (BrE) trousers
B (abertura) 1 (en una falda) slit; (en una chaqueta) vent 2 (fam) (del ano) crease (colloq), cleft (colloq), crack (colloq) 3 (vulg) (vagina) cunt (vulg)
C (rodaja) slice
D (Chi vulg) (suerte) luck, good luck

rajá *m* rajah

rajada *f* (Col fam) fail, flunk (AmE); **me pegué una ~ en química** I failed *o* (AmE colloq) flunked chemistry

r

rajadera *f* (Col, Per fam) badmouthing (AmE colloq), slagging-off (BrE colloq)

rajadiablos *m* (*pl* ~) (Chi) rogue

rajado[1] -da *adj*

A (fam) (cobarde) cowardly, yellowbellied (colloq), wimpish (colloq)

B (Chi fam) **1** (muy generoso) generous **2** (tarambana) wild (colloq) **3** ‹*conductor*› reckless; ***ir*** *or* ***andar*** ~ (Chi fam) to go full tilt *o* at top speed (colloq); **pasó ~ y no me vio** he whizzed *o* shot past without seeing me (colloq)

rajado[2] -da *m,f* (fam) coward, chicken (colloq), yellowbelly (colloq), wimp (colloq)

rajadura *f* crack

rajar [A1] *vt*

A **1** (agrietar) ‹*pared/cerámica*› to crack, cause … to crack **2** (desgarrar) ‹*tela*› to tear, rip **3** (arg) ‹*persona*› to knife (colloq); **si te mueves te rajo el cuello** move and I'll slit your throat (colloq)

B **1** (CS fam) (criticar) to run … down, slag … off (BrE colloq) **2** (Andes) (en un examen) (fam) to fail, flunk (AmE colloq) **3** (RPl fam) (echar) to kick … out (colloq)

■ **rajar** *vi* **1** (Esp fam) (hablar mucho) to babble on (colloq) **2** (Col, Per fam) (criticar) ~ **DE algn** to badmouth sb (AmE colloq), to slag sb off (BrE colloq) **3** (Bol, CS fam) (huir rápido) to run away; **rajemos, que viene la maestra** the teacher's coming, let's get out of here *o* let's beat it *o* let's split (colloq); **salieron rajando cuando llegó la policía** they ran for it *o* they ran away when the police arrived, they hightailed it (AmE) *o* (BrE) scarpered when the police arrived (colloq)

■ **rajarse** *v pron*

A **1** «*pared/cerámica*» to crack **2** «*tela*» to tear, rip; «*pantalones*» to split

B **1** (fam) (echarse atrás) to back out; **no fuimos porque se ~on** we didn't go because they pulled out *o* backed out; **tienes que venir, no te rajes** you have to come, don't try to back out of it *o* don't try to get out of it **2** (Col, Per fam) (en examen) to fail, flunk (AmE colloq) **3** (Bol, Chi fam) (ser generoso): **hoy que es tu cumpleaños, rájate con un vinito** since it's your birthday today, why don't you buy *o* (BrE) stand us a drink? **4** (Chi) (pasarse) to go overboard (colloq)

rajatabla: **a ~** (*loc adv*) strictly; **siguió las instrucciones a ~** he followed the instructions to the letter; **sigue la letra de la ley a ~** she keeps strictly to the letter of the law

raje *m* (RPl fam): **darle el ~ a algn** to get rid of sb (colloq)

rajón[1] *adj* **1** (Méx fam) (cobarde) ▸**rajado[1] A** **2** (Méx fam) (soplón): **no seas ~** don't be such a telltale (colloq) **3** (Per fam) (maldiciente): **es muy ~** he's always badmouthing people (AmE colloq), he's always slagging people off (BrE colloq)

rajón[2] -jona *m,f*

A **1** (Méx fam) (cobarde) ▸**rajado[2]** **2** (Méx fam) (soplón) telltale (colloq)

B **rajón** *m* (Andes) (rasgadura) tear, rip; **se hizo un ~ en la camisa** he tore *o* ripped his shirt

rajuñar [A1] *vt* (Chi fam) ▸**rasguñar**

rajuño *m* (Chi fam) ▸**rasguño**

RAL *f* (Inf) (**= Red de Área Local**) LAN

ralea *f* (pey): **yo no me mezclo con gente de su ~** I don't mix with his sort (pej); **son todos de la misma ~** they're all as bad as each other

ralear [A1] *vi*: **le raleaba el cabello** his hair was thinning; **empezaban a ~ las hojas en los árboles** the leaves on the trees were beginning to thin out; **más abajo empezaban a ~ las casas** further down there began to be fewer houses *o* the houses began to thin out; **ya ralean los especialistas en esta materia** experts in this field are becoming scarce

ralentí *m* **1** (Auto): **dejar el coche/el motor al ~** to leave the car/the engine idling *o* (BrE) ticking over; **hay que ajustar/subir el ~** the timing needs adjusting **2** (Cin) slow motion; **una escena rodada al ~** a scene shot in slow motion

ralentización *f* **1** (de imágen) slowing down **2** (período de proceso/ritmo) slowing down

ralentizar [A4] *vt* **1** ‹*imágenes*› to slow down **2** (period) ‹*proceso/ritmo*› to slow down

■ **ralentizarse** *v pron* to slow down

rallado -da *adj* ‹*queso/zanahoria*› grated; **pan ~** breadcrumbs

rallador *m* grater

ralladura *f*: **~ de limón** grated lemon rind

rallar [A1] *vt* to grate

rally /'rrali/ *m* (*pl* **-llys**) rally

ralo -la *adj* ‹*bosque*› sparse; ‹*monte*› bare; ‹*pelo/barba*› thin, sparse

RAM /rram/ *f* RAM

(Compuesto) **RAM video** *or* (Esp) **vídeo** video RAM

rama *f* **1** (de un árbol) branch; **una ramita de perejil** a sprig of parsley; **algodón en ~** raw cotton; **un trozo de canela en ~** a cinnamon stick; ***andarse*** *or* ***irse por las ~s*** to beat about the bush **2** (de una ciencia) branch **3** (de una organización, estructura) branch

ramada *f* **1** (AmS) (cobertizo) shelter (*made from branches*) **2** (Chi) (pérgola) arbor*

ramadán, Ramadán *m* Ramadan

ramaje *m* branches (*pl*)

ramal *m* **1** (Ferr) branch line **2** (Geog) branch **3** (cuerda) strap

ramalazo *m* **1** (acometida, punzada): **me cruzó, como un ~, por la cabeza** it flashed through my mind; **un ~ de locura/pánico** a fit of madness/panic; **me dio el ~ poético** I started to wax poetic, I came over all poetic (BrE); **experimentó un ~ de frío** he felt a shiver run through him; **un ~ de dolor** a stabbing pain **2** (de viento) gust, blast; (de lluvia) blast; ***tener un ~*** (ser afeminado) to be effeminate

rambla *f* **1** (cauce seco) dry riverbed, watercourse **2** (RPl) (paseo marítimo) esplanade, promenade **3** (avenida) boulevard

ramera *f* prostitute

ramificación *f*

A **1** (de un árbol, una planta) ramification **2** (de venas, nervios) branch, ramification **3** (Inf) branch

B **ramificaciones** *fpl* (derivaciones) ramifications (*pl*)

ramificarse [A2] *v pron*

A **1** «*árbol/planta*» to branch, branch out, ramify (tech) **2** «*venas/nervios*» to branch, ramify (tech) **3** «*carretera/ciencia*» to branch

B «*problema*» to ramify (frml), to become complex

ramillete *m* **1** (de flores) posy **2** (grupo selecto) bunch (colloq); **un ~ de chicas bonitas** a cluster *o* bunch of pretty girls; **¡menudo ~ me tocó en esta clase!** (iró) what a bunch *o* collection I've got in this class! (colloq)

ramito compuesto *m* bouquet garni

ramo *m*

A **1** (de flores): **el ~ de la novia** the bride's bouquet; **un ~ de rosas** a bunch of roses **2** (rama) branch; **~ de olivo/laurel** olive/laurel branch

(Compuesto) **ramo de Navidad** (Bol, Col) Christmas wreath

B (área, sección) area; **el ~ de la hostelería** the hotel and catering industry

(Compuesto) **ramos generales** *mpl* (CS) general store

C (Chi) (Educ) subject

rampa *f*

A (pendiente) ramp

(Compuesto) **rampa de lanzamiento** launch pad

B (Esp) (calambre) cramp

rampante *adj* rampant

rampla *f*

A (rampa) ramp

B (Chi) (carrito) handtruck

ramplón -plona *adj* (pey) coarse, basic

rana *f* **1** (Zool) frog; ***cuando las ~s críen pelo*** *or* (RPl) ***cola*** (fam): **a este paso terminará cuando las ~s críen pelo** at this rate he won't finish in a month of Sundays (colloq); ***salir ~*** (Esp fam) to be a real disappointment *o* (colloq) let-down **2** (Jueg) *game in which disks are thrown into the mouth of a metal frog* **3** (Andes) (aleta) flipper

ranchera *f*

A (Mús) *Mexican folk song*

B (Auto) station wagon (AmE), estate car (BrE)

ranchería *f* **1** (Col) (poblado) settlement; (de chabolas) shantytown **2** (Méx) dairy

rancherío *m* (CS) settlement

ranchero[1] -ra *adj* (Méx fam) shy

ranchero[2] -ra *m,f* (Méx) (hacendado) rancher; (peón) rancher, ranch hand

rancho *m*

A (comida) food (*for a group of soldiers, workers, etc*); ***hacer ~ aparte:*** **no te quedes aquí haciendo ~ aparte** don't be so unsociable; **en todas las fiestas hacen ~ aparte y no hablan con nadie más** at parties they form their own little clique and don't speak to anyone else

B **1** (AmL) (choza) hut; (casucha) hovel; (chabola) shack, shanty **2** (Méx) (hacienda) ranch; ***venir/salir/llegar del ~*** (Méx fam): **seguro que acaban de salir del ~** I bet they've just come up from the country *o* (hum) stepped off the farm; **acuérdense que yo vengo del ~** don't forget I'm just a country bumpkin

C (RPl) (sombrero) boater

rancio -cia *adj*

A ‹*mantequilla/tocino*› rancid

B **1** ‹*vino*› mellow **2** (*delante del n*) ‹*abolengo/tradición*› ancient, long-established

rancontán *m* (AmC, Col): **pagar (al) ~** to pay cash

rand /ran/ *f* (*pl* **~s**) rand

randa *f* lace trimming

ranfañote *m* (Per) *dessert made from bread, sugar, nuts, cheese and coconut*

ranga *f* (Col) old nag (colloq)

ranglán *adj inv* raglan

rango *m*

A **1** (Mil) (grado) rank **2** (categoría, nivel) level

B (RPl) (Jueg) leapfrog

C (Chi) (lujo, pompa) luxury; **vive con mucho ~** she lives in great luxury *o* in the lap of luxury

rangosidad *f* (Chi) generosity

rangoso -sa *adj* (Chi) **1** (lujoso) luxurious **2** (dadivoso) generous **3** (de clase alta) upper-class

ránking /'rraŋkin/ *m* (*pl* **-kings**): **es sexto en el ~ de los pesos ligeros** he is ranked sixth *o* number six in the lightweight division, he ranks sixth in the lightweight division, he is sixth in the lightweight rankings; **publicaron un ~ de las sucursales** they published a league table *o* (AmE) a ranked list of branches

ranúnculo *m* buttercup

ranura *f* **1** (abertura) slot; **deposite las monedas en la ~** put the coins in the slot; **la ~ del buzón** the mailbox slot *o* opening; **entraba un poco de luz por la ~ de la puerta** a little light filtered through the chink *o* gap in the door **2** (en una ensambladura) groove; (en un tornillo) groove, slot **3** (Esp) (de un disco) groove

rap *m* rap; **hacer ~** to rap; **música ~** rap music

rapacidad *f* rapacity

rapado[1] -da *adj* ‹*cabeza*› shaven; ‹*persona*› shaven-headed; ‹*pelo*› closely-cropped

rapado[2] *m* close crop; **un ~ al cero** a complete head shave

rapapolvo *m* (Esp) telling-off (colloq), talking-to (colloq); **me echó un ~** she gave me a good telling-off *o* talking-to, she tore me off a strip (colloq)

rapar [A1] *vt* **1** ‹*cabeza*› to shave; ‹*pelo*› to crop; **quería que me cortara las puntas, pero me rapó** (fam) I just wanted a trim, but she ended up scalping me (colloq) **2** (Col fam) (arrebatar) to snatch

rapaz[1] *adj* **1** (Zool) predatory; **ave ~** bird of prey **2** (ávido) greedy, rapacious **3** (que roba) thieving (*before n*)

rapaz[2] -paza *m,f* (fam) kid (colloq)

rape *m* **1** (Coc, Zool) monkfish, goosefish (AmE) **2** **al ~**: **tiene el pelo cortado al ~** he has closely-cropped hair

rapé *m* snuff

r

rapel, rápel *m* ▸**rappel**
rapero[1] **-ra** *adj* rap (*before n*)
rapero[2] **-ra** *m,f* rapper, rap artist
rápidamente *adv* quickly; **hay que hacerlo lo más ~ posible** it has to be done as quickly *o* swiftly as possible; **se cambió ~ y salió** he quickly changed his clothes and went out; **lo leyó ~** she read it quickly
rapidez *f* speed; **con la misma ~ que el otro** as fast *o* as quickly as the other one; **bajé con ~** I went downstairs quickly; **tener ~ de reflejos** to have quick reflexes; **¡qué ~!** that was quick!
rápido[1] *adv* ‹*hablar/trabajar*› quickly, fast; ‹*conducir*› fast; **¡vamos, ~, que es tarde!** quick *o* hurry, we're late!; **corrí todo lo ~ que podía** I ran as fast *o* as quickly as I could; **tráeme un trapo ¡~!** bring me a cloth, quick!; **¿puedes ir un poco más ~?** can you go a bit faster?; **vámonos ~ de aquí** let's get out of here quickly *o* (colloq) quick
rápido[2] **-da** *adj* ‹*aumento*› rapid; ‹*cambio*› quick, rapid, swift; ‹*desarrollo*› rapid, swift; **a paso ~** quickly, swiftly; **comida rápida** fast food; **es muy ~ de hacer** you can make it very quickly, it's very quick to make
rápido[3] *m*
A (Ferr) express train, fast train
B **rápidos** *mpl* (Geog) rapids (*pl*)
rapidógrafo *m* (Col) drawing pen, Rotring®
rapiña *f* robbery, pillage; ▸**ave**
rapiñar [A1] *vt* to plunder, rob
raponazo *m* (Col fam): **me robaron el reloj de un ~** they snatched my watch
raponear [A1] *vi* (Col fam) to snatch bags
raponero -ra *m,f* (Col fam) bag-snatcher
raposa *f* vixen
raposero -ra *m,f* foxhound
rappel *m* abseil, rappel; **hicimos un ~** we abseiled *o* rappeled down; **bajar en ~** to abseil *o* rappel down
raps *m* (Chi) rape, colza
rapsodia *f* rhapsody
rapsódico -ca *adj* rhapsodic
raptar [A1] *vt* 1 (secuestrar) to kidnap, abduct (frml) 2 (Hist, Mit) to rape (arch)
rapto *m*
A 1 (secuestro) kidnapping, abduction (frml) 2 (Hist, Mit) rape (arch); **el ~ de las Sabinas** the rape of the Sabine women
B (arrebato) fit; **en un ~ de ira/celos** in a fit of rage/jealousy
raptor -tora *m,f* kidnapper
raqueta *f* 1 (de tenis, squash) racket 2 (para la nieve) snowshoe 3 (de croupier) rake 4 (del limpiaparabrisas) (wiper) blade
raquídeo *adj* ▸**bulbo**
raquis *m* (*pl* ~) rachis
raquítico -ca *adj* 1 ‹*niño/animal*› rickety, rachitic (tech) 2 ‹*árbol*› stunted 3 (fam) ‹*cantidad*› paltry, measly (colloq)
raquitismo *m* rickets, rachitis (tech)
raramente *adv* rarely, seldom; **~ aparece por aquí** he rarely *o* seldom comes around here, he hardly ever comes around here
rareza *f* 1 (peculiaridad) peculiarity; **todos tenemos nuestras ~s** we all have our peculiarities *o* our little quirks 2 (cosa poco común) rarity; **el libro es considerado una ~** the book is considered a rarity 3 (cualidad) rareness, rarity
rarificar [A2] *vt* to rarefy
rarífico -ca *adj* (Chi fam) weird (colloq)
raro -ra *adj*
A 1 (extraño) strange, odd, funny (colloq); **es ~ que aún no haya venido** it's strange *o* odd *o* funny that he hasn't come yet; **ya me parecía ~ que no salieras** I thought it was a bit strange *o* odd you weren't going out; **¡qué cosa más rara!** *or* **¡qué ~!** how odd *o* strange *o* funny *o* peculiar!; **me siento ~ en este ambiente** I feel strange *o* funny in these surroundings; **es un poco rarilla** she's a bit odd *o* strange *o* funny *o* peculiar; **¿qué te pasa hoy? te noto/estás muy ~** what's up with you today? you're acting very strangely; **me miró como si fuera un bicho ~** (fam) he looked at me as if I was some kind of weirdo (colloq); **¡qué tipo más ~!** what a strange *o* peculiar *o* funny man! 2 (poco frecuente, común) rare; **salvo raras excepciones** with a few rare exceptions; **~ es el día que no sale** there's rarely *o* hardly a day when she doesn't go out; **aquí es ~ que nieve** it rarely *o* seldom snows here, it's very unusual *o* rare for it to snow here
B ‹*gas*› rare
ras *m* 1 **a ~ de** (*loc prep*): **las cortinas llegan a ~ del suelo** the curtains reach down to the floor; **volar a ~ de tierra** to fly very low, to hug the ground 2 **al ~** (*loc adj*) ‹*cucharada*› level (*before n*); ***~ con apenas*** (Col fam) only just; **¿le alcanzó el dinero? — ~ con apenas** did you have enough money? — only just
rasante[1] *adj*: **un avión en vuelo ~** a low-flying aircraft; **disparó un tiro ~** he hit a low, skimming shot
rasante[2] *f* slope, gradient
rasar [A1] *vt* to skim; **pasó rasando la superficie del agua** it skimmed the surface of the water
rasca[1] *adj* 1 (CS fam) (ordinario) vulgar, common (pej), tacky (colloq) 2 (CS fam) (de mala calidad) trashy (colloq), shoddy (colloq) 3 (RPl fam) (gastado) ‹*ropa/pantalón*› old and worn-out 4 (Chi fam) (de poca importancia) minor, small
rasca[2] *f*
A (Andes fam) (borrachera): **pegarse una ~** to get plastered (colloq)
B (Esp fam) (frío): **¡está haciendo una ~!** it's freezing! (colloq)
rascacielos *m* (*pl* ~) skyscraper
rascadera *f* (Col, Ven fam) itch, itchiness
rascado -da *adj* (Col fam) plastered (colloq)
rascar [A2] *vt*
A 1 (con las uñas) to scratch 2 (con un cuchillo) ‹*superficie*› to scrape; ‹*pintura*› to scrape off 3 ‹*violín*› to scrape away at
B (Col fam) (picar) to itch; **me rasca la pierna** my leg itches
■ **rascarse** *v pron* (*refl*) 1 (con las uñas) to scratch, scratch oneself 2 (RPl fam) (holgazanear) to lounge around
rasero *m* measuring stick; ***medir a algn por el mismo ~*** to treat sb equally *o* the same
rasgado -da *adj*
A ‹*ojos*› almond (*before n*), almond-shaped
B (Col fam) (generoso) open-handed, generous
rasgadura *f* 1 (acción): **el tirón provocó la ~ de la tela** the tug made the cloth tear 2 (efecto) tear; **para evitar que se produzcan ~s** in order to prevent tearing
rasgar [A3] *vt* to tear, rip
■ **rasgarse** *v pron* to tear, rip
rasgo *m*
A 1 (característica) characteristic, feature 2 (gesto) gesture 3 (de la pluma) stroke; (en pintura) brushstroke; ***a grandes ~s*** in outline, broadly speaking
B **rasgos** *mpl* (facciones) features (*pl*)
rasgón *m* tear
rasgueado *m* strumming
rasguear [A1] *vt* to strum
rasgueo *m* strumming
rasguñadura *f* (Andes) scratch
rasguñar [A1] *vt* to scratch
■ **rasguñarse** *v pron* (*refl*) (con una uña, púa) to scratch oneself; (con algo áspero) to graze oneself; **me rasguñé la mano** I scratched/grazed my hand
rasguño *m* scratch; **salió del accidente sin un ~** he walked away from the accident unscathed *o* without a scratch
rasguñón *m* (Andes) scratch
rasilla *f*: *long thin brick*
rasmilladura *f*, **rasmillón** *m* (Chi fam) scratch
rasmillar [A1] *vt* (Chi fam) to scratch
■ **rasmillarse** *v pron* (Chi fam) to graze oneself, scrape oneself; **me rasmillé el brazo** (con algo puntiagudo) I scratched my arm; (con algo áspero) I scraped *o* grazed my arm
raso[1] **-sa** *adj*
A 1 ‹*taza/cucharada*› level (*before n*); **una cucharadita rasa de azúcar** one level teaspoonful of sugar 2 ‹*vuelo/tiro*› ▸**rasante**[1]
B (exterior) open country; **dormir al ~** to sleep out in the open
raso[2] *m* satin
raspa *f*
A 1 (del pescado) backbone 2 (de la cebada) beard 3 (de la uva) stalk
B 1 (baile) *dance similar to the cancan* 2 (Col, RPl) (Mús) *grooved wooden instrument played with a stick*
raspacachos *m* (Chi fam) telling-off (colloq), talking-to (colloq); **le dieron un ~** he got a telling-off *o* a talking-to, he was told off
raspado *m*
A (Med) scrape, curettage
B (Col, Méx) (granizado) *fruit drink served on crushed ice*
raspadura *f* 1 (arañazo) scratch 2 (ralladura): **se decora con ~s de chocolate** decorate with grated chocolate *o* with chocolate shavings
raspaje *m* (CS) ▸**raspado A**
raspar [A1] *vt*
A 1 (con una espátula) ‹*superficie*› to scrape; ‹*pintura*› to scrape off 2 (con lija) ‹*superficie/pintura*› to sand, sand down 3 (limar) to file, rasp
B ‹*piel*› to scrape, graze
C (Col) ‹*hielo*› to crush; ‹*panela*› to grate
■ **raspar** *vi* 1 «*toalla/manos*» to be rough; «*barba*» to scratch, be scratchy; **un vino fuerte que raspa** a strong, rough wine 2 «*garganta*» (+ *me/te/le etc*) to feel rough; **me raspa la garganta al tragar** my throat hurts *o* feels rough when I swallow 3 **raspando** *ger* (apenas): **pasó raspando** it just missed me; **pasé la prueba raspando** I scraped through the test
■ **rasparse** *v pron* ‹*rodillas/codos*› (con algo puntiagudo) to scratch; (con algo áspero) to scrape, graze
raspe y gane *m* (AmL) *tb* : **tarjeta de ~ ~ ~** scratch card
raspón *m* (AmL) (con algo puntiagudo) scratch; (con algo áspero) graze, scrape; **regresó con un ~ en la rodilla** he came back with a grazed knee; **hay un ~ en la puerta** the door is scratched
rasposo -sa *adj* 1 (áspero) ‹*tela*› rough, scratchy 2 (RPl fam) (raído) ‹*ropa*› threadbare, shabby
rasqueta *f* 1 (para raspar) scraper 2 (Auto) (wiper) blade 3 (Equ) currycomb
rasquetear [A1] *vt* 1 ‹*superficie*› to scrape 2 ‹*caballo*› to groom, brush down
rasta *adj/mf* (fam) Rasta (colloq)
rastacuero *m* (CS fam) upstart
rastafari *adj/mf* Rastafarian
rastafariano -na *adj/m,f* Rastafarian
rastafario -ria *adj/m,f* Rastafarian
rasterizar [A4] *vt* to rasterize
rastra *f*
A 1 (Agr) harrow 2 (ristra) string; **una ~ de ajos** a string of garlic 3 (cinturón de gaucho) wide belt (*decorated with silver coins*)
B **a rastras** (*loc adv*): **venía de la compra con el carrito a ~s** she was coming back from the store pulling her shopping cart (AmE) *o* (BrE) trolley behind her; **hay que llevarlo a ~s al colegio** you have to drag him to school; **siempre va a todas partes con los niños a ~s** she always has the children in tow wherever she goes; **no andes a ~s que te vas a ensuciar la ropa** don't crawl around or you'll get your clothes dirty; **aún lleva dos asignaturas del curso pasado a ~s** she still has to pass two subjects from last year
rastreador -dora *m,f* tracker
rastrear [A1] *vt* 1 ‹*zona*› to search, comb 2 ‹*persona*› to track, trail 3 ‹*río/lago*› «*pescadores*» to trawl; «*policías*» to drag, dredge 4 ‹*satélite*› to track 5 ‹*causas/orígenes*› to trace

r

rastreo *m* 1 (de una zona) thorough search 2 (de un río, lago — por la policía) dragging, dredging 3 (de un satélite) tracking 4 (de causas, orígenes) investigation, research

rastrero -ra *adj* 1 (despreciable) despicable, contemptible, base 2 ‹*tallo*› creeping (*before n*); **plantas rastreras** creepers 3 ‹*animal*› crawling (*before n*)

rastrillar [A1] *vt* 1 ‹*tierra*› (con rastrillo) to rake; (con rastra) to harrow 2 ‹*césped*› to rake; ‹*hojas*› to rake up

rastrillo *m*
A (Agr) rake
B (mercadillo) bazaar
C (Arquit) portcullis
D (Méx) (para afeitarse) safety razor

rastro *m*
A 1 (pista, huella) trail; **seguimos el ~ del ladrón** we are following *o* we are on the thief's trail 2 (señal, vestigio) trace, sign; **del dinero no quedó ni ~** there was no sign of the money; **no dejaron ni ~ de la comida** they ate every last bit of the food, they didn't leave a single scrap of food; **no demostró el menor ~ de egoísmo** she displayed no trace of selfishness; **no le quedaba ni ~ de maquillaje en el rostro** not a trace of makeup was left on her face; **desapareció sin dejar ~** she disappeared without (a) trace
B (mercado) flea market
C (Méx) slaughter house

> **rastro**
> In some parts of Spain, the name given to a weekly open-air flea market, where all kinds of items are sold. The name *El Rastro* as such refers to a very big market of this type held in Madrid at weekends.

rastrojear [A1] *vt* (Chi fam) to rummage through

rastrojero *m* (Arg) small truck

rastrojo *m* 1 (Agr) (de cereales) stubble; (de hierba) cuttings (*pl*) 2 (Col) (maleza) weeds (*pl*)

rasurada *f* (AmC, Méx) shave

rasurador *m*, **rasuradora** *f* (AmC, Méx) electric razor *o* shaver

rasurar [A1] *vt* (AmL) to shave
■ **rasurarse** *v pron* (AmL) to shave

rata[1] *adj* 1 (fam) (tacaño) stingy (colloq), tight-fisted (colloq), mean 2 (Col fam) (malo) nasty, mean (colloq)

rata[2] *mf* 1 (fam) (tacaño) miser, stingy devil (colloq), tightwad (AmE colloq) 2 (Col fam) (mala persona) rat (colloq), jerk (colloq)

rata[3] *f*
A (Zool) rat; ***hacerse la ~*** (RPl fam) to play hooky (esp AmE colloq), to skive off (school) (BrE colloq); ***no se salvó ni una ~*** no-one escaped; ***ser más pobre que las ~s*** or ***que una ~*** to be as poor as a church mouse

(Compuestos)
- **rata blanca** white rat
- **rata de alcantarilla** sewer rat
- **rata de laboratorio** laboratory rat

B (Col) (Econ, Mat) (tasa) rate; (razón) ratio; (porcentaje) percentage

ratafía *f* ratafia

ratán *m* rattan

rataplán *m* rat-a-tat-tat

raterismo *m* (AmL) thieving

ratero -ra *m,f* (fam) (carterista) pickpocket; (ladrón) petty thief

raticida *m* rat poison

ratificación *f* ratification

ratificar [A2] *vt* 1 ‹*tratado/contrato*› to ratify 2 ‹*persona*› (en un puesto) to confirm 3 ‹*noticia*› to confirm
■ **ratificarse** *v pron* **~se EN algo** to reaffirm sth

rating /'rrejtin/ *m* (*pl* **-tings**) (AmL) rating

ratio *m* ratio

rato *m* 1 (tiempo breve) while; **hace un ~ que se fue** he left a while ago, it's a while since he left; **ya hace ~ que volvieron** they've been back a while *o* some time now; **¿puedes salir un ~?** can you come out for a while?; **espera un ratito que ya acabo** wait a minute *o* (colloq) hang on a second, I've nearly finished; **llevo un buen ~ esperando** I've been waiting for quite some time *o* for quite a while; **en mis ~s libres** or **de ocio** in my spare time; **pasé un mal ~** it was terrible; **dentro de un ratito te llamo, que ahora estoy ocupado** I'll call you in a little while, I'm busy right now 2 (*en locs*): **a cada ~** (AmL): **me interrumpe a cada ~** he keeps interrupting me every five minutes *o* the whole time; **al (poco) ~: llegó al poco ~ de irte tú** he arrived shortly *o* just after you left; **al ~ se me quitó el dolor** shortly afterward(s) *o* a short time later the pain went; **sólo al ~ me di cuenta de la gravedad del asunto** I only realized how serious the situation was a little while later; **¿quieres bailar? — al ~** (Méx) do you want to dance? — later *o* in a while; **a ratos** from time to time, now and again; **a ratos perdidos** now and then, now and again; **de a rato** or (Esp) **de a ratos** from time to time, now and again; **más rato** (Chi) later; **voy a guardar este pedazo para más ~** I'm going to save this piece for later; ***para ~*** (fam): **no me esperes, tengo para ~** don't wait for me, I'll be a while *o* I'll be some time *o* I'll be quite a long time; **todavía hay para ~** there's still a long way to go (*o* a lot to do *etc*); **si está hablando con Juan tenemos para ~** if she's talking to Juan, we'll be here all day/all night (colloq & hum); ***pasar el ~*** to while away *o* pass the time; **me puse a leer una revista para pasar el ~** I started reading a magazine to while away *o* pass the time; ***un ~ largo*** (Esp fam): **sabe un ~ largo de música** she sure knows a lot *o* she knows a hell of a lot about music (colloq); **¡esto pesa un ~ largo!** this weighs a ton! (colloq)

ratón[1] -tona *adj* (Chi fam) ‹*persona/empleado*› lowly; ‹*oferta*› miserable, poor; **gana un sueldo ~** he earns a measly *o* paltry salary, he gets paid peanuts (colloq)

ratón[2] -tona *m,f* (Zool) mouse

(Compuestos)
- **ratón de biblioteca** *m* (fam) bookworm
- **ratón** or **ratoncito Pérez** *m* ≈ tooth fairy

ratón[3] *m*
A (Inf) mouse; **pasar el ~ sobre/por encima de un enlace** to mouse over a link

(Compuesto) **ratón de bola** trackball, tracker ball

B (AmC) 1 (Coc) *sinewy cut of meat* 2 (fam) (bíceps) biceps; **sacar ~** to flex one's muscles
C (Ven fam) (resaca) hangover
D (Chi fam) (diente) milk tooth
E **ratones** *mpl* (Ur fam) (ínfulas) airs and graces (*pl*)

ratonera *f* 1 (trampa) mousetrap 2 (madriguera) mousehole 3 (Andes fam) (antro) hole (colloq), dive (colloq)

rauco -ca *adj* (liter) hoarse

raudal *m* 1 (de agua) torrent 2 **a ~es: la luz entraba a ~es** the light streamed in; **tiene dinero a ~es** he has pots *o* stacks of money (colloq); **tiene simpatía a ~es** he's incredibly nice; **bebían champán a ~es** they drank champagne by the gallon (colloq)

raudo[1] -da *adj* swift; **bajaban ~s hacia el río** (liter) they rushed headlong toward(s) the river; **salgo hacia allá rauda y veloz** (hum) I'll be there in a jiffy (colloq), I'll be there in a trice (colloq & hum)

raudo[2] -da *adv* swiftly

ravioles, raviolis *mpl* ravioli

raya *f*
A 1 (línea) line; **un vestido a ~s** a striped *o* (colloq) stripy dress; ***pasarse de la ~*: te estás pasando de la ~, cada día vienes más tarde** you're pushing your luck, you get here later and later every day (colloq); **te pasaste de la ~ insultándola** you went too far *o* you overstepped the mark insulting her like that; ***tener*** or ***mantener a algn a ~*** to keep sb under control, keep a tight rein on sb 2 (del pantalón) crease 3 (del pelo) part (AmE), parting (BrE); **lleva ~ al medio** (AmL) or (Esp) **lleva la ~ en medio** he has his hair parted in the middle, he has a center part *o* centre parting; **se peina con ~ al costado** (AmL) or (Esp) **con la ~ al lado** she parts her hair to one side; **hacerse la ~** to part one's hair 4 (Impr) dash; (en morse) dash 5 (arg) (de cocaína) line (sl) 6 (AmL) (del trasero) crease (colloq)

(Compuesto) **raya diplomática** pin stripe

B (Zool) ray, skate

rayado[1] -da *adj*
A ‹*papel*› lined, ruled (frml); ‹*tela/vestido*› striped, stripy (colloq)
B [ESTAR] (AmS fam) (loco) screwy (colloq), nutty (colloq), loopy (colloq) *ver tb* **rayar**

rayado[2] *m* (en un papel) lines (*pl*), ruling; (en una tela, un vestido) stripes (*pl*); **un cuaderno con un ~ más ancho** an exercise book with a wider rule; **la falda tiene un ~ horizontal** the dress has horizontal stripes

rayadura *f* scratch

rayano -na *adj* **~ EN algo** bordering ON sth; **un entusiasmo ~ en el fanatismo** enthusiasm bordering *o* verging on fanaticism

rayar [A1] *vt* 1 ‹*pintura/mesa/parqué*› to scratch; **le ~on el coche** someone scratched her car; **este disco está rayado** this record is scratched 2 (garabatear) to scrawl; **las paredes estaban todas rayadas** the walls had all been scrawled *o* scribbled on, the walls were covered in graffiti; ***rayársela a algn*** (Méx fam) to insult sb (*by referring to his/her mother*)
■ **rayar** *vi*
A (dejar marca) to scratch; **limpia sin ~** it cleans without scratching
B (aproximarse) **~ EN algo** to border ON sth, verge ON sth; **su historia raya en lo inverosímil** his story verges *o* borders on the implausible; **debe estar rayando (en) los cincuenta** he must be getting on for *o* pushing fifty (colloq)
C (liter) (amanecer): **al ~ el alba/día** at the break of day (liter), at daybreak, at dawn
D (Méx) 1 «*obreros*» to get one's wages, get paid 2 (dar la paga) to pay
■ **rayarse** *v pron*
A «*suelo/mesa*» to get scratched; **este suelo se raya con facilidad** this floor scratches easily *o* is easily scratched; **mete el disco en la funda para que no se raye** put the record in its sleeve so that it doesn't get scratched
B (AmS fam) (volverse loco) to go off one's rocker (colloq), to crack up (colloq)

raye *m* (RPl fam): **tener un ~** to be off one's head (colloq)

rayo *m*
A (Fís) ray; **un ~ de luz** a ray *o* beam *o* shaft of light; **los ~s solares** the sun's rays; **los ~s del sol entraban por la ventana** rays of sunlight filtered through the window; **un ~ de esperanza** a ray of hope; **un ~ de luna** a moonbeam; **al ~ del sol** in the heat of the sun, in the hot sun

(Compuestos)
- **rayo láser** laser beam
- **rayos alfa** *mpl* alpha rays (*pl*)
- **rayos beta** *mpl* beta rays (*pl*)
- **rayos catódicos** *mpl* cathode rays (*pl*)
- **rayos cósmicos** *mpl* cosmic rays (*pl*)
- **rayos equis** *mpl* ▸ **rayos X**
- **rayos gamma** *mpl* gamma rays (*pl*)
- **rayos infrarrojos** *mpl* infrared rays (*pl*)
- **rayos luminosos** *mpl* beams of light (*pl*), light rays (*pl*)
- **rayos ultravioleta** *mpl* ultraviolet rays (*pl*)
- **rayos UVA** *mpl* UVA
- **rayos UVB** *mpl* UVB
- **rayos X** *mpl* X-rays (*pl*); **lo miraron por ~ ~** they X-rayed it

B (Meteo): **el ~ cayó muy cerca de la casa** the (bolt of) lightning struck very close to the house; **¡~s y truenos!** (arc *o* hum) great Scott! (dated *or* hum); ***como un ~*** (fam) like greased lightning (colloq); **salió de casa como un ~** she shot out of the house like greased lightning *o* like a streak of lightning; **pasó como un ~** he zoomed *o* whizzed *o* flashed past; ***echar ~s y centellas*** to fume (colloq); ***¡mal ~ te/le parta!*** (fam) damn you/him! (colloq);

r

que te/lo parta un ~ (fam): **ellos se van y a mí que me parta un** ~ they go off and to hell with me! (colloq), they go off and don't give a damn about me! (colloq); **¡que te parta un ~!** you can go to hell for all I care! (colloq); ***saber/oler a ~s*** (fam) to taste/smell foul
C (fam) (persona viva, despierta): **es un** ~ he's razor-sharp, he's as sharp as a needle *o* (AmE) tack
D (AmL) (de una rueda) spoke
E **rayos** *mpl* (Chi) (en el pelo) highlights (*pl*)

rayón *m*
A (fibra) rayon; (tela) rayon
B **1** (en un libro) scrawl, scribble **2** (en un disco, coche) scratch

rayuela *f* **1** (juego de adultos) *game similar to pitch-and-toss* **2** (RPl) (juego de niños) hopscotch

raza *f*
A **1** (etnia) race **2** (Agr, Zool) breed; **un perro de** ~ a pedigree dog
B (Per fam) (descaro) nerve (colloq), cheek (BrE colloq)

razia *f* (RPl) raid

razón *f*
A (motivo, causa) reason; **tuvo sus razones para actuar así** he had his reasons for acting like that; **la ~ por la que te lo digo** the reason (that) I'm telling you; **¿por qué ~ lo hiciste?** why did you do it?; **la huelga ha de ser la ~ por la que** *or* **por la cual no vino** it must have been the strike that prevented him from coming; **no sé la ~ que lo movió a hacer una cosa así** I don't know what made him do *o* what induced him to do a thing like that; **se enojó y con** ~ she got angry and rightly so *o* and with good reason; **con ~ o sin ella el caso es que se enfadó** the fact is that, rightly or wrongly, she lost her temper; **se quejan sin** ~ they're complaining for nothing *o* for no good reason; **se quejan con** ~ they have good reason to complain, they have cause for complaint; **¡con ~ no contestaban el teléfono!** no wonder they didn't answer the phone!, that's why *o* that explains why they didn't answer the phone!; **por una u otra ~ siempre llega tarde** he always arrives late for one reason or another; **~ de más para venir a vernos** all the more reason to come and see us; **no hay ~ para que no te quedes** there's no reason why you can't stay; **por razones de seguridad** for security reasons; **en ~ de** because of; **nadie resulta discriminado en ~ de su edad, sexo o raza** nobody is discriminated against on the grounds of *o* because of (their) age, sex or race; **la posibilidad de que haya sido secuestrado en ~ del puesto que ocupa** the possibility that he might have been kidnapped because of *o* on account of the position he holds; **en ~ de los últimos acontecimientos** in view of *o* owing to recent events; ***atender*** *or* ***atenerse*** *or* ***avenirse a razones*** to listen to reason
(Compuesto) **razón social** registered name
B (información): **Ⓢ Se alquila. Razón: portería** For rent, inquiries to the super/caretaker; **Ⓢ Se vende bicicleta. Razón: este establecimiento** Bicycle for sale, inquire within; **Ⓢ Se dan clases de inglés. Razón: 874256** English lessons given. Call 874256; ***dar ~ de algo/algn*** to give information about sth/sb; **no pudieron** *or* **supieron darnos ~ de su paradero** they were unable to tell us where to find him, they were unable to give us any information as to his whereabouts; **preguntó a todo el que encontraba si la habían visto pasar, pero nadie le dio** ~ (fam) he asked everyone he came across if they had seen her go by, but no one could help him; ***mandar ~ a algn*** (ant) to send word to sb
(Compuestos)
- **razón de ser** raison d'être (frml); **ese problema no tiene ~ de ~** there's no reason for that problem to exist
- **razones de Estado** *fpl* reasons of State (*pl*)

C (verdad, acierto): **la ~ está de su parte** he's in the right; **esta vez tú tienes la** ~ this time you're right; **tuve que darle la** ~ I had to admit she was right; **me da la ~ como a los locos** (fam) he just humors me; **tener** *or* **llevar** ~ to be right; **tienes toda la ~ del mundo** you're absolutely right
D **1** (inteligencia) reason; **actuó guiado por la** ~ he acted on reason; **desde que tengo uso de** ~ for as long as I can remember **2** (cordura) reason; **entrar en** ~ to see reason *o* sense; **perder la** ~ to lose one's reason, to go out of one's mind; (en sentido hiperbólico) to take leave of one's senses
E (Mat) ratio; **salimos a ~ de 500 pesos cada uno** it came out at 500 pesos each *o* a head
(Compuestos)
- **razón aritmética** difference
- **razón directa/inversa** direct/inverse ratio
- **razón geométrica** ratio

razonable *adj* reasonable

razonablemente *adv* reasonably

razonado -da *adj* reasoned, well-reasoned

razonamiento *m* reasoning

razonar [A1] *vi* to reason
■ **razonar** *vt*: **¿has razonado bien tu decisión?** have you thought carefully about your decision?; **razonó que si no estaba era porque ...** she reasoned that if he wasn't there it was because ...

razzia *f* (RPl) raid

Rbo. = **recibo**

RCE *f* = **Radio Cadena Española**

RCN *f* (en Col) = **Radio Cadena Nacional**

R.D. *m* = **Real Decreto**

RDA *f* (Hist) (= **República Democrática Alemana**) GDR

Rdo. *m* (= **Reverendo**) Rev, Revd

RDSI *f* (= **Red Digital de Servicios Integrados**) ISDN

re *m* (nota) D; (en solfeo) re, ray; **~ bemol/sostenido** D flat/sharp; **en ~ mayor/menor** in D major/minor

RE = **Retiro Efectivo**

re- *pref* **1** (indicando repetición) re- (*as in* **rehacer, reorganizar**) **2** (fam) (con valor superlativo): **es re-inteligente** *or* **reinteligente** she's super-intelligent; **fue un discurso re-aburrido** *or* **reaburrido** it was an incredibly boring speech

reabastecer [E3] *vt* **1** (Transp) (de combustible) to refuel **2** (de víveres) to resupply, revictual
■ **reabastecerse** *v pron* to replenish supplies (frml); **tenemos que bajar al pueblo a ~nos** we have to go down into the village to get more supplies *o* provisions; **~se DE algo**: **~se de combustible** to refuel; **pensaban ~se de víveres en Trujillo** they planned to get more supplies in Trujillo

reabastecimiento *m* **1** (Transp) (de combustible) refueling* **2** (de víveres) replenishment (frml); **se iniciaron las operaciones de ~ de los damnificados** operations began to get more supplies *o* provisions to the victims

reabrir [I33] *vt* ‹*expediente/caso*› to reopen; **el museo ~á sus puertas el próximo jueves** the museum will reopen next Thursday
■ **reabrirse** *v pron* to reopen

reabsorber [E1] *vt* to reabsorb

reacción *f*
A **1** (Fís, Quím) reaction; ▸**motor²** **2** (Med) reaction
(Compuestos)
- **reacción de fisión/fusión** fission/fusion reaction
- **reacción en cadena** chain reaction
- **reacción nuclear** nuclear reaction
- **reacción redox** redox reaction

B (ante una situación, noticia) reaction
C (Pol) (AmL) right wing; **la ~ pisa terrenos peligrosos** the right wing *o* the right-wing parties are treading on dangerous ground

reaccionar [A1] *vi*
A **1** (Fís, Quím) to react; **~ CON algo** to react WITH sth **2** (Med) to react; **la pupila reacciona a la luz** the pupil reacts to light; **reacciona bien al tratamiento** she is responding well to treatment
B (ante una situación, noticia) to react; **no me esperaba que ~a así** I didn't expect him to react like that; **~ FRENTE A** *or* **ANTE** *or* **A algo** to react TO sth; **~on bien al** *or* **frente al** *or* **ante el peligro** they reacted well to the danger; **~ CONTRA algo** to react AGAINST sth

reaccionario -ria *adj/m,f* reactionary

reacio -cia *adj* reluctant; **es ~ a todo tipo de innovaciones** he is reluctant to accept any kind of change, he is opposed to *o* he resists any kind of change; **se mostró ~ a aceptarlo** he was unwilling *o* reluctant to accept it

reacondicionado -da *adj* reconditioned

reacondicionamiento *m* (de motor) reconditioning; (de edificio) conversion; (de vehículo) adaptation; **los trabajos de ~ del puente** the renovation work on the bridge

reacondicionar [A1] *vt* ‹*motor*› to recondition; **~on el viejo hospital como salón de exposiciones** they converted the old hospital into an exhibition hall; **hubo que ~ los trenes para el transporte de tropas** they had to adapt *o* convert the trains to enable them to carry troops

reacostumbrar [A1] *vt* to reaccustom

reactancia *f* reactance

reactivación *f* reactivation, revival

reactivar [A1] *vt* to reactivate, revive

reactivo *m* reagent

reactor *m*
A (Fís) reactor
(Compuestos)
- **reactor avanzado de gas** advanced gas-cooled reactor
- **reactor de agua a presión** pressurized-water reactor
- **reactor de agua en ebullición** boiling-water reactor
- **reactor de gas** gas-cooled reactor
- **reactor Magnox** Magnox reactor
- **reactor nuclear** nuclear reactor
- **reactor refrigerado por gas** gas-cooled reactor

B (Aviac) **1** (motor) jet engine **2** (avión) jet plane, jet

readaptación *f* **1** (a una situación) readjustment **2** (de un obrero) retraining

readaptar [A1] *vt* ‹*obrero*› to retrain
■ **readaptarse** *v pron* **1** (a una situación) to readjust **2** «*obrero*» to retrain

readmisión *f* (de un empleado) reemployment; (de un alumno) readmission

readmitir [I1] *vt* ‹*trabajador*› to reemploy; ‹*alumno*› to readmit

reafirmación *f* reaffirmation

reafirmar [A1] *vt* to reaffirm, reassert; **lo reafirma en el puesto** it strengthens his hold on the job

reagrupación *f* regrouping

reagrupar [A1] *vt* to regroup
■ **reagruparse** *v pron* to regroup

reajustar [A1] *vt* (cambiar) to adjust; (cambiar de nuevo) to readjust

reajuste *m* **1** (de horarios, precios) adjustment **2** (Mec) adjustment
(Compuestos)
- **reajuste ministerial** cabinet reshuffle
- **reajuste salarial** wage settlement

real¹ *adj*
A (verdadero, no ficticio): **el libro narra un hecho ~** the book tells a true story; **es muy distinta en la vida ~** she's very different in real life; **historias de la vida ~** real-life stories, true *o* true-life stories
B (de la realeza) royal; **la familia ~** the royal family; **por ~ decreto** by royal decree; **la R~ Academia Española de la Lengua** the Royal Academy of the Spanish Language
(Compuesto) **real sitio** *m* summer residence (*of the Spanish monarchs*)
C (fam) (uso expletivo): **porque me da la ~ gana** because I damn well want to (colloq)

real² *m*
A **1** (moneda) real (*old Spanish coin worth a quarter of a peseta, also a Peruvian 10 centavo coin*); ***estar sin un ~*** (fam) to be flat broke (colloq); **estoy sin un** ~ I'm flat broke, I don't have a penny *o* (AmE) a dime (colloq); ***no valer un ~*** (fam) to be worth nothing; **los terrenos no valen ni un ~**

the land isn't worth a penny *o* is worthless **2** (Fin) real (*Brazilian unit of currency*) **3** **reales** *mpl* (AmC fam) (dinero) cash (colloq)
B **1** (Mil) camp; ***sentar*** *or* ***establecer sus*** *or* ***los* ~*es*** «*ejército*» to set up camp; «*persona*» to install* oneself; «*empresa*» to set up **2** (recinto): **~ de la feria** fairground

realce *m*
A **1** (relieve, brillo): **el fondo oscuro daba ~ al cuadro** the dark background enhanced the painting; **el vestido da ~ a su belleza** the dress highlights *o* enhances her beauty; **el maquillaje da ~ a sus enormes ojos oscuros** the makeup sets off her huge dark eyes; **la lista de estrellas invitadas dio ~ al festival** the line-up of star guests added luster to the festival **2** (en costura) relief; **bordado de** *or* **en ~** embroidered in relief **3** (Tec) embossing
B (importancia) significance; **el ~ de estas cifras** the significance *o* importance of these figures

realengo -ga *adj* Crown (*before n*)

realeza *f* **1** (cualidad) royalty **2** (personas) royal family; **pertenece a la ~** she is a member of the royal family, she's royalty (colloq)

realidad *f* reality; **ésa es la dura ~** that is the harsh reality of the matter; **la ~ paraguaya** the reality of life *o* of the situation in Paraguay; **tendrán que hacer frente a la ~** they will have to face up to reality; **en ~** in reality, actually

realineamiento *m* realignment

realinear [A1] *vt* to realign

realismo *m*
A **1** (pragmatismo) realism **2** (Art, Fil, Lit) realism
(Compuesto) **realismo mágico** magic realism
B (monarquismo) royalism

> **Realismo Mágico**
>
> A term applied to the work of certain twentieth-century Latin American novelists, in particular the Colombian Gabriel García Márquez, Isabel Allende of Chile, the Argentinian Jorge Luis Borges and Alejo Carpentier of Cuba. The common characteristic, found for example in García Márquez's *Cien años de soledad* (One Hundred Years of Solitude), is the realistic treatment of unrealistic or fantasy situations.

realista[1] *adj*
A **1** (pragmático) ‹*persona/actitud*› realistic **2** (Art, Fil, Lit) realist
B (monárquico) royalist

realista[2] *mf*
A **1** (persona pragmática) realist **2** (Art, Lit) realist **3** (Fil) realist
B (monárquico) royalist

realistarse [A1] *vi* to re-enlist

reality, reality show *m* (Espec) reality show

reality show /ri'aliti ˌtʃou/ *m* (*pl* **~ ~s**) reality show

realizable *adj* feasible, practicable

realización *f*
A **1** (de una tarea) carrying out, execution (frml) **2** (de sueños, deseos) fulfillment*, realization
B (Cin, TV) production
C (de bienes) realization, disposal; **~ de beneficios** *or* (AmL) **utilidades** profit-taking

realizado -da *adj* fulfilled*; **con este trabajo me siento totalmente realizada** I feel totally fulfilled in this job

realizador -dora *m,f* producer

realizar [A4] *vt*
A **1** (hacer, ejecutar) ‹*tarea*› to carry out, execute (frml); ‹*viaje/visita*› to make; ‹*prueba/entrevista*› to conduct; **están realizando gestiones para conseguirlo** they are taking the necessary steps to achieve it; **las últimas encuestas realizadas** the latest surveys carried out *o* taken; **ha realizado una magnífica labor** he has done a magnificent job; **los médicos que ~on la operación** the doctors who performed the operation **2** (cumplir) ‹*sueños/ambiciones/ilusiones*› to fulfill*, realize
B (Cin, TV) to produce
C (Com, Fin) **1** ‹*bienes*› to realize, dispose of, sell; **~ beneficios** *or* (AmL) **utilidades** to take profits **2** ‹*compra/venta/inversión*› to make; **la empresa realizó ventas por valor de …** the firm sold goods to the value of *o* had sales of …
■ **realizarse** *v pron* **1** «*sueños/ilusiones*» to come true, be realized **2** «*persona*» to fulfill* oneself

realmente *adv* really; **estaba ~ contenta** she was really happy; **~ no fue así** it wasn't really like that

realojamiento, realojo *m* rehousing

realojar [A1] *vt* to rehouse

realquilar [A1] *vt* **1** ▸**subarrendar** **2** (volver a alquilar) to rent out again, relet (esp BrE)

realzar [A4] *vt* **1** (hacer notar) ‹*belleza/figura*› to enhance, set off; ‹*color*› highlight, bring out; **realzaba el color de sus ojos** it highlighted *o* brought out the color of her eyes; **el corte del vestido le realza la figura** the cut of the dress shows off *o* enhances her figure; **para ~ la cornisa la pintaron de amarillo** they painted the cornice yellow in order to emphasize it *o* to make it stand out **2** (Tec) to emboss

reanimación *f* **1** (restablecimiento) revival **2** (tras un accidente, ataque) resuscitation

reanimar [A1] *vt* **1** (restablecer las fuerzas a) to revive **2** (tras un accidente, ataque) to revive, resuscitate; (tras un desmayo) to revive, bring … around
■ **reanimarse** *v pron* **1** (recobrar las fuerzas) to revive **2** (recobrar el conocimiento) to come to *o* around

reanudación *f* (frml) resumption; **la ~ de las hostilidades** the resumption *o* renewal of hostilities

reanudar [A1] *vt* (frml) ‹*conversaciones/negociaciones*› to resume; **~á las clases en septiembre** he starts classes again *o* goes back to school in September; **han decidido ~ las relaciones diplomáticas** they have decided to resume diplomatic relations; **~on las hostilidades tras una breve tregua** hostilities were renewed *o* resumed after a brief ceasefire; **~on el viaje al amanecer** they resumed their journey at dawn, they set off again at dawn
■ **reanudarse** *v pron* to resume; **el servicio se ~á el jueves** the service will resume on Thursday

reaparecer [E3] *vi* «*publicación/persona*» to reappear; «*artista*» to make a comeback, reappear

reaparición *f* **1** (de una publicación, persona) reappearance; (de un artista) comeback, reappearance **2** (de un síntoma) recurrence

reapertura *f* reopening

reaprovisionamiento *m* ▸**reabastecimiento**

reaprovisionar [A1] *vt* ▸**reabastecer**

rearmar [A1] *vt* to rearm
■ **rearmarse** *v pron* to rearm

rearme *m* rearmament

reasegurar [A1] *vt* to reinsure

reaseguro *m* reinsurance

reasentamiento *m* resettlement

reasentar [A5] *vt* to resettle

reasignar [A1] *vt* to reallocate, reassign

reasumir [I1] *vt* ‹*poder/responsabilidad*› to reassume, take over … again; **reasumió sus funciones** he resumed his duties

reata[1] *adj* (Méx fam) **1** (bueno, generoso) kind **2** (hábil) handy (colloq), clever

reata[2] *f* **1** (Méx) (cuerda) rope **2** (Méx) (Agr) lasso **3** (Col) (correa) cartridge belt

reatazo *m* (Méx) thump; **se dieron de ~s** they thumped each other

reavivar [A1] *vt* ‹*sentimiento/rencor*› to revive, reawaken, rekindle; ‹*polémica*› to revive
■ **reavivarse** *v pron* to be rekindled *o* reawakened *o* revived

rebaja *f* **1** (descuento) discount, reduction; **nos hicieron una ~ del 10%** they gave us a 10% discount *o* reduction, they gave us a discount *o* reduction of 10%; **Ⓢ grandes rebajas en todos los departamentos** big reductions in all departments; **¿no me haría una rebajita?** couldn't you give me a discount?, couldn't you knock a bit off the price? (colloq); **de ~** reduced; **estos zapatos están de ~** these shoes are reduced **2** **rebajas** *fpl* (saldos) sale, sales (*pl*); **las ~s de verano/enero** the summer/January sales; **en esa tienda están en** *or* **de ~s** there's a sale on *o* they're having a sale in that store

rebajar [A1] *vt*
A ‹*precio*› to lower, bring … down; ‹*artículo*› to reduce, bring down the price of; **me rebajó $200** he took $200 off, he reduced it by $200, he knocked $200 off (colloq); **me rebajó el cuadro a $3.500** he brought the price of the painting down to $3,500, he reduced the painting to $3,500; **pídele que te lo rebaje** ask him to bring the price down *o* to give you a discount *o* (colloq) to knock a bit off; **todos estaban rebajados** they were all reduced
B ‹*pintura*› to reduce, dilute, thin; ‹*solución*› to dilute, thin
C **1** (achicar, acortar): **hay que ~ un poco la puerta** we need to cut/saw/plane a little off the door; **~on el terreno unos tres metros** they lowered (the level of) the ground by about three meters **2** (adelgazar) to lose; **rebajó 15 kilos** he lost *o* shed 15 kilos **3** ‹*arco*› to depress **4** (RPl) ‹*pelo*› to layer
D **1** (humillar) to humiliate; **la rebajó delante de todos** he humiliated her *o* made her look small in front of everyone **2** (bajar): **llamarlo hostal es ~lo de categoría** calling it a guest house doesn't do it justice *o* makes it sound less grand than it really is; **el restaurante ha sido rebajado de categoría** the restaurant has been relegated to a lower category *o* has been downgraded **3** (dar de baja) to exempt; **lo ~on de guardias** he was exempted from *o* relieved of guard duties
■ **rebajar** *vi*
A (humillar) to degrade, be degrading
B (RPl) (adelgazar) *tb* **~ de peso** to lose weight
■ **rebajarse** *v pron* **~se A + INF** to lower oneself TO -ING; **no pienso ~me a pedirle perdón** I'm not going to humble myself by asking him to forgive me, I'm not going to lower myself to *o* stoop to asking him to forgive me; **~se ANTE algn** to humble oneself BEFORE sb

rebalsar [A1] *vi* (CS) to overflow
■ **rebalsar** *vt* (CS): **las últimas lluvias han rebalsado el río** the recent rains have caused the river to burst its banks; **lo llenó hasta ~lo** she overfilled it, she filled it to overflowing
■ **rebalsarse** *v pron* (CS) «*agua/cauce/vaso*» to overflow; **se rebalsó el río** the river burst its banks

rebanada *f* slice

rebanar [A1] *vt* to slice, cut
■ **rebanarse** *v pron* (fam) to slice off; **cuidado, que te vas a ~ un dedo** be careful or you'll slice your finger off

rebañar [A1] *vt* ‹*salsa*› to mop up (colloq); ‹*plato*› to wipe … clean

rebaño *m* (de ovejas) flock; (de cabras) herd; **el obispo se dirigió a su ~** the bishop addressed his flock

rebasar [A1] *vt*
A ‹*cantidad/límite*› **el agua ha rebasado el dique** the water has risen above the level of *o* has overflowed the dike; **una vez rebasemos ese punto** once we're past *o* once we've passed that point, once we've got(ten) beyond *o* past that point; **había rebasado los 40 años** he was over 40 years old; **los resultados rebasan todas las previsiones** the results exceed *o* surpass all predictions; **está rebasando el límite de mi paciencia** she's pushing *o* stretching my patience to the limit; **su historia rebasa los límites de lo verosímil** his story goes beyond the limits of credibility; **su fama ha rebasado nuestras fronteras** her fame has gone beyond *o* reaches beyond our borders; **este trabajo rebasa su capacidad** this job is beyond him *o* beyond his capabilities
B (Méx) (Auto) to pass, overtake

■ **rebasar** *vi* (Méx) to pass, overtake (BrE); Ⓢ **no rebasar** no passing *o* overtaking

rebatible *adj*
A ‹*argumento*› refutable
B (RPl) (plegable) folding (*before n*)

rebatinga *f* (Méx) ▸**rebatiña**

rebatiña *f* scrabble, scramble; **los perros se disputaban los desperdicios en una ~ constante** the dogs were constantly scrabbling for the scraps; ***andar*** *or* ***estar a la ~*** (Méx fam) to argue, quarrel

rebatir [I1] *vt* to refute

rebato *m*: ***tocar a ~*** to sound the alarm

rebautizar [A4] *vt* ‹*barco*› to rename; ‹*producto*› to rebadge

rebeca *f* (Esp) cardigan

rebeco *m* chamois

rebelarse [A1] *v pron* to rebel; **~ CONTRA algn/algo** to rebel AGAINST sb/sth; **el pueblo se rebeló contra el gobierno** the people rebelled against *o* rose up against the government; **siempre se ha rebelado contra todo tipo de tradiciones** she has always rebelled against tradition of any kind

rebelde[1] *adj* **1** ‹*tropas/ejército*› rebel (*before n*) **2** ‹*niño/carácter*› unruly, rebellious **3** ‹*tos*› persistent; ‹*mancha*› stubborn **4** (Der) defaulting (*before n*)

rebelde[2] *mf* **1** (Mil, Pol) rebel **2** (Der) defaulter

rebeldía *f* **1** (cualidad) rebelliousness **2** (en un caso civil): **fue declarado en ~** he was declared to be in default **3** (en un caso criminal): **fue juzgado en ~** he was tried in his absence

rebelión *f* rebellion, uprising; **una ~ militar** a military uprising

rebenque *m* (CS) riding crop

reblandecer [E3] *vt* to soften

■ **reblandecerse** *v pron* to become *o* go soft, soften; **se le ha reblandecido el cerebro** (fam) he's gone a bit soft in the head (colloq)

reblandecido -da *adj* (fam) soft in the head (colloq); **un viejo ~** a dotty old man (colloq)

reblandecimiento *m* softening

rebobinado *m* rewinding

rebobinar [A1] *vt* to rewind

reborde *m* **1** (de una tela) edging, border **2** (de una mesa) edge; (de una bandeja) rim

rebosante *adj* **~ DE algo**: **una copa ~ de vino** a glass brimming with *o* filled to the brim with wine; **estaba ~ de felicidad** she was brimming with *o* bubbling over with happiness

rebosar [A1] *vi* **1** (de alegría, felicidad) **~ DE algo** to brim *o* bubble over WITH sth; **rebosaba de entusiasmo** he was brimming with *o* bubbling over with enthusiasm; **rebosa de salud** she's bursting *o* brimming with health **2** «*agua/embalse*» to overflow; **las copas rebosaban** the glasses were filled *o* full to the brim; **el estadio rebosaba de gente** the stadium was overflowing with people, the stadium was full to bursting

■ **rebosar** *vt* ‹*alegría/felicidad*› **su rostro rebosaba felicidad** his face was radiant with happiness, his face radiated happiness

rebotado[1] **-da** *adj* (Méx) ‹*líquido*› cloudy

rebotado[2] **-da** (fam) *m,f*
A (*m*) ex-priest (*o* ex-monk *etc*)
B (*f*) ex-nun

rebotar [A1] *vi*
A «*pelota*» to bounce; «*bala*» to ricochet; **la piedra rebotó en la pared** the stone bounced *o* rebounded off the wall
B «*correo electrónico*» to bounce

rebote *m* **1** (al golpear algo): **la pelota dio un ~ en el poste** the ball bounced *o* rebounded off the post; ***de ~: esta medida puede afectar, de ~, a otras empresas*** this measure may have an indirect effect *o* have indirect repercussions upon other companies; **la pelota entró de ~** the ball went in on the rebound, the ball rebounded into the net **2** (en baloncesto) rebound **3** (de correo electrónico) bounce **4** (Chi) (salto) jump; **dar ~s** to jump up and down

reboteador -dora *m,f* rebounder

rebotica *f* (ant) back room (*of a pharmacy*)

rebozar [A4] *vt* to coat … in batter (*o* in egg and breadcrumbs *etc*)

rebozo *m* (AmL) (Indum) shawl, wrap; ***sin ~*** openly, frankly

rebrotar [A1] *vi* to produce *o* sprout new shoots

rebrote *m* (Bot) new shoot; **ha habido un ~ de la epidemia/de violencia** there has been a fresh outbreak of the epidemic/of violence

rebujo *m* (de papel) ball; (de pelos, hilos) mass, tangle, clump

rebullir [I9] *vi* «*persona*» to move, stir

■ **rebullir** *vt* (Col) ‹*líquido*› to stir

rebumbio *m* (Méx fam) commotion, to-do (colloq)

rebusca *f* gleanings (*pl*)

rebuscado -da *adj* ‹*lenguaje/expresiones*› recherché, over-elaborate; ‹*persona*› affected

rebuscar [A2] *vi*: **rebuscó entre los papeles de la mesa** he searched through the papers on the desk; **rebusqué en sus bolsillos** I went through *o* searched his pockets; **los perros rebuscaban en la basura** the dogs were rummaging about in the garbage

■ **rebuscarse** *v pron* (AmS fam): ***rebuscárselas*** to get by

rebusque *m* (AmS fam): **tengo mis ~s y logro pagar el departamento** I earn some money on the side so I can pay the rent (colloq); **sobrevive gracias a unos ~s que tiene** she gets by by doing jobs on the side *o* by doing some moonlighting (colloq)

rebuznar [A1] *vi* to bray

rebuzno *m* (sonido) bray; (sucesión de sonidos) braying

recabar [A1] *vt* **1** (conseguir) ‹*información*› to gather, obtain, collect; ‹*apoyo/votos*› to obtain, gather; ‹*ayuda*› to obtain, get; ‹*fondos*› to raise; ‹*firmas*› to collect **2** (reclamar) ‹*derecho/libertad/responsabilidad*› to claim; **recabó el respaldo de los ciudadanos** he asked the people to support him, he asked for the people's support

recadero *m* messenger, runner, errand boy (BrE dated)

recado *m*
A **1** (mensaje) message; **¿quiere dejar algún ~?** would you like to leave a message?; **le mandó ~ de que volviera inmediatamente** she sent word that he should return immediately **2** (Esp) (encargo, diligencia) errand; **le he enviado a (hacer) un ~** I've sent him on an errand, I've sent him to run an errand for me
B (RPl) (Equ) tack

recaer [E16] *vi*
A «*enfermo*» to have *o* suffer a relapse
B **1** «*sospechas/responsabilidad*»: **~ SOBRE algn** to fall ON sb; **sobre él recae todo el peso de la empresa** the entire burden of responsibility for the company falls on his shoulders **2** «*premio/nombramiento*»: **~ EN algn** to go TO sb

recaída *f* relapse; **ha tenido una ~** she has suffered *o* had a relapse

recalar [A1] *vi* **1** «*barco*»: **~ en un puerto** to put in at a port **2** (Méx fam) (llegar) to arrive; **recalé en Guadalajara a las ocho** I got to *o* arrived in Guadalajara at eight

recalcar [A2] *vt* to stress, emphasize; **les recalcó que había que llegar a las 8 en punto** she impressed on them *o* she stressed *o* she emphasized that they should get there punctually for 8 o'clock; **quiero ~ la importancia de este tratado** I want to stress *o* emphasize the importance of this treaty

recalcitrante *adj* ‹*persona/actitud*› recalcitrant; **es enemigo ~ de la música moderna** he's stubbornly opposed to modern music, he is a declared *o* sworn enemy of modern music

recalentamiento *m* overheating
(Compuesto) **recalentamiento global** global warming

recalentar [A5] *vt* **1** ‹*motor*› to cause … to overheat **2** ‹*comida*› to reheat; **no le gusta la comida recalentada** he doesn't like food that's been reheated; **puedes ~lo en el horno** you can heat *o* warm it up in the oven

■ **recalentarse** *v pron* to overheat, become overheated

recalificación *f* **1** (de estudiante, examen) regrading **2** (de delito) reclassification **3** (de terreno) redesignation (*for development, building*)

recalificar [A2] *vt*
A (clasificar de nuevo) to reclassify; **~ un examen** to regrade an exam
B (terrenos) to redesignate (*for development, building*)

■ **recalificarse** *v pron* to requalify

recalzar [A4] *vt* **1** (Agr) to earth up **2** (Arquit) to underpin

recamado *m* embroidery

recamar [A1] *vt* to embroider

recámara *f*
A **1** (arc) (vestidor) dressing room **2** (Méx) (dormitorio) bedroom **3** (Méx) (muebles del dormitorio): **necesitamos comprar una ~** we need to buy some bedroom furniture
B (Arm) chamber

recamarera *f* (Méx) chambermaid

recambio *m* **1** (Auto, Mec) spare part, spare; **rueda de ~** spare wheel **2** (de un bolígrafo) refill

recapacitar [A1] *vi* to reconsider, think again; **~ SOBRE algo** to reconsider sth; **no quiso ~ sobre su decisión** she wouldn't reconsider her decision; **he recapacitado sobre lo que dijeron** I have thought again about what they said, I have reconsidered what they said

recapar [A1] *vt* (RPl) to retread, remold*; **gomas recapadas** retreads, remolds

recapitulación *f* summing up, recap, recapitulation (frml)

recapitular [A1] *vi* to sum up, recap, recapitulate (frml)

■ **recapitular** *vt* to sum up

recargable *adj* ‹*batería/pila*› rechargeable; ‹*encendedor*› refillable

recargado -da *adj* **1** ‹*decoración*› overelaborate, excessively ornate **2** ‹*texto*› overwritten

recargador *m* recharger

recargar [A3] *vt*
A **1** (en un pago) (+ *me/te/le etc*): **le ~on un 10%** they charged him 10% extra, they charged him an extra 10% *o* a 10% surcharge **2** **~ a algn DE algo** ‹*de trabajo*› to overload sb WITH sth; **me están recargando de responsabilidades** they're giving me too much responsibility, they're putting too much responsibility on my shoulders
B ‹*arma*› to reload; ‹*batería*› to recharge; ‹*tarjeta SIM*› to top up; ‹*programa*› to reload
C ‹*mechero/estilográfica*› to refill
D **1** ‹*decoración*› to overdo; **han recargado la habitación con cuadros** they've cluttered the room up with pictures **2** ‹*texto*› to overwrite

■ **recargarse** *v pron*
A (*refl*) (de responsabilidades, trabajo) **~se DE algo**: **te estás recargando de trabajo** you're taking on too much work; **se recarga de responsabilidades** she takes too much responsibility on herself
B (Col, Méx, Ven) (apoyarse) **~se CONTRA algo** to lean AGAINST sth; **fumaba recargado contra la puerta** he was leaning against the door smoking

recargo *m*: **un ~ del veinte por ciento** a twenty per cent surcharge; **~ de mora** surcharge for late payment; **entrega a domicilio sin ~ alguno** free home delivery service at no extra charge, free home delivery service

recatado -da *adj* **1** (pudoroso) demure, modest **2** (cauto) cautious; (reservado) reserved

recatafila *f* (Per fam) long line (AmE), long queue (BrE)

recatarse [A1] *v pron*: **lo dijo sin ~** he said it quite openly

recato *m* [1] (pudor) modesty [2] (reserva) reserve; (cautela) caution; **no tuvo ningún ~ en admitirlo** she admitted it quite unreservedly *o* openly

recauchaje *m* retreading, remolding*

recauchar [A1] *vt* to retread, remold*

recauchutado *m* (Esp) ▸**recauchaje**

recauchutar [A1] *vt* (Esp) ▸**recauchar**

recaudación *f* [1] (acción) collection; **~ de impuestos** tax collection [2] (ganancia — en una tienda) takings (*pl*); (— en un cine, teatro) box office receipts (*pl*), takings (*pl*); (— en un estadio) gate, takings (*pl*)

recaudador -dora *m,f tb*: **~ de impuestos** tax collector

recaudar [A1] *vt* to collect

recaudería *f* (Méx) greengrocer's

recaudo *m*

A (seguridad): **a buen ~** in a safe place; **puso las joyas a buen ~** she put the jewels in a safe place *o* somewhere safe

B (Méx) (Coc) ▸**sofrito**

recelar [A1] *vi* **~ DE algo/algn** to be suspicious OF sth/sb, distrust sth/sb; **recelaban de él** they distrusted him *o* were suspicious of him

■ **recelar** *vt* to suspect; **recelábamos que nos había mentido** we suspected that he had lied to us

recelo *m*: **me miró con ~** she looked at me suspiciously *o* warily *o* distrustfully; **la población mira con ~ a los nuevos líderes** the people are somewhat distrustful of the new leaders, the people regard the new leaders with some suspicion

receloso -sa *adj*: **me miró ~** he looked at me suspiciously *o* distrustfully *o* warily; **~ DE algo** suspicious OF sth, distrustful OF sth

recensión *f* [1] (reseña) review [2] (comprobación) check

recepción *f*

A [1] (de mercancías) receipt (frml); **la ~ de solicitudes será de nueve a cinco** applications will be accepted from nine to five [2] (Rad, Telec) reception [3] (acogida) reception; **una calurosa ~** a warm reception

B [1] (fiesta) reception [2] (ceremonia) reception

C (en un hotel) reception; **pregunta en ~** ask at reception *o* at the desk; **deja la llave en ~** leave the key in *o* at reception *o* at the desk

recepcionar [A1] *vt* (esp AmL frml) to receive

recepcionista *mf* receptionist

receptación *f* (Der) receiving

receptáculo *m* [1] (recipiente) receptacle [2] (Bot) receptacle, torus

receptar [A1] *vt* (Der) ‹*objeto robado*› to receive, fence (colloq); ‹*delincuente*› to harbor*

receptividad *f* receptiveness, receptivity; **los niños tienen gran ~** children are very receptive

receptivo -va *adj* receptive

receptor[1] **-tora** *adj*: **países ~es de esta tecnología** countries which receive *o* which are recipients of this technology

receptor[2] **-tora** *m,f*

A [1] (Med) recipient; **el primer colombiano ~ de un corazón ajeno** the first Colombian heart-transplant patient, the first Colombian to have a heart transplant [2] (Ling) (de un mensaje) recipient (frml)

(Compuesto) **receptor universal** universal recipient

B (Dep) (en fútbol americano) receiver; (en béisbol) catcher

(Compuesto) **receptor abierto** wide receiver

C **receptor** *m* (Rad) radio, receiver; (TV) television receiver *o* set, television

recesar [A1] *vt* [1] (AmL) ‹*institución/Parlamento*› to recess; ‹*actividad*› to suspend [2] (Per) ‹*economía*› to send into recession

■ **recesar** *vi* (AmL) «*tribunal/Parlamento*» to recess, go into recess; «*sesión*» to adjourn

recesión *f* recession; **entrar en ~** to go into recession; **~ económica** economic recession

recesivo -va *adj* [1] (Econ) recessive [2] (Biol) recessive

receso *m* (AmL) recess; **el Congreso está/entró en ~** Congress is in/has gone into recess; **el abogado pidió al juez un ~ de tres días** the lawyer asked the judge for a three-day adjournment

(Compuesto) **receso judicial/parlamentario** (AmL) court/parliamentary recess

receta *f* [1] (Coc) recipe; **la ~ del éxito** the recipe *o* formula for success [2] (Med) prescription

recetar [A1] *vt* to prescribe

recetario *m* [1] (Coc) recipe book, cookery book, cookbook [2] (Farm, Med) prescription pad

rechace *m* [1] (rechazo) rejection [2] (Dep) rebound

rechazar [A4] *vt* [1] ‹*invitación/propuesta*› to reject; ‹*oferta/trabajo*› to turn down; **la moción fue rechazada** the motion was defeated; **rechazó su proposición de matrimonio** she rejected *o* turned down his proposal of marriage; **se sienten rechazados por la sociedad** they feel rejected by society [2] ‹*ataque/enemigo*› to repel, repulse [3] ‹*luz*› to reflect [4] (Med) ‹*órgano*› to reject

rechazo *m* [1] (de una oferta, propuesta) rejection; (de una moción, enmienda) defeat [2] (Med) (de un órgano) rejection

rechifla *f* whistling (*as a sign of disapproval*), ≈ booing; **se oyó una gran ~** there was a lot of booing *o* catcalling *o* whistling from the audience; **cuando cesaron las ~s** when the booing *o* jeering *o* whistling stopped, when the boos *o* jeers *o* catcalls stopped

rechiflar [A1] *vt* to whistle at (*as a sign of disapproval*), ≈ to jeer at,, ≈ to boo

■ **rechiflar** *vi* to whistle (*as a sign of disapproval*), ≈ to jeer,, ≈ to boo

rechinamiento *m* (de los dientes) grinding; (de una bisagra) creaking, squeaking

rechinar [A1] *vi*

A «*polea/bisagra*» to creak, squeak; **le rechinan los dientes mientras duerme** he grinds his teeth in his sleep; **le rechinaban los dientes de rabia** he was gnashing his teeth with rage

B (refunfuñar) (fam) to grumble, to gripe (colloq), to grouse (colloq)

rechinón *m* (Méx) screech

rechistar [A1] *vi* (en frases negativas): **cómetelo todo sin ~** eat it all up and no arguments *o* complaints; **lo aguantó todo sin ~** he put up with it all without a murmur *o* without saying a word

rechoncho -cha *adj* (fam) dumpy (colloq), short and fat, squat

rechupete (fam): **de ~** (*loc adj*) [1] ‹*comida*› delicious, yummy (colloq), scrumptious (colloq) [2] ‹*mujer*› gorgeous, foxy (AmE colloq), tasty (BrE colloq); ‹*hombre*› gorgeous, dishy (colloq), foxy (AmE colloq), tasty (BrE colloq)

recibí *m* receipt

recibidor *m* entrance hall

recibimiento *m* reception; **le dispensaron un cálido ~** he was given a warm reception *o* welcome

recibir [I1] *vt*

A [1] ‹*carta/paquete*› to receive, get; ‹*mercancías*› to receive; **recibió muchos regalos para su cumpleaños** she got lots of birthday gifts; **recibió el premio en nombre de su hijo** he accepted *o* received the prize on behalf of his son; **las solicitudes se reciben en horario de oficina** applications will only be accepted during office hours; **recibí del Sr Contreras la cantidad de ...** received from Mr Contreras the sum of ... [2] (Rad, TV) to receive [3] ‹*ayuda/llamada/oferta*› to receive; **¿no recibiste mi recado?** didn't you get my message?; **ha recibido orden de desalojar el local** he has been ordered to *o* he has received an order to vacate the premises; **¿han recibido el libro que pedí?** has the book I ordered come in yet?; **han recibido ayuda de varios organismos privados** they have received help from *o* have been given help by various private organizations; **desde que estoy aquí no he recibido más que disgustos** I've had nothing but trouble since I came here; **ha recibido muchas demostraciones de afecto** people have shown her a great deal of kindness; **las plantas de esta familia reciben el nombre de ...** plants belonging to this family are called ...; **reciba un atento saludo de ...** (Corresp) sincerely yours (AmE), yours faithfully/sincerely (BrE); **recibe un fuerte abrazo de tu amigo** (Corresp) best wishes, all the best (colloq); **reciba nuestra más cordial felicitación** (frml) please accept our warmest congratulations (frml); **~ la comunión** to receive *o* take communion

B ‹*persona/visita*› to receive; **nos recibieron con los brazos abiertos** they welcomed us with open arms; **salió a ~ a los invitados** she went out to greet *o* receive the guests; **van a ir a ~lo al aeropuerto** they are going to meet him at the airport; **los recibió en el salón** she saw *o* entertained *o* received them in the sitting room; **el encargado la ~á enseguida** the manager will see you right away; **no recibe visitas** she's not receiving visitors; **recibió al toro de rodillas** he met *o* received the bull on his knees

C (acoger) ‹*propuesta/oferta*› (+ *compl*) to receive; **recibió tu propuesta con entusiasmo** she welcomed your proposal, she received your proposal enthusiastically; **recibieron su sugerencia fríamente** her suggestion met with *o* received a cold reception, her suggestion was received coldly

D ‹*peso/carga*› to support

■ **recibir** *vi*: **recibe los jueves y los viernes** she sees *o* receives visitors on Thursdays and Fridays; **el doctor no recibe hoy** the doctor does not have office hours (AmE) *o* (BrE) surgery today

■ **recibirse** *v pron* (AmL) (Educ) to graduate; **acaba de ~se** she has just graduated *o* got her degree; **~se DE algo** to qualify AS sth; **se recibió de abogado/médico** he qualified as a lawyer/doctor

recibo *m*

A [1] (de pago) receipt [2] (justificante de compra) receipt, sales receipt *o* slip *o* (AmE) check [3] (de la luz, del teléfono) bill

B (acción de recibir) receipt; **al ~ de esta carta** (frml) on *o* upon receipt of this letter; **acuso ~ de su carta de fecha ...** I acknowledge receipt of your letter dated ...; ***no ser de ~*** to be unacceptable

reciclado[1] **-da** *adj* recycled

reciclado[2]**, reciclaje** *m*

A (de papel, vidrio) recycling

B (de una persona) retraining

reciclador -dora *adj* recycling (*before n*)

recicladora *f* (planta) recycling plant; (empresa) recycling company *o* firm

reciclar [A1] *vt*

A ‹*papel/vidrio*› to recycle

B ‹*persona*› to retrain

■ **reciclarse** *v pron* «*persona*» to retrain

reciedumbre *f* robustness, sturdiness

recién *adv*

A (con participio): **el ~ iniciado curso escolar** the school year that has just begun; **el pan está ~ hecho** the bread's freshly baked; **¡cuidado! está ~ pintado** (be) careful! it's just been painted; **un huevo ~ puesto** a new-laid egg; **un niño ~ nacido** a newborn baby

(Compuestos)

• **recién casado, recién casada** *m,f* recently married man/woman; **los ~ casados** the newlyweds

• **recién llegado, recién llegada** *m,f*: **los ~ ~s a la ciudad** newcomers to the city; **lo repetiré para los ~ ~s** I'll go over it again for the benefit of the latecomers *o* of those people who have just arrived

• **recién nacido, recién nacida** *m,f* newborn baby

B (AmL) [1] (hace poco tiempo) just; **~ había conseguido una ocupación** she had just got(ten) a job; **~ llegaron** they have just arrived [2] (sólo ahora) only just; **¿~ te enteras?** you mean you've only just found out? [3] (sólo) only; **lo supe ~ a los cuatro días** I only found out four days later, I didn't find out for four days *o*

r

until four days later; ~ **el lunes puede ser que la podamos ver** the first day we might be able to see her is Monday; **¿~ vas por la página 20?** are you only on page 20?; **~ entonces me di cuenta de quién era** it was only then I realized who she was

reciente *adj* recent; **un artículo que publicó en fecha ~** an article she published recently; **esos hechos están todavía ~s** those events are still fresh in people's minds

recientemente *adv* recently; **~ no se ha dado ningún caso** there have been no cases recently *o* (frml) of late

recinto *m*: **el público abandonó el ~ ordenadamente** the public left the premises/building in an orderly fashion; **~ ferial** (de muestras) showground, exhibition site; (de atracciones) fairground; **el ~ diplomático** the grounds of the embassy; **un ~ pequeño donde los enterraban** a small enclosure where they were buried; **la valla que rodea el ~ de la central** the fence that surrounds the power station *o* that surrounds the grounds of the power station

recio[1] **-cia** *adj* **1** ‹*hombre/aspecto*› robust, sturdy **2** (intenso) ‹*lucha*› hard, tough; ‹*invierno*› harsh, severe; **cayó en lo más ~ del combate** he fell at the height of the battle

recio[2] *adv* ‹*hablar*› loudly, loud; ‹*llover*› heavily, hard

recipiendario -ria *m,f* (frml) newly-elected member

recipiente *m*
A (utensilio) container, receptacle (frml)
B **recipiente** *mf* (persona) recipient

recíprocamente *adv* reciprocally

reciprocar [A2] *vi* (AmL) to reciprocate; **nos han invitado varias veces, tenemos que ~** they've asked us round several times, we should reciprocate *o* we should have them back here

■ **reciprocar** *vt* (AmL) to return

reciprocidad *f* reciprocity

recíproco[1] **-ca** *adj* **1** (mutuo) ‹*acuerdo/ventajas*› reciprocal, mutual; **un sentimiento ~** a mutual feeling **2** (Ling) reciprocal **3** (Mat) reciprocal

recíproco[2] *m* reciprocal, inverse

recitación *f* recitation

recital *m* **1** (Mús) recital **2** (Lit) (de poesía) reading, recital

recitar [A1] *vt* to recite

recitativo[1] **-va** *adj* recitative

recitativo[2] *m* (Mús) recitative

reclamable *adj* **1** ‹*resolución*› appealable; **~ ANTE algn/algo** appealable BEFORE sb/sth; **la resolución no es ~** the decison is final **2** ‹*cantidad/cobro*› claimable

reclamación *f* **1** (petición, demanda) claim; **una ~ judicial** a legal claim **2** (queja) complaint; **hacer una ~** to lodge *o* make a complaint

reclamar [A1] *vt* **1** «*persona*» ‹*derecho/indemnización*› to claim; (con insistencia) to demand; **si no reclama el pago dentro de seis meses** if you do not claim payment within six months; **reclamó su parte de los beneficios** he claimed his share of the profits; **los manifestantes reclamaban el derecho al voto** the demonstrators were demanding the right to vote; **el enfermo reclamaba constantemente atención** the patient was constantly demanding attention **2** «*situación/problema*» to require, demand; **la situación reclama mucho tacto** the situation calls for *o* requires a great deal of tact; **estos problemas reclaman soluciones inmediatas** these problems need to be sorted out immediately, these problems require *o* demand immediate solutions

■ **reclamar** *vi* to complain; **tiene derecho a ~ si no está satisfecho** you have the right to complain *o* to make a complaint if you are not satisfied; **reclamó ante los tribunales** she took the matter to court; **reclamé contra la multa** I appealed against the fine

réclame, reclame *m* (AmL) commercial, advertisement, advert (BrE); **mercadería de ~** loss leader

reclamo *m*
A **1** (de un pájaro) call **2** (para cazar — silbato) birdcall; (— pájaro) lure, decoy
B (AmL) (para atraer la atención) lure; **el ~ que supone el letrero de rebajas** the lure *o* attraction of the 'sale' sign; **~ publicitario** advertising
C (AmS) (queja) complaint

reclasificar [A2] *vt* to reclassify

reclinable *adj* reclining (*before n*)

reclinar [A1] *vt* to rest, lean; **reclinó la cabeza sobre su hombro** he rested *o* leaned *o* put his head on her shoulder

■ **reclinarse** *v pron*: **reclínate un poco** lean *o* lie back a little; **estaba reclinado contra la pared** he was leaning against the wall

reclinatorio *m* kneeler, prie-dieu

recluir [I20] *vt* (en una prisión) to imprison; **fue recluido en un psiquiátrico** he was shut away in a psychiatric hospital, he was confined to *o* interned in a psychiatric hospital (frml); **la enfermedad lo ha tenido recluido durante casi un año** he has been confined to the house for almost a year because of the illness

■ **recluirse** *v pron*: **desde la muerte de su mujer se había recluido/había vivido recluido** since the death of his wife he had been a recluse/he had lived as a recluse; **una casa donde suele ~se para escribir** a house where he shuts himself away to write

reclusión *f* imprisonment

(Compuesto) **reclusión perpetua** life imprisonment

recluso[1] **-sa** *adj*: **la población reclusa** the prison population

recluso[2] **-sa** *m,f* prisoner, inmate

recluta *mf* (Mil) recruit; (en el servicio militar) conscript, recruit

reclutamiento *m* recruitment, recruiting

reclutar [A1] *vt* **1** (Mil) to recruit **2** ‹*trabajadores*› to recruit, take on; ‹*socios/partidarios*› to recruit

recobrar [A1] *vt* **1** ‹*confianza*› to regain; ‹*salud*› to recover; **nunca recobró la confianza en sí mismo** he never regained his self-confidence; **cuando recobró la vista** when she recovered her sight; **cuando recobré el conocimiento** *or* **el sentido** when I came to *o* round, when I regained consciousness; **tuvo que sentarse un rato para ~ las fuerzas/el aliento** she had to sit down for a while to get her strength/breath back; **la ciudad recobró ayer la normalidad** the city returned to normal yesterday **2** ‹*dinero/botín/joyas*› to recover, retrieve **3** ‹*ciudad/plaza fuerte*› to recapture, retake

■ **recobrarse** *v pron* **1** (recuperarse) **~se DE algo** ‹*de una enfermedad*› to recover FROM sth, get over sth, recuperate FROM sth (frml); ‹*de un susto*› to recover FROM sth, get over sth **2** (Econ, Fin) **~se DE algo** to recoup sth

recocha *f* (Col fam) commotion; **cuando el profesor sale de clase se arma la ~** the kids run riot *o* create a commotion when the teacher leaves the classroom (colloq)

recochinearse [A1] *v pron* (Esp fam) to sneer, take the mickey (BrE colloq)

recochineo *m* (Esp fam): **y encima me lo dijo con ~** and what's more he said it with such smugness *o* so gloatingly

recocido -da *adj* overcooked, overdone

recodificar [A2] *vt* to recode

recodo *m* bend; **en un ~ del camino** at a bend in the road

recogedor *m* dustpan

recogepelotas *mf* (*pl* ~) (*m*) ball boy; (*f*) ball girl

recoger [E6] *vt*
A **1** (levantar) to pick up; **recoge la servilleta** pick up the napkin; **lo recogió del suelo** she picked it up off the floor; **no pienso ~ vuestros trastos** I don't intend to pick up your junk *o* to clear up after you; **recogía el agua que se salía de la lavadora** I was mopping up the water that was coming out of the washing machine; **recoge estos cristales** clear up this broken glass **2** ‹*casa/habitación*› to straighten (up) (AmE), to tidy (up) (BrE); **~ la mesa** to clear the table
B **1** ‹*dinero/firmas*› to collect **2** ‹*deberes/cuadernos*› to collect, take in; **~ la ropa del tendedero** to bring the washing in **3** ‹*trigo/maíz*› to gather in, take in, harvest; ‹*fruta*› to pick, harvest; ‹*flores/hongos*› to pick, gather; **no llegó a ~ el fruto de su trabajo** he was unable to reap the fruits of his labor **4** ‹*tienda de campaña*› to take down; ‹*alfombra*› to take up; ‹*vela*› to take down **5** ‹*pelo*› **le recogió el pelo en una cola** he gathered her hair into a ponytail
C (retener) ‹*agua*› to collect; **esta alfombra recoge mucho polvo** this carpet collects *o* gathers a lot of dust
D (retirar de circulación) ‹*periódico*› to seize; ‹*monedas*› to withdraw, take … out of circulation
E (ir a buscar) ‹*persona*› to pick up, fetch, collect; ‹*paquete*› to collect, pick up; ‹*equipaje*› (Aviac) to reclaim; **¿a qué hora pasan a ~ la basura?** what time do they come to take away *o* collect the garbage (AmE) *o* (BrE) rubbish?; **el autobús pasará a ~nos a las ocho** the bus will come by to collect us *o* pick us up at eight; **¿puedes ~ el traje del tinte?** can you fetch *o* pick up the suit from the dry-cleaners; **voy adentro a ~ las maletas** I'll go inside and get the suitcases; **fui a ~ mis cosas** I went to get *o* to pick up my things
F (dar asilo) to take in; **recogieron a un gatito abandonado** they took in an abandoned kitten; **un asilo para ~ a los vagabundos** a hostel to provide shelter for vagrants
G (incluir, registrar): **la obra recoge el trasfondo social de aquel momento** the work depicts the social context of that time; **la imagen recoge el momento en que …** the picture shows *o* captures the moment in which …; **el informe recoge estas últimas estadísticas** these latest statistics figure *o* appear in the report; **esta acepción no la recoge ningún diccionario** this meaning isn't included in *o* isn't in any dictionary; **su obra está siendo recogida en cuatro volúmenes** his works are being collected for publication in four volumes; **un espectáculo que recoge tres de sus obras breves** a show which brings together three of his short works

■ **recoger** *vi* to clear up, to straighten up (AmE), to tidy up (BrE); **venga, ~ ya, que vamos a comer** come on, clear up (your things), it's time to eat

■ **recogerse** *v pron*
A **1** (volver a casa) to go home; (ir a la cama) to go to bed, retire **2** (para meditar, rezar) to withdraw
B **1** ‹*mangas/pantalones*› to roll up; ‹*falda*› to lift up **2** ‹*pelo*› to tie up; **~se el pelo en un moño** to put one's hair up in a bun

recogida *f* **1** (de basura, correo) collection **2** (Agr) harvest **3** (Col) (Mil) taps (AmE), retreat (BrE)

(Compuestos)
- **recogida de beneficios** profit-taking
- **recogida de equipajes** baggage reclaim, luggage reclaim (BrE)

recogido -da *adj* ‹*vida*› quiet; ‹*lugar*› secluded; **el ambiente ~ de la capilla** the peaceful atmosphere of the chapel

recogimiento *m* (meditación) withdrawal, meditation; (devoción) devotion, absorption

recolección *f* **1** (Agr) (acción de recolectar — trigo) harvest; (— fruta) harvest, picking; (temporada) harvest, harvest-time **2** (de fondos, dinero) collection

(Compuesto) **recolección de residuos** (RPl frml) refuse collection (frml)

recolectar [A1] *vt* **1** ‹*trigo/mies*› to harvest, gather in; ‹*fruta*› to pick, harvest **2** ‹*fondos/dinero*› to collect

recolector -tora *m,f* **1** (Agr) (de cereales) harvester; (de fruta) picker **2** (RPl frml) (de basura) refuse collector (frml)

recoleto -ta *adj* ‹*ambiente*› peaceful; ‹*playa*› secluded

recolocar [A2] *vt*
A ‹*platos/libros*› to put back; **manipulación para**

r

~ un hueso desplazado manipulation to replace a dislocated bone
B ‹*trabajadores/personal*› to redeploy
C ‹*pasajeros*› to find alternative transport for
D ‹*acciones/valores*› to place

recombinasa *f* (Biol) recombinase

recomendable *adj*: **es un lugar muy poco ~** it's not a place I'd recommend; **lecturas no ~s para niños** reading matter not recommended for children; **es ~ reservar mesa** it is advisable to reserve a table

recomendación *f* **1** (consejo): **lo hizo por ~ mía** he did it on my recommendation *o* advice; **decidió irse, ignorando las recomendaciones de sus padres** she decided to go, ignoring her parents' advice **2** (para un empleo) reference, recommendation; **carta de ~** letter of reference *o* recommendation

recomendado -da *adj*
A **1** ‹*método/producto*› recommended **2** ‹*persona*› recommended; **viene ~ por el alcalde** he's been recommended by the mayor, he comes with a recommendation from the mayor; **Ⓢ no recomendada para menores de 15 años** not suitable for under-15s
B (Col, Ur) ‹*carta*› registered

recomendar [A5] *vt* **1** ‹*libro/película/restaurante*› to recommend; **un médico que me han recomendado** a doctor who has been recommended to me **2** ‹*persona*› (para un empleo) to recommend **3** (aconsejar) to advise; **hazlo si quieres, pero no te lo recomiendo** do it if you want to, but I wouldn't advise it *o* recommend it

recomendatorio -ria *adj* recommendatory

recomenzar [A6] *vt/vi* to recommence (frml), begin again

recomienda, recomiendas, etc ▸ **recomendar**

recompensa *f* reward; **ofrecen una ~ a quien lo encuentre** they are offering a reward to anyone who finds it; **le dieron 200 dólares de** *or* **como ~** he was given 200 dollars as a reward, he was given a 200-dollar reward

recompensar [A1] *vt* to reward; **lo ~on generosamente por haberlo entregado** he was generously rewarded for handing it in

recompra *f* repurchase; **cláusula/pácto de ~** repurchase clause/agreement

recomprar [A1] *vt* to repurchase

reconcentrar [A1] *vt* **1** ‹*solución*› to concentrate, make ... more concentrated **2** ‹*ejército/tropas*› to concentrate **3** ‹*atención/interés/cariño*› **~ algo EN algn/algo** to focus *o* concentrate sth ON sb/sth; **reconcentró todo su cariño en el hijo mayor** she focused *o* concentrated all her affection on her eldest son

reconciliable *adj* reconcilable

reconciliación *f* reconciliation

reconciliar [A1] *vt* to reconcile
■ **reconciliarse** *v pron*
A **1** **~se CON algn**: **se ha reconciliado con su novio** she has made (it) up with her boyfriend **2** **~se CON algo** ‹*con una idea/una postura*› to reconcile oneself TO sth, become reconciled TO sth
B (*recípr*) «*amigos/novios*» to be reconciled (frml), to make (it) up; **se han reconciliado** they are reconciled, they have made (it) up

recóndito -ta *adj*: **los rincones más ~s del planeta** the remotest *o* most isolated corners of the planet; **en lo más ~ de su corazón** in the very depths of her heart (liter), deep in her heart

reconexión *f* reconnection

reconfirmar [A1] *vt* to reconfirm; **se debe ~ el vuelo de vuelta** you must reconfirm your return flight

reconfortante *adj* ‹*palabras*› comforting; ‹*baño*› relaxing; **es ~ saber que están cerca** it's comforting *o* a comfort to know that they're nearby

reconfortar [A1] *vt* to comfort; **trataron en vano de ~la** they tried in vain to comfort her; **este vaso de leche caliente te ~á** this glass of warm milk will make you feel better

recongelar [A1] *vt* to refreeze

reconocer [E3] *vt*
A **1** (admitir, aceptar) ‹*hecho/error*› to admit; **reconozco que llevas razón** I admit that you're right; **hay que ~ que canta bien** you can't deny that he sings well, you have to admit that he sings well; **reconoció que existían grandes diferencias** he acknowledged that there were major differences **2** (legalmente) ‹*hijo/gobierno/sindicato*› to recognize; ‹*derecho*› to recognize, acknowledge; **los derechos que te reconoce la ley** the rights which are legally yours *o* which are yours by law; **derechos reconocidos en la Constitución** rights recognized *o* enshrined in the Constitution
B (identificar) ‹*persona*› to recognize; ‹*letra*› to recognize; **perdona, no te había reconocido** I'm sorry, I didn't recognize you; **no le reconocí la voz** I didn't recognize her voice; **lo ~ía de entre un millón** I'd recognize him anywhere; **los machos se reconocen por sus plumas de colores** you can tell *o* recognize the males by their colorful plumage
C **1** ‹*paciente/enfermo*› to examine; **será reconocido a fondo por el médico** he will undergo a thorough medical examination **2** ‹*terreno*› to reconnoiter*
■ **reconocerse** *v pron* (confesarse) (+ *compl*): **se reconoció culpable** he admitted that he was guilty, he acknowledged *o* recognized his guilt

reconocible *adj* recognizable

reconocido -da *adj* (frml) indebted (frml), obliged (frml); **le estoy** *or* **quedo muy ~** I am deeply indebted to you, I am very much obliged to you

reconocimiento *m*
A **1** (Med): **~ médico** medical examination, medical **2** (de un territorio) reconnaissance **3** (de voz) recognition
B (frml) **1** (aprobación): **en ~ por** *or* **a los servicios prestados** in recognition of services rendered; **queremos manifestarle nuestro ~ por ...** we should like to show our appreciation for ...; **un artista que nunca obtuvo el ~ que merecía** an artist who never received the recognition *o* acknowledgment he deserved; **una ceremonia donde recibió el ~ de sus colegas** a ceremony at which she received the acknowledgment of her colleagues **2** (de un hecho) recognition
Compuestos
• **reconocimiento de voz** speech recognition
• **reconocimiento óptico de caracteres** optical character recognition, OCR
C (legitimación) recognition; **su ~ del nuevo gobierno** their recognition of the new government

reconquista *f* **1** (de un territorio) reconquest **2** **la Reconquista** the Reconquest (*of Spain from the Moors*)

> **Reconquista**
>
> The period in Spain's history during which the Christian kingdoms slowly recovered the territories occupied by the Moslem Moors of North Africa. The Moorish invasion of the Iberian peninsula began in 711 AD and was halted at the Battle of Covadonga in Asturias, in 718. The expulsion of the last Moorish ruler of the kingdom of Granada in 1492 completed the Reconquest. The intervening 781 years saw periods of conflict and coexistence between Moors and Christians. Alliances of Moorish and Christian kingdoms against Christian rivals were not unknown.

reconquistar [A1] *vt* ‹*territorio*› to reconquer, regain; ‹*cariño/afecto*› to win back

reconsiderar [A1] *vt* to reconsider

reconstitución *f* **1** (de alimentos) reconstitution **2** (de tejidos) regeneration **3** (de una escena) reconstruction

reconstituir [I20] *vt* **1** ‹*alimentos*› to reconstitute **2** ‹*escena*› to reconstruct
■ **reconstituirse** *v pron* «*tejidos*» to regenerate

reconstituyente *m* tonic, restorative

reconstrucción *f* **1** (de un edificio, una ciudad) reconstruction, rebuilding **2** (de un suceso) reconstruction

reconstruir [I20] *vt* **1** ‹*edificio/ciudad*› to reconstruct, rebuild **2** ‹*suceso/hechos*› to reconstruct

recontra *adv* (AmL fam) extremely, incredibly (colloq); **es ~ doloroso** it's extremely *o* (colloq) incredibly painful

reconvención *f*
A (reprimenda) scolding, chiding; **escuchó pacientemente todas sus reconvenciones** she listened patiently as he scolded *o* chided her
B (Der) counterclaim

reconvenir [I31] *vt* (frml) to reprove, remonstrate with (frml)
■ **reconvenir** *vi* (Der) to counterclaim

reconversión *f* **1** (reestructuración) restructuring, rationalization **2** (de un trabajador) *tb* **~ profesional** retraining
Compuesto **reconversión industrial** restructuring *o* rationalization of industry

reconvertir [I11] *vt* **1** ‹*industria*› to rationalize, restructure **2** ‹*profesional*› to retrain
■ **reconvertirse** *v pron* **1** «*industria*» to be rationalized *o* restructured **2** «*profesional*» to retrain

recopa *f* cup-winners' cup

recopilación *f* compilation, collection; **una ~ de sus mejores poemas** a collection *o* an anthology of her best poems

recopilador -dora *m,f* compiler

recopilar [A1] *vt* to compile, collect together, gather together

recórcholis *interj* (fam) yikes! (dated), jeez! (AmE colloq)

récord[1], record *adj inv* record (*before n*); **lo hizo en un tiempo ~** she did it in record time

récord[2], record *m* (*pl* **-cords**) record; **batir un ~** to break a record; **posee el ~ mundial en salto de longitud** she holds the world long jump record, she is the world record holder in the long jump

recordable *adj* memorable; **un año que no será especialmente ~** a year which will not be especially memorable; **datos fácilmente ~s** easily remembered information, information which can be easily remembered

recordación *f* (liter) remembrance (liter), recollection

recordar [A10] *vt*
A **1** ‹*nombre/fecha*› to remember, recall; **¿recuerdas dónde lo encontraste?** do you remember *o* recall where you found it?; **soy muy malo para ~ fechas** I'm very bad at remembering dates; **recuerdo que lo puse sobre la mesa** I remember *o* recall putting it on the table; **no recordaba exactamente qué había pasado** she couldn't recall *o* recollect *o* remember exactly what had happened **2** (rememorar) to remember; **~ viejos tiempos** to remember the old days, to reminisce about the old days; **recuerdo esa época con mucho cariño** I have fond memories of that time
B **1** (traer a la memoria) **~le algo A algn**: **recuérdale que los llame** remind him to call them; **les recuerdo que mañana es el último día** remember that *o* I would like to remind you that tomorrow is the last day; **me recordó lo del sábado pasado** he reminded me about what happened last Saturday **2** (por asociación, parecido) to remind; **su forma recuerda la de una calabaza** its shape reminds one of a pumpkin, its shape is reminiscent of a pumpkin; **estos versos recuerdan a Jorge Manrique** these verses are reminiscent of Jorge Manrique; (+ *me/te/le etc*): **esto me recuerda aquella vez que ...** this reminds me of the time that ...; **me recuerdas a tu hermano** you remind me of your brother; **estas calles me recuerdan mucho Bogotá** these streets remind me a lot of Bogotá
■ **recordar** *vi*
A (acordarse) to remember; **que yo recuerde sólo**

r

estaba él as I remember (it) *o* as I recall *o* as far as I remember he was the only one there; **si mal no recuerdo** if I remember right, if my memory serves me well *o* correctly
B (Méx fam) (despertarse) to wake up
■ **recordarse** *v pron*
A (Méx fam) (despertarse) to wake up
B (Chi) (acordarse) to remember; **~se DE algo/algn** to remember sth/sb

recordatorio[1] **-ria** *adj* commemorative

recordatorio[2] *m* **1** (aviso) reminder **2** (de una comunión, un fallecimiento) card (*given as a memento of a first communion, etc*)

recorderis *m* (Col fam): **dame un ~ cuando sean las cinco** give me a shout *o* let me know when it's five o'clock (colloq); **lo voy a anotar aquí como ~** I'm going to jot it down here to remind me *o* as a reminder

récordman *m* record breaker

recorrer [E1] *vt* **1** ‹*país/ciudad*› **recorrieron toda España en tren** they traveled *o* went all over Spain by train; **ha recorrido mucho mundo** he has been all over the place *o* the world; **recorrimos toda la costa del sur** we went *o* traveled the whole length of the south coast; **recorrimos toda la ciudad en busca de otro igual** we scoured the whole city looking for another one like it, we searched the whole city for another one like it; **~la** (Chi fam) to live it up (colloq) **2** ‹*distancia/trayecto*› to cover, do; **ya hemos recorrido más de la mitad del trayecto** we have already covered *o* done more than half the distance **3** (con la mirada): **recorrió la habitación con la mirada** he looked around the room; **mientras recorría la carta con la vista** while I looked through *o* ran my eyes over the letter
■ **recorrerse** *v pron* (*enf*) **1** ‹*ciudad/país*› **se recorrió Europa en dos semanas** she went all over *o* around Europe in two weeks, she did Europe in two weeks (colloq) **2** ‹*distancia/trayecto*› to cover, do; **nos recorrimos los 300 kilómetros en tres horas** we covered *o* did the 300 kilometers in three hours

recorrido[1] **-da** *adj* (Andes fam): **es muy ~** he's been around (colloq), he's seen a thing or two (colloq)

recorrido[2] *m*
A **1** (viaje): **hicimos un ~ por Perú y Brasil** we traveled *o* we did a trip around Peru and Brazil **2** (trayecto) route; **han cambiado el ~ del 159** they've changed the route of the 159
B **1** (del émbolo) stroke **2** (de un proyectil) trajectory **3** (de un balón) path, trajectory
C **1** (en golf) round **2** (en esquí) run **3** (en taxi) ride

recortable[1] *adj* cutout (*before n*)

recortable[2] *m* cutout

recortada *f* (arg) sawed-off shotgun (AmE), sawn-off shotgun (BrE)

recortar [A1] *vt*
A **1** ‹*figura/artículo/anuncio*› to cut out; **la escopeta tenía los cañones recortados** the barrels of the shotgun had been sawed off (AmE) *o* (BrE) sawn off **2** ‹*pelo/puntas*› to trim
B ‹*presupuesto/gastos*› to cut, reduce; ‹*plantilla*› to reduce, cut down on
C (Méx fam) (criticar) to tear into (colloq), to pull … apart (colloq)
■ **recortarse** *v pron* (liter) **~se SOBRE algo** to stand out AGAINST sth, be silhouetted AGAINST sth

recortasetos *m* hedgecutter

recorte *m*
A (de un periódico, una revista) cutting, clipping
B (Fin) (acción) cutting; (efecto) cut, reduction; **~s presupuestarios** budget cuts, reductions in the budget
C (Méx fam) (maledicencia): **se dedicaron al ~** they spent their time pulling everyone apart *o* tearing into people (colloq)

recostar [A10] *vt* (apoyar) to lean; **lo recosté contra la pared** I leaned it (up) against the wall; **recostó la cabeza en la almohada** he laid his head back on the pillow
■ **recostarse** *v pron* to lie down; **estaba recostado en el sofá** he was lying down on the sofa; **recuéstate en el almohadón** lie back on the pillow; **recostados en el capó del automóvil** leaning on the hood (AmE) *o* (BrE) bonnet of the car; **recostado en un asiento de cuero** sitting *o* leaning back in a leather chair

recova *f* **1** (puesto) *stall selling eggs and poultry* **2** (arc) (mercado) covered market **3** (Arg) (soportales) arcade

recoveco *m*: **un camino lleno de ~s** a road full of twists and turns; **buscaron en todos los ~s de la casa** they looked in every corner *o* in every nook and cranny of the house; **esta ley tiene muchos ~s** this law has lots of ins and outs *o* is very convoluted

recreación *f*
A (de un estilo, época) recreation
B (esparcimiento) recreation, relaxation

recrear [A1] *vt* to recreate; **recreaba aquellos tiempos felices en su imaginación** she would recreate *o* relive those happy times in her mind
■ **recrearse** *v pron*: **se recreaba viendo jugar a sus nietos** she took pleasure in *o* she enjoyed watching her grandchildren play

recreativo -va *adj* recreational

recreativos *mpl* amusement arcade

recreo *m* **1** (diversión): **nos servía de ~** it served as entertainment, it kept us entertained; **barco/viaje de ~** pleasure boat/trip **2** (en el colegio) recess (AmE), break (BrE), playtime (BrE colloq)

recriminación *f* recrimination, reproach

recriminar [A1] *vt* to reproach; **la recriminó por su egoísmo** *or* **le recriminó su egoísmo** he reproached her for being so selfish

recriminatorio *adj* recriminatory

recrudecerse [E3] *v pron* to intensify

recrudecimiento *m*: **se ha producido un ~ de los combates en la zona** fighting has intensified in the area

recta *f* **1** (Mat) straight line **2** (Dep) straight
(Compuesto) **recta final** (Dep) home straight, home stretch; **la campaña electoral ha entrado en su ~ ~** the electoral campaign has entered its final stages *o* the home straight

rectal *adj* rectal

rectamente *adv* correctly, properly

rectangular *adj* rectangular

rectángulo *m* rectangle

rectificable *adj* rectifiable

rectificación *f*
A (de una información, un error) correction, rectification (frml)
B (de una carretera) straightening
C (Elec) rectification

rectificador *m* rectifier

rectificar [A2] *vt*
A (corregir) ‹*persona*› to correct; ‹*información/comentario/error*› to correct, rectify (frml); **rectifícame si me equivoco** correct me if I am wrong
B ‹*carretera/trazado*› to straighten
C (Elec) to rectify
■ **rectificar** *vi* **1** (corregirse) to correct oneself; **-los soviéticos, es decir, los rusos -rectificó** the Soviets, or rather the Russians, he corrected himself **2** (Coc): **revolver bien y ~ de sal si hiciese falta** stir well and add more salt *o* adjust the seasoning if necessary

rectilíneo -nea *adj* rectilinear

rectitud *f* rectitude (frml), honesty

recto[1] **-ta** *adj* **1** ‹*línea/camino*› straight; ‹*nariz*› straight; ‹*falda*› straight; **anda con la espalda recta** keep your back straight as you walk; **para que crezca recta** so that it grows straight; ▸**ángulo** **2** (honrado) honest, upright

recto[2] *m*
A (Anat) rectum
B (Impr) right-hand page, recto (tech)
C (en boxeo): **un ~ de izquierda** a straight left

recto[3] *adv* straight; **siga todo ~** keep going straight on, carry straight on

rector[1] **-tora** *adj* ‹*idea/principio*› guiding (*before n*); ‹*órgano*› governing (*before n*)

rector[2] **-tora** *m,f* (de una universidad) rector (AmE), vice-chancellor (BrE)

rectorado *m* **1** (cargo) rectorship (AmE), vice-chancellorship (BrE) **2** (oficina) rector's office (AmE), vice-chancellor's office (BrE)

recua *f* (de caballerías) train; **venía seguido de una ~ de chiquillos** he was followed by a string *o* drove of kids (colloq)

recuadro *m* box

recubrir [I33] *vt* **~ algo DE** *or* **CON algo** to cover sth WITH sth; **~ con una capa de pintura** cover with a coat of paint; **una pared recubierta de azulejos** a tiled wall

recuento *m* (de votos) recount; **en el ~ de la jornada hay otras noticias de interés ...** looking back at the day's news here are some other interesting items …

recuerdo *m*
A **1** (reminiscencia) memory; **conservo** *or* **guardo un grato ~ de aquellos años** I have fond memories of those years; **me trae ~s de la infancia** it brings back childhood memories **2** (souvenir) souvenir; **me lo llevo de ~** I'll keep it as a souvenir *o* memento; Ⓢ **recuerdo de Granada** souvenir of Granada; **le dio una cajita de ~** she gave him a little box as a memento *o* keepsake; **es un ~ de familia** it's a family heirloom
B **recuerdos** *mpl* regards (*pl*), best wishes (*pl*); **dale ~s de mi parte** give him my regards

recular [A1] *vi*
A «*vehículo*» to reverse, back up; «*animal*» to move backward(s); **reculó unos metros para evitar ser visto** he stepped *o* moved back a few meters to avoid being seen
B (ante una tarea, un reto) to back out, withdraw

recuperable *adj* recoverable; **pérdidas no ~s** unrecoverable losses, non-recoverable losses

recuperación *f*
A (de una enfermedad) recovery, recuperation (frml); (de la economía) recovery; **le deseamos una pronta ~** we wish you a speedy recovery
B **1** (de dinero, un botín) recovery, recouping **2** (de la democracia) restoration; **el proceso de ~ de la democracia en la zona** the process of restoring democracy to the region **3** (de la vista) recovery **4** (de un delincuente) rehabilitation
C (Esp) (Educ) *tb* **examen de ~** retake exam, makeup exam *o* test (AmE), resit (BrE)

recuperar [A1] *vt* **1** ‹*dinero/joyas/botín*› to recover, get back; ‹*pérdidas*› to recoup; **recuperamos las joyas pero no el dinero** we got the jewels back *o* we recovered the jewels but not the money; **por fin recuperé todos los libros que había prestado** I finally got back all the books I'd lent out **2** ‹*vista*› to recover; **recuperó la salud** she got well again, she recovered; **pasé unos días en cama para ~ fuerzas** I stayed in bed for a couple of days to get my strength back; **nunca recuperó la confianza en sí mismo** he never regained *o* recovered his self-confidence **3** (compensar): **~ el tiempo perdido** to make up for lost time; **el sábado ~emos la clase de hoy** we'll make up today's lesson on Saturday; **tuve que ~ los días que estuve enfermo** I had to make up (for) the days I was off sick **4** ‹*delincuente*› to rehabilitate **5** ‹*examen/asignatura*› to retake, to make up (AmE), to resit (BrE) **6** (Inf) to undelete
■ **recuperarse** *v pron* **~se DE algo** ‹*de una enfermedad*› to recover FROM sth, get over sth, recuperate FROM sth (frml); ‹*de una sorpresa/una desgracia*› to get over sth, recover FROM sth; **ya está recuperado del accidente** he has recovered from *o* got(ten) over the accident

recurrencia *f* recurrence

recurrente[1] *adj* **1** (Med) recurring, recurrent **2** ‹*idea/tema*› recurrent

recurrente[2] *mf* appellant

recurrir [I1] *vi*
A (para ayuda, una solución) **~ A algn** to turn TO sb; **no tenía a quien ~** he had nobody to turn to; **~ A algo** to resort TO sth, have recourse TO sth (frml); **tuvieron que ~ a la fuerza** they had to resort to force

r

B (Der) ~ CONTRA **algo** to appeal AGAINST sth; **~án contra la sentencia** they will appeal against the sentence
■ **recurrir** *vt* to appeal against
recursivo *adj* (Col) resourceful
recurso *m*
A (medio): **he agotado todos los ~s** I've exhausted all the options, I've tried everything I can; **como último ~** as a last resort; **es un hombre de ~s** he's a resourceful man
B **recursos** *mpl* (medios económicos — de un país) resources (*pl*); (— de una persona, una familia) means (*pl*); **~s minerales** mineral resources; **una familia sin ~s** a family with no means of support
(Compuestos)
• **recursos económicos** *mpl* economic *o* financial resources (*pl*)
• **recursos energéticos** *mpl* energy resources (*pl*)
• **recursos humanos** *mpl* human resources (*pl*)
• **recursos naturales** *mpl* natural resources (*pl*)
C (Inf) facility, resource
D (Der) appeal; **presentar** *or* **interponer un ~** to lodge an appeal
(Compuestos)
• **recurso de amparo** appeal on the grounds of unconstitutionality
• **recurso de casación** appeal (*for a conviction to be quashed or annulled*)
• **recurso de habeas corpus** application for a writ of habeas corpus
• **recurso de queja** remedy of complaint, complaint proceedings (*pl*)
• **recurso impugnativo** (Per) legal challenge
recusable *adj* open to challenge
recusación *f* challenge, objection
recusante *mf* 1 (Der) challenger 2 (objetor) objector
recusar [A1] *vt* 1 ‹*juez/jurado*› to challenge 2 (rechazar) to reject
red *f*
A 1 (para pescar) net; ***caer en las ~es de algn*** to fall into sb's clutches 2 (Dep) net; **subir a la ~** to go up to *o* go into the net 3 (para el pelo) hairnet 4 (en el tren) rack, luggage rack
(Compuesto) **red de arrastre** drift net, trawl net
B (de comunicaciones, emisoras) network; (de comercios, empresas) chain, network; **~ de carreteras/ferrocarriles** network of roads/railways; **~ hotelera** hotel chain; **una ~ de espionaje/narcotraficantes** a spy ring/drug-trafficking ring
(Compuestos)
• **red de área extendida** *or* **extensa** (Inf) wide area network, WAN
• **red de área local** local area network, LAN
• **red de prostitución** vice ring
• **red de televisión** television network
• **red digital de servicios integrados** integrated services digital network, ISDN
• **red neuronal** (Inf) neural network
C (de electricidad) power supply, mains; (de gas) mains; **todavía no han conectado el barrio a la ~** the neighborhood has not been connected up to the mains *o* to the power supply yet; **antes de conectarlo a la ~** before connecting it to the mains *o* (AmE) to the house current
(Compuesto) **red de alcantarillado** sewage system
D **la Red** (Inf) the Net
redacción *f*
A 1 (acción) writing, drafting, drawing-up; **la ~ del acta final** the drawing-up *o* drafting *o* writing of the final report; **una secretaria con ~ propia** a secretary with good letter-writing skills 2 (lenguaje, estilo) wording, phrasing; **la ~ del acuerdo es muy confusa** the wording *o* phrasing of the agreement is very confusing
B (Educ) composition, essay
C (Period) 1 (acción) writing 2 (equipo) editorial staff *o* team 3 (oficina) editorial department *o* office

redactar [A1] *vt* 1 ‹*texto/informe*› to write; ‹*acuerdo/tratado*› to draw up; **una carta muy bien redactada** a well-written *o* well-worded letter; **los términos en los que está redactado** the way it is worded 2 (Educ) ‹*composición*› to write 3 (Period) ‹*artículo/editorial*› to write; **está muy mal redactado** it is very badly written
■ **redactar** *vi*: **mi secretaria redacta muy bien** my secretary is very good at drafting letters *o* has very good letter-writing skills; **tiene 11 años y ya redacta muy bien** she is only 11 years old and she already writes very well
redactor -tora *m,f* editor; **~ político/deportivo** political/sports editor; **~ jefe** *or* **responsable** editor in chief
redada *f* 1 (de la policía) raid; **efectuar una ~** to carry out a raid 2 (en pesca) haul, catch
redaño *m*
A (Anat) mesentery
B **redaños** *mpl* (fam) (valor) guts (*pl*) (colloq); **hay que tener ~s para hacer algo así** it takes guts to do something like that (colloq)
redargüible *adj* (Chi frml) disputable, impugnable (frml)
redargüir [I20] *vt* (frml) to counter
■ **redargüir** *vi* to counter-argue (frml)
redecilla *f*
A (para el pelo) hairnet
B (Zool) reticulum
rededor (ant): **en ~** (*loc adv*) around
redefinición *f* redefinition
redefinir [I1] *vt* to redefine
redención *f* 1 (Relig) redemption 2 (de un cautivo) redemption (frml), ransoming; (de un esclavo) redemption 3 (de una hipoteca) repayment, redemption (frml); (de una joya) redemption
redentor¹ -tora *adj* redeeming
redentor² -tora *m,f* redeemer; **el R~** (Relig) The Redeemer *o* Savior*; ***meterse a ~*** (fam) to poke one's nose in (colloq)
redescubrir [I33] *vt* to rediscover
redesignar [A1] *vt* to reappoint
redicho -cha *adj* (fam): **es muy ~** «*adulto*» he uses all these high-flown words; «*niño*» he uses all these big words
redil *m* fold, enclosure; ***volver al ~*** to return to the fold
redimensionar [A1] *vt* to resize
redimible *adj* redeemable
redimir [I1] *vt*
A 1 (Relig) to redeem 2 ‹*cautivos*› to redeem (frml), to ransom; ‹*esclavos*› to redeem; **el héroe que los redimió de la esclavitud** (liter) the hero who redeemed *o* delivered them from slavery (liter) 3 (de una situación, una responsabilidad): **para ~los de su ignorancia** to redeem *o* deliver them from their ignorance (frml); **no lo redime de responsabilidad** it does not absolve him from responsibility
B ‹*hipoteca*› to pay off, repay, redeem (frml); ‹*joya*› to redeem
rediqueta *f* (fam) netiquette
rediseñar [A1] *vt* to redesign
redistribución *f* redistribution
redistribuir [I20] *vt* to redistribute
redistributivo -va *adj* redistributive; **una política redistributiva justa** a just *o* fair redistributive policy
rédito *m* return, yield
(Compuesto) **rédito imponible** taxable income, taxable base
redituable *adj* profitable
redituar [A18] *vt* to yield, give a return of
redivivo -va *adj* (liter) 1 (Relig) risen from the dead 2 ‹*estilo/moda*› revived, resuscitated
redoblado -da *adj* ‹*esfuerzo/entusiasmo*› redoubled; ▸**paso¹ D**
redoblar [A1] *vt*
A (aumentar) to redouble; **~on sus esfuerzos/sus críticas** they redoubled their efforts/criticism; **esto hizo que se redoblase la vigilancia** this led to security being stepped up *o* tightened

B ‹*clavo*› to hammer over, clinch
■ **redoblar** *vi* «*tambor*» to roll
redoble *m* drumroll
redoblona *f* (RPl) parlay (AmE), accumulator (BrE)
redolada *f* (Esp) *rural area comprising several villages*
redoma *f*
A (recipiente) flask
B (Ven) (Auto) traffic circle (AmE), roundabout (BrE)
redomado -da *adj* utter, out-and-out
redonda *f*
A (Impr) Roman character; **impreso en ~s** printed in Roman type
B (Mús) semibreve
C **a la redonda: no había una sola casa en dos kilómetros a la ~** there wasn't a single house within a two kilometer radius; **se oyó a varios kilómetros a la ~** it could be heard for miles around; **los gritos se oían cuadras a la ~** (AmL) the shouts could be heard blocks *o* streets away
redondeado -da *adj* 1 ‹*bordes*› rounded; **una morena de redondeadas formas** a dark, curvaceous girl 2 ‹*vocal*› round, rounded
redondear [A1] *vt*
A 1 (dar forma curva) to round, round off 2 (en costura) ‹*dobladillo*› to make … even; ‹*escote*› to round off
B 1 ‹*cifra/número*› to round off; (por lo alto) to round up; (por lo bajo) to round down 2 (completar): **redondeaba su sueldo con las propinas** she supplemented *o* (BrE) topped up her salary with tips; **redondeó la charla con una amena anécdota** he rounded off the talk with an entertaining anecdote
■ **redondear** *vi* 1 (hablando de números): **digamos 200, para ~** let's make it a round 200, let's make it 200, that's a nice round number 2 (resumir) to sum up
redondel *m*
A (figura circular) ring; **el ~ que dejó en la mesa** the ring *o* the round mark it left on the table; **~es de humo** smoke rings
B (Taur) bullring
redondela *f* (Andes) ▸**redondel A**
redondeo *m* (Fin): **~ a la alza** rounding up; **~ a la baja** rounding down
redondez *f* 1 (de una superficie) roundness 2 (de una persona) rotundity (euph *or* hum); **ya no podía ocultar más su ~** she could no longer hide her rounded figure
redondilla *f* quatrain
redondo¹ -da *adj*
A ‹*cara/espejo*› round; **hace la letra muy redonda** she has very rounded handwriting; ***caer(se) ~*** to keel over; **cayó ~ en la cama** he collapsed *o* slumped onto the bed; ***en ~: girar en ~*** to turn (right) around; **negarse en ~** to flatly *o* roundly refuse
B ‹*cifra/número*› round; **digamos quince para hacer cuentas redondas** let's call it fifteen to make it a round number
C (perfecto): **fue un negocio ~** it was a great deal; **nos ha salido todo ~** things have turned out perfectly *o* brilliantly for us
D (Méx) ‹*boleto/pasaje*› return (*before n*), round-trip (*before n*) (AmE)
E (Chi fam) (gordo) chubby
redondo² *m* (Esp) round (of beef)
reducción *f*
A 1 (disminución): **~ de gastos** reduction in costs; **la ~ del precio del pan** the reduction in *o* lowering of the price of bread; **no habrá ~ de los impuestos** there will be no tax cuts *o* no reduction in taxes; **una ~ del personal** a reduction *o* cutback in the workforce; **se ha producido una ~ en el consumo de tabaco** there has been a reduction *o* drop in tobacco consumption; **una ~ de tres horas semanales** a reduction of three hours a week; **se solicitó la ~ de la pena** they asked for the sentence to be commuted *o* reduced 2 (Fot) reduction
B 1 (Mat) reduction 2 (Quím) reduction
C (de una ciudad) conquest; (de los rebeldes, enemigos) defeat

r

D 1 (Hist) *settlement of Indians converted to Christianity* 2 (Chi) (de indígenas) reservation
E (de una fractura) setting, reduction (tech)
F (CS) (de un cadáver) exhumation (*for reburial in a niche or smaller coffin*)

reduccionismo *m* reductionism

reduccionista *adj* reductionist

reducible *adj* reducible; **~ a algo** reducible TO sth

reducido -da *adj* ‹*espacio*› limited; ‹*tamaño*› small; **libros a precios ~s** books at reduced prices; **un número ~ de personas** a small number of people; **nuestro presupuesto es muy ~** we have a very limited budget; **trabaja jornada reducida** she is on short-time working *o* on short time, she is working reduced hours

reducidor -dora *m,f*
A (AmS) (de objetos robados) receiver, fence (colloq)
B (de cabezas) headshrinker

reducir [I6] *vt*
A 1 ‹*gastos/costos*› to cut, cut down on, reduce; ‹*velocidad*› to reduce; ‹*producción/consumo*› to reduce; **hemos reducido el número de casos** we have brought down *o* reduced the number of cases; **redujeron el número de plazas** they cut the number of places *o* the number of places was reduced; **han prometido ~ los impuestos** they have promised to cut *o* reduce taxes; **con esto se intenta ~ al mínimo el riesgo de infección** this is intended to minimize *o* to reduce to a minimum the risk of infection; **ejercicios para ~ (la) cintura** exercises to reduce your waistline; **~ algo a algo** to reduce sth TO sth; **han reducido el texto a 50 páginas** they have shortened *o* reduced the text to fifty pages; **le han reducido la pena a dos años** they have commuted *o* shortened *o* reduced his sentence to two years; **la población quedó reducida a la mitad** the population was reduced to half of its former size; **~ algo a su mínima expresión** (Mat) to reduce sth to its simplest expression *o* form; **el suéter quedó reducido a su mínima expresión** (hum) the sweater shrank to nothing; **~ algo en algo** to reduce sth BY sth; **pretenden ~ el gasto en cinco millones** they aim to reduce costs by five million 2 ‹*fotocopia/fotografía*› to reduce
B 1 (transformar) **~ algo a algo**: **~ los gramos a miligramos** to convert the grams to milligrams; **~ quebrados a un mínimo común denominador** to reduce fractions to their lowest common denominator; **quedaron reducidos a cenizas** they were reduced to ashes; **todas sus ilusiones quedaron reducidas a la nada** all his dreams were shattered 2 (Quím) to reduce 3 (AmS) ‹*objeto robado*› to receive, fence (colloq)
C (dominar, someter) ‹*enemigo/rebeldes*› to subdue; ‹*ladrón*› to overpower; **~ a un pueblo a la esclavitud** to reduce a people to slavery
D ‹*fractura/hernia*› to set, reduce (tech)
E (CS) ‹*cadáver/restos mortales*› to exhume (*for reburial in a niche or smaller coffin*)
■ **reducir** *vi*
A (Coc) to reduce, boil down; **dejar ~ la salsa** leave the sauce to boil down *o* reduce
B (Auto) to shift into a lower gear, change down (BrE)
■ **reducirse** *v pron* **~se a algo**: **todo se reduce a saber interpretar las cifras** it all comes down to knowing how to interpret the figures; **todo se redujo a una visita a la catedral y un paseo por el río** in the end it was just a visit to the cathedral and a walk along the river

reductible *adj* ▸**reducible**

reductivo -va *adj* slimming (*before n*), reducing (*before n*)

reducto *m* redoubt

reductor[1] **-tora** *adj* 1 (Quím) ‹*agente*› reducing (*before n*) 2 ‹*gimnasia/masajes*› slimming (*before n*), reducing (*before n*)

reductor[2] *m* 1 (Auto) differential 2 (Quím) reducing agent, reductant

reductora *f* differential

redundancia *f* (Ling) tautology, redundancy; **y valga la ~** if you'll excuse the repetition

redundante *adj* 1 (superfluo) superfluous, redundant 2 (Ling) tautologous, redundant

redundar [A1] *vi* **~ en algo**: **la mayor competencia ~á en beneficio del consumidor** greater competition will benefit *o* will be of advantage to the consumer, greater competition will redound to the benefit of the consumer (frml); **~á en sus futuras posibilidades de trabajo** it will have a bearing on his future job prospects

reduplicación *f* 1 (repetición) reduplication 2 (Ling) reduplication 3 (de esfuerzos) redoubling

reduplicar [A2] *vt* 1 (repetir) to reduplicate 2 (Ling) to reduplicate 3 ‹*esfuerzos*› to redouble

reedición *f* reissue, reprint

reedificación *f* rebuilding

reedificar [A2] *vt* to rebuild

reeditar [A1] *vt* to reprint, reissue, republish

reeducación *f* reeducation

reeducar [A2] *vt* to reeducate

reelección *f* reelection

reelegible *adj* reelectable

reelegir [I8] *vt* to reelect

reembolsable *adj* ‹*gastos*› refundable, repayable, reimbursable (frml); ‹*depósito*› refundable, returnable

reembolsar [A1] *vt* ‹*gastos*› to refund, repay, reimburse (frml); ‹*depósito*› to refund, return; ‹*dinero prestado*› to repay

reembolso *m* (de gastos) refund, reimbursement (frml); (de un depósito) refund, return; (de dinero prestado) repayment; **contra ~** cash on delivery, COD

reemisor *m* relay station, booster station

reemplazable *adj* replaceable

reemplazante *mf* (suplente) replacement; (Teatr) understudy; **está de ~ por el momento** he's filling in *o* standing in for the time being, he is a temporary replacement; **será difícil encontrarle un ~** it will be difficult to find someone to replace him; **tuvo que enviar una ~ a la reunión** he had to send someone to take his place *o* to substitute for him at the meeting

reemplazar [A4] *vt*
A ‹*persona*› (durante un período limitado) to substitute for, stand in for; (durante más tiempo) to replace; **nadie lo podrá ~** no-one will be able to take his place *o* to replace him; **está reemplazando al director en la reunión** he is standing in for *o* deputizing for the director at the meeting; **~ a algn por** *or* **con algn** to replace sb WITH *o* BY sb; **despidieron a Mera y lo ~on por** *or* **con Alonso** they dismissed Mera and replaced him with Alonso *o* put Alonso in his place
B ‹*aparato/pieza*› to replace; **~on el diodo defectuoso** they replaced the faulty diode; **los ordenadores han reemplazado a las máquinas de escribir** word processors have taken over from *o* replaced *o* taken the place of typewriters; **el TC 1100 ~á al actual TC 500** the TC 1100 will supersede *o* replace the TC 500; **nada puede ~ a la seda natural** there is no substitute for real silk; **la miel puede ~ al azúcar** honey can be used instead of *o* as a substitute for sugar; **~ algo por** *or* **con algo** to replace sth WITH sth; **~on el tubo por** *or* **con uno de plástico** the tube was replaced with *o* by a plastic one, they replaced the tube with a plastic one

reemplazo *m*
A (acción): **el ~ del secretario es inminente** the secretary is to be replaced in the very near future; **entró en ~ del jugador lesionado** he came on as a substitute for the injured player; **envió al subdirector en su ~** she sent the assistant manager in her place
B (persona) replacement, substitute; (Teatr) understudy
C (Esp) 1 (quinta) draft (*annual intake of recruits*) 2 (soldado) conscript, recruit

reempleo *m* reemployment

reemprender [E1] *vt* (liter): **reemprendió el camino al amanecer** he took to the road again *o* set out again at first light

reencarnación *f* reincarnation

reencarnarse [A1] *v pron* to be reincarnated; **~ en algn/algo** to be reincarnated AS sb/sth

reencauchar [A1] *vt* (AmC, Col, Ven) to remold*, retread

reencontrarse [A10] *v pron* 1 (volver a encontrarse) to meet again 2 (reconciliarse) to be reunited

reencuentro *m* reunion

reengancharse [A1] *v pron* (Esp fam) 1 (Mil) to reenlist 2 (Jueg) *to pay to rejoin a game*

reenganche *m* (Esp fam) reenlistment

reentrada *f* ▸**reingreso**

reescribible *adj* rewritable

reestrenar [A1] *vt* ‹*película*› to rerelease, show again; ‹*obra teatral*› to put … on again

reestreno *m* (de una película) rerelease; (de una obra teatral) revival

reestructuración *f* (de una empresa) restructuring, reorganization; **la ~ de la deuda externa** the restructuring of the foreign debt

reestructurar [A1] *vt* ‹*empresa/sector*› to restructure, reorganize; ‹*deuda*› to restructure

reevaluación *f* reassessment

reevaluar [A18] *vt* to reassess

reexamen *m* reexamination

reexaminar [A1] *vt* ‹*causas/hechos*› to reexamine; ‹*propuesta/petición*› to reconsider, **decidieron ~ su caso** they decided to reconsider his case

reexportar [A1] *vt* to reexport

ref. (= **referencia**) ref.

refacción *f*
A (AmS) (para ampliar, mejorar) refurbishment; Ⓢ **cerrado por refacciones** closed for alterations *o* for refurbishment
B (Méx) (pieza de repuesto) spare part; **refacciones para el coche** spare parts *o* spares for the car; **llanta de ~** spare tire

refaccionar [A1] *vt* (AmS) to refurbish

refaccionaria *f* (Méx) (tienda) auto spares store; (taller) garage

refajo *m*
A (ant) (Indum) underskirt
B (Col) (bebida) shandy

refalón *m* (Chi fam) ▸**resbalada**

refalosa *f* (Chi fam) ▸**resbalosa**

refanfinflar [A1] *vt* (Esp fam): ***¡me la refanfinfla!*** I couldn't care less! (colloq), I don't give two hoots! (colloq)

refectorio *m* refectory

referee /rrefe'ri/ *mf* referee

referencia *f*
A 1 (mención, alusión) reference; **hacer ~ a algo** to refer to *o* mention sth 2 (relación) reference; **tomar algo como punto de ~** to take sth as one's point of reference; **con ~ a la economía** with reference to the economy 3 (en un texto) reference; (en un mapa) map reference; (en una carta) reference; **número de ~** reference number
(Compuesto) **referencia cruzada** cross-reference
B (recomendación) reference; **tener buenas ~s** to have good references

referendo *m* referendum

referéndum (*pl* **-dums**), **referendo** *m* referendum; **sometieron la propuesta a ~** they held a referendum on the proposal; **celebrar/convocar un ~** to hold/call a referendum; **fue aprobado en** *or* **por ~** it was approved by referendum

referente[1] *adj*: **las noticias ~s al golpe de estado** the news about *o* regarding the coup d'état; **en lo ~ a** regarding; **en lo ~ a las exportaciones, no se han registrado cambios** there has been no change regarding exports

referente[2] *m*
A (Ling) referent
B (punto de referencia) benchmark; reference point; **París se convirtió en ~ mundial de la cultura** Paris became the cultural benchmark for

the world ; **se ha convertido en el ~ del cine español** he's become the one against whom all others in Spanish cinema are compared

réferi, referí *mf* (AmL) referee

referir [I11] *vt*

A (liter) (relatar) to tell; **nos refirió sus experiencias en África** he told us of his experiences in Africa, he related his African experiences to us; **me visitaba casi a diario para ~me sus angustias** he came to see me almost every day to regale me with *o* to tell me his tales of woe

B (remitir) **~ a algn A algo** to refer sb TO sth

C (situar) **~ algo A algo** to set sth IN sth; **refiere el suceso al siglo pasado** she sets the action in the last century

■ **referirse** *v pron* **1** (aludir) **~se A algo/algn** to refer TO sth/sb; **no me refería a ti** I wasn't referring to you, I wasn't talking about you; **se refirió a la necesidad de cambiar** she referred to *o* spoke of the need for change; **no se refirió a la nueva ley** he made no reference to the new law **2** (estar relacionado con) **~se A algo**: **en** *or* **por lo que se refiere a tu pregunta ...** in reference to *o* with regard to your question ..., as far as your question is concerned ...; **las denuncias se refieren al funcionamiento de estos centros hospitalarios** the complaints refer to *o* concern the way these hospitals are run

refilón: **lo miró de ~** she looked at him out of the corner of her eye; **había visto de ~ las fotografías de los periódicos** she had glanced at the newspaper photographs; **la vi sólo de ~** I just caught a glimpse of her; **pegarle a algo/algn de ~** to strike sb/sth a glancing blow

refinación *f* ▸**refinamiento**

refinado[1] **-da** *adj* **1** ‹*persona/modales*› refined **2** ‹*crueldad*› consummate (frml), extreme; ‹*ironía*› subtle

refinado[2] *m* refining

refinamiento *m* **1** (del petróleo) refining **2** (de modales, costumbres) refinement **3** (de un sistema) refinement, perfecting

refinanciación *f* (de proyecto) refinancing; (de crédito) rollover

refinanciar [A1] *vt* to refinance

refinar [A1] *vt* **1** ‹*petróleo/aceite/azúcar*› to refine **2** ‹*modales/gustos*› to refine; ‹*estilo*› to polish, refine **3** ‹*sistema*› to refine, perfect

■ **refinarse** *v pron* to become more refined

refinería *f* refinery

reflación *f* reflation

reflacionar [A1] *vt* to reflate

reflacionario *adj* reflationary

reflectante *adj* reflecting (*before n*), reflective

reflector[1] **-tora** *adj* reflecting (*before n*), reflective

reflector[2] *m*

A (pantalla reflectante) reflector

B (foco) **1** (Teatr) spotlight **2** (Dep) floodlight **3** (Mil) searchlight **4** (en un monumento) floodlight

C (telescopio) reflector, reflecting telescope

reflejar [A1] *vt* **1** ‹*luz/imagen*› to reflect; **el espejo reflejaba su imagen** his image was reflected in the mirror **2** (mostrar, representar) to reflect; **ha querido ~ el ambiente social de la época** she has tried to reflect the social climate of the period

■ **reflejarse** *v pron* **1** «*imagen*» to be reflected **2** (mostrarse): **el cansancio se reflejaba en su rostro** her tiredness showed on her face; **en la película quedan reflejados los problemas de la sociedad actual** the problems of contemporary society are reflected in the movie

reflejo[1] **-ja** *adj* reflex (*before n*)

reflejo[2] *m*

A **1** (luz reflejada) reflected light; **los ~s del sol sobre su pelo** the reflected rays of the sun on her hair **2** (imagen) reflection; **es el ~ de su papá** (Col fam) he is the living *o* spitting image of his father **3** (de una sociedad, un sentimiento, una época) reflection **4** **reflejos** *mpl* (en el pelo) highlights (*pl*); **se hizo** *or* **se puso** *or* **se dio ~s en el pelo** she had highlights put in her hair, she had her hair highlighted

B (Fisiol) reflex; **tiene ~s rápidos** she has fast reflexes; **es lento de ~s** he has slow reflexes; ***perder* ~s** to lose one's touch

(Compuesto) **reflejo condicionado** conditioned response, conditioned reflex

reflejoterapia *f* reflexology

réflex, reflex *f* (*pl* ~) reflex camera

reflexión *f*

A **1** (acción): **lo encontré entregado a la ~** I found him deep in thought *o* meditation *o* reflection; **sin ~** without thinking, without thought *o* reflection **2** **reflexiones** *fpl* (consideraciones): **estaba absorta en sus reflexiones** she was deep in thought *o* meditation *o* reflection; **como resultado de mis profundas reflexiones** after much serious reflection *o* thought; **hizo unas reflexiones sobre la derrota** he reflected on the defeat

B (Fís) reflection

(Compuesto) **reflexión total** total reflection

reflexionar [A1] *vi* to reflect (frml); **reflexiona antes de tomar una decisión** think about it *o* reflect on it before you make a decision; **¿has reflexionado bien?** have you thought it over *o* through fully?; **no reflexiona** she doesn't think (about things); **tomó la decisión sin ~** she took the decision without thinking; **~ SOBRE algo** to think ABOUT sth, reflect ON sth (frml); **he estado reflexionando sobre lo que dijo** I've been thinking about *o* reflecting on what you said, I've given some thought to what you said

reflexivo -va *adj*

A **1** ‹*verbo*› reflexive **2** (Mat) reflexive

B ‹*persona*› thoughtful, reflective

reflexología *f* reflexology

reflexólogo -ga *m,f* reflexologist

reflexoterapia *f* reflex therapy

reflotamiento *m* refloating

reflotar [A1] *vt* **1** ‹*barco*› to refloat **2** ‹*empresa*› to refloat

reflujo *m* (de la marea) ebb, ebb tide; **el constante flujo y ~ de su popularidad** the constant ebb and flow *o* rise and fall of their popularity

refocilarse [A1] *v pron* ▸**regodearse A**

reforestación *f* reforestation, reafforestation (BrE)

reforestar [A1] *vt* to reforest, reafforest (BrE)

reforma *f*

A **1** (de una ley, institución) reform **2** **la Reforma** (Relig) the Reformation

(Compuesto) **reforma agraria** agrarian reform

B **1** (Const) alteration; **hicieron ~s en la casa** they made some alterations *o* improvements to the house; **Ⓢ cerrado por reformas** closed for refurbishment *o* for alterations **2** (en costura) alteration

reformador -dora *m,f* reformer

reformar [A1] *vt*

A ‹*ley/institución*› to reform, change

B **1** ‹*casa/edificio*› to make alterations *o* improvements to, to do up (colloq) **2** ‹*abrigo/vestido*› to alter

C ‹*delincuente*› to reform

■ **reformarse** *v pron* to mend one's ways; **desde que se casó se ha reformado** he's a reformed character *o* he's mended his ways since he got married

reformatear [A1] *vt* to reformat

reformatorio *m* reformatory

reformismo *m* reformism

reformista[1] *adj* ‹*espíritu/impulso*› reforming (*before n*); ‹*partido/político*› reformist

reformista[2] *mf* reformist

reforzado -da *adj* reinforced; **una cerradura reforzada** a reinforced lock; **punteras de zapatos reforzadas** metal toecaps

reforzar [A11] *vt* **1** ‹*puerta/pared/costura*› to reinforce; ‹*guardia*› to increase, strengthen; **han reforzado las medidas de seguridad** security has been stepped up *o* tightened; **esto refuerza las buenas relaciones entre los dos países** this reinforces *o* strengthens the good relations between the two countries **2** (Fot) to intensify

refracción *f* refraction

refractar [A1] *vt* to refract

refractaria *f* (Col) oven dish, Pyrex® dish

refractario -ria *adj*

A ‹*materiales*› heat-resistant, fireproof, refractory (tech); ‹*fuente/molde*› ovenproof; **barro ~** fireclay, refractory clay; **ladrillos ~s** firebricks

B ‹*infección*› refractory

C ‹*persona*› **~ A algo** opposed TO sth; **es ~ a las innovaciones** he's opposed to change, he resists change

refractivo -va *adj* refractive

refractor *m* refractor

refrán *m* saying, proverb; **como dice** *or* **según reza el ~** as the saying goes

refranero *m* collection of sayings *o* proverbs

refregar [A7] *vt* **1** ‹*puños/cuello*› to scrub **2** (echar en cara): **siempre me refriega todo lo que ha hecho por mí** she's always going on about how much she's done for me (colloq); ▸**nariz**

refrenar [A1] *vt* **1** ‹*impetu/deseo*› to hold back, restrain, check **2** ‹*caballo*› to rein in

■ **refrenarse** *v pron* (*refl*) to restrain oneself

refrendar [A1] *vt*

A **1** (frml) ‹*documento*› to countersign, sign, approve **2** ‹*decisión/declaración*› to endorse

B (Col, Méx) ‹*pasaporte*› to renew

refrendo *m* **1** (acción) countersigning, signing, approval **2** (firma) countersignature, signature

refrescante *adj* ‹*bebida/sabor*› refreshing; ‹*ducha*› refreshing, cooling

refrescar [A2] *vt* **1** (enfriar) ‹*bebida*› to cool; ‹*ambiente*› to make ... fresher *o* cooler **2** ‹*conocimientos*› to brush up (on); ▸**memoria**

■ *v impers* to turn cooler; **por la noche ya refresca** the nights are already getting *o* turning cooler; **abrígate, que ha refrescado** wrap up well, the weather's turned cooler *o* it's turned cooler

■ **refrescarse** *v pron* to cool (oneself) down

refresco *m*

A **1** (bebida) drink; **paramos para tomar un ~** we stopped to have a drink *o* some refreshments *o* something to drink **2** (sin alcohol) soft drink, soda (AmE) **3** (polvos) sherbet

B (relevo): **de ~** ‹*caballos*› fresh; **jugadores de ~** substitutes; **tropas de ~** relief troops

refresquería *f* (Méx) soda fountain (AmE), (*store selling chilled soft drinks*)

refri *m* (AmL fam) fridge (colloq)

refriega *f* (de poca importancia) scuffle; (más grave) clash, brawl; (Mil) clash, skirmish

refrigeración *f* **1** (de alimentos) refrigeration **2** (aire acondicionado) air-conditioning; **tiene ~** it is air-conditioned **3** (de un motor) cooling

(Compuestos)

- **refrigeración por agua** water-cooling
- **refrigeración por aire** air-cooling

refrigerador *m* **1** (nevera) refrigerator, fridge **2** (del aire acondicionado) cooling unit

refrigeradora *f* (Col, Per) refrigerator, fridge

refrigerante[1] *adj* cooling (*before n*), refrigerating (*before n*)

refrigerante[2] *m* **1** (en un motor) coolant **2** (en una nevera) refrigerant

refrigerar [A1] *vt* **1** ‹*alimentos/bebidas*› to refrigerate; **Ⓢ manténgase refrigerado** keep refrigerated **2** ‹*cine/bar*› to air-condition; **Ⓢ local refrigerado** air-conditioned premises **3** ‹*motor*› to cool

refrigerio *m* (frml) light refreshments (*pl*); **nos sirvieron un pequeño ~** they served us light refreshments *o* a snack

refrito[1] **-ta** *adj* **1** (Coc) refried **2** ‹*versión/obra*› rehashed

refrito[2] *m* **1** (Coc): **un ~ de tomate y cebolla** fried onions and tomato **2** (de una obra) rehash

r

refuerzo *m*
A 1 (para una puerta, pared, costura) reinforcement 2 (de una vacuna) booster 3 (Psic) reinforcement 4 **refuerzos** *mpl* (Mil) reinforcements (*pl*)
B (Ur) (sandwich) French-bread sandwich

refugiado[1] **-da** *adj* refugee (*before n*)

refugiado[2] **-da** *m,f* refugee

Compuestos
- **refugiado/refugiada de guerra** *m,f* war refugee
- **refugiado económico/refugiada económica** *m,f* economic refugee
- **refugiado político/refugiada política** *m,f* political refugee

refugiar [A1] *vt* to give ... refuge; **lo ~on en su casa** they gave him refuge *o* sheltered him in their home
■ **refugiarse** *v pron* to take refuge; **se ~on en la embajada** they took refuge in the embassy; **siempre se refugia en las mismas excusas** she always hides behind the same excuses; **se refugió en su trabajo** he took refuge in his work; **~se DE algo** to take refuge FROM sth; **nos refugiamos del bombardeo en el sótano** we took refuge from the bombardment in the basement; **se ~on de la lluvia debajo de un árbol** they sheltered *o* took shelter from the rain under a tree

refugio *m* 1 (lugar) shelter; (en la montaña) refuge, shelter 2 (en la calzada) traffic island 3 (de un ataque) refuge; (de la lluvia) shelter; **buscar ~ en otro país** to seek refuge in another country

Compuestos
- **refugio antiaéreo** air-raid shelter
- **refugio antinuclear** *or* **antiatómico** fallout shelter
- **refugio atómico** nuclear shelter

refulgencia *f* (liter) radiance, refulgence (liter)

refulgente *adj* (liter) ‹luz› refulgent (liter), resplendent; **momentos de ~ belleza** moments of dazzling beauty

refulgir [I7] *vi* (liter) to shine brightly

refundición *f*
A (Metal) recasting
B (Lit, Teatr) 1 (acción) reworking 2 (obra) adaptation

refundir [I1] *vt*
A (Metal) to recast
B 1 (revisar) to revise, rewrite, rework 2 (reunir, unir) to combine
C (Andes fam) (extraviar) to lose, mislay
D (Méx fam) 1 ‹persona› **lo refundieron en la cárcel por veinte años** he was sent up (AmE) *o* (BrE) put away for twenty years (colloq); **la refundieron en la oficina más fría del edificio** they stuck her in the coldest office in the building (colloq) 2 ‹cosa› to hide away
■ **refundirse** *v pron*
A (Andes fam) (extraviarse): **se me ha refundido el libro** I've lost *o* mislaid my book; **se han refundido las llaves** the keys have gone missing *o* are missing
B (Méx fam) «persona» to hole up (colloq), hide away

refunfuñar [A1] *vi* (fam) to grumble, grouch (colloq)

refunfuñón[1] **-ñona** *adj* (fam) grouchy (colloq), grumpy (colloq)

refunfuñón[2] **-ñona** *m,f* (fam) grouch (colloq), grumbler (colloq)

refutable *adj* refutable

refutación *f* refutation

refutar [A1] *vt* to refute

regada *f*
A (fam) (con agua): **le hace falta una ~ al jardín** the garden needs watering
B (Chi, Méx fam) (metida de pata) blunder, blooper (AmE colloq); ***dejar la ~*** (Chi fam) to put one's foot in it (colloq), to goof (colloq)

regadera *f* 1 (para el jardín) watering can; ***estar como una ~*** (Esp fam) to be crazy *o* nuts (colloq), to have a screw loose (colloq) 2 (Col, Méx, Ven) (de la ducha) shower head, rose; (ducha) shower

regaderazo *m* (Méx) shower

regadío *m* (sistema) irrigation; **tierras de ~** irrigated land; **cultivos de ~** irrigation *o* irrigated crops; **canal de ~** irrigation channel

regado -da *adj* 1 (Chi fam) ‹fiesta/comida› **fue una fiesta muy regada** there was loads of booze at the party (colloq) 2 (Col fam) (rezagado): **dejar a algn ~** to leave sb way behind (colloq)

regador *m* (Chi) lawn sprinkler

regaladamente *adv* ‹comer› extremely well; **~ entregados a la diversión** totally given over to pleasure; **vivir ~** to lead *o* have an easy life

regalado -da *adj* 1 (dado como regalo): **todo lo que tengo es ~** everything I have has been given to me; **no lo quiero ni ~** I wouldn't want it even if they were giving it away *o* even if they paid me 2 (fam) (muy barato): **todo a precios ~s** all at giveaway prices (colloq); **esos zapatos están ~s** those shoes are dirt cheap *o* are a steal (colloq) 3 ‹vida› **lleva una vida regalada** he has such an easy life 4 (Chi, Méx, Ven fam) (muy fácil) easy; **el examen estuvo ~** the exam was really easy *o* (colloq) was a cinch

regalar [A1] *vt* 1 (obsequiar): **¿qué te ~on para tu cumpleaños?** what did you get for your birthday?; **si no lo quieres ¿por qué no me lo regalas?** if you don't want it, why don't you give it to me?; **comprando dos camisas, regalan una** if you buy two shirts, they give you one *o* you get one free; **le ~on un reloj de oro para su despedida** he was given a gold watch as a leaving gift *o* (BrE) present 2 (vender muy barato) to sell ... at bargain prices; Ⓢ **regalamos la mercadería** everything at giveaway *o* bargain prices
■ **regalar** *vi*
A (frml) (deleitar, agasajar) **~ a algn CON algo**: **regaló a los presentes con algunas de sus entretenidas anécdotas** he regaled *o* entertained the assembled company with a few of his amusing stories; **nos regaló los oídos con una preciosa sonata** she delighted our ears with a beautiful sonata (frml)
B (CS) (vender muy barato) to sell things at bargain prices

regalía *f*
A 1 (por algún derecho) royalty 2 (de un empleado) bonus, perquisite, perk 3 **regalías** *fpl* (de un monarca) royal prerogative
B (Chi fam) (de un niño) bad temper
C (Ven fam) (cosa fácil) cinch (colloq), piece of cake (colloq)

regaliz *m* licorice (AmE), liquorice (BrE)

regalo *m* 1 (obsequio) gift, present; **fue un ~ de Navidad** it was a Christmas gift *o* present; **compre dos y llévese otro de ~** buy two and get one free 2 (cosa barata) steal (colloq); **cómpratelo, es un ~** buy it, it's a steal *o* it's dirt cheap (colloq); ***un ~ del cielo*** a godsend 3 (deleite, festín) treat 4 (CS hum) (caca): **el perro dejó un regalito en la alfombra** the dog left his calling card on the carpet (hum)

regalón[1] **-lona** *adj* (CS fam) spoiled

regalón[2] **-lona** *m,f* (CS fam): **es la regalona de su padre** she's her daddy's pet (colloq); **es un ~** he's a spoiled brat (colloq)

regalonear [A1] *vt* (CS fam) to spoil
■ **regalonear** *vi* (CS fam): **le encanta ~ con su abuela** she loves being made a fuss of by her grandmother

regañada *f* (Col, Per, Ven fam) scolding, talking-to (colloq), telling-off (colloq)

regañadientes: **a ~** (*loc adv*) reluctantly, unwillingly

regañar [A1] *vt* (esp AmL) to scold, to give ... a talking-to (colloq), to tell ... off (colloq); **¿te regañó por llegar tarde?** did she tell you off for being late?, did you get a talking-to for being late?
■ **regañar** *vi* (Esp) 1 (pelearse) to quarrel; **regañamos por una tontería** we quarreled over nothing; **ha regañado con el novio** (ha discutido) she's had an argument *o* a row *o* (colloq) a tiff with her boyfriend; (ha roto) she's split up *o* broken up with her boyfriend 2 (quejarse) to grumble

regañina *f* (fam) scolding, talking-to (colloq), telling-off (colloq)

regañiza *f* (Méx fam) ▸ **regañina**

regaño *m* (AmL fam) scolding, talking-to (colloq), telling-off (colloq)

regañón[1] **-ñona** *adj* (fam) grumpy (colloq), grouchy (colloq)

regañón[2] **-ñona** *m,f* (fam) grumbler (colloq), grouch (colloq)

regar [A7] *vt*
A 1 ‹planta/jardín› to water; ‹tierra/campo› to irrigate; ‹calle› to hose down; **una excelente comida regada con un buen vino** an excellent meal washed down with a good wine 2 «río» to water; «mar» to wash
B 1 (derramar) ‹líquido› to spill 2 (esparcir) ‹azúcar/café› to spill; ‹objetos› to scatter; **los niños ~on los juguetes por todas partes** the children scattered the toys everywhere; ***~la*** (Chi, Méx fam) to blow it (colloq) 3 (AmC, Ven) ‹noticia/versión› to spread

regata *f*
A (carrera) yacht race; (serie de carreras) regatta
B (arroyo) irrigation channel

regate *m* (Esp) 1 (en fútbol) feint, jink (BrE), dummy (BrE) 2 (Taur) swerve

regatear [A1] *vi* (Com) to bargain, haggle
■ **regatear** *vt*
A (escatimar): **no han regateado esfuerzos para lograr la paz** no efforts have been spared in order to bring about peace, they have been unstinting in their efforts to bring about peace; **no hay que ~ horas en la ejecución de este tipo de trabajo** you can't skimp on the time you spend on this sort of job, you can't rush *o* hurry this sort of job; **sin ~ medios** however much it takes, whatever it takes
B (Dep) to get past, swerve past, jink past (BrE); **regateó a tres defensas** he got *o* jinked *o* swerved past three defenders, he dummied three defenders

regateo *m*
A (Com) bargaining, haggling; **ya no acepto más ~s** I won't go any lower, I'm not haggling any more
B (Dep) feinting

regatista *mf* competitor (*in a yacht race or regatta*)

regatón *m* (de goma) cap, tip; (de metal) ferrule, tip

regazo *m* (liter) lap

regencia *f* 1 (en lugar del soberano) regency 2 (period) (del alcalde) term as mayor; (del gobernador) governorship, term as governor

regeneración *f* regeneration

regenerar [A1] *vt* to regenerate
■ **regenerarse** *v pron* 1 (Biol, Tec) to be regenerated 2 «persona» to be reformed; **estoy regenerado** I'm reformed, I'm a changed man

regenerativo -va *adj* ‹medicina/terapia› regenerative

regenta *f*
A (esposa del regente) wife of the regent
B (Chi) (de un prostíbulo) madam, brothel owner

regentar [A1] *vt* ‹negocio/institución› **regenta un hotel** she runs a hotel; **a través del banco que regentaba** through the bank he managed *o* ran; **regentó los destinos del país** he presided over the destiny of the country

regente *mf*
A 1 (en lugar del soberano) regent 2 (period) (alcalde) mayor; (gobernador) governor
B (ant) (de una empresa) manager

reggae /'regei/ *m* reggae

regiamente *adv* regally

regicida[1] *adj* regicidal

regicida[2] *mf* regicide

regicidio *m* regicide

regidor -dora *m,f* 1 (Teatr) stage manager 2 (concejal) town/city councilor*, councilman (AmE); (concejala) town/city councilor*, councilwoman (AmE) 3 (Hist) alderman, alderwoman

régimen *m*
A (dieta) diet; **estoy a ~** *or* **estoy haciendo ~** I'm

on a diet; **tengo que seguir un ~ especial** I have to follow a special diet; **el médico lo ha puesto a ~** the doctor has put him on a diet; **me voy a poner a ~** I'm going to go on a diet; **un ~ de adelgazamiento rápido** a rapid weight-loss diet
B 1 (reglamento): **el ~ de visitas es muy estricto** visiting hours are strictly controlled, the visiting regime is very strict; **presos sometidos a ~ de alta seguridad** prisoners held under a high-security regime/in a high security prison; **cárcel en ~ abierto** open prison; **200 alumnos en ~ de internado** 200 boarding pupils; **en ~ de media pensión** half board 2 (de lluvias, vientos) pattern, regime (tech); **el ~ de lluvias** the rainfall pattern; **vientos en ~ de brisas** light winds
(Compuesto) **régimen de vida** lifestyle
C (Pol) regime; ▸**antiguo**

regimentación *f* regimentation; **preconizan la ~ totalitaria de la sociedad** they are in favor* of the totalitarian regimentation of society; **un área que carece de ~** an unregulated area

regimentar [A1] *vt* ‹*institución*› to regiment; **lleva una vida muy regimentada** he leads an extremely regimented life, his life is extremely regimented

regimiento *m* 1 (Mil) regiment 2 (fam) (grupo, multitud) crowd (colloq), gang (colloq)

regio -gia *adj*
A (majestuoso) regal
B (Col, CS fam) (estupendo) great (colloq); **fueron unas regias vacaciones** it was a great *o* fantastic vacation; **el vestido te queda ~** the dress looks fantastic on you (colloq); **¿te parece bien a las ocho? —¡~!** is eight o'clock OK? — great *o* fine!; **me viene ~** it suits me fine *o* down to the ground (colloq); **estás regia** you look great!

regiomontano -na *adj* of/from Monterrey

región *f*
A 1 (Geog) region; **una ~ montañosa** a mountainous region *o* area; **la ~ andina** the Andean region; **las regiones del país donde opera la guerrilla** the areas *o* regions of the country where the guerillas operate 2 (Adm) region, district
(Compuesto) **región militar** military district
B (Anat) region, area

> **regiones**
>
> Before the formation of the present-day comunidades autónomas ▸**comunidad autónoma**, Spain was divided into *regiones* . While they were broadly similar geographically, there was greater centralization of power. Unlike the new autonomous regions, they had no self-government.
>
> Another country divided into regions is Chile, which has twelve.

regional *adj* regional

regionalismo *m* 1 (Pol) regionalism 2 (Ling) regionalism

regionalista *adj/mf* regionalist

regionalización *f* regionalization

regionalizar [A4] *vt* to regionalize

regionalmente *adv* regionally

regir [I8] *vt* 1 (gobernar) to govern; **el partido que rige los destinos de la nación** the party which controls *o* governs *o* determines the nation's destiny 2 «*ley/disposición*» to govern; **las leyes que rigen el comportamiento humano** the laws governing *o* which determine human behavior; **los factores que rigen la economía** the factors governing the economy *o* which control the economy; **el reglamento que rige la adjudicación de premios** the rules governing the awarding of prizes 3 (Ling) to take; **preposiciones que rigen acusativo** prepositions which take the accusative
■ **regir** *vi*
A «*ley/disposición*» to be in force, be valid; **esa ley ya no rige** that law is no longer valid *o* in force; **ese horario ya no rige** that timetable no longer applies *o* is no longer valid
B (Esp fam) (carburar): **esa chica no rige** *or* **no rige bien** that girl's not all there (colloq)
■ **regirse** *v pron*: **los valores morales por los que todavía se rige esta comunidad** the moral values which still hold sway in this community, the moral values by which the community is still governed; **el mercado libre se rige por las leyes de la oferta y la demanda** the free market is controlled by *o* is subject to the laws of supply and demand; **los criterios por los cuales se rige la organización** the criteria which are the basic tenets of the organization

regista *mf* producer

registrador -dora *adj*: **aparatos ~es de presión/temperatura** instruments which measure pressure/temperature, pressure/temperature gauges

registradora *f* (Col) turnstile

registrar [A1] *vt*
A 1 (hacer constar) ‹*nacimientos/defunciones*› to register; **el número de parados registrados** the number of people registered as unemployed; **~on el hecho en primera plana** they reported *o* carried the story on the front page 2 ‹*sonido*› to record 3 (marcar) ‹*temperatura*› to record; ‹*temblor*› to register; **los termómetros ~on un aumento de las temperaturas** the thermometers recorded *o* registered a rise in the temperatures; **los países que registran la más alta tasa de inflación** the countries which show *o* have *o* register the highest rate of inflation
B ‹*equipaje/casa/zona*› to search; ‹*persona*› to search; **~on a los detenidos** those who were arrested were searched; **¿quién ha cogido mis llaves? —¡a mí que me registren!** (fam) who's taken my keys? — well, I haven't touched them! (colloq); **¿quién ha estado registrando mis cajones?** (fam) who's been looking through *o* going through *o* rummaging in my drawers?
C (Méx) ‹*carta*› to register
■ **registrarse** *v pron*
A «*temperatura/temblor*»: **se ~on temperaturas de hasta 40 grados** temperatures of up to 40 degrees were recorded; **se ha registrado un ligero descenso en las temperaturas** temperatures have dropped slightly; **durante la manifestación no se ~on incidentes de importancia** there were no serious incidents during the demonstration; **en el accidente no se ~on víctimas mortales** no one was killed in the accident
B (inscribirse) to register; (en un hotel) to register, check in

registro *m*
A (libro) register; (acción de anotar) registration; (cosa anotada) record, entry
(Compuestos)
• **registro civil** (libro) register of births, marriages and deaths; (oficina) registry, registry office (BrE)
• **registro de la propiedad** (libro) land register; (oficina) land registration office, land registry (BrE)
• **registro de la propiedad industrial** patent office
• **registro de patentes y marcas** patent office
• **registro electoral** (Chi) electoral roll *o* register
• **registro parroquial** parish register
B (por la policía) search; **orden de ~** search warrant
(Compuesto) **registro domiciliario**: **la policía ha efectuado 300 ~s ~s** the police have carried out searches on 300 houses
C (de un reloj) regulator
D (Mús) 1 (de una voz, un instrumento) range 2 (pieza — de un órgano) register, stop; (— de un piano, clavicordio) pedal 3 (tono) register
E (Ling) register
F (Tec) 1 (abertura) inspection hatch 2 (Col) (de agua) stopcock, shutoff valve (AmE)
G (Arg) driver's license (AmE), driving licence (BrE)

regla *f*
A (utensilio) ruler
(Compuestos)
• **regla de cálculo** slide rule
• **regla T** T square
B 1 (norma) rule; **eso va en contra de las ~s** that's against the rules; **~s gramaticales** grammatical rules; **en ~** in order; **todo está en ~** everything is in order; **no tiene los papeles en ~** your papers are not in order; **por ~ general** as a (general) rule, generally 2 (Relig) rule
(Compuestos)
• **regla de campo** ground rule
• **regla de oro** golden rule
• **regla de terreno** ground rule
• **regla de tres** (Mat) rule of three; **por esa ~ de ~ no trabajaría nadie** (fam) if we all followed that logic nobody would work
• **regla local** ground rule
• **reglas de combate** *fpl* rules of engagement
• **reglas del juego** *fpl* rules of the game (*pl*)
C (menstruación) period; **estoy con** *or* **tengo la ~** I have my period

reglaje *m* adjustment

reglamentación *f* 1 (reglas, normativa) regulations (*pl*), rules (*pl*) 2 (acción) regulation

reglamentar [A1] *vt* to regulate, establish regulations for

reglamentariamente *adv* in accordance with the regulations; ‹*vestirse*› correctly, in accordance with the regulations; **iban ~ uniformados** they were in their regulation uniform

reglamentario -ria *adj* ‹*horario*› set (*before n*); ‹*uniforme*› regulation (*before n*); **arma reglamentaria** standard-issue *o* regulation firearm; **trabajar más de las horas reglamentarias** to work more than the set number of hours

reglamento *m* rules (*pl*), regulations (*pl*); **deben atenerse** *or* **ajustarse al ~** you must abide by *o* obey the rules; **el ~ aduanero** customs regulations
(Compuesto) **reglamento de tráfico** *or* **del tránsito** traffic regulations (*pl*), highway code (BrE)

regleta *f* interlinear space, leading

reglón *m* (Chi) ▸**renglón**

regocijar [A1] *vt* to delight, fill … with joy
■ **regocijarse** *v pron* to rejoice; **~ DE** *or* **POR algo** (por una buena noticia) to rejoice AT sth; (por un mal ajeno) to take delight IN sth, delight IN sth

regocijo *m*
A 1 (júbilo, alborozo) rejoicing; (alegría) delight; **sintió gran ~ al verla** he was delighted *o* overjoyed when he saw her 2 (regodeo) pleasure; **sintió cierto ~ al verlo hacer el ridículo así** she took a certain delight *o* pleasure in seeing him make a fool of himself like that
B **regocijos** *mpl* (ant) (fiestas) rejoicings (*pl*) (liter), festivities (*pl*)

regodearse [A1] *v pron*
A (refocilarse, complacerse) to delight in, take great delight in; **se regodea contando chistes de mal gusto** he delights *o* takes great delight in telling dirty jokes; **~ EN** *or* **CON algo** to delight IN sth, gloat OVER sth; **se regodea en** *or* **con la desgracia ajena** she delights in *o* gloats over other peoples' misfortunes
B (Chi) (al elegir) to hesitate; ***haber para ~*** (Chi): **hay comida para ~** there's plenty of food

regodeo *m*
A 1 (alegría) delight; **sentía gran ~ con la desgracia ajena** he took great delight in *o* he gloated over other people's misfortune 2 (acción) gloating
B (Chi) (al elegir) hesitation

regodeón -deona *adj* (Chi fam) fussy (colloq), choosy (colloq)

regola *f* chase, channel

regordete -ta *adj* (fam) chubby

regrabación *f* rerecording

regrabar [A1] *vt* to rerecord

regresar [A1] *vi* to return, come/go back; **regresó muy tarde anoche** she came *o* got back *o* returned very late last night; **no sé cuándo va a ~** I don't know when he'll be back

■ **regresar** *vt* (AmL exc CS) 1 ‹*libro/llaves*› to return, give back; **regrésame el libro que te presté** can you give me back *o* return the book I lent you?; **se olvidó de ~me el cambio** she forgot to give me my change; **me ~on la carta** the letter was sent back *o* returned to me 2 ‹*persona*› to send ... back; **fueron regresados por inmigración** they were sent back by the immigration authorities; **lo ~on del colegio** he was sent home from school

■ **regresarse** *v pron* (AmL exc RPl) to return, go/come back; **se regresó a pie a su casa** he went *o* returned home on foot; **regrésate y recógelo** come/go back and pick it up; **estaba en Roma pero ya se regresó** she was in Rome but she's back now

regresión *f* 1 (retorno) return, regression; **~ a la infancia** regression *o* return to childhood 2 (retroceso, disminución): **una especie en ~** a species in decline; **un período de ~ económica** a period of economic recession *o* decline; **una ~ en la producción** a drop in production 3 (Mat) regression

regresivo -va *adj* regressive; **comportamiento ~** regressive behavior

regreso *m*

A (vuelta) return; **emprendió el ~** she set off on the return journey *o* trip; **a su ~ le esperaban malas noticias** bad news awaited her on her return; **de ~ paramos en León** on the way back *o* on our way back we stopped in León; **aún no está de ~** he's not back yet

B 1 (en fútbol americano) return; **~ de patada** kickoff return 2 (AmL) (devolución) return; **el ~ de las tierras al estado** the handing-back *o* return of the land to the state

reguera *f* irrigation channel

reguero *m*

A (rastro) trail; **iba dejando un ~ de sangre** he left a trail of blood as he went; ***correr** or **difundirse como un ~ de pólvora*** to spread like wildfire

B (Agr) irrigation channel

regulable *adj* adjustable

regulación *f* 1 (de un asiento, espejo) adjustment; (de una máquina, pieza) adjustment 2 (de un flujo, la temperatura) regulation, control 3 (mediante normas) regulation; **leyes para la ~ del sector** laws for the regulation of the sector

regulador¹ -dora *adj* 1 ‹*válvula/sistema*› regulating (*before n*), control (*before n*) 2 (Der) regulatory

regulador² *m* regulator, governor

(Compuestos)
- **regulador de corriente** current regulator
- **regulador de luz** dimmer
- **regulador de tensión** voltage regulator

regular¹ *adj*

A 1 (uniforme) ‹*ritmo/movimiento*› regular; **a intervalos ~es** at regular intervals; **la asistencia ~ a clase** regular attendance at class; **tiene el pulso ~** her pulse is regular 2 ‹*verbo*› regular 3 (Mat) regular; **polígono ~** regular polygon

B (normal) regular, ordinary; **viajé en un vuelo ~** I traveled* on a normal *o* scheduled flight; **iban vestidos con el uniforme ~** they were wearing their ordinary uniform

C **por lo regular** (*loc adv*) as a (general) rule; **por lo ~, no trabaja los sábados** he doesn't work on Saturdays as a rule, he doesn't usually work on Saturdays

D 1 (no muy bien): **¿qué tal van los estudios? — regular** how's school going? — so-so; **¿qué tal la película? — regular** how was the movie? — nothing special *o* nothing to write home about; **su trabajo está bastante ~cillo** the work he produces is pretty run-of-the-mill 2 (mediano) medium-sized, middling

regular² [A1] *vt*

A 1 (ajustar) ‹*espejo/asiento*› to adjust 2 ‹*caudal*› to regulate, control; ‹*temperatura/velocidad*› to regulate, control

B «*ley/norma*» to regulate; **las leyes que regulan la industria** the laws regulating the industry

regular³ *m* fair

regularidad *f* regularity; **la ~ de los latidos del corazón** the regularity of her heartbeat; **viene con ~ a la oficina** she comes to the office regularly

regularización *f* 1 (normalización) normalization 2 (legalización) regularization; **la ~ de la situación de los inmigrantes ilegales** the regularization of the position of illegal immigrants

regularizar [A4] *vt* 1 (normalizar) to normalize; **los intentos de ~ el flujo** the efforts to normalize the flow 2 (legalizar) to regularize; **para ~ su situación en el país** to regularize their situation in the country

regularmente *adv*: **el movimiento se repite ~** it is a regular movement, the movement is repeated regularly; **vienen ~ a inspeccionarlo** they come to inspect it regularly *o* at regular intervals; **no pasa ~** it doesn't happen on a regular basis

regurgitación *f* regurgitation

regurgitar [A1] *vi* to regurgitate

regusto *m* 1 (saborcillo) aftertaste; **deja un ~ amargo** it has a bitter aftertaste 2 (sensación) aftertaste

rehabilitación *f* 1 (de un enfermo, delincuente) rehabilitation 2 (en un cargo) reinstatement 3 (de una vivienda) renovation, restoration 4 (vindicación) rehabilitation

rehabilitar [A1] *vt* 1 ‹*paciente/delincuente*› to rehabilitate 2 (en un cargo) to reinstate 3 ‹*vivienda/local*› to renovate, restore 4 (vindicar) to rehabilitate

rehacer [E18] *vt*: **va a haber que ~lo** it'll have to be redone; **después de enviudar trató de ~ su vida** after her husband's death she tried to make a new life for herself *o* she tried to rebuild her life

■ **rehacerse** *v pron* **~se DE algo** to get over sth; **todavía no me he rehecho del susto** I still haven't got(ten) over the shock

rehén *m* hostage; **la tomaron/tienen como** *or* **de ~** they took/they are holding her hostage

rehilete *m*

A 1 (dardo) dart 2 (Taur) banderilla

B (Dep) 1 (volante) shuttlecock, birdie (AmE) 2 (juego) badminton

C (comentario) taunt

D (Méx, Per) (molinete) pinwheel (AmE), windmill (BrE)

rehogar [A3] *vt* to fry ... lightly

rehostia¹ *f*: **ser la ~** (vulg) to be the limit (colloq)

rehostia² *interj* (vulg) shit! (vulg)

rehuir [I21] *vt* to shy away from; **rehúye el trato con la gente** she shies away from contact with people

rehusar [A23] *vt*

A (rechazar) ‹*honor/premio*› to refuse; **rehusé tomar parte en el asunto** I refused to take part in it; **rehusé la oferta** I refused *o* (frml) declined the offer

B (denegar) to deny; **no podemos ~le esa oportunidad** we cannot deny her the opportunity

■ **rehusar** *vi* (Equ) to refuse

■ **rehusarse** *v pron* to refuse; **le pedí que interviniera pero se rehusó** I asked him to step in but he refused; **~se A + INF** to refuse to + INF; **se rehusó a hacer declaraciones** she refused to comment

reificación *f* (frml) reification

reificar [A2] *vt* (frml) to reify (frml)

■ **reificarse** *v pron* (frml) to materialize

reilón -lona *adj* (Per, Ven fam) smiley (colloq), smiling (*before n*)

reimplantar [A1] *vt* 1 ‹*sistema*› to reintroduce, reestablish; ‹*norma*› to reimpose 2 (Med) to reimplant

reimportar [A1] *vt* to reimport

reimpr. = reimpresión

reimpresión *f* 1 (acción) reprinting 2 (obra) reprint

reimprimir [I36] *vt* to reprint

reina¹ *f*

A (monarca) queen; **¿dónde está mi ~?** (fam) where's my little princess? (colloq)

(Compuestos)
- **reina claudia** greengage
- **reina de belleza** beauty queen
- **reina de las fiestas** carnival queen
- **reina de los prados** meadowsweet
- **reina madre** queen mother
- **reina viuda** dowager queen

B 1 (Zool) queen 2 (en ajedrez) queen

reina² *adj inv* blue-ribbon (*before n*); **la prueba ~ de los Juegos** the top *o* the blue-ribbon event of the Games

reinado *m* reign

reinante *adj* 1 ‹*casa/dinastía*› reigning 2 ‹*frío/lluvias*› prevailing; **el malestar ~ en el partido** the unease prevailing in the party

reinar [A1] *vi* 1 «*monarca/dinastía*» to reign 2 «*silencio/paz/confusión*» to reign; «*temperatura/tiempo*» to prevail; **reinaba el silencio** silence reigned, there was complete silence; **cuando llegué, reinaba la confusión** when I got there, everything was in total chaos; **reinaba un ambiente de terror** an atmosphere of terror prevailed; **debido a los fuertes vientos que reinan en la zona** owing to the strong winds prevailing in the area

reincidencia *f* recidivism (frml); **el juez tuvo en cuenta su ~** the judge bore in mind his previous offenses *o* his previous record; **el alto nivel de ~ entre estos delincuentes** the high level of recidivism among these criminals, the high percentage of these criminals who reoffend

reincidente¹ *adj* recidivist (frml), reoffending (*before n*); **la mayoría son ~s** the majority are reoffenders

reincidente² *mf* reoffender, recidivist (frml)

reincidir [I1] *vi* (Der) to reoffend; **no reincidió en este tipo de comportamiento** she did not repeat this kind of behavior

reincorporación *f* 1 (después de una ausencia) return 2 (después de un despido) reinstatement 3 (de un territorio) restoration, return

reincorporar [A1] *vt* 1 ‹*empleado*› to reinstate 2 ‹*territorio*› to restore, return

■ **reincorporarse** *v pron* to return; **~se A algo** to return TO sth; **se reincorporó al trabajo/al equipo** he returned to work/to the team; **~se al ejército** *or* **a las filas** to rejoin the army

reineta *f* pippin

reinfectar [A1] *vt* to reinfect

reingresar [A1] *vi*: **reingresó en el servicio activo** he returned to active service; **reingresó en el departamento** she returned to *o* rejoined the department

■ **reingresar** *vt* (Med) to readmit; **lo ~on en el hospital** he was readmitted to the hospital (AmE) *o* (BrE) to hospital

reingreso *m* 1 (en un país) reentry; (Espac) reentry; **~ EN** *or* (esp AmL) **A algo** reentry INTO sth; **visa** (AmL) *or* (Esp) **visado de ~** reentry visa 2 (en hospital) readmission

reiniciación *f* 1 (de estudios, negociaciones) resumption, restarting 2 (Inf) reboot

reinicialización *f* (Inf) reboot

reinicializar [A4] *vt* (Inf) to reinitialize

reiniciar *vt* [A1] 1 ‹*estudios*› to start ... again; ‹*negociaciones*› to restart 2 (Inf) to reboot

reino *m* kingdom, realm (liter); **el ~ de la fantasía** the realm of fantasy; ▸**ciego²**

(Compuestos)
- **reino animal** animal kingdom
- **Reino de Dios**: **el ~ de ~** the Kingdom of God
- **Reino de los cielos**: **el ~ de los ~** the Kingdom of Heaven
- **reino mineral** mineral kingdom
- **Reinos de Taifa** *mpl* (Hist) *small states which remained after the collapse of the Caliphate of Cordoba*
- **reino vegetal** plant *o* vegetable kingdom

Reino Unido *m* United Kingdom; **el ~ ~ de Gran Bretaña e Irlanda del Norte** the United

Kingdom of Great Britain and Northern Ireland

reinserción *f tb* : **~ social** social rehabilitation, reintegration into society; **la ~ social de los toxicómanos** the reintegration of drug addicts into society

reinsertado -da *adj* who has/have been reintegrated into society

reinsertar [A1] *vt* to rehabilitate, reintegrate ... into society
▪ **reinsertarse** *v pron* to reintegrate into society

reinstalación *f*
A (Inf) reinstallation*
B (Rels Labs) reinstatement

reinstalar [A1] *vt*
A 1 ‹*aparato*› to reinstall* 2 (Inf) to reinstall
B (Rels Labs) ‹*trabajador*› to reinstate; **fue reinstalado en el puesto** he was reinstated in his post

reinstaurar [A1] *vt* to reestablish

reintegrable *adj* (frml) ‹*depósito*› refundable, returnable; ‹*gastos*› reimbursable

reintegración *f* 1 (de una persona — en un cargo) reinstatement; (— en una comunidad) reintegration 2 (frml) (de un depósito) refund, return; (de gastos) reimbursement

reintegrar [A1] *vt*
A ‹*persona*› (a un cargo) to reinstate; (a una comunidad) to reintegrate; **~ a algn A** *or* **EN algo**: **solicitó ser reintegrado a** *or* **en su puesto** she asked to be reinstated in her post; **un intento de ~ a estos pacientes a** *or* **en la comunidad** an attempt to reintegrate these patients into the community
B (frml) ‹*depósito*› to refund, return; ‹*gastos*› to reimburse; ‹*préstamo*› to repay; **el nuevo gobierno le reintegró las tierras** the new government handed back *o* returned his land
C (Esp frml) ‹*documento*› to attach a fiscal stamp to
▪ **reintegrarse** *v pron* to return; **~se A algo** to return TO sth; **se reintegró al trabajo/al equipo** he returned to work/to the team; **tuvo problemas para ~se en la comunidad** she found it difficult to fit back into *o* to reintegrate into the community

reintegro *m*
A 1 (en un banco) withdrawal; (de un depósito) refund; (de gastos) reimbursement; (de un préstamo) repayment; **le haremos el ~** we will give you a refund; **si presenta los recibos se le hará el ~ correspondiente** if you submit the receipts your expenses will be reimbursed; **deberá efectuar el ~ del préstamo dentro de 90 días** the loan must be repaid within 90 days 2 (en una lotería) refund (*of the ticket price*)
B (a un cargo — después de un despido) reinstatement; (— después de una ausencia) return

reintroducción *f* reintroduction

reintroducir [I6] *vt* to reintroduce

reinventar [A1] *vt* to reinvent; **~se a sí mismo** to reinvent oneself

reinvertir [I11] *vt* to reinvest

reír [I18] *vi* to laugh; **se echaron a ~** they burst out laughing; **nos hizo ~ mucho** she really made us laugh; **¡no me hagas ~!** don't make me laugh!; ***el que ríe último ríe mejor*** he who laughs last laughs longest *o* loudest
▪ **reír** *vt* ‹*gracia/chiste*› to laugh at; **no le rías las gracias** don't encourage him, don't laugh at the things he does/says
▪ **reírse** *v pron* to laugh; **nos reímos como locos** we laughed like crazy *o* mad (colloq), we killed ourselves laughing (colloq), we laughed our heads off (colloq); **~se a carcajadas** to guffaw; **~se con ganas** to laugh heartily; **me río mucho con él** I have a good time with him *o* we laugh a lot when we're together; **~se DE algo/algn** to laugh AT sth/sb; **¿de qué te ríes?** what are you laughing at? *o* what's so funny?; **se rió de él en su propia cara** she laughed in his face; **he visto unos paisajes aquí que me río yo de los Alpes** I've seen some scenery around here that makes the Alps look tame; **dicen que es muy inteligente — me río yo de su inteligencia** they say he's very clever — him, clever? don't make me laugh

reiteración *f* reiteration, repetition

reiteradamente *adv* repeatedly

reiterado -da *adj* 1 (delante del n) ‹*ataques*› repeated; ‹*ocasiones*› countless, numerous; **se lo he dicho reiteradas veces** I have told him countless times *o* time and time again 2 ‹*uso*› repeated

reiterar [A1] *vt* to reiterate (frml), to repeat

reiterativo -va *adj* reiterative (frml)

reivindicable *adj* claimable

reivindicación *f*
A 1 (reclamación) demand; **la patronal rechazó las reivindicaciones obreras** the employers rejected the workers' demands; **repitieron sus reivindicaciones referentes a la zona ocupada** they repeated their claims *o* demands with regard to the occupied zone; **~ salarial** wage demand 2 (reconocimiento) recognition; **luchan por la ~ de sus derechos** they are fighting for recognition of their rights
B (rehabilitación): **luchó por la ~ del buen nombre de su padre** she fought to vindicate her father's good name; **la ~ del general como uno de los grandes héroes nacionales** the restoration *o* rehabilitation of the general as a great national hero
C (de un atentado): **la ~ del atentado** the claiming of responsibility for the attack; (Der) recovery (*of property*)

reivindicar [A2] *vt* 1 ‹*derecho*› to demand; ‹*tierras*› to claim; **reivindicaban el derecho a la huelga** they were demanding the right to strike 2 (rehabilitar) to restore, rehabilitate 3 ‹*atentado*› to claim responsibility for 4 (Der) to lay claim to
▪ **reivindicarse** *v pron* (AmS) to vindicate oneself; **tendrá que ~se en el campeonato de Wimbledon** he will have to vindicate himself *o* prove his worth at Wimbledon

reivindicatorio -ria, reivindicativo -va *adj* ‹*movimiento*› protest (*before n*); **su gestión reivindicatoria de los derechos del trabajador** his work fighting for workers' rights; **una jornada reivindicatoria** a day of protest

reja *f*
A 1 (de una ventana) grille; ***estar entre ~s*** to be behind bars 2 (para cercar) railing; **se encadenaron a las ~s** they chained themselves to the railings
B (Agr) plowshare (AmE), ploughshare (BrE)

rejego *adj* (Méx fam) 1 ‹*animal*› wild, troublesome 2 ‹*persona*› mouthy (AmE), cheeky (BrE)

rejilla *f*
A 1 (de ventilación) grille 2 (Auto) grille 3 (del confesionario) screen
B 1 (del desagüe) grating 2 (desagüe) drain
C (de la chimenea — base) grate; (— pantalla protectora) fire guard
D 1 (para equipajes) luggage rack 2 (Coc) rack
E (varillas entrelazadas) wickerwork

rejo *m*
A 1 (aguijón de hierro) spike 2 (de la abeja) sting
B (Bot) radicle
C (Col) (látigo) whip

rejón *m*
A (arma) lance
B (persona) ▸ **rejonero**
C (de pesca) keepnet
D (de anzuelo) barb
(Compuesto) **rejón de muerte** (espada) sword; (estocada) thrust

rejoneador -dora *m,f* mounted bullfighter (*who uses a lance*)

rejonear [A1] *vt* to wound ... with a lance
▪ **rejonear** *vi* to fight bulls from horseback

rejoneo *m* (Taur) fighting bulls on horseback

rejonero -ra *m,f* (Taur) mounted bullfighter (*who uses a lance*)

rejudo -da *adj* (Col fam) chewy, tough

rejuntar [A1] *vt* (Méx) 1 (fam) ‹*reses*› to round up; ‹*borregos*› to gather 2 ‹*hongos/flores*› to pick, gather

rejuvenecedor -dora *adj* rejuvenating

rejuvenecer [E3] *vt* to rejuvenate; **el aire de la montaña te ~á** the mountain air will make you feel rejuvenated *o* will make you feel like a new person
▪ **rejuvenecer** *vi* to be rejuvenated
▪ **rejuvenecerse** *v pron* to be rejuvenated

rejuvenecimiento *m* rejuvenation

relación *f*
A 1 (conexión) connection; **esto no tiene** *or* **no guarda ninguna ~ con los hechos** this has no connection with *o* bears no relation to the facts; **existe una ~ entre los dos sucesos** there is a connection *o* link between the two events; **con ~ a** *or* **en ~ con** (con respecto a) in connection with; (en comparación con) relative to; **en ~ con su carta de fecha ...** in connection with *o* with regard to your letter dated ...; **hubo un descenso con ~ al año anterior** there was a decrease relative to the previous year 2 (correspondencia): **en una ~ de diez a uno** (Mat) in a ratio of ten to one; **tiene una excelente ~ calidad-precio** it is excellent value for money; **una ~ causa-efecto** a relationship of cause and effect
(Compuesto) **relación de equivalencia** equivalence relation
B 1 (trato): **ha establecido una buena ~ con él** she has built up a good relationship with him; **relaciones amistosas/sexuales** friendly/sexual relations; **relaciones prematrimoniales** premarital sex; **tuvo relaciones amorosas con una famosa actriz** he had an affair with a famous actress; **mantienen relaciones formales desde hace años** they have been courting for years; **siempre ha tenido muy buenas relaciones con su jefe** she has always had *o* enjoyed a very good relationship with her boss; **ahora estoy en buenas relaciones con él** I'm on good terms with him now; **relaciones comerciales** trading *o* trade relations; **han roto las relaciones diplomáticas** they have broken off diplomatic relations; **es nulo en lo que respecta a las relaciones humanas** he's hopeless when it comes to dealing with people *o* when it comes to the human side of things; **las relaciones entre padres e hijos** the relationship between parents and their children 2 **relaciones** *fpl* (influencias) contacts (*pl*), connections (*pl*); **tiene buenas relaciones en la empresa** he has some good contacts *o* connections in the company
(Compuestos)
• **relaciones exteriores** *fpl* foreign affairs (*pl*)
• **relaciones públicas**
A *fpl* (actividad) public relations (*pl*)
B *mf* (persona) public relations officer (*o* executive *etc*)
C 1 (exposición) account; **hizo una detallada ~ de los hechos** she gave a detailed account of the facts 2 (lista) list

relacionado -da *adj* 1 [ESTAR] ‹*temas/ideas*› related; **las dos ideologías están muy relacionadas** the two ideologies are closely related; **esto está ~ con lo que discutíamos ayer** this is related to what we were discussing yesterday; **todo lo ~ con este tema me interesa** I am interested in anything to do with *o* related to *o* which relates to this subject 2 ‹*persona*› **su padre está muy bien ~** his father is very well connected; **estar ~ CON algn** to be connected WITH sb; **está ~ con gente del gobierno** he has contacts *o* connections in the government

relacional *adj* relational

relacionar [A1] *vt*
A (conectar) to relate; **es incapaz de ~ ideas** he is incapable of relating *o* linking ideas; **si relacionamos los dos sucesos** if we take the two events together, if we link the two events
B (hacer una lista) to list; **los trenes que se relacionan a continuación** the trains which are listed below, the following trains
▪ **relacionarse** *v pron* 1 **~se CON algo** ‹*con un tema/un asunto*› to be related to sth 2 ‹‹*persona*››: **~se CON algn** to mix WITH sb; **no se relaciona con niños de su edad** he doesn't mix with *o* have contact with children of his own age

relajación *f*
A 1 (de los músculos, la mente) relaxation; **el mús-**

culo debe estar en un estado de ~ the muscle must be relaxed **2** (en una relación) easing; **una ~ de la tensión entre los dos países** an easing of tension between the two countries
B (de la moral) decline

relajado -da *adj*
A (tranquilo) ‹*persona*› relaxed; ‹*ambiente/cena*› relaxed
B ‹*costumbres*› dissolute, lax
C (RPl fam) ‹*chiste*› crude, dirty (colloq); ‹*persona*› rude

relajamiento *m* ▸ **relajación**

relajante *adj*
A ‹*música/baño*› relaxing
B (CS fam) (empalagoso) sickly-sweet (pej)

relajar [A1] *vt*
A ‹*músculo*› to relax; ‹*persona/mente*› to relax
B (RPl arg) (insultar) to lay into (colloq), to tear into (AmE)
■ **relajar** *vi*
A «*ejercicio/música*» to be relaxing
B (CS fam) «*dulce/postre*»: **es tan dulce que relaja** it's sickly sweet
■ **relajarse** *v pron*
A **1** (físicamente, mentalmente) to relax; (tras un período de tensión) to relax, unwind; **relájate que estás muy tenso** loosen up *o* relax, you're very tense; **necesita unas vacaciones para ~se** you need a vacation to relax *o* to unwind **2** «*tensión*» to ease; «*ambiente*» to become more relaxed
B (degenerar) to decline
C (RPl fam) (descontrolarse): **se relajó y se puso a contar chistes verdes** he got out of hand *o* he let himself go and started telling dirty jokes; **los chiquilines se ~on** the children started clowning around (colloq)

relajo *m*
A (esp Esp) (tranquilidad) peace, peacefulness; **el ~ de la sierra** the peace *o* peacefulness of the mountains
B **1** (de la moral) decline **2** (falta de rigor): **en ese departamento se toman las cosas con mucho ~** they are far too easygoing in that department
C (AmL fam) (desorden, confusión): **esa clase es un ~** that class is bedlam *o* mayhem (colloq); **las calles están hechas un ~** it's absolute chaos in the streets; **con tanto ~ vas a despertar al bebé** you'll wake the baby up with that commotion *o* (AmE) ruckus (colloq); ***armar* ~** (AmL fam) (jugar) to clown around (colloq) (alborotarse) to kick up a din (colloq), to create a ruckus (AmE colloq)
D **1** (Méx fam) (persona divertida) laugh (colloq); **eres un ~** you're such a laugh **2** (persona problemática) troublemaker; **no te metas con él que es un ~** don't get involved with him, he's trouble *o* he's a troublemaker; ***de* ~** (Méx fam) for a laugh (colloq); **lo hicimos de puro ~** we only did it for a laugh *o* for a bit of fun; ***echar* ~** (Méx fam) to clown around (colloq); ***ni de* ~** (Méx fam): **no vas a llegar ni de ~** there's no way you're going to get there; **con ese imbécil no me caso ni de ~** I wouldn't marry that idiot if you paid me, there's no way I'd marry that idiot (colloq)
E (Méx fam) (problema) hassle (colloq)

relamerse [E1] *v pron* (por algo sabroso) to lick one's lips; (de satisfacción) to smack one's lips

relamido -da *adj* hoity-toity

relámpago *m*
A (Meteo) bolt *o* flash of lightning; **el tren pasó por la estación como un ~** the train shot through the station like a rocket; **la idea pasó por mi mente como un ~** the idea flashed through my mind; ▸ **viaje**, **visita**
B (Coc) chocolate cake

relampagueante *adj* ‹*cielo*› lit up by lightning; ‹*ojos*› flashing

relampaguear [A1] *v impers*: **ha estado relampagueando toda la tarde** there have been flashes of lightning *o* there has been lightning all afternoon
■ *vi* to flash; **le relampagueaban los ojos de ira** her eyes flashed with anger

relampagueo *m* **1** (Meteo) flashes of lightning (*pl*) **2** (centelleo) flashing

relanzamiento *m* (de producto) relaunch, relaunching; (de disco, película rerelease) relaunching, relaunch

relanzar [A4] *vt* ‹*producto*› to relaunch; ‹*disco, película*› to rerelease

relatar [A1] *vt*: **nos relató su viaje por el desierto** he told us all about his journey across the desert, he related *o* recounted the story of his journey across the desert (frml); **relató los hechos de manera escueta** she told us/them the bare facts, she related the bare facts to us/them (frml)

relatista *mf* (Chi) short story writer

relativamente *adv* relatively; **es un autor ~ conocido** he's a relatively well-known author; **los resultados fueron ~ buenos** the results were relatively *o* fairly good

relatividad *f* relativity

relativismo *m* relativism

relativista *adj/mf* relativist

relativizar [A4] *vt* to relativize

relativo[1] **-va** *adj*
A (no absoluto) relative; **eso es muy ~** that depends; **una dolencia de relativa gravedad** a fairly *o* relatively serious illness; **viven en un estado de ~ bienestar** they're relatively *o* reasonably well-off
B (concerniente) **~ A algo** relating TO sth; **datos ~s a la mortalidad infantil** data relating to infant mortality; **todo lo ~ a la política** anything to do with *o* anything related to politics; **en lo ~ a este problema es necesario adoptar medidas urgentes** urgent measures are needed to deal with this problem, urgent measures are needed with regard to this problem

relativo[2] *m* relative

relato *m* **1** (historia, cuento) story, tale; **~s para niños** children's stories **2** (relación) account; **nos hizo un largo ~ de lo ocurrido** she gave us a lengthy account of what had happened; **su ~ no coincide con la versión de la policía** his story *o* account does not tally with the police's version

relator -tora *m,f*
A **1** (Der) clerk (*who reads out the facts of the case before a trial*) **2** (en un congreso) reporter, secretary
B (AmL) (narrador) narrator

relax *m* relaxation; **la actividad ideal para el ~ del fin de semana** the ideal activity for a little weekend relaxation; **el lugar perfecto para el ~** the perfect place to relax in *o* to find relaxation; Ⓢ **relax** (euf) (en anuncios de periódico) personal services (euph)

relé, relay *m* relay

releer [E13] *vt* to reread, read again; **releyó la carta varias veces** she read *o* she reread the letter several times

relegación *f* relegation

relegar [A3] *vt*: **a menudo los ancianos se sienten inútiles y relegados** old people often feel useless and of no importance; **~ algo/a algn A algo**: **esto hizo que el problema quedara relegado a un segundo plano** this meant that the matter was pushed into the background; **un escritor relegado al olvido** a writer consigned to oblivion

relente *m*: **el ~ de la noche** the cold (damp) night air; **durmieron al ~** they slept (out) in the open

relevancia *f* importance

relevante *adj* notable, outstanding; **es el rasgo más ~ de su personalidad** it is the most notable *o* outstanding feature of her personality; **ocupa un cargo ~ en la empresa** she has one of the top jobs *o* an important job in the company

relevar [A1] *vt*
A (sustituir) to relieve; **~ la guardia** (Mil) to change the guard; **relevamos a los soldados que hacían la guardia** we relieved the soldiers on guard duty; **relevó a Salinas como entrenador** he took over from *o* replaced Salinas as coach
B (destituir) to remove; **fue relevado del cargo** he was relieved of *o* removed from his post
C (eximir) to exempt; **~ a algn DE algo** to exempt sb FROM sth; **lo ~on de descargar los camiones** he was exempted from unloading the trucks
■ **relevarse** *v pron* to take turns, take it in turn(s); **las enfermeras se ~on para atenderla toda la noche** the nurses took turns at looking after her all night, the nurses took it in turn(s) to look after her all night

relevista *mf* relay runner

relevo *m* **1** (Mil): **el ~ de la guardia** the changing of the guard; **le hice el ~ a las seis** I relieved him at six o'clock; **tras el último ~ en el gobierno** after the last government reshuffle; **conductor/tripulación de ~** relief driver/crew **2** (Dep) *tb* **~s** relay, relay race; ***tomarle el ~ a algn*** (Dep) to take the baton from sb; (en una tarea) to take over from sb

relicario *m* **1** (para reliquias) reliquary **2** (para recuerdos sentimentales) locket

relieve *m*
A (Geog): **un mapa del ~ de España** a relief map of Spain; **la ladera occidental tiene un ~ muy accidentado** the western slopes are very rugged
B **1** (Art) relief; **en ~** in relief; **letras en ~** embossed letters **2** (parte que sobresale): **el marco tiene un centímetro de ~** the frame protrudes by a centimeter
C (importancia) prominence; **firmaron la carta personas de gran ~** the letter was signed by some very prominent people; **no hay institución de más ~ en ese campo** it is the leading institution in that field; **esta noticia da especial ~ a la reunión de mañana** this news lends special importance to tomorrow's meeting *o* makes tomorrow's meeting especially important; **la presencia del Rey dio ~ a la ceremonia** the King's presence lent an added grandeur to the ceremony; ***poner de* ~** to highlight; **pusieron de ~ la necesidad de mejorar la infraestructura** they highlighted *o* emphasized *o* stressed the need to improve the infrastructure
D **relieves** *mpl* (de comida) leftovers (*pl*)

religión *f* religion; **la ~ cristiana** Christianity, the Christian religion; **guerras de ~** religious wars; **hace del trabajo una/su ~** work is like a religion to him

religiosamente *adv* religiously; **escribe ~ todas las semanas** she writes religiously every week

religiosidad *f* (cualidad) religiousness **1** (en exceso) (pey) religiosity **2** (puntualidad, rigor): **me llama con ~ todas las semanas** she calls me religiously every week

religioso[1] **-sa** *adj* religious; **se educó en un colegio ~** she was educated at a convent school *o* a religious school

religioso[2] **-sa** *m,f* religious person, member of a religious order; **un ~ franciscano** a Franciscan friar *o* monk; **las religiosas del convento** the nuns in the convent

relinchar [A1] *vi* to neigh, whinny

relincho *m* neigh, whinny

reliquia *f* relic; **las ~s del santo** the relics of the saint; **los palacios son sólo ~s del esplendor del pasado** the palaces are merely relics of past splendor; **la sortija es una ~ de familia** the ring is a family heirloom; **lo guardaba como una ~** she treasured it

rellamada *f* redialing*

rellano *m* (de una escalera) landing; (de una ladera, montaña) shelf

rellena *f* (Col, Méx fam) blood sausage, black pudding (BrE)

rellenar [A1] *vt*
A **1** ‹*berenjenas/pollo/canelones*› to stuff; ‹*pastel*› to fill; **~ algo DE *or* CON algo** to stuff/fill sth WITH sth; **rellenó los pimientos de *or* con arroz** she stuffed the peppers with rice **2** ‹*almohadón/muñeco*› to stuff **3** ‹*agujero/grieta*› to fill
B (volver a llenar) ‹*copas*› to refill, top up (BrE); ‹*tanque*› to refill, fill … up again
C ‹*impreso/cupón/formulario*› to fill out *o* in

r

D ‹examen/discurso› to pad out

relleno[1] **-na** *adj*

A ‹pollo/pimientos› stuffed; **aceitunas rellenas de anchoa** olives stuffed with anchovies; **caramelos ~s de chocolate** candies filled with chocolate *o* with a chocolate filling

B (regordete): **tiene la cara rellena** he has a full face; **es rellenita** she's quite plump

relleno[2] *m*

A 1 (Coc) (para pasteles, tortas) filling; (para pollo, pimientos) stuffing 2 (para almohadones, muñecos) stuffing; **el ~ del edredón es de pluma** the eiderdown is filled with feathers 3 (de ropa interior) padding 4 (para agujeros, grietas) filler

B (parte superflua): **como la película es corta dan un documental de ~** since it's a short movie they fill in with *o* fill up the time with a documentary; **hubo varios números de ~** there were several supporting acts; **estas estadísticas están aquí de ~** these statistics are here to pad things out

C (Chi) (para un lactante) supplement (AmE), top-up (BrE)

reloj *m* (de pared, mesa) clock; (de pulsera, bolsillo) watch; **dar cuerda a un ~** to wind (up) a clock/watch; **mi ~ (se) adelanta/atrasa** my clock/watch gains/loses; **este ~ se ha parado** this clock has stopped; **funciona** *or* **marcha como un ~** it's going like clockwork; **contra ~** against the clock; ***ser un ~*** to be as regular as clockwork

Compuestos

- **reloj checador** (Méx) time clock
- **reloj de arena** hourglass
- **reloj de bolsillo** pocket watch
- **reloj de carillón** chiming clock
- **reloj de cuarzo** quartz clock/watch
- **reloj de cuco** *or* (AmL) **cucú** cuckoo clock
- **reloj de pie** grandfather clock
- **reloj de pulsera** wristwatch
- **reloj de sol** sundial
- **reloj despertador** alarm clock
- **reloj digital** digital clock/watch
- **reloj registrador** time clock

relojear [A1] *vt* (RPl fam) to eye (colloq), to eye up (colloq)

relojería *f* 1 (tienda, taller) clockmaker's, watchmaker's 2 (actividad) watchmaking

relojero -ra *m,f* (de relojes — de pulsera) watchmaker; (— de pared, mesa) clockmaker

reluciente *adj* 1 (brillante): **vino a enseñarnos su ~ coche nuevo** she came to show us her shiny *o* gleaming new car; **una mañana ~** a radiant *o* brilliant morning; **los suelos estaban siempre ~s** the floors were always sparkling *o* gleaming; **una espada de acero ~** a sword of shining steel 2 ‹persona› glowing, radiant

relucir [I5] *vi* «sol» to shine; «estrellas» to twinkle, glitter; «plata/zapatos» to shine, gleam; **usando este producto todo ~á en su hogar** this product will bring a shine *o* sparkle to everything in your home; ***sacar a ~*** to bring up; **no saques a ~ ese tema ahora** don't bring that subject up now; ***salir a ~*** to come to the surface, come out; ▸**trapo, oro**[2]

reluctancia *f* reluctance

reluctante *adj* reluctant; **~ A algo**: **se le notaba ~ a acceder** he seemed reluctant to agree; **siempre fue ~ a este tipo de tratos** she was always opposed to this kind of behavior

relumbrante *adj* brilliant, dazzling

relumbrar [A1] *vi* to shine brightly; **a la hora en que el sol más relumbra** at the time when the sun shines most brightly *o* is at its most dazzling

relumbrón *m*: **todo es puro ~, en realidad están cargados de deudas** it's all a big show, the truth is they're crippled with debts; **ocupa un cargo de ~** he has a job with a flashy-sounding title (colloq); **todos sus títulos son de ~** all those qualifications she has aren't worth the paper they're printed on

remachado *m* 1 (de un clavo) clinching 2 (de un perno) riveting

remachador -dora *m,f*

A (jugador — en vóleibol) spiker; (— en tenis): **es un excelente ~** he's an excellent player of the smash

B 1 (obrero) riveter 2 **remachadora** *f* (máquina) riveter, riveting machine

remachar [A1] *vt*

A 1 ‹clavo› to clinch; ‹perno/roblón› to rivet 2 ‹chapas/plásticos› to rivet

B 1 (recalcar) to repeat, reiterate; **nos lo remachó tantas veces** he repeated it so often, he rammed the point home so often 2 (finalizar) to round off, finish off

■ **remachar** *vi* (en tenis) to smash; (en vóleibol) to spike

remache *m*

A 1 (perno) rivet 2 (acción) ▸**remachado**

B (en tenis) smash; (en vóleibol) spike

remada *f* stroke (of the oar)

remador -dora *m,f* rower

remallar [A1] *vt* (esp AmL) to darn

remanencia *f* remanence

remanente[1] *adj* 1 ‹mercancía› surplus 2 ‹líquido› residual

remanente[2] *m*: **el ~ de la cosecha** the remainder of the crop, the surplus crop; **liquidación de ~s** end-of-season sale; **con el ~ de la madera construyeron un cobertizo** with the remainder of the wood *o* the remaining wood *o* the leftover wood they built a shed

remangar [A3] *vt* ‹pantalones› to roll up; ‹falda› to tuck up, hitch up

■ **remangarse** *v pron* (*refl*): **se remangó para lavar los platos** he rolled up his sleeves to wash the dishes; **se remangó los pantalones para cruzar el río** he rolled up his pants (AmE) *o* (BrE) trousers to cross the river

remansarse [A1] *v pron* to form a pool

remanso *m* pool; **el lugar era un ~ de paz y tranquilidad** the place was a haven of peace and tranquility (liter)

remar [A1] *vi* (en un bote) to row; (en una canoa) to paddle

remarcar [A2] *vt*

A (hacer notar) to underline, stress, emphasize

B (CS) (Com) to mark up

remasterizar [A4] *vt* to remaster; **la canción ha sido digitalmente remasterizada** the song has been digitally resmastered

rematadamente *adv*: **el equipo está jugando ~ mal** the team is playing incredibly badly *o* atrociously *o* abysmally; **lo que hiciste fue ~ disparatado** what you did was absolutely crazy (colloq); **está ~ loco** he's completely mad

rematado -da *adj* complete, absolute; **es un loco ~** he's a raving lunatic

rematador -dora *m,f*

A (en fútbol) goal scorer, striker

B (AmL) (subastador) auctioneer

rematante *mf* highest bidder

rematar [A1] *vt*

A (terminar, cerrar) 1 ‹actuación/intervención› to round off, finish off; ‹negocio› to conclude, close; ‹torre› to top, crown; **un mango de oro remataba el bastón** a golden handle topped the walking stick; ***y para ~la*** (fam) and to crown *o* cap it all (colloq) 2 ‹costura› to finish off 3 ‹animal/persona› to finish off; **lo remató de un tiro** he shot him and finished him off

B 1 (en tenis) to smash 2 (en vóleibol) to spike 3 (en fútbol): **remató el centro a las manos del portero** he hit the cross straight into the hands of the goalkeeper

C (AmL) 1 (en una subasta — vender) to auction; (— comprar) to buy ... at an auction; **se remató en $80.000** it went for $80,000 2 (liquidar) to sell ... off cheaply

■ **rematar** *vi*

A (terminar) to end; **~ EN algo** to end IN sth; **remata en un arco** it ends in an arch; **la falda remata en un volante** the skirt ends in a flounce

B 1 (en tenis) to smash 2 (en vóleibol) to spike 3 (en fútbol) to shoot; **~ de cabeza** to head the ball; **remató desviado** he shot wide; **remató a las manos del guardameta** he hit the ball *o* he shot straight into the hands of the goalkeeper

remate *m*

A 1 (culminación, punto final): **esta cita sería un buen ~ para tu discurso** this quotation would be a nice way to round off your speech; **como ~ de una buena comida, una excelente selección de licores** round off a good meal with an excellent selection of liqueurs; **el ~ de su campaña** the climax to his campaign; **como ~ a las manifestaciones de esta semana, los agricultores se concentrarán hoy en Pando** this week's demonstrations by the farmers will culminate today in a huge meeting in Pando; ***y como ~*** *or* (Chi) ***y para (más) ~*** (fam) and to crown *o* cap it all (colloq); ▸**loco**[1] 2 (en costura) double stitch (*to finish off*)

B 1 (en tenis) smash 2 (en vóleibol) spike 3 (en fútbol) shot; **~ de cabeza** header

C (AmL) (subasta) auction; **el cuadro se sacó a ~** the picture was put up for auction

rematista *mf* (Per) auctioneer

remb... ▸**reemb...**

remedar [A1] *vt* to mimic, ape

remediable *adj* ‹mal/problema› remediable, which can be remedied; ‹daño› repairable; ‹error› rectifiable, which can be rectified

remediar [A1] *vt*

A ‹situación/problema› to remedy; ‹daño› to repair; **esto se puede ~ fácilmente** this can be easily remedied, this can be put right quite easily; **sólo la muerte no se puede ~** there's a cure for everything except death; **hicieron lo posible por ~ los efectos de la sequía** they did everything possible to repair the damage done by the drought; **la has ofendido ¿qué piensas hacer para ~lo?** you've offended her, what are you going to do to put things right *o* to make it up to her?; **con pedirle perdón no remedias nada** saying you're sorry won't solve anything; **tratando sólo los síntomas no se remedia el problema** the problem won't be solved by treating the symptoms alone

B (evitar): **me puse a llorar, no lo pude ~** I burst into tears, I couldn't help it *o* I couldn't help myself; **tuve que pagarle 500 pesos más, no pude ~lo** there was nothing else for it *o* there was no alternative, I had to give him another 500 pesos; **le tengo gran antipatía, no lo puedo ~** I can't help it, I really can't stand him

remedio *m*

A 1 (Med) (cura) remedy, cure; **no hay un ~ eficaz contra la gripe** there is no effective cure for flu; **¿conoces un buen ~ para la resaca?** do you know of a good hangover cure *o* a good remedy for hangovers? 2 (esp AmL) (Farm) (preparado) medicine; **¿has tomado el ~?** have you taken your medicine?; **un ~ natural/a base de hierbas** a natural/herbal remedy; ***es/fue peor el ~ que la enfermedad*** it is/was a case of the solution being worse than the problem, it just makes/made things worse; ***ni para (un) ~***: **se han bebido todo el vino, no han dejado ni para (un) ~** they've finished off every (last) drop of wine; **no encontraron una habitación libre ni para un ~** they couldn't find a vacant room for love or money; ***santo ~*** (AmL): **les pegó cuatro gritos y santo ~, se callaron enseguida** she yelled at them and as if by magic they immediately shut up; **la cambiaron de escuela y fue santo ~, no tuvo más problemas de disciplina** they moved her to another school and that did the trick, no more discipline problems

B (solución) solution; **la situación no tiene ~** the situation is hopeless *o* there's nothing we/they can do; **tiene fácil ~** it can easily be resolved *o* there's an easy solution; **su matrimonio no tiene ~** her marriage is a lost cause *o* is beyond hope; **la nueva ley pondrá ~ a esta anomalía** the new law will do away with this anomaly; **parecía un caso sin ~** he seemed a hopeless case *o* a lost cause

C (alternativa, recurso) option; **no tuvo/no le quedó más ~ que darme la razón** she had no option but to admit I was right; **no hay/no queda más** *or* **otro ~ que despedirlo** we have no alternative *o* choice *o* option but to dismiss him; **iré si no hay otro ~** I'll go if I really have to *o* if I must *o* if there's no way around it; **tendré que contárselo ¿qué ~ me queda?** I'll have to tell him, what else can I do?; **lo haría sólo como último ~** I'd only do it as a last resort

remedo *m* poor imitation, poor copy

remembranza *f* (liter) remembrance

rememorar [A1] *vt* (liter) to recall, reminisce about

remendar [A5] *vt* to mend; **remendó mis calcetines** he darned *o* mended my socks for me

remendón -dona *adj* ▸**zapatero**[2]

remera *f*
A (Zool) flight feather
B (RPl) (camiseta) T-shirt

remero -ra *m,f*
A (*m*) rower, oarsman
B (*f*) rower, oarswoman

remesa *f* (de mercancías) consignment, shipment; (de dinero) remittance; **~ de fondos** remittance *o* transfer of funds

remesar [A1] *vt* ‹*mercancías*› to consign, ship; ‹*dinero*› to remit; **~ fondos** to remit *o* transfer funds

remeter [E1] *vt* to tuck in

remezón *m*
A (Andes) (temblor) earth tremor
B (Andes) 1▸ (sacudida brusca) shake 2▸ (suceso inesperado) shake-up
C (Chi fam) 1▸ (reprimenda) rocket (colloq) 2▸ (paliza) thrashing

remiendo *m*: **la chaqueta estaba llena de ~s** the jacket was patched all over *o* was full of patches; **con algún ~ por aquí y por allá el coche puede servir** with a bit of patching up here and there the car is still usable; **no se nota el ~ que le hizo al mantel** you can hardly see where she mended *o* patched the tablecloth

remilgado -da *adj* fussy; **está muy sucio — ¡pero qué ~ eres!** it's filthy — oh, don't be so fussy *o* so fastidious *o* (colloq) such a fusspot!; **es tan remilgada, no prueba nada de comida extranjera** she's so fussy *o* particular, she won't even try foreign food

remilgo *m*: **déjate de ~s** don't be so fussy *o* fastidious, don't be such a fusspot (colloq); **no te andes con tantos ~s** stop looking down your nose at everything (colloq); ***don/doña R~s*** (fam & hum) Lord/Lady Muck (colloq)

remilgón -gona, **remilgoso -sa** *adj* 1▸ (Andes, Méx) (delicado) ▸**remilgado** 2▸ (Méx) (difícil) difficult; **no seas remilgosa y dime que sí** stop being so difficult and just say you'll do it (colloq)

reminiscencia *f*: **un edificio de ~s moriscas** a building reminiscent of the Moorish style; **una carta llena de ~s literarias** a letter full of literary references

remirado -da *adj* fastidious, fussy

remirar [A1] *vt*: **lo mira y remira, como un niño con un juguete nuevo** he keeps looking at it again and again like a child with a new toy; **miró y remiró en el bolso en busca de la llave** she went through her bag again and again looking for the key

remise /rre'mis/ *m* (RPl) chauffeur-driven car

remisible *adj* (Der) 1▸ ‹*pena*› remissible 2▸ ‹*causa*› referable

remisión *m*
A 1▸ (frml) (envío): **prometió la rápida ~ del proyecto a las Cortes** he promised to bring the bill before Parliament with all possible speed (frml); **la ~ del pedido/de las mercancías se efectuó el día 19** your order was/the goods were dispatched on the 19th 2▸ (en un texto) reference; **~ A algo** reference TO sth
B (de una enfermedad) remission; **está/ha entrado en ~** it is in/it has gone into remission
C 1▸ (Relig) remission 2▸ (Der) remission; ***sin ~:*** **van a la quiebra, sin ~** they're heading inexorably toward bankruptcy; **el equipo camina sin ~ a la segunda división** the team looks doomed to be relegated to the second division

remiso[1] **-sa** *adj*
A (reacio) reluctant; **a la hora de colaborar se mostraron ~s** they were reluctant to help when the time came; **los primeros rayos de un ~ sol primaveral** (liter) the first hesitant rays of spring sunshine; **~ A + INF** reluctant to + INF; **son ~s a decir cuánto ganan** they are reluctant *o* unwilling to say how much they earn
B (negligente) remiss, lax; **~ EN algo** remiss IN sth; **han estado ~s en el cumplimiento del deber** they have been remiss in the execution of their duty (frml)

remiso[2] *m* (Andes) draft dodger

remite *m* 1▸ (persona) sender 2▸ (dirección) return address; **olvidé poner el ~ en el sobre** I forgot to put the return address *o* my name and address on the envelope

remitente[1] *adj*
A (Corresp): **la compañía ~** the sender
B (Med) remittent

remitente[2] *mf* 1▸ (persona) sender; **el ~ debe anotar sus señas al dorso** the sender's address should be written on the back; Ⓢ **devuélvase al remitente** return to sender 2▸ **remitente** *m* (datos) return address

remitido *m* (RPl) (paid) announcement (*o* article *etc*); **publicar un ~ en la prensa** to place a notice in the newspapers; **publicaron un ~ desmintiendo las acusaciones** they placed an announcement *o* an advertisement in the newspapers denying the accusations

remitir [I1] *vt*
A 1▸ (frml) (enviar) ‹*carta/paquete/mercancías*› to send; ‹*cable/télex*› to send; ‹*cheque/pago*› to remit (frml), to send; **adjunto le remito los documentos** please find enclosed the documents; **sírvase ~nos el pago a vuelta de correo** please remit payment immediately *o* by return 2▸ (Der) (transferir) to remit, refer, transfer 3▸ ‹*lector/estudiante*› **~ a algn A algo** to refer sb TO sth; **nos remitió a su último libro** she referred us to her latest book
B (Med) to bring about a remission of *o* in
C (perdonar) 1▸ (Der) to remit 2▸ (Relig) to pardon, forgive, remit (arch)

■ **remitir** *vi*
A «*fiebre*» to drop, go down; «*tormenta*» to abate, subside; **la ola de violencia está remitiendo** the wave of violence is subsiding
B (a una obra, nota) **~ A algo** to refer TO sth

■ **remitirse** *v pron* **~se A algo** ‹*a una obra*› to refer TO sth; **remítanse a la página 50** refer to *o* see page 50; ▸**prueba**

remo *m* (con soporte) oar; (sin soporte) paddle

Remo Remus

remoción *f* (frml) removal

remodelación *f*
A (Arquit) remodeling*, redesigning
B (de una organización) reorganization, restructuring; **anunció la ~ del gabinete** he announced a cabinet reshuffle

remodelar [A1] *vt*
A ‹*plaza/barrio*› to remodel, redesign
B 1▸ ‹*organización*› to reorganize, restructure 2▸ (Pol) ‹*gabinete*› to reshuffle

remojar [A1] *vt*
A ‹*garbanzos/lentejas*› to soak
B (fam) (festejar bebiendo): **¡esto hay que ~lo!** this calls for a drink *o* celebration! (colloq)

remojo *m*
A (en agua): **puso las lentejas a** *or* **en ~** he put the lentils to soak; **dejarlos toda la noche en ~** leave them to soak overnight; **dejé a** *or* **en ~ los paños de la cocina** I left the dishcloths to soak *o* steep
B (Méx fam) (de algo nuevo): **nos dio el ~** (en el coche) he took us for a spin in his new car; (en la casa) he invited us over to his new house, he had us over for a housewarming party (*o* celebration *etc*)

remojón *m*
A (fam) (en agua) soaking, drenching; **les dio un ~ con la manguera** he gave them a good soaking *o* drenching with the hose; **¿quién quiere darse un ~?** who's for a dip? (colloq)
B (Méx) (de algo nuevo) ▸**remojo B**

remolacha *f* beet (AmE), beetroot (BrE)
(Compuestos)
• **remolacha azucarera** sugar beet
• **remolacha forrajera** beet, mangelwurzel

remolachero -ra *adj* beet (*before n*)

remolcador *m* 1▸ (Náut) tug 2▸ (Auto) breakdown truck, tow truck (AmE), breakdown van (BrE)

remolcar [A2] *vt* 1▸ ‹*barco*› to tug 2▸ ‹*coche*› to tow

remoler [E9] *vi* (Chi fam) to live it up (colloq)

remolienda *f* (Chi fam) rave-up (colloq), binge (BrE colloq)

remolinear [A1], **remolinar** [A1] *vi* (Ur) to waste time

remolino *m*
A 1▸ (de viento) eddy, whirl 2▸ (de agua) eddy; (más violento) whirlpool
B (en el pelo) cowlick
C (CS) (juguete) pinwheel (AmE), windmill (BrE)

remolón[1] **-lona** *adj* (fam) idle, lazy

remolón[2] **-lona** *m,f* (fam) idler, slacker (colloq)

remolonear [A1] *vi* to waste time, faff around (BrE colloq)

remolque *m* 1▸ (vehículo) trailer; **~ para transportar caballos** horsecar (AmE), horsebox (BrE) 2▸ (acción) towing; ***hacer algo a ~*** (fam) to do sth unwillingly; **todo lo hace a ~** he does things very reluctantly *o* unwillingly, you have to push him to do anything; ***ir a ~*** (Auto) to be on tow; **nuestro país va a ~ de los demás en materia energética** we lag behind the rest of the world in energy matters; **siempre va a ~ de los demás** she always goes along with what others say/do 3▸ (Náut) (cuerda) towrope, towing line 4▸ (AmS) (grúa) ▸**remolcador 2**

remonta *f* (Col) shoe repair

remontada *f* recovery

remontadora *f* (Col) cobbler's, shoemaker's

remontar [A1] *vt*
A ‹*dificultad/problema*› to overcome, surmount (frml); **los Jets ~on un déficit de 20 puntos** the Jets made up a 20-point deficit *o* came from 20 points behind
B 1▸ **~ el vuelo** «*avión*» to gain height; «*pájaro*» to fly *o* soar up; **~ el río (a nado)** to swim upriver; (en barco) to go upriver 2▸ (RPl) ‹*barrilete*› to fly
C (Col) ‹*zapatos*› to mend

■ **remontarse** *v pron*
A «*avión*» to gain height; «*pájaro*» to soar up
B (en el tiempo) to go back; **sus orígenes se remontan al siglo VI** its origins go *o* date back to the 6th century; **la historia se remonta al mes de mayo** the beginning of the story goes back to May, the story begins back in May

remonte *m* (telesquí) ski lift; (que tira al esquiador) drag lift

rémora *f*
A (Zool) remora
B (frml) (obstáculo, impedimento) hindrance

remorder [E9] *vi* (+ *me/te/le etc*): **me remuerde haberlo tratado tan mal** I feel guilty for *o* I feel bad about having treated him so badly; **¿no te remuerde la conciencia por no haberlo ayudado?** don't you feel guilty *o* don't you have a guilty conscience about not helping him?

■ **remorderse** *v pron* **~se DE algo** to be consumed WITH sth; **se remordía de celos** he was eaten up with *o* consumed with jealousy

remordimiento *m* remorse; **no siente el menor ~ por lo que hizo** she doesn't feel the slightest remorse *o* regret for what she did; **sentir** *or* **tener ~s de conciencia** to suffer pangs of conscience

remotamente *adv* remotely; **no son ni ~ parecidos** they aren't even remotely alike; **no se acerca ni ~ a mi ideal de hombre** he's nowhere near what I think of as an ideal man; **lo recuerdo ~** I vaguely remember him

remoto -ta *adj*
A (en el tiempo): **en épocas remotas** in distant *o*

far-off times; **la tradición oral más remota que se conoce** the oldest-known oral tradition

B **1** ‹*lugar/mares/tierras*› remote, far-off **2** (Inf) remote

C ‹*posibilidad*› remote, slim; ‹*esperanza*› faint, slender; **no tengo (ni) la más remota idea** I haven't the remotest *o* faintest *o* slightest idea

D (vago) vague, hazy

remover [E9] *vt*

A **1** ‹*líquido/salsa*› to stir; ‹*ensalada*› to toss **2** ‹*tierra/piedras*› to turn over; **removieron los escombros en busca de víctimas** they dug about in the rubble looking for victims; **remueve las brasas para avivar el fuego** poke *o* stir the embers to get the fire going, give the fire a poke to get it going

B ‹*asunto*› to bring ... up again; ‹*recuerdo*› to revive, stir up

C **1** (frml) ‹*impedimento/obstáculo*› to remove **2** (esp AmL frml) (destituir) ~ **A algn DE algo** to remove sb FROM sth

■ **removerse** *v pron* to shift, shift around

removible *adj* removable

remozamiento *m* renovation

remozar [A4] *vt* to renovate; **~on la fachada del edificio** they renovated the front of the building, they gave the building a face-lift

rempl... ▸**rempl...**

remunerable *adj* paid

remuneración *f* remuneration (frml); **se aumentarán las remuneraciones del sector público** public sector pay *o* salaries will be increased; **detallar las remuneraciones percibidas en el año** give details of income received during the year, give details of the year's earnings; ~ **a convenir** salary *o* remuneration to be agreed

remunerar [A1] *vt* to pay, remunerate (frml); **un trabajo mal remunerado** a badly paid job

remunerativo *adj* remunerative (frml), paid

renacentista[1] *adj* Renaissance (*before n*)

renacentista[2] *mf* Renaissance artist

renacer [E3] *vi* to be reborn; **se sintió ~** she felt reborn; **renació la esperanza y siguieron luchando** they felt renewed hope and continued fighting; **sintió ~ sentimientos que creía extinguidos** he began to feel things he thought he would never feel again, feelings he thought dead began to revive in him

renaciente *adj* renewed, renascent (frml), resurgent (frml); **el ~ interés por las ciencias ocultas** the renewed interest in the occult, the revival in interest in the occult

renacimiento *m*

A (acción) revival, rebirth

B (Art, Hist): **el R~** the Renaissance

renacuajo *m* **1** (Zool) tadpole **2** (fam) (niño) shrimp (colloq), little nipper (BrE colloq); (persona baja) shorty (colloq), shrimp (colloq)

renal *adj* renal (tech), kidney (*before n*)

Renania *f* the Rhineland

renano -na *adj* Rhine (*before n*)

rencilla *f* quarrel, row; **estoy harta de sus continuas ~s** I'm tired of their continual quarreling *o* rows

renco -ca *adj* (Col, RPl) lame

rencor *m*: **no te guardo ~ por lo ocurrido** I bear you no malice *o* I don't bear you any grudge for what happened, I don't feel resentful *o* bitter about what happened; **intentémoslo otra vez, sin ~es ¿de acuerdo?** let's try again, and no hard feelings, OK? (colloq); **aún siento mucho ~ por lo que me hizo** I still feel very resentful *o* bitter about what he did to me; **su ~ le impide perdonar y olvidar** her feelings of rancor *o* her bitter feelings will not allow her to forgive and forget

rencoroso -sa *adj* [SER] resentful; **es muy ~** he's very resentful, he bears grudges for a long time

rendibú *m* (Esp fam) crawling, groveling*; **hacerle el ~ a algn** to grovel *o* crawl to sb (colloq)

rendición *f* surrender; **~ incondicional** unconditional surrender

(Compuesto) **rendición de cuentas** (Der, Com) rendering of accounts

rendida *f* (Chi fam) stream of abuse, mouthful (colloq); **me echaron una ~** they hurled a stream of abuse at me, they gave me a mouthful

rendidamente *adv* ‹*someterse/aceptar*› submissively; **consagrarse ~ a Dios** to devote *o* dedicate o.s. utterly to God; **estar ~ enamorado de algn** to be devotedly in love with sb

rendido -da *adj* **1** [ESTAR] (exhausto) exhausted; **cayó ~ (de cansancio)** he collapsed from exhaustion; **estaba rendida de tanto trabajar** she was exhausted from working so hard *ver tb* **rendir** **2** ‹*admirador*› devoted

rendidor -dora *adj* **1** (AmL) (que rinde mucho): **un detergente ~** a detergent that goes a long way; **tierra muy ~a** very productive *o* fertile soil **2** (Chi) ‹*persona*› **es muy ~ en su trabajo** he puts a lot of effort into his work

rendija *f* (grieta) crack, crevice; (hueco) gap

rendimiento *m*

A (de una persona) performance; **su ~ es muy bajo** his performance is very poor, he has performed very poorly; **el alto ~ de los alumnos** the pupils' excellent performance *o* high level of achievement

B **1** (Auto) performance **2** (Mec, Tec) output; **el ~ de esta máquina es de 40 unidades al día** the output of this machine is 40 units a day, this machine produces 40 units a day; **funciona a pleno ~** it is working at full capacity

C (de un terreno) yield

D (Fin) yield, return

rendir [I14] *vt*

A ‹*homenaje/tributo*› to pay; **rendían culto a la Virgen de Guadalupe** they worshipped the Virgin of Guadalupe; **le rindieron honores militares** he was received with full military honors

B **1** (Fin) to yield **2** (producir) to produce; **estos campos rinden mucha cebada** these fields produce a lot of barley; **el esfuerzo rindió sus frutos** the effort bore fruit *o* produced results

C ‹*persona*› **me rindió el sueño** sleep overcame me, I was overcome by sleep; **tanto trabajo rinde a cualquiera** working that hard is enough to exhaust anyone *o* (colloq) to wear anyone out

D **1** ‹*informe*› to present **2** (CS) (Educ) ‹*examen*› to take, sit (BrE); **tengo que ~ geografía en marzo** I have to take the geography exam in March

E (Col) (diluir) to dilute, water down

■ **rendir** *vi*

A (cundir) (+ *me/te/le etc*): **me rindió mucho la mañana** I got a lot done this morning, I had a very productive morning; **trabaja muchas horas pero no le rinde** he works hard but he doesn't make much headway *o* he doesn't have much to show for it; **¡que te rinda!** I hope it goes well, I hope you get a lot done

B «*persona*» to perform well, get on well; **no rinde en los estudios** he's not getting on *o* performing *o* doing very well at school

C «*tela/arroz/jabón*» to go a long way; **trata de hacerlo ~** try to make it last

D (RPl) (Educ) to take *o* (BrE) sit an exam

■ **rendirse** *v pron* **1** (Mil) to surrender; **~se al enemigo** to surrender to the enemy; **seguiremos luchando por mejoras salariales, no nos ~emos** we will continue to fight for better wages, we will not give in; **tuvo que ~se ante la evidencia** she had to bow to *o* accept the evidence **2** (en adivinanzas) to give up; **me rindo, dime dónde lo has escondido** I give up, tell me where you've hidden it

renegado[1] **-da** *adj* renegade (*before n*)

renegado[2] **-da** *m,f* renegade; **un ~ social** a dropout

renegar [A7] *vi*

A **1** (Relig) to apostatize **2** (abjurar) ~ **DE algo**: **nunca ~é de mis principios/creencias** I shall never renounce my principles/beliefs; **~ de Dios** to renounce God; **ha renegado de su familia** she has disowned her family, she doesn't want to have anything to do with her family; **~ de una promesa** to renege on *o* go back on a promise

B **1** (maldecir) to swear, curse **2** (blasfemar) to blaspheme

C (quejarse, refunfuñar) to grumble; **~ DE algo** to grumble ABOUT sth; **renegaba del tiempo** he was grumbling about the weather

D (AmL) (enojarse) to get annoyed

■ **renegar** *vt* to deny ... vigorously; **negó y renegó su participación en el asunto** she vigorously denied any involvement in the affair

renegociación *f* renegotiation

renegociar [A1] *vt* to renegotiate

renegón -gona *adj* (fam) grumpy (colloq), grouchy (colloq)

renegrido -da *adj* **1** (negruzco) blackish; (ennegrecido) blackened **2** (AmL) (muy negro) ▸**i** **p.181**; jet black

RENFE /'rrenfe/ *f* = **Red Nacional de los Ferrocarriles Españoles**

> **RENFE - Red Nacional de los Ferrocarriles Españoles**
>
> Spain's state-run railroad system. It is generally cheap and efficient.

renglón *m*

A (línea) line; **un cuaderno sin renglones** a plain *o* an unlined notebook; ***a ~ seguido*** immediately afterward(s); **las condiciones que se señalan a ~ seguido** the conditions detailed immediately below

B (AmL) (Com) line

rengo[1] **-ga** *adj* (AmL) lame

rengo[2] **-ga** *m,f* (AmL) lame person, cripple (pej)

renguear [A1] *vi* (AmL) to limp

renguera *f* (AmL) limp

reno *m* reindeer

renombrado -da *adj* well-known, renowned

renombrar [A1] *vt* to rebrand

renombre *m* renown; **de ~** renowned; **un pintor de ~ internacional** a painter of international renown, an internationally renowned painter

renovable *adj* renewable

renovación *f*

A (de un pasaporte, una suscripción) renewal

B (del mobiliario) complete change; (de un edificio, barrio) renovation; **la ~ total del personal de la empresa** the complete restaffing of the company; **la crema facilita la ~ celular** the cream aids cell renewal

C (puesta al día) updating

D (reanudación) renewal; **se teme una ~ de los ataques contra objetivos civiles** a renewed outbreak of attacks against civilian targets is feared

renovador -dora *adj*: **el espíritu ~ que reina en la nación** the spirit of renewal *o* change in the country; **el empuje ~ que las artes necesitaban** the fresh impetus which the arts needed; **un baño ~** a refreshing *o* reviving bath

renovar [A10] *vt*

A (prolongar la validez de) ‹*pasaporte/contrato*› to renew; **el partido tiene posibilidades de ~ su mandato** the party has a chance of renewing its mandate

B (cambiar) ‹*mobiliario*› to change; ‹*edificio/barrio*› to renovate

C (reformar, poner al día) ‹*organización/sistema/lenguaje*› to update, bring up to date; **~on el código de la circulación** they updated the highway code, they brought the highway code up to date

D (reavivar, reanudar) to renew; **ha renovado su ataque contra la oposición** she has renewed her attack on the opposition; **el volver a verlo renovó mi dolor** seeing him again opened up old wounds *o* brought back the pain; **volvió al trabajo con renovadas fuerzas** she returned to work with renewed energy, she returned to work revitalized

E (Méx) (Auto) ‹*llanta*› to remold*, retread

r

■ **renovarse** *v pron* **1** «*sospechas/dolor*» to be renewed **2** «*persona*» to be revitalized; **~se o morir** *or* (RPl) **~se es vivir** (fr hecha) you have to change with the times

renquear [A1] *vi* to limp

renqueo *m* limp

renta *f*

A (beneficio) income; **~s derivadas de capitales/del trabajo personal** unearned/earned income; **inversiones de ~ fija/variable** fixed/variable interest investments; **le proporciona una ~ anual de $100.000** it provides him with *o* brings in an annual income of $100,000; **puso el dinero en el banco y vive de las ~s** he put the money in the bank and he lives off the interest; **era muy famoso y aún vive de las ~s** he used to be very famous and he's still living off his reputation; ▸**impuesto**[2]

(Compuestos)

- **renta de aduanas** customs duties (*pl*)
- **renta fija** (ingresos) fixed income; (valores) fixed income securities
- **renta gravable** *or* **imponible** taxable income
- **renta nacional** national income
- **renta per cápita** income per capita, per capita income
- **renta variable** (ingresos) variable income; (valores) variable income securities
- **renta vitalicia** (life) annuity

B (alquiler) rent

(Compuesto) **renta antigua** fixed rent; **pagar ~ ~** to be a sitting tenant, to pay a fixed rent

rentabilidad *f* profitability; **la ~ de una inversión** the profitability of *o* return on an investment; **certificados de alta ~ a corto plazo** certificates offering a high short-term return *o* yield

rentabilizar [A4] *vt* ‹*inversión*› to achieve a return on; **han rentabilizado muy bien los $100.000 invertidos** they have received *o* achieved a handsome return on their $100,000 investment; **tratan de ~ los recursos de la zona** they are trying to make the most of the area's resources; **podrá ~ todos esos años de preparación** she will be able to reap the benefits of all those years of training

rentable *adj* ‹*inversión/negocio*› profitable: **no me es ~ viajar hasta allí para vender tan poco** it isn't worth my while *o* it doesn't make sense financially to go all that way to sell so little, there's no profit in me going all that way to sell so little

rentado -da *adj* (CS) paid; **tiene un empleo muy bien ~** she has a very well-paid job

rentar [A1] *vt* (Méx) **1** ‹*departamento/casa*› «*propietario*» to rent out, let (esp BrE); «*usuario*» to rent **2** ‹*coche*› to rent, hire (BrE)

rentero -ra *m,f* (Méx) tenant farmer (*of a smallholding*)

rentista *mf* person of independent *o* private means (dated), person who lives off the income from investments (*o* real estate *etc*)

renuencia *f* reluctance, unwillingness

renuente *adj* reluctant, unwilling

renuevo *m* shoot

renuncia *f*

A (dimisión) resignation; **presentó su ~** she resigned, she tendered her resignation (frml)

B **1** (abandono) **~ A algo** renunciation OF sth; **proclamaron su ~ al uso de la fuerza** they rejected the use of force, they renounced the use of force **2** (Der) relinquishment

C (sacrificio, abnegación) self-sacrifice

renunciar [A1] *vi*

A (dimitir) to resign; **~ A algo**: **renunció a su puesto en la dirección** he resigned his position on the board, he resigned from the board

B (a un derecho, un proyecto) **~ A algo** to give up *o* relinquish sth; **renunció a su parte de la herencia** she relinquished her part of the inheritance; **¿renuncias a Satanás?** do you renounce Satan?; **~ a usar métodos violentos** to renounce violence; **renunció a la acción de indemnización de perjuicios** she abandoned *o* dropped her claim for damages

C (Esp) (en naipes) to revoke, fail to follow suit

■ **renunciarse** *v pron* to deny oneself, make a sacrifice

renuncio *m*

A (Esp) (en naipes) revoke, failure to follow suit

B (Esp ant & fam) (contradicción): **lo cogí en un ~** I caught him out

reñidamente *adv* hard, bitterly; **un partido ~ disputado** a hard fought game

reñidero *m* cockpit

reñido -da *adj*

A ‹*partido/batalla*› hard-fought, tough; **en lo más ~ de la lucha** at the height of the struggle

B **1** [ESTAR] (peleado) **~ CON algn**: **está ~ con su novia** he has fallen out with his girlfriend (colloq) **2** (en contradicción) **~ CON algo**: **está ~ con mis principios** it goes against *o* it's against *o* it is at odds with my principles; **un espectáculo ~ con la moral tradicional** a show which conflicts with *o* is at odds with conventional moral standards; **lo bueno no está ~ con lo barato** good quality and cheap prices do not have to be mutually exclusive

reñir [I15] *vi*

A (esp Esp) (discutir) to argue, quarrel

B (esp Esp) **~ CON algn** (pelearse) to quarrel WITH sb, have a row *o* fight WITH sb; (enemistarse) to fall out WITH sb

■ **reñir** *vt*

A (Esp) (regañar) to scold, tell … off (colloq)

B (liter) ‹*lucha/combate*› to fight

reo[1] *mf* (Der) **1** (en lo penal — acusado) accused, defendant; (— condenado) convicted offender; **fue declarado** *or* **encargado ~** (AmL) he was committed for trial **2** (Méx) (en lo civil) defendant

reo[2] **rea** *m,f* (RPl fam) lout, yobbo (BrE colloq)

reo[3] *m* (Zool) sea trout

reoca *f* (Esp fam): **la ~** the limit (colloq)

reojo *m*: **de ~** (*loc adv*): **me miró de ~** he looked at me out of the corner of his eye

reorganización *f* reorganization

reorganizar [A4] *vt* to reorganize

reorientación *f* **1** (de una política, un enfoque) reorientation **2** (de recursos) redeployment

reorientar [A1] *vt* **1** ‹*política/enfoque*› to give a new direction to, to reorient (AmE), to reorientate (BrE) **2** ‹*recursos*› to redeploy

■ **reorientarse** *v pron* to reorient (AmE) *o* (BrE) reorientate oneself, to get one's bearings again

reostato, reóstato *m* rheostat

Rep. (= **República**) Rep.

repaginar [A1] *vt* to repaginate

repanchigarse [A3] *v pron* (fam) to lounge, sprawl out

repanocha *f* (Esp fam): **es la ~** he's/it's too much (colloq), he's/it's the limit (colloq)

repantingarse [A3] *v pron* (fam) ▸**repanchigarse**

reparable *adv* ‹*daño/avería*› repairable

reparación *f*

A (arreglo) repair; **taller de reparaciones** repair shop; **no tiene ~** it can't be fixed *o* repaired; **S reparación de calzado** shoe repairs; **S reparaciones al minuto** repairs while you wait

(Compuesto) **reparaciones de mantenimiento** (*pl*) running repairs (*pl*)

B (de un daño, una ofensa) redress, reparation; **exigió la ~ de los perjuicios causados** she claimed damages; **trató de obtener ~ judicial** he sought redress throught the courts; **le pidió perdón públicamente como ~ de la ofensa** he apologized publicly to her to make amends for *o* in reparation for the wrong done

reparador -dora *adj*

A ‹*sueño/descanso*› refreshing

B (Col fam) (persona): **no sea ~** stop complaining *o* (BrE colloq) moaning

reparadora *f* (Chi, Méx) *tb* : **~ de calzado** shoemaker's, cobbler's

reparar [A1] *vt*

A (arreglar) ‹*coche*› to repair, mend, fix; ‹*gotera/avería*› to mend, fix

B ‹*fuerzas/energías*› to restore

C ‹*error*› to correct, put right; ‹*ofensa/agravio*› to make amends for, make up for; ‹*daño/perjuicio*› to make good, compensate for

■ **reparar** *vi*

A **1** (considerar, pensar) (*gen en frases negativas*) **~ EN algo**: **no repara en gastos** she doesn't think *o* worry about the cost, she spares no expense; **no ~on en sus advertencias** they took no notice of *o* paid no heed to his warnings **2** (darse cuenta) **~ EN algo** to notice sth; **reparó en las manchas del techo** she noticed the stains on the ceiling; **les hizo ~ en la calidad del tejido** he drew their attention to the quality of the cloth; **como si no hubiera reparado en mi presencia** as if he hadn't even noticed I was there, as if he hadn't registered my presence

B (Méx) «*caballo/toro*» to rear, shy

reparo *m*

A (reserva, inconveniente): **siempre pone ~s a todo** she always finds problems with *o* raises objections about everything; **expresó sus ~s al acuerdo** he expressed his reservations about the agreement; **no tengo ningún ~ en decírselo a la cara** I'm quite prepared to tell him to his face, I have no qualms about telling him to his face; **le encomendó el trabajo con cierto ~** she entrusted the work to him with some reservation

B (en esgrima) parry

C (Méx) (de un caballo, toro): **el caballo dio un ~** the horse reared up *o* shied; **aguantó los ~s del caballo** he held on despite the horse's bucking/rearing

reparón -rona *adj*: **es muy ~** he's always complaining, he's always finding fault with everything, he's a real nitpicker (colloq)

repartición *f*

A (división) distribution, share-out

B (CS) (departamento, sección) department; **una ~ del gobierno** a government department; **visitará las diversas reparticiones del ejército** he will visit the various army divisions

(Compuesto) **repartición pública** (CS) (institución) government department; (edificio) government building

repartidor -dora *m,f*

A (*m*) delivery man, roundsman (BrE); **~ de periódicos** newspaper man *o* boy ; **~ de leche** milkman

B (*f*) delivery woman; **~a de periódicos** newspaper lady *o* girl; **~a de leche** milklady

repartija *f* (CS fam) carve-up (colloq), share-out

repartimiento *m* ▸**repartición A**

repartir [I1] *vt*

A ‹*ganancias*› to distribute, share out; ‹*trabajo*› to share out; **la riqueza está mal repartida** wealth is unfairly distributed; **repartió el pastel entre los cuatro** she shared the cake out *o* divided the cake up among the four of them

B **1** ‹*panfletos/propaganda*› to hand out, give out, distribute; **la policía repartió golpes** (fam) the police hit *o* beat people **2** ‹*periódicos/correo*› to deliver **3** ‹*cartas/fichas*› to deal

C (esparcir) to spread, distribute; **~ el pegamento uniformemente por toda la superficie** spread *o* distribute the glue evenly over the whole surface

■ **repartir** *vi* to deal; **¿a quién le toca ~?** whose turn is it to deal?, who's the dealer?

■ **repartirse** *v pron* to share out; **nos repartimos las ganancias/el trabajo** we shared out the profits/the work

reparto *m*

A (distribución) distribution; **~ de premios** prizegiving; **se hizo el ~ del dinero entre los hermanos** the money was shared out *o* divided up *o* distributed among the brothers; **le tocó poco en el ~** she didn't get very much in the share-out

(Compuestos)

- **reparto de beneficios** (Esp) profit sharing
- **reparto de dividendos** distribution of dividends
- **reparto de utilidades** (AmL) profit sharing

B (servicio de entrega) delivery; **S reparto a domi-**

cilio delivery service; **camioneta de ~** delivery truck *o* van; **ayer no hubo ~ de correo** there was no mail delivery yesterday, there was no post (delivered) yesterday (BrE)

C (Cin, Teatr) cast

repasador *m* (RPl) dish towel (AmE), tea towel (BrE)

repasar [A1] *vt*

A ‹*lección/tema*› to review (AmE), to revise (BrE); ‹*lista/cuenta*› to go over, check; **lo repasó antes de entregarlo** she went over it *o* checked over it *o* read it through before handing it in; **necesitaré diez minutos para ~ el discurso** I'll need ten minutes to look *o* go over the speech; **estábamos repasando las fotos** we were looking through the photos

B **1** ‹*ropa*› (con la plancha) to iron **2** ‹*costura*› to reinforce, go over … again; ‹*botones*› to sew … on more firmly

C (AmL) ‹*adornos/muebles*› to dust

■ **repasar** *vi* to review (AmE), to revise (BrE)

repaso *m* (revisión — para aprender algo) review (AmE), revision (BrE); (— para detectar errores) check; **dio un último ~ a todas las conexiones** he gave all the connections a final check; **hacer un ~ de un tema** to review (AmE) *o* (BrE) revise a subject; **dio un ~ a sus apuntes** she went *o* read *o* looked over her notes; **un ~ de las noticias más destacadas** a review *o* run-through of the main points of the news; **hay que darle un ~ a la camisa** (con la plancha) the shirt needs a quick once-over *o* going-over with the iron (colloq) (cosiendo) the shirt needs a stitch or two (colloq)

repatear [A1] *vi* (Esp fam) to annoy; **me repatea que llegue siempre tarde** it really gets me *o* annoys me *o* (BrE) gets on my nerves how he always turns up late (colloq)

repatingarse [A3] *v pron* (AmL) ▸ **repanchigarse**

repatriación *f* repatriation

repatriado -da *m,f* repatriate

repatriar A1 *or* **A17** *vt* to repatriate

repavimentación *f* resurfacing

repavimentar [A1] *vt* to resurface

repe *adj* (Esp fam): **te cambio este sello, lo tengo ~** I'll swap you this stamp, I've got two *o* I've got it twice

repecho *m* steep slope; **a ~** uphill

repelar [A1] *vi* (Méx fam) to grumble, to moan (BrE colloq)

■ **repelarse** *v pron* (Chi fam) **~se DE algo**: **me repelé de no haberlo comprado** I kicked myself for not having bought it

repelente[1] *adj*

A (que ahuyenta): **una loción ~** a repellent

B ‹*persona*› repulsive, repellent, horrible; ‹*niño*› horrible, obnoxious

repelente[2] *m* insect repellent

repeler [E1] *vt*

A ‹*ataque/agresión*› to repel, repulse (frml)

B (rechazar) to resist; **una tela que repele el agua** a water-resistant *o* water-repellent fabric; **repele el fuego** it is fire-resistant

C (Fís) to repel

■ **repeler** *vi* (+ *me/te/le etc*): **las serpientes me repelen** I find snakes repellent *o* repulsive; **me repele su actitud paternalista** I find his paternalistic attitude repellent, I can't stand his paternalistic attitude

repellar [A1] *vt* to plaster

repelo *m* (Méx fam) hand-me-down (colloq)

repelús *m*: **me da ~** it gives me the creeps *o* the shivers (colloq)

repeluzno *m* shudder (of disgust/distaste)

repente *m*

A (de ira, histeria) fit; **le dio un ~ de rabia** he flew into a fit of rage; **me dio un ~ y salí a comprármelo** (fam) I suddenly felt like buying it so I went out and did just that

B **de repente** (*loc adv*) **1** (de pronto) suddenly; **de ~ se oyó un grito** suddenly *o* all of a sudden there was a shout; **murió de ~** he died suddenly **2** (Per, RPl) (quizás) maybe, perhaps; **de ~ se quedó dormido** maybe *o* perhaps he fell asleep

repentinamente *adv* suddenly

repentino -na *adj* sudden; **fue una muerte repentina** she died very suddenly, it was a sudden death

repentista *mf* improvizer

repentización *f*

A (Mús) sight-reading; **ejercicio de ~** sight-reading exercise

B (improvisación) improvisation

repentizador -dora *m,f* ▸ **repentista**

repentizar [A4] *vt*

A (Mús) to sight-read

B (improvisar) to improvise

repera *f* ▸ **reoca**

repercusión *f* **1** (de un sonido) reverberation **2** (eco, resonancia): **sus diseños han tenido gran ~** her designs have made a great impact **3** (efecto, consecuencia) repercussion; **la ley tuvo amplias repercusiones en la industria** the law had widespread repercussions throughout the industry; **no se sabe qué repercusiones tendrá este cambio** no-one knows what impact *o* effects this change will have

repercutir [I1] *vi*

A ‹‹*sonido*›› to reverberate

B (afectar) **~ EN algo** to have an effect *o* an impact ON sth; **su optimismo repercutió en todo el grupo** her optimism had an effect *o* impact on the whole group, her optimism rubbed off on the whole group (colloq); **los problemas económicos repercutieron en la relación matrimonial** their financial problems affected their marriage *o* had repercussions on their marriage

■ **repercutir** *vt* ‹*gastos*› to pass on; **~ algo EN** *or* **SOBRE algn** to pass sth ON TO sb

repertorio *m* repertoire; **compañía de ~** repertory company

repesca *f* **1** (Dep) repechage **2** (Esp fam) (Educ) retake exam, make up exam *o* test (AmE), resit (BrE)

repescar [A2] *vt* (Esp fam) ‹*estudiante*› to pass (*in a retake*)

repetición *f*

A **1** (de una pregunta, palabra) repetition; **para evitar repeticiones** so as not to repeat myself, so as to avoid repetition **2** (de un sueño, fenómeno) recurrence; **la ~ de este tema en su obra** the recurrence of this theme in his work

B (de un programa) repeat; (de un experimento) repetition, rerun; **una ~ de las jugadas más importantes** (TV) edited highlights of the game

repetidamente *adv* repeatedly

repetido -da *adj*

A ‹*sello/disco*› **éste lo tengo ~** I have two of these, I have this one twice

B (*delante del n*) ‹*oportunidades/veces*› **se lo había dicho repetidas veces** *or* **en repetidas ocasiones** I'd told him again and again *o* time and again, I'd told him on countless *o* numerous occasions; **~s intentos de fuga/suicidio** repeated escape/suicide attempts

repetidor[1] **-dora** *adj* **1** (Telec) relay (*before n*), booster (*before n*) **2** ‹*alumno*› **los estudiantes ~es** those students repeating the year

repetidor[2] **-dora** *m,f*

A (Educ) *student repeating a year*

B **repetidor** *m* (Rad, TV) relay station, booster station

repetidora *f* relay station, booster station

repetir [I14] *vt*

A ‹*pregunta/explicación/advertencia*› to repeat; **¿me lo puedes ~?** could you repeat it, please?; **repite como un loro todo lo que dice su marido** she repeats, parrot fashion, everything her husband says; **hay que ~le las cosas diez veces para que entienda** you have to tell her everything ten times to get her to understand; **me cansé de ~le que no lo hiciera** I got fed up with telling him not to do it; **se lo repetí hasta la saciedad** I told him until I was blue in the face (colloq); **¡que no te lo tenga que volver a ~!** don't let me have to tell you again!

B ‹*tarea*› to do … again; ‹*programa*› to repeat; ‹*experimento*› to repeat, rerun; ‹*curso/asignatura*› to repeat; **esto está mal, repítelo** this is wrong, do it again; **es una experiencia que no quiero ~** it's an experience I don't want to repeat; **lo aplaudieron tanto que tuvo que ~ la pieza** they applauded so much that he had to play the piece again

C ‹*plato*› to have a second helping of, to have seconds of (colloq)

D ‹*ajo/pepino*› **he estado repitiendo la cebolla toda la tarde** the onion's been repeating on me all afternoon

■ **repetir** *vi*

A (volver a comer) to have a second helping, to have seconds (colloq)

B ‹‹*pimientos/pepinos*›› to repeat; **el ajo me repite** garlic repeats on me

C (Educ) to repeat a year/course

■ **repetirse** *v pron*

A **1** ‹‹*fenómeno/incidente*›› to recur, happen again; **¡que no se vuelva a ~!** don't let it happen again!; **la historia se repite** (fr hecha) history repeats itself **2** ‹‹*persona*›› to repeat oneself

B (Chi) (volver a comer) to have a second helping, to have seconds (colloq)

repetitivo -va *adj* repetitive

repicar [A2] *vi* to ring out, peal

■ **repicar** *vt* to ring

repintar [A1] *vt* to repaint

repipi *adj* (Esp fam) **1** (afectado, cursi) affected, precious (pej), twee (BrE) **2** (sabiondo): **esta niña es tan ~** she's such a little know-it-all *o* (BrE) know-all (colloq)

repique *m* ringing, pealing

repiquetear [A1] *vi*

A **1** ‹‹*campanas*›› to peal, ring out **2** (Chi, Méx) ‹‹*teléfono*›› to ring

B (golpear): **la lluvia repiqueteaba en los cristales** the rain pattered on the window panes; **no dejaba de ~ con los dedos en la mesa** he kept drumming *o* tapping his fingers on the table

repiqueteo *m*

A **1** (de campanas) ringing, pealing **2** (Chi, Méx) (del teléfono) ringing

B **1** (de un tambor) beating **2** (de lluvia) pattering, pitter-patter (colloq); (con los dedos) drumming, tapping

repisa *f* **1** (estante) shelf; (de la chimenea) mantelpiece **2** (Arquit) corbel

repita, repitas, etc ▸ **repetir**

repitencia *f* (Educ) repeat rate

repitente *mf* (Chi) (Educ) *student repeating the year*

replana *f* (Per) underworld slang

replantar [A1] *vt* **1** ‹*terreno/bosque*› to replant **2** ‹*planta*› to transplant

replanteamiento *m* rethinking, reconsideration

replantear [A1] *vt*: **replanteó la necesidad de ahorrar energía** he again raised the question of the need to save energy; **debemos ~ nuestra posición** we must redefine our position; **en el segundo partido ~on su sistema defensivo** in the second game they changed *o* reorganized their defense

■ **replantearse** *v pron* to rethink; **tendré que ~me la situación** I'll have to rethink *o* reconsider the situation; **a raíz de lo ocurrido tendré que ~me la idea de ir a Moscú** after what has happened I shall have to think again about going to Moscow

replegar [A7] *vt* **1** ‹*alas*› to fold, draw in **2** ‹*tren de aterrizaje*› to retract, draw up

■ **replegarse** *v pron* (Dep, Mil) to withdraw, fall back

repleto -ta *adj*

A ‹*calle/vehículo*› **~ DE algo** packed WITH sth; **las calles estaban repletas de gente** the streets were packed *o* crammed with people; **la ciudad está repleta de atracciones históricas y culturales** the city is full of historical and cultural attractions; **el tren iba ~** the train was packed *o* (colloq) jam-packed

B ‹*persona*› replete (frml *or* hum), full; **¡qué comilo-**

na, estoy ~! what a feast, I'm absolutely full!

réplica *f*
A (frml) (contestación) reply; **su airada ~ me desconcertó** I was taken aback by her angry reply *o* retort *o* (frml) rejoinder
B (copia) replica
C (Der) replication
D (Chi, Méx) (de un terremoto) aftershock

replicar [A2] *vt* (frml) to retort, reply; **-claro que no -replicó** of course not, he retorted
■ **replicar** *vi*
A (argumentar) to argue; **hazlo tal como te lo he dicho y no me repliques** do it the way I've told you and don't answer back *o* don't argue
B (Der) to reply

repliegue *m*
A (en una superficie) fold, furrow
B (Dep, Mil) withdrawal

repoblación *f* 1 (Agr) restocking; **~ forestal** reforestation, reafforestation (BrE) 2 (con personas) repopulation, resettlement

repoblar [A10] *vt* 1 ‹río/lago› to restock 2 (de árboles) to reforest, reafforest (BrE) 3 (de personas) to repopulate, resettle

repollito de Bruselas *m* (AmS) Brussels sprout

repollo *m* cabbage
(Compuestos)
- **repollo colorado** (CS) red cabbage
- **repollo morado** (CS) red cabbage

reponer [E22] *vt*
A 1 (reemplazar) ‹*existencias*› to replace; ‹*dinero*› to put back, repay; **tendrás que ~ los vasos que rompas/el café que uses** you'll have to replace any glasses you break/any coffee you use; **un descanso para ~ fuerzas** a rest to get our strength back 2 ‹*funcionario/trabajador*› to reinstate; **ha sido repuesto en su cargo** he has been reinstated in his job 3 ‹*obra*› to put ... on again, revive; ‹*serie*› to repeat, rerun; ‹*película*› to show ... again
B (replicar) to reply; **a lo que repuso que no tendría inconveniente** to which she replied that she could have no objections
■ **reponerse** *v pron* to recover; **está totalmente repuesto** he has made a complete recovery, he is *o* has completely recovered; **~se DE algo** to recover FROM sth; **~se de un susto/una enfermedad** to recover from *o* get over a shock/an illness

reportaje *m* 1 (en un periódico, revista) article, story, feature 2 (en televisión) report, item, story 3 (AmL) (entrevista) interview; **le hicieron un ~ para la televisión** they interviewed him *o* did an interview with him for television
(Compuesto) **reportaje gráfico** illustrated feature

reportar [A1] *vt*
A ‹*beneficios/pérdidas*› to produce, yield; (+ *me/te/le etc*): **el negocio le reportó grandes ganancias** the business brought him large profits; **no me reportó más que disgustos** it brought *o* caused me nothing but trouble
B (en litografía) to transfer
C (AmL) 1 ‹*robo/pérdida*› to report; ‹*persona*› to report; **reportó la pérdida de los papeles** she reported the loss of the papers 2 (dar cuenta de) to report; **no se han reportado pérdidas humanas** no deaths have been reported
D (Méx) ▸ **reportear**
■ **reportar** *vi*
A (Rels Labs) **~ A algn** to report TO sb; **~á al director financiero** you will report to the finance director
B (Méx) ▸ **reportear**
■ **reportarse** *v pron* (AmL) (presentarse) to report; **tiene que ~se al hospital todas las semanas** she has to report to *o* go to the hospital every week

reporte *m* (Méx) 1 (informe) report 2 (queja) complaint

reportear [A1] *vt* (Andes) to cover, report on
■ **reportear** *vi* (Andes): **lo mandaron a ~ durante el terremoto** he was sent to report on *o* to cover the earthquake

reportero -ra *m,f* reporter
(Compuesto) **reportero gráfico** press photographer

reposabrazos *m* (*pl* ~) armrest

reposacabezas *m* (*pl* ~) headrest

reposadamente *adv* unhurriedly, calmly; **se mueve ~ y con aplomo** her movements are unhurried and self-assured

reposado -da *adj*
A 1 [SER] (tranquilo) ‹*persona/temperamento*› calm 2 ‹*mar/aguas*› calm
B [SER] (pausado) ‹*ademanes/habla*› unhurried
C [ESTAR] (descansado) rested

reposamuñecas *m* (*pl* ~) wrist rest

reposapiés *m* (*pl* ~) footrest

reposar [A1] *vi*
A (descansar) «*persona*» to rest; **el médico le ordenó ~ después de comer** the doctor told him to rest after meals; **sus restos mortales reposan en Tijuana** his mortal remains lie *o* repose in Tijuana; **la naturaleza reposa en invierno** (liter) in winter nature lies dormant; **su mano reposaba sobre las páginas del libro** her hand was resting *o* (liter) reposing on the pages of the book
B «*líquido/solución*» to settle; **cuando el caldo haya reposado** when the stock has settled; **dejar ~ la masa antes de estirarla** let the dough stand before rolling it out
C (apoyarse) **~ EN *or* SOBRE algo**: **sus argumentos reposan en bases falsas** his arguments are based on *o* rest on *o* (frml) repose on false assumptions; **el tejado reposa sobre cuatro columnas** the roof is supported by four columns
■ **reposar** *vt*: **~ la comida** to let one's food go down *o* settle

reposera *f* (RPl) lounger

reposición *f*
A (reemplazo) replacement
B (de una serie) repeat, rerun; (de una obra) revival; (de una película) reshowing
C (de un funcionario) reinstatement

repositorio *m* repository

reposo *m*
A 1 (descanso) rest; **el médico le recomendó guardar ~ absoluto** the doctor recommended complete rest; **recemos por su eterno ~** let us pray for the eternal rest *o* repose of his soul (frml); **con los niños no tengo ni un momento de ~** I don't get a minute's peace *o* rest with the children around 2 (Coc): **dejar en ~** leave to stand
B (Fís) rest; **un cuerpo/moléculas en ~** a body/molecules at rest

repostaje *m* refueling*; **escala de ~** refueling stop

repostar [A1] *vt* 1 (Auto) ‹*gasolina*› to fill up with; **el avión repostó combustible en Caracas** the plane took on fuel *o* refueled in Caracas 2 ‹*provisiones*› to stock up with
■ **repostar** *vi* 1 (Auto) to fill up, to get some gas (AmE) *o* (BrE) petrol, to refuel (AmE) 2 (Aviac, Náut) to refuel

repostería *f* confectionery, baking (*of pastries, desserts*); **se dedicó a la ~** she became a pastrycook *o* confectioner

repostero -ra *m,f*
A (persona) confectioner, pastrycook
B **repostero** *m* (Chi) 1 (despensa) pantry 2 (comedor) kitchen diner

repregunta *f* 1 (interrogatorio): **(sesión de) ~s** cross-examination; **durante las ~s** during the cross-examination 2 (pregunta) follow-up question (*by the cross-examiner*)

repreguntar [A1] *vt* to cross-examine

reprender [E1] *vt* to scold, tell ... off (colloq); **reprendió a los niños por jugar con la pelota en la calle** she scolded the children *o* told the children off for playing ball in the street

reprensible *adj* reprehensible

represa *f* (AmS) 1 (en un río — dique) dam; (— embalse) reservoir 2 (de un molino) millpond

represalia *f* reprisal; **tomar ~s** to take reprisals; **como ~ por el atentado** in reprisal *o* retaliation for the attack

represaliar [A1] *vt* to take reprisals against; **fueron represaliados por el régimen** they suffered reprisals at the hands of the regime

represar [A1] *vt* to dam

representación *f*
A (acción): **asistió en ~ del Rey** she attended as the King's representative; **en ~ de mis compañeros** on behalf of my companions; **tiene a su cargo la ~ de una editorial** he represents a publishing house
B (delegación) delegation
(Compuestos)
- **representación diplomática** diplomatic representation
- **representación proporcional** proportional representation

C (Teatr) performance, production
D 1 (símbolo) representation; **la ~ escrita de un sonido** the written representation of a sound 2 (imagen) illustration; **se hizo una ~ mental de la escena** she pictured the scene in her mind, she conjured up a mental picture of the scene 3 (muestra) sample; **de su obra hay una escasa ~ en nuestras pinacotecas** there are few examples of his work in our galleries
E (Esp period) (categoría): Ⓢ **oficinas alta representación** luxury office accommodation
F **representaciones** *fpl* (frml) (peticiones) representations (*pl*); **hacer representaciones ante algn** to make representations to sb

representado -da *m,f* client

representante *mf* 1 (de una persona, organización) representative; (Com) representative; **es ~ de una editorial** she represents a publishing house; **ganó la ~ brasileña** the Brazilian contestant won 2 (diputado) representative
(Compuesto) **representante de la ley** (period) officer of the law

representar [A1] *vt*
A ‹*persona/organización/país*› to represent; **no estaba representado por un abogado** he was not represented by a lawyer; **representó a Suecia en los campeonatos** he represented Sweden in the championships, he played (*o* swam *etc*) for Sweden in the championships; **los que no puedan asistir deben hacerse ~ por alguien** those who cannot attend should send a representative *o* proxy
B ‹*obra*› to perform, put on; ‹*papel*› to play; **representó el papel de Cleopatra** she played Cleopatra *o* the part of Cleopatra
C (aparentar) to look; **no representa la edad que tiene** he doesn't look the age he is; **representa unos cuarenta años** she looks about forty; **no representa lo que costó** it doesn't look as expensive as it was
D (simbolizar) to symbolize; **la paloma representa la paz** the dove symbolizes *o* is a symbol of peace
E (reproducir) «*dibujo/fotografía*» to show, depict; **la medalla representa a la Virgen** the medallion depicts the Virgin Mary; **la escena representa una calle de los arrabales** the scene shows *o* depicts a street in the poor quarters; **la obra representa fielmente la sociedad de fines de siglo** the play accurately portrays society at the turn of the century
F (equivaler a, significar) to represent; **esto representa un aumento del 5% con respecto al año pasado** this represents a 5% increase on last year; **para él no representa ningún sacrificio** it's no sacrifice for him; **nos representa un gasto inesperado** it means *o* involves an unexpected expense; **introducir la modificación ~ía tres días de trabajo** introducing the modification would mean *o* involve three days' work
■ **representarse** *v pron* to picture; **¿te lo puedes ~ sin barba?** can you picture *o* imagine him without a beard?

representatividad *f*: **el gobierno carece de ~** the government does not represent the will of the people

representativo -va *adj*
A (característico): **este cuadro es ~ de su época cubista** this picture is a good example of *o* is representative of his Cubist period; **quizás sea el compositor más ~ del período** he is perhaps the composer who best exemplifies the period *o* who is most representative of the

period; **el incidente es ~ del clima de violencia reinante** the incident is typical *o* indicative of the current climate of violence; **un episodio ~ de su actitud con respecto al dinero** an episode which typifies his attitude to money
B (Pol) representative; **sistema ~ de gobierno** representative system of government

represión *f*
A (Pol) repression
B (Psic) repression

represivo -va *adj* repressive

represor -sora *m,f* oppressor

reprimenda *f* reprimand

reprimido[1] **-da** *adj* repressed

reprimido[2] **-da** *m,f*: **es un ~** he's repressed

reprimir [I1] *vt*
A ‹*rebelión*› to suppress, crush
B ‹*risa/llanto/bostezo*› to suppress, stifle; **tuvo que ~ la ira que sentía** he had to choke back *o* control the anger he felt
C (Psic) to repress; **~ los impulsos sexuales** to repress one's sexual urges
■ **reprimirse** *v pron* (*refl*) to control oneself

reprise /rre'pris/, **reprís** *m or f*
A (Auto) acceleration
B **reprise** *f* (AmL) (reposición) revival

reprobable *adj* reprehensible

reprobación *f* disapproval

reprobar [A10] *vt*
A ‹*acción/actitud/conducta*› to condemn; **¿quién soy yo para ~te?** who am I to reproach *o* condemn you?; **repruebo todo tipo de favoritismo** I disapprove of any kind of favoritism
B (AmL) ‹*estudiante*› to fail; ‹*materia/curso*› to fail; **me ~on en física** I failed physics

reprobatorio -ria *adj* disapproving

réprobo -ba *adj/m,f* reprobate

reprocesado, reprocesamiento *m* reprocessing; **planta de ~** reprocessing plant

reprocesadora *f* reprocessing plant

reprocesar [A1] *vt* to reprocess

reprochable *adj* reprehensible

reprochar [A1] *vt* to reproach; **no tengo nada que ~le** I have nothing to reproach him for; **me reprochó que no le hubiera escrito** he reproached me for not having written to him
■ **reprocharse** *v pron* (*refl*) to reproach oneself; **no te lo reproches, no tuviste la culpa** don't blame yourself *o* reproach yourself, it wasn't your fault

reproche *m*: **no merezco tus ~s** I do not deserve your reproaches *o* (frml) your reproach; **una mirada de ~** a look of reproach, a reproachful look; **no te quiero hacer ~s pero ...** I'm not criticizing you but ...; **muy bien, yo tomaré la decisión, pero luego no me hagan ~s** all right, I'll decide, but don't blame me afterward(s)

reproducción *f*
A (Biol, Bot) reproduction; **~ asexual/sexual** asexual/sexual reproduction; **los órganos de la ~** the reproductive organs; **animales reservados para la ~** animals kept solely for breeding
B **1** (de sonido) reproduction **2** (de un modelo) reproduction, copy; (de un disco) copy

reproducir [I6] *vt*
A (volver a producir) to repeat, reproduce; **es difícil que reproduzca su hazaña** it will be difficult for him to repeat such a feat
B (copiar) ‹*cuadro/grabado*› to reproduce; ‹*mueble/escultura*› to reproduce; **el museo va a ~ en una de sus salas una aldea íbera** the museum is going to reconstruct an Iberian village in one of its rooms; **el pintor reproduce fielmente el ambiente de la época** the painter accurately reproduces the atmosphere of the age; **es difícil ~ estas condiciones en el laboratorio** it is difficult to reproduce these conditions in the laboratory
C **1** ‹*sonido*› to reproduce **2** ‹*discurso/texto*› to reproduce
■ **reproducirse** *v pron*
A (Biol, Bot) to reproduce, breed
B «*fenómeno*» to recur, occur *o* happen again; **es imposible que este éxito se reproduzca** it is impossible to repeat this success

reproductor[1] **-tora** *adj* **1** ‹*animal*› breeding (*before n*); **caballo ~** stud horse **2** ‹*órgano*› reproductive

reproductor[2] **-tora** *m,f*
A (Agr) breeding animal
B **reproductor** *m* (Audio, Vídeo): **~ de discos compactos** compact disc player; **~ de vídeo** video recorder, VCR; **~ de casetes** cassette player

reproductora *f* ▸ **reproductor**[2] **B**

reprografía *f* reprographics, reprography

reprogramar [A1] *vt* reprogram, reprogramme (BrE)

reps *m* (Tex) rep

reptar [A1] *vi* «*serpiente*» to slither; «*cocodrilo*» to crawl, slide; **escaparon reptando por debajo de la alambrada** they escaped by crawling under the fence

reptil[1] *adj* reptilian, reptile (*before n*)

reptil[2] *m* reptile; **los ~es** the reptiles

república *f* republic
(Compuestos)
• **república bananera** (pey) banana republic (pej)
• **república federal** federal republic

República Centroafricana *f* Central African Republic

República Checa *f* Czech Republic

República Democrática Alemana *f* (frml) (Hist) German Democratic Republic

República Dominicana *f* Dominican Republic

República Eslovaca *f* Slovak Republic

República Federal de Alemania *f* (frml) Federal Republic of Germany (frml)

republicanismo *m* republicanism

republicano -na *adj/m,f* republican

República Oriental del Uruguay *f* (frml) *official name of Uruguay*

República Popular China *f* (frml): **la ~ ~ ~** the People's Republic of China (frml)

repudiación *f* repudiation

repudiar [A1] *vt*
A (condenar) ‹*atentado*› to condemn; ‹*violence*› to condemn, repudiate
B (Der) **1** ‹*mujer*› to disown, repudiate (frml) **2** ‹*herencia*› to repudiate

repudio *m* repudiation; **un acto que merece todo nuestro ~** an act that merits our unreserved condemnation

repuesto[1] **-ta** *adj see* **reponer**

repuesto[2] *m* **1** (Auto) (pieza) spare part, part **2** (reserva): **de ~** spare (*before n*); **bombillas de ~** spare bulbs

repugnancia *f*: **me causa ~** I find him repellent *o* repulsive *o* repugnant; **siento auténtica ~ por** *or* **hacia las culebras** I really loathe *o* can't stand snakes, I have an aversion to snakes, I find snakes repulsive; **la ~ que sentí cuando me tocó** the revulsion I felt when he touched me; **el atentado causó ~ en todo el país** the whole country felt abhorrence *o* repugnance *o* revulsion at the attack; **me da ~ ver cómo le hace la pelota al jefe** it's revolting *o* it's horrible *o* it makes me sick the way he's always crawling to the boss

repugnante *adj* **1** ‹*olor*› disgusting, revolting **2** ‹*crimen*› abhorrent, repugnant **3** ‹*persona*› (físicamente) repulsive, revolting, repellent; (moralmente) repugnant

repugnar [A1] *vi*: **me repugnan sus mentiras** I find his lies repugnant *o* repellent; **tiene un olor que repugna** it has a disgusting *o* revolting smell; **me repugna beber de un vaso sucio** I find having to drink out of a dirty glass disgusting, I have an aversion to drinking out of a dirty glass; **le repugna la injusticia** she finds any form of injustice abhorrent *o* repugnant

repujado -da *adj* repoussé, embossed

repujar [A1] *vt* to emboss, to work ... in repoussé

repulir [I1] *vt* to polish, polish up

repulsa *f* **1** (condena) condemnation **2** (rechazo) rejection

repulsión *f* **1** (repugnancia): **siento ~ por la violencia** I find violence repugnant *o* abhorrent; **las cucarachas me producen ~** I find cockroaches repulsive **2** (Fís) repulsion

repulsivo -va *adj* **1** ‹*persona*› (físicamente) repulsive, revolting, repellent; (moralmente) repugnant, repellent **2** ‹*olor*› disgusting, revolting

repuntar [A1] *vi*
A **1** «*precio/cotización*» to rally, pick up **2** «*industria/economía*» to recover, pick up (colloq) **3** (AmL) «*equipo/jugador*» to recover, improve; «*estudiante*» to improve, pick up (colloq); «*enfermo*» to improve, pick up (colloq)
B **1** «*marea*» to turn **2** (AmL) «*río*» to rise
C (Chi) «*trigo/grano*» to sprout
■ **repuntar** *vt* (Chi) ‹*ganado*› to drive

repunte *m*
A (Fin) **1** (de precios, cotizaciones) recovery, rally; **un leve ~ en las operaciones bursátiles** a slight recovery *o* upturn *o* rally in dealings on the stock exchange; **a pesar del ~ del dólar** despite the rally by the dollar, despite the recovery of the dollar **2** (de una industria, la economía) upturn, recovery; **un ligero ~ económico** a slight economic upturn *o* recovery; **~ en las ventas** an upturn in sales **3** (de la inflación) increase
B **1** (de la marea): **con el ~ de la marea** when the tide begins to ebb/flow, when the tide turns **2** (de un río) rise
C (Chi) (de una planta) sprouting
D (Chi) (de ganado) driving

reputación *f* reputation; **tener buena/mala ~** to have a good/bad reputation; **le dañó la ~** it damaged his reputation; **tienes ~ de buen mecánico** you have a reputation as a good mechanic

reputado -da *adj* ‹*cantante/profesional*› famous, renowned; **un artista ~** a famous *o* renowned artist, an artist of repute; **salió mal ~ del banco** he left his job at the bank with a bad reputation, he left the bank under a cloud *ver tb* **reputar**

reputar [A1] *vt* to consider; **un país reputado como moderno** a country considered *o* held to be modern

requebrar [A5] *vt* (liter) to pay amorous compliments to

requemar [A1] *vt* **1** ‹*carne/verduras*› to burn **2** ‹*garganta/paladar*› to burn
■ **requemarse** *v pron* to burn; **el pollo se ha requemado un poco** the chicken has got(ten) *o* is a little burned

requerimiento *m*
A (Der) (petición) request; **compareció a ~ del señor juez** she appeared at the judge's request; **fue extraditado a ~ de las autoridades alemanas** he was extradited at the request *o* (frml) behest of the German authorities
(Compuesto) **requerimiento judicial** summons
B (necesidad, requisito) requirement

requerir [I11] *vt*
A (necesitar) to require; **éstos son los precios de los productos que requieren** these are the prices of the products you require; **requiere mucha paciencia** it calls for *o* requires *o* demands *o* needs a great deal of patience; **una enfermedad que requirió su hospitalización** an illness which necessitated *o* required her hospitalization; Ⓢ **se requiere buena presencia** good appearance essential
B ‹*documento*› to require; ‹*persona*› to summon; **el juez requirió su presencia como testigo** the judge summoned him to appear as a witness; **fue requerido de pago** he was ordered to pay

requesón *m* curd, curd cheese

requete- *pref* (fam): **eso lo tengo requeteoído** I've heard that time and time again; **el programa es requetemalo** the program is terrible *o* awful; **me parece requetebien** I think

r

it's dead right (colloq); **son ~rricos** they're mega rich (colloq)

requeté *m* (Hist) **1** (milicia) Carlist militia **2** (miliciano) Carlist militiaman, member of the Carlist militia

requiebro *m* amorous compliment

réquiem /'rrekjem/ *m* (*pl* **requiems**) (Relig) requiem

requiescat in pace RIP, (may he/she) rest in peace

requintar [A1] *vt*
A (Per fam) (regañar) to tell … off, have a go at (colloq)
B (Méx) ‹*cuerda*› to tighten

requinto *m: type of four-stringed guitar*

requisa *f*
A **1** (Mil) (de vehículos, suministros) requisition **2** (de drogas, objetos robados) seizure
B **1** (inspección) inspection **2** (AmL) (registro) search

requisar [A1] *vt*
A **1** (expropiar) ‹*vehículo/suministros*› to requisition **2** (confiscar) ‹*drogas/objetos robados*› to seize
B **1** (inspeccionar) to inspect **2** (Col) (cachear) to search

requisición *f* requisition

requisito *m* requirement; **llenar** *or* **reunir los ~s** to fulfill *o* satisfy *o* meet the requirements; **es ~ indispensable ser mexicano** Mexican nationality is an essential requirement; **el ~ esencial es entusiasmo** enthusiasm is the essential qualification

(Compuesto) **requisito previo** prerequisite

requisitoria *f* **1** (dirigida — al acusado) summons; (— a otro juez) rogatory commission **2** (AmL) (interrogatorio) interrogation, examination

res *f* **1** (animal) animal; **tiene más de 100 ~es** she owns more than a hundred head of cattle; **~es bravas** fighting bulls **2** (Col, Méx, Ven) (Coc) *tb* **carne de ~** beef

(Compuestos)
- **res lanar** sheep; **compró 50 ~es ~es** he bought 50 sheep *o* 50 head of sheep
- **res vacuna** *calf, cow, bull, etc*; **2.000 ~es ~s** 2,000 head of cattle

resabiado -da *adj* **1** ‹*caballo/toro*› *which has acquired a particular habit* **2** ‹*persona*› **quedé** *or* **salí ~** I learned my lesson

resabido -da *adj* **1** (fam) (bien sabido): **es ~ que …** it's common knowledge *o* everyone knows that …; **eso es algo que debería tener sabido y ~** that's something she should know backwards *o* inside out, that's something she should be very familiar with **2** (fam & pey) ‹*persona*› **es muy ~** he's such a know-it-all (colloq)

resabio *m*
A (sabor desagradable) (unpleasant) aftertaste; **aquel incidente me dejó un ~ de amargura** that incident left me with a bitter aftertaste *o* with a nasty taste in the mouth; **~s del pasado** unpleasant memories of the past
B (mala costumbre) bad habit; **tiene algunos ~s de su época de estudiante** he still has some bad habits that he picked up during his student days

resaca *f*
A (de las olas) undertow
B (después de beber) hangover; **tener ~** to have a hangover
C (RPl) **1** (limo) silt **2** (en la orilla) jetsam **3** (fam & pey) (de un grupo) dregs (*pl*) (pej); **son la ~ de la sociedad** they're the dregs of society

resacoso -sa *adj* (fam) hung over

resalado -da *adj* (Esp fam) (gracioso) witty; (vivo) lively

resaltante *adj* (AmL) outstanding

resaltar [A1] *vi*
A (sobresalir, destacarse) to stand out; **resaltaban sus grandes ojos negros** the most striking thing about her was her big dark eyes
B **hacer resaltar** ‹*color*› to bring out; ‹*importancia/necesidad*› to highlight, stress, emphasize
■ **resaltar** *vt* ‹*cualidad/rasgo*› to highlight; ‹*importancia/necesidad*› to highlight, stress, emphasize; **quiso ~ que …** he wanted to stress *o* emphasize (the fact) that …

resalte, resalto *m* projection, ledge

resarcimiento *m* (indemnización) compensation; (reembolso) reimbursement, repayment

resarcir [I4] *vt* **1** (indemnizar) **~ a algn DE algo** to compensate sb FOR sth; **fue resarcido de los daños sufridos** he was compensated *o* he received compensation for the damage caused; **es difícil de leer pero te resarce del esfuerzo** it is difficult to read but it's rewarding *o* it's worth the effort *o* it repays the effort **2** (reembolsar) **~ a algn DE algo** to reimburse sb FOR sth
■ **resarcirse** *v pron* **~se DE algo** (desquitarse) to get one's own back FOR sth; (compensar) to make up FOR sth

resbalada *f* (AmL) slip; **darse** *or* **pegarse una ~** to slip

resbaladilla *f* (Méx) slide, chute

resbaladizo -za *adj*
A ‹*superficie/carretera*› slippery
B ‹*asunto/tema*› delicate, tricky (colloq)

resbalar [A1] *vi*
A (caerse) to slip; **cuidado, no vayas a ~** be careful you don't slip; **se dejó ~ por la barandilla** he slid down the banister; **las lágrimas le resbalaban por las mejillas** the tears ran *o* rolled *o* trickled down his cheeks
B (fam) (equivocarse) to slip up; **esa pregunta lo hizo ~** that question caught him out
C (fam) (ser indiferente): **sus críticas le resbalaban** their criticisms just washed over her; **todo lo que le digas le resbala** everything you say to him is like water off a duck's back *o* goes in one ear and out the other (colloq); **los problemas de los demás le resbalan** he's totally unaffected by *o* (colloq) he couldn't care less about other people's problems
■ **resbalarse** *v pron* to slip; **se resbaló bajando las escaleras** he slipped coming down the stairs; **nos resbalamos por la pendiente** we slithered *o* slid down the slope

resbalín *m* slide

resbalón *m* slip; ***dar(se)*** *or* ***pegar(se)* un ~** (literal) to slip; (meter la pata) to slip up, put one's foot in it (colloq)

resbalosa *f: Chilean and Peruvian folk dance/music*

resbaloso -sa *adj*
A (AmL) ‹*piso/superficie*› slippery
B (Méx fam): **era bien resbalosa** she was a real flirt; **es muy ~ con las jovencitas** he's always flirting with young women

rescatador -dora *m,f* rescuer

rescatar [A1] *vt*
A (salvar — de una prisión) to rescue, free; (— de un peligro) to rescue, save; **lograron ~ a los mineros atrapados** they managed to free *o* rescue the trapped miners; **intentaba ~ sus joyas** she was trying to save her jewels; **algunas de las ideas se pueden ~** some of the ideas are worth saving *o* keeping
B **1** (recuperar) ‹*dinero/pulsera*› to recover, get back; **~on el cadáver** they recovered the body **2** ‹*tierra*› to reclaim

rescate *m*
A (de un rehén, prisionero) rescue; (ante un peligro) rescue; **equipo de ~** rescue team; **operación de ~** rescue operation
B (precio) ransom; **exigen un ~ de dos millones de dólares** they are demanding a two-million-dollar ransom
C (de dinero, una pulsera) recovery
D (de tierras) reclamation

rescindible *adj* rescindible, cancelable*

rescindir [I1] *vt* to rescind, cancel, terminate

rescisión *f* cancellation, termination, rescission (frml)

rescoldo *m* embers (*pl*); ***avivar el ~ de algo*** to rekindle sth

resecación *f* drying, drying out

resecar [A2] *vt*
A ‹*piel/ambiente*› to make … very dry; ‹*planta*› to dry up
B (Med) (extirpar) to remove, resect (tech)
■ **resecarse** *v pron* to dry up, get very dry; **se me ha resecado la piel con este clima** my skin has got very dry in this climate

resección *f* removal, resection (tech)

reseco -ca *adj* ‹*planta*› dried-up; ‹*pan*› dry; **la tierra estaba reseca** the earth was parched *o* had dried up

resentido[1] -da *adj*
A (dolorido) painful; **la rodilla le quedó resentida** his knee is painful *o* (colloq) is playing him up
B (molesto): **quedó resentida porque no le regalaste nada** she was upset *o* hurt because you didn't give her anything; **todavía está ~ porque no lo ascendieron** he's still bitter that he wasn't promoted, he still resents the fact *o* he still feels resentful that he wasn't promoted

resentido[2] -da *m,f*: **es un ~** he has a chip on his shoulder, he feels resentful *o* (colloq) hard done by

resentimiento *m* resentment, bitterness

resentirse [I11] *v pron*
A **1** (sentir dolor) **~ DE algo**: **todavía se resiente de aquella lesión** he is still feeling *o* suffering the effects of that injury; **ya no me resiento de la espalda** my back doesn't give me trouble any more, my back doesn't play me up any more (colloq); **todavía se resienten de aquella derrota** they're still smarting from that defeat **2** (sufrir las consecuencias) to suffer; **su salud se resentía con el exceso de trabajo** the excessive workload was telling on his health *o* was taking its toll on his health, his health was suffering because he was overworking; **su trabajo no se resentía** his work didn't suffer, it didn't affect his work; **se resentiría el sabor** the flavor would suffer *o* would be affected, it would spoil the flavor
B (ofenderse, molestarse) to get upset; **se resintió mucho porque no lo invitaron** he was very put out *o* offended *o* upset that they didn't invite him

reseña *f* **1** (de un congreso, una reunión) summary, report; (de un libro) review; **hizo la ~ del partido** he wrote the report on the game; **quisiera empezar con una pequeña ~ histórica** I'd like to begin with a brief historical outline; **la ~ biográfica que aparece en la solapa** the biographical notes which appear on the jacket flap **2** (descripción) description; **la ~ policial del sospechoso** the police description of the suspect; **~s sobre diversos escritores** profiles of several authors

reseñador -dora *m,f,* **reseñante** *mf* reviewer, critic

reseñar [A1] *vt* **1** ‹*obra literaria*› to review; ‹*acto/conferencia*› to report on, write a summary of; ‹*partido*› to report on **2** ‹*persona/animal*› to describe

reseñista *mf* reviewer

resero *m* (RPl) cowhand, cowboy

reserva[1] *f*
A (de una habitación) reservation; (de una mesa) booking, reservation; (al comprar un inmueble) (Arg) deposit; (de un pasaje, billete) reservation; **¿tiene ~?** do you have a reservation?, have you booked?; **he hecho una ~ para el vuelo de las nueve** I've made a reservation for the nine o'clock flight, I'm booked on the nine o'clock flight; **el sistema de ~s** the booking *o* reservation system
B **1** (cantidad, porción que se guarda) reserve; **las ~s de divisas** foreign currency reserves; **las ~s de trigo se están agotando** reserves *o* stocks of wheat are running out; **la ~ es de cinco litros** the reserve tank holds five liters; **tengo otro par de ~** I have a spare pair; **el agua de ~** the reserve water supply; **termina la botella tranquila, tengo otra de ~** don't worry, finish the bottle, I have another one *o* I can always open another one; **este dinero lo tengo de ~ para una emergencia** I'm keeping this money in reserve for an emergency **2** **reservas** *fpl* (Biol) reserves (of fat) (*pl*)
C **1** (Dep) (equipo) reserves (*pl*), reserve team; (conjunto de suplentes) substitutes (*pl*) **2** (Mil): **la ~** the reserve

r

(Compuesto) **reserva activa** active reserve
D (de indígenas) reservation; (de animales) reserve
(Compuesto) **reserva natural** nature reserve
E (secreto, discreción): **se garantiza la más absoluta ~** all applications treated in the strictest confidence; **le pidió mantener en la mayor ~ la información recibida** he asked her to keep the information she had received absolutely secret; **pidió ~ de su nombre** he asked for his name not to be revealed
F reservas *fpl* **1** (dudas) reservations (*pl*); **lo aceptó, pero no sin ~s** he agreed, but not without (certain) reservations **2** (reparos, limitaciones): **habló sin ~s de lo que había pasado** he talked openly *o* freely of what had happened; **díselo sin ~s** tell her everything, don't keep anything back
G (Méx) **a ~ DE QUE + SUBJ**: **lo haré mañana a ~ de que (no) llueva** I'll do it tomorrow as long as *o* provided it doesn't rain

reserva² *mf* reserve

reserva³ *m wine aged for at least three years*

reserva

Vinos de reserva are those of a better than average vintage. To qualify for this designation, red wines must have been aged in cask and bottle for a minimum of three years, and white wines for two years. *See also* ▸**gran reserva**

reservable *adj* bookable, reservable

reservación *f* (AmL) ▸**reserva¹ A**

reservadamente *adv* in confidence

reservado¹ -da *adj*
A ‹*persona/actitud*› reserved
B ‹*asunto/tema*› confidential; **un documento de carácter ~** a confidential document *ver tb* **reservar**

reservado² *m*
A 1 (en un restaurante, bar) private room **2** (en un tren) reserved compartment
B (CS) (vino) vintage wine

reservar [A1] *vt* ➜📖
A ‹*asiento/habitación/mesa*› to reserve, book; ‹*pasaje/billete*› to book; **¿ha reservado mesa?** do you have a reservation?, have you reserved a table?; **la primera fila está reservada para la prensa** the first row is reserved for the press; **Ⓢ reservado** reserved
B (guardar): **nos tenía reservada una sorpresa** he had a surprise in store for us; **reservó lo mejor para el final** she kept the best till last; **reservó parte del dinero** he put by *o* set aside part of the money; **~ algunas cerezas para la decoración** set aside *o* save some cherries for decoration
■ **reservarse** *v pron*
A (para sí mismo) ‹*porción/porcentaje*› to keep ... for oneself; **~se la opinión** to reserve judgment; **Ⓢ la dirección se reserva el derecho de admisión** the management reserves the right to refuse admission; **Ⓢ todos los derechos reservados** all rights reserved
B (*refl*) (para otra tarea) to save oneself; **se está reservando para las etapas de montaña** he's saving his strength *o* he's saving himself for the mountain stages; **no, gracias, me reservo para el postre** no thanks, I'm leaving some room for *o* I'm saving myself for the dessert

reservista *mf* reservist

reset /rri'set/ *m* reset

resfriado¹ -da *adj*: **estoy algo ~** I have a slight cold

resfriado² *m* cold; **coger** *or* (fam) **pescar un ~** to catch a cold; **no te quiero pegar este ~** I don't want to pass this cold on to you, I don't want you catching this cold

resfriarse [A17] *v pron* to catch a cold

resfrío *m* (esp AmS) cold; **me agarré** *or* (fam) **pesqué un ~** I caught a cold

resguardar [A1] *vt* **1** **~ algo/a algn DE algo** ‹*de un peligro/del frío*› to protect sth/sb FROM sth **2** ‹*derechos/privilegios*› to safeguard
■ **resguardarse** *v pron* (de un peligro) to protect oneself; (de la lluvia, del frío) to shelter, take shelter; **se ~on de la lluvia** they sheltered *o* took shelter from the rain

resguardo *m*
A (comprobante) **1** (de un depósito — de dinero) counterfoil, deposit slip; (— de bienes) receipt, deposit slip **2** (en la tintorería, la zapatería) slip, ticket
B 1 (protección) shelter; **se pusieron a ~ de la lluvia** they took shelter from the rain **2** (cobertizo, marquesina) shelter
C (Náut) sea room; **darle** *or* **hacerle ~ a algo** to give sth a wide berth
D (Col) (reserva) reservation, reserve
E (Méx) (control, vigilancia) control
(Compuesto) **resguardo aduanal** customs control

residencia *f*
A 1 (en un país, una ciudad) residence; **fijaron** *or* **establecieron su ~ en León** they took up residence in León, they settled in León; **dos alemanes con ~ en Florida** two Germans resident in Florida **2** (derecho) right of residence **3** (documento) *tb* **permiso de ~** residence permit
B (casa) **1** (de una persona, familia) residence; **la ~ del Primer Ministro** the Prime Minister's residence; **segundas ~s** *or* **viviendas de segunda ~** second homes **2** (de estudiantes) dormitory (AmE), residence (BrE), hall of residence (BrE); (de enfermeras) hostel, home; **la ~ de oficiales** the officers' quarters **3** (hostal, fonda) boarding house, guest house (*not providing meals*)
(Compuestos)
• **residencia canina** kennels (*sing or pl*)
• **residencia de ancianos** old people's home, residential home for the elderly *o* for older people
• **residencia sanitaria** hospital
• **residencia universitaria** college dormitory (AmE), university hall of residence (BrE), student residence (BrE)
C (AmL) (Med) internship (AmE), residency (AmE), time spent as a houseman (BrE)

residencial¹ *adj* residential

residencial² *m or f* **1** (Arg, Chi) (casa de huéspedes) guest house, boarding house **2** **residencial** *m* (en nombres): **~ Washington** ≈ Washington Court/Towers/Place

residenciar [A1] *vt* to investigate

residente¹ *adj* resident

residente² *mf*
A (en un país) resident
B (médico) intern (AmE), resident (AmE), houseman (BrE)

residir [I1] *vi* **1** «*persona*» (vivir) to live, reside (frml) **2** «*encanto/interés*» (radicar) **~ EN algo** to lie in sth; **su originalidad reside en su fórmula natural** its originality lies in its natural composition; **la soberanía reside en el pueblo** sovereignty is vested in the people

residual *adj* ‹*sustancia/valor*› residual; ▸**agua**

residuo *m*
A 1 (Mat) remainder **2** (Quím) residue
B residuos *mpl* (desperdicios) waste, waste materials (*pl*) *o* products (*pl*)
(Compuestos)
• **residuo biológico** *or* **biodegradable** biological waste
• **residuos nucleares** *mpl* nuclear waste
• **residuos radiactivos** *mpl* radioactive waste
• **residuos sólidos** *mpl* (frml) refuse, solid waste; **la eliminación de ~ ~ urbanos** the disposal of urban refuse *o* waste
• **residuos tóxicos** *mpl* toxic waste

resignación *f* resignation

resignadamente *adv* with resignation; **aceptó ~ su suerte** he accepted his fate with resignation; **se encogió ~ de hombros** he shrugged his shoulders resignedly

resignado -da *adj* resigned; **~ A algo** resigned TO sth; **está ~ a quedarse en el pueblo** he is resigned to staying in the village

resignarse [A1] *v pron* to resign oneself; **~ A + INF** to resign oneself to -ING; **se resignó a perderlo** she resigned herself to losing him *o* to the fact that she was going to lose him

resina *f* resin
(Compuestos)
• **resina de hachís** cannabis resin
• **resina epóxica** epoxy resin

resinar [A1] *vt* to extract *o* collect resin from

resinoso -sa *adj* resinous

resistencia *f*
A 1 (oposición) resistance; **se entregó sin ofrecer** *or* **oponer ~** he gave himself up without putting up *o* offering any resistance *o* without resistance; **~ pasiva** passive resistance **2 la Resistencia** (Hist, Pol) the Resistance
B 1 (fortaleza, aguante) stamina; **tiene una gran ~ física** she has tremendous stamina *o* staying power; **prueba de ~** endurance test **2** (a un virus, una enfermedad) resistance
C 1 (al aire, agua) resistance **2** (a una corriente eléctrica) resistance **3** (componente de un circuito) resistor **4** (de un secador, calentador) element

resistente¹ *adj* ‹*material/metal*› resistant, strong, tough; ‹*tela*› strong, tough, hard-wearing; ‹*persona/animal/planta*› tough, hardy; **~ A algo**: **~ a la humedad** damp-proof; **~ al calor** heat-resistant; **~ al frío** resistant to cold; **las langostas se hicieron ~s al pesticida** the locusts became resistant to the pesticide

resistente² *mf* member of the Resistance

resistir [I1] *vt* **1** (aguantar, soportar) ‹*dolor/calor*› to withstand, take; ‹*presión*› to withstand, take, stand; **no resistía más el frío que hacía allí** it was so cold there, I couldn't take it any more; **¿crees que ~á otro invierno?** do you think it will last *o* withstand *o* survive another winter?; **su corazón no ~ía un golpe tan fuerte** his heart wouldn't take *o* stand a shock like that; **no resistió el peso adicional** it couldn't take the extra weight; **no resisto que se burlen de mí** (fam) I can't stand people making fun of me; **a María no la invites, no la resisto** (Col, Per fam) don't invite María, I can't stand her **2** ‹*tentación/impulso*› to resist **3** (Mil) ‹*ataque*› to resist, withstand; ‹*enemigo*› to resist, hold out against
■ **resistir** *vi* **1** (aguantar): **ya te dije que no ~ía, era demasiado peso** I told you it wouldn't take it *o* hold, it was too heavy; **ya no resisto más** I can't stand it any more, I can't take (it) any more; **¿cuánto resistes debajo del agua?** how long can you stay underwater? **2** «*ejército*» to hold out, resist
■ **resistirse** *v pron*
A (oponer resistencia) to resist; **si se resisten, disparaeremos** if you resist *o* put up any resistance, we will fire; **no hay mujer que se le resista** women find him irresistible
B (tener reticencia) **~se A + INF**: **se resiste a aceptar las condiciones** she's unwilling *o* reluctant to agree to the conditions; **me resisto a creerlo** I find it hard to believe, I'm loath to believe it; **no pude ~me a decírselo** I couldn't resist telling her
C (fam) (plantear dificultades): **esta cerradura se me resiste** I can't get this lock open; **tantas cifras se me resisten** all these figures defeat me *o* are beyond me (colloq)

resma *f* ream

resolana *f* (Esp) **resol** *m* (brillo) glare of the sun; (luz) sunlight; (luz reflejada) reflected sunlight

resoli *m* (Esp) *anisette-based drink*

resollar [A10] *vi* **1** (respirar fuertemente) to breathe heavily; (por agotamiento) to puff **2** (hablar): **escucharon sin ~** they listened without (saying) a word *o* with baited breath

resolución *f*
A (de un problema) solution; (de un conflicto) settlement, resolution
B (decisión) decision; **tomaron** *or* **adoptaron la ~ de cerrar el hospital** they decided to close the hospital
C (de un contrato) termination
D 1 (determinación) determination, resolve **2** (cualidad de decisivo) decisiveness
E (Ópt, Tec) resolution

resolutivo -va *adj*
A (Der): **la parte resolutiva** the part of the judg-

➜📖 *ver* Correspondencia

r

ment containing the verdict and sentence
B (Med) resolvent
resoluto -ta *adj* determined, resolute
resolver [E11] *vt*
A ‹*crimen/problema*› to solve; ‹*asunto/conflicto*› to resolve, settle; **unas dificultades que estoy tratando de ~** some difficulties that I am trying to solve *o* sort out; **a ver si me resuelves una duda** I wonder if you could clear up one point for me; **tiene resuelto su futuro** his future is settled
B (decidir) to decide; **¿qué has resuelto?** what have you decided?; **el gol que resolvió el partido** (period) the goal that decided *o* settled the game; **~ + INF** to decide *o* resolve to + INF; **resolvieron no comunicarles los resultados** they decided *o* resolved not to tell them the results
C ‹*contrato*› to end, terminate
■ **resolver** *vi* «*juez*» to rule, decide
■ **resolverse** *v pron* to decide; **se resolvieron por la segunda opción** *or* **a favor de la segunda opción** they decided on the second option; **se resolvieron a aceptar la propuesta** they decided *o* resolved *o* made up their minds to accept the proposal; **no se resuelve a abandonarlo** she can't bring herself to leave him
resonador *m* resonator
resonancia *f* **1** (Mús) resonance **2** (Fís) resonance **3** (eco) echo **4** (de una noticia, un suceso): **ha tenido gran ~** it has had a huge impact
resonante *adj* **1** ‹*sonido*› resonant **2** ‹*éxito*› resounding (*before n*), tremendous
resonar [A10] *vi* (hacer eco) to echo, resound; **sus gritos de dolor aún resuenan en mis oídos** his cries of pain still ring in my ears
resondrar [A1] *vt* (Per fam) to tell … off (colloq), to scold
resoplar [A1] *vi* **1** (por cansancio) to puff **2** (por enfado) to snort
resoplido *m* **1** (de enfado) snort **2** (de cansancio): **llegó dando ~s** he arrived puffing and panting **3** (de un caballo) snort
resorte *m*
A **1** (muelle) spring; **saltó como movida por un ~** she sprang up **2** (medio, influencia): **los ~s del poder** the reins of power; **tocó todos los ~s para llegar a verlo** she used all her influence *o* she pulled all the strings she could to get to see him
B (AmC, Col, Méx) (elástico) elastic
C (Arg, Méx) (responsabilidad) responsibility; (autoridad) authority, remit (BrE)
resortera *f* (Méx) slingshot (AmE), catapult (BrE)
respaldar[1] *m* back
respaldar[2] [A1] *vt*
A **1** ‹*persona*› (apoyar) to support, back; (en una discusión) to back … up **2** ‹*propuesta/plan*› to support, back, endorse; **la moneda está respaldada por las reservas del banco central** the currency is backed *o* supported by the reserves of the central bank; **un producto respaldado por 100 años de experiencia** a product backed by *o* with the backing of 100 years' experience
B (endosar) ‹*documento*› to endorse
■ **respaldarse** *v pron*
A (en un sillón) to sit back; (contra un árbol, una pared) to lean back
B (apoyarse) **~se EN algo/algn**: **se respalda mucho en sus padres** he leans heavily on his parents (for support); **siguen respaldándose en las mismas teorías** they are still basing their arguments/case on the same theories
respaldo *m*
A (de un asiento) back
B **1** (apoyo) support, backing; **cuentan con el ~ de la población** they have the support *o* backing of the people; **un combate de ~** (Méx) a supporting fight; **pruebas en ~ de su versión** evidence in support of his story *o* account **2** (Fin) backing; **estos bonos cuentan con el ~ del Banco de Manila** these bonds have the backing of *o* are backed by the Bank of Manila
C (parte posterior de un documento) back; (lo escrito) endorsement
respectar [A1] *vi* (*en tercera persona*): **en** *or* **por lo que a mí respecta, no hay inconveniente** as far as I'm concerned, there's no problem; **en lo que respecta a la plantilla** as far as the staff is concerned, with regard to the staff
respectivamente *adv* respectively
respectivo -va *adj*
A (correspondiente) respective
B **en lo respectivo a** (frml) as regards, with regard to; **en lo ~ a las exportaciones** as regards exports *o* with regard to exports
respecto *m*: **a este ~ dijo que no había llegado a una decisión** on this matter *o* (frml) in this regard he said he had not reached a decision; **hizo unos comentarios breves al ~** he made a few brief remarks on the matter *o* subject, he made a few brief remarks in this regard *o* respect (frml); **no sé nada (con) ~ a este asunto** I know nothing about *o* regarding this matter; **~ de su petición** regarding *o* with regard to *o* (frml) with respect to your request; **mi opinión con ~ a su nombramiento** my opinion on *o* with regard to *o* regarding her appointment, my opinion in respect of *o* with respect to her appointment (frml)
résped *m* forked tongue
respetabilidad *f* respectability
respetable[1] *adj* **1** (digno de respeto) respectable **2** (considerable) considerable; **a una distancia ~ del centro** quite a distance *o* a fair distance from the center; **una suma ~** a considerable *o* fair *o* respectable sum of money
respetable[2] *m* (period): **el ~** (Teatr) the audience; (Taur) the crowd, the spectators (*pl*)
respetablemente *adv* respectably
respetar [A1] *vt* **1** ‹*persona*› to respect; **debes ~ a tus mayores** you should respect your elders *o* treat your elders with respect; **se hizo ~ de** *or* **por todos** he won *o* gained everyone's respect **2** ‹*opinión/tradiciones*› to respect; ‹*ley/norma*› to observe; ‹*señal de tráfico*› to obey; **no se respetó su voluntad** his wishes were not respected; **~ el medio ambiente** to respect the environment; **S respetad las plantas** please respect *o* be careful of the plants; **no respetan los límites de velocidad** they don't observe the speed restrictions, they disregard the speed restrictions; **reformaron el edificio respetando el diseño original** they renovated the building conserving the original design
■ **respetarse** *v pron* (*refl*) to respect oneself, have self-respect; **¿cómo te van a ~ los demás si tú mismo no te respetas?** how can you expect people to respect you if you have no self-respect yourself?; **un abogado que se respete no haría eso** no self-respecting lawyer *o* no lawyer worth his salt would do that; **una universidad que se respete no puede aceptar estas prácticas** no university worthy of the name can accept these practices
respeto *m* **1** (consideración, deferencia) respect; **siempre me trató con ~** he always treated me respectfully *o* with respect; **los alumnos no le tienen ningún ~** her pupils have no respect for her; **una mujer que me merece mucho ~** a woman for whom I have the highest regard *o* respect; **no guarda el debido ~ a sus padres** she does not show due respect to her parents; **por ~ a sus años, no dije nada** out of consideration *o* respect for his age, I said nothing; **se ha ganado el ~ de todos** she has won *o* gained everyone's respect; **¡oiga! ¡un ~!** *or* **¡más ~!** hey! don't be so rude! *o* have a little more respect, please!; **no consentiré que le faltes al** *or* (CS) **el ~** I will not allow you to be rude *o* disrespectful to him; **el ~ a los derechos humanos** respect *o* regard for human rights; **el ~ a la Constitución** respect for *o* observance of the Constitution; ***campar por sus ~s*** to do as one pleases **2** (miedo): **su presencia impone ~** her presence always commands (a feeling of) respect; **les tengo mucho ~ a los perros** I have a great deal of respect for dogs **3** **respetos** *mpl* respects (*pl*); **los delegados presentaron sus ~s al presidente** (frml) the delegates paid their respects to the chairman (frml)
(Compuesto) **respeto humano** *excessive regard for convention or for other people's opinions*
respetuosamente *adv* respectfully
respetuosidad *f* respectfulness
respetuoso -sa *adj* ‹*persona/silencio*› respectful; **le envía un ~ saludo** Sincerely yours (AmE), Yours respectfully (frml), Yours faithfully (BrE)
respingado -da *adj* (AmL) ▸**respingón A**
respingar [A3] *vi*
A «*falda*» to ride up
B «*caballo*» to buck
C (Méx fam) (replicar) to answer back
respingo *m* start; **dio un ~** he gave a start, he started
respingón -gona *adj*
A (doblado hacia arriba) turned-up; **una nariz respingona** a turned-up *o* snub nose
B (Méx fam) ‹*persona*› touchy
respirable *adj* breathable
respiración *f*
A (Fisiol) breathing, respiration (frml); **llegó sin ~** he was out of breath when he arrived; **espera que recobre la ~** let me get my breath back; **un aire helado que cortaba la ~** a cold wind that took your breath away; **contener la ~** to hold one's breath
(Compuestos)
• **respiración artificial** artificial respiration
• **respiración asistida**: **le aplicaron ~ ~** he was put on a respirator
• **respiración boca a boca** mouth-to-mouth resuscitation, kiss of life; **le hizo la ~ ~ a ~** she gave him mouth-to-mouth resuscitation *o* the kiss of life
B (ventilación) ventilation
respiradero *m* **1** (de una chimenea) flue; (de una mina) ventilation shaft **2** (Tec) vent **3** (para pesca submarina) snorkel
respirador *m tb* : **~ artificial** respirator, ventilator
respirar [A1] *vi*
A **1** (Fisiol) to breathe; **~ por la boca/nariz** to breathe through one's mouth/nose; **respire hondo** *or* **profundo** take a deep breath, breathe deeply; **respiraba con dificultad** she was having difficulty breathing; **los niños lo escuchaban casi sin ~** the children listened to him with bated breath *o* hardly daring to breathe; ***no me/le deja ni ~*** (fam) she won't leave me/him alone for a moment, she won't give me/him a minute's peace (colloq); ***no poder ni ~*** (fam): **no puedo ni ~ de la cantidad de trabajo que tengo** I've got so much work I don't know which way to turn, I'm up to my ears in work (colloq); ***no tengo/tiene tiempo ni de ~*** (fam) I hardly have/he hardly has time to breathe **2** «*vino*» to breathe
B (tranquilizarse): **cuando por fin llegaron todos respiramos** when they finally arrived we all breathed again *o* breathed more easily *o* breathed a sigh of relief
■ **respirar** *vt*
A **1** ‹*aire*› to breathe; **respiran el humo de los coches** they breathe in the exhaust fumes; ***ver/saber por dónde respira algn*** (Esp fam) to sound sb out, find out where sb stands **2** ‹*tranquilidad*› **la paz que se respira en estos lugares** the sensation of peace that you feel in these places
B (rebosar) ‹*felicidad/bondad*› to radiate
respiratorio -ria *adj* respiratory; **sufría dificultades respiratorias** he was suffering from respiratory *o* breathing problems; **enfermedades respiratorias** respiratory diseases; ▸**aparato**
respiro *m*
A (aliento) breath; **dio el último ~** (liter) he breathed his last (liter)
B **1** (descanso) break; **trabajamos sin ~** we worked without a break *o* without resting *o* without respite; **estoy agotado, voy a tomarme un ~** I'm exhausted, I'm going to take a break *o* have a rest *o* (colloq) have a breather; **ya**

r

está bien de preguntas, dame un ~ that's enough questions, give me a break (colloq); **me llaman constantemente, no he tenido un momento de ~** they call me continually, I haven't had a moment's peace *o* respite **2** (plazo): **pidieron a los bancos un ~ para cubrir la deuda** they asked the banks for a few months'/weeks'/days' grace to pay off the debt; **les concedieron un ~ para resolver la crisis** they were given some breathing space in which to resolve the crisis **3** (alivio): **tener la casa en el campo es un ~** having the house in the country gives us some respite *o* helps; **tiene a la familia cerca, eso es un ~** she has her family around her which is a comfort

resplandecer [E3] *vi*
A **1** ‹‹*sol*›› to shine; ‹‹*luna/metal/cristal*›› to shine, gleam; ‹‹*hoguera*›› to blaze **2** (liter) (rebosar): **resplandecía de felicidad** she shone *o* glowed with happiness, she radiated happiness
B (destacar) to stand out

resplandeciente *adj* **1** ‹*luna*› gleaming; ‹*metal/cristal*› shining, gleaming; **caminaban bajo un sol ~** they walked under a dazzling sun, the sun shone brightly down on them as they walked; **dejó la cocina ~** he left the kitchen sparkling clean *o* gleaming **2** ‹*persona/cara*› **~ de orgullo** glowing with pride; **tenía la cara ~ de felicidad** her face shone *o* gleamed *o* glowed with happiness, her face radiated happiness

resplandor *m* **1** (del sol) glare, brightness; (de la luna) gleam; (de un metal, cristal) gleam **2** (de un relámpago, una explosión) flash

resplendente *adj* (liter) resplendent (liter)

responder [E1] *vi*
A **1** (contestar) to reply, answer, respond (frml); **respondió con una evasiva** he gave an evasive reply; **respondió afirmativamente/negativamente** she said yes/no, she gave a positive/negative reply, she responded in the affirmative/negative (frml); **~ A algo** to reply TO sth, to answer sth, to respond TO sth (frml); **no respondieron a mis cartas** they didn't reply to *o* respond to *o* answer my letters; **la hembra responde a este reclamo** the female responds to *o* answers this call **2** (replicar) to answer back
B (reaccionar) to respond; **mis amigos no respondieron como había esperado** my friends didn't respond as I had hoped; **el motor no respondió** the engine didn't respond; **~ A algo** ‹*a una amenaza/un estímulo/un ruego*› to respond TO sth; **no respondió al tratamiento** she didn't respond to the treatment; **respondió a estos insultos con una sonrisa** he responded to *o* answered these insults with a smile; **no respondía a los mandos** it was not responding to *o* obeying the controls; **el perro responde al nombre de Kurt** the dog answers to the name of Kurt
C **1** (corresponder) **~ A algo**: **responde al estereotipo del estudiante radical** he corresponds to *o* matches the stereotype of the radical student; **no responden a la descripción** they do not fit *o* answer the description; **las cifras no responden a la realidad** the figures do not reflect the true situation *o* do not correspond to reality; **responde a las actuales exigencias de confort y seguridad** it meets present-day demands for comfort and safety **2** **~ A algo** (estar motivado por algo): **responde a la necesidad de controlar esta escalada** it is a response *o* an answer to the need to control this escalation; **su viaje respondía al deseo de conocerlos personalmente** her trip was motivated by the desire to get to know them personally
D (responsabilizarse): **si ocurre algo yo no respondo** I will not be held responsible *o* I refuse to accept responsibility if anything happens; **tendrán que ~ ante la justicia** they will have to answer for their acts in a court of law; **~ DE algo**: **yo respondo de su integridad** I will vouch for his integrity; **su tío respondió de las deudas** her uncle took responsibility for her debts; **no respondo de lo que haya hecho mi hijo** I will not answer for *o* be answerable for *o* be held responsible for what my son may have done; **~ DE QUE + SUBJ**: **yo respondo de que se presente en comisaría** I will take responsibility for ensuring that he reports to the police; **~ POR algn** to vouch FOR sb

■ **responder** *vt* **1** (contestar) to reply, answer, respond (frml); **respondió que no le interesaba** he replied that he was not interested **2** ‹*pregunta*› to answer **3** ‹*llamada/carta*› to answer, reply to, respond to (frml)

respondón[1] **-dona** *adj* (fam) ‹*niño*› mouthy (AmE colloq), nervy (AmE colloq), cheeky (BrE colloq); **no seas ~** don't answer back, don't be so nervy *o* mouthy *o* cheeky

respondón[2] **-dona** *m,f* (fam): **es un ~** he's always answering back

responsabilidad *f*
A **1** (de un cargo, una tarea) responsibility; **tiene la ~ de mantener a la familia** he is responsible for supporting the family; **un puesto de mucha ~** a post which involves a great deal of responsibility; **tenemos que afrontar nuestras ~es** we must face up to our responsibilities **2** (conciencia de las obligaciones) responsibility; **tiene un gran sentido de la ~** she has a strong sense of responsibility
B (Der) (culpa) responsibility; (obligación de indemnizar) liability; **cargó con toda la ~ para no involucrarme a mí** she took full responsibility so as not to involve me; **se les imputa la ~ de varios robos a mano armada** they are thought to be responsible for several armed robberies; **exigen ~es al gobernador por ...** the governor is being held accountable for ...

(Compuestos)
• **responsabilidad civil** civil liability
• **responsabilidad criminal** *or* **penal** criminal responsibility

responsabilizar [A4] *vt* **~ a algn DE algo** to hold sb responsible *o* accountable FOR sth; **~on al profesor del fracaso de su hijo** they held the teacher responsible for *o* accountable for *o* to blame for their son's failure, they claimed that the teacher was responsible for *o* was to blame for their son's failure

■ **responsabilizarse** *v pron* **1** (de una tarea) to take responsibility; **~se DE algo** to take responsibility FOR sth; **estoy dispuesto a ~me de la corrección de todas las pruebas** I am prepared to take responsibility for correcting all the proofs **2** **~se DE algo** ‹*de un delito*› to admit responsibility FOR sth; ‹*de un accidente*› to take responsibility FOR sth; **el periódico no se responsabiliza de las opiniones vertidas en estas cartas** the newspaper accepts no responsibility *o* liability for the views expressed in these letters

responsable[1] *adj*
A [SER] **1** (serio, concienzudo) responsible **2** (de una tarea) **~ DE algo** responsible FOR sth; **las personas ~s de vigilar la entrada** the people responsible for watching the entrance
B (culpable) responsible; (con obligación de indemnizar) liable; **~ por daños** liable for damages; **~ DE algo** responsible/liable FOR sth; **te hago ~ de lo que pueda pasar** I am holding you responsible for what happens; **no es ~ de sus actos** he's not responsible for his actions; **eres ~ ante mí del resultado** you're answerable *o* accountable to me for the result; **nadie se ha hecho ~ del atentado** no one has claimed responsibility for the attack

responsable[2] *mf* **1** (de una tarea): **el ~ del área de auditoría** the head of audits, the person responsible for *o* in charge of audits **2** (de un delito, accidente): **los ~s serán castigados** those responsible *o* the people responsible will be punished

responso *m: prayer for the dead*

responsorio *m* response

respuesta *f*
A **1** (a una carta, un mensaje) reply, answer, response (frml); **no obtuvo ~ a su carta** she received no reply to her letter **2** (reacción) response; **la ~ del gobierno a los disturbios** the government's response to the riots **3** (Psic) response
B (solución) answer, solution

resquebrajadura *f* (en la roca) crack; (en la madera) split

resquebrajamiento *m* (en la roca) cracking; (en la madera) splitting

resquebrajar [A1] *vt* ‹*loza/roca*› to crack; ‹*madera*› to split

■ **resquebrajarse** *v pron* ‹‹*loza/roca*›› to crack; ‹‹*madera*›› to split

resquemor *m* feeling of suspicion (*o* resentment *etc*); **me aseguró que no lo había visto pero me quedó cierto ~** he assured me that he hadn't seen it but I was still a little doubtful *o* suspicious *o* I still had a slight feeling of suspicion; **sentí un cierto ~ por habérselo ocultado** I felt a little uneasy at *o* I felt slight qualms about having hidden it from him

resquicio *m*
A **1** (grieta) crack; (abertura) gap **2** (espacio, lugar): **no queda el menor ~ para ponerlo** there isn't even the tiniest corner left where we can put it
B (oportunidad) opportunity, opening
(Compuesto) **resquicio legal** (frml) loophole
C (huella, resto) trace; **quedaba un ~ de esperanza** there was still a glimmer of hope; **desapareció sin dejar ~** she disappeared without trace

resta *f* subtraction; **no sé hacer ~s** I can't do subtraction, I can't subtract

restablecer [E3] *vt* ‹*relaciones/comunicaciones*› to re-establish; ‹*orden/paz/democracia*› to restore

■ **restablecerse** *v pron* to recover

restablecimiento *m* **1** (de relaciones, comunicaciones) re-establishment; (de orden, paz) restoration **2** (de un enfermo) recovery

restallar [A1] *vi* **1** ‹‹*látigo*›› to crack; ‹‹*fuego*›› to crackle **2** ‹‹*olas*›› to crash

■ **restallar** *vt* ‹*naipes*› to flick; **~ la lengua** to click one's tongue

restallido *m* (de un látigo) crack; (de la leña) crackle, crack

restante *adj*: **los ~s estudiantes llegaron sobre las 10** the other *o* the remaining students arrived around 10, the rest *o* the remainder of the students arrived around 10

restantes *mpl/fpl*: **los ~ no se vendieron** the rest *o* the remainder were not sold

restañar [A1] *vt* (liter) to stanch (AmE), to staunch (BrE); **el tiempo ~á sus heridas** time will heal his wounds

■ **restañar** *vi* (liter) to heal

■ **restañarse** *v pron* (liter) to heal

restar [A1] *vt* **1** (Mat) ‹*número*› to subtract, take away; **~ algo DE algo** to take (away) sth FROM sth, subtract sth FROM sth; **~ 15 de 36** take 15 (away) from 36, subtract 15 from 36 **2** ‹*gastos/cantidad*› to deduct, take away; **~ algo A algo** to take away *o* deduct sth FROM sth **3** (quitar) ‹*importancia/credibilidad/mérito*› **quiso ~le importancia al incidente** he tried to minimize *o* play down the importance of the incident; **estos hechos restan credibilidad a la hipótesis** these facts detract from the credibility of the hypothesis, these facts make the hypothesis less credible

■ **restar** *vi*
A (Mat) to subtract, take away
B (frml) (quedar) to remain; **restan dos etapas para terminarse la carrera** there are two stages left before the race ends; **sólo me resta agradecerles a todos ustedes su presencia en este acto** it only remains for me to thank you all for attending (frml); **sólo resta formalizar el acuerdo** the only thing that remains to be done is to formalize the agreement
C (Esp) (Dep) to return (service)

restaurable *adj* restorable

restauración *f*
A (de un cuadro, un edificio) restoration
B (Hist, Pol) restoration; **la ~ de la monarquía** the restoration of the monarchy
C (hotelería) catering; **un tren con servicio de ~** a train with a full meals service, a train with a restaurant *o* dining car

restaurador -dora *m,f*
A (Art) restorer

r

B (period) (hotelero) restaurateur (journ)
C (Pol) restorer

restaurante, restaurant *m* restaurant

restaurar [A1] *vt*
A ‹*monarquía/orden*› to restore
B ‹*obra de arte/edificio*› to restore

restinga *f* sandbar

restitución *f* (frml) restitution (frml)

restituir [I20] *vt* **1** ‹*bienes/dinero*› to return; ‹*derechos*› to restore **2** (en un cargo) to reinstate; **fue restituido en su cargo** he was reinstated

resto *m*
A **1** (lo demás, lo que queda): **el ~** the rest; **el ~ del dinero** the rest *o* the remainder of the money, the remaining money; **el ~ ya lo conoces** you already know the rest; **quiere vivir aquí el ~ de sus días** he wants to spend the rest of his days here; **¿qué importa lo que haga el ~ (de la gente)?** what does it matter what everybody else does?; ***echar el ~*** (Esp fam) to go all out (colloq); ***para los ~s*** (Esp) for good, forever, for keeps (colloq) **2** (Mat) remainder
B **restos** *mpl* **1** (despojos, residuos) remains (*pl*); **~s arqueológicos** archaeological remains; **los ~s del avión siniestrado** the wreckage of the airplane **2** (de comida) leftovers (*pl*)

(Compuestos)
- **restos de serie** *mpl* end-of-line goods (*pl*)
- **restos de temporada** *mpl* end-of-season goods (*pl*)
- **restos mortales** *mpl* (frml) mortal remains (*pl*) (frml)

C (Esp) (Dep) return, return of service *o* serve
D (Col fam) (montón): **todavía falta un ~ para llegar** there's a long way to go yet, we won't be there for ages yet (colloq); **había un ~ de gente** there were loads of people (colloq)

restorán *m* restaurant

restregar [A7] *vt* ‹*suelo*› to scrub; ‹*ropa*› to rub, scrub
■ **restregarse** *v pron* (*refl*) to rub; **no te restriegues contra la pared, que te vas a manchar** don't rub against the wall or you'll get your clothes dirty; **~se los ojos** to rub one's eyes

restricción *f* restriction; **restricciones aduaneras** customs restrictions; **restricciones a la libertad de los ciudadanos** restrictions *o* restraints on civil liberties; **restricciones de agua** restrictions on the use of water, water restrictions; **sin ~ de edad** with no restrictions on age, with no age limit

restrictivo -va *adj* restrictive

restringido -da *adj* ‹*libertad*› restricted, limited; ‹*posibilidades*› limited; **un número ~ de personas** a limited number of people

restringir [I7] *vt* ‹*gastos*› to restrict, cut, limit; ‹*libertad*› to restrict
■ **restringirse** *v pron* to restrict *o* limit oneself

resucitación *f* **1** (Med) resuscitation **2** (de una costumbre) revival, resurrection

resucitar [A1] *vt* **1** (Relig) to raise … from the dead, to bring … back to life; **Jesús resucitó a Lázaro** Jesus raised Lazarus from the dead **2** (Med) to resuscitate, revive **3** ‹*costumbres/rencores/recuerdos*› to revive, resurrect
■ **resucitar** *vi* **1** «*persona*» to rise (from the dead); **y al tercer día resucitó** (Bib) and on the third day he rose again **2** «*costumbre/grupo*» to take on a new lease of life

resuello *m* **1** (respiración fuerte) heavy breathing; (por agotamiento) puffing, labored* breathing **2** (aliento): **sin ~** out of breath **3** (AmL) (descanso) rest; **tomar un ~** to take a rest *o* (colloq) a breather

resueltamente *adv* resolutely, with determination

resuelto -ta *adj* **1** [SER] ‹*persona*› decisive; **—sí —contestó en tono ~** yes, she answered decisively **2** [ESTAR] (decidido) determined, resolved (frml); **~ A + INF: estamos ~s a quedarnos aquí** we are determined *o* resolved to stay here; **está resuelta a dejar de fumar** she is determined *o* she has resolved to stop smoking *ver tb* **resolver**

resultado *m*
A **1** (de un examen, una competición) result; (de una prueba, un análisis) result; **el ~ del análisis fue positivo** the result of the test was positive, the test was *o* proved positive; **¿cuándo te dan los ~s?** when do you get the results? **2** (Mat) result
B (consecuencia, efecto) result; **los ~s desastrosos de sus acciones** the disastrous outcome *o* consequences of his actions; **la campaña tuvo el ~ esperado** the campaign produced the expected result *o* had the expected effect; **mi idea dio ~** my idea worked; **eran baratos, pero me han dado un ~ buenísimo** they were cheap but they've turned out to be very good; **intentó convencerlo, pero sin ~** she tried to persuade him, but without success *o* to no avail

resultando *m* conclusion

resultante[1] *adj* resulting (*before n*), resultant (*before n*)

resultante[2] *f* resultant

resultar [A1] *vi*
A (dar resultado) to work; **inténtalo, tal vez resulte** give it a go, it might work; **su idea no resultó** his idea didn't work (out); **traté de convencerlo pero no resultó** I tried to persuade him but it didn't work *o* but it was no good; (+ *me/te/le etc*): **no creo que te resulte** I don't think it will work, I don't think you'll have any luck (colloq)
B (+ *compl*) **1** **resultar + ADJ: leérselo todo en un día resulta muy pesado** it is very boring to have to read it all in one day; **comprándolo al por mayor resulta más barato** it works out cheaper if you buy it wholesale; **la casa resultó más cara de lo que pensábamos** the house proved *o* turned out to be more expensive than we had thought; **en el accidente ~on muertas/heridas dos personas** (period) two people were killed/injured in the accident; **resultó tal como lo habíamos planeado** it turned out *o* worked out just as we had planned; (+ *me/te/le etc*): **ese chico me resulta simpático** I think that boy's very nice; **la película me resultó aburridísima** I found the movie extremely boring; **la casa nos resulta demasiado grande ahora que los niños no están** the house is too big for us now the children have left home **2** **resultar + INF: todo el problema resultó ser un malentendido** the whole thing turned out to be *o* proved to be a misunderstanding; **al final resultó ser cierto** in the end it turned out to be true; **resultó tener una hermana en la misma escuela** he turned out to have a sister at the same school
C (*en tercera persona*): **ahora resulta que tengo yo la culpa** so now it's *my* fault, so now it seems it's all my fault; **fui a la tienda y resulta que estaba cerrada** I went to the shop but it was closed; **y resulta que la llamo y se había olvidado** and so I called her, and (it turned out) she'd forgotten all about it
D (derivar) **~ EN algo** to result IN sth, lead TO sth; **un incidente que resultó en una crisis internacional** an incident which led to *o* resulted in an international crisis; **~ DE algo** to be the result OF sth; **no sé lo que va a ~ de todo esto** I don't know what will come of all this, I don't know what the result *o* outcome of all this will be

resultas: **a** *or* **de ~ de** (*loc prep*) as a result of; **a ~ de una puñalada** as the result of a stab wound

resultón -tona *adj* (Esp fam) attractive

resumen *m* summary; **nos hizo un ~ de lo tratado en la reunión** she gave us a resumé *o* summary of what was discussed at the meeting; **hacer un ~ de un texto** to précis *o* summarize a text; **en ~** in short

resumidero *m* (AmL) drain

resumido -da *adj* summarized; **en resumidas cuentas** in short, in a word

resumir [I1] *vt* **1** (condensar) ‹*texto/libro*› to summarize **2** (recapitular) ‹*discurso/argumento*› to sum up
■ **resumir** *vi*: **resumiendo, creo que fue un encuentro positivo** in short *o* to sum up *o* all in all, I think it was a positive meeting

resurgiente *adj* re-emergent

resurgimiento *m* resurgence; **el ~ del movimiento estudiantil** the resurgence of the student movement; **el ~ de la economía** the resurgence in the economy, the economic revival; **el ~ de estas desavenencias** the resurgence *o* re-emergence of these disagreements

resurgir [I7] *vi*: **resurge el interés por estos temas** interest in these subjects is reviving, there is a resurgence of interest in these subjects; **este espíritu resurge en tiempos de crisis** this spirit re-emerges *o* reappears in times of crisis; **tras dos temporadas desastrosas resurgen los Pumas** after two disastrous seasons the Pumas are making a comeback *o* are bouncing back

resurrección *f* resurrection; **la ~ de la carne** *or* **de los muertos** the resurrection of the dead

retablo[1] *adj* (Esp fam) old-fashioned

retablo[2] *m* **1** (Art, Relig) altarpiece, reredos, retable **2** (Teatr) tableau

retacarse [A2] *v pron* (Andes) **1** «*persona*» to back out **2** «*caballo*» to stop; (en una competición) to refuse

retacear [A1] *vt* (RPl): **nos ~on los recursos** they kept a tight hold on the purse strings

retachar [A1] *vt* (Méx fam) **1** ‹*carta/trabajo*› to reject, refuse to accept **2** (no dejar entrar): **nos ~on** they wouldn't let us in, they turned us away
■ **retachar** *vi* (Méx) «*bala*» to ricochet

retacho *m* (Méx): **la bala le dio de ~** he was hit by a ricochet

retaco *m*
A (fam) (persona): **mi hermana es un ~** my sister's rather dumpy *o* rather short and fat *o* (colloq) a real dumpling
B (escopeta) short-barrelled shotgun

retacón -cona *adj* (RPl fam) dumpy (colloq), short and fat

retador[1] **-dora** *adj* defiant

retador[2] **-dora** *m,f* (AmL) challenger

retaguardia *f* (Mil) rearguard; **estar en la ~** (en una carrera) to be at the back; **estamos en la ~ con respecto al desarrollo tecnológico** we are lagging behind as regards technological development

retahíla *f* string; **una ~ de nombres** a string *o* a whole series of names; **me soltó una ~ de insultos** he let fly with a stream *o* string of insults

retal *m* (Esp) remnant

retaliación *f* (AmL) retaliation

retama *f* (Chi) **retamo** *m* broom

retapizar [A4] *vt* to re-upholster

retar [A1] *vt*
A (desafiar) to challenge; **~ a algn A algo** to challenge sb TO sth; **~ a algn A + INF** to challenge sb to + INF; **me retó a saltar** she challenged *o* defied *o* dared me to jump
B (CS) (regañar) to tell … off (colloq), to scold

retardación *f* delay

retardado[1] **-da** *adj*
A (Tec) delayed; **caja fuerte de apertura retardada** safe with time-delay lock
B ‹*persona*› mentally handicapped *o* retarded

retardado[2] **-da** *m,f* mentally handicapped *o* retarded person, retard (AmE colloq & pej)

retardar [A1] *vt* **1** (frenar) to delay, hold up, retard (tech) **2** (posponer) to postpone
■ **retardarse** *v pron* to be late

retardo *m* **1** (frml) (fam) (en el desarrollo, crecimiento) delay; (en pago) delay, lateness **2** (Electrón) delay

(Compuesto) **retardo mental** mental retardation

retazo *m* **1** (de tela) remnant **2** (de un texto, una obra) snippet; **~s de varias obras** snippets *o* bits and pieces of several works **3** (Méx) (Coc) offal

retén *m*
A **1** (patrulla) patrol; (pelotón) squad; **esta noche tengo** *or* **estoy de ~** (Mil) I'm on duty tonight **2** (puesto de policía) police post

B (Chi) (Auto) gasket
C (Ven) (correccional) reformatory (AmE), remand home (BrE)

retención *f*
A 1 (de información) withholding, keeping back 2 (de un pasaporte, una tarjeta) retention 3 (Fin, Fisco) deduction, withholding (AmE), stoppage (BrE); **las retenciones que me hacen del sueldo** the money that is deducted *o* (AmE) withheld from my salary; **~ de impuestos en la fuente** (Col) deduction *o* (AmE) withholding of tax at source
B 1 (de un preso) holding, detaining 2 (Auto) holdup, jam
C 1 (de calor, de una carga) retention 2 (de orina, líquidos) retention
D (acción de recordar) retention

retener [E27] *vt*
A 1 ‹*datos/información*› to keep back, withhold 2 ‹*pasaporte/tarjeta*› to retain 3 (Fin, Fisco) ‹*dinero/cuota*› to deduct, withhold
B 1 «*policía*» ‹*persona*› to detain, hold 2 (hacer permanecer): **no te retendré demasiado tiempo** I won't keep you long; **el maestro nos retuvo** the teacher kept us in *o* kept us back after class; **tres reclusos retuvieron a un funcionario** three prisoners held a prison guard hostage; **ya nada me retiene aquí** there's nothing to keep me here now; **no sabe cómo ~ a su marido** she doesn't know what to do to hold on to *o* to keep her husband
C 1 ‹*calor/carga*› to retain 2 (Med) ‹*orina/líquidos*› to retain
D ‹*atención/interés*› to keep, retain
E (recordar) ‹*lección/texto/ideas*› to retain, keep … in one's head
■ **retenerse** *v pron* to restrain oneself

retenida *f* guy

retentiva *f* memory

retentivo -va *adj* retentive

reticencia *f* 1 (renuencia) reluctance; **lo firmé con cierta ~** I signed it a little reluctantly; **su ~ a creerme es comprensible** your reluctance to believe me is understandable; **su ~ a reconocer que se había equivocado** her reluctance *o* unwillingness to admit that she had made a mistake; **a pesar de su ~ inicial, finalmente nos lo contó todo** despite his initial reticence *o* caginess, he told us everything in the end 2 (indirecta) hint, insinuation

reticente *adj* 1 (reacio) reluctant; **~ a todo tipo de negociaciones** reluctant to get involved in any sort of negotiations; **~ A + INF** reluctant to + INF; **se muestran ~s a dar explicaciones** they are reluctant to provide explanations; **se mostró ~ a hablar del asunto** he was reluctant to talk about the matter, he was reticent about the matter 2 ‹*discurso*› full of hints *o* insinuations

rético[1] **-ca** *adj* Rhaetian

rético[2] *m* Rhaetian

retícula *f* reticle

reticular *adj* reticulate, reticular

retículo *m*
A 1 (de los rumiantes) reticulum 2 (red de tejidos) reticulum
B (para mediciones) reticle

retina *f* retina; **sufre desprendimiento de ~** she has a detached retina

retinitis *f* retinitis

retinol *m* retinol

retintín *m* 1 (fam) (tonillo sarcástico) sarcastic tone of voice; **lo dijo con cierto ~** he said it somewhat sarcastically, he said it in a rather snide way 2 (sonido): **el ~ de los cascabeles** the tinkling of (little) bells; **el ~ de las pulseras que llevaba** the jingling *o* jangling of the bracelets she was wearing; **me quedó un ~ en los oídos** I had a ringing in my ears

retinto -ta *adj* ‹*toro*› dark brown; **tiene el pelo negro ~** she has jet-black hair

retirada *f*
A 1 (separación, alejamiento) withdrawal; **esperan la ~ de las aguas** they are waiting for the waters to recede *o* retreat; **la ~ de su embajador** the withdrawal *o* recall of their ambassador; **la ~ del ejército de la ciudad** the withdrawal *o* pull-out of the army from the city; **les cortamos la ~** we cut off their retreat; **batirse en ~** (Mil) to retreat, to withdraw, to beat a retreat; (ante una situación desfavorable) to retreat; **ante esta amenaza los especuladores se baten en ~** faced with this threat the speculators are retreating *o* beating a retreat *o* taking flight 2 (de un permiso, pasaporte) withdrawal

(Compuesto) **retirada de tierras** (Agr, UE) set-aside

B 1 (de una propuesta) withdrawal 2 (de una acusación) withdrawal, dropping
C 1 (de fondos) withdrawal 2 (recogida) collection
D 1 (jubilación) retirement 2 (de una actividad) withdrawal; **su ~ de la campaña** his withdrawal from the campaign 3 (de una competición — antes de iniciarse) withdrawal; (— una vez iniciada) retirement

retiradamente *adv* in seclusion, quietly

retirado -da *adj*
A 1 ‹*lugar/casa*› remote, out-of-the-way; **~ DE algo**: **una casa retirada de la carretera** a house set back from the road; **en un barrio ~ del centro** in an outlying district, in an area some distance from the center 2 ‹*vida*› secluded, quiet
B (jubilado) retired

retirar [A1] *vt*
A 1 (quitar) to remove, take away; (apartar) to move *o* take away; **~on las sillas para que pudiéramos bailar** they moved the chairs so that we could dance; **el camarero retiró los platos** the waiter took *o* cleared the plates away; **~on los dos vehículos accidentados** the two vehicles involved in the accident were moved out of the way *o* were removed; **los vehículos mal estacionados serán retirados** badly-parked vehicles will be towed (away) *o* removed; **sin ~ la tapadera** without taking off *o* removing the lid; **~emos a nuestro embajador** we shall recall *o* withdraw our ambassador; **~ algo DE algo**: **retíralo de la chimenea un poco** move it back from the fireplace a little, move it a bit further away from the fire; **retiró la cacerola del fuego** he removed the saucepan from the heat, he took the saucepan off the heat; **~on los tres coches de la calzada** the three cars were removed from *o* moved off the road; **el autobús tuvo que ser retirado del servicio** the bus had to be withdrawn from service; **retiró el ejército de la frontera** he withdrew the army from the border; **serán retirados de la circulación** they will be withdrawn from circulation 2 ‹*cabeza/mano*› **en el último momento retiró la cabeza** at the last moment she pulled her head back *o* away; **no intentes ~ la mano** don't try to pull your hand back (*o* out *etc*), don't try to remove *o* withdraw your hand; **~ algo DE algo**: **retiré la mano de la bolsa** I took my hand out of the bag, I removed *o* withdrew my hand from the bag 3 «*entrenador*» ‹*jugador*› to take off, pull … out of the game; ‹*corredor/ciclista*› to withdraw, pull out 4 (+ *me/te/le etc*) ‹*apoyo*› to withdraw; ‹*pasaporte/carnet*› to withdraw, take away; **me retiró el saludo/la palabra** she stopped saying hello to me/speaking to me
B ‹*afirmaciones/acusación*› to withdraw; ‹*candidatura/propuesta*› to withdraw; **retiro lo dicho** I take back *o* withdraw what I said
C 1 (de una cuenta, un fondo) ‹*dinero*› to withdraw 2 (recoger) ‹*certificado/carnet/entradas*› to collect
■ **retirarse** *v pron*
A 1 (apartarse) to move back *o* away; (irse) to leave, withdraw; **me retiré de la puerta para dejarle paso** I moved back from *o* away from *o* I stood back from the door to let him through; **puede ~se** you may go *o* (frml) withdraw; **el ejército se retiró de la zona** the army withdrew from *o* pulled out of the area; **se retiró a un convento** he retired *o* withdrew to a monastery; **cuando las aguas se ~on** when the waters receded *o* retreated 2 (irse a dormir) to go to bed, retire (frml)
B 1 (jubilarse) to retire 2 (de una actividad) to withdraw; **se retiró una semana antes de la votación** he withdrew one week before the vote; **se retiró de la vida pública** she retired *o* withdrew from public life; **se retiró de la carrera/competición** (antes de iniciarse) he pulled out of *o* withdrew from the race/competition; (una vez iniciada) he pulled out of *o* retired from the race/competition

retiro *m*
A 1 (jubilación) retirement; **~ forzoso** compulsory retirement 2 (pensión) pension, retirement pension
B 1 (lugar tranquilo) retreat 2 (Relig) retreat
C (AmL) 1 (de fuerzas, empleados) withdrawal; (de apoyo) withdrawal 2 (de fondos) withdrawal

retitular [A1] *vt* to retitle

reto *m*
A (desafío) challenge; **hacer frente a este ~ importante** to face up to this great challenge
B (CS) (regañina) telling-off (colloq), scolding

retobado -da *adj*
A 1 (Méx, RPl fam) (rebelde) unruly, rebellious, bolshy (BrE colloq) 2 (Méx fam) (terco) obstinate, stubborn
B (Chi fam) (directo): **cuando vuelvas te vas ~ a la cama** when you get back you're going straight to bed

retobar [A1] *vi* (Méx fam) to answer back
■ **retobarse** *v pron* (RPl fam) to be rude, get bolshy *o* stroppy (BrE colloq)

retobo *m* (Méx) rude remark

retocar [A2] *vt* ‹*fotografía*› to touch up, retouch; ‹*maquillaje*› to touch up, retouch; **sigue retocando el texto** she is still putting the final touches to the text

retomar [A1] *vt*: **retomó (el hilo de) la narrativa** she picked up the thread of the narrative; **el tema se retoma en el segundo movimiento** the theme is reintroduced *o* taken up again in the second movement; **retomé mi carril** I got back in lane

retoñar [A1] *vi* 1 (Bot) to sprout, shoot 2 (reaparecer) to reappear

retoño *m*
A (Bot) shoot
B (fam) (hijo) little one (colloq), kid (colloq)

retoque *m*: **esta foto necesita algunos ~s** this photo needs some retouching; **ya le estamos dando los últimos ~s** we're just putting the final *o* the finishing touches to it

retorcer [E10] *vt*
A 1 ‹*alambre/cuerda*› to twist; ‹*alambres/hilos*› to twist … together; ‹*ropa*› to wring 2 ‹*brazo*› (+ *me/te/le etc*) to twist; **le retorció el pescuezo** she wrung its neck
B ‹*palabras*› to twist
■ **retorcerse** *v pron*
A 1 (enrollarse) to become tangled (up), get twisted (up) 2 «*serpiente*» to writhe 3 «*persona*»: **~se de dolor** to writhe with pain, to writhe in agony; **~se de risa** to double up with laughter, to fall about laughing
B (refl) ‹*manos/pelo*› **se retorcía las manos con nerviosismo** she was wringing her hands nervously; **siempre se está retorciendo el pelo/la barba** he is always twiddling (with) his hair/his beard

retorcido -da *adj* 1 ‹*persona/mente*› twisted, devious 2 ‹*lenguaje/estilo/argumento*› convoluted, involved *ver tb* **retorcer**

retorcijón *m* (AmL) sharp pain (*in the stomach or gut*); **retorcijones de tripas** *or* **de estómago** stomach cramps

retorcimiento *m*
A 1 (de un alambre, una cuerda) twisting; (de alambres, hilos) twisting together, entwining 2 (de estilo, lenguaje) convolutedness
B (de una persona, mente) deviousness

retórica *f* 1 (Lit) rhetoric 2 (manera de hablar) rhetoric 3 (palabrería) *tb* **~s** empty rhetoric

retóricamente *adv* rhetorically

retórico -ca *adj* 1 (Lit) rhetorical 2 (grandilocuente) rhetorical

retornable *adj* returnable; **botella no ~** non-returnable bottle, one-way bottle (AmE)

r

retornado -da *m,f* returnee
retornar [A1] *vi/vt* (frml *o* liter) to return
retornelo *m* ritornello
retorno *m*
A 1 (frml *o* liter) (regreso) return; (viaje de regreso) return journey; ▸**operación** 2 (frml *o* liter) (devolución) return
(Compuesto) **retorno de carro** carriage return
B (Rad) return signal
C (Méx) (en una carretera) highway turnaround
retorromano -na *adj* Rhaeto-Romanic
retorta *f* retort
retortero *m* twist; ***andar/ir al ~*** (fam) (estar muy ocupado) to be on the go (colloq) (estar enamorado) to be head over heels in love; ***llevar a algn al ~*** (fam) to have sb twisted *o* wrapped around one's little finger (colloq); ***tener algo al ~*** (fam): **tiene toda la casa al ~** the whole house is in a mess *o* a real state (colloq); ***traer a algn al ~*** (fam) to keep sb on the go *o* running about
retortijón *m* (Esp) ▸**retorcijón**
retozar [A4] *vi* (liter) 1 «*corderos*» to gambol, frolic 2 «*niños*» to frolic, gambol (liter)
retozo *m* 1 (de corderos) gamboling*, frolicking 2 (de niños) frolicking, gamboling* (liter)
retozón -zona *adj* 1 ‹*cordero*› gamboling* (*before n*), frolicking (*before n*) 2 ‹*niño*› playful
retracción *f* 1 (retirada) withdrawal, retraction 2 (de la economía) shrinking; **la ~ de la demanda** the reduction in demand
retractable *adj* retractable
retractación *f* retraction
retractarse [A1] *v pron*: **se retractó y admitió que estaba equivocado** he took back what he had said *o* he backed down and admitted he was wrong; **~ DE algo**: **me retracto de lo dicho** I withdraw *o* take back what I said; **se retractó de sus acusaciones** he retracted *o* withdrew his accusations; **se retractaron de su error** they recanted
retráctil[1] *adj* 1 (Zool) ‹*uñas*› retractile 2 (Tec) retractable
retráctil[2] *m* shrink-wrap
retractilado -da *adj* shrink-wrapped; **artículos ~s** shrink-wrapped goods
retractilar [A1] *vt* to shrink-wrap; **productos retractilados** shrink-wrapped products
retracto *m* ▸**derecho**[3]
retraer [E23] *vt*
A (Zool) ‹*uñas*› to retract
B (traer de vuelta) to bring back; **me retrajo a la realidad** it brought me back to reality *o* to earth
■ **retraerse** *v pron* 1 (retirarse) to withdraw; **se retrajo a su casa de campo** she withdrew *o* retired to her house in the country; **el caracol se retrae en su concha** the snail withdraws into its shell; **se retrae de la gente que no conoce bien** when he's with people he doesn't know well he withdraws into his shell *o* into himself, he's very shy with people he doesn't know well 2 «*demanda*» to reduce, fall
retraído -da *adj* withdrawn, retiring (*before n*)
retraimiento *m*
A 1 (timidez) shyness 2 (aislamiento) isolation, seclusion
B (acción) withdrawal
retranca *f*
A (de un carruaje) brake
B (Esp fam) (malicia): **tiene mucha ~** he's very crafty; **lo dijo con ~** he seemed to be implying something else when he said it
C (Esp fam) (borrachera): **tener/coger una ~** to be/get plastered (colloq)
retransmisión *f* 1 (Esp) (transmisión) transmission; **les ofreceremos la ~ en directo del partido** we shall be broadcasting *o* transmitting *o* showing the game live 2 (repetición) repeat
(Compuesto) **retransmisión por Internet** webcast
retransmisor *m* transmitter
retransmitir [I1] *vt*
A (repetir) to repeat, rebroadcast (frml)
B (Esp period) (TV) to broadcast, show; (Rad) to broadcast; **el recital se retransmitió en diferido** the concert was recorded and shown *o* broadcast *o* transmitted later
retrasado[1] **-da** *adj* 1 [SER] (Med, Psic) mentally handicapped, (mentally) retarded; **un niño ~** a child with learning difficulties; (más grave) a mentally retarded *o* handicapped child 2 [ESTAR] (en una tarea, actividad): **tengo mucho trabajo ~** I have a big backlog of work, I have a lot of work to catch up on; **voy muy ~ con el trabajo** I'm really behind with my work; **va** *or* **está muy ~ con respecto a sus compañeros** he is lagging a long way behind his classmates; **están ~s en los pagos** they are behind in their payments, they are in arrears with their payments 3 ‹*país/sociedad*› backward 4 ‹*reloj*› slow
retrasado[2] **-da** *m,f tb*: **~ mental** mentally handicapped person, (mentally) retarded person, retard (AmE colloq & pej)
retrasar [A1] *vt*
A 1 ‹*persona*› to make … late; **el tráfico nos retrasó** the traffic made us late, we were delayed by the traffic, we got held up in the traffic 2 ‹*producción/proceso*› to delay, hold up
B «*persona*» ‹*partida/fecha*› to delay, put off, postpone
C ‹*reloj*› to put back
■ **retrasar** *vi* «*reloj*» to run slow
■ **retrasarse** *v pron* 1 (llegar tarde) to be late; **date prisa, que estoy** *or* **voy retrasado** hurry up, I'm late; **el tren se retrasó** the train was *o* arrived late 2 «*producción/trabajo/trámite*» to be delayed, be held up 3 (en el trabajo, los estudios) to fall behind; (en los pagos) to fall behind, get into arrears; **se retrasó en presentar el informe** she was late submitting the report; **me he retrasado con esta traducción** I'm behind with this translation
retraso *m* 1 (demora) delay; **perdona por el ~** I'm sorry about the delay, I'm sorry it's late; **viene con media hora de ~** it's (running) half an hour late; **llevamos** *or* **tenemos un ~ de dos meses sobre el programa previsto** we're two months behind schedule; **no podemos permitir otro ~ en el proceso** we cannot allow another delay to *o* hold-up in the process; **cualquier ~ en el pago/la entrega de los productos** any delay in payment/delivery of the products 2 (de un país) backwardness 3 (Psic): **niños con ~ mental** children with learning difficulties; (más grave) mentally retarded *o* handicapped children
retratar [A1] *vt* 1 (pintar) to paint a portrait of; (fotografiar) to photograph; **se hizo ~ por un famoso pintor** she had her portrait painted by a famous artist 2 ‹*realidad/costumbres*› to portray, depict
■ **retratarse** *v pron* (*caus*) (en un cuadro) to have one's portrait painted; (en una foto) to have one's photograph taken
retratista *mf* 1 (pintor) portrait artist *o* painter, portraitist 2 (fotógrafo) portrait photographer
retrato *m* 1 (Art, Fot) portrait; **un ~ de cuerpo entero/de medio cuerpo** a full-length/head-and-shoulders portrait; ***ser el vivo ~ de algn*** to be the (spitting) image of sb (colloq) 2 (descripción) depiction, portrayal; **si trazamos el ~ del votante de cada partido** if we draw up a profile of each party's typical voter
(Compuestos)
- **retrato hablado** (AmL) Identikit picture®, Photofit® (picture) (BrE)
- **retrato hablado en video** (AmL) videofit
- **retrato reconstruido** (Méx) ▸**retrato hablado**
- **retrato robot** (Esp) ▸**retrato hablado**
- **retrato robot en vídeo** (Esp) videofit

retrechero -ra *adj* (fam) 1 (astuto) crafty, wily 2 (encantador) sweet, charming
retreparse [A1] *v pron* to recline, lean back
retreta *f*
A (Mil) 1 (toque) retreat; **tocar ~** to sound the retreat 2 (desfile) tattoo
B (AmL) (concierto) open-air concert
retrete *m* lavatory, W.C., bathroom (AmE)
retribución *f* 1 (sueldo) salary; **~ a convenir** salary negotiable, salary to be agreed 2 (recompensa) reward
retribuir [I20] *vt* 1 ‹*esfuerzos/trabajo*› **retribuyeron generosamente sus esfuerzos** they paid him generously *o* he was well rewarded financially for his efforts; **vacaciones retribuidas** paid vacation (AmE), paid holiday(s) (BrE) 2 (recompensar) to reward 3 (AmL) ‹*favor*› to return; **quisiera un día ~le esta atención** I hope I can repay your kindness *o* return the favor one day
retro *m* retro
retroacción *f* ▸**retroactividad**
retroactivamente *adv* retroactively, retrospectively
retroactividad *f* (de una ley) retroactive *o* retrospective nature, retroactiveness; **un aumento con ~ desde mayo** an increase backdated to May
retroactivo -va *adj* retrospective, retroactive; **la ley no se aplicará con efecto ~** the law will not be applied retroactively *o* retrospectively; **una subida salarial con efecto ~ desde enero** a salary increase backdated to January
retroalimentación *f* feedback
retroarriendo *m* leaseback
retrocarga *f*: **de ~** breechloading
retroceder [E1] *vi*
A (moverse hacia atrás) «*persona/coche*» to go back, move back; «*ejército*» to withdraw, fall back, retreat; **ya nos pasamos, retrocede un poco** we've gone past it, go back a bit; **al ver la pistola retrocedió** when he saw the pistol he stepped back *o* drew back; **la policía hizo ~ a la multitud** the police moved the crowd back *o* made the crowd move back; **el autor nos hace ~ tres siglos en el tiempo** the author takes us back three centuries (in time)
B (desistir) to give up; (volverse atrás) to back down
C (Arm) to recoil
retroceso *m* 1 (movimiento hacia atrás) backward movement; **esto supone un ~ importante para el equipo** this is a serious backward step for the team 2 (de un ejército) withdrawal, retreat 3 (acción de ceder) backing down; **su ~ sobre estos puntos sorprendió a todo el mundo** his backing down *o* the way he backed down on these points surprised everyone 4 (Arm) recoil 5 (Ven) (Auto) reverse
retrocohete *m* retrorocket
retrocuenta *f* countdown
retroflexión *f* retroflexion*
retrógrado[1] **-da** *adj* ‹*persona/actitud*› reactionary; ‹*planteamiento/idea*› retrograde
retrógrado[2] **-da** *m,f* reactionary
retrogusto *m* aftertaste
retroingeniería *f* reverse engineering
retropropulsión *f* jet propulsion
retroproyector *m* overhead projector
retrospección *f* retrospective
retrospectiva *f* retrospective
retrospectivamente *adv* retrospectively
retrospectivo -va *adj* ‹*análisis*› retrospective; **una escena retrospectiva** a flashback; **echó una mirada retrospectiva a su vida** she looked back over her life, she cast a retrospective look over her life
retrotraer [E23] *vt* ‹*persona/sistema*› to take … back; **posteriores búsquedas los retrotrajeron al año 800** subsequent research led them back to the year 800
■ **retrotraerse** *v pron* to go back
retroventa *f* resale
retroviral *adj* retroviral
retrovírico -ca *adj* retroviral
retrovirus *m* retrovirus
retrovisor *m* (interior) mirror, rear-view mirror; (lateral) mirror, wing mirror
retrucar [A2] *vi* (frml) to answer back
■ **retrucar** *vt*
A (replicar) to retort
B (en billar) to kiss
retruécano *m* play on words, pun
retruque *m* (Per fam) witty reply
retumbante *adj* booming (*before n*)

retumbar [A1] *vi*
A «*voz*» to boom; «*eco*» to resound; «*paso*» to echo; «*trueno*» to roll, boom; «*cañón/explosión*» to boom; **tiene una voz que retumba** he has a loud, booming voice; **los golpes hacían ~ las paredes** the banging was making the walls shake
B «*habitación*» to resound; **el teatro retumbaba con los aplausos** the theater resounded with the sound of clapping; **todo el pasillo parecía ~ con las pisadas** the whole corridor seemed to echo *o* resound with the sound of footsteps

reubicación *f* (AmL) (de trabajadores) relocation, redeployment; (de empresas) relocation; (de pobladores) resettlement

reubicar [A2] *vt* (AmL)
A ‹*trabajadores*› to relocate, redeploy; ‹*empresas*› to relocate; ‹*pobladores*› to resettle; **se ~á a familias damnificadas por el terremoto** families affected by the earthquake will be found new homes *o* will be resettled
B (cambiar de lugar) to put … in a different place, change the position of

reuma, reúma *m or f* rheumatism
(Compuesto) **reuma en la sangre** (Esp fam) rheumatic fever

reumático -ca *adj* ‹*persona*› rheumatic; ‹*afección/dolor*› rheumatic

reumatismo *m* rheumatism

reumatoide *adj* rheumatoid

reumatología *f* rheumatology

reumatólogo -ga *m,f* rheumatologist

reunido -da *adj*: **estuvieron ~s casi tres horas** the meeting lasted almost three hours; **no puede atenderlo ahora, está ~** (Esp) he can't see you now, he's in a meeting; **llevan más de una hora ~s** they've been in the meeting for over an hour *ver tb* **reunir**

reunificación *f* reunification

reunificar [A2] *vt* ‹*nación*› to reunify; ‹*familia*› to reunite, bring together

reunión ➡📖 *f*
A **1** (para discutir algo) meeting **2** (de carácter social) gathering; **no hicieron una gran fiesta sino una pequeña ~** they didn't have a big party, just a small gathering *o* get-together; **~ de ex-alumnos** school reunion, old boys'/girls' reunion **3** (Dep) meeting, meet **4** (grupo de personas) meeting
(Compuestos)
- **reunión cumbre** summit, summit meeting
- **reunión de seguimiento** status meeting
- **reunión ilícita** unlawful assembly
- **reunión informativa** press conference, briefing

B (de datos, información) gathering, collecting

reunir [I23] *vt*
A (tener) ‹*cualidades/características*› to have; **los aspirantes deberán ~ los siguientes requisitos …** candidates must satisfy *o* meet the following requirements …; **reúne todas las condiciones necesarias para el cargo** he fulfills all the requirements for the position
B (recoger, recolectar) ‹*datos*› to gather; ‹*dinero/fondos*› to raise; **ha logrado ~ una colección excepcional de sellos** she has managed to build up an impressive stamp collection; **el volumen reúne varios artículos publicados recientemente por el autor** the volume brings together *o* is a collection of several recently published articles by the author; **primero hay que ~ la información necesaria** the first step is to gather together *o* collect *o* assemble all the necessary information; **~ pruebas contra algn** to gather *o* assemble evidence against sb
C ‹*personas*› **reunió a toda la familia en su casa** she got all the family together at her house; **reunió a los jefes de sección** he called a meeting of the heads of department, he called the heads of department together; **los reunió y les leyó el telegrama** he called them together and read them the telegram
■ **reunirse** *v pron* «*consejo/junta*» to meet; «*amigos/parientes*» to get together; **hace años que no se reúne toda la familia** it's years since the whole family got together; **se reunieron tras 20 años sin verse** they met up again *o* got together again after 20 years; **~se CON algn: me reuní con él en Chicago** I met up with him in Chicago; **se va a ~ con los representantes de la compañía en Alemania** she's going to meet *o* have a meeting with *o* (esp AmE) meet with the company's representatives in Germany

reutilizable *adj* reusable

reutilización *f* reuse, recycling

reutilizar [A4] *vt* reutilize

reválida *f* **1** (RPl) (convalidación) validation; **no le han dado la ~** they won't recognize her qualifications **2** (Esp) (del bachillerato) final examination

revalidación *f* **1** (Chi, Méx) (convalidación) validation **2** (Col) (diploma) high-school diploma (*for mature students*) **3** (Col, Ven) (del pasaporte) renewal

revalidar [A1] *vt*
A ‹*campeonato/título*› to defend, win … again; ‹*victoria*› to repeat
B **1** (Chi, Méx) (convalidar) to validate **2** (Col, Ven) ‹*pasaporte*› to renew

revaloración *f* ▸ **revalorización**

revalorar [A1] *vt* ▸ **revalorizar**

revalorización *f* **1** (de una divisa) revaluation; (de una pensión) increase, adjustment **2** (de un activo) appreciation (frml), increase in value; **la ~ de las viviendas** the increase in value of the houses

revalorizar [A4] *vt*
A ‹*moneda*› to revalue, revaluate (AmE); ‹*pensiones*› to increase, adjust; **capital revalorizado** restated *o* revalued capital
B ‹*sistema/situación*› to reassess, reevaluate, reappraise (frml)
■ **revalorizarse** *v pron*: **el euro se revalorizó frente al dólar** the euro gained in value *o* strengthened against the dollar; **la propiedad se revalorizó en un 50% en tres meses** the property increased in value *o* (frml) appreciated by 50% in three months

revaluación *f* (esp AmL) ▸ **revalorización**

revaluar [A18] *vt* (esp AmL) ▸ **revalorizar**

revancha *f* **1** (Dep, Jueg) return game; **mañana jugamos la ~** we're playing the return game tomorrow; **pido la ~** I want a rematch *o* a chance to get even **2** (desquite): **¡yo ya me tomaré la ~!** I'll get my own back! (colloq); **anda buscando la ~** he's out to get his revenge *o* to get his own back *o* to get even (colloq)

revanchismo *m* revanchism

revanchista *adj* **1** (Pol) revanchist **2** ‹*persona/intención*› **es muy ~** he's always trying to get revenge *o* get his own back *o* get even (colloq); **con espíritu ~** in a spirit of revenge

revelación *f*
A (de un secreto, una noticia) revelation, disclosure
(Compuesto) **revelación divina** divine revelation
B (éxito, figura) revelation; **la ~ literaria del año** the literary sensation *o* discovery *o* revelation of the year; **el coche fue la ~ del salón** the car was the star attraction at *o* the revelation of *o* the sensation of the show; **la ~ taurina de la temporada** the revelation of this bullfighting season
C (*como adj inv*): **los Tigers, el equipo ~ de la temporada** the Tigers, the revelation of the season *o* this season's surprise success story; **el coche ~ de este año** the car of the year, the revelation of the car world this year

revelado *m* developing

revelador[1] **-dora** *adj* **1** ‹*informe/hecho*› revealing; ‹*gesto*› revealing; **indicios ~es de una futura devaluación** telltale signs of a forthcoming devaluation **2** ‹*escote/blusa*› revealing

revelador[2] *m* developer

revelar [A1] *vt*
A ‹*secreto/verdad*› to reveal; **reveló sus intenciones** she revealed her intentions; **este informe revela que tienen problemas económicos** this report shows *o* reveals that they have financial problems
B (Cin, Fot) to develop
■ **revelarse** *v pron* to show oneself; **se revela en esta obra como un gran narrador** in this book he shows himself to be a great storyteller, in this book he reveals his talent as a storyteller; **se reveló como una actriz de gran talento** she proved herself to be a very talented actress

revellón *m* New Year's Eve party

revendedor -dora *m,f* **1** (que vende al por menor) retailer **2** (de entradas) scalper (AmE), ticket tout (BrE)

revender [E1] *vt* **1** ‹*alimentos/artículos*› to resell **2** ‹*entrada*› to scalp (AmE), to tout (BrE) **3** ‹*acciones*› to sell off

revenido -da *adj* **1** ‹*carne/pescado*› off (colloq), bad **2** ‹*mantequilla*› rancid **3** ‹*ensalada*› limp, soggy **4** ‹*vino*› vinegary, sour

revenirse [I31] *v pron* **1** «*carne/pescado*» to go off (colloq), to go bad **2** «*mantequilla*» to go rancid **3** «*ensalada*» to go limp *o* soggy **4** (Vin) to sour, go vinegary

reventa *f* **1** (de alimentos, etc) resale; **para su posterior ~** to be sold off *o* resold at a later date **2** (de entradas) scalping (AmE), touting (BrE)

reventadero *m* (Méx) shoal, rocks (*pl*) (*where the waves break*)

reventado -da *adj* (fam) exhausted, beat (AmE colloq), shattered (BrE colloq)

reventar [A5] *vi*
A **1** «*globo*» to burst, pop; «*neumático*» to blow out, burst; «*ampolla*» to burst; «*tubería*» to burst; **las olas reventaban contra el acantilado** the waves were breaking against the cliff; **capullos a punto de ~** buds about to burst open **2** (fam) «*prenda*» to split
B **1** «*persona*» (uso hiperbólico): **si sigue comiendo así va a ~** if he carries on eating like that, he'll burst!; **por mí ¡que reviente!** as far as I'm concerned, he can go to hell! (colloq); **estaba que reventaba de rabia** she was absolutely furious *o* livid, she was seething with rage; **reventaba de indignación** she was bursting with indignation **2** (fam) (de ganas): **anda, cuéntamelo, que si no, vas a ~** come on, then, I can see you're bursting *o* dying to tell me (colloq) **3** (de ganas de orinar): **no puedo aguantar más, estoy que reviento** I can't hold on any longer, I'm bursting (to go) (colloq) **4** (fam) (de cansancio): **trabajaron hasta ~** they worked until they dropped (colloq), they worked their butts off (AmE colloq), they slogged their guts out (BrE colloq)
■ **reventar** *vt* **1** ‹*globo/neumático*› to burst **2** (fam) (destrozar): **reventó la puerta a patadas** he kicked the door down; **le reventó la nariz de un puñetazo** he punched him and broke *o* smashed his nose; **¡o lo haces o te reviento!** (AmS) do it or I'll wallop you *o* (BrE) I'll thump you (colloq), if you don't do it, I'll knock you into the middle of next week! (colloq) **3** (fam) (agotar) ‹*caballo*› to ride … into the ground **4** (hacer fracasar) ‹*marcha/mitin*› to break up; ‹*plan/reunión/fiesta*› to wreck; **planean ~ el homenaje al escritor** they are planning to disrupt the ceremony in honor of the writer; **hay muchos interesados en ~ las elecciones locales** there are a lot of people who have an interest in wrecking the local elections **5** (fam) (irritar, molestar) to rile (colloq), to make … mad (colloq); **me revienta su tonito paternal** that patronizing tone of his really riles me *o* makes me mad *o* gets me (colloq)
■ **reventarse** *v pron*
A **1** «*globo, etc*» ▸ **reventar A1** **2** (fam) (agotarse) to work one's butt off (AmE colloq), to slog one's guts out (BrE colloq)
B (*refl*) ‹*grano*› to squeeze; ‹*ampolla*› to burst; **se reventó un dedo con el martillo** (fam) he banged up (AmE) *o* (BrE) banged his finger with the hammer (colloq); **iban a 120 y se ~on contra un árbol** (AmS fam) they were doing 120 and they smashed straight into a tree

reventón *m*
A (de un neumático) blowout; (de una tubería) burst

➡📖 *ver* El inglés que funciona

B (Méx fam) (fiesta) party, rave-up (BrE colloq)
C (fam) (apuro) jam (colloq), fix (colloq)
D 1 (cuesta) steep slope *o* incline 2 (fam) (trabajo): **vaya ~ que nos dimos** *or* **pegamos** we really worked our butts off (AmE) *o* (BrE) slogged our guts out (colloq)

rever [E29] *vt* 1 ‹*medidas/acuerdo/política*› to review; **se decidió ~ su caso** it was decided to review his case 2 (Der) ‹*resolución*› to review; ‹*causa*› to rehear, hear again

reverberación *f* 1 (de la luz) reflection; **la ~ de la luz en el agua** the shimmering *o* reflection of the light on the water; **la ~ de los faroles** the glare of the streetlights 2 (de sonido) reverberation

reverberante *adj* 1 ‹*luz/sol*› shining 2 ‹*sonido*› reverberating; **tiene una voz ~** he has a booming voice

reverberar [A1] *vi* 1 (destellar): **las estrellas reverberaban en la oscuridad de la noche** the stars twinkled in the darkness of the night; **el sol reverberaba en los cristales** the sun glittered *o* sparkled on the windowpanes; **reverberaba en la nieve** it sparkled *o* glistened on the snow 2 «*sonido*» to reverberate, echo

reverbero *m*
A (de luz, sonido) ▸ **reverberación**
B (AmL) (cocinilla) spirit stove

reverdecer [E3] *vi* 1 «*prado/planta*» to become green again 2 (renovarse) «*costumbre/sistema*» to revive, acquire fresh vigor*, take on a new lease of life
■ **reverdecer** *vt* to revive

reverencia *f*
A (de hombre, niño) bow; (de mujer, niña) curtsy; **la niña hizo una ~ ante la princesa** the little girl curtsied to the princess; **salieron al escenario y saludaron con una ~** they came on stage and bowed
B 1 (veneración) reverence 2 (tratamiento): **Su Reverencia** Your/His Reverence

reverencial *adj* reverential

reverenciar [A1] *vt* to revere, venerate

reverendísimo -ma *adj* most reverend; **el R~ arzobispo** the Most Reverend; **el R~ obispo** the Right Reverend

reverendo[1] **-da** *adj*
A (Relig) reverend (*before n*); **R~ Padre** Reverend Father; **Reverenda Madre** Reverend Mother
B (esp AmL fam) (como intensificador) (*delante del n*): **lo que acabas de decir es un ~ disparate** what you've just said is utter nonsense (colloq); **su trabajo es una reverenda porquería** his work is absolutely appalling; **son todos unos ~s ladrones** they're nothing but a bunch of thieves (colloq)

reverendo[2] **-da** *m,f* reverend

reverente *adj* ‹*actitud/gesto*› reverent; ‹*silencio*› reverent, respectful

reversa *f* (Col, Méx) reverse; **meter** *or* **echar ~** to put the car into reverse, to select reverse (AmE); **recorrió toda la cuadra en ~** he reversed right around the block, he went right around the block in reverse; **ya hemos invertido mucho, meter ~ ahora sería una tontería** we've already invested a lot of money, it would be stupid to back out now; **iban a recortar el personal, pero metieron ~** they were going to cut staff numbers, but they reversed their decision

reversible *adj* reversible

reversión *f* 1 (a un estado previo) reversion 2 (Der) reversion

reverso *m* 1 (de un papel, cuadro) back; **firme el cheque al ~** sign the back of the check; **ver al ~** see other side, see back, PTO 2 (de una moneda, medalla) reverse; ***ser el ~ de la medalla*** *or* ***moneda*** to be the exact *o* complete opposite

revertir [I11] *vi*
A 1 «*propiedad*»: **~ a algn** to revert TO sb 2 (a un estado anterior) **~ a algo** to go back TO sth, revert TO sth; **revirtieron a su decisión original** they went back to *o* reverted to their original decision; **después de muchas discusiones revertimos al punto de partida** after much discussion we ended up back at square one *o* back where we had started
B (redundar) **~ EN algo**: **la decision ~á en beneficio/perjuicio de sus hijos** the decision will be to the benefit/detriment of their children

revés *m*
A 1 **el ~** (de una prenda) the inside; (de una tela) the back, the wrong side; (de un papel, documento) the back; **planchar la prenda del** *or* **por el ~** iron the garment inside out *o* on the inside 2 **al revés** (con lo de adelante atrás) back to front; (con lo de arriba abajo) upside down; (con lo de dentro fuera) inside out; (en sentido inverso) the other way around *o* (BrE) round; **yo frío la cebolla y luego el pimiento — pues yo lo hago al ~** I fry the onion first and then the peppers — I do it the other way around; **te has puesto los zapatos al ~** you've put your shoes on the wrong feet; **tienes los cubiertos al ~** you have your knife and fork the wrong way round; **se puso el vestido al ~** she put her dress on back to front; **hace la 'y' al ~** he writes his y's back to front *o* the wrong way round; **colgó el cuadro al ~** he hung the picture upside down; **puso el cuadro al ~** he turned the picture to face the wall; **todo lo entiende al ~** she's always getting the wrong end of the stick, she gets everything back to front; **hoy todo me está saliendo al ~** nothing's going right for me today; **al ~ de lo que uno se imagina** contrary to what you might expect; **lo hizo al ~ de como se le había dicho** she did it the opposite way to how she had been told; ***saberse algo al ~ y al derecho*** to know sth (off) by heart
B 1 (bofetada) slap (*with the back of the hand*); **¡te voy a dar un ~!** you're going to feel the back of my hand! 2 (Dep) backhand
C (contratiempo) setback; **sufrieron un importante ~ en las últimas elecciones** they suffered a major setback *o* a serious reverse in the last elections; **un ~ de fortuna podría acabar con todo esto** a change in our fortunes *o* a reversal of our fortunes could mean the end of all of this

revestimiento *m* (del suelo) covering, flooring; (de un cable) sheathing; (de una tubería) lining; **la pared tiene un ~ de madera** the wall has wooden paneling; **esta sartén tiene un ~ antiadherente** this frying pan has a nonstick surface; **un ~ aislante** a layer of insulating material

revestir [I14] *vt*
A (cubrir) ‹*paredes/suelos*› to cover; ‹*cables*› to sheathe, cover; ‹*tuberías*› to lag; **~ algo DE** *or* **CON algo**: **un volante revestido de cuero** a leather-covered steering wheel; **revistieron la superficie de** *or* **con asfalto** they coated *o* covered the surface with asphalt; **paredes revestidas de madera** walls with wood paneling, wood-paneled walls; **una fachada revestida de mármol** a facade clad *o* faced with marble; **revistieron las paredes con un material aislante** they lined the walls with an insulating material
B (frml) (tener, presentar): **la ceremonia revistió gran solemnidad** it was a very solemn ceremony, the ceremony was marked by great solemnity; **su estado no revestía gravedad** her condition was not serious; **la situación reviste caracteres alarmantes** the situation has certain alarming aspects
■ **revestirse** *v pron*: **se revistieron de valor** they plucked up (their) courage *o* they armed themselves with courage; **se revistió de paciencia** she armed herself with patience, she summoned up all her resources of patience

revienta, revientas, etc ▸ **reventar**

revientapisos *mf* burglar, housebreaker

revirado -da *adj*
A ‹*carretera*› twisting, winding
B (RPl fam) 1 (loco) nutty (colloq), dotty (colloq), loopy (colloq) 2 (revoltoso) wild

revirar [A1] *vt* (Col fam) to make a fuss
■ **revirar** *vi* (Méx) (Jueg) to up the ante, to raise the ante
■ **revirarse** *v pron*
A 1 (girar) to turn *o* spin around 2 «*carretera*» to turn, bend
B (RPl fam) to go crazy *o* loopy (colloq), to go off one's rocker (colloq)

revire, reviro *m* (RPl fam): **le dio uno de sus ~s** (se puso de mal humor) he got into one of his moods; (se le ocurrió una locura) he had one of his crazy ideas

revisación *f* (RPl) (Med, Odont) examination; (periódica) checkup

revisar [A1] *vt*
A 1 (leer) ‹*documento*› to go through, look through 2 (comprobar) ‹*traducción/cuenta*› to check, go through
B 1 ‹*criterio/doctrina*› to revise 2 ‹*edición*› to revise
C 1 ‹*máquina*› to check; ‹*instalación*› to inspect, check; ‹*frenos*› to check 2 ‹*coche*› (examinar) to check, check over; (hacerle una revisión periódica) (Esp) to service
D (AmL) ‹*equipaje/bolsillos*› to search, go through; **alguien me estuvo revisando los cajones** someone's been going through my drawers
E (AmL) 1 ‹*paciente*› to examine 2 ‹*dentadura*› to check; **cada seis meses se hace ~ la dentadura** he has a dental checkup *o* he has his teeth checked every six months

revisión *f*
A (de un trabajo, documento) checking, check; **~ del estilo** checking (of) the style; **ahora viene la etapa de ~** next comes the checking stage; **efectuaron una ~ minuciosa de los gastos** they made a detailed check of *o* on the expenses
(Compuesto) **revisión colegiada/paritaria** peer review
B (de un criterio, doctrina) revision; **métodos que requieren una urgente ~** methods which are in urgent need of revision; **se hace una ~ periódica de las tarifas aéreas** airfares are revised periodically
C (de una instalación) inspection; (de frenos) check; **la ~ del generador reveló varios problemas** inspection of *o* the check on the generator revealed several problems; **la ~ de los 5.000 kilómetros** (Esp) the 5,000 kilometer service
(Compuesto) **revisión técnica** roadworthiness check, ≈ MOT test (*in UK*)
D (AmL) (de equipaje) inspection
E (Odont) examination; (periódica) checkup
(Compuesto) **revisión médica** (Esp) (periódica) checkup; (para un trabajo) medical examination, medical (BrE)
F (Der) review

revisionismo *m* revisionism

revisionista *adj/mf* revisionist

revisor -sora *m,f* (Esp) ticket inspector

revista *f*
A 1 (publicación ilustrada) magazine; **la ~ del domingo** the Sunday magazine *o* supplement 2 (crítica) review section 3 (de una profesión) journal; **una ~ científica** a scientific review *o* journal
(Compuestos)
• **revista de chistes** (RPl) comic book (AmE), comic (BrE)
• **revista del corazón** real-life *o* true-romance magazine
• **revista de modas** fashion magazine
B (Espec, Teatr) revue; **teatro de ~** variety theater; **~ musical** musical revue
C (inspección) review; **pasará ~ a las tropas** he will inspect *o* review the troops; **pasó ~ a la situación** he reviewed the situation; **se entretenía pasando ~ a los demás pasajeros** she entertained herself by studying the other passengers; **fui pasando ~ a los últimos detalles** I checked over the last details

revista electrónica *f* (Inf) webzine

revistar [A1] *vt* ‹*tropas*› to review, inspect; ‹*flota*› to review

revistero *m* magazine rack

revitalización *f* revitalization

revitalizador[1] **-dora** *adj* revitalizing

revitalizador[2] *m* stimulant

revitalizante *adj* revitalizing

revitalizar [A4] *vt* to revitalize; **el tratamiento la revitalizó** the treatment revitalized her, the treatment restored her vitality; **medidas para ~ la economía** measures to revitalize the economy; **un intento de ~ las relaciones entre los dos países** an attempt to give (a) fresh impetus to relations between the two countries

■ **revitalizar** *vi*: **un tónico que revitaliza** a revitalizing tonic

revivir [I1] *vi* [1] «*persona/planta*» (físicamente) to revive; **cuando sale el sol uno revive** when the sun comes out you come alive again [2] «*sentimiento*» to revive; **sintió ~ en su interior el deseo de aventura** he felt the thirst for adventure reviving within him

■ **revivir** *vt* to relive; **me hizo ~ los momentos que habían precedido al accidente** it brought back to me *o* made me relive the moments before the accident

revocación *f* (Der) (de un testamento) revocation; (de un fallo) revocation, reversal

revocar [A2] *vt*

A (Der) ‹*consentimiento/testamento*› to revoke; ‹*fallo*› to reverse, revoke

B (Const) ‹*pared interior*› to plaster; ‹*pared exterior*› to render

revocatoria *f* [1] (Chi, Col) (de un fallo) reversal, revocation [2] (Per) (de una ley) repeal

revolcar [A9] *vt*

A (por el suelo): **lo ~on por el suelo** they knocked him to the ground and pushed him around; **no revuelques la cartera por el suelo** don't drag your satchel on the ground

B (fam) (derrotar, humillar): **su orgullo fue revolcado por los suelos** her pride took a tremendous battering; **lo ~on en el debate** they wiped the floor with him in the debate (colloq)

■ **revolcarse** *v pron* to roll around; **los niños jugaban revolcándose en la hierba** the children were rolling around on the grass; **se revolcaba, intentando hacer pie** he was floundering about trying to get his footing; **los cerdos se revolcaban en el barro** the pigs were rolling *o* wallowing in the mud; ***~se con algn*** (fam) to have a roll in the hay with sb (colloq); ***~se de la risa*** (fam) to roll around laughing *o* with laughter; **sus chistes eran para ~se de la risa** her jokes cracked us up *o* had us rolling around laughing (colloq)

revolcón *m*

A (caída) tumble; (vuelta) roll; **después de tantos revolcones por el suelo** after all that rolling around on the floor

B (fam) (derrota, humillación): **le dieron** *or* **pegaron un buen ~** they wiped the floor with him (colloq), they ran rings around him (colloq)

C (fam) (con un amante) roll in the hay (colloq), tumble (colloq)

revolear [A1] *vt* (CS) to whirl … round

revolotear [A1] *vi*

A «*mariposa*» to flutter, flit; «*pájaro*» to flutter around; «*papeles/hojas*» to fly *o* swirl around; **pasó revoloteando** it flew *o* fluttered past

B (AmL fam) «*persona*» to flit around

revoloteo *m*

A (de una mariposa, un pájaro) fluttering; (de una polilla) flitting

B (AmL fam) (de una persona): **¡déjense de ~s y siéntense!** stop flitting around and sit down!; **el ~ de los niños en el parque** the children running to and fro *o* dashing around in the park

revoltijo, revoltillo *m*

A (fam) (desorden) mess, jumble

B (fam) (comida, bebida) mixture, concoction

C (Méx) (Coc) *traditional dish made with seafood, vegetables and prickly pear*

revoltoso -sa *adj* [1] ‹*niño*› naughty [2] ‹*soldados/estudiantes*› rebellious

revoltura *f*

A (AmL fam) (desorden) mess, jumble

(Compuesto) **revoltura de estómago** sickness, nausea; **tener ~ ~ ~** to feel nauseous (AmE) *o* sick (BrE)

B (AmC, Méx) (mezcla) mixture; (Const) mortar

revolución *f*

A (Hist, Pol) revolution

(Compuestos)

- **revolución cultural** cultural revolution
- **revolución de palacio** palace coup
- **revolución industrial** industrial revolution

B (Tec) revolution; **revoluciones por minuto** revolutions *o* revs per minute

revolucionar [A1] *vt*

A ‹*costumbres/industria*› to revolutionize

B [1] ‹*niños*› to get … excited [2] ‹*estudiantes/obreros*› to stir up, create discontent among

■ **revolucionarse** *v pron* to rebel

revolucionario¹ -ria *adj* [1] ‹*idea/descubrimiento*› revolutionary [2] (Pol) revolutionary; ▸**impuesto²**

revolucionario² -ria *m,f* revolutionary

revolver [E11] *vt*

A [1] ‹*salsa/guiso*› to stir; ▸**estómago** [2] (AmL) (agitar) ‹*dados*› to shake [3] (Chi) ‹*cartas/dominó*› to shuffle

B (desordenar) ‹*cajones/papeles*› to rummage through, go through; **además de robarme me revolvieron toda la casa** they didn't just steal things, they turned the whole house upside down; ***~la(s)*** (Chi fam) to live it up (colloq)

■ **revolver** *vi*: **había estado revolviendo en mis cosas** he had been rummaging around in *o* rummaging through my things

■ **revolverse** *v pron* [1] (moverse): **se revolvía inquieto sin poder dormir** he tossed and turned, unable to sleep [2] (dar la vuelta) to turn around; **se revolvían en sus asientos** they kept turning around in their seats [3] (con agresión) **~se CONTRA algn** to turn on sb

revólver *m* revolver; ***ponerle el ~ en el pecho a algn*** (CS) to hold a gun to sb's head

revoque *m*

A [1] (material — para una pared interior) plaster; (— para una pared exterior) render, rendering [2] (acción de revocar — una pared interior) plastering; (— una pared exterior) rendering

B (fam & hum) (maquillaje) warpaint (colloq & hum)

revuelco *m* ▸**revolcón**

revuelo *m* [1] (conmoción) stir; **causó ~/un gran ~** it caused a stir/a huge stir [2] (de pájaros): **el disparo produjo un ~ de palomas** a mass *o* cloud of pigeons flew up when the shot was fired

revuelta *f*

A (insurrección — de civiles) uprising; (— de tropas) uprising, revolt; **las ~s estudiantiles de 1968** the student riots *o* uprisings of 1968

B (jaleo) row (colloq), commotion, ruckus (AmE colloq)

revuelto¹ -ta *adj*

A (desarreglado, desordenado) in a mess; **tengo la casa toda revuelta** the house is in a terrible mess; **apareció en camisón y con el pelo ~** she appeared in her nightdress with her hair all untidy *o* disheveled; **tener el estómago ~** to feel sick *o* nauseous; ▸**huevo**

B [1] (Meteo) ‹*mar*› rough; ‹*tiempo*› unsettled [2] (agitado, excitado): **el ambiente está ~** there is an atmosphere of unrest; **los ánimos están ~s** people are restless *o* on edge

revuelto² *m* vegetables sautéed with egg; **~ de setas** mushrooms sautéed with egg

revulsivo *m* [1] (Med) counterirritant, revulsive (tech) [2] (sorpresa) salutary lesson (*o* experience *etc*); **ha sido un ~ para el partido** it has proved a salutary lesson to/experience for the party; **necesita un ~ para sacarlo de su apatía** he needs a sharp shock to shake him out of it

rey *m*

A [1] (monarca) king; **la visita oficial de los R~es de Suecia** the official visit of the King and Queen of Sweden; **los R~es y sus hijos** the royal couple and their children; **el león, ~ de la selva** the lion, king of the jungle; **hablando del ~ de Roma ...** (fr hecha) talk of the devil!; ***a ~ muerto, ~ puesto:*** **ya tiene otro novio, a ~ muerto, ~ puesto** she already has another boyfriend, as soon as one goes out the window another comes in the door *o* as soon as one's off the scene she's on to the next (colloq); ***yo ni quito ni pongo ~*** it's nothing to do with me *o* I have no say in these things [2] (en ajedrez) king; (en naipes) king [3] (como apelativo) pet (colloq), precious (colloq); **ven aquí ~ mío** come here, my pet *o* my precious (colloq)

(Compuesto) **Reyes Católicos** *mpl*: **los R~es C~s** the Catholic Monarchs (*Ferdinand and Isabella*)

B [1] **Reyes** *m* Epiphany, January 6th [2] **los Reyes** *mpl tb* **Los R~es Magos** the Three Wise Men, The Three Kings, the Magi (frml)

> **Reyes Magos**
>
> The *cabalgata de los Reyes Magos* takes place in Spain on January 5, the day before Epiphany (*día de Reyes*). It is a parade of floats symbolizing the coming of the Three Wise Men to Bethlehem.
>
> In Spain and some Latin American countries, Epiphany is the day when gifts are exchanged.

reyerta *f* brawl, fight

reyezuelo *m*

A (pey) (rey débil) kinglet (pej)

B (Zool) kinglet (AmE), goldcrest (BrE)

rezagado¹ -da *adj*: **quedar ~** to fall *o* drop behind; **iban** *or* **estaban ~s** they were lagging behind, they had fallen *o* dropped behind; **el trabajo está ~** we've fallen behind with the work, the work is behind schedule; **los alumnos más ~s** the slower students; **los países más ~s en cuanto al desarrollo tecnológico** the most backward countries in terms of technological development

rezagado² -da *m,f* straggler; **esperaremos a los ~s** we'll wait for the stragglers *o* for those who have fallen behind

rezagarse [A3] *v pron* to fall behind, drop behind; **nos habíamos rezagado mucho** we had fallen *o* got *o* dropped a long way behind, we were lagging a long way behind

rezago *m*

A [1] (material) unused *o* surplus material [2] **rezagos** *mpl* (mercancías) unsold *o* surplus stock; (en la aduana) goods seized by customs (*resold at auction*)

B (Méx) [1] (atraso): **el ~ del campo** the backwardness of rural areas; **el ~ en los salarios** the falling behind of salaries [2] (de correos) backlog

rezar [A4] *vi*

A (Relig) to pray; **~ POR algn/algo** to pray FOR sb/sth; **reza por que todo salga bien** pray that everything turns out all right; **~le A algn** to pray TO sb; **le rezó a San Antonio** he prayed to St Anthony

B (frml) «*texto/cláusula*» to state; **el anuncio/la orden reza así** the notice/the order reads as follows; **según reza la Constitución** as the Constitution states; **como reza el refrán** as the saying goes

C [1] (estar de acuerdo) **~ CON algo**: **no reza con su condición de católico practicante** it's not in keeping with his beliefs as a practicing Catholic [2] (gustar) **~ CON algn**: **esos deportes tan violentos no rezan conmigo** I don't go in for rough sports like that (colloq), rough sports like that don't appeal to me (colloq) [3] (aplicarse) **~ CON algn/algo** to apply TO sb/sth

■ **rezar** *vt* ‹*oración*› to say; **~ el rosario** to say *o* recite the rosary

rezo *m* prayer; **estaba abstraída en sus ~s** she was absorbed in her prayers; **durante el ~ del rosario** while saying *o* reciting the rosary

rezongar [A3] *vi* to grumble

■ **rezongar** *vt* (AmC, Ur fam) (regañar) to tell … off (colloq), to scold, to tick … off (BrE colloq)

rezongo *m* (AmC, Ur fam) telling-off (colloq), talking-to (colloq)

rezongón¹ -gona *adj* (fam) grumpy (colloq)

rezongón² -gona *m,f* (fam) grouch (colloq)

rezumar [A1] *vt* [1] ‹*líquido*› to ooze; **el tronco rezumaba savia** the trunk oozed sap *o* oozed with sap, sap oozed from the trunk; **las paredes rezuman humedad** the walls are running with damp [2] (liter) ‹*nostalgia/violencia*› to ooze; **rezuma sabiduría** he oozes *o* exudes wisdom; **su voz rezumaba sarcasmo** her voice oozed sarcasm

■ **rezumar** *vi* to ooze; **~ DE algo** to ooze OUT OF *o* FROM sth

RFA *f* (= **República Federal de Alemania**) FRG

Rh. *m* (= **Rhesus**) Rh

ría¹ *f* ria (*long, narrow, tidal inlet*)

ría², rías, etc ▸**reír**

riachuelo, riacho *m* stream, brook, small river

riada *f* flood; (en un área más extensa) flooding; **una ~ de gente** crowds of people

riata *f* (Méx vulg) cock (vulg), prick (vulg)

ribazo *m* steep bank *o* slope

ribeiro *m: type of Galician wine*

ribera *f* 1 (Geog, Náut) (orilla — de un río) bank; (— de un lago, mar) shore 2 (vega) strand, riverside; **se cultiva en la ~ del Ebro** it is grown along the banks of the Ebro

riberano -na *adj/m,f* (AmL) ▸**ribereño¹**, **ribereño²**

ribereño¹ -ña *adj* (de río) riverside (*before n*); (de lago) lakeside (*before n*)

ribereño² -ña *m,f* person who lives by a river (*o* lake *etc*)

ribete *m*

A (adorno) trimming, edging; **un estilo directo y sin ~s** a straightforward style with no frills *o* embellishments

B **ribetes** *mpl* (visos, asomos): **una historia con ~s policíacos** a story with elements of the detective novel; **un asunto con ~s de escándalo** an affair with a hint of scandal *o* which threatened to become a scandal; **descendía de una familia hacendada con ~s aristocráticos** she descended from a landowning family with aristocratic connections

ribetear [A1] *vt* to edge, border, trim

riboflavina *f* riboflavin

ricacho¹ -cha, ricachón -chona *adj* (fam & pey) stinking *o* filthy rich (colloq & pej)

ricacho² -cha, ricachón -chona *m,f* (fam & pey) rich guy/woman; **pertenece a un ~ que vive en Monte Carlo** it belongs to some rich guy who lives in Monte Carlo (colloq); **los ~s del lugar** the local fat cats (colloq); **los ~s que compran estas cosas** the rich people who buy these things, the filthy rich *o* the stinking rich who buy these things (colloq & pej)

ricamente *adv*

A (con opulencia) ‹*vestido*› splendidly; ‹*decorado*› richly; **viven ~ y sin preocupaciones** they live in luxury and without a care

B (fam) (sin preocupación): **está durmiendo tan ~** she's sleeping like a baby; **y le dijo que no la quería más, así, tan ~** and he told her he didn't love her any more, just like that, straight out (colloq)

ricino *m* castor-oil plant; ▸**aceite**

rico¹ -ca *adj*

A ‹*persona/país*› rich, wealthy

B 1 ‹*tierra*› rich; ‹*vegetación*› lush; ‹*lenguaje/historia*› rich 2 (abundante) **~ EN algo** rich IN sth; **una dieta rica en vitaminas** a diet rich in vitamins, a vitamin-rich diet 3 (*gen delante del n*) (magnífico) ‹*telas/tapices*› rich, sumptuous

C 1 ‹*comida*› good, nice; **¡esto está riquísimo!** this is *o* tastes delicious!; **con nueces queda más ~** it's nicer with nuts 2 (esp RPl) ‹*perfume*› nice, lovely; **¡qué ~ olor tiene!** what a lovely smell!, it smells lovely!

D (fam) (mono) ‹*niño/chica*› lovely, cute; **¡qué niño más ~!** what a lovely *o* sweet *o* cute child; **está muy rica con ese vestido** she looks cute *o* lovely in that dress; **es muy rica de cara** (RPl) she has a very pretty *o* a lovely face; **¡qué rica está tu vecina!** your neighbor's gorgeous *o* hot stuff (colloq)

E (AmL exc RPl) (agradable) lovely, wonderful; **¡qué ~ estar en la playa ahora!** wouldn't it be wonderful *o* just great to be on the beach now!; **¿te vas a Acapulco? ¡ay, qué ~!** you're off to Acapulco? how lovely!; **¡qué rica! así salgo yo perdiendo** oh, that's great *o* charming! that way I lose out (iro)

rico² -ca *m,f*

A (*m*) rich *o* wealthy man; (*f*) rich *o* wealthy woman; **un ~ no tiene estos problemas** rich people don't have these problems; **los ~s** rich people, the rich; **los pocos ~s que conozco** the few rich *o* wealthy people I know; ▸**nuevo**

B (como apelativo) (fam & iró) sweetie (colloq & iro), honey (colloq & iro), sunshine (BrE colloq & iro)

ricota *f* ricotta

rictus *m* (liter) (de burla) grin; (de desprecio) sneer; **con un ~ de dolor en el rostro** wincing *o* grimacing with pain; **un ~ de amargura** a bitter smile; **el ~ de la muerte** the rictus of death

ricura *f* (fam): **tiene un bebé que es una ~** she has the sweetest *o* cutest little baby (colloq); **ven aquí, ~** come here, darling *o* sweetie *o* honey (colloq)

ridi *mf* 1 (Esp fam) jerk (colloq), wally (BrE colloq) 2 **ridi** (Esp fam) *m*: **hicieron el ~** they made fools of themselves

ridiculez *f* 1 (tontería, insignificancia): **lo que dijo fue una ~** what he said was ridiculous *o* just plain stupid; **¡qué ~!** that's ridiculous *o* ludicrous *o* absurd!; **es una ~ pelearse por tan poca cosa** it's absurd *o* ridiculous *o* ludicrous to fight over such a minor thing; **le pagan una ~** they pay her a pittance; **pagué una ~ por esto** I paid next to nothing for this 2 (cualidad) absurdity, ridiculousness

ridiculización *f* parody, ridicule

ridiculizante *adj* mocking, derisive

ridiculizar [A4] *vt* to ridicule; **lo ridiculizaba delante de sus amigos** she used to ridicule him *o* make fun of him in front of his friends; **lo ridiculizan por su falta de modales** he is often ridiculed *o* held up to ridicule for his lack of social graces

ridículo¹ -la *adj* 1 ‹*persona/comentario*› ridiculous, absurd; ‹*vestimenta*› ridiculous; **lo ~ de la situación era que ...** the absurd *o* ridiculous *o* ludicrous thing about the situation was that ...; **parecía no comprender lo ~ de su situación** he seemed not to appreciate the absurdity of his situation 2 ‹*cantidad*› ridiculous, ludicrous; ‹*sueldo*› ridiculous, laughable; **cobran precios ~s** they charge ludicrous prices *o* ridiculous prices *o* ridiculously high prices; **allí se consigue ropa de marca a un precio ~** you can get well-known makes of clothes there at ridiculously low prices *o* at ridiculous prices

ridículo² *m*: **tiene un exagerado sentido del ~** she has an overdeveloped sense of the ridiculous *o* absurd; **dejar** *or* **poner a algn en ~** to make a fool of sb, to make sb look stupid *o* ridiculous; **quedó en ~** he made a fool of himself, he made himself look stupid; **te expones a hacer el ~ públicamente** you risk making a fool of yourself in public

ríe, etc ▸**reír**

riega, riegas, etc ▸**regar**

riego *m* 1 (Agr) (de una zona) irrigation; (de cultivos) irrigation, watering; **canales de ~** irrigation channels 2 (de la calle) hosing, spraying

(Compuestos)

- **riego continuo** continuous-flow irrigation
- **riego por aspersión** spray irrigation, sprinkler irrigation
- **riego por goteo** drip irrigation, trickle irrigation
- **riego sanguíneo** blood flow, circulation of the blood; **se produce por la falta de ~ ~** it is caused by an insufficient blood supply

riel *m*

A (Ferr) rail; ***andar sobre ~es*** (fam) to go *o* run smoothly

B (de una cortina, puerta) rail

C (Ven) (Fot) slide tray

rielar [A1] *vi* (liter) to shimmer, glimmer, glisten

rienda *f* rein; ***aflojar*** *or* ***soltar las ~s*** to slacken the reins; **ya tiene 20 años, es tiempo de que le aflojes las ~s** he's 20 years old now, it's time you gave him a bit of freedom *o* it's time you slackened the reins; ***dar ~ suelta a algo*** to give free rein to sth; **daba ~ suelta a su imaginación** she let her imagination run free, she gave free rein to her imagination; **dio ~ suelta a su furia** he vented the full force of his anger; ***llevar*** *or* ***tener las ~s*** to be in charge *o* control; ***templar las ~s*** to tighten the reins; ***tener a algn con la ~ corta*** to keep sb on a tight rein; ***tomar*** *or* ***coger*** *or* ***empuñar las ~s*** to take charge; **tomó las ~s del negocio** she took over the running of the business, she took charge of the business

riesgo *m* risk; **en cualquier operación hay un componente de ~** there's an element of risk in any operation; **los ~s que esto implica son enormes/mínimos** the risks involved are enormous/minimal; **siempre existe el ~ de que no paguen** there's always a danger *o* a risk that they won't pay up; **aun a ~ de perder su amistad** even at the risk of losing his friendship; **heridas con ~ de muerte** injuries which could prove fatal; **lo salvó con ~ de su propia vida** she put her own life at risk *o* she risked her own life to save him; **un ~ que hay que correr** a risk you have to take; **corres el ~ de perderlo** you run the risk of losing it; **una inversión de alto ~** a high-risk investment; **se encuentran entre los grupos de alto ~** (Med) they are in the high-risk groups; **por su cuenta y ~** at your own risk; **un seguro a** *or* **contra todo ~** an all-risks *o* a comprehensive insurance policy; **~ no asegurable** uninsurable risk

(Compuestos)

- **riesgo biológico** biohazard
- **riesgo vital** life-threatening risk; **está grave y con** *or* **en ~ ~** he is in a very serious condition and his life is at risk; **asma de ~ ~** a life-threatening case of asthma; **situaciones de ~ ~** life-threatening situations

riesgoso -sa *adj* (AmL) risky

rifa *f* 1 (sorteo) raffle, draw 2 (RPl) (papeleta) raffle *o* draw ticket

rifar [A1] *vt* ‹*bombones/muñeco*› to raffle; **rifan un viaje a Londres** they're raffling a trip to London, they're running a draw *o* a raffle and the prize is a trip to London

■ **rifarse** *v pron* 1 (fam) (disputarse): **las chicas se lo rifan** all the girls are squabbling over him (colloq), he's a big hit with the girls (colloq) 2 (Ur arg) ‹*tema/capítulo*› **esa bolilla me la rifé** I didn't study that one, I missed that one out

riff *m* (*pl* **~s**) riff

rifle *m* rifle

(Compuestos)

- **rifle de repetición** repeating rifle, repeater
- **rifle telescópico** telescopic rifle

riflero -ra *m,f*

A (Mil) rifleman

B (Chi fam & pey) (comerciante) unlicensed hawker; (profesional) unqualified doctor (*o* architect *etc*)

rígidamente *adv*

A ‹*moverse/caminar*› rigidly, stiffly

B (estrictamente) rigidly

rigidez *f*

A 1 (de un material) stiffness, rigidity 2 (de un miembro) stiffness

(Compuesto) **rigidez cadavérica** rigor mortis

B (de una ley, doctrina) inflexibility; **la ~ de las normas** the inflexibility of the rules; **la ~ de su educación** the strictness of his upbringing; **la ~ de sus convicciones** the inflexibility *o* rigidity of his convictions

rígido -da *adj*

A ‹*material*› rigid, stiff

B ‹*educación/dieta*› strict; ‹*regla*› inflexible; ‹*carácter*› inflexible, unbending; ‹*actitud*› rigid, inflexible; ‹*moral/principios*› strict; **tiene un horario muy ~** her timetable is very inflexible

rigodón *m* rigadoon

rigor *m*

A (severidad) rigor*; **con todo el ~ de la ley** with the utmost severity *o* full rigor of the law; **el ~ de las medidas disciplinarias** the harshness *o* severity of the disciplinary measures; **el ~ del invierno** the rigors of winter

B (precisión) rigor*; **~ científico** scientific rigor; **los criterios se aplicarán con ~** the criteria will be rigorously *o* strictly applied, the criteria will be applied with rigor; **de ~** usual; **contéstale con la carta de ~** send him the usual *o* the standard reply; **los saludos de ~** the usual greetings; **después de la ceremonia, las fotos de ~** after the ceremony there were the inevitable *o* usual *o* obligatory photos; **en una ocasión así el frac es de ~** tails are de rigueur *o* are a must on such an occasion; **en ~** (honestamente) honestly, in all honesty; (estrictamente) strictly speaking; ***ser el ~ de las desdichas*** to be very unfortunate

rigor mortis *m* rigor mortis

rigurosamente *adv* 1 ‹*investigar*› thoroughly; **siguió ~ las instrucciones que había recibido** he followed the instructions he had been given to the letter; **es ~ cierto/exacto** it is strictly true/accurate 2 ‹*castigar*› severely; **aplicaron la ley ~** they applied the law rigorously *o* stringently

rigurosidad *f* 1 (de una investigación, inspección) thoroughness; **aplicar un método con ~** to apply a method rigorously *o* strictly 2 (de medidas) severity, harshness; (del clima) harshness

riguroso -sa *adj* 1 ‹*método*› rigorous; ‹*dieta*› strict; **se vistieron de luto ~** they wore deep mourning; **en medio de rigurosas medidas de seguridad** amid tight security; **en ~ orden de llegada** strictly on a first come, first served basis; **~s controles de calidad** strict *o* rigorous quality control checks; **en sentido ~, ése no es el significado de la palabra** strictly speaking, that is not what the word means 2 ‹*juez*› harsh; ‹*maestro*› strict; ‹*castigo*› severe, harsh; ‹*invierno*› hard; ‹*clima*› harsh, severe

rima *f* 1 (de sonidos) rhyme; **~ consonante/asonante** consonant/assonant rhyme 2 **rimas** *fpl* (composición) verse, poems (*pl*)

rimar [A1] *vi* to rhyme; **~ CON algo** to rhyme WITH sth

rimbombancia *f* (ostentación) ostentation, grandeur; (al hablar) pomposity, grandiloquence

rimbombante *adj* ‹*estilo*› grandiose, overblown, pompous; ‹*palabras*› high-flown, pompous; ‹*boda/fiesta*› ostentatious, grandiose, showy

rímel *m* mascara

rimero *m* pile

rimmel® *m* mascara

rin *m*
A (Col, Méx) (rueda) wheel; (llanta) rim
B (Per) 1 (teléfono) public telephone 2 (ficha) (telephone) token

Rin *m*: **el ~** the (River) Rhine

rincón *m*
A (de una habitación) corner
B (lugar): **interesantes rincones de nuestra geografía** interesting spots in our country; **un ~ aislado y tranquilo** a remote, peaceful spot *o* place; **aún le quedaba un ~ para la ternura** she still retained some trace of tenderness; **registraron hasta el último ~ de la casa** they searched absolutely everywhere in the house *o* every nook and cranny of the house
C (en boxeo, lucha) corner
(Compuesto) **rincón neutral** neutral corner

rinconera *f* 1 (armario) corner cupboard 2 (sillón) corner unit *o* module

ring /rrin/ *m* (*pl* **rings**) ring

ringlete *m* (Col) pinwheel (AmE), windmill (BrE)

rinitis *f* rhinitis; **~ alérgica** hay fever

rinoceronte *m* rhinoceros

rinofaringe *f* nasopharynx

rinoplastia *f* rhinoplasty

riña *f*
A (pelea) fight; **una ~ callejera** a street fight *o* brawl
(Compuesto) **riña de gallos** (AmS) cockfight
B (discusión) quarrel, argument, row (colloq)

riñón *m* 1 (Anat) kidney; ***costar un ~*** (Esp fam) to cost an arm and a leg (colloq); ***tener el ~ bien cubierto*** (fam) to be well-heeled (colloq) 2 (Coc) kidney; **riñones al jerez** kidneys in sherry sauce 3 **riñones** *mpl* (fam) (espalda baja) lower part of the back, kidneys (*pl*); **me duelen los riñones** my back hurts
(Compuesto) **riñón artificial** artificial kidney

riñonada *f* 1 (carne) loin; ***costar una ~*** (fam) to cost an arm and a leg (colloq) 2 (guiso) kidney stew

riñonera *f* money belt, bumbag (BrE colloq)

río¹ *m* 1 (Geog) river; **~ abajo** downstream, downriver; **~ arriba** upstream, upriver 2 (torrente) river; **~ de lava** river *o* stream of lava; **sobre este tema se han vertido ~s de tinta** rivers of ink have been expended on this topic; **han corrido ~s de sangre** rivers of blood have been spilled; ***pescar en ~ revuelto*** to cash in (colloq), to fish in troubled waters; ***a ~ revuelto, ganancia de pescadores*** it's an ill wind that blows nobody any good; ***cuando el ~ suena agua*** or ***piedras trae*** there's no smoke without fire; ▸ **sangre**
(Compuestos)
• **Río Amarillo** Yellow River
• **Río de la Plata** ➡ River Plate
• **Río Grande** or **Bravo** Rio Grande

río², rió, etc ▸ **reír**

Río de Janeiro *m* Rio de Janeiro

rioja *m* Rioja

riojano -na *adj* from Rioja; **un vino ~** a Rioja, a Rioja wine

rioplatense *adj* of/from the River Plate

riostra *f* brace, strut

R.I.P., RIP (= Requiescat In Pace) RIP

ripio *m*
A 1 (escombro) rubble, debris 2 (CS, Per) (grava) hard core, gravel; (para hormigón) gravel
B (en escritos, conversación) padding, waffle (BrE colloq)

ripioso -sa *adj* verbose, waffly (BrE colloq)

riqueza *f*
A 1 (bienes) wealth; **repartió sus ~s entre los pobres** he distributed his wealth *o* his riches *o* his fortune amongst the poor; **tiene una enorme ~ en joyas** he has a vast fortune in jewels; **la mala distribución de la ~** the uneven distribution of wealth; **ni toda la ~ del mundo podría comprarlo** all the riches in the world could not buy it; **las ~s del museo arqueológico** the treasures of the archaeological museum 2 (recursos): **la explotación de las ~s del suelo** the exploitation of the earth's riches; **las ~s naturales de un país** a country's natural resources
B (variedad, abundancia) richness; **la ~ de la vegetación** the richness of the vegetation; **la ~ de su vocabulario** the richness of her vocabulary

risa *f* laugh; **tener una ~ fácil/contagiosa** to have a ready/an infectious laugh; **una risita nerviosa** a nervous giggle *o* laugh; **una risita burlona** a mocking laugh; **no podía contener la ~** I couldn't stop myself laughing, I couldn't contain my laughter; **¡y se lo creyó! ¡qué ~!** and he believed it, it was hilarious!; **¡y se lo creyó! — ¡qué ~!** and he believed it! — what a laugh *o* how funny!; **entre las ~s del público** amid laughter from the audience; **cuando la vi solté la ~** I burst out laughing when I saw her; **¡me dio una ~ ...!** it was so funny!; **me entró/dio la ~ en el momento menos oportuno** I got the giggles at the worst possible moment; **da ~ oírla hablar** it's very funny hearing her talk; **no es motivo de ~** it is no laughing matter; **la situación es de ~** (iró) you have to laugh (iro), the whole situation is a joke (iro); ***mearse*** or ***cagarse*** or (Esp) ***descojonarse de (la) ~*** (vulg) to wet *o* pee oneself laughing (colloq), to piss oneself (BrE sl); ***morirse*** or ***partirse*** or (Esp) ***mondarse*** or (CS) ***matarse de (la) ~*** (fam) to die laughing, split one's sides laughing (colloq); **estábamos todos muertos de (la) ~** we were all in stitches (colloq), we were all killing ourselves laughing (colloq); ***tomarse algo a ~*** (fam) to treat sth as a joke; **es un asunto muy serio como para que te lo tomes a ~** it's too serious a matter to be treated as a joke, it is no laughing matter

risco *m* crag

risible *adj* laughable

risilla, risita *f* (risa — tonta) giggle, titter; (— socarrona) snigger; **una ~ maliciosa** a wicked little laugh; **¡no quiero más ~s en clase!** I don't want to hear any more giggling in class!

risión *f* 1 (burla) mockery, derision (frml) 2 (objeto de burla) laughingstock

risotada *f* guffaw; **soltó una ~** he let out a guffaw, he laughed loudly

ríspido -da *adj* prickly

ristra *f* string; **una ~ de ajos/cebollas** a string of garlic/onions; **me soltó una ~ de insultos** she hurled a string of insults at me

ristre *m*: **en ~** (*loc adv*) at the ready; **cámara en ~ para captarlo** camera at the ready to capture it on film; **apareció, bastón en ~, dispuesto a darnos una azotaina** he appeared, wielding his cane, ready to give us a good thrashing

ristrel *m* molding*

risueñamente *adv* smilingly, cheerfully, brightly

risueño -ña *adj* 1 ‹*cara/expresión*› smiling; ‹*persona*› cheerful 2 ‹*porvenir/perspectivas*› bright; **le espera un futuro muy poco ~** his future doesn't look very bright *o* looks rather bleak

ritidectomía *f*: *operation to remove wrinkles*

rítmico -ca *adj* rhythmic, rhythmical

ritmo *m*
A (cadencia, compás) rhythm; **se movía al ~ de la música** she moved to the rhythm of the music, she moved in time to the music; **llevaba el ~ con los pies/las manos** he kept time with his feet/hands; **perdió el ~** he lost the rhythm, he got out of time; **no sabe seguir el ~** he can't keep in time *o* follow the beat; **marcaba el ~ con la batuta** she beat time with her baton; **una canción de ~ lento** a song with a slow beat
B (velocidad) pace, speed; **mantienen un buen ~ de trabajo** they work at a steady pace *o* speed; **a este ~ no terminaremos nunca** at this rate we'll never finish; **tendrás que ajustarte a su ~ de trabajo** you'll have to adapt to the pace *o* speed he works at; **han corrido a buen ~** they've run at a good speed *o* pace; **el ~ de crecimiento de la demanda interior** the rate of growth in the home market

rito *m* 1 (Relig) rite; **~ iniciático** or **de iniciación** initiation rite 2 (costumbre) ritual

ritual *adj/m* ritual

ritualismo *m* ritualism

ritualista¹ *adj* ritualistic

ritualista² *mf* ritualist

ritualizar [A4] *vt* to ritualize

rival¹ *adj* rival (*before n*)

rival² *mf* rival; **tiene un estilo sin ~** his style is unrivaled

rivalidad *f* rivalry

rivalizar [A4] *vi* **~ EN algo**: **los dos vinos rivalizan en calidad** the two wines rival each other in quality; **~ CON algo/algn** to compete WITH sth/sb

rivera *f* brook

Riyad *m* Riyadh

rizado -da *adj* 1 ‹*pelo*› curly; **te queda muy bien el pelo ~** curly hair really suits you 2 ‹*mar*› slightly choppy 3 ‹*superficie*› crimped, ridged, crinkled

rizador *m* 1 (aparato eléctrico) curling tongs (*pl*) 2 (rulo) curler

rizapestañas *m* (*pl* ~) eyelash curlers (*pl*)

rizar [A4] *vt* 1 ‹*pelo/melena*› to curl, perm; ‹*cinta*› to curl; ▸ **rizo** 2 ‹*lago/mar*› to ripple, ruffle the surface of

■ **rizarse** *v pron*
A 1 «*pelo*» (con la humedad) to frizz, go frizzy 2 (*refl*) ‹*pelo*› to curl; **me rizo el flequillo** I curl my bangs (AmE) *o* (BrE) fringe
B «*lago/mar*» to ripple

rizo *m* 1 (de pelo) curl 2 (Tex) bouclé 3 (Aviac) loop; ***rizar el ~*** (Aviac) to loop the loop; (complicar) to complicate things unnecessarily 4 (Náut) reef

rizoma *m* rhizome

rizoso -sa *adj* curly

RN *m* (en Chi) **= (Partido de) Renovación Nacional**

RNA *m* RNA

RNE = Radio Nacional de España

roaming /'romin/ *m* (Telec) roaming

➡ *see* Varieties of Spanish

r

roano -na *adj* roan

robacarros *mf* (*pl* ~) (Col, Ven) car thief

róbalo, robalo *m* sea bass

robar [A1] *vt*

A [1] ‹*dinero/joya/bolso*› to steal; ‹*banco*› to rob; **le robó dinero a su padre** he stole some money from his father; **les ~on todos los ahorros** they were robbed of all their savings, all their savings were stolen; **entraron pero no ~on nada** they broke in but didn't steal *o* take anything; **¿quién me ha robado la regla?** who's taken *o* stolen *o* (colloq) swiped my ruler?; **me robó el corazón** she stole my heart; **le robó un beso** he stole a kiss from her; **le roba horas al sueño para poder estudiar** he does *o* goes without sleep so that he can study; **no te quiero ~ más tiempo** I don't want to take up any more of your time [2] (raptar) ‹*niño*› to abduct, kidnap

B (estafar) to cheat, rip off (colloq); **¿$300? ¡te ~on!** $300? what a rip-off! *o* you were conned! (colloq)

C (Jueg) (en naipes, dominó) to draw, pick up (colloq)

■ **robar** *vi* to steal; **no ~ás** (Bib) thou shalt not steal; **~on en la casa de al lado** the house next door was broken into *o* was burglarized (AmE) *o* (BrE) was burgled; **¡me han robado!** I've been robbed!

robinia *f* locust tree, false acacia

robinsón *m* castaway

roblar [A1] *vt* to clinch

roble *m* [1] (árbol) oak, oak tree; ***más fuerte que un ~*** as strong as an ox [2] (madera) oak; **una mesa de ~ macizo** a solid oak table

robledal, robledo *m* oak grove *o* wood

roblón *m* rivet

robo *m*

A [1] (en un banco, museo) robbery; (en una vivienda) burglary; (forzando la entrada) break-in [2] (hurto de dinero, de un objeto) theft

(Compuestos)

- **robo a mano armada** armed robbery
- **robo de identidad** identity theft

B (fam) (estafa) rip-off (colloq); **¡esto es un ~ (a mano armada)!** this is a rip-off *o* this is daylight robbery! (colloq)

robot *m* (*pl* **-bots**) robot; **trabaja sin descanso, parece un ~** he never stops working, he's like a robot *o* an automaton; ▸**retrato**

robótica *f* robotics

robótico -ca *adj* robotic

robotización *f* robotization

robotizar [A4] *vt* ‹*producción/fábrica*› to automate (*using robots*), to robotize

robustecer [E3] *vt* ‹*planta*› to strengthen, make … stronger; ‹*relación/gobierno*› to strengthen, bolster

■ **robustecerse** *v pron* to become *o* grow stronger

robustecimiento *m* strengthening

robustez *f* robustness, sturdiness

robusto -ta *adj* ‹*árbol*› robust, strong; ‹*persona*› robust, sturdy; ‹*construcción*› sturdy

ROC *m* (= **Registro Óptico de Caracteres**) OCR

roca *f* rock; **~ viva** living rock; **whisky en las ~s** (Andes) whiskey on the rocks; ***firme como una ~*** solid as a rock

(Compuestos)

- **roca ígnea** igneous rock
- **roca magmática** magmatic rock
- **roca metamórfica** metamorphic rock
- **roca sedimentaria** sedimentary rock

rocalla *f* rock garden

Rocallosas *adj/fpl*: **las (Montañas) ~** the Rocky Mountains (*pl*), the Rockies (*pl*)

rocalloso -sa *adj* rocky

rocambolesco -ca *adj* ‹*espectáculo/escena*› bizarre; ‹*estilo*› extravagant, overelaborate; ‹*imaginación*› wild; **nos contó una historia rocambolesca** he told us a rather farfetched *o* bizarre tale

rocanrol *m* ▸**rock and roll**

rocanrolear [A1] *vi* to rock, rock and roll

rocanrolero -ra *adj* rock-and-roll (*before n*)

roce *m*

A [1] (contacto) rubbing; **no soporta el ~ de la sábana en las quemaduras** he can't bear the sheet rubbing against *o* touching his burns; **el ~ del zapato le había producido ampollas** the constant rubbing *o* chafing of the shoe had given her blisters, she had blisters where the shoe had rubbed *o* chafed; **el ~ de las dos piezas genera calor** friction between the two parts produces heat; **el ~ de su mejilla** the brush of her cheek; **tiene los puños gastados por el ~** his cuffs have worn [2] (marca, señal): **le hicieron un ~ al coche** someone scratched *o* scraped her car; **el cuello de la camisa tiene ~** the shirt collar is grimy with wear

B (fricción, desacuerdo): **no han tenido ni un ~** they haven't had a single cross word, there's been no friction between them; **ha habido graves ~s dentro del partido** there have been serious clashes *o* there has been a lot of friction within the party; **tuvo un ~ con la policía** she had a brush with the law

C (CS) (don de gentes) social graces (*pl*)

rochar [A1] *vt* (Chi fam) (agarrar) to catch; (descubrir) to find out; ***~las*** (fam) to realize, catch on (colloq)

rociador *m* [1] (para la ropa) spray [2] (para regar) sprinkler

rociar [A17] *vt*

A (humedecer): **rocía la camisa antes de plancharla** sprinkle water on the shirt *o* sprinkle the shirt with water before ironing; **rocían la carretera para que no se levante polvo** they spray water on the road *o* they spray the road with water to keep the dust down; **lo ~on de keroseno** they doused it with kerosene; **~ algo CON algo**: **~ las hojas con agua tibia** spray the leaves with lukewarm water; **antes de servir se rocía con zumo de limón** sprinkle with lemon juice before serving

B (acompañar) to wash down; **el asado estuvo rociado con un buen vino tinto** the roast was washed down with a good red wine

rociero[1] **-ra** *adj*: *of/relating to the* ▸**rocío B**

rociero[2] **-ra** *m,f*: *person taking part in the* ▸**rocío B**

rocín *m* old horse, nag (colloq)

rocinante *m* (fam) old nag (colloq)

rocío *m*

A [1] (Meteo) dew; **una gota de ~** a dewdrop [2] (Fís) condensation, dew

B **el Rocío**: *important procession/pilgrimage in the province of Huelva*

rock[1] *adj inv* rock (*before n*)

rock[2] *m* rock, rock music

rock and roll *m* rock 'n' roll, rock and roll; **un concierto de ~ ~ ~** a rock-and-roll concert; **bailamos unos ~ ~ ~s** we danced a few rock-and-roll numbers

rockero[1] **-ra** *adj* ‹*grupo/ambiente*› rock (*before n*); **un lugar donde se reúne la juventud rockera** a place where young rock fans congregate

rockero[2] **-ra** *m,f* rock artist *o* musician, rocker (colloq)

rococó[1] *adj inv* (Arquit) rococo; **es bastante ~ en sus gustos** he has rather baroque *o* overelaborate tastes

rococó[2] *m* rococo

rocola *f* (AmL) jukebox

Rocosas *adj/fpl*: **las (Montañas) ~** the Rocky Mountains (*pl*), the Rockies (*pl*)

rocoso -sa *adj* rocky

rocote, rocoto *m* (AmS) hot pepper

roda *f* stem

rodaballo *m* turbot

rodachina *f* (Col) caster, wheel, roller

rodada *f*

A (de una rueda) track; (más profunda) rut

B (CS fam) fall, tumble (colloq)

rodadero *m* (Col) chute, slide

rodado[1] **-da** *adj*

A ‹*tráfico*› road (*before n*); ‹*vehículo*› wheeled (*before n*), road (*before n*); ***me/te/le vino ~*** it couldn't have come at a better time

B [1] (experimentado) experienced [2] (Col fam) (cosmopolita) cosmopolitan

rodado[2] *m*

A [1] (CS frml) (vehículo) vehicle [2] (Chi frml): **el ~** (transporte) transport, transportation [3] (CS frml) (para bebés) baby carriage (AmE), pram (BrE)

B (Chi) (de tierra, rocas) landslide; (de nieve) avalanche

rodadura *f*

A (Auto) rolling, running

B (Aviac) taxiing

rodaja *f* slice; **cebollas cortadas en** *or* **a ~s** sliced onions

rodaje *m*

A (Cin) filming, shooting

B (Auto) breaking-in (AmE), running-in (BrE)

C (Aviac) taxiing

rodamiento *m*

A (Mec) bearing

(Compuestos)

- **rodamiento de bolas** ball bearing
- **rodamiento de rodillos** roller bearing

B (Auto) running, rolling

Ródano *m*: **el ~** the Rhone

rodapié *m* baseboard (AmE), skirting board (BrE)

rodar [A10] *vi*

A [1] (girar, dar vueltas) «*moneda/pelota*» to roll; «*rueda*» to go round, turn; **rodó escaleras abajo** she went tumbling *o* she fell down the stairs; **el barril salió rodando cuesta abajo** the barrel rolled off *o* rolled away down the slope; **una botella rodaba por la cubierta** a bottle was rolling around (on) the deck; **el jinete/caballo rodó por tierra** the jockey/horse fell and went tumbling *o* rolling along; **me tuvieron todo el día rodando de una oficina a la otra** I spent all day traipsing *o* being sent from one office to another; ***echar algo a ~*** to set sth in motion; ***mandarlo todo a ~*** (fam) to pack *o* (BrE) chuck it all in (colloq); **~ *bien/mal*** to go well *o* smoothly/badly; **las cosas le están rodando mal últimamente** things have been going badly for him recently; **según cómo nos rueden las cosas** depending on how things work out *o* go [2] (fam) «*papeles/juguetes*»: **unos papeles rodaban por allí** there were some papers lying around; **siempre deja los juguetes rodando por ahí** he always leaves his toys lying *o* scattered around the place

B «*automóvil/moto*»: **el coche casi no ha rodado** the car has hardly been used *o* has hardly done any mileage; **los ciclistas ruedan a más de 100 kilómetros por hora** (period) the cyclists are going *o* traveling at over 100 kilometers an hour

C (Cin) to film, shoot; **¡silencio! ¡se rueda!** quiet everybody! action!

■ **rodar** *vt*

A (Cin) to shoot, film; **una escena rodada en exteriores** a scene shot *o* filmed on location

B [1] ‹*vehículo*› to drive [2] ‹*coche nuevo*› to break in (AmE), run in (BrE)

■ **rodarse** *v pron* (Andes) **se rodó el tornillo** I/you/he stripped the thread on the screw

Rodas *m* Rhodes

rodeado -da *adj* **~ DE algo** surrounded BY sth; **la casa está rodeada de árboles** the house is surrounded by trees; **murió ~ de toda su familia** he died with all his family around him

rodear [A1] *vt*

A [1] (ponerse alrededor de) ‹*edificio/persona*› to surround; **se vio rodeada por una nube de fotógrafos** she found herself surrounded by a swarm of photographers; **todos ~on a los novios** they all crowded *o* gathered round the newlyweds [2] (poner alrededor) **~ algo DE algo** to surround sth WITH sth; **rodeó el brillante de rubíes** he surrounded the diamond with rubies [3] (encerrar): **le rodeó la cintura y la atrajo hacia sí** he put his arms around her waist and drew her toward(s) him [4] (AmL) ‹*ganado*› to round up

B (estar alrededor de) to surround; **las circunstancias que ~on su muerte** the circumstances surrounding his death; **un grupo de curiosos**

rodeaba el vehículo the vehicle was surrounded by a group of onlookers, a group of onlookers surrounded the vehicle; **el misterio que rodea sus actividades** the mystery which surrounds their activities; **es muy querido por todos los que lo rodean** everyone who works with him/knows him is very fond of him

■ **rodearse** *v pron* **~se** DE **algo/algn** to surround oneself WITH sth/sb; **procura ~te de gente de confianza** try to surround yourself with people you can trust; **me gusta ~me de cosas hermosas** I like to surround myself with beautiful things

rodeo *m*
A **1** (desvío) detour; **tuve que dar un gran ~** I had to make a long detour *o* take a very long way around **2** (evasiva): **no andes con tantos ~s** stop beating about the bush
B **1** (Agr) roundup **2** (Espec) rodeo

Rodesia *f* (Hist) Rhodesia

rodesiano -na *adj/m,f* (Hist) Rhodesian

rodete *m* **1** (almohadilla) pad **2** (rueda) wheel, runner **3** (RPl) (en el pelo) bun

rodilla *f* ► ℹ **p.231** knee; **se puso de ~s** she knelt down, she got down on her knees; **se lo pedí de ~s** I got down on my knees and begged her; ***hincar*** *or* ***doblar la ~*** to go down on one's knees *o* on bended knee

rodillazo *m*: **le di un ~** I kneed him

rodillera *f*
A **1** (Dep) kneepad **2** (Med) knee bandage **3** (parche) knee patch **4** (marca): **se me hicieron ~s en el pantalón** my pants (AmE) *o* (BrE) trousers went baggy at the knees
B **rodilleras** *fpl* (Mús) swell

rodillo *m* **1** (de cocina) rolling pin **2** (para pintar) paint roller; (de una máquina de escribir) roller, platen; (de tinta) ink roller **3** (de una lavadora) mangle, wringer **4** (para calles) road roller; (para el césped) roller

(Compuestos)
- **rodillo de arrastre** drag roller
- **rodillo de avance** feed roller
- **rodillo de leva** cam follower
- **rodillo inerte** dead roller
- **rodillo tensor** *or* **de tensión** belt idler

rodio *m* rhodium

rododendro *m* rhododendron

rodrigón *m* stake, support

Rodríguez *m*: **quedarse de ~** (Esp) to be left on one's own (*while one's family is away on holiday*)

roedor[1] **-dora** *adj* gnawing (*before n*)

roedor[2] **-dora** *m,f* rodent

roel *m* roundel

roentgen /'rrontʃen/ *m* roentgen

roentgenio *m* (Quím) roentgenium

roer [E13] *vt* **1** ‹*hueso/cable/libro*› to gnaw (at); **los ratones han roído el queso** the mice have been at the cheese *o* have been nibbling the cheese **2** (atormentar) to gnaw at, eat away at; **el remordimiento le roía las entrañas** remorse was gnawing *o* eating away at him

rogar [A8] *vt*: **escúchame, te lo ruego** listen to me, I beg you *o* listen to me, *please*; Ⓢ **se ruega no fumar** no smoking, you are kindly requested not to smoke; **sus familiares ruegan una oración por su alma** his family ask that you should remember him in your prayers; **rogamos respondan a la brevedad** (frml) please reply as soon as possible; **~le a algn** QUE + SUBJ: **te ruego que me perdones** please forgive me; **le rogó que tuviera misericordia** she begged him to have mercy; **les ruego que permanezcan sentados** please remain seated

■ **rogar** *vi* (Relig) to pray; **roguemos al Señor** let us pray; ***hacerse (de)*** *or* (Méx) ***del ~:*** **vamos, no te hagas (de) ~ y préstanos el coche** come on, lend us the car, do you want us to beg for it? *o* go down on bended knee or something? (hum); **claro que te quiere, pero le gusta hacerse (de) ~** of course she loves you, she just likes to play hard to get; **aceptó la invitación sin hacerse (de) ~** he accepted the invitation without any persuasion *o* coaxing

rogativa *f* rogation

rogatoria *f* (Chi) request

rojez *f* redness

rojiblanco[1] **-ca** *adj*
A ‹*tela/tapiz*› red and white
B (Dep) (de la selección peruana) Peruvian

rojiblanco[2] **-ca** *m,f*
A (color) red and white
B (Dep) (jugador — de la selección peruana) Peruvian player; (— de otras selecciones) *player with a red-and-white strip*; (hincha de la selección peruana) Peruvian supporter
C **rojiblancos** *mpl* (selección peruana) the Peruvian team

rojillo -lla *adj* (fam) lefty (*before n*) (colloq)

rojizo -za *adj* ► ℹ **p.181** reddish

rojo[1] **-ja** *adj* ► ℹ **p.181**
A **1** ‹*color/vestido*› red; **ponerse ~ de ira** to turn *o* (BrE) go red with anger; **el semáforo se puso (en) ~** the traffic light turned *o* (BrE) went red; ***ponerse ~*** to blush, turn red, go red (BrE); **se puso más ~ que un tomate** he turned (as) red as a beet (AmE colloq), he went as red as a beetroot (BrE colloq) **2** ‹*espalda/piernas*› (por el sol) sunburnt, red **3** (*modificado por otro adj: inv*) red; **camisas ~ fuerte** bright red shirts
B (pey *o* hum) (Pol) **1** (de la izquierda) red (pej *or* hum), commie (pej *or* hum) **2** (en la Guerra Civil española) Republican

rojo[2] *m* ► ℹ **p.181** red; **el ~ te queda muy bien** you look good in red, red looks good on you; ***al ~ blanco*** white-hot; ***al ~ vivo*** ‹*metal*› incandescent, red-hot; **la situación está al ~ vivo** the situation is very tense *o* is highly volatile *o* is at boiling point

(Compuestos)
- **rojo bermellón** **1** *m* vermillion **2** *adj inv* vermillion
- **rojo cereza** **1** *m* cherry, cherry red **2** *adj inv* cherry (*before n*), cherry-red

rojo[3] **-ja** *m,f* (pey *o* hum) **1** (izquierdista) red (pej *or* hum), commie (pej *or* hum) **2** (en la Guerra Civil española) Republican

rol *m*
A (lista) roll, list; (Náut) crew list, muster roll
B (papel) role; **juega un ~ importante en la industria** it plays an important role in industry; **~ social** social role, role in society

rolar [A1] *vi*
A **1** «*viento*» (en sentido contrario a las manecillas del reloj) to back; (en sentido de las manecillas del reloj) to veer **2** «*barco*» to roll
B (Méx fam) (dar vueltas) to wander around; **salimos a ~ por allí** we went out for a wander *o* we went out and wandered around; **anda rolando de un pariente a otro** she has been shunted from one relative to another (colloq)
C (Chi frml) (Der) to appear; **que rola a fojas tres/en autos** which appears on page three/in the dossier

■ **rolar** *vt* (Méx fam) ‹*persona*› to move; **hay que ~lo de sitio** we'll have to move him *o* put him somewhere else; **lo ~on en sus funciones/en el turno** he was given different duties/put on a different shift; ***~la de algo*** (Méx fam) to work as sth

■ **rolarse** *v pron* (*recípr*) (Méx fam) (turnarse): **nos estamos rolando para cuidarlo** we're taking it in turns to look after him; **tenemos que ~nos el libro** we have to take turns with the book *o* pass the book around

roldana *f* (rueda) wheel; (polea) pulley, pulley wheel

roletazo *m* ground ball

rolete, (RPl fam): **a ~** (*loc adv*): **tiene guita a ~** he's got loads *o* pots of money (colloq), he's rolling in it (colloq); **trajo regalos a ~** she brought loads *o* stacks of presents (colloq)

rollback /rol'bak/ *m* (Comput) rollback

rollerball /'rolerbol/ *m* (Comput) rollerball

rollero -ra *adj* (Méx fam) ► **rollista**

rollista *adj* (Esp fam) **1** (hablador) talkative; **¡qué ~ es!** he certainly talks a lot!, he sure does go on! (colloq) **2** (mentiroso): **es muy ~** he's a real fibber *o* he's full of stories

rollizo[1] **-za** *adj* ‹*persona/brazo*› plump, chubby; ‹*bebé*› chubby

rollizo[2] *m* tree trunk

rollo[1] *adj inv* (Esp fam) boring; **¡qué tío más ~!** that guy's such a pain *o* bore! (colloq)

rollo[2] *m*
A **1** (de papel, tela) roll; **un ~ de papel higiénico** a roll of toilet paper **2** (de película) roll **3** (de cable, cuerda) reel **4** (fam) (de gordura) roll of fat **5** (Esp) (Coc) *tb* **~ pastelero** rolling pin
B (Esp fam) **1** (cosa aburrida) bore; **las clases me parecen un ~** the classes bore me to death *o* are dead boring (colloq); **¡qué rollazo de conferencia!** what a boring lecture!; ***un ~ patatero*** *or* ***macabeo*** (Esp arg): **este programa es un ~ patatero** this program is dead boring *o* is a real turn-off *o* (AmE) is lethal (colloq) **2** (lata): **¡qué ~!** what a nuisance!, what a pain *o* drag! (colloq); **este coche es un ~** this car's more trouble than it's worth (colloq)
C (fam) **1** (perorata) speech (colloq), lecture (colloq); **todos los días nos suelta** *or* **nos mete** *or* (Méx) **nos tira** *or* (Ven) **nos arma el mismo ~** he gives us the same speech *o* sermon every day (colloq); **no me sueltes el ~, ya sé lo que tengo que hacer** you can cut the lecture, I know what I have to do (colloq); **bueno, corta el ~ ya** OK, can it, will you? (AmE colloq), OK, put a sock in it, will you? (BrE colloq) **2** (cuento, mentira) story; **nos contó** *or* **nos metió un ~ de que había estado enfermo** he told *o* gave us some story about having been ill
D (Esp): **tener rollo: ¡qué ~ tiene este tío!** this guy sure does go on! (colloq), this guy never shuts up! (colloq); **tiene mucho ~, pero a la hora de la verdad...** he talks a lot *o* (colloq) he has a big mouth, but when it comes down to it...
E (Esp arg) (ambiente) scene (colloq); **¡venga, modernízate, que no estás en el ~!** come on, get with it!, you just aren't hip *o* cool! (colloq); **a mí este ~ no me va** this isn't my scene (colloq); **le va mucho el ~** he's really into the scene (colloq)
F (Esp fam) **1** (asunto): **no sé de qué va el ~** I don't know what's going on *o* what it's all about; **no me aclaro con el ~ este de los impuestos nuevos** I can't make head nor tail of this new tax business (colloq); **es un ~ muy malo, no tienen casa ni trabajo** things are looking really bad, they have nowhere to live and no work (colloq) **2** (aventura amorosa) affair

ROM /rrom/ *f* ROM

Roma *f* **1** (ciudad, imperio) Rome; **la ~ antigua/imperial** Ancient/Imperial Rome **2** (el Vaticano) Rome

romadizo *m* (esp AmS) cold; **tener ~** to have a cold

romana *f* steelyard

romance[1] *adj* Romance (*before n*)

romance[2] *m*
A (aventura amorosa) romance
B (Lit) ballad, romance
C (Ling) Romance; ***en buen ~:*** **su respuesta, en buen ~, equivale a un 'no'** put simply, her answer is 'no'

romancero *m* (Lit) collection of ballads

romaní *mf* Romany

románico[1] **-ca** *adj* **1** ‹*arquitectura/columna*› Romanesque **2** ‹*lengua*› Romance (*before n*)

románico[2] *m* Romanesque

romanista *mf*
A (Der) Romanist
B (Ling, Lit) Romance scholar

romanizar [A4] *vt* to romanize

romano[1] **-na** *adj* **1** (Hist) Roman **2** (de la ciudad) of/from Rome, Roman

romano[2] **-na** *m,f* **1** (Hist) Roman; **los ~s** the Romans **2** (de la ciudad) person from Rome

romanó *m* (arg) Romany

románticamente *adv* romantically

romanticismo *m* **1** (Art, Lit, Mús) Romanticism **2** (sentimentalismo) romanticism

romántico[1] **-ca** *adj* **1** (Art, Lit, Mús) Romantic **2** (sentimental) romantic

romántico[2] **-ca** *m,f* **1** (Art, Lit, Mús) Romantic **2** (sentimental) romantic; **es un ~ empedernido** he's an incurable romantic

r

romanticón -cona *adj* (pey) 1 ‹*persona*› sentimental, soppy (BrE colloq) 2 ‹*película*› slushy (colloq & pej), schmaltzy (AmE colloq & pey)

romanza *f* romance

rombal *adj* rhombic

rombo *m*
A (Mat) rhombus
B 1 (carta) diamond 2 **rombos** *mpl* (palo) diamonds (*pl*)

romboedro *m* rhombohedron

romboidal *adj* rhomboidal

romboide *m* rhomboid

romboideo -dea *adj* rhomboidal

romería *f* 1 (Relig) procession (*to a local shrine, gen followed by festivities*) 2 (AmL fam) (multitud) mass, crowd; **aquello era una ~** it was like Grand Central Station (AmE) *o* (BrE) Piccadilly Circus

romero -ra *m,f*
A (Relig) 1 (peregrino) pilgrim 2 *person taking part in a* ▸**romería**
B **romero** *m* (Bot, Coc) rosemary

romo -ma *adj*
A 1 ‹*cuchillo/tijeras*› blunt 2 ‹*nariz*› snub (*before n*)
B ‹*persona*› 1 (tosco) uncouth 2 (lerdo) dull

rompebolas *mf* (*pl* ~) (RPl vulg) pain in the ass* (vulg)

rompecabezas *m* (*pl* ~) jigsaw (puzzle)

rompecorazones *mf* (*pl* ~) (fam) heartbreaker (colloq)

rompedero de cabeza *m* (CS fam) brainteaser (colloq)

rompefilas *m* (*pl* ~) (Chi) pass

rompehielos *m* (*pl* ~) icebreaker

rompehuelgas *mf* (*pl* ~) strikebreaker, blackleg (colloq)

rompenueces *m* (*pl* ~) nutcracker

rompeolas *m* (*pl* ~) breakwater

romper [E30] *vt*
A 1 ‹*taza*› to break, smash; ‹*ventana*› to break, smash; ‹*lápiz/cuerda*› to break, snap; ‹*juguete/radio/silla*› to break 2 ‹*puerta*› (tirándola abajo) to break down; (para que quede abierta) to break open 3 ‹*hoja/póster*› (rasgar) to tear; (en varios pedazos) to tear up 4 ‹*camisa*› to tear, split
B 1 ‹*silencio/monotonía*› to break; ‹*tranquilidad*› to disturb 2 ‹*promesa/pacto*› to break; ‹*relaciones/compromiso*› to break off
C 1 (fam) ‹*servicio*› (en tenis) to break 2 (esp AmL) ‹*récord*› to break
■ **romper** *vi*
A 1 «*olas*» to break 2 (liter) «*alba/día*» to break; «*flores*» to open, burst open, come out; **salimos al ~ el día** we left at daybreak *o* at the crack of dawn 3 (empezar): **cuando rompa el hervor** when it reaches boiling point, when it comes to the boil *o* starts to boil; **~ A + INF** to begin *o* start to + INF; **rompió a llorar/reír** she burst into tears/burst out laughing; **~ EN algo**: **~ en llanto** to burst into tears; **~ en sollozos** to break into sobs, start sobbing
B «*novios*» to break up, split up; **~ CON algn** ‹*con un novio*› to split *o* break up WITH sb; ‹*con un amigo*› to fall out WITH sb; **~ CON algo** ‹*con el pasado*› to break WITH sth; ‹*con una tradición*› to break away FROM sth, break WITH sth; **hay que ~ con esas viejas creencias** we have to break away from those old beliefs; **este verso rompe con la estructura general del poema** this verse departs from the general structure of the poem; ***de rompe y rasga:* me lo dijo así, de rompe y rasga** he told me like that, straight out (colloq); **no se puede decidir así de rompe y rasga** you can't just decide like that on the spur of the moment; **mujeres de rompe y rasga** strong-minded women
C (RPl vulg) (molestar) to bug (colloq)
■ **romperse** *v pron* 1 «*vaso/plato*» to break, smash, get broken *o* smashed; «*papel*» to tear, rip, get torn *o* ripped; «*televisor/lavadora/ascensor*» (RPl) to break down 2 «*pantalones/zapatos*» to wear out; **se me rompieron los calcetines por el talón** my socks have worn through *o* gone through at the heel 3 ‹*brazo/pierna/muñeca*› to break; **se rompió el tobillo** he broke his ankle 4 (RPl fam) (esforzarse): **no te rompas demasiado** don't kill yourself (colloq); **no se rompieron mucho con el regalo** they didn't go to much trouble *o* expense over the gift (colloq)

rompevientos *m* (*pl* ~) (RPl) 1 (pulóver) sweater 2 (anorak) anorak

rompiente *m* 1 (escollo) shoal, rocks (*pl*) (*where waves break*) 2 (ola) breaker

rompimiento *m*
A (de loza, ladrillos) breaking; **el ~ de las olas en el muelle** the breaking of the waves on the pier; **el terremoto causó el ~ de algunas paredes** the earthquake caused cracks *o* cracking in some of the walls
B (de promesa, pacto, contrato) breaking; (de relaciones, noviazgo) breaking off; **el ~ de las negociaciones con la guerrilla** the breaking off *o* severance of the negotiations with the guerrillas
C 1 (en tenis) break; **no ha habido ~ de servicio** there has been no break in service 2 (esp AmL) (de récord) breaking

rompón *m*, (AmC, Méx) **rompope** *m*: *drink similar to eggnog*

Rómulo Romulus

ron *m* 1 (bebida) rum 2 (Per) (combustible) methanol, methylated spirits

roncal *m*
A (Zool) nightingale
B (Coc) *Pyrenean cheese made from sheep's milk*

roncar [A2] *vi*
A 1 (al dormir) to snore 2 (fam) (dormir) to sleep; **~ a pata suelta** to sleep like a log (colloq)
B (Chi fam) (mandar) to be the boss (colloq), to wear the pants (AmE) *o* (BrE) trousers (colloq)

roncha *f*
A (Med): **las ~s del sarampión** the spots you get with measles; **me picó un mosquito y me salió una ~** I was bitten by a mosquito and I came up in a bump; **le salieron unas ~s en el cuello** she came out in a rash *o* in hives all over her neck; ***hacer* or *levantar* or *sacar* ~** to put people's backs up
B (rodaja) slice

ronco -ca *adj* 1 ‹*persona*› hoarse; **se quedó ~ de tanto gritar** he shouted so much it left him hoarse, he shouted himself hoarse 2 ‹*voz*› husky; **el rumor ~ de las olas** (liter) the roar of the waves

ronda *f*
A (de un soldado, guarda) patrol; (de una enfermera) round; (de un policía) patrol, beat; **hacer la ~** «*policía*» to walk one's beat; «*guarda/solado*» to be on patrol; «*repartidor*» to do one's round; **los dos soldados que hacían la ~ esa noche** the two soldiers who were on duty *o* patrol that night
B 1 (vuelta, etapa) round; **una nueva ~ de negociaciones** a new round of negotiations; **pasaron a la segunda ~** they went through to the second round 2 (de bebidas) round; **pidieron otra ~** they ordered another round
C (CS, Per) (de niños): **formaron una ~ tomándose de la mano** they held hands in a circle; **danzaban y cantaban en ~** they were singing and dancing around in a circle; ***hacerle la ~ a algn*** (fam) to be *o* chase after sb (colloq)
D (Esp, Méx) (serenata) serenade; **salir** *or* **ir de ~** to go serenading
E 1 (Esp) (en nombres de calles) road 2 *tb* **~ de circunvalación** beltway (AmE), ring road (BrE)

rondalla *f* group of serenaders

rondana *f* (Méx) ▸**roldana**

rondar [A1] *vt*
A «*vigilante/patrulla*» to patrol
B «*idea/pensamiento*»: **hace días que me ronda esa idea** I've had that idea going around in my head for days; **debemos ahuyentar los malos pensamientos que nos rondan** we must chase away the evil thoughts that beset us
C ‹*lugar*› to hang around; **la gentuza que ronda el bar** the rabble who hang around the bar; **era como si la muerte lo estuviese rondando** it was as if death were stalking him
D (cortejar) to court (dated *or* liter); **lleva varios años rondándola** he's been courting her for several years
E ‹*cifra/edad*› **debe estar rondando los 60** she must be around/getting on for 60; **la rentabilidad ronda el 3%** the yield is hovering around the 3% mark
F (dar serenata a) to serenade
■ **rondar** *vi*
A (para vigilar) «*vigilante/patrulla*» to be on one's round *o* beat, be on patrol
B (merodear) to hang around
C (dar serenata) to serenade

rondín *m* (Andes) watchman

rondó *m* rondo

ronquera *f* hoarseness

ronquido *m* snore; **¡daba unos ~s …!** he snored so loud …! (colloq)

ronronear [A1] *vi* to purr

ronroneo *m* purring; **el motor apenas emite un ~** the engine barely rises above a purr

ronzal *m* halter

roña[1] *adj* (fam) tightfisted (colloq), stingy (colloq)

roña[2] *f*
A 1 (mugre) dirt, grime; **estos niños siempre van llenos de ~** these children are always grubby 2 (en el metal) rust
B (del ganado) mange
C (Col fam) (pereza): **dejen la ~** stop lazing about; ***hacer ~*: estos funcionarios que hacen ~** these civil servants who sit around doing nothing; **los domingos hacíamos ~ en la cama hasta tarde** on Sundays we used to lie in *o* sleep in till late
D (Méx) (juego) tag; **jugar a la ~** to play tag
E **roña** *mf* (fam) (tacaño) scrooge (colloq), skinflint (colloq), tightwad (AmE colloq)

roñoso[1] **-sa** *adj*
A [ESTAR] 1 (mugriento) dirty; **lleva el cuello de la camisa ~** his shirt collar's really grubby *o* engrained with dirt; **tengo el pelo ~** my hair is filthy; **los azulejos de la cocina están ~s** the kitchen tiles are covered in grime *o* encrusted with dirt 2 (oxidado) rusty
B [SER] (fam) (tacaño) tightfisted (colloq), stingy (colloq)
C [ESTAR] (Vet) mangy

roñoso[2] **-sa** *m,f* (fam) scrooge (colloq), skinflint (colloq), tightwad (AmE colloq)

ropa *f* ▸ℹ **p.788** clothes (*pl*); **quítate la ~, está mojada** take off your clothes, they're wet; **voy a cambiarme de ~** I'm going to get changed, I'm going to change (my clothes); **me pillas en ropa de andar por casa** you've caught me in my scruffy clothes; **la canasta de la ~ sucia** the dirty laundry basket; **~ usada** secondhand clothes; **echa aquí toda la ~ sucia que tengas** if you have any laundry *o* (dirty) washing *o* anything that needs washing, put it here; **tengo un montón de ~ para planchar** I've got a stack of ironing to do; **lo echaron al agua con la ~ puesta** they threw him in the water fully clothed *o* with all his clothes on; **me compro la ~ hecha** I buy ready-to-wear clothes, I buy my clothes off the peg (BrE); **iba ligera de ~(s)** she was scantily dressed *o* clad; **a quema ~** *ver* **quemarropa**; ***hay ~ tendida*** (fam) walls have ears; ***nadar y guardar la ~*** (fam) to hedge one's bets; ***la ~ sucia se lava en casa*** one shouldn't wash one's dirty linen in public

(Compuestos)

- **ropa blanca** (sábanas, mantelería) household linen; (ropa interior) underwear, underclothes (*pl*); (en un lavado) whites (*pl*)
- **ropa de baño** (Per) (de mujer) swimming *o* bathing costume, swimsuit; (de hombre) swimming *o* bathing trunks (*pl*)
- **ropa de calle** daywear
- **ropa de cama** bedclothes (*pl*), bed linen
- **ropa de mesa** (Esp) table linen
- **ropa (de) sport** leisure wear, casual clothes (*pl*)
- **ropa interior** underwear, underclothes (*pl*)
- **ropa íntima** underwear and swimwear
- **ropa vieja** *stewed meat in tomato sauce*

ropaje *m*, **ropajes** *mpl* apparel (liter) (*pl*); **los suntuosos ~s de los cortesanos** the courtiers' sumptuous robes *o* apparel

ropavejería *f* second-hand clothes shop

ropavejero -ra *m,f* secondhand *o* used clothes dealer

ropero *m*
A 1 (armario) wardrobe; **tiene un ~ muy bien surtido** she has an extensive wardrobe 2 (de caridad) *church organization that distributes old clothes among the poor*
B (CS fam) (persona): **es un ~** he's a big, burly man (colloq)

ropón *m* ceremonial robe (*worn over other clothing*)

roque *adj* (Esp fam): **quedarse ~** (fam) to nod *o* drop *o* doze off (colloq); **cuando lo miré estaba ~** when I looked at him he was fast asleep *o* (colloq) out for the count

roquedal *m* rocky place

roquefort /rroke'for/ *m* Roquefort

roquerío *m* (Chi) rocky place

roquero -ra *adj/m,f* ▸ **rockero**[1], **rockero**[2]

rorcual *m* finback (whale), rorqual

roro[1], **ro-ro** *adj* roll-on/roll-off (*before n*)

roro[2], **ro-ro** *m* roll-on/roll-off ferry

rorro *m* (leng infantil) baba (used to or by children)

rosa[1] *f* 1 (flor) rose 2 (rosal) rosebush; ***(fresco) como una ~*** as fresh as a daisy; ***no son/fueron todo ~s*** it isn't/wasn't all (a bed of) roses; ***no hay ~ sin espinas*** there's no rose without a thorn; ***tirarse con ~s*** (Arg fam) to insult each other, have a slanging match (colloq) 3 (Chi) (nudo) bow

(Compuestos)
- **rosa náutica** *or* **de los vientos** compass card, rose
- **rosa (de) té** tea rose

rosa[2] *adj* ▸ ❶ **p.181** 1 (*gen inv*) pink; **camisas ~** *or* **~s** pink shirts; **un vestido (de color) ~** a pink dress; **verlo todo de color de ~** to see things through rose-colored glasses *o* (BrE) rose-tinted spectacles 2 (*modificado por otro adj: inv*) pink; **rayas ~ claro/fuerte** pale/bright pink stripes

rosa[3] *m* ▸ ❶ **p.181** pink; **un ~ pálido** a pale pink

(Compuestos)
- **rosa fosforito** *or* **shocking** 1 *m* shocking pink 2 *adj inv* shocking-pink
- **rosa viejo** 1 *m* dusty pink 2 *adj inv* dusty-pink

rosáceo -cea *adj* ▸ ❶ **p.181** pinkish

rosado[1] **-da** *adj* 1 ▸ ❶ **p.181** ‹*color/vestido*› pink; ‹*mejillas*› rosy; **un blanco ~** a pinkish white 2 ‹*vino*› rosé

rosado[2] *m* 1 ▸ ❶ **p.181**; (color) pink 2 (vino) rosé

rosal *m* (árbol) rosetree; (arbusto) rosebush, rose

(Compuesto) **rosal silvestre** wild rose

rosaleda *f* rose garden

rosario *m* 1 (Relig) (rezo) rosary; (cuentas) rosary, rosary beads, chaplet; **rezar el ~** to say the rosary; ***acabar como el ~ de la aurora*** (fam) to end in disaster 2 (serie, sarta) string; **todo un ~ de horrores** a whole string *o* catalogue of horrors; **un ~ de insultos** a string *o* series of insults

rosbif, rosbeef *m* roast beef

rosca *f*
A (de un tornillo, una tuerca) thread; **tapón de ~** screw top; ***pasarse de ~***: **el tornillo se ha pasado de ~** the screw isn't biting, I've/you've stripped the thread on the screw; **te has pasado de ~** (fam) you've gone too far, you've gone over the top (colloq)

(Compuesto) **rosca de Arquímedes** Archimedes' screw

B (bollo) *type of doughnut*; (pan) bread roll (*baked in a ring shape*); ***hacerle la ~ a algn*** (Esp fam) to butter sb up (colloq); ***hacerse una ~*** to curl up into a ball; ***no me como/no se come una ~*** (Esp fam) I never get/he never gets anywhere with women (colloq)

(Compuesto) **rosca de Reyes** ▸ **roscón de Reyes**

C (Bol, Col) (círculo, grupo) clique, set; **es imposible conseguir un trabajo sin conocer a alguien en la ~** it's impossible to get a job unless you know the right people

D (Chi fam) (riña, pelea) fight; **tuvo una ~ con el marido** she had a fight *o* row with her husband (colloq)

rosco *m*
A (bollo) *type of doughnut*; (pan) bread roll (*baked in a ring shape*); ***no me como/no se come un ~*** (fam) I never get/he never gets anywhere with women (colloq)
B (arg) (cero) zero, zilch (AmE colloq)

roscón *m*: *large ring-shaped bun*

(Compuesto) **roscón de Reyes** *large ring-shaped cake baked for Epiphany*

rosedal *m* (CS, Méx) rose garden

roseta *f* 1 (Arquit) rose, rosette 2 (de una ducha, regadera) rose 3 (Arg) (pan) bread roll (*baked in a spiral*)

(Compuesto) **rosetas de maíz** *fpl* popcorn

rosetón *m* 1 (ventana) rose window, rosette 2 (en el techo) ceiling rose

rosillo -lla *adj* (Chi) worn

rosoli *m* ▸ **resoli**

rosquear [A1] *vi* (Chi fam) to fight

rosquero -ra *adj* (Chi fam) 1 (que discute) argumentative 2 (que pelea) rowdy, troublemaking (*before n*)

rosquete *m* (Per fam & pey) fag (AmE colloq & pej), poof (BrE colloq & pej)

rosquilla *f*: *type of doughnut*; ▸ **vender**

rosticería *f* (Méx) ▸ **rotisería**

rostizar [A4] *vt* (Méx) to roast; **pollo rostizado** roast chicken

rostro *m*
A (cara) face; **entró con el ~ demudado** (liter) she came in looking distraught; **aplicar sobre el ~** apply to the face; **una bella muchacha de ~ infantil** (liter) a beautiful girl with a childlike face *o* (liter) countenance; ***echarle ~ a algo*** (Esp fam): **aunque no seas socio échale ~ y entras** even if you're not a member just look confident and you'll get in; **tú échale ~, que igual lo consigues** just give it a go *o* give it your best shot, you might get it (colloq)
B (fam) (desfachatez) nerve (colloq), cheek (BrE colloq); **¡qué ~ tiene!** what a nerve *o* cheek!, he has some *o* a nerve!, he's got a cheek!

(Compuesto) **rostro pálido** (Esp) paleface

rota *f* rattan

rotación *f* rotation; **el movimiento de ~ de la Tierra** the rotation of the Earth, the Earth's rotation; **~ del personal que atiende al público** rotation of the staff who deal directly with the public

(Compuestos)
- **rotación de cultivos** crop rotation
- **rotación de existencias** *or* **stocks** stock turnover *o* rotation

rotacional *adj*
A ‹*movimiento/motor*› rotary
B ‹*período/sistema*› operating on a rota system; ‹*pastoreo/cultivo*› on a rotation basis

rotacismo *m* rhotacism

rotaje *m* (Chi fam) ▸ **rotería**

rotar [A1] *vt* 1 (hacer girar) to rotate, turn, spin 2 (en un puesto) to rotate 3 ‹*cultivos*› to rotate
■ **rotar** *vi* 1 (girar) to rotate; **rota sobre su eje** it rotates *o* turns *o* spins on its axis 2 (en un cargo): **los miembros van rotando en el puesto de secretario** the members rotate in the post of secretary, the post of secretary rotates among the members 3 «*cultivos*» to rotate
■ **rotarse** *v pron*: **hay cinco personas que se van rotando** there are five people working on a rota system; **se fueron rotando para manejar** they took it in turns to drive, they took the driving in turns; **se rotan el coche** (Méx) they take it in turns to use the car

rotario[1] **-ria** *adj* rotary

rotario[2] **-ria** *m,f* Rotarian; **Club de R~s** Rotary Club

rotarismo *m* Rotarianism

rotativa *f* rotary press

rotativamente *adv* ‹*trabajar*› on a rota system; ‹*cultivar*› on a rotation basis

rotativo[1] **-va** *adj* 1 ‹*máquina*› rotary 2 ‹*equipo/turno*› operating on a rota system; **en equipos ~s de cuatro personas** four-person teams working in shifts; **exposiciones rotativas** temporary exhibitions 3 ‹*pastoreo/cultivo*› on a rotation basis 4 ‹*movimiento*› rotary, rotatory

rotativo[2] *m*
A (period) (diario) newspaper
B (Chi) (Cin) movie theater (AmE), cinema (BrE) (*showing a continuous performance*)

rotatorio -ria *adj* ▸ **rotativo**[1]

roteque *mf* (Chi fam & pey) nobody (pej)

rotería *f* (Chi) 1 (fam) (hecho): **habría sido una ~ no invitarlo** it would have been incredibly rude not to invite him; **me hizo una tremenda ~** he was really rude to me 2 (fam) (gente): **la ~** the people (*pl*), the masses (*pl*) 3 (fam & pey) (clase baja) plebs (*pl*) (colloq & pej), rabble (pej)

roticuaco -ca *m,f* (Chi fam & pey) nobody (pej)

rotisería *f* (CS) *delicatessen also selling spit-roast chickens*

roto[1] **-ta** *adj*
A 1 ‹*camisa*› torn, ripped; ‹*zapato*› worn-out 2 ‹*vaso/plato*› broken 3 ‹*papel*› torn; **le presté el libro y me lo devolvió ~** I lent him the book and it was falling apart when he gave it back, I lent him the book and he gave it back all battered 4 ‹*pierna/brazo*› broken 5 (del dolor) ‹*familia/compañero*› devasted, heartbroken
B (RPl) ‹*televisor/heladera*› broken; ‹*coche*› broken down
C (Chi fam & pey) 1 ‹*barrio/gente*› lower-class (pej), plebby (colloq & pej) 2 (mal educado) rude

roto[2] **-ta** *m,f*
A (Chi) 1 (fam) (individuo) (*m*) man, guy (colloq); (*f*) woman, girl (colloq); **al Caribe el rotito, la suerte que tiene** the lucky devil's off to the Caribbean (colloq) 2 (fam & pey) (de clase baja) pleb (colloq & pej) 3 (fam & pey) (mal educado): **es una rota, nunca saluda** she's so rude, she doesn't even say hello

(Compuesto) **roto chileno** *m* (Chi fam) average Chilean man

B (Per fam) (chileno) Chilean
C **roto** *m* (Esp) (agujero) hole; **tienes un ~ en la camisa** you've got a hole *o* tear *o* rip in your shirt

rotograbado *m* 1 (Impr) rotogravure 2 (RPl) (suplemento) supplement

rotonda *f* 1 (glorieta) traffic circle (AmE), roundabout (BrE) 2 (Arquit) rotunda

rotor *m* rotor **~ de cola** tail rotor

rotoso[1] **-sa** *adj* 1 (CS, Per fam) ‹*chaqueta/pantalones*› scruffy; ‹*persona*› scruffy; **no puedes ir así tan ~** you can't go looking so scruffy 2 (Chi fam & pey) ‹*barrio/gente*› lower-class (pej), plebby (colloq & pej)

rotoso[2] **-sa** *m,f* (Chi fam & pey) pleb (colloq & pej)

rotring® /'rrotrin/ *m* drawing pen, Rotring® pen

rottweiler /'rotβailer/ *m* (*pl* **-lers**) rottweiler

rótula *f* 1 (Anat) kneecap, patella (tech) 2 (Mec) ball-and-socket joint

rotulación *f* 1 (de mapas, planos) labeling* 2 (de frascos, cajas) labeling* 3 (confección de letreros) sign-writing, sign-painting

rotulador[1] **-dora** *adj* labeling (*before n*)

rotulador[2] *m*
A (Esp) (para escribir) felt-tip pen, fiber-tip* pen
B (aparato) Dymo®, labeling* machine

rotular [A1] *vt* 1 ‹*mapa/plano*› to label 2 ‹*frasco/caja*› to label, put a label on

rotulista *mf* signwriter, sign-painter

rótulo *m*
A 1 (etiqueta) label; **~s autoadhesivos** sticky *o* self-adhesive labels 2 (logotipo) logo 3 (Impr) (título) title; (encabezamiento) heading
B (letrero) sign

(Compuesto) **rótulo luminoso** neon *o* electric sign

rotundamente *adv*: **contestó ~ que no** he answered with a categorical *o* an emphatic 'no', he denied it (*o* refused *etc*) categorically; **se**

r

negó ~ a hacerlo she flatly *o* categorically refused to do it, she refused to do it point-blank; **fracasó ~** he failed utterly *o* totally

rotundidad *f* [1] (de una negativa, respuesta): **desmintió con toda ~ esos rumores** he flatly *o* emphatically *o* categorically denied those rumors [2] (del lenguaje) polish

rotundo -da *adj* [1] ‹*respuesta*› categorical, emphatic; ‹*negativa*› categorical; **me contestó con un 'no' ~** his answer was a categorical *o* an emphatic 'no' [2] ‹*éxito*› resounding (*before n*) [3] ‹*párrafo/lenguaje*› polished

rotura *f* [1] (acción): **la explosión provocó la ~ del oleoducto** the pipeline ruptured *o* split *o* burst as a result of the explosion; **sufrió ~ de cadera** she suffered a broken *o* fractured hip, she broke *o* fractured her hip [2] (efecto): **el diagnóstico es ~ de ligamentos** it has been diagnosed as torn ligaments; **tiene una ~ en la manga** (CS) it has a rip in the sleeve *ver tb* **ruptura**

roturación *f* ploughing up; (con una roturadora) rototilling (AmE), rotovating (BrE)

roturadora *f* Rototiller® (AmE), Rotovator® (BrE)

roturar [A1] *vt* to plough up; (con una roturadora) to rototill (AmE), to rotovate (BrE)

rouge /rruʒ/ *m* [1] (carmín) lipstick [2] (colorete) blusher, rouge

rough /raf/ *m* (en golf) rough

roulade /ru'lad/ *m* roulade

roulotte /rru'lot/ *f* trailer (AmE), caravan (BrE)

round /rraun/ *m* (Dep) round

router /'ru:ter/ *m* (Telec) router

royalty /'rojalti || (Esp) /roj'alti/ *m* (*pl* **-ties**) royalty

rozado -da [1] *adj* (gastado) worn; (sucio) grubby [2] (Méx) ‹*bebé*› **está rozada** she has diaper (AmE) *o* (BrE) nappy rash

rozadura *f* [1] (raspadura) scratch; **le hizo una ~ al coche** he scratched the car [2] (en la piel): **los zapatos nuevos le hicieron una ~** her new shoes rubbed [3] (Méx) (del bebé) diaper rash (AmE), nappy rash (BrE)

rozagante *adj* (AmL) healthy; **sus hijos se ven ~s** her children are a *o* the picture of health

rozamiento *m* friction

rozar [A4] *vt* [1] (tocar ligeramente): **sus labios ~on mi frente** her lips touched *o* brushed my forehead; **la bala le rozó el brazo** the bullet grazed his arm; **no pongas el sillón ahí que roza la pared** don't put the armchair there, it'll rub against *o* mark the wall; **está muy larga, roza el suelo** it's too long, it's dragging *o* trailing on the floor; **me roza el zapato** my shoe's rubbing; **le rozaba el cuello de la camisa** his shirt collar chafed *o* rubbed his neck; **apenas le he rozado y dice que le he hecho daño** I hardly even touched him and he says I hurt him; **el coche pasó rozando la pared de la casa** the car just scraped past the wall of the house [2] (aproximarse a): **debe estar rozando los 60 años** he must be getting on for *o* pushing 60 (colloq); **rozaba la impertinencia** verged upon *o* bordered on rudeness

■ **rozar** *vi* **~ con algo**: **eso ya roza con la grosería** that is bordering *o* verging on rudeness

■ **rozarse** *v pron*

A (*recípr*) «*cables/piezas*» to chafe; **sus manos se ~on** their hands touched

B ‹*brazo/rodilla*› to graze; **me rocé el codo con la pared** I grazed *o* scraped my elbow on the wall

C «*pantalón*» to wear, wear out; «*cuello/puños*» to wear, fray

D (Méx) «*bebé*» to get diaper (AmE) *o* (BrE) nappy rash

R.P. (= **reverendo padre**) Rev. Fr.

r.p.m. (= **revoluciones por minuto**) rpm

R.S.V.P. (Corresp) RSVP

Rte. (= **remite** *or* **remitente**) sender

RTI *f* = **Radio y Televisión Interamericana**

RTVE *f* = **Radiotelevisión Española**

rúa *f* (en nombres): **R~ San Antonio** San Antonio Street

ruana *f* ruana (*Colombian, Venezuelan poncho*)

Ruanda *m* Rwanda

ruandés -desa *adj* Rwandan

ruano -na *adj* roan

rubéola, rubeola *f* German measles, rubella (tech)

rubí *m* [1] (Min) ruby [2] (de reloj) jewel [3] ▸❶ **p.181**; **(de) color ~** ruby (red)

rubia *f*

A (Esp fam) (peseta) peseta

B (Esp ant) (Auto) station wagon (AmE), estate car (BrE) *ver tb* **rubio¹**, **rubio²**

rubiácea *f* rubiaceous plant

rubiales (*pl* ~) (fam)

A (*m*) blond guy (colloq), fair-haired guy (colloq)

B (*f*) blonde woman, blonde (colloq), fair-haired woman

Rubicón *m*: **el ~** the Rubicon; ***cruzar*** *or* ***atravesar el ~*** to cross the Rubicon

rubicundo -da *adj* ‹*persona*› ruddy-complexioned, rosy-cheeked; ‹*cara*› ruddy, rosy

rubidio *m* rubidium

rubio¹ -bia *adj* ‹*pelo*› fair, blonde; ‹*hombre*› fair-haired, blond; ‹*mujer*› fair-haired, blonde; ▸**tabaco**

rubio² -bia

A (persona) (*m*) blond man, fair-haired man; (*f*) blonde woman, blonde (colloq), fair-haired woman; **un ~ sueco** a blond *o* fair-haired Swedish guy, a Swedish guy with blonde hair

(Compuestos)

- **rubia oxigenada** *f* peroxide blonde
- **rubia platino** *or* (AmL) **platinada** *f* platinum blonde

B **rubio** *m* (color): **se tiñó de ~** she dyed her hair blonde

(Compuestos)

- **rubio ceniza** *m* ash blond
- **rubio pajizo** straw blond
- **rubio platino** *or* (AmL) **platinado** *m* platinum blond

rublo *m* ruble*

rubor *m* [1] (liter) (sonrojo) flush; **el ~ de sus mejillas delataba su timidez** the flush of her cheeks betrayed her shyness [2] (Méx, RPl) (cosmética) rouge, blusher

ruborizar [A4] *vt* to make ... blush

■ **ruborizarse** *v pron* to blush, to turn *o* (BrE) go red (in the face), to flush

ruboroso -sa *adj* [1] (propenso a ruborizarse) **ser ~** to blush easily, to be blushful (liter) [2] (ruborizado) **estar ~** to be blushing *o* red; **el joven, tímido y ~, no se atrevía a hablar** the young man, shy and blushing *o* red-faced didn't dare speak

rúbrica *f* [1] (de una firma) flourish, paraph [2] (firma) signing [3] (period) (final, clausura) close; **su discurso puso la ~ al congreso** his speech brought the conference to a close [4] (Impr) ▸**rubro B**

rubricar [A2] *vt* [1] (frml) (firmar) to sign (*gen with a decorative flourish*) [2] (period) (clausurar) to bring ... to a close [3] (period) (suscribir, apoyar) to endorse, sanction, give one's approval to; **se negaron a ~ el plan de reforma** they refused to sanction *o* endorse the reform program

rubro *m* (esp AmL)

A [1] (área) area; **sus exigencias se circunscribían a cuatro ~s** their demands fell into four areas *o* categories; **nuestro representante en los ~s de prendas de cuero y peletería** the representative who deals with our line in leather goods and furs; **en el ~ de la computación** in computers; **se encarga de las compras en el ~ de alimentación** he is the buyer for the food department; ❸ **índice de rubros** (Period) list of headings, index of categories [2] (en contabilidad — apartado) heading; (— renglón) item; **el segundo ~ de exportación del país** the country's second most important export item *o* export; **los aumentos más importantes correspondieron a los ~s de vivienda y transporte** the main increases were in housing and transport, the main areas of increase were housing and transport

B (Impr) (título) title; (encabezamiento) heading

ruca *f* [1] (de un indio) hut (*built by Araucanian Indians*) [2] (Chi fam) (vivienda pobre) shack; **un poco más allá está mi ~** (hum) my humble abode *o* dwelling is a bit further on (hum)

rucio¹ -cia *adj* [1] ‹*caballo*› gray* [2] (Chi fam) ‹*pelo*› fair, blonde; ‹*hombre*› fair-haired, blond; ‹*mujer*› fair-haired, blonde

rucio² -cia *m,f* (Chi fam)

A (*m*) blond man, fair-haired man

B (*f*) blonde, blondie, blonde woman (colloq)

ruco -ca *adj* (Méx fam) old

rudamente *adv* [1] (burdamente) roughly, coarsely [2] (en forma ruda) rudely

rudeza *f* roughness; **la ~ de sus costumbres** their rough *o* unpolished manners

(Compuesto) **rudeza innecesaria** unnecessary roughness

rudimentario -ria *adj* [1] ‹*herramienta/método*› rudimentary, primitive, basic [2] ‹*conocimientos*› rudimentary, basic [3] ‹*alas*› rudimentary

rudimento *m*

A (Anat) rudiment

B **rudimentos** *mpl* basics (*pl*), rudiments (*pl*) (frml)

rudo -da *adj* [1] (tosco) ‹*costumbres*› rough, rude (arch) [2] (duro) ‹*golpe*› **fue un ~ golpe para ella** it was a cruel blow for her

rueca *f* distaff

rueda *f* [1] (de vehículo) wheel; **~ delantera** front wheel; **~ trasera** back *o* rear wheel; **patinar sobre ~s** to roller-skate; **una mesa con rueditas** *or* **ruedecitas** a table with casters; ***andar*** *or* ***correr*** *or* ***ir*** *or* ***marchar sobre ~s*** to go *o* run smoothly; ***chupar ~*** (fam) (Auto) to tailgate; (en ciclismo) to tuck in (*behind leading cyclist*); (sacar provecho) (fam): **chupan ~ de nuestro trabajo** they are riding on our coattails *o* cashing in on our success; ***morir en la ~*** (Chi fam) to keep one's mouth shut [2] (neumático) tire*; **se me ha pinchado una ~** I have a flat tire [3] (de un mecanismo) wheel [4] (corro) ring, circle; **jugar a la ~** to play ring-around-a-rosy (AmE) *o* (BrE) ring-a-ring-a-roses; ***hacer la ~*** «*pájaro macho*» to do a courtship dance; ***hacerle la ~ a algn*** (adular) to butter sb up [5] (en gimnasia) cartwheel; **hacer la ~** to do *o* turn a cartwheel [6] (rodaja): **una ~ de bacalao** a cod steak; **una ~ de piña** a slice of pineapple

(Compuestos)

- **rueda de auxilio** (RPl) spare wheel
- **rueda de carro** (Méx, RPl) cartwheel
- **rueda de Chicago** (Andes) Ferris wheel (AmE), big wheel (BrE)
- **rueda de cola** tailwheel
- **rueda de identificación** line-up (AmE), identification *o* identity parade (BrE)
- **rueda de la fortuna** (de acontecimientos) wheel of fortune; (en ferias) (Méx) Ferris wheel, big wheel (BrE)
- **rueda de molino** millstone; ***comulgar con ~s de ~*** (fam): **a mí no me vas a hacer comulgar con ~s de ~** I'm not going to fall for that (colloq)
- **rueda dentada** gear wheel, cogwheel
- **rueda de prensa** press conference; **celebrar/convocar una ~ de ~** to hold/call a press conference
- **rueda de presos** ▸**rueda de identificación**
- **rueda de recambio** *or* **repuesto** spare wheel
- **rueda de reconocimiento** *or* **de sospechosos** ▸**rueda de identificación**
- **rueda gigante** (Chi, Ur) Ferris wheel, big wheel (BrE)
- **rueda hidráulica** waterwheel
- **rueda informativa** ▸**rueda de prensa**
- **rueda motriz** driving wheel

ruedo *m* [1] (Taur) bullring [2] (esterilla) (round) mat [3] (esp AmL) (de falda, pantalón) hem; **tienes suelto el ~** your hem's come down

ruego *m* request; **atendiendo a los ~s de numerosas personas** in response to popular demand; **de nada te van a servir tus ~s** your pleading will get you nowhere; **dirigía sus ~s a la Virgen** he addressed his prayers *o* supplications to the Virgin; **turno/apartado de ~s y**

preguntas any other business, A.O.B.; **a ~ mío se le envió otra notificación** he was sent further notification at my request

rufián *m* **1** (sinvergüenza, granuja) rogue, scoundrel (dated) **2** (chulo) pimp

rugbier *mf* (Arg) rugby player

rugbista *mf* (CS) rugby player

rugbístico -ca *adj* rugby (*before n*)

rugby /ˈrruɣbi/ *m* rugby; **~ sin contactos** touch rugby

rugido *m* **1** (de un animal) roar; **lanzó un ~** it roared, it let out a roar **2** (del mar) roar; (del viento) roar, roaring

rugir [I7] *vi* **1** «*león/tigre*» to roar **2** (liter) «*mar/viento*» to roar

rugosidad *f* pitted *o* bumpy texture

rugoso -sa *adj* rough, bumpy

ruibarbo *m* rhubarb

ruido *m* **1** (sonido) noise; **entra sin hacer ~** come in quietly; **no quiero oír ni un ~** I don't want to hear a sound; **la lavadora hace un ~ extraño** the washing machine is making a funny noise; **se oyen mucho los ~s de la calle** you can hear a lot of noise from the street; **no metas** *or* **hagas tanto ~** don't make so much noise; **lejos del mundanal ~** (liter *o* hum) far from the madding crowd (liter), away from it all; ***mucho ~ y pocas nueces*** all talk and no action, all mouth and no trousers (BrE colloq) **2** (Audio) noise

(Compuestos)
- **ruido blanco** white noise
- **ruido de fondo** background noise
- **ruido de sables** saber* rattling

ruidosamente *adv* noisily

ruidoso -sa *adj* **1** ‹*calle/máquina/persona*› noisy **2** ‹*caso/proceso*› much talked-about

ruin *adj* **1** (mezquino, vil) ‹*persona*› despicable, contemptible; ‹*acción*› despicable, contemptible, base (liter); **sus ~es intenciones** his despicable *o* base intentions **2** (avaro) miserly, mean (BrE) **3** ‹*animal*› bad-tempered, mean (colloq)

ruina *f*

A **1** (estado, situación): **la compañía está/se ha quedado en la ~** the company is in a terrible mess, the company is in dire straits; **conduce al protagonista a la ~** it brings about the protagonist's downfall; **tras la guerra, esta región quedó sumida en la ~** when the war ended this area was left in ruins *o* was devastated; **los dejó en la ~** it ruined them; **dejaron la economía en la ~** they left the economy in ruins; ***estar hecho una ~*** (fam) to be a wreck (colloq) **2** (causa de perdición, desastre): **el juego va a ser su ~** gambling will be the ruin of her; **este hijo mío es una ~** this son of mine is ruining me; **este coche es mi ~** this car is costing me a fortune *o* is going to bankrupt me (colloq)

B (acción) collapse; **la casa amenaza ~** the house is on the point of collapse

C **ruinas** *fpl* (de un edificio, una ciudad) ruins (*pl*); **en ~** in ruins; **la casa estaba en ~s** the house was in ruins

ruindad *f* (cualidad) baseness, meanness; (acto) base *o* mean *o* despicable act

ruinoso -sa *adj* **1** ‹*edificio/vivienda*› dilapidated, rundown **2** ‹*economía/negocio*› ruinous, disastrous; **los intereses resultaron ~s** the interest was ruinous *o* crippling

ruiseñor *m* nightingale; **cantar como un ~** to sing like a bird *o* nightingale

rulada *f*

A (Culin) roulade

B (Mús) roulade

rular [A1] *vi* **1** (rodar) to roll **2** (Esp fam) to work; **la tele no rula** the TV isn't working, the TV is on the blink (colloq)

■ **rular** *vt* to pass around

rulemán *m* (RPl) roller bearing

rulero *m* (Per, RPl) curler

ruleta *f* roulette

(Compuesto) **ruleta rusa** Russian roulette

ruletear [A1] *vi* (Méx fam) to work as a cab *o* taxi driver, to hack (AmE colloq)

ruletero -ra *m,f* (Méx fam) cab *o* taxi driver, cabbie (colloq), hack (AmE colloq)

rulo *m*

A **1** (para rizar el pelo) curler, roller **2** (CS, Per) (rizo) curl

B (Chi) (Agr): **de ~** dry; ***ser de ~*** (fam) to be on the wagon (colloq)

rulot *f* (Esp) trailer (AmE), caravan (BrE)

ruma *f* (Chi) pile, heap

Rumania, Rumanía *f* Romania

rumano[1] **-na** *adj* Romanian, Rumanian

rumano[2] **-na** *m,f* **1** (persona) Romanian, Rumanian **2** **rumano** *m* (idioma) Romanian, Rumanian

rumba *f* rumba

rumbear [A1] *vi* **1** (Col fam) (irse de juerga) to go out on a spree, go out on the town (BrE colloq) **2** (RPl fam) (dirigirse) to make one's way; **ya rumbeábamos para casa** we were already making our way home *o* heading for home

rumbero -ra *adj* (Col fam): **es muy ~** he really likes to party (colloq), he's always out on the town (colloq)

rumbo *m*

A (dirección) direction, course; (Náut) course; **caminaba sin ~ fijo** she wandered aimlessly; **partió (con) ~ a Toluca** he set off for Toluca; **abandonó el país (con) ~ a Francia** she left the country bound for France; **navegábamos con ~ norte** we were sailing northward(s) *o* north, we were sailing a northerly course; **el barco puso ~ a la costa italiana** the boat set a course for *o* headed for the Italian coast; **los acontecimientos han tomado un ~ trágico** events have taken a tragic turn; **a partir de entonces su vida tomó un nuevo ~** that changed the course of his life; **la poesía española inició un nuevo ~** Spanish poetry began to move in a new direction *o* took a new turn

B (esplendidez) lavishness

rumboso -sa *adj* ‹*persona/fiesta*› lavish; **con gesto ~** with a flamboyant flourish

rumiante *m* ruminant

rumiar [A1] *vt* **1** (liter) (cavilar) ‹*idea/problema*› to ponder (frml); ‹*venganza*› to brood about *o* over *o* upon; **~ las penas** to brood over *o* on one's troubles (liter) **2** (fam) (refunfuñar) to grumble about, moan about (BrE); **¿qué andas rumiando tú?** what are you grumbling about?; **rumiaba entre murmullos que ...** she muttered under her breath that ...

■ **rumiar** *vi* «*vaca*» to chew the cud, ruminate

rumor *m* **1** (murmuración) rumor*; **circulan ~es de que ...** rumors are circulating that ..., rumor has it that ...; **empiezan a correr ~es sobre su dimisión** there are already rumors going around about his resignation **2** (sonido) murmur; **el ~ del agua/viento** the murmur of the water/wind; **a lo lejos se oía un ~ de voces** the murmur *o* low hum of conversation could be heard in the distance

rumorear [A1], (Col) **rumorar** [A1] *vt*: **se rumorea que va a dimitir** rumor has it *o* it is rumored that she is going to resign, there are rumors (going round) that she is going to resign

rumoroso -sa *adj* (liter) ‹*aguas*› murmuring (*before n*) (liter); **un arroyo ~** a babbling brook (liter)

runa *f* rune

rúnico -ca *adj* runic

runrún *m* (de un motor) purring, humming; (de voces) hum, murmur

runrunear [A1] *vi* ▸**ronronear**

runruneo *m* ▸**ronroneo**

rupestre *adj* **1** ‹*pintura/dibujo*› cave (*before n*) **2** ‹*planta*› rock (*before n*)

rupia *f* rupee

ruptor *m* contact-breaker

ruptura *f* **1** (de relaciones) breaking-off; (de un contrato) breach, breaking; **el incidente provocó la ~ de las relaciones diplomáticas** the incident led to a break in *o* to the breaking-off of diplomatic relations, the incident led to diplomatic relations being broken off; **ésa fue la causa de la ~ de las negociaciones** that was what caused the negotiations to be broken off; **una ~ entre ambas empresas** a break *o* (frml) rupture between the two companies; **la ~ del contrato traería consecuencias muy graves** breaking the contract would have very serious consequences; **su ~ con Ernesto** her breakup with Ernesto; **tras la ~ de su matrimonio** after the breakup of his marriage; **esta ~ con el pasado** this break with the past **2** (Dep) (en tenis) service break, break of serve

rural[1] *adj* rural; **una zona ~** a rural *o* country area

rural[2] *f* (RPl) station wagon (AmE), estate car (BrE)

Rusia *f* Russia

(Compuesto) **Rusia Blanca** *f*: **la ~ ~** White Russia

ruso[1] **-sa** *adj* Russian

ruso[2] **-sa** *m,f* **1** (persona) Russian **2** **ruso** *m* (idioma) Russian

rústica (esp Esp): **en rústica** (*loc adj*) ‹*edición*› paperback (*before n*); **un libro en ~** a paperback

rusticidad *f* rusticity, rustic quality

rústico[1] **-ca** *adj* **1** (del campo) rustic, rural **2** (basto) coarse **3** ‹*mueble*› basic **4** ‹*área/suelo/terreno*› agricultural, farm (*before n*)

rústico[2] **-ca** *m,f* (Esp) country person

rustidera *f* (Esp) roasting tin

RUT /rrut/ *m* (en Chi) (**= Rol Único Tributario**) fiscal identification number

ruta *f* **1** (itinerario, camino) route; **eso lo decidiremos cuando estemos en ~** we can decide that en route *o* on the way *o* when we're on our way; **creo que nos hemos equivocado de ~** I think we've gone the wrong way **2** (RPl) (carretera) road; **no puedo salir a la ~ con este auto** I can't do any long trips in this car, I can't take this car out on the open road

(Compuesto) **ruta aérea** air route, skyway (AmE)

> **ruta del bakalao**
>
> *Bakalao* or *bacalao* is a variety of Spanish techno music. The *ruta del bakalao* started in Madrid *bakalao* discos. It spread to the Madrid-Valencia road, along which numerous night clubs sprang up.
>
> The *ruta* would start on a Saturday evening and continue until well into Sunday, followed by a mass return to the capital. Despite associated dangerous driving, the police did not intervene until twelve young people died in car accidents on one weekend.

ruteador *m* (Telec) router

rutear [A1] *vt* (Telec) to route

rutero[1] **-ra** *adj* road (*before n*); **mapa ~** roadmap

rutero[2] **-ra** *m,f* messenger, courier

rutilante *adj* (liter) ‹*estrella*› bright (liter), twinkling; ‹*perla*› gleaming; **de una belleza ~** of dazzling *o* radiant beauty

rutilar [A1] *vi* (liter) «*estrella*» to shine (brightly), twinkle; «*perla*» to gleam

rutina *f* **1** (hábito, repetición) routine; **la ~ de todos los días** the daily routine; **lo hace por pura ~** he just does it out of habit; **inspección de ~** routine inspection **2** (Inf) routine

rutinariamente *adv* routinely, in a routine way

rutinario -ria *adj* **1** ‹*trabajo/vida*› monotonous; **¡qué ~ eres!** you're so unadventurous! **2** ‹*inspección/procedimiento*› routine (*before n*)

rutinizar [A4] *vt*: **debemos ~ la práctica del ejercicio** we must make taking exercise part of our routine; **la convivencia rutiniza las relaciones** living together makes relationships routine

■ **rutinizarse** *v pron* «*proceso/acto*» to become routine; «*persona*» to get into a rut

Rvdo. *m* (**= Reverendo**) Rev, Revd

s, S *f* (*read as* /'ese/)
A (the letter) s, S
B (= **segundo**) sec.; second; ▶ⓘ **p.431**
C (= **Sur**) S; South; ▶ⓘ **p.681** (Period): **11-S**; (en EE.UU.) 9/11; (en Chile) deposition of President Allende 1973
s. *m* (= **siglo**) C; **s.XX** C20
S. (= **santo**) St; Saint
s/
A = **su/sus**
B **S/.** (Per) = **Soles**
S.A. (= **Sociedad Anónima**) ≈ Inc (*in US*), ≈ Ltd (*in UK*), ≈ PLC (*in UK*)
sáb. (= **sábado**) Sat., Saturday
Saba Sheba; **la reina de ~** the Queen of Sheba
sábado *m* ▶ⓘ **p.371** Saturday; *para ejemplos ver* **lunes**; (Relig) Sabbath
(Compuestos)
- **sábado de Gloria** Easter Saturday
- **sábado inglés** (CS) *non-working Saturday*
- **sábado pequeño** (AmC fam & hum) Friday
- **sábado Santo** Easter Saturday

sábalo *m* shad
sabana *f* savanna*, grassland
sábana *f*
A (de cama) sheet; **¿se te pegaron las ~s?** overslept, huh? (AmE colloq), oversleep, did you? (BrE colloq)
(Compuestos)
- **sábana ajustable** fitted sheet
- **sábana bajera** bottom sheet
- **sábana de abajo** bottom sheet
- **sábana de arriba** top sheet
- **sábana de cajón** (Méx) fitted sheet
- **sábana de cuatro picos** fitted sheet
- **sábana encimera** top sheet
- **Sábana Santa** Holy Shroud

B [1] (Esp arg) (billete) thousand peseta bill (AmE) *o* (BrE) note [2] (Méx) (de cigarro) cigarette paper
C (Méx) (Coc) escalope
sabandija *f*
A [1] (insecto) creepy-crawly (colloq), bug [2] (reptil) creepy-crawly (colloq)
B **sabandija** *mf* [1] (Esp fam) (persona despreciable) louse (colloq), dirty rat (colloq), swine (colloq) [2] (AmL fam) (pícaro) little monkey (colloq), rascal (colloq)
sabanear [A1] *vt* (AmC fam) [1] (aprehender) to catch [2] (adular) to flatter
sabanero -ra *adj* savanna (*before n*), of the savanna
sabañón *m* chilblain; ***comer como un ~*** (fam) to eat like a horse (colloq)
sabatario -ria *adj* Sabbatarian
sabático -ca *adj* sabbatical
sabatino -na *adj* Saturday (*before n*)
sabayón *m* zabaglione
sabedor -dora *adj*: **¿y, ~ de lo que había pasado, te negaste a ayudarla?** and knowing what had happened *o* and although you were aware of what had happened, you refused to help her?; **~ de la noticia tomó el primer avión** as soon as he heard the news, he caught the first plane
sabelotodo[1] *adj* (fam): **un niño ~** a little smartass *o* smart aleck (colloq), a little know-it-all (AmE) *o* (BrE) know-all
sabelotodo[2] *mf* (fam) smartass (colloq), smart aleck (colloq), know-it-all (AmE colloq), smarty pants (AmE colloq), know-all (BrE colloq)
saber[1] *m* knowledge; **un compendio del ~ humano** a compendium of human knowledge; **una persona de gran ~** a person of great learning; ***el ~ no ocupa lugar*** one can never know too much
saber[2] [E25] *vt*
A [1] ⟨*nombre/dirección/chiste/canción*⟩ to know; **(ya) lo sé, pero aun así ...** I know, but even so ...; **quizás sea así, no lo sé** that might be the case, I don't know; **así que** *or* **conque ya lo sabes** so now you know; **¡no le habrás dicho nada de aquello que tú sabes!** you didn't tell him anything about you know what, did you?; **no sabía que tenía** *or* **tuviera hijos** I didn't know he had (any) children; **¿sabes lo que me dijo?** do you know what he said to me?; **¿sabes lo que te digo? ¡que me tienes harta!** you know something? I'm fed up with you!; **para que lo sepas, yo no miento** (fam) for your information, I don't tell lies; **es tan latoso ... — ¡si lo sabré yo!** he's such a nuisance — don't I know it!; **cállate ¿tú qué sabes?** shut up! what do you know about it?; **¡yo qué sé dónde está tu diccionario!** how (on earth) should I know where your dictionary is! (colloq); **no se sabe si se salvará** they don't know if he'll pull through; **no sabía dónde meterme** I didn't know where to put myself; **no supe qué decir** I didn't know what to say; **mira, no sé qué decirte** look, I really don't know what to say; **no lo saben a ciencia cierta** they don't know for certain; **¿a que no sabes a quién vi?** (fam) I bet you don't know who I saw (colloq), you'll never guess who I saw; **quién** *or* **cualquiera sabe dónde estará** goodness only knows where it is; **un tal Ricardo no sé cuántos** (fam) Ricardo something-or-other (colloq); **le salió con no sé qué historias** (fam) he came out with some story or other; **tiene un no sé qué que la hace muy atractiva** she has a certain something that makes her very attractive; **ese hombre tiene un no sé qué que me cae mal** there's something about that man I don't like; **me da no sé qué tener que decirte esto** I feel very awkward about having to say this to you; **ya no viven allí, que yo sepa** as far as I know, they don't live there anymore; **¿tiene antecedentes? — que yo sepa no** does she have any previous convictions? — not that I know of; **—¿quién es ése? —quiso ~** who's that? he wanted to know; **sé muy poco de ese tema** I know very little about the subject; **sabe mucho sobre la segunda guerra mundial** he knows a lot about the Second World War [2] **hacerle ~ algo a algn** (frml): **nos hizo ~ su decisión** he informed us of his decision; **por la presente deseo hacerle ~ que ...** (Corresp) I am pleased to advise you *o* to be able to inform you that ...; **la directiva hace ~ a los señores socios que ...** the board wishes to inform members *o* advises members that ... [3] (darse cuenta) to know; **¡tú no sabes lo que es esto!** you can't imagine what it's like!; **está furiosa, no sabes lo que te espera** she's furious, you don't know what you're in for; **perdónalos Señor, porque no saben lo que hacen** (Bib) forgive them, Lord, for they know not what they do
B (ser capaz de) **~ + INF**: **¿sabes nadar/cocinar/escribir a máquina?** can you swim/cook/type?; **ya sabe leer y escribir** she can already read and write; **sabe escuchar** she's a good listener; **no saben perder** they're bad losers; **no sabe tratar con la gente** he doesn't know how to deal with people; **no te preocupes, ella sabe defenderse** don't worry, she knows how to *o* she can look after herself; **este niño no sabe estarse quieto** this child is incapable of keeping still *o* just can't keep still
C **a saber** (frml) namely; **lo forman cuatro países, a ~: Suecia, Noruega, Dinamarca y Finlandia** it is made up of four countries, namely Sweden, Norway, Denmark and Finland
D (enterarse) to find out; **no lo supimos hasta ayer** we didn't find out until yesterday; **lo supe por mi hermana** I found out about it through my sister, I heard about it *o* (frml) learned of it through my sister; **si es así, pronto se va a ~** if that's the case, we'll know soon enough; **¡si yo lo hubiera sabido antes!** if I had only known before!; **¿que qué me dijo de ti? ¡no quieras ~lo!** what did she say about you? don't ask! *o* you wouldn't want to know!; **¿se puede ~ qué estabas haciendo allí?** would you mind telling me what you were doing there?; **¿y tú dónde estabas, si se puede ~?** and where were you, I'd like to know?
■ **saber** *vi*
(Sentido I)
A [1] to know; **¿crees que vendrá? — supongo que sí, aunque con ella nunca se sabe** do you think she'll come? — I suppose so, although you never know *o* you can never tell with her; **dice que ella se lo dio, vete tú/vaya usted a ~** he says she gave it to him, but who knows; **no puede ser verdad — ¿quién sabe? a lo mejor sí** it can't be true — who knows, it could be; **parece incapaz de eso, pero nunca se sabe** *or* **cualquiera sabe** he doesn't seem capable of such a thing, but you never know; **él que sabe, sabe** (fr hecha) it's easy when you know how [2] **~ DE algo/algn** to know (of) sth/sb; **yo sé de un sitio donde te lo pueden arreglar** I know (of) a place where you can get it fixed; **¿sabes de alguien que haya estado allí?** do you know (of) anyone who's been there? [3] (tener noticias) **~ DE algn**: **no sé nada de ella desde hace más de un mes** I haven't heard from her for over a month; **no quiero ~ nada más de él** I want nothing more to do with him
B (enterarse) **~ DE algo**: **yo supe del accidente por la radio** I heard about the accident on the radio; **si llegas a ~ de una cámara barata, avísame** if you hear of a cheap camera, let me know
(Sentido II)
A (tener sabor) (+ *compl*) to taste; **sabe muy dulce/bien/amargo** it tastes very sweet/nice/bitter; **~ A algo** to taste OF sth; **sabe a ajo/almendra** it tastes of garlic/almonds, it has a garlicky/almondy taste; **esta sopa no sabe a nada** this soup doesn't taste of anything *o* has no taste to it; **sabe a quemado/podrido** it tastes burnt/rotten; **tenía tanta hambre que el arroz me supo a gloria** I was so hungry the rice tasted delicious
B (causar cierta impresión): **~le mal/bien a algn: no le supo nada bien que ella bailara con otro** he wasn't at all pleased that she danced with someone else; **me sabe mal tener que decirle que no otra vez** I don't like having to say no

to him again, I feel bad having to say no to him again

■ **saberse** *v pron*

A (*enf*) (fam) (conocer) ‹*lección/poema*› to know; **se sabe todo el cuento de memoria** he knows the whole story off by heart; **se sabe los nombres de todos los jugadores del equipo** he knows the names of every player in the team; ***sabérselas todas*** (fam): **este niño se las sabe todas** this child knows every trick in the book (colloq); **se cree que se las sabe todas** she thinks she has all the answers

B (*refl*) (saber que se es) (+ *compl*): **se sabe atractiva** she knows she's attractive

sabiamente *adv* wisely

sabidillo -lla *adj/m,f* ▸ **sabelotodo¹**, **sabelotodo²**

sabido -da *adj* [SER] well-known; **es cosa sabida que ...** it's a well-known fact that ...; **como es ~** as is well known, as everybody knows; **es bien ~ que mantiene contactos con ella** it's common knowledge *o* everyone knows that he is in contact with her

sabiduría *f* wisdom; **la ~ popular** popular wisdom, folklore; **el niño asombraba a los mayores con su gran ~** the child amazed the adults with his great knowledge *o* wisdom

sabiendas: **a ~** (*loc adv*): **lo hizo a ~** she did it knowingly *o* consciously, she knew full well when she did it; **lo hizo a ~ de que me molestaba** he did it knowing full well *o* perfectly well that I found it annoying

sabihondo¹ -da *adj* (fam): **es muy ~** he's a real know-it-all (AmE) *o* (BrE) know-all (colloq)

sabihondo² -da *m,f* (fam) know-it-all (AmE colloq), know-all (BrE colloq)

sábila *f* (AmC, Méx) aloe vera

sabina *f* savin, savine

sabino -na *m,f* Sabine; **el rapto de las Sabinas** the rape of the Sabine women

sabio¹ -bia *adj* **1** (con grandes concocimientos) learned, wise **2** (sensato) ‹*persona/medida*› wise; ‹*consejo*› sound, wise

sabio² -bia *m,f*

A (*m*) wise man, sage (liter)

B (*f*) wise woman; **todos los ~s de la corte** all the sages *o* wise men of the court; **siempre hay un ~ en la clase** (iró) there's always one wise guy *o* smart aleck in the class (colloq); ***es de ~s cambiar de opinión*** only a fool never changes his mind

sabiondo -da *adj/m,f* ▸ **sabihondo¹**, **sabihondo²**

sablazo *m* saber* slash; ***dar el*** or ***un ~ a algn*** (fam) (cobrar de más) to rip sb off (colloq); (pedir dinero) to scrounge money off sb (colloq), to hit on sb for money (AmE colloq), to touch sb for money (BrE colloq)

sable *m*

A **1** (Arm) saber* **2** (Náut) batten

B (en heráldica) sable

sablear [A1] *vt* (fam) **1** ‹*persona*› to scrounge off (colloq), to sponge off (BrE colloq) **2** ‹*dinero*› to scrounge (colloq)

sablero -ra *m,f* (Chi) ▸ **sablista**

sablista *mf* (fam) scrounger (colloq), sponger (BrE colloq)

sabor *m* **1** (de comida, bebida, etc) taste, flavor*; **dentífrico con ~ a menta** mint-flavored toothpaste; **tiene un ~ parecido al de las frambuesas** it tastes rather like raspberries; **el café me dejó un ~ amargo en la boca** the coffee left a bitter taste in my mouth; **vienen en tres ~es diferentes** they come in three different flavors; ***dejar a algn con mal ~ de boca*** to leave a bad *o* nasty taste in one's mouth **2** (carácter) flavor*; **música con un ~ muy tradicional** music with a very traditional flavor *o* feel to it; **una novela de ~ romántico** a novel with a romantic flavor

saborear [A1] *vt* **1** ‹*comida/bebida*› to savor* **2** ‹*éxito/triunfo*› to relish, savor*; ‹*venganza*› to savor*, enjoy

saborizante *m* flavoring*

sabotaje *m* sabotage; **realizar un (acto de) ~** to carry out an act of sabotage

saboteador -dora *m,f* saboteur

sabotear [A1] *vt* to sabotage

Saboya *f* Savoy

sabré, sabría, etc ▸ **saber²**

sabroso¹ -sa *adj*

A **1** ‹*comida*› tasty, delicious **2** ‹*chisme/historia*› spicy (colloq), juicy (colloq)

B **1** (AmL fam) (agradable) ‹*música/ritmo*› pleasant, nice; ‹*clima/agua*› beautiful; **me eché una siesta sabrosa** I had a lovely *o* wonderful nap (colloq) **2** (Andes fam) ‹*persona*› lively, fun

C (Col fam) (importante): **sentirse ~** to feel very important

sabroso² *adv* (Col fam) **lo pasamos sabrosísimo** we had a great *o* fantastic time (colloq)

sabrosón -sona *adj* **1** (AmL fam) ‹*guiso*› tasty, delicious; ‹*fruta*› delicious **2** (AmL fam) ‹*clima*› mild **3** (Andes, Ven fam) ‹*mujer*› gorgeous (colloq), tasty (sl) **4** (Col, Méx, Ven fam) ‹*música*› pleasant **5** (Per fam) (divertido) fun

sabrosura *f* (AmL) tasty dish

sabueso *m* **1** (Zool) bloodhound **2** **sabueso** *mf* (fam) (detective) sleuth (colloq), gumshoe (AmE colloq)

saca *f* sack

(Compuesto) **saca del correo** (Esp) mailbag

sacabocados *m* (*pl* ~) leather punch

sacabullas *m* (*pl* ~) (Méx fam) bouncer

sacacorchetes *m* (*pl* ~) (Chi) staple remover

sacacorchos *m* (*pl* ~) corkscrew; ***sacarle algo a algn con ~*** (fam) to drag sth out of sb (colloq)

sacacuartos *m* (*pl* ~) (Esp fam) **1** (timo) rip-off (colloq), con (colloq) **2** **sacacuartos** *mf* (persona) swindler (colloq), con artist (colloq)

sacada *f* (Andes fam): **¿te dolió la ~ de muela?** did it hurt having the tooth out?

sacadera *f* (Col, Per fam): **es una ~ de plata** it costs a fortune (colloq)

sacadura *f* ▸ **sacada**

sacagrapas *m* (*pl* ~) (esp AmL) staple remover

sacalagua *adj* (Per fam) *light-skinned mulatto*

sacaleche *m* breast pump

sacamuelas *mf* (*pl* ~) **1** (fam) dentist **2** (Ven fam) (caramelo) chewy candy (AmE) *o* (BrE) sweet

sacaperras *m/mf* (*pl* ~) ▸ **sacacuartos**

sacapresillas *f* (*pl* ~) (Cu) staple remover

sacapuntas *m* (*pl* ~) pencil sharpener

sacar [A2] *vt*

(Sentido I)

A (extraer) **1** ‹*cartera/dinero/lápiz*› to take out, get out; ‹*pistola*› to draw, get out; ‹*espada*› to draw; **~ algo DE algo** to take sth OUT OF sth; **lo saqué del cajón** I took *o* got it out of the drawer; **~ el pollo del horno** take the chicken out of the oven, remove the chicken from the oven (frml); **~on agua del pozo** they drew water from the well **2** ‹*muela*› to pull out, take out; ‹*riñón/cálculo*› to remove; **me ~on sangre para hacer los análisis** they took some blood to do the tests; **saqué la astilla con unas pinzas** I got the splinter out with a pair of tweezers; **deja que te saque esa espinilla** let me squeeze that pimple for you; **me vas a ~ un ojo con ese paraguas** you'll have *o* poke my eye out with that umbrella! **3** ‹*diamantes/cobre*› to extract, mine; **sacamos petróleo de debajo del mar** we get oil *o* (frml) extract petroleum from under the sea **4** ‹*conclusión*› to draw; **¿sacaste algo en limpio de todo eso?** did you (manage to) make anything of all that?; **primero tienes que ~ la raíz cuadrada** first you have to find *o* extract the square root

B (de una situación) **~ a algn DE algo**: **aquel dinero los sacó de la miseria** that money released them from their life of poverty; **¿quién lo va a ~ de su error?** who's going to tell him he's wrong *o* put him right?; **me sacó de una situación muy difícil** she got me out of a really tight spot; **pagaron la fianza y la ~on de la cárcel** they put up bail and got her out of prison; **¿por qué lo ~on del colegio?** why did they take him out of *o* take him away from the school?

C (de una cuenta, un fondo) to take out, get out (colloq); **tengo que ~ dinero del banco/de la otra cuenta** I have to get *o* draw some money out of the bank/draw *o* take some money out of the other account; **sólo puede ~ tres libros** you can only take out *o* borrow three books

D ‹*cuenta/suma/ecuación*› to do, work out; ‹*adivinanza*› to work out; **saca la cuenta y dime cuánto te debo** work it out and tell me how much I owe you

E (poner, llevar fuera) **1** ‹*maceta/mesa*› to take out; **saca las plantas al balcón** put the plants out on the balcony, take the plants out onto the balcony; **¿has sacado la basura?** have you put *o* taken the garbage (AmE) *o* (BrE) rubbish out?; **sácalo aquí al sol** bring it out here into the sun; **~on el sofá por la ventana** they got the sofa out through the window; **~ algo DE algo** to take *o* get sth OUT OF sth; **no puedo ~ el coche del garaje** I can't get the car out of the garage **2** ‹*persona/perro*› **los saqué a dar una vuelta en coche** I took them out for a ride (in the car); **lo tuvimos que ~ por la ventana** we had to get him out through the window; **la ~on en brazos** they carried her out; **saca el perro a pasear** take the dog out for a walk; **~ a algn DE algo** to get sb OUT OF sth; **¡socorro! ¡sáquenme de aquí!** help! get me out of here!; **su marido no la saca nunca de casa** her husband never takes her out; **lo ~on de allí a patadas** they kicked him out of there **3** **~ a algn a bailar** to ask sb to dance **4** ‹*parte del cuerpo*› **saca (el) pecho** stick your chest out; **me sacó la lengua** he stuck *o* put his tongue out at me; **no saques la cabeza por la ventanilla** don't put your head out of the window

F (poner en juego) ‹*carta*› to play, put down; ‹*pieza/ficha*› to bring out

G ‹*dobladillo*› to let down; ‹*pantalón/falda*› (alargar) to let down; (ensanchar) to let out

(Sentido II)

A ‹*pasaporte/permiso*› to get; ‹*entrada*› to get, buy; **ya he sacado el pasaje** or (Esp) **billete** I've already bought the ticket *o* got my ticket; **¿sacaste hora para la peluquería?** did you make an appointment at the hairdresser's?; **he sacado número para la consulta de mañana** I've made an appointment with the doctor tomorrow; **~ una reserva** to make a reservation, to book; **¡qué tipo más buen mozo! ¿de dónde lo habrá sacado?** wow, he's good-looking! where do you think she got hold of *o* found him? (colloq)

B **1** **~ algo DE algo** ‹*idea/información*› to get sth FROM sth; **saqué los datos del informe oficial** I got *o* took the information from the official report **2** **~le algo A algn** ‹*dinero/información*› to get sth OUT OF sb; **no le pude ~ ni un peso para la colecta** I couldn't get a penny out of him for the collection; **le ~on el nombre de su cómplice** they got the name of his accomplice out of him, they extracted the name of his accomplice from him; **a ver si le sacas quién se lo dijo** see if you can find out who told her, try and get out of her who it was who told her

C **1** ‹*calificación/nota*› to get; **saqué un cinco en química** I got five out of ten in chemistry **2** ‹*votos/puntos*› to get; **el partido sacó tres escaños** the party got *o* won three seats **3** (en juegos de azar) ‹*premio*› to get, win; **cuando saque la lotería** when I win the lottery; **tiró los dados y sacó un seis** she threw the dice and got a six; **saqué la pajita más corta** I drew the short straw **4** (Esp) ‹*examen/asignatura*› to pass; **no creo que saque la física en junio** I don't think I'll pass *o* get through physics in June

D ‹*brillo*› to bring out; **frotar para ~le brillo** rub to bring out the shine *o* to make it shine; **esa caminata le sacó los colores** that walk brought the color to her cheeks; ▸ **punta²**

E ‹*beneficio*› to get; **no vas a ~ nada hablándole así** you won't get anywhere talking to him

S

like that; **¿qué sacas con amargarle la vida?** what do you gain by making his life a misery?; **le sacó mucho partido a la situación** he took full advantage of the situation; **con este trabajito saco (lo suficiente) para mis vicios** I earn a little pocket money with this job; **saqué unas £200 en limpio** I made a clear £200; **le sacó diez segundos (de ventaja) a Martínez** he took a ten-second lead over Martínez; **el hijo ya le saca 10 centímetros** (fam) his son is already 10 centimeters taller than he is; **~ algo DE algo**: **no ha sacado ningún provecho del cursillo** she hasn't got anything out of *o* (frml) hasn't derived any benefit from the course; **tienes que aprender a ~ partido de estas situaciones** you have to learn to take advantage of these situations; **no ~on mucho dinero de la venta** they didn't make much money on *o* out of *o* from the sale

F **~ algo DE algo** ‹*porciones/unidades*› to get sth OUT OF sth; **de esa masa puedes ~ dos pasteles** there's enough pastry there to make *o* for two pies, you can get two pies out of that amount of pastry

G (heredar): **ha sacado los ojos verdes de la madre** he's got his mother's green eyes, he gets his green eyes from his mother

(*Sentido* **III**)

A **1** ‹*libro*› to publish, bring out; ‹*película/disco*› to bring out, release; ‹*modelo/producto*› to bring out; **han vuelto a ~ la moda de la minifalda** the miniskirt is back in fashion; **~on el reportaje en primera plana** the report was published *o* printed *o* the report appeared on the front page **2** ‹*tema*› to bring up **3** (Esp) ‹*defecto/falta*› (+ *me/te/le etc*) to find; **a todo le tiene que ~ faltas** he always has to find fault with everything **4** (Esp) ‹*apodo*› to give

B **sacar adelante: gracias a su empeño ~on adelante el proyecto** thanks to her determination they managed to get the project off the ground/keep the project going; **luché tanto para ~ adelante a mis hijos** I fought so hard to give my children a good start in life; **tengo que ~ adelante la misión que me fue encomendada** I have to carry out the mission that has been entrusted to me

C **1** ‹*foto*› to take **2** ‹*copia*› to make, take **3** ‹*apuntes*› to make, take

D (Dep) ‹*tiro libre/falta*› to take

(*Sentido* **IV**) (quitar)

A (esp AmL) **1** ‹*botas/gorro/tapa*› **~le algo A algn/algo** to take sth OFF sb/sth; **¿me sacas las botas?** can you pull *o* take my boots off?; **tengo que ~les el polvo a los muebles** I have to dust the furniture **2** (apartar): **saca esto de aquí que estorba** take this away, it's in the way; **saquen los libros de la mesa** take the books off the table; **mejor ~lo de en medio ahora** we'd better get it out of the way now **3** ‹*programa*› to switch off; ‹*disco*› to take off

B (RPl) ‹*pertenencia*› **~le algo a algn** to take sth from sb; **no se lo saques, que es suyo** don't take it (away) from him, it's his; **¿cuánto te sacan en impuestos?** how much do they take off in taxes?, how much do you get deducted *o* (AmE) withheld in taxes?; **no me saques la silla** don't take *o* (BrE colloq) pinch my seat

C (esp AmL) (hacer desaparecer) ‹*mancha*› to remove, get … out; ‹*dolor*› to get rid of; **es una idea descabellada, a ver si se la podemos ~ de la cabeza** it's a crazy idea, we should try to talk him out of it; **me sacas un peso de encima** you've taken a great weight off my mind; **tenemos que ~le esa costumbre** we have to break him of that habit

■ **sacar** *vi* **1** (en tenis, vóleibol) to serve **2** (en fútbol) to kick off; **sacó de puerta/de esquina** he took the goal kick/corner; **saca de banda** he takes the throw-in

■ **sacarse** *v pron* (*refl*)

A (extraer): **ten cuidado, te vas a ~ un ojo** be careful or you'll poke *o* take your eye out; **me tengo que ~ una muela** (*caus*) I have to have a tooth out; **~se algo DE algo** to take sth OUT OF sth; **sácate las manos de los bolsillos** take your hands out of your pockets; **sácate el dedo de la nariz** don't pick your nose

B (esp AmL) **1** ‹*ropa/zapatos*› to take off; **se sacó el reloj** she took off her watch **2** (apartar, hacer desaparecer): **sácate el pelo de la cara** get *o* take your hair out of your eyes; **~se el maquillaje** to remove *o* take off one's makeup; **no me puedo ~ el dolor con nada** no matter what I do I can't seem to get rid of the pain; **no pudimos sacárnoslo de encima** we just couldn't get rid of him

C (Chi, Méx) ‹*calificación/nota*› to get; **me saqué un 6 en español** I got 6 out of 10 in Spanish

sacarina *f* saccharin

sacarosa *f* sucrose

sacatear [A1] *vi* (Méx fam): **le ~on y nunca vinieron** they chickened out and didn't come

sacatón -tona *m,f* (Méx fam) wimp (colloq), chicken (colloq)

sacerdocio *m* priesthood

sacerdotal *adj* priestly

sacerdote *m* priest

(Compuesto) **sacerdote obrero** worker priest

sacerdotisa *f* priestess

saciar [A1] *vt* ‹*hambre*› to satisfy, sate (liter); ‹*sed*› to quench, slake (liter); ‹*deseo/curiosidad*› to satisfy; ‹*ambición*› to fulfill*, realize; **no parará hasta ~ su deseo de venganza** he will not stop until his desire for revenge is satisfied *o* (liter) sated

■ **saciarse** *v pron* **1** «*persona*»: **comió hasta ~se** he ate his fill, he ate until he was sated *o* satiated (liter); **el año pasado quedé saciada de playa** I had enough *o* I had my fill of the beach last year **2** «*curiosidad*» to be satisfied; «*ambición*» to be fulfilled *o* realized

saciedad *f*: **comer/beber hasta la ~** to eat/drink one's fill; **hay que repetirles las cosas hasta la ~** you have to repeat everything to them over and over again *o* ad nauseam

saco[1] *m*

A (continente) sack; (contenido) sack, sackful; **lo compran por ~s** they buy it by the sackful *o* sack; **compró dos ~s de maíz** she bought two sacks *o* sackfuls of corn; ***darle por ~ a algn*** (vulg) to screw sb (sl), to shaft sb (sl); **¡que te den por ~!** (vulg) screw you! (vulg); ***echar a algn al ~*** (Chi fam) to swindle sb (colloq); ***en ~ roto:*** **no echemos en ~ roto todo este esfuerzo** let's not let all this effort go to waste; **echó en ~ roto todas sus preocupaciones** she put all her worries out of her mind; **sus consejos cayeron en ~ roto** nobody took any notice of his advice, his advice went unheeded *o* fell on stony ground; **estos errores no deben caer en ~ roto** we should learn from these mistakes; ***entrar a ~:*** **entraron a ~ en el aula** they burst *o* stormed into the hall; **algunas revistas entran a ~ en la intimidad de las personas** some magazines barge into people's private lives *o* invade people's privacy; **un producto que ha entrado a ~ en el mercado internacional** a product which has taken the international market by storm; ***mandar a algn a tomar por ~*** (vulg) to tell sb to piss off (vulg), to tell sb to get stuffed (BrE sl); **¡vete a tomar por ~!** (Esp vulg) screw you! (vulg), get stuffed! (BrE sl); **~ *de papas*** (Chi fam) fat lump (colloq); ***ser un ~ de huesos*** (fam & hum) to be all skin and bones (colloq)

(Compuestos)

- **saco de arena** (en boxeo) punchbag; (Mil) sandbag
- **saco de dormir** sleeping bag
- **saco terreno** sandbag

B (Anat) sac

(Compuestos)

- **saco bucal** vocal sac
- **saco lagrimal** lacrimal sac

C (AmL) (de punto) cardigan; (de tela) jacket; **al que le venga el ~ que se lo ponga** (fr hecha) if the cap fits, wear it; ***ponerse el ~*** (Méx fam): **se puso el ~ y empezó a justificarse** he assumed it was him we were talking about and he started making excuses

(Compuesto) **saco sport** (AmL) sports coat (AmE), sports jacket (BrE)

saco[2] *interj* (Méx fam) gee! (colloq), wow! (colloq)

sacón[1] **-cona** *adj* (Méx fam) chicken (colloq), yellow (colloq), yellow-bellied (colloq)

sacón[2] **-cona** *m,f* (Méx fam) chicken (colloq), scaredy-cat (colloq), coward

sacón[3] *m*

A (RPl) three-quarter-length coat

B (Méx fam) (para esquivar un golpe): **dio un ~** she dodged (to one side)

sacral *adj*

A ‹*carácter/poder*› sacred; **música de tipo ~** sacred music

B (Anat) sacral

sacralización *f* sacralization

sacralizar [A4] *vt* to sacralize, regard … as sacred

sacramentado *adj*: **recibir a Jesús ~** to receive the sacrament

sacramental *adj* **1** (Relig) sacramental **2** ‹*fórmula*› time-honored*

sacramento *m* sacrament; **administrar/recibir los ~s** to administer/receive the sacraments; **los últimos ~s** the last rites

sacrificado -da *adj* ‹*persona*› selfless, self-sacrificing; **tuvo una vida muy sacrificada** her life was full of sacrifice *o* was given over to others

sacrificar [A2] *vt* **1** (Relig) ‹*cordero/víctimas*› to sacrifice **2** ‹*res/ganado*› to slaughter; ‹*perro/gato*› (euf) to put … to sleep (euph), to put away (AmE), to put down (BrE) **3** ‹*carrera/juventud*› to sacrifice; **ha sacrificado los mejores años de su vida** he has given up *o* sacrificed the best years of his life; **sacrificó su juventud al cuidado de sus ancianos padres** she sacrificed her youth to the care of her elderly parents

■ **sacrificarse** *v pron* to make sacrifices; **¿por qué me tengo que ~ siempre yo?** why is it always me who has to make sacrifices?; **se sacrificó por sus hijos** she sacrificed everything for her children

sacrificio *m* **1** (privación, renuncia) sacrifice; **lo ha conseguido a costa de muchos ~s** she's achieved it by making a lot of sacrifices *o* by doing without a lot of things **2** (inmolación) sacrifice; **ofreció un ~** he offered a sacrifice; **ofreció a su hijo en ~** he offered (up) his son as a sacrifice; **el santo ~ de la misa** the holy sacrifice of mass **3** (de una res) slaughter

sacrilegio *m* sacrilege; **ponerle hielo al whisky es un ~** (fam) it's sacrilege to put ice in whiskey (colloq)

sacrílego -ga *adj* sacrilegious

sacristán *m* sacristan, verger

sacristía *f* vestry, sacristy

sacro[1] **-cra** *adj*

A ‹*música/arte*› sacred; **el S~ Imperio Romano** the Holy Roman Empire

B (Anat) sacral; **hueso ~** sacrum

sacro[2] *m* sacrum

sacroilíaco -ca *adj* sacroiliac

sacrosanto -ta *adj* sacrosanct; **siempre hay que hacer su sacrosanta voluntad** (iró) we always have to bow to her precious *o* sacred wishes (iro)

sacudida *f*

A **1** (agitando) shake, shaking; (golpeando) beating; **les dio una buena ~ a las toallas** she shook the towels out vigorously, she gave the towels a good shake *o* shaking **2** (de un terremoto) tremor; (de una explosión) blast; (de un tren, coche) jerk, jolt, lurch; **el carromato avanzaba dando ~s** the wagon bumped *o* jolted *o* lurched along **3** (fam) (descarga) electric shock

B (golpe emocional) shock

sacudidor *m* (Méx) dust cloth (AmE), duster (BrE)

sacudir [I1] *vt*

A **1** (agitar) ‹*toalla/alfombra*› to shake; (golpear) ‹*alfombra/colchón*› to beat; **sacudió la arena de la toalla** he shook the sand out of the towel **2** (fam) ‹*niño*› to clobber (colloq) **3** **sacudir la cabeza** (para negar) to shake one's head; (para afirmar) to nod, nod one's head; **sacudió la cabeza en señal de afirmación** he nodded (his head) in agreement **4** (hacer temblar) to shake; **el terremoto sacudió toda la ciudad**

S

the earthquake shook the entire city; **un escalofrío la sacudió de pies a cabeza** a shiver went right through her 5 (CS, Méx) (limpiar) to dust; **tengo que ~ el polvo** I have to dust *o* do the dusting

B (conmover, afectar) to shake; **su trágica muerte sacudió a la población** his tragic death sent shock waves through *o* shook the population; **una revolución que sacudió los cimientos de la sociedad** a revolution which shook society to its foundations *o* which rocked the foundations of society

■ **sacudir** *vi* (CS, Méx) to dust

■ **sacudirse** *v pron* (*refl*) 1 (apartar de sí) ‹*problema*› to shrug off; ‹*sueño/modorra*› to shake off; **no sé cómo ~me a este tipo** I don't know how to get rid of this guy (colloq), I don't know how to shake this guy off *o* get this guy off my back (colloq); **la vaca se sacudía las moscas con el rabo** the cow was flicking the flies off with its tail 2 (quitarse) ‹*arena/polvo*› to shake off; **sacúdete los pelos del perro** (CS) brush the dog hairs off you

sacudón *m*

A (AmL) 1 (fam) (sacudida violenta) shake, shaking; **me agarró del brazo y me dio un ~** he grabbed me by the arm and shook me 2 (fam) (de un terremoto) tremor; (de un vehículo) lurch, jolt, jerk; **tuvimos unos cuantos sacudones durante el vuelo** the plane lurched a few times during the flight; **el coche avanzaba a sacudones** the car lurched *o* jolted *o* jerked forward

B (Andes fam) 1 (revuelo, conmoción) upheaval, turmoil 2 (golpe) blow

SACVEN /'sakβen/ *f* = **Sociedad de Autores y Compositores de Venezuela**

sádico[1] -ca *adj* sadistic

sádico[2] -ca *m,f* sadist

sadismo *m* sadism

sado *adj/mf* (fam) ▸**sadomasoquista[1]**, **sadomasoquista[2]**

sadomasoquismo *m* sadomasochism

sadomasoquista[1] *adj* sadomasochistic

sadomasoquista[2] *mf* sadomasochist

saduceo -cea *m,f* Sadducee

saeta *f*

A (dardo) dart; (flecha) arrow

B (copla) *Flamenco verse sung at processions in Holy Week*

safari *m* 1 (gira, viaje) safari; **ir de ~** to go on safari; **el ~ que me hago todos los días para llegar aquí** (hum) the trek I have every day to get here 2 (zoo) safari park

Safo Sappho

saga *f* 1 (Lit) saga; **lo último en la ~ de mi cuñado** the latest in the saga of my brother-in-law 2 (dinastía) family

sagacidad *f* astuteness, shrewdness

sagaz *adj* shrewd, astute; **un político ~ y avezado** a shrewd *o* astute and experienced politician; **ten cuidado con él, es muy ~** watch out for him, he's very shrewd *o* sharp *o* wily

sagazmente *adj* shrewdly, astutely

sagitariano[1] -na *adj* Sagittarian

sagitariano[2] -na *m,f* Sagittarian

Sagitario[1] (signo, constelación) Sagittarius; **es (de) ~** she's (a) Sagittarian

Sagitario[2], sagitario *mf* (*pl* ~ *or* **-rios**) (persona) Sagittarian, Sagittarius

sagrado -da *adj*

A (Relig) ‹*altar*› holy; ‹*lugar*› holy, sacred; **te lo juro por lo más ~** I swear to God *o* (colloq) cross my heart and hope to die

(Compuestos)

- **Sagrada Comunión** *f*: **la ~ ~** Holy Communion
- **Sagrada Familia** *f* Holy Family
- **Sagradas Escrituras** *fpl or* **Sagrada Escritura** *f* Holy Scriptures (*pl*)
- **Sagrado Corazón** *m* Sacred Heart
- **sagrado vínculo** (Chi frml): **el ~ ~** holy matrimony

B (fundamental, intocable) sacred; **el derecho a la vida es ~** the right to life is sacred; **los fines de semana son ~s para mí** my weekends are sacred

sagrario *m* (tabernáculo) tabernacle; (capilla) side chapel

sagú *m* sago

Sahara /sa'ara/ *m*: **el (desierto del) ~** the Sahara (Desert)

Sáhara /'saxara/ *m* (Esp) ▸**Sahara**

saharaui /saxa'rawi/ *adj/mf* Saharan; **los ~s** the Saharan people

sahariana *f* safari jacket

Sahel *m* sub-Saharan region, Sahel

sahumador *m* censer

sahumar [A23] *vt* to perfume (*with incense or aromatic herbs*)

sahumerio *m* 1 (humo) aromatic smoke 2 (sustancia) aromatic substance

saibó *m* (Ven) sideboard

sainete *m* comic *o* comedy sketch, one-act farce; **aquel coloquio parecía un ~** that conversation was like something out of a comedy sketch; **la entrevista fue un ~** the interview was a complete farce

sajar [A1] *vt* to cut open, cut into

sajón -jona *adj/m,f* Saxon

Sajonia *f* Saxony

sake, saki *m* sake

sal[1] *f*

A (Coc) salt; **échale** *or* **ponle una pizca de ~** add a pinch of salt; **mantequilla sin ~** unsalted butter; ***caerle (la) ~ a algn*** (Méx fam): **le cayó la ~ con la venta de la casa** she was unlucky *o* she had bad luck when she sold the house; ***echarle la ~ a algn*** (Méx fam) to put a jinx on sb; ***la ~ de la tierra*** the salt of the earth; ***tener en ~ a algn*** (Méx fam) to have it in for sb (colloq)

(Compuestos)

- **sal común** common salt
- **sal de ajo** garlic salt
- **sal de cocina** cooking salt
- **sal de mesa** table salt
- **sal fina** table salt
- **sal gema** rock salt
- **sal gorda**

A (Coc) cooking salt

B (fam) (humor grosero) risqué (*o* racy *etc*) humor*

- **sal gruesa** (CS) cooking salt
- **sal marina** sea salt
- **sal yodada** iodized salt
- **sal y pimienta** (fam) life, spark; **la música flamenca le puso un poco de ~ y ~ a la fiesta** the flamenco music added a bit of spark *o* life to the party; **le falta un poco de ~ y ~** she has no spark *o* life about her; **¡qué ~ y ~ con la que bailan!** they're such lively dancers!

B (Quím) salt

(Compuestos)

- **sal de fruta** fruit salts (*pl*)
- **sal de soda** (Per) caustic soda
- **sales aromáticas** *fpl* smelling salts (*pl*)
- **sales de baño** *fpl* bath salts (*pl*)
- **sal fumante** hydrochloric acid

C (fam) (gracia, chispa): **esa ~ que tiene para contar anécdotas** her witty *o* funny way of telling stories; **¡qué ~ tienes para moverte!** you're a real mover! (colloq), what a mover! (colloq); **para mí viajar es la ~ de la vida** for me travel is the spice of life

sal[2] *see* ▸**salir**

sala *f* 1 (de una casa) *tb* **~ de estar** parlor (AmE), living *o* (BrE) sitting room, lounge (BrE) 2 (de un hotel) lounge 3 (en un hospital) ward 4 (para reuniones, conferencias) hall; (Teatr) theater*; (Cin) movie theater (AmE), cinema (BrE); **se estrenó simultáneamente en varias ~s de Madrid** it opened simultaneously in several Madrid movie theaters *o* cinemas; **la película se exhibe en la ~ 1** the movie is showing on Screen 1 5 (sede de tribunal) courtroom, court

(Compuestos)

- **sala blanca** (Tec) clean room
- **sala capitular** chapterhouse
- **sala común** public ward
- **sala cuna** (Chi) day nursery, creche
- **sala de banquetes** banquet hall
- **sala de chat** chat room
- **sala de clases** (CS frml) classroom
- **sala de conciertos** concert hall
- **sala de conferencias** assembly *o* conference *o* lecture hall
- **sala de curaciones** (AmL) treatment room
- **sala de curas** (Esp) treatment room
- **sala de embarque** departure lounge
- **sala de espera** waiting room
- **sala de estreno** *movie theater or cinema showing new releases*
- **sala de exposiciones** gallery, exhibition hall
- **sala de fiestas** night club (*usually featuring dancing and cabaret*)
- **sala de juntas** boardroom
- **sala de lectura** reading room
- **sala de lo civil** civil court
- **sala de lo penal** criminal court
- **sala del trono** throne room
- **sala de máquinas** engine room
- **sala de montaje** assembly shed *o* shop
- **sala de operaciones** operating room (AmE), operating theatre (BrE)
- **sala de partos** delivery room
- **sala de preembarque** departure lounge
- **sala de prensa** press office
- **sala de profesores** teachers' lounge (AmE), staffroom (BrE)
- **sala de remate(s)** (AmL) ▸**sala de subastas**
- **sala de subastas** auction room, salesroom (AmE), saleroom (BrE)
- **sala de teatro** (theater*) auditorium
- **sala de televisión** television lounge *or* room
- **sala de tránsito** transfer lounge
- **sala de tratamiento** treatment room
- **sala de urgencias** accident and emergency department, casualty department (BrE)
- **sala limpia** (Tec) clean room
- **sala velatoria** chapel of rest

salacidad *f* (frml) salaciousness (frml)

salacot *m* pith helmet, topee

salada *f* (Col arg) practical joke

saladar *m* 1 (marisma) salting, salt marsh 2 (en una salina) salt pan

saladero *m* saltery (*place where meat or fish is salted*)

salado -da *adj*

A (Coc) 1 (con sal) salted; **almendras saladas** salted almonds; **la carne está salada** the meat is very/too salty; **las anchoas son muy saladas** anchovies are very salty; **le gusta la comida poco salada** he doesn't like too much salt in his food; ▸**agua** 2 [SER] (no dulce) savory*; **no me atraen los postres, prefiero lo ~** I'm not a fan of desserts, I prefer savory things

B 1 (fam) ‹*persona*› (gracioso) funny, witty; **es de lo más ~ bailando flamenco** he dances flamenco with real flair 2 (fam) ‹*chiste*› risqué; ‹*anécdota*› spicy

C (CS fam) (caro) pricy; **la multa le salió bastante salada** the fine was pretty steep *o* heavy; **un veraneo en la costa sale ~** a summer vacation on the coast is a pricy business (colloq)

D 1 (AmL fam) (desafortunado) jinxed (colloq); **estoy ~** I seem to be *o* I'm jinxed 2 (Méx fam) (que trae mala suerte) jinxed (colloq); **estos zapatos están ~s** these shoes have a jinx on them *o* are jinxed

salamandra *f* 1 (Zool) salamander 2 (estufa) salamander stove

salame *m* 1 (CS) (Coc) salami 2 (RPl fam) (tonto) idiot

salami *m* salami

salar[1] [A1] *vt*

A 1 (para conservar) ‹*carne/pescado*› to salt, salt down; ‹*pieles*› to salt 2 (para condimentar) to salt, add salt to

B (Col arg) ‹*novato/alumno*› to play a joke on, to haze (AmE)

■ **salarse** *v pron* (Méx fam) (echarse a perder): **se me ~on las vacaciones** my vacation plans fell through *o* were ruined; **se le saló el negocio**

S

his business went down the drain

salar² *m* (Chi) salt pan, salt flat

salarial *adj* wage (*before n*), salary (*before n*)

salario *m* (frml) wage, salary

(Compuestos)

- **salario base** basic wage
- **salario mínimo** minimum wage
- **salario mínimo interprofesional** (Esp) minimum wage
- **salario mínimo vital y móvil** (Arg) minimum wage (*index-linked*)
- **salario nominal** nominal wage
- **salario real** real wage
- **salario social** *social improvements in place of larger wage increases*

salaz *adj* (frml) salacious (frml)

salazón *f* 1 (de carnes, pescados) salting 2 **salazones** *fpl* (carnes) salted meat; (pescados) salted fish

salcedo *m* willow grove/plantation

salchicha *f* sausage; **~ de Francfort** *or* **de Viena** frankfurter, wiener (AmE)

salchichón *m: spiced sausage similar to salami*

salchichonería *f* (Méx) delicatessen, charcuterie (AmE)

saldar [A1] *vt* 1 ‹*cuenta*› to settle; ‹*deuda*› to settle, pay, pay off 2 ‹*diferencias/disputa*› to settle 3 ‹*mercancías/productos*› to sell off

■ **saldarse** *v pron* (period) **~se** CON **algo**: **el encuentro se saldó con un empate** the game ended in a tie; **el accidente se saldó con cinco víctimas mortales** five people died in the accident

saldo *m*

A 1 (de una cuenta) balance; **¿me puede dar el ~ de mi cuenta?** can you give *o* tell me the balance on my account?; **~ a su favor/a nuestro favor** credit/debit balance; **el ~ es de $400.000 a nuestro favor** we are $400,000 in credit, we have a credit balance of $400,000 2 (period) (de un incidente, una confrontación): **la pelea terminó con un ~ de tres heridos** the fight resulted in three people being injured; **el avión se estrelló con un ~ de 133 personas muertas** the plane crashed killing (a total of) 133 people; **el ~ de la noche fue muy positivo** the evening turned out very well

(Compuestos)

- **saldo acreedor** *or* **positivo** credit balance
- **saldo deudor** *or* **negativo** debit balance

B 1 (artículo): **los ~s no se cambian** sale goods cannot be exchanged; **precios de ~** sale prices; Ⓢ **venta de saldos** clearance sale 2 **saldos** *mpl* (rebajas) sales (*pl*); **las tiendas estaban de ~s** the sales were on

saldré, saldría, etc ▸**salir**

saledizo -za *adj* projecting (*before n*)

salero *m*

A (recipiente) salt shaker (AmE), saltcellar (BrE)

B (fam) (gracia): **tiene mucho ~ contando chistes** he's so funny when he starts telling jokes; **¡qué ~ tienes bailando!** you're a really stylish dancer! (colloq)

C (Méx) (persona) pig in the middle; **yo estoy de ~ en (medio de) su discusión** they're arguing and I'm (the) pig in the middle

saleroso -sa *adj* ▸**salado B1**

salesiano -na *adj/m,f* Salesian

salga, salgas, etc ▸**salir**

salicilato *m* salicylate

salicílico -ca *adj* salycilic

sálico -ca *adj* (Hist) Salic; ▸**ley**

salida *f*

(Sentido I) (hacia el exterior)

A (lugar) 1 (de un edificio, lugar) exit; Ⓢ **salida** exit; **dimos mil vueltas buscando la ~** we went round and round looking for the way out *o* the exit; **todas las ~s de Bilbao** all the roads out of Bilbao; **Bolivia no tiene ~ al mar** Bolivia has no access to the sea; **es una calle sin ~** it's a dead end; ▸**callejón** 2 (de una tubería) outlet, outflow; (de un circuito) outlet 3 (Inf) *tb* **~ del sistema** logoff, logout

(Compuestos)

- **salida de artistas** (en un teatro) stage door; (en una sala de conciertos) artists' entrance
- **salida de emergencia/incendios** emergency/fire exit

B 1 (acción): **me lo encontré a la ~** I met him on the way out, I met him as I was leaving; **quedamos en encontrarnos a la ~ del concierto** we arranged to meet at the end of *o* after the concert; **acelera a la ~ de la curva** accelerate (as you come) out of the curve; **el gobierno les ha negado la ~ del país** the government has refused to allow them to leave the country; **impedir la ~ de divisas** to prevent currency being taken out of *o* leaving the country; **estaban esperando la ~ de la novia** they were waiting for the bride to appear; **la ~ del primer toro** the entry of the first bull 2 (como distracción): **es su primera ~ desde que la operaron** it's the first time she's been out since her operation; **una ~ a la ópera** an evening at the opera; **una ~ al campo** an outing *o* a trip to the country 3 (de un líquido, gas) output; (de un circuito) output 4 **la ~ del sol** sunrise

(Compuesto) **salida de baño** (para la playa) beach robe; (para la casa) bathrobe

(Sentido II) (partida)

A (de un tren, avión) departure; **LANSA anuncia la ~ del vuelo 503** LANSA announces the departure of flight 503; **el tren efectuará su ~ por vía cinco** the train will leave from track five; Ⓢ **salidas nacionales/internacionales** domestic/international departures

B (Dep) (en una carrera) start; **dan la ~ con un disparo** a gun is fired to start the race *o* to signal the start

(Compuestos)

- **salida en falso** false start
- **salida nula** false start

(Sentido III)

A 1 (solución): **no le veo ninguna ~ a esta situación** I can see no way out of this situation; **hay que buscar una ~ a la crisis económica** a solution must be found to the economic crisis; **vamos a tener que aceptar, no nos queda otra ~** we're going to have to accept, we have no option 2 (posibilidades): **la informática, hoy en día, tiene muchas ~s** nowadays there are many openings *o* job opportunities in computing; **esta prenda no tiene mucha ~** this garment doesn't sell very well

B (Com, Fin) (gasto) payment; **entradas y ~s** income and expenditure, receipts and outgoings (BrE)

C (ocurrencia): **este chico tiene cada ~ ...** this child comes out with the funniest things ...; **fue una ~ que nos hizo reír mucho** his remark *o* comment had us all in stitches

(Compuesto) **salida de tono**: **fue una ~ de ~** it was totally out of place, it was a totally inappropriate thing to say/do

salido¹ -da *adj*

A ‹*ojos*› bulging; ‹*frente/mentón*› prominent; ‹*dientes*› projecting (*before n*), sticky-out (colloq)

B 1 (fam) ‹*yegua/perra*› in heat (AmE), on heat (BrE) 2 (fam) ‹*persona*› horny (colloq), hot (colloq), randy (BrE colloq)

C (Ven fam) (entrometido) nosy (colloq)

salido² -da *m,f* 1 (Ven fam) (persona entrometida) busybody (colloq), nosy parker (BrE colloq) 2 **salido** *m* (arg) (obseso sexual) sex maniac (colloq)

salidor -dora *adj* (AmL fam): **estás muy ~a últimamente** you're always out on the town these days (colloq); **es muy ~a** she likes going out a lot (colloq)

saliente¹ *adj*

A ‹*director/jefe*› outgoing (*before n*)

B 1 ‹*rasgo*› prominent, salient (frml); ‹*momento*› significant 2 ‹*pómulo/hueso*› prominent; ‹*cornisa/balcón*› projecting

saliente² *f or* (Esp) *m* 1 (de un edificio, muro) projection 2 (liter) (levante) Orient (liter)

salina *f* 1 (instalación costera) saltworks (*sing or pl*), saltern 2 (mina) saltmine 3 (depresión) salt pan 4 (marisma) salt marsh

salinera *f* ▸**salina 1**

salinidad *f* salinity, saltiness

salinización *f* 1 (proceso) salinization 2 (estado) salinity

salinizar [A4] *vt* to salinize

salino -na *adj* saline

salir [I29]

GUÍA DE BÚSQUEDA

■ **salir** *verbo intransitivo*

(Sentido I)

A partir

B salir al exterior

C 1 habiendo terminado algo
2 Informática

D 1 como entretenimiento
2 tener una relación

E a una calle, carretera

F salir: clavos, tapones etc

(Sentido II)

A 1 aparecer, manifestarse
2 salir: sol
3 surgir
4 en naipes

B 1 tocar en suerte
2 en un reparto

C salir: manchas

D 1 salir: revista, novela etc
2 en televisión, el periódico
3 en una foto
4 desempeñando un papel

E expresando irritación, sorpresa

(Sentido III)

A expresando logro

B resultar

C de una situación, un estado

D parecerse a

E salir con: combinar con

F salir de: deshacerse de

■ **salirse** *verbo pronominal*

A 1 de un recipiente, un límite
2 por un orificio, una grieta
3 salirse recipientes etc

B soltarse

C irse

vi

(Sentido I)

A (partir) to leave; **¿a qué hora sale el tren/tu vuelo?** what time does the train/your flight leave?, what time is your train/flight?; **salieron a toda velocidad** they went off at top speed, they sped off; **¿está Marcos? — no, ha salido de viaje** can I speak to Marcos? — I'm afraid he's away at the moment; **salió corriendo** *or* **pitando** *or* **disparada** (fam) she was off like a shot (colloq), she shot off (colloq); **~ DE algo** to leave FROM sth; **¿de qué andén sale el tren?** what platform does the train leave from?; **salgo de casa a las siete** I leave home at seven; **~ PARA algo** to leave FOR sth; **los novios salieron para las Bahamas** the newlyweds left for the Bahamas

B (al exterior — acercándose al hablante) to come out; (— alejándose del hablante) to go out; **no salgas sin abrigo** don't go out without a coat; **ha salido** she's gone out, she's out; **ya puedes ~ que te he visto** you can come on out now, I can see you; **no puedo ~, me he quedado encerrado** I can't get out, I'm trapped in here; **~ DE algo** to come out/get out OF sth; **¡sal de ahí!** come out of there!; **¡sal de aquí!** get out of here!; **sal de debajo de la mesa** come out from under the table; **no salió de su habitación en todo el día** he didn't come out of *o* leave his room all day; **sal ya de la cama** get out of bed; **de aquí que no salga ni una palabra** not a word of this to anyone; **¿tú de dónde has salido?** where have you sprung from?; **¿de dónde salió este dinero?** where did this money come from?; **nunca ha salido de España/del pueblo** he's never been out of Spain/the village; **está en libertad bajo fianza y no puede ~ del país** she's out on bail and can't leave the country; **para impedir que salgan más capitales del país** to prevent more capital flowing out of *o* leaving the country; **~ POR algo** to leave BY sth; **tuvo que ~ por**

la ventana she had to get out through the window; **acaba de ~ por la puerta de atrás** he's just left by the back door, he's just gone out the back door; **~ A algo**: **salieron al balcón/al jardín** they went out onto the balcony/into the garden; **salen al mar por la noche** they go out to sea at night; **¿quién quiere ~ a la pizarra?** who wants to come up to the blackboard?; **el equipo salió al terreno de juego** the team took the field *o* came onto the field; **¿quién te salió al teléfono?** who answered (the phone)?; **~ A + INF** to go out/come out to + INF; **¿sales a jugar?** are you coming out to play?; **ha salido a hacer la compra** she's gone out (to do the) shopping

C [1] (habiendo terminado algo) to leave; **no salgo de trabajar hasta las siete** I don't finish *o* leave work until seven; **empezó a trabajar aquí recién salido de la escuela** he started working here just after he left school; **¿a qué hora sales de clase?** what time do you come out of class *o* get out of class *o* finish your class?; **¿cuándo sale del hospital/de la cárcel?** when is he coming out of (the) hospital/(the) prison? [2] (Informática) (del sistema) to log off, log out; (de una aplicación) to quit

D [1] (como entretenimiento) to go out; **estuvo castigado un mes sin ~** he wasn't allowed to go out for a month; **salieron a cenar fuera** they went out for dinner, they had dinner out [2] (tener una relación) to go out; **hace tiempo que salen juntos** they've been going out together for a while; **~ CON algn** to go out WITH sb; **¿estás saliendo con alguien?** are you going out with anyone?, are you seeing anyone? (AmE)

E (a una calle, carretera): **¿por aquí se sale a la carretera?** can I get on to the road this way?; **¿esta calle sale al Paseo Colón?** will this street take me to the Paseo Colón?, does this street come out onto the Paseo Colón?

F «*clavo/tapón*» to come out; «*anillo*» to come off; **el anillo no me sale** my ring won't come off, I can't get my ring off

(Sentido **II**)

A (aparecer, manifestarse) [1] «*cana/sarpullido*» to appear; (+ *me/te/le etc*): **ya me empiezan a ~ canas** I'm starting to go gray, I'm getting gray hairs; **ya le han salido los dientes de abajo** she's already got *o* she's already cut her bottom teeth, her bottom teeth have already come through; **me ha salido una ampolla** I've got a blister; **le salió un sarpullido** he came out in a rash; **le ha salido un chichón en la frente** a bump's come up on her forehead; **si como chocolate me salen granos** if I eat chocolate I break out *o* (BrE) come out in spots; **a ver ¿te sale sangre?** let's have a look, are you bleeding *o* is it bleeding?; **me sale sangre de la nariz** my nose is bleeding; **a la planta le están saliendo hojas nuevas** the plant's putting out new leaves, the plant has some new leaves coming out [2] «*sol*» (por la mañana) to rise, come up; (de detrás de una nube) to come out; **parece que quiere ~ el sol** it looks as though the sun's trying to come out [3] (surgir) «*tema/idea*» to come up; **¿cómo salió eso a la conversación?** how did that come up in the conversation?; **yo no se lo pedí, salió de él** I didn't ask him to do it, it was his idea *o* he offered; (+ *me/te/le etc*): **le salió así, espontáneamente** he just came out with it quite spontaneously; **me salió en alemán** it came out in German, I said it in German; **no me salió nada mejor** nothing better came up *o* turned up; **¿has visto el novio que le ha salido?** (fam) have you seen the boyfriend she's found herself? (colloq); **no voy a poder ir, me ha salido otro compromiso** I'm afraid I won't be able to go, something (else) has come up *o* cropped up [4] «*carta*» (en naipes) to come up; **el as de diamantes todavía no ha salido** the ace of diamonds hasn't come up yet; **¿ya ha salido el 15?** have they called number 15 yet?, has number 15 gone yet?

B [1] (tocar en suerte) (+ *me/te/le etc*): **me salió un tema que no había estudiado** I got a subject I hadn't studied; **me salió un cinco** I got a five [2] (Esp) (en un reparto) **~ A algo** to get sth; **salimos a dos pastelitos cada uno** we get two cakes each, it works out as two cakes each; **son tres hermanos, así que salen a tres mil cada uno** there are three brothers, so they each end up with *o* get three thousand

C «*mancha*» (aparecer) to appear; (quitarse) to come out

D [1] «*revista*» to come out; «*novela*» to come out, be published; «*disco*» to come out, be released; **un producto que acaba de ~ al mercado** a new product which has just come on to the market [2] (en televisión, el periódico) to appear; **la noticia salió en primera página** the news appeared on the front page; **salió por** *or* **en (la) televisión** she was *o* appeared on television; **ayer salió mi primo en** *or* **por la televisión** my cousin was on (the) television yesterday [3] (en una foto) to appear; **no sale en esta foto** he doesn't appear in *o* he isn't in this photograph; (+ *compl*): **¡qué bien saliste en esta foto!** you've come out really well in this photograph, this is a really good photograph of you [4] (desempeñando un papel): **¿tú sales en la obra de fin de curso?** are you in the end-of-term play?; **sale de pastor** he plays *o* he is a shepherd; **me salió de testigo en el juicio** (RPl) he testified on my behalf; **le salí de testigo cuando se casó** (RPl) I was a witness at her wedding

E (expresando irritación, sorpresa) **~ + GER**: **y ahora sale diciendo que no lo sabía** and now he says he didn't know; **~ CON algo**: **¡mira con qué sale éste ahora!** did you hear what he just said?; **no me salgas ahora con eso** don't give me that (colloq); **y ahora me sale con que no quiere ir** and now he tells me he doesn't want to go!; **¡a veces sale con cada cosa más graciosa!** sometimes she comes out with the funniest things!

(Sentido **III**)

A (expresando logro) (+ *me/te/le etc*): **¿te salió el crucigrama?** did you finish the crossword?; **no me sale esta ecuación/cuenta** I can't do this equation/sum; **¿me ayudas con este dibujo que a mí no me sale?** can you help me with this drawing? I can't get it right; **no te sale el acento mexicano** you're not very good at the Mexican accent, you haven't got the Mexican accent right; **ahora mismo no me sale su nombre** (fam) I can't think of her name right now; **estaba tan entusiasmado que no le salían las palabras** he was so excited he couldn't get his words out

B (resultar): **de aquí no va a ~ nada bueno** no good is going to come of this; **van a lo que salga, nunca hacen planes** they just take things as they come, they never make plans; **¿a ti te da 40? a mí me sale 42** how do you get 40? I make it 42; (+ *compl*): **las cosas salieron mejor de lo que esperábamos** things turned out/worked out better than we expected; **tenemos que acabarlo salga como salga** we have to finish it, no matter how it turns out; **no ha salido ninguna de las fotos** none of the photographs has come out; **la foto ha salido movida** the photograph has come out blurred; **mandarlo certificado sale muy caro** sending it registered mail works out *o* is very expensive; **salió elegido tesorero** he was elected treasurer; **¿qué número salió premiado?** what was the winning number?; **salió beneficiado en el reparto** he did well out of the division *o* (BrE) share-out; (+ *me/te/le etc*): **el postre no me salió bien** the dessert didn't come out right; **las cosas no nos han salido bien** things haven't gone right for us; **no lo hagas deprisa que te va a ~ todo al revés** don't try to do it too quickly, you'll do it all wrong; **si lo haces sin regla te va a ~ torcido** if you do it without a ruler it'll come out crooked; **así te va a ~ muy caro** it'll work out very expensive for you that way; **¿cómo te salió el examen?** how did you get on *o* do in the exam?, how did the exam go?; **el niño les salió muy inteligente** their son turned out (to be) really bright

C (de una situación, un estado) **~ DE algo**: **para ~ del apuro** in order to get out of an awkward situation; **está muy mal, no sé si saldrá de ésta** she's very ill, I don't know if she'll make it *o* if she'll pull through; **no sé cómo vamos a ~ de ésta** I don't know how we're going to get out of this one; **luchan por ~ de la miseria en que viven** they struggle to escape from the poverty in which they live; **me ayudó a ~ de la depresión** he helped me get over my depression; **a este paso no vamos a ~ nunca de pobres** the way we're going we're never going to stop being poor; (+ *compl*): **salió bien de la operación** she came through the operation well; **salieron ilesos del accidente** they were not hurt in the accident; **salió airosa del trance** she came through it with flying colors*; **salir bien/mal en un examen** (Chi) (Educ) to pass/fail an exam; **~ *adelante:* fue una época muy dura, pero lograron ~ adelante** it was a difficult period but they managed to get through it; **para que el negocio salga adelante** if the business is to stay afloat *o* survive; **la propuesta cuenta con pocas posibilidades de ~ adelante** the proposal is unlikely to prosper; ► **paso**[1]

D **salir a** (parecerse a) to take after; **es gordita, sale a la madre** she's chubby, she takes after her mother; **¡tiene a quien ~!** you can see who she takes after!; **en lo tozudo sale a su padre** he gets his stubbornness from his father

E **salir con** (Col) (combinar con) to go with

F **salir de** (Col) (deshacerse de) to get rid of; **no han podido ~ de él** they haven't been able to get rid of him

■ **salirse** *v pron*

A [1] (de un recipiente, un límite): **cierra el grifo, que se va a ~ el agua** turn off the faucet (AmE) *o* (BrE) tap, the water's going to overflow; **vigila que no se salga la leche** don't let the milk boil over; **~se DE algo**: **el camión se salió de la carretera** the truck came/went off the road, the truck left the road; **el río se salió de su cauce** the river overflowed its banks; **no te salgas de las líneas** keep inside the lines; **la pelota se salió del campo de juego** the ball went out of play *o* into touch; **procura no ~te del presupuesto** try to keep within the budget; **te estás saliendo del tema** you're getting off the point [2] (por un orificio, una grieta) «*agua/tinta*» to leak, leak out, come out; «*gas*» to escape, come out; **está rajado y se sale el aceite** it's cracked and the oil leaks out; **~se DE algo**: **se está saliendo el aire del neumático** the air's coming *o* leaking out of the tire*; **se me ha salido el hilo de la aguja** the needle's come unthreaded [3] (Chi, Méx) «*recipiente/pluma*» to leak

B (soltarse) to come off; **se ha salido el pomo de la puerta** the knob has come off the door; (+ *me/te/le etc*): **estos zapatos se me salen** these shoes are too big for me; **se le ha salido una rueda** it's lost a wheel, one of the wheels has come off; **se le salían los ojos de las órbitas** his eyes were popping out of his head *o* were out on stalks

C (irse) to leave; **~se DE algo** ‹*de una asociación*› to leave sth; **se salió del cine a la mitad de la película** she walked out halfway through the movie; **~se *con la suya*** to get one's (own) way

salitre *m* [1] (Min, Quím) saltpeter*, niter* [2] (del agua de mar) salt residue

salitrera *f* (yacimiento) nitrate *o* saltpeter* *o* niter* deposit; (mina, explotacion) nitrate *o* saltpeter* *o* niter* mine

salitrero[1] **-ra** *adj* saltpeter* (*before n*), niter* (*before n*)

salitrero[2] **-ra** *m,f* saltpeter* miner

salitroso -sa *adj: containing saltpeter* or niter**

saliva *f* saliva, spit (colloq); ***gastar* ~** to waste one's breath; ***tragar* ~** to swallow hard; **tragó ~, cerró los ojos y saltó** he took a deep breath *o* swallowed hard, shut his eyes and jumped; **decidió tragar ~ y seguir como si no lo hubiera oído** he decided to swallow his anger/pride and carry on as if he hadn't heard

salivación *f* salivation

salivadera *f* (CS) spittoon, cuspidor (AmE)

salival *adj* salivary

salivar [A1] *vi* [1] (segregar saliva) to salivate [2] (AmL frml) (escupir) to spit; Ⓢ **prohibido salivar** no spitting

salmantino -na *adj* of/from Salamanca

salmo *m* psalm

salmodia *f* psalmody

salmón[1] *adj inv* ▸ℹ **p.181**; salmon-pink, salmon, salmon-colored*; **una blusa ~** *or* **(de) color ~** a salmon-pink blouse, a salmon *o* salmon-colored blouse

salmón[2] *m* salmon

(Compuestos)
- **salmón de río** river salmon
- **salmón rojo** red salmon

salmonela, salmonella /salmo'nela/ *f* salmonella

salmonelosis *f* salmonella (poisoning), salmonellosis

salmonero -ra *adj* salmon (*before n*); **coto ~** salmon fishing reserve

salmonete *m* red mullet, surmullet (AmE)

salmónido *m* salmonid; **los ~s** the salmon family, the salmonids (tech), the salmonidae (tech)

salmuera *f* brine

salobral *m* salt marsh

salobre *adj* briny, brackish

salobreño -ña *adj*: **terrenos ~s** salt marshes

saloma *f* chantey (AmE), chanty (AmE), shanty (BrE), sea shanty (BrE)

Salomé Salome

Salomón
A (Bib) Solomon; **el rey ~** King Solomon
B (Geog): **las Islas ~** the Solomon Islands

salomónicamente *adv* Solomonically

salomónico -ca *adj* Solomonic, of Solomon; ▸**solución**

salón *m* **1** (en una casa particular) parlor (AmE), living room, sitting room (BrE), lounge (BrE) **2** (en un hotel) reception room, function room; **un revolucionario de ~** an armchair revolutionary **3** (en un palacio) hall

(Compuestos)
- **salón comedor** living room-dining room
- **salón de actos** auditorium (AmE), assembly hall (BrE)
- **salón de baile** ballroom
- **salón de belleza** beauty salon, beauty parlor
- **salón de exposiciones** exhibition hall
- **salón de exposiciones y ventas** salesroom, saleroom (BrE)
- **salón de fiestas** (AmL) function room, reception room
- **salón de juegos** (establecimiento) amusement arcade; (en un hotel, un barco) gaming room, games room
- **salón del automóvil** motor show
- **salón del coleccionismo** collectors' fair
- **salón del libro** book fair
- **salón de té** tearoom, teashop
- **salón literario** literary group
- **salón náutico** boat show
- **salón recreativo** amusement arcade

S

salpicadera *f* (Méx) (de un coche) fender (AmE), wing (BrE), mudguard (BrE); (Méx) (en una bicicleta) fender (AmE), mudguard (BrE)

salpicadero *m* (Esp) dashboard

salpicado -da *adj*: **pequeños pueblos ~s en un paisaje rural** little villages dotted around a rural landscape; **~ DE algo** dotted WITH sth; **un cielo ~ de estrellas** a sky strewn *o* studded with stars; **un vestido ~ de lentejuelas** a dress dotted with sequins; **un texto ~ de citas famosas** a text peppered *o* sprinkled with famous quotations

salpicadura *f* splash; **~s de aceite/salsa** splashes of oil/sauce; **había ~s de barro en el auto** the car was spattered *o* splashed with mud

salpicar [A2] *vt*
A **1** (de agua) to splash; (de barro, aceite) to splash, spatter; **estás salpicando todo el suelo** you're splashing the whole floor; **salpica la camisa antes de plancharla** sprinkle the shirt with water before ironing it **2** (afectar): **el escándalo llegó a ~ a todos los directivos** all the members of the board were implicated in the scandal, the scandal tarnished *o* damaged the reputation of all the members of the board
B ‹*discurso/conversación*› **~ algo DE algo** to pepper sth WITH sth

salpicón *m* **1** (de pescado, ave) *chopped seafood or meat with onion, tomato and peppers* **2** (de frutas) fruit salad

salpimentar [A5] *vt* to season (*with salt and pepper*)

salsa[1] *adj* (Méx fam): **se cree muy ~ con las chavas** he thinks he's a real hit with the girls (colloq); **son muy ~s para los negocios** they're really good when it comes to business, they're really sharp businessmen

salsa[2] *f*
A (Coc) sauce; (de jugo de carne) gravy; ***darle una ~ a algn*** (Arg fam) to slaughter sb (colloq), to thrash sb (colloq); ***estar en su (propia) ~*** to be in one's element; ***preferir la ~ a los caracoles*** to prefer the trimmings to the turkey

(Compuestos)
- **salsa agridulce** sweet and sour sauce
- **salsa bechamel** bechamel (sauce)
- **salsa blanca** white sauce
- **salsa cóctel** (Esp) cocktail sauce
- **salsa de pescado** fish sauce
- **salsa de tomate** (sofrito) tomato sauce; (catsup) (Col) ketchup, catsup (AmE)
- **salsa golf** (AmL) cocktail sauce
- **salsa tártara** tartar sauce
- **salsa verde** parsley sauce

B (Mús) salsa

salsamentaría *f* (Col) delicatessen, charcuterie (AmE)

salsera *f* gravy boat, sauceboat

salsero[1] **-ra** *adj* salsa (*before n*)

salsero[2] **-ra** *m,f* (Ven fam) salsa fan

salsifí *m* salsify

salsoteca *f* salsa club

saltador -dora *m,f* jumper; **~ de altura/longitud** high/long jumper; **~ de pértiga** pole vaulter; **~ de triple salto** triple jumper

saltadura *f* (Chi) chip

saltamontes *m* (*pl* **~**) grasshopper

saltante *adj* (Per) notable, salient (frml)

saltaperico *m* (Ven) squib, banger (BrE colloq)

saltar [A1] *vi*
A **1** (brincar) to jump; (más alto, más lejos) to leap; **~ a la cuerda** *or* (Esp) **a la comba** *or* (Chi) **al cordel** to jump rope (AmE), to skip (BrE); **saltaban de (la) alegría** they were jumping for joy; **tuve que ~ por encima de las cajas** I had to jump over the boxes; **saltó de la silla** he leapt *o* jumped up out of his chair; **los cachorros saltaban juguetones a su alrededor** the puppies romped playfully around her; **miraba ~ las truchas en el río** he watched the trout leaping in the river; **~ con** *or* **en una pierna** to hop; **están dispuestos a ~ por encima de todo para conseguirlo** they're prepared to go to any lengths *o* they'll stop at nothing to get it **2** (en atletismo) to jump; **saltó casi seis metros** he jumped nearly six meters; **para clasificarse tendrá que ~ 1,85m** to qualify he will have to jump *o* clear 1.85m **3** «*pelota*» to bounce; «*párpado*» to twitch **4** (lanzarse) to jump; **saltó del tren en marcha** she jumped from the moving train; **~ en paracaídas** to parachute; **saltó desde una ventana/desde un tercer piso** he jumped from a window/the third floor; **al ~ a tierra se hizo daño** she hurt herself jumping to the ground; **echó una carrera y saltó al otro lado del río** he took a run and jumped *o* leapt over the river; **¿sabes ~ del trampolín?** can you dive off the springboard?; **saltó al vacío** he leapt into space; **~ SOBRE algn/algo** to jump ON sb/sth; **dos individuos ~on sobre él y le robaron la cartera** two people jumped on him and stole his wallet; **la pantera saltó sobre su presa** the panther jumped *o* leapt *o* sprang on its prey
B **1** (aparecer) **~ A algo**: **ambos equipos saltan al terreno de juego** the two teams are now coming out onto the pitch; **salta ahora a las pantallas comerciales** is now on release at commercial theaters (AmE) *o* (BrE) cinemas; **cuatro nombres saltan de inmediato a la memoria** four names immediately spring to mind; **salta a la vista que están descontentos** it's patently obvious *o* quite clear that they're unhappy; **la noticia saltó a la primera página de los periódicos** the story hit the headlines *o* made front-page news **2** (pasar) **~ DE algo A algo** to jump FROM sth TO sth; **el disco ha saltado del cuarto al primer puesto** the record has jumped from number four to number one; **saltaba de una idea a otra** she was jumping about *o* skipping from one idea to the next
C **1** «*botón*» to come off, pop off; «*chispas*» to fly; «*aceite*» to spit; **le hizo ~ tres dientes de un puñetazo** he knocked out three of his teeth with one punch; **agitó la botella y el corcho saltó** he shook the bottle and the cork popped out; **han saltado los plomos** *or* **fusibles** *or* (CS) **tapones** the fuses have blown; **hacer ~ la banca** to break the bank **2** (romperse) «*vaso/cristal*» to shatter; **se cayó y saltó en mil pedazos** it fell and shattered into a thousand pieces **3** (estallar): **la bomba hizo ~ el coche por los aires** the bomb blew the car into the air; **hicieron ~ el edificio con dinamita** they blew up the building with dynamite
D (fam) «*persona*» **1** (enojarse) to lose one's temper, get angry; **salta por nada** he loses his temper *o* gets angry for no reason **2** (decir, soltar) to retort; **—eso no es verdad —saltó Julián** that's not true, Julián retorted; **~ CON algo**: **saltó con una serie de insultos** he came out with *o* let fly with a stream of insults; **¿y ahora saltas con que no te interesa?** and now you suddenly say that you're not interested?; ***estar a la que salta*** (fam): **éste siempre está a la que salta** (alerta a las oportunidades) he never misses a trick (colloq) (listo a criticar) he never misses an opportunity *o* a chance to criticize
E (fam) (perder un empleo) to get the shove *o* chop (colloq)

■ **saltar** *vt*
A **1** ‹*obstáculo/valla/zanja*› to jump, jump over; (apoyándose) to vault, vault over; **el caballo se negó a ~ la valla por segunda vez** the horse refused the fence for the second time; **no se puede ~ la ficha del contrario** you are not allowed to jump over your opponent's piece **2** (omitir) ‹*pregunta/página*› to skip, miss out; **me saltó al pasar lista** he missed me out when he was taking the register
B (CS) (Coc) (saltear, freír) to sauté, lightly fry
C (Chi) ‹*diente/loza*› to chip

■ **saltarse** *v pron*
A **1** (omitir) ‹*línea/palabra/página*› to skip; **no es bueno ~se así una comida** it's not good to miss *o* skip a meal like that **2** ‹*semáforo/stop*› to jump; ‹*leyes*› to bypass, circumvent; ▸**torera**
B «*botón*» to come off, pop off; «*pintura*» to chip; **se le ha saltado el esmalte** the varnish has chipped; **se le ~on las lágrimas** tears sprang to her eyes, her eyes filled with tears

saltarín -rina *adj* ‹*cabrito/cordero*› frolicking (*before n*), gamboling (*before n*); **el agua saltarina de la fuente** the leaping waters of the fountain; **una casa llena de niños saltarines** a house full of children jumping *o* scampering *o* leaping all over the place (colloq)

salteado -da *adj*: **¿se pueden contestar las preguntas salteadas?** can we answer the questions in any order?; **tenía los nombres y los títulos todo ~** he had the names and titles all jumbled up *o* mixed up *o* in the wrong order; **leí unos capítulos ~s** I read a few odd chapters

salteador *m* highwayman

saltear [A1] *vt*
A (Coc) to sauté
B (ant) (asaltar) to hold up

■ **saltearse** *v pron* (RPl) to skip, jump, miss out (BrE); **se salteó un renglón** he skipped *o* jumped a line, he missed out a line

salteña *f* (Arg) *tb* : **empanada ~** meat pasty

salterio *m*
A (libro) psalter

ℹ Saludos y presentaciones

Cuando el trato es familiar

hola ¿qué tal (estás)?
= hi, how are you?

muy bien gracias, ¿y tú?
= fine, thanks, how about you?

muy bien gracias
= fine, thanks

hola ¿qué hay? or ***¿qué cuentas (de nuevo)?***
= hi, how are things? *o* (*AmE*) what's up?

aquí ando, tirando
= not too bad

Otras posibles respuestas:

así así
= so-so

igual que siempre
= as ever

nada nuevo
= same as ever

hola, te presento a María/a mi hermana
= hi, this is María/my sister
= hi, I'd like you to meet María, my sister

hola ¿qué tal?
= hello *o* hi, nice to meet you

Cuando el trato es formal

hola, buenos días ¿cómo está usted?
= hello, how are you?

muy bien gracias ¿y usted?
= very well, thank you, and yourself?

muy bien también, gracias
= I'm very well, thank you

buenos días, le presento al Sr. León
= good morning, this is Mr. León

Juan, le presento al Sr. León
= Juan, meet Mr. León
= Juan, I'd like you to meet Mr. León

permítame presentarle or ***que le presente al Sr. León***
= allow me to introduce Mr. León

encantado (de conocerlo) or ***mucho gusto***
= how do you do? *o* pleased to meet you

Conocer a la gente y hablar de uno mismo

¿cómo te llamas?
¿cómo se llama usted?
= what's your name?

José or ***me llamo José pero me dicen Pepe***
= José *o* my name is José but people call me Pepe

yo soy María y ella es Ana
= I'm María and this is Ana

¿de dónde eres/es usted?
= where are you from? *o* where do you come from?

soy de Madrid
= I'm *o* I come from Madrid

soy español
= I'm Spanish

¿dónde vives/vive?
= where do you live?

(vivo) en Londres
= (I live) in London

¿qué haces/hace usted?
¿en qué trabajas/trabaja?
= what do you do?

soy profesora/estudiante/escritora
= I'm a teacher/a student/a writer

Nótese el uso del artículo indefinido *a*, en la traducción anterior

soy or (*esp Esp*) ***estoy soltera/casada***
= I'm single/married

soy or (*esp Esp*) ***estoy viuda***
= I'm a widow

Nótese el uso del artículo indefinido *a* en esta última traducción

¿tiene usted/tienes hijos?
= do you have (any) children?

no or ***no, no tengo***
= no, I don't

tengo tres hijos, dos niños y una niña
= I have three children, two boys and a girl

B (Mús) psaltery

saltimbanqui *m* **1** (Espec, Hist) tumbler, acrobat **2** (fam) (persona activa) jumping jack (colloq)

salto *m*
A **1** (brinco) jump; **atravesó el arroyo de un ~** he jumped (over) the stream; **al oír el despertador se levantó de un ~** when he heard the alarm clock he leaped *o* jumped *o* sprang out of bed; **se puso en pie de un ~** she leaped *o* sprang to her feet; **el conejo se escapó dando ~s** the rabbit hopped away to safety; **los pájaros se acercaban dando saltitos** the birds were hopping closer to me/us; **cuando oí el tiro pegué un ~** I started *o* jumped at the sound of the shot; **el corazón le daba ~s de la emoción** her heart was pounding with excitement; **los niños daban ~s de alegría** the children jumped for joy; **el avión no paró de dar ~s** it was a very bumpy flight; **de un ~ pasó de redactor a director** he leapt *o* shot straight from editor to director; **dos años más tarde dio el ~ de productor a director** two years later he made the jump from producer to director; **los precios han dado un ~** prices have shot up; **el país ha dado un enorme ~ atrás** the country has taken a huge step backward(s); ***dar un ~ en el vacío*** to take a leap in the dark; ***hacer algo a ~ de mata*** to do sth in a haphazard way; ***tirarse el ~*** (Chi fam) to take a risk; ***vivir a ~ de mata*** to take each day as it comes; ***vivir a ~s*** (Chi fam) to be on edge **2** (Dep) (en atletismo, esquí, paracaidismo) jump; (en natación) dive; ►**triple**[1]

(Compuestos)
- **salto bungee** bungee jump
- **salto con garrocha** (AmL) pole vault
- **salto con pértiga** pole vault
- **salto cuántico** (Fís) quantum leap
- **salto de altura** high jump
- **salto de cama** (Indum) (ligero) negligée; (bata) (CS) dressing gown
- **salto de línea** (Impr, Inf) line break
- **salto de longitud** long jump
- **salto de página** (Impr, Inf) page break
- **salto del ángel** swan dive (AmE), swallow dive (BrE)
- **salto (en) alto** (AmL) high jump
- **salto (en) largo** (AmL) long jump
- **salto mortal** somersault

B (Geog) *tb* **~ de agua** waterfall; **el S~ de Teguendama** the Teguendama Falls

saltón -tona *adj*
A ‹*ojos*› bulging
B (Andes fam) (receloso, desconfiado) wary; **acepté medio saltona su invitación** I accepted his invitation rather warily *o* cautiously; **se ha puesto ~** he's wary *o* jumpy *o* on edge

salubre *adj* healthy, salubrious (frml)

salubridad *f* healthiness, salubriousness (frml); **en pésimas condiciones de ~** in extremeley unhealthy *o* insanitary conditions

salucita *interj* (AmL fam) cheers!, your health!

salud *f*
A (Med) health; **no se encuentra bien de ~** she isn't well, she's not in very good health; **goza de buena ~** he enjoys good health; **te lo juro por la ~ de mis hijos** I swear it on my mother's grave; **~ espiritual** spiritual well-being; ***curarse en ~*** to be on the safe side, play safe; ***vender ~*** (RPl) to be a picture of health, to be bursting with health (colloq)

(Compuesto) **salud pública** public health

B **¡~!** (al brindar) cheers!, here's to you!; (cuando alguien estornuda) (AmL) bless you!; **¡a su ~!** your (very good) health!; **¡a la ~ de los novios!** the bride and groom!; **~, dinero y amor** or (Esp) **~, amor y pesetas** here's to health, wealth and love!

saluda *m* salutation

saludable *adj* **1** ‹*clima*› healthy; ‹*alimentación*› healthy, wholesome **2** ‹*experiencia*› salutary

saludar [A1] *vt*
A ‹*persona*› **1** (de palabra) to greet, say hello to, say hi to (colloq); **se acercó a ~lo** she went up to say hello to him *o* to greet him; **nunca saluda a nadie cuando llega a la oficina** he never says good morning *o* hello to anyone when he comes into the office; **como pasaba por allí, fui a ~los** as I was passing, I dropped by to say hello *o* I dropped in on them; **saluda a tu hermano de mi parte** say hello to your brother for *o* from me, give my regards to your brother; **lo saluda atentamente** (Corresp) Sincerely (yours) (AmE), Yours sincerely (BrE), Yours faithfully (BrE) **2** (con un gesto): **los saludó con la mano** she waved to them; **los artistas salieron a ~ al público** the performers came out to take a bow **3** (Mil) (con la mano) to salute; (con el arma) to salute
B (aplaudir) ‹*innovación/medida*› to welcome; **saludo esta decisión del comité** I welcome *o* applaud this decision by the committee
■ **saludar** *vi* **1** (de palabra) to say hello (*o* good morning *etc*) **2** (con un gesto) to wave **3** (Mil) to salute
■ **saludarse** *v pron* (*recípr*): **ya ni se saludan** they don't even say hello to each other now, they aren't on speaking terms now; **tras ~se pasaron al comedor** after greeting each other *o* saying hello they went into the restaurant

saludo *m* **1** (fórmula verbal) greeting; **dirigió un cálido ~ a la concurrencia** he greeted the audience warmly; **~s a tu hermana** give my regards to your sister, say hello to your sister for *o* from me; **te mandan** or **envían ~s** they send (you) their regards *o* best wishes; **ya ni me dirige el ~** he doesn't speak to me anymore, he doesn't even say hello to me anymore; **reciba un ~ cordial de** (Corresp) with best wishes; **~s** (Corresp) best wishes; ***dejar a algn con el ~ en la boca*** to cut sb dead; ***retirarle*** or ***quitarle el ~ a algn*** to stop speaking to sb **2** (gesto) wave; **al pasar le hice un ~ con la mano** I gave him a wave *o* I waved to him as I went past **3** (Mil) (con la mano) salute; (con el arma) salute

salutación *f* (frml) salutation (frml), greeting; **fórmulas de ~** forms of greeting *o* salutation

salva *f*: **una ~ de 21 cañonazos** a 21-gun salute *o* salvo; **lo recibieron con una ~ de aplausos** he was received with a burst *o* round of applause; **fueron simples ~s de advertencia** they were just warning shots; ►**pólvora**

S

salvación *f* 1 (Relig) salvation 2 (en una situación difícil) salvation; **aquella mujer fue nuestra ~** that woman was our salvation; **ese dinero fue mi ~** that money saved my life (colloq); **no tiene ~** there is no hope for him

salvada *f*
A 1 (Chi fam) (de la muerte, un peligro) escape; **la ~ de los pasajeros fue milagrosa** it was a miracle that the passengers got out *o* escaped alive, the passengers had a miraculous escape 2 (Per) (rescate) rescue
B (Chi fam) (Dep) save

salvado *m* bran
(Compuesto) **salvado completo** whole bran

salvador -dora *m,f* 1 (de una situación difícil) savior*; **el auténtico ~ del país** the country's true savior 2 **el Salvador** *m* (Relig) the Savior* 3 (Fin) white knight

Salvador *ver* ▸ **El Salvador, San Salvador**

salvadoreñismo *m* Salvadoran (AmE) *o* Salvadorean (BrE) word/expression

salvadoreño -ña *adj/m,f* Salvadoran, Salvadorean

salvaescaleras *m (pl ~)* stairlift

salvaeslip *m (pl ~s)* panty liner

salvaguarda *f* ▸ **salvaguardia**

salvaguardar [A1] *vt* to safeguard

salvaguardia *f* safeguard, defense*

salvajada *f* (acto) atrocity; **las ~s que se cometieron tras la batalla** the acts of savagery *o* the atrocities which were committed after the battle; **las ~s de los hinchas de fútbol** the mindless violence of the football fans; **le dijo tal ~ que se echó a llorar** (fam) he said something so nasty *o* horrible to her that she started crying (colloq); **lo que hizo con mi traje fue una ~** (fam) he made a real hash *o* mess of my suit (colloq)

salvaje[1] *adj*
A 1 ‹*animal*› wild 2 (primitivo) ‹*tribu*› savage 3 ‹*vegetación/terreno*› wild
B (cruel) ‹*persona/tortura*› brutal; ‹*ataque/matanza*› savage; **hay que ser ~ para decirle eso a una pobre anciana** (fam) you have to be pretty cruel *o* brutal *o* nasty to say a thing like that to an old lady (colloq); **se vuelve muy ~ cuando está borracho** he gets very vicious *o* brutal when he's drunk
C ‹*construcción*› uncontrolled, illegal; ‹*camping*› unauthorized; **para controlar la colocación ~ de carteles** to control illegal *o* unauthorized bill posting

salvaje[2] *mf* 1 (primitivo) savage 2 (pey) (bruto) animal, savage; **te comportaste como un ~** you behaved like a savage *o* an animal

salvajismo *m* 1 (estado) savagery; **tribus que viven en el ~** tribes who live in savagery 2 (brutalidad) savagery

salvamanteles *m (pl ~)* (para platos, fuentes) tablemat; (para vasos) coaster

salvamento *m* rescue; **bote de ~** lifeboat; **equipo de ~** rescue team; **operaciones de ~** rescue operations

salvapantalla *m* screen saver

salvaplatos *m (pl ~)* table mat

salvar [A1] *vt*
A 1 (de la muerte, de un peligro) to save; **los médicos no consiguieron ~lo** the doctors were unable to save him; **lograron ~le la vida** they managed to save her life; **~ algo/a algn DE algo** to save sth/sb FROM sth; **salvó al niño de perecer ahogado** she saved the child from drowning; **consiguieron ~ las joyas del incendio** they managed to save *o* rescue the jewels from the fire 2 (fam) (librar) to save; **~ a algn DE algo** to save sb FROM sth; **me has salvado de tener que aguantar su discurso** you've saved me from having to listen to his speech 3 (Relig) to save
B 1 ‹*dificultad/obstáculo*› to overcome 2 ‹*distancia*› to cover *ver tb* **distancia** 3 (Per, Ur) ‹*examen*› to pass
C **salvando** *ger* (exceptuando) except for, excluding; **salvando a los presentes** present company excepted
■ **salvarse** *v pron* 1 (de la muerte, de un peligro): **sólo se ~on tres personas** only three people got out *o* escaped alive, only three people survived; **¡sálvese quien pueda!** every man for himself!; **~se DE algo** to escape FROM sth; **se salvó de un terrible incendio** she escaped from *o* survived a terrible fire; **se ~on de una muerte segura** they escaped certain death 2 (fam) (librarse): **de la familia, el único que se salva es Alejandro** of the family, the only one who isn't ugly (*o* stupid *etc*) is Alejandro, of the family, the only one who's all right is Alejandro; **sólo se salva él porque no lo sabía** you/we can't count him because he didn't know; **~se DE algo**: **se salvó de hacer el servicio militar** he got out of doing his military service 3 (Relig) to be saved

salvataje *m* (CS) ▸ **salvamento**

salvavidas[1] *adj inv* ▸ **bote, chaleco**

salvavidas[2] *mf (pl ~)* 1 (persona) lifeguard 2 **salvavidas** *m* (flotador) life buoy, life ring (AmE), life belt (BrE)

salve *f* Hail Mary

salvedad *f* 1 (excepción): **hechas estas ~es, su actuación fue positiva** apart *o* aside from that, he gave a positive performance, setting aside these points (*o* failings *etc*) he gave a positive performance 2 (condición) condition, proviso (frml); **con una ~** on one condition, with one proviso 3 (aclaración): **quisiera hacer una ~** I would like to make one thing clear

salvia *f* sage

salvo[1] **-va** *adj* safe, unharmed

salvo[2]: **a ~** (*loc adv*): **consiguió poner los documentos a ~** she managed to put the documents in a safe place; **los niños están a ~** the children are safe *o* unharmed; **el terremoto no dejó a ~ ni una casa** the earthquake didn't leave a single house intact; **los ladrones no dejaron a ~ ni los regalos de boda** the burglars didn't even spare the wedding presents; **lograron ponerse a ~** they managed to get themselves to safety *o* to reach safety; ▸ **parte**[2], **sano**

salvo[3] *prep* (excepto) except, apart from; **todos estaban presentes ~ el secretario** everyone was there except *o* apart from the secretary; **todos murieron ~ el capitán** they all died, except *o* (liter) save the captain; **las canciones que compiten son bastante malas ~ excepciones** with a few exceptions the songs in the competition are pretty poor; **~ que** unless; **no le des más ~ que empeore** don't give him any more unless he gets worse

salvoconducto *m* safe-conduct

sámara *f* key

samaritano[1] **-na** *adj* Samaritan

samaritano[2] **-na** *m,f* Samaritan; **el buen ~** the good Samaritan

samba *m or f* samba

sambayón *m* (RPl) zabaglione

sambenito *m* (fam): **le echaron el ~** they put the blame on him; **intentan deshacerse del ~ de país tercermundista** they are trying to rid themselves of the label *o* image of a third-world country; **me colgaron** *or* **pusieron el ~ de timador** they branded *o* labeled me a con man

samosa *f* samosa

samovar *m* samovar

samoyedo *mf* Samoyed

sampablera *f* (Ven fam) racket (colloq), ruckus (AmE colloq)

SAMUR *m* (en Esp) = **Servicio de Asistencia Municipal de Urgencia y Rescate**

samurai *adj/m (pl ~)* samurai

san *m* (Ven) lottery, sweepstake

San *adj* (*apócope de* **santo**[1] **A** *usado delante de nombres de varón excepto Domingo, Tomás y Tomé*); St, Saint; **~ Pedro y ~ Pablo** St Peter and St Paul; **el 19 de marzo es ~ José** March 19th is St Joseph's Day; **~ Cristóbal** (santo) St Christopher; (medalla) St Christopher medallion, St Christopher

sanación *f* healing

sanador[1] **-dora** *adj* healing

sanador[2] **-dora** *m,f* healer

sanamente *adv* ‹*comer/vivir*› healthily; **se divierten ~** they have good clean fun

San Antonio *m* (Ur) ladybug (AmE), ladybird (BrE)

sanar [A1] *vi* 1 «*enfermo*» to get well, get better, recover 2 «*herida*» to heal
■ **sanar** *vt* to cure

sanata *f* (Arg fam) boring old story (colloq)

sanate *m* (Méx) rook

sanatorio *m* 1 (para convalecientes) nursing home, sanitarium (AmE), sanatorium (BrE) 2 (hospital) clinic, hospital (*usually private*) 3 (Col) (hospital psiquiátrico) mental hospital, psychiatric hospital

San Bernardo *mf* Saint Bernard

sanción *f*
A (castigo): **les fueron aplicadas sanciones de un millón de dólares** they were fined a million dollars; **una ~ de tres partidos** a three-game ban *o* suspension; **le será aplicada la ~ correspondiente** (a un obrero) appropriate disciplinary measures will be taken; (Der) the appropriate sanction *o* penalty will be applied; **la ~ económica que se nos aplicó** the fine we were given, the amount we were fined; **impusieron sanciones económicas/comerciales a Sudáfrica** economic/trade sanctions were imposed on South Africa
B (de una ley) sanction; (de una costumbre) sanction (frml), authorization; **ha dado su ~ a esta práctica** he has sanctioned this practice

sancionable *adj* punishable

sancionador -dora *adj* ‹*procedimiento*› sanctions (*before n*); ‹*régimen*› sanctioning (*before n*); ‹*órgano*› that applies sanctions; ‹*carácter*› punitive

sancionar [A1] *vt*
A (castigar): **el viajero sin billete será sancionado con una multa de 20 dólares** any passenger traveling without a ticket will be fined 20 dollars *o* will be liable to a fine of 20 dollars; **está sancionado por tres partidos** he has been banned *o* suspended for three games
B ‹*ley/disposición*› to sanction; ‹*acuerdo/huelga*› to sanction, countenance (frml); ‹*costumbre*› to approve, sanction, countenance (frml)

sancionatorio -ria *adj* ▸ **sancionador**

sancochar [A1] *vt* 1 (cocer a medias) to parboil; (cocer) to boil, cook 2 (RPl) ‹*carne*› to ruin
■ **sancocharse** *v pron* (fam) 1 «*persona*» (achicharrarse) to boil (colloq), to roast (colloq) 2 (quemarse) ‹*dedo/mano*› to burn

sancocho *m* 1 (Coc) *soup/stew made with fish or chicken, plantain and cassava*; ***volverse un ~*** (Ven fam) to get into a mess (colloq) 2 (Ur fam) (porquería) muck (colloq), slop (AmE colloq)

San Cristóbal y Nevis Saint Kitts and Nevis

sanctasanctórum *m* (Relig) sanctum sanctorum, holy of holies; **el ~ del director** (fam) the director's inner sanctum (hum)

sanctus *m* Sanctus

sandalia *f* sandal

sándalo *m* sandalwood

sandez *f* silly *o* stupid thing to say; **¡no digas sandeces!** don't talk nonsense!

sandía *f* watermelon

sandial *m* melon patch

sandinismo *m* Sandinista movement

sandinista *adj/mf* Sandinista

sánduche *m* (Col) sandwich

sandunga *f*
A (fam): **¡qué poca ~ tienes para todo!** you've got no spark *o* oomph (colloq); **tiene tanta ~** he's a real ball of fun *o* a real live wire (colloq)
B (AmL) (juerga) party, rave-up (colloq); **las clases de francés eran una ~** our French classes were a riot (colloq)
C (Méx) (Mús) *folk dance*

sandunguear [A1] *vi* to have a rave-up (colloq), to have a wild time (colloq)

sandunguero -ra *adj*: **es muy ~** he's a real raver (colloq)

S

sándwich /'saŋgwitʃ/ *m*, **sándwiche** /'saŋgwitʃe/ *m* 1 (Esp) (bocadillo tostado) toasted sandwich 2 (esp AmL) (de pan de molde) sandwich; (de pancito) roll, filled roll
(Compuesto) **sándwich caliente** (CS) toasted sandwich
sandwichera *f*, **sandwichero** *m* sandwich toaster
sandwichería *f* sandwich bar
saneamiento *m*
A 1 (de una empresa) reorganization, rationalization 2 (de una zona, un río) cleaning up 3 (Der) compensation
B (Esp) (fontanería) plumbing; **artículos de ~** bathroom *o* sanitary fittings
sanear [A1] *vt* 1 ‹*empresa*› to reorganize, rationalize; **sus planes para ~ la economía** his plans to get the economy into shape 2 ‹*edificio/barrio*› to clean up 3 (Der) to compensate
sanedrín *m* Sanhedrin
sanero -ra *m,f* (Ven) lottery *o* sweepstake organizer
sanfasón *f* (RPl fam): **todo es un poco a la ~** it's all a bit hit-and-miss; **es un arreglo hecho a la ~** the repair's a bit slapdash, it's just a patchup job (colloq); **iba peinada a la ~** her hair was all over the place *o* (AmE) all mussed up (colloq)
sanfermines *mpl fiesta in Pamplona in which bulls are run through the streets*

Sanfermines
The *fiestas de San Fermín*, Pamplona's patron saint, are the festival for which the Navarrese capital has become world-famous. It begins on July 6 with the *txupinazo*, the firing of a rocket in the main square. The bull-running, or *encierro*, starts at 8 a.m. the following day and takes place every day until July 14. The bulls that will fight that evening are released, and those who wish to, usually young men, run in front of them. Accidents are frequent.

sanforizado -da *adj* Sanforized®
San Francisco *m*
A (Geog) San Francisco
B (Esp) (bebida) *non-alcoholic cocktail made with orange juice and grenadine*
sangrante *adj* 1 ‹*injusticia*› gross, flagrant 2 ‹*herida*› bleeding
sangrar [A1] *vi* 1 «*persona*» to bleed; **empezó a ~ por la nariz** his nose began to bleed, he began to bleed from the nose 2 «*herida/nariz*» to bleed
■ **sangrar** *vt*
A 1 ‹*enfermo*› to bleed 2 ‹*árbol*› to tap
B ‹*renglón/texto*› to indent
sangre *f*
A (Biol) blood; **donar** *or* **dar ~** to give blood; **una transfusión de ~** a blood transfusion; **me corté pero no me salió ~** *or* **no me hice ~** I cut myself but it didn't bleed; **le pegó hasta hacerle ~** he hit her until she bled; **la ~ le salía a borbotones** he was pouring with blood, (the) blood was pouring *o* gushing from him; **te sale ~ de** *or* **por la nariz** your nose is bleeding; **con los ojos inyectados en ~** with bloodshot eyes; **la ~ de Cristo** the blood of Christ; **no hubo derramamiento de ~** there was no bloodshed; **corrió mucha ~** there was a lot of bloodshed; **animales de ~ fría/caliente** cold-blooded/warm-blooded animals; ***andar con/tener (la) ~ en el ojo*** (CS fam) to bear a grudge; ***a ~ y fuego*** with great violence; ***chuparle la ~ a algn*** (fam) (explotarlo) to bleed sb white *o* dry; (hacerle pasar malos ratos) (Méx) to cause sb a lot of heartache; ***irse en ~*** (fam) to lose a lot of blood; ***lavar algo con ~*** to avenge sth with blood; ***me hierve/hirvió la ~*** it makes/made my blood boil; ***me/le bullía la ~ en las venas*** I/he was bursting with youthful vigor; ***no llegar la ~ al río:* se gritaron mucho, pero no llegó la ~ al río** there was a lot of shouting, but it didn't go beyond that; ***tener ~ en las venas*** to have get-up-and-go; to have initiative; ***no tener ~ en las venas*** to be unemotional; ***pedir ~*** to call *o* (liter) bay for blood; ***~, sudor y lágrimas*** blood, sweat and tears; **le costó ~, sudor y lágrimas, pero al final lo consiguió** he sweated blood but he succeeded in the end *o* he succeeded in the end but only after much blood, sweat and tears; ***se me/le fue la ~ a los pies*** (Méx) my/his blood ran cold; ***se me/le heló la ~ (en las venas)*** my/his blood ran cold; ***se me/le sube la ~ a la cabeza*** it gets my/his blood up *o* it makes me/him see red; ***sudar ~*** to sweat blood; ***tener la ~ ligera*** *or* (Méx) ***ser de ~ ligera*** *or* (Chi) ***ser liviano de ~*** to be easy-going; ***tener la ~ pesada*** *or* (Méx) ***ser de ~ pesada*** *or* (Chi) ***ser pesado de ~*** to be a nasty character *o* a nasty piece of work (colloq); ***tener (la) ~ de horchata*** *or* (Méx) ***atole*** to be cool *o* coolheaded; ▸**malo**[1], **puro**[1]
(Compuestos)
• **sangre fría** calmness, sangfroid; **con una ~ ~ asombrosa** with amazing sangfroid; ***a ~ ~:* lo mataron a ~ ~** they killed him in cold blood; **ha sido una venganza a ~ ~** it was cold-blooded revenge
• **sangre nueva** new blood
B (linaje) blood; **era de ~ noble** he was of noble blood *o* birth; **tiene ~ de reyes** she has royal blood; **es de ~ mestiza** he is of mixed race; **no desprecies a los de tu misma ~** don't despise your own kind *o* your own; **no son de la misma ~** they are not from the same family; **la ~ tira** blood is thicker than water; **tiene** *or* **lleva ~ torera en las venas** bullfighting is in his blood; ***llevar*** *or* (Méx) ***traer algo en la ~*** to have sth in one's blood; **lo lleva en la ~** it's in his blood
(Compuesto) **sangre azul** blue blood; **gente de ~ ~** the aristocracy
sangría *f*
A (bebida) sangria (*type of red wine punch*)
B 1 (Med) bleeding 2 (de capital, recursos) outflow, drain; **la ~ de capitales de América Latina** the drain of capital away from *o* the outflow of capital from Latin America 3 (de un horno) tapping; (metal) molten metal
C (Impr) indentation
D (acequia) irrigation channel; (zanja) ditch
sangrientamente *adv* bloodily
sangriento -ta *adj* bloody
sangrón[1] -grona *adj* (Méx fam) annoying
sangrón[2] -grona *m,f* (Méx fam) nuisance, pain in the neck (colloq)
sangronada *f* (Méx fam) 1 (dicho inoportuno) silly remark 2 (hecho desagradable): **deja de hacer ~s** stop being so annoying, stop being such a pain in the neck (colloq)
sanguaraña *f*: *Peruvian folk dance*
sánguche *m* (Chi fam) sandwich
sanguijuela *f* 1 (Zool) leech 2 (fam) (persona) leech, bloodsucker
sanguinario -ria *adj* ‹*persona*› cruel, bloodthirsty; ‹*animal*› vicious, ferocious
sanguíneo -nea *adj* 1 (Med) blood (*before n*) 2 ‹*persona*› sanguine, ruddy-complexioned
sanguinolento -ta *adj* 1 ‹*flujo/secreción*› bloody, containing blood; **su cara quedó convertida en una masa sanguinolenta** her face was all bloody *o* was covered in blood 2 ‹*ojos*› bloodshot 3 ‹*carne*› bloody, underdone
sanidad *f*
A (calidad de sano) health, healthiness
B 1 (salud pública) public health; **su política en materia de ~** their policy on health, their health policy; **inspector de ~** public health inspector 2 **Sanidad** (*sin art*) (departamento) Department of Health
sanitario[1] -ria *adj* ‹*medidas*› public health (*before n*); **control ~ de alimentos** health inspection; **su política sanitaria** their policy on health, their health policy; **en el reglamento ~** in the (public) health regulations; **las condiciones sanitarias son pésimas** sanitary conditions are deplorable; **las viviendas carecen de servicios ~s** the houses have no sanitation; **el presupuesto para la asistencia sanitaria** the health-care budget
sanitario[2] -ria *m,f*
A (persona) health worker
B **sanitario** *m* (Col, Méx, Ven) (retrete) toilet, lavatory
C **sanitarios** *mpl* (para el cuarto de baño) bathroom fittings (*pl*)
sanjacobo *m* (Esp) *breaded pork or ham slices stuffed with cheese and fried*
San José *m* (Geog) San José
San Juan *m* 1 (de Puerto Rico) San Juan 2 (en Argentina) San Juan; ***estar entre ~ ~ y Mendoza*** (Bol, RPl fam) to be tipsy (colloq)
sanmartiniano -na *adj* of/relating to General San Martín
sano -na *adj*
A 1 ‹*persona/piel/cabello*› healthy; ‹*órgano/diente*› healthy; ‹*animal/planta*› healthy; **el niño creció ~ y fuerte** the child grew up healthy and strong; ***~ y salvo*** safe and sound 2 ‹*clima*› healthy; ‹*alimentación*› healthy, wholesome; **lleva una vida muy sana** he leads a very healthy life; ***cortar por lo ~*** to take drastic action
B (en buen estado): **se le cayó la bandeja con los vasos y no quedó ni uno ~** he dropped the tray of glasses and not one was left intact *o* undamaged; **pon aquí las peras sanas** put the good pears here
C (en sentido moral) ‹*lecturas*› wholesome; ‹*ambiente*› healthy; ‹*humor*› wholesome; **se divierten de una manera muy sana** they just have good clean fun; **es una filosofía sana** it's a sound *o* sensible philosophy
sanofele, sanófele *m* (Ven fam) mosquito
San Pablo *m* (esp RPl) (Geog) São Paulo
San Petersburgo *m* Saint Petersburg
San Quintín *m*: **se encontraron las dos pandillas y se armó la de ~ ~** the two gangs met and all hell broke loose (colloq); **cuando hubo que repartir el dinero, se armó la de ~ ~** when it came to sharing out the money there was all sorts of trouble
San Salvador *m* San Salvador
sansalvadoreño[1] -ña *adj* of/from San Salvador
sansalvadoreño[2] -ña *m,f* person from San Salvador
sánscrito *m* Sanskrit
sanseacabó *interj* (fam): **lo haces así porque te lo digo yo y ~** you'll do it like that because I say so and that's that!; **¡la despides y ~!** fire her and have done with it *o* let that be an end to it!
Sansón Samson
Santa Bárbara: **hablar de ~ ~ cuando ya está lloviendo** to remember sth when it is too late
Santa Lucía *f* (Geog) Saint Lucia
santamente *adv*: **vivir/morir ~** to live a saintly life/die a saintly death
Santa Rita *f* (RPl) (Bot) bougainvillea
Santa Sede *f*: **la ~ ~** the Vatican, the Holy See (frml)
santateresa *f* mantis, praying mantis
santería *f* santeria

santería
A religious cult, fusing African beliefs and Catholicism, which developed among African Yoruba slaves in Cuba. Followers believe both in a single supreme being and also in *orishas*, deities who each share an identity with a Christian saint and who combine a force of nature with human characteristics. Rituals involve music, dancing, sacrificial offerings, divination, and going into trances.

santero[1] -ra *adj* excessively devoted to the saints
santero[2] -ra *m,f* santero, santeria priest
Santiago (Bib) James; **¡~ y cierra España!** *Spanish battle cry used when fighting the Moors*
(Compuesto) **Santiago Apóstol** *or* **el Mayor** St James (the Greater)
Santiago (de Chile) *m* Santiago
Santiago (de Compostela) *m* Santiago de Compostela, Santiago; ▸**camino**

S

Santiago del Estero *m* Santiago del Estero
santiagueño -ña *adj* of/from Santiago del Estero
santiagués -guesa *adj* of/from Santiago de Compostela
santiaguino -na *adj* of/from Santiago (*Chile*)
santiamén *m*: **en un ∼** (fam) in no time at all, in a jiffy (colloq)
santidad *f* (de un lugar) sanctity, holiness; (de una persona) saintliness, godliness; **Su S∼** His Holiness
santificación *f* sanctification
santificador -dora, **santificante** *adj* sanctifying
santificar [A2] *vt* 1 (hacer santo) to sanctify 2 (venerar): **santificado sea tu nombre** hallowed be Thy name 3 ‹*matrimonio/unión*› to consecrate; **∼ las fiestas** to observe feast days
santiguar [A16] *vt* to bless, make the sign of the cross over
■ **santiguarse** *v pron* (*refl*) to cross oneself, make the sign of the cross
santísimo -ma *adj*
A (Relig) most holy; **la Virgen Santísima** the Holy Virgin
Compuestos
• **Santísima Trinidad** *f* Holy Trinity
• **Santísimo Sacramento** *m* Holy Sacrament
B (fam) (uso enfático): **hay que hacer su santísima voluntad** we have to do everything he damn well wants; **no voy porque no me da la santísima gana** I'm not going because I damn well don't want to (colloq)
Santísimo *m*: **el ∼**
A (religión cristiana) the Holy Sacrament
B (Hist) (de los judeos) the Holy of Holies
santo[1] -ta *adj*
A (Relig) 1 ‹*lugar/mujer/vida*› holy; **la santa misa** holy mass; **la Santa Madre Iglesia** the Holy Mother Church; **los ∼s mártires** the blessed martyrs; **tu abuelo, que fue un ∼ varón** your grandfather, who was a saintly man *o* a saint; **fue un hombre ∼ y bueno** he was a good and saintly man 2 (con nombre propio) St, Saint; **Santa Teresa/Rosa** Saint Theresa/Rosa; **S∼ Domingo/Tomás** Saint Dominic/Thomas *ver tb* **San**
Compuestos
• **Santa Alianza** *f* Holy Alliance
• **Santa Sede** *f*: **la ∼ ∼** the Holy See
• **Santísimo Sacramento** *m* Blessed Sacrament
• **Santo Advenimiento** *m* Second Coming; ***esperar a algn/algo como al ∼ ∼*** to wait impatiently for sb/sth
• **Santo Grial** *m* Holy Grail
• **Santo Oficio** *m* Holy Office
• **Santo Padre** *m* Holy Father
• **santo patrón** *m* patron saint
• **santo patrono** *m* (AmL) patron saint
• **Santos Inocentes** *mpl* Holy Innocents (*pl*)
• **santos lugares** *mpl* holy places (*pl*)
• **santos óleos** *mpl* holy oils (*pl*)
B (fam) (uso enfático): **estuvo lloviendo todo el ∼ día** it rained the whole blessed day (colloq); **siempre tenemos que hacer su santa voluntad** we always have to do what *he* wants
santo[2] -ta *m,f*
A (persona) saint; **imágenes de ∼s** images of saints; **se ha portado como una santa** she's been a little angel; **no te hagas el ∼** don't act *o* come over all virtuous; **se necesita una paciencia de ∼ para ese trabajo** you need the patience of a saint to do that kind of work; **tu madre es una santa** your mother's a saint; **la fiesta de todos los S∼s** All Saints' (Day); **¡por todos los ∼s!** for Heaven's *o* goodness' sake!; ***¿a ∼ de qué?*** or ***¿a qué ∼?*** (fam) why on earth? (colloq); ***¿a qué ∼ tuviste que ir a decírselo?*** why on earth did you have to go and tell him?; ***cada uno*** or ***cada cual para su ∼*** (fam): **nada de pagar tú todo, cada uno para su ∼** you're not footing the bill, everyone can pay for themselves *o* pay their share; **trabaja cada cual para su ∼** everyone is just working for themselves; **comerse los ∼s** (fam) to be very holy; **con el ∼ de espaldas** ill-starred, unlucky; ***darse de ∼s*** (Méx fam) to think oneself lucky (colloq); ***desnudar*** or ***desvestir a un ∼ para vestir a otro*** to rob Peter to pay Paul; ***ni tanto que queme al ∼, ni tanto que no lo alumbre*** (Col) try to strike a happy medium; ***no es ∼ de mi/tu/su devoción*** he/she is not my/your/his favorite person; ***no sé/sabía a qué ∼ encomendarme*** (fam) I don't/didn't know which way to turn (colloq); ***quedarse para vestir ∼s*** to be left on the shelf; ***se me/le fue el ∼ al cielo*** it went right out of my/his head; ***ser llegar y besar el ∼*** (fam): **no te creas que fue llegar y besar el ∼** don't think it was just handed to me/him on a plate *o* that it just fell into my/his lap; ***te/le sienta como a un ∼ un par de pistolas*** (fam & hum) it looks awful on you/him *o* it doesn't suit you/him at all; ***tener ∼s en la corte*** (Chi fam) to have friends in high places (colloq)
Compuesto **santo y seña** password
B **santo** *m* (festividad) name day, saint's day; (cumpleaños) (esp AmL) birthday
C (Chi) (homenajeado) *person who is celebrating his/her saint's day*

> **santo**
> Most first names in Spanish-speaking countries are those of saints. A person's *santo*, (also known as *onomástico* in Latin America and *onomástica* in Spain) is the saint's day of the saint that they are named for. Children were once usually named for the saint whose day they were born on, but this is less common now.

Santo Domingo *m* Santo Domingo
santolear [A1] *vt* (Méx fam) to give … the last rites
santón *m* 1 (Relig) holy man 2 (fam) (persona importante) big shot (colloq), big cheese (colloq)
santoral *m* 1 (lista de santos) calendar of saints' (feast) days 2 (libro) hagiography
santuario *m* 1 (Relig) sanctuary, shrine 2 (refugio) sanctuary
santurrón[1] -rrona *adj* (fam) overpious, excessively devout
santurrón[2] -rrona *m,f* (fam) overpious *o* excessively devout person
saña *f* viciousness, brutality; **lo golpearon con ∼** they beat him brutally *o* viciously
São Paulo *m* São Paulo
sapear [A1] *vt*
A (Col, Ven fam) (delatar) ‹*persona*› to squeal *o* (BrE) grass on (colloq); ‹*robo*› to squeal *o* (BrE) grass about (colloq)
B (Chi fam) (espiar) to spy on, watch
sapiencia *f* wisdom
sapito *m* 1 (fam) (en la lengua) sore, ulcer 2 (Arg fam) (para regar) spray attachment
sapo[1] -pa *adj*
A (Andes fam) (astuto) smart (colloq), crafty (colloq), sharp (colloq)
B (Chi fam) (mirón) nosy (colloq)
sapo[2] *m*
A (Zool) toad; ***echar ∼s y culebras por la boca*** (fam) to curse and swear, to eff and blind (BrE colloq); ***sentirse como ∼ de otro pozo*** (RPl fam) to feel like a fish out of water (colloq); ***tragar ∼s*** (fam) to grin and bear it
B 1 (AmS) (juego) *game in which players throw coins into the mouth of a model toad* 2 (Chi) (en el billar) fluke
sapo[3] -pa *m,f*
A (Andes fam) (astuto): **es una sapa** she's very sharp *o* smart *o* crafty (colloq)
B (Andes, Ven fam) (delator) informer, grass (BrE colloq)
sapolio *m* (CS) scouring powder
saque *m* 1 (en tenis, vóleibol) serve, service 2 (en fútbol) kickoff; ***tener buen ∼*** (fam) to eat well
Compuestos
• **saque de banda** (en fútbol) throw-in; (en rugby) line-out, throw-in
• **saque de esquina** corner, corner kick
• **saque de puerta** goal kick
• **saque de valla** (CS) goal kick
• **saque inicial** kickoff
• **saque lateral** ▸**saque de banda**
saqueador -dora *m,f* looter
saquear [A1] *vt*
A ‹*ciudad/población*› to sack, plunder; ‹*tienda/establecimiento*› to loot
B (Chi fam) ‹*equipo*› to be biased against
saqueo *m* (de un pueblo) sacking, plundering; (de una tienda) looting
saquero -ra *m,f* (Chi fam) biased referee
SAR /sar/ *m* (en Esp) **= Servicio Aéreo de Rescate**
S.A.R. (**= Su Alteza Real**) HRH
sarampión *m* measles
sarao *m* soirée, party; **un ∼ benéfico** a charity gala evening
sarape *m* (Méx) ▸**zarape**
sarasa *m* (Esp fam & pey) fag (AmE colloq & pej), queer (sl & pej)
sarazo -za, **sarazón -zona** *adj* (AmL fam)
A ‹*maíz*› underripe
B ‹*persona*› tipsy (colloq), merry (colloq)
sarcasmo *m* 1 (cualidad) sarcasm; **lo dijo con ∼** he said it sarcastically *o* in a sarcastic tone 2 (comentario) sarcastic remark
sarcásticamente *adv* sarcastically
sarcástico -ca *adj* sarcastic
sarcófago *m* sarcophagus
sarcoma *m* sarcoma
sardana *f Catalan folk dance*

> **sardana**
> A traditional Catalan music and the dance performed to it. It is played by a band called a *cobla* . The dancers stand in circles, holding hands, and perform the steps as a group.

sardina *f* sardine; ***como ∼s en lata*** (fam) like sardines (colloq); **íbamos como ∼s en lata en el tren** we were packed into the train like sardines (colloq) *ver tb* **sardino**
sardinel *m*
A (Const) rowlock, rat-trap bond
B (Col) 1 (de la acera) curb (AmE), kerb (BrE) 2 (de una ventana) windowsill
sardinero[1] -ra *adj*
A ‹*barco/industria*› sardine (*before n*)
B (Col fam) ‹*persona*› **un tipo ∼** a cradle snatcher (colloq)
sardinero[2] -ra *m,f* (Col fam) cradle snatcher (colloq)
sardino -na *m,f* (Col) kid (colloq)
sardo *m* 1 (de Cerdeña) Sardinian 2 (Méx fam) (soldado raso) grunt (AmE colloq), squaddie (BrE colloq)
sardónico -ca *adj* sardonic, ironic
sarga *f* 1 (Bot) willow 2 (Tex) serge
sargazo *m* gulfweed, sargasso
sargenta *f* (fam) battleax*
sargentear [A1] *vt* (esp AmL fam) to boss … around (colloq)
sargento *mf* 1 (Mil) (en el ejército) sergeant; (en las fuerzas aéreas) ≈ staff sergeant (*in US*), ≈ sergeant (*in UK*) 2 (fam & pey) (persona autoritaria) tyrant (colloq), little Hitler (colloq)
SARH /sar/ *f* (en Méx) **= Secretaría de Agricultura y Recursos Hidráulicos**
sari *m* sari
sarín *m* sarin
sarita *f* (Per) straw hat
SARM *m* (**= staphylococcus aureus resistente a la meticilina)**) MRSA
sarmentoso -sa *adj* 1 ‹*planta*› sarmentous (tech), creeping (*before n*) 2 ‹*manos*› gnarled
sarmiento *m* vine shoot
sarna *f* 1 (Med) scabies 2 (Vet) mange; ***∼ con gusto no pica*** it's up to him/her, he's/she's chosen to do it like that (*o* to live like that *etc*)
sarnoso[1] -sa *adj* 1 (Med) suffering from scabies, scabious 2 (Vet) mangy; **un perro ∼** a

mangy *o* scabby dog; **se aparta de mí como si estuviera ~** she avoids me like the plague

sarnoso² **-sa** *m,f* person with scabies

sarong *m* sarong

sarpullido *m* (AmL) rash; **le salió ~** she broke out in a rash

(Compuesto) **sarpullido de pañal** diaper rash (AmE), nappy rash (BrE)

sarraceno **-na** *adj/m,f* Saracen

Sarre *m*: **el ~** (río) the Saar; (territorio) Saarland

sarro *m* 1 (en los dientes) plaque, tartar; (en la lengua) fur 2 (en un calentador de agua) scale, fur (BrE); **hay que quitarle el ~** it needs descaling

SARS *m* (Med) (= **Síndrome Agudo Respiratorio Severo**) SARS

sarta *f* 1 (serie) string; **una ~ de insultos** a string of insults; **una ~ de mentiras** a string *o* pack of lies; **una ~ de disparates** a string of stupid remarks, a load of nonsense (colloq) 2 (de perlas) string

sartén *f* (AmL) *m or f* frying pan, fry pan (AmE), skillet; **Écija, la ~ de Andalucía** Ecija, the hottest place in Andalusia; ***tener la ~ por el mango*** to call the shots (colloq), to be the boss

sastre *mf*, **sastre** **-tra** *m,f* 1 (persona) tailor 2 **sastre** *m* (Col) (traje) woman's suit

sastrería *f* 1 (oficio) tailoring 2 (tienda) tailor's shop

Satanás, Satán Satan

satánico **-ca** *adj* 1 (del diablo) satanic 2 (malvado) evil, satanic

satanismo *m* Satanism, devil worship

satanizar [A4] *vt* to demonize

satelital *adj* (AmL) ▸**satelitario 1**

satelitario **-ria** *adj* 1 ‹*receptor/televisión*› satellite (*before n*) 2 ‹*mapa*› satellite (*before n*); **posicionamiento ~** satellite positioning; **la condición satelitaria de algunos países** the satellite status of some countries

satélite *m*

A 1 (Astron) satellite 2 (Espac) satellite 3 (país) satellite, satellite state; ▸**ciudad**, **país**

(Compuestos)

- **satélite artificial** artificial satellite
- **satélite de comunicaciones** communications satellite
- **satélite de observación** observation satellite
- **satélite de televisión** television satellite
- **satélite espía** spy satellite
- **satélite meteorológico** meteorological *o* weather satellite

B (Auto) control lever

satén, (AmL) **satín** *m* satin

satinado **-da** *adj* ‹*papel*› satin (*before n*), satin-finish (*before n*); ‹*hilo/tela*› satiny, with a satin sheen

satinar [A1] *vt* to put a satin finish on

sátira *f* satire; **una ~ de la sociedad** a social satire

satíricamente *adv* satirically

satírico **-ca** *adj* satirical

satirizar [A4] *vt* to satirize

sátiro *m* 1 (Mit) satyr 2 (hombre lascivo) (fam) sex maniac (colloq); (violador) (RPl fam) rapist, sex fiend (journ)

satisfacción *f*

A (agrado, placer) satisfaction; **la ~ del deber cumplido** the satisfaction of a job well done; **esperamos que sea de su entera ~** we hope it will be to your complete satisfaction; **lo demostró a mi entera ~** I was completely satisfied, he proved it to my complete satisfaction; **es una ~ para mí el poder ayudarte** it is a pleasure to be able to help you; **recibió con ~ la noticia** she was pleased when she heard the news; **nuestros hijos no nos han dado más que satisfacciones** our children have given us every reason to be proud of them; **lo hizo sólo por darme una ~** he did it just to please me

B 1 (de una necesidad, deseo) satisfaction, fulfillment* 2 (por una ofensa) satisfaction; **exijo una ~** I demand satisfaction 3 (de una deuda) payment, settlement

satisfacer [E20] *vt* 1 ‹*persona*› to satisfy; **su respuesta no me satisface** I am not satisfied *o* happy with your reply 2 ‹*necesidad/deseo*› to satisfy, fulfill*; ‹*instintos*› to satisfy; **~ el hambre/la curiosidad** to satisfy one's hunger/one's curiosity 3 (frml) ‹*requisitos/condiciones*› to satisfy, fulfill*, meet 4 (frml) ‹*cantidad/cuota*› to pay; ‹*deuda*› to pay off, settle

■ **satisfacerse** *v pron* 1 (contentarse) to be satisfied; **no se satisface con nada** she's never satisfied 2 (de un agravio) to obtain satisfaction

satisfacible *adj* satisfiable

satisfactoriamente *adv* satisfactorily

satisfactorio **-ria** *adj* satisfactory

satisfaga, satisfará, etc ▸**satisfacer**

satisfecho **-cha** *adj*

A [ESTAR] (complacido, contento) satisfied, pleased; **los resultados me han dejado muy ~** I am very satisfied *o* pleased *o* happy with the results

B [ESTAR] (saciado, lleno): **no, gracias, estoy ~** no thanks, I've had plenty; **come y come y no queda nunca ~** he eats and eats but never seems to be full

C [SER] (Chi fam) (desfachatado) nervy (AmE colloq), cheeky (BrE colloq)

SATNAV *m* (Aut) (= **Satellite Navigation System**) SATNAV

sátrapa *m* satrap

satsuma *f* satsuma

saturación *f* 1 (Fís, Quím) saturation 2 (del mercado) saturation; **por ~ de enlace rogamos repetir la llamada dentro de unos minutos** all lines are busy, please try again later

saturado **-da** *adj* 1 (Fís, Quím) saturated 2 ‹*mercado*› saturated; ‹*líneas telefónicas*› busy, engaged (BrE); **una semana saturada de compromisos urgentes** a week full of urgent appointments 3 (fam) ‹*persona*› **están ~s de trabajo** they're up to their eyes in work (colloq), they're snowed under with work; **llévate a los niños de paseo que me tienen ~** take the kids for a walk, I've had enough of them *o* I've had it up to here with them (colloq)

saturar [A1] *vt* 1 (Fís, Quím) to saturate 2 ‹*mercado*› to saturate, flood 3 (fam) ‹*persona*› **el fútbol ya me está saturando de verdad** I'm really getting sick of football (colloq), I've had just about enough of football

saturnino **-na** *adj* saturnine

saturnismo *m* lead poisoning, saturnism (tech)

Saturno Saturn

sauce *m* willow

(Compuesto) **sauce llorón** weeping willow

saúco, sauco *m* elder

saudade *f* nostalgia, sadness

saudí, saudita *adj/mf* Saudi, Saudi Arabian

sauna *f* (AmL) *m* sauna

saurio *m* saurian

savia *f* 1 (Bot) sap 2 (energía, vitalidad) vitality, life

sávila *f* (Méx) aloe vera

savoir faire /saβwa'fer/ *m* savoir-faire

saxífraga *f* saxifrage

saxo *m* (fam) 1 (instrumento) sax (colloq) 2 **saxo** *mf* (persona) sax player (colloq)

saxofón, saxófono *m* saxophone

saxofonista *mf* saxophonist

saya *f* (ant) (falda) skirt; (enagua) petticoat

sayal *m* coarse woolen cloth

sayo *m* smock; ***al que le caiga*** *or* ***venga el ~ que se lo ponga*** (AmL) if the cap fits, wear it; ▸**capa**, **mayo**

sayona *f* (Ven fam) ghost, witch (*imaginary figure used to frighten children*); **si te portas mal te va a llevar la ~** ≈ if you don't behave, the Wicked Witch will come and get you

sazón¹ *f*

A 1 (condimento) seasoning; (sabor) flavor* 2 (de la fruta) ripeness; **estar en ~** to be ripe

B **a la sazón** (liter) at that time; **su padre, que a la ~ estaba en París, decidió regresar** her father, who was in Paris at the time, decided to return

sazón² *m or f* (Méx)

A ▸**sazón¹ A**

B (de un cocinero): **sabe cocinar pero le falta ese ~** she can cook but she lacks that special touch; **su abuelita tiene buen ~** her grandmother is a great cook (colloq)

sazonado **-da** *adj* 1 ‹*guiso/plato*› seasoned; **un guiso muy bien ~** a well-seasoned *o* very tasty stew; **no le gusta la comida demasiado sazonada** she doesn't like highly-seasoned food 2 ‹*discurso/relato*› **~ DE algo** peppered WITH sth

sazonar [A1] *vt* to season

s.c. (Dep, Educ) = **sin calificar**

s/c. 1 = **su cargo** 2 = **su cuenta**

scalextric® /(e)ska'lestrik/ *m* 1 (Jueg) Scalextric® 2 (Esp) (Auto) complicated intersection (*with several overpasses*), ≈ spaghetti junction (BrE)

scanner /(e)s'kaner/ *m* scanner

SCFI *f* (en Méx) = **Secretaría de Comercio y Fomento Industrial**

scherzo /(e)s'kertso/ *m* scherzo

schnauzer /'ʃnawser/ *m* (*pl* ~) schnauzer

schop /ʃop/ *m* (Chi) (vaso) beer mug; (cerveza) keg beer

schopería /ʃope'ria/ *f* (Chi) beer bar

scone *m* (CS) /(e)s'kon/ scone

scooter /e'skuter/ (*pl* **~s**) *m* motor scooter

Scotch® *m* (Andes) Scotch® tape (AmE), Sellotape® (BrE)

scout /(e)s'kau(t)/ *mf* scout; **~ sénior** Venture Scout

script /e'skrip/ *mf* (*pl* **~s**)

A (Cin) script supervisor, continuity coordinator

B **script** *m* (Inf) script

SCT *f* (en Méx) = **Secretaría de Comunicaciones y Transportes**

scud /skud/ *m* (*pl* **~s**) Scud, Scud missile

SDN *f* (en Méx) = **Secretaría de la Defensa Nacional**

se *pron pers*

A [*seguido de otro pronombre: sustituyendo a* ▸**le**] **ya ~ lo he dicho** (a él) I've already told him; (a ella) I've already told her; (a usted, ustedes) I've already told you; (a ellos) I've already told them; **el vestido tenía cuello pero ~ lo quité** the dress had a collar but I took it off

B (*en verbos pronominales*): **quejar~** to complain; **~ queja de todo** «*él/ella*» he/she complains about everything; «*usted*» you complain about everything; **¿no ~ arrepienten?** «*ellos/ellas*» aren't they sorry?; «*ustedes*» aren't you sorry?; **el barco ~ hundió** the ship sank; **~ *cortó*** (*refl*) he cut himself; **~ cortó el dedo** (*refl*) he cut his finger; **~ hizo un vestido** (*refl*) she made herself a dress; (*caus*) she had a dress made; **no ~ hablan** (*recípr*) they're not on speaking terms, they're not speaking to each other; **~ lo comió todo** (*enf*) he ate it all, he ate the whole thing

C 1 (*en la voz pasiva*): **~ oyeron unos gritos** there were shouts; **~ estudiarán sus propuestas** your proposals will be studied; **~ publicó el año pasado** it was published last year; Ⓢ **se habla inglés** English spoken here 2 (*impersonal*): **aquí ~ está muy bien** it's very nice here; **~ iba poco al teatro** people didn't go to the theater very much; **ya ~ ha llegado a un punto en que ...** we've/they've now reached a point where ..., a point has now been reached where ...; **véase el capítulo X** see Chapter X; **~ los acusa de subversión** they are accused of subversion; **~ castigará a los culpables** those responsible will be punished 3 (en normas, instrucciones): **¿cómo ~ escribe tu nombre?** how is your name spelled?, how do you spell your name?; **~ pica la cebolla bien menuda** chop the onion finely; Ⓢ **sírvase bien frío** serve chilled

SE (= **sureste**) SE

S.E. (**= su excelencia**) H.E.
sé ▸**saber**[2], **ser**[1]
sea, seas, etc ▸**ser**[1]
SEAT /'seat/ *f* **= Sociedad Española de Automóviles de Turismo**
sebáceo -cea *adj* sebaceous
sebiento -ta *adj* (Chi) ▸**seboso**
sebo *m* 1 (grasa) grease, fat 2 (para jabón, velas) tallow 3 (Coc) suet; ***hacer*** ~ (RPl fam) to goof off (AmE colloq), to swing the lead (BrE colloq); ***ponerle*** ~ ***a algn*** (Col fam) to bug sb (colloq), to pester sb
seborrea *f* seborrhea*
seboso -sa *adj* 1 (grasiento) greasy; **un gordo** ~ a greasy fat man 2 (mugriento) grimy; **un mantel** ~ a grimy tablecloth, a tablecloth covered in grease
sebucán *m* (Ven) *traditional Venezuelan dance*
secadero *m* drying shed
secado *m* drying
secador *m*
A *tb* ~ **de pelo** hairdryer; ~ **de manos** hand drier, hand dryer
B (Per) 1 (paño) dishtowel (AmE), tea towel (BrE) 2 (toalla) towel
secadora *f* 1 (de ropa, de tabaco) dryer; ~ **de manos** hand drier, hand dryer 2 (Méx) (para el pelo) hairdryer
SECAM /'sekam/ *m* SECAM
secamanos *m* (*pl* ~**s**) hand dryer
secamente *adv* curtly; **me trató muy** ~ he was very curt *o* short with me
secano *m*: **de** ~ ‹*campo/tierra*› dry, unirrigated; **¿qué sabrás de pescado si eres de** ~**?** (fam) what would a landlubber like you know about fish? (colloq)
secante[1] *adj* (RPl fam) boring; ▸**papel**
secante[2] *m* blotting paper
secante[3] *f* secant
secar [A2] *vt* 1 ‹*ropa/pelo*› to dry; ‹*platos*› to dry; ‹*pintura/arcilla*› to dry; **le secó las lágrimas con un pañuelo** she wiped away *o* dried his tears with a handkerchief 2 ‹*tierra*› to dry up; ‹*plantas/hierba*› to dry up; **el sol seca la piel** the sun makes your skin dry *o* dries out your skin
■ **secar** *vi* to dry; **yo friego y tú secas** I'll wash and you dry; **ponlo a** ~ **al sol** put it out in the sun to dry
■ **secarse** *v pron*
A 1 to dry; **este pegamento se seca enseguida** this glue dries *o* sets straightaway; **se me ha secado la garganta** my throat's gone really dry; **se me seca mucho la piel** my skin gets very dry 2 «*herida*» to heal (up) 3 «*tierra*» to dry up; «*planta/hierba*» to dry up 4 «*río/pozo/fuente*» to dry up 5 «*arroz/guiso*» to go dry; **el pollo se ha secado demasiado** the chicken has dried out *o* gone dry
B (*refl*) «*persona*» ‹*manos/pelo*› to dry; ‹*lágrimas*› to dry, wipe away; **se secó el sudor de la frente** he wiped the sweat off his forehead, he mopped his brow; **se secó con la toalla** she dried herself (off) with the towel
secarropas *m* (*pl* ~) (RPl) clothes dryer
sección *f*
A (corte) section; ~ **longitudinal/transversal** longitudinal/cross section
B 1 (división, área — en general) section; (— de una empresa) department, section; (— en los grandes almacenes) department; **la** ~ **del edificio que va a ser demolida** the part of the building that is going to be demolished 2 (de un periódico) section
(Compuestos)
- **sección de cuerdas/vientos** string/wind section
- **sección de deportes** sports page

C (Mil) platoon
seccionador *m* section switch
seccional *f*
A (Col) (de una organización) section
B (RPl) *tb* ~ **de policía** 1 (territorio) police district, precinct (AmE) 2 (edificio) police station, precinct house (AmE)
seccionar [A1] *vt* 1 (cortar) to cut off 2 (dividir en secciones) to section
secesión *f* secession; **la Guerra de S**~ the (American) Civil War
secesionista *adj/mf* secessionist
seco[1] **-ca** *adj*
A 1 [ESTAR] ‹*ropa/platos/pintura*› dry; Ⓢ **manténgase en lugar seco** store in a dry place; **tengo la boca/garganta seca** my mouth/throat is dry 2 [ESTAR] ‹*planta/tierra*› dry; **el campo está sequísimo** the countryside *o* land is really dry *o* parched 3 [ESTAR] ‹*río/pozo*› dry 4 [ESTAR] ‹*arroz/pollo*› dry; **el pescado estuvo demasiado tiempo en el horno y está muy** ~ the fish was in the oven for too long so it's got(ten) very dry 5 [SER] ‹*clima/región*› dry
B (desecado) ‹*higos*› dried; ‹*flores*› dried; **bacalao** ~ stockfish, dried salt cod; ▸**fruto**
C [SER] (no graso) ‹*piel/pelo*› dry
D [SER] (no dulce) ‹*vino/licor/vermú*› dry
E ‹*golpe/sonido*› sharp; ‹*tos*› dry
F 1 ‹*respuesta/carácter*› dry; **estuvo muy** ~ **conmigo** he was very short *o* brusque *o* curt with me 2 (fam) (delgado) thin; **está más** ~ **que un palo** he's as thin as a rake 3 [ESTAR] (fam) (sediento) parched (colloq)
G (*en locs*): **en seco** ‹*frenar*› sharply, suddenly; **me paró en** ~ he stopped me dead *o* he stopped me in my tracks; **el coche paró en** ~ the car stopped dead; **limpieza en** ~ dry cleaning; ***a secas*** (fam): **quíteme el 'doctor', llámeme Roberto a secas** there's no need to call me 'doctor', just call me (plain) Roberto; **le dijo que no, así a secas** she gave him a straight 'no'; **pan así a secas no me apetece** I don't feel like eating just bread on its own like that; **le pidió mil dólares así, a secas** he just asked him for a thousand dollars outright *o* straight out, he asked him for a thousand dollars, just like that; ***dejar a algn*** ~ (fam) to kill sb stone dead (colloq); ~ ***para algo*** (Chi fam): **el hijo le salió** ~ **para la física** her son turned out to be brilliant *o* a whiz at physics (colloq); **es** ~ **para el garabato** he has a great line in swear words (colloq); ***tener*** ~ ***a algn*** (Col, RPl fam): **este tipo me tiene seca** I'm up to here with *o* I'm sick and tired of this guy (colloq); ***tomarse algo al*** ~ (Chi fam) to down sth *o* knock sth back (in one go) (colloq)
seco[2] *m* (Col) main dish
Secofin *f* (en Méx) **= Secretaría de Comercio y Fomento Industrial**
secoya *f* sequoia
secre *mf* (fam) ▸**secretario A**
secreción *f* (de una glándula) secretion; (de una herida) discharge
secreta[1] *mf* (Esp fam) (*m*) secret policeman, spook (AmE colloq); (*f*) secret policewoman, spook (AmE colloq)
secreta[2] *f*
A (Relig) secret
B (Esp fam) (policía) secret police
secretamente *adv* secretly
secretar [A1] *vt* to secrete
secretaría *f*
A 1 (cargo) office of secretary, secretaryship; **asumió la** ~ **del club** she took over the secretaryship *o* she took over as secretary of the club 2 (oficina) secretary's office 3 (departamento administrativo) secretariat
(Compuesto) **secretaría general** general secretariat
B (Méx) (ministerio) department, ministry (BrE)
(Compuestos)
- **Secretaría de Agricultura** (en Méx) ≈ Agriculture Department (*in US*), ≈ Ministry of Agriculture (*in UK*)
- **Secretaría de Defensa** (en Méx) ≈ Defense Department (*in US*), ≈ Ministry of Defence (*in UK*)
- **Secretaría de Economía** (en Méx) ≈ Treasury Department (*in US*), ≈ Treasury (*in UK*)
- **Secretaría de Educación** (en Méx) Department of Education
- **Secretaría de Estado** (en Méx) ≈ State Department (*in US*), ≈ Foreign Office (*in UK*)
- **Secretaría de Gobernación** (en Méx) Ministry of the Interior, ≈ Home Office (*in UK*)
- **Secretaría de Hacienda** (en Méx) ≈ Treasury Department (*in US*), ≈ Treasury (*in UK*)
- **Secretaría de Turismo** (en Méx) Ministry of Tourism

secretariado *m* secretarial work; **estudia** ~ **bilingüe** she's studying to be a bilingual secretary, she's doing a bilingual secretarial course; **cursos de** ~ secretarial courses
secretario -ria *m,f*
A 1 (trabajador administrativo) secretary; **soy secretaria bilingüe** I'm a bilingual secretary 2 (de una asociación, sociedad) secretary
(Compuestos)
- **secretario/secretaria de dirección** *m,f* secretary to the director
- **secretario/secretaria de embajada** *m,f* embassy secretary
- **secretario/secretaria de imagen** *m,f* public relations officer
- **secretario/secretaria del tribunal** *m,f* (Der) ≈ clerk of the court
- **secretario/secretaria de redacción** *m,f* deputy editor
- **secretario ejecutivo, secretaria ejecutiva** *m,f* executive *o* senior secretary
- **secretario/secretaria general** *m,f* secretary general
- **secretario/secretaria particular** *m,f* private secretary
- **secretario/secretaria personal** *m,f* personal assistant, personal secretary
- **secretario privado, secretaria privada** *m,f* private secretary

B (Méx) (Gob, Pol) secretary of state, minister
(Compuestos)
- **Secretario/Secretaria de Agricultura** *m,f* (en Méx) ≈ Agriculture Secretary (*in US*), ≈ Minister for Agriculture (*in UK*)
- **Secretario/Secretaria de Defensa** *m,f* (en Méx) Defense* Secretary, Secretary of State for Defense*
- **Secretario/Secretaria de Economía** *m,f* (en Méx) Finance Minister, ≈ Treasury Secretary (*in US*), ≈ Chancellor of the Exchequer (*in UK*)
- **Secretario/Secretaria de Educación** *m,f* (en Méx) Education Secretary
- **Secretario/Secretaria de Estado** *m,f* Secretary of State
- **Secretario/Secretaria de Gobernación** *m,f* (en Méx) Minister of the Interior, ≈ Home Secretary (*in UK*)
- **Secretario/Secretaria del Tesoro** Treasury Secretary
- **Secretario/Secretaria de Hacienda** *m,f* (en Méx) Finance Minister, ≈ Treasury Secretary (*in US*), ≈ Chancellor of the Exchequer (*in UK*)
- **Secretario/Secretaria de Transporte** (en Méx) Transportation Secretary (*in US*), Secretary of Transport (BrE), Transport Secretary (*in UK*)
- **Secretario/Secretaria de Turismo** *m,f* (en Méx) Minister of Tourism, Tourism Minister

secretear [A1] *vi* (AmL fam) to whisper
■ **secretearse** *v pron* (AmL fam) to whisper; **me miraban y se secreteaban** they were looking at me and whispering (to each other)
secreteo *m* (AmL fam) whispering; **estaban de mucho** ~ they were whispering away (colloq)
secreter *m* writing desk
secretismo *m* excessive secrecy
secreto[1] **-ta** *adj* secret
secreto[2] *m* 1 (información confidencial) secret; **guardar un** ~ to keep a secret; **el** ~ **de su éxito** the secret of his success; **los preparamos en** ~ we prepared them secretly *o* in secret *o* in secrecy; **reveló todos los** ~**s** she gave away *o* revealed all the secrets; **te lo dije en** ~ I told you in confidence; **ven que te lo digo en** ~ (fam) come here and I'll whisper it in your ear; **no es ningún** ~ **que están pasando una crisis** it is no secret that they are going through a crisis 2 (truco) secret; **el** ~ **está en la manera de doblarlo** the secret is in the way you fold it; **y no tiene más** ~ and that's all there is to it
(Compuestos)
- **secreto a voces** open secret
- **secreto bancario**: **el** ~ ~ client confidentiality

S

- **secreto de alcoba** intimate secret
- **secreto de confesión** secret of the confessional
- **secreto de estado** state secret
- **secreto de sumario** *confidentiality surrounding legal proceedings*; **el ~ de ~ me impide dar más detalles** I am unable to give further details because the matter is sub judice
- **secreto militar** military secret
- **secreto profesional** professional secret

secretor -tora *adj* secretory
secta *f* sect
sectario -ria *adj* sectarian
sectarismo *m* sectarianism
sector *m* 1 (grupo) sector, group; **ningún ~ social se puede beneficiar de estas medidas** no sector of society *o* no social group can benefit from these measures 2 (Mat) sector 3 (de una ciudad) area; **el ~ norte de la ciudad** the northern area *o* part of the city 4 (Com, Econ) sector; **este ~ de la economía** this sector *o* area of the economy; **la empresa líder en su ~** the leading company in its field; **el ~ agrario** the agricultural sector *o* industry, agriculture

(Compuestos)
- **sector agrario** agricultural sector *o* industry
- **sector de automóviles usados** used *o* second-hand car market
- **sector de la aviación** aviation industry
- **sector de la construcción** construction industry
- **sector del automóvil** auto industry (AmE), motor industry (BrE), car industry (BrE)
- **sector del transporte aéreo** air transportation sector (AmE), air transport sector (BrE)
- **sector de servicios** service *o* tertiary sector
- **sector empresarial** business *o* corporate sector
- **sector industrial** (Col) (actividad) industrial sector; (zona) industrial area *o* zone, industrial estate (BrE)
- **sector primario** primary sector
- **sector privado** private sector
- **sector público** public sector
- **sector secundario** secondary *o* manufacturing sector
- **sector terciario** tertiary *o* service sector

sectorial *adj* sectorial
sectorialmente *adv* sectorially, in sectors
Sectur *f* (en Méx) = **Secretaría de Turismo**
secuaz *m,f*
A (*m*) follower, henchman
B (*f*) follower, henchwoman
secuela *f* consequence; **las ~s de la guerra** the consequences *o* effects of the war; **las ~s que deja la enfermedad** the aftereffects *o* (frml) sequelae of the illness
secuencia *f* 1 (Mat) sequence, series 2 (Cin, TV) sequence
secuencial *adj* sequential
secuencialmente *adv* sequentially
secuenciar [A1] *vt* to arrange … in sequence
secuestrador -dora *m,f* (de una persona) kidnapper; (de un avión) hijacker
secuestrar [A1] *vt* 1 ‹*persona*› to kidnap; ‹*avión*› to hijack 2 ‹*periódico/revista*› to seize; ‹*bienes*› to sequestrate, confiscate
secuestro *m* 1 (de una persona) kidnap, kidnapping; (de un avión) hijack, hijacking 2 (de un periódico) seizure; (de bienes) sequestration, confiscation
secular *adj*
A ‹*estado*› secular; ‹*instituto/colegio*› secular, lay (*before n*); **clero ~** lay clergy
B (antiguo) ‹*tradición/lucha*› centuries-old, age-old
secularización *f* secularization
secularizar [A4] *vt* to secularize
secundar [A1] *vt* 1 (en un proyecto) ‹*persona/esfuerzos*› to support, back 2 ‹*persona/moción/propuesta*› (al proponerla) to second; (en la votación) to support 3 ‹*huelga*› to join, support
secundaria *f* 1 (AmL) (enseñanza media) secondary education, high school (AmE) 2 (Méx) (instituto) high school (AmE), secondary school (BrE)
secundario -ria *adj* ‹*factor/problema*› secondary; **el premio a la mejor actriz secundaria** the award for the best supporting actress
secuoya, secuoia *f* sequoia
sed *f* thirst; **el agua le quitó la ~** the water quenched his thirst; **tengo mucha ~** I'm very thirsty; **me da mucha ~** it makes me (feel) very thirsty; **su ~ de venganza/riqueza** her thirst for vengeance/riches
seda *f* silk; ***estar como la*** *or* ***una ~*** to be as meek as a lamb; ***ir/funcionar como la ~*** to go/work perfectly *o* like a dream *o* like clockwork

(Compuestos)
- **seda cruda** raw silk
- **seda dental** dental floss
- **seda natural** natural silk

sedación *f* sedation
sedal *m* 1 (en pesca) fishing line 2 (Med) suture
sedalina *f* cotton thread
sedán *m* sedan
sedante¹ *adj* (Med) sedative; **música dulce y ~** sweet, soothing music
sedante² *m* sedative
sedar [A1] *vt* to sedate
sede *f*
A 1 (del gobierno) seat 2 (Relig) see; ▸**santo¹** 3 (de una organización internacional) headquarters (*sing o pl*); (de una compañía) headquarters (*sing o pl*), head office 4 (de un congreso, una feria) venue; **México fue la ~ de los Juegos Olímpicos en 1968** Mexico was the venue for *o* Mexico hosted the Olympic Games in 1968

(Compuesto) **sede social** (de una empresa) headquarters (*sing o pl*), head office; (de un club) headquarters (*sing o pl*)

B (*como adj inv*) ‹*país/ciudad*› host (*before n*); **ciudades ~ del campeonato** host cities for the championship, cities hosting (*o* which have hosted *etc*) the championship
Sedena *f* (en Méx) = **Secretaría de la Defensa Nacional**
sedentario -ria *adj* sedentary
sedentarismo *m* sedentary lifestyle
sedería *f* 1 (industria) silk manufacture, silk industry, sericulture 2 (comercio) silk trade 3 (tienda) silk store (AmE) *o* (BrE) shop
sedero -ra *adj* silk (*before n*)
sedicente, sediciente *adj* 1 (autodenominado) self-styled; **estos ~s revolucionarios** these self-styled revolutionaries 2 (denominado) so-called; **la ~ sabiduría de estos refranes** the so-called wisdom of these sayings
sedición *f* sedition, insurrection
sedicioso¹ -sa *adj* seditious, insurrectionary
sedicioso² -sa *m,f* rebel, seditious *o* insurrectionary element (frml)
sediento -ta *adj* thirsty; **~ de venganza/poder** thirsty for revenge/power
sedimentación *f* sedimentation
sedimentario -ria *adj* sedimentary
sedimentarse [A1] *v pron* to settle
sedimento *m* sediment, deposit
sedosidad *f* silkiness
sedoso -sa *adj* 1 ‹*aspecto*› silky, sleek 2 (al tacto) silky, silky-smooth
seducción *f* seduction; **el arte de la ~** the art of seduction; **la ~ de sus palabras** the allure *o* seductiveness of his words
seducir [I6] *vt* 1 (en sentido sexual) to seduce 2 (fascinar, cautivar) to captivate; **seduce a todo el mundo con su encanto** she captivates everyone with her charm, she charms everyone; **seducido por su mirada** captivated *o* fascinated by the way she looked at him; **no te dejes ~ por su atractivo y sus palabras** don't fall for his good looks and fine words 3 «*idea/proposición*» (atraer) to attract, tempt; **no me seduce nada la idea** I don't find the idea at all attractive, the idea doesn't appeal to me at all; **una forma de ~ a los inversores** a way of attracting investors
seductor¹ -tora *adj* 1 (en sentido sexual) ‹*persona*› seductive; ‹*manera/gesto*› seductive, alluring 2 (que cautiva, fascina) enchanting, charming 3 ‹*idea/proposición*› attractive, tempting
seductor² -tora *m,f*
A (*m*) seducer
B (*f*) seducer, seductress
Sedue *f* (en Méx) = **Secretaría de Desarrollo Urbano y Ecología**
sefardí¹, sefardita *adj* Sephardic
sefardí², sefardita *mf* Sephardi
seg. *m* (= **segundo/segundos**) sec.
segador -dora *m,f* 1 (persona) reaper, harvester 2 **segadora** *f* (máquina) harvester
segar [A7] *vt* 1 ‹*mies*› to reap (liter), to cut 2 (liter *o* period) ‹*cabeza/miembro*› to sever, cut off 3 (liter *o* period) ‹*esperanzas*› to shatter, dash; **una vida segada en la plenitud** a life cut short in its prime
seglar¹ *adj* lay (*before n*)
seglar² *m,f*
A (*m*) layman
B (*f*) laywoman
segmentación *f* segmentation
segmentar [A1] *vt* to segment
■ **segmentarse** *v pron* to divide into segments, become segmented
segmento *m* 1 (Mat) segment 2 (Zool) segment 3 (Auto) piston ring 4 (Com) sector; **en este ~ de la economía** in this sector *o* area of the economy; **en el ~ de la electrónica** in the field of electronics *o* in the electronics industry

(Compuesto) **segmento de edad** age group

segregación *f*
A (de personas, grupos) segregation

(Compuesto) **segregación racial** racial segregation

B (secreción) secretion
segregacionismo *m* policy of segregation, segregationist policy
segregacionista¹ *adj* ‹*grupo*› segregationist; **una política ~** a policy of segregation, a segregationist policy
segregacionista² *mf* segregationist
segregar [A3] *vt*
A ‹*personas/grupos*› to segregate
B (secretar) to secrete
seguida: **en ~** (*loc adv*) immediately; **vinieron en ~** they came immediately *o* at once *o* right away *o* (BrE) straightaway; **ten paciencia que en ~ llegamos** be patient! we're almost there *o* we'll be there in no time; **espera, que en ~ voy** hold on, I'll be right there; **en ~ vuelvo** I'll be back soon, I'll be right *o* straight back
seguidamente *adv* 1 (a continuación) next; **~ les ofrecemos las últimas noticias** next *o* now we'll bring you up to date with the news; **~ fue conducido a la comisaría** (frml) immediately afterward(s) he was taken to the police station 2 (sin interrupción) continuously
seguidilla *f* 1 (Mús) seguidilla 2 (fam) (serie) string, series; **una ~ de contratiempos** a string *o* series of setbacks; **me soltó una ~ de insultos** she hurled a stream of insults at me
seguido¹ -da *adj* consecutive; **ocurrió en tres visitas seguidas** it happened on three consecutive visits; **ha faltado a clase tres días ~s** she hasn't been to school for three days, she's missed school three days running *o* three days in a row; **lleva dos semanas seguidas con fiebre** she's had a fever for two weeks now; **van a dar las dos obras seguidas** the two plays will be performed consecutively; **pasaron tres autobuses ~s** three buses went by one after the other *o* in quick succession; **le hicieron dos operaciones seguidas** he had two operations in quick succession *o* one right after the other; **~ DE algo/algn** followed BY sth/sb; **~ de Barcelona con 27 puntos** followed by Barcelona with 27 points

S

seguido² *adv*
A (recto, sin desviarse) straight on; **vaya todo ~** go straight on *o* straight ahead
B (AmL) (a menudo) often; **últimamente voy más ~** I've been going more often lately; **viene ~ a visitarnos** he often comes to visit us, he comes to visit us frequently *o* regularly

seguidor -dora *m,f* follower; **cuenta con muchos ~es entre los estudiantes** he has many followers among the student population; **su música tiene muchos ~es** many people like her music, her music has a large following; **los ~es del método escolástico** those who follow the scholastic method; **los ~es del Juventus** Juventus supporters *o* fans

seguimiento *m* **1** (de un animal, satélite) tracking **2** (de un proceso) monitoring

seguir [I30] *vt*
A ‹*persona/vehículo*› to follow; ‹*presa*› to follow; **sígame, por favor** follow me, please; **la hizo ~ por un detective** he had her followed by a detective; **camina muy rápido, no la puedo ~** she walks very fast, I can't keep up with her; **siga (a) ese coche** follow that car!; **creo que nos están siguiendo** I think we're being followed; **la siguió con la mirada** he followed her with his eyes; **le venían siguiendo los movimientos desde hacía meses** they had been watching his movements for months; **seguidos cada vez más de cerca por los japoneses** with the Japanese catching up *o* gaining on them all the time; **la mala suerte la seguía a todas partes** she was dogged by bad luck wherever she went; ***el que la sigue la consigue*** *or* ***la mata*** (fam) if at first you don't succeed, try, try again
B ‹*camino/ruta*› **siga esta carretera hasta llegar al puente** go along *o* take *o* follow this road as far as the bridge; **continuamos el viaje siguiendo la costa** we continued our journey following the coast; **me paré a saludarla y seguí mi camino** I stopped to say hello to her and went on my way; **si se sigue este camino se pasa por Capileira** if you take this route you go through Capileira; **seguimos las huellas del animal hasta el río** we tracked the animal to the river; **la enfermedad sigue su curso normal** the illness is taking *o* running its normal course; **el tour sigue la ruta de Bolívar** the tour follows the route taken by Bolivar; **siguiéndole los pasos al hermano mayor, decidió estudiar medicina** following in his elder brother's footsteps, he decided to study medicine
C (en el tiempo) to follow; **~ A algo/algn** to follow sth/sb; **los disturbios que siguieron a la manifestación** the disturbances that followed the demonstration; **el hermano que me sigue está en Asunción** the brother who comes after me is in Asunción
D **1** ‹*instrucciones/consejo*› to follow; **tienes que ~ el dictamen de tu conciencia** you must be guided by your conscience **2** (basarse en) ‹*autor/teoría/método*› to follow; **en su clasificación sigue a Sheldon** he follows Sheldon in his classification; **sus esculturas siguen el modelo clásico** her sculptures are in the classical style; **sigue a Kant** she's a follower of Kant's philosophy; **sigue las líneas establecidas por nuestro fundador** it follows the lines laid down by our founder
E **1** ‹*trámite/procedimiento*› to follow; **va a tener que ~ un tratamiento especial/una dieta hipocalórica** you will have to undergo special treatment/follow a low-calorie diet; **se ~á contra usted el procedimiento de suspensión del permiso de conducción** steps will be taken leading to the withdrawal of your driver's license **2** (Educ) ‹*curso*› to take; **estoy siguiendo un cursillo de fotografía** I'm doing *o* taking a short photography course; **¿qué carrera piensas ~?** what are you thinking of studying *o* reading?
F **1** ‹*explicaciones/profesor*› to follow; **dicta demasiado rápido, no la puedo ~** she dictates too quickly, I can't keep up; **me cuesta ~ una conversación en francés** I find it hard to follow a conversation in French; **¿me siguen?** are you with me? **2** (permanecer atento a): **no sigo ese programa** I don't watch that program, I'm not following that program; **sigue atentamente el curso de los acontecimientos** he's following the course of events very closely; **sigue paso a paso la vida de su ídolo** she keeps track of every detail of her idol's life; **seguimos muy de cerca su desarrollo** we are keeping careful track of its development, we are following its development very closely

■ **seguir** *vi*
A **1** (por un camino) to go on; **siga derecho** *or* **todo recto hasta el final de la calle** keep *o* go straight on to the end of the street; **sigue por esta calle hasta el semáforo** go on down this street as far as the traffic lights; **el tren sigue hasta Salto** the train goes on to Salto; **desde allí hay que ~ a pie/en mula** from there you have to go on on foot/by mule **2** **seguir adelante: ¿entienden? bien, entonces sigamos adelante** do you understand? good, then let's carry on; **llueve ¿regresamos? — no, sigamos adelante** it's raining, shall we go back? — no, let's go on *o* carry on; **resolvieron ~ adelante con los planes** they decided to go ahead with their plans **3** (Col) (entrar): **siga por favor** come in, please
B (en un lugar, un estado): **¿tus padres siguen en Ginebra?** are your parents still in Geneva?; **espero que sigan todos bien** I hope you're all keeping well; **¿sigues con la idea de mudarte?** do you still intend to move?, are you still thinking of moving?; **sigo sin entender** I still don't understand; **sigue soltera/tan bonita como siempre** she's still single/as pretty as ever; **si sigue así de trabajador, llegará lejos** if he carries on working as hard as this, he'll go a long way
C **1** «*tareas/investigaciones/rumores*»: **siguen las investigaciones en torno al crimen** investigations are continuing into the crime; **sigue el buen tiempo en todo el país** the good weather is continuing throughout the country, the whole country is still enjoying good weather; **si siguen estos rumores** if these rumors persist **2** **~ + GER**: **sigo pensando que deberíamos haber ido** I still think we ought to have gone; **sigue leyendo tú, Elsa** you read now, Elsa; **si sigues molestando te voy a echar** if you carry on being a nuisance, I'm going to send you out; **~é haciéndolo a mi manera** I'll go on *o* carry on doing it my way, I shall continue to do it my way (frml)
D **1** (venir después, estar contiguo): **lee lo que sigue** read what follows, read what comes next; **el capítulo que sigue** the next chapter; **me bajo en la parada que sigue** I get off at the next stop; **sigue una hora de música clásica** there follows an hour of classical music **2** «*historia/poema*» to continue; **¿cómo sigue la canción?** how does the song go on?; **Ⓢ sigue en la página 8** continued on page 8; **la lista definitiva ha quedado como sigue** the final list is as follows

■ **seguirse** *v pron* (*en tercera persona*) **~se DE algo** to follow FROM sth; **de esto se sigue que su muerte no fue accidental** it follows from this that her death was not accidental

seguiriya *f* ▸ **seguidilla 1**

según¹ *prep*
A (de acuerdo con) according to; **~ Elena/él** according to Elena/him; **el evangelio ~ San Mateo** the Gospel according to St Matthew; **~ fuentes autorizadas/nuestros cálculos** according to official sources/our calculations; **lo hice ~ tus indicaciones** I did it according to *o* following your instructions, I followed your instructions; **~ parece sus días están contados** apparently, its days are numbered *o* it would appear *o* seem its days are numbered; **así que está en la India ... — ~ parece ...** so he's in India ... — so it seems *o* apparently; **~ las órdenes que me dieron** in accordance with the orders I was given; **~ me dijo, piensa quedarse** from what he told me, he intends to stay
B (dependiendo de) **~ + SUBJ**: **~ te parezca** as you think best; **obtendrás distintos resultados ~ cómo lo hagas** you will get different results depending (on) how you do it; **¿me llevas a casa? — ~ dónde vivas** will you take me home? — (it) depends where you live; **iré ~ y cómo** *or* **~ y conforme me sienta** whether I go or not depends on how I feel

según² *adv* it depends; **este método puede resultar o no, ~** this method may or may not work, it depends

según³ *conj* **1** (a medida que) as; **~ van entrando** as they come in **2** (en cuanto): **~ llegamos a la ventanilla, pusieron el cartel de cerrado** just as we reached the window they put up the closed sign; **~ llegues sube a verme** come up and see me as soon as you arrive

segunda *f*
A **1** (Auto) (marcha) second, second gear; **mete (la) ~** put it in second (gear) **2** (Transp) (clase) second class; **viajar en ~** to travel second class **3** (Mús) second part
B **segundas** *fpl* **todo lo que dice lo dice con ~s** there's a hidden meaning to everything he says; **este mes me he gastado un montón de dinero en comida — ¿lo dices con ~s?** I've spent a fortune on food this month — is that a hint? *o* are you getting at something?
C (Ven) (en béisbol) bottom; **la ~ del noveno** the bottom of the ninth (innings)

segundero *m* second hand

segundo¹ -da *adj/pron* **1** ▸ ❶ **p.575**; (ordinal) second; **~ plano: en un ~ plano está ...** in the background is ...; **quedar relegado a un ~ plano** to be pushed into the background *para ejemplos ver tb* **quinto¹**, **quinto²** **2** ‹*categoría/clase*› second
(Compuestos)
- **segunda línea** second row
- **segunda niñez** second childhood

segundo² -da *m,f* deputy, second-in-command
(Compuesto) **segundo de a bordo, segunda de a bordo** *m,f* (Náut) first mate, first officer; (en una empresa) (fam) second-in-command

segundo³ *m* ▸ ❶ **p.431** **1** (de tiempo) second; **no tardo ni un ~** I won't be a second; **un ~, ahora te atiendo** just a second and I'll be with you **2** (medida de ángulo) second

segundón¹ *m* second son

segundón² -dona *m,f* (fam) second-rater (colloq)

seguramente *adv* (*indep*): **¿llegarán hoy? — seguramente** (con certeza) will they arrive today — I'm sure they will; (probablemente) will they arrive today? — probably; **compramos veinte aunque, ~, gastaremos menos** we bought twenty although I'm sure they won't all be used, we bought twenty although they probably *o* almost certainly won't all be used

seguridad *f*
A (ausencia de peligro) safety; **la ~ de los rehenes** the safety of the hostages; **como medida de ~, mantengan los cinturones abrochados** as a safety precaution please keep your seatbelts fastened; **cierre de ~** safety catch; **por razones de ~, no se permite fumar** for safety reasons, smoking is not permitted; **medidas de ~** (contra accidentes, incendios) safety measures; (contra robos, atentados) security measures; **la empresa encargada de la ~ del edificio** the company responsible for the security of the building; **una prisión de alta ~** a high security prison
(Compuestos)
- **seguridad biológica** biosafety
- **seguridad ciudadana** public safety
- **seguridad del estado: la ~ del ~** state security, national security
- **seguridad vial** road safety

B (estabilidad, garantía) security; **una alta ~ para el inversor** a high degree *o* level of security for the investor; **no ofrece ninguna ~** it doesn't offer any security
(Compuesto) **seguridad social** ➡ social security
C **1** (certeza): **no te lo puedo decir con ~** I can't tell you for certain *o* for sure *o* (frml) with any degree of certainty; **con ~ se quedó dormido** he's probably fallen asleep *o* (colloq) I bet he's fallen asleep; **no me dio ninguna ~ de tenerlo listo para mañana** she didn't give me any assurances that she'd have it ready by tomorrow; **con toda ~ te hace el favor** you can be sure he'll do that for you **2** (confianza, aplomo) confidence, self-confidence; **tiene**

➡ *ver* Vivir en un país de habla inglesa

mucha ~ en sí mismo he's very sure of himself, he has a lot of self-confidence; **da una falsa impresión de ~** he gives off a false impression of self-confidence

seguro[1] **-ra** *adj*

A **1** [SER] (exento de riesgo) safe; **ese aeropuerto no es muy ~** it's not a very safe airport; **no te subas a esa escalera, que no es segura** don't climb that ladder, it's not safe; **ponlo en un lugar ~** put it somewhere safe *o* in a safe place *o* in a secure place; **buscan la inversión más segura** they are looking for the safest *o* most secure investment **2** [ESTAR] (estable) secure; **tiene un trabajo bastante ~** she has a fairly secure job; **esa escalera no está segura** that ladder isn't safe *o* steady; **el cuadro no se va a caer, está bien ~** the picture isn't going to fall, it's quite secure; ***ir a la segura:* un lugar donde el que gusta comer bien va a la ~** a place which is a safe bet for people who like good food; ***sobre ~:* un político que sabe jugar sobre ~** a politician who knows how to play safe; **sabía que iba sobre ~** he knew he was onto a sure thing *o* he knew it was a safe bet (colloq) **3** [SER] (fiable): **un método poco ~ para controlar la natalidad** not a very reliable *o* safe method of birth control; **el cierre de la pulsera es muy ~** the fastener on the bracelet is very secure **4** [ESTAR] (a salvo) safe; **el dinero estará ~ aquí** the money will be safe here; **aquí estarás ~** you'll be safe here; **a su lado se siente ~** he feels safe when he's beside her

B **1** [ESTAR] (convencido) sure; **¿estás ~?** are you sure?; **no estoy muy ~, pero creo que ése es su nombre** I'm not really sure but I think that's his name; **~ DE algo: estoy absolutamente ~ de haberlo dejado aquí** I'm absolutely sure *o* certain (that) I left it here; **no estaba ~ de haber elegido bien** he wasn't sure that he'd made the right choice; **no estés tan ~ de eso** don't (you) be so sure of that; **estoy ~ de que vendrá** I'm sure she'll come; **estoy completamente segura de que te lo di** I'm absolutely sure *o* I'm positive I gave it to you **2** [SER] (que no admite duda): **su triunfo es ~** his victory is assured; **iban a una muerte segura** they were heading for certain death; **todavía no es ~ pero creo que lo traerán** it's not definite but I think they'll bring it; **se da por ~ que ganarán** it's seen as a foregone conclusion *o* there seems to be little doubt that they'll win; **da por ~ que tan pronto como llegue se pondrá en contacto contigo** you can be sure *o* rest assured that she'll contact you as soon as she arrives; **lo más ~ es que no oyó el despertador** he probably didn't hear the alarm clock; **no te preocupes, ~ que no es nada** don't worry, I'm sure it's nothing; ***a buen ~*** (ciertamente) for certain; (a salvo) safe; **guárdalo a buen ~** keep it safe, put it away for safe keeping **3** (con confianza en sí mismo) self-assured, self-confident; **es una persona muy segura de sí misma** he's a very confident *o* self-confident *o* self-assured person

seguro[2] *m*

A **1** (mecanismo — de armas) safety catch; (— de una pulsera, un collar) clasp, fastener; **no puse el ~ y se me cayó** I didn't do up the clasp *o* fastener and it fell off; **echó el ~ antes de acostarse/arrancar** he locked the door before going to bed/starting the car **2** (Méx) (imperdible) safety pin

(Compuesto) **seguro antirrobo** (de coche) steering *o* wheel lock; (de bicicleta) wheel lock

B **1** (contrato) insurance; **se sacó** *or* **se hizo un ~** she took out insurance *o* an insurance policy **2** (Seguridad Social): **el ~** *or* **el S~** the state health care system, ≈ Medicaid (*in US*), ≈ the National Health Service (*in UK*); **¿cuando te operaste ibas particular o por el ~?** when you had your operation did you go private or have it done through Medicaid/on the National Health?

(Compuestos)

- **seguro ahorro** endowment insurance
- **seguro catastrófico** (Chi, Col) *insurance against illnesses which entail high treatment costs*
- **seguro contra** *or* **a todo riesgo** comprehensive insurance, all-risks insurance
- **seguro contra** *or* **de incendios** fire insurance
- **seguro contra terceros** liability insurance (AmE), third-party insurance (BrE)
- **seguro de accidentes** accident insurance
- **seguro de desempleo** unemployment benefit
- **seguro de enfermedad** medical insurance, health insurance
- **seguro de viaje** travel insurance
- **seguro de vida** life assurance, life insurance
- **seguro personal de accidentes** personal accident insurance
- **seguro social** social insurance
- **seguro temporal** term assurance

seguro[3] *adv*: **dijo que llegaría mañana ~** she said she'd definitely be arriving tomorrow; **no ha dicho ~ si vendrá** he hasn't said definitely *o* for certain whether he's coming; **no lo sabe ~** she doesn't know for sure *o* certain; **~ que sospecha lo nuestro** I'm sure he suspects we're up to something; **~ que llamó y no estábamos** I bet she called and we weren't in; **¿~ que tienes suficiente dinero? — sí, ~** (are you) sure you have enough money? — yes, positive; **estoy convencido de que esta vez dice la verdad — ¡sí, ~!** (iró) I'm convinced that this time he's telling the truth — oh yeah, sure (he is)! (colloq & iro)

seibó *m* (Col, Ven) sideboard

seis[1] *adj inv/pron* six *para ejemplos ver* **cinco**[1], **cinco**[2]

seis[2] *m* ▸ℹ **p.575** (number) six *para ejemplos ver* **cinco**[1], **cinco**[2]

seiscientos -tas *adj/pron* ▸ℹ **p.575** six hundred

seísmo *m* (Esp) (temblor) tremor; (terremoto) earthquake

SELA /'sela/ *m* = **Sistema Económico Latinoamericano**

selección *f* (acción) selection; (conjunto de cosas, personas) selection; **la ~ de los candidatos fue muy difícil** selecting *o* choosing the candidates *o* the selection of the candidates was very difficult; **una empresa de ~ de personal** an employment *o* a recruitment agency; **una ~ representativa de su obra** a representative selection *o* sample of her work; **hizo una ~ de los mejores** she selected the best ones; **la ~ nacional** (Dep) the national team; **hoy juega la ~** Spain (*o* Colombia *etc*) are playing today

(Compuesto) **selección natural** natural selection

seleccionable *adj* selectable

seleccionado -da *m,f*

A (jugador) player; **los ~s** the team *o* the players

B **seleccionado** *m* (AmL) (selección nacional) national team

seleccionador -dora *m,f*

A (Dep) **1** (entrenador) coach (AmE), manager (BrE) **2** (miembro de una junta) selector

B **seleccionadora** *f* (aparato) selector

seleccionar [A1] *vt* to select, choose, pick

selectividad *f* **1** (cualidad) selectivity **2** (Educ) (en Esp) *university entrance examination*

> **selectividad**
>
> The universal university entrance exam in Spain. Students take exams in compulsory core subjects and also in their specialty subject. *Selectividad* is the only means of access to state-run universities. The grades required by different university faculties vary according to demand for the course.

selectivo -va *adj* selective

selecto -ta *adj* ‹*fruta/vino*› select, choice; ‹*ambiente/club*› select, exclusive; **lo más ~ de la sociedad limeña** the cream *o* the elite of Lima society

selector *m* selector

selenio *m* selenium

selenita *mf*

A (de la luna) moon dweller

B **selenita** *f* (Min) selenite

self-service /sel(f)'serβis/ *m* self-service restaurant

sellado *m*

A **1** (de un pasaporte) stamping **2** (del oro) hallmarking

B **1** (con un precinto) sealing **2** (de carrocería) undercoating (AmE), undersealing (BrE)

sellador *m* sealer, sealant

sellar [A1] *vt*

A **1** ‹*pasaporte*› to stamp **2** ‹*plata/oro*› to hallmark

B (cerrar) ‹*carta*› to seal; ‹*tumba*› to seal; ‹*pacto/acuerdo*› to seal; **~on el acuerdo con un apretón de manos** they sealed the agreement with a handshake, they shook hands on the agreement; **selló sus labios con un beso** (liter) she sealed his lips with a kiss (liter)

C ‹*carrocería*› to apply undercoating to (AmE), to underseal (BrE)

■ **sellar** *vi* (Esp) to register as unemployed, to sign on (BrE colloq)

sello *m*

A **1** (de correos) stamp, postage stamp; **~ conmemorativo** commemorative stamp **2** (útil de oficina) rubber stamp; (marca) stamp

(Compuestos)

- **sello de tiempo** time-stamp
- **sello fiscal** fiscal *o* revenue stamp

B **1** (en el oro) hallmark **2** (AmL) (de una moneda) reverse; **¿cara o ~?** (Andes, Ven) heads or tails? **3** (anillo) signet ring, seal ring **4** (elemento distintivo) hallmark **5** (Mús) *tb* **~ discográfico** record label

C (precinto) seal

(Compuesto) **sello de lacre** wax seal

D (Farm) capsule

selva *f* (bosque) forest; (de vegetación tropical) jungle; **el rey de la ~** the king of the jungle; **~ virgen** virgin forest; **la ~ amazónica** the Amazonian jungle *o* rainforest; **su escritorio es una ~ de papeles** his desk is a sea *o* jumble of papers

(Compuestos)

- **Selva Negra** Black Forest
- **selva tropical** tropical rainforest, selva

selvático -ca *adj* (del bosque) forest (*before n*); **la región selvática del Amazonas** the Amazonian jungle *o* rainforest

semaforazo *m*: *robbery of a car driver or passengers at traffic lights*

semáforo *m* **1** (Auto) traffic lights (*pl*), traffic signal(s (*pl*)); **se pasó un ~ en rojo** she went through *o* (AmE) ran a red light; **giras en el ~** you turn off at the lights; **justo después del parque encuentras otro ~** right after the park you come to another set of (traffic) lights **2** (Ferr) stop signal **3** (Náut) semaphore

semana *f*

A ▸ℹ **p.371**; (periodo) week; **la ~ próxima** *or* **que viene** next week; **una vez a la ~** *or* **por ~** once a week; **no le gusta salir entre ~** she doesn't like going out during the week *o* in the week *o* midweek; Ⓢ **semana del juguete en la Galería** toy week at the Galería; ***la ~ de tres jueves*** (fam): **¿te parece que nos van a pagar? — sí, en la ~ de tres jueves** do you think they'll ever pay us? — yes, and pigs might fly (colloq)

(Compuestos)

- **semana inglesa** five-day week; **trabajamos ~ ~** we work Monday to *o* (AmE) through Friday
- **semana laboral** workweek (AmE), working week (BrE)
- **Semana Santa** Holy Week; **fuimos a Escocia en ~ ~** we went to Scotland at Easter

B (Col) (dinero) allowance, pocket money

> **Semana Santa**
>
> The most famous celebrations of Holy Week in the Spanish-speaking world are held in Seville. Lay brotherhoods, *cofradías*, process through the city in huge parades between Palm Sunday and Easter Sunday. *Costaleros* bear the *pasos*, huge floats carrying religious figures made of painted wood. Others, *nazarenos* (Nazarenes) and *penitentes* (penitents) walk alongside the *pasos*, in their distinctive costumes. During the processions they sing *saetas*, flamenco verses mourning Christ's passion. The Seville celebrations date back to the sixteenth century.

S

semanal *adj* weekly

semanalmente *adv* every week, once a week, weekly

semanario *m*
A (Period) weekly magazine (*o* newspaper *etc*), weekly
B (conjunto) set of seven, septenary

semántica *f* semantics

semántico -ca *adj* semantic

semblante *m* (liter) countenance (liter)

semblantear [A1] *vt* (Méx fam) to have *o* take a look at

semblanza *f* biographical sketch

sembradío *m* (Andes, Méx) sown field; **el terreno fue arado para ~s** the ground was ploughed ready for sowing

sembrado[1] *m* sown field

sembrado[2] **-da** *m,f* (Méx) seed

sembrador -dora *m,f* **1** (persona) sower **2** **sembradora** *f* (máquina) seeder, sower

sembrar [A5] *vt*
A **1** ‹*terreno/campo*› to sow; ‹*trigo/hortalizas*› to sow, plant; **el campo estaba sembrado de maíz** the field was sown *o* planted with maize; ***el que siembra recoge*** as you sow, so shall you reap **2** (liter) to sow (liter); **pretenden ~ el pánico entre la población** they are attempting to sow panic among the population **3** (llenar) **~ algo DE algo: los huelguistas ~on de tachuelas la calle** the strikers scattered tacks across the road; **la plaza quedó sembrada de papeles/flores** the square was left strewn with *o* covered with bits of paper/flowers; **un mapa sembrado de banderitas rojas y azules** a map dotted with little red and blue flags
B (Méx fam) (matar) to bump ... off (colloq)
■ **sembrarse** *v pron* (*enf*) (Méx fam) to bump ... off (colloq)

sembrío *m* (Per) sown field

semejante[1] *adj* **1** (similar) similar; **realizaron un experimento ~ con ratas** they carried out a similar experiment with rats; **los dos colores son muy ~s** the two colors are very similar; **¿se va a ir a vivir a Francia? — le oí decir algo ~** is he going off to live in France? — I heard him say something of the sort *o* something along those lines; **~ A algo** similar TO sth; **sus costumbres son ~s a las nuestras** their customs are similar to ours; they have similar customs to ours; **llevaba zapatos ~s a los tuyos** she was wearing shoes similar to *o* like yours **2** (Mat) similar **3** (*delante del n*) (para énfasis): **nunca había oído ~ estupidez** I'd never heard such nonsense *o* anything so stupid; **yo nunca dije ~ tontería** I never said such a stupid thing; **¿te vas a acabar ~ plato de fideos?** are you really going to be able to finish all those noodles?

semejante[2] *m*: **tus/nuestros ~s** your/our fellow men; **debemos amar a nuestros ~s** we must love our fellow men

semejanza *f* similarity; **hay** *or* **existe una cierta ~ entre sus estilos** there is a certain similarity in their styles; **a ~ de su padre, también estudió derecho** like his father, he (also) read law; **una ceremonia a ~ de las que se practicaban en la Edad Media** a ceremony similar to those which were performed in the Middle Ages

semejar [A1] *vi* to resemble; **las gotas de rocío semejaban diamantes** the dewdrops looked like *o* resembled diamonds

semen *m* semen

semental[1] *adj* stud (*before n*)

semental[2] *m* **1** (caballo) stud horse; (toro) stud bull **2** (vulg) (hombre) stud (sl)

sementera *f* **1** (acción) sowing; (temporada) sowing season **2** (campo sembrado) sown field

semestral *adj* **1** (en frecuencia) ‹*exámenes*› half-yearly, six-monthly, semestral; ‹*reuniones*› half-yearly, six-monthly; **una publicación ~** a publication which comes out every six months **2** (en duración) ‹*curso*› six-month (*before n*)

semestralmente *adv* six-monthly

semestre *m* **1** (seis meses): **el balance del segundo ~** the balance for the second half of the year; **cada curso duraba un ~** each course lasted six months **2** (Educ) (en algunos países latinoamericanos) semester (AmE), term (BrE)

semi- *pref* semi-

semiamueblado -da *adj* semi-furnished

semiautomático -ca *adj* semiautomatic

semiautónomo -ma *adj* semiautonomous

semibreve *f* whole note (AmE), semibreve (BrE)

semicircular *adj* semicircular

semicírculo *m* semicircle
(Compuesto) **semicírculo graduado** (RPl) protractor

semicircunferencia *f* semicircumference

semicomatoso -sa *adj* semicomatose

semiconductor *m* semiconductor

semiconsciente *adj* semiconscious

semiconsonante *f* semiconsonant

semicorchea *f* sixteenth note (AmE), semiquaver (BrE)

semicualificado -da *adj* (Esp) semiskilled

semiderruido -da *adj* half-ruined, half-collapsed

semidesconocido[1] **-da** *adj* virtually unknown

semidesconocido[2] **-da** *m,f* virtual unknown

semidescremado -da *adj* semi-skimmed

semidesértico -ca *adj*: **una zona semidesértica** an area of semidesert

semidesierto -ta *adj*: **encontramos una playa semidesierta** we found a beach which was practically deserted; **la discoteca estaba semidesierta** the discotheque was half-empty

semidesnatado -da *adj* semi-skimmed, half-cream (*before n*)

semidiós *m* demigod

semidormido -da *adj* half-asleep

semiesfera *f* hemisphere

semifinal *f* semifinal

semifinalista *mf* semifinalist

semifondo *m* (Dep)
A (carrera) middle-distance race; **corredor de ~** middle-distance runner
B (AmL) (en boxeo, fútbol): **pelea de ~** undercard bout; **partido de ~** curtain-raiser

semifusa *f* sixty-fourth note (AmE), hemidemisemiquaver (BrE)

semiinconsciente *adj* semiconscious

semilla *f* **1** (Agr, Bot) seed; **uvas sin ~s** seedless grapes **2** (causa, origen) seed; **sembró la ~ de la discordia entre las dos facciones** it sowed the seeds of discord between the two factions; **la ~ de la libertad** the seeds of liberty

semillero *m* **1** (Agr, Bot) seedbed, seed tray **2** (cuna, fuente): **este barrio es un ~ de delincuencia** this neighborhood is a hotbed of *o* a breeding ground for crime; **se ha convertido en un ~ de discordias** it has become a source of great controversy

seminal *adj* seminal

seminario *m*
A (Relig) seminary
B (Educ) seminar

seminarista *m* seminarian

seminuevo -va *adj* nearly new, as good as new

semioficial *adj* semiofficial

semiología *f* semiology

semiológico -ca *adj* semiotic, semiological

semiólogo -ga *m,f* semiologist

semiolvidado -da *adj* half-forgotten

semioscuridad *f* semidarkness, half-darkness

semiótica *f* semiotics

semiótico -ca *adj* semiotic

SEMIP /'semip/ *f* (en Méx) = **Secretaría de Energía, Minas e Industria Paraestatal**

semiprecioso -sa *adj* semiprecious

semiprofesional *adj/mf* semiprofessional

semiseco -ca *adj* demi-sec

semisótano *m* lower-ground floor

semita[1] *adj* Semitic

semita[2] *mf* Semite

semítico -ca *adj* Semitic

semitono *m* semitone

semivocal *f* semivowel

semivolea *f* half volley

sémola *f* semolina
(Compuesto) **sémola de arroz** ground rice

semoviente[1] *adj*: **una población ~ de 100.000 cabezas** 100,000 head of livestock

semoviente[2] *m* animal; **cerca de 20.000 ~s** nearly 20,000 head of cattle; **los ~s restantes** the remaining livestock *o* animals

sempiterno -na *adj* perennial

Semtex *m* Semtex

sen *m*, **sena** *f* (Bot) senna

Sena *m*: **el ~** the Seine, the Seine River (AmE), the River Seine (BrE)

senado *m* (cámara alta) senate; (edificio) senate, senate building *o* (AmE) house

> **Senado**
>
> The upper chamber of the Spanish ▸**Cortes Generales**, and the place where it meets. There are 250 senators, most of whom are elected every four years, at general elections, four from each province. A small number of senators are also elected by the autonomous governments.
>
> The *Senado* 's functions include discussing, approving, and suggesting amendments to legislation passed by the ▸**Congreso de los Diputados** and supervising the compensation fund for the autonomous regions.

senador -dora *m,f* senator

senatorial *adj* senatorial

S.en C. *f* = **Sociedad en Comandita**

sencillamente *adv* simply; **le dices, ~, que no te dio tiempo a hacerlo** you simply *o* just tell him that you didn't have time to do it; **para decirlo más ~** to put it more simply

sencillez *f* simplicity; **la ~ del estilo** the simplicity of the style; **habla con ~ y naturalidad** her manner of speaking is simple and unaffected; **viste con ~** she dresses simply *o* modestly; **pese al cargo que ocupa se comporta con gran ~** in spite of his position he behaves with great modesty *o* in a very unassuming way

sencillo[1] **-lla** *adj*
A **1** ‹*ejercicio/problema*› simple, straightforward; **no era ~ hacerlos entrar** it wasn't easy *o* it was no simple task getting them in **2** ‹*persona*› modest, unassuming; ‹*vestido/estilo*› simple, plain; ‹*casa/comida*› simple, modest; **son gentes sencillas y trabajadoras** they are simple, hardworking people; **el disco es sencillote y comercial** the record is unsophisticated *o* crude and commercial
B **1** ‹*flor*› single **2** (único) single; **una escopeta de cañón sencilla** a single-barreled gun; **coser con hilo ~** to sew with single thread **3** (Esp, Méx) ‹*billete*› one-way (AmE), single (BrE)

sencillo[2] *m*
A (disco) single
B (AmL) (dinero suelto) change
C (Esp, Méx) (billete de ida) one-way ticket (AmE), single (BrE), single ticket (BrE)

senda *f* **1** (camino) path; **siguió la ~ del mal/bien** he followed the path of evil/good; **una pequeña ~ conducía al cortijo** (liter) a small path *o* track led to the farmhouse **2** (Ur) (de una carretera) lane

senderismo *m*
A (Dep) hiking, trekking
B (en Perú) *ideology of Sendero Luminoso*

senderista *mf*
A (Dep) hiker

S

B (en Per) *a member or follower of the Sendero Luminoso*

sendero *m* path; **un ~ que sigue paralelo al río** a path *o* track which runs parallel to the river; **le mostró a su pueblo el ~ de la libertad** he showed his people the path *o* road *o* way to freedom

(Compuesto) **Sendero Luminoso** Shining Path, Sendero Luminoso

sendos -das *adj pl* **1** (cada uno): **llevaban sendas pistolas** each of them was carrying *o* they were each carrying a gun; **la revista celebró su aniversario con sendas fiestas en Madrid y Barcelona** the magazine celebrated its anniversary with parties in both Madrid and Barcelona **2** (crit) (ambos) both

Séneca Seneca

senectud *f* (liter) old age

Senegal *m* Senegal

senegalés -lesa *adj/m,f* Senegalese

senescencia *f* aging, senescence (liter)

senil *adj* (liter): **edad ~** advanced age; **muerte ~** death at an advanced age; ▸**demencia**

senilidad *f* old age

sénior[1], senior /'senjor/ *adj inv* **1** (Dep) ‹*categoría/equipo*› senior **2** (con experiencia) senior; **analista programador ~** senior systems analyst **3** (con nombre propio) senior; **Fernando Martínez ~** Fernando Martínez Senior

sénior[2], senior /'senjor/ *mf* (*pl* **-niors**) senior

seno *m*

A **1** ▸❶ **p.231**; (mama) breast; (pecho) bosom; **los ~s** the breasts; **le extirparon el ~ izquierdo** she had her left breast removed; **cáncer en** *or* **del ~** (AmL) breast cancer; **guardó la carta en su ~** she kept the letter tucked away in her bosom; **le apretó contra su ~** she clutched him to her breast *o* bosom; **dar el ~** (Ven) to breastfeed; **que Dios lo acoja en su ~** may he be taken into the bosom of the Lord; **en el ~ de Abraham** in Abraham's bosom **2** (matriz) womb **3** (de una organización) heart; **la confusión existente en el propio ~ de la empresa** the confusion which exists at the very heart of the company; **después de muchos años volvió al ~ de su familia** after many years she returned to the bosom of her family

(Compuestos)

- **seno frontal** frontal sinus
- **seno materno** womb

B (Mat) sine

C (Arquit) groin

SENPA *m* (en Esp) = **Servicio Nacional de Producción Agraria**

sensación *f*

A (percepción, impresión) feeling; **lo invadió una ~ de tristeza** a feeling of sadness came over him; **una vaga ~ de placer** a vague sensation of pleasure; **tengo** *or* **me da la ~ de que no vamos a ganar** I have a feeling we're not going to win

(Compuesto) **sensación térmica** windchill factor

B **1** (furor) sensation; **la noticia causó ~** the news caused a sensation **2** (éxito) sensation; **tu hermana fue la ~ de la noche** your sister was the sensation of the evening

sensacional *adj* sensational; **¿qué tal la película? — sensacional** how was the movie? — sensational *o* marvelous; **S** **¡sensacionales rebajas!** sensational *o* fantastic reductions!

sensacionalismo *m* sensationalism; **el tema se presta a ~s** the subject lends itself to sensationalism *o* sensationalist treatment

sensacionalista[1] *adj* ‹*artículo/foto*› sensationalistic; **la prensa ~** the sensationalist press, the yellow press, the tabloid press (BrE)

sensacionalista[2] *mf* sensationalist

sensacionalizar [A4] *vt/vi* to sensationalize

sensacionalmente *adv* sensationally

sensatamente *adv* sensibly

sensatez *f* good sense; **la ~ no es la virtud que lo caracteriza** he's not known for his good sense; **obró con ~** she acted sensibly; **pusieron en duda la ~ del proyecto** they cast doubt on the wisdom of the project

sensato -ta *adj* ‹*persona*› sensible; ‹*decisión/respuesta*› sensible

sensibilidad *f*

A **1** (emotividad) sensitivity; **tiene la ~ a flor de piel** he's very sensitive *o* thin-skinned; **puede herir la ~ del espectador** it may offend viewers' sensibilities; **un artista de gran ~** an artist of great sensitivity **2** (inclinación) sensitivity; **la ~ poética** a sensitivity to *o* feeling for poetry

B **1** (en el brazo, la pierna) feeling; **perdió la ~ en los dedos** she lost all feeling in her fingers **2** (de un instrumento, un aparato) sensitivity

sensibilización *f*

A (de la opinión pública): **una campaña de ~ ciudadana** a campaign to raise public awareness

B (Fot) sensitization

sensibilizado -da *adj*: **países ~s frente a la contaminación atmosférica** countries which have become aware of *o* conscious of *o* sensitized to the problems of atmospheric pollution; **es un hombre ~ ante el tema de los indígenas** he is a man who is aware of *o* sensitive to the issue of the Indian peoples

sensibilizar [A4] *vt*

A (concienciar): **una campaña para ~ a los ciudadanos sobre el problema** a campaign to raise public awareness of the problem *o* to sensitize people to the problem; **~ al educador frente a las necesidades de los alumnos** to make the educator sensitive to the needs of students, to sensitize the educator to the needs of students

B **1** (emotivamente): **estamos todavía sensibilizados por este trauma** we're still suffering from *o* traumatized by the shock **2** (Med) to sensitize

C (Fot) to sensitize

sensible *adj*

A **1** (susceptible, impresionable) sensitive **2** (a las artes): **es muy ~ a la música** she has a great feeling for music *o* very good musical sense; **no es nada ~ al arte** he has no feeling for art

B **1** ‹*piel/ojos*› (físicamente) sensitive; **~ A algo** sensitive TO sth **2** ‹*instrumento/aparato*› sensitive; (Fot) sensitive

C (*gen delante del n*) (frml) (ostensible, importante) appreciable; **un aumento ~ en el precio del petróleo** an appreciable rise *o* a sizeable increase in the price of oil; **ha habido una ~ disminución en el número de accidentes** there has been a noticeable *o* an appreciable drop in the number of accidents; **ha mostrado una ~ mejoría** she has shown marked improvement; **la sequía ha ocasionado ~s pérdidas** the drought has caused significant losses; **sus familiares lamentan tan ~ pérdida** the family mourn his terrible loss (frml)

sensiblemente *adv*: **han mejorado ~ el diseño** the design has been appreciably *o* considerably improved; **estaba ~ impresionado con la noticia** he was visibly *o* noticeably *o* strongly affected by the news; **los valores de la bolsa han aumentado ~ en el curso de la semana** share prices have risen considerably *o* appreciably during the course of the week

sensiblería *f* (pey) sentimentality, mawkishness

sensiblero -ra *adj* (pey) ‹*persona*› overly sentimental, mawkish; ‹*novela/película*› mawkish, schmaltzy (colloq), slushy (colloq)

sensitiva *f* sensitive plant

sensitivo -va *adj* **1** ‹*órgano*› sensory, sense (*before n*); ‹*facultad*› sensory **2** (liter) (sensible) sentient (frml), sensitive

sensor *m* sensor; **~es de humo** smoke detectors

(Compuesto) **sensor remoto** remote sensor

sensorial *adj* sensory, sensorial; **órgano ~** sense *o* sensory organ

sensual *adj* ‹*boca/cuerpo*› sensual, sensuous; ‹*placeres/gesto*› sensual; ‹*descripción*› sensuous

sensualidad *f* sensuality; **las páginas de la novela destilaban ~** the pages of the novel exuded sensuality; **la seductora ~ de sus descripciones** the seductive sensuousness of his descriptions; **la ~ con la que bailaba** the sensual *o* sensuous way in which she danced

sensualismo *m* sensualism

sentada *f* **1** (en protesta) sit-in, sit-down protest; **los estudiantes hicieron una ~** the students organized a sit-in **2** **de** *or* **en una sentada** ‹*leer/escribir*› in one go, at one sitting; **nos comimos el queso de una ~** we ate the cheese in one go *o* one fell swoop *o* at one sitting

sentaderas *fpl* (RPl fam) backside (colloq), butt (AmE colloq), bum (BrE colloq)

sentadilla *f* squat

sentado -da *adj* sitting, seated (frml); **ya estaban ~s a la mesa** they were already (sitting) at the table; **quédate** *or* **estáte aquí sentadito y sin moverte** now sit here and don't move; **pueden permanecer ~s** (frml) you may remain seated (frml); **llevamos más de una hora aquí ~s** we've been sitting here for over an hour; ***dar por ~:*** **estás dando demasiado por ~** you're taking too much for granted; **doy por ~ que me ayudarás** I'm assuming that you'll help me, I'm counting on you to help me; ***dejar algo ~:*** **con su obra dejó ~s los principios de la nueva teoría** with his work he firmly established *o* laid down the principles of the new theory; **quiero dejar bien ~ que ...** I would like to make it clear that ...; ***esperar(se) ~*** (fam & iró): **si crees que lo voy a tener listo para el lunes, espérate ~** if you think I'm going to have it ready by Monday, you'll have a long wait *o* you've got another think coming (colloq)

sentador -dora *adj* (AmL) flattering, fetching

sentar [A5] *vi* (+ *me/te/le etc*) **1** «*ropa/color*» (+ *compl*): **ese vestido le sienta de maravilla** she looks marvelous in that dress, that dress really suits her; **ese color te sienta muy bien a la cara** that color really goes with *o* suits your complexion **2** «*comida/bebida/clima*» (+ *compl*): **el café/este clima no le sienta bien** coffee/this climate doesn't agree with her; **esta sopita te ~á bien** this soup will make you feel better, you'll feel better with some soup inside you (colloq); **me sentó bien el descanso** the rest did me a lot *o* (colloq) a power of good **3** «*actitud/comentario*» (+ *compl*): **me sentó mal que no me invitaran** I was put out that they didn't ask me (colloq); **le va a ~ bien que se lo digas** he'll be pleased if you tell him **4** (*sin compl*) to suit; **ese color no les sienta a los pelirrojos** that color doesn't suit redheads

■ **sentar** *vt*

A ‹*niño/muñeca*› to sit; ‹*invitado*› to seat, sit; **lo ~on a la cabecera de la mesa** they seated *o* sat him at the head of the table

B (establecer) to establish; **el dictamen sienta jurisprudencia** this ruling sets *o* establishes a legal precedent; **con la firma del acuerdo ~on las bases para una mayor colaboración** the signing of the agreement paved the way *o* laid the foundations for greater cooperation

■ **sentarse** *v pron* to sit; **~se a la mesa** to sit at (the) table, sit down to eat; **no te sientes en la mesa** don't sit on the table; **no había donde ~se** there was nowhere to sit; **siéntese, por favor** please sit down *o* take a seat, do sit down *o* take a seat; **nos hizo ~ afuera** he made us sit outside; **me sentaba con ella en la clase** I used to sit next to her in class; **siéntate bien/derechita** sit up, sit up straight; **el bebé ya se sienta solo** the baby is sitting up on his own now

sentencia *f*

A (Der) judgment, ruling; **dictar** *or* **pronunciar ~** to pass *o* pronounce sentence; **visto para ~** ready for sentencing; **estaba dispuesto a acatar la ~** he was willing to abide by the decision *o* ruling

(Compuesto) **sentencia firme** unappealable judgment

B (máxima) motto, maxim

C (Inf) sentence

S

sentenciar [A1] *vt* to sentence; **lo ~on a dos años de prisión** (Der) he was sentenced to two years in prison *o* he was given a two-year sentence; **la ~on a muerte** (Der) she was sentenced to death; **la mafia lo tiene sentenciado a muerte** the mafia have got a contract out on him; **a ése lo tengo sentenciado por traicionero** (Chi fam) I'm going to get my revenge on him for being a traitor

■ **sentenciar** *vi*: **—más vale tarde que nunca —sentenció** better late than never, he declared sententiously

sentencioso -sa *adj* sententious

sentidamente *adv* [1] (con mucha emoción) with great emotion [2] (con pesar) regretfully [3] (con sinceridad) sincerely

sentido¹ -da *adj*

A ‹*palabras/carta*› heartfelt; ‹*anhelo/dolor*› deep; **mi más ~ pésame** my deepest sympathy

B ‹*persona*› [1] [SER] (sensible) sensitive, touchy [2] [ESTAR] (dolorido) hurt, offended; **está muy ~ porque no lo invitamos** he's very hurt that we didn't ask him

sentido² *m*

A [1] (Fisiol) sense; **tiene muy aguzado el ~ del olfato** she has a very keen sense of smell; ***poner los cinco ~s en algo*** to give sth one's full attention; (ante un peligro) to keep one's wits about one [2] (noción, idea) **~ DE algo** sense OF sth; **su ~ del deber/de la justicia** her sense of duty/of justice; **tiene un gran ~ del ritmo** he has a great sense of rhythm; ▸**sexto¹**

(Compuestos)

- **sentido común** common sense
- **sentido de (la) orientación** sense of direction
- **sentido del humor** sense of humor*
- **sentido del ridículo** sense of the ridiculous
- **sentido práctico**: **tiene mucho ~ ~** she's very practical, she's very practically minded

B (conocimiento) consciousness; **el golpe lo dejó sin ~** he was knocked senseless *o* unconscious by the blow; **perder el ~** to lose consciousness; **recobrar el ~** to regain consciousness, to come to, to come round

C [1] (significado) sense; **en el buen ~ de la palabra** in the nicest sense of the word; **en el ~ estricto/amplio del vocablo** in the strict/broad sense of the term; **en ~ literal/figurado** in a literal/figurative sense; **lo dijo con doble ~** he was intentionally ambiguous; **buscaba algo que le diera ~ a su vida** he was searching for something to give his life some meaning; **conociendo su biografía la obra cobra un ~ muy diferente** when one knows something about his life the work takes on a totally different meaning; **no le encuentro ~ a lo que haces** I can't see any sense *o* point in what you're doing; **esa política ya no tiene ~** that policy makes no sense anymore *o* is meaningless now; **no tiene ~ preocuparse por eso** it's pointless *o* there's no point worrying about that [2] (aspecto): **en cierto ~ tienen razón** in a sense they're right; **en muchos/ciertos ~s la situación no ha cambiado** in many/certain respects the situation hasn't changed; **en este ~ debemos recordarnos que ...** in this respect we should remember ...

D (dirección) direction; **se mueve en el ~ de las agujas del reloj** it moves clockwise *o* in a clockwise direction; **gírese en ~ contrario al de las agujas del reloj** turn (round) in a counterclockwise (AmE) *o* (BrE) an anticlockwise direction; **en el ~ de la veta de la madera** with the grain of the wood; **venían en ~ contrario** *or* **opuesto al nuestro** they were coming in the opposite direction to us; **calle de ~ único** one-way street

sentimental¹ *adj* [1] (relativo a los sentimientos) sentimental; **tenía un gran valor ~** it had great sentimental value [2] ‹*persona*› sentimental; ‹*canción/novela*› sentimental; **no te pongas ~ que me vas a hacer llorar** don't get all sentimental or you'll make me cry [3] ‹*aventura/vida*› love (*before n*); **tiene problemas ~es** she's having problems with her love life

sentimental² *mf* sentimentalist (frml), sentimental person

sentimentalismo *m* sentimentalism; **tíralo a la basura y déjate de ~s** throw it in the bin and stop being so sentimental; **el ~ con el que presentaron la noticia** the sentimental way in which they presented the story

sentimentaloide *adj* (fam) ‹*novela/poema*› schmaltzy (colloq), slushy (colloq); ‹*persona*› mawkish, soppy (BrE colloq); **se puso ~** she went all mawkish *o* soppy

sentimiento *m*

A [1] (emoción) feeling; **es una persona de muy buenos ~s** she's a very feeling *o* caring person [2] (pasión): **no tiene ~s** he has no feelings; **no se deja llevar por los ~s** she doesn't let herself get carried away by her emotions, she doesn't let her emotions get the better of her; **toca la guitarra/canta con mucho ~** he plays the guitar/sings with a lot of feeling [3] (pesar): **te/les acompaño en el ~** my commiserations

B **sentimientos** *mpl* [1] (amor): **no se atrevía a declararle sus ~s** he did not dare to declare his feelings to her; **me parece muy mal que juegues con sus ~s** I think its very wrong of you to play with his emotions *o* feelings [2] (sensibilidad) feelings (*pl*); **aquellas palabras hirieron sus ~s** those words hurt his feelings

(Compuesto) **sentimiento de culpa** *or* **culpabilidad** feeling of guilt

sentina *f* (Náut) bilge

sentir¹ [I11] *vt*

A [1] ‹*frío/calor/hambre/sed*› to feel; **empecé a ~ hambre/frío a eso de medianoche** I started to feel hungry/cold around midnight; **apenas sentí el pinchazo** I hardly felt the prick of the needle; **sentí un dolor en el costado/un tirón en la pierna** I felt a pain in my side/a tug at my leg [2] ‹*emoción*› to feel; **es incapaz de ~ compasión por nadie** he's incapable of feeling compassion for anyone; **sentimos una gran alegría cuando nos enteramos** we were overjoyed when we found out; **nunca me hicieron ~ que estaba incomodando** they never made me feel I was in the way; **lo hizo para que él sintiera celos** she did it to make him feel jealous; **realmente sienten la música** they play the music with great feeling [3] (presentir): **sentí que nos iba a pasar algo** I had a feeling something was going to happen to us [4] (experimentar consecuencias): **los efectos de la crisis se dejarán ~ durante décadas** the effects of the crisis will be felt for decades; **el descontento se hizo ~ pronto** their discontent soon made itself felt; **nuestro departamento no ha sentido el cambio de director** our department hasn't been affected by the change of director

B [1] (oír) to hear; **sentimos un ruido/un disparo/pasos** we heard a noise/a shot/footsteps; **anoche te sentí llegar** I heard you come in last night [2] (esp AmL) (percibir) ‹*olor/gusto*› **siento olor a gas/a quemado** I can smell gas/burning; **le siento gusto a vainilla/ajo** I can taste vanilla/garlic

C (lamentar): **sentí mucho la muerte de tu padre** I was very sorry to hear of your father's death; **su muerte fue muy sentida** his death was deeply mourned; **lo siento mucho** I'm really sorry; **lo siento en el alma** I'm terribly sorry, I'm so sorry; **no sabes cómo** *or* **cuánto lo siento** I can't tell you how sorry I am; **sentí mucho no poder ayudarla** I was very sorry not to be able to help her; **el director siente no poder recibirlo** the director regrets that he is unable to see you (frml); **siento que tengas que ir tan pronto** I'm sorry you have to go so soon

■ **sentirse** *v pron*

A (+ *compl*) to feel; **¿te sientes bien?** are you feeling *o* do you feel all right?; **me siento mal** I don't feel well, I'm not feeling well; **me siento enfermo/peor** I feel ill/worse; **como se sentía mejor se levantó** she felt *o* was feeling better so she got up; **se sintió desfallecer** she felt as if she were about to faint; **no tiene por qué ~se ofendida/culpable** she has no reason to feel hurt/guilty; **nos sentimos totalmente identificados con el personaje** we can identify completely with the character; **me sentía vigilada** I felt as if I was being watched

B (Chi, Méx) (ofenderse) to be offended *o* hurt; **~se CON algn** to be offended *o* upset WITH sb

sentir² *m* [1] (sentimiento) feelings (*pl*), emotions (*pl*) [2] (opinión, postura) feeling, view; **la encuesta refleja el ~ general** the survey reflects the general feeling *o* view

senyera /seɲera/ *f* Catalan/Valencian flag

seña *f*

A (gesto): **me hizo una ~ que no entendí** he made a sign to me which I didn't understand, he signaled something to me which I didn't understand; **por ~s le pedí más coñac** I gestured to him to give me more cognac; **se comunican por ~s** they communicate by means of sign language *o* signs; **les hice ~s de que se callasen** I gestured *o* motioned to them to keep quiet; **lo castigaron por hacerle ~s al maestro** (Méx) he was punished for making rude gestures *o* signs at the teacher

B **señas** *fpl* (detalles): ***por*** *or* ***para más ~s*** to be more specific; **residente en el extranjero, en Londres por más ~s** he is living abroad, in London, to be precise *o* more specific

(Compuestos)

- **señas particulares** *fpl* distinguishing marks (*pl*)
- **señas personales** *fpl* physical description

C **señas** *fpl* (dirección) address; **¿me da las ~s?** could you give me your address?

D **señas** *fpl* (indicios) **dar ~s DE algo** to show signs OF sth

E (RPl) (Com) deposit

señal *f*

A [1] (aviso, letrero) sign; **~es de tráfico** *or* **circulación** traffic signs; **~ de peligro/stop/estacionamiento prohibido** danger/stop/no parking sign; **~es de carretera** road signs [2] (signo) signal; **al oír la ~ convenida** on hearing the agreed signal; **dio la ~ de salida** he gave the starting signal; **nos hacía ~es con la mano para que nos acercáramos** she was signaling *o* gesturing for us to come nearer; **salió haciendo con los dedos la ~ de la victoria** he gave the victory sign *o* V sign as he came out; **~es de humo** smoke signals; **~ de auxilio** *or* **socorro** distress signal [3] (Ferr) signal

(Compuesto) **Señal de la Cruz** sign of the cross

B (marca, huella): **pon una ~ en la página para saber por dónde vas** mark the page so you know where you've got up to; **el cuerpo no presentaba ~es de violencia** there were no marks on the body which might point to the use of violence, the body showed no signs of violent treatment

C (Rad, Telec, TV) ▸**i** **p.0000**; **descuelgue y espere la ~ para marcar** lift the receiver and wait for the dial (AmE) *o* (BrE) dialling tone; **la ~ de ocupado** *or* (Esp) **comunicando** the busy signal (AmE), the engaged tone (BrE); **la ~ nos llega vía satélite** the signal comes to us via satellite; **la ~ llega muy débil** the reception is very poor

(Compuesto) **señal horaria** time signal

D (indicio) sign; **¿todavía no te han contestado? mala ~** haven't you heard from them yet? that's a bad sign; **el accidentado no daba ~es de vida** the victim showed no signs of life; **hace mucho tiempo que no da ~es de vida** (fam) nobody has seen hide nor hair of him for ages (colloq); **continuó sin dar ~es de cansancio** she carried on without showing any sign of tiring *o* without appearing to get at all tired; **¡antes no se veían estas cosas! —¡~ de que los tiempos cambian!** you never used to see that sort of thing — well, it's a sign of the times; **el aluvión sepultó totalmente el pueblo, no quedó ni ~** the mudslide submerged the village completely, leaving no trace of its existence; **en ~ de protesta** as a sign *o* gesture of protest; **intercambiaron anillos en ~ de amor y fidelidad** they exchanged

rings as a token of love and fidelity
E (Esp) (Com) (depósito) deposit, down payment; **dar** *or* **dejar una ~** to leave a deposit *o* down payment

señaladamente *adv*: **su postura es ~ conocida** his position is perfectly well known; **sus ideas son ~ radicales** her ideas are distinctly radical; **una obra ~ polémica** a decidedly polemical piece of writing

señalado -da *adj*: **en una fecha tan señalada como ésta** on such a special day as this; **su señalada actuación en el campo de la ciencia** her notable *o* distinguished achievements in the field of science; **una victoria señalada** a signal triumph *ver tb* **señalar**

señalador *m tb* : **~ de libros** bookmark, bookmarker

señalar [A1] *vt*
A (indicar): **nos señaló la ruta en un mapa** she showed us the route *o* pointed out the route to us on a map; **me señaló con el dedo qué pasteles quería** he pointed out to me which cakes he wanted; **las manecillas del reloj señalaban las doce** the hands of the clock showed twelve
B (marcar) to mark; **los he señalado con una cruz** I've marked them with a cross, I've put a cross by them
C (afirmar) to point out; **señaló la necesidad de abrir nuevos hospitales** she pointed out the need to open new hospitals
D (fijar) ‹*fecha*› to fix, set; **a la hora señalada** at the appointed *o* arranged time; **~on el día 15 como fecha tope** they set *o* fixed the deadline for the 15th; **en el lugar señalado** in the appointed *o* agreed place
E (anunciar) to mark; **la llegada de las cigüeñas señala el final del invierno** the arrival of the storks marks *o* signals the end of winter
■ **señalarse** *v pron* to distinguish oneself; **se señaló por su heroísmo en la guerra** during the war he distinguished himself by his heroism

señalero *m* (Chi) (Mil, Náut) signalman

señalética *f*
A (sistema, señales) signaling system
B (ciencia) semiology

señalización *f* **1▸** (en una carretera, una calle) signposting; (en un edificio, un centro comercial) signs (*pl*) **2▸** (Ferr) signaling*
(Compuesto) **señalización vial** roadsigns (*pl*)

señalizador *m* (CS) *tb* : **~ de viraje** turn signal (AmE), indicator (BrE)

señalizar [A4] *vt* **1▸** ‹*carretera/calle/ciudad*› to signpost; ‹*edificio/centro comercial*› to put up directions on/in **2▸** (Ferr) ‹*tramo/vía*› to install signals on
■ **señalizar** *vi* to signal, indicate (BrE)

señar [A1] *vt* (RPl) to put a deposit on

señero -ra *adj* (liter) **1▸** (sin par) unique; **una figura señera de la política internacional** a unique figure in international politics **2▸** (solitario) lone (liter), solitary (liter)

señor[1] -ñora *adj* **1▸** (*delante del n*) (fam) (uso enfático): **ha conseguido un ~ puesto** she's got herself a really good job; **fue una ~a fiesta** it was some party *o* quite a party! (colloq) **2▸** (libre): **eres muy ~ de hacer lo que quieras** you're completely free to do as you like

señor[2] -ñora
A **1▸** (persona adulta) (*m*) man, gentleman; (*f*) lady; **te busca un ~** there's a man *o* gentleman looking for you; **la ~a del último piso** the lady who lives on the top floor; **peluquería de ~as** ladies' hairdresser's; **la ~a de la limpieza** the cleaning lady; **S señoras** ladies, women; **tiene 20 años pero se viste muy de ~a** she's only 20 but she dresses a lot older **2▸** (persona distinguida) (*m*) gentleman; (*f*) lady; **es todo un ~** he's a real gentleman; **tiene ínfulas de gran ~a** she gives herself airs and graces, she fancies herself as some sort of lady (BrE)
(Compuesto) **señora de compañía** *f* companion
B (dueño, amo): **el ~/la ~a de la casa** the gentleman/the lady of the house (frml); **los vasallos debían fidelidad a sus ~es** (Hist) the vassals owed allegiance to their lords; **a la ~a le pareció mal** (iró) Madam *o* her ladyship didn't like the idea (iro)
(Compuesto) **señor feudal** *m* feudal lord
C (Relig) **1▸** **Señor** *m* Lord; **recibir al S~** to receive the body of Christ; **Dios, nuestro S~** the Lord God; **Nuestro S~ Jesucristo** our Lord Jesus Christ; **nuestro hermano que ahora descansa** *or* **duerme en el S~** our brother who is now at peace **2▸** **Señora** *f*: **Nuestra S~a de Montserrat** Our Lady of Montserrat
D **1▸** **señora** *f* (esposa) wife; **saludos a tu ~a** give my regards to your wife; **la ~a de Jaime está muy enferma** Jaime's wife is very ill **2▸** **señor** *m* (Méx) (esposo) husband
E (tratamiento de cortesía) ▸ℹ **p.823** **1▸** (con apellidos) (*m*) Mr; (*f*) Mrs; **buenas tardes, S~ López** good afternoon, Mr López; **Señora de Luengo, ¿quiere pasar?** would you go in please, Mrs/Ms Luengo?; **¿avisaste a la ~a (de) Fuentes?** did you tell Mrs/Ms Fuentes?; **los ~es de Paz** Mr and Mrs Paz; **ya tenemos en nuestras manos los documentos enviados por los ~es Gómez y López** (frml) we have now received the documents from Messrs. Gómez and López (frml) **2▸** (uso popular, con nombres de pila): **¿cómo está, Señora Cristina?** ≈ how are you Mrs Fuentes?, ≈ how are you, Mrs F? (colloq); **la ~a Cristina/el ~ Miguel no está** ≈ Mrs Fuentes/Mr López is not at home **3▸** (frml) (con otros sustantivos): **el ~ alcalde no podrá asistir** the mayor will not be able to attend; **la ~a directora está ocupada** the director is busy; **salude a su ~ padre/~a madre de mi parte** (ant) please convey my respects to your father/mother (dated); **S~ Director** (Corresp) Dear Sir, Sir (frml) **4▸** (frml) (sin mencionar el nombre): **perdón, ~/~a, ¿tiene hora?** excuse me, could you tell me the time?; **pase ~/~a** come in, please; **~as y ~es** ladies and gentlemen; **¿se lleva ésa, ~a?** will you take that one, Madam? (frml); **muy ~ mío/~es míos** (Corresp) Dear Sir/Sirs; **Teresa Chaves — ¿~a o ~ita?** Teresa Chaves — Miss, Mrs or Ms?; **los ~es han salido** Mr and Mrs Paz are not at home; **¿el ~/la ~a va a cenar en casa?** will you be dining in this evening, sir/madam? (frml) **5▸** (uso enfático): **¿y lo pagó él? — pues sí, ~** you mean *he* paid for it? — he did indeed *o* (colloq) he sure did; **no, ~/~a, no fue así** oh, no! that's not what happened; **no, ~, no pienso prestárselo** there's no way I'm going to lend it to him

> **Señor/Señora/Señorita**
>
> Titles used before someone's name when speaking to or about them. They are generally followed by the person's surname, or first name and surname. They can also be followed by the person's professional title, without the name: *señor arquitecto, señora doctora, señorita maestra.* They can be used on their own to attract attention. In letters they can be followed by the appropriate forms of Don/Doña ▸**don/doña**: *Sr. Dn Juan Montesinos, Sra Dña. Ana Castellón.*
>
> The full forms are written in lower case when used in the middle of a sentence; the abbreviated forms are always capitalized - for *señor, Sr.*, for *señora, Sra.*, and for *señorita, Srta.*
>
> *Señor* is used for men. *Señores*, can mean "sirs", "gentlemen", and "ladies and gentlemen", and when used of a married couple means "Mr and Mrs": *los señores Montesino. Señora* is used for married women and widows, and women of unknown marital status. *Señorita* is used for single women, young women of unknown marital status, and female teachers.

señoría *f*: **su ~** (frml) (dirigiéndose a un juez) ≈ your Honor*; **sus ~s** (refiriéndose a diputados) ≈ the members of this house, ≈ the Right Honorable* members; **si su ~ se dignara a ayudarnos** (iró) if your lordship would deign to give us a hand (iro)

señorial *adj* ‹*casa*› stately; ‹*ciudad*› noble; **su porte ~** his noble bearing

señorío *m*
A **1▸** (Hist) (territorio) domain, manor, estate **2▸** (dominio) rule, dominion
B **1▸** (elegancia, distinción) class **2▸** (Esp) (gente bien): **el ~ de la capital** all the top people from the capital

señorita[1] *f*
A **1▸** (mujer joven) young woman; **vino una ~ a preguntar por usted** (frml) there was a young lady *o* woman here asking for you; **ya está hecha toda una ~** she's turned into a real young lady **2▸** (empleada): **la ~ que nos atendió** (joven) the young lady who served us; (mayor) the lady who served us; **residencia de ~s** hostel for young women **3▸** (joven distinguida) young lady; **a la ~ nada le viene bien** (iró) nothing seems to please her ladyship (iro) **4▸** (maestra) teacher; **le escribiré una nota a la ~** I'll write a note to your teacher; **la ~ nos ha castigado** the teacher *o* Miss kept us in **5▸** (ant & euf) (mujer virgen) virgin
B (tratamiento de cortesía) ▸ℹ **p.823** **1▸** (con apellidos) Miss; **~ Chaves, teléfono** Miss Chaves, telephone call for you **2▸** (con nombres de pila): **~ Teresa ¿puede atender a la señora?** Teresa/Miss Chaves, could you serve this lady please? **3▸** (sin mencionar el nombre) (frml): **¿qué deseaba, ~?** may I help you?, may I help you, miss? (esp AmE); **estimada ~** (Corresp) Dear Miss/Ms Chaves; **Teresa Chaves — ¿señora o ~?** Teresa Chaves — Miss, Mrs or Ms?; **~, Clarisa me está copiando** Miss, Clarisa's copying *ver tb* **señorito**

señorita[2] *adj* (CS): **es muy ~** she is very well-mannered, she has very nice manners

señoritingo -ga *m,f* (fam & pey) rich kid (colloq)

señorito -ta *m,f*
A (ant) (tratamiento dado por subalternos) (*m*) master (frml & dated); (*f*) miss (frml & dated); **la señorita Inés ha salido** Miss Inés is not at home (frml & dated); **sí, ~ Rafael** yes, Master Rafael (frml & dated); **¿a qué horas quiere cenar el ~/la señorita?** at what time will you be dining, sir/miss? (frml & dated)
B **señorito** *m* (pey) rich young man, rich kid (colloq)

> **señorito**
>
> There is in Spain what could be described as a *señorito* class, often Andalusian. The *señorito andaluz* is from a well-off family, does not work, and is only interested in enjoying himself.

señorón[1] -rona *adj* (fam) **1▸** (en el porte) ‹*mujer*› matronly; ‹*hombre*› **es muy ~ para la edad que tiene** he looks very portly and old for his age **2▸** (en la actitud) high and mighty; **y el muy ~ se quedó sentado leyendo el periódico** and his lordship just sat there reading the paper (iro)

señorón[2] -rona *m,f* (fam) bigwig (colloq), big shot (colloq)

señuelo *m* **1▸** (persona) bait **2▸** (para aves) decoy **3▸** (en ganadería) ox (*used to lead other animals*)

seo *f* cathedral (*in Aragon*)

SEP /sep/ *f* (en Méx) = **Secretaría de Educación Pública**

sep. (= **septiembre**) Sep., Sept.

sepa, sepas, etc ▸**saber[2]**

SEPA /ˈsepa/ *f* (UE) (= **Single Euro Payments Area**) SEPA

sépalo *m* sepal

separación *f*
A **1▸** (división) division; **el río sirve de ~ entre las dos fincas** the river marks the division between the two estates; **mamparas de ~** dividing *o* partition screens; **la ~ de palabras por sílabas** the division of words into syllables; **la ~ de la Iglesia y del Estado** the separation of the Church and the State **2▸** (distancia, espacio) space, gap
(Compuesto) **separación de poderes** separation of powers
B **1▸** (ausencia): **se reunieron después de dos meses de ~** they met up again after not

seeing each other *o* after being apart for two months *o* after a two-month period of separation [2] (del matrimonio) separation; **están tramitando la ~ (matrimonial)** they are negotiating the separation

(Compuestos)
- **separación de bienes** division *o* separation of property
- **separación de cuerpos** legal separation

C (de un cargo) dismissal; **la junta directiva decidió su ~ del cargo** the board of directors decided to dismiss him from the post

separadamente *adv* separately

separado¹ -da *adj*
A ‹*persona*› separated; **está ~ de su mujer** he is separated from his wife
B [1] ‹*camas/literas*› separate; **tiene los dientes muy ~s** her teeth are very far apart *o* are very widely spaced *o* have big gaps between them; **llevan vidas separadas** they live separate lives [2] **por separado** separately; **se entrevistó con los dos por ~** she interviewed the two of them separately *o* individually

separado² -da *m,f*: **es hijo de ~s** his parents are separated, he's the child of parents who have separated *o* of separated parents

separador *m*
A (de una carpeta) divider
B (Col) (Auto) median strip (AmE), central reservation (BrE)
C (Tec) separator
(Compuesto) **separador de claras** (Coc) egg separator

separar [A1] *vt*
A [1] (apartar, alejar) to separate; **dos transeúntes intentaron ~los** two passersby tried to separate *o* part them; **ha hecho todo lo posible por ~nos** he has done everything he can to split us up; **las consonantes dobles no se separan en español** in Spanish, double consonants should not be split up; **la maestra las separó porque charlaban mucho** the teacher separated them *o* split them up because they were talking so much; **separa la cama de la pared** move the bed away from the wall; **no se aconseja ~ a la madre de su ternero** it is not advisable to take the calf away from its mother; **~ la yema de la clara** separate the white from the yolk; **~ los machos de las hembras** to separate the males from the females [2] (dividir un todo) to divide; **~ las palabras en sílabas** divide the words into syllables; **la guerra separó a muchas familias** the war divided many families [3] (guardar, reservar) to put *o* set aside; **sepárame un trocito para Pablo, que va a venir más tarde** can you put *o* set aside a slice for Pablo, he'll be coming later; **separa la ropa que llevarás puesta** put the clothes you're going to wear on one side
B [1] (deslindar) to separate, divide; **una valla separa a los hinchas de los dos equipos** there is a fence separating the fans of the two teams; **los separan profundas diferencias** they are divided by deepseated differences; **~ algo DE algo** to separate sth FROM sth; **los Andes separan Argentina de Chile** the Andes separate Argentina from Chile [2] (despegar): **no puedo ~ estas dos fotos** I can't get these two photographs apart; **separa las lonchas de jamón** separate the slices of ham; **no separe la etiqueta antes de rellenarla** do not remove *o* detach the label before filling it in
C (frml) (destituir) to dismiss (frml); **fue separado de su cargo/sus funciones** he was removed from office/relieved of his duties (frml); **~ del servicio** (Mil) to discharge

■ **separarse** *v pron* [1] «*matrimonio*» to separate; **se ~on tras diez años de matrimonio** they separated *o* split up after ten years of marriage; **es hijo de padres separados** his parents are separated; **~se DE algn** to separate FROM sb; **se separó de su marido en octubre** she separated from her husband in October [2] (alejarse, apartarse) to split up; **a mitad de camino nos separamos** we split up half way; **los socios se ~on en 1996** they dissolved their partnership in 1996 (frml), the partners split up in 1996; **no se separen, que los pequeños se pueden perder** please don't split up *o* divide up *o* please stay together in case the children get lost; **~se DE algo/algn: esta niña no se separa del televisor** this child is always glued to the television; **no me he separado nunca de mis hijos** I've never been away *o* apart from my children; **no se separen de su equipaje** do not leave your luggage unattended

separata *f* offprint

separatismo *m* separatism

separatista¹ *adj* separatist (*before n*)

separatista² *mf* separatist

separo *m* (Méx) cell; **me metieron a los ~s** I was put in the cells

sepelio *m* burial, interment (frml)

Sepes *f* (en Méx) **= Secretaría de Pesca**

sepetecientos -tas *adj* (fam) hundreds of; **había ~ invitados** there were hundreds of guests

sepia¹ *f* [1] (Coc, Zool) cuttlefish, sepia (tech) [2] (en pintura) sepia

sepia² *adj* ▸ⓘ **p.181** (*gen inv*): **tonos ~** *or* **~s** sepia tones

sepia³ *m* ▸ⓘ **p.181** (color) sepia

sepsis *f* (*pl* ~) sepsis

septentrión *m* (liter) north

septentrional *adj* northern

septeto *m* septet

septicemia *f* septicemia* (tech), blood poisoning

septicémico -ca *adj* septicemic*

séptico -ca *adj* septic

septiembre *m* ▸ⓘ **p.371** September; *para ejemplos ver* **enero**

septillizo -za *m,f* septuplet

septillo *m* septuplet

séptimo¹ -ma *adj/pron* [1] ▸ⓘ **p.575**; (ordinal) seventh *para ejemplos ver* **quinto¹** [2] (partitivo): **la séptima parte** a seventh
(Compuesto) **séptimo arte** *m*: **el ~ ~** the seventh art, the movies (*pl*) (AmE), the cinema (BrE)

séptimo² *m* ▸ⓘ **p.243** seventh

septuagenario¹ -ria *adj* septuagenarian (frml); **un tirano ~** a tyrant in his seventies

septuagenario² -ria *m,f* septuagenarian (frml); **un ~** a man in his seventies

septuagésimo -ma *adj/pron* [1] ▸ⓘ **p.575**; (ordinal) seventieth *para ejemplos ver* **vigésimo** [2] (partitivo): **la septuagésima parte** a seventieth

séptuplo *m* septuple; **el ~ de 5 es 35** 7 times 5 is 35

sepulcral *adj* [1] (liter) ‹*silencio*› deathly; **se hizo un silencio ~** there was a deathly hush, everything went deadly quiet [2] ‹*inscripción*› **la inscripción ~ estaba en latín** the inscription on the tomb *o* (liter) sepulcher was in Latin; **parecían piedras/túmulos ~es** they looked like tombstones/burial mounds

sepulcro *m* tomb, sepulcher* (liter)

sepultación *f* (Chi) burial

sepultar [A1] *vt* [1] (frml) ‹*muerto*› to inter (frml), to bury [2] (period) (cubrir): **el pueblo quedó sepultado bajo las aguas** the town was totally submerged; **los montañeros fueron sepultados por un alud de nieve** the mountaineers were buried *o* (liter) entombed by an avalanche

sepultura *f* [1] (acción) burial; **sus restos recibieron cristiana ~** his remains received a Christian burial; **le dieron ~ en el panteón familiar** she was buried in the family vault [2] (tumba) tomb, grave

sepulturero -ra *m,f* gravedigger

sequedad *f* [1] (de un terreno, una región) dryness [2] (de una respuesta, un tono) curtness; **nos saludó con ~** he greeted us curtly

sequía *f* drought

séquito *m* (de un rey) retinue, entourage; **llegó con un ~ de admiradoras** he arrived with a train of admirers

ser¹ [E26]

GUÍA DE BÚSQUEDA

■ **ser** *cópula*
A seguido de adjetivos
B hablando de estado civil
C [1] seguido de nombre, pronombre
[2] en juegos en el imperfecto
D con predicado introducido por de

■ **ser** *verbo intransitivo*
(Sentido I)
A [1] existir
[2] en cuentos
B [1] tener lugar, ocurrir
[2] ser de alguien/algo
C sumar
D causar, significar
E resultar
F consistir en
G ser para
H constituir motivo
(Sentido II)
A usado para enfatizar
B es que
C lo que es
D en locuciones
(Sentido III) en el tiempo
(Sentido IV) quedar, estar ubicado

■ **ser** *verbo impersonal*

■ **ser** *verbo auxiliar*: en la formación de la voz pasiva

cópula
A (seguido de adjetivos) [▸**ser** *expresses identity or nature as opposed to condition or state, which is normally conveyed by* ▸**estar**. *The examples given below should be contrasted with those to be found in* ▸**estar¹ A**] ▸ⓘ **p.185**; to be; **es bajo y gordo** he's short and fat; **Ignacio es alto** Ignacio is tall; **es viejo, debe andar por los 80** he's old, he must be about 80; **el rape es delicioso ¿nunca lo has probado?** monkfish is delicious, haven't you ever tried it?; **no soy grosero — sí que lo eres** I'm not rude — yes, you are; **es muy callada y seria** she's very quiet and serious; **mi padre es calvo** my father's bald; **es sorda de nacimiento** she was born deaf; **es inglés/rubio/católico** he's English/fair/(a) Catholic; **era cierto/posible** it was true/possible; **sé bueno, estáte quieto** be a good boy and keep still; **que seas muy feliz** I hope you'll be very happy; **más tonto eres tú** not as stupid as you, you're the stupid one; (+ *me/te/le etc*): **para ~te sincero, no me gusta** to be honest (with you) *o* to tell you the truth, I don't like it; **siempre le he sido fiel** I've always been faithful to her; (*ver tb vi* **I 5**); ***¿éste es o se hace?/¿tú eres o te haces?*** (AmL fam): **mira lo que has hecho, ¿tú eres o te haces** *or* (RPl) **vos sos o te hacés?** look what you've done, are you stupid or what *o* or something? (colloq)
B (hablando de estado civil) to be; **el mayor es casado/divorciado** the oldest is married/divorced; **es viuda** she's a widow *ver tb* **estar¹ C**
C [1] (seguido de nombre, pronombre, sintagma nominal) to be; **soy peluquera/abogada** I'm a hairdresser/a lawyer; **es madre de dos niños** she's a mother of two; **soy un cobarde — todos lo somos** I'm a coward — aren't we all?; **el que fuera presentador del programa** the former presenter of the program, the person who used to present the program; **ábreme, soy Mariano/yo** open the door, it's Mariano/it's me; **por ~ usted, vamos a hacer una excepción** for you *o* since it's you, we'll make an exception; **dame cualquiera que no sea ése** give me any one except *o* but that one; **mi vista ya no es lo que era** my eyesight isn't what it was *o* what it used to be [2] (en juegos) (*en el imperfecto*) to be; **yo era el rey y tú el mago Merlín** let's pretend I'm the king and you're Merlin the wizard, I'll be the king and

S

you (can) be Merlin the wizard
D (con predicado introducido por 'de'): **esos zapatos son de plástico** those shoes are (made of) plastic; **soy de Córdoba** I'm from Cordoba; **es de los vecinos** it belongs to the neighbors, it's the neighbors'; **ese chico es del San Antonio** that boy goes to *o* is from San Antonio College; **ésa es de las que ...** she's one of those people who ..., she's the sort of person who ...; **¡es de un aburrido ...!** (Esp fam) it's *so* boring ...!, it's such a bore ...!; **~ *de lo que no hay*** (fam) to be incredible (colloq)
■ *vi*
(Sentido I)
A 1 (existir) to be; **~ o no ~** to be or not to be; **la Constitución que asentó la paz, que por siempre sea** (liter) the Constitution that consolidated peace, may it last forever (liter); ▸**razón** 2 (liter) (en cuentos): **érase una vez ...** once upon a time there was ...
B 1 (tener lugar, ocurrir): **la fiesta va a ~ en su casa/al mediodía** the party is going to be (held) at her house/at noon; **¿dónde fue el accidente?** where did the accident happen?; **¿cómo fue que cambiaste de idea?** what made you change your mind?; **el asunto fue así ...** it happened like this ...; ***otra vez ~á:*** **¿no ganamos nada? otra vez ~á** didn't we win anything? oh, well, maybe next time; **no nos va a dar tiempo, otra vez ~á** we won't have time, it'll have to wait for another time 2 (en preguntas) **~ DE algn/algo**: **¿qué habrá sido de aquel chico que salía con Adela?** I wonder what happened to *o* what became of that guy who used to go out with Adela; **¿qué es de la vida de Marisa?** (fam) what's Marisa up to (these days)? (colloq)
C (sumar): **¿cuánto es (todo)?** how much is that (altogether)?, how much *o* what does that (all) come to?; **son 3.000 pesos** that'll be *o* that's 3,000 pesos; **cuatro y cuatro son ocho** four and four are *o* make eight, four and four is *o* makes eight (colloq); **somos diez en total** there are ten of us altogether; **son muchos años de trabajo los que tengo a mis espaldas** I have a good few years' work behind me
D (causar, significar) to be; **aquello fue su ruina** that was his downfall
E (resultar): **me va a ~ imposible venir** it's going to be impossible for me to come, I'm not going to be able to come; **me fue muy difícil entenderlo** I found it very difficult to understand
F (consistir en) to be; **lo importante es participar** the important *o* main thing is to take part; **todo es empezar, luego ya es más fácil** the hardest thing is getting started, after that it becomes *o* gets easier
G (indicando finalidad, adecuación) **~ PARA algo** to be FOR sth; **esta agua es para beber** this water is for drinking
H (constituir motivo): **no es para tanto** it's not *that* good (*o* bad *etc*); **~ (como) PARA + INF: es (como) para enloquecerse** it's enough to drive you mad; **es (como) para denunciarlos a la policía** it makes you want to report them *o* it makes you feel like reporting them to the police
(Sentido II)
A (usado para enfatizar): **así es como queda mejor** that's the way it looks best; **fue anoche cuando** *or* (AmL) **que se lo dijeron** they (only) told her last night; **fue aquí donde** *or* (AmL) **que lo vi** this is where I saw him, it was here that I saw him; **era con él con el que** *or* **con quien tenías que hablar** he was the one *o* it was him you should have spoken to; **fueron las grandes empresas las que se beneficiaron** it was the big companies that benefited; **fui yo quien** *or* **la que lo dije: fui yo quien** *or* **la que lo dijo** I was the one who said it, it was me that said it
B **es que ...: no quiero, ¿es que no entiendes?** I don't want to, can't *o* don't you understand?; **¿es que no saben que ha muerto?** do you mean to say they don't know he's dead?; **¡es que la gente es tan mala!** people are just so awful, aren't people awful?; **es que no sé nadar** the thing is that *o* I'm afraid I can't swim; **no, si no es que no me guste ...** no, it's not that I don't like it ...; **una respuesta como ésa es que lo descorazona a uno** it's very discouraging to get an answer like that, it does discourage you to get an answer like that; **díselo, si es que te atreves** tell him, if you dare
C **lo que es ...** (fam): **lo que es yo, no pienso hablarle más** *I* certainly have no intention of speaking to him again; **esperemos que el postre sea mejor, porque lo que es hasta ahora ...** let's just hope the dessert is better because what we've had so far ...; **¡lo que es saber idiomas!** it sure is something to be able to speak languages! (AmE), what it is to be able to speak languages! (BrE)
D (*en locuciones*): **a no ser que** (+ *subj*) unless; **nunca acepta nada a no ~ que le insistas** she never accepts anything unless you insist; **como debe ser: ¿ves como me acordé de tu cumpleaños? — ¡como debe ~!** see, I did remember your birthday — and so you should! *o* I should hope so! *o* I should think so too!; **los presentó uno por uno, como debe ~** she introduced them one by one, the way it should be done *o* as you should; **¿cómo es eso?** why's that?, how come? (colloq); **como/cuando/donde sea: tengo que conseguir ese trabajo como sea** I have to get that job no matter what; **hazlo como sea, pero hazlo** do it any way *o* however you want but get it done; **puedo dormir en el sillón o donde sea** I can sleep in the armchair or wherever you like *o* anywhere you like; **como ser** (CS) such as; **con ser: con ~ hermanos, no se parecen en nada** although *o* even though they're brothers, they don't look at all alike; **de no ser así** (frml) should this not be so *o* the case (frml); **de ser así** (frml) should this be so *o* the case (frml); **de no ser por ...: de no ~ por él, nos hubiéramos muerto** if it hadn't been *o* if it weren't for him, we would have been killed; **¡eso es!** that's it!, that's right!; **lo que sea: cómete una manzana, o lo que sea si tienes hambre** have an apple or something if you're hungry; **tú pagas tus mil pesos o lo que sea, y te dan ...** you pay your thousand pesos or whatever, and you get ...; **estoy dispuesta a hacer lo que sea** I'm prepared to do whatever it takes *o* anything; **no sea que** *or* **no vaya a ser que** (+ *subj*) in case; **le dije que llamara, no fuera que yo tuviera que salir** I told him to call just in case I had to go out; **cierra la ventana, no sea** *or* **no vaya a ser que llueva** close the window in case it rains; **ten cuidado, no sea** *or* **no vaya a ~ que lo eches todo a perder** be careful or you'll ruin everything, be careful lest you (should) ruin everything (frml); **o sea: los empleados de más antigüedad, o sea los que llevan aquí más de ...** longer serving employees, that is to say those who have been here more than ...; **o sea que no te interesa** in other words, you're not interested; **o sea que nunca te enteraste de quién era** so you never found out whose it was; **(ya) sea ... (ya) sea ...: siempre está tratando de aprender algo, (ya) sea preguntando a la gente, (ya) sea leyendo ...** he's always trying to learn, either by asking people questions or by reading; **(ya) sea por caridad, (ya) sea por otra razón, ...** whether he did it out of charity or for some other reason, ...; **sea como/cuando/quien sea** *or* **fuere: hay que impedirlo, sea como sea** *or* **fuere** it must be prevented no matter how *o* at all costs; **sea cuando sea** *or* **fuere** whenever it is; **sea quien sea** *or* **fuere, le dices que no estoy** no matter who it is *o* whoever it is, tell them I'm not in; **siendo así que** *or* **siendo que ...** (CS) even though ...; **la atendieron primero a ella, siendo (así) que yo había llegado antes** they served her first, even though I was there before her; **si no fuera/hubiera sido por ...** if it wasn't *o* weren't/hadn't been for ...
(Sentido III) (en el tiempo) ▸❶ **p.371**, ▸❶ **p.431**; to be; **¿qué fecha es hoy?** what's the date today?, what's today's date?, what date is it today?; **¿qué día es hoy?** what day is it today?; **es miércoles/Viernes Santo** it's Wednesday/Good Friday; **serían las cuatro/sería la una cuando llegó** it must have been (about) four/one (o'clock) when she arrived; *ver tb* **ser[1]**
(Sentido IV) (quedar, estar ubicado) to be [▸**estar[1]** **Sense IA** *could be used in these examples*] **eso es en Murcia** that's in Murcia; **es muy cerca de aquí** it's very near here
■ *v impers* to be; **era primavera/de noche** it was spring(time)/night(time); **es demasiado tarde para llamar** it's too late to phone
■ *v aux* (en la formación de la voz pasiva) **ser + PP** to be + PP; **fue construido en 1900** it was built in 1900; **su hora era llegada** (liter) his time had come (liter)

ser[2] *m*
A 1 (ente) being; **~es sobrenaturales** supernatural beings 2 (individuo, persona): **un ~ querido** a loved one; **un ~ muy especial** a very special person
(Compuestos)
- **ser humano** human being
- **Ser Supremo** Supreme Being
- **ser vivo** *or* **viviente** living being

B 1 (naturaleza): **desde lo más profundo de mi ~** from the bottom of my heart; **se sintió herido en lo más íntimo de su ~** he felt deeply hurt, he was wounded to the very depths of his being (liter) 2 (carácter esencial) essence; **el ~ de España** the essential character *o* essence of Spain
C (Fil) being; **el ~ y la nada** being and nothingness; **la mujer que te dio el ~** the woman who gave you life *o* who brought you into this world

SER /ser/ *f* = **Sociedad Española de Radiodifusión**
seráfico -ca *adj* (liter) seraphic (liter)
serafín *m* seraph
Serbia *f* Serbia
serbio[1] -bia *adj* Serbian
serbio[2] -bia *m,f* 1 (persona) Serb, Serbian 2 **serbio** *m* (idioma) Serbian
serbobosnio -nia *adj/m,f* Bosnian Serb
serbocroata[1] *adj* Serbo-Croat, Serbo-Croatian
serbocroata[2] *mf* Serbo-Croat
seré, seremos, etc ▸**ser[1]**
serenamente *adv* ‹*dormir/morir*› peacefully; ‹*pensar/meditar*› calmly, serenely; **sonreía ~** she smiled serenely
serenar [A1] *vt* to soothe, calm
■ **serenarse** *v pron*
A (calmarse) to calm down; **cuando se serenó la mar** (liter) when the seas grew *o* became calmer (liter)
B (Col) (exponerse al sereno) to go out in the damp night air
serenata *f* serenade; **dar (una)** *or* (Méx) **llevar ~** to serenade
serenazgo *m* (Per) municipal police force
serendipia *f* serendipity
serenidad *f* calmness, serenity; **habló con una ~ desacostumbrada en él** he spoke with unusual calmness; **la ~ de la noche** the still of the night (liter); **la ~ que da la edad** the peace of mind *o* serenity that comes with old age; **no pierdas la ~, seguro que hay alguna solución** keep calm, there must be some solution
serenísimo -ma *adj*: **su Alteza Serenísima** His/Her (Most) Serene Highness
sereno[1] -na *adj*
A 1 ‹*rostro/expresión/belleza*› serene; ‹*persona*› serene, calm 2 ‹*cielo*› cloudless, clear; ‹*tarde*› still; ‹*mar*› calm, tranquil (liter); **el lago estaba ~** the waters of the lake were still *o* placid, the lake was calm
B (no borracho) sober
sereno[2] *m*
A (vigilante nocturno) night watchman
B (Meteo) night dew; **dormir al ~** to sleep out in the open
sería, etc ▸**ser[1]**
seriado -da *adj* serialized; **esos programas ~s de radio** those radio serials
serial *m or* (CS) *f* ▸**serie B**
serialización *f* serialization
serializar [A4] *vt* to serialize

seriamente *adv* seriously

seriar [A1] *vt*
A (ordenar en serie) to order *o* arrange in series
B (Rad, TV) to serialize
C (producir en serie) to mass-produce

sericultura *f* sericulture

serie *f*
A 1 (sucesión) series; **visitamos una ~ de pueblos en la montaña** we visited a series *o* succession of mountain villages; **una ~ de acontecimientos** a series of incidents; **~ numérica** (Mat) numerical sequence 2 (clase) series; **un modelo de la ~ 320** a 320-series model; **coches/motores de ~** production cars/engines; **ofrece de ~ dirección hidráulica** it offers power-assisted steering as standard; **producción** *or* **fabricación en ~** mass production; **producir/fabricar en ~** to mass produce; ***fuera de ~*** out of this world (colloq) 3 (Dep) heat
B (Rad, TV) series; (historia continua) serial; **una ~ sobre la fauna africana** a series about African fauna

(Compuestos)
- **serie B**: **películas de ~ ~** B-movies
- **serie negra** film noir

seriedad *f* 1 (falta de jocosidad) seriousness 2 (sensatez, responsabilidad): **se comportó con mucha ~** she behaved very sensibly *o* responsibly; **¡un poco de ~!** come on, let's be serious now!; **es una falta de ~ que nos tengan esperando así** it's no way to treat people (*o* to conduct business *etc*) keeping us waiting like this 3 (gravedad, importancia) seriousness

serifa *f* serif

serigrafía *f* 1 (proceso) silk screen printing 2 (cuadro) silk screen (print)

serigrafista *mf* silk screen printer

serio -ria *adj*
A (poco sonriente) serious; **con pinta de intelectual, seriecito y callado** with an intellectual, rather serious *o* solemn and quiet air; **qué cara más seria ¿qué te ha pasado?** what a long face, what's the matter? (colloq); **al oír la noticia se puso muy ~** his expression became very serious *o* grave when he heard the news; **qué ~ estás hoy ¿estás preocupado?** you're looking very serious today, are you worried about something?; **como no obedezcas voy a tener que ponerme ~ contigo** if you don't do as I say I'm going to get annoyed with you
B (sensato, responsable): **un empleado ~ y trabajador** a responsible *o* reliable, hardworking employee; **no es ~ que nos digan una cosa y luego hagan otra** it's no way to treat people (*o* to conduct business *etc*) saying one thing and then doing another; **no confío en él, es muy poco ~** I don't trust him, he is very unreliable; **son todos profesionales muy ~s** they are all dedicated professionals
C 1 (no frívolo, importante) serious; **ha hecho cine ~ y también comedias tontas y frívolas** he's made serious movies as well as silly, lighthearted comedies; **es un ~ aspirante al título** he's a serious contender for the title 2 **en serio** ‹*hablar*› seriously, in earnest; **bueno, vamos a ponernos a trabajar en ~** right (then), let's get down to some serious work; **¿lo dices en ~?** are you (being) serious? *o* seriously? *o* do you really mean it?; **se toma muy en ~ su carrera** she takes her career very seriously; **esto va en ~, está muriéndose** this is serious, he's dying; **y esto va en ~** and I really mean it *o* and I'm serious about this; **no se toma nada en ~** he doesn't take anything seriously; **mira que te lo digo en ~** I mean it, you know

sermón *m* sermon; **me echó un ~ por llegar tarde** (fam) he gave me a lecture for being late (colloq)

sermonear [A1] *vi* (fam) to sermonize (colloq & pej), to lecture (colloq)

sermoneo *m* (fam): **no empieces con tus ~s** don't start sermonizing (colloq), don't start giving me a lecture (colloq)

serodiagnóstico *m* serodiagnosis

serología *f* serology

serón *m* basket (*with four handles*); ***ser más fino*** *or* ***basto que un ~*** (Esp) to have disgusting manners

seronegativo -va *adj* (en general) seronegative; (sin el VIH) HIV negative

seropositivo -va *adj* (en general) seropositive; (con el VIH) HIV positive

serotonina *f* serotonin

SERPAJ /'serpax/ *m* (en Ur) = **Servicio de Paz y Justicia**

serpear [A1] *vi* ▸**serpentear**

serpenteante *adj* ‹*río*› winding; ‹*camino*› winding, twisty

serpentear [A1] *vi* «*río*» to meander, wind; «*camino*» to wind, twist

serpenteo *m* (de un río) meandering; (de un camino) winding, twisting

serpentín *m* coil

serpentina *f* streamer

serpiente *f* snake, serpent

(Compuestos)
- **serpiente boa** boa constrictor
- **serpiente constrictora** constrictor
- **serpiente (de) cascabel** rattlesnake
- **serpiente de verano** silly season story
- **serpiente pitón** python

serpollo *m* shoot, sucker

serrado¹ -da *adj* serrated

serrado² *m* sawing

serrallo *m* (ant) seraglio (dated), harem

serrana *f*: *romantic poetic composition similar to the* ▸**serranilla**

serranía *f* mountain range

serranilla *f*: *poem/song about country life*

serrano -na *adj* 1 ‹*aire*› mountain (*before n*); ‹*gente*› mountain (*before n*); **un pueblo ~** a village in the mountains, a mountain village 2 (Esp fam) ‹*cuerpo*› shapely, attractive

serrar [A5] *vt* to saw, saw up

serrín *m* sawdust; ***tener la cabeza llena de ~*** (fam) to be soft in the head (colloq)

serrote *m* (Méx) handsaw

serruchar [A1] *vt* (AmL) to saw; ***~le el piso a algn*** (AmL fam) to pull the rug out from under sb's feet

serrucho *m* handsaw; ***hacer ~*** (Col fam) to have underhand dealings

(Compuesto) **serrucho de castilla** tenon saw

Servia *f* ▸**Serbia**

service /'serβis/ *m* (RPl) service; **hacerle un ~ al auto** to have the car serviced

servicentro *m* (Andes) service station

servicial *adj* helpful, obliging

servicio *m*
A 1 (acción de servir) service; **a partir del próximo lunes estaremos a su ~ en nuestro nuevo local** from next Monday we will be open for business at our new premises; **durante la guerra prestó ~ como médico en el frente** during the war he served as a doctor at the front; **le regalaron un reloj cuando cumplió 20 años de ~** he was given a watch when he completed 20 years' service; **estoy de ~** I'm on duty; **un policía libre de ~** an off-duty policeman; **Ⓢ servicio permanente** *or* **de 24 horas** round-the-clock *o* 24-hour service 2 (favor) favor*, service; **al despedirte te hizo un gran ~** he did you a great service *o* favor by firing you (colloq); **me prestó un ~ inestimable recomendándome para el trabajo** she did me a really good turn *o* a very great service by recommending me for the job 3 **servicios** *mpl* (asistencia) services (*pl*); **me ofreció sus ~s muy amablemente** he kindly offered me his services; **pasó a prestar sus ~s como asesor legal** he went on to work as a legal adviser; **recurrieron a los ~s de un abogado conocido** they sought the advice of a well-known lawyer; **les agradecemos los ~s prestados** we would like to thank you for all your work *o* help

(Compuestos)
- **servicio a domicilio** (home) delivery service
- **servicio al cliente** customer service
- **servicio de asistencia** support services
- **servicio de catering** catering service
- **servicio de información** (de datos, detalles) information service; (Mil) intelligence service
- **servicio de inteligencia** intelligence service
- **servicio de limpieza** cleaning service (BrE)
- **servicio de orden** stewards (*pl*), marshals (*pl*)
- **servicio de prevención** prevention service
- **servicio de seguridad** security service
- **servicio de trenes** train service
- **servicio de transporte** transportation service (AmE), transport service (BrE)
- **servicio de vigilancia costera** ≈ coastguard service
- **servicio diplomático** diplomatic service
- **servicio interno** (Esp) memorandum
- **servicio postventa** after-sales service
- **servicio público** public service
- **servicio secreto** secret service
- **servicios informativos** *mpl* news services (*pl*)
- **servicios mínimos** *mpl* minimum *o* skeleton service
- **servicios sociales** social services (*pl*)

B 1 (funcionamiento) service, use; **han puesto en ~ el nuevo andén** the new platform is now in use *o* is now open; **¿cuándo entra en ~ la nueva estación depuradora?** when is the new purifying plant coming into operation *o* service?; **han suspendido el ~ hasta nuevo aviso** (the) service has been interrupted until further notice; **Ⓢ fuera de servicio** out of service 2 (sistema) service; **~ de teléfonos** telephone service; **~ de trenes** train service; **~ postal** mail service (AmE), postal service (BrE); **todos los ~s** all the main services; **el ~ de la línea 19 es pésimo** the number 19 is a terrible service
C 1 (en un hospital) department; **~ de ginecología** gynecology department; **~ de urgencias** accident and emergency department, casualty department (BrE); **es jefe del ~ de cirugía** he is the chief surgeon 2 **servicios** *mpl* (Econ) public services (*pl*); **una empresa del sector ~s** a company in the public service sector
D (en un restaurante, hotel) 1 (atención) service; **una excelente carta y un ~ esmerado** an excellent menu and impeccable service 2 (propina) service, service charge; **Ⓢ servicio e impuestos incluidos** tax and service included; **no nos han cobrado el ~** they haven't charged for service
E (servidumbre): **sólo hablan de los problemas del ~** all they talk about is the problems of having servants; **se quedaron sin ~** they were left without any domestic help; **escalera de ~** service staircase; **entrada de ~** tradesmen's entrance; **habitación** *or* **cuarto de ~** servant's quarters (*pl*) (frml), maid's room

(Compuesto) **servicio doméstico** (actividad) domestic service; (personas) servants (*pl*), domestic staff; **siempre ha trabajado en ~ ~** he has always worked in domestic service, he has been in service all his life; **las habitaciones destinadas al ~ ~** the servants' quarters

F (Mil) service; **estar en ~** to be in service

(Compuestos)
- **servicio activo** active service
- **servicio militar** military service; **aquí no hay ~ ~ obligatorio** there is no compulsory military service here

G 1 ▸**baño**; (retrete) washroom (AmE), bathroom (esp AmE), toilet (esp BrE); **¿los ~s, por favor?** can you tell me where the washrooms are, please?, can you tell me where the ladies'/gents' is please? (BrE) 2 (orinal) chamber pot
H 1 (de cubiertos) set of cutlery *o* flatware (AmE); (de loza): **~ de café** coffee set; **~ de té** tea service *o* set; **este juego no tiene ~ de pescado** there are no fish knives in this canteen *o* set 2 (individual) piece; **vajilla de doce ~s** twelve-piece dinner service
I (en tenis) service, serve; **~ de Fortín** Fortín to serve; **tiene que mejorar su ~** she needs to work on her serve

J (Econ, Fin) (de una deuda) servicing, service
K (Agr) service
L (Relig) service
M (AmL) (Auto) service

servidor -dora *m,f*
A 1 (sirviente) servant 2 (en fórmulas de cortesía): **¿quién se encarga de esto? — (su** *or* **un) ~** (frml *o* hum) who is in charge of this? — Yours truly (hum); — I am, Sir (*o* Madam *etc*) (frml); **le presento al Sr López — servidor** (frml) allow me to introduce Mr López — at your service (frml); **su (atento y) seguro ~** (frml) your humble servant (frml); **Chaves — servidora** (frml) (al pasar lista) Chaves — present; **¿quién es el último? — servidor** who's last in line (AmE) *o* in the queue? (BrE) — I am; **dejan todo por ahí y luego una ~a, claro, tiene que recogerlo todo** (hum) they leave everything lying around and then, of course yours truly *o* (BrE) muggins here has to clear it all up (colloq & hum)
(Compuesto) **servidor del orden** (RPl period) officer of the law
B **servidor** *m* (Inf) server
(Compuestos)
- **servidor de correo** mail server
- **servidor (de) Internet** *or* **web** network server, web server

servidumbre *f*
A (esclavitud) servitude
B 1 (conjunto de criados) domestic staff, staff, servants (*pl*) 2 (trabajar de criado): **odiaba la ~** he hated being in (domestic) service
(Compuestos)
- **servidumbre de acceso** right of access
- **servidumbre de aguas** water rights (*pl*)
- **servidumbre de luces** right of light
- **servidumbre de paso** right of way

servil *adj* 1 ‹*persona/actitud*› servile, obsequious (frml) 2 ‹*trabajo*› menial

servilismo *m* servility, obsequiousness (frml)

servilleta *f* napkin, serviette (esp BrE); **~ de mesa** table napkin; **~ de papel** paper napkin, paper serviette (BrE)

servilletero *m* napkin ring, serviette ring (BrE)

servio -via *adj/m,f* ▸ **serbio**[1], **serbio**[2]

servir [I14] *vi*
A (ser útil): **esta caja no sirve, trae una más grande** this box won't do *o* is no good, can you bring a bigger one?; **tíralo, ya no me sirve** throw it away, it's (of) no use to me *o* it's no good to me any more; **~ PARA algo: ¿para qué sirve este aparato?** what's this device for?, what does this device do?; **¿esto sirve para algo?** is this any use?; **no lo tires, puede ~ para algo** don't throw it away, it might come in useful for something; **este cuchillo no sirve para cortar pan** this knife is no good for cutting bread; **no creo que sirva para este trabajo** I don't think he's right *o* suitable for this job; **yo no sirvo para mentir** I'm a hopeless liar, I'm no good at lying; **~ DE algo: de nada sirve llorar/que me lo digas ahora** it's no use *o* good crying/telling me now; **¿de qué sirve hablarle si no te escucha?** what's the point in *o* the use of talking to him if he doesn't listen to you?; **esto te puede ~ de manto para el disfraz** you can use this as a cloak for your fancy dress costume
B 1 (en la mesa) to serve; **en este restaurante no saben ~** the service is very poor in this restaurant; **se sirve a los invitados primero** guests are served first; **no esperes a que te sirva** help yourself, don't wait 2 (trabajar de criado) to be in (domestic) service; **empezó a ~ a los catorce años** she went into service at the age of fourteen 3 (Mil) to serve (frml); **sirvió en Infantería** he was in *o* he served in the Infantry
C (Dep) (en tenis) to serve
■ **servir** *vt*
A ‹*comida*› to serve; ‹*bebida*› to serve, pour; **los alumnos mayores ayudan a ~ la comida** the older pupils help serve *o* serve out *o* (colloq) dish out the food; **a mí no me sirvas salsa** no sauce for me, thanks *o* I won't have any sauce, thank you; **sírvele otro jerez a Pilar** will you pour Pilar another sherry?; **¿te sirvo un poco más de arroz?** can I give you a little more rice?, can I help you to a little more rice?; **la cena está servida** dinner is served; **~ frío/a temperatura ambiente** serve cold/at room temperature
B 1 (estar al servicio de) **~ A algo/algn** to serve sth/sb; **~ a la patria/la comunidad/Dios** to serve one's country/the community/God; **ella se sienta y espera que la sirvan** she sits down and expects to be waited on; **para ~ a usted** (frml) at your service (frml); **¿en qué puedo ~la?** (frml) how can I help you?; ***no se puede ~ a dos señores*** *or* ***a Dios y al diablo*** no man can serve two masters 2 (Com) ‹*pedido*› to process; ‹*cliente*› to serve; ‹*mercancías*› to send; **~emos el pedido a la mayor brevedad** we will process your order as soon as possible
C (Agr) to service
■ **servirse** *v pron*
A (*refl*) ‹*comida*› to help oneself to; ‹*bebida*› to pour oneself, help oneself to; **sírvete otro trozo** help yourself to another piece
B (frml) (hacer uso) **~se DE algo** to make use of sth, use sth
C (frml) (hacer el favor de) **~se + INF: si el señor se sirve firmar aquí ...** if you would be kind enough to *o* would care to sign here, Sir ... (frml); **sírvase rellenar la solicitud que se adjunta** please fill in the enclosed application form; **sírvase pasar por caja donde le harán efectivo el pago** if you would like to go over to the cashier, they will give you the money; **les rogamos se sirvan enviarnos esta información a la brevedad** we would ask you to send us this information at your earliest convenience (frml)

servo *m* servo

servo- *pref* servo-

servoasistido -da *adj* power-assisted, servoassisted

servodirección *f* power steering, power-assisted steering

servofreno *m* power-assisted brake, servoassisted brake
(Compuesto) **servofreno de emergencia** brake assist system, BAS

servomecanismo *m* servomechanism, servo

servomotor *m* servomotor

sésamo *m* sesame; **¡ábrete S~!** open Sesame!

sesear [A1] *vi: to pronounce the Spanish /θ/ as /s/, eg /ser'βesa/ instead of /θer'βeθa/ for* **cerveza**

sesenta[1] *adj inv/pron* sixty *para ejemplos ver* **cincuenta**[1], **cincuenta**[2]

sesenta[2] *m* ▸ **p.575** (number) sixty

sesentavo[1] **-va** *adj* 1 (partitivo): **la sesentava parte** a sixtieth 2 (crit) (ordinal) sixtieth *para ejemplos ver* **veinteavo**[1], **veinteavo**[2]

sesentavo[2] *m* ▸ **p.575** sixtieth

sesentón[1] **-tona** *adj* ▸ **p.303**; sexagenarian (frml); **un hombre ~** a man in his sixties

sesentón[2] **-tona** *m,f* ▸ **p.303** sexagenarian (frml); **un ~** a man in his sixties

seseo *m: pronunciation of the Spanish /θ/ as [/s/], eg /ser'βesa/ instead of /θer'βeθa/ for* **cerveza**

sesera *f* (fam) brains (*pl*) (colloq); **no tiene nada en la ~** he's got nothing up top at all (colloq); **¡hombre, usa la ~!** use your brains, for goodness sake!; **está mal de la ~** he's soft in the head (colloq)

sesgado -da *adj*
A 1 (al bies): **una falda sesgada** a skirt cut on the bias; **un chal ~ al hombro** a shawl draped diagonally over the shoulder 2 (inclinado, ladeado): **sólo ~ fue posible entrar el piano** it was only possible to bring the piano in by tilting it to one side; **yo creo que si la colocamos sesgada, cabe perfectamente** I think it should fit all right if we put it in crosswise *o* at an angle
B (parcial) biased, slanted

sesgar [A3] *vt*
A ‹*tela/paño*› (cortar al bies) to cut ... on the bias; (colocar al bies) to place ... diagonally *o* crosswise *o* at an angle
B ‹*comentario/información*› to slant; **me cuidaré de no ~ mi comentario a favor ni en contra de nadie** I shall be careful not to slant my comments *o* make my comments biased in any way

sesgo *m*
A 1 (de una falda) bias; **se corta al ~** you cut it on the bias 2 (diagonal): **al ~** crosswise, diagonally
B 1 (tendencia, enfoque) bias, slant; **la conferencia tuvo un ~ marcadamente político** the lecture had a markedly political slant *o* bias, the lecture was markedly political 2 (rumbo) direction; **no me gusta el ~ que está tomando el asunto** I don't like the direction this is taking *o* the way this is going

sésil *adj* sessile

sesión *f* 1 (reunión) session; **abrir/levantar/cerrar la ~** to open/adjourn/close the session *o* meeting; **~ inaugural** *or* **de apertura** inaugural *o* opening session; **~ de clausura** closing session; **reunido en ~ plenaria** assembled for a plenary session 2 (de un tratamiento, una actividad) session; (de fotografía, pintura) sitting; **una ~ de poesía** a poetry reading; **una ~ de chistes** a jokes session; **~ de espiritismo** séance 3 (Cin, Teatr) (de cine) showing, performance; (de teatro) show, performance; **~ de tarde/noche** evening/late evening performance
(Compuestos)
- **sesión continua** continuous performance
- **sesión de control (al gobierno)** (Esp) (Pol) ≈ prime minister's question time
- **sesión numerada** separate performances (*pl*)
- **sesión solemne** (Col) prizegiving

sesionar [A1] *vi* (esp AmL) to be in session

seso *m* 1 (Anat, Zool) brain; ***beber*** *or* ***sorber el ~ a algn*** (fam) to bowl sb over (colloq); **esa chica le tiene sorbido el ~** he's completely bowled over by that girl; ***devanarse*** *or* ***estrujarse los ~s*** (fam) to rack one's brains (colloq); ***perder el ~ por algn*** (fam) to be crazy about sb (colloq); ***tener mucho ~*** (fam) to have a good head on one's shoulders; ***tener poco ~*** (fam) to be brainless (colloq); **ha demostrado tener muy poco ~** he's shown how brainless he is, he's shown that he doesn't have much up top (colloq) 2 **sesos** *mpl* (Coc) brains (*pl*)

sesquicentenario *m* sesquicentennial (frml), 150th anniversary; **el ~ de la independencia** the 150th anniversary of independence

sestear [A1] *vi* (AmL) to have a siesta

sesteo *m* (AmL) siesta

sesudo -da *adj* (fam) 1 (sensato): **no se necesita ser muy ~ para darse cuenta de que ...** it doesn't take much common sense to realize that ... (colloq) 2 (inteligente) bright, brainy (colloq)

set *m* (*pl* **sets**)
A (en tenis) set
B (escenografía) set

seta *f* (comestible) mushroom; (venenosa) toadstool

setecientos -tas *adj/pron* ▸ **p.575**; seven hundred *para ejemplos ver* **quinientos**[1], **quinientos**[2]

setenta[1] *adj inv/pron* seventy *para ejemplos ver* **cincuenta**[1], **cincuenta**[2]

setenta[2] *m* ▸ **p.575** (number) seventy

setentavo[1] **-va** *adj* 1 (partitivo): **la setentava parte** a seventieth 2 (crit) (ordinal) seventieth *para ejemplos ver* **veinteavo**[1], **veinteavo**[2]

setentavo[2] *m* ▸ **p.575** seventieth

setentón[1] **-tona** *adj* ▸ **p.303**; septuagenarian (frml); **un viejito ~** a little old man in his seventies

setentón[2] **-tona** *m,f* ▸ **p.303** septuagenarian (frml); **es un ~ simpático** he is a charming man in his seventies

setiembre *m* ▸ **p.371** September *para ejemplos ver* **enero**

S

seto *m* hedge

setter /'seter/ *mf* (*pl* **-tters**) setter
(Compuestos)
- **setter inglés** English setter
- **setter irlandes** Irish *o* red setter

seudo- *pref* pseudo-

seudónimo *m* pseudonym, pen name

seudópodo *m* pseudopodium

Seúl *m* Seoul

s.e.u.o. (= **salvo error u omisión**) E & OE, errors and omissions excepted

severamente *adv* severely; **será ~ castigado** he will be severely punished; **lo miró ~** she looked at him severely

severidad *f* (de un castigo, una pena) severity, harshness; (de un padre, educador) strictness; **la ~ del clima** the harshness *o* severity of the climate

severo -ra *adj* ‹*padre/profesor*› strict; ‹*castigo*› severe, harsh; **sigue un régimen muy ~** he's on a very strict diet; **fue uno de los inviernos más ~s que recuerde** it was one of the most severe winters I can ever remember

seviche *m* ► **ceviche**

sevicia *f* (liter o period) (cualidad) brutality, cruelty; (acto) atrocity, act of brutality

Sevilla *f* Seville; ***el que se fue a ~, perdió su silla*** if you go away you can't expect people to keep your place for you

sevillanas *fpl: four-part popular dance which originated in Seville*

sexagenario -ria *adj/m,f* sexagenarian

sexagesimal *adj* sexagesimal

sexagésimo -ma *adj/m,f* ►**i** **p.243**, sixtieth

sexaje *m* sexing

sex-appeal /sesa'pil/ *m* sex appeal

sexar [A1] *vt* to sex

sexenio *m* six-year period

sexismo *m* sexism

sexista *adj/mf* sexist

sexo *m* [1] (condición, género) sex; **~ masculino/femenino** male/female sex [2] (órganos genitales) sexual organs (*pl*) [3] (sexualidad) sex
(Compuestos)
- **sexo débil**: **el ~ ~** the weaker sex
- **sexo seguro** safe sex
- **sexo telefónico** telephone sex

sexología *f* sexology

sexólogo -ga *m,f* sexologist

sex shop /'seks 'ʃop/ *m* (*pl* **~ ~s**) sex shop

sex symbol /'seks 'simbol/ *mf* (*pl* **~ ~s**) sex symbol

sextante *m* sextant

sexteto *m* sextet

sextillizo -za *m,f* sextuplet

sexto[1] **-ta** *adj/pron* [1] ►**i** **p.575**; (ordinal) sixth *para ejemplos ver* **quinto**[1], **quinto**[2] [2] (partitivo): **la sexta parte** a sixth
(Compuesto) **sexto sentido** sixth sense

sexto[2] *m* ►**i** **p.243** sixth

sexuado -da *adj* sexed

sexual *adj* ‹*relaciones/órganos/comportamiento*› sexual; ►**acto, educación**

sexualidad *f* sexuality

sexualización *f* sexualization

sexualizar [A4] *vt* to sexualize

sexualmente *adv* sexually

sexy[1] /'seksi, 'sesi/ *adj* (fam) ‹*persona/vestido*› sexy; ‹*espectáculo*› titillating

sexy[2] *m* sex appeal

s/f = su favor

SFC *m* (= **síndrome de fatiga crónica**) CFS, ME

SG *f* (en Méx) = **Secretaría de Gobernación**

SGR *fpl* = **Sociedades de Garantía Recíproca**

Sgto. *m* (= **sargento**) Sgt

sh, shh *interj* shush!, ssh!, hush!

sha, shah *m* shah

shantung /ʃan'tun/ *m* shantung silk

share /ʃer/ *m* (Esp) (Rad, TV) audience share

shareware /'tʃerwer/ *m* (Inf) shareware

SHCP *f* (en Méx) = **Secretaría de Hacienda y Crédito Público**

sheriff /'ʃerif/ *mf* sheriff

sherpa *m* Sherpa

shiatsu *m* shiatsu

shií *mf* Shiite; **los ~es** the Shia

shock /ʃok/ *m* [1] (Med) shock; **en estado de ~** in a state of shock, in shock [2] (sorpresa desagradable) shock; **¡qué ~ me llevé** *or* **me dio cuando lo vi!** I got a real shock when I saw him

shopping /'ʃopin/ *m* (RPl) shopping mall *o* center*

short /ʃor/ *m*, **shorts** /ʃors/ *mpl* shorts (*pl*)
(Compuesto) **short de baño** (RPl) swimming trunks (*pl*)

show /ʃou, tʃou/ *m* (*pl* **shows**) show; ***montar/dar un ~*** (fam) to make a scene (colloq); **al verme allí, montó un ~** when he saw me there, he made a scene; **dieron un buen ~ peleándose de esa manera** they made a real exhibition of themselves, fighting like that

showman /'ʃouman, 'tʃouman/ *m* (*pl* **-mans** *or* **-men**) showman

si[1] *conj*
[A] [1] (introduciendo una condición) if; **iremos ~ nos invitan** we'll go if they invite us; **~ no recibimos su respuesta hoy, se lo ofreceremos a otro** unless we receive *o* if we don't receive his reply today, we'll offer it to someone else; **~ no puedes venir, avísame** if you can't come, let me know; **~ llego cinco minutos más tarde, pierdo el avión** (fam) if I'd arrived five minutes later, I would have missed the plane; **~ lo sé, no vengo** (fam) if I'd known, I wouldn't have come; **~ fuera más barato vendría más gente** if it was *o* were cheaper, more people would come; **lo compraría ~ tuviera dinero** I'd buy it, if I had the money; **~ pudiera, se lo compraba** (fam) if I could, I'd buy it for him; **~ lo hubiera** *or* **hubiese sabido, no lo habría** *or* **hubiera invitado** if I'd known, I wouldn't have invited him, if I'd known *o* had I known [2] (*en locs*): **si bien: ~ bien el sueldo es bueno, el horario es malísimo** the pay may be good but the hours are terrible; **si no** otherwise; **pórtate bien, ~ no, te vas a la cama** behave yourself, or else you're going straight to bed; **date prisa, que ~ no nos vamos sin ti** hurry up, otherwise we're going without you; **tuvimos que tomar un taxi, ~ no no llegábamos** we had to take a taxi, if we hadn't *o* otherwise, we wouldn't have got there
[B] [1] (planteando un hecho) if; **~ no te tiene confianza por algo será** if she doesn't trust you there must be some reason for it [2] (cada vez que) if; **~ yo digo que sí, él dice que no** if I say yes, he says no; **~ hacía sol salíamos a pasear** if *o* when it was sunny we used to go out for a walk
[C] [1] (en frases que expresan deseo) **~ + SUBJ: ¡~ yo lo supiera!** if only I knew!; **¡~ me hubieras avisado a tiempo!** if only you had let me know in time! [2] (en frases que expresan protesta, indignación, sorpresa): **¡~ tendrá cara!** she really has a nerve!; **¡pero ~ te avisé ...!** but I warned you ...! [3] (fam) (uso enfático): **es inaguantable — ¡~ lo sabré yo!** he's quite unbearable — don't I know it! *o* you're telling me! [4] (planteando eventualidades, sugerencias): **y ~ no quiere hacerlo ¿qué?** and if she doesn't want to do it, what then?; **¿y ~ la tomáramos a prueba?** why don't we give her a trial?, how about giving her a trial?
[D] (en interrogativas indirectas) whether; **no sé ~ marcharme o quedarme** I don't know whether to go or to stay; **me pregunto ~ encontrarán alojamiento** I wonder if *o* whether they'll find anywhere to stay

si[2] *m* (nota) B; (en solfeo) ti, te (BrE); **~ bemol/sostenido** B flat/sharp; **en ~ mayor/menor** in B major/minor

SI *m* (= **sistema de información**) IS

sí[1] *adv*
[A] (respuesta afirmativa) yes; **¿has terminado? — sí** have you finished? — yes *o* yes, I have; **¿te sirvo un poco más? — ~, gracias** do you want a bit more? — yes, please; **dijo que ~ con la cabeza** he nodded; **dice que ~, que le interesa** she says yes, she's interested; **¿por qué lo hiciste? — porque ~** why did you do it? — because I felt like it *o* no reason in particular *o* (colloq) because ...; **¿me lo dices de verdad? — que ~, de verdad** do you mean it? — yes, of course I mean it
[B] (uso enfático): **ahora ~ que lo has hecho bien** now you've really done it! (colloq); **tú ~ que sabes vivir** you certainly know how to live!; **lo que ~ quiero es que lo pienses bien** what I *do* want you to do is to think it over carefully; **no puedo — ¡~ que puedes!** I can't — yes, you can! *o* of course, you can!; **no es tuyo — ~ que lo es** it isn't yours — oh yes, it is!; **¡ah, no! ¡eso ~ que no!** oh no! I'm not having that! (colloq), oh no! no way! (colloq); **es de muy buena calidad — eso ~** it's very good quality — (yes,) that's true; **no tienen mucho dinero pero, eso ~, comen bien** they don't have much money, but they certainly eat well; **puede pasar sin comer, pero eso ~, su vino que no le falte** he doesn't mind not eating but when it comes to his wine, well that's another matter
[C] (sustituyendo a una cláusula): **creo que ~** I think so; **me temo que ~** I'm afraid so; **¿lloverá? — puede que ~** do you think it will rain? — it might; **se fue sin permiso — ¿ah ~?** he left without asking permission — is that so? *o* did he now?; **¿te gusta? a mí ~** do you like it? *I* do; **no puedo ir pero María ~** I can't go but María can; **a nosotros no nos escribe pero a la novia ~** he doesn't write to us, but he writes *o* he does write to his girlfriend; **¿a que no te atreves? — ¡a que ~ !** you wouldn't dare! — (do) you want to bet?; **lo hizo ella ¿a que ~, Juan?** she did it, didn't she, Juan?; **¡que no vas! — ¡que ~!** you're not going! — oh, yes I am!

sí[2] *m* yes; **me respondió con un ~ enérgico** her answer was an emphatic yes; **hay que conseguir el ~ del encargado** we must get the manager's approval; **hubo 20 ~es y 15 noes** there were 20 ayes *o* yeas and 15 nays, there were 20 votes in favor and 15 against; ***darle el ~ a algn*** to accept sb's proposal; **aún no me ha dado el ~** she still hasn't said yes *o* said she'll marry me; ***dar el ~ quiero*** to say, I do ; ***no tener (ni) un ~ ni un no*** (CS, Méx): **nunca he tenido (ni) un ~ ni un no con él** I've never had the slightest disagreement with him, we've never had a cross word

sí[3] *pron pers*
[A] (*tercera pers sing*) [1] (*refl*): **es un egoísta que sólo piensa en ~ mismo** he's so selfish, he only thinks of himself; **lo hizo por ~ mismo** *or* **por ~ solo** he did it by himself *o* on his own; **parece muy segura de ~ misma** she seems very sure of herself; **no hace nada por ayudarse a ~ mismo** he doesn't do anything to help himself; **cerró la puerta tras de ~** (liter) she closed the door behind her [2] (*impers*): **hay cosas que uno tiene que ver por ~ mismo para convencerse** there are some things you just have to see for yourself before you believe them, there are some things one has to see for oneself before one believes them
[B] (*tercera pers pl*) [1] (*refl*): **todos lo pensaron para ~, pero no dijeron nada** they all thought it but nobody said anything; **lo hacen para convencerse a ~ mismos** they do it just to convince themselves; **saben reírse de ~ mismos** they know how to laugh at themselves [2] **entre sí** among themselves; **lo discutieron entre ~** they discussed it among themselves; **todos los hermanos son muy diferentes entre ~** all the brothers are very different (from one another); **si los padres no se respetan entre ~** if parents don't have respect for each other *o* respect each other
[C] (*refl*) [1] (usted) yourself; **guárdese los comentarios para ~** keep your comments to yourself [2] (ustedes): **léanlo para ~ (mismos)** read it (to) yourselves

D (*en locs*): **de por sí: de por ~ era gordita** she was a bit on the plump side as it was *o* anyway; **no les conviene a niños que son de por ~ nerviosos** it is not suitable for children who are by nature nervous; **la idea de que el progreso es de por ~ bueno** the idea that progress is a good thing per se; **en sí: el hecho en ~ (mismo) no tenía demasiada importancia** this in itself was not so important; **el sueldo en ~ no es maravilloso, pero tienes las comisiones** the salary itself isn't great but you get commission

Siam *m* Siam

siamés¹ -mesa *adj* Siamese

siamés² -mesa *m,f* **1** (gemelo) Siamese twin **2** (Hist) (de Siam) Siamese

sibarita *mf* (amante de los lujos) lover of luxury, sybarite (frml), bon vivant (frml); (en cuestiones de comida) gourmet, epicure (frml), bon vivant (frml)

sibarítico -ca *adj* (amante de los lujos) luxury-loving, sybaritic (frml); (en cuestiones de comida) gourmet (*before n*), epicurean (frml)

sibaritismo *m* **1** (amor por el lujo) love of luxury, sybaritism (frml) **2** (en cuestiones de comida) gourmandism, epicurism (frml)

Siberia *f* Siberia; **ahí fuera hace más frío que en ~** it's like the North Pole out there!

siberiano -na *adj/m,f* Siberian

sibila *f* sibyl

sibilancia *f* (Med) wheezing

sibilante *adj* sibilant

sibilino -na *adj* (liter) **1** (profético) sibylline **2** (misterioso) enigmatic, sibylline (liter)

sic *adv* (frml) sic

sicamor *m* sycamore

sicario -ria *m,f* hired assassin

SICAV *f* (Fin) = **Sociedad de Inversión Mobiliaria de Capital Variable**

Sicilia *f* Sicily

siciliano -na *adj/m,f* Sicilian

siclo *m* shekel

sico- *pref* psycho-

sicoanálisis *etc* ▸**psicoanálisis**, etc

sicofanta, sicofante *mf* (frml) (calumniador) slanderer; (impostor) impostor

sicómoro, sicomoro *m* sycamore

sicote *m* (AmC, Cu, Ven fam) foot odor*

sida *m* (= **Síndrome de Inmunodeficiencia Adquirida**) AIDS; **~ declarado** full-blown AIDS

SIDE /'siðe/ *f* (en Arg) = **Secretaría de Inteligencia del Estado**

sidecar /siðe'kar, 'saikar/ *m* (*pl* **-cares** *or* **-cars**) sidecar

sideral *adj*, **sidéreo -rea** *adj* **1** (Astron) sidereal; ▸**espacio** **2** (CS fam) ‹*suma/precio*› astronomical (colloq)

siderometalúrgico -ca *adj* iron and steel (*before n*)

siderurgia *f* iron and steel industry

siderúrgico¹ -ca *adj* ‹*industria/sector*› iron and steel (*before n*)

siderúrgico² -ca *adj* (RPl) steelworker

Sidón *m* Sidon

sidoso¹ -sa *adj* AIDS (*before n*)

sidoso² -sa *m,f* AIDS sufferer

sidra *f* hard cider (AmE), cider (BrE)

SIECA /'sjeka/ *f* = **Secretaría Permanente del Tratado General de Integración Económica Centroamericana**

siega *f* **1** (acción — de cortar a mano) reaping, cutting; (— de cortar a máquina) mowing; (— de cosechar) harvesting **2** (época) harvest time

siembra *f* **1** (acción) sowing **2** (época) sowing season *o* time

siempre *adv*

A always; **se sale ~** *or* **~ se sale con la suya** she always gets her own way; **casi ~ acierta** he's almost always right; **no ~ es tan fácil** it's not always so easy; **como ~** as usual; **¿qué pasó? — lo de ~, no me arrancaba el coche** what happened? — the usual problem, the car wouldn't start; **a la hora de ~** at the usual time; **vendrán los amigos de ~** the usual crowd will be coming; **los conozco desde ~** I've known them for years/for as long as I can remember; **¿desde cuándo se llama así? — desde ~** since when has it been called that? — that's what it's always been called; **¿regresas para ~?** are you back for good?; **¡hasta ~, compañeros!** farewell, my friends!; **por ~ jamás** for ever and ever

B (en todo caso) always; **~ podemos modificarlo después** we can always modify it later

C (AmL) (todavía) still; **¿~ viven en Malvín?** do they still live in Malvín?; **~ dentro del terreno de lo hipotético** still on a hypothetical level

D (Méx) (uso enfático) after all

E (*en locs*): **siempre que** (cada vez que) whenever; (a condición de que) (+ *subj*) provided (that), providing (that); **~ que podía, venía a verme** she came to see me whenever she could; **te ayudaré ~ que tenga tiempo** I'll help you if *o* assuming I have time, I'll help you provided (that) *o* providing (that) I have time; **podrá entrar ~ que llegue antes de las siete** she'll be able to get in provided *o* as long as she arrives before seven; **siempre y cuando** (+ *subj*) provided (that); **~ y cuando me lo comunique con anticipación** provided he lets me know in advance

siempreviva *f* (compuesta) everlasting flower, immortelle; (crasulácea) sempervivum

sien *f* ▸**i p.231** temple

siena *m* sienna

(Compuesto) **siena tostado** burnt sienna

sienta, sientas, etc ▸**sentar, sentir¹**

sierpe *f* (liter) serpent (liter), snake

sierra *f*

A (Tec) saw

(Compuestos)

- **sierra circular** circular saw
- **sierra de cadena** chain saw
- **sierra de calar** *or* **de calado** compass saw
- **sierra de cinta** band saw
- **sierra de espigar** tenon saw
- **sierra de mano** handsaw
- **sierra de marquetería** coping saw
- **sierra de puñal** *or* **de vaivén** jigsaw, saber saw (AmE)
- **sierra eléctrica** electric saw
- **sierra mecánica** power saw

B (Geog) **1** (cordillera) mountain range; **la ~ de Gredos** the Gredos mountains *o* range **2** (zona montañosa): **la ~** the mountains; **pasamos el fin de semana en la ~** we spent the weekend in the mountains

Sierra Leona *f* Sierra Leone

sierraleonés -nesa *adj* of/from Sierra Leone

siervo -va *m,f* serf, slave; **Señor, escucha las súplicas de tus ~s** (Relig) Lord, hear the prayers of your servants

(Compuesto) **siervo de la gleba** serf

siesnoes *m* (*pl* **~**) (Ven fam) tiny bit, smidgin (colloq)

sieso -sa *m,f* (Esp vulg) asshole (vulg), bastard (vulg)

siesta *f* siesta, nap; **en casa no dormimos la ~** we don't have a siesta *o* nap at home; **me voy a echar una siestecita** *or* (RPl) **una siestita** I'm going to have a nap *o* siesta, I'm just going to have forty winks (colloq); **la hora de la ~** siesta time; **a la hora de la ~ no hay nadie en la calle** after lunch the streets are deserted

siestear [A1] *vi* (Chi) to have a siesta

siete¹ *adj inv/pron* seven *para ejemplos ver* **cinco¹, cinco²**; ***de la gran ~*** (CS fam) ‹*resfrío/carácter*› terrible; **hace un frío de la gran ~** it's absolutely freezing; ***saber más que ~*** to be very clever *o* smart, to be a real smart aleck (colloq & pej)

siete² *m* **1** ▸**i p.575**; (número) (number) seven *para ejemplos ver* **cinco¹, cinco² 2** (roto) tear (*L-shaped*); **se hizo un ~ en la chaqueta** he tore his jacket

(Compuesto) **siete y media** *fpl card game similar to blackjack*

sietemesino¹ -na *adj* premature (*esp two months premature*)

sietemesino² -na *m,f* premature baby (*esp when born two months early*)

sievert *m* sievert

sífilis *f* syphilis

sifilítico¹ -ca *adj* syphilitic

sifilítico² -ca *m,f* person with *o* suffering from syphilis, syphilitic

sifón *m*

A **1** (botella) siphon* **2** (Esp fam) (soda) soda, soda water; **whisky con ~** whiskey and soda **3** (Col) (cerveza) draft* beer

B **1** (para trasvasar líquidos) siphon **2** (en fontanería) U-bend, trap

sifrino -na *adj* (Ven fam) grand, posh (BrE colloq)

sig. (= **siguiente/siguientes**) following; **los ~ productos** the following *o* foll. products; **pág. 48 y ~** p48 et seq, p48 ff

siga¹ *f* (Chi fam): **a la ~** in hot pursuit

siga², sigas, etc ▸**seguir**

sigilo *m* stealth; **se acercó a la puerta con mucho ~** he crept quietly *o* stealthily up to the door; **entró con mucho ~** he slipped in quietly *o* stealthily *o* with great stealth; **llevaron a cabo las negociaciones con gran ~** the negotiations took place amid great secrecy

(Compuestos)

- **sigilo profesional** client confidentiality
- **sigilo sacramental** secrecy of the confessional

sigilosamente *adv* stealthily

sigiloso -sa *adj* stealthy

sigla *f* abbreviation; (pronunciado como una palabra) acronym; **SDN son las ~s de Secretaría de la Defensa Nacional** SDN stands for *o* is the abbreviation of Secretaría de la Defensa Nacional

siglo *m*

A (período) ▸**i p.371**; century; **el ~ V después de Cristo** the fifth century AD; **data del ~ XV** it dates from *o* is from the 15th century; **mi madre es de otro ~** my mother's really old-fashioned *o* (colloq) is still living in the last century; **hace ~s** *or* **un ~ que no le escribo** (fam) I haven't written to her for ages (colloq); ***por los ~s de los ~s*** for ever and ever

(Compuestos)

- **Siglo de las Luces** Age of Enlightenment
- **Siglo de Oro** Golden Age

B (liter) (mundo): **el ~** the world; **retirarse del ~** (Relig) to withdraw from the world

> **Siglo de Oro**
>
> Spain's literary renaissance, known as the Golden Age, roughly covers the sixteenth and seventeenth centuries. It includes the Italian-influenced poetry of figures such as Garcilaso de la Vega; the religious verse of Fray Luis de León, Santa Teresa de Ávila and San Juan de la Cruz; picaresque novels such as the anonymous *Lazarillo de Tormes* and Quevedo's *Buscón*; Miguel de Cervantes' immortal *Don Quijote*; the theater of Lope de Vega, and the ornate poetry of Luis de Góngora.

sigmoideo -dea *adj* sigmoid

signar [A1] *vt* (frml)

A (firmar) to sign

B (marcar) to mark; **un período signado por la corrupción** a period marked by corruption; **la actividad bursátil estuvo signada por grandes altibajos** trading on the stock exchange was characterized *o* marked by huge fluctuations in prices

■ **signarse** *v pron* to cross oneself

signatario¹ -ria *adj* (frml) signatory (*before n*) (frml)

signatario² -ria *m,f* (frml) signatory (frml)

signatura *f* **1** (en bibliotecas) catalog* *o* call number **2** (Impr) signature **3** (frml) (firma) signature

S

significación *f*
A (importancia) significance, importance; **la ~ de esta derrota** the significance *o* importance of this defeat; **los hechos de mayor ~** the most significant *o* important events
B (de una palabra) ▸**significado[2] A**

significado[1] -da *adj* (frml) ‹*político/científico*› noted (*before n*), well known, renowned; **está ~ por su extremismo** he is well known *o* renowned for his extremism

significado[2] *m*
A (de una palabra) meaning; (de un símbolo) meaning, significance; **¿cuál es el ~ de esta frase?** what is the meaning of this sentence?, what does this sentence mean?
B (Ling) signified, thing signified
C (importancia) ▸**significación A**

significante[1] *adj* significant

significante[2] *m* signifier

significar [A2] *vt*
A [1] (querer decir) «*palabra/símbolo*» to mean; «*hecho*» to mean, signify (frml) [2] (suponer, representar) to represent; **significa una mejoría del servicio** it means *o* represents an improvement in the service; **la tarea más simple significa un gran esfuerzo** the simplest of tasks involves a great deal of effort *o* is a real effort; **para mí no comer carne no significa ningún sacrificio** it's no sacrifice for me not to eat meat [3] (valer, importar) to mean; **¿es que yo no significo nada para ti?** don't I mean anything to you?
B (frml) (expresar) ‹*condolencias*› to express; ‹*importancia*› to stress; ‹*opinión*› to state, make clear
C (frml) (distinguir, destacar) **~ A algo/algn COMO algo** to establish sth/sb AS sth
■ **significarse** *v pron* (frml)
A (destacarse — positivamente) to distinguish oneself; (— negativamente) to draw attention to oneself; **los grupos que más se ~on durante la huelga** the groups that were most active *o* militant during the strike
B (declararse): **se ~on en apoyo de los despedidos** they declared their support for the fired workers; **no quiso ~se** he wouldn't state his position *o* take a stance

significativamente *adv* significantly

significativo -va *adj*
A (importante) significant; **sin cambios ~s en las temperaturas** with no significant change in temperatures; **una diferencia significativa** a significant *o* major difference; **es ~ que no haya llamado** it is significant that he hasn't phoned; **un detalle muy ~** a very important *o* significant detail
B ‹*gesto/sonrisa*› meaningful

signo *m*
A (señal, indicio) sign
B (Mat) sign
(Compuestos)
- **signo de admiración** exclamation point (AmE), exclamation mark (BrE)
- **signo de igual** equal sign (AmE), equals sign (BrE)
- **signo de interrogación** question mark
- **signo de pregunta** question mark
- **signo de puntuación** punctuation mark
- **signo diacrítico** diacritic
- **signo lingüístico** linguistic sign
- **signo más** plus sign
- **signo menos** minus sign
- **signo ortográfico** diacritic
- **signo pare** (Chi) stop sign, halt sign

C (Astrol) sign; **¿de qué ~ eres?** what sign are you?
D (frml) (carácter): **dos sucesos de ~ positivo** two positive events; **dos exposiciones de muy distinto ~** two very different exhibitions

sigo, sigue, etc ▸**seguir**

siguiente *adj*
A [1] (en el tiempo) following (*before n*); **volvió al día ~** she came back the next *o* the following day; **me llamó el jueves ~** she called me the following Thursday; **la mañana ~** the next *o* the following morning; **no la volví a ver hasta el año ~** I didn't see her again until the following year; **el día ~ era fiesta** the next day *o* the following day *o* the day after was a holiday [2] (en una secuencia) next; **en el cruce ~ vas a la derecha** you turn right at the next junction; **en el capítulo ~** in the next *o* following chapter [3] (*como n*): **¡(que pase) el ~!** next please!; **no puedo este jueves pero ¿qué tal el ~?** I can't make it this Thursday, how about next Thursday?; **me bajo en la ~** I'm getting off the next stop/station
B (que se va a nombrar) following (*before n*); **han sido seleccionados los ~s jugadores** the following players have been selected

sij *adj/mf* (*pl* **sijs**) Sikh

sílaba *f* syllable

silabación *f* syllabification, syllabication

silabario *m* spelling book, syllabary (frml)

silabear [A1] *vt* to syllabify, pronounce ... syllable by syllable

silabeo *m* syllabification, syllabication

silábico -ca *adj* syllabic

silba *f* catcalls (*pl*), whistling (*as a sign of disapproval*)

silbante *adj* [1] (que silba) whistling (*before n*); **un sonido ~** a whistling sound; **su respiración ~** his wheezing [2] (Ling) sibilant

silbar [A1] *vt* [1] ‹*melodía*› to whistle [2] ‹*cantante/obra*› (en señal de desaprobación) to whistle at, catcall
■ **silbar** *vi* [1] (Mús) to whistle; **te silbé pero no me oíste** I whistled to you but you didn't hear; **les silba a todas las chicas** he whistles at all the girls [2] «*viento*» to whistle; **la bala pasó silbando** the bullet whistled past [3] «*oídos*»: **me silban los oídos** I've got a ringing *o* whistling in my ears

silbatina *f* (AmS) ▸**silba**

silbato *m* [1] (pito) whistle; **tocar el ~** to blow the whistle [2] (Col period) (árbitro) referee
(Compuesto) **silbato celta** tin whistle

silbido *m* [1] (con la boca) whistle; **dio un ~** he whistled [2] (con un silbato) whistle [3] (del viento) whistling; **el ~ de las balas** the whistling of the bullets; **el ~ que acompañaba su respiración** the wheezing that accompanied his breathing [4] (en los oídos) ringing, whistling

silenciador *m* [1] (Auto) muffler (AmE), silencer (BrE) [2] (de un arma) silencer

silenciamiento *m* silencing

silenciar [A1] *vt* [1] ‹*persona*› to silence [2] ‹*opinión/prensa*› to silence [3] (period) ‹*suceso*› to keep ... secret, hush up (colloq) [4] ‹*motor*› to muffle (AmE), to silence (BrE), to fit a muffler *o* silencer to [5] ‹*pistola*› to silence, fit a silencer to

silencio *m*
A [1] (ausencia de ruido) silence; **en sus clases siempre reinaba el más absoluto ~** there was always absolute silence *o* complete quiet in his classes; **se hizo un ~ sepulcral** there was a deathly silence; **se guardó un minuto de ~** there was a minute's silence; **deben guardar ~ durante la ceremonia** you must remain *o* keep silent during the ceremony; **¡hagan ~!** silence!; **¡qué ~ hay!** isn't it quiet?; **¡~ en la sala!** silence in court!; **sufrió en ~** he suffered silently *o* in silence; **S silencio, hospital** quiet, hospital; **en el ~ más absoluto** in dead *o* total silence; **el ~ de la noche** the silence *o* quiet of the night; **mantuvieron el ~ radiofónico** they maintained radio silence [2] (ausencia de declaraciones) silence; **por fin ha decidido romper su ~** at last she has decided to break her silence
B (Mús) rest

silenciosamente *adv* silently, quietly, noiselessly

silencioso[1] -sa *adj*
A [1] ‹*máquina/motor*› quiet, silent, noiseless [2] ‹*persona*› silent, quiet; **la multitud avanzaba silenciosa** the crowd moved forward silently *o* in silence
B ‹*calle/barrio*› quiet

silencioso[2] *m* ▸**silenciador 1**

silente *adj* silent

sílex *m* (*pl* ~) silex, flint

sílfide *f* sylph; **es una ~** (liter *o* hum) she has a sylphlike figure (liter *or* hum)

silfo *m* sylph

silicato *m* silicate

sílice *f* silica

silíceo -cea *adj* silica (*before n*), siliceous

silícico -ca *adj* silicic

silicio *m* silicon

silicón *m* (Méx) silicone

silicona *f* silicone

silicosis *f* silicosis

silla *f* [1] (mueble) chair; **sentado en una ~** sitting on a chair [2] (Equ) *tb* **~ de montar** saddle
(Compuestos)
- **silla abuelita** (AmC) rocking chair
- **silla alta** high chair
- **silla Barcelona** Barcelona chair
- **silla curul** (Méx) seat (*in Parliament*)
- **silla de cordero** saddle of lamb
- **silla de hamaca** (AmL) rocking chair
- **silla de la reina** chair (*made by two people linking arms*)
- **silla de manos** (Hist) sedan chair; (CS) chair (*made by two people linking arms*)
- **silla de oro** (RPl) ▸**silla de la reina**
- **silla de ruedas** wheelchair
- **silla de tijera** folding chair
- **silla eléctrica** electric chair
- **silla giratoria** swivel chair
- **silla plegable** folding chair
- **silla presidencial** (Ven): **la ~ ~** the Presidency

sillar *m*
A (Const) ashlar
(Compuesto) **sillar de clave** keystone
B (Equ) back

sillería *f*
A [1] (de salón, comedor) chairs (*pl*) [2] (del coro) stalls (*pl*) [3] (taller) chairmaker's workshop
B (Arquit, Const) masonry

sillín *m* [1] (de bicicleta) saddle [2] (de montar) saddle

sillón *m* armchair, easy chair; **sentado en un ~** sitting in an armchair
(Compuestos)
- **sillón académico** *membership of the Real Academia de la Lengua*
- **sillón de orejas** wing chair

silo *m* [1] (Agr) silo [2] (Mil) silo

silogismo *m* syllogism

silogístico -ca *adj* syllogistic

silueta *f* [1] (cuerpo) figure; **tenía una ~ perfecta** she had a perfect figure [2] (contorno) silhouette; **vio la ~ de un hombre armado** she saw the silhouette of an armed man; **en el horizonte se recortaba la ~ de un velero** a sailing boat was silhouetted against the horizon; **le pareció distinguir una ~ en la oscuridad** she thought she saw a figure in the darkness [3] (Art) silhouette

siluriano -na *adj* Silurian

silva *f* (liter) forest, wood

silvestre *adj* ‹*flor/fruta*› wild; ▸**común[1]**

silvicultor -tora *m,f* forester, silviculturist (frml)

silvicultura *f* forestry, silviculture (frml)

sima *f*
A [1] (grieta) sink, sinkhole, pothole [2] (cueva) pothole, cave [3] (abismo) chasm, pit
B (roca) sima, mantle

simbiosis *f* symbiosis

simbiótico -ca *adj* symbiotic

simbólicamente *adv* symbolically

simbólico -ca *adj* symbolic; **un gesto ~** a symbolic gesture; **un paro ~** a token strike

simbolismo *m* (Art, Lit) symbolism; (movimiento) Symbolism

simbolista *adj/mf* symbolist

simbolizar [A4] *vt* to symbolize, represent; **la serpiente simboliza el mal** the snake symbolizes *o* represents *o* is symbolic of evil

símbolo *m* symbol
(Compuesto) **símbolo de la fe** Creed

simbología *f* symbols (*pl*), system of symbols, symbology (frml)

ℹ Sin

Algunas observaciones generales

Cuando la preposición '*sin*' precede a un sustantivo singular, la traducción inglesa *without*, puede requerir artículo indefinido:

lo corté sin cuchillo
= I cut it without a knife

un perro sin cola
= a dog without a tail

Se debe tener presente que en muchas ocasiones cuando el español utiliza la preposición '*sin*' seguida de un sustantivo o de un infinitivo, el inglés prefiere utilizar un adjetivo encabezado por el prefijo *un-* o *in-*:

sin educación/empleo
= uneducated/unemployed

sin titulación
= unqualified

sin terminar/abrir
= unfinished/unopened

sin experiencia
= inexperienced

o bien por un sustantivo terminado con el sufijo *-less*:

sin dolor
= painless

sin hogar
= homeless

En otras ocasiones, cuando la preposición '*sin*' va seguida de infinitivo, el inglés prefiere el uso de un adverbio:

sin querer
= inadvertently

sin cesar
= incessantly

En caso de duda, consultar el diccionario

Para otros ejemplos y usos de la preposición, ver bajo entrada

simetría *f* symmetry; **plano/eje de ~** plane/axis of symmetry; **~ bilateral/radial** bilateral/radial symmetry

simétricamente *adv* symetrically

simétrico -ca *adj* symmetric, symmetrical

simiente *f* (en algunas regiones: liter) seed

simiesco -ca *adj* simian, apelike

símil *m* 1 (comparación) comparison; **establecer** *or* **hacer un ~** to draw *o* make a comparison 2 (Lit) simile 3 (imitación): **~ cuero** imitation leather; **~ piel** fake *o* synthetic fur

similar *adj* similar; **~ A algo** similar to sth

similitud *f* similarity, resemblance; **no presenta ninguna ~ con el otro** it bears no resemblance to *o* it is not at all similar to the other one

simio *m* ape, simian (tech)

simón *m* 1 (coche) horse-drawn carriage 2 (Ven fam) (billete) one hundred bolivar bill

simonía *f* simony

simonizar [A4] *vt* (Per) to wax

simpatía *f*
A 1 (de una persona): **pronto los conquistó a todos con su ~** she soon won them all over with her warm and friendly personality, she's so nice *o* likable that she soon won them all over; **los andaluces son famosos por su ~** the Andalusians are famous for their friendliness *o* warmth *o* (frml) congeniality 2 (sentimiento): **enseguida se ganó** *or* **granjeó la(s) ~(s) de todos** everyone soon came to like him, everyone soon took to him; **no le tengo mucha ~ a José** I don't really like José
B (Fís, Med) sympathy
C **simpatías** *fpl* (Pol) sympathies (*pl*); **~s POR algo: son conocidas sus ~s por la izquierda** her left-wing sympathies are well known

simpático -ca *adj* 1 ‹*persona*› nice; **me cae** *or* **me resulta muy ~** I really like him, I think he's really nice; **no es muy ~ que digamos** he's hardly what I would call likable *o* pleasant; **es un hombre de lo más ~** he's a very nice *o* pleasant *o* likable man; **el día que vino estuvo de lo más ~** the day he came here he was extremely nice *o* pleasant *o* genial 2 ‹*gesto/detalle*› nice, lovely 3 ‹*ambiente*› pleasant, congenial; ‹*paseo*› pleasant, delightful, nice

simpatizante *mf*: **soy ~ pero no militante** I sympathize with *o* support their ideas but I play no active role; **un ~ del partido comunista** a communist party sympathizer *o* supporter; **siempre fue ~ de la extrema derecha** his sympathies always lay with *o* he was always a supporter of the extreme right, he always had extreme right-wing sympathies

simpatizar [A4] *vi* 1 (caerse bien): **la persona con quien más simpatizaba** the person I got on best with; **~on desde el primer momento** they took to each other *o* they liked each other *o* they hit it off right from the start; **desde un principio no me simpatizó** (Chi) I didn't like him from the start 2 (sentir simpatía) **~ CON algn** to like sb 3 (Pol) **~ CON algo** ‹*con una ideología/un régimen*› to be sympathetic to sth; **simpatizaba con sus ideales revolucionarios** I was sympathetic to *o* I sympathized with their revolutionary ideals

simple[1] *adj*
A 1 (sencillo, fácil) ‹*sistema/procedimiento*› simple; **el mecanismo no puede ser más ~** the mechanism couldn't be (any) simpler *o* more straightforward; **la solución es muy ~** the solution is very simple; **es una dieta ~ pero completa** it's a simple but complete diet; ▸**llanamente** 2 (Quím) ‹*sustancia*› simple 3 (Ling) ‹*tiempo*› simple
B (*delante del n*) (mero) simple; **un ~ error puede causar un accidente** a simple mistake can cause an accident; **no es más que un ~ resfriado** it's just a common cold; **era un ~ soldado** he was an ordinary soldier; ▸**vista**[2]
C (tonto, bobo) simple, simple-minded; **es muy ~, pero buena persona** he's rather simple *o* simple-minded, but he's a nice person; **no seas ~ ¿no ves que así no haces nada?** don't be silly *o* (BrE colloq) daft, can't you see you won't get anywhere like that?

simple[2] *mf* simpleton

simplemente *adv* just, simply; **no es que no sea inteligente, ~ no es ambicioso** it's not that he's unintelligent, he's simply *o* just not ambitious; **~ hay que extremar las precauciones** it's simply a question of taking better precautions; **dile, ~, que no vas a poder ir** just *o* simply tell him you won't be able to go; **~ quería entregarte esto** I just wanted to give you this; **~ quería darle mi opinión** I only *o* merely *o* just wanted to offer my opinion

simpleza *f* 1 (falta de inteligencia) simpleness; (ingenuidad) gullibility 2 (tontería): **deja de hacer/decir ~s** stop being silly 3 (insignificancia): **no voy a discutir por esa ~** I'm not going to argue over such a trifling matter *o* over such a silly little thing

simplicidad *f* simplicity; **la receta es de una ~ impresionante** the recipe is amazingly simple *o* straightforward

simplificación *f* simplification

simplificar [A2] *vt* 1 ‹*trámites/texto*› to simplify 2 (Mat) ‹*fracción*› to simplify

simplismo *m* oversimplification

simplista *adj* simplistic

simplón[1] **-plona** *adj* (fam) gullible, dumb (colloq)

simplón[2] **-plona** *m,f* (fam) sucker (colloq), dope (colloq), gullible fool

simposio, simposium *m* symposium

simulación *f* simulation

simulacro *m*: **estas elecciones no han sido más que un ~** these elections have been nothing but a sham; **no se estaban peleando, todo fue un ~** they weren't really fighting, it was all put on

(Compuestos)
- **simulacro de ataque/combate** mock attack/battle
- **simulacro de incendio** fire drill, fire practice

simulado -da *adj* simulated; **vuelo/ataque ~** flight/attack simulation

simulador *m* simulator

(Compuesto) **simulador de vuelo** flight simulator

simular [A1] *vt* 1 ‹*sentimiento*› to feign; **simuló tristeza** she feigned sadness, she pretended to be sad 2 ‹*accidente*› to fake 3 ‹*efecto/sonido*› to simulate

simultánea *f*
A (en ajedrez) simultaneous match
B (Espec): **en ~** (AmL) simultaneously; **se estrenó en ~ nacional** (Cin) it was released nationwide

simultáneamente *adv* simultaneously

simultanear [A1] *vt*: **quiere ~ sus estudios con algún trabajo** he wants to get some sort of job and go on studying at the same time; **es imposible ~ los dos cargos** it is impossible to hold *o* do both jobs at the same time

simultaneidad *f* simultaneity; **con absoluta ~** absolutely simultaneously

simultáneo -nea *adj* simultaneous

simún *m* simoom

sin *prep* ▸ℹ **p.763**
A without; **lo tomo con leche y ~ azúcar** I take milk but no sugar; **reserva garantizada ~ recargo** guaranteed reservation at no extra cost; **seguimos ~ noticias** we still haven't had any news; **solicite más información ~ compromiso** send for more details without obligation; **~ previo aviso** with no advance warning; **¡tírate! ¡~ miedo!** jump! don't be scared!; **¿qué harías tú ~ mí?** what would you do without me?; **agua mineral ~ gas** still mineral water; **cerveza ~ alcohol** non-alcoholic beer, alcohol-free beer; **una pareja ~ hijos** a couple with no children, a childless couple; **un vuelo ~ escalas** a non-stop *o* direct flight; **me quedé ~ pan** I ran out of bread; **se quedó ~ trabajo** he lost his job; **una persona totalmente ~ escrúpulos** a completely unscrupulous person
B 1 **~ + INF** (con significado activo) without -ING; **se fue ~ pagar** she left without paying; **lo mandaron a la cama ~ cenar** they sent him to bed without any dinner; **somos diez ~ contarlos a ellos** there are ten of us not counting them; **estuvo una semana entera ~ hablarme** she didn't speak to me for a whole week, she went a whole week without speaking to me; **sigo ~ entender** I still don't understand; **la pisé ~ querer** I accidentally trod on her foot 2 **~ + INF** (con significado pasivo): **una camisa ~ planchar** an unironed shirt, a shirt that hasn't/hadn't been ironed; **esto está aún ~ terminar** this still isn't finished
C **~ QUE + SUBJ**: **los días pasan ~ que dé señales de vida** the days go by and there is still no word from him, the days go by with no word from him *o* without any word from him; **no voy a ir ~ que me inviten** I'm not going if I haven't been invited; **quítaselo ~ que se dé cuenta** get it off him without his *o* without him noticing; ▸**embargo**

(Compuesto) **sin hueso** *f* ▸**sinhueso**

S

sinagoga *f* synagogue
Sinaí *m*: **el ~** (monte) Mount Sinai; (península) Sinai, the Sinai Peninsula
sinalefa *f* synaloepha, elision
sinaloense *adj* of/from Sinaloa
sinapsis *f*
A (Anat) synapse
B (Biol) synapse
sinceramente *adv* ‹hablar› sincerely; **~, me parece un disparate** (*indep*) to be honest, I think it's crazy
sincerarse [A1] *v pron*: **se sinceró conmigo** he opened up to me; **por fin se sinceraron** (*refl*) in the end they opened up to each other
sinceridad *f* sincerity; **te voy a contestar con toda ~** I'm going to be quite honest *o* frank with you; **con toda ~ no se lo puedo recomendar** in all honesty *o* sincerity I cannot recommend him to you; **lo dijo con tanta ~** he said it so sincerely
sincero -ra *adj* sincere; **reciba nuestra más sincera felicitación** (frml) we would like to congratulate you most sincerely (frml), please accept our sincerest congratulations (frml)
sinclinal[1] *adj* synclinal
sinclinal[2] *m* syncline
síncopa *f* 1 (Ling) syncope 2 (Mús) syncopation
sincopado -da *adj* 1 (Mús) syncopated 2 (Ling) syncopal
sincopar [A1] *vt* to syncopate
síncope *m*
A (Med) syncope; **casi me da un ~** (fam) I nearly fainted (colloq)
(Compuesto) **síncope cardíaco** cardiac arrest
B (Ling) syncope
sincrético -ca *adj* syncretic
sincretismo *m* syncretism
sincronía *f* 1 (simultaneidad) synchrony 2 (Ling) synchrony
sincrónico -ca *adj* 1 ‹*sucesos*› simultaneous, synchronous, synchronic 2 (Ling) synchronic
sincronismo *m* sychronism
sincronización *f* synchronization
sincronizadamente *adv* in synchronicity
sincronizador *m* 1 (Cin) synchronizer 2 (Auto) synchromesh
sincronizar [A4] *vt* 1 ‹*frecuencias/relojes*› to synchronize; **~ algo CON algo** to synchronize sth WITH sth 2 (Col) ‹*carro*› to tune
sincrotrón *m* synchrotron
sindicación *f*
A (esp Esp) (Rels Labs) unionization; **el derecho de los trabajadores a la ~** the workers' right to unionize *o* to form a union
B (Fin) syndication
C (AmL frml) (acusación) accusation, charge
sindicado -da *m,f* (AmL frml) defendant, accused
sindical *adj* union (*before n*), labor union (*before n*) (AmE), trade union (*before n*) (BrE)
sindicalismo *m* 1 (movimiento) union movement, labor union movement (AmE), trade union movement (BrE) 2 (sistema, ideología) unionism, trade unionism (BrE) 3 (doctrina) *tb* **~ revolucionario** syndicalism
sindicalista[1] *adj* 1 ‹*teoría*› syndicalist 2 (de los sindicatos) ▸**sindical**
sindicalista[2] *mf* 1 (Rels Labs) member of the unions, union member, trade unionist (BrE) 2 (Pol) syndicalist
sindicalización *f* unionization
sindicalizar [A4] *vt* to unionize
■ **sindicalizarse** *v pron* (formar un sindicato) to unionize, form a union; (afiliarse a un sindicato) to join a union
sindicar [A2] *vt*
A (Rels Labs) ▸**sindicalizar**
B (AmL frml) (acusar) **~ a algn DE algo** to accuse sb OF sth; (formalmente) to charge sb WITH sth
■ **sindicarse** *v pron*
A (Rels Labs) ▸**sindicalizar**
B (Fin) to form a syndicate
sindicato *m*
A (Rels Labs) union, labor union (AmE), trade union (BrE)
(Compuestos)
- **sindicato amarillo** right-wing union
- **sindicato blanco** *or* **charro** (Méx) right-wing union
- **sindicato vertical** vertical union, industrial union (AmE)

B (Fin) syndicate
(Compuestos)
- **sindicato bancario** banking syndicate
- **sindicato de accionistas** syndicate of stockholders *o* shareholders
- **sindicato de aseguradores** underwriters' syndicate

sindicatura *f tb* : **~ de quiebras** receivership
síndico *m* trustee; (de quiebras) receiver
síndrome *m* syndrome
(Compuestos)
- **síndrome de abstinencia** withdrawal symptoms (*pl*)
- **síndrome de alergia total** total allergy syndrome
- **síndrome de Down** Down's syndrome
- **síndrome de fatiga crónica** chronic fatigue syndrome, ME
- **síndrome de inmunodeficiencia adquirida** Acquired Immune Deficiency Syndrome, AIDS
- **síndrome de la clase turista** economy-class syndrome
- **síndrome del bebé** *or* **niño sacudido** shaken baby syndrome
- **síndrome del shoc tóxico** toxic shock syndrome
- **síndrome de muerte infantil súbita** sudden infant death syndrome, SIDS
- **síndrome premenstrual: el ~ ~** premenstrual tension, PMT
- **síndrome respiratorio agudo severo** severe acute respiratory syndrome, SARS
- **síndrome tóxico** poisoning

sinécdoque *f* synecdoche
sinecura *f* sinecure
sine die *loc adv* (frml) sine die (frml), indefinitely
sine qua non *loc adj*: **esto es condición/requisito ~ ~ ~ para ...** this is a sine qua non for ...
sinéresis *f* syneresis
sinergia *f* synergy
sinfín *m*: **un ~ de** a great many; **hemos tenido un ~ de problemas** we've had one problem after another, we've had no end of *o* a great many problems
sinfonía *f* symphony; **una ~ de luces/colores** a symphony of light/color
sinfónica *f* symphony orchestra
sinfónico -ca *adj* ‹*música*› symphonic; ‹*orquesta*› symphony (*before n*)
sinfonier *m* ▸**chiffonier**
Singapur *m* Singapore
singladura *f* 1 (día náutico) nautical day 2 (Náut) (recorrido) day's run; **su ~ como coreógrafa** her career as a choreographer; **la larga ~ hacia la recuperación económica** the long road to economic recovery
single /'siŋgel/ *m*
A (Mús) single
B (en tenis) 1 (CS) (partido) singles, singles match 2 **singles** *mpl* (AmL) (partido) singles, singles match
singlista *mf* (AmL) singles player
singular[1] *adj*
A 1 (frml) (extraordinario, especial) singular (frml); **lo hizo con ~ entusiasmo** he did it with remarkable *o* extraordinary *o* singular enthusiasm; **un cuadro de ~ colorido** a singularly colorful picture 2 (peculiar, raro) peculiar, odd; **lo dijo en un tonillo muy ~** he said it in a very peculiar *o* odd *o* funny way 3 (frml) (excepcionalmente bueno) singularly good (frml)
B (Ling) singular
singular[2] *m* singular; **en ~** (Ling) in the singular; **tú habla en ~** you speak for yourself
singularidad *f* 1 (cualidad de especial) special nature, singularity (frml) 2 (rareza, peculiaridad) peculiarity, singularity (frml) 3 (Fís) singularity
singularizar [A4] *vt* (frml) to single out; highlight; **las circunstancias que singularizan este caso** the circumstances that single out *o* highlight this case
■ **singularizar** *vi*: **no singularices, todos tuvimos la culpa** don't single out individuals *o* don't just blame her (*o* him *etc*), we were all at fault
■ **singularizarse** *v pron* (frml) (por una acción) to distinguish oneself; **siempre se singularizó por su elegancia** his elegance always set him apart from the rest; **se singulariza por su línea aerodinámica** it is distinguished *o* marked by its aerodynamic line, it stands out because of its aerodynamic line
singularmente *adv* (frml) singularly
sinhueso *f* (fam & hum): **la ~** the tongue; **darle a la ~** to gas (colloq), to yap (colloq)
siniestra *f* (liter) left hand; ▸**diestro**[1]
siniestrabilidad *f* ▸**siniestralidad**
siniestrado -da *adj* (frml): **encontraron su cadáver en el avión ~** they found her body in the wreckage of the airplane; **los vehículos ~s** the vehicles involved in the accident; **la central nuclear siniestrada** the nuclear power plant where the explosion (*o* fire *etc*) took place
siniestralidad *f* (frml) *tb* : **índice** *or* **nivel de ~** accident rate
siniestro[1] **-tra** *adj*
A (liter) ‹*mano/lado*› left (*before n*)
B 1 ‹*mirada/aspecto*› sinister; ‹*intenciones*› sinister, evil 2 ‹*día/encuentro*› fateful
siniestro[2] *m* (frml) (accidente) accident; (causado por una fuerza natural) disaster, catastrophe; **acudió al lugar del ~** she visited the scene of the accident (*o* the disaster area *etc*); **el coche fue declarado ~ total** the car was declared a total wreck (AmE) *o* (BrE) a write-off
sinnúmero *m* ▸**sinfín**
sino[1] *conj* 1 (corrigiendo una impresión errónea): **eso no es valentía, ~ inconsciencia** that's not bravery, it's recklessness; **se comió no uno, ~ tres** he ate not one, but three; **no vino, ~ que llamó** he didn't come, he telephoned; **no nos ayudó, ~ todo lo contrario, ...** he didn't help us, quite the opposite *o* on the contrary, ... 2 (nada más que): **en toda la tarde no ha entrado ~ un cliente** in the whole of the afternoon we've only had one customer; **no hace ~ criticar a los demás** he does nothing but criticize everybody else, all he does is criticize everybody else
sino[2] *m* (liter) fate
sino- *pref* Sino-
sínodo *m* synod
sinología *f* sinology
sinólogo -ga *m,f* sinologist
sinonimia *f* synonymity, synonymy
sinónimo[1] **-ma** *adj* synonymous; **las dos palabras no son ~s** the two words are not synonymous *o* do not mean the same; **~ DE algo** synonymous WITH sth; **su nombre es ~ de calidad** their name is synonymous with quality
sinónimo[2] *m* synonym; **~ DE algo** synonym FOR sth
sinopsis *f* (*pl* ~)
A (resumen) synopsis
B (CS) (Cin) preview (AmE), trailer (BrE)
sinóptico -ca *adj* synoptic; ▸**cuadro**
sinovial *adj* synovial
sinovitis *f* synovitis
(Compuesto) **sinovitis del codo** tennis elbow
sinrazón *f* injustice, wrong
sinsabores *mpl* 1 (problemas) troubles (*pl*) 2 (experiencias tristes) heartaches (*pl*), upsetting experiences (*pl*)

S

sinsonte *m* mockingbird
sintáctico -ca *adj* syntactic
sintagma *m* syntagm, syntagma
(Compuesto) **sintagma nominal** noun phrase
sintagmático -ca *adj* syntagmatic
sintasol® *m* (Esp) vinyl floor covering
sintaxis *f* syntax
síntesis *f* (*pl* ~)
A 1 (resumen) summary; **hizo una ~ de lo expuesto** she summarized what had been said; **en ~** in short 2 (deducción) synthesis; **tiene gran poder de ~** he has great powers of synthesis
B 1 (Fil) synthesis 2 (Quím) synthesis 3 (combinación) synthesis, combination; **una ~ de varias ideas** a synthesis *o* combination of several ideas; **una ~ de varias culturas** an amalgam *o* a combination of several cultures
sintéticamente *adv* synthetically
sintético -ca *adj*
A 1 ‹*fibra*› synthetic, man-made; ‹*suelas*› man-made; ‹*hormonas/vitaminas*› synthetic 2 ‹*lengua*› synthetic
B ‹*análisis/explicación*› synthetic
sintetizador *m* synthesizer
(Compuesto) **sintetizador de voz** speech synthesizer
sintetizar [A4] *vt*
A 1 (resumir) to summarize 2 (combinar) to synthesize, combine
B 1 (Fil) to synthesize 2 (Quím) to synthesize
sintiera, sintió, etc ▸**sentir**[1]
sintoísmo *m* Shintoism
sintoísta *adj/mf* (Relig) Shintoist
síntoma *m* 1 (Med) symptom 2 (señal) sign, indication
sintomático -ca *adj* 1 (Med) symptomatic 2 (revelador) symptomatic
sintomatología *f* symptomatology
sintonía *f* 1 (Rad, TV): **botón de ~** tuning knob; **están ustedes en la ~ de Radio Victoria** you are listening to *o* you are tuned to Radio Victoria; **para una mejor ~** for better reception; **la música de ~** the theme music *o* tune 2 (audiencia): **uno de los programas de mayor ~** one of the most listened-to/watched programs 3 (armonía): **en ~ con el pueblo** in tune with the people, on the same wavelength as the people
sintonización *f* 1 (Rad, TV) tuning 2 (con personas, grupos): **su capacidad de ~ con los jóvenes** her ability to understand *o* tune in to young people
sintonizador *m* tuner
sintonizar [A4] *vt* ‹*emisora*› to tune (in) to; **un mensaje para todas las amas de casa que nos estén sintonizando** a message for all the housewives who are tuned to this station *o* who are listening in (to this station)
■ **sintonizar** *vi* 1 (Rad, TV) to tune in; **~ con una emisora** to tune in to a station 2 (con una persona, una idea): **un político que sintoniza con las masas/con la sensibilidad popular** a politician who is in tune with the masses/with people's feelings
sinuosidad *f* (liter) 1 (de un camino) sinuosity (liter); **siguieron la ~ del río** they followed the winding course of the river *o* the bends of the river 2 (de intenciones, conducta) deviousness
sinuoso -sa *adj* (liter) 1 ‹*camino/carretera*› winding, full of bends, sinuous (liter) 2 ‹*personalidad/conducta*› devious
sinusitis *f* sinusitis
sinusoide *f* sine curve, sinusoid
sinvergonzón -zona *m,f* (fam) ▸**sinvergüenza**[2]
sinvergüenza[1] *adj* 1 (canalla): **¡qué hombre más ~!** what a swine! (colloq) 2 (hum) ‹*niño*› (travieso) naughty
sinvergüenza[2] *mf* 1 (canalla) swine (colloq), scoundrel (dated); (estafador, ladrón) crook (colloq) 2 (hum) (pícaro) rascal (hum), little devil *o* rascal (hum)
sinvergüenzura *f* (AmL) (cualidad) shamelessness; (acto) shameless *o* disgraceful act

Sión *m* Zion
sionismo *m* Zionism
sionista *adj/mf* Zionist
síper *m* (Méx) zipper (AmE), zip (BrE)
siquiera[1] *adv*
A (por lo menos) at least; **dile ~ adiós** at least say goodbye to her; **¡si (tan) ~ me hubiera avisado ...!** if only you'd warned me ...!; **dale (tan) ~ unos centavos** at least give him a few cents, give him something, even if it's only a few cents
B (en frases negativas): **sin saber ~ quién era** without even knowing who I was; **ni ~ nos saludó** *or* **no nos saludó ~** he didn't even say hello to us
siquiera[2] *conj* **~ + SUBJ** even if; **que descanse ~ sea una hora** let him rest even if it's only for an hour
siquitrillar [A1] *vt* (Ven fam) 1 (criticar) to pull ... to pieces (colloq), to tear ... to shreds (colloq) 2 (fam) (estafar) to con (colloq)
Siracusa *f* Syracuse
sirena *f*
A (Mit) mermaid; (en mitología clásica) siren
B (de fábrica, ambulancia) siren; (de barco) siren; (de alarma) siren
(Compuesto) **sirena de niebla** foghorn
C (Col) (en pirotecnia) rocket
sirga *f* towline, towrope
sirgar [A3] *vt* to tow
Siria *f* Syria
sirio -ria *adj/m,f* Syrian
sirlero -ra *m,f* (Esp fam) mugger (*armed with a knife*)
siroco *m* sirocco
sirope *m* (AmL) syrup
sirviente -ta *m,f*
A (*m*) servant; **los ~s** the servants
B (*f*) maid, servant
sisa *f*
A (en ropa) armhole
B (Esp fam) (acción de robar) pilfering, petty thieving; (robo individual) petty theft
sisal *m* sisal
sisar [A1] *vt* (Esp fam) 1 (robar) to swipe (colloq) 2 (estafar): **me sisaba unos euros en la compra** she used to diddle me out of a few euros from the shopping money; **ayer me sisó 100 gramos** you did me out of 100 grams yesterday, it was 100 grams short yesterday
sisear [A1] *vi* to hiss
sisebuta *f* (RPl fam) battle-ax*
siseo *m* hiss
Sísifo Sisyphus
sísmico -ca *adj* seismic
sismo *m* (terremoto) earthquake; (temblor) earth tremor
sismografía *f* seismography
sismográfico -ca *adj* seismographic
sismógrafo *m* seismograph
sismología *f* seismology
sismólogo -ga *m,f* seismologist
sistema *m*
A (método) system; **necesitamos un nuevo ~** we need a new way of doing things *o* a new system; **trabajar con ~** to work systematically *o* methodically; **él se opone a todo lo que yo propongo, por ~** he systematically *o* invariably opposes everything I propose, as a matter of course he opposes everything I propose
B 1 (conjunto organizado) system; **el ~ educativo/impositivo** the education/tax system; **el ~ de calefacción** the heating system 2 (Inf) system; **entrar en** *or* **al ~** to log in *o* on; **salir del ~** to log out *o* off
(Compuestos)
• **sistema de contramedidas electrónicas** (Mil) Electronic Counter Measures
• **sistema de distribución** distribution system
• **sistema de ecuaciones** set of simultaneous equations
• **sistema de navegación por satélite** satellite navegation system
• **sistema de tarifa única** through-ticketing
• **sistema experto** expert system
• **sistema métrico decimal** ▸ℹ **p.630, p.998, p.1376, p.1757, p.1864** metric system
• **Sistema Monetario Europeo** European Monetary System
• **sistema montañoso** mountain range
• **sistema nervioso** nervous system
• **sistema nervioso central** central nervous system
• **sistema operativo** operating system
• **sistema operativo de disco** disk operating system
• **sistema solar** solar system
• **sistema tarifario integrado** (Esp) through-ticketing
sistemáticamente *adv* 1 (metódicamente) ‹*trabajar*› systematically, methodically 2 (invariablemente) systematically, invariably
sistematicidad *f*
A (reiteración, constancia) systematic fashion; **hacer algo con ~** to do sth systematically *o* in a systematic fashion
B ▸**sistematismo**
sistemático -ca *adj* 1 ‹*persona*› systematic, methodical 2 ‹*método*› systematic; **su sistemática oposición a nuestras propuestas** her systematic opposition to our proposals 3 (invariable): **es ~, me meto en la ducha y suena el teléfono** it never fails *o* it's always the same, I get in the shower and the phone rings
sistematismo *m* systematic manner
sistematización *f* systematization
sistematizar [A4] *vt* to systematize
sístole *f* systole
sistólico -ca *adj* systolic
sitar *m* sitar
sitial *m* seat *o* place of honor*
sitiar [A1] *vt* 1 (Mil) to besiege; **~on la ciudad** they besieged *o* laid siege to the city; **estamos sitiados** we are under siege 2 (acorralar) to corner, hem ... in on all sides
sitin *m* (Méx) sit-down, sit-in
sitio *m*
A 1 (lugar) place; **estuve todo el día yendo de un ~ a otro** I spent the whole day going from one place to another; **¿por qué cambiaste la tele de ~?** why did you move the TV?; **¡qué ~ tan bonito!** what a lovely spot *o* place!; **pon ese libro en su ~** put that book back in its place *o* back where it belongs; **déjalo por ahí, en cualquier ~** leave it anywhere over there *o* over there somewhere; **búscalo bien, en algún ~ tiene que estar** have a good look for it, it must be around there somewhere; ***en el ~*** (fam) dead; **lo dejaron en el ~ de un balazo** they shot him dead; **le dio un infarto y se quedó en el ~** he dropped dead of a heart attack; ***poner a algn en su ~*** (fam) to put sb in his/her place 2 (Inf) Web site 3 (espacio) room, space; **este sofá ocupa demasiado ~** this sofa takes up too much room *o* space; **¿hay ~ para todos?** is there (enough) room for everyone?; ***hacer ~*** to make room; **córrete un poco para hacerme ~** move along a bit and make room for me 4 (plaza, asiento): **guárdame el ~** keep my seat *o* place; **le cambié de ~** I changed places with him; **déjale el ~ a esa señora** let the lady sit down *o* give the lady your seat; **por aquí nunca hay ~ para aparcar** there's never anywhere *o* (AmE) anyplace to park around here 5 (Méx) (parada de taxis) taxi stand *o* rank 6 (Chi) (terreno urbano) vacant lot
(Compuesto) **sitio web** Web site
B (Mil) siege; **levantar el ~** to raise *o* lift the siege; **poner ~ a una ciudad** to lay siege to a city, to besiege a city
sito -ta *adj* (frml) situated (frml), located (frml)
situación *f*
A 1 (coyuntura) situation; **nuestra ~ económica** our financial situation *o* position; **no está en ~ de poder ayudarnos** she is not in a position to be able to help us; **se encuentra en una**

S

~ **desesperada** her situation *o* plight is desperate, she is in a desperate situation; **apenas crearon situaciones de gol** they hardly made any scoring chances; ***salvar la ~*** to save the day *o* rescue the situation **2** (en la sociedad) position, standing

(Compuesto) **situación límite** extreme situation

B (emplazamiento) position, situation (frml), location (frml); **la ~ del local es excelente** the premises are ideally situated *o* located

situacional *adj* situational

situado -da *adj* **1** (ubicado) situated; **la ciudad está situada al oeste del río** the town is *o* lies *o* is situated to the west of the river; **partidos ~s a la izquierda de los socialistas** parties to the left of the socialists **2** ‹*persona*› **estar bien ~** to have a good position *o* be well placed in society

situar [A18] *vt*

A **1** (colocar, ubicar) ‹*fábrica/aeropuerto*› to site, to locate (frml), to situate (frml); **esta novela la sitúa entre los grandes de la literatura** this novel places her among the greatest writers **2** (Lit) ‹*obra/acción*› to set **3** ‹*soldados*› to post, station

B (Fin) to invest, place

■ **situarse** *v pron*

A **1** (colocarse, ubicarse): **con esta victoria Chicago se sitúa en primer lugar** with this victory Chicago moves into first place, this victory puts Chicago in first place; **ha logrado ~se entre los cinco mejores del mundo** she has succeeded in establishing a position for herself among the world's top five **2** (socialmente): **se ha situado muy bien** he has done very well for himself

B (frml) (cifrarse): **la tasa de desempleo se sitúa en un 22%** unemployment stands at 22%; **el precio podría llegar a ~se en 20 dólares** the price could reach 20 dollars

siútico -ca *adj/m,f* (Chi) ▸**cursi**[1], **cursi**[2]

siutiquería, siutiquez *f* (Chi) ▸**cursilería**

siux /sju/ *mf* (*pl* ~) Sioux

S.J. (= **Societatis Jesu**) SJ

skai®, skay® /(e)s'kai/ *m* imitation leather

skateboard /e'skeitbor/ *m* (*pl* **~s**) skateboard

skeet /e'ski(t)/ *m* skeet, skeet shooting

sketch /(e)s'ketʃ/ *m* sketch

skin /e'skin/ *mf*

A (delincuente) skinhead

B (Inf) skin

skinhead /e'skinxed/ *mf* (*pl* **~s**) skinhead

s.l. (= **sus labores**) **profesión: s.l.** occupation: housewife

S.L. *f* = **Sociedad Limitada**

slalom /(e)s'lalom/ *m* (*pl* **-loms**) slalom

(Compuesto) **slalom gigante** giant slalom

slip /(e)s'lip/ (*pl* **slips**) *m*

A (prenda interior) **1** (de hombre) underpants (*pl*), briefs (*pl*) (frml), pants (*pl*) (BrE) **2** (de mujer) panties (*pl*), knickers (*pl*) (BrE), briefs (*pl*) (frml)

B (bañador) swimming trunks (*pl*)

slogan /(e)s'loɣan/ *m* (*pl* **slogans** *or* **slóganes**) slogan

slot /e'slo(t)/ *m* (Inf) (*pl* **~s**) slot; **~ de memoria** memory slot

SM *f* (en Méx) = **Secretaría de Marina**

S.M. = **Su Majestad**

SME *m* (= **Sistema Monetario Europeo**) EMS

SMIS *m* = **síndrome de muerte infantil súbita** SIDS

smog /(e)s'mo(ɣ)/ *m* (AmL) smog

smoking /(e)s'mokin/ *m* (*pl* **-kings**) tuxedo (AmE), dinner jacket (BrE)

smoothie /es'mu:di/ *m* smoothie

SMP *m* (en Nic) = **Servicio Militar Patriótico**

SMS /'ese 'eme 'ese/ ➡📖 *m* (Telec) text message

s/n = **sin número**

snack /(e)s'nak/ *m* (*pl* **snacks**) snack

snack-bar /(e)s'nakbar/ *m* snack bar

SNI *f* (en Per) = **Sociedad Nacional de Industrias**

snif /(e)s'nif/ *m* sniff

snifar /(e)sni'far/ [A1] *vt* ▸**esnifar**

s.n.m. = **sobre el nivel de mar**

snob[1] /(e)s'noβ/ *adj* (*pl* **snobs**) snobbish, snobby (colloq)

snob[2] /(e)s'noβ/ *mf* (*pl* **snobs**) snob

snobismo /(e)sno'βismo/ *m* snobbery, snobbishness

snowboard /es'nobor(d)/ *m* snowboard; **hacer ~** to snowboard, go snowboarding

snowboarder /e'snoborder/ *mf* snowboarder

SNTE *m* (en Méx) = **Sindicato Nacional de Trabajadores de la Educación**

so[1] *prep*: **~ pena de ser expulsado/de muerte** on pain of expulsion/of death (frml); **~ pretexto de una mayor seguridad** (frml) under the pretext of greater security; **~ los robles** (liter) beneath *o* (liter) neath the oaks

so[2] *interj* **1** (para detener a un caballo) whoa! **2** (*delante del n*) (intensificando un insulto): **¡~ animal!** you great *o* big brute!

SO

A (= **sudoeste**) SW

B (= **sistema operativo**) OS

s/o = **su orden**

soasar [A1] *vt* to roast ... lightly

soba *f* (fam) beating (colloq), walloping (colloq)

sobaco *m* ▸ⓘ **p.231** armpit

sobada *f* **1** (del pan) kneading **2** (fam) (manoseo) grope (colloq) **3** (Col, Ven fam) massage

sobadera *f* (Col fam): **¡dejen la ~!** stop pestering me!; **¡qué ~ la suya!** he doesn't stop yammering! (AmE colloq), he doesn't half go on! (BrE colloq)

sobado[1] **-da** *adj*

A **1** ‹*tapizado/cortinas*› worn, shabby; ‹*libro*› dog-eared, well-thumbed **2** ‹*excusa*› well-worn; ‹*cliché*› hackneyed, well-worn

B (Col fam) (difícil) hard, tough

sobado[2] **-da** *m,f*

A (Col fam) (caradura) sassy *o* nervy kid (AmE), cheeky so-and-so (BrE colloq)

B **sobado** *m* (Esp) (Coc) ▸**sobao**

sobajear [A1] *vt* (AmL fam) ▸**sobar A1**, **sobar A2**

sobao *m* (Esp) small sponge cake

sobaquera *f*

A (Indum) **1** (sisa) armhole **2** (para proteger la prenda) dress shield

B (arg) (para una pistola) shoulder holster

C (fam) (olor) BO (colloq), body odor*

sobaquina *f* (fam) BO (colloq), body odor*

sobar [A1] *vt*

A **1** (manosear) ‹*tela/ropa/tapizado*› to handle, finger, dirty (*through excessive handling*); **deja de ~ el sofá** stop putting your dirty hands all over the sofa **2** (fam) ‹*chica*› to touch up (colloq), to grope (colloq), to paw (colloq) **3** (Per fam) (adular) to suck up to (colloq)

B **1** ‹*masa/masilla*› to knead **2** ‹*pieles*› to full **3** (Col, Ven) (dar masajes) to massage, give ... a massage

■ **sobar** *vi* (Esp arg) to have a sleep *o* (colloq) nap

soberanamente *adv*: **nos aburrimos ~** we were bored to death *o* tears; **hace lo que le da ~ la gana** he does what he damn well likes *o* what the hell he likes (colloq)

soberanía *f* sovereignty; **la decisión será objeto de consulta a la ~ popular** the decision will be made after consultation with the people

soberano[1] **-na** *adj*

A ‹*estado/pueblo*› sovereign; ‹*poder*› supreme, sovereign

B (fam) (enorme) tremendous; **eso es una soberana estupidez** that's an absolutely ridiculous thing to say/do; **le pegó una soberana paliza** he gave him an almighty *o* a tremendous beating (colloq)

soberano[2] **-na** *m,f* (Gob, Pol) sovereign

soberano[3] *m* (moneda) sovereign

soberbia *f*

A (orgullo) pride; (altivez) arrogance, haughtiness

B (grandiosidad) magnificence, grandeur

soberbio -bia *adj*

A ‹*persona/carácter*› (orgulloso) proud; (altivo) arrogant, haughty

B **1** (magnífico) superb, magnificent **2** (enorme) ▸**soberano**[1] **B**

sobón -bona *adj* (Col fam): **es muy ~** he's a real pain in the neck (colloq)

sobornable *adj* bribable, venal

sobornar [A1] *vt* to bribe, suborn (frml)

soborno *m* **1** (acción) bribery; **obtener algo mediante ~** to obtain something by bribery **2** (dinero, regalo) bribe; **ofrecer un ~** to offer a bribe; **aceptar/recibir un ~** to accept/receive a bribe

sobra *f* **1** **de sobra: quédate a comer, hay comida de ~** stay to lunch, there's plenty of food *o* there's more than enough food; **tiene dinero de ~** he has plenty of money; **tengo una entrada de ~** I have an extra *o* a spare ticket; **tengo motivos de ~ para pensar que miente** I have very good reason to think he is lying, I have ample grounds to think he's lying; **sabes de ~ que no te lo va a prestar** you know very well *o* full well *o* perfectly well that she won't lend it to you; ***estar de ~*: tengo la sensación de estar de ~ aquí** I have the feeling that I'm not wanted/needed around here, I have the feeling that I'm de trop around here (hum) **2** **sobras** *fpl* (de comida) leftovers (*pl*)

sobradamente *adv*: **ayer hablamos ~ de esto** we went through all this yesterday, we spent long enough yesterday talking about this; **es ~ conocido que ...** it is common knowledge that ...; **ya sabes ~ que ...** you know perfectly well *o* full well *o* very well that ...

sobrado[1] **-da** *adj*

A **1** ‹*experiencia/motivos*› **con experiencia sobrada** with more than enough *o* with ample experience; **un escritor con ~s méritos para el premio** a writer who is more than worthy of the prize; **tengo ~s motivos para sospechar** I have every *o* ample reason to be suspicious **2** [ESTAR] ‹*persona*› **~ DE algo: está sobrada de dinero** she has plenty of money; **no ando muy ~ de dinero** I don't have much money at the moment, I'm not very well off at the moment, I'm a bit short of money at the moment; **no estoy muy ~ de tiempo** I'm a bit short of time, I don't have too much *o* all that much time

B (Andes fam) (engreído) full of oneself (colloq); **desde que lo nombraron jefe se ha puesto muy ~** since he was made the boss he's been very full of himself *o* he's become very conceited

sobrado[2] *adv* (Andes): **llegó ~ a la meta** he won easily, he crossed the finishing line well ahead of the rest; **lo sé ~** I know that only too well; **¿llegarás a tiempo? — ¡~!** do you think you'll make it? — easily!

sobrado[3] *m*

A (desván) loft, attic

B **sobrados** *mpl* (Col fam) (sobras) leftovers (*pl*)

sobrado[4] **-da** *m,f* (Andes fam) show-off (colloq), bighead (colloq)

sobrador -dora *adj* (CS) ▸**sobrado**[1] **B**

sobrante[1] *adj* remaining; **las entradas ~s** the remaining *o* spare tickets, the tickets that are left over; **el dinero ~** the remaining money, the money that was left over, the surplus; **el material ~** the spare *o* surplus material, the material that is left over; **con la masa ~ podríamos hacer unos bizcochitos** we could make some sponge cakes with the leftover mixture

sobrante[2] *m* remainder, surplus

sobrar [A1] *vi* **1** (quedar, restar): **sobró mucha comida** there was a lot of food left over; **¿te**

➡📖 *ver* SMS (mensajería de texto)

ha sobrado dinero? do you have any money left? [2] (estar de más): **ya veo que sobro, así que me iré** I can see I'm not wanted/needed here so I'll go; **no te creas que a mí me sobra el dinero** don't think that I have money to throw around *o* to burn (colloq); **no me sobra el tiempo** I don't have too much time *o* all that much time, I'm a bit short of time; **sobra un cubierto** I/you/they have laid one place too many, there's an extra place; ***salir sobrando*** (Méx): **lo escrito más arriba sale sobrando** the above text (*o* explanation *etc*) is superfluous *o* unnecessary; **aquí hay dos empleados que salen sobrando** there are two employees here whom we do not need *o* who are surplus to requirements

■ **sobrar** *vt* (RPl) to look down on; **no me sobres** don't patronize me

sobrasada *f: spicy pork sausage*

sobre[1] *m*

A [1] (Corresp) envelope; **~ aéreo** *or* **(de) vía aérea** airmail envelope; **~ de ventanilla** window envelope [2] (envase): **un ~ de sopa** a package of soup (AmE), a packet of soup (BrE); **un ~** *or* **~cito de vitamina C** a pack of Vitamin C (AmE), a sachet of Vitamin C (BrE)

B (arg) (cama): **el ~** the sack (colloq); **irse al ~** to hit the sack *o* the hay (colloq)

C (AmL) (cartera) clutch bag

sobre[2] *prep*

A (indicando posición) [1] (cuando hay contacto): **lo dejé ~ la mesa** I left it on the table; **los fue poniendo uno ~ otro** she placed them one on top of the other; **vestía chaqueta a** *or* **de cuadros ~ una camisa blanca** he wore a checked jacket over a white shirt; **letras en azul ~ un fondo blanco** blue letters on *o* upon a white background; **la lluvia que cayó ~ Quito** the rain that fell on Quito; **prestar juramento ~ los Santos Evangelios** to swear on the Holy Bible; **la población está ~ el Paraná** the town is on the Paraná river; **se abalanzaron ~ él** they leapt on him; **estamos ~ su pista** we're on their trail [2] (cuando no hay contacto) over; **volaremos ~ Santiago** we shall be flying over Santiago; **se inclinó ~ su lecho de enfermo** she leaned *o* bent over his sick bed; **en el techo justo ~ la mesa** on the ceiling right above *o* over the table; **4.000 metros ~ el nivel del mar** 4,000 meters above sea level; ***estar ~ algn*** to check up on sb; **está constantemente ~ ella para que estudie** he has to keep checking up on her to make sure she studies [3] (alrededor de) on; **gira ~ su eje** it spins on its axis [4] (Mat): x/y (en ecuaciones) *read as: x sobre y* x/y *(léase: x over y)*; **18/20** (calificación) *read as: 18 sobre 20* $18/20$ *(léase: 18 out of 20)*

B (en relaciones de jerarquía): **~ estos representantes tenemos al jefe de zona** above these representatives we have the area head; **su victoria ~ el equipo local** their victory over the local team; **amar a Dios ~ todas las cosas** love God above all else

C [1] (en relaciones de efecto, derivación, etc) on; **han tenido mucha influencia ~ él** they have had a great influence on him; **una opereta ~ libreto de Sierra** an operetta with libretto by Sierra [2] (Com, Fin) on; **un nuevo impuesto ~ las importaciones** a new tax on imports; **un incremento del 11% ~ los precios del año pasado** an increase of 11% on *o* over last year's prices; **la hipoteca que pesa ~ la casa** the mortgage on the house; **prestan dinero ~ alhajas** they lend money on jewelry; **cheque ~ Buenos Aires** check payable in Buenos Aires; **cheque girado ~ el Banco de Córdoba** check drawn on the Banco de Córdoba

D (acerca de) on; **legislación ~ impuestos** tax legislation, legislation on taxes; **existen muchos libros ~ el tema** there are many books on the subject; **escribió ~ el espinoso tema de ...** she wrote on *o* about the thorny topic of ...

E [1] (próximo a): **el ejército está ~ la ciudad** the army is at the gates of the city; **llegué muy ~ la hora** (AmS) I only arrived a short time beforehand [2] (Esp) (con cantidades, fechas, horas) around, about (BrE); **debe pesar ~ los 70 kilos** he must weigh around *o* about 70 kilos

F **sobre todo** above all; **tuvo mucho éxito, ~ todo entre la juventud** it was very successful, above all *o* particularly *o* especially among young people; **aumentan las presiones políticas, sociales y, ~ todo, económicas** the political, social and, above all, economic pressures are growing

sobre- *pref* over- (*as in* **sobreactuar**, **sobrealimentar** etc)

sobreabundancia *f* superabundance, overabundance

sobreabundante *adj* superabundant, overabundant

sobreactuación *f* overacting

sobreactuar [A18] *vi* to overact

■ **sobreactuar** *vt* to overact

sobreaguar [A16] *vi* to stay afloat

sobrealimentación *f* [1] (dada a una persona) overfeeding [2] (propia) overeating [3] (de un motor) supercharging

sobrealimentador *m* supercharger

sobrealimentar [A1] *vt* [1] ‹*persona*› to overfeed [2] ‹*motor*› to supercharge

■ **sobrealimentarse** *v pron* to overfeed

sobrebarriga *f* (Col) brisket

sobrecalentamiento *m* overheating

sobrecalentar [A5] *vt* to overheat

sobrecama *f or m* (AmC, Col, Ven) bedspread, counterpane, coverlet

sobrecapacidad *f* overcapacity, excess capacity

sobrecarga *f* [1] (en un vehículo) excess load *o* weight [2] (de un circuito, motor) overload; (de una batería) overcharging

sobrecargado -da *adj* [1] ‹*vehículo*› overloaded [2] ‹*circuito*› overloaded [3] ‹*persona*› **~ DE algo**: **anda ~ de trabajo** she's overburdened with work, she's up to her eyes in work (colloq), she's snowed under with work (colloq); **estamos ~s de deudas** we're weighed down with debts

sobrecargar [A3] *vt* [1] ‹*vehículo/animal*› to overload [2] ‹*circuito/motor*› to overload; ‹*batería*› to overcharge; ‹*órgano*› to overtax; **las líneas telefónicas están sobrecargadas** the telephone lines are busy *o* saturated [3] ‹*persona*› **~ a algn DE algo** to overburden sb WITH sth; **nos están sobrecargando de trabajo** they're overloading us with work, we're getting snowed under with work

sobrecargo *mf* [1] (Aviac) (supervisor) purser, chief flight attendant; (auxiliar de vuelo) flight attendant [2] (Náut) purser

sobrecejo *m* frown

sobrecogedor -dora *adj* [1] (conmovedor) ‹*experiencia/silencio*› moving [2] (espantoso) shocking, horrific

sobrecoger [E6] *vt* [1] (conmover) to move, affect ... deeply; **con el corazón sobrecogido** overcome with emotion [2] (asustar) to strike fear into

■ **sobrecogerse** *v pron* [1] (conmoverse) to be moved, be deeply affected [2] (asustarse) to be terrified

sobrecompensar [A1] *vt* to overcompensate for

sobrecontratación *f* [1] (de pasajes, en hoteles) overbooking [2] (de personal) overstaffing

sobrecontratar [A1] *vt* [1] ‹*pasajes/alojamientos*› to overbook [2] ‹*personal*› to take on too many

sobrecoste *m* (Esp) cost overrun

sobrecostilla *f* (Chi) rib roast

sobrecosto *m* cost overrun

sobrecubierta *f* dust jacket, dustcover

sobredicho -cha *adj* (frml) aforementioned (frml), abovementioned (frml)

sobredorar [A1] *vt* to gild, gold plate

sobredosis *f* (*pl* ~) overdose

sobreentender [E8] *vt*: **no lo dijeron, pero quedó sobreentendido** they didn't say so, but it was implied *o* understood; **se sobreentiende que lo tendrá que pagar** it goes without saying that he will have to pay for it; **se sobreentiende a quién apoya** one can guess *o* deduce who she supports

sobreesdrújulo -la *adj* stressed on the syllable before the antepenultimate

sobreestadía *f* demurrage

sobreestimación *f* overestimation

sobreestimar [A1] *vt* to overestimate

sobreexcitación *f* overexcitement

sobreexcitar [A1] *vt* to get ... overexcited

■ **sobreexcitarse** *v pron* to get overexcited

sobreexplotación *f* over-exploitation

sobreexplotar [A1] *vt* to over-exploit

sobreexponer [E22] *vt* (Fot) to overexpose

sobreexposición *f* overexposure

sobrefalda *f* overskirt

sobregirado -da *adj* overdrawn; **su cuenta está sobregirada en 4.000 pesos** she is 4,000 pesos overdrawn, she has an overdraft of 4,000 pesos

sobregirar [A1] *vt* to overdraw (on)

■ **sobregirarse** *v pron* to overdraw; **se sobregiró en $1.000** he overdrew by $1,000

sobregiro *m* overdraft

sobrehilado *m* overcasting

sobrehilar [A19] *vt* to overcast

sobrehumano -na *adj* superhuman

sobreimprimir [I36] *vt* to overprint

sobrellevar [A1] *vt* ‹*dolor/enfermedad*› to endure, bear; **supo ~ su tragedia** she bore the tragedy well; **le ayudaba a ~ su soledad** it helped him put up with *o* endure the loneliness

sobremanera *adv* (frml) exceedingly (frml); **me molesta ~** (fam) I find it really annoying

sobremarcha *f* overdrive

sobremesa *f* [1] (período): **esta serie se emitirá en la ~ de los jueves** this series will be shown in the Thursday afternoon slot; **programación de ~** afternoon viewing [2] (conversación) after-lunch/after-dinner conversation; **hacer ~** to engage in after-lunch conversation; **estuvimos de ~ hasta las seis** we were sitting around the table chatting until six

> **sobremesa**
>
> This is the time when people stay at the table after a meal, especially lunch, talking, drinking coffee, smoking, and having drinks. In television schedules, *programación de sobremesa* refers to afternoon viewing.

sobrenatural *adj* supernatural; **lo ~** the supernatural

sobrenombre *m* nickname, sobriquet (frml)

sobrentender [E8] *vt* ▸**sobreentender**

sobrepaga *f* bonus, extra payment

sobreparto *m* confinement, lying-in; **murió de ~** she died in childbirth

sobrepasar [A1] *vt* [1] ‹*nivel/cantidad*› to exceed, go above; **~ el límite de velocidad** to exceed *o* go over *o* break the speed limit; **~on los límites establecidos por las autoridades** they went beyond *o* exceeded the limits set by the authorities; **sobrepasó el tiempo permitido en 2 segundos** she went over *o* exceeded the time allowed by 2 seconds; **en marzo las entradas ~on $100.000** income in March topped *o* exceeded $100,000; **~ la barrera del sonido** to break the sound barrier [2] ‹*persona*› (en capacidad) to outstrip; (en altura) to overtake [3] (Aviac) ‹*pista*› to overshoot

■ **sobrepasarse** *v pron* [1] (excederse): **me he sobrepasado en los gastos** I've overspent; **no te vayas a ~ con el vino** go easy with the wine [2] (propasarse) to go too far

sobrepelliz *f* surplice

sobrepelo *m* (RPl) saddlecloth

sobrepeso *m* [1] (AmL) (exceso — de equipaje) excess, excess baggage; (— de carga) excess load *o* weight [2] (Chi, Méx) (de una persona): **tiene un ~ de 7 kilos** he's seven kilos overweight

sobrepoblación *f* overpopulation

S

sobrepoblado -da *adj* overpopulated
sobreponer [E22] *vt* to superimpose
■ **sobreponerse** *v pron* **1** (recuperarse) to pull oneself together; **~se A algo** to get over sth, recover FROM sth; **todavía no se ha sobrepuesto a aquella desgracia** he still hasn't got(ten) over *o* recovered from his misfortune **2** (Chi) ‹*abrigo/chaqueta*› to wrap … around one's shoulders
sobreprecio *m* surcharge
sobreprima *f* additional premium
sobreproducción *f* overproduction
sobreproducir [I6] *vi* to overproduce
sobreprotección *f* overprotection
sobreprotector -tora *adj* overprotective
sobreproteger [E6] *vt* to overprotect
sobrepuesto *pp see* **sobreponer**
sobrepujar [A1] *vt* **1** (en una subasta) to outbid **2** (exceder) to outdo
sobrero[1] **-ra** *adj* spare (*before n*), reserve (*before n*), extra (*before n*)
sobrero[2] *m* reserve bull
sobrerrevelar [A1] *vt* to overdevelop
sobres[1] *adj inv* **1** (Méx fam) (guapo): **estar/ponerse ~** to be/get dressed up, to be/get dolled up (colloq) **2** (Méx fam) (alerta): **ponerse ~ con algn** to keep an eye on sb; **anda ~ con el galán** she's keeping an eye on her boyfriend
sobres[2] *interj* (Méx fam) sure! (colloq)
sobresábana *f* (Col) top sheet
sobresaliente[1] *adj*
A **1** ‹*actuación*› outstanding **2** ‹*noticia/hecho*› most significant *o* important
B (Arquit) projecting, overhanging
sobresaliente[2] *m*
A (Educ) *grade corresponding to 8.5 on a scale of 10*
B **sobresaliente** *mf* (Taur) understudy, reserve bullfighter; (Teatr) understudy
sobresalir [I29] *vi* **1** «*alero/viga*» to project, overhang, stick out; **el borde sobresale unos tres centímetros** the edge sticks out *o* juts out *o* protrudes about three centimeters; **la aguja de la catedral sobresalía a lo lejos** the spire of the cathedral rose up *o* stood out in the distance **2** (destacarse): **siempre sobresalió en los deportes** he always excelled *o* shone *o* (AmE) shined at games; **sobresale entre los niños de su edad** he stands out among children of the same age; **sobresale por su talento musical** his talent for music sets him apart from the rest; **sobresale por la belleza de su interior** it is notable for its beautiful interior
sobresaltar [A1] *vt* to startle, give … a start, make … jump
■ **sobresaltarse** *v pron* to jump, be startled
sobresalto *m* fright; **llevarse un ~** to get a fright
sobreseer [E13] *vt*
A ‹*causa/caso*› to dismiss
B ‹*persona*› to acquit
C ‹*expediente*› to close
sobreseimiento *m* (Der)
A (de una causa) dismissal
B (de un acusado) acquittal; **dictaron el ~ para los imputados** all the accused were acquitted; **~ definitivo/provisional** acquittal on all charges/stay of execution
C (de un expediente) closure
sobrestante *m* foreman
sobrestimar [A1] *vt* ▸ **sobreestimar**
sobresueldo *m* supplementary wage
sobresuscribir [I34] *vt* to oversubscribe
sobretasa *f* surcharge
sobretiempo *m* (Chi, Per) **1** (horas extra) overtime **2** (pago) overtime **3** (Dep) overtime (AmE), extra time (BrE)
sobretítulos *mpl* surtitles
sobretodo *m* overcoat
sobrevaloración *f* overvaluation
sobrevalorado -da *adj* **1** ‹*persona/novela*› overrated **2** ‹*propiedad/moneda*› overvalued
sobrevalorar [A1] *vt* **1** ‹*persona/novela*› to overrate **2** ‹*propiedad/moneda*› to overvalue, put too high a value on
sobrevaluado -da *adj* ▸ **sobrevalorado**
sobrevender [E1] *vt* ‹*producto*› to oversell; **el viaje a Miami ya está sobrevendido** the trip to Miami is already overbooked *o* oversubscribed
sobrevenir [I31] *vi* «*desgracia/accidente*» to strike; **al ~ la guerra** when war broke out; **me sobrevino una extraña sensación** a strange feeling came over me; **le sobrevino la muerte** he was struck down; **ese año sobrevino un hecho que habría de cambiar el curso de la historia** that year something happened which was to change the course of history; **pueden ~ alucinaciones** hallucinations may occur
sobrevida *f* (CS) survival
sobrevivencia *f* survival
sobreviviente *adj/mf* ▸ **superviviente**[1], **superviviente**[2]
sobrevivir [I1] *vi* to survive; **~ A algo** to survive sth; **cinco personas sobrevivieron a la explosión** five people survived the explosion
■ **sobrevivir** *vt* ‹*persona*› to outlive, survive
sobrevolar [A10] *vt* to fly over; (Mil) to fly over, overfly
sobrevuelo *m* (Aviac) (acción) overflying; (acto) overflight; **permiso de ~** permission for overflying *o* to overfly; **un ~ de la zona** an overflight of the area; **efectuar un ~ sobre un área** to fly over an area
sobrexcitación *f* overexcitement
sobrexcitar [A1] *vt* ▸ **sobreexcitar**
sobriedad *f* (de una persona) sobriety, moderation; (de un estilo) sobriety, simplicity; **se viste con ~** she dresses simply *o* soberly
sobrino -na *m,f*
A (*m*) nephew
B (*f*) niece; **mis ~s** (sólo varones) my nephews; (varones y mujeres) my nephews and nieces, my sister's/brother's children
(Compuestos)
- **sobrino nieto, sobrina nieta** (*m*) great nephew, grandnephew; (*f*) great niece, grandniece
- **sobrino segundo, sobrina segunda** *m,f* first cousin once removed, second cousin (*child of one's cousin*)

sobrio -bria *adj*
A [SER] **1** ‹*persona*› sober, restrained, moderate; ‹*hábitos*› frugal; **era ~ en la bebida** he drank in moderation **2** ‹*decoración/estilo/color*› sober, restrained, simple
B [ESTAR] (no borracho) sober
sobros *mpl* (AmC) leftovers (*pl*)
SOC /sok/ *m* (en Esp) = **Sindicato de Obreros del Campo**
soca *f*
A (Col, Méx) (de caña) ratoon; (de arroz) shoot; (tabaco) top leaf *o* shoot
B (AmC) (Mús) soca
socaire *m* (fam): **al ~** out of the wind; **al ~ del promontorio** in the shelter of *o* sheltered by the headland; (Náut) in the lee of the headland; **al ~ de algn** under sb's wing, protected by sb
socarrar [A1] *vt* (quemar) to burn; (tostar) to toast
■ **socarrarse** *v pron* «*comida*» to burn; **se socarró las pestañas** she burned *o* singed her eyelashes
socarrón -rrona *adj* **1** (sarcástico) sarcastic, snide **2** (taimado) sly, crafty
socarronería *f* sarcastic *o* snide humor*
sócate *m* (Ven) bulbholder
socavar [A1] *vt* to undermine
socavón *m* **1** (hoyo) hole; **los socavones de la carretera de la costa** the holes *o* the subsidence along the coastal road **2** (excavación) shaft, tunnel **3** (cueva) cave
sochantre *m* cantor
socia *f* (Esp fam & pej) whore (pej) *ver tb* **socio**
sociabilidad *f* **1** (cualidad) sociability **2** (Ur) (vida social) socializing; **hacer ~** to socialize
sociable *adj* ‹*persona/carácter*› sociable; ‹*reunión*› friendly, convivial
social[1] *adj*
A **1** ‹*cambio/problemas*› social; ‹*clase/lucha*› social; **las reivindicaciones ~es de los trabajadores** the workers' demands for improvements in social conditions; ▸ **asistente**[2], **bienestar**, etc **2** ‹*reunión/compromiso*› social; **notas ~es** *or* **agenda ~** (Period) society column/pages; ▸ **vida**
B (Fin) company (*before n*); ▸ **capital**[2], **razón**, **sede**
social[2] *mf* (Esp) undercover police officer
socialdemocracia *f* social democracy
socialdemócrata[1] *adj* social democratic
socialdemócrata[2] *mf* social democrat
socialdemocrático -ca *adj* social democratic
sociales *fpl*
A (fam) (Educ) social sciences (*pl*)
B **1** (Col, RPl fam) (Period) society column/pages (*pl*) **2** (Arg) (vida social) socializing; **hacer ~** to socialize
socialismo *m* socialism
socialista *adj/mf* socialist
socialización *f* socialization
socializador -dora *adj*
A (Pol) ‹*corriente/política*› with socialist tendencies *o* leanings
B ‹*papel/efecto*› socializing
socializar [A4] *vt* to socialize
socialmente *adv* socially
sociata *adj/mf* (Esp fam & pey) socialist
sociedad *f*
A (Sociol) society; **~ pluralista/democrática** pluralistic/democratic society; **el papel que cabe a la mujer en la ~** the role of women in society
(Compuestos)
- **sociedad de consumo** consumer society
- **sociedad de seguros mutuos** provident society

B (asociación, club) society; **una ~ secreta** a secret society; **~ deportiva** sports club
(Compuestos)
- **Sociedad de Jesús** Society of Jesus
- **Sociedad de Naciones** (Hist) League of Nations
- **sociedad de socorros mutuos** benefit society (AmE), friendly society (BrE)
- **Sociedad Protectora de Animales** Society for the Prevention of Cruelty to Animals

C (Der, Fin) company; **formar una ~** to set up *o* form a company
(Compuestos)
- **sociedad anónima** ≈ public corporation (*in US*), ≈ public limited company (*in UK*)
- **sociedad comanditaria** *or* **en comandita** limited partnership
- **sociedad conyugal** ▸ **sociedad de gananciales**
- **sociedad cotizada en bolsa** listed company, quoted company
- **sociedad de cartera** holding company
- **sociedad de crédito hipotecario** ≈ savings and loan institution (*in US*), ≈ building society (*in UK*)
- **sociedad de gananciales** joint ownership upon marriage
- **sociedad de gestión** management company
- **sociedad de inversión** investment company
- **sociedad de responsabilidad limitada** ≈ limited corporation (*in US*), ≈ (private) limited company (*in UK*)
- **sociedad de valores** securities firm
- **sociedad estatal** state corporation
- **sociedad financiera** finance company *o* house
- **sociedad inmobiliaria** (Esp) (que promueve) developer, development company; (que construye) construction company; (que administra) real estate (AmE) *o* (BrE) property management company
- **sociedad limitada** ▸ **sociedad de responsabilidad limitada**
- **sociedad matriz** parent company

- **sociedad mercantil** trading company
- **sociedad mixta** joint venture
- **sociedad unipersonal** sole proprietor, sole trader (BrE)

D (clase alta) society, high society; **presentarse en ~** to come out (*as a debutante*)

socio -cia *m,f*
A (miembro) member; **se hizo ~ del club náutico** he became a member of *o* he joined the yacht club
(Compuestos)
- **socio activo, socia activa** *m,f* working partner
- **socio/socia de número** *m,f* full member
- **socio fundador, socia fundadora** *m,f* founding member, founder member
- **socio honorario, socia honoraria** *m,f* honorary member
- **socio vitalicio, socia vitalicia** *m,f* life member

B (Der, Fin) partner
(Compuestos)
- **socio/socia accionista** *m,f* shareholder
- **socio/socia capitalista** *m,f* silent partner (AmE), sleeping partner (BrE)
- **socio comanditario, socia comanditaria** *m,f* partner with limited liability (*esp a silent or sleeping partner*)
- **socio/socia comercial** *m* trading partner
- **socio/socia industrial** *m,f* working *o* active partner
- **socio mayoritario, socia mayoritaria** *m,f* majority shareholder

C (fam) (camarada) buddy (AmE colloq), mate (BrE colloq)

socio- *pref* socio-
socioantropología *f* social anthropology
socioantropólogo -ga *m,f* social anthropologist
sociobiología *f* sociobiology
sociocultural *adj* sociocultural
socioeconómico -ca *adj* socioeconomic
sociolingüística *f* sociolinguistics
sociolingüístico -ca *adj* sociolinguistic
sociología *f* sociology
sociológicamente *adv* sociologically
sociológico -ca *adj* sociological
sociólogo -ga *m,f* sociologist
sociopolítico -ca *adj* sociopolitical
soco *m* (Col fam) stump
soconoscle, soconostle *m* ▸**xoconostle**
socorrer [E1] *vt* to help, come to the aid of; **~ a los necesitados** to succor the needy (liter)
socorrido -da *adj* ‹excusa/recurso› handy, useful; ‹método› useful, well-tried
socorrismo *m* (en el agua) lifesaving; (en la montaña) mountain rescue; (primeros auxilios) first aid
socorrista *mf* (en el agua) lifeguard, lifesaver; (en la montaña) mountain rescue worker; (de primeros auxilios) first-aider
socorro *m* help; **pedir ~** to ask for help; **¡~!** help!; **nadie acudió en su ~** nobody went to help her, nobody went to her aid; **un grito de ~** a cry for help
socoyol *m* oxalis
socoyote -ta *m,f* ▸**xocoyote**
Sócrates Socrates
socrático -ca *adj* Socratic
soda *f* **1** (bebida) soda water, soda (AmE); ***tomarse algo con ~*** (fam) to take sth very well **2** (Quím) *tb* **~ cáustica** caustic soda, sodium hydroxide **3** (AmC) (cafetería) coffee bar
sódico -ca *adj* sodium (*before n*); **cloruro ~** sodium chloride
sodio *m* sodium
Sodoma *m* Sodom
sodomía *f* sodomy
sodomita[1] *adj* sodomitic
sodomita[2] *mf* sodomite
sodomizar [A4] *vt* to sodomize

SOE /'soe/ *m* (en Esp) = **Seguro Obligatorio de Enfermedad**
soez *adj* rude, crude, coarse
sofá *m* sofa, settee, couch
(Compuesto) **sofá cama** sofa bed
sófero -ra *adj* (Per fam) almighty (colloq), huge (colloq)
Sofía *f* Sofia
sofisma *m* sophism
sofista[1] *adj* sophistic
sofista[2] *mf* sophist
sofistería *f* sophistry
sofisticación *f* **1** (de una persona) sophistication **2** (de un sistema) sophistication
sofisticado -da *adj* **1** ‹persona/lenguaje› sophisticated **2** ‹sistema/tecnología› sophisticated
soflama *f* **1** (del fuego) glow **2** (discurso) harangue, fiery speech
soflamero -ra *adj* (Méx fam) melodramatic
sofocación *f* suffocation
sofocado -da *adj*
A ‹persona› **estar ~** (por el calor) to be stifled; (por falta de aire) to be out of breath
B ‹voz/grito› stifled
sofocante *adj* ‹calor/temperaturas› suffocating, stifling; ‹relación› stifling; **el ambiente ~ de la ciudad** the stifling atmosphere of the town
sofocar [A2] *vt* ‹fuego› to smother, put out; ‹motín/revolución› to stifle, put down; **este calor me sofoca** this heat is suffocating *o* stifling
■ **sofocarse** *v pron* **1** (fam) (acalorarse) to get upset *o* (colloq) worked up **2** (fam) (avergonzarse) to get embarrassed: **3** (por el calor) to suffocate **4** (por un esfuerzo) to get out of breath
Sófocles Sophocles
sofoco *m* **1** (fam) (disgusto): **estaba con un ~ terrible** I was very upset *o* (colloq) worked up **2** (fam) (vergüenza) embarrassment; **¡qué ~ me has hecho pasar!** you really embarrassed me! **3** (por el calor) suffocation; (en la menopausia) hot flash (AmE), hot flush (BrE)
sofocón *m* (fam): **¡vaya ~!** it was terrible!; **¡se lleva cada ~ por cosas insignificantes!** he gets into a terrible state about nothing (colloq), he gets very upset *o* (colloq) worked up about nothing
sofoquina *f* (Esp fam) ▸**sofocón**
sofreír [I35] *vt* to sauté, fry lightly
sofrenar [A1] *vt* to restrain, control
■ **sofrenarse** *v pron* (RPl) to restrain oneself
sofrito *m: lightly fried onion, garlic, etc*
sofrología *f* sophrology
sofrológico -ca *adj* sophrological
sofrónico -ca *adj* sophronic
softball /'sofβol/, **softbol** *m* softball
software /'sofwer/ *m* (Inf) (en general) software; (específico) piece of software; **descargar ~/un ~** to download software/a piece of software
(Compuesto) **software de sistema** systems software
soga *f* **1** (cuerda) rope; ***estar con la ~ al cuello*** to have one's back to the wall, be in a real fix (colloq); ***nombrar*** *or* ***mentar la ~ en casa del ahorcado*** to say the wrong thing; ***siempre se quiebra*** *or* ***se rompe la ~ por lo más delgado*** the weakest goes to the wall **2** (Const) face; **colocados a ~** laid in a stretcher bond
sois *see* ▸**ser**[1]
soja *f* (Esp) soy (AmE), soya (BrE)
sojuzgar [A3] *vt* (frml) to conquer, subdue, subjugate (frml)
sol *m*
A **1** (Astron) sun; **al salir el ~** at sunrise; **al ponerse el ~** at sunset **2** (Meteo) sun; **brillaba el ~** the sun was shining; **¡cómo calienta el ~!** the sun's really hot!; **ayer hizo** *or* **hubo ~ todo el día** it was sunny all day yesterday; **hacía un ~ecito** *or* (AmL) **~cito espléndido** it was beautifully sunny; **a pleno ~** in the sun; **una mañana de ~** a sunny morning; **en esa habitación no da el ~** that room doesn't get any sunlight *o* sun; **sentémonos en el jardín, al ~** let's sit out in the garden, in the sunshine; **no lo dejes al ~** don't leave it in the sun; **ayer hubo siete horas de ~** we had seven hours of sunshine yesterday; ***arrimarse al ~ que más calienta*** to keep in with important people; ***de ~ a ~*** from morning to *o* till night; ***no dejar a algn ni a ~ ni a sombra:*** **no la deja ni a ~ ni a sombra** he doesn't give her a moment's peace, he doesn't leave her alone for a minute; ***salga el ~ por donde quiera:*** **voy a aceptar la oferta y (que) salga el ~ por donde quiera** I'm going to take up the offer and hope for the best; ***tomar el ~*** *or* (CS) ***tomar ~*** to sunbathe; ***un ~ de justicia*** a blazing sun; ***el ~ brilla para todos*** we are all equal in the eyes of the Lord; ***no hay nada nuevo bajo el ~*** there is nothing new under the sun **3** (Espec, Taur): **localidades de ~** cheaper seats (*in the sun*)
(Compuestos)
- **sol naciente** rising sun
- **sol poniente** setting sun
- **sol y sombra** (Esp) anisette and brandy

B (fam) **1** (persona encantadora): **esa chica es un ~** that girl is a darling (colloq) **2** (como apelativo cariñoso): **ven aquí, ~ mío** *or* **mi ~** come here, sweetie *o* darling (colloq)
C (Mús) (nota) G; (en solfeo) so*, sol; **~ bemol/sostenido** G flat/sharp; **en ~ mayor/menor** in G major/minor
D (moneda) sol (*Peruvian unit of currency*)
solamente *adv* ▸**sólo**
solana *f* **1** (sol fuerte) strong sun; **con esta ~ deberías ponerte un sombrero** when the sun is as strong as this you ought to wear a hat **2** (de una casa — galería) balcony; (— terraza) sun terrace **3** (lugar) sunny spot, suntrap
solanácea *f* solanum; **las ~s** the Solanaceae
solanera *f* (Esp)
A (quemadura) sunburn; (insolación) sunstroke
B ▸**solana 2 , solana 3**
solano *m* east wind
solapa *f* **1** (de una chaqueta) lapel; (del bolsillo) flap **2** (de un libro, sobre) flap
solapadamente *adv* slyly
solapado -da *adj* ‹persona› sly, underhand (BrE); ‹maniobra› surreptitious, secret, sly; ‹respuesta› evasive
solar[1] *adj* ‹energía/año› solar; ‹célula/placa› solar; ‹calefacción› solar-powered, solar; **los rayos ~es** the sun's rays; ▸**plexo, mancha**
solar[2] *m*
A (terreno) piece of land, site, lot (AmE), plot (BrE)
B **1** (casa solariega) ancestral home **2** (descendencia) lineage
(Compuesto) **solar patrio** (liter) fatherland, homeland
C (Per) (casa de vecindad) tenement building
D (Col, Ven) (patio) backyard
solariego -ga *adj* ancestral
solario, solárium *m* solarium
solarización *f* solarization
solarizar [A4] *vt* to solarize
solaz *m* **1** (liter) (consuelo) solace (liter); **buscó ~ en la bebida** he sought solace *o* comfort in drink, he tried to drown his sorrows **2** (descanso) relaxation, repose
solazarse [A4] *v pron* (liter) to relax
soldadera *f* (Méx) camp follower
soldadesca *f* **1** (profesión) military profession **2** (pey) (soldados indisciplinados) violent/unruly soldiers (*pl*)
soldadesco -ca *adj* ‹ambiente› soldierly; ‹vida› military
soldado *mf* soldier; **~ de caballería** cavalryman; **~ de infantería** infantryman; **alistarse como ~** to enlist, to join up, to join the army; **el S~ Desconocido** the Unknown Soldier
(Compuestos)
- **soldado de primera clase** ≈ private first class (*in US*), ≈ lance corporal (*in UK*)

S

- **soldado de primero** ≈ airman first class (*in US*), ≈ leading aircraftsman (*in UK*)
- **soldado de segunda clase** private
- **soldado raso** private
- **soldado** *or* **soldadito de plomo** tin soldier

soldador -dora *m,f*
A (operario) welder
B (utensilio) **1** **soldador** *m* (para soldar con estaño) soldering iron **2** **soldadora** *f* (para soldar sin estaño) welder, welding equipment

soldadura *f*
A (acción) **1** (Tec) (con estaño) soldering; (sin estaño) welding **2** (Med) knitting
(Compuesto) **soldadura autógena** autogenous welding
B (efecto) **1** (Tec) (con estaño) solder; (sin estaño) weld **2** (Med) knit

soldar [A10] *vt* (con estaño) to solder; (sin estaño) to weld
■ **soldarse** *v pron* **1** «*metales*» to weld **2** «*huesos*» to knit together, knit

soleá *f* (*pl* **soleares**) *Andalusian folk song and dance*; **bailar por soleares** to dance ▸**soleares**

soleado -da *adj* sunny

solear [A1] *vt* to put … out in the sun

soleares *mpl ver* ▸**soleá**

solecismo *m* solecism

soledad *f*: **en la ~ de su cuarto** in the solitude of his room; **bebe para olvidar su ~** she drinks to forget her loneliness; **los ancianos se quejan de la ~** elderly people complain of loneliness *o* of being lonely; **no soporta la ~** he can't stand the solitude *o* he can't stand being on his own *o* being alone; **pasó los últimos años de su vida en ~** she spent the last years of her life alone; **se retiró a vivir a la ~ de la aldea** he went to live in the solitude of the village

solemne *adj*
A **1** ‹*acto*› formal, solemn; ‹*promesa*› solemn; ‹*tono*› solemn **2** (Der) ‹*contrato*› solemn
B (*delante del n*) (fam) ‹*mentira*› complete, downright; **dijo una ~ estupidez** she made an extremely stupid remark

solemnemente *adv* solemnly

solemnidad *f*
A (cualidad) solemnity; **el acto se celebró con gran ~** the ceremony was conducted with great solemnity *o* dignity *o* formality; **su presencia imprimió ~ a la ocasión** her presence lent dignity *o* solemnity *o* gravity to the occasion; ***de*** **~** (fam) extremely, seriously (colloq); **son pobres de ~** they are extremely poor; **el encuentro fue aburrido de ~** the game was incredibly *o* seriously boring (colloq)
B (requisito — formal) formality, solemnity; (— legal) solemnity (tech), legal requirement; **con las ~es de rigor** with the usual solemnities *o* formalities
C **solemnidades** *fpl* **1** (ceremonia) ceremony **2** (ceremonia religiosa) solemnity

solemnización *f* (frml) solemnization (frml)

solemnizar [A4] *vt* to solemnize

solenoide *m* solenoid

soler [E9] *vi* **~ + INF**: **suele venir por aquí una vez a la semana** she usually comes by once a week; **no suele retrasarse ¿qué le habrá pasado?** he's not usually late, what can have happened to him?; **lo que se suele olvidar es que …** what tends to be forgotten is …, what is often forgotten is …; **solía correr todas las mañanas antes de ir a trabajar** he used to go for a run every morning before setting off for work; **como suele decirse en estos casos …** as is usually *o* normally said in these cases …; **los electricistas suelen trabajar por cuenta propia** electricians tend to be self-employed *o* are usually self-employed; **los tés que solían celebrar** the tea parties that they were in the habit of holding *o* that they used to hold

solera *f*
A (tradición, calidad): **una ciudad con ~** a historic city; **estas calles tienen mucha ~** these streets have a lot of character *o* maintain their traditional character; **una familia con ~** a family with a long pedigree, a long-established family
B **1** (madero) prop, support **2** (piedra) plinth
C (de una acequia) bottom
D (Vin) old sherry
E (CS) (Indum) sundress
F (Chi) (de la acera) curb (AmE), kerb (BrE)
G (Per) (sábana) undersheet

> **solera**
>
> A system of blending used in the production of fortified wines such as ▸**jerez.** Only a quarter of a cask of mature wine is drawn off for bottling at any one time, and the cask is then topped up from a cask of younger wine of the same variety. This second cask is topped up with a third, younger wine, and so on up to the fourth cask.

soleta *f* **1** (zurcido) darn, patch **2** (plantilla) sole; ***dar ~ a algn*** (fam) to kick sb out (colloq) **3** (Méx) (Coc) ladyfinger, sponge finger (BrE)

soletilla *f* (Esp) ladyfinger, sponge finger (BrE)

solfa *f* sol-fa, sol-fa syllables; ***darle una ~ a algn*** (fam) to give someone a hiding (colloq); ***poner algo en ~*** (fam) (ridiculizar) to poke fun at sth; (poner en duda) to call sth into question; ***tomarse algo en ~*** (RPl fam) to treat sth as a joke

solfatara *f* solfatara, vent

solfear [A1] *vt* to sol-fa

solfeo *m* (acción) (asignatura) music theory, sol-fa, solmization

solicitación *f* (de permiso, información) request; (de beca) application; **~ de extradición** application for extradition

solicitada *f* (Arg) (paid-for) announcement

solicitado¹ -da *adj* ‹*persona*› popular, in demand; **una canción muy solicitada** a very popular *o* a much-requested song

solicitado² -da *m,f* (Ven fam): **es un ~** he's wanted by the police

solicitante *mf* applicant
(Compuesto) **solicitante de asilo** asylum seeker

solicitar [A1] *vt* ‹*empleo/plaza*› to apply for; ‹*permiso/entrevista*› to request, ask for, seek (frml); ‹*información/servicios*› to request, ask for; ‹*apoyo/cooperación*› to request, ask for, solicit (frml); **la oposición solicitó su dimisión** the opposition asked for *o* sought his resignation; **a los interesados solicitamos el envío de historial personal** applicants are requested *o* asked to send a full resumé/CV; **solicite mayor información en nuestras oficinas** further information is available on request from our offices; **puede también ~ nuestros productos por teléfono** you can also order our products by telephone

solícito -ta *adj* (dispuesto a ayudar) attentive, solicitous (frml); (amable) thoughtful, kind; **es muy ~ (para) con ellos** he shows great concern for their well-being, he is very thoughtful with *o* kind to them; **en todo momento se mostró ~ y dispuesto a ayudar** he was attentive *o* obliging and anxious to help at all times; **se acercó muy solícita a atenderlos** anxious to be of assistance, she went over to serve them

solicitud *f* ➡📖
A **1** (para un trabajo) application; (para una licencia) application, request; (para información, ayuda) request; **presentar una ~** to submit an application/a request; **denegar una ~** (frml) to reject an application/a request; **rechazaron mi ~** they turned down my application/request; **recurrieron a la ONU en ~ de ayuda** they turned to the UN for help **2** (formulario) application form
B (preocupación) concern, solicitude (frml); (amabilidad) kindness, thoughtfulness

sólidamente *adv* solidly

solidariamente *adv* jointly and severally

solidaridad *f* **1** (unión, fraternidad) solidarity **2** (adhesión, apoyo) solidarity; **en** *or* **por ~ con los estudiantes expulsados** in solidarity with *o* in sympathy with *o* in support of the students who had been expelled; **recibió muchas muestras de ~** she received many tokens of solidarity *o* support **3** (Der) joint and several liability

solidario -ria *adj* **1** (fraterno): **un gesto ~** a gesture of solidarity; **recibió el apoyo ~ de sus compañeros** she received warm support from her colleagues; **es un hombre comprensivo y ~** he's an understanding and supportive person; **nos hacemos ~s con su causa** we declare our solidarity with *o* support for their cause; **para crear una sociedad más solidaria** to create a more caring society; **un compromiso ~ con los jóvenes** a commitment of support to young people **2** (Der) ‹*obligación*› binding on all parties; ‹*deudor/acreedor*› jointly and severally liable **3** ‹*pieza*› foundation (*before n*)

solidarizar [A4] *vi* **~ CON algn** to support sb; **solidarizamos con los obreros en huelga** we are in solidarity with *o* we support the striking workers
■ **solidarizarse** *v pron* **~se CON algn** to support sb; **se ~on con los mineros en huelga** they declared their solidarity with *o* support for *o* backing for the striking miners; **nos solidarizamos con esa opinión** we support *o* back that view

solideo *m* cardinal's cap

solidez *f* **1** (de un muro, un edificio) solidity **2** (de un argumento) soundness, solidness **3** (de una empresa) soundness **4** (de una relación) strength

solidificación *f* solidification

solidificar [A2] *vt* to solidify
■ **solidificarse** *v pron* to solidify, harden

sólido¹ -da *adj*
A **1** ‹*estado/alimentos*› solid **2** ‹*muro/edificio*› solid; ‹*base*› solid, firm, secure; ‹*mueble/zapatos*› solid, solidly made, sturdy **3** ‹*terreno*› solid, hard **4** ‹*color*› fast
B **1** ‹*argumento/razonamiento*› solid, sound; ‹*conocimientos/preparación/principios*› sound **2** ‹*empresa*› sound; ‹*relación*› steady, strong; **un empresario de ~ prestigio** a businessman with a solid reputation; **una sólida experiencia profesional** sound professional experience

sólido² *m* **1** (Fís, Mat) solid **2** **sólidos** *mpl* (Med) solids (*pl*)

soliloquio *m* soliloquy

solio *m* throne

solipsismo *m* solipsism

solista *mf* soloist

solitaria *f* tapeworm

solitario¹ -ria *adj* **1** ‹*persona/animal*› solitary; **lleva una vida muy solitaria** he leads a very solitary existence; **tuvo una niñez muy solitaria** she had a very lonely childhood; **ahora canta en ~** now he sings solo; **delincuentes que actúan en ~** criminals who operate on their own; **hizo la travesía en ~** he made the crossing single-handed *o* solo **2** ‹*calles*› empty, deserted; ‹*paraje/lugar*› lonely, solitary

solitario² -ria *m,f*
A (persona) recluse, solitary (liter), loner (colloq)
B **solitario** *m* **1** (Jueg, Ocio) solitaire (AmE), patience (BrE); **estoy haciendo un ~** I'm playing solitaire *o* patience **2** (diamante) solitaire

soliviantado -da *adj* ‹*tropas*› mutinous; ‹*masas/trabajadores*› rebellious; **los ánimos están ~s** people are up in arms (colloq), feelings are running high

soliviantar [A1] *vt* ‹*tropas*› to incite … to mutiny; ‹*masas/trabajadores*› to stir up, incite
■ **soliviantarse** *v pron* «*tropas*» to mutiny; «*masas/trabajadores*» to rebel, rise up

sollejo *m* (Méx fam) **1** (de una semilla) husk **2** (de un animal) shell

sollozar [A4] *vi* to sob

sollozo *m* sob; **prorrumpió en ~s** he began sobbing

solo¹ -la *adj* **1** (sin compañía): **no conoce a nadie en la ciudad, está muy ~** he doesn't know anyone in the town, he's all alone *o* all

S

➡📖 *ver* Correspondencia

on his own; **se fueron todos y lo dejaron ~** they all went off and left him alone *o* on his own *o* by himself; **estaba** *or* **me sentía muy sola** I was *o* I felt very lonely; **el niño ya camina ~** the baby's walking on his own now; **¡qué bonito! ¿lo hiciste tú solito?** isn't that lovely! did you do it all by yourself?; **se quedó ~ cuando era un muchacho** he was left alone in the world when he was only a boy; **para una persona sola da pereza cocinar** cooking is a real effort when you are on your own *o* by yourself, cooking for one *o* just for yourself is a real effort; **es mentirosa como ella sola** she's the biggest liar I know; **habla sola** she talks to herself; **a solas** alone; **quiero hablar contigo a solas** I want to talk to you alone; ***quedarse más ~ que la una*** (fam & hum) to be left all by oneself, to be left all on one's tod (BrE colloq); ***más vale (estar) ~ que mal acompañado*** it's better to be on your own than with people you don't like **2** ‹*café/té*› black; ‹*whisky*› straight, neat; **me gusta el pan así ~, sin mantequilla** I like bread on its own *o* plain bread like this, without butter, I like bread like this, with nothing on it **3** (*delante del n*) (único): **te lo presto con una sola condición** I'll lend it to you on one condition; **no puso ni una sola objeción** she didn't raise one *o* a single objection; **su sola presencia me molestaba** her very *o* mere presence upset me; **hay una sola dificultad** there's just one problem

solo² *m*
A (Mús) solo; **un ~ de violín** a violin solo
B (Esp) (café) black coffee

sólo *adv* [*La ortografía acentuada sigue siendo la normal aunque la Real Academia recomienda la forma* ▸**solo¹**] only; **~ quería ayudarte** I only wanted to help, I was only *o* just trying to help; **~ quiero que me digas por qué lo hiciste** I just want you to tell me why you did it; **es ~ un momento** it will only take a moment; **~ está por las mañanas** he's only here in the mornings; **¡pero si es ~ un niño!** but he's just *o* only a child!; **~ de pensarlo me dan ganas de echarme a llorar** just *o* merely thinking about it makes me want to cry; **el viaje fue no ~ placentero sino instructivo** the trip was not only enjoyable but instructive; **no ~ estudia sino que también trabaja** she isn't just studying, she's working as well, not only is she studying, she's also working; **~ con mencionar su nombre me dejaron pasar** I only had to mention *o* I just mentioned his name and they let me through, at the mere mention of his name they allowed me through; **todo está muy bueno, ~ que no tengo hambre** everything is delicious, it's just that I'm not hungry; **tan ~ te pido que me escuches** all I am asking is that you listen to me, I'm only asking you to listen to me

solomillo *m* fillet/tenderloin/sirloin steak

solsticio *m* solstice; **~ de invierno/de verano** winter/summer solstice

soltar [A10] *vt*
A (dejar ir) to release; **lo ~on porque no tenían pruebas** they released him *o* they let him go because they had no evidence; **~on varios toros en las fiestas** during the festivities they let several bulls loose in the streets; **soltó al perro para que corriese** he let the dog off the leash to give it a run; **vete o te suelto el perro** go away or I'll set the dog on you
B (dejar de tener cogido): **aguanta esto y no lo sueltes** hold this and don't let go of it; **¡suelta la pistola!** drop the gun!; **¿dónde puedo ~ estos paquetes?** where can I put down *o* (colloq) drop these packages?; **soltó el dinero y salió corriendo** he dropped/let go of the money and ran out; **suéltame que me haces daño** let (me) go *o* let go of me, you're hurting me; **si no sueltas lo que me debes** (fam) if you don't give me *o* hand over *o* (colloq) cough up what you owe me; **es muy tacaño y no suelta un duro** he's so tightfisted you can't get a penny out of him; **no pienso ~ este puesto** I've no intention of giving up this position
C **1** (desatar) ‹*cuerda/cable*› to undo, untie; **~ amarras** to cast off **2** (aflojar): **suelta la cuerda poco a poco** let *o* pay out the rope gradually **3** ‹*freno*› to release; ‹*embrague*› to let out **4** (desatascar) ‹*cable/cuerda*› to free; **consiguió ~ la tuerca** he managed to get the nut undone *o* to undo the nut
D (desprender) ‹*piel*› to shed; ‹*calor/humo/vapor*› to give off; **esperar a que las verduras suelten el jugo** sweat the vegetables; **este suéter suelta mucho pelo** this sweater sheds a lot of hair
E **1** ‹*carcajada*› to let out; ‹*tacos/disparates*› to come out with; **soltó un grito de dolor** she let out *o* gave a cry of pain; **no soltó palabra** he didn't say *o* utter a word; **siempre suelta el mismo rollo** (fam) she always comes out with *o* gives us the same old stuff (colloq); **soltó varios estornudos** he sneezed several times **2** ‹*bofetada/golpe*› (+ *me/te/le etc*): **cállate o te suelto un tortazo** shut up or I'll clobber you (colloq)
F (fam) ‹*vientre*› (+ *me/te/le etc*): **te suelta el vientre** it loosens your bowels

■ **soltar** *vi* **1** (decir): **vamos, suelta, ¿qué pasó?** (fam) come on, out with it, what happened? (colloq) **2** (dejar de tener cogido): **¡suelta!** let go!, let go of it!

■ **soltarse** *v pron*
A (*refl*) «*persona/animal*» (desasirse): **no te sueltes (de la mano)** don't let go of my hand, hold on to my hand; **el perro se soltó** the dog got loose, the dog slipped its lead (*o* collar *etc*); **no pude ~me** I couldn't get away; **el prisionero consiguió ~se** the prisoner managed to free himself *o* get free
B «*nudo*» (desatarse) to come undone, come loose; (aflojarse) to loosen, come loose; **la cuerda se soltó y me caí** the rope came loose *o* undone and I fell; **los tornillos se están soltando** the screws are working *o* coming loose; **suéltate el pelo** let your hair down; **para que no se suelte la costura** so that the seam doesn't come unstitched *o* undone
C (adquirir desenvoltura): **necesita práctica para ~se** she needs practice to gain confidence; **en Francia se soltó en el francés** his French became more fluent when he was in France; **~se A + INF** to start to + INF, to start -ING; **se soltó a andar/hablar al año** she started walking/talking at the age of one

soltería *f*: *the fact or state of being unmarried*; (en un hombre) bachelorhood (frml); (en una mujer) spinsterhood (frml); **nadie dudaba de su ~** nobody doubted that he was single; ▸**fe**

soltero¹ -ra *adj* single; **soy** *or* (esp Esp) **estoy soltera** I'm single *o* I'm not married; **quedarse ~** to stay single; **es ~ y sin compromiso** he's free and single, he's unmarried and unattached

soltero² -ra *m,f*
A (*m*) single man, bachelor
B (*f*) single woman, spinster (dated *or* pej); **la Sra Blanco, de soltera Fuentes** Mrs Blanco, née Fuentes; ▸**apellido, despedida**

solterón -rona (pey) *m,f*
A (*m*) old *o* confirmed bachelor; **es un ~ empedernido** he's a confirmed bachelor; **tiene manías de ~** he fusses around like an old woman
B (*f*) old maid (pej)

soltura *f* **1** (de una cuerda) looseness, slackness; (de una pieza) looseness, play **2** (de una persona): **habla dos idiomas con ~** he speaks two languages fluently; **se desenvuelve con ~ en cualquier situación** she is at ease in any situation; **conduce con mucha ~** she handles the car with ease *o* very smoothly; **se movía con la ~ de un joven** he moved with the agility *o* ease *o* nimbleness of a young man

(Compuesto) **soltura de vientre** *or* **estómago** diarrhea*

solubilidad *f* solubility

soluble *adj*
A (Quím) soluble; **~ en agua** water-soluble
B ‹*problema*› soluble, solvable

solución *f*
A **1** (Mat) solution **2** (salida, remedio) solution; **eso sería la ~ a todos sus problemas** that would be the answer *o* solution to all his problems; **se debe encontrar una pronta ~ al conflicto** we must find a rapid solution to the conflict, we must resolve *o* settle the conflict quickly; **una ~ negociada** a negotiated settlement *o* solution; **son asuntos de difícil ~** there are no easy answers to these problems; **este chico no tiene ~** (fam) this kid is a hopeless case (colloq)

(Compuestos)
- **solución de continuidad** break, interruption
- **solución salomónica** Solomonic solution, compromise solution

B (Quím) solution

solucionar [A1] *vt* ‹*problema*› to solve; ‹*asunto/conflicto*› to settle, resolve

■ **solucionarse** *v pron* «*problema*» to be resolved; **a ver si se soluciona pronto lo de la casa** let's hope we get the problem of the house resolved *o* (colloq) sorted out soon; **al final todo se solucionó** everything worked out in the end

solvencia *f* **1** (Fin) solvency **2** (fiabilidad) reliability; **nadie duda de su ~ moral** nobody doubts his good character *o* his trustworthiness **3** (mérito) ability; **un músico de reconocida ~** a great musician, a musician of note (frml)

solventar [A1] *vt* **1** ‹*gastos*› to pay; ‹*cuenta*› to pay, settle; ‹*deuda*› to pay off, pay, settle **2** ‹*dificultad/asunto*› to resolve, settle

solvente¹ *adj* **1** (Fin) ‹*persona/empresa*› solvent **2** (competente) ‹*trabajador/profesional*› able **3** (moralmente) trustworthy, reliable; ▸**fuente**

solvente² *m* solvent

somalí *adj/mf* Somali

Somalia *f* Somalia

somanta *f* (Esp fam): **le voy a dar una ~ de palos** I'm going to give him a good thrashing *o* hiding (colloq)

somatén *m* (Hist) Catalan militia

somático -ca *adj* somatic

somatización *f* somatization

somatizar [A4] *vt* to somatize

sombra *f*
A **1** (lugar sin sol) shade; (proyección) shadow; **a la ~ de un ciprés** in the shade of a cypress tree; **se alargaban las ~s de los árboles** the shadows of the trees were lengthening; **sentarse a** *or* **en la ~** to sit in the shade; **hay 30° a la ~** it is 30° in the shade; **este árbol casi no da ~** this tree gives hardly any shade; **quítate de aquí que me haces** *or* **das ~** move out of the way, you're blocking (out) the sun *o* you're in my sun; **allí hay una ~, vamos a aparcar** (fam) there's some shade *o* a shaded spot over there, let's park; **parece mi ~, me sigue a todas partes** he's like my shadow, he follows me everywhere; **no es (ni) ~ de lo que era** he's a shadow of his former self; ***a la ~ de algn*** under the protection of sb, under the wing of; ***hacer ~ a algn*** to overshadow sb, put sb in the shade; ***tener mala ~*** to be a nasty piece of work (colloq), to be an unpleasant character **2** (Espec, Taur): **localidades a la ~** more expensive seats (*in the shade*) **3** (atisbo, indicio): **sin la menor ~ de duda** without a shadow of a doubt; **no tiene ni ~ de vergüenza** he hasn't an ounce of shame **4** (mancha) blemish; **en su historial no hay ninguna ~** there is no blemish on his record *o* his record is spotless

(Compuestos)
- **sombra de** *or* **para ojos** eyeshadow
- **sombras chinescas** *fpl* shadow play

B **1** (Art) shade **2** (color) umber

(Compuesto) **sombra tostada** burnt umber

C (fam) (cárcel) cooler (AmE colloq), nick (BrE colloq); **se pasó ocho años a la ~** he spent eight years inside (colloq)

sombreado¹ -da *adj* **1** ‹*lugar*› shady **2** (en dibujos, mapas) shaded

sombreado² *m* shading

sombrear [A1] *vt* **1** (del sol) to shade **2** ‹*dibujo/pintura*› to shade in

sombrerera *f* **1** (caja) hatbox **2** (Per) (percha) hat rack

S

sombrerería *f* 1 (tienda — de caballeros) hat shop; (— de señoras) hat shop, milliner's 2 (fábrica) hat factory

sombrerero -ra *m,f* (de mujer) milliner, hatter; (de hombre) hatter

sombrerete *m* cap, pileus

sombrerillo *m* cap, pileus

sombrero *m* hat; **entró sin ~** he came in bareheaded *o* without a hat; **cuando acaban el espectáculo pasan el ~** at the end of the show they pass the hat around; ***hay que sacarle el ~*** (CS) I take my hat off to him/her; ***quitarse*** *or* ***sacarse el ~*** (para saludar) to raise one's hat, to doff one's cap (dated); (en señal de admiración): **me quito el ~** I take my hat off to her/him; ***vertirse con ~ ajeno*** (Méx fam) to claim credit for sb else's achievements

(Compuestos)

- **sombrero canotier** /kano'tje(r)/ boater, straw hat
- **sombrero cordobés** *wide-brimmed hat worn in Andalusia*
- **sombrero de cogollo** 1 (Bot) pileus, cap 2 (Indum) straw hat
- **sombrero de copa** top hat
- **sombrero de jipijapa** Panama hat, panama
- **sombrero de tres picos** three-cornered hat, cocked hat
- **sombrero hongo** derby (AmE), bowler hat (BrE), bowler (BrE)
- **sombrero jarano** Mexican sombrero
- **sombrero nuclear** nuclear umbrella

sombríamente *adv* somberly*

sombrilla *f* 1 (de mano) parasol; (de playa) sunshade, beach umbrella 2 (Col) (paraguas) lady's umbrella

sombrío -bría *adj* (liter) 1 ‹*lugar*› (umbrío) dark; **el piso es pequeño, frío y ~** the apartment is small, cold and sunless *o* dark 2 ‹*lugar*› (lúgubre) somber*, cheerless, dismal; ‹*persona*› gloomy

somelier *m* ▸**sommelier**

someramente *adv* summarily (frml); **examinó ~ al enfermo** she gave the patient a superficial *o* cursory examination

somero -ra *adj* 1 ‹*análisis/descripción/estudio*› superficial, summary (frml) 2 ‹*aguas*› shallow; **rocas someras** rocks just below the surface of the water

someter [E1] *vt*

A 1 (dominar): **un puñado de hombres logró ~ a todo el país** a handful of men managed to subjugate *o* conquer the whole country; **fue necesario usar la fuerza para ~lo** they had to use force to subdue him 2 (subordinar): **los sometió a su autoridad** he forced them to submit to *o* yield to his authority, he imposed his authority on them; **quieren ~ nuestros intereses a los de una multinacional** they are trying to subordinate our interests to those of a multinational, they are trying to put the interests of a multinational before ours

B 1 (a torturas, presiones) to subject; **lo sometieron a un exhaustivo interrogatorio** they subjected him to a thorough interrogation 2 (a un tratamiento): **fue sometido a una intervención quirúrgica** he underwent *o* had surgery, he underwent *o* had an operation, he was operated on 3 (a una prueba) to subject; **someten los productos a pruebas de calidad** the products are subjected to *o* undergo quality control tests; **el avión fue sometido a una minuciosa revisión** the aircraft was given a thorough overhaul 4 (a una votación): **el acuerdo está sometido a la aprobación del Parlamento** the agreement is subject to the approval of Parliament; **el proyecto de ley será sometido a votación** the bill will be put to the vote *o* will be voted on; **la propuesta será sometida a la aprobación de los socios** the proposal will be submitted to *o* presented to *o* put before the members for approval

■ **someterse** *v pron* 1 (a una autoridad): **no me ~é a la autoridad de este comité** I shall not submit to *o* yield to the authority of this committee; **no te sometas a sus caprichos** don't bow to *o* give in to his whims; **los extranjeros deben ~se a las leyes del país** foreigners must comply with the laws of the country 2 (a una prueba): **tendrá que ~se a un examen médico** you will have to undergo *o* have a medical examination

sometimiento *m*

A (de un pueblo) subjection, subjugation

B 1 (a una autoridad) submission; (a una ley) compliance; **manifestó su ~ a la ley** he declared his compliance with the law 2 (a una prueba, un proceso) subjection; **para su ~ a pruebas bacteriológicas** so that they can be subjected to *o* can undergo bacteriological tests, so that bacteriological tests can be carried out on them; **el ~ de los presos a torturas** the subjection of the prisoners to torture, the torturing of the prisoners

somier /so'mje(r)/ *m* (*pl* **-miers** *or* **-mieres**) sprung bed base

Somisa *f* = **Sociedad Mixta Siderúrgica Argentina**

sommelier /someli'e/ *m* (*pl* **~s**) wine waiter, sommelier

somnam... ▸**sonam...**

somnífero[1] **-ra** *adj* soporific, sleep-inducing

somnífero[2] *m* sleeping pill, soporific (frml)

somnolencia *f* drowsiness, sleepiness; **me entró una ~ terrible** I started to feel terribly sleepy *o* drowsy; **el vino le produce ~** wine makes him sleepy; **este fármaco puede provocar ~** this drug may cause drowsiness

somnoliento -ta *adj* sleepy, drowsy

somormujo *m* grebe

somos ▸**ser**[1]

son[1] *m*

A 1 (sonido) sound; **al ~ del violín** to the strains *o* to the sound of the violin; ***bailar al ~ de la música que me/te/le tocan*** (literal) to dance to the (sound of the) music; (obedecer) to toe the line 2 **en son de: lo dijo en ~ de burla** she said it mockingly *o* in a mocking way *o* in a mocking tone; **venimos en ~ de paz** we come in peace; **venían en ~ de guerra** they were on the warpath

B (canción latinoamericana) *song with a lively, danceable beat*

son[2] *see* ▸**ser**[1]

sonado -da *adj*

A ‹*boda/suceso/noticia*› much-talked-about; ‹*escándalo*› notorious; **su sonada separación** their much-talked-about *o* much-discussed separation; **fue un atraco muy ~** the robbery was much talked about, it was a famous robbery; **un caso de espionaje muy ~** a notorious *o* a very famous spy case

B 1 ‹*boxeador*› punch-drunk 2 (fam) (torpe) stupid (colloq)

C (AmL fam) (en dificultades) in a mess (colloq), in trouble (colloq); **si no hay nadie en casa, estoy ~** if there's nobody home, I've had it (colloq)

sonaja *f* (Méx) rattle

sonajera *f* (Chi fam) (de latas, piezas) rattling; **tengo una ~ de tripas** my stomach's rumbling

sonajero *m* rattle

sonambulismo *m* sleepwalking, somnambulism (frml)

sonámbulo[1] **-la** *adj* somnabulant, somnambulistic (frml); **es ~** he sleepwalks, he walks in his sleep

sonámbulo[2] **-la** *m,f* sleepwalker, somnambulist (frml)

sonante *adj* ▸**contante**

sonar[1] [A10] *vi*

A 1 «*teléfono/timbre*» to ring; **la alarma estuvo sonando toda la noche** the alarm was ringing all night; **el despertador sonó a las cinco** the alarm went off at five o'clock; **sonó un disparo** there was a shot, a shot rang out, I/you/he heard a shot; **cuando suena la sirena** when the siren goes, when you hear the siren; **~on las doce en el reloj del Ayuntamiento** the Town Hall clock struck twelve; **¡cómo me suenan las tripas!** (fam) my tummy's rumbling (colloq) 2 «*letra*»: **la 'e' final no suena** you don't pronounce the final 'e', the final 'e' is not pronounced *o* is silent

B (+ *compl*) 1 «*motor/instrumento*» to sound; «*persona*» to sound; **suena raro** it sounds funny; **sonaba preocupada** she sounded worried; **suena a hueco/a metal** it sounds hollow/metallic *o* like metal 2 «*palabra/expresión*» to sound; **se escribe como suena** it's spelled as it sounds; **me suena fatal** it sounds awful to me; **¿te suena bien esto?** does this sound all right to you?; ***(así) como suena*** just like that, as simple as that; ***me dijo que me largara, así como suena*** she told me to get out, just like that *o* as simple as that

C 1 (resultar conocido) (+ *me/te/le etc*): **me suena tu cara** I know your face from somewhere, your face is *o* looks familiar; **¿de qué me suena ese nombre/esa canción?** where do I know that name from/that song from?; **me suena haberlo oído antes** it rings a bell *o* it sounds familiar; **¿te suena este refrán?** does this proverb ring a bell (with you) *o* sound familiar to you?, have you heard this proverb before?, do you know this proverb? 2 (parecer) **~ a algo** to sound like sth; **me suena a una de sus invenciones** it sounds to me like one of his stories

D (mencionarse): **su nombre suena mucho en el mundo de la moda** his name is on everybody's lips *o* everybody's talking about him, in the fashion world; **sé discreto, que mi nombre no suena para nada** be discreet, I want my name kept out of this *o* I don't want my name mentioned

E 1 (AmL fam) (fracasar): **soné en el examen** I blew the exam (colloq), I blew it in the exam (colloq); **sonamos, se largó a llover** now we've had it *o* now we're in trouble, it's started to rain (colloq); **estamos sonados, perdimos el tren** we've had it now *o* we've blown it now, we've missed the train (colloq) 2 (CS fam) (descomponerse, estropearse) to pack up (colloq) 3 (CS fam) (morirse) to kick the bucket (colloq), to croak (sl)

■ **sonar** *vt*

A 1 (+ *me/te/le etc*) ‹*nariz*› to wipe; **suénale la nariz** wipe her nose for her, will you? 2 ‹*trompeta*› to play

B (CS fam) ‹*alumno*› to fail, flunk (AmE)

C (Méx fam) 1 (pegar) ‹*persona*› to thump (colloq), to clobber (colloq) 2 (en una competición) ‹*persona/equipo*› to beat, thrash (colloq)

■ **sonarse** *v pron tb* **~se la nariz** to blow one's nose

sonar[2] *m* sonar

sonata *f* sonata

sonatina *f* sonatina

sonda *f* 1 (Med) catheter; **le pusieron una ~** he was fitted with a catheter 2 (para perforar) drill 3 (Náut) (de mano) sounding line, lead line; (acústica) echo sounder, depth finder 4 (Espac, Meteo) probe

(Compuesto) **sonda espacial** space probe

sondaje *m* ▸**sondeo**

sondar [A1] *vt* 1 (Med) to catheterize 2 (Min, Tec) to test drill, sink a borehole in 3 (Náut) to sound 4 (Espac, Meteo) to explore, probe

sondear [A1] *vt* ‹*opinión*› to sound out; ‹*mercado*› to test; ▸**sondar 2, sondar 3, d**

sondeo *m*

A (encuesta) poll, survey; **~ preelectoral** pre-election poll

(Compuestos)

- **sondeo a pie de urna** exit poll
- **sondeo de opinión** opinion poll

B 1 (perforación) test drilling 2 (Náut) sounding 3 (Espac, Meteo) exploration

soneto *m* sonnet

sónico -ca *adj* sonic

sonidista *mf* sound engineer

sonido *m* sound

(Compuesto) **sonido cuadrofónico** quadraphonic sound

soniquete *m* droning

sonista *mf* sound engineer, sound recordist

sonómetro *m* monochord, sonometer

sonorense *adj* of/from Sonora

sonoridad *f* [1] (de un instrumento) tone; (de una voz) sonority, tone [2] (Ling) voice

sonorización *f* [1] (de película) addition of a soundtrack [2] (de lugar, recinto) installation of a sound system [3] (Ling) voicing

sonorizar [A4] *vt* [1] ‹*película*› to add the sound track to [2] ‹*local/recinto*› to install a sound system in [3] (Ling) to voice

sonoro -ra *adj* [1] ‹*golpe*› resounding (*before n*), loud; **le dio un ~ beso en la mejilla** she gave him a loud kiss on the cheek [2] ‹*voz/lenguaje*› sonorous, resonant [3] (Ling) voiced [4] ‹*pasillo/cueva*› resonant, echoing (*before n*); ▸**banda**, **efecto**, etc

sonotone® *m* (Esp fam) hearing aid, deaf aid (BrE)

sonreír [I18] *vi* [1] «*persona*» to smile; **al pasar por mi lado, me sonrió** he smiled at me as he went past [2] «*vida/fortuna*» (+ *me/te/le etc*) to smile on; **el futuro le sonríe** his future is bright

■ **sonreírse** *v pron* to smile

sonría, sonrías, etc ▸**sonreír**

sonriente *adj* ‹*ojos/expresión*› smiling (*before n*); **hoy estás muy ~** you're looking very happy today

sonrisa *f* smile; **una ~ forzada** a forced smile; **siempre tiene la ~ en los labios** she's always smiling, she always has a smile on her face; **con una ~ de oreja a oreja** grinning from ear to ear; **sin perder la ~** without losing her smile; **se le heló la ~ en los labios** the smile froze on his lips

sonrojar [A1] *vt* to make … blush

■ **sonrojar** *vi*: **hacer ~ a algn** to make sb blush

■ **sonrojarse** *v pron* to blush

sonrosado -da *adj* rosy, pink

sonsacar [A2] *vt*: **me costó trabajo ~le la verdad** I had a hard time getting the truth out of her; **es difícil ~le las cosas** it's difficult to get anything out of him; **le ~on el secreto** they wormed *o* got the secret out of him

sonsear [A1] *vi* (esp RPl fam) to mess around

sonsera *f* (Col, RPl fam): **no digas ~s** don't talk nonsense *o* (BrE) rubbish! (colloq); **¡qué ~!** that was a really stupid *o* (AmE) dumb thing to do (colloq)

sonso -sa *adj/m,f* ▸**zonzo**[1], **zonzo**[2]

sonsonete *m* [1] (tono monótono) drone, droning [2] (tono irónico) mocking tone [3] (golpes) tapping [4] (cantaleta): **me tienes harta con ese ~** I'm fed up with your constant nagging (*o* complaining *etc*)

soñación *loc adv*: **¡ni por ~!** (Esp fam) not on your life! (colloq), in your dreams! (colloq)

soñado -da *adj* (Col, RPl fam) divine (colloq), heavenly (colloq) *ver tb* **soñar**

soñador[1] **-dora** *adj* ‹*mirada*› dreamy, faraway; **soy muy ~** I'm a real dreamer

soñador[2] **-dora** *m,f* dreamer

soñar [A10] *vt* [1] (durmiendo) to dream; **soñé que nos tocaba la lotería** I dreamed that we won the lottery; **no me acuerdo de lo que soñé anoche** I can't remember what I dreamed (about) last night; ***ni lo sueñes*** *or* ***ni ~lo*** (fam) no way! (colloq); **¿que te preste 30 euros? ¡ni lo sueñes!** lend you 30 euros? no way! *o* you must be joking! *o* not on your life! (colloq); **¿cómo se va a acordar después de tanto tiempo? ¡ni ~lo!** you think he'll remember after such a long time? some hope! *o* fat chance! (colloq) [2] (fantasear) to dream; **la casa soñada** the house he had been dreaming of, his dream house; **nunca soñé que llegaría este momento** I never dreamed this moment would ever come

■ **soñar** *vi* [1] (durmiendo) to dream; **~ con algo/algn** to dream ABOUT sth/sb; **sueño mucho con el mar** I often dream *o* have dreams about the sea; **anoche soñé contigo** I dreamed *o* I had a dream about you last night; **que sueñes con los angelitos** (fr hecha) sweet dreams [2] (fantasear) to dream; **~ despierto** to daydream; **~ con algo** to dream OF sth; **he soñado tantas veces con que te volvería a ver** I've dreamed so often of seeing you again; **sueña con volver a su país** he dreams about *o* of going back home

soñolencia *f* ▸**somnolencia**

soñoliento -ta *adj* ▸**somnoliento**

sopa *f*

A (caldo) soup; **~ de verduras/cebolla** vegetable/onion soup; **~ de sobre** powdered soup, packaged soup (AmE), packet soup (BrE); ***comer*** *or* ***vivir de la ~ boba*** (Esp fam) to live at sb else's expense, live off sb; ***darle a algn una ~ de su propio chocolate*** to give sb a taste of his/her own medicine; ***darle ~s con honda(s) a algn*** (Esp fam) to run rings around sb (colloq), to knock spots off sb (colloq); ***hacer la ~*** (Méx) to shuffle (the dominoes); ***hasta en la ~*** (fam) all over the place (colloq); **últimamente me lo encuentro hasta en la ~** lately I've been running into him all over the place; ***hecho una ~*** (fam) soaked to the skin (colloq), drenched

(Compuestos)

- **sopa de ajos** *consommé with hard boiled egg, garlic and sometimes bread*
- **sopa inglesa** (RPl) trifle
- **sopa juliana** julienne

B **sopas** *fpl* pieces of bread (*pl*) (*soaked in soup, coffee etc.*)

(Compuesto) **sopas de leche** *fpl bread soaked in milk with sugar and cinnamon*

C (Méx): **¡~s!** (*como interj*) (expresando — sorpresa) wow! (colloq), jeez (AmE colloq) (— entusiasmo) great! (colloq)

sopaipilla *f* (Chi) *pumpkin fritter*; ***con la ~ pasada*** (Chi fam) plastered (colloq)

sopapa *f* (RPl) plunger

sopapo *m*

A (fam) (bofetón) slap, smack (colloq)

B (Chi) (desatascador) plunger

sope *m* (Méx) fried tortilla topped with refried beans, onion and hot sauce

sopear [A1] *vt* (Chi, Méx) to mop up (*with bread etc*)

sopera *f* soup tureen

sopero -ra *adj* soup (*before n*)

sopesar [A1] *vt* ‹*ventajas/situación*› to weigh up; **sopesaba cada una de sus palabras** she weighed *o* carefully considered every word

sopetón: **de ~** (*loc adv*) ‹*llegar*› unexpectedly; **entraron de ~ en la habitación** they burst into the room; **¡no se entra así de ~!** don't come bursting in like that!; **me lo dijo de ~** he told me unexpectedly

soplado[1] **-da** *adj*

A (fam) (borracho) plastered (colloq)

B (Chi fam): ***pasar ~*** to shoot past

soplado[2] *m tb* : **~ de vidrio** glassblowing

soplador -dora *m,f tb*: **~ de vidrio** glassblower

soplagaitas *mf* (*pl* **~s**) (fam) jerk (AmE), twit (BrE colloq), twerp (BrE colloq)

soplamocos *m* (*pl* **~**) (fam) slap, smack (colloq)

soplanieves *m* (*pl* **~**) snowblower

soplapollas *mf* (*pl* **~**) ▸**gilipollas**[2]

soplar [A1] *vi*

A [1] (con la boca) to blow; **sopla fuerte** blow hard; **apagó todas las velitas soplando una sola vez** she blew out all the candles in one go *o* breath; **si está caliente sopla** if it's too hot, blow on it [2] «*viento*» to blow; **esta noche sopla un viento muy fuerte** there's a strong wind (blowing) tonight

B (fam) (en un examen) to whisper (*answers in an exam*)

C (Chi, Méx fam) (en lo sexual) to get it on (AmE colloq), to get it up (BrE sl)

■ **soplar** *vt*

A [1] ‹*vela*› to blow out; ‹*fuego/brasas*› to blow on; **sopló el polvo que había sobre los libros** she blew the dust off the books; **sopla la leche para que se enfríe** blow on the milk to cool it down [2] ‹*vidrio*› to blow

B [1] (fam) ‹*respuesta*› (en un examen) to whisper [2] (arg) (a la policía) to give … away; **alguien debió ~les el lugar donde se escondían** someone must have squealed *o* (BrE) grassed and told the police where they were hiding (sl)

C (fam) [1] (robar) to swipe (colloq), to pinch (BrE colloq); (cobrar) to sting (colloq); **por esta porquería me ~on 6 euros** they stung me (for) 6 euros for this piece of junk (colloq) [2] ‹*pieza/ficha*› to take

■ **soplarse** *v pron*

A (fam) ‹*bebida*› to down (colloq); ‹*plato*› to wolf down (colloq)

B (Méx, Per fam) (aguantar) ‹*persona*› to put up with; **me tuve que ~ el discurso** I had to sit through *o* suffer the speech

C (Méx vulg) ‹*virgen*› to screw (vulg)

D (AmL fam) (vencer) to beat

E (Méx, RPl fam) (matar) to do … in (colloq)

soplete *m* [1] (para soldar) gas welding torch [2] (para quitar pintura) blowtorch [3] (CS) (para pintar) spray gun; **pintar a ~** to spray-paint

soplido *m* puff

soplillo *m* fan

soplo *m*

A [1] (soplido) puff; **de un ~** with one puff, in one go; ***como un ~*** (fam): **la mañana se me ha pasado como un ~** the morning has flown past *o* whizzed by (colloq) [2] (de aire) puff; (más fuerte) blast [3] (de viento) puff; (más fuerte) gust [4] (Metal) blast

B (fam) (chivatazo): **¿quién le dio el ~ al profesor?** who went and told the teacher?, who blabbed to the teacher? (colloq); **alguien dio el ~ a la policía** someone tipped off the police *o* gave the police a tip-off (colloq); **me dieron un ~ para la carrera** they gave me a hot tip for the race (colloq)

C (Med) heart murmur

soplón -plona *m,f* [1] (fam) (en un colegio) tittle-tattle (AmE colloq), telltale (BrE colloq), blabbermouth (colloq) [2] (fam) (a la policía) informer, stoolie (AmE colloq), grass (BrE colloq), nark (BrE colloq)

soponcio *m* (fam): **le dio un ~** she fainted; **como no lo encontremos, me da un ~** if we don't find it, I'll just die (colloq); **¡qué ~! pensaba que había perdido la cartera** what a fright! I thought I'd lost my wallet; **a mi padre le va a dar un ~** my father's going to have a fit (colloq)

sopor *m* [1] (somnolencia) drowsiness, sleepiness [2] (letargo) torpor

soporífero[1] **-ra** *adj* ‹*efecto*› soporific; ‹*discurso/clase*› soporific; **una droga soporífera** a soporific *o* sleep-inducing drug

soporífero[2] *m* sleeping pill, soporific (frml); **la película es un verdadero ~** (fam) the movie is guaranteed to send you to sleep (hum)

soporífico[1] **-ca** *adj* ▸**soporífero**[1]

soporífico[2] *m* (frml) soporific (frml)

soportable *adj* bearable

soportal *m* [1] (de una casa) porch [2] **soportales** *mpl* (de una calle) arcade, colonnade

soportar [A1] *vt*

A [1] ‹*situación/frío/dolor*› **deberá ~ temperaturas de 500°** it will have to withstand *o* endure temperatures of 500°; **no soporto este calor** I can't stand this heat; **soportó el dolor sin quejarse** she put up with *o* endured *o* bore the pain without complaint; **no pienso ~ que me traten así** I will not stand for *o* tolerate them treating me like that; **no soportaba más esa situación** she could no longer endure *o* bear *o* tolerate that situation [2] ‹*persona*› to put up with; **lo soporté durante muchos años** I put up with him for many years; **no soporto la gente así** I can't stand *o* bear people like that

B [1] ‹*peso/carga*› to support, withstand [2] ‹*presión*› to withstand

soporte[1] *adj inv* supporting (*before n*)

soporte[2] *m* [1] (de un estante) bracket; (de una viga) support; (de una batidora, maceta) stand, holder; (de un portarretratos) stand [2] (Inf) medium

(Compuestos)

- **soporte físico** hardware
- **soporte lógico** software

soprano *mf* soprano

soquete *m*
A (CS) (Indum) ankle sock
B (Chi) (Elec) lampholder, socket
C (Col, RPl fam) (tonto) fool, idiot

sor *f* (Relig) sister

sorber [E1] *vt* **1** (chupar) ‹*bebida*› to suck in/up; ‹*huevo*› to suck out; **parecía que sorbía sus palabras** (liter) she seemed to be drinking in his words (liter); ▸**seso** **2** (tomar poco a poco) to sip **3** ‹‹*esponja*›› to absorb, soak up **4** ‹‹*mar*›› to swallow up

■ **sorberse** *v pron*: **deja de ~te los mocos** (fam) stop sniffing *o* sniffling

sorbete *m* **1** (refresco) sherbet, iced drink **2** (helado de agua) sherbet (AmE), sorbet (BrE); **~ de limón** lemon sherbet *o* sorbet; ***valer (un) ~*** (Méx): **el dinero vale ~** the money isn't important *o* doesn't matter, I don't give a damn about *o* I couldn't care less about the money (colloq)

sorbetear [A1] *vt* (Chi fam) to slurp (colloq)

sorbitol *m* sorbitol

sorbo *m* **1** (cantidad pequeña) sip; **dame un sorbito** give me a sip; **bébetelo a sorbitos** sip it **2** (trago grande) gulp; **se lo bebió de un ~** he drank it in one gulp, he drank it down in one (colloq)

sorchi *m* (Esp arg) soldier

sordera *f* deafness

sordidez *f* **1** (suciedad) squalor, sordidness **2** (de un tema, negocio) sordidness

sórdido -da *adj* **1** (sucio) dirty, squalid, sordid **2** ‹*asunto/libro*› sordid

sordina *f* (de trompeta, violín) mute; (de piano) damper; ***a la ~*** *or* ***con ~*** (fam) on the quiet (colloq)

sordo[1] **-da** *adj*
A (Med) deaf; **se quedó ~** he went deaf; **es ~ de nacimiento** he was born deaf; **no me grites que no soy** *or* (esp Esp) **no estoy ~** don't shout, I'm not deaf; **permaneció ~ a** *or* **ante mis súplicas** my pleas fell on deaf ears, he remained deaf to my pleas
B **1** ‹*ruido/golpe*› dull, muffled **2** (Ling) voiceless **3** ‹*dolor*› dull **4** ‹*cólera/rabia*› supressed, pent-up

sordo[2] **-da** *m,f* deaf person; **una escuela para ~s** a school for the deaf; ***a lo ~*** on the quiet; ***hacerse el ~*** to pretend not to hear; ***no hay peor ~ que el que no quiere oír*** there are none so deaf as those who will not hear

sordociego -ga *m,f deaf and blind person*; **los ~s** the deaf and blind

sordomudo[1] **-da** *adj* deaf-mute (*before n*), deaf and dumb (BrE)

sordomudo[2] **-da** *m,f* deaf-mute

sorete *m* (RPl vulg) turd (vulg)

sorgo *m* sorghum

soriasis *f* psoriasis

sorna *f* sarcasm; **se lo dijo con ~** she said it in a sarcastic *o* sardonic way; **había algo de ~ en su mirada** there was something sarcastic *o* mocking about her expression

sorocharse [A1] *v pron* **1** (Bol, Col, Per) (en la montaña) to get altitude *o* mountain sickness **2** (Chi) (por calor, esfuerzo) to turn *o* (BrE) go red; (por vergüenza) to blush, to turn *o* (BrE) go red

soroche *m* **1** (Bol, Col, Per) (en la montaña) mountain sickness, altitude sickness **2** (Chi) (por calor, esfuerzo) flush; (por vergüenza) blush

sorprendente *adj* surprising

sorprender [E1] *vi* to surprise; **me sorprende que no lo sepas** I'm surprised you don't know, it surprises me that you didn't know

■ **sorprender** *vt* **1** (coger desprevenido) to surprise, catch … unawares, take … by surprise; **entramos por detrás y los sorprendimos** we went in the back and surprised them *o* caught them unawares *o* took them by surprise; **fueron sorprendidos cuando intentaban forzar la caja fuerte** they were caught *o* surprised trying to break open the safe; **nos sorprendió la lluvia** we got caught in the rain **2** ‹*mensaje*› to intercept; ‹*conversación*› to overhear

■ **sorprenderse** *v pron* to be surprised; **se sorprendió mucho al encontrarme ahí** he was very surprised to find me there; **¿de qué te sorprendes?** why are you so surprised?, what are you so surprised about?

sorprendido -da *adj* surprised; **me miró ~** he looked at me in surprise; **se quedó muy ~ cuando se lo dije** he was very surprised when I told him; **yo fui el primer ~** it was news to me, nobody was more surprised than me *ver tb* **sorprender**

sorpresa[1] *f* **1** (emoción) surprise; **¡qué ~!** what a surprise!; **nos cogió de ~** he took us by surprise *o* caught us unawares; **se va a llevar una ~** she's going to be surprised, she's in for a surprise (colloq); **sus palabras causaron gran ~** her words caused great surprise *o* surprised everyone; **para mi gran ~** *or* **con gran ~ por mi parte** to my great surprise; **vamos de ~ en ~** it's just one surprise after another; **me miró con cara de ~** he looked at me in surprise; **todo se desarrolló sin grandes ~s** everything went ahead without any great surprises; ***coger*** *or* ***tomar a algn de*** *or* ***por ~*** to take sb by surprise **2** (regalo) surprise; **te he traído una ~** I've brought you a surprise **3** (CS) (en una fiesta) favor*

sorpresa[2] *adj inv* surprise (*before n*); **ataques ~** surprise attacks; **fiesta ~** surprise party

sorpresivamente *adv* by surprise; **me atacó ~ por detrás** he attacked me by surprise from behind; **llegó ~** he arrived unexpectedly

sorpresivo -va *adj* (AmL) surprise (*before n*), unexpected

sorrajar [A1] *vt* (Méx fam): **le ~on un fregadazo que lo dejó tonto** they beat him senseless; **me sorrajó un botellazo** he smashed me over the head with a bottle (colloq)

sortear [A1] *vt*
A ‹*premio/puesto*› to draw lots for; **~on los puestos de salida** they drew lots to decide the starting positions; **se ~á un coche** there will be a prize draw for a car
B ‹*bache/obstáculo*› to avoid, negotiate; ‹*problema/dificultad*› to get around; **conducía a gran velocidad, sorteando los vehículos** he drove very fast, dodging *o* swerving in and out of the traffic; **sorteó las preguntas con habilidad** he dealt with *o* handled the questions skillfully

sorteo *m* **1** (de un premio) draw; **por ~** by drawing lots **2** (Mil) (de quintos) *drawing of lots to decide draft postings*

sortija *f* **1** (anillo) ring **2** (en el pelo) ringlet

sortilegio *m* **1** (embrujo) spell, charm **2** (brujería) sorcery **3** (adivinación) fortune-telling

sos *equivalent of 'eres' in Central America and the River Plate area*

SOS *m* SOS, distress call

sosa *f* soda; **~ cáustica** caustic soda

sosaina *mf* (fam) wet blanket (colloq)

sosegado -da *adj* ‹*vida*› quiet, peaceful; ‹*persona*› calm; **lo encontré mucho más ~** I thought he was much calmer, he seemed to me to have calmed down a lot; **le gusta la vida sosegada del campo** she likes the quiet *o* peaceful life of the country; **las aguas sosegadas del lago** (liter) the placid *o* still *o* calm waters of the lake

sosegar [A7] *vt* to calm

■ **sosegarse** *v pron* **1** ‹‹*persona/ánimos*›› to calm down **2** ‹‹*niños*›› to quieten down **3** (liter) ‹‹*mar*›› to become calm *o* still

sosegate *m* (Ur fam) telling-off (colloq), ticking-off (BrE colloq)

sosería *f* **1** (cualidad) insipidness, dullness **2** (cosa sosa): **es una ~** it's really dull *o* boring

sosia *mf* look-alike

sosiego *m* peace; **no encuentra ni un momento de ~** she never has a quiet moment *o* a moment's peace; **el ~ de la noche** the still *o* the tranquility *o* the quiet of the night; **el ~ que tanto había buscado** the peace and quiet she had sought for so long

soslayar [A1] *vt* ‹*dificultad/obstáculo*› to avoid, get around; ‹*pregunta*› to dodge, avoid

soslayo *m*: **la miró de ~** he looked at her out of the corner of his eye, he gave her a sidelong glance

soso -sa *adj* **1** ‹*comida/sopa*› (falto de sabor) bland, tasteless; **está ~** (sin sabor) it's bland *o* tasteless, it doesn't have much taste *o* flavor to it; (sin sal) it needs more salt, it doesn't have enough salt in it **2** ‹*persona/película*› boring, dull **3** ‹*estilo*› flat, drab

sospecha *f* suspicion; **tengo la ~ de que están tramando algo** I suspect *o* I have a suspicion *o* a feeling that they're up to something; **tus ~s eran infundadas** your suspicions were unfounded; **despertó las ~s de la policía** it aroused the police's suspicions; **está por encima de toda ~** he is above suspicion

sospechar [A1] *vt* to suspect; **creo que sospecha algo** I think she suspects something *o* she's suspicious; **¡ya me lo sospechaba!** just as I suspected!, just as I thought!, I suspected as much!

■ **sospechar** *vi*: **me hizo ~** it made me suspicious; **~ DE algn** to suspect sb, have one's suspicions ABOUT sb

sospechosamente *adv* suspiciously

sospechoso[1] **-sa** *adj* ‹*movimiento/comportamiento*› suspicious; ‹*paquete*› suspicious, suspect; **tres hombres de aspecto ~** three suspicious-looking men; **relojes baratos de origen ~** cheap watches of dubious origin; **me parece muy ~** I find it very *o* highly suspicious

sospechoso[2] **-sa** *m,f* suspect

sostén *m* **1** (físico) support **2** (económico) means of support **3** (Indum) bra, brassiere

sostener [E27] *vt*
A (apoyar) **1** ‹*estructura/techo*› to hold up, support; ‹*carga/peso*› to bear; **tenían que ~lo los dos** it needed both of them to support him *o* hold him *o* prop him up **2** (en un estado) to keep; **las fuerzas que lo sostuvieron en el poder** the forces which kept him in power; **lo único que la sostiene es la fuerza de voluntad** it's sheer willpower that's keeping her going **3** (sustentar) ‹*familia*› to support, maintain
B (sujetar, tener cogido) ‹*paquete*› to hold; **no tengas miedo, yo te sostengo** don't be afraid, I've got you *o* I'm holding you *o* I'll keep hold of you; **sostén la puerta** hold the door open; **ponte un pasador para ~ el pelo** put a barrette (AmE) *o* (BrE) slide in your hair to keep it in place (*o* up *etc*)
C ‹*conversación/relación/reunión*› to have; **sostuvieron una acalorada discusión** they had a heated discussion; **no he sostenido nunca una relación duradera** I've never had a lasting relationship; **la polémica que sostiene con Godoy** the dispute that he and Godoy are engaged in *o* that he is carrying on with Godoy
D **1** (opinar) to hold; **yo siempre he sostenido que …** I have always maintained *o* held that … **2** ‹*argumento/afirmación*› to support, back up; **no tienes pruebas para ~ esa afirmación** you don't have any proof to back up *o* support that statement
E **1** ‹*lucha/ritmo/resistencia*› to keep up, sustain; **la miró y ella sostuvo su mirada** he looked at her and she held his gaze **2** (Mús) ‹*nota*› to hold, sustain

■ **sostenerse** *v pron*
A **1** (no caerse): **la estructura se sostiene sola** the structure stays up *o* stands up without support; **estaba tan débil que apenas se sostenía en pie** he was so weak that he could hardly stand; **la planta ya no se sostiene** the plant doesn't stand up on its own *o* can't support itself any more **2** (en un estado) to remain; **se sostuvo en el poder a pesar de la crisis** she managed to stay *o* remain in power despite the crisis; **la economía se ha sostenido firme** the economy has held *o* stood firm; **se sostuvo en su negativa** he kept *o* stuck firmly to his refusal

S

ℹ Su

En inglés la elección del adjetivo posesivo de tercera persona singular se determina por el género del 'poseedor'

En inglés se consideran de género masculino:

- *los varones*
- *los animales domésticos machos*

Se consideran de género femenino:

- *las personas de sexo femenino*
- *los animales domésticos hembras*

Se consideran de género neutro:

- *los animales no domésticos*
- *los objetos inanimados*

Su se traduce por *his* o *her* según el poseedor en inglés sea del género masculino o femenino respectivamente:

su abuela
= his/her grandmother

su hueso
= his/her bone

Cuando el poseedor en inglés es del género neutro, se traduce por *its*

su guarida
= its den

el árbol y sus ramas
= the tree and its branches

Nótese que en inglés los barcos se consideran de género femenino:

con su tripulación a bordo
= with her crew on board

Cuando el poseedor es indefinido, la traducción de *su* puede ser *their*:

cada cual con su pareja
= each one with their partner

El adjetivo posesivo de tercera persona plural es siempre *their*

mis hijos y sus amigos
= my children and their friends

B (sustentarse): **apenas puede ~se con lo que gana** he can hardly support himself on what he earns; **se sostiene a base de zumos y de leche** she lives on *o* survives on fruit juice and milk

sostenibilidad *f* sustainability

sostenible *adj* sustainable

sostenidamente *adv* constantly, continuously

sostenido -da *adj*
A (continuo) constant, continuous
B (Mús) sharp; **re ~** D sharp

sostuve, sostuvo, etc ▸**sostener**

sota *f* jack (*in Spanish pack of cards*); ***caérsele a algn una ~*** (Chi fam): **dice que tiene 50 pero se le cayó una ~** she claims she's 50 but she's at least ten years older

sotana *f* cassock, soutane

sótano *m* (habitable) basement; (para almacenamiento) cellar, basement

sotavento *m* leeward; **a ~** to leeward

soterrar [A5] *vt* **1** ‹*objeto*› to bury **2** ‹*recuerdo/sentimiento*› to bury, hide

soto *m* (arboleda) grove, copse; (matorral) thicket

sotol *m* (Méx) **1** (planta) sotol **2** (bebida) *type of pulque*

soufflé /su'fle/ *m* (*pl* **-fflés**) soufflé

soul¹ *adj inv* soul (*before n*)

soul² *m* soul

soutien /su'tjen/ *m* (Ur) bra, brassiere

souvenir /suβe'nir/ *m* (*pl* **-nirs**) souvenir

soviet *m* soviet

soviético -ca *adj/m,f* (Hist) Soviet

soy *see* ▸**ser¹**

soya *f* (AmL) soy (AmE), soya (BrE)

SOYP /sojp/ *m* (en Ur) **= Servicio de Oceanografía y Pesca**

SP *f* (en Méx) **= Secretaría de Pesca**

spagat *m*: **hacer el ~** to do the splits

spaghetti /(e)spa'ɣeti/, **spaghettis** *mpl* spaghetti

spam /e'span/ *m* (*pl* **~s**) (Inf) spam

sparring /e'sparrin/ *m* (*pl* **~s**) sparring partner

speed /e'spid/ *m* (*pl* **~s**) speed

spider /e'spaider/ *m* (*pl* **~s**) two-seater convertible sports car

spiedo *m* (CS) spit, rotisserie; **pollo al** *or* **a lo ~** spit-roast chicken

spinnaker /(e)s'pinaker/ *m* spinnaker

spleen /(e)s'plin/ *m* (liter) melancholy, spleen (arch)

SPM *m* (**= síndrome premenstrual**) PMT

spoiler /(e)s'pojler/ *m* (*pl* **-lers**) spoiler

sponsor /(e)s'ponsor/ *m* sponsor

sport¹ /(e)s'por/ *adj inv* ‹*ropa*› casual; **un coche ~** a sports car

sport² /(e)s'por/ *m*: **ropa (de) ~** leisure wear, casual clothes (*pl*); **iban vestidos de ~** they were casually dressed

spot /(e)s'pot/ *m* (*pl* **spots**)
A (Marketing) *tb* **~ publicitario** (espacio) slot; (anuncio) commercial, advertisement (BrE)
B (CS) (foco) spotlight

SPP *f* (en Méx) **= Secretaría de Programación y Presupuesto**

spray /(e)s'prai/ *m* (*pl* **sprays**) spray; **desodorante en ~** spray *o* spray-on deodorant

sprint /(e)s'prin/ *m* (*pl* **sprints**) sprint

sprintar [A1] /(e)sprin'tar/ *vi* to sprint

sprinter /(e)s'printer/ *mf* (*pl* **-ters**) sprinter

spútnik *m* satellite

squash /(e)s'kwoʃ/ *m* squash

Sr. *m* ▸ℹ **p.823** (**= señor**) Mr; **~ (Don) Miguel López Ríos** (Corresp) Mr M. López Ríos, Miguel López Ríos, Esq (frml)

SRA *f* (en Méx) **= Secretaría de la Reforma Agraria**

Sra. *f* ▸ℹ **p.823** (**= señora**) Mrs; **~ (Doña) Ana Fuentes de Luengo** (Corresp) Mrs A. Luengo

SRAG *m* (Med) (**= Síndrome Respiratorio Agudo y Grave**) SARS

SRAS *m* (Med) (**= Síndrome Respiratorio Agudo Severo**) SARS

S.R.C. (**= se ruega contestación**) RSVP

SRE *f* (en Méx) **= Secretaría de Relaciones Exteriores**

S/ref. (**= su referencia**) your ref

Sres. *mpl* **= señores 1** (varones) Messrs **2** (marido y mujer) Mr and Mrs

Sri Lanka *m* Sri Lanka

S.R.L. *f* (**= Sociedad de Responsabilidad Limitada**) Ltd

Srta. *f* ▸ℹ **p.823** (**= señorita**) Miss

SS 1 (**= Su Santidad**) H.H. **2** (Mil): **la ~** *or* **las ~** the SS **3** (Servs Socs) (en Méx) **= Secretaría de Salud**

ss.
A = siguientes
B = siglos

SS.HH *f* (Ec) (Per) (**= servicios higiénicos**) WC

SS.MM. = Sus Majestades

SSS *m* **= servicio social sustitorio**

s.s.s. = su seguro servidor

S.S.S. (ant) (Corresp) **= su seguro servidor**

SS. SS. *mpl* **= santísimos sacramentos**

ST *f* (en Méx) **= Secretaría de Turismo**

Sta. (**= Santa**) St

staccato /(e)sta'kato/ *adj inv* staccato

staff /e'staf/ *m* top-level staff

stage /e'statʃ/ *m* (Esp) **1** (para obtener un diploma) professional training **2** (prácticas) work experience

stagflación /estagfla0i'on, estagflasi'on/ *f* stagflation

stalinismo /(e)stali'nismo/ *m* Stalinism

stalinista /(e)stali'nista/ *adj/mf* Stalinist

stand /(e)s'tan(d)/ *m* (*pl* **stands**) stand

standard /(e)s'tandar/ *adj inv/m* ▸**estándar¹**, **estándar²**

standing /(e)s'tandin/ *m* standing; **una empresa de alto ~** a company of high standing, a highly-rated company; **un piso de alto ~** a luxury *o* top quality apartment

START /(e)s'tart/ START

starter /(e)s'tarter/ *m* (*pl* **-ters**) choke

statu quo *m* status quo

status /(e)s'tatus/ *m* (*pl* **~**) status

STC *m* (en Méx) **= Sistema de Transporte Colectivo**

stencil /(e)s'tensil/ *m* (*pl* **-cils**) stencil

stent /es'tent/ *m* (Med) stent

step *m* step aerobics

Sto. (**= Santo**) St

stock /(e)s'tok/ *m* (*pl* **stocks**) stock

stop /(e)s'top/ *m* **1** (disco) stop sign; **se saltó un ~** he went through *o* (AmE) ran the stop sign **2** (Col) (luz) stoplight (AmE), brake light (BrE)

STPS *f* (en Méx) **= Secretaría del Trabajo y Previsión Social**

strass /(e)s'tras/ *m* paste, strass

streaker /e'striker/ *mf* (*pl* **~s**) streaker

streaking /e'strikin/ *m* streaking; **hacer ~** to streak, do a streak

stress /(e)s'tres/ *m* stress

stretch /e'stretʃ/ *adj inv* stretch (*before n*)

stretching /e'stretʃin/ *m* stretching, stretching exercises (*pl*); **hacer ~** to do stretching exercises

striptease /(e)s'triptis/ *m* (*pl* **~**) striptease

stripteasero -ra /(e)stripti'sero/, **striptisero -ra** *m,f* striptease artist, stripper (colloq)

su *adj* (*delante del n*) ▸ℹ **p.775 1** (de él) his; (de ella) her; (de usted, ustedes) your; (de ellos, ellas) their; (de un animal, una cosa) its; **cuando uno ha perdido ~ última esperanza** when one's last hope is gone **2** (uso enfático): **estas botas ya tienen ~s años** these boots have lasted a good many years; **debe pesar ~s buenos 90 kilos** he must weigh a good 90 kilos

suácate *m* (Chi fam) punch; ***de un ~*** in one go (colloq)

suástica *f* swastika

suave *adj*
A ‹*piel/cutis*› smooth, soft; ‹*pelo*› soft; ‹*superficie*› smooth; **~ al tacto** smooth to the touch
B 1 ‹*tono/acento*› gentle, soft; ‹*música*› soft **2** ‹*color*› soft, pale **3** ‹*sabor*› (no fuerte) delicate, mild; (sin acidez) smooth
C 1 ‹*movimiento/gesto*› gentle, slight; **la ~ caricia del viento** (liter) the gentle *o* sweet caress of the wind (liter) **2** ‹*temperaturas*› mild; ‹*brisa*› gentle **3** ‹*modales/carácter*› mild, gentle **4** ‹*cuesta/curva*› gentle, gradual **5** ‹*jabón/champú*› gentle, mild **6** ‹*laxante/sedante*› mild
D (Méx) (bonito) good-looking; ***darle la ~ a algn*** (Méx) to humor* sb; ***llevársela ~ con algo*** (Méx fam) to go easy on sth (colloq)
E (Méx fam) (fantástico): **¡qué suave!** great! (colloq), fantastic! (colloq)

suavemente *adv* gently; **le acarició ~ el pelo** he stroked her hair gently; **haga los ejercicios ~** do the exercises gently; **se deslizaba**

~ **por el agua** it slid smoothly through the water; **cayó ~ sin que nadie lo oyera** it dropped quietly *o* softly without being heard; **me habló ~** she talked softly *o* quietly *o* gently to me

suavidad *f* **1** (de la piel) smoothness, softness; (de un jabón, champú) gentleness, mildness **2** (de un tono, acento) gentleness, softness **3** (de un color) softness, paleness **4** (de un movimiento) gentleness **5** (de carácter) mildness, gentleness

suavizante[1] *adj* conditioning (*before n*)

suavizante[2] *m* **1** (para el pelo) conditioner **2** (para la ropa) fabric softener *o* conditioner

suavizar [A4] *vt* **1** ‹*pelo*› to condition, soften; ‹*piel*› to leave ... smooth/soft **2** ‹*color*› to soften, tone down; ‹*sabor*› to tone down **3** ‹*dureza/severidad*› to soften, temper; ‹*carácter*› to mellow, make ... gentler **4** ‹*situación*› to calm, ease; **~on el régimen penitenciario** they relaxed the prison regulations

■ **suavizarse** *v pron* **1** «*pelo*» to become softer; «*piel*» to become smoother/softer **2** «*carácter*» to mellow, become gentler **3** «*situación*» to calm down, ease

suazi *adj* Swazi

suazilandés -desa *adj/m,f* Swazi

Suazilandia *f* Swaziland

sub- *pref* sub- (*as in* **subconsciente, subcontinente**)

suba *f* (RPl) rise in prices

subacuático -ca *adj* ‹*deporte/fotografía*› underwater (*before n*); ‹*fauna*› subaquatic, underwater (*before n*)

subalimentación *f* undernourishment

subalimentado -da *adj* undernourished, underfed

subalquilar [A1] *vt* (dar en alquiler) to sublease, sublet; (tomar en alquiler) to sublease, sublet

subalterno[1] **-na** *adj* **1** (Adm, Mil) subordinate **2** (secundario) secondary

subalterno[2] **-na** *m,f* **1** (en una jerarquía) subordinate **2** (Taur) *member of a matador's support team*

subarrendador -dora *m,f* sublessor (frml), (*person subletting a property to another*)

subarrendar [A5] *vt* (dar en alquiler) to sublease, sublet; (tomar en alquiler) to sublease, sublet

subarrendatario -ria *m,f* subtenant, sublessee (frml)

subarriendo *m* **1** (acción) subleasing, subletting **2** (acuerdo) sublease, subtenancy, sublet

subártico -ca *adj* subarctic

subasta *f* **1** (venta) auction; **el cuadro se sacó a ~** the picture was put up for auction **2** (de obras) invitation to tender **3** (en naipes) auction, bidding

subastador -dora *m,f* **1** (persona) auctioneer **2** **subastadora** *f* (empresa) auction house

subastar [A1] *vt* **1** ‹*cuadro*› to auction, sell ... at auction **2** ‹*contrato/obra pública*› to put ... out to tender

subatómico -ca *adj* subatomic

subcampeón -peona *m,f* **1** (en una liga) runner-up **2** (en un torneo eliminatorio) beaten *o* losing finalist

subcategoría *f* subcategory

subclase *f* subclass

subcomisario -ria *m,f* deputy superintendent

subcomisión *f* subcommittee

subcomité *m* subcommittee

subconjunto *m* subset

subconsciente[1] *adj* subconscious

subconsciente[2] *m* subconscious

Compuesto **subconsciente colectivo** collective subconscious

subconscientemente *adv* subconsciously

subcontinente *m* subcontinent

subcontratación *f* subcontracting

subcontratar [A1] *vt* to subcontract

subcontratista *mf* subcontractor

subcontrato *m* subcontract

subcultura *f* subculture

subcutáneo -nea *adj* subcutaneous

subdelegado -da *m,f* (Esp) central government representative (*in an Autonomía*)

subdesarrollado -da *adj* underdeveloped

subdesarrollo *m* underdevelopment

subdirección *f* (de una organización) post of deputy director; (de un comercio) post of assistant manager *o* deputy manager

subdirector -ra *m,f* (de una organización) deputy director; (de un comercio) assistant manager, deputy manager

subdirectorio *m* subdirectory

súbdito -ta *m,f* subject

subdividir [I1] *vt* to subdivide

subdivisión *f* subdivision

subdominio *m* (Inf) subdomain

subempleado -da *adj* **1** ‹*personas*› underemployed **2** ‹*recursos*› underused, underemployed

subempleo *m* **1** (de personas) underemployment **2** (de recursos) underuse, underemployment

suberificarse [A2] *v pron* to suberize

suberina *f* suberin

subespecie *f* subspecies

subestación *f* substation

subestimar [A1] *vt* to underestimate

subexponer [E22] *vt* to underexpose

subexposición *f* underexposure

subexpuesto -ta *adj* underexposed

subfusil *m* automatic rifle

subgénero *m* subgenus

subgerente *mf* assistant manager, deputy manager

subgrupo *m* subgroup

subibaja *m* seesaw

subida *f*

A **1** (pendiente) rise, climb; **ir de** *or* (AmL) **en ~** to go uphill **2** (a una montaña) ascent, climb; (al trono) ascent; (al poder) rise; **la ~ fue más dura que la bajada** the ascent was harder than the descent *o* going up was harder than coming down **3** (de precios, salarios) rise, increase; (de temperatura) rise, increase; **se registró una fuerte ~ del yen** there was a sharp rise in the value of the yen, the yen rose sharply *o* substantially; **la ~ del río supuso un peligro** the river rose to a dangerous level

B (Inf) upload

subido -da *adj* ‹*azul/rojo*› intense, deep; **está de un mal genio/pesimismo ~** he is extremely bad-tempered/deeply pessimistic; **hoy estás con el guapo/el feo ~** (Esp) you're looking very good/you're not looking your best today; ▸**tono**

subidón *m* (fam)

A (subida grande) boost (colloq); **el ~ que ha pegado el precio de la vivienda** the boost in the cost of housing

B (euforia) high

Compuesto **subidón de adrenalina** adrenaline rush

subíndice *m* subscript

subinquilino -na *m,f* subtenant, sublessee (frml)

subir [I1] *vi*

A **1** «*ascensor/persona*» (alejándose) to go up; (acercándose) to come up; **hay que ~ a pie** you have to walk up; **ahora subo** I'll be right up, I'm coming up now; **voy a ~ al caserío** I'm going up to the farmhouse; **los autobuses que suben al pueblo** the buses that go up to the village; **el camino sube hasta la cima** the path goes up to *o* leads to the top of the hill **2** (a un coche) to get in; (a un autobús, etc) to get on; **~ A algo** ‹*a un autobús/un tren/un avión*› to get ON *o* ONTO sth; ‹*a un coche*› to get IN *o* INTO sth; ‹*a un caballo/una bicicleta*› to get ON *o* ONTO sth, to mount sth (frml); **~ a bordo** to go/get on board **3** (de categoría) to go up; **ha subido en el escalafón** he has been promoted; **han subido a primera división** they've been promoted to *o* they've gone up to the first division; **ha subido mucho en mi estima** she has gone up a lot *o* (frml) risen greatly in my estimation **4** (Arg fam) to take up office/one's post **5** (en tenis): **~ a la red** to go up to the net

B **1** «*marea*» to come in; «*aguas/río*» to rise; **las aguas no subieron de nivel** the water level did not rise **2** «*fiebre/tensión*» to go up, rise; **han subido las temperaturas** temperatures have risen **3** (Med) «*leche*» to come in, be produced

C «*precio/valor/cotización*» to rise, go up; **la leche subió a 60 céntimos** milk went up to sixty cents; **el desempleo subió en 94.500 personas en el primer trimestre** unemployment rose by 94,500 in the first quarter; **ha subido el dólar con respecto al euro** the dollar has risen against the euro

D (Inf) to upload

■ **subir** *vt*

A ‹*montaña*› to climb; ‹*cuesta*› to go up, climb; **subió corriendo la escalera** she ran upstairs; **tiene problemas para ~ la escalera** he has trouble getting up *o* climbing the stairs; **subió los escalones de dos en dos** he went *o* walked up the stairs two at a time

B **1** ‹*objeto/niño*› (acercándose) to bring up; (alejándose) to take up; **voy a ~ la compra** I'm just going to take the shopping upstairs; **tengo que ~ unas cajas al desván** I have to put some boxes up in the attic; **¿puedes ~ las maletas?** could you take the cases up?; **sube al niño al caballo** lift the child onto the horse; **ese cuadro está muy bajo, ¿puedes ~lo un poco?** that picture is very low, can you put it up a little higher?; **traía el cuello del abrigo subido** he had his coat collar turned up **2** ‹*persiana/telón*› to raise; **¿me subes la cremallera?** will you zip me up?, will you fasten my zipper (AmE) *o* (BrE) zip?; **subió la ventanilla** she wound the window up *o* closed *o* raised the window; **ven que te suba los pantalones** come here and let me pull your pants (AmE) *o* (BrE) trousers up for you **3** ‹*dobladillo*› to take up; ‹*falda*› to take *o* turn up

C **1** ‹*precios/salarios*› to raise, put up; **¿cuánto te han subido este año?** how much did your salary go up this year? **2** ‹*volumen/radio*› to turn up; **sube el volumen** turn the volume up; **sube el tono que no te oigo** speak up, I can't hear you; **sube un poco la calefacción** turn the heating *o* heat up a little

■ **subirse** *v pron*

A **1** (a un coche, autobús, etc) ▸**subir A2** **2** (trepar) to climb; **se subió al muro** she climbed (up) onto the wall; **les encanta ~se a los árboles** they love to climb trees; **estaban subidos a un árbol** they were up a tree; **el niño se le subió encima** the child climbed on top of him **3** (a la cabeza, cara) (+ *me/te/le etc*): **el vino enseguida se me subió a la cabeza** the wine went straight to my head; **el éxito se le ha subido a la cabeza** success has gone to his head; **noté que se me subían los colores (a la cara)** I realized that I was going red *o* blushing

B (*refl*) ‹*calcetines/pantalones*› to pull up

súbitamente *adv* suddenly

súbito -ta *adj* **1** (repentino) sudden; **su súbita aparición en la escena** her sudden *o* unexpected appearance on stage; **de ~** suddenly, all of a sudden **2** (precipitado) hasty

subjetivamente *adv* subjectively

subjetivar [A1], **subjetivizar** [A4] *vt* to subjectivize, see in a subjective way

subjetividad *f* subjectivity

subjetivismo *m* subjectivism

subjetivo -va *adj* subjective

sub judice /sub 'dʒudise/ *loc adv* sub judice

subjuntivo[1] **-va** *adj* subjunctive

subjuntivo[2] *m* subjunctive

sublema *m* (Ur) subgroup

sublevación *f* uprising, revolt, rebellion

sublevar [A1] *vt* **1** ‹*tropas/presos*› to incite ... to rebellion, stir up revolt among **2** (indignar) to infuriate, rile

■ **sublevarse** *v pron* to revolt, rise up, rebel

sublimación *f* sublimation

sublimado *m* sublimate

(Compuesto) **sublimado corrosivo** corrosive sublimate, mercuric chloride

sublimar [A1] *vt* [1] ‹*deseos/instintos*› to sublimate [2] (Quím) to sublime, sublimate

sublime *adj* [1] ‹*acción/sacrificio*› sublime, noble, lofty [2] ‹*cuadro/música*› sublime

subliminal *adj* subliminal

submarinismo *m* scuba diving; **hacer ~** to go scuba-diving, scuba-dive

submarinista *mf* [1] (buzo) scuba diver [2] (tripulante de submarino) submariner

submarino[1] **-na** *adj* underwater (*before n*), submarine (*before n*)

submarino[2] *m* [1] (Mil, Náut) submarine [2] (método de tortura) *torture method in which victim's head is held under water* [3] (RPl) (Coc) hot milk with melted chocolate

submenú *m* submenu

submúltiplo *m* submultiple

submundo *m* underworld

subnormal[1] *adj* [1] (Psic) mentally handicapped, subnormal [2] (fam & pey) (como insulto) moronic (colloq & pej)

subnormal[2] *mf* [1] (Psic) mentally handicapped person [2] (fam & pey) (cretino) moron (colloq & pej), cretin (colloq & pej)

suboficial *m* noncommissioned officer, NCO

suborden *m* suborder

subordinación *f* subordination

subordinada *f* clause; **~ adjetiva/sustantiva** relative/noun clause

subordinado[1] **-da** *adj* [1] ‹*personal*› subordinate [2] ‹*oración*› subordinate

subordinado[2] **-da** *m,f* subordinate

subordinar [A1] *vt* to subordinate; **~ algo A algo** to subordinate sth TO sth

subpárrafo *m* subparagraph

subproducto *m* byproduct, spin-off

subrayado *m* [1] (con una línea — acción) underlining; (— texto) underlined text [2] (texto en cursiva) text in italics

subrayar [A1] *vt* [1] (con una línea) to underline, underscore; (en cursiva) to italicize [2] (poner énfasis en) to underline, emphasize, stress

subred *f* subnetwork

subreino *m* subkingdom

subrepticiamente *adv* surreptitiously

subrepticio -cia *adj* surreptitious

subrogación *f* subrogation, substitution

subrogancia *f* (CS) [1] (en un cargo) substitution; **asumió la ~ del juzgado** she took temporary charge of the court as an alternate (AmE) *o* a substitute (BrE) [2] (cargo): **efectúa labores de ~** he is working in an acting capacity; **aceptar una ~** to accept a position in an acting capacity; **asumió la ~ de la jueza titular** she took on the position of acting judge

subrogante[1] *adj*
A (Der) ‹*juez/profesor*› subrogating (*before n*)
B (AmC, CS) acting, alternate (AmE)

subrogante[2] *mf*
A (Der) (en relación jurídica) subrogating party
B (AmC, CS) (en un cargo) temporary office-holder

subrogar [A8] *vt* to subrogate, substitute

subsahariano -na *adj* sub-Saharan

subsanar [A1] *vt* [1] ‹*error*› to rectify, correct, put right [2] ‹*deficiencia/carencia*› to make up for [3] ‹*obstáculo/dificultad*› to overcome

subscribir *etc* ▸**suscribir**, etc

subscripto -ta *m,f* (esp RPl) ▸**suscrito**

subsecretaría *f* undersecretaryship

subsecretario -ria *m,f* undersecretary

subsecuente *adj* subsequent

subsidiar [A1] *vt* (esp AmL) to subsidize

subsidiaria *f* subsidiary

subsidiariedad *f* subsidiarity

subsidiario -ria *adj* subsidiary, secondary

subsidio *m* subsidy; **~ de enfermedad** sickness benefit; **~ de vejez** retirement pension, old-age pension (BrE); **~ de desempleo** unemployment compensation (AmE), unemployment benefit (BrE); **~ de exportación** export subsidy

subsiguiente *adj* subsequent

subsistencia *f* subsistence, survival

subsistente *adj*: **la deuda/obligación continuará ~** the debt/obligation will remain in force; **derechos y obligaciones ~s** enduring rights and obligations

subsistir [I1] *vi* [1] «*persona/planta*» to survive, subsist (frml) [2] «*creencia/tradición*» to persist, survive

subsónico -ca *adj* subsonic

subsótano *m* basement

substancia *etc* ▸**sustancia**, etc

subsuelo *m* [1] (Geol) subsoil [2] (CS) (de un edificio) basement

subte *m* (RPl fam) [1] (tren) subway train (AmE), underground train (BrE), tube train (BrE colloq) [2] (red, sistema) subway (AmE), underground (BrE), tube (BrE colloq)

subteniente *m* ≈ second lieutenant (*in US*), ≈ sub-lieutenant (*in UK*)

subterfugio *m* subterfuge

subterráneo[1] **-nea** *adj* underground, subterranean

subterráneo[2] *m* [1] (pasaje) subway, tunnel [2] (RPl) (Transp) subway (AmE), underground (BrE)

subtipo *m* subtype

subtitular [A1] *vt* [1] (Cin) to subtitle; **versión original subtitulada** original version with subtitles [2] ‹*libro*› to subtitle

subtítulo *m* [1] (Cin) subtitle; **una película con ~s en francés** a movie with French subtitles [2] (de un libro) subtitle

subtotal *m* subtotal

subtropical *adj* subtropical

suburbano -na *adj* suburban

suburbio *m* [1] (extrarradio) suburb [2] (barrio pobre) slum quarter (*on the outskirts of town*)

subvención *f* subsidy, subvention (frml)

subvencionar [A1] *vt* to subsidize

subversión *f* subversion

subversivo -va *adj* subversive

subvertir [I11] *vt* [1] (corromper) to subvert [2] (derrocar) to overthrow, subvert (frml)

subyacente *adj* underlying

subyacer [E5] *vi* **~ EN algo** to underlie sth

subyugación *f* subjugation

subyugar [A3] *vt* [1] ‹*pueblo/enemigo*› to subjugate [2] (fascinar) to enthrall, captivate

succión *f* suction

succionar [A1] *vt* to suck up, suck

sucedáneo[1] **-nea** *adj* substitute (*before n*)

sucedáneo[2] *m* substitute; **un ~ de la carne** a meat substitute

suceder [E1] *vi*
A (ocurrir) to happen; **¿qué sucede?** what's happening?, what's going on?; **¿le ha sucedido algo?** has something happened to him?; **lo peor** *or* (fam) **lo más que puede ~ es que ...** the worst that can happen is that ...; **le expliqué lo sucedido** I explained to him what had happened; **no te abandonaré, suceda lo que suceda** I'll never leave you, come what may; **suceda lo que suceda no debes moverte de aquí** whatever happens *o* no matter what happens you mustn't move from here; **lleva comida por lo que pueda ~** take some food just in case; **lo que sucede es que el coche no arranca** the thing is that the car won't start
B (en el tiempo) «*hecho/época*»: **~ A algo** to follow sth; **a este hecho sucedió otro no menos sorprendente** this was followed by another equally surprising event
C (Der) to inherit; **suceder EN algo** to inherit sth; **~án en la mitad de los bienes** they will inherit half of the estate

■ **suceder** *vt* (en el trono, un cargo) to succeed; **¿quién lo sucedió al frente de la empresa?** who succeeded him as head of the company?

■ **sucederse** *v pron* «*hechos/acontecimientos*» to follow; **los acontecimientos se sucedían de manera vertiginosa** events followed *o* succeeded each other at a dizzy pace; **desde entonces se han sucedido distintas actividades dedicadas a recordar esta efeméride** since then there have been a series of different activities to commemorate this date

sucesión *f*
A [1] (al trono, en un cargo) succession; **es el segundo en la línea de ~ al trono** he is second in line to the throne; (Relig): **la ~ apostólica** the apostolic succession [2] (herederos) heirs (*pl*), issue (frml); **murió sin ~** he died without issue [3] (Der) (herencia) estate, inheritance

(Compuestos)
- **sucesión testada/intestada** testate/intestate succession
- **sucesión universal** universal succession

B (serie) succession, series

sucesivamente *adv* successively; **y así ~** and so on (and so forth)

sucesivo -va *adj* consecutive; **escuchó tres disparos ~s** he heard three shots, one after another *o* the other, he heard three consecutive shots; **tres días ~s** three consecutive days, three days running; **~s gobiernos han intentado resolverlo** successive governments have tried to resolve it; **en lo ~** from now on, in future

suceso *m* [1] (acontecimiento) event; **un ~ de gran importancia para España** an event of great importance for Spain [2] (accidente, crimen): **el lugar del ~** the scene of the incident/crime/accident; **sección de ~s** accident and crime reports

sucesor -sora *m,f* (al trono) successor; (en un puesto) successor; (heredero) heir, successor (frml)

sucesorio -ria *adj* inheritance (*before n*); **impuesto ~** inheritance tax

suche *m* (Chi) drudge, dogsbody (esp BrE colloq)

suciedad *f* [1] (mugre) dirt; **no sé como puedes vivir aquí, con toda esta ~** I just don't know how you can live in this dirty *o* filthy place *o* in such dirt [2] (estado) dirtiness

sucintamente *adj* succinctly

sucinto -ta *adj* [1] ‹*relato/explicación*› succinct, concise [2] (fam & hum) ‹*bikini*› skimpy, brief

sucio[1] **-cia** *adj*
A [1] [ESTAR] ‹*ropa/casa/vaso*› dirty; **tengo las manos sucias** my hands are dirty; **¿de quién es este cuaderno tan ~?** whose is this grubby exercise book? (colloq); **la habitación está tan sucia que da asco** the room is disgustingly dirty *o* is filthy; **en ~** in rough; **primero haz el ejercicio en ~** first do the exercise in rough [2] ‹*lengua*› furred, coated, furry (colloq)
B [SER] [1] (que se ensucia fácilmente): **las alfombras tan claras son muy sucias** such light carpets get very dirty *o* show the dirt terribly [2] ‹*verde/amarillo*› dirty (*before n*) [3] ‹*trabajo*› dirty; **es una tarea sucia y aburrida** it's a dirty, tedious job [4] ‹*dinero/negocio/juego*› dirty [5] ‹*palabras/lenguaje*› dirty, filthy; ‹*mente*› dirty; **tener la conciencia sucia** to have a guilty conscience

sucio[2] *m* (Ven fam) dirty mark

sucio[3] *adv* ▸**jugar**

sucre *m* sucre (*Ecuadorean unit of currency*)

Sucre *m* Sucre

sucucho *m* (CS fam) (habitación) poky little room, broom closet (AmE) *o* (BrE) cupboard (colloq); (casa) poky little house, rabbit hutch (colloq)

suculencia *f* succulence

suculenta *f* succulent

suculento -ta *adj* succulent

sucumbir [I1] *vi* [1] «*ejército/plaza*» to succumb, surrender; **~ A algo** to succumb TO sth; **sucumbieron a los ataques enemigos** they succumbed to the enemy attacks [2] (a una tentación) to succumb; **~ A algo** to succumb TO sth; **al final sucumbió a la tentación** he finally gave in to *o* yielded to *o* succumbed to temptation; **sucumbió a sus encantos** he succumbed to *o* fell victim to her charms

sucursal *f* (de un banco, comercio) branch; (de una empresa) office

sudaca *mf* (Esp) *pejorative term used to refer to a South American*

sudadera *f* **1** (Dep, Indum) (suéter) sweatshirt; (conjunto) (Col) tracksuit **2** (fam) (acción de sudar): **pegarse una ~** to work up a sweat (colloq)

sudado -da *adj* sweaty; **llegó todo ~** he was all sweaty *o* covered in sweat when he arrived

Sudáfrica *f* South Africa

sudafricano -na *adj/m,f* South African

Sudamérica *f* South America

sudamericano -na *adj/m,f* South American

Sudán *m tb* : **el ~** (the) Sudan

sudanés -nesa *adj/m,f* Sudanese

sudar [A1] *vi* **1** (transpirar) to sweat, perspire (frml); **~ *a chorros* or *mares*** to sweat buckets *o* streams (colloq) **2** (fam) (trabajar duro) to work flat out (colloq), to work one's butt off (AmE colloq), to slog one's guts out (BrE colloq); **~ *tinta* or *la gota gorda*** to sweat blood (colloq)

■ **sudar** *vt* to make … sweaty; ***me la suda*** (vulg) I couldn't give a damn (colloq) *o* (vulg) toss

sudario *m* shroud; **el Santo S~** the Turin Shroud

sudeste[1] *adj inv* ▸ **p.681** ‹*región*› south-eastern; ‹*dirección*› southeasterly

sudeste[2] *m* ▸ **p.681** **1** (parte, sector): **el ~** the southeast **2** (punto cardinal) southeast, Southeast

(Compuesto) **Sudeste asiático**: **el ~ ~** South-east Asia

sudoeste[1] *adj inv* ▸ **p.681** ‹*región*› south-western; ‹*dirección*› southwesterly

sudoeste[2] *m* ▸ **p.681** **1** (parte, sector): **el ~** the southwest **2** (punto cardinal) southwest, Southwest

sudoku *m* (Jueg) sudoku

sudor *m* **1** (transpiración) sweat, perspiration (frml); **un ~ frío** a cold sweat; **se lo ha ganado con el ~ de la frente** she's earned it by the sweat of her brow; **el ~ le caía a chorros** the sweat was pouring *o* streaming off him **2** **sudores** *mpl* (fam) (gran esfuerzo) blood, sweat and tears; **le costó ~es terminarlo** it took blood, sweat and tears to finish it, he had to work his butt off (AmE) *o* (BrE) he had to slog his guts out to finish it (colloq)

sudoración *f* (frml) perspiration (frml)

sudoríparo -ra *adj* sweat (*before n*), sudoriferous (tech)

sudoroso -sa *adj* sweaty

sudsudeste *m* ▸ **p.681** south-southeast

sudsudoeste *m* ▸ **p.681** south-southwest

Suecia *f* Sweden

sueco[1] **-ca** *adj* Swedish

sueco[2] **-ca** *m,f*

A (persona) Swede; ***me hice/se hizo el ~*** (fam) I/he pretended not to have heard (*o* seen *etc*)

B **sueco** *m* (idioma) Swedish

suegro -gra *m,f*

A (*m*) father-in-law; **mis ~s** my in-laws, my parents-in-law, my mother- and father-in-law

B (*f*) mother-in-law; ***limpiar algo por donde ve la suegra*** (fam & hum) to give sth a lick and a promise

suela[1] *adj inv* tan; **una chaqueta ~** *or* **(de) color ~** a tan *o* tan-colored jacket

suela[2] *f* **1** (de un zapato) sole; **medias ~s** half soles; **la carne está dura como una ~ de zapato** the meat is as tough as shoeleather (AmE colloq), the meat is as tough as old boots (BrE colloq); ***no te llega ni a la ~ del zapato*** he's not even fit to tie your shoelaces *o* bootlaces; ***ser un pícaro* or *pillo de siete ~s*** to be an out-and-out villain **2** (de un grifo) washer **3** (de un taco de billar) cue tip

suelazo *m*

A (Andes fam) (al caerse) bang, thud; **se dio un tremendo ~** she crashed to the ground, she fell very heavily

B **hacer suelazo** (Per fam) to sleep on the floor

sueldo *m* **1** (nivel de retribución — de un funcionario, oficinista) salary; (— de un obrero) wage; **aumento de ~** salary/wage increase, pay raise (AmE), pay rise (BrE) **2** (dinero recibido — por un funcionario, oficinista) salary; (— por un obrero) wages (*pl*); **cobra un buen ~** she earns good wages *o* a good wage/a good salary; **me ingresan el ~ en el banco** they pay my salary/wages straight into the bank; **un asesino a ~** a paid *o* hired killer; **tengo que cogerme dos días sin ~** I have to take two days unpaid leave

(Compuestos)

- **sueldo base** base salary (AmE), basic salary (BrE)
- **sueldo mínimo** minimum wage

suelo *m* **1** (tierra) ground; **tropezó y se cayó al ~** she tripped and fell over; **se echaron** *or* **tiraron al ~** they threw themselves to the ground; **no te sientes en el ~ que te vas a ensuciar** don't sit on the ground, you'll get dirty; ***arrastrarse por los ~s*** (fam) to grovel; ***besar el ~*** (fam) to fall flat on one's face (colloq); ***besar el ~ que algn pisa*** (fam) to worship the (very) ground sb walks on; ***estar por los ~s*** *or* ***el ~*** (fam) «*precios*» to be rock bottom (colloq); «*moral/ánimos*» to be at rock bottom (colloq); **tiene la moral por los ~s** her morale is very low, her morale is at rock bottom; ***pegarle a algn en el ~*** (CS fam) to kick sb when he/she is down; ***poner algo/a algn por los ~s*** *or* ***el ~*** (fam) to run sth/sb down (colloq); **en la carta lo ponía por los ~s** in the letter she really ran him down *o* (AmE) tore into him *o* (BrE) slagged him off (colloq) **2** (en una casa) floor; **se le cayó la taza al ~** he dropped the cup on the floor **3** (en una calle, carretera) road surface, road **4** (Agr) land; **el ~ es muy fértil** the land is very fertile; **~ de labor** farming *o* agricultural land **5** (territorio) soil; **en ~ americano** on American soil

(Compuestos)

- **suelo de tarima** floorboards (*pl*)
- **suelo patrio** *or* **natal** native soil *o* land

suelta[1] *f*: **habrá una ~ de globos** balloons will be released (into the air)

suelta[2], **sueltas, etc** ▸**soltar**

suelto[1] **-ta** *adj*

A **1** ‹*animal/perro*› **el perro está ~ en el jardín** the dog's loose in the garden; **el asesino anda ~** the murderer is on the loose **2** ‹*vestido/abrigo*› loose, loose-fitting, full; **déjate el pelo ~** leave your hair loose *o* down; **es un traje ~ de cintura** it is a loose-waisted dress **3** (separado, aislado): **ejemplares ~s** individual *o* single issues; **no los vendemos ~s** ‹*yogures/sobres*› we don't sell them individually *o* separately; ‹*caramelos/tornillos*› we don't sell them loose; **S pares sueltos** loose pairs; **encontré un pendiente/calcetín ~** I found an odd earring/sock

B ‹*tornillo/tabla*› loose; ‹*cordones*› loose, untied; **las tapas del libro están sueltas** the cover of the book is coming off; **esta hoja está suelta** this page has come loose *o* fallen out; **la anoté en un papel ~** I wrote it on an odd scrap of paper; **echar una gota de aceite para que el arroz quede ~** add a drop of oil to stop the rice sticking together *o* to keep the grains separate

C **1** ‹*dinero*› (fraccionado): **¿tienes seis euros sueltos?** do you have six euros in change?; **no tengo nada ~** I don't have any (loose) change **2** ‹*lenguaje/estilo*› fluent; **es muy ~ para bailar** he moves very well on the dance floor, he's a good dancer **3** (euf) ‹*vientre/tripa*› loose

suelto[2] *adv*: **bailar ~** to dance without holding on to one's partner

suelto[3] *m* **1** (Esp, Méx) (monedas) change, small change; **no tengo ~** I don't have any (loose) change **2** (en un periódico) short item

suena, suenan, etc ▸**sonar**[1]

sueñera *f* (RPl fam) drowsiness, sleepiness; **me entró la ~** I began to feel sleepy *o* drowsy

sueño *m*

A **1** (estado) sleep; **conciliar el ~** to get to sleep; **oyó un ruido entre ~s** she heard a noise in her sleep *o* when she was half asleep; **tener el ~ ligero/pesado** to be a light/heavy sleeper; **entregarse al ~** (liter) to abandon oneself to sleep (liter); ***descabezar* or *echar un sueñecito*** (fam) to have forty winks, have a (little) nap; ***dormir el ~ de los justos*** (con la conciencia tranquila) to sleep the sleep of the just; (con un sueño profundo) to sleep deeply; ***perder el ~*** to lose sleep; ***quitar(le) el ~ a algn*** to keep sb awake; **esas cosas no me quitan el ~** I don't have sleepless nights *o* lose any sleep over such things, things like that don't keep me awake at night **2** (ganas de dormir): **¿tienes ~?** are you tired/sleepy?; **¡qué ~ (tengo)!** I'm so sleepy!; **me voy a la cama, tengo un ~ que no veo** (fam) I'm going to bed, I'm very tired *o* I'm falling asleep; **sobre las 11 ya me empieza a entrar ~** about 11 o'clock I start feeling sleepy; **me estoy cayendo** *or* **muriendo de ~** I'm falling asleep on my feet; **estoy cansado, pero no tengo ~** I'm tired but I don't feel sleepy; **se me ha quitado el ~** I've woken up again *o* I don't feel sleepy any more; **lo venció el ~** (liter) sleep overcame him, he was overcome by sleep

B **1** (representación) dream; **la interpretación de los ~s** the interpretation of dreams; **anoche tuve un ~ muy raro** I had a very strange dream last night; **que tengas dulces ~s** sweet dreams!; **te lo has debido de imaginar en ~s** you must have dreamed it; ***ni en ~s***: **no pienso prestarle ese dinero ni en ~s** I wouldn't dream of lending him that money, there's no way I would lend him that money (colloq) **2** (ilusión) dream; **la mujer de sus ~s** the woman of his dreams, his dream woman; **sus ~s se hicieron realidad** her dreams came true; ***ser un ~*** (fam) to be divine (colloq); **tiene una casa que es un ~** her house is gorgeous *o* divine (colloq), her house is a dream (colloq)

(Compuestos)

- **sueño con REM** rapid-eye-movement *o* REM sleep
- **sueño crepuscular** twilight sleep
- **sueño dorado**: **su ~ ~ es llegar a ser actriz** her (greatest) dream is to become an actress
- **sueño eterno** eternal sleep; **dormir el ~ ~** to sleep the eternal sleep
- **sueño guajiro** (Méx) pipe dream
- **sueño húmedo** wet dream
- **sueño paradójico** rapid-eye-movement *o* REM sleep

suero *m* **1** (Med) (para alimentar) saline solution; (para inmunizar) serum **2** (de la sangre) blood serum **3** (de la leche) whey

(Compuesto) **suero inmune** immune serum

suerte *f*

A **1** (azar) chance; **lo deja todo en manos de la ~** he leaves everything to chance; **me cayó** *or* **tocó en ~** it fell to my lot (frml *or* hum); ***echar algo a ~s*** *or* (AmL) ***a la ~*** (con una moneda) to toss for sth; (con pajitas) to draw straws for sth; ***echar a ~s*** *or* (AmL) ***echar a la ~*** to toss a coin; **la ~ está echada** (fr hecha) the die is cast **2** (fortuna) luck; **buena/mala ~** good/bad luck; **ha sido una ~ que vinieras** it was lucky you came; **¡qué ~ tienes!** you're so lucky!; **tiene la ~ de vivir en una casa grande** she is lucky *o* fortunate enough to live in a big house; **estamos de ~** we're in luck; **número/hombre de ~** lucky number/man; **tienes una ~ loca** you're incredibly lucky; **deséame (buena) ~** wish me luck; **por ~ no estaba sola** luckily *o* fortunately I wasn't alone; **con ~ termino hoy** with a bit of luck I'll finish today; **buena ~, que te salga todo bien** good luck, I hope it all works out well for you; ***probar ~*** to try one's luck; ***~, valor y al toro*** the very best of luck to you; ***traer* or *dar mala ~*** to bring bad luck; **trae mala ~ pasar por debajo de una escalera** it's bad luck to walk under ladders **3** (destino) fate; **no desafíes a la ~** don't tempt fate *o* providence; **quiso la ~ que nos volviéramos a encontrar en París** as fate would have it we met up again in Paris

B (tipo, clase) sort, kind; **vino toda ~ de gente** all sorts *o* kinds of people came; **de (tal) ~ que** (frml) so that

C (Taur) *each of the phases into which a bullfight is divided*

(Compuestos)

- **suerte de banderillas** *second phase of a bullfight during which the banderillas are stuck in the bull's neck*
- **suerte de capa** *series of passes with the cape*
- **suerte de varas** *or* **picas** *first phase of a bullfight during which the picador weakens the bull with his lance*
- **suerte suprema** *final phase of a bullfight*

suertero[1] **-ra** *adj* (Méx fam) ▸ **suertudo**[1]

suertero[2] **-ra** *m,f* (Per) lottery ticket seller

suertudo[1] **-da** *adj* (AmL fam) lucky, jammy (BrE colloq)

suertudo[2] **-da** *m,f* (AmL fam) lucky *o* (BrE) jammy devil (colloq)

sueste *m* sou'wester

suéter *m* sweater, pullover, jersey (BrE), jumper (BrE)

suevo -va *adj/m,f* Swabian

Suez Suez; **el canal de ~** the Suez Canal

suficiencia *f* **1** (aptitud) aptitude; **prueba de ~** aptitude test **2** (presunción) self-satisfaction, smugness; **sonrió con ~** she smiled smugly *o* complacently; **aire de ~** air of self-satisfaction

suficiente[1] *adj* **1** (bastante) enough; **no tenemos ~ dinero** we don't have enough money; **no disponemos de recursos ~s** we do not have sufficient resources; **con esto hay más que ~** there's more than enough here; **hay pruebas ~s para condenarlo** there is enough *o* sufficient evidence to convict him; **no tiene ~ confianza en sí mismo** he doesn't have enough confidence in himself **2** ‹*persona*› self-satisfied, smug

suficiente[2] *m* pass (*equivalent to a grade of 5 on a scale from 0-10*)

suficientemente *adv* sufficiently; **era lo ~ grande como para que cupiéramos todos** it was sufficiently large *o* it was big enough to fit us all in; **no estaba (lo) ~ caliente** it wasn't hot enough; **no queda ~ claro** it's not sufficiently clear *o* not clear enough

sufijo *m* suffix

suflé *m* soufflé

sufragar [A3] *vt* (frml) ‹*gastos/costos*› to defray (frml)

■ **sufragar** *vi* (AmL) (votar) to vote; **~ POR algn** to vote FOR sb

sufragio *m*

A **1** (sistema) suffrage **2** (frml) (voto) vote; **emitir el ~** to cast one's vote

(Compuesto) **sufragio universal** universal suffrage

B **1** (oración) suffrage, intercessory prayer; **una misa en ~ por su alma** a mass to intercede for *o* pray for his soul **2** (Col) (tarjeta) card of condolence

sufragista *mf* suffragette

sufrido -da *adj* **1** ‹*persona*› long-suffering, uncomplaining **2** ‹*ropa/tejido*› hard-wearing; **un color ~** a color that doesn't show the dirt; **es una camisa muy sufrida** it's a shirt that wears well, it's a very practical shirt and always looks good

sufridor -dora *adj* (fam) ▸ **sufrido 2**

sufrimiento *m* suffering; **después de muchos ~s** after much suffering; **la muerte fue una liberación de tanto ~** death brought release from all that suffering

sufrir [I1] *vt* **1** ‹*dolores/molestias*› to suffer; ‹*persecución/exilio*› to suffer; **sufre lesiones de gravedad** he has serious injuries; **sufrió una grave enfermedad** she had a serious illness **2** ‹*derrota/castigo*› to suffer; ‹*cambio*› to undergo; **sufrieron un accidente en el camino de descenso** they had an accident on the way down; **había sufrido otro atentado en 1992** he had been the target of a previous attack in 1992, there had been a previous attempt on his life in 1992; **nuestro ejército sufrió bajas importantes** our army suffered serious losses; **el avión sufrió un retraso de dos horas** the plane was two hours late; **el dólar sufrió un fuerte descenso** the dollar suffered a sharp fall; **uno de los motores sufrió una avería** one of the engines broke down; **ahora tendrás que ~ las consecuencias** now you'll have to suffer the consequences; **son los que más sufren la crisis económica** they are the ones hardest hit by the economic crisis **3** (soportar) (*en frases negativas*) to bear; **no puedo ~ que se ría de mí** I can't bear *o* stand him laughing at me, I can't bear *o* stand it when he laughs at me; **es que no puedo ~la** I just can't bear *o* stand her

■ **sufrir** *vi* to suffer; **murió de repente, sin ~** she died suddenly, she didn't suffer; **está sufriendo mucho con los dolores** she's suffering a great deal with the pain; **~ DE algo** to suffer FROM sth; **sufre del hígado/los riñones** she suffers from *o* has a liver/kidney complaint

sugerencia *f* suggestion; **permítame que le haga una ~** allow me to make a suggestion

sugerente *adj* ‹*mirada/pose*› suggestive; **una blusa ~** a revealing blouse

sugerir [I11] *vt*

A (aconsejar, proponer) to suggest; **no sé qué comprarle ¿qué me sugieres?** I don't know what to buy her, what do you suggest?; **les sugerí una visita al museo** I suggested going to the museum, I suggested a visit to the museum; **~le a algn QUE + SUBJ: me sugirió que consultara con un especialista** he suggested that I (should) consult a specialist; **~ + INF: sugiero dejarlo para mañana** I suggest we leave it *o* I suggest leaving it until tomorrow; **sugirió volver a escribirle** she suggested that we (should) write to him again

B (suscitar) ‹*idea/pensamiento*› **¿qué te sugiere este cuadro?** what does this picture make you think of?, what does this picture suggest to you?; **aquel episodio le sugirió el tema de su próxima canción** that incident gave him the idea for his next song

sugestión *f* **1** (convencimiento): **no estás enferma, es pura ~** you're not ill, it's all in your mind; **tiene gran poder de ~** he is very persuasive **2** (sugerencia) suggestion

sugestionable *adj* impressionable, suggestible

sugestionar [A1] *vt*: **no la sugestiones, que después no lo come** don't tell her things like that *o* don't put ideas *o* thoughts like that into her head or she won't eat it; **se dejó ~ por uno de esos evangelistas fraudulentos** she allowed herself to be influenced by one of those crooked evangelists

■ **sugestionarse** *v pron*: **no le digas eso porque se sugestiona y no quiere ir** don't tell her that because it'll put ideas *o* thoughts in her head and then she won't want to go; **se sugestionó con la idea de que algo le iba a suceder** she got the idea into her head that *o* she convinced herself that something was going to happen to her

sugestivo -va *adj* **1** ‹*mirada*› suggestive; ‹*escote*› revealing **2** ‹*libro/idea*› stimulating

suiche *m* (Col, Ven) light switch

suicida[1] *adj* suicidal

suicida[2] *mf* suicide victim, suicide (frml); **un ~ jamás haría eso** a person about to commit suicide would never do that

suicidarse [A1] *v pron* to commit suicide

■ *vt*: **lo suicidaron** (fam) his death was made to look like suicide

suicidio *m* suicide; **~ político** political suicide; **un intento de ~** a suicide attempt

sui generis *loc adj* (fam): **tiene una forma de vestirse muy ~ ~** she has her own very particular way of dressing; **ha escrito una especie de tesis, un poco ~ ~** he's written a sort of thesis, a rather idiosyncratic work

suite /swit/ *f*

A (Mús) suite

B (en un hotel) suite; **la ~ nupcial** the bridal suite

Suiza *f* Switzerland

suizo[1] **-za** *adj* Swiss

suizo[2] **-za** *m,f*

A (persona) Swiss

B **suizo** *m* **1** (Esp) (Coc) sugared bun **2** (AmC fam) (paliza) thrashing, beating

suje *m* (Esp fam) bra

sujeción *f*

A (fijación): **puntos de ~** fixing points; **cuerdas para la ~ de la carga** ropes to secure the load *o* to hold the load in place; **este tipo de cinturón ofrece mejor ~** this type of belt holds you in your seat better; **laca de ~ firme** firm-hold hair lacquer

B **1** (dominación) subjugation, subjection **2** (a una ley): **con ~ a las normas** subject to the regulations

sujetador *m* (Esp) bra, brassiere

(Compuesto) **sujetador deportivo** sports bra

sujetalibros *m* (*pl* ~) bookend

sujetapapeles *m* (*pl* ~) (clip) paper clip; (con resorte) binder clip, bulldog clip (BrE)

sujetar [A1] *vt*

A **1** (mantener sujeto): **las cuerdas que sujetan las maletas a la baca** the ropes which hold the suitcases on the roof rack; **una cinta roja le sujetaba el pelo** her hair was tied back with a red ribbon; **para ~lo mientras se pega** to hold it in place while it sticks; **sujétalo bien, que no se te escape** hold it tight, don't let it go; **tuvimos que ~los para que no se pegaran** we had to hold them back to stop them hitting each other; **yo lo derribé y ellos lo ~on** I knocked him over and they held him down; **sujétalo mientras llamo a la policía** keep hold of him *o* hold on to him while I call the police **2** (sostener) to hold; **sujétame los paquetes mientras abro la puerta** hold *o* keep hold of *o* hold on to the packages for me while I open the door **3** (fijar, trabar): **sujeta los documentos con un clip** fasten the documents together with a paper clip, clip the documents together; **sujetó los papeles con una goma elástica** she put a rubber band around the papers; **sujetó el dobladillo con alfileres** she pinned up the hem; **sujeta la cuerda al árbol** tie the rope to the tree; **~ las tablas al bastidor con los tornillos** screw the boards to the frame, use the screws to fix the boards to the frame

B (dominar) to subdue, conquer

■ **sujetarse** *v pron*

A **1** (agarrarse) **~se A algo** to hold on TO sth **2** (trabar, sostener): **sujétate ese mechón con una horquilla** use a clip to hold your hair back off your face; **se sujetó la falda con una cuerda** she tied up *o* fastened her skirt with a piece of string; **se sujetó el pelo en un moño** she put *o* tied *o* pinned her hair up in a bun

B (someterse, ajustarse) **~se A algo** to abide BY sth; **hay que ~se a lo que dice la ley** you have to abide by what the law says

sujeto[1] **-ta** *adj*

A (sometido) **~ A algo** subject TO sth; **el proyecto está ~ a la aprobación del director** the plan is subject to the director's approval; **el programa está ~ a modificaciones** the program is subject to change

B (fijo) secure; **asegúrate de que la cuerda está bien sujeta** check that the rope is secure *o* well fastened

sujeto[2] *m*

A (individuo) character, individual; **la policía detuvo a un ~ sospechoso** the police arrested a suspicious character *o* individual

B (Fil, Ling) subject

(Compuestos)

- **sujeto activo** (Fisco) tax authorities; (de un delito) perpetrator; (de un derecho) possessor; (Fin: de una obligación) creditor
- **sujeto pasivo** (Fisco) person liable to tax; (de un delito) victim; (de un derecho) person with an obligation; (de un proceso) defendant; (Fin) (de una obligación) debtor

sulfamida *f* sulfonamide (AmE), sulphonamide (BrE)

sulfatar [A1] *vt* to sulfurize (AmE), to sulphurize (BrE)

sulfato *m* sulfate (AmE), sulphate (BrE)
Compuestos
- **sulfato amónico** ammonium sulfate*
- **sulfato de cobre** copper sulfate*
- **sulfato de hierro** iron sulfate*

sulfito *m* sulfite (AmE), sulphite (BrE)
sulfurarse [A1] *v pron* (fam) to blow one's top (colloq), to boil over (colloq)
sulfúreo -rea *adj* ▸**sulfuroso**
sulfúrico -ca *adj* sulfuric (AmE), sulphuric (BrE)
sulfuro *m* sulfur (AmE), sulphur (BrE)
sulfuroso -sa *adj* sulfurous (AmE), sulphurous (BrE)
sulky *m* (RPl) 1 (para carreras al trote) sulky 2 (calesa) pony and trap (*for a sightseeing ride*)
sultán *m* sultan
sultana *f* sultana, sultan's wife
sultanato *m* sultanate
suma *f*
A (cantidad) sum; **una importante/módica ~ de dinero** a considerable/modest sum of money
B 1 (Mat) addition; **hacer ~s** to do addition, to do sums (BrE); **hagamos la ~ de todo lo que hemos gastado** let's add up *o* (colloq) tot up everything we've spent, let's do a reckoning of everything we've spent 2 (conjunto) combination; **la ~ de estos incidentes** the combination of these events; **en ~** in short
sumadora *f* adding machine
sumamente *adv* extremely, exceedingly (frml); **un actor ~ bueno** an extremely *o* exceedingly good actor; **~ divertido** extremely *o* highly enjoyable
sumando *m* addend
sumar [A1] *vt*
A 1 ‹*cantidades*› to add up, add 2 (totalizar) to add up to; **18 y 15 suman 33** 18 and 15 add up to *o* make 33; **¿cuánto suman esas transacciones?** how much do those dealings add up to *o* come to?
B (agregar) to add; **~on su voz a la protesta** they added their voices to the protest
■ **sumar** *vi* to add up; **suma y sigue** (a pie de página) balance carried forward; **es la tercera vez este año ¡suma y sigue!** it's the third time this year, and no doubt it'll happen again *o* and so it goes on
■ **sumarse** *v pron* 1 (agregarse) **~se A algo**: **esto se suma a los problemas ya existentes** this comes on top of *o* is in addition to the problems which already exist; **a su falta de conocimientos se suma un total desinterés por la materia** in addition to his lack of knowledge he displays no interest whatsoever in the subject 2 (adherirse) **~se A algo** to join sth; **decidieron ~se a los trabajadores en huelga** they decided to come out with *o* join the striking workers; **un nuevo cantante acaba de ~se al grupo** a new singer has just joined the group
sumarial *adj* (Der): **secreto ~** *confidentiality surrounding legal proceedings*; **periodo ~** preliminary proceedings (*pl*) (*in a criminal case*)
sumariamente *adv* summarily
sumariar [A1] *vt* 1 (en lo penal) to indict 2 (en un juicio administrativo) to take disciplinary action against
sumario¹ -ria *adj* 1 ‹*exposición*› brief, concise, summary (frml) 2 (Der) summary
sumario² *m*
A (Der) 1 (en lo penal) indictment; **abrir** *or* **instruir un ~** to issue *o* present an indictment, to institute legal proceedings 2 (juicio administrativo) disciplinary action
B (índice) contents, table of contents
sumergible¹ *adj* 1 ‹*reloj*› waterproof 2 ‹*nave*› submersible
sumergible² *m* submersible
sumergido -da *adj* 1 ‹*submarino*› submerged; ‹*ciudad*› submerged, sunken 2 (sumido) **~ EN algo**: **estaba ~ en un sueño febril** (liter) he was in the depths of *o* he was deep in a feverish dream; **vive ~ en su trabajo** he's always buried in his work; **estaban ~s en la más profunda apatía** they had sunk into a state of total apathy; ▸**economía**
sumergir [I7] *vt* 1 (en un líquido) to immerse, submerge; **se sumerge en el ácido** you submerge *o* immerse it in the acid; **sumergí la cabeza en el agua** I put my head under the water 2 (en una situación) **~ a algn EN algo**: **han sumergido al país en la miseria** they have plunged the country into poverty; **el autor sumerge al lector en la vida rural** the author immerses the reader in rural life
■ **sumergirse** *v pron* 1 «*submarino/buzo*» to dive, submerge 2 (en un ambiente) to immerse oneself; **~se EN algo** to immerse oneself IN sth; **se sumerge en su trabajo** he immerses himself in his work; **se sumergen en el mundo de la droga** they get into *o* get involved in the drug scene
sumersión *f* submersion; **muerte por asfixia por ~** death by drowning
sumidero *m* drain
sumido -da *adj*
A (sumergido) **~ EN algo**: **~ en un mar de dudas** wracked by doubt; **viven ~s en la miseria** they live in terrible poverty; **estaba ~ en un profundo sueño** he was in a deep sleep; **seguía sumida en sus reflexiones** she was still deep in thought; **la ciudad quedó sumida en la oscuridad** the city was plunged into darkness
B (Col, Méx) (abollado) dented
sumiller *m* wine waiter, sommelier
suministrador -dora *m,f* supplier
suministrar [A1] *vt* (frml) 1 ‹*gas/mercancías*› to supply; **~ algo A algn** to supply sth TO sb, supply sb WITH sth 2 ‹*datos/información*› to provide; **la información suministrada** the information provided *o* supplied; **~ algo A algn** to provide sb WITH sth, provide sth FOR sb, supply sb WITH sth
suministro *m* 1 (acto de proveer) supply; **el ~ de gas/agua** the gas/water supply 2 (cosa provista) supply 3 **suministros** *mpl* (Mil) supplies (*pl*)
sumir [I1] *vt*
A (sumergir) **~ algo/a algn EN algo** to plunge sth/sb INTO sth; **su muerte lo sumió en la más profunda desesperación** her death plunged him into despair; **lo sumió en un mar de confusiones** it threw him into a turmoil *o* confusion; **el artículo habrá sumido en angustia a muchos padres** the article will have caused grave *o* deep concern to many parents
B (Col, Méx) (abollar) to dent, make a dent in
■ **sumirse** *v pron*
A (hundirse) **~se EN algo** to sink INTO sth; **se sumió en un profundo sueño** she sank into a deep sleep; **se sume en sus pensamientos** he becomes absorbed *o* gets lost in his thoughts
B (Col, Méx) (abollarse) to get dented
sumisamente *adv* submissively
sumisión *f* 1 (acción) submission 2 (actitud dócil) submissiveness
sumiso -sa *adj* submissive; **siempre acataba ~ las órdenes de su amo** he always obeyed his master's orders meekly *o* without question; **soportaba sus malos tratos con actitud sumisa** she suffered his ill-treatment submissively
súmmum *m*: **el ~** the ultimate; **el ~ de la suntuosidad** the last word in *o* the ultimate in *o* the height of luxury; **es el ~ de la estupidez** he's as stupid as they come (colloq)
sumo¹ -ma *adj* great; **un detalle de suma importancia** a detail of great *o* of the utmost importance; **me interesa en grado ~** I find it extremely interesting; **con ~ cuidado** with great *o* extreme *o* the utmost care; **la suma autoridad** the highest *o* supreme authority; **a lo ~** at the most; **no eran tantos, a lo ~ unos diez** there weren't that many, ten at the most
Compuestos
- **Sumo Pontífice** *m* (frml) Supreme Pontiff (frml)
- **Sumo Sacerdote** *m* high priest

sumo² *m* (deporte) sumo wrestling, sumo; (persona) sumo wrestler
sunco -ca *adj* (Chi fam) ▸**manco¹**
sunga *f* (RPl) G-string
suní, suni *adj* Sunni
sunita *mf* Sunnite, Sunni
suntuario -ria *adj* sumptuary
suntuosamente *adv* sumptuously; **un salón ~ decorado** a magnificently *o* sumptuously *o* lavishly decorated living room; **la reina estaba ~ vestida** the queen was sumptuously *o* splendidly dressed
suntuosidad *f* sumptuousness, magnificence
suntuoso -sa *adj* ‹*palacio*› magnificent, splendid; ‹*decoración*› sumptuous, lavish; ‹*vestimentas*› sumptuous, splendid; ‹*fiesta*› lavish, sumptuous
supe ▸**saber²**
supeditación *f* subordination
supeditar [A1] *vt*: **no puede seguir supeditando todo a su trabajo** you cannot carry on putting your work before everything else *o* (frml) subordinating everything else to your work; **~on su decisión al resultado del referéndum** they made their decision conditional upon the result of the referendum, they said that their decision depended on the result of the referendum; **está supeditado al cumplimiento de ciertos requisitos** it depends on certain requirements being met, it is subject to certain requirements being met
■ **supeditarse** *v pron*: **se deberán ~ a las decisiones del comité** they will have to abide by *o* accept the committee's decisions, they will have to be bound by the committee's decisions; **se ha supeditado a la voluntad de los padres** she has given in to her parents' wishes
super¹, súper *adj inv* (fam) super
super², súper *adv* (fam): **lo pasamos ~ bien** we had a great *o* fantastic time (colloq); **pasó ~ rápido** it went incredibly quickly (colloq)
super³, súper *f* ≈ premium grade gasoline (*in US*), ≈ four-star petrol (*in UK*)
super- *pref* 1 super- (*as in* **superestructura**) 2 (fam) super- (colloq); **la música estaba superalta** the music was super-loud *o* incredibly loud (colloq)
súper *m* (fam) ▸**supermercado**
superable *adj* ‹*problema*› that can be overcome, surmountable; **una marca difícilmente ~** a record which will be difficult to beat
superabundancia *f* superabundance, overabundance
superabundante *adj* superabundant
superación *f* 1 (de problema) surmounting, overcoming 2 (de un récord) breaking, beating 3 (de una teoría) superseding
superar [A1] *vt*
A 1 (ser superior a, mayor que) to exceed, go beyond; **un éxito que supera todas las expectativas** a success which goes beyond *o* exceeds *o* surpasses all expectations; **la realidad supera a la ficción** fact *o* truth is stranger than fiction; **el horror de estas escenas supera todo lo imaginable** the horror of these scenes goes beyond anything one could imagine; **nadie lo supera en experiencia ni habilidad** nobody can surpass him in experience or skill, nobody can surpass his experience or skill; **nos superan en número** they outnumber us; **supera en estatura a su hermano mayor** he's taller than his elder brother; **supera en tres puntos la cifra de ayer** it is three points higher than yesterday's figure, it surpasses yesterday's figure by three points 2 (mejorar) to beat; **logró ~ su propio récord** he managed to beat his own record; **ese método está totalmente superado** that method has been completely superseded
B 1 (vencer, sobreponerse a) ‹*timidez/dificultad/etapa*› to overcome; **trata de ~ estas diferencias** try to overcome *o* get over these differences; **no ha logrado ~ el trauma que le supuso el accidente** he has not got(ten) over the trauma of the accident; **ya hemos superado la etapa más difícil** we've already

S

ℹ Superlativos

Algunas observaciones generales

Las oraciones en español con superlativo relativo que se expresan con *el/la/los/las más...*, se traducen al inglés por *the most...*, salvo que la traducción incluya un adjetivo con un superlativo irregular, como *small*, *big* etc., en cuyo caso se traduce por *the... -est*:

la más inteligente de las hermanas
= the most intelligent of the sisters

el más pequeño de la clase
= the smallest of the class

En los mismos casos, cuando el superlativo establece una comparación entre dos cosas o personas, el inglés utiliza la forma *the more ...* o *the... -er*, según si la traducción incluye o no un adjetivo con superlativo irregular:

la más dotada de los dos
= the more gifted of the two

el más barato de los dos
= the cheaper of the two

Igualmente los superlativos con *el/la/los/las menos...*, se traducen siempre al inglés por *the least...*:

la menos preparada de los candidatos
= the least prepared of the applicants

el menos inteligente del grupo
= the least intelligent of the group

Cuando el superlativo se limita a comparaciones entre dos cosas o personas, el inglés utiliza la construcción con *the less...*

el menos trabajador de los dos
= the less hard-working of the two

Los superlativos irregulares como mayor, peor, menor etc., se tratan en las respectivas entradas

got(ten) through *o* over the most difficult stage; **hace tres meses que rompimos pero ya lo tengo superado** we split up three months ago but I've got(ten) over it *o* I'm over it now **2** (frml) ‹*examen/prueba*› to pass
■ **superarse** *v pron* to better oneself

superautopista *f* ▸**supercarretera**

superávit *m* (*pl* ~ *or* **-vits**) surplus
(Compuesto) **superávit comercial** trade surplus

superbacteria *f* superbug

superbloque *m* (Ven) large apartment building, high-rise block

superbombardero *m* superbomber

supercarburante *adj* high-octane (*before n*)

supercarretera *f* (AmL) superhighway (AmE), motorway (BrE)
(Compuesto) **supercarretera de la información** information superhighway

superchería *f* trick, fraud; **¿y tú crees en curanderos y esas ~s?** do you believe in faith healers and all that mumbo-jumbo?

supercola *f* superglue

supercomputadora *f* (AmL) supercomputer

superconductividad *f* superconductivity

superconductor[1] **-ra** *adj* superconducting

superconductor[2] *m* superconductor

supercuenta *f* high-interest account

superdirecta *f* overdrive

superdotado[1] **-da** *adj* highly gifted

superdotado[2] **-da** *m,f* highly-gifted person

superego *m* superego

superelegante *adj* ultrasmart

superespía *mf* superspy

superestado *m* superstate

superestrato *m* superstratum

superestrella *f* superstar

superestructura *f* superstructure

superficial *adj*
A (frívolo) ‹*persona*› superficial, shallow; ‹*charla/comentario*› superficial
B ‹*herida*› superficial; ‹*marca/grieta*› surface (*before n*); ▸**estructura**

superficialidad *f*
A (de una persona) superficiality, shallowness
B (de una herida) superficiality, superficial nature

superficialmente *adv* ‹*tratar*› superficially; **lo leí sólo muy ~** I just skimmed through it

superficie *f*
A (parte expuesta, aparente) surface; **la ~ terrestre** the earth's surface; **salió a la ~** it came to the surface *o* it surfaced; **su estudio se queda en la ~ del problema** his study merely scratches the surface of the problem; **extender la masa sobre una ~ enharinada** roll out the pastry on a floured surface
B (Mat) ▸ℹ **p.1757**; (área) area; **la ~ del triángulo** the area *o* (AmE) surface of the triangle; **suficiente para pintar una ~ de diez metros cuadrados** enough to paint a surface area of ten square meters
(Compuesto) **superficie de rodadura** tread

superfluo -flua *adj* superfluous; **detalles ~s** superfluous details; **gastos ~s** unnecessary *o* extra expenses; **para eliminar el vello ~** to remove unwanted hair; **no gastes dinero en cosas superfluas** don't waste money on things you don't need *o* on unnecessary things

superfuerte *adj* superstrong

superhéroe *mf* superhero

superhombre *m* superman

superíndice *m* superscript

superinformática *f* supercomputing

superinsecto *m* superbug

superinteligente *adj* superintelligent, ultraintelligent

superior[1] *adj*
A **1** ‹*parte/piso*› top (*before n*), upper (*before n*); **en el ángulo ~ derecho de la hoja** in the top right-hand corner of the page; **en los pisos ~es del edificio** on the upper *o* uppermost *o* top floors of the building **2** ‹*labio*› upper (*before n*), top (*before n*); ‹*mandíbula*› upper (*before n*) **3** (Astron) ‹*planeta*› superior
B **1** (en calidad) superior; **un vino de calidad ~** a superior *o* an excellent wine, a wine of superior quality; **~ A algo/algn** superior TO sth/sb; **es muy ~ al modelo anterior** it is far better than *o* far superior to the previous model; **se siente ~ a los demás** he thinks he's above *o* superior to everyone else, he thinks he's better than everyone else; **una inteligencia ~ a la media** above-average intelligence **2** (en una jerarquía) superior; **un oficial ~ a mí** an officer superior to me, a superior *o* higher-ranking officer; **alumnos de los cursos ~es** students from higher *o* more advanced courses; **órdenes ~es** orders from above; ▸**educación** **3** (en cantidad, número): **los atacantes eran ~es en número** the attackers were greater *o* more in number; **~ A algo** above sth; **temperaturas ~es a los cuarenta grados** temperatures above *o* higher than forty degrees; **un número ~ a 9** a number greater than *o* higher than *o* above 9; **el peso es ~ a los 20 kilos** the weight is above 20 kilos, the weight exceeds 20 kilos; **es ~ a mis fuerzas** it's more than I can bear

superior[2] **-riora** *m,f* **1** (Relig) (*m*) Superior; (*f*) Mother Superior **2** **superior** *m* (en rango) superior; **¿quién es su ~?** who is your superior?

superioridad *f* **1** (preeminencia) superiority; **~ SOBRE algn/algo** superiority OVER sb/sth **2** (frml) (autoridades) authorities (*pl*)

super-jumbo *m* (Aviac) super-jumbo

superlativo[1] **-va** *adj* superlative

superlativo[2] *m* ▸ℹ **p.781** superlative

supermán *m* (fam) superman; ***creer en ~*** (Méx fam) to believe in fairies (colloq)

supermercado *m* supermarket

supermodelo *f* supermodel

supermoderno -na *adj* ultrafashionable

supermujer *f* superwoman

supernova *f* supernova

supernumerario[1] **-ria** *adj* **1** ‹*empleado/profesor*› supernumerary **2** (Anat, Odont) extra

supernumerario[2] **-ria** *m,f*
A (empleado) supernumerary
B (del Opus Dei) lay member

superordenador *m* (Esp) supercomputer

superpetrolero *m* supertanker

superpoblación *f* (de una región) overpopulation; (de una ciudad) overcrowding

superpoblado -da *adj* ‹*mundo/país*› overpopulated; ‹*barrio/ciudad*› overcrowded

superponer [E22] *vt* to superimpose, place ... on top

superposición *f* superimposition

superpotencia *f* superpower

superproducción *f*
A (Econ) overproduction
B (Cin) blockbuster

supersónico -ca *adj* supersonic

superstición *f* superstition

supersticioso -sa *adj* superstitious

supérstite *adj* (frml) surviving (*before n*)

Supertazón *m* (Dep) Superbowl

superventa *f* massive sale; **~ de libros viejos** massive sale of old books

superventas[1] *adj inv* best-selling; **un libro ~** a best-seller *o* a best-selling book

superventas[2] *m or f* (*pl* ~) best-seller

supervigilancia *f* (Andes) supervision

supervigilar [A1] *vt* (Andes) to oversee, to supervise

supervisar [A1] *vt* to supervise

supervisión *f* supervision

supervisor -sora *m,f* supervisor

supervivencia *f* survival; **curso de ~** survival course

superviviente[1] *adj* surviving (*before n*)

superviviente[2] *mf* survivor

supervivir [I1] *vi* (Esp) ▸**sobrevivir**

superyó *m* superego

supiera, supiste, etc ▸**saber**[2]

supino[1] **-na** *adj*
A ‹*posición*› supine
B ‹*ignorancia/tontería*› crass

supino[2] *m* supine

súpito -ta *adj*
A (Col, Méx fam) (atónito, perplejo) stunned; **quedarse ~** to be stunned *o* dumbstruck *o* taken aback
B (Méx fam) (dormido) fast asleep; ***caer ~*** (sufrir un desmayo) to faint, pass out (colloq)

suplantación *f* replacement, supplantation (frml)
(Compuesto) **suplantación de persona** *or* **personalidad** impersonation

suplantar [A1] *vt*
A **1** (sustituir) to supplant (frml), to replace; **alguien me ha suplantado en su corazón** somebody has supplanted me in her affections, somebody has taken my place in her heart; **vienen siendo suplantados por las oficinas de cambio** they are being supplanted *o* replaced by bureaux de change **2** (hacerse pasar por) to impersonate, pass oneself off as
B (CS) (suplir) to act as a replacement for, stand in for

suplemental *adj* extra, additional, supplementary

suplementario -ria *adj* 1 ‹*información/ingresos*› additional, supplementary; **trenes ~s** extra *o* relief trains 2 ‹*ángulo*› supplementary

suplementero -ra *m,f* (Chi) newsvendor (AmE), newspaper seller (BrE)

suplemento *m*
A (recargo) supplement
B (Mat) supplement
C 1 (de un periódico) supplement 2 (Ven) (para niños) comic

(Compuesto) **suplemento vitamínico** vitamin supplement

suplencia *f* 1 (sustitución): **hacer una ~** «*profesor*» to do substitute teaching (AmE), to do supply teaching (BrE); **le está haciendo la ~ al Dr. Suárez** she's standing in for Dr. Suárez 2 (trabajo) temporary job

suplente[1] *adj*: **profesor ~** substitute teacher (AmE), supply teacher (BrE); **médico ~** covering doctor (AmE), locum (BrE); **el guardameta ~** the substitute *o* reserve goalkeeper

suplente[2] *mf* 1 (de un médico) covering doctor (AmE), locum (BrE) 2 (de un actor) understudy 3 (Dep) substitute 4 (de un profesor): **el ~ del señor Beardo** Mr Beardo's stand-in *o* replacement; **los ~s cobran por día** substitute teachers (AmE) *o* (BrE) supply teachers are paid on a daily basis

supletorio[1] **-ria** *adj* 1 ‹*cama*› extra, additional; **teléfono ~** extension 2 ‹*riesgo/venta-ja*› added (*before n*), additional

supletorio[2] *m* extension

súplica *f* 1 (ruego) entreaty, plea 2 (Der) petition

suplicante[1] *adj* ‹*voz/mirada*› imploring (*before n*); beseeching; **—¡ayúdeme! —dijo en tono ~** help me! — he implored

suplicante[2] *mf* petitioner, supplicant

suplicar [A2] *vt* (rogar) to beg; **perdóname, te lo suplico** forgive me, I beg *o* implore you; **~le a algn QUE + SUBJ** to beg *o* implore *o* (liter) beseech sb to + INF; **te suplico que no se lo digas** I beg you not to tell him

suplicatoria *f*, **suplicatorio** *m* (Esp) request, petition

suplicio *m* 1 (tortura) torture; **es un verdadero ~** (fam) it's absolute torture *o* a real nightmare (colloq); **la espera fue un ~** the wait was real torture *o* a terrible ordeal 2 (castigo) punishment 3 (ejecución) execution

suplir [I1] *vt*
A (compensar, remediar) to make up for; **nada podía ~ su ausencia** nothing could make up for his not being there; **~ deficiencias en la alimentación** to supplement *o* make good dietary deficiencies
B (reemplazar) ‹*profesor/médico*› to stand in for, substitute for; ‹*jugador*› to replace, substitute; **no suple completamente las funciones del órgano afectado** it does not totally replace *o* substitute the functions of the affected organ
C (frml) ‹*póliza/timbre*› to supply
D (Col) (dotar, proveer) **~ algo/a algn DE or CON algo** to provide *o* supply sth/sb WITH sth; **nos suplieron de lo necesario** they provided *o* supplied us with everything we needed

suponer[1] *m*: **imagínate que te toca la lotería, es un ~, ¿qué harías?** imagine you won the lottery, just supposing, what would you do?; **si la empresa quebrara, es un ~, ...** just suppose *o* just supposing the company were to go bankrupt, ..., if the company were to go bankrupt, just for the sake of argument, ...

suponer[2] [E22] *vt*
A 1 (tomar como hipótesis) to suppose; **supongamos que lo que dice es cierto** let's suppose *o* assume what he says is true; **suponiendo que todo salga como está previsto** assuming everything goes according to plan; **supongamos que los dos ángulos son iguales** let us suppose *o* assume that both angles are equal; **ni aun suponiendo que fuera verdad, no tiene derecho a hablar así** even supposing it were true, he has no right to talk like that 2 (imaginar): **supuse que ibas a comprarlo tú** I thought *o* presumed *o* assumed *you* were going to buy it; **supongo que tienes razón** I suppose you're right; **nada hacía ~ que ocurriría una cosa así** there was nothing to suggest *o* there was no reason to suppose that something like that would happen; **¿va a venir hoy? — supongo que sí** is she coming today? — I should think so *o* I imagine so; **es de ~ que se lo habrán dicho** presumably *o* I should think *o* I would assume *o* I would imagine he's been told; **era de ~ que se lo iban a dar** it was to be expected that they would give it to him; **se supone que tendría que empezar a las nueve** it's supposed to start at nine; **¿dónde se supone que vamos?** where are we supposed *o* meant to be going? 3 (atribuir) (+ *me/te/le etc*): **le suponía más edad** I imagined *o* thought he was older; **se le suponen propiedades medicinales** it is believed *o* held to have medicinal qualities; **al cuadro se le suponía un valor aproximado de ...** the painting was thought to be worth approximately ...
B (significar, implicar) to mean; **el proyecto supondrá una inversión de cinco millones de dólares** the project will mean an investment of five million dollars; **la preparación del congreso supuso cinco meses de trabajo** the preparation for the convention involved *o* took five months' work; **eso supondría tener que empezar desde el principio** that would mean having to start from the beginning again; (+ *me/te/le etc*): **ese negocio no le supuso ningún beneficio** that deal didn't make him any profit; **no me supone problema ninguno/ninguna molestia** it's no trouble at all; **el traslado nos va a ~ muchos inconvenientes** the move will cause us a great deal of inconvenience, the move will mean *o* will involve a great deal of inconvenience

suposición *f* supposition

supositorio *m* suppository

supra- *pref* supra-

supranacional *adj* supranational

suprarrenal *adj* adrenal

supremacía *f* supremacy; **la ~ de la raza negra/blanca** black/white supremacy

supremacista *adj/mf* supremacist

supremo -ma *adj* 1 ‹*dicha/sacrificio*› supreme; **se le considera el intérprete ~ de Debussy** he is regarded as the finest *o* the supreme performer of Debussy 2 ‹*autoridad*› supreme

(Compuesto) **Suprema Corte de Justicia** *f* (Ur) Supreme Court

supresión *f*
A 1 (de un impuesto) abolition; (de una restricción) lifting; (de un servicio) withdrawal 2 (de un párrafo, capítulo) deletion 3 (de noticias, detalles) suppression
B (Elec) suppression

supresivo -va *adj* suppressive; **tratamiento ~** suppressive treatment

supresor *m* suppressor

suprimir [I1] *vt*
A 1 ‹*impuesto*› to abolish; ‹*restricción*› to lift; ‹*servicio*› to withdraw; **debemos ~ estos gastos superfluos** we must eliminate *o* cut out these unnecessary expenses; **le suprimieron la medicación** they stopped his medication; **¿por qué no le suprimes el ajo?** why don't you leave out the garlic?; **queda suprimida la parada en El Colorado** the bus (*o* train *etc*) no longer stops at El Colorado; **se suprimió la salida de las 9h** the 9 o'clock service was withdrawn 2 (Impr) ‹*párrafo/capítulo*› to delete; **suprimió un párrafo entero** she cut out *o* deleted a whole paragraph 3 ‹*noticia/detalles*› to suppress
B (Elec) to suppress

supuestamente *adv* supposedly

supuesto[1] **-ta** *adj* 1 (falso) false; **actuaba bajo un nombre ~** he worked under a false *o* an assumed name; **el ~ electricista resultó ser un ladrón** the so-called *o* supposed electrician proved to be a thief 2 (que se rumorea): **la radio desmintió su supuesta muerte** reports of his death were denied on the radio; **su supuesta enfermedad** her supposed illness 3 **por supuesto** of course; **¿vendrás? — ¡por ~!** are you going to come? — of course!; **¿lo sabías? — ¡por ~ que sí!** did you know? — of course I did!; ***dar algo por ~*** to take sth for granted

supuesto[2] *m* supposition; **su teoría descansa en un ~ fundamental** his theory rests on one fundamental supposition; **¿y en el ~ de que no acepten?** and supposing they don't accept?, what if they don't accept?; **en el ~ de que suceda alguna catástrofe** in the event of a disaster; **partiendo del ~ de que no sabían nada** working on the assumption that they knew nothing; **en el ~ de que tenga un accidente** should you have an accident, in the event of an accident

supuración *f* suppuration

supurar [A1] *vi* to weep, ooze, suppurate (tech)

supus, (Arg fam): **por ~** (*loc adv*) of course

supuse, supuso, etc ▸ **suponer**[2]

sur[1] *adj inv* ▸ ❶ **p.681** ‹*región*› southern; **en la parte ~ del país** in the southern part *o* the south of the country; **conducían en dirección ~** they were driving south *o* southward(s), they were driving in a southerly direction; **el ala ~** the south wing; **la costa ~** the south coast; **la cara ~ de la montaña** the south *o* southern face of the mountain

sur[2] *m* ▸ ❶ **p.681** 1 (parte, sector): **el ~** the south; **en el ~ de la provincia** in the south of the province; **queda al ~ de Cartagena** it lies to the south of Cartagena, it is (to the) south of Cartagena 2 (punto cardinal) south, South; **vientos fuertes del ~** strong southerly winds, strong winds from the south; **las avenidas van de Norte a S~** the avenues run north-south; **dar tres pasos hacia el S~** take three paces south *o* southward(s) *o* to the south; **vientos moderados del sector este, rotando al ~** moderate winds from the east, becoming *o* veering southerly; **las ventanas dan al ~** the windows face south *o* are south-facing; **está más al ~** it's further (to the) south 3 **el Sur** (Pol) the South 4 **Sur** (en bridge) South

Suráfrica *f* South Africa

surafricano -na *adj/m,f* South African

Suramérica *f* South America

suramericano -na *adj/m,f* South American

surazo *m* (CS) strong southerly wind

surcar [A2] *vt* 1 ‹*tierra*› to plow through (AmE), to plough through (BrE) 2 (liter) ‹*agua*› to cleave (liter), to cut through; ‹*aire/espacio*› to fly through; **surcaba los mares del sur** it sailed the southern oceans 3 ‹*superficie*› to score, groove; **un rostro surcado de arrugas** a lined *o* wrinkled face

surco *m*
A 1 (en la tierra) furrow 2 (en el agua) wake, track 3 (en un disco) groove; (en una superficie) groove, line; **los ~s que habían dejado los carruajes** the ruts *o* tracks left by the carriages; **la herida le dejó un profundo ~ en la frente** the cut left a deep scar on her forehead
B (Col) (de flores) flowerbed

surcoreano -na *adj/m,f* South Korean

surear [A1] *vi* (Chi) to blow from the south

sureño[1] **-ña** *adj* ▸ ❶ **p.681** southern

sureño[2] **-ña** *m,f* ▸ ❶ **p.681** southerner

sureste *adj inv/m* ▸ **sudeste**[1], **sudeste**[2]

surf /surf/, **surfing** /'surfin/ *m* surfing, surfboarding; **practicar el ~** to go surfing *o* surfboarding, to surf

(Compuesto) **surf a vela** windsurfing

surfeador -dora *m,f* (AmL) 1 (Dep) ▸ **surfista** 2 (Inf) *tb* **~ de Internet** (Internet) surfer

surfear [A1] *vi* (AmL) 1 (Dep) to surf 2 (Inf): **~ en Internet/la web** to surf the Internet/the World Wide Web

surfer *m,f* ▸ **surfista**

surfilar [A1] *vt* (RPl) to overcast, whipstitch

surfista *mf* surfer, surfboarder

surgimiento *m* emergence

surgir [I7] *vi* 1 «*manantial*» to rise; **un chorro surgía de entre las rocas** water gushed from *o* spouted out from between the rocks 2 (aparecer, salir) ‹‹*problema/dificultad*›› to arise, come up, emerge; ‹‹*interés/sentimiento*›› to develop, emerge; ‹‹*idea*›› to emerge, come up; **han surgido impedimentos de última hora** some last-minute problems have come up *o* arisen; **¿y cómo surgió ese tema?** and how did that subject come up *o* crop up?; **el amor que surgió entre ellos** the love that sprang up between them; **~ DE algo**: **una silueta surgió de entre las sombras** a shape rose up from *o* loomed up out of the shadows; **de la familia han surgido muchos músicos** the family has produced many musicians; **han surgido muchas empresas de este tipo** a lot of companies of this kind have sprung up *o* emerged; **el movimiento surgió como respuesta a esta injusticia** the movement came into being as a response to *o* arose in response to this injustice 3 (desprenderse, deducirse) **~ DE algo**: **del informe surge que ...** the report shows that ...; **¿qué surge de todo esto?** what can be deduced from all this?

Surinam *m* Suriname, Surinam

surmenage /surme'naʒ/ *m* 1 (estado) mental exhaustion, burnout (AmE) 2 (crisis) breakdown, burnout (AmE)

suroeste *adj inv/m* ▸**sudoeste**[1], **sudoeste**[2]

surrealismo *m* surrealism

surrealista[1] *adj* ‹*artista/exposición*› surrealist (*before n*); ‹*estilo/efecto*› surrealistic

surrealista[2] *mf* surrealist

sursureste *m* ▸**sudsudeste**

sursuroeste *m* ▸**sudsudoeste**

surtido[1] **-da** *adj* 1 ‹*bombones*› assorted; ‹*galletas*› mixed, assorted; **adornó la sala con flores surtidas** she decorated the room with different *o* various kinds of flowers 2 (provisto) stocked; **una tienda bien surtida** a well-stocked shop; **están muy mal ~s** they're very poorly stocked

surtido[2] *m* 1 (de bombones, galletas) assortment; (de herramientas, ropa) range, selection, assortment; **tenemos un gran ~ de muebles** we have a wide range *o* large selection of furniture 2 (compra): **voy al mercado a hacer un ~** I'm going to the market to stock up *o* to get some provisions

surtidor *m*

A 1 (aparato) gas pump (AmE), petrol pump (BrE) 2 (estación de servicio) gas station (AmE), petrol station (BrE)

B (chorro de agua) jet

surtir [I1] *vt*

A 1 (proveer) **~ a algn DE algo** to supply sb WITH sth 2 ‹*efecto*› **el tratamiento no surtió efecto** the treatment had no effect *o* didn't work; **las medidas no surtieron el efecto deseado** the measures did not have *o* produce the desired effect *o* did not work as hoped; **el presente escrito ~á efectos de notificación** (frml) this document will serve as formal notification

B (Méx fam) (pegar): **me surtió (un puñetazo)** he hit *o* thumped me

■ **surtirse** *v pron* **~se DE algo** ‹*de provisiones*› to stock up WITH sth; **allí puede ~se de todo lo necesario** you can stock up with *o* get everything you need there

surto -ta *adj* anchored, at anchor

surullo *m* (Chi fam) turd (sl)

surumpe *m* (Per) snow blindness

survietnamita *adj/mf* South Vietnamese

susceptibilidad *f* sensitivity, touchiness; **es de una ~ extrema** he's very sensitive *o* touchy; **un libro que herirá muchas ~es** a book that will offend many people's sensibilities

susceptible *adj*

A ‹*persona*› sensitive, touchy; **~ A algo** sensitive TO sth; **es muy ~ a las críticas** he's very sensitive to criticism

B (frml) (capaz) **~ DE algo**: **es ~ de mejora** it can be improved, there is room for improvement (frml); **órganos ~s de ser transplantados** organs which can be transplanted; **grupos ~s de cometer actos terroristas** groups capable of committing terrorist acts

suscitar [A1] *vt* (frml) ‹*curiosidad/interés*› to arouse; ‹*dudas*› to raise; ‹*escándalo/polémica*› to provoke, cause; **suscitó un acalorado debate** it gave rise to a heated debate

suscribir [I34] *vt*

A 1 (frml) ‹*tratado/convenio*› to sign; **el que suscribe** (frml) the undersigned (frml) 2 (frml) ‹*opinión*› to endorse, subscribe to (frml); **suscribo todo lo expresado por mi colega** I endorse *o* second everything my colleague has said

B 1 ‹*bonos/acciones*› to subscribe for 2 ‹*seguro*› to underwrite

C (a una publicación) **~ a algn A algo** to take out a subscription TO sth FOR sb; **la suscribí a Brecha** I took out a subscription to Brecha for her

■ **suscribirse** *v pron* (*refl*) **~ A algo** to subscribe TO sth; **me he suscrito a varias revistas** I've taken out subscriptions to various magazines

suscripción *f*

A (a una publicación) subscription

B (de un tratado) signing

C 1 (de bonos, acciones) subscription 2 (de un seguro) underwriting

suscriptor -tora *m,f* subscriber

suscrito -ta *m,f* (frml): **el ~** the undersigned (frml); ***los ~s*** the undersigned (frml)

susodicho[1] **-cha** *adj* (frml) (*delante del n*) aforementioned (frml), aforesaid (frml), above-mentioned (frml)

susodicho[2] **-cha** (frml *o* hum): **el ~/los ~s** the aforementioned *o* aforesaid *o* abovementioned person/persons (frml)

suspender [E1] *vt*

A 1 (suprimir) ‹*pagos*› to suspend; ‹*garantía/derecho*› to suspend, withdraw; ‹*sesión*› to adjourn; ‹*viaje*› to call, put off; ‹*tratamiento*› to stop, suspend; **le han suspendido la medicación** they have taken him off the medication, they have stopped *o* suspended his medication; **queda suspendido el servicio de autobuses hasta nuevo aviso** the bus service has been suspended *o* discontinued until further notice 2 (de sus funciones) ‹*empleado/jugador*› to suspend; ‹*alumno*› (AmL) to suspend; **fueron suspendidos de empleo y sueldo** they were suspended without pay

B (colgar) **~ algo DE algo** to hang sth FROM sth; **quedó suspendido de una rama** he was left hanging from a branch; **la pluma quedó como suspendida en el aire** the feather seemed to hang *o* to be suspended in the air

C (Esp) ‹*asignatura/examen*› to fail; ‹*alumno*› to fail

■ **suspender** *vi* (Esp) to fail

suspense *m* (Esp) ▸**suspenso**[2] **A1**

suspensión *f*

A 1 (de garantías) withdrawal, suspension; (de un servicio) suspension, discontinuation; **a los dos días de la ~ del tratamiento** two days after the treatment had been suspended *o* stopped 2 (de un empleado, jugador) suspension; (de un alumno) (AmL) suspension

Compuestos

- **suspensión de empleo y sueldo** suspension without pay
- **suspensión de pagos** bankruptcy protection; **solicitar la ~ de ~** to file for bankruptcy protection, to file for protection under chapter 11 (AmE), to file for administration (BrE); **fue declarado en ~ de ~** the company was put into receivership/administration

B (de partículas) suspension

C (Auto) suspension

Compuestos

- **suspensión hidraúlica** hydraulic suspension
- **suspensión independiente** independent suspension

suspensivo -va *adj* ▸**punto**

suspenso[1] **-sa** *adj* (Esp): **los alumnos ~s** the pupils who have failed the exam

suspenso[2] *m*

A 1 (AmL) (Cin, Lit) suspense; **película/novela de ~** thriller 2 **en suspenso** ‹*sentencia*› suspended; **sigue contando, nos tienes en ~** go on, the suspense is killing us; **se quedó un momento en ~** he paused for a moment

B (Esp) (Educ) fail, failure; **este curso no he tenido ningún ~** I haven't failed anything this year

suspensor *m* 1 (Per, RPI) (Dep) ▸**suspensorio** 2 **suspensores** *mpl* (Chi) (tirantes) suspenders (*pl*) (AmE), braces (*pl*) (BrE)

suspensorio *m* jockstrap, athletic supporter (AmE), athletic support (BrE)

suspicacia *f* suspicion

suspicaz *adj* suspicious

suspirar [A1] *vi* 1 (de pena, alivio) to sigh 2 (anhelar) **~ POR algo** to yearn *o* long FOR sth; **suspira por volver a su patria** he yearns *o* longs to return to his homeland

suspiro *m* sigh; **la tranquilidad duró lo que un ~** (fam) the peace lasted about two seconds *o* was very short-lived (colloq); **hubo un ~ de alivio** there was a sigh of relief; ***exhalar el último ~*** (liter) to breathe one's last (liter)

sustancia *f*

A (materia) substance

B 1 (Fil) substance 2 (de un discurso) substance; **es un tipo de poca ~** he's pretty shallow *o* lightweight; **el libro no tiene ninguna ~** the book has no substance to it; **en ~** in substance

C (de una comida) substance, goodness

D (Chi) *large marshmallow*

sustancial *adj*

A (referente a la sustancia) substantial, fundamental

B (considerable) substantial, considerable

sustancialmente *adv* fundamentally, substantially; **esto no alterará ~ la situación** this will not fundamentally *o* substantially alter the situation

sustanciar [A1] *vt* 1 ‹*expediente/proceso*› to substantiate 2 ‹*afirmación*› to substantiate, back up

sustancioso -sa *adj* 1 ‹*comida/plato*› substantial 2 ‹*ganancias*› substantial, considerable; **un discurso ~** a speech with substance

sustantivación *f* substantivization, nominalization, use as a noun

sustantivar [A1] *vt* to substantivize, nominalize, use as a noun

sustantivo[1] **-va** *adj* 1 (frml) (fundamental) substantive (frml), fundamental 2 (Ling) noun (*before n*), substantive (*before n*) (frml)

sustantivo[2] *m* noun, substantive (frml)

Compuestos

- **sustantivo común** common noun
- **sustantivo incontable** uncountable noun
- **sustantivo masivo** collective noun, mass noun
- **sustantivo propio** proper noun

sustentación *f*

A (mantenimiento económico) maintenance, support

B 1 (Arquit) support 2 (Aviac) lift

sustentar [A1] *vt*

A ‹*persona/familia*› to support, maintain

B 1 ‹*opinión/teoría*› to hold, maintain 2 ‹*moral/esperanza*› to sustain, keep up

■ **sustentarse** *v pron* 1 (mantenerse) to support oneself 2 (alimentarse) **~se DE** *or* **CON algo** to sustain oneself WITH sth, to subsist ON sth

sustento *m* 1 (apoyo) means of support; **esa pequeña pensión es su único ~** that small pension is her only means of support; **ganarse el ~** (liter) to earn one's living, to support oneself 2 (alimento) sustenance; **las bayas fueron su único ~** berries were his only (form of) sustenance

sustitución *f* 1 (permanente) replacement; **la ~ del director financiero** the replacement of the financial director; **fue nombrado en ~ de Mariano Tamayo** he was appointed to replace Mariano Tamayo *o* as a replacement for Mariano Tamayo; **~ DE algo/algn POR algo/algn** replacement OF sth/sb BY sth/sb; **la ~ del sistema regional por uno centralizado** the replacement of the regional system by a centralized one, the substitution of a centralized system for the regional one 2 (transitoria) substitution; **la ~ de su estrella** the substitution

ℹ Suyo, suya

En español, la elección del adjetivo o pronombre posesivo de la tercera persona singular se determina por el género del nombre que se califica o reemplaza respectivamente; en inglés se determina por el género del 'poseedor'

En inglés se consideran de género masculino:

- ***los varones***
- ***los animales domésticos machos***

Se consideran de género femenino:

- ***las personas de sexo femenino***
- ***los animales domésticos hembras***

Tanto el adjetivo como el pronombre se traducen al inglés por *his* o *her* según el poseedor sea del género masculino o femenino respectivamente:

soy tío suyo
= I'm his/her uncle

son hijas suyas
= they are his/her daughters

la culpa es suya
= it's his/her fault

el negocio es suyo
= the business is his/hers

esos niños son los suyos
= those children are his/hers

acerqué mi silla a la suya
= I moved my chair close to his/hers

Cuando el poseedor es de género neutro en inglés (objetos inanimados, animales no domésticos), el pronombre español se traduce generalmente por *its* seguido del sustantivo correspondiente:

el gorrión sabe qué nido es el suyo
= the sparrow knows which (one) is its nest

La forma plural del adjetivo en inglés es *their* y la del pronombre es *theirs*, en todos los casos, sin distinción de género:

es tía suya
= she's their aunt

la casa es suya
= the house is theirs

el suyo es azul
= theirs is blue

Nótese que la frase '*un pariente suyo*' se traduce por '*a relative of his/hers/theirs*' porque significa '*uno de sus parientes*'. Lo mismo ocurre cuando hacemos referencia a una característica o actitud típica de alguien:

es una reacción muy suya
= it's a very typical reaction of his/hers/theirs

of their star player; **le hice la ~ porque estaba enfermo** I stood in for him because he was ill; **~ DE algo/algn POR algo/algn**: **la ~ de Merino por Juárez** the substitution of Juárez for Merino

sustituible *adj* replaceable; **ser ~ por algo/algn** to be replaceable by sth/sb

sustituir [I20] *vt* **1** (permanentemente) to replace; **sustituyó a Morán como líder** he replaced *o* took over from Morán as leader; **~ A algo** to replace sth; **sustituyó a las actuaciones en vivo en muchos bares** it replaced live performance in many bars; **~ algo/a algn POR algo/algn** to replace sth/sb WITH sth/sb; **sustituimos el jabón por un detergente** we replaced the soap with a detergent, we substituted a detergent for the soap, we used a detergent instead of the soap; **sustituyó a Rubio por Guerra** he replaced Rubio with Guerra, he substituted Guerra for Rubio **2** (transitoriamente): **me pidió que lo sustituyera** he asked me to stand in for him; **tuvo que ~ al director** she had to stand in for *o* deputize for the director; **Aguirre sustituyó a Solé en el minuto 80** Aguirre came on as a substitute for Solé in the 80th minute; **sustituyó a Solé por Aguirre** he substituted Aguirre for Solé

sustitutivo -va *adj* substitutive; **tratamiento renal ~** substitutive treatment (*for kidney failure*); ►**terapia**, **tratamiento**

sustituto -ta *m,f* **1** (permanente) replacement **2** (transitorio) substitute; (de un médico) covering doctor (AmE), locum (BrE); (de un actor) understudy; **el ~ de la profesora de alemán** the man/the teacher who is standing in for the German teacher; **el presidente me envió como su ~** the chairman sent me to stand in for *o* deputize for him

sustitutorio -ria, **sustitutivo -va** *adj* (frml) substitute (*before n*); **servicio social ~** substitute social service; **una declaración sustitutoria del certificado** a declaration in place of the certificate; **una multa de $300.000 o una pena sustitutoria de tres años de prisión** a $300,000 fine or three years in prison

susto *m* **1** (impresión momentánea) fright; **¡qué ~ me has dado** *or* (fam) **pegado!** you gave me a real fright!; **me llevé un ~ de padre y señor mío** (fam) I got the fright of my life (colloq); **el accidente no pasó del ~** the accident shook us up a bit but that was all; ***más feo que un ~ a medianoche*** (fam) as ugly as sin **2** (miedo) fear; **está con un ~ que se muere** she's frightened *o* scared to death

sustracción *f* (frml)
A (Mat) subtraction
B (robo) theft, robbery

sustraendo *m* subtrahend

sustraer [E23] *vt*
A (Mat) to subtract
B (frml) **1** (robar) to steal; **le fue sustraída la cartera** his wallet was stolen **2** (llevarse) to remove, take away **3** ‹*agua*› to extract
C (apartar) **~ a algn DE algo** to remove sb FROM sth; **~ al niño de influencias nocivas** to remove the child from harmful influences
■ **sustraerse** *v pron* (frml) **~se A algo** to avoid sth; **intentó ~se a las miradas del público** he tried to stay *o* keep out of the public eye; **intentó ~se a las preguntas de los periodistas** she tried to elude the journalists' questions; **se ha sustraído a sus obligaciones como padre** he has shirked *o* neglected his duties as a father

sustrato *m* **1** (Ling) substratum **2** (Geol) substratum

susurrante *adj* **1** ‹*voz*› whispering (*before n*) **2** ‹*riachuelo*› murmuring (*before n*); ‹*viento*› sighing (*before n*), murmuring (*before n*); ‹*hojas*› rustling (*before n*)

susurrar [A1] *vi* **1** «*persona*» to whisper **2** (liter) «*agua*» to murmur; «*viento*» to sigh, murmur; «*hojas*» to rustle
■ **susurrar** *vt* to whisper; **le susurró algo al oído** she whispered something in his ear

susurro *m* **1** (murmullo) whisper **2** (liter) (del agua) murmuring; (del viento) sighing, murmuring; (de las hojas) rustling

SUTEP /'sutep/ *m* = **Sindicato Único de Trabajadores de la Educación Peruana**

sutil *adj* **1** ‹*diferencia*› subtle, fine; ‹*ironía*› subtle; ‹*mente/inteligencia*› keen, sharp **2** ‹*gasa/velo*› fine; ‹*fragancia*› subtle, delicate

sutileza *f* **1** (detalle) subtlety; **esas son ~s que se les escapan a los niños** those are subtleties *o* fine distinctions that children don't understand **2** (cualidad) subtlety

sutilmente *adv* subtly

sutura *f* **1** (Med) suture; **hacer una ~** to make a suture **2** (del cráneo) cranial suture **3** (Bot) suture, line of separation *o* (tech) dehiscence

suturar [A1] *vt* to suture, stitch

SUV *m* (Aut) SUV

suyo[1] **-ya** *adj* ►ℹ **p.784**; (de él) his; (de ella) hers; (de usted, ustedes) yours; (de ellos, ellas) theirs; **¿esto es ~, profesor?** is this yours, sir?; **Marta y un amigo ~** Marta and a friend of hers; **~ afectísimo** (frml) (Corresp) truly yours (AmE frml), yours truly (BrE frml); **haciendo suyas las palabras de Darío** echoing the words of Darío; ***ser muy ~: no le cuenta nada a nadie, es muy ~*** he doesn't tell anyone anything, he keeps himself very much to himself; **eso es muy ~** he's/she's like that, that's typical of him/her

suyo[2] **-ya** *pron* ►ℹ **p.784**; **el ~, la suya, etc** (de él) his; (de ella) hers; (de usted, ustedes) yours; (de ellos, ellas) theirs; **él me prestó el ~** he lent me his; ***hacer (una) de las suyas*** (fam) to get up to one's usual *o* old tricks; **han vuelto a hacer (una) de las suyas** they've been up to their old tricks again; ***ir a lo ~*** to think only of oneself, to look after number one; ***lo ~: tuvo que trabajar lo ~*** he had to work very hard; **pesa lo ~** it weighs a ton; **aguanta lo ~** she puts up with an awful lot; ***salirse con la suya*** to get one's own way

Sv *m* (= **sievert**) Sv

svástica *f* swastika

Swazilandia *f* Swaziland

swing /(e)'swin/ *m* swing; **~ hacia atrás** (Dep) backswing; **~ hacia delante** (Dep) downswing

switch /(e)'switʃ/ *m* **1** (AmL) (interruptor) light switch **2** (Méx) (Auto) ignition switch; **darle al ~** to turn on *o* switch on the ignition

S

t, T *f* (*read as* /te/) (the letter) t, T
t. (= **tonelada**) t, ton
T.
A (= **tara**) tare
B (= **tonelada**) t, ton
taba *f* 1 (Anat) anklebone, talus (tech) 2 (Jueg) jack, jackstone, knucklebone; **jugar a la(s) ~(s)** to play jacks *o* jackstones *o* knucklebones
tabacal *m* tobacco plantation
tabacalera *f* cigarette factory
Tabacalera *f* (Hist) *Spanish state tobacco monopoly*
tabacalero[1] **-ra** *adj* tobacco (*before n*)
tabacalero[2] **-ra** *m,f* tobacco grower
tabachín *m* caesalpinia
tabaco *m* 1 (planta) tobacco; (producto) tobacco 2 (Esp) (cigarrillos) cigarettes (*pl*); **¿tienes ~?** do you have any cigarettes? 3 (Col, Cu) (puro) cigar
(Compuestos)
- **tabaco de hebra** loose tobacco
- **tabaco de mascar** chewing tobacco
- **tabaco de pipa** pipe tobacco
- **tabaco en polvo** snuff
- **tabaco negro** dark tobacco
- **tabaco para liar** rolling tobacco
- **tabaco rubio** Virginia tobacco

tabalear [A1] *vi* to drum, tap
tabanco *m* 1 (puesto) stall (*selling food*) 2 (AmC) (desván) attic
tábano *m* horsefly
tabaquera *f* 1 (petaca — para tabaco) tobacco pouch; (— para cigarrillos) cigarette case; (— para cigarros) cigar case 2 (de la pipa) bowl
tabaquero[1] **-ra** *adj* tobacco (*before n*)
tabaquero[2] **-ra** *n* 1 (cultivador) tobacco grower 2 (Cu) (cigarrero) cigar maker
tabáquico *adj* nicotine (*before n*)
tabaquismo *m* nicotine poisoning, nicotinism (tech)
(Compuesto) **tabaquismo pasivo** passive smoking
tabarato -ta *m,f* (Ven fam) *well-to-do Venezuelan who makes shopping trips to Miami*
tabardillo *m* (Esp ant & fam) 1 (insolación) sunstroke; **cogió** *or* **le dio un ~** he got sunstroke 2 (persona bulliciosa) fidget (colloq)
tabardo *m* tabard
tabarra *f* (fam) nuisance, pest (colloq); **deja ya de dar la ~** stop pestering *o* (colloq) bugging me
tabarro *m* 1 (tábano) horsefly 2 (avispa) wasp
tabasco *m* Tabasco®, Tabasco® sauce
taberna *f* bar, inn (arch), tavern (arch)
tabernáculo *m* tabernacle
tabernario -ria *adj* coarse
tabernero -ra *m,f* 1 (propietario) landlord 2 (camarero) bartender
tabica *f* (para cubrir un hueco) cover; (de un escalón) riser
tabicar [A2] *vt* (con ladrillos) to wall up, brick up; (con madera) to board up
tabique *m* 1 (pared) partition wall, partition 2 (Méx) (ladrillo) brick
(Compuesto) **tabique nasal** nasal septum
tabiro *m* (Méx fam) cigarette, fag (BrE colloq)

tabla *f*
A 1 (de madera) board; **he puesto una ~ debajo del colchón** I've put a board under the mattress; **las ~s que forman el casco del barco** the planks that make up the ship's hull; **las ~s del suelo** the floorboards; ***como ~*** (Chi fam): **están como ~ con él** they are solidly behind him; **iremos todos como ~ a apoyarlos** we'll be there in force to cheer them on; ***pasear la ~*** to walk the plank; ***salvarse en*** *or* ***por una tablita*** (Méx fam) to have a narrow escape (colloq) 2 (de conglomerado) piece, sheet; (de metal) sheet 3 (de una mesa) top
(Compuestos)
- **tabla armónica** *or* **de armonía** belly, soundboard
- **tabla de lavar** washboard
- **tabla de picar** chopping board
- **tabla de planchar** ironing board
- **tabla de salvación** salvation; **fue mi ~ de ~** it was my salvation, it saved my life (colloq); **se aferra a sus recuerdos como a una ~ de ~** he clings to his memories like a drowning man to a piece of wood
- **tabla rasa** tabula rasa; ***hacer ~ ~*** to wipe the slate clean
- **tablas de la ley** *fpl* tables of the law (*pl*)

B **tablas** *fpl* 1 (Teatr) stage; **volvió a las ~s después de varios años de ausencia** she returned to the stage *o* (dated) to the boards after an absence of several years; **la primera vez que pisó las ~s** the first time he appeared on stage; ***tener muchas ~s*** (Méx fam) to be an old hand *o* an expert; ***tener ~s*** (fam) to have presence, have a good stage presence 2 (Taur) barrier
C 1 (de surfing) surfboard; (de windsurf) *tb* **~ a vela** sailboard, windsurfer 2 (para natación) float 3 (para nieve) snowboard 4 (del wáter) seat
D 1 (gráfico, listado) table; **las ~s (de clasificación) de la liga** the division *o* conference *o* league tables; **las ~s de los verbos** the verb tables 2 (Mat) *tb* **~ de multiplicar** multiplication table; **la ~ del 6** the 6 times table
(Compuestos)
- **tabla de calcular** reckoner
- **tabla de colores** (Inf) color* palette
- **tabla de logaritmos** log table
- **tabla de los elementos** periodic table
- **tabla de mareas** tide table
- **tabla de materias** table of contents
- **tabla de ondas** wavetable
- **tabla de traducción** translation table
- **tabla periódica** periodic table

E (de una falda) pleat; **una falda de ~s** a pleated skirt
F (de terreno) plot, lot (AmE)
G *tb* **~ de gimnasia** (serie de ejercicios) circuit training; (en una competición) routine
H **tablas** *fpl* (en ajedrez): **quedaron** *or* **hicieron ~s** they drew; **la partida quedó** *or* **acabó en ~s** the game ended in a draw, the game was drawn; ***estar ~s*** (Méx fam) to be even *o* quits (colloq)
tablado *m* 1 (para discursos) platform; (para espectáculos) stage 2 (bar, club) ▸**tablao**
tablaje *m* ▸**tablazón**
tablao *m tb* : **~ flamenco** *bar or club where flamenco is performed*
tablatura *f* tablature
tablazón *f* planking
tableado -da *adj* pleated

tablear [A1] *vt*
A ‹*tela/falda*› to pleat
B (Agr) to level
tablero *m* 1 (para anuncios, fotos) bulletin board (AmE), notice board (BrE) 2 (Jueg) board; **un ~ de ajedrez** a chessboard; **un ~ de damas** a checkerboard (AmE), a draughtboard (BrE) 3 (Col) (pizarra) blackboard; **¿quién quiere salir al ~?** who wants to come up to the board? 4 (de una mesa) top 5 (Taur) barrier; ***a ~ vuelto*** (Chi): **todas las funciones fueron a ~ vuelto** there was a full house at every performance
(Compuestos)
- **tablero chino** Chinese checkerboard
- **tablero de dibujo** drawing board
- **tablero de instrumentos** *or* **de mandos** instrument panel
- **tablero de mensajes** message board

tableta *f* 1 (Farm) tablet, pill 2 (de chocolate) bar
tabletear [A1] *vi* to rattle, clack
tableteo *m* clack, rattling, clickety-clack, clackety-clack
tablilla *f*
A (Med) splint
B (Méx) (de chocolate) bar
tablista *mf* windsurfer
tabloide *m* tabloid
tablón *m*
A 1 (de madera) plank 2 *tb* **~ de anuncios** (Esp) bulletin board (AmE), noticeboard (BrE)
B (Méx) (Agr) plot of land
C (CS) (en costura) large pleat
(Compuesto) **tablón de mensajes** (Esp) (Internet) bulletin board
tablonear [A1] *vt* (Méx) to level
tabloneo *m* (Méx) leveling*
tabor *m* (Hist) company, platoon (*of Moroccan troops*)
tabú[1] *adj inv* taboo; **en esta casa la política es un tema ~** politics is a taboo subject in this house, politics are taboo in this house
tabú[2] *m* (*pl* **-búes** *or* **-bús**) taboo
tabuco *m* tiny room
tabulación *f* tabulation
tabulador *m* tabulator, tab; **definir ~res** to set tabs
tabular[1] *adj* tabular; **en forma ~** in tabular *o* table form
tabular[2] [A1] *vt* to tabulate, arrange … in a table
taburete *m* stool
TAC *f*
A (Med) (= **tomografía axial computerizada**) CAT
B (AmL) (Inf) (= **traducción asistida por computadora**) CAT
tacada *f* (en billar) shot; ***de una ~*** (Jueg) with one shot, with a single shot; (de un tirón): **lo escribió de una ~** he dashed it off
tacañería *f* miserliness, stinginess, meanness (colloq)
tacaño[1] **-ña** *adj* miserly, stingy, mean
tacaño[2] **-ña** *m,f* miser, tightwad (AmE colloq)
tacar [A2] *vt* (Col) ‹*pipa*› to fill; ‹*cigarrillo*› to tap; ‹*cañón*› to tamp
■ **tacar** *vi* (Col) to hit the ball
tacatá, tacataca *m* (Esp) 1 (de bebé) walker, go-cart (AmE), baby walker (BrE)

2 (para ancianos) walking frame, Zimmer® frame
taca-taca *m* (Chi) table football
taca taca *adv* (RPl fam): **pagó todo ~ ~** he paid cash for everything
tacha *f* stain, blemish; **una reputación sin ~** an unblemished *o* untarnished reputation; **una conducta sin ~** irreproachable conduct; **es una persona sin ~** he is beyond reproach
tachadura *f* crossing out, correction
tachar [A1] *vt*
A (en un escrito) to cross out, delete (frml); **tacha éstas de la lista** cross these off the list
B (tildar) **~ a algn DE algo** to brand *o* label sb AS sth; **lo ~on de hipócrita** they branded *o* labeled him as a hypocrite, he was accused of being a hypocrite
C (Der) to impeach, discredit
tache *m* (Méx fam) cross; **hacer/poner un ~ en algo** to mark/put a cross on sth
tachero -ra *m,f* (RPl fam) cab *o* taxi driver, cabbie (colloq), hack (AmE colloq)
tachicón *m* liana
tacho *m*
A **1** (CS) (recipiente) (metal) container **2** (CS, Per) (papelera) wastebasket (AmE), wastepaper basket (BrE); **el ~ de la basura** (en la cocina) garbage can (AmE), rubbish bin (BrE) (para la calle) garbage *o* trash can (AmE), dustbin (BrE); ***irse al ~*** (CS fam): **el negocio se fue al ~** the business collapsed, the business went to the wall *o* folded (colloq); **mis planes se fueron al ~** my plans fell through
B (RPl fam) (taxi) cab, taxi, hack (AmE colloq)
tachón *m*
A (en un escrito) crossing out, deletion (frml); **un manuscrito lleno de tachones** a manuscript full of crossings out *o* corrections
B (tachuela) stud, boss
C (Ven) (en costura) pleat
tachonado -da *adj* studded; **un cielo ~ de estrellas** a sky studded with stars, a star-studded sky (liter)
tachonar [A1] *vt* to stud
tachoneado -da *adj* (Ven) pleated
tachuela *f* **1** (clavo) tack; (en un cinturón) stud **2** (Chi, Méx, Ven fam) (persona baja) shrimp (colloq), shorty (colloq)
tacita *f* demitasse, coffee cup; **la T~ de Plata** *name used to refer to Cadiz*; ***tener algo como una ~ de plata*** (fam) to keep sth spick-and-span *o* spotless (colloq) *ver tb* **taza**
tácitamente *adv* tacitly
tácito -ta *adj* ‹*acuerdo*› tacit, unspoken; **la idea está tácita en el libro** the idea is implicit in the book; **el verbo está ~** the verb is understood
Tácito Tacitus
taciturno -na *adj* **1** [SER] (callado, silencioso) taciturn (frml), uncommunicative **2** [ESTAR] (triste) glum, gloomy; **se hundió en un silencio ~** he sank into a gloomy silence
tacle *m* (AmL) tackle
taclear [A1], **tacklear** [A1] *vt* (AmL) to tackle
taco *m*
A **1** (de madera) plug; (para un tornillo) Rawl® (AmE), Rawlplug® (BrE); ***a todo ~*** (Col fam): **viven a todo ~** they live in the lap of luxury; **fue una fiesta a todo ~** it was a tremendous party (colloq); **pone la música a todo ~** she puts the music on full blast **2** (de billetes) book; (de folletos) wad **3** (Esp) (de queso, jamón) cube
(Compuesto) **taco de salida** starting block
B **1** (en el billar) cue **2** (Col) (de golf) tee
C **1** (Dep) (de las botas) cleat (AmE), stud (BrE); ***pararle los ~s a algn*** (Méx) to give sb a good talking to (colloq) **2** (CS, Per) (tacón) heel; **zapatos de ~ bajo** *or* **chato** low-heeled *o* flat shoes; **de ~ alto** high-heeled; ***no me/le llevó ni en los ~s*** (Chi fam) she didn't take the slightest notice *o* (BrE) a blind bit of notice of me/him (colloq)
(Compuestos)
- **taco aguja** *or* **alfiler** (CS) spike heel, stiletto (heel) (BrE)
- **taco chino** (Arg) wedge heel
- **taco terraplén** (Chi) wedge heel

D **1** (Coc) taco; ***hacerse ~*** (Méx) to wrap (oneself) up; ***hacer ~ a algn*** (Méx) to wrap sb up; **hicieron ~ al bebé con una cobija** they wrapped *o* bundled the baby up in a blanket **2** (Méx) (comida ligera) snack, bite to eat (colloq); ***darse ~*** (Méx fam): **se da mucho ~** he really thinks he's it (colloq), he really fancies himself (BrE colloq); ***echarse un ~ de ojo*** (Méx fam) to ogle *o* eye up the girls (colloq)
(Compuesto) **taco árabe** (Méx) kebab (*in a pitta bread*), doner kebab (BrE)
E (Esp fam) (palabrota) swearword; **soltó un ~** she swore
F (Esp fam) **1** (confusión) mess (colloq) **2** (alboroto) racket (colloq), ruckus (AmE colloq)
G (Esp fam) (año) year; **ya tiene 40 ~s** he's already 40, he's already passed the 40 mark *o* reached the big four-oh (colloq); **le cayeron 15 ~s** he got 15 years (colloq)
H (Col fam & pey) (persona arrogante) arrogant pig (colloq & pej)
I (Chi) **1** (embotellamiento) traffic jam **2** (en un conducto, canal) blockage
J (Chi fam) (de bebida) gulp
tacógrafo *m* tachograph
tacómetro *m* tachometer
tacón *m* heel; **zapatos de ~ alto/bajo** high-heeled/low-heeled *o* flat shoes; **siempre lleva tacones** she always wears heels *o* high heels
(Compuestos)
- **tacón corrido** (Col) wedge heel
- **tacón cubano** *or* **de cuña** (Ven) wedge heel
- **tacón de aguja** *or* **alfiler** spike heel, stiletto (heel) (BrE)

taconazo *m* (golpe) kick (*with the heel*); (contra el suelo) stamp (*with the heel*); (en fútbol) backheel; **dar un ~** to click one's heels
taconear [A1] *vi* **1** (al andar): **iba taconeando por la calle** she walked down the street, her heels clicking *o* clacking as she went **2** (en el baile) to stamp (one's heel)
■ **taconear** *vt* (Chi) ‹*hueco/agujero*› to pack
TACP *m* = **Touring y Automóvil Club del Perú**
táctica *f* tactic, strategy; **cambiaremos de ~ para el próximo partido** we'll change (our) tactics *o* our strategy for the next game
tácticamente *adv* tactically
táctico¹ -ca *adj* tactical
táctico² -ca *m,f* tactician
táctil *adj* tactile
tacto *m*
A **1** (sentido) sense of touch; **tiene el (sentido del) ~ muy desarrollado** she has a highly developed sense of touch **2** (acción) touch; **mecanografía al ~** touch typing; **esta toalla es áspera al ~** this towel is rough to the touch *o* feels rough **3** (cualidad) feel
B (delicadeza) tact; **se lo dijo con mucho ~** he told her very tactfully *o* with great tact; **¡qué falta de ~!** how tactless!; **tiene mucho ~** he's very tactful
tacuacín *m* (AmC) opossum
tacuaco -ca *m,f* (Chi fam) shorty (colloq), shrimp (colloq)
tacuara *f*: *type of bamboo*
tacuche *m* (Méx fam) suit
Tadjikistán *m*, **Tadjikia** *f* Tajikistan, Tadzhikistan
Tadzhikistán *m* ▸**Tadjikistán**
TAE *f* (= **tasa anual efectiva**) annual percentage rate, APR
taekwondista *mf* tae kwon do expert
taekwondo *m* tae kwon do
tafeta *f* (Méx, RPl) taffeta
tafetán *m* taffeta
tafia *f* (Bol) *type of rum*
tafilete *m* morocco leather, morocco
TAG *m* (en Chile) *electronic payment device for highway tolls*
tagalo¹ *adj* Tagalog
tagalo² *mf* **1** (persona) Tagalog **2** **tagalo** *m* (idioma) Tagalog
tagarnina *f* Spanish oyster plant, golden thistle
tagarote *m* sparrowhawk
tagua *f* **1** (Zool) Chilean coot **2** (Bot) ivory palm
taguara *f* (Ven) cheap restaurant
tahina *f*, **tahini** *m* tahini
Tahití *m* Tahiti
tahona *f* **1** (panadería) bakery **2** (molino) flourmill
tahúr *mf* gambler, cardsharp (colloq)
taiga *f* taiga
tailandés¹ -desa *adj* Thai
tailandés² -desa *m,f* **1** (persona) Thai **2** **tailandés** *m* (idioma) Thai
Tailandia *f* Thailand
taimadamente *adv* craftily, cunningly
taimado -da *adj*
A (astuto) crafty, wily, cunning
B (Chi) (malhumorado) sulky, huffy
taimarse [A1] *v pron* (Chi fam) **1** «*persona*» to get into a huff (colloq), to go into a sulk (colloq) **2** «*mula*» to balk, refuse to budge (colloq)
taita *m*
A **1** (AmC, Andes, Méx, Ven fam) (papá) dad (colloq), daddy (colloq), pa (AmE colloq) **2** (Chi fam) (tratamiento afectuoso) *respectful term of address used to older men*
B (RPl fam) (matón) tough guy (colloq), thug
C (Chi fam) (persona destacada) whiz kid (colloq), expert
Taiwán *m* Taiwan
taiwanés -nesa *adj/m,f* Taiwanese
tajada *f*
A **1** (de melón, queso) slice; ***sacar ~*** (fam): **si no puede sacar ~ no le interesa** if there's nothing in it for him *o* if he can't make something out of it, he's not interested (colloq); **todos están peleándose para sacar ~** they're all fighting to take their cut (colloq) **2** (Ven) (de plátano frito) slice of fried plantain
B (Esp arg) (borrachera): **¡vaya ~ que llevaba!** was she ever drunk! (colloq), she was smashed! (arg)
tajado -da *adj* (Esp arg) smashed (sl)
tajador *m* **1** (para cortar la carne) chopping block **2** (Per) (sacapuntas) pencil sharpener
tajalápiz *m* (Col) pencil sharpener
tajamar *m* **1** (Náut) cutwater **2** (de un puente) cutwater **3** (CS) (malecón) breakwater
tajante *adj* ‹*respuesta*› categorical, unequivocal; ‹*tono*› sharp; **un 'no' ~** an emphatic *o* a categorical 'no'; **me lo dijo de una manera ~** he told me sharply *o* in no uncertain terms; **un paisaje de contrastes ~s** a landscape of sharp contrasts
tajantemente *adv* categorically; **se negó ~ a hacerlo** he flatly *o* categorically refused to do it; **me contestó ~ que no** she answered with a categorical *o* an emphatic 'no', she said categorically *o* very emphatically that she wouldn't (*o* that I couldn't *etc*)
tajar [A1] *vt* (Col, Per) to sharpen
tajear [A1] *vt* (AmL) to slash
tajik¹, tadjik *adj* Tajik, Tadjik
tajik², tadjik *mf* **1** (persona) Tajik, Tadjik **2** **tajik** *m* (idioma) Tajik, Tadjik
tajo *m*
A **1** (corte) cut; (largo, fino) slash; **me hice un ~ en el dedo** I cut my finger; **la máquina le cortó el dedo de un ~** the machine cut *o* sliced his finger right off **2** (CS) (en una falda) slit
B **1** (Geog) gorge, ravine **2** (en una mina) face
C (Hist) block
D (Esp) **1** (obra) site **2** (fam) (trabajo) work; **mañana, de vuelta al ~** it's back to the grindstone tomorrow (colloq)
Tajo *m*: **el (río) ~** the Tagus (River) (AmE), the (River) Tagus (BrE)
tajón *m* **1** (para animales) chopping block **2** (AmC, Méx) (Hist) (para sacrificios) sacrificial altar
tal¹ *adj*
A (dicho): **no existía ~ tesoro, todo era fruto de su imaginación** there was no such treasure, he had made it all up; **yo nunca he dicho ~ cosa** I have never said anything of the kind *o* anything of the sort; **nunca recibí ~es**

instrucciones I never received any such instructions
B (seguido de consecuencia): **su desesperación era ~** *or* **era ~ su desesperación que llegó a pensar en el suicidio** his despair was such *o* such was his despair that he even contemplated suicide; **se llevó ~ disgusto** *or* **se llevó un disgusto ~ que estuvo llorando toda la tarde** she was so upset (that) she spent the whole afternoon crying; **había ~ cantidad de gente que no pudimos entrar** there were such a lot of *o* so many people that we couldn't get in
C (con valor indeterminado) such-and-such (*before n*); **siempre está pidiendo dinero para ~ cosa y ~ otra** he's always asking for money for one thing or another; **ha llamado un ~ Méndez** a Mr Méndez phoned, someone called Méndez phoned

tal² *pron*: **si quieres que te traten como a un adulto, compórtate como ~** if you want to be treated like an adult, behave like one; **es usted el secretario y como ~ tiene ciertas responsabilidades** you are the secretary and as such you have certain responsibilities; **que si ~ y que si cual** and so on and so forth; **estaban pintando, poniendo tablas nuevas y ~** (Esp) they were painting, putting in new boards and so on *o* and that sort of thing; **me dijo que si eras un ~ y un cual ...** he said all kinds of terrible things about you; ***son ~ para cual*** (fam) he's just as bad as she is *o* they're as bad as each other *o* they're two of a kind
(Compuestos)
- **tal para cual** *mf* (Méx fam) so-and-so (colloq)
- **tal por cual** *mf* (fam) so-and-so (colloq)

tal³ *adv*
A (fam) (en preguntas): **hola ¿qué ~?** hello, how are you?; **¿qué ~ estuvo la fiesta?** how was the party?; **¿qué ~ es Marisa?** what's Marisa like?
B (*en locs*): **con tal de + INF: hace cualquier cosa con ~ de llamar la atención** he'll do anything to get attention; **con ~ de no tener que volver mañana** as long as I don't have to come back tomorrow; **con tal (de) que + SUBJ: con ~ (de) que no se entere nadie, pagará lo que le pidamos** he'll pay whatever we ask to stop anybody finding out; **quédatelo por ahora, con ~ (de) que me lo devuelvas antes del viernes** keep it for now, as long as *o* provided you give it back (to me) before Friday; **dale otro, cualquier cosa con ~ (de) que se calle** give her another one, anything to keep her quiet; **tal (y) como: ~ (y) como están las cosas** the way things are; **déjalo ~ (y) como lo encontraste** leave it just the way you found it *o* just as you found it; **hazlo ~ (y) como te indicó** do it exactly as she told you *o* just as she told you; **tal cual: me lo dijo así, ~ cual** those were her exact words, she said just that, word for word; **no cambié nada, lo dejé todo ~ cual** I didn't change anything, I left everything exactly as it was *o* just as it was; **el postre le quedó igualito al de la foto, ~ cual** the dessert came out exactly as it looked in the photo; **tal vez** maybe; **¿vas a ir? — ~ vez** are you going to go? — maybe *o* I'll see; **~ vez no se enteró** *or* **no se haya enterado** maybe *o* perhaps *o* it's possible she hasn't heard; **se me ocurrió que ~ vez estuviera** *or* **estaría allí esperándome** it occurred to me that he might be there waiting for me

tala *f* felling, cutting
talabarte *m* sword belt
talabartería *f* saddlery
talabartero -ra *m,f* saddler, leather worker
talacha *f*
A **1** (Méx) (reparación de llantas) flat *o* puncture repair **2** (Méx fam) (trabajo manual) work; **hacer la ~** to do the donkey work (colloq); **es muy bueno para la ~** he can turn his hand to anything, he's a real handyman
B (Méx) **1** (herramienta) mattock **2** (desmonte) clearing
talachero -ra (Méx fam) *m,f*
A (*m*) handyman
B (*f*) handywoman
talador -dora *m,f* woodcutter, lumberjack
taladradora *f* pneumatic drill
taladrar [A1] *vt* **1** ‹*pared/madera*› to drill holes/a hole in, to drill (through), to make *o* bore holes/a hole in; **esta broca no taladra metales** this bit won't drill (through) metal **2** «*ruido*»: **un ruido que taladra los oídos** an ear-splitting *o* ear-piercing noise
taladro *m* **1** (mecánico) hand drill; (eléctrico) electric *o* power drill; (neumático) pneumatic drill **2** (agujero) drill hole
(Compuesto) **taladro neumático** pneumatic drill
talaje *m*
A (AmC, Méx) (ácaro) tick
B (Chi) (pasto) grass; (lugar) pasture
talamete *m* foredeck
tálamo *m* **1** (liter) (lecho) bed; **el ~ nupcial** the marriage bed, the nuptial bed (liter) **2** (Bot) receptacle **3** (Anat) thalamus
talán, talán *m* ding, dong
talante *m* **1** (humor) mood; **hoy está de muy mal ~** he's in a very bad mood today; **siempre está de buen ~** she's always very good-humored; **respondió de muy mal ~** he answered bad-temperedly *o* with ill grace **2** (voluntad, disposición) willingness; **el ~ negociador del gobierno** the government's willingness to negotiate; **cooperó de buen ~** he contributed willingly
talar¹ *adj* **1** ‹*sotana/toga*› ankle-length, full-length **2** (Mit): **las alas ~es de Mercurio** Mercury's winged feet
talar² [A1] *vt* ‹*árbol*› to fell, cut down
■ **talar** *vi* (Chi) «*ganado*» to graze
talasoterapia *f* thalassotherapy
talayot *m* talayot (*prehistoric stone tower*)
talayote *m* (Méx) **1** (planta) milkweed **2** (fruto) *type of gourd*
talco *m* **1** (Min) talc, talcum; **polvos de ~** talcum powder **2** (esp AmL) (en cosmética) talcum powder, talc; **ponle ~** *or* **~s al bebé** put some talc on the baby; ***hacer ~ a algn*** (Méx fam) (lastimar) to hurt sb; (golpear) to beat sb black and blue (colloq); (derrotar) to give sb a real thrashing, knock hell out of sb (colloq)
talega *f*
A (saco) ▸**talego A1**
B **talegas** *fpl* (Méx vulg) (testículos) nuts (*pl*) (sl), balls (*pl*) (vulg); ***le pesan las ~s*** (Méx fam) he's a lazy devil *o* a layabout (colloq)
talegada *f*, **talegazo** *m*: **se dio/pegó una buena ~** she took *o* had a nasty fall
talego *m*
A **1** (saco) sack; **un ~ de harina** a sack of flour **2** (Col) (bolsa) bag; **un ~ de plástico** a plastic bag
B (Esp arg) **1** (billete de mil) thousand peseta bill (AmE) *o* note (BrE) **2** (cárcel) slammer (colloq), can (AmE colloq), nick (BrE colloq) **3** (de hachís) small bar *o* piece
talegón -gona *m,f* (Méx fam) lazybones (colloq), layabout (colloq)
taleguilla *f* (Taur) bullfighter's breeches (*pl*) *o* trousers
talento *m*
A **1** (aptitud) talent; **un escritor/pintor de gran ~** a very talented *o* gifted writer/painter, a writer/painter of great talent; **tiene ~ para la música** she has a gift *o* talent for music **2** (inteligencia): **es un joven de mucho ~** he's a very talented *o* able young man, he's a young man of great talent; **no tiene ~ para hacer una carrera universitaria** he isn't bright *o* clever *o* (colloq) smart enough to go to university/college **3** (persona) talented person
B (Bib) (moneda) talent
talentoso -sa *adj* talented, gifted
talero *m* (CS) crop, riding whip
TALGO /'talɣo/ *m* (**= Tren Articulado Ligero Goicoechea Oriol**) *air-conditioned express train*

> **Talgo - Tren Articulado Ligero Goicoechea Oriol**
>
> This was Spain's fastest train, until the ▸**AVE - Alta Velocidad Española** came into service in 1992.

talibán¹ *adj inv*, **talibán -bana** *adj*, Taliban (*before n*)
talibán² *mf pl* (~ *or* **~s**) member of the Taliban; **los ~** *or* **talibanes** the Taliban
Talibán *m* Taliban
talidomida *f* thalidomide
talismán *m* talisman, lucky charm
talla *f*
A **1** ▸❶ **p.788** (Indum) size; **¿cuál es su ~?** what size are you?; **¿qué ~ usa?** what size do you take?; **una camisa de la ~ 42** a size 42 shirt; **te hace falta una ~ más** you need the next size up *o* a size larger; **calcetines de ~ única** one-size socks; **abrigos en todas las ~s** coats in all sizes **2** (estatura) size, height; **de ~ mediana** of medium height; ***dar la ~*** (en altura) to be tall enough; (mostrarse competente) to make the grade, measure up **3** (categoría): **un escritor de ~ internacional/de gran ~** a writer of international/of considerable stature; **una revista de la ~ de 'Semana'** a magazine as important as 'Semana'
B **1** (escultura) sculpture **2** (de madera) carving **3** (de piedras preciosas) cutting
C (de reclutas) measuring (*and kitting out*)
D (AmL) (en naipes) **1** (repartición) deal **2** (banca) bank; **¿quién tiene** *or* **lleva la ~?** who's the bank?, who's banker?
E (Chi fam) **1** (dicho) joke, wisecrack (colloq) **2** (broma) practical joke
tallado *m* **1** (de la madera) carving **2** (de piedras preciosas) cutting
tallador -dora *m,f*
A **1** (de la madera) carver **2** (de piedras preciosas) cutter
B (AmL) (en naipes) dealer
tallar [A1] *vt*
A **1** ‹*madera*› to carve; **una cruz tallada en madera** a cross carved in wood **2** ‹*escultura/figura/mármol*› to sculpt **3** ‹*piedras preciosas*› to cut; **un florero de cristal tallado** a cut-glass vase
B ‹*reclutas*› to measure (*and kit out*)
C (Méx) **1** (para limpiar) to scrub **2** (para aliviar) to rub
■ **tallar** *vi* (Col) «*zapatos*» (+ *me/te/le etc*) to be too tight; **estas botas me tallan** these boots are too tight for me, these boots are pinching me
■ **tallarse** *v pron*
A (Méx) (para limpiarse) to scrub oneself; (para aliviar) to rub oneself; **no te talles los ojos** don't rub your eyes
B (Méx fam) (batallar mucho) to work one's butt off (AmE colloq), to slog one's guts out (BrE colloq)
tallarín *m* noodle
talle *m* **1** (cintura) waist; **de ~ esbelto** slim-waisted **2** (figura) figure; **tiene buen ~** she has a good figure **3** (en costura) trunk measurement, measurement from shoulder to waist; **es corta de ~** she's short-waisted; **me queda corto de ~** the waist is too high on me, it's too short in the body **4** (RPl) (de una prenda) size; **de ~ único** one-size
(Compuesto) **talle de avispa** wasp waist (dated); **tiene un ~ de ~** she has a tiny waist
taller *m*
A **1** (Auto) garage, repair shop (AmE) **2** (de carpintero, técnico) workshop
(Compuestos)
- **taller de reparación** garage, vehicle repair shop (AmE frml)
- **talleres gráficos** *mpl* printing works
- **taller mecánico** garage, vehicle repair shop (AmE frml)

B (Educ) workshop
tallero -ra *m,f* (Chi fam) wag (colloq), joker (colloq)
tallista *mf* woodcarver
tallo *m* stem, stalk; **se ha ido** *or* **está al ~** it has gone to seed
talludito -ta *adj* (fam) ‹*persona*› **ya estás ~ para esas cosas** you're getting a bit old for that sort of thing; **se casó cuando ya estaba talludita** she was no spring chicken *o* she was getting on a bit when she married (colloq)
talmente *adv* (fam): **es ~ un mono** he looks just like a monkey; **cuando hace ese gesto**

t

ⓘ Tallas/Sizes

(Equivalentes aproximados/Approximate equivalents)

América Latina y España *Latin America & Spain*	EEUU *US*	Reino Unido *UK*
Calzado de señora Ladies' shoes		
35	4½	3
36	5	3½
37	5½	4
37	6	4½
38	6½	5
39	7	5½
39	7½	6
40	8	6½
41	8½	7
Calzado de caballero Men's shoes		
39	7	6
41	8	7
42	9	8
43	10	9
44	11	10
Tallas de ropa de señora Women's clothing sizes		
36	6	8
38	8	10
40	10	12
42	12	14
44	14	16
46	16	18
48	18	20
50	20	22

América Latina y España *Latin America & Spain*	EEUU *US*	Reino Unido *UK*
Tallas de ropa de caballero Men's clothing sizes		
40	30	30
42	32	32
44	34	34
46	36	36
48	38	38
50	40	40
52	42	42
54	44	44
Camisa de caballero Men's collar sizes		
36	14	14
37	14½	14½
38	15	15
39	15½	15½
41	16	16
42	16½	16½
43	17	17
44	17½	17½
46	18	18

es su padre, ~ he looks just like *o* he's the spitting image of his father when he does that; **fue ~ como tú dijiste que iba a ser** it was just like *o* exactly as you said it would be

Talmud *m* Talmud

talo *m* thallus

talofita *f* thallophyte

talón *m*

A [1] (del pie) ▸ⓘ p.231; heel; (de un zapato, calcetín) heel; ***no llegarle ni a los talones a algn*** (Andes) *ver* **tobillo**: ***pisarle a algn los talones*** (fam) to be hot on sb's heels (colloq) [2] (de un caballo) heel

(Compuesto) **talón de Aquiles** Achilles' heel

B [1] (Esp) (vale) chit; **~ de compra** receipt, sales slip (AmE) [2] (Esp) (cheque) check (AmE), cheque (BrE) [3] (AmL) (matriz) stub, counterfoil

(Compuestos)
- **talón conformado** certified check*
- **talón sin fondos** bad check*

C (de un neumático) rim

D (Méx fam) [1] (prostitución): **anda en el** *or* **le da al** ~ she's a hooker (colloq), she's on the game (BrE colloq) [2] (crédito) credit (colloq)

talonador -dora *m,f* hooker

talonaje *m* hooking

talonar [A1] *vt* to hook

talonario *m* [1] (de cheques) checkbook (AmE), chequebook (BrE) [2] (de recibos) receipt book [3] (de volantes) book of vouchers

talonazo *m* [1] (golpe) kick (*with the heel*) [2] (en rugby) heel [3] (en fútbol) backheel

talonear [A1] *vi*

A (Méx fam) (dedicarse a la prostitución) to work as a hooker (colloq), to hustle (AmE colloq), to be on the game (BrE colloq)

B (Méx fam) (pedir dinero) to cadge *o* scrounge money (colloq)

C (Méx fam) (Equ) to spur one's horse on; **~le** (Méx fam) to step on it (colloq), to get moving *o* going (colloq)

■ **talonear** *vt* (AmL) ‹*caballo*› to spur, spur on

talonera *f*

A (de una bota) heelpiece

B (Méx fam) (prostituta) hooker (colloq), whore (colloq)

talquera *f* (recipiente) talcum powder dispenser; (con borla) compact

talud *m* slope, incline, bank

tam, tam *interj* rat-a-tat, bang, bang

tamal *m* tamale (*ground maize and sometimes meat or a sweet filling wrapped in a banana or maize leaf*); ***hacerle a algn de chivo los ~es*** (fam) to be unfaithful to sb, to cheat on sb (AmE colloq)

(Compuesto) **tamal de cazuela** *type of meat stew*

tamalada *f* (Méx) *party at which tamales are served*

tamango *m* (CS fam) clodhopper (colloq)

tamaño¹ -ña *adj* (*delante del n*): **¡cómo puedes decir ~ disparate!** how can you say such a stupid thing!; **se rebelaron ante tamaña injusticia** they rebelled against such injustice; **se sorprendió de que existiera tamaña diferencia** she was surprised that there should be such a great difference *o* so great a difference; **me llevé ~ susto** I got a terrible fright; **~ *de*** (Chi fam): **está ~ de gordo** he's enormously *o* terribly fat; **una mentira tamaña de grande** a whopping *o* huge great lie (colloq)

tamaño² *m* ▸ⓘ **p.788** size; **pañuelos de todos los colores y ~s** handkerchiefs in all colors and sizes; **un ~ más pequeño** *or* **menor** a smaller size; **un ~ más grande** *or* **mayor** a larger size; **son del mismo ~** they're the same size; **¿de qué ~ lo quiere?** what size would you like?; **ordenar los cubos por ~s** put the cubes in order of size; **tiene aproximadamente el ~ de una manzana** it's about the size of an apple; **~ *baño*** (RPl) ‹*jabón*› large; **un sandwich ~ baño** (hum) a whopping *o* huge great sandwich (colloq)

(Compuestos)
- **tamaño bolsillo** pocket-size; **una linterna (de) ~ ~** a pocket-size torch
- **tamaño carné** passport-size; **una foto (de) ~ ~** a passport-size photo
- **tamaño de letra** type size
- **tamaño familiar** family-size; **una botella (de) ~ ~** a family-size bottle
- **tamaño natural** life-size; **un busto (de) ~ ~** a life-size bust

támara *f* date palm

tamarindo *m* [1] (Bot) tamarind [2] (Méx fam) (agente) traffic cop (colloq)

tamarisco, tamariz *m* tamarisk

tambache *m* (Méx fam) (bulto) bundle; (montón) pile; ***hacer ~ a algn*** (Méx fam) to do the dirty on sb (colloq)

tambaleante *adj*: **entró con andar ~** he staggered *o* lurched into the room; **un anciano de paso ~** a tottering *o* doddery old man; **un régimen ya ~** a regime already teetering on the edge of collapse, an already shaky regime; **el ~ andamiaje** the shaky scaffolding

tambalearse [A1] *v pron*, **tambalear** [A1]; *vi* **perdió el equilibrio, (se) tambaleó y cayó** she lost her balance, staggered *o* tottered and fell; **caminaba tambaleándose por efecto del alcohol** he was staggering *o* lurching drunkenly, he was swaying drunkenly as he walked; **el régimen empezó a ~** the regime began to teeter; **la botella quedó tambaleándose** *or* **tambaleando al borde de la mesa** the bottle teetered on the edge of the table; **todo empezó a ~** everything began to shake

tambaleo *m* (de una persona) staggering, swaying, lurching; (de una lámpara) swinging, swaying; (de un mueble, una estructura) shaking, rocking

tambembe *m* (Chi fam & hum) behind (colloq), rump (hum), butt (AmE colloq)

también *adv*

A too, as well; **a mí ~ me engañó** he tricked me as well *o* too; **~ habla ruso** she speaks Russian as well *o* too, she also speaks Russian; **está de baja — ¿él ~?** he's off sick — him too? *o* him as well?; **¿~ ella lo sabía?** you mean *she* knew about it too *o* as well?; **¿conoces Lima? — sí — ¿y La Paz? — sí ~** do you know Lima? — yes — and La Paz? — yes, I've been there too *o* as well; **que te diviertas — tú ~** have fun! — you too *o* and you; **estás invitado y tu mujer ~** you're invited and so is your wife *o* and your wife, too; **Pilar fuma — yo ~** Pilar smokes — so do I *o* I do too *o* (colloq) me too; **él ha terminado — Graciela ~** he's finished — so has Graciela *o* Graciela has too; **el ~ cirujano López Saura** (period) López Saura, (who is) also a surgeon

B (uso expletivo): **está disgustado, ~ es cierto que tiene motivos** he's upset, mind you *o* but then he has reason to be; **~ hay que decir que ...** of course, it has to be said that ...; **le pegó una paliza — ¿(y) ~? ¡con lo que hizo!** (RPl fam) she gave him a good hiding — well, no wonder *o* well, I'm not surprised, after what he did!

tambo *m*

A (RPl) [1] (establecimiento) dairy farm [2] (corral) milking yard

B (Méx) [1] (recipiente) can (AmE), bin (BrE); ***mover el ~*** (Méx fam & hum) to boogie (colloq) [2] (fam) (cárcel) slammer (sl), can (AmE sl), nick (BrE)

C (Per) [1] (Hist) (posada) wayside inn [2] (tienda) wayside stall

tambocha *f* (Col) poisonous ant

tambor *m*

A (Mús) [1] (instrumento) drum; **un redoble de ~es** a roll on the drums, a drum roll; ***a ~ batiente:*** **el equipo volvió a ~ batiente** the team returned to a heroes' welcome [2] (persona) drummer

(Compuestos)
- **tambor de guerra** war drum
- **tambor mayor** drum major

B [1] (del freno) drum [2] (de una lavadora) drum [3] (de un revólver) drum [4] (Méx) (de una cama) sprung base

t

C **1** (de detergente) drum **2** (AmL) (barril, bidón) drum
D (para bordar) tambour
E (Arquit) **1** (sector de una columna) tambour; (capitel) tambour **2** (muro) tambour, drum
F (Méx) (Anat) eardrum

tambora *f* bass drum

tamboril *m* tabor

tamborilear [A1] *vi* to drum, tap

tamborileo *m* drumming, tapping

tamborilero -ra *m,f* drummer

tamborín, tamborino *m* tabor

Támesis *m*: **el ~** the (River) Thames

tamil[1] *adj* Tamil

tamil[2] **1** *mf* (*pl* ~ *or* **~es**) (persona) Tamil **2** **tamil** *m* (idioma) Tamil

tamiz *m* sieve; ***pasar algo por el ~*** ‹*harina*› to sift sth; ‹*salsa*› to sieve sth; ‹*papeles*› to sift (through) sth

tamizar [A4] *vt* ‹*harina*› to sift; ‹*salsa*› to sieve; **una cortina tamizaba la luz** the light filtered through a curtain, the light was diffused by a curtain; **nunca tamiza sus palabras** he doesn't mince his words

támpax *m* (*pl* ~) Tampax®

tampoco *adv* **1** ▸ **❶ p.567**; not … either; **yo ~ entendí** I didn't understand either; **~ sabe francés** *or* **no sabe francés ~** she doesn't speak French either; **¿has estado en Londres? — no — ¿y en París? — tampoco** have you been to London? — no — how about Paris? — no, I haven't been there either; **él no lo va a hacer y yo ~** he isn't going to do it and neither am I; **Daniel no ha vuelto — (ni) Isabel ~** Daniel hasn't come back — neither has Isabel *o* nor has Isabel *o* Isabel hasn't either; **ella no lo conoce — (ni) yo ~** she doesn't know him — neither do I *o* I don't either *o* (colloq) me neither **2** (uso expletivo): **bueno, ~ es para ponerse así** come on, there's no need to get like *that* about it; **~ estaría de más recordárselo** it wouldn't be a bad idea to remind her

tampón *m* **1** (para entintar) ink pad **2** (Farm, Med) tampon

tam-tam *m* tom-tom

tamujo *m*: *type of spurge or box*

tan *adv apocopated form of* **tanto**[1] *used before adjectives (except some comparatives), adverbs, and adjectival or adverbial phrases*

tanagra *f* Tanagra figurine

tanate *m* (Méx) **1** (cesto) basket **2** (bolsa) large leather bag; ***cargar con los ~s*** to move house, to move

tanatología *f* (Med) palliative care

tanatólogo -ga *m,f physician specializing in palliative care*

tanatorio *m* morgue

tanda *f*
A (grupo): **llegó una nueva ~ de excursionistas** a new group *o* party of tourists arrived; **la nueva ~ de alumnos** the new intake of pupils; **tuvimos que comer en dos ~s** we had to eat in two sittings; **el mantel lo lavo en la próxima ~** I'll wash the tablecloth with the next load; **cada dos minutos hay una ~ de avisos** (AmL) every couple of minutes there's another lot *o* bunch of commercials; **los horneamos en dos ~s** we baked them in two batches; **lo que se merece es una buena ~ de azotes** he deserves a good thrashing
B (Esp) (turno) turn; **¿me da ~?** who's last in the line? (AmE), who's last in the queue? (BrE)
C (AmC, Méx fam) **1** (terreno) cactus plot **2** (función — de teatro) performance; (— de cine) showing, performance
D (Col, Méx) (ronda) round (of drinks)
E (Chi fam) (broma): **es muy bueno para la ~** he's a good laugh; ***dar ~*** (fam) to joke around

tandear [A1] *vi* (Chi fam) to joke

tándem *m* **1** (bicicleta) tandem **2** (dos personas) duo; **un ~ de famosos** a famous duo; **trabajan en ~** they work together *o* as a team *o* in tandem

tandeo *m* (Chi fam) **1** (cosa graciosa) laugh (colloq); ***agarrar*** *or* ***tomar a algn para el ~*** (Chi fam) to make fun of sb (colloq) **2** (cosa fácil) piece of cake (colloq), doddle (BrE colloq)

tanga *f or m* tanga

tangencia *f* tangency

tangencial *adj* **1** (Mat) tangential **2** (a un asunto) incidental, tangential; **es ~ al problema** it is incidental *o* tangential to the problem

tangencialmente *adv* **1** (Mat) tangentially **2** ‹*incidir/tratar*› incidentally, tangentially

tangente *f* tangent; ***irse*** *or* ***salirse*** *or* ***escaparse por la ~*** (irse por las ramas) to beat about the bush (colloq), to evade the issue; (cambiar de tema) to go off at a tangent

Tánger *m* Tangiers

tangerina *f* tangerine

tangibilidad *f* tangibility

tangible *adj* tangible, concrete

tango *m* tango

tangón *m* boom

tanguear [A1] *vi* to tango

tanguero -ra *adj*: **es muy ~** he loves tango music/dancing

tanguista *f* nightclub hostess

tánico *adj* tannic

tanino *m* tannin

tano[1] **-na** *adj* (RPl fam & pey) Italian

tano[2] **-na** *m,f* (RPl fam & pey) **1** (persona) Italian **2** **tano** *m* (idioma) Italian

tanque *m*
A (Arm) (carro) tank
B (de agua, gasolina) tank
C (de gas, oxígeno) cylinder, bottle
D (Méx) (piscina) pool, swimming pool
E (Méx fam) (cárcel) slammer (sl), can (AmE sl)

tanqueta *f* armored personnel carrier

tanquista[1] *adj* tank (*before n*)

tanquista[2] *mf* (oficial) tank officer; (soldado) soldier in a tank unit; **hizo su servicio militar de ~** he did his military service in tanks/in a tank unit

tantalio, tántalo *m* tantalum

Tántalo Tantalus

tantán *m* **1** (batintín) gong **2** (sonido del tambor) rat-a-tat-tat **3** (Chi leng infantil) smack

tantarantán, tantarán *m* **1** (del tambor) rat-a-tat-tat **2** (fam) (golpe) almighty clout *o* blow (colloq)

tanteador *m* scoreboard

tantear [A1] *vt* **1** (con el tacto) to feel; **tanteando las paredes logró encontrar la puerta** he managed to find the door by feeling *o* groping his way along the walls; **tanteó el paquete para intentar adivinar el contenido** she felt the parcel to try to guess what was inside it **2** ‹*situación*› to weigh up, size up; ‹*persona*› to sound out; **~ *el terreno:* tendré que ~ el terreno antes de tomar una decisión** I'll have to see how things stand *o* how the land lies before I take a decision; **no se lo propongas así de entrada, tantea antes el terreno** don't suggest it immediately, sound him out first **3** ‹*toro*› to get the measure of
■ **tantear** *vi* to feel one's way

tanteo *m*
A **1** (de una situación) sizing up; **fue un ~ de fuerzas** they were just sizing *o* weighing each other up; **a** *or* **al** *or* **por ~** by trial and error; **resolvió el problema al ~** she solved the problem by (a process of) trial and error **2** (Méx) (prueba) trial run
B (Dep) score

tantico[1] *adv* (AmL fam) a bit, a little; **espérame ~** wait a bit

tantico[2] **-ca** *adj* (AmL fam) a bit of, a little of; **con tantica sal basta** a little salt is enough *o* will do

tantico[3] *m* (AmL fam): **un ~** a bit, a little; **está un ~ enojado** he is a bit *o* a little annoyed; **exageró un ~** she exaggerated a bit *o* a little; **tiene un ~ de miedo** he is slightly afraid; **¡ni un ~ así!** not at all!, not a bit!

tantito[1] *adv/pron* (AmC, Méx) ▸**tantico**[1]

tantito[2] **-ta** *adj* (AmC, Méx) ▸**tantico**[2]

tanto[1] *adv*
A [*see note under* ▸**tan**] (aplicado a un adjetivo o adverbio) so; (aplicado a un verbo) so much; **es tan difícil de describir** it's so difficult to describe; **¡es una chica tan amable!** she's such a nice girl!; **¡te he echado ~ de menos!** I've missed you so much!; **si es así, ~ mejor** if that's the case, so much the better; **y si no te gusta, ~ peor para ti** and if you don't like it, too bad *o* (colloq) tough!; **vamos, no es tan difícil** come on, it's not *that* difficult; **¡y ~!** and how!; **el tan esperado acontecimiento** the long-awaited event; **ya no cenamos afuera ~** nowadays we don't eat out so often *o* so much; **de ~ que habla te marea** he talks so much he makes your head spin; **es ~ más importante cuanto que es su única fuente de ingresos** (frml) it is all the more important because it is his only source of income; **no deberías trabajar/gastar ~** you shouldn't work so hard/spend so much; **tan/tanto … QUE: llegó tan tarde que ya no había nadie** he arrived so late (that) everybody had gone; **~ insistió que no tuve más remedio que quedarme** he was so insistent that I just had to stay; **tan/tanto … COMO: no es tan tímida como parece** she's not as shy as she looks; **sale ~ como tú/como se lo permiten los compromisos** he goes out as much *o* as often as you do/as his commitments allow; **tan pronto como le sea posible** as soon as you can, as soon as possible; **no han mejorado ~ como para poder ganar el torneo** they haven't improved enough to win the tournament; **~ Suárez como Vargas votaron en contra** both Suárez and Vargas voted against; **te lo cobran ~ si lo comes como si no lo comes** they charge you for it whether you eat it or not
B (AmL exc CS): **qué tanto/qué tan: ¿qué tan alto es?** how tall is he?; **es difícil decir qué ~ hay de autobiográfico en la novela** it is difficult to say how much of the novel is autobiographical
C *para locs ver* **tanto**[3] **B**

tanto[2] **-ta** *adj*
A **1** (*sing*) so much; (*pl*) so many; **no sabía que había ~ espacio/tantas habitaciones** I didn't know there was so much space/there were so many rooms; **había tantísima gente** (fam) there were so many *o* such a lot of people; **¡tiene tanta fuerza …!** she has such strength …!, she is so strong …!; **¡~ tiempo sin verte!** it's been so long!, it's been such a long time!; **~ … QUE: comió ~ chocolate que le hizo mal** he ate so much chocolate (that) it made him ill; **~ … COMO: tengo ~ derecho como el que más** I've got as much right as anyone else *o* as the next man; **no ha habido ~s turistas como el año pasado** there haven't been as many *o* so many tourists as last year **2** (fam) (expresando cantidades indeterminadas): **tenía setenta y ~s años** he was seventy something, he was seventy-odd (colloq); **mil quinientos y ~s pesos** one thousand five hundred and something pesos, fifteen hundred something pesos (AmE)
B (*sing*) (fam) (con valor plural) so many; **había ~ mosquito que no pudimos dormir** there were so many mosquitoes we couldn't sleep

tanto[3] **-ta** *pron*
A **1** (*sing*) so much; (*pl*) so many; **¿no querías azúcar? — sí, pero no tanta** didn't you want sugar? — yes, but not that much; **vinieron ~s que no alcanzaron los asientos** so many people came there weren't enough seats; **es uno de ~s** he's one of many; **¡tengo ~ que hacer!** I've so much to do!; **¿de verdad gana ~?** does he really earn that much?; ***ni ~ ni tan calvo*** *or* ***tan poco*** there's no need to go *that* far; ***no es para ~*** (fam): **no te pongas así, hombre; tampoco es para ~** come on, there's no need to get like that about it; **duele un poco, pero no es para ~** it hurts a bit, but it's not *that* bad; **no pinta mal pero tampoco es para ~** she's not a bad artist but she's not *that* good; **~ *monta, monta ~*** (Esp) it makes no difference, it's as broad as it is long (colloq); **~ *tienes,* ~ *vales*** you are what you own **2** (fam) (expresando cantidades indeterminadas):

t

hasta las tantas de la madrugada until the early hours of the morning; **te cobran ~ por folio/por minuto** they charge you so much a sheet/a minute; **en el año mil ochocientos treinta y ~s** in eighteen thirty-something; **cincuenta y tantas** fifty-odd, fifty or so **3** **tanto** (refiriéndose a tiempo) so long; **hace ~ que no me llama** she hasn't called me for such a long time *o* for so long, it's been so long since she called me; **todavía faltan dos horas — ¿~?** there's still two hours to go — what? that long?

B (*en locs*): **en tanto** while; **en ~ ella atendía a los clientes, él cocinaba** while she served the customers, he did the cooking; **en ~ + SUBJ** as long as, so long as; **en ~ tú estés aquí** as long as you're here; **en tanto que** (frml) (como) as; (dado que) inasmuch as (frml), insofar as (frml); **entre tanto** meanwhile, in the meantime; **hasta tanto + SUBJ** (frml): **hasta ~ (no) se solucione este conflicto** until this conflict is solved; **otro tanto: otro ~ cabe decir de su política exterior** the same can be said of their foreign policy; **me queda otro ~ por hacer** I have as many again still to do; **cuesta unos $15 y las pilas, casi otro ~** it costs about $15 and then the batteries cost nearly as much again; **por (lo) tanto** therefore; **tan siquiera: ¡si tan siquiera me hubieras prevenido!** if only you'd warned me!; **no le escribió ni tan siquiera una notita** he didn't even write her a little note; **cómprale tan siquiera unas flores** at least buy her some flowers *o* buy her some flowers, at least; **tan sólo** only; **tenía tan sólo cuatro años** he was only four years old; **por tan sólo dos mil pesos** for only *o* for as little as two thousand pesos; **tanto es así** *or* **tan así es** so much so; **se sentía mal, ~ es así que no quiso comer** she felt ill, so much so that she didn't want anything to eat; **tanto más cuanto que** specially since, all the more so because; **es importante, ~ más cuanto que es su única fuente de ingresos** it's important, specially since *o* all the more so because it's his only source of income

tanto[4] *m*

A (cantidad): **recibe un ~ por ciento por cada venta** she gets a percentage *o* a certain percentage on every sale; **tienes que entregar un ~ de depósito** you have to put down so much *o* a certain amount as a deposit

B (punto — en fútbol) goal; (— en fútbol americano) point; (— en tenis, en juegos) point; ***apuntarse un ~*** to score a point

C (*en locs*): **al tanto: me puso al ~** she put me in the picture; **me mantengo al ~ de lo que pasa en el mundo** I keep abreast of *o* I keep up to date with what is going on in the world; **te mantendré al ~** I'll keep you informed; **ya está al ~ de lo ocurrido** he already knows what's happened; **estáte al ~ para cuando venga** keep an eye out for him (colloq); **un tanto** somewhat, rather, a little; **un ~ triste** somewhat *o* rather *o* a little sad

Tanzania, Tanzanía *f* Tanzania

tanzano -na *adj* Tanzanian

tañer [E7] *vt* (liter) ‹*arpa*› to strum

■ **tañer** *vi* «*campana*» to peal, ring out

tañido *m* **1** (de una guitarra) strumming **2** (de campanas) pealing, ringing

TAO *f* (Esp) (= **traducción asistida por ordenador**) CAT

taoísmo *m* Taoism

taoísta *adj/mf* Taoist

tapa *f*

A **1** (de una caja, un tocadiscos, un pupitre) lid **2** (de un bote, una cacerola) lid; (de una botella, un frasco) top **3** (de un lente) cap; **la ~ del tanque de gasolina** the gas (AmE) *o* (BrE) petrol cap; ***estar la ~ de ...*** (Per fam): **el pescado estaba la ~ de rico** the fish was absolutely delicious *o* was out of this world (colloq); ***hacerle una ~ a algn*** (Chi fam) to give sb the thumbs down (colloq); ***levantarle*** *or* ***volarle a algn la ~ de los sesos*** (fam) to blow sb's head off (colloq), to blow sb's brains out (colloq); ***ni por las ~s*** (CS fam) no way! (colloq), you must be kidding *o* joking! (colloq), you cannot be serious!; ***ponerle la ~ a algn*** (RPl fam) to shut sb up (colloq); ***ser la ~*** (Per fam) to be the latest thing (colloq); **tiene una cámara nueva que es la ~** her new camera is the very latest *o* the last word in camera technology (colloq)

(Compuesto) **tapa de rosca** screw top

B **1** (de un libro, una revista) cover; (para fascículos) binder; (de un disco) sleeve; **no te lo has mirado ni por las ~s** you haven't even opened the book **2** (de un tacón) heelpiece; **estos zapatos necesitan ~s nuevas** these shoes need reheeling **3** (de un bolsillo) flap **4** (Auto) head

C (corte de carne) flank

D (Esp) (para acompañar la bebida) tapa, bar snack

> **tapas**
>
> In Spain, these are small portions of food served in bars and cafés with a drink. There is a wide variety, including Spanish omelet, seafood, different kinds of cooked potatoes, salads, cheese, ham, and *chorizo* . They can be very elaborate, and people often order several to make a meal.
>
> *Tapas* are part of a lifestyle and the social aspect is very important. The practice of going out for a drink and *tapas* is known as *tapeo* .

tapabarros *m* (*pl* ~) (Chi, Per) (de coche) fender (AmE), wing (BrE); (de bicicleta) splashguard (AmE), mudguard (BrE)

tapaboca, tapabocas *m*

A (golpe) blow (*on the mouth*)

B (Ind) scarf (*wrapped around the mouth and neck*)

tapacubos *m* (*pl* ~) hubcap

tapada *f* (Andes fam) save, stop

tapadera *f* **1** (de un cazo) lid **2** (de un fraude, engaño) cover, front **3** (Méx) (de una botella) cap, top

tapadillo: **de ~** (*loc adv*) (fam) on the quiet (colloq), secretly

tapado[1] *m*

A (RPl, Ven) (abrigo) winter coat, coat

B (Méx) (estola) stole; (pañuelo de cabeza) headscarf

C (Méx) (Pol) candidate (*with official support*)

D (Bol) (tesoro) buried treasure

tapado[2] **-da** *adj* **1** (Col, Ven) (torpe) dim (colloq), dumb (colloq), thick (BrE colloq) **2** (Col fam) (taimado) sly

tapado[3] **-da** *m,f* (fam) **1** (Col, Ven) (persona torpe) dimwit (colloq) **2** (Col) (persona taimada) slyboots (colloq), sneaky devil (colloq)

> **tapado**
>
> In Mexican politics, a prospective party candidate for the presidency. Candidates traditionally emerge from within the party but their identity is not revealed until the candidate is officially declared: they remain *tapados* (hidden), thus arousing a great deal of speculation. Under the rule of the ▸**PRI - Partido Revolucionario Institucional**, its candidate was virtually guaranteed to become president.

tapadura *f* (Chi, Méx) filling

tapanco *m* (Méx) *raised sleeping platform*

tapaojo *m* (Col) blinder (AmE), blinker (BrE)

tapaporos *m* (pintura) primer, sealer; (cola) size, sizing

tapar [A1] *vt*

A (cubrir) ‹*caja*› to put the lid on; ‹*botella/frasco*› to put the top on; ‹*olla*› to cover, put the lid on; **tapé bien el agua** I put the top tightly on the water (bottle); **tapó los muebles con unas sábanas viejas** she covered the furniture with some old sheets; **cuélgalo ahí y así tapa la mancha** hang it there, that way it'll cover (up) the stain; **le tapó la boca para que no gritara** he put his hand over her mouth so that she wouldn't scream; **la bufanda le tapaba parte de la cara** the scarf covered *o* hid part of his face

B **1** ‹*agujero/hueco*› to fill in; ‹*puerta/ventana*› to block up **2** (Andes, Méx) ‹*muela*› to fill; **me ~on dos muelas** I had two fillings; **tengo todas las muelas tapadas** all my teeth are filled **3** ‹*defecto/error/crimen*› to cover up; **el maquillaje le tapa la cicatriz** the makeup hides the scar

C **1** ‹*vista/luz*› to block; **quítate, que me estás tapando** get out of the way, you're blocking my view; **el edificio de enfrente nos tapa todo el sol** the building opposite us completely blocks out the sun; **no me tapes la luz** you're in my light **2** ‹*salida/entrada*› to block **3** ‹*excusado/caño*› (AmL) to block

■ **tapar** *vi* (Per) (Dep) to keep goal, play in goal

■ **taparse** *v pron*

A (*refl*) (cubrirse): **se tapó la cara con las manos** he covered his face with his hands; **tápate la garganta, que vas a coger frío** put something around your neck; you'll catch cold; **se metió en la cama y se tapó bien** he got into bed and covered himself up; **si sales, tápate bien que hace frío** wrap up well *o* warm if you're going out, it's cold

B **1** «*oídos/nariz*» (+ *me/te/le etc*) to get *o* become blocked; **cada vez que viajo en avión se me tapan los oídos** every time I fly, my ears get blocked; **tengo la nariz tapada** my nose is blocked **2** (AmL) «*caño/excusado*» to get blocked

taparrabos *m* (*pl* ~) loincloth

tapatío -tía *adj* of/from Guadalajara

tapear [A1] *vi* (Esp fam) to have tapas

tapeo *m* (Esp fam): **la tradición de la caña y el ~** the tradition of going for a beer and a few tapas *o* bar snacks; **hay buenos bares de ~** there are some good tapas bars

tapesco, tapescle *m* (Méx) **1** (tarima) small stage **2** (repisa) shelf **3** (cama) makeshift bed **4** (camilla) stretcher

tapete *m*

A **1** (paño — para la mesa) decorative table cloth; (— para el sofá) antimacassar **2** (Jueg) *tb* **~ verde** card table; ***estar sobre*** *or* ***en el ~*** to be under discussion *o* at issue; ***poner algo sobre el ~*** to bring up *o* raise sth

B (Col, Méx) (alfombra) rug; (para el baño, coche) mat

tapextle, tapezte *m* ▸**tapesco**

tapia *f* (muro) wall; (cerca) fence; ***ser/estar más sordo que una ~*** (fam) to be as deaf as a post (colloq)

tapiar [A1] *vt* **1** ‹*espacio*› to wall in **2** ‹*puerta/ventana*› to block off; (con ladrillos) to brick up

tapicería *f* **1** (de coches, muebles) upholstery **2** (arte) tapestry making **3** (tapiz) tapestry, wall-hanging

tapicero -ra *m,f* **1** (de muebles) upholsterer **2** (de tapices) tapestry maker

tapilla *f* (Chi) heelpiece

tapioca *f* tapioca

tapir *m* tapir

tapisca *f* (AmC) maize harvest

tapiz *m* **1** (para la pared) tapestry, wall-hanging **2** (para el suelo) carpet **3** (para muebles) upholstery

(Compuesto) **tapiz de empapelar** (Méx, Ven) wallpaper

tapizado *m* upholstery

tapizar [A4] *vt* ‹*sillón*› to upholster; ‹*pared*› to line; **un sillón tapizado de cuero** a leather-upholstered *o* leather-covered chair; **el sendero estaba tapizado de hojas** the path was carpeted with leaves

tapón *m*

A **1** (de vidrio, goma) stopper; (de corcho) cork **2** (del lavabo) plug **3** (para los oídos) earplug **4** (en cirujía) tampon **5** (de cerumen) plug

(Compuesto) **tapón de rosca** screw top *o* cap

B (fam) (persona) shorty (colloq), shrimp (colloq)

C **1** (fam) (atasco) traffic jam, tailback, hold up **2** (en baloncesto) block

D (CS) (Elec) fuse

taponado *m* corking, capping

taponamiento *m* **1** (de una cañería) blockage **2** (Med) plugging **3** (Col, RPl) (Auto) (embotellamiento) holdup, traffic jam, tailback

taponar [A1] *vt* **1** ‹*agujero*› to block **2** ‹*herida*› to plug

■ **taponarse** *v pron* **1** «*oídos/nariz*» (+ *me/te/le etc*) to get blocked; **se me ~on los oídos** my ears got blocked; **tiene la nariz taponada** she has a blocked *o* blocked-up nose **2** «*cañería*» to get blocked **3** (RPl) «*ciudad/zona*» to block; **el centro está taponado** the city center is completely blocked *o* jammed *o* (colloq) chock-a-block with cars

taponazo *m* (AmL) shot

tapujos *mpl*: **dijo lo que pensaba de mí sin ~** he told me openly what he thought of me; **no te andes con ~** don't beat about the bush, stop being evasive *o* cagey

taquear [A1] *vi*
A (Méx) (comer) to eat tacos, have a snack
B (Per fam) (Jueg) to shoot pool (colloq)

taquería *f* (Méx) taco stall/restaurant

taquete *m* (Méx) (de madera) plug; (para un tornillo) Rawl® (AmE), Rawlplug® (BrE)

taquicardia *f* tachycardia

taquigrafía *f* shorthand, stenography (AmE)

taquigrafiar [A17] *vt* to write ... in shorthand, to take ... down in shorthand

taquigráficamente *adv* in shorthand

taquigráfico -ca *adj* shorthand (*before n*), stenographic (AmE)

taquígrafo -fa *m,f* shorthand clerk (*o* typist *etc*), stenographer (AmE)

taquilla[1] *f*
A **1** (ventanilla — de un cine) box office, ticket office; (— en una estación, un estadio) ticket office **2** (cantidad recaudada) takings (*pl*); ***hacer ~*** *or* ***tener buena ~*** «*película/obra*» to be a box-office hit **3** (casillero) rack, pigeonholes (*pl*)
B (Chi fam) **1** (diversión) fun; **salimos a buscar ~** we went out for some fun **2** (popularidad, aceptación): **se ha ganado una ~ enorme entre la juventud** it has really taken off *o* become a hit with young people (colloq)

taquilla[2] *adj* (Chi fam) cool (colloq); **se ve muy ~ con esos lentes** he looks very cool in those shades; **un disco muy ~** a very cool record

taquillaje *m* takings (*pl*)

taquillazo *m* box-office hit

taquillero[1] **-ra** *adj* **1** (Cin, Teatr) box-office (*before n*); **un actor ~** a box-office draw; **el largometraje más ~ de la historia** the biggest box-office hit in history **2** (Chi fam) (de moda) in (colloq), trendy (colloq)

taquillero[2] **-ra** *m,f* box-office clerk

taquimeca *mf* (fam) shorthand typist, stenographer (AmE)

taquimecanografía *f* shorthand typing, stenography (AmE)

taquimecanógrafo -fa *m,f* shorthand typist, stenographer (AmE)

taquímetro *m* tachymeter

taquito *m* (Esp) small cube

tara *f*
A (peso) tare
B (defecto) defect
C (Col fam) (miedo irracional) phobia

tarabilla *mf*
A (Zool) stonechat
B (fam) **1** (charla) prattle (colloq) **2** (persona habladora) chatterbox (colloq), windbag (colloq) **3** (persona nerviosa): **es una ~** she gets really hyped up (colloq)

taracea *f* inlay, marquetry

taracear [A1] *vt* to inlay

tarado[1] **-da** *adj* **1** (minusválido) handicapped **2** (fam & pey) (tonto) stupid

tarado[2] **-da** *m,f* **1** (minusválido) handicapped person **2** (fam & pey) (imbécil) cretin (colloq & pej), moron (colloq & pej)

tarambana[1] *adj* (fam) good-for-nothing (*before n*) (colloq)

tarambana[2] *mf* (fam) good-for-nothing (colloq)

tarantela *f* tarantella

tarantín *m* (Ven) stall

tarántula *f* tarantula

tarar [A1] *vt*
A (pesar) to tare
B (Col) (volver idiota): **la televisión tara a los niños** television dulls children's minds

tararear [A1] *vt* to la-la-la

tarasca *f* **1** (fam) (mujer de carácter violento) battle-ax* (colloq), old bag (colloq) **2** (Chi fam) (boca) mouth; **¡mansa ~ que tiene!** what a mouth!

tarascada *f*
A (mordisco) bite
B (fam) (repuesta violenta, ofensiva) rude *o* snappy retort

tarascazo *m* (Andes fam) ▸**tarascada**

tarascón *m* (CS) bite

tardado -da *adj* (Méx) lengthy, time-consuming

tardanza *f*: **me preocupa su ~** I'm worried that he's so late; **explicó que su ~ se debió a una avería** he explained that his lateness was due to a breakdown, he explained that he was late because of a breakdown; **¿a qué se deberá tanta ~ ?** I wonder why he's/they're taking so long

tardar [A1] *vt*: **tardó tres horas más de lo previsto** she took three hours longer than expected; **espérame, no tardo ni un minuto** wait for me, I won't be a minute; **¿cuánto se tarda de Moscú a Berlín?** how long does it take from Moscow to Berlin?; **está tardando mucho** she's taking a long time; **con este tráfico ~emos el doble en llegar** with this traffic it will take us twice as long to get there; **~án varios días en darme los resultados** it'll be several days before they give me *o* before I get the results; **la carne tarda unas dos horas en hacerse** the meat takes about two hours to cook; **tardó mucho en contestarme** she took a long time to answer; ***a más ~*** at the (very) latest; **tiene que estar listo el lunes a más ~** it must be ready by Monday at the (very) latest
■ **tardar** *vi*: **¡no tardes!** don't be long!; **~ EN + INF**: **aún ~á en llegar** it'll be a while yet before he gets here; **no ~on en detenerlo** it didn't take them long to arrest him; **sus efectos no ~án en apreciarse** it won't be long before the effects are felt
■ **tardarse** *v pron* (AmL) ▸**tardar, tardar**

tarde[1] *adv* late; **se levantó tardísimo** he got up very late; **vamos a llegar ~** we're going to be late; **ya es ~ para eso** it's too late *o* it's a little late for that now; **se está haciendo ~** it's getting late; **se te va a hacer ~** you're going to be late; **se nos hizo ~ y tuvimos que tomar un taxi** it got late and we had to take a taxi; **hoy vino más ~ que de costumbre** today he was *o* came later than usual; **la Semana Santa cae ~ este año** Easter is late this year; **tuvo los hijos muy ~** she had her children very late in life; ***~ o temprano*** sooner or later; ***~ piache*** *or* ***piaste*** (fam) too late!, it's too late now; ***más vale ~ que nunca*** better late than never

tarde[2] *f* ▸❶ **p.431** (temprano) afternoon; (hacia el anochecer) evening; **todas las ~s después de almorzar** every afternoon after lunch; **a las seis de la ~** at six in the evening; **¡buenas ~s!** (temprano) good afternoon!; (hacia el anochecer) good evening!; **la ~ anterior la había visto** he had seen her the previous evening; **llegó en el avión de la ~** she came on the afternoon/evening flight; **por la ~** *or* (esp AmL) **en la ~** in the afternoon/evening; **a la ~** *or* **de ~** (RPl) in the afternoon/evening; ***de ~ en ~*** occasionally; **los veo muy de ~ en ~** I see them (only) very occasionally; **vienen por aquí de ~ en ~** they come around from time to time *o* occasionally

tardecer [E3] *vi* ▸**atardecer**[1]

tardíamente *adv* belatedly; **aunque ~, quisiera felicitarte por tu cumpleaños** I would like to wish you a happy birthday, albeit a belated one *o* albeit late *o* albeit belatedly; **respondieron muy ~ a nuestra petición** they were very late in responding to our request

tardío -día *adj* ‹*fruto*› late (*before n*), late-ripening; ‹*decisión/acuerdo*› belated; **una de sus obras tardías** one of his later works; **tuvo un amor ~** he had a romance in his later life *o* (liter) in his twilight years; **tuvieron un hijo ~** they had a child late in life

tardo -da *adj* (liter) slow

tardón[1] **-dona** *adj* (fam) slow; **¡qué ~ es!** what a slowpoke (AmE) *o* (BrE) slowcoach he is! (colloq), he's so slow!

tardón[2] **-dona** *m,f* (fam) slowpoke (AmE colloq), slowcoach (BrE colloq)

tarea *f* **1** (trabajo) task, job; **no le gustan nada las ~s de la casa** he hates doing household chores *o* the housework; **no es ~ fácil** it is not easy, it is no easy task **2** (deberes escolares) homework; **tengo que hacer la(s) ~(s)** I have to do my homework *o* (AmE) assignments

tarifa *f* **1** (baremo, escala) rate; **vuelven a subir las ~s eléctricas/postales** electricity charges/postal rates are going up again; **¿cuál es su ~?** what rate *o* how much do you charge?; **cobra una ~ fija** he charges a fixed rate **2** (Transp) fare; **por la noche los taxis cobran una ~ más alta** taxis charge a higher rate at night, taxis put their fares up at night; **los niños pagan una ~ reducida** children pay a reduced *o* lower fare **3** (lista de precios) price list, tariff (BrE) **4** (arancel) tariff; **~s aduaneras** customs tariffs *o* duties; **~s comerciales** trade tariffs

Compuestos
- **tarifa apex** apex fare
- **tarifa económica** economy fare
- **tarifa nocturna** night rate
- **tarifa plana** flat rate

tarifar [A1] *vt* ‹*servicio*› to price; **las llamadas se tarifan por minuto** calls are priced by the minute
■ **tarifar** *vi* (Esp fam) (reñir) to argue, quarrel, fall out; **~ CON algn** to fall out WITH sb; **si hablan de política saldrán tarifando** if they talk politics they'll fall out with each other

tarifario[1] **-ria** *adj* ‹*sistema/reglamento*› pricing (*before n*); ‹*ajuste/aumento*› price (*before n*); **listado ~** price list

tarifario[2] *m* price list

tarima *f* (plataforma) dais; ▸**suelo**

tarjar [A1] *vt* (Andes) to cross out, delete (frml)

tarjeta *f* card; **marcar** (AmL) *or* (Méx): **checar ~** to clock in/out, punch in/out (AmE)

Compuestos
- **tarjeta amarilla** (Dep) yellow card; **le mostró** *or* **sacó (la) ~ ~** he showed him the yellow card
- **tarjeta de aplazamiento** (Col, Ven) (Mil) draft card
- **tarjeta de banda magnética** swipe card
- **tarjeta de cobro automático** debit card
- **tarjeta de crédito** (Fin) credit card; (Esp): ***tirar de la ~ de crédito*** to make use of one's credit card
- **tarjeta de débito** (AmL) (Fin) debit card
- **tarjeta de embarque** (Transp) boarding pass *o* card
- **tarjeta de estudiante** student card
- **tarjeta de expansión** (Inf) expansion card
- **tarjeta de fidelidad** (Marketing) loyalty card
- **tarjeta de memoria** (Inf) memory card
- **tarjeta de Navidad** Christmas card
- **tarjeta de presentación** business card, visiting card
- **tarjeta de raspe y gane** (AmL) scratch card
- **tarjeta de rasque y gane** (Esp) scratch card
- **tarjeta de sonido** (Electrón) sound card
- **tarjeta de video** *or* (Esp) **vídeo** (Electrón) video card
- **tarjeta de visita** card, business card, calling card (AmE), visiting card (BrE)
- **tarjeta gráfica** *or* **digitalizadora** graphics card
- **tarjeta inalámbrica** (Inf) wireless card
- **tarjeta inteligente** (Electrón) smart card
- **tarjeta multimedia** (Inf) multimedia card
- **tarjeta perforada** punch card
- **tarjeta postal** postcard
- **tarjeta prepago** (Telec) top-up card
- **tarjeta roja** red card; **le mostró** *or* **sacó (la) ~ ~** he showed him the red card; ▸**tarjeta amarilla**
- **tarjeta ROM** (Electrón) ROM card
- **Tarjeta Sanitaria Europea** (Med) European Health Insurance Card

- **tarjeta SIM** ➡ (Telec) SIM card
- **tarjeta telefónica** (Telec) phonecard
- **tarjeta verde** (Der, Transp) green card

tarjetahabiente *mf* (Méx, Ven) cardholder

tarjetero *m* (AmL) **tarjetera** *f* credit card holder *o* wallet

tarlatana *f* tarlatan

tarot *m* (*pl* **~s**) Tarot, tarot; **carta de ~** Tarot *o* tarot card

tarquín *m* mud, silt

tarraconense *adj* of/from Tarragona

tarrina *f* tub

tarro *m*

A (recipiente— de vidrio) jar; (— de cerámica) pot; (— de metal) (Chi) can, tin (BrE); **~ de leche** (RPl) milk churn; ***darle como ~ a algo*** (Chi fam): **le ha dado como ~ al autito** he's really thrashed the poor car (colloq); ***levantarse el ~*** (CS fam) to show off; ***sonar como ~*** (CS fam) to screw up (sl), to mess up (AmE colloq), to mess things up (BrE colloq)

(Compuesto) **tarro basurero** *or* **de la basura** (Chi) trash can (AmE), rubbish bin

B 1 (Méx, Ven) (taza) mug 2 (Méx) (jarra) stein (AmE), tankard (BrE)

C (Per) tall hat

D (Esp arg) (cabeza) head; **¿estás mal del ~?** are you off your head?; ***comerle el ~ a algn*** *ver* **coco[2]**

E (RPl arg) (suerte) luck; **tiene un ~ bárbaro** he's so lucky

tarso *m* tarsus

tarta *f* (Esp) cake

(Compuestos)
- **tarta de cumpleaños** birthday cake
- **tarta de melaza** treacle tart
- **tarta de queso** cheesecake
- **tarta helada** ice cream (*in the shape of cake*)
- **tarta nupcial** wedding cake

tártago *m* 1 (Bot) spurge 2 (Ven) (ricino) castor oil

tartaja *mf* (fam) stammerer, stutterer

tartajear [A1] *vi* 1 (tartamudear) to stammer, stutter 2 (mezclar sílabas) to make spoonerisms

tartajeo *m* ▸**tartamudeo**

tartajoso -sa *adj/m,f* ▸**tartamudo[1]**, **tartamudo[2]**

tartaleta *f* 1 (tarta individual) tartlet 2 (porción) piece of cake

tartamudear [A1] *vi* to stutter, stammer

tartamudeo *m* stuttering, stammering

tartamudez *f*: **una terapia para el problema de la ~** therapy to correct a stutter *o* stammer; **logró superar su ~** he managed to overcome his stutter *o* stammer

tartamudo[1] -da *adj* stuttering (*before n*), stammering (*before n*); **es ~** he has a stutter *o* stammer

tartamudo[2] -da *m,f* stammerer; **tengo un ~ en mi clase** one of the boys in my class has a stutter *o* stammer

tartán *m* tartan

tartana *f* covered trap

tartárico *adj* tartaric

tártaro[1] -ra *adj* 1 ‹*pueblo*› Tartar, Tatar 2 (Coc) ▸**salsa[2]**

tártaro[2] -ra *m,f* Tartar, Tatar

tarteleta *f* (RPl) ▸**tartaleta**

tartera *f* 1 (para cocinar) cake tin 2 (fiambrera) lunch pail (AmE), lunch box (BrE)

tartesio -sia *adj* (Hist) Tartessian

Tarteso *m* (Hist) Tartessus

tartrato *m* tartrate

tártrico *adj* tartaric

tartufo -fa *m,f* (liter) Tartuffe (liter), hypocrite

tarugada *f* (Méx fam): **es pura ~** it's sheer stupidity; **no hagan una ~ con esa pistola** don't do anything stupid with that gun

tarugo *m* 1 (de madera) piece; (de pan duro) piece, hunk 2 (clavija) peg, dowel 3 (fam) (persona torpe) blockhead (colloq), dimwit (colloq); ***hacerse ~s*** (Méx fam) to clown around (colloq)

tarumba *adj* crazy (colloq); **lo volvió ~** she drove him crazy, he went crazy *o* flipped out over her (colloq); **volverse ~** (fam) to go crazy (colloq)

tarúpido -da *adj* (CS fam & hum) dumb (colloq), dense (colloq), thick (colloq)

tasa *f* 1 (valoración) valuation 2 (impuesto) tax; **~s municipales** local *o* municipal taxes; **~s de secretaría** registration fees 3 (medida) moderation; **sin tasa** boundless; **tiene una desfachatez sin ~** she has an amazing nerve; **bebió sin ~ ni medida** he drank like a fish 4 (índice) rate

(Compuestos)
- **tasa de bits** bit rate
- **tasa de desempleo** rate *o* level of unemployment
- **tasa de interés** interest rate, rate of interest
- **tasa de mortalidad** mortality rate
- **tasa de natalidad** birthrate

tasación *f* valuation

tasador -dora *m,f* valuer, assessor

tasajear [A1] *vt* (Méx, Per) to slash

tasajo *m* dried *o* jerked beef, jerky

tasar [A1] *vt* 1 ‹*cuadro/joyas*› to value, assess the value of, valuate (AmE) 2 (racionar) ‹*dinero/comida*› to ration, limit

tasca *f* (taberna) bar, tavern; (bar de poca categoría) cheap bar, dive (colloq)

Tasmania *f* Tasmania

tasquear [A1] *vi* (Esp fam) to go drinking, go pubbing (BrE colloq)

tasqueo *m* (Esp fam): **ir(se) de ~** to go drinking, go pubbing (BrE colloq)

tata[1] *m*

A (AmL fam) (padre) dad (colloq), pop (AmE colloq)

(Compuesto) **tata Dios** *m*

A (AmL fam) (Dios) God

B (RPl fam) (Zool) daddy longlegs

B (AmL fam) (abuelo) grandpa (colloq), grampa (colloq)

tata[2] *f* (Esp fam) 1 (niñera) nanny 2 (empleada del hogar) maid

tatarabuelo -la *m,f*

A (*m*) great-great-grandfather; **mis ~s** my great-great-grandparents

B (*f*) great-great-grandmother

tataranieto -ta *m,f*

A (*m*) great-great-grandson; **mis ~s** my great-great-grandchildren

B (*f*) great-great-granddaughter

tate *interj* (fam) 1 (¡para!) stop! 2 (¡despacio!) slowly!, easy does it! (colloq) 3 (al darse cuenta de algo) so that's it!, now I see!

ta-te-ti *m* (RPl) tic-tac-toe (AmE), noughts and crosses (BrE)

tatú *m* (Bol, Per, RPl) armadillo

tatuador -dora *m,f* tattooist, tattoo artist

tatuaje *m* (acción) tattooing; (dibujo) tattoo

tatuar [A18] *vt* to tattoo

tatucera *f* (RPl) burial ground

taumaturgia *f* miracle-working, thaumaturgy

taumaturgo -ga *m,f* miracle-worker

taurino[1] -na *adj*

A ‹*temporada/afición/festival*› bullfighting (*before n*), taurine (frml)

B (Astrol) Taurean

taurino[2] -na *m,f* (Astrol) Taurean, Taurus

Tauro[1] (signo, constelación) Taurus; **es (de) ~** he's (a) Taurus, he's a Taurean

Tauro[2], tauro *mf* (*pl* **~, -ros**) (persona) Taurean, Taurus

taurófilo -la *m,f* bullfighting fan *o* aficionado

taurómaco -ca *adj* bullfighting (*before n*)

tauromaquia *f* (the art of) bullfighting, tauromachy (frml)

tauromáquico -ca *adj* ▸**taurómaco**

tautología *f* tautology

tautológico -ca *adj* tautological, redundant

TAV /taβ/ *m* = **Tren de Alta Velocidad**

taxativamente *adv* (frml) specifically

taxativo -va *adj* (frml) restricted, specific

taxi *m* taxi, cab; **tomar un ~** to take a taxi *o* cab

(Compuesto) **taxi colectivo** minibus (*used for public transport*)

taxia *f* taxis

taxidermia *f* taxidermy

taxidermista *mf* taxidermist

taxiflet *m* (RPl) removal van

taxímetro *m* (aparato) taximeter, meter; (vehículo) taxi, cab

taxista *mf* taxi driver, cabdriver

taxonomía *f* taxonomy

taxonómico -ca *adj* taxonomical

Tayikistán *m* Tadjikistan, Tadzhikistan

taza *f*

A 1 (recipiente) cup 2 (contenido) cupful; **una ~ de las de té de azúcar** a teacupful of sugar; **me ofreció una ~ de té** he offered me a cup of tea 3 (del retrete) (toilet) bowl 4 (de una fuente) basin

(Compuestos)
- **taza de café** coffee cup
- **taza de té** teacup

B (RPl) (Auto) hubcap

tazón *m* bowl; **un ~ de leche/caldo** a bowl of milk/soup

tb. = **también**

TC *f* (= **tomografía computerizada**) CT

TDA *m* (= **Trastorno Deficitario de la Atención**) ADD

te[1] *f*: *name of the letter* **t.**

te[2] *pron pers* 1 you; **¿~ ha mandado la cuenta?** has he sent you the bill?; **no ~ va a creer esa historia** she's not going to believe that story; **no ~ lo quiero prestar** I don't want to lend it to you *o* to lend you it; **¿quieres que ~ lo pase a máquina?** do you want me to type it for you?; **~ lo quiere quitar** he wants to take it away from you; **voy a serte sincera** I'll be frank with you; **cuídate** (*refl*) take care *o* look after yourself; **¿~ has cortado el pelo?** (*refl*) have you cut your hair?; (*caus*) have you had your hair cut?; **¿~ tomaste toda la botella?** (*enf*) did you drink the whole bottle?; **¿~ sientes bien?** are you feeling all right?; **no ~ muevas** don't move; **se ~ ha secado la rosa** your rose has dried up 2 (*impers*): **cuando ~ dicen esas cosas** when people say things like that to you

té *m* 1 (infusión, planta) tea; **nos invitaron a tomar el ~** they invited us for tea; ***a la hora del ~*** (literal) at tea-time; (a la hora de la verdad) (Col fam) when it comes to the crunch (colloq) 2 (AmL) (reunión) tea party; **un ~ para despedir a Elena** a farewell tea party for Elena

(Compuesto) **té canasta** (AmL) charity tea and canasta party

tea *f* torch; ***arder como una ~*** to go up like a torch

teatral *adj* 1 (Teatr) ‹*grupo/temporada*› theater* (*before n*); **una obra ~** a play; **vi la producción ~** I saw the stage version; **un destacado autor ~** an outstanding playwright 2 ‹*persona*› theatrical; ‹*gesto/tono*› theatrical, dramatic; **me señaló el cajón con un gesto ~** he pointed dramatically to the drawer

teatralidad *f*

A (Teatr) (de una obra) theatricality, dramatic quality

B (exageración) staginess, excessive theatricality

teatralización *f*

A (Teatr) dramatization, stage adaptation

B (exageración) exaggeration

teatralizar [A4] *vt* 1 (Teatr) ‹*tema/texto/obra*› to dramatize, adapt...for the stage 2 ‹*acontecimiento/situación*› to exaggerate; **todo lo teatraliza** he exaggerates everything; **el jugador teatralizó la caída** the player made a great show of falling over

---

➡ *ver* SMS (mensajería de texto)

teatralmente *adv* theatrically

teatrero[1] **-ra** *adj* (fam): **¡qué ~ eres! seguro que no te pasa nada** stop putting it on! *o* stop being so dramatic! I'm sure there's nothing wrong with you really (colloq)

teatrero[2] **-ra** *m,f* (fam): **¡es un ~!** he loves to exaggerate *o* to make a drama out of things!

teatro *m*

A (Teatr) **1** (arte, actividad) theater*; **el ~ moderno/de vanguardia/clásico** modern/avant-garde/classical theater; **el ~ de Calderón** Calderon's theater *o* plays; **una obra de ~** a play; **adaptado para el ~ por José Romero** adapted for the stage by José Romero; **no voy mucho al ~** I don't go to the theater much; **actor de ~** stage actor; **director de ~** theater *o* stage director; **el mundo del ~** the theater **2** (local) theater*; **el ~ estaba lleno** the theater was full; **¿quedamos en la puerta del ~?** shall we meet at the theater entrance?; **un ~ al aire libre** an open-air theater **3** (cine) movie theater (AmE), cinema (BrE)

(Compuestos)
- **teatro de aficionados** amateur dramatics
- **teatro de calle** street theater, (BrE), street theatre
- **teatro de guiñol** puppet theater*
- **teatro del absurdo** theater* of the absurd
- **teatro de la ópera** opera house
- **teatro de marionetas** puppet theater*
- **teatro de títeres** puppet theater*
- **teatro de variedades** vaudeville (AmE), music hall (BrE)
- **teatro experimental** experimental theater*
- **teatro vocacional** (Arg) amateur dramatics

B (fam) (exageración): **es puro ~, no se hizo casi nada** it's all an act *o* he's putting it on, he hardly hurt himself at all; ***hacerle ~ a algn*** (Chi, Méx fam) to try it on with sb (colloq), to put one over on sb (colloq)

C (de una batalla, guerra) theater*

(Compuesto) **teatro de operaciones** theater* of operations

tebano -na *adj* Theban

Tebas *m* Thebes

tebeo *m* (Esp) comic (*for children*); ***estar más visto que el ~*** (fam): **esas faldas están más vistas que el ~** everyone's wearing those skirts this year (colloq); **este tipo de póster está más visto que el ~** you see posters like this everywhere *o* (colloq) all over the place

teca *f* teak

tecali *m* (Méx) alabaster

techado *m* roof

techador -dora *m,f* **1** (de tejas) roofer **2** (de paja) thatcher

techar [A1] *vt* **1** (con tejas) to roof **2** (con paja) to thatch

techo *m*

A **1** (cielo raso) ceiling **2** (AmL) (tejado, cubierta) roof; **bajo ~** indoors *o* under cover **3** (hogar, casa) house; **todos viven bajo el mismo ~** they all live under the same roof *o* in the same house; **muchas familias quedaron sin ~** many families were left homeless *o* without a roof over their heads; ***para tirar al ~*** (Arg fam): **tienen plata para tirar al ~** they have money to burn (colloq), they have loads of money (colloq)

(Compuesto) **techo corredizo** sunroof

B **1** (de un avión) ceiling **2** (nivel, cota) ceiling; **rebasó el ~ del 8%** it exceeded the 8% ceiling *o* limit; **tratan de elevar su ~ electoral a 105 escaños** they are trying to raise their quota of seats to 105; **los precios ya han tocado ~** prices have peaked *o* have gone as high as they're going to go *o* have reached their highest point

(Compuesto) **techo de cristal** glass ceiling

techumbre *f* roof

tecito *m* (esp AmL fam) tea; **me tomaría un ~** I'd love a cup of tea; **un ~ de yuyos** (RPl) a herbal tea

teckel *mf* /'tekel/ (*pl* **-ckels**) dachshund

tecla *f* **1** (Mús) key; ***dar en la ~*** to hit the nail on the head (colloq) **2** (de un ordenador) key **3** (fam) (para conseguir un fin): **ya no me queda ninguna ~ por tocar** I've tried every avenue *o* approach; **habrá que tocar todas las ~s** we'll have to pull out all the stops; **alguna ~ habrá tocado** I bet she pulled some strings (colloq)

(Compuestos)
- **tecla aceleradora** *or* **de atajo** shortcut key
- **tecla de comando** command key
- **tecla de cursor** cursor key
- **tecla de desplazamiento** scroll key
- **tecla definida por el usuario** user-defined key
- **tecla de función** function key
- **tecla de número** pound key (AmE), hash key (BrE)
- **tecla de ordenación** sort key
- **tecla meta** meta key

tecladista *mf* (Méx) keyboard player

teclado *m* keyboard; **~ numérico** numeric keypad

tecleado *m* keyboarding, keying

teclear [A1] *vt* ‹*palabra/texto*› to key in, type in; **teclee su número de identificación personal** key in *o* enter your personal identification number

■ **teclear** *vi* (en una máquina de escribir) to type; (en un ordenador) to key; ***estar tecleando*** (RPl fam) «*enfermo*» to be at death's door; «*negocio*» to be on the brink of disaster, be about to go under (colloq)

tecleo *m* **1** (en una máquina de escribir) typing; (en un ordenador) keying, keyboarding **2** (ruido) clicking, tapping, clacking

tecleteo *m* ▸**tecleo**

teclista *mf* **1** (Impr, Inf) keyboarder, keyboard operator **2** (Mús) keyboard player

tecnecio *m* technetium

técnica *f*

A **1** (método) technique **2** (habilidad, destreza) skill; **conduce con mucha ~** she's a very skilful driver

B (tecnología) technology; **avances de la ~** advances in technology

(Compuestos)
- **técnica electrónica** electronic technology
- **técnica hidráulica** hydraulic technology

C (en baloncesto) technical foul

técnicamente *adv* technically

tecnicidad *f* ▸**tecnicismo**

tecnicismo *m* **1** (cualidad) technical nature **2** (palabra) technical term

técnico[1] **-ca** *adj* technical; **por razones técnicas** for technical reasons

técnico[2] **-ca** *m,f*, **técnico** *mf* **1** (en una fábrica) technician **2** (de lavadoras, etc) repairman (AmE), engineer (BrE) **3** (Dep) trainer, coach (AmE), manager (BrE)

(Compuestos)
- **técnico de grabación** recording engineer
- **técnico de sonido** sound technician *o* engineer

tecnicolor® *m* Technicolor®

tecnificación *f* modernization, increased use of technology

tecnificar [A2] *vt* to modernize, increase the use of technology in

tecnocracia *f* technocracy

tecnócrata[1] *adj* technocratic

tecnócrata[2] *mf* technocrat

tecnocrático -ca *adj* technocratic

tecnoestructura *f* technostructure

tecnófilo -la *m,f* technophile

tecnofobia *f* technophobia

tecnofóbico -ca *adj/m,f* technophobic

tecnófobo -ba *m,f* technophobe

tecnología *f* technology; ▸**alto**[1], **bajo**[1], **nuevo**

(Compuestos)
- **tecnología alternativa** alternative technology
- **tecnología de alimentos** food technology
- **tecnología de estado sólido** solid state technology
- **tecnología espacial** space technology
- **tecnología punta** up-to-the-minute technology, leading-edge *o* advanced technology
- **tecnologías instrumentales** *fpl* enabling technologies (*pl*)

tecnológico -ca *adj* technological

tecnólogo -ga *m,f* technologist

tecolines *mpl* (Méx fam) dough (colloq), cash (colloq), money

tecolote *m*

A (Méx) (Zool) owl

B (Méx fam) (policía) cop (colloq)

tecomate *m* ▸**jícara**

tecorral *m* (Méx fam) stone wall

tectónica *f* tectonics; **~ de placas** plate tectonics

tectónico -ca *adj* tectonic

tecuil, tecuile *m* (Méx fam) hut, shack

tedeum, Te Deum *m* thanksgiving service

tedio *m* boredom, tedium; **me produce ~** I find it boring *o* tedious

tedioso -sa *adj* tedious, boring

tee /ti/ *m* tee

tefal®, **teflón**® *m* Teflon®

tegmen *m* tegmen

tegua *mf* (Col) quack

Tegucigalpa *f* Tegucigalpa

tegucigalpense *adj* of/from Tegucigalpa

Teherán *m* Tehran, Teheran

tehuacán *f* (Méx) mineral water; **una ~ con gas** a sparkling mineral water

teína *f* theine

teipe *m* (Ven) sticky tape

teísmo *m* theism

teísta[1] *adj* theist, theistic

teísta[2] *mf* theist

teja *f* tile; **~s de pizarra** slates; **a ~ vana** open-roofed; **de color ~** brick red; ***corrérsele a algn la ~*** (Andes) to go off one's rocker (colloq), to flip one's lid (colloq); ***pagar a toca ~*** (Esp) to pay cash on the nail (colloq)

(Compuestos)
- **teja árabe** Arab tile
- **teja (de) cumbrera** ridge tile
- **teja plana** interlocking tile

tejado *m* (esp Esp) roof

tejamaní *m* (Méx) roofing board

tejano[1] **-na** *adj* Texan; ▸**pantalones**

tejano[2] **-na** *m,f*

A (persona) Texan

B **1** **tejano** *m* (material) denim **2** **tejanos** *mpl* (pantalones) jeans (*pl*)

tejar[1] [A1] *vt* (con tejas — de barro) to tile; (— de pizarra) to slate

tejar[2] *m* tile factory

Tejas *m* Texas

tejaván *m* (Méx) shed

tejavana *f* shed

tejedor -dora *m,f*

A (persona) **1** (con telar) weaver **2** (con agujas, máquina) knitter

B **tejedora** *f* (máquina) knitting machine

tejemaneje *m* (fam): **hubo muchos ~s antes de su nombramiento** there was a lot of skulduggery *o* scheming leading up to his appointment; **si descubren en qué ~s anda metido, lo van a echar** if they find out about the underhand *o* (colloq) dodgy dealings he's involved in, they'll throw him out (colloq)

tejendero -ra *m,f* (Chi) ▸**tejedor**

tejer [E1] *vt*

A **1** (en un telar) to weave; **alfombras tejidas a mano** hand-woven rugs **2** (con agujas, a máquina) to knit; (con ganchillo) to crochet; **máquina de ~** knitting machine **3** «*araña*» to spin

B (elaborar, desarrollar): **tejieron un plan para asesinarlo** they devised a plan *o* they plotted to murder him; **tejió una intriga vergonzosa** he wove a shameful web of intrigue; **tejió una gran mentira** she spun an elaborate lie

t

■ **tejer** *vi* **1** (en un telar) to weave **2** (con agujas, a máquina) to knit **3** (con ganchillo) to crochet

tejido *m* **1** (tela) fabric; **~s sintéticos** synthetic fabrics *o* textiles **2** (de una tela) weave; **una tela de ~ muy abierto** a fabric with a very loose weave **3** (AmL) (con agujas, máquina) knitting; (con ganchillo) crochet **4** (de una sociedad, un sistema) fabric; **problemas que han dañado el ~ social** problems which have damaged the fabric of society *o* the social fabric **5** (Anat) tissue; **~ de cicatriz** scar tissue

(Compuestos)
- **tejido conjuntivo** connective tissue
- **tejido de alambre** (RPl) wire gauze
- **tejido de punto** knitted fabric
- **tejido metálico** (RPl) wire gauze

tejo *m*

A (Jueg) **1** (disco) disc; ***tirarle a algn los ~s*** (Esp fam) to give sb the come-on (colloq), to hit on sb (AmE colloq) **2** (juego — de niños) hopscotch; (— de adultos) *game similar to pitch-and-toss*; ***se te/le pasó el ~*** (Chi fam) you/he went over the top *o* too far (colloq)

B (para acuñar una moneda) blank

C (Bot) yew, yew tree

tejocote *m: Mexican hawthorn tree and its fruit*

tejoleta *f* (de teja) piece of roof tile; (de barro cocido) piece of pottery

tejolote *m* (Méx) pestle

tejón *m* badger

tejonera *f* badger's set*

Tel. (= **teléfono**) Tel.

tela *f*

A (Tex) (material) material, fabric, cloth; (trozo) piece of material *o* fabric *o* cloth; **~ de lana** wool, wool fabric; **~ de algodón** cotton, cotton fabric; **~ sintética** man-made *o* synthetic material; **~ lisa/estampada** plain/patterned material *o* fabric; **compré una ~ de algodón para hacerme una falda** I bought some cotton material *o* fabric to make myself a skirt; **¿es de ~ o de cuero?** is it made out of fabric or leather?; **se necesitan 12 metros de ~** you need 12 meters of fabric *o* material *o* cloth; **estaba cubierta con una ~ blanca** it was covered with a white cloth; **un libro encuadernado en ~** a clothbound book; ***allí hay (mucha) ~ de donde*** *or* ***para cortar*** there's plenty that could be said about that; ***poner algo en ~ de juicio*** to call sth into question, question sth; ***tener ~ (marinera)*** (Esp fam): **vamos a tener ~ para rato** we're going to have a lot of work on our hands; **este asunto tiene ~ (marinera)** this is a very tricky matter *o* business; **estos niños tienen ~** these kids are a real handful (colloq)

(Compuestos)
- **tela adhesiva** (Chi) adhesive tape
- **tela de araña** spiderweb (AmE), spider's web (BrE); **el desván estaba lleno de ~s de ~** the attic was full of cobwebs
- **tela de costal** (Col, Méx) sackcloth
- **tela de saco** sackcloth
- **tela metálica** wire netting, wire mesh, wire gauze

B (Art) (cuadro) canvas, painting

C (membrana) skin, film

D (Esp fam) (dinero) money, cash (colloq)

telamón *m* telamon

telar *m*

A (Tex) **1** (máquina) loom **2** **telares** *mpl* (fábrica) textile mill

(Compuesto) **telar de encuadernación** sewing frame

B (Teatr) gridiron

telaraña *f* spiderweb (AmE), spider's web (BrE); **la mosca quedó atrapada en la ~** the fly got trapped in the spiderweb *o* spider's web; **el cuarto estaba lleno de ~s** the room was full of cobwebs; ***mirar las ~s*** to have one's head in the clouds; ***sacudirse las ~s*** to blow the cobwebs away; ***tener ~s en los ojos*** to be blind

(Compuesto) **telaraña mundial** (Inf) World Wide Web

tele *f* (fam) TV (colloq), telly (colloq)

tele- *pref* tele-

> **Tele 5 (TeleCinco)**
>
> One of Spain's private television channels. The main proprietors are the Italian press magnate Silvio Berlusconi, the publishing house Anaya, and the ▸**ONCE - Organización Nacional de Ciegos Españoles**. *Tele 5* aims at a mass audience, broadcasting mostly game shows, variety programs, and popular movies.

teleadicto -ta *m,f* (fam) telly addict (colloq)

telealarma *f* alarm system

telebaby /tele'beɪbi/ *m* (*pl* **~s**) (Esp) chairlift (*for children*)

telebanca *f* telebanking

telebanco *m* cash machine *o* dispenser

telebasura *f* low-quality television, trash TV (colloq)

telecabina *m or f* cable car

telecámara *f* TV camera

telecirugía *f* (Med) telesurgery

teleco *f* telco

telecomedia *f* comedy show (*on television*), television comedy

telecompra *f* TV shopping

telecomprador -dora *m,f* teleshopper

telecompras *fpl* teleshopping

telecomputación *f* telecomputing

telecomputadora *f*, **telecomputador** *m* (AmL) telecomputer

telecomunicación *f* telecommunication

teleconferencia *f* conference call, teleconference

telecontrol *m* remote control

telecopiadora *f* fax machine, Telecopier® (AmE), telefax (AmE)

teleculebra *f* (Ven fam) soap opera, soap (colloq)

telediario *m* (Esp) news, television news; **el ~ de las tres** the three o'clock news

teledifusión *f* television broadcasting

teledirigido -da *adj* ‹coche› radio-controlled, remote-controlled; **misiles ~s** guided missiles

telefacsímil *m* ▸**telefax**

telefax *m* fax, telefax (AmE)

teleférico *m* cable railway

telefilm *m* (*pl* **-films**), **telefilme** *m* TV movie, made-for-TV movie

telefonazo *m* (fam) call, buzz (colloq), ring (BrE colloq); **le voy a dar** *or* **pegar un ~** I'm going to give him a buzz *o* a call (colloq)

telefoneada *f* (Chi) ▸**telefonazo**

telefonear [A1] *vt* to telephone, phone, call; **me telefoneó para decirme que venía** she called *o* she phoned me to say she was coming; **¿puedo ~ a Londres?** can I make a (telephone) call to London?, can I call London?

■ **telefonear** *vi* to telephone, phone; **telefoneé para pedir un taxi** I phoned *o* telephoned for a cab, I called a cab

telefonía *f* telephony (frml); **la ~ rural** the rural telephone system

(Compuestos)
- **telefonía celular** (AmL) *or* **móvil** cell phone telephony (AmE); mobile phone telephony (BrE)
- **telefonía fija** fixed line telephony

telefónicamente *adv* by telephone

telefónico -ca *adj* telephone (*before n*), telephonic (frml)

telefonillo *m* (Esp) entryphone

telefonista *mf* telephone operator, telephonist (BrE)

teléfono ➡📖 *m*

A (Telec) telephone, phone; **¿me das tu número de ~?** can you give me your phone number?; **¿tienes ~?** are you on the phone?; **¡Teresa, ~!** Teresa, phone for you!; **te llaman por ~** there's someone on the phone for you, you're wanted on the phone; **siempre tengo que contestar yo el ~** it's always me who has to answer the phone; **en esa oficina nunca atienden el ~** they never answer the phone in that office; **me colgó el ~** she hung up on me; **coger el ~** (esp Esp) to answer *o* (colloq) get the telephone; **ayer hablé por ~ con ella** I spoke to her on the phone yesterday; **está hablando por ~ con un cliente** he's on the phone to a client; **me llamó por ~** she called me (up), she phoned me, she rang me (up) (BrE)

(Compuestos)
- **teléfono celular** (esp AmL) cell phone (AmE), mobile phone (BrE)
- **teléfono de texto** textphone
- **teléfono fijo** land line
- **teléfono inalámbrico** cordless telephone
- **teléfono interno** extension
- **teléfono móvil** (Esp) cell phone (AmE), mobile phone (BrE)
- **teléfono público** *or* (AmL) **monedero** public telephone, payphone
- **teléfono rojo** hotline
- **teléfono satélite** satphone
- **teléfono WAP** WAP phone

B (de la ducha) shower head

telefoto *m* (Méx) telephoto lens

telefotografía *f* telephotography

telefotográfico -ca *adj* telephotographic

telegenia *f* telegenic quality

telegénico -ca *adj* telegenic

telegrafía *f* telegraphy

telegrafiar [A17] *vi/vt* to telegraph

telegráfico -ca *adj* telegraphic

telegrafista *mf* telegraphist

telégrafo *m* telegraph

telegrama *m* telegram

teleimpresor *m*, **teleimpresora** *f* teletypewriter (AmE), teleprinter (BrE)

teleindicador *m* indicator screen

teleinformática *f* ▸**telemática**

telele *m* (fam & hum): **le dio un/el ~** he came over all funny, he had a funny turn (colloq)

telemando *m* remote control

telemanipulador -dora *m,f* teleoperator

telemarketing, telemárketing /tele 'marketɪn/ *m* telemarketing (*pl*)

telemática *f* telematics (*pl*), data transmission

telemático -ca *adj* telematic

telemedicina *f* telemedicine

telemensaje *m* telemessage

telemetría *f* telemetry

telémetro *m* (Const, Ing) telemeter; (Arm, Fot) rangefinder

telenoticiario *m* (AmL) ▸**telenoticias**

telenoticias *fpl* TV news

telenovela *f* soap opera

teleobjetivo *m* telephoto lens

teleología *f* teleology

teleológico -ca *adj* teleological

teleoperador -dora *m,f* telesales worker

teleordenador *m* (Esp) telecomputer

teleósteo *m* teleost

telépata *mf* telepathist

telepatía *f* telepathy

telepáticamente *adv* telepathically

telepático -ca *adj* telepathic

telepedido *m tb* : **~s** teleordering

teleplatea *f* (CS) television audience

telepredicador -dora *m,f* televangelist, TV preacher

teleprinter /tele'printer/ *m* (*pl* **~s**) teleprinter

teleproceso *m* teleprocessing

teleprómpter *m* (*pl* **~s**) teleprompter

telequinesia *f* telekinesis

telera *f* large loaf of bread

➡📖 *ver* El teléfono; *ver* SMS (mensajería de texto)

telescópico -ca *adj* telescopic

telescopio *m* telescope

(Compuestos)
- **telescopio espacial** space telescope
- **telescopio refractor** refracting telescope

teleserie *f* television series

telesilla *f or m* chair lift

telesoftware *m* telesoftware

telespectador -dora *m,f* viewer, television viewer

telesquí *m* ski lift

teletaquilla *f* (Esp, Méx) (TV) pay-per-view television; **programas ofrecidos en ~** program offered on a pay-per-view basis; **servicio de ~** pay-per-view service

teletaxi *m* radio cab *o* taxi

teleteatro *m* (Teatr, TV) play produced for TV; (culebrón) television drama series (*usually of poor quality*)

teletexto, teletex *m* teletext, videotex

teletienda *f* home shopping service

teletipo *m* Teletype®, teletypewriter (AmE), teleprinter (BrE)

teletrabajador -dora *m,f* teleworker

teletrabajar [A1] *vi* to telework, telecommute

teletrabajo *m* teleworking, telecommuting

teletransportación *f* teleportation

teletransportar [A1] *vi* to teleport

teletratamiento *m* ▸**teleproceso**

televendedor -dora *m,f* telesales person

televentas *fpl* telesales

televidencia *f*
A (proceso, acción) TV viewing, televiewing
B (Andes) (audiencia) audience; (telespectadores) viewers (*pl*)

televidente *mf* viewer, television viewer

televigilancia *f* (home) CCTV

televisar [A1] *vt* to televise

televisión *f* **1** (sistema) television; **transmitieron la ceremonia por ~** the ceremony was broadcast *o* shown on television **2** (programación) television; **¿qué hay en (la) ~?** what's on television?; **le encanta ver** *or* **mirar (la) ~** he loves watching television; **un actor que trabaja/sale mucho en ~** an actor who does a lot of television work/who often appears on television **3** (televisor) television, television set

(Compuestos)
- **televisión a** *or* **en color(es)** color* television
- **televisión de alta definición** high definition television, HDTV
- **televisión de pago** pay-per-view television
- **televisión en blanco y negro** black and white television
- **televisión en circuito cerrado** closed circuit television, CCTV
- **televisión matinal** breakfast television
- **televisión por abonados** subscription television, pay-as-you-view television
- **televisión por cable** cable television
- **televisión por satélite** satellite television
- **televisión terrestre** *or* **terrenal** terrestrial television

televisivo -va *adj* television (*before n*)

televisor *m* television, television set

(Compuestos)
- **televisor en blanco y negro** black and white television (set)
- **televisor en color(es)** color television (set)

televisual *adj* television (*before n*)

télex *m* (*pl* ~) telex; **te envío los detalles por ~** I'll telex the details to you

telgopor® *m* (Arg) polystyrene

telilla *f* film, skin

Telmex = Teléfonos de México

telnet *m* telnet; **conectarse mediante ~** to telnet

telón *m* curtain; **se levantó el ~** the curtain went up

(Compuestos)
- **telón de acero** (Esp) Iron Curtain
- **telón de fondo** (Teatr) backdrop, backcloth (BrE); (trasfondo) background, backdrop; **sobre el ~ de ~ de la guerra civil** against the backdrop of the civil war
- **telón de seguridad** safety curtain

telonero[1] -ra *adj* ‹*artista/grupo*› support (*before n*), supporting (*before n*); **un combate ~** a warm-up fight, a curtain raiser

telonero[2] -ra *m,f* supporting artist (*o* band *etc*); **los ~s** the support

telpochcalli *m* (Hist) Nahuatl school

telúrico -ca *adj* telluric, of the earth

telurio *m* tellurium

tema *m*
A 1 (asunto, materia) subject; **¿no tienes otro ~ de conversación?** don't you ever talk about anything else?; **nos estamos alejando del ~** we're getting off the subject *o* point; **procuren ceñirse al ~ del debate** please try to keep to the point *o* subject *o* topic of the discussion; **en el programa se tratan ~s de actualidad** the program deals with current issues; **el ~ de la novela** the subject matter of the novel; **hay que preparar 20 ~s para el examen** you have to prepare 20 subjects *o* topics for the exam **2** (Art, Mús) (motivo) theme; **el ~ central de la película** the central theme of the film
B (Ling) stem

temario *m* **1** (para un examen) syllabus, list of topics **2** (en un congreso) agenda, program*

temascal, temazcal *m* (Méx) sweat lodge

temática *f* subject matter; **esculturas de ~ religiosa** religious sculptures, sculptures of religious subjects; **el artículo no encaja en la ~ de la revista** the article does not fit in with the general subject matter of the magazine

temático -ca *adj* **1** (sobre un asunto) thematic; **las ponencias se agruparon en bloques ~s** the reports were grouped according to subject **2** (Mús) thematic **3** (Ling) ‹*vocal*› thematic

tematizar [A4] *vt* to make ... the main subject

temazate *m* (Méx) brocket, small deer

tembladera *f* ▸**tembleque[2]**

tembladeral *m* (AmL) ▸**tremedal**

temblar [A5] *vi* **1** «*persona*» (por el frío) to shiver; (por nervios, miedo) to shake, tremble; **estaba tan asustado que estaba temblando** he was quaking *o* shaking *o* trembling with fear; **sus amenazas me hicieron ~** I trembled at her threats; **tiemblo de pensar lo que podría haber pasado** I shudder to think what might have happened; **temblaba de rabia** she was shaking *o* quivering with rage; (+ *me/te/le etc*): **me tiembla el párpado** my eyelid is twitching; **estaba tan nervioso que le temblaba la mano** he was so nervous that his hand was shaking; **la voz le temblaba de emoción/de ira** her voice was quivering *o* trembling with emotion/rage; **~ como un flan** to shake like a jelly *o* leaf **2** «*edificio/tierra*» to shake; **sus gritos hicieron ~ las paredes** her shouts made the walls shake
■ *v impers*: **¡está temblando!** (AmL) it's a tremor *o* an earthquake!, it's shaking! (AmE colloq)

tembleque[1] *adj* (fam) ▸**tembloroso 1**

tembleque[2] *m* shaking; **el ~ de la mano derecha** the shaking *o* trembling of his right hand; **me dio** *or* **entró un ~** (fam) I got the shakes (colloq), I started shaking *o* trembling

temblequeante *adj* (fam) ‹*manos*› trembling, trembly (colloq); ‹*voz*› trembling, quavering, trembly (colloq)

temblequear [A1] *vi* (fam) to shake, tremble

temblequera *f* (Per fam) ▸**tembleque[2]**

temblique *m* (fam) ▸**tembleque[2]**

temblor *m*
A (de frío, fiebre) shivering; (de miedo, nervios) trembling, shaking; **medicamentos para controlarle el ~ de las manos** drugs to control the shaking of his hands; **cuando oyó su voz le dio un ~** he trembled *o* quivered when he heard her voice; **habló con un ligero ~ en la voz** he spoke in a quivering *o* quavering *o* tremulous voice; **cuando pienso en los exámenes me dan ~es** (fam) just thinking about the exams gives me the jitters (colloq)
B *tb* **~ de tierra** tremor, earth tremor

temblorina *f* (Méx fam): **tenía/le dio ~** he had/got the shakes (colloq)

tembloroso -sa *adj* **1** ‹*manos*› trembling, shaking; ‹*voz*› trembling, quivering, quavering, tremulous; **temblorosa de miedo llamó a la policía** shaking with fear she called the police; **llegaron ~s de frío** they arrived shivering with cold **2** ‹*llama/luz*› flickering, quivering

tembo -ba *adj* (Col fam) stupid, dimwitted (colloq)

temer [E1] *vt* ‹*castigo/reacción/desenlace*› to fear, dread; ‹*persona*› to be afraid of, fear; **sus hijos la** *or* (AmL) **le temen** her children are afraid *o* frightened of her; **todos temían lo peor** they all feared the worst; **~ + INF** to be frightened *o* afraid OF -ING; **temo ofenderlo** I'm frightened *o* afraid of offending him; **~ QUE + SUBJ**: **teme que le echen la culpa a él** he's afraid that they'll blame him for it; **temían que pudiera interpretarse mal** they were afraid it might be misinterpreted
■ **temer** *vi* to be afraid; **no temas, no te voy a hacer daño** don't be afraid *o* don't worry, I'm not going to hurt you; **estos niños son de ~** (fam) these kids are terrible! (colloq); **~ POR algo/algn** to fear FOR sth/sb; **teme por sus hijos/su vida** he fears for his children/his life
■ **temerse** *v pron* **1** (sospechar) to fear; **me temo que nuestro amigo tenía razón** I fear *o* I have an awful feeling that our friend was right **2** (en fórmulas de cortesía) to be afraid; **me temo que no puedo hacer nada más** I'm afraid there's nothing more I can do

temerariamente *adv* **1** (con imprudencia) recklessly; **conducir ~** to drive recklessly **2** (con osadía) boldly **3** (sin fundamento) baselessly, without foundation; **juzgar ~ a algn** to judge sb without (having) sufficient proof

temerario -ria *adj* ‹*persona*› rash, bold; ‹*acto/empresa*› rash

temeridad *f* **1** (acción): **contestarle así fue una verdadera ~** answering back like that was a very rash *o* bold thing to do **2** (cualidad) temerity; **conduce con ~** she drives recklessly

temerosamente *adv* fearfully

temeroso -sa *adj* frightened; **huyeron ~s** they fled in fear (liter); **avanzaron ~s hacia la puerta** they approached the door fearfully; **~ DE algn/algo** fearful OF sb/sth (liter), afraid OF sb/sth, frightened OF sb/sth; **~ de Dios** God-fearing

temible *adj* fearsome, fearful

temor *m* fear; **el ~ a la muerte** the fear of death; **no le dije nada por ~ a ofenderlo** I didn't say anything for fear of offending him; **el ~ de que se hubieran perdido** the fear that they might be lost

(Compuesto) **temor de Dios** fear of God; **había educado a sus hijos en el ~ de ~** she had brought her children up in the fear of God *o* to be God-fearing

témpano *m* **1** (plancha de hielo) ice floe; ***quedarse como un ~*** to be chilled to the marrow *o* bone **2** (persona fría) cold fish (colloq)

témpera *m* tempera

temperado -da *adj* (AmL) ‹*clima*› mild, temperate; ‹*zona*› temperate; ‹*agua*› warm, lukewarm; ▸**piscina**

temperamental *adj* **1** ‹*persona*› (irascible, cambiable) temperamental; **la licuadora sí funciona, pero es muy ~** (hum) the liquidizer does work but it's very temperamental **2** (de mucho carácter) spirited

temperamento *m*
A 1 (manera de ser) temperament; **una persona de ~ artístico** a person of artistic temperament; **son de ~s muy diferentes** they have very different temperaments; **tiene un ~ tranquilo/violento** she has a quiet/violent nature

t

ℹ Temperaturas/Temperatures

Conversión/Conversion

De °F a °C
Restar 32, multiplicar por 5 y dividir por 9

From °F to °C
Subtract 32, multiply by 5 and divide by 9

De °C a °F
Multiplicar por 9, dividir por 5 y añadir 32

From °C to °F
Multiply by 9, divide by 5 and add 32

Escala centígrada *Centigrade scale* °C	Escala Fahrenheit *Fahrenheit scale* °F	
100	212	Boiling point of water (Punto de ebullición del agua)
90	194	
80	176	
70	158	
60	140	
50	122	
40	104	
37	98.4	Body temperature (Temperatura del cuerpo humano)
30	86	
20	68	
10	50	
0	32	Freezing point (Punto de congelación del agua)
–10	14	
–17,8	0	
–273,15	–459.67	Absolute Zero (Cero absoluto)

2 (vigor de carácter): **un torero con ~** a spirited bullfighter; **un chico valiente, con mucho ~** a brave boy, with a lot of spirit *o* with great determination; **en un arranque de ~** in a fit of temper
B (Mús) temperament

temperancia *f* temperance

temperante¹ *adj* (Méx fam) teetotal, TT (colloq)

temperante² *mf* (Méx fam) teetotaler*

temperar [A1] *vt* **1** (moderar) to temper **2** (Mús) to temper
■ **temperar** *vi* (Col) to have a change of air

temperatura *f* **1** (Fís) temperature **2** (Med) temperature; **me tomó la ~** she took my temperature; **tiene la ~ muy alta** he has a very high fever (esp AmE), he is running *o* he has a very high temperature (esp BrE); **tiene ~** (CS) she has a fever (esp AmE), she is running *o* she has a temperature (esp BrE) **3** (Meteo) temperature; **ayer hizo 40 grados de ~** yesterday the temperature reached 40 degrees; **se producirá un ligero descenso de las ~s** temperatures will fall slightly, there will be a slight drop in temperatures
(Compuestos)
- **temperatura ambiente** room temperature
- **temperatura de bochorno** humidity index
- **temperatura de sensación** wind chill factor
- **temperatura superficial** *or* **en la superficie** surface temperature

temperie *f* weather conditions (*pl*)

tempero *m* condition, heart (tech)

tempestad *f* storm, tempest (liter); **su actuación levantó una ~ de aplausos** his performance was received with tumultuous applause
(Compuesto) **tempestad de arena** sandstorm

tempestuoso -sa *adj* **1** ‹*noche*› stormy; ‹*mar*› stormy, tempestuous **2** ‹*reunión/discusión*› stormy, tempestuous

tempisque, tempistle *m* (Méx) **1** (árbol) sapodilla **2** (fruto) sapodilla plum

templa *f* tempera

templado¹ -da *adj*
A **1** ‹*clima*› mild, temperate; ‹*zona*› temperate; ‹*temperatura*› warm **2** ‹*agua*› warm, lukewarm; ‹*comida*› lukewarm; **frío, ~, caliente ... ¡que te quemas!** cold, you're getting warmer, hot ... red hot!
B ‹*ánimo*› bold, courageous; **tiene los nervios bien ~s** she has nerves of steel, she has very steady nerves
C (Col) (duro, difícil) tough
D *ver tb* **templar**

templado² *m* tempering

templanza *f* temperance

templar [A1] *vt*
A (Tec) ‹*acero*› to temper
B (Mús) ‹*violín/cuerda*› to tune; **una guitarra bien templada** a well-tuned guitar
C (entibiar — enfriando) to cool, cool down; (— calentando) to warm up, warm; **encendí la estufa para ~ la habitación** I put the heater on to warm the room up
D (fam) **1** (derribar) to knock down, floor (colloq) **2** (matar) to kill, bump off (sl)
■ **templar** *vi* (hacer más calor) to get warmer *o* milder; (refrescar) to get cooler
■ **templarse** *v pron* (enfriarse) to cool down; (calentarse) to get warmer, warm up; **está muy caliente, espera a que se temple** it's very hot, wait until it cools down

templario *m* Templar, Knight Templar

temple *m*
A (Tec) (acción) tempering; (efecto) temper
B (coraje) mettle (liter), courage; ***estar de buen/mal ~*** to be in a good/bad mood
C (Art) tempera; **pintura al ~** tempera, distemper; **pintar al ~** to paint in tempera, to distemper

templete *m* **1** (para una imagen) shrine **2** (pabellón) bandstand

templo *m* temple; ***como un ~*** (fam): **una mentira como un ~** a huge lie, a whopper (colloq); **el tipo está como un ~** the guy is built like the side of a house (colloq)

templón *m* (Ven fam) tug

tempo *m* tempo

temporada *f*
A (época establecida) season; **la ~ de fútbol** the football season; **trabajos de ~** seasonal *o* casual jobs; **verduras de ~** seasonal vegetables; **las naranjas están fuera de/están en ~** oranges are out of/are in season; **en plena ~ turística** at the height of the tourist season; **la moda para esta ~** this season's fashion; Ⓢ **rebajas de fin de temporada** end of season reductions
(Compuesto) **temporada alta/baja** high/low season
B (período de tiempo): **hace una ~ que no lo veo** I haven't seen him for a while *o* for some time; **hemos tenido una ~ de mucho trabajo en la oficina** we have had a very busy spell *o* period in the office

temporadista *mf* (Ven) vacationer (AmE), holidaymaker (BrE)

temporal¹ *adj*
A ‹*arreglo/disposición*› temporary, provisional; ‹*contrato/trabajo*› temporary; ‹*oficinas/locales*› temporary
B (relativo al tiempo) temporal
C ‹*poder*› temporal; ‹*bienes*› worldly
D (Anat) temporal

temporal² *m*
A (Meteo) storm; ***capear el ~*** to ride out *o* weather the storm
(Compuesto) **temporal de nieve** snowstorm, blizzard
B (Anat) temporal bone

temporalero¹ -ra *adj* (Méx) seasonal

temporalero² -ra *m,f* (Méx) seasonal worker

temporalidad *f*
A (transitoriedad) transient nature, transience
B **1** (secularidad) temporality **2** **temporalidades** *fpl* (beneficios) temporalities (*pl*)
C (por oposición al espacio) temporality

temporalmente *adv* temporarily

temporariamente *adv* (AmL) temporarily; **estamos en estas oficinas ~** we are in these offices temporarily *o* for the time being

temporario -ria *adj* (AmL) temporary

témporas *fpl* ember days (*pl*)

temporero¹ -ra *adj*
A ‹*trabajador*› seasonal
B (Chi fam) (cambiante) fickle

temporero² -ra *m,f*
A (trabajador) seasonal worker
B (Chi fam) (persona cambiante) fickle person

temporizador *m* timer

temporizar [A4] *vi* to set the timer
■ **temporizar** *vt* to set the timer of

tempranal *adj* early (*before n*)

tempranero -ra *adj* early (*before n*)

temprano¹ -na *adj* early; **murió a la temprana edad de 33 años** she died at the early age of 33; **la version más temprana del manuscrito** the earliest version of the manuscript

temprano² *adv* early; **tengo que levantarme ~** I have to get up early; **llegó por la mañana ~** she arrived early in the morning; **anoche me acosté tempranito** I went to bed nice and early last night (colloq); **todavía es ~ para saberlo** it's still too early to know; **la Pascua cae ~ este año** Easter falls *o* is early this year

ten ▸**tener**

tenacidad *f* **1** (perseverancia) tenacity **2** (de un material) toughness, resilience

tenacillas *fpl* (para el azúcar, hielo) tongs (*pl*); (para rizar el pelo) hair crimper, curling tongs

tenallón *m* tenaille

tenamastate *m* (Méx) *one of three stones used to rest cooking pots on, also fire over which the stones are placed*

tenamastle, tenamaxtle *m* ▸**tenamastate**

tenate *m* (Méx)
A **1** (cesto) basket **2** (bolsa de cuero) large leather bag
B **tenates** *mpl* (vulg) (testículos) balls (*pl*) (vulg)

tenaz *adj*
A **1** ‹*persona*› tenacious; **en su ~ propósito de conquistar el título** in his determined bid to win the title **2** ‹*dolor*› persistent; ‹*mancha*› stubborn **3** ‹*metal/material*› tough
B (Col fam) **1** ‹*problema/situación*› tough **2** (*como interj*) oh no!, that's too bad! (AmE colloq)

tenaza *f*, **tenazas** *fpl* **1** (Mec, Tec) pliers (*pl*), pincers (*pl*) **2** (de chimenea) tongs (*pl*); (de cocina) tongs (*pl*) **3** (del cangrejo) pincer

tenazmente *adv* tenaciously

tenca *f* tench

ten con ten *m* (fam) **1** (tacto) tact **2** (moderación) self-control, restraint

tencuo -cua *adj* (Méx fam) harelipped

tendajón *m* (Méx) shack (*serving as a store or stall*)

tendal *m*
A **1** (lona) tarpaulin (*used to collect olives*) **2** (tendedero) clothes airer
B **1** (AmL) (para el café) drying area **2** (RPl fam) (reguero) trail

tendalada *f* (Chi fam): **había una ~ de gente esperando** there were loads *o* thousands of people waiting (colloq); ***dejar/quedar la ~*** (Chi fam): **el derrumbe dejó la ~** the landslide caused incredible destruction *o* wreaked havoc; **quedó la ~ de libros** there were books all over the place (colloq); **alguien gritó fuego y quedó la ~** somebody shouted fire and there was absolute bedlam *o* chaos

tendedero *m* **1** (cuerda) washing line, clothesline **2** (caballete) airer, clotheshorse

tendel *m* **1** (cuerda) guide line **2** (capa de argamasa) bed of mortar

tendencia *f* tendency; **sus ~s homosexuales** his homosexual tendencies *o* leanings; **un grupo de ~ marxista** a group with Marxist tendencies *o* leanings; **para frenar esta ~ expansiva** to slow down this tendency *o* trend toward(s) expansion; **~ A algo** trend TOWARD(s) sth; **~ a la baja/al alza** downward/upward trend; **~ A + INF** tendency to + INF; **tiene ~ a exagerar** she has a tendency to exaggerate, she tends to exaggerate

tendenciosidad *f* tendentiousness

tendencioso -sa *adj* tendentious

tendente *adj* (esp Esp) ▸**tendiente**

tender [E8] *vt*
A ‹ropa› (afuera) to hang out; (dentro de la casa) to hang (up); **tengo ropa tendida** I have some washing on the line *ver tb* **ropa**
B **1** (extender) ‹manta› to spread out, lay out; ‹mantel› to spread **2** (AmL) ‹cama› to make; ‹mesa› to lay, set **3** ‹persona› to lay; ‹cadáver› to lay out; **la tendieron en una camilla** they laid her on a stretcher
C **1** ‹cable› (sobre una superficie) to lay; (suspendido) to hang, run **2** ‹vía férrea› to lay
D (acercar): **le tendió el libro** she held the book out to him; **me tendió la mano** he held *o* put out his hand to me, he offered me *o* extended his hand
E ‹emboscada› to lay, set; ‹trampa› to set
■ **tender** *vi* (inclinarse) **~ A algo**: **tiende a la introversión** she tends to be introverted; **pelo castaño que tiende a rubio** brown hair verging on blond; **el desempleo tiende a aumentar** unemployment is on an upward trend
■ **tenderse** *v pron*
A (tumbarse) to lie down; **se tendió en el suelo/al sol** he lay down on the ground/in the sun; **lo encontraron tendido en el suelo** they found him lying on the floor
B (Jueg) (en naipes) to show

ténder *m* tender

tenderete *m* **1** (en un mercado) stall **2** (para tender la ropa) airer, clotheshorse

tendero -ra *m,f* storekeeper (esp AmE), shopkeeper (esp BrE)

tendido *m*
A (Elec) **1** (acción de tender un cable — sobre una superficie) laying; (— suspendido) hanging, running **2** (cables) cables (*pl*), wires (*pl*), lines (*pl*)
B (de un puente) building; (de una vía férrea) laying
C (Taur) section
D (Col, Ven) (ropa de cama) bedclothes (*pl*), bedding
E (Méx fam) (cadáver) corpse, stiff (sl)

tendiente *adj* (esp AmL): **medidas ~s a la creación de empleo** measures aimed at creating *o* designed to create jobs; **~ A + INF** designed to + INF; **un rumor ~ a provocar la confusión** a rumor designed *o* intended to create confusion; **medidas ~s a controlar la inflación** measures aimed at controlling *o* designed to control inflation

tendinitis *f* tendinitis

tendinoso -sa *adj* tendinous, sinewy

tendón *m* ▸**i** **p.231** tendon; **~ de Aquiles** Achilles' tendon

tendré, tendría, etc ▸**tener**

tenebrismo *m* tenebrism

tenebrista *adj* tenebrist

tenebrosidad *f* **1** (de un lugar) darkness, gloom **2** (de un asunto) sinisterness

tenebroso -sa *adj* **1** ‹lugar› dark, gloomy **2** (asunto, maquinaciones) sinister; **tiene un pasado ~** she has a sinister *o* (colloq) shady past **3** ‹porvenir/situación› dismal, gloomy

tenedor -dora *m,f*
A (Com, Der) holder
(Compuesto) **tenedor de libros, tenedora de libros** *m,f* bookkeeper
B **tenedor** *m* (cubierto) fork; **S** **tenedor libre** buffet, eat as much as you like

teneduría de libros *f* bookkeeping

tenencia *f*
A **1** (de valores) holding **2** (Der) possession; **la ~ ilícita de armas** the illegal possession of arms
B (de un cargo) tenure
C (Méx) (Auto) road tax

tener [E27]

GUÍA DE BÚSQUEDA

■ **tener** *verbo transitivo*
(Sentido I)
A poseer, disponer de
B **1** llevar encima
2 llevar puesto
C actividades, obligaciones
D **1** señalando características
2 expresando edad
3 con idea de posibilidad
E dar a luz
(Sentido II)
A sujetar, sostener
B tomar
(Sentido III)
A recibir
B **1** sentir
2 refiriéndose a síntomas
3 refiriéndose a sucesos
C refiriéndose a actitudes
(Sentido IV)
A indicando estado, situación
B tener algo/a alguien por algo

■ **tener** *verbo auxiliar*
(Sentido I)
A **1** tener que: obligación
2 tener que: propósito
B tener que: certeza
(Sentido II)
A con participio pasado
B en expresiones de tiempo

■ **tenerse** *verbo pronominal*
A sostenerse
B tenerse por algo

vt [*El uso de 'got' en frases como 'I've got a new dress' está mucho más extendido en el inglés británico que en el americano. Éste prefiere la forma 'I have a new dress'*]

(Sentido I)
A (poseer, disponer de) ‹dinero/trabajo/tiempo› to have; **ése ya lo tengo** I already have that one, I've already got that one; **¿tienen hijos?** do they have any children?, have they got any children?; **tiene un sueldo muy bueno** she earns a very good salary, she is on a very good salary; **no tenemos aceitunas** we don't have any olives, we haven't got any olives; **no tenía bastante dinero** I didn't have enough money; **no tengo a quién recurrir** I have *o* I've got nobody to turn to; **tú no tienes idea de lo que fue** you've no idea *o* you can't imagine what it was like; **aquí tienes al autor del delito** here's *o* this is the culprit; **¡ahí tienes! ¿ves cómo no se los puede dejar solos?** there you are! you see how they can't be left on their own?; ***¿conque ésas tenemos?*** so that's the way things are, is it?; ***no ~las todas consigo*** (fam): **no sé, no las tengo todas conmigo** I don't know, I'm not entirely sure *o* I'm not a hundred percent sure *o* I'm not at all sure; ***~la con algn*** (CS fam) to have it in for sb (colloq); ***~la con algo*** (CS fam) to keep *o* go on about sth (colloq)
B **1** (llevar encima) to have; **¿tienes cambio de $100?** do you have change for $100?; **no tengo un lápiz** I don't have a pencil (on me), I haven't got a pencil (on me); **¿tiene hora?** have you got the time?, could you tell me the time? **2** (llevar puesto) to be wearing, have on; **¡qué traje más elegante tienes!** that's a smart suit you're wearing *o* you have on!
C (hablando de actividades, obligaciones) to have; **esta noche tengo una fiesta** I'm going to *o* I have a party tonight; **los viernes tenemos gimnasia** we have keep-fit on Fridays; **tenemos invitados a cenar** we have *o* we've got some people coming to dinner; **tengo un par de camisas que planchar** I have *o* I've got a couple of shirts to iron
D **1** ▸**i** **p.231**; (señalando características, atributos) to have; **tiene los ojos castaños/el pelo largo** she has *o* she's got brown eyes/long hair; **tiene mucho tacto/valor** he's very tactful/brave; **tiene habilidad para esas cosas** he's very good at that sort of thing; **tiene sus defectos** he has *o* he's got his faults; **la habitación tiene mucha luz** the room is very light *o* gets a lot of light; **tiene cuatro metros de largo por tres de ancho** it is four meters long and three meters wide; **¿cuánto tienes de cintura?** what's your waist measurement?; **tiene mucho de su padre** he's very much like his father, he takes after his father; **~ algo DE algo**: **¿y eso qué tiene de malo?** and what's (so) bad about that?; **no tiene nada de extraño** there's nothing strange about it; **le lleva 15 años — ¿y eso qué tiene?** (AmL fam) she's 15 years older than he is — so what does that matter? **2** ▸**i** **p.303**; (expresando edad): **¿cuántos años tienes?** how old are you?; **tengo cuarenta años** I'm forty (years old); **tengo edad para ser tu padre** I'm old enough to be your father; **el televisor ya tiene muchos años** the television set is very old **3** (con idea de posibilidad): **no creo que tenga arreglo** I don't think it can be fixed, I think it's beyond repair; **el problema no tiene solución** there is no solution to the problem, the problem is insoluble
E (dar a luz) to have; **~ un niño** *or* **hijo** *or* **bebé** to have a child *o* baby

(Sentido II)
A (sujetar, sostener) to hold; **sube, que yo te tengo la escalera** go on up, I'll hold the ladder for you; **¿me tienes esto un minuto?** could you hold this for a minute?; **tenlo derecho** hold it upright
B (tomar): **ten la llave** take the key, here's the key

(Sentido III)
A (recibir) to have; **hace un mes que no tenemos noticias de él** we haven't heard from him for a month; **la propuesta tuvo una acogida favorable** the proposal was favorably received; **tuvo una gran decepción/sorpresa** it was a terrible disappointment/a big surprise for her
B **1** (sentir): **tengo hambre/sueño/frío** I'm hungry/tired/cold; **tiene celos de su hermano** she's jealous of her brother; **no tiene interés por nada** she's not interested in anything; **le tengo mucho cariño a esta casa** I'm very fond of this house; **tengo el placer/honor de anunciar ...** it gives me great pleasure/I have the honor to announce ...; **¿qué tienes? ¿por qué lloras?** what's wrong? *o* what's the matter? why are you crying? **2** (refiriéndose a síntomas, enfermedades) to have; **tengo un dolor de cabeza horrible** I have *o* I've got a terrible headache; **¿has tenido las paperas?** have you had mumps?; **está enfermo, pero no saben qué tiene** he's ill, but they don't know what it is *o* what he's got *o* what's wrong with him **3** (refiriéndose a sucesos, experiencias) to have; **tuvimos un verano muy bueno** we had a very good summer; **tuve un sueño espantoso** I had a terrible dream; **que tengas buen viaje** have a good trip; **tuve una discusión con él** I

had an argument with him

C (refiriéndose a actitudes): **ten un poco más de respeto** have a little more respect; **ten paciencia/cuidado** be patient/careful; **tuvo la gentileza de prestármelo** she was kind enough to lend it to me; **tuvo la precaución de llamar antes de ir** she had the foresight to phone before she went; ► **bien**² **G**

(*Sentido* **IV**)

A (indicando estado, situación) (+ *compl*): **el sofá tiene el tapizado sucio** the upholstery on the sofa is dirty; **la mesa tiene una pata rota** one of the table legs is broken; **tenía el suéter puesto al revés** he had his sweater on back to front; **tengo las manos sucias** my hands are dirty; **tenía los ojos cerrados** she had her eyes closed; **tienes el cinturón desabrochado** your belt's undone; **lo tengo escondido** I have it hidden away; **ya lo tiene roto** it's already broken *o* he's broken it already; **la tuvo engañada mucho tiempo** he was cheating on her for a long time; **lo tiene dominado** she has him under her thumb; **eso me tiene muy preocupada** I'm very worried about that; **me tuvo escribiendo a máquina toda la tarde** she had me typing all afternoon; **nos tuvo allí esperando una hora** he kept us waiting there for an hour; **a la pobre la tienen de sirvienta** they treat the poor girl like a maid; **tengo a la niña enferma** my little girl's sick; **¿en qué mano lo tengo?** which hand is it in?

B (considerar) ~ **algo/a algn** POR **algo**: **se lo tiene por el mejor hospital del país** it is supposed to be *o* it is considered (to be) the best hospital in the country; **lo tienen por buen cirujano** he's held to be *o* he's considered (to be) a good surgeon; **siempre lo tuve por tímido** I always thought he was shy; **ten por seguro que lo hará** rest assured *o* you can be sure he'll do it

■ *v aux*

(*Sentido* **I**)

A [1] (expresando obligación, necesidad) ~ QUE + INF: **tengo que terminarlo hoy** I have to *o* I must finish it today; **tienes que comer más, estás muy delgada** you must eat more, you're very thin; **no tienes más que apretar este botón** all you have to do is press this button; **no tienes que estar allí hasta las nueve** you don't have to be there until nine; **no tengo por qué darte cuentas a ti** I don't have to explain anything to you, I don't owe you any explanations; **no tienes que comer tanto** (no debes) you mustn't eat so much; (no hace falta) you don't have to eat that much, there's no need to eat that much; **tendría que cambiarme, no puedo ir así** I'd have to *o* I ought to *o* I should change, I can't go like this [2] (expresando propósito, recomendación) ~ QUE + INF: **tenemos que ir a ver esa película** we must go and see that movie; **tengo que hacer ejercicio** I must get some exercise; **tienes que leerlo, es buenísimo** you must read it, it's really good

B (expresando certeza) ~ QUE + INF: **tiene que estar en este cajón** it must be in this drawer; **tiene que haber sido él** it must have been him; **tengo que haberlo dejado en casa** I must have left it at home; **¡tú tenías que ser!** it had to be you, didn't it?; ► **ver**² **I**

(*Sentido* **II**)

A (con participio pasado): **¿tiene previsto asistir al congreso?** do you plan to attend the conference?; **ya tenían planeada su estrategia** they already had their strategy worked out; **tengo entendido que llega mañana** I understand he's arriving tomorrow; **tiene ganado el afecto del público** she has won the public's affection; **te tengo dicho que eso no me gusta** I've told you before I don't like that; **teníamos pensado irnos el jueves** we intended leaving on Thursday; **tiene bastante dinero ahorrado** she has quite a lot of money saved up

B (AmL) (en expresiones de tiempo): **cuatro años tenía sin verlo** she hadn't seen him for four years; **tienen tres años de casados** they've been married for three years

■ **tenerse** *v pron*

A (sostenerse): **no podía ~se en pie** he couldn't stand; **tiene un sueño que no se tiene** (fam) he's out *o* dead on his feet (colloq)

B (*refl*) (considerarse) **~se** POR **algo**: **se tiene por muy inteligente** he considers himself to be *o* he thinks he is very intelligent

tenería *f* tannery

Tenerife *m* Tenerife

tenga, tengas, etc ► **tener**

tenia *f* [1] (Med) tapeworm, taenia (tech) [2] (Arquit) taenia

tenida *f* (Chi) outfit

tenientazgo *m* lieutenancy

teniente *mf* [1] (en el ejército) lieutenant, ≈ first lieutenant (*in US*), ≈ lieutenant (*in UK*) [2] (en las fuerzas aéreas) ≈ first lieutenant (*in US*), ≈ flying officer (*in UK*)

(Compuestos)

- **teniente coronel** [1] (en el ejército) lieutenant colonel [2] (en las fuerzas aéreas) ≈ lieutenant colonel (*in US*), ≈ wing commander (*in UK*)
- **teniente de alcalde** deputy mayor
- **teniente de navío** lieutenant
- **teniente general** (en el ejército) lieutenant general; (en las fuerzas aéreas) ≈ lieutenant general (*in US*), ≈ Air Marshal (*in UK*)

tenis *m* (*pl* ~)

A (deporte) tennis

(Compuesto) **tenis de mesa** table tennis

B (Indum) [1] (con suela fina) sneaker (AmE), plimsoll (BrE) [2] (con suela más gruesa) running shoe, training shoe (BrE), trainer (BrE)

tenista *mf* tennis player

tenístico -ca *adj* tennis (*before n*)

tenor *m*

A (Mús) (cantante) tenor; **tiene voz de ~** he is a tenor, he sings tenor

B (de un discurso, texto): **a juzgar por el ~ de sus declaraciones** judging by the tone *o* (frml) tenor of his statement; **se distribuyen al siguiente ~** they are distributed as follows; **a ~ de los datos disponibles** according to the available information; **a ~ de las fotografías** judging by the photographs; **a ~ de lo establecido en el artículo primero** in accordance with the stipulations of article one

tenora *f*: *type of oboe*

tenorio *m* (fam) womanizer, Don Juan

tensado *m* tautening, tightening

tensar [A1] *vt* [1] ‹*músculo*› to tense; ‹*cuerda/cable*› to tauten, tighten; ‹*arco*› to draw [2] ‹*relaciones/lazos*› to strain, make ... tense, put ... under strain

tensión *f*

A [1] (de una cuerda, un cable) tautness, tension [2] (de un músculo) tension; **con todos los músculos en ~** with all his muscles tensed [3] *tb* **~ arterial** blood pressure; **tener la ~ alta/baja** to have high/low blood pressure; **tomarle la ~ a algn** to take sb's blood pressure

(Compuestos)

- **tensión nerviosa** nervous tension
- **tensión premenstrual** premenstrual tension, PMT

B [1] (estrés) strain, stress; **está sometido a una gran ~ en el trabajo** he is under a lot of stress *o* strain at work [2] (en relaciones, una situación) tension; **la ~ entre los dos países** the tension between the two countries; **en un clima de extremada ~** amid great tension, in an atmosphere of great tension

C (Elec) voltage; ► **alto**¹

tensionado -da *adj* [1] ‹*músculo*› tense [2] ‹*persona*› tense, nervous [3] ‹*región/país*› troubled, in a state of tension

tensional *adj* tense; **dolor de cabeza** *or* (frml) **cefalea ~** tension headache; **malestares de origen ~** tension-related upsets

tensionar [A1] *vt* ► **tensar**

tenso -sa *adj*

A [1] ‹*cuerda/cable*› taut, tight [2] ‹*músculo*› tense, tight; **estás muy ~, procura relajarte un poco** you're very tense, try to relax a bit; **continuó con el dedo ~ en el gatillo** he kept his finger poised on the trigger

B [1] (nervioso) tense; **estaba muy tensa antes del examen** she was very tense *o* nervous *o* uptight before the exam [2] ‹*relación*› strained, tense; ‹*situación*› tense

tensor *m* [1] (Anat) tensor [2] (Mec) turnbuckle, screw shackle [3] (Dep) chest pull (AmE), chest expander (BrE) [4] (de una camisa) stiffener [5] (Mat) tensor

tentación *f* [1] (impulso) temptation; **no nos dejes caer en la ~** (Relig) lead us not into temptation; **~** DE + INF temptation to + INF; **no pude resistir la ~ de decirle lo que pensaba** I couldn't resist the temptation to tell him what I thought; **cayó en la ~ de llevarse el dinero** he succumbed to the temptation to take the money [2] (cosa, persona): **los bombones son mi ~** I can't resist chocolates (colloq), chocolates are my downfall (colloq) [3] (CS fam) (ganas de reírse): **¡qué ~ me dio** *or* **vino cuando se le rompió la silla!** I was dying to laugh *o* I almost burst out laughing when his seat broke! (colloq)

tentaculado -da *adj* tentacled

tentacular *adj* tentacular

tentáculo *m* tentacle

tentadero *m* bull ring (*where young bulls are assessed for fighting potential*)

tentado -da *adj* tempted; **~** DE + INF tempted to + INF; **estuve/me sentí ~ de negarle la entrada** I was/I felt tempted to refuse him admission

tentador¹ **-dora** *adj* tempting; **un postre ~** a tempting *o* mouthwatering dessert

tentador² **-dora** *m,f* [1] (Taur) *person who assesses the fighting potential of young bulls* [2] **el Tentador** *m* (Relig) the Tempter [3] **tentadora** *f* (seductora) temptress

tentar [A5] *vt*

A (atraer, seducir) «*plan/idea*» to tempt; «*persona*» to tempt; **me tienta tu propuesta** I am very tempted by your proposal; **no me tienta nada la oferta** the offer doesn't tempt me in the least, I don't find the offer at all tempting, I'm not at all tempted by the offer; **no me tientes con esos bombones** don't tempt me with those chocolates; **~ a algn** A + INF to tempt sb to + INF; **nada podría ~lo a dejar sus estudios** nothing could entice *o* tempt him away from his books, nothing could tempt him to leave his books; **~ a *Dios*** *or* **al *diablo*** to tempt fate *o* providence

B (probar) [1] ‹*cuerda/tabla*› to test [2] (ant) ‹*comida*› to try, taste [3] ‹*becerro*› to test, assess

C (palpar) to feel

■ **tentarse** *v pron* [1] (CS fam) (caer en la tentación) to fall into temptation (frml *or* hum), to give in to temptation; **me tenté y le acepté un cigarrillo** I gave in to temptation and took a cigarette from him [2] (CS fam) (de risa): **me tenté y tuve que salir de la clase** I was dying *o* bursting to laugh so much that I had to leave the classroom (colloq)

tentativa *f* attempt; **marcó a la segunda ~** he scored at the second attempt

tentativo -va *adj* tentative

tentempié *m*

A (bocado) snack

B (muñeco) tumbler doll

tentetieso *m* tumbler doll

tenue *adj* [1] ‹*luz*› faint, weak; ‹*voz/sonido*› faint; ‹*neblina/llovizna*› light; ‹*línea*› faint, fine; **la línea que separa el genio de la locura es muy ~** there's a fine line between genius and insanity; **una ~ sonrisa** a faint smile [2] ‹*color*› subdued, pale [3] (liter) ‹*hilo*› fine, slender; ‹*tela*› flimsy, fine [4] ‹*razón/relación*› tenuous, insubstantial; **una teoría con bases muy ~s** a theory based on very tenuous premises [5] ‹*estilo*› simple, plain

teñido *m* dyeing

teñir [I15] *vt* [1] ‹*ropa/zapatos*› to dye; ‹*pelo*› to dye; **tiñó la falda de azul** she dyed the skirt blue [2] (manchar) to stain; **~ algo** DE **algo** to stain sth WITH sth; **sus manos estaban teñidas de sangre** their hands were stained with blood; **el jugo le tiñó los dedos de rojo** the

t

juice stained his fingers red **3** (matizar): **posturas teñidas de xenofobia** attitudes marked by *o* tinged with xenophobia; **sus palabras estaban teñidas de tristeza** her words were tinged with sadness; **un país con una historia teñida de sangre** a country with a blood-stained history

■ **teñirse** *v pron* (*refl*) to dye; **¿tu madre se tiñe (el pelo)?** does your mother dye her hair?

teocalli, teocali *m* teocalli

teocintle, teocincle *m* teosinte

teocracia *f* theocracy

teocrático -ca *adj* theocratic

teodicea *f* theodicy

teodolito *m* theodolite

teogonía *f* theogony

teologal *adj* ▸**virtud**

teología *f* theology; **~ de la liberación** liberation theology

teológico -ca *adj* theological

teologizar [A4] *vi* to theologize

teólogo -ga *m,f* theologian

teorema *m* theorem; **el ~ de Pitágoras** Pythagoras' theorem

teorético -ca *adj* theoretical

teoría *f* theory; **elaborar una ~** to formulate a theory; **yo tengo la ~ de que ...** I have a theory that ...; **en ~ es fácil** in theory it's easy

(Compuestos)

- **teoría cuántica** quantum theory
- **teoría de la evolución** theory of evolution
- **teoría de la relatividad** theory of relativity
- **teoría del dominó** domino theory

teóricamente *adv* theoretically

teórico¹ -ca *adj* **1** ‹*existencia/valor*› theoretical **2** ‹*curso*› theoretical; **no pasó el examen ~** he didn't pass the theory (exam)

teórico² -ca *m,f* theoretician, theorist

teorización *f* theorizing

teorizar [A4] *vi* to theorize; **~ SOBRE algo** to theorize ON *o* ABOUT sth

teosinte *m* teosinte

teosofía *f* theosophy

teosófico -ca *adj* theosophical

teósofo -fa *m,f* theosophist

> **Teotihuacán**
>
> A pre-Columbian city, the ruins of Teotihuacán lie northeast of Mexico City. The Nahuatl name means "city of the gods" or "where men became gods". Little is known about the city's founders or inhabitants, but it reached its peak between 300 and 600 AD. It includes the Pyramids of the Sun and Moon, the temple of Quetzalcóatl, the Great Compound, and the central complex, the *Ciudadela*. The two main groups of buildings are linked by a road known as the Way of the Dead.
>
> By 650 AD Teotihuacán was in decline; it was in ruins when the Aztecs found it in the fifteenth century.

tepache *m* (Méx) *drink made from fermented pineapple juice*

tepalcate *m* (Méx) **1** (fragmento) shard, piece of pottery **2** (vasija) earthenware pot

tepe *m* turf, sod (esp AmE)

tepegua *f* army ant, legionary ant

tepeguaje *m* (Méx) *type of acacia*

tepetate *m* (Méx) **1** (roca) limestone **2** (arcilla) caliche **3** (escoria) slag

tepezcuinte, tepezcuintle *m* (Méx)
A (roedor) paca
B (carnívoro) *dog-like carnivore*

tepochcalli, tepochcáli *m* (Hist) Nahuatl school

teponaztle *m* (Méx) drum

teporocho *m* (Méx fam) wino (colloq), drinker, drunkard

tepozán *m* (Méx) buddleia

tequemeque *m* (Ven fam) fit (colloq)

tequeño *m* (Ven) small cheese pancake

tequesquite, tequexquite *m* (Méx) natural salt, rock salt

tequichazo *m* (Ven fam) whack (colloq); **le di un ~ con un palo** I whacked him with a stick

tequiche *m* (Ven) coconut dessert

tequila *m* tequila

> **tequila**
>
> An alcoholic drink obtained in Mexico by fermenting and then distilling the juice, called *aguamiel*, of the maguey plant, which is a species of agave. The state of Jalisco is renowned for its tequila. *See also* ▸**mezcal**.

tequio *m* (Méx) (Hist) forced labor* (*imposed on the Indians by the Spanish*)

terabit *m* (*pl* **~s**) terabyte

terapeuta *mf* therapist; **~ ocupacional** occupational therapist

terapéutica *f* therapeutics

terapéutico -ca *adj* therapeutic

terapia *f* therapy; **se está haciendo una ~ con un psicoanalista** he is having therapy with *o* he is in therapy with a psychoanalyst

(Compuestos)

- **terapia grupal** *or* **de grupo** group therapy
- **terapia de pareja** marriage counseling*, marriage guidance (BrE)
- **terapia hormonal sustitutiva** hormone replacement therapy, HRT
- **terapia intensiva** (Méx, RPl) intensive care
- **terapia ocupacional** occupational therapy
- **terapia sacro craneal** craniosacral therapy

teratogénico -ca *adj* teratogenic

teratógeno -na *adj* teratogenic

teratología *f* teratology

tercamente *adv* stubbornly

tercer *ver* ▸**tercero¹**

tercera *f* **1** (Auto) third, third gear; **mete (la) ~** put it into third (gear) **2** (Transp) (clase) third class

tercermundismo *m* backwardness (*conditions, attitudes, etc, considered typical of a third-world country*)

tercermundista *adj* third-world (*before n*); **países ~s** third-world countries

tercero¹ -ra *adj/pron* [▸**tercer** *is used before masculine singular nouns*] *para ejemplos ver* **quinto¹**, **quinto²** **1** ▸ℹ **p.575**; (ordinal) third; **vivo en el tercer piso** I live on the third floor; **en la tercera persona del singular** in the third person singular; **sin que intervengan terceras personas** without other people getting involved; **siempre tiene que ser el tercero en discordia** he always has to complicate things even more!; ***la tercera es la vencida*** *or* ***a la tercera va la vencida*** third time lucky **2** (partitivo): **la tercera parte** a third

(Compuestos)

- **tercera edad** *f*: **la ~ ~** (frml) retirement years, the third age (frml); **personas de la ~ ~** senior citizens
- **tercera línea** *mf* number eight, lock
- **Tercera Vía** (Pol): **la ~ Vía** the Third Way
- **tercer estado** *m*: **el ~ ~** the third estate
- **Tercer Mundo** *m*: **el ~ ~** the Third World

tercero² *m* third party; **por intermedio de un ~** through a third party; **seguro contra ~s** *or* **seguro de daños a ~s** third party insurance; **te lo cuento yo para que no te enteres por ~s** I'm telling you this myself so that you don't hear it from someone else

tercerola *f* **1** (Mús) small flute **2** (Mil) shotgun

terceto *m* **1** (Lit) tercet **2** (Mús) trio

terciado -da *adj* **1** ‹*bolso/rifle*› slung, hung; **llevaba la escopeta terciada a la espalda** his gun was hung *o* slung across his back; **se puso la boina terciada** he put on his beret at a tilt *o* slant **2** (Taur) medium-sized

terciana *f* tertian fever, tertian

terciar [A1] *vt* **1** ‹*bolso/rifle*› to sling; ‹*sombrero*› to tilt, set ... at a tilt **2** (decir, opinar) to interject; **-estoy de acuerdo -terció Andrés** I agree, Andrés interjected, I agree, put in Andrés

■ **terciar** *vi* (intervenir) to intervene

■ **terciarse** *v pron* (Esp): **si se tercia** if the opportunity arises; **si se tercia el tema** if the subject comes up *o* arises *o* crops up

terciario¹ -ria *adj* **1** ‹*era*› Tertiary **2** ‹*sector/economía*› tertiary

terciario² -ria *m,f*
A (Relig) tertiary
B **terciario** *m* (Geol) Tertiary

terciero *m* (Méx fam) sharecropper

tercio *m*
A **1** ▸ℹ **p.243**; (tercera parte) third; **sólo se llenó un ~ del teatro** only a third of the seats in the theater were filled, the theater was only a third full; ***hacer mal ~*** (Méx) to be a fifth wheel (AmE colloq), to play gooseberry (BrE colloq) **2** (Hist, Mil) infantry regiment **3** (Taur) *each of the three main stages of a bullfight*; ***cambiar de ~*** (Taur) to enter the next stage of the bullfight; (pasar a otra cosa) to move on to something else **4** (de cerveza) beer (⅓ *liter*)
B (Ven arg) (hombre): **mi/tu/su ~** my/your/her man *o* guy (colloq)

terciopelo *m* velvet

terco -ca *adj* stubborn, obstinate; ***ser ~ como una mula*** (fam) to be as stubborn as a mule

terebrante *adj* piercing

teresiano -na *adj* ‹*estilo/obras*› of St Teresa (of Ávila); ‹*monja/oración*› Teresian

tergal® *m* Tergal®

tergiversación *f* distortion, twisting

tergiversar [A1] *vt* to distort, twist

terliz *m* ticking

terma *f* (Per) electric water heater

termal *adj* ‹*aguas*› thermal; ‹*baños*› thermal, hot

termalismo *m*: *belief in and application of the curative effects of spa waters*

termalista *mf* **1** (comerciante) spa manager/owner **2** (usuario) *person taking cures at a spa*

termalístico -ca *adj* ‹*complejo/actividad*› spa (*before n*); ‹*explotación*› of a spa

termas *fpl* **1** (baños) hot *o* thermal baths (*pl*); (manantial) hot *o* thermal springs (*pl*) **2** (Hist) thermae (*pl*)

termes *m* (*pl* **~**) termite

termia *f* therm

térmica *f* thermal

térmico -ca *adj* ‹*unidad/energía*› thermal; ‹*conductor/aislante*› thermal, heat (*before n*); **ropa interior térmica** thermal underwear; **envase ~** insulated container

terminación *f*
A **1** (finalización) termination (frml); **la ~ de las obras estaba prevista para 1990** the work was due to be finished by 1990 **2** (acabado) finish **3** (Ling) ending
(Compuesto) **terminación nerviosa** nerve ending
B **terminaciones** *fpl* (CS) (accesorios) fittings (*pl*)

terminado -da *adj* finished; **bien/mal ~** well/badly finished

terminal¹ *adj*
A (Bot) terminal
B ‹*enfermedad/caso*› terminal; **los enfermos ~es** the terminally ill; ▸**estación**

terminal² *m*
A (Elec) terminal
B (*en algunas regiones f*) (Inf) *tb* **~ informático** *or* **de computadora** *or* (Esp) **de ordenador** terminal, computer terminal
C (Telec) cell phone (AmE); mobile phone (BrE)
D ▸**terminal³**

terminal³ *f* **1** (de autobuses) terminus, bus station **2** (Aviac) terminal

(Compuestos)

- **terminal de carga** freight terminal
- **terminal de pasajeros** passenger terminal
- **terminal nerviosa** nerve ending
- **terminal pesquera** (AmL) fish warehouse

t

terminante *adj* ‹*respuesta*› categorical; ‹*orden*› strict; **fue ~ en su respuesta** he was categoric *o* categorical in his reply

terminantemente *adv* strictly; **está ~ prohibido** it is strictly forbidden; **el reglamento establece ~ que ...** the rules state categorically *o* strictly state that ...

terminar [A1] *vt* ‹*trabajo/estudio*› to finish; **¿has terminado el libro I lent you?** have you finished the book I lent you?; **no han terminado las obras** they haven't finished *o* completed the work; **terminó el viaje en La Paz** he ended his journey in La Paz, his journey finished in La Paz; **terminó sus días en Sicilia** he ended his days in Sicily; **dieron por terminada la sesión** they brought the session to a close; **este año no pudimos ~ el programa** we didn't manage to get through *o* finish *o* complete the syllabus this year; **termina esa sopa inmediatamente** finish up that soup at once; **puedes ~lo, nosotros ya comimos** you can finish it off, we've already had some; ***terminala/terminenla*** (RPl fam) stop it!, cut it out! (colloq)

■ **terminar** *vi*

A «*persona*» **1** (de hacer algo) to finish; **termina de una vez** hurry up and finish; **~ DE + INF** to finish -ING; **estoy terminando de leerlo** I'm reading the last few pages, I'm coming to the end of it, I've nearly finished reading it; **déjame ~ de hablar** let me finish (speaking); **salió nada más ~ de comer** he went out as soon as he'd finished eating **2** (en un estado, una situación) to end up; **terminé muy cansada** I ended up feeling very tired; **va a ~ mal** he's going to come to a bad end; **~ DE algo**: **terminó de camarero en Miami** he ended up (working) as a waiter in Miami; **~ + GER** *or* **~ POR + INF** to end up -ING; **~á aceptando** *or* **por aceptar la oferta** she'll end up accepting the offer, she'll accept the offer in the end

B **1** «*reunión/situación*» to end, come to an end; **al ~ la clase** when the class ended, at the end of the class; **llegamos cuando todo había terminado** we arrived when it was all over; **el caso terminó en los tribunales** the case ended up in court; **esto va a ~ mal** this is going to turn out *o* end badly; **la historia termina bien** the story has a happy ending; **las huellas terminan aquí** the tracks end *o* stop here; **y para ~ nos sirvieron un excelente coñac** and to finish we had an excellent brandy **2** (rematar) **~ EN algo** to end IN sth; **palabras que terminan en consonante** words that end in a consonant; **zapatos terminados en punta** pointed shoes *o* shoes with pointed toes

C **terminar con** **1** (agotar, acabar): **~on con todo lo que había en la nevera** they polished off everything in the fridge; **terminó con su salud** it ruined his health; **ocho años de cárcel ~on con él** eight years in prison destroyed him; **una solución que termine con el problema** a solution that will put an end to the problem **2** (pelearse) **~ CON algn** to finish WITH sb; **ha terminado con el novio** she's finished with *o* split up with her boyfriend

D (llegar a) **~ DE + INF**: **no termina de convencerme** I'm not totally convinced; **no terminaba de gustarle** she wasn't totally happy about it

■ **terminarse** *v pron*

A «*azúcar/pan*» to run out; **el café se ha terminado** we've run out of coffee, the coffee's run out; (+ *me/te/le etc*): **se me terminó la lana azul** I've run out of blue wool; **se nos han terminado, señora** we've run out (of them), madam *o* we've sold out, madam

B «*curso/reunión*» to come to an end, be over; **otro año que se termina** another year comes to an end *o* another year is over; **se terminó la discusión, aquí el que manda soy yo** that's the end of the argument, I'm in charge here

C (*enf*) ‹*libro/comida*› to finish, polish off

término *m*

A (frml) (final) end, conclusion (frml); **al ~ de la reunión** at the end *o* conclusion of the meeting; **llevar a buen ~ las negociaciones** to bring the negotiations to a successful conclusion; **dio** *or* **puso ~ a sus vacaciones** he ended his vacation

B (plazo) period; **en el ~ de una semana** within a week; **a ~ fijo** (Col) ‹*contrato/inversión*› fixed-term (*before n*); ***en el ~ de la distancia*** (Col fam) in the time it takes me/him to get there

C (posición, instancia): **fue relegado a un segundo ~** he was relegated to second place; **en último ~** as a last resort; **en primer ~** first *o* first of all

(Compuestos)

- **término medio** happy medium; **para él no hay ~s medios** there's no happy medium *o* no in-between with him; ***por*** *or* ***como ~ ~*** on average
- **término municipal** (Esp) municipal area; **en el ~ ~ de Alcobendas** within the Alcobendas municipal area *o* (AmE) city limits

D (Ling) term; **glosario de ~s científicos** glossary of scientific terms; **se expresó en ~s elogiosos** she spoke in highly favorable terms; **soluciones eficientes en ~s de costos y mantenimiento** efficient solutions in terms of costs and maintenance; **en ~s generales no está mal** generally speaking, it's not bad; **en ~s reales** in real terms

E (Fil, Mat) term; **invertir los ~s** (Mat) to invert the terms; **invirtió los ~s de manera que yo pareciá el culpable** he twisted the facts in such a way that it looked as if I was to blame

F **términos** *mpl* (condiciones, especificaciones) terms (*pl*); **según los ~s de este acuerdo** according to the terms of this agreement; ***estar en buenos/malos ~s con algn*** to be on good/bad terms with sb; **nuestra relación sigue en buenos ~s** our relationship remains on a good footing *o* we are still on good terms

G (Col, Méx) (Coc): **¿qué ~ quiere la carne?** how would you like your meat (done)?

terminología *f* terminology

terminológico -ca *adj* terminological

termiónico -ca *adj* thermionic

termistor *m* thermistor

termita *f* termite

termitero *m* termitarium, termite nest

termo® *m*

A (recipiente) Thermos®, vacuum flask

B (Chi) (calentador) water heater, boiler

termobárico -ca *adj* thermobaric; ▸**bomba**

termodinámica *f* thermodynamics

termodinámico -ca *adj* thermodynamic

termoeléctrico -ca *adj* thermoelectric

termoestable *adj* thermosetting; **plásticos ~s** thermosetting plastics

termógeno -na *adj* thermogenous

termógrafo *m* thermograph

termoiónico -ca *adj* thermionic

termoluminiscencia *f* thermoluminescence

termometría *f* thermometry

termométrico -ca *adj* thermometric

termómetro *m* thermometer

(Compuestos)

- **termómetro clínico** clinical thermometer
- **termómetro de máxima y mínima** maximum-minimum thermometer

termonuclear *adj* thermonuclear; **bomba ~** thermonuclear device

termopar *m* thermocouple

Termópilas Thermopylae

termoplástico[1] -ca *adj* thermoplastic

termoplástico[2] *m* thermoplastic

termoquímico -ca *adj* thermochemical

termosfera *f* thermosphere

termostático -ca *adj* thermostatic

termostato *m* thermostat

termotanque *m* (RPl) hot-water tank

terna *f* short list (*of three candidates*)

ternada *f* (Chi fam) suit

ternario[1] -ria *adj* ternary

ternario[2] *m: three days of devotion*

ternera *f* veal (*in Spain often used to refer to beef, rather than veal*)

ternero -ra *m,f* calf; **~ recental** *or* **de leche** unweaned calf

terneza *f* **1** (ternura) tenderness **2** **ternezas** *fpl* (fam) (palabras) endearments (*pl*); **le susurraba ~s al oído** he whispered endearments *o* sweet nothings in her ear

ternilla *f* cartilage

ternísimo -ma *adj superlative of* **tierno**

terno *m* (AmS) suit (*in some countries specifically a three-piece suit*)

ternura *f* tenderness; **la ~ de sus palabras** the tenderness of her words; **me trata con mucha ~** he's very kind to *o* gentle with me; **sentía ~ por ella** he felt very tender *o* he felt great tenderness toward(s) her; ***cargarse a la ~*** (Chi fam) to get all sloppy *o* lovey-dovey (colloq)

tero *m: type of lapwing*

terquedad *f* obstinacy, stubbornness

terracería *f* (Méx) **1** (camino) rough dirt track **2** (tierra) earth (*used for filling in holes, etc*)

terracota *f* terra-cotta

terrado *m* flat roof

terraje *m* rent

terral *m* (Andes, Méx) ▸**tierrero**

terramoza *f* (Per) bus attendant

terranova *mf* (perro) Newfoundland

Terranova *f* (Geog) Newfoundland

terraplén *m* embankment, bank

terrapuerto *m*

A (Chi) (Per) (de autobuses) bus station, depot (AmE)

B (Chi) (puerto) inland port

terráqueo[1] -quea *adj* earth (*before n*); ▸**globo C**

terráqueo[2] -quea *m,f* earthling

terrario *m* terrarium

terrateniente[1] *adj* landowning (*before n*)

terrateniente[2] *mf* landowner

terraza *f*

A **1** (balcón) balcony **2** (azotea) flat roof, terrace **3** (de un bar) *area outside a bar or café where tables are placed*; **sentémonos en la ~** let's sit outside **4** (patio de baldosas) patio

B (Agr) terrace

> **terraza**
>
> In Spain, an area outside a bar, café, or restaurant to sit and have a drink, or eat in the open air. Some *terrazas* are very trendy and popular among young people going out in the evening. These can be very large, open until late at night, and may even have music.

terrazgo *m: area of farmland and rent paid for it*

terrazguero *m* tenant farmer

terrazo *m* terrazzo

terregal *m* (Méx) loose topsoil

terremoteado[1] -da *adj* (Chi fam) *damaged or destroyed by an earthquake*

terremoteado[2] -da *m,f* (Chi fam) earthquake victim

terremotear [A1] *v impers* (Chi fam): **en Chile terremotea mucho** in Chile there are frequent earthquakes

terremoto *m* earthquake

terrenal *adj* worldly, earthly; **bienes ~es** worldly goods

terreno[1] -na *adj* **1** (Relig) earthly; **nuestra vida terrena** our earthly life, our life on earth **2** (no marino o aéreo) terrestrial (frml), land (*before n*)

terreno[2] *m*

A (lote, parcela) plot of land, lot (AmE); **heredó unos ~s en Sonora** she inherited some land in Sonora; **un ~ plantado de viñas** a field *o* an area of land planted with vines; **el ~ cuesta tanto como la casa** the land costs as much as the house; **quieren construir en esos ~s** they want to build on that land *o* site; **el ~ llega hasta el río** the land *o* plot *o* lot extends as far as the river

(Compuesto) **terreno de juego** field, pitch (BrE); **Escocia perdió frente a Gales en su propio ~ (de ~)** Scotland lost at home to Wales, Scotland lost to Wales despite having

home-field advantage (AmE), Scotland lost to Wales on their home ground (BrE)
B (extensión de tierra) land; **compraron una casa con mucho ~** they bought a house with a lot of land
C **1** (Geog) (refiriéndose al relieve) terrain; (refiriéndose a la composición) land, soil; **un ~ montañoso** mountainous terrain; **los accidentes del ~** the features of the landscape *o* terrain; **un ~ pantanoso** marshy land, a marshy terrain; **un ~ bueno para el cultivo del trigo** good land *o* soil for growing wheat; ***allanarle el terreno a algn*** to smooth the way *o* path for sb; ***ceder/ganar/perder* ~** to give/gain/lose ground; ***estar en su (propio)* ~** to be on one's own ground; ***llamar a algn a* ~** (Chi fam) to pull sb up (colloq); ***minarle*** or ***socavarle el ~ a algn*** to cut the ground from under sb's feet; ***pisar ~ firme/peligroso*** to tread on safe/dangerous ground; ***prepararle el ~ a algn/algo*** to pave the way for sb/sth; ***recuperar* ~** to recover lost ground; ***sobre el ~*: para estudiar sobre el ~ la situación** to make an on-the-spot *o* an in situ assessment of the situation; **iremos haciendo planes sobre el ~** we'll plan things as we go along; ***tantear el* ~** to see how the land lies **2** (Geol) terrane, terrain

(Compuestos)
- **terreno abonado** or **propicio**: **es ~ ~ para la delincuencia** it is a breeding ground for crime; **es un ~ ~ para la especulación** it gives rise to a great deal of speculation
- **terreno conocido** familiar ground; **para él ya es ~ ~** he's on familiar ground, it's familiar ground to him

D (esfera, campo de acción) sphere, field; **en el ~ laboral** at work; **ejerció una gran influencia en el ~ de las artes** he was a major influence in the arts

terrestre *adj* **1** ‹*transportes/comunicaciones*› land (*before n*), terrestrial (frml); **la ruta ~** the land route, the overland route; **por vía ~** overland *o* by land; **animales ~s** land animals; **fuerzas ~s** ground *o* land forces; **la superficie ~** the surface of the earth, the earth's surface; **la esfera ~** the terrestrial sphere **2** (Relig) ‹*vida*› earthly

terrible *adj* **1** ‹*tortura/experiencia*› terrible, horrific **2** (uso hiperbólico) terrible; **tengo un sueño ~** I'm terribly tired; **tenía un ~ dolor de muelas** she had terrible toothache; **la máquina hace un ruido ~** the machine makes a terrible *o* dreadful noise; **este niño es ~, no para quieto** this child is terrible, he won't sit still

terriblemente *adv* **1** ‹*sufrir*› terribly, horribly **2** (uso hiperbólico) terribly; **la cocina estaba ~ sucia** the kitchen was terribly dirty; **se portaron ~ mal** they behaved terribly *o* appallingly

terrícola *mf* earthling

terrier /'terrjer/ *mf* (*pl* **-rriers**) terrier

(Compuesto) **terrier galés** *m* Welsh terrier

terrina *f* terrine

territorial *adj* ‹*disputa*› territorial; ▸**agua, audiencia**

territorialidad *f* territoriality

territorio *m* **1** (área, superficie) territory; **tiempo estable en todo el ~ nacional** settled weather over the whole country; **el pueblo se halla en ~ ocupado/enemigo** the town is in occupied/enemy territory; **el ~ de un animal** an animal's territory; **en todo el ~ de la diócesis** throughout the (whole) diocese **2** (división administrativa) region, territory

terrón *m* **1** (de azúcar) lump **2** (de tierra) clod, lump

terror *m* **1** (miedo) terror; **un régimen de ~** a reign of terror; **sembró el ~ entre los campesinos** it inspired terror among the peasants; **me da ~** or **le tengo ~** it terrifies me, I find it terrifying; ▸**película 2** (persona) terror; **es el ~ de la ciudad** he is terrorizing the city, he is the terror of the city; **este niño es un ~** this child is a terror; **es el ~ de la carretera** (hum) she is the terror of the roads (hum)

terrorífico -ca *adj* horrific

terrorismo *m* terrorism

terrorista *adj/mf* terrorist

(Compuesto) **terrorista suicida** suicide bomber

terroso -sa *adj* **1** ‹*color*› earthy **2** ‹*aguas*› muddy

terruño *m* **1** (tierra natal): **añoraba volver al ~** he yearned to return to his native land *o* soil, he yearned to return to his native Galicia (*o* Spain *etc*) **2** (tierras propias) land, plot of land (*which is the source of one's livelihood*)

terso -sa *adj* **1** ‹*piel/cutis*› smooth **2** ‹*lenguaje/estilo*› flowing, smooth

tersura *f* **1** (de la piel) smoothness **2** (del estilo) smoothness, flow

tertulia *f*
A (reunión) gathering (*to discuss philosophy, politics, art, etc*)

(Compuestos)
- **tertulia digital** chat room
- **tertulia literaria** (grupo) literary circle; (reunión) literary gathering

B (RPl) (Teatr) circle

> **tertulia**
>
> A discussion group. Formerly, *tertulias* were groups of men who met in a café to talk about soccer, bullfighting, literature, cinema, politics, etc. Some of these became very famous, as they included important political and cultural figures. Now *tertulias* are often televized discussion programs.

tertuliano -na *m,f* member of a ▸**tertulia A**

teruteru *m*: *type of lapwing*

terylene® *m* Terylene®

tesalonicense *mf* Thessalonian

tesar [A1] *vt* to tauten

tesauro *m* thesaurus

tescal *m* (Méx) dry, rocky area

tesela *f* tessera, tile

Teseo Theseus

tesina *f* dissertation (*submitted as part of a first degree*)

tesis *f* (*pl* ~) **1** (Educ) thesis **2** (opinión): **los dos sostienen la misma ~** they are both of the same opinion, they both hold the same view; **esto confirma la ~ inicial de la policía** this confirms the police's initial theory **3** (Fil) thesis

(Compuesto) **tesis doctoral** doctoral thesis

tesitura *f* **1** (actitud) frame of mind **2** (Mús) tessitura

teso¹ -sa *adj* ▸**tieso¹**

teso² *m* top, crest

tesón *m*: **el ~ con que luchó por sus derechos** the determination with which she fought for her rights; **se opusieron con ~ al cierre de la fábrica** they resisted the closure of the factory tenaciously *o* with determination

tesonero -ra *adj*: **no es brillante pero es aplicado y ~** he is not brilliant but he works hard and is determined; **un llanto ~, casi insoportable** a persistent, almost unbearable crying

tesoquite *m* (Méx) clay

tesorería *f* **1** (oficina) treasury **2** (Fin) (activo disponible) liquid assets (*pl*)

tesorero -ra *m,f* treasurer

tesoro *m* **1** (cosa valiosa) treasure; **buscaban un ~ escondido** they were looking for hidden treasure **2** (persona) treasure, gem (colloq); **te lo agradezco mucho, eres un ~** thanks very much, you're a real gem; **¿qué te pasa, ~?** what's the matter, darling *o* sweetheart? **3** (libro) thesaurus **4** **el Tesoro** *tb* **el T~ público** the Treasury, the Exchequer

Tespis Thespis

test *m* (*pl* **tests**) test; **un ~ de inteligencia** an intelligence *o* IQ test; **un examen tipo ~** a multiple-choice exam

testa *f* (fam) head, nut (colloq); **¿no te entra eso en la ~?** can't you get that into your thick skull? (colloq)

testado -da *adj* testate

testador -dora *m,f*
A (*m*) testator
B (*f*) testatrix

testaferro¹ *adj inv* front (*before n*); **una sociedad ~** a front company

testaferro² *m* figurehead, straw man (AmE)

testamentaría *f* **1** (gestiones) execution of a will **2** (herencia) estate

testamentario¹ -ria *adj* testamentary

testamentario² -ria *m,f*
A (*m*) executor
B (*f*) executrix

testamento *m* will, testament (frml); **hacer** or **otorgar ~** to make one's will; ▸**antiguo, nuevo, viejo¹**

(Compuestos)
- **testamento abierto** nuncupative will
- **testamento cerrado** sealed testament
- **testamento vital** living will

testar [A1] *vi* to make one's will; **testó en favor de sus hijos** he willed *o* bequeathed everything to his children, in his will he left everything to his children

testarada *f*, **testarazo** *m* (fam) bump *o* (colloq) bash on the head; **darse** or **pegarse una ~** to bump *o* bang *o* (colloq) bash one's head; **ambos se inclinaron pegándose una ~** they both leaned forward and they bumped heads

testarudez *f* stubbornness, pigheadedness

testarudo¹ -da *adj* stubborn, pigheaded

testarudo² -da *m,f*: **es un ~** he's stubborn *o* pigheaded, he's a stubborn devil

testear [A1] *vt* (AmL) ‹*producto/arma*› to test; ‹*máquina/motor/software*› to test, bench-test; **no testeado en animales** not tested on animals

testeo *m* (AmL) (de producto, arma) test; (de máquina, motor, software) test, bench test

testicular *adj* testicular

testículo *m* testicle

testificación *f* **1** (declaración) testification **2** (prueba) testimony, proof

testificar [A2] *vt* (Der) **1** (ser prueba de) to testify **2** (declarar) to attest, declare **3** (actuar como testigo de) to witness

■ **testificar** *vi* «*testigo*» to testify, give evidence; **~ a favor/en contra de algn** to testify *o* give evidence for/against sb

testigo *mf*
A **1** (que presencia algo) witness; (Der) witness; **te lo juro, Pablo es ~ de que no lo toqué** I swear I didn't touch it, Pablo can vouch for me *o* ask Pablo; **pongo a Dios por ~** as God is my witness; **cierra la puerta, no quiero ~s** close the door, I don't want an audience; **estas murallas han sido ~ de muchas batallas** these walls have witnessed many battles; **la historia será ~ de que cometemos un gran error** history will bear witness to the fact that we are making a great mistake **2** (en una boda) witness; **fui ~** or (RPl) **salí de ~ en su casamiento** I acted as *o* I was a witness at their wedding

(Compuestos)
- **testigo de cargo** witness for the prosecution
- **testigo de descargo** witness for the defense*
- **testigo de Jehová** Jehovah's Witness
- **testigo de oídas** hearsay witness
- **testigo instrumental** witness
- **testigo ocular** or **presencial** eyewitness

B **testigo** *m* **1** (en carreras de relevos) baton **2** (en experimentos) control **3** (mojón) marker **4** (luz) warning light, indicator light

testimonial *adj* **1** (Der) testimonial **2** (simbólico) token (*before n*), symbolic

testimoniar [A1] *vi* to testify

■ **testimoniar** *vt* to bear witness to, testify to

testimonio *m* **1** (Der) (declaración) testimony, statement **2** (prueba) proof, testimony (frml); **como ~ de nuestra voluntad negociadora** as

El tiempo atmosférico

¿qué tiempo hace? *or* ***¿cómo está el tiempo?***
= what's the weather like?

Cuando en español, al hablar del tiempo, se emplea el verbo *hacer*, *haber* (en sus formas impersonales), el inglés utiliza el verbo *to be*:

hace buen tiempo
= it's fine

hace un día precioso
= it's a beautiful day

hace tan malo *(Esp)*
= it's such horrible weather

Nótese que cuando en español se utiliza el verbo *hacer* o *haber* seguido de un nombre, el inglés emplea el verbo *to be* seguido de un adjetivo:

hace sol/frío
= it's sunny/cold

hacía mucho calor
= it was very hot

¡qué calor hace!
= it's so hot!

hace *or* ***hay viento***
= it's windy

hay niebla/neblina
= it's foggy/misty

En todo caso, el uso de *hacer* o *haber* no excluye la posibilidad de utilizar el nombre *tiempo* (*weather*), *día* (*day*) etc., como sujeto del verbo *ser* o *estar* (*to be*), con un complemento adjetivo:

el tiempo estaba/ha estado excelente
= the weather was/has been very good

en Madrid, en verano, el tiempo es bueno y caluroso
= in Madrid, during the summer, the weather is fine and hot

¿cómo es el clima en Ciudad de México?
= what's the weather like in Mexico City?

el día está nublado/lluvioso/caluroso
= it's a cloudy/rainy/hot day

era una mañana fría y gris *(liter)*
= it was a cold, gray morning

Cuando el español utiliza verbos impersonales como *llover*, *nevar* etc., el inglés utiliza el respectivo verbo impersonal *to rain*, *snow* etc.:

llovió toda la noche
= it rained all night

está lloviendo
= it's raining

Para otros usos de verbos impersonales referidos al tiempo atmosférico, consultar el diccionario

Otros usos:

amaneció nublado/lloviendo
= it was cloudy/raining first thing in the morning
= it dawned cloudy/raining (*liter*)

Nótese en los siguientes ejemplos (menos formales) la falta de equivalencia en inglés de los pronombres *me*/*te*/*le* etc.:

nos hizo muy buen tiempo
= we had very good weather

les llovió toda la semana
= they had rain all week

proof of our will to negotiate; **como ~ de nuestro agradecimiento** as a token of our gratitude; **cifras que dan ~ de este alarmante incremento** figures which bear witness to this alarming rise; ▸**falso**

testosterona *f* testosterone

testuz *m* 1 (del caballo) forehead 2 (de la vaca) neck

teta *f* (fam o vulg) (de una mujer) tit (colloq *or* vulg), boob (colloq); (de un mamífero) teat; **niño de ~** (fam) young baby; **dar (la) ~** (fam) to breast-feed; **ya es hora de quitarle la ~** it's time she was weaned; ***como ~ de monja*** (fam) as soft/smooth as a baby's bottom (colloq)

(Compuesto) **teta gallega** conical cheese (*made in Galicia*)

tetamen *m* (fam o vulg) big tits (sl *or* vulg)

tétanos, tétano *m* tetanus

tete *m* (Chi fam) mess (colloq); **estar metido en un ~** to be in a mess

Teteoinnan *in Aztec culture, the mother of the gods*

tetera *f* 1 (para servir té) teapot 2 (Andes, Méx) (para hervir agua) kettle

tetería *f* teahouse

tetero *m* (Col, Ven) baby's bottle

tetilla *f* 1 (Anat) nipple; (Zool) teat 2 (del biberón) nipple (AmE), teat (BrE) 3 (queso) ▸**teta gallega**

tetina *f* teat

tetona[1] *adj* (fam) busty (colloq), with a big bust

tetona[2] *f* (fam) busty girl/woman; **es una ~** she's got big breasts *o* a big bust *o* (vulg) big tits, she's quite busty

Tetra Brik®, tetrabrik *m* Tetra Brik®

tetracloruro *m* tetrachloride

tetraedro *m* tetrahedron

tetralogía *f* tetralogy

tetrapack®, tetra pack® *m* (*pl* **~s**) Tetra Pak®, tetrapack

Tetra Pak® *m* (*pl* **~s**) Tetra Pak®, tetrapack

tetrarca *m* tetrarch

tetrarquía *f* tetrarchy

tetratlón *m* tetrathlon

tétrico -ca *adj* dismal, gloomy

tetuda *adj/f* (fam) ▸**tetona**[1], **tetona**[2]

teutón -tona *adj* Teutonic

teutónico -ca *adj* Teutonic

texano -na *adj/m,f* Texan

Texas *f* Texas

textear [A1] ➡📖 *vi* (AmL) to text
■ **textear** *vt* (AmL) to send a text to; **textéame cuando estés en camino** text me when you're on your way

textil[1] *adj* textile (*before n*)

textil[2] *m* textile

textil[3] *f* (CS) textile mill

texto *m*
A (escrito) text; **el ~ de una ley** the text of a law; **nos dieron a traducir un ~ muy difícil** we were given a very difficult passage *o* text to translate; **no te fijes en el dibujo, sino en el ~** look at the words *o* text, not the picture; **~s escogidos de Delibes** selected texts *o* extracts from Delibes
B (libro) text, book

textual *adj* 1 ‹*traducción*› literal, word-for-word (*before n*); ‹*palabras*› exact; ‹*cita*› direct 2 ‹*análisis*› textual

textualmente *adv* ‹*traducir*› literally; ‹*citar/repetir*› verbatim, exactly, word for word; **dice ~ 'bajo ningún concepto'** it says, and I quote, 'under no circumstances'

textura *f* 1 (de un tejido) texture, weave 2 (de un mineral) texture, structure 3 (de una obra literaria) texture

texturado -da *adj* textured

tez *f* complexion; **~ morena/blanca** dark/fair complexion *o* coloring *o* skin

Tezcatlipoca *Aztec god of day and night, also of fire*

tezontle *m* (Méx) red volcanic rock

Thor Thor

thriller /'triler/ *m* (*pl* **~s**) thriller

THS *m or f* = **(tratamiento hormonal sustitutivo = terapia hormonal sustitutiva)** HRT

ti *pron pers* 1 you; **una carta para ~** a letter for you; **delante de ~** in front of you; **está interesado en ~** he's interested in you; **a mí me gusta ¿y a ~?** I like it, do you? 2 (uso enfático): **¿y a ~ qué te importa?** what business is it of yours?; **¿a ~ qué te regaló?** what did he give *you*? 3 (*refl*): **piensa un poco en ~ mismo** just think of yourself a little; **seguro que puedes hacerlo por ~ mismo** I'm sure you can do it (by) yourself *o* on your own 4 (*impers*) you; **si a ~ te cuentan algo en forma confidencial** if you're told something in confidence, if someone tells you something in confidence

tialina *f* ptyalin

tiamina *f* thiamine

tianguis *m* (Méx) street market

> **tianguis**
> In Mexico, street markets selling fresh produce. They are held on particular days and usually goods can be bought cheaply.

tianguista *mf* (Méx) stallholder

TIAR /ti'ar/ *m* = **Tratado Interamericano de Asistencia Recíproca**

tiara *f* tiara

Tíber *m*: **el ~** the Tiber

Tiberíades: **el lago de ~** the Sea of Galilee, Lake Tiberias

Tiberio Tiberius

Tíbet *m*: **el ~** Tibet

tibetano -na *adj* Tibetan

tibia *f* tibia

tibieza *f* 1 (calor) warmth 2 (falta de calor) lukewarmness, tepidness 3 (de una persona) halfheartedness; **la ~ de sus sentimientos** the halfheartedness of his feelings, his lack of enthusiasm

tibio -bia *adj* 1 ‹*agua/baño*› lukewarm, tepid 2 ‹*atmósfera/ambiente*› warm; **el ~ sol de la mañana** the warm morning sun 3 ‹*relación*› lukewarm; ‹*acogida*› unenthusiastic, cool, lukewarm; **era un republicano ~** he was a halfhearted republican; ***poner ~ a algn*** (fam) to give sb a dressing-down, to tear sb off a strip (BrE colloq)

tiburón *m* 1 (Zool) shark

(Compuestos)
- **tiburón blanco** great white shark
- **tiburón tigre** tiger shark 2 (fam) (persona) shark 3 (Fin) raider

tiburoneo *m*: **operación de ~** raid

tic *m*
A (movimiento) *tb* **~ nervioso** nervous tic
B (marca) tick

TIC *fpl* (Inf) (**= Tecnologías de la Información y la Comunicación**) ICT

Ticiano Titian

ticket /'tike(t)/ *m* ▸**tíquet**

tico -ca *adj/m,f* (AmL fam) Costa Rican

tic-tac, tictac *m* tick-tock, ticking

tiembla, tiemblas, etc ▸**temblar**

tiempo *m*

(Sentido I)
A (como algo que transcurre) time; **ya ha pasado mucho ~ desde aquello** that all happened a long time ago *o* a lot of water has flowed under the bridge since then; **el ~ va pasando y las cosas no mejoran** time passes *o* goes by and things don't get any better; **¡cómo pasa** *or* **corre el ~!** how time flies!, doesn't time go quickly!; **ya te acostumbrarás con el ~** you'll get used to it in time; **el ~ dirá** time will tell; **el ~ apremia** time is short, I'm/we're pressed for time, time is of the essence (frml); **¡el**

➡📖 *ver* SMS (mensajería de texto)

~ vuela! how time flies!; **a ver si dejas de perder el ~** why don't you stop wasting time?; **¡qué manera de perder el ~!** what a waste of time!; **no pierdas ~ con eso** don't waste time with *o* on that; **¡deprisa, no hay ~ que perder!** quick, there's no time to lose!; **sin perder ~** without wasting a moment, without further ado; **hay que recuperar el ~ perdido** we must make up for lost time; **todas las advertencias fueron ~ perdido** all our warnings were a waste of time; **es una pérdida de ~** it's a waste of time; **para ganar ~, ve metiendo las cartas en los sobres** to save time, start putting the letters into the envelopes; **les contó una historia para ganar ~** to gain time she told them a story, she played for time by telling them a story; **creo que si vamos por aquí ganamos ~** I think we'll save time if we go this way

(Compuestos)
- **tiempo compartido** time-sharing
- **tiempo real** real time
- **tiempo universal** universal time, Greenwich Mean Time

B **1** (duración, porción de tiempo) time; **luego de todo este ~** after all this time; **¿cuánto ~ hace que no lo ves?** how long is it since you last saw him?; **¿cuánto ~ hace que vives aquí?** how long have you lived *o* been living here?; **de esto que te cuento ya hace mucho ~** all this happened a long time ago now; **¡cuánto ~ sin verte!** I haven't seen you for ages *o* it's been ages since I last saw you *o* (colloq) long time, no see; **hace demasiado ~, no creo que se acuerde** it was too long ago, I don't think she'll remember; **hace mucho ~ que no sé nada de ellos** I haven't heard from them for a long time *o* (colloq) for ages; **todavía falta** *or* **queda mucho ~ para su boda** it's still a long time till their wedding; **todo este ~ me ha estado mintiendo** he's been lying to me all this time; **se ha pasado todo el ~ hablando** she's done nothing but talk the whole time; **pasaba la mayor parte del ~ leyendo** he spent most of the time reading; **tómate el ~ que te haga falta** take as long as you need; **dentro de muy poco ~** very soon *o* very shortly; **¿cada cuánto ~ conviene hacerse un chequeo?** how often should one have a check-up?; **cada cierto ~** every so often; **de ~ en ~** from time to time; **¿cuánto ~ van a pasar en Los Ángeles?** how much time *o* how long are you going to spend in Los Angeles?; **me llevó mucho ~ preparar la tarta** it took me a long time *o* (colloq) ages to make the cake; **no pude quedarme (por) más ~** I couldn't stay any longer; **¿por qué tardaste tanto ~ en contestarme?** why did you take such a long time *o* so long to answer me?; **ya hace algún** *or* **un ~ que no se le ve por aquí** he hasn't been around here for some time *o* for quite a time *o* for quite a while now; **queremos quedarnos (por) un ~** we want to stay for a while *o* for a time; **un** *or* **algún ~ atrás** some time ago *o* back; **una costumbre que viene de mucho ~ atrás** a custom that dates back a long way; **poco ~ después** *or* **al poco ~ se volvieron a encontrar** a short time later they met again *o* they met again not long afterward(s); **de un ~ a esta parte se ha vuelto muy agresivo** he's been very aggressive recently *o* (frml) of late; **trabajar a ~ completo/parcial** to work full time/part time **2** (mucho tiempo): **hacía ~ que no lo veíamos** we hadn't seen him for a long time *o* for quite a while *o* (colloq) for ages; **ya hace ~ que se marchó** she left quite some time ago *o* quite a while ago; **¡mira que yo lo venía diciendo desde hacía ~!** haven't I been saying so for a long time *o* (colloq) for ages? **3** (período disponible, tiempo suficiente): **no he tenido ~ de terminarlo** I haven't had time to finish it; **hay ~ de sobra para eso** there's plenty of time for that; **no tenemos mucho ~** we don't have much time; **tengo todo el ~ del mundo** I've got all the time in the world; **no sé de dónde voy a sacar el ~** I don't know where I'm going to find the time; **no tengo ~ ni para respirar** I hardly have time to breathe; **no he tenido ~ material para hacerlo** I haven't had a moment to do it *o* I just haven't had the time to do it; **me va a faltar ~ para terminarlo** I'm not going to have enough time to finish it; **no me ha dado ~ a** *or* **de acabarlo** I haven't had time to finish it; **no da ~ de hacerlo todo** there isn't (enough) time to do it all; **dame un poco de ~** give me a bit of *o* a little time; **no me dieron suficiente ~** they didn't give me enough time **4** (Dep) (marca) time; **¿qué ~ hizo Espinosa?** what was Espinosa's time?; **lo hizo en un ~ récord** she did it in record time **5** (de un bebé): **¿cuánto ~ tiene?** how old is he?

(Compuestos)
- **tiempo de funcionamiento** uptime
- **tiempo libre** spare time, free time

C (*en locs*): **a tiempo** in time; **no vamos a llegar a ~** we won't get there in time; **llegas justo a ~ de echarnos una mano** you're just in time to give us a hand; **todavía estamos a ~ de coger el tren si vamos en taxi** we can still catch *o* we still have time to catch the train if we take a taxi; **piénsatelo, todavía estás a ~** think about it, there's still time; **con tiempo** in good time; **le gusta llegar con ~** she likes to arrive with time to spare *o* in good time; **avísame con ~** let me know in advance *o* in good time; **si llegan con ~ pueden ver la galería antes** if you arrive early, you can have a look at the gallery beforehand; **al mismo tiempo** *or* **a un tiempo** at the same time; **no hablen todos al mismo ~** don't all talk at once *o* at the same time; **llegaron al mismo ~** they arrived at the same time; **al tiempo que** at the same time as *o* that; ***con el ~ y una caña ...*** everything in good time; ***dar(le) ~ al ~*** to be patient; **seguro que va a mejorar, tú dale ~ al ~** I'm sure she's going to get better, you just have to be patient *o* to give it time; **no debemos precipitarnos, hay que dar ~ al ~** let's not rush into this, we must be patient; ***hacer a ~*** (RPl): **no hice a ~ a ir al banco** I didn't have enough time to go to the bank; ***hacerse ~*** (CS) to make time; ***hacer ~*** (mientras se espera algo) to while away the time, to kill time; (para hacer algo) to make time; (Dep) to play for time; ***matar el ~*** (fam) to kill time; ***robarle ~ al sueño*** to have less sleep than one needs, to burn the candle at both ends; ***y si no ¡al ~!*** just you wait and see!, mark my words!; ***el ~ es oro*** time is precious, time is money; ***el ~ todo lo cura*** time is a great healer; ***todo ~ pasado fue mejor*** the past always looks better

D **1** (época): **en mi(s) ~(s) esas cosas no pasaban** things like that didn't use to happen in my day *o* my time; **eran otros ~s** things were different then; **¡qué ~s aquellos!** those were the days!; **esa música es del ~ de mi abuela** that music is from my grandmother's time; **en aquellos ~s un helado costaba una peseta** at that time *o* back then *o* in those days an ice cream used to cost one peseta; **los problemas de nuestro ~** the problems of our time *o* age; **en los ~s que corren** these days, nowadays; **desde ~s inmemoriales** from *o* since time immemorial; **aquéllos eran ~s difíciles** those were difficult times; **en ~s de paz** in times of peace, in peacetime; **estamos viviendo ~s de crisis** we are living in extremely difficult times; **se ha adelantado a su ~** he is ahead of his time; **hubo un ~ en que yo pensaba igual** there was a time when I thought the same; **ese peinado es del ~ de Maricastaña** (fam) that hairstyle looks as if it came out of the ark (colloq), that hairstyle looks really old-fashioned *o* out-of-date **2** (temporada) season; **todavía no ha llegado el ~ de las naranjas** oranges aren't in season yet; **fruta del ~** fresh fruit, seasonal fruit **3** (momento propio, oportuno): **eso lo trataremos a su (debido) ~** we'll deal with *o* discuss that in due course; **cada cosa a su ~** everything in (its own) good time; **lo sacó del fuego antes de ~** she took it off the heat before it was ready; **nació antes de ~** he was premature, he was born prematurely

(Compuesto) **tiempo pascual** Eastertide

E **1** (Dep) (en un partido): **primer/segundo ~** first/second half; ▸**medio**[1] **2** (Mec): **un motor de dos/cuatro ~s** a two-stroke/four-stroke engine **3** (de una sinfonía) movement

(Compuestos)
- **tiempo complementario** (Dep) overtime (AmE), extra time (BrE); (Com) period of inactivity
- **tiempo muerto** time out
- **tiempo(s) extra** (Méx) overtime (AmE), extra time (BrE)
- **tiempo suplementario** overtime (AmE), extra time (BrE)

F (compás) tempo, time

G (Ling) tense; **~ simple/compuesto** simple/compound tense

(*Sentido* **II**) (Meteo) ▸ⓘ **p.802**; weather; **hace buen ~** the weather's good *o* fine, it's good *o* fine weather, it's fine; **el mal ~ reinante** the prevailing *o* current bad weather; **nos hizo un ~ estupendo/asqueroso** we had wonderful/terrible weather; **el pronóstico del ~** the weather forecast; **¿qué tal el ~ por ahí?** what's the weather like over there?; **del** *or* (Méx) **al ~** at room temperature; **un vaso de leche del ~** a glass of milk at room temperature; ***a mal ~, buena cara*** I/you/we may as well look on the bright side

tienda *f*

A (Com) **1** (en general) store (esp AmE), shop (esp BrE); (de comestibles) grocery store (AmE), grocer's (shop) (BrE); **la ~ de la esquina** the local convenience store, the corner shop (BrE); **ir de ~s** to go shopping; **va a abrir su propia ~** she's going to open her own shop *o* store **2** (CS) (de telas) dry goods store (AmE), draper's (BrE)

(Compuestos)
- **tienda de abarrotes** (AmC, Andes, Méx) ▸**tienda de alimentación**
- **tienda de alimentación** *or* **comestibles** grocery store (AmE), grocer's (shop) (BrE)
- **tienda de artículos defectuosos** reject store (AmE), reject shop (BrE)
- **tienda de antigüedades** antique shop *o* (AmE) store
- **tienda de decomisos** : *store selling goods confiscated at customs*
- **tienda de departamentos** (Méx) department store
- **tienda de deportes** sports shop *o* (AmE) store
- **tienda de modas** boutique
- **tienda de muebles** furniture shop *o* (AmE) store
- **tienda de regalos** gift shop *o* (AmE) store
- **tienda de ultramarinos** ▸**tienda de alimentación**

B (Dep, Mil, Ocio) *tb* **~ de campaña** tent; **poner** *or* **montar** *or* **armar una ~** to put up *o* pitch a tent; **quitar** *or* **desmontar** *or* **desarmar una ~** to take down a tent

(Compuestos)
- **tienda canadiense** ridge tent
- **tienda de oxígeno** oxygen tent
- **tienda remolque** trailer tent

tiene, tienes, etc ▸**tener**

tienta *f*

A (tacto): **a tientas: andar** *or* **caminar** *or* **ir a ~s** to feel one's way; **subió las escaleras a ~s** he felt his way up the stairs; **buscó el timbre a ~s** he groped *o* fumbled *o* felt around for the bell

B (Taur) trial (*to test fighting spirit of young bulls*)

tiento *m*

A (tacto, cuidado) tact, care; **tenemos que andarnos con ~** we have to tread carefully *o* be tactful

B (afinación) tuning up

C (Esp) (para probar) touch, feel; **darle un ~ a algo** ‹*aguacate/melón*› to feel, prod; ‹*vino*› to take a swig of; ‹*arroz*› to taste

D (Esp fam) (toqueteo) grope (colloq), feeling up (AmE colloq), touching up (BrE colloq); **el tío me metió/dio un ~** the guy felt me up *o* touched me up *o* groped me (colloq)

E **1** (CS) (tira de cuero) leather thong **2** (Méx) (Equ) tether; ***está/estaba con la vida en un ~*** (Méx) his life is/was in great danger, his life hangs/hung by a thread

F **tientos** *mpl* (cante andaluz) *Flamenco song/dance*

t

tiernamente *adv* tenderly

tierno -na *adj*
A ‹*carne*› tender; ‹*pan*› fresh; ‹*brote/planta*› young, tender; **un niño de tierna edad** a child of tender years (liter); **en la más tierna infancia** in early childhood
B ‹*persona*› affectionate, loving; ‹*mirada/corazón*› tender; **es una persona ternísima** he/she is an extremely affectionate *o* loving person

tierra *f*
A (campo, terreno) land; **una distribución más justa de la ~** a fairer distribution of land; **~s comunales** common land; **compró unas ~s en Durango** he bought some land in Durango; **~s fértiles/áridas** fertile/arid land; **~ labrantía** *or* **de cultivo** *or* **de labranza** *or* **de labor** *or* **de labrantío** arable *o* cultivated land; **~s baldías** wasteland; **los que trabajan la ~** those who work the land; ***poner ~ de por medio*** to make oneself scarce, get out quick (colloq)
B **1** (suelo, superficie) ground; (materia, arena) earth; **clavó la estaca en la ~** he drove the stake into the ground; **ésta es muy buena ~** this is very good land *o* soil; **cavaba la ~** he was digging the ground; **un camión de ~** a truckload of soil *o* earth; **no juegues con la ~, que te vas a manchar** don't play in the dirt, you'll get filthy; **un camino de ~** a dirt road *o* track; **¡cuerpo a ~!** get down!, hit the ground! (colloq); **ya lleva un año bajo ~** she's been dead and buried for a year now; ***echar algo por ~*** ‹*edificio/monumento*› to demolish, pull *o* knock down; ‹*planes*› to wreck, ruin, put paid to; ‹*argumentos*› to demolish, destroy; ‹*esperanzas*› to dash; ***echarle ~ a algo/algn*** (Col fam) to put sth/sb to shame, make sth/sb look bad; ***echarse ~ encima*** to do oneself down, cry stinking fish (BrE); ***echar ~ a*** *or* ***sobre algo*** (ocultarlo) to cover *o* hush sth up; (olvidarlo) to forget about sth, put sth behind one; ***tragarse la ~ a algn:*** **parecía que se lo hubiera tragado la ~** it was as if he'd vanished off the face of the earth; **en aquel momento deseé que me tragara la ~** at that moment I just wanted the earth *o* the ground to open and swallow me up
2 (AmL) (polvo) dust

(Compuesto) **tierra batida** (Esp) clay
C (Elec) ground (AmE), earth (BrE); **el cable que va a ~** the ground *o* earth lead; **necesita una conexión a ~** *or* **debe estar conectado a ~** *or* (AmL) **debe hacer ~** it needs to be connected to ground *o* earth, it needs to be grounded *o* earthed; ▸**toma**
D (por oposición al mar, al aire) land; **¡~ a la vista!** land ho! *o* land ahoy!; **viajar por ~** to travel overland *o* by land; **iniciaron las expediciones ~ adentro** they started expeditions into the interior; **gentes de ~ adentro** people from the interior, people from inland; **misiles aire-tierra** air-to-ground missiles; **el ejército de ~** the army; **~ firme** solid ground, terra firma; ***quedarse en ~*** to be left behind, miss one's train (*o* boat etc); ***tocar ~*** to land, put into port; ***tomar ~*** to land, touch down
E **1** (país, región, lugar): **después de tantos años de exilio decidió volver a su ~** after all those years in exile he decided to return to his homeland *o* to his native land; **las cosas que pasan por aquellas ~s** the things that happen in those places *o* countries; **partió a ~s lejanas para buscar fortuna** he set out for foreign parts *o* for distant lands to seek his fortune; **vino de la ~** local wine, locally produced wine; **fruta de la ~** locally grown fruit
2 (territorio) soil; **en el instante que pisó ~ francesa** the moment he set foot on French soil

(Compuestos)
- **tierra caliente** : *from Mexico to Peru, land below approx. 1,200m*
- **Tierra del Fuego** Tierra del Fuego
- **tierra de nadie** no-man's-land
- **Tierra de Promisión** ▸**Tierra Prometida**
- **tierra fría** the cold lands (*pl*), (*from Mexico to Peru, land above approx. 2,200m*)
- **tierra natal** native land, land of one's birth
- **Tierra Prometida** Promised Land
- **Tierra Santa** Holy Land
- **tierra templada** the temperate lands (*pl*) (*from Mexico to Peru, land between approx. 1,200m and 2,200m*)

F (planeta) **la Tierra** (the) Earth *o* earth; **la composición de la atmósfera de la T~** the composition of the Earth's atmosphere; **¿cúal es el planeta más cercano a la T~?** what is the closest planet to (the) Earth?; **para proteger la vida en la T~** to protect life on earth; **Creador del Cielo y de la T~** Creator of Heaven and Earth

tierral *m* (Andes, Méx) ▸**tierrero**

tierrero *m* (Col, Ven fam) **1** (polvareda) dustbowl **2** (montón de tierra) pile of dirt *o* earth **3** (fam) (discusión, lío) fuss (colloq); **va a armar un ~** he's going to kick up a real fuss *o* a stink (colloq)

tieso[1] -sa *adj*
A **1** (rígido) stiff; **con las orejas tiesas** with ears pricked up **2** (Col) (duro) ‹*pan*› hard; ‹*carne*› tough
B ‹*persona*› **1** (erguido) upright, erect; (orgulloso) stiff **2** (fam) (muerto) stone dead (colloq); ***dejar a algn ~*** (fam) (matarlo) to bump sb off (sl), to do sb in (colloq) (pasmarlo) to leave sb speechless, amaze sb; ***quedarse ~*** (fam) (morirse) to kick the bucket (colloq), to croak (sl) (pasmarse) to be left speechless *o* amazed; (helarse) to freeze to death (colloq), to get frozen stiff (colloq) **3** (Col fam) (valiente, esforzado) gutsy (colloq), feisty (AmE colloq)

tieso[2] *adv* (Andes fam) (lleno) full up (colloq), stuffed (colloq); ***~ y parejo*** (Andes fam) flat out (colloq)

tiestazo *m* (Col fam) crash, bang (colloq)

tiesto *m* **1** (para las plantas) flowerpot **2** (Chi) (palangana) basin; ***fuera de ~*** (Chi fam) out of place; **se sentía muy fuera de ~** he felt out of place *o* like a fish out of water (colloq)

tiesura *f* **1** (rigidez) stiffness **2** (dureza) hardness

tifo *m* ▸**tifus**

tifoideo -dea *adj* ▸**fiebre**

tifón *m* typhoon

tifus *m* **1** (transmitido por parásitos) typhus, typhus fever **2** (fiebre tifoidea) typhoid

(Compuesto) **tifus exantemático** *or* **histórico** spotted fever, tick-borne typhus

tigre -gresa *m,f*
A **1** (animal asiático) (*m*) tiger; (*f*) tigress **2** (AmL) (jaguar) jaguar; ***matar al ~ y tenerle miedo al cuero*** (Ven fam) to be all talk; ***ser un ~*** (Méx) to be ruthless

(Compuesto) **tigre de Bengala** Bengal tiger
B **tigre** *m* (Ven fam) (trabajo ocasional) casual job

tigresa *f* (fam) vamp (colloq)

tigrillo *m* (AmL) *small wild cat, esp ocelot, margay or tiger cat*

Tigris *m*: **el ~** the Tigris (River) (AmE), the (River) Tigris (BrE)

tijeral *m* truss

tijeras *fpl*, **tijera** *f* (para cortar papel, tela, etc) scissors (*pl*); (para las uñas) nail scissors (*pl*); (para el césped) shears (*pl*); **unas ~s nuevas** a new pair of scissors *o* some new scissors; **echó** *or* **metió (la) ~ y en cinco minutos me cortó una falda** she started snipping away and in five minutes she'd cut me out a skirt; ***darle a la ~*** (RPl fam) to bitch (colloq); ***estar cortados por la misma ~*** (AmL) to be cut from the same cloth, be cast in the same mold; **de ~** ‹*silla/cama*› folding (*before n*); **escalera de ~** stepladder

(Compuestos)
- **tijeras dentadas** *fpl* (para el pelo) thinning scissors (*pl*); (para tela) pinking shears (*pl*)
- **tijeras de podar** *fpl* pruning shears (*pl*), secateurs (*pl*)

tijereta *m*
A (Zool) earwig
B **1** (en gimnasia) scissors (*pl*) **2** (en fútbol) scissors kick, overhead kick

tijeretada *f*, **tijeretazo** *m* snip, cut

tijeretear [A1] *vt* to hack; **me dejó el pelo todo tijereteado** he hacked my hair to bits (colloq), he made a terrible mess of cutting my hair

tijereteo *m* cutting

tila *f* **1** (infusión) lime tea, lime blossom tea **2** (flor) lime blossom

tildar [A1] *vt* **~ a algn DE algo** to brand sb AS sth; **me han tildado de reaccionario** I've been branded *o* called a reactionary; **lo ~on de tacaño** they said he was mean

tilde *f* **1** (acento) accent **2** (sobre la ñ) tilde, swung dash

tilichento -ta *adj* (Méx fam) ragged; **siempre anda ~** he goes around in rags all the time

tiliches *mpl* (Méx fam) junk (colloq), stuff (colloq)

tilín *m* ting-a-ling, tinkle; ***en un ~*** (Col) in a flash; ***hacerle ~ a algn*** (fam): **nada más conocerlo, me hizo ~** I took an instant liking to him

tilingo[1] -ga *adj*
A (Arg fam) (maniático) fussy
B (Ur fam) (chiflado) soft in the head (colloq)

tilingo[2] -ga *m,f*
A (Arg fam) (maniático) fusspot (colloq)
B (Ur fam) (chiflado): **es un ~** he's a bit soft in the head (colloq)

tilma *f* (Méx) blanket

tilo *m* **1** (árbol) lime, lime tree **2** (Chi) (infusión) ▸**tila 1**

timador -dora *m,f* swindler, cheat

timar [A1] *vt* to swindle, cheat, rip ... off (colloq)
■ **timarse** *v pron* (Esp fam) **~se CON algn** (mirar, coquetear) to flirt WITH sb, make eyes AT sb; (tener relaciones) to carry on WITH sb (colloq)

timba *f* (fam) **1** (partida) game; **están de ~** they're gambling **2** (garito) gambling den

timbac *m* huddle

timbal *m*
A (Mús) kettledrum; **los ~es** the timpani, the timps (colloq)
B (Coc) timbale

timbear [A1] *vi* (RPl fam) to gamble, play cards (*o* dice *etc*) for money

timbembe *adj*, **timbembo -ba** *adj* (Andes fam) shaky (colloq), trembling (*from weakness*)

timbero -ra *adj* (RPl fam): **es muy ~** he loves to gamble

timbo *m* (Ven fam): ***del ~ al tambo*** to and fro

timbrado -da *adj*: **una voz bien timbrada** a well-pitched voice; ▸**papel**

timbrar [A1] *vt* ‹*documento*› to stamp; ‹*carta*› to frank; ***dejar timbrado a algn*** (Col, Ven fam) to bowl sb over (colloq)
■ **timbrar** *vi* (Col, Ven) to ring the bell
■ **timbrarse** *v pron* (Col, Ven fam) (ponerse nervioso) to get jumpy *o* edgy (colloq)

timbrazo *m* ring; **dar un ~** to ring the bell; **me desperté con el ~** I was woken up by the sound *o* the ringing of the bell, I was woken by the bell

timbre *m*
A (para llamar) bell; (en la puerta) bell, doorbell; **tocar el** *or* **llamar al ~** to ring the bell; **~ de alarma** alarm bell
B (de un sonido, de una voz) tone, timbre; **~ agudo** high pitch
C **1** (sello) fiscal stamp **2** (renta del estado) stamp duty *o* tax **3** (Chi) (utensilio) rubber stamp **4** (Méx) (sello postal) stamp, postage stamp

(Compuestos)
- **timbre de agua** watermark
- **timbre fiscal** fiscal stamp

D (en heráldica) crest

time sharing /ˈtaim ˌʃerin/ *m* time sharing

tímidamente *adv* (de manera retraída) shyly; (titubeando, sin atreverse) timidly

timidez *f* (retraimiento) shyness; (falta de decisión, coraje) timidity

tímido -da *adj* (retraído) shy; (falto de decisión, coraje) timid; **es muy ~, no le gustan estas reuniones** he's very shy, he doesn't like these meetings; **no seas ~, pregúntale** don't be shy *o* timid, ask her; **una sonrisa tímida** a shy *o* timid smile

timo *m*
A (fam) con (colloq), con trick (colloq), scam (colloq);

t

le dieron un ~ y perdió todos sus ahorros she was conned out of all her savings (colloq); **¡vaya ~ de coche!** this car has been a real rip-off *o* waste of money! (colloq)

(Compuestos)
- **timo de la estampita**: *con trick involving forged banknotes*; ***ser el ~ de la ~*** to be an absolute rip-off (colloq)
- **timo del tocomocho**: *con trick involving forged lottery tickets*

B (Anat, Biol) thymus

timón *m* **1** (Aviac, Náut) rudder; **tomó el/está al ~ de la empresa** she took over/she is at the helm of the company **2** (de un arado) beam **3** (Col, Per) (volante) steering wheel; **ir al ~** to be driving, be at the wheel **4** (Per) (manillar) handlebars (*pl*)

timonear [A1] *vt* **1** ‹*barco*› to helm **2** (dirigir) to guide, steer **3** (Col, Per) (Auto) to steer

timonel *m,f*
A (*m*) helmsman
B (*f*) helmswoman

timonera *f* wheelhouse

timorato[1] **-ta** *adj*
A (temeroso) spineless, gutless
B (mojigato) prudish

timorato[2] **-ta** *m,f*
A (temeroso) wimp (colloq), coward; **es un ~** he's a wimp *o* a coward, he has no guts
B (mojigato) prude

tímpano *m*
A (Anat) eardrum, tympanum (tech); **me vas a romper los ~s** you'll burst my eardrums
B (Arquit) tympanum

tina *f* **1** (bañera) bathtub, tub; **me di un baño de ~** I had *o* took a bath **2** (palangana) wash-tub **3** (Tec) vat

tinaco *m* (Méx) water tank

tinaja *f* large earthenware jar

tinca *f* (Andes)
A (fam) (empeño) effort; **ponle un poco más de ~** put a bit more effort *o* (colloq) put your back into it; **le puso harta ~ pero llegó tercero** he tried his best *o* he ran as fast as he could but he finished third
B (sensación) ▸**tincada**

tincada *f* (Andes fam) feeling, hunch (colloq)

tincado -da *adj* (Andes fam): **es muy ~** he likes to act on hunches (colloq)

tincar [A2] *vi* (Andes fam) (+ *me/te/le etc*) **1** (ocurrir una idea): **¿cómo acertaste? — no sé, me tincó** how did you guess? — I don't know, just a hunch (colloq); **me tinca que ya no viene** I get the feeling *o* the idea she's not coming **2** (parecer bien): **no le tincó la película** the movie didn't appeal to her; **ese pescado me tinca** I like the look of that fish **3** (tener ganas de): **¿te tinca ir a la playa?** do you feel like *o* (BrE) do you fancy a trip to the beach?, are you up for a trip to the beach? (AmE colloq)

tíner *m* (AmL) paint thinner

tinerfeño -ña *adj* Tenerifan

tinga *f* (Méx) *dish made from shredded meat, onion, tomato and chili*

tinglado *m* **1** (tablado) platform; (cobertizo) shed; (puesto) stall **2** (montaje) set-up (colloq); **no me gusta el ~ que tienen montado** I don't like their set-up; **se ha metido en el ~ de la droga** he's got(ten) involved in drugs *o* (colloq) in the drugs racket; **todo el ~** (fam) the whole business *o* caboodle (colloq) **3** (enredo): **un ~ de callejuelas** a maze of alleyways; **un ~ de cables** a tangle of wires

tinieblas *fpl*
A **1** (oscuridad) darkness; **en las ~ de la noche** (liter) in the darkness of the night, in the dark of night **2** (ignorancia): **estamos en ~ sobre el caso** we have no idea *o* we're in the dark about what happened
B (Relig) Tenebrae

tinnitus *m* tinnitus

tino *m* **1** (juicio) sound judgment, good sense; **has tenido mucho ~ al no aceptar** you were quite right not to accept, you showed good sense *o* judgment in not accepting **2** (tacto) tact, sensitivity; **que poco ~ tiene** she is so tactless

tinta *f* **1** (Art, Impr) ink; **debes escribir con ~** you must write in ink; ***cargar las ~s*** to go too far; ***medias ~s***: **no me gustan las medias ~s** I don't like half-measures, I don't like things to be halfhearted; **políticos de medias ~s** wishy-washy politicians; **déjate de medias ~s** stop being so vague *o* wishy-washy; ***saber algo de buena ~*** to have sth on good authority; ***sudar ~*** to sweat blood **2** (del calamar, pulpo) ink; **calamares en su ~** squid in ink

(Compuestos)
- **tinta China** India ink (AmE), Indian ink (BrE)
- **tinta de imprenta** printer's ink
- **tinta invisible** *or* **simpática** invisible ink

tintar [A1] *vt* (fam) to dye

tinte *m*
A **1** (acción) dyeing **2** (sustancia) dye; (color) color*; **~ natural/artificial/para el pelo** natural/artificial/hair dye
B (Esp) (establecimiento) dry cleaner's
C (matiz, rasgo) overtone; **con cierto ~ de escepticismo** with skeptical overtones, with a certain note of skepticism

tinterillo *m* **1** (empleado) penpusher (colloq) **2** (Andes) (abogado) pettifogger, shyster (AmE); (sin título) unqualified lawyer

tintero *m* inkwell; ***en el ~***: **se me quedó/lo dejé en el ~** I forgot to mention it; **se quedaron en el ~ varios asuntos** several questions failed to get a mention

tintín *m* (de una campanilla) tinkling, jingling; (de una copa) clinking

tintinear [A1] *vi* «*campanilla*» to tinkle, jingle; «*copa*» to clink

tintineo *m* ▸**tintín**

tinto[1] **-ta** *adj* ‹*vino/uva*› red; **~ en sangre** (liter) bloodstained, bloodied (liter)

tinto[2] *m*
A (Vin) red wine
B (Col) (café) black coffee

tintóleo *m* (Chi fam) red wine

tintorera *f* **1** (cazón) dogfish **2** (tiburón) shark

tintorería *f* dry cleaner's

tintorero -ra *m,f* dry cleaner

Tintoreto *m*: **el ~** Tintoretto

tintorro *m* (fam) cheap red wine

tintura *f* dye, tincture (frml)

(Compuesto) **tintura de yodo** tincture of iodine

tiña *f*
A (Med) ringworm, tinea (tech); ***más viejo que la ~*** as old as the hills
B (fam) (mugre) grime, filth

tiñosa *f* (Cu) **1** (Zool) turkey buzzard, vulture **2** (fam) (asunto molesto): **¿qué clase de ~ me parqueaste!** see what a mess you've got me into!

tiñoso -sa *adj*
A (Med) scabby, mangy
B (fam) (mugriento) filthy

tío, tía *m,f*
A **1** (pariente) (*m*) uncle; (*f*) aunt; **mis ~s** (sólo varones) my uncles; (varones y mujeres) my aunts and uncles; ***no hay tu tía*** (fam) no chance (colloq), no way (colloq), nothing doing (colloq) **2** (fam) (delante de nombre propio) (*m*) Uncle; (*f*) Aunt, Auntie (colloq); ***ya vendrá el ~ Paco con la rebaja*** (fam) this won't last forever *o* it's too good to last

(Compuestos)
- **tía abuela** *f* great-aunt, grandaunt
- **tío abuelo** *m* great-uncle, granduncle
- **tío Sam** *m*: **el ~ ~** Uncle Sam
- **tío segundo, tía segunda** *m,f* second cousin, cousin once removed (*cousin to one's parents*)

B (Esp) **1** (individuo) (fam) (*m*) guy (colloq), bloke (BrE colloq); (*f*) woman; **¡qué ~ más pesado!** that guy's such a pain! (colloq) **2** (Esp fam) (como apelativo): **oye, tía, no te pongas así** hey *o* look, don't get like that! (colloq); **¡hola, ~!** hi there! (colloq)

tiovivo *m* (Esp) merry-go-round, carousel (AmE)

tipa *f*: *yellow-flowered hardwood tree*

tipazo *m* (fam): **su novia tenía** *or* **era un ~** his girlfriend had an amazing figure (colloq); **mi jefe es** *or* **tiene un ~** my boss is a real hunk (colloq)

tipear [A1] *vt* (AmS) to type

tipejo -ja *m,f* (fam) (persona — tonta) idiot, moron (colloq & pej); (— despreciable) nasty piece of work (colloq), nasty character

típicamente *adv* typically; **es ~ uruguayo** he's a typical Uruguayan, he's typically Uruguayan

tipicidad *f*
A (de producto, costumbre) typical quality
B (Der) categorization; **el hecho no constituye delito por la ausencia de ~** the act does not constitute a crime because it is not recognized as such

típico -ca *adj* typical; **volvió a llegar tarde — ~ de él** he was late again — typical! *o* that's typical of him *o* that's just like him; **es el ~ tío ligón** (Esp) he's your typical womanizer (colloq); **el plato/traje ~ de la región** the typical *o* traditional local dish/costume; **los turistas vienen en busca de lo ~** tourists come in search of local color*

tipificación *f* **1** (clasificación) definition, classification, categorization **2** (de productos, calidades) standardization

tipificar [A2] *vt* **1** (clasificar) to categorize; **delitos tipificados como falta grave** crimes which are categorized *o* classed *o* defined as serious offenses; **esas acciones están tipificadas dentro de la ley antiterrorista** such actions come under *o* are covered by the anti-terrorist legislation **2** (ser representativo de) to typify, epitomize **3** ‹*producto/calidad*› to standardize

tipismo *m* **1** (cualidad): **un lugar que atrae por su ~** a place famous for the local style and architecture of its buildings **2** (costumbre y caracteres típicos) local color*

tiple *mf* **1** (persona) soprano **2** **tiple** *m* (guitarra) *twelve-stringed treble guitar*

tipo[1] **-pa** *m,f* **1** (fam) (*m*) guy (colloq); (*f*) woman; **me parece una tipa sensacional** I think she's an amazing woman **2** (pey) (*m*) guy (colloq), character (pej), woman, female (colloq & pej); **¿pero qué se habrá creído este ~?** but who does this guy *o* character think he is?

tipo[2] *m*
A (clase) kind, type, sort; **tiene todo ~ de herramientas en el taller** he has all kinds of tools in his workshop; **¿qué ~ de música te gusta más?** what sort of music do you like best?; **es muy simpático, pero no es mi ~** he's very nice, but he's not my type
B (Bot, Zool) type; (en antropología) type
C **1** (figura — de una mujer) figure; (de un hombre) physique; ***aguantar*** *or* ***mantener el ~*** (Esp) to put on a brave face; ***jugarse el ~*** (Esp) to risk one's neck; ***lucir el ~*** (Esp) to parade around **2** (aspecto) appearance; **será conde, pero no tiene ~ de aristócrata** he may well be a count, but he doesn't look like an aristocrat; **una mujer de ~ distinguido** a distinguished-looking woman; ***dar el ~*** (Esp) to be the type; **no parece que dé el ~** he doesn't seem the type
D (Fin) rate

(Compuestos)
- **tipo de cambio** exchange rate
- **tipo de cambio cruzado** cross exchange rate
- **tipo de interés preferencial** *or* **preferente** prime rate

E (Impr) type
F (*como adj inv*) typical; **el/la profesional ~** the typical *o* average professional person; **exámenes ~** specimen papers; **una serie ~ Dallas** a Dallas-type series
G (*como adv*) (CS fam) around, about; **vénganse ~ cuatro** come around *o* about four o'clock

tipografía *f* typography

tipográfico -ca *adj* typographic, typographical

tipógrafo -fa *m,f* typographer

t

tipología *f* typology
Tipp-Ex® *m* Tipp-Ex®
tique, tiquet *m* ▸**tíquet**
tiquear [A1] *vt* (Chi) **1** (marcar) ‹*casillero/opción*› to check (AmE), to tick (BrE) **2** (perforar) ‹*entrada/boleto*› to punch
tíquet /'tiket/ *m* (*pl* **~s**) **1** (Espec, Transp) ticket **2** (recibo) receipt, sales slip (AmE); **~ de caja** till receipt **3** (de estacionamiento,) (peaje) ticket **4** (Esp) (para restaurante, comedor) meal ticket
tiquete *m* (Col) ▸**tique**
tiquismiquis *mf* (Esp, Méx fam) **1** (persona) fusspot (colloq); **es un ~ para la comida** he's a very fussy *o* picky eater (colloq); **es un ~ para el orden** he's a stickler for order **2** **tiquismiquis** *m* (reparos) fussing; **déjate de ~ y cómelo todo** stop fussing and eat it all up
TIR *m* /tir/ TIR
tira[1] *f* **1** (de papel, tela) strip; (de un zapato) strap; **cortar los pimientos a** *or* **en ~s** cut the peppers into strips; ***hacer ~s algo*** (fam) ‹*libro*› to tear sth to shreds; ‹*vaso*› to smash sth to smithereens (colloq); ***la ~*** (fam): **me divertí la ~** I had a whale of a time (colloq); **¿gastaste mucho? — sí, la ~** did you spend a lot? — yes, loads *o* yes, I spent a fortune (colloq); **hace la ~ de tiempo que no lo veo** it's ages since I saw him (colloq) **2** (Chi fam) (prenda) rag (colloq)
(Compuesto) **tira cómica** comic strip, strip cartoon
tira[2] *mf*
A **1** (Chi, Méx fam) (agente) cop (colloq) **2** (Per, RPl arg) (detective infiltrado) police plant (colloq), undercover cop (colloq) **3** **la tira** *f* (Méx fam) (cuerpo) the cops (colloq), the fuzz (sl)
B *ver* **tira y afloja**
tirabeque *m* mangetout
tirabuzón *m*
A (sacacorchos) corkscrew; ***sacarle algo a algn con ~*** to drag sth out of sb (colloq)
B (rizo, bucle) ringlet
C (en béisbol) screwball
tirachinas *m* (*pl* **~**) slingshot (AmE), catapult (BrE)
tirada *f*
A (Jueg) (en juegos de mesa) throw; **si caes ahí, en la siguiente ~ no juegas** if you land there, you miss your next throw *o* you miss a go; **tiró todos los bolos a la primera ~** she knocked all the pins down with her first ball; ***de*** *or* ***en una ~*** (fam): **me leí el libro de** *or* **en una ~** I read the whole book in one go *o* at a sitting; **hicimos el viaje de** *or* **en una ~** we did the journey in one go *o* without stopping
B (Impr) print run; **un periódico con una ~ de 300.000 ejemplares diarios** a newspaper with a daily circulation of 300,000 copies
(Compuesto) **tirada limitada** limited edition
C (fam) (distancia larga): **de aquí a Medina hay una buena ~** it's a fair distance *o* way *o* (colloq) stretch from here to Medina; **todavía falta una ~ para llegar** we still have quite a distance *o* way to go
D (Méx fam) (propósito) aim, plan
tiradero *m*
A (Chi, Méx fam) (desorden) mess; **dejaron el ~ en la cocina** they left a real mess in the kitchen
B (Méx) *tb* **~ de basura** garbage dump (AmE), rubbish dump (BrE), tip (BrE)
C (Ven fam) hotel (*where rooms are rented by the hour*)
tirado[1] **-da** *adj*
A (en desorden): **lo dejan todo ~** they leave everything lying around; **había ropa tirada por todas partes** there were clothes strewn about everywhere
B (fam) **1** (muy fácil) dead easy (colloq); **el examen estaba ~** the exam was dead easy, the exam was a cinch *o* a piece of cake (colloq) **2** (muy barato) dead *o* dirt cheap (colloq)
tirado[2] **-da** *m,f* (fam) **1** (de mala vida) no-hoper (colloq), bum (AmE colloq) **2** (pobre) pauper, bum (AmE colloq)
tirador[1] *m* **1** (de un cajón, una puerta) knob, handle **2** (tirachinas) slingshot (AmE), catapult (BrE) **3** (RPl) (de un vestido) (shoulder) strap **4** **tiradores** (Arg, Bol) (de pantalón) suspenders (*pl*) (AmE), braces (*pl*) (BrE)
tirador[2] **-dora** *m,f*
A (*m*) marksman; **es un buen ~** he's a good shot *o* marksman
B (*f*) markswoman
tiraje *m* **1** (AmL) (Impr) ▸**tirada B** **2** (CS) (de la chimenea) damper
tiralevitas *mf* (*pl* **~**) (fam) crawler (colloq), creep (colloq), brownnose (AmE sl)
tiralíneas *m* (*pl* **~**) drawing pen

La Tirana

A spectacular yearly festival in La Tirana, Chile. The high point is on July 16, the day of *La Virgen del Carmen*, Chile's patron saint. Many thousands of people come to the village to watch three days of non-stop dancing by costumed dancers before a richly adorned statue of the Virgin. Some of the dances are fantastic, others are religious allegories, such as the *diabladas*, performed by dancers wearing devil masks.

tiranía *f* tyranny
tiránicamente *adv* tyrannically
tiranicida *mf* tyrannicide
tiranicidio *m* tyrannicide
tiránico -ca *adj* tyrannical
tiranizar [A4] *vt* to tyrannize
tirano[1] **-na** *adj* tyrannical
tirano[2] **-na** *m,f* tyrant
tirantas *fpl* (Col) suspenders (*pl*) (AmE), braces (*pl*) (BrE)
tirante[1] *adj* **1** ‹*piel/costura*› tight, taut; ‹*cuerda*› taut **2** ‹*situación*› tense; ‹*relaciones*› tense, strained; **está ~ con su jefe** things are strained between her and her boss
tirante[2] *m*
A (Const) strut, brace
B (Indum) **1** (de una prenda) strap, shoulder strap; **falda de ~s** jumper (AmE), pinafore dress (BrE); **pantalones de ~s** overalls (*pl*) (AmE), dungarees (*pl*) (BrE) **2** **tirantes** *mpl* (Esp, Méx, Ven) (de pantalón) suspenders (*pl*) (AmE), braces (*pl*) (BrE)
tirantez *f* **1** (de una cuerda, la piel) tautness, tightness **2** (en relaciones) tension, strain; **una situación de ~ en la oficina** a tense *o* strained atmosphere in the office
tirar [A1] *vt*
A **1** (lanzar, arrojar) to throw; **¿quiénes estaban tirando piedras?** who was throwing stones?; **tiró la colilla por la ventanilla** she threw the cigarette butt out of the window; **tiró la pelota al aire** he threw the ball up in the air; **tiraban piedrecitas al río** they were throwing stones into the river; **no tires los papeles al suelo** don't throw *o* drop the wrappers on the ground; **~le algo A algn** (para que lo agarre) to throw sth TO sb, to throw sb sth; (con agresividad) to throw sth AT sb; **le tiró la pelota** she threw him the ball, she threw the ball to him; **tírame las llaves** throw me the keys; **me tiró una piedra** she threw a stone at me; **le ~on un cubo de agua** they threw a bucket of water over him; **le tiró los brazos** he put *o* stretched his arms out to her; **tírale un beso** blow him a kiss **2** (desechar, deshacerse de) to throw out *o* away; **todo esto es para ~** all this can be thrown out *o* away, this is all going out (colloq); **estos zapatos ya están para ~(los)** these shoes are about ready to be thrown away *o* out; **¡que asco! tira eso inmediatamente a la basura** ugh! throw that away right now!, ugh! put that in the garbage can (AmE) *o* (BrE) the bin right now! **3** (desperdiciar) to waste; **¡qué manera de ~ el dinero!** what a waste of money!
B (dejar en desorden) (+ *compl*): **no tiren los juguetes por todos lados** don't leave *o* strew your toys all over the place; **se quitó la camisa y la tiró en un rincón** he took off his shirt and threw it into a corner
C **1** (hacer caer) to knock over; **¡cuidado, que vas a ~ la leche!** be careful, you're going to knock the milk over!; **tiró el jarrón al suelo de un codazo** he knocked the vase off the table (*o* shelf *etc*) with his elbow **2** (derribar) to knock down; **el perro se le echó encima y lo tiró al suelo** the dog leaped up at him and knocked him to the ground *o* knocked him over; **tiró todos los bolos de una vez** he knocked all the pins down in one go; **van a ~ (abajo) esta pared** *or* **van a ~ esta pared (abajo)** they're going to knock this wall down; **~on la puerta abajo** they broke the door down
D **1** ‹*bomba*› to drop; ‹*cohete*› to fire, launch; ‹*flecha*› to shoot; ‹*tiros*› to fire; **le ~on tres tiros** they shot at him three times, they fired three shots at him **2** ‹*foto*› to take
E (dar) ‹*puñetazo*› to throw; **tiraba puñetazos a diestra y siniestra** he was throwing punches *o* lashing out left and right (AmE) *o* (BrE) left, right and center; **el perro me tiró un mordisco** the dog snapped at me; **no me tires más pellizcos** stop pinching me
F (AmL) (atrayendo hacia sí) to pull; **tiró la cadena** he pulled the chain; **no le tires el pelo** don't pull his hair; **te voy a ~ las orejas** I'm going to tweak your ears; **le tiraba la manga** she was tugging *o* pulling at his sleeve
G (Impr) to print, run off
H (Mat) ‹*línea*› to draw
I (Chi) **1** ‹*carrera*› to start, give the starting signal for **2** ‹*lotería*› to draw the winning number in; ‹*rifa*› to draw
■ **tirar** *vi*
A **1** (atrayendo hacia sí) to pull; **¡vamos, tiren todos a una!** come on, everybody pull together!; Ⓢ **tirar** pull; **~ DE algo** to pull sth; **no le tires del pelo** don't pull her hair; **dos caballos tiraban del carro** the cart was drawn by two horses; **~ de la cadena** to pull the chain; **le tiró de la manga** she tugged *o* pulled at his sleeve; **le tiró de la oreja** she tweaked his ear **2** ‹‹*vestido/blusa*›› to be (too) tight; **me tira** it's too tight on me
B (atraer): **le sigue tirando México** she still hankers after *o* misses Mexico; **no parece que le tiren mucho los deportes** he doesn't seem to be very interested in *o* keen on sport; **la sangre tira** blood is thicker than water
C **1** (disparar): **le tiró a traición** she shot him in the back; **¡no tiren!** don't shoot!; **le tiró al corazón** he shot him through the heart; **~ a dar** to shoot to wound (*not to kill*); ***~ a matar*** (literal) to shoot to kill; (para ofender, atacar): **cuando empieza a criticar, tira a matar** when she starts criticizing you, she really goes for the jugular *o* she really sticks the knife in (colloq); **siempre que me dice algo, tira a matar** whenever he says anything to me, he goes all out to hurt me **2** (Dep) to shoot; **~ al arco** (AmL) *or* (Esp) **a puerta** to shoot at goal; ***tirando por lo bajo/alto*** at the (very) least/most **3** (Jueg) (descartarse) to throw away, discard; (en juegos de dados) to throw; (en dardos) to throw; (en bolos) to bowl
D **1** ‹‹*chimenea/cigarro*›› to draw **2** ‹‹*coche/motor*›› to pull
E **1** (fam) (llegar, sobrevivir) to get by; **con $100 podríamos ~ hasta fin de mes** with $100 we could get by until the end of the month; **con este uniforme podrás ~ hasta fin de año** this uniform will last you *o* (colloq) will do you till the end of the year **2** **tirando** *ger* (fam): **¿qué tal andas? — ya lo ves, tirando ...** how are things? — well, you know, not too bad *o* we're getting by; **no ganamos mucho pero vamos tirando** we don't earn much but we're managing
F (Esp fam) (seguir adelante): **tira, que creo que no nos ha visto** go on, I don't think he's seen us; **vamos, tira** come on, get moving *o* get a move on; **si tiras para atrás cabe otro coche** if you back up *o* go back a bit we can get another car in; **tira (p'alante), no te pares ahora** keep going, don't stop now; **hay mucho que hacer pero entre todos podemos ~ p'alante** there's a lot to be done but if we all pull together we can get through it; **tira por esta calle abajo** go *o* turn down this street; **en cuanto nos vieron, ~on por otro lado** as soon as they saw us they went off in a different direction/they turned off up a different street

t

G (AmL vulg) (en sentido sexual) to screw (vulg), to fuck (vulg)
H **tirar a** (tender a): **un amarillo fuerte tirando a naranja** a bright orangish *o* (BrE) orangy yellow; **no es verde, tira más bien a azul** it's not green, it's more of a bluish color; **los precios son más bien tirando a caros** the prices are a bit on the expensive *o* (colloq) steep side; **el erotismo de la película tiraba a pornográfico** the eroticism in the film tended toward(s) *o* verged on the pornographic; **los niños tiran más a la madre** the children take after their mother more; **es de estatura normal, tirando a bajito** he's average to short in height
■ **tirarse** *v pron*
A 1 (lanzarse, arrojarse) (+ *compl*) to throw oneself; **se tiró por la ventana** he threw himself *o* he leapt out of the window; **~se en paracaídas** to parachute; **~se al agua** to dive/jump into the water; **~se del trampolín** to dive off the springboard; **~se de cabeza** to dive in, to jump in headfirst; **intentó ~se del tren en marcha** she tried to throw herself from *o* to jump off the train while it was moving; **se le tiró a los brazos** she threw herself into his arms 2 «*coche/conductor*» (+ *compl*) to pull over; **se tiró bruscamente a un lado** he swerved to one side 3 (AmL) (tumbarse) to lie down; **estoy agotada, me voy a ~ un rato** I'm exhausted, I'm going to lie down for a while; ***tirárselas de algo*** (Col, RPl fam): **se las tira de valiente** he makes out he's so brave
B (fam) ‹*horas/días*› to spend; **nos hemos tirado media hora para encontrar la casa** it's taken us half an hour to find the house; **se tiró dos años escribiéndolo** he spent two years writing it; **se ha tirado una hora entera hablando por teléfono** he's been on the phone for a whole hour, he's spent a whole hour on the phone
C (vulg) (joder): **~se a algn** to screw sb (vulg), to fuck sb (vulg), to lay sb (sl)
D (fam) (expulsar): **~se un pedo** to fart (sl), to pass wind; **~se un eructo** to belch, to burp (colloq)
E (Col fam) (echar a perder) to ruin; **el aguacero se tiró el paseo** the downpour washed out *o* ruined our walk; **se tiró el examen** he flunked the exam (colloq)

tira y afloja *m* hard bargaining, cut and thrust, horse trading (AmE colloq); **el ~ y ~ que precedió a la firma del acuerdo** the hard bargaining *o* cut and thrust which preceded the signing of the agreement

tirillas *mf* (*pl* ~) (fam) nobody; **se casó con un ~** she married a nobody

tirillento -ta *adj* (Chi fam) ragged, tatty

tirita *f* 1 (Esp) (Med) Band-Aid® (AmE), sticking plaster (BrE), Elastoplast® (BrE) 2 (Ven) (Indum) shoulder strap

tiritar [A1] *vi* to shiver, tremble; **estaba tiritando de frío** she was shivering *o* trembling with cold; ***dejar algo tiritando*** (Esp fam): **la boda me ha dejado la cuenta tiritando** the wedding has left me with hardly any money in the bank *o* (colloq) has nearly cleaned me out

tiritón¹ -tona *adj* (fam) shaky, trembling

tiritón² *m* shiver; **el vino me dio tiritones** the wine made me shiver *o* shudder (colloq)

tiritona *f* (fam): **le dio** *or* **entró una ~** she started shivering; **tener una ~** to have the shivers (colloq)

tiro *m*
A (disparo) shot; **le dispararon un ~ en la pierna** they shot him in the leg; **lo mató de un ~/a ~s** she shot him dead; **lo mató de un solo ~** he killed him with a single shot *o* with one bullet; **se mató disparándose un ~ en la sien** he shot himself through the head; **le pegó un ~** she shot him; **si me pasa otra vez me pego un ~** (fam) if it happens again, I'll shoot myself; **disparó tres ~s al aire** he fired three shots into the air; **ejercicios de ~** shooting practice; **todavía le quedaba un ~ en el revólver** he still had one shot *o* bullet left in his revolver; **una pistola de seis ~s** a six-shooter; **hallaron el cadáver con un ~ en la nuca** they found the body with a bullethole/bullet in the back of the neck; ***al ~*** (Chi fam) right away, straightaway (BrE); ***andar echando ~s*** (Méx fam): **anda echando ~s con su traje nuevo** he's strutting around in his new suit; ***a ~*** (Mil) within *o* in range; **habla con cualquiera que se le ponga a ~** she'll talk to anyone who comes along; **ahora que te tengo a ~ ¿por qué no me contestas unas preguntas?** while you're here, why don't you answer a few questions for me?; ***a ~ de piedra*** (fam): **¿falta mucho para llegar? — no, ya estamos a ~ de piedra** is it much further? — no, we're within spitting distance now (colloq); **la playa estaba a ~ de piedra** the beach was a stone's throw away; ***como un ~*** (fam): **esa hamburguesa me sentó como un ~** that hamburger really disagreed with me *o* made me feel terrible; **le sentó como un ~ que no la invitaras** she was really upset *o* it really upset her that you didn't invite her; **ese vestido te sienta como un ~** you look terrible *o* awful in that dress; **la motocicleta pasó como un ~** (Col, RPl) the motorbike shot past; **salió de casa como un ~** (Col, RPl) she shot out of the house; ***de a ~*** (Méx fam) absolutely; **nos tratan de a ~ mal** they treat us appallingly *o* absolutely terribly; **de a ~ hiciste mal en contestarle así** it was downright *o* extremely rude of you to answer him back like that; ***de ~s largos*** (fam): **no hace falta que te pongas de ~s largos** there's no need to dress up *o* (colloq) get all dressed up; ***errar el ~*** (literal) to miss, shoot wide of the mark; (equivocarse): **erraste el ~, no fue ella sino yo** you got it wrong, it wasn't her, it was me; **han errado totalmente el ~, no tendrá aceptación en esta zona** they're way off the mark, it won't sell in this area; ***estar a ~ de hacer algo*** (Col fam) to be about to do sth; **estoy a ~ de acabar** I've almost finished; **estaba a ~ de salir cuando llamó** I was about to go out when he phoned; ***estar a ~ de lengua*** (Col fam) to be on the point of talking; ***me/le salió el ~ por la culata*** (fam) my/his plan backfired on me/him; ***ni a ~s*** (fam): **no aprueba ni a ~s** he doesn't have a hope of passing (colloq), there's no way he's going to pass (colloq); **este problema no me sale ni a ~s** for the life of me I can't work this problem out; **te digo que no lo vas a convencer ni a ~s** you'll never persuade him, not in a month of Sundays *o* there's no way you're going to persuade him (colloq); ***saber por dónde van los ~s*** to have an idea of sth (*o* of what's happening *etc*); ***ser un ~ al aire*** (AmL fam) to be scatterbrained (colloq)

Compuesto **tiro de gracia** coup de grâce
B 1 (en fútbol, baloncesto, golf, tenis) shot 2 (deporte) shooting

Compuestos
- **tiro a canasta** shot (at basket)
- **tiro al arco** (nombre de deporte) archery; (en fútbol) (AmL) shot at goal
- **tiro al blanco** (deporte) target shooting; (lugar) shooting gallery
- **tiro al plato** trapshooting, skeetshooting (AmE), clay-pigeon shooting (BrE)
- **tiro a puerta** shot at goal
- **tiro con arco** archery
- **tiro de esquina** (Col) corner kick, corner
- **tiro de pichón** ▸**tiro al plato**
- **tiro fijo** *mf* (Col fam) crack shot
- **tiro libre** (en fútbol) free kick; (en baloncesto) free shot *o* throw
- **tiro pasado** (en tenis) passing shot

C (de un pantalón) top block (frml) (*distance from waistband to crotch*); **el pantalón me queda largo/corto de ~** the trousers are too baggy/tight in the crotch
D (de una chimenea) flue; **tiene muy buen ~** it draws well
E 1 (animales) team; **el relevo del ~** the change of team *o* of horses (*o* oxen *etc*) 2 **animal/caballo de ~** draught animal/horse

Tiro *m* Tyre

tiroideo -dea *adj* thyroid (*before n*)

tiroides *f* thyroid, thyroid gland

tiroidina *f* thyroid

Tirol *m* Tyrol

tirolés -lesa *adj/m,f* Tyrolean

tirón *m* 1 (movimiento) tug; **hay que pegarle un ~ fuerte a la cuerda** you have to give the string a good hard pull *o* tug; **dale un ~ de orejas** tweak his ears for him (colloq); **me dio un ~ de pelo** he pulled my hair; **el autobús avanzaba a tirones** the bus jerked along; ***de un ~:*** **me arrancó la cadena de un ~** he ripped the chain from my neck; **arráncate el esparadrapo de un ~** pull the dressing off in one go; **hicimos el viaje de un ~** (fam) we did the journey without stopping *o* in one go; **la leyó de un ~** (fam) she read it at a single sitting *o* in one go; **dormí nueve horas de un ~** (fam) I slept nine hours right *o* straight off 2 (de un músculo): **sufrió un ~ en la pierna derecha** he pulled a muscle in his right leg; **sentí un ~ en la espalda** I felt something pull in my back 3 (forma de robo): **le dieron un** *or* **el ~** they snatched her bag; **le dieron un ~ y le robaron la cadena** they ripped her chain from her neck; **le robaron el bolso por el procedimiento del ~** (period) she had her bag snatched 4 (RPl fam) (buen trecho) ▸**tirada C**

tironear [A1] *vi* (fam) to tug, pull; **tironeaba del vestido de la mamá** he was tugging *o* pulling at his mother's dress
■ **tironear** *vt* (AmL fam) to tug at, tug

tironero -ra *m,f*, **tironista** *mf* (Esp) bag-snatcher

tirotear [A1] *vt* to shoot … repeatedly; **fue tiroteado cuando bajaba de su coche** he was shot repeatedly *o* several times as he was getting out of his car; **murió tiroteado en la calle** he was gunned down in the street

tiroteo *m* 1 (tiros) shooting; **se oía un ~ a lo lejos** shooting *o* shots could be heard in the distance; **cuando empezó el ~ se echaron al suelo** when the shooting *o* firing started they threw themselves to the ground; **escaparon en medio de un impresionante ~** they escaped under heavy fire *o* a hail of bullets 2 (intercambio de tiros) shoot-out, exchange of shots

Tirreno *m*: **el (mar) ~** the Tyrrhenian Sea

tirria *f* (fam) grudge; **tenerle ~ a algn** to have *o* bear a grudge against sb; **tomarle ~ a algn** to take a dislike to sb, to take against sb (colloq)

tirro *m* (Ven) masking tape

tisana *f* tisane, herbal tea

tísico¹ -ca *adj* (ant) tubercular, consumptive (dated)

tísico² -ca *m,f* (ant) consumptive (dated)

tisis *f* (ant) tuberculosis, TB, consumption (dated)

tisú *m* (*pl* **-sús** *or* **-súes**) 1 (pañuelo) tissue 2 (tela) lamé

tisular *adj* tissue (*before n*)

titán *m* titan; **una obra de titanes** a mammoth task; **es un ~ de los negocios** he is a giant of the business world

Titán Titan

titánico -ca *adj* huge, colossal, mammoth (*before n*)

titanio *m* titanium

títere *m*
A 1 (marioneta) puppet; **teatro de ~s** puppet theater; ***no dejar ~ con cabeza*** to spare nobody; ***no quedar ~ con cabeza:*** **tras el reajuste no quedó ~ con cabeza** nobody escaped the reshuffle unscathed 2 **títeres** *mpl* (espectáculo, función) puppet show
B (persona) puppet; **un ~ de los militares** a puppet of the military

titi *mf* (Esp fam) (*m*) guy (colloq), bloke (BrE colloq); (*f*) girl; **oye ~ ¿nos vamos al cine?** hey, how about going to the movies?

tití *m* titi (*small South American monkey*)

titiaro *m* (Ven) dwarf banana

titilante *adj* (liter) twinkling

titilar [A1] *vi* 1 «*estrella*» to twinkle; «*luz*» to flicker 2 «*párpado*» to twitch

titipuchal *m* (Méx fam) (gran cantidad): **tengo un ~ de cosas que hacer** I have loads *o* stacks of things to do (colloq); **había un ~ de gente**

t

there were loads *o* hordes of people, there was a big crowd of people

titiritar [A1] *vi* to shiver, tremble

titiritero -ra *m,f* **1** (de marionetas) puppeteer **2** (acróbata) acrobat

Tito Livio Livy, Titus Livius

titubeante *adj* ‹*voz/respuesta*› faltering, halting; ‹*actitud*› hesitant

titubear [A1] *vi* **1** (dudar, vacilar) to hesitate; **no titubeó un instante en aceptar** he didn't hesitate for a moment before accepting; **contestó sin ~** he replied without hesitation **2** (balbucear) to stutter; **titubeó antes de responder** he stuttered before he could get his reply out

titubeo *m* (duda, vacilación) hesitancy, hesitation; **respondió sin ~s** she replied without hesitation; **el ~ de su voz revelaba su nerviosismo** the hesitancy in his voice betrayed his nervousness

titulación *f* qualifications (*pl*); **un profesor de ~ francesa** a teacher who qualified in France; **personas con ~ universitaria** university graduates, college graduates (AmE), people with university *o* (AmE) college degrees; **~ en dos especialidades** combined honors*; Ⓢ **se exige titulación universitaria** *or* **superior** graduate required

titulado¹ -da *adj* ‹*mecánico/maestro*› qualified; **las profesiones tituladas** the professions where higher education is a prerequisite

titulado² -da *m,f* graduate; **~ en Ingeniería** Engineering graduate

(Compuestos)

- **titulado medio, titulada media** : *graduate with a qualification obtained after a three-year degree course as opposed to a five-year course*
- **titulado superior** *or* **universitario** university graduate, college graduate (AmE)

titular¹ *adj* ‹*médico/profesor*› permanent; **Inter jugó con todos sus jugadores ~es** Inter fielded all its regular first-team players

titular² *mf*

A **1** (de un pasaporte, una cuenta) holder; (de un bien, una vivienda) owner, titleholder (frml) **2** (de un cargo, una plaza) holder, incumbent (frml); **al morir el ~ de la cátedra** when the professor died; **el ~ de la cartera de Defensa** the Defense Secretary; **el ~ de la comisaría de la localidad** the chief of the local police; **el equipo tiene a varios ~es lesionados** the team has several first-team players out through injury

B **titular** *m* **1** (en un periódico) headline **2** (Rad, TV) main story; **los ~es** the main stories, the news headlines

titular³ [A1] *vt* ‹*novela/película/cuadro*› **su novela titulada 'Julia'** his novel entitled 'Julia'; **¿cómo vas a ~ la canción?** what's the title of the song going to be?, what are you going to call the song?

■ **titularse** *v pron*

A «*obra/película*» to be called, be entitled (frml); **¿cómo se titula la obra ganadora?** what is the winning play called?, what is the name of the winning play?

B (Educ): **me titulé hace dos años** I graduated *o* got my degree two years ago; **~se EN/DE algo** to graduate IN/AS sth; **se tituló en Filosofía** he graduated in Philosophy, he obtained *o* (AmE) earned a Philosophy degree; **se tituló de médico/abogado** he qualified as a doctor/lawyer

titularidad *f* **1** (de un bien, una vivienda) ownership, title (frml) **2** (de un cargo, una plaza): **obtener la ~** to become permanent, to be made a permanent member of staff; **un paso más hacia la ~ del banco** one step closer to becoming head (*o* chief executive *etc*) of the bank; **intenta recuperar la ~** he's trying to regain his place on the team

titulitis *f* (hum) *over-enthusiasm for academic qualifications*

titulización *f* securitization

titulizar [A4] *vt* to securitize

título *m*

A **1** (de un libro, una película) title, name; (de un capítulo) heading, title **2** (de una ley) title

(Compuesto) **título de crédito** credits (*pl*)

B (Educ) degree; (diploma) certificate

(Compuestos)

- **título académico** academic qualification
- **título universitario** university degree, college degree (AmE)

C (que refleja una dignidad, un mérito, etc) title; **se ganó el ~ de Miss Mundo** she won the Miss World title

D *tb* **~ nobiliario** title

E (en locs): **a título: esto lo digo a ~ personal, no en mi calidad de empleado de la empresa** this is my personal view *o* I'm speaking personally here and not as an employee of the company; **a ~ informativo, éstas son las fechas de las reuniones** for your information, these are the dates of the meetings; **a ~ anecdótico comentó que ...** by way of an anecdote he said that ...; **les daré algunas cifras a ~ orientativo** I'll give you a few figures to put you in the picture *o* to give you an idea; **a título de** by way of; **a ~ de introducción** by way of introduction; **en las tierras vivían a ~ de arrendatarias 352 familias** 352 families lived on the land as tenants; **¿a ~ de qué me dices eso ahora?** (fam) what are you telling me that for now?

F (de un bien) title

G (Econ, Fin) security, bond

(Compuestos)

- **título al portador** bearer bond
- **título de crédito** credit instrument
- **título de propiedad** title deed, document of title

tiza *f* **1** (material) chalk; (barra) chalk, piece of chalk; (en costura) tailor's chalk; **me manché la falda de** *or* **con ~** I got chalk on my skirt; ***ponerle ~ a algo*** (Col fam) to complicate sth **2** (en billar) chalk

tizar [A4] *vt* (Chi) **1** ‹*tela*› to mark ... with tailor's chalk **2** ‹*cancha*› to mark out

Tiziano Titian

tiznajo *m* (mancha) smudge, dirty smear; (partícula) smut, speck of dirt (*o* soot *etc*)

tiznar [A1] *vt* to blacken (*with soot/coal*)

■ **tiznarse** *v pron* (*refl*) to blacken oneself (*with soot/coal*); **se tiznó la cara con un corcho quemado** he blackened his face with a burnt cork

tizne *m* (hollín) soot; (mancha) smut, black mark

tiznón *m* ▸ **tiznajo**

tizón *m*

A (leño) charred stick/log; ***más negro que un ~*** as black as coal

B (Const) header

tlachique *m* (Méx) sweet ▸ **pulque**

tlacoyo *m* (Méx) *corn dough pastry filled with beans*

tlacuache *m* (Méx) common opossum

tlalcoyote *m* (Méx) badger

Tlaloc *Aztec god of rain, thunder and lightning*

tlapalería *f* (Méx) hardware store, ironmonger's (BrE)

Tlazoltéotl *Aztec goddess of love and fertility*

TLC *f* (Com) (**= Tratado de Libre Comercio**) FTA

TLCAN *m* (**= Tratado de Libre Comercio de América del Norte**) NAFTA

TM = Teléfonos de México

Tm., tm. (**= tonelada métrica**) tonne

Tn. (**= tonelada**) t, ton

TNT *m* (**= trinitrotolueno**) TNT

toalla *f* **1** (tejido) toweling* **2** (para secarse) towel; **~ de baño/manos** bath/hand towel; **~ de hilo** teatowel; **~ de papel** paper towel; ***tirar*** *or* ***echar*** *or* ***arrojar la ~*** to throw in the towel *o* sponge

(Compuestos)

- **toalla femenina** (Méx) sanitary napkin (AmE), sanitary towel (BrE)
- **toalla higiénica** sanitary napkin (AmE), sanitary towel (BrE)
- **toalla** *or* **toallita refrescante** towelette
- **toalla sanitaria** (Méx) ▸ **toalla higiénica**

toallero *m* (barra) towel rail; (aro) towel ring

toba *f* tufa

tobera *f* nozzle

tobillera *f* **1** (Med) ankle support **2** (calcetín) ankle sock **3** (de un ciclista) cycle clip

(Compuestos)

- **tobillera electrónica** electronic ankle tag
- **tobillera telemática** (Esp) electronic (monitoring) tag

tobillero -ra *adj* ▸ **media tobillera, pantalones**

tobillo *m* ▸ ❶ **p.231** ankle; ***no te/le llega ni al ~*** *or* ***a los ~s*** he's not even fit to tie your/her shoelaces *o* (BrE) bootlaces (colloq); **juega bien, pero no le llega ni al ~ a Ricardo** he's a good player but he is nowhere near as good as Ricardo *o* he can't hold a candle to Ricardo

tobo *m* (Ven) bucket

tobogán *m* **1** (en un parque) slide, chute; (en una piscina) water chute, flume **2** (Aviac) escape chute **3** (trineo) toboggan, sled (AmE), sledge (BrE)

toc¹ *adv* rat-tat-tat; **¡~ ~! — ¿quién es?** knock, knock — who's there?

toc² *m* knocking; **se escuchaba un constante ~** a constant knocking could be heard; **hacer ~** to make a knocking sound

TOC *m* (**= Trastorno Obsesivo Compulsivo**) OCD

toca *f*

A **1** (de una religiosa) cornet, wimple **2** (de un tocado) circlet

B (para estirarse el pelo): **hacerse la ~** *to wrap one's wet hair around the head to straighten it*

tocación *f* (Chi) application; **hacerse tocaciones de yodo** to paint one's throat with iodine

tocada *f*

A (Méx) (de jazz) jam session

B (Chi fam) (de guitarra, piano) playing; **échate una ~** have a go, have a play

tocadiscos *m* (*pl* ~) record player

tocado¹ -da *adj*

A **1** (fam) (loco) not all there (colloq), touched (colloq); **no le hagas caso, está ~ (de la cabeza)** don't take any notice of him, he's not all there *o* he's a little soft in the head *o* he's slightly touched (colloq) **2** (fam) ‹*boxeador*› punch drunk

B (frml) (con la cabeza cubierta): **en la foto aparece tocada con mantilla española** in the photo she's wearing a Spanish mantilla; **varios hombres ~s de boina** several men in berets *o* wearing berets

C ‹*fruta*› bruised

tocado² *m* **1** (en la cabeza) headdress **2** (arc) (arreglo) toilet (arch)

tocador *m* **1** (mueble) dressing table **2** (ant) (habitación) boudoir (dated)

tocamiento *m* touching; **~ sexual** petting; (a menores) molestation; **~ impúdico** groping

tocante *adj*: **en lo ~ al turismo** (frml) as far as tourism is concerned, regarding tourism, with regard to tourism

tocar [A2] *vt*

(Sentido I)

A **1** «*persona*» to touch; (palpar) to feel; (manosear) to handle; **¿puedes ~ el techo?** can you touch *o* reach the ceiling?; **¡no vayas a ~ ese cable!** don't touch that cable!; **por favor, no toquen los objetos expuestos** please do not touch the exhibits; **la pelota tocó (la) red** the ball clipped the net; **me tocó el hombro con el bastón** she tapped me on the shoulder with her stick; **le tocó la frente para ver si tenía fiebre** he put his hand on her forehead to see if she had a fever; **¿por qué le pegaste? — ¡pero si yo no la he tocado!** why did you hit her? — I never touched her! (colloq); **¿tocas fondo?** can you touch the bottom?; **si le toca un pelo al niño ...** if he lays a hand *o* finger on that child ..., if he touches a hair on that child's head ... (colloq); **no puede ~ el alcohol** he mustn't touch a drop of alcohol; **ni siquiera tocó la comida** he didn't even touch his food; **no me toquen estos papeles** don't touch these papers; **mis ahorros no los quiero ∼** I don't want to break into/touch my savings; **del marido puedes decir lo que quieras pero a los hijos no se los toques** you can say anything you like about her husband but don't say a word against her children **2** «*objeto*» to touch; **la cama está tocando la pared** the bed is up against *o* is touching the wall; **la planta ya toca el techo** the plant is already up to *o* is touching the ceiling; **el avión tocó tierra** the plane landed *o* touched down

B (hacer escala en) (Aviac) to make a stopover in, go via; **no toca puerto en Lisboa** (Náut) it doesn't call at *o* put in at Lisbon

C (en béisbol) to bunt

D ‹*tema*› (tratar) to touch on, refer to; (sacar) to bring up, broach; **sólo tocó de paso el tema** he only touched on *o* mentioned the subject in passing

E **1** (conmover, impresionar) to touch; **sus palabras nos ∼on a todos profundamente** his words moved us all deeply *o* affected us all profoundly, we were all deeply touched by his words; **tu comentario tocó su amor propio** your comment hurt his pride; **supo ∼ el corazón del público presente** he touched the hearts of all those present **2** (atañer, concernir) to affect; **el problema de la droga toca a muchos países** the drug problem affects many countries; **no siento que ese tema me toque en lo más mínimo** I don't feel that subject concerns me at all; **el tema del alcoholismo me toca muy de cerca** the question of alcoholism concerns me very closely *o* is very close to my heart **3** (Esp fam) (estar emparentado con): **¿Victoria te toca algo?** is Victoria a relation of yours?, is Victoria related to you?

(*Sentido* **II**)

A (hacer sonar) ‹*timbre/campana*› to ring; **∼ el claxon** to blow *o* sound *o* hoot the horn

B (Mús) ‹*instrumento/pieza*› to play; **está aprendiendo a ∼ el piano** he's learning to play the piano

C (Mil) to sound; **∼ retirada** to sound the retreat

■ **tocar** *vi*

(*Sentido* **I**)

A (concernir): **por** *or* **en lo que toca a la ecología** (frml) as far as ecology is concerned, regarding ecology, with regard to ecology

B (rayar) **∼ EN algo** to border *o* verge ON sth; **la situación ya empezaba a ∼ en lo grotesco** by this time the situation was bordering *o* verging on the grotesque

(*Sentido* **II**)

A (AmL) (llamar) «*persona*» to knock at the door; **me parece que alguien está tocando (a la puerta)** I think there's somebody at the door

B «*campana*» to ring; **las campanas tocaban a muerto/a misa** the bells were tolling the death knell/were ringing for mass; **¿podemos salir a jugar? ya ha tocado el timbre** can we go out to play? the bell rang already (AmE) *o* (BrE) the bell's already gone; **el reloj tocó las tres** the clock struck *o* chimed three; **∼ a rebato** (Mil) to sound the alarm

C (Mús) (hacer música) to play

(*Sentido* **III**)

A **1** (corresponder) (+ *me/te/le etc*): **me ∼ía a mí ocuparme de los niños** it would be up to me *o* it would be my job to take care of the children; **siempre me toca a mí sacar al perro** it's always me who has to take the dog out for a walk; **nos tocan tres bombones a cada uno** there are three chocolates for each of us; **a ella le toca la mitad de la herencia** she gets half of the inheritance **2** (en suerte) (+ *me/te/le etc*): **le ha tocado la lotería/el primer premio/un millón** she has won the lottery/first prize/a million; **nos ha tocado (en suerte) vivir en épocas difíciles** it has fallen to our lot to live in difficult times; **nos tocó la maestra más antipática del colegio** we got the most horrible teacher in the school; **nos tocó hacer las prácticas en el mismo colegio** we happened to do our teaching practice at the same school; **me tocó a mí comunicarle la mala noticia** I was the one who had to tell him the bad news, it fell to me to tell him the bad news (frml); **me tocó detrás de una columna y no vi casi nada** I had to sit behind a pillar and I hardly saw anything **3** (ser el turno) (+ *me/te/le etc*): **te toca a ti ¿vas a jugar?** it's your turn/move, are you going to play?; **¿a quién le toca cocinar hoy?** whose turn is it to do the cooking today?; **nos toca pagar a nosotros** it's our turn to pay

B (*en tercera persona*) **1** (fam) (ser hora de): **vamos, toca ponerse a estudiar** come on, it's time we/you got down to some studying; **¡a correr tocan!** (fam) run for it!; **¡a pagar tocan!** (fam) it's time to pay up! **2** (fam) (haber que): **toca comer otra vez arroz** we're having rice again

■ **tocarse** *v pron*

A **1** (*refl*) ‹*herida/grano*› to touch; **siempre se está tocando la barba/la nariz** he's always playing with his beard/touching his nose **2** (*recípr*) «*personas*» to touch each other; «*cables*» to touch; **los fondos de nuestras casas se tocan** our garden backs onto theirs; **los extremos se tocan** the two extremes come together *o* meet

B (frml) (cubrirse la cabeza) **∼se CON algo** to wear sth; **la reina se tocaba con un sombrero azul** the queen was wearing a blue hat

tocata[1] *f* toccata

tocata[2] *m* (Esp fam) record player

tocateja, (Esp fam): **lo pagó a ∼** he paid for it (in) cash, he paid for it cash on the line (AmE) *o* (BrE) nail (colloq)

tocayo -ya *m,f* namesake; **es ∼ mío** he's my namesake; **somos ∼s** we have *o* we share the same name, we're both called Tim (*o* Pete *etc*)

toche[1] *adj* (Ven fam) **1** (andino) Andean **2** (tonto) silly

toche[2] *mf* (Ven fam) **1** (persona de los Andes) person from the Andes **2** (persona tonta) fool

tocho *m* (fam) weighty tome (hum)

tócigo *m* (Col fam) nasty character, nasty piece of work (colloq)

tocineta *f* (Col) bacon

tocino *m*

A **1** (para guisar) pork fat; (con vetas de carne) fatty salt pork **2** (grasa de la carne) fat **3** (para freír) bacon

(Compuestos)

- **tocino del cielo** : *sweet made with egg yolks and syrup*
- **tocino entreverado** streaky bacon

B (Jueg) *fast skipping game*

toco *m* (Arg fam): **tengo un ∼ de cosas que hacer** I have a load *o* loads *o* tons of things to do (colloq)

tocoginecología *f* obstetrics, gynecology*, OB-GYN (AmE)

tocoginecólogo -ga *m,f* obstetrician, gynecologist*

tocología *f* obstetrics

tocólogo -ga *m,f* obstetrician

tocomocho *m* ▸ **timo**

tocón[1] **-cona** *adj* (fam) touchy-feely (colloq)

tocón[2] *m* stump; **∼ de árbol** tree stump

toc toc *m* knock knock

tocuyo *m* (AmS) calico

todavía *adv* ▸ⓘ **p.809**

A **1** still; **¿∼ estás en la cama?** are you still in bed?; **∼ la quiero** I still love her; **∼ nos falta mucho para terminar** we still have a lot to do **2** (en frases negativas): **¿∼ no terminaste** *or* **no has terminado?** haven't you finished yet?; **¿ya terminó la película? — ∼ no** has the movie finished? — not yet; **∼ no está lista** she isn't ready yet; **son las siete ya y ∼ no está lista** it's already seven o'clock and she still isn't ready

B (en comparaciones) even, still; **sus primos son ∼ más ricos** her cousins are even richer *o* still richer *o* richer still; **quiere más ∼** he wants even *o* still more

C (fam) (encima, aun así) still; **¡le pagan hasta el alquiler y ∼ se queja!** they even pay his rent and he still complains!; **¿te engañó y ∼ lo defiendes?** he deceived you and yet you're defending him? *o* and you still defend him?; **y ∼ tuvo la desfachatez de echarnos la culpa** and not only that, she had the nerve to blame us!, and she even had the nerve to blame us!; **¡a ver si ∼ nos rebajan el sueldo!** (RPl) if we're not careful they'll end up *cutting* our salaries!

ⓘ Todavía

En términos generales *todavía* se traduce por *still* cuando se trata de oraciones afirmativas o interrogativas:

todavía estaba trabajando
= I was still working

¿todavía tienes el mismo coche?
= do you still have the same car?

¿su padre todavía vive?
= is her father still alive?

podemos ganar todavía
= we can still win

todavía queda una hora
= there's still an hour to go

En frases negativas su traducción es por lo general *yet*:

todavía no ha llegado *or* (*AmL*) ***no llega***
= she hasn't arrived yet

Sin embargo, en estos casos el inglés puede emplear el adverbio *still* cuando quiere poner especial énfasis en el hecho de que aún no ocurre o no ha ocurrido la acción:

todavía no ha llegado *or* (*AmL*) ***no llega***
= she still hasn't arrived

En comparaciones, su traducción por lo general es *even*:

allí hacía todavía más frío
= it was even colder there

Para otros usos y ejemplos, ver entrada

todero -ra *m,f* (Col, Ven fam) Jack-of-all-trades (colloq)

todo[1] **-da** *adj* ▸ⓘ **p.810**

A **1** (la totalidad de): **invitó a toda la clase** she invited the whole class; **ha estado llorando toda** *or* **todita la mañana** (fam) he's been crying all morning *o* the whole morning; **no lo he visto en ∼ el día/toda la semana** I haven't seen him all day/all week; **∼ el secreto consiste en usar un buen caldo** the secret of the whole thing is to use good stock; **dedicó toda su vida a la investigación** he dedicated his entire *o* whole life to research; **se recorrió ∼ México** she traveled all over Mexico; **España toda lo acompaña** the whole of Spain is with him; **deja las cosas tiradas por ∼s lados** he leaves things lying about everywhere *o* all over the place; **empujó con todas sus fuerzas** she pushed with all her might; **todas y cada una de las necesidades de su empresa** each and every one of *o* all of your company's needs; **me gustan ∼s los deportes** I like all sports; **∼s ustedes lo sabían** all of you knew, you all knew **2** (uso enfático): **a toda velocidad** at top speed; **a ∼ correr** as fast as possible; **le dieron ∼ tipo** *or* **toda clase de facilidades** they gave him every facility; **está fuera de toda duda** it's beyond all doubt; ***a ∼ esto*** (mientras tanto) meanwhile, in the meantime; (a propósito) incidentally, by the way; **a ∼ esto, a Juan se lo habían llevado al hospital** while all this was happening *o* meanwhile *o* in the meantime they had taken Juan to (the) hospital **3** **∼ lo + ADJ/ADV: puedes hacerlo ∼ lo largo que quieras** you can make it as long as you like

B (cualquier, cada): **toda persona detenida debe ser informada de sus derechos** all detainees must be informed of their rights, anyone who is detained must be informed of his or her

ℹ Todo, toda

Observaciones generales acerca del adjetivo

Cuando significa *la totalidad de* y precede al artículo, a un posesivo, un demostrativo o a un nombre propio, su traducción es por lo general *all*:

todo el vino
= all the wine

toda su inteligencia
= all his intelligence

todo ese ruido
= all that noise

Cuando '*todo*' no va seguido de artículo y significa *cualquiera*, también se puede traducir por *every* o *any*, según el contexto:

todo extranjero lo necesita
= every foreigner needs it

todo tipo de coche
= every kind of car *o* any kind of car

Si '*todo*' puede sustituirse por *entero*, se puede también traducir por *whole*. Ambas traducciones no son siempre intercambiables por lo que se debe prestar atención al contexto:

toda la noche
= all night *o* the whole night

todo el tiempo
= all the time *o* the whole time

toda su familia
= his whole family

toda la verdad
= the whole truth

Nótese la siguiente traducción:

conoce todo México
= he knows all of Mexico

Cuando '*todo*' se emplea en plural con el artículo definido seguido de un período de tiempo, su traducción es *every*:

todos los días/domingos
= every day/Sunday

Nótese la traducción singular del nombre plural en español

Observaciones generales acerca del pronombre

En singular se traduce por *everything* o *all*, aunque ambas traducciones no son siempre intercambiables:

se lo comieron todo
= they ate everything *o* they ate it all (up)

eso es todo
= that's all

el dinero no lo es todo
= money isn't everything

En el plural, si se refiere a cosas, su traducción es *all*:

los vendió todos
= they sold them all *o* they sold all of them

están todos rotos
= they're all broken

En el plural referido a personas, se traduce por *all* o *everybody*, según se haga referencia a la totalidad de las mismas o se ponga el énfasis en cada uno de los individuos respectivamente:

todos lo sabían
= they all knew *o* everybody knew

estaban todos tristes
= everybody was sad *o* they were all sad

Para su uso adverbial y otros ejemplos, ver entradas

rights; **~ artículo importado** all imported items, any imported item; **~ tipo de información** all kinds of information; **~ aquél que se sienta capaz** anyone who feels capable; **~s los días/los jueves/los años** every day/Thursday/year; **~s los primeros viernes de mes** the first Friday of every month

(Compuesto) **todo terreno** *m* ▸**todoterreno 1**

todo² *m*: **el/un ~** the/a whole; **dos mitades forman un ~** two halves make a whole; ***jugarse el ~ por el ~*** to risk *o* gamble everything on one throw

todo³ -da *pron* ▸ℹ p.810

A (refiriéndose a un conjunto) **1** (*en sing*) everything; **lo han perdido ~** they've lost everything; **a pesar de ~ la sigo queriendo** despite everything I still love her; **~ le parece poco** he's never satisfied; **come ~ lo que quieras** eat as much as you like; **te puedes quedar ~ lo que quieras** you can stay as long as you like; **no fue ~ lo interesante que pensábamos que iba a ser** it wasn't as interesting as we thought it would be; **¿eso es ~?** is that all?; **se cree que lo sabe ~** he thinks he knows it all; **con él siempre es ~ o nada** with him it's always (a case of) all or nothing **2** **~s/todas** (referido — a cosas) all; (— a personas) all, everybody; **se rompieron ~s** they all broke; **los compró ~s** she bought all of them; **vinieron ~s** they all came, everybody came; **son ~s compañeros de clase** they're all classmates; **¿están ~s?** is everyone *o* everybody here?; **¿estamos ~s?** are we all here?

B (*en locs*): **con todo y con eso** *or* **con todo** (fam) (aun así) all the same, even so; (bien mirado) all in all; **con ~, sigo pensando que ...** all the same *o* even so I still think that ...; **de todo: come de ~** she'll eat anything; **venden de ~** they sell everything *o* all sorts of things; **hace de ~ un poco** he does a bit of everything; **del todo** totally; **está loca del ~** she's completely *o* totally mad; **fue del ~ imposible** it was absolutely *o* totally impossible; **eso no es del ~ cierto** that's not entirely *o* totally true; **y todo: estropeado y ~, éste es mucho más valioso** damaged though it is, this one is still much more valuable; **enfermo y ~, vino a trabajar** sick as he was, he still came to work; **tuvo que venir la policía y ~** (fam) the police had to come and everything (colloq); ***de todas, todas*** (fam): **¿es verdad? — de todas, todas** is it true? — you bet it is! (colloq); **ganó de todas, todas** he won by a mile (colloq); ***me las pagará/pagarás todas juntas*** one of these days I'll get even with him/you for all of this; ***no tenerlas todas consigo*** to be a little worried *o* uneasy; ***ser ~ uno:*** **verla entrar y ponerse a llorar fue ~ uno** he saw her come in and immediately *o* promptly burst into tears

C (*como adv*) **1** (completamente) all; **está ~ mojado** it's all wet; **iba toda vestida de negro** she was dressed all in black; **tiene la cara toda marcada** her face is badly scarred; **está toda entusiasmada con la idea del viaje** she's all *o* terribly excited about the trip; **~ alrededor del puño** all *o* right around the cuff **2** (en frases ponderativas) quite; **ya es toda una señorita** she's a real young lady now, she's quite a young lady now; **aquello fue ~ un espectáculo** that was quite a show!, that was some show! **3** (indicando cualidad predominante): **el pescado era ~ espinas** the fish was full of bones; **cuéntame, soy toda oídos** tell me, I'm all ears; **por toda respuesta lanzó un bufido/me guiñó el ojo** his only reply was to snort/wink at me

todopoderoso -sa *adj* all-powerful, omnipotent (liter); **Dios T~** Almighty God

Todopoderoso *m*: **el ~** the Almighty

todoterreno *m* **1** (Auto) off-road vehicle, four-wheel-drive vehicle, 4 x 4 (*léase: four by four*) **2** (fam) (persona) versatile person, Jack-of-all-trades

tofu *m* tofu

toga *f*

A **1** (Hist) toga **2** (Der, Educ) gown

B (con el pelo) ▸**toca B**

togado -da *m,f* magistrate

Togo *m* Togo

togolés -lesa *adj* Togolese

toilette¹ /twa'le(t)/ *m* ▸**baño** washroom (AmE), bathroom (esp AmE), toilet (esp BrE)

toilette² /twa'le(t)/ *f* (fam): **hacerse la ~** to perform *o* do one's ablutions (hum)

Tokio *m* Tokyo

tokiota *adj* of/from Tokyo

tolda *f* (Col) **1** (tienda) tent **2** (mosquitero) mosquito net **3** **toldas** *fpl* (filas) ranks (*pl*)

tolderío *m*, **toldería** *f* Indian camp/village

toldo *m* **1** (de una terraza) canopy; (de una tienda) awning; (en un camión) tarpaulin **2** (para fiestas) tent (AmE), marquee (BrE) **3** (de los indios) hut

toledano -na *adj* of/from Toledo

tolemaico -ca *adj* Ptolemaic

tolerable *adj* tolerable; **hace calor, pero es ~** it's hot but it's a tolerable *o* bearable heat; **la otra canción era pésima, pero ésta es bastante ~** the other song was dreadful but this one isn't bad at all

tolerado -da *adj*: Ⓢ **tolerada (para menores de 14 años)** ≈ PG

tolerancia *f* **1** (respeto) tolerance; (aguante, paciencia) tolerance; **~ religiosa/política** religious/political tolerance; **su ~ de los extremistas** their tolerance *o* toleration of extremists

(Compuesto) **tolerancia cero** zero tolerance

2 (Med) tolerance **3** (Tec) tolerance

tolerante *adj* tolerant

tolerar [A1] *vt* **1** ‹*comportamiento/situación/persona*› to tolerate; **no pienso ~ su insolencia** I don't intend to put up with *o* to tolerate his rudeness; **a la gente maleducada no la tolero** I can't tolerate *o* bear *o* stand rude people; **¡eso no se puede ~!** that's intolerable!; **no tolera el calor** she can't stand *o* take the heat; **toleran menos los cambios de salinidad** they have a lower tolerance to changes in salinity; **le tolera demasiado a su hijo** he's too lenient with his son, he lets his son get away with too much **2** ‹*medicamento*› to tolerate; **su organismo no tolera los antibióticos** his body won't tolerate antibiotics; **no tolero los picantes** I can't eat spicy foods

toletazo *m* (Ven fam) (puñetazo) punch; (palmazo) slap; **se entraron a ~s** they started laying into each other (colloq), they started punching (*o* slapping *etc*) each other

tolete *m* oarlock (AmE), rowlock (BrE)

toletole *m* rumpus, commotion, ruckus (AmE colloq); **se armó un ~** (AmS fam) there was a terrible rumpus *o* ruckus *o* commotion

Tolomeo Ptolemy

tolteca *adj/mf* Toltec

tolueno *m* toluene

tolva *f* **1** (recipiente) hopper **2** (Ferr) hopper wagon

tolvanera *f* dust storm

toma *f*

A **1** (Mil) capture, taking; **la ~ de la Bastilla** the storming of the Bastille **2** (de una universidad, fábrica) occupation; **la ~ de tierras por los campesinos** the occupation *o* seizure of lands by the peasants

B **1** (Fot) shot **2** (Cin, TV): **unas ~s magníficas del paisaje** some magnificent shots of the countryside; **el director quiere repetir esa ~** the director wants to do that take again

C (de un medicamento) dose

D (de datos) gathering, collecting, collection; (de muestras) taking; **la ~ de decisiones** the taking of decisions, the decision-making

E (en yudo) hold

F (Esp fam): **estar de ~ y pan moja**; (muy guapo) to be easy on the eye, to be a real looker (colloq); (muy sabroso) to be very tasty (colloq)

G (AmL) (acequia) irrigation channel

(Compuestos)

- **toma de agua** (de una máquina) intake, inlet; (grifo) faucet (AmE), tap (BrE); (para incendios) hydrant; (de una acequia) *point where water can be drawn off*
- **toma de aire** air intake, air inlet
- **toma de beneficios** (Bolsa) profit-taking
- **toma de combustible** fuel intake, fuel inlet
- **toma de conciencia**: **esta ~ de ~ del problema** the fact that people have become aware *o* conscious of the problem, this new awareness of the problem
- **toma de contacto** (contacto) contact; (contacto inicial) first *o* initial contact; **no ha habido ~ de ~ entre ellos** there has been no contact between them, they have not been in contact
- **toma de corriente** (wall) socket, power point, outlet (AmE)
- **toma de posesión** (de un presidente) inauguration; (de ministros) swearing-in ceremony; (en un cargo): **el día de mi ~ de ~** the day I took up my post
- **toma de postura**: **su ~ de ~ sorprendió a mucha gente** his stance surprised many people; **esta ~ de ~ de la Iglesia** the adoption of this stance by the Church, the fact that the Church has adopted *o* taken this stance
- **toma de tierra**

A (Elec) ground (AmE), ground wire (*o* connection *etc*) (AmE), earth (BrE), earth wire (*o* connection *etc*) (BrE)

B (Aviac) landing, touchdown

- **toma y daca** *m* (intercambio de favores, servicios) give-and-take; (en un combate, una prueba) cut-and-thrust

tomacorriente *m* **1** (en la pared) (wall) socket, outlet (AmE), power point (BrE) **2** (Chi) (de un trolebús) trolley wire, trolley

tomada de pelo *f* (AmL) ▸**tomadura de pelo**

tomado -da *adj*

A ‹voz› **tengo la voz tomada** I'm hoarse

B (AmL fam) ‹persona› drunk

tomador -dora *m,f*

A **1** (Fin) payee **2** (de un seguro): **el ~** the insured, the policyholder

B (AmL) (bebedor) drunkard, drinker

tomadura de pelo *f* **1** (broma, chiste) joke; **no le creas, es otra de sus ~s de ~** don't you believe him, he's pulling your leg again *o* he's having you on again *o* it's just another of his jokes *o* (AmE) he's putting you on again (colloq) **2** (falta de consideración): **lo cambian todos los días, esto es una ~ de ~** they keep changing it every day, this is farcical *o* they're just messing around with us (AmE) *o* (BrE) messing us around

tomaína *f* ptomaine

tomar [A1] *vt*

(Sentido I)

A (asir, agarrar) to take; **toma lo que te debo** here's *o* this is what I owe you; **toma la mía, yo no la necesito** have *o* take mine, I don't need it; **¿lo puedo ~ prestado un momento?** can I borrow it for a minute?; **la tomé de la mano para cruzar la calle** I took her by the hand *o* I held her hand to cross the street; **le tomó la mano y la miró a los ojos** he took her hand and looked into her eyes; **tomó la pluma para escribirle** he picked up the/his pen to write to her; **~ las armas** to take up arms; **~ algo DE algo** to take sth FROM sth; **tomó un libro de la estantería** he took a book from the shelf; **los datos están tomados de las estadísticas oficiales** the information is taken from official statistics

B **1** (Mil) ‹pueblo/ciudad› to take, capture; ‹*edificio*› to seize, take **2** ‹*universidad/fábrica*› to occupy

C (hacerse cargo de): **tomó el asunto en sus manos** she took charge of the matter; **tomó la responsabilidad del negocio** he took over the running of the business; **tomó a su cuidado a las tres niñas** she took the three girls into her care, she took the three girls in

D **1** (beber) to drink; **no tomes esa agua** don't drink that water; **tomó un sorbito** she took a sip; **el niño toma (el) pecho** the baby's being breast-fed **2** (servirse, consumir) to have; **¿vamos a ~ algo?** shall we go for a drink?; **ven a ~ una copa/un helado** come and have a drink/an ice cream; **no quiere ~ la sopa** she doesn't want (to eat) her soup; **nos invitó a ~ el té/el aperitivo** he invited us for tea/an aperitif; **¿qué tomas?** what'll you have? (colloq), what would you like to drink?; **¿qué vas a ~ de postre?** what are you going to have for dessert?; **no debe ~ grasas** (Esp) he's not allowed to eat fat **3** ‹*medicamento/vitaminas*› to take

E **1** ‹*tren/taxi/ascensor*› to take; **¿por qué no tomas el tren?** why don't you go by train?, why don't you take *o* get the train?; **voy a ver si puedo ~ el tren de las cinco** I'm going to try and catch the five o'clock train **2** ‹*calle/atajo*› to take; **tome la primera a la derecha** take the first (turning) on the right; **tomó la curva a toda velocidad** he took the curve at full speed; **~ tierra** to land, touch down

F **1** (medir, registrar) to take; **~le la temperatura/la tensión a algn** to take sb's temperature/blood pressure; **le tomé las medidas** I took her measurements **2** ‹*notas/apuntes*› to take; **tomó nota del número** he took *o* noted down the number; **¿quién tomó el recado?** who took the message?; **~le declaraciones a algn** to take a statement from sb; **me ~on los datos** they took (down) my details; **la maestra me tomó la lección** the teacher made me recite the lesson **3** ‹*foto*› to take; **le tomé varias fotos** I took several photographs of her; **~on una película de la boda** they filmed/videoed the wedding

G **1** **~ a algn por esposo/esposa** (frml) to take sb as *o* to be one's husband/wife **2** (esp AmL) (contratar) to take on; **lo ~on a prueba** they took him on for a trial period **3** «*profesor*» ‹*alumnos/clases*› to take on **4** «*colegio*» ‹*niño*› to take

H (adoptar) ‹*medidas/actitud*› to take, adopt; ‹*precauciones*› to take; **ha tomado la determinación de no volver a verlo** she has decided not to see him again; **la decisión tomada por la directiva** the decision taken by the board of directors; **aún no han tomado una decisión** they haven't reached a decision yet; **tomó el nombre de su marido** she took her husband's name; **tomando este punto como referencia** taking this as our reference point

I (confundir) **~ algo/a algn POR algo/algn**: **¿por quién me has tomado?** who *o* what do you take me for?; **te van a ~ por tonto** they'll take you for a fool, they'll think you're stupid; **me tomó por mi hermana** he mistook me for my sister

J (reaccionar frente a) ‹*noticia/comentario*› to take; **lo tomó a broma** he took it as a joke; **tómalo como de quien viene** take it with a grain (AmE) *o* (BrE) pinch of salt; **no lo tomes a mal** don't take it the wrong way

K ‹*tiempo*› to take; **le tomó tres años escribir la tesis** it took him three years to write his thesis; **un jardín tan grande toma demasiado tiempo** a garden this/that big takes up too much time

L (en costura) to take in

(Sentido II)

A (adquirir) **1** ‹*forma*› to take; ‹*aspecto*› to take on; **el pollo está empezando a ~ color** the chicken's beginning to brown *o* to go brown; **no me gusta nada el cariz que están tomando las cosas** I don't like the way things are going *o* are shaping up **2** ‹*velocidad*› to gain, get up, gather; ‹*altura*› to gain; **echó una carrera para ~ impulso** he took a running start to get some momentum; **se detuvo un momento para ~ aliento** he stopped for a moment to get *o* catch his breath **3** ‹*costumbre*› to get into **4** **~ conciencia: hay que hacerle ~ conciencia de la gravedad del problema** he must be made to realize *o* be made aware of the seriousness of the problem

B (cobrar) ‹*cariño/asco*› **~le algo A algo/algn**: **le he tomado cariño a esta casa** I've become quite attached to this house; **ahora que le estoy tomando el gusto, me tengo que ir** just when I was getting to like it, I have to go; **les ha tomado asco a los mejillones** he's taken a dislike to mussels, he's gone right off mussels (colloq); ***~la con algn/algo*** (fam) to take against sb/sth; **la han tomado conmigo** they've taken against me, they have *o* they've got it in for me; **la tiene tomada con la pobre chica** he's got *o* he has it in for the poor girl

(Sentido III)

A **1** (exponerse a): **~ el aire** *or* **~ el fresco** *or* (CS) **~ aire** to get some (fresh) air; **~ el sol** *or* (CS, Méx) **~ sol** to sunbathe; **vas a ~ frío** (CS) you'll get *o* catch cold **2** ‹*baño/ducha*› to take, have

B (recibir) ‹*clases*› to take; ‹*curso*› to take, do (BrE); **estoy tomando clases de ruso** I'm taking *o* having Russian classes; **tomé cinco lecciones con él** I had five lessons with him

■ **tomar** *vi*

A (asir): **toma, léelo tú misma** here, read it yourself; **toma y vete a comprar unos caramelos** here you are, go and buy some candy; **toma, aquí tienes tu tijera** here are your scissors; **tome, yo no lo necesito** take it, I don't need it; ***¡toma!*** (Esp fam): **¡toma! ése sí que es un tío guapo** hey! now that's what I call handsome! (colloq); **¿no querías pelea? pues ¡toma!** you wanted a fight? well, now you're going to get one!; ***tomá de acá*** (RPl fam): **¿que le preste la bici? ¡tomá de acá!** lend him my bike? no way! *o* like hell I will! (colloq); ***¡toma ya!*** (Esp fam): **¡toma ya! ¡qué estupideces dices, tío!** boy *o* good grief *o* (AmE) jeez! you really do come out with some stupid remarks! (colloq); **¡toma ya! lo ha vuelto a tirar** for heaven's sake, he's knocked it over again!, jeez (AmE) *o* (BrE) for Pete's sake, he's knocked it over again! (colloq)

B (esp AmL) (beber alcohol) to drink

C (AmL) (ir) to go; **~ a la derecha** to turn *o* go right

D «*injerto*» to take

■ **tomarse** *v pron*

A **1** ‹*vacaciones*› to take; **se tomó el día libre** he took the day off **2** ‹*tiempo*› to take; **tómate todo el tiempo que quieras** take as long as you like

B ‹*molestia/trabajo*› **ni siquiera se tomó la molestia de avisarnos** he didn't even bother to tell us; **se tomó el trabajo de buscar en los archivos** he went to the trouble of looking through the files; **me tomé la libertad de usar el teléfono** I took the liberty of using your phone; **ya me ~é la revancha** I'll get even *o* I'll get my own back one of these days

C (*enf*) **1** ‹*café/vino*› to drink; **se toma todo lo que gana** (AmL) he spends everything he earns on drink **2** ‹*medicamento/vitaminas*› to take **3** ‹*desayuno/merienda*› to eat, have; ‹*helado/yogur*› to have; **tómate toda la sopa** eat up all your soup; **se tomó un filete** (Esp) he had a steak

D ‹*autobús/tren/taxi*› to take; ***tomárselas*** (RPl fam) to go, clear off (colloq); **yo me las tomo** I'm off! (colloq), I'm taking off! (AmE colloq)

E (Med) **1** (*refl*) to take; **se tomó la temperatura**

she took her temperature 2 (*caus*): **~se la presión** *or* **la tensión** to have one's blood pressure taken
F (*caus*) (esp AmL) ‹*foto*› to have ... taken; **me tomé unas fotos para el pasaporte** I had some photos taken for my passport
G (*enf*) (reaccionar frente a) ‹*comentario/noticia*› to take; **se lo tomó a broma** *or* **chiste** *or* **risa** she took it as a joke; **se tomó muy a mal que no la llamaras** she was very put out that you didn't phone her
H (Chi) ‹*universidad/fábrica*› to occupy

Tomás: **Santo ~** Saint Thomas

tomatal *m* field of tomatoes

tomatazo *m*: **le dieron un ~** he was hit by a tomato, they threw a tomato at him

tomate *m*
A (Bot, Coc) tomato; **salsa de ~** tomato sauce; ***agarrar algo para el lado de los ~s*** (RPl fam) to take sth the wrong way; ***estar/ponerse (colorado) como un ~*** (sonrojarse) to be/turn as red as a beet (AmE), to be/go as red as a beetroot (BrE) (quemarse) to be/turn as red as a lobster; ***¡toma tu ~!*** (Ven fam) put that in your pipe and smoke it! (colloq)
(Compuestos)
- **tomate cherry** *or* **cereza** cherry tomato
- **tomate de árbol** tree tomato
- **tomate (de) pera** *or* (Arg) **perita** plum tomato

B (fam) (agujero) hole
C (Esp fam) 1 (complicación, dificultad) difficulty; **el examen tenía** *or* **traía mucho ~** the exam was a real stinker (colloq) 2 (jaleo, pelea) set-to (colloq)

tomatera *f*
A (Bot) tomato plant
B (Chi fam) (juerga) drinking session, binge (colloq)

tomatero¹ -ra *adj* tomato (*before n*)

tomavistas *m* (*pl* ~) movie camera (esp AmE), cinecamera (BrE)

tombo *m* 1 (Col, Ven fam) (policía) cop (colloq) 2 (Chi) (Jueg) *game similar to rounders*

tómbola *f* tombola

tomillo *m* thyme

tomismo *m* Thomism

tomo *m* volume; **una enciclopedia de** *or* **en 20 ~s** a twenty-volume encyclopedia; ***de ~ y lomo*** (fam) out-and-out (*before n*); **un embustero de ~ y lomo** an out-and-out rogue

tomografía *f* tomography
(Compuesto) **tomografía axial computerizada** computerized axial tomography, CAT

tomograma *m* tomogram

tompeate, tompiate *m*
A (Méx fam) (cesto) wicker basket
B **tompeates** *mpl* (Méx vulg) (testículos) balls (*pl*) (vulg)

ton *m*: **se rió sin ~ ni son** he laughed for no reason at all; **compraba sin ~ ni son** she was buying things willy-nilly; **una decisión tomada sin ~ ni son** a decision taken without rhyme or reason

tonada *f* 1 (melodía) tune; (canción) ballad, song 2 (AmL) (acento) accent

tonadilla *f* popular song

tonal *adj* tonal

tonalidad *f* 1 (Mús) tonality 2 (color, matiz) tonality

tonallidero -ra *m,f* popular singer, music hall singer

tonel *m* barrel; ***estar como/ser un ~*** to be like a barrel; ***ser un ~ sin fondo*** (Chi fam) to be a bottomless pit (colloq)

tonelada *f* (peso) ton; (Náut) (register) ton; **esta caja pesa una ~** this box weighs a ton
(Compuesto) **tonelada métrica** metric ton, tonne

tonelaje *m* tonnage

tonelería *f* cooperage, barrel-making

tonelero -ra *m,f* cooper, barrel-maker

tongo *m*
A (fam) (en un partido, una pelea) fix (colloq); **hubo ~** it was fixed *o* rigged (colloq)
B (Andes) (sombrero) bowler hat

toni *m* (Chi) circus clown

tónica *f*
A (bebida) tonic, tonic water
B (tendencia, tono) trend, tendency; **siguiendo la ~ imperante en los últimos años** following the prevailing trend of the last few years; **hay excepciones, pero ésa es la ~ general** there are exceptions, but that is the general trend; **la ~ del mercado ha sido mixta en estas jornadas** the mood in the market has been mixed these last few days; **la ~ de su discurso** the tone of his speech

tonicidad *f* tonicity

tónico¹ -ca *adj*
A (Med) tonic (*before n*)
B 1 ‹*sílaba/vocal*› tonic (*before n*), stressed 2 ‹*escala*› tonic

tónico² *m* 1 (reconstituyente) tonic; **~ para el pelo** hair tonic 2 (en cosmética) toner

tonificación *f* invigoration, toning up

tonificador -dora *adj* ▸**tonificante**

tonificante *adj* invigorating, tonic (*before n*)

tonificar [A2] *vt* to tone up

tonillo *m* tone of voice (*often sarcastic*); **lo dijo con cierto ~** there was something about the way he said it *o* about his tone of voice

tonina *f* 1 (atún) tunny, tuna 2 (delfín) dolphin

tono *m*
A (altura de la voz) pitch, tone; (timbre) tone; (manera de expresarse) tone; **~ grave** serious tone; **en ~ cariñoso** in an affectionate tone of voice; **se lo he dicho en todos los ~s** I've told him time and time again, I've tried telling him every way I can think of; **en ~ de reproche** reproachfully; **—me da igual —contestó en ~ despectivo** it's all the same to me, she answered scornfully; **no es lo que me dijo, sino el ~ en que lo dijo** it isn't what he said, it's the way he said it *o* it's the tone he used
B (tendencia, matiz) tone; **el ~ general de la conversación fue amistoso** the general tone of the conversation was friendly; **a ~ con** in keeping with, in tune with; **no estuvo muy a ~ con la ocasión** it wasn't very in keeping with the occasion; **para estar a ~ con los tiempos** to keep up with the times; ***fuera de ~:*** **su reacción estuvo bastante fuera de ~** her reaction was rather out of place; **siempre hace comentarios fuera de ~** he's always making inopportune remarks; ***no venir a ~*** to be out of place; ***ponerse a ~*** (fam) to get in the mood (colloq); ***ser de buen/mal ~*** to be in good/bad taste
C (de un color) shade; **éste es un ~ de gris más oscuro** this is a darker shade of gray; **~s pastel** pastel shades; ***subido de ~*** risqué
D (Mús) key
(Compuesto) **tono mayor/menor** major/minor key
E (Audio, Rad, TV) tone; ***bajar el ~*** (reducir el volumen) to lower the volume, turn the volume down; (hablar con menos arrogancia): **baja el tonito que soy tu madre** don't take that tone with me, I'm your mother; ***subir el ~*** (elevar el volumen) to turn up the volume; (insolentarse) to raise one's voice
F (del teléfono) tone; **este teléfono no tiene** *or* **no da ~** I can't get a dial tone (AmE) o (BrE) dialling tone on this phone
(Compuestos)
- **tono de discado** (AmL) ▸**tono de discar**
- **tono de discar** *or* **marcar** dial tone (AmE), dialling tone (BrE)
- **tono de llamada** ringing tone
- **tono de ocupado** busy signal (AmE), engaged tone (BrE)

G (de músculos) tone

tonsura *f* tonsure

tonsurar [A1] *vt* to tonsure

tontaina¹, tontainas *adj* (fam & hum) silly

tontaina², tontainas *mf* (*pl* ~) (fam & hum) nitwit (colloq)

tontamente *adv* ‹*comportarse*› stupidly, foolishly; **no eches a perder ~ el trabajo de tantos años** you'd be stupid *o* foolish to waste so many years' work; **se cayó ~ por las escaleras y se mató** he just *o* only fell down the stairs but he killed himself

tontear [A1] *vi* 1 (hacer el tonto) to play the fool, mess around; (decir tonterías) to talk nonsense 2 (flirtear) to fool around (colloq), to flirt

tontera *f* ▸**tontería**

tontería *f* 1 (cosa tonta) silly *o* stupid thing; (dicho tonto) silly *o* stupid *o* foolish remark; **¡cuántas ~s se cometen de joven!** the (silly) things we do when we're young!; **siempre sale con alguna ~** he always comes out with some stupid remark; **fue una ~ no aceptar** it was stupid not to accept; **déjate de ~s que estamos tratando de trabajar en serio** stop being silly *o* stop fooling around, we're trying to get some serious work done; **¡~s!** nonsense! 2 (cosa insignificante) silly thing, small thing; **por cualquier ~ se enfada** she gets angry over the slightest little thing; **oye, que cien mil pesos no son ninguna ~** come on, a hundred thousand pesos is no small sum 3 (cualidad) stupidity 4 ▸**zalamería**

tonto¹ -ta *adj*
A 1 [SER] ‹*persona*› (falto de inteligencia) stupid, dumb (colloq) (ingenuo) silly; **¡pero qué ~ eres! ¿de verdad te lo has creído?** you idiot! did you really believe it?; **mírala ... y parecía tonta** look at her, and we thought she was stupid!; **no seas tonta, aprovecha ahora que puedes** don't be silly! make the most of it while you can; **y él fue tan ~ como para decirle que sí** and he was stupid *o* dumb *o* foolish enough to say yes 2 [ESTAR] (travieso) difficult, silly; (disgustado) upset; **no me hagas caso, hoy estoy tonta** don't take any notice of me, I'm in a funny mood today; **se pone muy ~ siempre que hay visita** he gets really silly *o* difficult when there are visitors; ***a lo ~:*** **a lo ~, a lo ~ lleva ya ganados varios millones** he's won several million just like that *o* without even trying; **lo dijo a lo ~ y resulta que acertó** it was a wild guess *o* he said it without thinking and it turned out to be right; **hablas a lo ~** you're talking through your hat; ***a tontas y a locas*** without thinking; **gasta el dinero a tontas y a locas** she spends money like there's no tomorrow (colloq); ***dejar ~ a algn*** (Esp fam) to leave sb speechless; ***hacer ~ a algn*** (Chi fam) to make a fool of sb, fool sb; ***ser más ~ que Abundio*** *or* ***que hecho de encargo*** *or* ***que una mata de habas*** (Esp fam) to be as dumb as they come (colloq), to be as daft as a brush (BrE colloq); ***ser ~ del bote*** *or* ***del culo*** (Esp fam) to be a complete idiot
B ‹*excusa/error/historia*› silly; **fue una caída de lo más tonta pero ya ves, me rompí el tobillo** it was such a silly *o* ridiculous fall but, as you see, I broke my ankle

tonto² -ta *m,f* (falto de inteligencia) idiot, dummy (colloq); (ingenuo) idiot, fool; **eres un ~ por haberte dejado engañar así** you're an idiot *o* a fool to let yourself be taken in like that; ***hacer el ~*** (hacer payasadas) to play *o* act the fool, to fool *o* clown around; (actuar con necedad) to make a fool of oneself; ***hacerse el ~*** to act dumb; **no te hagas la tonta, que sabes muy bien de lo que estoy hablando** you know very well what I'm talking about so don't pretend you don't *o* so don't act dumb; ***le gusta/gustaba más que a un ~ una tiza*** *or* ***un lápiz*** *or* ***un palo*** (Esp fam) he is/was crazy *o* nuts about it (colloq); ***ser como ~ para algo*** (Chi fam) to be crazy *o* nuts about sth (colloq)
(Compuestos)
- **tonto de capirote** prize idiot, utter fool
- **tonto del pueblo** village idiot
- **tonto leso** (Chi fam) silly fool
- **tonto útil** idealistic puppet *o* stooge

tontón -tona *adj* (fam) ▸**tonto¹ A1**

tontorrón¹ -rrona *adj* (fam) silly

tontorrón² -rrona *m,f* silly twit (colloq), dimwit

tony *m pl* **~s** (Chi) circus clown

toña *f* (Esp fam) 1 (borrachera): **¡vaya ~ que llevaba encima!** he was really plastered (colloq) 2 (golpe) thump (colloq)

t

toñeco[1] -ca *adj* (Ven fam) spoiled

toñeco[2] -ca *m,f* (Ven fam) spoiled brat

top[1] *adj inv* [1] ‹*persona*› top; **una modelo ~** a top model [2] ‹*producto*› leading; ‹*calidad*› top; ‹*marca/empresa/sector*› leading; **un coche ~ de la gama** a top of the range car

top[2]
A *mf* (*pl* **~s**) ▸**top model**
B **top** *m* (Ind) top

topacio *m* topaz

topadora *f* (RPl) bulldozer

topar [A1] *vi*
A ▸**toparse**
B «*toro/carnero*» to butt
■ **toparse** *v pron* **~se con algn** (tropezarse) to bump into sb, run into sb; (encontrarse) to bump into sb, run into sb; **~se con algo** (tropezarse) to bump into sth; (encontrarse) to come across sth; **apenas iniciado el viaje nos topamos con la primera dificultad** the trip had hardly started when we ran *o* came up against the first problem

topa tolondra *f*: **a la ~ ~** (Col fam) in a slapdash way

tope *m*
A [1] (límite) limit; **estoy llegando al ~ de mi paciencia** my patience is running out, I'm reaching the limit of my patience; **su caradura no tiene ~** the nerve she has is unbelievable; **han establecido un ~ máximo** a ceiling *o* an upper limit has been set; ***hasta el ~*** *or* ***los ~s:*** **llené la taza hasta el ~** I filled the cup to the brim; **tenía la maleta hasta el ~** her suitcase was stuffed full *o* was full to bursting; **el estadio estaba hasta los ~s** the stadium was jam-packed; **estoy hasta el ~ de trabajo** I'm up to the eyes *o* my eyes in work, I'm snowed under with work; **no podemos aceptar más pedidos, estamos hasta los ~s** we can't accept any more orders, we're snowed under [2] ***a tope*** (Esp fam): **vivir a ~** to live life to the full; **giró el volante a ~** she turned the steering wheel as far as it would go; **el club estaba a ~** the club was packed out (colloq); **lo pasamos a ~** (fam) we had a fantastic time; **el personal trabaja a ~** the staff are working to capacity *o* (colloq) flat out [3] (*como adj inv*): **la edad ~ para este trabajo** the maximum age for this job; **el precio ~** the top *o* maximum price; **fecha ~** deadline
B [1] (para las puertas) doorstop [2] (en trenes) buffer; (en las estaciones) buffer [3] (Méx) (Auto) speed bump, sleeping policeman (BrE)
C (Col) (de una montaña) top
D [1] (Col) (golpe, choque) bump; **le di un ~ al carro** I had a bump *o* a shunt in the car; **se dieron un ~ en el pasillo** they ran *o* bumped into each other in the corridor; **los ciervos se estaban dando ~s** the stags were butting each other [2] (Méx fam) (cabezazo): **cuando me paré me di un ~** I bumped *o* hit *o* banged my head when I stood up

toperol *m* (Chi) ▸**estoperol**

topetada *f* ▸**topetazo**

topetazo *m* bump; (más fuerte) bang; **se dio un ~ contra la pared** he bumped *o* banged into the wall

topetear [A1], **topetar** [A1] *vt* [1] (golpear levemente) to bump; **lo ~on para robarle la billetera** they bumped into him *o* knocked against him and stole his wallet [2] (dar con los cuernos) to butt
■ **topetear** *vi*: **~ contra algo** to bump *o* knock against sth

topetón *m* ▸**topetazo**

tópico[1] -ca *adj*
A ‹*comentario/afirmación*› trite, hackneyed, cliché
B (Farm): ⓢ **uso tópico** for external use only

tópico[2] *m* [1] (tema, asunto) topic, subject [2] (tema trillado) hackneyed subject; (expresión) cliché, trite phrase/expression, commonplace

topillo *m* (Méx fam) swindle; **vive del ~** he makes a living by swindling *o* cheating people

top-less, topless /'toples/ *m*: **se bañaba en ~** she was bathing topless; **el ~ es habitual aquí** it is quite normal for people to go topless here

top manta *m* (Esp fam) trade in pirated goods (*especially CDs, DVDs, etc*)

top model /top 'model/ *mf* (*pl* **~ ~**) top model

topo[1] -pa *adj* (Col fam) clumsy

topo[2] *m*
A [1] (Zool) mole; ***ver menos que un ~*** *or* ***ser más ciego que un ~*** to be as blind as a bat [2] (agente infiltrado) mole [3] (Col fam) (persona torpe) clumsy clot (colloq), klutz (AmE colloq)
B [1] (Esp) (lunar) polka dot [2] (alfiler) large cloak pin (*used by Indians in Bolivia*) [3] (Col) (pendiente) earring

topocho[1] -cha *adj* (Ven fam) short and fat, dumpy

topocho[2] -cha *m,f* [1] (Ven fam) (niño) kid (colloq) [2] **topocho** *m* (Ven fam) (Bot) dwarf banana

topografía *f* topography, surveying

topográfico -ca *adj* topographic, topographical

topógrafo -fa *m,f* topographer, surveyor

topolino *m* [1] (fam) (Auto) bubble car (colloq) [2] (Indum) platform shoe

topología *f* topology

topón *m* (Chi) ▸**topetazo**

toponimia *f* (nombres) place names (*pl*), toponymy (tech); (ciencia) toponymy

toponímico -ca *adj* toponymic

topónimo *m* place name, toponym (tech)

top secret /top'sikret/ *m* top secret

topspin /'topspin/ *m* (*pl* **~s**) topspin; **~ de derecha/revés** forehand/backhand topspin

top ten *mf* (*pl* **~ ~**) member of the top ten; **la tenista que quiere llegar a ser una ~** the tennis player who wants to become one of the world's top ten players

toque *m*
A [1] (de un timbre) ring; (de una campana) stroke, chime; **al ~ de cornetas** when the bugles sound/sounded; **lo recibieron con ~ de campanas** they greeted him with the ringing of bells *o* with peals of bells; **llama con dos ~s** ring twice; **al ~ de las doce** when the clock strikes twelve, on the stroke of twelve; ***a ~ de campana:*** **aquí hay que hacerlo todo a ~ de campana** it's like being in the army here *o* everything is so regimented here [2] (Esp fam) (llamada) call, buzz, ring (BrE colloq); **si te levantas temprano dale un ~ a César** if you get up early, wake César *o* (colloq) give César a knock

(Compuestos)
- **toque de alborada** reveille
- **toque de atención** warning; **darle un ~ de ~ a algn** to call sb to order, to rap sb on the knuckles
- **toque de diana** reveille
- **toque de difuntos** (de campanas) death knell, passing bell; (Mil) (de trompeta) taps (*pl*) (AmE), last post (BrE)
- **toque de queda** curfew; **impusieron el ~ de ~** they imposed a curfew; **levantaron el ~ de ~** they lifted the curfew

B [1] (golpe suave) touch; **con cuatro ~s magistrales acabó el retrato** with a few deft touches she finished the portrait; **se aplica con unos toquecitos** you dab it on [2] (Med): **hacerse** *or* **darse unos ~s** to paint one's throat (*with antiseptic*) [3] (en béisbol) bunt; **dio un ~ perfecto** he laid down a perfect bunt
C (detalle) touch; **aquí falta el ~ femenino** this place lacks a woman's touch; **necesita un ~ de color** it needs a touch of color; **sólo falta darle los últimos ~s** we just have to put the finishing touches to it
D (de metales) assaying; ▸**piedra[2]**
E [1] (Méx arg) (de marihuana) joint (colloq), spliff (arg) [2] (Méx fam) (descarga) electric shock

toquetear [A1] *vt* (fam) to touch; **deja de ~te la herida** stop touching your wound; **estos niños todo lo toquetean** these children can't leave anything alone, these children fiddle with *o* get their hands on everything; **andaba toqueteando a las chicas** he used to go around feeling up *o* touching up the girls

toqueteo *m* (fam) pawing (colloq); **la cortina quedó negra de tanto ~** the curtain was black from being handled *o* (colloq) pawed so much

toquilla *f* shawl

Tora, torá *f*: **la ~** the Torah

torácico -ca *adj* ‹*región*› thoracic; ▸**caja**

tórax *m* ▸ⓘ **p.231** thorax; **una radiografía de ~** a chest X-ray

torbellino *m* [1] (de viento) whirlwind, twister (AmE); (de polvo) dust storm; **pasó como un ~** she rushed past like a whirlwind [2] (de actividad) hurly-burly, whirl; **un ~ de sentimientos muy confusos** a turmoil *o* whirl of confused emotions; **el ~ de la gran ciudad** the hurly-burly *o* the hustle and bustle of the big city [3] (persona inquieta) bundle of energy

torca *f* (Geog) sinkhole

torcaz *adj* ▸**paloma**

torcedura *f*: **tiene una ~ de tobillo/muñeca** he has twisted his ankle/sprained his wrist

torcer [E10] *vt*
A [1] ‹*cuerpo/tronco*› to twist; ‹*brazo*› to twist; ‹*cabeza*› to turn; **me torció el brazo** she twisted my arm [2] ‹*ojo*› **tuerce un ojo** he has a squint in one eye; **torció la cara en una mueca de dolor** she grimaced in *o* winced with pain
B ‹*esquina*› to turn
C ‹*ropa*› to wring out, wring
D ‹*curso/rumbo*› to change; **aquel suceso torció el curso de la historia** that event changed *o* altered the course of history
■ **torcer** *vi* (girar) «*persona/vehículo*» to turn; **el sendero tuerce a la izquierda/hacia el norte** the path bends *o* curves round to the left/turns northward(s); **al final de la calle tuerza a la derecha** turn right at the end of the street
■ **torcerse** *v pron*
A ‹*tobillo*› to twist; ‹*muñeca*› to sprain
B «*madera/viga*» to warp
C «*planes*» to fall through
D (al escribir): **escribe recto, te estás torciendo** keep your writing straight, your lines are sloping

torcidamente *adv*: **todo lo interpreta ~** she interprets everything in a twisted way; **usan sus privilegios ~** they misuse *o* abuse their privileges; **aplican ~ la ley** they misapply the law

torcido -da *adj*
A [1] [ESTAR] (con respecto a otra cosa) crooked; **le quedó la nariz torcida** he was left with a crooked nose; **tiene la boca torcida** he has a twisted mouth; **llevas la falda torcida** your skirt's twisted, your skirt isn't straight; **el cuadro está ~** the picture isn't straight, the picture is on a slant *o* is askew; **la planta creció torcida** the plant grew crooked *o* lopsided; **te has hecho la raya torcida** your part (AmE) *o* (BrE) parting isn't straight [2] (curvo) bent; **un alambre/palo ~** a bent wire/stick; **tiene la columna torcida** she has curvature of the spine; **tiene las piernas torcidas** (para adentro) he is knock-kneed; (para afuera) he is bowlegged
B ‹*intenciones*› devious, crooked; **el hijo menor le salió ~** his youngest son didn't turn out at all as he had hoped

torcijón *m* stomach cramp

tordillo[1] -lla *adj* dappled, dapple-gray*

tordillo[2] -lla *m,f* dapple, dapple-gray*

tordo[1] -da *adj* dappled, dapple-gray*

tordo[2] -da *m,f* [1] (caballo) dapple, dapple-gray* [2] (pájaro — en Europa) thrush; (— en Chi) blackbird; (— en RPl) starling

(Compuestos)
- **tordo de agua** dipper, water ouzel
- **tordo negro** cowbird

toreador -dora *m,f* (ant) toreador, bullfighter

torear [A1] *vi* to fight; **torea desde los 18 años** he has been a bullfighter since he was eighteen
■ **torear** *vt*
A ‹*toro/novillo*› to fight
B (fam) [1] ‹*persona*› (para evitar algo) to dodge;

toreó hábilmente al entrevistador she skillfully dodged *o* sidestepped the interviewer's questions [2] (Esp) (tomarle el pelo a) to mess … around (colloq) [3] (AmL) (provocar) to torment, needle

toreo *m* bullfighting

torera *f* bolero (*worn by bullfighters*); ***saltarse algo a la ~*** (fam) to flout *o* disregard sth

torería *f* (toreros) bullfighters (*pl*); (toreo) bullfighting

torero[1] -ra *adj* bullfighting (*before n*)

torero[2] -ra *m,f* bullfighter, matador

toril *m* bull pen

torio *m* thorium

tormenta *f*

A (Meteo) storm; **se desencadenó la ~** the storm broke; ***hacer frente a la ~*** to weather the storm; ***una ~ en un vaso de agua*** a tempest in a teapot (AmE), a storm in a teacup (BrE)

(Compuestos)
- **tormenta de arena** sandstorm
- **tormenta de nieve** snowstorm; (con viento) blizzard
- **tormenta de viento** windstorm
- **tormenta eléctrica** electrical *o* (BrE) electric storm
- **tormenta tropical** tropical storm

B (de pasiones) storm; (de celos) frenzy; **cuando pasó la ~ me arrepentí de lo que había dicho** after it had all blown over I regretted what I'd said

(Compuesto) **tormenta de ideas** brainstorming

tormento *m* [1] (angustia, dolor) torment; **la vida a su lado era un verdadero ~** living with him was an absolute torment *o* was absolute hell for her; **vivía con el ~ de los celos** she lived tormented *o* tortured by jealousy; **ir al dentista es un ~** going to the dentist is a nightmare *o* is hell (colloq); **aquel calor era un ~** the heat there was murder (colloq) [2] (malos tratos) torture

tormentoso -sa *adj* [1] ‹*cielo/mar/tiempo*› stormy [2] ‹*escena/discusión*› stormy; **aquéllos fueron tiempos ~s** those were turbulent times

torna *f* [1] (regreso) return [2] (en un cauce) gate; ***volverle las ~s a algn*** to turn the tables on sb; **se han vuelto las ~s** it's a different story now, the shoe's on the other foot now (AmE), the boot's on the other foot now (BrE)

tornadizo[1] -za *adj* fickle

tornadizo[2] -za *m,f*: **es una tornadiza** she's always changing her mind, she's so fickle

tornado *m* tornado

tornamesa *f or m* [1] (Col, Méx) (plato giratorio) turntable [2] (Chi) (tocadiscos) record player

tornar [A1] *vi* (liter) [1] (regresar) to return; **~ A + INF**: **tornó a nevar** it snowed again [2] (volver, hacer) to make, render; **~ía su existencia más llevadera** it would make *o* render her life more bearable

■ **tornarse** *v pron* (liter) to become; **el general que se tornó dictador** the general who became a dictator; **la situación se torna difícil** the situation is becoming difficult; **~se EN algo** to turn INTO sth; **el problema se tornó en un conflicto internacional** the problem developed *o* turned into an international conflict

tornasol *m*

A (reflejo) reflected light; **por el ~ su blusa parecía rojiza** her blouse looked reddish with the light shining on it

B (Quím) litmus; ▸**papel**

C (Bot) sunflower

tornasolado -da *adj* ‹*color/destello*› iridescent; ‹*tela*› shot

torneado -da *adj* ‹*cuerpo*› shapely; ‹*brazos*› nicely-shaped; **sus bien torneadas piernas** her shapely legs

tornear [A1] *vt* (en carpintería) to turn; (en alfarería) to throw

torneo *m* [1] (Dep) tournament, competition; **un ~ ecuestre** an equestrian event [2] (Hist) tournament

tornero -ra *m,f* lathe operator

tornillo *m*

A (Tec) screw; ***apretarle los ~s a algn*** (fam) to put the pressure *o* (colloq) the screws on sb; ***te/le falta*** *or* ***falla un ~*** you have/he has a screw loose (colloq); ***tener un ~ flojo*** *or* ***suelto*** (fam) to have a screw loose (colloq)

(Compuestos)
- **tornillo de ajuste** adjusting screw
- **tornillo de banco** vise (AmE), vice (BrE)
- **tornillo sin fin** worm gear

B (Ur) (pendiente) stud

C (RPl fam) (frío): **hacía un ~** it was freezing cold

torniquete *m* [1] (Med) tourniquet [2] (de acceso) turnstile [3] (Ven) (en béisbol) screwball [4] (en el pelo) ▸**toca B**

torno *m*

A [1] (de carpintero) lathe; **~ de ceramista** *or* **alfarero** potter's wheel [2] (Odont) drill [3] (para alzar pesos) winch [4] (entrada) turnstile

(Compuesto) **torno de banco** vise*

B en torno a around; **la conversación giró en ~ al tema de las compensaciones** the conversation revolved around *o* centered on the question of compensation; **el debate que mantuvieron en ~ al problema** the debate that they had on *o* about the problem; **se habían sentado en ~ suyo** (liter) they had seated themselves around him/her

toro *m*

A (animal) bull; ***agarrar al ~ por las astas*** (AmL) *or* (Esp) ***coger el ~ por los cuernos*** *or* (Col, Ven) ***agarrar*** *or* ***coger al ~ por los cachos*** to take the bull by the horns; ***fuerte como un ~*** as strong as an ox; ***ver los ~s desde la barrera*** to watch from the sidelines

(Compuesto) **toro bravo** *or* **de lidia** fighting bull

B los toros *mpl* (el espectáculo) bullfighting; **nunca he ido a los ~s** I've never been to a bullfight

C *m* (Mat) torus

> **(La fiesta de) los toros**
>
> Bullfighting is popular in Spain and in Mexico, Colombia, Peru, and Venezuela. For some Spaniards it is crucial to Spanish identity. The season runs from March to October in Spain, from November to March in Latin America.
>
> The art of bullfighting is given the name *tauromaquia*. The bullfighters in a ▸**corrida** gather in *cuadrillas*. The principal bullfighter, or *matador*, is assisted by *peones*. Their outfit, the *traje de luces*, consists of a tight silk jacket and trousers, decorated with embroidery and epaulettes, and a black, two-cornered hat known as a *montera*.

torohuaco *m: dance in honor of Quetzacoatl*

toronja *f* (AmL) grapefruit

toronjil *m* lemon balm

torovenado *m: Indian festival in honor of San Jerónimo*

torpe *adj* [1] (en las acciones) clumsy; (al andar) awkward; **la anciana andaba de manera ~** the old lady moved awkwardly; **un animal lerdo y ~** a slow, ungainly animal [2] (de entendimiento) slow (colloq), dim (colloq); **es ~ para las matemáticas** he's very slow *o* dim at math(s); **¡qué ~ soy!** I'm so stupid *o* slow *o* dim! [3] (sin tacto) ‹*persona/comentario*› clumsy; **se disculpó de manera ~** she excused herself clumsily

torpedear [A1] *vt* [1] (Mil) to torpedo [2] (Pol) to torpedo

torpedeo *m* torpedoing

torpedera *f* torpedo boat

torpedero *m*

A (Mil) torpedo boat

B (en béisbol) shortstop

torpedo *m*

A (Arm) torpedo

B (Zool) electric ray, torpedo

C (Chi fam) (de un estudiante) crib (note) (colloq), pony (AmE)

torpemente *adv* [1] ‹*caminar/moverse*› clumsily, awkwardly [2] ‹*expresarse/actuar*› clumsily [3] (tontamente) stupidly

torpeza *f*

A (cualidad) [1] (en las acciones) clumsiness; (al andar) awkwardness [2] (falta de inteligencia) stupidity; **perdona mi ~, pero no entiendo** I'm sorry to be so stupid *o* slow *o* dim, but I don't understand [3] (falta de tacto) clumsiness

B (dicho desacertado) gaffe; (acción desacertada) blunder

torpor *m* torpor

torrar [A1] *vt* ‹*café*› to roast (*with sugar*); **me voy a la sombra, me estoy torrando** (fam) I'm going to sit in the shade, I'm roasting (colloq)

torre *f*

A [1] (de un castillo, una fortaleza) tower [2] (de una iglesia) tower; (en punta) steeple, spire [3] (de cables de alta tensión) pylon; (de un pozo de petróleo) derrick [4] (en ajedrez) rook, castle [5] (edificio alto) apartment block *o* building, high rise (AmE), tower block (BrE)

(Compuestos)
- **Torre de Babel** Tower of Babel; **con tantos extranjeros aquello era una verdadera ~ de ~** with so many foreigners there it was like a session of the United Nations
- **torre de control** control tower
- **Torre de Londres** Tower of London
- **torre de marfil** ivory tower
- **torre de observación** observation tower
- **torre de perforación** drilling rig
- **Torre Eiffel** Eiffel Tower

B (equipo de música) stack system

C (Inf) tower

D (Esp) (chalet) villa

torrefacción *f* roasting (*with sugar*)

torrefacto -ta *adj* dark-roasted

torreja *f*

A [1] (AmL) (pan frito) French toast [2] (Per) (buñuelo) fritter

B (Chi) (rodaja) slice

torrencial *adj* torrential

torrencialmente *adv* torrentially

torrente *m*

A (Geog) torrent; **le salía sangre de la nariz a ~s** (CS) blood was pouring from his nose

(Compuesto) **torrente sanguíneo** bloodstream

B (de insultos) stream, torrent, hail; (de lágrimas) flood; **me soltó un ~ de improperios** she let fly a torrent of abuse at me

torrentera *f* watercourse (*of a mountain stream or torrent*)

torrentoso -sa *adj* (AmL) fast-flowing

torreón *m* tower

torrero *m* lighthouse keeper

Torres Gemelas *fpl* (Hist) (en Nueva York) Twin Towers

torreta *f* (de un submarino) conning tower, bridge; (de un avión, tanque) turret

torrezno *m* rasher of bacon

tórrido -da *adj* ‹*zona/clima*› torrid; ‹*calor*› scorching, torrid

torrija *f* French toast

torsión *f* torsion; **con una leve ~ del tronco** with a slight twist of the upper body

torso *m* [1] (Anat) torso, trunk [2] (Art) bust

torta *f*

A (Coc) [1] (AmL) (de verduras) pie; (sin tapa de masa) pie, flan, tart [2] (AmS) (de cumpleaños, etc) cake; (decorada, con crema, etc) gateau; ***me/te/le salió la ~ un pan*** (AmL) things didn't work out the way I/you/she had planned; ***poner la ~*** (Ven fam) to blow it (colloq), to mess it up (colloq), to mess up (AmE colloq)

(Compuestos)
- **torta de casamiento** (RPl) *or* (Chi) **de novia** wedding cake
- **torta de matrimonio** *or* **de novios** (AmS) wedding cake
- **torta frita** (RPl) fritter (*fried in fat*)
- **torta pascualina** spinach and egg pie

B (Méx) (bocadillo) sandwich

C (esp Esp) (bizcocho basto) sponge cake; ***ni ~*** (Esp fam) not a thing; **no entiendo ni ~** I don't understand a thing; **no ve ni ~** he can't see a thing *o* he's as blind as a bat; ***nos/les está costando la ~ un pan*** it's costing us/them more than we're/they're saving *o* it's a false economy

(Compuestos)
- **torta de aceite** : *crisp aniseed wafer fried in oil*
- **torta imperial** : *nougat-like candy covered with rice paper*

D (fam) (golpe): **como no te estés quieto te doy una ~** if you don't keep still, I'll hit *o* wallop you (colloq); **por una tontería se liaron a ~s** they came to blows *o* they started fighting over nothing; **se dio una ~ con el coche** he crashed the car; **se cayó del árbol y se pegó una ~** he fell out of the tree and hit the ground very hard

tortazo *m* (fam) ▸**torta D**

tortear [A1] *vt* (Méx fam) to feel ... up (colloq), to touch ... up (BrE colloq)

tortícolis *f* stiff neck, torticollis (tech); **tener ~** to have a stiff neck, to have a crick in one's neck

tortilla *f*

A (de huevos) omelet*; ***se ha dado (la) vuelta*** *or* ***se ha vuelto la ~*** it's a different story now, the shoe's on the other foot now (AmE), the boot's on the other foot now (BrE)

(Compuestos)
- **tortilla de papas** *or* (Esp) **de patatas** Spanish omelet*
- **tortilla española** Spanish omelet*
- **tortilla francesa** (Esp) French *o* plain omelet*

B 1 (de maíz) tortilla 2 (Chi) (pan) unleavened bread

tortillera *f* (fam) dyke (sl), lesbian

tortillero -ra *m,f* tortilla seller *o* vendor

tórtola *f* turtledove

tórtolo *m* (fam) lovebird (colloq); **una pareja de tortolitos** a pair of lovebirds

tortuga *f*

A (Zool) (de tierra) tortoise, turtle (AmE); (de mar) turtle; ***ser*** *or* ***parecer una ~*** (fam) to be a slowpoke (AmE) *o* (BrE) slowcoach (colloq)

(Compuestos)
- **tortuga de agua dulce** *or* **de río** terrapin
- **tortuga mordedora** snapper

B (Ur) (pan) bun, bap (BrE)

tortuguismo *m* (Méx) go-slow

tortuosidad *f* 1 (de un camino) tortuousness (liter); **la ~ del camino** the twists and turns in the road, the tortuousness of the road 2 (de la mente, conducta) deviousness

tortuoso -sa *adj* 1 ‹*camino/sendero*› tortuous, winding 2 ‹*maquinaciones/conducta*› devious; ‹*mente*› devious, twisted

tortura *f* torture; **instrumentos/métodos de ~** instruments/methods of torture; **fueron sometidos a ~s** they were subjected to torture, they were tortured; **para mí los exámenes son una ~** (fam) I find exams sheer torture *o* a real nightmare (colloq)

(Compuesto) **tortura de la gota** water torture

torturado -da *m,f* torture victim

torturador¹ -dora *adj* ‹*sistema*› of torture; ‹*gobierno/régimen*› which resorts to torture; **condenan a militar ~** military leader is condemned of torture

torturador² -dora *m,f* torturer

torturar [A1] *vt* 1 (con violencia física) to torture 2 (angustiar) to torment, torture; **torturado por los remordimientos** tormented *o* racked by remorse; **estaba torturada por los celos** she was tormented by jealousy

■ **torturarse** *v pron* (*refl*) to torture *o* torment oneself

torvo -va *adj* ‹*mirada*› baleful; ‹*intenciones*› grim

tos *f* cough; **tengo una ~ terrible** I have a terrible cough; **tuvo un acceso de ~** he had a coughing fit

(Compuestos)
- **tos convulsa** *or* **convulsiva** whooping cough
- **tos de perro** (AmL) barking cough
- **tos ferina** whooping cough

toscamente *adv* roughly, crudely

Toscana *f* Tuscany

toscano¹ -na *adj* Tuscan

toscano² -na *m,f* 1 (persona) Tuscan 2 **toscano** *m* (RPl) (cigarro) cigar; ***tener un ~ en la oreja*** (RPl fam) to be a bit deaf

tosco -ca *adj* 1 ‹*utensilio/mueble/construcción*› crude, basic; ‹*tela*› coarse, rough; ‹*cerámica*› rough, coarse 2 ‹*persona*› rough; ‹*lenguaje*› unrefined, earthy; ‹*modales*› rough, unpolished 3 ‹*manos*› rough

toser [E1] *vi* to cough; ***a ése no hay quien le tosa*** (Esp fam) he can't take criticism

tosquedad *f* 1 (de un objeto) crudeness; (de una tela) coarseness, roughness 2 (de una persona) roughness; (de las facciones) roughness, harshness; (de los modales) roughness; (del lenguaje) crudeness, lack of refinement

tostada *f* 1 (de pan) piece *o* slice of toast; **siempre desayuno café con ~s** I always have coffee and toast for breakfast; ***se huele la ~*** (fam) I smell a rat (colloq) 2 (Méx) (de tortilla) tostada (*fried maize pancake*) 3 (Ven) (arepa frita) fried corn cake

tostado¹ -da *adj* 1 ‹*pan/almendras*› toasted; ‹*café*› roasted 2 (por el sol) tanned, brown (BrE) 3 (Ven fam) (loco) crazy (colloq) 4 (Chi fam) (enojado) annoyed, miffed (colloq)

tostado² *m* 1 (del pan, maíz, de las almendras) toasting; (del café) roasting 2 (de la piel) suntan, tan 3 (Coc) toasted sandwich 4 **(de) color ~** ‹*guantes/bolso*› tan

tostadora *f*, **tostador** *m* 1 (para pan) toaster 2 (para café) roaster

tostadura *f* (de café, cacao) roasting; (de otras semillas) toasting

tostar [A10] *vt* 1 ‹*pan/almendras/maíz*› to toast; ‹*café*› to roast 2 ‹*piel/persona*› to tan

■ **tostarse** *v pron*

A (broncearse) to tan, go brown (BrE)

B (Chi fam) (enojarse) to get annoyed, get miffed (colloq)

tostón *m*

A 1 (Esp) (pan frito) crouton 2 (cochinillo asado) roast sucking-pig 3 (Ven) (plátano frito) fried plantain

B (Esp fam) (cosa fastidiosa) drag (colloq); (persona pesada) pain (colloq), pain in the neck (colloq); ***darle el ~ a algn*** (Esp fam) to pester somebody

C (Méx fam) (moneda) fifty-peso coin; (billete) fifty-thousand-peso bill *o* note

total¹ *adj* 1 (absoluto) ‹*desastre/destrucción*› total; ‹*éxito*› resounding (*before n*), total; **la película fue un fracaso ~** the film was a total *o* an utter failure; **un cambio ~** a complete change 2 (global) ‹*coste/importe*› total

total² *m* total; **¿cuánto es el ~?** what's the total?, what does it all come to?, how much is it altogether?; **el ~ de las pérdidas/ganancias** the total losses/profits; **el ~ asciende a $40.000** the total amounts to *o* comes to *o* is $40,000; **afecta a un ~ de 600 personas** it affects a total of 600 people; **en ~** altogether; **son 5 euros en ~** that's 5 euros altogether

total³ *adv* (*indep*) (fam) 1 (al resumir una narración) so, in the end; **~, que me di por vencida** so in the end I gave up 2 (expresando indiferencia, poca importancia): **¿por qué no te quedas? ~, mañana no tienes que trabajar** why not stay? I mean *o* after all, you don't have to go to work tomorrow

totalidad *f*: **la ~ de los componentes del grupo** all the members of the group; **la casi ~ de la cámara votó en contra** almost the whole *o* entire chamber voted against the motion; **el acuerdo fue aprobado en su ~** the agreement was approved in its entirety *o* (frml) totality; **lea el documento en su ~** read the document all the way through *o* (BrE) right through; **la deuda ha sido pagada en su ~** the debt has been paid in full *o* completely paid off *o* (AmE) paid in total

totalitario -ria *adj* totalitarian

totalitarismo *m* totalitarianism

totalizador¹ -dora *adj* all-embracing

totalizador² *m* pari-mutuel (AmE), totalizator (BrE), tote (BrE colloq)

totalizar [A4] *vt* 1 «*persona*» to total, add up, totalize (frml) 2 «*cifras*» to total, add up to, amount to; **los gastos totalizan 200 dólares** the expenses add up to *o* amount to *o* total 200 dollars

totalmente *adv* totally; **estoy ~ de acuerdo** I totally *o* fully agree, I entirely agree; **eso es ~ absurdo** that's totally *o* completely *o* utterly absurd; **construido ~ en madera** built entirely of wood; **estás ~ equivocado** you are totally *o* (BrE) quite wrong; **está ~ dedicada a sus hijos** she's totally *o* completely dedicated to her children

tótem *m* (*pl* **tótems**) totem

totémico -ca *adj* totemic; **un pilar ~** a totem pole

totemismo *m* totemism

totogol *m* (Col) sports lottery (AmE), football pools (*pl*) (BrE)

> **totogol**
> ▸**quiniela.**

totona *f* (Ven vulg) cunt (vulg), beaver (AmE sl), fanny (BrE sl)

totopo *m* (Méx) taco chip

totora *f* reed mace, bulrush, cattail (AmE)

totoral *m* (AmL) reed bed

touch /tutʃ, tuʃ/ *m* touch; **el balón va a ~** the ball goes into touch

tour /tur/ *m* (*pl* **tours**) 1 (excursión) tour 2 (de un artista) tour

tournée, tourné /tur'ne/ *f* tour

tour operador, tour-operator /tur, ope'rator/ *m* tour operator

toxemia *f* toxemia (AmE), toxaemia (BrE)

toxémico -ca *adj* toxemic*

toxicidad *f* toxicity

tóxico¹ -ca *adj* toxic

tóxico² *m* poison, toxin

toxicodependencia *f* (frml) drug addiction

toxicodependiente *mf* drug addict

toxicología *f* toxicology

toxicológico -ca *adj* toxicological

toxicólogo -ga *m,f* toxicologist

toxicomanía *f* (frml) drug addiction

toxicómano¹ -na *adj* addicted to drugs; **padres ~s** parents who are drug addicts *o* who are addicted to drugs

toxicómano² -na *m,f* drug addict

toxina *f* toxin

tozudez *f* obstinacy, stubbornness; **¡qué ~ la tuya!** you're so obstinate *o* stubborn!

tozudo¹ -da *adj* obstinate, stubborn

tozudo² -da *m,f*: **es un ~** he's extremely stubborn *o* obstinate

TPICE *m* (UE) (= **Tribunal de Primera Instancia de las Comunidades Europeas**) CFI

Tpm., TPM *f* (= **tonelada de peso muerto**) dwt

TPV *m* (en Esp) = **Terminal Punto de Venta**

traba *f*

A 1 (en una ventana) catch 2 (entre dos vigas) tie 3 (para un caballo) hobble; (para un preso) shackles (*pl*) 4 (de un cinturón) belt loop 5 (Chi) (para el pelo) barrette (AmE), (hair) slide (BrE) 6 (para tender ropa) clothespin (AmE), clothes-peg (BrE)

(Compuesto) **traba de corbata** (RPl) tie pin

B (dificultad, impedimento) obstacle; **empezó a ponerme ~s** he began to come up with all sorts of snags *o* obstacles

C (Col, Ven arg) 1 (marihuana) grass (sl) 2 (efecto) high (colloq)

trabajado -da *adj* ‹*diseño/peinado*› elaborate; **un plan muy ~** a carefully thought-out *o* an elaborate plan; **una novela muy bien trabajada** an extremely well-crafted novel; **tiene un**

t

estilo demasiado ~ her style is overelaborate

trabajador[1] **-dora** *adj* (que trabaja mucho) hardworking; ▸**clase**[1]

trabajador[2] **-dora** *m,f* worker; **un ~ no calificado** (AmL) *or* (Esp) **cualificado** an unskilled worker *o* laborer; **~es de la construcción** construction workers

(Compuestos)
- **trabajador autónomo, trabajadora autónoma** *m,f* self-employed worker *o* person
- **trabajador en equipo, trabajadora en equipo** *m,f* team player
- **trabajador independiente, trabajadora independiente** *m,f* self-employed worker *o* person
- **trabajador por cuenta ajena, trabajadora por cuenta ajena** *m,f* employed person, employee (of a company)
- **trabajador por cuenta propia, trabajadora por cuenta propia** *m,f* self-employed worker *o* person
- **trabajador social, trabajadora social** *m,f* (Méx) social worker

trabajar [A1] *vi*

A (en un empleo) to work; **empiezo a ~ mañana** I start work tomorrow; **¿a qué hora entras a ~?** what time do you start work?; **el lunes no se trabaja** Monday is a holiday; **~ por su cuenta** *or* **por cuenta propia** to be self-employed; **los que trabajamos jornada completa** *or* **a tiempo completo** those of us who work full-time; **~ fuera (de casa)** *or* (AmL) **~ afuera** to go out to work; **~ en las minas/en el campo** to work in *o* down the mines/on the land; **trabaja para una compañía extranjera** she works for a foreign company; **trabajan a jornal fijo** they are paid a fixed daily rate; **trabaja bien aunque le falta experiencia** she does her job well *o* she's a good worker although she lacks experience; **los ponían a ~ desde niños** they were sent out to work from an early age; **~ EN algo**: **¿en qué trabajas?** what do you do (for a living)?, what line are you in?, what sort of work do you do?; **trabaja en publicidad** she works in *o* is in advertising; **~ DE** *or* **COMO algo** to work AS sth; **trabaja de camarero por las noches** he works as a waiter in the evenings

B (en una tarea, actividad) to work; **deja de perder el tiempo y ponte a ~** stop wasting time and start doing some work *o* get working; **voy a ir a ~ un poco a la biblioteca** I'm going to go and do some work in the library; **trabajó mucho** he worked hard; **nos han tenido trabajando todo el día** they've kept us (hard) at it all day (colloq); **~ EN algo** to work ON sth; **estoy trabajando en una novela** I'm working on a novel; **trabajamos en la búsqueda de una solución** we are working on *o* working to find a solution; **~ EN CONTRA DE/POR algo**: **trabajamos en contra de la aprobación de la ley** we are working to prevent *o* we are trying to stop the law being passed; **siempre ha trabajado por la paz** she has always worked for peace *o* to promote peace; **~ *como una bestia*** *or* ***un negro*** *or* ***un enano*** *or* ***un chino*** (fam) to work like a slave, to work one's butt off (AmE colloq), to slog one's guts out (BrE colloq)

C (actuar) to act, perform; **¿quién trabaja en la película?** who's in the movie?, who are the actors in the movie?; **ella trabaja muy bien** she's a very good performer *o* actress *o* she's very good; **trabajó en una película de Saura** he was in one of Saura's films

D (operar, funcionar): **la empresa trabaja a pérdida** the company is running *o* operating at a loss; **la fábrica está trabajando a tope** the factory is working *o* operating at full capacity; **tienen mucha maquinaria ociosa, sin ~** they have a lot of spare machinery standing idle; **los motores trabajan al máximo al despegar** the engines work *o* operate *o* run at full throttle during take off; **haga ~ su dinero** make your money work for you; **hemos logrado que las mareas trabajen para nosotros** we have succeeded in harnessing the tides; **el tiempo trabaja en contra nuestra/en nuestro favor** time is (working) against us/is on our side; **un problema que hace ~ el cerebro** a problem which exercises the mind

■ **trabajar** *vt*

A 1 ‹*masa*› (con las manos) to knead, work; (con un tenedor) to mix 2 ‹*madera/cuero/oro*› to work 3 ‹*campo/tierra*› to work

B ‹*género/marca*› to sell, stock

C (perfeccionar, pulir) to work on; **hay que ~ la escena final** we must work on the last scene; **tengo que ~lo un poco más** I have to work on it a bit more *o* do some more work on it

D (fam) (intentar convencer) to work on (colloq)

■ **trabajarse** *v pron* (fam) 1 ‹*premio/ascenso*› to work for 2 (*enf*) (fam) ‹*persona*› to work on (colloq); **todavía me lo estoy trabajando** I'm still working on him

trabajo *m*

A 1 (empleo): **conseguir ~** to get *o* find work; **consiguió un ~ muy bien pagado** he got himself a very well-paid job; **hay dos ~s interesantes en el periódico de hoy** there are two interesting vacancies *o* jobs in today's paper; **se fue a la capital a buscar ~** he went to the capital to look for work *o* for a job; **la pérdida de 200 puestos de ~** the loss of 200 jobs; **se quedó sin ~** she lost her job, she was made redundant, she was let go (AmE); **no tiene ~ fijo** he doesn't have a steady job; **un ~ de media jornada** a part-time job; **buscaba ~ de jornada completa** *or* **a tiempo completo** *or* **de tiempo completo** I was looking for full-time work *o* for a full-time job 2 (lugar) work; **está en el ~** she's at work; **ir al ~** to go to work; **llámame al ~** give me a call at work; **la estación queda cerca de mi ~** the station's close to where I work

(Compuesto) **trabajo compartido** work-sharing

B (actividad, labor) work; **~ intelectual** intellectual work *o* brainwork; **su capacidad de ~ es enorme** he has an enormous capacity for work; **la máquina hace el ~ de cinco personas** the machine does the work of five people; **requiere años de ~** it takes years of work; **todo nuestro ~ ha sido en vano** all our work has been in vain; **el ~ en equipo** teamwork; **el ~ de la casa** housework; **es un ~ especializado/de precisión** it's specialized/precision work; **me tocó a mí hacer todo el ~** I ended up doing all the work, I got stuck *o* (BrE) landed with all the work (colloq); **hoy no puedo, tengo mucho ~** I can't today, I have *o* I've got a lot of work to do; **tengo mucho ~ acumulado** I have a huge backlog of work to do; **este bordado tiene mucho ~** a lot of work has gone into this embroidery; **¡buen ~! te felicito** nice work! well done; **fue premiado por su ~ en esa película** he was given an award for his performance in that movie; ***hacer un ~ de zapa*** to work *o* scheme behind the scenes; **le he estado haciendo un ~ de ~ y ya lo tengo en el bote** I've been quietly working on him *o* softening him up and now I've got him right where I want him

(Compuestos)
- **trabajo a destajo** piece work
- **trabajo agrícola** agricultural work
- **trabajo a reglamento** (CS) work to rule
- **trabajo de campo** fieldwork
- **trabajo de chinos** fiddly *o* laborious job
- **trabajo de parto** labor*
- **trabajo de práctica** work experience
- **trabajo en cadena** assembly-line work
- **trabajos forzados** *mpl* hard labor*
- **trabajos manuales** *mpl* handicrafts (*pl*)
- **trabajo social** social work
- **trabajo voluntario** voluntary *o* (AmE) volunteer work

C 1 (tarea, obra) job; **es un ~ que no lo puede hacer cualquiera** it's not a job that just anyone can do; **limpiar el horno es un ~ que odio** cleaning the oven is a job *o* chore I hate; **la satisfacción de un ~ bien hecho** the satisfaction of a job well done; **me cobró un dineral por un par de ~s** he charged me a fortune for doing a couple of little jobs *o* tasks 2 (obra escrita) piece of work; **un ~ bien documentado** a well-documented piece of work; **estoy haciendo un ~ sobre Lorca** I'm doing a paper/an essay on Lorca

D (esfuerzo): **con mucho ~ consiguió levantarse** with great effort she managed to get up; **nos dio mucho ~ pintarlo** painting it was hard work *o* took a lot of work; **los niños dan mucho ~** children are hard work *o* a lot of work; **me cuesta ~ creerlo** I find it hard to believe; **nos costó ~ convencerla de que viniera** we had a hard time persuading her to come; **se tomó/dio el ~ de venir a buscarme** she took the trouble to come and pick me up; **puedes ahorrarte el ~ de ir hasta allá** you can save yourself the trouble *o* bother of going all the way over there

E (Econ) labor*; **el capital y el ~** capital and labor

F (Fís) work

trabajoadicto -ta *m,f* workaholic

trabajólico[1] **-ca** *adj* (fam) workaholic (*before n*); **es muy ~** he's a complete workaholic

trabajólico[2] **-ca** *m,f* (fam) workaholic (colloq)

trabajosamente *adv*: **~ logró hacerse entender** with effort she managed to make herself understood; **subió ~ las escaleras** he struggled up the stairs; **respiraba ~** he was breathing with difficulty, his breathing was labored

trabajoso -sa *adj*: **es un punto muy ~** it's a very laborious stitch to do; **su letra es muy trabajosa de leer** it's very hard work reading his writing, his writing is very hard *o* difficult to read

trabalenguas *m* (*pl* ~) tongue twister

trabar [A1] *vt*

A 1 ‹*puerta/ventana*› (para que no se abra) to hold … shut; (para que no se cierre) to hold … back *o* open; **trabó la puerta con una silla** she jammed the door open with a chair 2 ‹*vigas*› to tie, connect 3 ‹*historia*› to weave together 4 ‹*caballo*› to hobble

B ‹*salsa*› to thicken

C ‹*conversación*› to strike up, start; ‹*amistad/relación*› to strike up, form; **han trabado una gran amistad** they've become great friends

D ‹*desarrollo/negociaciones*› to impede *o* hamper the progress of

■ **trabarse** *v pron*

A «*cajón/cierre/puerta*» to get jammed *o* stuck; **se le traba la lengua cuando se pone nervioso** he gets tongue-tied when he's nervous

B (enzarzarse): **~se EN algo** to get involved IN sth; **no quiero ~me en una discusión contigo** I don't want to get involved in *o* get into an argument with you

C (Col, Ven arg) (con droga) to get high *o* stoned (colloq)

trabazón *f* linking together

trabilla *f* 1 (de un pantalón) stirrup 2 (de una chaqueta, un abrigo) belt loop 3 (en una calceta) loop

trabucar [A2] *vt* to mix up, confuse

■ **trabucarse** *v pron*: **se trabucó y tuvo que leerlo otra vez** he got his words jumbled up *o* mixed up *o* muddled up and had to read it again

trabuco *m* blunderbuss

traca *f* 1 (en pirotecnia) string *o* series of firecrackers 2 (Náut) strake

trácala[1] *m* (Méx, Ven fam) cheat

trácala[2] *f* (Méx, Ven fam) trick, swindle; **se la pasa haciendo ~** he's always cheating *o* tricking *o* swindling people

tracalada *f* (Chi fam) bunch (colloq); **una ~ de amigos** a whole bunch *o* gang *o* horde of friends (colloq); **me dijo una ~ de mentiras** he told me a pack *o* bunch *o* string of lies; **gastó una ~ de millones en ello** she spent millions on it

tracalear [A1] *vt* (Méx, Ven fam) to cheat, swindle

tracalero -ra *adj* (Méx, Ven fam) dishonest; **no seas ~** don't be a cheat, don't cheat

tracción *f*

A (Auto, Mec) traction, drive

(Compuestos)
- **tracción a las cuatro ruedas** *f* four-wheel drive; **un vehículo con** *or* **de ~ a las ~ ~** a 4x4, a four-wheel-drive vehicle
- **tracción animal** *f* draft (frml); **vehículos a**

t

~ ~ horse-drawn (*o* oxen-drawn *etc*) vehicles, vehicles drawn by animals
• **tracción delantera**
A *f* (sistema) front-wheel drive
B *m* (vehículo) front-wheel-drive vehicle (*o* car *etc*)
• **tracción total** *or* **integral** *f* four-wheel drive; **un vehículo con** *or* **de** ~ ~ a 4 x 4, a four-wheel-drive vehicle
• **tracción trasera**
A *f* (sistema) rear-wheel drive
B *m* (vehículo) rear-wheel-drive vehicle (*o* car *etc*)
B (Med) traction; **tiene la pierna en** ~ his leg is in traction

tracería *f* tracery

Tracia *f* Thrace

tracoma *m* trachoma

tracto *m*
A (Anat) tract; ~ **digestivo/intestinal/urinario** digestive/intestinal/urinary tract
B (Relig) tract

tractomula *f* (Col) trucking rig (AmE), articulated lorry (BrE)

tractor *m* tractor; ~ **anfibio** amphibian tractor; **tirado por** ~ tractor-drawn (*before n*)

tractorada *f* tractor protest

tractorista *mf* tractor driver

trad. = **traducido**

tradición *f*
A (costumbre) tradition; **es** ~ **encender fogatas la noche de San Juan** it is traditional to light bonfires on midsummer night; **seguir la** ~ to keep up the tradition; **según la** ~ according to tradition
B (Der) transfer

tradicional *adj* traditional; **mañana, como es ya** ~, **se publicará el suplemento navideño** tomorrow, as has become customary, we will publish our Christmas supplement

tradicionalidad *f* traditionality, traditional nature

tradicionalismo *m* traditionalism

tradicionalista *adj/mf* traditionalist

tradicionalmente *adv* traditionally

traducción *f*
A 1 (acción) translation; **la** ~ **del artículo me llevó un día** it took me a day to translate the article; ~ **del inglés al español** translation from English into Spanish 2 (versión) translation; **¿lo leíste en el original o en** ~**?** did you read it in the original or in translation?
(Compuestos)
• **traducción asistida por computadora** *or* (Esp) **ordenador** computer-assisted translation, CAT
• **traducción automática** *or* **automatizada** machine translation, automatic translation
• **traducción directa**: *translation into one's native language*
• **traducción inversa**: *translation into a foreign language*; **ejercicio de** ~ ~ prose, prose translation
• **traducción mecánica** machine translation
• **traducción simultánea** simultaneous translation
B (Inf) translation

traducible *adj* translatable

traducir [I6] *vt*
A 1 ‹*texto/escritor*› to translate; **es difícil** ~ **poesía/a Joyce** poetry/Joyce is difficult to translate; ~ **DE algo A algo** to translate FROM sth INTO sth; **tradujo la carta del inglés al ruso** she translated the letter from English into Russian 2 (expresar) to convey; **la metáfora traduce perfectamente esa sensación** the metaphor conveys that feeling perfectly
B (Inf) to translate
■ **traducirse** *v pron* ~**se EN algo**: **los cambios se han traducido en un gran ahorro de combustible** the changes have resulted in *o* led to *o* translated into large fuel savings; **un interés que no se ha traducido en ventas** interest which has not been translated into sales

traductor -tora *m,f* translator
(Compuesto) **traductor/traductora jurado/jurada** *or* (RPl) **público/pública** *or* (Chi) **oficial** sworn translator

traductorado *m* (CS) translator's exams (*pl*)

traer [E23] *vt*
A (de un lugar a otro) to bring; **¿me puedes** ~ **los zapatos?** could you bring me my shoes?; **trajeron a todos los niños** they brought all the children (with them); **me trajo un recuerdo de su viaje** she brought me back a souvenir from her trip; **tráigame la cuenta por favor** could I have *o* would you bring me the check (AmE) *o* (BrE) bill, please?; **tráeme el diccionario que está en el otro cuarto** bring *o* fetch me the dictionary from the other room; **¿te acordaste de** ~ **el libro?** did you remember to bring the book?; **un amigo me trajo en la moto** a friend brought me on his motorbike; **traía al niño sobre los hombros** he was carrying the child on his shoulders; **¿qué te trajeron los Reyes?** ≈ what did Father Christmas *o* Santa Claus bring you?; **¿qué te trae por aquí?** what brings you here?; **trajo muy buenas notas** *or* **calificaciones este mes** he got very good grades (AmE) *o* (BrE) marks this month; ***me la trae floja*** (Esp vulg) I couldn't give a damn (sl); ***muy traído y llevado:* el muy traído y llevado tema de su divorcio** the tired old story about his divorce; ~***la con algn*** (Méx fam) to have it in for sb (colloq)
B (ocasionar, causar): **la polución trae graves consecuencias para el planeta** pollution has serious consequences for the planet; **la guerra trajo pobreza y desolación** the war brought *o* caused poverty and devastation; **una medida que trajo aparejados muchos cambios** a measure which entailed *o* involved *o* meant many changes; **dicen que trae buena suerte** they say that it brings good luck, they say that it's lucky; ***tener a algn a mal*** ~ to give sb a hard time (colloq)
C (contener): **los periódicos traen la noticia en primera página** the newspapers are carrying *o* have the story on the front page, the story is *o* appears on the front page of the newspapers; **el último número trae un artículo sobre informática** the latest issue has *o* contains an article on information technology; **este diccionario no lo trae** it's not in this dictionary; **la portada trae una foto del accidente** there is a photo of the accident on the front page
D 1 ‹*ropa/sombrero*› to wear; **traía un sombrero nuevo** she was wearing a new hat *o* she had a new hat on; **siempre trae ropa muy cara** she always wears very expensive clothes; **trae la bragueta abierta** his fly is *o* (BrE) his flies are open *o* undone 2 (tener consigo) to bring; **no traje mucho dinero** I didn't bring much money (with me); **¿trajiste tu pasaporte?** have you brought *o* did you remember your passport?
■ **traer** *vi*: **trae (para acá), yo te lo abro** bring it here *o* give it to me *o* (colloq) give it here, I'll open it for you
■ **traerse** *v pron*
A (*enf*) (a un sitio) to bring, bring along; **lo invité a él y se trajo a toda la familia** I invited him and he brought the whole family along; **tráete las sábanas, que aquí no tengo** bring your own sheets, because I don't have any spare; **tráete algunas cintas a la fiesta** bring some tapes (along) to the party
B (fam) (tramar) to be up to (colloq); **¿qué se** ~**án esas dos?** what are those two up to?; ▸**mano**[1]; ***traérselas*** ‹‹*problema/asunto*›› to be tough *o* difficult; **el examen se las traía** the exam was pretty tough (colloq); **este crío se las trae** this kid's a terror *o* handful (colloq); **esta novela se las trae** this book's tough-going *o* hard work

trafagar [A3] *vi* to be on the go (colloq); **se pasaba el día trafagando en la cocina** she used to spend the day bustling about in the kitchen

traficante *mf* dealer, trafficker
(Compuestos)
• **traficante de armas** arms dealer
• **traficante de drogas** drugs dealer, drugs trafficker
• **traficante de esclavos** slave trader
• **traficante de personas** people trafficker

traficar [A2] *vi* ~ **EN** *or* **CON algo** to deal IN sth; **trafica en mercancías robadas/drogas** he deals *o* traffics in stolen goods/drugs

tráfico *m*
A (de vehículos) traffic; **accidente de** ~ road accident; ***parar el*** ~ (fam): **llevaba un vestido que paraba el** ~ she was wearing a very eye-catching dress, the dress she was wearing turned a few heads *o* (AmE) stopped the traffic (colloq); **su primo es de los que paran el** ~ his cousin is a real stunner (colloq)
(Compuestos)
• **tráfico aéreo** air traffic
• **tráfico marítimo** shipping
• **tráfico rodado** road traffic, vehicular traffic (frml)
B (de mercancías) trade; ~ **de armas** arms trade *o* dealing; **acusados de** ~ **de drogas** accused of drug dealing *o* trafficking; ~ **de esclavos** slave trade, traffic in slaves
(Compuesto) **tráfico de influencias** influence peddling, spoils system (AmE)

traga *mf*
A (RPl fam) (empollón) grind (AmE colloq), swot (BrE colloq)
B **traga** *f* (Col fam): **estar en una** ~ (enamorado) to be in love

tragacanto *m* tragacanth

tragaderas *fpl* (fam) gullet; ***tener buenas*** ~ (fam) (comer mucho) to eat anything and everything, to be a walking garbage can (AmE) *o* (BrE) dustbin (colloq); (tener mucho aguante) to be prepared to put up with a lot

tragafuegos *mf* (*pl* ~) fire-eater

tragaldabas *mf* (*pl* ~) (Esp, Méx fam) glutton (colloq)

tragaluz *m* 1 (en el techo) skylight 2 (en una puerta, ventana) fanlight

tragamonedas *m or f* (*pl* ~) (Jueg) slot machine; (de discos) jukebox

traganíqueles *m* (Col) slot machine

tragantona *f* (fam) binge (colloq); **darse una** ~ to go on a binge; **se dio una** ~ **de fresas** he pigged out on *o* stuffed himself with strawberries (colloq)

tragaperras *m or f* (*pl* ~) (Esp fam) slot machine

tragar [A3] *vt*
A 1 ‹*comida/agua/medicina*› to swallow 2 ‹*lágrimas*› to choke back, hold back
B (fam) (soportar) to put up with; **ha tenido que** ~ **mucho** she's had to put up with a lot; ***no (poder)*** ~ ***a algn*** (fam): **personalmente no lo trago** *or* **no lo puedo** ~ personally I can't stand him *o* I find him hard to take (colloq)
■ **tragar** *vi*
A 1 (Fisiol) to swallow 2 (fam) (comer): **¡cómo traga este niño!** this kid really puts away his food! (colloq)
B (Esp fam) (caer, picar) to fall for it
C (RPl fam) (estudiar) to cram, to grind (AmE colloq), to swot (for an exam) (BrE colloq)
■ **tragarse** *v pron*
A (*enf*) 1 ‹*comida*› to swallow; **fumaba pero no se tragaba el humo** he used to smoke but he didn't inhale 2 ‹*lágrimas*› to choke back, hold back; ‹*orgullo*› to swallow; ‹*angustia*› to suppress, hold back 3 (absorber) ‹‹*mar*›› to swallow up, engulf; **hace años que no lo veo, se lo tragó la tierra** I haven't seen him for years, he's just disappeared off the face of the earth; **la campaña se había tragado todos sus ahorros** the campaign had swallowed up *o* used up all their savings 4 ‹‹*máquina/teléfono*››: **se traga las monedas y se corta** it takes the coins and then you get cut off 5 (Esp fam) (comerse) to put away (colloq)
B 1 (fam) (soportar) to put up with; **tiene que** ~**se todos los insultos del jefe** he has to put up with *o* take all the boss's insults 2 (fam) ‹*programa/obra*› to watch, sit through; ‹*recital*› to listen to, sit through
C (fam) ‹*excusa/cuento*› to fall for (colloq), to buy (colloq)
D (Col fam) to fall in love

tragasables *mf* (*pl* ~) sword swallower

tragavenado *m* (Ven) boa constrictor

tragedia *f* 1 (Lit, Teatr) tragedy 2 (suceso funesto) tragedy; **no hagas una** ~ **de una**

t

nimiedad (fam) don't make a mountain out of a molehill, don't make a big drama out of such a small problem

trágicamente *adv* tragically

trágico[1] -ca *adj* [1] (Teatr): **una obra trágica** a tragedy; ▸**actor[1]**, **actriz** [2] ‹*accidente/final/consecuencia*› tragic; **no te pongas ~** don't be so melodramatic, don't make a big drama out of it

trágico[2] *m* tragedian

tragicomedia *f* tragicomedy

tragicómico -ca *adj* tragicomic

trago *m*

A [1] (de un líquido) drink, swig; **toma un ~ de agua** have a drink *o* swig of water; **dame un traguito para probar** let me try a sip *o* a drop; **se bebió el vermut de un ~** she downed her vermouth in one gulp *o* (BrE) in one go [2] (esp AmL fam) (bebida alcohólica) drink; **¿vamos a tomar un ~?** shall we go for a drink?; **son muy aficionados al ~** they like *o* they're very fond of their drink, they drink a lot; **es de** *or* **tiene muy malos ~s** (Col fam) he gets really nasty when he's had a few (colloq); **un ~ largo** a long drink

B [1] (experiencia): **ha pasado un ~ amargo con lo del divorcio** he's had a rough time *o* (BrE) been through a rough patch with the divorce; **ése sí que fue un mal ~** that really was an awful experience [2] (Esp fam) (de una persona): **¡vaya ~ que tiene la tía!** that woman takes some putting up with! (colloq)

tragón[1] -gona *adj* (fam) greedy

tragón[2] -gona *m,f* (fam) glutton, guzzler (colloq), greedy guts (colloq)

traguilla *adj* (Chi fam) greedy

traición *f* [1] (delito) treason; **cometer ~** to commit treason; **fue acusado de ~ a la patria** he was accused of treason *o* of betraying his country; ▸**alto[1]** [2] (acto desleal) treachery, betrayal; **lo mataron a ~** they killed him by treachery

traicionero -ra *adj* [1] ‹*persona/acción*› treacherous [2] ‹*mar/carretera/tiempo*› treacherous, dangerous

traidor[1] -dora *adj* treacherous, traitorous (arch & hum)

traidor[2] -dora *m,f* traitor; **~ A algo** traitor TO sth; **es un ~ a su patria/la causa** he is a traitor to his country/the cause

traidoramente *adv* treacherously

traiga, traigas, etc ▸**traer**

trail /'trajl/ *f* (*pl* **trails**) trail bike

trailer /'trajler/ *m*

A [1] (AmL) (casa rodante) trailer (AmE), caravan (BrE) [2] (para caballos) horsebox

(Compuesto) **trailer park** (Méx) campsite

B (Méx) (camión) semi (AmE), semitrailer (AmE), articulated lorry (BrE)

tráiler *m*

A (Esp) (Cin) trailer

B ▸**trailer A**

trailero -ra *m,f* (Méx) truck driver

traílla *f*

A [1] (de un perro) leash, lead [2] (perros) team

B (Agr) harrow

trainera *f* fishing boat (*with oars*)

training /'treinin/ *m* (*pl* **~s**) training; **es obligatorio asistir a seis ~s** it is compulsory to attend six training sessions; **curso/periodo de ~** training course/period

Trajano Trajan

traje[1] *m* [1] (de dos, tres piezas) suit [2] (vestido de mujer) dress [3] (Teatr) costume [4] (de un país, región) dress; **llevaba ~ de holandesa** she was wearing Dutch national dress *o* costume; **el ~ típico de Aragón** typical Aragonese dress; ***en ~ de Adán/Eva*** (hum) in one's birthday suit

(Compuestos)

- **traje de agua** waterproof clothing, waterproofs (*pl*) (BrE)
- **traje de baño** (de hombre) swimming trunks (*pl*); (de mujer) bathing suit, swimsuit, bathing costume (BrE), swimming costume (BrE)
- **traje de calle** business suit (AmE), lounge suit (BrE)
- **traje de campaña** battledress
- **traje de chaqueta** suit
- **traje de etiqueta** formal dress
- **traje de gala** evening dress
- **traje de luces** bullfighter's costume
- **traje de noche** evening dress
- **traje de novia** wedding dress, bridal gown
- **traje de pantalón** pantsuit (AmE), trouser suit (BrE)
- **traje espacial** space suit
- **traje isotérmico** protective clothing (*against heat or cold*)
- **traje largo** evening dress
- **traje regional** regional dress *o* costume
- **traje sastre** suit

traje[2] ▸**traer**

trajeado -da *adj* [1] (vestido): **mal ~** badly dressed; **todo el mundo estaba muy bien ~** everyone was very well dressed, everyone was very well turned out [2] (bien vestido) smart; **¡qué ~ has venido hoy!** you're looking very smart today!

trajera, trajese, etc ▸**traer**

trajimos, trajiste, etc ▸**traer**

trajín *m*: **con el ~ de las Navidades no se encuentra donde aparcar** with the Christmas rush there's nowhere to park; **hay mucho ~ en las calles** the streets are very busy; **lleva una vida de mucho ~** she leads a very hectic life; **el ~ de las grandes ciudades** the hustle and bustle of big cities

trajinar [A1] *vi* (fam) to rush about (colloq); **llevamos el día trajinando** we've been rushing about *o* rushed off our feet all day; **se pasa el día trajinando** she's on the go all day (colloq)

trajinera *f* (Méx) canoe

trajiste, etc ▸**traer**

tralla *f* [1] (látigo) whip [2] (punta) end

trallazo *m* [1] (latigazo) lash, whiplash [2] (chasquido) crack (*of whip*), whipcrack (AmE)

trama *f*

A (de un tejido) weave, weft; **una tela de ~ muy abierta** a very loosely woven fabric

B [1] (Lit) plot [2] (intriga) plot, conspiracy

tramador -dora *adj* (Col) ‹*película/libro*› gripping; ‹*conferencia*› absorbing

tramar [A1] *vt* [1] ‹*engaño*› to devise; ‹*venganza*› to plot; ‹*complot*› to hatch, lay; **¿qué andas tramando?** what are you plotting *o* scheming?, what are you up to? (colloq) [2] (Col) ‹*lector/público*› to absorb; **me tramó la conferencia** I was totally absorbed by the lecture, the lecture really captured my interest

■ **tramarse** *v pron* (*enf*) to plot, scheme; **¿qué se estarán tramando?** I wonder what they're plotting *o* scheming

tramitación *f* processing; **los documentos necesarios para la ~ del visado** the documents you need to have your visa application processed; **la ~ del divorcio tardó años** the divorce proceedings took years

tramitar [A1] *vt* [1] «*funcionario/departamento*» to deal with; **el departamento que me está tramitando el préstamo** the department that is dealing with *o* processing my loan application; **el agente que me está tramitando la venta de la casa** the agent who is dealing with *o* handling the sale of my house [2] «*solicitante/interesado*»: **~ un crédito** to arrange a loan; **tengo que ~ algunos asuntos en Santiago** I have a few matters to attend to *o* to deal with in Santiago; **están tramitando el divorcio** they have started divorce proceedings; **estoy tramitando el permiso de residencia** I've applied for my residence permit

trámite *m* (proceso) procedure; (etapa) step, stage; **el permiso está en ~** the permit application is being processed; **todos los ~s necesarios para la obtención del certificado** all the steps *o* formalities required to obtain the certificate; **intentaremos acelerar los ~s** we shall try to speed up the procedure; **para simplificar los ~s aduaneros** in order to simplify customs procedures *o* formalities; **se iniciaron los ~s para su extradición** extradition proceedings were begun; **la propuesta fue aceptada a ~** the proposal was accepted for consideration; **el recurso fue aceptado** *or* **admitido a ~** I/he was given leave to appeal

tramo *m*

A (de una carretera, vía) stretch; (de una escalera) flight; **han inaugurado un nuevo ~ de la carretera** they've opened a new stretch *o* section of the road; **la campaña está en su ~ final** the campaign is in its final phase

B (Fin) tranche

tramontana *f* north wind

tramoya *f* [1] (Teatr) piece of stage machinery [2] (fam) (enredo, trama) scheme, scam (colloq); **armaron una ~** they set up a scam

tramoyero -ra *adj* (AmL fam) scheming, deceitful

tramoyista *mf* [1] (Teatr) sceneshifter, stagehand [2] (fam) (enredador) schemer; (estafador) con artist

trampa *f* [1] (para animales) trap; (de lazo) snare [2] (ardid) trap; **no caí en la ~** I didn't fall into the trap, I didn't fall for it (colloq); **me tendieron una ~** they laid *o* set a trap for me; ***ni ~ ni cartón*** (Esp): **no hay/no tiene ni ~ ni cartón** there's no catch; **mira, sin ~ ni cartón** now as you can see, there's no trick *o* there's nothing up my sleeve [3] (en el juego): **eso es ~** that's cheating; **hacer ~(s)** to cheat

trampantojo *m* trompe l'oeil

trampear [A1] *vi* to cheat

trampilla *f* trapdoor

trampolín *m*

A (Dep) [1] (en natación — flexible) springboard; (— rígida) diving board [2] (en gimnasia) trampoline [3] (en esquí) ski jump

B (para obtener algo): **ve ese puesto como un ~ para llegar a la directiva** she sees that job as a springboard to a place on the board; **esa película fue su ~ a la fama** she leapt *o* sprang to fame with that movie, she was catapulted to fame by that movie

tramposo[1] -sa *adj*: **es muy tramposa** she's a real cheat

tramposo[2] -sa *m,f* cheat

tranca[1] *adj* (Per fam) tough (colloq)

tranca[2] *f*

A [1] (de una puerta, ventana) bar; **pasar la ~ a la puerta** to bar the door [2] (palo) cudgel, club; ***a ~s y barrancas*** *or* (Col) ***a ~s y mochas*** (fam) with great difficulty, after a lot of problems

B (esp AmL fam) (borrachera) bender (colloq), toot (AmE colloq), booze-up (BrE colloq); **pegarse** *or* **agarrarse una ~** to get plastered *o* smashed (colloq)

C (Ven fam) (Auto) holdup, tailback, traffic jam

trancada *f* ▸**tranco 1**

trancar [A2] *vt* [1] ‹*puerta/ventana*› to bar [2] (Ven fam) (cerrar) to close, shut

trancazo *m* [1] (golpe) blow [2] (Esp fam) (gripe) flu; **coger un ~** to get *o* catch (the) flu

trance *m*

A (momento crítico): **están pasando por un ~ difícil** they're going through a bad time *o* (BrE) patch; **ya han salido de ese ~** they've come through it *o* got over it now; **en un ~ de tan singular gravedad** at such a critical juncture; **en ~ DE algo**: **estar en ~ de muerte** to be at death's door; **estos lugares están en ~ de desaparición** these places are (in the process of) disappearing *o* are dying out; ***a todo ~*** at any cost, at all costs

B (Psic, Relig) trance; **estar en ~** to be in a trance; **entrar en ~** to go into a trance

tranco *m* [1] (paso largo) stride; **andaba a ~s** she was striding along; **en dos ~s estamos allí** we'll be there in two shakes (AmE) *o* (BrE) in two ticks (colloq) [2] (CS) (ritmo) rate, pace

tranque *m* (CS) reservoir

tranquera *f* (AmL) gate

tranqui *interj* (esp Esp arg) relax!, keep calm!, cool it! (sl)

tranquilamente *adv* ‹*hablar/actuar*› calmly; ‹*descansar*› peacefully; **te los pruebas ~ en casa** you can try them on at your leisure in your own home; **~ le dije que no pensaba ir** I just *o* simply told him that I didn't intend to go; **es una expresión que ~ la puedes oír en**

la calle it's an expression that you're very likely to hear *o* that you might well hear in the street

tranquilidad *f* 1 (calma) peace; **la ~ del campo** the peace *o* tranquility of the countryside; **no he tenido ni un minuto de ~ en toda la semana** I haven't had a moment's peace all week; **llamemos a la estación para mayor ~** let's call the station just to be on the safe side *o* to make absolutely sure; **necesita paz y ~** she needs some peace and quiet; **para poder trabajar con ~** to be able to work in peace; **léelo con ~** read it at your leisure *o* in your own time; **respondió con ~** she replied calmly 2 (falta de preocupación): **llámame a la hora que sea, con toda ~** feel free to call me at any time

tranquilino -na *adj* (Chi fam) ▸**tranquilo**[1] **2**

tranquilizador -dora *adj* ‹*palabras/noticia*› reassuring; ‹*música*› soothing; **habló en tono ~** she spoke in a reassuring tone; **la droga tiene un efecto ~** the drug has a tranquilizing *o* calming effect

tranquilizante[1] *adj* 1 (consolador, relajante): **es ~ saber que no estamos solos** it's reassuring to know that we're not alone; **el efecto ~ de la música** the soothing effect of the music 2 (Med) tranquilizing*

tranquilizante[2] *m* tranquilizer*

tranquilizar [A4] *vt*: **estaba histérico e intenté ~lo** he was hysterical and I tried to calm him down; **sus palabras la ~on** his words reassured her; **me tranquiliza ver que ahora se llevan mejor** I'm relieved to see (that) they're getting along better now; **intentó ~ los ánimos** he tried to calm people *o* things down

■ **tranquilizarse** *v pron* 1 «*persona*» to calm down; **¡tranquilízate! todo saldrá bien** calm down! everything will be all right 2 «*situación*» to calm down, to quiet down (AmE), to quieten down (BrE)

tranquillo *m* (Esp) knack; **ya le he cogido** *or* **pillado el ~** I've got the hang *o* knack of it now

tranquilo[1] **-la** *adj* 1 [ESTAR] (libre de preocupaciones): **ahora que consiguió empleo estoy más ~** I feel better *o* happier now that he's found a job; **viven ~s allí en su granjita** they lead a peaceful *o* tranquil life on their little farm; **¡tranquilo!** relax! *o* keep calm! *o* don't worry!; **tú, tranquila, que de eso me encargo yo** there's no need for you to worry *o* don't worry, I'll take care of that; **no estaré tranquila hasta que llame** I won't relax until he calls; **no estará ~ hasta que lo rompa** he won't be happy *o* satisfied until he breaks it!; **déjalo ~** leave him alone; **tengo la conciencia tranquila** I have a clear conscience, my conscience is clear 2 [SER] ‹*persona*› (pacífico) calm 3 [ESTAR] ‹*mar/ambiente*› calm; ‹*lugar*› quiet, peaceful, tranquil; **llevan una vida muy tranquila** they lead a very quiet life 4 [ESTAR] (sin inmutarse): **su hermano está en el hospital y él tan ~** his brother's in hospital and he doesn't seem at all worried *o* bothered *o* perturbed; **me dijo que se lo había llevado ella y se quedó tan tranquila** she told me she had taken it, as cool as you like *o* as cool as a cucumber *o* quite unashamedly, she told me, quite calmly *o* boldly, that she had taken it; **el tren pasó casi rozando y ellos se quedaron tan ~s** the train passed within an inch of us and they didn't turn a hair *o* they didn't bat an eyelash (AmE) *o* (BrE) eyelid, the train passed within an inch of us and they were quite unperturbed; **lo dijo mal y se quedó tan ~** he said it wrong but he just carried on regardless *o* as if nothing had happened, he said it wrong but he was completely unfazed *o* unabashed

tranquilo[2] *adv* (Méx fam): **te cuesta ~ unas 2,000 libras** it costs 2,000 pounds easily (colloq), it costs a good 2,000 pounds

tranquiza *f* (Méx fam) thrashing (colloq), hiding (colloq)

trans- *pref* trans- (*as in* ▸**transatlántico**[1])

transa[1] *adj/mf* (Méx fam) ▸**tranza**[2] **1**

transa[2] *f* (RPl arg) 1 (tráfico de drogas) drug-dealing 2 (transacción) deal

transacción *f*
A (Com, Fin) transaction, deal
B (Der) settlement, agreement

transalpino -na *adj* transalpine

transandino[1] **-na** *adj* trans-Andean

transandino[2] *m* trans-Andean railroad *o* railway

transar [A1] *vi* 1 (AmL) (transigir) to give way; **en eso no voy a ~** I'm not going to give way *o* give in on that; **no ~emos por menos del 10%** we will not settle for *o* accept less than 10%; **intentamos ~ amigablemente** we tried to reach an amicable agreement *o* compromise; **~ EN algo**: **finalmente ~on en un 5%** in the end they settled for *o* accepted 5%; **~on en volver al trabajo** they gave in and went back to work, they agreed to go back to work 2 (RPl arg) (negociar droga) to deal in drugs, to deal (sl)

■ **transar** *vt*
A (AmL) (Com, Fin) to buy and sell; **pocas acciones se ~on hoy en el mercado bursátil** there was little activity *o* little buying and selling on the stock market today
B (Chi) (en un pleito, conflicto) to surrender (frml), to give up
C (RPl arg) ‹*droga*› to buy
D (Méx) (engañar) ▸**tranzar**

transatlántico[1] **-ca** *adj* transatlantic; **países ~s** countries on the other side of the Atlantic

transatlántico[2] *m* ocean liner

transbordador *m* ferry

(Compuesto) **transbordador espacial** space shuttle

transbordar [A1] *vt* to transfer

■ **transbordar** *vi* to change, to change trains (*o* lines *etc*)

transbordo *m* 1 (de viajeros) change; **hacer ~** to change, to change trains (*o* lines *etc*) 2 (de equipaje, mercancías) transfer

transcendencia *f* ▸**trascendencia**

transceptor *m* transceiver

transcontinental *adj* transcontinental

transcribir [I34] *vt* 1 ‹*texto/debate*› to transcribe 2 (Mús) to transcribe

transcripción *f* 1 (acción) transcription 2 (resultado) transcript; (Mús) transcription, transcript (BrE); **la sonata tiene una ~ para flauta** the sonata has been transcribed for the flute

(Compuesto) **transcripción fonética** phonetic transcription

transcrito, (RPl) **transcripto** *pp see* **transcribir**

transcultural *adj* transcultural, cross-cultural

transcurricular *adj* transcurricular, cross-curricular

transcurrir [I1] *vi* 1 «*tiempo/años*» to pass, go by; **los meses transcurrieron sin que tuviera noticias suyas** the months went by *o* passed with no news of her; **han transcurrido varios meses desde su partida** it's (been) several months now since she left; **transcurría el minuto 20 cuando se anotó el primer gol** the first goal was scored in the 20th minute 2 «*acontecimiento/acto*» to take place; **la acción transcurre en un pueblo del sur** the action takes place in a village in the south; **la marcha transcurrió pacíficamente** the march went *o* passed off peacefully

transcurso *m* course; **con el ~ del tiempo** as time goes/went by; **en el ~ del año/de este mes** during the course of the year/of this month; **durante el ~ de la reunión** during the meeting, in the course of the meeting; **durante el ~ de la obra** as the play develops, during the course of the play

transcutáneo -nea *adj* transcutaneous

transdérmico -ca *adj* transdermal

Transdniéster *m*: **la República del ~** the Transdniester Republic

transductor *m* transducer

transeúnte *mf* 1 (peatón) passer-by 2 (no residente) non-resident

transexual *adj/mf* transsexual

transexualidad *f*, **transexualismo** *m* transsexualism

transferencia *f*
A 1 (de una propiedad, un derecho) transfer, handing over; **la ~ de competencias a las autonomías** the transfer of powers to the autonomous regions 2 (de un jugador) transfer

(Compuestos)
- **transferencia bancaria** credit transfer, bank transfer
- **transferencia de tecnología** technology transfer

B (Psic) transference

transferible *adj* transferable

transferir [I11] *vt* to transfer

transfiguración *f* 1 (cambio radical) transformation 2 (Relig) Transfiguration

transfigurar [A1] *vt* to transform

■ **transfigurarse** *v pron* to be transformed

transformable *adj* convertible; **obligaciones ~s** convertible bonds *o* debentures; **un sofá ~ en cama** a sofa which converts to a bed

transformación *f* 1 (cambio, metamorfosis) transformation, change; **su carácter ha sufrido una ~** his character has changed completely *o* has undergone a transformation; **la ~ de la oruga en mariposa** the metamorphosis *o* transformation of the caterpillar into a butterfly 2 (en rugby) conversion 3 (Ling) transformation

transformacional *adj* transformational

transformador *m* transformer

transformar [A1] *vt* 1 (convertir) to convert; **~ algo EN algo** to convert sth INTO sth; **para ~ la luz solar en energía** to convert sunlight into energy 2 (cambiar radicalmente) ‹*persona/situación/país*› to transform, change *o* alter ... radically; **las computadoras están transformando los métodos de trabajo** computers are bringing about radical changes in working practices 3 (en rugby) to convert 4 (en fútbol): **transformó el penalty** he scored from the penalty

■ **transformarse** *v pron* 1 (convertirse) **~se EN algo**: **los hidratos de carbono se transforman en azúcar** the carbohydrates are converted into sugar; **la calabaza se transformó en una hermosa carroza** the pumpkin turned into *o* was transformed into a beautiful carriage 2 (cambiar radicalmente) «*persona/carácter/país*» to change completely, undergo a radical change, be transformed; **desde que empezó a trabajar se ha transformado** she's changed completely *o* she's a different person *o* she's been transformed since she started working

transformativo -va *adj* transformational

transformismo *m*
A (evolucionismo) evolutionary theory
B (travestismo) cross-dressing, transvestitism

transformista *mf*
A (actor) quick-change artist
B (travesti) cross-dresser, transvestite

transfronterizo -za *adj* ‹*transporte/comercio*› cross-border; **el movimiento ~ de capitales** the cross-border movement of capital, the movement of capital across borders

tránsfuga *mf*
A (Pol) turncoat
B (AmL fam) (sinvergüenza) rogue (colloq)

transfundir [I1] *vt* to transfuse (frml); **se le transfundió un litro de sangre** he was given a transfusion of a liter of blood

transfusión *f* transfusion; **le hicieron una ~ de sangre** they gave him a blood transfusion; **~ (de sangre) homóloga** tranfusion of homologous blood *o* of blood from a different person; **~ (de sangre) autóloga** transfusion of autologous blood *o* of the patient's own blood

transgénero[1] *adj inv* transgender (*before n*); transgendered

t

transgénero[2] *m* transgenderism
transgenia *f* transgenics
transgénico[1] **-ca** *adj* genetically modified, transgenic, GM (*before n*)
transgénico[2] *m* GM product *o* organism *etc*
transglobal *adj* transglobal
transgredir [I1] *vt* to transgress, to infringe
transgresión *f* (frml) transgression (frml), infringement
transgresor -sora *m,f* transgressor
transición *f* transition; **pasar por un período de ~** to go through a period of transition *o* a transitional period; **~ A algo** transition TO sth; **la ~ a la democracia** the transition to democracy

la Transición
In Spanish politics, the period between the death of the dictator Franco in 1975 and the adoption in 1978 of the new Constitution which guaranteed new democratic freedoms in a Spain divided administratively into seventeen *comunidades autónomas* ►**comunidad autónoma**.

transicional *adj* transitional
transido -da *adj* (liter) racked; **~ de dolor** racked with pain; **~ de pena** grief-stricken, racked with grief
transigencia *f* (acto) compromise; (cualidad) accommodating attitude
transigente *adj* accommodating
transigir [I7] *vi* 1 (ceder) to give in, give way; **~ EN algo** to give way *o* give in ON sth; **me niego a ~ en esto** I refuse to give way *o* give in on this; **en cuestiones de principios no voy a ~** I'm not going to compromise on matters of principle 2 (tolerar) **~ CON algo** to tolerate sth, put up WITH sth; **no puedo ~ con esa conducta** I can't tolerate that kind of behavior 3 (Der) to reach a settlement
Transilvania *f* Transylvania
transistor *m* 1 (Elec) transistor 2 (aparato de radio) transistor radio, transistor
transistorizado -da *adj* transistorized
transitable *adj* passable
transitar [A1] *vi* (frml) «*vehículo*» to travel, go; «*peatón*» to go, walk
transitivamente *adv* transitively
transitivo -va *adj* transitive
tránsito *m*
A (tráfico) traffic; **durante las horas de máximo ~** at peak hours; Ⓢ **cerrado al tránsito** closed to all traffic, no entry; **una calle de mucho ~** a very busy road; **un accidente de ~** (AmL) a road accident; **una infracción de ~** (AmL) a motoring offense, a traffic violation (AmE)
Compuestos
• **tránsito pesado** heavy goods vehicles (*pl*), heavy traffic
• **tránsito rodado** vehicular traffic
B (paso) passage, movement; **sólo están aquí de ~** they're just passing through; **los pasajeros en ~ hacia Roma** passengers in transit for Rome; **una caja se perdió en ~** one box was lost in transit
C (liter) (muerte) passing (euph), death
transitoriedad *f* 1 (provisionalidad) temporary *o* provisional nature 2 (cualidad efímera) transience, impermanence
transitorio -ria *adj* 1 ‹*medida*› provisional, temporary; ‹*situación*› temporary; ‹*período*› transitional 2 (efímero) transitory, fleeting
translación *f* ►**traslación**
transliteración *f* transliteration
transliterar [A1] *vt* to transliterate
translucir [I5] *vi* ►**traslucir**
transmigración *f* 1 (de personas) migration 2 (de almas) transmigration
transmigrar [A1] *vi* 1 «*personas*» to migrate 2 «*almas*» to transmigrate
transmisibilidad *f* 1 (Med) transmissibility 2 (Der) transferability
transmisible *adj* transmissible

transmisión *f*
A (Rad, TV) 1 (señal) transmission; (programa) broadcast; **una ~ en directo/en diferido** a live/prerecorded broadcast; **~ en cadena** simultaneous transmission *o* broadcast 2 (de una señal) transmission; (de un programa) broadcasting, transmission
B 1 (de un sonido, movimiento) transmission 2 (Biol, Med) transmission; **enfermedades de ~ oral** orally transmitted diseases; **enfermedades de ~ por contagio** contagious diseases 3 (de un derecho) transfer
Compuestos
• **transmisión de datos** data transmission
• **transmisión de dominio** transfer of ownership
• **transmisión de mando** transfer of power; **ceremonia de ~ de ~** (AmL) inauguration ceremony
• **transmisión de pensamiento** thought transference
C (mecanismo) transmission
Compuesto **transmisión automática** automatic transmission
transmisividad *f* transmissivity
transmisor[1] **-sora** *adj* transmitting (*before n*); **aparato ~** transmitter; **estación ~a** transmitter, radio/TV station
transmisor[2] *m* transmitter
Compuesto **transmisor-receptor** transceiver; (portátil) walkie-talkie
transmitir [I1] *vt*
A (Rad, TV) ‹*señal*› to transmit; ‹*programa*› to broadcast
B 1 ‹*sonido/movimiento*› to transmit 2 ‹*enfermedad/tara*› to transmit, pass on 3 (Der) to transfer 4 ‹*lengua/costumbres*› to transmit, pass on; ‹*conocimientos*› to pass on 5 ‹*saludos/felicidades*› to pass on
■ **transmitir** *vi* (Rad, TV) to transmit; **transmitimos en 909 kilohercios para todo el país** we broadcast to the whole country on 909 kilohertz
transmutable *adj* transmutable
transmutación *f* transmutation
transmutar [A1] *vt* to transmute
transnacional[1] *adj* transnational
transnacional[2] *f* transnational, transnational company
transoceánico -ca *adj* transoceanic
transparencia *f*
A 1 (de un material) transparency 2 (de una situación): **la ~ de nuestro sistema de seguridad social** the public accountability of our social security system; **la ~ del nuevo régimen** the new regime's policy of openness *o* of open government
B (Fot) transparency, slide
transparentar [A1] *vt* to reveal; **sus ojos transparentaban la tristeza que sentía** her eyes betrayed *o* revealed the sadness that she felt, the sadness she felt showed in her eyes
■ **transparentarse** *v pron* 1 «*piernas/ropa interior*»: **se te transparentan las piernas** you can see your legs through that skirt (*o* dress *etc*); **con ese vestido la ropa interior negra se te transparenta** black underwear will show through that dress 2 «*intenciones/emociones*»: **se transparentaban sus verdaderas intenciones** his true intentions showed through *o* were plainly evident *o* were quite apparent 3 «*falda/blusa*»: **se te transparenta la falda** you can see through that skirt; **cuando se moja se transparenta** it becomes transparent *o* see-through *o* you can see right through it when it gets wet
transparente[1] *adj* 1 ‹*cristal/agua*› transparent, clear; ‹*aire*› clear 2 ‹*tela/papel*› transparent; ‹*blusa*› see-through; **la tela está ~ de gastada** (fam) the material's so worn you can see straight through it 3 ‹*persona/carácter*› transparent; ‹*intenciones*› transparent, clear, plain; **eres tan ~** you're like an open book, I can read you like a book, I can see right through you
transparente[2] *m* 1 (cortina) blind, shade (AmE) 2 (ventana) stained-glass window (*behind an altar*)

transpiración *f* 1 (Fisiol) perspiration 2 (Bot) transpiration
transpirar [A1] *vi* 1 (Fisiol) to perspire, sweat 2 (Bot) to transpire
transpirenaico -ca *adj* trans-Pyrenean
transpondedor *m* transponder
transponer [E22] *vt* ►**trasponer**
transportable *adj* transportable; **fácilmente ~** easily transported *o* transportable
transportación *f* transportation
transportador *m*
A (Mat) protractor
B (Mec) conveyor
Compuesto **transportador de correa** *or* **cinta** conveyor, conveyor belt
transportar [A1] *vt*
A 1 ‹*personas/mercancías*› to transport; **el buque que transportaba los residuos nucleares** the ship which was carrying *o* transporting the nuclear waste; **las cajas fueron transportadas por aire** the crates were sent *o* shipped by air, the crates were airfreighted (AmE); **aromas que me transportan a mi infancia** smells which take me back to my childhood 2 ‹*energía/sonido*› to transmit; **la sangre transporta el oxígeno** oxygen is carried by the blood
B (embelesar) to mesmerize
■ **transportarse** *v pron* to be transported; **se transportó con el pensamiento a los años de la guerra** his thoughts took him back *o* transported him back to the war years
transporte *m*
A 1 (de pasajeros) transportation (esp AmE), transport (esp BrE), carriage (frml); **licencia de ~ de pasajeros** license to carry passengers; **el ~ de tropas** the transportation of troops; **necesitamos un buen sistema de ~** we need a good transportation *o* transport *o* (AmE) transit system; **el ~ aquí es carísimo** public transportation *o* transport here is very expensive; **la empresa me paga el ~** the company pays my traveling expenses 2 (de mercancías) transportation (esp AmE), transport (esp BrE), carriage (frml); **~ aéreo** airfreight, air transportation *o* transport; **el ~ de cemento por mar** the shipping *o* transportation *o* transport of cement by sea; **compañía** *or* **empresa de ~s por carretera** trucking company, haulage company, road transport company; **el ~ corre por cuenta nuestra** we pay the freight (charges) *o* the freightage
Compuesto **transporte público** public transportation (AmE), public transport (BrE); **la red de ~s ~s de Nueva York** the New York mass transit system *o* public transportation system (AmE), the New York public transport system (BrE)
B (medio, vehículo) means of transport, transport
Compuesto **transporte de tropas** troop carrier, troop transport
C (RPl) (en contabilidad) balance brought forward, balance carried over
transportista *mf* haulage contractor, road haulier (BrE)
transposición *f* transposition
transubstanciación *f* transubstantiation
transvasar *etc* ►**trasvasar**
transversal[1] *adj* ‹*eje/línea/onda*› transverse; ‹*calle/camino*› **una calle ~ al Paseo de Recoletos** a street which crosses the Paseo de Recoletos; **un corte ~** a cross section
transversal[2] *f* 1 (calle) cross street (AmE); **la calle Colonia y sus ~es** Colonia street and all the streets that cross it 2 (Mat) transversal
transversalidad *f* mainstreaming; **~ de género** gender mainstreaming
transversalmente *adv* across, transversely (frml)
transverso -sa *adj* ►**transversal**[1]
transvestismo *m* ►**travestismo**
tranvía *m* 1 (vehículo urbano) streetcar (AmE), tram (BrE) 2 (Esp) (Ferr) local train, stopping train (BrE)
tranza[1] *adj* (Méx fam) crooked, bent (colloq)

t

tranza² *mf* **1** (Méx fam) (persona) con artist (colloq), shark (colloq), crook (colloq) **2** **tranza** *f* (Méx fam) (engaño, fraude) scam (colloq), fiddle (colloq), sting (AmE colloq)

tranzar [A4] *vt* (Méx fam) ‹*persona*› to trick, cheat, con (colloq); **le ~on todos sus ahorros** they tricked *o* cheated *o* conned him out of all his savings

Trapa *f*: **La ~** La Trappe; **un monje de la ~** a Trappist monk

trapacear [A1] *vi* to be on the fiddle (colloq)

trapacero -ra *m,f* crook (colloq)

trapatiesta *f* (fam) racket (colloq), commotion, ruckus (AmE colloq); **armar una ~** to kick up a racket *o* a ruckus (colloq)

trapeador *m* (AmL) mop

trapear [A1] *vt* (AmL) to mop

trapecio *m* **1** (Mat) trapezoid (AmE), trapezium (BrE) **2** (músculo) trapezius; (hueso) trapezium **3** (Espec) trapeze

trapecista *mf* trapeze artist

trapelacucha *f* silver necklace (*worn by Araucanian women*)

trapense *adj* Trappist

trapería *f* **1** (tienda) thrift store (AmE), second-hand clothes shop (BrE) **2** (trapos) rags (*pl*)

trapero¹ -ra *adj* **1** (fam) (aficionado de la ropa) crazy about clothes (colloq) **2** ▸**puñalada**

trapero² -ra *m,f*

A **1** (ropavejero) junkman (AmE), rag and bone man (BrE) **2** (CS fam) (aficionado a la ropa): **es una trapera** she's crazy about clothes (colloq), she's a real clothes horse (colloq)

B **trapero** *m* (AmL) (para el suelo) floorcloth

trapezoidal *adj* trapezoidal

trapezoide *m* trapezium (AmE), trapezoid (BrE)

trapiche *m* (de caña de azúcar) sugar mill; (de aceitunas) olive press; (de uvas) winepress

trapichear [A1] *vi* (fam) to buy and sell stolen/smuggled goods

trapicheo *m* **1** (fam) (negocio) shady deal **2** **trapicheos** *mpl* (fam) (tejemanejes) scheming, dealing

trapío *m* **1** (Taur) power **2** (garbo, brío) grace

trapisonda *f* trickery, scheming

trapo *m*

A (para limpiar) cloth; **pásale un ~ mojado a la mesa** wipe the table with a damp cloth; **unos ~s viejos para limpiar los pinceles** some old rags to wipe the brushes on; ***a todo ~*** (Náut) under full sail; (muy rápido) (fam) flat out (colloq); (sin ahorrar) (AmS fam) with no expense spared; **llorar a todo ~** to cry one's eyes out; ***dejar a algn hecho un ~*** (fam) ‹‹*situación*›› to knock the stuffing out of sb (colloq), to take it out of sb (colloq); ‹‹*persona*›› to lay into sb (colloq), to tear sb to shreds (colloq); ***poner a algn como los ~s*** (fam) to tear sb to shreds (colloq), to lay into sb (colloq); ***sacar los ~s sucios al sol*** *or* ***a relucir*** *or* (AmL) ***sacar los trapitos al sol*** (fam) to reveal personal secrets (*o* inside information *etc*); **si hay una investigación muchos temen que se saquen los ~s al sol** many fear that their secrets will be made public if there is an investigation; **si vamos a empezar a sacarnos los ~s a relucir** if we're going to start telling home truths, if we're going to start washing our dirty linen in public; ***soltar el ~*** (fam) to burst into tears; ***tratar a algn como un ~ (de piso)*** (RPl fam) to treat sb like dirt (colloq), to walk all over sb (colloq); ***los ~s sucios se lavan en casa*** you shouldn't wash your dirty linen in public

(Compuestos)

- **trapo de cocina** drying-up cloth, dishtowel (AmE), tea towel (BrE)
- **trapo del polvo** dust cloth *o* rag (AmE), duster (BrE)
- **trapo de piso** (RPl) floorcloth
- **trapo de sacudir** dust cloth *o* rag (AmE), duster (BrE)

B (fam) (Taur) cape

C **trapos** *mpl* (fam) (ropa) clothes (*pl*); (ropa vieja) rags (*pl*); **siempre están hablando de ~s** they're always talking about clothes

traposo -sa *adj* (Chi fam) **1** ‹*lengua*› numb, thick **2** ‹*carne*› tough, leathery

tráquea *f* windpipe, trachea

traqueal *adj* tracheal

traquear [A1] *vi* (Col fam) to creak

traqueotomía *f* tracheotomy

traqueteado -da *adj* (fam) hectic, busy

traquetear [A1] *vi*

A ‹‹*tren/coche*›› to clatter, jolt

B (fam) ‹‹*persona*›› (ir de un sitio a otro) to rush around

traqueteo *m*

A **1** (de un tren, automóvil — movimiento) jolting; (— ruido) clatter, clattering **2** (de cohetes, armas) crackle

B (fam) (de un sitio a otro) rushing around; **déjate de tanto ~** stop rushing *o* tearing around

trarilonco *m* decorated headband (*worn by Araucanian Indians*)

tras *prep*

A **1** (frml) (después de) after; **~ esta aplastante derrota** in the wake of *o* following *o* after this crushing defeat; **~ los incidentes de ayer** after yesterday's incidents; **~ + INF** after -ING; **~ interrogarlo lo pusieron en libertad** after questioning him they released him **2** (indicando repetición) after; **día ~ día** day after day; **me dijo una mentira ~ otra** she told me one lie after another **3** **tras (de) que/tras (de)** (además de, encima de): **~ (de) que llega tarde** *or* **~ (de) llegar tarde se pone a charlar** not only does he arrive late, but he then starts talking, he arrives late and then he starts talking

B (detrás de) behind; **la puerta se cerró ~ él** the door closed behind him; **la policía anda ~ él** the police are looking for him *o* are after him; **todos van** *or* **están ~ la recompensa** they are all after the reward

tras- *pref* trans- (*as in* ▸**trasplante**)

trasalpino -na *adj* ▸**transalpino**

trasaltar *m* retrochoir

trasandino -na *adj* ▸**transandino¹**, **transandino²**

trasatlántico¹ -ca *adj* ▸**transatlántico¹**

trasatlántico² *m* ▸**transatlántico²**

trasbordador *m* ▸**transbordador**

trascendencia *f* **1** (importancia) significance, importance; **un tema/descubrimiento de gran ~** a subject/discovery of great importance *o* significance; **la firma del tratado tuvo gran ~** the signing of the treaty had great significance *o* was extremely significant; **no reconocían la ~ de estos sucesos** they did not recognize the significance *o* the importance *o* the momentous nature of these events **2** (Fil) transcendence, transcendency

trascendental *adj* **1** (importante) momentous; **un hecho de ~ importancia** a momentous event, an event of great significance; **una decisión ~ para el futuro del país** a decision which has far-reaching implications for the future of the country **2** (Fil) transcendental

trascendente *adj* **1** (importante) ‹*hecho/suceso*› significant, important **2** (Fil) transcendent

trascender [E8] *vi*

A **1** (period) ‹‹*noticia*››: **según ha trascendido** according to reports; **ha trascendido que …** it has emerged that …; **el caso ha trascendido a la opinión pública** the case has come to public notice *o* to the attention of the public; **hasta ahora no ha trascendido el nombre del nuevo inspector** the name of the new inspector has not yet been made known, it is not yet known who is to be the new inspector; **desean evitar que el suceso trascienda** they want to avoid news of what has happened leaking out **2** (frml) (extenderse) **~ A algo** to pervade sth, extend TO sth; **este descontento ha trascendido a todas las capas de la sociedad** this discontent has pervaded all levels of society; **su influencia trasciende a los países más remotos** its influence extends to even the remotest countries **3** (ir más allá) **~ DE algo** to transcend sth (frml), to go beyond sth; **esto trasciende de lo puramente filosófico** this transcends *o* goes beyond the purely philosophical; **con ello ha trascendido del ámbito de su autoridad** in this he has overstepped his authority

B (Fil) to transcend

■ **trascender** *vt* to go beyond, transcend (frml); **esto trasciende las fronteras de lo creíble** this goes beyond the bounds of credibility; **su fama trasciende nuestras fronteras** her fame has spread beyond our borders

trascendido *m* (CS) leak

trascoro *m* retrochoir

trascribir [I34] *vt* ▸**transcribir**

trascurrir [I1] *vi* ▸**transcurrir**

trasdós *m* extrados

trasegar [A7] *vt* **1** ‹*vino/líquido*› to decant **2** ‹*papeles/documentos*› to shuffle, move … around; ‹*libros*› to move … around

■ **trasegar** *vi* (moverse) to go backward(s) and forward(s), to go to and fro

trasero¹ -ra *adj* ‹*puerta/habitación*› back (*before n*); ‹*rueda*› rear (*before n*), back (*before n*); ‹*motor*› rear-mounted; **las patas traseras** the rear *o* hind *o* back legs; **un asiento de la parte trasera** one of the rear *o* back seats

trasero² *m* (fam) **1** (de una persona) bottom, backside (colloq) **2** (de un animal) hindquarters (*pl*)

trasferencia *f* ▸**transferencia**

trasfiguración *f* ▸**transfiguración**

trasfondo *m* background; **el ~ político** the political background; **sentí un ~ de resentimiento en lo que dijo** I detected an undertone *o* undercurrent of resentment in her words

trasformación *f* ▸**transformación**

trásfuga *f* ▸**tránsfuga**

trasfundir [I1] *vt* ▸**transfundir**

trasgo *m* imp, goblin

trasgredir [I32] *vt* ▸**transgredir**

trashumancia *f* transhumance, movement to winter/summer pastures

trashumante *adj* transhumant, migrating

trashumar [A1] *vi* to move to winter/summer pastures

trasiego *m* **1** (de un líquido) decanting **2** (de objetos) moving *o* shuffling around **3** (fam) (ir y venir) coming and going, to-ing and fro-ing (colloq)

traslación *f* **1** (Astron) movement **2** (Mat) translation

trasladar [A1] *vt*

A (cambiar de sitio) ‹*muebles/mercancías*› to move; ‹*oficina/tienda*› to move; ‹*preso/enfermo*› to move, transfer; ‹*información*› to transfer; **han trasladado su expediente a otro departamento** your file has been transferred to another department; **los heridos fueron trasladados al hospital** the injured were taken to hospital; **la novela fue trasladada a la pantalla** the novel was adapted for *o* transferred to the screen; **han trasladado la sucursal a Boston** the branch has moved to Boston

B (cambiar de destino) ‹*empleado/funcionario*› to transfer

■ **trasladarse** *v pron* **1** (mudarse) to move; **se han trasladado a una oficina más próxima al centro** they've moved to a more centrally located office **2** (period) (ir) to go, travel **3** (Fís) ‹‹*luz*›› to travel

traslado *m*

A (cambio de sitio): **el ~ de víveres a la isla se efectuará en avión** supplies are to be taken to the island by air; **el ~ del cuadro se llevó a cabo en medio de grandes medidas de seguridad** the picture was moved amid strict security; **gastos de ~** relocation expenses; **se ordenó su ~ a una prisión de alta seguridad** they ordered him to be transferred to *o* they ordered his transferral to a maximum security prison; **mañana tendrá lugar el ~ de sus restos mortales al Cementerio Central** (period) ≈ the funeral will take place tomorrow at the Central Cemetery

t

B (cambio de destino) transfer; **ha pedido el ~ a Chiclayo/a la casa central** she has asked for a transfer to Chiclayo/to (the) head office
C (Der) **1** (de una actuación judicial) notification (of pleading) **2** (de un documento) copy

traslapar [A1] *vt* to overlap
■ **traslaparse** *v pron* to overlap

traslaticio -cia *adj* figurative

traslúcido -da *adj* translucent

traslucir [I5] *vi*: **su rostro no dejaba ~ la pena** his face did not reveal *o* betray his sorrow; **en la comunicación oficial se dejó ~ que ...** the official communiqué hinted *o* suggested that ...
■ **traslucirse** *v pron* **1** (notarse, percibirse): **en sus declaraciones se trasluce el miedo a un accidente nuclear** his fear of a nuclear accident can be detected in *o* perceived from his statement, his statement reveals *o* betrays his fear of a nuclear accident **2** «*ropa interior*» to show through; **se te trasluce el viso** your petticoat is showing through

trasluz *m*: **al ~** against the light; **mira el negativo al ~** look at the negative against the light, hold the negative up to the light

trasmallo *m* trammel

trasmano *m*: **a ~** out of the way; **me coge bastante a ~** it's rather out of the way, it's rather an awkward *o* a difficult place for me to get to; **vivía muy a ~** she lived in a very out-of-the-way *o* remote place

trasmigración *f* ▸ **transmigración**

trasminar [A1] *vt/vi* to seep through
■ **trasminarse** *v pron* to seep through

trasmisión *f* ▸ **transmisión**

trasmutación *f* transmutation

trasnochada *f*: **me toca pegarme un par de ~s al mes** a couple of times a month I have to stay up all night *o* until the early hours of the morning

trasnochado -da *adj* **1** ‹*persona*› **llegan ~s y luego no rinden** they stay up all night and then when they come in they don't do their job properly **2** ‹*chiste/noticia*› old, stale; ‹*idea/teoría*› outdated

trasnochador¹ -dora *adj*: **es muy ~** he's often out all night/until the early hours

trasnochador² -dora *m,f*: **un grupo de ~es jóvenes** a group of young, late-night revellers

trasnochar [A1] *vi* (no acostarse) to stay up all night; (acostarse de madrugada) to stay up very late *o* until the early hours of the morning, to stay up till all hours (colloq); **siempre ha sido amigo de ~** he's always liked to stay up late *o* till all hours, he's always been a night owl (colloq); **ha trasnochado varias veces este mes** she's had several late nights this month; **solían ~ jugando al ajedrez** they used to stay up all night/till all hours playing chess
■ **trasnocharse** *v pron* (Col, Per, Ven) ▸ **trasnochar**

trasnoche *m*: **de ~** late-night (*before n*); **programación de ~** late-night programs; **turno de ~** night shift

traspapelar [A1] *vt* (colocar mal) to put ... in the wrong place/order; (extraviar) to mislay; **esa factura debe estar traspapelada** that invoice must have got mixed up with some other papers *o* must have been mislaid
■ **traspapelarse** *v pron* (colocarse mal) to get put in the wrong place/order; (extraviarse) to be/get mislaid; **¡aquí está la factura! se había traspapelado** here's the invoice! it had got(ten) mixed up with some other papers *o* it had got(ten) mislaid

trasparencia *f* ▸ **transparencia**

traspasar [A1] *vt*
A **1** «*bala/espada*» to pierce, go through; «*líquido*» to go through, soak through; **la bala le traspasó el pulmón** the bullet pierced his lung; **lo traspasó con la espada** he ran him through (with his sword); **la salsa traspasó el mantel** the sauce soaked through the tablecloth; **unos pitidos que traspasan el oído** ear-piercing whistles; **la pena le traspasó el corazón** his heart was pierced with sorrow (liter), he was utterly grief-stricken **2** (sobrepasar) to go beyond; **su fama ha traspasado las fronteras de nuestro país** his fame has spread beyond our borders; **esto traspasa los límites de lo verosímil** this goes beyond the bounds of credibility
B **1** ‹*bar/farmacia*› (vender) to sell; (arrendar) to let, lease, rent; **Ⓢ se traspasa local** to let *o* for rent **2** ‹*negocio*› to transfer; **le traspasó el negocio a su hijo** he transferred the business to his son, he made the business over to his son
C **1** ‹*poderes/competencias*› to transfer **2** ‹*fondos*› to transfer
D (Dep) ‹*jugador*› to transfer, trade (AmE)

traspaso *m*
A **1** (de un bar, una farmacia — venta) sale; (— arrendamiento) leasing, letting, renting; **el ~ del local** the transfer of the lease on the premises **2** (suma) premium **3** (tramitación — de venta) transfer, conveyance; (— de arrendamiento) letting, leasing, renting
B **1** (de poderes) transfer **2** (de fondos) transfer
C (Dep) **1** (cesión de un jugador) transfer, trade (AmE); **temporada de ~s** transfer season **2** (suma) transfer fee

traspatio *m* (AmL) backyard

traspié *m*
A (tropezón) stumble; **dio un ~ y se cayó** she stumbled and fell
B (fam) (metedura de pata) blunder, slip-up (colloq)

traspiración *f* ▸ **transpiración**

traspirenaico -ca *adj* trans-Pyrenean

trasplantable *adj* **1** (Bot) transplantable **2** (Med) transplantable

trasplantado -da *m,f* transplant patient

trasplantar [A1] *vt* **1** (Bot) to transplant **2** (Med) to transplant **3** ‹*instituciones/costumbres*› to transfer

trasplante *m* **1** (Bot) transplant **2** (Med) transplant; **le han hecho un ~ de riñón** he has had a kidney transplant

trasponer [E22] *vt* **1** (liter *o* period) ‹*límite*› to surpass; ‹*obstáculo*› to surmount; ‹*esquina*› to round, turn; **traspuso el umbral de la puerta** he crossed the threshold **2** ‹*sujeto/preposición*› to transpose

traspontín *m*
A (asiento) tip-up *o* fold-down seat
B (fam) (trasero) seat (colloq), backside (colloq)

trasportar [A1] *vt* ▸ **transportar**

trasposición *f* transposition

traspuesto -ta *adj* (fam) dazed; **quedarse ~** to go into a daze, to be stunned

traspunte *mf* (apuntador) prompter, prompt; (que da la entrada) callboy

traspuntín *m* ▸ **traspontín**

trasquilador -dora *m,f* (de ovejas) shearer, clipper

trasquiladura *f* (de ovejas) shearing, clipping

trasquilar [A1] *vt*
A **1** ‹*ovejas*› to shear, clip **2** (fam) ‹*pelo*› to hack ... about (colloq); ‹*persona*› to scalp (colloq); ***salir trasquilado*** (fam) to get fleeced (colloq), to lose one's shirt (colloq) **3** ‹*texto/película*› to cut, chop chunks out of (colloq)
B (Ven fam) (criticar) to tear ... to pieces *o* shreds (colloq)

trasquilón *m*: **¡vaya ~ que le dieron!** they really scalped him! (colloq); **llevaba el pelo cortado a trasquilones** his hair had been cut very unevenly; **me ha dejado un ~ aquí** he's left this bit longer than the rest; **ya le había metido un buen ~ a la herencia** he had already spent a big chunk *o* slice of his inheritance

trastabillar [A1] *vi* **1** (dar tropezones) to stumble **2** (tartamudear) to stutter, stammer

trastabillón *m* stumble; **dio un ~ al subir la escalera** she tripped as she went up the stairs; **dio algunos trastabillones en los estudios** she had a few problems *o* setbacks in her schoolwork

trastada *f* **1** (fam) (mala pasada) dirty trick; **hacerle** *or* **jugarle a algn una ~** to play a dirty trick on sb **2** (travesura) prank

trastajo *m* (fam) piece of junk; **tiene el cuarto lleno de ~s** his room is full of junk

trastazo *m* (fam) bump

traste *m*
A (Mús) fret
B (fam) (trasero) backside (colloq); ***dar al ~ con algo*** to put paid to sth; ***irse al ~*** «*plan/idea*» to fall through; «*esperanzas*» to be dashed
C (AmC, Méx) (utensilio) utensil; **~s de cocina** kitchen utensils; **lavó los ~s** he did the dishes *o* (BrE) the washing-up

trastear [A1] *vt*
A (revolver) to rummage through, rifle through (colloq)
B (Col) ‹*muebles/cajas*› to move ... around; ‹*oficina/casa*› to move
■ **trastear** *vi*
A (revolver) to rummage; **notó que alguien había estado trasteando en sus cajones** she noticed that someone had been rummaging in *o* through her drawers
B (Col) (en una mudanza) to move; **mañana empezamos a ~** we start moving tomorrow, we start the move tomorrow
■ **trastearse** *v pron* (Col) to move

trasteo *m* (Col) move

trastero¹ -ra *adj*: **el cuarto ~** the junk *o* (AmE) lumber room

trastero² *m*
A (cuarto) junk room, lumber room (AmE)
B (Méx) (en la cocina) kitchen cupboard

trastienda *f* back room (*of a shop*); ***tener mucha ~*** to be crafty

trasto *m*
A (fam) (cosa inservible) piece of junk (colloq); **siempre tienen la casa llena de ~s** their house is always full of junk; **el cuarto de los ~s** the junk *o* lumber room; **tiramos muchos ~s viejos** we threw out a lot of old junk *o* (BrE) rubbish; **este coche está hecho un ~** this car is a wreck (colloq); **¡siempre dejas todos los ~s por el suelo!** you're always leaving your bits and pieces *o* your junk *o* your stuff all over the floor (colloq); ***tirarse los ~s a la cabeza*** (fam) to have a fight, have a blazing *o* flaming row (BrE)
B **1** (Esp fam) (niño revoltoso) little devil *o* rascal (colloq), little mischief *o* scamp (BrE colloq) **2** **trastos** *mpl* (Esp fam) (pertenencias): **mis/tus/sus ~s** my/your/his things *o* stuff (colloq)

trastocamiento *m* spoiling, ruining, disruption

trastocar [A2] *vt* ‹*papeles/objetos*› to disarrange, get ... out of order; ‹*planes*› to upset, disrupt; **para no ~ la circulación** so as not to disrupt traffic
■ **trastocarse** *v pron* **1** (enloquecerse) to go out of one's mind **2** «*folios/fichas*» to get out of order; «*planes*» to be ruined

trastornado -da *adj*: **desde el accidente está ~** he's been (very) disturbed since he had the accident; **la muerte de su hija la dejó trastornada** she was deeply disturbed *o* traumatized by the death of her daughter; **~ por las drogas** drug-crazed; **está con los nervios ~s** his nerves are completely shattered *o* are in shreds *o* are in tatters, he's a nervous wreck (colloq)

trastornar [A1] *vt*
A ‹*persona*› to disturb; **la muerte de su hijo le trastornó la mente** *or* **lo trastornó** his son's death disturbed the balance of his mind; **esas lecturas terminaron trastornándole la mente** reading those books finally drove him out of his mind; **esa chica lo ha trastornado** (fam) he's lost his head over that girl (colloq)
B (alterar la normalidad) to upset, disrupt; **ha trastornado la paz de la casa** it has disturbed *o* upset *o* disrupted the calm of the house
■ **trastornarse** *v pron*
A «*persona*» to become disturbed
B «*planes*» to be upset *o* disrupted, to go wrong

trastorno *m*
A (Med, Psic) disorder

Compuestos
• **trastorno afectivo estacional** seasonal affective disorder, SAD

t

ℹ Tratamientos

Mr, Mrs, Miss, Ms

Estas formas se utilizan para dirigirse o referirse a un hombre (*Mr*), una mujer casada (*Mrs*), una mujer soltera (*Miss*) y una mujer sin distinción de estado civil (*Ms*)

Se emplean siempre con el apellido:

Mr Boyce
Ms King

Nótese que aunque estas formas son abreviaturas, ya no se suelen escribir con punto

Al referirse a una persona, se puede incluir también el nombre de pila:

the prizes were presented by Mr Michael Stein = el señor Michael Stein hizo entrega de los premios

Sir, Madam, Miss, Ms

Estas formas se utilizan sin mencionar el apellido, pero su uso es más limitado que el de '*señor*', '*señora*' y '*señorita*' en español. Se suelen emplear para dirigirse a un cliente en una tienda, restaurante, etc., y son más frecuentes en los Estados Unidos que en Gran Bretaña:

Can I help you, sir?

Esq

'*Esq.*' es la abreviatura de '*esquire*'. Se usa en Gran Bretaña en correspondencia comercial u oficial dirigida a un hombre. Sustituye a '*Mr*' y se coloca detrás del apellido:

Roy Russell Esq.

En los Estados Unidos '*Esq.*' sólo se utiliza en cartas dirigidas a abogados

---

- **trastorno alimentario compulsivo** binge eating disorder
- **trastorno bipolar** bipolar disorder, manic depression
- **trastorno de ansiedad** anxiety disorder
- **trastorno deficitario de la atención** attention deficit disorder, ADD
- **trastorno estomacal** stomach disorder *or* problem
- **trastorno mental** mental disorder
- **trastorno obsesivo compulsivo** obsessive-compulsive disorder, OCD

B (alteración de la normalidad) disruption; **los ~s provocados por el cambio** the upheavals *o* disruption caused by the change; **la huelga está provocando serios ~s en los vuelos al exterior** the strike is causing serious disruption to international flights; **espero no haberle ocasionado ningún ~** I hope I have not caused you any inconvenience

trastrabillar [A1] *vi* ▸**trastabillar**

trastrocar [A9] *vt* to alter, change; **~ algo EN algo** to transform *o* change sth INTO sth

■ **trastrocarse** *v pron* **1** ‹‹*roles*››: **se han trastrocado los papeles** their roles have been reversed **2** **~se EN algo** to be transformed INTO sth; **su alegría se trastrocó en asombro** his joy turned to *o* was transformed into amazement

trasuntar [A1] *vt* (frml) to reflect

trasunto *m* (frml) reflection

trasvasar [A1] *vt* **1** ‹*vino/aceite*› to decant **2** (Ing) to transfer; **~ las aguas de un río a otro** to transfer water from one river to another **3** (Inf) to download

trasvase *m* **1** (de líquidos) decanting **2** (Ing) transfer **3** (de divisas, población) transfer **4** (Inf) downloading

trasvasijar [A1] *vt* (Chi) ▸**trasvasar**

trasversal *adj* ▸**transversal**[1]

trasvestismo *m* ▸**travestismo**

trata *f* trade

(Compuestos)
- **trata de blancas** white slavery, white-slave trade
- **trata de esclavos** slave trade
- **trata humana** human trade

tratable *adj* **1** ‹*persona*› **es bastante/muy ~** he's fairly/very easy to get on with **2** ‹*enfermedad*› treatable; **es ~ con antibióticos** it can be treated *o* it is treatable with antibiotics

tratadista *mf* writer (*of a treatise*)

tratado *m*

A (Der, Pol) treaty; **firmar un ~** to sign a treaty; **el T~ de Roma** the Treaty of Rome

(Compuestos)
- **tratado de comercio** trade agreement
- **tratado de libre comercio** free trade treaty, free trade agreement
- **tratado de paz** peace treaty

B (libro) treatise

tratamiento *m*

A **1** (Med) treatment; **estoy en** *or* **bajo ~ médico** I am having *o* undergoing medical treatment, I'm under treatment; **tendrá que seguir un ~ muy largo** she will have to undergo a prolonged course of treatment **2** (Quím, Tec) (de un material, una sustancia) treatment **3** (de un tema) treatment; **su ~ de este problema es muy original** her treatment of this problem is very original, the way she deals with this problem is very original; **le ha dado un ~ muy superficial al tema** he has dealt very superficially with the subject, he has only just touched on the subject

(Compuestos)
- **tratamiento de datos** data processing
- **tratamiento de la información** data processing
- **tratamiento de residuos** sewage treatment
- **tratamiento de textos** word processing
- **tratamiento hormonal sustitutivo** hormone replacement therapy, HRT

B (comportamiento hacia alguien) treatment; **no me puedo quejar del ~ que recibí** I can't complain about the treatment I received *o* about the way I was treated

C ▸ℹ **p.823**; (título de cortesía) form of address; **le dieron el ~ de señoría** they addressed him as 'your Lordship'; ***apearle el ~ a algn*** to drop sb's title

tratante *mf* dealer, trader

(Compuestos)
- **tratante de blancas** white slaver
- **tratante de caballos** horse dealer *o* trader
- **tratante de esclavos** slave dealer *o* trader

tratar [A1] *vi*

A (intentar) to try; **~ DE + INF** to try to + INF; **trate de comprender** try to *o* (colloq) try and understand; **traten de no llegar tarde** try not to be late; **~ DE QUE + SUBJ**: **trata de que queden a la misma altura** try to *o* (colloq) try and get them level; **~é de que no vuelva a suceder** I'll try to make sure it doesn't happen again

B ‹‹*obra/libro/película*››: **~ DE** *or* **SOBRE algo**: **¿de qué trata el libro?** what's the book about?; **la conferencia ~á sobre medicina alternativa** the lecture will deal with *o* will be on the subject of alternative medicine, the theme of the lecture will be alternative medicine

C (tener contacto, relaciones) **~ CON algn** to deal WITH sb; **en mi trabajo trato con gente de todo tipo** in my job I deal with *o* come into contact with all kinds of people; **~ con él no es nada fácil** he's not at all easy to get on with; **prefiero ~ directamente con el fabricante** I prefer to deal directly with the manufacturer

D (Com) **~ EN algo** to deal IN sth; **~ en joyas/antigüedades** to deal in jewels/antiques; **los mercaderes que trataban en esclavos/pieles** the merchants who dealt *o* traded in slaves/furs

■ **tratar** *vt*

A **1** ‹*persona/animal/instrumento*› (+ *compl*) to treat; **me tratan muy bien/como si fuera de la familia** they treat me very well/as if I were one of the family; **trata la guitarra con más cuidado** be more careful with the guitar **2** (llamar) **~ a algn DE algo** to call sb sth; **¿me estás tratando de mentiroso?** are you calling me a liar?; **~ a algn de usted/tú** *to address sb using the polite* ▸**usted** *or the more familiar* ▸**tú** *form*; **a mi suegro nunca lo he tratado de usted** I've never called my father-in-law 'usted'

B ‹*persona*› (frecuentar): **lo trataba cuando era joven** I saw quite a lot of him when I was young; **nunca lo he tratado** I have never had any contact with him *o* any dealings with him

C ‹*tema/asunto*› **vamos a ~ primero los puntos de mayor urgencia** let's deal with *o* discuss the more pressing issues first; **no sé cómo ~ esta cuestión** I don't know how to deal with *o* handle this matter; **el libro trata la Revolución Francesa desde una óptica inusual** the book looks at the French Revolution from an unusual angle; **esto no se puede ~ delante de los niños** we can't discuss this in front of the children

D **1** ‹*paciente/enfermedad*› to treat **2** ‹*sustancia/metal/madera*› to treat; **cultivos tratados con insectidas** crops treated with insecticides

■ **tratarse** *v pron*

A (relacionarse, tener contacto) **1** **~se CON algn**: **no me gusta la gente con la que se trata** I don't like the people he mixes with; **se trata con gente de la alta sociedad** she socializes *o* mixes with people from high society, she moves in high circles; **¿tú te tratas con los Rucabado?** are you friendly with the Rucabados? **2** (*recípr*): **somos parientes pero no nos tratamos** we're related but we never see each other *o* we never have anything to do with each other

B (+ *compl*) **1** (*recípr*): **se tratan de usted/tú** they address each other as 'usted'/'tú'; **se tratan sin ningún respeto** they have *o* show no respect for each other **2** (*refl*) to treat oneself; **¡qué mal te tratas, eh!** (iró) you don't treat yourself badly, do you?, you know how to look after yourself, don't you?

C (Med) (seguir un tratamiento) to have *o* undergo treatment

D **tratarse de** (*en tercera persona*) **1** (ser acerca de) to be about; **¿de qué se trata?** what's it about?, what does it concern? (frml); **se trata de Roy** it's about Roy **2** (ser cuestión de): **se trata de arreglar la situación, no de discutir** we're supposed to be settling things, not arguing; **si sólo se trata de eso, hazlo pasar ahora** if that's all it is *o* if that's all he wants, show him in now; **bueno, si se trata de echarle un vistazo nada más ...** OK, if it's just a question of having a quick look at it ... **3** (ser): **se trata de la estrella del equipo** we're talking about *o* he is the star of the team; **tratándose de usted, no creo que haya inconvenientes** since it's for you *o* in your case I don't think there will be any problems

tratativas *fpl* (CS): **todavía están en ~** they are still negotiating *o* talking; **están en ~ con una compañía americana** they are discussing

t

terms *o* negotiating with an American company

trato *m*

A **1** (acuerdo, convenio) deal; **hicimos un ~** we made *o* did a deal; **¡ah no, ése no era el ~!** oh no, that wasn't the deal!, oh no, that wasn't what we agreed!; **cerraron el ~ de madrugada** they closed *o* (colloq) wrapped up the deal in the early hours of the morning; **¡~ hecho!** it's a deal!, you've got yourself a deal! (colloq) **2** **tratos** *mpl* (negociaciones): **ahora estamos en ~s con otra compañía** we are now talking to *o* negotiating with another company

B **1** (relación): **la conozco pero realmente tengo muy poco ~ con ella** I know her but I don't really have much contact with her *o* much to do with her; **no tiene ~ con sus vecinos** he doesn't mix with his neighbors, he doesn't have anything to do with his neighbors **2** (manera de tratar): **tiene un ~ muy agradable** she has a very pleasant manner, she's very easy to get on with; **no le gustó nada el ~ que le dieron** she wasn't at all pleased with the treatment she received *o* with the way she was treated; **le dan un ~ preferencial** *or* **preferente** they give him preferential treatment; **el ~ que les da a los juguetes** the way he treats his toys; **este mecanismo requiere un ~ muy cuidadoso** this mechanism needs to be handled very carefully; ▸**malo**[1]

(Compuesto) **trato carnal** carnal knowledge, sexual relations (*pl*)

trauma *m* trauma

traumado -da *adj* traumatized

traumar [A1] *vt* to traumatize

traumático -ca *adj* traumatic

traumatismo *m* traumatism; **sufrió un ~ encefalocraneano** he suffered head injuries

(Compuesto) **traumatismo cervical** whiplash, whiplash injury

traumatizado -da *adj* traumatized

traumatizante *adj* traumatic

traumatizar [A4] *vt* to traumatize

■ **traumatizarse** *v pron* (fam) to be traumatized

traumatología *f* (disciplina) orthopedics*; (departamento) orthopedic* department

traumatólogo -ga *m,f* orthopedic* surgeon

travelling /'traβelin/, **travelín** *m* (Cin, TV) tracking shot

traversa *adj* ▸**flauta**[1]

travertino *m* travertine

través **1** **a través de** (*loc prep*): **pusieron barricadas a ~ de la calle** they erected barricades across the street; **el sol pasa a ~ de los árboles** the sunlight filters through the trees; **huyó a ~ del parque** he fled across the park; **se enteró a ~ de la radio** she heard it on the radio; **me manifestó su aprecio a ~ de un regalo** she expressed her appreciation with a gift **2** **al través** (*loc adv*) ‹cortar› crossways, diagonally **3** **de través** (Méx) (*loc adv*) diagonally

travesaño *m* **1** (Const) crossbeam; **el ~ de una mesa** the crosspiece of a table **2** (Dep) crossbar

travesear [A1] *vi* (fam) to kid *o* mess around (colloq)

travesero -ra *adj* ▸**flauta**[1]

travesía *f*

A (viaje) crossing

B (Esp) (callejuela) alleyway, side street

travesti, travestí *m* transvestite, *mf* trannie (colloq)

travestido[1] **-da** *adj* transvestite (*before n*)

travestido[2] *m* transvestite, cross-dresser

travestismo *m* transvestism, cross-dressing

travesura *f* prank; **hacer ~s** to be naughty, to play pranks; **no te enfades, son ~s de niños** don't be annoyed, they're just childish pranks *o* it's just a bit of childish mischief

traviesa *f* **1** (Ferr) tie (AmE), sleeper (BrE) **2** (Arquit) beam

travieso -sa *adj* naughty, mischievous

trayecto *m* **1** (viaje) journey; **nos fue contando chistes todo el ~** he told us jokes the whole journey; **el tren cubría el ~ Madrid-Barcelona** the train was traveling between Madrid and Barcelona **2** (ruta): **¿qué ~ hace este autobús?** which route does this bus take?, which way does this bus go?; **final de ~** end of the line; **decidió probar un ~ nuevo** he decided to try a new route *o* way **3** (trayectoria) trajectory, path

trayectoria *f* **1** (de un proyectil, una pelota) trajectory, path; **describir una ~** to describe a trajectory (frml), to follow a path **2** (de una persona, empresa): **una brillante ~ profesional** a brilliant professional career; **nos enorgullecemos de nuestra larga ~ democrática** we are proud of our long democratic tradition; **las acciones mantuvieron una ~ alcista** the shares maintained their upward trend *o* movement; **un equipo humano de amplia ~ en el mundo de la aviación** a team with many years' experience in aviation

trayendo ▸**traer**

traza *f*

A (de una línea, etc) ▸**trazado**

B **1** (aspecto) appearance; **un individuo de mala ~** a rough-looking individual **2** **trazas** *fpl* (indicios): **esto lleva** *or* **tiene ~s de ir para largo** this looks as if it's going to drag on and on; **y no llevaba ~s de irse nunca** it looked as if he was never going to leave, there was no sign that he was ever going to leave; **esto tiene ~s de ser obra de Jaime** this has all the signs of being *o* this looks like Jaime's handiwork

C (CS) (rastro): **desapareció sin dejar ~** he disappeared without trace; **no hay ~s de él** there is no sign of him

trazado *m* **1** (de una línea, un dibujo) drawing, tracing **2** (de una carretera) route; (de una ciudad) layout; **de ~ antiguo/moderno** of ancient/modern design **3** (de un edificio) plan

trazador *m* tracer

trazar [A4] *vt*

A **1** ‹línea› to trace, draw; ‹plano› to draw; **~on la ruta a seguir** they traced out *o* plotted the route to be followed; **~ el contorno de algo** to outline sth, to sketch the outline of sth **2** (Arquit) ‹puente/edificio› to design

B **1** ‹plan/proyecto/estrategia› to draw up, devise **2** (describir): **~ un paralelo entre los dos casos** to draw a parallel between the two cases; **trazó una semblanza de la vida y obra del artista** he drew *o* sketched a picture of the life and work of the artist

■ **trazarse** *v pron* (*refl*) (frml) ‹meta› to set oneself

trazo *m* stroke; **dibuja con ~s enérgicos** she draws with vigorous strokes; **describe con ~ magistral la historia de la ciudad** he describes with a masterful touch the history of the city; **escribe con ~ firme y seguro** she writes with a steady and sure hand

TRB *f* (= **tonelada de registro bruto**) grt

TRC *m* (= **tubo de rayos catódicos**) CRT

trébol *m*

A **1** (Bot) clover; **~ de cuatro hojas** four-leaf clover **2** (emblema de Irlanda) shamrock

B (Esp, Méx, Ven) (Transp) cloverleaf

C (Jueg) **1** (carta) club **2** **tréboles** *mpl* (palo) clubs (*pl*)

trece[1] *adj inv/pron* thirteen *para ejemplos ver* **cinco**[1], **cinco**[2]; ***mantenerse/seguir en sus ~*** to stand one's ground; **seguía en sus ~** he stood his ground, he wouldn't budge an inch

trece[2] *m* ▸❶ **p.575** (number) thirteen

treceavo[1] **-va** *adj/pron* **1** (partitivo): **la treceava parte** a thirteenth **2** (crit) (ordinal) thirteenth *para ejemplos ver* **veinteavo**[1], **veinteavo**[2]

treceavo[2] *m* ▸❶ **p.243** thirteenth

trecho *m*

A **1** (tramo) stretch; **su carrera política ha tenido ~s difíciles** her political career has been through difficult periods *o* (BrE) patches; ***a ~s*** here and there; ***de ~ en ~*** every so often, at intervals **2** (distancia): **aún nos queda un buen ~** we still have a good distance *o* a fair way to go; **todavía hay un ~ hasta su casa** it's still a fair *o* good way to her house; **eres joven y aún te queda un ~ por recorrer** you're still young and you have a lot of years ahead of you

B (Méx) (sendero) path

tregua *f* **1** (Mil) truce; **acordar una ~** to agree to a truce **2** (interrupción): **sin ~** relentlessly; **lo acosaron sin ~** they pursued him relentlessly; **las olas batían el acantilado sin ~** the waves crashed relentlessly *o* continuously against the cliff; ***no dar ~:*** **la gastritis no le daba ~** his gastritis didn't let up for a moment *o* gave him no respite; **los niños no le dan ~** she doesn't get a moment's rest *o* peace with those children

treinta[1] *adj inv/pron* thirty *para ejemplos ver* **cinco, cincuenta**

treinta[2] *m* ▸❶ **p.575** (number) thirty

treintavo[1] **-va** *adj/pron* **1** (partitivo): **la treintava parte** a thirtieth **2** (crit) (ordinal) thirtieth *para ejemplos ver* **veinteavo**[1], **veinteavo**[2]

treintavo[2] *m* ▸❶ **p.243** thirtieth

treintena *f*: **una ~ de personas** about 30 people; **ya entró en la ~** she's already turned 30

trekking /'trekin/ *m* (*pl* **~s**)

A (actividad) trekking

B (sendero) trail

trematodo *m* (Zool) fluke

tremebundo -da *adj* ‹insulto/cólera› terrible; ‹grito› terrifying, fearful; **hoy tuve un día ~** I've had a horrendous day today; **tiene un carácter ~** he has a fierce *o* ferocious temper

tremedal *m* quaking bog

tremenda *f*: **tomarse algo a la ~** (fam) to take sth to heart; **no te lo tomes tan a la ~** don't take it to heart, don't take it so seriously

tremendamente *adv* tremendously

tremendear [A1] *vi* (Ven fam) to be naughty, misbehave

tremendista *adj* alarmist; **no seas tan ~** don't be so alarmist, don't be such a scaremonger

tremendo -da *adj*

A (terrible) terrible, dreadful; **se hallan en una situación tremenda** they're in a terrible *o* dreadful situation; **la película tiene unas escenas tremendas** the film has some horrific scenes; **tiene (un) ~ chichón** (AmL) he has a huge *o* massive *o* terrible bump on his head; **me dio (una) tremenda patada** (AmL) he kicked me really hard

B (fam) (travieso) terrible, naughty; (desobediente) disobedient, terrible

tremendura *f* (Ven fam): **hacer ~s** to be naughty, misbehave

trementina *f* turpentine

tremolar [A1] *vi* (liter) to flutter

tremolina *f* (fam) rumpus, commotion, ruckus (AmE colloq); **se armó la ~** there was a terrible rumpus *o* commotion *o* ruckus, it was chaos

trémolo *m* tremolo

trémulamente *adv* (liter) ‹decir/sollozar› tremulously; **la luz de la vela brillaba ~** the light from the candle flickered

trémulo -la *adj* (liter) ‹manos› trembling; ‹voz› trembling, quavering, tremulous; ‹llama/luz› flickering; **lo esperaba trémula de gozo** (liter) trembling with pleasure, she awaited his arrival; **trazó una línea trémula sobre el papel** he drew a shaky line on the paper

tren *m*

A **1** (Ferr) train; **vine en ~** *or* **tomé** *or* **cogí el ~** I came by train, I took *o* caught the train; **tuve que correr para agarrar** *or* (esp Esp) **coger el ~** I had to run to catch *o* get the train; **cambiar de ~** to change trains; **le regalaron un trencito** *or* (Esp) **trenecito (de juguete)** he was given a toy train set; ***dejar (botado) el ~ a algn*** (Chi fam): **no quiero que me deje (botada) el ~** I don't want to be left on the shelf (colloq);

estar como un ~ (Esp fam) to be gorgeous (colloq), to be hot stuff (colloq); ***llevarse el ~ a algn*** (Méx fam): **como siguió bebiendo, se lo llevó el ~** he didn't stop drinking and he snuffed it *o* he kicked the bucket (colloq), he drank himself to death; **si no pagamos pronto, nos va a llevar el ~** if we don't pay soon, we're going to be in big trouble; ***me/le lleva el ~*** (Méx fam) I'm/he's absolutely fuming *o* seething! (colloq); ***perdí*** *or* ***se me fue el ~*** (literal) I missed the train; (refiriéndose a una oportunidad) I missed the boat, I missed out; ***subirse al ~ de algo:*** **todos quieren subirse al ~ de las nuevas tecnologías** everyone wants to get in on new technology, everyone wants to jump *o* climb on the new-technology bandwagon; **¡hay que subirse al ~ del progreso!** we must keep up with the times

(Compuestos)
- **tren búho** night train
- **tren correo** mail train
- **tren de alta velocidad** high-speed train
- **tren de carga** freight train, goods train (BrE)
- **tren de cercanías** local train, suburban train
- **tren (de) cremallera** rack *o* cog railway
- **tren de la bruja** ghost train
- **tren de largo recorrido** long-distance train
- **tren de mercancías** freight train, goods train (BrE)
- **tren de pasajeros** passenger train
- **tren directo** through train
- **tren eléctrico** electric train
- **tren expreso** express train
- **tren fantasma** ghost train
- **tren nocturno** night train
- **tren postal** mail train
- **tren rápido** express train **2▸** (Méx) (tranvía) street car (AmE), tram (BrE)

B (fam) (ritmo) rate; **a este ~** at this rate (colloq); **lleva un ~ de vida intensísimo** she leads a very hectic life, she has a very hectic lifestyle; **a este ~ no llegaremos nunca** we'll never get there at this rate; ***a todo ~*** (fam): **viven a todo ~** they live like kings, they live a luxurious lifestyle; **tuvieron una boda a todo ~** they had a lavish wedding; **lo tuvimos que hacer a todo ~** we had to work flat out *o* at top speed; ***estar en ~ de hacer algo*** (CS) to be in the process of doing sth; **estamos en ~ de mudarnos** we're in the process *o* in the middle of moving house; **ya que estamos en ~ de criticar, te diré que ...** since we seem to be in a critical vein *o* since we seem to be criticizing people, let me tell you that ...; **estoy en ~ de salir** I'm just going out, I'm just on my way out; ***seguirle el ~ a algn*** (RPl fam) to keep up with sb

C (conjunto) assembly

(Compuestos)
- **tren de aterrizaje** undercarriage, landing gear
- **tren de laminación** *or* **de laminados** rolling mill
- **tren de lavado** carwash
- **tren de montaje** assembly line
- **tren delantero** front wheel assembly
- **tren trasero** rear wheel assembly

trena *f* (Esp arg) slammer (sl), can (AmE sl), clink (BrE colloq)

trenazo *m* (Méx) train crash

trenca *f* (Esp) duffle *o* duffel coat

trencilla *f* braid

treno *m* lamentation

trenza *f*

A (de cintas, fibras) plait; (de pelo) braid (AmE), plait (BrE); **~ postiza** switch; ***suelto de ~s*** (Chi fam) camp (colloq)

B (Arg fam) (camarilla) clique

trenzado *m* (de cuerdas, fibras) plaiting; (de pelo) braiding (AmE), plaiting (BrE)

trenzar [A4] *vt*

A ‹*cuerdas/fibras*› to plait; ‹*pelo*› to braid (AmE), to plait (BrE)

B (en fútbol) (period): **~ una jugada** to start a movement

■ **trenzarse** *v pron*

A (*refl*) ‹*pelo*› to braid (AmE), to plait (BrE)

B **1▸** (AmL) (enzarzarse) **~se EN algo** to get involved IN sth; **se ~on en una discusión** they got involved in *o* embroiled in an argument **2▸** (RPl fam) (pelearse) «*persona*» to get into a fight; **los dos perros se ~on** the two dogs started to fight *o* went for each other

trepa *mf* (fam) social climber

trepada *f* climb

trepador[1] **-dora** *adj* **1▸** (Bot) climbing (*before n*); **rosal ~** rambling rose **2▸** (Zool): **ave ~a** (como nombre genérico) tree-climbing bird, scansorial bird (tech) (específicamente) nuthatch **3▸** (Col, CS): **es ambicioso y ~** he's an ambitious social climber

trepador[2] **-dora** *m,f*

A (Col, CS) social climber

B **trepadora** *f* **1▸** (Bot) climber **2▸** (Zool) nuthatch

trepadores *mpl* climbing irons (*pl*), crampons (*pl*)

trepanación *f* trephination, trepanation (BrE)

trepanar [A1] *vt* to trephine, trepan (BrE)

trépano *m* **1▸** (Med) trephine, trepan (BrE) **2▸** (Tec) drill bit

trepar [A1] *vi* **1▸** «*persona/animal*» to climb; **~ a un árbol** to climb (up) a tree; **~ a la cima de una montaña** to climb to the top of a mountain, to scale a mountain; **~ por la escala social** to climb (up) the social ladder **2▸** «*planta*» to climb

■ **trepar** *vt* (fam): **el equipo ha trepado varios puestos** the team has gone up *o* climbed several places

■ **treparse** *v pron* **1▸** **~se A algo** (a un árbol) to climb sth; (a una silla) to climb onto sth **2▸** (AmL) (en la escala social): **se casó con ella para ~** he married her in order to climb (up) the social ladder

trepidación *f* vibration

trepidante *adj* ‹*ritmo*› fast; **un partido ~ de emoción** a furiously-paced *o* tremendously exciting game

trepidar [A1] *vi*

A «*suelo/máquina*» to vibrate

B (Chi) (dudar, vacilar) to hesitate

treponema *m* treponema

tres[1] *adj inv/pron* three *para ejemplos ver* **cinco**[1], **cinco**[2]; ***ni a la de ~*** (fam): **no logro meter un gol ni a la de ~** I can't score (a goal) for the life of me; **no lo vas a convencer ni a la de ~** you don't have a hope of persuading him (colloq)

tres[2] *m* ▸**i** **p.575** three, (number) three *para ejemplos ver* **cinco**[1], **cinco**[2]

(Compuestos)
- **tres cuartos** *mf* (en rugby) three-quarter
- **tres en raya** *or* (Col) **en línea** tic-tac-toe (AmE), noughts and crosses (BrE)

trescientos -tas *adj/pron* ▸**i** **p.575**; three hundred *para ejemplos ver* **quinientos**[1], **quinientos**[2]

tresillo *m*

A (Esp) (sofá) three-seater sofa; (juego de muebles) suite

B (Jueg) ombre

C (Mús) triplet

D (sortija) ring (*with three stones*)

treta *f* **1▸** (ardid) trick, ruse; **se valió de una ~ para convencernos** she tricked us into believing her **2▸** (en esgrima) feint

tri- *pref* tri-

tríada *f* triad

trial /'trial/ *m* motocross

triangulación *f* triangulation

triangular[1] *adj* triangular

triangular[2] [A1] *vt* to triangulate

triángulo *m*

A (Mat) triangle; **dispuestos en (forma de) ~** arranged in a triangle

(Compuestos)
- **triángulo de la muerte** : *area extending from the bridge of the nose to the corners of the mouth*
- **triángulo de las Bermudas** Bermuda Triangle
- **triángulo equilátero** equilateral triangle
- **triángulo escaleno** scalene triangle
- **triángulo isósceles** isosceles triangle
- **triángulo rectángulo** right-angled triangle

B **1▸** (en relaciones amorosas) triangle, love triangle **2▸** (Mús) triangle **3▸** (Auto) *tb* **~ reflectante** advance-warning triangle

triásico[1] **-ca** *adj* triassic

triásico[2] *m*: **el ~** the Triassic (period)

triatleta *mf* triathlete

triatlón *m* triathlon

tribal *adj* tribal

tribalismo *m* tribalism

tribología *f* tribology

tribu *f* tribe

tribulación *f* tribulation

tribulaciones *fpl* tribulations (*pl*); **las ~ de la vida** life's tribulations; **pasó sus ~ con aquello de la quiebra** (fam) he had a very hard time *o* he had his troubles at the time of the bankruptcy

tribuna *f* **1▸** (para un orador) platform, rostrum, dais; **es una ~ para que los expertos reflejen sus ideas** it provides a platform *o* forum for experts to air their views **2▸** (para autoridades) platform; (para espectadores) grandstand, stand; **la ~ de la prensa** the press box **3▸** (de una iglesia) gallery

(Compuestos)
- **tribuna de los invitados** visitors' gallery
- **tribuna pública** *or* **para el público** public gallery

tribunal *m*

A (Der) **1▸** (lugar) court; (jueces) judges (*pl*); **comparecer ante un ~** to appear in court; **eso lo juzgará el ~ de la historia** history will be the judge of that **2▸** **tribunales** *mpl* (justicia): **acudieron a los ~es** they went to court; **recurrir a los ~es** to go to court, to have recourse to the law (frml)

(Compuestos)
- **tribunal constitucional** constitutional court
- **tribunal de apelación** *or* **alzada** court of appeals (AmE), court of appeal (BrE)
- **tribunal de cuentas** National Audit Office
- **Tribunal de Cuentas Europeo** (UE) European Court of Auditors
- **Tribunal de Justicia Europeo** (UE) European Court of Justice
- **tribunal de lo contencioso administrativo** court of claims (*with jurisdiction in cases brought against the government*)
- **Tribunal de Primera Instancia de las Comunidades Europeas** (UE) Court of First Instance
- **tribunal de primera instancia** court of first instance
- **tribunal militar** court martial, military court
- **tribunal supremo** ≈ supreme court, ≈ high court (*in UK*)
- **tribunal (tutelar) de menores** juvenile court

B (en un examen) examining board; (en un concurso) panel of judges

Tribunal Constitucional

The Spanish constitutional court, made up of twelve members. It decides all matters relating to constitutional legislation, including common law, international treaties, and regional statutes. There is no appeal against its decisions, and all other constitutional bodies are subject to its control.

tribuno *m tb* : **~ de la plebe** tribune

tributación *f* **1▸** (acción) payment **2▸** (impuesto) taxation **3▸** (régimen) tax system

tributar [A1] *vt*

A **1▸** (Fisco) to pay **2▸** (rendir, ofrecer): **le fue tributado un cariñoso homenaje** he was paid an affectionate tribute; **el pueblo tributó un extraordinario recibimiento al Rey** the people gave the King an extraordinary welcome; **tributaban sacrificios a los dioses**

t

they offered (up) sacrifices to the gods
B ‹*afecto/respeto*› to profess, show
■ **tributar** *vi* to pay taxes
tributario[1] **-ria** *adj*
A (Fisco) tax (*before n*); **el sistema ~** the tax system
B ‹*río*› tributary (*before n*)
tributario[2] *m* tributary
tributo *m* **1** (Fisco) tax **2** (Hist) tribute **3** (ofrenda, homenaje) tribute; **rindió ~ a los caídos** he paid tribute to the fallen; **un ~ de admiración/respeto** an admiring/respectful tribute **4** (precio) price; **ése es el ~ que exige la gloria** that is the price of glory
tricampeón -peona *m,f* three-times champion, triple champion
tricentenario *m* tricentenary, tricentennial
tricentésimo -ma *adj* tercentennial
tríceps *m* (*pl* ~) triceps
triciclo *m* tricycle
triclinio *m* triclinium
tricólogo -ga *m,f* hair specialist, trichologist (frml)
tricolor[1] *adj* tricolored*, tricolor* (*before n*)
tricolor[2] *f or m* tricolor*
tricomona *f* trichomonad
tricornio *m* **1** (Indum) tricorn, three-cornered hat **2** (Esp fam) (guardia civil) *name used to refer to a civil guard*
tricot *m* knitting; **prendas de ~** knitted garments
tricota *f* (RPl) (abierta) cardigan; (cerrada) sweater
tricotar [A1] *vt* (Esp) to knit; **máquina de ~** knitting machine
tricotosa *f* (Esp) knitting machine
tridente *m* trident
tridimensional *adj* three-dimensional, 3-D
triedro[1] **-dra** *adj* trihedral
triedro[2] *m* trihedron
trienal *adj* triennial
trienalmente *adv* triennially, every three years
trienio *m* **1** (período) triennium (frml), three-year period **2** (bonificación) three-yearly *o* three-year increment
trifásico -ca *adj* three-phase
triforio *m* triforium
trifulca *f* (fam) rumpus, commotion
trifurcación *f* trifurcation
trifurcarse [A2] *v pron* to branch into three
trigal *m* wheat field
trigémino *m* trigeminal nerve
trigésimo -ma *adj* thirtieth
triglifo *m* triglyph
trigo *m* wheat; **pan de ~** wheat bread; **harina de ~ entero** whole wheat *o* (BrE) wholemeal flour; ***no es/son ~ limpio*** he's/they're not totally trustworthy
Compuestos
- **trigo blando** soft wheat
- **trigo candeal** *or* **común** durum wheat
- **trigo duro** hard wheat

trigonometría *f* trigonometry
trigonométrico -ca *adj* trigonometric, trigonometrical
trigueño -ña *adj* **1** (castaño claro) ‹*pelo*› light brown, auburn **2** (moreno) ‹*persona*› dark; **una muchacha de tez trigueña** an olive-skinned girl
triguero -ra *adj* ‹*tierras*› wheat-producing; ▸**espárrago**
trilátero -ra *adj* three-sided
triles *mpl* **1** (con cartas) find-the-lady, three-card monte (AmE), three-card trick (BrE) **2** (con cubiletes) shell game, thimblerig (BrE)
trilingüe *adj* trilingual
trilla *f* (acción) threshing; (temporada) threshing season
trillado -da *adj* hackneyed, trite
trillador[1] **-dora** *adj* threshing (*before n*)
trillador[2] **-dora** *m,f* thresher
trilladora *f* threshing machine
Compuesto **trilladora segadora** combine harvester
trillar [A1] *vt* to thresh
trillizo -za *m,f* triplet
trillo *m* thresher
trillón *m* quintillion, trillion (BrE dated)
trilogía *f* trilogy
trimarán *m* trimaran
trimestral *adj* ‹*publicación/pago*› quarterly, published/made every three months; **examen ~** end-of-semester examination (AmE), end-of-term examination (BrE)
trimestralmente *adv* every three months; **se reúnen/se publica ~** they meet/it is published every three months
trimestre *m* **1** quarter, three-month period; **pago por ~s** I pay quarterly *o* every three months **2** (Educ) term, ≈ semester (*in US*)
trinar [A1] *vi* «*pájaro*» to trill, warble; ***estar que trina*** (fam) to be hopping mad *o* seething (colloq)
trinca *f* (de objetos) trio; (de personas) trio, threesome
trincar [A2] *vt* **1** (Esp fam) (agarrar, pillar) to pick up, nab (colloq); **lo ~on cuando intentaba cruzar la frontera** they picked him up as he was trying to cross the border **2** (Col fam) (inmovilizar) to hold **3** (Méx fam) (estafar) to swindle
■ **trincar** *vi* (Méx) to swindle
■ **trincarse** *v pron* (Esp vulg) to screw (vulg)
trinchador *m* (Méx) sideboard
trinchante *m* **1** (Coc) (cuchillo) carving knife; (tenedor) carving fork **2** (RPl) (aparador) sideboard
trinchar [A1] *vt* to carve
trinche *m* **1** (Méx fam) (tenedor) fork **2** (Chi) (mesa) sideboard; (trinchante) carving fork
trinchera *f* **1** (Mil) trench; **guerra de ~s** trench warfare **2** (Indum) trench coat; slit trench
trinchero *m* sideboard
trineo *m* **1** (Dep, Jueg) toboggan, sled (AmE), sledge (BrE) **2** (tirado por perros, caballos) sleigh
trinidad *f* trinity; **La T~** (Relig) the Trinity
Trinidad *f* (Geog) Trinidad
Compuesto **Trinidad y Tobago** Trinidad and Tobago
trinitario -ria *adj/m,f* Trinitarian
trinitrotolueno *m* trinitrotoluene, trinitrotoluol, TNT
trino *m* **1** (de un pájaro) trill **2** (Mús) trill
trinomio *m* trinomial
trinque *m* (Esp fam) tipple (colloq)
trinquete *m*
A (palanca) pawl; (mecanismo) ratchet
B (Méx fam) (trampa, engaño) swindle; **vive del ~** he makes a living by swindling *o* cheating people; **hubo ~ en la pelea** the fight was rigged; **hace ~ en las cartas** she cheats at cards
trinquetear [A1] *vt* (Méx fam) to rig
trinquis *m* (*pl* ~) (Esp fam) tipple (colloq)
trío *m* **1** (Mús) (composición) trio; (conjunto) trio **2** (fam) (de personas) trio, threesome
trip *m* (arg) **1** (dosis) fix **2** (alucinación) trip
tripa *f*
A *tb* **tripas** *fpl* **1** (intestino) intestine, gut; (vísceras) (fam) innards (*pl*) (colloq), insides (*pl*) (colloq); **quitarle las escamas y las ~s** remove the scales and gut it; **me duelen las ~s** I have a stomach *o* (colloq) tummy ache; **a mí se me revuelven las ~s sólo de verlo** just looking at it turns my stomach *o* makes my stomach turn; ***echar las ~s*** (fam) (esforzarse) to work one's butt off (AmE colloq), to bust a gut (BrE sl) (vomitar) to throw up (colloq), to puke (sl); ***hacer de ~s corazón*** to pluck up courage; **hice de ~s corazón y me lo comí** I took a deep breath and ate it, I plucked up courage and ate it; ***tener ~s para algo*** (fam): **hay que tener ~s para ser cirujano** you need a strong stomach to be a surgeon; **yo no tengo ~s para hacer ese trabajo** I don't have the stomach to do that job **2** (material) gut; **cuerda de ~** catgut
B (Esp fam) (barriga) tummy (colloq), belly (colloq); **tiene ~** he's got a bit of a paunch *o* (colloq) belly; **echar ~** to get fat, to get a paunch *o* a pot *o* a belly (colloq); **está de cuatro meses pero aún no se le nota la ~** she's four months pregnant but she's not showing yet (colloq); ***a media ~*** (Chi fam) hungry; **me quedé a media ~** I still felt hungry
C (Méx) (tubo) tube; **una ~ flexible** a flexible tube
tripal *m* (Chi fam) **1** (tripas) guts (*pl*) **2** (conjunto de cables) wires (*pl*)
tripanosoma *m* trypanosome
tripartito -ta *adj* tripartite
tripería *f*: *market stall or store selling offal*
tripi *m* (arg) tab (sl), fix (colloq) (*of LSD*)
triplano *m* triplane
triple[1] *adj* triple; **deja ~ espacio** leave triple spacing
Compuesto **triple salto** *m* triple jump
triple[2] *m*
A (Mat): **el precio aumentó al ~** the price tripled *o* trebled; **vas a tardar el ~** it will take you three times as long; **el ~ de tres es nueve** three threes are nine, three times three equals nine; **el jardín es el ~ de grande que el nuestro** the garden is three times the size of ours *o* three times as big as ours; **corrió el ~ de rápido** she ran three times as fast; **pon el ~ de harina que de azúcar** use three parts flour to one part sugar
B (Elec) three-way adapter *o* adaptor
C (RPl) (Coc) double-decker sandwich
D (en béisbol) three-base hit; **pegó un ~** he hit a triple
triple[3] *f* triple vaccine
tripleta *f* trio
triplicación *f* triplication, trebling
triplicado: **por ~** (*loc adv*) in triplicate; **escribir una carta por ~** to write a letter in triplicate
triplicar [A2] *vt* ‹*capacidad/precio/ventas*› to treble; ‹*longitud/cifra*› to triple; **los franceses nos triplicaban en número** for every one of us there were three Frenchmen, the French outnumbered us by three to one
■ **triplicarse** *v pron* to treble, triple
tripocho -cha *m,f* (Ven) triplet
trípode *m* tripod
tripón[1] **-pona** *adj* (fam) potbellied, pudgy (AmE colloq), podgy (BrE colloq)
tripón[2] **-pona** *m,f*
A **1** (fam) (persona) fatty (colloq) **2** **tripón** *m* (fam) (tripa grande) potbelly, (big) belly
B (Ven fam) (niño) kiddie (colloq)
tríptico *m* **1** (Art) triptych **2** (documento, folleto) three-page leaflet
triptongo *m* triphthong
tripudo -da *adj* (fam) potbellied
tripulación *f* crew
tripulado -da *adj* ‹*velero/barco*› crewed; ‹*avión/navío*› manned; **avión/navío espacial no ~** unmanned aircraft/space craft
tripulante *mf* crew member; **perecieron cuatro ~s en el accidente** four crew members died in the accident; **los ~s de la embarcación** the crew of the boat
tripular [A1] *vt* to crew, man
trique
A (ruido) crack
B (Méx) (recipiente) pot
C **triques** *mpl* junk, things (*pl*)
triquina *f* trichina
triquinosis *f* trichinosis
triquiñuela *f* (fam) trick, dodge (colloq); **conseguir algo por medio de ~s y engaños** to obtain something through trickery and deceit; **seguro que encuentra alguna ~ para no hacerlo** no doubt he'll find some way to get out of doing it (colloq), I'm sure he'll find some dodge *o* ploy not to do it; **saberse las ~s del**

t

oficio to know the tricks of the trade

triquitraque *m*
A (fam) (ruido) clatter; **el ~ del tren** the clatter of the train
B (en pirotecnia) firecracker, jumping Jack (BrE)

trirreactor *m* tri-jet

tris *m* (Col fam): **me queda un ~ de leche** I only have a tiny drop *o* bit of milk left; **me queda un ~ grande** it's slightly (too) big for me, it's a touch (too) big for me (colloq), it's a tiny bit too big for me (colloq); ***estar en*** *or* (Andes, RPl) ***a un ~ de algo*** to be within a hair's breadth of sth; **estuve en un ~ de perder el empleo** I came very close to losing my job

triscar [A2] *vi* «*cabra/cordero*» to gambol, frisk, frolic; «*persona*» to romp, frolic

trisemanal *adj* triweekly, appearing three times a week

trisemanalmente *adv* three times weekly, three times a week

trisilábico -ca *adj* trisyllabic, three-syllabled

trisílabo[1] -ba *adj* trisyllabic, three-syllable (*before n*)

trisílabo[2] *m* trisyllable, three-syllable word

triste *adj*
A 1 [ESTAR] (afligido) ‹*persona*› sad; **esa música me pone ~** that music makes me sad; **se puso muy ~ cuando se lo dije** he was very sad *o* unhappy when I told him; **¿qué te pasa? te noto tristón** (fam) what's the matter? you look miserable *o* sad 2 ‹*expresión/mirada*› sad, sorrowful; **tiene la mirada ~** he has a sad look in his eyes 3 [SER] (que causa tristeza) ‹*historia/película/noticia*› sad; ‹*paisaje/color*› dismal, gloomy; **un día nublado y ~** a miserable, cloudy day; **el cuarto se ve muy ~ con esas cortinas** those curtains make the room look very dreary *o* gloomy
B (*delante del n*) (miserable, insignificante) miserable; **es la ~ realidad** it's the sad truth, sadly, that's the way it is; **tenía ante sí un ~ futuro** he faced an unhappy *o* a wretched future; **por cuatro ~s pesos** for a few miserable *o* (colloq) measly pesos; **hizo un ~ papel** he made a fool of himself, he performed poorly

tristemente *adv* sadly; **—no —dijo ~** no, he said sadly *o* sorrowfully; **~, así es** sadly, that's the way it is; **esta ~ célebre localidad** this regrettably *o* sadly well-known place

tristeza *f* 1 (sentimiento) sadness, sorrow; **había una cierta ~ en su mirada** there was a certain sadness *o* sorrow in his eyes; **me invadió una gran ~** a great sadness *o* sense of sadness welled up inside me; **qué ~ que haya terminado así** how sad it should have ended this way 2 (cosa triste): **juntos hemos compartido muchas alegrías y ~s** together we've shared many happy and sad moments *o* many joys and sorrows

tris tras *m*
A (ruido de las tijeras) snip snip
B 1 (momentito) flash (colloq); **en un ~ ~** in no time, in a flash *o* trice 2 (para indicar repetición): **y ella ~ ~, ~ ~, con que teníamos que comprarnos aquel coche** and she went on and on about how we had to buy that car (colloq)

triterapia *f* tritherapy

tritio *m* tritium

tritoma *f* red-hot poker

tritón *m* (Zool) newt

trituración *f* 1 (al moler) crushing, grinding 2 (al mascar) chewing

triturador[1] -dora *adj* crushing (*before n*), grinding (*before n*)

triturador[2] *m*: **~ de basura** garbage disposal unit (AmE), waste disposal unit (BrE); **~ de ajos** garlic press

trituradora *f* crushing machine, crusher

(Compuesto) **trituradora de basura** garbage disposal unit (AmE), waste disposal unit (BrE)

triturar [A1] *vt* 1 ‹*almendras/ajo*› to crush; ‹*minerales*› to grind, crush; **si lo agarro, lo trituro** (fam) if I catch him, I'll pulverize him (colloq); **la crítica lo trituró** the critics tore it to shreds (colloq) 2 (mascar) to chew

triunfador[1] -dora *adj* ‹*ejército*› triumphant, victorious; ‹*equipo*› winning (*before n*), triumphant

triunfador[2] -dora *m,f* winner, victor (liter)

triunfal *adj* 1 ‹*marcha/arco*› triumphal 2 ‹*gesto/sonrisa/entrada*› triumphant; **los aliados hicieron la entrada ~ en la ciudad** the allies entered the city in triumph, the allies made a triumphant entry into the city

triunfalismo *m* triumphalism, crowing

triunfalista *adj* triumphalist, crowing (*before n*)

triunfalmente *adv* triumphantly

triunfante *adj* triumphant; **salir ~** to emerge triumphant *o* victorious

triunfar [A1] *vi* 1 (derrotar, ganar) **~ SOBRE algo/algn** to triumph OVER sth/sb; **~on sobre sus rivales** they triumphed over their rivals; **~ EN algo: triunfó en el concurso** she won the competition; **con tres medallas de oro y dos de plata, México triunfó en estos campeonatos** Mexico triumphed in these championships, winning three gold and two silver medals 2 (tener éxito) to succeed, be successful 3 «*justicia/verdad/razón*» (prevalecer) to prevail, win through; **por fin triunfó el sentido común** at last common sense prevailed *o* won through 4 (en naipes): **triunfan picas** spades are trumps

triunfo *m*
A 1 (victoria) victory; **fue un verdadero ~ para el partido nacionalista** it was a real victory *o* triumph for the nationalist party; **el equipo consiguió un importante ~** the team won an important victory *o* achieved an important win; **el ~ del equipo irlandés** the Irish team's success; ***costar un ~*** (fam): **me costó un ~ llegar hasta tu casa** I had terrible trouble *o* a terrible job getting to your house (colloq); **al final lo convencí pero me costó un ~** I persuaded him in the end but it was no easy task *o* it wasn't easy 2 (éxito): **sus numerosos ~s discográficos** his many hits *o* chart successes; **clasificarme para la final ya es todo un ~** qualifying for the final is a triumph in itself
B (en naipes) trump; **palo del ~** trumps (*pl*)
C (Mús) (en Arg, Per) *traditional dance*

triunvirato *m* triumvirate

triunviro *m* triumvir

trivalente[1] *adj* (Quím) trivalent

trivalente[2] *f* (vacuna) triple vaccine

trivial *adj* ‹*tema/argumento*› trivial; ‹*novela/comedia*› trivial, lightweight

trivialidad *f* 1 (cualidad) triviality 2 (dicho) trivial *o* trite remark; (cosa) triviality; **hablamos de ~es** we just made small talk

trivializar [A4] *vt* ‹*asunto*› to trivialize; ‹*éxito*› to play down

trivialmente *adv* trivially; **tratar algo ~** to treat sth trivially

trivio *m* trivium

trizarse [A4] *v pron* 1 (hacerse trizas) to smash, smash to pieces 2 (Chi) (rajarse) «*anteojos/vaso*» to crack; «*diente*» to chip

trizas *fpl*: **el jarrón se cayó y se hizo ~** the vase fell and smashed (to bits *o* smithereens); **la crítica hizo ~ su nueva sinfonía** the critics pulled his new symphony to pieces, the critics tore his new symphony to shreds; **tengo los nervios hechos ~** my nerves are in shreds *o* tatters, my nerves are shattered; **me quedé hecho ~ con lo que me dijo** I was shattered by what she said to me (colloq)

trocaico *adj* trochaic

trocar [A9] *vt* 1 (liter) (convertir): **trocó mi tristeza en gozo** she transformed *o* turned my sorrow into joy 2 (Com) to barter, trade

■ **trocarse** *v pron* (liter): **su amor se trocó en odio** his love turned to hatred

trocear [A1] *vt* to cut … into pieces

trocha *f*
A (sendero) path; **abrieron ~** they blazed a trail *o* led the way
B (AmL) (Ferr) gauge; **trenes de ~ angosta** (AmS) narrow-gauge trains

troche (fam): **sigue gastando a ~ y moche** he's still spending money like there was no tomorrow *o* like it was going out of fashion (colloq); **repartió golpes a ~ y moche** he lashed out left and right (AmE), he lashed out left, right and centre (BrE); **el dictado tenía faltas a ~ y moche** the dictation was absolutely full of mistakes *o* was riddled with mistakes *o* had mistakes all over the place

trócola *f* pulley

trofeo *m* 1 (premio) trophy 2 (en caza) trophy 3 (Taur) *the ears and/or tail, awarded to successful bullfighter* 4 (Arm) panoply

troglodita[1] *adj* 1 (cavernícola) troglodytic, cave-dwelling 2 (tosco) uncouth 3 (comilón) gluttonous, greedy

troglodita[2] *mf* 1 (cavernícola) troglodyte, cave dweller 2 (fam) (tosco, bruto) lout, uncouth yob (BrE colloq) 3 (fam) (comilón) glutton

troica, troika *f* troika

troja *f* (Méx) granary

trola *f* (fam) lie, whopper (colloq)

trole *m* 1 (varilla) trolley 2 (fam) (trolebús) trolleybus

trolebús *m* trolleybus

trolero[1] -ra *adj* (fam) lying (*before n*)

trolero[2] -ra *m,f* (fam) liar, fibber (colloq)

trolley *m* (AmL) trolleybus

tromba *f* (terrestre) whirlwind, tornado; (marina) waterspout; **entró/pasó como una ~** she came in/went past like a whirlwind; **en ~** ‹*entrar/salir*› en masse; **la juventud entró en la discoteca en ~** the young people poured *o* flooded into the discotheque (en masse); **los Saints se lanzaron en ~** the Saints stormed forward

(Compuesto) **tromba de agua** downpour

trombo *m* clot, thrombus (tech)

trombón *m*
A (instrumento) trombone

(Compuesto) **trombón de varas** slide trombone

B trombón *mf* (músico) trombonist

trombonista *mf* trombonist

trombosis *f* thrombosis

(Compuesto) **trombosis venosa profunda** deep vein thrombosis, DVP

trompa[1] *adj inv* (Esp fam) plastered (colloq), smashed (colloq)

trompa[2] *f*
A 1 (Zool) (de un elefante) trunk; (de un insecto) proboscis 2 (Esp fam) (nariz) nose, conk (BrE colloq)

(Compuestos)
- **trompa de Eustaquio** Eustachian tube
- **trompa de Falopio** Fallopian tube

B (Mús) 1 (instrumento) horn 2 **trompa** *mf* (persona) hornplayer

(Compuestos)
- **trompa de caza** hunting horn
- **trompa de los Alpes** alpenhorn, alphorn

C (Esp fam) (borrachera): **coger una ~** to get plastered *o* smashed (colloq)
D (Arquit) pendentive
E 1 (AmS fam) (boca) lips (*pl*), mouth, smacker (colloq & dated); **¡qué ~ tiene ese tipo!** what a smacker that guy has!, that guy has such thick lips!; **con semejante ~ no se debería pintar los labios de rojo** with lips like that *o* with a mouth like that she shouldn't wear red lipstick 2 (AmS fam) (gesto, expresión): **¿qué le pasa que anda con ~?** why is he walking around with such a long face *o* (AmE) with such a puss on?; **no pongas esa ~** stop looking so miserable *o* grumpy (colloq)

trompada *f*
A (AmS fam) (puñetazo) punch; **se agarraron a ~s** they started punching *o* (colloq) thumping each other; **le dio** *or* **pegó una ~** he punched him
B trompadas *fpl* (Méx) (dulce) peanut brittle

trompazo *m* (fam): **me di un ~ con la puerta** I banged *o* crashed into the door, I walked (*o* ran *etc*) smack into the door (colloq); **darle un ~ a algn** to punch sb

trompeadera *f* (Per fam) fistfight, punch-up (BrE colloq)

trompear [A1] *vt* (AmL fam) to thump (colloq), to punch
■ **trompearse** *v pron* (*recípr*) to fight, have a fight, have a punch-up (BrE colloq)
trompe-l'oeil /tromp'loi/ *m* (*pl* **trompes-l'oeil**) trompe l'oeil
trompeta *f* 1 (instrumento) trumpet 2 **trompeta** *mf* (Mús) trumpet player; (Mil) trumpeter
trompetería *f* 1 (de una orquesta) trumpet section, trumpets (*pl*) 2 (de un órgano) trumpets (*pl*)
trompetilla *f*
A (Med) ear trumpet
B (Ven fam) (ruido) raspberry (colloq), Bronx cheer (AmE); **no hagas más ~s** stop blowing raspberries (colloq)
trompetista *mf* trumpet player
trompicar [A2] *vi* to stumble
trompicón *m*: **salió del bar dando trompicones** he came stumbling *o* staggering *o* lurching out of the bar; **a trompicones** in fits and starts
trompo *m* 1 (Jueg) top, spinning top 2 (Auto) spin; **hizo** *or* **efectuó un ~ de 360°** he did a 360° spin *o* a complete spin; ***bailar como un ~*** (AmL fam) to be a good dancer, dance very well
trompudo -da *adj* 1 (AmL fam) (de labios gruesos) thick-lipped 2 (RPl) (enojado) bad-tempered, grouchy (colloq)
trona *f* (Esp) highchair
tronado -da *adj* 1 (fam) (loco) crazy (colloq) 2 ‹*vestido/zapatos*› worn-out
tronador -dora *adj* ‹*cañón*› thundering; ‹*cohete*› cracking, banging
tronadura *f* (Chi) 1 (Min) blasting 2 (Const) blasting 3 (en demolición) blowing up
tronar [A10] *v impers* to thunder; **ha estado tronando toda la mañana** there have been rumbles of thunder *o* it has been thundering all morning
■ *vi*
A «*cañones*» to thunder; «*voz/persona*» to thunder, roar; **-¡que se callen! -tronó el profesor** be quiet! roared *o* thundered the teacher; **salió tronando de la reunión** he was furious *o* seething *o* in a rage when he came out of the meeting; ***por lo que pueda/pudiera ~*** (fam) just in case
B (AmC, Méx fam) (estallar) «*llanta/globo/balazo*» to go bang; «*cohete*» to go off
C (Méx fam) 1 (en una relación) to split up (colloq) 2 (fracasar) to flop (colloq) 3 (en un examen) to fail, flunk (colloq)
■ **tronar** *vt*
A (AmC, Méx) (hacer estallar) ‹*globo*› to pop; ‹*cohete*› to set off
B (AmC, Méx fam) (fusilar) to shoot; ***tronárselas*** (Méx fam) to do drugs (colloq)
C (Méx fam) ‹*examen*› to fail, flunk (colloq); ‹*persona*› to fail, flunk (AmE colloq)
tronazón *m* (AmC, Méx) (de truenos) thunderstorm; (de derrumbamiento) bang, crash; (de balas, cañones) bang
troncal *adj* main (*before n*); **carreteras ~es** main *o* major roads, interstate highways (AmE), trunk roads (BrE); **una vía férrea ~** a main railroad track (AmE), a main railway line (BrE)
tronchante *adj* (fam) hilarious; **aquello era ~** it was hilarious *o* a scream *o* too funny for words (colloq)
tronchar [A1] *vt* 1 ‹*tallo/rama*› to snap 2 (truncar) ‹*vida/relación*› to cut short; ‹*esperanza/ilusión*› to shatter, destroy
■ **troncharse** *v pron* 1 «*árbol/tallo/rama*» to break *o* snap off 2 ‹*muñeca/tobillo*› to sprain, twist; ***~se de (la) risa*** to split one's sides (laughing) (colloq), to die laughing (colloq)
troncho *m* stalk
tronco[1] *m*
A 1 (Bot) trunk 2 (leño) log; ***dormir como un ~*** to sleep like a log; ***estar como un ~*** to be dead to the world (colloq), to be out for the count (colloq) 3 (Coc): **~ de Navidad** chocolate yule log
B (en genealogía) stock
C (Ling) branch
D 1 ▸ⓘ **p.231** (Anat) trunk, torso 2 (en geometría) frustum
E (AmL fam) (persona inepta): **esa niña es un ~** that girl is a complete bonehead *o* blockhead (colloq); **es un ~ para los idiomas** he's hopeless *o* useless at languages; **ese zaguero es un ~** that back is useless *o* (AmE) is a real jerk *o* zero (colloq), that back is a dead loss (BrE colloq)
F (Ven fam) (en exclamaciones): **¡~ de carro!** what a car! (colloq); **¡ay sí! ¡~ de favor me hiciste con eso!** (iró) oh yeah! that was some favor you did me! (iro)
tronco[2] **-ca** *m,f* (Esp arg) buddy (AmE colloq), mate (BrE colloq); **¡tranqui, ~!** chill out! (sl), cool it, buddy *o* mate! (colloq)
tronera *f* 1 (Mil) (en una fortificación) embrasure, porthole; (en un barco) gun port 2 (ventana pequeña) embrasure 3 (en billar) pocket 4 (Col, Ven) (agujero) hole
tronío *m* extravagance
trono *m* 1 (de un monarca) throne; **subió al ~ en 1295** he came to *o* (frml) ascended the throne in 1295; **el campeón tendrá este año serios opositores al ~** (period) the champion will face serious challenges to his crown this year 2 (fam) (inodoro) john (AmE colloq), loo (BrE colloq)
tropa *f*
A (Mil) 1 (soldados rasos): **la ~** the troops (*pl*); **hay gran descontento entre la ~** there is a lot of discontent among the troops *o* the rank and file 2 **tropas** *fpl* (ejército, soldados) troops; **las ~s enemigas se acercaban** the enemy troops were approaching, the enemy army was approaching
(Compuestos)
• **tropa de asalto** assault troops (*pl*), assault unit *o* group
• **tropas de relevo** relief troops
B 1 (fam) (muchedumbre) horde 2 (CS) (de ganado) herd
tropear [A1] *vt* (RPl) to herd
tropecientos -tas *adj* (fam) hundreds of; **había ~ invitados** there were hundreds of guests
tropel *m* 1 (de personas) mob; **salieron del colegio en ~** they came flocking *o* pouring out of the college; **la hinchada entró al estadio en ~** the fans thronged *o* flocked *o* poured into the stadium 2 (de cosas) jumble; **estas imágenes acudían en ~ a su mente** these images came crowding into his mind; **un ~ de ideas revueltas** a mass of confused ideas 3 (RPl) (de ganado) herd
tropelía *f* outrage
tropero[1] **-ra** *adj* (CS) ‹*huella*› of the herd; **camino/sendero ~** cattle track/road
tropero[2] **-ra** *m,f* (CS) (de vacas) cattle drover; (de ovejas) sheep drover
tropezar [A6] *vi*
A 1 (con los pies) to stumble, trip; **~ CON algo** to trip OVER sth 2 (chocar) **~ CON algo** ‹*con un árbol/un muro*› to walk (o run *etc*) INTO sth
B 1 **~ CON algo** ‹*con una dificultad/un problema*› to come up AGAINST sth; **tropezó con muchos inconvenientes** she came up against *o* encountered a lot of difficulties; **tropezó con la oposición de los vecinos** she came up against *o* she met with opposition from the neighbors 2 **~ CON algn** (encontrar) to run *o* bump INTO sb (colloq)
■ **tropezarse** *v pron* (encontrarse) **~se CON algn** to run *o* bump INTO sb (colloq)
tropezón *m*
A 1 (acción de tropezar) stumble; **dio un ~ y cayó** he stumbled *o* tripped and fell; **a tropezones** (fam) in fits and starts 2 (equivocación) mistake, slip
B (Coc) *small piece of meat or seafood added to soup, etc*
tropical *adj*
A (del trópico) tropical
B (CS pey) (exagerado, apasionado) over the top (colloq)
tropicalismo *m* (CS) wild enthusiasm
trópico *m* tropic
(Compuestos)
• **trópico de Cáncer** tropic of Cancer
• **trópico de Capricornio** tropic of Capricorn
tropiece, tropieces, etc ▸**tropezar**
tropieza, tropiezas, etc ▸**tropezar**
tropiezo *m* 1 (contratiempo) setback, hitch 2 (equivocación) mistake, slip
tropilla *f* (CS) drove
tropismo *m* tropism
tropo *m* trope
troposfera *f* troposphere
troquel *m* die
troquelar [A1] *vt* 1 ‹*monedas*› to strike; ‹*paneles*› to punch; ‹*cuero*› to emboss 2 (de un molde) to die-cast
troqueo *m* trochee
trotacalles *mf* (*pl* ~) (fam & pey) bum (AmE colloq & pej), layabout (BrE pej)
trotaconventos *f* (*pl* ~) (fam) procuress, madam (colloq)
trotamundos *mf* (*pl* ~) globetrotter
trotar [A1] *vi* 1 (Equ) «*caballo*» to trot; «*jinete*» to trot 2 (fam) (ir de un lado a otro) to rush around 3 (CS) (como ejercicio) to jog
trote *m*
A (Equ) trot; **al ~** (Equ) at a trot; **los jinetes se acercaban al ~** the riders approached at a trot *o* came trotting up; **terminó el trabajo al ~** (fam) he finished the job in double-quick time (colloq); **se marchó al ~ para tomar el tren de las cinco** (fam) she rushed off to catch the five o'clock train
(Compuesto) **trote inglés** rising trot
B 1 (fam) (ajetreo): **¡que ~ he tenido hoy!** I've been rushing around like crazy *o* mad today (colloq); **este fin de semana me espera un ~ bárbaro** this weekend is going to be really hectic; ***no estar para esos ~s:* ya no estoy para esos ~s** I'm not up to that sort of thing any more 2 (fam) (uso): **¡este vestido tiene un ~!** this dress has seen a lot of service, I've had a lot of wear out of this dress; **estas botas aún están bien a pesar del ~ que les he dado** these boots are still OK despite all the punishment I've given them (colloq); **zapatos de** *or* **para mucho ~** shoes which will stand up to a lot of wear and tear
trotón[1] **-tona** *adj* trotting (*before n*)
trotón[2] *m* trotter
trotskismo, troskismo *m* Trotskyism
trotskista, troskista *adj/mf* Trotskyist, Trotskyite
troupe /trup/ *f* 1 (Espec) troupe; **~ de circo** circus troupe 2 (fam) (pandilla) gang (colloq)
trousseau /tru'so/, **trusó** *m* trousseau
trova *f* 1 (verso, poesía) poem (*composed by medieval poet or minstrel*) 2 (canción) ballad (*composed and sung by medieval minstrel*)
trovador *m* troubadour, minstrel
trovero *m* trouvère
troy *adj inv* troy (*before n*)
Troya *f* Troy; **el caballo/la guerra de ~** the Trojan Horse/War; ***allí fue ~*** there was a hell of a fuss!; ***arda ~*** to hell with the consequences!
troyano -na *adj/m,f* Trojan
trozar [A4] *vt* (AmL) to cut … into pieces, cut up
trozo *m* 1 (de pan, pastel) piece, bit, slice; (de madera, papel, tela) piece, bit; (de vidrio, cerámica) piece, fragment; **cortar la zanahoria en trocitos** dice the carrot, chop the carrot into small pieces; **la pintura me quedó a ~s** the paint dried all patchy 2 (Lit, Mús) passage
trucaje *m* 1 (en un juego) fixing, rigging 2 (Fot) tampering, altering, touching up
trucar [A2] *vt* 1 ‹*dados/juego*› to fix, rig; ‹*elecciones*› to fix, rig 2 (Fot): **las fotos no estaban trucadas** the photographs had not been tampered with *o* altered
trucha[1] *f*
A (Coc, Zool) trout; **te quiero mucho, como la ~ al trucho** (fr hecha) I love you more than words can say
(Compuestos)
• **trucha arco iris** rainbow trout
• **trucha asalmonada** *or* **salmonada**

salmon trout, sea trout
• **trucha común** *or* **de río** river trout
B (RPl fam) (boca) mouth
trucha² *adj* (Méx fam) smart (colloq)
truchero -ra *adj* trout (*before n*)
truchimán *m* (Esp)
A (intérprete) interpreter
B (fam) (pillo) rascal (colloq), rogue
trucho -cha *adj* (RPl fam) ‹*pasaporte*› false, forged; **taxis ~s** unlicensed *o* illegal taxis
truco *m* trick; **~ de cartas/prestidigitación** card/conjuring trick; **este juego no tiene ningún ~** there's no trick to this game; **debe de haber algún ~** there must be a catch; **el ~ está en agregarlo poco a poco** the trick *o* secret is to add it slowly; **resulta fácil una vez que le** *or* **coges** *or* **pillas el ~** it's easy once you've got the knack *o* once you've got the hang of it (colloq)
truculencia *f* gruesomeness, horror
truculento -ta *adj* horrifying, gruesome
trueno *m* **1** (Meteo) clap of thunder, thunderclap; **¿oíste los ~s?** did you hear the thunder? **2** (de cañones) thunder, thundering
trueque *m*
A (cambio) barter; **el ~ de maíz por frijoles** the bartering *o* exchange of corn for beans
B Col **trueques** *mpl* (vueltas) change; **espere, ya le traigo sus ~s** hold on, I'll get your change (colloq)
trufa *f* **1** (hongo) truffle **2** (dulce) truffle; **~ de chocolate** chocolate truffle
trufar [A1] *vt* to stuff … with truffles; **pollo trufado** chicken stuffed with truffles; **paté trufado** truffle paté
truhán¹ -hana *adj* (arc) knavish (arch)
truhán² *m* (arc) knave (arch)
truísmo *m* (frml) truism
truja *m* (Esp arg) cigarette, smoke (colloq), fag (BrE colloq)
trullo *m*
A (Zool) teal
B (Vin) winepress
C (Esp arg) (cárcel) slammer (sl), clink (sl); (celda) cooler (colloq)
truncado -da *adj* truncated
truncar [A2] *vt* **1** ‹*frase/discurso*› to cut short; ‹*texto*› to cut short, truncate **2** ‹*vida*› to cut short; ‹*planes*› to frustrate, thwart; ‹*ilusiones*› to shatter; **esta derrota ha truncado su racha de buena suerte** this defeat has cut short *o* put an end to his run of good luck
trunco -ca *adj* truncated, incomplete
trupial *m* troupial
trusa *f* **1** (RPl) (faja) girdle **2** (Per) (calzoncillos) underpants (*pl*)
(Compuesto) **trusa de baño** (Per) swimming trunks (*pl*)
trust /trʌs(t), tras(t)/ *m* (*pl* **~s**) cartel
trutro *m* (Chi) **1** (Coc) chicken leg **2** (fam & hum) (de mujer) leg
trutruca *f* horn (*played by the Mapuche of southern Chile*)
try /trai/ *m* try
TSE *f* (UE) (**= Tarjeta Sanitaria Europea**) EHIC
tse-tsé, tsetsé ▸**mosca²**
tsunami /suːˈnɑːmɪ/ *m* (Meteo) tsunami
tu *adj* (*delante del n*) your; **~s amigos** your friends; **hágase ~ voluntad** (Relig) thy will be done
tú *pron pers* [*familiar form of address*]
A **1** (como sujeto) you; **¿quién lo va a hacer? — tú** who's going to do it? — you are; **¡oye, ~!** hey, you!; **~ no te metas, no es asunto tuyo** you keep out of it, it's none of your business; **lo que ~ digas, cariño** whatever you say, darling; **¡mira que eres tozudo! — ¿y ~?** boy, are you stubborn! — you can talk! *o* what about you?; **tratar de ~ a algn** *to address sb using the familiar* ▸**tú** *form* **2** (en comparaciones, con ciertas preposiciones) you; **llegó después que ~** he arrived after you (did); **es tan capaz como ~** he's as capable as you (are); **entre ~ y tu padre me van** *or* (Esp) **me vais a enloquecer** you and your father between you are going to drive me mad; **entre ~ y yo** between you and me; **según ~** according to you; ***de ~ a ~*** on an equal footing, on equal terms
(Compuesto) **tú y yo** *m set of two individual placemats*
B (uno) you, one (frml); **te dan varias opciones y ~ eliges la mejor** you're given several options and you choose the best one, one is given several options and one chooses the best one
tualé *m*
A (CS) (cuarto) ▸**toilette¹**
B (RPl) (mueble) dressing table
tuareg *adj/mf* (*pl* **-regs**) Tuareg
tuba *f* tuba
tubazo *m* (Ven period) scoop
tubei *m* (Ven fam) double
tubercular *adj* tubercular
tuberculina *f* tuberculin
tubérculo *m* **1** (Bot) tuber **2** (Anat, Med) tubercule
tuberculosis *f* tuberculosis
(Compuesto) **tuberculosis pulmonar** pulmonary tuberculosis
tuberculoso¹ -sa *adj* tubercular
tuberculoso² -sa *m,f* tuberculosis sufferer (*o* patient *etc*)
tubería *f* **1** (cañería) pipe **2** (conjunto de tubos) piping, pipes (*pl*); **vamos a cambiar toda la ~** we are going to replumb the whole house
tuberoso -sa *adj* tuberous
tubo *m*
A **1** (cilindro hueco) tube; **lo mandan en un ~ de cartón** they send it in a cardboard tube; ***como por (entre) un ~*** (AmL fam): **pasó la prueba como por un ~** he sailed *o* waltzed through the test (colloq); **fue como por entre un ~** it was dead easy *o* a cinch (colloq); ***mandar a algn por un ~*** (Méx fam) to send sb packing (colloq); ***por un ~*** (Esp fam): **sabe geografía por un ~** she knows a phenomenal *o* massive amount about geography; **había gente por un ~** there were loads *o* stacks of people there (colloq) **2** (del órgano) pipe
(Compuestos)
• **tubo capilar** capillary
• **tubo de ensayo** test tube
• **tubo de escape** exhaust, exhaust pipe
• **tubo digestivo** alimentary canal
• **tubo lanzagranadas** grenade launcher
• **tubo lanzatorpedos** torpedo tube
B (Elec, Fís) tube
(Compuestos)
• **tubo de imagen** television tube
• **tubo de rayos catódicos** cathode-ray tube
• **tubo fluorescente** fluorescent tube
C (envase maleable) tube; **un ~ de pasta de dientes** a tube of toothpaste
D (RPl) (del teléfono) receiver
E (Chi) (para el pelo) roller, curler
tubolux® *m* (RPl) fluorescent tube
tubular *adj* tubular
tucada *f* (Chi fam) fortune, huge amount of money
tucán *m* toucan
Tucídides Thucydides
tuco *m*
A (Per, RPl) (Coc) tomato sauce
B (Ven fam) **1** (trozo) scrap **2** (del cigarrillo) butt
tucotucu, tucutuco *m* tucotuco
tucura *f* locust
tucusito *m* (Ven fam) hummingbird
tucuyo *m* (Bol) coarse cotton cloth
tudesco -ca *adj/m,f* (fam) German
Tudor *adj/mf* Tudor; **los ~** the Tudors
tuerca¹ *adj* (RPl): **es un tipo muy ~** he's fanatical about cars; **una revista ~** a car *o* (AmE) an auto magazine, a magazine for motor enthusiasts
tuerca² *f* nut; ***apretarle a algn las ~s*** (fam) to put the screws on sb (colloq)
(Compuesto) **tuerca mariposa** wingnut
tuerce, tuerces, etc ▸**torcer**
tuerto¹ -ta *adj* one-eyed; **es ~** he only has one eye, he's blind in one eye
tuerto² -ta *m,f person blind in one eye or with only one eye*
tuerza, tuerzas, etc ▸**torcer**
tueste *m* (de pan) toasting; (de café) roasting; **un café de ~ normal** a medium-roast coffee
tuétano *m* marrow; ***estar mojado hasta el ~*** *or* ***los ~s*** to be soaked to the skin; ***hasta el ~*** *or* ***los ~s*:** **son vascos hasta los ~s** they are Basques through and through; **estaba enamorado hasta el ~ de ella** he was head over heels in love with her
tufarada *f* (fam) nasty smell, whiff (colloq); **una ~ nauseabunda** a nauseating stench
tufo *m* **1** (fam) (olor — a sucio, podrido) stink (colloq); (— a cerrado): **abre la ventana, en esta habitación hay un ~ horrible** open the window, it smells really stuffy in this room; **¡qué ~ echan tus zapatos!** your shoes really stink *o* (BrE) pong (colloq); **llegó con un ~ a vino tremendo** he arrived reeking of wine (colloq) **2** (fam) (gas, humo) fumes (*pl*); **el tufillo de corrupción** the stink of corruption
tugurio *m* **1** (vivienda) hovel; (bar) dive **2** **tugurios** *mpl* (barrio pobre) slums (*pl*)
tul *m* tulle
tula *f* (Col) canvas rucksack
tulio *m* thulium
tulipa *f* lampshade
tulipán *m* tulip
tullido¹ -da *adj* crippled
tullido² -da *m,f* cripple
tullir [I9] *vt* to cripple
■ **tullirse** *v pron*: **se tulló con la enfermedad** he was crippled by illness; **se le tulleron las piernas** her legs became crippled
tumba *f* (excavada) grave; (construida) tomb; **estos niños me van a llevar a la ~** (fam & hum) these kids will be the death of me (colloq & hum); ***lanzarse a ~ abierta*** (period): **el ciclista se lanzó a ~ abierta por la pendiente** the cyclist launched himself headlong down the hill; **se lanzó a la campaña a ~ abierta** she threw herself wholeheartedly into the campaign; ***ser (como) una ~*** (fam) to keep quiet, keep one's mouth shut; ▸**cavar**
tumbaburros *m* (*pl* **~**) (Méx)
A (fam) (diccionario) dictionary
B (Auto) bull bar
tumbadora *f* (AmL) conga, conga drum
tumbagobierno *mf* (Ven fam) revolutionary
tumbar [A1] *vt*
A **1** (derribar) to knock down; **lo tumbó al suelo de un golpe** he punched him to the floor, he hit him and knocked him to the floor; **tumbó la puerta de una patada** he kicked the door down; **un olor a sudor que te tumbaba** a smell of sweat that was enough to knock you backward(s); **deben unirse para ~ al gobierno** they must unite to bring down the government **2** (Col) ‹*árbol*› to fell, cut down; ‹*muro/casa*› to demolish, knock down
B (Esp arg) (en un examen) to fail, flunk (AmE colloq); **lo ~on en francés** they failed *o* flunked him in French, he failed *o* flunked French
C (Col fam) **1** (matar) to waste (sl), to bump off (colloq) **2** (timar) to rip … off (colloq); **me tumbó las vueltas** he shortchanged me
■ **tumbarse** *v pron* to lie down; **estaba tumbada al sol** she was lying in the sun; **me voy a ~ un rato** I'm going to lie down for a while, I'm going to have a lie-down (BrE colloq)
tumbo *m*
A (vaivén): **salió de la taberna dando ~s** he staggered *o* lurched out of the bar; **el coche no paraba de dar ~** the car was constantly jolting *o* bumping around; ***a (los) ~s*** with great difficulty
B (Bol) (fruta) passion fruit
tumbona *f* (Esp) sun lounger, deck chair

t

tumefacción *f* tumefaction, swelling

tumefacto -ta *adj* tumescent, swollen

tumescencia *f* tumescence, swelling

tumescente *adj* tumescent, swollen

tumido -da, **túmido -da** *adj* tumid, swollen

tumor *m* tumor*; **un ~ maligno/benigno** a malignant/benign tumor

tumoral *adj* tumoral, tumorous

túmulo *m* 1 (sepultura elevada) burial mound, tumulus, barrow 2 (catafalco) catafalque

tumulto *m* (multitud) crowd; (alboroto) commotion, tumult; **había un ~ de gente en la estación** there was a crowd of people in the station, the station was crowded with people; **se encontraron en medio del ~** they met in the midst of all the commotion; **la policía sofocó los ~s** the police quelled the disturbances

tumultuoso -sa *adj* tumultuous

tuna *f*
A (Bot, Coc) (planta) prickly pear; (fruto) prickly pear; ***como ~*** (Chi fam): **despertó como ~** he woke up as fresh as a daisy; **es muy viejo pero está como ~ todavía** he's an old man but he's still as fit as a fiddle
B (Mús) tuna (*musical group made up of university students*)

> **tuna**
>
> A *tuna*, also called an *estudiantina*, is a group of strolling student players. They play in bars and restaurants, or at parties and weddings. *Tunas* are one of the most deeply rooted traditions at Spanish universities dating from the seventeenth or eighteenth centuries. *Tunas* wear black velvet costumes, with doublets and capes. The instruments played are the lute, the guitar, the violin, and the tambourine. *Tunos* wear ribbons on their capes, showing the faculties that they belong to.

tunante[1] -ta *adj* (ant) roguish (dated)

tunante[2] -ta *m,f* (ant) rascal (dated), rogue (dated)

tunda *f* (fam) thrashing (colloq), hiding (BrE colloq)

tundir [I1] *vt* 1 ‹*pieles*› to shear, clip 2 (golpear) to thrash; **¡te voy a ~ a palos!** I'm going to give you a good thrashing (colloq)

tundra *f* tundra

tunecino -na *adj* Tunisian

túnel *m* 1 (Const, Ferr) tunnel; ***hacerle el ~ a algn*** to thread the ball through sb's legs, to nutmeg sb (BrE colloq) 2 (crisis) tunnel; **ya estamos saliendo del ~** there's light at the end of the tunnel

(Compuestos)
- **túnel aerodinámico** *or* **de aire** wind tunnel
- **túnel de lavado** car wash
- **túnel del tiempo** time tunnel; **si se pudiera viajar al pasado/futuro en un ~ del ~** if you could go back/forward in time
- **túnel de viento** wind tunnel

tuneladora *f* borer

tunelar [A1] *vt/vi* to tunnel

Túnez *m* (país) Tunisia; (ciudad) Tunis

tungo *m* (Chi fam) back of the neck, nape (of the neck)

tungsteno *m* tungsten

túnica *f* 1 (Hist) tunic 2 (Relig) robe

tuno[1] -na *adj* (fam): **¡qué ~ eres!** you little rascal *o* scalawag (AmE) *o* (BrE) scalliwag! (colloq)

tuno[2] -na *m,f*
A (fam) (tunante) rascal (colloq), scalawag (AmE colloq), scalliwag (BrE colloq)
B **tuno** *m* (Mús) *member of a* ▸**tuna B**

tuntún *m* (fam): **dijo un número al ~** she said a number off the top of her head; **contestó al ~, lo primero que se le ocurrió** he just said the first thing that came into his head; **no se puede poner los ingredientes al ~** you can't just throw the ingredients in without measuring them

tuñeco -ca *adj* (Ven fam) disabled

tupamaro -ra *adj/m,f* Tupamaro

tupé *m*
A (fam) (descaro) nerve, cheek (BrE); **tuvo el ~ de volver a pedirme dinero prestado** he had the nerve *o* cheek to ask me to lend him money again
B 1 (peluquín) toupee 2 (Esp) (mechón de pelo) forelock, quiff (BrE)

tupí *mf* 1 (persona) Tupi 2 **tupí** *m* (Ling) Tupi

tupición *f*
A (AmL) (obstrucción) obstruction; **~ nasal** blocked nose
B (AmL) (espesura, vegetación) denseness; **la ~ del bosque** the denseness *o* thickness of the wood
C (Chi fam) 1 (confusión) confusion; **tengo la ~ con tanto número** I get confused by *o* mixed up with so many numbers 2 (gran cantidad): **una ~ de gente/insectos** a horde of people/swarm of insects

tupido[1] -da *adj*
A ‹*follaje/vegetación*› dense; ‹*tela*› closely-woven; ‹*cejas*› bushy; ‹*niebla*› thick
B (AmS) (tapado) ‹*cañería*› blocked; ‹*nariz*› blocked

tupido[2] *adv* (Méx, RPl) intensely; **le dio ~ al estudio** he studied hard *o* intensely, he worked hard at his studies

tupí-guaraní *mf* 1 (persona) Tupi-Guarani 2 **tupí-guaraní** *m* (Ling) Tupi-Guarani

tupperware® *m* Tupperware®; **reunión de ~** tupperware® party

tuquio -quia *adj* (Col fam): **el estadio estaba ~ de gente** the stadium was full to bursting *o* was packed (out) (colloq); **el vaso estaba ~ de agua** the glass was full to the brim with water

turba *f*
A (carbón) peat
B (muchedumbre) mob

turbación *f* (liter *o* period) 1 (aturdimiento, confusión) confusion 2 (agitación) concern, alarm

turbador -dora *adj* disturbing

turbante *m* turban

turbar [A1] *vt*
A (liter *o* period) ‹*orden/silencio/tranquilidad*› to disturb; **los acusaron de ~ el orden público** they were charged with disturbing the peace; **estos incidentes no ~on el desarrollo pacífico de la manifestación** these incidents did not disrupt the peaceful progress of the demonstration
B (liter *o* period) 1 (aturdir, confundir): **sus insistentes miradas la ~on** the way he kept looking at her embarrassed and confused her; **sus palabras la ~on enormemente** his words threw her into confusion, she was covered with confusion at his words (liter) 2 (preocupar) to worry, alarm, make … nervous, disquiet

■ **turbarse** *v pron* (liter *o* period) 1 (aturdirse, confundirse): **la besó en la mejilla y se turbó** he kissed her on the cheek and she was thrown into confusion *o* (liter) covered with confusion; **se turbó ante tantos elogios** such praise confused and embarrassed him 2 (preocuparse): **se turbó cuando oyó las noticias** he was worried *o* disturbed *o* alarmed when he heard the news

turbera *f* peat bog

turbiedad *f* 1 (de un líquido) cloudiness; (de un río) murkiness, muddiness 2 (de la visión) mistiness 3 (de un asunto, negocio) shadiness, shady nature

turbina *f* turbine

(Compuesto) **turbina eólica** wind turbine

turbinar [A1] *vt* to harness

turbio -bia *adj* 1 ‹*agua*› **el agua salía un poco turbia** the water was a bit cloudy; **después de una tormenta el río baja ~** after a storm the waters of the river become murky *o* muddy 2 ‹*visión/ojos*› blurred, misty 3 ‹*asunto/negocio*› shady, murky

turbión *m* 1 (Meteo) (aguacero) downpour 2 (aluvión) flood

turbo[1] *adj inv* turbocharged; **motor ~** turbocharged engine

turbo[2] *m* 1 (turbocompresor) turbocharger 2 (automóvil) turbo

turbo- *pref* turbo-

turboalimentado -da *adj* turbocharged

turboalimentar [A1] *vt* to turbocharge

turboalternador *m* turbine generator, turbogenerator

turbobomba *m* turbopump

turbocompresor *m* turbocharger

turbodiesel /turβo'ðisel/ *adj inv*: **un motor ~** a turbocharged diesel engine

turbodinamo, (RPl) **turbodínamo** *m* turbodynamo

turbohélice[1] *adj* turboprop (*before n*)

turbohélice[2] *m* turboprop

turborreactor *m* turbojet

turbotérmico -ca *adj* fan-assisted

turboventilador *m* turbofan

turbulencia *f* 1 (de las aguas) turbulence 2 (Aviac, Meteo) turbulence 3 (confusión, disturbios) turmoil

turbulento -ta *adj* ‹*río/aguas/atmósfera*› turbulent; ‹*reunión/romance*› stormy, turbulent; ‹*época*› turbulent, troubled

turca *f* (Esp fam): **coger una ~** to get plastered (colloq); *ver tb* **turco[2]**

turcazo *m* (AmC fam) thump (colloq)

turco[1] -ca *adj*
A (Geog) Turkish
B (Ven fam) (tacaño) stingy (colloq)

turco[2] -ca *m,f* 1 (Geog) (persona) Turk; ***celoso como un ~*** madly jealous 2 **turco** *m* (idioma) Turkish 3 (AmL) (árabe) *term used (often pejoratively) to refer to someone of Middle Eastern origin*; *ver tb* **turca**

turcochipriota *adj/mf* Turkish-Cypriot

turf /turf/ *m* 1 (deporte): **el ~** horseracing, the turf; **personas vinculadas al ~** people connected with horseracing 2 (pista) racetrack (AmE), racecourse (BrE)

turfista[1] *adj* horseracing (*before n*), racing (*before n*)

turfista[2] *mf* racegoer

turfístico -ca *adj* (CS, Per) ▸**turfista[1]**

turgencia *f* turgidity, turgidness

turgente *adj*, **túrgido -da** *adj*, turgid

turismo *m*
A (Com, Ocio) tourism; **los ingresos del ~** income from tourism *o* from the tourist trade *o* from the tourist industry; **los efectos del ~ sobre la zona** the effects of tourism *o* the tourist trade on the area; **dependen del ~ alemán** they rely on German tourists; **oficina de ~** tourist office; **jóvenes australianos que vienen a hacer ~ por Europa** young Australians who come to tour around Europe

(Compuestos)
- **turismo cultural** cultural tourism
- **turismo de borrachera** (Esp) booze tourism

B (Auto) private car

> **turismo rural**
>
> A form of tourism whereby renovated rural houses are rented to vacationers. Renovation grants are available for improving suitable houses. The aim is to promote tourism in rural areas, providing alternative incomes to farmers and preserve village life and architecture.

turista[1] *adj* tourist (*before n*); **clase ~** tourist *o* economy class

turista[2] *mf* tourist

turistear [A1] *vi* (Andes): **andan turisteando en el sur** they are touring around the south; **aprovechó el viaje de negocios para ~ un poco** the business trip gave her the chance to do some sightseeing

turístico -ca *adj* ‹*información/folleto*› tourist (*before n*); ‹*viaje*› sightseeing (*before n*); ‹*empresa*› travel (*before n*); ‹*atracción/actividad/lugar*› tourist (*before n*)

t

Turkmenistán *m* Turkmenistan

turma *f*
A 1 (testículo) testicle 2 (Bot, Coc) truffle
B (Col arg) (persona tonta) jerk (colloq), prat (BrE colloq)

turmalina *f* tourmaline

turmix® /'turmi(ks)/ *f or m* (*pl* ~) blender, liquidizer

turnar [A1] *vt* (Méx) *vt* (frml) to send, submit (frml); **~ algo A algo/algn** to send *o* (frml) submit sth TO sth/sb
■ **turnarse** [A1] *v pron* to take turns; **se turna con su hermana para cuidar a su madre** his sister and he take turns *o* take it in turns to look after their mother; **nos vamos turnando** we take it in turns

turnedó, turnedos /turne'ðo(s)/ *m* tournedos

turnio -nia *adj* (Chi fam) ‹*persona*› cross-eyed; ‹*ojos*› squint

turnismo *mf* (Esp) (Pol) *orchestrated exchange of power between the main political parties in late-nineteenth century Spain*

turno *m* 1 (horario): **va a la academia en el ~ de (la) tarde** she goes to school in the afternoons, she goes to the afternoon session at the school; **hay dos ~s: mañana y tarde** there are two shifts: morning and afternoon; **la reducción de horarios no se aplicará a los que hacen ~s** the reduction in hours will not apply to those who work shifts *o* to shift workers; **tiene ~ de noche** he is on night duty *o* on (the) night shift 2 (personas) shift 3 (en un orden): **pedir ~** *to ask who is last in the line* (AmE) *o* (BrE) *queue*; **guárdeme el ~, ahora mismo vuelvo** could you keep my place in the line, I'll be right back; **ya verás cuando te toque el ~ a ti** you'll see when your turn comes; **espera a que te llegue el ~** wait (for) your turn, wait until it's your go (colloq); **cuidémoslo por ~s** let's take turns looking after him, let's take it in turns to look after him; **de ~** of the moment; **llegó con el novio de ~** she turned up with her boyfriend of the moment
(Compuestos)
- **turno de preguntas** question-and-answer session
- **turno rotativo** rotating shift

turón *m* polecat

turquear [A1] *vt* (AmC) to thump (colloq)

turquesa¹ *f* turquoise

turquesa² *adj* ▸ ❶ **p.181** turquoise

turquesa³ *m* ▸ ❶ **p.181** turquoise

Turquestán *m*: **el ~** Turkestan

turquí *adj inv* (liter) ‹*mar*› indigo, deep-blue; **color azul ~** indigo, deep blue

Turquía *f* Turkey

turro¹ -rra *adj* (RPl fam) stupid, thick (colloq)

turro² -rra *m,f* (RPl fam) 1 (desgraciado) (*m*) pig (colloq); (*f*) cow (BrE colloq) 2 (tonto) dimwit (colloq), thicko (colloq)

turrón *m*: *type of candy traditionally eaten at Christmas*
(Compuestos)
- **turrón blando**: *candy made from ground almonds with a fudge-like consistency*
- **turrón de Alicante** ▸**turrón duro**
- **turrón de chocolate**: *candy made with chocolate and puffed rice*
- **turrón de jijona** ▸**turrón blando**
- **turrón duro**: *hard nougat-like candy*

turronero -ra *adj*: *of/relating to* ▸**turrón**

turulato -ta *adj* (fam) 1 (atontado) stunned, dazed 2 (pasmado) stunned (colloq), flabbergasted (colloq); **se quedó ~** he was completely stunned *o* flabbergasted 3 (Chi fam) (débil) wobbly (colloq), trembly (colloq)

turupe *m* (Col fam) lump

tururú¹ *adj* (fam & hum): **estar ~** to be nuts *o* loony *o* (BrE hum) bonkers (colloq)

tururú² *interj* no way!, not likely!

turuta *m* (arg) bugle

tus *m*: ***sin decir ~ ni mus*** without (saying) a word

tusa *f*
A (Col) corncob (*stripped of its kernels*)
B (Chi) (de un caballo) mane; ***hasta la ~*** (fam) fed up to the back teeth; **me tiene hasta la ~ con esa cancioncita** I've had it up to here with that stupid little song (colloq), I'm fed up to the back teeth with that stupid little song (colloq)

tusar [A1] *vt* (Col, RPl) 1 (Equ) to clip 2 (fam) (trasquilar) to scalp (colloq)

tute *m*: *card game in which the object is to win all the kings or queens*; ***darle un ~ a algo*** to give sth a lot of use *o* wear; ***darse un ~*** (darse un golpe) to bang one's head (*o* arm *etc*); (esforzarse) to sweat blood

tutear [A1] *vt*: *to address sb using the familiar* ▸**tú** *form*
■ **tutearse** *v pron*: *to address each other using the familiar* ▸**tú** *form*

tutela *f* 1 (Der) guardianship, tutelage 2 (protección) protection; **estaba bajo la ~ de un rico mecenas** he enjoyed the protection of a rich patron
(Compuesto) **tutela dativa** guardianship (*gen awarded by a judge*)

tutelado -da *m,f* 1 (Der) ward 2 (Educ) tutee, student

tutelaje *m* (AmL) ▸**tutela**

tutelar¹ *adj* 1 (Der) tutelary 2 (protector) guardian (*before n*)

tutelar² [A1] *vt* to have the charge of (frml); **tutelaba al huérfano un tío materno** a maternal uncle had (the) charge of the orphan *o* was the orphan's guardian, the orphan was in the charge of a maternal uncle

tuteo *m*: *use of the familiar* ▸**tú** *form*

tutilimundi *m* (Per fam) everyone; **no es para que se lo digas a ~** there's no need to go and tell everyone *o* (colloq) the whole world

tutiplén, (Esp fam & ant): **a ~** (*loc adv*) ‹*gastar*› freely; **había comida y bebida a ~** there was food and drink galore *o* (dated) aplenty

tuto *m* (Chi, Per leng infantil): **hacer ~** to go byebyes (used to or by children); **tengo ~, mamá** I'm sleepy, mommy

tutor -tora *m,f*
A (Der) guardian; **firma/consentimiento del padre o ~** signature/consent of parent or guardian
B (Educ) 1 (encargado de curso) course tutor, class teacher, form teacher (BrE) 2 (en la universidad) tutor 3 (profesor particular) tutor
C **tutor** *m* (de una planta) stake, prop

tutoría *f*
A (Der) guardianship, tutelage
B (Educ) tutorship

tutorial¹ *adj* tutorial (*before n*)

tutorial² *m* (Inf) tutorial

tutorizar [A4] *vt* to supervise

tutti frutti *m* tutti frutti; **helado/chicle de ~** tutti frutti ice cream/chewing gum

tutú *m*
A (Indum) tutu
B (RPl leng infantil) (auto) broom-broom (used to or by children)

tuve, tuviera, etc ▸**tener**

tuya *f* white cedar

tuyo¹ -ya *adj* yours; **esto es ~** this is yours; **pensé que era amigo ~** I thought he was a friend of yours; **fue idea tuya** it was your idea

tuyo² -ya *pron*: **el ~, la tuya, etc** yours; **son parecidos a los ~s** they're similar to yours; **tú a lo ~ y no te metas en esto** you mind your own business and keep out of this; **¿cómo va lo ~ con María José?** (fam) how are things going between you and María José?; **la música no es lo ~** music isn't your strong point *o* your forte; **que pases una feliz Navidad junto a los ~s** I hope you have a happy Christmas with your family and friends

tuza *f* (Chi) (Equ) mane

TV *f* (= **televisión**) TV

TVD *f* (TV) (= **televisión digital**) DTV

TVE *f* = **Televisión Española**

> **TVE 1 y 2 - Televisión Española 1 y 2**
>
> Spain's two state-run television stations. *TVE* was founded as a state monopoly in 1956. The advent of private television in 1989 meant that it was forced to compete. *TVE2* became a minority channel, featuring cultural programs. *TVE1* and *2* fund themselves and other public services, such as the radio station *Radio Nacional de España*, with advertising.

TVP *f* (= **trombosis venosa profunda**) DVT

tweed /'twi(ð)/ *m* (*pl* ~) tweed

twist /twis(t)/ *m* twist

txacolí, txakolí /tʃako'li/ *m*: *light, sharp, Basque wine*

txapela /tʃa'pela/ *f*: *Basque beret*

txistu /'tʃistu/ *m* flute

txistulari /tʃistu'lari/ *mf* flutist (AmE), flautist (BrE)

tzatziki *m* (Coc) tzatziki

t

Uu

u[1], **U** *f read as* /u/ (*pl* **úes**)
A (the letter) u, U
B (Chi) **U = Universidad de Chile**

u[2] *conj* [*used instead of* ▸**o** *before* ▸**o-** *or* ▸**ho-**] or; **siete u ocho** seven or eight; **ayer u hoy** yesterday or today

uadi *m* wadi

ualabi *m* wallaby

UAM *f*
A (en Esp) **= Universidad Autónoma de Madrid**
B (en Méx) **= Universidad Autónoma Metropolitana**

uapití *m* wapiti, American elk

UAT (**= ultra alta temperatura**) UHT

ubérrimo -ma *adj* (liter) bountiful (liter), fecund (liter), extremely fertile, abundant

ubicación *f* 1▸ (esp AmL) (situación, posición) location; **el nuevo centro tiene una ~ privilegiada** the new center is in a prime position *o* location 2▸ (AmL) (localización): **están poniendo todos sus esfuerzos en la ~ del avión** they're doing everything in their power to locate the airplane

ubicado -da *adj* 1▸ (esp AmL) (en un lugar) located, situated; **una casa muy bien ubicada** a house in a good *o* desirable location, a well-situated house; **la embajada está ubicada en el norte de la ciudad** the embassy is (situated *o* located) in the north of the city; **este libro está mal ~ en este lugar** (AmL) this book's in the wrong place here 2▸ (AmL) (en un empleo): **está muy bien ~** he's really well set up in his job

ubicar [A2] *vt* (AmL) 1▸ (colocar, situar): **me ~on al lado del festejado** they placed *o* seated *o* put me next to the guest of honor; **ubicó a los soldados en posición de fuego** he got the soldiers into firing position; **el triunfo de ayer ubicó al equipo en segundo lugar** yesterday's victory has put the team in second place; **~ las sillas para la reunión** to set out *o* arrange the chairs for the meeting; **ubica la acción en la selva amazónica** he sets the story in the Amazonian rain forest 2▸ (localizar) to find; **no consigo ~ el párrafo** I can't find the paragraph; **~on al niño perdido** they traced *o* found *o* located the missing boy; **no lo he podido ~ en todo el día** I haven't been able to locate him *o* (colloq) get hold of him all day; **~on el avión perdido** they located the missing plane 3▸ (identificar): **lo ubico sólo de nombre** I only know him by name; **ubiqué tu auto por el color** I recognized your car by the color; **me suena el nombre, pero no lo ubico** the name rings a bell, but I can't quite place him

■ **ubicarse** *v pron*
A (AmL) 1▸ (situarse, colocarse): **tienes que ~te en la primera fila si quieres ver bien** you have to sit (*o* stand *etc*) in the front row if you want to get a good view; **nos ubicamos en un lugar privilegiado** we got really good seats; **cuando estén todos ubicados me llaman** give me a call when you're all ready 2▸ (en un empleo) to fix oneself up with a good job, get oneself a good job 3▸ (orientarse) to find one's way around; **no me ubico todavía en esta ciudad** I still have trouble finding my way around this city *o* orienting myself in this city; **¿te ubicas?** have you got your bearings?, do you know where you are?
B (esp AmL) (estar situado) to be, be situated *o* located; **la catedral se ubica al norte de la ciudad** the cathedral is (situated *o* located) in the north of the city; **el equipo se ubica en los primeros puestos de la clasificación** (period) the team is at the top of the division

ubicuidad *f* (liter) ubiquity (frml); **no tengo el don de la ~** (hum) I can't be in two places *o* everywhere at once

ubicuo -cua *adj* (liter) ubiquitous (frml)

ubre *f* udder

UC *f* (en Chi) **= Universidad Católica**

UCD *f* (en Esp) **= Unión de Centro Democrático**

UCE *f*
A **= Unión de Consumidores de España**
B (**= Unidad de Cuenta Europea**) (Hist) ECU

ucedista *adj* (en Esp) of/relating to ▸**UCD**

ucha *interj* (Col fam) attack!, get 'em! (colloq)

UCI /'usi, 'uθi/ *f* (**= Unidad de Cuidados Intensivos**) ICU

UCM *f*
A (en Esp) **= Universidad Complutense de Madrid**
B (en Méx) **= Universidad de la Ciudad de México**

UCP *f* (**= Unidad Central de Proceso**) CPU

UCR *f* (en Arg) **= Unión Cívica Radical**

Ucrania *f* the Ukraine

ucraniano -na, **ucranio -nia** *adj/m,f* Ukrainian

ucronía *f* (frml) uchronia, alternate history (AmE)

ucrónico -ca *adj* (frml) uchronic

UCV *f* **= Universidad Central de Venezuela**

ud. = usted

uds. = ustedes

UE *f* (**= Unión Europea**) EU

UEFA /'wefa/ *f* UEFA

UEI *f* **= Unidad Especial de Intervención**

UEM *f* (**= Unión Económica y Monetaria**) EMU

UEO *f* (**= Unión Europea Occidental**) WEU

UER *f* (**= Unión Europea de Radiodifusión**) EBU

uf *interj* (expresando — cansancio, sofocación) oof! (colloq), whew! (colloq); (— repugnancia) eugh! (colloq), yuck! (colloq)

UF *f* (en Chi) **= Unidad de Fomento**

ufa *interj* (RPl) huh!

ufanamente *adv* 1▸ (con orgullo) proudly 2▸ (con petulancia) smugly

ufanarse [A1] *v pron* **~ DE** *or* **CON algo** to boast ABOUT *o* OF sth

ufano -na *adj* 1▸ (satisfecho, orgulloso) proud; **iba muy ~ con su hija** he walked proudly with his daughter; **se acercó todo ~ a recoger el premio** he went up proudly to receive the prize 2▸ (engreído) self-satisfied, pleased with oneself, smug

ufología *f* study of UFOs, ufology

ufólogo -ga *m,f* ufologist (*person who studies UFOs*)

Uganda *f* Uganda

ugandés -desa *adj* Ugandan

ugetista *mf* member of ▸**UGT**

UGT *f* (en Esp) **= Unión General de Trabajadores**

uh *interj* 1▸ (para asustar) boo! (colloq) 2▸ (Méx fam) (expresando — desaprobación) huh! (colloq); (— desilusión) oh!, aw! (colloq)

UHF *f* UHF

UHT UHT

UI *n* (**= unidad internacional**) IU

UIA *f* **= Unión Industrial Argentina**

UIT *f* (**= Unión Internacional de Telecomunicaciones**) ITU

ujier *m* uniformed doorman, commissionaire (BrE); (en los tribunales) usher

ujujuy *interj* (Méx fam) yippee! (colloq), yahoo! (colloq), wahey! (BrE colloq)

újule *interj* (Méx) 1▸ (expresando sorpresa) gosh!, goodness!, goodness me! 2▸ (expresando fastidio) hey! 3▸ (expresando duda) um, er 4▸ (expresando burla, desprecio) ha!

ukelele *m* ukulele, ukelele

ULA /'ula/ *f* (en Ven) **= Universidad de Los Andes**

ulano *m* uhlan

úlcera *f* ulcer; **~ gástrica** *or* **de estómago** gastric *o* stomach ulcer

ulceración *f* ulceration

ulcerar [A1] *vt* to ulcerate

■ **ulcerarse** *v pron* to ulcerate

ulceroso -sa *adj* ulcerous

Ulises Ulysses

ulmáceas *fpl* ulmaceae (tech), elm family

ulna *f* ulna

ulpo *m* (Chi) *cold drink made with roasted flour and sugar*

Ulster *m*: **el ~** Ulster

ulte *m* (Chi) *type of edible seaweed*

ulterior *adj* (frml) subsequent, later

ulterioridad *f* (frml)
A (posterioridad): **con ~** subsequently
B **ulterioridades** *fpl* (Chi frml) (situación peligrosa) unforeseen eventuality

ulteriormente *adv* (frml) later, subsequently; **este documento fue modificado ~** this document was modified at a later date, this document was later *o* subsequently modified

ultimación *f* (de preparativos) conclusion, completion; (de detalles) finalization

ultimadamente *adv* (Méx) ultimately; **~, el que decide soy yo** at the end of the day, it's me who makes the decisions

ultimador -dora *m,f* (Chi frml) killer, murderer

últimamente *adv* recently, lately

ultimar [A1] *vt*
A ‹*preparativos*› to complete; ‹*detalles*› to finalize; **ultima un nuevo libro** he is putting the final *o* finishing touches to his new book; **los sindicatos ultiman el convenio salarial** the unions are in the final stages of settling a wage agreement; **la reconversión naval ha sido ultimada** the rationalization of the ship-building industry has been completed
B (AmL frml) (matar) to kill, murder; **lo ~on a balazos cuando trataba de huir** they shot him dead while he was trying to escape

ultimátum *m* (*pl* ~ *or* **-tums**) ultimatum

último[1] **-ma** *adj* (*delante del n*)

[A] **[1]** (en el tiempo) last; **los ~s años de su vida** the last years of her life, her last years; **hasta últimas horas de la noche** until late at night; **en el ~ momento** *or* **a última hora** at the last minute *o* moment **[2]** (más reciente): **¿cuándo fue la última vez que lo usaste?** when did you last use it?, when was the last time you used it?; **su ~ libro es muy bueno** his latest book is very good; **lo ~ que supe de él es que vivía en París** the last I heard he was living in Paris; **la última moda** the latest fashion; **los ~s estudios** the latest *o* the most recent studies; **en los ~s tiempos** recently, in recent years (*o* months *etc*)

[B] **[1]** (en una serie) last; **estaba en ~ lugar** I was last, I was in last place; **el ~ tren sale a las once** the last train leaves at eleven; **~ aviso a los pasajeros del vuelo ...** last *o* final call for passengers on flight ...; **el equipo ocupa el ~ puesto de la división** the team is at the bottom of the division *o* is in last place in the division; **te lo digo por última vez** I'm telling you for the last *o* final time; **le echaré una última mirada** I'll take one last *o* final look; **como ~ recurso** as a last resort; ***ser lo ~*** (fam) (el colmo) to be the last straw *o* the limit; (lo más reciente) to be the latest thing **[2]** (*como adv*) (CS) ‹*salir/terminar*› last; **el que salga ~ que apague la luz** last one out *o* whoever is last out, turn the light off; **llegó última en la carrera** she finished last in the race

[C] (en el espacio): **en el ~ piso** on the top floor; **en la última fila** in the back row; **la última página del periódico** the back page of the newspaper; **aunque tenga que ir al ~ rincón del mundo** even if I have to go to the ends of the earth

[D] (definitivo): **es mi última oferta** it's my final offer; **siempre tiene que decir la última palabra** he always has to have the last word

Compuestos

- **Última Cena** *f* Last Supper
- **última hora** *f* late item (of news)
- **última morada** *f* (period) last resting place (frml)
- **última voluntad** *f* last wishes (*pl*), last wish
- **últimos sacramentos** *mpl* last rites *o* sacraments (*pl*)

último[2] **-ma** *m,f* last one; **era el ~ que me quedaba** it was my last one, it was the last one I had; **el ~ en llegar** the last (one) to arrive; **¿quién es el ~?** who's last in line (AmE) *o* (BrE) in the queue?; **salió el ~** he was the last to leave; **el ~ de la lista** the last person on the list; **es el ~ de la clase** he's bottom of the class; **¿sabes la última que me hizo?** do you know what he's done to me now?; **¿te cuento la última?** (fam) do you want to hear the latest? (colloq); **a últimos de** (Esp) toward(s) the end of; **por último** finally, lastly; **y por ~ quiero decir que ...** and finally *o* lastly, I would like to say that ...; **en** (Col) *or* (Ven) **de últimas** as a last resort, if the worst comes to the worst; ***a la última*** (fam): **siempre va a la última** she's always fashionably dressed, she always wears trendy clothes; **está a la última** it's the latest fashion, it's all the rage (colloq); ***estar en las últimas*** (estar a punto de morir) to be at death's door; (no tener dinero) (fam) to be broke (colloq); ***tomar la última*** (fam) to have one for the road (colloq)

ultra[1] *adj* (Esp) extreme right-wing (*before n*)

ultra[2] *mf* (Esp) right-wing extremist

ultra- *pref* ultra-

ultraconfidencial *adj* highly confidential

ultracongelación *f* deep freezing

ultracongelado -da *adj* deep frozen

ultracongelador *m* (Esp) deep freeze, freezer

ultracongelar [A1] *vt* to deep-freeze

ultraconservador -dora *adj* ultra-conservative

ultracorrección *f* hypercorrection

ultracorto -ta *adj* ultrashort

ultracuidadoso -sa *adj* ultracareful

ultradelgado -da *adj* ultrathin

ultraderecha *f*: **la ~** the far *o* extreme right

ultraderechista[1] *adj* extreme right-wing

ultraderechista[2] *mf* right-wing extremist

ultrafino -na *adj* ultrafine, superfine

ultraísmo *m* Ultraism (*Spanish poetry movement of the early 1920s*)

ultraizquierda *f*: **la ~** the far *o* extreme left

ultraizquierdista *mf* left-wing extremist

ultrajante *adj* (frml) ‹*palabras*› offensive, insulting; ‹*acusación*› outrageous, shocking

ultrajar [A1] *vt* (frml) ‹*persona*› to outrage, offend ... deeply; ‹*bandera*› to insult; ‹*honor*› to offend against

ultraje *m* (frml) outrage, insult

ultraligero[1] **-ra** *adj* ultralight, microlight

ultraligero[2] *m* ultralite, microlight

ultramar *m*: **de/en ~** overseas; **los países de ~** the overseas countries; **productos de ~** foreign products, products from overseas *o* abroad; **pasó varios años en ~** he spent several years overseas *o* abroad

ultramarinos *m* **[1]** (tienda) grocery store (AmE), grocer's shop (BrE) **[2]** **ultramarinos** *mpl* (comestibles): **tienda de ~** grocery store (AmE), grocer's shop (BrE)

ultramoderno -na *adj* ultramodern

ultramontanismo *m* ultramontanism

ultramontano -na *m,f* ultramontane

ultranza *f* **[1]** **a ultranza** (*loc adj*) out-and-out, fanatical; **es nacionalista a ~** he's a fanatical *o* an out-and-out nationalist, he's a nationalist through-and-through **[2]** **a ultranza** (*loc adv*): **luchó a ~ por sus ideales** she fought tooth and nail to defend her ideals

ultrapotente *adj* extra powerful, ultra-powerful

ultrarrápido -da *adj* extra-fast, ultrafast

ultrarrojo -ja *adj* infrared

ultrasecreto -ta *adj* top secret

ultrasensible *adj* ultrasensitive

ultrasensitivo -va *adj* ultrasensitive, highly sensitive

ultrasofisticado -da *adj* highly sophisticated

ultrasónica *f* ultrasonics

ultrasónico -ca *adj* ultrasonic

ultrasonido *m* ultrasound

ultrasuave *adj* ultrasmooth

ultratumba *f*: **la vida de ~** life after death, life beyond the grave; **una voz de ~** a voice from the beyond *o* the other side

ultravioleta *adj* (*pl* ~ *or* **-tas**) ultraviolet

úlula *f* tawny owl

ulular [A1] *vi* **[1]** «*buho*» to hoot **[2]** «*viento*» to howl **[3]** «*persona*» to wail

ululato *m* **[1]** (del búho) hoot **[2]** (de una persona) wail

umbela *f* umbel

umbelífera *f* umbellifer; **las ~s** the umbelliferae

umbilical *adj* umbilical

umbral *m* **[1]** (de una puerta) threshold **[2]** (borde, frontera) *tb* **~es** threshold; **en el ~** *or* **los ~es de la muerte** at death's door; **en el ~ del nuevo siglo** on the threshold of the new century; **en el ~** *or* **los ~es de la locura** on the verge of madness; **en los ~es de la civilización** at the dawn of civilization **[3]** (Econ, Fin) threshold

Compuestos

- **umbral de dolor** pain threshold
- **umbral de rentabilidad** (Fin) break-even point

umbría *f* (liter) shady place *o* spot

umbrío -bría *adj* (liter) shady

umbroso -sa *adj* (liter) ‹*lugar*› shady; ‹*árbol*› shady

UMD *f* (en Esp) = **Unión Militar Democrática**

umpire /am'pajar/ *mf* (AmL) umpire

un (*pl* **unos**), **una** (*pl* **unas**) *art* [*the masculine article* **un** *is also used before feminine nouns which begin with accented* **a** *or* **ha** *e.g.* **un arma poderosa, un hambre feroz**]

[A] **[1]** (*sing*) a; (*delante de sonido vocálico*) an; (*pl*) some; **una nueva droga** a new drug; **un asunto importante** an important matter; **un tal Ernesto** someone called Ernesto; **allí hay unas cartas para ti** there are some letters for you there; **los hijos son unas lumbreras** the children are very bright **[2]** **unos cuantos** ▸**cuanto**[2] **B**, **cuanto**[3]

[B] **[1]** (al calificar): **tiene unos ojos preciosos** he has lovely eyes; **yo tengo una familia que mantener** I have a family to support **[2]** (con valor ponderativo): **tú le haces unas preguntas a uno ...** you do ask some questions!; **me dio una vergüenza ...** I was so embarrassed!; **tiene unos modales ...** he has such terrible manners!, his manners ...!

[C] (con nombres propios) a; **no te creas que es un Miró** (hablando — de una persona) I mean, he's no Miró; (— de un cuadro) I mean, it's no Miró

[D] (*sing*) (como genérico): **un geranio no necesita tanta agua** geraniums don't need so much water

[E] (*pl*) (expresando aproximación): **habría unas 150 personas** there must have been about 150 people; **creo que tiene unos 30 años** I think she's about 30

UN *f* (en Col) = **Universidad Nacional**

una *pron* (*ver tb* **un, uno**[1], **uno**[2]) **[1]** (fam) (mala pasada): **me hizo ~ gordísima** she played a really dirty trick on me (colloq) **[2]** (fam) (paliza, bofetada, etc): **te voy a dar ~** you're going to get a good thumping (*o* whack *etc*) (colloq) **[3]** (fam) (con valor ponderativo): **¡había ~ de gente ...!** there was such a crowd!, there were so many people! **[4]** **a una** together; **tiremos todos a ~** let's all pull together **[5]** **a la ~, a las dos, ¡a las tres!** ready, steady, go!

UNAM *f* = **Universidad Nacional Autónoma de México**

unamuniano -na *adj* of/relating to Miguel de Unamuno

UNAN /u'nan/ *f* = **Universidad Nacional Autónoma Nicaragüense**

unánime *adj* unanimous; **la condena del atentado fue ~** the crime was condemned unanimously

unánimemente *adv* unanimously

unanimidad *f* unanimity; **por ~** unanimously; **la propuesta fue aprobada por ~** the proposal was approved unanimously

uncial *adj* uncial

unción *f* unction

uncir [I4] *vt* to yoke

UNCTAD /uŋk'tað/ *f*: **la ~** UNCTAD

undécimo -ma *adj/pron* ▸ **p.575**; eleventh *para ejemplos ver* **quinto**[1], **quinto**[2]

UNED /u'neð/ *f* (en Esp) = **Universidad Nacional de Educación a Distancia**

> **UNED - Universidad Española a Distancia**
>
> Spanish distance learning university. Students receive and submit work by mail and e-mail.

UNESCO /u'nesko/ *f*: **la ~** UNESCO

ungido *m*: **el ~ del Señor** the Lord's Anointed

ungir [I7] *vt*

[A] to anoint

[B] (Chi) (Pol) (nombrar) to nominate; (elegir) to elect

ungüento *m* ointment

unguis *m* orbit

ungulado[1] **-da** *adj*: **animal ~** ungulate, hoofed animal

ungulado[2] *m* ungulate

uni- *pref* uni-; **un sistema unicameral** a single-chamber *o* (frml) unicameral parliamentary system

únicamente *adv* only; **~ perjudica a quienes ...** it only hurts those who ...; **no se debe ~ a la influencia extranjera** it is not due solely *o* only *o* just to foreign influence; **se cultiva única y exclusivamente en esta zona** it is only grown *o* it is grown exclusively in this area

unicameral *adj* single-chamber (*before n*), unicameral (frml)

unicameralismo *m* unicameralism

unicato *m* (Arg) absolute rule; **el ~ del partido** the party's absolute rule; **el ~ del presidente** the president's absolute personal rule

UNICE *f* (UE) (**= Unión de Industrias de la Comunidad Europea**) UNICE

UNICEF /uni'θef, uni'sef/ *f*: **la ~** UNICEF

unicelular *adj* unicellular, single-cell (*before noun*)

unicidad *f* (frml) (de un producto, fenómeno) uniqueness; **la ~ de Dios** the oneness *o* unicity of God

único[1] -ca *adj*

A (solo) only; **es la única solución** it's the only solution; **el ~ sobreviviente** the sole *o* only survivor; **lo ~ que quiero es ...** the only thing I want is ..., all I want is ...; **¡es lo ~ que faltaba!** that's all we needed!; **un sistema de partido ~** a single-party system, a one-party system; **su ~ hijo** their only child; **soy hijo ~** I'm an only child; **es un ejemplar ~** it's unique, it's the only one of its kind; **un acontecimiento ~** a once-in-a-lifetime *o* a unique event

B (extraordinario) extraordinary; **un actor ~** an extraordinary actor; **¡este hombre es ~** *or* **es un caso ~!** (fam) this guy is something else! (colloq)

único[2] -ca *m,f* only one; **es el ~ que tengo** it's the only one I have; **el ~ que no está de acuerdo** the only one *o* the only person who doesn't agree; **las únicas que quedaban** the only ones (that were) left

unicolor *adj* unicolor(ed)*, one-color(ed)*

unicornio *m* unicorn

unidad *f*

A 1 (Com, Mat) unit; **~es, decenas y centenas** units, tens and hundreds; **precio por ~: 2 euros** two euros each 2 (de un ejército) unit; (de una flota) (Náut) vessel; (Aviac) aircraft; (de un tren) car (AmE), carriage (BrE); **diversas ~es de transporte público fueron destruidas en el incendio** a number of buses (*o* trains *etc*) were destroyed in the fire; **Ⓢ tomamos su unidad en pago** (RPl) present vehicle taken in part exchange; **el tren estaba compuesto por ocho ~es** the train was made up of eight cars (AmE) *o* carriages (BrE) *o* coaches (BrE) 3 (de una magnitud) unit; **~ métrica** metric unit; **~ de peso/tiempo** unit of weight/time 4 (en un libro, texto) unit; **Primera U~** Unit One

(Compuestos)
- **unidad central de proceso** central processing unit
- **unidad de CD-ROM** CD-ROM drive
- **unidad de cinta** tape streamer
- **unidad de combate** combat unit
- **unidad de cuidados intensivos** intensive care unit
- **unidad de disco** disk drive
- **unidad de disco óptica** (Inf) optical disk drive
- **unidad (de disco) zip** zip drive
- **unidad de fomento** (Chi) index-linked unit of currency (*used for loans etc*)
- **unidad de terapia intensiva** (Arg, Méx) intensive care unit
- **unidad de tratamiento intensivo** (Chi) intensive care unit
- **unidad de vigilancia intensiva** intensive care unit
- **unidad monetaria** monetary unit
- **unidad móvil** outside broadcasting unit
- **unidad reajustable** (Ur) index-linked unit of currency (*used for loans etc*)
- **unidad sellada** (Arg, Col) sealed unit

B 1 (unión, armonía) unity; **su objetivo es preservar la ~ nacional** his aim is to preserve national unity; **la ~ de estilo de la plaza** the overall style of the square 2 (Lit): **las tres ~es** the three unities; **~ de acción/lugar/tiempo** unity of action/place/time

unidimensional *adj* one-dimensional

unidireccional *adj* unidirectional

unido -da *adj* 1 ‹*familiares/amigos*› close; **una pareja muy unida** a very close couple; **una familia muy unida** a close-knit *o* close family 2 (sobre un tema) united; **estamos ~s sobre este punto** we are united on this issue

unifamiliar *adj*: **viviendas ~es** houses (*as opposed to apartments in a block*)

unificación *f* unification

unificador -dora *adj*: **una política ~a** a unifying policy

unificar [A2] *vt* 1 ‹*país*› to unify 2 (uniformar) ‹*criterios*› to standardize, unify; ‹*precios*› to standardize

uniformado -da *adj* uniformed; **iban ~s** they were in uniform; **policías ~s** uniformed police

uniformar [A1] *vt* ‹*criterios*› to standardize, unify; ‹*precios*› to standardize

uniforme[1] *adj* ‹*velocidad/movimiento/temperaturas*› constant, uniform; ‹*superficie*› even, uniform; ‹*terreno*› even, level, flat; ‹*paisaje/estilo*› uniform; ‹*criterios/precios/tarifas*› standard, uniform

uniforme[2] *m* uniform

(Compuesto) **uniforme de campaña** battledress

uniformemente *adv* uniformly, evenly

uniformidad *f* (del paisaje) sameness, uniformity; (de estilo) uniformity; (de criterios, precios) uniformity; (de un terreno) evenness

uniformización *f* standardization

uniformizar [A4] *vt* ▸**uniformar**

unigénito *adj*: **su Hijo ~** His only Son

Unigénito *m*: **el ~** the Son of God, the Only Begotten

unilateral *adj* ‹*desarme/decisión*› unilateral; ‹*criterio/opinión*› one-sided

unilateralismo *m* unilateralism

unilateralmente *adv* unilaterally

unión *f*

A 1 (acción): **la ~ de las dos empresas** the merger of the two companies; **con la ~ de nuestros esfuerzos** by combining our efforts; **la ~ de estos factores** the combination of these factors; ***la ~ hace la fuerza*** united we stand 2 (agrupación) association 3 **la Unión Americana** (Méx) (Estados Unidos) the United States, the States (colloq)

B (relación) union, relationship; (matrimonio) union, marriage; **de esta ~ nacieron dos hijos** two children were born of this union

C (juntura) joint

(Compuestos)
- **unión civil** (homosexual) ≈ civil partnership; (heterosexual) ≈ couple in a stable relationship (*who acquire legal rights and responsibilities*)
- **unión de hecho** ▸**unión civil**
- **unión libre** (AmL) unmarried union; cohabitation
- **Unión de Industrias de la Comunidad Europea** (UE) Union of Industrial and Employers' Confederations of Europe
- **Unión Económica y Monetaria** (UE) Economic and Monetary Union
- **Unión Europea** European Union
- **Unión Europea Occidental** (UE) Western European Union
- **Unión Soviética** (Hist) Soviet Union

Unión Europea *f* European Union

Unión Soviética *f* (Hist) Soviet Union

unipartidario -ria *adj* ▸**unipartidista**

unipartidismo *m* one-party system, single-party system

unipartidista *adj* one-party (*before n*), single-party (*before n*)

unipersonal *adj* individual (*before n*)

unir [I1] *vt*

A 1 «*persona*»: **unió los trozos con un pegamento** she stuck the pieces together with glue; **unió los cables con cinta aislante** he joined the wires with insulating tape; **ha unido dos estilos muy diferentes** he has combined two very different styles; **el sacerdote los unió en matrimonio** (frml) the priest joined them in matrimony (frml); **unamos nuestros esfuerzos** let us combine our efforts 2 «*sentimientos/intereses*» to unite; **los unía el deseo de ...** they were united by their desire to ...; **los une su afición al deporte** their love of sport binds them together *o* acts as a bond between them *o* unites them; **el amor que nos une** the love which unites us; **unida sentimentalmente a ...** (period) romantically involved with ... 3 ‹*características/cualidades*› **~ algo A algo** to combine sth WITH sth; **une a su inteligencia una gran madurez** he combines intelligence with great maturity

B (comunicar) to link; **la nueva carretera une los dos pueblos** the new road links the two towns; **el puente aéreo que une las dos ciudades** the shuttle service which runs between *o* links the two cities

C ‹*salsa*› to mix

■ **unirse** *v pron*

A 1 (aliarse) «*personas/colectividades*» to join together; **se unieron para hacer un frente común** they joined forces *o* united in a common cause; **los dos países se unieron en una federación** the two countries joined together to form a federation; **se unieron en matrimonio** they were married, they were joined in matrimony (frml); **varias empresas se unieron para formar un consorcio** several companies joined together *o* came together *o* combined to form a consortium; **~se A algo**: **se unió a nuestra causa** he joined our cause 2 «*características/cualidades*» to combine; **en él se unen la ambición y el orgullo** ambition and pride come together *o* combine in him, he combines ambition with pride; **a su belleza se une una gran simpatía** her beauty is combined with a very likable personality

B (juntarse) «*caminos*» to converge, meet; **donde el tráfico del oeste se une con el del norte** where traffic from the west converges with *o* meets traffic from the north

unisex /'uniseks/ *adj inv* unisex

unisexual *adj* unisexual

unísono[1] -na *adj* unisonous

unísono[2] *m* unison; **al ~** in unison; **contestaron al ~** they answered in unison

UNITA /u'nita/ *f* **= Unión Nacional para la Independencia Total de Angola**

unitalla *f* (Méx) *adj* one-size

unitario[1] -ria *adj* 1 ‹*política*› unitary 2 (Relig) Unitarian

unitario[2] -ria *m,f* Unitarian

unitarismo *m* (Rel) Unitarianism; (Pol) unitarianism

Univ. (**= universidad**) U, Univ.

univalente *adj* univalent

univalvo -va *adj* univalve

universal *adj* 1 ‹*ley/principio*› universal; **una marca de fama ~** a world-famous brand; **un escritor que trata temas ~es** a writer who deals with universal themes; **no tiene validez ~** it is not universally valid 2 ‹*llave/enchufe*› universal

universales *mpl*: **los ~** universals (*pl*)

(Compuesto) **universales lingüísticos**: **los ~ ~** linguistic universals

universalidad *f* universality

universalizar [A4] *vt* to universalize

universalmente *adv* universally; **un pintor conocido ~** a well-known painter, a universally-known painter, a painter of worldwide fame; **una creencia ~ aceptada** a universally accepted belief

universiada *f* student games (*pl*)

universidad *f* university

(Compuestos)
- **universidad abierta** (Méx) open university
- **universidad a distancia** open university
- **universidad estatal** state university
- **universidad laboral** ≈ technical college (*school with emphasis on vocational training*)

universitario[1] -ria *adj* university (*before n*)

U

universitario[2] **-ria** *m,f* **1** (estudiante) undergraduate, university student, student **2** (licenciado) graduate, university graduate

universo *m* universe

(Compuesto) **universo poblacional** sample, sample group, sampling

unívoco -ca *adj* **1** ‹*palabra/frase*› univocal (frml) **2** (Mat) one-to-one

uno[1] **una** *adj*

A **1** (refiriéndose al número) one; **quiero** *una* **manzana, no un kilo** I want *one* apple, not a kilo; **niños de entre uno y cinco años de edad** children between the ages of one and five; **no había ni un asiento libre** there wasn't one empty seat *o* a single empty seat; **me costó un dólar y pico/una libra y pico** it cost me a dollar something/one pound something; **treinta y un pasajeros** thirty-one passengers; **cuarenta y una mujeres** forty-one women; **cuesta ciento un pesos/ciento una libras** it costs a hundred and one pesos/pounds; **cincuenta y un mil euros** fifty-one thousand euros **2** **uno** (*pospuesto al n*) one; **el capítulo/la sala uno** chapter/room one

B **1** (único): **la solución es una** there's only one solution **2** (único e indivisible): **Dios es uno** God is one; ***ser uno y lo mismo:*** **llegar mi hermano y empezar a pelearnos es uno y lo mismo** as soon as *o* the minute my brother arrives we start arguing

uno[2] **una** *pron*

A (numeral) one; **12 votos a favor y uno en contra** 12 votes in favor and one against; **¿quieres media o una entera?** do you want a half or a whole one?; **iban entrando de a uno/una** they were going in one at a time *o* one by one; **un pasillo de tres por uno** a corridor three meters (long) by one (wide); **los revisé uno por uno** I went through them one by one; **es la una** it's one o'clock; **hoy es uno de abril** (esp Esp) today is the first of April; ***más de uno/una*** (fam): **más de una va a lamentar su partida** there'll be quite a few sorry to see him go (colloq); **eso le debe haber molestado a más de uno** that must have annoyed quite a few people *o* a number of people; ***(ni) una*** (fam) not a thing (colloq); **a ése no se le va (ni) una** he doesn't miss a thing; **no le aguanta (ni) una al marido** she won't put up with any nonsense from her husband; ***no dar*** *or* (Chi) ***ver (ni) una*** (fam): **los meteorólogos no dan** *or* **ven ni una** the weathermen just never get it right (colloq); **no doy** *or* **veo una** I can't get a thing right (colloq), I can't seem to get anything right; ***una de dos*** one thing or the other *ver tb* **una**; ***una y no más, Santo Tomás*** (Esp fam): **lo pasamos horrible, una y no más, Santo Tomás** we had a terrible time, never again!; **¿puedo comer una? — bueno, pero una y no más, Santo Tomás** can I have one? — OK, but just one and that's your lot *o* and no more (colloq)

B (personal) (*sing*) one; (*pl*) some; **uno es profesor y el otro estudiante** one's a teacher *o* one of them is a teacher and the other's a student; **tiene cuatro dormitorios pero uno (de ellos) es diminuto** it has four bedrooms but one of them is tiny; **¿te gustaron sus cuadros? — unos sí, otros no** did you like his paintings? — some I did *o* I liked some, others I didn't; **se envidian el uno al otro** they're jealous of each other; **se ayudan los unos a los otros** they help one another; ***ser uno/una de tantos/tantas*** to be nothing special, be pretty ordinary, be run-of-the-mill

C (fam) (alguien) (*m*) some man (colloq), this man (colloq); (*f*) some woman (colloq), this woman (colloq); **les preguntamos a unos que estaban allí** we asked some *o* (colloq) these people who were there

D (uso impersonal): **restaurantes donde se sirve uno mismo** restaurants where you serve yourself *o* (frml) one serves oneself; **¡qué horror cuando le dicen a ~ que está gordo!** *or* **a una que está gorda!** isn't it awful when people tell you you're fat!

uno[3] *m* ▸**i** **p.575** one, number one *para ejemplos ver* **cinco**[1], **cinco**[2]; ***del uno*** (Chi fam): **le va del uno** he's doing brilliantly; **lo pasamos del uno** we had a great time (colloq); ***hacer del uno*** (Méx, Per fam) to have a pee (colloq)

untar [A1] *vt*

A (cubrir) **~ algo DE** *or* **CON algo**: **~ las galletas con miel** spread honey on the cookies, spread the cookies with honey; **se unta el molde con mantequilla** grease the cake tin (with butter); **untó el eje de** *or* **con grasa** he greased the axle

B (fam) (sobornar) to bribe

■ **untarse** *v pron* (ensuciarse) **~se DE** *or* **CON algo**: **se untó todas las manos de bronceador** he got suntan lotion all over his hands

unto *m* **1** (ungüento) ointment **2** (Coc) lard, pig fat

(Compuesto) **unto de rana** (arg) hush money (colloq)

untuosidad *f* stickiness

untuoso -sa *adj* sticky, glutinous; ‹*voz*› sickly sweet

untura *f* ointment

uña *f*

A **1** ▸**i** **p.231** (Anat) (de la mano) nail, fingernail; (del pie) nail, toenail; **se come** *or* **se muerde las ~s** he bites his nails; **nos mordíamos las ~s esperando el resultado** we were biting our nails waiting for the result; **tiene una ~ encarnada** he has an ingrowing toenail; ***arreglarse*** *or* ***hacerse las ~s*** (*refl*) to do one's nails; (*caus*) to have one's nails done, have a manicure; ***dejarse las ~s en algo*** (fam) to work very hard at sth, break one's back doing sth; ***de ~s*** (fam) in a foul mood (colloq); ***está de ~s con su cuñada*** she's at daggers drawn with her sister-in-law; ***enseñar*** *or* ***mostrar*** *or* ***sacar las ~s*** to show one's teeth; ***estar de partirlo con la ~*** (Chi fam) to be delicious, be scrumptious *o* yummy (colloq); ***rascarse con las propias ~s*** (Méx fam) to fend for oneself, stand on one's own two feet; ***ser largo de ~s*** *or* ***tener las ~s largas*** (fam) to be light-fingered (colloq), to have sticky fingers (colloq); ***ser ~ y carne*** *or* ***carne y ~*** *or* (Andes) ***~ y mugre*** (fam) to be inseparable, be as thick as thieves (colloq) **2** (Zool) (de un oso, gato) claw; (de un caballo, una oveja) hoof; (de un alacrán) sting; ***afilarse las ~s*** to sharpen one's claws; ***a ~ de caballo*** at top speed

B **1** (Mec, Tec) toe **2** (de un ancla) fluke

C (Méx, Ven) (Mús) plectrum, pick

uñalarga *mf* (Per fam) (ladrón) thief; (carterista) pickpocket

uñero *m* **1** (inflamación) whitlow **2** (uña encarnada) ingrowing nail

uñeta *f*

A (Mec, Tec) pawl

B (Mús) (CS) plectrum, pick

UP *f*

A (en Col) = **Unión Patriótica**

B (en Chi) (Hist) = **Unidad Popular**

upa *interj* (fam) upsadaisy!, up!

uperización *f* UHT treatment, sterilization

uperizado -da *adj* UHT (*before n*); **leche uperizada** UHT milk

UPG *f* (en Esp) = **Unión do Pobo Galego**

UPI /'upi/ *f* UPI

UR *f* (en Ur) = **unidad reajustable**

Urales *mpl*: **los (montes) ~** the Urals

uralita® *f* asbestos

uranio *m* uranium

(Compuesto) **uranio enriquecido** enriched uranium

Urano *m* Uranus

urape *m* bauhinia

urbanícola *mf* (hum) townie (colloq), city dweller

urbanidad *f* courtesy, urbanity (frml); **carece de las más elementales nociones de ~** he lacks even the most basic social graces, he doesn't have the slightest idea of how to behave (in polite society)

urbanismo *m* city (AmE) *o* (BrE) town planning; **estudios de ~** urban studies

urbanista *mf* city (AmE) *o* (BrE) town planner, urban planner

urbanístico -ca *adj* urban development (*before n*)

urbanita *mf* urbanite, city dweller

urbanizable *adj*: **tierras ~s** building land, land for development

urbanización *f* **1** (acción) urbanization, development; **la ~ de un terreno** the development of a piece of land **2** (Esp) (núcleo residencial) (housing) development

urbanizado -da *adj*: **esta zona está muy poco urbanizada/muy urbanizada** this area has hardly been developed/is heavily developed; **viven en una zona urbanizada** they live in a built-up area

urbanizadora *f* development company

urbanizar [A4] *vt*: **están urbanizando la zona** (preparándola) they are preparing the infrastructure for development of the area; (edificándola) they are developing the area

urbano -na *adj* ‹*núcleo/transporte*› urban, city (*before n*); ‹*población*› urban

urbe *f* (frml) large *o* major city, metropolis

urchilla *f* orchil

urdimbre *f* **1** (Tex) warp **2** (intriga) intrigue; **la ~ de la novela** the intricate workings of the novel

urdir [I1] *vt* (en un telar) to warp; ‹*puntos*› to cast on; **urdían una conspiración para derrocarlo** they were plotting *o* they were hatching a plot to overthrow him; **habían urdido un plan** they had devised *o* hatched a plan

urdu *m* Urdu

urea *f* urea

uremia *f* uremia

uréter *m* ureter

uretra *f* urethra

urgencia *f* **1** (cualidad) urgency; **necesitamos su ayuda con toda ~** we urgently need her help; **hay que tomar una decisión sobre este tema con la máxima ~** a decision must be made on this matter with the utmost urgency **2** (Med) (emergencia) emergency; (caso urgente) emergency case, emergency; **sala de ~s** casualty department *o* ward; **S** **urgencias** accident and emergency; **lo ingresaron por ~s** he was admitted as an emergency; **el doctor está atendiendo una ~** the doctor is seeing to an emergency (case); **tuvieron que operarlo de ~** he had to have an emergency operation; **tuvo que ser hospitalizado de ~** he had to be rushed into hospital

urgente *adj* **1** ‹*asunto*› pressing, urgent; ‹*mensaje*› urgent; **que me llame lo antes posible, es ~** tell him to call me as soon as possible, it's urgent **2** (Med) ‹*caso/enfermo*› emergency (*before n*) **3** (Corresp) ‹*carta*› express (*before n*)

urgentemente *adv* urgently

urgido -da *adj* (frml) **estar ~ DE algo**; **estaban ~s de dinero** they were in urgent need of money; **estamos ~s de tiempo** we are pressed for time

urgir [I7] *vi* (*en tercera persona*): **urge la finalización del proyecto** the project must be finished as soon as possible *o* with the utmost speed; **urge acabar con el conflicto** the conflict must be brought to an end as speedily as possible; **S** **urge vender piso** apartment for quick sale; (+ *me/te/le/etc*): **me urge estar allí el martes** I absolutely must be there on/by Tuesday; **le urge el préstamo** he needs the loan urgently *o* badly

■ **urgir** *vt*: **urgido por el vano propósito de volver a verla** driven by the foolish hope of seeing her again; **~ a algn A + INF/A QUE + SUBJ** to urge sb to do sth; **los urgieron a abandonar el país** they were urged to leave the country

úrico -ca *adj* uric

urinario[1] **-ria** *adj* urinary

urinario[2] *m* urinal

urna *f*

A **1** (vasija) urn **2** (de exposición) display case **3** (para votar) ballot box; ***ir*** *or* ***acudir a las ~s*** (period) to go to the polls (journ); **mañana el**

U

pueblo expresará su voluntad en las ∼s tomorrow the nation makes its decision at the polls (journ)
(Compuesto) **urna cineraria** funerary urn
B (Chi, Ven) (ataúd) coffin, wooden box (euph)
uro *m* aurochs, urus
urogallo *m* capercaillie; (como nombre genérico) grouse
urogenital *adj* urogenital; **las vías ∼es** the urogenital tract *o* system
urología *f* urology
urólogo -ga *m,f* urologist
urraca *f* magpie; ***ser una* ∼** (fam) to be a squirrel, to be a pack rat (AmE) *o* (BrE) a magpie (colloq), to be a hoarder
urso *m* (Arg fam) giant of a man (colloq)
URSS /urs/ *f* (Hist) (= **Unión de Repúblicas Socialistas Soviéticas**) USSR
ursulina *f* Ursuline
urticáceas *f* Urticaceae, nettle family
urticaria *f* nettlerash, hives, urticaria (tech)
urubú *m* black vulture
Uruguay *m* 1 (país) *tb* **el ∼** Uruguay 2 (río): **el (río) ∼** the Uruguay River
uruguayismo *m* Uruguayan word/expression
uruguayo -ya *adj/m,f* Uruguayan
urunday *m* urunday (*South American hardwood tree*)
USA /'usa/ (fam) USA
usado -da *adj* 1 [SER] (de segunda mano) secondhand; **¿es nuevo o ∼?** is it new or secondhand?; **Ⓢ se venden coches usados** used cars for sale 2 [ESTAR] (gastado, viejo) worn; **este suéter está muy ∼** this sweater is really worn; **el sofá está muy ∼** the sofa is really shabby *o* worn, the sofa has seen better days (colloq); **el libro estaba muy ∼** the book was well-thumbed
usanza *f* (liter): **bailes tradicionales a la antigua ∼** old-style folk dances; **vestidos a la ∼ india** dressed in Indian costume, wearing Indian clothes
usar [A1] *vt*
A 1 (emplear, utilizar) to use; **¿cómo se usa esta calculadora?** how does this calculator work?; **es una expresión poco usada** it's not a very common expression, it's not an expression that's used a lot; **usó mal esa palabra** he didn't use the word correctly; **usa preservativos** use condoms; **usó toda su diplomacia para convencerlos** she used all her tact to convince them; **∼ algo/a algn** DE *or* COMO **algo** to use sth/sb AS sth; **no uses el plato de** *or* **como cenicero** don't use the plate as an ashtray; **¿te puedo ∼ de** *or* **como testigo?** can I use you as a witness? 2 ‹*instalaciones/servicio*› to use; **hay una excelente biblioteca pero nadie la usa** there's an excellent library but nobody uses it *o* nobody makes use of it 3 (consumir) ‹*producto/ingredientes/combustible*› to use; **¿qué champú usas?** what shampoo do you use?; **no uses todos los huevos** don't use all the eggs (up)
B (llevar) ‹*alhajas/ropa*› to wear; ‹*perfume*› to use, wear; **estos zapatos están sin ∼** these shoes are unworn, these shoes have never been worn
C (esp AmL) (explotar, manipular) ‹*persona*› to use; **me sentí usada** I felt used
D usar de (frml) (hacer uso de) ‹*influencia/autoridad*› to use
■ **usarse** *v pron* (*en tercera persona*) (esp AmL) (estar de moda): **el fucsia es el color que más se va a ∼ esta temporada** fuchsia is set to be the most popular color *o* (colloq) the in-color this season; **cuando se usaba la maxifalda** when long skirts were in fashion; **se usan muchísimo las prendas de cuero** leather clothing is very popular; **ya no se usa hacer fiestas de compromiso** it's not very common to have an engagement party nowadays
Usbekistán *m* Uzbekistan
usbekistano[1] **-na**, **usbeko -ka** *adj* Uzbek
usbekistano[2] **-na**, **usbeko -ka** *m,f* 1 (persona) Uzbek 2 **usbeskistano usbeko** *m* (idioma) Uzbek
Usenet *f* Usenet
Usía *pron pers* (arc) your Lordship (frml)
usina *f* (AmL) (fábrica) large factory; (industria) industry
(Compuesto) **usina eléctrica** (AmL) power station
uslerear [A1] *vt* (Chi) to roll out
uslero *m* (Chi) rolling pin
uso *m*
A (utilización) 1 (de un producto, un medicamento) use; (de una máquina, un material) use; **las cosas se desgastan con el ∼** things wear out with use; **depende del ∼ que le des** it depends how much you use it; **instrucciones para su ∼** instructions for use; **de ∼ personal** for personal use; **para ∼ en caso de emergencia** for use in case of emergency; **métodos de ∼ extendido en el tercer mundo** methods widely used in the Third World; **una sala para ∼ exclusivo de los profesores** a room for the use of teachers only, a room exclusively for teachers' use; **champú de ∼ frecuente** shampoo for frequent use; **seguir en ∼** to remain in use; **los nuevos trenes todavía no han entrado en ∼** the new trains are not in service yet; **todavía no he puesto en ∼ las sábanas que me regalaste** I still haven't used the sheets you gave me; **hacer ∼ de algo** to use sth; **hizo buen ∼ de la información** she made good use of the information, she put the information to good use; **su ∼ prolongado puede producir habituación** it can be habit-forming if taken over a long period; **Ⓢ de uso externo** (Farm) for external use only; **perdió el ∼ de la mano derecha** she lost the use of her right hand 2 (de un idioma, una expresión) use; **una expresión sancionada por el ∼** an expression given validity by usage; **es corriente el mal uso de la palabra** this word is frequently misused 3 (de una facultad, un derecho): **en pleno ∼ de sus facultades mentales** in full possession of his mental faculties; **haciendo ∼ de su derecho, actuó para ...** exercising his right, he acted to ...; **hacer ∼ de la palabra** (frml) to speak; **hizo ∼ de la palabra el señor Juan Latorre** Mr. Juan Latorre addressed the meeting *o* spoke; ***hacer ∼ y abuso de algo:* es un recurso muy efectivo, pero no cuando se hace ∼ y abuso de él** it's a very effective device but not when it's used to excess *o* overused; **han hecho ∼ y abuso de este privilegio** they have abused this privilege; **el ∼ y disfrute de un bien** (Der) the use and enjoyment of an asset
B (de una prenda): **estos zapatos tienen años de ∼** I've been wearing these shoes for years, I've had years of wear out of these shoes; **ropa de ∼ diario** everyday clothes; **los zapatos de cuero ceden con el ∼** leather shoes give with wear
(Compuesto) **uso de razón** use of reason; **desde que tengo ∼ de ∼ lo he sabido** I've known that ever since I can remember
C (utilidad, aplicación) use; **una batidora con múltiples ∼s** a multi-purpose mixer; **no sé qué ∼ darle a esta tela** I don't know what to use this material for
D (usanza) custom; **los ∼s y costumbres de una sociedad** the habits and customs of a society; **era ∼ común saludar con una inclinación de cabeza** it was the custom to greet people with a bow of the head; **∼s aztecas que sobreviven en México** Aztec customs which survive in Mexico; **al ∼ medieval** in the medieval manner
USO /'uso/ *f* (en Esp) = **Unión Sindical Obrera**
USP *f* (en Esp) = **Unión Sindical de Policía**
uste *interj* (Col fam) ouch! (colloq)
usted *pron pers* [*Polite form of address but also used in some areas, eg Colombia and Chile, instead of the familiar* ▸**tú** *form*]
A 1 (como sujeto) you; **¿quién lo va a hacer? — usted** who's going to do it? — you (are); **¿es ∼, Sr. Martínez?** is that you, Mr Martínez?; **¡oiga, ∼!** hey, you!; **¿∼ qué hace aquí?** what are *you* doing here?; **lo que ∼ diga** whatever you say; **tratar a algn de ∼** to address sb using the ▸**usted** form; **¡∼ se come la sopa, señorita!** (you) eat your soup, young lady! 2 (en comparaciones, con preposiciones) you; **yo salí después que ∼** I left after you (did); **no es tan alta como ∼** she isn't as tall as you; **muchas gracias — a ∼** thank you very much — thank *you*; **¿se lo dieron a ∼?** did they give it to you?; **con/contra/para ∼** with/against/for you; **son de ∼** they're yours
B (uno) you, one (frml); **le dicen eso y ∼ no sabe qué contestar** when they say that you just don't know *o* one just doesn't know what to answer
ustedes *pron pers pl* [*In most of Spain* ▸**vosotros** *is the familiar plural form of address but in the rest of the Spanish-speaking world* ▸**ustedes** *is used as the familiar as well as the polite form*] 1 (como sujeto) you; **¿quién lo va a hacer? — ustedes** who's going to do it? — you (are); **y ∼, señores ¿qué desean?** what can I do for you, gentlemen?; **∼ mismos lo dijeron** you said so yourselves; **∼ no van, no me importa lo que hagan los otros chicos** I don't care what the other children are doing, you're not going 2 (en comparaciones, con preposiciones) you; **llegamos después que ∼** we arrived after you (did); **no tienen tantos empleados como ∼** they don't have as many employees as you; **¿se lo ofrecieron a ∼?** did they offer it to you?; **con/contra/para ∼** with/against/for you 3 **de ∼** (indicando pertenencia) yours; **son de ∼** they're yours
usual *adj* usual, normal; **no es ∼ que venga tanta gente** there aren't usually *o* normally so many people here, it's unusual for there to be so many people here
usualmente *adv* usually, normally
usuario -ria *m,f* user; **los ∼s de los transportes públicos** public transport users, users of public transport
usucapión *f* usucapion (*in Roman law, acquiring title to property by uninterrupted possession*)
usufructo *m* usufruct
usufructuario -ria *adj/m,f* usufructuary
usura *f* usury
usurario -ria *adj* usurious
usurero -ra *m,f* usurer
usurpación *f* (frml) (de propiedad, un título) misappropriation; (de un territorio) seizure; **la ∼ del poder/trono** the usurpation of power/of the throne
usurpador -dora *m,f* usurper
usurpar [A1] *vt* (frml) ‹*propiedad/título*› to misappropriate; ‹*territorio*› to seize; **∼ el poder/trono** to usurp power/the throne (frml)
uta *f: a leishmaniasis of the skin occurring in Peru*
UTC *f* = **Unión de Trabajadores de Colombia**
UTE /'ute/ *f* (en Ur) = **Administración Nacional de Usinas y Transmisiones Eléctricas**
utensilio *m* (instrumento) utensil; (herramienta) tool; **∼s de cocina** kitchen *o* cooking utensils; **∼s de laboratorio** laboratory apparatus; **∼s de pesca** fishing tackle; **∼s de jardinería** gardening tools and equipment
uterino -na *adj* uterine
útero *m* womb, uterus; **alquiler de ∼s** commercial surrogacy
UTI *f* (Chi) (= **Unidad de Tratamiento Intensivo**) ICU
útil *adj* useful; **llévate el mapa, te puede ser ∼** take the map, you might find it useful *o* (colloq) it might come in handy; **tu consejo me fue muy ∼** your advice was very useful, I found your advice very helpful
utilería *f* (AmL) props (*pl*), properties (*pl*) (frml)
utilero -ra *m,f* (AmL) 1 (Teatr) props manager 2 (Dep) (*m*) kit man, kit manager; (*f*) kit manager
útiles *mpl* 1 (herramientas, instrumentos) tools (*pl*), implements (*pl*); **∼ de labranza** agricultural

U

implements, agricultural equipment; ~ **de pesca** fishing tackle; ~ **de jardinería** garden tools, gardening tools **2▸** (AmL) (artículos escolares) *tb* ~ **escolares** *pencils, pens, rulers, etc for school*

utilidad *f* **1▸** (de un aparato) usefulness; **no le veo la ~ a ese aparato** I can't see the point of this machine; **tener coche, viviendo en el campo, es de gran ~** it's very useful to have a car when you live in the country **2▸ utilidades** *fpl* (AmL) (ganancia, beneficio) profits (*pl*)

utilitario[1] -ria *adj*
A ‹*papel/criterio/función*› utilitarian
B ‹*coche/vehículo*› utility (*before n*); **vehículo deportivo ~** sports utility vehicle, SUV
C ‹*mueble/diseño/artesanía*› functional

utilitario[2] *m* small (economical) car

utilitarismo *m* utilitarianism

utilitarista *mf* utilitarian

utilizable *adj* usable, useable

utilización *f* use, utilization (frml); **la ~ de los recursos naturales** the exploitation *o* utilization of natural resources; **se recomienda la ~ de jeringuillas desechables** the use of disposable syringes is recommended; **la ~ de la energía solar** the harnessing of solar energy

utilizar [A4] *vt* to use, utilize (frml); **la principal fuente de energía que utilizan es la solar** they rely on *o* use *o* utilize solar power as their main source of energy, the main source of energy they employ *o* use *o* utilize is solar power; **utilizan los recursos naturales indiscriminadamente** they make indiscriminate use of natural resources; **utilizan la religión como instrumento para sus fines** they use religion as a means to (achieve) their ends; **no se da cuenta de que la están utilizando** she doesn't realize that she's being used

utillaje *m* tools (*pl*), implements (*pl*); **el ~ de un pintor** a painter's materials; **el ~ de un escultor** a sculptor's tools; **el ~ de un actor** the tools of an actor, an actor's tools

utillero -ra (Esp) (Dep) (*m*) kit man, kit manager; (*f*) kit manager

útilmente *adv* usefully

utopía *f* Utopia

utópico -ca *adj* Utopian

utopista *mf* Utopian

utrículo *m* utricle

UV /u'βe/ (= **ultravioleta**) UV

uva *f* grape; **un racimo de ~s** a bunch of grapes; ***dar las ~s*** (fam): **si no te das prisa nos van a dar las ~s** if you don't hurry up we'll be here all day *o* all night *o* until the cows come home (colloq); ***de ~s a peras*** (fam) once in a blue moon; ***estar de mala ~*** (fam) to be in a (foul) mood (colloq); **cuando está de mala ~ no hay quien la aguante** she's unbearable when she's in a mood *o* in one of her foul moods; ***tener mala ~*** (fam) to be nasty, to be a nasty piece of work (colloq); ***tomar las ~s*** to see the New Year in (*by eating one grape on each chime of the clock*)

(Compuestos)
- **uva blanca** white grape
- **uva de mesa** dessert grape
- **uva moscatel** muscatel grape
- **uva negra** black grape
- **uva pasa** raisin

uve *f* (Esp) *name of the letter* **v**

(Compuesto) **uve doble** (Esp) *name of the letter* **w**

UVI /'uβi/ *f* = **Unidad de Vigilancia Intensiva**

úvula *f* uvula

uvular *adj* uvular

uxoricida *m* uxoricide

uxoricidio *m* uxoricide

uy *interj* **1▸** (expresando — asombro) ooh! (colloq); (— malestar, disgusto) oh!; (— emoción súbita) ah!, oh!; (— dolor) ow!, ouch! **2▸** (Ven) (para avisar) hey!, look out!

Uzbekistán *m* Uzbekistan

uzbeko -ka *adj* Uzbek

Vv

v, V *f read as* /be/, /be 'korta/, /be 'tʃika/, /be pe'keɲa/ *or* (Esp) /'uβe/
A (the letter) v, V
B (= **varón**) M, male
C (= **versus**) v, vs, versus
D (= **verso**) v, verse

va, vas, etc ▸**ir**

vaca[1] *adj* (Chi fam & pey) dumb (colloq)

vaca[2] *f*
A 1 (Zool) cow; ***en*** **~** (Per fam): **han ido en ~ en este asunto** they've gone into this together (colloq); **voy a jugar a la lotería en ~ con la vecina** I'm going halves on a lottery ticket with my neighbor (colloq); ***estar como una*** **~** (fam) to be very fat; ***hacerse la*** **~** (Per fam) to play hooky (AmE colloq), to skive off (school) (BrE colloq); ***hacer una*** **~** *or* ***vaquita*** (AmS fam) to make a collection, have a whip-round (BrE colloq); ***las ~s gordas/flacas:*** **ha llegado la época de las ~s gordas/flacas para la industria del automóvil** these are boom/lean years for the car industry; ***ponerse como una*** **~** to put on a lot of weight, get very fat 2 (Coc) beef; **carne de ~** beef; **estofado de ~** beef stew, beef casserole; **filete de ~** fillet steak

(Compuestos)
- **vaca lechera** *or* **de leche** dairy cow
- **vaca marina** manatee, sea cow
- **vaca sagrada** sacred cow
- **vaca** *or* **vaquita de San Antón** (Arg) ladybug (AmE), ladybird (BrE)

B (Méx) (en apuestas) pool, kitty (colloq)

vacación *f* vacation (esp AmE), holiday (BrE); **vacaciones de verano/Navidad/Semana Santa** summer/Christmas/Easter vacation *o* holidays; **vacaciones pagadas** *or* **retribuidas** paid vacations *o* holidays; **vacaciones escolares** school vacation(s) *o* holidays; **vacaciones temáticas** theme vacations *o* holidays; **irse** *or* **marcharse de vacaciones** to go away on vacation *o* on holiday *o* on one's holidays; **nos vamos de vacaciones a la playa** we're going to the beach on vacation (AmE), we're off to the seaside on holiday (BrE); **estamos de vacaciones** we're on vacation *o* holiday; **voy a tomarme unas vacaciones en agosto** I'm going to take a vacation *o* holiday in August; **este año no tengo vacaciones** I don't get any vacation *o* holiday this year

vacacional *adj* (frml) vacation (*before n*), holiday (*before n*)

vacacionar [A1] *vi* (Méx) to vacation (AmE), to holiday (BrE), to spend one's vacation(s) *o* holidays

vacacionista *mf* (Méx) vacationer (AmE), holidaymaker (BrE)

vacada *f* herd of cows *o* cattle

vacaje *m* ▸**vacada**

vacante[1] *adj* ‹*puesto/plaza*› vacant; ‹*piso/asiento*› empty, unoccupied; **hay cinco camas ~s en el hospital** the hospital has five empty beds

vacante[2] *f* vacancy; **tenemos que proveer** *or* **cubrir ocho ~s** we have to fill eight vacancies; **cubre la ~ dejada por ...** he will fill the position *o* post left vacant by ...

vacar [A2] *vi*
A «*puesto*» to fall vacant; «*local*» to be left vacant; «*persona*» to leave one's job (*o* business *etc*), to stop working
B (carecer) **~ DE algo** to be short OF sth

vaciadero *m* (Arg) dump, tip

vaciado[1] **-da** *adj* (Méx fam) (gracioso) funny; (raro) funny, strange

vaciado[2] *adv* (Méx fam): **escribe muy ~** he has a funny way of writing, he writes strangely *o* (colloq) funny

vaciado[3] *m* 1 (de un depósito, una cañería) emptying 2 (Art) (acción) casting; (figura) cast, casting; **~ de yeso** plaster cast

vaciamiento *m* asset stripping

vaciar [A17] *vt*
A 1 ‹*vaso/botella*› to empty; ‹*radiador*› to drain; ‹*bolsillo*› to empty, turn out; **vació el vaso de un trago** he emptied *o* drained his glass in one go; **en dos días me ~on la despensa** in two days they ate everything I had in the house *o* (colloq) they ate me out of house and home; **vació todos los cajones** she emptied (out) all the drawers, she took everything out of the drawers 2 ‹*contenido*› to empty (out)
B ‹*estatua*› to cast
C (ahuecar) to hollow out
D (Fin) to asset-strip, strip ... of assets
■ **vaciarse** *v pron* to empty

vaciedad *f* silly remark; **no dice más que ~es** she talks nothing but empty-headed nonsense

vacilación *f* hesitation, vacillation (frml); **respondió sin vacilaciones** she answered without any hesitation; **tras un momento de ~** after a moment's hesitation, after hesitating for a moment

vacilada *f*
A (Esp fam) (timo) con (colloq); **la exposición es una ~** the exhibit is garbage (AmE), the exhibition is a load of rubbish (BrE colloq); **me dieron una ~** (Méx) they conned me (colloq), they ripped me off (colloq)
B 1 (Méx fam) (juerga) binge; **se fueron de ~** they went out on a binge *o* on the town 2 (Méx fam) (broma) joke

vacilante *adj* 1 (oscilante) unsteady, shaky; **entró con paso ~** he came in, walking unsteadily 2 (dubitativo) ‹*expresión*› doubtful; ‹*voz*› hesitant; **en momentos así no se puede ser tan ~** at times like this you can't afford to be so hesitant *o* indecisive 3 ‹*luz*› flickering

vacilar [A1] *vi*
A 1 (dudar) to hesitate; **respondió sin ~** he replied without hesitating *o* without hesitation; **vacila entre aceptar la propuesta y seguir aquí** she's hesitating over whether to accept the offer or stay here, she can't make up her mind whether to accept the offer or stay here; **no vaciles más, hazlo** stop dithering and do it; **~ EN algo: no vaciló en la elección** he made his choice without hesitation; **no ~on en aceptar** they did not hesitate to accept, they accepted without hesitation 2 «*fe/determinación*» to waver 3 «*luz*» to flicker
B (oscilar) 1 «*mueble*» to wobble, rock 2 «*persona*»: **vaciló pero enseguida recuperó el equilibrio** she staggered/tottered but she regained her balance immediately; **vacilaba al andar, como si estuviese borracho** he swayed from side to side as he walked, as if he were drunk
C (Esp, Méx fam) (bromear) to joke, to kid (colloq), to fool around (colloq)
D (AmL exc CS fam) (divertirse): **vacilamos un montón en la fiesta** we had a great time *o* a lot of fun at the party
E (Esp fam) (alardear) to show off; **~ DE algo** to boast ABOUT sth
■ **vacilar** *vt* (Esp, Méx fam) to tease; **lo estuvieron vacilando toda la noche** they were teasing him *o* pulling his leg all evening; **¡no me vaciles!** be serious!

vacile *m*
A (Esp fam) (tomadura de pelo): **esta obra es un ~** this play is a joke! (colloq); **basta de ~, vamos a hablar en serio** that's enough kidding, now let's be serious (colloq)
B (Esp fam) (cosa estupenda): **la fiesta fue un ~ increíble** the party was really great *o* was a real blast (colloq); **¡qué ~ de moto tiene!** that's a really cool *o* (AmE) radical motorcycle he has (colloq)

vacilón -lona *m,f*
A (fam) 1 (Esp, Méx) (bromista) joker (colloq), clown (colloq) 2 (Esp) (fanfarrón) show-off; (chulo) tough guy (colloq)
B **vacilón** *m* (AmL exc CS fam) 1 (juerga, diversión): **le encanta el ~** he loves going out and having a good time; **para ella la vida es un perenne ~** life for her is just one long party 2 (tomadura de pelo) joke; **no le creas, es puro ~** don't believe him, it's all a joke *o* (colloq) he's/she's only kidding

vacío[1] **-cía** *adj* 1 ‹*botella/caja*› empty; ‹*calle/ciudad*› empty, deserted; **con el estómago ~** on an empty stomach; **los envases ~s** the empty bottles, the empties (colloq); **la casa se alquila vacía** the house is being rented unfurnished; **el local está ~** the premises are empty *o* vacant; **la siguió con una mirada totalmente vacía** he stared after her with a totally blank expression on his face; **la despensa está vacía** there's no food in the house; **~ DE algo: una calle vacía de vehículos y transeúntes** a street empty of vehicles and passersby; **un hombre ~ de compasión** a man devoid of compassion; **frases vacías de significado** meaningless *o* empty words; **retórica vacía de contenido** empty rhetoric; ***volver de*** **~** (Esp) «*camión*» to come back empty; «*persona*» to come back empty-handed 2 (frívolo) ‹*persona*› shallow; ‹*vida*› empty, meaningless; **son frases bonitas pero vacías** they're fine-sounding words but they're meaningless *o* devoid of any meaning; **pasaban su tiempo en conversaciones vacías** they spent their time in idle *o* superficial conversation

vacío[2] *m* 1 (Fís) vacuum; **envasado al ~** vacuum-packed; ***hacer el ~ a algo*** to ignore sth; **hicieron el ~ a todas mis sugerencias** they ignored all my suggestions; ***hacerle el ~ a algn*** to give sb the cold shoulder, to cold-shoulder sb 2 (espacio vacío) space; **miraba al ~** she was gazing into space; **saltó al ~** he leapt into the void *o* into space; ***caer en el ~*** to fall on deaf ears 3 (falta, hueco) gap; **dejó en su vida un ~** she left a gap *o* a void in his life; **sentía una terrible sensación de ~** he had a terrible feeling of emptiness; **en el caso de un ~ en la jefatura del Estado** in the situation where there is no head of state

(Compuesto) **vacío de poder** power vacuum

vacuidad *f* (frml) vacuity (frml), vacuousness (frml), inanity

V

vacuna *f* vaccine; **me tengo que poner la ~** I have to have my vaccination; **~ oral** oral vaccine

(Compuesto) **vacuna antigripal** flu vaccine

vacunación *f* vaccination; **campaña de ~ antipolio/contra la difteria** polio/diphtheria vaccination campaign

vacunar [A1] *vt* to vaccinate; **los ~on contra la difteria** they were vaccinated against diphtheria, they were given diphtheria vaccinations; **ya estoy vacunado contra sus insultos** I've become immune to his insults

■ **vacunarse** *v pron* to get vaccinated; **~se CONTRA algo** to get vaccinated AGAINST sth

vacunatorio *m* vaccination center*

vacuno¹ -na *adj* bovine; **tienen ganado ~** they keep cattle

vacuno² *m* bovine

vacuo -cua *adj* (frml) vacuous (frml), inane

vade *m* desk

vadeable *adj* fordable

vadear [A1] *vt* to ford, cross, wade across

vademécum *m* (*pl* ~) handbook

vadera *f* ford

vade retro *interj* get thee behind me! (liter *or* hum), go away!

vado *m* [1] (de un río) ford [2] (en vías públicas) entrance, access; Ⓢ **vado permanente** no parking *o* keep entrance clear, 24-hour access

vagabundaje *m* ► **vagabundeo**

vagabundear [A1] *vi* [1] (andar sin rumbo) to drift (around) [2] (andar de vagabundo) to be a hobo (AmE) *o* tramp (BrE)

vagabundeo *m* [1] (por campo, ciudad) drifting [2] (de un vagabundo): **lleva una vida de ~** he's a hobo *o* (BrE) tramp

vagabundería *f* (Ven): **las ~s de estos políticos** the crooked deals *o* dirty business these politicians get involved in; **las ~s de su marido** her husband's appalling behavior

vagabundo¹ -da *adj* ‹perro› stray; **niños ~s** street urchins

vagabundo² -da *m,f* hobo (AmE), tramp (BrE), vagabond (liter)

vagamente *adv* ‹recordar› vaguely; **el nombre me suena ~** the name sounds vaguely familiar, the name rings a bell (colloq)

vagancia *f* [1] (pereza, holgazanería) laziness, idleness; **no lo hizo por ~** she was too lazy *o* idle to do it, it was sheer laziness *o* idleness that stopped her from doing it; **ni estudia ni trabaja, se dedica a la ~** he doesn't work or go to college, he just lazes around; **¡qué ~! no me apetece hacer nada** I feel so lazy *o* lethargic, I don't feel like doing anything [2] (Der) vagrancy

vagar [A3] *vi* to wander, roam, drift

vagido *m* cry (*of a new-born child*)

vagina *f* vagina

vaginal *adj* vaginal

vaginitis *f* vaginitis

vago¹ -ga *adj*

A (fam) ‹persona› lazy, idle

B ‹recuerdo/idea› vague, hazy; ‹contorno/forma› vague, indistinct; **hay un ~ parecido entre los dos** there is a vague resemblance between them; **me dio una explicación muy vaga de lo que había sucedido** she gave me a very vague explanation of what had happened, she only explained very vaguely what had happened; **tengo la vaga sensación de haberlo visto antes** I have a vague feeling I've seen him before

vago² -ga *m,f* (fam) layabout, slacker (colloq); **deja ya de hacer el ~ y ponte a trabajar** stop lazing around and get some work done (colloq)

vagón *m* (de pasajeros) coach, car (AmE), carriage (BrE); (de carga — abierto) freight car (AmE), goods *o* freight wagon (BrE); (— cerrado) box car (AmE), goods van (BrE)

(Compuestos)

- **vagón cisterna** tank car (AmE), tank wagon (BrE)
- **vagón comedor** (Esp) dining car, restaurant car (BrE)
- **vagón de carga** freight car (AmE), goods *o* freight wagon (BrE)
- **vagón de cola** caboose (AmE), guard's van (BrE)
- **vagón de ganado** stock car (AmE), cattle truck (BrE)
- **vagón de mercancías** ► **vagón de carga**
- **vagón de primera** first-class car (AmE) *o* (BrE) carriage
- **vagón de segunda** second-class car (AmE) *o* (BrE) carriage
- **vagón frigorífico** refrigerated car (AmE), refrigerated wagon (BrE)
- **vagón mirador** observation car
- **vagón postal** mail coach, mailcar (AmE)
- **vagón restaurante** dining car, restaurant car (BrE)
- **vagón tolva** hopper car (AmE), hopper wagon (BrE)

vagoneta¹ *f* [1] (Ferr) tipping skip, dump car [2] (Méx) (Auto) ► **furgoneta**

vagoneta² *mf* (Arg fam) lazybones (colloq)

vaguada *f*

A (Geog) river bed

B (Esp) (Com) shopping mall, shopping centre (BrE)

vaguear [A1] *vi* to laze around, to lay around (AmE), to loaf around *o* about (BrE colloq)

vaguedad *f* [1] (de palabras, ideas) vagueness [2] (expresión imprecisa) vague remark; **¡déjate de ~es y vete al grano!** stop being so vague *o* stop beating about the bush and get to the point

vaguitis *m* (Esp fam) laziness; **¡qué ~ tengo!** I feel so lazy!

vaharada *f* (liter): **sintió una ~ de alcohol en el rostro** a waft *o* stench of alcohol hit his face; **permaneció en la ventana, indiferente a la ~ de putrefacción** she stood at the window, indifferent to the reek of decay wafting up to her

vahído *m* dizzy spell; **le dio un ~** he had a dizzy turn

vaho *m*

A [1] (aliento) breath [2] (vapor) steam, vapor*; **los cristales estaban empañados por el ~** the windows were steamed *o* misted up [3] (inhalación): **hacer ~s** to inhale

B (AmC) (Coc) *dish made of steamed plantains, spicy beef and yam*

vaina *f*

A (funda — de una espada) scabbard; (— de una navaja) sheath

B (Bot) [1] (de guisantes, habas) pod [2] (del tallo) leaf sheath

C (de una bandera) casing; (de una vela) reinforcing hem

D (Col, Per, Ven fam) [1] (problema, contrariedad): **¡qué ~! acabo de saber que mi saldo está en rojo** what a drag *o* pain, I've just found out that I'm overdrawn (colloq); **la ~ es que no sé cómo llegar** the thing *o* problem *o* trouble is that I don't know how to get there; **estoy metida en una ~** I'm in a spot of trouble *o* bother (colloq); **¡qué ~ este gobierno!** this government's the (absolute) end *o* the pits (colloq) [2] (cosa, asunto): **alcánzame esa ~** can you pass me that thing *o* thingamajig *o* whatsitsname? (colloq); **aquí esa ~ no existe** you won't find anything like that round here; **explíqueme otra vez cómo es la ~** can you explain how it goes again? (colloq); **canaima, cada quien paga su ~** (Ven fam) everyone pays their share; ***echarle una ~ a algn*** (Ven fam) to shaft sb (AmE colloq), to do the dirty on sb (BrE colloq); ***echar ~*** (Ven fam) (molestar) to be a nuisance *o* pest; (divertirse) to have a good time (colloq), to have a laugh (colloq) [3] (comportamiento sospechoso): **tenían una ~** they were up to something funny, they were looking suspicious; **¿qué ~ te traes tú?** what are you up to?

vainica *f* drawnwork, drawn-thread work

vainilla *f*

A (Bot, Coc) vanilla; **helado de ~** vanilla ice-cream

B (AmL) ► **vainica**

vainillina *f* vanillin

vainita *f* (Ven) green bean

vais *see* ► **ir**

vaivén *m* [1] (de un columpio, péndulo) swinging; (de un tren) rocking; (de un barco) rolling; (de una mecedora) rocking [2] (de gente) toing and froing; **los vaivenes de la fortuna** the ups and downs of fortune, the swings of fortune

vajilla *f* [1] (en general) dishes (*pl*), crockery (BrE) [2] (juego) dinner service *o* set; **una ~ de porcelana** a china dinner service; **tiene la ~ completa** she has the complete set (of dishes)

Valdemoro *m* ► **Pinto**

valdré, valdría, etc ► **valer**

vale¹ *m*

A [1] (para adquirir algo) voucher; (por una devolución) credit note *o* slip; **un ~ de descuento** a money-off coupon [2] (pagaré) IOU

B (Per) (apuesta) *tb* **~ triple** treble

C (Méx) (compañero) ► **valedor B**

vale² *interj ver* **valer D**

valedero -ra *adj* (frml) valid; **~ hasta el 30 de mayo** valid until May 30th

valedor -dora *m,f*

A (frml) (defensor) defender, champion

B (Méx fam) (compañero) buddy (esp AmE), mate (BrE colloq)

valencia *f* valence (AmE), valency (BrE)

valenciana *f* (Méx) (Indum) cuff (AmE), turn-up (BrE)

valenciano¹ -na *adj* Valencian

valenciano² -na *m,f* [1] (persona) Valencian [2] **valenciano** *m* (idioma) Valencian

> **valenciano**
>
> The variety of ► **catalán** spoken in the autonomous region of Valencia. Some people regard it as a separate language from Catalan, which enjoys official status, but it is not officially recognized as such.

valentía *f* bravery, courage; **hay que tener ~ para decir todo eso** it takes a lot of courage to say all that; **lo condecoraron por su ~** he was decorated for bravery *o* gallantry

valentísimo -ma *adj* extremely brave

valer [E28] *vt*

A [1] (tener un valor de) to be worth; (costar) to cost; **no vale mucho dinero** it isn't worth much; **¿cuánto** *or* (crit) **qué valen esas copas?** how much are those wineglasses?, what do those wineglasses cost?; **pide $2.000 por el cuadro — pues no los vale** she wants $2,000 for the picture — well, it's not worth that; **~ *algo lo que pesa (en oro)*** (fam) to be worth its weight in gold (colloq); **ese chico vale lo que pesa (en oro)** that kid's worth his weight in gold [2] (equivaler a): **si x vale 8 ¿cuánto vale y?** if x is 8, what is the value of y?; **¿cuánto vale un dólar en pesos?** how much is a dollar worth in pesos?, how many pesos are there to the dollar?

B (+ *me/te/le etc*) (ganar): **le valió una bofetada** it earned him a slap in the face; **esta obra le valió el premio nacional de literatura** this play earned *o* won her the national literature prize

C (causar): **aquellas declaraciones le valieron un gran disgusto** that statement brought him a lot of trouble *o* caused a lot of trouble for him

■ **valer** *vi*

A [1] (+ *compl*) (tener cierto valor) to be worth; (costar) to cost; **es de bisutería, vale muy poco** it's costume jewelry, it's worth very little; **vale más caro pero es mejor** it costs more *o* it's more expensive but it's better [2] (equivaler) **~ POR algo** to be worth sth; **cada cupón vale por un regalo** each voucher is worth a gift *o* can be exchanged for a gift; **las fichas negras valen por 50 pesos y las rojas por 100** the black chips are worth 50 pesos and the red ones 100

B (tener valor no material): **ha demostrado que vale** he has shown his worth *o* how good he is; **es buena persona pero como profesor no vale**

V

nada he's a nice guy but as a teacher he's useless *o* he's a dead loss (colloq); **vales tanto como él** you're as good as he is; **no valgo nada para el** I mean nothing to him; **ella es preciosa pero él no vale nada** she's very pretty but he's not much to look at *o* not very good-looking; **para esos fanáticos la vida no vale nada** those fanatics place no value at all on life, life has no value for those fanatics; **su última novela no vale gran cosa** her latest novel isn't much good *o* (colloq) isn't up to much; ***hacerse*** **~** to assert oneself; **aprende a hacerte ~** learn to be more assertive *o* to assert yourself *o* (colloq) to stick up for yourself; ***hacer* ~ *algo:*** **las minorías tienen que hacer ~ sus derechos** minorities must assert *o* enforce their rights; **hizo ~ su autoridad** he used *o* imposed his authority; ***más vale un 'toma' que dos 'te daré'*** a bird in the hand is worth two in the bush

C [1] (servir): **ésta no vale, es muy ancha** this one's no good *o* no use, it's too wide; **~ PARA algo**: **no valgo para el deporte** I'm useless *o* no use *o* no good at sport; **¡no vales para nada!** you're completely useless; **~ DE algo** (+ *me/te/le etc*): **no le valió de nada protestar** protesting got him nowhere, his protests were to no avail; **sus consejos me han valido de mucho** her advice has been very useful *o* valuable to me [2] (Esp fam) «*ropa/zapatos*» (+ *me/te/le etc*): **este abrigo ya no le vale** this coat is no use to him any more; **los zapatos todavía le valen** her shoes are still OK

D **vale** (Esp fam) [1] (expresando acuerdo) OK; **¿nos encontramos en la cafetería? — ¡~!** shall we meet in the cafeteria? sure *o* fine *o* OK!; **paso a buscarte a las ocho, ¿~?** I'll pick you up at eight, OK *o* all right?; **voy a llegar un poco más tarde — ~, no te preocupes** I'll be a bit late — all right *o* OK, don't worry; **que llegues tarde una vez ~, pero tres días seguidos ...** being late once is one thing, but three days in a row ... [2] (basta): **¿~ así o quieres más?** is that OK *o* enough or do you want some more?; **¡~, ~, que no me quiero emborrachar!** hey, that's enough *o* plenty! I don't want to get drunk!; **ya ~, ¿no? lleváis media hora discutiendo** don't you think that's enough? you've been arguing for half an hour

E **más vale: más vale que no se entere** she'd better not find out; **más vale que hagas lo que te dice** you'd better do as he says; **se van a divorciar — más vale así** they're getting divorced — it's better that way *o* it's the best thing for them; (+ *me/te/le etc*): **más te vale terminar a tiempo** you'd better finish in time; **dijo que vendría temprano — ¡más le vale!** he said he'd be here early — he'd better be!; ***más vale prevenir que curar*** *or* (Méx) ***lamentar*** prevention is better than cure

F [1] (ser válido) «*billete/pasaporte/carné*» to be valid; **ese pase no vale, está caducado** that pass isn't valid *o* is no good, it's out of date; **las entradas valen para toda la semana** the tickets are valid for the whole week, the tickets can be used throughout the week; **esta partida no vale, me ha visto las cartas** this game doesn't count, he's seen my cards; **lo que le dije a él también vale para ti** what I told him goes for you too; **no hay excusa que valga** I don't want to hear *o* I won't accept any excuses; **he tomado la decisión y no hay discusión que valga** I've made my decision and I don't want any arguments; **valga la comparación** if you know *o* see what I mean; **se comporta como un 'nuevo millonario', valga la expresión** he behaves like some sort of 'nouveau millionaire', for want *o* lack of a better expression; ▸**redundancia** [2] (estar permitido): **eso no vale, estás haciendo trampa** that's not fair, you're cheating; **no vale mirar** you mustn't look, you're not allowed to look

G [1] (Méx fam) (no importar) (+ *me/te/le etc*): **a mí eso me vale** I don't give a damn about that (colloq), I couldn't *o* (AmE) I could care less about that (colloq); **eso me vale gorro** *or* (vulg) **madres** *or* (vulg) **una chingada** I don't give a damn (colloq) *o* (vulg) a shit [2] (Méx fam) (no tener valor) to be useless *o* no good (colloq); **saben mucha teoría pero a la hora de la hora valen** they know plenty of theoretical stuff but when it comes to the crunch they're useless *o* no good; **se las da de muy muy pero la neta es que vale gorro** *or* (vulg) **madres** he likes to make out he's really something but the truth is he's useless *o* (sl) he's crap [3] (Méx fam) (estropearse) «*coche/aparato*»: **mi coche ya valió** my car's had it (colloq)

■ **valerse** *v pron*

A (servirse) **~se DE algo/algn** to use sth/sb; **se valió de sus apellidos para conseguir el crédito** he took advantage of *o* used the family name to get the loan; **se vale de mentiras para lograr lo que quiere** she lies to get what she wants; **se valía de un bastón para andar** he used a stick to help him walk

B «*anciano/enfermo*»: **ya no se vale solo** *or* **no puede ~se por sí mismo** he can't take care of *o* look after himself any more, he can't manage *o* cope on his own any more

C (AmC, Méx, Ven) (estar permitido, ser correcto): **no se vale golpear abajo del cinturón** hitting below the belt is not allowed; **¡no se vale!** that's not fair!

valeriana *f* valerian

valerosamente *adv* bravely, courageously, valiantly (liter)

valerosidad *f* bravery, courage, valor* (liter)

valeroso -sa *adj* brave, courageous, valiant (liter); **se mostró valerosa frente a la adversidad** she showed courage in the face of adversity

valet *m* (*pl* **-lets**)

A (en naipes) jack, knave

B (Méx) (ayuda de cámara) valet, manservant

valetudinario -ria *m,f* valetudinarian (liter), invalid

valeverguista *mf* (AmC fam): **es un verdadero ~** he's completely devil-may-care (colloq)

valevista *m* (Chi) standing order

valga, valgas, etc ▸**valer**

valía *f* worth; **un joven de gran ~** a young man of great worth, a very able young man; **un hombre de su ~** a man of his ability *o* worth; **remuneración a convenir según ~ del candidato** salary negotiable according to the merits of the candidate

validación *f* validation

validar [A1] *vt* to validate

validez *f* validity; **la ~ de este pasaporte terminará el 16 de junio de 2011** this passport expires on *o* is valid until June 16 2011; **sin ~** invalid; **la falta de ~ del testamento** the invalidity of the will; **dar ~** to validate, give effect to

valido *m* (Hist) favorite*

válido -da *adj* [1] ‹*documento*› valid; **~ por un año/hasta 2009** valid for a year/until 2009 [2] ‹*excusa/argumento*› valid

valiente[1] *adj*

A ‹*persona*› brave, courageous, valiant (liter); **se las da de ~ y a la hora de la verdad ...** he makes out that he's brave but when it comes to it ...

B (*delante del n*) (iró) (como intensificador): **¡~ sinvergüenza estás tu hecho!** you have some nerve (AmE) *o* (BrE) a real nerve (colloq); **¡~ estupidez!** that was pretty stupid! (colloq); **¡~ amigo que tienes!** some friend *he* is *o* nice friends you have! (colloq & iro)

valiente[2] *mf* brave person; **los ~s marchan con la frente en alto** the brave walk with their heads held high (frml)

valientemente *adv* bravely, courageously, valiantly (liter)

valija *f* (RPl) suitcase

(Compuesto) **valija diplomática** diplomatic bag

valioso -sa *adj* ‹*joyas/cuadros*› valuable; ‹*consejo/ayuda/experiencia*› valuable; **un hombre ~** a man of great worth

valla *f* [1] (cerca) fence [2] (Dep) (en atletismo) hurdle; **100 metros ~s** 100 meters hurdles [3] (en fútbol) goal

(Compuesto) **valla publicitaria** billboard, hoarding (BrE)

valladar *m* fence

vallado *m* fence

vallar [A1] *vt* to fence, put a fence around

valle *m* valley

(Compuesto) **valle de lágrimas** vale of tears (liter)

valle-inclanesco -ca *adj* of/relating to Valle Inclán

vallenato *m* (en Col) folk song (*about local events*)

vallisoletano -na *adj* of/from Valladolid

vallista *mf* hurdler

valón -lona *adj/m,f* Walloon

valona *f*: *traditional Mexican song*; ***hacerle la/una ~ a algn*** (Méx fam) to put in a good word for sb; **hazme la ~ con tu jefe** put in a good word for me with your boss

valor *m*

(*Sentido* **I**)

A [1] (Com, Fin) (de una moneda) value; (de un cuadro, una joya) value; **dio a conocer el verdadero ~ del collar** he revealed the true value *o* worth of the necklace; **un alijo de droga por (un) ~ de 5.000 euros** a consignment of drugs worth *o* with a value of 5,000 euros; **libros por ~ de $150** books to the value of $150 *o* $150 worth of books; **el ~ de las acciones ha bajado** the value of the shares has dropped, the shares have fallen in value; **no se llevaron ningún objeto de ~** they didn't take any valuables *o* anything valuable; **enseres de poco ~ material** things of little material *o* real value [2] (importancia, mérito) value; **no tiene ningún ~ artístico** it has no artistic value *o* merit; **~ sentimental** sentimental value; **su palabra tiene un gran ~ para mí** I set great store by his word; **sus promesas no tienen ningún ~** her promises are worthless; **si no lleva la firma no tiene ningún ~** it's worthless unless it's signed; **¿qué ~ tiene si lo copió?** what merit is there in it if he copied it?; **¿qué ~ tiene que se lo sepa de memoria si no lo entiende?** what's the use *o* good of her knowing it by heart if she doesn't understand it?

(Compuestos)

- **valor absoluto** absolute value
- **valor adquisitivo** purchasing power
- **valor alimenticio** food *o* nutritional value
- **valor añadido** value added, added value
- **valor catastral** value recorded in the land registry (*used for calculating property taxes*)
- **valor de cambio** exchange value
- **valor de rescate** surrender value
- **valor de uso** usage *o* practical value
- **valor facial** face value
- **valor nominal** par *o* nominal value
- **valor nutritivo** food *o* nutritional value
- **valor por defecto** (Inf) default value
- **valor relativo** relative value

B **valores** *mpl* (Econ, Fin) securities (*pl*), stocks (*pl*), shares (*pl*)

(Compuestos)

- **valores de renta fija** *mpl* fixed yield securities (*pl*)
- **valores de renta variable** *mpl* variable yield securities (*pl*)

C [1] (Mat) (de una incógnita) value [2] (Mús) (de una nota) value, length

D (persona): **uno de los jóvenes ~es de nuestro tenis** one of our young tennis stars; **los nuevos ~es de nuestra música** our up-and-coming musicians

E **valores** *mpl* (principios morales) values (*pl*); **escala** *or* **jerarquía de ~es** scale of values

(*Sentido* **II**)

A (coraje, valentía) courage; **me faltó ~ para decírselo** I didn't have the courage to tell him; **hay que tener ~ para hacer algo así** you have to be brave *o* it takes courage to do a thing like that; **el capitán ensalzó el ~ de los soldados** the captain praised the soldiers for their bravery *o* courage; **armarse de ~** to pluck up courage

B (fam) (descaro, desvergüenza) nerve (colloq), cheek (BrE colloq); **¡encima tiene el ~ de protestar!** and then she has the nerve *o* cheek to complain!, and then she dares to complain!

valoración *f* [1] (de bienes, joyas) valuation; (de pérdidas, daños) assessment [2] (frml) (de un suceso, un trabajo, una experiencia) assessment, appraisal (frml); **hizo una ~ de la situación** he assessed *o* (frml) appraised the situation; **hizo una ~ muy negativa del congreso** his assessment of *o* his verdict on the conference was very unfavorable

valorar [A1] *vt*
A [1] (tasar) ‹*joyas/cuadros*› to value; ‹*pérdidas/daños*› to assess; **~ algo EN algo**: **el cuadro está valorado en 2 millones de dólares** the picture is valued at 2 million dollars; **las pérdidas se valoran en varios millones de dólares** the damage is estimated at several million dollars; **una vida no se puede ~ en dinero** you cannot put a value on a person's life [2] (frml) (considerar) to assess; **valoró la actuación de su predecesor** he assessed his predecessor's performance; (+ *compl*): **valoran positivamente esta nueva política** they consider *o* judge this new policy to be positive; **su cambio de actitud fue valorado negativamente** her change of attitude was viewed unfavorably [3] (apreciar, estimar) to appreciate; **no sabes ~ la amistad** you don't appreciate the true value of friendship, you don't value friendship as you should; **valoraba muy poco su dedicación** he attached very little value to her dedication; **valoro mucho su lealtad** I value your loyalty very highly; Ⓢ **se valorará experiencia** experience an advantage
B (Quím) to titrate

valórico -ca *adj* (Chi frml): **programas con algún contenido ~** programs* with some higher value content; **el desarrollo ~** the development of values

valorización *f* [1] (tasación) ►**valoración 1** [2] (AmL) (aumento de valor) increase in value, appreciation

valorizar [A4] *vt* ►**valorar A1**
■ **valorizarse** *v pron* to appreciate, increase in value

Valquiria *f* Valkyrie

vals *m* waltz; **bailar un ~** to waltz; ***estar tocame un ~*** (RPl fam) to be crazy *o* nuts (colloq), to be as mad as a hatter (BrE colloq)

valsar [A1] *vi* to waltz

valsear [A1] *vi* to waltz

valuar *vt* [A18]; (AmL) to value

valva *f* valve

válvula *f* valve

(Compuestos)
- **válvula de admisión** inlet valve
- **válvula de cierre** stop valve
- **válvula de escape** (Tec) exhaust valve; (de tensión, nervios) safety valve; **el deporte/la música es mi ~ de ~** sport/music is my safety valve, I use sport/music as an outlet for my energy (*o* emotions *etc*)
- **válvula del neumático** tire valve
- **válvula mitral** mitral valve

vámonos ►**ir**

vamos ►**ir**

vampi *f* ►**vampiresa**

vampiresa *f* femme fatale, vamp (dated)

vampiro *m*
A [1] (en historias de horror) vampire [2] (explotador) vampire, bloodsucker
B (Zool) vampire bat, vampire

van *see* ►**ir**

vanadio *m* vanadium

vanagloria *f* boastfulness, vain glory (liter); **lo que dice no es verdad, es pura ~** what he says isn't true, he's just boasting *o* bragging

vanagloriarse [A1] *v pron* **~ DE algo** to boast *o* brag ABOUT sth; **se vanagloria de su origen familiar** he boasts *o* brags about his background

vanaglorioso -sa *adj* boastful, vainglorious (liter)

vanamente *adv* [1] (en vano) in vain [2] (con presunción) vainly

vandálico -ca *adj* [1] (Hist) Vandalic [2] ‹*acción/comportamiento*› vandalistic, mindlessly destructive

vandalismo *m* vandalism, hooliganism

vándalo[1] **-la** *adj* (Hist) Vandal (*before n*), Vandalic

vándalo[2] **-la** *m,f* [1] (Hist) Vandal [2] (gamberro) vandal, hoodlum, hooligan

vanguardia *f* [1] (Mil) vanguard [2] (Art, Lit) avant-garde; **pintura/teatro de ~** avant-garde art/theater; **ir** *or* **estar a la ~** to be in the vanguard; **un músico a la ~ de su época** one of the most innovative musicians of his day

> **La Vanguardia**
>
> *La Vanguardia*, founded in Barcelona in 1881, is one of Spain's most prestigious newspapers (circulation: over 191,000). Published daily in Barcelona, it can also be accessed on the Internet (www.lavanguardia.es). *La Vanguardia* has a reputation as a serious and objective paper and is most influential in Catalonia.

vanguardismo *m* avant-gardism, modernism

vanguardista[1] *adj* avant-garde, modernist

vanguardista[2] *mf* avant-gardist, modernist

vanidad *f* [1] (presunción) vanity, conceit, pride; (en cuanto al aspecto físico) vanity; **la ~ le impide reconocer sus errores** vanity *o* conceit prevents her from admitting her mistakes, she's too proud to admit her mistakes; **no usa gafas por pura ~** she refuses to wear glasses out of sheer vanity; **halagar la ~ de algn** to flatter sb's vanity [2] (Relig) vanity; **~ de ~es, todo es ~** (Bib) vanity of vanities, all is vanity

vanidoso[1] **-sa** *adj* (presumido) vain, conceited, proud; (en cuanto al aspecto físico) vain; **los éxitos profesionales lo han vuelto ~** his professional success has made him vain *o* conceited *o* proud, his professional success has gone to *o* turned his head

vanidoso[2] **-sa** *m,f* peacock (liter); **es un ~** he's so vain *o* conceited

vano[1] **-na** *adj*
A [1] (inútil, ineficaz) ‹*discusiones*› vain, futile, useless; ‹*amenazas*› idle; **mis esfuerzos por ayudarlo fueron ~s** my efforts to help him were futile *o* in vain; **en un ~ intento por ayudarla** in a vain *o* futile attempt to help her; **son excusas vanas, no servirán para nada** they're pointless excuses, they won't help at all; **en ~** in vain; **trató en ~ de convencerme** she tried in vain to convince me, she tried to convince me, but to no avail *o* but in vain [2] (falto de realidad) vain; **abandona esas vanas esperanzas** abandon those vain hopes (frml *or* liter); **creyó que le iban a dar el puesto, pero no fueron más que vanas ilusiones** she thought they were going to give her the job, but it was just wishful thinking [3] ‹*palabras/promesas*› empty, hollow, vain (frml)
B ‹*cáscara/fruta*› empty

vano[2] *m* opening, space

vapor *m*
A (Fís, Quím) vapor*, steam; ***a todo ~*** at full tilt *o* steam *o* speed

(Compuesto) **vapor de agua** water vapor*

B (Coc): **al ~** steamed; **mejillones al ~** steamed mussels
C (Náut) steamer, steamship

vapora *f* steam launch

vaporera *f* (Coc) steamer

vaporización *f* vaporization

vaporizador *m* vaporizer

vaporizar [A4] *vt* to vaporize
■ **vaporizarse** *v pron* to vaporize

vaporoso -sa *adj* filmy, gauzy, diaphanous (liter)

vapulear [A1] *vt* to beat, give … a beating

vapuleo *m* beating

vaquería *f*
A (ant) (lechería) dairy
B (Col, Méx, Ven) (artes del vaquero) craft of the cowboy

vaqueriza *f* (recinto) winter enclosure; (edificio) cowshed

vaquero[1] **-ra** *adj* [1] ‹*falda*› denim; ‹*cazadora*› denim, jean (*before n*); **un pantalón ~** (a pair of) jeans *o* denims [2] ‹*estilo*› cowboy (*before n*)

vaquero[2] **-ra** *m,f*
A (Agr) (*m*) cowboy, cowhand; (*f*) cowgirl, cowhand
B (Per fam) (Educ) truant, skiver (BrE colloq)
C **vaquero** *m* (Indum) *tb* **~s**: **quiero comprar un ~ nuevo** *or* **unos ~s nuevos** I want to buy a new pair of jeans *o* denims *o* some new jeans

vaqueta *f* (Col, RPl) calfskin, leather

vaquetón[1] **-tona** *adj* (Méx fam) shameless

vaquetón[2] **-tona** *m,f* (Méx fam): **eres un ~** you're completely shameless

vaquilla *f* heifer; **corrida de ~s** *amateur bullfight with young bulls*

vaquillona *f* (CS, Per) heifer (*of between two and three years*)

vaquita *f* ►**vaca**[2]

vara *f*
A [1] (palo) stick, pole [2] (patrón) yardstick; **hay que medir a los dos con la misma ~** you have to judge the two by the same standards *o* criteria, you have to measure the two with the same yardstick; **depende de la ~ con que lo midas** it depends on the standards *o* criteria you're judging it by [3] (bastón de mando) rod *o* wand *o* staff of office [4] (Taur) lance, pike [5] (del trombón) slide [6] (medida de longitud) *unit of length approximately equivalent to one yard*
B (Per fam) (influencia) connections (*pl*) (colloq); **sin ~ no entras a ninguna parte** you don't get anywhere unless you have (the right) connections

varadero *m* dry dock

varado -da *adj*
A [1] (Náut) ‹*barco*› aground; **quedó ~** it ran aground; **hay mucho pescado ~** a lot of fish have been washed up *o* washed ashore; **una ballena varada** a beached whale [2] (AmL) (detenido): **miles de turistas quedaron ~s** thousands of tourists were left stranded *o* (colloq) high and dry; **se quedaron ~s subiendo la cuesta** they had a breakdown *o* they broke down halfway up the hill; **me quedé totalmente ~ con el trabajo** I got stuck with my work, I came to a standstill with my work; **se quedó ~ del miedo que le dio** (RPl) he was rooted to the spot with fear, he was paralyzed by fear
B [1] (Col, Méx fam) (sin dinero) broke (colloq) [2] (Chi) (sin familia, amigos): **me dio pena verlo tan ~** it made me very sad to see him so alone in the world; **se peleó con todos y anda muy ~** he's fallen out with everybody so he's very much on his own [3] (Chi) (sin empleo) out of work

varadura *f* (a propósito) beaching, careening; (por accidente) running aground, stranding

varano *m* monitor lizard

varapalo *m* (Esp)
A (palo, vara) long stick
B (golpe) blow (with a stick); (paliza) hiding, thrashing
C [1] (crítica dura) stinging criticism; **~ A algo/algn** stinging criticism OF sth/sb [2] (reprimenda) telling-off; **recibir** *or* **llevarse un ~ de algn** to get a telling-off from sb [3] (contratiempo) setback

varar [A1] *vt* to beach, careen
■ **varar** *vi* to run aground
■ **vararse** *v pron* to run aground

varayoc *m* mayor (*of indigenous community*)

varazón *m* (AmL) [1] (de pescados, ballenas): **nadie se explica la ~ de estas ballenas** nobody knows why these whales beach themselves *o* get beached; **produce ~ de pescados** it leads to fish getting washed ashore *o* washed up [2] (de cargamento): **hubo gran ~ de barriles** a lot of barrels got washed ashore *o* washed up

vareador -dora *m,f* *person who works in the olive or almond harvest*

varear [A1] *vt*
A [1] ‹*almendros/olivos*› to knock down [2] ‹*lana*› to beat
B (RPl) (Equ) to break

vareo *m* knocking down
varetazo *m* sideways thrust with the horn
varí *m* harrier
variabilidad *f* variability; **~ atmosférica** unsettled *o* changeable weather conditions
variable¹ *adj* ‹*carácter/humor*› changeable; **tiempo ~** unsettled *o* changeable *o* variable weather
variable² *f* variable
variación *f*
A 1 (cambio) change, variation; **no habrá variaciones en la temperatura** there won't be much variation in temperature 2 (Mat) variation
Compuesto **variación magnética** magnetic deviation *o* variation
B (Mús) variation
variado -da *adj* 1 ‹*programa/repertorio*› varied; ‹*vida/trabajo*› varied 2 (diverso): **ropa de colores ~s** clothes in a variety of *o* in various colors; Ⓢ **aperitivos/postres variados** choice of aperitifs/desserts; **hubo reacciones variadas ante el atentado** reactions to the attack were varied, there were diverse *o* varying reactions to the attack
variancia *f* variance
variante *f*
A 1 (de una palabra) variant; **~s ortográficas de una palabra** variant spellings of a word 2 (de virus) variant 3 (Esp) (en quinielas) draw or away win
B (carretera): **el tráfico se desvía por la ~ de Aranjuez** traffic is being diverted onto the road that goes through Aranjuez; **el trazado de la ~ de la N-IV** the line of the N-IV relief road; **con la nueva ~, el puerto quedará a una hora de la capital** when the new road is opened, the port will only be an hour's drive from the capital
C (ant) (Coc) hors d'oeuvre, appetizer; **tienda de ~s** delicatessen
varianza *f* variance
variar [A17] *vi* 1 «*precio/temperatura*» to vary; **el precio varía según la ruta** the price varies according to the route; **las temperaturas varían entre 20°C y 25°C** temperatures range *o* vary between 20°C and 25°C; **el pronóstico no ha variado** the forecast hasn't changed *o* altered; **para ~** (iró) as usual; **llegó tarde, para ~** she was late, as usual *o* (iro) just for a change; **~ DE algo: el viento ha variado de dirección** the wind has changed *o* altered direction 2 (cambiar de opinión) to change one's mind; **dijiste que no venías, ahora no varíes** you said you weren't coming, don't change your mind now; **no hace más que ~ de opinión** she's forever changing her mind
■ **variar** *vt*
A (hacer variado) 1 ‹*menú*› to vary 2 ‹*producción*› to vary, diversify; **queremos presentar al consumidor una oferta variada** we want to offer the consumer a variety of products
B (cambiar) 1 ‹*situación*› to change, alter; **siempre está variando la decoración de la casa** she's forever altering *o* changing the decor in the house; **una palabra que no varía el plural** a word which does not change in the plural 2 ‹*rumbo*› to change, alter
■ **variarse** *v pron* (RPl fam): **van ahí a ~se** they go there to see people and be seen (colloq)
varice, (esp AmL) **várice** *f* ▸ **variz**
varicela *f* chicken pox, varicella (tech)
varicocele *m* varicocele
varicoso -sa *adj* varicose
variedad *f* 1 (diversidad) variety; **en este tema hay ~ de opiniones** there are a variety of opinions on this subject, people hold many different *o* very different views on this subject; ***en la ~ está el gusto*** or (Col, Ven) ***el placer*** variety is the spice of life 2 (clase, especie) variety 3 **variedades** *fpl* (Espec) vaudeville (AmE), variety (BrE); **espectáculo de ~es** vaudeville *o* variety show; **teatro de ~es** vaudeville theater, variety theatre
variegado *adj* varicolored, (BrE), varicoloured
varilarguero *m* (fam) picador
varilla *f*
A (en general) rod; (de un abanico, paraguas) rib; (de un corsé) stay; (de una jaula) bar; (de una rueda de bicicleta) spoke; (para el hormigón) reinforcing rod; **la ~ para medir el aceite del coche** the dipstick
Compuesto **varilla empujadora** push-rod
B (Méx fam) (artículos de mercería) notions (pl), haberdashery (BrE)
C (Ven fam & euf) ▸ **vaina D**
varillaje *m* ribs (*pl*)
varillero *m* (Méx fam) peddler*
varillo *m* (Col arg) joint (colloq), spliff (sl)
vario -ria *adj*
A **~s/varias** (más de dos) several; **sucedió varias veces/hace ~s años** it happened several times/several years ago; **una o varias circunstancias atenuantes** one or more mitigating circumstances; **las ventajas de este método son varias** this method has several *o* various advantages
B (variado, diverso) various; **problemas de naturaleza varia** problems of various kinds; **gastos varios** miscellaneous expenses; **asuntos ~s** various matters; (en el orden del día) (any) other business
variopinto -ta *adj*: **el público asistente era de lo más ~** there was a really mixed audience, the audience was a real mix of different people *o* (colloq) a really mixed bag; **objetos ~s componen la decoración de la habitación** the room is decorated with all kinds of miscellaneous objects
varios¹ -rias *adj* (después del n) assorted; **productos ~** assorted products; **enfermedades varias** various illnesses; **gastos ~** miscellaneous expenses
varios² -rias *pron* several; **~s de nosotros la habíamos visto** several of us had seen it; **lo compraron entre ~s** several of them got together to buy it; **varias de las cajas habían sido abiertas** several of the boxes had been opened
varios³ *mpl* miscellaneous; **lo incluyó en ~** she included it in miscellaneous
varita¹ *f* wand
Compuesto **varita mágica** magic wand
varita² *mf* (RPl fam) traffic cop (colloq)
variz (*pl* **varices** *or* esp AmL **várices)** *f* varicose vein
varo *m* (Méx fam) *small coin*; **no traigo ni un ~** I don't have a penny on me (colloq); **¿cuándo me pagas los ~s que te presté?** when are you going to pay me back the money *o* (colloq) cash I lent you?
varón¹ *adj* male; **un hijo ~** a son
varón² *m* (niño) boy; (hombre) man, male; **tiene tres varones y una niña** she has three boys and a girl; **¿qué tuvo? — un varoncito** what did she have? — a little boy; **especificar sexo: ~ o hembra** specify sex: male or female; **el marido es un santo ~** her husband's a saint (colloq)
varonera¹ *adj* (Arg fam) boyish; **es muy ~** she's a real tomboy
varonera² *f* (Arg fam) tomboy
varonil *adj* 1 (masculino, viril) manly, masculine; **voz/aspecto ~** masculine voice/appearance 2 ‹*mujer*› (hombruna) mannish, masculine, butch (colloq & pej)
Varsovia *f* Warsaw
vas ▸ **ir**
vasallaje *m* vassalage; **rendir ~** to pay homage and fealty
vasallo *m* vassal
vasar *m* (ant) kitchen shelf
vasco¹ -ca *adj* Basque
vasco² -ca *m,f* 1 (persona) Basque 2 **vasco** *m* (idioma) Basque

> **vasco** *or* **vascuence**
> ▸ **euskera.**

vascofrancés¹ -cesa *adj* French Basque; **el País Vascofrancés** the French Basque Country
vascofrancés² -cesa *m,f* French Basque
vascohablante¹ *adj* Basque-speaking (*before noun*)
vascohablante² *mf* Basque speaker
vascón -cona *m,f* (Hist) Vascon (*inhabitant of ancient Basque territory of Vasconia*)
Vascongadas *adj*: **las (Provincias) ~** the Basque Country
vascoparlante *adj* Basque-speaking
vascuence *m* Basque
vascular *adj* vascular
vasectomía *f* vasectomy
vaselina *f* Vaseline®, petrolatum, petroleum jelly
vasija *f* (Arqueol) vessel (frml); **usaban una calabaza como ~** they used a gourd as a container
vaso *m*
A 1 (recipiente) glass; **~s de plástico** plastic glasses; **seis ~s de agua** six tumblers, six water glasses 2 (contenido) glass; **me dio un ~ de vino** he gave me a glass of wine; **se bebió el ~ de un trago** he drank the whole glassful *o* glass down in one go; **añadir dos ~s de agua por persona** ≈ add two cups of water per person; ***ahogarse en un ~ de agua*** (fam) to get worked up about nothing (colloq)
Compuestos
- **vaso medidor** measuring jug
- **vasos comunicantes** *mpl* communicating vessels (*pl*)

B (Arqueol) vase, urn
C (Anat) vessel
Compuesto **vaso sanguíneo** blood vessel
D (Bot) vessel
Compuestos
- **vaso criboso** phloem *o* bast vessel
- **vaso leñoso** xylem *o* wood vessel

E (casco de caballo) hoof
vasoconstricción *f* vasoconstriction
vasoconstrictor¹ -tora *adj* vasoconstrictive
vasoconstrictor² *m* vasoconstrictor
vasodilatación *f* vasodilation
vasodilatador¹ *adj* vasodilatory
vasodilatador² *m* vasodilator
vasomotor -tora *adj* vasomotor (*before n*)
vasquismo *m* 1 (condición de vasco) Basqueness 2 (Pol) Basque pro-autonomy movement 3 (Ling) Basque word/expression
vasquista¹ *mf*: *supporter of Basque autonomy*
vasquista² *adj* in favor* of Basque autonomy
vástago *m*
A (Bot) shoot
B (liter) (hijo, descendiente) scion (liter), descendant, offspring; **era el último ~ de su estirpe** he was the last (descendant) of his line
C 1 (Mec) rod 2 (de una copa) stem
Compuesto **vástago del émbolo** connecting rod
vastedad *f* vastness, immensity
vasto -ta *adj* (*gen delante del n*) 1 ‹*mar/llanura*› vast, immense; **desde allí se divisaban los ~s campos de trigo** from there one could make out the vast expanse of wheatfields 2 ‹*conocimientos/experiencia*› vast, enormous
vataje *m* wattage
vate *m* (liter) bard (liter)
váter *m* (Esp fam) 1 (inodoro) lavatory, toilet 2 ▸ **baño**; (cuarto) bathroom (esp AmE), toilet (BrE), john (AmE colloq), loo (BrE colloq)
vaticanista *mf* Vatican watcher, Vaticanologist
vaticano -na *adj* Vatican (*before n*)
Vaticano *m*: **el ~** the Vatican; **Ciudad del ~** Vatican City
vaticinador -dora *adj* prophetic
vaticinar [A1] *vt* (period): **los sondeos vaticinan la victoria del PPP** the polls forecast *o* predict a victory for the PPP; **estos sucesos vaticinan un invierno conflictivo** these events point to the prospect of further conflict this winter

V

vaticinio *m* (period) prediction, forecast; **se cumplieron los ~s** the predictions *o* forecasts turned out to be correct
vatímetro *m* wattmeter
vatio *m* watt
vaudeville /boðe'βil/ *m* ▸ **vodevil**
vaya, vayas, etc ▸ **ir**
VB = visto bueno
vblog, videoblog *m* vblog
VCL *f* (= **Visual Component Library**) VCL
Vd. = usted
Vda. = viuda
Vdes., Vds. = ustedes
VDU *m* (= **Visual Display Unit**) VDU
ve[1] *f* (AmL) *tb* : **~ corta** *or* **chica** *or* **pequeña** *name of the letter* **v**
ve[2] ▸ **ir ver**[2]
VE = Vuestra Excelencia
vea, veas, etc ▸ **ver**[2]
vecinal *adj* ‹*asociación/comisión*› neighborhood* (*before n*), local (*before n*); ▸ **camino**
vecindad *f*
A **1** (lugar, barrio) neighborhood*, area; **no hay colegios en la ~** there are no schools in the neighborhood *o* area *o* vicinity **2** (vecinos) ▸ **vecindario 2**
B (Méx) (edificio) tenement house
vecindario *m* **1** (barrio) neighborhood*, area; **es nuevo en el ~** he's new to the neighborhood *o* area **2** (vecinos) residents (*pl*); **todo el ~ se había reunido allí** all the residents had gathered there, the whole neighborhood (*o* square *etc*) had gathered there
vecino[1] **-na** *adj*
A **1** (contiguo) neighboring*; **los países ~s** the neighboring countries; **~ A algo** bordering ON sth, adjoining sth; **la finca vecina a la suya** the property bordering on his *o* adjoining his, the next *o* the adjacent property **2** (cercano) neighboring*, nearby; **era de un pueblo ~** she was from a neighboring *o* nearby village
B (similar) ‹*ideas/posiciones*› similar
vecino[2] **-na** *m,f* **1** (habitante, residente — de una población, un municipio) inhabitant; (— de un barrio, edificio) resident; **la colaboración de todos los ~s de Atlanta** the cooperation of all the inhabitants of Atlanta *o* of everyone who lives in Atlanta; **la comunidad de ~s** the residents' association **2** (persona que vive cerca) neighbor*; **ayer vi a tu vecina** I saw your neighbor yesterday, I saw the woman who lives next door to you yesterday; **mi ~ de al lado** my next-door neighbor; **miles de ~s de la fábrica** thousands of people who live near the factory
vector *m*
A (Fís, Mat) vector
B (Biol, Med) vector
C (Mil) missile
vectorial *adj* vectorial
veda *f* (en caza y pesca) closed (AmE) *o* (BrE) close season; **la perdiz está en ~** it is the closed *o* close season for partridge; **la ~ se levanta el día 12** the closed *o* close season ends on the 12th
vedado *m* reserve
(Compuesto) **vedado de caza** game reserve
vedar [A1] *vt* **1** ‹*caza/pesca*› to prohibit, ban (*during the closed season*); **a partir de mañana queda vedada la pesca** the fishing season ends today, fishing is banned *o* prohibited as from tomorrow **2** (prohibir) to ban; **~ el consumo de carne** to ban the consumption of meat; **tiene la entrada vedada en ese lugar** he's been banned from there; **en esta casa ese tema está vedado** we don't mention that subject in this house, that subject is taboo *o* banned in this house; **son placeres que les están vedados** they are pleasures which are forbidden to them
vedetismo *m* ▸ **vedettismo**
vedette /be'ðet/ *f* cabaret star; **fue la ~ de la fiesta** she was the star *o* the life and soul of the party
vedettismo *m* **1** (oficio) *status as a cabaret star* **2** (afán de protagonismo) desire to be in the limelight
védico -ca *adj* Vedic
vedismo *m* Vedantism
vega *f*
A (Geog) ≈ meadow (*area of low-lying fertile land*)
B (Chi) (mercado de abastos) market
veganismo *m* veganism
vegano[1] **-na** *adj* vegan
vegano[2] **-na** *m,f* vegan
vegetación *f* **1** (Bot) vegetation **2** (Med) **vegetaciones** *fpl* adenoids (*pl*)
vegetal[1] *adj* ‹*vida*› plant (*before n*); ‹*aceite*› vegetable (*before n*)
vegetal[2] *m* plant, vegetable; **tuvo un accidente y lo dejó como un ~** (fam) he had an accident and it left him a vegetable *o* cabbage (colloq)
vegetar [A1] *vi* **1** (Bot) to grow **2** (fam) «*persona*» to vegetate (colloq & pej); **ni trabaja ni estudia, se dedica a ~** she doesn't work or study, she just sits there vegetating (colloq)
vegetarianismo *m* vegetarianism
vegetariano -na *adj/m,f* vegetarian
vegetativo -va *adj* vegetative; **vida vegetativa** vegetative life
veguino -na *m,f* (Chi) stallholder
vehemencia *f* vehemence; **defendió su postura con ~** he vehemently defended his position
vehemente *adj* vehement; **expuso sus argumentos de manera ~** he put forward his arguments very forcefully *o* in a vehement manner; **me considero un ~ admirador de su obra** I regard myself as an ardent *o* (liter) a vehement admirer of his work
vehicular *adj* ‹*control*› traffic (*before n*); **aumento del movimiento ~ hacía la costa** increase in traffic using the road to the coast; **acceso ~** access for vehicles, vehicular access (frml)
vehículo *m* **1** (Transp) vehicle; **~ deportivo utilitario** sports utility vehicle, SUV **2** (medio de transmisión) vehicle; **el programa le sirvió como ~ para dar a conocer sus ideas** he used the program as a vehicle to publicize his ideas **3** (Fís, Quím) medium; (Med) carrier; **el aire es el ~ de las ondas sonoras** air is the medium through which sound waves are transmitted; **los mosquitos son ~s transmisores de enfermedades** mosquitoes transmit disease *o* are carriers of disease
(Compuestos)
- **vehículo automóvil** car, automobile (AmE)
- **vehículo espacial** spacecraft

veía, veíamos, etc ▸ **ver**[2]
veinte[1] *adj inv/pron* twenty (*para ejemplos ver* **cinco**[1], **cinco**[2], **cincuenta**[1]); ***caer el ~*** (Méx fam): **no me cayó el ~ de que había venido a buscarme a mí** I didn't realize *o* (BrE colloq) twig that it was me she'd come looking for, it didn't dawn on me that it was me she'd come looking for (colloq); ***cantar las ~*** to have the king and queen of the same suit
veinte[2] *m* ▸ ❶ **p.575** (number) twenty; **el ~ de octubre** the 20th of October
veinteañero -ra *adj* ▸ ❶ **p.303**; **una chica veinteañera** a girl of about twenty
veinteavo[1] **-va** *adj* **1** (partitivo): **la veinteava parte** a twentieth **2** (crit) (ordinal) twentieth; **llegó en ~ lugar** she came twentieth; **es la veinteava edición del premio** the prize is in its twentieth year; **el restaurante está en el ~ piso** the restaurant is on the twentieth floor
veinteavo[2] *m* ▸ ❶ **p.243** twentieth
veintena *f*: **una ~ de personas** about 20 people
veinticinco[1] *adj inv/pron* twenty-five *para ejemplos ver* **cinco**[1], **cinco**[2]
veinticinco[2] *m* (number) twenty-five
veinticuatro[1] *adj inv/pron* twenty-four *para ejemplos ver* **cinco**[1], **cinco**[2]
veinticuatro[2] *m* (number) twenty-four
veintidós[1] *adj inv/pron* twenty-two *para ejemplos ver* **cinco**[1], **cinco**[2]
veintidós[2] *m* (number) twenty-two
veintinueve[1] *adj inv/pron* twenty-nine *para ejemplos ver* **cinco**[1], **cinco**[2]
veintinueve[2] *m* (number) twenty-nine
veintiocho[1] *adj inv/pron* twenty-eight *para ejemplos ver* **cinco**[1], **cinco**[2]
veintiocho[2] *m* (number) twenty-eight
veintipocos -cas *adj/pron* twenty-odd
veintiséis[1] *adj inv/pron* twenty-six *para ejemplos ver* **cinco**[1], **cinco**[2]
veintiséis[2] *m* (number) twenty-six
veintisiete[1] *adj inv/pron* twenty-seven *para ejemplos ver* **cinco**[1], **cinco**[2]
veintisiete[2] *m* (number) twenty-seven
veintitantos -tas *adj/pron* twenty-odd
veintitrés[1] *adj inv/pron* twenty-three *para ejemplos ver* **cinco**[1], **cinco**[2]
veintitrés[2] *m* (number) twenty-three
veintiuna *f* blackjack
veintiuno[1] **-na** *adj/pron* [▸ **veintiún** *is used before masculine nouns and before feminine nouns which begin with accented* **a** *or* **ha**] twenty-one; **veintiún años/armas** twenty-one years/weapons; **jóvenes de entre ~ y veinticinco años de edad** young people of between twenty-one and twenty-five (years old); **veintiuna libras/personas** twenty-one pounds/people *para ejemplos ver tb* **cinco**[1], **cinco**[2]
veintiuno[2] *m* (number) twenty-one
vejación *f*, **vejamen** *m*
A (humillación) humiliation
B (maltrato moral) abuse, degrading treatment; **fue sometido a diversas vejaciones por parte de los carceleros** he was subjected to various forms of abuse by the prison guards
vejancón -cona *adj* (fam) ancient (colloq)
vejar [A1] *vt*
A (humillar) to ill-treat
B (maltratar) to abuse
C (Esp) (acosar) to harass
vejatorio -ria *adj* humiliating, degrading
vejestorio *m* **1** (fam) (persona): **ese guardameta es un ~** that goalkeeper is an old relic *o* (BrE) an old crock (colloq) **2** (AmL fam) (cosa) old relic (colloq), piece of old junk (colloq)
vejete *m* (fam) old guy (colloq), old buffer *o* dear (BrE colloq)
vejez *f* old age; ***a la ~, viruela(s)*** (fam): **¡enamorarse a su edad! — ya sabes: a la ~, viruela(s)** falling in love at his age! — well, you're only as young as you feel
vejiga *f* **1** ▸ ❶ **p.231** (Anat) bladder **2** (ampolla) blister
(Compuesto) **vejiga natatoria** air bladder
vejucón *m* (Ven pey) dirty old man (pej)
vejucona *f* (Ven fam) middle-aged woman
vela *f*
A (para alumbrar) candle; ***darle a algn/tener ~ en este entierro:*** **¿a ti quién te ha dado ~ en este entierro?** who asked for your opinion?, what business is it of yours?; **aunque no tengo ~ en este entierro ...** I know this is none of my business, but ...; ***hasta que las ~s no ardan*** (Chi fam) forever (colloq)
B (vigilia): **había pasado la noche en ~ estudiando** she had been up all night studying, she had stayed up *o* stayed awake all night studying; **estuvo en ~ hasta que llegué** he was still awake when I arrived, he couldn't get to sleep until I arrived
C **1** (de barco) sail; **izar una ~** to hoist a sail; ***arriar*** *or* ***recoger ~s*** (Náut) to take down the sails; (dar marcha atrás): **al ver la reacción de los demás recogió velas** he backed down when he saw everyone's reaction; **no había logrado nada y decidió que era hora de recoger ~s** he had achieved nothing and he decided it was time to throw in the towel *o* call it a day (colloq); ***a toda ~*** «*velero*» under full sail; **trabajar a toda ~** to work flat out; **íbamos a toda ~** we were going flat out *o* at full speed; ***decirle ~ verde a algn*** (Per fam) to badmouth sb (AmE colloq), to lay into sb (BrE colloq); ***estar a dos ~s*** (fam) (sin dinero) to be broke (colloq) (sin entender) to be completely lost *o* at sea; ***hacerse***

a la ~ to set sail; ***largar*** *or* ***desplegar*** **~s** (Náut) to set sail; «*artista/deportista*» to catch the public eye **2** (deporte) sailing; **hacer** ~ to go sailing

Compuestos
- **vela al tercio** lugsail
- **vela cangreja** gaff sail
- **vela de cruz** squaresail
- **vela de cuchillo** staysail
- **vela de gavia** topsail
- **vela latina** lateen sail
- **vela ligera** dinghy sailing
- **vela mayor** mainsail

D (fam) (de moco): **siempre anda con la(s) ~(s) colgando** he always has a runny *o* (colloq) snotty nose

velación *f*, **velaciones** *fpl* **1** (a un difunto) wake **2** (en una boda) covering with a veil

velada *f* evening; **pasamos una ~ muy agradable** we had a very enjoyable evening; **una ~ literaria** a literary evening *o* soirée

Compuesto **velada social** social evening

veladamente *adj*: **me acusó ~ de favoritismo** she accused me, in a veiled *o* an indirect way, of favoritism, she accused me of favoritism although she didn't say it outright

velado -da *adj* **1** ‹*película*› fogged; **esta película está velada** this film is fogged *o* has been exposed **2** ‹*amenaza/referencia*› veiled **3** ‹*sonido*› muffled

velador[1] *m* **1** (mesa) pedestal table **2** (AmS) (mesilla de noche) night table (AmE), bedside table (BrE) **3** (Col, Ven) (lámpara) bedside lamp

velador[2] **-dora** *m,f* (Méx) (de una fábrica) watchman, guard; **un ~ para cuidar la casa mientras estábamos de viaje** somebody to look after the house *o* to house-sit while we were away

veladora *f* **1** (Méx) (vela) candle **2** (Méx, RPl) (lámpara) bedside lamp

velamen *m* sails (*pl*)

velar[1] *adj* velar

velar[2] [A1] *vt*

A **1** ‹*difunto*› to keep (a) vigil over, hold a wake over; **lo van a ~ en su casa** they're going to hold the wake at his home; **lo ~on en el Congreso** his body lay in state in the Congress building **2** ‹*enfermo*› **pasó la noche velando a su padre** he spent the night at his father's bedside *o* watching over his father; **la veló todo el tiempo que estuvo enferma** he watched over her *o* he never left her bedside throughout the whole of her illness

B ‹*película*› to fog, expose

C ‹*crítica*› to mask, veil

■ **velar** *vi*

A (permanecer despierto) to stay up *o* awake

B (cuidar) ~ POR **algo/algn**: **hemos de ~ por que se respeten estas normas** we must ensure that *o* see to it that these regulations are observed; **velamos por su bienestar** we look after their welfare; **un organismo que vela por los derechos de los niños** an organization which safeguards *o* protects the rights of children; **desde que murió su padre él vela por toda la familia** since their father died he has looked after *o* watched over the interests of the whole family

■ **velarse** *v pron* «*película*» to get fogged *o* exposed

velatorio *m* **1** (acción, reunión) wake, vigil (frml) **2** (establecimiento) funeral parlor*; (sala) chapel of rest

velcro® *m* Velcro®

velear [A1] *vi* (Méx) to sail; **salir a ~** to go sailing

veleidad *f* **1** (volubilidad, ligereza): **su ~ con los hombres** her flightiness *o* fickleness with men; **~es de juventud** youthful follies *o* caprices **2** (RPl) (aire de grandeza): **tiene unas ~es ...** she really gives herself airs and graces

veleidoso -sa *adj* fickle, capricious; (en relaciones amorosas) flighty, fickle

velero *m* **1** (Náut) (grande) sailing ship; (pequeño) sailboat (AmE), sailing boat (BrE) **2** (Aviac) glider

veleta *f* **1** (para el viento) weather vane, weathercock **2** **veleta** *mf* (fam) (persona inconstante) giddy person (dated); **es un ~** he changes his mind every two minutes *o* (colloq & hum) more often than he changes his underwear

vélico -ca *adj* sail (*before n*)

velista *m,f* (Dep)

A (*m*) yachtsman

B (*f*) yachtswoman

vello *m*

A (pelusa) down; (en las piernas, etc) hair; **para eliminar el ~ superfluo** to remove unwanted hair

Compuesto **vello púbico** pubic hair

B (Bot) bloom

vellocino *m* fleece

Compuesto **vellocino de oro** Golden Fleece

vellón *m*

A **1** (piel) sheepskin **2** (de lana) fleece

B **1** (aleación de plata y cobre) copper and silver alloy **2** (moneda) *old copper coin*

vellosidad *f* (con pelusa) downiness; (de las piernas, etc) hairiness

velloso -sa, **velludo -da** *adj* (con pelusa) downy; ‹*piernas*› hairy

velludo -da *adj* hairy; **es muy ~** he's very hairy

velo *m* veil; **~ de novia/monja** bridal/nun's veil; **la danza de los siete ~s** the dance of the seven veils; ***correr*** *or* ***echar un tupido ~ sobre algo*** to draw a veil over something; **será mejor que corramos** *or* **echemos un tupido ~ sobre estas cosas** let's put these things behind us *o* draw a veil over these things; ***descorrer el ~ sobre algo*** to uncover sth; ***tomar el ~*** to take the veil

Compuesto **velo del paladar** soft palate, velum (tech)

velocidad *f*

A **1** (medida, relación) speed; **¿a qué ~ iba?** how fast was he going?, what speed was he traveling at *o* (colloq) was he doing?; **disminuye la ~** slow down, reduce your speed; **la ~ de la luz/del sonido** the speed of light/sound; **la ~ del viento** the wind speed; **los trenes pasan a toda/gran ~** the trains go by at top speed/high speed; **de alta ~** high-speed; **perder ~** to lose speed, to slow down; **iba cobrando ~** it was picking up speed, it was speeding up, it was gathering speed *o* momentum; **un cuerpo con una ~ de 150 km/s** (Fís) an object with a velocity of 150 km/s, an object traveling at 150 km/s **2** (rapidez) speed; **la ~ con que lo hizo** the speed with which he did it; ***confundir la ~ con el tocino*** (fam & hum) to mix up *o* confuse two completely different things

Compuestos
- **velocidad de ascensión** rate of climb
- **velocidad de crucero** cruising speed
- **velocidad de escape** escape velocity
- **velocidad de flujo** rate of flow
- **velocidad de liberación** escape velocity
- **velocidad de obturación** shutter speed
- **velocidad de subida** rate of climb
- **velocidad máxima** maximum *o* top speed
- **velocidad operativa** operating speed
- **velocidad punta** maximum *o* top speed
- **velocidad terminal** terminal velocity

B (Auto, Mec) (marcha, cambio) gear; **el modelo de cinco ~es** the five-gear model, the model with a five-speed gearbox; **cambiar de ~** to change gear; **en primera ~** in first gear, in first

velocímetro *m* speedometer

velocípedo *m* velocipede

velocista *mf* sprinter

velódromo *m* cycle track, velodrome

velomotor *m* moped

velorio *m* wake

velour /be'lur/ *m* velour

veloz *adj* ‹*corredor*› fast; ‹*movimiento*› swift, quick; ***~ como un rayo*** *or* ***relámpago*** quick as lightning

velozmente *adv* fast, swiftly, quickly

ven ▸**venir, ver**[2]

vena *f*

A ▸ p.231 (Anat) vein; **inyectar en ~** to inject into a vein; **abrirse** *or* **cortarse las ~s** to slash *o* cut one's wrists

Compuestos
- **vena basílica** basilic vein
- **vena cava** vena cava
- **vena coronaria** cardiac vein
- **vena porta** portal vein
- **vena safena** saphenous vein
- **vena yugular** jugular vein, jugular

B (Geol, Min) vein, seam

C (de madera) grain; (de piedra) vein, stripe

D **1** (disposición): **en ~ poética** in a poetic vein; ***darle la ~ a algn*** (fam): **le dio la ~ y dejó el trabajo** she upped and left her job on an impulse (colloq), she suddenly decided to leave her job and she did just that; **cuando le da la ~ se pone a pintar** when the mood takes him he starts painting; ***estar en ~*** (fam) to be in the mood; **si no está en ~ es incapaz de escribir una línea** if she's not in the mood she can't write a single line; ***tener ~ de algo*** to have the makings of sth; **tiene ~ de músico/profesor** he has the makings of a musician/teacher **2** (talento) talent

venado *m* **1** (Zool) deer; ***no brincar algo un ~*** (Ven fam): **tenía un sueño que no lo brincaba un ~** everyone could see that I was half asleep; **tienes unas ganas de ir que no las brinca un ~** it's patently obvious you're dying to go (colloq); ***pintar ~*** (Méx fam) to take off (colloq), to scarper (BrE colloq); **verme y pintar ~ fue todo uno** she took off the moment she saw me **2** (Coc) venison

venal *adj* (frml) venal (frml), corruptible

venalidad *f* (frml) corruptness, venality (frml)

venático -ca *adj* (frml) madcap, harebrained

venatorio -ria *adj* (frml) ‹*arte*› venatic (frml); ‹*escena*› (Art) hunting (*before n*)

vencedor[1] **-dora** *adj* ‹*ejército/país*› victorious; ‹*equipo/jugador*› winning (*before n*), victorious

vencedor[2] **-dora** *m,f* (en una guerra) victor; (en una competición) winner; **no habrá ~es ni vencidos** (frml) there will be no victors and no vanquished (frml)

vencejo *m* swift

vencer [E2] *vt*

A **1** (derrotar) ‹*enemigo*› to defeat, vanquish (liter); ‹*rival/competidor*› to defeat, beat; **no te dejes ~** don't give in **2** ‹*pasiones/miedo*› to overcome, conquer; ‹*pereza/pesimismo*› to overcome; ‹*dificultad/obstáculo*› to overcome, surmount; **no consiguieron ~ la inflación** they were unable to overcome *o* beat inflation **3** «*cansancio/sueño*»: **me venció el sueño/el cansancio** I was overcome by sleep/tiredness; **dejó que la pereza/la curiosidad lo venciera** he allowed his laziness/his curiosity to get the better of him

B (romper): **el peso venció el estante** the shelf collapsed *o* gave way under the weight; **han vencido los resortes de la cama** they've ruined *o* broken the bed springs; **la presión del agua venció la compuerta** the water pressure burst open the hatch *o* caused the hatch to burst open

■ **vencer** *vi*

A «*ejército/equipo*» (ganar) to win, be victorious; **¡~emos!** we shall overcome!, we shall be victorious!

B **1** «*pasaporte*» (terminar) to expire; **el lunes vence el plazo para la entrega de solicitudes** Monday is the last day *o* the deadline *o* the closing date for the submission of applications; **me vence el carnet de identidad dentro de poco** my identity card expires soon; **antes de que venza la garantía** before the guarantee runs out *o* expires **2** «*pago*» to be *o* fall due; «*letra*» to mature, be due for payment

■ **vencerse** *v pron*

A «*tabla/rama*» to give way, break; **la pata de le silla se venció por el peso** the leg of the chair gave way *o* broke under the weight; **no te apoyes, que la mesa se puede ~** don't lean on the table, it might collapse

B «*pasaporte*» to expire; **se me venció el**

carnet my card expired *o* ran out

vencido[1] **-da** *adj*

A (derrotado) ‹*ejército/país*› defeated, vanquished (liter); ‹*equipo/jugador*› losing (*before n*), beaten; ***darse por* ~** to give up *o* in

B **1** (caducado) ‹*visa/pasaporte*› expired, out of date; ‹*billete/boleto/cheque*› out of date; **tenía la visa vencida** her visa had expired *o* had run out *o* was out of date; **siempre paga a mes ~** he always pays a month in arrears; **estos antibióticos están ~s** (AmL) these antibiotics are past their expiration (AmE) *o* (BrE) expiry date **2** (Com, Fin) ‹*letra/intereses*› due for payment

C (doblado, torcido): **la viga está vencida** the beam is weak *o* is sagging; **era ~ de espaldas** *or* **de espaldas vencidas** he had a stoop

vencido[2] **-da** *m,f*: **los ~s** the defeated, the vanquished (liter); ***a la tercera va la vencida*** *or* ***la tercera es la vencida*** (anunciando suerte) third time lucky; (como amenaza): **ya van dos veces que lo haces, te advierto ¡la tercera es la vencida!** that's the second time you've done that! I'm warning you, one more time and you'll be in trouble *o* (colloq) you're in for it; ***jugar a las vencidas*** to armwrestle

vencimiento *m*

A (de una letra, un pago) due date; (de un carnet, una licencia) expiration (AmE) *o* (BrE) expiry date

B (de una viga, un techo — combadura) sag, sagging; (— rotura) collapse

venda *f* bandage; **~ elástica/de gasa** elastic/gauze bandage; ***caérsele a algn la ~ de los ojos:*** **al final se le cayó la ~ de los ojos** at last the scales fell from his eyes; ***tener una ~ en los ojos*** to be blind (colloq); **tiene una ~ en los ojos y cree que es un chico maravilloso** she's blind (to his faults) and thinks he's wonderful

vendaje *m* dressing; **hacer/poner un ~** to put on a dressing

(Compuesto) **vendaje quirúrgico** surgical dressing

vendar [A1] *vt* to bandage; **tiene un brazo/un pie vendado** she has a bandaged arm/foot

vendaval *m* gale, strong wind

vendedor[1] **-dora** *adj* ‹*empresa*› selling (*before n*); **la parte ~a** the vendor/vendors

vendedor[2] **-dora** *m,f* **1** (en el mercado) stallholder, stallkeeper (AmE); (en una tienda) salesclerk (AmE), shop assistant (BrE); (viajante, representante) (*m*) salesman, sales representative; (*f*) saleswoman, sales representative; **es un ~ nato** he's a born salesman **2** (Der) (propietario que vende) vendor; **los gastos correrán por cuenta del ~** the costs will be borne by the vendor

(Compuestos)

- **vendedor/vendedora a domicilio** *m,f* door-to-door salesman/saleswoman, door-to-door sales agent
- **vendedor/vendedora ambulante** *m,f* peddler, hawker
- **vendedor callejero, vendedora callejera** *m,f* street trader *or* (AmE) *also* street vendor
- **vendedor/vendedora de periódicos** *m,f* newspaper vendor *o* seller

vendepatria, vendepatrias *mf* (fam) traitor

vender [E1] *vt*

A ‹*mercancías/acciones/casa*› to sell; **trabaja vendiendo libros** she sells books for a living; **lo venden en todos lados** it's on sale everywhere; **vendió la casa muy bien** she got a very good price for her house; **le vendí el reloj a mi primo** I sold my cousin the watch, I sold the watch to my cousin; **esa línea se vende muy bien/poco** that line sells very well/doesn't sell very well; **Ⓢ se vende** for sale; **Ⓢ se vende bicicleta señora** lady's bicycle for sale; **~ al por mayor/menor** to sell wholesale/retail; **es capaz de ~ a su padre/madre con tal de conseguirlo** she would sell her own father/mother to get it; **intentando ~ una imagen moderna del país** trying to sell a more modern image of the country; **~ algo A algo** to sell sth AT sth; **lo venden a $500 el kilo** they sell it at $500 a kilo, it sells for $500 a kilo; **~ algo EN or POR algo** to sell sth FOR sth; **vendí el cuadro en** *or* **por $20.000** I sold the painting for $20,000; **se vende por kilo/unidad** it's sold by the kilo/unit; ***~se como churros*** *or* ***pan caliente*** *or* ***rosquillas*** (fam) to sell like hotcakes; **el libro se vende como pan caliente** the book is selling like hotcakes

B **1** (traicionar) ‹*amigo*› to betray, sell ... down the river (colloq) **2** (delatar) ‹*persona*› to give ... away; **el acento lo vende** his accent gives him away

■ **vender** *vi* **1** «*producto*» to sell **2** «*pintor*» to be successful; «*actor/jugador*» to be successful, be a crowdpuller; **una escritora que vende** a best-selling author

■ **venderse** *v pron* to sell out; **se vendió por un ascenso** he abandoned all his principles *o* sold out to get promotion; **se ha vendido a los intereses extranjeros** he has sold out to foreign interests

vendetta /ben'deta/ *f* vendetta

vendible *adj* salable*

vendimia *f* grape harvest, wine harvest

vendimiador -dora *m,f* grape harvester *o* picker

vendimiar [A1] *vt* to pick, harvest

vendré, vendría, etc ▸ **venir**

venduta *f* (Col) public sale (*of household goods*)

Venecia *f* Venice

veneciano -na *adj/m,f* Venetian

venencia *f*: *long-handled dipper used for sampling wine*

veneno *m* **1** (sustancia tóxica) poison; **el ~ de una culebra** a snake's venom **2** (perjuicio, daño): **el tabaco es un ~ para la salud** tobacco *o* smoking is very harmful to your health **3** (malevolencia) venom; **me lo dijo con ~** he said it to me with real venom; **me lanzó una mirada que echaba ~** he gave me a venomous *o* poisonous look

venenosidad *f* toxicity

venenoso -sa *adj* **1** ‹*producto/sustancia*› poisonous; ‹*araña/serpiente*› poisonous, venomous; ‹*planta/seta*› poisonous **2** ‹*palabras*› venomous; **su intención era claramente venenosa** his intention was clearly spiteful

venera *f* scallop, scallop shell

venerable[1] *adj* venerable

venerable[2] *mf*

A (Relig) venerable

B **venerable** *m* (en la masonería) Grand Master

veneración *f* **1** (adoración): **siente ~ por su hija** he is devoted to *o* worships *o* adores his daughter; **la mira con ~** he regards her with adoration *o* veneration (frml) **2** (Relig) veneration

venerando -da *adj* (liter) venerable

venerar [A1] *vt* **1** (adorar, reverenciar) to revere, worship **2** (Relig) to venerate

venéreo -rea *adj* venereal

venero *m* **1** (yacimiento) vein, seam, lode **2** (frml & liter) (manantial, fuente) spring; **este libro es un ~ de datos** this book is a mine of information

venezolanismo *m* Venezuelan word (*o* phrase *etc*), Venezuelanism

venezolano -na *adj/m,f* Venezuelan

Venezuela *f* Venezuela

venga *interj* (Esp fam) **1** (para animar): **¡~, date prisa!** come on, hurry up!; **¡~, díselo que no te va a hacer nada!** go on, tell him, he won't hurt you!; **~, mujer, no te pongas así** come on, don't be like that; **¡~ *ya!*** (fam) come off it! (colloq) **2** **venga/vengan** (para exigir algo): **~ el lápiz que me quitaste** let's have the pencil you took off me (colloq) **3** (expresando insistencia, repetición) **~ A + INF** (fam): **y ~ a protestar todo el día** and they just kept *o* went on (and on) complaining all day long

vengador[1] **-dora** *adj* avenging (*before n*)

vengador[2] **-dora** *m,f* avenger

vengáis, vengamos, etc ▸ **venir**

venganza *f* revenge, vengeance (liter); **está deseoso de ~** he wants revenge *o* vengeance; **actuó por ~** she acted out of a desire for revenge *o* a desire for vengeance

vengar [A3] *vt* to avenge; **vengó la muerte de su hermano** he avenged his brother's death; **vengó a su hermano/familia** he avenged his brother/family

■ **vengarse** *v pron* to take revenge; **no se olvidará del agravio, se ~á** he won't forget this insult, he'll get his *o* take (his) revenge; **~se DE or POR algo: se vengó de** *or* **por la muerte de su hijo** he took revenge for *o* avenged his son's death; **~se DE/EN algn** to take (one's) revenge ON sb

vengativo -va *adj* vindictive, vengeful (liter)

vengo ▸ **venir**

venia *f*

A **1** (frml) (permiso, autorización) consent, authorization; **no hace nada sin la ~ de sus superiores** he doesn't do anything without leave from his superiors, he doesn't do anything without his superiors' consent *o* authorization **2** (Der) (para pedir la palabra) permission, leave; **con la ~ de la sala** with the permission of the court

B **1** (AmS) (inclinación de cabeza) bow **2** (RPl, Ven) (saludo militar) salute; **hacer la ~** to salute

venial *adj* venial

venialidad *f* veniality

venida *f* **1** (llegada) arrival **2** (AmL) (vuelta): **a la** *or* **de ~** on the way back

venidero -ra *adj* ‹*generaciones*› future (*before n*); **en años ~s** in future years, in years to come; **en lo ~** in the future

venir [I31] *vi*

A **1** (a un lugar) to come; **vine en tren/avión** I came by train/plane; **¿puedes ~ un momento?** can you come here a second?; **casi nos matamos viniendo** *or* **al ~ de Medellín** we nearly got killed on our way from *o* coming from Medellín; **¿a qué vino?** what did he come by *o* around *o* (BrE) round for?; **¿ha venido el electricista?** has the electrician been?; **¡que venga el encargado!** I want to see the person in charge!; **vengo de parte del Sr Díaz** Mr Díaz sent me, I'm here on behalf of Mr Díaz; **¿vienes solo? — no, con un amigo** have you come on your own? — no, with a friend; **vine dormida todo el tiempo** I slept (for) the whole journey; **viene furiosa** she's furious; **~ POR algn** to come for sb, come to pick sb up; **vienen por mí a las ocho** they're coming for me *o* they're picking me up at eight; **~ (A) POR algo** to come for sth, come to pick sth up; **vinieron (a) por el pan** they came for *o* came to pick up the bread; **~ A + INF: ven a ver esto** come and see this; **vienen a pasar unos días con nosotros** they're coming to spend a few days with us; **a las siete me vienen a buscar** they're coming to pick me up at seven; ***el que venga detrás que arree*** (fam) let the next person sort things out **2** (volver) to come back; **no vengas tarde** don't be late home *o* back, don't come home *o* back late; **ahora vengo** I'll be back in a moment; **vino muy cansado del viaje** he was very tired when he got back from his trip, he came back very tired from his trip **3** (con excusas, exigencias) **~ CON algo: no me vengas ahora con exigencias** don't start making demands now; **no me vengas con cuentos** I don't want (to hear) any excuses, don't give me any excuses; **y ahora viene con que necesita el doble** and now he says he needs double **4** (sobrevenir) (+ *me/te/le etc*): **me vino una gripe** I came *o* went down with flu; **me vinieron unas ganas de reír ...** I felt like bursting out laughing

B **1** (tener lugar): **ahora viene esa escena que te conté** that scene I told you about is coming up now; **entonces vino la guerra** then the war came; **¿qué viene ahora después de las noticias?** what's on after the news?; **vino una ola de frío inesperada** there was an unexpected cold spell; **ya vendrán tiempos mejores** things will get better **2** (indicando procedencia) **~ DE algo** to come FROM sth; **una tela que viene de la India** a cloth that's made in *o* that comes from India; **esa palabra viene del**

V

griego that word comes from Greek; **la enfermedad le viene de familia** the illness runs in his family; **el problema viene ya de lejos** the problem goes back a long way; **de ahí viene que tenga tantas deudas** that's why he has so many debts **3** **¿a qué viene/vienen ...?: ¿a qué viene eso?** why do you say that?; **¿a qué vienen esos gritos?** what's all the shouting about *o* (colloq) in aid of?, why all the shouting? (colloq) what's with all the shouting? (colloq) **4** (indicando presentación): **el folleto viene en inglés y en francés** the brochure is available in English and in French, you can get the brochure in English and in French; **viene en tres tamaños** it comes in three sizes; **así venía, yo no lo he tocado** it came like that, I haven't touched it **5** (estar incluido): **su foto viene en la primera página** her picture is on the front page; **no viene nada sobre la manifestación de ayer** there's nothing about yesterday's demonstration

C (quedar) ⟨⟨*falda/traje*⟩⟩ (+ *compl*): **esa camisa te viene ancha** that shirt's too big for you; **ese abrigo te viene mal** that coat doesn't suit you *o* doesn't look right on you; **el cargo le viene grande** the job's too much for him, he isn't up to the job; **estas cajas me vendrán muy bien para la mudanza** these boxes will be useful *o* (colloq) will come in handy when I move; **¿te viene bien a las ocho?** is eight o'clock all right *o* OK for you?, does eight o'clock suit you?; **el jueves no me viene bien** Thursday's no good *o* not a good day for me, I can't make Thursday; **no me vendrían mal unas vacaciones** I could do with a vacation

D **venir en** (Der): **los abajo firmantes venimos en declarar que ...** we, the undersigned, hereby declare that ...

E (*como aux*) **1** ~ **A + INF**: **esto viene a confirmar mis sospechas** this serves to confirm my suspicions, this confirms my suspicions; **vendrá a tener unos 30 años** she must be about 30; **el precio viene a ser el mismo** the price works out (about) the same, they're around the same price **2** ~ **+ GER**: **lo venía diciendo yo desde hace mucho tiempo** I'd been saying so for ages; **viene utilizando nuestros servicios desde hace muchos años** he has been using our services for many years

■ **venirse** *v pron*

A (*enf*) **1** (a un lugar) to come; **se han venido desde Málaga a vernos** they've come (all the way) from Malaga to see us; **¿te vienes al parque?** are you coming to the park?; **~se abajo** ⟨⟨*persona*⟩⟩ to go to pieces; ⟨⟨*techo*⟩⟩ to fall in, collapse; ⟨⟨*estante*⟩⟩ to collapse; ⟨⟨*ilusiones*⟩⟩ to go up in smoke, fall apart; ⟨⟨*proyectos*⟩⟩ to fall through, go up in smoke **2** (volver) to come back; **estaban de vacaciones pero tuvieron que ~se** they were on vacation but they had to come back *o* come home

B (arg) (en sentido sexual) to come (colloq)

venoso -sa *adj* **1** ⟨*enfermedades*⟩ venous; **manos venosas** veiny hands **2** ⟨*hoja*⟩ veined

venpermuta *f* (Col) trade-in

venpermutar [A1] *vt* (Col) to trade in

venta *f*

A (Com) sale; **cobra un porcentaje sobre las ~s** he earns a percentage on his sales *o* on each sale; **departamento/gerente de ~s** sales department/manager; **las ~s han mermado este año** sales have declined *o* dropped this year; **trabaja en ~s** she works in sales *o* in the sales department; **se dedica a la compra y ~ de coches usados** he's in the used car business; **Ⓢ exposición y ventas: Goya 13** visit our showrooms at Goya 13; **Ⓢ muestra gratis, prohibida su venta** free sample, not for sale; **Ⓢ prohibida la venta ambulante** no hawkers; **Ⓢ venta anticipada de localidades** advance ticket sales; **el libro saldrá a la ~ la próxima semana** the book will be on sale next week; **de ~ en kioscos** on sale at newsstands; **la casa está en ~** the house is (up) for sale *o* is on the market; **el coche está en ~** the car is for sale

(Compuestos)

- **venta al contado** cash sale
- **venta al por mayor** wholesale
- **venta al por menor** retail
- **venta a plazos** installment plan (AmE), hire purchase (BrE)
- **venta de activos** sale of assets
- **venta de coches** auto sales (AmE), car sales (BrE)
- **venta de entradas** ticket sales
- **venta de garaje** garage sale
- **venta de vehículos** vehicle sales
- **venta de viviendas** house *o* property sales
- **venta en frío** cold selling, cold calling
- **venta piramidal** pyramid selling
- **venta por catálogo** mail order
- **venta por correo** mail order

B (bar, restaurante) roadside bar/restaurant; (posada) (arc) inn, hostelry (arch)

ventada *f* gust of wind

ventaja *f* **1** (beneficio, provecho) advantage; **esa zona tiene la ~ de que está muy bien comunicada** that area has the advantage of being well served by public transport; **tienes ~ porque tienes más experiencia que yo** you have an advantage because you're more experienced than I am **2** (en una carrera): **lleva** *or* **tiene una ~ de diez segundos/metros** she has a ten-second/ten-meter lead; **te doy una ~ de tres metros** I'll give you a three-meter start *o* advantage; **sacó ~ en la curva** he pulled ahead on the bend; **estaba jugando con ~** he was at *o* he had an advantage

ventajero -ra *m,f* (CS, Ven) ▸ **ventajista**[2]

ventajismo *m* opportunism

ventajista[1] *adj* ⟨*persona*⟩ opportunistic, opportunist (*before n*); **es muy ~** he's a real opportunist, he's quick to take advantage, he's very opportunistic

ventajista[2] *mf* opportunist

ventajosamente *adv* advantageously

ventajoso[1] **-sa** *adj* **1** ⟨*negocio*⟩ profitable; ⟨*acuerdo/situación*⟩ favorable*, advantageous **2** (Col) ▸ **ventajista**[1]

ventajoso[2] **-sa** *m,f* (Col) ▸ **ventajista**[2]

ventana *f*

A (Arquit, Const) window; **las ~s dan al patio/a la calle** the windows look out onto the courtyard/the street; **asomarse a la ~** to lean out (of) the window; ***arrojar*** *or* ***echar*** *or* ***tirar algo por la ~*** (literal) to throw sth out of the window; (desperdiciar) to throw away sth, squander sth; (malograr) to ruin sth, spoil sth; ▸ **casa**

(Compuestos)

- **ventana de guillotina** sash window
- **ventana de socorro** emergency exit
- **ventana emergente** (Inf) pop-up (window)
- **ventana flotante** (Inf) floating window
- **ventana frailera** shuttered window

B (de la nariz) nostril

C (Inf) window

ventanaje *m* windows (*pl*)

ventanal *m* large window

ventanilla *f* **1** (de un coche, tren) window; **Ⓢ prohibido asomarse por la ventanilla** do not lean out of the window **2** (en oficinas) window; (en cines, teatros) box office; **recoja el impreso en la ~ siete** collect the form from window number seven; **horario de ~: de nueve a dos** opening hours: nine until two; **venta de localidades en ~** tickets on sale at the box office **3** (de un sobre) window **4** (Inf) window

ventanillo *m* small window

ventarrón *m* (fam) strong wind

ventear [A1] *vt*

A ⟨⟨*animal*⟩⟩ to sniff

B ⟨*ropa*⟩ to air

■ *v impers*: **está venteando mucho** it's very windy; **llueva o ventee salen a dar su paseo** whatever the weather they go out for their walk, come rain or shine they go out for their walk (colloq)

■ **ventearse** *v pron* (Chi fam): **se lo pasa venteando** he's always out and about; **¿por qué no te venteas un poco?** why don't you go out and get some fresh air?

ventero -ra *m,f* innkeeper

ventilación *f* **1** (posibilidad de ventilarse) ventilation; **un sótano sin ~** a basement with no ventilation, an unventilated basement; **una habitación con buena ~** a well-ventilated room, a room with good ventilation; **la única ~ era un extractor** the only means of ventilation was an extractor fan **2** (acción de ventilar) airing

ventilador *m* **1** (aparato) fan **2** (abertura) ventilator, air vent **3** (Auto) fan

(Compuestos)

- **ventilador de aspas** ceiling fan
- **ventilador eléctrico** electric fan
- **ventilador hélice** ceiling fan

ventilar [A1] *vt*

A **1** ⟨*habitación*⟩ to air, ventilate **2** ⟨*ropa/manta/colchón*⟩ to air

B **1** (discutir en público) ⟨*intimidades*⟩ **no quiero ~ mi vida privada delante de todo el mundo** I don't want to discuss my private affairs in front of everybody; **siempre están ventilando sus problemas matrimoniales delante de todos** they're forever airing their marital differences in front of everyone; **si yo te confió un secreto no es para que lo vayas ventilando por ahí** if I tell you a secret I don't want you to go spreading it around **2** (tratar, discutir) ⟨*asunto/problema*⟩ to talk about; **todos tienen oportunidad de ~ sus frustraciones** everybody has a chance to talk about *o* air their frustrations

■ **ventilarse** *v pron*

A **1** ⟨⟨*habitación*⟩⟩ to air **2** ⟨⟨*ropa/colchón*⟩⟩ to air

B (fam) (tomar el aire) to get a breath of fresh air, get some air; **salió a ~se un poco** she went out to get a breath of fresh air

C (Esp fam) ⟨*libro/comida/tarea*⟩ to polish off (colloq)

ventilete *m* (Arg) air vent

ventiloconvector *m* fan heater

ventisca *f* snowstorm; (con más viento) blizzard

ventiscar [A2], **ventisquear** [A1] *v impers* to blow a blizzard

■ *vi* ⟨⟨*nieve*⟩⟩ to drift

ventisquero *m* **1** (lugar expuesto) *place exposed to blizzards* **2** (nevero) snowfield, icefield **3** (nieve) snowdrift **4** (tormenta) ▸ **ventisca**

ventolera *f* gust of wind; ***darle a algn la ~*** (fam): **le dio la ~ y se largó** he just upped and left (colloq); **le dio la ~ de casarse y se casó** he suddenly decided that he ought to get married and that's just what he did

ventolina *f* **1** (viento flojo) light wind **2** (Arg, Chi) (ráfaga) gust of wind

ventorrillo *m* **1** (restaurante) small restaurant (*out of town*) **2** (Ven) (puesto callejero) street stall (*selling food or drink*)

ventosa *f*

A **1** (de goma, plástico) suction pad **2** (Zool) sucker **3** (Med) cupping glass

B (Tec) vent

ventosear [A1] *vi* to break wind

ventosidad *f* wind, flatulence

ventoso[1] **-sa** *adj* windy

ventoso[2] *m* Ventôse

ventral *adj* ventral

ventricular *adj* ventricular

ventrículo *m* ventricle

ventrílocuo -cua *m,f* ventriloquist

ventriloquia *f* ventriloquism, ventriloquy

ventriloquismo *m* ventriloquy

ventrudo -da *adj* potbellied

ventura *f*

A (liter) **1** (suerte) fortune; **tiene la ~ de tenerlo a usted para ayudarlo** he is fortunate *o* he has the good fortune to have you to help him; **tuvo la buena ~ de que no le ocurriese nada** she was fortunate that nothing happened to her; ***echarle la buena ~ a algn*** to tell sb's fortune **2** (azar): **quiso la ~ que ...** as chance *o* luck would have it ... **3** (satisfacción, dicha) happiness; **les deseamos las mayores ~s** we wish you every happiness

B (*en locs*): **a la ventura: viven a la ~** they take each day as it comes; **salieron a la ~** they set out with no fixed plan; **no había preparado el**

V

examen, fue a la ~ he hadn't prepared for the exam, he just went along hoping for the best; **por ventura** (frml) (afortunadamente) fortunately; (acaso) perhaps; **no hubo, por ~, heridos** fortunately, nobody was hurt; **¿dudan, por ~, de la palabra del señor obispo?** do you perhaps doubt the bishop's word?

venturoso -sa *adj* (*delante del n*) (liter) happy; **ese ~ encuentro** that fortunate meeting (liter); **el ~ día en que la conocí** the happy day that I met her (liter)

ventuta *f* (Col) garage sale

venus *f* beauty, goddess

Venus[1] (Astron) Venus

Venus[2] *f* (Art, Mit) Venus

venusiano -na *adj* Venusian, of/relating to the planet Venus

venusterio *m* (Andes) conjugal visit unit

veo ▸ **ver**[2]

veo-veo *m* I-spy; **jugar al ~** to play I-spy

ver[1] *m*

A (aspecto): **aún está de buen ~** he's still good-looking *o* attractive, he still looks good; **no es de mal ~** she's not bad-looking

B (opinión): **a mi/su ~** in my/his view, as I see/he sees it

ver[2] [E29]

GUÍA DE BÚSQUEDA

■ **ver** *verbo transitivo*

- **A** 1 percibir con la vista
  - 2 mirar
  - 3 imaginar
- **B** 1 entender, notar
  - 2 echar de ver
- **C** 1 constatar, comprobar
  - 2 ser testigo de
- **D** a ver
- **E** 1 estudiar
  - 2 examinar: médico
  - 3 Derecho
- **F** 1 juzgar, considerar
  - 2 encontrar
- **G** visitar, entrevistarse con
- **H** en el póquer
- **I** tener ... que ver

■ **ver** *verbo intransitivo*

- **A** percibir con la vista
- **B** constatar
- **C** estudiar, pensar
- **D** a ver
- **E** ver de

■ **verse** *verbo pronominal*

- **A** 1 percibirse
  - 2 imaginarse
- **B** 1 hallarse
  - 2 ser
- **C** parecer
- **D** encontrarse

vt

A 1 (percibir con la vista) to see; **¿ves el letrero allí enfrente?** can *o* do you see that sign opposite?; **lo vi con mis propios ojos** I saw it with my own eyes; **¿ves algo?** can you see anything?; **enciende la luz que no se ve nada** switch on the light, I can't see a thing; **tú ves visiones, allí no hay nada** you're seeing things, there's nothing there; **se te ve la combinación** your slip is showing; **me acuerdo perfectamente, es como si lo estuviera viendo** I remember it perfectly, as if I were seeing it now; **~ algo/a algn + INF/GER: la vi bailar en Londres hace años** I saw her dance in London years ago; **la vi metérselo en el bolsillo** I saw her put it into her pocket; **los vieron salir por la puerta trasera** they were seen leaving by the back door; **lo vi hablando con ella** I saw him talking to her; ***ahí donde lo/la ves:*** **ahí donde la ves tiene un genio ...** incredible though it may seem, she has a real temper ...; **aquí donde me ves, tengo 90 años cumplidos** believe it or not, I'm ninety years old; ***no ~ ni tres en un burro*** *or* ***ni un burro a tres pasos*** *or* ***ni jota*** (fam): **sin gafas no veo ni jota** I can't see a thing without my glasses, without my glasses I'm as blind as a bat; ***si te he visto no me acuerdo*** (fam): **en cuanto le pedí un favor, si te he visto no me acuerdo** as soon as I asked a favor of him, he just didn't want to know; **~ *venir algo/a algn:*** **el fracaso se veía venir** it was obvious *o* you could see it was going to fail; **te veía venir, ya sabía lo que me ibas a pedir** I thought as much, I knew what you were going to ask me for; **ya lo veo venir, seguro que quiere una semana libre** I know what he's after, I bet he wants a week off (colloq); ***¡y tú que lo veas!:*** **¡que cumplas muchos más! — ¡y tú que lo veas!** many happy returns! — thank you very much; **van a bajar los impuestos — ¡y tú que lo veas!** (iró) they're going to cut taxes — do you think you'll live long enough to see it? (iro) 2 (mirar) to watch; **estaba viendo la televisión** I was watching television; **esa película ya la he visto** I've seen that movie before; **¿te has hecho daño?, déjame ~** have you hurt yourself? let me see; **un espectáculo que hay que ~** a show which you must see *o* which is not to be missed *o* (colloq) which is a must; ***no poder (ni) ~ a algn:*** **no puede ni ~la** *or* **no la puede ~** he can't stand her, he can't stand the sight of her; **no lo puedo ~ ni pintado** *or* **ni en pintura** (fam) I can't stand the sight of him 3 (imaginar) to see, imagine, picture; **yo no la veo viviendo en el campo** I can't see *o* imagine *o* picture her living in the country; **ya la veo tumbada en la arena sin hacer nada ...** I can see *o* picture her now lying on the sand doing nothing ...

B 1 (entender, notar) to see; **¿no ves que la situación es grave?** don't *o* can't you see how serious the situation is?; **¿ves qué amargo es?** you see how bitter it is?; **no quiere ~ la realidad** he won't face up to reality; **sólo ve sus problemas** he's only interested in his own problems; **se te ve en la cara** I can tell by your face; **se le ve que disfruta con su trabajo** you can see *o* tell she enjoys her work; **te veo preocupado ¿qué te pasa?** you look worried, what's the matter?; **la veo muy contenta** she looks *o* seems very happy; **es un poco complicado, ¿sabes? — ya se ve** it's a bit complicated, you know — so I (can) see; **ya veo/ya se ve que no tienes mucha práctica en esto** I can see *o* it's obvious you haven't had much practice at this, you obviously haven't had much practice at this; ***hacerse ~*** (RPl) to show off 2 **echar de ver** to realize, notice; **pronto echó de ~ que le faltaba dinero** he soon realized *o* noticed that some of his money was missing; **se echa de ~ que está muy contento** it's obvious he's very happy

C 1 (constatar, comprobar) to see; **ve a ~ quién es** go and see who it is; **¡ya ~ás lo que es bueno si no me haces caso!** you'll see what you get if you don't do as I say; **habrá que ~ si cumple su promesa** it remains to be seen *o* we'll have to see whether he keeps his promise; **~ás como no viene** he won't come, wait and see *o* you'll see; **ya no funciona ¿lo ves?** *or* **¿viste? te dije que no lo tocaras** now, it's not working any more. You see? I told you not to touch it; **¡eso ya se ~á!** we'll see; **¡eso está por ~!** we'll see about that!; **¡para que veas! ¡tú que decías que no iba a ser capaz!** see? I did it! and you said I wouldn't be able to!; **gané por tres sets a cero ¡para que veas!** I won by three sets to love, so there! 2 (ser testigo de) to see; **vieron confirmadas sus sospechas** they saw their suspicions confirmed, their suspicions were confirmed; **¡nunca he visto cosa igual!** I've never seen anything like it!; **¡habráse visto semejante desfachatez!** what a nerve! (colloq); **¡si vieras lo mal que lo pasé!** you can't imagine how awful it was!; **es tan bonita, si vieras ...** she's so pretty, you should see her; **¡vieras** *or* **hubieras visto cómo se asustaron ...!** (AmL) you should have seen the fright they got!; **tenías que haber visto lo furioso que se puso** you should have seen how angry he got; **¡hombre! ¿tú por aquí? — ya ves, no tenía otra cosa que hacer** hello, what are you doing here? — well, I didn't have anything else to do; **pensaba tomarme el día libre pero ya ves, aquí me tienes** I intended taking the day off but ... well, here I am; **¡hay que ~! ¡lo que son las cosas!** well, well, well! *o* I don't know! would you believe it?; **¡hay que ~! hasta se llevaron el dinero de los niños** would you believe it! they even took the children's money; **¡hay que ~ lo que ha crecido!** wow *o* gosh! hasn't he grown!; **hay que ~ qué bien se portaron** they behaved really well, it's amazing how well they behaved; **hay que ~ lo grosera que es** she's incredibly rude; ***que no veas*** (Esp fam): **me echó una bronca que no veas** she gave me such an earful! (colloq), you wouldn't believe the earful she gave me! (colloq); **tenía una borrachera que no veas** he was absolutely blind drunk; **tienen una cocina que no veas** they have an incredible kitchen; ***que no veo*** (AmL fam): **tengo un hambre que no veo** (fam) I'm absolutely starving (colloq), I'm so hungry I could eat a horse (colloq); **tengo un sueño que no veo** I'm so tired I can hardly keep my eyes open

D **a ver: (vamos) a ~ ¿de qué se trata?** OK *o* all right *o* well, now, what's the problem?; **a ~, el fórceps, rápido** give me the forceps, quickly; **aquí está en el periódico — ¿a ~?** it's here in the newspaper — let's see; **¿a ~ qué tienes ahí?** let me see *o* show me what you've got there, what have you got there?; **aprieta el botón a ~ qué pasa** press the button and let's see what happens; **a ~ si me entienden** (justificando) don't get me wrong; (explicando) let me make myself clear; **a ~ si arreglas esa lámpara** when are you going to fix that light?; **a ~ si escribes pronto** write soon, make sure you write soon; **¡cállate, a ~ si alguien te oye!** shut up, somebody might hear you; **¡a ~ si ahora se cree que se lo robé yo!** I hope he doesn't think that I stole it!; **a ~ cuándo vienes a visitarnos** come and see us soon/one of these days; **¡a ~!** (AmC, Col) (al contestar el teléfono) hello?

E 1 (estudiar): **esto mejor que lo veas tú** you'd better look at this *o* see this *o* have a look at this; **tengo que ~ cómo lo arreglo** I have to work out *o* see how I can fix it; **aún no lo sé, ya ~é qué hago** I still don't know, I'll decide what to do later; **véase el capítulo anterior** see (the) previous chapter; **no vimos ese tema en clase** we didn't look at *o* study *o* do that topic in class 2 ‹*médico*› (examinar): **¿la ha visto ya un médico?** has she been seen by a doctor yet?, has she seen a doctor yet?; **¿por qué no te haces ~ por un especialista?** (AmS) why don't you see a specialist? 3 (Derecho) ‹*causa*› to try, hear

F 1 (juzgar, considerar): **yo eso no lo veo bien** I don't think that's right; **cada uno ve las cosas a su manera** everybody has their own point of view, everybody sees things differently; **a mi modo** *or* **manera de ~** to my way of thinking, the way I see it 2 (encontrar) to see; **no le veo salida a esta situación** I can't see any way out of this situation; **¿tú le ves algún inconveniente?** can you see any drawbacks to it?; **no le veo la gracia** I don't think it's funny, I don't find it funny; **no le veo nada de malo** I can't see anything wrong in it; **no veo por qué no** I don't see why not

G (visitar, entrevistarse con): **es mejor que vea a su propio médico** it's better if you go to *o* see your own doctor; **hace tiempo que no lo veo** I haven't seen him for some time; **¡cuánto tiempo sin ~te!** I haven't seen you for ages!, long time, no see (colloq); **aún no he ido a ~ a la abuela** I still haven't been to see *o* visit grandmother; **ahora que vive lejos lo vemos menos** we don't see so much of him now that he lives so far away

H (en el póquer): **las veo** I'll see you

I **tener ... que ver: eso no tiene nada que ~ con lo que estamos discutiendo** that has nothing to do with what we are discussing; **es muy joven — ¿y eso qué tiene que ~?** he's very young — and what does that have to do with it?; **no tengo nada que ~ con esa compañía** I have nothing to do with that company,

V

I have no connection with that company; **¿tuviste algo que ~ en ese asunto?** did you have anything to do with *o* any connection with that business?, were you involved in that business?; **¿qué tiene que ~ que sea sábado?** what difference does it make that it's Saturday?; **¿tendrán algo que ~ con los Icasuriaga de Zamora?** are they related in any way to the Icasuriagas from Zamora?

■ **ver** *vi*

A (percibir con la vista) to see; **no veo bien de lejos/de cerca** I'm shortsighted/longsighted; **enciende la luz que no veo** turn on the light, I can't see

B (constatar): **¿hay cerveza? — no sé, voy a ~** is there any beer? — I don't know, I'll have a look; **¿está Juan? — voy a ~** is Juan in? — I'll go and see; **~ás, no quería engañarte pero ...** look, I wasn't trying to deceive you, it's just that ...; **pues ~ás, la cosa empezó cuando ...** well you see, the whole thing began when ...; **~ *para creer*** seeing is believing

C (estudiar, pensar) to see; **vamos a ~** *or* **veamos, ¿dónde le duele?** let's see now, where does it hurt?; **¿vas a decir que sí? — ya ~é, déjame pensarlo un poco** are you going to accept? I'll see, let me think about it; ***estar/seguir en ~emos*** (AmL fam): **todavía está en ~emos** it isn't certain yet; **seguimos en ~emos** we still don't know anything, we're still in the dark

D **a ver** *see* **ver² D**

E **ver de** (procurar) to try; **vean de que no se dé cuenta** try to make sure he doesn't notice; **vamos a ~ de hacerlo lo más rápido posible** let's try to get it done *o* let's see if we can get it done as quickly as possible

■ **verse** *v pron*

A (*refl*) **1** (percibirse) to see oneself; **¿te quieres ~ en el espejo?** do you want to see yourself *o* look at yourself in the mirror?; **se vio reflejado en el agua** he saw his reflection in the water **2** (imaginarse) to see oneself; **¿tú te ves viviendo allí?** can you see yourself living there?

B **1** (hallarse) (+ *compl*) to find oneself; **me vi obligado a despedirlo** I was obliged to dismiss him, I had no choice but to dismiss him; **se vio en la necesidad de pedir dinero prestado** he found himself having to borrow money; **me vi en un aprieto** I found myself in a tight spot; ***vérselas venir*** (fam): **me las veía venir por eso tomé precauciones** I saw it coming so I took precautions; ***vérselas y deseárselas:*** **me las vi y me las deseé estudiando y trabajando durante cinco años** it was really tough *o* hard *o* it was a real struggle studying and working for five years; ***~se venir algo*** to see sth coming **2** (frml) (ser): **este problema se ha visto agravado por ...** this problem has been made worse by ...; **las cifras se ven aumentadas al final del verano** the figures rise at the end of the summer; **el país se ~á beneficiado con este acuerdo** the country will benefit from this agreement

C (esp AmL) (parecer) to look; **me veo gordísima con esta falda** I look really fat in this skirt

D (*recípr*) (encontrarse) to meet; **se veían un par de veces al mes** they used to see each other *o* meet a couple of times a month; **nos vemos a las siete** I'll meet *o* see you at seven; **es mejor que no nos veamos durante un tiempo** we'd better not see each other for a while; **¡nos vemos!** (esp AmL) see you!, I'll be seeing you!; **~se CON algn** to see sb; **ya no me veo con ellos** I don't see them any more; ***vérselas con algn:*** **tendrá que vérselas conmigo como se atreva a molestarte** he'll have me to deal with if he dares to bother you

vera *f* (ant) (de un río) bank; **a la ~ del camino** by the roadside; **estuvo a su ~** he was by her side

veracidad *f* veracity (frml), truthfulness; **nadie dudó de la ~ de sus palabras** nobody doubted the truth of his words

veracruzano -na *adj* of/from Veracruz

veranda *f* **1** (galería) veranda, verandah, porch **2** (de vidrio) conservatory

veraneante *mf* vacationer (AmE), holidaymaker (BrE)

veranear [A1] *vi*: **solía ~ en un pueblo costero** she used to spend the summer in a small coastal town, she used to spend her summer vacation (AmE) *o* (BrE) holidays in a small coastal town

veraneo *m*: **todos los años vamos de ~ al campo** every year we spend (the) summer in the country, we always spend our summer vacation (AmE) *o* (BrE) holidays in the country; **lugar de ~** summer resort

veraniego -ga *adj* ‹*vestido*› summer (*before n*); ‹*tiempo*› summer (*before n*), summery; **vas muy ~** you're looking very summery

veranillo *m*: **no salgas tan de ~** (fam) don't go out in such summery clothes

Compuestos

- **veranillo de San Juan** (en AmS) *warm spell in June*
- **veranillo de San Martín** (en Esp) *warm spell in November*

verano *m* summer; (en la zona tropical) dry season; **en ~** in summer (time); **ropa de ~** summer clothes; **en el ~ del 45** in the summer of '45; **en pleno ~** at the height of summer, in the middle of summer, in high summer; **el próximo ~** next summer; **el ~ pasado** last summer

veras: **de ~** (*loc adv*) really; **¿de ~ que te vas?** are you really going?; **lo siento de ~** I really am sorry; **esta vez va de ~** this time it's serious *o* (colloq) it's for real; **¡no lo dirás de ~!** you can't be serious!, surely you don't mean it

veraz *adj* truthful

verbal *adj* **1** (Ling) verbal; **desinencias ~es** verb endings **2** (oral, de palabra) verbal; **acuerdo/contrato ~** verbal agreement/contract

verbalismo *m* verbalism

verbalizar [A4] *vt* to verbalize, put ... into words, express

verbalmente *adv* **1** ‹*acordar/plantear/expresar*› verbally; **dirigirse a algn por escrito o ~** to address sb in writing or verbally **2** ‹*comunicar/transmitir*› orally; **tradiciones que se transmiten ~** orally transmitted traditions; **le comunicaron ~ el despido** he was informed verbally that he had been fired

verbena *f*

A (Bot) verbena

B **1** (fiesta popular) festival; **la ~ de San Juan** the festival of Saint John **2** (baile) open-air dance

verbenero -ra *adj* festive

verbigracia, verbi gratia *loc adv* (frml) for example, eg

verbo *m*

A (Ling) verb; ***en (menos que) un ~*** (fam) in no time at all

Compuestos

- **verbo auxiliar** auxiliary verb
- **verbo defectivo** defective verb
- **verbo impersonal** impersonal verb
- **verbo intransitivo** intransitive verb
- **verbo irregular** irregular verb
- **verbo pronominal** pronominal verb
- **verbo reflexivo** reflexive verb
- **verbo regular** regular verb
- **verbo transitivo** transitive verb

B (lenguaje) speech; **un hombre de ~ fluido** an articulate *o* eloquent man; **se expresan con dominio del ~** they express themselves eloquently

C **el Verbo** (Relig) the Word; **el V~ se hizo hombre** *or* **carne** the Word was made man *o* flesh

verborrea, verborragia *f* verbiage, verbosity; **sufre de ~** (fam & hum) he has verbal diarrhea (colloq & hum)

verbosidad *f* verbosity

verboso -sa *adj* verbose, wordy

verdad *f*

A **1** (veracidad) truth; **no sé cuánto habrá de ~ en lo que dice** I don't know how much truth there is in what he says; **es la pura ~** it's the gospel truth; **dime la ~** tell me the truth; **a decir ~** *or* **si te digo la ~, a mí tampoco me gustó** to tell you the truth, I didn't like it either; **la ~, sólo la ~ y nada más que la ~** the truth, the whole truth and nothing but the truth; **me dijo la ~ a medias** she only told me half the truth; **¿cuántos años tiene? — la ~, no lo sé** how old is he? — I don't honestly know *o* to tell you the truth, I don't know; **la ~ es que me olvidé** to be perfectly honest I forgot, the truth is I forgot; **¿te ayudaron? — la ~ es que no mucho** did they help you? — well, frankly not a lot; **en honor a la ~** in all fairness; **la ~ de la ~ es que no quiero ir** to be quite honest I don't want to go, the truth of the matter is I don't want to go; **¡eso no es ~, yo no dije semejante cosa!** that's not true, I said no such thing!; **en ~ os digo que ...** (Bib) verily I say unto you ...; **faltar a la ~** to be untruthful; ***creer que se está en posesión de la ~*** to think one is always right; ***ir con la ~ por delante*** (Esp) to be completely honest; ***ser ~ de la buena*** (fam) to be really true **2** **de verdad: ¿de ~ (que) hiciste eso?** did you really do that?; **¡sí, hombre, de ~ que me gusta!** yes, I mean it, I really do like it!; **mira que me voy a enojar** *or* (Esp) **enfadar de ~** this time I really *am* going to get angry; **de ~ que lo siento** I really am sorry; **una pistola/un caballo de ~** a real gun/horse **3** (buscando corroboración): **¡qué guapa es! ¿~?** she's really beautiful, isn't she?; **¿~ que tú me entiendes?** you understand me, don't you?

B (enunciado verdadero) truth; **una ~ científica** a scientific truth; **eso es una gran ~** that is *so* true!, how right you are!; ***cantarle*** *or* ***decirle cuatro ~es*** *or* ***las ~es del barquero a algn*** to tell sb a few home truths; ***ser una ~ como un templo*** to be self-evident; ***ser una ~ de Perogrullo*** to be patently obvious; ***~es como puños:*** **dice ~es como puños** he isn't afraid to tell the truth, however much it hurts *o* however unpalatable

verdaderamente *adv* **1** ‹*feliz/asqueroso/difícil*› really; **es un caso ~ triste** it's a really sad case **2** (*indep*) honestly; **~, no sé adónde vamos a ir a parar** I honestly *o* really don't know where all this is going to end, honestly, I don't know where all this is going to end

verdadero -ra *adj*

A **1** ‹*premisa/historia*› true; ‹*caso*› real; **ésa es la verdadera causa del problema** that is the real *o* true cause of the problem; **ése no es su ~ nombre** that's not his real name **2** ‹*pieles/joyas*› real

B (*delante del n*) (uso enfático) real; **se portó como un ~ imbécil** he behaved like a real *o* (colloq) proper idiot; **es una verdadera ganga** it's a real bargain; **ha sido un ~ padre para mí** he's been like a father to me; **siente verdadera pasión por la música** she has a real *o* (frml) veritable passion for music

verdal *adj* green

verde¹ *adj*

A ▸ ❶ **p.181** **1** ‹*color/ojos/vestido*› green; **ponerse ~ de envidia** to turn *o* (BrE) go green with envy; **el semáforo estaba (en) ~** the traffic light was green; ***estar ~ de envidia*** (CS) to be green with envy; ***poner ~ a algn*** (Esp fam) (hablando con algn) to call sb all the names under the sun, to give sb a dressing down; (hablando de algn) to say nasty things about sb, run sb down (colloq), to slag sb off (BrE colloq) **2** (*modificado por otro adj: inv*) green; **zapatos ~ claro/fuerte/oscuro** light/bright/dark green shoes; **ojos ~ azulado** bluish *o* (BrE) bluey green eyes

B **1** ‹*fruta*› green, unripe; ***estar ~*** (fam) (no tener experiencia) to be inexperienced *o* (colloq) green; (en una asignatura): **está ~ en historia** he doesn't know the first thing about history (colloq), he doesn't have have a clue *o* have the first idea about history (colloq); **el plan todavía está ~** the plan is still in its very early stages **2** ‹*leña*› green

C (Pol) ‹*partido/movimiento*› Green

D (fam) ‹*chiste*› dirty, blue (colloq); ▸ **viejo²**

verde² *m*

A ▸ ❶ **p.181**; (color) green

B (hierbas) greenery

C (Pol) Green; **los ~s** the Greens

D (fam) (billete — de un dólar) greenback (AmE colloq), dollar bill; (— de mil pesetas) 1,000 peseta note

(Compuestos)

- **verde agua**
A *m* watery green
B *adj inv* watery-green
- **verde botella**
A *m* bottle green
B *adj inv* bottle-green
- **verde esmeralda**
A *m* emerald green
B *adj inv* emerald-green, emerald
- **verde hoja**
A *m* leaf green
B *adj inv* leaf-green
- **verde manzana**
A *m* apple green
B *adj inv* apple-green
- **verde musgo**
A *m* moss green
B *adj inv* moss-green
- **verde oliva**
A *m* olive green
B *adj inv* olive-green
- **verde perico** (Col, Ven)
A *m* bright green
B *adj inv* bright-green
- **verde turquesa**
A *m* turquoise green
B *adj inv* turquoise-green

verdear [A1] *vi* (aparecer de color verde) to look green; (ponerse verde) to turn green

verdejo *m* (Chi fam) (hombre — de clase baja) pleb (colloq & pej); (— andrajoso) tramp

verdemar *adj inv* (liter) sea-green

verderón, verderol *m* 1 (pájaro) greenfinch 2 (molusco) cockle

verdín *m* 1 (musgo) moss 2 (moho) mold*; (en el agua) slime 3 (en metal) verdigris

verdinegro -gra *adj* green and black

verdolaga¹ *adj* (RPl fam) blue (colloq); **un chiste ~** a blue joke

verdolaga² *f* purslane

verdor *m* greenness

verdoso -sa *adj* ▸ ℹ **p.181** greenish

verdugo *m*
A 1 (en ejecuciones) executioner; (en la horca) hangman; **fue una vez más el ~ del Independiente** (Dep) he was once again the scourge of Independiente, once again he was the player who destroyed Independiente 2 (persona cruel) tyrant
B (Indum) balaclava; (para el esquí) ski mask
C (Zool) shrike
D (vástago) shoot
E 1 (látigo) whip, lash 2 (espada) rapier

verdugón *m* welt, weal

verdulería *f* fruit and vegetable store, greengrocer's (BrE)

verdulero -ra *m,f* 1 (persona) greengrocer; **habla como una verdulera** (fam) she talks like a real fishwife (colloq) 2 **verdulero** *m* vegetable rack

verdura *f* 1 (Bot, Coc) vegetable; **no puede comer más que ~(s)** she is only allowed to eat vegetables; **sopa de ~s** vegetable soup; **~s de hojas verdes** green vegetables, greens (colloq) 2 (liter) (verdor) verdure (liter)

verdurería *f* ▸ **verdulería**

verdurero -ra *m,f* ▸ **verdulero**

verdusco -ca *adj* dark greenish

verduzco -ca *adj* ▸ **verdusco**

vereda *f* 1 (senda, camino) path; ***entrar en ~*** to toe the line; ***meter*** *or* ***poner*** *or* ***hacer entrar a algn en ~*** to make sb toe the line, bring sb into line 2 (CS, Per) (acera) sidewalk (AmE), pavement (BrE) 3 (Col) (distrito) district

veredicto *m* 1 (Der) verdict; **el jurado emitió su ~** the jury gave its verdict 2 (opinión, dictamen) opinion, verdict

(Compuesto) **veredicto de culpabilidad/inculpabilidad** verdict of guilty/not guilty

verga *f*
A 1 (Náut) spar, yard 2 (varilla) rod
B 1 (Zool) penis 2 (vulg) (pene) cock (vulg), prick (vulg)
C (de plomo) lead, lead strip

vergajo *m* (Col vulg) bastard (vulg)

vergel *m* (liter) (huerto) orchard; (jardín) garden

verglás *m* (en roca, superficie) verglas; (en autopista, camino) black ice

vergonzante *adj* ‹*enfermedad/problema*› embarrassing

vergonzosamente *adv*
A (tímidamente) shyly, bashfully
B (ignominiosamente) disgracefully, shamefully

vergonzoso¹ -sa *adj*
A (tímido) shy, bashful
B (ignominioso) ‹*asunto/comportamiento*› disgraceful, shameful; **es ~ cómo trata a sus padres** it's a disgrace *o* it's disgraceful *o* it's shameful the way he treats his parents

vergonzoso² -sa *m,f*: **es un ~** he's very shy *o* bashful

vergüenza *f*
A (turbación) embarrassment; **no lo hagas pasar ~ delante de los amigos** don't embarrass him in front of his friends; **se puso colorado de ~** he blushed with embarrassment; **díselo, que no te dé ~** tell him, don't be shy *o* embarrassed about it; **me da ~ pedírselo otra vez** I'm embarrassed to ask him again; **¡este niño me hace pasar una ~ ...!** this child says/does such embarrassing things; **cuando hacen el ridículo así uno siente una ~ ajena** when they make fools of themselves like that, you feel so embarrassed for them
B (sentido del decoro) shame, sense of shame; **si tuviera ~, vendría a disculparse** if he had any (sense of) shame, he'd come and apologize; **¡no tienes ~!** you should be ashamed of yourself!; **¡qué falta de ~!** *or* **¡qué poca ~!** you should be ashamed of yourself!, have you no shame?; ***perder la ~*** to lose all sense of shame
C (escándalo, motivo de oprobio) disgrace; **los abogados como él son una ~ para la profesión** lawyers like him are a disgrace to the profession; **¡qué ~! ¡comportarse así en público!** how disgraceful behaving like that in public!; **estos precios son una ~** these prices are shocking *o* scandalous; **¿te ganó Miguelito? ¡qué ~!** (hum) you mean you lost to little Miguel? shame on you!
D **vergüenzas** *fpl* (euf & hum) (genitales) privates (*pl*) (euph & hum), private parts (*pl*) (euph)

vericuetos *mpl* 1 (terreno abrupto) rough terrain 2 (vueltas) twists and turns (*pl*); **todos los ~ del barrio** all the little twisting alleys of the district; **los ~ de la vida** the complications of life

verídico -ca *adj* true

verificable *adj* verifiable

verificación *f* 1 (de hechos) verification, establishment 2 (de resultados) checking 3 (de una máquina) testing, checking

verificador *m* verifier

verificar [A2] *vt* 1 ‹*hechos*› to establish, verify 2 ‹*resultado*› to check; ‹*pagos/cuentas*› to check, audit 3 ‹*máquina/instrumento*› to check, test
■ **verificarse** *v pron* 1 (period) «*suceso/acto*» to take place, be held 2 «*pronóstico/predicción*» to come true, prove to be true

verificativo *m* (Méx frml): **tener ~** to take place

verija *f* 1 (de persona) genital region, groin 2 (AmL) (de un animal) flank

verismo *m* 1 (realismo) realism 2 (Art, Lit) verism

verista *adj* (Art, Lit) veristic

verja *f* 1 (cerca) railings (*pl*) 2 (puerta) wrought-iron gate; **la ~ de Gibraltar** *the border between Spain and Gibraltar* 3 (de ventana) wrought-iron grille, grille

vermiculado -da *adj* vermiculate

vermicular *adj* vermicular, worm-like; ▸ **apéndice**

vermicularia *f* sedum

vermiculita *f* vermiculite

vermiforme *adj* vermiform; ▸ **apéndice**

vermífugo *m* vermifuge, anthelmintic

vermouth /ber'mu(t)/ *m* (*pl* **-mouths**) vermouth

vermú¹ *m* ▸ **vermut¹**

vermú² *f* (CS) ▸ **vermut²**

vermut¹ /ber'mu(t)/ *m* (*pl* **-muts**) vermouth

vermut² /ber'mu(t)/ *f* (*pl* **-muts**) (CS) early evening performance

vernáculo -la *adj* vernacular

vernal *adj* vernal, spring (*before n*)

vernissage *m* private showing *o* view *o* viewing, vernissage (frml)

verónica *f* 1 (Bot) veronica, speedwell 2 (Taur) *pass made with feet apart and cape held in both hands*

verosímil *adj*: **las situaciones que narra no resultan muy ~es** the situations he relates are not very realistic *o* true-to-life; **su versión de los hechos no parece muy ~** his version of events does not seem very credible *o* likely *o* plausible; **una excusa más ~** a more plausible excuse

verosimilitud *f* (de una excusa, historia) plausibility; verisimilitude; (de una versión, personaje) credibility; **reservas sobre la ~ de la última escena** reservations about how realistic *o* credible *o* true-to-life the last scene is

verraco¹ -ca *adj* (Col fam) 1 (estupendo) fantastic (colloq) 2 (valiente) plucky (colloq), gutsy (colloq)

verraco² -ca *m,f* (Col fam) 1 (persona estupenda): **es un ~, consiguió siete medallas de oro** he's fantastic *o* incredible, he won seven gold medals (colloq), he's a fantastic *o* an incredible athlete, he won seven gold medals (colloq) 2 (persona valiente): **es una verraca** she's a really gutsy girl (*o* woman *etc*) (colloq)

verraco³ *m* boar

verraquera *f* (Col fam) 1 (algo estupendo): **ser la ~** to be fantastic (colloq) 2 (valentía) guts (*pl*) (colloq), pluck (colloq)

verrucaria *f* heliotrope

verruga *f* 1 (Med) (en la mano, cara) wart; (en los pies) verruca 2 (Bot) wart

verrugoso -sa *adj* warty, verrucose (tech); **tenía las manos verrugosas** his hands were covered in warts

versado -da *adj* [SER] **~ EN algo**: **pregúntale a él que es ~ en la materia** ask him, he's an authority on the matter; **un hombre muy ~ en filosofía** a man who is well versed in philosophy

versal *f* capital letter, capital

versalita *f* small capital

Versalles *m* Versailles

versallesco -ca *adj*
A (Art, Lit) Versailles (*before n*)
B (sumamente cortés) extremely courteous, gallant

versar [A1] *vi* (liter) «*tratado/discurso*»: **~ SOBRE algo** to be on *o* about sth, deal with sth

versátil *adj*
A 1 (inconstante) fickle, changeable 2 (polifacético) ‹*persona*› versatile; ‹*camión/aparato*› versatile
B (Zool) versatile

versatilidad *f*
A 1 (inconstancia) fickleness, changeability 2 (diversidad) versatility
B (Zool) versatility

versículo *m* verse

versificación *f* versification

versificador -dora *m,f* versifier

versificar [A2] *vi* to versify
■ **versificar** *vt* to versify, put ... into verse

versión *f* 1 (de una obra) version; **la misma canción en ~ de otro cantante** the same song done by someone else, a version of the song by someone else; **~ cinematográfica** movie version; **~ corregida y aumentada** revised and expanded version 2 (de un suceso): **según la ~ oficial de los hechos** according to the official version of events; **quisiera oír tu ~ de lo que pasó** I'd like to hear your side of the story *o* your version of events 3 (traducción) translation 4 (modelo) model

V

(Compuestos)
- **versión alfa/beta** alpha/beta version
- **versión original** *movie in its original language*; **la vi en ~ ~** I saw it in (the original) French (*o* Russian *etc*)

versionar [A1] *vt* to cover, do a cover version of

verso *m*
A (Lit) **1** (línea) line, verse **2** (poema) poem **3** (género) verse; **en ~** in verse; **el ~ y la prosa** poetry and prose
(Compuestos)
- **verso blanco** blank verse
- **verso libre** free verse
- **verso suelto** blank verse

B (de una página) verso, back
C (RPl fam) (mentira): **es todo ~** it's all lies; ***hacerle el ~ a algn*** (RPl) to try to con sb (colloq), to spin sb a yarn (colloq)

versus *prep* versus, against

vértebra *f* vertebra
(Compuestos)
- **vértebra cervical** cervical vertebra
- **vértebra dorsal** dorsal vertebra
- **vértebra lumbar** lumbar vertebra

vertebrado[1] -da *adj* vertebrate

vertebrado[2] *m* vertebrate; **los ~s** the vertebrates

vertebral *adj* vertebral; ▸**columna**

vertedera *f* moldboard*

vertedero *m*
A (para basura) dump; **un ~ de residuos nucleares** a dumping site for nuclear waste
B (desagüe) outlet

vertedor *m* **1** (de un depósito) outlet **2** (de una presa) spillway

verter [E31] *or* [E8] *vt*
A **1** (echar) ‹*agua/vino/trigo*› to pour; **vertió el contenido de la botella en el vaso** he emptied *o* poured the contents of the bottle into the glass; **~ residuos radiactivos al** *or* **en el mar** to dump radioactive waste in the sea **2** (derramar) ‹*líquido*› to spill; ‹*lágrimas*› (liter) to shed (liter); **vertieron su sangre por la patria** (liter) their blood was spilt *o* shed for their country
B (period) (expresar) ‹*opiniones*› to voice, state; **las acusaciones que ha vertido la prensa sobre él** the accusations that the press has made against him; **vertió ácidas críticas sobre su conducta** he leveled bitter criticism against her for her behavior
C (frml) **1** (traducir) **~ algo A algo** to translate sth INTO sth, render sth INTO sth (frml); **vertió el poema al francés** he translated *o* rendered the poem into French **2** (trasladar): **vertió sus sentimientos al papel** he put his feelings down on paper

■ **verter** *vi* to flow; **el Ebro vierte al Mediterráneo** the Ebro flows into the Mediterranean

vertical[1] *adj*
A **1** ‹*línea/madero*› vertical; **estaba en posición ~** it was in an upright *o* a vertical position **2** (en crucigramas): **el tres ~** three down
B (Pol, Rels Labs) vertical

vertical[2] *f* **1** (Mat, Tec) vertical line, vertical (tech); **trazar una ~** to draw a vertical line; **una caída en ~** a sheer drop **2** (Dep) handstand

vertical[3] *m*
A (Astron) vertical circle
B (Dep) post, upright

verticalidad *f* **1** (posición) vertical position, verticality (frml) **2** (Pol, Rels Labs) verticality

verticalista *adj* (AmS) vertical

verticalmente *adv* vertically

vértice *m* **1** (Mat) (de un ángulo) vertex; (de una figura) vertex, apex **2** (coronilla) crown

verticilo *m* verticil, whorl

vertido *m* (accidentalmente) spilling, spillage; (a propósito) dumping

vertiente *f* **1** (de una montaña) slope; (de un tejado) slope **2** (faceta, aspecto) aspect; **el socialismo en todas sus ~s** socialism in all its aspects; **su visita tiene una doble ~ política y económica** her visit has both political and economic objectives/significance; **la ayuda tiene dos ~s: la financiera y la técnica** the aid has two sides *o* elements to it: financial and technical; **tanto en su ~ nacional como en su ~ europea** both from a domestic and a European point of view **3** (CS) (manantial) spring

vertiginosamente *adv* ‹*girar*› dizzily, vertiginously (frml); **los precios han aumentado ~** prices have spiralled

vertiginoso -sa *adj* ‹*velocidad*› dizzy, giddy, vertiginous (frml); **una vertiginosa caída del dólar** a dramatic *o* vertiginous fall in the value of the dollar

vértigo *m* **1** (por la altura) vertigo; **padecer de/tener ~** to suffer from/have vertigo; **me da** *or* **produce ~ asomarme a la ventana** leaning out of the window gives me vertigo, leaning out of the window makes me dizzy *o* giddy; ***de ~:*** **a una velocidad de ~** at breakneck speed; **excedentes de ~** startling *o* amazing surpluses **2** (actividad intensa) frenzy; **el ~ de la vida moderna** the frantic pace of modern life

ves ▸**ver[2]**

vesania *f* **1** (ira) fury, rage **2** (demencia) insanity, madness

vesánico -ca *adj* **1** (furioso) furious **2** (demente) insane, mad

vesical *adj* vesical, of the bladder

vesicante, vesicatorio *m* vesicant

vesícula *f* **1** ▸❶ **p.231** (Anat) gallbladder **2** (ampolla) vesicle, blister **3** (Bot) vesicle
(Compuesto) **vesícula biliar** gallbladder

vesicular *adj* vesicular

vespa® *f* Vespa®, scooter

vespasiana *f* (Chi) public toilet

vespertina *f* (Col) early evening performance

vespertino[1] -na *adj* evening (*before n*); **diario ~** evening newspaper

vespertino[2] *m* **1** (period) (periódico) evening newspaper **2** (Chi) (Educ) night school

vespino® *m* moped

vesre *m* (CS) (fam) back slang; **al ~** in back slang; **decir algo al ~** to say sth in back slang; **todo lo hace al ~** he does everything back to front *o* the wrong way around

vestal[1] *adj* vestal

vestal[2] *f* vestal virgin

vestíbulo *m* **1** (Arquit) (de una casa particular) hall; (de un edificio público) lobby; (de un teatro, cine) foyer **2** (Anat) vestibule

vestido[1] -da *adj* dressed; **siempre va muy bien ~** he's always very well dressed; **una de las mujeres mejor/peor vestidas** one of the best/worst dressed women; **¿cómo iba ~? — con vaqueros** what was he wearing? — jeans; **~ DE algo**: **iba vestida de azul** she was wearing blue; **sus padres querían verla vestida de blanco** her parents wanted to see her walk down the aisle; **apareció en la recepción ~ de calle** he turned up at the reception in casual clothes; **iba ~ de verano** he was wearing summer clothes; **¿de qué vas a ir ~?** what are you going to go as?

vestido[2] *m* **1** (ropa) clothes (*pl*), dress; **la historia del ~** the history of costume **2** (de mujer) dress **3** (Col) (de hombre) suit
(Compuestos)
- **vestido camisero** shirtwaist (AmE), shirtwaister (BrE)
- **vestido de baño** (Col) swimsuit, bathing suit, swimming costume (BrE)
- **vestido de fiesta** party dress *o* frock
- **vestido de noche** evening dress
- **vestido de novia** wedding dress *o* gown

vestidor[1] -dora *adj* (Andes) dressy

vestidor[2] *m* **1** (en una casa) dressing room **2** (Chi, Méx) (en un club, gimnasio) locker room (AmE), changing room (BrE)

vestiduras *fpl* **1** (ant) (ropa, prendas) clothes (*pl*); ***rasgarse las ~*** to throw up one's hands in horror **2** (Relig) *tb* **~ sacerdotales** vestments (*pl*)

vestier *m* (Col) **1** (en una tienda) fitting room, changing room **2** (en un club, gimnasio) locker room (AmE), changing room (BrE)

vestigial *adj* vestigial

vestigio *m* trace; **no quedan ~s de aquella civilización** no trace remains of that civilization; **en su rostro aún quedaban ~s de su belleza ya marchita** (liter) her face still showed vestiges of her faded beauty (liter)

vestimenta *f* clothes (*pl*); **sabe elegir la ~ adecuada a la ocasión** she's very good at choosing clothes to suit the occasion; **con esa ~ no te van a dejar entrar** (pey *o* hum) they're not going to let you in in that garb *o* outfit (pej *or* hum)

vestir [I14] *vt*
A **1** (poner la ropa a) ‹*niño/muñeca*› to dress **2** «*modisto/sastre*» ‹*cliente*› to dress; **la viste uno de los mejores modistos de París** she is dressed by one of the best designers in Paris **3** (proporcionar ropa a) to clothe (frml); **los viste la abuela** their grandmother buys their clothes for them **4** ‹*casa/pared*› to decorate; **las cortinas realmente visten la habitación** the curtains really make the room
B (liter *o* period) (llevar puesto) to wear; **viste un traje de chaqueta azul marino** she is wearing a navy-blue suit

■ **vestir** *vi*
A «*persona*» to dress, get dressed; **está a medio ~** she's still getting dressed; **tuvo que salir con el bebé a medio ~** he had to go out with the baby only half-dressed; **viste muy bien/mal** she dresses very well/badly; **~ DE algo** to wear sth; **vestía de uniforme** he was wearing uniform, he was in uniform; **siempre viste de azul** she always wears blue; ***el mismo que viste y calza*** (fam): **¿ése que viene por allí no es tu jefe? — el mismo que viste y calza** isn't that your boss over there? — the very same *o* (colloq) it sure is!
B **1** (ser elegante): **no sabe ~** he has no dress sense; **el negro viste mucho** black looks very smart; **que te vean en ese restaurante viste mucho** that restaurant is the place to be seen; **tener un coche deportivo viste mucho** having a sports car really gets you noticed **2** **de vestir** ‹*traje/pantalón/zapatos*› smart; **quería algo más de ~** I wanted something smarter *o* (colloq) dressier

■ **vestirse** *v pron* (*refl*)
A **1** (ponerse la ropa) to dress, get dressed; **¿todavía no te has vestido?** aren't you dressed yet?; **se vistió con lo primero que encontró** she put on the first thing that came to hand **2** (de cierta manera): **se viste muy bien/mal** he dresses very well/badly; **siempre se viste a la última moda** she always wears the latest styles; **~se DE algo** to wear sth; **siempre se viste de verde** she always wears green **3** (disfrazarse) **~se DE algo** to dress up AS sth; **se vistió de pirata** he dressed up as a pirate
B (liter) «*campo/árboles*»: **los campos se visten de flores en primavera** in spring the fields are covered in flowers; **la ciudad se vistió de gala con motivo de la visita** the city was all decked out for the visit
C (comprarse la ropa) to buy one's clothes; **se visten en Galerías Valencia** they buy their clothes at Galerías Valencia; **se viste en de la Cruz** she wears (clothes by) de la Cruz

vestón *m* (CS) jacket

vestuario *m*
A **1** (conjunto de ropa) wardrobe **2** (Cin, Teatr) wardrobe; **el lujoso ~ que la obra requería** the lavish costumes *o* wardrobe that the play required
B (en un club, gimnasio) locker room (AmE), changing room (BrE)

Vesubio *m*: **el ~** Vesuvius

veta *f*
A **1** (filón — en la madera) streak; (— en el mármol) vein **2** (conjunto — en la madera) grain; (en el mármol) veins (*pl*), veining **3** (en la carne) streak **4** (en la roca) vein, seam
B (inclinación) bent, leanings (*pl*)

vetar [A1] *vt* to veto

vetarro[1] -rra *adj* (Méx fam & hum) old; **ya están muy ~s** they're pretty ancient (colloq), they're

V

getting on a bit (colloq); **ya estoy muy ~ para estas cosas** I'm too old for this sort of thing

vetarro[2] **-rra** (Méx fam & hum) *m,f*

A (*m*) old codger (colloq & hum); **ese ~ es mi tío** that old codger *o* guy is my uncle (colloq)

B (*f*) old biddy (colloq & hum)

veteado[1] **-da** *adj* ‹*madera*› grained; ‹*mármol*› veined; **verde ~ de gris** green with streaks of gray

veteado[2] *m* (de la madera) grain; (del mármol) veining, veins (*pl*)

vetear [A1] *vt* (Méx) ‹*prenda*› **si pones toda esa ropa junta la vas a ~** if you wash all those things together the colors will run

veteranía *f* **1** (experiencia) experience **2** (antigüedad) seniority

veterano[1] **-na** *adj* **1** ‹*soldado/militar*› veteran (*before n*) **2** (en cualquier actividad) veteran (*before n*); **un tenista ~** a veteran tennis player; **un abogado ~ en esas lides** a lawyer with a great deal of experience in these matters

veterano[2] **-na** *m,f* **1** (Mil) veteran **2** (en otras actividades) veteran **3** (Chi fam) (persona anciana) elderly person

(Compuesto) **veterano/veterana de guerra** *m,f* war veteran

veterinaria *f* **1** (ciencia) veterinary science *o* medicine **2** (clínica) veterinary surgery

veterinario[1] **-ria** *adj* ‹*clínica*› veterinary (*before n*); **médico ~** vet, veterinarian (AmE), veterinary surgeon (BrE)

veterinario[2] **-ria** *m,f* vet, veterinarian (AmE), veterinary surgeon (BrE)

veto *m* veto; **ejercer el derecho de** *or* **al ~** to exercise the right of veto; **poner el ~ a algo** to veto sth

vetustez *f* (liter) great age

vetusto -ta *adj* (liter) ancient, very old

vez *f*

A (ocasión) time; **lo leí una ~/dos veces/tres veces** I read it once/twice/three times; **una ~ por semana/año** once a week/year; **me acuerdo de una/aquella ~ cuando ...** I remember once/that time when ...; **es la última ~ que te lo pido** I'm not going to ask you again; **ésa fue la última ~ que lo vi** that was the last time I saw him; **se lo he dicho mil veces** *or* **miles de veces** I've told him a thousand times *o* thousands of times; **alguna ~ me he sentido tentada** there have been times *o* there has been the odd time when I've been tempted; **algunas veces me dan ganas de dejarlo** at times *o* sometimes I feel like leaving him, there are times when I feel like leaving him; **¿alguna ~ te has arrepentido?** have you ever regretted it?; **¡la de veces** *or* **las veces que le dije que no lo hiciera!** the (number of) times I told him not to do it!; **érase** *or* **había una ~** (liter) once upon a time (liter); **por primera ~** for the first time; **no es la primera ~ que sucede** it's not the first time it's happened; **¡cuéntamelo otra ~!** tell me again!; **¿por qué no lo dejamos para otra ~?** why don't we leave it for another time *o* day?; **me lo he preguntado repetidas veces** I've asked myself again and again *o* time and again; **por enésima ~** for the umpteenth time; **por esta ~ pase** we'll forget it this time; **la próxima ~ lo haces tú** next time you can do it; **no nos tocó nada — bueno, otra ~ será ...** we didn't get anything — never mind, maybe next time *o* there's always next time; **una ~ más se salió con la suya** once again she got her own way; **agradeciéndole una ~ más su cooperación** (Corresp) thanking you once again *o* once more for your cooperation; **las más de las veces llega tarde** he's late more often than not

B (*en locs*): **a la vez** at the same time; **todos hablaban a la ~** they were all talking at once *o* at the same time; **a mi/tu/su vez** for my/your/his part; **el gobernador, a su ~, agregó que ...** the governor, for his part, added that ...; **luego hay un jefe de sección que a su ~ depende del director de ventas** then there's a head of department who in turn reports to the sales director; **a veces** sometimes; **a veces me pregunto si no tendrá razón** sometimes I wonder *o* there are times when I wonder if she might be right; **cada vez: cada ~ que viene nos peleamos** every time *o* whenever he comes we fight, we always fight when he comes; **este método se está utilizando cada ~ más** this method is being used increasingly *o* more and more; **lo encuentro cada ~ más viejo** he looks older every time I see him; **se nota cada ~ menos** it's becoming less and less noticeable; **cada ~ es más difícil encontrar trabajo** it's getting more and more difficult *o* it's getting increasingly difficult to find work; **de una vez** (expresando impaciencia) once and for all; (simultáneamente) in one go; **¡a ver si se callan de una ~!** once and for all, will you be quiet!; **a ver si solucionamos este problema de una ~ (por todas)** let's see if we can solve this problem once and for all; **apagó todas las velas de una ~** she blew out all the candles in one go; **de vez en cuando** from time to time, now and again, every now and then; **en vez de** instead of; **en ~ de ayudar molesta** instead of helping he gets in the way; **rara vez** rarely, seldom, hardly ever; **rara ~ se equivoca** she hardly ever *o* seldom *o* rarely makes a mistake; **una vez** once; **una ~ transcurridos dos años** once two years have passed, after two years; **una ~ frío, cubrir con mayonesa** once *o* when cool, cover with mayonnaise; **una ~ que hayan terminado se pueden retirar** once *o* when you have finished you may leave; ***hacer las veces de algo*** «*caja/libro*» to serve as sth; «*persona*» to act as sth; ***una ~ al año no hace daño*** once in a while doesn't do any harm; ▸**tal**[3] **B**

C (Mat): **cabe una ~ y sobran dos** it goes once and two left over; **diez veces más grande que la nuestra** ten times bigger than ours

D (Esp) (turno en una cola): **¿quién tiene** *or* **me da la ~?** who's last in line (AmE) *o* (BrE) in the queue?; **hay que pedir la ~** you have to ask who's last

v.g., v.gr. eg

VHF *f* VHF

VHS *m* VHS

vi ▸**ver**[2]

vía[1] *f*

A **1** (ruta, camino): **~s romanas** Roman roads; **una ~ urbana muy concurrida** (frml) a very busy urban thoroughfare (frml); **la ~ rápida** the fast route; **las ~s navegables del país** the country's waterways; **abrir una ~ de diálogo** to open a channel *o* an avenue for dialogue; **¡dejen ~ libre!** clear the way!; ***dar ~ libre a algo*** to give sth the go-ahead *o* the green light; ***tener ~ libre*** to have a free hand **2** (medio, procedimiento): **lo hizo por una ~ poco ortodoxa** he did it in a rather unorthodox way *o* manner; **por la ~ diplomática/política** through diplomatic/political channels; **por la ~ de la violencia** by using violence, by using violent methods *o* means **3** (Der) proceedings (*pl*)

(Compuestos)

- **Vía Apia** Appian Way
- **vía contenciosa** legal action
- **vía de acceso** access road, slip road (BrE)
- **vía de agua** leak
- **vía de comunicación** road (*o* rail *etc*) link
- **vía de salida** exit road, off-ramp (AmE), slip road (BrE)
- **vía de servicio** service road
- **Vía Láctea** Milky Way
- **vía marítima** sea route, seaway
- **vía pública** (frml) public highway
- **vías digestivas** *fpl* digestive tract
- **vías respiratorias** *fpl* respiratory tract

B **en vías de: el conflicto está en ~s de solución** the conflict is in the process of being resolved *o* is nearing a solution *o* is on the way to being resolved; **países en ~s de desarrollo** developing countries; **una especie en ~s de extinción** an endangered species, a species in danger of extinction; **el plan ya está en ~s de ejecución** the plan is now being carried out *o* put into practice

C (Ferr) track, line (BrE); **efectuará su salida por la ~ dos** (frml) it will depart from track (AmE) *o* (BrE) platform two (frml); **un tramo de ~ única/de doble ~** a single-track/double-track section

(Compuestos)

- **vía angosta** (Méx) narrow gauge
- **vía estrecha** narrow gauge; **ferrocarriles de ~ ~** narrow-gauge railroads (AmE) *o* (BrE) railways; **un empresario de ~ ~** a second-rate businessman
- **vía férrea** railroad track (AmE), railway track *o* line (BrE)
- **vía muerta** siding; **estar en ~ ~** «*negociaciones*» to be deadlocked; **el diálogo ha entrado en ~ ~** the talks have reached deadlock

D (medio de transporte): **mandan las mercancías por ~ aérea/marítima/terrestre** they send the goods by air/by sea/by land; Ⓢ **vía aérea** airmail

E (Anat, Med): **administrar por ~ oral** to be administered orally; **lo alimentan por ~ venosa** he is fed intravenously; **la toxina se elimina por ~ renal** the toxin is eliminated by *o* through the kidneys

vía[2] *prep* via; **volamos a México ~ Miami** we flew to Mexico via Miami; **un enlace ~ satélite** a satellite link, a link via satellite

viabilidad *f* **1** (de un proyecto) viability, feasibility **2** (de un bebé) viability

viabilizar [A4] *vt* to make ... viable

viable *adj* **1** ‹*proyecto/plan*› viable, feasible **2** ‹*bebé*› viable

vía crucis, viacrucis *m* (*pl* ~) **1** (Relig) Stations of the Cross (*pl*), Way of the Cross **2** (aflicción) terrible ordeal

viada *f* (Méx, Per fam) speed; **los carros pasan con mucha ~** the cars go past at high speed; **correr a toda ~** to run flat out; **no podía parar con la ~ que traía** he was going so fast *o* at such a speed he couldn't stop

viaducto *m* viaduct

viajado -da *adj* (AmS fam) well-traveled*

viajante *mf* traveling* salesman/saleswoman

viajar [A1] *vi* to travel; **no le gusta ~ en barco** she doesn't like traveling by boat; **viajamos en avión** we went *o* traveled by plane, we flew; **~on hacia el norte** they traveled north, they journeyed northward(s) (liter); **siempre viaja en primera clase** he always travels *o* goes first class; **ha viajado por todo el mundo** she's traveled *o* been all over the world

viaje *m*

A (a un lugar) trip, journey (esp BrE); **fuimos a la India, fue un ~ maravilloso** we went to India, it was a wonderful trip; **hicimos un ~ por los pueblos del interior** we did a tour of *o* we traveled around the villages inland; **el segundo ~ de Colón** Columbus's second voyage; **el ~ en tren es agotador** the train journey is exhausting; **en sus ~s por Sudamérica** on her travels *o* journeys through South America; **hace frecuentes ~s al extranjero** he makes frequent trips abroad; **los conocí en el ~ de vuelta** I met them on the way back; **¡buen ~!** have a good trip!, bon voyage!; **los ~s educan** travel broadens the mind; **han salido** *or* **están de ~** they're away; ***agarrar ~*** (RPl fam): **si se lo planteás así capaz que agarra ~** if you put it like that she might go for it (colloq); **le pregunté si quería venir a cenar y enseguida agarró ~** I asked her if she wanted to come to dinner and she leapt at the chance *o* jumped at the offer

(Compuestos)

- **viaje de compras** shopping trip
- **viaje de estado** state visit
- **viaje de estudios** study trip
- **viaje de negocios** business trip
- **viaje de novios** honeymoon
- **viaje de placer**: **es un ~ de ~ y no de negocios** it's a vacation *o* (BrE) holiday, not a business trip
- **viaje espacial** space flight
- **viaje oficial** official visit
- **viaje organizado** package tour
- **viaje redondo** (Méx) round trip
- **viaje relámpago** quick trip; (de trabajo) flying *o* lightning visit

ℹ Viaje

Para la correcta traducción del nombre *viaje*, hay que tener en cuenta lo siguiente:

– *Travel* normalmente hace referencia a la actividad de viajar en general, preferentemente al extranjero
mis aficiones son el fútbol y los viajes
= my hobbies are football and travel
trabaja en una agencia de viajes
= he works for a travel agency
durante sus viajes por África
= during his travels in Africa

– *Journey* se refiere únicamente al desplazamiento de un lugar a otro
el viaje fue muy largo
= the journey was very long
empecé a sentirme mal durante el viaje
= I began to feel ill during the journey

– *Trip* se refiere tanto al desplazamiento como a la estancia
se va de viaje al Japón
= she's going on a trip to Japan
un viaje de fin de semana a la capital
= a weekend trip to the capital

– *Tour* es un viaje organizado a lo largo del cual se van haciendo paradas para visitar distintos lugares
se fueron de viaje por Europa
= they went on tour around Europe

– *Voyage* describe normalmente un viaje largo por mar o por el espacio
los viajes de Cristóbal Colón
= the voyages of Christopher Columbus

B (ida y venida) trip, journey (esp BrE); **tuve que hacer varios ~s para llevarlas todas** I had to make several trips to take them all; ***de un solo ~*** (Andes fam) in one go
C (con drogas) trip (colloq)

viajero[1] **-ra** *adj*: **todos son muy ~s** they're all great travelers*, they all like traveling*

viajero[2] **-ra** *m,f* **1** traveler* **2** (pasajero) passenger
(Compuestos)
• **viajero en el tiempo, viajera en el tiempo** *m,f* time traveler*
• **viajero frecuente, viajera frecuente** *m,f* frequent flyer; **un programa de ~ frecuente** a frequent flyer program*

vial *adj* road (*before n*)

vialidad *f* highway administration

vianda *f* **1** (carne, pescado) food; **~s** food, viands (frml) **2** (CS) (fiambrera) ▸**portaviandas** **3** (RPl) (tentempié) packed lunch

viandante *mf* (transeúnte) passerby; (peatón) pedestrian

viaraza *f* (RPl): **darle a algn la ~** (fam) *ver* **ventolera**

viario -ria *adj* road (*before n*)

Viasa *f* = **Venezolana Internacional de Aviación Sociedad Anónima**

viático *m*
A (Relig) viaticum
B **viáticos** *mpl* (esp AmL) (dinero) travel allowance, traveling* expenses (*pl*)

víbora *f* **1** (Zool) viper **2** (fam & pey) (persona): **es una ~** he has a vicious tongue
(Compuesto) **víbora bufadora** puff adder

viboreo *m* (AmL) backbiting

vibra *f*, **vibras** *fpl* (Méx fam) vibes (*pl*) (colloq)

vibración *f* vibration; **un lugar con buenas vibraciones** a place that has good vibrations *o* (colloq) good vibes

vibrador *m* vibrator

vibráfono *m* vibraphone

vibrante *adj* **1** (fuerte) ‹*voz*› vibrant, resonant; ‹*discurso/frases*› vibrant, vigorous **2** (de emoción) quivering; **con la voz ~ de emoción** his voice quivering *o* vibrant with emotion **3** (Ling) ‹*sonido*› trilled, rolled

vibrar [A1] *vi* «*cuerdas/cristales*» to vibrate; **la voz le vibraba de emoción** his voice quivered *o* vibrated with emotion

vibrátil *adj* vibratile

vibrato *m* vibrato

vibratorio -ria *adj* vibratory

vibrión *m* vibrio

viburno *m* viburnum

vicaría *f* (cargo) vicariate; (territorio) vicariate; (residencia) vicarage; ***pasar por la ~*** (fam) to get hitched in church (colloq)

vicario -ria *m,f*
A (párroco) vicar
(Compuestos)
• **vicario castrense** army chaplain
• **vicario general** vicar-general
B (representante): **el ~ de Dios** *or* **de Cristo** the Vicar of God *o* of Christ

vice- *pref* vice- (*as in* **vicealmirante**)

vicealcalde -desa *m,f* deputy mayor

vicealmirantazgo *m* vice admiralty

vicealmirante *m* vice admiral

vicecampeón -peona *m,f* runner-up

vicecanciller *mf* **1** (en Alemania, Austria) deputy chancellor, vice-chancellor **2** (AmL) (en el Ministerio de Relaciones Exteriores) deputy secretary of state (AmE), deputy foreign minister (BrE) **3** (en la universidad) vice-chancellor

vicecónsul *mf* vice-consul

viceconsulado *m* vice-consulate

vicegobernador -dora *m,f* deputy governor

vicelíder *mf* deputy leader

Vicente: ***¿dónde va ~? donde va la gente*** *said of somebody who always follows the crowd*

vicepresidencia *f* **1** (Gob, Pol) vice presidency **2** (Adm) (de una empresa) vice presidency (AmE), deputy chairmanship (BrE)

vicepresidente -ta *m,f*, **vicepresidente** *mf* **1** (Gob, Pol) vice president **2** (Adm) (de una empresa) vice president (AmE), deputy chairman/chairwoman (BrE)

vicesecretario -ria *m,f* under secretary, assistant secretary

vicetiple *f* chorus girl

vice versa *adv* vice versa

vichar [A1] *vi* (RPl fam) to peep (colloq)
■ **vichar** *vt* (RPl fam) to peep at (colloq)

vichyssoise /bi(t)ʃi'swas/ *f* vichyssoise

viciado -da *adj*
A ‹*atmósfera*› stuffy; **abramos las ventanas, el aire está ~** let's open the windows, it's very stuffy in here; **la atmósfera viciada de los vagones de fumadores** the stuffy *o* thick atmosphere in the smoking cars
B **1** ‹*estilo/dicción*› marred; **en un lenguaje ~ de** *or* **por extranjerismos** in language marred *o* tainted by the use of foreign terms; **un pintor de estilo ~** a painter whose style is marred by certain mannerisms **2** (Esp) ‹*persona*› hooked (colloq)

viciar [A1] *vt*
A **1** ‹*persona*› to get ... into a bad habit **2** ‹*estilo/lenguaje*› to mar
B (Der) to invalidate, vitiate (frml)
■ **viciarse** *v pron* **1** «*persona*» to get into a bad habit; **se vició con el alcohol** he became addicted to alcohol, he got hooked on drink (colloq) **2** «*estilo/lenguaje*» to deteriorate

vicio *m*
A (corrupción) vice; **darse al ~** to give oneself over to vice *o* evil ways
B (hábito, costumbre): **el juego es un ~ para él** he's a compulsive gambler; **tiene el ~ de la bebida** she drinks, she's a heavy drinker; **el único ~ que tengo es el tabaco** smoking is my only vice *o* bad habit; **se queja de ~** (fam) she complains for no reason at all *o* for the sake of it
C (defecto) fault, defect; **~ de diseño** design fault; **~s de fabricación** manufacturing defects; **la vivienda puede tener ~s ocultos** the house may have hidden structural defects
D (Der) flaw, error
(Compuestos)
• **vicio de fondo** fundamental error *o* omission
• **vicio de forma** procedural irregularity

vicioso[1] **-sa** *adj*: **la gente viciosa que frecuenta esos antros** the dissolute people who frequent those dives; **¿un cigarrillo? — no, gracias, no soy ~** (hum) cigarette? — no thanks, that's not one of my vices (hum); **¡qué ~ eres! ¿cuántos te has fumado ya?** you really are hooked! how many's that now?

vicioso[2] **-sa** *m,f* dissolute person

vicisitud *f* vicissitude (liter); **tras muchas ~es llegaron a su destino** after many difficulties *o* mishaps *o* vicissitudes they reached their destination; **las ~es de la vida** the vicissitudes of life, life's ups and downs

víctima *f* **1** (persona perjudicada) victim; **las ~s del terremoto** the victims of the earthquake; **en el accidente no hubo que lamentar ~s mortales** nobody was killed *o* fatally injured in the accident; **fue ~ de una emboscada** he was the victim of an ambush; **falleció ~ de un paro cardíaco/de un accidente** he died of *o* from a heart attack/as a result of *o* in an accident; **el terremoto cobró miles de ~s** thousands of people died in the earthquake, the earthquake claimed thousands of lives **2** (de un sacrificio) victim
(Compuesto) **víctima propiciatoria** propitiatory victim

victimar [A1] *vt* (AmL frml) to kill

victimario -ria *m,f* **1** (Hist) *person who assisted at human sacrifices* **2** (AmL period) (asesino) murderer, killer

victimismo *m* victim mentality; **tiene tendencia al ~** he tends to see himself as a victim

victimizar [A4] *vt* to victimize

victoria *f* victory; **obtuvieron una aplastante ~ frente a** *or* **sobre sus adversarios** they won *o* achieved a resounding victory over their opponents; **el equipo neoyorquino se alzó con la ~** the team from New York won *o* was victorious; **no cantes ~ antes de tiempo** don't count your chickens before they hatch
(Compuestos)
• **victoria moral** moral victory
• **victoria pírrica** Pyrrhic victory

victoriano -na *adj* Victorian

victoriosamente *adv* victoriously

victorioso -sa *adj* victorious

victrola *f* (AmL ant) gramophone (dated)

vicuña *f* vicuna

vid *f* vine

vida *f*
A **1** (Biol) life; **la ~ marina** marine life; **a los tres meses de ~** at three months (old); **el derecho a la ~** the right to life; **no pudieron salvarle la ~** they were unable to save his life; **era una cuestión de ~ o muerte** it was a matter of life and death; **se debate entre la ~ y la muerte** she's fighting for her life; **140 personas perdieron la ~ en el accidente** (period) 140 people lost their lives in the accident (journ); **quitarse la ~** to take one's (own) life (frml); **el accidente que le costó la ~** (period) the accident that cost him his life; **jugarse la ~** to risk one's life; **se puso como si le fuera la ~ en ello** he behaved as if his life depended on it; **sólo tres personas lograron salir con ~** only three people escaped alive, there were only three survivors; **encontraron su cuerpo sin ~ junto al río** (period) his

V

body was found by the river; **el cuerpo sin ~ de su amada** (liter) the lifeless body of his beloved (liter); **dieron la ~ por la patria** they gave *o* sacrificed their lives for their country; **la mujer que te dio la ~** the woman who brought you into this world; **el actor que da ~ al personaje de Napoleón** the actor who plays *o* portrays Napoleon; ***con la ~ en un hilo*** or ***pendiente de un hilo:*** **estuvo un mes entero con la ~ en un hilo** his life hung by a thread for a whole month; ***real como la ~ misma*** true, true-life; **es una historia real como la ~ misma** it's a true *o* true-life story; ***mientras hay ~ hay esperanza*** where there is life there is hope **2▸** (viveza, vitalidad) life; **es un niño sano, lleno de ~** he's a healthy child, full of life; **la ciudad es bonita, pero le falta ~** it's a nice city but it's not very lively *o* it doesn't have much life; **unas cortinas amarillas le darían ~ a la habitación** yellow curtains would liven up *o* brighten up the room

B (extensión de tiempo) life; **se pasa la ~ viendo la televisión** he spends his life watching television; **toda una ~ dedicada a la enseñanza** a lifetime dedicated to teaching; **a lo largo de su ~** throughout his life; **en ~ de tu padre** when your father was alive; **la corta ~ del último gobierno** the short life of the last government; **la relación tuvo una ~ muy corta** the relationship was very short-lived; **la ~ de un coche/electrodoméstico** the life-span of a car/an electrical appliance; **cuando encuentres al hombre de tu ~** when you find the man of your dreams *o* your Mr Right; **es el amor de mi ~** she's the love of my life; ***amargarle la ~ a algn*** to make sb's life a misery; ***amargarse la ~*** to make oneself miserable; ***complicarle la ~ a algn*** to make sb's life difficult; ***complicarse la ~*** to make life difficult for oneself; ***de por ~*** for life; **de toda la ~** *loc adj/adv* (desde siempre) lifelong; **se conocen de toda la ~** they know each other from way back; **un programa/una medicina de toda la ~** a run-of-the-mill program*/medicine; **un amigo/votante de toda la ~** a lifelong friend/voter; ***en la/mi ~:*** **¡en la** or **en mi ~ he visto cosa igual!** I've never seen anything like it in my life!; **¡en la** or **mi ~ haría una cosa así!** I'd never dream of doing something like that!; **en mi perra ~ lo he visto** (CS fam) I've never seen him in my life; ***enterrarse en ~*** to cut oneself off from the world; ***hacerle la ~ imposible a algn*** to make sb's life impossible; ***tener siete ~s como los gatos*** to have nine lives

C **1▸** (manera de vivir, actividades) life; **lleva una ~ muy ajetreada** she leads a very busy life; **la medicina/pintura es toda su ~** she lives for medicine/painting; **¿qué tal? ¿qué es de tu ~?** how are you? what have you been up to?; **déjalo que haga** or **viva su ~** let him get on with *o* let him live his own life; **¡esto sí que es ~!** this is the life!; **¡(así) es la ~!** that's life, such is life; **la ~ le sonríe** fortune has smiled on her; **hacen ~ de casados** or **marital** they live together; **comparten la casa pero no hacen ~ en común** they share the house but they lead separate lives *o* they live separately; **¡qué ~ ésta!** what a life!; **¡qué ~ más cruel!** (hum) it's a hard life! (hum); ***darse*** or ***pegarse una*** or ***la gran ~*** to have an easy life (colloq), to live the life of Riley (colloq); ***estar encantado de la ~*** to be thrilled, to be thrilled to bits (colloq), to be over the moon (colloq); **está encantada de la ~ con el nuevo trabajo** she's thrilled to bits *o* she's over the moon with her new job; **¿podríamos hacer la fiesta en tu casa? — por mí, encantado de la ~** could we have the party at your house? — I'd be delighted to *o* that's absolutely fine by me; ***estar/quedar loco de la ~*** (CS fam) to be over the moon (colloq), to be thrilled; ***la ~ y milagros*** or (RPl) ***la ~, obra y misterios*** (fam) life story; **se sabe la ~ y milagros de todo el mundo** he knows everybody's life story; ***pasar a mejor ~*** (hum) «*persona*» to kick the bucket (colloq), to croak (colloq); «*vestido/zapatos*» to bite the dust (colloq); ***pegarse la ~ padre*** (fam) to have an easy life **2▸** (en determinado aspecto) life; **~ privada/militar** private/military life; **su ~ sentimental** or **amorosa** his love life **3▸** (biografía) life; **la ~ y obra de Cervantes** the life and works of Cervantes; **las ~s de los santos** the lives of the saints

(Compuestos)
- **vida alegre** (euf): **ser de ~ ~** to be in the profession *o* the life (AmE), to be on the game (BrE colloq)
- **vida contemplativa** life of contemplation
- **vida de perros** (fam) dog's life; **tuvo una ~ de ~** she led a dog's life
- **vida eterna** or **perdurable**: **la ~ ~** eternal *o* everlasting life
- **vida nocturna** nightlife
- **vida social** social life; **no hacen mucha ~ ~** they don't socialize much, they don't have much social life

D (necesidades materiales): **con ese dinero tiene la ~ resuelta** with that money she's set up for life; **la ~ está carísima** everything is so expensive, the cost of living is very high; **ganarse la ~** to earn one's *o* a living; ***buscarse la ~*** (fam): **me busco la ~ como puedo** one way or another I get by *o* I make a living; **¡pues, ahora que se busque la ~!** well, now he'll have to stand on his own two feet *o* get by on his own!

E (como apelativo) darling; **¡mi ~!** or **¡~ mía!** my darling!, darling!; **pero hija de mi ~ ¿cómo se te ocurrió hacer eso?** but my dear, what made you do that?

vidala, vidalita *f: Argentinian folk song*

videncia *f* clairvoyance

vidente *mf* **1▸** (que ve) sighted person **2▸** (que adivina) clairvoyant

video, (Esp) **vídeo** *m* **1▸** (medio, sistema) video; **la he visto en ~** I've seen it on video; **lo grabamos en ~** we videoed it, we taped *o* recorded it on video; **cinta de ~** videotape **2▸** (cinta) videocassette, videotape, video (colloq) **3▸** (grabación) video; **un ~ musical** a music video **4▸** (aparato) video, videocassette recorder, VCR

(Compuestos)
- **video a la carta** or **a pedido** video on demand
- **video compuesto** composite video
- **video diario** video diary
- **video digital** digital video
- **video doméstico** video
- **video frecuencia** video frequency
- **video inverso** reverse video

videoarte *m* video art

videocámara *f* video camera; **videocámara digital** digital video camera; **videocámara de bolsillo** palmcorder

videocápsula *f* (Med): **~ endoscópica** video pill

videocasete, videocassette *m* videocassette, videotape, video (colloq)

videochat *m* videochat

videocinta *f* ▸**videocasete**

videoclip *m* video clip

videoclub *m* (*pl* **-clubs** or **-clubes**) videoclub

videoconferencia *f* video conference; **declarar por ~** to give evidence via video link

videoconsola *f* games console

videodisco *m* video disk; **~ digital** digital video disk

videofilm *m* video film

videófono *m* videophone

videofrecuencia *f* video frequency

videograbación *f* video recording

videograbador *m,* **videograbadora** *f* video recorder

videograbar [A1] *vt* to videotape, video

videografía *f* **1▸** (filmación de video) videography **2▸** (colección) video collection **3▸** (biografía) video biography

videográfico -ca *adj* video (*before n*)

videograma *m* videogram

videojuego *m* video game

videolibro *m* video book

videomensaje *m* video message

videopirata *mf* video pirate

videopiratería *f* video piracy

videoproyector *m* videoprojector

videorreportaje *m* (acción) video reporting; (programa) video report

videoteca *f* video library

videotelefonía *f* videotelephony

videoteléfono *m* videophone

videoterminal *f* terminal, VDU

videotex, videotexto *m* videotex(t), teletext

videovigilancia *f* video surveillance

vidorra, (Ur) **vidorria** *f* (fam) easy life

vidriado[1] **-da** *adj* glazed

vidriado[2] *m* **1▸** (barniz) glaze **2▸** (cerámica vidriada) piece of glazed pottery; **~s** glazed pottery

vidriar [A1] *vt* to glaze

vidriera *f* **1▸** (puerta) glazed door; (ventana) window **2▸** (en una iglesia) *tb* **~ de colores** stained glass window **3▸** (AmL) (escaparate) shop window; **me fascina mirar ~s** I love window-shopping

vidriería *f* glassworks

vidrierismo *m* (AmL) window dressing

vidrierista *mf* (AmL) window dresser

vidriero *m* glazier

vidrio *m* **1▸** (material) glass; **fábrica de ~** glassworks; **una botella de ~** a glass bottle **2▸** (esp AmL) (objeto): **hay que limpiar los ~s** the windows need cleaning; **tenemos que cambiar uno de los ~s** we have to replace one of the panes *o* windowpanes; **me corté con un ~** I cut myself on a piece of glass; **hay ~s rotos en la calle** there is broken glass in the street, there are pieces of broken glass in the street **3▸** (de un reloj) crystal, glass; ***ahí nos ~s*** (Méx fam) see you there! (colloq); ***pagar los ~s rotos*** to take the responsibility *o* blame, to take the rap (AmE colloq), to carry the can (BrE colloq)

vidrioso -sa *adj* **1▸** ‹*material*› glassy **2▸** ‹*ojos*› glassy; ‹*mirada*› glassy, glazed **3▸** ‹*asunto*› delicate

vidurria *f* (RPl fam) easy life

vieira *f* (molusco) scallop; (concha) scallop shell

vieja *f*

A (pez — del Mediterráneo, Atlántico norte) *type of sea bream;* (— del Mediterráneo) blenny; (— de aguas tropicales) globefish, puffer

B (Col, Méx, Ven fam) (mujer) girl, woman

C (Ven) (Jueg) tic-tac-toe (AmE), noughts and crosses (BrE)

D (Chi) (buscapiés) firecracker

viejales *m* (*pl* **~**) (Esp fam) old man *o* (colloq) guy

viejazo *m*: ***dar el ~*** (Méx fam) to age *o* grow old suddenly

viejismo *m* (AmL) ageism

viejito -ta *m,f* (AmL fam) ▸**viejo**[2] **C**

viejo[1] **-ja** *adj*

A **1▸** [SER] ‹*persona/animal*› (de edad) old; **no es tan ~ como parece** he's not as old as he looks; **te estás haciendo ~** you're getting old; **ese peinado te hace vieja** that hairstyle makes you look old **2▸** [SER] ‹*coche/ropa/casa*› old; **toda la ropa que tengo es vieja** all my clothes are old; ***ser más ~ que Matusalén*** or (CS) ***que andar a pie*** to be as old as the hills; **ese remedio es más ~ que Matusalén** or **que andar a pie** that cure is as old as the hills *o* (colloq) has been around for donkey's years **3▸** **de viejo: una librería de ~** a secondhand bookshop; **zapatero de ~** cobbler

B **1▸** [ESTAR] ‹*persona/animal*› (envejecido) old; **ya está ~** he's got(ten) old; **¡qué vieja estoy! ¡mírame las arrugas!** I look so old! just look at these wrinkles! **2▸** [ESTAR] ‹*zapatos/pantalones*› (desgastado) old; **es un abrigo bonito pero ya está ~** it's a nice coat but it's seen better days *o* it's getting old

C (*delante del n*) (antiguo) ‹*costumbre/amigo*› old; **estábamos recordando los ~s tiempos** we were remembering old times *o* the old days;

V

una vieja leyenda an old legend
(Compuestos)
- **vieja guardia** *f* old guard
- **Viejo Continente** *m*: **el ~ ~** Europe
- **Viejo Mundo** *m*: **el ~ ~** the Old World
- **Viejo Testamento** *m* Old Testament

D (anterior, precedente) old; **la cocina vieja era mejor que ésta** the old stove was better than this one

viejo[2] **-ja** *m,f*
A (*m*) old man; (*f*) old woman; **los ~s** old people, the elderly; **no llegará a ~** he'll never reach old age; **de ~ hizo las paces con ella** as an old man *o* when he was old he made his peace with her; **un ~ gruñón** a grumpy old man; **una viejecita** *or* **viejita muy amable** a dear *o* sweet little old lady; **un viejecito** *or* **viejito encantador** a delightful old man
(Compuestos)
- **Viejo Pascuero** *m* (Chi) ▸**Papá Noel**
- **viejo verde** *m* (fam) dirty old man

B (fam) (refiriéndose a los padres): **mayor que mi ~/mi vieja** older than my old man/my old lady (colloq); **pídele dinero a tus ~s** ask your folks *o* your Mom and Dad for some money (colloq)
C (AmL fam) (hablándole a un niño, al cónyuge etc) darling (colloq), love (colloq); (hablándole a un amigo): **¿te tomas otra copa, ~?** do you want another drink, pal *o* (AmE) buddy *o* (BrE) mate? (colloq)
D (Méx fam) (esposo) (*m*) old man (colloq); (*f*) old woman *o* girl (colloq)

Viena *f* Vienna
viendo ▸**ver**[2]
viene, vienes, etc ▸**venir**
vienés -nesa *adj/m,f* Viennese
vienesa *f* (Chi) frankfurter
viento *m*
A ▸ⓘ **p.802** (Meteo) wind; **corre** *or* **hace mucho ~** it is very windy; **soplaba un ~ helado** an icy wind was blowing, there was an icy wind; **tenemos el ~ en contra** there's a head wind; **llevábamos el ~ a favor** we had a tail wind *o* a following wind; **íbamos** *or* **avanzábamos en contra del ~** we were heading into the wind; ***a los cuatro ~s:*** **proclamó la noticia a los cuatro ~s** she announced the news to all and sundry, she shouted the news from the rooftops; ***beber los ~s por algn*** to be crazy about sb (colloq); ***contra ~ y marea:*** **defenderé mis derechos contra ~ y marea** I will defend my rights come hell or high water; **luchó contra ~ y marea para salvarlo** she fought against all the odds to save it; ***correr*** *or* ***soplar malos ~s:*** **corren malos ~s para la inversión** it's a bad time for investment; ***echar*** *or* ***largar a algn con ~ fresco*** (fam) to throw sb out on his/her ear; ***hacerle a algn lo que el ~ a Juárez*** (Méx fam): **sus insultos me hicieron lo que el ~ a Juárez** his insults were just like water off a duck's back, his insults just washed over me; ***mandar a algn con ~ fresco*** *or* ***a tomar el ~*** (fam) to tell sb to get lost (colloq); ***tomarse los ~s*** (RPl fam) to take off (AmE colloq), to be off (BrE colloq), to beat it (colloq); ***~ en popa:*** **con el ~ en popa** (Náut) with a following wind; **todo va** *or* **marcha ~ en popa** everything's going extremely well *o* (colloq) swimmingly; ***quien siembra ~s recoge tempestades*** he who sows the wind shall reap the whirlwind
(Compuestos)
- **viento de cola** tail wind
- **vientos alisios** *mpl* trade winds (*pl*)
- **viento solar** solar wind

B (Mús): **instrumentos/cuarteto de ~** wind instruments/quartet
C (de una tienda de campaña) guy rope, guy

vientre *m*
A (Anat) **1** (cavidad) abdomen; **el bajo ~** the lower abdomen **2** (órganos): **hacer de ~** to have a bowel movement, to go to the toilet; ***sacar el ~ de mal año*** (fam) to eat well, eat like a king **3** (región exterior) stomach, belly (colloq)
B (de una mujer embarazada) womb, belly (colloq)
C (de un barco, una vasija) belly

viera, vieras, etc ▸**ver**[2]
viern. (= **viernes**) Fri.
viernes *m* (*pl* ~) ▸ⓘ **p.371** Friday; **~ *cultural*** (Col fam & hum) Friday night binge *o* drinking spree; *para ejemplos ver* **lunes**
(Compuesto) **Viernes Santo** Good Friday
viese, vieses, etc ▸**ver**[2]
Vietnam *m* Vietnam; **la guerra de(l) ~** the Vietnam War
(Compuesto) **Vietnam del Norte/Sur** North/South Vietnam
vietnamita[1] *adj* Vietnamese
vietnamita[2] *mf* **1** (persona) Vietnamese **2** **vietnamita** *m* (idioma) Vietnamese
viga *f* (de madera) joist, beam; (de metal) beam, girder
(Compuesto) **viga maestra** main beam
vigencia *f* validity; **una costumbre que carece de ~ en una sociedad moderna** a custom which lacks validity in a modern society; **la nueva ley aún no tiene ~** *or* **no ha entrado en ~** the new law has not yet come into force *o* into effect; **una disposición que ya no está en ~** a regulation which is no longer valid *o* in force *o* in effect
vigente *adj*: **las instituciones democráticas ~s** the existing democratic institutions, the democratic institutions currently in force; **de acuerdo con la legislación ~** in accordance with the legislation currently in force *o* with current legislation; **el acuerdo firmado hace cinco años continúa ~** the agreement signed five years ago is still in force *o* in effect; **precios ~s hasta fin de mes** prices valid *o* applicable until the end of the month
vigésimo -ma *adj/pron* **1** ▸ⓘ **p.575**; (ordinal) twentieth; **~ primero** twenty-first; **~ sexto** twenty-sixth; **el ~ aniversario** the twentieth anniversary **2** (partitivo): **la vigésima parte** a twentieth
vigía *mf*
A (persona) lookout
B **vigía** *f* (atalaya) watchtower
vigilancia *f* **1** (atención, cuidado) vigilance, alertness, watchfulness **2** (por guardias, la policía): **habrá que extremar la ~** security will have to be tightened; **el edificio está bajo ~** the building is under surveillance *o* watch, guards keep watch on *o* guards patrol the building; **servicio de ~** security patrol; **burlaron la ~ policial** they escaped police surveillance *o* the police patrols **3** (servicio) security service
vigilante[1] *adj* alert, vigilant, on the alert; **estaba en actitud ~** he was on the alert
vigilante[2] *mf* (en una tienda) store detective; (en un banco, edificio público) security guard
(Compuestos)
- **vigilante jurado** security guard
- **vigilante nocturno** night watchman

vigilantemente *adv* vigilantly, watchfully
vigilar [A1] *vt* **1** (cuidar, atender) to watch; **vigila la leche para que no se salga** watch the milk so that it doesn't boil over; **tengo que ~ a los niños** I have to keep an eye on *o* to watch the children; **vigila tu peso** watch your weight **2** ‹*preso*› to guard, keep watch on; ‹*frontera*› to patrol; ‹*local/zona*› to guard, patrol, keep watch on; ‹*examen*› to proctor (AmE), to invigilate at (BrE); **varios policías vigilaban la entrada** several police officers were guarding the entrance; **vigilaba cualquier movimiento sospechoso** she was watching for any suspicious movement **3** (fam) (espiar) to watch; **creo que nos están vigilando** I think we're being watched
■ **vigilar** *vi* to keep watch
vigilia *f*
A **1** (vela) wakefulness; **creyó estar soñando la ~** he thought he was dreaming that he was awake; **de ~ awake** **2** (trabajo) late-night work; (estudio) late-night studying
B (Relig) **1** (víspera) vigil **2** (abstinencia) abstinence; (tiempo de abstinencia) day/period of abstinence
vigor *m* **1** (fuerza, energía) vigor*, energy; **con un ~ renovado** with renewed vigor *o* energy; **defendió su postura con ~** she defended her stance vigorously; **para restablecer su ~** to revitalize them **2** **en vigor: hoy entran en ~ las nuevas disposiciones** the new provisions come into effect *o* force today; **estas tarifas están en ~ de lunes a viernes** these prices are applicable *o* valid from Monday to Friday; **después de la entrada en ~ del acuerdo** after the agreement came into effect *o* force
vigorizador -dora, vigorizante *adj* invigorating
vigorizar [A4] *vt* to invigorate
vigorosamente *adv* vigorously
vigoroso -sa *adj* ‹*persona*› vigorous, energetic; **un periodista ~** a forceful *o* hard-hitting *o* tough journalist; **una pintura de trazos ~s** a painting with vigorous *o* energetic brush strokes; **un esfuerzo ~** a vigorous *o* strenuous effort
viguería *f* (de madera) beams (*pl*), joists (*pl*); (de metal) beams (*pl*), girderwork
vigueta *f* tie-beam, tie
VIH *m* (= **virus de inmunodeficiencia humana**) HIV
vihuela *f* vihuela (*early form of guitar*)
vikingo[1] **-ga** *adj* Viking (*before n*)
vikingo[2] **-ga** *m,f* Viking
vil *adj* (liter) ‹*acto*› vile, despicable, base; ‹*persona*› vile, despicable; **un hombre ~ y despreciable** a vile, despicable man (liter); **aquel ~ asesinato** that vile murder (frml); ▸**metal**
vilano *m* pappus
vileza *f* (liter) **1** (cualidad) vileness **2** (acción) vile act, despicable deed
vilipendiar [A1] *vt* (frml) (insultar) to vilify (frml), to insult; (humillar) to revile (frml), to humiliate
vilipendio *m* (frml) (insultos) vilification (frml), abuse; (humillación) humiliation
vilipendioso -sa *adj* (frml) insulting
villa *f*
A (Hist) (población) town; **la V~ y Corte** Madrid
(Compuesto) **villa miseria** *or* (frml) **de emergencia** shantytown
B (casa) villa; **una ~ romana** a Roman villa
Villadiego *m*: ***tomar*** *or* (CS) ***tomarse*** *or* (Esp) ***coger las de ~*** to make oneself scarce (colloq), to beat it (colloq)
villancico *m* carol, Christmas carol
villanía *f* **1** (acción vil) despicable *o* vile act **2** (Hist) (condición de villano) villeinage
villano[1] **-na** *adj* **1** (ruin) villainous **2** (Hist) peasant (*before n*)
villano[2] **-na** *m,f* **1** (persona ruin) rogue, scoundrel **2** (Hist) villein, peasant
villero -ra *m,f* (Arg) shanty dweller
villista *mf* (en Méx) (Hist, Pol) *supporter of Pancho Villa*
villorrio *m* dump (colloq), one-horse town (colloq)
vilmente *adv* (liter) terribly, vilely (liter)
Vilna *f* Vilnius
vilo: **en ~** (*loc adv*): **la levantó en ~** he lifted her up (off the ground/floor); **la población se mantiene en ~ esperando el resultado del referéndum** the country is still in suspense *o* on tenterhooks awaiting the result of the referendum; **estamos/seguimos en ~, sin saber qué va a suceder** everything is still very much up in the air, we don't know what's going to happen
vinagre *m* vinegar
vinagrera *f*
A **1** (para vinagre) vinegar bottle **2** **vinagreras** *fpl* (para aceite y vinagre) cruet set *o* stand
B (Chi, Per fam) (acidez estomacal) indigestion
vinagreta *f* vinaigrette
vinajera *f* cruet
vinatería *f* wineshop, liquor store (*specializing in wines*)
vinatero[1] **-ra** *adj* wine (*before n*)
vinatero[2] **-ra** *m,f* vintner (AmE), wine merchant (BrE)

V

vinazo *m* strong wine

vincha *f* (AmS) (para el pelo) hair-band; (sobre la frente) headband

vinchuca *f* conenose, assassin bug, barbeiro

vinculación *f*
A (relación) links (*pl*), connections (*pl*); ~ CON *or* A **algo/algn** links *o* connections WITH sth/sb; **rumores sobre su ~ con la Mafia** rumors concerning his links *o* connections with the Mafia
B (de bienes) entailment

vinculante *adj* binding; **ser ~** PARA **algn** to be binding ON sb

vincular [A1] *vt*
A 1 (conectar, relacionar): **sus familias están vinculadas por estrechos lazos de amistad** their families are linked by close bonds *o* ties of friendship; **los vinculaba una pasión por el arte** they were united by a passion for art; **~ algo/a algn** A *or* CON **algo/algn** to link sth/sb TO *o* WITH sth/sb 2 (comprometer) to bind, be binding on
B ‹*bienes*› to entail

vínculo *m*
A (unión, relación) tie, bond; **están unidos por ~s de amistad** they are united by ties *o* bonds of friendship; **~s familiares** family ties; **el ~ matrimonial** the bond of matrimony; **estrechar los ~s entre los dos países** to strengthen the bonds *o* ties *o* links between the two countries
B (Der) entailment

vindicación *f*
A (frml) 1 (de un derecho) ▸**reivindicación** 2 (de una persona) vindication
B (frml) (venganza) vengeance, revenge

vindicar [A2] *vt*
A (frml) 1 ‹*derecho*› ▸**reivindicar** 2 ‹*persona/buen nombre*› to vindicate
B (frml) (vengar) to avenge

vindicativo -va *adj*
A (Der, Rels Labs) ▸**reivindicatorio**
B (vengativo) vindictive, vengeful (liter)

vindicatorio -ria *adj* ▸**reivindicatorio**

vindicta pública *f* punishment

vine ▸**venir**

vinería *f* (AmL) wineshop, liquor store (*specializing in wines*)

vinero[1] **-ra** *adj* (Chi, Per) wine (*before n*)

vinero[2] **-ra** *m,f* (Chi, Per) vintner (AmE), wine merchant (BrE)

vínico -ca *adj* wine (*before n*)

vinícola *adj* ‹*industria/producción/sector*› wine (*before n*); ‹*región*› wine-producing, wine-growing

vinicultor -tora *m,f* wine producer, wine-grower, viniculturist (frml)

vinicultura *f* wine production, wine growing, viniculture (frml)

viniera, viniese, etc ▸**venir**

vinificación *f* vinification

vinil *m* (Méx) vinyl

vinílico -ca *adj* vinyl (*before n*)

vinilo *m* vinyl

viniste, etc ▸**venir**

vino *m*
A (bebida) wine; **~ dulce/seco** sweet/dry wine; **es un ~ peleón** it's (a) cheap wine, it's plonk (BrE colloq); **tomamos unos ~s** we had a few drinks *o* a few glasses of wine; ***bautizar el ~*** (fam) to water down the wine

(Compuestos)
- **vino blanco** white wine
- **vino clarete** rosé wine
- **vino de la casa** house wine
- **vino del país** local wine
- **vino de mesa** table wine
- **vino espumante** sparkling wine
- **vino espumoso** sparkling wine
- **vino rosado** rosé wine
- **vino tinto** red wine

B (recepción) reception

(Compuesto) **vino de honor** reception

vinoso -sa *adj* (aroma/sabor) of/like wine, vinous (frml); (color) like wine; **color rojo ~** blood red, dark red

vinoteca *f* collection of wines, cellar (frml)

vinotería *f* (AmC, Méx) wine shop

viña *f* vineyard; **de todo hay en la ~ del Señor** (fr hecha) it takes all sorts to make a world

viñador -dora *m,f* 1 (propietario) winegrower 2 (trabajador) vineyard worker

viñatero[1] **-ra** *adj* wine (*before n*), wine-growing (*before n*)

viñatero[2] **-ra** *m,f* 1 (propietario) winegrower 2 (trabajador) vineyard worker

viñedo *m* vineyard

viñeta *f* 1 (Impr) vignette 2 (emblema) emblem, device

viola *f* 1 (instrumento) viola 2 **viola** *mf* (persona) viola player, violist (AmE)

(Compuesto) **viola de gamba** viola da gamba

violáceo -cea *adj* ▸ⓘ **p.181** purplish

violación *f* 1 (de una persona) rape 2 (de una ley, un acuerdo) violation, breaking; **~ de los derechos humanos** violation of human rights; **la ~ de nuestras aguas territoriales/nuestro espacio aéreo** the violation of our territorial waters/our airspace 3 (de un templo) violation

(Compuestos)
- **violación de domicilio** (Ven) unlawful entry
- **violación de seguridad** (Inf) security hole

violado -da *adj* violet

violador -dora *m,f* 1 (de una ley, un acuerdo) violator 2 **violador** *m* (de una persona) rapist

violar [A1] *vt* 1 ‹*persona*› to rape, violate (frml) 2 ‹*tratado/ley*› to violate, break; ‹*derecho*› to violate; ‹*espacio aéreo*› to violate 3 ‹*templo*› to violate

violatorio -ria *adj* (frml) ~ DE **algo**: **fue considerada violatoria de los derechos humanos** it was considered a violation of human rights; **actos ~s del acuerdo de paz** acts in violation of the peace agreement, acts which violate *o* break the peace agreement

violencia *f* violence; **hubo que recurrir a la ~** they had to resort to violence *o* force

(Compuestos)
- **violencia de género** gender violence
- **violencia feminicida** *or* **femicida** gender violence against a woman resulting in her death

violentamente *adv* 1 (de manera brusca) violently, by force 2 (Per fam) (rápidamente) quickly

violentar [A1] *vt* 1 (forzar) ‹*cerradura/puerta*› to force 2 (distorsionar) ‹*texto*› to distort
■ **violentarse** *v pron* to get embarrassed

violentismo *m*: *advocacy of violence as a political policy*

violentista[1] *adj* (CS, Per) (Pol): **un estallido/una política ~** an outbreak/a policy of political violence; **la escalada ~** the increase in the use of violence as a political policy

violentista[2] *mf* (CS, Per) (Pol) *advocate of violence as a political policy*

violento[1] **-ta** *adj*
A 1 ‹*choque/deporte/muerte*› violent; ‹*discusión*› violent, heated; ‹*discurso*› vehement; **utilizar métodos/medios ~s** to use violent methods/means 2 ‹*persona/tono/temperamento*› violent
B (incómodo): **le resulta ~ hablar del tema** she finds it embarrassing *o* difficult to talk about it; **estaba muy ~** I felt very awkward *o* embarrassed *o* uncomfortable; **¡qué situación más violenta!** how embarrassing!

violento[2] *adv* (Per fam) quickly

violeta[1] *f* violet

(Compuesto) **violeta africana** African violet

violeta[2] *adj* (*gen inv*) ▸ⓘ **p.181**; **unas telas ~** *or* **~s** violet fabrics

violeta[3] *m* ▸ⓘ **p.181** violet

violín *m*
A 1 (instrumento) violin; ***pintarle*** *or* ***hacerle violines*** *or* ***un ~ a algn*** (Méx fam) ≈ to give sb the finger (AmE), ≈ to make a V sign at sb (BrE); ***tocar el ~*** (Chi fam) to be a third wheel (AmE colloq), to play gooseberry (BrE colloq); ***yo, ~ en bolsa*** (RPl fam) I'm keeping well out of it 2 **violín** *mf* (persona) violinist; ▸**primero**[1]
B (Ven fam) (mal olor) stench, stink (colloq)

violinista *mf* violinist

violón *m* 1 (instrumento) double bass 2 **violón** *mf* (persona) double bass player

violoncelista, violonchelista *mf* cellist

violoncelo, violonchelo *m* (Mús) 1 (instrumento) cello, violoncello 2 **violoncelo** *mf* (persona) cellist

VIP /bip/ *mf* (*pl* **VIPS**) VIP

viperino -na *adj* (Zool) viperous, viperine; ▸**lengua**

vira *f*
A (de un zapato) welt
B (en naipes) trumps (*sing or pl*); **¿cuál es la ~?** what are trumps?, what's trumps? (colloq)

Viracocha 1 (dios) *Inca god of creation* 2 (español) *name applied to the conquistadors by the Incas*

virada *f* tack

virador *m* toner

virago *f* virago

viraje *m*
A 1 (Náut) tack, tacking maneuver* 2 (de un vehículo) turn; **hizo un brusco ~ para esquivar el otro vehículo** he swerved sharply to avoid the other vehicle 3 (de un gobierno, una persona) change, switch; **dieron un ~ brusco** they changed direction abruptly
B (Fot) toning

viral *adj* viral

virar [A1] *vi* 1 (Náut) to tack, go about 2 «*vehículo/conductor*» to turn; **viró bruscamente** she swerved sharply 3 (cambiar de ideas, orientación) «*política/partido*» to veer; **ha virado hacia una postura más radical** he has veered toward a more radical position; **la conversación viró hacia el arte** the conversation turned to art
■ **virar** *vt*
A 1 (Náut) to tack, put ... about 2 ‹*traje/cuello*› to turn
B (Fot) to tone

virgen[1] *adj* 1 ‹*persona*› **una mujer/un hombre ~** a virgin; **ser ~** to be a virgin 2 ‹*cinta*› blank; ‹*película*› unexposed; ▸**cera, lana** 3 ‹*selva*› virgin

virgen[2] *f* 1 (persona) virgin 2 **la Virgen** (Relig) the Virgin; **la Santísima V~** the Blessed Virgin; **¡V~ Santa** *or* **Santísima!** my goodness!; ***aténgase a la V~ y no corra*** (Col fam) be careful!; ***encontrarse a la V~ amarrada en un palito*** (Chi fam) to strike lucky (colloq); ***ser (devoto) de la V~ del puño*** *or* ***del codo*** (fam) to be mean *o* tightfisted (colloq)

Virgilio Virgil

virginal *adj* virginal

virginidad *f* virginity

virgo *m* virginity

Virgo[1] (signo, constelación) Virgo; **es (de) ~** she's (a) Virgo, she's a Virgoan

Virgo[2], **virgo** *mf* (*pl* ~ *or* **-gos**) (persona) Virgoan, Virgo

virguería *f* (Esp fam): **estos suéteres son una auténtica ~** these sweaters are wonderful; **este ordenador es una ~** this computer is amazing *o* fantastic (colloq); **hacer ~s** to work wonders

virguero -ra *adj* (Esp fam) 1 (magnífico, excelente) fantastic (colloq); **han sido unas vacaciones virgueras** it's been a fantastic vacation (AmE) *o* (BrE) holiday 2 (hábil): **es un tío ~** the guy's a genius (colloq)

vírgula, virgulilla *f* (signo diacrítico) diacritic; (signo de puntuación) punctuation mark

viricida[1] *adj* viricidal

viricida[2] *m* viricide

vírico -ca *adj* viral

viril *adj* ‹*cualidades*› virile, manly; ▸**miembro viril**

virilidad *f* virility

virilizar [A4] *vt* to give male characteristics to, virilize (frml)

V

■ **virilizarse** *v pron* to acquire male characteristics

virola *f* ferrule

virolo -la *adj* (Ven hum) cross-eyed; **cuando me lo mostró, me quedé ~** when he showed me, my eyes nearly popped out of my head

virología *f* virology

virólogo -ga *m,f* virologist

virreina *f* vicereine

virreinato *m* [1] (cargo) viceroyship, viceroyalty [2] (territorio) viceroyalty

virrey *m* viceroy

virtual *adj* [1] (potencial) virtual; **es ya el ~ campeón** he is already virtually the champion [2] (tácito) implicit [3] (Fís, Inf) virtual

virtualidad *f* [1] (potencialidad) potentiality [2] (existencia aparente) virtuality, virtual nature

virtualización *f* (Inf) virtualization

virtualizar [A1] *vt* (Inf) to virtualize

virtualmente *adv* virtually

virtud *f* [1] (buena cualidad) virtue [2] (capacidad) power; **una planta con ~es curativas** a plant with healing powers; **tiene la ~ de ponerme histérica** (iró) he has a knack of driving me up the wall; **en ~ de** by virtue of; **en ~ de los acuerdos firmados en 1992** by virtue of the agreements signed in 1992; **en ~ de la normativa vigente** in accordance with current regulations

(Compuestos)

- **virtud cardinal** cardinal virtue
- **virtud teologal** theological virtue

virtuosamente *adv* virtuously

virtuosidad *f* (AmL) virtuosity

virtuosismo *m* virtuosity

virtuosista *adj* virtuoso (*before n*)

virtuoso[1] -sa *adj* virtuous

virtuoso[2] -sa *m,f* virtuoso; **un ~ del violín** a violin virtuoso

viruela *f* [1] (enfermedad) smallpox [2] (marca) pockmark; **picado de ~s** pockmarked

virulé, a la ~ [1] (*loc adj*) (torcido) not straight; ▸**ojo** [2] (*loc adv*) (Chi) (desordenadamente) haphazardly; (sin cuidado) in a slapdash way

virulencia *f* [1] (Med) virulence [2] (violencia) virulence, violence

virulento -ta *adj* [1] (Med) virulent [2] ‹*ataque/crítica*› virulent, violent

virus *m* (*pl* ~) virus; **~ de inmunodeficiencia humana** human immunodeficiency virus, HIV; **~ informático** computer virus

(Compuestos)

- **virus de lengua azul** (Vet) bluetongue
- **virus sincicial respiratorio** respiratory syncytial virus

viruta *f* shaving

vis *f*: **~ cómica** gift for comedy; **un actor de una gran ~ cómica** an actor with a great gift for comedy

visa *f* (AmL) visa

visado *m* (Esp) visa

visaje *m* (funny) face; **hizo un ~ cómico** he pulled a funny face

visar [A1] *vt* ‹*documento*› to endorse; ‹*pasaporte*› to visa

vis a vis[1] *adv* face to face

vis a vis[2] *m* face-to-face meeting

visceral *adj* [1] (Anat) visceral [2] ‹*odio/impresión*› visceral, deep; **un sentimiento ~** a gut feeling

visceralmente *adv* viscerally, deeply; **es ~ obsesivo/anarquista** he is deeply obsessive/anarchistic

vísceras *fpl* entrails (*pl*), viscera (*pl*)

vis cómica *f* comic talent

visconde -desa *m,f*

A (*m*) viscount

B (*f*) viscountess

viscosa *f* viscose

viscosidad *f* viscosity

viscoso -sa *adj* viscous

visera *f* (de un casco) visor; (de una gorra) peak; (de un jugador) eyeshade

visibilidad *f* visibility; **~ reducida** poor *o* reduced visibility; **la niebla y la lluvia disminuyen la ~** fog and rain reduce visibility; **la ~ es de 50 metros** visibility is 50 meters

visible *adj* [1] [SER] (que puede verse) visible; **desde esta distancia no es ~** from this distance it's not visible *o* you can't see it [2] [SER] (evidente, ostensible) visible, clear; **~s signos de desnutrición** clear *o* visible signs of malnutrition [3] (fam) [ESTAR] (presentable) presentable, decent

visiblemente *adv* visibly; **estaba ~ emocionado** he was visibly moved

visigodo[1] -da *adj* Visigothic

visigodo[2] -da *m,f* Visigoth

visigótico -ca *adj* Visigothic

visillo *m* net curtain, lace curtain

visión *f*

A [1] (vista) vision, sight; **pérdida de ~** loss of vision *o* sight; **perdió la ~ del ojo izquierdo** she lost the sight of her left eye; **~ de túnel** tunnel vision [2] (acción de ver): **la ~ de aquella escena lo impresionó** seeing *o* witnessing that scene shocked him [3] (aparición) vision; ***ver visiones*** to be seeing things; **te digo que no hay nadie, tú ves visiones** I tell you there's nobody there, you're seeing things

B (enfoque, punto de vista) view; **tiene una ~ muy romántica de la vida** he has a very romantic view of life; **la ~ de futuro de la empresa** the company's forward-looking approach; **una ~ de conjunto** an overview

visionado *m* viewing

visionadora *f* viewer

visionar [A1] *vt* «*espectador*» to see; «*crítico*» to view

visionario -ria *adj/m,f* visionary

visir *m* vizier

visita *f*

A [1] (acción) visit; **nos hizo una ~** she paid us a visit *o* visited us; **ir de ~** to go visiting; **devolver una ~** to return a visit; **sólo estoy de ~** I'm just visiting; **horas** *or* **horario de ~** visiting hours *o* times; **~ *de médico*** (fam) flying visit [2] (persona, personas): **espera una ~ importante** he is expecting an important visitor; **las ~s llegarán para la cena** the guests will be arriving in time for dinner; **no me quedé porque tenían ~** I didn't stay because they had visitors *o* guests

(Compuestos)

- **visita a domicilio** house call
- **visita conyugal** conjugal visit
- **visita de cumplido** *or* **de cortesía** courtesy call, duty visit
- **visita de pésame** *or* **de duelo** visit to offer one's condolences
- **visita guiada** (AmL) guided tour
- **visita pastoral** pastoral visit
- **visita relámpago** flying visit, lightning visit

B (fam & euf) (menstruación): **tener la ~** to have one's period

visitación *f* visitation

visitador -dora *adj* (fam): **es muy ~a** she's a great one for visiting people *o* for going visiting (colloq)

visitador médico, visitadora médica *m,f* medical representative

visitador social, visitadora social *m,f* (AmL) social worker

visitante[1] *adj* visiting (*before n*); **el equipo ~** the visiting team, the away team, the visitors (*pl*)

visitante[2] *mf* visitor

visitar [A1] *vt* [1] ‹*amigo/familiar/enfermo*› to visit, visit with (AmE); **el Rey visitó a los heridos** the King visited *o* went to see the injured [2] ‹*país/museo/fábrica*› to visit; **~on todos los museos de Boston** they visited *o* went to every museum in Boston [3] (Inf) ‹*sitio web*› to visit

vislumbrar [A1] *vt* to make out, discern (frml); **a lo lejos se vislumbraban las casitas blancas de la aldea** the white houses of the village could just be made out *o* discerned in the distance; **aún no se vislumbra una solución al problema** there is still no sign of a solution to the problem; **comienzan a ~ la naturaleza del virus** they are just beginning to glimpse *o* discern the nature of the virus

vislumbre *f* [1] (resplandor) glimmer, gleam [2] (indicio) sign; **no había ~s de solución al problema** there was no sign of a solution to the problem

viso *m*

A (Indum) petticoat, underskirt

B **visos** *mpl* [1] (apariencia): **una situación con ~s de tragedia** a seemingly *o* an apparently tragic situation; **un problema que no tiene ~s de resolverse** a problem which shows no sign of being solved; **una historia con muy pocos ~s de verosimilitud** a story which seems to bear little resemblance to reality [2] (liter) (refulgencia): **los cristales de la araña daban ~s de colores** the glass in the chandelier sparkled with different colors; **el agua reflejaba los ~s incandescentes del atardecer** the water reflected the glowing rays of evening [3] (en una tela) sheen; **una tela azul con ~s verdes** blue material shot with green *o* with a greenish sheen

visón *m*

A (Zool) mink

B (Indum) [1] (piel) mink; **abrigo de ~** mink, mink coat [2] (AmL) (abrigo) mink, mink coat

visor *m* [1] (en una cámara) viewfinder [2] (para diapositivas) slide viewer [3] (Arm) sight

víspera *f*

A (día anterior): **lo había visto la ~ del accidente** she had seen him the day before the accident, she had seen him on the eve of the accident (liter); **los sábados y ~s de fiesta** on Saturdays and days prior to public holidays; **este plato puede prepararse la ~** this dish can be prepared the day before

B **vísperas** *fpl* [1] (tiempo anterior): **siempre se pone nervioso en ~s de un viaje** he always gets nervous just before a journey [2] (Relig) vespers (*pl*)

vista[1] *mf* customs officer *o* official

vista[2] *f*

A [1] (sentido) sight, eyesight; **tengo buena ~** I have good eyesight, my sight is good; **ser corto de ~** to be shortsighted; **tener la ~ cansada** to have eyestrain; **la enfermedad le afectó la ~** the illness affected his eyesight *o* his sight *o* his vision; **este paisaje tan bello es un regalo para la ~** this beautiful scenery is a delight to behold; **perdió la ~ en un accidente** he lost his sight in an accident [2] (ojos) eyes; **la luz me hace daño a la ~** the light hurts my eyes; **lo han operado de la ~** he's had an eye operation; **se le nubló la ~** her eyes clouded over [3] (perspicacia) vision; **tiene mucha ~ para los negocios** he's very shrewd *o* he has great vision when it comes to business

B [1] (mirada): **me contestó sin alzar** *or* **levantar la ~ del libro** she answered without looking up from the book *o* without raising her eyes from the book; **no me quitó la ~ de encima** she didn't take her eyes off me; **torcer la ~** to be cross-eyed, to have a squint; **bajó la ~** he looked down; **fijó la ~ en el horizonte** she fixed her eyes *o* her gaze on the horizon; **dirigió la ~ hacia nosotros** he looked toward(s) us [2] (espectáculo) sight; **se desmayó ante la ~ del cadáver** he fainted at the sight of the body

C (*en locs*): **a la vista: ¡tierra a la ~!** land ho!; **ponlo bien a la ~** put it where it can be seen easily; **escóndelo, que no esté a la ~** hide it somewhere out of sight; **pagar al portador y a la ~** pay the bearer at sight; **cuenta corriente a la ~** sight account; **no lo hagas aquí a la ~ de todos** don't do it here where everyone can see *o* in full view of everyone; ⓢ **fabricación a la vista del público** workshop (*o* factory *etc*) open for public viewing; ⓢ **café molido a la vista** (RPl) coffee ground while you wait; **¿tienes algún proyecto a la ~?** do you have any projects in view?; **a primera vista** at first sight *o* glance; **a primera ~ no parecía grave** at first sight *o* glance it didn't look serious; **se notaba a simple ~ que estaba enfermo** you could tell he was ill just by looking at him; **con vistas a** with a view to; **un acuerdo con ~s a las próximas elecciones** a pact for the forthcoming elections; **con ~s a que nos lo financien** with a view to their *o* them providing finance; **de vista** by sight; **los conozco sólo de ~** I only know them by sight; **en vista: ¿tienen a alguien en ~ para el puesto?** do you have anybody in mind for the job?; **estamos buscando casa — ¿ya tienen algo en ~?** we're househunting — have you seen anything interesting yet?; **en vista de** in view of; **en ~ de que no podía ganar** in view of the fact that she couldn't win; **en ~ de que no llegaban, nos fuimos** since they hadn't arrived, we left; **en ~ del éxito obtenido, mejor me callo la boca** (iró & hum) considering the success of my last comment (*o* joke *etc*), I think I'd better keep my mouth shut (iro & hum); **¡hasta la vista!** see you!, so long! (colloq), until we meet again (frml); ***a ~ de pájaro:*** **desde la torre vemos la ciudad a ~ de pájaro** from the tower we get a bird's-eye view of the city; ***a ~ y paciencia de algn*** (Chi, Per fam) in front of sb; ***echarle la ~ encima a algn*** (fam) to see sb; **hace tiempo que no le echo la ~ encima** I haven't seen him for some time; ***estar con*** *or* ***tener la ~ puesta en algo/algn*** to have one's eye on sth/sb; **tiene la ~ puesta en una chica de la oficina** he's got his eye on a girl in the office; ***hacer la ~ gorda*** *or* (Méx) ***de la ~ gorda*** (fam) to turn a blind eye, to pretend not to see; ***perder algo/a algn de ~*** to lose sight of sth/sb; **vigílalo bien, no lo pierdas de ~** keep a close eye on him, don't let him out of your sight; **no debemos perder de ~ nuestro objetivo primario** we must not lose sight of our main objective; **no pierdas de ~ (el hecho de) que es un actor desconocido** don't lose sight of *o* don't overlook the fact that he is an unknown actor; **¡tengo unas ganas de perderlos de ~ ...!** (fam) I'll be glad to see the back of them! (colloq); **cuando terminamos la carrera los perdí de ~** I lost touch with them when we graduated; ***perderse de ~*** to disappear from view; ***saltar a la ~:*** **lo primero que salta a la ~ es el color que tiene** the first thing that hits *o* strikes you is the color; **¿cómo no te diste cuenta? si saltaba a la ~** I can't see how you failed to notice, it stood out a mile *o* it was so obvious; **salta a la ~ que hicieron trampa** it's obvious they cheated; ***tener ~ de águila*** *or* ***lince*** to have eyes like a hawk; ***volver la ~ atrás*** to look back; **no vuelvas la ~ atrás y piensa en el futuro** don't look back, think of the future

D 1 (panorama) view; **una ~ preciosa de la bahía** a beautiful view of the bay; **la habitación tiene ~ al mar** the room overlooks the sea *o* has a sea view *o* looks out over the sea; **~ aérea** aerial view 2 (imagen) view 3 (fam) (aspecto): **el plato tenía muy buena ~** the dish looked delicious; **unos muebles de mucha ~** some very attractive furniture

E (Der) hearing; **la ~ del juicio se celebrará el día 27** the hearing will take place on the 27th

(Compuesto) **vista oral** hearing

F (Com, Fin): **a 20 días ~** within 20 days

G **vistas** *fpl* (en costura) facings (*pl*)

vistazo *m* look; **darle** *or* **echarle un ~ a algo** to have a look at sth; **no es necesario que lo leas en detalle, con un ~ rápido alcanza** there's no need to read it in detail, just look over it quickly *o* have a quick look at it

viste[1], **visteis** ▸**ver**[2]

viste[2], **visten, etc** ▸**vestir**

visto ▸**vestir, ver**[2]

visto[1] **-ta** *adj*

A 1 (claro, evidente) obvious, clear; **está ~ que no van a poder vivir juntas** it is clear *o* obvious that they're not going to be able to live together; **está ~ que mi opinión no cuenta para nada** my opinion obviously doesn't count for anything; **era** *or* **estaba ~ que iban a terminar divorciándose** it was clear *o* obvious that they were heading for divorce 2 (en locs) **por lo visto** apparently; **por lo ~ les trae sin cuidado** apparently they couldn't care less; **así que está embarazada — por lo ~** so she's pregnant — so it seems *o* apparently; **visto que** given that, in view of the fact that, since; **ser ~ y no ~** (fam): **pero ¿ya te vio el médico? — sí, fue ~ y no ~** you mean the doctor's seen you already? — yes, I was in and out in a flash; **lo cogió y salió corriendo, fue ~ y no ~** he grabbed it and rushed out, it was all over so quickly

B 1 [ESTAR] (común, trillado) **esta blusa está muy vista** everybody's wearing blouses like that; **ese truco ya está muy ~** that's an old trick; **eso ya está muy ~** that's not very original 2 **nunca visto: no sabes la cantidad de gente que había allí, fue lo nunca ~** *or* **fue algo nunca ~** you can't imagine how many people were there, I've never seen anything like it; **ese año, cosa nunca vista antes, nevó en Montevideo** that year it snowed in Montevideo, which was unheard of

C (considerado) **estar bien/mal ~: en ciertos círculos no está muy bien ~ llevar vino a una cena** in some circles it's not considered correct to take wine with you when you are invited out to dinner; **estaba mal ~ que las mujeres fumaran** it was not the done thing *o* it was thought improper *o* it was frowned upon for women to smoke; **estaba mal vista en el pueblo** she had a very bad reputation in the town, her behavior* was frowned on by the people of the town

D (Der): **el caso está ~ para sentencia** all the evidence in the case has been heard

E ‹*ladrillos/vigas*› exposed

visto[2] *m* (Esp) check (AmE), tick (BrE)

visto bueno *m* approval; **el administrador tiene que dar el ~ ~** the administrator has to give his approval *o* has to approve it, the administrator has to okay it *o* give it the go ahead (colloq)

vistosamente *adv* brightly and colorfully*

vistosidad *f*: **la ~ de las plumas del guacamayo** the brilliant colors of the macaw's plumage; **un espectáculo de una ~ extraordinaria** an amazingly spectacular show

vistoso -sa *adj* bright and colorful*

visual[1] *adj* visual; **memoria ~** visual memory; ▸**campo**

visual[2] *f* line of sight *o* vision

visualización *f* visualization

visualizador *m* VDU, visual display unit

(Compuesto) **visualizador cristal líquido** liquid crystal display, LCD

visualizar [A4] *vt*

A (formarse una imagen) to visualize

B (hacer visible) to visualize; (en una pantalla) to display

visualmente *adv* visually

vital *adj*

A (fundamental) vital; **un tema de ~ importancia** a matter of vital importance, an extremely important matter; **colocaron barricadas en puntos ~es** they set up barricades at strategic *o* key points

B 1 (Biol, Med) ‹*órgano*› vital (*before n*) 2 ‹*persona*› dynamic, vital, full of life

C (CS) (que da para vivir): **un sueldo ~** a living wage

vitaliciamente *adv* for life

vitalicio -cia *adj*: **cargo ~** post held for life; **miembro ~** life member; **presidente ~** life president; **pensión vitalicia** life pension

vitalidad *f* vitality

vitalismo *m* vitalism

vitalista[1] *adj* vitalistic

vitalista[2] *mf* vitalist

vitalización *f* revitalization

vitalizador[1] **-dora** *adj* revitalizing

vitalizador[2] *m* revitalizer; **un potente ~ capilar** a powerful hair revitalizer *o* tonic

vitalizar [A4] *vt* to revitalize, breathe new life into

vitamina *f* vitamin

vitaminado -da *adj* vitamin-enriched, with added vitamins

vitamínico -ca *adj* vitamin (*before n*)

vitaminizado -da *adj* ▸**vitaminado**

vitela *f* vellum

vitelino -na *adj* vitelline

vitícola *adj* vine-growing (*before n*)

viticultivo *m* vine-growing, viticulture (frml)

viticultor -tora *m,f* vine-grower, viticulturist (frml)

viticultura *f* vine-growing, viticulture (frml)

vitíligo *m* vitiligo, leukoderma

vitivinícola *adj* wine (*before n*), vinicultural (frml)

vitivinicultor -tora *m,f* grape grower and wine producer, viniculturist (frml)

vitivinicultura *f* grape growing and wine production, viniculture (frml)

vitoco -ca *m,f* (Ven fam) bighead (colloq)

vitola *f* cigar band

vitoquearse [A1] *v pron* (Ven fam) to get bigheaded (colloq)

vítor *m* cheer; **fue recibido entre ~es y aplausos** he was cheered and applauded

vitorear [A1] *vt* to cheer

vitral *m* stained-glass window

vitraux *m* /bi'tro/ (CS) stained-glass window

vítreo -trea *adj* ‹*porcelana*› vitreous; ‹*ojos/mirada*› glassy

vitrificación *f* vitrification

vitrificar [A2] *vt* to vitrify

vitrina *f* 1 (mueble — en una tienda) showcase; (— en una casa) glass cabinet, display cabinet 2 (AmL) (escaparate) shop window

vitrinear [A1] *vi* (Andes fam) to window-shop, go window-shopping

vitrinismo *m* (AmL) window-dressing

vitrinista *mf* (AmL) window-dresser

vitriolo *m* vitriol, sulphuric acid

(Compuesto) **vitriolo azul** blue vitriol

vitro *m*: **fertilización** *or* **fecundación in ~** in vitro fertilization

vitrocerámica *f* glass ceramic

vitrocerámico -ca *adj* glass-ceramic (*before n*)

vitrola *f* (AmS arc) phonograph (AmE), gramophone (BrE)

vituallas *fpl* (arc) provisions (*pl*), victuals (*pl*) (arch)

vituperable *adj* (frml) reprehensible

vituperación *f* (frml) condemnation, censure, vituperation (frml)

vituperar [A1] *vt* (frml) ‹*acción/conducta*› to condemn, vituperate against (frml); ‹*persona*› to censure, condemn, inveigh against (frml)

vituperio *m* (frml) criticism, vituperation (frml); **acostumbrado a los ~s de la prensa** used to being censured by the press, used to the criticisms *o* vituperations of the press; **lo llenó de ~s** she severely criticized him, she vituperated against him (frml)

viuda *f* ▸**viudo**[2]

viuda negra *f* black widow, black widow spider

viudedad *f* 1 (de una mujer) widowhood; (de un hombre) widowerhood 2 (pensión) widow's/widower's pension

viudez *f* ▸**viudedad 1**

viudo[1] **-da** *adj*

A ▸❶ **p.743** ‹*persona*› **su madre es** *or* (Esp) **está viuda** her mother is a widow; **(se) quedó ~ a los 40 años** he lost his wife *o* he was widowed when he was 40; **¡así que estás ~! ¿cuándo vuelve tu mujer?** (fam & hum) so you're a free man! when is your wife coming back? (colloq & hum)

B ‹*garbanzos/papas*› *with no fish or meat*

viudo[2] **-da** *m,f*

A (*m*) widower

B (*f*) widow; **una viuda alegre** a merry widow

V

(Compuestos)
- **viudo de pescado** *m* (Col) *fish stew with plantain*
- **viudo de verano** *m* grass widower

viva *m*: **dar ~s** to cheer; **fuera se oían ~s** cheering *o* shouts of 'viva' could be heard outside; **la multitud daba ~s al Rey** the crowd was shouting 'Long live the King!'
vivac *m* (*pl* **-vacs**) bivouac
vivacidad *f* (de una persona) liveliness, vivaciousness, vivacity; **la ~ del perrito** the puppy's lively nature *o* liveliness; **la ~ de sus ojos** the brightness *o* the lively sparkle in his eyes
vivalavirgen[1] *adj inv* (Esp fam): **es muy ~** he's very unreliable, he's too laid back (colloq), he just couldn't care less (colloq); **un niño ~** a child with a devil-may-care attitude
vivalavirgen[2] *mf* (Esp fam): **no le des responsabilidades porque es un ~** don't give him any responsibility because he's totally unreliable *o* (colloq) he's too laid back
vivales *mf* (*pl* ~) (Esp fam) crafty devil (colloq)
vivamente *adv* ‹*recordar/describir*› vividly; **lo narraba tan ~** he told it in such a lively manner; **lo lamentamos ~** we are deeply sorry; **ese tema le interesa ~** he is extremely *o* deeply interested in that subject; **cuando la conocí me impresionó ~** when I met her she made a deep *o* strong impression on me
vivaque *m* bivouac
vivaquear [A1] *vi* to bivouac
vivar[1] [A1] *vt* (AmS) to cheer
vivar[2] *m* 1 (de conejos) warren 2 (de peces) hatchery
vivaracho -cha *adj*: **sus ojos ~s** her sparkling eyes; **es un niño ~** he's a really bright child
vivaz *adj* ‹*persona*› lively, vivacious; ‹*ojos*› bright; ‹*imaginación*› vivid, lively
vivencia *f* experience; **una ~ que no olvidaré jamás** an experience I shall never forget
víveres *mpl* provisions (*pl*), supplies (*pl*), food; ***cortarle los ~ a algn*** (AmL fam) to cut off sb's allowance (*o* subsidy *etc*)
vivero *m* 1 (de plantas) nursery 2 (de peces) hatchery; (de moluscos) bed; **un ~ de ostras** an oyster bed *o* bank
viveza *f* ▸**picaresca y pícaro**
A 1 (rapidez, agilidad) liveliness; **~ de ingenio** readiness *o* sharpness of wit 2 (de una descripción, un recuerdo) vividness; (de un estilo) liveliness; **lo describió todo con gran ~** she described it all very vividly 3 (de un color) brightness; (del fuego) brightness 4 (de los ojos, la mirada) liveliness, brightness 5 (de una emoción, un deseo) strength, intensity
B (astucia) 1 (cualidad) sharpness 2 (acto): **estará haciendo una de sus ~s** he's probably up to one of his little schemes *o* his clever little tricks
(Compuesto) **viveza criolla** (AmS hum & pey) native wit and cunning

> **viveza criolla**
> ▸**picaresca y pícaro.**

vivido -da *adj* 1 (experimentado): **los buenos momentos ~s** the good times we have had *o* experienced; **una experiencia vivida por el autor** an experience which the author went through *o* lived through 2 (habitado) ‹*casa*› lived-in; **un apartamento que parecía ~** an apartment which had a lived-in feel to it
vívido -da *adj* vivid, lively
vividor -dora *m,f*: **es un ~ que vive a costa de los amigos** he's a freeloader who lives off his friends; **~es a la caza de herederas con fortuna** fortune hunters on the lookout for rich heiresses; **es un ~ que ha hecho sufrir mucho a su mujer** he's too fond of the good life and his wife has suffered terribly because of it
vivienda ➡ *f*: **el problema de la ~** the housing *o* accommodation problem; **la escasez de ~s** the housing shortage; **perdió no sólo el dinero, sino también su ~** she lost not only the money, but also her home; **miles de personas se quedaron sin ~** thousands of people were made *o* left homeless; **un bloque de ~s** an apartment building, a residential building, a block of flats (BrE); **la construcción de 3.000 ~s en la zona** the construction of 3,000 homes *o* (frml) dwellings in the area; **un complejo de ~s** a housing *o* residential development
(Compuestos)
- **vivienda de interés social** (Méx, Per) state-subsidized apartment (*o* house *etc*)
- **vivienda de protección oficial** state-subsidized apartment (*o* house *etc*)
- **vivienda económica** (RPl) state-subsidized apartment (*o* house *etc*)
- **vivienda social** (Chi) state-subsidized house
- **viviendas tuteladas** (Esp) sheltered housing

viviente *adj* living
vivificador, vivificante *adj* ‹*experiencia*› invigorating, revitalizing; ‹*lluvia/brisa*› refreshing; **las aguas ~as del bautismo** the life-giving baptismal waters; **un baño ~** an invigorating *o* a refreshing bath
vivificar [A2] *vt* «*experiencia*» to revitalize; «*aire/lluvia*» to refresh, revitalize; «*ducha*» to refresh, invigorate
vivíparo[1] **-ra** *adj* viviparous
vivíparo[2] **-ra** *m,f* viviparous mammal
vivir[1] *m* life, way of life; ***de mal ~*: una mujer de mal ~** a loose woman; **se juntó con gente de mal ~** he took up with some lowlife *o* with some shady characters *o* with some undesirable characters (colloq)
vivir[2] [I1] *vi*
A (estar vivo) to be alive; **¿tu abuelo todavía vive?** is your grandfather still alive?; **su recuerdo ~á siempre entre nosotros** his memory will live for ever among us; ***¿quién vive?*** (Mil) who goes there?
B 1 (pasar la vida): **vive ilusionada pensando que él volverá** she spends her life dreaming that he'll come back; **sólo vive para la danza** she lives for dancing, dancing is her whole life; **no me deja ~ tranquila** *or* **en paz** he won't leave me alone *o* let me be; ***¡~ para ver!*** who would believe *o* credit it!; ***vive y deja ~*** live and let live 2 (gozar de la vida) to live; **¡tú sí que sabes ~!** you certainly know how to live!; **siempre ha cuidado a su padre, realmente no ha vivido** she has always looked after her father, she hasn't really had a life of her own
C (subsistir): **la pintura no da para ~** you can't make a living from painting; **viven con honradez** they make an honest living; **vive por encima de sus posibilidades** she is living beyond her means; **con ese sueldo no le llega para ~** that salary isn't enough (for him) to live on, he can't make ends meet on that salary; **~ DE algo** to live ON sth; **no sé de qué viven** I don't know what they live on; **vive de las rentas** he lives on the income from his property (*o* shares *etc*), he has a private income (dated); **viven de la caridad** they live on charity; **viven de la pesca** they live from *o* by fishing, they make their living from *o* by fishing; **no puedes seguir viviendo de ilusiones** you can't go on living a dream
D (residir) to live; **viven en el campo** they live in the country; **hace tres años que vive en Rancagua** she's lived in Rancagua for three years, she's been living in Rancagua for three years; **vive solo** he lives alone *o* on his own
E (*como interj*): **¡viva el Rey!** long live the King!; **¡vivan los novios!** three cheers for the bride and groom!; **mañana no habrá clase — ¡viva!** there will be no lessons tomorrow — hurray!
■ **vivir** *vt* 1 (pasar por): **vivimos momentos difíciles** we're living in difficult times, these are difficult times we're living in; **los que vivimos la guerra** those of us who lived through the war; **el país ha vivido otra semana de violentos enfrentamientos** the country has seen *o* experienced another week of violent clashes 2 ‹*papel/música*› to live 3 ‹*vida*› to live
vivisección *f* vivisection
vivisector -tora *m,f* vivisectionist
vivito -ta *adj*: **~ y coleando** (fam) alive and kicking (colloq)
vivo[1] **-va** *adj*
A 1 (con vida) alive; Ⓢ **se busca vivo o muerto** wanted, dead or alive; **los mosquitos me están comiendo ~** (fam) I'm being eaten alive by mosquitoes; **no vimos ninguna serpiente viva** we didn't see any live snakes; **es ya una leyenda viva** he is a legend in his own lifetime, he is a living legend; **mantuvo viva su fé** she kept her faith alive; ***a lo ~*** (fam) without anesthetic*; ***en ~*** live; **música en ~** live music; **hicieron el programa en ~** they did the program live 2 ‹*lengua*› living (*before n*); **el idioma sigue ~** the language is still alive
B 1 ‹*persona*› (despierto, animado) vivacious, bubbly 2 ‹*descripción*› vivid, graphic; ‹*relato/imaginación*› lively; **aún tengo ~ en la memoria aquel momento** I can still remember that moment vividly 3 ‹*color*› bright, vivid; ‹*llama/fuego*› bright; ▸**rojo**[2] 4 ‹*ojos/mirada*› lively, bright 5 ‹*sentimiento/deseo*› intense, strong; ***lo más ~*: sus palabras me llegaron a lo más ~** her words cut me to the quick; **su muerte me afectó en lo más ~** his death affected me very deeply
C (avispado, astuto) sharp; **ése es muy ~ y no se va a dejar engañar** that guy is too smart *o* sharp to be taken in (colloq); **no seas tan ~, que ésta es mi parte** don't try to be clever *o* to pull a fast one, this is my share (colloq); **esos vendedores son muy ~s** those salesmen are razor-sharp (colloq)
vivo[2] **-va** *m,f* (fam) 1 (oportunista) sharp *o* smooth operator (colloq) 2 (aprovechado) crafty devil (colloq)
viyela *f* Viyella®
vizcacha *f* viscacha
vizcondado *m* 1 (título) viscountcy, viscounty 2 (jurisdicción) viscounty
vizconde -desa *m,f*
A (*m*) viscount
B (*f*) viscountess
v.o. (Cin) = **versión original**
VºBº *m* = **visto bueno**
vocablo *m* (frml) word; **~s extranjeros** foreign words
vocabulario *m* vocabulary; **para enriquecer tu ~** to enrich your vocabulary; **tiene un ~ muy amplio** she has a very wide vocabulary; **¡qué ~!** what language!; **¡modera tu ~!** mind your language!
vocación *f* 1 (inclinación) vocation; **tiene ~ para las artes/de músico** he has a vocation for the arts/for music, he is naturally inclined toward(s) the arts/toward(s) music 2 (Relig) vocation, calling; **tiene ~ (religiosa)** she has a religious vocation *o* calling; **debes tener ~ de mártir para aguantarlo** (hum) you're a real saint to put up with it (colloq)
vocacional[1] *adj* vocational
vocacional[2] *f* (Chi, Méx) *post-school vocational training*
vocal[1] *adj* vocal
vocal[2] *f*
A (Ling) vowel
B **vocal** *mf* (de un consejo, tribunal) member
vocalía *f* (cargo) *position as a member of a council, court, or committee*; (local) *office of member of a council, court, or committee*
vocálico -ca *adj* vowel (*before n*), vocalic (tech)
vocalismo *m* (Ling) vocalism, vocal system
vocalista *mf* vocalist, singer
vocalización *f* vocalization
vocalizar [A4] *vi* 1 (pronunciar) to vocalize 2 (Mús) to vocalize, practice singing exercises
vocalmente *adv* vocally
vocativo[1] **-va** *adj* vocative
vocativo[2] *m* vocative
voceador *m* 1 (pregonero) town crier 2 (Col, Méx) (de periódicos) newspaper vendor, newspaper seller

---

➡ *ver* Vivir en un país de habla inglesa

V

vocear [A1] *vt* **1** ‹*mercancías*› to cry; **el vendedor de periódicos voceaba las últimas noticias** the newspaper seller *o* vendor shouted out the latest news; **los vendedores ambulantes vocean sus mercancías** the street peddlers cry their wares **2** (hacer público) to spread **3** (corear) to shout; **la muchedumbre voceaba su nombre** the crowd was shouting his name **4** (AmL) (por megafonía) to page
■ **vocear** *vi* to shout, shout out

voceo *m*
A (de vendedores): **se escuchaba el ~ de los vendedores en el mercado** you could hear the cries of the market traders
B (AmL) (por megafonía) paging; **sistema de ~** public-address system, PA system

voceras *mf* (*pl* ~) (fam) bigmouth (colloq)

vocería *f* (esp AmL) position of spokesperson *o* representative; **tenía la ~ del partido** he was the party's spokesperson

vocerío *m* clamor*, shouting; **fue acogido por un ~ entusiasta** he was given a noisy and enthusiastic welcome

vocero -ra (esp AmL) *m,f*
A (*m*) spokesman, spokesperson
B (*f*) spokeswoman, spokesperson

vociferador -dora, vociferante *adj* vociferous

vociferar [A1] *vi* to shout, yell, vociferate (frml)

vocinglero -ra *adj* ‹*niños*› noisy; **una mujer vocinglera y vulgar** a loud *o* loudmouthed, common woman

vodevil *m* vaudeville (AmE), variety (BrE)

vodevilesco -ca *adj* vaudeville (*before n*) (AmE), variety (*before n*) (BrE)

vodka /'bo(ð)ka/ *m or f* vodka

vodú *m* (esp AmL) voodoo

voduismo *m* (esp AmL) voodooism

voile *m* (RPl) net

vóitelas *interj* (Méx fam) wow! (colloq)

vol. (= **volumen**) vol.

volada *f*
A (Col) (demolición) blowing-up
B (Col fam) (escapada): **pegarse una ~** «*preso*» to escape; «*alumno*» to play hooky (esp AmE colloq), to skive off (school) (BrE colloq)
C **1** (AmS fam): **en una ~** in no time; **voy y vuelvo en una ~** I'll be there and back in no time *o* in a jiffy (colloq); ***aprovechar la ~*** (RPl fam) to take one's chance **2** (Méx fam): **de ~** (*loc adv*) quickly; **si lo haces de ~ te va a salir mal** if you do it too quickly *o* if you rush it, you'll get it wrong

voladizo¹ -za *adj* projecting

voladizo² *m* projection

volado¹ -da *adj*
A **1** [**ESTAR**] (fam) (loco) crazy (colloq) **2** [**ESTAR**] (fam) (fumado) high (colloq) **3** [**SER**] (Chi fam) (distraído) absentminded
B (Col, Ven fam) (salido) protruding; **tenía los dientes ~s** she had protruding teeth, her teeth stuck out (colloq)
C **1** [**SER**] (Méx fam) (entusiasta) keen **2** [**SER**] (Col fam) (irascible) irritable, quick-tempered
D [**ESTAR**] (Esp fam) (cortado) to be embarrassed; **cuando me di cuenta me quedé ~** I was so embarrassed when I realized (colloq)
E [**ESTAR**] (Impr) superior, superscript (*before n*)

volado² -da *m,f*
A **1** (fam) (loco) crazy fool **2** (Chi fam) (distraído) absentminded person
B **volado** *m* **1** (Méx fam) (con una moneda): **te lo juego a un ~** I'll toss you for it; **echémonos un ~ para ver si vamos o no** let's toss *o* flip a coin to decide whether we go or not; ***ser un ~*** to be a lottery, be a gamble **2** (Méx fam) (aventura amorosa): **echarse un ~** to have an affair **3** (RPl, Ven) (en costura) flounce, ruffle

volado³ -da *adv* (Méx, Ven) in a rush, in a hurry; **salí ~ para el hospital** I left for the hospital in a rush *o* hurry, I rushed *o* dashed *o* shot off to the hospital

volador¹ -dora *adj* flying (*before n*)

volador² *m*
A **1** (molusco) *type of squid* **2** (pez) flying fish
B (en pirotecnia) rocket

voladores *m pl*

> **voladores**
>
> A Mexican pre-Columbian ritual dance, originally an agricultural fertility rite. Four or six men are attached by ropes to a platform on top of a 60 to 90 foot (17 to 27 meter) high pole. They dance on the platform and at the end of the dance, come circling down to the ground, hanging by their feet, as the ropes attaching them unwind.

voladura *f* blowing-up

volanda *f*
A (Chi) (Ferr) handcar
B **volandas** *fpl* **1** **en ~s: fuí en ~s hasta su casa** I rushed around to his house; **lo llevaron en ~s a recibir el trofeo** they carried him shoulder-high to receive the trophy **2** (Col fam): **a las ~s** in a rush, in a hurry

volandera *f* **1** (de molino) upper millstone, runner **2** (Mec) bush, bushing

volandero -ra *adj*
A (suelto) loose
B ‹*pájaro*› full-fledged

volanta *f* (RPl) horse-drawn carriage

volantazo *m*: **dar un ~** to swerve

volante¹ *adj* flying (*before n*)

volante² *m*
A **1** (Auto) steering wheel; **ponte al ~ un rato** why don't you take the wheel *o* why don't you drive for a while?; **su hija iba al ~** her daughter was at the wheel *o* was driving **2** (Mec, Tec) flywheel; (para regular altura, velocidad) wheel, handwheel **3** (de un reloj) balance wheel
B (papel) **1** (AmL) (de propaganda) leaflet, handbill, flier (AmE) **2** (Esp) (para el médico) referral note *o* slip; **me dio un ~ para el cardiólogo** she referred me to the cardiologist
C (en costura) flounce
D (rehilete) shuttlecock, shuttle
E **volante** *mf* (Chi) **1** (conductor) racing driver **2** (en fútbol) winger

volantín *m*
A (sedal) fishing line (*with several hooks*)
B (Chi) (cometa) kite; **encumbrar un ~** to fly a kite
C (Per) (en gimnasia) somersault; **se dio un ~** he turned *o* did a somersault

volantón *m* fledgling

volapié *m* running sword thrust

volar [A10] *vi*
A «*pájaro/avión*» to fly; **~emos a una altura de 10.000 metros** we shall be cruising at an altitude of 10,000 meters; **no me gusta ~, prefiero el tren** I don't like flying, I prefer to go by train
B **1** «*tiempo*» to fly; **¡cómo vuela el tiempo!** doesn't time fly!; **estos dos años han volado** these two years have flown by *o* have flown past *o* have gone by very fast; **las malas noticias vuelan** bad news travels fast **2** **volando** *ger* ‹*comer/cambiarse*› in a rush, in a hurry; **tengo que irme volando** I have to rush off; **las vacaciones se me han pasado volando** the holidays have flown *o* (colloq) whizzed past; **las entradas se acaban volando** the tickets sell out very quickly *o* in no time at all; **tuve que comer volando** I had to eat in a rush *o* to bolt my food; ***volando pica*** (Méx fam) he's/she's a quick worker! (colloq) **3** **volando** *ger* (Méx fam) (inestable) unsteady; (sin resolver, sin definir) up in the air; **está volando y se va a caer** it isn't steady and it's going to fall; **el asunto de la casa está volando** the matter of the house is still up in the air *o* is still undecided
C **1** (con el viento): **~on todos los papeles** my papers blew all over the place, the wind blew my papers all over the place; **el sombrero voló** his hat blew off/away **2** (fam) (desaparecer) to vanish, disappear; **los bombones en seguida ~on** the chocolates vanished *o* disappeared in no time; **hoy día el sueldo vuela** nowadays my salary seems to disappear *o* go in no time **3** (Méx fam): **a ~: niños, a ~** OK you kids, go away *o* get out of here; **a ~ con tus ideas raras** you and your weird ideas, get out of here! (colloq); **toma el dinero y a ~** take the money and run; ***mandar a ~ a algn*** (Méx) to kick sb out (colloq) **4** (Méx fam) (evaporarse) to evaporate
D (Arquit) to project
E (AmS fam) (de rabia, fiebre): **estaba que volaba de rabia** she was beside herself with rage *o* with anger; **tiene una fiebre que vuela** he has a really high temperature, he has a very bad fever
■ **volar** *vt*
A ‹*puente/edificio*› to blow up; ‹*caja fuerte*› to blow
B (Méx, Ven fam) (robar) to swipe (colloq), to nick (BrE colloq)
C (Méx fam) (volver loco) to drive … mad; **si se lo dices, lo vuelas** if you tell him, it'll drive him mad *o* he'll go crazy (colloq)
■ **volarse** *v pron*
A (Col fam) «*preso*» to escape; «*alumno*» to play hooky (esp AmE) (colloq), to skive off (school) (BrE colloq); **el marido se voló con otra** her husband ran away *o* ran off with another woman
B (Méx fam) (volverse loco) to go crazy (colloq)

volatería *f* fowl (*pl*)

volátil *adj* **1** (Fís, Quím) volatile **2** ‹*persona/carácter*› unpredictable, volatile; ‹*situación*› volatile

volatilidad *f* **1** (Fís, Quím) volatility, volatileness **2** (de una persona) unpredictability, volatility

volatilización *f* volatilization

volatilizar [A4] *vt* to volatilize
■ **volatilizarse** *v pron* **1** (Fís, Quím) to volatilize **2** «*dinero/persona*» to vanish into thin air, disappear without trace

volatín *m*: **hacer volatines** to perform *o* do acrobatics

volatinero -ra *m,f* acrobat

vol-au-vent /bolo'βon/ *m* vol-au-vent

volcado *m* (Inf) *tb* **~ de memoria** dump
(Compuesto) **volcado de pantalla** screen dump

volcán *m* volcano; **~ apagado** *or* **extinto** extinct volcano; **~ activo/inactivo** active/dormant volcano; **un ~ de pasiones** a hotbed of passion; ***estar sobre un ~*** to be sitting on a time bomb

volcánico -ca *adj* volcanic

volcanita *f* (Chi) gypsum

volcar [A9] *vt*
A **1** (tumbar) ‹*botella/vaso*› to knock over; ‹*leche/tinta*› to spill, knock over **2** ‹*carga*› to tip, dump **3** ‹*molde*› to turn over, tip over **4** (vaciar) to empty, empty out; **volcó el contenido de la caja sobre la mesa** he emptied (out) the contents of the box onto the table, he tipped the contents of the box out onto the table **5** (Inf) to dump
B (poner, depositar) **~ algo EN algn/algo: había volcado todas sus esperanzas en su hijo** she had pinned all her hopes on her son; **volcó toda su energía en su trabajo** she threw herself wholeheartedly into her work, she put all her energy into her work; **volcó todo su capital en el proyecto** he poured all his capital into the project
■ **volcar** *vi* «*automóvil/camión*» to overturn, turn over; «*embarcación*» to capsize
■ **volcarse** *v pron*
A **1** «*vaso/botella*» to get knocked *o* tipped over **2** «*camión*» to overturn, turn over
B «*persona*» (entregarse, dedicarse) **~se EN/A algo** to throw oneself INTO sth; **se ~on a la tarea de la reconstrucción del país** they threw themselves into *o* devoted themselves to the task of rebuilding the country; **el pueblo se volcó a las calles** the people poured onto the streets; **la prensa se volcó en duras críticas contra ellos** the press piled *o* heaped severe criticism on them
C (esforzarse, desvivirse) **~se PARA** *or* **POR + INF** to go out of one's way to + INF, do one's utmost to + INF; **se volcó para conseguírnoslo** he did his utmost *o* went out of his way to get it for us; **se vuelca por hacer que te sientas cómodo** she

goes out of her way to make you feel at home; **~se CON algn**: **se ~on conmigo** they leaned over backwards *o* went out of their way to make me feel welcome, they were extremely kind to me

volea *f* volley; **marcó de ~** (en fútbol) he volleyed the ball into the net; (en tenis) he won the point with a volley, he volleyed a winner; ▸**medio**[1]

volear [A1] *vt*
A (Dep) to volley
B ‹*semillas*› to scatter; ‹*red*› to cast
■ **volear** *vi* (Dep) to volley

vóleibol, voleibol *m* volleyball

voleo *m*: **a** *or* **al ~** at random; **sembrar a ~** to scatter seeds; **como no tenía ni idea contesté al ~** I had no idea so I said the first thing that came into my head *o* I said something off the top of my head; **repartieron los regalos al ~** they gave out the presents at random

volframio *m* wolfram, tungsten

volibol *m* (Col, Méx, Ven) volleyball

volición *f* volition

volitivo -va *adj* volitive

volován *m* vol-au-vent

volquete *m*, **volqueta** *f* dump truck (AmE), dumper truck (BrE)

voltaico -ca *adj* galvanic, voltaic

voltaje *m* voltage

volteada *f* (RPl) (de animales) roundup; ***caer en la ~*** (RPl) to get caught up in sth one is not involved in

volteado[1] **-da** *adj* (Col, Ven, Méx fam & pey) queer (pej)

volteado[2] **-da** (Col, Ven, Méx fam & pey) *m,f*
A (hombre) queer (colloq & pej), fag (AmE colloq & pej), poof (BrE colloq & pej)
B (mujer) dyke (sl & often pej)

voltear [A1] *vt*
A 1 ‹*mies*› to winnow; ‹*tierra*› to turn, turn over 2 (por el aire) «*toro*» to toss; «*caballo*» to throw
B ‹*campanas*› to ring
C (AmL exc CS) 1 (invertir) ‹*tortilla/disco*› to turn over; ‹*copa/jarrón*› (poner — boca arriba) to turn … the right way up; (— boca abajo) to turn … upside down 2 ‹*media/manga*› (poner del revés) to turn … inside out; (poner del derecho) to turn … the right way round; **el viento me volteó el paraguas** the wind blew my umbrella inside out; **voltea la página** turn the page
D (AmL exc RPl) (dar la vuelta): **me volteó la espalda** she turned her back on me, she turned away from me; **al oír su voz volteó la cara** when she heard his voice she turned her head *o* she turned to look at him
E (CS) (tumbar, echar abajo) ‹*bolos/botella*› to knock over; ‹*puerta*› to knock down; **~ el gobierno** to overthrow the government; **había un olor que te volteaba** (fam) the smell was enough to knock you flat *o* backwards (colloq)
■ **voltear** *vi* «*campanas*» to peal, ring out
■ **voltearse** *v pron* (AmL exc CS) 1 (volverse, darse la vuelta) to turn around 2 (cambiar de ideas) to change one's ideas/allegiance; **se ha volteado contra mí** he's turned against me 3 (Méx) «*vehículo*» to overturn, turn over

voltereta *f* somersault; **dar una ~** to do *o* turn a somersault

voltímetro *m* voltmeter

voltio *m* volt

volubilidad *f* changeableness, fickleness

voluble *adj*
A (inconstante) changeable, fickle
B (Bot) twining, climbing

volumen *m*
A 1 ▸ⓘ **p.1864**; (de un cuerpo) volume; **~ molecular** molecular volume; **bultos de ese ~** pieces of luggage that size *o* as large as that 2 (magnitud, cantidad) volume; **~ de trabajo** workflow; **~ de ventas** volume of sales, turnover
B (de sonido) volume; **bajar/subir el ~** to turn the volume down/up; **por favor, baja el ~ de ese televisor** turn that television down please; **la radio está puesta a todo ~** the radio is on full volume *o* (colloq) at full blast
C (tomo) volume; **un diccionario en dos volúmenes** a two-volume dictionary, a dictionary in two volumes

volumétrico -ca *adj*
A (Fís, Mat) volumetric, volume (*before n*)
B (Col fam) (enorme, gordo) huge

voluminoso -sa *adj* sizeable, large; **un paquete ~** a sizeable *o* bulky package; **actrices de senos ~s** actresses with ample bosoms; **la voluminosa deuda externa** the massive *o* enormous foreign debt; **unas voluminosas mangas** voluminous sleeves

voluntad *f*
A 1 (facultad) will 2 (deseo) wish; **debemos respetar su ~** we must respect their wishes; **por expresa ~ de los familiares** by express wish of the family; **lo hago contra mi ~** I'm doing it against my will; **siempre tiene que hacer su santa ~** he always has to have his (own) way *o* to have things his way; **renunció al cargo por propia ~** he resigned from the post of his own free will *o* of his own volition; **la ~ política del pueblo** the political will *o* wishes of the people; **~ DE + INF** wish to + INF; **sin ~ de ofender** without wishing to offend anyone; **reiteró su ~ de dejar los hábitos** he reaffirmed his wish to leave the priesthood; **por causas ajenas a nuestra ~** for reasons beyond our control; **hágase tu ~** (Relig) Thy will be done; ***a ~: se puede comer y beber a ~*** you can eat and drink to your heart's content; **no tienes que hacerlo si no quieres, es a ~** you don't have to do it if you don't want to, it's entirely up to you; **la donación es a ~** donations are at one's discretion; ***la ~*** (Esp): **¿cuánto le debo? — la ~** how much is it? — whatever you like *o* whatever you can spare
(Compuesto) **voluntad divina** divine will, God's will
B (firmeza de intención) *tb* **fuerza de ~** willpower; **no tiene ~ para dejar la bebida** he doesn't have the willpower to give up drinking; **es un hombre de mucha ~** he has great willpower *o* determination
(Compuesto) **voluntad de hierro** will of iron, iron will
C (disposición, intención): **lo hice con mi mejor ~** I did it with the best of intentions; **paz a los hombres de buena ~** peace to men of goodwill; **agradezco tu buena ~ pero prefiero hacerlo sola** I appreciate your willingness to help but I'd prefer to do it on my own; **lo dijo con mala ~** she was trying to cause trouble when she said it, she said it with evil intent (frml); ***ganarse la ~ de algn*** to win sb's favor*; ***tenerle mala ~ a algn*** to dislike sb

voluntariado *m* 1 (Mil) regular military service 2 (no militar) voluntary service

voluntariamente *adv* voluntarily; **lo hizo ~** he did it voluntarily *o* of his own free will; **se ofreció ~ a ayudarnos** he volunteered to help us

voluntariedad *f* 1 (cualidad de voluntario) voluntary nature; **la ~ de nuestro servicio militar** the voluntary nature *o* voluntariness of our military service; **garantizar la ~ de las donaciones** to guarantee that donations are given voluntarily 2 (Der) (intencionalidad) wilful intent, intent

voluntario[1] **-ria** *adj* 1 ‹*acto/donación*› voluntary; **es una decisión/elección voluntaria** you are free to decide/choose; **servicio militar ~** voluntary military service 2 (*como adv*) voluntarily; **se presentó ~** he volunteered; **se alistó ~** he enlisted voluntarily, he volunteered for the army (*o* navy *etc*)

voluntario[2] **-ria** *m,f* volunteer

voluntariosamente *adv* 1 (con buena voluntad) willingly; **accedió ~ a ayudar en todo** she willingly *o* gladly agreed to help them in every way 2 (obstinadamente) stubbornly, wilfully

voluntarioso -sa *adj* 1 (esforzado, bien intencionado) willing, keen 2 (obstinado, caprichoso) self-willed, stubborn

voluntarismo *m*
A (Fil) voluntarism
B 1 (fam) (fuerza de voluntad) willpower 2 (obstinación) stubbornness, obstinacy

voluntarista *adj* 1 (con fuerza de voluntad) strong-willed 2 (obstinado) self-willed, stubborn

voluptuosamente *adv* voluptuously

voluptuosidad *f* voluptuousness

voluptuoso -sa *adj* voluptuous

voluta *f* 1 (Arquit) scroll, volute 2 (de humo) spiral, column

volver [E11] *vi*
A (regresar — al lugar donde se está) to come back; (— a otro lugar) to go back; **no sé a qué hora ~é** I don't know what time I'll be back; **¿no piensas ~ allí algún día?** don't you intend going back there some day?; **dos de los cazas no volvieron** two of the fighters failed to return; **vete y no vuelvas más** get out and don't ever come back; **volvió muy cambiada** she came back *o* returned a different person; **¿cuándo piensas ~ por aquí?** when do you think you'll be *o* get *o* come back this way?; **ha vuelto con su familia** she's gone back to her family; **no sé cómo consiguió ~** I don't know how he managed to get back; **~ A algo: nunca volvió a Alemania** she never went back to *o* returned to Germany; **no había vuelto a su pueblo desde que era pequeño** he hadn't been back to his home town since he was a child; **logró ~ al campamento** she managed to get back to the camp; **¿cuándo vuelves al colegio?** when do you go back to school?; **~ DE algo: ¿cuándo volviste de las vacaciones?** when did you get back from your vacation?; **¿sabes si ha vuelto de Roma?** do you know if she's back from Rome?; **volvieron del lugar del accidente** they returned *o* came back from the scene of the accident; **siempre vuelve cansado del trabajo** he's always tired when he gets *o* comes home from work; **~ *atrás*** (en un viaje) to go *o* turn back; (al pasado) to turn back the clock; **veo que no han entendido, volvamos atrás** I can see you haven't understood, let's go back over it again; ***vuelve y juega …*** (Col fam) here we go again … (colloq)
B 1 (a una situación, una actividad) **~ A algo** to return TO sth; **el país ha vuelto a la normalidad** the country is back to *o* has returned to normal; **está pensando en ~ al mundo del espectáculo** she's thinking of returning to *o* making a comeback in show business 2 (a un tema) **~ A algo**: **volviendo a lo que hablábamos…** to go back to what we were talking about…; **ya volvemos a lo de siempre** so we're back to the same old problem; **siempre vuelve al mismo tema** he always comes back to the same subject
C 1 (repetirse) «*momento*» to return; **aquellos días felices que no ~án** those happy days that will never return 2 «*calma/paz*» to return; **~ A algo: la paz ha vuelto a la zona** peace has returned to the area, the area is peaceful again; **la normalidad ha vuelto a la fábrica** the situation at the factory is back to normal
D **volver en sí** to come to *o* round; **trataban de hacerlo ~ en sí** they were trying to bring him round
E (Méx) (vomitar) to be sick
■ *v aux* **~ A + INF**: **no ~á a ocurrir** it won't happen again; **no hemos vuelto a verlo** we haven't seen him since; **no volvió a probar el alcohol** she never drank alcohol again; **me volvió a llenar el vaso** she refilled my glass; **lo tuve que ~ a llevar al taller** I had to take it back to the workshop
■ **volver** *vt*
A (dar la vuelta) 1 ‹*colchón/tortilla/filete*› to turn, turn over; ‹*tierra*› to turn *o* dig over 2 ‹*calcetín/chaqueta*› to turn … inside out; ‹*cuello*› to turn; **vuelve la manga, que la tienes del revés** pull the sleeve out, you've got it inside out 3 **~ la página** *or* **hoja** to turn the page, turn over 4 ‹*cabeza/ojos*› **volvió la cabeza para ver quién la seguía** she turned her head *o* she looked around to see who was following her; **volvió los ojos/la mirada hacia mí** he turned his eyes/his gaze toward(s) me; **~ la mirada hacia el pasado** to look back to the

V

past [5] ‹*esquina*› to turn; **está ahí, nada más ~ la esquina** it's up there, just around the corner

B (convertir en, poner) to make; **la ha vuelto muy egoísta** it has made her very selfish; **la televisión los está volviendo tontos** television is turning them into morons; **lo vuelve de otro color** it turns it a different color

C (Méx): **~ el estómago** to be sick

■ **volverse** *v pron*

A (darse la vuelta, girar) to turn, turn around; **se volvió para ver quién la llamaba** she turned (around) to see who was calling her; **se volvió hacia él** she turned to face him; **no te vuelvas, que nos siguen** don't look back, we're being followed; **se volvió de espaldas** he turned his back on me/her/them; **~se boca arriba/abajo** to turn over onto one's back/stomach; ***~se atrás*** to back out; ***~se contra algn*** to turn against sb

B (convertirse en, ponerse): **últimamente se ha vuelto muy antipática** she's become very unpleasant recently; **el partido se ha vuelto más radical** the party has grown *o* become more radical; **su mirada se volvió triste** his expression saddened *o* grew sad; **se está volviendo muy quisquillosa** she's getting very fussy; **se vuelve agrio** it turns *o* goes sour; **se volvió loca** she went mad

vómer *m* vomer

vomitadera *f* (Andes, Ven fam) ►**vomitera**

vomitar [A1] *vi* to vomit, be sick (BrE); **tengo ganas de ~** I think I'm going to vomit *o* be sick, I feel nauseous *o* (BrE) sick

■ **vomitar** *vt* [1] ‹*comida*› to bring up; **~ sangre** to cough up blood [2] ‹*fuego/lava*› to spew, spew out; ‹*humo*› to belch out [3] ‹*insultos/maldiciones*› to hurl

■ **vomitarse** *v pron* (Col, Ven) to vomit, be sick (BrE)

vomitera *f* (fam): **ha estado todo el día con una ~ ...** she's been throwing up all day (colloq)

vomitivo[1] **-va** *adj* [1] (Med) emetic [2] (fam) (repugnante) revolting, disgusting

vomitivo[2] *m* emetic

vómito *m* [1] (acción) vomiting; **¿ha tenido ~s?** have you been vomiting?, have you been sick? (BrE) [2] (cosa vomitada) vomit, sick (BrE colloq); **un ~** a pool of vomit *o* sick

(Compuesto) **vómito de sangre** coughing up of blood

vomitona *f* (fam) ►**vomitera**

vomitorio *m* [1] (Hist) vomitory, vomitorium [2] (en estadios) gangway

voracidad *f* voracity

vorágine *f* [1] (en el mar) whirlpool [2] (situación confusa) whirl, maelstrom (liter)

voraz *adj* [1] ‹*persona/animal/apetito*› voracious; **siempre fue un lector ~** he always was an avid *o* a voracious reader [2] ‹*llamas/incendio/fuego*› fierce

vorazmente *adv* voraciously, ravenously

vórtice *m* [1] (remolino — de viento) whirlwind; (— de agua) whirlpool, vortex [2] (de un ciclón) eye, center*

vos *pron pers*

A [*Familiar form of address which is widely used instead of* ►**tú** *mainly in the River Plate area and parts of Central America*] [1] (como sujeto) you; **¿quién lo va a hacer? — vos** who's going to do it? — you (are); **che, ~ ¿esto es tuyo?** (RPl) hey, you, *o* hey, is this yours?; **¿sos ~, Leticia?** is that you, Leticia?; **~ misma lo dijiste** you said so yourself [2] (en comparaciones, con preposiciones) you; **más/menos que ~** more/less than you; **para/sin ~** for/without you [3] (uno) you, one (frml); **te venden las piezas y ~ tenés que armarlo** they sell you the parts and you have to put it together yourself

B (arc) (*sing*) thou (arch *or* dial); (con preposiciones) thee (arch *or* dial); (*pl*) ye (arch); **en V~ confío** (Relig) in Thee I trust

vosear [A1] *vt* to address sb using the ►**vos** form

voseo *m* use of the ►**vos** form instead of ►**tú**

vosotros -tras *pron pers pl* [*This familiar form of address is not normally used in Latin America or in certain parts of Spain, where* ►**ustedes** *is used as the familiar as well as the polite form*] [1] (como sujeto) you; **¿quién lo va a hacer? — vosotros** who's going to do it? — you (are); **~, niños ¡a la cama!** time for bed, children!; **hacedlo** *or* (often in spoken language) **hacerlo vosotras, yo estoy muy ocupado** *you* do it, I'm very busy; **lo podéis hacer ~ mismos** you can do it yourselves [2] (en comparaciones, con preposiciones) you; **jugaron mejor que ~** they played better than you (did); **tienen tanto derecho como vosotras** they have as much right as you (have); **a ~ os veré mañana** I'll see *you* tomorrow; **con/contra/para ~** with/against/for you

votación *f* (acción) voting; (método) vote; **la ~ empezó temprano** voting started early; **se decidió por ~** it was decided by a vote, they voted on it; **fue elegida por ~** she was elected, she was chosen in a vote, she was voted in; **la propuesta se sometió a ~** the proposal was put to the vote *o* was voted on; **la ~ arrojó los siguientes resultados** the vote *o* voting produced the following results; **hagamos una ~** let's take a vote, let's vote on it; **la ~ es secreta** it is a secret ballot *o* vote

votante *mf* voter

(Compuesto) **votante ausente** *m,f* absentee ballot (AmE); postal voter (BrE)

votar [A1] *vi* to vote; **~ en blanco** to spoil one's vote (*by returning a blank ballot paper*); **~ POR algn/algo** to vote FOR sb/sth; **¿por quién vas a ~?** who are you going to vote for?; **~ A FAVOR DE/EN CONTRA DE algo** to vote FOR/AGAINST sth

■ **votar** *vt* [1] ‹*candidato*› to vote for [2] ‹*reforma/aumento*› to approve, vote to approve; ***¡voto a brios*** *or* ***a Satanás!*** (ant) good heavens!

votivo -va *adj* votive

voto *m*

A [1] (de un elector) vote; **miles de electores emiten hoy su ~** (period) thousands of people will be casting their vote *o* will be voting today; **~s afirmativos/negativos** votes in favor/against; **~s a favor/en contra** votes for/against; **~ de una mayoría calificada** (UE) qualified majority voting [2] (votación) vote; **se decidió por ~ secreto** it was decided by secret ballot *o* vote; **por ~ a mano alzada** on *o* by a show of hands; **el derecho al ~** the right to vote

(Compuestos)
- **voto a viva voz** voice vote
- **voto de calidad** casting vote, tiebreaker (AmE)
- **voto de castigo** protest vote
- **voto de censura** vote of no confidence
- **voto de confianza** vote of confidence
- **voto de simpatía** sympathy vote
- **voto en blanco** blank *o* spoiled ballot paper
- **voto oral** voice vote (*in US*)
- **voto por correo** postal vote, absentee ballot (AmE)
- **voto táctico** *or* **útil** tactical vote

B (derecho) vote; **las mujeres no tenían ~ en aquella época** at that time women didn't have the vote *o* the right to vote

C (Relig) vow; **hacer los ~s solemnes** to take solemn vows

(Compuestos)
- **voto de castidad** vow of chastity
- **voto de obediencia** vow of obedience
- **voto de pobreza** vow of poverty

D (frml) (expresión de un deseo): **hacemos ~s por su pronto restablecimiento** we wish him a speedy recovery, we hope he recovers quickly; **hago ~s para que logren su propósito** I sincerely hope you achieve your goal; **con mis mejores ~s de felicidad para el futuro** with best wishes for your future happiness

vox populi *loc adj*: **ser ~ ~** to be common knowledge; **que no se llevan bien es ~ ~** it's common knowledge that *o* everybody knows that they don't get on very well

voy ►**ir**

voyeur /bwa'yer, bo'yer/ *mf* (*pl* **voyeurs**) voyeur

voyeurismo /bwaye'rismo, boye'rismo/ *m* voyeurism

voyeurista[1] /bwaye'rista, boye'rista/ *adj* voyeuristic

voyeurista[2] /bwaye'rista, boye'rista/ *mf* voyeur

voz *f*

A [1] (sonido) voice; **le temblaba la ~** her voice shook; **tiene una ~ de trueno** he has a thundering *o* booming voice; **a mí no me levantes la ~** don't raise your voice to me; **todavía no ha cambiado** *or* **mudado la ~** his voice hasn't broken yet; **se aclaró la ~** she cleared her throat; **tiene la ~ tomada** he's hoarse; **hablaban en ~ baja** they were speaking quietly, they were speaking in low voices *o* in hushed tones; **léelo en ~ alta** read it aloud *o* out loud; **me lo dijo a media ~** he whispered it to me; **con esa vocecita no se le oye nada** you can't hear a thing she says, she speaks so quietly *o* she has such a quiet voice; **no le hizo caso a la ~ de la conciencia** he took no notice of the voice of his conscience; ***a ~ en grito*** *or* ***cuello*** at the top of one's voice; ***de viva ~*** personally, in person [2] (capacidad de hablar) voice; **no te conviene forzar la ~** you shouldn't strain your voice; **quedarse sin ~** to lose one's voice

(Compuesto) **voz de mando** (Mil) command

B (opinión) voice; **la ~ del pueblo** the voice of the people; ***no tener ni ~ ni voto:*** **no tiene ni ~ ni voto en esto** he has no say *o* he doesn't have any say in the matter

C **voces** *fpl* [1] (gritos) shouting, shouts (*pl*); **¿qué pasa? ¿qué son esas voces?** what's happening? what's all that shouting?; **¡tenías que haber oído las voces que daba!** you should have heard him shouting!; **a voces: hablaban a voces** they were talking in loud voices, they were talking loudly *o* shouting; **estuve llamando a voces, pero nadie me oyó** I called out *o* shouted, but nobody heard me; **un problema que pide a voces una solución rápida** a problem that is crying out for a quick solution; ***dar la ~ de alarma*** to raise the alarm [2] (rumor) rumor*; **corre la ~ de que se van a divorciar** word *o* rumor has it that they are going to get divorced, there is a rumor going around that they are going to get divorced

D (Mús) [1] (persona) voice [2] (línea melódica): **una pieza a cuatro voces** a piece for four voices, a four-part piece; **cantaban a dos voces** they were singing a duet; ***llevar la ~ cantante*** (fam) to call the tune *o* the shots (colloq) [3] (habilidad para cantar): **tiene buena ~** he has a good voice [4] (de un instrumento) sound

E (Ling) [1] (frml) (palabra) word; **una ~ de origen hebreo** a word of Hebrew origin [2] (forma verbal) voice

(Compuestos)
- **voz activa** active, active voice
- **voz pasiva** passive, passive voice

vozarrón *m* booming voice

VPO *f* (en Esp) **= Vivienda de Protección Oficial**

vs. (**= versus**) vs

v.s. (Cin) **= versión subtitulada**

VSR *m* (**= virus sincicial respiratorio**) RSV

vudú *m* voodoo

vuduísmo *m* voodooism

vuecencia *pron pers* (arc) your Excellency

vuela, vuelan, etc ►**volar**

vuelco *m*

A (sobre sí mismo): **dar un ~** «*coche*» to overturn, turn over; «*embarcación*» to capsize; ***me/le dio un ~ el corazón*** my/his heart missed *o* skipped a beat

B (cambio radical): **las cosas pueden dar un ~ en cualquier momento** things could change *o* alter drastically at any moment; **el mercado dio un ~ muy favorable** the market registered a very favorable upturn

C (Inf) dump

vuelo[1] *m*

A [1] (acción): **contemplaba el ~ de las gaviotas** he was watching the seagulls' flight *o* the seagulls flying; **remontar el ~** to soar up; **un piloto con más de mil horas de ~** a pilot with more than a thousand hours' flying time; ***agarrarlas*** *or* ***cazarlas*** *or* ***cogerlas al ~*** to be very

V

quick on the uptake, to be sharp (colloq); ***agarrar*** ∼ (Chi fam) to pick up speed; ***alzar*** *or* ***levantar el*** ∼ «*pájaro*» to fly away *o* off; «*avión*» to take off; «*persona*» to fly *o* leave the nest; ***a ∼ de pájaro*** (AmL): **así, a ∼ de pájaro, han de ser unas cinco hectáreas** at a rough *o* quick guess, I'd say it's about five hectares; **leí el informe a ∼ de pájaro** I just skimmed over the report; ***de alto ∼:*** **un proyecto de alto ∼** a big *o* an important *o* a prestigious project; **un ejecutivo de alto ∼** a high-flying executive; ***el ∼ de una mosca:*** **no se oía ni el ∼ de una mosca** you could have heard a pin drop (colloq), there wasn't a sound to be heard; ***tomar ∼*** to take flight **2▸** (trayecto, viaje) flight; **Madrid-Londres son dos horas de ∼** it is a two-hour flight from Madrid to London, it takes two hours to fly from Madrid to London **3▸** (avión) flight; **el ∼ 852 procedente de París** flight 852 from Paris; **el ∼ llegó con retraso** the flight *o* the plane was late

(Compuestos)

- **vuelo a vela** gliding, soaring (AmE)
- **vuelo charter** charter flight
- **vuelo de cabotaje** (RPl) local flight
- **vuelo de entrenamiento** *or* **instrucción** training flight
- **vuelo de prueba** test flight
- **vuelo espacial** spaceflight
- **vuelo internacional** international flight
- **vuelo libre** hang-gliding
- **vuelo nacional** domestic *o* internal flight
- **vuelo rasante** low-level flight
- **vuelo regular** scheduled flight
- **vuelo sin motor** gliding, soaring (AmE)

B (en costura) **1▸** (amplitud): **la falda tiene mucho ∼** it is a very full skirt **2▸** (Chi) (adorno) flounce

C (Arquit) projection

D (pluma) flight, flight feather

vuelo² ▸**volar**

vuelta *f*

(Sentido I)

A **1▸** (circunvolución): **la Tierra da ∼s alrededor del Sol** the earth goes around the sun; **da ∼s alrededor de su eje** it spins *o* turns on its axis; **tiene ganas de dar la ∼ al mundo** she wants to go around the world; **el tiovivo daba ∼s y más ∼s** the merry-go-round went round and round; **todo me da ∼s** everything's spinning *o* going round and round; **me da ∼s la cabeza** my head's spinning; **dar una ∼ a la manzana** to go around the block; **vamos a tener que dar toda la ∼** we'll have to go all the way around; **la carta dio la ∼ por toda la oficina** the letter went all around the office; **¡las ∼s que da la vida!** how things change!, life's full of ups and downs!; **¡qué ∼ han dado!** they've changed their tune!; **me pasé el día dando ∼s tratando de encontrar ese libro** I spent the whole day going from pillar to post trying to find that book; ***andar a ∼s con algo*** (fam) to be working on sth; ***andarse con ∼s*** (fam) to beat around the bush (colloq); ***buscarle las ∼s a algn*** (fam) to try to catch sb out; ***buscarle la ∼ a algo*** (CS fam) to try to find a way of doing sth; ***darle cien*** *or* ***cien mil ∼s a algn*** (fam) to be miles *o* heaps better than sb (colloq), to be streets ahead of sb (colloq); **en cuanto a iniciativa te da cien mil ∼s** she beats you hands down for initiative; ***dar más ∼s que una noria*** *or* ***que burro de noria*** *or* ***que una peonza*** *or* ***que un trompo*** (fam): **para encontrarlo tuve que dar más ∼s que una noria** I had to go all over the place to find it; ***no tener ∼*** (Chi fam) to be a hopeless case **2▸** (Dep) (en golf) round; (en carreras) lap; **hay que dar dos ∼s alrededor del campo de fútbol** you have to do two laps of the football field **3▸** (en una carretera) bend; **el camino da muchas ∼s** the road winds about a lot; **el autobús no va directo, da muchas ∼s** the bus isn't direct, it takes a very roundabout route

(Compuestos)

- **vuelta al mundo** (Arg) Ferris wheel, big wheel (BrE)
- **vuelta al ruedo** (Taur) lap of honor
- **vuelta ciclista** *or* (Andes) **ciclística** cycle race, tour
- **vuelta de honor** lap of honor*

B (giro): **le dio dos ∼s a la llave** he turned the key twice; **dale otra ∼** give it another turn; **darle ∼s a una manivela** to crank *o* turn a handle; ▸**medio¹**; ***darle ∼s a algo*** to think about sth; **no le des tantas** *or* **más ∼s al asunto** stop agonizing *o* worrying about it; **le he dado ∼s y más ∼s al problema** I've gone over the problem time and again, I've given the problem a lot of thought; ***poner a algn de ∼ y media*** (fam) to tear into sb (AmE colloq), tear sb off a strip (BrE colloq)

C **1▸** (para poner algo al revés) turn; **darle la ∼ a algo** ‹*a un colchón/una tortilla*› to turn, turn … over; ‹*a un cuadro*› to turn … around; **dale la ∼ a la página** turn the page, turn over; **dales la ∼ a los calcetines** (ponerlos — del derecho) turn the socks the right way out; (— del revés) turn the socks inside out; **darle la ∼ a una copa** (ponerla — boca arriba) to turn a glass the right way up; (— boca abajo) to turn a glass upside down **2▸** (para cambiar de dirección, posición): **se dio la ∼ para ver quién era** she turned (around) to see who it was; **es difícil dar la ∼ aquí** (Auto) it's difficult to turn (around) here; **el paraguas se me dio la ∼** my umbrella blew inside out; ***no hay ∼ que darle*** (fam) there are no two ways about it, there's no doubt about it; ***no tener ∼ de hoja:*** **sus argumentos no tienen ∼ de hoja** you can't argue with the things she says; **es el mejor de todos, eso no tiene ∼ de hoja** he's the best of the lot, there's no doubt about it *o* there are no two ways about it; **hay que hacerlo personalmente, eso no tiene ∼ de hoja** it has to be done in person, there's no way around it

D (CS): **dar vuelta: da ∼ el colchón** turn the mattress (over); **dar ∼ un cuadro** to turn a picture around; **dar ∼ una media** (ponerla — del derecho) to turn a sock the right way out; (— del revés) to turn a sock inside out; **dar ∼ una copa** (ponerla — boca arriba) to turn a glass the right way up; (— boca abajo) to turn a glass upside down; **casi le doy ∼ la cara de un trompazo** (fam) I nearly knocked his head *o* block off (colloq); **dar ∼ la página** to turn the page, turn over; **dio ∼ la cara** she looked away; **¿damos ∼ aquí?** (Auto) shall we turn (around) here?; **se dio ∼ sorprendido** he turned around in surprise; **se dio ∼ en la cama** she turned over in bed; **se me dio ∼ el paraguas** my umbrella blew inside out

(Compuestos)

- **vuelta de campana**: **el coche dio una ∼ de ∼** the car turned (right) over
- **vuelta (de) carnero** (CS) somersault
- **vuelta de carro** (Méx) cartwheel
- **vuelta de manos** (Méx) handspring
- **vuelta en redondo** (vuelta completa) 360 degree turn, complete turn; (media vuelta) 180 degree turn, half turn; (cambio radical): **el tiempo ha dado una ∼ en ∼** the weather has changed completely; **en cuanto a su política económica, han dado una ∼ en ∼** as for their economic policy, they've done a U-turn *o* a volte-face *o* they've completely changed direction

E **1▸** (paseo): **dar una ∼** (a pie) to go for a walk; (en coche) to go for a drive; **fuimos a dar una ∼ en bicicleta** we went out for a ride on our bikes; **me llevó a dar una ∼ en su coche nuevo** she took me out for a drive in her new car **2▸** (con un propósito): **date una ∼ por la oficina** call *o* drop into (colloq) the office; **a ver cuándo te das una ∼ por casa** drop in and see us some time

F **1▸** (lado): **escríbelo a la ∼** write it on the other side *o* on the back; **vive aquí a la ∼** she lives just around the corner; ***a la ∼ de la esquina*** just around the corner; **los exámenes ya están a la ∼ de la esquina** the exams are just around the corner **2▸** (cabo): **a la ∼ de los años nos volvimos a encontrar** we met again years later **3▸** **vuelta y vuelta** (de la carne) rare, done very quickly on each side

G **vueltas** (CS fam) (complicaciones): **tiene tantas ∼s** he's/it's so difficult; ***tener más ∼s que una oreja*** *or* ***un caracol*** (Arg fam) to be very difficult

(Sentido II)

A **1▸** (regreso) return; (viaje de regreso) return journey; **no tiene dinero para la ∼** he doesn't have enough money for the return journey/to get back/to get home; **a la ∼ paramos en Piriápolis para almorzar** on the way back we stopped in Piriápolis for lunch; **a la ∼ se encontró con que lo habían despedido** when he got back *o* on his return he found he had been fired; **¡hasta la ∼!** see you when you get back!; **∼ A algo** return TO sth; **su ∼ a las tablas** her return to the stage; **un boleto** (AmL) *or* (Esp) **billete de ida y ∼** a round-trip ticket (AmE), a return ticket (BrE); **te lo presto, pero ida y ∼ ¿eh?** (fam) I'll lend it to you, but I want it back, OK?; ▸**partido²**; ***estar de ∼:*** **ya está de ∼ de las vacaciones** she's back from her holidays now; **¿te crees que soy tonto? mira que cuando tú vas yo ya estoy de ∼** I'm not stupid you know, I'm way ahead of you; **¿enamorada yo? hija, yo ya estoy de ∼ de esas cosas** me in love? I grew out of that sort of thing a long time ago; **estoy de ∼ de toda sorpresa** I've seen it all before, nothing surprises me any more **2▸** **a ∼ de correo** by return mail (AmE), by return (of post) (BrE)

B (a un estado anterior) **∼ A algo** return TO sth; **la ∼ a la normalidad** the return to normality

C (fam) (indicando repetición): **¡∼ con lo mismo!** are you on about *that* again? (colloq); **¡y ∼ a discutir!** they're arguing again!, there they go again! (colloq)

(Sentido III)

A (Esp) (cambio) change; **quédese con la ∼** keep the change

B **vueltas** (Col) (cambio, dinero suelto) change

(Sentido IV)

A **1▸** (en elecciones) round **2▸** (de bebidas) round; **esta ∼ la pago yo** this round's on me, I'm buying *o* getting this round

B (Per, RPl) **1▸** (fam) (vez) time; **esta ∼ les ganamos** we'll beat them this time; **volví otra ∼** I went back again **2▸** **de vuelta** (de nuevo, otra vez) (fam) again; **lo hizo de ∼** she did it again

(Sentido V)

A **1▸** (en labores de punto) row **2▸** (de un collar) strand

B (en costura) facing; (de pantalones) cuff (AmE), turn-up (BrE)

C (Náut) bend

vueltecita *f* (fam) (a pie) short walk, stroll; (en coche) spin (colloq), short drive; **salió a dar una ∼** (a pie) he went out for a stroll *o* short walk; (en coche) he took the car for a spin (colloq); **date una ∼ por mi oficina y hablamos** pop into my office and we'll have a talk

vueltero -ra *adj* (Arg fam) difficult

vueltita *f* (AmL) (fam) ▸**vueltecita**

vuelto¹ -ta *pp see* **volver**

vuelto² *m* (AmL) change; **aquí tiene el ∼** here's your change; **quédese con el ∼** keep the change

vueludo -da *adj* full

vuelva, vuelvas, etc ▸**volver**

vuesa merced *pron pers* (arc) thou (arch)

vuestro¹ -tra *adj* **1▸** (Esp) (de vosotros) your; **estos son ∼s libros** *or* **estos son los libros ∼s** these are your books; **un amigo ∼** a friend of yours; **la responsabilidad es vuestra** it's your responsibility; **lo que decidáis hacer es cosa vuestra** what you decide to do is entirely up to you **2▸** (frml) your; **Vuestra Majestad/Excelencia** Your Majesty/Excellency

vuestro² -tra *pron* **1▸** (Esp fam): **el ∼, la vuestra, etc** yours; **es más viejo que el ∼** it's older than yours; **¡lo ∼ fue de película!** what happened to you was incredible! **2▸** (frml): **el ∼, la vuestra, etc** yours

vulcanita *f* vulcanite

vulcanización *f* vulcanization

vulcanizadora *f* (Chi, Méx) tire* repairshop

vulcanizar [A4] *vt* to vulcanize

Vulcano Vulcan

vulcanología *f* volcanology

vulcanólogo -ga *m,f* volcanologist

vulgar *adj* **1▸** (corriente, común) common; **no es más que un ∼ resfrío** it's just a common cold; ***∼ y corriente*** ordinary; **se las da de ejecutivo pero tiene un empleíto ∼ y corriente** he makes out that he's some sort of executive but

in fact he just has an ordinary *o* a run-of-the-mill job **2** (poco refinado) vulgar, coarse, common (pej) **3** (no técnico) common, popular; **¿cuál es el nombre ~ de esta planta?** what's the common *o* popular name for this plant?
vulgaridad *f* **1** (cualidad) vulgarity, coarseness; **no tolero la ~ de sus modales** I can't stand his vulgar *o* coarse manners **2** (dicho, hecho): **me sorprende que hagas/digas esas ~es** I'm surprised that you do/say such vulgar *o* coarse things
vulgarismo *m* vulgarism
vulgarización *f* popularization, vulgarization
vulgarizar [A4] *vt* **1** (hacer popular) to popularize, vulgarize (frml) **2** (quitar refinamiento a) to vulgarize
vulgarmente *adv* commonly, popularly; **~ conocido como ...** popularly *o* commonly known as ...
Vulgata *f* Vulgate
vulgo[1] *adv* commonly known as
vulgo[2] *m*: **el ~** ordinary people (*pl*), the masses (*pl*), the hoi polloi (*pl*) (pej)
vulnerabilidad *f* vulnerability
vulnerable *adj* vulnerable
vulneración *f*
A (de una persona) wounding
B (de una ley) breaking
C (de la dignidad) affront, violation
D (de la intimidad, de un derecho) violation
vulnerar [A1] *vt* (frml) **1** ‹*persona*› to wound, hurt; **circunstancias que pueden ~ su posición** circumstances which could damage his position **2** ‹*dignidad*› to violate, offend **3** ‹*derecho*› to violate; ‹*ley*› to break; **~ el derecho a la intimidad/privacidad de algn** to violate sb's right to privacy
vulpeja *f* vixen
vulpino -na *adj* vulpine, foxlike
vulva *f* vulva
vv (**= versos**) vv

Ww

w, W *f read as* /'doβle βe/, /'doβle u/ *or* (Esp) /'uβe 'ðoβle/, /'doβle 'uβe/ (the letter) w, W

w. (**= watio**) w, watt

wachimán /ɣwatʃi'man/ *m* (AmL) watchman

wafle, waffle /'(g)wafle/ *m* (AmL) waffle

waflera *f* (AmL) waffle iron

wagneriano -na *adj* Wagnerian

WAIS /'ɣwais/ *m* (**= Wide Area Information Server**) WAIS

Walhalla /bal'xala/ Valhalla

walkie-talkie /'wo(l)ki 'to(l)ki/ *m* (*pl* **-kies**) walkie-talkie

Walkiria *f* Valkyrie

walkman® *m* (*pl* **-mans**) Walkman®, personal stereo

walkover /ɣwok'over/ *m* walkover

wamba® /'bamba/ *f* (Esp) sneaker (AmE), plimsoll (BrE)

WAN /ɣwan/ *f* (**= Wide Area Network**) WAN

wapití *m* wapiti, American elk

warao *adj inv* Guarao

warfarina *f* warfarin

Washington *m* Washington

washingtoniano -na *adj* of/from Washington

wáter /'(g)water *or* (Esp) /'bater/ *m* 1 (fam) (inodoro) lavatory, toilet 2 (esp AmL fam) ▸ **baño** (cuarto) bathroom (esp AmE), lavatory (BrE), toilet (BrE)

waterpolista *mf* water polo player

waterpolo, water-polo /'(g)waterpolo/ *m* water polo

watt /bat, ɣwat/ *m* (*pl* **~s**) watt

wattaje /bataje, ɣwataje/ *m* wattage

WC /'be θe, 'uβe 'ðoβle θe/ *m* WC

web *f or m*: **la** *or* **el web** the Web, the World Wide Web

webcam *f* webcam

webificar [A2] *vt* to webify

webmaster /'ɣweb'master/ *m* webmaster

wedge /(g)wedʒ/ *m* wedge

weekend, week-end /'wiken/ *m* weekend

welsh terrier *m* Welsh terrier

welter, wélter *m* (*pl* **~**) welterweight

western *m* (*pl* **~** *or* **-terns**) western

Westfalia *f* Westphalia

whiskería *f* bar (*selling a large range of whiskies*)

whisky /'(g)wiski/ *m* (*pl* **-kies** *or* **-kys**) whiskey*; **un ~ con hielo** whiskey with ice *o* on the rocks

Compuestos
- **whisky americano** bourbon
- **whisky de malta** malt whiskey*

Wi-Fi® /gwayfi/ *m* (Inf) (**= Wireless Fidelity**) Wi-Fi®

wikén /ɣwik'en/ *m* (*pl* **~s**) (Chi) weekend

wiki /'ɣwiki:/ *m* (Inf) wiki

wikitorial /ɣwiki:to'ryal/ *m* (Inf) wikitorial

wincha *f* ▸ **huincha**

winche *m* (Andes) winch

Winchester® /'wintʃeste(r)/ *m* (*pl* **-ters**) (Arm) Winchester®, Winchester® rifle

windsurf, wind-surf /'winsurf/ *m* windsurfing, sailboarding; **tabla de ~** windsurfer, sailboard

windsurfing, wind-surfing /'winsurfin/ *m* windsurfing

windsurfista *mf* windsurfer, sailborder

wing /win/ *mf* (CS) wing, winger

Compuesto **wing derecho/izquierdo** right/left wing

wingman *mf* wingman

wolframio *m* wolfram

won *m* (Fin) won

wonderbra® /,gwander'bra/ *m* (*pl* **~s**) Wonderbra®

Wotan Wotan, Woden

www, WWW *f or m* (*read as* /doble be, doble be, doble be/ (AmL), /ube doble, ube doble, ube doble/ (Esp) (**= World Wide Web**) www

x, X *f* (*read as* /'ekis/) (the letter) x, X

xantoma *m* xanthoma

xenófilo[1] **-la** *adj* xenophilous

xenófilo[2] **-la** *m,f* xenophile

xenofobia *f* xenophobia

xenófobo[1] **-ba** *adj* xenophobic

xenófobo[2] **-ba** *m,f* xenophobe

xenoinjerto *m* xenotrasplantation

xenón *m* xenon

xenotrasplante *m* (proceso) xenotransplantation; (órgano) xenograft

xerocopia *f* photocopy, xerox®

xerocopiar [A1] *vt* to photocopy, xerox

xerófilo -la *adj* xerophilous

xerófito -ta *adj* xerophytic

xerografía *f* xerography

xilema *m* xylem

xileno *m* xylene

xilófago -ga *adj* xylophagous, wood-eating (*before n*)

xilofón, xilófono *m* xylophone

xilografía *f* 1 (arte) xylography, printing from woodcuts 2 (impresión) xylograph, print from a woodcut

Xipe Totec *Aztec god of spring and of youth*

Xochimilco /sotʃi'milko/

> **Xochimilco**
>
> A city in central Mexico, situated on Lake Xochimilco and famous for its *chinampas* or floating gardens. These were originally Aztec rafts for transporting vegetables, fruit, and flowers to Mexico City by canal. The *chinampas* are still cultivated in Xochimilco and other towns in the area.

xoconostle *m* (en Méx) *type of prickly pear*

xocoyote -ta *m,f* (Méx fam) youngest child, baby of the family

xumil /xu'mil/ *m*: *edible bug*

Xunta *f*: **la ~** *the autonomous government of Galicia*

Yy

y[1], **Y** *f read as* /i 'ɣrjeɣa/, /je/ *or* (RPl) /ʒe/ (the letter) y, Y

y[2] *conj*
A 1 (indicando conexión, añadidura) and; **habla inglés, francés y alemán** he speaks English, French and German; **una zona montañosa y de escasa vegetación** a mountainous, sparsely vegetated area; **yo me quedo y los niños también** I'm staying and so are the children; **ella tiene 25 años y él 28** she's 25 and he's 28 2 (con valor adversativo) while, and; **¡yo aquí trabajando y ellos en la playa!** here am I working while *o* and they're at the beach!
B 1 (indicando acumulación) and; **iba llegando gente y más gente** more and more people kept arriving; **habla y habla pero no dice nada** he talks and talks but he doesn't really say anything 2 (introduciendo una consecuencia) and; **media hora más y estamos en Caracas** another half hour and we'll be in Caracas; **atrévete y verás** just you dare and you'll see!
C 1 (en preguntas): **¿y tu padre? ¿qué tal está?** and how's your father?; **¿y Mónica? ¿se ha ido?** where's Monica? has she gone?; **yo no oigo nada ¿y tú?** I can't hear anything, can you?; **a mí me regaló dinero ¿y a ti?** she gave me money, what did she give *you*? *o* what about you?; **nos vamos — pero ¿y el trabajo?** we're going — but, what about the work?; **¿y? ¿qué resolvieron?** well? *o* so? what did you decide? 2 (fam) (expresando indiferencia) so (colloq); **no hay trenes — ¿y?** *or* **¿y qué? vamos en taxi** there are no trains — so what? *o* what of it? we can take a taxi; **¿y a mí qué?** so, what's it to me?
D 1 **... y todo** (fam) ... and everything (colloq); **la casa tiene piscina y todo** the house has a swimming pool and everything; **fíjate que le pega y todo** you know, he even hits her 2 (esp RPl fam) (encabezando respuestas) well; **¿y se lo diste? — y sí, no tuve más remedio** and you gave it to him? — well yes, I had no choice; **y bueno, habrá que hacerlo** oh well, we'll have to do it
E (en números): **cuarenta y cinco** forty-five; **doscientos treinta y tres** two hundred and thirty-three; **uno y medio** one and a half

ya[1] *adv* [*Both the simple past* **ya terminé** *and the present perfect* **ya he terminado** *are used to refer to the recent indefinite past. The former is the preferred form in Latin America while in Spain there is a tendency to use the latter*]
A 1 (en frases afirmativas o interrogativas): **¿~ te has gastado todo el dinero que te di?** have you spent all the money I gave you already?; **~ terminé** I've (already) finished; **~ te dije que no** I've already said no, I already said no; **¿~ ha llegado Ernesto?** has Ernesto arrived yet?, did Ernesto arrive yet? (AmE); **a las nueve ~ estaban durmiendo** by nine o'clock they were already asleep; **¿~ estás molestando a tu hermana otra vez?** are you bothering your sister again?; **~ lo sé, me lo dijo Sonia** I (already) know, Sonia told me; **luego aprietas este botón ¡y ~ está!** then you press this button, and that's it! *o* that's that! *o* there you are!; **le teníamos tanta fe y ~ ves, nos ha defraudado** we had such faith in him and look what happened, he's let us down 2 (expresando que se ha comprendido) yes, sure (colloq); **tú le dices que venga — ~, pero ¿si no quiere?** you tell her to come — yes, but what if she doesn't want to?; **me he pasado el día estudiando — ¡~, ~!** (iró) I spent the whole day studying — oh sure! (iro) 3 (buscando acuerdo): **te vas a portar bien ¿~?** you're going to be a good boy, okay? *o* (BrE) aren't you?
B 1 (en frases negativas) any more, no longer; **~ no trabaja aquí** he doesn't work here any more, he no longer works here; **ese estilo de zapatos ~ no se lleva** nobody wears shoes like that any more; **~ ni siquiera me escribe** he doesn't even write (to) me any more, he no longer even writes (to) me; **estaba muy segura pero ~ no sé qué pensar** I was very sure about it, but now I don't know what to think; **son las once, yo creo que ~ no vienen** it's eleven o'clock, I don't think they'll come now; **si perdemos este tren ~ no llegamos** if we miss this train we won't get there in time 2 **no ya ... sino** not (just) ... but; **estamos hablando no ~ de cambios sino de una total reestructuración** we are not (just) talking about changes but about a total restructuring
C (enseguida, ahora) right now; **¡Pilar! — ¡~ voy!** Pilar! — coming!; **¿le falta mucho a la comida? — no, ~ va a estar** will lunch be long? — no, it's almost ready; **preparados** *or* **prontos** *or* **en sus marcas, listos ¡~!** on your mark(s), get set, go!; **~ puedes ir despidiéndote de ese dinero** you can kiss that money goodbye; **este fin de semana no sales, así que ~ puedes ir haciéndote a la idea** you're not going out this weekend, so you'd better start getting used to the idea; **desde ~ te digo que lo veo muy difícil** (esp AmL) I can tell you right now I think it's going to be pretty difficult; **~ mismo** (esp AmL) right away, straightaway (BrE)
D (expresando promesa, esperanza, amenaza): **~ te contaré cuando nos veamos** I'll tell you all about it next time we meet; **~ lo entenderás cuando seas mayor** you'll understand one day, when you're older
E (en comparaciones): **éste es precioso, éste ~ no me gusta tanto** this one is beautiful, but I don't like this one so much; **pintado de blanco ~ es otra cosa** it really does look much better painted white
F (uso enfático): **¡~ quisiera yo!** I should be so lucky!, chance would be a fine thing! (BrE); **¡~ era hora!** about time (too)!; **~ es hora de que empieces a buscar trabajo** it's (about) time you started to look for a job; **¡~ me tienes harta con tus quejas!** I'm just about fed up with your complaining all the time!; **¿te parece que allí se vive mejor? — ¡~ lo creo!** do you think people live better there? — you bet! (colloq); **~ me dirás** *or* **contarás qué hacía él en un sitio así** what on earth he was doing in a place like that, I don't know (colloq)
G **ya que** since, as; **~ que estás aquí** since *o* as you're here; **~ que estoy, lo limpio por dentro también** while I'm at it I may as well clean the inside too

ya[2] *conj*: **~ por tierra, ~ por mar** (liter) whether by land or by sea; **se puede solicitar ~ sea en persona o por teléfono** it can be ordered either in person or by telephone

yac *m* yak

yacaré *m* cayman

yacente *adj* (liter) reclining (*before n*), recumbent (liter)

yacer [E5] *vi* 1 (frml) (estar enterrado) to lie (frml); **aquí yacen sus restos mortales** here lie her mortal remains 2 (liter) (estar tendido) to lie; **los heridos yacían en los improvisados camastros** the wounded lay on the makeshift beds; **las ruinas yacían olvidadas en la espesura** the ruins lay forgotten in the dense undergrowth; **~ con algn** (arc) to lie with sb (arch)

yacimiento *m* 1 (de un mineral) deposit; **~ petrolífero** oilfield 2 (Arqueol) site

yacuzzi /ja'kusi/ *m* jacuzzi®

yago ▸ **yacer**

yagua *f* royal palm

yagual *m* padded ring (*used to carry heavy objects on the head*)

yaguar *m* (AmL) jaguar

yaguareté *m* jaguar

yak *m* yak

Yakarta *f* Jakarta

yámbico -ca *adj* iambic

yambo *m*
A (Lit) iamb
B (Bot) rose apple

yámper *m* (Per) jumper (AmE), pinafore dress (BrE)

yanacón -cona *m,f* (Hist) Indian servant

yanacona *mf* (Per) sharecropper

yancófilo[1] **-la** *adj* (AmC, Cu, Méx fam) Yank-loving (colloq), pro-American

yancófilo[2] **-la** *m,f* (AmC, Cu, Méx fam) Yank-lover (colloq), pro-American

Yankilandia *f* (fam) the States (colloq)

yanomami[1] *adj invar* Yanomami

yanomami[2] *mf* (*pl* ~) 1 (persona) Yanomami; **los ~** the Yanomami, the Yanomami people 2 **yanomami** *m* (idioma) Yanomami

yanqui[1] *adj* (*pl* **-quis**) (fam) Yankee (colloq)

yanqui[2] *mf* (*pl* **-quis**) (fam) Yank (colloq), Yankee (colloq)

Yanquilandia *f* (fam) the States (colloq)

yanquismo *m* (fam) Americanism

yanquizar [A4] *vt* (fam) to Americanize

yantar [A1] *vi* (arc) to eat

yapa *f* (CS, Per fam) *small amount of extra goods given free*; **¿no me da la ~?** aren't you going to give me a bit extra for free?; **me dio una manzana de ~** she threw in an apple for free (colloq); **te cobraron con ~** they really ripped you off *o* swindled you (colloq)

yarará *f* pit viper

yarda *f* ▸ ❶ **p.1376** yard

yate *m* yacht

yatismo *m* (AmL) yachting

yatista *mf* (AmL) (*m*) yachtsman; (*f*) yachtswoman

yaya *f* (Chi, Per fam): **a ver ¿dónde está tu ~?** let me see, where does it hurt?; **hacerse ~** to hurt oneself; **estar con ~** to be sick *o* ill

yayo -ya *m,f* (fam)
A (*m*) grandpa (colloq), granddad (colloq)
B (*f*) granny (colloq), grandma (colloq), gramma (AmE colloq)

yazca, yazgas, etc ▸ **yacer**

ye *f*: *name of the letter* **y**

yedra *f* ivy
yegua *f*
A (Zool) mare
B (Chi) **1** (fam) (persona torpe) bonehead (colloq), dimwit (colloq) **2** (fam) (puta) whore (sl)
yeguada *f* **1** (ganado caballar) horses (*pl*) **2** (caballeriza) stable, stables (*pl*) **3** (CS) (manada de yeguas) group *o* herd of mares
yeísmo *m: the pronunciation of 'll' in many parts of Spain and Latin America as 'y'*
yelmo *m* helmet
yema *f* **1** (de huevo) yolk **2** (dulce) *sweet made with egg yolk and sugar* **3** (del dedo) fingertip **4** (Bot) leaf bud
Yemen *m* Yemen
(Compuesto) **Yemen del Sur** South Yemen
yemení *adj/mf* ▸**yemenita**
yemenita *adj/mf* Yemeni
yen *m* yen
yendo ▸**ir**
yerba *f* **1** *tb* ~ **mate** maté **2** (Andes, Méx, Ven fam) (marihuana) grass (sl) **3** ▸**hierba A**
yerbabuena *f* (AmL) mint
yerbal *m* **1** (CS) (lugar con hierba) grassy area **2** (RPl) ▸**yerbatal**
yerbatal *m* (RPL) maté plantation
yerbatero[1] **-ra** *adj* maté (*before n*)
yerbatero[2] **-ra** *m,f* (Andes) (curandero) witch doctor; (que vende hierbas medicinales) herbalist
yerbear [A1] *vi* (CS) to drink maté
yerbería *f* (Chi) herbalist's shop
yerga, yergue ▸**erguir**
yermo[1] **-ma** *adj* (liter) **1** (despoblado) uninhabited **2** (estéril) barren
yermo[2] *m* wasteland
yerna *f* (Col, Ven) daughter-in-law
yerno *m* son-in-law
yerra[1] *f* (RPl) branding
yerra[2], **yerras, etc** ▸**errar**
yerro[1] *m* error, mistake
yerro[2] *etc* ▸**errar**
yersey /'ɣersi/ *m* (Chi) **1** (Indum) jersey **2** (Tex) jersey
yerto -ta *adj* stiff, rigid
yesca *f* **1** (madera) punk, tinder **2** (piedra) flint
yesería *f* **1** (fábrica) plaster factory, plaster works (*sing or pl*) **2** (obra) plasterwork, plastering
yesero -ra *m,f* plasterer
yeso *m* **1** (Art, Const) plaster **2** (AmL) (Med) plaster **3** (Min) gypsum
(Compuesto) **yeso mate** plaster of Paris
yesquero *m* (Col, RPl) cigarette lighter
yeta *f* (RPl fam) (mala suerte) bad luck; (influencia adversa) jinx
yetatore *mf* (RPl fam) (con mala suerte) unlucky person; (que trae mala suerte) jinx, jinxed person
yeti *m* yeti
yetudo -da *adj* (RPl fam) unlucky
ye-ye, yeyé *adj* (fam) trendy (colloq), groovy (sl)
yeyuno *m* jejunum
Yibuti *m* Djibouti
yídish, yiddish /'ɣiðiʃ/ *m* Yiddish
yihad *m or f* jihad
yihadista *mf* (Relig) jihadist
yira *f* (RPl arg) hooker (colloq)
yirante *mf* (RPl arg) **1** (vagabundo) bum (AmE), tramp (BrE colloq) **2** **yirante** *f* (prostituta) tart (colloq), hooker (AmE colloq)
yirar [A1] *vi* (RPl arg) to hustle (AmE colloq), to tout for business (BrE euph)
yo[1] *pron pers* **1** (como sujeto) I; **¿quién quería verme? — ~ no** who wanted to see me? — not me *o* it wasn't me; **¿quién quiere más helado? — ¡~!** who wants more ice cream? — me! *o* I do!; **¿quién es? — soy ~** who is it? — it's me; **fui ~ el que llamó** it was me *o* (frml) I who called; **¿y tú qué haces aquí? — ¿quién, ~?** what are you doing here? — who, me?; **lo pinté ~ misma** I painted it myself; **estoy cansada — ~ también** I'm tired — so am I *o* me too; **¿y ~ qué? ¿no como?** what about me? don't I get anything to eat?; **~ que tú/él** *or* (crit) **~ de ti/él** if I were you/him, if I was you/him (colloq); **~, Juan Gutiérrez, certifico que ...** (frml) I, Juan Gutiérrez, hereby certify that ... **2** (en comparaciones, con ciertas preposiciones) me; **come más que ~** he eats more than me *o* more than I do; **es tan alto como ~** he's as tall as me *o* as tall as I am; **llegó después que ~** she arrived after me *o* after I did; **se sentó entre Isabel y ~** he sat between Isabel and me; **lo preparamos entre Charo y ~** Charo and I prepared it between us; **todos excepto Juan y ~** everyone except Juan and me *o* Juan and myself
(Compuesto) **Yo Pecador** *m* Confiteor
yo[2] *m*: **el ~** the ego
yod *f* (Ling) yod
yodado -da *adj* iodized
yodo *m* iodine
yodoformo *m* iodoform
yoduro *m* iodide
yoga *m* yoga
yoghourt /jo'ɣur(t)/ *m* (*pl* **-ghourts**) yogurt, yoghurt
yogui *m* yogi
yogur *m*, **yogurt** (*pl* **-gurts**) *m* yogurt, yoghurt
yogurtera *f* yogurt maker
yola *f* yawl
yonque *m* (Méx fam) scrap heap
yonqui *mf* (*pl* **-quis**) (fam) junkie (colloq)
yoquei *mf* jockey
yoquepierdismo *m* (Nic fam) self-interest; **actuar con ~** to look after number one
yorkshire /ɣo'ʃir/ *m* (*pl* **-shires**) Yorkshire terrier
yo-yo *m* (*pl* **-yos**) yo-yo
yterbio *m* ytterbium
ytrio *m* yttrium
yuan *m* yuan
yuca *f* **1** (tubérculo comestible) cassava, manioc **2** (planta ornamental) yucca
yudo *m* judo
yudoca *mf* judoka, judoist
yugo *m* **1** (de bueyes) yoke; **mañana de vuelta al ~** (fam) it's back to the grindstone tomorrow (colloq) **2** (opresión) yoke
Yugoslavia, Yugoeslavia *f* (Hist) Yugoslavia
yugoslavo -va, yugoeslavo -va *adj/m,f* (Hist) Yugoslavian
yugular[1] *adj* jugular
yugular[2] *f* jugular
yugular[3] [A1] *vt* ‹*iniciativa/intento*› to nip ... in the bud
yuju *interj* yoo-hoo!
yunga *f: Peru between 500 and 2300m above sea level*
yungas *mpl or fpl* warm valleys (*pl*) (*in Bolivia and Peru*)
yunque *m* **1** (pieza de hierro) anvil **2** (Anat) anvil, incus (tech)
yunta *f* **1** (de bueyes) yoke, team **2** (Chi fam) (de personas): **forman una buena ~** the two of them make a good team; **hacer ~ con alguien** to join forces *o* team up with sb
yuntero -ra *m,f* plowman (AmE), ploughman (BrE)
yupi[1] *adj/mf* (*pl* **-pis**) yuppie
yupi[2] *interj* (fam) hooray!, yippee! (colloq), whoopee! (colloq), wahey! (colloq)
yuppie, yuppy /'jupi/ *adj/mf* (*pl* **-ppies**) yuppie, yuppy
yurta *f* yurt
yute *m* jute
yuxtaponer [E22] *vt* to juxtapose
yuxtaposición *f* juxtaposition
yuyal *m* (RPl) *area overgrown with weeds*
yuyerío *m* **1** (Per, RPl) (hierbas) herbs (*pl*) **2** (RPl) (malas hierbas) weeds (*pl*)
yuyo *m* **1** (Per, RPl) (hierba) herb; **té de ~s** herbal tea **2** (RPl) (mala hierba) weed; **hay que sacar los ~s del jardín** the garden needs weeding **3** (Per) (alga) seaweed

Zz

z, Z *f read as* /'seta/ *or* (Esp) /'θeta/ (the letter) z, Z
zábila, zabila *f* aloe
zacatal *m* (AmC, Méx) grassy area
zacate *m* (AmC, Méx) [1] (hierba) grass [2] (heno) hay [3] (esponja) sponge [4] (estropajo) scourer
zácate *interj* (RPl fam) all of a sudden (colloq)
zacatera *f* (AmC, Méx) [1] (con hierba) grassy area [2] (con paja) haystack
zafacoca *f* (Chi fam) commotion, ruckus (AmE colloq)
zafado[1] **-da** *adj* (fam) [1] (AmL) loopy (colloq), crazy (colloq) [2] (CS) (descarado) fresh (AmE colloq), cheeky (BrE colloq)
zafado[2] **-da** *m,f* (AmL fam) crazy fool
zafadura *f* (Chi, Méx, Ven) dislocation; **tiene una ~ de dedo** she has a dislocated finger
zafar [A1] *vt* [1] (Col) ‹*nudo*› to untie; ‹*tuerca*› to unscrew; ‹*persona/animal*› to let … loose [2] (Chi, Méx, Ven) ‹*brazo/dedo*› to dislocate [3] (Chi) ‹*embarcación*› to refloat
■ **zafar** *vi* (Col fam): **zafa, ya estoy harta de tus excusas** give me a break, I'm tired of your excuses (colloq)
■ **zafarse** *v pron* [1] (de un compromiso) **~se DE algo** to get *o* wriggle OUT OF sth [2] (soltarse) «*persona/animal*» to get loose, get away [3] «*hilo/costura*» to come undone *o* unstitched; «*lazo/nudo*» to come undone; **la cortina se zafó del riel** the curtain came off the rail [4] (*refl*) (Chi, Méx, Ven) (dislocarse): **me zafé la muñeca** *or* **se me zafó la muñeca** I dislocated my wrist
zafarrancho *m* (fam) [1] (caos) chaos; (alboroto) commotion, ruckus (AmE colloq), to-do (BrE colloq); **se armó un ~ tremendo** all hell broke loose (colloq) [2] (mamarracho): **hacer un ~** to make a mess; **estaba hecha un ~** she looked a real mess
(Compuesto) **zafarrancho de combate** call to action *o* battle stations
zafio -fia *adj* coarse, crude
zafiro *m* sapphire
zafra *f*
A (de una mina) slag
B (AmL) [1] (cosecha) sugarcane harvest [2] (temporada) harvest time
C (Arg) (esquila) shearing
zaga *f* [1] (Dep) defense* [2] **a la zaga** ‹*ir/quedarse*› in the rear, behind; **llegó con todos los parientes a la ~** (fam) she turned up with the whole family in tow (colloq); **él será grosero pero tú no le vas** *or* **no te quedas a la ~** he may be rude but you're not far behind *o* you're not much better
zagal -gala *m,f* [1] (fam) (joven) (*m*) lad, boy; (*f*) girl, lass [2] (ant) (pastor) (*m*) shepherd boy; (*f*) shepherdess, shepherd girl
zagatetón -tona *m,f* (Ven fam) (vago) lazybones (colloq), layabout (colloq); (gamberro) hooligan, thug
zaguán *m* hallway
zaguero -ra *m,f* (Dep) back, defender
(Compuesto) **zaguero lateral** back, left/right back
zaherir [I11] *vt* to hurt, wound
zahína *f* sorghum
zahiriente *adj* hurtful, wounding
zahones *mpl* chaps (*pl*)
zahorí *mf* dowser, waterfinder (AmE), water diviner (BrE)
zaino -na, **zaíno -na** *adj* [1] ‹*caballo*› chestnut [2] ‹*toro*› black
Zaire *m tb* : **el ~** Zaire
zaireño -ña *adj* Zairean
zalagarda *f* (fam) racket (colloq), row (colloq), ruckus (AmE colloq); **hacer ~** to make a racket *o* row *o* (AmE) ruckus (colloq)
zalamería *f tb* : **~s** sweet talk, flattery; **hacerle ~s a algn** to sweet-talk sb, to butter sb up (colloq)
zalamero -ra *adj* ‹*palabras*› flattering; **¡qué ~ estás hoy!** you're being very nice (to me) today! (iro)
zalema *f* [1] (reverencia) salaam, bow [2] (palabras) ▸**zalamería**
zamacueca *f: traditional South American dance/music*
zamaquear [A1] *vt* (Per) to rock
zamarra *f* [1] (chaqueta) leather/sheepskin jacket [2] (chaleco) leather/sheepskin jerkin
zamarrear [A1] *vt* ‹*persona*› to shake
zamarro -rra *m,f*
A (Bol, Per) (pillo) sharp customer (colloq)
B **zamarros** *mpl* (pantalones) ((Col, Ven)) chaps (*pl*)
zamba *f* zamba (*South American folk dance*); ***llamar a algn ~ (y) canuta*** (Chi fam) to call sb every name under the sun (colloq)
Zambeze *m*: **el ~** the Zambezi
Zambia *f* Zambia
zambiano -na *adj* Zambian
zambo[1] **-ba** *adj* bowlegged
zambo[2] **-ba** *m,f* (AmL) *person of mixed black and Amerindian origin*
zambomba *f*
A (Mús) *traditional drum-like instrument*
B (*como interj*): **¡~!** wow! (colloq), gee! (AmE colloq)
zambra *f* [1] (fiesta) gypsy festivity (*with dancing*) [2] (jaleo, pelea) commotion, ruckus (AmE colloq)
zambucar [A2] *vt* to hide
zambullida *f* (salto) dive, plunge; (baño) dip; **date una última ~ y vámonos** have a last dip and then we'll go
zambullirse [I9] *v pron* (lanzarse) to dive in, dive; (sumergirse) to duck *o* dive underwater
zambullón *m* (AmS) ▸**zambullida**
Zamora *f* Zamora; ***no se ganó ~ en una hora*** Rome wasn't built in a day
zampabollos *mf* (*pl* **~**)
A (RPl fam) (torpe) twit (colloq)
B (Esp fam) (glotón) pig (colloq), greedy guts (colloq)
zampar [A1] *vt*
A (esp AmL fam) [1] (poner) to put, stick (colloq); **el muy idiota zampó el pie en el barro** the stupid idiot put *o* (colloq) stuck his foot right in the mud; **lo zampé en el suelo de un golpe** I floored him with one blow [2] (pegar): **~le una trompada/cachetada a algn** to thump/slap sb; **le zampó tremenda patada** she kicked him really hard
B (AmL) (decir): **así nomás le zampó que …** she just came right *o* straight out and said that …
■ **zampar** *vi* (Esp) to stuff one's face (colloq)
■ **zamparse** *v pron*
A (fam) ‹*comida*› to wolf down (colloq); ‹*bebida*› to knock back (colloq); **se zampó semejante plato de ravioles** she wolfed down an enormous plate of ravioli; **se lo zampó de un trago** he downed it in one; **se ~on una botella de tequila** they knocked back a bottle of tequila; **es capaz de ~se la caja de bombones** he's quite capable of putting away *o* (BrE colloq) scoffing the whole box of chocolates
B (AmL fam) (tirarse, lanzarse) to throw oneself, to leap
zampatortas *mf* (*pl* **~**) (Esp fam) pig (colloq), greedy guts (colloq)
zampón -pona *adj/m,f* (fam) ▸**tragón**[1], **tragón**[2]
zampoña *f* panpipes (*pl*)
zampuzar [A4] *vt* (fam) to put, stick (colloq); **zampuzó la cabeza en el agua** he stuck his head in the water
■ **zampuzarse** *v pron* to dive
zamuro *m* (Ven) turkey vulture, turkey buzzard
zanahoria[1] *adj* [1] (RPl fam) (tonto) stupid; **¡qué tipo más ~!** what a stupid guy!, what a nerd! (colloq) [2] (Ven fam) (anticuado) square (colloq)
zanahoria[2] *f*
A (Bot, Coc) carrot
B **zanahoria** *mf* [1] (RPl fam) (tonto) idiot, nerd (colloq) [2] (Ven fam) (anticuado) old fogey (colloq)
zanahorio -ria *adj* (Col fam) [1] (mojigato) straitlaced; **es una niña muy zanahoria** she's so straitlaced, she's such a prig [2] (anticuado) square (colloq)
zanate *m* (AmC) rook
zanca *f* leg
zancada *f* stride; **bajaba la cuesta a grandes ~s** he came striding down the hill; ***en dos ~s*** in no time
zancadilla *f* trip; **me hizo** *or* (Esp) **puso una ~** he tripped me (up)
zancadillear [A1] *vt* to trip … up
zancón -cona *adj* (Méx fam) ‹*falda*› short; **el pantalón le queda ~** his trousers are too short in the leg, his trousers are at half mast (hum)
zancos *mpl* stilts (*pl*)
zancuda *f* wader, wading bird
zancudero *m* (Col, Ven) swarm of mosquitoes
zancudo[1] **-da** *adj* [1] ‹*ave*› wading (*before n*) [2] (fam) ‹*persona*› long-legged, leggy (colloq)
zancudo[2] *m* [1] (típula) crane fly, daddy longlegs [2] (AmL) (mosquito) mosquito
zandunga *f*
A (Chi) (juerga): **se lo pasa en ~s** he's always out on the town *o* living it up (colloq); **se armó la ~** we/they had a ball *o* a great time (colloq)
B (baile) sandunga (*Southern Mexican folk dance/song*)
zanfona *f* hurdy-gurdy
zanganear [A1] *vi* (fam) to loaf *o* laze around (colloq)
zángano -na *m,f*
A (fam) (persona) lazybones (colloq), layabout (colloq), lazy bum (sl)
B **zángano** *m* (abeja) drone
zango *m* (Per) *type of candy*
zangolotear [A1] *vt* (fam) to shake
■ **zangolotear** *vi* to loaf *o* laze around (colloq)
■ **zangolotearse** *v pron* (fam): **el avión se zangoloteaba en la tormenta** the plane was buffeted (about) in the storm; **déjate de ~te** stop

jumping up and down (colloq)

zangoloteo *m* (de tren) jolting; (de persona) shaking; **nadie pudo dormir con el ~ del avión** no one could sleep because the plane was being buffeted about

zanguango -ga *m,f* (RPl fam) 1 (imbécil) fool, idiot 2 (inútil) lazybones (colloq), layabout (colloq)

zanja *f* 1 (para desagüe) ditch; (para cimientos, tuberías) trench 2 (acequia) irrigation channel

zanjar [A1] *vt* 1 ‹*polémica/diferencias/problemas*› to settle, resolve; **con este acuerdo queda zanjada la cuestión de las indemnizaciones** this agreement settles the question of compensation 2 ‹*deuda*› to settle, pay off

zanjón *m* (Chi) gorge

Zanzíbar *m* Zanzibar

zapa *f*

A 1 (pala) spade 2 (Mil) sap

B (Indum) *tb* **piel de ~** shagreen, sharkskin

zapador *m* (Mil) sapper

zapallazo *m* (Chi fam) 1 (golpe de suerte) fluke (colloq) 2 (en la cabeza) bang *o* bump on the head; **se pegó un ~ en la repisa** he hit *o* banged *o* bumped his head on the mantelpiece

zapallito *m* (RPl) zucchini (AmE), courgette (BrE)

zapallo[1] **-lla** *adj* (RPl fam) dumb (colloq), stupid

zapallo[2] *m* (CS, Per, Ven) (Bot, Coc) pumpkin

(Compuesto) **zapallo** *or* **zapallito italiano** (CS, Per) zucchini (AmE), courgette (BrE)

zapapico *m* pickax*

zaparrastroso -sa *adj/m,f* (CS) ▸**zarrapastroso**[1], **zarrapastroso**[2]

zapata *f* 1 (Auto, Mec) brake shoe 2 (arandela) washer 3 (Arquit) base

zapatazo *m* 1 (golpe) blow with a shoe; ***tratar a algn a ~s*** to be rude to sb 2 (Náut) flap (*of a sail*)

zapateado *m* (baile español) zapateado; (en baile) foot stamping (*in time to the music*)

zapatear [A1] *vi*

A 1 (en danza) to tap one's feet; (más fuerte) to stamp (*in time to the music*) 2 (para protestar, vitorear) to stamp, stamp one's feet

B (Náut) ‹‹*velas*›› to flap

zapateo *m* tapping; (más fuerte) stamping

(Compuesto) **zapateo americano** (CS) tap dancing

zapatería *f* 1 (tienda) shoe store (AmE), shoe shop (BrE) 2 (taller — de fabricación) shoemaker's, cobbler's; (— de reparación) shoe repairer's, cobbler's 3 (actividad) shoemaking

zapatero[1] **-ra** *adj* ‹*patatas*› dry; ‹*bistec*› tough, leathery

zapatero[2] **-ra** *m,f* shoemaker, cobbler; ***~, a tus zapatos*** stick to what you know, let the cobbler stick to his last

(Compuesto) **zapatero remendón** cobbler

zapateta *f* hop (*accompanied by a slap on the shoe*)

zapatiesta *f* (Esp) uproar, commotion, ruckus (AmE colloq)

zapatilla *f* 1 (de lona) canvas shoe 2 (para deportes) sneaker (AmE), training shoe (BrE), trainer (BrE) 3 (alpargata) espadrille 4 (para ballet) ballet shoe 5 (pantufla) slipper 6 (Méx) (zapato de mujer) woman's *o* lady's shoe

zapatista *adj/mf* Zapatista

zapato *m* shoe; **~s bajos** *or* **planos** *or* (Méx) **de piso** low-heeled *o* flat shoes; **~s de tacón** high heels, high-heeled shoes; **~s de taco alto** (CS) high heels, high-heeled shoes; ***como un chico/niño con ~s nuevos*** like a child with a new toy; ***sacarse los ~s*** (Chi fam) (para algo malo) to go too far; (para algo bueno) to excel oneself; ***cada uno sabe dónde le aprieta el ~*** each person knows where his own problems lie

(Compuestos)
- **zapato de cordón** lace-up shoe
- **zapato de golf** golf shoe
- **zapato de goma** (Ven) sneaker (AmE), trainer (BrE)
- **zapato de plataforma** platform shoe
- **zapato de salón** pump (AmE), court shoe (BrE)
- **zapato de tacón alto** high-heeled shoe

zapatón *m* 1 (Col) (para la lluvia) galosh, overshoe 2 (Chi) (para caminar) walking shoe

zape *interj* shoo!

zapear [A1] *vi* to channel-hop, channel-surf (AmE)

zapeo *m* ▸**zapping**

zaperoco *m* (Ven fam) riot

zápete *interj* (Ven) ▸**zácate**

zapotazo *m* (Méx fam): **darse un ~** to fall heavily

zapote *m* (árbol) sapodilla; (fruto) sapodilla plum, naseberry

zapoteca *adj/mf* Zapotec

zapping /'sapin, 'θapin/ *m* channel-hopping, channel-surfing (AmE); **hacer ~** to channel-hop, channel-surf (AmE)

zar *m* tsar, czar

zarabanda *f*

A (Mús) sarabande

B (fam) (jaleo) racket (colloq), row (colloq)

C (Méx) (paliza) beating

zaragata *f* 1 (pelea) fight, ruckus (AmE colloq) 2 (ajetreo) bustle 3 (jaleo) hullabaloo, ruckus (AmE colloq)

zaragatero[1] **-ra** *adj* rowdy, noisy

zaragatero[2] **-ra** *m,f* 1 (jaranero) reveler* 2 (peleador) rowdy, hooligan

zaragatona *f* fleawort

Zaragoza *f* Saragossa

zaranda *f* sieve

zarandajas *fpl* (Esp fam): **cotilleos y otras ~** gossip and other tittle-tattle (colloq); **hay que hacer un montón de papeleo y demás ~** it involves filling out loads of forms and other fiddly little things (colloq)

zarandeado -da *adj*: **un baile muy ~** a dance with a lot of jigging about, a very lively dance; **después de un viaje tan ~** after such a strenuous journey; **tuvo una juventud muy zarandeada** his youth was full of incident

zarandear [A1] *vt* (de un lado a otro) to shake; (para arriba y para abajo) to shake *o* jog up and down; **el viento zarandeaba las rosas** the wind buffeted *o* shook the roses; **hay que ver cómo lo ~on en el examen** they certainly put him through his paces *o* gave him a hard ride in the exam (colloq); **la vida lo ha zarandeado mucho** he has taken some hard knocks in his life

■ **zarandearse** *v pron* (esp AmL): **nos zarandeamos mucho durante el vuelo** we got shaken around *o* buffeted a lot during the flight; **¡qué manera de ~se este tren!** this train's shaking around/bumping up and down like anything (colloq); **el barco se zarandeó mucho durante la travesía** the boat rocked *o* tossed *o* pitched about a lot during the crossing

zarandeo *m* 1 (sacudida): **con tanto ~ se cayeron las maletas** all the bumping up and down/shaking from side to side/jolting brought the suitcases down 2 (esp AmL) (trajín): **el ~ de fin de año** the end-of-year hustle and bustle; **ha pasado toda la mañana en ~s para acá y para allá** he's spent the entire morning rushing around from one place to another (colloq)

zarape *m* (en AmC, Méx) serape (*colorful blanket-like shawl worn esp by men*)

zarapito *m* curlew

zarcillo *m*

A (pendiente) earring

B (Bot) tendril

zarco -ca *adj* light blue, azure (liter)

zarevich *m* czarevitch

zarigüeya *f* opossum, possum

zarina *f* czarina

zarismo *m* czarism

zarista *adj/mf* czarist

zarpa *f* 1 (Zool) paw 2 (fam) (mano) paw (colloq); ***echarle la ~ a algn*** ‹‹*animal*›› to pounce on sb; ‹‹*persona*›› to get one's hands on sb, get hold of sb; ***echarle la ~ a algo*** to get one's hands on sth, get hold of sth

zarpada *f* ▸**zarpazo**

zarpar [A1] *vi* ‹‹*barco/marinero*›› to set sail, weigh anchor; **zarpó rumbo a Marsella** she set sail for Marseille

zarpazo *m* 1 (de un gato, león) swipe; **me dio un ~** it took a swipe at me (with its paw) 2 (de una persona) snatch; **se lo quitó de un ~** she snatched it from him; **los ~s de la fatalidad** (liter) fate's cruel blows (liter)

zarrapastroso[1] **-sa** *adj* (fam) shabby

zarrapastroso[2] **-sa** *m,f* (fam) scruffy person (colloq), scruff (BrE colloq)

zarria *f* (Esp fam) (trapo) rag, piece of old rag; (prenda) scruffy old coat (*o* shirt *etc*)

zarza *f* bramble, blackberry bush

(Compuesto) **zarza ardiente** (Bib) burning bush

zarzal *m* bramble patch

zarzamora *f* (fruto) blackberry; (arbusto) bramble, blackberry bush

zarzaparrilla *f* 1 (planta) sarsaparilla 2 (bebida) sarsaparilla

zarzo *m* (Col) loft, attic; ***ser como caído del ~*** (Col fam) to be a sucker (colloq)

zarzuela *f*

A (Espec, Mús) *traditional Spanish operetta*

B (Coc): **~ de mariscos/pescado** seafood/fish casserole

C **la Zarzuela** *tb* **el Palacio de la Z~** the Royal Palace (*in Madrid*)

> **zarzuela**
>
> A musical drama consisting of alternating passages of dialogue, songs, choruses, and dancing, that originated in Spain in the seventeenth century. Its name comes from the Zarzuela palace, Madrid. It is also popular in Latin America.
>
> *Zarzuela* declined in the eighteenth century but revived in the early nineteenth century. The revived *zarzuela* dealt with more popular themes and was called *género chico*. A more serious version developed, known as *género grande*.

> **(Palacio de) la Zarzuela**
>
> The Madrid palace where the Spanish Royal Family now lives. *See* ▸**Palacio de Oriente.**

zarzuelista *mf* composer of zarzuelas ▸**zarzuela A**

zas *interj* 1 (en la mejilla) smack!; (al caer al agua) splash! 2 (en un relato) lo and behold!

zascandil *mf* (Esp fam) good-for-nothing (colloq)

zascandilear [A1] *vi* (Esp fam) 1 (hacer cosas sin utilidad) to mess around 2 (curiosear) to nose around (colloq), to snoop (colloq)

zéjel *m*: *Hispano-Arabic poem*

zelote, zelota *mf* zealot

zen *adj inv/m* Zen

zenit *m* zenith

zenzontle *m* (AmC, Méx) mockingbird

zeppelin /sepe'lin, θepe'lin/, **zepelín** *m* zeppelin, airship

zeta[1] *f*: *name of the letter* **z**

zeta[2] *m* (Esp fam) patrol car, police car

zeugma, zeuma *f* zeugma

Zeus Zeus

zigoto *m* zygote

zigurat *m* ziggurat

zigzag *m* (*pl* **-zags** *or* **-zagues**) zigzag; **caminar en ~** *or* **haciendo ~** to walk in a zigzag; **un punto en ~** a zigzag stitch

zigzagueante *adj* zigzag (*before n*); **el coche iba ~** the car was zigzagging *o* swerving from side to side; **caminaba en línea ~** she was walking in a zigzag

zigzaguear [A1] *vi* to zigzag

zigzagueo *m* zigzagging, zigzag movement

zimbabuense *adj* Zimbabwean

Zimbabwe, Zimbabue *m* Zimbabwe

zinc *m* zinc; **techo de chapa de ~** corrugated iron roof

zíngaro -ra *adj/m,f* gypsy (*especially from Central Europe*)

zíper *m* (AmC, Méx, Ven) zipper (AmE), zip (BrE)

zipizape *m* (Esp fam) commotion, ruckus (AmE colloq)

zircón *m* zircon

zirconio *m* zirconium

zis, zas *interj* clash!

zloty /ˈsloti/ *m* zloty

zócalo *m*
A (rodapié) baseboard (AmE), skirting board (BrE)
B (de una columna) base, plinth
C (Méx) (plaza) main square

zocato[1] **-ta** *adj* (fam) left-handed

zocato[2] **-ta** *m,f* (fam) left-handed person; (en deportes) left-handed player, left-hander, southpaw

zoclo *m* (Méx) baseboard (AmE), skirting board (BrE)

zoco[1] **-ca** *adj* (Col fam) left-handed

zoco[2] **-ca** *m,f* (Col fam) left-handed person; (en deportes) left-handed player, left-hander, southpaw

zoco[3] *m* souk

zocotroco *m* (RPl fam) piece, slice

zodiacal *adj* zodiacal

zodíaco, zodiaco *m* zodiac

zombi, zombie *mf* zombie

zona *f*
A (área, región) area; **¿por qué ~ viven?** what area do they live in?; **en la ~ fronteriza** in the border area *o* zone; **~s montañosas** mountainous areas *o* regions; **por esa ~ no hay servicio de autobuses** there is no bus service in that area; **fue declarada ~ neutral** it was declared a neutral zone; **~ de influencia** sphere of influence; **Ⓢ zona de carga y descarga** loading and unloading only

(Compuestos)
- **zona azul** (Esp) limited-time parking zone, pay-and-display area (BrE)
- **zona catastrófica** disaster area
- **zona cero** ground zero
- **zona comercial** commercial district, business quarter *o* area
- **zona de castigo** penalty area
- **zona de combate** combat zone *o* area
- **zona de crisis** crisis zone
- **zona de embarque de pasajeros** boarding area
- **zona de ensanche** (Esp) area of new development
- **zona de escaramuza** line of scrimmage
- **zona de exclusión** exclusion zone
- **zona de exclusión aérea** no-fly zone
- **zona de guerra** war zone
- **zona del conflicto** war zone
- **zona de libre comercio** free-trade zone
- **zona de máxima seguridad** maximum security zone *o* area
- **zona de peligro** danger area *o* zone
- **zona de pruebas** test site, testing ground
- **zona de salidas** departure lounge *o* area
- **zona desnuclearizada** nuclear-free zone *o* area
- **zona de tolerancia** red-light district
- **zona erógena** erogenous zone
- **zona euro** eurozone
- **zona franca** duty-free zone
- **zona industrial** industrial park, industrial estate (BrE)
- **zona militar** military zone *o* area
- **zona nacional** (Esp) (Hist) Nationalist-held territory
- **zona no nuclear** nuclear-free zone *o* area
- **zona parachoque** buffer zone
- **zona peatonal** pedestrian precinct *o* zone *o* area
- **zona roja** (AmL) (zona de prostitución) red-light district; (Esp fam) (durante la guerra civil) Republican-held territory
- **zona sin cobertura** (Telec) dead zone
- **zona tampón** buffer zone
- **zona templada** temperate zone *o* region
- **zona tropical** tropical zone *o* region
- **zona verde** park, green space

B (en baloncesto) free-throw lane, three-second area

zonación *f* zoning, division into zones

zonal *adj* zonal, area (*before n*)

zoncear [A1] *vi* (AmL fam) to lark around (colloq), to mess around (colloq)

zoncera *f*
A (AmL fam) **1** (cualidad) stupidity, stupid behavior* **2** (RPl) (bobada): **discutieron por una ~** they argued over a silly little thing *o* over something really stupid; **no dijo más que ~s** she talked nothing but nonsense
B (Col) (fatiga) drowsiness

zonificación *f* zoning, division into zones

zonificar [A2] *vt* to zone, divide *o* mark off into zones

zonzo[1] **-za** *adj* **1** (AmL fam) (tonto) silly, daft (BrE colloq) **2** (Col, Méx fam) (atontado) dazed, stunned

zonzo[2] **-za** *m,f* (AmL fam) idiot, fool

zoo *m* zoo

zoófilo -la *m,f* zoophile

zoófito *m* zoophyte

zoología *f* zoology

zoológico[1] **-ca** *adj* zoological

zoológico[2] *m* zoo, zoological garden (frml)

zoólogo -ga *m,f* zoologist

zoom /sum, θum/ *m* zoom lens, zoom; **hay un acercamiento con ~** the camera zooms in

zoomórfico -ca *adj* zoomorphic

zoonosis *f* zoonosis

zooplancton *m* zooplankton

zootecnia *f* zootechnics, zootechny

zopenco[1] **-ca** *adj* (fam) stupid, idiotic

zopenco[2] **-ca** *m,f* (fam) blockhead (colloq), numskull* (colloq), bonehead (colloq)

zopilote *m* (AmC, Méx) turkey buzzard, turkey vulture

zopilotera *f* (AmC, Méx fam) flock of buzzards *o* vultures

zoquete[1] *adj* (fam) dim, dense (colloq)

zoquete[2] *m*
A (CS) (Indum) sock, ankle sock
B **zoquete** *mf* (fam) (persona) dimwit (colloq), blockhead (colloq), oaf

zorete *m* ▸ **sorete**

zorongo *m*
A (baile) *Andalusian dance*
B (RPl vulg) (mierda) shit (vulg); **¿y a vos qué ~ te importa?** what business is it of yours, anyway?

zorra *f*
A (fam & pey) (prostituta) whore (colloq & pej), tart (colloq & pej); ***no tener ni ~ idea de algo*** (Esp fam): **no tengo ni ~ idea de política** I don't have a clue about politics, I don't know a thing *o* the first thing about politics *ver tb* **zorro**[2]
B **1** (carro) cart **2** (RPl) (Ferr) handcar
C (Chi vulg) (de una mujer) pussy (sl), beaver (AmE sl), fanny (BrE sl)

zorrear [A1] *vi* (fam) to be up to no good

zorrera *f*
A (Zool) earth
B (Esp fam) (atmósfera cargada): **vaya una ~ que tenéis aquí** there's a real fug in here (colloq), the air's really thick in here

zorrería *f* (fam) (cualidad) slyness; (acto) sly trick

zorrero -ra *m,f* fox-hunter

zorrillo *m* **1** (AmL) (mofeta) skunk **2** (Méx fam) (tonto) idiot, silly fool

zorrino *m* (CS) skunk

zorro[1] **-rra** *adj* (fam) sly, crafty *ver tb* **zorra A**

zorro[2] **-rra** *m,f*
A **1** (Zool) (*m*) fox; (*f*) vixen **2** (Méx fam) (oposum) opossum **3** **zorro** *m* (piel) fox fur, fox

(Compuestos)
- **zorro azul** blue fox
- **zorro fueguino** Tierra del Fuego fox
- **zorro gris** grey fox
- **zorro plateado** silver fox

B **zorros** *mpl* (para limpiar) duster, ≈ feather duster; ***estar hecho unos ~s*** (Esp fam) «*persona*» to be shattered *o* dead beat (colloq); «*casa*» to be a mess *o* in a terrible state (colloq)
C (fam) (persona astuta) sly *o* crafty person; **es un viejo ~** he's a sly *o* crafty old fox *ver tb* **zorra**

zorruno -na *adj* (del zorro) fox (*before n*); (parecido al zorro) fox-like, foxy

zorzal *m*
A (Zool) thrush
B (Chi fam) (persona incauta) mug (colloq)

zotal® *m* (Esp) disinfectant

zote[1] *adj* (fam) stupid, dumb (AmE colloq)

zote[2] *mf* (fam) dimwit (colloq), blockhead (colloq)

zozobra *f* anxiety; **si les escribieras les evitarías muchas ~s** if you wrote to them you would put their minds at rest *o* you would spare them a lot of anxiety; **nos llenó de ~** it made us very anxious *o* uneasy

zozobrar [A1] *vi*
A «*barco*» (hundirse) to founder; (volcar) to capsize
B «*proyecto/negocio*» to founder; **la empresa ya zozobraba** the company was already on the verge of collapse *o* was already foundering

zuáquete *interj* (Col) ▸ **zácate**

zuás *interj* (Col) ▸ **zácate**

zueco *m* clog

zulo *m* (Esp) cache

zulú[1] *adj* Zulu

zulú[2] *mf* **1** (persona) Zulu **2** **zulú** *m* (idioma) Zulu

zumaque *m* sumac, sumach

zumba *f* (AmL fam) good hiding (colloq)

zumbadera *f* (Col fam) **1** (ruido molesto) noise, racket (colloq) **2** (zumbido) buzzing, humming

zumbado[1] **-da** *adj*
A [ESTAR] (Esp arg) **1** (loco) crazy **2** (alocado): **no sé lo que hago, estoy ~** I haven't a clue what I'm doing, I'm completely out of it *o* I'm just not with it (colloq)
B [ESTAR] (Ven fam) (osado) fresh (AmE), cheeky (BrE)

zumbado[2] **-da** *m,f* (Ven fam): **¡ese tipo es un ~!** that guy has some nerve (AmE) *o* (BrE) a nerve! (colloq), that guy has got a cheek! (BrE colloq)

zumbador *m* buzzer

zumbar [A1] *vi*
A **1** «*insecto*» to buzz; «*motor*» to hum, whirr; ***hacer ~ a algn*** (Chi fam) to beat sb to a pulp (colloq), to give sb a going-over (colloq); ***hacer ~ algo*** (Chi fam) ‹*aparato/casa*› to wreck; ‹*plata/herencia*› to blow (colloq); **los niños hicieron ~ el tocadiscos** the kids wrecked the stereo; ***zumba que zumba*** (fam): **le dije que se callara, pero él zumba que zumba** I told him to shut up but he just kept droning on *o* he just kept on and on (colloq); ***~le a algn los oídos:*** **me zumbaban los oídos** my ears were buzzing *o* ringing; **le estarían zumbando los oídos porque le estábamos poniendo verde** his ears must have been burning because we were really tearing him apart (colloq) **2** (Col fam) (molestar): **váyanse a ~ a otro lado** go and bother *o* pester someone else
B **zumbando** *ger* (fam): **¡vamos! ¡zumbando! que tengo prisa** come on, move it *o* get a move on, I'm in a hurry (colloq); **la bala me pasó zumbando** the bullet whizzed past me *o* went whizzing past me; **el coche pasó zumbando** the car zoomed *o* shot past; **salió zumbando de clase** she rushed out of the class

■ **zumbar** *vt*
A **1** (fam) ‹*persona*› to give … a good beating *o* thrashing *o* hiding (colloq) **2** (RPl fam) ‹*paliza/bofetada*› **le ~on una paliza** they gave him a beating *o* (colloq) a going-over; **me zumbó una**

bofetada she slapped me **3** ‹*pandero*› to bang

B (Ven fam) (tirar) to chuck (colloq), to throw

zumbido *m* (de un insecto) buzzing, droning; (de un motor) humming, whirring; **siento un ~ en los oídos** I have a buzzing *o* a ringing in my ears

zumbón -bona *adj* **1** ‹*ruido*› (de un motor) humming (*before n*); (de un insecto) buzzing (*before n*) **2** (burlón) ‹*tono*› teasing (*before n*)

zumo *m* (esp Esp) juice; **~ de fruta/naranja/tomate** fruit/orange/tomato juice

zunchar [A1] *vt* to hoop, put a hoop *o* band around

zuncho *m* metal hoop *o* band

zurcido *m*, **zurcidura** *f* **1** (acción) darning, mending **2** (arreglo) darn, mend

(Compuesto) **zurcido invisible** invisible mending

zurcir [I4] *vt* ‹*calcetines*› to darn, mend; ***¡que te zurzan!*** (Esp fam) get lost! (colloq), go to hell! (colloq); **¡pues, que le zurzan!** well, he can get lost *o* go to hell!

zurda *f* (mano) left hand; (pie) left foot; **le pegó con la ~ en el último asalto** he caught him with a left in the last round

zurdazo *m* (en boxeo) left; (en fútbol) shot *o* cross with the left foot

zurdo[1] -da *adj*

A **1** ‹*persona*› left-handed; ‹*futbolista*› left-footed; ‹*boxeador/lanzador*› southpaw (*before n*); ***no soy/es ~*** (Esp fam) I'm/he's not stupid, I'm/he's no fool **2** ‹*mano/pie/ojo*› left

B (Pol) left-wing

zurdo[2] -da *m,f* (persona) left-handed person; (tenista) left-hander; (boxeador) southpaw; **unas tijeras para ~s** left-handed scissors

zuro *m* spike, ear

zurra *f* (fam) thrashing (colloq), hiding (colloq); **te voy a dar una ~** I'm going to give you a good thrashing *o* hiding

zurracapote *m* mulled wine

zurrapa *f* (posos) dregs (*pl*); (del café) grounds (*pl*)

zurrar [A1] *vt* (fam) to wallop (colloq), to give … a thrashing *o* hiding (colloq); **como se entere tu padre te va a ~ de lo lindo** wait till your father finds out, he'll give you a good hiding *o* thrashing *o* walloping!; ***~le a algn*** (Méx fam): **esas cosas me zurran** things like that really get me *o* bug me *o* (AmE) tick me off (colloq); **me zurra escribir a máquina** I find typing a real pain in the neck (colloq); ▸**badana**

■ **zurrar** *vi* (Méx vulg) (cagar) to shit (vulg)

zurriagar [A3] *vt* to whip, flog

zurriagazo *m* (fam) lash, stroke

zurriago *m*, **zurriaga** *f* whip

zurrón *m* bag, haversack

zurullo *m* (fam) turd (vulg)

zutano -na *m,f ver* ▸**fulano**

zuzo *interj* shoo!

Guía para la comunicación eficaz
Guide to effective communication

Effective Spanish

This guide aims to provide basic guidelines for writing good Spanish and covers general conventions, some differences between Spanish and English, and a few common mistakes that should be avoided.

General points

Varieties of Spanish

As in English, there are many varieties or registers of Spanish, from the very formal style of official documents to the trendy insider slang of internet blogs. It is important to be aware of this and to choose the level of language appropriate to the context in which you are writing. As a general rule, the language used in essays, articles, and reports tends to be rather more formal in Spanish than it is in English. But the essential thing is to make sure that you use the language in such a way as to convey what you want to say as clearly and readably as possible. When in doubt as to spelling, register, or usage, always take the time to consult a dictionary.

Standard Spanish

Unless marked otherwise, the words, examples, and idioms in this dictionary belong to standard Spanish, which is universally understood and whose level of language is appropriate to most situations, whether written or spoken. It is the Spanish that you will find used in business, the media, and most printed matter.

Formal and literary language

As with English, formal Spanish constitutes a relatively restricted sub-group of the language. Careful writers of English generally tend to avoid over-using formal and literary terms as they can sound pompous and even unintentionally humorous. An English-speaker reading an official letter or a memo written in Spanish will often find the tone very formal. However, this tendency towards formal usage is slowly being superseded by a more straightforward style, except in specific areas such as Law. It is advisable for language learners to aim for simplicity and directness in the way they write.

Informal language

Spanish is rich in informal terms and turns of phrase that are used in almost every area of everyday life. Non-Spanish-speaking people living and working in a Spanish-speaking country are generally widely exposed to informal language through contact with their native contemporaries, friends or colleagues. This is a situation to be wary of as newcomers to the culture will not have the natural sensitivity of a native speaker when it comes to knowing what type of vocabulary to use when and where. This can easily cause offence. It is a good idea to be aware of this (a foreigner offends more easily than a native speaker) and certainly to refrain entirely from using informal Spanish when writing essays, reports, memos, etc. Conversely Spanish journalists often strive not to repeat words used in their reporting. This means that quite formal vocabulary finds its way into newspapers, with the risk that the non-native reader may assume from the context that the words are less formal than they actually are. Some examples of formal words to avoid are:

formal Spanish	neutral Spanish
ataviarse	vestirse
contraer matrimonio	casarse
cuita	problema
descender la montaña	bajar la montaña
ebrio	borracho
erguir	levantar
expoliar	apoderarse de
loar	alabar
mácula	mancha
morada	residencia
postrarse	arrodillarse
propincuidad	proximidad
sepultar	enterrar

Tone: personal versus impersonal

In articles, reports, and memos the tone should be as impersonal as possible. In academic articles it is still more common to find the first person plural pronoun *nosotros* used in Spanish, even when only one person is writing. A single individual writing a report on a situation in Spanish will, however, use I.

In English, the passive is often used to convey information in an objective way. The passive is much less widely used in Spanish and it is good practice to avoid it. Remember to use: the **impersonal pronoun** *uno*, as in *cuando uno examina las cifras de cerca*, and to use the relexive form of the verb with **-se**, as in *cuando se examinan las cifras de cerca*. Both sentences mean, "when the figures are examined closely"; the first being less formal than the second.

Punctuation

Spanish punctuation conventions do not differ greatly from English. You may encounter an older style of quotation marks, «...», although nowadays the use of "..." is more frequent. Single quotation marks, '...', are not used in Spanish.

Some words are capitalized in English which are not in Spanish: names of days and months (*enero, mayo, jueves, sábado*), names and adjectives of languages or indicating nationality (*español, inglés, italiano*), and titles, even foreign ones (*el duque de Alba, lord Lucan, sir Michael Rafferty*). Note that the abbreviations '*Sr., Sra*', '*D.* and *Dña.*' are capitalized, whereas when written in full '*señor, señora*' and '*don, doña*' are not. You will often see the names of the days of the week and the months printed with capitals but that is not grammatically correct.

Spanish tends to use parentheses (...) rather than dashes – ... –, especially at the end of a sentence.

El inglés que funciona

Aspectos generales

Registros del idioma

Dentro de la lengua inglesa hay, como sucede en español, muchos registros diferentes, desde el inglés muy formal de los documentos oficiales hasta el lenguaje abreviado y muy informal con que se escribe, por ejemplo, un mensaje de SMS. Hay que tener especial cuidado de adaptar al contexto el registro en que uno se expresa en cada situación. Lo fundamental, siempre, es recordar que el texto debe resultar claro y comprensible para la persona o las personas a las que va dirigido, y que no se debe ser ni más formal ni más informal de lo que el interlocutor (o lector) espera.

El vocabulario elevado o literario

Como en español, el inglés literario constituye un registro bastante restringido dentro del idioma. El empleo inapropiado de este vocabulario puede resultar pedante o ridículo, aunque no sea ésta la intención del que escribe. Es preferible, por tanto, emplear un lenguaje "natural" o neutro a la hora de escribir una redacción, un memorándum o un artículo en inglés. La tabla que se encuentra a continuación muestra ejemplos de palabras de registro culto y sus equivalentes en inglés corriente.

literario/elevado	**corriente**
to abjure	to renounce
comestible	edible
to expedite	to hasten
grandiloquent	pompous
to opine	to state an opinion
mendacious	lying
parsimonious	mean
preponderant	dominating
sojourn	stay
to vitiate	to spoil

El inglés coloquial

Si bien en el inglés escrito se prefiere, por lo general, un registro menos formal que en castellano, se ha de tener cuidado de no caer en el extremo opuesto. En la vida diaria, los castellanohablantes que viven o trabajan en un país de habla inglesa están expuestos al inglés que hablan sus amigos o compañeros de trabajo. Muchas veces éste es un idioma muy coloquial, plagado de expresiones muy informales o incluso malsonantes. Cada hablante, en su lengua materna, sabe de forma casi automática si una palabra resulta adecuada o no, dependiendo de la situación. Al hablar un idioma extranjero, es necesario tener precaución hasta que se haya desarrollado este "instinto"; de lo contrario, se corre el riesgo de usar un idioma demasiado coloquial en momentos o situaciones inadecuadas, en las que resulta ofensivo o chocante. Por esta razón, se recomienda utilizar el inglés corriente en el mundo del trabajo y, sobre todo, en la comunicación escrita, quizás con la excepción de correos electrónicos entre personas con las que se tiene confianza.

Tono personal e impersonal

En redacciones, resúmenes y cartas de negocios, se recomienda adoptar un estilo impersonal para presentar la información de manera objetiva. En ponencias o intervenciones orales sí es adecuado usar "*we*" o "*I*", aunque si se hace de forma excesiva la comunicación puede resultar demasiado coloquial.

La puntuación y el apóstrofo

En general, los signos de puntuación se usan como en español, con las siguientes excepciones:

- En inglés los signos de admiración e interrogación se usan sólo al final de la frase, y no al principio.
- Las comillas españolas ("…" o «…») son dobles, mientras que en inglés el uso varía según el país. En EEUU la norma es emplear comillas altas y dobles, mientras que en Gran Bretaña se prefieren las sencillas. En ambos sistemas se usa la versión alternativa para introducir una cita literal dentro de otra. Siguiendo el modelo norteamericano se escribiría: "*She switched the light on. He grumbled and said, 'Not again, please!', and she switched it off again.*"
- En inglés las notas a pie de página se ponen después del signo de puntuación, no antes: "*… as Freedberg maintained*"*
- En inglés, más que en español, se usan las rayas (–), sobre todo en diálogos y cumplen la misma función que los paréntesis. Si la frase entre rayas queda al final de la oración, la raya final se omite: '*All right, you can take one – if you must.*'
- En inglés se escriben con mayúscula algunas palabras que en castellano suelen ir con minúscula, como los nombres de los días de la semana y de los meses (*January, May, Thursday*), o los gentilicios y nombres de idiomas (*She is Spanish and speaks English and Italian*). Estas palabras se verán a menudo con minúscula en anuncios publicitarios, etc., pero deben escribirse con mayúscula.
- Los títulos y dignidades también se escriben con mayúscula: *Vice President Ford, the Duchess of Devonshire, Lord Lucan, Sir Michael Rafferty.*
- También se suelen emplear mayúsculas para escribir los sustantivos, adjetivos y verbos que forman parte de los títulos de libros, nombres de calles, etc, cuando en español sólo se usaría mayúscula en la primera palabra: *The Voyage of the Beagle; The Conquest of Peru, 866 Third Avenue.*
- Cuando se usa el nombre de un cargo para hacer referencia a un personaje concreto, ese nombre va con mayúscula:

  The President was met by the King.

  The constitution limits a president's term of office to four years.

Las formas contraídas

El apóstrofo se emplea en las contracciones, como por ejemplo *I'll, he'll, we're, don't, won't, can't, couldn't, wouldn't, haven't, hasn't*, etc. Estas contracciones se pueden usar en escritos más bien informales, como los correos electrónicos, los textos de eslóganes publicitarios, las cartas personales o los diálogos. Si utiliza estas contracciones, no se olvide de los apóstrofos. Por otra parte, nunca use formas contraídas en contextos más formales, como redacciones, resúmenes, artículos, órdenes del día, actas de reuniones, etc. En textos periodísticos, el uso

Writing essays and reports in Spanish

Reports, essays, dissertations, etc. are usually less tightly structured in Spanish than in English, but you should give an introduction, a main body and a conclusion. Less attention than in English is paid, for example, to the structure of paragraphs; you will often find paragraphs that seem long or that do not keep to one main idea. However, Spanish readers welcome precision and conciseness in writing, so aim to write short paragraphs and sentences. Write your paragraphs bearing in mind that ideally they should develop a single idea. It is also good to think of the first and last sentences in a paragraph as the introduction and conclusion, respectively, and to try to link one paragraph with the next. A simple and readable structure and expression are especially necessary in a business context.

The plan

Before you start writing, it is advisable to sketch out a plan of what you are going to say. Establish what the main ideas are, and distribute them in an order that makes sense to you; then start writing a paragraph for each. It is a good idea to leave writing the conclusion, and especially the introduction, till after you have finished writing the body of your essay. Be very careful not to state your conclusion in the first paragraph.

A few tips

- Do all your writing, including the plan and as far as possible your thinking, in Spanish. Working from English will land you in trouble very quickly.
- Formulate your title, which should be simple and direct in order to engage the interest of your reader or listener.
- Draw up your plan and develop your ideas and observations before beginning to write or key in any text.
- Avoid long sentences as far as possible and equally avoid unnecessary 'sentence-fillers' such as '*visto lo visto*', '*huelga decir*', '*como es sabido*', '*hacer hincapié en*', '*al fin y al cabo*', etc. They may sound very Spanish, but are ultimately empty phrases. English speakers of Spanish have particular problems with the correct use of *ser* and *estar*, *por* and *para*. Look these words up in the dictionary as well as the grammatical note at **be**, for help in getting *ser* and *estar* right. Do not rely on guesswork as the incorrect use of ser and estar can convey a different meaning to the one you intended.
- Avoid unnecessary use of adjectives and adverbs. Make sure that you frequently establish links between the various stages of your report. For hints on how to do this, see also the section on *Spanish link words and expressions* on page 14.

Re-read your report carefully several times. Edit out superfluous matter, particularly in the introduction, which must be clear and to the point and constructed so as to engage immediately the attention of your reader. Check carefully that the links in your argument are clearly and explicitly stated.

- Watch out for the kind of mistakes it is easy to make; for example, remember that *gente* is singular and therefore its verb is also singular. Remember that Spanish generally uses an article (*el*, *un*) with percentages: *una subida/bajada de un 20%; el 15% de los consumidores*. Check that adjectives agree with their nouns and that words like *problema*, *sistema*, *programa* are treated as masculine nouns.

Drawing up the agenda for a meeting

The word agenda in English is used to refer to two distinctly different things: the list of topics for discussion/resolution that is circulated at a meeting, in Spanish *el orden del día*, and the rather more complex document circulated in advance of the meeting to those invited to attend. In Spanish, this information is usually contained in a document called *la circular* – but note that the document sent around after a meeting in order to communicate the decisions which have been taken is also a *circular*. There is no fixed format but in general you will head the document: *Reunión de*… followed by the title of the department or group concerned. The *orden del día* is usually the first item after that. Here is a list of terms you may find useful for the agenda, in the order in which they may appear, though this is not fixed:

fecha (de la reunión)	*date (of the meeting)*
hora de comienzo/finalización	*start/end time*
organizada por	*organized by*
departamento	*department*
teléfono (abbr. tel.)	*telephone number*
secretario de actas	*minutes secretary*
actas	*minutes*
participantes	*participants*
circular enviada a	*circulation (for information)*
asunto de la reunión	*purpose of the meeting*
orden del día	*agenda*
dossier	*background documentation*
solicitados a	*to be supplied by*
para el	*for the (date required)*
documentos adjuntos	*documents attached*
otros asuntos *or* temas	*AOB (any other business)*
seguimiento	*follow-up*

Writing the minutes of a meeting *(las actas)*

Conventions here are very similar to those in English. In brief, the minutes:

- follow the order of the agenda
- are impersonal and objective
- record suggestions with the name of the person responsible
- record decisions and where appropriate the action required (*la actuación*) and the person responsible for taking action (*el/la responsable*) accompanied by the date required by (*para el*…).
- record relevant remarks made in the final discussion of *otros asuntos*.

de contracciones varía según la intención del periodista, que a menudo podría emplear las formas contraídas para dar un tono personal y directo a su escrito. Consúltese también *Dificultades del inglés* para más información sobre el uso del apóstrofo.

El guión

En términos generales se emplea el guión cada vez menos en los compuestos, que se escriben como una sola palabra o como dos palabras separadas. En ciertos casos se debe utilizar; por ejemplo, cuando una frase se emplea de forma adjetiva ante el sustantivo al que se refiere. Compare:

This information is ***out of date.***

She gave us ***out-of-date*** *information.*

His politics are ***well known.***

It's a ***well-known*** *tactic.*

The church was built in the ***thirteenth century.***

The village has a ***thirteenth-century*** *church.*

Redacción en inglés

Algunos consejos

- Escriba un borrador de cada párrafo.
- Evite las frases largas y complicadas y la tentación de emplear giros prescindibles, como "*as the reader already knows*", "*needless to say*", "*at this point in time*", "*in this day and age*", etc. Aunque suenan auténticos, en la realidad son frases vacías.
- Elimine adverbios y adjetivos superfluos (sobre todo en escritos académicos), p. ej. '*a very big palace*', '*quite a small difference*', etc. Sea preciso; evite expresiones como "*seems to be*" o "*may be*".
- Revise concienzudamente el texto en busca de los errores gramaticales que suele cometer más a menudo. Por ejemplo, recuerde que *people* es plural, y que *his* y *her* se usan según el género del poseedor, no de la cosa poseída. Verifique que se ha añadido la *-d*, o *-ed*, final de los tiempos pasados de los verbos regulares: *dived*, *filed*, *watched*, *wanted*, etc. Evite la influencia del español a la hora de usar preposiciones y verbos en inglés, por ejemplo *arrive* se usa con *at* o *in*; nunca con *to*.
- Vea también el apartado sobre *Palabras y expresiones de enlace* para conectar ideas en inglés en la página 15.

La agenda de reunión

En el contexto de una reunión, en inglés la palabra *agenda* se refiere tanto a la ficha de preparación que se reparte con anterioridad como el orden del día que se distribuye al empezar la reunión. No existe una fórmula fija para redactar este documento, pero en general se encabezará con el nombre del grupo a que atañe la reunión y el objetivo de la misma, la fecha, y el lugar:

Marketing Strategy Management Group

Meeting: 9 December 2008, 9.30 a.m.
Meeting Room 516

AGENDA

A continuación figurará el nombre y cargo del organizador de la reunión, la lista de personas convocadas y la de quienes recibieron copia del documento pero no están convocados, el orden del día provisional, y, si es preciso, la lista de documentos que se distribuyen junto con la agenda o que se entregarán a los asistentes a la reunión. El orden del día consiste en una lista numerada de los asuntos que se han de tratar. La siguiente lista de vocabulario puede serle útil:

department	departamento
minutes secretary	secretario de actas
minutes	actas
to minute (sth)	incluir (algo) en las actas
purpose of the meeting	objetivos de la reunión
documents to be supplied	documentos que se entregarán
to be supplied by (someone)	que ha de entregar (alguien)
documents attached	documentos adjuntos
executive summary	resumen
to fix a date/a time	fijar una fecha / una hora
apologies	ausencias
attendees	presentes
to arrange a meeting	organizar una reunión
to chair	moderar/presidir una reunión
quorum	quórum
date of next meeting	fecha de la próxima reunión
AOB (Any Other Business)	otros asuntos
action point	resolución
follow-up	seguimiento

Las actas de reunión

Las convenciones españolas son en esto muy similares a las anglosajonas:

- Las actas siguen el orden del día.
- Se redactan en tercera persona, y en un estilo impersonal y objetivo
- Se enumeran las sugerencias y se nombra a quien las ha hecho.
- Se establece una lista de las decisiones que se han tomado y, si fuera el caso. se enumeran también lo que ha de hacerse, el plazo, y la persona responsable. Es muy frecuente referirse a las personas con sus iniciales (ver más abajo).
- Se toma nota de lo que se diga en el apartado de otros asuntos.

En los países anglosajones se suelen utilizar las iniciales como abreviatura del nombre: por ejemplo, James White es JW, Anna Christina Jones es ACJ y Luis González Segura es LGS. El verbo *to initial* quiere decir escribir las iniciales al final de un documento, como si fuera la firma.

Difficulties in Spanish

Spanish is often thought to be an easy language to learn, but there are a number of areas of grammar and usage which are hard for English-native speakers to get right, even after years of practice. A notorious difficulty is the correct use of **ser** and **estar**. The differences in usage are fully examined at the entries for **be**, **ser** and **estar**. Readers are recommended to study these entries with their contrasting examples. In addition many adjectival entries are specifically marked to guide the user to correct usage, see **aburrido**, **bueno**, **entendido**. Similarly **para** and **por** can be difficult to use correctly and again readers are recommended to refer to these entries. The following provides some further hints of where it is easy to make mistakes in Spanish.

Lexical difficulties

Within the Indo-European family of languages, English belongs to the Germanic group, whereas Spanish is a Romance language, with its roots in vulgar Latin. Nonetheless, many English words come from Latin and Spanish words like *accidente, enciclopedia, inteligencia, situación*, etc. are transparent to the English speaker. These are *true friends*; they mean the same thing. However, there are also many *false friends*. These are either words that have a common root but have taken on different meanings over time, or words that just look similar. Below is a list of some false friends. Often more than one translation is possible, so check the relevant entry in the dictionary for more information.

Spanish	English translation	English look-alike	Spanish translation
actual: **la situación actual**	present: the present situation	***actual:*** ***the actual cost***	*real:* *el costo/coste real*
actualmente: **actualmente viven en París**	currently: they are currently living in Paris	***actually:*** ***he's actually a lot older***	*en realidad:* *en realidad es mucho mayor*
atender: **no atiende en clase**	to pay attention: he never pays attention in class	***attend:*** ***she didn't attend the meeting***	*asistir a:* *no asistió a la reunión*
decepción: **fue una gran decepción**	disappointment: it was such a disappointment	***deception:*** ***a cruel deception***	*engaño:* *un cruel engaño*
disgustado: **está muy disgustada con lo sucedido**	upset: she's very upset about what happened	***disgusted:*** ***he was disgusted at the way we'd been treated***	*indignado:* *estaba indignado por la forma en que nos habían tratado*
éxito: **la perseverancia es la clave del éxito**	success: perseverance is the key to success	***exit:*** ***where's the exit?***	*salida:* *¿dónde está la salida?*
genial: una idea genial	brilliant, great: a great idea	***genial:*** ***a genial character***	*simpático:* *una persona simpática*
gentil: **gracias, eres muy gentil**	kind: thank you, that's very kind of you	***gentle:*** ***a gentle voice***	*suave:* *una voz suave*
jubilación: **1) su inminente jubilación** **2) cobra una buena jubilación**	1) retirement: his imminent retirement 2) pension he gets a good pension	***jubilation:*** ***scenes of jubilation***	*júbilo:* *escenas de júbilo*
librería: **en venta en todas las buenas librerías**	bookstore: available from all good bookstores	***library:*** ***I borrowed it from the library***	*biblioteca:* *lo saqué de la biblioteca*
pinchar: **se divertía pinchando los globos**	to burst: he was having fun bursting the balloons	***pinch:*** ***don't pinch me!***	*pellizcar:* *¡no me pellizques!*
preservativo: **un paquete de preservativos**	condom: a packet of condoms	***preservative:*** ***without artificial colorings or preservatives***	*conservante:* *sin colorantes ni conservantes artificiales*
pretender: **pretendía que lo hiciera yo**	to expect: she expected me to do it	***pretend*** ***he pretended not to notice***	*fingir:* *fingió no darse cuenta*
sanidad: **el gasto en sanidad**	public health: spending on public health	***sanity:*** ***to preserve your sanity***	*cordura:* *mantener la cordura*
sensible: **una mujer frágil y sensible**	sensitive: a fragile, sensitive woman	***sensible:*** ***at your age you should be more sensible***	*sensato:* *a tu edad deberías ser más sensato*

Dificultades del inglés

El inglés es fundamentalmente una lengua germánica. Basta echar un vistazo a la tabla de los verbos irregulares ingleses al final de diccionario para ver lo diferente que es este sistema de verbos al de las principales lenguas románicas. Sin embargo, durante siglos el inglés ha estado abierto a la enorme influencia de estas lenguas, especialmente del francés, el que después de la victoria de Guillermo el Conquistador sobre los sajones el 1066, pasó a ser la lengua del gobierno hasta 1363. Incluso el lema de la familia real inglesa sigue siendo en francés. Todo esto significa que hay muchos términos ingleses de uso diario que son cognados de términos españoles, se reconocen fácilmente y tienen el mismo significado.

Pasando por alto algunas diferencias ortográficas menores estos vocablos son iguales. Podrían ser verdaderos amigos. Sin embargo muchos de ellos han evolucionado semánticamente de diferentes maneras. Algunas de las diferencias más notables se incluyen a continuación. Son **falsos amigos** por lo que vale la pena ser consciente de ellos.

Inglés	Español
intelligence	inteligencia
instinct	instinto
immediate	inmediato
information	información
false	falso
minor	menor
diplomacy	diplomacia
period	período, periodo

Inglés	Traducción española	Cognado español	Traducción inglesa
actually	de hecho	***actualmente***	*at present, currently, now*
advice	consejo	***aviso***	*warning*
assist	ayudar	***asistir a***	*to be present at*
caravan	remolque	***caravana***	*convoy*
to collapse	hundirse	***colapsar***	*to bring to a standstill*
compromise	acuerdo	***compromiso***	*commitment*
conductor	director de orquesta	***conductor***	*driver*
deception	engaño	***decepción***	*disappointment*
to demand	pedir	***demandar***	*to sue*
to disgust	dar asco	***degustar***	*to taste*
disgust	asco	***disgusto***	*upset*
eventually	finalmente	***eventualmente***	*possibly*
exit	salida	***éxito***	*success*
fabric	tejido	***fábrica***	*factory*
flan	tarta	***flan***	*crème caramel*
injury	herida	***injuria***	*insult*
jubilation	alegría	***jubilación***	*retirement*
journey	viaje	***jornada***	*day*
lecture	conferencia	***lectura***	*reading*
library	biblioteca	***librería***	*bookstore*
marmalade	mermelada de naranja	***mermelada***	*jam*
motorist	automovilista	***motorista***	*motor cyclist*
preservative	conservante	***preservativo***	*condom*
to pretend	fingir	***pretender***	*to claim*
to rest	descansar	***restar***	*to subtract*
to revise	repasar	***revisar***	*to check*
sanity	cordura, razón	***sanidad***	*health*
sensible	sensato	***sensible***	*sensitive*
sympathetic	comprensivo	***simpático***	*nice*
tremendous	enorme	***tremendo***	*dreadful, terrible*
truculent	malhumorado	***truculento***	*horrifying*

Contrast the following:

simpático: **gente simpática y cordial**	nice, pleasant: nice, friendly people
sympathetic: ***his boss was sympathetic***	*comprensivo:* *su jefe se mostró comprensivo*
truculento: **la truculenta historia de su asesinato**	horrifying: the horrifying story of his murder
truculent: ***the service was slow and the staff truculent***	*malhumorado y agresivo:* *el servicio era lento y los empleados malhumorados y agresivos*

There are cases where the English and Spanish words share a number of meanings but they diverge in one or more senses. These are known as *partial false friends*. The difficulty here is that often it is the meaning that does not exist in English that seems to be the most frequent or important in Spanish. Here are a few examples:

Spanish word	English look-alike	Spanish word also means
asistir	assist	= to attend: no podré asistir I won't be able to attend no asistió **a** la reunión he didn't attend the meeting
agenda	agenda	= diary lo anotó en su agenda he wrote it down in his diary
dirección	direction	= address ¿tienes su dirección? have you got her address?
embarazo	embarrassment	= pregnancy durante el embarazo during pregnancy
formidable	formidable	= tremendous, great una idea formidable a tremendous idea
importante	important	= considerable, significant sufrieron importantes pérdidas they suffered considerable losses
manifestación	manifestation	= demonstration una manifestación en contra de la guerra a demonstration against the war
profesor	professor	= teacher mi profesor de inglés my English teacher

Grammatical difficulties

The subjunctive mood

The use of the subjunctive is very frequent in Spanish and often causes native speakers of English difficulties. This is a summary of its main uses.

1) wishes or commands:

prefiero que no *se entere*	*I'd rather she didn't find out*
ojalá *fuera* más cariñoso	*I wish he was more affectionate*
papá dice que *esperes*	*dad wants you to wait/dad says wait*

2) conditions:

si *tuviera* un hobby, no se aburriría	*if he had a hobby, he wouldn't be bored*
siempre y cuando no *llueva*	*as long as it doesn't rain*
no iré a menos que se *disculpe*	*I'm not going unless he apologizes*
aunque lo *supiera*, no te lo diría	*even if I knew, I wouldn't tell you*

3) emotional reactions, attitudes or judgements:

siento que no *puedas* venir	*I'm sorry you can't come*
me sorprende que no *haya llamado*	*I'm surprised he hasn't phoned*
es ridículo que *digas* eso	*it's ridiculous that you should say that*
tengo miedo de que se *ofenda*	*I'm worried she might take offence*

4) hope:

espero que te *guste*	*I hope you like it*
ojalá *tengan* éxito	*I hope they succeed*

5) intention:

te lo digo para que lo *sepas*	*I'm telling you so that you know*
ponlo de manera que todos *podamos* verlo	*put it so that we can all see it*

6) doubt, uncertainty:

dudo que *entienda*	*I doubt he'll understand*
no creo que lo *sepa*	*I don't think he knows*
no estoy seguro de que *sea* ella	*I'm not sure it's her*

Compare the above examples with the certainty and near certainty of the following: **estoy seguro de que es ella** (*I'm sure it's her*) and **creo que lo sabe** (*I think he knows*), where the indicative is used.

7) possibility:

quizás *llame* más tarde	*maybe he'll phone later*
no quiero arriesgarme a que me *vea*	*I don't want to risk her seeing me*
lo más probable es que *acepte*	*she'll most probably accept*

Un segundo grupo de vocablos tiene otras diferencias significativas de sus cognados españoles, normalmente debido a su diferencia semántica en relación al contexto, aún cuando coincidan en algunos sentidos.

Inglés	Español	diferencia semántica en inglés
conference	conferencia	nunca en contextos de teléfono
to control	controlar	sólo en el sentido de mantener bajo control
direction	dirección	nunca significa domicilio
demonstration	demostración	también tiene el sentido de *manifestación*
formation	formación	nunca en el sentido educativo
important	importante	nunca se usa con *número, cantidad* etc
impressive	impresionante	nunca en el sentido de *horroroso*
interrogate	interrogar	con complemento: *witness*, se emplea to *question*
notorious	notorio	en inglés, siempre es peyorativo
pavilion	pabellón	sólo se usa en contextos de ferias comerciales y los deportes
punctual	puntual	sólo se usa referido a tiempo
real	real	sólo se usa en contextos de realidad
to register	registrar	sólo se usa en contextos de documentos
relevant	relevante	nunca es sinónimo de importante
sanitary	sanitario	nunca conceptualmente referido a la salud pública

Espanglish que parece inglés pero no lo es

Algunos vocablos aunque pareciera que son muy ingleses, son ininteligibles o suenan muy raros para la mayoría de los hablantes nativos de inglés:

Espanglish	Inglés
mobbing	harassment
camping	camp ground (AmE), campsite (BrE)
footing	jogging
(un) piercing	(a) stud
jet	jet set
smoking	tuxedo (AmE), dinner jacket (BrE)
parking	parking lot (AmE), car park (BrE)
controller	financial controller

Se debe tener cuidado al emplear términos que se sospecha que sean espanglish, como los que terminan en -ing usados de manera contable (con números o el artículo definido), ya que en su mayoría no se pueden usar correctamente así en inglés.

El apóstrofo en inglés

El uso del apóstrofo puede resultar complicado para los castellano hablantes. A fin de evitar errores, a continuación se incluyen algunos consejos:

- El genitivo sajón: 's indica el caso posesivo de los nombres y apellidos, de los pronombres, y de todos los nombres de cosa animada en singular: *my daughter's boyfriend, the cat's whiskers, Caroline's office, Eric Brown's house*. Es mejor no usar 's con nombres de cosa inanimada ('*the legs of the chair*' o '*the chair-legs*', mejor que '*the chair's legs*').
- La 's se usa también para indicar el posesivo de un nombre de cosa animada en plural, si la forma es irregular (es decir, cuando no se forma con –s): *women's rights, the children's school*.
- El posesivo de los plurales regulares se forma en –s': *the girls' school, the Smiths' dog*.
- Se debe tener cuidado en no confundir *its* (posesivo del pronombre it) con *it's* (la forma contraída de *it is*).
- Del mismo modo, *he's* es la forma contraída de *he is*, mientras que *his* es el pronombre posesivo de *he*; p.ej.: *this book is his*, este libro es (el) suyo. (Con el pronombre femenino no se da este problema: *she's* es la forma contraída de *she is*, y es fácil de distinguir de *hers*, el pronombre posesivo de *she*.) Nótese asímismo la diferencia entre *your* (posesivo del pronombre *you*), y *you're* (forma contraída de *you are*).

Hay que tener especial cuidado con estas formas con apóstrofo, ya que muchos nativos las confunden (sobre todo *its* e *it's*). Consúltese también *El inglés que funciona* para más información sobre el uso de las formas contraídas y cuándo emplearlas.

Errores comunes entre los hablantes nativos

Es muy fácil copiar los errores cometidos por los hablantes nativos lo que es especialmente irritante si se está intentando "hacer lo correcto". He aquí algunos de los más comunes que se escucharán y verán frecuentemente en las conversaciones y en los medios de comunicación. (* = forma incorrecta)

there is/there are

El uso de *there is* + complemento plural, especialmente en la forma contraída
*There's lots of birds on the lawn.
There're/there are lots of birds on the lawn.

Confusion entre **bought** (pretérito de *buy*) y **brought** (pretérito de *bring*)
*She bought it back from Mallorca.
She brought it back from Mallorca.

participio pasado/participio presente: El uso del participio pasado en lugar del participio presente en los tiempos continuos:
*She was already sat there when I arrived.
She was sitting there when I arrived.

to **lie**/to **lay**: se suele confundir to *lay* con to *lie* en los tiempos terminados en –ing:
*There were bodies laying everywhere.
There were bodies lying everywhere.

to **affect**/to **effect**: Confusión de *to affect* con *to effect*:
*The bank affected payment without authorization.
The bank effected payment without authorization.

less/fewer: Se debe usar *less* con sustantivos incontables como *coverage, prosperity*:
There is less sports coverage than before.
Less prosperity leads to less confidence in the future.

Se debe usar *fewer* con sustantivos contables y plurales
Fewer candidates passed this year.
Fewer people than ever stay at home for their vacations.

Varieties of present-day Spanish

It is estimated that around 360 million people speak Spanish as their mother tongue, which places it among the top four languages in the world in terms of numbers of speakers. Less than 12% of Spanish speakers live in Spain, the rest are spread from the United States in the north (where forty million people have Spanish as their native language) to Tierra del Fuego in the south. Whilst the Spanish spoken in Spain is by no means uniformly homogenous, regional differences within the European country pale into insignificance when compared to the extraordinary variety of Latin American dialects of Spanish.

"Unidad en la diversidad" was the main theme of the 4th international conference on the Spanish language. This slogan reflects the rich diversity of Spanish but also the fact that it is one language, with a strong basic common core supported by a common cultural and literary tradition. There is a kind of neutral, standard Spanish which is used and understood by all educated Spanish speakers and ensures that people throughout the Spanish-speaking world can communicate with each other as easily as people from Britain and the United States can. Spanish is rich in regional terms to refer to an urban *bus*: you may hear *colectivo* in Argentina and Venezuela, *ómnibus* in Perú and Uruguay, *micro* in Chile, *camión* in Mexico and parts of Central America and *guagua* in Cuba, Puerto Rico and the Dominican Republic, but every Spanish speaker knows what an *autobús* is. In the same way, there are many colloquial terms to refer to a boy: *pibe* in Argentina, *cabro* in Chile, *chaval* in Spain and *chavo* in Mexico and Venezuela, but the words *chico* and *muchacho* are understood throughout the Spanish-speaking world. Dialects differ more widely in the more colloquial registers but even at this level of language the popularity of Latin American music and TV soap operas has helped to familiarize speakers with other varieties of their language. This does not prevent the occasional misinterpretation – a Spaniard would be very surprised to get a black coffee and a piece of guava jelly from a Colombian speaker who had offered him *un tinto y un bocadillo*, in the same way as an Argentinian might get the wrong impression on hearing the European *currar* (a colloquial word meaning "to work" and not "to rip somebody off") – but these misunderstandings are rare.

Differences between the various linguistic regions in the Spanish-speaking world occur in three main areas:

- pronunciation
- vocabulary and
- grammar

Spain vs Latin America

Some uses distinguish the American continent as a whole from the European norm. These are just a few examples:

Type	Spain	Latin America
pronunciation	• use of the interdental fricative/Δ/ (as in English <u>th</u>anks) in <u>z</u>apato, <u>z</u>ócalo, gra<u>c</u>ias, <u>c</u>ena, <u>c</u>igarro, etc.	• use of /s/ throughout
vocabulary	• patata • competición (deportiva) • nata • hora punta • cualificado (obrero, profesional, etc.)	• papa • competencia (deportiva) • crema • hora pico • calificado (obrero, profesional, etc.)
grammar	• use of *vosotros* and corresponding verb endings for the second person plural (familiar) • use of *le* as the masculine direct object pronoun (*Le vi ayer*).	• use of *ustedes* for the second person plural, regardless of whether formal or familiar • use of *lo* as the masculine direct object pronoun (*Lo vi ayer*).

Vocabulary continues to diverge in some areas, as Latin American tends to borrow new technical terms from American English (*celular*, *computadora*/*computador*), while European Spanish tends to borrow them from British English (*móvil*) or French (*ordenador*).

Sometimes it is more a question of regional preferences rather than mutually exclusive uses:

English	European Spanish	Latin American Spanish
to anger	*enfadar* (with *enojar* used far less frequently and in more formal contexts)	*enojar*
to drive	*conducir*	*manejar* (with *conducir* generally reserved for more formal contexts)

Some differences can also be observed in the use of certain idiomatic phrases:

English	European Spanish	Latin American Spanish
to announce sth with great fanfare	anunciar algo a bombo y platillo	anunciar algo con bombos y platillos
it makes my mouth water	se me hace la boca agua	se me hace agua la boca

Differences within Latin America

Latin American varieties of Spanish resist classification and contemporary national boundaries do not coincide with the boundaries between the different linguistic areas. We can, however, talk about certain characteristics common to the countries of the Southern Cone (Argentina, Chile, Paraguay and Uruguay) and within this group distinguish the dialect of the River Plate (Buenos Aires, Montevideo and the surrounding area) as having its own particular distinguishing features. In the same way, Andean Spanish exhibits certain common characteristics, while many Mexican uses extend into its neighbouring Central American countries.

The influence of the indigenous languages on dialect differentiation has been relatively modest (the influence of Nahuatl on Mexican Spanish being perhaps one of the

Variedades del inglés actual

El inglés es la lengua materna de más de 350 millones de personas, por lo cual no es sorprendente que a pesar de las fuerzas que hoy en día tienden a homogeneizarlo (Internet, la televisión, el cine, etc.), haya diferencias en la manera de hablarlo o escribirlo. Por otra parte, el número de personas que hoy habla inglés como lengua extranjera es, según algunos lingüistas, es tres veces superior al de los hablantes nativos del idioma. Dejando de lado las características de esta lengua franca en la cual se expresan los millones de personas que hablan inglés como segunda lengua, mencionamos aquí las variedades usadas en los principales países de habla inglesa.

El inglés de los Estados Unidos y de Gran Bretaña

Las diferencias entre el inglés americano y el británico son fundamentalmente de tres tipos:

- ortográficas,
- léxicas y
- de pronunciación.

Existen además pequeñas diferencias gramaticales, pero no son numerosas ; un ejemplo de ellas es el uso del pasado simple en inglés americano en contextos en los cuales un hablante británico usaría el *Present perfect*: **Did you eat yet?** (AmE), **Have you eaten yet?** (BrE). En cuanto a las diferencias ortográficas y léxicas, lo importante es no combinar formas de ambas variedades del inglés al redactar un documento.

Principales variantes ortográficas

Las variantes ortográficas son en su mayoría predecibles :

	Inglés americano	**Inglés británico**
verbo terminado en **-l**	las desinencias *-ing*, *-ed* y *-er* van precedidas de una sola *l*: *trave**l**ing*, *trave**l**ed*, *trave**l**er*	las desinencias *-ing*, *-ed* y *-er* van precedidas de doble *l*: *trave**ll**ing*, *trave**ll**ed*, *trave**ll**er*
-or/-our	col**or**, flav**or**	col**our**, flav**our**
-er/-re	cent**er**, theat**er**	cent**re**, theat**re**

Otros ejemplos de diferencias ortográficas son (la grafía americana en primer lugar) : *aluminum/aluminium, defense/defence, gage/gauge, gray/grey, jewelry/jewellery, license/licence, mold/mould, pajamas/pyjamas, tire/tyre.*

En algunos casos existe una grafía universalmente aceptada, que coexiste en determinado ámbito con una variante regional. Por ejemplo, la terminación verbal **-ize** (*specialize, dramatize*) se usa en ambas regiones, pero en Gran Bretaña es más frecuente la grafía **-ise** (*specialise, dramatise*).

Este diccionario presenta la variante americana del lema en primer lugar, seguida de la versión británica. Del lado español-inglés, las traducciones que tienen una variante ortográfica británica están señaladas con un asterisco.

Diferencias léxicas

Las diferencias léxicas entre el inglés americano y el británico son numerosas y están claramente señaladas en este diccionario. Del lado español-inglés se ofrece el término americano como primera traducción, seguido de su variante británica. La siguiente tabla muestra algunos ejemplos :

Inglés norteamericano	**Inglés británico**	**Español**
check	bill	cuenta (en un restaurante)
diaper	nappy	pañal
drapes	curtains	cortinas
eggplant	aubergine	berenjena
elevator	lift	ascensor, elevador
fall	autumn	otoño
faucet	tap	grifo, llave, canilla
freeway	motorway	autopista
gas, gasoline	petrol	gasolina, nafta, bencina
hood	bonnet	capó, capot
muffler	silencer	silenciador, mofle
pacifier	dummy	chupete, chupón, chupo, chupa
pants	trousers	pantalones
proctor	invigilator	persona encargada de supervisar un examen
railroad	railway	ferrocarril
sidewalk	pavement	acera, banqueta, andén, vereda
trunk	boot	maletero/a, cajuela, baúl, maleta (*de un coche*)
tuxedo	dinner jacket	smoking
vest	waistcoat	chaleco
zipper	zip	cremallera, cierre, zíper

Al igual que con las variantes ortográficas, en algunos casos existe una palabra de uso universal, que compite con una regional en determinado ámbito. Es el caso del sustantivo **truck** (camión), que en Gran Bretaña coexiste con **lorry**.

Es interesante constatar, como muestra la tabla de arriba, que el español también presenta variantes regionales en varias de las áreas del léxico donde hay divergencias entre el inglés norteamericano y el británico.

Diferencias de pronunciación

Las diferencias a nivel fonológico se dan principalmente en la pronunciación de las vocales. Un rasgo característico del inglés británico es además la omisión del sonido /r/ al final de una palabra (a menos que la palabra siguiente empiece

strongest) and can be seen mainly in the area of the flora and fauna of the region. For example, the word for *avocado* is *aguacate* (from Nahuatl, the language of the Aztecs) in Mexico, Central America and the north of South America but *aguacate* is replaced by *palta* as one travels south into the area of influence of Quechua, the language of the Inca Empire. But many of the differences are hard to explain, as for instance in the following examples. The basic every-day term *light bulb* in English is *bombilla* in Spain, but can be *foco* in Ecuador, Mexico and Peru; *bombillo* in Central America and Colombia; *bombita* in the River Plate countries; *ampolleta* in Chile; and, as another alternative, *bujía* in Central America. Similarly, depending on where you find yourself in Latin America a variety of terms are used to refer to the humble *green bean*: *judía verde* in Spain, but *habichuela*, *ejote*, *chaucha*, *poroto verde* or *vainita* in different parts of Latin America.

It is interesting to note that certain "general Latin American" uses have not been adopted in the Southern Cone (Argentina, Chile and Uruguay), where the European or universal term is used. This is the case with *pena* meaning 'shame' (SC uses *vergüenza*), jalar de (= to pull, SC uses *tirar de*), *directorio* (= telephone directory, SC uses *guía*) and the use of *radio* as a masculine noun (it is feminine in SC, as it is in Spain). In other cases Chile aligns itself with the rest of Latin America while the River Plate keeps to the European norm and uses *carne picada* instead of *carne molida* (ground beef), *atar* instead of *amarrar* (to tie), *tirar* instead of *botar* (to throw away), *son las cinco menos cuarto* instead of *son cuarto para las cinco* (it's quarter of five/to five).

See also *Pronunciation of Spanish* p xliii, *Regional labels* p xxxi, and *Voseo* p 1915.

con un sonido vocálico) o delante de una consonante. Esta diferencia está indicada en las transcripciones fonéticas que acompañan a los lemas de este diccionario (la transcripción de la pronunciación británica va precedida del símbolo ||). Hay también diferencias imprevisibles, como por ejemplo en la pronunciación de *herb* (la 'h' no se pronuncia en inglés americano) o de *laboratory* (el acento recae sobre la primera sílaba en inglés americano y sobre la segunda en inglés británico, con el consiguiente cambio en la pronunciación de las vocales). Estas diferencias están también claramente señaladas en el diccionario. El CD que lo acompaña ofrece además la oportunidad de escuchar la pronunciación americana o británica de cualquiera de las palabras que aparecen en el texto.

El inglés de Australia

En el inglés australiano la influencia de las lenguas indígenas se limita casi exclusivamente a los nombres de lugares, plantas y animales como *Wollongong*, *kangaroo*, *wombat* y *dingo*, la gran mayoría de los cuales se ha incorporado al inglés universal. El inglés australiano tiende en general a usar la ortografía y el léxico británicos. Lo que lo caracteriza es fundamentalmente el acento y el uso de diminutivos terminados en *-ie* en el lenguaje coloquial: *barbie* (barbecue), *bikkie* (biscuit), *cozzie* (swimming costume), *lippie* (lipstick), *mozzie* (mosquito), *surfie* (surfboarder), *truckie* (truck driver), etc.

Algunas expresiones del inglés australiano y neocelandés se están incorporando al inglés británico por influencia de la televisión y el cine: *to feel crook* (sentirse mal) *to be chocker with something* (estar hasta arriba de algo), *pom/pommie* (inglés -esa), *no worries* (no hay problema).

El inglés de Canadá

En Canadá se suelen seguir las reglas ortográficas del inglés británico (*col**ou**r*, *trave**ll**ed*, etc.) pero en el léxico predominan las variantes usadas en los Estados Unidos. Sin embargo, hay algunas excepciones como el uso de *tap* (en lugar de *faucet*), *bill* (en lugar de *check*), *boot* (en lugar de *trunk*) y *railway* (en lugar de *railroad*). También puede observarse cierta influencia del léxico francés, sobre todo en Quebec, donde el francés es la única lengua official.

Términos del inglés canadiense son *loonie* y *toonie*, vocablos coloquiales para referirse a las monedas de uno y dos dólares respectivamente, *parkade* (estacionamiento) y *bachelor* (departamento de soltero).

El inglés de Nueva Zelanda

La pronunciación del inglés de Nueva Zelanda es similar a la del inglés australiano, aunque también presenta características derivadas del gran número de inmigrantes procedentes de Escocia e Irlanda que el país acogió durante el siglo XIX. En lo relativo al léxico el inglés neocelandés contiene préstamos del maorí, la lengua polinésica hablada por los habitantes originales de la isla. La mayoría de estos préstamos está relacionada con la fauna y la flora de la región. *Kiwi* es una palabra de origen maorí que se utiliza hoy día en muchas lenguas. Además de ser el nombre del ave y de la fruta, *kiwi* significa también 'neocelandés' o 'neocelandesa' en el inglés coloquial.

El habla de los neocelandeses está influida por el inglés hablado por sus vecinos los australianos, pero incluye también usos que le son propios, como *bach* (pequeña casa de vacaciones), *dairy* (tipo de tienda de comestibles), *jandals* (chanclas u ojotas) y *togs* (traje de baño).

El inglés de Sudáfrica

En Sudáfrica hay once lenguas oficiales. A pesar de que sólo una pequeña minoría de la población del país considera que el inglés es su lengua materna, en la práctica es el idioma utilizado como lengua franca para la comunicación de las diversas comunidades entre sí. Los distintos grupos étnicos tienden a hablar distintas variedades del inglés, pero todas presentan algunos rasgos derivados de su contacto con el afrikaans (variante del holandés) y otras lenguas africanas. *Padkos*, por ejemplo, es un préstamo del afrikaans (*pad* = camino, *kos* = comida) usado para referirse a alimentos que se llevan para consumir durante un viaje en coche, tren, etc. *Fundi*, tomado de las lenguas zulú y xhosa, significa 'experto'. Otros usos característicos del inglés sudafricano no son préstamos de otras lenguas sino nuevas acepciones de vocablos ingleses, como el uso de *robot o robots* para referirse a un semáforo.

Algunas palabras de origen sudafricano, como *aardvark*, *apartheid*, *township* y *trek* se han incorporado al inglés universal y a otras lenguas.

El inglés del subcontinente indio

En la India se hablan unas 30 lenguas diferentes y miles de dialectos. Hay distintas lenguas oficiales en las diferentes regiones, pero el hindi y el inglés son las lenguas de comunicación del gobierno nacional. El inglés del subcontinente indio tiene características propias y ha hecho su propia contribución al inglés universal con vocablos como *curry* (curry), *dungarees* (pantalón de peto, vaqueros) y *jodhpurs* (pantalones de montar).

Términos característicos del inglés del subcontinente son *tiffin* (merienda), *crore* (diez millones) y el uso de *thrice* en lugar de *three times* (tres veces).

Spanish link words and expressions

To help you write in Spanish, you will find below some of the most frequent link words and expressions, shown in context.

a continuación
A *continuación* analizaremos el problema paso a paso. — *And now* we will analyze the problem step by step.

además
Además, es la persona más adecuada para el papel — *Moreover* o *Furthermore*, he is the most suitable person for the job.

además de
Además de publicidad no solicitada, puede contener alguna amenaza a la seguridad — *In addition to* o As well as unwanted publicity, this could involve a security risk

ahora bien
Ahora bien, aunque cada país tiene problemas internos, también hay problemas que se comparten a nivel nacional. — *However*, although each country has domestic problems, there are also shared problems at national level.

al contrario
No impedimos la competencia; *al contrario*, impedimos el monopolio. — We do not stand in the way of competition; *on the contrary*, we stand in the way of a monopoly.

al contrario de
Al contrario de lo que se suele pensar, no es para nada peligroso. — *Contrary to* what is generally thought, it is not dangerous in any way.

a pesar de
Accedió a publicar esta novela *a pesar de* la falta de entusiasmo del comité literario. — He agreed to publish this novel *despite* the advisory panel's lack of enthusiasm.

a pesar de que
No se procedió a su detención *a pesar de que* existían motivos para ello. — He was not arrested *in spite of the fact that* there was justification for doing so.

a saber
Las personas más vulnerables en la sociedad, *a saber*: los ancianos, niños y enfermos… — Society's most vulnerable people, *namely*: the elderly, the young and the sick …

asimismo
No sólo escritor, es *asimismo*, traductor de novelas y textos literarios. — As well as being an author, he is *also* o *likewise* a translator of novels and literary texts.

aún
Aún estamos a la espera de recibir noticias. — We are *still* waiting to hear news.
No han salido *aún* a la venta. — They are *still not* o *not yet* on sale.

aun así
La ciencia es capaz de predecir con cierta exactitud el clima. Y *aun así*, a veces ocurren errores. — Science is capable of predicting the climate reasonably accurately. *Even so*, mistakes sometimes happen.

aún más
Aún más, un examen riguroso del contrato revela varias contradicciones. — *Moreover*, close examination of the contract reveals several inconsistencies.

aunque
Aunque no estamos de acuerdo entendemos su punto de vista. — *Although* o *Even though* we are not in agreement, we understand her point of view.

aunque + (subj)
Aunque no tengan ningún respaldo del sindicato, han decidido continuar con la huelga. — *Though* o *Although* they do not have any union backing, they have decided to continue their strike.

⚠ aunque requires the subjunctive when it refers to a future or hypothetical event

(con) respecto a
Con respecto al calentamiento global, el primer obstáculo que el mundo tiene es la falta de información. — *Regarding* o *with regard(s) to* global warming, the first obstacle the world faces is a lack of information.

Palabras y expresiones de enlace en inglés

A fin de ayudar a escribir en inglés, a continuación se encontrarán, en contexto, algunas de las palabras y expresiones de enlace más frecuentes.

admittedly

Admittedly, there was only one witness. — *Hay que admitir* que hubo un sólo testigo.

again

Again, we must consider the implications of their offer. — *Por otra parte*, debemos considerar las repercusiones de su oferta.

also

It is *also* relevant to consider the author's own background. — *También* es importante tener en consideración el ambiente social del propio autor.

although

I doubt if she approves of the change, *although* she has not said so. — Dudo que apruebe el cambio, *aunque* no lo ha dicho

as a result

They were not directly involved in the dispute. *As a result*, their claim has little chance of success. — No participaron directamente en la discusión, *por consiguiente*, su reclamación tiene pocas posibilidades de éxito.

at any rate

At any rate it is the most credible hypothesis. — *En todo caso* es la hipótesis más creíble.

besides

I haven't time to see this movie – *besides*, it has had dreadful reviews. — No he tenido tiempo de ver esta película – *además*, ha tenido muy malas críticas

be that as it may

Be that as it may, these measures will take time to have an effect. — *Sea como sea*, llevará tiempo para que estas medidas tengan efecto.

but

But that doesn't justify resorting to violence. — *Pero* eso no justifica recurrir a la violencia.

But fate decided otherwise. — *Pero* el destino decidió otra cosa.

consequently

Change in information technology is very rapid. *Consequently*, programs soon become obsolete. — Los cambios en informática son muy rápidos, *consecuentemente*, los programas quedan pronto obsoletos.

despite

Despite his huge success, he has remained a straightforward person. — *A pesar de* su enorme éxito, ha seguido siendo una persona sencilla.

finally

Finally, we will draw some general conclusions from the group discussions. — *Finalmente*, sacaremos algunas conclusiones generales de las discusiones en grupo.

Finally, we will examine the future of the book in a world where electronic media are becoming more and more important. — *Para concluir/terminar*, examinaremos el futuro del libro en un mundo donde los medios de comunicación electrónicos se están haciendo cada vez más importantes.

first

First, we should recall the different stages of a child's development. — *Primero*, debemos recordar las diferentes etapas en el desarrollo de un niño.

first of all

We shall see, *first of all*, how the author describes the social background to her story. — *Primeramente*, veremos cómo el autor describe el ambiente social de su historia.

furthermore

Our survey compares consumption patterns in two age groups. *Furthermore*, we limited the survey geographically. — Nuestro estudio compara los hábitos de consumo en grupos de dos edades. *Es más*, limitamos geográficamente el estudio.

de ahí
De ahí la importancia de empezar desde muy joven. | *Hence* the importance of beginning at a very young age.

de ahí que (+ subj)
De ahí que resulte difícil hallar una palabra que abarque íntegramente su significado. | *That is why* it is difficult to find a word which fully covers its meaning.

⚠ de ahí que requires the subjunctive when it refers to a hypothetical event

de hecho
No son ingleses, *de hecho*, son irlandeses | They are not English, *in fact* they are Irish.

de la misma manera
Deben respetar los términos fijados, *de la misma manera* que deben respetar las licencias. | They must honor the agreed terms, *in the same way* that they must honor the licenses.

de modo que
Queda a mucha distancia, *de modo que* hay que ir en avión. | It is a long way away, *so* we will have to go by plane.
Hay que agrupar y organizar las cosas *de modo que* se puedan localizar más rápida y fácilmente. | You need to group and organize things *in order that* o *so that* they can be found quickly and easily.

en cambio
Yo *en cambio*, siempre tuve pronta respuesta de todos los encuestados. | I, *on the other hand*, always had a prompt reply from all those polled.

en conclusión
En conclusión, es lamentable que el autor abordara un solo aspecto del problema. | *To sum up*, it is regrettable that the author should deal with only one aspect of the problem.

en consecuencia
Los ordenadores son cada vez más poderosos. *En consecuencia*, los ordenadores domésticos pronto quedan obsoletos. | Computers are becoming more and more powerful. Consequently home computers soon become obsolete.

en cuanto a
En cuanto a las tendencias para esta temporada, se aprecia una inclinación hacia la sobriedad y las líneas clásicas. | *With regard(s) to* o *Regarding* trends for this season/*As far as* trends for this season *are concerned*, we can see a move towards simplicity and classic lines.

es decir
No tienen personal idóneo y por esa razón prefieren contratar los servicios fuera, *es decir* externalizar el servicio. | They do not have suitable personnel and for this reason they prefer to contract these services out, *that is to say* o *in other words* to outsource the services.

en efecto
Hay, *en efecto*, una gran confusión entre los consumidores. | There is, *in fact*, great confusion among consumers.

en lo concerniente a
En lo concerniente a este punto, es necesario hacer presente que … | *As regards* o *with regard(s)* to this, I have to inform you that …

en primer lugar
En primer lugar, debemos tomar en cuenta la situación económica del país antes de la revolución. | *First of all*, we must consider the economic situation of the country before the revolution.

en realidad
En realidad, no sabemos nada acerca de los lazos que los unen. | *In fact*, we know nothing about the ties which bind them.

en resumen
En resumen, creo que fue una experiencia enriquecedora. | *In short* o *To sum up*, I found it an enriching experience.

en todo caso
En todo caso, es la hipótesis más creíble. | *In any case* it is the most credible hypothesis.

es más
No tenía la experiencia para hacerlo. *Es más*, no sabía qué hacer. | She did not have the experience to do it. *In fact*, she had no idea what to do.

no obstante
No obstante los avances producidos en este sentido, aún queda mucho por hacer para lograr una real igualdad. | *Despite* the progress which has been made in this sense, much remains to be done to achieve equality.
Se debe, *no obstante*, señalar que provenía de una familia muy religiosa. | It should *nevertheless* be pointed out that he came from a very religious family.

hence

Hence the necessity for children to master basic literacy skills.

De ahí la necesidad de que los niños tengan un dominio de básico de la lectura y escritura.

however

He is not, *however*, considered to be a major author.

Sin embargo, no se lo considera un autor muy importante.

The economic factor is not, *however*, the only explanation.

Sin embargo, el factor económico no es la única explicación.

in addition

In addition, the cat is known to have held an important place in ancient Egypt.

Además, se sabe que el gato ocupó un lugar importante en el Egipto antiguo.

in conclusion

In conclusion, there is not sufficient evidence to support the recommendations.

Para concluir, no hay suficientes pruebas para apoyar sus sugerencias.

indeed

The author was well acquainted with the world of banking. *Indeed*, he worked in an international bank for ten years.

El autor estaba muy familiarizado con el mundo de la banca. *En efecto*, trabajó en un banco internacional durante diez años.

in fact

In fact we know nothing about the ties which bind them.

En realidad, no sabemos nada acerca de los lazos que los unen

in other words

In other words we must be wary of hasty judgments.

Es decir, debemos ser cautelosos con los juicios precipitados.

It is the year 1946, *in other words*, just after the end of the Second World War.

Es el año 1946, *o sea*, justo después del final del la Segunda Guerra Mundial.

The child has difficulty in accepting the new baby. *In other words*, he is jealous.

El niño tiene dificultades en aceptar al nuevo bebé. *O sea/En otros términos*, está celoso.

in short

In short, it is an admission of failure.

En resumen, es una admisión de fracaso.

in spite of

In spite of all their efforts, the ministers were unable to reach an agreement.

A pesar de todos sus esfuerzos, los ministros no pudieron llegar a un acuerdo.

instead

Instead, students can enroll on a programming course.

En su lugar, los estudiantes pueden inscribirse en un curso de programación

in the first place

In the first place, the country was on the point of economic collapse.

En primer lugar, el país estaba al borde de la ruina.

moreover

Moreover, it must be stated that ...

Por otra parte, se debe establecer que ...

A close reading of the contract shows, *moreover*, that ...

Una lectura detallada del contrato muestra, *además*, que ...

nevertheless

The novel is *nevertheless* not entirely autobiographical.

Sin embargo, la novela no es completamente autobiográfica.

next

Next, we shall focus on the psychological aspect.

A continuación, nos concentraremos en el aspecto psicológico.

nonetheless

It must *nonetheless* be pointed out that he came from a very religious family.

Se debe señalar, *no obstante*, que provenía de una familia muy religiosa.

now

Now the charity was founded by the doctors themselves.

Ahora bien, la organización de beneficencia fue fundada por los propios médicos.

on the contrary

On the contrary, we discover that the decision had already been taken..

Por el contrario, descubrimos que ya se había tomado la decisión.

on the other hand

On the other hand, one could argue that ...

Por otra parte, se puede sostener que ...

On the other hand, it seems implausible to suppose that ...

Por otro lado, parece inverosímil suponer que ...

Spanish link words and expressions

no sólo..., sino también

No sólo tiene efectos negativos sobre la salud, *sino que también* afecta el medioambiente.

Not only does it have a negative impact on your health, *but* it *also* affects the environment.

o sea

El niño tiene dificultades en aceptar al nuevo bebé. *O sea*, está celoso.

The child is having difficulty in accepting the new baby. *In other words*, he is jealous.

primero

Primero, debemos recordar las diferentes etapas en el desarrollo de un niño.

First, we should recall the different stages of a child's development.

por el contrario

Por el contrario, en el norte el clima es muy seco.

In/By contrast, in the north the climate is very dry.

El tratamiento no dio el resultado esperado sino que, *por el contrario*, el paciente empeoró.

The treatment did not work as expected, *on the contrary*, the patient's condition deteriorated.

por consiguiente

Debemos, *por consiguiente*, tener en cuenta el contexto histórico.

We must, *therefore*, take the historical context into account.

por lo menos

Por lo menos, una de cada tres personas contraerá cáncer en su vida.

At least one in three people will have cancer in their lifetime.

por (lo) tanto

Tiene un doctorado, *por lo tanto*, habla con autoridad sobre el tema.

She has a doctorate and *therefore* speaks with authority on the subject.

por otra parte

Por otra parte, uno se pregunta si no es una elección deliberada por parte del autor.

On the other hand, one may wonder whether it is not a deliberate choice on the author's part.

por un lado..., por otro (lado)

Por un lado, su intención es crear puestos de trabajo, y *por otro (lado)*, capacitar a los adultos para acceder a los mismos.

On (the) one hand, his intention is to create jobs, and *on the other (hand)*, to train adults to fill those jobs.

por último

Por último, cabe destacar que el libro está concebido para un público femenino.

Finally, it is worth emphasizing that the book is aimed at a female audience.

si bien

Si bien se debe reconocer el gesto de los estudiantes, hubiera sido mejor un planteamiento más ordenado por parte de estos.

Although we must recognize the students' gesture, a better organized approach on their part would have been preferable.

si bien es cierto ... (no es menos cierto)

Si bien es cierto que éste es un foro informal, *no es menos cierto* que debemos usar un lenguaje apropiado.

Although it is true that this is an open forum, *it is also true* that we should use appropriate language.

sin embargo

La novela, *sin embargo*, no es totalmente autobiográfica.

Sin embargo, no es considerado un autor muy importante.

The novel is *nevertheless* not entirely autobiographical.

He is not, *however*, considered a major author.

tanto más cuanto que

Esto les pareció asombroso, *tanto más cuanto que* creían que la tierra era plana.

This seemed astonishing to them, *all the more so* because they believed that the earth was flat.

similarly

Similarly, they have reduced weekend services. | *Asimismo*, han reducido los servicios durante los fines de semana.

still

These mushrooms are not dangerous, but you *still* need to distinguish them from the others. | Estas setas no son peligrosas, pero *aún así* se deben diferenciar de las demás.

so

It was still painful, *so* I went to see the doctor. | Dolía, *así es que* fui al doctor.

that is to say

During the incubation period, *that is to say* for two weeks before the onset of symptoms, the patient is very infectious. | Durante el periodo de incubación, *es decir*, durante dos semanas antes de la aparición de los síntomas, el paciente es muy contagioso.

that is why

Reading opens up many new vistas. *That is why* a child who reads benefits enormously. | Leer abre muchas perspectivas. *Es por eso* que un niño que lee se beneficia enormemente.

then

We will *then* review the problems of integration faced by immigrants. | *Luego* examinaremos los problemas de integración que enfrentan los inmigrantes.

therefore

Therefore, let us first consider the artists who were her contemporaries. | *Por lo tanto*, tomemos en consideración a los artistas que eran sus contemporáneos.

We must, *therefore*, take the historical context into account. | *Por consiguiente*, debemos tomar en cuenta el contexto histórico.

though

Though they do not have any backing from the unions, they have decided to continue the strike. | *Aunque* no tienen ningún apoyo de los sindicatos, decidieron continuar con la huelga.

thus

Thus, it is reasonable to ask if these investments are justified. | *Por consiguiente*, es razonable preguntar si se justifican estas inversiones.

to begin with

To begin with, one has to remember what happened that day. | *Para empezar*, se tiene que recordar lo que sucedió ese día.

to sum up

To sum up, one can say that television and the cinema influence each other in unexpected ways. | *Resumiendo*, se puede decir que la televisión y el cine se influyen entre sí de maneras inesperadas

whereas

She was hardly worried about it, *whereas* he took the warning very seriously. | *Considerando* que tomó la advertencia muy en serio, apenas se preocupó.

yet

She trained hard, *yet* even so failed to reach her best form. | Se entrenó duro, *sin embargo* aún así no consiguió alcanzar su mejor forma.

Living in a Spanish-speaking country

Health and Health Insurance

European Union citizens who have an *EHIC (European Health Insurance Card)* are entitled to medical care in **Spain**. All resident employees and self-employed workers must register with the social security system and make monthly contributions through their employer or company. They, and their dependents, are then entitled to free hospital and medical care.

In **Mexico** the IMSS (*Instituto Mexicano del Seguro Social*) operates the social security system, providing everyone who has a stable job with health care and medicine practically free. By contrast, private health care is very expensive. It is therefore advisable to have health insurance if private medicine is to be used.

Argentina has public and private hospitals, but health care is more accessible in Buenos Aires than elsewhere. Public hospitals provide basic care but the staff are very well trained. If a patient does not have insurance or their insurance will not cover their treatment, the staff, whether in a hospital or a private clinic, will usually require them to pay in cash before leaving. Many of the big private hospitals offer their own health plans which the public can join. These plans usually offer more flexible payment terms, discounts and improved accessibility to health care.

Renting a property

In **Spain**, properties for rent are usually advertised in newspapers and local real estate agencies. Long-term lets, usually for a year or more, are cheaper than short-term ones. After the first year, the tenant has the right to renew for up to five years and the landlord can only raise the rent according to the rate of inflation. A tenant can only be evicted for not paying the rent or if the landlord wants to occupy the property as his/her own home. Generally, you cannot vacate the property in the first year without incurring penalties. After this period you must give one or two months' notice. It is usual to pay a deposit of one month's rent (two months' for furnished properties) to cover dilapidations. Agents' fees are typically a month's rent. For some properties you will also be required to provide a banker's guarantee (basically a sum of money equivalent to 6-12 months' rent) which is kept in escrow by the bank. It is made over to the landlord in the event of the tenant breaching the contract.

Rentals for periods shorter than a year are more expensive than long-term lets, but in some cases, you can convert a short-term contract into a long-term agreement.

In **Mexico** you can often rent a property for a short period and then extend the lease. Landlords and agencies are open to negotiation over the terms of a lease. It is common to pay rent in advance and you may also be asked to pay a deposit, against dilapidations or default, at the beginning of the lease, which will be retained by the landlord or agency. This deposit will be returned at the end of the lease if there is no dispute. Prospective tenants, especially in the Federal District, must fulfil a number of conditions, including having a local guarantor, providing the deposit, proof of income, a copy of identification, references, and sometimes, evidence of a good credit rating. The property's state of repair must be established prior to taking possession, as this will be crucial in allocating responsibility for any dilapidations when the lease ends. Inventories will be provided and should be very closely checked before any contract is signed.

In **Argentina** a lease on any property must last for two years, unless it is furnished. Tenants are responsible, not only for the rent, but also for property tax, maintenance costs, etc, and must provide a local guarantor. The guarantee deposit is a sum of money paid to ensure that any contractual obligations will be met; usually this deposit is the equivalent of a month's rent and will be reimbursed provided the property is vacated in good order at the end of the lease. Rent is usually paid monthly in Argentinian pesos. However, the lease may stipulate payment in dollars, especially for short-term rentals.

Buying a Property

In **Spain** your lawyer will verify from the property register whether the vendor is the owner, whether there is a mortgage owing on the property (in Spain mortgages can be sold with properties), whether the property if free of any other encumbrances, etc. Next, a private contract will be drawn up which will contain all the details of the sale. If you are not yet ready to pay the full price, you will sign an option to buy, which will record all the terms of the transaction. The contract will stipulate the deposit (normally 5% to 15% of the purchase price) and the date of completion of the sale. The latter will be signed before a notary public. A public deed of conveyance will be obtained and signed before a notary public who will send it to the local tax office for payment of tax. It will then be sent to the property register (*catastro*) for registration. The deposit is not refundable if the buyer does not complete the purchase. Notary's fees are also payable. On disposal you may be liable to pay capital gains tax (*plusvalía*), even if the property is your only residence.

In **Mexico** there are restricted zones within which foreigners are prohibited from buying land. It is possible to buy in these areas by means of a trust (*fideicomiso*).

Otherwise, foreigners are free to buy property and there is a wide variety to choose from. Traditionally property transactions were made in cash, and this is still frequent, but Mexican banks now offer mortgages. However, 30% - 40% deposits are often required and interest rates may not be as attractive as in Europe, the USA or Canada. The notary public is pivotal in property transactions in Mexico as they supervise all property sales and purchases. Notaries are appointed by the state governors and have to be fully qualified. Independent legal advice may be necessary, as the notary does not act for either of the parties to the transaction.

For futher information see:
http://www.mexperience.com/property/prop_buying.htm

In **Argentina**, the initial stages of property purchase are much as described above. It is common to sign the deposit contract in a real estate agency in the presence of a lawyer. A copy of the deeds of the property will be handed over at this stage, together with any outstanding bills and proof of the vendor's identity. Once the deposit has been paid and the documents signed, the sale is set in motion and usually the rest of the process is very straightforward. As in most Spanish-speaking countries, it is important to engage a lawyer, known in Argentina as an *escribano*, who will examine the deeds, registration documents, etc, which are associated with the property. The notary will

Vivir en un país de habla inglesa

La salud y su cobertura social

Todo ciudadano español que tenga una Tarjeta Sanitaria Europea tendrá derecho a recibir asistencia médica en el Reino Unido e Irlanda, donde se haya trasladado por motivos de trabajo, estudios o turismo. Esta tarjeta sólo da acceso a la sanidad pública y no cubre gastos de repatriación, ni enfermedades crónicas, ni tratamientos que no sean de urgencia, por lo que se recomienda un seguro de viaje complementario. Sin embargo si se está registrado como estudiante, si se tiene empleo o se lo busca, se recibirá un número de la seguridad social (*National Insurance Number*) lo que servirá de identidad ante las autoridades fiscales y para cualquier otra relación con el Estado. Si se quiere hacer uso de la asistencia médica, deberá registrarse en el servicio de asistencia pública sanitaria (*National Health Service, NHS*) en Gran Bretaña o el País de Gales, (*The Community Health Index, CHI*) en Escocia, (*The Health Care*) en Irlanda del Norte, o (*Personal Public Service, PPS*) en la República de Irlanda.

Los ciudadanos latinoamericanos no pueden hacer uso de la asistencia pública sanitaria por lo que deben tener un seguro médico con la adecuada cobertura ya que los tratamientos médicos son bastante costosos. Por lo general los estudiantes tampoco están cubiertos por el servicio de salud del Reino Unido e Irlanda, a no ser que se hayan inscrito en un curso de estudio superior a seis meses o más de duración.

En Estados Unidos toda persona que permanece, estudia o trabaja en el país debe tener un seguro médico por lo que es esencial informarse acerca del sistema social y de la salud antes de partir.

Alquilar una vivienda

Si se desea alquilar una vivienda, existen agencias inmobiliarias (*realtors*, en EEUU, *estate agents*, en Gran Bretaña) especializadas en buscar propiedades. Si es posible, se recomienda ir personalmente para realizar la gestión. La legislación concerniente a los derechos de los inquilinos y de los propietarios es bastante compleja; si se encuentra una vivienda por intermedio de una agencia conocida, normalmente le presentará un contrato de alquiler estándar (*lease* o *rental agreement*) que se debe leer con atención antes de firmar y que incluirá entre otras cosas: una descripción de la vivienda y su estado; un inventario (*inventory*) del contenido de la vivienda (muebles, equipo de cocina, etc.). A fin de evitar que se cobre por el deterioro de éste, se debe verificar cuidadosamente este inventario al iniciar el alquiler y dejar establecido por escrito toda divergencia entre lo descrito en él acerca de los objetos (o su ausencia), de los equipos y su estado; el monto de los gastos y del depósito; la duración del contrato y las condiciones para su terminación antes del tiempo previsto, tanto por parte del arrendador como del inquilino.

Comprar una vivienda

Las diferentes etapas de la compra de una vivienda llevan por los menos 6 meses. Hay agencias inmobiliarias en Internet que se especializan en la búsqueda de propiedades tanto en Gran Bretaña como en EEUU Si ya se está en éstos, se recomienda tomar contacto personalmente con una agencia inmobiliaria o leer los periódicos y las publicaciones especializadas. Una vez que se encuentra la vivienda apropiada, se deberá ofrecer un precio por ella, normalmente a través de la agencia. Si la oferta es aceptada y se necesita un préstamo para la compra, un banco o la entidad que se lo proporcione, enviará un perito para que inspeccione la propiedad (*home inspection* en EEUU, *survey* en el RU). En Estados Unidos, los intereses cobrados por un préstamo bancario otorgado para la compra de una propiedad son deducibles de los impuestos. También es necesario contactar a un abogado que hace las veces de notario (*real estate attorney*, en EEUU, *solicitor*, en el RU), y que, según sea el tipo de vivienda, podrá asesorar y ser también un perito independiente. También le incumbe investigar todo lo concerniente a la propiedad, como los derechos de acceso, restricciones al permiso de obras, etc., verificar el derecho a vender del vendedor, examinar los términos del contrato y tratar con el abogado de la otra parte. Todos estos trámites son caros, por lo que es necesario informarse cuanto antes del monto de los cargos fiscales (*transfer tax*, en EEUU, *stamp duty*, en el RU), honorarios del perito, etc. No se puede en ningún caso tener el mismo abogado que el vendedor. El Estado no fija los honorarios de los abogados por lo que varían mucho. En términos generales, es mejor tener un abogado dentro del área en que se va a comprar.

En Inglaterra y en el País de Gales, la aceptación de una oferta no crea una relación contractual para nadie y puede ocurrir que el vendedor reciba una oferta superior y la propuesta anteriormente sea desechada. Esta práctica, conocida con el nombre de *gazumping*, no es ilegal, pero es fuertemente criticada. En Escocia, el sistema es totalmente diferente y la aceptación de una oferta liga a las partes en una relación contractual, la que es difícil y muy caro terminar.

En EEUU, es frecuente hacer una entrega inicial, que corresponde al 2 o 3% del precio de la vivienda (*earnest money deposit*). Este pago, que será retenido por un tercero, se deducirá del monto final de la venta, si ésta se lleva a cabo. Este trámite hará que la propiedad escogida sea retirada del mercado para que nadie más la pueda comprar. Luego, los abogados de las partes deberán tomar contacto para fijar la fecha del intercambio de contratos, que equivale más o menos a la firma de un compromiso de venta. El comprador se verá obligado a hacer un anticipo de un 10% del precio de venta. Luego se fija la fecha para la firma del contrato de compraventa y la entrega de la propiedad (*closing date*, en EEUU, *completion date*, en el RU).

La Banca: las cuentas personales

En el Reino Unido, para abrir una cuenta corriente o de ahorro, hay que tener domicilio en éste. Existe mucha competencia entre los diferentes bancos, por lo que antes de comprometerse, es prudente comparar los diferentes servicios y tasas de interés que se ofrecen. Hay muchas entidades que no son propiamente bancos, pero que pagan intereses sobre las inversiones y aprueban préstamos para la compra o mejora de una vivienda; es el caso de las sociedades de créditos hipotecarios (*building societies*, en el RU, *savings and loan associations* en EEUU), cuyos préstamos pueden tener muchas variantes dentro del Reino Unido y especialmente en EEUU.

Tipos de cuentas

Los tipos de cuentas pueden variar de un banco a otro, sobre todo en lo que concierne a las cuentas de ahorros o las cuentas reservadas para cierta categoría de clientes, tales como los

have the property inspected and will draw up the contract which both parties must sign in his/her presence. The money is paid over in a bank and the property can change ownership within a few days.

If the sale is not registered immediately, a contract of sale is drawn up. This acts as a receipt for the deposit and sets in motion the completion of the transaction. This document contains the conditions of the sale: costs, time scales, handover date, penalties for failing to comply with the contract, registration date, the name of the notary public, etc. Most of these details will then be included in the registration. Once the sale document has been signed it is binding; if the buyer defaults, the vendor keeps the deposit and if the vendor withdraws, not only must he/she return the deposit but he/she will also incur double the cost of changing the registration details. Registration of the sale marks the completion of the transaction.

Banking: personal accounts

If you are thinking of staying in **Spain** for more than six months you will probably need a bank account. There are several types of bank account in Spain. To open one you will need proof of residence or a passport and a *NIF (Número de identificación fiscal* – taxpayer's identity number).

Types of account

In Spain types of account can vary from one bank to the next, especially for savings accounts and accounts for particular categories of clients, such as students, children or investors of large sums of money.

Checking Accounts: These are accounts which offer basic banking services, in other words: checkbook, debit card and monthly statements. Usually, there is no minimum requirement as to how much money there is in the account (nor is there any limit to how much money is paid into/out of your account). Some banks offer checking accounts for non-residents, which have the advantage that you are exempt from all taxes on the money in this account. You must provide documentary proof every two years that you are not a Spanish resident.

BE **BANCO EJEMPLAR DE SANTIAGO**

Sucursal 5847 Santiago
Avenida de la Independencia, 46
5644 Santiago
Tel. 958-473 56 78

Extracto de Cuenta
Código Cuenta Cliente: 51725 56

www.bancoejemplar.com

Fecha: 04 mayo 2008
Página: 12

Titular: Jorge Díaz Bermejo
Picasso 98
5650 Santiago

FECHA	CONCEPTO			IMPORTE	SALDO
20.04.08	SALDO ANTERIOR				1.305,67
21.04.08	REINTEGRO CAJERO AUTOMÁTICO			-50,00	1.255,67
25.04.08	INGRESO EN EFECTIVO			150,00	1.405,67
30.04.08	DOMICILIACIÓN TELEFÓNICA			-35,49	1370,18
30.04.08	TALÓN 000536			-650,00	720,18
30.04.08	CARGOS MANTENIMIENTO			-2.35	717.83

Time Deposit Accounts: These accounts offer interest rates which depend on how much money comes into your account and how long it stays there. They guarantee the capital sum and a fixed rate of interest until maturity, which is not dependent on the fluctuations of the financial markets.

Savings Accounts: The main difference between this and a checking account is that funds are withdrawn using a passbook.

Homebuyers' Accounts: A financial product which consists of a savings plan designed to build up capital for the future purchase or renovation of a first home. The account operates using a passbook and bank deposits, which as well as providing the account holder with a return on his/her investment, offers tax advantages if the account holder pays income tax in Spain.

In **Mexico** foreigners have several options regarding bank accounts. Americans and Canadians can have accounts in either pesos or dollars. The former are knows as *axis accounts* and the latter as *central accounts*. With the latter the account holder can transfer funds to other accounts, either within Mexico or abroad, carry out business transactions and invest in the Mexican stock market.

Checking Accounts in pesos: Yield regular interest payments and require a minimum deposit when you open them.

Checking Accounts in dollars: Range from normal checking accounts to accounts which only yield interest. A minimum deposit is also required when you open these accounts.

Deposit Certificates: Can only be held in pesos. They earn the highest interest for the account holder and also require a minimum deposit.

In **Argentina** you must have a DNI (*documento nacional de identidad* – national identity document) to open an account and in order to obtain one you must be a resident. There are no general rules for opening bank accounts and different rules apply for opening savings and checking accounts. Accounts can be opened in pesos or dollars and the charging structures can vary widely.

Short glossary of banking terms

abrir una cuenta	to open an account
ahorros	savings
anual	annual
anualmente	yearly
banco	bank
billete (de banco)	bank note
caja de ahorros	savings and loan institution
cajero automático (permanente)	ATM (AmE), cash machine (BrE)
cargos (bancarios)	charges
cartola (Chi)	(bank) statement
cerrar una cuenta	to close an account
cheque	check (AmE), cheque (BrE)
cheque de viaje or de viajero	traveler's check (AmE), traveller's cheque (BrE)
chequera	check book (AmE), cheque book (BrE)
código de banco y sucursal	bank routing number (in US), sort code (in UK)
comisión	commission

estudiantes, los niños o las personas que tienen una cantidad considerable para invertir.

Cuentas corrientes (*checking accounts* en EEUU, *current accounts* en el RU): Es la cuenta con cheque básica. En principio, no hay gastos en la apertura de estas cuentas, sólo se exige depositar un mínimo que puede variar de un banco a otro según las distintas promociones comerciales de cada uno. Esta cuenta normalmente le dará acceso a los servicios básicos, es decir : chequera, tarjeta bancaria, saldo mensual de cuenta. Generalmente hay que pagar por las tarjetas de crédito. Ciertos bancos ofrecen cuentas corrientes remuneradas, que pagan intereses sobre un saldo promedio mensual. Si se quiere transferir cantidades importantes al Reino Unido debe informarse sobre la mejor manera de invertirlas.

Cuentas de ahorros (*savings accounts*): Las tasas de interés varían según el tipo de cuenta, y en la mayoría de los casos están sujetas al acceso de los fondos, también pueden variar en función del número de años durante los cuales se deja el dinero para que rinda sus frutos, pero el cierre de la cuenta anticipadamente puede acarrear una penalización sobre los intereses.

The Savings Bank

phone 08457 000 000
www.thesavingsbank.co.uk

Mr J Smith
20 Acacia Avenue
Bristol
BS49 2YK

Directplus Account

Date	Description	Money out	Money in	Balance
13 NOV 06	**OPENING BALANCE**			**1,230.00**
5 DEC 06	CHEQUE 000006	35.99		1,194.01
12 DEC 06	PAYMENT FROM S.W. SMITH		1,890.00	3,084.01
	Statement closing balance			**3,084.01**

Breve glosario de términos bancarios

account holder	titular de una cuenta
annual	anual
ATM	cajero automático (permanente)
balance	saldo
bank	banco
(bank) account	cuenta (bancaria)
bank note	billete (de banco)
bank routing number (in US)	número de sucursal *o* agencia
(bank) statement	estado de cuenta, cartola (Chi)
branch	sucursal
building society (in GB)	sociedad de préstamo hipotecario
cardholder	titular de una tarjeta, tarjetahabiente (Méx, Ven)
cash machine (BrE)	cajero automático (permanente)
charges	cargos (bancarios)
check (AmE), **cheque** (BrE)	cheque, talón (also in Esp)
check book (AmE), **cheque book** (BrE)	chequera, talonario (Esp)
checking account (AmE)	cuenta corriente
to **close an account**	cerrar una cuenta
commission	comisión
credit	crédito
credit balance	saldo positivo
credit card	tarjeta de crédito
current account (BrE)	cuenta corriente
debit	débito
debit balance	saldo deudor
debit card	tarjeta de débito
direct billing (AmE), **direct debit** (BrE)	débito bancario (AmL), domiciliación bancaria (Esp), pago autómatico bancario (Chi)
to **draw**	girar
exchange rate	tasa o tipo de cambio
free	gratis, gratuito
interest	interés
interest rate	tasa o tipo de interés
joint account	cuenta conjunta
loan	préstamo, empréstito (*formal*)
mortgage	hipoteca
mortgage (loan)	préstamo hipotecario
monthly	mensual
to **open an account**	abrir una cuenta
overdraft	descubierto, sobregiro
to **overdraw**	girar al descubierto, sobregirarse
to **pay in**	depositar, ingresar (Esp), consignar (Col)
payment	pago
rate	tasa *o* tipo
savings and loan association (in US)	sociedad de préstamo hipotecario
signature	firma
sort code (in UK)	número de sucursal *o* agencia
to **transfer**	transferir
traveler's check (AmE), **traveller's cheque** (BrE)	cheque de viaje *o* de viajero
to **withdraw money**	retirar dinero
withdrawal	retiro, reintegro
yearly	anualmente

consignar (Col)	to pay in
crédito	credit
cuenta (bancaria)	(bank) account
cuenta conjunta	joint account
cuenta corriente	checking acount (AmE), current accout (BrE)
débito	debit
débito bancario (AmL)	direct billing (AmE), direct debit (BrE)
depositar	to deposit, to pay in
descubierto	overdraft
domiciliación, domiciliación bancaria (Esp)	direct billing (AmE), direct debit (BrE)
empréstito	loan
estado de cuenta	(bank) statement
firma	signature
girar	to draw
gratis	free
gratuito	free
hipoteca	mortgage
ingresar (Esp)	to pay in
interés, intereses	interest
mensual	monthly
número de sucursal	bank routing number (AmE), sort code (BrE)
número de cuenta	account number
pago	payment
pago automático bancario (Chi)	direct billing (AmE), direct debit (BrE)
préstamo	loan
préstamo hipotecario	mortgage (loan)
reintegro	withdrawal; repayment (of loan)
retirar dinero	to withdraw money
retiro	withdrawal
saldo	balance
saldo deudor	debit balance
saldo positivo	credit balance
sobregiro	overdraft
sucursal	branch
talón (Esp)	check (AmE), cheque (BrE)
talonario (Esp)	check book (AmE), cheque book (BrE)
tarjeta de crédito	credit card
tarjeta de débito	debit card
tarjetahabiente (Mex, Ven)	cardholder
tasa or tipo	rate
tasa or tipo de cambio	exchange rate
tasa or tipo de interés	interest rate
titular de una cuenta	account holder
titular de una tarjeta	cardholder
transferir	to transfer
transferencia electrónica (de fondos)	electronic (funds) transfer

Taxation

Double-taxation agreements may exist between your country of origin and the country in which you are earning taxable income. These avoid you having to pay tax both in the country you come from and in the Spanish-speaking country where you want to live or work. The language of taxation is complex and you may need professional help in order to be able to claim all the reliefs due to you.

Income Tax

The tax year in **Spain** runs from 1 January to 31 December and all Spanish residents must pay income tax. If you live in Spain for more than 183 days you will be classed as a Spanish resident and will be liable for tax. All non-residents who derive a profit in Spain must pay tax and if you earn a fee for services rendered in Spain, expect the payer to deduct tax on your behalf. Tax must be paid in June of the following tax year. Around May or June *Hacienda* (the tax office) will send you an income tax return to fill in.

In **Mexico** the organization which regulates and controls taxes is the *SAT* (*Servicio de Administración de Impuestos*). Residents are subject to income tax regardless of their nationality. Non-residents are only taxed on income earned in Mexico. Those who have temporary or permanent immigration documents are treated as residents. Foreigners working in Mexico on a visitor's permit are not considered to be residents until they have lived there for 183 days in a calendar year. If you have a bank account which pays interest, the bank will deduct withholding tax. Non-residents have no further tax liability. Residents must include interest earned in their annual Mexican tax return. Rental income derived in Mexico by residents is taxed at a maximim rate of 35%. Non-residents are taxed at 25% on their rental income.

In **Argentina** the tax year begins on 1 January and ends on 31 December. Tax is collected by the *AFIP* (*Administración Federal de Ingresos Públicos*). Income tax is known as *el impuesto a las ganancias*. Residents must pay tax on their worldwide income, but tax paid abroad can be offset against liability to Argentinian tax. Non-residents only pay tax on their profits from Argentinian sources. Argentinian law divides taxable profits into the following four categories: income from rentals; income from capital; income from business activities; income from employment and pensions. The latter enjoy certain allowances and income above these is subject to income tax.

Los impuestos (taxes)

Impuesto a la renta (Income tax)

La mayoría de los británicos paga impuesto a la renta con el sistema PAYE (*Pay As You Earn*: literalmente "pagar según se gana") que se aplica a todo ingreso.

Cuando se empieza en un empleo, la ley obliga al empleador a declarar a las autoridades fiscales (*HM Revenue & Customs*) la fecha de la contratación y el monto del salario. Desde esta fecha, el empleado tendrá un número de la seguridad social (*National Insurance number*) que servirá de referencia en todos los trámites que se haga ante el Tesoro Público (*state tax authorities*), la seguridad social, etc. También se recibirá por parte del empleador un código impositivo fiscal (*tax code*) que indica la suma a partir de la cual se comenzará a imponer. La suma correspondiente al impuesto será mensualmente retenida del salario. No será necesario hacer la declaración de impuestos a la renta (*income tax return*), si el salario constituye la única fuente de ingresos y no se tengan:

- ingresos provenientes de propiedades inmobiliarias (aunque estén fuera del Reino Unido),
- ingresos profesionales obtenidos dentro del empleo
- intereses provenientes de ahorros o inversiones y que sean superiores a una cierta cantidad.

Existen otros muchos aspectos por lo que en caso de duda, es mejor consultar a un contador público (*chartered accountant*) o directamente ante las autoridades fiscales. Se encontrará información detallada en http://www.hmrc.gov.uk/home.htm o http://www.hmrc.gov.uk/home.htm . Puede también informarse en un *HMRC Enquiry Centre* de la zona donde se vive.

Si se está desempleado, se debe registrar ante las autoridades fiscales. Es sin duda preferible contratar los servicios de un contador experto, al menos durante el primer año de su permanencia en el Reino Unido. El año fiscal británico comienza el 5 de abril. La declaración de impuestos debe hacerse por el año fiscal que termina el 4 de abril del año que precede. Según el sistema llamado *Self Assessment* debe presentarse antes del 30 de septiembre si se quiere que las autoridades fiscales hagan el cálculo de éstos; pero de todas formas antes del 31 de enero. Si no se respetan estas fechas se corre el riesgo de incurrir en una multa considerable.

Irlanda tiene un sistema muy similar al del Reino Unido en cuanto al funcionamiento del sistema *PAYE* y del Tesoro Público (autoridades tributarias o el *HM Revenue & Customs*)

En Estados Unidos, es necesario declarar los ingresos al servicio federal de impuestos a la renta (*the federal Internal Revenue Service, IRS*). Esta declaración puede depender del tipo de visa que se tenga. Si se deja de obtener la visa apropiada se corre el riesgo de que se le aplique la escala universal, como a los norteamericanos residentes, por lo que es en el interés del contribuyente establecer su situación de no residente, si corresponde, lo antes posible.

Los empleados generalmente pagan los impuestos federales todos los meses mediante un sistema de retención sobre el salario. El empleador descuenta del salario el monto del impuesto para que se pague directamente ante el *IRS*. Para beneficiarse del sistema, los empleados deben obtener un número personal de identificación tributaria (*Taxpayer Identification Number, ITIN*), sobre todo si no se tiene número de la seguridad social.

En EEUU, existen los impuestos sobre la renta estatales (*state taxes*), federales (*federal taxes*) y locales (*local taxes*), que también pueden ser regulados a través del sistema de retención sobre el salario. Los impuestos estatales varían considerablemente de un estado a otro y en algunos no se cobra. Se debe tener cuidado en que la exoneración de un impuesto federal no significa necesariamente la de uno estatal.

Toda tardanza o infracción en la presentación de la declaración de la renta (*tax return*) podría conducir a la revocación de una exoneración de impuestos o de los acuerdos de créditos, como también al cobro de multas. Para más información ver http://www.irs.gov/espanol/index.html

Las universidades norteamericanas que regularmente acogen a un número de estudiantes extranjeros, están a menudo obligadas a informar acerca de la contribución de los residentes temporales en EEUU.

Es necesario saber que existen convenios internacionales de doble imposición entre la UE y EEUU.

Impuesto sobre la propiedad (*Local property tax* en EEUU, *Council tax* en el RU)

La suma de todo impuesto sobre inmuebles, o toda contribución urbana, está basada en una estimación del valor de la propiedad, pero las tablas son relativamente uniformes, aunque en EEUU existen grandes variaciones entre los diferentes estados.

La electricidad, el gas y el teléfono

Estos servicios están totalmente privatizados en el Reino Unido y en EEUU, por consiguiente se ofrecen una vasta gama de posibilidades de las que es necesario informarse según sean las necesidades y prioridades de cada persona. En el Reino Unido el organismo gubernamental *Ofcom* (www.ofcom.org.uk) proporciona la información concerniente a los tipos de abonados al teléfono. Las compañías de electricidad y de gas son igualmente competitivas y los precios pueden variar considerablemente. Asesoramiento serio se puede obtener en www.energywatch.org.uk, como también la lista de proveedores de estos servicios en cada localidad y sus tarifas. Las cuentas de gas y de electricidad, por lo general, se envían cada tres meses, las que se pueden pagar mediante débito bancario (*direct billing* o *debit*.)

En EEUU, se puede obtener el reembolso del impuesto sobre el uso del teléfono y que los contribuyentes elegibles pueden solicitar en su declaración de impuestos.

Correspondence

Vacations and travel plans

Holiday postcard

■ Beginning (quite informal): this formula is used among young people, very close friends, and, generally speaking, when addressee and sender address each other using the familiar form *tú*. *Querido Juan* can also be used, or *Querida Ana* if the addressee is a woman. If addressed to two or more people, males and females or only males, the masculine plural *Queridos* is always used: *Queridos Juan y Ana, Queridos amigos, Queridos Juan y Pedro*. *Queridas* is used if the card or letter is addressed to more than one female: *Queridas chicas, Queridas Ana y Conchita*.

■ Address: Note that the title (*Sr., Sra., Srta.*) is always followed by a full stop and stands next to the name.

The house number (sometimes also *N° ...*) comes after the street name. In addresses of apartments in Spain, this is often followed by a floor number and sometimes the apartment's position on the landing: *c/ Hermosilla 98, 6° Dcha.*

The zip code comes before the place.

Hola Juan

Bath, 8 de octubre 2008 [1]

¿Qué tal? Hemos llegado a esta maravilla de ciudad hace dos días y estamos disfrutando muchísimo de todo lo que vemos, ¡a pesar del tiempo! Ya sabes tú como es el clima por aquí.

Hemos visitado los baños romanos (por supuesto), la catedral y sus alrededores. Hicimos un paseo por el río en barca y hemos recorrido la ciudad a pie. Es la mejor forma de apreciar la increíble arquitectura de este lugar.

¡Ah! También tomamos un té inglés como es debido, con sándwichs de pepino incluidos, en la elegante "Pump Room". Mañana regresamos a Londres y luego de vuelta a la dura realidad.

Esperamos que todo te haya ido bien con el cambio de trabajo. Ya nos contarás.

Hasta pronto.

Ana y Eduardo

Sr. Juan Elizalde
Po Pintor Rosales 101
28008 Madrid
Spain

■ Endings (informal): *Un fuerte abrazo, Muchos saludos, Muchos besos y abrazos*. Also in Latin America: *Cariños* (NB not between men), *Hasta pronto* (See you soon).

[1] Not only on postcards, but on most personal letters, Spanish speakers do not put the address at the top, but just the name of the place and the date. The sender's address is recorded on the back of the envelope.

Correspondencia

Vacaciones y viajes

Postal desde un lugar de vacaciones

■ Por tratarse de una postal, el encabezamiento es muy simple, siempre Dear, seguido del primer nombre del destinatario.

■ En la dirección, el título (*Mr*, *Mrs*, *Miss*, *Ms*) precede al nombre del destinatario en la primera línea. Las abreviaturas *Mr*, *Mrs* y *Ms* no van seguidas de punto. En Gran Bretaña muchas casas suelen tener un nombre, el que aparece encima del de la calle. Tanto en Norteamérica como en Gran Bretaña, el número de la casa se coloca antes del nombre de la calle. Debajo le siguen, en Gran Bretaña, el barrio, la ciudad o el condado y el código postal (postcode), cada uno en una línea. En Norteamérica debajo del número de la casa y el nombre de la calle, se incluyen la ciudad, las iniciales del Estado y el código postal (*zip code*), todo en una línea:

Mr John Spaline Jr
100 Irving Palace
New York, NY 10001
USA

6.8.2008 **1**

Dear John

Greetings from Mexico City! Got here a couple of days ago, but already in love with the place (in spite of the traffic and smog). Everything is so different and the food sometimes a bit too hot for us. Delicious though. We have visited the Archaeological Museum (out of this world), the Zócalo, the Cathedral, an Aztec temple and other places. Last night we went to Plaza Garibaldi to see the mariachis sing. Very atmospheric. Tomorrow we're visiting Teotihuacán and the pyramids, and then on Thursday we head home. Hope **2** your mother is fully recovered by now.

See you soon,

Mark and Juliet.

Mr J. Roberts
The Willows
49 North Terrace
Kings Barton
Nottinghamshire
NG8 42l
England

■ Fórmula de despedida informal empleada cuando el destinatario es un amigo íntimo o un pariente cercano. Otras alternativas pueden ser: *All the best*, *With love from*, *Much love*, o simplemente *Love (from)*.

1 No sólo en postales sino también en la mayoría de las cartas de tipo personal, tanto los norteamericanos como los británicos colocan la fecha en el ángulo superior derecho.

2 Estilo telegrama, típico de una postal, en el que se suprime el pronombre: *Got here ...* y *Hope you're ...* en lugar de *We got here ...* y *We hope you're ...* respectivamente.

Inquiry to a tourist office

■ This is a standard formula for starting a business letter addressed to a firm or organization, and not to a particular person. Alternatively, *Estimados señores* and, also in Latin America, *De nuestra mayor consideración*, could be used.

More formal openings: *Distinguido señor, Distinguida señora, Distinguidos señores, Muy señor mío.*

■ A simple business-style letter. The sender's address is on the top left-hand corner, the date is on the right, and the recipient's address is on the left, beneath the sender's address.

Sally McGregor
16 Victoria Road
Brixton
London SW2 5HU

4 de mayo de 2008

Oficina de Información y Turismo
Princesa 5
Oviedo

Muy señores míos

Les agracedería me remitieran a la mayor brevedad una lista de hoteles y pensiones, de precio medio, en Oviedo y los pueblos de la provincia.

También me interesaría obtener información acerca de excursiones en autocar [1] a los lugares de interés de la zona durante la segunda mitad de agosto.

Agradeciendo de antemano su atención, les saluda atentamente,

Sally McGregor

■ *Les* (*Los* in Latin America) *saluda atentamente* is the standard ending for a formal or business letter. Other possibilities are: *Me despido de ustedes atentamente, Reciban un atento saludo de, Atentamente, Muy atentamente.*

[1] In Latin America: *autobús*.

Carta a una oficina de turismo

■ Encabezamiento típico de una carta de negocios cuando no se sabe si el destinatario es hombre o mujer. Otra alternativa sería *Dear Sirs*, si el destinatario fuese una empresa u organización (como por ejemplo si, en este caso, la carta estuviese dirigida a *The Regional Tourist Office* en lugar de a *The Manager*)

C/Antonio Cedaceros 9
05002 Ávila
Spain

4th May 2008

The Manager
Regional Tourist Office
3 Virgin Road
Canterbury
CT1 3AA

Dear Sir or Madam,

Please send me a list of hotels and guesthouses in Canterbury in the medium price range.

I would also like details of coach trips to local sights in the second half of August.

Yours faithfully

Antonio López A.

■ En el inglés británico, fórmula típica de despedida de cartas formales dirigidas a un destinatario a quien no se conoce personalmente. En el inglés norteamericano se utiliza *Sincerely yours*. En ambos, es la fórmula que debe emplearse cuando el encabezamiento de la carta es *Dear Sir or Madam*, *Dear Sirs*, *Dear Sir* o *Dear Madam*.

Booking a campsite

Urbanización El Molino
Chalet 88
Villanueva de la Cañada
Madrid

25 de abril de 2008

Camping Loredo
Sr. Roberto Loredo
Nájera
La Rioja

Muy señor mío

Un amigo que suele acampar en la zona me ha recomendado su camping, por lo que quisiera reservar una plaza para una tienda, preferiblemente en un lugar abrigado. Dos amigos y yo queremos pasar una semana allí, desde el 18 al 25 de julio inclusive.

Le agracedería que me confirmara la reserva lo antes posible y que me dijera si se requiere depósito. También le estaría muy agradecido si me enviara indicaciones para llegar al camping desde la carretera.

A la espera de su confirmación, le saluda atentamente,

Pedro Salguedo

Booking a hotel room

200 W. 34th Street
New York, NY 10019

12 de abril de 2008

Hotel Villadiego
c/Orense s/n
28080 MADRID

Muy señores míos

Rogamos nos reserven una habitación doble con baño desde el día 15 de mayo hasta la noche del 20 de mayo inclusive.

Nuestro vuelo llega a Barajas a las 23:00 horas, por lo cual les agradeceríamos mantuviesen la reserva aunque llegáramos a altas horas de la noche. Sírvanse cobrar el depósito correspondiente con cargo a nuestra tarjeta de crédito

EXTRACARD Nº 2222 0056 2335 0088
FECHA DE CADUCIDAD 11.04
TITULAR P.W. GORMAN

Los saludamos atentamente, a la espera de su confirmación

Patricia Gorman

Peter y Patricia Gorman

Renting a holiday cottage

Sagasta 45
CADIZ
Tel. (956) 253467

21 de enero de 2008

Agencia Larrea
Plaza de San Antonio 7
CADIZ

Señores

Les escribo en relación con el anuncio aparecido en el diario 'La Provincia' del pasado domingo, en el que ofrecen chalets en alquiler en Benaoján. Les agradecería me enviaran más detalles al respecto.

Tenemos pensado pasar el puente de Semana Santa en la sierra con mi hija y su marido y me interesaría saber si tienen un chalet libre para cuatro personas para esas fechas.

A la espera de sus prontas noticias los saludo atentamente

F. González

Francisca González Ortega

Complaining to the agent

Sagasta 45
CADIZ
Tel. (956) 253467

30 de abril de 2008

Agencia Larrea
Plaza de San Antonio 7
CADIZ

Señores

Durante las pasadas vacaciones de Semana Santa alquilé uno de sus chalets en Benaoján. Lamento decir que no quedé en absoluto satisfecha con la calidad del alojamiento que nos proporcionaron. La calefacción no funcionaba bien y nunca se llegó a calentar bien la casa, con el agravante de que la ventana del cuarto de estar no cerraba bien y por lo tanto entraba mucho frío. Tampoco había suficiente agua caliente. Las que deberían haber sido unas vacaciones maravillosas, se convirtieron en poco menos que una pesadilla y sólo fue gracias a la amabilidad de la gente del pueblo, que nos prestó mantas y un calentador eléctrico, que no regresamos a casa el segundo día.

Huelga decir que no volveré a utilizar los servicios de su agencia, pero sería de esperar que se subsanaran los inconvenientes mencionados para que otros turistas pudieran disfrutar de sus vacaciones como corresponde.

Atentamente

F. González

Francisca González Ortega

Reserva de camping

22 Daniel Avenue
Caldwood
Leeds LS8 7RR

Tel. 01132 998767

25th April 2008

Mr Joseph Vale
Lakeside Park
Rydal
Cumbria
LA22 9RZ

Dear Mr Vale,

Your campsite was recommended to me by James Dallas, who knows it from several visits. I and two friends would like to come for a week from July 18th to 25th. Could you please reserve us a pitch for one tent, preferably close to the shore?

Please confirm the booking and let me know if you require a deposit. Would you also be good enough to send me instructions on how to reach you from the motorway?

Yours sincerely,

Frances Good

Reserva de habitación en un hotel

321 Belvedere Place
Philadelphia, PA 19001

June 2, 2008

Autumn Inn
286 Lisle Hill Road
Wilmington, VT 05208

Dear Sir

We found your hotel listed in the *Inns of New England* guide for last year and would be interested in reserving a double room for the week of August 2nd to 8th (six nights). We would prefer a room at the back to ensure quiet.

Please could you let me know whether you have a room available for this period, what the price would be, and whether a deposit is required?

Thank you.

Sincerely yours

George McCormack

George McCormack

Alquiler de una casa de vacaciones

23a Colonial Drive
Montpelier, VT 05624

June 4, 2008

Mr and Mrs A. Murchfield
12 Main Street
Chatham, MA 02601

Dear Mr and Mrs Murchfield

I am writing in response to the advertisement you placed in *Home Today* (May issue). I am very interested in renting your Cape Cod cottage for any two weeks between July 24th and August 28th. Please telephone me (053-123-4567), collect, to let me know which dates are available.

If all dates are taken, perhaps you could let me know whether you are likely to be renting the cottage next year, as this is an area I know well and want to return to.

I look forward to hearing from you.

Sincerely yours

Michael Settle

Michael Settle

Queja a una agencia de viajes

674 Chestnut Street
Philadelphia, PA 19098

August 21, 2008

REF: 2347/PP./990

The Director
SunFun Co.
251 Walnut Street
Philadelphia, PA 19029

Dear Sir/Madam

This July my husband and I spent a week, from July 12 to July 19, in your SunFun "luxury hotel" in Miami. Our room was hardly luxurious. The shower did not work and was not repaired until the last day of our vacation, despite persistent complaints. The room was directly above the kitchen, so we were unable to sleep at night because of the noise, and there was a heavy smell of cooking at all times. The hotel was not, as your brochure described, 5 minutes' walk from the sea, but nearly 30 minutes.

Our tour representative refused to move us to another room, and would not even listen to our complaints. I wish to claim $250 (half the cost of the vacation), which I am sure you will agree is fair compensation for our ruined vacation. I await your prompt reply.

Sincerely yours,

Ruby Divine

Mrs R. Divine

Offering house exchange

Isabel de las Heras
Avenida de las Acacias 30
"Villa Elena"
Somosaguas
MADRID

12 de enero de 2008

Mrs Imelda Read
33 Twickenham Ave
RICHMOND
Surrey
TW9 1PK

Estimada Señora

Me dirijo a usted por recomendación de nuestra común amiga, Matilde Antón. El otro día le comenté mi deseo de pasar las vacaciones de verano en Inglaterra mediante un intercambio de casas con una familia británica. Matilde me dijo que se hallaba usted en la misma circunstancia, y que le había encargado que corriera la voz entre sus amistades.

Vivimos en Somosaguas, en una casa con cuatro dormitorios, dos cuartos de baño, recibidor, dos cuartos de estar, salón comedor, garaje con plazas para dos coches y un gran jardín con piscina. Somosaguas es una zona residencial en la que los niños pueden jugar con tranquilidad. Cuenta con supermercado, gimnasio, peluquería y multicines, todo a un paso de nuestra casa.

En caso de interesarle mi oferta, por favor no dude en ponerse en contacto con Matilde, quien le podrá dar una idea de qué tipo de familia somos.

La saludo atentamente y quedo a la espera de su respuesta

Isabel Martín de las Heras

Reply to offer of house exchange

Imelda Read
33 Twickenham Avenue
RICHMOND
Surrey
TW9 1PK

18 de enero de 2008

Doña Isabel de la Heras
Avenida de las Acacias 30
"Villa Elena"
SOMOSAGUAS
MADRID

Estimada Isabel

Recibí su amable carta en la que proponía que intercambiáramos casas el próximo verano. Matilde me había llamado por teléfono un par de días antes, dándome impecables referencias de usted. Como ella le comentaría, nuestra casa es muy similar a la suya, aunque no tenemos piscina (¡el tiempo por aquí no se presta a tales lujos!). Le adjunto una foto de la casa y otra del jardín.

Nosotros tenemos pensado tomar nuestras vacaciones desde el 28 de julio (el año académico termina el día 25) hasta el 30 de agosto. ¿Les resultarían convenientes a ustedes estas fechas?

Reciba mi más atento saludo

Imelda Read

Imelda Read

Thanking for hospitality

Lima, 15 de agosto de 2008

Querido Luis:

Por fin encuentro tiempo para escribirte y así poder darte las gracias por las maravillosas vacaciones que pasamos en tu casa. Hace tres semanas que volvimos y todos seguimos hablando de los paseos que dimos juntos y de esas pintorescas calas adonde nos llevaste.

Para nosotros fueron unas vacaciones inolvidables. Esperamos no haberte causado demasiadas molestias y te quedamos eternamente agradecidos. Huelga decir que tienes tu casa aquí para cuando quieras venir a pasar una temporada en Lima. Aunque no podemos ofrecerte la arena dorada de las playas de Acapulco, sé que tú en especial disfrutarías mucho de todos los lugares de interés histórico que podríamos visitar.

De nuevo te agradecemos tu hospitalidad. Saluda a Luis Carlos, Elena y a todos los demás de nuestra parte.

Un fuerte abrazo de tus amigos

Enrique, Susana y los niños

P.D. Te mando una foto de las muchas que tomó Susana la noche que salimos a celebrar tu cumpleaños. Hemos salido todos muy bien, ¿no crees? ¡Quién diría que ya han pasado veinte años desde la foto de la ceremonia de graduación!

Oferta de intercambio de casa

4 LONGSIDE DRIVE
CAMBRIDGE, MA 02142

May 13, 2008

Dear Mr and Mrs Candiwell

We found your names listed in the 2003 *Owners to Owners* handbook and would like to know if you are still participating in the property-exchange program.

We have a 3-bedroomed house in a quiet village only 10 minutes' drive from Cambridge center. We have two boys aged 8 and 13. If you are interested, and if three weeks in July or August would suit you, we will be happy to exchange references.

We look forward to hearing from you.

Sincerely yours

John Valedict

John and Ella Valedict

Confirmación de intercambio de casa

Trout Villa
Burnpeat Road
Cheyenne, WY 82044
(613) 3456554

February 5, 2008

Dear Mr and Mrs Tamberley,

As per our phone call, this is to confirm our arrangement to exchange houses from August 2nd to August 16th inclusive. We enclose various leaflets about our area.

As we mentioned on the phone, you will be able to pick up the keys from our neighbors, the Brownes, at 'Whitley House' (see enclosed plan).

We look forward to an enjoyable exchange.

Sincerely yours,

Shirley Jamlworth

Carta de agradecimiento a un anfitrión

Henry and Susan Wilson
267 Lowell Street
Boston, MA 02111

August 15, 2008

Dear Luis,

I finally have time to write to thank you for the wonderful time we all spent together at your home. We have been back three weeks now and are still talking about the walks we went on and the picturesque coves you showed us.

It was an unforgettable vacation for us. We can't thank you enough and trust we did not inconvenience you too much. It goes without saying that you're most welcome to stay with us whenever you wish to visit. Although we cannot offer the golden sands of Acapulco, there is much to see in Boston and I know you'd have a great time here.

Again, many thanks for your kind hospitality. Give our regards to Luis Carlos, Elena and the children.

Fondest regards

Henry & Susan

Personal correspondence

Invitación (informal)

Madrid, 22 de abril de 2008

Querido James

Te escribo para preguntarte si te apetecería [1] pasar las vacaciones de verano con nosotros. A Tito y a Pilar les haría mucha ilusión (y también a Juan y a mí, por supuesto) [2]. Pensamos ir al noreste del país a finales de julio o a principios de agosto. Es una región realmente hermosa y nos encantaría que tú también vinieras. Es muy probable que llevemos tiendas de campaña ¡espero que no te importe dormir en el suelo!

Te agradecería que me avisaras lo más pronto posible si puedes venir.

Un cariñoso saludo,

Ana de Salas

[1] Or (in Latin America and also in Spain): *si te gustaría*.

[2] Or (in Latin America and also in Spain): *Tito y Pilar estarían muy felices (también Juan y yo, por supuesto)*.

Invitation (formal)

Invitations to parties are usually by word of mouth, while for weddings announcements are usually sent out.

Carmen S.de Pérez y Ramón Pérez Arrate, Lucía N.de Salas y Mario Salas Moro Participan a Ud. de la boda de sus hijos

Consuelo y Hernán

Y le invitan a la ceremonia religiosa que se efectuará en la Capilla del Sagrado Corazón, de Mirasierra, Madrid, el sábado 26 de julio de 2008 a las 7 p.m.

Y luego a una recepción en la Sala de Banquetes del Restaurante Galán en C/Los Santos 10 de Majadahonda, Madrid.

S.R.C. [3]

- In Latin America invitations to the reception are sent to relatives and close friends in a separate smaller card enclosed with the announcement.
- In Spanish-speaking countries, the answer is not usually given in writing.

[3] In Latin America: R.S.V.P.

Correspondencia de carácter personal

Invitación (informal)

- La fecha también se puede escribir de la siguiente manera: *April 22, 22 April*. En el inglés norteamericano, el orden de las fechas suele ser de la siguiente manera: mes, día y año.
- La dirección del remitente va en el ángulo superior derecho de la carta y la fecha va inmediatamente debajo.

35 Winchester Drive
Stoke Gifford
Bristol
BS34 8PD

22nd April 2008

Dear Luis,

Is there any chance of your coming to stay with us in the summer holidays? Roy and Debbie would be delighted if you could (as well as David and me, of course). We hope to go to North Wales at the end of July/beginning of August, and you'd be very welcome to come too. It's really beautiful up there. We'll probably take tents - I hope that's OK by you.

Let me know as soon as possible if you can manage it.

All best wishes

Rachel Hemmings

Invitación (formal)

Invitación a una boda con recepción:

Mr and Mrs Peter Thompson
request the pleasure of your company
at the marriage of their daughter
Hannah Louise
to
Steven David Warner
at St Mary's Church, Little Bourton
on Saturday 19th July 2008 at 2 p.m.
and afterwards at the Golden Cross Hotel, Billing

23 Santers Lane
Little Bourton
Northampton
NN6 1AZ

R.S.V.P

- En la actualidad es cada vez más corriente que la invitación se haga por los futuros contrayentes.

1 Since this is a letter from a younger person writing to the mother of a friend, he uses the formal *usted* form and the possessive *su*, and writes to her as *Sra. de Salas* and *Estimada*, which is normally used to begin a letter when the relationship is not too close. *Querida ...* could also be used (*Estimado Sr. ...* or *Querido Sr. ...* if the addressee is a man). On the other hand it was quite natural for *Sra. de Salas* to use the informal *tú* form to him.

2 In Latin America: *acompañarlos*.

3 In Latin America: *verlos*.

■ Ending: This is normally used when the relationship is not too close, generally when the person is known to you but the *usted* form would be used. *Un saludo muy afectuoso* is also possible.

Accepting an invitation

Winchester, 2 de mayo de 2008

Estimada Sra. de Salas

Muchísimas gracias por su amable carta y su invitación **1**.

No tengo nada planeado para las vacaciones de verano, así es que me encantaría acompañarles **2** al norte. Desgraciadamente, no podré quedarme más de cinco o seis días debido a que mi madre no se encuentra muy bien y no me gustaría estar mucho tiempo fuera de casa.

Por favor dígame lo que tengo que llevar. ¿Hace mucho calor en la región adonde vamos? ¿Hay mar o río donde se pueda nadar? En cuanto a hacer camping, no tengo ningún problema. Nosostros siempre llevamos nuestras tiendas de campaña a todas partes.

Esperando verles **3** pronto otra vez.

Un afectuoso saludo.

James

1 In Latin America: *les*

Congratulations on engagement

30 de mayo de 2008

Querida Eva:

No sabes cuánto me alegré al enterarme de que te casabas pronto con Diego.

Desde aquí os **1** hago llegar a ambos mis mejores deseos de felicidad para el futuro.

Afectuosamente,

Carolina

Aceptación de una invitación (informal)

Luis Villegas
Las Acacias 30
28020 Madrid

2 May 2008

Dear Mrs Hemmings **1**,

Many thanks for your letter and kind invitation. Since I don't have anything fixed yet for the summer holidays, I'd be delighted to come. However I mustn't be away for more than four or five days since my mother hasn't been very well.

You must let me know what I should bring. How warm is it in North Wales? Can you swim in the sea? Camping is fine as far as I'm concerned, we take our tents everywhere.

Looking forward to seeing you soon,

Yours **2**,

Luis

1 Éste es un encabezamiento relativamente formal, puesto que se trata de una carta de una persona joven dirigida a la madre de un amigo.

2 Otras alternativas para este tipo de carta: *With best wishes*, *Yours sincerely*, *Kind/Kindest regards*.

Felicitaciones por compromiso matrimonial

30 May 2008

Dear Jane

I was delighted to hear that you and Peter are getting married soon.

Please accept my very best wishes for your future life together.

Fondest regards

Eve

Respuesta a una invitación (formal)

Aceptando: Richard Willis has great pleasure in accepting Mr and Mrs Peter Thompson's kind invitation to the marriage of their daughter Hannah Louise to Steven Warner at St Mary's Church, Little Bourton, on Saturday 22nd July.

No aceptando: Richard Willis regrets that he is unable to accept Mr and Mrs Peter Thompson's kind invitation to ...., owing to a prior engagement.

- Se repiten los datos de la invitación, pero no en forma detallada.
- Si no se acepta la invitación, es de buena educación enviar una carta a los padres de la novia, si se conocen personalmente.

Christmas and New Year Wishes

On a card:

Feliz Navidad 1 y Próspero Año Nuevo 2

Feliz Navidad 1 y los mejores deseos para el Año Nuevo 3

1 Or: *Felices Pascuas, Felices Navidades.*

2 Or: *Próspero Año 2008.*

3 Or: *para el Año 2008.*

In a letter:

- Beginning: the name on the first line is followed by a colon if the traditional indented format is used. When block style is used, the colon is omitted.

Barcelona, 18 de diciembre de 2008

Queridos Juan y Elsa:

4 Antes que nada, os* deseamos a vosotros* y a los niños 5 unas muy felices Navidades y os* enviamos nuestros mejores deseos para el año 2009. Esperamos que estéis** todos estupendamente 6. No sabéis** cómo nos alegramos con el anuncio de vuestro* viaje para enero. Ya tenemos pensado todo lo que podemos hacer durante vuestra* estancia aquí. Os* esperamos.

Conchita hizo los exámenes del último año de su carrera y sacó muy buenas notas. Ahora tiene que hacer su trabajo de práctica. Elena está bien y muy contenta en el colegio. Tiene muchísimos amigos y es muy buena chica. Luis y yo estamos bien también y sumamente felices con la reciente noticia del próximo ascenso de Luis. En definitiva, el 2008 ha sido un buen año y no nos podemos quejar. Confiamos en que el próximo será aún mejor.

Decidnos** con antelación la fecha de vuestro* viaje para que podamos ir a esperaros* al aeropuerto.

Recibid** todo nuestro cariño y un fuerte abrazo.

Luis y Ana.

4 This is a letter to friends who are addressed as *vosotros*, the plural of the familiar form *tú*. However, Latin American Spanish uses the formal plural *ustedes* instead of this form, so would replace the words marked * in the letter as follows: *vosotros* by *ustedes*, *vuestro* and *vuestra* by *su* or *de ustedes*, *os* by *les* or *los*. The verbs, marked **, should be replaced by the formal plural form, e.g. *estéis* by *estén*.

5 Or (if the children are older): *para vosotros y los chicos* (or y *las chicas* if there are only females), *para vosotros y para toda la familia*.

6 Or: *todos muy bien.*

Saludos de Navidad y Año Nuevo

En una tarjeta:

[Best wishes for a] Happy **1** Christmas and a Prosperous New Year

Best wishes for Christmas and the New Year

Wishing you every happiness this Christmas and in the New Year

1 O: *Merry*.

En una carta:

44 Louis Gardens
London NW6 4GM

20th December 2008

Dear Peter and Claire,

First of all, a very happy Christmas and all the best for the New Year to you and the children. **2** We hope you're all well **3** and that we'll see you again. It seems ages since we last met up.

We've had a very eventful year. Last summer Gavin came off his bike and broke his arm and collarbone. Kathy scraped through her A Levels and is now at Sussex doing European Studies. Poor Tony was made redundant in October and is still looking for a job.

Do come and see us next time you are over this way. Just give us a ring a couple of days before so we can fix something.

All best wishes

Tony and Ann

2 O (si los hijos son mayores): *to you and your family*.

3 O (coloquial): *flourishing*.

Messages of condolence

In Spain, a black-edged card is usually sent:

Muy apenados por la triste noticia de la muerte de Ignacio.
Os enviamos nuestro más sincero y profundo pésame y rogamos a Dios por él y para que os dé paz y serenidad.

Gabriela y Hernán

In Latin America, a visiting card is sent if no close relationship exists

Nuestro más sentido pésame

Jorge Alfredo Adams
Cristina Puig de Adams

A letter is acceptable everywhere:

La Paz, 23 de noviembre de 2008

Querida Marta:

Con mucho dolor me enteré del fallecimiento de Pedro el día 9. Imagino el gran vacío que habrá dejado en su vida después de tantos años juntos.

Espero que estas líneas de alguna manera sirvan para recordarle que la tengo muy presente y ruego a Dios que le dé fortaleza para superar tan duro golpe.

Un fuerte abrazo para usted y sus hijas de

Inés Aguirre

Thanks for condolences (informal)

Lima, 1 de diciembre de 2008

Querida Inés

Agradezco infinitamente tu carta. En estos momentos es bueno sentir el cariño, sobre todo el de los amigos.

He experimentado toda clase de emociones tristes. Infinita pena por no tener a mi esposo ya más conmigo, nostalgia por los buenos momentos pasados juntos, que fueron muchos. En fin, sentimientos sucesivos y a veces contradictorios, pero espero, con el tiempo, alcanzar paz y tranquilidad.

Me haría mucho bien si me vinieras a visitar.

Un fuerte abrazo,

María

Thanks for condolences (formal)

Santiago, 8 de diciembre de 2008

Estimado Sr. Turner

Quisiera expresarle mis más sinceros agradecimientos por su amable carta de pésame. Estos momentos tan duros se hacen más llevaderos al saber que Pedro contaba con el cariño y aprecio de tanta gente.

Muchos de sus antiguos amigos estaban presentes en su funeral y su apoyo ha sido de gran ayuda. Todo ha sido muy triste pero espero, con el tiempo, poder superar esta dolorosa pérdida.

Reciba mis más atentos saludos,

Laura Merino.

Los Olmos 142
Providencia
Santiago

Carta de pésame (formal)

Larch House
Hughes Lane
Sylvan Hill
Sussex

22 June 2008

Dear Mrs Robinson,

I would like to send you my deepest sympathies on your sad loss. It came as a great shock to hear of Dr Robinson's terrible illness, and he will be greatly missed by everybody who knew him, particularly those who, like me, had the good fortune to have him as a tutor. He was an inspiring teacher and a friend I am proud to have had. I can only guess at your feelings. If there is anything I can do please do not hesitate to let me know.

With kindest regards,
Yours sincerely,

Malcolm Smith

Carta de pésame (informal)

18 Giles Road
Chester CH1 1ZZ
Tel: 01224 123341

21st May 2008

My dearest Victoria,

I was so shocked to hear of Raza's death. He seemed so well and cheerful when I saw him at Christmas time. It is a terrible loss for all of us, and he will be missed very deeply. You and the children are constantly in my thoughts.

My recent operation prevented me from coming to the funeral and I am very sorry about this. I will try to come up to see you at the beginning of July, if you feel up to it. Is there anything I can do to help?

With much love to all of you
from

Penny

Agradecimiento a carta de pésame (informal)

55A Morford Lane
Bath
BA1 2RA

4 September 2008.

Dear Mr Schenk,

I am most grateful for your kind letter of sympathy. Although I am saddened by Rolf's death, I am relieved that he did not suffer at all.

The funeral was beautiful. Many of Rolf's oldest friends came and their support meant a lot to me. I quite understand that you could not come over for it, but hope you will call in and see me when you are next in the country.

Yours sincerely,

Maud Allen

Agradecimiento a carta de pésame (formal)

122 Chester Street
Mold
Clwyd
CH7 1VU

15 November 2008

Dearest Rob,

Thank you very much for your kind letter of sympathy. Your support means so much to me at this time.

The whole thing has been a terrible shock, but we are now trying to pick ourselves up a little. The house does seem very empty.

With thanks and very best wishes from us all,

Love,

Elizabeth

Writing to one's bank

Avda. de los Castros s/n.
39005 Santander.

30 de noviembre de 2008

Sr. Gerente
Banco Nacional Real
Paseo de los Infantes, 100
39005 Santander.

Número de cuenta: 00498793

Estimado señor:

Se adjunta un cheque por la cantidad de 450.00€ para ingresar en mi cuenta, en su sucursal.

También agradecería, si al recibo de esta carta, se hiciera una transferencia de mi cuenta corriente a mi cuenta de ahorros (número 55676789), por la suma de 1,200€ (mil doscientos euros).

Aprovecho esta oportunidad para solicitarle que me envíe un nuevo talonario de cheques a la dirección indicada arriba.

Ruego a Vd. me confirme, en su debido momento, que estas instrucciones se han llevado a cabo.

Le agradezco de antemano la atención prestada.

Atentamente,

J. J. Carbonell
Teléfono: 851-626-7576

Letter openings

The standard opening greeting for personal correspondence is *Querido/Querida, Queridos/Queridas*, even for close friends and family.

Affectionate variations for friends and family:

- *Mi querida María Alicia*
- *Mi querida/-o amiga/-o*
- *Mis queridos tíos/amigos*
- *Mis queridas chicas*

Useful phrases

Perdón por no haber contestado antes pero .../Perdona que no te haya contestado antes pero ...

Muchísimas gracias por... te/le agradezco mucho [tu/su carta, tu/su invitación, tu/su precioso regalo]

Ha sido una gran alegría recibir/Con gran alegría he recibido tu/su carta en la que me informas/informa de...

Me ha dado mucha alegría recibir tu/su carta [tu/su invitación/noticias tuyas/suyas]

Tengo el gran placer de/Me alegro de [comunicarte/-le que, invitarte/-lo, -la a, confirmar que...]

Estamos encantados con la noticia/de poder recibirlos/-las

Te/Le escribo para pedirte/-le si......

Siento [comunicarte/-le que.., que no será posible...]

Sentí mucho [el fallecimiento de..., que no pudieras venir..., que no nos hayamos visto cuando...]

Estamos muy afectados con [la muerte de..., la noticia de que...]

Con profunda tristeza [recibí la noticia de..., me he enterado que..., le/te/les comunico...]

Closures

When a formal tone is needed:

- *Lo/-Los saludo atentamente ('Le/Les saludo atentamente'*, in Spain)
- *Me despido de usted/-ustedes atentamente,*
- *Reciba atentos saludos /un atento saludo de...*
- *Atentos saludos de...*
- *Atentamente,*
- *Muy atentamente,*
- *Un cordial saludo,*

When an informal tone is appropriate:

- *Un (fuerte) abrazo de*
- *Un cariñoso saludo,*
- *Tu amiga que te quiere/te echa de menos*
- *Tu amigo que no te olvida,*
- *Muchos besos y abrazos de*
- *Dale mis recuerdos a ...* (*'mis cariños a'* also in AmL)
- *Laura les manda sus recuerdos* (*'les manda cariños'*, also in AmL)

Carta con instrucciones a un banco

23 St John's Road
London
NW12 4AA

30 November 2008

The Manager
Royal National Bank
75 Bow Place
London
WC2 5TG

Account number: 00498793

Dear Sir

Please find enclosed a cheque for £450.00 which is to be paid into my current account, number 00498793, at your branch.

I should also be grateful if you would transfer the sum of £1,500 (one thousand five hundred pounds) from my current account to my deposit account (number 55676789) on receipt of this letter.

While writing, could I also ask you to send me a new cheque book at the above address.

Please confirm in due course that these instructions have been carried out.

Yours faithfully

J. M. Matthews (Dr)

Encabezamientos

La formula más usual para todo tipo de cartas es: *Dear*

A los amigos cercanos y miembros de la familia:

- *My dearest Alex*
- *Darling Katie*

A una familia o grupo de personas:

- *Dear all*

Expresiones útiles

Thank you for your letter [inviting, offering, confirming]
I am very grateful to you for [letting me know, offering, writing]
It was so kind of you to [write, invite, send]
Many thanks for [sending, inviting, enclosing]
I'm writing to tell you that...
I'm writing to ask you if...
I'm delighted to announce that...
I was delighted to hear that...
I'm sorry to inform you that...
I was so sorry to hear that...

Fórmulas de despedida

Al dirigirse a conocidos o a personas que ejercen funciones oficiales:

- *Best wishes,* o *With best wishes*
- *Kindest regards*

A amigos cercanos o miembros de la familia:

- *All my love*
- *All the best*
- *Love (from)*
- *Lots of love*
- *Much love* o *With love*
- *Love from us both*
- *See you soon*
- *Once again many thanks*
- *I look forward to seeing you*
- *With love and best wishes*
- *With love to you all*
- Paul *sends his love to you both*
- *Do give my kindest regards to* Silvia

The world of work

Replying to a job advertisement

- In Spain when the full address is given it is usually written in the top left-hand corner and in Latin America in the bottom left-hand corner, beneath the signature.
- This is the most commonly used opening for a formal or business letter, or when the addressee is not personally known to you. Alternatively *Estimado Sr.* and, in Latin America, *De mi mayor consideración*, can also be used.
- When the full address is given, the name of the town or city is not repeated with the date.

David Baker
67 Whiteley Avenue
St George
Bristol
BS5 6TW

26 de septiembre de 2008

Gerente del Personal
Renos Software S.A.
Alcalá 52
28014 Madrid

Muy señor mío

Con referencia al puesto de programador anunciado recientemente en El País del 12 de septiembre del presente, les agradecería me enviaran información más detallada acerca de la plaza vacante **1**.

Actualmente estoy trabajando para una empresa de Bristol, pero mi contrato termina a finales de este mes y querría aprovechar esta oportunidad para **2** trabajar en Madrid. Como se desprende del currículum vitae que adjunto, viví durante algún tiempo en España, tengo perfecto dominio del idioma español y también las cualificaciones **3** y experiencia requeridas.

Estaré disponible para asistir a una entrevista, en cualquier momento desde el 6 de octubre, fecha a partir de la cual se me puede contactar en la siguiente dirección en Madrid:

C/ Sevilla 25
28020 Madrid
Teléf. 91 429-96-67

Sin otro particular, quedo a la espera de su respuesta, **4**

Atentamente, **5**

1 Or if you have enough details and want to apply for the job right away: *quisiera solicitar la plaza vacante*.

2 Or if you are unemployed: *Actualmente estoy buscando trabajo y quisiera ...*

3 In Latin America: *calificaciones*.

4 Or: *Agradeciendo de antemano su atención* or *En espera de su respuesta*.

5 Or: *Le* (*Lo* in Latin America) *saluda atentamente*. *Me despido de usted atentamente*, *Muy atentamente*, or *Esperando su respuesta, se despide atentamente* are also possible.

El mundo del trabajo

Respuesta a un anuncio de trabajo

C/Islas Baleares 18. 2° B
FUENCARRAL
28080 Madrid
Spain

13th February 2008

The Personnel Manager [1]
Patterson Software plc
Milton Estate
Bath BA6 8YZ

Dear Sir or Madam, [1]

I am interested in the post of programmer advertised in The Guardian of 12 February and would be very grateful if you could send me further particulars. [2]

I am currently working for the Sempo Corporation, but my contract finishes at the end of the month, and I would like [3] to come and work in Britain. As you can see from my CV (enclosed), I have an excellent command of English and also the required qualifications and experience.

I will be available for interview any time after 6th March, from which date I can be contacted at the following address in the UK:

c/o Lewis
51 Dexter Road
London N7 6BW
Tel. 020 7607 5512

I look forward to hearing from you. [4]

Yours sincerely

María Luisa Márquez Blanco

Encl.

[1] Otra alternativa puede ser *Ms Angela Summers*, ..., si en el anuncio aparece *Reply to Angela Summers* o *Dear Ms Summers*, *Dear Mrs Wright*, si en el anuncio sólo se indica el apellido.

[2] O *and would like to apply for this position*, si en el anuncio se incluye suficiente información acerca del puesto.

[3] O si se encuentra desempleado: *I am currently looking for work and I would like ...*

[4] También: *Thanking you in anticipation/advance*.

Job application 1

Urbanización El Molino
Chalet 88
VILLANUEVA DE LA CAÑADA
(Madrid)
Tel. (91) 815 24 97

17 de abril de 2008

Director de Recursos Humanos
Textiles Echevarría
Torre Picasso 10-9
28080 MADRID

Estimado señor

En respuesta al anuncio publicado en el periódico "El País" de fecha 16 de abril en el que solicitan secretaria trilingüe, quisiera ser considerada al realizarse la selección de candidatas.

Como se desprende del currículum vitae que adjunto, estoy casada con un ciudadano británico y acabo de regresar a España después de haber vivido durante seis años en el Reino Unido, donde trabajé como secretaria de dirección en una empresa multinacional. Tengo perfecto dominio del idioma inglés, sólidos conocimientos de francés y amplia experiencia en procesamiento de textos.

Agradezco a Ud. la atención que me pueda dispensar y quedo a su entera disposición para cualquier aclaración y/o ampliación de antecedentes.

Sin otro particular, le saluda atentamente.

María José García

Anexo: Currículum vitae

Job application 2

Antonio Lacalle
ABOGADO
Pardo y Aliaga 608, 3er piso
SAN ISIDRO
Teléf. 415224

Plásticos San Martín
Av. Colonial 1340
LIMA

20 de diciembre de 2008

Estimados señores

Habiendo tenido conocimiento de que su empresa ha establecido una oficina en Lima, me apresuro a ofrecerles mis servicios como Asesor Jurídico.

Además de detallar mis datos personales y profesionales en el currículum vitae adjunto, me permito subrayar mi experiencia en el campo del Derecho Internacional Privado.

Quedo a su disposición para ampliar datos y ofrecer referencias.

Atentamente

Antonio Lacalle

Anexo: 1 Currículum Vitae

Job application 3

Ms F Allen-Jones
34 North Shore Drive
Evanston
IL 60208
USA

17 de abril de 2008

Dña María Teresa Solana
Santo Domingo, 127
28111 MADRID
Spain

Estimada señora Solana

Me he enterado a través de nuestra común amiga Matilde Ruiz de que su familia tendría interés en recibir a una chica extranjera en su hogar en calidad de "au pair" y me permito dirigirme a usted para ofrecerle mis servicios. Tengo 23 años, me gustan mucho los niños y me entiendo muy bien con ellos. Tengo experiencia de haber trabajado como "au pair" en casa de la familia Menéndez en Puebla, México y ahora me gustaría mucho trabajar en España durante algún tiempo. Podría quedarme allí desde julio de este año hasta fines de agosto del año que viene.

Puesto que soy ciudadana norteamericana, en caso de interesarle mi oferta le agradecería me informara si necesito permiso de trabajo y, de ser así, cómo y dónde tendría que gestionarlo.

Sin más, quedo a la espera de su respuesta

P.D. Adjunto mi currículum vitae y una carta de recomendación de la familia Menéndez.

Giving a reference

Exclusivas Versalles
Barcelona 92
06600 MEXICO, DF
Tel. 518-66-84

18 de enero de 2008

Textiles Ponce S.A.
Abraham González 53
Colonia Juárez
MEXICO D.F.

Muy señores míos

ASUNTO: Pedro Chirinos

Tengo el agrado de dirigirme a usted en respuesta a su carta del 15 de diciembre último.

El señor Chirinos trabajó en nuestra empresa durante más de 12 años, desempeñando sus tareas a nuestra entera satisfacción. Se trata de un empleado muy capaz, sumamente responsable en su trabajo y de trato muy agradable, por lo que no dudamos en recomendarlo sin reservas.

Esperamos haberles sido de utilidad al poder informar tan favorablemente.

Atentamente

Eduardo González Ortiz

Gerente

Solicitud de trabajo 1

23 Bedford Mews
600 Beacon Street
Boston, MA 02142

August 2, 2008

Marilyn Morse, Inc.
Interior Design
12-6 Chestnut Street
Boston, MA 02267

Dear Sir or Madam

I am writing to apply for a position in your firm as an interior designer.

As you will see from my enclosed resumé, I have a degree in interior design and extensive experience in this field.

I recently returned from Milan, where I have lived for the past five years, and am now seeking to join a small team here in Boston.

I would be happy to take on a part-time position until a full-time one became available. I hope you will be able to make use of my services, and I would be glad to show you a portfolio of my work.

I look forward to hearing from you.

Sincerely yours

Kate Dixon

K. J. Dixon (Mrs)
Enc.

Solicitud de trabajo 2

Juana Quevedo
Javier Aragón, 100
28111 Madrid
SPAIN

April 15, 2008

Miss D. Lynch
Home from Home Agency
3435 Pine Street
Cleveland, OH 44223
USA

Dear Miss Lynch,

I am seeking summer employment as an au pair. I have experience of this type of work in Britain but would now like to work in the USA. I enclose my resumé, and copies of testimonials from three British families.

I would be able to stay from the end of June to the beginning of September. Please let me know if I need a work permit, and if so, whether you can obtain one for me.

Sincerely yours,

Juana Quevedo

Juana Quevedo

Encs.

Solicitud de trabajo 3

124 Catawba Street
Columbia, MO 66209

February 13, 2008

Personnel Manager
Pathmore Industries Inc.
1650 Springfield Avenue
St Louis, MO 65102

Dear Sir or Madam:

I am interested in the position of Deputy Designer, advertised in the *Pioneer* of February 12th, and would appreciate you sending me further details and an application form.

I am currently nearing the end of a one-year contract with Bolney & Co., and have relevant experience and education, including a BSc in Design Engineering and an MSc in Industrial Design.

Thanking you in advance.

Sincerely yours,

Anthony King

Anthony King

Carta de recomendación

DEPT OF DESIGN

State University, South Park Drive, Seattle, WA 98231
Tel: (206) 934-5768 Fax: (206) 934-5766

May 3, 2008

Russell Designs
124 Baker St
LONDON

Your ref. DD/44/34/AW

Dear Sirs

Re: Mary O'Donnell

I am pleased to be able to write most warmly in support of Ms O'Donnell's application for the position of Designer with your company.

During her studies, Ms O'Donnell proved herself to be an outstanding student. Her ideas are original and exciting, and she carries them through - her MSc thesis was an excellent piece of work. She is a pleasant, hardworking and reliable person and I can recommend her without any reservations.

Sincerely yours

Anthony Durrell

Dr Anthony A. Durrell

Resumé (AmE), Curriculum Vitae (BrE)

CURRÍCULUM VITAE

Nombre y apellidos	David Baker
Fecha de nacimiento	30/6/77
Lugar	Londres
Estado civil	Soltero [1]
Domicilio actual	67 Whiteley Avenue St George Bristol BS5 6TW Gran Bretaña
Teléfono	+44 (0)117 945 3421

DATOS ACADÉMICOS

1992-94	GCSE (equivalente a la ESO en España) en 7 asignaturas.
1994-96	A Levels (equivalente al Bachillerato Superior en España) en Matemáticas, Informática y Español, Croydon Sixth Form College.
1996-97	Trabajos temporales de oficina en España y estudios de Español para los negocios en clases nocturnas.
1997-2001	Universidad de Aston, Birmingham, BSc en Informática (equivalente a Licenciatura en Ciencias de la Información).

EXPERIENCIA PROFESIONAL

2001-02	Trabajo de práctica como programador de software para IBM, desarrollo de programas para la industria, con especialidad en infografía.
2004-al presente	Programador para Wondersoft plc, Bristol.

IDIOMAS

Inglés	Lengua materna.
Español	Dominio total, hablado y escrito.
Francés	Bueno.

AFICIONES

Leer, viajar, esquí, tenis.

[1] Or: *Casado* (*sin hijos* or *con un hijo/dos/tres* etc, *hijos*), *Divorciado* (*sin hijos* or *con un hijo/dos/tres* etc, *hijos*).

Currículum Vitae

RESUMÉ [1]

Name:	María Luisa Márquez Blanco
Address:	C/Islas Baleares 18. 2ºB FUENCARRAL 28080 Madrid Spain
Telephone:	(+34) 91. 243 53 94
Nationality:	Spanish
Date of Birth: [2]	11/3/79

EDUCATION:

1997-2001	Degree Course in Information Technology and English at Universidad Complutense of Madrid.
1993-1997	BUP (secondary education)/COU (equivalent to A levels) at the Instituto de Enseñanza Media in Fuencarral.

EMPLOYMENT:

2003-present	Program development engineer with Sempo Informática, Madrid, specializing in computer graphics.
2001-2002	Trainee programmer with Oregón-España, Madrid.

FURTHER SKILLS:

Languages:	Spanish (mother tongue), English (fluent, spoken and written), French (good).
Interests:	Travel, fashion, tennis.

[1] O: *Curriculum Vitae* (*BrE*). [2] En Estados Unidos se suele omitir la fecha de nacimiento.

Resumé: American executive

Curriculum Vitae

Howard Baines STEVENSON

356 Independence Boulevard
Westbury
New Jersey
NJ 08542
U.S.A.

Teléfono y Fax: 609.933.6898

Teléfono celular: 609.944.8778

Correo electrónico: howard.stevenson@mail.com

Nacionalidad: estadounidense

PERFIL PROFESIONAL

Profesional con muchísima experiencia en la gestión empresarial, con formación en el campo del márketing para el comercio minorista y un claro entendimiento de la consultoría de gestión. Muy activo y profesional, con muchísima iniciativa propia, automotivación y una habilidad comprobada para superar objetivos, crear, desarrollar y dirigir nuevos negocios, tanto en el ámbito nacional como en el internacional.

FORMACIÓN ACADÉMICA

1999	Doctorado en Administración de Empresas (con mención especial) en el Chicago Business Institute
1998	Máster en márketing para el comercio minorista en ESDEN, Escuela de Negocios, Barcelona
1996-1998	Dos años en Barcelona
1991-1994	New York State University, B.A. Economics (Licenciatura en Económicas y Administración de Empresas). Matrícula de honor.

EXPERIENCIA PROFESIONAL

2005-2008	Director adjunto de Jeremy-Sawyers International, Londres Asesor de gestión empresarial y márketing, Rodamo España S.A. Madrid
2004-2005	Director para Europa de la Sociedad de Empresas Privadas de Medio Oriente y América del Norte, Hong Kong
2001-2004	Director, Euro-Managing (Asesores en gestión de empresas), Londres
1999-2001	Asesor de gestión empresarial, Masterton Management Inc., New York
1997	Jornadas de capacitación (21), Escuelas Empresariales, Universidad de Barcelona
1994-1996	Prácticas en gestión de empresas, Jamieson International Inc,Jersey City

RESPONSABILIDADES

- Elaboración de planes de negocios para las empresas
- Ampliación del EVA a todos los niveles de las empresas empleadoras
- Análisis de inversiones financieras
- Confección de planes estratégicos
- Puesta en marcha y diseño del control de gestión de varias empresas
- Evaluación y rediseño de las estrategias tanto laborales como empresariales de distintas empresas

IDIOMAS

Trilingüe   Inglés, español y francés

OTROS DATOS DE INTERÉS

Participante en diversas jornadas y en más de 100 seminarios como ponente en temas relacionados con la gestión empresarial

38 años, casado, un hijo

Aficionado al esquí, los viajes y la música clásica

Currículum vitae: ejecutiva española

Eva Gómez Vega

Urbanización El Molino
Chalet 123
Villanueva de la Cañada
28350 Madrid

Telephone: (34) 91 875 7968
Cell phone: (34) (0) 726 76 52
Email: eva.gomez47@mail.co

Nationality: Spanish
Date of birth: 11 March 1979

Personal profile

I have a keen sense for business opportunity tempered by a realist's appreciation of enterprise development costs. My knowledge of theoretical and practical business, gained in my home country and overseas, is first class. I am a team worker and have now risen to a position where I set team targets and monitor its output. I am now looking for a position where I can take full departmental responsibility.

Education and qualifications

2003-04	MA Business Administration, London University Dissertation subject: Factoring and credit control in four small London businesses
1997-2002	Universidad Complutense, Madrid. Bachelor degree in Economics and International Law. Grade obtained: Matrícula de honor (equivalent to a first class degree)
1989-1996	Instituto Antonio Machado, Madrid: BUP/COU. Secondary education with university entrance

Work experience

Since May 2007	Deputy Financial Director (New Projects), VidaNova Internacional, Madrid
2004-2007	Hirsch Business International, Madrid Management consultant
2003-2004	Part-time employment (credit control), Morris Foodstores plc, Faversham, Kent
1998-2002	Summer internships at El Corte Inglés, Zara, Banco de Santander

Languages

Bilingual: Spanish, English
Good working knowledge: French, Portuguese

Other information

Single
Interests: sport, reading, music (classical and jazz), travel
Have received and have provided mentoring in the workplace.

Accepting a job

Avenida José Antonio 34, 5° Dcha.
28137 Madrid

10 de julio de 2008

Doña Eugenia Salas
C/ Orense 51
28104 Madrid

Estimada Sra. Salas

Con mucho agrado he recibido su carta del 8 del presente mes, en la que me ofrece el puesto de diseñador, el que acepto encantado.

Deseo confirmar que estaré disponible a partir del 31 de julio, no antes de esta fecha, por desgracia. Le agradecería que me informara ante quién debo presentarme ese día y a qué hora.

Deseando ya, desde este momento, formar parte de su equipo de diseñadores, me despido sin otro particular.

Muy atentamente,

Alberto Ríos

Refusing a Job

C/ Las Heras 47, 1º C
28031 Madrid

10 de julio de 2008

Sr. Vicente Gasca
Director General
IBERTEXT S.A
Dr. Ramón de la Cruz 10
28143 Madrid

Estimado Sr. Gasca

Agradezco enormemente su oferta para ocupar el puesto de instructor en la institución que Ud. dirige. Lamentablemente me es imposible aceptarla ya que he empezado a trabajar a tiempo completo en la empresa a la que llevo tiempo prestando mis servicios.

Tenía entendido que mi contrato terminaría en junio y que no había posibilidades de que yo continuara con mi puesto actual, por lo que la oferta del nuevo contrato me ha sorprendido mucho.

Ruego a Ud. disculpe todos los inconvenientes que esto pueda ocasionar.

Sin otro particular, le saluda atentamente

Eduardo García

Eduardo García

Resigning from a post

EDITORIAL PANORAMAS S.A.
Avenida Gasca 14
28100 Alcobendas. Madrid

Sra. Rosario Miranda
Directora General

8 de julio de 2008

Estimada Sra. Rosario

Como usted estará ya en antecedentes, los recientes cambios introducidos a nivel de gerencia han hecho que mi posición en la empresa sea insostenible. Por este motivo y muy a mi pesar, he llegado a la conclusión de que no puedo continuar desempeñando mi función de una manera provechosa ni profesional.

Por consiguiente, ruego a usted tenga a bien 1 tomar nota de mi dimisión 2 como jefe de redacción con efecto a partir del 30 de agosto del presente año.

Atentamente

Miguel Laredo

Miguel Laredo

1 Or: *tenga a bien aceptar*.

2 In Latin America: *renuncia*.

Thanks for a reference

10 de marzo de 2008

Eduardo García O.
Exclusivas Versalles
Barcelona 92
06600 México D. F.

Estimado Sr. García

Me dirijo a usted para agradecerle la carta de recomendación que tan amablemente ha escrito en apoyo de mi solicitud para el puesto de jefe de sección en la empresa Textiles Ponce S. A.

Con mucho agrado le comunico que he sido aceptado y que comenzaré a trabajar dentro de tres semanas. Éste ha sido un gran paso para mí y creo que el resultado será positivo.

Muchísimas gracias una vez más.

Sin otro particular, reciba un atento saludo de

Pedro Chirinos

Pedro Chirinos
Lomas Quebradas 57
Colonia de Tlacopac
01040 México, D. F.

Aceptación de una oferta de trabajo

16 Middle Way
Milton
Oxon
OX23 9WD
Tel: 01865 776754

Your ref: TT/99/HH 4 July 2008

Mr M. Flynn
Mark Building
Plews Drive
London
NW4 9PP

Dear Mr Flynn,

I was delighted to receive your letter offering me the post of Senior Designer, which I hereby accept.

I confirm that I will be able to start on 31 July but not, unfortunately, before that date. Can you please inform me where and when exactly I should report on that day? I very much look forward to becoming a part of your design team.

Yours sincerely,

Nicholas Smith

No aceptación de una oferta de trabajo

4 Manchester St
London
NW6 6RR
Tel: 020 7334 5343

Your ref: 099/PLK/001 9 July 2008

Ms J. Jamieson
Vice-President
The Nona Company
98 Percy St
YORK
YO9 6PQ

Dear Ms Jamieson,

I am very grateful to you for offering me the post of Instructor. I shall have to decline this position, however, with much regret, as I have accepted a permanent post with my current firm.

I had believed that there was no possibility of my current position continuing after June, and the offer of a job, which happened only yesterday, came as a complete surprise to me.
I apologize for the inconvenience to you.

Yours sincerely,

J. D. Salam

Carta de dimisión

Editorial Office

Modern Living Magazine
22 Salisbury Road, London W3 9TT
Tel: 020 7332 4343--Fax: 020 7332 4354
E-mail: modernliving@mag.com

6 June 2008

Ms Ella Fellows,
General Editor

Dear Ella,

I am writing to you with great regret to inform you that I am resigning my position as Commissioning Editor effective 22 August 2008.

As you are aware, recent management changes have made my position increasingly untenable. With great reluctance I have come to the conclusion that I can no longer perform a useful role within the company.

Sincerely yours,

E. Ashford-Leigh

Elliot Ashford-Leigh

Carta para agradecer una recomendación

The Stone House
Shelford
Cambs
CB13 9RQ

8/9/08

Dear Capt. Dominics,

I would like to thank you for writing a reference to support my recent application for the job as an assistant editor on the Art Foundation Magazine.

I expect you'll be pleased to know that I was offered the job and should be starting in three weeks' time. I am very excited about it and can't wait to start.

Many thanks once again,

Yours sincerely,

Molly (Valentine)

Complaining about delivery

Luis Román y Cía
Avda. Italia 42
47010 VALLADOLID

INDUSTRIAS METALURGICAS S.A.
Ctra. de Barcelona Km. 12
MADRID

28 de mayo de 2008

Señores

Acusamos recibo de su envío de fecha 24 del corriente, que da cumplimiento a nuestro pedido nº 157/03 del 30 de abril.

Al efectuar la correspondiente comprobación, hemos advertido que ha quedado pendiente de entrega el siguiente artículo que, si bien estaba incluido en el pedido arriba mencionado, no ha sido recibido.

Artículo: 300 tornillos Ref 6/322.

Aguardando sus prontas noticias, los saludamos atentamente

Andrés Merino

Queja sobre la entrega de un pedido

The Hough Company
125 Exchange Street
New Orleans, LA 50325

October 5, 2008

Mrs J. Halliwell
Jessop & Johnson
1650 Washington Boulevard
New Orleans, LA 70199

Dear Mrs Halliwell

Order no. 54.77.PO

Further to our phone call, we are writing to complain about various items which are either missing or wrong in the above order.

I enclose a list of both categories of items and would remind you that we were obliged to complain of mistakes in the two previous orders as well. We hesitate to change our supplier, particularly as we have no complaints as to the quality of the goods, but your errors are affecting our production schedules.

We hope that you will give this matter your immediate, urgent attention.

Sincerely yours

Jane Schott
Manager, Procurements
Enc.

Sending payment check

Librería Fantástica
Alvaro Obregón 22
Colonia Cuauhtémoc
MEXICO D.F.

EDICIONES INTERNACIONALES
Pirineos 59
ACAPULCO
Guerrero

5 de noviembre de 2008

Señores

Adjunto les envío cheque a su favor del Banco de Fomento, Agencia no 2, por la suma de $100.000 (cien mil pesos), que cancela su factura nº 415 del 5 de octubre pasado.

Rogando que se sirvan acusar recibo, los saluda atentamente

Sara Ballinas

Anexo: 1 cheque.

Envío de cheque en pago de trabajo realizado

George Moreson
1114 El Rancho Drive
Scottsdale, AZ 85299

September 5, 2008

Mr L. Farquharson
11 Silver Street
Phoenix, AZ 84214

Dear Mr Farquharson,

Thank you for carrying out the carpentry work on our window frames so quickly and efficiently.

Enclosed is my check for $312.33 in full settlement of your account (invoice no. 334PP). I would be grateful if you could provide me with a receipt.

Sincerely yours,

G. Moreson (Mr)

Enc.

Letter openings

The standard opening for a formal correspondence is:

- *Señor*
- *Señora*
- *Señorita*
- *Señores*

More formal

- *Estimado señor/Sr. (López)*
- *Estimada señora/Sra. (González)*
- *Estimada señorita/Srta. (Cruz)*
- *Estimados señores/Sres. (García)*

When the recipient is not personally known

- *Muy señor mío*
- *Muy señores míos*

Especially in AmL

- *De mi mayor consideración*
- *De nuestra mayor consideración*

Useful phrases

Agradezco el envío de su catálogo [respuesta, información, presupuesto]
Gracias por su carta de fecha... concerniente a...
Acuso recibo de su carta de fecha... concerniente a...
De acuerdo a nuestra conversación telefónica, le envío....
Le agradecería que/Le rogaría me hiciera llegar/me enviara [un catálogo, la lista de precios, información detallada sobre...] a la dirección arriba indicada
Me dirijo a ustedes para solicitar ...
Como lo expresaba en su carta/fax de fecha...
Por la presente le informo de mi intención de...
En respuesta a su consulta de fecha...podemos informarle que...
Adjunta le remito la nota de pedido y la factura correspondiente
Le agradecemos su pedido con fecha... , el que despacharemos a la brevedad possible

Closures

Agradeciendo de antemano su colaboración
Quedo a su entera disposición para [cualquier consulta, información]
Le rogaría que me contestara a la brevedad posible/acusara recibo a vuelta de correo
No dude en ponerse en contacto con nosotros para cualquier información complementaria
Quedo a la espera de su respuesta

Encabezamientos

Los encabezamientos típicos de la correspondencia formal son:

- *Dear Sir*
- *Dear Madam*
- *Dear Sir or Madam*
- *Dear Sirs*
- *Dear Mr Dixon*
- *Dear Mrs Dixon*
- *Dear Ms Dixon*

Expresiones útiles

Thank you for your letter of [date] concerning ...
Thank you for sending me [a catalogue, quotation]
Thank you for your enquiry of [date]
I refer to your letter of [date] concerning ...
Further to our telephone conversation of [date]
I'm writing to confirm our telephone conversation
I would be grateful if you could forward me a [price list, catalogue]
As stated in your letter/fax of [date]
I wish to draw your attention to ...
I wish to inform you that ...
I'm writing to express my dissatisfaction with ...
Please note that ...
Please find enclosed ...

Fórmulas de cortesía

I look forward to hearing from you ...
I look forward to your response ...
I would be most grateful if you would look into this matter as soon as possible
Please let me know as soon as possible which action you propose to take
I trust you will give this matter your urgent attention
Please do not hesitate to contact me should you require further information

Si se conoce el nombre del destinatario:

- *Sincerely yours (AmE), Yours sincerely (BrE)*

Si no se conoce el nombre del destinatario:

- *Yours faithfully*

Using the telephone

Practical information: how to phone

Spain is divided into many call zones, the largest being the metropolitan areas. Telephone numbers consist of 9 digits. The first two digits correspond to the area code. The area code for Madrid is 91, for Barcelona 93, for Valencia 96, etc. You must dial the code even for calls within your own area.

For calls abroad you must dial the international access code 00 followed by the country code. Public telephones are operated by coins and phone cards, which are sold in newspaper kiosks and tobacconist's.

Emergency telephone numbers within Spain are: Police 1091, Fire 1080, Medical Emergency 1061, but in Madrid 1112 covers all of these emergency services.

In **Latin America** most countries are served by *Telefónica*, the leading telecommunications company in the Spanish-speaking world. To illustrate its features we will take Mexico's telephone system as an example.

In this country all long distance calls are made using the LADA system (*Larga Distancia Automática* = Automatic Long Distance). For national calls from a landline dial 01, and from a cell phone dial 045, followed by the LADA code for each region: Mexico City is 55, Monterrey is 81, Guadalajara 333, etc. Telephone numbers in Mexico consist of 7 or 8 digits, and the area codes are 2 or 3 digits; so in total there should always be 10 digits (LADA area code and telephone number). For international calls you should dial LADA code 00 followed by 01 for the USA and Canada. To make a local call from a landline to a cell phone dial 044 followed by the 10-digit number.

Many shops sell prepaid phone cards for use in public telephones, as well as cards for cell phones. Phone cards are not required in public telephones for emergency numbers of 3 digits. The main emergency telephone numbers in Mexico are: Emergencies (general) 066, cell phones 112; Fire and Police 068 554-0012, 554-3228; Red Cross 065, cell phones 114 554-2009; Ambulance (other than Red Cross) 554-5404, 554-8703.

Useful vocabulary

contestar el teléfono	to answer the phone
coger el teléfono (Esp)	to pick up the phone
atender el teléfono (AmL)	
colgar cortar (CS)	to hang up
el auricular el tubo (RPl)	the receiver, the handset
un número de teléfono	a phone number
un número de teléfono comercial/particular	a business/private phone number
una extensión un interno (RPl) un anexo (Chi)	an extension number
marcar un número	to dial a number
el tono de marcar el tono de discado (AmL)	the dial tone
prefijo de la ciudad/del país código de la ciudad/del país (esp AmL) clave LADA de la ciudad/del país (Méx)	the area/country code
un interlocutor	a caller
un operador/una operadora	an operator
un/una telefonista	a telephone/switchboard operator
una centralita un conmutador (AmL)	a switchboard
un teléfono (digital) inalámbrico un teléfono (digital) sin hilos	a (digital) cordless telephone
un teléfono digital	a digital phone
el teclado numérico	the keypad
el cable del teléfono	the telephone cord
un (teléfono) supletorio	an extension (phone)
un contestador (automático) (con acceso remoto *or* a distancia)	a telephone answering machine (with remote access)
un teléfono fijo	a land line
un (teléfono) celular (esp AmL) un (teléfono) móvil (esp Esp)	a cell phone, a mobile phone
cargar el teléfono	to top up the phone
una señal sonora (en un mensaje grabado)	a tone (on a recorded message)
correo de voz (AmL) buzón de voz (Esp)	voice mail

El teléfono

Información práctica: cómo llamar por teléfono

En **EEUU** los números de teléfono se componen de un prefijo regional de tres cifras seguido de un número de siete cifras. Si se hace una llamada local con el mismo prefijo regional, no es necesario marcar éste. Para las llamadas nacionales, se debe marcar:

- 1 + el prefijo de tres cifras + el número de siete cifras.

Debido a la creciente cantidad de números telefónicos, es posible que las ciudades muy grandes tengan varios prefijos regionales.

La mayor parte de las comunicaciones locales (en las proximidades) son gratuitas desde los teléfonos privados.

Llamadas internacionales desde los EEUU

Para las llamadas internacionales, marcar el prefijo de acceso a la red internacional:

- + 011 + el prefijo del país que se desea llamar + el prefijo regional + el número de la persona a quien se llama.

Si el prefijo regional de la persona que se llama comienza con un 0, éste no se debe marcar. La señal no siempre se oirá de inmediato.

En el Reino Unido

Para hacer una llamada dentro del Reino Unido, se debe marcar el prefijo regional, seguido del número de teléfono de la persona o institución que se desea llamar. Si el prefijo generalmente aparece entre paréntesis o separado del número de teléfono por un espacio, quiere decir que éste es el de la región donde se encuentra el que hace la llamada y no es necesario marcarlo.

Llamadas internacionales desde el Reino Unido

Marcar el prefijo de acceso a la red internacional:

- 00 + el prefijo del país donde se llama + el prefijo de la región + el número de la persona que se desea llamar.

Si el prefijo regional de la persona que se desea llamar comienza con un 0, no es necesario marcarlo, salvo si este número es también de un país de la antigua Unión Soviética. Tampoco es necesario marcar el 9 que figura al principio de los prefijos regionales de España, Islandia, Finlandia y Turquía.

Vocabulario útil

to answer the phone	contestar el teléfono
to pick up the phone	coger el teléfono (Esp), atender el teléfono (AmL)
to hang up	colgar, cortar (CS)
the receiver, the handset	el auricular, el tubo (RPl)
a phone number	un número de teléfono
a business/private phone number	un número de teléfono comercial/particular
an extension number	una extensión, un interno (RPl), un anexo (Chi, Per)
to dial a number	marcar un número, discar (AmL)
the dial tone	el tono de marcar, el tono de discado (AmL)
the area/country code	el prefijo de la ciudad/del país el código de la ciudad/del país (esp AmL) la clave LADA de la ciudad/del país (Méx)
an operator	un operador/una operadora
a telephone/switchboard operator	un/una telefonista
a switchboard	una centralita, un conmutador (AmL)
a cordless telephone	un teléfono inalámbrico
a digital telephone	un teléfono digital
the keypad	el teclado numérico
the telephone cord	el cable del teléfono
an extension (phone)	un (teléfono) supletorio
a telephone answering machine (with remote access)	un contestador (automático) (con acceso remoto *or* a distancia)
a land line	un teléfono fijo
a cell phone	un (teléfono) celular (esp AmL)
a mobile (phone)	un (teléfono) móvil (esp Esp)
to top up the phone	cargar el teléfono
a tone (for recorded messages)	una señal sonora (en un mensaje grabado)
voice mail	correo de voz (AmL), buzón de voz (Esp)
a telephone directory, a phone book	una guía telefónica, un directorio telefónico (AmL excl CS)
the Yellow Pages®	las páginas amarillas, las páginas doradas (Arg), la guía amarilla (Bol)

Using the telephone

una guía telefónica un directorio telefónico (AmL excl CS)	a telephone directory, a phone book
las páginas amarillas las páginas doradas (Arg) la guía amarilla (Bol)	the Yellow Pages®
una compañía telefónica	a telephone company
los números de teléfonos de urgencia y/o emergencia	the emergency telephone numbers
los números de llamadas gratuitas	toll-free phone numbers (in US) Freephone numbers (in the UK)
un fax	a fax machine/message
llamar por teléfono *or* telefonear	to phone, to call
una llamada de larga distancia *or* (Esp) una conferencia	a long distance call
una llamada *or* (Esp) una conferencia internacional	an international call
una llamada urbana *or* local	a local call
una llamada *or* (Esp) una conferencia interurbana	a long distance call
oír sonar el teléfono	to hear the telephone ring
ajustar *or* regular el volumen	to set the volume
está ocupado/la línea está ocupada/está comunicando/ la línea está comunicando (Esp)	it's busy *o* engaged/the line's busy *o* engaged
el tono *or* la señal de ocupado el tono *or* la señal de comunicando (Esp)	the busy tone *o* signal
dejar sonar el teléfono 3/5 veces	to let the phone ring 3/5 times

Common phrases used on the phone

¿Aló? (SAm) ¿Diga? *or* ¿dígame? (Esp) ¿Bueno? (Méx) ¿Olá? (RPl)	Hello!/Hi!
No cuelgue *or* (CS) no corte, por favor.	Hold the line, please.
Lo pongo en espera.	I'll put you on hold.
Le paso *or* le comunico con él/ella. Le pongo con él/ella. (Esp)	I'll put you on *o* through to him/her.
¿De parte de quién?	Who's calling, please?
Quiere dejar algún recado *or* mensaje?	May I take a message?
Un momento/momentito, por favor.	One moment, please.
¿Podría hablar con...?	May I speak to/with...?
Llamaré más tarde.	I'll call back later.
Es personal.	It's a personal call.
El Sr. Gallo está hablando por teléfono.	Mr Gallo is on the phone.
Habla con Lisa *or* (esp Esp) soy Lisa.	It's Lisa (speaking).
¿Puedo hablar con Clara, por favor?	May I speak to/with Clara, please?
Con ella habla *or* (esp Esp) soy yo.	Speaking!
¿Quién habla *or* con quién hablo?	Who's speaking? *o* Who am I speaking to?
¿Podría hablar un poco más alto *or* fuerte?	Could you speak a little louder?
Está fuera del radio.	She's out of range.
Mándame un mensaje de texto *or* textéame.	Send me a text *o* text me.
Llámame a mi móvil (esp Esp) *or* (esp AmL) celular	Call me on my cell phone *o* mobile.
Por favor deje su mensaje después de la señal.	Please leave your message after the tone.

When you are not at home

una cabina telefónica	a phone booth, a phone box
un teléfono de monedas	a coin-operated payphone
una tarjeta telefónica *or* de teléfono	a phonecard
un teléfono de coche	a car phone
un teléfono celular (esp AmL) *or* (esp Esp) móvil	a cell phone, a mobile phone
un localizador *or* buscapersonas *or* (AmL) bíper *or* (Esp) busca	a beeper (AmE) *o* pager

Some of the services offered by Telefónica

información de averías	fault reporting
servicio de información telefónica *or* información	directory assistance (AmE) *o* (BrE) directory enquiries
no figurar en la guía *or* (Méx) ser número (de teléfono) privado	to be ex-directory
la guía telefónica electrónica *or* (AmL) el directorio electrónico	electronic directory
hacerle una llamada a cobro revertido *or* (AmL) por cobrar a alguien	to call somebody collect *o* (BrE) make a reverse-charge call to somebody
la llamada *or* (Esp) la conferencia entre tres personas	three-way calling
llamada en espera	call waiting
facturación detallada	itemized billing
transferencia de llamada	call diversion
la llamada recordatoria	reminder call
pantalla de identificación de llamada	caller display
rellamada al último número	last number redial
tecla secreta *or* botón secreto	secrecy button

a telephone company	una compañía telefónica
the emergency telephone numbers	los números de teléfonos de urgencia
toll-free phone numbers (in US) Freephone numbers (in the UK)	los números de llamadas gratuitas
to phone, to call	llamar por teléfono *or* telefonear
a long distance call	una llamada de larga distancia *or* (Esp) una conferencia
an international call	una llamada internacional
a local call	una llamada urbana *or* local
to hear the telephone ring	oír sonar el teléfono
it's busy *o* engaged	está ocupado/la línea está ocupada
the line's busy *o* engaged	está comunicando (Esp)
the busy tone *o* signal	el tono *or* la señal de ocupado, el tono *or* la señal de comunicando (Esp)
to let the phone ring 3/5 times	dejar sonar el teléfono 3/5 veces

Expresiones útiles para llamar por teléfono

Hello!/Hi!	¿Aló? (SAm) ¿Diga? *or* ¿Dígame? (Esp) ¿Bueno? (Méx) ¿Olá? (RPl)
Hold the line, please.	No cuelgue, *or* (CS) no corte, por favor.
I'll put you on hold.	Lo pongo en espera.
I'll put you on *o* through to him/her.	Le paso *or* le comunico con él/ella. Le pongo con él/ella. (Esp)
Who's calling please?	¿De parte de quién?
May I take a message?	Quiere dejar algún recado *or* mensaje?
One moment, please.	Un momento/momentito, por favor.
May I speak to/with...?	¿Podría hablar con...?
I'll call back later.	Llamaré más tarde.
It's a personal call.	Es personal.
Mr Gallo is on the phone.	El Sr. Gallo está hablando por teléfono.
It's Lisa (speaking).	Habla con Lisa *or* (esp Esp) soy Lisa.
May I speak to/with Clara, favor?	¿Puedo hablar con Clara, por please?
Speaking!	Con ella habla *or* (esp Esp) soy yo.
Who's speaking? *o* who am I speaking to?	¿Quién habla *or* con quién hablo?
Could you speak a little louder?	¿Podría hablar un poco más alto *or* fuerte?
She's out of range.	Está fuera del radio.
Send me a text *o* text me.	Mándame un mensaje de texto *or* textéame.
Call me on my cell phone *o* mobile.	Llámame a mi móvil (esp Esp) *or* (esp AmL) celular.
Please leave your message after the tone.	Por favor deje su mensaje después de la señal.

Cuando no se está en casa

a public telephone	un teléfono público
a phone booth, a phone box	una cabina telefónica
a coin-operated payphone	un teléfono de monedas
a phonecard	una tarjeta telefónica *or* de teléfono
a car phone	un teléfono de coche
a cell phone, (BrE) a mobile phone	un teléfono celular (esp AmL) *or* (esp Esp) móvil
a beeper (AmE) *o* pager	un localizador *or* buscapersonas *or* (AmL) bíper *or* (Esp) busca

Servicios y funciones especiales

fault reporting	información de averías
directory assistance (AmE) *o* (BrE) directory enquires	servicio de información telefónica *or* información
to be unlisted *o* (BrE) ex-directory	no figurar en la guía *or* (Méx) ser número (de teléfono) privado
electronic directory	la guía telefónica electrónica *or* (AmL) el directorio electrónico
to call somebody collect *o* make a reverse-charge call to somebody	hacerle una llamada a cobro revertido *or* (AmL) por cobrar a alguien
three-way calling	la llamada *or* (Esp) la conferencia entre tres personas
call waiting	llamada en espera
itemized billing	facturación detallada
call diversion	transferencia de llamada
a reminder call	una llamada recordatoria
caller display	pantalla de identificación de llamada
last number redial	rellamada al ultimo número
secrecy button	tecla secreta *or* botón secreto

On the phone...

Remember

In Spanish phone numbers are often said as three-digit and two digit numbers:

- 308 12 23 would be said: trescientos ocho, doce, veintitrés

It is not a mistake, however, to spell the numbers out individually.

If you know you are going to make some calls, it is very useful to be able to spell out (*deletrear*) words in English, such as your surname or forename.

example 1:

● Interespacio, buenos días.

■ Buenos días, ¿podría hablar con el señor Gallo, por favor? De parte de la señorita Martínez.

● Ah, lo siento pero en este momento el señor Gallo está en una reunión. ¿Quiere dejar un mensaje?

■ Sí, ¿podría decirle que me llame al 934 66 74?

● 934 66 74, señorita Martínez. Está anotado, se lo diré.

■ Muchas gracias, adiós.

● Adiós señorita.

example 2:

● Información, buenos días

■ Buenos días, señor, quisiera conseguir el número de la señorita Sánchez en Madrid

● ¿Podría deletrearme el nombre de la persona a quien quiere llamar, por favor?

■ Sánchez , s.a.n.c.h.e.z, con acento en la a.

● ¿Sabe su dirección exacta?

■ Sí, calle Callao número 1001.

● No cuelgue mientras busco el número.

…

● ¿Sí? Lo siento muchísimo pero no puedo darle el número porque la señorita Sánchez no figura en la guía *or* (AmL) en el directorio *or* (Méx) tiene número privado.

■ Gracias de todas maneras, adiós.

● Adiós, señora.

example 3:

● ¿Aló? (SAm)
¿Diga? *or* ¿dígame? (Esp)
¿Bueno? (Méx)
Olá? (RPl)

■ ¿Diego?

● No, soy su padre, *or* habla su padre.

● Ah, perdón señor, habla Juan, ¿está Diego?

■ Sí, viene entrando. No cuelgue que lo llamo.

example 4:

● Buenos días, éste es el 96 56 78 02 7. En este momento no podemos contestar *or* (AmL) atender *or* (Esp) coger el teléfono. Por favor deje su mensaje después de la señal y le devolveremos la llamada lo antes posible.

● Buenos días, soy *or* habla Miguel. Sólo quería saber si quieres ir al cine esta tarde. Llámame si no regresas muy tarde. Si no, hasta pronto. ¡Chao!

example 5

● ¿Aló? (SAm)
¿Diga? *or* ¿dígame? (Esp)
¿Bueno? (Méx)
¿Olá? (RPl)

■ Buenos días señora.

● Buenos días.

● ¿Podría hablar con el señor Lillo, por favor?

■ Sí, ¿de parte de quién?

● De la señorita Ramos.

● Lo siento tanto, pero la línea del señor Lillo está ocupada *or* (Esp) comunicando. ¿Quiere esperar?

■ Sí, sí, gracias.

…

● ¿Aló? (SAm), ¿Diga? (Esp) ¿Bueno? (Méx) ¿Olá? (RPl), el señor Lillo sigue al teléfono. Tal vez yo podría ayudarla. ¿De qué se trata?

■ Es personal, pero no es urgente así que llamaré mas tarde. Gracias.

● De nada, adiós señorita.

■ Adiós

example 6:

● ¿Aló? (SAm), ¿Diga *or* dígame? (Esp) ¿Bueno? (Méx) ¿Olá? (RPl)

■ Buenos días, ¿es ésta la casa del señor y la señora Pérez?

● Sí.

■ ¿Podría hablar con la señora Pérez, por favor?

● Ah, lo siento, mi esposa ha salido, ¿quiere dejar un recado?

● Sí, por favor, soy Ana Lisana, una de sus colegas. Sólo quería decirle que encontré su agenda en el corredor, a la salida de la oficina. Es para que no la busque.

● Es muy amable de su parte. Se lo diré en cuanto regrese.

■ Gracias, adiós señor.

● A Usted, adiós.

Al teléfono...

No se debe olvidar que los números de teléfono en inglés se dan cifra por cifra, por ejemplo el 0208 549 44 53 se dirá:

- *zero two zero eight, five four nine, double four, five three.* (cero dos cero ocho, cinco cuatro nueve, cuatro cuatro, cinco tres)

Nótese que en el Reino Unido en lo que se refiere a números telefónicos, a menudo se usa la palabra 'oh' en lugar de 'zero', que siempre se usa en EEUU.

Tal vez sería útil como práctica, deletrear (*to spell out*) palabras en castellano, por ejemplo, su apellido o nombre.

ejemplo 1:

● Interspace, good morning.

■ Good morning, may I speak to Mr Gulliver, please? This is Gladys Mortimer.

● Oh, I'm sorry but Mr Gulliver is in a meeting at the moment. Would you like to leave a message?

■ Yes, could you ask him to call me on 934 66 74?

● 934 66 74, Gladys Mortimer. I've made a note of that and I'll pass it on.

■ Thank you very much. Goodbye.

● Goodbye.

ejemplo 2:

● Directory Assistance o Directory Enquiries, good morning.

■ Good morning, I want the phone number for Janice Butt in Richmond.

● Could you spell the surname of the person you want to call, please?

■ It's Butt, b.u., double-t.

● Do you know the street address?

■ Yes, number 1001, Independence Boulevard.

● Please hold while I look for the number.

...

● Hello? I am very sorry but I can't give you the number because Janice Butt is unlisted *o* (BrE) ex-directory.

■ Thank you, anyway. Goodbye.

● Goodbye.

ejemplo 3:

● Hello?/Hi!

■ Jim?

● No, it's his father here.

■ Oh, I'm sorry, it's Bill here. Is Jim there?

● Yes, he's just come in. Hold on and I'll call him.

ejemplo 4:

● Hello/Hi, this is 96 56 78 02 7. We can't answer the phone right now. Please leave your message after the tone and we'll get back to you as soon as possible.

● Hello/Hi, this is Mike (speaking). I just wanted to know if you'd like to go to a movie this afternoon. Give me a call if you get back in time. If not, I'll see you soon. Bye!

Modèle 5

● Hello?/Hi!

■ Good morning.

● Could I speak to Mr Fairbanks?

■ Certainly, who's speaking?

● This is Geraldine Rust.

■ I'm so sorry, but Mr Fairbanks' line is engaged. Would you like to hold?

● Yes, yes, please.

....

■ Hello? Mr Fairbanks is still on the other line. Perhaps I could help you. What's it about?

● It's a personal call, but it isn't urgent so I'll call back later. Thank you.

■ You're welcome/Not at all. Goodbye.

● Goodbye.

ejemplo 6:

● Hello!

■ Good morning, is that Mr and Mrs Pearson's home?

● Yes.

■ Could I speak to Mrs Pearson, please?

● Oh, I'm sorry, my wife has gone out. Do you want to leave a message?

■ Yes please, it's one of her colleagues, Anna Liston, here. I just wanted to tell her that I found her diary in the corridor on the way out of the office. Just so she doesn't waste time looking for it.

● That's very kind of you. I'll tell her when she gets back.

■ Thank you. Goodbye.

● Thank you. Goodbye.

SMS (electronic text messaging)

The basic principles governing Spanish SMS abbreviations are similar to those governing English SMS. Certain words or syllables can be represented by letters or numbers that sound the same but take up less space. Also, points, accents, and other diacritics are omitted altogether. For example, the syllable '-ca' can be replaced by 'k', the word 'por' by 'x', the syllable or conjunction 'que' by 'q' and the syllable 'es-' at the start of a word can be substituted by 's'. Another way of shortening words is simply to omit certain letters, especially vowels. For example, 'bastante' becomes 'bstnt', 'gente' becomes 'gnt', and 'hola' can be replaced by 'hl'.

As in English, 'emoticons' are very popular, and some of the more established ones are included in the table below.

Glossary of Spanish SMS abbreviations

Abbreviation	Full word
a2	adiós
aa	años
archvo	archivo
artclo	artículo
bstnt	bastante
b	beso
cia	compañía
compljo	complejo
complikdo	complicado
comnikr	comunicar
d	de
dcir	decir
dd	días
dir	dirección
do	domingo
exclnt	excelente
fsta	fiesta
fvor	favor
garntzr	garantizar
gf	jefe
gral	general
grduar	graduar
gralmnt	generalmente
gnt	gente
hab	habitación
hcer	hacer
hno	hermano
hr	hora
hl	hola
infrmal	informal
info	información
jf	jefe
ju	jueves
klidad	calidad
kntidad	cantidad
kpaz	capaz
kro	caro
lgr	lugar
lu	lunes
mar	martes
mñna/mñn	mañana
mktg	marketing
+	más
+tikr	masticar
mjr	mejor
msj/sms	mensaje/mens.móvil
msjr	mensajero
mm	meses
mi	miércoles
‘	minuto
‘s	minutos
nd	nada
-	negativo, no
0/ning	ninguno
nka	nunca
pers	personas
prblm	problema
prpar2	preparados
q	que
qn	quien
qndo	cuando
s	ese
sa	sábado
salu2	saludos
“	segundos
stndar	estándar
st	este
s3	estrés
tb	también
thanx	gracias
tx	taxi
txt	texto
t2	todos
vi	viernes
xa	para
x	por
xfa	por favor
xq	porque
xtrangro	extranjero

Emoticons*	
:-)	Cara feliz
:-|	Ceñudo
:-e	Desilusión
:-(	Cara triste
%-)	Confundido
:~(o **:'-(**	Llorando
;-)	Guiñando el ojo
|-o	Aburrido, durmiendo
:-	Escéptico
:-D	Sonrisa grande, cara sonriente
:-<>	Asombrado
:-@	Enfadado
:-p	Sacando la lengua
:-O	Gritando
O:-)	Ángel
:-* o **:-x**	Un beso
:-o	Shock
@}-,-'—	Una rosa

* NB: the '-' which depicts the nose is often omitted or replaced by an 'o' eg., :) or :o)

SMS (mensajería electrónica de texto)

SMS es la abreviatura inglesa de "Short Message (o Messaging) Service", que se traduce como "Servicio de Mensajes Cortos".

Los principios básicos que rigen el uso de las abreviaturas SMS en inglés son bastante simples. Se pueden utilizar todas las abreviaturas y signos convencionales ingleses establecidos, pero sin puntos. Algunas palabras o sílabas se pueden representar con una letra o un número que suene igual o parecido. Por ejemplo, la letra 'C' suena igual que la palabra 'see' (o tambien 'sea'), 'U' suena igual que 'you', el número '8' ('eight') se puede sustituir por el sonido /-ayt/. De este modo,'see you later' se abrevia como CUL8R, a lo cual se podría contestar GR8 ('great'). Tambien es común simplemente omitir ciertas letras, especialmente las vocales. Por ejemplo, 'message' se convierte en MSG, 'please' se sustituye por PLS y 'speak' se cambia por SPK. La mayoría de las abreviaturas SMS se derivan de las letras iniciales de frases comúnes, como por ejemplo FYI 'for your information', TTYL 'talk to you later'. Estas abreviaturas pueden parecer un poco crípticas al principio, pero con la práctica es fácil aprender a identificar su significado.

Igual que en español los 'emoticonos' son muy populares en los mensajes SMS. Algunos de los más comunes se incluyen más abajo.

Glosario de abreviaturas en inglés de SMS

Abreviatura	Palabra completa
@	at
ADN	any day now
AFAIK	as far as I know
ATB	all the best
B	be
B4	before
B4N	bye for now
BBL	be back late(r)
BCNU	be seeing you
BFN	bye for now
BRB	be right back
BTW	by the way
BWD	backward
C	see
CU	see you
CUL8R	see you later
F2F	face to face
F2T	free to talk
FWD	forward
FWIW	for what it's worth
FYI	for your information
GAL	get a life
GR8	great
H8	hate
HAND	have a nice day
HTH	hope this helps
IC	I see
ILUVU	I love you
IMHO	in my humble opinion
IMO	in my opinion
IOW	in other words
JIC	just in case
JK	just kidding
KIT	keep in touch
KWIM	know what I mean?
L8	late
L8R	later
LOL	lots of luck/laughing out loud
MOB	Mobile
MSG	message
MYOB	mind your own business

Abreviatura	Palabra completa
NE	any
NE1	anyone
NO1	no one
OIC	oh, I see
OTOH	on the other hand
PCM	please call me
PLS	please
PPL	people
R	are
ROFL	rolling on the floor, laughing
RU	are you
RUOK	are you OK?
SIT	stay in touch
SOM1	someone
SPK	speak
THKQ	thank you
TTYL	talk to you later
TX	thanks
U	you
UR	you are
W/	with
WAN2	want to
WAN2TLK	want to talk?
WERV U BIN	where have you been?
WKND	weekend
WOT	what
WU	what's up?
X	kiss
XLNT	excellent
XOXOX	hugs and kisses
YR	your
1	one
2	to, too
2DAY	today
2MORO	tomorrow
2NITE	tonight
3SUM	threesome
4	for

<table>
<tr><th colspan="2">Emoticonos*</th></tr>
<tr><td>:-)</td><td>Smiling, happy face</td></tr>
<tr><td>:-|</td><td>Frowning</td></tr>
<tr><td>:-e</td><td>Disappointed</td></tr>
<tr><td>:-(</td><td>Unhappy face</td></tr>
<tr><td>%-)</td><td>Confused</td></tr>
<tr><td>:~(or :'-(</td><td>Crying</td></tr>
<tr><td>;-)</td><td>Winking happy face</td></tr>
<tr><td>|-o</td><td>Tired, asleep</td></tr>
<tr><td>:-\</td><td>Sceptical</td></tr>
<tr><td>:-D</td><td>Big smile, laughing face</td></tr>
<tr><td>:-<></td><td>Amazed</td></tr>
<tr><td>X=</td><td>Fingers crossed</td></tr>
<tr><td>:-p</td><td>Tongue sticking out</td></tr>
<tr><td>:-O</td><td>Shouting</td></tr>
<tr><td>O:-)</td><td>Angel</td></tr>
<tr><td>:-* or :-x</td><td>Big kiss!</td></tr>
<tr><td>:-o</td><td>"Oooh!", shocked face</td></tr>
<tr><td>@}-,-'—</td><td>A rose</td></tr>
</table>

*NB: el '-' que representa la nariz se puede omitir o sustituir por una 'o', por ej., :) o :o)

Using the internet

Software download

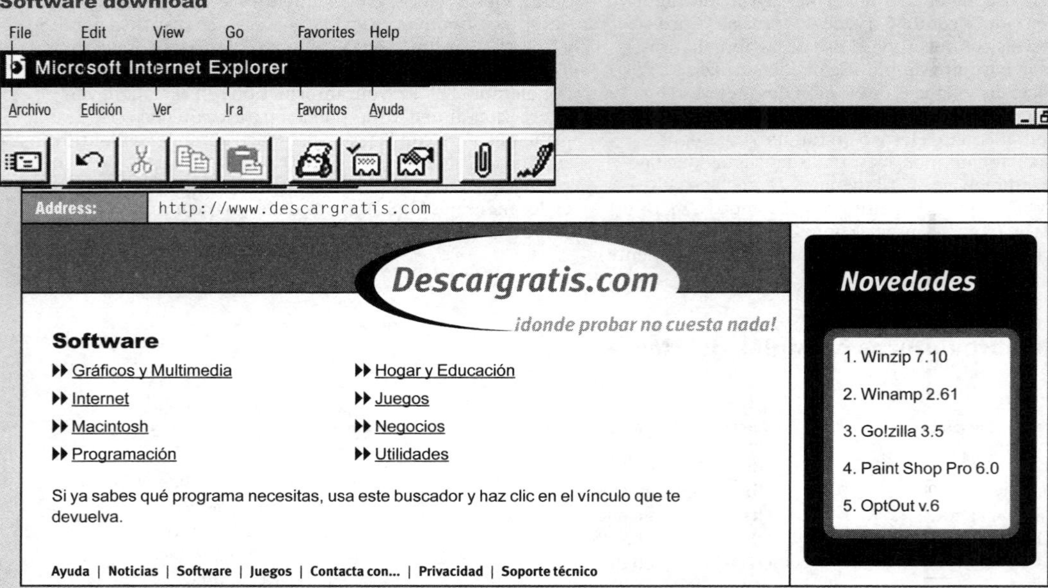

Search engine

Useful phrases	Frases útiles
to add a signature	agregar una firma
to attach a file	adjuntar un archivo *or* fichero
to block senders	bloquear remitentes
to check one's inbox	revisar la bandeja de entrada
to click on a directory/ a link	hacer clic en un directorio/ un vínculo
to compose an email	redactar un email
to connect the modem to the phone line	conectar el módem a la línea de teléfono
to download a file	descargar un archivo *or* fichero
to enter user name and password	introducir nombre y contraseña del usuario
to forward a message as an attachment	reenviar un mensaje como archivo *or* fichero adjunto

Internet

Descarga de software

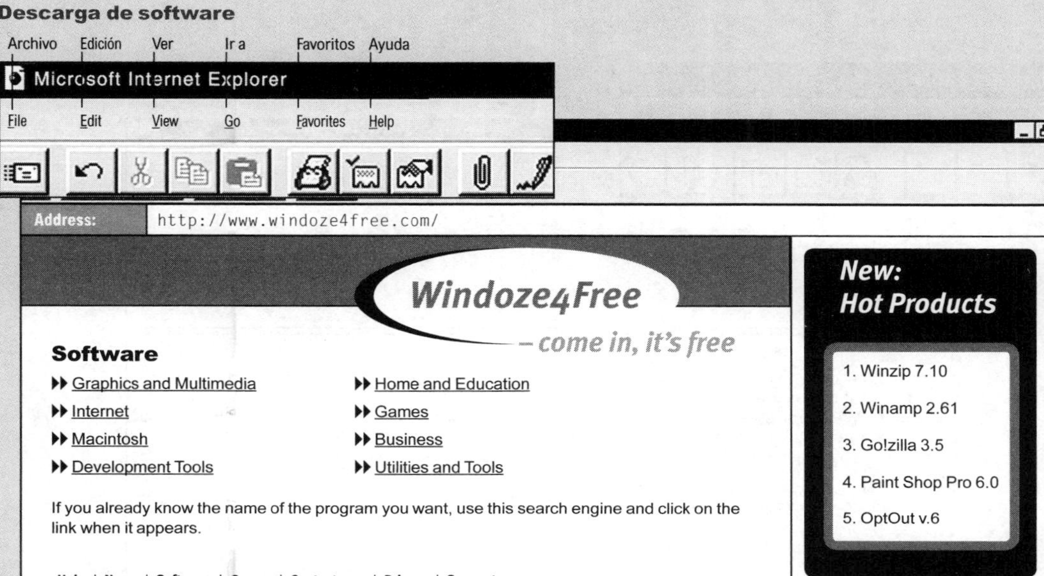

Buscador

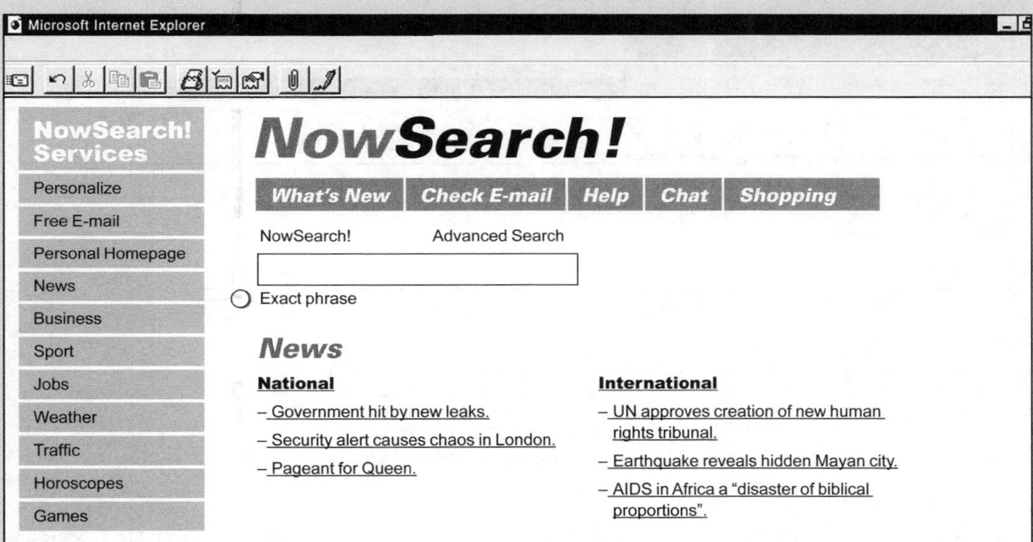

Useful phrases	Frases útiles
to install a program	instalar un programa
to leave mail on the server	dejar correo en el servidor
to open a file	abrir un archivo *or* fichero
to save files on the hard disk	guardar los archivos *or* ficheros en el disco duro
to save outgoing messages	guardar mensajes salientes
to send a bulk mail	mandar un correo masivo
to sort messages by subject	ordenar mensajes por asunto
to store unsent messages in a folder	almacenar mensajes sin enviar en un archivo *or* fichero

Emails

Personal

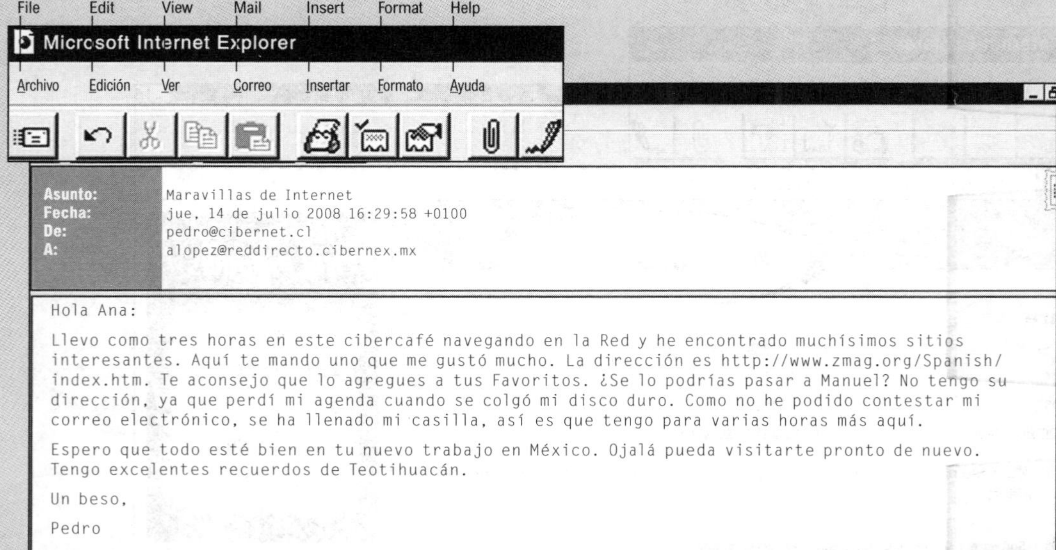

File | Edit | View | Mail | Insert | Format | Help

Microsoft Internet Explorer

Archivo | Edición | Ver | Correo | Insertar | Formato | Ayuda

Asunto: Maravillas de Internet
Fecha: jue, 14 de julio 2008 16:29:58 +0100
De: pedro@cibernet.cl
A: alopez@reddirecto.cibernex.mx

Hola Ana:

Llevo como tres horas en este cibercafé navegando en la Red y he encontrado muchísimos sitios interesantes. Aquí te mando uno que me gustó mucho. La dirección es http://www.zmag.org/Spanish/index.htm. Te aconsejo que lo agregues a tus Favoritos. ¿Se lo podrías pasar a Manuel? No tengo su dirección, ya que perdí mi agenda cuando se colgó mi disco duro. Como no he podido contestar mi correo electrónico, se ha llenado mi casilla, así es que tengo para varias horas más aquí.

Espero que todo esté bien en tu nuevo trabajo en México. Ojalá pueda visitarte pronto de nuevo. Tengo excelentes recuerdos de Teotihuacán.

Un beso,

Pedro

Business

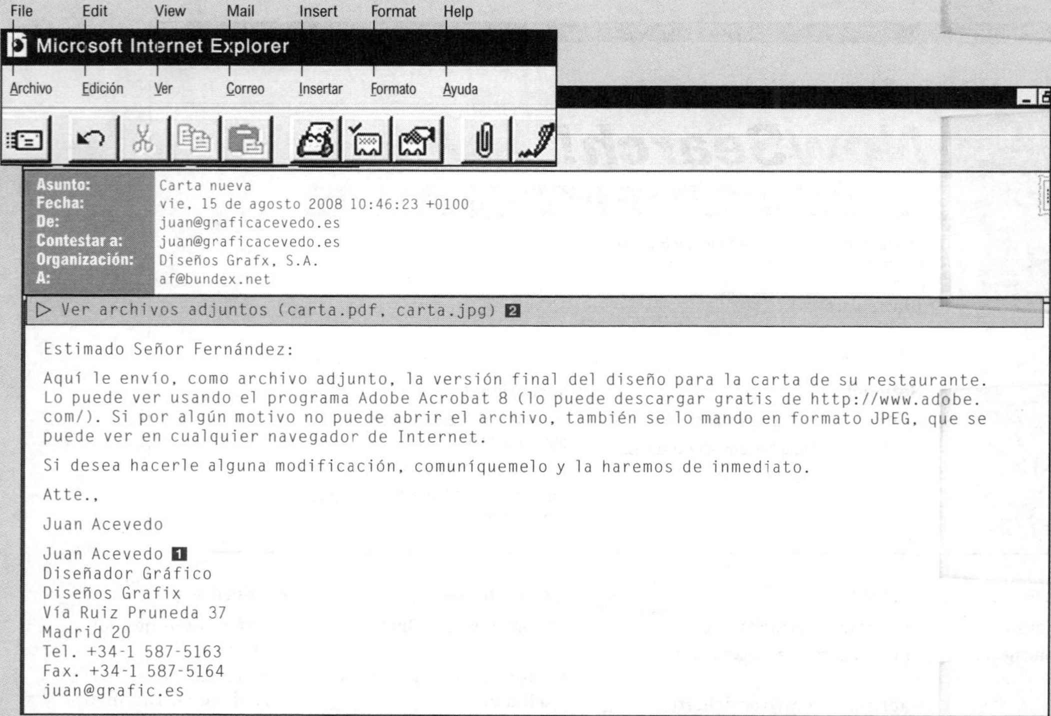

File | Edit | View | Mail | Insert | Format | Help

Microsoft Internet Explorer

Archivo | Edición | Ver | Correo | Insertar | Formato | Ayuda

Asunto: Carta nueva
Fecha: vie, 15 de agosto 2008 10:46:23 +0100
De: juan@graficacevedo.es
Contestar a: juan@graficacevedo.es
Organización: Diseños Grafx, S.A.
A: af@bundex.net

▷ Ver archivos adjuntos (carta.pdf, carta.jpg) **2**

Estimado Señor Fernández:

Aquí le envío, como archivo adjunto, la versión final del diseño para la carta de su restaurante. Lo puede ver usando el programa Adobe Acrobat 8 (lo puede descargar gratis de http://www.adobe.com/). Si por algún motivo no puede abrir el archivo, también se lo mando en formato JPEG, que se puede ver en cualquier navegador de Internet.

Si desea hacerle alguna modificación, comuníquemelo y la haremos de inmediato.

Atte.,

Juan Acevedo

Juan Acevedo **1**
Diseñador Gráfico
Diseños Grafix
Vía Ruiz Pruneda 37
Madrid 20
Tel. +34-1 587-5163
Fax. +34-1 587-5164
juan@grafic.es

1 You can set an e-mail program to add a so-called signature at the end of every message automatically. Many people add their address and phone number as a signature.

2 These are the titles of the files that are attached to the e-mail. E-mail programs allow you to attach a file from your hard disk at the click of a toolbar button.

El correo electrónico

Correo personal

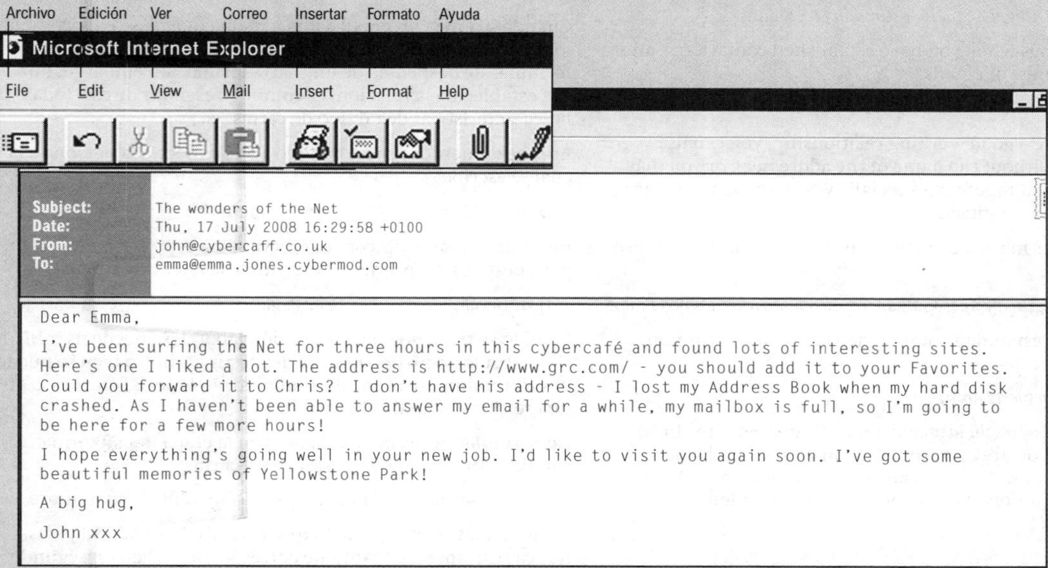

Correo de negocios

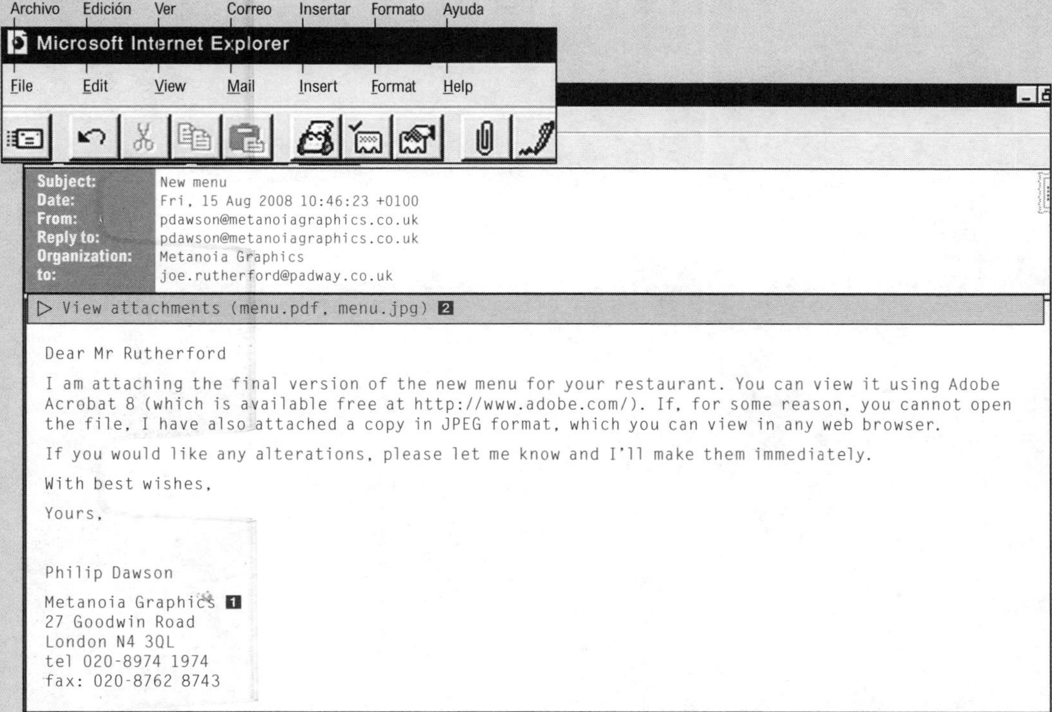

1 Su programa de correo electrónico puede agregar una "firma" como ésta automáticamente, al final de cada mensaje. Muchos usuarios ponen su dirección y número de teléfono en la "firma".

2 Éstos son los nombres de los archivos adjuntos al mensaje. Los programas de correo electrónico le permiten adjuntar archivos del disco duro por medio de la barra de herramientas.

Emails in the business context

When emailing a person one has never met, it is usual to maintain formal openings and closings as in letters, but once a relationship is established, it is common to dispense with almost all the features of the traditional formal letter.

Typical greetings when you do not know the person you are writing to:

Estimado Sr. Ortega: *Estimada Sra. Salas:*

Typical greetings when you have established contact, e.g. after the first exchange of emails:

Querido Ramón: *Querida Paula:*

When you have a good working relationship, you can use *Hola* (with or without the name of the addressee), or you may omit a greeting altogether, especially when giving very quick responses to your contact.

Typical endings in the initial, formal stage are similar to those used in letters.

Cordialmente, *Un afectuoso saludo* (or *un Saludo afectuoso*), *Saludos*

When the correspondents know each other well, common endings are:

Un abrazo, *Un fuerte abrazo*

The endings: *Lo/La saluda atentamente*, *Atentamente* are almost never used. If you are corresponding in your second language and you are in doubt about when to adopt a less formal tone, a good rule is to follow the lead of your correspondent.

Emails en correspondencia de negocios

En los últimos años los emails han reemplazado a las cartas y a los memorandums como una manera de mantener la comunicación con los contactos de negocios, dentro y fuera de una organización. Esto ha conllevado un relajamiento general en la manera en que los corresponsales se dirigen entre sí, sea cual sea el idioma. El inglés no es la excepción y he aquí algunas pautas sobre las convenciones que se usan.

Cuando se envía un email a una persona que no se conoce, lo normal es que se mantengan los encabezamientos y las fórmulas de despedida de una carta formal. Sin embargo, una vez establecida la relación, es común prescindir de casi todas las características de tal tipo de cartas.

Encabezamientos típicos cuando no se conoce a la persona a la cual se escribe:

Dear Mr Jones: *Dear Ms Smith*

Encabezamientos típicos cuando ya se ha establecido contacto, p. ej. después del primer intercambio de emails:

Dear Gerald: *Dear Paula:*

Cuando se tiene una buena relación laboral, se puede usar *Hi*, o *Hello* (seguido o no del nombre del destinatario), o bien se puede omitir totalmente el encabezamiento, en especial en el caso de una respuesta rápida al contacto.

Las fórmulas de despedida, típicas en la etapa inicial formal, son similares a las que se usan en las cartas:

With best wishes, *All the best*, o *Regards*, seguido de su nombre

Las formulas: *Sincerely*, (*GB Yours sincerely,*) o *Yours faithfully*, casi nunca se usan. Si se mantiene correspondencia en un segundo idioma y se duda acerca de cuándo se debe adoptar el tono menos formal, una buena regla a seguir, es hacer lo mismo que el corresponsal.

A

The indefinite article *a* or *an* is translated by *un* before a masculine noun, *una* before a feminine noun:

a car
= un coche

an actress
= una actriz

Singular feminine nouns, however, that begin with a stressed or accented *a* or *ha* take the article *un* rather than *una*:

an eagle
= un águila

a fairy
= un hada

The article is not translated in the following cases:

With jobs and professions:

she's a lawyer
= es abogada

he works as a waiter
= trabaja de camarero

But the indefinite article is translated when there is a qualification:

he's a good dentist
= es un buen dentista

she is an excellent teacher
= es una profesora excelente

After *what a*:

what a shock!
= ¡qué susto!

what a big dog!
= ¡qué perro más grande!

After *such a*:

how could you do such a thing?
= ¿cómo pudiste hacer eso?

I have never said such a thing
= nunca he dicho tal cosa

it's such a bore
= es tan aburrido

Before *a certain* when qualifying a subject noun:

a certain man
= cierto hombre

When expressing prices in relation to weight or length, the indefinite article is translated by *el* before a masculine noun or *la* before a feminine noun:

it costs 2 dollars a pound/3 dollars a meter
= cuesta 2 dólares la libra/3 dólares el metro

When *a* means *per*, there are various translations:

twice a week
= dos veces a la *or* por semana

three times a day
= tres veces al día

50 miles an hour
= 50 millas por hora

a, A /eɪ/ *n*
[A] [1] (letter) a, A *f*; **the A to Z of Gardening** el ABC de la jardinería; **he knows his subject from A to Z** conoce el tema perfectamente *or* de cabo a rabo; ***to get from A to B*** ir* de un sitio a otro [2] (Mus) la *m*; **to give sb an A** darle* el la a algn; **A flat/sharp/natural** la bemol/sostenido/natural; **A major/minor** la mayor/menor; **the piece is in A** la pieza es en la mayor [3] (grade) ≈ sobresaliente *m* (*calificación en la escala que va de A a F en orden decreciente*)
[B] (Med): **blood group A** grupo *m* sanguíneo A; ▸**blood group**
[C] [1] (in house numbers): **35A** ≈ 35 bis, ≈ 35 duplicado [2] (in sizes of paper) (BrE): **A3** A3 (*420 x 297mm*); **A4** A4 (*297 x 210mm*); **A5** A5 (*210 x 148mm*) [3] (BrE) (Transp) *indicador de carretera o ruta nacional*; (*before n*): **A road** ≈ carretera *f or* ruta *f* nacional
[D] (firstly) (*as linker*) en primer lugar, número uno

a /ə *stressed form* /eɪ/, (*before vowel* **an**) *indef art* ▸ℹ **p.871**
[A] un, una; **I have a problem/a question/an idea** tengo un problema/una pregunta/una idea; **a Mrs Smith called** llamó una tal señora Smith; **she's a lawyer** es abogada; **she's a famous lawyer** es una famosa abogada; **have you got a car/light?** ¿tienes coche/fuego?; **he didn't say a word** no dijo ni una palabra; **they're six dollars a kilo** están a seis dólares el kilo; **half a dozen/an hour** media docena/hora; **what a pity/coincidence!** ¡qué lástima/casualidad!; **what a huge dog!** ¡qué perro más enorme!; **half a cup/spoonful** media taza/cucharada
[B] (per) por; **twice a week** dos veces por semana *or* a la semana; **50 miles an hour** 50 millas por hora

a- /ə/ *pref*: **a-jumping/a-singing** (dial, poet *or* arch) saltando/cantando; **I was all atremble** estaba temblando

A&E *n* **= accident and emergency**

A & R /ˌeɪən'ɑːr || ˌeɪən'ɑː(r)/ *n* (**= artists and repertory** *or* (BrE) **= repertoire**) departamento *m* de contratación (*de una compañía discográfica*)

A1 /'eɪ'wʌn/ *adj* (dated) excelente, de primera calidad

AA[1] *n*
[A] (*no art*) **= Alcoholics Anonymous**
[B] (in US) **= Associate in Arts**
[C] (in UK) **= Automobile Association**

AA[2] *adj* **= antiaircraft**

AAA *n*
[A] (in US) **= American Automobile Association**
[B] (in UK) **= Amateur Athletic Association**

AAAS *n* (in US) **= American Association for the Advancement of Science**

Aachen /'ɑːkən/ *n* Aquisgrán *m*

aardvark /'ɑːrdvɑːrk || 'ɑːdvɑːk/ *n* cerdo *m* hormiguero

AAU *n* (in US) **= Amateur Athletic Union**

AAUP *n* (in US) **= American Association of University Professors**

AB[1] *n* (Med) (blood group) **= AB** ▸**blood group**

AB[2] *n* [1] (AmE) ▸**BA** [2] **= able seaman**

aback /ə'bæk/ *adv see* **take aback**

abacus /'æbəkəs/ *n* (*pl* **-cuses** *or* **-ci** /-saɪ/) ábaco *m*

abaft /ə'bæft || ə'bɑːft/ *adv* a popa

abalone /ˌæbə'ləʊni/ *n* abulón *m*, oreja *f* marina *or* de mar, loco *m* (Chi)

abandon[1] /ə'bændən/ *vt* [1] (leave behind, evacuate) ‹*city/home/equipment*› abandonar, dejar; **to ~ ship** abandonar el barco [2] (desert) ‹*family/friend*› abandonar; **the baby was found ~ed** encontraron al bébé abandonado; **they ~ed him to his fate** lo abandonaron a su suerte [3] (give up) ‹*project/idea*› renunciar a; **to ~ hope** perder* *or* abandonar las esperanzas; **the search/game had to be ~ed** se tuvo que suspender la búsqueda/el partido; **she had to ~ her extravagant tastes** tuvo que renunciar a sus gustos caros
■ *v refl* (liter) **to ~ oneself TO sth** abandonarse A algo; **she ~ed herself to despair** se dejó llevar por la desesperación; **he ~ed himself to drink** se entregó a la bebida

abandon[2] *n* [u]: **they were dancing with wild ~** bailaban desenfrenadamente; **she spends money with gay ~** (dated) gasta dinero como si fuera agua

abandoned /ə'bændənd/ *adj* [1] (deserted) ‹*vehicle/cottage/wife*› abandonado [2] (dissipated) (arch) disoluto (frml)

abandonment /ə'bændənmənt/ *n* [u] (frml) abandono *m*

abase /ə'beɪs/ *v refl*: **to ~ oneself** humillarse, rebajarse; **to ~ oneself before God** inclinarse humildemente ante Dios

abasement /ə'beɪsmənt/ *n* [u] (liter) humillación *f* (liter)

abashed /ə'bæʃt/ *adj* (*pred*) avergonzado; **to be ~ AT sth** avergonzarse* *or* sentir* vergüenza DE algo

abate /ə'beɪt/ *vi* (frml) «*storm/wind*» amainar, calmarse; «*anger*» aplacarse*, calmarse; «*noise/violence*» disminuir*; «*pain*» calmarse, ceder
■ **abate** *vt* [1] (calm) ‹*anger*› aplacar*, mitigar*; ‹*pain*› calmar, mitigar* [2] (remove) ‹*nuisance/pollution*› poner* término a, acabar con

abatement /ə'beɪtmənt/ *n* (frml) (of wind, fever) disminución *f*; (of pain) alivio *m*; (of anger) aplacamiento *m*; (of noise, pollution) disminución *f*, reducción *f*; (termination) supresión *f*

abattoir /'æbətwɑːr || 'æbətwɑː(r)/ *n* matadero *m*

abbess /'æbəs || 'æbes/ *n* abadesa *f*

abbey /'æbi/ *n* (*pl* **abbeys**) abadía *f*

abbot /ˈæbət/ *n* abad *m*

abbr., abbrev. **1** = **abbreviation** **2** = **abbreviated**

abbreviate /əˈbriːvieɪt/ *vt* ‹*word/title*› abreviar; ‹*account*› resumir

abbreviation /əˌbriːviˈeɪʃən/ *n* **1** [c] (shortened word) abreviatura *f* **2** [u] (shortening of word) abreviación *f*

ABC *n*
A **1** (alphabet) abecé *m*; **to learn/know one's ~(s)** aprender/saber* el abecé *or* el abecedario **2** (rudiments) abecé *m*; **the ~(s) of sth** el abecé *or* los rudimentos de algo
B (alphabetical guide) guía *f* alfabética
C (in US) (*no art*) (= **American Broadcasting Company**) la ABC

> **ABC - American Broadcasting Company**
>
> Una de las principales cadenas de televisión norteamericanas, actualmente propiedad de la compañía Walt Disney. *Ver tb* ▸**television**.

ABD *n* (AmE) (Educ) = **all but dissertation**

abdabs /ˈæbdæbz/ *pl n* ▸**habdabs**

abdicate /ˈæbdɪkeɪt/ *vt* **1** ‹*throne*› abdicar* **2** (frml) ‹*responsibility/authority*› abdicar* de (frml), no asumir; ‹*rights*› renunciar a
■ **abdicate** *vi* «*monarch/pope*» abdicar*; **to ~ IN FAVOR OF sb** abdicar* EN algn

abdication /ˌæbdɪˈkeɪʃən/ *n* **1** [u c] (of throne) abdicación *f* **2** [u] (frml) (of duty, responsibility) abdicación *f* (frml); (of rights) renuncia *f*

abdomen /ˈæbdəmən/ *n* **1** (of mammal) abdomen *m*, vientre *m*; **a pain in the lower ~** un dolor en el bajo vientre **2** (of insect) abdomen *m*

abdominal /æbˈdɑːmənl ‖ æbˈdɒmɪnl/ *adj* abdominal

abdominoplasty /æbˈdɑːmənəʊˌplæsti ‖ æbˈdɒmɪnə(ʊ)ˌplæsti/ *n* [u c] (*pl* **-ties**) abdominoplastía *f*

abduct /æbˈdʌkt ‖ əbˈdʌkt/ *vt* (frml) raptar, secuestrar, plagiar (AmL)

abduction /æbˈdʌkʃən ‖ əbˈdʌkʃən/ *n* [c u] (frml) rapto *m*, secuestro *m*, plagio *m* (AmL)

abductor /æbˈdʌktər ‖ əbˈdʌktə(r)/ *n* (frml) raptor, -tora *m,f*, secuestrador, -dora *m,f*

abeam /əˈbiːm/ *adv* en ángulo recto con la quilla

abed /əˈbed/ *adv* (arch *or* poet) en cama

Abel /ˈeɪbəl/ *n* Abel

Aberdonian /ˌæbərˈdəʊniən ‖ ˌæbəˈdəʊniən/ *n: habitante o persona oriunda de Aberdeen*; **(s)he's an ~** es de Aberdeen

aberrant /æˈberənt ‖ əˈberənt/ *adj* (frml) ‹*behavior*› aberrante; (in statistics) atípico, anómalo

aberration /ˌæbəˈreɪʃən/ *n* [c u] aberración *f*, anomalía *f*; **in a moment of ~** en un momento de aberración, en un arrebato

abet /əˈbet/ *vt* **-tt-** ‹*crime*› inducir* *or* instigar* a; ‹*person*› (encourage) inducir*, instigar*; (assist) ayudar, secundar; *see also* **aid²**

abeyance /əˈbeɪəns/ *n* [u]: **to be in ~** «*custom/practice*» haber* caído en desuso; «*project/activity*» estar* suspendido *or* en suspenso; **to fall into ~** «*custom/practice*» caer* en desuso; **to hold sth in ~** suspender algo, dejar algo en suspenso

abhor /əbˈhɔːr ‖ əbˈhɔː(r)/ *vt* **-rr-** (frml) detestar, aborrecer*

abhorrence /əbˈhɔːrəns ‖ əbˈhɒrəns/ *n* [u] (frml) aversión *f*, aborrecimiento *m*; **I have an ~ of hypocrisy** detesto *or* aborrezco la hipocresía

abhorrent /əbˈhɔːrənt ‖ əbˈhɒrənt/ *adj* (frml) ‹*act/person*› detestable, aborrecible, abominable; **to be ~ TO sb**: **the idea is ~ to me/her** la idea me/le resulta repugnante

abide /əˈbaɪd/ *vt* (*past & past p* **abided**) tolerar, soportar; **I can't ~ her** no la soporto, no la puedo ver
■ **abide** *vi* (*past & past p* **abode** *or* **abided**) (arch *or* poet) (to stay) permanecer*; (to dwell) morar (liter)

Phrasal verb
• **abide by** [v + prep + o] (*past & past p* **abided**) **1** (observe, adhere to) ‹*verdict*› acatar; ‹*rules*› acatar, atenerse* a; ‹*promise*› cumplir; **they did not ~ by the terms of the treaty** no respetaron los términos del tratado **2** (accept) ‹*consequences*› atenerse* a

abiding /əˈbaɪdɪŋ/ *adj* (frml) (*before n*) ‹*interest/friendship/joy*› duradero, perdurable; ‹*fear/hatred/contempt*› pertinaz; **the ~ image is of a caring person** la impresión que deja es la de una persona bondadosa

ability /əˈbɪləti/ *n* (*pl* **-ties**) (talent) capacidad *f*, aptitud *f*; (faculty, power) capacidad *f*; **a student of great ~** un estudiante muy capaz; **with the ~ to lead a team** con aptitudes para dirigir un equipo, capaz de dirigir un equipo; **to the best of one's ~** lo mejor que uno pueda; **I did it to the best of my ~** lo hice lo mejor que pude; **her ~ to walk is now severely impaired** su movilidad se ha visto seriamente afectada; **he lost the ~ to speak** perdió el habla; **people's ~ to pay** los recursos de (que dispone) la gente

ability level *n* nivel *m* de habilidad académica

abject /ˈæbdʒekt/ *adj* (frml) **1** (servile) (*before n*) ‹*slave/flattery*› abyecto, vil (liter) **2** (contemptible) abyecto, vil (liter); **an act of ~ cowardice** un acto de abyecta *or* (liter) vil cobardía **3** (pitiable) ‹*condition*› lamentable; **in ~ poverty** en la mayor miseria

abjectly /ˈæbdʒektli/ *adv* abyectamente, de manera abyecta

abjure /æbˈdʒʊr ‖ əbˈdʒʊə(r)/ *vt* (frml) ‹*belief*› abjurar de (frml); ‹*activity/claims*› renunciar a

ablative¹ /ˈæblətɪv/ *n* ablativo *m*; **~ absolute** ablativo absoluto

ablative² *adj* ‹*form/ending*› de ablativo; **~ case** ablativo *m*

ablaze /əˈbleɪz/ *adj* (*pred*): **to be ~** arder, estar* en llamas; **to set sth ~** prenderle fuego a algo; **to be ~ WITH sth**: **her eyes were ~ with indignation** tenía los ojos encendidos de indignación, los ojos le brillaban de indignación; **he was ~ with passion** ardía de pasión; **the street was ~ with light and color** la calle resplandecía de luz y color

able /ˈeɪbəl/ *adj*
A (*pred*) **to be ~ to + INF** poder* + INF; (referring to particular skills) saber* + INF; **to be ~ to see/hear** poder* ver/oír; **to be ~ to sew/type** saber* coser/escribir a máquina; **they were finally ~ to expose him** finalmente pudieron desenmascararlo; **will you be ~ to go?** ¿podrás ir?; **I am pleased to be ~ to inform you that …** (frml) me complace poder comunicarle que … (frml); **I think he's best ~ to answer that question himself** creo que él es quien mejor puede contestar a esa pregunta; **by then you'll be ~ to speak French fluently** para entonces vas a (saber) hablar francés con fluidez; **he proved well ~ to look after himself** demostró que era capaz de *or* que podía valerse muy bien por sí mismo; **those least ~ to afford it** aquellos que menos pueden permitírselo; **he wasn't ~ to convince them** no pudo *or* no logró convencerlos; **I'm afraid I'm not ~ to confirm it** me temo que no puedo *or* que no me es posible confirmarlo
B **abler** /ˈeɪblər ‖ ˈeɪblə(r)/ **ablest** /ˈeɪbləst ‖ ˈeɪblɪst/ (proficient) ‹*politician/performer/administrator*› hábil, capaz; **some of our ~st officers** algunos de nuestros oficiales más capaces

able-bodied /ˌeɪbəlˈbɑːdid ‖ ˌeɪbəlˈbɒdid/ *adj* sano, no discapacitado

able rating *n* marinero *m* preferente *or* capacitado

able seaman, able-bodied seaman *n* (Naut) marinero *m* preferente (de primera)

ablution /əˈbluːʃən/ *n* (Relig) (*usu pl*) ablución *f*; **to perform one's ~s** (hum) hacerse* la toilette (hum)

ably /ˈeɪbli/ *adv* (frml) hábilmente, con mucha habilidad

abnegate /ˈæbnɪgeɪt/ *vt* (frml) negar*, rechazar*

abnegation /ˌæbnɪˈgeɪʃən/ *n* (frml) abnegación *f*; **~ of the flesh** renunciación *f* de la carne

abnormal /æbˈnɔːrməl ‖ æbˈnɔːməl/ *adj* ‹*growth/development/condition*› (Med) anómalo, anormal; ‹*behavior*› anómalo, anormal; ‹*level/rate*› anormal, singular; **~ psychology** psicología *f* patológica *or* clínica

abnormality /ˌæbnərˈmæləti ‖ ˌæbnɔːˈmæləti/ *n* [c u] (*pl* **-ties**) anomalía *f*, anormalidad *f*

abnormally /æbˈnɔːrməli ‖ æbˈnɔːməli/ *adv* **1** (Med) ‹*behave/grow*› anormalmente, de modo anormal **2** (unusually) ‹*quiet/cheerful*› desacostumbradamente

Abo /ˈæbəʊ/ *n* (*pl* **Abos**) (Austral, BrE sl & offensive) aborigen *mf* (*de Australia*)

aboard¹ /əˈbɔːrd ‖ əˈbɔːd/ *adv* (on ship, aircraft) a bordo; (on train) en el tren; (on bus) en el autobús; **to go ~** subir a bordo, embarcar*, embarcarse*; **all ~!** (ship) ¡pasajeros a bordo!; (train) ¡pasajeros (suban) al tren!; **welcome ~!** (said to passengers) ¡bienvenidos a bordo!; (said to new employee) ¡bienvenido!

aboard² *prep* a bordo de; **~ the ship/plane** a bordo del barco/avión; **he enjoyed life ~ ship** le gustaba la vida de a bordo; **~ the bus/train** en el autobús/tren

abode¹ /əˈbəʊd/ *n* **1** [c] (dwelling place) (liter *or* hum) morada *f* (liter *o* hum); **welcome to my humble ~** (hum) bienvenido a mi humilde morada (hum) **2** [u] (Law): **place of ~** domicilio *m* (frml), residencia *f* (frml); **right of ~** derecho *m* de residencia; **of no fixed ~** sin domicilio fijo

abode² *past & past p of* **abide**

abolish /əˈbɑːlɪʃ ‖ əˈbɒlɪʃ/ *vt* ‹*institution/practice*› abolir*, suprimir; ‹*law*› derogar*, abolir*; ‹*slavery*› abolir*

abolition /ˌæbəˈlɪʃən/ *n* [u] (of institution, practice) abolición *f*, supresión *f*; (of law) derogación *f*, abolición *f*; (of slavery) abolición *f*; **the A~** (in US history) la abolición de la esclavitud (*en EEUU*)

abolitionist /ˌæbəˈlɪʃənəst ‖ ˌæbəˈlɪʃənɪst/ *n* abolicionista *mf*

A-bomb /ˈeɪbɑːm ‖ ˈeɪbɒm/ *n* bomba *f* atómica

abominable /əˈbɑːmənəbəl ‖ əˈbɒmɪnəbəl/ *adj* **1** (horrible) ‹*deed*› abominable; **the ~ snowman** el abominable hombre de las nieves **2** (awful) (colloq) ‹*weather/food/behavior*› espantoso, terrible

abominably /əˈbɑːmənəbli ‖ əˈbɒmɪnəbli/ *adv* ‹*behave*› de una manera abominable *or* detestable; ‹*perform/write*› pésimamente; ‹*dressed/cooked*› espantosamente mal

abominate /əˈbɑːməneɪt ‖ əˈbɒmɪneɪt/ *vt* (frml) abominar (de) (frml), aborrecer*

abomination /əˌbɑːməˈneɪʃən ‖ əˌbɒmɪˈneɪʃən/ *n* **1** [c] (act, thing) (frml *or* hum) abominación *f* **2** [u] (disgust) (frml) abominación *f*, repugnancia *f*

aboriginal¹ /ˌæbəˈrɪdʒənl/ *adj* **1** (indigenous) ‹*culture/custom*› aborigen, indígena **2** **Aboriginal** (in Australia) de los aborígenes australianos

aboriginal² *n* **1** (indigenous inhabitant) aborigen *mf* **2** ▸**Aborigine**

Aborigine /ˌæbəˈrɪdʒəni/ *n* aborigen australiano, -na *m,f*

abort /əˈbɔːrt ‖ əˈbɔːt/ *vt* **1** (Med) abortar **2** ‹*flight/mission/process*› suspender, abandonar; ‹*negotiations/efforts/plans*› malograr; (Comput) abortar
■ **abort** *vi*
A (Med) abortar
B **1** (abandon mission) abandonar **2** (fail) malograrse

abortifacient¹ /əˌbɔːrtəˈfeɪʃənt ‖ əˌbɔːtɪˈfeɪʃənt/ *adj* abortivo

abortifacient² *n* abortivo *m*

abortion /əˈbɔːrʃən ‖ əˈbɔːʃən/ *n* [c u] **1** (termination of pregnancy) aborto *m* (*provocado*); **to have an ~** hacerse* un aborto, abortar; **to perform an ~** practicar* un aborto; (*before n*) ‹*clinic/rate*› de abortos; **~ laws** leyes *fpl* sobre el aborto; **~ pill** píldora *f* abortiva **2** (failure) (colloq) monstruosidad *f*

abortionist /ə'bɔːrʃənəst || ə'bɔːʃənɪst/ *n* abortista *mf*

abortion mill *n* (pej) *clínica donde se realizan abortos con facilidad y sin trabas*

abortive /ə'bɔːrtɪv || ə'bɔːtɪv/ *adj* ‹*attempt/project/coup/efforts*› frustrado; **negotiations proved ~** las negociaciones fracasaron *or* se malograron

abound /ə'baʊnd/ *vi* abundar; **to ~ IN** *o* **WITH sth** abundar EN algo

about[1] /ə'baʊt/

> ⚠ **about** often appears as the second element of certain verb structures in English (*fool about, knock about, move about*, etc). For translations, see the relevant verb entry (*fool, knock, move*, etc)

adv

A (approximately) más o menos, aproximadamente; **he's ~ my age** tiene más o menos mi edad; **she must be ~ 60** debe (de) tener alrededor de *or* unos 60 años, debe (de) andar por los 60 (fam); **at ~ six o'clock** alrededor de *or* a eso de las seis, sobre las seis (Esp); **there were ~ 12 of us** éramos unos 12, éramos como 12; **they should be arriving ~ now** deben (de) estar a punto de llegar; **in ~ three hours** en unas tres horas; **~ a month ago** hace cosa de un mes, hará un mes; **the soup must be ~ ready by now** la sopa tiene que estar ya casi lista; **that's ~ it for today** eso es todo por hoy; **~ time too!** ¡ya era hora!

B **to be about to + INF**: **I'm sorry, you were ~ to say something** perdón, ibas a decir algo; **we were just ~ to start eating** estábamos a punto de empezar a comer, justo estábamos por empezar a comer (AmL); **I'm not ~ to mention it to her** no tengo la más mínima intención de mencionárselo

C [1] (from one place to another): **the dog followed him ~** el perro lo seguía a todas partes; **she travels ~ a lot** viaja mucho; **he knows his way ~** conoce la ciudad (*or* la zona *etc*); **she's very old and can't get ~ very easily** es muy mayor y le cuesta desplazarse [2] (in various directions): **he was waving a knife ~** blandía un cuchillo; **she rummaged ~ in her bag** revolvió en el bolso; **he glanced ~ nervously** miraba nervioso a su alrededor

D [1] (in the vicinity, in circulation) (esp BrE): **is Teresa ~?** ¿Teresa anda por aquí?; **there's not much traffic ~ today** hoy no hay mucho tráfico; **she's ~ somewhere, she's somewhere ~** anda por aquí; **I'm not usually ~ that early** no suelo estar allí/aquí tan temprano; **there's a lot of flu ~** hay mucha gente con gripe; **he's very mean — there's a lot of it ~** es muy tacaño — eso es algo que abunda [2] (on all sides) (esp BrE liter) por todas partes

about[2] *prep*

A [1] (concerning) sobre, acerca de; **a book ~ Greece** un libro acerca de *or* sobre Grecia; **what's the play ~?** ¿de qué se trata la obra?; **he wants to see you — what ~?** quiere verte — ¿acerca de qué?; **she said nothing ~ that** no dijo nada acerca de *or* (con) respecto a *or* sobre eso; **~ tonight: are you coming?** (con) respecto a lo de esta noche ¿vas a venir?; **what was all that shouting ~?** ¿a qué venían todos esos gritos?; **what ~ Helen? isn't she coming?** ¿y Helen? ¿no viene?; **and Helen? — what** *about* **Helen?** ¿y Helen? — ¿qué pasa con Helen?; **that's what it's all ~** de eso se trata; **politics is all ~ persuading people** en política de lo que se trata es de convencer a la gente; **I don't know what to buy her — what ~ a record?** no sé qué comprarle — ¿qué te parece *or* qué tal un disco?; **she won — how ~ that!** ganó — ¡pues qué te parece! *or* ¡pues mira tú!; ***what he is/they are ~***: **I hope you know what you're ~** espero que sepas lo que haces; **I don't understand what he's ~** no entiendo qué es lo que pretende [2] (pertaining to): **there's something ~ him that I don't like** tiene algo que no me acaba de gustar; **what's so unusual ~ that?** ¿qué tiene eso de raro?; **the place has a certain charm ~ it** el lugar tiene cierto encanto

B (engaged in): **while you're ~ it, could you fetch my book?** ¿me traes el libro de paso?, ya que estás ¿me traes el libro?; **why did you take so long ~ it?** ¿por qué tardaste *or* (esp AmL) demoraste tanto (en hacerlo)?

C [1] (in, on, through) (esp BrE): **they were playing ~ the house** estaban jugando en la casa; **he wandered ~ the empty streets** recorrió las calles vacías [2] (encircling) (liter) alrededor de [3] (on one's person) (BrE): **do you have a pencil ~ you?** ¿tienes un lápiz?

aboutface /ə,baʊt'feɪs/ (BrE also) **about-turn** /ə,baʊt'tɜːrn || ə,baʊt'tɜːn/ *n* [1] (reversal of policy) cambio *m* radical de postura; **to do an ~** cambiar radicalmente de postura [2] (Mil) media vuelta *f*

about face, (BrE also) **about turn** *interj* (Mil) ¡media vuelta!

above[1] /ə'bʌv/ *prep*

A [1] (on top of, over) encima de; **the room ~ mine** la habitación encima de la mía; **~ sea level** sobre el nivel del mar; **this elevator doesn't go ~ the tenth floor** este ascensor no sube más que hasta el décimo piso; **we were flying ~ the clouds** volábamos por encima de las nubes; **in the paragraph ~ this one** en el párrafo anterior a éste; **her voice rose ~ the noise** su voz se elevó por encima del ruido; **I can't hear you ~ this din** no te oigo con este barullo [2] (upstream of) más allá *or* más arriba de

B [1] (superior, senior to) por encima de; **~ him there's only the president** por encima de él no está más que el presidente; **there's nothing ~ the ace** no hay nada superior al as; **a lieutenant is ~ a sergeant** un teniente está por encima de un sargento; **she went ~ me and complained to my boss** me pasó por encima y se quejó a mi jefe; **he puts loyalty ~ everything** pone la lealtad ante todo *or* por encima de todo; ***to get ~ oneself*** (pej) subirse a la parra [2] (morally) por encima de; **I thought you were ~ that kind of thing** pensé que estabas por encima de ese tipo de cosas; **she's not ~ telling a lie** es muy capaz de decir una mentira; **he's ~ suspicion** está por encima de toda sospecha; **they're not ~ the law** no están por encima de la ley [3] (too difficult for): **this book is ~ me** este libro es demasiado difícil para mí

C (more than): **~ average/the minimum** por encima de la media/del mínimo; **~ 10,000 spectators** más de 10.000 espectadores; **~ and beyond** más allá de

above[2] *adv*

A [1] (on top, higher up, overhead) arriba; **the floor/room ~** el piso/la habitación de arriba; **the light came from ~** la luz venía de arriba; **seen from ~** visto desde arriba; **orders from ~** órdenes *fpl* superiores *or* (fam) de arriba [2] (in heaven): **the Lord ~** el Señor en las alturas; **she waited for guidance from ~** esperó ser guiada desde lo alto

B (in text): **as shown ~** como se demostró anteriormente *or* más arriba; **see ~, page 43** véase página 43

C (over): **all children of 11 and ~** todos los niños a partir de los 11 años; **all parcels weighing 20 kg and ~** todos los paquetes que pesen 20 kg o más

above[3] *adj* (frml) (*before n*): **for the ~ reasons** por dichas razones, por lo antedicho; **the ~ remarks** las observaciones anteriores

above[4] *n* (frml) **the ~** [1] (facts, text) lo anterior (frml) [2] (persons) dichas personas, los susodichos (frml *o* hum)

above-average /ə,bʌv'ævrɪdʒ ə,bʌv 'ævərɪdʒ/ *adj* por encima de la media

aboveboard /ə'bʌv,bɔːrd || ə,bʌv'bɔːd/ *adj* (*pred*) legítimo, limpio; **open and ~** sin tapujos

abovementioned[1] /ə'bʌv,mentʃənd || ə,bʌv 'menʃənd/ *adj* ‹*fact/name/person*› antedicho, citado anteriormente, susodicho (frml *o* hum); **please consult the ~ publications** consulte las publicaciones mencionadas más arriba

abovementioned[2] *n* (*pl* **~**): **the ~** el antedicho, la antedicha; (*pl*) los antedichos, las antedichas

above-named /ə,bʌv'neɪmd/ *adj* anteriormente mencionado, antedicho (frml), sobredicho (frml)

above-the-line /ə,bʌvðə'laɪn/ *adj* ordinario

abracadabra /,æbrəkə'dæbrə/ *interj* ¡abracadabra!

abrade /ə'breɪd/ *vt* (frml) ‹*rock*› erosionar; ‹*metal*› corroer*, carcomer; ‹*skin*› escoriar

Abraham /'eɪbrəhæm/ *n* Abraham

abrasion /ə'breɪʒən/ *n* [1] [c] (Med) escoriación *f* (frml), raspadura *f*, rasguño *m* [2] [u] (Geol) abrasión *f*, erosión *f*

abrasive[1] /ə'breɪsɪv/ *adj* [1] (rough) ‹*powder*› abrasivo; ‹*surface*› áspero; **~ paper** papel *m* de lija [2] ‹*tone/manner*› áspero, brusco; ‹*person*› brusco y desagradable

abrasive[2] *n* [c u] abrasivo *m*

abrasively /ə'breɪsɪvli/ *adv* ‹*say/reply*› ásperamente, de modo brusco y desagradable

abrasiveness /ə'breɪsɪvnəs || ə'breɪsɪvnɪs/ *n* [u] [1] (of sandpaper, cleanser) aspereza *f*, lo abrasivo [2] (of person, manner) brusquedad *f*

abreast /ə'brest/ *adv* [1] (side by side): **to ride five ~** cabalgar* de cinco en fondo; **to march four ~** marchar en columna de cuatro en fondo; **to ride ~ of sb** cabalgar* al lado de algn [2] (up to date): **to be/keep** *o* **stay ~ of sth** estar*/mantenerse* al día en *or* al corriente de algo; **to keep sb ~ of sth** mantener* a algn al día en *or* al corriente de algo

abridge /ə'brɪdʒ/ *vt* ‹*book*› compendiar, condensar, abreviar; ‹*article*› resumir, abreviar; **~d edition** edición *f* condensada *or* abreviada

abridgment, abridgement /ə 'brɪdʒmənt/ *n* resumen *m*, compendio *m*; **an ~ for radio** una versión condensada *or* abreviada para radio

abroad /ə'brɔːd/ *adv*

A (in other countries) ‹*live/work*› en el extranjero *or* el exterior; **to go ~** irse* al extranjero *or* al exterior; **to come from ~** ser* extranjero; **when he's ~** cuando está fuera del país; **I've never been ~** nunca he salido del país, nunca he viajado al extranjero *or* al exterior

B [1] (in the open) (liter) fuera; **there wasn't a soul ~** no había un alma en la calle [2] (in circulation) (arch *or* liter): **there are unpleasant rumors ~** corren rumores desagradables; **he spread the news ~** hizo correr la voz; **somehow the secret got ~** de algún modo el secreto se divulgó

abrogate /'æbrəgeɪt/ *vt* (frml) ‹*law/treaty/constitution*› abrogar* (frml), derogar*

abrogation /,æbrə'geɪʃən/ *n* [c u] (of treaty, agreement, law) (frml) abrogación *f* (frml), derogación *f*

abrupt /ə'brʌpt/ *adj* [1] (sudden) ‹*departure/conclusion*› repentino, súbito; ‹*rise/decline*› abrupto, brusco [2] (brusque) ‹*manner/reply*› abrupto, brusco, cortante; **he was very ~** fue muy brusco *or* cortante

abruptly /ə'brʌptli/ *adv* [1] (suddenly) ‹*end/stop*› repentinamente, súbitamente; ‹*rise/fall*› bruscamente, abruptamente [2] (curtly) ‹*speak/act*› abruptamente, con brusquedad

abruptness /ə'brʌptnəs || ə'brʌptnɪs/ *n* [u] [1] (suddenness) lo repentino; **the uproar ceased with ~** el alboroto cesó repentinamente [2] (curtness) brusquedad *f*

ABS *n* (**= antilock braking system**) ABS *m*, sistema *m* de frenos antibloqueo

abscess /'æbses || 'æbsɪs/ *n* absceso *m*

abscond /æb'skɑːnd || əb'skɒnd/ *vi* (frml) fugarse*, huir*

absconder /æb'skɑːndər || əb'skɒndə(r)/ *n* evadido, -da *m,f*, fugado, -da *m,f*

abseil /'æbseɪl/ *vi* (BrE) (Sport) descender* en rappel

abseiling /'æbseɪlɪŋ/ *n* (BrE) (Sport) rappel *m*; **to do ~** hacer* rappel

absence /'æbsəns/ *n* [u c]

A (of person) ausencia *f*; **in her ~** en su ausencia; **to be sentenced in one's ~** (Law) ser* juzgado en rebeldía; **no one mourned his ~** nadie lamentó su ausencia; **after an ~ of six weeks**

después de una ausencia de seis semanas; **her frequent ~s from school** sus frecuentes faltas de asistencia al colegio; **~ *makes the heart grow fonder*** la ausencia es al amor lo que al fuego el aire: que apaga el pequeño y aviva el grande

B [u] (lack) **~ OF sth** falta *f* DE algo; **in the ~ of suitable alternatives/a better suggestion** a falta de alternativas adecuadas/una sugerencia mejor; **there was ~ of malice/intent** (Law) no hubo dolo (penal)/intención

absent[1] /ˈæbsənt/ *adj* **1** (not present) ausente; **the teacher marked her ~** el profesor le puso falta *or* la anotó ausente; **to be ~ FROM sth** faltar A algo; **she was ~ from school** faltó al colegio; **to go ~ without order of leave** (AmE) *o* (BrE) **without leave** (Mil) ausentarse sin permiso; **to ~ friends!** ¡por los amigos ausentes! **2** (lacking) (*pred*): **his famous sense of humor was conspicuously ~** su famoso sentido del humor brilló por su ausencia **3** (vague) (*before n*) ‹*look*› distraído, ausente

absent[2] /æbˈsent ‖ əbˈsent/ *v refl* **to ~ oneself (FROM sth)** (frml) ausentarse (DE algo) (frml)

absent[3] /ˈæbsənt/ *prep* (AmE) sin

absentee /ˌæbsənˈtiː/ *n* (*pl* **-tees**) ausente *mf*; **he was fired for being a habitual ~** lo echaron porque faltaba a menudo; (*before n*): **~ ballot** (AmE) voto *m* por correo; **~ landlord** propietario, -ria *m,f* ausentista *or* (Esp) absentista

absenteeism /ˌæbsənˈtiːɪzəm/ *n* [u] ausentismo *m or* (Esp) absentismo *m*

absentee rate *n* tasa *f* de ausentismo, tasa *f* de absentismo (Esp)

absentee voter *n* votante *mf* ausente; **she is an ~ ~** es una votante ausente

absently /ˈæbsəntli/ *adv* distraídamente

absentminded /ˌæbsəntˈmaɪndəd ‖ ˌæbsəntˈmaɪndɪd/ *adj* (temporarily) distraído; (habitually) despistado, distraído; **in an ~ moment** en un momento de distracción

absentmindedly /ˌæbsəntˈmaɪndədli ‖ ˌæbsəntˈmaɪndɪdli/ *adv* distraídamente

absentmindedness /ˌæbsəntˈmaɪndədnəs ‖ ˌæbsəntˈmaɪndɪdnɪs/ *n* [u] (inattentiveness) distracción *f*; (forgetfulness) despiste *m*

absinth, absinthe /ˈæbsɪnθ/ *n* [c u] **1** (Culin) ajenjo *m* **2** (Bot) ajenjo *m*, absintio *m*

absolute[1] /ˈæbsəluːt/ *adj*

A **1** (complete, perfect) ‹*trust/confidence*› absoluto, pleno; **with ~ certainty** con absoluta *or* plena certeza; **the ~ truth** la pura verdad; **an ~ beginner** un principiante que no sabe absolutamente nada; **at the ~ maximum** como máximo, a lo sumo **2** (*as intensifier*) total; **it was an ~ disaster** fue un absoluto desastre *or* un desastre total; **~ chaos/disaster** el caos/desastre más absoluto; **he's an ~ idiot** es un tonto redomado; **she gave me a look of ~ hatred** me lanzó una mirada de odio reconcentrado; **it's an ~ disgrace** es un escándalo

B **1** (unconditional) ‹*right*› incuestionable; ‹*pardon/freedom*› incondicional, sin condiciones; ‹*guarantee/devotion*› absoluto; **it's an ~ necessity** es absolutamente imprescindible; **our decree became ~** nos concedieron el divorcio por sentencia firme **2** (having unlimited power) ‹*monarch/rule*› absoluto

C (not relative) absoluto; **an ~ good** un bien absoluto; **in ~ terms** en términos absolutos; **~ knowledge** (Phil) conocimiento *m* absoluto; **~ pitch** oído *m* absoluto; **~ zero** cero *m* absoluto

D (Ling) absoluto

absolute[2] *n* (Phil) absoluto *m*; **the A~** lo *or* el absoluto

absolute address *n* dirección *f* absoluta (téc)

absolute alcohol *n* [u] alcohol *m* absoluto

absolute liability *n* [u] responsabilidad *f* civil objetiva, responsabilidad *f* civil absoluta

absolutely /ˈæbsəluːtli/ *adv*

A **1** (completely) ‹*deny/reject*› rotundamente, terminantemente; **I trust him ~** tengo plena confianza en él; **I ~ agree** estoy totalmente *or* completamente de acuerdo; **I'm ~ certain** estoy segurísima *or* absolutamente segura; **she's not ~ convinced** no está totalmente convencida; **it's ~ forbidden** está terminantemente prohibido **2** (*as intensifier*) ‹*impossible*› absolutamente; **it's ~ revolting** es de lo más asqueroso; **I'm ~ fed up** estoy hasta la coronilla (fam); **it's ~ true** es la pura verdad; **you're ~ right!** ¡tienes toda la razón! **3** (*as interj*): **do you agree? — oh, ~!** ¿estás de acuerdo? — ¡claro *or* por supuesto (que sí)!; **that's a much better idea — oh, ~!** esa idea es mucho mejor — ¡sin lugar a dudas! *or* ¡por supuesto!

B (Ling): **a transitive verb used ~** un uso absoluto de un verbo transitivo

absolute monopoly *n* monopolio *m* absoluto

absolution /ˌæbsəˈluːʃən/ *n* [u] absolución *f*; **to grant (the) ~** dar* la absolución

absolutism /ˈæbsəluːtɪzəm/ *n* [u] absolutismo *m*

absolutist /ˈæbsəluːtəst ‖ ˈæbsəluːtɪst/ *adj* absolutista

absolve /əbˈzɑːlv ‖ əbˈzɒlv/ *vt* **to ~ sb OF sth** absolver* a algn DE algo; **I ~ you of your sins** te absuelvo de tus pecados; **he was ~d of guilt** fue absuelto *or* eximido de culpa; **to ~ sb FROM sth** eximir *or* dispensar a algn DE algo; **he asked to be ~d from his duties** pidió ser eximido *or* dispensado de sus obligaciones

absorb /əbˈsɔːrb ‖ əbˈzɔːb/ *vt*

A **1** ‹*light/energy/rays/sound/fumes*› absorber; ‹*impact/shock*› amortiguar*; **the champion ~ed a lot of punishment** el campeón recibió mucho castigo **2** (assimilate) ‹*information/experience*› asimilar; ‹*immigrants*› integrar, asimilar; **she ~ed the atmosphere of the city** se impregnó del ambiente de la ciudad; **the firm has survived by ~ing its competitors** la empresa ha sobrevivido absorbiendo a sus competidores; **the market is unable to ~ the surplus production** el mercado no puede absorber el excedente de producción; **industry will have to ~ the consequences** la industria tendrá que asumir las consecuencias

B **1** (soak up) ‹‹*sponge/cloth*›› absorber **2** (use up) ‹*energies/resources*› consumir, absorber; ‹*time*› absorber, llevar

C (engross) absorber

absorbable /əbˈsɔːrbəbəl ‖ əbˈzɔːbəbəl/ *adj* absorbible

absorbed /əbˈsɔːrbd ‖ əbˈzɔːbd/ *adj* ‹*look/expression*› absorto; **he seemed very ~** parecía muy ensimismado; **to be ~ IN sth** estar* absorto EN algo; **she was completely ~ in her book/thoughts** estaba completamente absorta en el libro/sus pensamientos; **he was totally ~ in doing the accounts** estaba totalmente concentrado haciendo las cuentas

absorbency /əbˈsɔːrbənsi ‖ əbˈzɔːbənsi/ *n* [u] absorbencia *f*

absorbent /əbˈsɔːrbənt ‖ əbˈzɔːbənt/ *adj* absorbente

absorbent cotton *n* [u] (AmE) algodón *m* (hidrófilo)

absorbing /əbˈsɔːrbɪŋ ‖ əbˈzɔːbɪŋ/ *adj* absorbente

absorption /əbˈsɔːrpʃən ‖ əbˈzɔːpʃən/ *n* [u]

A (being engrossed) concentración *f*, ensimismamiento *m*; **to watch/listen with ~** mirar/escuchar absorto; **~ IN sth**: **her ~ in the story was complete** estaba completamente concentrada *or* absorta en el relato; **her ~ in sports was such that ...** los deportes la absorbían de tal manera que ...

B **1** (of liquid, gas, nutrients, light) absorción *f*; (of shock, impact) absorción *f*, amortiguamiento *m* **2** (of information) asimilación *f*

absorption costing *n* [u] absorción *f* de costos, absorción *f* de costes (Esp)

absorption spectrum *n* espectro *m* de absorción

absquatulate /æbˈskwɑːtjəleɪt ‖ əbˈskwɒtjʊleɪt/ *vi* (AmE hum) largarse* (fam), salir* por piernas (Esp fam), mandarse cambiar (Andes fam) *or* (RPl fam), mudar, salir* apretando (Chi fam)

abstain /əbˈsteɪn/ *vi*

A (in vote) abstenerse*

B (refrain) **to ~ (FROM sth/-ING)** abstenerse* (DE algo/+ INF); **they ~ from meat on Fridays** hacen abstinencia los viernes

abstainer /əbˈsteɪnər ‖ əbˈsteɪnə(r)/ *n* **1** (nondrinker) abstemio, -mia *m,f* **2** (non-voter) abstencionista *mf*

abstemious /əbˈstiːmiəs/ *adj* (frml) sobrio, frugal

abstention /æbˈstenʃən/ *n* **1** [c u] (refusal to vote) abstención *f* **2** [u] (avoidance) (frml) **~ FROM sth/-ING** abstinencia *f* DE algo/+ INF

abstinence /ˈæbstənəns ‖ ˈæbstɪnəns/ *n* [u] abstinencia *f*; **a day of ~** un día de abstinencia; **sexual ~** abstinencia sexual; **~ FROM sth/-ING** abstinencia DE algo/+ INF

abstinent /ˈæbstənənt ‖ ˈæbstɪnənt/ *adj* (frml) abstinente

abstract[1] /ˈæbstrækt/ *adj* **1** (theoretical) ‹*idea/argument/theorizing*› abstracto; ***in the ~*** en teoría **2** (Art) ‹*sculpture/painting*› abstracto; **~ expressionism** expresionismo *m* abstracto

abstract[2] /ˈæbstrækt/ *n* **1** (summary) resumen *m*, compendio *m*, extracto *m* **2** (painting) cuadro *m* abstracto

abstract[3] /æbˈstrækt ‖ əbˈstrækt/ *vt* (frml) **1** (separate) ‹*idea*› abstraer* **2** (draw off) ‹*substance*› extraer* **3** (abridge) ‹*book*› condensar, compendiar

abstracted /æbˈstræktəd ‖ əbˈstræktɪd/ *adj* ‹*manner/person/look*› abstraído

abstraction /æbˈstrækʃən ‖ əbˈstrækʃən/ *n*

A **1** [c] (general concept) idea *f* abstracta, abstracción *f*; **to talk in ~s** hablar en términos abstractos **2** [u] (act) abstracción *f*

B [u] (of person) distracción; **in a moment of ~** en un momento de distracción; **she sat there with a look of ~** estaba allí sentada con expresión abstraída

C [u] (of fluid) extracción *f*

abstract noun *n* sustantivo *m* abstracto, nombre *m* abstracto

abstruse /æbˈstruːs ‖ əbˈstruːs/ *adj* abstruso

abstruseness /æbˈstruːsnəs ‖ əbˈstruːsnɪs/ *n* [u] complejidad *f*, lo abstruso

absurd /əbˈsɜːrd ‖ əbˈsɜːd/ *adj* absurdo; **the theater of the ~** el teatro del absurdo; **don't be ~!** ¡no seas ridículo!

absurdity /əbˈsɜːrdəti ‖ əbˈsɜːdəti/ *n* [c u] (*pl* **-ties**) lo absurdo, absurdez *f*, absurdidad *f*; **it is/would be an ~ to say that ...** es/sería absurdo decir que ...

absurdly /əbˈsɜːrdli ‖ əbˈsɜːdli/ *adv* ‹*behave*› de manera absurda; ‹*expensive/generous/complicated*› ridículamente, absurdamente

ABTA /ˈæbtə/ *n* (*no art*) = **Association of British Travel Agents**

abundance /əˈbʌndəns/ *n* [u] **1** abundancia *f*; **an ~ OF sth** abundancia DE algo; **in ~** en abundancia; **he has enthusiasm/energy/time in ~** tiene entusiasmo/energía/tiempo de sobra **2** (prosperity) (liter) abundancia *f*; **we live surrounded by ~** vivimos en la abundancia

abundant /əˈbʌndənt/ *adj* ‹*reserves/resources/harvest*› abundante; ‹*enthusiasm*› desbordante; ‹*evidence/proof*› abundante; **she has ~ energy** tiene energías de sobra

abundantly /əˈbʌndəntli/ *adv* ‹*grow*› abundantemente, en abundancia; ‹*supplied*› con abundancia; **the tree was ~ laden with fruit** el árbol estaba cargado de fruta; **to be ~ clear/obvious** estar* perfectamente claro; **they made that ~ clear** no dejaron ningún lugar a dudas al respecto

abuse[1] /əˈbjuːs/ *n*

A [u] (insulting language) insultos *mpl*, improperios *mpl*; **she was subjected to verbal ~** la insultaron; **to shout ~ at sb** insultar a algn, lanzar* improperios contra algn; **a stream of ~** una sarta de insultos; **a term of ~** un insulto *or* una grosería

B [c u] (misuse) abuso *m*; (of prisoners) vejación *f*; **to be open to ~** prestarse al abuso; **physical ~** malos tratos *mpl*; **sexual ~** abusos *mpl* deshonestos; (rape) violación *f*; **child ~** malos tratos *mpl* a la infancia; (sexual) abusos *mpl* deshonestos (*a un niño*); **alcohol ~** alcoholismo *m*; **drug ~** consumo *m* de drogas *or* (frml) estupefacientes

abuse² /ə'bju:z/ *vt*
A **1** (use wrongly) ‹*power/person/hospitality*› abusar de **2** ‹*child/woman*› maltratar; (sexually) abusar de; **many children had been sexually ~d** muchos niños habían sufrido abusos deshonestos; ‹*prisoners*› vejar
B (insult) insultar

abuser /ə'bju:zər || ə'bju:zə(r)/ *n* **1** (of rights) violador -dora *m,f* **2** (of rules, norms) infractor -tora *m,f* **3** (of substance — drugs) toxicómano -na *m,f*; (— alcohol) alcohólico -ca *m,f* **4** (of child) pedófilo -la *m,f* **5** (of woman) culpable *m* de malos tratos

abusive /ə'bju:sɪv/ *adj* insultante, grosero; **he began to use ~ language** empezó a lanzar improperios (frml); **she received a number of ~ letters** recibió varias cartas insultantes; **to be/become ~** decir*/empezar* a soltar groserías

abusively /ə'bju:sɪvli/ *adv* **1** (rudely) ‹*speak*› groseramente; **when he started yelling ~ they threw him out** cuando empezó a gritar groserías lo echaron **2** (improperly) (frml) abusivamente

abut /ə'bʌt/ *vi* **-tt-** (frml) **1** **to ~ ON sth** «*land*» lindar CON algo; **to ~ AGAINST** o **ON sth** «*building*» estar* contiguo A algo, colindar CON algo **2** **abutting** *pres p* contiguo, colindante
■ **abut** *vt* colindar con

abutment /ə'bʌtmənt/ *n* machón *m*, contrafuerte *m*

abuzz /ə'bʌz/ *adj* **to be ~ (WITH sth)** bullir* (DE algo); **the class was ~ (with excitement)** la clase bullía (de excitación)

abysmal /ə'bɪzməl/ *adj* ‹*performance/standard/weather/food*› pésimo, desastroso, atroz; **~ ignorance** ignorancia *f* supina

abysmally /ə'bɪzməli/ *adv* ‹*perform/fail*› desastrosamente (mal); ‹*dreary/unhappy*› terriblemente, espantosamente

abyss /ə'bɪs/ *n* (liter) abismo *m*; ***on the edge of the*** **~** al borde del abismo

Abyssinia /,æbə'sɪniə || ,æbɪ'sɪniə/ *n* Abisinia *f*

AC /'eɪ'si:/ **1** (= **alternating current**) CA **2** (esp AmE) = **air conditioning**

a/c **1** (= **account**) cta. **2** = **air conditioning**

A/C = **air conditioning**

ACA *n* (in UK) = **Associate of the Institute of Chartered Accountants**

acacia (tree) /ə'keɪʃə/ *n* (Bot) acacia *f*

academe /'ækədi:m/ *n* (liter) mundo *m* académico; **the groves of ~** (hum) el mundo académico

academic¹ /,ækə'demɪk/ *adj*
A **1** (in higher education) ‹*career/record/scientist/research*› académico; **~ year** (in universities) año *m* académico; (in schools) año *m* escolar; **~ dress** toga *f*; **~ freedom** libertad *f* de cátedra **2** (scholarly) ‹*institution/discipline*› académico; ‹*publication*› para eruditos *or* académicos; ‹*child*› intelectualmente capaz; **they adopted an ~ approach to the problem** adoptaron un enfoque muy intelectual
B (abstract) ‹*question/debate*› puramente teórico; **it is a matter of purely ~ interest** es una cuestión de interés puramente intelectual; **that's ~ now** eso ya no tiene ninguna trascendencia

academic² *n* académico, -ca *m,f*; (teaching) profesor, -sora *m,f* de universidad

academic adviser *n* asesor *m* académico, asesora *f* académica

academically /,ækə'demɪkli/ *adv* **1** (among academics) ‹*renowned*› en el mundo académico; **~ trained** con estudios superiores **2** (intellectually) ‹*gifted/brilliant*› intelectualmente **3** (at school, college): **she's doing well ~** le va bien en los estudios

academicals /,ækə'demɪkəlz/ *pl n* toga *f*

academic board *n* rectorado *m*

academic gown *n* toga *f*

academician /ə,kædə'mɪʃən/ *n* **1** (member of academy) académico -ca *m,f* **2** (AmE) (intellectual) intelectual *mf*

academic staff *n* claustro *m* (universitario), profesorado *m* universitario

academy /ə'kædəmi/ *n* (*pl* **-mies**) academia *f*; **military/police ~** academia *f* militar/de policía; **~ of art** escuela *f* de bellas artes; **~ of music** conservatorio *m*; **naval ~** escuela *f* naval

Academy Award *n* oscar *m*; (*before n*): **~ ~ nominee** candidato, -ta *m,f* al Oscar; **~ ~ winner** ganador, -dora *m,f* del Oscar; **~ ~ ceremony** ceremonia *f* de la entrega de los Oscar(s)

acanthus /ə'kænθəs/ *n* (*pl* **-thuses** *or* **-thi** /-θaɪ/) (Bot) acanto *m*

a cappella /,ɑ:kə'pelə/ *adj/adv* sin acompañamiento instrumental, a cappella

ACAS /'eɪkæs/ *n* (in UK) (*no art*) = **Advisory Conciliation and Arbitration Service**

accede /ək'si:d/ *vi* (frml) **1** (grant) **to ~ TO sth** ‹*to demand/request*› acceder A algo **2** (become a party) **to ~ TO sth** ‹*to treaty/contract*› suscribir* algo **3** (ascend): **to ~ to the throne** subir *or* acceder al trono; **he ~d to the Presidency** asumió la presidencia

accelerate /ək'seləreɪt/ *vi* «*car/train/bus*» acelerar; «*person*» acelerar; (Auto) apretar* el acelerador; «*process/growth*» acelerarse
■ **accelerate** *vt* **1** ‹*process/growth/trend*› acelerar, apresurar **2** **accelerated** *past p* acelerado; **~d program** (AmE) curso *m* acelerado

accelerated learning *n* [u] aprendizaje *m* acelerado

acceleration /ək,selə'reɪʃən/ *n* [u c] aceleración *f*

accelerator /ək'seləreɪtər || ək'seləreɪtə(r)/ *n* **1** (Auto) acelerador *m*; **to step on the ~** apretar* el acelerador **2** (Phys) acelerador *m* de partículas

accelerometer /ək,selə'rɑ:mətər || ək,selə'rɒmɪtə(r)/ *n* acelerómetro *m*

accent¹ /'æksent || 'æksent, 'æksənt/ *n*
A **1** (pronunciation) acento *m*; **to speak with a German/southern ~** hablar con acento alemán/del sur; **her French ~ is perfect** tiene muy buen acento cuando habla francés **2** **accents** *pl* (tone) (liter) tono *m*; **her tender ~s** su dulce tono
B **1** (stress) (Ling, Mus) acento *m* **2** (emphasis) énfasis *m*; **to put the ~ on sth** poner* énfasis en algo, hacer* hincapié en algo
C (symbol) (Ling) acento *m*, tilde *f*

accent² /æk'sent/ *vt* **1** (stress) ‹*syllable/word*› acentuar* **2** (AmE) ▸**accentuate 1**

accented /'æksentəd || 'æksentɪd/ *adj* **1** (Ling) ‹*letter/character*› acentuado **2** (emphasized) resaltado, acentuado

accented mark *n* acento *m*, tilde *f*

accentuate /ək'sentʃueɪt || æk'sentjʊeɪt/ *vt* **1** ‹*difference*› hacer* resaltar; ‹*fact/necessity*› subrayar, recalcar*; ‹*eyes/features*› realzar*, hacer* resaltar; **this only ~s the problem** esto sólo agudiza el problema **2** ‹*syllable/word*› acentuar*

accentuation /ək,sentʃu'eɪʃən || æk,sentjʊ'eɪʃən/ *n* [u] **1** (insistence) énfasis *m* **2** (stress) (Mus) acentuación *f*

accept /ək'sept/ *vt*
A (receive willingly) ‹*gift/invitation/award/job*› aceptar; ‹*credit card/check*› aceptar; **they ~ed him into their circle** lo admitieron *or* aceptaron en su círculo
B **1** ‹*argument/theory*› aceptar; ‹*evidence*› aceptar, admitir; ‹*explanation/apology*› aceptar; **it is ~ed practice in this sort of case** es la práctica establecida en este tipo de casos; **the ~ed wisdom is that ...** la opinión de los que saben es que ... **2** (recognize) reconocer*; **I ~ your right to refuse** reconozco que tienes derecho a negarte; **I ~ that there is room for improvement** reconozco que podría mejorarse; **do you ~ that you were wrong?** ¿reconoces *or* admites que estabas equivocado?
C (tolerate) ‹*situation/misfortune*› aceptar; **to ~ the inevitable** aceptar lo inevitable, resignarse a lo inevitable
■ **accept** *vi* aceptar

acceptability /ək,septə'bɪləti/ *n* [u] aceptabilidad *f*

acceptable /ək'septəbəl/ *adj* **1** ‹*conduct*› (satisfactory) aceptable; (tolerable) admisible; ‹*compromise/risk*› aceptable; **socially ~** socialmente admisible *or* aceptable; **to be ~ TO sb** resultarle aceptable A algn; **would that be ~ to you?** ¿eso le resultaría aceptable? **2** (welcome) ‹*gift*› muy adecuado; **that would be most ~** eso me (*or* nos *etc*) resultaría muy grato

acceptably /ək'septəbli/ *adv* de forma aceptable; **an ~ worded letter** una carta redactada de forma aceptable

acceptance /ək'septəns/ *n*
A **1** [u c] (of offer, responsibility, job) aceptación *f* **2** [u] (of authority, decision) aceptación *f*; **this does not imply our ~ of your terms** eso no implica que aceptemos sus condiciones **3** [u c] (of bill, terms, risk) aceptación *f*
B [u] (approval) aprobación *f*; **the proposal met with universal ~** la propuesta obtuvo la aprobación de todos, la propuesta gozó del beneplácito de todos; **she finally won ~ for her plan** finalmente logró que su plan fuera aceptado

acceptance credit *n* crédito *m* de aceptación

acceptance trials *pl n* (test — of ship) viajes *mpl* de prueba; (— of product) pruebas *fpl* de aceptación

access¹ /'ækses/ *n*
A [u] (to building, room) acceso *m*; **difficult/easy of ~** (frml) de difícil/fácil acceso; **~ TO sth** acceso A algo; **both bedrooms have direct ~ to the bathroom** ambos dormitorios tienen acceso directo al baño *or* comunican con el baño; **how did the thieves gain ~?** ¿cómo entraron los ladrones?; **he was refused ~ to the press conference** no se le permitió la entrada a la conferencia de prensa; (*before n*): **~ road** carretera *f* de acceso
B [u] **1** (to person, information) **~ TO sb/sth** acceso *m* A algn/algo; **to grant a parent ~ to her/his children** conceder a la madre/al padre el derecho de visita; **do you have ~ to a telephone?** ¿hay algún teléfono que puedas usar?; **the public should be allowed ~ to these files** el público debería tener libre acceso a estos archivos **2** (Comput) **~ TO sth** acceso *m* A algo; **he got ~ to the system** obtuvo acceso al sistema; (*before n*) ‹*code/time*› de acceso
C [c] (of emotion) (liter) **~ OF sth** acceso *m* DE algo, arrebato *m* DE algo

access² *vt* (Comput) ‹*data/file/system*› obtener* acceso a, entrar a

accessibility /ək,sesə'bɪləti/ *n* [u]
A **1** (of place) fácil acceso *m* **2** (of person): **he prides himself on his ~** se precia de ser asequible *or* accesible **3** (of music, literature, art) accesibilidad *f*
B (openness) (frml) **~ TO sth** receptividad *f* A algo; **they have shown more ~ to new ideas than most** se han mostrado más receptivos a las nuevas ideas que la mayoría

accessible /ək'sesəbəl/ *adj*
A **1** (reachable) accesible; **museums should be made more ~ to disabled visitors** se debería facilitar el acceso de los minusválidos a los museos **2** (approachable) ‹*leader/politician*› accesible, asequible **3** (available) ‹*information*› accesible; **these archives are not ~ to everyone** no cualquier persona tiene acceso a estos archivos **4** (easy to understand) ‹*art/music/writing*› accesible, asequible
B (susceptible) (frml) **to be ~ TO sth**: **he is not ~ to reason** no atiende a razones; **he may be ~ to bribery/persuasion** puede que se lo pueda sobornar/convencer

accession /ək'seʃən æk'seʃən/ *n* (frml)
A [u] (to position, office) **~ (TO sth)**: **on his ~ to manhood** (frml) al llegar a la mayoría de edad; **on the ~ of Prince Rupert** al subir al trono el príncipe Rupert; **the ~ of new members to**

the EU el ingreso de nuevos miembros a la UE; **since the ~ of the new chairman** desde que asumió sus funciones el nuevo presidente; (*before n*): **~ countries** (EU) países *mpl* candidatos

B [u c] (acquisition) adquisición *f*

C [u] (agreement) (frml) **~ (TO sth)**: **their ~ to the treaty** su adhesión al tratado; **his ~ to our demands** su aceptación de nuestras demandas

accessory[1] /ək'sesəri/ *n* (*pl* **-ries**)

A 1 (extra) accesorio *m* 2 **accessories** *pl* (Clothing) (*sometimes sing*) accesorios *mpl*, complementos *mpl*

B (Law) **~ (TO sth)** cómplice *mf* (EN algo); **an ~ to the murder** un cómplice en el asesinato; **~ before the fact** instigador, -dora *m,f*; **~ after the fact** encubridor, -dora *m,f*

accessory[2] *adj* (*before n*) auxiliar

access point *n*

A (Comput) puerto *m* de acceso

B (to place) punto *m* de acceso

access provider *n* (Comput) proveedor *m* de acceso

access ramp *n* rampa *f* de acceso

access route *n* ruta *f* de acceso

access television, access TV *n* [u] *espacio televisivo al que el público contribuye con sus propias grabaciones caseras*

accidence /'æksədəns || 'æksɪdəns/ *n* [u] accidentes *mpl* gramaticales

accident /'æksədənt || 'æksɪdənt/ *n* 1 [c] (mishap) accidente *m*; **to have an ~** tener* *or* sufrir un accidente; **industrial ~** accidente laboral *or* de trabajo; **road ~** accidente de tráfico *or* (AmL tb) de tránsito; **we arrived home without ~** [u] llegamos a casa sin contratiempos *or* percances; **I hope they haven't had an ~** espero que no hayan tenido un accidente *or* no les haya pasado nada; **he had a little ~ at school today** (euph) hoy tuvo un pequeño percance en el colegio (euf); **~s will happen** (set phrase) a cualquiera le puede pasar; (*before n*): **~ prevention** prevención *f* de accidentes *or* (frml) siniestros 2 [c u] (chance) casualidad *f*; **it is no ~ that ...** no es una casualidad *or* un hecho fortuito que ...; **it is a historical ~ that ...** es un accidente histórico el que ...; **it was (a) pure ~ that their visits coincided** fue pura casualidad que sus visitas coincidieran; **their third child was an ~** su tercer hijo fue un descuido; **by ~** (by chance) por casualidad; (unintentionally) sin querer

accidental[1] /,æksə'dentl || ,æksɪ'dentl/ *adj* 1 ‹*discovery/meeting*› fortuito; ‹*blow*› accidental; **I didn't mean it, it was ~** no lo hice a propósito, fue un accidente 2 (result of accident) ‹*injury/damage/loss*› producido por accidente; **~ death** muerte *f* por caso fortuito 3 (incidental) (frml) secundario

accidental[2] *n* (Mus) accidental *m*

accidentally /,æksə'dentli || ,æksɪ'dentəli/ *adv* 1 (by chance) por casualidad, de manera fortuita 2 (unintentionally) sin querer; **he did it ~ on purpose** (colloq & hum) lo hizo sin queriendo (fam & hum)

Accident and Emergency Department *n* servicio *m* de urgencias

accident figures *pl n* cifras *fpl* de accidentes, cifras *fpl* de siniestros

accident insurance *n* [u] seguro *m* de accidentes

accident-prone /'æksədənt,prəʊn || 'æksɪdənt,prəʊn/ *adj* propenso a los accidentes

accident-proof /'æksədənt,pru:f || 'æksɪdənt ,pru:f/ *adj* a prueba de accidentes

accident statistics *pl n* estadísticas *fpl* de accidentes, estadísticas *fpl* de siniestros

accident ward *n* sala *f* de urgencias

acclaim[1] /ə'kleɪm/ *vt* 1 (praise) aclamar; **an internationally ~ed singer** un cantante aclamado internacionalmente 2 (proclaim) (frml) aclamar, proclamar; **to ~ sb king/champion** aclamar *or* proclamar a algn rey/campeón

acclaim[2] *n* [u] aclamación *f*, elogio *m*; **the design was unveiled to general ~** presentaron el diseño, el cual fue muy aplaudido *or* elogiado

acclamation /,æklə'meɪʃən/ *n* [u] aclamación *f*; **to elect sb by ~** elegir* a algn por aclamación

acclimate /'ækləmeɪt || 'æklɪmeɪt/ *vt* (AmE) ▸**acclimatize**

acclimation /,æklə'meɪʃən || ,æklɪ'meɪʃən/ *n* [u] (AmE) ▸**acclimatization**

acclimatization /ə,klaɪmətə'zeɪʃən || ə,klaɪmətaɪ'zeɪʃən/ *n* [u] **~ (TO sth)** aclimatación *f* (A algo)

acclimatize /ə'klaɪmətaɪz/ *vt* aclimatar; **to ~ oneself** aclimatarse; **to ~ sb/oneself TO sth** aclimatar a algn/aclimatarse A algo; **to become ~d TO sth** aclimatarse A algo

■ **acclimatize** *vi* aclimatarse; **to ~ TO sth** aclimatarse A algo

accolade /'ækəleɪd/ *n* (praise) elogio *m*; (honor) honor *m*; (award) galardón *m*

accommodate /ə'kɑ:mədeɪt || ə'kɒmədeɪt/ *vt*

A 1 (provide lodging for) ‹*guests*› alojar, hospedar 2 (have room for) tener* cabida para; **the restaurant can ~ 20 tables** el restaurante tiene cabida para unas 20 mesas 3 (contain, house) albergar*, contener*; **the library ~s a fine collection of books** la biblioteca alberga *or* contiene una excelente colección de libros

B (cater to) ‹*wish*› tener* en cuenta, complacer*; ‹*need*› tener* en cuenta, satisfacer*; **I will not change the date to ~ him** no voy a cambiar la fecha para su conveniencia; **our plan ~s every eventuality** nuestro plan contempla *or* cubre cualquier eventualidad

C (adapt) (frml) **to ~ sth TO sth** adaptar *or* acomodar algo A algo

accommodating /ə'kɑ:mədeɪtɪŋ || ə'kɒmədeɪtɪŋ/ *adj* (obliging) complaciente; (pej) acomodaticio

accommodation /ə,kɑ:mə'deɪʃən || ə,kɒmə'deɪʃən/ *n*

A [u] 1 (AmE also) **accommodations** (lodgings) alojamiento *m*, hospedaje *m*; **to find/book ~** *o* (AmE also) **~s** encontrar*/reservar alojamiento *or* hospedaje; **I can provide ~ for five** puedo alojar *or* dar alojamiento a cinco personas; (*before n*): **~ address** (BrE) domicilio *m* postal 2 (seat, berth) (AmE) plaza *f* 3 (space, room) espacio *m*, sitio *m*

B [u c] (agreement, compromise) acuerdo *m*; **to reach an ~ with sb over sth** llegar* a un acuerdo con algn sobre algo

accommodation block *n* (for students) bloque *m* de dormitorios; (for soldiers) barracón *m*

accommodation ladder *n* escalerilla *f*

accommodations bureau, (BrE) **accommodation bureau** *n* (*pl* **-s** *or* **-reaux**) oficina *f* de alojamiento, agencia *f* de alojamiento

accompaniment /ə'kʌmpənɪmənt/ *n* [u c] acompañamiento *m*; (Mus) acompañamiento *m*; **the ideal ~ to fish** el acompañamiento ideal para el pescado

accompanist /ə'kʌmpənəst || ə'kʌmpənɪst/ *n* acompañante *mf*

accompany /ə'kʌmpəni/ *vt* **-nies, -nying, -nied** 1 (go with) acompañar; **he volunteered to ~ her home** se ofreció a acompañarla a casa; **she was accompanied by her family** iba acompañada de su familia; **it should be accompanied by a dry white wine** debe servirse acompañado de un vino blanco seco; **the ~ing note/instructions** las notas/instrucciones adjuntas 2 (occur simultaneously) acompañar; **these symptoms are usually accompanied by trembling and sweating** estos síntomas suelen ir acompañados de temblores y sudor 3 ‹*singer/soloist*› acompañar; **she accompanies herself on the guitar/piano** se acompaña con la guitarra/al piano

accomplice /ə'kɑ:mpləs || ə'kʌmplɪs/ *n* cómplice *mf*; **~ IN/TO sth** cómplice EN algo

accomplish /ə'kɑ:mplɪʃ || ə'kʌmplɪʃ/ *vt* ‹*task*› llevar a cabo, realizar*; ‹*goal*› lograr, conseguir*; **mission ~ed!** ¡misión cumplida!; **we failed to ~ what we intended** no logramos *or* conseguimos lo que queríamos

accomplished /ə'kɑ:mplɪʃt || ə'kʌmplɪʃt/ *adj* ‹*performer*› consumado; ‹*performance*› logrado; ‹*liar/thief*› consumado, hábil; ‹*musician*› de mucho talento; **he is a very ~ speaker** es muy buen orador; **an ~ young lady** una joven de formación muy completa

accomplishment /ə'kɑ:mplɪʃmənt || ə'kʌmplɪʃmənt/ *n* 1 [u] (of aim, objective) logro *m*, consecución *f* (frml) 2 [c] (success) logro *m*; **no mean ~** un logro nada desdeñable 3 [c u] (skill) habilidad *f*, destreza *f*; **among his many ~s** entre sus muchas habilidades

accord[1] /ə'kɔ:rd || ə'kɔ:d/ *n*

A [u] (agreement, harmony) acuerdo *m*; **to be in ~ with sb/sth** estar* de acuerdo con algn/algo; ***of one's own*** **~** (de) motu propio, voluntariamente; **the children helped of their own ~** los niños ayudaron (de) motu propio *or* voluntariamente; **the wheel seemed to turn of its own ~** la rueda parecía girar por sí sola *or* por impulso propio; ***with one*** **~** de común acuerdo

B [c] (treaty, understanding) acuerdo *m*

accord[2] *vt* (frml) ‹*honor*› conceder, otorgar*, conferir*; ‹*welcome*› dar*; ‹*priority/significance*› conceder, dar*; **to ~ sb an honor** concederle* *or* otorgarle* *or* conferirle* a algn un honor

Phrasal verb

• **accord with** [v + prep + o] (correspond to) (frml) ‹*report/information*› coincidir *or* concordar* con

accordance /ə'kɔ:rdns || ə'kɔ:dns/ *n*: **in ~ with** de acuerdo con *or* a, conforme a, según; **in ~ with your instructions** de acuerdo con *or* a sus instrucciones, conforme a *or* según sus instrucciones; **to be in ~ with sth** estar* de acuerdo *or* en conformidad con algo

according /ə'kɔ:rdɪŋ || ə'kɔ:dɪŋ/

A **according as** *conj* (frml *or* liter) (depending on whether) según (+ SUBJ); (depending to what extent) en la medida en que (+ SUBJ)

B **according to** *prep* 1 (as said, given by) según; **the Gospel ~ to St Mark** el Evangelio según San Marcos; **~ to you/him** según tú/él; **it's nearly half past, ~ to my watch** según *or* por mi reloj son casi y media 2 (as determined by) según; **to each ~ to his needs** a cada cual según su necesidad; **you get a different answer ~ to who you ask** la respuesta es diferente según a quién le preguntes; **the books are arranged ~ to author/title** los libros están ordenados por autores/títulos 3 (in agreement, accordance with) conforme a, de acuerdo con, según; **it all went ~ to plan** todo salió tal como se había planeado, todo salió conforme a *or* según lo planeado

accordingly /ə'kɔ:rdɪŋli || ə'kɔ:dɪŋli/ *adv* 1 (correspondingly) en consecuencia; **you must accept the reponsibility and act ~** debe asumir la responsabilidad y obrar en consecuencia; **first establish what resources are available and plan your work ~** averigua de qué recursos dispones y de acuerdo a eso planea el trabajo 2 (so, therefore) (*as linker*) por lo tanto, por consiguiente, consiguientemente

accordion /ə'kɔ:rdiən || ə'kɔ:diən/ *n* acordeón *m*; (*before n*): **~ pleats** plisado *m*

accost /ə'kɔ:st || ə'kɒst/ *vt* abordar; **he was ~ed by a man in the street** un hombre lo abordó en la calle; **the women complain of being ~ed on the street** las mujeres se quejan de ser importunadas en la calle

account[1] /ə'kaʊnt/ ➡ *n*

Sense I

A (explanation) explicación *f*, (version) versión *f*; (report) informe *m*; **no satisfactory ~ of why it happened has ever been given** nunca se ha dado una explicación satisfactoria de por qué

➡ *see* Living in a Spanish-speaking country

ocurrió; **she gave me a very different ~ of events** me dio una versión muy distinta de los hechos; **give an ~ of the life cycle of the butterfly** describa el ciclo de vida de la mariposa; **she gave an excellent ~ of Juliet/the sonata** ofreció una excelente interpretación de Julieta/la sonata; **by her/his own ~** según él mismo/ella misma cuenta; **by all ~s** a decir de todos, por lo que dicen todos; ***to bring** o **call sb to ~ for sth*** pedirle* cuentas a algn sobre algo; ***to give a good ~ of oneself*** dar* lo mejor de sí; ***to hold sb to ~ for sth*** responsabilizar* a algn de algo

B (consideration, reckoning): **to take sth into ~** tener* algo en cuenta; **what you haven't taken into ~ is ...** lo que no has tenido en cuenta es ...; **to take ~ of sth** tomar *or* tener* algo en cuenta; **the report takes no ~ of the fact that ...** el informe no toma *or* tiene en cuenta el hecho de que ...

C (importance) (frml): **to be of no/little ~ (to sb)**: **it's of no ~** no tiene importancia; **our opinion seems to be of no ~ whatsoever** parece que nuestra opinión no cuenta *or* no importa en absoluto; **it is of little ~ (to me) whether he agrees or not** a mí me importa muy poco que esté o no de acuerdo

D (*in phrases*): **on account of** (*as prep*) debido a; **on ~ of his age/being too old** debido a su edad/a que es demasiado mayor; **on this/that ~** por esta/esa razón; **on ~ of she was late** (*as conj*) (AmE colloq) debido a que llegó tarde; **on no account, not on any account** de ningún modo, de ninguna manera, bajo ningún concepto; **on one's own account** (for oneself) por cuenta propia; **I did it on my own ~** lo hice por cuenta propia; **on sb's account** por algn; **don't start worrying on her ~!** no te preocupes por ella; **I hope you haven't been waiting up on my ~** espero que no te hayas quedado levantada por mí

(*Sense* **II**) (Fin)

A **1** (with bank, building society) cuenta *f*; **to have an ~ with** o **at a bank** tener* una cuenta en un banco; **to open/close/transfer an ~** abrir*/cerrar*/transferir* una cuenta; **personal/company ~** cuenta personal/de gastos; **checking** o (BrE) **current ~** cuenta *f* corriente; **savings** o **deposit ~** cuenta *f* de ahorros; ***to put** o **turn sth to (good) ~*** sacar* (buen) provecho de algo; (*before n*): **~ holder** titular *mf* de una cuenta; **~ number** número *m* de cuenta **2** (with shop, firm) cuenta *f*; (invoice) (BrE) cuenta *f*, factura *f*; **I have an ~ with them/at the bookstore** tengo cuenta allí/en la librería; **put it on/charge it to my ~** cárguelo a mi cuenta; **they haven't sent their ~ yet** (BrE) todavía no han mandado la cuenta *or* la factura; **payment on ~** pago *m* a cuenta; **I gave her $200 on ~** le di 200 dólares a cuenta *or* de anticipo; **statement of ~** estado *m* de cuenta, extracto *m* de cuenta; **to keep (an) ~ of sth** llevar (la) cuenta de algo; **to settle one's ~** pagar* *or* saldar su (*or* mi *etc*) cuenta; ***to settle** o **square an ~ with sb*** ajustarle (las) cuentas a algn **3** (client, contract) cuenta *f*; **to win an ~** conseguir* una cuenta *or* un contrato; (*before n*): **~ executive** ejecutivo *m* de cuentas **4** (part of budget) partida *f*, rubro *m* (AmL) **5** (on Stock Exchange) *cada una de las quincenas en las que se divide el año en la Bolsa británica*; (*before n*): **~ day** día *m* de liquidación

B **accounts** *pl* contabilidad *f*; **to keep the ~s** llevar la contabilidad *or* las cuentas; *see also* **accounts**

account² *vt* (frml) considerar

(Phrasal verb)

• **account for** [v + prep + o]

A **1** (provide record of, justify) ‹*expenditure/time*› dar* cuentas de; **I have to ~ for every penny I spend** tengo que dar cuentas de cada penique que gasto; **$500 remains to be ~ed for** aún no se han dado explicaciones sobre el destino de 500 dólares; **to ~ TO sb for sth** darle* cuentas de algo a algn; **do I have to ~ to you for everything I do?** ¿es que tengo que darte cuentas *or* explicaciones de todo lo que hago?; **is everyone ~ed for?** ¿falta alguien (*or* algún pasajero *etc*)? **2** (explain) ‹*absence/mistake/success*› explicar*; **that would ~ for his behavior** eso explicaría su comportamiento; **the increase is ~ed for by the rise in oil prices** el aumento se debe a la subida en el precio del crudo; ***there's no ~ing for taste*** sobre gustos no hay nada escrito, hay gustos para todo

B (add up to): **wages ~ for 70% of the total** los sueldos representan un *or* el 70% del total; **this model ~s for 17% of the market** este modelo tiene el 17% del mercado

C (defeat, eliminate) ‹*opponent*› dar* cuenta de, acabar con; **the children ~ed for half the cake** los niños dieron cuenta de *or* acabaron con la mitad del pastel

accountability /ə,kaʊntə'bɪləti/ *n* [u] responsabilidad *f*; **~ TO sb** responsabilidad ANTE algn

accountable /ə'kaʊntəbəl/ *adj* (*pred*) responsable; **to be ~ TO sb (FOR sth)** ser* responsable ANTE algn (DE algo); **I'm not ~ to anybody** yo no tengo por qué darle cuentas a nadie; **the manager was held ~ for the accident** al director se le imputó la responsabilidad del accidente

accountancy /ə'kaʊntnsi/ *n* [u] contabilidad *f*

accountant /ə'kaʊntnt/ *n* contador, -dora *m,f* (AmL), contable *mf* (Esp)

account balance *n* saldo *m* de una cuenta

account book *n* libro *m* de cuentas

accounting /ə'kaʊntɪŋ/ *n* [u] **1** (Busn, Fin) contabilidad *f*, teneduría *f* de libros; (*before n*): **~ year** ejercicio *m* **2** (reckoning) cálculos *mpl*, estimaciones *fpl*

account manager *n* gerente *m,f* de cuenta, director -tora *m,f* de cuenta, gestor -tora *m,f* de cuenta (esp Esp)

accounts /ə'kaʊnts/ *n* (BrE) (+ *sing vb*) (department) contaduría *f*, (departamento *m* de) contabilidad *f*

accounts payable *pl n* cuentas *fpl* por pagar

accounts receivable *pl n* cuentas *fpl* por cobrar

accouter, (BrE) **accoutre** /ə'ku:tər || ə'ku:tə(r)/ *vt* (liter) (*usu pass*) equipar; (with clothes) ataviar*

accouterments /ə'ku:tərmənts || ə'ku:təmənts/ (BrE) **accoutrements** /ə'ku:trəmənts/ *pl n* (frml) **1** (Mil) guarnición *f* **2** (accessories) equipo *m*

accredit /ə'kredət || ə'kredɪt/ *vt*

A (*usu pass*) **1** ‹*ambassador*› acreditar; **to ~ sb TO sth**: **she was ~ed to the embassy in Paris** fue acreditada como embajadora en Francia, la destinaron a la embajada de París **2** (approve, authorize) ‹*agent/broker*› acreditar; ‹*course*› reconocer* **3** **accredited** *past p* ‹*representative/diplomat*› acreditado; ‹*qualification*› reconocido; ‹*institution*› (Educ) homologado, incorporado (Arg), habilitado (Ur); ‹*agent*› autorizado

B ▸**credit² B**

accreditation /ə,kredə'teɪʃən || ə,kredɪ'teɪʃən/ *n* [u] **1** (of ambassador) designación *f* **2** (Educ) (of course) reconocimiento *m*; (of institution) homologación *f*, incorporación *f* (Arg), habilitación *f* (Ur)

accretion /ə'kri:ʃən/ *n* **1** [c] (addition) adición *f*, aditamento *m* **2** [u] (process) acrecentamiento *m*

accrual /ə'kru:əl/ *n* [u c] (Fin) **1** [u] (method) devengo *m*; **~ of interest** devengo de intereses **2** [c] (sum) devengo *m*, cantidad *f* devengada

accrue /ə'kru:/ *vi* **1** (build up) acumularse; **~d interest** interés *m* acumulado; **the wisdom that ~s with age** la sabiduría que se va adquiriendo con la edad **2** **to ~ TO sb** (frml): **she is proud of the honors that have ~d to her** está orgullosa de los honores que le han conferido; **the advantages that ~ to the educated** las ventajas que otorga una educación formal

■ **accrue** *vt* ‹*interest/profits*› acumular

acct (= account) cta.

acculturate /ə'kʌltʃəreɪt/ *vt* aculturar a

■ **acculturate** *vi* aculturarse

acculturation /ə,kʌltʃə'reɪʃən/ *n* [u] aculturación *f*

accumulate /ə'kju:mjəleɪt || ə'kju:mjʊleɪt/ *vt* ‹*wealth/interest*› acumular; ‹*information/evidence*› reunir*, acumular; **these ornaments just ~ dust** estos adornos no hacen más que juntar polvo

■ **accumulate** *vi* acumularse

accumulation /ə,kju:mjə'leɪʃən || ə,kju:mjʊ'leɪʃən/ *n* **1** [c] (collection, mass) montón *m* **2** [u] (growth, increase) acumulación *f*

accumulator /ə'kju:mjəleɪtər || ə'kju:mjʊleɪtə(r)/ *n* **1** (Comput) acumulador *m* **2** (BrE) (Elec) acumulador *m* **3** (in racing) (BrE) apuesta *f* acumulativa, redoblona *f* (RPl)

accuracy /'ækjərəsi/ *n* [u] (of measurement, map, instrument) exactitud *f*, precisión *f*; (of weapon) precisión *f*; (of aim, blow) lo certero; (of description, prediction) exactitud *f*; (of translation) exactitud *f*, fidelidad *f*

accurate /'ækjərət/ *adj* ‹*measurement/instrument*› exacto, preciso; ‹*weapon/aim/blow*› certero; ‹*description/assessment*› exacto; ‹*translation*› exacto, fiel; **he's usually ~ in his forecasts** generalmente acierta con sus pronósticos; **to be strictly ~, we didn't start until 2.15** para ser precisos *or* exactos, no empezamos hasta las 2.15

accurately /'ækjərətli/ *adv* ‹*measure/describe/aim*› con exactitud *or* precisión; ‹*copy*› fielmente; ‹*translate*› con exactitud, fielmente; **his book ~ reflects ...** su libro refleja fielmente ...

accursed /ə'kɜ:rst, ə'kɜ:rsɪd || ə'kɜ:sɪd/, **accurst** /ə'kɜ:rst || ə'kɜ:st/ *adj* (liter) **1** (hateful) (*before n*) execrable (liter), detestable **2** (under a curse) maldito

accusal /ə'kju:zəl/ *n* acusación *f*, cargo *m*

accusation /,ækjə'zeɪʃən || ,ækju:'zeɪʃən/ *n* **1** [c] (charge) **~ (OF sth)** acusación *f* (DE algo); **to make an ~** hacer* una acusación; **what is the ~ against him?** ¿de qué se lo acusa? **2** [u] (reproof) acusación *f*; **with a look of ~** con mirada acusadora *or* acusatoria

accusative¹ /ə'kju:zətɪv/ *n* acusativo *m*

accusative² *adj* acusativo

accusatory /ə'kju:zətɔ:ri || ə'kju:zətəri, ,ækju:'zeɪtəri/ *adj* acusatorio

accuse /ə'kju:z/ *vt* acusar; **to ~ sb OF sth/-ING** acusar a algn DE algo/+ INF; **they were ~d of racial discrimination/of distorting the facts** los acusaron de discriminación racial/de tergiversar los hechos; **they stand ~d of murder/robbery** se les acusa de asesinato/robo; **our whole society stands ~d** la sociedad entera es la responsable

accused /ə'kju:zd/ *n* (*pl* ~) (Law): **the ~** el acusado, la acusada; (*pl*) los acusados, las acusadas

accuser /ə'kju:zər || ə'kju:zə(r)/ *n* acusador, -dora *m,f*

accusing /ə'kju:zɪŋ/ *adj* ‹*stare/tone*› acusador, acusatorio; **to point an ~ finger at sb** señalar con un dedo acusador a algn

accusingly /ə'kju:zɪŋli/ *adv*: **you did it, he said ~** —fuiste tú —dijo en tono acusador *or* acusatorio; **she looked at me ~** me lanzó una mirada acusadora *or* acusatoria

accustom /ə'kʌstəm/ *vt* **to ~ sb TO sth/-ING** acostumbrar *or* habituar* a algn A algo/+ INF; **to ~ oneself TO sth/-ING** acostumbrarse *or* habituarse* A algo/+ INF

accustomed /ə'kʌstəmd/ *adj* **1** (habituated) (*pred*) **to be ~ TO sth/-ING** estar* acostumbrado A algo/+ INF; **we were thoroughly ~ to the climate/to working long hours** estábamos totalmente acostumbrados *or* hechos al clima/a trabajar muchas horas por día; **to become** o **get ~ TO sth/-ING** acostumbrarse *or* habituarse* A algo/+ INF; **he had grown ~ to her presence** se había acostumbrado a su presencia **2** (usual, customary) (*before n*) ‹*politeness/skill*› acostumbrado; ‹*squalor/meanness*› acostumbrado

AC/DC /'eɪsi:'di:si:/ *adj* **1** (Elec) CA/CC; ~ **operation** alimentación: red y baterías **2** (bisexual) (sl) bisexual, que patea para los dos lados (RPl fam), que le hace para los dos lados (Chi fam)

ace¹ /eɪs/ *n*
A (in cards, dominoes, dice) as *m*; **the ~ of clubs** el as de tréboles; ***the ~ in the hole*** *o* (BrE) ***pack*** la mejor baza; **the ~ in the hole was their new forward** la mejor baza del equipo era su nuevo delantero; ***to be/come within an ~ of sth***: **she came within an ~ of victory** le faltó poquísimo *or* (fam) un pelo para ganar; **he came within an ~ of beating the champion** estuvo a punto de ganarle al campeón; ***to have another ~ to play*** tener* un as en la manga, tener* otra baza importante; ***to have*** *o* ***hold all the ~s*** tener* todas las de ganar
B (in tennis) ace *m*
C (expert, champion) as *m*

ace² *adj* **1** (colloq) (*before n*) ‹*reporter/negotiator*› de primera, destacado; **an ~ driver/pilot** un as del volante/de la aviación **2** (BrE sl: used esp by children) bárbaro (fam), guay (Esp arg)

ace³ *vt* (AmE) lucirse* en, sobresalir* en

acephalous /ə'sefələs/ *adj* acéfalo

acerbic /ə'sɜ:rbɪk || ə'sɜ:bɪk/ *adj* mordaz, acerbo

acerbity /ə'sɜ:rbəti || ə'sɜ:bəti/ *n* [u] mordacidad *f*

acetaminophen /əˌsi:də'mɪnəfən || əˌsi:tə'mɪnəfen, əˌsetə'mɪnəfen/ *n* [u c] (AmE) paracetamol *m*

acetate /'æsəteɪt || 'æsɪteɪt/ *n* [u] acetato *m*

acetic acid /ə'si:tɪk/ *n* [u] ácido *m* acético

acetone /'æsətəʊn || 'æsɪtəʊn/ *n* [u] acetona *f*

acetylene /ə'setlən, -li:n || ə'setɪli:n/ *n* [u] acetileno *m*; (*before n*): ~ **torch** soplete *m* oxiacetilénico

acetylene burner *n* mechero *m* de acetileno, quemador *m* de acetileno

acetylene lamp *n* lámpara *f* de acetileno

acetylene welding *n* [u] soldadura *f* de acetileno

ache¹ /eɪk/ *vi*
A **1** ▸ⓘ **p.965** (give pain) «*tooth/ear/leg*» doler*; **my back/head ~s** me duele la espalda/la cabeza; **my legs/feet ~** me duelen las piernas/los pies; **these statistics make my head ~** estas estadísticas me dan dolor de cabeza; **I'm aching all over** me duele todo el cuerpo; **it makes my heart ~** me da muchísima pena **2** **aching** *pres p* ‹*shoulders/muscles*› dolorido; **with an aching heart** con gran dolor de corazón; **her departure left an aching void in his life** su partida dejó un doloroso vacío en su vida
B (yearn) **to ~ to + INF** ansiar* + INF; **to ~ FOR sth** suspirar POR algo

ache² ▸ⓘ **p.965** *n* dolor *m* (*sordo y continuo*); **~s and pains** achaques *mpl*; **with an ~ in his heart** con gran dolor de corazón

achievable /ə'tʃi:vəbəl/ *adj* ‹*target/goal*› alcanzable; **it will only be ~ with great difficulty** sólo con gran dificultad se podrá lograr

achieve /ə'tʃi:v/ *vt* **1** (accomplish) lograr; **the meeting didn't ~ much** no se logró demasiado en la reunión; **to ~ the impossible** lograr *or* conseguir* lo imposible; **her teachers told her she would never ~ anything** sus profesores le dijeron que nunca llegaría a nada; **you have ~d a remarkable feat** has hecho una verdadera hazaña **2** (attain) ‹*success/victory/improvement*› conseguir*, obtener*; ‹*aim/object*› lograr, conseguir*, alcanzar*; ‹*ambition*› hacer* realidad; **what do you hope to ~ by that?** ¿qué esperas conseguir *or* lograr con eso?
■ **achieve** *vi* tener* éxito

achievement /ə'tʃi:vmənt/ *n* **1** [c] (feat) logro *m*; **to stay in the first division was quite an ~** permanecer* en primera división fue toda una hazaña *or* todo un logro **2** [u] (success) éxito *m*, logro *m*; **a sense of ~** la satisfacción de haber logrado algo; **high/low ~** (Educ) buen/mal rendimiento **3** [u] (act) consecución *f*, logro *m*

achiever /ə'tʃi:vər || ə'tʃi:və(r)/ *n*: **he's a real** *o* **a high ~** desarrolla al máximo su potencial, siempre obtiene excelentes resultados

Achilles /ə'kɪli:z/ *n* Aquiles

Achilles heel *n* talón *m* de Aquiles

Achilles tendon *n* tendón *m* de Aquiles

achoo /ə'tʃu:/ *interj* ¡achís!

achromatic /ˌækrəʊ'mætɪk/ *adj* acromático

acid¹ /'æsəd || 'æsɪd/ *n* **1** [u c] (Chem) ácido *m* **2** [u] (LSD) (sl) ácido *m*

acid² *adj* **1** (Chem) ácido **2** (sour, bitter) ‹*taste*› ácido, agrio **3** (spiteful) ‹*voice/reply*› agrio, mordaz **4** ~ **green** verde *m* amarillento; ~ **yellow** amarillo *m* verdoso

acid-free /ˌæsəd'fri: || ˌæsɪd'fri:/ *adj* libre de ácido

acid head *n* (colloq) adicto -ta *m,f* al ácido *or* LSD; **he is an ~ ~** es un consumidor de ácido *or* LSD, es un adicto al ácido *or* LSD

acid house *n* [u] acid *m* (*tipo de música asociada con el consumo de la droga éxtasis etc*); (*before n*) ‹*music/party*› acid

acidic /ə'sɪdɪk/ *adj* ▸**acid² 1**, **acid² 2**

acidifier /ə'sɪdəfaɪər || ə'sɪdɪfaɪə(r)/ *n* acidulante *m*

acidify /ə'sɪdəfaɪ || ə'sɪdɪfaɪ/ *vt* **-fies, -fying, -fied** acidificar*

acidity /ə'sɪdəti/ *n* [u] **1** (Chem) acidez *f* **2** (sourness) acidez *f*

acidly /'æsədli || 'æsɪdli/ *adv* agriamente, mordazmente

acid-neutralizing /'æsədˌnu:trəlaɪzɪŋ || 'æsɪdˌnju:trəlaɪzɪŋ/ *adj* neutralizador de un ácido

acid paper *n* [u] papel *m* ácido

acid rain *n* [u] lluvia *f* ácida

acid rock *n* [u] acid rock *m*, rock *m* acid

acid snow *n* [u] nieve *f* ácida

acid test *n*: **the ~ ~** la prueba de fuego

acid trip *n* (colloq) viaje *m*, colocón *m* (Esp fam), pasón *m* (Méx arg); **to be on an ~ ~** estar* volado (fam), tener* un colocón (Esp fam), estar* en un pasón (Méx arg)

ack-ack fire /ˌæk'æk/ *n* [u] (colloq) fuego *m* antiaéreo

ack-ack gun /ˌæk'æk/ *n* (colloq) cañón *m* antiaéreo

acknowledge /ək'nɑ:lɪdʒ || ək'nɒlɪdʒ/ *vt*
A **1** (admit) ‹*mistake/failure/fault*› admitir, reconocer*; **I ~ that he is the better player** admito *or* reconozco que él es mejor jugador; **he ~d himself beaten** admitió su derrota, se dio por vencido **2** (recognize) ‹*skill/achievement*› reconocer*; ‹*authority/right/claim*› reconocer*; ‹*quotations/sources*› hacer* mención de; **to ~ sb AS sth** reconocer* a algn COMO algo; **universally ~d** mundialmente reconocido; **an ~d master/fact** un maestro/hecho reconocido; **she ~d her debt to de Beauvoir** reconoció su deuda para con de Beauvoir **3** (express appreciation of) ‹*assistance/services*› agradecer*
B **1** (confirm) ‹*letter/order*› acusar recibo de; **to ~ receipt of sth** acusar recibo de algo **2** (indicate recognition of) ‹*greeting*› responder a; ‹*person*› saludar

acknowledgment, acknowledgement /ək'nɑ:lɪdʒmənt || ək'nɒlɪdʒmənt/ *n* [c u] **1** (recognition) reconocimiento *m*; **you've been quoted without ~** te han citado sin la correspondiente mención; **does he appear in the ~s?** ¿aparece en la lista de menciones? **2** (confirmation, response): **I've had no ~ of my letter** no han acusado recibo de mi carta; **she gave a quick smile of ~** me saludó con una breve sonrisa

ACLU *n* = **American Civil Liberties Union**

acme /'ækmi/ *n* **the ~ OF sth** el súmmum *or* el colmo DE algo

acne /'ækni/ *n* [u] acné *m or f*, acne *f*‡

acolyte /'ækəlaɪt/ *n* acólito *m*

acorn /'eɪkɔ:rn || 'eɪkɔ:n/ *n* bellota *f*; (*before n*): ~ **squash** *calabaza pequeña de corteza verde y forma de bellota*; ▸**oak**

acoustic /ə'ku:stɪk/ *adj* ‹*energy/wave/panel*› acústico; ‹*bass/guitar*› acústico; ~ **nerve** nervio *m* auditivo; ~ **coupler** acoplador *m* acústico; ~ **cover** cubierta *f* antirruido

acoustics /ə'ku:stɪks/ *n* **1** [u] (Phys) (+ *sing vb*) acústica *f* **2** (of room) (+ *pl vb*) acústica *f*

acoustic shock *n* choque (*m*) acústico; shock (*m*) acústico; (*before n*): **acoustic-shock syndrome** lesiones (*fpl*) por choque acústico

ACP states *pl n* (EU) (= **African, Caribbean and Pacific States**) Estados *mpl* ACP

acquaint /ə'kweɪnt/ *vt* **to ~ sb WITH sth** (inform of) poner* a algn al tanto *or* al corriente DE algo, informar a algn DE algo, interiorizar* a algn DE algo (CS); (familiarize with) familiarizar* a algn CON algo; **to ~ oneself WITH sth** familiarizarse* CON algo

acquaintance /ə'kweɪntns/ *n* **1** [c] (person) conocido, -da *m,f*; **we're old ~s** nos conocemos desde hace tiempo **2** [u c] (with person) relación *f*; **a doctor of my ~** (frml) un médico que conozco (*or* conocía *etc*); **on closer ~ I found her ...** al llegar a conocerla mejor, la encontré ...; **to make the ~ of sb, to make sb's ~** conocer* a algn; **I'm pleased to have made your ~** me alegro de haberlo conocido; **to strike up an ~** entablar una relación **3** [u c] (knowledge) ~ **WITH sth** conocimiento *m* DE algo; **on first ~, the city seems ...** al llegar a ella por primera vez, la ciudad parece ...

acquaintance rape *n* [u c] (esp AmE) violación *f* por un conocido

acquaintanceship /ə'kweɪntnsʃɪp/ *n*
A [u] (with facts) conocimiento *m*
B [c] (person) conocido -da *m,f*
C [u] (relationship) trato *m*

acquainted /ə'kweɪntəd || ə'kweɪntɪd/ *adj* (*pred*) **1** **to be ~ WITH sb** conocer* a algn; **I didn't know you were ~ with Henry** no sabía que conocías a Henry; **are you ~?** ¿se conocen ustedes?; **we need time to become** *o* **get ~** necesitamos tiempo para (llegar a) conocernos **2** **to be ~ WITH sth** (be informed of) estar* al tanto *or* al corriente DE algo, estar* interiorizado DE algo (CS); (be familiar with) estar* familiarizado CON algo; **are you ~ with the works of Dickens?** ¿está familiarizado con la obra de Dickens?; **perhaps you are not fully ~ with the facts** quizás usted no esté totalmente al tanto *or* al corriente de los hechos

acquiesce /ˌækwi'es/ *vi* **to ~ IN sth/-ING** consentir* algo/EN + INF

acquiescence /ˌækwi'esns/ *n* [u] consentimiento *m*, aquiescencia *f* (frml); ~ **IN sth** conformidad *f* ANTE algo, aquiescencia A *or* EN algo (frml)

acquiescent /ˌækwi'esnt/ *adj* aquiescente (frml), conforme

acquire /ə'kwaɪr || ə'kwaɪə(r)/ *vt* ‹*collection/knowledge/skill*› adquirir*; ‹*reputation*› hacerse*, adquirir*; ‹*fortune*› hacer*; ‹*information*› obtener*; ‹*territories*› hacerse* con, apoderarse de; **I seem to have ~d a new lighter** parece que me he hecho de *or* con otro encendedor; **she's ~d expensive tastes** le han empezado a gustar las cosas caras; **I've ~d a taste for ...** le he tomado el gusto a ...; **he'd ~d a British accent** se le había pegado el acento británico

acquired /ə'kwaɪrd || ə'kwaɪəd/ *adj* ‹*characteristic/response*› adquirido; **it's an ~ taste** no es algo que guste de entrada, es algo a lo que se le va tomando el gusto con el tiempo

acquired immune deficiency syndrome *n* [u] síndrome *m* de inmunodeficiencia adquirida

acquirer /ə'kwaɪrər || ə'kwaɪərə(r)/ *n* adquirente *mf*, adquisidor -dora *m,f*

acquis /æ'ki:/ *n* (EU) acervo *m* comunitario

acquisition /ˌækwə'zɪʃən || ˌækwɪ'zɪʃən/ *n* **1** [c] (object) adquisición *f*; **our most recent ~** nuestra última adquisición **2** [u] (act) adquisición *f*; **language ~** la adquisición *or* el aprendizaje de la lengua

acquisitive /ə'kwɪzətɪv/ *adj* (greedy) codicioso; (inclined to acquire): **I'm not at all ~** no tengo interés en poseer cosas materiales

acquit /ə'kwɪt/ **-tt-** *vt* **to ~ sb (OF sth)** absolver* a algn (DE algo)

■ *v refl*: **to ~ oneself** desenvolverse*, desempeñarse (AmL)

acquittal /ə'kwɪtl/ *n* [1] [c u] (Law) absolución *f* [2] [u] (of duty) (frml) cumplimiento *m*, desempeño *m*

acre /'eɪkər || 'eɪkə(r)/ ▸ⓘ **p.1757** *n* acre *m* (*0,405 hectáreas*); **we had ~s of space** teníamos muchísimo lugar *or* sitio

acreage /'eɪkərɪdʒ/ *n* [u] superficie *f* en acres; **the ~ under barley** los acres sembrados *or* el área sembrada de cebada

acrid /'ækrəd || 'ækrɪd/ *adj* [1] (pungent) acre [2] (harsh) (liter) acre (liter), agrio

acrimonious /,ækrə'məʊniəs || ,ækrɪ'məʊniəs/ *adj* ‹*words*› áspero, cáustico; ‹*dispute*› enconado

acrimoniously /,ækrə'məʊniəsli || ,ækrɪ'məʊniəsli/ *adv* con acrimonia

acrimony /'ækrəməʊni || 'ækrɪməni/ *n* [u] acritud *f*, acrimonia *f*

acrobat /'ækrəbæt/ *n* acróbata *mf*

acrobatic /,ækrə'bætɪk/ *adj* acrobático

acrobatics /,ækrə'bætɪks/ *pl n* acrobacia *f*; **to learn ~** aprender acrobacia *or* acrobatismo; **they did some spectacular ~** hicieron unas acrobacias espectaculares

acronym /'ækrənɪm/ *n* sigla *f*

Acropolis /ə'krɑːpələs || ə'krɒpəlɪs/ *n*: **the ~** la Acrópolis

> ⚠ **across** often appears as the second element of certain verb structures in English (*come across, cut across, put across*, etc). For translations, see the relevant verb entry (*come, cut, put*, etc)

across¹ /ə'krɔːs || ə'krɒs/ *adv* [1] (from one side to other): **the signal turned green and we walked ~** se encendió la luz verde y cruzamos; **the boatman ferried them ~** el barquero los cruzó; **she passed the photo ~** me (*or* le *etc*) pasó *or* alcanzó la foto; **three down and four ~** (on grid) tres hacia abajo y cuatro a la derecha; **seven ~** (crossword clue) siete horizontal [2] (on the other side) del otro lado; **they're already ~** ya están del otro lado; **she sat ~ from me** estaba sentada frente a mí *or* enfrente de mí [3] (in width, diameter): **it is 20m ~** tiene *or* mide 20m de ancho; **if you measure them ~ ...** si los mides a lo ancho ...; **diagonally ~** transversalmente, en diagonal; *see also* **put across** *etc*

across² *prep* [1] (from one side to other): **they ran ~ the road** cruzaron la calle corriendo; **he shouted to her ~ the room** le gritó desde el otro lado de la habitación; **he walked ~ the stage** atravesó *or* cruzó el escenario; **we took the ferry ~ the bay** cruzamos la bahía en el ferry; **they set up a barrier ~ the road** pusieron una barrera de lado a lado de la calle; **I arranged the blanket ~ my legs** me tapé las piernas con la manta; **opinions from ~ the political spectrum** opiniones provenientes de todo el espectro político [2] (on the other side of): **they live just ~ the road** viven justo enfrente; **he called to her from ~ the road** la llamó desde la acera de enfrente *or* desde el otro lado de la calle; **the park ~ the river** el parque al otro lado del río

across-the-board *see* **board¹ F**

acrostic /ə'krɔːstɪk || ə'krɒstɪk/ *n* acróstico *m*

acrylic¹ /ə'krɪlɪk/ *adj* ‹*garment/fiber*› acrílico; ‹*bath/resin/paint*› acrílico

acrylic² *n* [u c] [1] (Tex) acrílico *m* [2] (paint) acrílico *m*

act¹ /ækt/ *vi*

A [1] (take action, do sth) actuar*; **I'm ~ing on behalf of my client** actúo en representación de mi cliente; **we must ~ now** tenemos que tomar medidas inmediatamente [2] (function, work) ‹‹*drug/chemical*›› hacer* efecto, actuar*; **it will take a while to ~** tardará un rato en hacer efecto [3] (serve) **to ~ AS sth** servir* DE algo; **this will ~ as a warning** esto servirá de advertencia; **she will ~ as interpreter** hará de intérprete [4] **acting** *pres p* ‹*chairman/director/head*› interino

B (behave) comportarse, actuar*; **they ~ed irresponsibly** actuaron *or* se comportaron de forma irresponsable; **just ~ as if nothing had happened** haz como si no hubiera pasado nada; **sorry, I ~ed like a fool** perdón, fui muy tonto *or* me comporté como un tonto; **stop ~ing like a child!** ¡no seas infantil!; **she always ~s very polite toward us** (colloq) siempre es muy cortés con nosotros

C [1] (perform) actuar*, trabajar; (as profession) ser* actor/actriz; **she's always wanted to ~** siempre ha querido ser actriz [2] (pretend): **he ~ed all nonchalant** (colloq) hizo como si no le importara; **don't ~ innocent/dumb with me!** ¡no te hagas el inocente/tonto conmigo!

■ **act** *vt* [1] (perform) ‹*role/part*› interpretar, hacer*; **the play was very well ~ed** la obra estuvo muy bien interpretada *or* actuada [2] (behave like, play role of) hacerse*; **it's no use ~ing the innocent** es inútil que te hagas el inocente

Phrasal verbs

- **act for** [v + prep + o] (represent) representar
- **act on** [v + prep + o] [1] (follow) ‹*advice*› seguir*; ‹*orders*› cumplir; **until the problem is recognized and ~ed on ...** hasta que se reconozca el problema y se actúe *or* se proceda en consecuencia ...; **~ing on information received, the police made two arrests** actuando sobre la base de información recibida, la policía realizó dos arrestos; **she took a decision, but failed to ~ on it** tomó una decisión pero no obró en consecuencia [2] (affect) ‹‹*drug/chemical/force*›› actuar* sobre; **the drug ~s on the nervous system** el fármaco actúa sobre el sistema nervioso
- **act out** [v + o + adv, v + adv + o] representar; **she ~ed out what she had seen** nos hizo una demostración de lo que había visto; **the drama was ~ed out before our eyes** la tragedia ocurrió *or* se desarrolló ante nuestros propios ojos
- **act up** [v + adv] (cause trouble) (colloq) ‹‹*child/machine/car*›› dar* guerra (fam); **my back's been ~ing up again** la espalda me ha estado fastidiando otra vez (fam)
- **act upon** ▸**act on**

act² *n*

A (deed) acto *m*; **it was a foolish/brave ~** fue una locura/un acto de valentía; **an ~ of aggression** una agresión; **an ~ of treason** una traición; **the government's latest ~ was to free the prisoners** la última acción del gobierno fue liberar a los prisioneros; **destroying the animal was an ~ of kindness** sacrificar al animal fue un acto piadoso; **these ~s of violence will not go unpunished** estos actos de violencia no quedarán impunes; **my first ~ was to ...** lo primero que hice fue ...; **by an ~ of God** (Law) por caso fortuito, por acto de la naturaleza; **the A~s of the Apostles** los Hechos de los Apóstoles; **I was just in the ~ of writing to you** precisamente te estaba escribiendo; ***to catch sb in the ~*** agarrar *or* (esp Esp) coger* a algn con las manos en la masa, sorprender a algn in fraganti

B (Govt) ley *f*; **an ~ of Parliament/Congress** una ley aprobada por el Parlamento/Congreso; **to pass an ~** aprobar* una ley

C [1] (division of play) acto *m*; **a one-~ play** una obra de teatro de un solo acto; **a play in three ~s** una obra en tres actos [2] (routine) número *m*; **a comedy/juggling ~** un número cómico/de malabarismo; **it's time for the government to change its ~** ya es hora de que el gobierno cambie su enfoque; ***to be a hard*** o ***difficult ~ to follow*** ser* difícil de igualar; ***to do a disappearing*** o ***vanishing ~*** esfumarse como por arte de magia; ***to get into*** o ***in on the ~*** meterse en el asunto; ***to get one's ~ together*** organizarse*, hacer* las cosas como Dios manda; ***to smarten up one's ~*** enmendarse*

D (pretense): **it was all a big ~** era puro cuento *or* puro teatro (fam); ***to put on an ~*** hacer* teatro (fam), fingir*; **don't be taken in, he's just putting on an ~** no te dejes engañar, está haciendo teatro (fam)

ACT *n* = **American College Test**

> **ACT - American College Test**
>
> Una prueba que los estudiantes de la mayoría de los estados que forman Estados Unidos deben aprobar para ser admitidos en la universidad. Normalmente tiene lugar al final de la ▸**high school** y cubre un número de materias principales, p.ej. inglés y matemáticas.

acting /'æktɪŋ/ *n* [u] [1] (performance) interpretación *m*, actuación *m*; **the ~ is excellent** la interpretación *or* actuación es excelente [2] (as activity): **have you done any ~ before?** ¿has hecho teatro/cine alguna vez?; **I want to go into ~** quiero ser actor

action¹ /'ækʃən/ *n*

A [u] [1] (practical measures): **prompt ~ by the police saved several lives** la rápida actuación de la policía salvó varias vidas; **~ is needed now to ...** hay que tomar medidas *or* actuar inmediatamente para ...; **we demand ~!** ¡exigimos que se haga algo!; **which course of ~ do you recommend?** ¿qué medidas recomienda?; **he didn't rule out military ~** no descartó la intervención del ejército; **they took disciplinary ~ against her** le aplicaron medidas disciplinarias, fue sancionada; **to take ~** tomar medidas, actuar*; **to take ~ against sb/sth** tomar medidas contra algn/algo; **no further ~ will be taken** no se tomará ninguna otra medida; **~!** (Cin) ¡acción! [2] (*in phrases*): **in action** en acción; **I'm back in ~ now** (colloq) ya estoy de nuevo al pie del cañón (fam); **to go into ~** entrar en acción; **the government has swung into ~ against tax evasion** el Gobierno se ha lanzado a combatir la evasión fiscal; **to put sth into ~** poner* algo en práctica; **out of action**: **my car is out of ~** tengo el coche averiado *or* (AmL tb) descompuesto; **he'll be out of ~ for a few weeks** va a estar fuera de circulación durante unas semanas (hum)

B [c] [1] (deed) acto *m*; **their ~s show them to be untrustworthy** sus actos demuestran que no son dignos de confianza, la forma en que actúan demuestra que no son dignos de confianza; **my first ~ would be to call the police** lo primero que haría sería llamar a la policía; **I won't be responsible for my ~s if it happens again** si vuelve a suceder, yo no respondo de mí; ***~s speak louder than words*** obras son amores y no buenas razones, el movimiento se demuestra andando [2] (Phys) acción *f*

C (Mil) [1] [u] (combat) acción *f* (de guerra); **to go into ~** entrar en acción *or* en combate; **killed/wounded in ~** muerto/herido en combate; **to see ~** combatir, luchar [2] [c] (engagement) combate *m*

D [u] [1] (plot) acción *f*; **the ~ takes place in Florence** la acción se desarrolla en Florencia [2] (exciting activity) animación *f*; **they went downtown looking for some ~** (colloq) fueron al centro en busca de animación *or* (fam) de la movida; ***to get a piece*** o ***slice of the ~*** (colloq) sacar* tajada (fam)

E [1] [c] (movement) movimiento *m*; (Equ) marcha *f* [2] [u] (operation) funcionamiento *m*; **biological/chemical ~** acción *f* biológica/química [3] [u] (of drug, chemical) **~ (ON sth)** acción *f or* efecto *m* (SOBRE algo)

F [c] (mechanism) mecanismo *m*

G [c] (Law) demanda *f*; **to bring an ~ against sb** demandar a algn, ejercitar una acción contra algn

action² *vt* (BrE colloq) poner* en marcha; ‹*claim*› tramitar

actionable /'ækʃənəbəl/ *adj* (Law): **to be ~** (in civil law) ser* enjuiciable, ser* materia de juicio; (in criminal law) ser* procesable

action committee *n* comité *m* ejecutivo, comisión *f* ejecutiva

action film *n* ▸**action movie**

a

action group *n* grupo *m* de acción
action man *n* (BrE hum) hombre *m* de acción
action movie *n* (esp AmE) película *f* de acción
action-packed /'ækʃən'pækt/ *adj* ‹*movie/story*› (journ) lleno de acción; **the weekend was pretty ~** el fin de semana fue bastante movido *or* agitado
action painting *n* [u] pintura *f* de acción
action plan *n* plan *m* de acción, plan *m* de desarrollo
action point *n* punto *m* de acción
action replay *n* (BrE) (Sport, TV) repetición *f* de la jugada
action sequence *n* secuencia *f* de acción
action shot *n* toma *f* de acción, escena *f* de acción
action stations *pl n* (BrE) puestos *mpl* (de combate); (*as interj*) ¡a sus puestos!
action verb *n* verbo *m* de acción
activate /'æktəveɪt || 'æktɪveɪt/ *vt* 1 ‹*alarm/bomb*› activar 2 (Chem, Nucl Phys) activar 3 (AmE) (Mil) movilizar*
activated carbon, activated charcoal *n* [u] carbón *m* activo
activated sludge *n* [u] sedimento *m* activo de las aguas residuales
activation /,æktə'veɪʃən || ,æktɪ'veɪʃən/ *n* [u] 1 (of system, mechanism) activación *f* 2 (of troops) (AmE) movilización *f*
active¹ /'æktɪv/ *adj*
A 1 (energetic, busy) ‹*person/life*› activo; ‹*day/weekend*› ajetreado, movido, de gran actividad; ‹*market/trading*› (Fin) activo; **we had a very ~ holiday** pasamos unas vacaciones llenas de actividad 2 (Chem, Pharm) activo 3 ‹*volcano*› en actividad
B 1 (practicing) activo; **sexually ~ teenagers** adolescentes que mantienen relaciones sexuales; **to be politically ~** militar políticamente; **there are rebels ~ in the region** hay rebeldes luchando en la zona; **the friars were ~ among the poor** los frailes trabajaban con los pobres 2 (positive, keen) ‹*member/role*› activo; **to play an ~ part in sth** tomar parte activa en algo; **the proposal is under ~ consideration** se está estudiando la propuesta seriamente; **he takes an ~ interest in sport** sigue con mucho interés todo lo relacionado con el deporte; **to take ~ steps to combat terrorism** tomar medidas activas para combatir el terrorismo 3 (Mil) (*before n*) ‹*service/duty*› activo; **to be in the ~ reserves** *o* (BrE) **on the ~ list** estar* en la reserva activa *or* la primera reserva
C 1 (Ling) activo; **~ voice** voz *f* activa 2 ‹*vocabulary*› activo
active² *n* (Ling): **the ~** la voz activa
active file *n* archivo *m* activo, fichero *m* activo
active ingredient *n* (in food, drink) componente *m* activo; (in medicine) principio *m* activo
active involvement *n* [u] participación *f* activa, implicación *f* activa
actively /'æktɪvli/ *adv* ‹*encourage/support*› activamente; ‹*dissuade/discourage*› enérgicamente; **to be ~ involved in sth** tomar parte activa en algo; **I don't ~ dislike him** no le tengo antipatía
active participation *n* [u] participación *f* activa
activism /'æktəvɪzəm || 'æktɪvɪzəm/ *n* [u] activismo *m*
activist /'æktəvəst || 'æktɪvɪst/ *n* activista *mf*
activity /æk'tɪvəti/ *n* (*pl* **-ties**) 1 [c u] (work, doings) actividad *f*; **the activities of drug dealers** las actividades de los narcotraficantes; **it's not an ~ I enjoy** no es algo que me guste hacer 2 [u] (action, movement) actividad *f*, movimiento *m*; (noisy) bullicio *m*; **diplomatic/military ~** actividad diplomática/militar; **a bit less chatter and more ~ in that corner!** ¡los de ese rincón, menos charla y más trabajo! 3 [c] (recreational) actividad *f*; **leisure activities** pasatiempos *mpl*; (*before n*): **~ holiday** (BrE) *vacaciones con actividades programadas*
act of faith *n* acto *m* de fe
actor /'æktər || 'æktə(r)/ *n* actor *m*, actriz *f*; **he's a good ~, I couldn't tell he was bored** disimula muy bien, no me di cuenta de que estaba aburrido; **the main ~s in the scandal** los principales protagonistas del escándalo
actor-manager /,æktər'mænɪdʒər || ,æktə 'mænɪdʒə(r)/ *n* actor-director *m*, actriz-directora *f*
actress /'æktrəs || 'æktrɪs/ *n* actriz *f*
actual /'æktʃuəl/ *adj* (*before n*) 1 (real) real; **he cited ~ cases** citó casos reales *or* de la vida real; **the ~ owner** el verdadero dueño; **there was no ~ written agreement** no hubo un acuerdo escrito propiamente dicho; **the ~ show starts later** el programa propiamente dicho empieza más tarde; **in ~ fact** en realidad 2 (precise, very) mismo; **on the ~ day of the election** el mismo día de las elecciones; **this is the ~ spot where it happened** ocurrió aquí mismo; **those were her ~ words** ésas fueron sus palabras textuales
actual bodily harm *n* [u] lesiones *fpl* (corporales)
actuality /,æktʃu'æləti/ *n* [u c] (*pl* **-ties**) (frml) realidad *f*; **in ~** en realidad
actualize /'æktʃuəlaɪz/ *vt* realizar*, hacer* realidad
actually /'æktʃuəli/ *adv*
A (really, in fact) en realidad; **she's ~ very bright** la verdad es que *or* en realidad es muy inteligente; **I never believed I'd ~ win** nunca creí que llegaría a ganar; **she did 20 lengths — 22, ~** se hizo 20 largos — 22, para ser exactos; **~, I know of a nice bar near here** mira, conozco un bar aquí cerca que está muy bien; **~, I'd rather not go** la verdad es que preferiría no ir
B (for emphasis): **the Queen ~ waved to me** la Reina hasta me saludó y todo; **prices have stopped rising and may soon ~ fall** los precios han dejado de subir y puede que incluso bajen; **it's ~ stopped raining!** aunque parezca mentira, ha parado de llover
actual size *n* tamaño *m* real
actuarial /,æktʃu'eriəl || ,æktʃu'eəriəl/ *adj* actuarial
actuary /'æktʃueri || 'æktʃuəri/ *n* (*pl* **-ries**) actuario, -ria *m,f* de seguros
actuate /'æktʃueɪt/ *vt* ‹*mechanism/alarm*› accionar
acuity /ə'kju:əti/ *n* [u] (frml) agudeza *f*; **visual/aural ~** agudeza visual/auditiva
acumen /ə'kju:mən || 'ækjumən/ *n* [u] sagacidad *f*, perspicacia *f*; **business ~** visión *f* para los negocios
acupressure /'ækjə,preʃər || 'ækjʊ,preʃə(r)/ *n* digitopuntura *f*
acupuncture /'ækjə,pʌŋktʃər || 'ækjʊ ,pʌŋktʃə(r)/ *n* [u] acupuntura *f*
acupuncturist /'ækjə,pʌŋktʃərəst || 'ækjʊ ,pʌŋktʃərɪst/ *n* acupuntor, -tora *m,f*, acupunturista *mf*
acute /ə'kju:t/ *adj*
A 1 (Med) ‹*appendicitis/infection*› agudo 2 (serious) ‹*crisis/shortage*› grave
B 1 (intense) ‹*pain*› agudo; ‹*pleasure/anxiety*› profundo 2 ‹*sense of smell*› fino, muy desarrollado; ‹*sight/hearing*› agudo
C (perceptive) ‹*mind/person*› agudo, perspicaz
D 1 (Math) agudo 2 (Ling) agudo
acute (accent) *n* acento *m* agudo
acutely /ə'kju:tli/ *adv*
A 1 (intensely, strongly) ‹*painful/embarrassing*› extremadamente, sumamente 2 (keenly) plenamente; **to be ~ aware of sth** ser* *or* (Chi, Méx) estar* plenamente consciente de algo, tener* plena conciencia de algo
B (perceptively) ‹*analyze/observe*› con perspicacia *or* agudeza, sagazmente
acuteness /ə'kju:tnəs || ə'kju:tnɪs/ *n* [u] 1 (seriousness) gravedad *f* 2 (of senses) agudeza *f*
acute ward *n* sala *f* de enfermos graves
ad /æd/ *n* (colloq) ▸ **advertisement A**
AD (= **Anno Domini**) después de Cristo; (written form) dC, d. de C., d. de J.C.
A/D *adj* (= **analog to digital**) A/D; **~ converter** convertidor *m* A/D, conversor *m* A/D; **~ conversion** conversión *f* A/D; **~ equipment/system** equipo m/sistema *m* analógico digital
adage /'ædɪdʒ/ *n* (liter) dicho *m*, adagio *m*
adagio¹ /ə'dɑ:ʒiəʊ/ *adj/adv* adagio
adagio² *n* adagio *m*
Adam /'ædəm/ *n* Adán; **~'s apple** nuez *f* (de Adán); ***I don't know him from ~*** no lo conozco de nada *or* para nada
adamant /'ædəmənt/ *adj* ‹*refusal*› firme, categórico; **I asked him to reconsider, but he was ~** le pedí que lo reconsiderara pero se mantuvo inflexible; **she was ~ that she wouldn't go** se mantuvo firme en su decisión de no ir
adamantine /,ædə'mæntaɪn/ *adj* (liter) ‹*rock*› adamantino, diamantino; ‹*will/resolve*› inquebrantable, inexorable
adamantly /'ædəməntli/ *adv* ‹*deny*› categóricamente; ‹*insist/say*› con firmeza
adapt /ə'dæpt/ *vt* adaptar; **the seat can be ~ed to fit any car** el asiento se adapta a cualquier modelo de coche; **to ~ a novel/play for television** adaptar una novela/obra para la televisión; **we ~ our methods to the students' needs** adaptamos nuestros métodos a las necesidades de los alumnos; **to ~ oneself** adaptarse, amoldarse
■ **adapt** *vi* adaptarse; **to ~ TO sth/-ING** adaptarse A algo/+ INF; **she can't ~ to living alone** no puede adaptarse a vivir sola
adaptability /ə,dæptə'bɪləti/ *n* [u] capacidad *f* de adaptación, adaptabilidad *f*
adaptable /ə'dæptəbəl/ *adj* ‹*device/system/species*› adaptable; ‹*person*› adaptable, amoldable; **I'm very ~** yo soy muy adaptable, yo me adapto *or* me amoldo a cualquier cosa; **to be ~ TO sth** poder* adaptarse A algo
adaptation /,ædæp'teɪʃən/ *n* [u c] 1 (change, adjustment) adaptación *f*, modificación *f*; **~ TO sth** adaptación A algo 2 (Cin, Theat) adaptación *f*
adapter, adaptor /ə'dæptər || ə'dæptə(r)/ *n* 1 (Elec) (plug — with several sockets) enchufe *m* múltiple, ladrón *m*, triple *m* (CS); (— for different sockets) adaptador *m*; **AC** *o* (BrE) **mains ~** transformador *m* 2 (connecting device) (Tech) adaptador *m*
adaptive /ə'dæptɪv/ *adj* adaptivo
ADC *n* = **aide-de-camp**
add /æd/ *vt*
A 1 (put in in addition) ‹*sugar/milk/eggs*› añadir, agregar*; **this will ~ a touch of class** esto le dará un toque extra de distinción; **we ~ed our voices to the chorus of protest** sumamos nuestras voces al coro de protestas; **when you ~ in travel costs ...** si le sumas *or* agregas los gastos de viaje ...; **the west wing was ~ed (on) later** el ala oeste fue añadida después; **we were soaked, ~ed to which, it was starting to snow** estábamos empapados y por si esto fuera poco, empezaba a nevar 2 (say, write further) añadir, agregar*; **at least I think so, she ~ed** —al menos eso creo —añadió *or* agregó; **there's nothing to ~** no hay más que decir
B (Math) sumar; **~ (on) 20** súmale veinte; **~ the four numbers (together)** suma los cuatro números; **to ~ sth TO sth** sumarle algo A algo
C **added** *past p* ‹*bonus/incentive*› adicional, extra; **her refusal caused us ~ed problems** su negativa nos causó más *or* nuevos problemas; **with ~ed vitamins** con vitaminas; **now with ~ed taste** ahora con más sabor; **no ~ed sugar/salt** sin azúcar/sal
■ **add** *vi* sumar
Phrasal verbs
• **add to** [v + prep + o] (increase, extend) ‹*building*› ampliar*; ‹*confusion/difficulties*› aumentar; **these little problems all just ~ to the fun** estos problemitas lo hacen más divertido
• **add up**

A [v + adv] [1] (Math) «*numbers/sum*» cuadrar; **I can't get the accounts to ~ up** no consigo que me cuadren las cuentas; **it seems to ~ up differently every time** cada vez que lo sumo me da (un resultado) diferente [2] (make sense) (colloq) «*facts/story*» cuadrar; **now it ~s up!** ¡ahora se entiende!; **why would she lie? it just doesn't ~ up** ¿por qué habría de mentir? ¡es que no tiene sentido!

B [v + o + adv, v + adv + o] [1] (Math) ‹*figures/numbers*› sumar; ‹*bill*› hacer*, preparar; **~ up all your expenses** haz la cuenta de *or* suma todo lo que hayas gastado [2] (consider as a whole) tener* en cuenta; **when you ~ it all up ...** si se tiene todo en cuenta ...

• **add up to** [v + adv + prep + o] [1] (Math) «*figures*» sumar en total; «*total*» ascender* a [2] (amount to): **it ~s up to quite a lot of money** en total es *or* resulta una buena cantidad de dinero; **I wouldn't say it ~s up to treachery** yo no creo que llegue a ser traición; **it all ~s up to a wonderful show** todo ello hace que sea un magnífico espectáculo; **it doesn't ~ up to much** no es gran cosa; **what their attitude ~s up to is an unwillingness to help** lo que demuestra su actitud es que no quieren ayudar

ADD *n* (= **attention deficit disorder**) TDA *m*

added value *n* valor *m* añadido

addendum /əˈdendəm/ *n* (*pl* **addenda** /əˈdendə/) apéndice *m*; **addenda and corrigenda** addenda et corrigenda

adder /ˈædər || ˈædə(r)/ *n* víbora *f*

addict /ˈædɪkt/ *n* adicto, -ta *m,f*; **drug ~** drogadicto, -ta *m,f*, toxicómano, -na *m,f* (frml); **heroin ~** heroinómano, -na *m,f*; **I'm a real TV ~** (colloq) soy adicto *or* fanático de la televisión

addicted /əˈdɪktəd || əˈdɪktɪd/ *adj* **to be ~ (TO sth)** ser* adicto (A algo); **she became ~ to heroin** se hizo adicta a la heroína; **the danger of becoming ~ to the drug** el peligro de llegar a depender del fármaco; **he's ~ to video games** es un adicto de los videojuegos; **I've become ~ to chocolate** (colloq) me he enviciado con el chocolate

addiction /əˈdɪkʃən/ *n* [u c] adicción *f*; **heroin ~** adicción a la heroína; **drug ~** drogadicción *f*, toxicomanía *f* (frml), drogodependencia *f*; **this drug can produce ~** este fármaco puede crear dependencia *or* causar adicción; **physical/psychological ~** dependencia *f* física/psíquica

addictive /əˈdɪktɪv/ *adj* ‹*drug*› que crea adicción *or* dependencia *or* hábito, adictivo; **the trouble with soap operas is that they're ~** el problema con las telenovelas es que crean hábito; **if you exercise a lot, it becomes ~** el ejercicio es como una droga, cuanto más haces, más lo necesitas

add-in[1] /ˈædˌɪn/ *adj* (Comput) que se puede añadir

add-in[2] *n* (Comput) añadido *m*

adding machine /ˈædɪŋ/ *n* sumadora *f*, máquina *f* de sumar

Addis Ababa /ˌædɪsˈæbəbə/ *n* Addis-Abeba *m*

addition /əˈdɪʃən/ *n*

A [1] [u] (Math) suma *f*, adición *f* (frml); **to learn ~ and subtraction** aprender a sumar y restar [2] [u] (adding) adición *f*; **she recommends the ~ of brandy** recomienda que se le añada *or* que se le agregue brandy [3] (*in phrases*): **in addition** además; **in addition to** además de; **in ~ to our previous order** además de nuestro pedido anterior

B [c] [1] (extra thing): **these rooms are later ~s** estas habitaciones se construyeron después; **a useful ~ to your toolkit** un práctico complemento para su caja de herramientas; **the latest ~s to our library** las últimas adquisiciones de nuestra biblioteca [2] [c] (extra person): **she is a valuable ~ to our team** su incorporación a nuestro equipo es muy valiosa; **we're expecting an ~ to the family** dentro de poco aumentará la familia

additional /əˈdɪʃnəl || əˈdɪʃənl/ *adj* ‹*cost/weight*› extra, adicional; **it's an ~ reason for not telling her** es razón de más para no decírselo; **service is ~** el servicio no está incluido

additionality /əˌdɪʃəˈnæləti/ *n* (EU) adicionalidad *f*

additionally /əˈdɪʃnəli || əˈdɪʃənli/ *adv* [1] (also) además [2] (even more) ‹*difficult/complicated*› aún más [3] (*as linker*) además

additive /ˈædətɪv || ˈædɪtɪv/ *n* [c u] aditivo *m*

additive-free /ˌædətɪvˈfriː || ˌædɪtɪvˈfriː/ *adj* sin aditivos

addled /ˈædld/ *adj* [1] (confused) confundido, aturullado (fam); **her brain's completely ~** está completamente loca [2] ‹*egg*› podrido

add-on /ˈædɑːn || ˈædɒn/ *n* aditamento *m*, accesorio *m*, complemento *m*

address[1] /ˈædres || əˈdres/ *n*

A [c] [1] (of house, offices) dirección *f*, señas *fpl*; **what's your home ~?** ¿cuál es su dirección particular?; **S home address** domicilio (particular); **change of ~** cambio *m* de domicilio; **they're no longer at this ~** ya no viven aquí; **return ~** remitente *m*, remite *m*; (*before n*): **~ book** libreta *f* de direcciones; **~ label** etiqueta *f* con la dirección [2] (Comput) dirección *f*; **e-mail ~** dirección electrónica

B [c] (speech) discurso *m*, alocución *f* (frml)

C [u] [1] **form of ~** tratamiento *m*; **it's the form of ~ used when speaking to a judge** es el tratamiento que se le da a un juez [2] **addresses** *pl* (attention) (liter) atenciones *fpl*, galanterías *fpl*; **to pay one's ~es to sb** hacerle* la corte a algn

D [u] (adroitness) (frml) habilidad *f*, destreza *f*

address[2] /əˈdres/ *vt*

A (AmE also) /ˈædres/ ponerle* la dirección a; **this letter isn't properly ~ed** esta carta no lleva la dirección indicada correctamente; **the package was ~ed to you** el paquete estaba dirigido a ti *or* venía a tu nombre; **~ it to my London home** mándemela a mi casa de Londres

B [1] (speak to) ‹*person*› dirigirse* a; ‹*assembly*› pronunciar un discurso ante; **are you ~ing me?** ¿se dirige usted a mí?, ¿me está hablando a mí?; **she will ~ Congress** pronunciará un discurso ante el Congreso [2] **to ~ sb AS sth**: **they ~ her as "madam"** la llaman "madam", le dan el tratamiento de "madam" [3] (direct) (frml) ‹*complaint/question/remark*› dirigir*; **to ~ sth TO sb** dirigir* algo A algn

C [1] (deal with, confront) ‹*problem/issue/question*› tratar [2] (face, aim at) ‹*target*› encarar

■ *v refl* [1] (speak to) **to ~ oneself TO sb** dirigirse* A algn [2] (turn one's attention to) (frml) **to ~ oneself TO sth** abocarse* A algo; **they ~ed themselves to the task of ...** se abocaron a la tarea de ...

addressee /ˌædreˈsiː/ *n* destinatario, -ria *m,f*

adduce /əˈduːs || əˈdjuːs/ *vt* (frml) aducir*

Adelaide /ˈædleɪd/ *n* Adelaida

adenoidal /ˌædnˈɔɪdl || ˌædɪˈnɔɪdl/ *adj* ‹*infection/swelling*› adenoideo; ‹*voice*› gangoso

adenoids /ˈædnɔɪdz || ˈædənɔɪdz/ *pl n* vegetaciones *fpl* (adenoideas)

adept[1] /əˈdept/ *adj* experto, hábil; **to be ~ AT sth/-ING** ser* experto EN algo/+ INF

adept[2] /ˈædept/ *n* (frml) experto, -ta *m,f*, maestro, -tra *m,f*

adeptly /əˈdeptli/ *adv* con destreza *or* habilidad

adeptness /əˈdeptnəs || əˈdeptnɪs/ *n* [u] maestría *f*

adequacy /ˈædɪkwəsi/ *n* [1] (of resources, facilities) suficiencia *f* [2] (of person in given capacity) aptitud *f*

adequate /ˈædɪkwət/ *adj* [1] (sufficient) ‹*assistance/funding*› suficiente; **we didn't get ~ notice** no se nos avisó con la suficiente anticipación [2] (good enough) ‹*explanation/excuse*› adecuado, aceptable; **work of an ~ standard** un trabajo de un nivel aceptable; **the room was perfectly ~** la habitación estaba bien *or* no estaba nada mal; **to be ~ to sth/-ING**: **he isn't ~ to the task** no es una persona idónea *or* competente para realizar la tarea; **is she ~ to being left in charge?** ¿se la puede dejar al mando?

adequately /ˈædɪkwətli/ *adv* [1] (sufficiently) suficientemente [2] (well enough) de forma aceptable *or* adecuada

adhere /ædˈhɪr || ədˈhɪə(r)/ *vi* (frml) [1] (stick) **to ~ (TO sth)** adherirse* *or* pegarse* (A algo) [2] **to ~ TO sth** ‹*to principles/cause*› adherirse* A algo; ‹*to regulations*› observar algo, cumplir CON algo

adherence /ædˈhɪrəns || ədˈhɪərəns/ *n* [u] (frml) **~ (TO sth)** ‹*to principles/faith/customs*› adhesión *f* (A algo); ‹*to law/rule*› observancia *f* (DE algo)

adherent /ædˈhɪrənt || ədˈhɪərənt/ *n* (frml) partidario, -ria *m,f*, adepto, -ta *m,f*

adhesion /ædˈhiːʒən || ədˈhiːʒən/ *n* [u] [1] (with glue) (frml) adhesión *f*, adherencia *f* [2] (Phys) adhesión *f*

adhesive[1] /ædˈhiːsɪv || ədˈhiːsɪv/ *adj* ‹*tape/labels*› adhesivo; **~ plaster** (BrE) esparadrapo *m*

adhesive[2] *n* [c u] adhesivo *m*, pegamento *m*

ad hoc[1] /ˈædˈhɑːk || ˈædˈhɒk/ *adj* ‹*arrangement/measure*› ad hoc, a propósito para el caso; **the problems are dealt with on an ~ ~ basis** los problemas se van tratando según van surgiendo; **~ ~ committee** comisión *f or* comité *m* especial *or* ad hoc

ad hoc[2] *adv*: **to tackle things ~ ~** tratar los problemas según van surgiendo

adieu /əˈduː || əˈdjuː/ *n* (*pl* **adieus** *or* **adieux** /-z/) (arch) adiós *m*; (*as interj*) ¡adiós!; **to bid sb ~** despedir* a algn, decirle* adiós a algn

ad infinitum /ˌædɪnfɪˈnaɪtəm/ *adv* indefinidamente, per sécula seculórum

adipose /ˈædəpəʊs || ˈædɪpəʊs/ *adj* adiposo

adjacent /əˈdʒeɪsnt/ *adj* ‹*territories/fields*› adyacente, colindante; ‹*rooms/buildings*› contiguo; ‹*angle*› adyacente; **~ TO sth**: **the room ~ to ours** el cuarto contiguo al nuestro; **in one of the streets ~ to the park** en una de las calles adyacentes al parque

adjectival /ˌædʒɪkˈtaɪvəl/ *adj* adjetival, adjetivo

adjectivally /ˌædʒɪkˈtaɪvəli/ *adv* de forma adjetival

adjective /ˈædʒɪktɪv/ *n* adjetivo *m*; (*before n*) ‹*construction/phrase*› adjetival, adjetivo

adjoin /əˈdʒɔɪn/ *vt* (frml) [1] (be adjacent to) lindar con, colindar con [2] **adjoining** *pres p* ‹*houses*› contiguo, colindante; ‹*fields*› colindante; **the ~ing room** el cuarto de al lado, el cuarto contiguo

adjourn /əˈdʒɜːrn || əˈdʒɜːn/ *vt* ‹*talks/trial*› suspender

■ **adjourn** *vi* [1] (stop): **the meeting ~ed** se levantó la sesión, se pasó a cuarto intermedio (RPl); **the court ~ed for lunch** el tribunal levantó la sesión para ir a comer [2] (go) (frml *or* hum) pasar; **let's ~ to the garden** pasemos al jardín

adjournment /əˈdʒɜːrnmənt || əˈdʒɜːnmənt/ *n* [u c] suspensión *f*; (*before n*): **~ debate** *último debate del día o debate anterior a los recesos de Navidad y Pascua en el Parlamento británico*

adjudge /əˈdʒʌdʒ/ *vt* (frml) declarar; **to be ~d winner** ser* declarado vencedor

adjudicate /əˈdʒuːdɪkeɪt/ *vi* [1] (give judgment) arbitrar [2] (Law) **to ~ ON sth**: **he was asked to ~ on the labor dispute** le pidieron que arbitrara en el conflicto laboral; **which court ~s on constitutional matters?** ¿qué tribunal conoce de asuntos constitucionales?

■ **adjudicate** *vt* (frml) ‹*dispute*› arbitrar; ‹*competition*› juzgar*; ‹*claim*› decidir sobre; **to ~ sb bankrupt** declarar a algn en quiebra

adjudication /əˌdʒuːdɪˈkeɪʃən/ *n* [u c] [1] (Law) laudo *m*, fallo *m*, decisión *f* [2] (appraisal) evaluación *f*

adjudication order *n* declaración judicial *f* de quiebra

adjudicator /əˈdʒuːdɪkeɪtər || əˈdʒuːdɪkeɪtə(r)/ *n* (in industrial dispute) árbitro, -tra *m,f*; (in competition) juez *mf*

a

adjunct /ˈædʒʌŋkt/ *n* 1 ~ **(to/of sth)** (addition) complemento *m* (DE algo); (appendage) apéndice *m* (DE algo) 2 (Ling) adjunto *m* (*complemento circunstancial de lugar, tiempo etc*)

adjure /əˈdʒʊr || əˈdʒʊə(r)/ *vt* (liter) **to ~ sb to + INF** (beg) implorarle a algn QUE + SUBJ; (order) ordenarle a algn QUE + SUBJ

adjust /əˈdʒʌst/ *vt*
A 1 ‹*instrument*› ajustar, poner* a punto; ‹*volume/temperature/speed*› regular; **don't forget to ~ your watches** no se olviden de cambiar la hora de su reloj; ⊗ **do not adjust your set** no ajuste los controles de su televisor; **~ the mirror** ajuste el retrovisor; **~ seasoning to taste** sazonar a gusto; **~ the belt to fit** ajuste el cinturón a su medida 2 (modify) ‹*prices/wages*› ajustar 3 (straighten, correct) arreglar; **he ~ed his tie** se arregló la corbata
B (in insurance): **to ~ a claim** liquidar *or* tasar un siniestro
■ **adjust** *vi* «*seat/strap*» poderse* ajustar; «*person*»: **to ~ (to sth/-ING)** adaptarse *or* amoldarse (A algo/+ INF)
■ *v refl* **to ~ oneself (to sth/-ING)** adaptarse *or* amoldarse (A algo/+ INF)

adjustable /əˈdʒʌstəbəl/ *adj* ‹*focus/temperature/tool*› regulable, graduable; **~ wrench** *o* (BrE also) **spanner** llave *f* inglesa; **fully ~ seats** asientos *mpl* completamente regulables

adjustment /əˈdʒʌstmənt/ *n*
A [c] (alteration — to machine, instrument) ajuste *m*; (— to figures) ajuste *m*, reajuste *m*; (— to clothes) arreglo *m*; (— to plan, system) cambio *m*, modificación *f*; **to make ~s to a machine** hacerle* ajustes a una máquina; **the plan needs some minor ~s** el plan necesita algunos pequeños cambios *or* algunas pequeñas modificaciones, el plan necesita algunos retoques; **we had to make some ~s to our lifestyle** tuvimos que cambiar *or* adaptar un poco
B [u] (act, process) 1 (of machine, instrument) ajuste *m*, puesta *f* a punto; (of speed, height) ajuste *m* 2 (of person) adaptación *f*; **~ TO sth/-ING** adaptación *f* A algo/+ INF; **the period of ~** el período de adaptación
C [u c] (of insurance claim) liquidación *f*, tasación *f*

ad-lib[1] /ˈædˈlɪb/ **-bb-** *vt* improvisar
■ **ad-lib** *vi* improvisar

ad-lib[2] *adj* (*pred* **ad lib**) improvisado

ad lib[1] *n* improvisación *f*

ad lib[2] *adv* improvisando; **they played ~ ~** tocaron improvisando

Adm (title) = **Admiral**

adman /ˈædmæn/ *n* (*pl* **-men** /-men/) (colloq) publicista *m*

admin /ˈædmɪn/ *n* (BrE colloq) 1 [u] (activity) papeleo *m* (fam), administración *f*; (*before n*): **~ assistant** auxiliar administrativo, -va *m,f* 2 (department) (*no art*) administración *f*

administer /ədˈmɪnəstər || ədˈmɪnɪstə(r)/ *vt*
A (manage) ‹*business/estate/fund*› administrar
B (frml) ‹*punishment/drug/sacrament*› **to ~ sth (to sb)** administrar(le) algo (A algn) (frml); **she ~ed the oath to the witness** juramentó *or* le tomó juramento al testigo; **he ~ed a stern rebuke to them** les administró una severa reprimenda, los reprendió con severidad

administrate /ədˈmɪnəstreɪt || ədˈmɪnɪstreɪt/ *vi* (Busn, Govt) administrar, dirigir*
■ **administrate** *vt* ▸**administer A**

administration /ədˌmɪnəˈstreɪʃən || ədˌmɪnɪˈstreɪʃən/ *n*
A [u] (managing) 1 (of institution, business) administración *f*, dirección *f*; (of country) gobierno *m*, administración *f* 2 (of estate, fund) administración *f*
B [c] 1 (managing body) administración *f*; **he complained to (the) ~** se quejó a la administración 2 (Pol) gobierno *m*, administración *f*; (*before n*) ‹*official/spokesman*› gubernamental, del gobierno, de la administración
C [u] (of justice, medicine, sacrament) administración *f*; (of aid, relief) suministro *m*; **the ~ of the oath** la toma del juramento
D (in insolvency law) intervención *f*; **Acmeco is in ~** Acmeco ha sido intervenida

administrative /ədˈmɪnəstreɪtɪv || ədˈmɪnɪstrətɪv/ *adj* ‹*post/duties*› administrativo; ‹*costs*› de administración, administrativo; **~ assistant** auxiliar administrativo, -va *m,f*; **~ staff** personal *m* de administración

administrative court *n* tribunal *m* administrativo

administrative law *n* derecho *m* administrativo

administratively /ədˈmɪnəstreɪtɪvli || ədˈmɪnɪstrətɪvli/ *adv* (*indep*) desde el punto de vista administrativo

administrator /ədˈmɪnəstreɪtər || ədˈmɪnɪstreɪtə(r)/ *n* 1 (of country, institution, business) administrador, -dora *m,f* 2 (of deceased's estate) administrador, -dora *m,f* de la sucesión 3 (in insolvency law) administrador -dora *m,f*, interventor -tora *m,f*

admirable /ˈædmərəbəl/ *adj* ‹*honesty/work*› digno de admiración, admirable; ‹*plan/design*› excelente

admirably /ˈædmərəbli/ *adv* ‹*perform/behave*› admirablemente, de forma admirable; **he's ~ frank** su franqueza es admirable *or* digna de admiración; **it suits us ~** nos viene perfectamente

admiral /ˈædmərəl/ *n* 1 almirante *mf* 2 (butterfly) pavón *m*

Admiralty /ˈædmərəlti/ *n* (in UK): **the ~ (Board)** el Almirantazgo, el ministerio de marina del Reino Unido

admiration /ˌædməˈreɪʃən/ *n* [u] 1 (appreciation) admiración *f*; **I'm filled with ~ for them/their music** siento (una) gran admiración por ellos/su música; **my ~ for him knows no bounds** mi admiración por él no tiene límites; **that's superb, he exclaimed in ~** —¡excelente! —exclamó lleno de admiración 2 (person, thing admired): **to be the ~ of sb** ser* la admiración de algn

admire /ədˈmaɪr || ədˈmaɪə(r)/ *vt* 1 (respect) ‹*courage/skill/work*› admirar 2 (take pleasure in) ‹*scenery*› admirar; **I was just admiring your tablecloth** me estaba fijando en lo bonito que es el mantel; **my dress was much ~d** mi vestido tuvo mucho éxito

admirer /ədˈmaɪrər || ədˈmaɪərə(r)/ *n* 1 (of sb, sth admirable) admirador, -dora *m,f* 2 (suitor) admirador, -dora *m,f*

admiring /ədˈmaɪrɪŋ || ədˈmaɪərɪŋ/ *adj* (*before n*) ‹*look/tone*› de admiración, admirativo; **he has many ~ students** tiene muchos alumnos que lo admiran; **she's always surrounded by ~ males** siempre está rodeada de admiradores

admiringly /ədˈmaɪrɪŋli || ədˈmaɪərɪŋli/ *adv* con admiración

admissibility /ədˌmɪsəˈbɪləti/ *n* [u] 1 (Law) (of evidence) admisibilidad *f* 2 (of conduct, language) (frml) lo admisible *or* aceptable

admissible /ədˈmɪsəbəl/ *adj* 1 (Law) ‹*evidence*› admisible 2 (frml) ‹*conduct/language*› aceptable, admisible

admission /ədˈmɪʃən/ *n*
A 1 [u] (to building, theater, exhibition) entrada *f*, admisión *f*; ⊗ **the management reserves the right to refuse admission** reservado el derecho de admisión 2 [u] (price) (precio *m* de) entrada *f*; **~ free/$5** entrada gratuita/5 dólares; **they don't charge ~ to the museum** no cobran la entrada al museo 3 [u] (into college, society) ingreso *m*, admisión *f* 4 [c] (into hospital) ingreso *m*, internación *f* (CS)
B [c u] (confession) admisión *f*, reconocimiento *m*; **he was, on** *o* **by his own ~, a poor father** él mismo admitía *or* reconocía que no era un buen padre

admission fee *n* derechos *mpl* de admisión

admission tutor *n: encargado de las admisiones en una institución académica esp de una universidad*

admit /ədˈmɪt/ **-tt-** *vt*
A 1 (allow entry) dejar entrar, admitir (frml); **eventually, we were ~ted into the museum** finalmente nos dejaron *or* nos permitieron entrar en el museo; **children are not ~ted** no se admiten niños (frml); ⊗ **admit one** entrada individual 2 ‹*patient*› ingresar, internar (CS, Méx); **she was ~ted this morning** la ingresaron *or* (CS, Méx tb) la internaron esta mañana 3 ‹*light/air*› permitir *or* dejar entrar
B 1 (confess) ‹*crime/mistake/failure*› admitir, reconocer*; **she's not happy, but she won't ~ it** no es feliz pero no quiere reconocerlo *or* admitirlo; **to ~ sth TO sb** confesarle* algo A algn; **to ~ THAT/-ING: I must ~ that I hadn't thought of that** tengo que admitir *or* reconocer que no lo había pensado; **he ~ted having lied** reconoció *or* admitió que había mentido 2 (acknowledge) ‹*truth/validity*› reconocer* 3 ▸**admit of**

Phrasal verbs
• **admit of** [v + prep + o] (permit) (frml) ‹*interpretation/explanation*› admitir; **it ~s of one interpretation only** sólo admite una interpretación, sólo cabe una interpretación
• **admit to** [v + prep + o] (confess) ‹*error*› admitir, reconocer*; ‹*robbery/attack*› declararse culpable de; **I must ~ to a weakness for chocolates** debo admitir *or* reconocer que tengo debilidad por los bombones; **to ~ to -ING: she won't ~ to loving him** no quiere admitir *or* reconocer que lo quiere

admittance /ədˈmɪtns/ *n* [u] (frml) **~ (TO sth)** acceso *m or* entrada *f* (A algo); **I managed to gain ~ to the meeting** logré que me permitieran entrar a la reunión; ⊗ **no admittance** prohibida la entrada

admittedly /ədˈmɪtədli || ədˈmɪtɪdli/ *adv* (*indep*): **it wasn't an easy task, ~, but ...** hay que reconocer *or* admitir que no era una tarea fácil pero ...

admix /ˈædmɪks/ *n*
A (mixture) mezcla *f*
B (addition) adición *f*

admixture /ædˈmɪkstʃər || ædˈmɪkstʃə(r)/ *n* (frml) adición *f*

admonish /ædˈmɑːnɪʃ || ədˈmɒnɪʃ/ *vt* (frml) **to ~ sb (FOR sth/-ING)** amonestar *or* reprender a algn (POR algo/+ INF)

admonishment /ædˈmɑːnɪʃmənt || ədˈmɒnɪʃmənt/, **admonition** /ˌædməˈnɪʃən/ *n* (frml) 1 (scolding) amonestación *f*, admonición *f* (frml) 2 (warning) advertencia *f*

admonitory /ædˈmɑːnətɔːri || ædˈmɒnɪtri/ *adj* (frml) reprobatorio, admonitorio (frml)

ad nauseam /ˌædˈnɔːziəm || ˌædˈnɔːziæm/ *adv* hasta la saciedad

ado /əˈduː/ *n* [u]: **without further** *o* **more ~** sin más (preámbulos); **much ~ about nothing** mucho ruido y pocas nueces

adobe /əˈdəʊbi/ *n* [u] adobe *m*

adolescence /ˌædəˈlesns/ *n* [u] adolescencia *f*

adolescent[1] /ˌædəˈlesnt/ *n* adolescente *mf*

adolescent[2] *adj* 1 ‹*boy/girl/crush*› adolescente; ‹*years*› de adolescencia 2 (immature) de adolescente, infantil

Adonis /əˈdɑːnəs || əˈdəʊnɪs/ *n* Adonis; **he's no ~** no es un *or* ningún Adonis

adopt /əˈdɑːpt || əˈdɒpt/ *vt* 1 (Law) ‹*child*› adoptar 2 (begin to use) ‹*idea/strategy/custom/title*› adoptar; **she ~ed a stern tone** adoptó un tono severo 3 (accept formally) ‹*recommendation*› aprobar* 4 (BrE) (Pol) (as candidate) elegir*

adopted /əˈdɑːptəd || əˈdɒptɪd/ *adj* ‹*son/country*› adoptivo; **she's ~** es adoptada; **~ children** los niños adoptados

adoption /əˈdɑːpʃən || əˈdɒpʃən/ *n* 1 [u c] (of child) adopción *f*; **the number of ~s has risen** el número de adopciones ha aumentado; **I'm a Londoner by ~** Londres es mi ciudad adoptiva; (*before n*): **~ certificate** certificado *m* de adopción 2 [u] (of idea, approach, custom, title) adopción *f* 3 [u] (of report, motion) aprobación *f* 4 [u] (of candidate) (BrE) (Pol) elección *f*

adoption agency *n* agencia *f* de adopción

adoptive /əˈdɑːptɪv || əˈdɒptɪv/ *adj* (*before n*) adoptivo

adorable /əˈdɔːrəbəl/ *adj* ‹*house/hat*› divino, monísimo (fam); ‹*child/face*› adorable

adorably /ə'dɔːrəbli/ *adv* ‹*smile/behave*› de manera adorable; **he's so ~ cute** es un verdadero encanto

adoration /ˌædə'reɪʃən/ *n* [u] [1] (love) adoración *f*; **he gazed at her in ~** la miraba con adoración [2] (worship) adoración *f*; **the A~ of the Magi** la Adoración de los Reyes Magos

adore /ə'dɔːr || ə'dɔː(r)/ *vt* [1] (like, enjoy): **I ~ figs** me encantan *or* me enloquecen los higos; **he ~s being flattered** le encanta que lo adulen; **I ~d her last film** su última película me pareció sensacional *or* me encantó [2] (love) ‹*wife/son*› adorar; **they ~ each other** se adoran [3] **adoring** *pres p* ‹*gaze*› lleno de adoración; ‹*parents*› amantísimo [4] (worship) ‹*God/deity*› adorar

adoringly /ə'dɔːrɪŋli/ *adv* con adoración

adorn /ə'dɔːrn || ə'dɔːn/ *vt* (frml *or* liter) ‹*dress/room/street*› adornar, ornar (liter); ‹*prose/story*› adornar, embellecer*; **to ~ oneself with sth** engalanarse con algo

adornment /ə'dɔːrnmənt || ə'dɔːnmənt/ *n* [1] [u] (act) adorno *m*, embellecimiento *m*; **by way of ~** como adorno; **without ~** sin adornos *or* embellecimientos [2] [c] (thing which adorns) adorno *m*

ADP *n* [u]
[A] (= **adenosine diphosphate**) ADP *m*
[B] (= **automatic data processing**) PAD *m*

adrenal /ə'driːnl/ *adj* suprarrenal; **~ gland** glándula *f* suprarrenal

adrenaline /ə'drenlən || ə'drenəlɪn/ *n* [u] adrenalina *f*; **my ~ began to rise** me empezó a subir la adrenalina

adrenaline rush *n* (colloq) subidón *m* (Esp fam)

adrenalized /ə'drenlaɪzd || ə'drenəlaɪzd/ *adj* (colloq) cargado de adrenalina (fam), adrenalinizado; **to be ~** estar* cargado de adrenalina (fam)

Adriatic /ˌeɪdri'ætɪk/ *n*: **the ~ (Sea)** el (mar) Adriático; (*before n*): **the ~ coast** la costa adriática

adrift /ə'drɪft/ *adj* (*pred*) [1] (Naut) a la deriva; **someone set the yacht ~ from its moorings** alguien soltó las amarras del yate; **they were set ~ on a raft** los dejaron a la deriva en una balsa; ***to come*** *o* ***go ~*** «*plans*» fallar, salir* mal [2] (aimless, lost) perdido, desorientado

adroit /ə'drɔɪt/ *adj* [1] (mentally) ‹*answer/move/speaker*› hábil; **to be ~ AT -ING** ser* hábil PARA + INF [2] (physically) ‹*fingers/movement*› ágil; ‹*player*› diestro

adroitly /ə'drɔɪtli/ *adv* [1] ‹*question*› hábilmente, con habilidad; ‹*react*› con desenvoltura [2] ‹*move*› con agilidad, ágilmente

adroitness /ə'drɔɪtnəs || ə'drɔɪtnɪs/ *n* [u] [1] (mental) habilidad *f* [2] (physical) agilidad *f*

ADSL *n* (Comput) (= **asymmetric digital subscriber line**) ADSL *f*; (*before n*) ‹*filter*› de ADSL; ‹*technology/modem/connection*› ADSL

adsorb /æd'sɔːrb || əd'sɔːb/ *vi* adsorberse
■ **adsorb** *vt* adsorber

adsorption /æd'sɔːrpʃən || əd'sɔːpʃən/ *n* [u] adsorción *f*

adspeak /'ædspiːk/ *n* [u] (colloq) jerga *f* publicitaria, lenguaje *m* publicitario

adulation /ˌædʒə'leɪʃən || ˌædjʊ'leɪʃən/ *n* [u] adulación *f*

adulatory /'ædʒələtɔːri || ˌædjʊ'leɪtəri/ *adj* (frml) adulador; **an ~ remark** un halago, una lisonja

adult¹ /ə'dʌlt 'ædʌlt/ *n* adulto, -ta *m,f*; Ⓢ **adults only** sólo para adultos

adult² *adj* [1] (physically mature) adulto; **I've lived here all my ~ life** toda mi vida de adulto la he pasado aquí [2] (mature) ‹*behavior/approach*› maduro, adulto [3] (suitable for adults): **the book may be too ~ for a 12-year old** el libro puede no ser apropiado para un niño de 12 años [4] (sexually explicit) (euph) para mayores *or* adultos (euf)

adult education *n* [u] educación *f* para adultos; (*before n*) ‹*class*› para adultos

adulterate /ə'dʌltəreɪt/ *vt* adulterar

adulteration /əˌdʌltə'reɪʃən/ *n* [u] adulteración *f*

adulterer /ə'dʌltərər || ə'dʌltərə(r)/ *n* adúltero, -ra *m,f*

adulteress /ə'dʌltərəs || ə'dʌltərɪs/ *n* adúltera *f*

adulterous /ə'dʌltərəs/ *adj* adúltero

adultery /ə'dʌltəri/ *n* [u c] (*pl* **-ries**) adulterio *m*; **to commit ~** cometer adulterio

adulthood /ə'dʌlthʊd || 'ædʌlthʊd/ *n* [u] edad *f* adulta, adultez *f*

adumbrate /'ædəmbreɪt || 'ædʌmbreɪt/ *vt* [1] (outline) (frml) esbozar* [2] (foreshadow) (liter) anunciar, presagiar

ad valorem /ˌædvə'lɔːrəm/ *adj* ad valórem

advance¹ /əd'væns || əd'vɑːns/ *vi*
[A] [1] (move forward) «*person/vehicle/troops*» avanzar*; **to ~ ON sb** avanzar* HACIA algn; **old age is fast advancing on me** los años se me están echando encima rápidamente; **to ~ on a city** (Mil) avanzar* sobre una ciudad [2] **advancing** *pres p* **a man of advancing years** un hombre entrado en años *or* de edad avanzada
[B] [1] (make progress) «*science/project/society*» avanzar*, progresar [2] (be promoted) «*worker/soldier*» ascender*
■ **advance** *vt*
[A] (move forward) ‹*troops/tanks*› avanzar*, adelantar
[B] [1] (further) ‹*knowledge/awareness*› fomentar, potenciar; ‹*interests/cause*› promover* [2] (promote) (frml) ‹*employee*› ascender* [3] (suggest) ‹*idea/argument*› presentar, proponer*; ‹*proposal*› presentar; ‹*opinion*› dar*; **the solutions ~d by socialists** las soluciones que proponen los socialistas
[C] [1] (bring forward in time) ‹*date/meeting/clock*› adelantar [2] ‹*money/wages*› anticipar, adelantar; **to ~ sb sth** anticiparle *or* adelantarle algo a algn

advance² *n*
[A] [c u] (forward movement — of person, army, vehicle) avance *m*; (— of time) paso *m*; **with the ~ of old age** con el paso de los años, a medida que envejece (*or* envejecía *etc*)
[B] [c u] (of civilization, science, knowledge) avance *m*, progreso *m*, adelanto *m*; **a great ~ in technology** un gran avance tecnológico; **a huge ~ on previous techniques** un gran avance con respecto a las técnicas anteriores; **any ~ on (that offer of) $100?** ¿alguien da *or* ofrece más de 100 dólares?
[C] **advances** *pl* (overtures) insinuaciones *fpl*; **to make ~s to sb** hacerle* insinuaciones a algn, insinuársele* a algn
[D] [c] [1] (early payment) anticipo *m*, adelanto *m*; **~ ON sth**: **they gave me an ~ of £100 on my salary** me adelantaron 100 libras del sueldo, me dieron un adelanto *or* anticipo de 100 libras a cuenta del sueldo [2] (loan) préstamo *m*
[E] (*in phrases*): **in advance**: **to pay in ~** pagar* por adelantado *or* por anticipado; **tickets are $10 in ~** las entradas cuestan 10 dólares si se compran por adelantado; **it was planned well in ~** se planeó con mucha antelación *or* anticipación; **I made my appointment one month in ~** concerté mi cita con un mes de antelación; **thanking you in ~** agradeciéndole de antemano su atención; **I sent my books in ~** mandé antes los libros; **in advance of**: **I arrived well in ~ of my friends** llegué mucho antes que mis amigos; **they were one mile in ~ of the enemy** estaban una milla por delante del enemigo; **a woman in ~ of her time** una mujer de ideas muy avanzadas para su época, una mujer que se adelantó a su época

advance³ *adj* (*before n*) [1] (ahead of time): **the ~ publicity for a product** la promoción previa al lanzamiento de un producto; **~ booking is essential** es imprescindible hacer la reserva por anticipado *or* con anticipación; Ⓢ **advance booking office** venta anticipada de localidades; **~ copy** (Publ) ejemplar *m* de anticipo; **~ notice** (Law) preaviso *m*, aviso *m* previo; **they arrived without any ~ warning** *o* **notice** llegaron de improviso *or* sin previo aviso; **~ payment** pago *m* anticipado *or* (por) adelantado [2] (ahead in space): **~ guard** avanzada *f*; **an ~ party of troops/explorers** una avanzada *or* avanzadilla de tropas/exploradores; **~ man** (AmE) (Pol) relaciones *m* públicas; **~ man** *o* **agent** (AmE) (Theat) agente *m*

advanced /əd'vænst || əd'vɑːnst/ *adj* [1] (in complexity) ‹*civilization/technology*› avanzado; ‹*studies/course*› avanzado, superior; ‹*student*› avanzado, adelantado [2] (progressive) ‹*views/ideas*› avanzado [3] (in time) ‹*age/stage*› avanzado; **to be ~ in years** ser* entrado en años, ser* de *or* tener* (una) edad avanzada; **the project isn't very far ~** el proyecto no está muy adelantado

advanced gas-cooled reactor *n* reactor *m* avanzado refrigerado por gas

Advanced level *n* (frml) ▸ **A level**

advanced mathematics *n* (+ *sing vb*) matemáticas *fpl* superiores, matemáticas *fpl* avanzadas

Advanced Supplementary level *n* (BrE) ▸ **AS level**

advance man *n* (*pl* **~ men**) (AmE); *encargado de los preparativos y de inspeccionar el lugar para la visita de un personaje importante*

advancement /əd'vænsmənt || əd'vɑːnsmənt/ *n* [u] [1] (furtherance) fomento *m*; **the ~ of learning** el fomento de la cultura; **the group works for the ~ of minorities** el grupo trabaja para mejorar la posición de las minorías [2] (in rank) (frml) ascenso *m*

advantage¹ /əd'væntɪdʒ || əd'vɑːntɪdʒ/ *n* [1] [c] (superior factor) ventaja *f*; **she had the ~ of knowing the language** tenía la ventaja de saber el idioma; **to have an ~ over sb** tener* ventaja sobre algn; **her experience gives her an ~ over me** su experiencia la coloca en una situación de ventaja con respecto a mí; Ⓢ **knowledge of German an advantage** se valorarán conocimientos de alemán [2] [u] (gain): **it would be to our ~ to wait a while** nos convendría esperar un poco; **he may find the new situation more to his ~** puede ser que la nueva situación le resulte más ventajosa; **to turn sth to (one's) ~** sacar* provecho *or* partido de algo; **this vase shows off the roses to their best ~** las rosas lucen al máximo en este florero; **to take ~ of sth** aprovechar algo; (pej) aprovecharse de algo; **she took full ~ of the opportunity** aprovechó al máximo la oportunidad; **he took ~ of their innocence** se aprovechó de su inocencia; **to take ~ of sb** (exploit) aprovecharse de algn; (seduce) (euph & dated) aprovecharse *or* abusar de algn (euf & ant) [3] (in tennis) (*no pl*) ventaja *f*; **~ Williams** ventaja Williams

advantage² *vt* favorecer*

advantaged /əd'væntɪdʒd || əd'vɑːntɪdʒd/ *adj* privilegiado

advantageous /ˌædvæn'teɪdʒəs || ˌædvən'teɪdʒəs/ *adj* ‹*arrangement*› ventajoso, favorable; ‹*position/situation*› de ventaja, ventajoso; **to be ~ TO sb** ser* ventajoso *or* favorable PARA algn

advantageously /ˌædvæn'teɪdʒəsli || ˌædvən'teɪdʒəsli/ *adv*: **to be ~ situated** «*person*» estar* en posición de ventaja; «*building*» estar* muy bien situado *or* (AmL tb) ubicado; **he came out of it quite ~ in the end** al final salió beneficiado

advent /'ædvent/ *n* [1] llegada *f*, advenimiento *m* (frml) [2] *also* **Advent** (Relig) Adviento *m*; (*before n*): **A~ calendar** calendario *m* de Adviento

adventitious /ˌædven'tɪʃəs/ *adj* ‹*arrival/presence/discovery*› (frml) adventicio (frml); ‹*root/bud*› adventicio

adventure /əd'ventʃər || əd'ventʃə(r)/ *n* [1] [c] (exciting experience) aventura *f*; **to have an ~** tener* una aventura; (*before n*) ‹*story/film*› de aventuras [2] [u] (excitement) aventura *f*; **the spirit of ~** el espíritu aventurero *or* de aventura; **a life of ~** una vida (llena) de aventuras; (*before n*): **~ playground** (BrE) parque *m* infantil; **~ vacation** (for children) *vacaciones con variedad de actividades deportivas* (for adults) viaje *m* aventura

a

ℹ Adverbs

Many English adverbs end in the suffix *-ly*; in Spanish, this corresponds very broadly to the suffix *-mente*, which is added to the feminine form of the adjective to form an adverb:

absolutely = absolutamente
deeply = profundamente
drastically = drásticamente
happily = alegremente

Where two or more adverbs ending in *-mente* appear in series, *-mente* appears only at the end of the final adverb:

quickly, economically, and efficiently done
= rápida, económica y eficazmente hecho

they can't claim anything, either legally or logically
= no pueden reclamar nada ni judicial ni lógicamente

Many English adverbs are translated by an adverbial phrase in Spanish, usually consisting of *preposition + noun* or *adjective*:

delicately = con delicadeza
generally = por lo general
luckily = por suerte
seriously = en serio

Some adverbs in English, which have the meaning *from the perspective of*, modify a whole sentence:

ecologically, this is a disaster
= desde el punto de vista ecológico *or* ecológicamente hablando esto es un desastre

admittedly it wasn't easy
= hay que admitir que no fue fácil *or* la verdad es que no fue fácil

These are marked in the text by the label *(indep)*

An English adverb expressing emotion is often translated by an adjective in Spanish. In this case, the adjective agrees with the subject:

no!, he shouted angrily
= – ¡no! – gritó enojado

she looked at him enviously
= lo miró envidiosa

they live happily
= viven felices

adventure holiday *n* vacaciones *fpl* de aventura

adventure park *n* parque *m* de aventuras

adventurer /əd'ventʃərər || əd'ventʃərə(r)/ *n* 1 (lover of adventure) aventurero, -ra *m,f* 2 (opportunist) aventurero, -ra *m,f*, vividor, -dora *m,f*

adventuress /əd'ventʃərəs || əd'ventʃərɪs/ *n* 1 (lover of adventure) aventurera *f* 2 (opportunist) aventurera *f*, vividora *f*

adventurism /əd'ventʃərɪzəm/ *n* [u] aventurismo *m*, aventurerismo *m* (AmL)

adventurist /əd'ventʃərəst || əd'ventʃərɪst/ *adj* aventurista, aventurerista (AmL)

adventurous /əd'ventʃərəs/ *adj* 1 ‹*film/design*› atrevido, audaz; ‹*architect/composer*› audaz, innovador; ‹*menu*› diferente, innovador; **he's not very ~ with food** no le gusta experimentar con *or* probar platos nuevos; **be ~ and try the local cuisine** aventúrese y pruebe los platos típicos del lugar 2 ‹*traveler*› intrépido; ‹*trip*› lleno de aventuras; ‹*spirit/person*› aventurero 3 (risky) arriesgado, aventurado

adventurously /əd'ventʃərəsli/ *adv* con espíritu aventurero

adventurousness /əd'ventʃərəsnəs || əd'ventʃərəsnɪs/ *n* [u] 1 (of decor, idea, artist) audacia *f*, lo atrevido; **a sculptor who has lost her ~** una escultora que ha perdido su audacia *or* su espíritu innovador 2 (of explorer, traveler) intrepidez *f*

adverb /'ædvɜːrb || 'ædvɜːb/ ▸ℹ **p.884** *n* adverbio *m*

adverbial /æd'vɜːrbiəl || əd'vɜːbiəl/ *adj* adverbial

adverbially /æd'vɜːrbiəli || əd'vɜːbiəli/ *adv* adverbialmente, como adverbio

adversarial /ˌædvər'seriəl || ˌædvə'seəriəl/ *adj* 1 (frml) ‹*approach/politics*› de confrontación 2 (Law) ‹*system*› acusatorio; **~ procedure** procedimiento *m* contradictorio

adversary /'ædvərseri || 'ædvəsəri/ *n* (*pl* **-ries**) (frml) adversario, -ria *m,f*

adverse /'ædvɜːrs, æd'vɜːrs || 'ædvɜːs/ *adj* ‹*ruling/criticism/consequences*› adverso, desfavorable; ‹*wind*› en contra, adverso; ‹*effect/result*› adverso, negativo; **~ weather conditions** condiciones *fpl* climatológicas adversas; **the agreement is ~ to our interests** (frml) el acuerdo es contrario a nuestros intereses *or* nos es adverso

adversely /'ædvɜːrsli, æd'vɜːrsli || 'ædvɜːsli/ *adv* adversamente, negativamente, desfavorablemente

adversity /æd'vɜːrsəti || əd'vɜːsəti/ *n* [u c] (*pl* **-ties**) adversidad *f*; **in ~** en la adversidad

advert¹ /'ædvɜːrt || 'ædvɜːt/ *n* (BrE colloq) ▸**advertisement A**

advert² /æd'vɜːrt || əd'vɜːt/ *vi* (frml) **to ~ TO sth** hacer* alusión *or* referencia A algo, aludir A algo

advertise /'ædvərtaɪz || 'ædvətaɪz/ *vt*
A ‹*product*› anunciar, hacerle* publicidad *or* propaganda a, hacerle* réclame (AmL) *or* (RPl) reclame a; **I saw it ~d on TV/in a magazine** lo vi anunciado en la tele/en una revista; **I ~d my piano** puse un anuncio *or* (AmL tb) aviso para vender el piano; **the job was ~d in yesterday's paper** el trabajo salió anunciado *or* el anuncio del trabajo apareció en el diario de ayer
B ‹*intentions*› anunciar, revelar; **there's no need to ~ your stupidity** no hace falta que vayas pregonando por ahí lo tonto que eres
■ **advertise** *vi* hacer* publicidad *or* propaganda; **to ~ FOR sb/sth**: **they're advertising for nurses/antiques** han puesto un anuncio *or* (AmL tb) aviso solicitando enfermeras/para comprar antigüedades

advertisement /ˌædvər'taɪzmənt || əd'vɜːtɪzmənt/ *n*
A [c] (Marketing) (on radio, television) anuncio *m*, spot *m* (publicitario), aviso *m* (AmL), réclame *m or f* (AmL), reclame *m* (RPl); (in newspaper) anuncio *m*, aviso *m* (AmL); **a shampoo ~, an ~ for shampoo** un anuncio (*or* spot *etc*) de champú; **while the ~s are on** mientras pasan los anuncios *or* la publicidad; **we put in an ~ for our car** pusimos un anuncio para vender el coche; **an ~ for two secretaries/teaching posts** un anuncio solicitando dos secretarias/ofreciendo dos puestos de profesor; **she's a good ~ for vegetarianism** su salud dice mucho en favor del vegetarianismo
B [u] (proclaiming) anuncio *m*, divulgación *f*

advertiser /'ædvərtaɪzər || 'ædvətaɪzə(r)/ *n* anunciante *mf*

advertising /'ædvərtaɪzɪŋ || 'ædvətaɪzɪŋ/ *n* [u] 1 (business) publicidad *f*; **to be/work in ~** trabajar en publicidad; (*before n*): **~ agency** agencia *f* de publicidad 2 (publicity) publicidad *f*; (*before n*) ‹*campaign/slot/space*› publicitario; **~ rates** tarifa *f* de anuncios 3 (advertisements) propaganda *f*, publicidad *f*

advertising medium *n* medio *m* publicitario

advice /əd'vaɪs/ *n* 1 [u] (counsel) consejos *mpl*; (professional) asesoramiento *m*; **a piece of ~** un consejo; **he gave me some good ~** me dio buenos consejos, me aconsejó bien; **I'd like your ~** quisiera que me aconsejaras; **~ ON** *o* **ABOUT sth**: **I'd like some ~ on these contracts** quisiera que se me aconsejara *or* se me asesorara sobre estos contratos; **to give sb ~** aconsejar a algn; **I asked him for his/some ~** le pedí que me aconsejara; **to seek sb's ~, to seek ~ from sb** consultar a algn; **he should seek medical ~** debería consultar a un médico; **I sought the ~ of a lawyer** me hice asesorar por un abogado, consulté a un abogado; **to take** *o* **follow sb's ~** seguir* los consejos de algn, hacerle* caso a algn; **take my ~** hazme caso; **to take ~ from sb** consultar a algn; **they should take legal ~** deberían asesorarse con *or* consultar a un abogado; (*before n*): **~ column** consultorio *m* sentimental 2 [u c] (notification) aviso *m*, notificación *f*; (*before n*): **~ note** albarán *m* de embarque

advice center, (BrE) **advice centre** *n*: *centro donde se aconseja gratuitamente sobre problemas sociales*

advice slip *n* aviso *m*

advisability /ədˌvaɪzə'bɪləti/ *n* [u] conveniencia *f*; **I doubt the ~ of this investment** dudo que esta inversión sea aconsejable *or* prudente

advisable /əd'vaɪzəbəl/ *adj* ‹*precaution/course of action*› aconsejable, conveniente; **it is ~ to book a seat** es aconsejable *or* se aconseja reservar un asiento; **it wouldn't be ~ to approach him now** no sería prudente proponérselo ahora

advise /əd'vaɪz/ *vt*
A 1 (recommend) ‹*caution/postponement*› aconsejar, recomendar*; **he ~d starting at once** aconsejó que se empezara inmediatamente; **to ~ sb to + INF** aconsejar(le) A algn QUE + SUBJ; **we were ~d to leave/not to swim** nos aconsejaron que nos fuéramos/que no nos bañáramos; **you would be well ~d to see a lawyer** sería aconsejable que se asesorara con un abogado, haría bien en asesorarse con un abogado; **to ~ sb AGAINST sth/-ING**: **they ~d him against marrying so young** le aconsejaron que no se casara tan joven; **the committee ~d them against it** el comité se lo desaconsejó 2 (give advice to) aconsejar; (professionally) asesorar; **he ~s us on technical matters** él nos asesora en los aspectos técnicos; **to ~ (sb) WHEN/WHAT/HOW** *etc*: **she ~s me when and where to buy property** me asesora *or* me aconseja sobre cuándo y dónde comprar propiedad inmobiliaria
B (inform) (frml) informar; (in writing) notificar* (frml); **they will ~ him whether or not he is eligible** le notificarán si reúne o no los requisitos; **to ~ sb OF sth**: **have you been ~d of your rights?** ¿le han informado de sus derechos?; **please ~ us of the dispatch of the order** les rogamos nos hagan saber *or* nos notifiquen cuando el pedido haya sido despachado; **to ~ sb THAT** informarle A algn DE QUE, notificarle* A algn QUE
■ **advise** *vi* aconsejar; (professionally) asesorar; **to ~ AGAINST sth/-ING** desaconsejar algo/+ INF

advisedly /əd'vaɪzədli || əd'vaɪzɪdli/ *adv* (frml) ‹*act/say*› con conocimiento de causa; **I use the term ~** utilizo el término intencionadamente

advisement /əd'vaɪzmənt/ *n* [u] (AmE): **to take sth under ~** considerar algo

adviser, advisor /əd'vaɪzər || əd'vaɪzə(r)/ *n* consejero, -ra *m,f*; (professional) asesor, -sora *m,f*; **spiritual ~** consejero espiritual; **financial ~** asesor financiero, asesora financiera *m,f*; **~ TO sb** consejero *or* asesor DE algn

advisory /əd'vaɪzəri/ *adj* ‹*body/board/service*› consultivo; **in an ~ capacity** en calidad de asesor

advisory committee *n* comisión *f* asesora, comité *m* asesor

advocacy /'ædvəkəsi/ *n* [u] (frml) ~ **(OF sth/sb)** defensa *f* or (frml) propugnación *f* (DE algo/ algn)

advocate[1] /'ædvəkət/ *n* 1 (supporter, defender) ~ **(OF sth)** defensor, -sora *m,f* (DE algo) 2 (in Scot) (Law) abogado defensor, abogada defensora *m,f*

advocate[2] /'ædvəkeɪt/ *vt* ‹*idea/course of action*› recomendar*, abogar* por, propugnar (frml); **to ~ -ING** recomendar* + INF

advocate general *n* (EU) abogado, -da *m,f* general

advt = **advertisement**

adware /'ædwer || 'ædweə(r)/ *n* [u] (Comput) adware *m*; **a PC infected by ~** un CP (AmL) *or* (Esp) un OP infectado por adware

adz, (BrE) **adze** /ædz/ *n* azuela *f*

AEA *n* (in UK) = **Atomic Energy Authority**

Aegean /ɪ'dʒiːən/ *n*: **the ~ (Sea)** el (mar) Egeo; (*before n*): **the ~ Islands** las islas del Egeo

aegis, (AmE also) **egis** /'iːdʒəs || 'iːdʒɪs/ *n*: **under the ~ of sth/sb** (frml) bajo los auspicios de algo/algn (frml)

aegrotat /'iːgrətæt || 'iːgrəʊtæt/ *n* (BrE); *calificación que se concede al estudiante que por enfermedad no pudo presentarse a los exámenes*

Aeneas /ɪ'niːəs/ *n* Eneas

Aeneid /ɪ'niːəd || ɪ'niːɪd/ *n*: **the ~** la Eneida

aeon, (AmE also) **eon** /'iːən, 'iːɑːn || 'iːən/ *n* siglo *m*; **for ~s** desde hace siglos

aerate /'ereɪt || 'eəreɪt/ *vt* ‹*soil*› (Agr, Hort) remover* (*para que se airee*); ‹*blood*› oxigenar; ‹*drink/ liquid*› (BrE) gasificar*

aerial[1] /'eriəl || 'eəriəl/ *adj* (*before n*) aéreo; **~ ladder** (AmE) escalera *f* de bomberos; **~ photograph** aerofoto *f*; **~ tramway** *o* (BrE) **railway** teleférico *m*

aerial[2] *n* antena *f*

aerialist /'eriələst || 'eəriəlɪst/ *n* (AmE) 1 (on trapeze) trapecista *mf* 2 (on tightrope) equilibrista *mf*, funámbulo, -la *m,f*

aerial photography *n* [u] fotografía *f* aérea, aerofotografía *f*

aerie /'eri || 'eəri/, **eyrie** *n* aguilera *f*

aero- /'erəʊ || 'eərəʊ/ *pref* aero-; **~engine** motor *m* de avión

aerobatic /,erə'bætɪk || ,eərə'bætɪk/ *adj* (*before n*) de acrobacia aérea

aerobatics /,erə'bætɪks || ,eərə'bætɪks/ *pl n* acrobacia *f* aérea

aerobic /e'rəʊbɪk, ə- || eə'rəʊbɪk/ *adj* 1 ‹*organism/respiration*› (Biol) aerobio 2 ‹*exercise*› aeróbico

aerobics /e'rəʊbɪks, ə- || eə'rəʊbɪks/ *n* (+ *sing or pl vb*) aerobic(s) *m*, aerobismo *m* (CS)

aerodrome /'erədrəʊm || 'eərədrəʊm/ *n* (BrE) aeródromo *m*

aerodynamic /,erəʊdaɪ'næmɪk || ,eərəʊdaɪ'næmɪk/ *adj* aerodinámico

aerodynamically /,erəʊdaɪ'næmɪkli || ,eərəʊdaɪ'næmɪkli/ *adv* aerodinámicamente

aerodynamics /,erəʊdaɪ'næmɪks || ,eərəʊdaɪ'næmɪks/ *n* (+ *sing vb*) aerodinámica *f*

aero-engine /'erəʊ,endʒən || 'eərəʊ,endʒɪn/ *n* motor *m* de aviación

aerofoil /'erəʊfɔɪl || 'eərəʊfɔɪl/ *n* (BrE) plano *m* aerodinámico

aerogenerator /,erəʊ'dʒenəreɪtər || ,eərəʊ'dʒenəreɪtə(r)/ *n* generador *m* eólico

aerogram, aerogramme /'erəgræm || 'eərəgræm/ *n* aerograma *m*

aeronaut /'erənɔːt || 'eərənɔːt/ *n* aeronauta *mf*

aeronautic /,erə'nɔːtɪk || ,eərə'nɔːtɪk/ *adj* aeronáutico

aeronautical /,erə'nɔːtɪkəl || ,eərə'nɔːtɪkəl/ *adj* aeronáutico

aeronautics /,erə'nɔːtɪks || ,eərə'nɔːtɪks/ *n* (+ *sing vb*) aeronáutica *f*

aeroplane /'erəpleɪn || 'eərəpleɪn/ *n* (BrE) avión *m*, aeroplano *m* (ant)

aerosol /'erəsɑːl || 'eərəsɒl/ *n* 1 (can, contents) aerosol *m*, spray *m*; (*before n*) ‹*paint/deodorant*› en aerosol *or* spray; **~ can** aerosol *m*, spray *m*; **~ spray** spray *m* 2 (suspension) aerosol *m*

aerospace /'erəʊspeɪs || 'eərəʊspeɪs/ *n* [u] 1 (rocketry) (*before n*) ‹*research/industry*› aeroespacial 2 (atmosphere) espacio *m*

Aertex® /'erteks || 'eəteks/ *n* [u] Aertex® (*marca registrada que designa tejidos ligeros de algodón*)

Aeschylus /'iːskələs/ *n* Esquilo

Aesop /'iːsɑːp || 'iːsɒp/ *n* Esopo; **~'s Fables** las fábulas de Esopo

aesthete, (AmE also) **esthete** /'esθiːt || 'iːsθiːt/ *n* esteta *mf*

aesthetic, (AmE also) **esthetic** /es'θetɪk || iːs'θetɪk/ *adj* estético

aesthetically, (AmE also) **esthetically** /es'θetɪkli || iːs'θetɪkli/ *adv* estéticamente

aesthetician, (AmE also) **esthetician** /,esθə'tɪʃən || ,iːsθɪ'tɪʃən, ,esθɪ'tɪʃən/ *n* esteticista *mf*

aestheticism, (AmE also) **estheticism** /es'θetəsɪzəm || iːs'θetɪsɪzəm/ *n* [u] esteticismo *m*

aesthetics, (AmE also) **esthetics** /es'θetɪks || iːs'θetɪks/ *n* [u] estética *f*

aestivate /'estəveɪt || 'estɪveɪt/ *vi* aletargarse* durante el estío

aetiological /,iːtiə'lɑːdʒɪkəl || ,iːtiə'lɒdʒɪkəl/ *adj* (BrE) ▸**etiological**

aetiology /,iːti'ɑːlədʒi || ,iːti'ɒlədʒi/ *n* (BrE) ▸**etiology**

AF *n*

A = **audio frequency**

B = **autofocus** (*before n*): **~ camera** cámara *f* autofocus *or* autofoco *or* de enfoque automático; **~ proyector** proyector *m* autofocus *or* autofoco *or* de enfoque automático

afar /ə'fɑːr || ə'fɑː(r)/ *adv* (liter) lejos; **we have come from ~** hemos venido de lejos; **~ (off)** a lo lejos

AFC *n* (in UK) = **Association Football Club**

affability /,æfə'bɪləti/ *n* [u] afabilidad *f*

affable /'æfəbəl/ *adj* afable

affably /'æfəbli/ *adv* afablemente

affair /ə'fer || ə'feə(r)/ *n*

A 1 (case) caso *m*, affaire *m*; **the Watergate ~** el caso *or* affaire Watergate 2 (event): **the wedding was a small, family ~** la boda se celebró en la intimidad; **it was a very formal ~** fue una ocasión muy ceremoniosa; **the last outing was a very different ~** la última excursión fue muy diferente; **~ of honor** (liter) cuestión *f* de honor 3 (business, concern) asunto *m*; **changing nationality is a complicated ~** el cambio de nacionalidad es un asunto complicado; **that's my/your ~!** ¡eso es asunto mío/ tuyo!; **what I do in my own time is my ~** lo que haga con mi tiempo libre es asunto mío 4 **affairs** *pl* (matters) asuntos *mpl*; **to put one's ~s in order** poner* sus (*or* mis *etc*) asuntos en orden; **a man of ~s** un hombre de negocios; **home/internal ~s** asuntos interiores/internos; **it's a poor state of ~s if I can't even buy myself ...** pues sí que están bien las cosas si ni siquiera me puedo comprar ... (iró); **what's the current state of ~s in the real estate market?** ¿cómo está la situación en el mercado inmobiliario?

B (liaison) affaire *m*, aventura *f* (amorosa), lío *m* (fam); **she's having an ~** tiene un amante; **he had an ~ with her years ago** tuvo un affaire *or* (fam) un lío con ella hace muchos años; **they're having an ~** tienen relaciones, tienen un lío (fam)

C (thing) (colloq): **her dress was a very elaborate ~** su vestido era un modelo super complicado (fam); **it was one of those new laser ~s** fue una de esas cuestiones de láser que hay ahora (fam)

affect /ə'fekt/ *vt*

A 1 (have effect on) ‹*person/traffic/region*› afectar a; **these decisions ~ all of us** estas decisiones nos afectan a todos; **your pension will not be ~ed** su pensión no se verá afectada 2 (attack) ‹*organ/nervous system*› comprometer, afectar a, interesar (frml) 3 (move, touch) (frml) afectar a; **we were all much ~ed by her death** su muerte nos afectó a todos

B 1 ‹*indifference/sorrow/interest*› afectar; ‹*mannerism/accent*› afectar, adoptar; **to ~ to + INF** fingir* + INF; **she ~ed not to hear my remarks** fingió no oír lo que decía 2 (by preference): **she ~ed a beret** le gustaba usar boina

affectation /,æfek'teɪʃən/ *n* [c u] afectación *f*; **her accent is just an ~** su acento es pura afectación; **she is completely without ~** no es nada afectada

affected /ə'fektəd || ə'fektɪd/ *adj*

A (false) ‹*accent/manner/person*› afectado; ‹*interest/ grief*› fingido

B (by disease, pollution, decision) ‹*area/organ*› afectado; **the worst-/least-~ group** el grupo más/ menos afectado

affectedly /ə'fektədli || ə'fektɪdli/ *adv* con afectación, afectadamente

affecting /ə'fektɪŋ/ *adj* conmovedor

affection /ə'fekʃən/ *n* 1 [u] (fondness) cariño *m*, afecto *m*; **you could show him a little more ~** podías ser un poco más cariñoso con él; **the children were in need of ~** los niños estaban necesitados de cariño *or* afecto; **to win sb's ~** ganarse el cariño *or* afecto de algn; **I have a great ~ for her** le tengo muchísimo cariño, siento muchísimo cariño por ella (esp AmL); **great displays of ~** grandes muestras *or* demostraciones de cariño *or* afecto; **to remember sth/sb with ~** recordar* algo/a algn con cariño 2 **affections** *pl* (feelings): **to trifle with sb's ~s** jugar* con los sentimientos de algn; **she has a special place in my ~s** le tengo un cariño muy especial 3 [c] (Med) (frml) afección *f* (frml)

affectionate /ə'fekʃnət/ *adj* cariñoso, afectuoso; **your ~ son, Peter** (Corresp) tu hijo que te quiere, Peter; **to be ~ TOWARD sb** ser* cariñoso CON algn

affectionately /ə'fekʃnətli/ *adv* cariñosamente

affective /ə'fektɪv/ *adj* afectivo

affidavit /,æfə'deɪvət || ,æfɪ'deɪvɪt/ *n* declaración *f* jurada, affidávit *m*; **to swear an ~** hacer* una declaración jurada

affiliate[1] /ə'fɪlieɪt/ *vt* (*often pass*) afiliar; **an ~d member/union** un miembro/sindicato afiliado; **to be ~d TO sth** estar* afiliado A algo

■ **affiliate** *vi* afiliarse; **to ~ TO/WITH sth** afiliarse A algo

affiliate[2] /ə'fɪliət -eɪt/ *n* 1 (subsidiary) filial *f*; (in relation to other group companies) empresa *f* afiliada 2 (~ *member*) miembro *m* asociado

affiliation /ə,fɪli'eɪʃən/ *n* [c u] **~ (TO/WITH sth)** afiliación *f* (A algo); **there are strong ~s between the two groups** existe una relación muy estrecha entre los dos grupos; **her political ~s** su filiación política

affiliation order *n* (in UK) *orden judicial que impone el pago de una pensión alimenticia a un hijo natural*

affinity /ə'fɪnəti/ *n* (*pl* **-ties**) 1 [c u] (between ideas, people) afinidad *f*; **~ WITH sth** afinidad CON algo; **~ FOR sb**: **I feel no ~ for him** no tengo ninguna afinidad con él 2 [u] (Chem) afinidad *f*

affirm /ə'fɜːrm || ə'fɜːm/ *vt* 1 (assert) ‹*commitment/innocence*› declarar; **yes, they will, he ~ed** —sí, lo harán —aseveró *or* declaró; **a pilgrimage to ~ their faith** una peregrinación para manifestar públicamente su fe 2 (confirm, ratify) (Law) ‹*judgment/contract*› ratificar*

■ **affirm** *vi* ≈ jurar por su (*or* mi *etc*) honor

affirmation /,æfər'meɪʃən || ,æfə'meɪʃən/ *n* [c u] 1 (assertion) afirmación *f* 2 (Law) testimonio *m*

affirmative[1] /ə'fɜːrmətɪv || ə'fɜːmətɪv/ ▸**affirmative action** *adj* ‹*reply/statement*› afirmativo; ‹*form/particle*› (Ling) afirmativo; **~ action** (AmE) discriminación *f* positiva

a

affirmative[2] *n*: **her answer was in the ~** respondió afirmativamente; **put these sentences into the ~** (Ling) ponga estas oraciones en afirmativo

affirmative action

Una política del gobierno de Estados Unidos que exige que se favorezca a las minorías y a las mujeres a la hora de escoger a los candidatos para puestos de trabajo o para entrar a la universidad.

affirmatively /ə'fɜːrmətɪvli || ə'fɜːmətɪvli/ *adv* afirmativamente

affix[1] /ə'fɪks/ *vt* (frml) ‹*stamp/seal*› poner*; ‹*notice*› fijar

affix[2] /'æfɪks/ *n* afijo *m*

afflatus /ə'fleɪtəs/ *n* [u] (liter) inspiración *f*, aflato *m* (liter); **the divine ~** la inspiración divina

afflict /ə'flɪkt/ *vt* ‹‹*disease/problem*›› aquejar; **to be ~ed BY** *o* **WITH a disease** estar* aquejado DE una enfermedad; **the arrogance that ~s our leaders** la arrogancia de que adolecen nuestros líderes; **don't mock the ~ed** (hum) no te burles de las desgracias de otros

affliction /ə'flɪkʃən/ *n* **1** [u] (suffering) aflicción *f* **2** [c] (cause of suffering) desgracia *f*; (ailment) mal *m*, dolencia *f* (frml), achaque *m*

affluence /'æfluəns/ *n* [u] prosperidad *f*, bienestar *m* económico; **to live in ~** vivir en la abundancia

affluent /'æfluənt/ *adj* ‹*suburb/country*› próspero; ‹*person*› acomodado, rico; **the ~ society** la sociedad de la abundancia, la sociedad de consumo

affluenza /,æfluː'enzə/ *n* (Psych) afluenza *f*

afford /ə'fɔːrd || ə'fɔːd/ *vt*

A (have the ability to pay for): **I can't ~ that luxury** yo no puedo permitirme ese lujo, ese lujo no está a mi alcance; **I can't ~ a new car** no me alcanza el dinero para comprarme un coche nuevo; **you're always buying clothes, how can you ~ it?** siempre te estás comprando ropa ¿cómo haces?; **I just can't ~ the time to do it** es que no dispongo de tiempo para hacerlo; **to ~ to + INF**: **I can't ~ to pay for it** no tengo con qué pagarlo, no puedo pagarlo; **you can't ~ to miss this opportunity** no puedes perderte esta oportunidad; **I can ~ to wait** puedo permitirme esperar; **in my position I can't ~ to be outspoken** en la posición en que estoy, no puedo permitirme el lujo de decir lo que pienso

B (provide, offer) (frml) ‹*view/advantage/protection*› ofrecer*; **they were ~ed no special privileges** no se les concedió ningún privilegio especial

affordability /ə,fɔːrdə'bɪləti || ə,fɔːdə'bɪləti/ *n* [u] asequibilidad *f*

affordable /ə'fɔːrdəbəl || ə'fɔːdəbəl/ *adj* ‹*price*› asequible; **excellent products at ~ prices** excelentes productos al alcance de su bolsillo *or* a precios asequibles

affordable housing *n* [u] (Sociol) viviendas *fpl* económicas

afforest /æ'fɔːrəst, ə- || ə'fɒrɪst/ *vt* poblar* de árboles

afforestation /ə,fɔːrə'steɪʃən || ə,fɒrɪ'steɪʃən/ *n* [u] forestación *f*

affray /ə'freɪ/ *n* (frml) riña *f*; (Law) alteración *f* del orden público

affront[1] /ə'frʌnt/ *n* (frml) **~ (TO sb/sth)** afrenta *f* (A algn/algo)

affront[2] *vt* (frml) ofender; **this ~s our dignity** esto constituye una afrenta a nuestra dignidad

Afghan[1] /'æfgæn/ *adj* afgano

Afghan[2] *n*

A (person) afgano, -na *m,f*

B **~ (hound)** afgano, -na *m,f*

C **1** **afghan (coat)** (BrE) chaquetón *m* afgano **2** **afghan** (AmE) *manta o mantón de punto*

Afghanistan /æf'gænəstæn || æf'gænɪstɑːn/ *n* Afganistán *m*

aficionado /ə,fɪʃə'nɑːdəʊ || ə,fɪsjə'nɑːdəʊ/ *n* (*pl* **-dos**) aficionado, -da *m,f*

afield /ə'fiːld/ *adv*: **she travels as far ~ as China** viaja a lugares tan distantes como la China; **we had to look further ~ for help** tuvimos que buscar ayuda en otra parte

afire /ə'faɪr || ə'faɪə(r)/ *adj* (liter) (*pred*): **the whole house was ~** la casa estaba envuelta en llamas; **she was ~ with enthusiasm/anger** ardía de entusiasmo/rabia

aflame /ə'fleɪm/ *adj* (liter) (*pred*) en llamas; **his words set their passions ~** sus palabras encendieron los ánimos; **her eyes were ~ with jealousy** los celos encendían su mirada (liter)

aflatoxin /,æflə'tɑːksən || ,æflə'tɒksɪn/ *n* aflatoxina *f*

AFL-CIO /'eɪef'el'siː'aɪ'əʊ/ *n* (in US) Lab Rels = **American Federation of Labor and Congress of Industrial Organizations**

AFL-CIO - American Federation of Labor and Congress of Industrial Organizations

La organización de trabajadores más grande de Estados Unidos. Cuenta con casi 14 millones de afiliados pertenecientes a 64 sindicatos. Por tradición, apoya al Partido Demócrata ▸ **Democratic Party**.

afloat /ə'fləʊt/ *adj* (*pred*)

A **1** (on water) a flote; **to stay ~** mantenerse* a flote; **the most powerful navy ~** la armada más poderosa del mundo **2** (successful, operational) a flote; **he managed to keep the business ~** logró mantener el negocio a flote

B (in circulation): **there's a story ~ that ...** circulan *or* corren rumores de que ...

aflutter /ə'flʌtər || ə'flʌtə(r)/ *adj* (*pred*): **his heart was ~** el corazón le latía con fuerza; **everyone was ~ with excitement** estaban todos alborotados

afoot /ə'fʊt/ *adj* (*pred*) **1** (under way): **plans are ~ to create ...** hay planes *or* proyectos de crear ...; **there is a campaign ~ to ...** se ha puesto en marcha una campaña para ...; **what's ~?** ¿qué se está tramando? **2** (on foot) (AmE) a pie

afore /ə'fɔːr || ə'fɔː(r)/ *conj* (arch *or* dial) antes de

aforementioned /ə,fɔːr'mentʃənd || ə,fɔː'menʃənd/, **aforesaid** /ə'fɔːrsed || ə'fɔːsed/ *adj* (frml: used esp in legal texts) (*before n*) ‹*clause/statement*› anteriormente mencionado, antedicho (frml); **the ~ person** el susodicho, la susodicha (frml *o* hum)

afoul /ə'faʊl/ *adj* (*pred*): **we had got the ropes all ~** se nos habían enredado las cuerdas; **to run ~ of the law** cometer un delito

afraid /ə'freɪd/ *adj* (*pred*)

A (scared): **don't be ~, he won't bite you** no tengas miedo que no te muerde; **to be ~ OF sb/sth/-ING**: **he is ~ of the dark** le tiene miedo a la oscuridad; **he's ~ of her** le tiene miedo; **there's nothing to be ~ of** no tienes nada que temer; **she's not ~ of anything or anybody** no le tiene miedo *or* no le teme a nada ni a nadie; **what are you ~ of?** ¿de qué tienes miedo?; **I was ~ of falling/missing the train** tenía miedo de caerme/perder el tren; **I'm not ~ of hard work** a mí el trabajo no me asusta; **Liz can't come — I was ~ of that** Liz no puede venir — ya me lo temía; **to be ~ to + INF**: **he's ~ to go into the cellar** le da miedo entrar en el sótano; **never be ~ to ask for help** si necesitas ayuda, no tengas miedo de pedirla; **to be ~ FOR sth/sb** temer POR algo/algn; **I'm ~ for this country's future** temo por el futuro del país; **to be ~ (THAT)** tener* miedo DE QUE + SUBJ; **I was ~ you'd be offended** tenía miedo de que te ofendieras; **I'm ~ (that) he may have left already** me temo que puede que ya se haya ido

B (sorry) **to be ~ (THAT)**: **I'm ~ that won't be possible** (me) temo que no va a ser posible; **she's not in at the moment, I'm ~** lo siento pero no está en este momento; **is that all? — I'm ~ so** ¿eso es todo? — sí, lo siento

A-frame /'eɪ,freɪm/ *n* **1** (timber frame) estructura *f* de madera en forma de A **2** (house) (AmE); *casa prefabricada sobre una estructura de madera en forma de A*, casa *f* A (Chi)

afresh /ə'freʃ/ *adv*: **to start ~** empezar* de nuevo, volver* a empezar; **we need to look ~ at this problem** tenemos que darle un nuevo enfoque al problema; **the fighting began ~ the next day** los disturbios se reanudaron al día siguiente

Africa /'æfrɪkə/ *n* África *f*‡; **Central/Southern/Black/North ~** Africa central/del Sur/negra/del Norte

African[1] /'æfrɪkən/ *adj* africano; **~ violet** violeta *f* africana

African[2] *n* africano, -na *m,f*

African-American[1] *adj* norteamericano de origen africano

African-American[2] *n* norteamericano, -na *m,f*, de origen africano

African-American

El término de más amplia aceptación en Estados Unidos para referirse a norteamericanos de origen africano.

Afrikaans /,æfrɪ'kɑːnz/ *n* [u] afrikaans *m*

Afrikaner /,æfrɪ'kɑːnər || ,æfrɪ'kɑːnə(r)/ *n* afrikaner *mf*, afrikánder *mf*

Afro /'æfrəʊ/ *n* peinado *m* afro; (*before n*) ‹*hairstyle/look*› afro

Afro- /'æfrəʊ/ *pref* afro-

Afro-American[1] /,æfrəʊə'merəkən || ,æfrəʊə'merɪkən/ *adj* afroamericano

Afro-American[2] *n* afroamericano, -na *m,f*

Afro-Caribbean /,æfrəʊ,kærɪ'biːən/ ▸ **Afro-Caribbean** *adj* (BrE) afroantillano, afrocaribeño

Afro-Caribbean

El término de más amplia aceptación en Gran Bretaña para referirse a las personas con antepasados africanos que procede del Caribe o que vive allí.

aft /æft || ɑːft/ *adv* ‹*go*› a popa; ‹*sit/be*› en la popa

after[1] /'æftər || 'ɑːftə(r)/ *prep*

A ▸ ❶ **p.887**, ▸ ❶ **p.1798** (following in time) después de; **I'll be at home ~ eight o'clock** estaré en casa después de *or* a partir de las ocho; **~ 20 years of dictatorship** después de *or* tras 20 años de dictadura; **~ a few days/months** después de *or* al cabo de unos días/meses; **it's just ~ midnight** son las doce pasadas; **it's a quarter ~ two** (AmE) son las dos y cuarto; **~ work** después del trabajo; **the meeting is ~ dinner** la reunión es después de *or* luego de la cena; **you'll feel better ~ a shower** te vas a sentir mejor si te das una ducha; **~ college she joined the army** al terminar la universidad se alistó en el ejército; **we ran out of water ~ only 100 miles** habíamos hecho apenas 100 millas cuando nos quedamos sin agua; **they arrived ~ us** llegaron más tarde *or* después que nosotros; **I bought the book ~ reading the reviews** me compré el libro después de haber leído las críticas; **the day ~ her birthday/the party** al día siguiente de su cumpleaños/de la fiesta

B (in sequence, rank) tras; **day ~ day** día tras día; **they made mistake ~ mistake** cometieron un error tras otro; **one ~ the other** uno tras otro; **do go in — ~ you!** pase — ¡primero usted!; **would you like the salt? — ~ you!** ¿le paso la sal? — ¡sírvase usted primero!; **~ you with the knife!** pásame el cuchillo cuando termines

C **1** (behind): **shut the door ~ you** cierra la puerta al salir/entrar; **he ran ~ them** corrió tras ellos **2** (in pursuit of) tras; **the police are ~ him** la policía anda tras él; **all the men were ~ her** todos los hombres andaban tras ella; **he's just ~ my money** sólo le interesa mi dinero; **what are you ~ in that cupboard?** ¿qué buscas en ese armario?; **I think she's ~ something** creo que anda tras algo

ℹ After

In expressions of time

As an adverb

When *after* is used as an adverb in expressions of time, the usual translation is *después*:

two days after
= dos días después

As a preposition

The usual translation for *after* as a preposition in expressions of time is *después de*:

after the meeting
= después de la reunión

As a conjunction

When *after* is used as a conjunction in expressions of time, it is generally translated by *después de*.

■ Where the two verbs have the same subject, *after + verb* is usually translated by *después de + infinitive*:

he went to work after taking the children to school* or *after he had taken the children to school
= fue a trabajar después de llevar a los niños al colegio *or* después de haber llevado a los niños al colegio

after I've had my dinner I'm going to bed
= después de comer me voy acostar

■ Where the two verbs have different subjects and the verb is in the past tense, *after + verb* is usually translated by *después (de) que + indicative verb*:

after Mike phoned, we went to pick him up
= después (de) que Mike llamó, fuimos a buscarlo *or* recogerlo

after the rain had stopped, they played tennis
= después (de) que paró de llover, jugaron tenis

■ Where the English refers to an event in the future, the usual translation is *después de que* or *cuando + subjunctive verb*:

I'll let you watch television after you've finished your homework
= te dejaré ver televisión después de que *or* cuando termines tus deberes

■ For simplicity, Spanish sometimes uses the preposition *después de + noun* to translate *after + verb*:

after he died the house was sold
= después de su muerte se vendió la casa

For more examples and particular usages, see the entries for **after**

3▸ (about, concerning) por; *see also* **ask after, inquire**

D 1▸ (in view of, considering) después de; **I'll never forgive him ~ what he's done** no lo voy a perdonar nunca, después de lo que ha hecho; **~ all I've done for you?** ¿después de *or* con todo lo que he hecho por ti? 2▸ **after all** después de todo; **I did enjoy the party ~ all** después de todo, me divertí en la fiesta; **~ all, everybody makes mistakes** después de todo, todo el mundo comete errores

E (in the style of) al estilo de, a la manera de; (in honor of) por, en honor de; ▸**heart B3**

after² ▸ℹ **p.887** *conj* después de que, después de (+ *inf*); **it happened ~ you left** ocurrió cuando ya te habías ido *or* después de que tú te fuiste; **~ examining it** después de examinarlo; **~ he died, the house remained empty** al morir él *or* cuando él murió, la casa quedó vacía; **the day ~ we arrived** al día siguiente de nuestra llegada; **~ you've washed it, hang it out to dry** cuando *or* una vez que lo hayas lavado, tiéndelo para que se seque

after³ ▸ℹ **p.887** *adv* 1▸ (afterward, following) después; **soon ~** poco después; **let's have the cheese now and the dessert ~** comamos el queso ahora y el postre después; **the day/ weekend ~** al día/el fin de semana siguiente; **I ached for days ~** (después *or* luego) estuve dolorida varios días 2▸ (behind) detrás

after⁴ *adj* (*before n*) posterior; **in ~ years** en años posteriores

afterbirth /'æftərbɜːrθ || 'ɑːftəbɜːθ/ *n* [u] placenta *f*

afterburner /'æftər,bɜːrnər || 'ɑːftə,bɜːnə(r)/ *n* dispositivo *m* de postcombustión

aftercare /'æftərker || 'ɑːftəkeə(r)/ *n* [u]
A (Med) asistencia *f* post-operatoria (*or* durante la convalecencia *etc*); (after time in prison, institution) asistencia *f* durante el período de reinserción *or* readaptación
B (after school) cuidados *mpl* después de la escuela

afterdeck /'æftərdek || 'ɑːftədek/ *n* cubierta *f* de popa

after-dinner /,æftər'dɪnər || ,ɑːftə'dɪnə(r)/ *adj* ‹*speech*› de sobremesa; **she always takes the dog for an ~ walk** siempre saca al perro a pasear después de cenar

after-dinner speaker *n: persona que pronuncia un discurso después de una cena formal*

aftereffect /'æftərɪ,fekt || 'ɑːftərɪ,fekt/ *n* (of drug) efecto *m* secundario; (of problem) secuela *f*, repercusión *f*

afterglow /'æftərgləʊ || 'ɑːftəgləʊ/ *n* [u] (of sun) arrebol *m* (liter); (of television) luminiscencia *f*; **he lived in the ~ of his earlier fame** vivía de los rescoldos de su fama anterior (liter)

after-hours /,æftər'aʊrz || ,ɑːftə(r)'aʊəz/ *adj/ adv* después de horas, fuera de horas

after-image /'æftər,ɪmɪdʒ || 'ɑːftə(r),ɪmɪdz/ *n* postimagen *f* (téc)

afterlife /'æftərlaɪf || 'ɑːftəlaɪf/ *n* [u] vida *f* después de la muerte; **in the ~** en la otra vida

aftermarket /'æftər,mɑːrkət || 'ɑːftə,mɑːkɪt/ *n*
A (AmE) (for spare parts) mercado *m* de piezas de repuesto
B (Fin) mercado *m* fuera de hora

aftermath /'æftərmæθ || 'ɑːftəmæθ, 'ɑːftəmɑːθ/ *n* 1▸ (subsequent period): **in the ~** en el período subsiguiente; **in the ~ of the riots** tras los disturbios, en el período que siguió a los disturbios 2▸ (consequence) repercusiones *fpl*, secuelas *fpl*

afternoon /,æftər'nuːn || ,ɑːftə'nuːn/ ▸ℹ **p.1798** *n*
A (time of day) tarde *f*; **I haven't seen him all ~** no lo he visto en toda la tarde; **he's taken the ~ off** se ha tomado la tarde libre; **he came in the ~** vino por la tarde, vino en la tarde (AmL), vino a la tarde *or* de tarde (RPl); **every Saturday ~** todos los sábados por la tarde (*or* en la tarde *etc*); **at four o'clock in the ~** a las cuatro de la tarde; **good ~!** (as greeting) ¡buenas tardes!; **~!** (as greeting) (colloq) ¡buenas! (fam); (*before n*): **~ nap** siesta *f*; **~ tea** (BrE) té *m* (de las cinco)
B **afternoons** (*as adv*), por las tardes, en las tardes (AmL), a la *or* de tarde (RPl)

afterpains /'æftərpeɪnz || 'ɑːftəpeɪnz/ *pl n* entuertos *mpl*

afters /'æftərz || 'ɑːftəz/ *n* (*pl* ~) (BrE colloq) (+ *sing or pl vb*) postre *m*; **what's for ~?** ¿qué hay de postre?

after-sales service *n* servicio *m* postventa

after-school /'æftər,skuːl || 'ɑːftə,skuːl/ *adj* (*before n*) extraescolar, extracurricular; **all ~ activities have been canceled** se han cancelado todas las actividades extraescolares *or* extracurriculares

aftershave (lotion) /'æftərʃeɪv || 'ɑːftəʃeɪv/ *n* [u] loción *f* para después de afeitarse, aftershave *m*

aftershock /'æftərʃɑːk || 'ɑːftəʃɒk/ *n* réplica *f*

aftertaste /'æftərteɪst || 'ɑːftəteɪst/ *n* [u] regusto *m*, dejo *m*; **it has a bitter ~** deja un sabor(cillo) amargo en la boca, tiene un dejo *or* regusto amargo

after-tax /,æftər'tæks || ,ɑːftə'tæks/ *adj* ‹*income/profit*› después de impuestos

afterthought /'æftərθɔːt || 'ɑːftəθɔːt/ *n*: **it occurred to me as an ~ that ...** después se me ocurrió que ...; **the last song was added on as an ~** la última canción fue una idea de último momento; **Amy was a bit of an ~** (hum) Amy nació cuando ya no pensaban tener más niños; **they invited me as an ~** no habían pensado invitarme

afterward /'æftərwərd || 'ɑːftəwəd/ (BrE also) **afterwards** /-z/ *adv* después; **shortly** *o* **soon ~** poco después; **long ~** mucho después; **you'll regret it ~** después *or* luego te vas a arrepentir; **it was only ~ that I realized** no me di cuenta hasta después; **I'll save my apple for ~** me voy a guardar la manzana para después *or* para luego *or* para más tarde

afterword /'æftərwɜːrd || 'ɑːftəwɜːd/ *n* epílogo *m*

afterworld /'æftərwɜːrld || 'ɑːftəwɜːld/ *n*: **the ~** el más allá

again /ə'gen ə'geɪn/ *adv*

> ⚠ When used with a verb, *again* is often translated by *volver a + infinitive* : **we had to start again** tuvimos que volver a empezar; **I asked him for it again** se lo volví a pedir.

A (another time, once more) otra vez, de nuevo; **I had to do it ~** tuve que hacerlo otra vez *or* de nuevo, tuve que volver a hacerlo; **try ~** vuelve a intentarlo, prueba otra vez *or* de nuevo; **I've told you time and time ~** *o* **~ and ~!** ¡te lo he dicho mil veces *or* una y otra vez!; **don't ever do that ~!** ¡no vuelvas a hacer eso!; **I'll never speak to you ~** no te vuelvo a hablar en la vida; **never ~!** ¡nunca más!, ¡es la última vez!; **not ~!** ¡otra vez!; **not soup ~!** ¿otra vez sopa?; **what's his name ~?** ¿cómo dijiste que se llamaba?
B (in comparisons): **we've done 40 miles and it's as far ~ to the border** ya hemos hecho 40 millas y nos quedan otras tantas para llegar a la frontera; **heating may cost as much ~** la calefacción puede llegar a salir otro tanto
C **(then** *o* **there) again** (on the other hand) (*as linker*): **they might go, but (then) ~ they might not** puede que vayan, pero también puede que no; **(there) ~, what do they know about art?** además *or* por otro lado ¿ellos qué saben de arte?

against¹ /ə'genst ə'geɪnst/ *prep*

> ⚠ *against* often appears as the second element of certain verb structures in English (*come up against, guard against, turn against*, etc). For translations, see the relevant verb entry (*come, guard, turn*, etc).

A (in opposition to) en contra de, contra; **we voted ~ the motion** votamos en contra de *or* contra la moción; **she set my own son ~ me** puso a mi propio hijo contra mí *or* en contra mía; **I'm ~ capital punishment** estoy en contra de la pena de muerte; **if you're not with us, you're ~ us** si no estás con nosotros, estás contra

a

ℹ Age

Where English says *to be X years old*, Spanish says *tener X años* (to have X years):

how old are you?
= ¿cuántos años tienes?

what age is he/she?
= ¿qué edad tiene?

he's/she's fifteen o (*more formal*) ***he/she is fifteen years old***
= tiene quince años

he is fifteen years of age (*formal*)
= tiene quince años de edad

the house is two hundred years old
= la casa tiene doscientos años

Note the use of the verb *cumplir* to express becoming a certain age and having a birthday:

when will you be six?
= ¿cuándo cumples seis años?

she was five last week
= cumplió cinco años la semana pasada

he's just ten
= tiene diez años recién cumplidos
or acaba de cumplir (los) diez años

it's my eighteenth birthday next month
= voy a cumplir dieciocho años el mes que viene

The word *años* (years) is always included in Spanish (except in certain colloquial expressions; see **'Approximate age'**, below):

a woman of fifty
= una mujer de cincuenta años

a seventy-five-year-old man
= un hombre de setenta y cinco años

my eight-year-old son
= mi hijo de ocho años

a class of six-year-olds
= una clase de niños de seis años

at (the age of) four he was reading perfectly
= a los cuatro años (de edad) leía a la perfección

at the age of sixteen he joined the army
= a la edad de dieciséis años se alistó en el ejército

Approximate age

he's about thirty
= tiene *or* tendrá alrededor de
or (less formal) unos treinta años

he's in his fifties
= tiene cincuenta y tantos años
or tiene entre cuarenta y cincuenta años

she's in her early twenties
= tiene un poco más de veinte años

she's in her late twenties
= tiene cerca de treinta años

he's in his mid-thirties
= tiene alrededor de 35 años
or tiene entre 34 y 37 años

he must be over sixty
= debe de tener más de sesenta años

he's in his early/late teens
= tendrá unos trece o catorce/unos dieciocho o diecinueve años

he's thirty-something
= tiene treinta y tantos años
or tiene treinta y pico años (*fam*)
or anda por los treinta (*fam*)

she's just over ten
= tiene un poco más de diez años

he's under eighteen
= tiene menos de dieciocho años

he's pushing forty
= ronda los cuarenta

she's going on o ***not far off fifty***
= ya va para los cincuenta (*fam*)

Note the following Spanish terms:

es cuarentón
= he's in his forties

una cuarentona (*pejorative*)
= a woman in her forties

un programa para cincuentones
= a program for people over fifty
or (*colloq*) for the over-fifties

Comparison

she's older/younger than me
= es mayor/menor que yo

he's two years older/younger than me
= es dos años mayor/menor que yo

they're the same age
= son de la misma edad
or tienen la misma edad

he's twice her age
= le dobla la edad *or* la dobla en edad

Note also the common idiomatic construction with *llevar*:

me lleva dos años
= he's/she's two years older than me

le llevo tres años
= I'm three years older than him/her

---

nosotros *or* en contra nuestra *or* en contra de nosotros; **two ~ one** dos contra uno; **personally, I've nothing ~ her** personalmente, no tengo nada contra ella *or* en contra suya *or* en contra de ella; **have you got something ~ going by train?** ¿tienes algún problema en ir en tren?; **he succeeded ~ all expectations** contrariamente a lo que se esperaba, lo logró; **it's ~ my principles to eat meat** comer carne va en contra de mis principios; **I advised her ~ driving to work** le aconsejé que no fuera al trabajo en coche; **her politics are ~ her** su postura política no la favorece

B (in opposite direction) contra; **to swim ~ the current** nadar contra la corriente

C **1▸** (alongside) contra; **the table stood ~ the wall** la mesa estaba contra la pared; **they checked the list ~ the original** cotejaron la lista con el original; **he put a cross ~ my name** puso una cruz al lado de mi nombre **2▸** (on, onto) contra; **to lean ~ sth** apoyarse contra algo; **to bang one's head ~ the wall** darse* con la cabeza contra la pared

D **1▸** (in contrast to) contra; **it stands out ~ the dark background** resalta contra el fondo oscuro **2▸** (in comparison to, in relation to): **our results look poor ~ theirs** nuestros resultados desmerecen al lado de los suyos *or* comparados con los suyos; **the pound dropped to a new low ~ the dollar** la libra registró un nuevo mínimo frente al dólar

E (as protection from) contra; **it's insured ~ theft** está asegurado contra robo; **it's no good ~ the cold** no protege contra el frío

F **1▸** (in return for) (frml): **it can only be issued ~ payment in full** sólo puede expedirse si se abona en su totalidad **2▸** (in anticipation of) (liter) en previsión de

against² *adv* en contra; **there were 250 votes for and 300 ~** hubo 250 votos a favor y 300 en contra

agape /ə'geɪp/ *adj* (*pred*) boquiabierto

agaric /'ægərɪk/ *n* agárico *m*

Aga saga /'ɑːgəˌsɑːgə/ *n* (BrE colloq); *novela popular ambientada en un pueblo, tejida alrededor de las vidas de personajes de clase media*

agate /'ægət/ *n* [u c] ágata *f*

agave /ə'gɑːvi/ *n* pita *f*

age¹ /eɪdʒ/ *n*

A ▸ℹ **p.888** [c u] (of person, animal, thing) edad *f*; **what ~ was she when she died?** ¿qué edad *or* cuántos años tenía cuando murió?; **what is the ~ of this house?** ¿de cuándo *or* de qué época es esta casa?; **the children's ~s are three, four and six, respectively** los niños tienen, respectivamente, tres, cuatro y seis años; **at the ~ of 17** a la edad de *or* a los 17 años; **from an early ~** desde pequeño, desde temprana edad (liter); **at my ~** a mi edad, con mis años; **at your/that ~** a tu/esa edad; **when you're my ~** cuando tengas mi edad *or* mis años; **I have a son your ~** tengo un hijo de tu edad; **she's going out with a man twice/half her ~** sale con un hombre que la dobla en edad *or* que le dobla la edad/que tiene la mitad de su edad; **he is six years of ~** tiene seis años de edad; **for children of all ~s** para niños de todas las edades; **she's not of an ~ to remember the war** no tiene edad como para acordarse de la guerra; **they're of an ~** son de *or* tienen la misma edad; **to live to a ripe old ~** vivir muchos años; **he's starting to look his ~** se le están empezando a notar los años; **to act** o **be one's ~**: **it's time he acted his ~** ya es hora de que siente cabeza *or* de que empiece a actuar con madurez; **come on, be your ~** ¡vamos, no seas infantil!; (*before n*): **~ difference** diferencia *f* de edad; **~ group** grupo *m* etario (frml); **the 12 to 15 ~ group** el grupo de edades comprendidas entre los 12 y los 15 años; **children from a younger ~ group** niños menores *or* de menor edad; **~ limit** límite *m* de edad

B **1▸** [u] (maturity): **to be of ~** ser* mayor de edad; **to come of ~** llegar* a la mayoría de edad; **to be under ~** ser* menor de edad **2▸** [u] (old age): **the wisdom of ~** la sabiduría que dan los años

C [c] **1▸** (epoch, period) era *f*; **the Elizabethan/atomic ~** la era isabelina/atómica; **down** o **through the ~s** a través de los tiempos **2▸** (long time) (colloq): **I've been waiting ~s** o **an ~** llevo siglos *or* un siglo esperando (fam); **I haven't seen her for ~s** hace siglos que no la veo (fam)

age² *vi* (*pres p* **aging** *or* **ageing** *past p* **aged** /eɪdʒd/) «*person*» envejecer*; «*cheese*» madurar; **he had ~d terribly** había envejecido mucho, estaba muy avejentado; **this wine ~s well** este vino se conserva muy bien

■ **age** *vt* ‹*person*› hacer* envejecer, avejentar; ‹*wine*› añejar, criar*

age bracket *n* grupo *m* de edad, grupo *m* etario (frml)

aged¹ *adj*

A /'eɪdʒəd || 'eɪdʒɪd/ (elderly) anciano; **my ~ automobile** (hum) mi vetusto automóvil (hum)

B /eɪdʒd/; (*pred*): **he was ~ 20** tenía 20 años de edad; **a baby ~ 11 months** un bebé de 11 meses; **she died ~ 60** murió a los 60 años, falleció a la edad de 60 años (frml)

aged² /'eɪdʒəd || 'eɪdʒɪd/ *pl n*: **the ~** los ancianos, las personas de la tercera edad (frml)

age difference *n* diferencia *f* de edad

age discrimination *n* [u] discriminación *f* por razones de edad

age gap *n* diferencia *f* de edad

ageing *adj/n* ▸**aging¹**, **aging²**

ageism /'eɪdʒɪzəm/ *n* [u] discriminación *f* por razones de edad

ageist[1] /'eɪdʒɪst/ *adj* discriminatorio por motivo de edad

ageist[2] *n: persona que defiende o practica la discriminación por motivo de edad*

ageless /'eɪdʒləs || 'eɪdʒlɪs/ *adj* ‹*man/woman*› eternamente joven, por el/la que no pasan los años; ‹*beauty*› clásico; **the movie is ~** es una película que no pierde actualidad

agency /'eɪdʒənsi/ *n* (*pl* **-cies**)
A [c] **1** (office) agencia *f*; **advertising/press/model ~** agencia de publicidad/prensa/modelos; **employment ~** oficina *f* de empleo **2** (branch) sucursal *f*, filial *f* **3** (department) organismo *m*
B [u] (means): **through the ~ of influential friends** a través de *or* por medio de amigos influyentes; **through the ~ of wind and rain** por la acción del viento y la lluvia

agency nurse *n* enfermero *m*, -ra *f* temporal, enfermero temporario *m*, enfermera temporaria *f* (AmL)

agenda /ə'dʒendə/ ➜📖 *n* orden *m* del día, agenda *f*; **the first item on the ~** el primer punto del orden del día; **the issue is high on the ~** el tema figura entre los asuntos más importantes a tratar; **the matter is top of the ~** es un asunto prioritario; **that defeat wasn't on his ~** no tenía prevista esa derrota

agent /'eɪdʒənt/ *n*
A [c] **1** (for person) agente *mf*; **election ~** (in UK) representante *mf* electoral **2** (for company — person) agente *mf*, representante *mf*; (— firm) agencia *f* **3** (government officer in US) agente *mf*
B [c] (spy) agente *mf*; **secret ~** agente secreto, -ta *m,f*
C [c] **1** (person acting) agente *mf*; **you're a free ~** eres libre *or* tienes total libertad (de hacer lo que quieras) **2** (force) (frml) agente *m*; **its potential as an ~ for change** su potencial como agente de cambio
D [c u] (substance) agente *m*; **oxidizing ~** agente oxidante; **bulking ~** esponjante *m*; **raising ~s** fermentos *mpl* y levaduras *fpl*

agent general *n* (*pl* **~s ~**) *representante de un estado de Australia o de una provincia de Canadá en Londres u otra gran ciudad*

agent noun *n* agente *m*, complemento *m* agente

Agent Orange *n* [u] *defoliante químico utilizado por EE.UU. en la Guerra de Vietnam*

agent provocateur /,ɑːʒɑːnprəʊ,vɑːkə'tɜːr || ,ɑːʒɑ̃prɒ,vɒkə'tɜː(r)/ *n* (*pl* **~s ~s** /-z/) agitador, -dora *m,f*

age-old /'eɪdʒəʊld/ *adj* añejo, antiquísimo

agglomerate[1] /ə'glɑːməreɪt || ə'glɒməreɪt/ *vi* aglomerarse

agglomerate[2] /ə'glɑːmərət || ə'glɒmərət/ *n* aglomeración *f*

agglomeration /ə,glɑːmə'reɪʃən || ə,glɒmə'reɪʃən/ *n* aglomeración *f*

agglutination /ə,gluːtn'eɪʃən || ə,gluːtɪ'neɪʃən/ *n* [u] aglutinación *f*

aggrandizement /ə'grændəzmənt || ə'grændɪzmənt/ *n* [u] (frml) engrandecimiento *m*

aggravate /'ægrəveɪt/ *vt* **1** (make worse) ‹*situation/problem*› agravar, empeorar; ‹*injury*› agravar; **~d burglary** (Law) robo *m* calificado *or* con agravante(s) **2** (annoy) (colloq) ‹*person*› exasperar, sacar* de quicio; **to get ~d** exasperarse

aggravating /'ægrəveɪtɪŋ/ *adj* (colloq) ‹*manner/noise*› enervante (fam), incordiante (Esp fam); **I find her ~** me resulta insoportable, me exaspera

aggravation /,ægrə'veɪʃən/ *n*
A [u] (of situation, illness) empeoramiento *m*
B **1** [u c] (annoyance) (colloq) fastidio *m*, follón *m* (Esp fam) **2** [u] (fighting) (BrE sl) bronca *f*; **they're trying to start some ~** están buscando camorra *or* bronca (fam)

aggregate[1] /'ægrɪgət/ *n* **1** [u] (whole, total) (frml) total *m*; **in the ~** en total, en conjunto; **to win/lose on ~** (in soccer) ganar/perder* por puntos **2** [u] (Const) conglomerado *m* **3** [u c] (Geol) agregado *m*

aggregate[2] /'ægrɪgət/ *adj* ‹*value/sales*› total, global

aggregate[3] /'ægrɪgeɪt/ *vt* (frml) (total, gather together) juntar, sumar; (group) agrupar

aggregator /'ægrə,geɪtər 'ægrɪ,geɪtə(r)/ *n*
A (Comput) agregador *m*; **news ~** agregador de noticias
B (Busn) intermediario *y* distribuidor *m*

aggression /ə'greʃən/ *n* **1** [u] (feeling, attitude) agresividad *f*; **to get rid of one's ~** descargar* agresividad **2** [c] (unprovoked attack) agresión *f*; **an act of ~** una agresión

aggressive /ə'gresɪv/ *adj* **1** (hostile) ‹*person/animal/country*› agresivo; ‹*tactics/strategy*› de agresión **2** (assertive, forceful) ‹*marketing/company*› con empuje y dinamismo, agresivo; ‹*play/player*› agresivo

aggressively /ə'gresɪvli/ *adv* **1** ‹*behave/react*› agresivamente **2** ‹*sell/market*› con empuje y dinamismo; ‹*play*› con garra (fam), agresivamente

aggressiveness /ə'gresɪvnəs || ə'gresɪvnɪs/ *n* [u] **1** (hostile conduct) agresividad *f* **2** (forcefulness) empuje *m*, agresividad *f*

aggressor /ə'gresər || ə'gresə(r)/ *n* agresor, -sora *m,f*

aggrieved /ə'griːvd/ *adj* ‹*air/tone*› ofendido; **to be ~ AT/ABOUT/OVER sth** sentirse* herido POR algo; **the ~ party** (Law) la parte demandante

aggro /'ægrəʊ/ *n* [u] (BrE sl) **1** (fighting) bronca *f* (fam) **2** (annoyance) lata *f* (fam), rollo *m* (Esp fam); **to give sb ~** darle* la lata a algn (fam), darle* el coñazo a algn (Esp fam)

aghast /ə'gæst || ə'gɑːst/ *adj* (*pred*) aterrado, horrorizado; **to be ~ AT sth**: **we were ~ at the very thought** sólo pensarlo nos aterraba *or* horrorizaba

agile /'ædʒəl || 'ædʒaɪl/ *adj* ágil

agilely /'ædʒəlli || 'ædʒaɪlli/ *adv* ágilmente

agility /ə'dʒɪləti/ *n* [u] agilidad *f*

agin /ə'gɪn/ *prep* (dial *or* hum): **to be ~ sth** oponerse* a algo, estar* en contra de algo; **I'm ~ it** yo me opongo, yo estoy en contra

aging[1] /'eɪdʒɪŋ/ *adj* (*before n*) ‹*person*› envejecido, avejentado; ‹*system*› anticuado

aging[2] *n* [u] **1** (growing old) envejecimiento *m*; (*before n*): **the ~ process** el (proceso de) envejecimiento **2** (of wine) añejamiento *m*, crianza *f*; (of cheese) maduración *f*

agitate /'ædʒəteɪt || 'ædʒɪteɪt/ *vt* **1** (disturb, move) ‹*surface/liquid/solution*› agitar **2** (upset, alarm) inquietar

■ **agitate** *vi* **to ~ FOR/AGAINST sth** hacer* campaña A FAVOR DE/EN CONTRA DE algo; **they were agitating for higher wages** luchaban por obtener mejoras salariales; **he was arrested for agitating against the government** lo detuvieron por incitar a la subversión

agitated /'ædʒəteɪtəd || 'ædʒɪteɪtɪd/ *adj* ‹*movements/gestures*› nervioso, agitado; **she was becoming increasingly ~** se estaba poniendo cada vez más nerviosa, se estaba inquietando cada vez más

agitatedly /'ædʒəteɪtədli || 'ædʒɪteɪtɪdli/ *adv* agitadamente

agitation /,ædʒə'teɪʃən || ,ædʒɪ'teɪʃən/ *n* [u] **1** (shaking) agitación *f* **2** (nervousness) inquietud *f*, agitación *f* **3** (Pol) agitación *f*

agitator /'ædʒəteɪtər || 'ædʒɪteɪtə(r)/ *n* **1** (Pol) agitador, -dora *m,f* **2** (Tech) agitador *m*

agitprop /'ædʒətprɑːp || 'ædʒɪtprɒp/ *n* [u] propaganda *f* política

agleam /ə'gliːm/ *adj* (liter) (*pred*): **to be ~** resplandecer*, refulgir*

aglow /ə'gləʊ/ *adj* (liter) (*pred*) resplandeciente, radiante; **the dying sun set the sky ~** el sol crepuscular arreboló el cielo (liter)

AGM *n* (BrE) **= annual general meeting**

agnostic[1] /æg'nɑːstɪk || æg'nɒstɪk/ *n* agnóstico, -ca *m,f*

agnostic[2] *adj* agnóstico

agnosticism /æg'nɑːstəsɪzəm || æg'nɒstɪsɪzəm/ *n* [u] agnosticismo *m*

ago /ə'gəʊ/ *adv*: **five days/two years ~** hace cinco días/dos años; **long ~** hace tiempo; **a long time ~** hace mucho (tiempo), tiempo ha (liter); **as long ~ as 1960** ya en 1960; **how long ~ was it that you wrote to him?** ¿cuánto (tiempo) hace que le escribiste?; **a week ~ today we were still in Madrid** hace (exactamente) una semana estábamos aún en Madrid; **I joined the company a year ~ this Wednesday** este miércoles hace un año que me incorporé a la empresa

agog /ə'gɑːg || ə'gɒg/ *adj* (*pred*): **I was all ~** estaba que me moría de curiosidad; **the news has set the country ~** la noticia ha convulsionado al país; **the children were ~ with excitement** los niños estaban revolucionados *or* alborotados; **we're absolutely ~ to hear your story** estamos que nos morimos por que nos cuentes

agonize /'ægənaɪz/ *vi*: **stop agonizing, just do it** no le des más vueltas al asunto y hazlo, no te rompas más la cabeza y hazlo; **to ~ OVER sth**: **he ~d over the decision** le costó muchísimo decidirse; **she spent hours agonizing over what to wear** estuvo horas tratando de decidir qué ponerse; **don't ~ too much over it** no te preocupes demasiado, no te rompas mucho la cabeza

agonized /'ægənaɪzd/ *adj* ‹*cry/expression*› de angustia; ‹*appeal*› desesperado

agonizing[1] /'ægənaɪzɪŋ/ *adj* ‹*experience*› angustioso, desesperante; ‹*pain*› atroz, terrible; ‹*moments*› de angustia, angustioso; ‹*decision/choice*› muy difícil

agonizing[2] *n* [u]: **after months of ~** tras meses de darle mil y una vueltas; **she became irritated by his constant ~** acabó desesperándose con sus continuos titubeos

agonizingly /'ægənaɪzɪŋli/ *adv* ‹*painful*› terriblemente; ‹*slow*› exasperantemente

agony /'ægəni/ *n* [u c] (*pl* **-nies**) **1** (pain): **he was in ~** estaba desesperado de dolor, estaba en un grito (fam); **these shoes are absolute ~** estos zapatos me están matando **2** (anxiety): **she's going through agonies of doubt** las dudas la están atormentando *or* martirizando; **put him out of his ~ and tell him** no lo hagas sufrir más y díselo ya; **to prolong the ~** alargar* el martirio; ***to pile on the ~*** (BrE colloq) exagerar **3** (before death) agonía *f*; **to be in one's final** *o* **death ~** estar* agonizando, agonizar*

agony aunt, agony uncle *n* (BrE colloq); *persona encargada del consultorio sentimental de una revista, programa radiofónico etc*

agony column *n* (BrE colloq) consultorio *m* (sentimental)

agoraphobia /,ægərə'fəʊbiə/ *n* agorafobia *f*

agoraphobic[1] /,ægərə'fəʊbɪk/ *adj* agorafóbico

agoraphobic[2] *n* agorafóbico, -ca *m,f*

agouti, aguti /ə'guːti/ *n* (*pl* **~** *or* **-s**) **1** [c] (animal) agutí *m* **2** [u] (fur) agutí *m*, piel *f* de agutí

AGR *n* **= advanced gas-cooled reactor**

agrarian[1] /ə'greriən || ə'greəriən/ *adj* agrario

agrarian[2] *n* partidario, -ria *m,f* de la reforma agraria

agree /ə'griː/ *vt*
A **1** (be in agreement over) **to ~ (THAT)** estar* de acuerdo (EN QUE); **they all ~d (that) it was too late** todos estuvieron de acuerdo en que era demasiado tarde; **yes, it must feel odd, he ~d** —sí, debe resultar extraño —asintió **2** (reach agreement over) decidir; **it was ~d that he should go on his own** se decidió que fuera él solo; **to ~ WHEN/WHAT/HOW** *etc* ponerse* de acuerdo EN CUÁNDO/EN QUÉ/EN CÓMO *etc*; **to ~ to + INF** quedar EN + INF; **they ~d to meet at six** quedaron en encontrarse *or* verse a las seis; **let's ~ to differ** *o* **disagree, shall we?** dejémoslo, no vale la pena discutir: ni tú me vas a convencer a mí ni yo a ti **3** (decide on) ‹*price*› acordar*; ‹*date/details*› decidir, concertar*
B **1** (consent) **to ~ to + INF** aceptar + INF; **she ~d to accompany me** aceptó acompañarme, dijo que me acompañaría; **I reluctantly ~d to help her** consentí en ayudarla **2** (admit, concede) **to**

➜📖 *see* Effective Spanish

~ (THAT) reconocer* *or* admitir *or* aceptar (QUE)

■ **agree** *vi*

A (be of same opinion) estar* de acuerdo; **I couldn't ~ more** estoy completamente de acuerdo; **I quite ~** lo mismo digo yo; **don't you ~?** ¿no te parece?, ¿no crees?; **to ~ABOUT sth** estar* de acuerdo *or* coincidir EN algo; **at least we ~ about that** por lo menos en eso estamos de acuerdo *or* coincidimos; **to ~WITH sb/sth** estar* de acuerdo CON algn/algo; **I can't ~ with you there** en eso sí que no estoy de acuerdo contigo

B **1** (get on well) congeniar; **even as children we never ~d** ya de pequeños no congeniábamos **2** (tally) «*statements/figures*»: **to ~(WITH sth)** concordar* (CON algo) **3** (Ling) **to ~ (WITH sth)** concordar* (CON algo); *see also* **agree with**

Phrasal verbs

- **agree on** [v + prep + o] ‹*date/details*› acordar*, ponerse* de acuerdo en; **we can't ~ on a color/price** no nos ponemos de acuerdo en el color/precio; **one thing we ~ on is ...** en lo que estamos de acuerdo *or* coincidimos es en que ...; **a date to be ~d on later** una fecha que se decidirá *or* se concertará más adelante; **they finally ~d on two o'clock** al final quedaron en verse (*or* salir *etc*) a las dos
- **agree to** [v + prep + o] (consent to) ‹*terms/conditions*› aceptar; **they wanted to get married, but their parents wouldn't ~ to it** se querían casar, pero sus padres no lo consentían
- **agree with** [v + prep + o] **1** «*food/drink/climate*»: **wine doesn't ~ with him** el vino le sienta mal *or* no le sienta bien; **the heat didn't ~ with me** el calor no me sentaba **2** (approve of) ‹*policy*› estar* de acuerdo con, aprobar*

agreeable /əˈgriːəbəl/ *adj*

A (pleasant) ‹*journey*› agradable; ‹*person*› agradable, simpático

B (*pred*) **1** (willing) **to be ~ TO sth/-ING**: **bring her along, if she's ~** tráela, si quiere venir; **he seemed quite ~ to coming on Friday** parecía dispuesto a venir el viernes **2** (acceptable) **to be ~ (TO sb)**: **if that's ~ to you** si te parece bien, si no te importa; **if that's generally ~** si les parece bien (a todos)

agreeably /əˈgriːəbli/ *adv* agradablemente

agreed /əˈgriːd/ *adj* **1** (in agreement) (*pred*) de acuerdo; **we leave at noon, ~? — agreed** salimos al mediodía ¿de acuerdo? *or* (Esp tb) ¿vale? — de acuerdo *or* (Esp tb) vale; **to be ~ ON sth/-ING**: **we're all ~ on that point** en eso *or* sobre ese punto estamos todos de acuerdo; **we're ~ on leaving tomorrow** quedamos en salir *or* en que saldremos mañana; **to be ~ THAT** estar* de acuerdo EN QUE **2** (prearranged) (*before n*) ‹*price/terms*› acordado; **we met at ten, as ~** nos encontramos a las diez como habíamos quedado *or* acordado

agreement /əˈgriːmənt/ *n*

A **1** [u] (shared opinion) acuerdo *m*; **we need ~ on the matter** tenemos que ponernos de acuerdo *or* que llegar a un acuerdo sobre el asunto; **to be in ~ (with sb)** estar* de acuerdo (con algn); **she nodded in ~** asintió con la cabeza; **to reach ~** llegar* a un acuerdo **2** [c] (written arrangement) acuerdo *m*; (Busn) contrato *m*; (Lab Rel) convenio *m*, acuerdo *m*; (oral arrangement) acuerdo *m*, arreglo *m*; **to come to** *o* **reach an ~ (with sb)** llegar* a un acuerdo (con algn); **to have an ~ (with sb)** tener* un acuerdo (con algn); **to enter into an ~** aceptar los términos de un acuerdo; **to sign an ~** firmar un acuerdo; **to break/honor an ~** romper*/respetar un acuerdo; **~ to + INF**: **there's an unspoken ~ between them not to apply for the same job** existe un acuerdo tácito entre ellos de no solicitar el mismo trabajo; **the union will honor the ~ not to strike** el sindicato respetará el compromiso de no recurrir a la huelga

B [u] (consent) consentimiento *m*; **to obtain sb's ~ (to sth)** obtener* el consentimiento de algn (para algo)

C [u] **1** (harmony, concord): **to be in ~ (with sth)** concordar* *or* estar* en concordancia (con algo) **2** (Ling) concordancia *f*

agribusiness /ˈægrəˌbɪznəs || ˈægrɪˌbɪznɪs/ *n* [u c] industria *f* agropecuaria, agroindustria *f*; (*before n*) ‹*profits/enterprise*› agropecuario, agroindustrial

agrichemical[1] /ˌægrəˈkemɪkəl || ˌægrɪˈkemɪkəl/ *adj* agroquímico

agrichemical[2] *n* agroquímico *m*, producto *m* agroquímico

agricultural /ˌægrəˈkʌltʃərəl || ˌægrɪˈkʌltʃərəl/ *adj* ‹*country/worker/tool/show*› agrícola; **~ college** ≈ escuela *f* de agricultura *or* de agronomía; **~ science** agronomía *f*

agricultural engineering *n* [u] ingeniería *f* agrícola

agriculturalist /ˌægrəˈkʌltʃərələst || ˌægrɪˈkʌltʃərəlɪst/ *n* ▸ **agriculturist**

agriculture /ˈægrəkʌltʃər || ˈægrɪkʌltʃə(r)/ *n* [u] agricultura *f*

agriculturist /ˌægrəˈkʌltʃərəst || ˌægrɪˈkʌltʃərɪst/ *n* perito agrónomo, perita agrónoma *m,f*; (with university degree) ≈ ingeniero agrónomo, ingeniera agrónoma *m,f*

agriproduct /ˈægrəˌprɑːdəkt || ˈægrɪˌprɒdʌkt/ *n* producto *m* agrícola, agroproducto *m* (AmL)

agriscience /ˈægrəˌsaɪəns || ˈægrɪˌsaɪəns/ *n* [u] agrociencia *f*

agrobiology /ˌægrəʊbaɪˈɑːlədʒi || ˌægrəʊbaɪˈɒlədʒi/ *n* agrobiología *f*

agrobusiness /ˈægrəʊˌbɪznəs || ˈægrəʊˌbɪznɪs/ *n* [u c] ▸ **agribusiness**

agrochemical /ˈægrəʊˌkemɪkəl/ *n* producto *m* químico utilizado en la agricultura

agro-industry /ˈægrəʊˌɪndəstri/ *n* [u] agroindustria *f*

agronomist /əˈgrɑːnəməst || əˈgrɒnəmɪst/ *n* agrónomo, -ma *m,f*

agronomy /əˈgrɑːnəmi || əˈgrɒnəmi/ *n* [u] agronomía *f*

agroproduct /ˈægrəʊˌprɑːdʌkt || ˈægrəʊˌprɒdʌkt/ *n* agroproducto *m*

agrotechnology /ˌægrəʊtekˈnɑːlədʒi || ˌægrəʊtekˈnɒlədʒi/ *n* [u] agrotecnología *f*

aground[1] /əˈgraʊnd/ *adv* **to go** *o* **run ~ (ON sth)** encallar (EN algo)

aground[2] *adj* (*pred*) **to be ~ (ON sth)** estar* encallado (EN algo)

ague /ˈeɪgjuː/ *n* [u] (arch) fiebres *fpl* palúdicas

aguti /əˈguːti/ *n* ▸ **agouti**

ah /ɑː/ *interj* ¡ah!

aha /ɑːˈhɑː/ *interj* ¡ajá!

ahead /əˈhed/ *adv*

A **1** (indicating movement): **she went on ~ to greet them** se adelantó para saludarlos; **take the second left, then go straight ~** tome la segunda a la izquierda y luego siga todo recto *or* derecho; **I'll go on ~ to see what's happening** yo iré delante *or* adelante a ver qué está pasando; **she sent the trunk ~ by rail** mandó el baúl antes *or* por delante por tren; **full speed** *o* **steam ~!** (Naut) ¡avante a toda máquina! **2** (indicating position): **a short distance ~** un poco más adelante; **the post office is straight ~** la oficina de correos está siguiendo recto **3** (in race, competition): **our team was ~** nuestro equipo llevaba la delantera; **we're only one goal ~** vamos ganando por sólo un gol; **the Japanese are still way ~ in that field** los japoneses siguen estando a la cabeza en ese campo **4** (in time): **the years/months ~** los años/meses venideros, los próximos años/meses; *see also* **go ahead**, ▸ **think ahead** *etc*

B **ahead of** **1** (in front of) delante de **2** (in race, competition) por delante de **3** (before): **she got there an hour ~ of everybody else** llegó una hora antes que los demás; **you will be notified ~ of the meeting** se le hará saber antes de *or* (frml) con antelación a la reunión; **Athens is two hours ~ of London** Atenas va dos horas por delante de Londres, en Atenas es dos horas más tarde que en Londres; **we're ~ of time** vamos adelantados; **they arrived ~ of time** llegaron antes de la hora; **payments ~ of time** pagos por adelantado; *see also* **time**[1] **Sense I H1**

ahem /əˈhem/ *interj* ¡ejem!

ahoy /əˈhɔɪ/ *interj*: **ship ~!** ¡barco a la vista!; **~ there!** ¡ah del barco!

AI *n* [u] **1** (Comput) (= **artificial intelligence**) IA **2** (Agr) = **artificial insemination** **3** = **Amnesty International**

aid[1] /eɪd/ *n* **1** [u] (assistance, support) ayuda *f*; **with the ~ of sth/sb** con la ayuda de algo/algn; **to come/go to sb's ~** venir*/ir* en ayuda *or* (liter) auxilio de algn; **a man rushed to her ~** un hombre corrió en su ayuda *or* a ayudarla **2** [u] (monetary) ayuda *f*, asistencia *f*; **foreign ~** ayuda *or* asistencia económica al exterior, ayuda externa; **a concert in ~ of the victims** un concierto a beneficio de los damnificados; **what's all this in ~ of?** (BrE colloq) ¿a qué viene todo esto? (fam); (*before n*) ‹*project/budget*› de ayuda *or* asistencia **3** [c] (apparatus, tool): **it can be used as an ~ to learning** puede usarse para facilitar el aprendizaje; **~s for the handicapped** artículos *mpl* para minusválidos; **teaching ~s** material *m* didáctico; **visual ~s** soporte *m* (de material) visual **4** [c] (assistant) (AmE) asistente, -ta *m,f*

aid[2] *vt* ayudar; **to ~ one another** ayudarse *or* prestarse ayuda mutuamente; **~ed by the latest equipment** con la ayuda del equipo más moderno; **rest and a healthy diet will ~ a rapid recovery** el descanso y una dieta sana contribuirán a su pronta mejoría; **the government ~s other countries with money** el gobierno presta (su) ayuda económica a otros países; **to ~ and abet sb** (Law) instigar* *or* secundar a algn (*en la comisión de un delito*); **~ed and abetted by his partner** instigado y secundado por su socio

AID *n* [u] = **artificial insemination by donor**

aid agency *n* organismo *m* de ayuda

aide /eɪd/ *n* asesor, -sora *m,f*; **a Presidential ~** un funcionario de la presidencia, un asesor del presidente

-aided /ˈeɪdəd || ˈeɪdɪd/ *suff* **1** (assisted): **computer~** asistido por computadora **2** (funded): **state~** subvencionado por el estado

aide-de-camp /ˌeɪddəˈkɑːm || ˌeɪddəˈkɒm/ *n* (*pl* **aides-de-camp** /ˈeɪdz-/) ayuda *m* de campo, edecán *m*

aide-memoire /ˌeɪdmeɪmˈwɑːr || ˌeɪdmemˈwɑː(r)/ *n* (*pl* **aides-memoire** /ˌeɪdmeɪmˈwɑːr || ˌeɪdmemˈwɑː(r)/) **1** (memorandum) memorándum *m*, ayuda memoria *m* **2** (reminder) recordatorio *m*

aid flight *n* vuelo *m* de ayuda

aid organization *n* ▸ **aid agency**

aid package *n* paquete *m* de ayudas

aid plan *n* plan *m* de ayuda

aid program, (BrE) **aid programme** *n* programa *m* de ayuda

AIDS /eɪdz/ *n* [u] (= **acquired immune deficiency syndrome**) sida *m*, SIDA *m*

Aids awareness *n* [u] conciencia *f* sobre los peligros del sida

Aids education *n* [u] educación *f* para prevenir el sida

aid station *n* puesto *m* de socorro

Aids test *n* prueba *f* del sida

Aids virus *n* (Med) virus *m* del sida, VIH *m*

aid worker *n* cooperante *mf*

ail /eɪl/ *vt* (arch *or* journ) aquejar (frml); **what ~s you?** (arch) ¿qué tienes?, ¿qué te sucede?

■ **ail** *vi* no andar* bien, estar* enfermo; **he's been ~ing for a long time** hace tiempo que no anda bien

aileron /ˈeɪlərɑːn || ˈeɪlərɒn/ *n* alerón *m*

ailing /ˈeɪlɪŋ/ *adj* ‹*person*› enfermo; ‹*industry/economy*› renqueante, aquejado de problemas

ailment /ˈeɪlmənt/ *n* enfermedad *f*, dolencia *f* (frml), achaque *m* (fam), problema *m*

aim[1] /eɪm/ *vt* **1** **to ~ sth (AT sb/sth)**: **he ~ed the gun at her** le apuntó con la pistola; **their missiles are ~ed at the capital** sus misiles apuntan a la capital; **she ~ed a blow at his head** intentó darle en la cabeza; **don't ~ the camera into the sun** no apuntes directamente al sol con la cámara **2** (*usu pass*) **to be ~ed AT**

sb/sth/-ING: **she felt the insult was ~ed specifically at her** sintió que el insulto iba dirigido a ella en particular; **the talks were ~ed at ending the strike** las conversaciones tenían como objetivo acabar con la huelga; **the movie is ~ed at a young audience** la película está *or* va dirigida a un público joven

■ **aim** *vi* 1 (point weapon) apuntar; **to ~ high/low** apuntar alto/bajo; **to ~ AT sth/sb** apuntar(le) A algo/algn; **to ~ FOR sth** apuntar(le) A algo 2 (aspire) aspirar; **to ~ high/low** aspirar a mucho/a poco; **to ~ FOR sth**: **we must ~ for total elimination of the disease** nuestro objetivo debe ser la total erradicación de la enfermedad 3 (intend, plan) **to ~ to + INF** querer* + INF, proponerse* + INF; **what we ~ to do** lo que queremos *or* nos proponemos hacer; **we ~ to please** nuestro objetivo es satisfacer a nuestros clientes; **we ~ to get there by noon** queremos *or* nos proponemos llegar antes del mediodía

aim² *n* 1 [c] (goal, object) objetivo *m*, propósito *m*; **her main ~ in life is to get rich** su principal objetivo es enriquecerse; **she has no ~ in life** no tiene un norte *or* un objetivo en la vida; **with the ~ of -ING** con la intención *or* el propósito de + INF; **with the ~ of learning the language** con la intención *or* el propósito de aprender el idioma 2 [u] (with weapon) puntería *f*; **to take ~** hacer* puntería, apuntar; **to take ~ at sb/sth** apuntarle a algn/algo; **to miss one's ~** errar* el tiro; **he took careful ~ and fired** afinó la puntería *or* apuntó con cuidado y disparó; **to have a good/poor ~** tener* buena/mala puntería

aimless /'eɪmləs || 'eɪmlɪs/ *adj* ‹*wandering*› sin rumbo (fijo); ‹*existence*› sin norte; ‹*discussion*› que no conduce a nada; **she feels pretty ~ now the exams are over** se siente desorientada *or* perdida ahora que han terminado los exámenes

aimlessly /'eɪmləsli || 'eɪmlɪsli/ *adv* ‹*walk*› sin rumbo (fijo); ‹*live*› sin objeto, sin norte; ‹*talk*› sin ton ni son

aimlessness /'eɪmləsnəs || 'eɪmlɪsnɪs/ *n* [u] (of walk) falta *f* de rumbo; (of life) falta *f* de sentido *or* norte; (of talk) insulsez *f*

ain't /eɪnt/ (colloq & dial) 1 **= am not** 2 **= is not** 3 **= are not** 4 **= has not** 5 **= have not**

air¹ /er || eə(r)/ *n*

A [u] aire *m*; **open the window to let some ~ in** abre la ventana para que entre un poco de aire; **I let the ~ out of his tires** le desinflé los neumáticos; **let's go out to get some fresh ~** salgamos a tomar el fresco; **sea ~** aire de mar; **the ~ was thick with smoke** la atmósfera estaba cargada de humo; **their shouts filled the ~** se oían sus gritos por todas partes; **all the birds of the ~** (liter) todas las aves del cielo (liter); **to take to the ~** alzar* *or* levantar el vuelo; **to rise into the ~** subir; **to go by ~** ir* en avión; **to send sth by ~** mandar *or* enviar* algo por avión; ***a change of ~*** un cambio de aire(s); ***the ~ was blue*** (BrE colloq): **he dropped the hammer on his toe and the ~ was blue** se le cayó el martillo en el pie y empezó a echar sapos y culebras (fam); ***to be in the ~*** (hinted at) respirarse en el ambiente; (uncertain, undecided) estar* en el aire; (unprotected) estar* expuesto *or* al descubierto; **there is something in the ~** se respira algo en el ambiente; **revolution was in the ~** corrían vientos de revolución; **spring is in the ~** se respiran aires primaverales; **to leave sth in the ~** dejar algo en el aire *or* en suspenso; ***to be up in the ~*** ‹‹*plans*›› estar* en el aire; ‹‹*person*›› saltar de contento; ***to clear the ~*** ‹‹*talk/argument*›› aclarar las cosas (lit) ‹‹*storm*›› despejar el ambiente; ***to go up in the ~*** (BrE) subirse por las paredes (fam); ***to live on ~*** vivir del aire; ***to take the ~*** (dated) (salir* a) tomar el fresco; ***to vanish o disappear into thin ~*** esfumarse, desaparecer*; **you never see her name in the newspapers now, she's just disappeared into thin ~** ya no sale más en los periódicos, es como si se la hubiera tragado la tierra; ***to walk o*** (BrE also) ***tread on ~*** estar* *or* sentirse* en las nubes; (*before n*) ‹*bubble/mass/chamber*› de aire; ‹*temperature*› del aire; ‹*route/attack*› aéreo; ‹*pollution*› de la atmósfera; **~ pressure** presión *f* atmosférica

B [u] (Rad, TV): **to be on ~/on the ~** estar* en el *or* (Chi, Méx) al aire, estar* en antena (Esp); **he's on (the) ~ twice a week** su programa se emite dos veces por semana; **the station is on (the) ~ 24 hours a day** la emisora transmite *or* emite las 24 horas del día; **to come** *o* **go on ~/on the ~** salir* al aire *o* (Esp) en antena; **we go off (the) ~ at 12** cerramos la emisión a las 12; **the transmission suddenly went off (the) ~** la transmisión se interrumpió de repente

C 1 [c] (manner, look, atmosphere) aire *m*; **an ~ of mystery** un aire de misterio; **an aristocratic ~** cierto aire *or* aspecto aristocrático 2 **airs** *pl* (affectations) aires *mpl*; **to put on/give oneself ~s** darse* aires, mandarse las partes (CS fam); **~s and graces** afectación *f*

D [c] (Mus) aire *m*

E [c] (breeze) (poet) brisa *f*

air² *vt*

A 1 ‹*clothes/linen*› airear, orear; ‹*bed/room*› ventilar, airear 2 ‹*opinion/grievance*› manifestar*, ventilar; **he likes to ~ his knowledge** le gusta hacer alarde de sus conocimientos

B (broadcast) (AmE) ‹*program*› transmitir, emitir

■ **air** *vi*

A ‹‹*clothes/sheets*›› ventilarse, airearse, orearse; **he hung the clothes out to ~** colgó la ropa para que se ventilara *or* aireara *or* oreara

B (AmE) (Rad, TV) transmitirse, emitirse

air alert *n*

A (state of readiness) estado *m* de alerta aérea

B (warning) alerta *f* aérea

air ambulance *n* ambulancia *f* aérea, avión *m* sanitario

air bag *n* (Auto) bolsa *f* de aire, air bag *m*

air base *n* base *f* aérea

air bed *n* (BrE) colchón *m* inflable *or* neumático

airborne /'erbɔːrn || 'eəbɔːn/ *adj* 1 (carried by the air) ‹*seeds/dust*› transportado por el aire 2 (transported by air) ‹*troops/units*› aerotransportado 3 (off the ground): **the plane is now ~** el avión ha despegado; **I realized we were ~** me di cuenta de que volábamos

air brake *n* 1 (on vehicle) freno *m* de aire *or* neumático 2 (on plane) freno *m* aerodinámico

airbrick /'erbrɪk || 'eəbrɪk/ *n* (BrE) ladrillo *m* de ventilación

air bridge *n* (BrE) puente *m* aéreo

airbrush¹ /'erbrʌʃ || 'eəbrʌʃ/ *n* aerógrafo *m*

airbrush² *vt* pintar con aerógrafo

airburst /'er,bɜːrst || 'eə,bɜːst/ *n* explosión *f* en el aire

airbus /'erbʌs || 'eəbʌs/ *n* aerobús *m*

air carrier *n* línea *f* aérea, aerolínea *f*, compañía *f* aérea

air chief marshal *n* (in UK) brigadier *m* general (en AmL), teniente *m* general (CAS) (en Esp)

air commodore *n* (in UK) brigadier *m* (*en AmL*), general *m* de brigada (*en Esp*)

air compressor *n* compresor *m* de aire

air-conditioned /'erkən,dɪʃənd || 'eəkən,dɪʃənd/ *adj* refrigerado, climatizado, con aire acondicionado

air conditioner *n* acondicionador *m* de aire

air conditioning *n* [u] aire *m* acondicionado

air-cooled /'erkuːld || 'eəkuːld/ *adj* refrigerado por aire

air corridor *n* pasillo *m or* corredor *m* aéreo

air cover *n* [u] (Mil) cobertura *f* aérea

aircraft /'erkræft || 'eəkrɑːft/ *n* (*pl* ~) avión *m*, aparato *m*; (*before n*) ‹*industry*› aeronáutico

aircraft carrier *n* portaaviones *m*

aircraftman /'erkræftmən || 'eəkrɑːftmən/ *n* (*pl* **-men** /-mən/) (in UK) soldado *m* de la fuerza aérea

air crash *n* accidente *m* aéreo, avionazo *m* (Méx)

aircrew /'erkruː || 'eəkruː/ *n* tripulación *f* del avión (*or* aparato *etc*)

air current *n* corriente *f* de aire

air cushion *n* 1 (of hovercraft) colchón *m* de aire 2 (cushion) almohadón *m* inflable

air defense, (BrE) **air defence** *n* [u c] defensa *f* aérea, defensa *f* antiaérea

air disaster *n* desastre *m* aéreo

air display *n* exhibición *f* aérea, espectáculo *m* aéreo

airdrome /'erdrəʊm || 'eədrəʊm/ *n* (AmE) aeródromo *m*

airdrop¹ /'erdrɑːp || 'eədrɒp/ *n* suministro *m* por paracaídas

airdrop² *vt* **-pp-** ‹*supplies/troops*› lanzar* desde un avión *or* en paracaídas

air-dry /'er,draɪ || 'eə,draɪ/ *vt* secar* al aire

■ **air-dry** *vi* dejar* secar* al aire, dejar al aire para secar

airer /'erər || 'eərə(r)/ *n* (BrE) tendedero *m*

air-exclusion zone *n* zona *f* de exclusión aérea

airfare /'erfer || 'eəfeə(r)/ *n* precio *m* del pasaje *or* (Esp tb) del billete de avión; **it's half the price of the ~** sale la mitad que el pasaje *or* (Esp tb) el billete de avión; **~s are set to rise** van a subir las tarifas aéreas

airfield /'erfiːld || 'eəfiːld/ *n* aeródromo *m*, campo *m* de aviación

air filter *n* filtro *m* de aire

airflow /'erfləʊ || 'eəfləʊ/ *n* [u c] circulación *f* del aire

airfoil /'erfɔɪl || 'eəfɔɪl/ *n* (AmE) plano *m* aerodinámico

air force *n* 1 (of nation) fuerza *f* aérea, ejército *m* del aire 2 (unit) (AmE) *división de la fuerza aérea estadounidense*

airframe /'erfreɪm || 'eəfreɪm/ *n* armazón *m or f* (*de un avión*)

air-freight /'erfreɪt || 'eəfreɪt/ *vt* transportar *or* enviar* por avión *or* vía aérea

air freight *n* [u] 1 (system) transporte *m* aéreo; **to send sth (by) ~ ~** enviar* algo por avión *or* por vía aérea 2 (charge) flete *m* (aéreo) 3 (goods) carga *f* (aérea)

air freight terminal *n* terminal *f* de carga, terminal *m* de carga (Chi, Per)

air freshener /'freʃnər || 'freʃnə(r)/ *n* ambientador *m*, desodorante *m* ambiental *or* de ambientes (CS)

air gap *n* cámara *f* de aire

air guitar *n* (colloq): **to play ~ ~** hacer como que se toca la guitarra (eléctrica)

air gun *n* (revolver) pistola *f* de aire comprimido; (rifle) escopeta *f or* rifle *m* de aire comprimido

air hammer *n* martillo *m* neumático

airhead /'er,hed || 'eə,hed/ *n* (colloq) cabeza *mf* hueca (fam)

airhole /'erhəʊl || 'eəhəʊl/ *n* respiradero *m*; (in ice) bolsa *f* de aire

air hostess *n* azafata *f*, aeromoza *f* (AmL)

airily /'erəli || 'eərɪli/ *adv* sin darle importancia, con ligereza *or* displicencia; **she ~ mentioned that she was leaving for Brazil the next day** como quien no quiere la cosa dejó caer que salía para Brasil al día siguiente

airiness /'erinəs || 'eərinɪs/ *n* [u] 1 (of house, room) lo espacioso y aireado 2 (of reply, remark) ligereza *f*

airing /'erɪŋ || 'eərɪŋ/ *n* 1 **to give sth an ~** airear *or* orear algo; ‹*room*› ventilar *or* airear algo 2 (public exposure): **the issue received its first ~ recently** el problema se ventiló por primera vez hace poco

airing cupboard *n* (BrE) *armario para orear la ropa, donde suele estar el tanque de agua caliente*

air intake *n* [u c]

A [c] 1 (on aircraft) toma *f* de aire 2 (of carburetor) entrada *f* de aire

B [u] (air taken in) cantidad *f* de aire tomado

air kiss *n* (colloq) beso *m* al aire

air lane *n* vía *f* aérea, pasillo *m or* corredor *m* aéreo

air-launched /'er,lɔːntʃt || 'eə,lɔːntʃt/ *adj* lanzado desde el aire

airless /'erləs || 'eəlɪs/ *adj* ‹*room*› mal ventilado; **it's terribly ~ in here** aquí falta (el) aire; **it was a hot, ~ day** hacía mucho calor y no corría nada el aire

air letter *n* aerograma *m*

airlift[1] /'erlɪft || 'eəlɪft/ *n* puente *m* aéreo

airlift[2] *vt* aerotransportar, transportar por avión *or* por vía aérea

airline /'erlaɪn || 'eəlaɪn/ *n* 1 (company) línea *f* aérea, aerolínea *f*, compañía *f* aérea; **KLM, the Dutch ~** KLM, la(s) línea(s) aérea(s) holandesa(s) *or* la compañía aérea holandesa 2 (pipe, tube) tubo *m* del aire

airline pilot *n* piloto *mf* de línea aérea

airliner /'er,laɪnər || 'eə,laɪnə(r)/ *n* avión *m* (*de pasajeros*)

air link *n* conexión *f* aérea

airlock /'erlɑːk || 'eəlɒk/ *n* 1 (chamber) cámara *f* estanca 2 (in pipe) burbuja *f* de aire

airmail[1] /'ermeɪl || 'eəmeɪl/ *n* [u] correo *m* aéreo; **to send sth (by) ~** mandar *or* enviar* algo por avión *or* por vía aérea; (*before n*) ‹*paper/envelope*› de avión; **the ~ edition of The Times** la edición aérea del Times

airmail[2] *vt* mandar *or* enviar* por avión *or* por vía aérea

airmail letter *n* carta *f* por correo aéreo, carta *f* aérea (esp AmL)

airmail sticker *n* etiqueta *f* de correo aéreo

airman /'ermən || 'eəmən/ *n* (*pl* **-men** /-mən/) 1 (pilot) aviador *m* 2 (rank) soldado *m* de la fuerza aérea

air marshal *n* (in UK) mariscal *m* del aire, teniente *m* general

air mattress *n* colchón *m* inflable *or* neumático

air mile *n* 1 (measurement) milla *f* aérea 2 (for frequent flyers) milla *f* aérea, punto *m* (aéreo) (Esp)

airmiss /'ermɪs || 'eəmɪs/ *n* (BrE) airmiss *m*, riesgo *m* serio de colisión aérea *or* en el aire

air offensive *n* ofensiva *f* aérea

air pistol *n* pistola *f* de aire comprimido

airplane /'erpleɪn || 'eəpleɪn/ *n* (AmE) avión *m*

airplay /'erpleɪ || 'eəpleɪ/ *n* [u] espacio *m* *or* tiempo *m* en antena

air pocket *n* 1 (Meteo) bache *m*, bolsa *f* de aire 2 (in pipe, mine shaft) bolsa *f* de aire

airport /'erpɔːrt || 'eəpɔːt/ *n* aeropuerto *m*

airport tax *n* tasa *f* de aeropuerto, impuesto *m* de aeropuerto

air power *n* [u] poderío *m* aéreo

air pressure *n* [u] 1 presión *f* del aire 2 (Meteo) presión *f* atmosférica

air pump *n* bomba *f* de aire

air purifier *n* purificador *m* de aire

air quality *n* calidad *f* del aire

air rage *n* [u] comportamiento *m* violento a bordo de un avión, síndrome *m* del pasajero alborotador

air raid *n* ataque *m* aéreo; (*before n*) ‹*precautions*› contra un ataque aéreo

air-raid shelter *n* refugio *m* antiaéreo

air-raid siren *n* sirena *f* antiaérea

air-raid warden *n* guardián *m* antiaéreo

air-raid warning *n* alarma *f* antiaérea

air-resistance /'errɪ,zɪstəns || 'eərrɪ,zɪstəns/ *n* [u] resistencia *f* al aire

air rifle *n* escopeta *f* *or* rifle *m* de aire comprimido

airscrew /'erskruː || 'eəskruː/ *n* (BrE) hélice *f* (de avión)

air-sea rescue /'er'siː/ *n* [c u] operación *f* de salvamento *or* rescate aeronaval

airship /'erʃɪp || 'eəʃɪp/ *n* dirigible *m*, zepelín *m*

air show *n* (air display) demostración *f* de acrobacia aérea; (fair, exhibition) salón *m* aeronáutico

air shuttle *n* puente *m* aéreo

airsick /'ersɪk || 'eəsɪk/ *adj*: **to be ~** estar* mareado (*en un avión*); **to get ~** marearse (*al viajar en avión*)

airsickness /'er,sɪknəs || 'eə,sɪknɪs/ *n* [u] mareo *m* (*al viajar en avión*); (*before n*) ‹*bag*› para el mareo; ‹*pill*› contra el mareo

airside[1] /'ersaɪd || 'eəsaɪd/ *n* [u] zona *f* de embarque (*en un aeropuerto*)

airside[2] *adv* en la zona de embarque

air sock *n* manga *f* de viento

airspace /'erspeɪs || 'eəspeɪs/ *n* [u] espacio *m* aéreo

airspeed /'erspiːd || 'eəspiːd/ *n* velocidad *f* relativa de vuelo

air speed indicator *n* indicador *m* de la velocidad del vuelo

air steward *n* ▸**steward A**

air stewardess *n* ▸**stewardess**

airstream /'erstriːm || 'eəstriːm/ *n* (Meteo) corriente *f* de aire

air strike *n* ataque *m* aéreo

airstrip /'erstrɪp || 'eəstrɪp/ *n* pista *f* de aterrizaje

air support *n* [u] apoyo *m* aéreo

air surveillance *n* [u] vigilancia *f* desde el aire

air suspension *n* [u] suspensión *f* neumática

air terminal *n* terminal *f or m* (*de autobuses, etc que llevan al aeropuerto*)

air ticket *n* pasaje *m*, aéreo (esp AmL), billete *m* de avión (Esp), boleto *m* aéreo (AmC, Méx)

airtight /'ertaɪt || 'eətaɪt/ *adj* ‹*room/box*› hermético; ‹*alibi/argument*› a toda prueba

airtime /'ertaɪm || 'eətaɪm/ *n* [u] tiempo *m* de emisión *or* en antena

air-to-air /'ertə'er || ,eətə'eə(r)/ *adj* ‹*missile/rocket*› aire-aire

air-to-ground /ertə'graʊnd || ,eətə'graʊnd/ *adj* ‹*missile*› aire-superficie, aire-tierra

air-to-surface /,ertə'sɜːrfəs || ,eətə'sɜːfɪs/ *adj* aire-tierra

air traffic *n* [u] tráfico *m* aéreo; (*before n*): **~ ~ control** control *m* del tráfico aéreo; **~ ~ controller** controlador aéreo, controladora aérea *m,f*

air travel *n* [u] viajes *mpl* aéreos

air traveler, (BrE) **-ll-** *n* viajero -ra *m,f* de avión

air valve *n* 1 (for flow of air) válvula *f* de control del aire 2 (for escape of air) válvula *f* de salida de aire

air vent *n* 1 (in building) respiradero *m* 2 (in clothing) abertura *f* 3 (on radiator) válvula *f* de salida de aire

air vice marshal *n* (in UK) general *mf* de división, mayor *mf* general (*en Chi, Col*), brigadier *mf* mayor (*en Arg*), teniente *mf* general (*en Ur*)

air war *n*
A (Rad, TV) batalla *f* por los espacios electorales
B (airborne conflict) guerra *f* aérea

airwaves /'erweɪvz || 'eəweɪvz/ *pl n*: **the ~** (Rad) la radio; (TV) la pequeña pantalla

airway /'erweɪ || 'eəweɪ/ *n* 1 (Med) vía *f* respiratoria 2 (Aviat) aerovía *f*, ruta *f* aérea

airwoman /'er,wʊmən || 'eə,wʊmən/ *n* (*pl* **-women**) aviadora *f*

airworthiness /'er,wɜːrðinəs || 'eə,wɜːðinɪs/ *n* [u] aeronavegabilidad *f*

airworthy /'er,wɜːrði || 'eə,wɜːði/ *adj*: **to be ~** estar* en condiciones de vuelo *or* de volar

airy /'eri || 'eəri/ *adj* **airier, airiest** 1 ‹*room/house*› espacioso y aireado 2 (haughty, unconcerned) ‹*manner/reply*› displicente 3 (light, insubstantial) etéreo

airy-fairy /,eri'feri || ,eəri'feəri/ *adj* (esp BrE colloq) vago, poco realista

aisle /aɪl/ *n* 1 (gangway) pasillo *m*; **the bride walked down the ~ on her father's arm** la novia llegó al altar del brazo de su padre; **to lead sb up the ~** llevar a algn al altar; ***to be rolling in the ~s*: the audience was rolling in the ~s** el público estaba muerto de risa *or* se desternillaba de risa; (*before n*): **~ seat** asiento *m* al lado del pasillo 2 (Archit) nave *f* lateral

aitch /eɪtʃ/ *n* hache *f*; **to drop one's ~es** no pronunciar *or* no aspirar las haches (*lo cual es indicio de habla poco educada*)

ajar /ə'dʒɑːr || ə'dʒɑː(r)/ *adj* (*pred*): **to be ~** «*door/window*» estar* entreabierto *or* entornado; **leave the door ~** deja la puerta entreabierta *or* entornada

AK = Alaska

aka (= also known as) alias

akimbo /ə'kɪmbəʊ/ *adj* (*after n*): **(with) arms ~** con los brazos en jarras

akin /ə'kɪn/ *adj* (*pred*) **to be ~ (TO sth)**: **the two ideas are closely ~** las dos ideas están íntimamente relacionadas *or* son muy afines; **the symptoms are ~ to those of the common cold** los síntomas son similares a los de un común resfriado; **politically they are ~ to the greens** su postura política es muy cercana a la de los verdes *or* tiene gran afinidad con la de los verdes

AL 1 **= Alabama** 2 **(= American League)** *la liga estadounidense de béisbol*

Ala = Alabama

à la /'ɑːlə || 'ɑːlɑː/ *prep* a lo; (Culin) a la

alabaster /'ælə,bæstər || 'ælə,bɑːstə(r)/ *n* [u] alabastro *m*; (*before n*) ‹*vase*› de alabastro; ‹*skin*› (liter) de porcelana

à la carte /,ɑːlə'kɑːrt || ,ɑːlɑː'kɑːt/ *adj/adv* a la carta

alacrity /ə'lækrəti/ *n* [u] (frml *or* liter) presteza *f* (liter), prontitud *f* (frml)

Aladdin /ə'lædn || ə'lædɪn/ *n* Aladino; **~'s lamp** la lámpara de Aladino

à la mode /,ɑːlə'məʊd || ,ɑːlɑː'məʊd/ *adj* (*pred*) 1 (fashionable) (liter) de moda, al último grito 2 (Culin): **beef ~ ~ ~** carne *f* guisada *or* estofada; **apple pie ~ ~ ~** (AmE) pastel *m* *or* (AmL) pie *m* de manzana con helado

alarm[1] /ə'lɑːrm || ə'lɑːm/ *n*
A [u] (apprehension) gran preocupación *f*, gran inquietud *f*; **the whole town was in a state of great ~** la ciudad entera vivía momentos de gran inquietud, la alarma había cundido entre la población; **he fled in ~** huyó asustado; **to spread ~** sembrar* la alarma
B [c] 1 (warning) alarma *f*; **to give/raise the ~** dar* la (voz de) alarma 2 (device) alarma *f*; (*burglar/fire ~*) alarma antirrobo/contra incendios 3 (clock) despertador *m*; **set the ~ for six** pon el despertador a las seis

alarm[2] *vt* (worry) alarmar, inquietar; (scare) asustar

alarm bell *n* 1 (warning) alarma *f*; **her words set off ~ ~s in his mind** lo que dijo lo puso en guardia 2 (on clock) timbre *m* del despertador

alarm call *n* (BrE) llamada *f* despertador; **I'd like an ~ ~ for 8 o'clock** por favor, llámeme a las ocho

alarm clock *n* (reloj *m*) despertador *m*

alarmed /ə'lɑːrmd || ə'lɑːmd/ *adj* (*pred*) 1 (apprehensive): **don't be ~, I won't hurt you** no te asustes, no te voy a hacer daño; **I began to be ~** empecé a alarmarme *or* inquietarme 2 (fitted with alarm) ‹*fence/door*› con alarma; ‹*building/car*› dotado de sistema de alarma; **all the doors and windows are ~** todas las puertas y ventanas tienen alarma

alarming /ə'lɑːrmɪŋ || ə'lɑːmɪŋ/ *adj* alarmante, preocupante, inquietante; **hospitals are closing at an ~ rate** se están cerrando hospitales a un ritmo alarmante

alarmingly /ə'lɑːrmɪŋli || ə'lɑːmɪŋli/ *adv* ‹*decline/increase*› de forma alarmante *or* preocupante, alarmantemente; **the time passed ~ quickly** era alarmante *or* inquietante lo rápido que pasaba el tiempo; **rather ~, we found we were losing height** nos dimos cuenta, alarmados, de que perdíamos altura

alarmist[1] /ə'lɑːrməst || ə'lɑːmɪst/ *adj* alarmista

alarmist[2] *n* alarmista *mf*

alarm signal *n* señal *f* de alarma

alarm system *n* sistema *m* de alarma; **burglar ~ ~** sistema de alarma antirrobo; **car ~ ~** sistema de alarma de coches

a

alas /ə'læs/ *interj* (liter *or* frml) ¡ay! (liter); **we had hopes, but, ~, they came to nothing** teníamos esperanzas pero, ¡ay!, se vieron defraudadas (liter); **we thought he might pass, but, ~, he didn't** pensábamos que quizás aprobara pero lamentablemente *or* muy a pesar nuestro no fue así

Alaskan¹ /ə'læskən/ *adj* de Alaska, alaskeño

Alaskan² *n* habitante *mf* de Alaska, alaskeño, -ña *m,f*

alb /ælb/ *n* alba *f‡*

Albania /æl'beɪniə/ *n* Albania *f*

Albanian¹ /æl'beɪniən/ *adj* albanés

Albanian² *n* 1 [c] (person) albanés, -nesa *m,f* 2 [u] (language) albanés *m*

albatross /'ælbətrɔːs || 'ælbətrɒs/ *n* 1 (Zool) albatros *m* 2 (encumbrance, liability) lastre *m*, estorbo *m*; **this decision will end up as an ~ (hanging) around his neck** va a terminar pagando cara esta decisión

albeit /ɔːl'biːɪt/ *conj* (frml) si bien es cierto que (frml), aunque; **yes, I have been there, ~ briefly** sí he estado allí, aunque *or* (frml) si bien es cierto que por poco tiempo

albinism /'ælbənɪzəm || 'ælbɪnɪzəm/ *n* [u] albinismo *m*

albino /æl'baɪnəʊ || æl'biːnəʊ/ *n* (*pl* **-nos**) albino, -na *m,f*; (*before n*) ‹*mouse/human*› albino

Albion /'ælbiən/ *n* (poet) Albión *f*

album /'ælbəm/ *n* 1 (book) álbum *m*; **photograph/stamp ~** álbum de fotos/sellos 2 (Audio) álbum *m*

albumen /æl'bjuːmən || 'ælbjʊmən/ *n* [u] 1 (egg white) clara *f* (de huevo) 2 (Chem) albúmina *f* 3 (Bot) albumen *m*

albumin /æl'bjuːmən || 'ælbjʊmɪn/ *n* albúmina *f*

alchemist /'ælkəməst || 'ælkəmɪst/ *n* alquimista *mf*

alchemy /'ælkəmi/ *n* [u] alquimia *f*

alcohol /'ælkəhɔːl || 'ælkəhɒl/ *n* [u] 1 (drink) alcohol *m* 2 (Chem) alcohol *m*

alcohol-free /,ælkəhɑːl'friː || ,ælkəhɒl'friː/ *adj* ‹*drink/cosmetics*› sin alcohol; **the coffee bar is an ~ area** en la cafetería no se sirven bebidas alcohólicas

alcoholic¹ /,ælkə'hɔːlɪk || ,ælkə'hɒlɪk/ *adj* 1 ‹*drink*› alcohólico; **this punch is very ~** este ponche tiene mucho alcohol; **an ~ stupor** un sopor etílico 2 (Med) alcohólico

alcoholic² *n* alcohólico, -ca *m,f*

alcoholism /'ælkəhɔːlɪzəm || 'ælkəhɒlɪzəm/ *n* [u] alcoholismo *m*

alcohol-related /,ælkəhɑːlrɪ'leɪtəd || ,ælkəhɒlrɪ'leɪtɪd/ *adj* relacionado con el alcohol

alcopop /'ælkəʊpɑːp || 'ælkəʊpɒp/ *n* (BrE colloq); *mezcla de refresco y alcohol, ideado para consumidores jóvenes*

alcove /'ælkəʊv/ *n* (recess) hueco *m*; (niche) hornacina *f*, nicho *m*

alder /'ɔːldər || 'ɔːldə(r)/ *n* aliso *m*

alderman /'ɔːldərmən || 'ɔːldəmən/ *n* (*pl* **-men** /-mən/) 1 (in US) concejal *m* 2 (Hist) (in UK) regidor, -dora *m,f*

alderwoman /'ɔːldər,wʊmən || 'ɔːldə,wʊmən/ *n* (*pl* **-women**) (in US) concejala *f*

ale /eɪl/ *n* [u c] cerveza *f*; **real ~** (BrE) cerveza de elaboración tradicional

alehouse /'eɪlhaʊs/ *n* (arch) taberna *f*

alert¹ /ə'lɜːrt || ə'lɜːt/ *adj* alerta (*adj inv*); **to be ~** (vigilant) estar* alerta; (lively-minded) ser* despierto; **to stay ~** mantenerse* alerta *or* en guardia, seguir* atento *or* prestando atención; **to be ~ TO sth** estar* atento A algo

alert² *n* alerta *f*; **on red/amber ~** en (estado de) alerta *or* alarma roja/amarilla; **to put sb on the ~** poner* a algn en guardia, alertar a algn; **be on the ~ for any suspicious visitors** estáte alerta *or* al tanto por si viene alguien sospechoso

alert³ *vt* ‹*troops/police/coastguard*› alertar, poner* sobre aviso; **to ~ sb TO sth**: **young people need to be ~ed to the dangers of drug abuse** se debe alertar a los jóvenes sobre los peligros del consumo de drogas, se debe poner en guardia a los jóvenes frente a los peligros del consumo de drogas

alertness /ə'lɜːrtnəs || ə'lɜːtnɪs/ *n* [u] (watchfulness) vigilancia *f*, actitud *f* alerta; (liveliness) lo despierto

Aleutian Islands /ə'luːʃən/ *pl n*: **the ~ ~** las (islas) Aleutianas

A level *n*: (*in UK exc Scotland*)

> **A level - Advanced level**
>
> Es el término genérico para referirse a los exámenes que hacen los estudiantes que desean acceder a la enseñanza superior. En el sistema reformado, el examen se divide en dos partes: *AS level* y *A2*. Por lo general los estudiantes hacen el *A2* en el último año de la enseñanza secundaria para así completar íntegramente el programa del *A level*.
>
> Las universidades u otras instituciones seleccionan a los alumnos en razón de las calificaciones que hayan obtenido, especialmente en aquellas materias que tienen relación directa con el área de estudio terciario que se ha elegido. *Ver tb* ▸**AS level - Advanced Supplementary level.**

Alexander the Great /,ælɪg'zændər || ,ælɪg'zɑːndə(r)/ *n* Alejandro Magno

Alexandria /,ælɪg'zændriə || ,ælɪg'zɑːndriə/ *n* Alejandría *f*

alexandrine /,ælɪg'zændriːn || ,ælɪg'zændraɪn/ *n* alejandrino *m*

ALF /,eɪ,el'ef/ *n* = **Animal Liberation Front**

alfalfa /æl'fælfə/ *n* [u] alfalfa *f*

alfresco /æl'freskəʊ/ *adj/adv* al aire libre

alga /'ælgə/ *n* (*pl* **algae** /'ældʒiː/) alga *f‡*

Algarve /ɑːl'gɑːrvə || æl'gɑːv/ *n*: **the ~** el Algarve

algebra /'ældʒəbrə || 'ældʒɪbrə/ *n* [u] álgebra *f‡*

algebraic /,ældʒə'breɪɪk || ,ældʒɪ'breɪɪk/ *adj* algebraico

Algeria /æl'dʒɪriə || æl'dʒɪəriə/ *n* Argelia *f*

Algerian¹ /æl'dʒɪriən || æl'dʒɪəriən/ *adj* argelino

Algerian² *n* argelino, -na *m,f*

algicide /'ældʒəsaɪd || 'ældʒɪsaɪd/ *n* alguicida *m*

Algiers /æl'dʒɪrz || æl'dʒɪəz/ *n* Argel *m*

algorithm /'ælgərɪðəm/ *n* algoritmo *m*

alias¹ /'eɪliəs/ *adv* alias

alias² *n* 1 (Law) alias *m*; **she traveled under an ~** viajaba usando un alias *or* bajo un nombre falso 2 (Comput) alias *m*

alibi /'æləbaɪ || 'ælɪbaɪ/ *n* (Law) coartada *f*; (excuse) excusa *f*, pretexto *m*

alice band /'æləs || 'ælɪs/ *n* (dated) ▸**hairband**

Alice in Wonderland /,æləsən 'wʌndərlænd || ,ælɪsɪn'wʌndəlænd/ *n* Alicia en el país de las maravillas

alien¹ /'eɪliən/ *n* 1 (foreigner) extranjero, -ra *m,f*; **enemy ~** extranjero enemigo; **illegal ~** inmigrante *mf* ilegal 2 (in science fiction) extraterrestre *mf*, alienígena *mf*

alien² *adj* 1 (strange, foreign) ‹*customs*› extraño, foráneo 2 (unknown, uncharacteristic) (*pred*) **to be ~ TO sb/sth** serle* ajeno A algn/algo; **that's completely ~ to him** eso le es totalmente ajeno (a él) 3 (of foreign power) (*before n*) ‹*passport/airspace*› extranjero 4 (in science fiction) (*before n*) extraterrestre, alienígena

alienable /'eɪliənəbəl/ *adj* enajenable, alienable

alienate /'eɪliəneɪt/ *vt*
A (Pol, Psych) alienar; (estrange): **this has ~d all his friends** esto ha hecho que todos sus amigos se alejen *or* se distancien de él; **to ~ the middle classes** perder* el apoyo de la clase media; **to ~ sb FROM sb/sth** alejar a algn DE algn/algo; **to ~ oneself from sb/sth** alejarse *or* distanciarse de algn/algo
B (Law) ‹*property*› enajenar, alienar

alienated /'eɪliəneɪtəd || 'eɪliəneɪtɪd/ *adj* alienado

alienation /,eɪliə'neɪʃən/ *n* [u]
A (Pol, Psych) alienación *f*; (estrangement) **~ (FROM sb)** alejamiento *m or* distanciamiento *m* (DE algn); (*before n*): **~ effect** (Theat) distanciamiento *m*; **~ from society** marginación *f* social
B (Law) enajenación *f*, alienación *f*

alienist /'eɪliənəst || 'eɪlɪənɪst/ *n* (AmE dated) alienista *mf*

alight¹ /ə'laɪt/ *adj* (*pred*): **to be ~** estar*, ardiendo; **her face came ~ at the mention of food** se le iluminó la cara cuando oyó hablar de comida; **to set sth ~** prender(le) fuego a algo; **he set the children's imaginations ~ with his stories** sus cuentos encendían la imaginación de los niños

alight² *vi* (frml) 1 (disembark) apearse (frml), descender* (frml) 2 (land) ‹‹*bird/insect/balloon*›› posarse

Phrasal verb

- **alight on** [v + prep + o] (find by chance) (liter) ‹*solution/method*› dar* con, encontrar*; ‹*truth/fact*› darse* cuenta de; **my eye ~ed on ...** reparé en ..., mi mirada se posó en ... (liter)

align /ə'laɪn/ *vt* 1 (Tech, Auto) alinear 2 (Pol) alinear; **they ~ed themselves with the left** se alinearon con la izquierda

alignment /ə'laɪnmənt/ *n* 1 [u] (Tech) alineación *f*; **to be out of/in ~** no estar*/estar* alineado; **wheel ~** alineación de las ruedas 2 [c u] (Pol) **~ (WITH sb/sth)** alineamiento *m* (CON algn/algo) 3 [c] (Archeol) alineamiento *m*

alike¹ /ə'laɪk/ *adj* (*pred*) parecido; **they're twins, but they don't look ~** son mellizos, pero no se parecen *or* no son parecidos; **you men are all ~!** ¡los hombres son *or* (Esp) sois todos iguales!

alike² *adv* ‹*think/act*› igual, del mismo modo; **popular with young and old ~** popular tanto entre los jóvenes como entre los mayores

alimentary /,ælə'mentəri || ,ælɪ'mentəri/ *adj* (*before n*) alimenticio; **~ canal** *o* **tract** tubo *m* digestivo

alimony /'æləməʊni || 'ælɪməni/ *n* [u] pensión *f* alimenticia

A-line /'eɪ,laɪn/ *adj* ‹*skirt/trousers*› acampanado; ‹*jacket*› con vuelo

alive /ə'laɪv/ *adj* (*pred*) 1 (living) vivo; **is he still ~?** ¿todavía vive *or* está vivo?; **there are people still ~ in the rubble** todavía hay gente con vida entre los escombros; **to stay ~** sobrevivir; **it's good/great to be ~!** ¡qué bueno/maravilloso es vivir!; **the richest man ~ today** el hombre más rico del mundo hoy en día; **no man/woman ~ would deny that** ningún ser viviente lo negaría; **to bury/burn sb ~** enterrar*/quemar vivo a algn; **I was eaten ~ by mosquitoes** los mosquitos me comieron viva; **~ and kicking** (colloq) vivito y coleando (fam); **they were relieved to learn that she was ~ and well** se enteraron con alivio de que estaba sana y salva; **~ and well and living in ...** (set phrase) sigue perfectamente viviendo en ... 2 (animated): **the party came ~ when they arrived** la fiesta se animó cuando llegaron ellos; **the play comes ~ in her hands** la obra cobra vida en sus manos; ***to be ~ with sth***: **the place is ~ with insects** el lugar está plagado de insectos; **the town was ~ with rumors** el pueblo era un hervidero de rumores 3 (active, in existence): **that myth is still ~** ese mito tiene aún vigencia; **to keep sth ~** mantener* vivo algo 4 (aware) **to be ~ TO sth** ‹*to problem/possibility*› ser* sensible A algo, ser* *or* (Chi, Méx) estar* consciente DE algo

alkali /'ælkəlaɪ/ *n* (*pl* **-lis**) álcali *m*; (*before n*): **~ metal** metal *m* alcalino

alkaline /'ælkəlaɪn/ *adj* alcalino

alkalinity /,ælkə'lɪnəti/ *n* [u] alcalinidad *f*

alkaloid /'ælkəlɔɪd/ *n* alcaloide *m*

Alka-Seltzer® /'ælkə,seltsər || 'ælkə,seltsə(r)/ *n* [u c] Alka-Seltzer® *m*

alkie, alky /'ælki/ *n* (*pl* **alkies**) (sl) borrachín, -china *m,f* (fam)

a

All

As a pronoun

When *all* is used as a pronoun to mean *everything*, it is translated by *todo*:

is that all?
= ¿eso es todo?

all was well
= todo estaba bien

When *all* is followed by a *that* clause, *all that* is translated by *todo lo que*:

after all (that) we've done
= después de todo lo que hemos hecho

that was all (that) he said
= eso es todo lo que dijo

When *all* is used to refer to a specified group of people or objects, the translation reflects the number and gender of the people or objects referred to: *todos* is used for a group of people or objects of masculine or mixed gender, and *todas* for a group of feminine gender:

we were all delighted
= estábamos todos contentísimos

where are the cups? – they're all in the kitchen
= ¿dónde están las tazas? – están todas en la cocina

As an adjective

When *all* is used as an adjective, the translation, *todo*, reflects the number and gender of the noun which it modifies:

all the money
= todo el dinero

all the beer
= toda la cerveza

all the men/women
= todos los hombres/todas las mujeres

When *all* as an adjective has the sense of *any* or *every*, it can be translated by *todo* in the singular:

all good teachers know it
= todo buen profesor lo sabe *or* todos los buenos profesores lo saben

all kinds** o **sorts of cars
= todo tipo de coche *or* todos los tipos de coche

As an adverb

As an adverb meaning *completely*, *all* is generally translated either by the adverb *completamente* or by the pronoun *todo*. If the translation is *todo*, it reflects the number and gender of the adjective:

it's all wet
= está todo mojado

she was dressed all in black
= iba toda vestida de negro

For more examples and particular usages, see the entries for **all**

all¹ /ɔːl/ ▸ℹ p.894 *adj*
A (*before n*) todo, -da; (*pl*) todos, -das; **we ate ~ the bread/salad** nos comimos todo el pan/toda la ensalada; **she invited ~ the girls/boys** invitó a todas las niñas/a todos los niños; **~ those present** todos los presentes, la totalidad de los presentes; **drinks of ~ kinds** bebidas de todo tipo; **~ men are equal** todos los hombres son iguales; **~ good teachers know it** todo buen profesor lo sabe; **~ those who agree raise their hands** todos los que estén de acuerdo, que levanten la mano; **~ four of us/them went** fuimos/fueron los cuatro; **I bought ~ three of them** me compré los tres; **~ five were lost** se perdieron los cinco; **rich or famous or intellectual or ~ three** rico o famoso o intelectual o las tres cosas a la vez; **~ kinds** o **sorts of people** todo tipo de gente; **she's been playing ~ morning** se ha pasado toda la mañana *or* la mañana entera jugando; **I haven't seen her ~ day** no la he visto en todo el día; **what's ~ this noise?** ¿a qué viene todo este ruido?; **what's ~ this we hear about you leaving?** ¿qué es eso de que te vas?; **for ~ time** para siempre; **he actually dared to say that, him of ~ people?** ¿y se atrevió a decir eso, nada menos que él *or* precisamente él?; **they're building it next to the church of ~ places** lo están construyendo ni más ni menos que al lado de la iglesia ¡imagínate!; **what made them come here of ~ places?** ¿por qué se les habrá ocurrido venir precisamente aquí?; **of ~ the stupid things to do!** ¡qué estupidez!; **of ~ the times to choose!** ¡no podía haber sido en peor momento!; **but for ~ that, he was not happy** pero aun así *or* a pesar de todo eso, no era feliz; **for ~ his arrogance, he can sometimes be shy** a pesar de su arrogancia, a veces es tímido; **I might as well not bother for ~ the notice he takes** para el caso que me hace, más vale que ni me moleste; **they are not as rich as ~ that** no son tan ricos, son ricos, pero no es para tanto; **it isn't as bad as ~ that, surely** vamos, que no es para tanto; **we talked about discipline, duty and ~ that** hablamos de la disciplina, del deber y demás *or* y todo eso; **sorry and ~ that, but I really can't** mira, lo siento, perdón y demás, pero de verdad no puedo; *see also* **all³ C**
B **1** (the greatest possible): **in ~ humility/innocence** con toda humildad/inocencia; **in ~ honesty, one has to admit that ...** para ser sincero, hay que reconocer que ...; **with ~ possible care** con todo el cuidado posible, con el mayor cuidado posible **2** (any): **his guilt is beyond ~ doubt** su culpabilidad está fuera de toda duda, no cabe duda alguna de que es culpable; **they denied ~ knowledge of it** negaron tener conocimiento alguno de ello, negaron saber nada de ello

all² ▸ℹ p.894 *pron*
A **1** (everything) (+ *sing vb*) todo; **~ I can say is ...** todo lo que puedo decir es ..., lo único que puedo decir es ...; **that's ~ for today** eso es todo por hoy; **will that be ~, madam?** ¿algo más señora?, ¿eso es todo, señora?; **ten o'clock? is that ~ (it is)?** ¿no son más que las diez?; **they did ~ they could** hicieron todo lo que pudieron; **it was ~ I could do to stop him from hitting her** apenas pude impedir que le pegara; **~ she wanted was a little peace** todo lo que quería era un poco de paz, sólo quería un poco de paz; **~ in good time** todo a su debido tiempo, cada cosa a su tiempo; **when ~ is said and done** a fin de cuentas; **~ was quiet in the town** todo era paz en la ciudad; **she was ~ to him** (liter) lo era todo para él; **I could be dead for ~ you care** igual podría haberme muerto, por lo que a ti te importa; **for ~ I know he could be there still** que yo sepa, igual *or* lo mismo todavía está allí **2** (*with superl*): **most of ~ I liked the clowns** lo que más me gustó (de todo) fueron los payasos; **this essay seems the best of ~** este trabajo parece ser el mejor de todos; **I like vanilla ice-cream best** o **most of ~** el helado que más me gusta es el de vainilla
B **1** (everyone) (+ *pl vb*) todos, -das; **~ who disobey will be punished** se castigará a todo aquél que desobedezca *or* a todos los que desobedezcan; **~ together now** ahora todos juntos; **morning, ~!** (colloq) ¡buenas! (fam), buenos días (para todos) **2** (*with superl*): **she is the cleverest of ~** es la más inteligente de todos/todas; **I don't intend to tell anyone, least of ~ her!** no pienso decírselo a nadie y a ella menos todavía
C **all of**: **~ of them were very happy** estaban todos muy contentos; **~ of the cheese had gone bad** todo el queso se había echado a perder; **it took ~ of 20 years to complete it** se tardó 20 años enteros en acabarlo; **she must have been ~ of nine years old** tendría por lo menos nueve años cumplidos; **it must have cost ~ of three dollars** (iro) debe de haber costado por lo menos tres dólares (iró)
D (*after n, pron*) todo, -da; (*pl*) todos, -das; **where's the bread/salad? have you eaten it ~?** ¿dónde está el pan/la ensalada? ¿te lo has comido todo/te la has comido toda?; **they are ~ very friendly** son todos muy simpáticos/todas muy simpáticas; **they would ~ have perished if ...** se habrían muerto todos *or* todos se habrían muerto si ...; **the money is ~ gone** no queda nada del dinero; **she helped us ~** nos ayudó a todos; **the unfairness/absurdity of it ~** la injusticia/lo absurdo del caso *or* del asunto; **now I've seen it ~!** ¡vivir para ver!; **that says it ~** eso ya te lo dice todo
E (*in phrases*) **1** **all in all** en general; **~ in ~ the party went very well** en general la fiesta salió muy bien **2** **all told** en total **3** **and all** y todo; **he ate it, skin and ~** se lo comió con la cáscara y todo; **what with the weather and ~, she hasn't been able to get out much** (colloq) con el tiempo y demás *or* y todo eso no ha podido salir mucho **4** **at all**: **they don't like him at ~** no les gusta nada; **do you know him at ~?** ¿lo conoces?; **are you at ~ surprised?** ¿es que te sorprende?; **I'm not at ~ worried** o **worried at ~** no estoy preocupada en absoluto, no estoy para nada preocupada; **thank you so much — not at ~** muchas gracias — de nada *or* no hay de qué; **she didn't feel at ~ well** no se sentía nada bien; **what was the show like? — not bad at ~, not at ~ bad** ¿qué tal el show? — no estuvo nada mal; **come late? he didn't come at ~** ¿que si vino tarde? ¡ni apareció!; **they'll come late, if they come at ~** vendrán tarde, si es que vienen; **if you come across him at ~, ask him to call me** si llegaras a verlo, dile que me llame; **seldom if at ~** rara vez o nunca; **if there's any hope at ~ of ...** si es que hay alguna esperanza de ...; **I'd like to have it tomorrow, if at ~ possible** lo quisiera para mañana, si fuera posible **5** **in all** en total; **there were 15 guests in ~** había 15 invitados en total

all³ ▸ℹ p.894 *adv*
A (completely): **there were flags ~ around the square/along the road** había banderas todo alrededor de la plaza/a lo largo del camino; **he read ~ through the ceremony** leyó durante toda la ceremonia; **she/he was ~ in green** estaba toda/todo de verde; **you've gone ~ red** te has puesto todo colorado/toda colorada; **she was ~ alone** estaba completamente sola, estaba solita (fam); **I got ~ wet/dirty** me mojé/ensucié todo/toda; **she was ~ smiles** era toda sonrisas; **I'm ~ ears** soy todo/toda oídos; **~ too soon, the vacation was over** las vacaciones pasaron rapidísimo; **but he won ~ the same** pero igual ganó; **it's ~ the same to me** a mí me da igual *or* lo mismo
B (each, apiece) (Sport): **the score was one ~** iban (empatados) uno a uno; **30 ~** 30 iguales
C (*in phrases*) **1** **all along** desde el primer momento **2** **all but** casi; **she ~ but fainted** casi se desmayó; **the game had ~ but finished** prácticamente *or* ya casi había terminado el partido **3** **all for**: **to be ~ for sth**: **I'm ~ for sex education** estoy totalmente a favor de la educación sexual; **I'm ~ for having a bit**

of fun, but ... estoy totalmente de acuerdo con que hay que divertirse, pero …; **she was ~ for leaving there and then** se quería ir en ese mismo instante [4] **all that** (particularly) (*usu neg*): **I don't know her ~ that well** no la conozco tan bien; **frankly, I don't care ~ that much** la verdad es que no me importa demasiado [5] **all the** (+ *comp*): **it is ~ the more remarkable if you consider ...** resulta aún *or* todavía más extraordinario si se tiene en cuenta …; **~ the better to eat you with!** ¡para comerte mejor!; **~ the more reason to fire them!** ¡más razón para echarlos!; **I felt ~ the better for having told him** me sentí mucho mejor por habérselo dicho; **~ the more so because ...** tanto más cuanto que …; *see also* **all out**

all[4] *n*: ***to give one's ~*** (make supreme effort) (sacrifice everything) dar* todo de sí, darlo* todo, dar* todo lo que se tiene

all- /ˈɔːl/ *pref* [1] (universally): **the ~conquering progress of the team** el avasallante avance del equipo; *see also* **all-consuming, all-important** *etc* [2] (exclusively): **~wool** de pura lana; **an ~male choir** un coro masculino; **with an ~Spanish cast** con un reparto integrado exclusivamente por españoles

Allah /ˈælə/ *n* Alá

all-American[1] /ˌɔːləˈmerəkən || ˌɔːləˈmerɪkən/ *adj* (typically American) ‹*boy/girl*› típicamente americano; **he's an ~ athlete** es un atleta de clase internacional

all-American[2] *n* (Sport) atleta *mf* (*or* jugador *etc*) de clase internacional

all-around /ˌɔːləˈraʊnd/ *adj* (AmE) (*before n*) [1] (versatile) ‹*athlete/scholar*› completo [2] (comprehensive) ‹*experience*› amplio; **the car offers ~ value for money** el coche es, en todo sentido *or* desde todo punto de vista, una buena adquisición [3] (in all directions) ‹*visibility*› amplio

allay /əˈleɪ/ *vt* ‹*doubt/fear*› disipar; ‹*anger*› aplacar*

all-clear /ˈɔːlˈklɪr || ˌɔːlˈklɪə(r)/ *n*: **to sound the ~** tocar* la sirena (*que indica el final del bombardeo*); **to give sb/sth the ~** dar* luz verde a algn/algo; **once the project has the ~** una vez (que) se haya dado luz verde al proyecto

all-consuming /ˌɔːlkənˈsuːmɪŋ || ˌɔːlkənˈsjuːmɪŋ/ *adj* ‹*passion*› devorador; ‹*guilt*› que corroe *or* carcome

all-day /ˈɔːlˈdeɪ/ *adj* (*before n*) que dura todo el día; **~ opening** apertura *f* ininterrumpida

allegation /ˌælɪˈɡeɪʃən/ *n* acusación *f*, imputación *f* (frml); **to make an ~** hacer* una acusación

allege /əˈledʒ/ *vt* [1] (state) afirmar; **she is ~d to have accepted bribes** se dice que aceptó sobornos; **he is ~d to have spent the weekend with her** según se dice, habría pasado el fin de semana con ella [2] (use as excuse) alegar*, aducir*; **in his defense he ~ed loss of memory** alegó *or* adujo en su defensa que había perdido la memoria

alleged /əˈledʒd/ *adj* (*before n*) ‹*thief/violation*› presunto; ‹*miracle*› supuesto, presunto

allegedly /əˈledʒədli || əˈledʒɪdli/ *adv* (*indep*) supuestamente, según se dice; **she ~ visited him that morning** supuestamente *or* según se dice lo habría visitado esa mañana; **they have been disqualified for ~ violating the rules** los han descalificado por una supuesta violación del reglamento

allegiance /əˈliːdʒəns/ *n* [u c] lealtad *f*; **to swear ~ to the Crown** jurar lealtad a la Corona; **to owe ~ to sb** (Hist) deber tributo a algn; **all political ~s** todas las filiaciones políticas

allegorical /ˌæləˈɡɔːrɪkəl || ˌælɪˈɡɒrɪkəl/ *adj* alegórico

allegorically /ˌæləˈɡɔːrɪkli || ˌælɪˈɡɒrɪkli/ *adv* alegóricamente

allegory /ˈæləɡɔːri || ˈælɪɡəri/ *n* [c u] (*pl* **-ries**) alegoría *f*

allegro[1] /əˈleɪɡrəʊ/ *adj/adv* allegro

allegro[2] *n* (*pl* **-gros**) allegro *m*

alleluia /ˌæləˈluːjə || ˌælɪˈluːjə/ *interj* ¡aleluya!

all-embracing /ˌɔːlɪmˈbreɪsɪŋ/ *adj* ‹*love/knowledge*› que todo lo abarca

Allen key, (AmE) **Allen wrench** /ˈælən/ *n* llave *f* (de) Allen

allergen /ˈælərdʒən || ˈælədʒən/ *n* alérgeno *m*

allergenic /ˌælərˈdʒenɪk || ˌæləˈdʒenɪk/ *adj* alergénico, alergeno, alérgeno

allergic /əˈlɜːrdʒɪk || əˈlɜːdʒɪk/ *adj* alérgico; **to be ~ TO sth** ser* alérgico A algo

allergist /ˈælərdʒəst || ˈælədʒɪst/ *n* alergólogo, -ga *m,f*, alergista *mf*

allergy /ˈælərdʒi || ˈælədʒi/ *n* (*pl* **-gies**) **~ (TO sth)** alergia *f* (A algo); **food ~** alergia alimenticia; **total ~ syndrome** síndrome *m* de alergia total

allergy clinic *n* clínica *f* de alergia

alleviate /əˈliːvieɪt/ *vt* ‹*pain/anxiety*› aliviar, calmar; ‹*problem*› paliar

alleviation /əˌliːviˈeɪʃən/ *n* [u] (of pain) alivio *m*; (of problem) paliación *f*

all-expense /ˌɔːlɪkˈspens/ *adj* (*before n*) con todos los gastos pagados

alley /ˈæli/ *n* (*pl* **alleys**) [1] (lane) callejón *m*; ***to be right up sb's ~*** (AmE colloq): **the job would be right up her ~** sería un trabajo ideal para ella; **I thought the program would be right up your ~** pensé que sería justo el tipo de programa que a ti te encanta [2] (in park, garden) camino *m*, sendero *m* [3] (*bowling ~*) (lane) pista *f*; (building) bolera *f* [4] (in tennis) (esp AmE) pasillo *m* de dobles (*espacio entre las líneas laterales exterior e interior*)

alley cat *n* (esp AmE) gato *m* callejero; **to have the morals of an ~ ~** acostarse* con cualquiera

alleyway /ˈæliweɪ/ *n* callejón *m*

all-fired[1] /ˈɔːlˈfaɪrd || ˈɔːlˈfaɪəd/ *adj* (AmE colloq) (*before n*) tremendo (fam); **he's always in such an ~ hurry** siempre anda con tantísima prisa (fam), siempre anda con tantísimo apuro (AmL fam), siempre lleva una prisa tremenda *or* (AmL tb) un apuro tremendo (fam)

all-fired[2] *adv* (AmE colloq): **don't get so ~ upset over a little stain** no te pongas así por una manchita de nada (fam)

alliance /əˈlaɪəns/ *n* alianza *f*; (of political parties, countries) coalición *f*, alianza *f*; **to enter into** *o* **form an ~** aliarse*, formar una alianza

> **Alliance Party**
>
> Un partido político de Irlanda del Norte de tendencia no sectaria cuyo objetivo es conseguir la resolución del conflicto existente entre grupos religiosos extremistas.

allied /ˈælaɪd/ *adj*

A (combined) (*pred*) **~ WITH** *o* **TO sth** unido *or* sumado A algo; **innate ability ~ with diligence** la habilidad innata unida *or* sumada a la aplicación

B [1] ‹*nations/groups*› aliado; **~ WITH** *o* **TO sb** aliado A *or* CON algn; **their interests are closely ~ to ours** sus intereses están fuertemente ligados a los nuestros [2] **Allied** (of the Allies) aliado

C (related) ‹*subjects/industries*› relacionado, afín; **to be ~ TO sth** estar* relacionado CON algo, ser* afín A algo

alligator /ˈæləɡeɪtər || ˈælɪɡeɪtə(r)/ *n* [1] [c] (Zool) aligátor *m*, caimán *m* [2] [u] (leather) cuero *m* or piel *f* de aligátor

alligator clip *n* (AmE) pinza *f* de contacto

alligator pear *n* (AmE) ▸ **avocado**

all-important /ˌɔːlɪmˈpɔːrtnt || ˌɔːlɪmˈpɔːtnt/ *adj* ‹*question/meeting*› de suma *or* fundamental importancia, importantísimo

all-in /ˌɔːlˈɪn/ *adj* (*before n*) (esp BrE) [1] (Sport): **~ wrestling** lucha *f* libre [2] (inclusive) ‹*price*› total, con todo incluido

all in[1] (colloq) (*pred*): **to be ~ ~** estar* molido (fam), estar* hecho polvo (fam)

all in[2] *adv* (BrE): **the trip cost £200 ~ ~** el viaje salió (por) £200 en total *or* con todo incluido

all-inclusive /ˌɔːlɪnˈkluːsɪv/ *adj* ‹*price*› total, con todo incluido

all-in-one /ˌɔːlɪnˈwʌn/ *adj* (*before n*) todo en uno

all in one *adv* todo en uno

alliterate /əˈlɪtəreɪt/ *vi* aliterar

alliteration /əˌlɪtəˈreɪʃən/ *n* [u] aliteración *f*

alliterative /əˈlɪtəreɪtɪv || əˈlɪtərətɪv/ *adj* aliterado

all-merciful /ˌɔːlˈmɜːrsɪfəl || ˌɔːlˈmɜːsɪfəl/ *adj* misericordioso

all-night /ˈɔːlˈnaɪt/ *adj* ‹*party/show*› que dura toda la noche; ‹*café/store*› que está abierto toda la noche; **~ service** servicio *m* nocturno ininterrumpido

all-nighter /ɔːlˈnaɪtər || ˌɔːlˈnaɪtə(r)/ *n* (colloq) fiesta *f* (*or* función *f etc*) que dura toda la noche

allocate /ˈæləkeɪt/ *vt* (give) ‹*seats/resources*› asignar, adjudicar*; ‹*task/duty*› asignar; (distribute) repartir, distribuir*; **within the time ~d** dentro del plazo concedido *or* establecido; **to ~ sth TO sb** asignarle algo A algn; **£3 million has been ~d for** *o* **to research** se han destinado tres millones de libras a investigación

allocation /ˌæləˈkeɪʃən/ *n* [1] [u] (distribution) reparto *m*, distribución *f*; (assignment) asignación *f* [2] [c] (amount) asignación *f*; **our staff ~** (esp BrE) el personal que nos han asignado *or* que nos corresponde

allopathic /ˌæləˈpæθɪk/ *adj* alopático

allopathy /æˈlɑːpəθi || əˈlɒpəθi/ *n* alopatía *f*

allophone /ˈæləfəʊn/ *n*

A (Ling) alófono *m*

B (Can) (speaker) *persona cuya lengua materna no es el francés ni el inglés*

allot /əˈlɑːt || əˈlɒt/ *vt* **-tt-** ‹*land/time/tasks*› (distribute) repartir, distribuir*; (assign) asignar; ‹*shares*› adjudicar*; **to ~ sth TO sb** asignarle algo A algn; **we were ~ted a small apartment** se nos asignó un pequeño apartamento; **the fate ~ted to him, his ~ted fate** lo que le había tocado en suerte

allotment /əˈlɑːtmənt || əˈlɒtmənt/ *n* [1] [u c] (of shares) adjudicación *f* [2] [c] (in UK) (Hort) huerto *m* (*que el ayuntamiento alquila a particulares*)

allotrope /ˈælətrəʊp/ *n* alótropo *m*

allout /ˈɔːlaʊt/ *adj* ‹*effort*› total, supremo; ‹*attack*› con todo; ‹*opposition*› acérrimo; ‹*strike*› general; ‹*war*› total

all out *adv*: **they worked ~ ~ to finish it** trabajaron a destajo *or* a toda máquina para terminarlo; **the firm is going ~ ~ for the contract** la empresa hará lo imposible por conseguir el contrato, la empresa tratará por todos los medios de conseguir el contrato

allover /ˈɔːləʊvər || ˈɔːləʊvə(r)/ *adj*: **it has an ~ pattern** el motivo cubre toda la superficie; **an ~ tan** un bronceado integral

all over *adv* [1] (everywhere): **I've been looking for you ~ ~** te he estado buscando por todas partes; **people come from ~ ~** viene gente de todas partes [2] (in every respect): **he's his father ~ ~** es igualito a su padre en todo; **that's her ~ ~** es muy típico de ella [3] (over entire extent): **it had stains ~ ~** estaba todo manchado

allow /əˈlaʊ/ *vt*

A [1] (permit) permitir; **smoking is not ~ed** no se permite fumar; Ⓢ **no children/animals allowed** no se admiten niños/animales; **to ~ sb to + INF** permitirle A algn + INF/QUE + SUBJ; **don't ~ her to talk to you like that** no le permitas que te hable así; **she wasn't ~ed to see a lawyer** no se le permitió ver a un abogado; **if you'll ~ me to finish!** ¿me permite terminar, por favor?; **I can't open it — ~ me!** no puedo abrirlo — permítame; **to ~ oneself to + INF: I shouldn't have ~ed myself to get angry** me debería haber controlado; **he didn't ~ himself to be upset by the news** no dejó que la noticia lo afectara; **to ~ sb in/out** dejar entrar/salir a algn; **they were ~ed out once a week** se les permitía salir una vez por semana, los dejaban salir una vez por semana; **you may not be ~ed back** puede que no te dejen volver a entrar; **I can't go, I'm not ~ed** no puedo ir, no me dejan [2] (give, grant) dar*; **they ~ their daughter too much freedom** le dan demasiada libertad a su hija; **they are ~ed an hour for lunch** les dan una hora para comer; **we ~ a discount for cash** ofrecemos descuento si se paga en efectivo; **he didn't finish within the time ~ed** no acabó dentro del plazo concedido; **I ~ myself only two drinks a day** sólo me permito dos copas por día

B (plan for): **you should ~ (yourselves) a good two hours to reach the coast** calculen *or* tengan en cuenta que les va a llevar por lo menos dos horas llegar a la costa; **please ~ two weeks for delivery** la entrega se hará dentro de un plazo de dos semanas; **I generally ~ about £50 for spending money** normalmente calculo unas 50 libras para gastos; **~ 6 cm for the hem** deje 6 cms para el dobladillo

C 1 (Law) ‹*claim*› allanarse a, aceptar 2 (Sport) ‹‹*referee*›› dar* por bueno 3 (concede) (frml) **to ~ THAT** reconocer* QUE; **one has to ~ that she has talent** hay que reconocer que tiene talento

(Phrasal verbs)

- **allow for** [v + prep + o] ‹*contingency*› tener* en cuenta; **~ing for errors** teniendo en cuenta posibles errores; **if you ~ for her inexperience, she has done very well** si se tiene en cuenta su falta de experiencia, lo ha hecho muy bien; **don't forget to ~ for leakage** no te olvides de dejar un margen para pérdidas; **buy a large one to ~ for shrinkage** compra uno grande por si encoge
- **allow of** [v + prep + o] (frml) admitir

allowable /ə'laʊəbəl/ *adj* ‹*expense*› deducible; **~ against tax** desgravable

allowance /ə'laʊəns/ *n*

A 1 (from employer) complemento *m*, sobresueldo *m*; **entertainment ~** complemento para gastos de representación 2 (from state) prestación *f*; **invalidity/maternity ~** prestación por invalidez/maternidad 3 (private) asignación *f*; (from parents) mensualidad *f*, mesada *f* (AmL)

B (Tax): **personal ~** *monto que un individuo puede ganar sin pagar impuestos*; **duty-free ~** *mercancías que se pueden ingresar al país sin pagar impuestos*

C **to make ~(s) for sb/sth** (treat leniently, take into account): **you have to make ~s for him: he's very young** tienes que ser indulgente con él, es muy joven; **he doesn't make ~ for mistakes** no acepta ningún error; **we've made ~(s) for delays** hemos tenido en cuenta posibles retrasos

alloy[1] /'ælɔɪ/ *n* aleación *f*

alloy[2] /ə'lɔɪ/ *vt* 1 (Metall) alear 2 (spoil) (liter) empañar (liter)

alloy wheel *n* rueda *f* de aleación

all-party /ˌɔːl'pɑːrti || ˌɔːl'pɑːti/ *adj* (*before n*) (Pol): **an ~ committee** una comisión integrada por miembros de todos los partidos; **an ~ agreement** un acuerdo entre todos los partidos

all-pervasive /ˌɔːlpər'veɪsɪv || ˌɔːlpə'veɪsɪv/ *adj* que todo lo invade

all-points bulletin /'ɔːl'pɔɪnts/ *n* (AmE); *boletín dirigido al público en general*

all-powerful /ˌɔːl'paʊərfəl || ˌɔːl'paʊəfəl/ *adj* todopoderoso, omnipotente

all-purpose /ˌɔːl'pɜːrpəs || ˌɔːl'pɜːpəs/ *adj* ‹*knife/bag*› multiuso *adj inv*; **that's his ~ excuse** es su pretexto de siempre

all-right /'ɔːl'raɪt/ *adj* (colloq) (*before n*): **he's an ~ guy** es buena gente, es un buen tipo (fam); **they sell ~ clothes** venden ropa mona (fam)

all right[1] *adj* (*pred*)

A 1 (good enough, unobjectionable): **she's ~ ~, but I can't stand her boyfriend** ella no me cae mal, al que no aguanto es a su novio (fam); **the weather was ~ ~** hizo buen tiempo; **the hotel looks ~ ~** el hotel no parece estar mal; **do I look ~ ~ in this dress?** ¿estoy bien con este vestido?; **it's not very smart, but it's ~ ~ for work** no es muy elegante, pero para ir a trabajar está bien; **you're ~ ~: I like you!** (colloq) ¡me caes bien! (fam); **he/she's a bit of ~ ~** (BrE colloq) está bueno/buena (fam) 2 (permissible): **I'll pay you back tomorrow: is that ~ ~?** mañana te devuelvo el dinero ¿okey? *or* (Esp) ¿vale?; **would Monday be ~ ~ (for you)?** ¿te viene bien el lunes?; **I'm sorry — that's ~ ~** lo siento — no tiene importancia; **I'll leave early today, if that's ~ ~** si no te importa, hoy me voy a ir temprano; **is it ~ ~ if I switch the TV on?** ¿te importa si pongo la televisión?; **is it ~ ~ to smoke in here/to swim here?** ¿se puede fumar/nadar aquí?; **it's ~ ~ for you to talk/laugh!** ¡claro, tú bien puedes hablar/reírte!; **is this water ~ ~ to drink?** ¿esta agua se puede beber?; **to be ~ ~ WITH O BY sb: we'll meet on Friday, if that's ~ ~ with everybody** nos reuniremos el viernes, si nadie tiene ningún inconveniente; **I never want to see you again! — that's ~ ~ by me!** ¡no te quiero volver a ver! — ¡por mí, encantada!

B 1 (well) bien; **are you ~ ~?** ¿estás bien?; **I felt ~ ~ this morning** esta mañana estaba *or* me sentía bien; **I'll be ~ ~ in a minute** enseguida se me pasa; **~ ~?** (as greeting) (colloq) ¿qué tal? (fam) 2 (in order) bien; **the brakes are ~ ~** los frenos están bien; **is everything ~ ~, Sir?** ¿está todo a su gusto, señor? 3 (safe): **will the bikes be ~ ~ here?** ¿podemos dejar las bicis aquí? ¿no les pasará nada?; **you're ~ ~: the ladder's secure** no te preocupes, la escalera está firme; **it's ~ ~: I'm not going to hurt you** tranquilo, que no te voy a hacer daño 4 (content): **are you ~ ~ in that chair?** ¿estás bien en esa silla?; **to be ~ ~ for sth** (colloq): **are you ~ ~ for cash?** ¿qué tal andas de dinero? (fam), ¿te hace falta dinero?; **are they ~ ~ for blankets?** ¿tienen suficientes mantas?; ▸**jack**[1] **D**

all right[2] *adv* 1 (satisfactorily) bien; **he did ~ ~ in his exams** le fue bien en los exámenes; **we managed to find the place ~ ~** encontramos el sitio sin problemas 2 (without a doubt) (colloq): **it's serious ~ ~** es bien grave; **you'll be sorry ~ ~** ya verás cómo te arrepientes; **that's him ~ ~, look at his walk** seguro que es él, mira cómo camina

all right[3] *interj* (colloq): **I won't be home till late, ~ ~?** volveré tarde ¿okey *or* (Esp) vale? (fam); **can I come too? — all right** ¿puedo ir yo también? — bueno; **~ ~, I'm ready; let's go!** bueno, estoy listo, vámonos; **~ ~, so I was wrong** bueno, de acuerdo, me equivoqué; **~ ~, ~ ~, I'm coming!** ¡ya voy! ¡ya voy!; **a new world record! ~ ~!** (AmE) ¡un nuevo récord mundial, sí señor!

all righty, alrighty /ɔːl'raɪti/ *interj* (colloq) bueno, okey (esp AmL fam), vale (Esp fam), órale (Méx fam), vay pues (AmC fam)

all-risk /'ɔːl'rɪsk/ (BrE) **all-risks** /ˌɔːl'rɪsks/ *adj* contra todo riesgo

all-round /'ɔːl'raʊnd/ *adj* (esp BrE) ▸**all-around**

all-rounder /ˌɔːl'raʊndər || ˌɔːl'raʊndə(r)/ *n* (BrE): **he's a good ~** (Sport) juega bien en todas las posiciones; (Educ) tiene buen rendimiento en todas las asignaturas

All Saints' Day *n* día *m* de Todos los Santos

all-seater /ˌɔːl'sɪtər || ˌɔːl'siːtə(r)/ *adj* (BrE): **~ stadium** estadio *m* de plazas sentadas

All Souls' Day *n* día *m* de (los fieles) Difuntos *or* (AmL tb) de los Muertos

allspice /'ɔːlspaɪs/ *n* [u] pimienta *f* de Jamaica

all-star /'ɔːl'stɑːr || 'ɔːl'stɑː(r)/ *adj* (*before n*): **an ~ cast** un reparto estelar *or* de primeras figuras; **an ~ team** (esp AmE) (Sport) un equipo estelar

all-terrain bike /ˌɔːlteˌreɪn 'baɪk/ *n* bicicleta *f* todo terreno

all-terrain vehicle /ˌɔːlteˌreɪn 'viːɪkəl/ *n* vehículo *m* todo terreno

all-ticket /ˌɔːl'tɪkət || ˌɔːl'tɪkɪt/ *adj* ‹*match/game*› con reserva previa

all-time /'ɔːl'taɪm/ *adj* ‹*record*› sin precedentes; ‹*favorite*› de todos los tiempos; **the dollar is at an ~ high** la cotización del dólar ha alcanzado cifras récord *or* sin precedentes

allude /ə'luːd/ *vi* **to ~ TO sth/sb** aludir *or* referirse* A algo/algn, hacer* alusión *or* referencia A algo/algn; **he continuously ~d to his wife as his better half** constantemente se refería a su mujer como su media naranja

all-up weight /ˌɔːlˌʌp'weɪt/ *n* (BrE) (of plane, train) peso *m* bruto; (of ship) arqueo *m* bruto

allure[1] /ə'lʊr || ə'lʊə(r)/ *n* [u] atractivo *m*, encanto *m*

allure[2] *vt* cautivar, atraer*

alluring /ə'lʊrɪŋ || ə'lʊərɪŋ/ *adj* seductor, atrayente

alluringly /ə'lʊrɪŋli || ə'lʊərɪŋli/ *adv* de manera seductora *or* atrayente

allusion /ə'luːʒən/ *n* **~ (TO sth)** alusión *f* (A algo); **to make an ~ to sth** hacer* alusión a algo

allusive /ə'luːsɪv/ *adj* lleno de alusiones *or* referencias

allusively /ə'luːsɪvli/ *adv* alusivamente

alluvial /ə'luːviəl/ *adj* aluvial

alluvium /ə'luːviəm/ *n* [u c] (*pl* **-viums** *or* **-via** /-viə/) aluvión *m*

all-weather /'ɔːl'weðər || ˌɔːl'weðə(r)/ *adj* ‹*clothing*› para todo tiempo

all-wheel drive /ˌɔːlˌwiːl'draɪv/ *n* [u] (AmE) tracción *f* integral, tracción *f* total, tracción *f* a las cuatro ruedas

ally[1] /'ælaɪ/ *n* (*pl* **allies**) aliado, -da *m,f*; **the Allies** los Aliados

ally[2] *v refl* **allies, allying, allied to ~ oneself WITH O TO sb** aliarse CON *or* A algn; *see also* **allied**

all-year-round /ˌɔːlˌjɪr'raʊnd || ˌɔːlˌjɪə'raʊnd/ *adj* ‹*sport*› que se practica todo el año; ‹*resort*› abierto todo el año

alma mater, Alma Mater /ˌælmə'mɑːtər || ˌælmə'mɑːtə(r)/ *n* (frml): **my/his ~ ~** mi/su (antigua) universidad

almanac /'ɔːlmənæk/ *n* (yearbook) anuario *m*; (calendar) almanaque *m*

almighty /ɔːl'maɪti/ *adj* 1 (all-powerful) todopoderoso; **A~ God, God A~** Dios Todopoderoso; **God A~!** (colloq) (*as interj*) ¡santo cielo! (fam), ¡Virgen Santísima! (fam) 2 (huge, great) ‹*bang/row*› (colloq) tremendo (fam); **he's an ~ bore** es un plomazo (fam)

Almighty *n*: **the ~** el Todopoderoso

almond /'ɑːmənd/ *n* 1 (nut) almendra *f* 2 **~ (tree)** almendro *m*

almond-eyed /'ɑːmənd,aɪd/ *adj* de ojos almendrados

almond paste *n* pasta *f* de almendras, mazapán *m*

almost /'ɔːlməʊst/ *adv*

> ⚠ Where *almost* is used with a verb in the past tense, it is translated by *casi* or *por poco*, and the verb is usually in the present tense: **I almost fell** casi me caigo; **we almost missed the train** casi *or* por poco perdemos el tren.
>
> In some Latin American countries the preterite tense is often used: **we almost missed the train** casi *or* por poco perdimos el tren

casi; **that's ~ 100 miles away from here** eso está a casi 100 millas de aquí; **it's ~ ten years since we last met** hace casi diez años que no nos vemos; **I'm ~ ready** estoy casi listo; **you ~ killed me!** ¡casi me matas!; **did you win? — almost** ¿ganaste? — casi *or* por poco; **you're ~ certainly right** casi con seguridad que tienes razón

alms /ɑːmz/ *pl n* limosnas *fpl*; (*before n*): **~ box** alcancía *f or* (Esp) cepillo *m*

almshouse /'ɑːmzhaʊs/ *n* (BrE) casa *f* de beneficencia

aloe /'æləʊ/ *n* áloe *m*

aloft /ə'lɔːft || ə'lɒft/ *adv* 1 (high up): **he held the cup ~** levantó la copa en alto; **the balloon remained ~ for 24 hours** el globo permaneció en el aire 24 horas 2 (Naut) en la jarcia

alone[1] /ə'ləʊn/ *adj*

A 1 (without others) solo; **at last we're ~** por fin solos; **I want to be ~ with you** quiero estar a solas contigo; **I felt all ~** me sentí muy solo 2 **to leave** *o* (BrE also) **let sth/sb ~** dejar algo/a algn en paz; **just leave me ~** déjame en paz;

to leave o *let well* (*enough*) ~: **it's a big job: I'd leave well ~ if I were you** es mucho trabajo, yo que tú no me metería (en camisa de once varas) 3 **let alone: I can't afford beer, let ~ champagne** no puedo comprar ni cerveza, para qué hablar de champán; **she can't sew a button on, let ~ make a dress** no sabe ni pegar un botón, menos aún hacer un vestido

B (unique) **to be ~ IN sth/-ING: am I ~ in finding the novel a bore?** ¿soy la única que encuentra la novela aburrida?; **we're not ~ in this opinion** no somos los únicos que opinamos así

alone² *adv* 1 (without others) solo; *to go it* ~: **if you don't get their support, are you prepared to go it ~?** si no te apoyan ¿estás dispuesto a hacerlo por tu cuenta?; **after ten years in the partnership, he decided to go it ~** después de diez años en la sociedad decidió establecerse por su cuenta 2 (exclusively): **the choice is yours ~** la elección es sólo tuya; **you and you ~ are responsible** tú eres el único responsable 3 (without addition) sólo; **their kitchen ~ is bigger than my apartment** ya sólo la cocina *or* (AmL) la cocina nomás es más grande que todo mi apartamento; **that one book ~ sold two million copies** sólo de ese libro se vendieron dos millones de ejemplares

along¹ /ə'lɔːŋ || ə'lɒŋ/ *adv*

A 1 (forward): **the restaurant is a bit further ~ on the right** el restaurante está un poco más adelante, a mano derecha; **I was walking ~, minding my own business, when ...** iba caminando tranquilamente, cuando ...; **I was carried ~ by the crowd** la multitud me arrastró (hacia adelante); *see also* **come along**, ▸**get along**, **move along** *etc* 2 (with one): **why don't you come ~?** ¿por qué no vienes conmigo/con nosotros?, ¿por qué no me/nos acompañas?; **she brought her brother ~** trajo a su hermano, vino con su hermano; **take an umbrella ~** llévate un paraguas; *see also* **sing along**

B (*in phrases*) 1 **along with** (junto) con 2 **along about** (AmE colloq): **it happened ~ about five o'clock** ocurrió a eso de *or* como a las cinco

along² *prep*: **we walked ~ the shore** caminamos por la playa; **there were beacons all ~ the coastline** había balizas a lo largo de toda la costa; **cut ~ the dotted line** corte por la línea de puntos; **she ran her finger ~ the surface** pasó el dedo por la superficie; **the church is a bit further ~ the road** la iglesia queda un poco más adelante; **we stopped at several places ~ the way** paramos en varios lugares en *or* por el camino

alongside¹ /ə'lɔːŋsaɪd || ə'lɒŋsaɪd/ *prep* junto a, al lado de; **they worked ~ one another** trabajaban juntos *or* codo con codo; **~ other capital cities, ours may seem ...** al lado de *or* comparada con otras capitales, la nuestra puede parecer ...

alongside² *adv* al costado, al lado

aloof /ə'luːf/ *adj* ‹*person/attitude*› distante; **she's always held herself rather ~ from her colleagues** siempre ha guardado las distancias con sus colegas

aloofness /ə'luːfnəs || ə'luːfnɪs/ *n* [u] actitud *f* distante

aloud /ə'laʊd/ *adv* en alto, en voz alta

alpaca /æl'pækə/ *n* [c u] (Tex, Zool) alpaca *f*

alpenhorn /'ælpənhɔːrn || 'ælpənhɔːn/ *n* alphorn *m*, trompa *f* de los Alpes

alpha /'ælfə/ *n* alfa *f*; (*before* n) ‹*particle/ray*› alfa *adj inv*

alphabet /'ælfəbet/ *n* alfabeto *m*

alphabetic /,ælfə'betɪk/, **-ical** /-ɪkəl/ *adj* alfabético; **(to put sth) in ~ order** (poner* algo) en *or* por orden alfabético

alphabetically /,ælfə'betɪkli/ *adv* alfabéticamente, en *or* por orden alfabético

alphabetize /'ælfəbətaɪz/ *vt* alfabetizar*, poner* en *or* por orden alfabético

Alpha female *n* (Sociol) hembra *f* alfa, hembra *f* dominante

Alpha male *n* (Sociol) macho *m* alfa, macho *m* dominante

alphanumeric /,ælfənʊ'merɪk || ,ælfənjuː'merɪk/ *adj* ‹*character/text*› alfanumérico

alpha rhythm *n* [u c] ritmo *m* alfa, onda *f* alfa

Alpha woman *n* (Sociol) mujer *f* alfa

alpine /'ælpaɪn/ *adj*

A (of high mountains) ‹*pasture/flora*› alpino, alpestre; ‹*club/hut/skiing*› alpino

B **Alpine** de los Alpes, alpino

Alps /ælps/ *pl n*: **the ~** los Alpes

Al-Qaeda /æl'kiːdə, æl'keɪdə, || æl'kaɪdə, ,ælkɑː'iːdə/ *n* Al-Qaeda *m*, Al-Qaida *m*

already /ɔːl'redi/ *adv* ya; **I've ~ been there, I've been there ~** ya he estado allí, ya estuve allí (AmL); **I've ~ seen** o (AmE also) **I ~ saw the play** ya he visto *or* (AmL tb) ya vi la obra; **they've ~ met** ya se conocen; **the others had ~ left** los demás ya se habían ido; **are you back ~?** ¿ya estás de vuelta?; **they've made an ~ difficult situation worse** han empeorado una situación que ya era difícil

alright /ɔːl'raɪt/ *adj/adv/interj* (esp BrE) ▸**all-right, all right**

Alsace /æl'sæs/ *n* Alsacia *f*

Alsace-Lorraine /æl,sæslə'reɪn/ *n* Alsacia-Lorena *f*

Alsatian¹ /æl'seɪʃən/ *adj* alsaciano

Alsatian² *n* (esp BrE) pastor *m* alemán, ovejero *m* alemán (CS), perro *m* policía (RPl), policial *m* (Chi)

also /'ɔːlsəʊ/ *adv* 1 (as well) también; **he plays the piano and ~ sings** toca el piano y también canta 2 (moreover) (*as linker*) además

also-ran /'ɔːlsəʊ,ræn/ *n* 1 (Sport) (horse) caballo *m* no clasificado; (person) *competidor no clasificado o con pocas probabilidades de ganar* 2 (failure): **the company has moved from an ~ to a market leader** de una compañía del montón, pasó a ser líder del mercado

Alt (key) /ɔːlt/ *n* (tecla *f*) Alt *m*

Alta = Alberta

altar /'ɔːltər || 'ɔːltə(r)/ *n* altar *m*; **to lead sb to the ~** llevar a algn al altar; **to sacrifice sth/sb on the ~ of greed** sacrificar* algo/a algn a la codicia; (*before* n): **~ boy** monaguillo *m*, acólito *m*

altarpiece /'ɔːltərpiːs || 'ɔːltəpiːs/ *n* retablo *m*

alt-country /ɔːlt'kʌntri/ *n* [u] (Mus) country *m* alternativo, alt-country *m*

alter /'ɔːltər || 'ɔːltə(r)/ *vt* 1 (change) ‹*text/situation*› cambiar, modificar*, alterar; ‹*garment*› arreglar; (changing style) reformar; **we'll have to ~ our plans** vamos a tener que cambiar de planes; **that does not ~ the fact that you lied to us** el hecho es que nos mentiste; **he was greatly ~ed** estaba muy cambiado 2 (castrate) (AmE colloq & euph) capar

■ **alter** *vi* cambiar

alteration /,ɔːltə'reɪʃən/ *n* [c u] (to text) cambio *m*, modificación *f*, alteración *f*; (to building) reforma *f*; (to garment) arreglo *m*; (changing style) reforma *f*; **she made major ~s to the plan** cambió radicalmente los planes; **he's only made minor ~s to the schedule** sólo ha introducido pequeños cambios *or* pequeñas modificaciones en el programa; Ⓢ **closed for alterations** cerrado por reformas

altercation /,ɔːltər'keɪʃən || ,ɔːltə'keɪʃən/ *n* altercado *m*

alter ego /,ɔːltər'iːgəʊ, -'egəʊ || ,ɔːlter'iːgəʊ, ,æltər'egəʊ/ *n* 1 (intimate friend—man) amigo *m* íntimo; (— woman) amiga *f* íntima 2 (other self) alter ego *m*, otro yo *m*

alternate¹ /'ɔːltərnət || ɔːl'tɜːnət/ *adj* (*before* n) 1 (every second): **she works ~ Tuesdays** trabaja un martes sí y otro no; **we cook on ~ evenings** cocinamos una noche cada uno; **write on ~ lines** escriba dejando un renglón por medio 2 (happening by turns) alterno; **~ depression and elation** períodos alternos de depresión y euforia 3 (Bot) ‹*leaves/flowers*› alterno 4 (Math) ‹*angles*› alterno 5 (AmE) ▸**alternative¹ 1**

alternate² /'ɔːltərneɪt || 'ɔːltəneɪt/ *vt* alternar

■ **alternate** *vi* alternar; **he ~d between hope and despair** oscilaba entre la esperanza y la desesperación

alternate³ /'ɔːltərnət || ɔːl'tɜːnət/ *n* (AmE) suplente *mf*

alternately /'ɔːltərnətli || ɔːl'tɜːnətli/ *adv* 1 (in turn): **he and she take the class ~** se turnan para dar la clase; **I feel happy and sad ~** tengo altibajos de ánimo 2 (esp AmE crit) ▸**alternatively**

alternating /'ɔːltərneɪtɪŋ || 'ɔːltəneɪtɪŋ/ *adj* alterno

alternating current *n* [u] corriente *f* alterna

alternation /,ɔːltər'neɪʃən || ,ɔːltə'neɪʃən/ *n* [u c] alternancia *f*

alternative¹ /ɔːl'tɜːrnətɪv || ɔːl'tɜːnətɪv/ *adj* (*before* n) 1 (other): **an ~ plan/method** otro plan/método, un plan/método diferente; **they offered her ~ accommodation** le ofrecieron alojamiento en otro sitio; **I know an ~ route** yo conozco otro camino 2 (progressive, radical) ‹*lifestyle/theatre/medicine*› alternativo

alternative² *n* alternativa *f*; **you have no (other) ~ but to resign** no te queda otra alternativa que dimitir; **he chose the ~ of renting a car** optó por alquilar un coche; **~ TO sth/-ING: there are ~s to flying** volar no es la única forma de viajar

alternative comedian *n* actor *m* de comedia alternativa, actriz *f* de comedia alternativa

alternative comedy *n* [u] comedia *f* alternativa

alternative dispute resolution *n* [u] (AmE) (re)solución *f* alternativa de conflictos

alternative energy *n* [u] energía *f* alternativa

alternative farming *n* [u] agricultura *f* alternativa; (*before* n): **alternative-farming techniques** técnicas *fpl* agrícolas alternativas

alternative health care *n* [u] asistencia *f* sanitaria alternativa

alternatively /ɔːl'tɜːrnətɪvli || ɔːl'tɜːnətɪvli/ *adv* (*indep*): **you can eat in the hotel or, ~, go to a restaurant** puedes comer en el hotel o bien ir a un restaurante; **~, you could stay with us** si no, te podrías quedar con nosotros, otra posibilidad es que te quedes con nosotros

alternative school *n* (in US) escuela *f* no convencional, colegio *m* no convencional, colegio *m* alternativo (AmL)

alternative technology *n* [u c] tecnología *f* alternativa

alternator /'ɔːltərneɪtər || 'ɔːltəneɪtə(r)/ *n* alternador *m*

although /ɔːl'ðəʊ/ *conj* aunque; **~ he wasn't well, he went to work** aunque *or* a pesar de que no estaba bien, fue a trabajar; **he's very nervous, ~ you'd never think so** es muy nervioso, aunque no lo parezca; **the work, ~ interesting, is poorly paid** el trabajo, aunque interesante *or* si bien (es) interesante, está mal pagado

altimeter /æl'tɪmətər || 'æltɪmiːtə(r)/ *n* altímetro *m*

altitude /'æltətuːd || 'æltɪtjuːd/ *n* [u c] 1 (height) altitud *f*; (*before* n): **~ sickness** mal *m* de alturas *or* de montaña, soroche *m* (Andes), apunamiento *m* (CS), puna *f* (Chi) 2 (place) (*often pl*) altitud *f*; **at these ~s** a estas altitudes 3 (Math) altura *f*

alto¹ /'æltəʊ/ *n* (*pl* **altos**) 1 (female singer) contralto *f* 2 (male singer) contratenor *m*, alto *m*

alto² *adj* alto

altogether¹ /,ɔːltə'geðər || ,ɔːltə'geðə(r)/ *adv* 1 (completely) ‹*different*› totalmente; **that system is ~ simpler** ese sistema es mucho más sencillo; **I've given up smoking ~** he dejado totalmente de fumar, he dejado de fumar del todo; **the decision wasn't ~ wise** la decisión no fue del todo acertada 2 (*as intensifier*): **it would involve ~ too much**

a

a

effort supondría un esfuerzo mayúsculo; **the trip was ~ ghastly** el viaje fue absolutamente espantoso 3 (in total) en total 4 (on the whole) (*indep*) en general

altogether[2] *n*: ***in the ~*** (colloq & hum) en cueros (fam & hum)

altruism /ˈæltruɪzəm/ *n* [u] altruismo *m*

altruist /ˈæltruəst || ˈæltruɪst/ *n* altruista *mf*

altruistic /ˌæltruˈɪstɪk/ *adj* altruista

alum /ˈæləm/ *n* [u] alumbre *m*

aluminosis /əˌluːməˈnəʊsəs || əˌluːmɪˈnəʊsɪs/ *n* [u] aluminosis *f*

aluminum /əˈluːmɪnəm/ (BrE) **aluminium** /ˈæljəˈmɪniəm/ *n* [u] aluminio *m*

aluminum foil, (BrE) **aluminium foil** *n* papel *m* de aluminio *or* plata, papel *m* Albal® (Esp)

alumna /əˈlʌmnə/ *n* (*pl* **-nae** /-niː/) (AmE) ex-alumna *f*

alumnus /əˈlʌmnəs/ *n* (*pl* **-ni** /-naɪ/) (esp AmE) ex-alumno *m*

alveolar /ælˈviːələr || ælˈvɪələ(r), ˌælvɪˈəʊlə(r)/ *adj* alveolar

alveolus /ælˈviːələs || ælˈvɪələs, ˌælvɪˈəʊləs/ *n* (*pl* **-li** /-laɪ -liː/) alvéolo *m*

always /ˈɔːlweɪz/ *adv* 1 (at all times, invariably) siempre; **you're late as ~** llegas tarde, como siempre; **they almost** o **nearly ~ win** casi siempre ganan; **the method doesn't ~ work** el método no siempre funciona; **we're going to Italy, ~ supposing we have enough money** vamos a ir a Italia, siempre y cuando nos alcance el dinero; **he's ~ shouting/bossing people around** siempre está gritando/dando órdenes, es un gritón/mandón; **I'm ~ banging my head on that beam** siempre me doy con la cabeza contra esa viga 2 (alternatively) siempre, en todo caso; **we can ~ come back tomorrow** siempre *or* en todo caso podemos volver mañana; **you could ~ wear your black dress** siempre *or* en último caso podrías ponerte el vestido negro

Alzheimer's disease /ˈɑːltshaɪmərz || ˈæltshaɪməz/ *n* [u] enfermedad *f* de Alzheimer

am[1] /æm *weak form* /əm/ *1st pers sing of* **be**

am[2] ▸ℹ **p.1798** (before midday) a.m.; **at 7 ~** a las 7 de la mañana *or* 7 a.m.

Am 1 **= America** 2 **= American** 3 **(= americium)** Am

AM *n* 1 (Rad) (**= amplitude modulation**) AM *f* 2 (AmE) ▸**MA 1** 3 ▸**Assembly Member**

AMA *n* **= American Medical Association**

amalgam /əˈmælgəm/ *n* 1 [c] (combination) amalgama *f* 2 [u c] (Dent, Metall) amalgama *f*

amalgamate /əˈmælgəmeɪt/ *vt* ‹*collections/indexes*› unir, amalgamar; ‹*companies/departments*› fusionar

■ **amalgamate** *vi* «*companies/departments*» fusionarse

amalgamation /əˌmælgəˈmeɪʃən/ *n* [u c] (Busn) fusión *f*

amanuensis /əˌmænjuˈensəs || əˌmænjʊˈensɪs/ *n* (*pl* **-ses** /-siːz/) (frml) amanuense *mf*

amaryllis /ˌæməˈrɪləs || ˌæməˈrɪlɪs/ *n* amarilis *f*

amass /əˈmæs/ *vt* ‹*fortune*› amasar; ‹*arms/information/debts*› acumular

amateur[1] /ˈæmətər || ˈæmətə(r)/ *n* (nonprofessional) amateur *mf*; **a bunch of ~s** (pej) un grupo de gente sin ninguna profesionalidad

amateur[2] *adj* 1 (not professional) ‹*athlete/musician*› amateur; ‹*sport/competition*› para amateurs; **an ~ photographer** un aficionado a la fotografía 2 ▸**amateurish**

amateur dramatics *pl n* 1 (Theat) (+ *sing vb*) teatro *m* amateur, teatro *m* de aficionados, teatro *m* vocacional (Arg); (*before n*) ‹*group/society*› de teatro amateur 2 (behavior) (+ *pl vb*) teatrero -ra *m,f* (fam); **no ~ ~, please** nada de teatro, por favor

amateurish /ˌæməˈtɜrɪʃ || ˈæmətərɪʃ/ *adj* (pej) de aficionados, poco serio

amateurishly /ˌæməˈtɜrɪʃli || ˈæmətərɪʃli/ *adv* (pej) sin calidad profesional

amateurism /ˈæmətərɪzəm/ *n* [u] amateurismo *m*

amaze /əˈmeɪz/ *vt* asombrar; **his courage ~s me** su valor me llena de asombro, me admira su valor; **it ~d her to learn that he was back** se quedó atónita *or* (fam) pasmada cuando se enteró de que había vuelto; **it ~s me that you put up with her** no entiendo cómo la aguantas

amazed /əˈmeɪzd/ *adj* ‹*expression/tone*› de asombro; **he was ~ at her reaction** su reacción lo dejó atónito *or* (fam) pasmado; **I'm ~ (at) how little you've changed** estoy asombrado de lo poco que has cambiado; **aren't you ~ that they've won?** ¿no te asombra que hayan ganado?

amazement /əˈmeɪzmənt/ *n* [u] asombro *m*; **he listened in ~** escuchó asombrado; **to his ~, she turned down the offer** rechazó la oferta, lo cual le causó gran asombro; **her ~ at the news** el asombro con el que recibió la noticia

amazing /əˈmeɪzɪŋ/ *adj* increíble, asombroso, alucinante (fam); **at an ~ 74, she looks better than ever** a la increíble edad de 74 años, se la ve mejor que nunca

amazingly /əˈmeɪzɪŋli/ *adv* 1 (*as intensifier*) ‹*quick/cheap/difficult*› increíblemente; **~ quickly** con una rapidez asombrosa 2 (astonishingly) (*indep*): **~ enough, I won** aunque parezca mentira, gané yo

Amazon /ˈæməzɑːn || ˈæməzən/ *n* 1 (Myth) amazona *f*; **she's a real a~** es una verdadera amazona 2 (Geog): **the ~** el Amazonas; (*before n*): **the ~ basin** la cuenca amazónica *or* del Amazonas; **the ~ jungle** la selva amazónica

Amazonian /ˌæməˈzəʊniən/ *adj* amazónico

ambassador /æmˈbæsədər || æmˈbæsədə(r)/ ▸ℹ **p.1213** *n* embajador, -dora *m,f*; **~ extraordinary** embajador extraordinario, embajadora extraordinaria *m,f*; **the Italian ~** el embajador de Italia

ambassador-at-large /æmˌbæsədərətˈlɑːrdʒ || æmˌbæsədərətˈlɑːdʒ/ *n* (*pl* **-dors-at-large**) (in US) embajador extraordinario, embajadora extraordinaria *m,f*

ambassadorial /æmˌbæsəˈdɔːriəl/ *adj* de embajador, diplomático

amber /ˈæmbər || ˈæmbə(r)/ *n* [u] 1 (substance) ámbar *m* 2 ▸ℹ **p.1036** (color) ámbar *m*; **the (traffic) lights turned to ~** (BrE) la luz cambió a ámbar, el semáforo se puso amarillo; (*before n*) ‹*light*› ámbar, ambarino (liter)

ambergris /ˈæmbərgrɪs, -griːs || ˈæmbəgrɪs, -griːs/ *n* [u] ámbar *m* gris

ambiance *n* ▸**ambience**

ambidextrous /ˌæmbɪˈdekstrəs/ *adj* ambidiestro, ambidextro

ambience /ˈæmbiəns/ *n* ambiente *m*, atmósfera *f*

ambient /ˈæmbiənt/ *adj* (frml) ambiental

ambient music *n* [u] música *f* ambiental, hilo *m* musical (Esp)

ambiguity /ˌæmbəˈgjuːəti || ˌæmbɪˈgjuːəti/ *n* [u c] (*pl* **-ties**) ambigüedad *f*

ambiguous /æmˈbɪgjuəs/ *adj* ambiguo

ambiguously /æmˈbɪgjuəsli/ *adv* con ambigüedad

ambit /ˈæmbət || ˈæmbɪt/ *n* (frml) ámbito *m* (frml)

ambition /æmˈbɪʃən/ *n* 1 [c u] (drive, desire) ambición *f*; **he seems to be totally lacking in ~** no parece nada ambicioso; (showing disapproval) no parece tener aspiraciones de ningún tipo; **they have ~s for their daughter** aspiran a que su hija llegue lejos 2 [u] (energy, vitality) (AmE colloq) energía *f*

ambitious /æmˈbɪʃəs/ *adj* 1 (desiring success) ‹*person*› ambicioso; **to be ~ FOR sth/to + INF**: **she's ~ for power** tiene ambición de poder; **he's ~ to get to the top** ambiciona llegar a la cima; **~ OF sth** (frml): **I am ~ of success** aspiro a triunfar, ambiciono triunfar 2 (bold, far-reaching) ‹*plan/project*› ambicioso; **you could be a bit more ~** podrías aspirar a más *or* tener más aspiraciones 3 (overadventurous) (*pred*): **aren't you being a bit ~?** ¿no estás pretendiendo hacer demasiado?

ambitiously /æmˈbɪʃəsli/ *adv* (with greed) ambiciosamente; (boldly): **they decided to plan the course more ~** decidieron proponerse metas más altas al planear el curso; **he tried, rather ~, to do both** intentó hacer las dos cosas, lo que quizás fue querer abarcar demasiado

ambitiousness /æmˈbɪʃəsnəs || æmˈbɪʃəsnɪs/ *n* [u] (of plan, project) lo ambicioso

ambivalence /æmˈbɪvələns/ *n* [u] ambivalencia *f*

ambivalent /æmˈbɪvələnt/ *adj* ambivalente; **she felt ~ toward her sister** tenía sentimientos encontrados hacia su hermana; **I'm ~ about it** no sé qué pensar

amble[1] /ˈæmbəl/ *vi* «*horse*» amblar; **to ~ along** ir* tranquilamente *or* sin ninguna prisa; **the boy ~d in** el chico entró con toda tranquilidad *or* sin ninguna prisa; **we ~d through the village** paseamos tranquilamente por el pueblo

amble[2] *n* (*no pl*) (gait of horse) ambladura *f*; (pace of person): **to go at an ~** ir* tranquilamente *or* sin ninguna prisa

ambrosia /æmˈbrəʊʒə || æmˈbrəʊziə/ *n* [u] ambrosía *f*

ambulance /ˈæmbjələns/ *n* ambulancia *f*; **by ~** en ambulancia

ambulance-chaser /ˈæmbjələnsˌtʃeɪsər || ˈæmbjələnsˌtʃeɪsə(r)/ *n* (AmE colloq & pej); *abogado especializado en llevar casos de indemnización por daños personales sufridos en un accidente*

ambulance driver *n* conductor, -tora *m,f* de ambulancia, ambulanciero, -ra *m,f*, chofer *mf* de ambulancia (AmL)

ambulanceman /ˈæmbjələnsmən/ *n* (*pl* **-men** /-mən/) (BrE) (driver) conductor *m* de ambulancia, ambulanciero *m*; (inside) enfermero *m* (de ambulancia), ambulanciero *m*

ambush[1] /ˈæmbʊʃ/ *vt* ‹*troops/vehicle*› tenderle* una emboscada a; **they were ~ed by guerrillas** los guerrilleros les tendieron una emboscada

ambush[2] *n* emboscada *f*; **to lay an ~ (for sb/sth)** tender(le)* una emboscada (a algn/algo); **they lay** o **waited in ~ for the column to pass** esperaron emboscados a que pasara la columna

ameba /əˈmiːbə/ *etc* (AmE) ▸**amoeba** *etc*

ameliorate /əˈmiːljəreɪt/ *vt* (frml) mejorar

■ **ameliorate** *vi* (frml) mejorar

amelioration /əˌmiːljəˈreɪʃən/ *n* [u] (frml) mejora *f*

ameliorative /əˈmiːljəreɪtɪv || əˈmiːljərətɪv/ *adj* (frml) paliativo (frml)

amen[1] /ɑːˈmen eɪˈmen/ *interj* amén, así sea

amen[2] *n* amén *m*

amenable /əˈmiːnəbəl/ *adj* 1 (tractable) ‹*temperament*› dócil; **I'd like to sign the contract today if they're ~** me gustaría firmar el contrato hoy, si ellos están de acuerdo *or* si a ellos les parece bien; **to be ~ TO sth: they proved quite ~ to the idea** se mostraron bien dispuestos frente a la idea; **they are ~ to argument** se los puede convencer; **she's not ~ to reason** no se aviene a razones; **the disease is ~ to treatment** la enfermedad se puede tratar 2 (accountable, answerable) (Law) **to be ~ TO sth** ser* responsable ANTE algo

amend /əˈmend/ *vt* 1 ‹*manuscript/text*› corregir*; **to ~ sth TO sth**: **~ 'thin' to 'then'** pon 'then' en lugar de 'thin' 2 ‹*constitution/legislation*› enmendar* 3 (frml) ‹*behavior*› enmendar* (frml)

amendment /əˈmendmənt/ *n* 1 [c] (alteration) corrección *f* 2 [c] (to constitution, legislation) enmienda *f*; **I'd like to move an ~ to the motion** quisiera proponer una enmienda a la moción; **a constitutional ~** una enmienda constitucional; **the First/Second A~** (in US) la Primera/Segunda Enmienda 3 [u] (in behavior) (frml) mejora *f*, enmienda *f* (frml)

amends /əˈmendz/ *pl n*: **to make ~ to sb** desagraviar a algn; **I tried to make ~ for the**

damage I had done intenté reparar el daño que había hecho

amenity /ə'mi:nəti/ *n* (*pl* **-ties**)
A [c] (convenience, service) servicio *m*; **close to all amenities** cercano a todo tipo de servicios públicos
B [u] (pleasantness) (liter) lo grato *or* placentero

amenity bed *n* (in UK) cama *f* de hospital en habitación privada (*para pacientes con tratamiento gratuito*)

Amerasian[1] /,æmə'reɪʒən ,æmə'reɪʃən/ *adj* de origen asiático-americano

Amerasian[2] *n* persona *f* de origen asiático-americano

America /ə'merəkə || ə'merɪkə/ *n* **1** (USA) Norteamérica *f*, Estados *mpl* Unidos, América *f* **2** (continent) América *f*; **the ~s** (frml) América *f*, el continente americano

American[1] /ə'merəkən || ə'merɪkən/ *adj* **1** (of USA) estadounidense, norteamericano, americano **2** (of continent) americano

American[2] *n* **1** [c] (from USA) estadounidense *mf*, norteamericano, -na *m,f*, americano, -na *m,f* **2** [c] (from continent) americano, -na *m,f* **3** [u] (American English) (colloq) inglés *m* americano

American Civil War *n* Guerra *f* de Secesión

The American Dream

El sueño americano es la creencia, en Estados Unidos, de que cualquier persona que trabaje duro puede alcanzar el éxito económico o social. Para los inmigrantes y las minorías, este sueño también incluye libertad e igualdad de derechos.

American eagle *n* **1** (eagle) águila *f*‡ calva **2** (emblem) águila *f*‡ americana

American English *n* [u] inglés *m* americano

American football *n* [u] fútbol *m* americano

American Football

El fútbol americano se juega con dos equipos de once jugadores cada uno y con una pelota de forma ovalada. Es un deporte violento por lo que los jugadores usan cascos y almohadillas de protección. Un equipo marca 7 puntos cuando se produce un *touchdown*, es decir al llevar la pelota hacia el campo contrario y cruzar la línea del gol del equipo adversario. Puede marcar puntos extra si después, con un puntapié, se introduce la pelota por entre los postes de la portería.

American Indian[1] *adj* amerindio, de los indios americanos

American Indian[2] *n* indio americano, india americana *m,f*, amerindio, -dia *m,f*

American Indian

▸ Native American

Americanism, americanism /ə'merəkənɪzəm || ə'merɪkənɪzəm/ *n* **1** [c] (Ling) americanismo *m* **2** [c] (characteristic) costumbre *f* (norte)americana, americanada *f* (pey) **3** [u] (loyalty to America) americanismo *m*

Americanization, americanization /ə,merəkənə'zeɪʃən || ə,merɪkənaɪ'zeɪʃən/ *n* [u] americanización *f*

Americanize, americanize /ə'merəkənaɪz || ə'merɪkənaɪz/ *vt* americanizar*, agringar* (AmL pey); **to become ~d** americanizarse*, agringarse* (AmL pey)

American plan *n* pensión *f* completa

American Revolution *n* guerra *f* de la Independencia americana

American Sign Language *n* [u] lenguaje *m* gestual americano, lenguaje *m* por señas americano

American Standard Version *n* versión *f* americana de la Biblia

americium /,æmə'ri:siəm, ,æmə'ri:ʃiəm || ,æmə'rɪsiəm, ,æmə'rɪʃiəm/ *n* [u] americio *m*

Amerind /'æmərɪnd/ *n* amerindio, -dia *m,f*

Amerindian[1] /,æmər'ɪndiən/ *adj* amerindio

Amerindian[2] *n* amerindio, -dia *m,f*

Ameslan /'æməslæn || 'æmɪslæn/ *n* [u] = **American Sign Language**

amethyst /'æməθəst || 'æməθɪst/ *n* **1** [u c] amatista *f* **2** ▸❶ **p.1036** [u] (color) violeta *m*; (*before n*) ‹*eyes*› violeta

Amex /'æmeks/; (*no art*) **1** = **American Stock Exchange** **2** = **American Express®**

AM/FM /'eɪem'efem/ *adj* ‹*radio/station*› de frecuencia y amplitud moduladas

amiability /,eɪmiə'bɪləti/ *n* [u] afabilidad *f*, amabilidad *f*, gentileza *f*

amiable /'eɪmiəbəl/ *adj* ‹*person/nature*› afable, amable

amiably /'eɪmiəbli/ *adv* afablemente, amablemente

amicable /'æmɪkəbəl/ *adj* ‹*person*› amigable; ‹*relations*› cordial, amistoso; ‹*arrangement*› amistoso; **to reach an ~ agreement** llegar* a un acuerdo amistoso

amicably /'æmɪkəbli/ *adv* amigablemente, cordialmente

amid /ə'mɪd/, **amidst** /ə'mɪdst/ *prep* en medio de, entre

amidships /ə'mɪdʃɪps/ (AmE also) **amidship** /ə'mɪdʃɪp/ *adv* en medio del barco

amidst /ə'mɪdst/ *prep* ▸**amid**

amino acid /ə'mi:nəʊ/ *n* [c u] aminoácido *m*

Amish /'ɑ:mɪʃ/ *n* (*pl* ~) (in US) amish *mf*; **the ~** los Amish

Amish

Los *Amish* son una comunidad de cristianos estrictos, en los estados de Pensilvania, Ohio e Indiana. Son agricultores en su mayoría y su estilo de vida, extremadamente simple, casi no ha variado desde el siglo dieciocho. No usan coches, teléfonos o electricidad y suelen llevar vestimentas anticuadas.

amiss[1] /ə'mɪs/ *adj* (*pred*): **there was nothing ~** no había ningún problema, todo estaba bien; **have I said something ~?** ¿he dicho algo que no debiera *or* algo inoportuno?; **there's something ~ with him** le pasa algo

amiss[2] *adv*: **to take sth ~** tomarse algo a mal; **a little courtesy would not come** *o* **go ~** no vendría mal un poco de cortesía, un poco de cortesía no estaría de más

amity /'æməti/ *n* [u] (frml) concordia *f* (frml), amistad *f*, buenas relaciones *fpl*

ammeter /'æmi:tər || 'æmɪtə(r)/ *n* amperímetro *m*

ammo /'æməʊ/ *n* [u] (colloq) munición *f*

ammonia /ə'məʊniə/ *n* [u] (gas) amoníaco *m*; (liquid) amoníaco *m* (líquido)

ammonite /'æmənaɪt/ *n* amonita *f*

ammonium /ə'məʊniəm/ *n* amonio *m*; (*before n*) ‹*chloride/hydroxide*› de amonio, amónico

ammunition /,æmjə'nɪʃən || ,æmjʊ'nɪʃən/ *n* [u] munición *f*; **her racist remarks provided further ~ for her opponents** sus comentarios racistas dieron nuevos argumentos a sus contrincantes; (*before n*): **~ belt** cartuchera *f*, canana *f*

amnesia /æm'ni:ʒə || æm'ni:ziə/ *n* [u] amnesia *f*

amnesty /'æmnəsti/ *n* (*pl* **-ties**) amnistía *f*; **general ~** amnistía general; **to declare/grant an ~** declarar/conceder* una amnistía; **under the ~** bajo la amnistía

Amnesty International *n* (*no art*) Amnistía *f* Internacional

amnio /'æmniəʊ/ *n* (Med) (colloq) amniocentesis *f*

amniocentesis /,æmniəʊsen'ti:səs || ,æmniəʊsen'ti:sɪs/ *n* [u c] (*pl* **-teses** /-'ti:si:z/) amniocentesis *f*

amniotic fluid /,æmni'ɑ:tɪk || ,æmni'ɒtɪk/ *n* [u] líquido *m* amniótico

amniotic sac *n* saco *m* amniótico, bolsa *f* amniótica

amoeba, (AmE also) **ameba** /ə'mi:bə/ *n* ameba *f*, amiba *f*

amoebic, (AmE also) **amebic** /ə'mi:bɪk/ *adj* amébico; **~ dysentery** (Med) amebiasis *f*, amebas *fpl* (fam)

amok /ə'mʌk || ə'mɒk/ *adv*: **to run ~** «*person*» empezar* a comportarse como un enajenado; **the lion escaped and ran ~ through the village** el león se escapó y recorrió el pueblo haciendo estragos

among /ə'mʌŋ/, **amongst** /ə'mʌŋst/ *prep* **1** (in midst of) entre; **~ friends** entre amigos; **~ others** entre otros; **~ other things** entre otras cosas **2** (with each other) entre; **divide** *o* **share it ~ yourselves** repártanselo entre ustedes

amoral /eɪ'mɔ:rəl || eɪ'mɒrəl/ *adj* amoral

amorous /'æmərəs/ *adj* **1** ‹*look/mood*› apasionado; **he started making ~ advances to her** empezó a insinuársele; **to get ~** ponerse* demasiado cariñoso **2** (in love) (liter & arch) prendado (liter), enamorado

amorphous /ə'mɔ:rfəs || ə'mɔ:fəs/ *adj* **1** ‹*mass/style*› amorfo **2** (Geol) ‹*rock/mineral*› amorfo

amortization /,æmərtə'zeɪʃən || ə,mɔ:taɪ'zeɪʃən/ *n* **1** [u c] (process) amortización *f* **2** [c] (sum) amortización *f*

amortize /'æmərtaɪz || ə'mɔ:taɪz/ *vt* amortizar*

amount /ə'maʊnt/ *n* **1** (quantity) cantidad *f*; **any ~ of sth** grandes cantidades de algo; **no ~ of sth**: **no ~ of arguing will change their opinions** por más que discutamos no van a cambiar de opinión; **I spent a huge ~ of time on the project** invertí muchísimo tiempo en el proyecto; **to increase/reduce the ~ of current/heat** subir/bajar la corriente/temperatura **2** (sum of money) cantidad *f*, suma *f*; **add the two ~s together** sume las dos cantidades; **the full** *o* **total ~ was over $10,000** el (importe) total ascendía a más de $10.000

Phrasal verb

- **amount to** [v + prep + o] **1** (add up to) «*bill/debt/assets*» ascender* a; **our debts ~ to over $1 million** nuestras deudas ascienden a más de 1 millón de dólares; **my savings ~ to very little** mis ahorros son muy modestos; ***not to ~ to anything/much***: **she'll never ~ to anything** nunca llegará a nada; **what he said didn't ~ to much** no dijo gran cosa **2** (be equivalent to): **it ~s to stealing** viene a ser lo mismo que robar, equivale a robar; **it all ~s to the same thing** viene a ser lo mismo; **her silence ~ed to an admission of guilt** su silencio era prácticamente una admisión de culpabilidad; **what it ~s to is that we have to ...** lo que significa *or* quiere decir es que tendremos que ...; **he doesn't love her, that's what it ~s to** no la quiere, eso es lo que pasa

amp /æmp/ *n* **1** (Elec) amperio *m* **2** (amplifier) (colloq) amplificador *m*

amperage /'æmpərɪdʒ/ *n* [u] amperaje *m*

ampere, ampère /'æmpɪr || 'æmpeə(r)/ *n* amperio *m*

ampersand /'æmpərsænd || 'æmpəsænd/ *n*: *el signo &*

amphetamine /æm'fetəmi:n/ *n* anfetamina *f*

amphibian /æm'fɪbiən/ *n* **1** (Zool) anfibio *m* **2** (seaplane) (Aviat) avión *m* anfibio *m* **3** (vehicle) (Transp) (coche *m*) anfibio *m*; (*before n*): **~ tank** tanque *m* anfibio

amphibious /æm'fɪbiəs/ *adj* (Aviat, Bot, Mil, Zool) anfibio

amphitheater, (BrE) **amphitheatre** /'æmfɪ,θi:ətər || 'æmfɪ,θɪətə(r)/ *n* **1** (building) anfiteatro *m* **2** (lecture hall) anfiteatro *m* **3** (Geog) anfiteatro *m*; **a natural ~** un anfiteatro natural

amphora /'æmfərə/ *n* (*pl* **-ras** *or* **-rae** /-ri:/) ánfora *f*‡

ample /ˈæmpəl/ *adj* 1 (abundant, large) ‹*space*› amplio; ‹*funds/resources*› abundante; ‹*helping*› generoso; **to be in ~ supply** haber* en abundancia; **you had ~ warning** se te avisó con sobrada anticipación; **there will be ~ opportunity to ask questions later** habrá abundantes *or* sobradas oportunidades para hacer preguntas luego 2 (plenty) (*pred*) más que suficiente; **£10 should be ~** 10 libras deberían ser más que suficientes

amplification /ˌæmpləfəˈkeɪʃən || ˌæmplɪfɪˈkeɪʃən/ *n* [u] 1 (Audio) amplificación *f* 2 (elaboration) ampliación *f*, aclaración *f*

amplifier /ˈæmpləfaɪər || ˈæmplɪfaɪə(r)/ *n* amplificador *m*

amplify /ˈæmpləfaɪ || ˈæmplɪfaɪ/ *vt* **-fies, -fying, -fied** 1 ‹*sound*› amplificar*; ‹*voltage/current*› aumentar 2 (elaborate on) ‹*statement*› ampliar*; ‹*idea*› desarrollar

■ **amplify** *vi* **to ~ ON o UPON sth**: **could you ~ on that?** ¿podría extenderse sobre ese punto?, ¿podría ampliar la información sobre ese punto?

amplitude /ˈæmplətuːd || ˈæmplɪtjuːd/ *n* 1 [u] (breadth, magnitude) (frml) amplitud *f* 2 [c u] (Phys, Rad) amplitud *f*; (*before n*): **~ modulation** modulación *f* de amplitud

amply /ˈæmpli/ *adv* 1 (generously): **an ~ proportioned house** una casa amplia *or* espaciosa; **her ~ proportioned figure** su figura de generosas proporciones 2 (adequately): **this has been ~ demonstrated** esto ha quedado más que demostrado, esto ha quedado ampliamente *or* suficientemente demostrado

ampoule, ampule /ˈæmpuːl/ *n* ampolla *f*, ampolleta *f*

amputate /ˈæmpjəteɪt || ˈæmpjʊteɪt/ *vt* amputar

amputation /ˌæmpjəˈteɪʃən || ˌæmpjʊˈteɪʃən/ *n* [u c] amputación *f*; **to perform an ~** practicar* una amputación

amputee /ˌæmpjəˈtiː || ˌæmpjʊˈtiː/ *n*: *persona a la que se le ha amputado un miembro*

AMT *n* (in US) = **alternative minimum tax**

Amtrak /ˈæmtræk/ *n* (*no art*) (in US) Ferrocarriles *mpl* de los EEUU

amuck /əˈmʌk/ *adv* ▸ **amok**

amulet /ˈæmjələt || ˈæmjʊlɪt/ *n* amuleto *m*

amuse /əˈmjuːz/ *vt* 1 (entertain) entretener*; **the game kept them ~d for a while** se entretuvieron un rato con el juego, el juego los tuvo entretenidos un rato; **she kept them ~d by telling stories** los tuvo entretenidos contándoles cuentos 2 (make laugh) divertir*, hacer* reír; **nothing ~s her** nada le hace gracia *or* la divierte

■ *v refl*: **to ~ oneself** entretenerse*; (have fun) divertirse*; (relax) distraerse*; **you have to go out and ~ yourself** tienes que salir a divertirte/distraerte

amused /əˈmjuːzd/ *adj* ‹*expression*› divertido; **we are not ~** (set phrase) no le veo la gracia, no me parece gracioso; **to be ~ AT sth/to + INF**: **she was very ~ at the look on his face** le hizo mucha gracia la cara que puso; **I was ~ to hear that ...** me hizo gracia *or* me dio risa cuando me enteré de que ...; **she was anything but ~ to find ...** no le hizo ninguna gracia *or* no le sentó nada bien encontrar ...

amusement /əˈmjuːzmənt/ *n* 1 [u] (entertainment) distracción *f*, entretenimiento *m*, entretención *f* (AmL); **what do people do for ~ around here?** ¿qué hace la gente aquí como distracción *or* para divertirse?; **I play the guitar, but purely for my own ~** toco la guitarra, pero sólo como pasatiempo *or* para entretenerme 2 [u] (mirth) diversión *f*; **they watched in ~** miraban divertidos; **I can see no cause for ~** no le veo la gracia; **to our great ~** *o* **much to our ~, the chair collapsed under him** para nuestro gran regocijo, la silla se le vino abajo; (*before n*): **~ arcade** sala *f* de juegos recreativos; **~ park** parque *m* de diversiones *or* (Esp) atracciones *or* (Chi) entretenciones

amusing /əˈmjuːzɪŋ/ *adj* ‹*person/story*› divertido, gracioso, entretenido; **I don't find it very ~** no le veo la gracia, no me parece muy gracioso; **the ~ thing was that ...** lo gracioso *or* lo divertido *or* lo entretenido fue que ...; **what an ~ little hat!** ¡qué sombrerito más gracioso!

amusingly /əˈmjuːzɪŋli/ *adv* de forma muy entretenida *or* divertida

an /æn *weak form* /ən/ *indef art before vowel* **a**

Anabaptist /ˌænəˈbæptəst || ˌænəˈbæptɪst/ *n* anabaptista *mf*, anabautista *mf*

anabolic steroid /ˌænəˈbɑːlɪk || ˌænəˈbɒlɪk/ *n* esteroide *m* anabólico

anachronism /əˈnækrənɪzəm/ *n* anacronismo *m*

anachronistic /əˌnækrəˈnɪstɪk/ *adj* anacrónico

anaconda /ˌænəˈkɑːndə || ˌænəˈkɒndə/ *n* anaconda *f*

anaemia *etc* (BrE) ▸ **anemia** *etc*

anaerobic /ˌænəˈrəʊbɪk || ˌæneəˈrəʊbɪk/ *adj* anaerobio

anaesthesia *etc* (BrE) ▸ **anesthesia** *etc*

anagram /ˈænəgræm/ *n* anagrama *m*

anal /ˈeɪnl/ *adj* 1 (Anat) anal 2 (Psych) anal

analgesia /ˌænlˈdʒiːʒə || ˌænælˈdʒiːziə/ *n* [u] analgesia *f*

analgesic /ˌænlˈdʒiːzɪk, -sɪk/ *n* [u c] analgésico *m*; (*before n*) ‹*drug/effect*› analgésico

analog[1] /ˈænəlɔːg || ˈænəlɒg/ *n* 1 (AmE) ▸ **analogue**[1] 1 2 (Comput) computadora *f* analógica, ordenador *m* analógico (Esp)

analog[2] *adj* (Electron) analógico

analog-digital converter /ˌænəlɔːg ˌdɪdʒətlkənˈvɜːrtər || ˌænəlɒgˌdɪdʒɪtlkənˈvɜːtə(r)/ *n* convertidor *m* analógico-digital, conversor *m* análogo-digital

analogical /ˌænəˈlɑːdʒɪkəl || ˌænəˈlɒdʒɪkəl/ *adj* analógico

analogous /əˈnæləgəs/ *adj* (frml) 1 ‹*situation/position*› análogo; **to be ~ TO o WITH sth** ser* análogo A algo 2 ‹*organs/parts*› (Zool) análogo; ‹*plural*› (Ling) analógico

analogue[1] /ˈænəlɔːg || ˈænəlɒg/ *n* 1 (frml) análogo *m*; **the Creation story has its ~ in many other cultures** la historia de la Creación tiene versiones análogas en muchas otras culturas 2 (Comput) computadora *f* analógica, ordenador *m* analógico (Esp)

analogue[2] *adj* ‹*cassette/display*› analógico; ‹*watch*› analógico, de agujas

analogy /əˈnælədʒi/ *n* [c u] (*pl* **-gies**) analogía *f*; **to draw an ~ with sth** establecer* una analogía con algo; **the texts show analogies with ...** los textos presentan analogías con ...; **to argue by** *o* **from ~** razonar por analogía

anal-retentive[1] /ˌeɪnlrɪˈtentɪv/ *adj* retentivo anal

anal-retentive[2] *n* rententivo, -va *m,f* anal

analyse *vt* (BrE) ▸ **analyze**

analysis /əˈnæləsəs || əˈnælɪsɪs/ *n* (*pl* **-lyses** /-lɪsiːz/) 1 [c u] (Biol, Chem) análisis *m*; **to carry out/perform an ~ (of sth)** llevar a cabo/hacer* un análisis (de algo); **~ of food/samples** análisis de alimentos/muestras 2 [c u] (examination) análisis *m*; **literary ~** análisis literario; **syntactic/sentence ~** análisis sintáctico/de la oración; **on closer ~, I think we should ...** tras haberlo analizado más detenidamente, creo que deberíamos ...; **in the final** *o* **last ~** bien considerado, a fin de cuentas 3 [u] (Psych) psicoanálisis *m*, análisis *m*; **they've both been in ~ for more than a year** hace más de un año que se están psicoanalizando or analizando

analyst /ˈænləst || ˈænəlɪst/ *n* 1 (Biol, Chem) analista *mf*; **food ~** analista de alimentos 2 (of data) analista *mf*; **political/financial ~** analista político/de inversiones; **market ~** analista de mercado 3 (Psych) psicoanalista *mf*, analista *mf*

analytic /ˌænəˈlɪtɪk/, **-ical** /-ɪkəl/ *adj* ‹*person/mind/framework*› analítico

analyze, (BrE) **analyse** /ˈænəlaɪz/ *vt* 1 (Biol, Chem) ‹*sample/specimen*› analizar* 2 ‹*motives/reasons*› analizar*; ‹*sentence*› (Ling) analizar* 3 (Psych) ‹*patient*› psicoanalizar*, analizar*

anaphylactic shock /ˌænəfəˈlæktɪk || ˌænəfɪˈlæktɪk/ *n* [u] shock *m* anafiláctico, choque *m* anafiláctico

anaphylaxis /ˌænəfəˈlæksəs || ˌænəfɪˈlæksɪs/ [u] anafilaxia *f*, anafilaxis *f*

anarchic /æˈnɑːrkɪk || əˈnɑːkɪk/, **-ical** /-ɪkəl/ *adj* anárquico

anarchism /ˈænərkɪzəm || ˈænəkɪzəm/ *n* [u] anarquismo *m*

anarchist /ˈænərkəst || ˈænəkɪst/ *n* anarquista *mf*

anarchy /ˈænərki || ˈænəki/ *n* [u] anarquía *f*

anathema /əˈnæθəmə/ *n* (*pl* **-mas**) 1 (hated thing, person) (*no art*) **to be ~ to sb**: **liberal ideas are ~ to them** les repugnan *or* les resultan odiosas las ideas liberales 2 (Relig) anatema *m*

anatomical /ˌænəˈtɑːmɪkəl || ˌænəˈtɒmɪkəl/ *adj* anatómico

anatomist /əˈnætəməst || əˈnætəmɪst/ *n* anatomista *mf*

anatomize /əˈnætəmaɪz/ *vt* 1 (Biol) ‹*animal/plant*› disecar*, hacer* la disección de 2 ‹*society/institution*› (frml) analizar* minuciosamente *or* detenidamente

anatomy /əˈnætəmi/ *n* (*pl* **-mies**) 1 [u] (science) anatomía *f* 2 [c] (body) (hum) anatomía *f* (hum); **certain parts of his ~** ciertas partes de su anatomía 3 [c] (analysis) (frml) minucioso análisis *m*

ANC *n* (= **African National Congress**) **the ~** el CNA

ancestor /ˈænsestər || ˈænsestə(r)/ *n* 1 (forefather) antepasado, -da *m,f* 2 (forerunner) antecesor, -sora *m,f*

ancestral /ænˈsestrəl/ *adj* ‹*portrait*› de un antepasado; **the ~ home** la casa solariega

ancestry /ˈænsestri/ *n* [u] ascendencia *f*; **of Hungarian ~** de ascendencia húngara; **of noble ~** de noble linaje, de abolengo; **to trace one's ~** hacerse* el árbol genealógico

anchor[1] /ˈæŋkər || ˈæŋkə(r)/ *n*

A 1 (Naut) ancla *f*‡; **to be** *o* **lie** *o* **ride at ~** estar* anclado; **to cast** *o* **drop ~** echar anclas, anclar, fondear; **to weigh ~** levar anclas; **the ship was dragging its ~** el buque estaba garrando *or* garreando 2 (mainstay, support) sostén *m*; **hope/faith was his ~** la esperanza/fe fue su sostén *or* (liter) su áncora de salvación

B ▸ **anchorman 1, anchorwoman**

anchor[2] *vt* 1 ‹*ship*› anclar, fondear 2 ‹*rope/tent*› sujetar, asegurar

anchorage /ˈæŋkərɪdʒ/ *n* 1 [c u] (place) fondeadero *m* 2 [u] (fee) anclaje *m*; **to pay ~** pagar* anclaje

anchorite /ˈæŋkəraɪt/ *n* anacoreta *mf*

anchorman /ˈæŋkərmæn || ˈæŋkəmæn/ *n* (*pl* **-men** /-men/) 1 (TV) presentador *m* 2 (Sport) *última persona de un equipo en competir, particularmente en carreras de relevos*; (in tug-of-war) *competidor colocado en uno de los extremos*

anchorwoman /ˈæŋkərˌwʊmən || ˈæŋkəˌwʊmən/ *n* (*pl* **-women**) (TV) presentadora *f*

anchovy /ˈæntʃəʊvi || ˈæntʃəvi/ *n* (*pl* **-vies** *or* **-vy**) anchoa *f*; (*before n*): **~ paste** pasta *f* de anchoas

ancient /ˈeɪnʃənt/ *adj* 1 ‹*Egypt/civilizations/ruin/tradition*› antiguo; **the A~ World** el mundo antiguo, la antigüedad; **A~ Greek** griego *m* clásico; **in ~ times** en la antigüedad; **~ history** historia *f* antigua; **my divorce? that's all ~ history now** ¿mi divorcio? eso ya ha pasado a la historia 2 (colloq) (old): **she has an ~ record player** tiene un tocadiscos prehistórico *or* del año de la pera *or* de Maricastaña (fam); **37? but you're absolutely ~!** ¿37? ¡qué vejestorio! (fam)

ancient monument *n* (BrE) monumento *m* histórico

ancients /ˈeɪnʃənts/ *pl n*: **the ~** los antiguos

ancillary[1] /ˈænsəleri || ænˈsɪləri/ *adj* (frml) 1 (supplementary) ‹*service/worker*› auxiliar 2 (subordinate) ‹*road*› secundario; **to be ~ TO sth** estar* subordinado A algo

ancillary[2] *n* (BrE) auxiliar *mf*

and /ænd *weak form* /ənd/ *conj*

> ⚠ The usual translation of *and*, *y*, becomes *e* when it precedes a word beginning with *i*, *hi*, or *y*.
> *and* is sometimes used between two verbs in English to mean *in order to*: **let's wait and see** esperemos para ver qué *or* lo que pasa.

A 1 y; **black ~ white** blanco y negro; **father ~ son** padre e hijo; **ham ~ eggs** huevos con jamón; **bread ~ butter** pan con mantequilla; **to mix business ~ pleasure** mezclar los negocios con el placer; **so we decided to leave — and?** así que decidimos irnos — ¿y?; **during June ~/or July** durante junio y/o julio; **but there are journalists ~ journalists!** ¡pero hay periodistas y periodistas! 2 **and so on** *o* **and so forth** etcétera; **~ so on, ~ so forth** etcétera, etcétera
B (in numbers): **one ~ a half** uno y medio; **two hundred ~ twenty** doscientos veinte; **an hour ~ five minutes** una hora y cinco minutos; **five ~ forty** (arch or liter) cuarenta y cinco
C (showing continuation, repetition): **faster ~ faster** cada vez más rápido; **it gets easier ~ easier** se hace cada vez más fácil; **he just eats ~ eats** no hace más que comer; **weeks ~ weeks passed** pasaron muchas semanas, pasaron semanas y más semanas
D (*with inf*): **try ~ finish this today** trata de terminar esto hoy; **we must wait ~ see what she does** tenemos que esperar a ver lo que hace; **come/go ~ help your father** ven/anda a ayudar a tu padre
E 1 (implying a result) y; **a minute longer ~ he would have drowned** (colloq) un minuto más y se habría ahogado (fam) 2 (adding emphasis) y; **something should be done, ~ quickly** habría que hacer algo, y rápido; **those who refuse, ~ there are many ...** los que se niegan, y son muchos ...

Andalusia /ˌændəˈluːʒə || ˌændəˈluːsiə/ *n* Andalucía *f*

Andalusian[1] /ˌændəˈluːʒən || ˌændəˈluːsiən/ *adj* andaluz

Andalusian[2] *n* andaluz, -luza *m,f*

andante[1] /ɑːnˈdɑːnteɪ || ænˈdænti/ *adj/adv* andante

andante[2] *n* andante *m*

Andean /ˈændiən/ *adj* andino

Andes /ˈændiːz/ *pl n*: **the ~** los Andes

andiron /ˈændaɪrn || ˈændaɪən/ *n* morillo *m*

Andorra /ænˈdɔːrə/ *n* Andorra *f*

androgynous /ænˈdrɑːdʒənəs || ænˈdrɒdʒənəs/ *adj* ‹*plant*› andrógino; ‹*clothes/image*› andrógino

android /ˈændrɔɪd/ *n* androide *m*

andropause /ˈændrəpɔːz/ *n* [u] (Med) andropausia *f*

anecdotal /ˌænɪkˈdəʊtl/ *adj* ‹*material/interest*› anecdótico; ‹*biography/talk*› lleno de anécdotas; **~ evidence suggests that ...** los casos de los que se tiene conocimiento parecen indicar que ...

anecdote /ˈænɪkdəʊt/ *n* anécdota *f*

anemia, (BrE) **anaemia** /əˈniːmiə/ *n* [u] anemia *f*

anemic, (BrE) **anaemic** /əˈniːmɪk/ *adj* 1 (Med) anémico 2 (lacking vitality) ‹*appearance*› anémico; ‹*poetry*› con poca fuerza, anodino

anemometer /ˌænəˈmɑːmətər || ˌænɪˈmɒmɪtə(r)/ *n* anemómetro *m*

anemone /əˈneməni/ *n*
A (Bot) anémona *f*
B (*sea* ~) (Zool) anémona *f* de mar

aneroid barometer /ˈænərɔɪd/ *n* barómetro *m* aneroide

anesthesia, (BrE) **anaesthesia** /ˌænəsˈθiːʒə || ˌænɪsˈθiːziə/ *n* [u] anestesia *f*

anesthesiologist /ˌænəsθiːziˈɑːlədʒəst || ˌænəsθiːziˈɒlədʒɪst/ *n* (AmE) anestesiólogo, -ga *m,f*

anesthetic[1], (BrE) **anaesthetic** /ˌænəsˈθetɪk || ˌænɪsˈθetɪk/ *n* [c u] anestésico *m*; **to be under ~** estar* bajo los efectos de la anestesia

anesthetic[2], (BrE) **anaesthetic** *adj* anestésico

anesthetist, (BrE) **anaesthetist** /əˈnesθətəst || əˈniːsθətɪst/ *n* 1 (AmE) (other than a physician) anestesista *mf* 2 (BrE) (qualified doctor) anestesista *mf*, anestesiólogo, -ga *m,f*

anesthetize, (BrE) **anaesthetize** /əˈnesθətaɪz || əˈniːsθətaɪz/ *vt* anestesiar

aneurysm, aneurism /ˈænjərɪzəm/ *n* aneurisma *m or f*

anew /əˈnuː || əˈnjuː/ *adv* (liter) de nuevo, otra vez; **to begin ~** volver* a empezar

angel /ˈeɪndʒəl/ *n* 1 (Relig) ángel *m*; **the ~ of death** el ángel exterminador 2 (term of endearment): **thanks, darling, you're an ~** gracias cariño, eres un ángel *or* un cielo; **be an ~ and finish this for me** sé bueno y termíname esto; (*before n*): **~ face** (*as form of address*) preciosidad 3 (Theat) productor, -tora *m,f*

angel cake *n* [u c] (BrE) ▸**angel food (cake)**

angel dust *n* [u] (sl) polvo *m* de ángel (arg) (*tipo de alucinógeno*)

Angeleno /ˌændʒəˈliːnəʊ/ *n* (*pl* **-nos**) angelino, -na *m,f*; **he's an ~** es angelino

angelfish /ˈeɪndʒəlfɪʃ/ *n* (*pl* **-fish** *or* **-fishes**) 1 (tropical fish) chiribico *m* 2 (shark) angelote *m*

angel food (cake) *n* [u c] (AmE) pastel *m* de ángel (*pastel esponjoso muy ligero hecho con clara de huevo*)

angelic /ænˈdʒelɪk/ *adj* angelical

angelica /ænˈdʒelɪkə/ *n* 1 [u] (Culin) angélica *f* confitada 2 [u c] (Bot) angélica *f*

angelically /ænˈdʒelɪkli/ *adv* angelicalmente

angel shark *n* angelote *m*

angelus, Angelus /ˈændʒələs/ *n* 1 (prayer): **the ~** el Ángelus 2 (bell) ángelus *m*

anger[1] /ˈæŋgər || ˈæŋgə(r)/ *n* [u] ira *f*, enojo *m* (esp AmL), enfado *m* (esp Esp); **words spoken in ~** palabras dichas en un momento de ira; **to lash out in ~ at sb** arremeter con ira *or* furia contra algn

anger[2] *vt* (hacer*) enojar (esp AmL), (hacer*) enfadar (esp Esp); **she's easily ~ed** se enoja *or* enfada con facilidad

angina (pectoris) /ænˈdʒaɪnə(ˈpektərəs) || ænˈdʒaɪnə(ˈpektərɪs)/ *n* [u] angina *f* (de pecho)

angiogram /ˈændʒiəʊgræm/ *n* angiograma *m*

angiography /ˌændʒiˈɑːgrəfi || ˌændʒiˈɒgrəfi/ *n* [u] angiografía *f*

angioplasty /ˈændʒiəʊˌplæsti/ *n* [u c] (*pl* **-ties**) angioplastia *f*

angle[1] /ˈæŋgəl/ *n*
A 1 ángulo *m*; **an ~ of 45°/a 45° ~** un ángulo de 45°; **~ of approach** ángulo de aterrizaje; **at an ~**: **she wore her hat at an ~** llevaba el sombrero ladeado; **at an ~ to the wall** formando un ángulo con la pared; **the ball went off at an ~** la pelota salió torcida; **to cut sth at an ~** cortar algo al sesgo 2 (corner) arista *f*
B 1 (position) ángulo *m*; **seen from a different ~** visto desde otro ángulo; **a high-/low-~ shot** (Phot) una toma desde un ángulo superior/inferior 2 (point of view) perspectiva *f*, punto *m* de vista; **they studied it from the political ~** lo analizaron desde el punto de vista político *or* con una perspectiva política; **we need a new ~ on the subject** tenemos que darle un nuevo enfoque al tema 3 (scheme, ploy) (sl): **he knows all the ~s** se las sabe todas (fam)

angle[2] *vt* 1 (direct) ‹*pass/shot*› sesgar*; ‹*lamp*› orientar, dirigir* 2 (bias, slant): **the story was ~d to show their actions in the best possible light** el artículo estaba sesgado a favor de su gestión; **his column is ~d at a middle-class readership** su columna está dirigida a lectores de clase media

■ **angle** *vi* 1 (move) torcer* 2 (fish) pescar* (con caña)

(Phrasal verb)

• **angle for** [v + prep + o] (colloq): **she's obviously angling for an invitation** se ve que lo que anda buscando es una invitación *or* que la inviten; **he was angling for compliments** estaba a la caza de halagos

Angle /ˈæŋgəl/ *n* anglo, -gla *m,f*

angle bracket *n* 1 (in text) paréntesis *m* angular 2 (Const) escuadra *f*

angle grinder *n* cortametales *m* angular

angle iron *n* angular *m*, ángulo *m*

angle plate *n* escuadra *f* para montaje

angler /ˈæŋglər || ˈæŋglə(r)/ *n* pescador, -dora *m,f* (de caña)

Anglican[1] /ˈæŋglɪkən/ *n* anglicano, -na *m,f*

Anglican[2] *adj* anglicano; **the ~ Church** la Iglesia Anglicana

Anglicanism /ˈæŋglɪkənɪzəm/ *n* [u] anglicanismo *m*

Anglicism, anglicism /ˈæŋglɪsɪzəm/ *n* anglicismo *m*

Anglicize, anglicize /ˈæŋglɪsaɪz/ *vt* 1 ‹*word/phrase*› anglicanizar* 2 ‹*culture/country*› anglicanizar*; **his friends in Scotland think he's become very ~d** sus amigos de Escocia piensan que se ha vuelto muy inglés

angling /ˈæŋglɪŋ/ *n* [u] pesca *f* (con caña)

Anglo- /ˈæŋgləʊ/ *pref* anglo-; **~French** anglofrancés

Anglophile[1] /ˈæŋgləfaɪl/ *n* anglófilo, -la *m,f*

Anglophile[2] *adj* anglófilo

Anglophobe[1] /ˈæŋgləfəʊb/ *n* anglófobo, -ba *m,f*

Anglophobe[2] *adj* anglófobo

Anglophobia /ˌæŋgləˈfəʊbiə/ *n* [u] anglofobia *f*

Anglo-Saxon[1] /ˌæŋgləʊˈsæksən/ *adj* anglosajón

Anglo-Saxon[2] *n* 1 [c] (person) anglosajón, -jona *m,f* 2 [u] (language) anglosajón *m*

Angola /æŋˈgəʊlə/ *n* Angola *f*

Angolan[1] /æŋˈgəʊlən/ *adj* angoleño

Angolan[2] *n* angoleño, -ña *m,f*

angora /æŋˈgɔːrə/ *n* angora *f*; (*before n*) ‹*sweater/scarf*› de angora; **A~ cat/goat/rabbit** gato *m* /cabra *f* /conejo *m* de angora

angostura bitters® /ˌæŋgəˈstʊrə || ˌæŋgəˈstjʊərə/ *n* bíter *m* de angostura

angrily /ˈæŋgrəli || ˈæŋgrɪli/ *adv* con ira, furiosamente; **no!, he shouted ~** —¡no! —gritó enojado (esp AmL) *or* (esp Esp) enfadado

angry /ˈæŋgri/ *adj* **angrier, angriest** 1 ‹*person*› enojado (esp AmL), enfadado (esp Esp); ‹*look*› de enojo (esp AmL), de enfado (esp Esp); ‹*animal*› furioso; ‹*silence*› cargado de ira *or* furia; **to get ~** enojarse (esp AmL), enfadarse (esp Esp); **promise you won't be ~?** ¿me prometes que no te vas a enojar *or* enfadar?; **to be ~ AT O WITH sb** estar* enojado *or* enfadado CON algn; **to be ~ ABOUT/AT sth**: **I'm really ~ about losing those keys** me da mucha rabia haber perdido las llaves; **there's no point getting so ~ about it** no vale la pena enojarse *or* enfadarse tanto por eso; **I'm very ~ at the way I've been treated** estoy muy enojada *or* enfadada por cómo me han tratado 2 ‹*clouds/sky*› tormentoso; ‹*sea*› embravecido 3 ‹*rash/sore*› inflamado, irritado

angst, Angst /ɑːŋst || æŋst/ *n* [u] angustia *f*; **~-ridden** dominado por la angustia

anguish /ˈæŋgwɪʃ/ *n* [u] angustia *f*; **to cause sb ~** angustiar a algn; **the ~ of indecision/waiting** la agonía *or* el suplicio de la indecisión/la espera

anguished /ˈæŋgwɪʃt/ *adj* angustiado

angular /ˈæŋgjələr || ˈæŋgjʊlə(r)/ *adj* ‹*shape/structure*› angular; ‹*person/face/features*› anguloso; ‹*gait/movement*› desmañado

angularity /ˌæŋgjəˈlærəti || ˌæŋgjʊˈlærəti/ *n* (*pl* **-ties**) angulosidad *f*

angular momentum *n* [u c] momento *m* angular

anhydrous /ænˈhaɪdrəs/ *adj* anhidro

aniline /'ænəlɪn || 'ænɪli:n/ *n* [u] anilina *f*

animadversion /,ænəmæd'vɜ:rʒən || ,ænɪmæd'vɜ:ʃən/ *n* (frml) [1] (criticism) ~ (ON *o* UPON **sth)** reprobación *f* (DE algo) [2] (observation) ~ (ON *o* UPON **sth)** observación *f* *or* comentario *m* (ACERCA DE algo)

animadvert /,ænəmæd'vɜ:rt || ,ænɪmæd'vɜ:t/ *vi* (frml) [1] (criticize) **to** ~ ON *o* UPON **sth** reprobar* *or* censurar algo [2] (comment) **to** ~ ON *o* UPON **sth** hacer* comentarios SOBRE algo

animal[1] /'ænəməl || 'ænɪməl/ *n* [1] (creature) animal *m*; **man is a political/social** ~ el hombre es un animal político/social; **to bring out the** ~ **in sb** despertar* el instinto animal de algn; (*before n*): ~ **fats** grasas *fpl* animales; ~ **lover** amante *mf* de los animales; ~ **magnetism** magnetismo *m* animal; ~ **rights** derechos *mpl* de los animales [2] (brute) animal *mf*, bestia *f*

animal[2] *adj* ‹*desires/needs*› carnal, de la carne; ‹*behavior*› propio de un animal

animal activism *n* [u] activismo *m* en defensa de los derechos de los animales

animal activist *n* activista *mf* en defensa de los derechos de los animales

animal cracker *n* (AmE); *galleta en forma de animal*

animal experiment *n* experimento *m* con animales

animal hospital *n* clínica *f* veterinaria

animal husbandry *n* [u] cría *f* de animales

animal instinct *n* [u c] instinto *m* animal

Animal Liberation Front *n* (in UK) Frente *m* de Liberación Animal

animal liberationist *n* activista *mf* de la liberación de los animales

animal rights campaigner *n* defensor, -sora *m,f* de los derechos de los animales

animal sanctuary *n* [1] (for abandoned animals) refugio *m* para animales [2] (for wildlife) reserva *f* natural

animal tested *adj* probado *or* experimentado en animales, testeado en animales (CS)

animal testing *n* experimentación *f* animal

animate[1] /'ænəmeɪt || 'ænɪmeɪt/ *vt* [1] (enliven) animar [2] (Cin) ‹*cartoons/drawings*› animar

animate[2] /'ænəmət || 'ænɪmət/ *adj* animado

animated /'ænəmeɪtəd || 'ænɪmeɪtɪd/ *adj* [1] ‹*discussion/conversation*› animado [2] (Cin) animado; ~ **film** película *f* de dibujos animados

animatedly /'ænəmeɪtədli || 'ænɪmeɪtɪdli/ *adv* animadamente

animation /,ænə'meɪʃən || ,ænɪ'meɪʃən/ *n* [u]
[A] (liveliness) animación *f*, vivacidad *f*
[B] (Cin) animación *f*

animator, animater /'ænəmeɪtər || 'ænɪmeɪtə(r)/ *n* animador, -dora *m,f*

animatronic[1] /,ænəmə'trɑ:nɪk || ,ænɪmə'trɒnɪk/ *adj* animatrónico

animatronic[2] *n* animatrónico *m*

animatronics /,ænɪmə'trɑ:nɪks || ,ænɪmə'trɒnɪks/ *n* (+ *sing vb*) animatrónica *f*; (*before n*) ‹*material*› de animatrónica

animism /'ænəmɪzəm || 'ænɪmɪzəm/ *n* [u] animismo *m*

animist[1] /'ænəməst || 'ænɪmɪst/ *n* animista *mf*

animist[2], **animistic** /,ænə'mɪstɪk || ,ænɪ'mɪstɪk/ *adj* animista

animosity /,ænə'mɑ:səti || ,ænɪ'mɒsəti/ *n* [u c] (*pl* **-ties**) ~ **(AGAINST/TOWARD sb)** animosidad *f* *or* animadversión *f* (CONTRA/HACIA algn)

animus /'ænəməs || 'ænɪməs/ *n* (*no pl*) (liter) [1] (hatred, ill-feeling) animosidad *f*, animadversión *f* [2] (spirit) espíritu *m*

anion /'ænaɪən/ *n* anión *m*

anise /'ænəs || 'ænɪs/ *n* anís *m*

aniseed /'ænəsi:d || 'ænɪsi:d/ *n* [u] anís *m*; (*before n*): ~ **ball** (caramelo *m* *or* bolita *f* de) anís *m*

anisette /,ænə'set || ,ænɪ'zet/ *n* [u c] anís *m*

ankle /'æŋkəl/ ▸ ❶ **p.965** *n* tobillo *m*; (*before n*): ~ **boot** botín *m*; ~ **sock** calcetín *m* corto, soquete *m* (CS); ~ **strap** tobillera *f*

ankle-biter /'æŋkəl,baɪtər || 'æŋkəl,baɪtə(r)/ *n* (AmE hum) niño *m* latoso, niña *f* latosa

ankle bone *n* hueso *m* del tobillo, astrágalo *m* (tech), taba *f* (tech)

ankle bracelet *n* [1] (jewelry) pulsera *f* de tobillo, ajorca *f* [2] (for monitoring criminals) pulsera *f* de seguimiento electrónico (*que se lleva en el tobillo*)

ankle deep *adj* que llega hasta los tobillos; **the street was** ~ ~ **in mud** el barro en la calle llegaba hasta los tobillos

ankle-length /'æŋkəl,leŋθ/ *adj* ‹*garment*› hasta el tobillo; ‹*skirt/trousers*› tobillero

anklet /'æŋklət || 'æŋklɪt/ *n* [1] (bracelet) ajorca *f*, cadenita *f* (*para el tobillo*) [2] (sock) (AmE) calcetín *m* corto, soquete *m* (CS)

annalist /'ænləst || 'ænəlɪst/ *n* analista *mf*

annals /'ænlz/ *pl n* (Hist) anales *mpl*, crónica *f*; **one of the strangest cases in the** ~ **of medical science** uno de los casos más extraños en los anales *or* la historia de la medicina

anneal /ə'ni:l/ *vt* templar

annex[1] /ə'neks/ *vt* [1] ‹*territory/area*› anexar, anexarse, anexionar, anexionarse; **I see you've** ~**ed my office** (hum) ya veo que te has adueñado de mi despacho [2] ‹*document*› adjuntar como anexo; ‹*clause*› añadir

annex[2], (BrE) **annexe** /'æneks/ *n* [1] (building) anexo *m*, anejo *m*; **the** ~ **to the hotel** el anexo *or* anejo del hotel [2] (to document) anexo *m*, anejo *m*, apéndice *m*

annexation /,ænek'seɪʃən || ,ænɪk'seɪʃən/ *n* [1] [u] (act) anexión *f*, anexionamiento *m* (CS) [2] [c] (area annexed) territorio *m* anexado *or* anexionado

annihilate /ə'naɪəleɪt/ *vt* ‹*army/city*› aniquilar; **Rangers** ~**d United** (colloq) los Rangers destrozaron *or* le dieron tremenda paliza a United (fam)

annihilation /ə,naɪə'leɪʃən/ *n* [u] [1] (total destruction) aniquilación *f* [2] (Nucl Phys) aniquilación *f* de materia

anniversary /,ænə'vɜ:rsəri || ,ænɪ'vɜ:səri/ *n* (*pl* **-ries**) aniversario *m*; **it's their 10th wedding** ~ es su décimo aniversario de boda *or* de casados, cumplen 10 años de casados; **on the 100th/200th** ~ **of his death** en el primer/segundo centenario de su muerte; **the 50th/150th** ~ **of the revolution** el cincuentenario/sesquicentenario de la revolución

annotate /'ænəteɪt/ *vt* anotar; **the A**~**d Macbeth** la edición anotada de Macbeth

annotation /,ænə'teɪʃən/ *n* (note) anotación *f*, nota *f*; (process) anotación *f*

announce /ə'naʊns/ *vt* [1] ‹*event/marriage/arrival*› anunciar; **we regret to** ~ **...** lamentamos tener que anunciar ...; **has our flight been** ~**d yet?** ¿han anunciado ya nuestro vuelo?; **the mayor will** ~ **the winner** el alcalde dará a conocer el nombre del ganador; **a fanfare** ~**d the Queen's arrival** una fanfarria anunció la llegada de la reina [2] (declare) anunciar; **I'm leaving, he** ~**d** — me voy —anunció [3] ‹*guest*› anunciar; **please** ~ **yourself at reception when you arrive** tenga la bondad de presentarse en recepción al llegar [4] (foretell) anunciar; **black clouds** ~**d rain** nubarrones anunciaban lluvia [5] (AmE) (Rad, TV) comentar

■ **announce** *vi* [1] (Rad, TV): **she** ~**s on the Voice of America** es locutora de la Voice of America [2] (declare candidacy) (AmE) (Pol) **to** ~ **(FOR sth)** anunciar su (*or* mi *etc*) candidatura (A algo); **he** ~**d for the presidency** anunció su candidatura a la presidencia

announcement /ə'naʊnsmənt/ *n* [1] [c] (statement) anuncio *m*; **I have an important** ~ **to make** tengo un anuncio importante que hacer, tengo algo importante que anunciar; **in an official** ~ en un comunicado oficial [2] [u] (act of announcing) anuncio *m*; **the** ~ **that she would not be present** el anuncio de que ella no asistiría; **they awaited the** ~ **of the winner** esperaban que se diera a conocer el nombre del ganador

announcer /ə'naʊnsər || ə'naʊnsə(r)/ *n* (Rad, TV) [1] (commentator) (AmE) comentarista *mf* [2] (between programs) (BrE) locutor, -tora *m,f* de continuidad

annoy /ə'nɔɪ/ *vt* [1] (irritate, bother) molestar, irritar, fastidiar; **his silence was beginning to** ~ **me** su silencio estaba empezando a molestarme *or* irritarme [2] (anger): **it** ~**s me to think that ...** me da mucha rabia pensar que ...

annoyance /ə'nɔɪəns/ *n* [1] [u] (irritation) irritación *f*, fastidio *m*; (anger) enojo *m* (esp AmL), enfado *m* (esp Esp); **to cause** ~ **to sb** irritar a algn; **to our great** ~ *o* **much to our** ~ **they didn't turn up** no aparecieron, lo cual nos dio mucha rabia [2] [c] (cause of irritation) molestia *f*, fastidio *m*

annoyed /ə'nɔɪd/ *adj* enojado (esp AmL), enfadado (esp Esp); **he's very** ~ está muy enojado *or* enfadado; **to get** ~ enojarse (esp AmL), enfadarse (esp Esp); **to be** ~ **ABOUT/AT sth**: **what are you so** ~ **about?** ¿por qué estás tan enojada *or* enfadada?; **I was** ~ **at their rudeness** estaba enojado *or* enfadado por lo groseros que habían sido; **they were** ~ **at having to wait** les dio mucha rabia tener que esperar; **I was** ~ **with her for not telling me** me enojé *or* enfadé con ella porque no me lo dijo; **I'm getting really** ~ **with this car** este coche me está sacando de quicio

annoying /ə'nɔɪɪŋ/ *adj*: **it's very** ~ **to have to write the letter again** da mucha rabia tener que escribir la carta otra vez; **he has the** ~ **habit of ...** tiene la maldita costumbre de ...; **how** ~**!** ¡qué rabia *or* fastidio!; **I find her extremely** ~ la encuentro muy pesada

annoyingly /ə'nɔɪɪŋli/ *adv* ‹*pedantic/repetitive*› irritantemente; **most** ~**, we had to pay again** (*indep*) tuvimos que volver a pagar, lo cual nos dio mucha rabia

annual[1] /'ænjuəl/ *adj* (*before n*) anual

annual[2] *n*
[A] (plant) planta *f* anual
[B] [1] (yearly publication) anuario *m* [2] (comic book) *álbum infantil que se publica anualmente*

annual general meeting *n* (BrE) junta *f* general ordinaria annual, asamblea *f* general ordinaria anual

annual income *n* ingresos *mpl* anuales

annualized percentage rate /'ænjuəlaɪzd/ *n* ▸**annual percentage rate**

annually /'ænjuəli/ *adv* anualmente, cada año; **you pay a certain sum** ~ se paga una determinada suma por año *or* al año

annual percentage rate *n* tasa *f* porcentual anual

annual report *n* memoria *f* (anual), informe *m* anual

annuity /ə'nu:əti || ə'nju:əti/ *n* (*pl* **-ties**) anualidad *f*; **life** ~ renta *f* vitalicia

annul /ə'nʌl/ *vt* **-ll-** anular

annulment /ə'nʌlmənt/ *n* [c u] anulación *f*

Annunciation /ə,nʌnsi'eɪʃən/ *n*: **the** ~ la Anunciación

anode /'ænəʊd/ *n* ánodo *m*

anodize /'ænədaɪz/ *vt* anodizar*

anodyne[1] /'ænədaɪn/ *adj* anodino

anodyne[2] *n* calmante *m*

anoint /ə'nɔɪnt/ *vt* ungir*

anomalous /ə'nɑ:mələs || ə'nɒmələs/ *adj* (frml) anómalo

anomaly /ə'nɑ:məli || ə'nɒməli/ *n* (*pl* **-lies**) anomalía *f*; **the** ~ **of their situation** lo anómalo de su situación

anon[1] /ə'nɑ:n || ə'nɒn/ *adv* (arch *or* liter) sin tardanza; **(I'll) see you** ~ (colloq) te veo luego

anon[2] = **anonymous**

anonymity /,ænə'nɪməti/ *n* [u] anonimato *m*; **the** ~ **of the big city** el anonimato en que se vive en las grandes ciudades

anonymous /ə'nɑ:nəməs || ə'nɒnɪməs/ *adj* [1] (unnamed) ‹*donor/admirer/poem/gift*› anónimo; **to remain** ~ permanecer* en *or* conservar el anonimato; **Alcoholics A**~ Alcohólicos Anónimos; ~ **letter** anónimo *m* [2] (unnoticed, unexceptional) ‹*person*› anónimo, desconocido; ‹*place*› desconocido; **an ~ face in the crowd** un rostro anónimo entre la multitud

anonymously /ə'nɑːnəməsli || ə'nɒnɪməsli/ *adv* anónimamente, de manera anónima

anorak /'ænəræk/ *n* (BrE)
A (Clothing) anorak *m*
B (person) (colloq) obsesivo, -va *m,f*

anorexia (nervosa) /,ænə'reksiə (nɜːr 'vəʊsə) || ,ænə'reksiə (nɜː'vəʊsə)/ *n* [u] anorexia *f* (nerviosa)

anorexic[1] /,ænə'reksɪk/ *adj* anoréxico

anorexic[2] *n* anoréxico, -ca *m,f*

another[1] /ə'nʌðər || ə'nʌðə(r)/ *adj* 1 (different, alternative) otro, otra; **that is ~ matter** eso es otra cuestión *or* cosa; **I can't make it this weekend; ~ time, perhaps?** este fin de semana no puedo, quizá(s) en otra ocasión; **if you lose this job, you'll never get ~ one** si pierdes este trabajo, no volverás a encontrar otro; **~ one of us/them** otro de nosotros/ellos; **you're confusing him with ~ friend of mine** lo confundes con otro amigo mío 2 (in addition) otro, otra; (*pl*) otros, otras; **~ cup?** ¿otra taza?; **we need ~ three chairs** nos hacen falta otras tres sillas *or* tres sillas más; **I've never seen ~ car quite like it** nunca he visto un coche igual; **he could be ~ Picasso** podría ser otro Picasso; **only ~ ten miles to go** sólo faltan diez millas; **there's room for ~ few here** aquí caben unos pocos más; **it's just ~ job** es un trabajo como cualquier otro *or* como otro cualquiera; **we've hit yet ~ problem** nos hemos topado con otro problema (más), nos hemos vuelto a topar con un problema

another[2] *pron* 1 (different, alternative) otro, otra; **he says one thing and does ~** dice una cosa y hace otra; **all these youngsters have, at one time or ~, been in trouble with the police** todos estos chicos han tenido, en algún momento, problemas con la policía 2 (in addition) otro, otra; **would you like ~?** ¿quieres otro/otra?; **~ of us/them has been chosen** han elegido a otro de nosotros/ellos 3 (person) otro, otra; **I love ~** (liter) amo a otro/a otra

A. N. Other *n* (unspecified — person) don *m* fulano de tal, doña *f* fulana de tal; (— player) jugador, -dora *m,f* a seleccionar

ANSI /'ænsi/ *n* = **American National Standards Institute**

answer[1] /'ænsər || 'ɑːnsə(r)/ *n*
A 1 (reply) respuesta *f*, contestación *f*; **what was their ~?** ¿qué respondieron *or* contestaron?, ¿cuál fue su respuesta *or* contestación?; **there's no ~** (to doorbell, phone) no contestan; **~ TO sth** ‹*to question/letter/accusation*› respuesta A algo; **in ~ to your letter** en relación con *or* con relación a su carta; **in ~ to your question** para contestar tu pregunta, en repuesta a tu pregunta; **I can't get an ~ out of him** no consigo que me dé una respuesta *or* contestación; **by way of (an) ~** como toda *or* por toda respuesta; **he's got an ~ for everything!** ¡tiene una respuesta para todo!; ***the ~ to a maiden's prayer*** (hum) un príncipe azul; ***to be the ~ to sb's prayers*** llegar* como caído del cielo; ***to know all the ~s*** (colloq) saberlo* todo; **you think you know all the ~s, don't you?** ¿tú qué te crees? ¿que lo sabes todo? 2 (response) **~ (TO sth): her ~ to his rudeness was to ignore it** respondió a su grosería ignorándola; **Britain's ~ to Elvis Presley** el Elvis Presley británico 3 (plea) (Law) contestación *f*
B 1 (in exam, test, quiz) respuesta *f*; **the ~ is 210** la respuesta *or* solución es 210 2 (solution) solución *f*; **violence is not the ~** la violencia no es la solución; **there's only one ~: we'll have to sell the car** sólo tenemos una solución: vender el coche; **~ TO sth** solución *f* DE algo; **the ~ to all their problems** la solución de todos sus problemas

answer[2] *vt*
A 1 (reply to) ‹*person/letter*› contestar; **~ your father when he's speaking to you!** ¡contéstale a tu padre cuando te habla!; **we must ~ their letter** tenemos que contestar (a) su carta; **I can't ~ your question** no puedo contestar (a) su pregunta; **if they ask me where you are, what shall I ~?** si me preguntan dónde estás, ¿qué contesto?; **because it's too far, she ~ed** —porque está muy lejos —contestó *or* respondió 2 ‹*telephone*› contestar, atender* (AmL), coger* (Esp); **will you ~ the door?** ¿vas tú (a abrir)? 3 ‹*critic/criticism*› responder a
B 1 ‹*need*› satisfacer*; **their prayers were ~ed** el cielo escuchó sus plegarias 2 (fit): **to ~ (to) a description** responder a una descripción; **he saw a woman ~ing (to) that description** vio a una mujer que respondía a esa descripción 3 (Naut): **to ~ the helm** obedecer* al timón

■ **answer** *vi* contestar, responder; **I wrote and they ~ed almost immediately** escribí y me contestaron casi inmediatamente; **I phoned but no one ~ed** llamé por teléfono pero no contestaron; **if the doorbell rings, don't ~** si tocan el timbre, no contestes/abras

Phrasal verbs

• **answer back**
A [v + adv] 1 (rudely) «*children/subordinate*» contestar; **don't ~ back!** ¡no contestes! 2 (defend oneself) responder a las acusaciones (*or* a sus críticos *etc*)
B [v + o + adv]: **her son ~ed her back** su hijo le contestó mal *or* de mala manera

• **answer for** [v + prep + o] 1 (accept responsibility for) ‹*conduct/consequences*› responder de; **he'll have to ~ for what he did** va a tener que responder de *or* dar cuentas de lo que hizo; **his parents have a lot to ~ for** sus padres tienen mucha culpa 2 (guarantee) ‹*truth/integrity*› garantizar*, responder de; ‹*person*› responder por; **I'll ~ for him** yo respondo por él 3 (reply on behalf of) ‹*others/colleagues*› responder *or* contestar por; **I can't ~ for everyone, but ...** no puedo responder *or* contestar por todo el mundo, pero ...; **let him ~ for himself** deja que conteste él mismo

• **answer to** [v + prep + o] 1 (be accountable) **to ~ to sb (FOR sth)** responder ANTE algn (DE algo) 2 «*dog/cat*»: **it ~s to the name of Bob** responde al nombre de Bob 3 ▸**answer**[2] **B2** 4 (obey, respond to) ‹*movement/control*› responder a

answerable /'ænsərəbəl || 'ɑːnsərəbəl/ *adj* (*pred*) **to be ~ (TO sb/sth) (FOR sth): I'll not be ~ for the consequences if ...** yo no respondo de lo que pueda suceder si ...; **she said she was not ~ for his behavior** dijo que ella no era responsable de lo que él hiciera; **I'm ~ to no one** no tengo que rendirle cuentas a nadie

answering machine /'ænsərɪŋ || 'ɑːnsərɪŋ/ *n* contestador *m* (automático)

answering service *n* servicio *m* de mensajes

answer paper *n* hoja *f* de respuestas (*en un examen*)

answerphone /'ænsərfəʊn || 'ɑːnsəfəʊn/ *n* contestador *m* (automático)

ant /ænt/ *n* hormiga *f*; ***he has ~s in his pants*** (colloq) es un culo de mal asiento (fam), se le cuecen las habas (Méx fam)

antacid[1] /,ænt'æsəd || ænt'æsɪd/ *n* [c u] antiácido *m*

antacid[2] *adj* antiácido

antagonism /æn'tægənɪzəm/ *n* [u c] antagonismo *m*; **~ TO/TOWARD sb/sth** antagonismo HACIA algn/algo

antagonist /æn'tægənəst || æn'tægənɪst/ *n* antagonista *mf*, contrincante *mf*

antagonistic /æn,tægə'nɪstɪk/ *adj* ‹*behavior/attitude*› hostil, antagonista; **to be ~ TO sb/sth: they are openly ~ to him** le son abiertamente hostiles; **a society ~ to change** una sociedad que se opone al cambio

antagonize /æn'tægənaɪz/ *vt* (irritate) fastidiar, hacer* enojar (esp AmL) *or* (esp Esp) enfadar a; (make hostile) suscitar el antagonismo de, antagonizar*; **he only does it to ~ me** lo hace sólo para fastidiarme; **she ~d all the other committee members** suscitó el antagonismo de *or* antagonizó a todos los demás miembros de la comisión

Antarctic[1] /ænt'ɑːrktɪk || ænt'ɑːktɪk/ *adj* antártico; **the ~ Ocean** el Océano Antártico; **the ~ Circle** el Círculo Polar Antártico

Antarctic[2] *n*: **the ~** la región antártica

Antarctica /ænt'ɑːrktɪkə || ænt'ɑːktɪkə/ *n* la Antártida

ant bear *n* oso *m* hormiguero

ante[1] /'ænti/ *n*: **the ~** la apuesta inicial, la entrada (Méx); **to up** *o* **raise the ~** subir la apuesta inicial, revirar (Méx)

ante[2] *vi* **antes, anteing, anted or anteed** poner* el dinero de la apuesta inicial

anteater /'ænt,iːtər || 'ænt,iːtə(r)/ *n* 1 (ant bear) oso *m* hormiguero 2 (*scaly ~*) pangolín *m*

antebellum /,ænti'beləm/ *adj* (*before n*) prebélico (*esp en relación con la guerra civil norteamericana*)

antecedent[1] /,æntə'siːdnt || ,æntɪ'siːdnt/ *n* 1 (precursor, forerunner) antecedente *m*, precursor, -sora *m,f* 2 (Ling, Math, Phil) antecedente *m*

antecedent[2] *adj* antecedente, precedente; **events ~ to the independence** (frml) acontecimientos que antecedieron *or* precedieron a la independencia

antechamber /'ænti,tʃeɪmbər || 'ænti ,tʃeɪmbə(r)/ *n* antecámara *f*

antedate /'æntɪdeɪt/ *vt* «*event*» ser* anterior a, anteceder a, preceder a; «*building/manuscript*» datar de un período anterior a; **it ~s the Napoleonic era** es anterior a la época napoleónica, data de un período anterior a la época napoleónica; **it ~d Modernism by 50 years** fue 50 años anterior al modernismo

antediluvian /,æntɪdə'luːviən || ,æntɪdɪ'luːviən/ *adj* antediluviano, antidiluviano; ‹*car/hi-fi*› (hum) antediluviano, antidiluviano, prehistórico

antelope /'æntələʊp || 'æntɪləʊp/ *n* (*pl* **~s** *or* **~**) antílope *m*

antenatal /,ænti'neɪtl/ *adj* prenatal; **~ clinic** *consulta médica para mujeres embarazadas*

antenatal care *n* asistencia *f* prenatal

antenatal class *n* clase *f* de preparación para el parto, clases *fpl*, prenatales

antenna /æn'tenə/ *n* (*pl* **-nae** /-niː/) 1 (Zool) antena *f* 2 (*pl* **-nas**) (Rad, TV) antena *f*

antepenultimate /,æntɪpɪ'nʌltəmət || ,æntɪpɪ'nʌltɪmət/ *adj* antepenúltimo

anterior /æn'tɪriər || æn'tɪəriə(r)/ *adj*
A 1 (front, forward) (frml) anterior 2 (Bot, Zool) anterior
B **anterior to** (frml) (*as prep*) (before) anterior a

anteroom /'æntiruːm -rʊm/ *n* antesala *f*

anthem /'ænθəm/ *n* 1 (song) himno *m*; **national ~** himno *m or* (Chi tb) canción *f* nacional 2 (Relig) himno *m*, cántico *m*

anther /'ænθər || 'ænθə(r)/ *n* antera *f*

anthill /'ænthɪl/ *n* hormiguero *m*

anthology /æn'θɑːlədʒi || æn'θɒlədʒi/ *n* (*pl* **-gies**) antología *f*

anthracite /'ænθrəsaɪt/ *n* [u] antracita *f*

anthrax /'ænθræks/ *n* [u] ántrax *m*, carbunclo *m* (maligno)

anthropocentric /,ænθrəpə'sentrɪk/ *adj* antropocéntrico *m*

anthropoid[1] /'ænθrəpɔɪd/ *adj* antropoide

anthropoid[2] *n* antropoide *mf*

anthropological /,ænθrəpə'lɑːdʒɪkəl || ,ænθrəpə'lɒdʒɪkəl/ *adj* antropológico

anthropologist /,ænθrə'pɑːlədʒəst || ,ænθrə'pɒlədʒɪst/ *n* antropólogo, -ga *m,f*

anthropology /,ænθrə'pɑːlədʒi || ,ænθrə'pɒlədʒi/ *n* [u] antropología *f*

anthropomorphic /,ænθrəpə'mɔːrfɪk || ,ænθrəpə'mɔːfɪk/ *adj* 1 ‹*god/religion*› antropomórfico 2 ‹*figure*› antropomorfo

anthropomorphism /,ænθrəpə'mɔːrfɪzəm || ,ænθrəpə'mɔːfɪzəm/ *n* [u] antropomorfismo *m*

anthroposophy /,ænθrə'pɑːsəfi || ,ænθrə'pɒsəfi/ *n* [u] antroposofía *f*

anti[1] /'ænti, 'æntaɪ || 'ænti/ *prep* (colloq) en contra de; **he's completely ~ the scheme** está totalmente en contra del plan

anti[2] *adj* (*pred*) (colloq) en contra; **he's ~** está en contra

anti- /ˈænti, ˈæntaɪ || ˈænti/ *pref* anti-

anti-abortion /ˌæntiəˈbɔːrʃən, ˌæntaɪ- || ˌæntiəˈbɔːʃən/ *adj* antiabortista

anti-abortionist /ˌæntiəˈbɔːrʃənɪst, ˌæntaɪ- || ˌæntiəˈbɔːʃənɪst/ *n* antiabortista *mf*

antiaircraft /ˌæntiˈerkræft, ˌæntaɪ- || ˌæntiˈeəkrɑːft/ *adj* antiaéreo

anti-apartheid /ˌæntiəˈpɑːrteɪt, ˌæntaɪ-, -taɪt || ˌæntiəˈpɑːteɪt, -taɪt/ *adj* antiapartheid *adj inv*

anti-authority /ˌæntiəˈθɔːrəti, ˌæntaɪ- || ˌæntiɔːˈθɒrəti/ *adj* antiautoritario

antibacterial[1] /ˌæntibækˈtɪriəl, ˌæntaɪ- || ˌæntibækˈtɪəriəl/ *adj* antibacteriano

antibacterial[2] *n* antibacteriano *m*

antiballistic missile /ˌæntibəˈlɪstɪk/ *n* misil *m* antibalístico

antibiotic[1] /ˌæntibaɪˈɑːtɪk, ˌæntaɪ- || ˌæntibaɪˈɒtɪk/ *n* [c u] antibiótico *m*; **he's on ~s** está tomando antibióticos

antibiotic[2] *adj* antibiótico

antibody /ˈænti,bɑːdi || ˈænti,bɒdi/ *n* (*pl* **-dies**) anticuerpo *m*

Antichrist /ˈæntikraɪst, ˈæntaɪ- || ˈæntikraɪst/ *n*: **(the) ~** el Anticristo

anticipate /ænˈtɪsəpeɪt || ænˈtɪsɪpeɪt/ *vt*

A **1▸** (expect): **the police do not ~ violence** la policía no prevé actos de violencia; **I don't ~ any problems** no creo que vaya a haber ningún problema; **it was more difficult than ~d** resultó más difícil de lo que se había previsto *or* de lo que se esperaba; **to ~ -ING** tener* previsto + INF; **we don't ~ making any major changes** no tenemos previsto hacer ningún cambio importante **2▸** (look forward to) esperar; **an eagerly ~d event** un acontecimiento esperado con ansiedad

B **1▸** (foresee and act accordingly) ‹*movements/objections/needs*› prever*; **I ~d the blow** vi venir* el golpe **2▸** (preempt) anticiparse a, adelantarse a; **they ~d us by publishing their version first** se nos anticiparon *or* adelantaron publicando antes su versión

C **1▸** ‹*income/inheritance*› gastar de antemano; ‹*command*› anticiparse *or* adelantarse a **2▸** (be precursor of) anticiparse a

■ **anticipate** *vi* anticiparse

anticipation /æn,tɪsəˈpeɪʃən || æn,tɪsɪˈpeɪʃən/ *n* [u] **1▸** (foresight) previsión *f*; **to act with ~** obrar con previsión; **~ of your opponent's moves is very important** es muy importante saber anticiparse a las jugadas del contrincante; **thanking you in ~** agradeciéndole de antemano su atención; **she resigned in ~ of her dismissal** previendo que la iban a despedir, renunció **2▸** (expectation) expectativa *f*; **after months of ~** tras meses de expectativa; **in ~ of good weather** esperando que iba a hacer buen tiempo **3▸** (of funds) anticipo *m*

anticipatory /ænˈtɪsəpə,tɔːri || æn,tɪsɪˈpeɪtəri/ *adj*: **~ measures were taken** se tomaron medidas en anticipación *or* en previsión

anticlerical /ˌæntiˈklerɪkəl, ˌæntaɪ- || ˌæntiˈklerɪkl/ *adj* anticlerical

anticlericalism /ˌæntiˈklerɪkəlɪzəm, ˌæntaɪ- || ˌæntiˈklerɪklɪzəm/ *n* [u] anticlericalismo *m*

anticlimactic /ˌæntiklaɪˈmæktɪk/ *adj* decepcionante; (Lit) anticlimático

anticlimax /ˌæntiˈklaɪmæks, ˌæntaɪ- || ˌæntiˈklaɪmæks/ *n* [c u]: *suceso caracterizado por un descenso de la tensión*; (Lit) anticlímax *m*; (disappointment) decepción *f*; **sometimes there's a bit of an ~ once exams are over** a veces cuando terminas los exámenes te da una especie de bajón; **the final came as an ~** la final no fue tan emocionante como se esperaba

anticline /ˈæntiklaɪn/ *n* anticlinal *m*

anticlockwise /ˌæntiˈklɑːkwaɪz, ˌæntaɪ- || ˌæntiˈklɒkwaɪz/ *adj/adv* (BrE) en sentido contrario a las agujas del reloj

anticoagulant[1] /ˌæntikəʊˈægjələnt, ˌæntaɪ- || ˌæntikəʊˈægjʊlənt/ *n* [c u] anticoagulante *m*

anticoagulant[2] *adj* anticoagulante

anticompetitive /ˌæntikəmˈpetətɪv, ˌæntaɪ- || ˌæntikəmˈpetɪtɪv/ *adj* (Busn) anticompetitivo, desleal

anticonstitutional /ˌænti,kɑːnstəˈtuːʃnəl, ˌæntaɪ- || ˌænti,kɒnstɪˈtjuːʃənl/ *adj* anticonstitucional

anticonvulsant[1] /ˌæntikənˈvʌlsənt, ˌæntaɪ- || ˌæntikənˈvʌlsənt/ *n* anticonvulsivo *m*

anticonvulsant[2] *adj* anticonvulsivo

anticorrosive /ˌæntikəˈrəʊsɪv, ˌæntaɪ- || ˌæntikəˈrəʊsɪv/ *adj* anticorrosivo

antics /ˈæntɪks/ *pl n* (clowning) payasadas *fpl*, gracias *fpl*; (of naughty children) travesuras *fpl*; (tricks): **she's up to her old ~** está haciendo de las suyas

anticyclone /ˌæntiˈsaɪkləʊn/ *n* anticiclón *m*

anti-dandruff /ˌæntiˈdændrʌf, ˌæntaɪ- || ˌæntiˈdændrʌf/ *adj* anticaspa *adj inv*

anti-dazzle /ˌæntiˈdæzəl, ˌæntaɪ- || ˌæntiˈdæzəl/ *adj* (BrE) ▸**antiglare 1**

antidepressant[1] /ˌæntidɪˈpresnt, ˌæntaɪ- || ˌæntidɪˈpresnt/ *n* antidepresivo *m*

antidepressant[2] *adj* antidepresivo

antidote /ˈæntɪdəʊt/ *n* **~ (TO** *o* **FOR sth)** antídoto *m* (CONTRA algo)

anti-dumping /ˌæntiˈdʌmpɪŋ, ˌæntaɪ- || ˌæntiˈdʌmpɪŋ/ *adj* anti-dumping *adj inv*

anti-emetic[1] /ˌæntiɪˈmetɪk, ˌæntaɪ- || ˌæntiɪˈmetɪk/ *adj* antiemético

anti-emetic[2] *n* antiemético *m*

anti-establishment /ˌæntiɪˈstæblɪʃmənt, ˌæntaɪ- || ˌæntiɪˈstæblɪʃmənt/ *adj* contestatario, inconformista, anti-establishment

antifeminism /ˌæntiˈfemɪnɪzəm, ˌæntaɪ- || ˌæntiˈfemɪnɪzəm/ *n* antifeminismo *m*

anti-feminist /ˌæntiˈfemənəst, ˌæntaɪ- || ˌæntiˈfemɪnɪst/ *n* antifeminista *mf*

antifreeze /ˈæntifriːz, ˈæntaɪ- || ˈæntifriːz/ *n* [u] anticongelante *m*

anti-g /ˌæntiˈdʒiː, ˌæntaɪ- || ˌæntiˈdʒiː/ *adj* ▸**antigravity**[2]

antigen /ˈæntɪdʒən/ *n* antígeno *m*

antiglare /ˌæntiˈgler, ˌæntaɪ- || ˌæntiˈgleə(r)/ *adj* **1▸** ‹*screen/coating/mirror*› antideslumbrante, antiencandilamiento *adj inv* (Chi) **2▸** ‹*glasses*› antirreflejo

anti-government /ˌæntiˈgʌvərnmənt, ˌæntaɪ- || ˌæntiˈgʌvənmənt/ *adj* antigubernamental

antigravity[1] /ˌæntiˈgrævəti, ˌæntaɪ- || ˌæntiˈgrævəti/ *n* [u] fuerza *f* antigravitatoria, fuerza *f* antigravitacional

antigravity[2] *adj* antigravitatorio, antigravitacional; **~ device** dispositivo *m* antigravitacional *o* antigravitatorio; **~ suit** traje *m* anti-G, traje *m* para contrarrestar la fuerza de la gravedad

Antigua /ænˈtiːgə/ *n* Antigua *f*

antihero /ˈænti,hiːrəʊ, ˈæntaɪ- || ˈænti,hɪərəʊ/ *n* (*pl* **-roes**) antihéroe *m*

antihistamine /ˌæntiˈhɪstəmiːn, ˌæntaɪ- || ˌæntiˈhɪstəmɪn/ *n* [c u] antihistamínico *m*

anti-inflationary /ˌæntiɪnˈfleɪʃəneri, ˌæntaɪ- || ˌæntiɪnˈfleɪʃənri/ *adj* antiinflacionario, antiinflacionista

antiknock /ˈænti,nɑːk, ˈæntaɪ- || ˈænti,nɒk/ *n* [u] antidetonante *m*

Antilles /ænˈtɪliːz/ *pl n*: **the (Greater/Lesser) ~** las Antillas (Mayores/Menores)

anti-lock /ˈænti,lɑːk, ˈæntaɪ- || ˈænti,lɒk/ *adj* antibloque *adj inv*; **~ brakes** frenos *mpl* antibloque

antilog /ˈæntilɔːg, ˈæntaɪ- || ˈæntilɒg/ *n* antilogaritmo *m*

antilogarithm /ˌæntiˈlɔːgərɪðəm, ˌæntaɪ- || ˌæntiˈlɒgərɪðəm/ *n* antilogaritmo *m*

antimacassar /ˌæntɪməˈkæsər || ˌæntɪməˈkæsə(r)/ *n* antimacasar *m*

anti-magnetic /ˌæntimægˈnetɪk, ˌæntaɪ- || ˌæntimægˈnetɪk/ *adj* antimagnético

antimalarial[1] /ˌæntiməˈleriəl, ˌæntaɪ- || ˌæntiməˈleəriəl/ *adj* antipalúdico, antimalárico

antimalarial[2] *n* antipalúdico *m*, antimalárico *m*

antimatter /ˈænti,mætər, ˈæntaɪ- || ˈænti,mætə(r)/ *n* [u] antimateria *f*

antimissile /ˌæntiˈmɪsəl, ˌæntaɪ- || ˌæntiˈmɪsaɪl/ *adj* antimisil

antimony /ˈæntəməʊni || ˈæntɪməni/ *n* [u] antimonio *m*

antinuclear /ˌæntiˈnuːkliər, ˌæntaɪ- || ˌæntiˈnjuːkliə(r)/ *adj* antinuclear

antioxidant /ˌæntiˈɑːksədənt, ˌæntaɪ- || ˌæntiˈɒksɪdənt/ *n* [c u] antioxidante *m*

antipathetic /ˌæntɪpəˈθetɪk/ *adj* (frml) **to be ~ (TO sb/sth)** ser* hostil (A algn/algo)

antipathy /ænˈtɪpəθi/ *n* [c u] (*pl* **-thies**) **~ (TO/TOWARD sb/sth)** antipatía *f or* aversión *f* (HACIA algn/algo)

antipersonnel /ˌænti,pɜːrsəˈnel, ˌæntaɪ- || ˌænti,pɜːsəˈnel/ *adj* ‹*mine/weapon*› antipersonal *adj inv*

antiperspirant /ˌæntiˈpɜːrspərənt, ˌæntaɪ- || ˌæntiˈpɜːspɪrənt/ *n* [c u] antitranspirante *m*

antiphon /ˈæntəfən || ˈæntɪfən/ *n* antífona *f*

antipodean /æn,tɪpəˈdiːən/ *adj* de las antípodas; **A~** (BrE) *australiano o neozelandés*

antipodes /ænˈtɪpədiːz/ *pl n*: **the ~** las antípodas; **the A~** (BrE) Australia y Nueva Zelanda *or* Zelandia

antiquarian[1] /ˌæntəˈkweriən || ˌæntɪˈkweəriən/ *adj* ‹*book*› antiguo; ‹*bookseller*› especializado en libros antiguos

antiquarian[2], **antiquary** /ˈæntəkweri || ˈæntɪkwəri/ *n* anticuario, -ria *m,f*

antiquarian bookshop *n* librería *f* de viejo

antiquated /ˈæntəkweɪtəd || ˈæntɪkweɪtɪd/ *adj* anticuado

antique[1] /ænˈtiːk/ *n* antigüedad *f*; (*before n*): **~ dealer** anticuario, -ria *m,f*; **~ shop** tienda *f* de antigüedades, anticuario *m*

antique[2] *adj* ‹*lace/jewelry*› antiguo; ‹*furniture*› antiguo, de época; **37? why, you're positively ~!** (hum) ¿37? ¡eres un vejestorio! (fam)

antiquity /ænˈtɪkwəti/ *n* (*pl* **-ties**)

A [u] **1▸** (ancient times) antigüedad *f*; **in ~** en la antigüedad, en el mundo antiguo **2▸** (age) antigüedad *f*; **a carving of great ~** una talla muy antigua *or* de gran antigüedad

B **antiquities** *pl* (buildings, objects) antigüedades *fpl*

anti-racism /ˌæntiˈreɪsɪzəm, ˌæntaɪ- || ˌæntiˈreɪsɪzəm/ *n* [u] antirracismo *m*; (*before n*) ‹*statement/campaign*› contra el racismo

anti-racist[1] /ˌæntiˈreɪsəst, ˌæntaɪ- || ˌæntiˈreɪsɪst/ *adj* antirracista

anti-racist[2] *n* antirracista *mf*

anti-red eye /ˌæntiˈred, ˌæntaɪ- || ˌæntiˈred/ *adj* (Phot) ‹*facility/functions*› *de reducción del efecto de pupilas rojas*

antiretroviral /ˌænti,retrəʊˈvaɪrəl, ˌæntaɪ- || ˌænti,retrəʊˈvaɪrəl/ *adj* (Med) ‹*drug/treatment*› antirretroviral

anti-riot /ˌæntiˈraɪət, ˌæntaɪ- || ˌæntiˈraɪət/ *adj* ‹*police/van/gear*› antidisturbios *adj inv*; **~ squad** brigada *f* antidisturbios

antiroll bar /ˌæntiˈrəʊl, ˌæntaɪ- || ˌæntiˈrəʊl/ *n* barra *f* antivuelco

anti-roll device /ˌæntiˈrəʊl, ˌæntaɪ- || ˌæntiˈrəʊl/ *n* dispositivo *m* estabilizador

antirrhinum /ˌæntəˈraɪnəm || ˌæntɪˈraɪnəm/ *n* antirrino *m*

anti-rust[1] /ˌæntiˈrʌst, ˌæntaɪ- || ˌæntiˈrʌst/ *adj* ‹*coating/paint/treatment*› antioxidante; **~ warranty** garantía *f* contra la oxidación

anti-rust[2] *n* antioxidante *m*

anti-Semite /ˌæntiˈsemaɪt, ˌæntaɪ- || ˌæntiˈsiːmaɪt/ *n* antisemita *mf*

anti-Semitic /ˌæntisəˈmɪtɪk, ˌæntaɪ- || ˌæntisɪˈmɪtɪk/ *adj* ‹*person*› antisemita; ‹*views*› antisemítico, antisemita

anti-Semitism /ˌæntiˈsemətɪzəm, ˌæntaɪ- || ˌæntiˈsemɪtɪzəm/ *n* [u] antisemitismo *m*

antiseptic[1] /ˌæntiˈseptɪk/ *n* [c u] antiséptico *m*

antiseptic[2] *adj* **1▸** (Pharm) ‹*cream/mouthwash*› antiséptico **2▸** (sterile, lifeless) aséptico

anti-skid /ˌænti'skɪd, ˌæntaɪ- || ˌænti'skɪd/ *adj* antideslizante

antislavery /ˌænti'sleɪvəri, ˌæntaɪ- || ˌænti 'sleɪvəri/ *adj* ‹*legislation/movement*› antiesclavitud

anti-smoking /ˌænti'sməʊkɪŋ, ˌæntaɪ- || ˌænti 'sməʊkɪŋ/ *adj* antitabaco *adj inv*

antisocial /ˌænti'səʊʃəl, ˌæntaɪ- || ˌænti 'səʊʃəl/ *adj* **1** (offensive to society) antisocial **2** (unsociable) poco sociable

anti-spam /ˌænti'spæm, ˌæntaɪ- || ˌænti'spæm/ *n* [u] (Comput) anti-spam *m*, anti correo basura *m*; (*before n*): **~ software** software anti-spam

antistatic /ˌænti'stætɪk/ *adj* antiestático

anti-submarine /ˌænti,sʌbmə'riːn, ˌæntaɪ- || ˌænti,sʌbmə'riːn/ *adj* antisubmarino

antitank /ˌænti'tæŋk, ˌæntaɪ- || ˌænti'tæŋk/ *adj* antitanque, anticarro, contracarro

antiterrorism /ˌænti'terərɪzəm, ˌæntaɪ- || ˌænti'terərɪzəm/ *n* (Pol) antiterrorismo (*m*); (*before n*) ‹*measures/program/legislation*› antiterrorista

anti-terrorist /ˌænti'terərəst, ˌæntaɪ- || ˌænti 'terərɪst/ *adj* antiterrorista

anti-theft device /ˌænti'θeft, ˌæntaɪ- || ˌænti 'θeft/ *n* dispositivo *m* antirobo

antithesis /æn'tɪθəsəs || æn'tɪθəsɪs/ *n* (*pl* **-eses** /-əsiːz/) (Lit, Phil) antítesis *f*; **he was the very ~ of his father** era la antítesis de su padre

antithetic /ˌænti'θetɪk/, **-ical** /-ɪkəl/ *adj* antitético; **to be ~ TO sth** ser* la antítesis DE algo

antitoxin /ˌænti'tɑːksən || ˌænti'tɒksɪn/ *n* [c u] antitoxina *f*

antitrust /ˌænti'trʌst, ˌæntaɪ- || ˌænti'trʌst/ *adj* (in US) antimonopolio *adj inv*, antitrust *adj inv*

antiviral /ˌænti'vaɪrəl/ *adj* antiviral, antivírico

antivirus[1] /ˌænti'vaɪrəs/ *adj* **1** ‹*drug/medicine*› antiviral, antivírico **2** ‹*software/program*› antivirus *adj inv*

antivirus[2] /'ænti,vaɪrəs/ *n* antiviral *m*, antivírico *m*

antivivisection /ˌænti,vɪvə'sekʃən || ˌænti ,vɪvɪ'sekʃən/ *adj* antiviviseccionista

antivivisectionism /ˌæntivɪvɪ'sekʃənɪzəm, ˌæntaɪ- || ˌæntivɪvɪ'sekʃənɪzəm/ *n* antiviviseccionismo *m*

antivivisectionist /ˌæntivɪvɪ'sekʃənəst, ˌæntaɪ- || ˌæntivɪvɪ'sekʃənɪst/ antiviviseccionista *mf*

anti-war /ˌænti'wɔːr, ˌæntaɪ- || ˌænti'wɔː(r)/ *adj* antibélico, antibelicista

anti-wrinkle /ˌænti'rɪŋkəl, ˌæntaɪ- || ˌænti 'rɪŋkəl/ *adj* antiarrugas *adj inv*

antler /'æntlər || 'æntlə(r)/ *n* cuerno *m*, asta *f*‡; **the animal's ~s** la cornamenta del animal

antonym /'æntənɪm/ *n* antónimo *m*

antsy /'æntsi/ (AmE colloq) impaciente, inquieto

Antwerp /'æntwɜːrp || 'æntwɜːp/ *n* Amberes *m*

anus /'eɪnəs/ *n* ano *m*

anvil /'ænvəl || 'ænvɪl/ *n* (tool, bone) yunque *m*

anxiety /æŋ'zaɪəti/ *n* (*pl* **-ties**) **1** [u] (distress, concern) preocupación *f*, ansiedad *f*; **there is mounting ~ for the safety of the hostages** crece la preocupación en torno a la seguridad de los rehenes **2** [c] (problem, worry) preocupación *f* **3** [u] (Med, Psych) ansiedad *f*, angustia *f* **4** [u] (eagerness) ansias *fpl*, afán *m*; **their ~ to please** sus ansias *or* su afán de agradar

anxiety attack *n* ataque *m* de ansiedad; **to have an ~ ~** sufrir un ataque de ansiedad

anxiety disorder *n* síndrome *m* de ansiedad, trastorno *m* de ansiedad; **to suffer from an ~ ~** padecer* de un síndrome *o* trastorno de ansiedad

anxious /'æŋkʃəs/ *adj* **1** (worried) preocupado, inquieto; **to be ~ ABOUT/FOR sth: I'm rather ~ about her health** su salud me tiene algo preocupada, estoy algo preocupada por su salud; **I was ~ for their safety when I heard the news** cuando oí la noticia me preocupé *or* inquieté por ellos **2** (worrying) ‹*time/moment*› (lleno) de preocupación **3** (eager) deseoso, ansioso; **to be ~ to + INF: he's very ~ to please** tiene mucho afán de agradar; **~ to please, he offered to cook dinner** deseoso de agradar, se ofreció a hacer la cena; **my parents are ~ to meet you** mis padres están deseando conocerte *or* están ansiosos por conocerte; **to be ~ THAT: we are ~ that there should be no delay** no queremos por nada del mundo que haya ningún retraso

anxiously /'æŋkʃəsli/ *adv* **1** (worriedly) con preocupación *or* inquietud **2** (eagerly) ansiosamente, con ansiedad

any[1] /'eni/ ▸❶ **p.1451** *adj*

Sense I

A (*in questions*) **1** (+ *pl n*): **are there ~ questions/problems?** ¿alguien tiene alguna pregunta/algún problema?; **does she have ~ children/brothers or sisters?** ¿tiene hijos/hermanos?; **did you send ~ flowers?** ¿mandaste flores? **2** (+ *uncount n*): **do you need ~ help?** ¿necesitas ayuda?; **do you want ~ more coffee?** ¿quieres más café?; **is she in ~ danger?** ¿corre (algún) peligro?; **have you had ~ news?** ¿has tenido alguna noticia? **3** (+ *sing count n: as indef art*) algún, -guna; **is there ~ chance they'll come?** ¿existe alguna posibilidad de que vengan?

B (*in if clauses and suppositions*) **1** (+ *pl n*): **call me if there are ~ changes** llámame si hay algún cambio, cualquier cambio que haya, me llamas; **if you see ~ flowers, buy some** si ves flores, compra algunas; **report ~ accidents to me** infórmeme de cualquier accidente que ocurra; **~ more mistakes and she goes** si sigue cometiendo errores *or* como siga cometiendo errores, se va a tener que ir **2** (+ *uncount n*): **call me if there is ~ trouble** llámame si hay algún problema, cualquier problema que haya, me llamas; **let me know if you have ~ pain** avíseme si siente dolor; **~ rivalry between them soon disappeared** si había existido entre ellos alguna rivalidad, pronto desapareció; **take ~ money you need** toma el dinero que necesites **3** (+ *sing count n*): **if ~ lawyer can help you, she can** si hay un abogado que te pueda ayudar, es ella; **~ upset could kill him** cualquier disgusto podría matarlo; **~ act of disobedience will be punished** toda desobediencia será castigada

C (*with neg and implied neg*) **1** (+ *pl n*): **don't buy ~ more eggs** no compres más huevos; **we forgot to buy ~ flowers** nos olvidamos de comprar flores; **she never buys ~ presents for her grandchildren** nunca les compra regalos a los nietos; **aren't there ~ apples left?** ¿no queda ninguna manzana?, ¿no quedan manzanas? **2** (+ *uncount n*): **I don't have ~ patience with such people** no tengo ninguna paciencia con ese tipo de gente; **don't make ~ noise** no hagas ruido; **we forgot to get ~ coffee** nos olvidamos de comprar café; **I never have ~ luck** nunca tengo suerte; **try to prevent ~ trouble** trata de evitar cualquier problema; **didn't he give you ~ money at all?** ¿no te dio nada de dinero?; **don't take ~ notice** no le/les hagas caso; **it doesn't make ~ sense** no tiene ningún sentido **3** (+ *sing count n*) ningún, -guna; **he didn't leave ~ telephone number** no nos dejó ningún número de teléfono; **I don't know ~ Tom Smith** no conozco a ningún Tom Smith; **I didn't say ~ such thing!** ¡yo no dije tal cosa!

Sense II

A **1** (no matter which): **take ~ book you want** llévate cualquier libro *or* el libro que quieras; **take ~ books you want** llévate los libros que quieras; **pick a card, ~ card at all** elige una carta cualquiera; **take ~ three for the price of two** llévese tres a su elección por el precio de dos; **~ one of them could be the murderer** cualquiera de ellos podría ser el asesino; **it could be for ~ one of the following reasons** podría ser por cualquiera de las siguientes razones; **it's true; ask ~ doctor** es verdad; pregúntale a cualquier médico; **call me ~ time** llámame cuando quieras; **thanks a lot! — ~ time!** ¡muchas gracias! — ¡de nada!; **they should arrive ~ day now** deberían llegar cualquier día de éstos; **~ minute now he'll start shouting** ahora mismo *or* (AmL) ahora nomás se pone a gritar **2** (every, all): **~ other firm would have fired them** en cualquier otra empresa los hubieran echado; **in ~ large school, you'll find that ...** en cualquier *or* todo colegio grande, verás que ...; **I wouldn't consider it under ~ circumstances** no lo consideraría bajo ningún concepto

B (ordinary, typical) cualquier; **it looks like ~ London street** se parece a cualquier calle de Londres

C (countless, a lot): **~ number/amount of sth** cualquier cantidad de algo

any[2] *pron*

A (*in questions*) **1** (*referring to pl n*) alguno, -na; **those chocolates were nice, are there ~ left?** ¡qué ricos esos bombones! ¿queda alguno?; **have you read ~ of her other books?** ¿has leído alguno de sus otros libros *or* algún otro de sus libros?; **is** *o* **are ~ of you familiar with the procedure?** ¿alguno de ustedes está familiarizado con el trámite? **2** (*referring to uncount n*): **we need sugar; did you buy ~?** nos hace falta azúcar ¿compraste?; **is there ~ of that cake left?** ¿queda algo de ese pastel?

B (*in if clauses and suppositions*) **1** (*referring to pl n*): **buy some red ones if you can find ~** compra algunas rojas si encuentras; **the advantages, if ~, are marginal** las ventajas, si (es que) las hay, son marginales; **if ~ of my friends calls, take a message** si llama alguno de mis amigos, toma el recado **2** (*referring to uncount n*): **help yourself to cake if you want ~** sírvete pastel si quieres; **if ~ of the meat is contaminated** si hay carne contaminada

C ▸❶ **p.1451** (*with neg and implied neg*) **1** (*referring to pl n*): **some children were here — I didn't see ~** aquí había algunos niños — yo no vi (a) ninguno *or* no los vi; **you'll have to go without cigarettes; I forgot to buy ~** te vas a tener que arreglar sin cigarrillos porque me olvidé de comprar; **I didn't see ~ of those films/your friends** no vi ninguna de esas películas/a ninguno de tus amigos **2** (*referring to uncount n*): **she offered me some wine, but I didn't want ~** me ofreció vino, pero no quise; **I didn't understand ~ of that lecture** no entendí nada de esa conferencia

D (no matter which): **which would you like? — ~ will do** ¿cuál quieres? — cualquiera (sirve); **you could win ~ of these prizes** podrías ganar cualquiera de estos premios; **this one is better than ~ I've seen before** éste es el mejor de los que he visto hasta ahora, éste es mejor que cualquiera de los que he visto hasta ahora

any[3] *adv*

A (*with comparative*): **do you feel ~ better now?** ¿te sientes (algo) mejor ahora?; **if I stay here ~ longer, I'll go mad** si me quedo aquí un minuto más, me voy a volver loca; **I can't stand it ~ longer** no lo soporto más; **things aren't ~ better in the new house** las cosas no andan (nada) mejor en la nueva casa; **they don't live here ~ more** ya no viven aquí

B (at all) (AmE): **have you thought about it ~ since then?** ¿has pensado en ello desde entonces?; **it doesn't seem to have affected him ~** no parece haberlo afectado en absoluto *or* (para) nada

anybody /'eni,bɑːdi || 'eni,bɒdi/ *pron*

A **1** (somebody) (*in interrog, conditional sentences*) alguien; **~ at home?** ¿hay alguien en casa?; **~ interested?** ¿le interesa a alguien?; **will ~ be seeing Emma today?** ¿alguno de ustedes va a ver a Emma hoy?; **would ~ like to volunteer?** ¿hay algún voluntario?; **does this key belong to ~?** ¿esta llave es de alguien?; **if ~ asks ..., should ~ ask ...** si alguien pregunta ..., si alguien preguntara ...; **she'll know, if ~ does** si alguien lo sabe, va a ser ella; **whatever ~ might say to the contrary ...** por mucho que te digan lo contrario ... **2** ▸❶ **p.1451** (a single person) (*with neg*) nadie;

a

don't tell ~! ¡no se lo digas a nadie!; there wasn't ~ I could ask no había nadie a quien preguntar; I've never met ~ so stupid/useless en mi vida he visto a nadie tan tonto/inútil; there's no room for ~ else no cabe nadie más; hardly ~ disagrees no hay casi nadie que no esté de acuerdo; he doesn't like ~ who wears scruffy clothes no le gusta la gente que va desaliñada

B 1 (whoever, everybody): ~ that wants a ticket quien quiera una entrada; give it to ~ you like dáselo a quien quieras; ~ who's been to Paris knows ... cualquier persona *or* cualquiera que haya estado en París sabe ...; ~ important/young cualquier persona importante/joven, cualquiera que sea importante/joven; ~ else would have done the same cualquier otra persona *or* cualquier otro habría hecho lo mismo; ~ interested should contact ... los interesados pónganse en contacto con ...; ~ married to a British citizen toda persona casada con un ciudadano británico; ~ who liked the film will enjoy the book todo aquél a quien le haya gustado la película, disfrutará del libro; before ~ could stop her antes de que nadie pudiera detenerla; the same as ~ else igual *or* lo mismo que todo el mundo 2 (no matter who) cualquiera; ~ could do it cualquiera podría hacerlo; ask ~! ¡pregúntale a cualquiera!; he's not just ~, you know mira que no es un cualquiera; you've as much right as ~ to be here tienes tanto derecho como el que más a estar aquí 3 (a person of importance) alguien; if you want to be ~ si quieres llegar a ser alguien; everybody who is ~ was there toda la gente importante estaba allí

anyhow /ˈenihaʊ/ *adv*

A ▸anyway

B (haphazardly) de cualquier manera; the clothes had been thrown on the bed ~ habían tirado la ropa de cualquier manera en la cama

anyone /ˈeniwʌn/ ▸ⓘ p.1451 *pron* ▸anybody

anyplace /ˈenipleɪs/ *adv* (AmE) ▸anywhere¹ A

anything /ˈeniθɪŋ/ *pron*

A 1 (something) (*in interrog, conditional sentences*) algo; ~ missing? ¿falta algo?; ~ wrong? ¿pasa algo?; ~ here you fancy? ¿hay aquí algo que te guste?; ~ else? ¿algo más?; do you want ~ from the shop? ¿quieres algo de la tienda?; have you seen ~ of Dick lately? ¿has visto a Dick últimamente?; have you ever heard ~ so ridiculous? ¡habráse oído semejante ridiculez!; is there ~ you don't understand? ¿hay algo que no entiendas?; if ~ goes wrong si algo sale mal; this will persuade her if ~ will si hay algo que la pueda convencer, es esto; if you say ~ more, I shall scream como digas una palabra más, me da un ataque; if ~, he seemed slightly worse en todo caso, parecía que estaba algo peor, parecía que estaba incluso algo peor; what, if ~, ought we to do? ¿qué deberíamos hacer, si es que deberíamos hacer algo?; get professional advice before you do ~ antes de hacer nada, asesórate con un profesional; before ~ is decided antes de decidir nada 2 (something similar) (colloq): do you need a hammer or ~? ¿necesitas un martillo o algo por el estilo?; should we call his parents or ~? ¿deberíamos llamar a sus padres o hacer algo? 3 ▸ⓘ p.1451 (a single thing) (*with neg*) nada; don't say ~! ¡no digas nada!; she hadn't had ~ to eat no había comido nada; I can't think of ~ to buy him no se me ocurre nada que comprarle; hardly ~ casi nada; without saying ~ sin decir nada

B 1 (whatever): she loves ~ that has almonds in it le encanta todo lo que lleve almendras; ~ you like lo que te guste, lo que prefieras; ~ you say! ¡lo que tú digas!; we'll do ~ we can to help haremos todo lo que podamos para ayudar; this interests me more than ~ else esto me interesa más que cualquier otra cosa; more out of fear than ~ else más por miedo que por (cualquier) otra cosa; ~ urgent should be brought to my attention immediately se me debe informar inmediatamente de cualquier caso (*or* problema *etc*) urgente; don't attempt ~ too demanding no intentes hacer nada que te exija demasiado; ~ over 10,000 words is too long si es de más de 10.000 palabras, es demasiado largo; she could be in hospital for ~ up to three weeks puede que tenga que quedarse hasta tres semanas en el hospital 2 (no matter what): I need something to write on: ~ will do necesito algo donde escribir: cualquier cosa sirve; ~ is possible todo es posible; ~ could happen podría pasar cualquier cosa; I'll try ~ once estoy siempre dispuesto a probar cosas nuevas; I'd do ~ for you haría lo que fuera *or* cualquier cosa por ti; he eats ~ come de todo; ~ for a change lo que sea, con tal de cambiar; I wouldn't do that for ~ no haría eso por nada del mundo

C (*used for emphasis*): was it interesting? — ~ but! ¿fue interesante? — ¡qué va!; he will be ~ but pleased no le va a hacer gracia ni mucho menos, no le va a hacer ninguna gracia; the portrait doesn't look ~ like her el retrato no se parece en nada a ella; I don't earn ~ like that much no gano tanto ni mucho menos; if the film is ~ like as good as the book si la película es la mitad de buena que el libro; the meat was as tough as ~ (colloq) la carne estaba durísima *or* (fam) como una piedra; we had to run like ~ (colloq) tuvimos que correr como locos (fam)

anytime /ˈenitaɪm/ *adv* (AmE) ▸any¹ Sense II A1

anyway /ˈeniweɪ/ *adv*

A 1 (in any case) de todos modos, de todas formas, igual; I can't go ~; I'm working late igual *or* de todos modos *or* de todas formas no puedo ir; tengo que trabajar hasta tarde; who's this Jack Simmons, ~? is he a friend of yours? ¿y quién es el tal Jack Simmons, a todo esto? ¿es amigo tuyo?; who needs dictionaries, ~? igual *or* total ¿para qué sirven los diccionarios?; we can sell the car, which we hardly use ~ podemos vender el coche; total, apenas lo usamos; thanks ~, but ... gracias de todos modos, pero ... 2 (at least) al menos, por lo menos; $3,000; well, $2,000 ~ 3.000 dólares; bueno al menos *or* por lo menos 2.000; it was a good movie; I thought so ~ la película era buena; al menos *or* por lo menos a mí me lo pareció 3 (regardless) de todos modos, igual; you're going ~, whether you like it or not igual *or* de todos modos vas a ir, te guste o no te guste; I know it's expensive, but I'm going to buy it ~ ya sé que es caro, pero igual *or* así y todo me lo voy a comprar; never mind what she says, do it ~ ella que diga lo que quiera, tú hazlo igual

B (changing the subject, moving conversation on) (*as linker*) bueno; ~, as I was saying ... bueno, como te (*or* les *etc*) decía; ~, to cut a long story short, ... bueno, en resumidas cuentas ...

anyways /ˈeniweɪz/ *adv* (AmE) ▸anyway

anywhere¹ /ˈenihwer || ˈeniweə(r)/ *adv*

A 1 (no matter where): I'm prepared to go ~ estoy dispuesto a ir a cualquier sitio *or* lugar *or* lado; where shall I put it? — oh, ~ ¿dónde lo pongo? — en cualquier sitio *or* lugar *or* lado; you can sit ~ you like te puedes sentar donde quieras; you can go ~ you want puedes ir adonde quieras; she just flings her clothes down ~ tira la ropa por cualquier sitio *or* lugar *or* lado *or* parte; its value is ~ between $75 and $100 su valor oscila entre los 75 y los 100 dólares 2 (in, to any unspecified place): have you seen my book ~? ¿has visto mi libro por alguna parte *or* por algún lado?; it isn't ~ in the office en la oficina no está; we never go ~ together nunca vamos juntos a ningún lado *or* sitio; not to get ~ (colloq) no conseguir* *or* lograr nada; that won't get you ~ con eso no vas a conseguir *or* lograr nada

B anywhere near: they don't live ~ near us no viven nada cerca de nosotros; is it ~ near Portland? ¿queda cerca de Portland?; don't come ~ near me! ¡ni te me acerques!; we didn't order ~ near enough wine nos quedamos muy cortos con el vino; we aren't ~ near ready yet todavía no estamos listos ni mucho menos

anywhere² *pron*: is there ~ that sells oysters? ¿hay algún sitio *or* lugar donde vendan ostras?; there isn't ~ open at this time a estas horas no hay nada *or* no hay ningún lugar *or* sitio abierto; she hasn't ~ to stay no tiene donde quedarse; the house is miles from ~ la casa está en un lugar muy alejado *or* apartado

Anzac /ˈænzæk/ *n: soldado australiano o neocelandés*

AOB (= any other business) otros temas

AOK *adj* (colloq) (*usu pred*) perfectamente bien

aorta /eɪˈɔːrtə || eɪˈɔːtə/ *n* (*pl* -tas *or* -tae /-taɪ/) aorta *f*

apace /əˈpeɪs/ *adv* (liter *or* journ) a paso *or* ritmo acelerado; economic recovery continues ~ la reactivación de la economía continúa a paso *or* ritmo acelerado

Apache /əˈpætʃi/ *n* 1 [u] (language) apache *m* 2 [c] (person) apache *mf*

apart /əˈpɑːrt || əˈpɑːt/ *adv*

A 1 (separated): they have lived ~ for some years hace ya algunos años que viven separados; keep them ~ manténgalos separados; why does she always sit ~? ¿por qué se sienta siempre sola?; her intelligence set her ~ se destacaba por su inteligencia; a thing/woman ~ una cosa/mujer distinta *or* especial; *see also* tell apart 2 (into pieces): the building was blown ~ el edificio voló en mil pedazos; the girl pulled the doll ~ la niña desarmó la muñeca; *see also* come apart, ▸fall apart, take apart *etc*

B (distant): the two capitals are hundreds of miles ~ las dos capitales se encuentran a cientos de millas (de distancia) una de otra; in places as far ~ as Tokyo and Paris en lugares tan alejados el uno del otro como Tokio y París; when it comes to politics, he and I are miles ~ en lo que se refiere a política, estamos a años luz el uno del otro; the first and second interviews are weeks ~ hay varias semanas entre la primera y la segunda entrevista

C (excluded) (*after n*): these faults ~, it is a very good piece of work aparte de *or* fuera de estos defectos, es un trabajo muy bueno; joking ~, he is an excellent swimmer fuera de bromas *or* hablando en serio, nada muy bien

D apart from (*as prep*) 1 (except for) excepto, menos, aparte de; I liked them all ~ from the yellow one todas me gustaron excepto *or* menos la amarilla; ~ from him we're all satisfied aparte de él *or* exceptuándolo a él, todos estamos satisfechos 2 (discounting) aparte de; quite ~ from the time it would take, I can't afford it aparte *or* independientemente del tiempo que me tomaría, no puedo permitírmelo 3 (separated from): why does she always sit ~ from the rest of the group? ¿por qué se sienta siempre apartada del resto del grupo?

apartheid /əˈpɑːrteɪt, -taɪt || əˈpɑːteɪt, -taɪt/ *n* [u] apartheid *m*

apartment /əˈpɑːrtmənt || əˈpɑːtmənt/ ➔📖 *n* 1 (set of rooms) apartamento *m*, departamento *m* (AmL), piso *m* (Esp); (*before n*): ~ house *o* (BrE) building edificio *m* de apartamentos *or* (AmL tb) de departamentos, casa *f or* edificio *m* de pisos (Esp); ~ hotel (AmE) apartotel *m* 2 (room) (frml) aposento *m* (frml), estancia *f* (frml)

apathetic /ˌæpəˈθetɪk/ *adj* apático; ~ TOWARD sth indiferente HACIA algo

apathetically /ˌæpəˈθetɪkli/ *adv* con apatía

apathy /ˈæpəθi/ *n* [u] apatía *f*; extreme ~ abulia *f*; to be sunk in ~ estar* hundido *or* sumido en la apatía; ~ TOWARD sth indiferencia *f* HACIA algo

APB *n* (AmE) = all-points bulletin

ape¹ /eɪp/ *n*

A (Zool) simio *m*, mono *m*; the great ~s los

➔📖 *see* Living in a Spanish-speaking country

antropomorfos; ***to go*** ~ (colloq) (lose temper) ponerse* hecho un basilisco *or* una furia (fam); (go crazy) ponerse* como loco
B (uncouth person) (colloq) bruto, -ta *m,f* (fam), animal *mf* (fam); **you great ~!** ¡pedazo de bruto *or* animal! (fam)

ape² *vt* remedar, imitar

apeman /'eɪpmæn/ *n* (*pl* **-men** /-men/) hombre *m* mono

Apennines /'æpənaɪnz/ *pl n*: **the ~** los Apeninos

aperçu /ˌæpər'su: || ˌæpə's(j)u:/ *n* (lit) observación *f* perspicaz

aperitif, apéritif /əˌperə'ti:f/ *n* aperitivo *m*

aperture /'æpərtʃər || 'æpətʃə(r)/ *n* **1** (Opt, Phot) apertura *f* **2** (hole, opening) (frml) orificio *m*; (long and narrow) rendija *f*

apeshit /'eɪpʃɪt/ *adj*: ***to go*** ~ (AmE sl) (lose temper) ponerse* hecho una fiera *or* un basilisco (fam); (go crazy) ponerse* como loco

apex /'eɪpeks/ *n* (*pl* **apexes** *or* **apices**) **1** (Math) vértice *m*; **the ~ of a triangle/cone** el vértice de un triángulo/cono **2** (pinnacle, high point) cúspide *f*, cima *f* **3** (pointed end, tip) ápice *m*

APEX /'eɪpeks/ *adj* (= **advance purchase excursion**) (*before n*) ‹*ticket/booking*› Apex *adj inv*

aphasia /ə'feɪʒə || ə'feɪziə/ *n* [u] afasia *f*

aphasic /ə'feɪzɪk/ *adj* afásico

aphid /'eɪfəd || 'eɪfɪd/ *n* afídido *m*, áfido *m*

aphorism /'æfərɪzəm/ *n* aforismo *m*

aphoristic /ˌæfə'rɪstɪk/ *adj* aforístico

aphrodisiac¹ /ˌæfrə'dɪziæk/ *n* afrodisíaco *m*

aphrodisiac² *adj* afrodisíaco

Aphrodite /ˌæfrə'daɪti/ *n* Afrodita

apiarist /'eɪpiərəst || 'eɪpiərɪst/ *n* (tech) apicultor, -ra *m,f*

apiary /'eɪpieri || 'eɪpiəri/ *n* (*pl* **-ries**) colmenar *m*, apiario *m* (AmL)

apices /'eɪpəsi:z || 'eɪpɪsi:z/ *pl of* **apex**

apiculture /'eɪpəkʌltʃər || 'eɪpɪkʌltʃə(r)/ *n* [u] (tech) apicultura *f*

apiece /ə'pi:s/ *adv* cada uno; **we paid $20 ~** pagamos 20 dólares cada uno *or* por persona *or* por cabeza

apish /'eɪpɪʃ/ *adj* **1** (like an ape) simiesco, como de simio **2** (foolish) tonto, idiota

apitherapy /ˌeɪpɪ'θerəpi/ *n* [c u] (*pl* **-pies**) (Med) apiterapia *f*

aplastic anemia /eɪ'plæstɪk/ *n* [u] aplasia *f* medular

aplenty /ə'plenti/ *adj* (*after n*) en abundancia; **there was food ~** había comida en abundancia

aplomb /ə'plɑ:m || ə'plɒm/ *n* [u] aplomo *m*; **with ~** con aplomo

apnea, (BrE) **apnoea** /æp'ni:ə/ *n* apnea *f*

apocalypse /ə'pɑ:kəlɪps || ə'pɒkəlɪps/ *n* **1** **Apocalypse** (Bib): **the A~** el Apocalipsis **2** (disaster) apocalipsis *m*

apocalyptic /əˌpɑ:kə'lɪptɪk || əˌpɒkə'lɪptɪk/ *adj* apocalíptico

Apocrypha /ə'pɑ:krəfə || ə'pɒkrɪfə/ *n*: **the ~** los textos apócrifos

apocryphal /ə'pɑ:krəfəl || ə'pɒkrɪfəl/ *adj* ‹*text/author*› apócrifo; **the tale is probably ~ but apt** la historia es seguramente espuria *or* inventada, pero apropiada

apogee /'æpədʒi:/ *n* **1** (peak) apogeo *m* **2** (Aerosp, Astron) apogeo *m*

apolitical /ˌeɪpə'lɪtɪkəl/ *adj* apolítico

Apollo /ə'pɑ:ləʊ || ə'pɒləʊ/ *n* Apolo

apologetic /əˌpɑ:lə'dʒetɪk || əˌpɒlə'dʒetɪk/ *adj* ‹*letter/look/tone*› de disculpa; **she was very ~ about having disturbed us** se deshizo en disculpas *or* pidió mil perdones por habernos molestado; **a very ~ Edward arrived with a bunch of flowers** Edward, contrito *or* arrepentido, se presentó con un ramo de flores

apologetically /əˌpɑ:lə'dʒetɪkli || əˌpɒlə'dʒetɪkli/ *adv*: **I'm really tired, she said ~** —estoy muy cansada —dijo disculpándose *or* excusándose

apologia /ˌæpə'ləʊdʒiə/ *n* (frml) ~ **(FOR sth)** apología *f* (DE algo)

apologist /ə'pɑ:lədʒəst || ə'pɒlədʒɪst/ *n* ~ **(FOR sth/sb)** apologista *mf* (DE algo/algn)

apologize /ə'pɑ:lədʒaɪz || ə'pɒlədʒaɪz/ *vi* pedir* perdón, disculparse; **he didn't even ~** ni siquiera pidió perdón, ni siquiera se disculpó; **to ~ (TO sb) FOR sth**: **we ~ for the delay/inconvenience** rogamos disculpen el retraso/las molestias; **you must ~ to her for being so rude** tienes que pedirle perdón por haber sido tan grosero; **I must ~ for my son** quisiera disculparme por el comportamiento de mi hijo

apology /ə'pɑ:lədʒi || ə'pɒlədʒi/ *n* (*pl* **-gies**)
A **1** (expression of regret) (*often pl*) disculpa *f*, excusa *f*; **please accept my apologies** le ruego me disculpe; **to offer one's apologies** disculparse, excusarse (frml), presentar sus (*or* mis *etc*) disculpas *or* excusas (frml); **Jim sends his apologies, but he can't come** Jim ha dicho que lo siente mucho pero no puede venir; **I think I owe you an ~** creo que le debo una disculpa; **to make no ~ for sth**: **I make no ~ for bringing up the subject** no tengo ningún reparo en sacar el tema a colación; **I make no ~ for my remarks** no me arrepiento de lo que dije **2** (for not attending meeting) (BrE): **apologies from J Brown** J Brown envía sus excusas por no poder asistir
B **1** (poor specimen) ~ **FOR sth**: **it's an ~ for a team** es un remedo de equipo; **an ~ for a marriage** una farsa de matrimonio **2** ▸ **apologia**

apophthegm *n* (BrE) ▸ **apothegm**

apoplectic /ˌæpə'plektɪk/ *adj* (Med) apoplético; **she was ~ with rage** (colloq) estaba que trinaba (fam); **she nearly had an ~ fit when I told her** (colloq) casi le dio un ataque cuando se lo dije (fam)

apoplexy /'æpəpleksi/ *n* [u] apoplejía *f*

apostasy /ə'pɑ:stəsi || ə'pɒstəsi/ *n* [u c] (*pl* **-sies**) apostasía *f*

apostate /ə'pɑ:steɪt || ə'pɒsteɪt/ *n* apóstata *mf*

a posteriori /ˌɑ:pəʊˌstɪri'ɔ:ri: || ˌeɪpɒˌsterɪ'ɔ:raɪ/ *adj/adv* a posteriori

apostle /ə'pɑ:səl || ə'pɒsəl/ *n* **1** (Relig) apóstol *m* **2** (advocate) apóstol *mf*

apostolic /ˌæpə'stɑ:lɪk || ˌæpə'stɒlɪk/ *adj* apostólico; **the ~ succession** la sucesión apostólica

apostrophe /ə'pɑ:strəfi || ə'pɒstrəfi/ *n* **1** [c] (Ling, Print) apóstrofo *m*, apóstrofe *m* (crit) **2** [u c] (Lit) apóstrofe *m or f*

apothecary /ə'pɑ:θəkeri || ə'pɒθəkəri/ *n* (*pl* **-ries**) (arch) boticario, -ria *m,f* (ant)

apothegm, (BrE) **apophthegm** /'æpəθem/ *n* apotegma *m*

apotheosis /əˌpɑ:θi'əʊsəs || əˌpɒθi'əʊsɪs/ *n* (*pl* **-ses** /-si:z/) **1** [u] (deification) apoteosis *f* **2** [c] (extreme manifestation) (liter) súmmum *m*, quintaesencia *f*

Appalachia /ˌæpə'leɪtʃə || ˌæpə'leɪʃiə/ *n* (la región de) los Apalaches

Appalachian Mountains /ˌæpə'leɪtʃən || ˌæpə'leɪʃən/, **Appalachians** /-z/ *pl n*: **the ~** los (montes) Apalaches

appall, (BrE) **appal** /ə'pɔ:l/ *vt* BrE **-ll-** horrorizar*, consternar; **we were ~ed at the tragedy** la tragedia nos horrorizó *or* consternó; **I'm ~ed by their attitude** me horroriza su actitud

appalling /ə'pɔ:lɪŋ/ *adj* ‹*conditions/brutality*› atroz, terrible; ‹*language/behavior*› vergonzoso; **the play is absolutely ~** la obra es pésima

appallingly /ə'pɔ:lɪŋli/ *adv* ‹*bad/rude/ignorant*› terriblemente; **to behave ~** portarse terriblemente mal

apparatchik /ˌɑ:pə'rɑ:tʃɪk || ˌæpə'rɑ:tʃɪk/ *n* **1** (in Communist state) *miembro de la organización del partido comunista* **2** (functionary) burócrata *mf*

apparatus /ˌæpə'rætəs || ˌæpə'reɪtəs/ *n* [u c] (*pl* ~) **1** (equipment) aparatos *mpl*; **a piece of ~** un aparato; **breathing ~** equipo *m* de respiración; **critical ~** aparato *m* crítico; **teaching ~** material *m* didáctico **2** (Anat) aparato *m*; **respiratory/digestive ~** aparato respiratorio/digestivo **3** (organization) (Pol) aparato *m*; **the ~ of government** el aparato de gobierno

apparel /ə'pærəl/ *n* [u] (Clothing) **1** (finery) (liter) atavío *m* (liter) **2** (AmE) (Busn) ropa *f*; **summer/men's ~** ropa de verano/de caballero; **intimate ~** lencería *f*

appareled, (BrE) **apparelled** /ə'pærəld/ *adj* (liter) ~ **IN sth** ataviado CON algo (liter)

apparent /ə'pærənt/ *adj* **1** (evident): **there's no ~ difference** no se advierte *or* nota ninguna diferencia; **for no ~ reason** sin motivo aparente; **it was ~ that ...** estaba claro que ..., era evidente *or* obvio que ...; **it was ~ to me/us that ...** me/nos resultaba evidente *or* obvio que ...; **to become ~** hacerse* patente, empezar* a verse **2** (seeming) ‹*interest/concern*› aparente; **the damage was more ~ than real** el daño era más aparente que real

apparently /ə'pærəntli/ *adv* **1** (*indep*) al parecer, por lo visto, según parece; **is she pregnant? — apparently** ¿está embarazada? — pues eso parece *or* por lo visto sí **2** (seemingly) ‹*intelligent/happy*› aparentemente; **this ~ mad gamble turned out to be a stroke of genius** lo que parecía ser una locura resultó un golpe genial

apparition /ˌæpə'rɪʃən/ *n* aparición *f*

appeal¹ /ə'pi:l/ *n*
A [c] (call) llamamiento *m*, llamado *m* (AmL); (request) solicitud *f*, petición *f*, pedido *m* (AmL); (plea) ruego *m*, súplica *f*; ~ **(TO sb) FOR sth**: **an ~ for calm** un llamamiento *or* (AmL tb) un llamado a la calma; **they made an urgent ~ for food** hicieron un llamamiento *or* (AmL tb) un llamado urgente solicitando alimentos; **their ~ to the UN for protection** su solicitud *or* petición *or* (AmL tb) pedido de protección a la ONU; ~ **TO sth** llamamiento *m or* (AmL tb) llamado *m* A algo; **an ~ to reason/common sense** un llamamiento *or* (AmL tb) un llamado a la razón/al sentido común
B [c] **1** (Law) apelación *f*, recurso *m* de apelación; **to lodge an ~ against a decision/sentence** interponer* un recurso de apelación en contra de una decisión/sentencia; **to win/lose on ~** ganar/perder* en la apelación *or* en segunda instancia; **he was acquitted on ~** su condena fue revocada en la apelación *or* en segunda instancia; **to have the/no right of ~** tener*/no tener derecho a apelar; **court of ~** tribunal *m* de apelación *or* alzada **2** (in cricket) *petición al juez solicitando la salida de juego de un bateador*
C [c] **1** (fund, organization) *campaña para recaudar fondos* **2** (on TV, radio) *llamamiento para que se contribuya a una obra benéfica*
D [u] (attraction) atractivo *m*; **travel holds no ~ for me** no me atrae la idea de viajar, para mi viajar no ofrece ningún atractivo; **a politician with voter ~** un político capaz de ganarse al electorado, un político con gancho (fam)

appeal² *vi*
A (call) **to ~ FOR sth** ‹*for funds*› pedir* *or* solicitar algo; **the Minister went on television to ~ for calm** el ministro apareció en televisión para hacer un llamamiento *or* (AmL tb) un llamado a la calma; **to ~ TO sb/sth**: **the prisoners ~ed to them for mercy** los prisioneros les suplicaron clemencia; **the police ~ed to witnesses to come forward** la policía hizo un llamamiento *or* (AmL tb) un llamado para que se presentaran testigos del hecho; **to ~ to sb's finer feelings/better nature** apelar a los buenos sentimientos/a la bondad de algn; **they ~ed to his sense of justice** apelaron a su sentido de justicia
B **1** (Law) apelar; **to ~ against a decision/sentence** apelar contra *or* de una decisión/sentencia; **to ~ to a higher authority** apelar a *or* ante una autoridad superior **2** (Sport) recurrir *or* apelar al árbitro (*or* al juez *etc*)
C (be attractive) **to ~ TO sb** ‹‹*suggestion/activity/profession*›› atraerle* A algn; **teaching never ~ed to me** nunca me atrajo la enseñanza; **fishing/the idea doesn't ~** pescar/la idea no tiene mucho atractivo; **the part ~ed to his sense**

a

of fun el papel lo atrajo por lo que tenía de divertido

■ **appeal** *vt* (AmE) ‹*decision/verdict*› apelar contra *or* de; **to ~ the judge's/court's decision** apelar contra *or* de la decisión del juez/tribunal

appeal court *n* tribunal *m* de apelación, tribunal *m* de alzada, Corte *f* de Apelaciones (esp AmL)

appeal fund *n* fondo *m*; **to launch an ~ ~ in aid of...** iniciar un fondo en ayuda de...

appealing /ə'pi:lɪŋ/ *adj* 1 (attractive) ‹*eyes/smile*› atractivo, atrayente; ‹*suggestion/idea*› atractivo, atrayente, tentador; **the prospect of a Saturday in the office was not ~** la perspectiva de pasar un sábado en la oficina no me hacía mucha gracia *or* no era muy atractiva que digamos 2 (pleading) ‹*look/eyes/voice*› suplicante

appealingly /ə'pi:lɪŋli/ *adv* 1 (attractively) ‹*smile/arrange*› de manera atractiva *or* atrayente; **her ideas are ~ imaginative** sus ideas atraen por lo imaginativas 2 (pleadingly) de manera suplicante

appear /ə'pɪr || ə'pɪə(r)/ *vi*

(Sense I)

A 1 (come into view, present oneself) aparecer*; **he never ~s until the meal is on the table** nunca aparece *or* se presenta hasta que la comida está servida; **he hasn't ~ed in public for the last year** desde hace un año no aparece en público; **he suddenly ~ed from behind the door** de pronto salió de detrás de la puerta 2 «*ghost/spirit*» aparecerse*; **to ~ TO sb** aparecérsele* A algn; **the Virgin had ~ed to them** se les había aparecido la Virgen 3 (become apparent) aparecer*, salir*; **cracks started to ~ on the walls** empezaron a aparecer *or* a salir grietas en las paredes 4 (be found, seen) aparecer*

B (be published) aparecer*, salir*; **to ~ in print** publicarse*

C (on television) aparecer*, salir*; (Theat) actuar*; **he has ~ed on television many times** ha salido muchas veces en *or* por televisión, ha aparecido muchas veces en televisión; **she's currently ~ing on Broadway** actualmente está actuando en Broadway; **she ~ed as Cinderella** hizo el papel de Cenicienta

D (Law) 1 «*defendant*» comparecer*; **to ~ before a magistrate** comparecer* ante un juez; **she's ~ing on a charge of murder** comparece acusada de asesinato 2 «*lawyer*» comparecer*; **to ~ for the prosecution/defense** comparecer* por la acusación/la defensa

(Sense II) (seem) parecer*; **the questions didn't ~ difficult** las preguntas no parecían difíciles; **that's how he ~s to a lot of people** ésa es la impresión que le da a mucha gente; **it ~s as though** *o* **as if we're expected** parece que nos esperan; **we're expected to win, it ~s** según parece, se espera que ganemos; **they've arrived — so it ~s** *o* **so it would ~** han llegado — eso parece; **so she's not leaving — it ~s not** *o* **it would ~ not** así que no se va — parecería que no; **to ~ to + INF** parecer* + INF; **she ~ed to be busy** parecía (estar) ocupada; **he ~ed to have understood** pareció haber entendido, dio la impresión de que había entendido; **everyone ~s to be here** parece que ya está aquí todo el mundo; **we ~ to be lost** parece que nos hemos perdido; **this would ~ to be what happened** parecería que esto fue lo que pasó; **there ~s to be some misunderstanding** parecería que hay un malentendido; **what ~s to be the trouble?** ¿cuál es el problema?; **it ~s THAT: it ~s that she was the only one not to know** parece ser que era la única que no lo sabía; **it ~s from the report that ...** del informe se desprende que ...; **it now ~s that he was lying** ahora resulta que estaba mintiendo; **it ~s to me that we're wasting our time** tengo la impresión de que *or* me parece que estamos perdiendo el tiempo; **that's how it ~ed to her** eso fue lo que le pareció a ella, esa fue la impresión que le dio a ella

appearance /ə'pɪrəns || ə'pɪərəns/ *n*

A 1 [u c] (coming into view) aparición *f*; **it was her first ~ on the stage** fue su primera aparición *or* presentación en las tablas, fue su debut en las tablas; **cast in order of ~** reparto *m* en *or* por orden de aparición; **she made a personal ~** apareció en persona; **she made an unexpected ~ at the party** apareció *or* se presentó inesperadamente en la fiesta; **to put in an ~** hacer* acto de presencia 2 (Law) comparecencia *f*; **a court ~** una comparecencia ante el tribunal; **to make an ~ in court** comparecer* ante el tribunal 3 [u] (of book) aparición *f*, publicación *f*

B [u] 1 (look) aspecto *m*; **she was sickly in ~** tenía (un) aspecto enfermizo; **candidates must be of good ~** los candidatos deben tener buena presencia; **she gives the ~ of being quite contented** da la impresión de estar contenta con la vida; **they have all the ~ of a happy family** tienen todo el aspecto de (ser) una familia feliz 2 **appearances** *pl* (outward look) apariencias *fpl*; **~s can be deceptive** las apariencias engañan, no hay que fiarse de las apariencias; **to keep up ~s** guardar las apariencias; **for the sake of ~s** para salvar las apariencias; **to all ~s the situation was hopeless** todo parecía indicar que la situación era desesperada

appease /ə'pi:z/ *vt* ‹*person*› apaciguar*; ‹*anger/aggression*› aplacar*; ‹*hunger/thirst*› mitigar*

appeasement /ə'pi:zmənt/ *n* [u] 1 (of person) apaciguamiento *m*; (of anger) aplacamiento *m* 2 (Pol): **policy of ~** la política contemporizadora *or* de contemporización

appellant /ə'pelənt/ *n* apelante *mf*

appellation /,æpə'leɪʃən/ *n* (frml) denominación *f*

append /ə'pend/ *vt* (frml) (add) **to ~ sth TO sth** agregar* *or* añadir algo A algo; (enclose) adjuntar *or* acompañar algo A algo; **he ~ed his signature to the document** estampó su firma al pie del documento (frml)

appendage /ə'pendɪdʒ/ *n* 1 (addition) (frml) añadidura *f*, apéndice *m*; **he felt he was just an ~ to her life** sentía que era un mero apéndice en su vida 2 (Bot, Zool) apéndice *m*

appendectomy /,æpen'dektəmi/ (BrE) **appendicectomy** /ə,pendə'sektəmi/ *n* (*pl* **-mies**) operación *f* de apéndice, apendicectomía *f* (frml), apendectomía *f* (frml)

appendices /ə'pendəsi:z || ə'pendɪsi:z/ *pl of* **appendix**

appendicitis /ə,pendə'saɪtəs || ə,pendɪ'saɪtɪs/ *n* [u] apendicitis *f*

appendix /ə'pendɪks/ *n* (*pl* **-dixes** *or* **-dices**) 1 (Anat) apéndice *m*; **she had her ~ removed** la operaron del apéndice *or* de apendicitis, le extirparon el apéndice 2 (in book) apéndice *m*

appertain /,æpər'teɪn || ,æpə'teɪn/ *vi* (frml) **to ~ TO sth** ‹*to problem/matter*› tener* relación CON algo; **the duties ~ing to the post** las obligaciones que conlleva el cargo

appetite /'æpətaɪt || 'æpɪtaɪt/ *n* [c u] apetito *m*; **to have a healthy** *o* **good ~** tener* buen apetito; **the walk gave us an ~** la caminata nos abrió el apetito; **she ate with (a) good ~** comía con buen apetito; **to lose one's ~** perder* el apetito; **don't eat it now; you'll spoil your ~** no lo comas ahora, te va a quitar el apetito *or* las ganas de comer; **the bad news took away my ~** la mala noticia me quitó el apetito; **she has a tremendous ~ for enjoying life** tiene unas ganas inmensas de gozar de la vida; **he has an enormous ~ for knowledge** tiene una enorme sed de sabiduría *or* unas enormes ansias de conocimiento; **sexual ~** apetito *m* sexual

appetizer /'æpətaɪzər || 'æpɪtaɪzə(r)/ *n* 1 (drink) aperitivo *m* 2 (snack) aperitivo *m*, tapa *f* (Esp), botana *f* (Méx)

appetizing /'æpətaɪzɪŋ/ *adj* apetitoso

applaud /ə'plɔ:d/ *vt* 1 ‹*person/play/performance*› aplaudir 2 (agree with, admire) ‹*decision/action*› aplaudir, aprobar*, celebrar

■ **applaud** *vi* aplaudir

applause /ə'plɔ:z/ *n* [u] aplausos *mpl*; **her entrance was met with ~** su entrada fue recibida con aplausos *or* un aplauso; **let's have a round of ~ for ...** un aplauso para ...; **they have won ~ for their much-improved service** se han ganado muchos elogios por las grandes mejoras en el servicio

applause line *n* (AmE); *parte de un discurso destinada a provocar aplausos*

apple /'æpəl/ *n* [c u] manzana *f*; **baked ~** manzana asada; **the Big A~** (colloq) la Gran Manzana, Nueva York; ***as sure as (God made) little green ~s*** (AmE) tan cierto como que dos y dos son cuatro, como que yo me llamo X; ***he's/she's a rotten*** *o* ***bad ~*** es mala hierba; ***the ~ of discord*** la manzana de la discordia; ***to be the ~ of sb's eye*** ser* la niña de los ojos de algn; ***an ~ a day keeps the doctor away*** a diario una manzana es cosa sana; ***one bad ~ can spoil the whole barrel*** una manzana podrida echa (un) ciento a perder; (*before n*): **~ cheeks** mejillas *fpl* sonrosadas; **~ green** verde *m* manzana; **~ orchard** manzanar *m*; **~ sauce** compota *f or* (esp AmL) puré *m* de manzanas; **~ tree** manzano *m*

apple butter *n* [u] (AmE); *pasta de manzanas con especias que se usa para untar*

applecart /'æpəlkɑ:rt || 'æpəlkɑ:t/ *n*: ***to upset the ~*** desbaratar los planes

apple core *n* corazón *m* (de manzana)

applejack /'æpəldʒæk/ *n* [u] aguardiente *m* de manzana

apple pie *n* [c u] pastel *m* de manzana, pay *m* de manzana (Méx), kuchen *m* de manzanas (Chi); ***as American as ~ ~*** típicamente (norte)americano; (*before n*): **to make sb an ~-~ bed** (BrE) hacerle* la petaca a algn, hacerle* la cama turca a algn (RPl), hacerle* sábanas cortas a algn (Chi); **in ~-~ order** en perfecto orden

apple-polisher /'æpəl,pɑ:lɪʃər || 'æpəl,pɒlɪʃə(r)/ *n* (AmE colloq) adulador, -dora *m,f*, pelota *mf* (Esp fam), lambiscón, -cona *m,f* (Méx fam), chupamedias *mf* (CS, Ven fam), lambón, -bona *m,f* (Col fam)

applet /'æplət || 'æplɪt/ *n* (Comput) applet *m*

appliance /ə'plaɪəns/ *n* 1 (device) aparato *m*; **electrical ~s** (large) electrodomésticos *mpl*; (small) aparatos *mpl* eléctricos 2 (fire engine) (BrE) coche *m or* (AmL tb) carro *m* de bomberos, autobomba *m* (RPl), bomba *f* (Chi)

applicability /,æplɪkə'bɪləti ə,plɪkə-/ *n* [u] aplicabilidad *f*

applicable /'æplɪkəbəl ə'plɪkəbəl/ *adj* (frml): **delete as ~** tache lo que no corresponda; **~ TO sb/sth: this part's not ~ to you/us** esta parte no te/nos atañe; **none of the statutes is ~ to the case** ninguno de los estatutos es aplicable *or* pertinente al caso; **these regulations are only ~ to foreigners** estas normas se aplican únicamente a los extranjeros

applicant /'æpləkənt || 'æplɪkənt/ *n* (for job) candidato, -ta *m,f*, aspirante *mf*, postulante *mf* (CS); **there were over a hundred ~s for the job** se presentaron más de cien aspirantes *or* candidatos *or* (CS tb) postulantes al puesto; **~s for patents should complete this form** los solicitantes de patentes *or* quienes soliciten patentes deberán rellenar este formulario

application /,æplə'keɪʃən || ,æplɪ'keɪʃən/ ➔ *n*

A [c u] (request) solicitud *f*; **to submit an ~** presentar una solicitud; **we received over 100 ~s** recibimos más de 100 solicitudes; **prices on ~** (BrE) solicítenos precios; **~FOR sth** ‹*for loan/grant/visa*› solicitud DE algo; ‹*for bail/injunction*› petición *f* DE algo; (*before n*): **~ form** (impreso *m* de) solicitud *f*

B 1 [c u] (use — of method, skills, theory) aplicación *f*; (— of force) uso *m*; **the machine has many ~s** la máquina tiene muchos usos 2 [u c] (of paint, ointment) aplicación *f*; **for external ~ only** para uso externo 3 [c] (Comput) aplicación *f*; (*before n*): **~ program** programa *m* de aplicación

C [u] (diligence) diligencia *f*, aplicación *f*

➔ *see* Correspondence

applications package *n* (Comput) paquete *m* de (programas de) aplicación

applications software *n* [u] (Comput) software *m* de aplicación

applicator /ˈæpləkeɪtər || ˈæplɪkeɪtə(r)/ *n* aplicador *m*

applied /əˈplaɪd/ *adj* aplicado; **~ linguistics** lingüística *f* aplicada

applied mathematics *n*(+ *sing vb*) matemáticas *fpl* aplicadas

applied science *n* ciencias *fpl* aplicadas

appliqué¹ /ˌæpləˈkeɪ || æˈpli:keɪ/ *n* [u c] (technique) *labor que consiste en hacer aplicaciones o apliques en una tela;* (decoration) aplicación *f*, aplique *m*, apliqué *m*; (*before n*): **decorated with ~ work** decorado con aplicaciones *or* apliques *or* apliqués

appliqué² *vt* **-qués, -quéing, -quéd** decorar (*or* bordar *etc*) con aplicaciones *or* apliques

apply /əˈplaɪ/ *vt* **applies, applying, applied** 1▸ (put on) ‹*lotion/paint/dressing*› **to ~ (sth TO sth)** aplicar* (algo A algo); **~ the plaster thickly** aplicar el yeso en capas gruesas; **~ the ointment to the affected area** aplicar el ungüento a la zona afectada 2▸ (put into effect, bring to bear) ‹*method/theory/knowledge*› aplicar*; **the authorities are ~ing the regulations very strictly** las autoridades están aplicando muy estrictamente el reglamento; **this law should never have been applied to this case** esta ley no debería haberse aplicado nunca a este caso; **just ~ some common sense** usa *or* utiliza un poco de sentido común; **he applied his mind to the task** se concentró en la tarea; **to ~ the brakes** frenar; **~ the brakes gently** frene suavemente; **to ~ pressure** usar fuerza; **~ heat to the surface** caliente la superficie; **she applied herself to her work** se puso a trabajar con diligencia *or* empeño

■ **apply** *vi* 1▸ (make application): **please ~ in writing to …** diríjase por escrito a …, escriba a …; **it's a good job, why don't you ~?** es un buen trabajo ¿por qué no te presentas? *or* ¿por qué no lo solicitas?; **to ~ FOR sth** ‹*for loan/permission*› solicitar *or* pedir* algo; **to ~ for a job** solicitar un trabajo, presentarse para un trabajo, aplicar* a un trabajo (Ven), postular para un trabajo (CS); **I am writing to ~ for the post of …** me dirijo a ustedes para solicitar el puesto de …; Ⓢ **patent applied for** patente en trámite; **to ~ TO sb FOR sth** solicitarle algo A algn; Ⓢ **apply within** infórmese aquí, razón aquí; **to ~ to + INF: she applied to obtain a new passport** solicitó un nuevo pasaporte; **he applied to join the police** presentó una solicitud de ingreso en la policía 2▸ (be applicable, relevant) ‹‹*regulation/criterion*›› aplicarse*; **this rule does not ~ to members of the club** esta regla no se aplica a los socios del club

appoint /əˈpɔɪnt/ *vt*

A (name, choose) **to ~ sb (TO sth)** ‹*to post/job/committee*› nombrar *or* designar a algn (PARA algo); **he was ~ed to the post for life** lo nombraron *or* designaron para el cargo con carácter vitalicio; **she was ~ed director in 1987** fue nombrada directora en 1987

B (frml) ‹*date*› designar (frml), fijar; ‹*task*› asignar; **they ~ed a date for the next meeting** fijaron *or* (frml) designaron una fecha para la próxima reunión; **we met at the ~ed hour** nos encontramos a la hora señalada

C BrE **appointed** *past p* **beautifully ~ed Victorian house** casa victoriana terminada con hermosos detalles, casa victoriana con hermoso terminado

appointee /əˌpɔɪnˈti:/ *n* persona *f* designada *or* nombrada (*para un puesto o cargo*)

appointive /əˈpɔɪntɪv/ *adj* ‹*post/office*› que se cubre por nombramiento

appointment /əˈpɔɪntmənt/ *n*

A [c] (arrangement to meet) cita *f*; (with doctor, hairdresser) hora *f*, cita *f*; **I have to make an ~ with my lawyer** tengo que concertar una cita con mi abogado; **I phoned the hairdresser's/doctor's to make an ~** llamé a la peluquería/al médico para pedir hora *or* una cita; **do you have an ~?** ¿tiene cita/hora?; **I've got an ~ at the hairdresser's at two** tengo hora *or* una cita a las dos en la peluquería; **he failed to keep the ~** no acudió *or* no se presentó a la cita; **I can't go, I've got an ~** no puedo ir, tengo una cita *or* un compromiso; **I have a dinner ~** tengo (que asistir a) una cena; **viewing by ~ only** concertar cita para visitar; **we met by ~ at a cafe** nos dimos cita *or* nos citamos en un café

B 1▸ [u c] (act of appointing) nombramiento *m*; **his ~ to the post was expected** se esperaba su nombramiento *or* designación para el cargo; **they sent her a letter of ~** le mandaron el nombramiento; Ⓢ **by appointment to Her Majesty Queen Elizabeth II** (in UK) proveedores de SM la reina Isabel II 2▸ [c] (post) (frml) puesto *m*; **~s in publishing, publishing ~s** ofertas *fpl* de empleo en el campo editorial; **the post is a Presidential ~** el titular del cargo es nombrado por el presidente; **she was a surprise ~** fue un nombramiento inesperado; (*before n*): **~s bureau** *o* **agency** (BrE) agencia *f* de empleo

appointments board *n* junta *f* de nombramientos, comisión *f* de nombramientos

apportion /əˈpɔ:rʃən || əˈpɔ:ʃən/ *vt* ‹*duties/time*› distribuir*; ‹*costs/sum*› prorratear, repartir; **the blame was ~ed to them both equally** se los culpó *or* se les imputó la culpa a ambos por partes iguales; **there is little point in ~ing blame for the disaster** no tiene mucho sentido tratar de decidir quién fue el responsable del desastre

apportionment /əˈpɔ:rʃənmənt || əˈpɔ:ʃənmənt/ *n* 1▸ (of duties, time) distribución *f*; (of costs) prorrateo *m* 2▸ (AmE) (Pol) *determinación del número de escaños que corresponde proporcionar a cada estado*

apposite /ˈæpəzət || ˈæpəzɪt/ *adj* (frml) apropiado, oportuno, pertinente

apposition /ˌæpəˈzɪʃən/ *n* [u c] aposición *f*; **in ~ (to sth)** en aposición (a algo)

appraisal /əˈpreɪzəl/ *n* (of situation, employee) evaluación *f*; (of work, novel) valoración *f*, evaluación *f*; (of property) tasación *f*; **what's your ~ of his character?** ¿qué juicio se ha formado sobre él?

appraise /əˈpreɪz/ *vt* ‹*situation/employee/performance*› evaluar*; ‹*novel/painting*› valorar; ‹*property*› tasar, avaluar* (AmL)

appreciable /əˈpri:ʃəbəl/ *adj* ‹*change/difference*› apreciable, sensible; ‹*loss/sum/number*› importante, considerable

appreciably /əˈpri:ʃəbli/ *adv* sensiblemente, perceptiblemente, considerablemente; **it was ~ cooler in the shade** hacía bastante más fresco en la sombra

appreciate /əˈpri:ʃieɪt/ *vt* 1▸ (value) ‹*food/novel*› apreciar; **someone who ~s good wine** una persona que aprecia *or* que sabe apreciar el buen vino; **she's not ~d here** aquí no se la valora 2▸ (be grateful for) agradecer*; **I ~ your help/kindness** (te) agradezco tu ayuda/amabilidad; **I'd ~ it if you could let me know in advance** le agradecería que me avisara con antelación; **I'd ~ it if you didn't shout** te agradecería que no gritaras 3▸ (understand) ‹*danger/difficulties*› darse* cuenta de; **I do ~ your reasons for being wary** entiendo *or* comprendo muy bien los motivos de tu recelo; **I didn't ~ the difference** no noté *or* percibí *or* aprecié la diferencia; **I ~ that this is a difficult time for you** comprendo que *or* me hago cargo de que debes estar pasando por un momento difícil; **I (can) ~ that, but …** te entiendo *or* lo comprendo *or* me hago cargo, pero …

■ **appreciate** *vi* (increase in value) ‹‹*shares/property/antiques*›› (re)valorizarse*, apreciarse (frml)

appreciation /əˌpri:ʃiˈeɪʃən/ *n*

A 1▸ [u] (gratitude) agradecimiento *m*, reconocimiento *m*; **please accept this gift in ~ of your help** le rogamos que acepte este obsequio como muestra de nuestro agradecimiento por su ayuda; **to show (one's) ~ for sth** mostrar* (su *or* mi *etc*) agradecimiento por algo 2▸ [u] (discriminating enjoyment): **he showed a genuine ~ of music** demostró saber apreciar la música; **art ~ classes** clases *fpl* de iniciación al arte *or* de apreciación artística 3▸ [c] (review) crítica *f* 4▸ [u] (awareness): **he has no ~ of how much time the work will take** no se da cuenta *or* no tiene noción de cuánto tiempo llevará el trabajo; **they had little ~ of the danger they were in** no se daban cuenta del peligro en el que estaban

B (Fin) (re)valorización *f*

appreciative /əˈpri:ʃətɪv/ *adj* 1▸ (grateful) ‹*smile/gesture*› de agradecimiento; **he wasn't very ~** no se mostró muy agradecido; **to be ~ OF sth** estar* agradecido POR algo 2▸ (of art, good food) apreciativo; **New York audiences are very ~** el público neoyorquino es muy apreciativo *or* sabe apreciar un buen espectáculo; **it was a wonderful meal, but she wasn't very ~** fue una comida estupenda, pero ella no la supo apreciar 3▸ (admiring) ‹*look*› de admiración; ‹*comment*› elogioso

appreciatively /əˈpri:ʃətɪvli/ *adv*: **she smiled at him ~** le sonrió agradecida; **the audience applauded ~** el público aplaudió en señal de apreciación

apprehend /ˌæprɪˈhend/ *vt* (frml)

A (arrest) apresar, detener*

B (become aware of) percibir, darse* cuenta de

C (anticipate anxiously) temer

apprehension /ˌæprɪˈhentʃən || ˌæprɪˈhenʃən/ *n* [u]

A (anxiety) aprensión *f*, temor *m*

B (arrest) (frml) detención *f*, arresto *m*

C (awareness) (frml) percepción *f*

apprehensive /ˌæprɪˈhensɪv/ *adj* ‹*look*› aprensivo, de aprensión; **to be ~ ABOUT sth: I'm rather ~ about the consequences** estoy algo inquieto *or* preocupado por lo que pueda pasar, siento cierta aprensión por lo que pueda pasar; **they were ~ about her reaction** temían su reacción; **to grow ~** inquietarse

apprehensively /ˌæprɪˈhensɪvli/ *adv* con aprensión

apprentice¹ /əˈprentəs || əˈprentɪs/ *n* aprendiz, -diza *m,f*; (*before n*): **~ electrician** aprendiz, -diza *m,f* de electricista

apprentice² *vt* **to ~ sb TO sb** colocar* a algn de aprendiz CON *or* DE algn; **to be ~d TO sb** estar* de aprendiz CON algn

apprenticeship /əˈprentəsʃɪp || əˈprentɪsʃɪp/ *n* aprendizaje *m* (*de un oficio*); **to serve an ~ in sth** hacer* el aprendizaje de algo

apprise /əˈpraɪz/ *vt* (frml) **to ~ sb OF sth** informar a algn DE algo; **he was at once ~d of the facts** enseguida se lo informó *or* se lo puso al tanto de los hechos; **he is being kept ~d of the situation** se lo mantiene informado *or* al tanto de la situación; **we were ~d that she had left the hotel** se nos informó *or* comunicó que había abandonado el hotel

approach¹ /əˈprəʊtʃ/ *vi* ‹‹*person/vehicle*›› acercarse*, aproximarse; ‹‹*summer/date*›› acercarse*, aproximarse; **the time is fast ~ing when …** se acerca rápidamente el momento en que …

■ **approach** *vt* 1▸ (draw near to) ‹*person/building/place*› aproximarse *or* acercarse* a; **he was ~ing 50** se acercaba a los 50, tenía casi 50 años; **their sales will never ~ ours** sus ventas nunca alcanzarán el nivel de las nuestras ni mucho menos; **something ~ing half a kilo** alrededor de medio kilo, casi medio kilo 2▸ (talk to): **have you ~ed her about it?** ¿ya se lo ha planteado?, ¿ya ha hablado con ella del asunto?; **he ~ed me for a loan/reference** se dirigió a mí para pedirme un préstamo/una recomendación; **several companies ~ed us** varias compañías se pusieron en contacto con nosotros; **she was ~ed by a man in the street** un hombre la abordó en la calle; **she ~ed me with an idea for a play** me abordó para hablarme de una idea que tenía para una obra de teatro; **to be easy/difficult to ~** ser*/no ser* muy accesible 3▸ (tackle, deal with) ‹*problem/question*› enfocar*, abordar; **~ your subject with an open mind** aborda el tema sin ideas preconcebidas

approach² *n*

A [c] (method, outlook) enfoque *m*; **~ TO sth: he's adopted a new ~ to his teaching** les ha dado

a

un nuevo enfoque a sus métodos pedagógicos; **let's try a different ~ to the problem** enfoquemos el problema de otra manera; **my ~ has been to appoint young people** mi política ha sido emplear a gente joven
B [c] (overture — offering sth) propuesta *f*; (— requesting sth) solicitud *f*, petición *f*, pedido *m* (AmL); **to make ~es** *o* **an ~ to sb** hacerle* una propuesta (*or* una solicitud *etc*) a algn; **I've had an ~ from a publisher** he recibido una propuesta de una editorial; **we have received several ~es for help** hemos recibido varias peticiones *or* pedidos de ayuda
C [u] (drawing near): **he looked up at my ~** levantó la vista cuando me acerqué; **he announced the troops' ~** anunció que las tropas se estaban acercando *or* aproximando; **at the ~ of winter** al acercarse el invierno; **the pilot made his ~** el piloto efectuó las maniobras de aproximación; (*before n*) ‹*lights/speed*› (Aviat) de aproximación
D [c] (means of entering) acceso *m*; **all ~es to the city were blocked** todos los accesos a la ciudad estaban bloqueados; **the ~ to the harbor is very narrow** la entrada al puerto es muy estrecha; (*before n*): **~ road** (BrE) camino *m* de acceso
E [c] (approximation) **~ TO sth** aproximación *f* A algo
F [c] (golf): **~ (shot)** golpe *m* de aproximación

approachable /ə'prəʊtʃəbəl/ *adj* **1** ‹*person*› accesible, asequible; **she's not very ~** no es muy accesible *or* asequible **2** ‹*place*› accesible; **the place is only ~ by air** sólo se puede acceder *or* llegar al lugar por avión

approaching /ə'prəʊtʃɪŋ/ *adj*: **he didn't see the ~ car** no vio el coche que se acercaba *or* se aproximaba; **they started revising for the ~ exams** empezaron a repasar para los exámenes, que ya estaban próximos; **he viewed his ~ retirement with concern** se acercaba el momento de su jubilación y esto lo inquietaba

approbation /,æprə'beɪʃən/ *n* [u] (frml) aprobación *f*

appropriate¹ /ə'prəʊpriət/ *adj* apropiado; **her attire wasn't ~ to the occasion** su vestimenta no era la apropiada *or* adecuada *or* indicada para la ocasión; **it would not be ~ for me to comment** no estaría bien *or* no sería apropiado que hiciera algún comentario; **you should take all ~ precautions** debes tomar todas las precauciones del caso; **assess the situation and take the ~ action** evalúe la situación y tome las medidas pertinentes; **complete as ~** rellenar lo que corresponda; **delete as ~** tachar lo que no corresponda

appropriate² /ə'prəʊprieɪt/ *vt* **1** (take illegally) ‹*land/money/possessions*› apropiarse de **2** (set aside) ‹*funds/money*› destinar, asignar

appropriately /ə'prəʊpriətli/ *adv* de manera apropiada, apropiadamente

appropriateness /ə'prəʊpriətnəs || ə'prəʊpriətnɪs/ *n* [u] lo apropiado

appropriate technology *n* tecnología *f* responsable

appropriation /ə,prəʊpri'eɪʃən/ *n* **1** [c u] (Govt) (in US) partida *f*, asignación *f*; (*before n*): **the House/Senate A~s Commitee** el Comité de gastos de la Cámara de Representantes/del Senado **2** [u] (taking) apropiación *f* **3** [u] (of funds) asignación *f*

approval /ə'pru:vəl/ *n* [u] **1** (agreement) aprobación *f*; **to seek sb's ~ (for sth)** tratar de obtener la aprobación de algn (para algo); **does it meet with your ~?** ¿merece su aprobación?; **it won't meet with your father's ~** a tu padre no le va a parecer bien; **to have/get sb's ~** tener*/conseguir* la aprobación de algn; **I've drafted a letter for your ~** he escrito la carta en borrador para que usted le dé el visto bueno; **she went to France without her parents' ~** se fue a Francia sin la autorización de sus padres **2** **on ~** a prueba

approve /ə'pru:v/ *vi* **1** (agree): **do you ~?** ¿le parece bien?; **to ~ OF sth/sb**: **I don't ~ of his methods** no estoy de acuerdo con sus métodos; **mother seems to ~ of him** a mamá parece gustarle; **they didn't ~ of us getting married** no estuvieron de acuerdo en que nos casáramos, no les pareció bien que nos casáramos; **they don't ~ of my smoking** les parece mal *or* no les gusta que fume **2** (agree formally) dar* su (*or* mi *etc*) aprobación *or* visto bueno; **if the boss ~s, we can start immediately** si el jefe da su aprobación *or* su visto bueno, podemos empezar inmediatamente
■ **approve** *vt* **1** (sanction, agree) ‹*decision/plan/action*› aprobar*; **the plan has finally been ~d by the board** el plan ha sido finalmente aprobado por la junta **2** (officially recognize) ‹*institution*› acreditar; **an ~d campsite/method** un camping/método autorizado **3** (agree with) (frml) estar* de acuerdo con; **I can't say I ~ his methods** no puedo decir que estoy de acuerdo con sus métodos

approved school /ə'pru:vd/ *n* (BrE dated) reformatorio *m*, correccional *m*

approving /ə'pru:vɪŋ/ *adj* ‹*murmur*› de aprobación; ‹*smile/look*› de aprobación, aprobatorio

approvingly /ə'pru:vɪŋli/ *adv* con aprobación; **she nodded ~** asintió con la cabeza en señal de aprobación

approx /ə'prɑ:ks || ə'prɒks/ (**= approximate/approximately**) aprox.

approximate¹ /ə'prɑ:ksəmət || ə'prɒksɪmət/ *adj* aproximado; **my calculations are ~** mis cálculos son aproximados

approximate² /ə'prɑ:ksəmeɪt || ə'prɒksɪmeɪt/ *vi* **to ~ TO sth** aproximarse A algo; **his description ~s to the facts** su versión se aproxima a los hechos
■ **approximate** *vt* aproximarse a

approximately /ə'prɑ:ksəmətli || ə'prɒksɪmətli/ *adv* aproximadamente; **~ ten years ago** hace diez años aproximadamente, hace aproximadamente diez años, hace unos diez años

approximation /ə,prɑ:ksə'meɪʃən || ə,prɒksɪ'meɪʃən/ *n* **1** (rough calculation) aproximación *f* **2** (rough equivalent) **~ OF** *o* **TO sth**: **at best it's an ~ to the truth** como mucho podría decirse que se acerca a la verdad; **a good ~ of a Tennessee accent** una buena imitación del acento de Tennessee

appurtenances /ə'pɜ:rtnənsəz || ə'pɜ:tɪnənsɪz/ *pl n* (frml) (*sometimes sing*) accesorios *mpl*; **the ~ of wealth and fame** lo que conllevan *or* traen consigo la fama y la riqueza

Apr ▸❶ **p.1085** (**= April**) abr.

APR *n* (**= annual percentage rate**) TAE

après-ski /,ɑ:preɪ'ski:, ,æpreɪ'ski: || ,æpreɪ'ski:/ *n* [u] après-ski *m*; (*before n*) de après-ski

apricot /'æprəkɑ:t || 'eɪprɪkɒt/ *n* **1** [c] (fruit) albaricoque *m* *or* (Méx) chabacano *m* *or* (AmS) damasco *m*; (*before n*) ‹*jam/brandy*› de albaricoque *or* (Méx) de chabacano *or* (AmS) de damasco; **~ tree** albaricoquero *m* *or* (Méx) chabacano *m* *or* (AmS) damasco *m* **2** ▸❶ **p.1036** [u] (color) (color) crema *m* asalmonado

April /'eɪprəl || 'eɪprɪl/ *n* ▸❶ **p.1085** abril *m*; (*before n*): **~ fool!** ¡inocente!, ¡que la inocencia te valga! (RPl); **to play an ~ fool on sb** gastarle *or* hacerle* una inocentada a algn; **~ Fools' Day** ≈ el día de los (Santos) Inocentes (*en EEUU y GB se celebra el 1° de abril*); **~ *showers bring May flowers*** ≈ en abril, aguas mil; **it's just an ~ shower** ≈ no es más que una nube *or* un chaparrón de verano; *see also* **January**

a priori /,ɑ:pri'ɔ:ri: || ,eɪpraɪ'ɔ:raɪ/ *adj/adv* a priori

apron /'eɪprən/ *n* **1** (Clothing) (for domestic use) delantal *m*, mandil *m* (Esp); (workman's, mason's) mandil *m*; ▸**string¹** **2** (Aviat) pista *f* de estacionamiento **3** (Theat) proscenio *m*

apropos /,æprə'pəʊ/ *adj* **1** ‹*remark*› pertinente, acertado; **the quotation was hardly ~** la cita no era pertinente *or* no venía al caso **2** **~ (of)** (*as prep*) a propósito de

apse /æps/ *n* ábside *m*

apt /æpt/ *adj* **1** (fitting, suitable) ‹*remark*› acertado, oportuno, apropiado; ‹*name*› apropiado, acertado **2** (likely) **to be ~ to + INF** ser* propenso *or* tener* tendencia *or* tender* A + INF; **she's ~ to be car sick** es propensa *or* tiene tendencia *or* tiende a marearse cuando viaja en coche; **he's ~ to feel the cold** es muy friolento *or* (Esp) friolero **3** (clever, quick) listo, capaz, despierto; **~ AT sth/-ING** bueno PARA algo/+ INF; **he's very ~ at picking up new languages/words** es muy bueno para los idiomas/para aprender nuevas palabras

APT *n* (BrE) **= Advanced Passenger Train** *tren de alta velocidad*, ≈ AVE *m* (*en Esp*)

apt. = apartment

aptitude /'æptətu:d || 'æptɪtju:d/ *n* [c u] **~ (FOR sth)** aptitud *f* (PARA algo); **she showed an early ~ for music** muy pronto mostró tener aptitudes musicales *or* talento para la música; **he has an ~ for putting his foot in it** (colloq) se especializa en meter la pata (fam); (*before n*): **~ test** prueba *f* de aptitud

aptly /'æptli/ *adv* acertadamente

aptness /'æptnəs || 'æptnɪs/ *n* [u] lo acertado

aqua /'ækwə, 'ɑ:kwə || 'ækwə/ *n* [u] (esp AmE) ▸**aquamarine 2**

Aqua-Lung® /'ækwəlʌŋ, 'ɑ:kwəlʌŋ || 'ækwəlʌŋ/ *n* escafandra *f* autónoma

aquamarine /,ækwəmə'ri:n, ,ɑ:kwəmə'ri:n || ,ækwəmə'ri:n/ *n* **1** [c u] (Min) aguamarina *f*‡ **2** ▸❶ **p.1036** [u] (color) color *m* aguamarina

aquaplane¹ /'ækwəpleɪn, 'ɑ:kwəpleɪn || 'ækwəpleɪn/ *vi* ‹‹*car*›› patinar; (Sport) hacer* esquí acuático (*con un solo esquí*)

aquaplane² *n* (AmE) esquí *m* acuático

Aquarian¹ /ə'kweriən || ə'kweəriən/ *n* (esp BrE) acuariano, -na *m,f*, Acuario *or* acuario *mf*; **~s are creative** los (de) Acuario *or* los del signo de Acuario *or* los acuarianos son creativos

Aquarian² *adj* acuariano, de los (de) Acuario

aquarium /ə'kweriəm || ə'kweəriəm/ *n* (*pl* **-riums** *or* **-ria** /-riə/) **1** (tank) acuario *m* **2** (building) acuario *m*

Aquarius /ə'kweriəs || ə'kweəriəs/ *n* **1** (constellation) (*no art*) Acuario; **he was born under ~** nació bajo el signo de Acuario; **I'm ~** soy (de) Acuario **2** (person) Acuario *or* acuario *mf*, acuariano, -na *m,f*

aquatic /ə'kwætɪk, ə'kwɑ:tɪk || ə'kwætɪk/ *adj* acuático

aquatint /'ækwətɪnt, 'ɑ:kwətɪnt || 'ækwətɪnt/ *n* [u c] aguatinta *f*

aqueduct /'ækwədʌkt || 'ækwɪdʌkt/ *n* acueducto *m*

aqueous /'eɪkwiəs/ *adj* ‹*rock*› sedimentario; **~ humor** humor *m* acuoso

aquifer /'ækwəfər || 'ækwɪfə(r)/ *n* acuífero *m*

aquiline /'ækwəlaɪn || 'ækwɪlaɪn/ *adj* aguileño, aquilino (liter)

AR = Arkansas

Arab¹ /'ærəb/ *adj*
A (Geog) árabe
B **Arab, arab** (Equ) árabe

Arab² *n*
A (person) árabe *mf*
B **Arab, arab** (Equ) caballo *m* árabe

arabesque /,ærə'besk/ *n* (Archit, Art, Mus) arabesco *m*

Arabia /ə'reɪbiə/ *n* Arabia *f*

Arabian /ə'reɪbiən/ *adj* árabe; **the ~ Nights** Las mil y una noches; **the ~ Sea** el Mar de Omán

Arabian Gulf *n* ▸**Persian¹**

Arabic¹ /'ærəbɪk/ *adj* árabe; **a~ numerals** números *mpl* arábigos

Arabic² *n* [u] árabe *m*

Arab-Israeli /,ærəbɪz'reɪli/ *adj* ‹*war/conflict/relations*› árabe-israelí

arable /'ærəbəl/ *adj* arable, cultivable; **~ farming** agricultura *f*; **~ land** tierras *fpl* de cultivo

arable farm *n* granja *f* agrícola

Araby /'ærəbi/ *n* (arch *or* poet) Arabia *f*

arachnid /ə'ræknəd || ə'ræknɪd/ *n* arácnido *m*

arachnophobia /ə,ræknə'fəʊbiə/ *n* [u] aracnofobia *f*, fobia *f* a las arañas

Aragon /ˈærəgɑːn || ˈærəgən/ *n* Aragón *m*

Aramaic /ˌærəˈmeɪɪk/ *n* [u] arameo *m*

arbiter /ˈɑːrbətər || ˈɑːbɪtə(r)/ *n* árbitro, -tra *m,f*; **an ~ of taste/fashion** un árbitro del buen gusto/de la moda

arbitrage /ˈɑːrbətrɑːʒ || ˈɑːbɪtrɑːʒ/ *n* [u] arbitraje *m*

arbitrageur /ˌɑːrbətrɑːˈʒɜːr || ˌɑːbɪtrɑːˈʒɜː(r)/ *n* arbitrajista *mf* (*especialista en el arbitraje o la compraventa de valores en diferentes plazas bursátiles*)

arbitrarily /ˌɑːrbəˈtrerəli || ˈɑːbɪtrərɪli/ *adv* arbitrariamente

arbitrariness /ˈɑːrbətrerinəs || ˈɑːbətrərinɪs/ *n* [u] arbitrariedad *f*

arbitrary /ˈɑːrbətreri || ˈɑːbətrəri/ *adj* arbitrario

arbitrate /ˈɑːrbətreɪt || ˈɑːbɪtreɪt/ *vt* ‹*dispute*› arbitrar (en), actuar* como mediador *or* amigable componedor en

■ **arbitrate** *vi* arbitrar

arbitration /ˌɑːrbəˈtreɪʃən || ˌɑːbɪˈtreɪʃən/ *n* [u] arbitraje *m*; **to go to ~** recurrir *or* someterse al arbitraje

arbitrator /ˈɑːrbətreɪtər || ˈɑːbɪtreɪtə(r)/ *n* árbitro, -tra *m,f*

arbor, (BrE) **arbour** /ˈɑːrbər || ˈɑːbə(r)/ *n* pérgola *f*, cenador *m*

arboreal /ɑːrˈbɔːriəl || ɑːˈbɔːriəl/ *adj* arbóreo, que vive en los árboles

arboretum /ˌɑːrbəˈriːtəm || ˌɑːbəˈriːtəm/ *n* (*pl* **~s** *or* **arboreta** /-tə/) arboreto *m* (*vivero con fines científicos*)

arboriculture /ˈɑːrbərəˌkʌltʃər, ɑːrˈbɔːrəˌkʌltʃər || ˈɑːbərɪˌkʌltʃə(r), ɑːˈbɔːrɪˌkʌltʃə(r)/ *n* [u] arboricultura *f*

arbour *n* (BrE) ▸**arbor**

arc[1] /ɑːrk || ɑːk/ *n* [1] (Astron, Math) arco *m* [2] (Elec) arco *m* eléctrico *or* voltaico

arc[2] *vi* formar un arco

arcade /ɑːrˈkeɪd || ɑːˈkeɪd/ *n* [1] (Archit) arcada *f*; (around square, along street) soportales *mpl*, recova *f* (Arg) [2] (of shops) galería *f* comercial [3] (*video* ~) sala *f* de juegos; (*before n*): **~ game** videojuego *m*

arcaded /ɑːrˈkeɪdəd || ɑːˈkeɪdɪd/ *adj* ‹*street/square*› con soportales; ‹*shopfront*› con arcos

arcane /ɑːrˈkeɪn || ɑːˈkeɪn/ *adj* ‹*knowledge/symbol*› arcano, misterioso; ‹*language*› críptico

arch[1] /ɑːrtʃ || ɑːtʃ/ *n* [1] (Archit) arco *m*; **pointed/round ~** arco ojival/de medio punto [2] (of foot) arco *m*; **he has fallen ~es** tiene los pies planos, tiene pie plano

arch[2] *vt* ‹*eyebrows*› arquear, enarcar*; ‹*back*› arquear

■ **arch** *vi* [1] (form arch) formar un arco; **her eyebrows ~ed** arqueó las cejas [2] (follow arched trajectory) pasar trazando un arco

arch[3] *adj* [1] (mischievous) ‹*remark/smile/look*› malicioso, pícaro [2] (superior) ‹*tone*› de superioridad

arch- /ɑːrtʃ || ɑːtʃ/ *pref* archi-; **~traitor** architraidor; *see also* **archbishop**, **archduke** *etc*

archaeological *etc* (BrE) ▸**archeological** *etc*

archaic /ɑːrˈkeɪɪk || ɑːˈkeɪɪk/ *adj* [1] (Archeol) arcaico [2] (Ling) ‹*word/use*› arcaico; ‹*style*› arcaizante [3] (antiquated) ‹*custom/ideas*› arcaico

archaism /ˈɑːrkiɪzəm || ˈɑːkeɪɪzəm/ *n* [c u] (Ling) arcaísmo *m*

archangel /ˈɑːrkˌeɪndʒəl || ˈɑːkˌeɪndʒəl/ *n* arcángel *m*

archbishop /ˌɑːrtʃˈbɪʃəp || ˌɑːtʃˈbɪʃəp/ ▸ℹ **p.1213** *n* arzobispo *m*

archbishopric /ˌɑːrtʃˈbɪʃəprɪk || ˌɑːtʃˈbɪʃəprɪk/ *n* arzobispado *m*

archdeacon /ˌɑːrtʃˈdiːkən || ˌɑːtʃˈdiːkən/ *n* archidiácono *m*, arcediano *m*

archdiocese /ˌɑːrtʃˈdaɪəsəs || ˌɑːtʃˈdaɪəsɪs/ *n* archidiócesis *f*, arquidiócesis *f*

archduchess /ˌɑːrtʃˈdʌtʃəs || ˌɑːtʃˈdʌtʃɪs/ *n* archiduquesa *f*

archduchy /ˌɑːrtʃˈdʌtʃi || ˌɑːtʃˈdʌtʃi/ *n* (*pl* **-duchies**) archiducado *m*

archduke /ˈɑːrtʃduːk || ˈɑːtʃdjuːk/ *n* archiduque *m*

arched /ɑːrtʃt || ɑːtʃt/ *adj* ‹*entrance/window*› en forma de arco; ‹*eyebrows/back*› arqueado

archenemy /ˌɑːrtʃˈenəmi || ˌɑːtʃˈenəmi/ *n* (*pl* **-mies**) archienemigo, -ga *m,f*, enemigo acérrimo, enemiga acérrima *m,f*

archeological, (BrE) **archaeological** /ˌɑːrkiəˈlɑːdʒɪkəl || ˌɑːkiəˈlɒdʒɪkəl/ *adj* arqueológico

archeologically, (BrE) **archaeologically** /ˌɑːrkiəˈlɑːdʒɪkli || ˌɑːkiəˈlɒdʒɪkli/ *adv* arqueológicamente

archeologist, (BrE) **archaeologist** /ˌɑːrkiˈɑːlədʒəst || ˌɑːkiˈɒlədʒɪst/ *n* arqueólogo, -ga *m,f*

archeology, (BrE) **archaeology** /ˌɑːrkiˈɑːlədʒi || ˌɑːkiˈɒlədʒi/ *n* [u] arqueología *f*

archer /ˈɑːrtʃər || ˈɑːtʃə(r)/ *n* (Mil, Sport) arquero, -ra *m,f*

archery /ˈɑːrtʃəri || ˈɑːtʃəri/ *n* [u] tiro *m* con arco, tiro *m* al arco

archetypal /ˌɑːrkɪˈtaɪpəl || ˌɑːkɪˈtaɪpəl/ *adj* arquetípico

archetype /ˈɑːrkɪtaɪp || ˈɑːkɪtaɪp/ *n* arquetipo *m*

archetypical /ˌɑːrkɪˈtɪpɪkəl || ˌɑːkɪˈtɪpɪkəl/ *adj* arquetípico

Archimedean /ˌɑːrkəˈmiːdiən || ˌɑːkɪˈmiːdiən/ *adj* de Arquímedes

Archimedes /ˌɑːrkəˈmiːdiːz || ˌɑːkɪˈmiːdiːz/ *n* Arquímedes

archipelago /ˌɑːrkəˈpeləgəʊ || ˌɑːkɪˈpeləgəʊ/ *n* (*pl* **-gos** *or* **-goes**) archipiélago *m*

architect[1] /ˈɑːrkətekt || ˈɑːkɪtekt/ *n* [1] arquitecto, -ta *m,f* [2] (of idea, event) artífice *mf*

architect[2] *vt* (Comput) ‹*program*› idear; ‹*system*› elaborar

architectonic /ˌɑːrkətekˈtɑːnɪk || ˌɑːkɪtekˈtɒnɪk/ *adj* arquitectónico

architectonics /ˌɑːrkətekˈtɑːnɪks || ˌɑːkɪtekˈtɒnɪks/ *n* (+ *sing vb*) estudio *m* científico de la arquitectura

architectural /ˌɑːrkəˈtektʃərəl || ˌɑːkɪˈtektʃərəl/ *adj* arquitectónico

architecturally /ˌɑːrkəˈtektʃərəli || ˌɑːkɪˈtektʃərəli/ *adv* (*indep*) arquitectónicamente, desde el punto de vista arquitectónico

architecture /ˈɑːrkətektʃər || ˈɑːkɪtektʃə(r)/ *n*

A [u] (Art, Tech) arquitectura *f*

B [u c] (Comput) arquitectura *f*

architrave /ˈɑːrkətreɪv || ˈɑːkɪtreɪv/ *n* arquitrabe *m*

archive[1] /ˈɑːrkaɪv || ˈɑːkaɪv/ *n* (*often pl*) [1] (records) archivo *m*; **film ~(s)** filmoteca *f*; (*before n*): **~ footage** imágenes *fpl* de archivo [2] (place) archivo *m*

archive[2] *vt* archivar

archive file *n* (Comput) fichero *m* archivado

archivist /ˈɑːrkəvɪst || ˈɑːkɪvɪst/ *n* archivero, -ra *m,f*, archivista *mf*

archly /ˈɑːrtʃli || ˈɑːtʃli/ *adv* [1] (mischievously) maliciosamente [2] (arrogantly) con aire de superioridad

archway /ˈɑːrtʃweɪ || ˈɑːtʃweɪ/ *n* (entrance) arco *m* (de entrada); (passageway) pasadizo *m* abovedado

arc lamp, arc light *n* lámpara *f* de arco

Arctic[1] /ˈɑːrktɪk || ˈɑːktɪk/ *adj* [1] ‹*flora/fauna*› ártico; **the ~ Ocean** el Océano (Glacial) Ártico, el Ártico; **the ~ Circle** el Círculo Polar Ártico [2] **arctic** glacial

Arctic[2] *n*

A (Geog): **the ~** la región ártica, las tierras árticas, el Ártico

B (overshoe) (AmE) chanclo *m*

Arctic fox *n* zorro *m* polar

Arctic hare *n* liebre *f* ártica

arc welder *n* (method) soldadura *f* al arco; (appliance) soldadora *f* al arco; (person) soldador, -dora *m,f* al arco

arc welding *n* [u] soldadura *f* por arco

Ardennes /ɑːrˈden || ɑːˈden/ *pl n*: **the ~** las Ardenas

ardent /ˈɑːrdnt || ˈɑːdnt/ *adj* ‹*supporter/patriot*› apasionado; ‹*lover*› apasionado, fogoso; ‹*plea/desire*› ferviente; ‹*prayer*› ferviente, fervoroso; **she has been ~ in her support of the reforms** ha apoyado ardientemente las reformas

ardently /ˈɑːrdntli || ˈɑːdntli/ *adv* ‹*long for/desire*› ardientemente, fervientemente; **she spoke ~ in defense of the cause** habló con vehemencia en defensa de la causa

ardor, (BrE) **ardour** /ˈɑːrdər || ˈɑːdə(r)/ *n* [u] (liter) [1] (zeal, enthusiasm) fervor *m*, ardor *m* [2] (love) pasión *f*

arduous /ˈɑːrdʒuəs || ˈɑːdjuːəs/ *adj* ‹*task*› arduo; ‹*training/conditions*› duro, riguroso; ‹*march/climb*› difícil

arduousness /ˈɑːrdʒuəsnəs || ˈɑːdjuːəsnɪs/ *n* [u] (of task) lo arduo; (of training, conditions) dureza *f*, rigor *m*; (of march, climb) lo dificultoso

are /ɑːr || ɑː(r) *weak form* /ər, ə(r)/ *2nd pers sing, 1st, 2nd & 3rd pers pl pres of* **be**

area /ˈeriə || ˈeəriə/ *n*

A [1] (geographical) zona *f*, área *f*‡, región *f*; **in the New York ~** en la zona *or* el área de Nueva York [2] (urban) zona *f*; **the ~ around the docks** la zona del puerto; **the ~ we live in** el barrio en el que vivimos, la zona donde vivimos; **there have been several burglaries in the ~** ha habido varios robos en la zona *or* la vecindad; **the houses in the immediate ~ of the factory** las casas situadas en las inmediaciones *or* los alrededores de la fábrica

B (part of room, building, plot) zona *f*; **play ~** zona *f* de recreo; **reception ~** recepción *f*; **the library is a no-smoking ~** en la biblioteca no se puede fumar

C (expanse, patch): **the shaded ~ represents ...** el área sombreada representa ...; **~s of cloud across the South-West** nubosidad sobre el sudoeste; **there are few open ~s left in the city** quedan pocos espacios abiertos en la ciudad; **apply the ointment to the affected ~s** aplicar el ungüento a las partes afectadas; **the wreckage of the plane was scattered over a wide ~** los restos del avión siniestrado quedaron esparcidos sobre una extensa zona

D ▸ℹ **p.1757** (Math) superficie *f*, área *f*‡; (of room, land) superficie *f*; **12 square meters in ~** 12 metros cuadrados de superficie

E (field, sphere) terreno *m*; (of knowledge) campo *m*, terreno *m*; **~ of competence** área *or* terreno de competencia; **it's an ~ of difficulty/controversy** es un terreno difícil/polémico; **an ~ of concern** un tema que preocupa; **to identify problem ~s** identificar* problemas

F (Sport) (*penalty ~*) área *f*‡ (de castigo)

G (in front of basement) (AmE) patio *m*

area code *n* (AmE) código *m* de la zona (AmL), prefijo *m* (local) (Esp)

area manager *n* jefe, -fa *m,f* de área, jefe, -fa *m,f* de zona

area office *n* oficina *f* regional

area representative *n* representante *mf* regional

areaway /ˈeriəweɪ || ˈeəriəweɪ/ *n* (AmE) patio *m*

arena /əˈriːnə/ *n* [1] (of stadium) arena *f*, ruedo *m*; **sports ~** estadio *m* deportivo [2] (scene of activity) ruedo *m*; **the political ~** el ruedo político, la arena política; **a third candidate has entered the ~** un tercer candidato ha saltado a la palestra *or* al ruedo *or* ha entrado en liza

arena stage *n* teatro *m* circular *or* con escenario central

aren't /ɑːrnt || ɑːnt/ [1] **= are not** [2] (*with 1st person sing*) (esp BrE) **= am not**: **~ I clever?** ¡qué lista soy! ¿no?; **I'm right, ~ I?** tengo razón ¿no?

Argentina /ˌɑːrdʒənˈtiːnə || ˌɑːdʒənˈtiːnə/ *n* Argentina *f*

Argentine[1] /ˈɑːrdʒəntaɪn || ˈɑːdʒəntaɪn/ *adj* argentino

Argentine[2] *n* [1] (country) (dated): **the ~** (la) Argentina [2] (person) argentino, -na *m,f*

a

Argentinian[1] /ˌɑːrdʒən'tɪniən || ˌɑːdʒən'tɪniən/ *adj* argentino

Argentinian[2] *n* argentino, -na *m,f*

Argie /'ɑːrdʒi || 'ɑːdʒi/ *n* (esp BrE pej) argentino, -na *m,f*

argon /'ɑːrgɑːn || 'ɑːgɒn/ *n* [u] argón *m*

Argonaut /'ɑːrgənɔːt || 'ɑːgənɔːt/ *n* argonauta *m*

argot /'ɑːrgət || 'ɑːgəʊ/ *n* (liter) argot *m*

arguable /'ɑːrgjuəbəl || 'ɑːgjʊəbəl/ *adj* 1▸ (open to doubt) discutible; **it's ~ whether that would have made any difference** es discutible que eso hubiera cambiado las cosas 2▸ (reasonable, possible): **it is ~ that ...** podría decirse que ...; (in argument) podría argüirse *or* argumentarse que ...

arguably /'ɑːrgjuəbli || 'ɑːgjʊəbli/ *adv* (*indep*): **this is ~ his best novel** podría decirse que ésta es su mejor novela; **~, they would have done better to refuse** posiblemente hubiera sido mejor que se negaran

argue /'ɑːrgjuː || 'ɑːgjuː/ *vi*

A (disagree, quarrel) discutir; (more heatedly) pelear(se), reñir* (esp Esp); **they're always arguing** siempre están discutiendo (*or* peleándose *etc*); **don't ~ and do as I say!** ¡no (me) discutas y haz lo que te digo!; **to ~ ABOUT/OVER sth** discutir *or* pelear POR algo; **it's not worth arguing over a few cents** no vale la pena discutir por unos pocos centavos; **we always ~ about** *o* **over whose turn it is to cook dinner** siempre discutimos *or* peleamos sobre a quién le toca hacer la cena; **they're arguing over the bicycle again** se están peleando por la bicicleta otra vez; **to ~ WITH sb** discutir (*or* pelearse *etc*) CON algn; **I don't want to ~ with you** no quiero discutir con usted; **don't ~ with me!** ¡no me discutas!; **to ~ WITH sth** ‹*with decision/belief*› disputar algo; **you can't ~ with a loaded gun** cuando hay armas de por medio, no se discute; **$10,000 tax-free? you can't ~ with that!** ¿10.000 dólares libres de impuestos? ¡no es como para quejarse!

B (reason): **she ~s convincingly** sabe expresar su punto de vista de manera muy convincente; **to ~ FOR/AGAINST sth**: **she ~d for his reinstatement** abogó por que fuera restituido a su cargo; **the author ~s against changing the law** el autor da razones en contra de que se cambie la ley; **her experience ~s in her favor** su experiencia es un factor a su favor; **it ~s well for him that his colleagues were so loyal** la lealtad de sus colegas dice mucho de él *or* dice mucho en su favor

■ **argue** *vt*

A 1▸ (put forward) ‹*proposition/case*› exponer*, presentar; **a well ~d point** un argumento bien expuesto *or* presentado 2▸ (adduce) alegar*; (present as argument) argüir*, argumentar, sostener*; **the lawyer ~d provocation** el abogado alegó provocación; **supporters of the bill ~ that ...** los partidarios del proyecto arguyen *or* argumentan *or* sostienen que ... 3▸ (debate) ‹*issue*› discutir, debatir

B (indicate) (frml) apuntar hacia, sugerir*; **these figures ~ a worsening of the situation** estas cifras apuntan hacia *or* sugieren un empeoramiento de la situación

(Phrasal verb)

• **argue out** [v + o + adv, v + adv + o] discutir; **you'll have to ~ the details out with her** vas a tener que discutir los detalles con ella (hasta llegar a un acuerdo)

argument /'ɑːrgjəmənt || 'ɑːgjʊmənt/ *n*

A [c u] (quarrel, disagreement) discusión *f*; (more heated) pelea *f*, riña *f* (esp Esp); **to have an ~ with sb** tener* una discusión con algn, discutir con algn; (more heatedly) pelearse *or* (esp Esp) reñir* con algn; **I've only heard her side of the ~** sólo he oído su versión del asunto; **~ABOUT/OVER sth**: **they had an ~ about money** tuvieron una discusión por una cuestión de dinero; **there was some ~ over who should pay the bill** discutieron sobre a quién le correspondía pagar la cuenta

B [u c] (debate) polémica *f*; **~ABOUT/OVER sth** polémica SOBRE *or* ACERCA DE *or* EN TORNO A algo; **their conclusions are open to ~** sus conclusiones se prestan a discusión *or* son discutibles; **let's say, for the sake of ~, that ...** pongamos por caso que ..., digamos, por poner un ejemplo, que ...

C [c] 1▸ (case) razones *fpl*, argumentos *mpl*; **~FOR/AGAINST sth** razones *or* argumentos A FAVOR/EN CONTRA DE algo; **there is a good ~ for postponing the decision** existen sobradas razones *or* sobrados motivos para postergar la decisión 2▸ (line of reasoning) razonamiento *m*

argumentative /ˌɑːrgjə'mentətɪv || ˌɑːgjʊ'mentətɪv/ *adj* discutidor

argy-bargy /ˌɑːrdʒi'bɑːrdʒi || ˌɑːdʒi'bɑːdʒi/ *n* [u c] (*pl* **-gies**) (BrE colloq): **to have an ~ with sb** tener* una trifulca *or* pelotera con algn (fam); **I don't want any ~** no quiero discusiones

argyle /'ɑːrgaɪl || ɑː'gaɪl/ *adj* ‹*sweater*› con diseño de rombos

aria /'ɑːriə/ *n* aria *f*‡

Arian /'eriən || 'eəriən/ *n*

A (Phil, Rel) ariano, -na *m,f*

B (Astrol) ariano, -na *m,f*

arid /'ærəd || 'ærɪd/ *adj* 1▸ ‹*climate/region/soil*› árido 2▸ ‹*subject*› árido; ‹*life*› vacío, estéril

aridity /ə'rɪdəti/ *n* [u] 1▸ (Geog) aridez *f* 2▸ (tedium, sterility) aridez *f*

Aries /'eriːz || 'eəriːz/ *n* 1▸ (constellation) (*no art*) Aries 2▸ [c] (person) Aries *or* aries *mf*, ariano, -na *m,f*; *see also* **Aquarius**

aright /ə'raɪt/ *adv* bien; **if I understand you ~** si le entiendo bien

arise /ə'raɪz/ *vi* (*past* **arose** /ə'rəʊz/; *past p* **arisen** /ə'rɪzən/)

A (occur) «*difficulty/opportunity/problem*» surgir*, presentarse; **the occasion never arose** nunca surgió *or* se presentó la ocasión; **if the need ~s** si fuera necesario; **should the question ~** si se plantea la cuestión; **to ~ FROM** *o* **OUT OF sth** surgir* (a raíz) DE algo; **the disagreement arose from a misunderstanding** el desacuerdo surgió (a raíz) de un malentendido

B 1▸ (rise up) (liter) «*wind*» levantarse; «*storm*» desencadenarse, levantarse; «*cry*» alzarse* (liter) 2▸ (get up) (arch) levantarse

aristocracy /ˌærə'stɑːkrəsi || ˌærɪ'stɒkrəsi/ *n* (*pl* **-cies**) aristocracia *f*

aristocrat /ə'rɪstəkræt || 'ærɪstəkræt/ *n* aristócrata *mf*; **he is an ~ among cabinet-makers** es de los mejores ebanistas

aristocratic /əˌrɪstə'krætɪk || ˌærɪstə'krætɪk/ *adj* aristocrático

Aristophanes /ˌærəs'tɑːfəniːz || ˌærɪ'stɒfəniːz/ *n* Aristófanes

Aristotelian /ˌærəstə'tiːliən || ˌærɪstə'tiːliən/ *adj* aristotélico

Aristotle /'ærəstɑːtl || 'ærɪstɒtl/ *n* Aristóteles

arithmetic[1] /ə'rɪθmətɪk/ *n* [u] aritmética *f*; **his ~ is poor** está flojo en aritmética; **don't rely on my ~** no te fíes de mis cuentas *or* cálculos; **I did some quick ~** hice un cálculo rápido

arithmetic[2] /ˌærɪθ'metɪk/, **-ical** /-ɪkəl/ *adj* ‹*calculation/mean/progression*› aritmético; ‹*ability*› para los números *or* la aritmética

Ariz = Arizona

Ark[1] **= Arkansas**

Ark[2] /ɑːrk || ɑːk/ *n* arca *f*‡; **Noah's ~** el arca de Noé; ***out of the ~*** (colloq) antediluviano *or* antidiluviano (fam); **the ~ of the Covenant** el Arca de la Alianza

arm[1] /ɑːrm || ɑːm/ ▸ⓘ **p.965** *n*

A (Anat) brazo *m*; **to give/offer sb one's ~** darle*/ofrecerle* el brazo a algn; **to take sb's ~** tomar *or* (esp Esp) coger* a algn del *or* por el brazo; **they walked along ~ in ~** iban del brazo; **he walked in with his new bride on his ~** entró con su flamante esposa del brazo; **he had a newspaper under his ~** traía un periódico bajo el *or* debajo del brazo; **to put one's ~s around sb** abrazar* a algn; **to throw one's ~s around sb** echarle los brazos al cuello a algn; **she threw her ~s around his neck** le echó los brazos al cuello; **they walked with their ~s around each other** iban abrazados; **within ~'s reach** al alcance de la mano; **in the ~s of another man** en brazos de otro hombre; **he fell into her ~s** se echó en sus brazos; **they flew into each other's ~s** corrieron a abrazarse; **the measure threw his supporters into the ~s of the opposition** la medida hizo que los que lo apoyaban se volcaran a la oposición; ***as long as your*** *o* ***my ~*** (colloq) más largo que un día sin pan (fam), kilométrico (fam), largo como esperanza de pobre (RPl fam); ***the long ~ of the law*** el brazo de la ley; ***to chance one's ~*** probar* suerte; ***to cost an ~ and a leg*** (colloq) costar* un ojo de la cara *or* un riñón (fam); ***to keep sb at ~'s length*** guardar las distancias con algn; ***to put the ~ on sb*** (AmE colloq): **he put the ~ on me for more money** me presionó para que le diera más dinero; **my suppliers are putting the ~ on me** los proveedores me están apretando para que les pague; ***to twist sb's ~***: **you'll have to twist his ~ to get him to donate** vas a tener que presionarlo para que contribuya; **have another one — ok, if you twist my ~** (hum) anda, tómate otro — bueno, si te empeñas *or* ya que insistes; ***to welcome sb with open ~s*** recibir a algn con (los) brazos abiertos; ▸**tie**[2] **A2**

B 1▸ (of chair, crane) brazo *m* 2▸ (of garment) manga *f* 3▸ (of the sea) brazo *m*

C (of organization) sección *f*; (Pol) brazo *m*; **an ~ of government** un brazo del poder *or* del gobierno; **military/political ~** brazo *m* armado/político; **infantry/air ~** (Mil) arma *f*‡ de infantería/aviación

D **arms** *pl* 1▸ (weapons) armas *fpl*; **a call to ~s** un llamamiento a las armas; **to take up ~s (against sb/sth)** tomar las armas *or* alzarse* en armas *or* levantarse en armas (contra algn/algo); **to lay down one's ~s** deponer* las armas; **the number of men under ~s** el número de hombres en las fuerzas armadas; ***to be up in ~s (about*** *o* ***over sth)***: **the locals are up in ~s about the plan** los lugareños están furiosos con el plan; **if the law is passed, it will have the entire medical profession up in ~s** si se aprueba la ley, los médicos van a poner el grito en el cielo 2▸ (heraldry) armas *fpl*

arm[2] *vt* armar; **to ~ sb WITH sth** ‹*with weapons*› armar a algn DE *or* CON algo; ‹*with tools/information*› proveer* a algn DE algo; **to ~ oneself** armarse; **they ~ed themselves with clubs and knives** se armaron de *or* con porras y cuchillos; *see also* **armed**

■ **arm** *vi* «*nation*» armarse

armada /ɑːr'mɑːdə || ɑː'mɑːdə/ *n* armada *f*, flota *f*; **the (Spanish) A~** (Hist) la Armada Invencible

armadillo /ˌɑːrmə'dɪləʊ || ˌɑːmə'dɪləʊ/ *n* (*pl* **-los**) armadillo *m*, tatú *m* (Bol, Par, RPl), mulita *f* (RPl)

Armageddon /ˌɑːrmə'gedn || ˌɑːmə'gedn/ *n* 1▸ (battle) el Apocalipsis 2▸ (place) Harmagedón

armament /'ɑːrməmənt || 'ɑːməmənt/ *n* armamento *m*

armature /'ɑːrmətʃʊr || 'ɑːmətʃʊə(r)/ *n* 1▸ (Elec) armadura *f* 2▸ (for sculpture) armadura *f*, armazón *f or m*

armband /'ɑːrmbænd || 'ɑːmbænd/ *n* 1▸ (to denote rank, as sign of mourning etc) brazalete *m* 2▸ (for swimming) flotador *m* (*que se coloca en el brazo*), alita *f* (AmS)

arm candy *n* [u c] (*pl* **~ candies**) (colloq) hombre *m* trofeo (fam), mujer *f* trofeo (fam)

armchair /'ɑːrmtʃer || 'ɑːmtʃeə(r)/ *n* sillón *m*, butaca *f*; (*before n*) ‹*critic/revolutionary*› de salón, de café; ‹*traveler*› de sillón, de butaca

armed /ɑːrmd || ɑːmd/ *adj* ‹*resistance/struggle*› armado; **~ robbery** robo *m or* atraco *m* a mano armada; **~ and dangerous** (in US) armado y peligroso; **to be ~** estar* armado; **~ WITH sth** armado DE algo; **they returned, ~ with a hammer** volvieron provistos *or* armados de un martillo; **~ with these statistics, he demanded to see the director** con estas estadísticas en mano, exigió ver al director

-armed /ɑːrmd || ɑːmd/ *suff*: **long~/thin~** de brazos largos/delgados; **one~** manco

armed conflict *n* [c u] conflicto *m* armado, conflicto *m* bélico

armed forces *pl n*: **the ~ ~** las fuerzas armadas

armed guard *n* guardia *m* armado, guardia *f* armada

armed response *n* respuesta *f* armada

armed struggle *n* lucha *f* armada

Armenia /ɑːrˈmiːniə || ɑːˈmiːniə/ *n* Armenia *f*

Armenian[1] /ɑːrˈmiːniən || ɑːˈmiːniən/ *adj* armenio

Armenian[2] *n* [1] [c] (person) armenio, -nia *m,f* [2] [u] (language) armenio *m*

armful /ˈɑːrmfʊl || ˈɑːmfʊl/ *n*: **an ~ of firewood** una brazada de leña; **she went into the room with an ~ of clothes** entró en la habitación con un montón de ropa; **he was carrying in documents by the ~** traía montones de documentos

armhole /ˈɑːrmhəʊl || ˈɑːmhəʊl/ *n* sisa *f*

armistice /ˈɑːrməstəs || ˈɑːmɪstɪs/ *n* armisticio *m*; (*before n*): **A~ Day** el día del Armisticio (*día en que se conmemora el fin de la primera guerra mundial*)

Armistice Day
▸ **Poppy Day.**

armlock /ˈɑːrmlɑːk || ˈɑːmlɒk/ *n* (Sport) llave *f* (*de brazo*); **to get sb in an ~** hacerle* una llave a algn; **the policeman had him in an ~** el policía lo tenía inmovilizado con una llave

armor[1], (BrE) **armour** /ˈɑːrmər || ˈɑːmə(r)/ *n* [u] [1] (to protect body) armadura *f*, coraza *f*; **suit of ~** armadura *f*; **knights in ~** caballeros *mpl* con armaduras; **her opponents have found a chink in her ~** sus adversarios le han encontrado el punto flaco *or* débil [2] (metal plating) blindaje *m* [3] (armored units) unidades *fpl* blindadas

armor[2], (BrE) **armour** *vt* blindar

armored, (BrE) **armoured** /ˈɑːrmərd || ˈɑːməd/ *adj* ‹*vehicle*› blindado; ‹*regiment/division*› acorazado; **~ glass** vidrio *m or* (Esp) cristal *m* reforzado

armorer, (BrE) **armourer** /ˈɑːrmərər || ˈɑːmərə(r)/ *n* armero *m*

armorial /ɑːrˈmɔːriəl || ɑːˈmɔːriəl/ *adj* ‹*beast*› heráldico; **~ bearings** blasón *m*, escudo *m* de armas; **~ emblem** divisa *f*

armor-piercing, (BrE) **armour-piercing** /ˈɑːrmər,pɪrsɪŋ || ˈɑːmə,pɪəsɪŋ/ *adj* perforante

armor plate, (BrE) **armour** *n* [u] blindaje *m*

armor-plated, (BrE) **armour-plated** /ˌɑːrmərˈpleɪtəd || ˌɑːməˈpleɪtɪd/ *adj* blindado

armor plating, (BrE) **armour plating** *n* [u] blindaje *m*

armory, (BrE) **armoury** /ˈɑːrməri || ˈɑːməri/ *n* (*pl* **-ries**) [1] (stock of arms) arsenal *m*; **these techniques are a part of every salesman's ~** estas técnicas forman parte del bagaje de todo vendedor [2] (storehouse) arsenal *m* [3] (factory) (AmE) fábrica *f* de armas [4] (museum) armería *f* [5] (drill hall) (AmE) sala *f* de prácticas

armour *etc* (BrE) ▸ **armor**[1], **armor**[2]

armpit /ˈɑːrmpɪt || ˈɑːmpɪt/ *n*
[A] (Physiol) axila *f*, sobaco *m*
[B] (AmE colloq) (place) lugar *m* de mala muerte

armrest /ˈɑːrmrest || ˈɑːmrest/ *n* (of chair, sofa) brazo *m*; (of car, airplane seat) apoyabrazos *m*

arms control *n* control *m* de armamento; (*before n*): **arms-control talks/agreement** conversaciones *fpl* /acuerdo *m* sobre el control de armamentos

arms dealer *n* (legal) comerciante *mf* de armas; (illegal) traficante *mf* de armas

arms dump *n* arsenal *m*, depósito *m* de armas

arms embargo *n* embargo *m* de armas

arms factory *n* fábrica *f* de armas

arms limitation *n* [u] limitación *f* de armamentos; (*before n*) ‹*treaty/talks*› sobre limitación de armamentos

arms manufacturer *n* fabricante *mf* de armas

arms race *n* carrera *f* armamentista *or* armamentística *or* de armamentos

arms reduction *n* [u c] reducción *f* de armamentos; (*before n*) ‹*treaty/talks*› sobre reducción de armamentos

arms trade *n* [u] (legal) comercio *m* de armas; (illegal) tráfico *m* de armas

arms treaty *n* tratado *m* sobre armamentos

arm-twisting /ˈɑːrm,twɪstɪŋ || ˈɑːm,twɪstɪŋ/ *n* [u] (colloq) presión *f*; **after a bit of ~, I got him to agree** presionándolo un poco, logré convencerlo

arm-wrestle /ˈɑːrm,resəl || ˈɑːm,resəl/ *vi* echar un pulso, pulsear (CS), jugar* a las vencidas (Méx)

■ **arm-wrestle** *vt* echar un pulso con, pulsear con (CS), jugar* a las vencidas con (Méx)

arm wrestling *n* [u]: **he's very good at ~ ~** es muy bueno echando pulsos *or* (CS) pulseando *or* (Méx) jugando a las vencidas

army /ˈɑːrmi || ˈɑːmi/ *n* (*pl* **armies**) [1] (land force) ejército *m*; **the A~ and the Navy** el ejército (de tierra) y la marina *or* armada; **to be in the ~** ser* militar; **to join the ~** alistarse en el ejército; (*before n*) ‹*barracks/discipline*› militar; **he hated ~ life** odiaba la vida militar *or* de cuartel; **~ officer** militar *mf*, oficial *mf* del ejército (de tierra); **~ wife** esposa *f* de militar [2] (body of troops) ejército *m* [3] (large number) ejército *m*, legión *f*; **an ~ of advisers** un ejército *or* una legión de asesores

army corps *n* cuerpo *m* del ejército

army doctor *n* médico, -ca *m,f* del ejército, médico, -ca *m,f* militar

army issue *n* [u]: **he was dressed in regular ~ ~** vestía el uniforme reglamentario; (*before n*) ‹*boots/blanket*› del ejército

Army List *n* (in UK) lista *f* de oficiales del ejército

army surplus *n* [u] excedentes *mpl* del ejército, desechos *mpl* militares (CS); (*before n*): **~ ~ store** tienda *f* de excedentes del ejército, tienda *f* de desechos del ejército (CS)

aroha /ˈɑːrɒhə/ *n* [u] (NZ)
[A] (love, affection) amor *m*, cariño *m*
[B] (sympathy) comprensión *f*

aroma /əˈrəʊmə/ *n* aroma *m*

aromatherapist /ə,rəʊməˈθerəpəst || ə,rəʊməˈθerəpɪst/ *n* aromaterapeuta *mf*, aromaterapista *mf* (AmL)

aromatherapy /ə,rəʊməˈθerəpi/ *n* [c u] (*pl* **-pies**) aromaterapia *f*; (*before n*): **~ oil** aceite *m* aromaterapéutico

aromatic /ˌærəˈmætɪk/ *adj* [1] ‹*herb/sachet*› aromático [2] (Chem) aromático

arose /əˈrəʊz/ *past of* **arise**

around[1] /əˈraʊnd/ *adv*

> ⚠ *around* often appears as the second element of certain verb structures in English (*fool around, knock around, move around*, etc). For translations, see the relevant verb entry (*fool, knock, move*, etc).

[A] [1] (in a circle): **~ and ~ they drove** estuvieron dando vueltas y vueltas con el coche [2] (so as to face in different direction): **she glanced ~** echó un vistazo a su alrededor; *see also* **look around,** ▸ **turn around** *etc* [3] (on all sides): **all ~ are towering skyscrapers** todo alrededor hay rascacielos altísimos; **there's nothing for miles ~** no hay nada en millas a la redonda; **everyone crowded ~** todo el mundo se apiñó alrededor [4] (in circumference) de circunferencia; **it is 12m ~** tiene 12m de circunferencia

[B] [1] (in the vicinity): **is John ~?** ¿anda *or* está John por ahí?; **there's no one ~** aquí no hay nadie; **he's ~ somewhere, he's somewhere ~** anda por ahí; **I'm usually ~ after eight** suelo estar a partir de las ocho; **(I'll) see you ~!** (colloq) ¡nos vemos! [2] (in existence) (colloq): **computers weren't ~ in those days** en aquellos tiempos no había computadoras; **she's the only person ~ who really understands** es la única persona que entiende de verdad; **the idea had been ~ for quite a while** la idea no era nueva; **in 40 years none of us will be ~** dentro de 40 años vamos a estar todos bajo tierra; **it's the best one ~** es lo mejor que hay (en plaza)

[C] [1] (from one place, person to another): **the dog followed us ~** el perro nos seguía a todas partes; **she showed us ~** nos mostró *or* enseñó la casa (*or* la fábrica *etc*); **he knows his way ~** conoce la ciudad (*or* la zona *etc*); **she offered the chocolates ~** le ofreció bombones a todo el mundo; **there's a rumor going ~** corre un rumor; **I phoned ~** hice unas cuantas llamadas, llamé a varios sitios; **he's been ~** (colloq) tiene mucho mundo [2] (to and fro): **she was rolling ~ on the floor** se revolcaba por el suelo; **she was waving a knife ~** blandía un cuchillo; **he prefers to travel ~ on his own** prefiere viajar solo; **she rummaged ~ in her bag** revolvió en el bolso

[D] (at, to different place): **I'll be ~ at Angela's** estaré en casa de Angela; **she sent me ~ to the bank** me mandó al banco; **we had some friends ~ for a meal** invitamos a unos amigos a comer

[E] (approximately) más o menos, aproximadamente; **she's ~ my age** tiene más o menos mi edad; **he must be ~ 35** debe (de) tener unos 35, debe (de) andar por los 35; **at ~ five thirty** alrededor de *or* a eso de las cinco y media, sobre las cinco y media (Esp); **~ two million people** unos dos millones de personas; **she was born ~ 1660** nació alrededor de 1660; **~ the turn of the century** hacia finales de siglo; **they flower ~ mid-June** florecen hacia mediados de junio

around[2] *prep*

[A] (encircling) alrededor de; **they sat ~ the fire** estaban sentados alrededor del fuego; **he put his arm ~ her** la rodeó con el brazo; **they sailed ~ the world** dieron la vuelta al mundo en un velero; **she looked ~ her** miró a su alrededor; **the myths that have grown up ~ these events** los mitos que han surgido en torno a estos acontecimientos

[B] [1] (in the vicinity of) alrededor de; **places to visit ~ Madrid** lugares para visitar alrededor de Madrid; **do you live ~ here?** ¿vives por *or* cerca de aquí? [2] (within, through): **I had things to do ~ the house** tenía cosas que hacer en casa; **they traveled ~ Europe** viajaron por Europa; **she took them ~ the house** les mostró *or* enseñó la casa

arousal /əˈraʊzəl/ *n* [u] [1] (awakening) despertar *m* [2] (sexual) excitación *f* sexual

arouse /əˈraʊz/ *vt*
[A] (awaken) ‹*curiosity/interest*› despertar*, suscitar; ‹*suspicion*› despertar*, levantar, suscitar; **her appeal ~d no response from the public** su llamamiento no obtuvo ninguna respuesta por parte del público
[B] (sexually) excitar

arpeggio /ɑːrˈpedʒiəʊ || ɑːˈpedʒiəʊ/ *n* (*pl* **-gios**) arpegio *m*

arr [1] (Transp) = **arrives/arrival** [2] (Mus) (= **arranged by**) arr.

arraign /əˈreɪn/ *vt* [1] (Law) ‹*suspect*› hacer* comparecer ante un tribunal; **the suspect will be ~ed tomorrow** el sospechoso comparecerá ante el juez mañana [2] (accuse) (liter) acusar

arraignment /əˈreɪnmənt/ *n* (Law) comparecencia *f* ante el juez

arrange /əˈreɪndʒ/ *vt*

[A] [1] (put in certain order, position) ‹*furniture*› arreglar, disponer*; ‹*flowers*› arreglar; **the chairs were ~d in a circle** las sillas estaban colocadas en círculo; **I ~d the cards in alphabetical order** coloqué *or* puse las fichas en orden alfabético, ordené las fichas alfabéticamente; **the food was attractively ~d** la comida estaba muy bien presentada; **she ~d her hair in a bun** se recogió el pelo en un moño [2] (put in order) arreglar, ordenar; **to ~ one's hair/clothes** arreglarse el pelo/la ropa; **I needed time to ~ my thoughts** necesitaba tiempo para poner mis ideas en orden

[B] (fix up in advance) ‹*meeting/party/interview*› organizar*; ‹*date/fee*› fijar; ‹*deal/appointment*› concertar*; ‹*loan*› tramitar; **I've ~d an appointment**

for Tuesday he concertado cita para el martes; **we'll ~ your accommodation** nos encargaremos de conseguirle alojamiento; **we ~d between us who would do what** acordamos *or* arreglamos entre los dos quién se encargaría de cada cosa; **can I leave you to ~ the details?** ¿te podrías encargar tú de los detalles?; **he ~d the details with the manager** concertó los detalles con el gerente; **it was ~d that we would meet after work** quedamos en que nos encontraríamos al salir del trabajo; **she had ~d to meet them for lunch** había quedado en encontrarse con ellos para comer, había quedado con ellos para comer (Esp)

C (Mus) arreglar

■ **arrange** *vi* **to ~ FOR sth**: **you can ~ for a telephone in your room** puede pedir que le instalen un teléfono en su habitación; **to ~ FOR sb/sth to + INF**: **I ~d for a taxi to pick them up** pedí un taxi para que los recogiera; **could you ~ for the carpets to be cleaned?** ¿podría encargarse de que alguien venga a limpiar las alfombras?; **we've ~d for you to see the specialist** le hemos pedido una hora *or* (AmL) una cita con el especialista

arranged marriage *n: boda concertada por las familias de los contrayentes*

arrangement /ə'reɪndʒmənt/ *n*

A [c u] (of furniture) disposición *f*; **a flower ~** un arreglo floral

B **1** [c] (agreement): **what's the ~ for tomorrow?** ¿cómo hemos/se ha quedado para mañana?, ¿cuál es el plan para mañana?; **it seemed the most sensible ~** parecía el mejor arreglo *or* la mejor solución; **the ~ is that she'll pick us up at seven** hemos/he quedado en que nos pasará a recoger a las siete; **we made an ~ to meet the next day** quedamos en encontrarnos al día siguiente; **I have an ~ with the bank** tengo un acuerdo *or* arreglo con el banco; **he came to an ~ with his creditors** llegó a un acuerdo con sus acreedores; **group visits by ~** se ruega concertar de antemano las visitas en grupo; Ⓢ **salary by arrangement** (BrE) sueldo a convenir **2** [u] (fixing, agreeing): **he helped us with the ~ of accommodation** nos ayudó a conseguir alojamiento

C **arrangements** *pl* (plans) planes *mpl*; **the weather spoiled our ~s** el tiempo nos estropeó los planes; **tell me how many are coming and I'll look after all the ~s** dime cuántos vienen y yo me encargaré de todo *or* haré todos los preparativos; **what are the travel/sleeping ~s?** ¿cómo vamos (*or* van *etc*) a viajar/dormir?; **I had to see to the seating ~s** tuve que encargarme de disponer cómo se iban a sentar; **~s for the transfer of funds should be made two weeks in advance** la transferencia de fondos debe solicitarse con dos semanas de anticipación; **he made the ~s for the funeral himself** él mismo se encargó de los preparativos para el funeral; **she made ~s for her mail to be sent on** dispuso que le reexpidieran la correspondencia; **I can't come, I've already made other ~s** no puedo venir, ya tengo otro compromiso

D [c] (Mus) arreglo *m*

arranger /ə'reɪndʒər || ə'reɪndʒə(r)/ *n* (Mus) arreglista *mf*

arrant /'ærənt/ *adj* (frml) (*before n, no comp*) ‹*fool/liar*› redomado; **~ cowardice** pura cobardía; **this article is ~ nonsense** este artículo es la sandez más absoluta

array¹ /ə'reɪ/ *n* **1** [c] (range, display) selección *f*, despliegue *m*; **a wonderful ~ of exotic dishes** una selección de platos exóticos que era una fiesta para los ojos; **a whole ~ of tricky issues** toda una serie de problemas peliagudos **2** [c] (Comput, Math) matriz *f* **3** [c] (Mil) formación *f*; **in battle ~** en orden de batalla **4** [u] (attire) (liter): **in their full ~** en traje de gala *or* ceremonia

array² *vt* (liter) **1** (spread out) exponer*, exhibir, presentar; ‹*troops*› formar **2** (attire) **to be ~ed IN sth** ir* ataviado *or* engalanado CON algo

arrears /ə'rɪrz || ə'rɪəz/ *pl n* atrasos *mpl*; **to be in ~ with the rent** estar* atrasado en el pago del alquiler; **I'm £300 in ~ with my rent** debo 300 libras de alquiler; **you are now two months in ~ on your payments** lleva dos meses de atraso *or* de retraso en los pagos; **salaries are paid monthly in ~** los sueldos se pagan mensualmente, una vez cumplido cada mes de trabajo; **to fall** *o* **get into ~ with** *o* **on sth** atrasarse *or* retrasarse en los pagos de algo

arrest¹ /ə'rest/ *n* detención *f*, arresto *m*; **to make an ~** hacer* una detención *or* un arresto; **to be under ~** estar* detenido *or* arrestado; **he's under ~ on a robbery charge** ha sido detenido *or* arrestado acusado de robo; **you're under ~** queda detenido *or* arrestado; **to put** *o* **place sb under ~** detener* *or* arrestar a algn; **to resist ~** resistirse a la autoridad

arrest² *vt*

A (detain) detener*, arrestar; **the ~ing officer** el oficial de policía que hace (*or* hizo *etc*) la detención *or* el arresto

B **1** ‹*progress/growth*› (hinder) dificultar, poner* freno a; (halt) detener*; ‹*decline*› atajar; **~ed development** desarrollo *m* atrofiado, atrofia *f* **2** (hold, detain) (liter) atraer*; **to ~ sb's attention** atraer* la atención de algn

arrestable /ə'restəbəl/ *adj* por el que procede la detención, detenible (AmL)

arrester /ə'restər || ə'restə(r)/ *n*

A (person) persona que lleva a cabo un arresto

B (*before n*) (Aviat): **~ hook** gancho *m* de frenado para apontaje; **~ wire** cable *m* de frenado

C (hardware protector) descargador *m* de sobretensión

arresting /ə'restɪŋ/ *adj* ‹*beauty/smile*› deslumbrante; ‹*image/thought*› fascinante

arrest warrant *n* orden *f* de detención

arrhythmia /ə'rɪðmɪə/ *n* [u] arritmia *f*

arrhythmic /ə'rɪðmɪk/ *adj* arrítmico

arrival /ə'raɪvəl/ *n*

A [u c] (coming) llegada *f*, arribo *m* (esp AmL frml); **our ~ at the airport** nuestra llegada al aeropuerto; **the ~ in Washington of the delegation** la llegada *or* (esp AmL frml) el arribo de la delegación a Washington; **we expect his ~ any moment** estamos esperando su llegada de un momento a otro; **the ~ of spring** la llegada de la primavera; **time of ~** hora *f* de llegada; **on ~** al llegar, a su (*or* mi *etc*) llegada

B [c] (person or thing): **the latest ~s in our fashion department** las últimas novedades en nuestra sección de modas; **congratulations on your new ~** felicitaciones por el nacimiento *or* la llegada de vuestro hijo; **a new ~ on the London stage** una nueva figura del teatro londinense; **late ~s will not be admitted** (in theater) no se permitirá el acceso a la sala una vez iniciado el espectáculo

arrival lounge *n* (terminal *f* de) llegadas *fpl*, (terminal *m* de) llegadas *fpl* (Chi, Per)

arrivals board *n* panel *m* de llegadas, tablero *m* de llegadas

arrival time *n* hora *f* de llegada

arrive /ə'raɪv/ *vi*

A (come) «*person/train/letter/news*» llegar*; «*baby*» nacer*, llegar*; **they've ~d!** ¡han llegado!, ¡ya están aquí!; **summer/the moment has ~d** ha llegado el verano/la hora; **spring ~d early** la primavera se adelantó; **they've just ~d from abroad/Spain** acaban de llegar *or* volver del extranjero/de España; **flight 1702 arriving from Athens** el vuelo 1702 procedente de Atenas; **to ~ home** llegar* a casa; **to ~ AT/IN** llegar* A; **to ~ at the airport/office** llegar* al aeropuerto/a la oficina; **she ~d at her mother's house** llegó a casa de su madre; **to ~ at a conclusion/decision** llegar* a una conclusión/decisión; **how did you ~ at that figure?** ¿cómo llegaste a *or* cómo obtuviste ese resultado?; **to ~ in Madrid/Spain** llegar* a Madrid/España; **the first cherries have ~d in the shops** las primeras cerezas ya están en las tiendas; **to ~ ON**: **the band ~d on stage** el grupo apareció en el escenario; **when they ~d on the scene** cuando aparecieron, cuando llegaron

B (colloq) (achieve success — socially) llegar* a ser alguien; «*actor/singer*» alcanzar* el éxito, triunfar; **she had ~d at the age of 30** ya había triunfado a los 30 años

arriviste /,æriː'viːst/ *n* (frml) arribista *mf*

arrogance /'ærəgəns/ *n* [u] arrogancia *f*

arrogant /'ærəgənt/ *adj* arrogante

arrogantly /'ærəgəntli/ *adv* con arrogancia, arrogantemente

arrogate /'ærəgeɪt/ *vt* (frml) **to ~ sth TO oneself** arrogarse* algo (frml)

arrow¹ /'ærəʊ/ *n* **1** flecha *f* **2** **arrows** *pl* (darts) (BrE colloq) dardos *mpl*

arrow² *vt* ‹*direction/location*› señalar con una flecha

arrowhead /'ærəʊhed/ *n* punta *f* de flecha

arrowroot /'ærəʊruːt/ *n* [u] arrurruz *m*, maranta *f*

arrow slit *n* ventanuco *m* estrecho (*en construcción medieval*)

arse /ɑːrs || ɑːs/ *n* (BrE vulg) **1** (part of body) culo *m* (fam: en algunas regiones vulg); **don't just sit on your ~!** no te quedes ahí tocándote las narices *or* rascándote (fam); **he needs a kick up the ~** necesita que le den una buena patada en el culo (fam *o* vulg); **better than a kick up the ~** menos da una piedra (fam); ***he can shove*** *o* ***stick it up his ~*** que se lo meta en el culo (vulg); ***he can't tell his ~ from his elbow*** no tiene ni puta idea (vulg); ***to kiss/lick sb's ~*** lamerle el culo a algn (vulg); *see also* **ass B** **2** (idiot) imbecil *m,f*, tonto, -ta *m,f* del culo (Esp fam); **you silly ~!** ¡tonto del culo! (fam), ¡pendejo! (AmL exc CS fam)

Phrasal verb

• **arse about, arse around** [v + adv] (BrE) (vulg) gansear (fam), hacer* el idiota (fam), estar* de joda (RPl vulg), mamar gallo (Col fam)

arsehole /'ɑːrshəʊl || 'ɑːshəʊl/ *n* (BrE) ▸**asshole**

arselicker /'ɑːrs,lɪkər || 'ɑːs,lɪkə(r)/ *n* (BrE vulg) ▸**ass-kisser**

arsenal /'ɑːrsnəl || 'ɑːsənl/ *n* **1** (collection, store) arsenal *m* **2** (factory) fábrica *f* de armamento

arsenic /'ɑːrsnɪk || 'ɑːsənɪk/ *n* [u] arsénico *m*

arson /'ɑːrsn || 'ɑːsn/ *n* [u] incendiarismo *m*; **it was ~** el incendio fue provocado

arsonist /'ɑːrsnəst || 'ɑːsənɪst/ *n* incendiario, -ria *m,f*, pirómano, -na *m,f*

art¹ /ɑːrt || ɑːt/ *n*

A **1** [u] (object of aesthetics) arte *m* ([*gen m in the singular and f in the plural*]); **~ for ~'s sake** el arte por el arte; **she's studying ~** estudia Bellas Artes; **Renaissance/18th century ~** el arte renacentista/del siglo XVIII; (*before n*) ‹*class*› de arte; (in school) de dibujo; ‹*cinema/film*› de arte (y ensayo); **~ dealer** marchante *mf* (de arte); **~ exhibition** exposición *f* de obras de arte; **~ gallery** (museum) museo *m* de arte; (shop) galería *f* de arte; **~ history** historia *f* del arte; **~ paper** (BrE) papel *m* cuché; **~ school** *o* **college** escuela *f* de Bellas Artes; (for minor arts) escuela *f* de Artes y Oficios **2** [u c] (artwork) trabajos *mpl* artísticos; **an ~s and crafts fair** una feria de artesanía

B **arts** *pl* **1** **the ~s** la cultura y las artes; (*before n*): **~s page** sección *f* cultural, página *f* de cultura **2** (BrE) (Educ) letras *fpl*; (*before n*): **A~s student** estudiante *mf* de letras

C (*no pl*) (skill, craft) arte *m*; **the ~ of the potter** el arte del ceramista; **a dying/lost ~** un arte que se está perdiendo/que ya se ha perdido; **the ~ of persuasion/conversation** el arte de la persuasión/conversación; **I never mastered the ~ of hanging wallpaper** nunca llegué a dominar el arte del empapelado

art² (arch) eres; **thou ~** (tú) eres

art collection *n* colección *f* de arte

art deco, Art Deco /,ɑːrt'dekəʊ || ,ɑːt 'dekəʊ/ *n* [u] Art *m* Decó

artefact /'ɑːrtɪfækt || 'ɑːtɪfækt/ *n* (BrE) artefacto *m*

Artemis /'ɑːrtəməs || 'ɑːtɪmɪs/ *n* Artemisa

arterial /ɑːr'tɪriəl || ɑː'tɪəriəl/ *adj* (*usu before n*) **1** ‹*wall/blood*› arterial **2** ‹*river/highway/route*› importante

arteriosclerosis /ɑːrˌtɪriəʊsklə'rəʊsəs || ɑːˌtɪəriəʊsklə'rəʊsɪs/ *n* [u] arterio(e)sclerosis *f*

arteriosclerotic /ɑːrˌtɪriəʊsklə'rɑːtɪk || ɑːˌtɪəriəʊsklə'rɒtɪk/ *adj* arterio(e)sclerótico, arterio(e)scleròsico

artery /'ɑːrtəri || 'ɑːtəri/ *n* (*pl* **-ries**) 1▸ (Anat) arteria *f* 2▸ (Transp) carretera *f* importante

artesian well /ɑːr'tiːʒən || ɑː'tiːziən/ *n* pozo *m* artesiano

art form *n* forma *f* de expresión artística

artful /'ɑːrtfəl || 'ɑːtfəl/ *adj* ‹*scheme*› ingenioso; ‹*person*› astuto, taimado, artero

artfully /'ɑːrtfəli || 'ɑːtfəli/ *adv* (cleverly) ingeniosamente; (astutely) astutamente

art house *n* sala *f* de cine de arte y ensayo; (*before n*) ‹*movie*› de arte y ensayo

arthritic /ɑːr'θrɪtɪk || ɑː'θrɪtɪk/ *adj* artrítico

arthritis /ɑːr'θraɪtəs || ɑː'θraɪtɪs/ *n* [u] artritis *f*; **rheumatoid ~** artrosis *f*

arthropod /'ɑːrθrəpɑːd || 'ɑːθrəpɒd/ *n* artrópodo *m*

Arthur /'ɑːrθər || 'ɑːθə(r)/ *n*: **(King) ~** (el rey) Arturo

Arthurian /ɑːr'θʊriən || ɑː'θjʊriən/ *adj* ‹*legend/tales*› del rey Arturo; ‹*cycle*› artúrico, bretón

artichoke /'ɑːrtətʃəʊk || 'ɑːtɪtʃəʊk/ *n* (*globe* ~) 1▸ alcachofa *f*, alcaucil *m* (RPl); (*before n*): **~ hearts** corazones *mpl* de alcachofa *or* (RPl) de alcaucil 2▸ (*Jerusalem* ~) aguaturma *f*, pataca *f*

article¹ /'ɑːrtɪkəl || 'ɑːtɪkəl/ *n*
A (thing, item) artículo *m*, objeto *m*; **an ~ of clothing** una prenda (de vestir); **luxury ~s** artículos de lujo; **this is malt whisky, the genuine ~** esto es auténtico whisky de malta
B (in newspaper, encyclopedia) **~ (ON *o* ABOUT sth/sb)** artículo *m* (SOBRE algo/algn)
C (clause) artículo *m*; **the A~s of the Constitution** (AmE) los Artículos de la Constitución; **~s of association** (BrE) estatutos *mpl* sociales; **~ of faith** artículo de fe; **The Thirty-Nine A~s** *los 39 artículos de fe de la Iglesia Anglicana*
D ▸ⓘ **p.871** ▸ⓘ **p.1785** (Ling) artículo *m*; **definite/indefinite ~** artículo determinado/indeterminado
E **articles** *pl* (apprenticeship) (*no art*) aprendizaje *m*; **to be in *o* under ~s with sb** hacer* el aprendizaje con algn

article² *vt* (*usu pass*) **to be ~d TO *o* WITH sb** «*apprentice*» estar* haciendo el aprendizaje CON algn; «*trainee lawyer*» (BrE) estar* haciendo la práctica CON algn

articled clerk /ɑːr'tɪkəld || ɑː'tɪkəld/ *n* (in UK) asistente *mf* de abogado, pasante *mf* (de abogado), procurador, -dora *m,f* (de abogado) (CS)

articulacy /ɑːr'tɪkjələsi || ɑː'tɪkjʊləsi/ *n* [u] ▸**articulateness**

articulate¹ /ɑːr'tɪkjəleɪt || ɑː'tɪkjʊleɪt/ *vt*
A 1▸ (express) ‹*idea/feeling*› expresar; ‹*policy/project*› articular; **her book ~s the aspirations of modern women** en su libro encuentran expresión las aspiraciones de la mujer moderna 2▸ ‹*word/sound*› articular; ‹*musical phrase*› ejecutar
B (connect by joint) articular
■ **articulate** *vi* articular

articulate² /ɑːr'tɪkjələt || ɑː'tɪkjʊlət/ *adj* ‹*sound/utterance*› articulado; **he was barely ~** apenas podía articular palabra; **he's very ~** se expresa muy bien, sabe expresar sus ideas

articulated bus /ɑːr'tɪkjəleɪtəd || ɑː'tɪkjʊleɪtɪd/ *n* (*pl* **buses** *or* AmE also **busses**) (Transp) autobús *m* articulado

articulated lorry /ɑːr'tɪkjəleɪtəd || ɑː'tɪkjʊleɪtɪd/ *n* (BrE) camión *m* articulado, trailer *m* (Méx)

articulately /ɑːr'tɪkjələtli || ɑː'tɪkjʊlətli/ *adv* ‹*speak*› elocuentemente, con elocuencia *or* fluidez; ‹*pronounce/utter*› articulando bien las palabras

articulateness /ɑːr'tɪkjələtnəs || ɑː'tɪkjʊlətnɪs/ *n* [u] elocuencia *f*, fluidez *f* verbal

articulation /ɑːrˌtɪkjə'leɪʃən || ɑːˌtɪkjʊ'leɪʃən/ *n* 1▸ [u] (of sound) articulación *f*; (of idea, feeling) expresión *f*; (of policy) articulación *f*; **I admire his ~ of these complex ideas** admiro la facilidad con la que expresa ideas tan complejas 2▸ [u c] (Anat, Mech Eng) articulación *f*

articulatory /ɑːr'tɪkjələˌtɔːri || ɑːˌtɪkjʊ'leɪtəri/ *adj* (Ling) articulatorio

artifact /'ɑːrtɪfækt || 'ɑːtɪfækt/ (BrE) **artefact** *n* artefacto *m*

artifice /'ɑːrtəfəs || 'ɑːtɪfɪs/ *n* [u c] artificio *m*

artificial /ˌɑːrtə'fɪʃəl || ˌɑːtɪ'fɪʃəl/ *adj* 1▸ ‹*cream/flowers/silk*› artificial; ‹*leather*› sintético; **~ insemination** inseminación *f* artificial; **~ intelligence** inteligencia *f* artificial; **~ kidney** riñón *m* artificial; **~ leg** pierna *f* ortopédica 2▸ (contrived) ‹*situation*› artificial; ‹*distinction/objection*› rebuscado 3▸ (insincere, unnatural) ‹*smile*› afectado, forzado; ‹*person*› falso, afectado; ‹*manner*› afectado, poco natural

artificial aid *n* elemento *m* de ayuda

artificial horizon *n* horizonte *m* artificial

artificiality /ˌɑːrtəˌfɪʃi'æləti || ˌɑːtɪfɪʃi'æləti/ *n* [u] 1▸ (of object) artificialidad *f* 2▸ (of distinction) rebuscamiento *m* 3▸ (of manner) afectación *f*

artificially /ˌɑːrtə'fɪʃəli || ˌɑːtɪ'fɪʃəli/ *adv* 1▸ ‹*produce/prolong/stimulate*› artificialmente 2▸ (in a contrived way) rebuscadamente 3▸ ‹*smile/laugh*› con afectación

artificial respiration *n* [u] respiración *f* artificial

artificial sweetener *n* edulcorante *m* artificial

artillery /ɑːr'tɪləri || ɑː'tɪləri/ *n* [u] 1▸ (weapons) artillería *f*; **heavy ~** artillería pesada 2▸ (branch of army) (+ *sing o pl vb*): **the ~** la artillería

artilleryman /ɑːr'tɪlərimən || ɑː'tɪlərimən/ *n* (*pl* **-men** /mən/) artillero *m*

artisan /'ɑːrtəzən || ˌɑːtɪ'zæn, 'ɑːtɪzæn/ *n* artesano, -na *m,f*

artist /'ɑːrtəst || 'ɑːtɪst/ *n* 1▸ (writer, musician, painter, sculptor) artista *mf*; **landscape ~** paisajista *mf*; **portrait ~** retratista *mf*; **sidewalk** *o* (BrE) **pavement ~** pintor callejero, pintora callejera *m,f* 2▸ (performer) (Mus) intérprete *mf*; (Theat) actor, -triz *m,f*, artista *mf*; **vaudeville** *o* (BrE) **variety ~** artista de variedades *or* revista 3▸ (expert) (colloq): **con ~** farsante *mf*, estafador, -dora *m,f*

artiste /ɑːr'tiːst || ɑː'tiːst/ *n* (esp BrE) artista *mf*

artistic /ɑːr'tɪstɪk || ɑː'tɪstɪk/ *adj* ‹*design/decoration/merit*› artístico; **the ~ temperament** el temperamento artístico; **he was ~, like his grandfather** tenía dotes artísticas, como su abuelo; **~ director** director artístico, directora artística *m,f*

artistically /ɑːr'tɪstɪkli || ɑː'tɪstɪkli/ *adv* 1▸ ‹*display/decorate*› artísticamente; **he arranged the flowers very ~** arregló las flores con mucho arte; **she's ~ gifted** tiene dotes artísticas 2▸ (*indep*) artísticamente, desde el punto de vista artístico

artistry /'ɑːrtəstri || 'ɑːtɪstri/ *n* [u] arte *m*; **the dancers displayed great ~** los bailarines hicieron gala de una gran maestría en su arte

artless /'ɑːrtləs || 'ɑːtlɪs/ *adj* 1▸ (innocent, natural) ingenuo, sin malicia 2▸ (crude) (liter) tosco

artlessly /'ɑːrtləsli || 'ɑːtlɪsli/ *adv* 1▸ (innocently) ingenuamente 2▸ (crudely) (liter) toscamente

artlessness /'ɑːrtləsnəs || 'ɑːtlɪsnɪs/ *n* [u] 1▸ (innocence) ingenuidad *f* 2▸ (crudity) (liter) tosquedad *f*

art lover *n* aficionado, -da *m,f* al arte, amante *mf* del arte

art nouveau, Art Nouveau /ˌɑːrnuː'vəʊ || ˌɑːnuː'vəʊ/ *n* [u] Art *m* Nouveau

art room *n* (Educ) aula *f*‡ de arte

Arts Council *n* (in UK) *institución pública dedicada al fomento de la cultura y las artes*

Arts degree *n* licenciatura *f* en letras

arts funding *n* [u] financiación *f* de la cultura y las artes

art student *n* estudiante *mf* de Bellas Artes

artsy /'ɑːrtsi || 'ɑːtsi/ *adj* **-sier, -siest** (BrE) **arty** (colloq) con veleidades de artístico; **she's terribly ~** se las da de artista bohemia; **the party was full of ~ types** la fiesta estaba llena de tipos bohemios (fam)

artsy-craftsy /ˌɑːrtsi'kræftsi || ˌɑːtsi'krɑːftsi/ (BrE) **arty-crafty** *adj* (colloq) ‹*shop*› de artesanías; ‹*person*› con interés en *or* con gusto por lo artesanal

artsy-fartsy /ˌɑːrtsi'fɑːrtsi || ˌɑːtsi'fɑːtsi/ (BrE) **arty-farty** *adj* (colloq & hum) ▸**artsy**

artwork /'ɑːrtwɜːrk || 'ɑːtwɜːk/ *n* 1▸ [u] (illustrations) ilustraciones *fpl*, material *m* gráfico 2▸ [c] (work of art) obra *f* de arte

arty /'ɑːrti || 'ɑːti/ *adj* **artier, artiest** (BrE) ▸**artsy**

arty-crafty /ˌɑːrti'kræfti || ˌɑːti'krɑːfti/ *adj* (BrE) ▸**artsy-craftsy**

arty-farty /ˌɑːrti'fɑːrti || ˌɑːti'fɑːti/ *adj* (BrE) ▸**artsy**

arum lily /'ærəm, 'erəm || 'eərəm/ *n* *pl* **(~ lilies)** cala *f*

Aryan¹ /'eriən || 'eəriən/ *adj* ario

Aryan² *n* ario, aria *m,f*

as¹ /æz *weak form* /əz/ *conj*
A 1▸ (when, while) cuando; **I saw the car ~ it turned the corner** vi el coche cuando daba vuelta (a) la esquina; **~ she was eating breakfast, the telephone rang** cuando *or* mientras tomaba el desayuno, sonó el teléfono; **~ you go toward the bank, it's the first house on the left** yendo hacia el banco, es la primera casa a mano izquierda; **~ I sit here, I wonder what went wrong** sentado aquí, me pregunto qué fue lo que pasó 2▸ (indicating progression) a medida que; **we buy the materials ~ (and when) we need them** compramos los materiales a medida que *or* según los vamos necesitando; **he mellowed ~ he grew older** se fue ablandando con los años
B (because, since) como; **~ it was getting late, we decided to leave** como se hacía tarde, decidimos irnos
C (though): **try ~ he might, he could not open it** por más que trató, no pudo abrirlo; **(~) tall ~ she is, she still had to stand on a chair to reach it** alta como es, se tuvo que subir a una silla para alcanzarlo; **(~) strange ~ it may seem** por extraño que parezca, aunque parezca extraño; **much ~ I agree with you, I cannot allow it** aun estando de acuerdo contigo como estoy, no lo puedo permitir
D 1▸ (expressing comparison, contrast) igual que, como; **he writes with his left hand, ~ I do** escribe con la mano izquierda, como yo *or* igual que yo; **she sang wonderfully, ~ only she can** cantó maravillosamente, como sólo ella sabe hacerlo; **in the 1980s, ~ in the 30s** en la década de los 80, al igual que en la de los 30 2▸ (in generalizations) como; **~ is often the case** como suele suceder; **it's quite reasonable, ~ restaurants go** para como están los restaurantes, es bastante razonable 3▸ (in accordance with) como; **~ I was saying** como iba diciendo; **the situation, ~ we understand it, is …** la situación, tal como nosotros la entendemos, es …; **~ you'll agree, the system is inefficient** estarás de acuerdo conmigo en que el sistema es ineficiente
E 1▸ (in the way that) como; **I love her ~ I would my own daughter** la quiero como a una hija; **A is to B ~ X is to Y** A es a B como X es a Y; **do ~ you wish** haz lo que quieras *or* lo que te parezca *or* (fam) lo que te dé la gana; **do ~ I say** haz lo que te digo; **she sang ~ never before** cantó como nunca; **she arrived the next day, ~ planned/expected** llegó al día siguiente como se había planeado/como se esperaba; **they proceeded ~ instructed** procedieron de acuerdo a las instrucciones recibidas; **use form A or B ~ appropriate** use el formulario A o B, según corresponda; **~ things stand** tal (y) como están las cosas; **knowing him ~ I do** conociéndolo como lo conozco 2▸ (defining): **it would be the end of civilization ~ we know it** significaría el fin de la civilización tal y como la conocemos; **I'm only interested in the changes ~ they affect me** sólo me interesan los cambios en la medida en que me afectan a mí; **Sri Lanka, or Ceylon, ~ it used**

a

to be known Sri Lanka, o Ceilán, como se llamaba antes; **Paris ∼ seen by tourists is a very different city** el París que ven los turistas es una ciudad muy distinta; **their position, ∼ opposed to ours** su postura, en contraste con la nuestra **3** (*in phrases*): **as it is**: **we can't publish it ∼ it is** no podemos publicarlo tal y como está, no podemos publicarlo así como está; **the system, ∼ it is at present** el sistema, tal y como es ahora; **we've got too much work ∼ it is** ya tenemos demasiado trabajo; **as it were** por así decirlo; **as was**: **our new president, our secretary ∼ was** el nuevo presidente, ex secretario de nuestra organización; **Sri Lanka or Ceylon ∼ was** Sri Lanka o la antigua Ceilán

F (in comparisons of equal degree): **as … as** tan … como; **I am ∼ tall ∼ you (are)** soy tan alta como tú; **I left ∼ soon ∼ I could manage** me fui en cuanto pude; **there weren't ∼ many people ∼ (there were) last time** no había tanta gente como la última vez; **I bought ∼ much ∼ I usually do** compré tanto como de costumbre; **she's not ∼ efficient ∼ she claims to be** no es tan eficiente como pretende; **∼ many people ∼ ask will be helped** se ayudará a cuantas personas lo soliciten; **I'm ∼ much a patriot ∼ any of you** soy tan patriota como cualquiera de ustedes; **she ran ∼ fast ∼ she could** corrió tan rápido como pudo *or* lo más deprisa que pudo; **tighten it up ∼ much ∼ you can** apriétalo lo más que puedas; **the sky was ∼ blue ∼ blue could be** el cielo estaba azul, azul; **I'll be ∼ quiet ∼ possible** estaré lo más callado posible

G **as if/as though** como si (+ *subj*); **he acts ∼ if** *o* **∼ though he didn't care** se comporta como si no le importara; **she made ∼ if to open the door** hizo como si fuera a abrir la puerta; **∼ if I'm to blame!** ¡como si yo tuviera la culpa!; **he looks ∼ if** *o* **∼ though he's had enough** tiene cara de estar harto

as² *adv*

A (equally): **it's not ∼ cold today** hoy no hace tanto frío; **I can't run ∼ quickly now** no puedo correr tan rápido ahora; **I have lots of stamps, but he has just ∼ many/twice ∼ many** yo tengo muchos sellos, pero él tiene tantos como yo/el doble (que yo); **I eat a lot, but he eats just ∼ much** yo como mucho, pero él come tanto como yo; **I was disgusted and said ∼ much** estaba asqueado y lo dije; **she's very considerate and I wish I could say ∼ much for you** es muy considerada y me gustaría poder decir lo mismo de ti

B **as … as**: **these animals grow to ∼ much ∼ 12ft long** estos animales llegan a medir 12 pies de largo; **this was still happening ∼ recently ∼ 1976** esto seguía sucediendo aún en 1976; **∼ long ago ∼ 1960** ya en 1960; **∼ many ∼ 400 people may come** pueden venir hasta 400 personas; **without ∼ much ∼ a smile** sin (ni) siquiera una sonrisa

C (for example) (frml) como; **there are some moving moments, ∼ when …** hay momentos conmovedores, como cuando …

as³ *prep*

A **1** (in the condition, role of): **∼ a child she adored dancing** de pequeña *or* cuando era pequeña le encantaba bailar; **∼ a teacher/diplomat …** como maestro/diplomático …; **she was brilliant ∼ Cleopatra** estuvo genial en el papel de Cleopatra; **he works ∼ a clerk** trabaja de oficinista; **she was dressed/disguised ∼ a man** estaba vestida/disfrazada de hombre; **he strikes me ∼ a fool** me parece un tonto, me da la impresión de ser un tonto **2** (like) como; **they answered ∼ one man** respondieron como un solo hombre

B (indicating perception, portrayal): **we regard this policy ∼ mistaken** consideramos equivocada esta política; **this strikes me ∼ brilliant** esto me parece brillante

C (*in phrases*): **as against** frente a; **as for** en cuanto a, respecto a; **and ∼ for you …** y en cuanto a ti …, y en lo que a ti respecta …; **as of** o (BrE) **as from** desde, a partir de; **as to** en cuanto a, respecto a

as⁴ *pron* (dial) que

ASA

A (in US) = **American Standards Association**

B (in UK) = **Advertising Standards Authority**

asafetida, (BrE) **asafoetida** /ˌæsəˈfiːtɪdə ˌæsəˈfetɪdə/ *n* **1** [u] (gum) asa *f‡* fétida **2** [c] (plant) asa *f‡* fétida

a.s.a.p., A.S.A.P. /ˈeɪˈesˈeɪˈpiː/ = **as soon as possible**

asbestos /æsˈbestəs/ *n* [u] asbesto *m*, amianto *m*

asbestosis /ˌæsbesˈtəʊsəs ‖ ˌæsbesˈtəʊsɪs/ *n* [u] asbestosis *f*, amiantosis *f*

ASBO /ˈæzbəʊ/ *n* (BrE) (Law) (= **antisocial behaviour order**) orden *f* judicial por comportamiento *or* conducta antisocial

ascend /əˈsend/ *vi* (frml) **1** ‹‹*person/rocket*›› ascender* (frml); **He ∼ed into heaven** subió a los cielos **2** **ascending** *pres p* ‹*slope/spiral/scale*› ascendente; **in ∼ing order** en orden ascendente

■ **ascend** *vt* (frml) ‹*steps*› subir; ‹*mountain*› escalar, subir a; **to ∼ the throne** subir *or* (frml) ascender* al trono

ascendancy, ascendency /əˈsendənsi/ *n* [u] (frml) ascendiente *m* (frml); **the Protestant ∼** la supremacía protestante; **to have the ∼ OVER sb/sth** tener* *or* ejercer* ascendiente SOBRE algn/algo (frml)

ascendant, ascendent /əˈsendənt/ *n*: **to be in the ∼** ‹‹*reputation/party*›› estar* en alza; ‹‹*star*›› (Astrol) estar* en su fase ascendente; **her star is in the ∼** está escalando posiciones

ascension /əˈsentʃən ‖ əˈsenʃən/ *n* [u] **1** **the A∼** (Relig) la Ascensión; (*before n*): **A∼ Day** día *m* de la Ascensión **2** (Astron) ascensión *f*

Ascension Island *n* la Isla de la Ascensión

ascent /əˈsent/ *n* **1** [u c] (of mountain) escalada *f*, ascensión (frml); **the ∼ of Everest** la ascensión al Everest **2** [u c] (rise) ascenso *m* **3** [c] (slope) subida *f*, cuesta *f*

ascertain /ˌæsərˈteɪn ‖ ˌæsəˈteɪn/ *vt* establecer*, determinar

ascertainable /ˌæsərˈteɪnəbəl ‖ ˌæsəˈteɪnəbəl/ *adj* (frml): **the age of the artifacts is ∼ using modern techniques** la antigüedad de los artefactos puede ser establecida *or* determinada usando técnicas modernas

ascetic¹ /əˈsetɪk/ *adj* ascético

ascetic² *n* asceta *mf*

asceticism /əˈsetəsɪzəm ‖ əˈsetɪsɪzəm/ *n* [u] ascetismo *m*

ASCII /ˈæski/; (*no art*) (= **American standard code for information interchange**) ASCII; (*before n*): **∼ number/file** número *m* /archivo *m* en (código) ASCII

ascorbic acid /əˈskɔːrbɪk ‖ əˈskɔːbɪk/ *n* [u] ácido *m* ascórbico

ascribable /əˈskraɪbəbəl/ *adj* (frml) **to be ∼ TO sth/sb** ‹‹*fault/problem*›› ser* atribuible *or* (frml) imputable A algo/algn; **to be ∼ TO sb** ‹‹*poem/painting*›› ser* atribuible A algn

ascribe /əˈskraɪb/ *vt* **to ∼ sth TO sth/sb** ‹*fault/problem*› atribuirle* *or* (frml) imputarle algo A algo/algn; **to ∼ sth TO sb** ‹*poem/painting*› atribuirle* algo A algn

ascription /əˈskrɪpʃən/ *n* [u] (frml) **∼ TO sb/sth** atribución *f or* (frml) imputación *f* A algn/algo

ASE *n* = **American Stock Exchange**

ASEAN *n* (*no art*) (= **Association of South-East Asian Nations**) Asociación *f* de Naciones del Sureste Asiático

asepsis /eɪˈsepsəs ‖ eɪˈsepsɪs/ *n* [u] asepsia *f*

aseptic /eɪˈseptɪk/ *adj* aséptico

asexual /eɪˈsekʃuəl/ *adj* ‹*organism/reproduction*› asexuado, asexual; ‹*person*› asexuado

ash /æʃ/ *n*

A (*often pl*) ceniza *f*; **the city lay in ∼es** la ciudad había quedado reducida a cenizas; **the building was reduced** *o* **burned to ∼es by the fire** el edificio quedó reducido a cenizas en el incendio; **to rise from the ∼es** (liter) renacer* de las cenizas (liter); **∼es to ∼es, dust to dust** polvo eres y en polvo te convertirás

B **ashes** *pl* (cremated remains) cenizas *fpl*

C **1** [c] **∼ (tree)** fresno *m* **2** [u] (wood) (madera *f* de) fresno *m*

ASH /æʃ/ *n* (in UK) (= **Action on Smoking and Health**) *organización anti-tabaco*

ashamed /əˈʃeɪmd/ *adj* (*pred*) avergonzado, apenado (AmL exc CS); **he told me how ∼ he was** me dijo lo avergonzado *or* (AmL exc CS) lo apenado que estaba; **I don't feel in the least ∼** no me da ninguna vergüenza *or* (AmL exc CS) ninguna pena; **to be ∼ OF sth**: **she was ∼ of what she'd done** estaba avergonzada de *or* (AmL exc CS) apenada por lo que había hecho; **he felt ∼ of his wealth** sintió vergüenza de su riqueza; **it's nothing to be ∼ of** no tienes por qué avergonzarte *or* (AmL exc CS) apenarte; **to be ∼ OF sb** avergonzarse* DE algn; **I'm ∼ of you** me avergüenzo de ti; **you ought to be ∼ of yourself** debería darte vergüenza *or* (AmL exc CS) pena; **I feel totally ∼ of myself** estoy verdaderamente avergonzado *or* (AmL exc CS) apenado, se me cae la cara de vergüenza (fam); **to be ∼ to + INF**: **I'm ∼ to say it's true** me da vergüenza *or* (AmL exc CS) pena reconocerlo, pero es cierto; **he's ∼ to ask** le da vergüenza *or* (AmL exc CS) pena preguntar

ashamedly /əˈʃeɪmədli ‖ əˈʃeɪmɪdli/ *adv* con vergüenza; **he ∼ recalled the words he'd spoken** recordó, con vergüenza *or* avergonzado *or* (AmL exc CS) apenado, lo que había dicho

ash-blond /ˈæʃˈblɑːnd ‖ ˌæʃˈblɒnd/ ▸ℹ p.1036 *adj* ‹*hair*› rubio ceniza *adj inv*; **she's ash-blonde** tiene el pelo rubio ceniza

ashcan /ˈæʃkæn/ *n* (AmE) ▸**garbage can**

ashen /ˈæʃən/ *adj* lívido, ceniciento (liter)

ashen-faced /ˌæʃənˈfeɪst/ *adj* lívido

ash-gray², (BrE) **ash-grey** /ˈæʃˌgreɪ/ *adj* gris ceniza *adj inv*

ash gray¹, (BrE) **ash grey** *n* [u] gris *m* ceniza

Ashkenazi¹ /ˌæʃkəˈnæzi ‖ ˌæʃkəˈnɑːzi/ *n* (*pl* **-zim** /-zɪm/) ashkenazi *mf*

Ashkenazi² *adj* ashkenazita

ashore /əˈʃɔːr ‖ əˈʃɔː(r)/ *adv* en tierra; **to go ∼** desembarcar*; **to set** *o* **put sb ∼** desembarcar* a algn; **we rowed/swam ∼** remamos/nadamos hasta la orilla

ashram /ˈæʃrəm/ *n* ashram *m*

ashtray /ˈæʃtreɪ/ *n* cenicero *m*

Ash Wednesday *n* miércoles *m* de Ceniza

Asia /ˈeɪʒə ˈeɪʃə/ *n* Asia *f‡*; **Southeast ∼** el Sudeste asiático

Asia Minor *n* Asia *f‡* Menor

Asian¹ /ˈeɪʒən ˈeɪʃən/ *adj* **1** (of Asia) asiático **2** (from the Indian subcontinent) (BrE) *de India, Pakistán etc*

Asian² *n* **1** (from Asia) asiático, -ca *m,f* **2** (from the Indian subcontinent) (BrE) *persona proveniente de India, Pakistán etc*

Asian American¹ *n* asiático *m* americano, asiática *f* americana

Asian American² *adj* asiático-americano

> **Asian American**
>
> El término de más amplia aceptación hoy en día para referirse a norteamericanos de origen asiático, especialmente del Extremo Oriente.

Asian flu *n* [u] (colloq) **1** (disease) gripe *f* asiática, influenza *f*, gripa *f* (Col, Méx) **2** (Fin) gripe *f* asiática

Asiatic /ˌeɪʒiˈætɪk, ˌeɪʃi- ‖ ˌeɪʃiˈætɪk, ˌeɪz-/ *adj* asiático

aside¹ /əˈsaɪd/ *adv*

A **1** (away from oneself) a un lado; *see also* **put aside**, ▸**set aside** **2** (to one side): **they feel cast ∼ by society** sienten que la sociedad los ha dejado de lado *or* los ha marginado; *see also* **stand² B1**, ▸**take aside**

B **aside from** (*as prep*) **1** (away from) (liter): **the cabin stood a little ∼ from the path** la cabaña se hallaba algo apartada del camino **2** (except for) (esp AmE) aparte de; **we're all**

happy ~ from him aparte de él *or* exceptuándolo a él, estamos todos contentos; **~ from history, I did pretty well** me fue bastante bien en todo menos en historia 3 (as well as) (esp AmE) aparte de, además de; **~ from that, the apartment was too small** aparte de eso *or* además de eso, el apartamento era demasiado pequeño

aside² *n* 1 (line, comment) aparte *m* 2 (digression) acotación *f* al margen

A-side /'eɪ,saɪd/ *n* cara *f* A

asinine /'æsnaɪn || 'æsɪnaɪn/ *adj* (liter) ‹*person*› necio; **~ remark/action** necedad *f*

ask /æsk || ɑːsk/ *vt*

A (inquire) preguntar; (inquire of) preguntarle a; **~ why** pregunta por qué; **~ your mother** pregúntale a tu madre; **to ~ a question** hacer* una pregunta; **to ~ sb sth** preguntarle algo A algn; **~ Pete how much we owe him** pregúntale a Pete cuánto le debemos; **I ~ed him the time** le pregunté la hora; **I ~ed him his name** le pregunté cómo se llamaba; **I ~ed him what had happened** le pregunté qué había pasado; **she ~ed if a letter for her had arrived** preguntó si había llegado una carta para ella; **~ her whether she's a vegetarian** pregúntale si es vegetariana; **she ~ed me how to do it** me preguntó cómo se hacía; **don't ~ me!** (colloq) ¡yo qué sé! (fam); **~ me another!** (colloq) ¡ni idea! (fam); **honestly, I ~ you!** (colloq) ¿no te parece increíble?; **I often ~ myself ...** muchas veces me pregunto ...; **~ yourself this: would you have done the same?** tú hazte la siguiente pregunta: ¿yo habría hecho lo mismo?; **to ~ sb ABOUT sth/sb/-ING: have you ~ed him about his trip/his mother?** ¿le has preguntado por el viaje/por su madre?; **~ her about doing overtime** pregúntale si sería posible hacer horas extras

B (request) ‹*approval/advice*› pedir*; **may I ~ a favor?** ¿te puedo pedir un favor?; **nobody ~ed your opinion** nadie te ha pedido tu opinión; **all I ~ is to be left alone** lo único que pido es que me dejen en paz; **what more can you ~?** ¿qué más se puede pedir?; **is that ~ing too much?** ¿es mucho pedir?; **to ~ sb FOR sth** pedirle* algo A algn; **she ~ed them for forgiveness** les pidió perdón; **~ Mary for her ruler** pídele la regla a Mary; **he's had it for ages, I'm going to ~ him for it back** lo tiene desde hace siglos, le voy a pedir que me lo devuelva; **to ~ sth OF sb: she ~s too much of her students** les exige demasiado a sus alumnos; **to ~ sb to + INF** pedirle* A algn QUE + SUBJ; **they ~ed me to help out** me pidieron que les diera una mano; **he'll do it for you if you ~ him to** te lo hará si se lo pides; **I must ~ you to leave** haga el favor de irse; **you're ~ing me to believe that?** no pretenderás que me lo crea ¿no?; **I ~ed her to dance** la saqué a bailar; **do you realise what you're ~ing me to do?** ¿tú sabes lo que me estás pidiendo?; **to ~ to + INF: she ~ed to have the day off** (se) pidió el día libre; **I ~ed to see the manager** pedí hablar con el director; **she ~ed to be remembered to your mother** me (*or* nos *etc*) dio saludos *or* recuerdos para tu madre; **he's ~ing to be slapped** se está buscando una bofetada; **to ~ THAT + INF** pedir* QUE + SUBJ; **she ~ed that the money be given to charity** pidió que el dinero se entregara a una obra benéfica

C (invite) invitar; **to ~ sb (TO sth)** invitar a algn (A algo); **they ~ed me to their wedding** me invitaron a su boda; **we'll ~ them to dinner** los invitaremos a cenar; **~ him along** invítalo *or* dile que venga; **~ them in** diles que pasen; **haven't you ~ed her out yet?** ¿todavía no la has invitado a salir?, ¿todavía no le has dicho de salir?; **he ~ed me out to dinner** me invitó a salir a cenar; **we ~ed them over for tea** los invitamos a que vinieran a tomar el té; **she ~ed me up for a cup of coffee** me invitó a que subiera a tomar un café

D (demand) ‹*price*› pedir*; **to ~ sth FOR sth** pedir* algo POR algo; **how much is he ~ing for the car?** ¿cuánto pide por el coche?; **the house sold for £1,000 below the ~ing price** la casa se vendió por 1.000 libras menos de lo que pedían

■ **ask** *vi*

A (inquire) preguntar; **how are things? — don't ~!** (colloq & hum) ¿qué tal? — ¡mejor ni hablar!; **what's he been up to? — you may well ~!** ¿en qué anda? — ¡buena pregunta!; **to ~ ABOUT sth/sb/-ING: he ~ed about your health/you** preguntó por tu salud/por ti; **we ~ed about selling the house** estuvimos preguntando por lo de vender la casa; **~ away** pregunta lo que quieras, pregunta nomás (AmL)

B (request): **it's yours for the ~ing** está a tu disposición; **there's no harm in ~ing** con preguntar no se pierde nada; **to ~ FOR sth: I ~ed for his phone number** le pedí el número de teléfono; **when I want your advice, I'll ~ for it!** cuando quiera consejos, ya te los pediré; **that guy's ~ing for a punch in the face** ése se está buscando que le dé un puñetazo; **he ~ed for it** (colloq) se lo buscó (fam); **to ~ FOR sb** preguntar POR algn; **Steve's ~ing for you** Steve pregunta por ti

Phrasal verbs

- **ask after** [v + prep + o] preguntar por; **he ~ed after you** preguntó por ti; **he ~ed after your health** preguntó por tí, se interesó por tu salud
- **ask around**

A [v + adv] (make inquiries): **I don't have one, but I'll ~ around** yo no tengo, pero preguntaré por ahí *or* preguntaré a ver si alguien tiene uno

B [v + o + adv] (invite) invitar; **I ~ed them around for a meal** los invité a comer

- **ask back** [v + o + adv] 1 (invite home) invitar a casa; **I ~ed her back for a coffee** la invité a casa a tomar un café 2 (invite again) volver* a invitar 3 (reciprocate invitation) devolverle* la invitación a
- **ask round** ▸**ask around B**

askance /ə'skæns/ *adv*: **to look ~ at sth/sb** (with mistrust, disapproval) mirar algo/a algn con recelo

askew /ə'skjuː/ *adv* torcido; **her hat was all ~** llevaba el sombrero ladeado *or* torcido

asking price *n* (negotiable price) precio *m* de venta; (in auction) precio *m* de salida

ASL *n* [u] **= American Sign Language**

asleep /ə'sliːp/ *adj* (*pred*): **to be ~** estar* dormido; **he was fast** *o* **sound ~** estaba profundamente dormido; **to fall ~** dormirse*; **are you ~?** ¿duermes?, ¿estás dormido *or* durmiendo?; **I was ~ within minutes** me quedé dormido enseguida; **my foot's ~** (colloq) se me ha dormido el pie, tengo el pie dormido

AS level *n*: (*in UK exc Scotland*)

> **AS level - Advanced Supplementary level**
>
> En el sistema de *A level*, el *AS* representa la primera etapa de las dos en que se divide el programa de *A level*, *ver* ▸**A level - Advanced level.** El *AS* tiene lugar en el penúltimo año de la enseñanza secundaria. Los estudiantes se examinan en más asignaturas para un *AS level* que para un *A2*, adquiriendo de esta manera, una educación más amplia antes de especializarse en las signaturas que seleccionan para estudiar en la enseñanza superior. *Ver tb* ▸**A level - Advanced level**

ASM *n*

A **= air-to-surface missile**

B **= assistant stage manager**

asocial /eɪ'səʊʃəl/ *adj* ‹*behavior*› asocial; ‹*existence*› con limitado contacto social

asp /æsp/ *n* áspid *m*

asparagus /ə'spærəgəs/ *n* [u c] espárrago *m*; (*before n*): **~ plant** esparraguera *f*; **~ spear** espárrago *m*; **~ tip** punta *f* de espárrago

asparagus fern *n* [c u] esparraguera *f*

ASPCA *n* **= American Society for the Prevention of Cruelty to Animals**

aspect /'æspekt/ *n*

A (feature, facet) aspecto *m*; **this is the most worrying ~ of the situation** éste es el aspecto más preocupante de la situación; **the security ~** la cuestión *or* el asunto de la seguridad

B (appearance) (liter) aspecto *m*

C (frml) 1 (orientation) orientación *f*; **the room had a north-facing ~** la habitación estaba orientada al norte 2 (view) vista *f*

D (Ling) aspecto *m*

aspen (tree) /'æspən/ *n* álamo *m* temblón

as per *prep* de acuerdo con, según; **~ ~ your instructions** de acuerdo con *or* según sus instrucciones; **~ ~ usual** (colloq) como de costumbre

Asperger's syndrome /'æspɜːrdʒərz || 'æspɜːdʒəz/ *n* [u] síndrome *m* de Asperger

asperity /æ'sperəti || ə'sperəti/ *n* [u] (frml) aspereza *f*, acritud *f*

aspersions /ə'spɜːrʒənz || ə'spɜːʃənz/ *pl n* (*sometimes sing*): **to cast ~ on** *o* **upon sth/sb** poner* algo/a algn en entredicho

asphalt¹ /'æsfɔːlt || 'æsfælt/ *n* [u] asfalto *m*; (*before n*) ‹*road/surface*› asfaltado; **~ jungle** jungla *f* de asfalto

asphalt² *vt* asfaltar

asphyxia /æs'fɪksiə || əs'fɪksiə/ *n* [u] asfixia *f*

asphyxiant /æs'fɪksiənt || əs'fɪksiənt/ *adj* asfixiante

asphyxiate /æs'fɪksieɪt || əs'fɪksieɪt/ *vt* asfixiar

■ **asphyxiate** *vi* asfixiarse

asphyxiation /æs,fɪksi'eɪʃən || əs,fɪksi'eɪʃən/ *n* [u] asfixia *f*

aspic /'æspɪk/ *n* [u] aspic *m*, galantina *f*

aspidistra /,æspə'dɪstrə || ,æspɪ'dɪstrə/ *n* aspidistra *f*

aspirant /'æspərənt, ə'spaɪrənt || 'æspɪrənt, əs'paɪərənt/ *n* (frml) aspirante *mf*; **~ TO sth** aspirante A algo; **an ~ to the throne** un aspirante al trono; **a Democratic ~** un candidato demócrata

aspirate¹ /'æspəreɪt/ *vt* ‹*sound/consonant*› aspirar; **the 'h' in 'hour' is not ~d** la 'h' de 'hour' no se aspira

aspirate² /'æspərət/ *n* consonante *f* aspirada

aspiration /,æspə'reɪʃən || ,æspɪ'reɪʃən/ *n*

A [c] (desire, ambition) aspiración *f*; **to have high ~s** tener* grandes aspiraciones; **a person with no ~s** una persona sin aspiraciones; **to have ~s TO sth** aspirar A algo, ambicionar algo; **~ to + INF: she had a secret ~ to be a writer** su secreta aspiración era ser escritora

B [u] (Ling) aspiración *f*

aspirational /,æspə'reɪʃnəl || ,æspɪ'reɪʃənl/ *adj* con aspiraciones, aspiracional

aspire /ə'spaɪr || ə'spaɪə(r)/ *vi* 1 **to ~ TO sth/+ INF** aspirar A algo/+ INF; **a people that ~s to nationhood** un pueblo que aspira a ser nación 2 **aspiring** *pres p* **they're all aspiring artists** todos aspiran a ser reconocidos como artistas

aspirin /'æsprən || 'æsprɪn/ *n* [c u] (*pl* **~** *or* **-rins**) aspirina *f*

ass /æs/ *n*

A 1 (donkey) (liter) asno *m*, jumento *m* (liter) 2 (idiot) (colloq) imbécil *mf*, idiota *mf*; **you silly ~!** ¡zopenco! (fam), ¡burro! (fam); **he made an ~ of himself** quedó como un imbécil *or* idiota, quedó en ridículo

B (part of body) (AmE vulg) culo *m* (fam: en algunas regiones vulg); **get your ~ over here!** ¡ven aquí, carajo *or* coño! (vulg); ***to bust one's ~*** romperse* el culo (vulg); ***to get one's ~ in(to) gear*** ponerse* las pilas (fam), atorarle (Méx fam), dejarse de boludear (RPl) *or* (Chi) de huevear (vulg)

assail /ə'seɪl/ *vt* (frml) atacar*; **she was ~ed by a group of journalists** un grupo de periodistas se abalanzó sobre ella *or* la asedió; **I was ~ed by doubts** me asaltaron las dudas; **a feeling of helplessness ~ed her** la invadió una sensación de impotencia

assailant /ə'seɪlənt/ *n* (frml) agresor, -sora *m,f*, atacante *mf*

assassin /ə'sæsn || ə'sæsɪn/ *n* asesino, -na *m,f* (*de un personaje importante*); **hired ~** asesino *m* a sueldo, sicario *m*

a

assassinate /ə'sæsneɪt || ə'sæsɪneɪt/ *vt* asesinar (*a un personaje importante*); **to ~ sb's character/reputation** acabar con *or* arruinar la reputación de algn

assassination /əˌsæsə'neɪʃən || əˌsæsɪ'neɪʃən/ *n* [c u] asesinato *m* (*de un personaje importante*); **character ~** difamación *f*; (*before n*): **~ attempt** tentativa *f* de asesinato, atentado *m*

assault[1] /ə'sɔːlt/ *n*
A [u c] (Law) 1▸ (violence) agresión *f*; **~ and battery** agresión con lesiones 2▸ (molestation) agresión *f* sexual, ataque *m* contra la libertad sexual; (rape) violación *f*
B [c] 1▸ (Mil) asalto *m*, ataque *m*; **to make an ~ on sth** atacar* algo; (*before n*): **~ craft** barcaza *f* de asalto; **~ rifle** rifle *m* de asalto; **~ troops** tropas *fpl* de asalto 2▸ (onslaught) **~ (ON sth)** ataque *m* (A algo), arremetida *f* (CONTRA algo); **an ~ on Everest** un intento de escalar el Everest; **the firm is preparing for an ~ on the market** la empresa se dispone a conquistar el mercado

assault[2] *vt* 1▸ (use violence against) agredir*, atacar* 2▸ (sexually) agredir* sexualmente

assault course *n* (BrE) pista *f* americana

assault troops *pl n* tropas *fpl* de asalto

assay[1] /æ'seɪ/ *vt* ensayar

assay[2] /'æseɪ || æ'seɪ/ *n* [c u] ensayo *m*

assegai /'æsɪgaɪ || 'æsəgaɪ/ *n* azagaya *f*

assemblage /ə'semblɪdʒ/ *n* 1▸ [c] (collection) colección *f* 2▸ [u] (act of assembling) recopilación *f*

assemble /ə'sembəl/ *vt* 1▸ (construct) ‹*car*› montar, ensamblar; ‹*kit/model*› armar 2▸ (get together) ‹*people/team*› reunir* 3▸ (gather) ‹*facts/evidence*› recopilar, recoger*; ‹*collection*› reunir*, acumular 4▸ (Comput) ensamblar
■ **assemble** *vi* 1▸ (gather) «*crowd/troops*» reunirse*, congregarse* (frml); **the meeting had not yet ~d** los asistentes a la reunión aún no se habían congregado (frml) 2▸ **assembled** *past p* **the ~d spectators** el público asistente; **she addressed the ~d meeting/guests** se dirigió a la concurrencia/los invitados allí congregados (frml)

assembler /ə'semblər || ə'semblə(r)/ *n* ensamblador *m*

assembly /ə'sembli/ *n* (*pl* **-blies**)
A 1▸ [u] (coming together) reunión *f*; **unlawful ~** reunión *f* no autorizada; **freedom of ~** libertad *f* de reunión; (*before n*): **~ hall** sala *f* de actos; **~ point** punto *m* de reunión; **~ rooms** sala *f* de actos 2▸ [c] (group) concurrencia *f* 3▸ [c] (Govt) asamblea *f*; **the A~** (in US) la Asamblea 4▸ (Educ) (*no art*) *reunión de profesores y alumnos, al iniciarse la jornada escolar*
B (Tech) 1▸ [c] (unit) unidad *f* 2▸ [u] (process) montaje *m*, ensamblaje *m*; (*before n*): **~ line** cadena *f* de montaje; **~ plant** planta *f* de montaje

assembly language *n* lenguaje *m* ensamblador

assembly-line production /ə'sembli ˌlaɪn/ *n* [u] producción *f* en cadena de montaje

assembly-line worker *n* obrero, -ra *m,f* de línea *o* cadena de montaje

assemblyman /ə'semblimən/ *n* (*pl* **-men** /-mən/) (in US) miembro *m* de una asamblea legislativa

Assembly Member *n* miembro *m,f* de la Asamblea *f* Nacional de Gales

assemblywoman /ə'sembliˌwʊmən/ *n* (*pl* **-women**) (in US) miembro *f* de una asamblea legislativa

assent[1] /ə'sent/ *n* [u] asentimiento *m*, aprobación *f*, asenso *m* (frml); **to give one's ~ to sth** dar* su (*or* mi *etc*) conformidad a algo; **the royal ~** (in UK) la aprobación *or* sanción real

assent[2] *vi* asentir*, expresar su (*or* mi *etc*) conformidad; **to ~ TO sth** acceder A algo, consentir* EN algo, expresar su (*or* mi *etc*) conformidad CON algo

assert /ə'sɜːrt || ə'sɜːt/ *vt* 1▸ (declare) afirmar 2▸ (demonstrate, enforce) ‹*superiority*› reafirmar, dejar sentado; ‹*rights/claims*› hacer* valer, reivindicar*; **to ~ one's authority** imponer* su (*or* mi *etc*) autoridad
■ *v refl*: **to ~ oneself** hacerse* valer

assertion /ə'sɜːrʃən || ə'sɜːʃən/ *n* 1▸ [c u] (declaration) afirmación *f*, aseveración *f*, aserto *m* (frml) 2▸ [u] (demonstration) reafirmación *f*

assertive /ə'sɜːrtɪv || ə'sɜːtɪv/ *adj*: **I didn't like the ~ tone he had adopted** no me gustó el tono autoritario que había adoptado; **try to be ~ without being aggressive** trata de ser firme y enérgico sin ser agresivo

assertively /ə'sɜːrtɪvli || ə'sɜːtɪvli/ *adv* con firmeza, con seguridad en sí mismo

assertiveness /ə'sɜːrtɪvnəs || ə'sɜːtɪvnɪs/ *n* [u] seguridad *f* en sí mismo; (*before n*): **~ course** cursillo *m* de reafirmación personal

assertiveness training *n* [u] adiestramiento *m* para fomentar la seguridad en uno mismo

assess /ə'ses/ *vt* 1▸ ‹*value/amount*› calcular; ‹*student/performance/potential/results*› evaluar*; ‹*situation*› aquilatar, formarse un juicio sobre; **to ~ sth AT sth**: **the value of the property was ~ed at ...** la propiedad fue tasada *or* valorada *or* (AmL tb) avaluada en ...; **he ~ed his losses at $1,000** valoró sus pérdidas en $1.000 2▸ (Tax): **married women are ~ed separately for tax purposes** ≈ las mujeres casadas hacen la declaración de la renta individualmente *or* por separado; **his liability was ~ed at $5,000** su responsabilidad se estableció en $5.000

assessment /ə'sesmənt/ *n* [c u] 1▸ (of performance, results) evaluación *f*, valoración *f*; (of amount) cálculo *m*; **an optimistic ~ of the situation** una valoración positiva *or* un análisis optimista de la situación; **what is your ~ of the situation?** ¿cómo ve usted la situación?; **continuous ~** (Educ) evaluación *f* continua (*a lo largo del curso*) 2▸ (Tax) cálculo *m* de los ingresos imponibles

assessor /ə'sesər || ə'sesə(r)/ *n* 1▸ (Educ) evaluador, -dora *m,f* 2▸ (Tax) tasador, -dora *m,f* 3▸ (BrE) (Law) asesor, -sora *m,f*

asset /'æset/ *n* 1▸ (valuable quality): **the city's greatest ~** el mayor atractivo de la ciudad; **her beauty/intelligence is her greatest ~** su belleza/inteligencia es su gran baza; **knowledge of French would be an ~** se valorarán conocimientos de francés; **living so centrally will be an ~ while you're working there** vivir en un lugar tan céntrico va a significar una gran ventaja mientras estés trabajando allí; **~ TO sth/sb**: **she's an ~ to the company** es una empleada muy valiosa para la compañía; **your degree will always be an ~ to you** la carrera siempre será un punto a tu favor 2▸ **assets** *pl* (Fin) activo *m*; **current/fixed ~s** activo circulante/fijo; **~s and liabilities** activo y pasivo; **personal ~s** bienes *mpl* muebles

asset strip *vt* vaciar*

asset stripper *n*: *persona que lleva a cabo un vaciamiento de los activos de una empresa*

asset stripping /'strɪpɪŋ/ *n* [u] vaciamiento *m* (de activos)

asshole /'æshəʊl/ (BrE) **arsehole** *n* (vulg) 1▸ (anus) ano *m*, ojete *m* (vulg) 2▸ (idiot) imbécil *mf*, pendejo, -ja *m,f* (AmL exc CS fam), gilipollas *mf* (Esp vulg), huevón, -vona *m,f* (Andes, Ven vulg), pelotudo, -da *m,f* (AmS vulg)

assiduity /ˌæsɪ'duːəti || ˌæsɪ'djuːəti/ *n* [u] (frml) diligencia *f*

assiduous /ə'sɪdʒuəs || ə'sɪdjʊəs/ *adj* (frml) ‹*student*› diligente, aplicado; ‹*visitor*› asiduo

assiduously /ə'sɪdʒuəsli || ə'sɪdjʊəsli/ *adv* (frml) ‹*study*› diligentemente, aplicadamente; ‹*visit*› con asiduidad

assign[1] /ə'saɪn/ *vt*
A 1▸ (appoint) **to ~ sb TO sth** nombrar *or* designar a algn PARA algo, asignar a algn A algo; **a detective was ~ed to the case** se nombró a un detective para que se ocupara del caso 2▸ (allocate) asignar; **she was ~ed an office on the third floor** le fue asignado un despacho en el tercer piso; **he was ~ed three assistants** le asignaron tres ayudantes; **on the day ~ed for the trial** en el día fijado *or* señalado para el juicio 3▸ (ascribe) (frml) ‹*importance*› dar*, conceder
B (transfer) (Law) **to ~ sth TO sb** ‹*right/interest*› cederle algo A algn

assign[2] *n* (Law) ▸**assignee**

assignation /ˌæsɪg'neɪʃən/ *n* (frml) cita *f*; **to have an ~ (with sb)** tener* (una) cita (con algn)

assignee /ˌæsə'niː || ˌæsaɪ'niː/ *n* (Law) cesionario, -ria *m,f*

assignment /ə'saɪnmənt/ *n*
A [c] 1▸ (mission) misión *f*; **to go on an ~** salir* a cumplir una misión; **secret ~** misión *f* secreta 2▸ (task) función *f*, tarea *f* 3▸ (schoolwork) tarea *f*, deberes *mpl*
B [u] 1▸ (posting) nombramiento *m* 2▸ (allocation) asignación *f*
C (Law) 1▸ [u] (transfer) cesión *f* 2▸ [c] (document) escritura *f* de traspaso 3▸ [c] (property) (AmE) *propiedad hipotecada en venta*

assimilate /ə'sɪməleɪt || ə'sɪmɪleɪt/ *vt* 1▸ (absorb) ‹*information/food/fluid*› asimilar; **to be ~d INTO sth**: **many foreign influences have been ~d into our culture** nuestra cultura ha asimilado muchas influencias extranjeras 2▸ (Ling) (*usu pass*) **to ~ sth TO sth** ‹*consonant/vowel*› asimilar algo A algo
■ **assimilate** *vi* 1▸ (adapt) **to ~ (INTO sth)** adaptarse (A algo), integrarse (EN algo) 2▸ (Ling) **to ~ (TO sth)** «*consonant/vowel*» asimilarse (A algo) 3▸ «*food*» ser* asimilado

assimilation /əˌsɪmə'leɪʃən || əˌsɪmɪ'leɪʃən/ *n* [u] 1▸ (absorption) asimilación *f*; **the ~ of ethnic minorities into the community** la integración de las minorías étnicas en la comunidad 2▸ (making similar) (frml) asimilación *f* 3▸ (Ling) asimilación *f*

assist[1] /ə'sɪst/ *vt* ayudar, asistir (frml); **to ~ sb WITH/IN sth** ayudar *or* (frml) asistir a algn EN algo; **a man is ~ing the police with their inquiries** la policía está interrogando a un sospechoso; **to ~ sb IN -ING** ayudar a algn A + INF; **she ~ed them in organizing the conference** los ayudó a organizar la conferencia
■ **assist** *vi* 1▸ (help) **to ~ WITH/IN sth** ayudar EN algo 2▸ (be present) (frml) **to ~ AT sth** asistir A algo

assist[2] *n* 1▸ (Sport) asistencia *f* 2▸ (contributory achievement) (AmE) contribución *f*

assistance /ə'sɪstəns/ *n* [u] ayuda *f*, asistencia *f* (frml); **to give ~ to sb** prestarle ayuda *or* (frml) asistencia a algn; **they came to her ~** vinieron en su ayuda; **with the ~ of sb/sth** con la ayuda de algn/algo; **may I be of ~?** (frml) ¿puedo servirle en algo? (frml); **~ IN sth/-ING**: **your ~ in the search is greatly appreciated** se le agradece enormemente su colaboración en la búsqueda; **he needed some ~ in lifting the boxes** necesitaba ayuda para levantar las cajas; **~ WITH sth** ayuda CON algo

assistant[1] /ə'sɪstənt/ *n* 1▸ (in shop) dependiente, -ta *m,f*, empleado, -da *m,f* (AmL) 2▸ (subordinate, helper) ayudante *mf*; **clerical ~** auxiliar administrativo, -va *m,f*; **managerial ~** ayudante *mf* de dirección 3▸ (*language* ~) (BrE) (in university) ayudante *mf or* (Esp) lector, -tora *m,f*; (in school) auxiliar *mf* de lengua

assistant[2] *adj* (*before n*): **~ manager** subdirector, -tora *m,f*, director adjunto, directora adjunta *m,f*; **~ professor** (AmE) profesor adjunto, profesora adjunta *m,f*

assistantship /ə'sɪstəntˌʃɪp/ *n* 1▸ (at college) (AmE) cargo *m* de profesor adjunto 2▸ (*language* ~) (BrE) puesto *m* de auxiliar de lengua; (in university) ayudantía *f or* (Esp) lectorado *m*

-assisted /ə'sɪstəd || ə'sɪstɪd/ *suff* 1▸ (aided): **computer~** asistido por computadora; **power~ steering** dirección *f* asistida 2▸ (funded): **government~** subvencionado por el gobierno

assisted suicide *n* suicidio *m* asistido

assizes /ə'saɪzəz || ə'saɪzɪz/ *pl n*: *sesiones que solían celebrar los tribunales superiores de los condados de Inglaterra y Gales*

ass-kisser /'æsˌkɪsər || 'æsˌkɪsə(r)/ *n* (AmE vulg) **arselicker,** (BrE vulg) lameculos *mf* (vulg)

assn (= **association**) Asoc.

assoc. 1 = **association** 2 = **associate(d)**

associate[1] /əˈsəʊʃieɪt -sieɪt/ *vt* 1 (involve, connect) (*usu pass*) vincular; **she was ~d with the movement** estaba vinculada al movimiento; **he refused to be ~d with the scheme** no quiso tener nada que ver con el asunto 2 (link in mind) ‹*concepts/phenomena*› asociar, relacionar

■ **associate** *vi* **to ~ (WITH sb)** relacionarse (CON algn)

associate[2] /əˈsəʊʃiət -siət/ *n* 1 (in business, profession) colega *mf*; **a business ~** un asociado (*or* socio *etc*) 2 (member of professional body) colegiado, -da *m,f* 3 (in US legal firm) *abogado que aún no es socio de un bufete*

associate[3] /əˈsəʊʃiət -siət/ *adj* (*before n*) ‹*member*› no numerario; ‹*director/editor/professor*› (AmE) adjunto

associated company *n* compañía *f* asociada

Associated Press *n* Associated Press (*agencia de noticias estadounidense*)

association /əˌsəʊʃiˈeɪʃən -siˈeɪʃən/ *n* 1 [c] (organization) asociación *f*; **trade** *o* **trading ~** asociación comercial 2 [c u] (relationship) relación *f*; **freedom of ~** libertad *f* de asociación; **~ WITH sb/sth** relación CON algn/algo; **in ~ with** (*as prep*) en asociación con 3 [c u] (mental link) asociación *f*; **~ of ideas** asociación de ideas; **what ~s does the word have for you?** ¿con qué asocias la palabra?; **I didn't make the ~ between the product and the company** no asocié el producto con la compañía

association agreement *n* (EU) acuerdo *m* de asociación

Association Football *n* [u] (BrE frml) fútbol *m or* (AmC, Méx) futbol *m*

associative /əˈsəʊʃieɪtɪv, -sieɪtɪv || əˈsəʊʃiətɪv, -siətɪv/ *adj* ‹*memory*› asociativo; ‹*law/operation*› (Math) asociativo

assonance /ˈæsənəns/ *n* [u c] asonancia *f*

assort /əˈsɔːrt || əˈsɔːt/ *vi* **to ~ well/ill WITH sth** concordar*/no concordar* CON algo, compadecerse*/no compadecerse* CON algo

assorted /əˈsɔːrtəd || əˈsɔːtɪd/ *adj* (*before n*) surtido; **a bag of ~ candy** una bolsa de caramelos surtidos; **~ paint brushes lay strewn over the floor** había una colección de pinceles tirados por el suelo; **an oddly ~ pair** una pareja dispareja

assortment /əˈsɔːrtmənt || əˈsɔːtmənt/ *n* (Busn) surtido *m*; (collection) colección *f*; **they have a wide ~ of tools/ties** tienen un amplio surtido *or* una gran variedad de herramientas/corbatas; **in a wide ~ of colors** en una amplia gama *or* una gran variedad de colores, en un amplio surtido de colores; **an odd ~ of ornaments** una extraña colección de adornos

assuage /əˈsweɪdʒ/ *vt* (liter) 1 (satisfy) ‹*hunger/thirst/desire*› saciar (liter) 2 (ease) ‹*pain/grief/loneliness*› aliviar, mitigar* 3 (calm) ‹*anxiety*› calmar; ‹*fear*› disipar

assume /əˈsuːm || əˈsjuːm/ *vt*

A (suppose) suponer*; **let's ~ they're right** supongamos que tienen razón; **I ~ you've heard the news** supongo que te habrás enterado de la noticia; **I ~ so** supongo que sí; **assuming that everything goes to plan** suponiendo que todo salga de acuerdo con lo previsto, en el supuesto caso de que todo salga de acuerdo con lo previsto; **she ~s far too much** presupone demasiado; **we can't ~ anything** no podemos dar nada por sentado

B (frml) 1 (undertake) ‹*duties/office/command/role*› asumir 2 (seize) ‹*power*› hacerse* con, tomar 3 (take as one's own) ‹*title/right/responsibility/risk*› asumir; ‹*debt*› hacerse* cargo de; **~d name** nombre *m* ficticio

C (frml) 1 (acquire) ‹*importance*› adquirir*, cobrar; ‹*dimensions*› adquirir*; **the affair has ~d a sinister character** el asunto ha tomado un cariz siniestro 2 (feign) (liter) adoptar; **he ~d an air of cheerfulness** adoptó un aire de falsa alegría

assumption /əˈsʌmpʃən/ *n*

A [c] (supposition): **the ~ was that everyone would be there** se suponía que todo el mundo iba a estar allí; **I assumed that you would agree — that was a big ~ to make!** supuse que ibas a estar de acuerdo — ¡supusiste demasiado!; **her ~ that they were French was wrong** se equivocó al suponer que eran franceses; **his reasoning is based on the ~ that …** su razonamiento se basa en el supuesto *or* la suposición de que …; **she agreed on the ~ that …** accedió suponiendo que …

B [u] (frml) 1 (of duties, leadership, responsibility) asunción *f*; **~ of office** toma *f* de posesión del cargo 2 (of title, right) asunción *f*

C **Assumption** (Relig): **the A~** la Asunción

assurance /əˈʃʊrəns || əˈʃʊərəns, əˈʃɔːrəns/ *n*

A [c] (guarantee): **she gave me her ~ that it would be finished on time** me aseguró *or* me garantizó que se terminaría a tiempo; **you have our ~ on that** se lo aseguramos *or* se lo garantizamos, de eso puede estar usted tranquilo

B [u] 1 (self-confidence) seguridad *f* en sí mismo 2 (certainty) convicción *f*

C [u] (insurance) (BrE) seguro *m*

assure /əˈʃʊr || əˈʃʊə(r), əˈʃɔː(r)/ *vt*

A 1 (guarantee) asegurar, garantizar*; **I ~ you** se lo aseguro, se lo garantizo; **they ~d us that they would be there** nos aseguraron *or* garantizaron que estarían allí; **to ~ sb OF sth** garantizarle* algo a algn; **they have ~d us of their support** nos han garantizado su apoyo 2 (convince) convencer*; **he tried to ~ them that the rumor was false** trató de convencerlos de que el rumor era falso

B (make certain) **to ~ sb (or) sth**: **this work will ~ me (of) a regular income** este trabajo me asegurará una entrada fija

C (insure) (BrE) ‹*life*› asegurar

assured[1] /əˈʃʊrd || əˈʃʊəd, əˈʃɔːd/ *adj* 1 (certain) ‹*income*› seguro; **the play's success was ~** la obra tenía el éxito asegurado 2 (confident) ‹*person*› seguro (de sí mismo); **her ~ manner** su aplomo; **rest ~: you'll never be troubled by him again** ten la seguridad de que *or* ten por seguro que no te volverá a molestar, pierde cuidado: no te volverá a molestar

assured[2] *n* (*pl* **~**) (BrE): **the ~** el asegurado, la asegurada; (*pl*) los asegurados, las aseguradas

assuredly /əˈʃʊrədli || əˈʃʊərɪdli, əˈʃɔːrɪdli/ *adv* (frml) 1 (certainly) (*indep*): **he's ~ the best** no cabe duda de que es el mejor, es sin duda el mejor 2 (confidently) con seguridad

Assyria /əˈsɪriə/ *n* Asiria *f*

Assyrian[1] /əˈsɪriən/ *adj* asirio

Assyrian[2] *n* asirio, -ria *m,f*

aster /ˈæstər || ˈæstə(r)/ *n* áster *m*

asterisk /ˈæstərɪsk/ *n* asterisco *m*

astern /əˈstɜːrn || əˈstɜːn/ *adv* 1 (backward) hacia atrás; **to go ~** ir* hacia atrás; (rowing) ciar*; **slow/full ~!** ¡atrás poca/toda! 2 **~ of** (behind) detrás de, a popa de

asteroid /ˈæstərɔɪd/ *n* asteroide *m*

asthma /ˈæzmə || ˈæsmə/ *n* [u] asma *f*‡; (*before n*): **~ attack** ataque *m* de asma; **~ sufferer** asmático, -ca *m,f*

asthmatic[1] /æzˈmætɪk || æsˈmætɪk/ *n* asmático, -ca *m,f*

asthmatic[2] *adj* asmático

astigmatism /əˈstɪgmətɪzəm/ *n* [u c] astigmatismo *m*

astir /əˈstɜːr || əˈstɜː(r)/ *adj* (*pred*) 1 (on the move) (liter): **to be ~** bullir*; **Europe was ~ with the new ideas** Europa bullía con las nuevas ideas 2 (out of bed) (arch) en pie

astonish /əˈstɑːnɪʃ || əˈstɒnɪʃ/ *vt* (surprise) asombrar; (amaze) dejar helado *or* pasmado *or* estupefacto; **her reaction ~ed everyone** su reacción asombró a todos, su reacción dejó a todos helados (*or* pasmados *etc*)

astonished /əˈstɑːnɪʃt || əˈstɒnɪʃt/ *adj*: **the ~ look on their faces** la cara de asombro que pusieron; **I'm ~ (that) he got so far** me asombra que haya llegado tan lejos; **I was ~ to learn that he'd resigned** me quedé helada *or* estupefacta *or* pasmada cuando me enteré de que había dimitido; **to be ~ AT sth**: **I was ~ at his nerve** su descaro me dejó helado *or* estupefacto *or* pasmado

astonishing /əˈstɑːnɪʃɪŋ || əˈstɒnɪʃɪŋ/ *adj* (surprising) asombroso; (amazing) pasmoso, increíble

astonishingly /əˈstɑːnɪʃɪŋli || əˈstɒnɪʃɪŋli/ *adv* ‹*good/expensive*› (surprisingly) asombrosamente; (amazingly) pasmosamente, increíblemente; **he reacted ~ calmly** reaccionó con una calma asombrosa; (*indep*): **~ enough, I found it** aunque parezca asombroso, lo encontré

astonishment /əˈstɑːnɪʃmənt || əˈstɒnɪʃmənt/ *n* [u] (surprise) asombro *m*; (amazement) estupefacción *f*; **to my ~** para mi gran asombro; **his mouth fell open in ~** se quedó boquiabierto; **~ AT sth** asombro ANTE algo

astound /əˈstaʊnd/ *vt* dejar estupefacto *or* atónito; **it ~s me that he puts up with her** no puedo llegar a entender cómo la aguanta

astounded /əˈstaʊndəd || əˈstaʊndɪd/ *adj* estupefacto, atónito; **they were ~ to learn of her resignation** se quedaron atónitos *or* estupefactos al enterarse de su dimisión

astounding /əˈstaʊndɪŋ/ *adj* increíble, pasmoso

astoundingly /əˈstaʊndɪŋli/ *adv* asombrosamente

astrakhan /ˈæstrəkən || ˌæstrəˈkæn/ *n* [u] astracán *m*

astral /ˈæstrəl/ *adj* (Astrol, Astron, Occult) astral

astray /əˈstreɪ/ *adv*: **to go ~** (get lost) «*letter/person*» extraviarse*, perderse*; «*animal*» descarriarse*; (do wrong) (euph *or* hum) descarriarse*; **to lead sb ~** (euph *or* hum) pervertir* *or* descarriar* a algn, llevar a algn por mal camino

astride[1] /əˈstraɪd/ *prep*: **he sat ~ the fence/horse** estaba sentado en la valla/montado en el caballo a horcajadas; **she stood ~ the stream** estaba con un pie a cada lado del arroyuelo

astride[2] *adv* a horcajadas

astringency /əˈstrɪndʒənsi/ *n* [u] 1 (Pharm) astringencia *f* 2 (of comment) mordacidad *f*, lo cáustico

astringent[1] /əˈstrɪndʒənt/ *adj* ‹*lotion/effect*› astringente; ‹*comment/criticism*› mordaz, cáustico

astringent[2] *n* [c u] astringente *m*

astro- /ˈæstrəʊ/ *pref* astro-

astrodome /ˈæstrəʊdəʊm/ *n* astródomo *m*

astrolabe /ˈæstrəleɪb/ *n* astrolabio *m*

astrologer /əˈstrɑːlədʒər || əˈstrɒlədʒə(r)/ *n* astrólogo, -ga *m,f*

astrological /ˌæstrəˈlɑːdʒɪkəl || ˌæstrəˈlɒdʒɪkəl/ *adj* astrológico

astrologist /əˈstrɑːlədʒəst || əˈstrɒlədʒɪst/ *n* ▸ **astrologer**

astrology /əˈstrɑːlədʒi || əˈstrɒlədʒi/ *n* [u] astrología *f*

astronaut /ˈæstrənɔːt/ *n* astronauta *mf*

astronautics /ˌæstrəˈnɔːtɪks/ *n* (+ *sing vb*) astronáutica *f*

astronomer /əˈstrɑːnəmər || əˈstrɒnəmə(r)/ *n* astrónomo, -ma *m,f*

astronomic /ˌæstrəˈnɑːmɪk || ˌæstrəˈnɒmɪk/ *adj* ▸ **astronomical 2**

astronomical /ˌæstrəˈnɑːmɪkəl || ˌæstrəˈnɒmɪkəl/ *adj* 1 (Astron) astronómico 2 ‹*prices/amount*› astronómico; **of ~ proportions** de proporciones gigantescas

astronomically /ˌæstrəˈnɑːmɪkli || ˌæstrəˈnɒmɪkli/ *adv*: **they're ~ expensive** tienen unos precios astronómicos; **prices have increased ~** los precios se han disparado

astronomy /əˈstrɑːnəmi || əˈstrɒnəmi/ *n* [u] astronomía *f*

astrophysicist /ˌæstrəʊˈfɪzəsəst || ˌæstrəʊˈfɪzɪsɪst/ *n* astrofísico, -ca *m,f*

astrophysics /ˌæstrəʊˈfɪzɪks/ *n* (+ *sing vb*) astrofísica *f*

Astroturf® /ˈæstrəʊtɜːrf || ˈæstrəʊtɜːf/ *n* [u] hierba *f* artificial

a

Asturian[1] /æ'stu:riən || æ'stjʊəriən/ *adj* asturiano

Asturian[2] *n* 1 (person) asturiano -na *m,f* 2 (language) asturiano *m*

astute /ə'stu:t || ə'stju:t/ *adj* ‹*person*› sagaz, perspicaz; ‹*decision*› inteligente; **that was very ~ of you** en eso estuviste muy listo

astutely /ə'stu:tli || ə'stju:tli/ *adv* sagazmente, con sagacidad *or* perspicacia

astuteness /ə'stu:tnəs || ə'stju:tnɪs/ *n* [u] sagacidad *f*, perspicacia *f*

asunder /ə'sʌndər || ə'sʌndə(r)/ *adv* (arch or frml): **to be rent ~** partirse por la mitad *or* en dos; **whom God has joined together let no man put ~** lo que Dios ha unido que no lo separe el hombre

ASV *n* = **American Standard Version**

Aswan /æ'swɑ:n || æs'wɑ:n/ *n* Asuán *m*

asylee /ə,saɪ'li:/ *n* (AmE) (Law) asilado, -da *m,f*

asylum /ə'saɪləm/ *n* 1 [u] (refuge) asilo *m*; **to seek political ~** pedir* *or* solicitar asilo político; (*before n*): **~ seeker** solicitante *mf* de asilo 2 [c] (sanctuary) asilo *m* 3 [c] (*lunatic ~*) manicomio *m*, psiquiátrico *m*, casa *f* de orates

asymmetric /,eɪsɪ'metrɪk/, **-ical** /-ɪkəl/ *adj* asimétrico

asymmetrical /eɪsɪ'metrɪkəl || əsɪ'metrɪkəl/ *adj* asimétrico

asymmetrical warfare *n* [u] (Mil) guerra *f* asimétrica, guerra *f* non convencional

asymmetry /eɪ'sɪmətri/ *n* [u] asimetría *f*

asymptomatic /,eɪsɪmptə'mætɪk/ *adj* asintomático

asynchronous /eɪ'sɪŋkrənəs/ *adj* asíncrono, asincrónico

at /æt *weak form* /ət/ *prep*

A (indicating location, position) en; **she was waiting ~ the door/restaurant** estaba esperando en la puerta/el restaurante; **~ Daniel's** en casa de Daniel, donde Daniel, en lo de Daniel (RPl); **I stayed ~ a hotel** me quedé en un hotel; **we were ~ church** estábamos en la iglesia; **to be ~ the table** o (frml) **~ table** estar* sentados a la mesa; **don't call me ~ the office** no me llames a la oficina; **~ the back** o **rear of the house** al fondo de la casa; **who was ~ the wedding?** ¿quién estuvo en la boda?; ***where we're/they're/it's ~*** (colloq): **I want some figures that'll tell us exactly where we're ~** quiero cifras que nos digan exactamente cómo andamos

B (in e-mail addresses) arroba *f*

C (indicating direction): **to point ~ sth/sb** señalar algo/a algn; **she aimed the gun ~ him** le apuntó con la pistola; **look out, someone's shooting ~ us!** ¡cuidado, nos están disparando!; **they were throwing stones ~ him** le estaban tirando piedras; **he smiled ~ me/her** me/le sonrió; **she was screaming ~ me to come back** me estaba gritando que volviera; **he banged ~ the door with his fists** aporreó la puerta con los puños

D (indicating time): **~ 6 o'clock** a las seis; **you can't call ~ this time!** ¡no puedes llamar a esta hora *or* a estas horas!; **~ noon/nightfall** a mediodía/al anochecer; **~ Christmas** en Navidad, por Navidades (Esp); **~ night** por la noche, de noche; **~ this stage in the game** a esta altura del partido; **~ that very moment** en ese mismo momento; **~ a later date** más adelante, en fecha posterior (frml); **~ the last count** en el último recuento; **where did you go ~ lunchtime?** ¿dónde fuiste a la hora de comer?; **~ your age** a tu edad; **he left home ~ the age of 20** se fue de casa a los 20 años

E 1 (indicating state): **~ a disadvantage** en desventaja; **~ war/peace** en guerra/paz; **he wasn't ~ ease in her presence** no se sentía a gusto en su presencia; **traffic in town is ~ a standstill** el tráfico de la ciudad está paralizado; **~ the mercy of the weather** a merced del tiempo; **~ your disposal/command** a su disposición/sus órdenes 2 (occupied with): **people ~ work** gente trabajando; **children ~ play** niños jugando; **she's ~ dinner** está cenando; **what are you ~?** ¿qué haces?, ¿en qué andas? (fam); ***to be ~ it*** (colloq): **she's been hard ~ it studying all morning** ha estado toda la mañana dale que dale *or* (Esp tb) dale que te pego estudiando (fam); **the neighbors are hard ~ it again!** ¡ya están otra vez los vecinos dale que dale *or* (Esp tb) dale que te pego!; **the children are ~ it again!** ¡los niños han vuelto a empezar!; **while you're ~ it you can wipe the table** ya que estás (en ello) pásale un trapo a la mesa; ***to be ~ sth***: **I know she's been ~ my things** sé que ha estado hurgando en mis cosas; **Joe's been ~ the brandy again** Joe le ha vuelto a dar al brandy (fam); ***to be (on) ~ sb*** darle* la lata a algn (fam); **his wife's been on ~ him to stop smoking** su mujer le ha estado dando la lata para que deje de fumar

F 1 (with measurements, numbers, rates etc): **I'd put the crowd ~ 2,000** yo diría que habría unas 2.000 personas; **they sell them ~ around $80/~ half price** las venden a alrededor de $80/a mitad de precio; **three ~ a time** de tres en tres; **we sold it ~ a higher price** lo vendimos más caro; **~ 80 mph/100 degrees** a 80 mph/100 grados; **to do something ~ a run** hacer* algo corriendo; **~ a trot** al trote; **~ high temperatures** a altas temperaturas; **~ a staggering seven foot two inches, she is the country's tallest woman athlete** con la asombrosa estatura de siete pies y dos pulgadas, es la atleta más alta del país; **~ a depth of 200m** a una profundidad de 200m 2 (with superlative): **~ worst I'll have to give up my job** lo peor que puede pasar es que tenga que dejar el trabajo; **~ the soonest** como muy pronto; **~ the latest** a más tardar; **he was ~ his most amusing** estuvo más divertido que nunca *or* de lo más divertido; **bureaucracy ~ its most exasperating** la burocracia en su forma más exasperante; **French cooking ~ its best** lo mejor de la cocina francesa; **abstract art ~ its best** el arte abstracto en su expresión más depurada

G (because of): **he was surprised ~ the decision** le sorprendió la decisión; **she smiled ~ their antics** sus travesuras le hicieron gracia; **no one laughed ~ the joke** nadie se rió con el chiste; **don't laugh ~ me!** ¡no te rías de mí!; **they cried ~ the news** lloraron al enterarse de la noticia; **they fled ~ the sound of footsteps** huyeron al oír pasos; **I faint ~ the sight of blood** me desmayo al ver sangre *or* cuando veo sangre; **~ sb's request** a petición *or* (AmL tb) a pedido de algn; **I did it ~ his insistence** lo hice porque él insistió; **his spirits rose ~ the thought of ...** se le levantaba el ánimo al pensar ...

H (concerning): **she's good ~ her job** hace bien su trabajo; **she's hopeless ~ anything practical** es absolutamente negada para las cosas prácticas; **she's poor ~ French/Physics** no es muy buena en francés/física; **he's terrible ~ making speeches** es un pésimo orador; **I'm bad ~ organizing things** no sirvo para organizar cosas; **he's upset someone else now — yes, he's good ~ that** ha vuelto a disgustar a alguien — sí, se especializa en eso *or* (CS) para eso es mandado a hacer

atavism /'ætəvɪzəm/ *n* [u] atavismo *m*

atavistic /,ætə'vɪstɪk/ *adj* atávico

atchoo /æ'tʃu:/ *interj* ¡achís!

ate /eɪt/ *past of* **eat**

A-team /'eɪ,ti:m/ *n* cuerpo *m* de elite

atheism /'eɪθiɪzəm/ *n* [u] ateísmo *m*

atheist /'eɪθiəst || 'eɪθiɪst/ *n* ateo, atea *m,f*; (*before n*) ‹*leanings/tradition*› ateo

atheistic /,eɪθi'ɪstɪk/, **-ical** /-ɪkəl/ *adj* ateo

Athene /ə'θi:ni/ *n* Atenea

Athenian[1] /ə'θi:niən/ *adj* ateniense

Athenian[2] *n* ateniense *mf*

Athens /'æθənz || 'æθɪnz/ *n* Atenas *f*

athlete /'æθli:t/ *n* (sportsperson) atleta *mf*; **he's a born ~** es muy dotado para los deportes

athlete's foot *n* [u] pie *m* de atleta, hongos *mpl* (fam)

athletic /æθ'letɪk/ *adj* atlético

athletically /æθ'letɪkli/ *adv* ‹*leaping/jumping*› atléticamente; **~ built** de constitución atlética; **~ gifted** especialmente dotado para el atletismo

athleticism /æθ'letɪsɪzəm/ *n* [u] atletismo *m*, condición *f* de atleta

athletics /æθ'letɪks/ *n* (+ *sing or pl vb*) 1 (active sports) (AmE) deportes *mpl* 2 (track and field) (esp BrE) atletismo *m*

athletics coach *n* entrenador, -dora *m,f* de atletismo

athletics competition *n* competencia *f* de atletismo (AmL), competición *f* de atletismo (Esp)

athletic shoe *n* (Clothing) deportiva *f*

athletic sports *pl n* atletismo *m*

athletic supporter, (BrE) **athletic support** *n* suspensorios *mpl*, suspensorio *m*, suspensor *m* (Per, RPl)

at home /ət'həʊm/ *n* recepción *f* (*en casa*)

athwart /ə'θwɔ:rt || ə'θwɔ:t/ *prep* de banda a banda

atishoo /ə'tɪʃu:/ *interj* (BrE) ¡achís!

Atlantic[1] /ət'læntɪk/ *adj* atlántico

Atlantic[2] *n*: **the ~ (Ocean)** el (océano) Atlántico

Atlantic States *pl n* estados *mpl* de la costa este (de Estados Unidos)

Atlantis /ət'læntəs || ət'læntɪs/ *n* Atlántida *f*

atlas /'ætləs/ *n* atlas *m*

Atlas Mountains /'ætləs/ *pl n*: **the ~ ~** los Atlas

ATM *n* (**= automated teller machine**) cajero *m* automático *or* permanente

atmosphere /'ætməsfɪr || 'ætməsfɪə(r)/ *n* 1 (of planet) atmósfera *f* 2 (feeling, mood) ambiente *m*; **the place has plenty of ~** el lugar tiene mucho ambiente; **a hostile ~** un ambiente *or* un clima *or* una atmósfera hostil

atmospheric /,ætməs'ferɪk/ *adj* ‹*conditions/oxygen/pollution*› atmosférico; **~ pressure** presión *f* atmosférica

atmospherics /,ætməs'ferɪks/ *pl n* (Rad) interferencias *fpl*

atoll /'ætɔ:l || 'ætɒl/ *n* atolón *m*

atom /'ætəm/ *n* 1 (Nucl Phys) átomo *m*; **to split the ~** dividir el átomo; **a hydrogen ~** un átomo de hidrógeno 2 (tiny piece): **there's not an ~ of truth in it** no hay un ápice de verdad en ello; **he hasn't an ~ of sense** no tiene ni pizca de sensatez

atom bomb *n* (dated) bomba *f* atómica

atomic /ə'tɑ:mɪk || ə'tɒmɪk/ *adj* 1 (of atoms) atómico; **~ number** número *m* atómico; **~ weight** peso *m* atómico 2 (nuclear) ‹*warfare/power/energy*› atómico; **the ~ age** la era atómica; **~ bomb** bomba *f* atómica; **~ pile** pila *f* atómica

atomic clock reloj *m* atómico

atomic heat *n* [u] calor *m* atómico

atomic particle *n* partícula *f* atómica

atomic physics *n* (+ *sing vb*) física *f* atómica

atomize /'ætəmaɪz/ *vt* atomizar*, pulverizar*

atomizer /'ætəmaɪzər || 'ætəmaɪzə(r)/ *n* atomizador *m*, pulverizador *m*

atonal /eɪ'təʊnl/ *adj* atonal

atone /ə'təʊn/ *vi* (frml) **to ~ FOR sth** ‹*for sins*› expiar* algo; ‹*for crime/harm*› reparar algo; **I'm sorry, what can I do to ~?** lo siento ¿qué puedo hacer en reparación *or* en desagravio?

atonement /ə'təʊnmənt/ *n* [u] (frml) (for sins) expiación *f*; **in ~ for his rudeness** en desagravio por su grosería

atop /ə'tɑ:p || ə'tɒp/ *prep* encima de, sobre

A to Z *n* manual *m* (*or* guía *f etc*) desde la A a la Z; **~ ~ ~ of gardening** jardinería *f* desde la A a la Z

at-risk /'æt'rɪsk/ *adj* ‹*group/situation*› de peligro; ‹*person*› en peligro

atrium /'eɪtriəm/ *n* (*pl* **atria** /'eɪtriə/) 1 (Anat) atrio *m* 2 (*pl* **atriums**) (Archit) atrio *m*

atrocious /ə'trəʊʃəs/ *adj* 1 (very bad) (colloq) ‹*food/spelling/manners*› espantoso (fam), atroz

2 (horrifying) ‹*crime/injuries/conditions*› atroz

atrociously /ə'trəʊʃəsli/ *adv* 1 (very badly) (colloq) ‹*sing/behave*› muy mal, pésimamente, fatal (fam) 2 (horrifyingly) ‹*treat/suffer*› atrozmente

atrocity /ə'trɑːsəti || ə'trɒsəti/ *n* [c u] (*pl* **-ties**) atrocidad *f*; **to commit an ~** cometer una atrocidad; **the building is an ~** (colloq) el edificio es una monstruosidad (fam)

atrophy[1] /'ætrəfi/ *vi* **-phies, -phying, -phied** atrofiarse

■ **atrophy** *vt* atrofiar

atrophy[2] *n* [u] atrofia *f*

at sign *n* (Comput) arroba *f*

attaboy /'ætəbɔɪ/ *interj* (esp AmE colloq) ¡arriba!, ¡vamos! (*dirigiéndose a un hombre*)

attach /ə'tætʃ/ *vt*

A 1 (fasten) sujetar; (tie) atar, amarrar (AmL exc RPl); (stick) pegar*; (to letter, document) adjuntar, acompañar; **to ~ sth (TO sth)**: **he ~ed a name tag to the case** le puso una etiqueta a la maleta; **a bouquet with a message ~ed** un ramo de flores acompañado de un mensaje; **it is ~ed to the wall with screws** está sujeto a la pared con tornillos; **a sports center with a restaurant ~ed** un centro deportivo con un restaurante anexo; **please fill in the ~ed form** sírvase rellenar el formulario adjunto *or* que se adjunta *or* que se acompaña; **please find ~ed a photocopy ...** le adjunto una fotocopia ...; **we ~ed ourselves to a group of tourists** nos unimos *or* (fam) nos pegamos a un grupo de turistas 2 (assign) (*usu pass*) **to be ~ed TO sth** estar* adscrito A algo; **a lecturer ~ed to the physics department** un profesor adscrito al departamento de física 3 (attribute) **to ~ sth TO sth**: **he ~ed no importance to it** no le dio *or* concedió ninguna importancia 4 (in e-mail) adjuntar

B (Law) ‹*property/salary*› embargar*

■ **attach** *vi* (frml) **to ~ TO sb/sth**: **no blame ~es to her decision to resign** su decisión de dimitir no implica ningún tipo de culpabilidad; **the responsibilities ~ing to the post** las responsabilidades que lleva consigo *or* que conlleva el puesto

attaché /ˌætæ'ʃeɪ || ə'tæʃeɪ/ *n* agregado, -da *m,f*; **military/press ~** agregado militar/de prensa

attaché case *n* maletín *m*

attached /ə'tætʃt/ *adj* (*pred*) 1 (fond) **to be ~ TO sb/sth** tenerle* mucho cariño *or* apego A algn/algo; **to become ~ TO sb/sth** encariñarse CON algn/algo, tomarle cariño A algn/algo; **I've become quite ~ to her/the house** me he encariñado con ella/la casa 2 (having spouse, lover): **he's ~** tiene novia (*or* es casado *etc*)

attachment /ə'tætʃmənt/ *n*

A 1 [c] (part) accesorio *m* 2 [u] (connecting) **~ (TO sth)** acoplamiento *m* (A algo) 3 [c] (to e-mail) adjunto *m*

B 1 [u] (fondness) **~ (TO sb/sth)** cariño *m* (POR algn/algo), apego *m* (A algn/algo) 2 [u] (commitment) **~ TO sth** compromiso *m* CON algo 3 [c] (relationship) relación *f*; **to form an ~** entablar una relación

C [u c] (assignment) (BrE) adscripción *f* temporal

D [u c] (Law) (of property) embargo *m*; **~ of earnings** retención *f* de ingresos

attack[1] /ə'tæk/ *n*

A 1 [c u] (physical, verbal) ataque *m*; **to launch an ~** lanzar* un ataque; **terrorist ~s** atentados *mpl* terroristas; **a three-pronged attack** un ataque en tres frentes; **~ is the best form of defense** el ataque es la mejor defensa; **~ ON/AGAINST sth/sb** ataque A/CONTRA algo/algn; **to come/be under ~** ser* atacado; **traditional values are under ~** los valores tradicionales se ven amenazados; **to return to the ~** volver* a la carga; **to go over to the ~** pasar al ataque; **the division had left itself open to ~ from the rear** la retaguardia de la división había quedado al descubierto; **this policy leaves them open to ~ from the opposition** esta política los expone a los ataques de la oposición 2 [c] (Med) ataque *m*; **asthma/panic ~** ataque *m* de asma/pánico; **heart ~** infarto *m*, ataque *m* cardíaco *or* al corazón; **she had** *o* **suffered an ~** le dio un ataque; **he's suffered several ~s of malaria** ha tenido malaria varias veces; **an anxiety ~** un ataque de ansiedad

B [u c] (part of team) (BrE) (Sport) delantera *f*

attack[2] *vt*

A 1 ‹*army/target/government/policy*› atacar*; ‹*person*› atacar*, agredir*; **I felt I was being ~ed** me sentí agredida 2 «*rust/disease*» (harm) atacar*

B 1 (begin enthusiastically) ‹*food*› atacar*; ‹*task*› acometer 2 (deal with) ‹*problem/poverty*› combatir

■ **attack** *vi* (Mil, Sport) 1 atacar* 2 **attacking** *pres p* ‹*forces*› de ataque; ‹*strategy*› ofensivo, de ataque; **the team plays good ~ing football** el equipo tiene un buen juego ofensivo

attack aircraft *n* avión *m* de ataque

attack alarm *n* alarma *f* portátil

attacker /ə'tækər || ə'tækə(r)/ *n* agresor, -sora *m,f*, atacante *mf*

attack helicopter *n* helicóptero *m* de ataque

attack missile *n* misil *m* de ataque

attack plane *n* avión *m* de ataque

attagirl /'ætəgɜːrl || 'ætəgɜːl/ *interj* (colloq) (esp AmE) ¡arriba!, ¡vamos! (*dirigiéndose a una mujer*)

attain /ə'teɪn/ *vt* (frml) ‹*position*› alcanzar*, lograr, conseguir*; ‹*goal*› alcanzar*, lograr; ‹*ambition*› realizar*, lograr; ‹*happiness*› conquistar; ‹*age*› llegar* a, alcanzar*

■ **attain** *vi* **to ~ TO sth** alcanzar* algo; **to ~ to perfection** alcanzar* la perfección

attainable /ə'teɪnəbəl/ *adj* alcanzable; **set yourself an ~ goal** fíjate una meta que puedas alcanzar *or* que esté a tu alcance

attainment /ə'teɪnmənt/ *n* (frml) 1 [u] (of position) logro *m*, consecución *f*; (of objective) logro *m*; (of ambition) realización *f*, logro *m*; (of happiness) conquista *f* 2 [c] (accomplishment) logro *m*

attainment target *n* (in UK) nivel *m* académico mínimo requerido (*para cada asignatura*)

attempt[1] /ə'tempt/ *vt* 1 (have a try at): **candidates should ~ all questions** los examinandos deben intentar responder a todas las preguntas (frml); **she ~ed a smile** intentó sonreír; **he is going to ~ the exam again** va a presentarse al examen otra vez; **he had ~ed the north face before** ya había intentado escalar la ladera norte 2 (try) **to ~ to + INF/-ING** tratar DE *or* intentar + INF; **to ~ to beat the record** tratar de *or* intentar batir el récord; **don't ~ walking yet** no trate de *or* no intente caminar todavía 3 **attempted** *past p* **~ed suicide** intento *m* de suicidio; **~ed murder/robbery** tentativa *f* de asesinato/robo; **~ coup** intentona *f* golpista

attempt[2] *n* intento *m*; **he broke his arm in the ~** se rompió un brazo en el intento; **at** *o* (esp AmE) **on the first ~** a la primera (tentativa), al primer intento; **at least they made the ~** al menos lo intentaron, al menos hicieron la tentativa; **~ to + INF**: **in my ~ to avoid the other car ...** al tratar de *or* intentar esquivar el otro coche ...; **they made no ~ to be polite** no hicieron ningún esfuerzo para ser corteses; **~ AT sth/-ING**: **I made an ~ at conversation** traté de *or* intenté entablar conversación; **their ~s at lighting a fire failed** fracasaron en su intento de encender fuego; **she had another ~ at the record** volvió a intentar batir el récord; **to make an ~ on sb's life** atentar contra la vida de algn

attend /ə'tend/ *vt*

A (frml) 1 (be present at) ‹*conference/wedding*› asistir a (frml); **the meeting was well ~ed** asistió mucha gente a la reunión; **the exhibition has been poorly ~ed** la exposición ha tenido poco público 2 (go to regularly) ‹*church/school*› ir* a; ‹*classes*› ir* a, asistir a

B (take care of) ‹*patient*› atender*, ocuparse de; ‹*king/guests*› atender*

C (heed) (liter) ‹*warning*› atender* a, hacer* caso de

D (accompany) (liter): **an undertaking ~ed by great perils** una empresa que comporta grandes riesgos (frml); **may good fortune ~ them!** ¡que la suerte los acompañe!

■ **attend** *vi*

A (be present) asistir; **I don't think I'll ~** me parece que no voy a asistir; **the father ~ed at the birth** el padre estuvo presente en el momento del nacimiento

B (pay attention) **to ~ (TO sth)** atender* *or* prestar atención (A algo), poner* atención (A algo) (AmL)

Phrasal verbs

- **attend on** [v + prep + o] (liter) 1 (wait on) ‹*king/guests*› atender* 2 (be consequence of): **only evil can ~ on it** no puede acarrear sino males
- **attend to** [v + prep + o] 1 (look after) ‹*patient/customer*› atender*, ocuparse de; **are you being ~ed to?** ¿lo atienden?, ¿está atendido? 2 (deal with) ‹*correspondence/filing*› ocuparse de; **I must get this tooth ~ed to** tengo que hacerme ver esta muela

attendance /ə'tendəns/ *n* 1 [u c] (presence) asistencia *f*; **to be in ~** estar* presente; **his ~s have been intermittent** no ha asistido con regularidad; (*before n*): **she has a poor ~ record** falta con frecuencia 2 [u] (service) atención *f*; **the doctor in ~ was new** el médico que estaba de guardia era nuevo; ***to dance ~ on sb*** estar* pendiente de algn 3 [c] (people present): **what was the ~?** ¿cuántos asistentes hubo?, ¿cuántas personas asistieron?; **~s of over 5,000 are not uncommon** no es raro que asistan más de 5.000 personas; **to take ~** (AmE) pasar lista

attendance allowance *n* [u] (in UK) *prestación económica que se da a discapacitados que requieren cuidados constantes*

attendance record *n*

A [c] (people who attend) número *m* de asistentes

B [u] (history of attending) registro *m* de asistencia

attendant[1] /ə'tendənt/ *n* 1 (in museum, parking lot) guarda *m*; (in pool, toilets) encargado, -da *m,f* 2 (of royalty) miembro *m* del séquito; **the Queen and her ~s** la reina y su séquito

attendant[2] *adj* 1 (accompanying) (frml): **parenthood and its ~ responsibilities** la paternidad y las responsabilidades que comporta *or* conlleva 2 (on duty) ‹*doctor/nurse*› de guardia

attendee /əˌten'diː/ *n* asistente *mf*

attention[1] /ə'tenʃən/ *n*

A [u] 1 (concentration) atención *f*; **(could I have your) ~, please!** ¡atención, por favor!; **to hold sb's ~** mantener* la atención de algn; **to pay ~ to sth/sb** prestarle atención a algo/algn; **he doesn't pay ~** no presta atención, no atiende; **they have turned their ~ to the European market** han pasado a concentrar su atención en el mercado europeo; (*before n*): **~ span** capacidad *f* de concentración 2 [u] (notice) atención *f*; **to attract ~** llamar la atención; **to attract sb's ~** atraer* la atención de algn; **children do that to get** *o* **attract ~** los niños hacen eso para que se les haga caso *or* para que se les preste atención; **see if you can catch his ~** a ver si logras atraer su atención; **you always have to be the center of ~!** ¡siempre tienes que ser el centro de atención!; **don't pay any ~ to her, she's only teasing** no le hagas caso, te está tomando el pelo; **to bring** *o* **call sth to sb's ~** informar a algn DE algo; **it has been brought to my ~** *o* **it has come to my ~ that ...** me han informado *or* me he enterado de que ...; **I'd like to draw ~ to the fact that ...** quisiera hacerles notar que ...; **I didn't want to draw ~ to myself** no quería llamar la atención; **this incident has drawn ~ away from the central issue** este incidente ha apartado *or* desviado la atención de la cuestión central 3 [u] (care) atención *f*; **he needs to show greater ~ to detail** tiene que ser más minucioso; **the problem will receive our prompt ~** el problema recibirá nuestra inmediata atención; **the engine needs ~** el motor necesita algunos ajustes *or* arreglos; **the paint work needs some ~** hay que retocar la pintura; **for the ~ of the Sales Department** a la atención del departamento de ventas

B **attentions** *pl* (of admirer) atenciones *fpl*

a

C [u] (Mil): **to come** *o* **stand to ~** ponerse* en posición de firme(s); **to stand at ~** estar* firme(s)

attention[2] *interj* ¡atención!; (Mil) ¡firme(s)!

attention deficit disorder *n* síndrome *m* de déficit de atención, SDA *m*, trastorno *m* de deficitario de atención, TDA *m*

attention-seeking /əˈtenʃən,siːkɪŋ/ *n* [u] captación *f* de la atención; (*before n*): **~ behavior** comportamiento *m* que busca captar la atención

attentive /əˈtentɪv/ *adj* 1 (caring, considerate) ‹*host/husband*› atento; **to be ~ TO sb** ser* atento CON algn 2 (concentrating) ‹*student/audience*› atento; **to be ~ TO sth** prestar atención A algo; **be more ~ to the teacher's advice** presta más atención a las recomendaciones del profesor

attentively /əˈtentɪvli/ *adv* atentamente, con atención

attentiveness /əˈtentɪvnəs || əˈtentɪvnɪs/ *n* [u] 1 (care, consideration) cortesía *f* 2 (concentration) atención *f*

attenuate /əˈtenjueɪt/ *vt* (Biol, Elec, Telec) atenuar*; **attenuating circumstances** circunstancias *fpl* atenuantes

attenuation /ə,tenjuˈeɪʃən/ *n* [u] (Biol, Elec, Telec) atenuación *f*

attest /əˈtest/ *vt* 1 (certify) ‹*fact*› atestiguar*, dar* fe de; ‹*signature*› autenticar*, autorizar* 2 (be proof of) atestiguar*, avalar 3 (put on oath) ‹*person*› poner* bajo juramento 4 **attested** *past p* (BrE) certificado (*libre de enfermedades etc*)
■ **attest** *vi* (be evidence) **to ~ TO sth** dar* fe DE algo, atestiguar* algo

attestation /,ætesˈteɪʃən/ *n* 1 [c u] (certification — of fact) testimonio *m*; (— of signature) autenticación *f*, autorización *f* 2 [c] (evidence) testimonio *m*, prueba *f*

attic /ˈætɪk/ *n* desván *m*, ático *m*, altillo *m* (esp AmL)

Attila /ˈætɪlə/ *n* Atila

attire[1] /əˈtaɪr || əˈtaɪə(r)/ *n* [u] (liter) atuendo *m* (frml), atavío *m* (liter)

attire[2] *vt* (liter) (*usu pass*) ataviar* (liter)

attitude /ˈætətuːd || ˈætɪtjuːd/ *n*
A [c] (way of feeling, thinking) actitud *f*; **I don't like your ~** no me gusta tu actitud; **he takes a very different ~** adopta una actitud muy distinta; **she takes the ~ that ...** para ella ..., ella opina *or* piensa que ...; **if you're going to take that ~** si te vas a poner así; **fear is an ~ of mind** el miedo es una disposición de ánimo; **~ TO** *o* **TOWARD sth/sb** actitud HACIA algo/algn
B [c] 1 (posture) (frml) pose *f*, postura *f*; **to strike an ~** adoptar una pose 2 (in ballet) posición *f* 3 (Aerosp, Aviat) posición *f*
C [u] (uncooperative behavior) (colloq) actitud *f* hostil
D [u] (exaggerated self-confidence) (colloq) actitud *f* de gallito (fam), pose *f* chulesca (Esp fam)

attitude problem *n* (colloq) problema *m*, de actitud

attitudinize /,ætəˈtuːdnaɪz || ,ætɪˈtjuːdɪnaɪz/ *vi* adoptar poses

attn (= **attention**) **~ G Green** para entregar al Sr G Green

attorney /əˈtɜːrni || əˈtɜːni/ *n* (*pl* **-neys**) (AmE) abogado, -da *m,f*; **prosecuting ~** fiscal *mf*; *see also* **power of attorney**

attorney-at-law /ə,tɜːrniətˈlɔː || ə,tɜːniətlɔː/ *n* (*pl* **attorneys-at-law**) (AmE) abogado, -da *m,f*

Attorney General *n* (*pl* **~ ~s** *or* **~s ~**) (in US — at national level) ≈ Ministro, -tra *m,f* de Justicia; (— at state level) ≈ Fiscal *mf* General; (in UK) ≈ Ministro, -tra *m,f* de Justicia, ≈ Procurador, -dora *m,f* General de la República *or* Nación, ≈ Fiscal *mf* General del Estado

attract /əˈtrækt/ *vt* 1 (Phys) atraer* 2 (draw, create) ‹*interest*› suscitar; **to ~ sb's attention** atraer* la atención de algn; **he does it to ~ attention** lo hace para llamar la atención; **to ~ customers** *o* **business** atraer* clientes; **the film has ~ed the highest praise** la película ha sido objeto de los mayores elogios; **it ~s a higher rate of interest** devenga un interés más alto 3 (interest) atraer*; **I'm not very ~ed to the idea** la idea no me atrae demasiado; **I don't feel ~ed to him** no me atrae, no siento atracción por él
■ **attract** *vi* atraerse*

attraction /əˈtrækʃən/ *n* 1 [u c] (Phys) atracción *f* 2 [u] (interest): **I still feel a great ~ toward the place** todavía me atrae mucho el lugar, todavía siento una gran atracción por el lugar; **babies hold no ~ for me** los bebés no me atraen, no les encuentro ningún atractivo a los bebés; **what's the ~?** ¿qué atractivo tiene? 3 [c] (attractive feature) atractivo *m*; **the main ~** el principal atractivo; **tourist ~** atracción *f* turística

attractive /əˈtræktɪv/ *adj* 1 (person) atractivo; ‹*voice/personality/smile*› atractivo, atrayente 2 (advantageous, interesting) ‹*offer/price*› atractivo, tentador, interesante; **the idea isn't exactly ~ to me** la idea no me atrae demasiado *or* no me resulta muy atrayente; **it isn't a very ~ prospect** no es una perspectiva muy halagüeña

attractively /əˈtræktɪvli/ *adv* 1 ‹*decorated/dressed*› con mucho gusto; **the products are ~ packaged** los productos vienen en envases muy atractivos; **to smile ~** sonreír* de manera atrayente *or* sugestiva 2 (advantageously): **a very ~ priced offer** una oferta a un precio muy atractivo

attractiveness /əˈtræktɪvnəs || əˈtræktɪvnɪs/ *n* [u] atractivo *m*

attributable /əˈtrɪbjətəbəl || əˈtrɪbjʊtəbəl/ *adj* (*pred*) **to be ~ TO sth** ser* atribuible *or* imputable A algo

attribute[1] /əˈtrɪbjət || əˈtrɪbjuːt/ *vt* 1 (assign authorship of) **to ~ sth TO sb** ‹*comment/poem/symphony*› atribuirle* algo A algn 2 (give as cause of) **to ~ sth TO sth** ‹*problem/popularity*› atribuir(le)* algo A algo; **to what would you ~ her success?** ¿a qué (le) atribuiría su éxito?

attribute[2] /ˈætrəbjuːt || ˈætrɪbjuːt/ *n* 1 (characteristic) atributo *m* 2 (identifying object) atributo *m*

attribution /,ætrəˈbjuːʃən || ,ætrɪˈbjuːʃən/ *n* [u c] (frml) atribución *f*

attributive /əˈtrɪbjətɪv || əˈtrɪbjʊtɪv/ *adj* atributivo

attributively /əˈtrɪbjətɪvli || əˈtrɪbjʊtɪvli/ *adv* atributivamente, sin cópula

attrition /əˈtrɪʃən/ *n* [u]
A 1 (destruction) desgaste *m*; **war of ~** guerra *f* de desgaste 2 (Geog) desgaste *m*
B (Relig) atrición *f*
C (AmE) (Lab Rel) bajas *fpl* vegetativas

attune /əˈtuːn || əˈtjuːn/ *vt* (*usu pass*) **to be/become ~d TO sth**: **he's very well ~d to her way of thinking** está muy en sintonía con su manera de pensar; **her ear soon became ~d to these sounds** su oído pronto aprendió a reconocer estos sonidos
■ **attune** *vi* **to ~ TO sth** adaptarse A algo; **she quickly ~d to New York life** enseguida se adaptó a la vida neoyorquina

ATV *n* = **all-terrain vehicle**

atwitter /əˈtwɪtər || əˈtwɪtə(r)/ *adj* (hum) (*pred*): **she was all ~** estaba que no cabía en sí de la excitación

atypical /,eɪˈtɪpɪkəl/ *adj* atípico

atypically /,eɪˈtɪpɪkli/ *adv* atípicamente

aubergine /ˈəʊbərʒiːn || ˈəʊbəʒiːn/ *n* (BrE) berenjena *f*

auburn[1] /ˈɔːbərn || ˈɔːbən/ ▸ℹ **p.1036** *adj* ‹*hair*› castaño rojizo *adj inv*, (de) color caoba

auburn[2] ▸ℹ **p.1036** *n* [u] castaño *m* rojizo, color *m* caoba

au courant /,əʊkʊˈrɑːn || ,əʊkuːˈrɑ̃/ *adj* (esp AmE) (*pred*) **to be ~ ~ (WITH sth)** estar* al corriente *or* al tanto (DE algo)

auction[1] /ˈɔːkʃən/ *n* [c u] subasta *f*, remate *m* (AmL); **to sell sth by ~, to put sth up for ~** subastar *or* (AmL tb) rematar algo; **it fetched $2,000 at ~** se vendió en $2.000 en una subasta, se subastó *or* (AmL tb) se remató en $2.000; (*before n*): **~ room(s)** sala(s) *f(pl)* de subasta *or* (AmL tb) de remate

auction[2] *vt* subastar, rematar (AmL)
Phrasal verb
• **auction off** [v + o + adv, v + adv + o] ‹*surplus/stock/contents*› subastar, rematar (AmL); **he accused him of ~ing off the country's assets** lo acusó de malvender los recursos del país

auctioneer /,ɔːkʃəˈnɪr || ,ɔːkʃəˈnɪə(r)/ *n* subastador, -dora *m,f*, rematador, -dora *m,f* (AmL)

auction house *n* casa *f* de subastas, casa *f* de remates (AmL)

auction sale *n* subasta *f*, remate *m* (AmL)

audacious /ɔːˈdeɪʃəs/ *adj* 1 (daring) ‹*act/plan*› audaz, atrevido 2 (impudent) ‹*behavior/person*› atrevido, descarado

audaciously /ɔːˈdeɪʃəsli/ *adv* 1 (daringly) ‹*act*› audazmente, con audacia 2 (impudently) ‹*behave/say*› con atrevimiento *or* descaro

audacity /ɔːˈdæsəti/ *n* [u] 1 (daring) audacia *f* 2 (impudence) atrevimiento *m*, descaro *m*; **he had the ~ to say ...** tuvo el descaro *or* el tupé de decir ...

audibility /,ɔːdəˈbɪləti/ *n* [u] audibilidad *f*

audible[1] /ˈɔːdəbəl/ *adj* ‹*sigh/whisper*› audible; **the tape was barely ~** la cinta apenas se oía; **there were ~ murmurs of dissent** se oyeron murmullos de desaprobación

audible[2] *n* (in American football) audible *m*, cambio *m* de jugada

audibly /ˈɔːdəbli/ *adv* de forma audible

audience /ˈɔːdiəns/ *n*
A [c] (at play, film) público *m*, espectadores *mpl*; (at concert, lecture) auditorio *m*, público *m*; (TV) audiencia *f*, telespectadores *mpl*; **are there any teachers in the ~?** ¿hay algún profesor entre el público?; **how will American ~s react to the play?** ¿cómo reaccionará el público americano ante la obra?; **the singer appeals to younger ~s** el cantante atrae a un público más joven; **he had a captive ~ in me** no tuve más remedio que escucharlo; **the fight attracted a sizeable ~** la pelea atrajo a un buen número de espectadores; **recorded before a live ~** grabado en vivo *or* con público; **the book appealed to a wide ~** el libro era de interés para muchos tipos de lectores; (*before n*): **~ participation** participación *f* del público; **~ rating** índice *m* de audiencia
B 1 [c] (interview) audiencia *f*; (*before n*): **~ chamber** sala *f* de audiencias 2 [u] (Law) audiencia *f*

audience research *n* [u] estudio *m* de audiencia; **to conduct/carry out ~ ~** realizar* un estudio de la audiencia

audio[1] /ˈɔːdiəʊ/ *adj* (*before n*) ‹*equipment/system*› de sonido, de audio; **~ frequency** audiofrecuencia *f*

audio[2] *n* [u] audio *m*

audio- /ˈɔːdiəʊ/ *pref* audio-

audiobook /ˈɔːdiəʊ,bʊk/ *n* audiolibro *m*

audiocassette /,ɔːdiəʊkəˈset/ *n* cassete *m*, caset *m*, cinta *f* de cassette *o* caset

audio equipment *n* [u] equipo *m* de sonido

audiotape[1] /ˈɔːdiəʊteɪp/ *n* cinta *f* de audio, cinta *f* de sonido

audiotape[2] *vt* grabar en cinta

audiotyping /ˈɔːdiəʊ,taɪpɪŋ/ *n* [u] (BrE) mecanografía *f* (*con dictáfono*)

audiotypist /ˈɔːdiəʊ,taɪpəst || ˈɔːdiəʊ,taɪpɪst/ *n* (BrE) audiomecanógrafo, -fa *m,f*

audiovisual /,ɔːdiəʊˈvɪʒuəl/ *adj* audiovisual

audiovisual aids *pl n* medios *mpl* audiovisuales

audiovisual equipment *n* [u] equipo *m* audiovisual

audiovisuals /,ɔːdiəʊˈvɪʒuəlz/ *pl n* medios *mpl* audiovisuales

audit[1] /ˈɔːdət || ˈɔːdɪt/ *vt* 1 (Busn, Fin) ‹*accounts/books*› auditar 2 (AmE) (Educ) asistir como oyente a

audit[2] *n* [c u]
A (Busn, Fin) 1 (inspection) auditoría *f*; (*before n*): **~ commission** cámara *f* de cuentas **~ report** informe *m* de auditoría 2 (report) (AmE) informe *m* de auditoría

B (of plant, premises) inspección *f*

Audit Commission *n* (in UK) *organismo encargado del control del gasto público*

audition¹ /ɔːˈdɪʃən/ *vi* **1** ‹*actor/musician*›: **to ~ (FOR sth)** dar* una audición *or* prueba (PARA algo) **2** ‹*company/director*› hacer* audiciones *or* pruebas

■ **audition** *vt* **to ~ sb (FOR sth)** hacerle* una audición *or* prueba a algn (PARA algo)

audition² *n* **~ (FOR sth)** audición *f or* prueba *f* (PARA algo); **to hold ~s** hacer* audiciones *or* pruebas

auditor /ˈɔːdətər || ˈɔːdɪtə(r)/ *n* **1** (Busn, Fin) auditor, -tora *m,f* **2** (AmE) (Educ) oyente *mf*

auditorium /ˌɔːdəˈtɔːriəm || ˌɔːdɪˈtɔːriəm/ *n* (*pl* **-riums** *or* **-ria** /-riə/) **1** (audience area) auditorio *m* **2** (room, building) auditorio *m*

auditor's report *n* informe *m* de la auditoría

auditory /ˈɔːdətɔːri || ˈɔːdɪtri/ *adj* auditivo

au fait /ˈəʊˈfeɪ/ *adj* (*pred*) **to be ~ ~ WITH sth** estar* al tanto DE algo

Aug ▸ **i** **p.1085 (= August)** ago.

auger /ˈɔːgər || ˈɔːgə(r)/ *n* **1** (in carpentry) taladro *m*, barrena *f*; (*before n*): **~ bit** broca *f* salomónica **2** (Mech Eng) barrena *f*

aught /ɔːt/ *pron* (arch): **for ~ I know** que yo sepa; **for ~ I care** por mí

augment /ɔːgˈment/ *vt* (frml) aumentar, incrementar (frml)

au gratin /ˌəʊˈgrætn || ˌəʊˈgrætæn/ *adj* gratinado, al gratén

augur¹ /ˈɔːgər || ˈɔːgə(r)/ *vi*: **to ~ well/ill: this vote does not ~ well** *o* **~s ill for the government** esta votación no augura *or* no presagia nada bueno para el gobierno, esta votación es mala señal *or* mal augurio para el gobierno

■ **augur** *vt* (liter) augurar, presagiar

augur² *n* augur *m*

augury /ˈɔːgəri || ˈɔːgjʊri/ *n* (*pl* **-ries**) **1** [u] (divination) adivinación *f* **2** [c] (omen) presagio *m*, augurio *m*

august /ɔːˈgʌst/ *adj* augusto

August /ˈɔːgəst/ ▸ **i** **p.1085** *n* agosto *m*; *see also* **January**

Augustan /ɔːˈgʌstən/ *adj* **1** (Roman) de (César) Augusto **2** (neoclassical) neoclásico

Augustine /ˈɔːgəstiːn || ɔːˈgʌstɪn/ *n*: **(St) ~ (of Hippo/Canterbury)** (San) Agustín (de Hipona/Canterbury)

Augustinian¹ /ˌɔːgəˈstɪniən/ *n* agustino, -na *m,f*

Augustinian² *adj* agustino

Augustus /ɔːˈgʌstəs/ *n* Augusto; **Caesar ~, ~ Caesar** César Augusto

auk /ɔːk/ *n* alca *f*‡; **little ~** mérgulo *m* marino

auld /ɔːld ɑːld əʊld/ *adj* (Scot) (old) antiguo; **for ~ lang syne** por los viejos tiempos

aunt /ænt || ɑːnt/ *n* tía *f*; **A~ Mary** tía Mary; **my ~ and uncle** mis tíos

auntie /ˈænti || ˈɑːnti/ *n* (colloq) tía *f*, tiíta *f* (fam)

Aunt Sally /ˈsæli/ *n* (*pl* **~ ~lies**) (BrE) blanco *m* de las críticas

aunty *n* (*pl* **-ties**) ▸ **auntie**

au pair /ˌəʊˈper || ˌəʊˈpeə(r)/ *n* au pair *mf*; (*before n*): **~ ~ girl** chica *f* au pair

aura /ˈɔːrə/ *n* **1** (air) halo *m*, aura *m* **2** (Occult) aura *m*

aural /ˈɔːrəl/ *adj* auditivo; **~ comprehension** comprensión *f* auditiva

aureole /ˈɔːriəʊl/ *n* aureola *f*

auricle /ˈɔːrɪkəl/ *n* **1** (of heart) aurícula *f* **2** (ear) pabellón *m* de la oreja

auricular /ɔːˈrɪkjələr || ɔːˈrɪkjʊlə(r)/ *adj* **1** (of ear) auditivo **2** (of heart) auricular

auriculotherapy /ɔːˈrɪkjələˈθerəpi || ɔːˈrɪkjʊləˈθerəpi/ *n* [c u] (*pl* **-pies**) (Med) auriculoterapia *f*

aurora /ɔːˈrɔːrə/ *n* aurora *f*; **~ australis/borealis** aurora austral/boreal

auspices /ˈɔːspəsəz || ˈɔːspɪsɪz/ *pl n* (frml) **1** (patronage): **under the ~ of sb/sth** bajo los auspicios de algn/algo, auspiciado por algn/algo **2** (omens, conditions) auspicios *mpl*

auspicious /ɔːˈspɪʃəs/ *adj* (frml) prometedor, auspicioso (CS); **he has made a most ~ start** ha comenzado con muy buenos auspicios *or* de manera muy prometedora *or* (CS tb) auspiciosa; **on this ~ occasion** en esta feliz ocasión

auspiciously /ɔːˈspɪʃəsli/ *adv* con buenos auspicios, de manera prometedora, de manera auspiciosa (CS)

Aussie¹ /ˈɔːsi || ˈɒzi/ *n* (colloq) **1** (Australian) (BrE) australiano, -na *m,f* **2** (Australia) (Austral) Australia *f*

Aussie² *adj* (colloq) australiano

austere /ɔːˈstɪr || ɒˈstɪə(r), ɔːˈstɪə(r)/ *adj* ‹*person/lifestyle/decor*› austero; ‹*features*› severo

austerity /ɔːˈsterəti || ɒˈsterəti, ɔːˈsterəti/ *n* **1** [u] (of lifestyle, landscape) austeridad *f*; (of features) severidad *f* **2** [u] (economy, cutting back) austeridad *f*; **a policy of economic ~** una política de austeridad (económica); (*before n*) ‹*measures*› de austeridad; **~ lunch** *función benéfica consistente en una comida frugal* **3** [c] (circumstance) estrechez *f*, rigor *m*

Australasia /ˌɔːstrəˈleɪʒə, -ˈleɪʃə || ˌɒstrəˈleɪʒə, -ˈleɪʃə/ *n* Australasia *f*

Australasian /ˌɔːstrəˈleɪʒən, -ˈleɪʃən || ˌɒstrəˈleɪʒən, -ˈleɪʃən/ *adj* de Australasia

Australia /ɔːˈstreɪliə || ɒˈstreɪliə/ *n* Australia *f*

Australian¹ /ɔːˈstreɪliən || ɒˈstreɪliən/ *adj* australiano

Australian² ➡ *n* australiano, -na *m,f*

Australian Rules *n* [u] (Austral) (Sport) *tipo de fútbol con dieciocho jugadores por equipo que se juega con un balón ovalado, en un campo ovalado*

Austria /ˈɔːstriə || ˈɒstriə/ *n* Austria *f*

Austria-Hungary /ˌɔːstriəˈhʌŋgəri || ˌɒstriəˈhʌŋgəri/ *n* imperio *m* austro-húngaro, Austria-Hungría *f*

Austrian¹ /ˈɔːstriən || ˈɒstriən/ *adj* austriaco, austríaco

Austrian² *n* austriaco, -ca *m,f*, austríaco, -ca *m,f*

Austro-Hungarian /ˌɔːstrəʊhʌŋˈgeriən || ˌɒstrəʊhʌŋˈgeəriən/ *adj* austro-húngaro; **the ~ Empire** el imperio austro-húngaro

AUT *n* (in UK) **= Association of University Teachers**

autarchy /ˈɔːtɑːrki || ˈɔːtɑːki/ *n* [u c] autarquía *f*

autarky /ˈɔːtɑːrki || ˈɔːtɑːki/ *n* [u c] autarquía *f*, autarcía *f*

authentic /əˈθentɪk || ɔːˈθentɪk/ *adj* **1** (genuine) ‹*manuscript/painting*› auténtico **2** (realistic) ‹*atmosphere/dialogue*› realista, verosímil

authentically /əˈθentɪkli || ɔːˈθentɪkli/ *adv* fielmente

authenticate /əˈθentɪkeɪt || ɔːˈθentɪkeɪt/ *vt* **1** (declare genuine) autenticar*, autentificar* **2** (prove, confirm) probar*; **his story was ~d by eyewitnesses** su relato fue corroborado por testigos oculares

authentication /əˌθentɪˈkeɪʃən || ɔːˌθentɪˈkeɪʃən/ *n* [u] **1** (of painting, manuscript) autenticación *f*, autentificación *f* **2** (of story) corroboración *f*

authenticity /ˌɔːθenˈtɪsəti/ *n* [u] **1** (of manuscript, painting) autenticidad *f* **2** (of depiction, description) realismo *m*, verosimilitud *f*

author¹ /ˈɔːθər || ˈɔːθə(r)/ *n*

A (writer) escritor, -ra *m,f*; (in relation to her/his works) autor, -tora *m,f*; **Colette, the well-known French ~** Colette, la conocida escritora francesa; **the ~ of this book** el autor/la autora de este libro; **~'s copy** ejemplar *m* para el autor

B (originator— of plan, legislation) autor, -tora *m,f*, creador, -dora *m,f*; (— of success) artífice *mf*

author² *vt* (journ) escribir*

authoress /ˈɔːθərəs || ˈɔːθəres/ *n* escritora *f*

authorial /ɔːˈθɔːriəl/ *adj* de autor

authoring /ˈɔːθərɪŋ/ *adj*: **~ software** software *m* de autor; **~ system** sistema *m* de autor

authoritarian¹ /ɔːˌθɔːrəˈteriən || ɔːˌθɒrɪˈteəriən/ *n* autoritario, -ria *m,f*

authoritarian² *adj* autoritario

authoritarianism /ɔːˌθɔːrəˈteriənɪzəm || ɔːˌθɒrɪˈteəriənɪzəm/ *n* [u] autoritarismo *m*

authoritative /əˈθɔːrəteɪtɪv || ɔːˈθɒrətətɪv/ *adj*

A (reliable, respected) ‹*source*› fidedigno, autorizado; ‹*newspaper*› serio, de peso; ‹*work/study*› autorizado

B (commanding) autoritario

authoritatively /əˈθɔːrəteɪtɪvli || ɔːˈθɒrətətɪvli/ *adv* **1** (reliably) con autoridad **2** (commandingly) de manera autoritaria

authority /əˈθɔːrəti || ɔːˈθɒrəti/ *n* (*pl* **-ties**)

A [u] **1** (power) autoridad *f*; **they have no respect for ~** no respetan la autoridad; **those in ~** los que tienen la autoridad, los que mandan; **to have ~ over sb/sth** tener* autoridad sobre algn/algo; **I have no ~ in the matter** no tengo competencia en el asunto; **I'm not in a position of ~** no tengo autoridad; **to exercise one's ~** ejercer* su (*or* mi *etc*) autoridad **2** (authorization) **~ to + INF** autorización *f* PARA + INF; **he had my ~ to do it** tenía mi autorización para hacerlo; **he acted without proper ~** actuó sin la debida autorización; **to exceed one's ~** (frml) excederse en el ejercicio de sus atribuciones (frml) **3** (authoritativeness) autoridad *f*; **I can speak with some ~ on this subject** puedo hablar del tema con cierta autoridad; **his voice carried ~** su voz denotaba autoridad; **the champion played with real ~** el campeón jugó con verdadera maestría

B [c] (person, body) autoridad *f*; **I will pass on your complaint to the proper ~** *o* **authorities** haré llegar su queja a la(s) autoridad(es) competente(s); **the education ~** (esp BrE) *distrito escolar y autoridades correspondientes*; **the council is a government ~ set up to ...** el concejo es una entidad gubernamental creada para ...; **she was detained by the Belgian authorities** fue detenida por las autoridades belgas; **the museum authorities** la dirección del museo

C [c] **1** (expert) **~ (ON sth)** autoridad *f* (EN algo); **he is an ~ on the subject** es una autoridad en la materia **2** (source) autoridad *f*; **my ~ for (saying) this is the Bible itself** me baso en la propia Biblia; **to have sth on good ~** saber* algo de buena fuente; **I have it on the best ~ that ...** sé de la mejor de las fuentes que ...; **I have it on his own ~ that ...** él mismo me ha dicho que ...

authority file *n* (Comput, Ling) fichero *m* de autoridad, archivo *m* de autoridad

authorization /ˌɔːθərəˈzeɪʃən || ˌɔːθəraɪˈzeɪʃən/ *n* **1** [u] (permission) autorización *f*; **~ FOR sth/to + INF** autorización PARA algo/PARA + INF **2** [u] (giving permission) autorización *f*; **~ of the demolition work** la autorización de las obras de demolición **3** [c] (document) autorización *f*

authorize /ˈɔːθəraɪz/ *vt* **1** ‹*publication/demonstration*› autorizar*; ‹*funds/budget*› aprobar*; ‹*transaction/check*› autorizar* **2** (empower) **to ~ sb to + INF** autorizar* a algn PARA + INF; **I hereby ~ John James to receive the sum on my behalf** por la presente autorizo a John James para recibir la suma de dinero en mi nombre; **you are not ~d to enter this area** usted no está autorizado *or* no tiene autorización para entrar en esta zona **3** **authorized** *past p* ‹*procedure*› autorizado; **~d agent** agente *m* oficial; **~d dealer** distribuidor *m* autorizado; **~d capital** capital *m* social; **S authorized parking only** (estacionamiento *or* aparcamiento) reservado; **S authorized personnel only** prohibida la entrada a personas no autorizadas

Authorized Version *n*: *traducción inglesa de la Biblia hecha durante el reinado de Jacobo I de Inglaterra en 1611*

authorship /ˈɔːθərʃɪp || ˈɔːθəʃɪp/ *n* [u] autoría *f*

autism /ˈɔːtɪzəm/ *n* [u] autismo *m*

autistic /ɔːˈtɪstɪk/ *adj* autista

auto /ˈɔːtəʊ/ *n* (AmE) coche *m*, automóvil *m* (frml), carro *m* (AmL exc CS), auto *m* (esp CS); (*before n*):

➡ *ver* Variedades del inglés

a

~ **industry** industria *f* automotriz *or* del automóvil

auto- /'ɔːtəʊ/ *pref* [1] (self-) auto-; **~didact** autodidacta *mf*, autodidacto, -ta *m,f* [2] (relating to vehicles): **~sport** deporte *m* automovilístico [3] (automatic): **~feed** alimentación *f* automática

autobiographical /,ɔːtəbaɪə'græfɪkəl/ *adj* autobiográfico

autobiography /,ɔːtəbaɪ'ɑːgrəfi || ,ɔːtəbaɪ'ɒgrəfi/ *n* [u c] (*pl* **-phies**) autobiografía *f*; **I like reading ~** me gusta leer autobiografías

autocade /'ɔːtəʊkeɪd/ *n* ▸ **motorcade**

autochange /'ɔːtə(ʊ),tʃeɪndʒ/, **autochanger** /'ɔːtə(ʊ)tʃeɪndʒər || 'ɔːtə(ʊ),tʃeɪndʒə(r)/ *n* cargador *m* automático de CDs

autoclave /'ɔːtəʊkleɪv/ *n* autoclave *f or m*

autocracy /ɔː'tɑːkrəsi || ɔː'tɒkrəsi/ *n* [u c] (*pl* **-cies**) autocracia *f*

autocrat /'ɔːtəkræt/ *n* autócrata *mf*

autocratic /,ɔːtə'krætɪk/ *adj* autocrático

autocrime /'ɔːtəʊkraɪm/ *n* [u] (AmE) robos *mpl* de automóviles

autocross /'ɔːtəʊkrɔːs || 'ɔːtəʊkrɒs/ *n* [u] (BrE) autocross *m*

Autocue®, autocue /'ɔːtəʊkjuː/ *n* (BrE) autocue® *m*, teleprompter *m*

auto-da-fé /,ɔːtəʊdə'feɪ || ,ɔːtəʊdɑː'feɪ/ *n* (*pl* **autos-da-fé**) auto *m* de fe

auto-destruct¹ /,ɔːtəʊdɪ'strʌkt/ *n* autodestrucción *f*

auto-destruct² *vi* autodestruirse*

auto-dial¹ /'ɔːtəʊ,daɪl || 'ɔːtəʊ,daɪəl/ *n* marcación *f* automática, discado *m* automático (AmL), marcado *m* automático (Méx)

auto-dial² *vt/vi* marcar* automáticamente, discar* automáticamente (AmL)

autodidact /,ɔːtəʊ'daɪdakt/ *n* (frml) autodidacta *mf* (frml)

auto-erotic /,ɔːtəʊɪ'rɑːtɪk || ,ɔːtəʊɪ'rɒtɪk/ *adj* autoerótico

auto-eroticism /,ɔːtəʊɪ'rɑːtəsɪzəm || ,ɔːtəʊɪ'rɒtɪsɪzəm/ *n* [u] autoerotismo *m*

auto-exposure /,ɔːtəʊɪk'spəʊʒər || ,ɔːtəʊɪk'spəʊʒə(r)/ *n* [u c] autoexposición *f*

autoflash /'ɔːtəʊflæʃ/ *n* autoflash *m*, dispositivo *m* automático de flash

autofocus /'ɔːtəʊfəʊkəs/ *n* [u c] autofoco *m*

autogenic /,ɔːtəʊ'dʒenɪk/ *adj* autógeno

autogenous /ɔː'tɑːdʒənəs || ɔː'tɒdʒɪnəs/ *adj* autógeno

autograft /'ɔːtəʊgræft || 'ɔːtəʊgrɑːft/ *n* autotrasplante *m*

autograph¹ /'ɔːtəgræf || 'ɔːtəgrɑːf/ *n* autógrafo *m*; **may I have your ~?** ¿me podría dar su autógrafo?; (*before n*): **~ album/hunter** álbum *m* /cazador *m* de autógrafos; **~ manuscript** manuscrito *m* autógrafo

autograph² *vt* autografiar*

autoharp /'ɔːtəʊhɑːrp || 'ɔːtəʊhɑːp/ *n* autoarpa *m*

autohypnosis /,ɔːtəʊhɪp'nəʊsəs || ,ɔːtəʊhɪp'nəʊsɪs/ *n* [u] autohipnosis *f*

autoimmune /,ɔːtəʊɪ'mjuːn/ *adj* autoinmune

autoimmunity /,ɔːtəʊɪ'mjuːnəti/ *n* [u] autoinmunidad *f*

automat /'ɔːtəmæt/ *n* (in US) cafetería *f* (*donde máquinas automáticas despachan la comida*)

automata /ɔː'tɑːmətə || ɔː'tɒmətə/ *pl of* **automaton**

automate /'ɔːtəmeɪt/ *vt* automatizar*; **a fully ~d assembly line** una cadena de montaje totalmente automatizada

■ **automate** *vi* automatizarse*

automated /'ɔːtəmeɪtəd || 'ɔːtəmeɪtɪd/ *adj* automatizado; **~ teller machine** cajero *m* automático

automatic¹ /,ɔːtə'mætɪk/ *adj*

A (Tech, Telec) automático; **this model is fully ~** este modelo es totalmente automático; **to be on ~** estar* en automático

B [1] (inevitable): **you'll receive an ~ pay increase** recibirá automáticamente un aumento salarial; **since the crime took place in his house, he is an ~ suspect** como el delito tuvo lugar en su casa, inevitablemente es un sospechoso [2] (instinctive, reflex) ‹*response/reaction*› automático

automatic² *n* (car) coche *m* automático; (pistol) automática *f*, revólver *m* automático; (washing machine) lavadora *f* automática, lavarropas *m* automático (RPl)

automatically /,ɔːtə'mætɪkli/ *adv* [1] (of machine) automáticamente; **the oven switches itself off ~** el horno se apaga automáticamente *or* se apaga solo [2] (as a matter of course) automáticamente; **widows are ~ entitled to a pension** las viudas tienen automáticamente derecho a una pensión; **people ~ assume we're married** la gente da por hecho *or* por sentado que estamos casados [3] (instinctively) automáticamente; **he reacted ~** reaccionó automáticamente

automatic data processing *n* [u] procesamiento *m* automático de datos

automatic door *n* puerta *f* automática

automatic pencil *n* (AmE) portaminas *m*

automatic pilot *n* [c u] piloto *m* automático; **I'm working/running on ~ ~** (colloq) trabajo/ando como un autómata *or* un robot

automatic redial *n* tecla *f or* botón *f* de rellamada

automatic rifle *n* rifle *m* automático

automatic teller machine *n* cajero *m* automático

automatic transmission *n* transmisión *f* automática

automation /,ɔːtə'meɪʃən/ *n* [u] automatización *f*

automatism /ɔː'tɑːmətɪzəm || ɔː'tɒmətɪzəm/ *n* [u c] automatismo *m*

automaton /ɔː'tɑːmətən || ɔː'tɒmətən/ *n* (*pl* **automata** *or* **-tons**) autómata *m*

auto mechanic *n* mecánico, -ca *m,f* de coches

automobile /'ɔːtəməbiːl/ *n* (esp AmE) coche *m*, carro *m* (AmL exc CS), auto *m* (esp CS), automóvil *m* (frml); (*before n*): **~ industry** industria *f* automotriz *or* del automóvil; **~ club** automóvil club *m*

automotive /,ɔːtə'məʊtɪv/ *adj* (esp AmE) automotor; **~ industry** industria *f* automotriz

autonomous /ɔː'tɑːnəməs || ɔː'tɒnəməs/ *adj* ‹*state/region*› autónomo; **~ peripheral** (Comput) periférico *m* autónomo

autonomously /ɔː'tɑːnəməsli || ɔː'tɒnəməsli/ *adv* autónomamente

autonomy /ɔː'tɑːnəmi || ɔː'tɒnəmi/ *n* [u] autonomía *f*

autopilot /'ɔːtəʊ,paɪlət/ *n* piloto *m* automático

autopsy /'ɔːtɑːpsi || 'ɔːtɒpsi/ *n* (*pl* **-sies**) autopsia *f*; **to perform** *o* **carry out an ~ on sb** hacerle* la autopsia a algn

autoreverse /,ɔːtəʊrɪ'vɜːrs || ,ɔːtəʊrɪ'vɜːs/ *n* [u] rebobinado *m* automático

autosave¹ /'ɔːtəʊseɪv/ *n* archivado *m* automático

autosave² *vt* autoarchivar

auto-search /'ɔːtəʊ,sɜːrtʃ || 'ɔːtəʊ,sɜːtʃ/ *n* [u] búsqueda *f* automática

autosome /'ɔːtəsəʊm/ *n* (Biol) autosoma *m*

autosuggestion /,ɔːtəʊsə'dʒestʃən/ *n* [u] autosugestión *f*

auto-teller /'ɔːtəʊ,telər || 'ɔːtəʊ,telə(r)/ *n* cajero *m* automático

auto-timer /'ɔːtəʊ,taɪmər || 'ɔːtəʊ,taɪmə(r)/ *n* programador *m* automático

autotransplant /'ɔːtəʊ,trænsplænt || 'ɔːtəʊ,trænsplɑːnt, -,trɑːns-/ *n* autotransplante *m*

autovaccine /'ɔːtəʊ,væksiːn/ *n* autovacuna *f*

autowind /'ɔːtəʊwaɪnd/ *n* [u] arrastre *m* automático; (*before n*): **~ camera** cámara *f* de arrastre automático

autowinder /'ɔːtəʊwaɪndər || 'ɔːtəʊwaɪndə(r)/ *n* mecanismo *m* de arrastre automático

autozoom /'ɔːtəʊzuːm/ *n* zoom *m* automático

autumn /'ɔːtəm/ *n* (esp BrE) otoño *m*; **in (the) ~** en (el) otoño; **in the ~ of his life** en el otoño de su vida; (*before n*) ‹*day/weather*› de otoño, otoñal; **~ colors** colores *mpl* otoñales; **~ term** primer trimestre *m* (*del año académico*)

autumnal /ɔː'tʌmnəl/ *adj* otoñal; ‹*equinox*› de otoño

auxiliary¹ /ɔːg'zɪljəri/ *adj* auxiliar

auxiliary² *n* (*pl* **-ries**)

A [1] (helper, additional person) auxiliar *mf*, ayudante *mf*; **teaching ~** (profesor, -sora *m,f*) ayudante *mf*; **nursing ~** enfermero, -ra *m,f* auxiliar [2] **auxiliaries** *pl* (Mil) tropas *fpl* auxiliares

B **~ (verb)** (Ling) verbo *m* auxiliar

AV (Bib) = **Authorized Version**

avail¹ /ə'veɪl/ *v refl* (frml) **to ~ oneself OF sth** aprovechar algo; **I should like to ~ myself of this opportunity to thank you** quisiera aprovechar esta ocasión para darles las gracias

■ *vt* (dated): **it will ~ you/him/them nothing to complain** de nada te/le/les valdrá protestar, no vas/va/van a conseguir nada con protestar

avail² *n* [u] (liter): **to no ~** en vano; **we tried but all to no ~** lo intentamos, pero todo fue en vano; **it is of no ~** no sirve de nada, es inútil; **I have struggled all my life, and to what ~?** he luchado toda la vida y ¿para qué?

availability /ə,veɪlə'bɪləti/ *n* [u] [1] (of funds) disponibilidad *f*; (of goods) existencias *fpl*; (of labor) oferta *f*; **check the ~ of spare parts** averigua si es posible conseguir repuestos; **the easy ~ of alcohol** la facilidad con que se consiguen las bebidas alcohólicas; **subject to ~** siempre y cuando los/las tengamos en existencias [2] (being free) **~ FOR sth** disponibilidad *f* PARA algo

available /ə'veɪləbəl/ *adj* [1] (obtainable) (*pred*): **to be easily** *o* **readily ~** ser* fácil de conseguir; **cigarettes are ~ in packs of 10 or 20** los cigarrillos vienen *or* se venden en paquetes de 10 o 20; **these cups are ~ only as part of a set** estas tazas sólo se venden como parte de un juego; **brochures are ~ on request** hay folletos a disposición de quien los solicite; **food and drink will be ~ at the fair** en la feria habrá comida y bebida; **the smallest size/the only brand ~** la talla más pequeña/la única marca que hay; Ⓢ **available only on prescription** venta bajo receta médica [2] (at sb's disposal) ‹*resources/manpower*› disponible; **the ~ funds** los fondos disponibles, los fondos de que se dispone; **to examine the ~ alternatives** *o* **the alternatives ~** estudiar las posibles alternativas; **use every ~ means to prevent it** usa todos los medios a tu alcance *or* de que dispongas para impedirlo; **he uses every ~ minute for studying** aprovecha cada minuto que tiene para estudiar; **book me on the earliest ~ flight** consígame un billete en el primer vuelo que pueda; **~ FOR sth: these books are ~ for reference only** estos libros son sólo de consulta; **the club rooms are ~ for hire by members** los salones del club están a disposición de los socios que deseen alquilarlos; **~ TO sb: what other options were ~ to us?** ¿qué otras opciones teníamos?, ¿de qué otras opciones disponíamos?; **education should be ~ to all citizens** todos los ciudadanos deberían tener acceso a la educación; **to make sth ~ to sb** poner* algo a disposición de algn [3] (free, contactable) (*pred*) libre; **is the principal ~?** ¿está libre el director?, ¿podría hablar con el director?; **Mr Smith is not ~ for comment** el señor Smith no está dispuesto a formular declaraciones; **when will you be ~ to start work?** ¿cuándo podrá empezar a trabajar?; **I'm ~ all day on this number** se me puede localizar a cualquier hora del día en este teléfono [4] (sexually) (euph) (*pred*) libre y dispuesto

avalanche /'ævəlæntʃ || 'ævəlɑːnʃ/ *n* alud *m*, avalancha *f*

avant-garde¹ /,ɑːvɑːn'gɑːrd || ,ævɒn'gɑːd/ *n*: **the ~** la vanguardia

avant-garde² *adj* vanguardista, de vanguardia

a

avarice /'ævərəs || 'ævərɪs/ *n* [u] (liter) codicia *f* (liter), avaricia *f*

avaricious /,ævə'rɪʃəs/ *adj* (liter) codicioso, avaro

avatar /'ævətɑ:r || 'ævətɑ:(r)/ *n* avatar *m*, encarnación *f*

AVC *n*
A (Rad TV) = **automatic volume control**
B (to pension plan) (in UK) = **additional voluntary contribution**

Ave (= **Avenue**) Avda., Av.

avenge /ə'vendʒ/ *vt* 1 (take revenge for) vengar* 2 **avenging** *pres p* vengador; **avenging angel** ángel *m* vengador
■ *v refl* **to ~ oneself (ON sb) (FOR sth)** vengarse* (EN algn) (POR algo)

avenger /ə'vendʒər || ə'vendʒə(r)/ *n* (liter) vengador, -dora *m,f*

avenue /'ævənu: || 'ævənju:/ *n*
A 1 (tree-lined walk) paseo *m* (*arbolado*); **an ~ of poplars** una alameda 2 (broad street) avenida *f*; **Fifth A~** la Quinta Avenida
B (means, method) vía *f*; **new ~s of inquiry** nuevas vías de investigación; **this is one of the ~s we're exploring** ésta es una de las vías *or* posibilidades que estamos explorando

aver /ə'vɜ:r || ə'vɜ:(r)/ *vt* **-rr-** (frml) afirmar, asegurar

average[1] /'ævrɪdʒ 'ævərɪdʒ/ *n* (Math) promedio *m*, media *f*; **an ~ of 90 people a day** un promedio *or* una media de 90 personas por día, 90 personas al día como término medio; **she's very small — why, what's the ~ for her age?** es muy bajita — ¿por qué? ¿cuál es la altura normal para su edad?; **I earn $600 a week on (an) ~** gano un promedio *or* una media de 600 dólares a la *or* por semana, gano unos 600 dólares semanales, como promedio *or* como término medio; **to take the ~ of sth** hacer* *or* sacar* el promedio *or* la media de algo; **above/below (the) ~** por encima/por debajo de la media

average[2] *adj* 1 (Math) ‹*time/age*› medio, promedio *adj inv*; **the ~ speed** la velocidad media, la velocidad promedio; **he is of ~ height** es de estatura mediana *or* regular 2 (typical): **that's about ~ for a man of your height** eso es lo normal en *or* para un hombre de tu estatura; **the ~ man** el hombre medio; **the ~ family spends $35 a day on food** la familia tipo gasta $35 al día en comida; **she's not your ~ pop singer** (colloq) no es la típica cantante pop 3 (ordinary): **how was the movie? — ~** ¿qué tal la película? — normal *or* nada del otro mundo; **a very ~ meal** una comida nada especial *or* bastante mediocre

average[3] *vt* 1 (do, get on average): **he ~s $2,000 a week** gana un promedio *or* una media de 2.000 dólares por semana, saca unos 2.000 dólares por semana como término medio; **we ~d 80 miles a day** hicimos un promedio *or* una media de 80 millas al día; **the temperature has ~d 5°C over the last 12 days** durante los pasados 12 días la temperatura media ha sido de 5°C 2 (Math) calcular el promedio *or* la media de, promediar

(Phrasal verb)
• **average out**
A [v + o + adv, v + adv + o] ‹*costs/speed/output*› calcular el promedio *or* la media de
B [v + adv]: **it all ~s out in the end** al final, una cosa compensa la otra; **to ~ out AT/TO sth: our speed ~d out at about 60mph** hicimos una media *or* un promedio de 60 millas por hora; **they ~ out to the same figure** dan de promedio la misma cifra

average[4] *adv* (colloq) regular; **I did about ~ in the test** me fue regular en la prueba

averse /ə'vɜ:rs || ə'vɜ:s/ *adj* (*pred*) **to be ~ TO sth** ser* reacio A algo; **I'm not ~ to the idea of ...** no me disgusta la idea de ..., no soy reacio a la idea de ...; **would you be ~ to answering a few questions?** ¿tendría inconveniente en contestar unas preguntas?; **she's very ~ to criticism** detesta que la critiquen; **I'm not ~ to the occasional cigar** me gusta fumarme un puro de vez en cuando

aversion /ə'vɜ:rʒən, -ʃən || ə'vɜ:ʃən/ *n* 1 (dislike) (*no pl*) **~ TO sth/sb** aversión *f* A algo/algn; **he has an ~ to work/getting up early** le tiene aversión al trabajo/a levantarse temprano 2 [c] (hated object): **pop music is her pet ~** le tiene fobia a la música pop, aborrece la música pop; (*before n*): **~ therapy** terapia *f* por aversión

avert /ə'vɜ:rt || ə'vɜ:t/ *vt* 1 ‹*eyes/gaze*› **to ~ sth FROM sth** apartar algo DE algo 2 ‹*danger/suspicion*› evitar; ‹*accident/strike*› impedir*, evitar; ‹*threat*› conjurar

avian influenza *n* [u] (Vet Sci) gripe *f* aviar

aviary /'eɪvieri || 'eɪviəri/ *n* (*pl* **-ries**) pajarera *f*

aviation /,eɪvi'eɪʃən/ *n* [u] aviación *f*; (*before n*): **~ fuel** combustible *m or* carburante *m* de aviación

aviation industry *n* industria *f* aeronáutica

aviator /'eɪvieɪtər || 'eɪvieɪtə(r)/ *n* (frml) aviador, -dora *m,f*

avid /'ævəd || 'ævɪd/ *adj* 1 (enthusiastic) (*before n*) ‹*reader/interest*› ávido; ‹*fan/follower*› ferviente 2 (greedy) (*pred*) **to be ~ FOR sth** estar* ávido DE algo

avidly /'ævədli || 'ævɪdli/ *adv* con avidez, ávidamente

avionic /,eɪvi'ɑ:nɪk || ,eɪvi'ɒnɪk/ *adj* aviónico

avionics /,eɪvi'ɑ:nɪks || ,eɪvi'ɒnɪks/ *n* (+ *sing vb*) aviónica *f*

avocado /,ævə'kɑ:dəʊ/ *n* (*pl* **-dos**) 1 [u c] **~ (pear)** aguacate *m or* (Bol, CS, Per) palta *f* 2 [c u] (tree) aguacate *m or* (Bol, CS, Per) palto *m or* palta *f or* paltero *m* 3 ▸❶ p.1036 [u] (color) verde *m* pino

avocet /'ævəset/ *n* avoceta *f*

avoid /ə'vɔɪd/ *vt* 1 (keep away from) ‹*obstacle/place*› evitar; ‹*topic/question*› evitar, eludir; ‹*blow*› esquivar, eludir; **why are you ~ing me?** ¿por qué me rehúyes?, ¿por qué intentas eludirme?; **she ~ed his eyes** evitó mirarlo a los ojos, le eludió la mirada; **I'd managed to ~ being noticed until then** había logrado pasar inadvertido hasta entonces 2 (refrain from) evitar; **to ~ -ING** evitar + INF; **~ drawing attention to yourself** evita llamar la atención, procura no llamar la atención; **you can't ~ seeing her occasionally** no puedes evitar verla de vez en cuando 3 (save oneself from) ‹*trouble/embarrassment/accident*› evitar; **I don't pay if I can ~ it** si puedo evitarlo, no pago; **to ~ -ING** evitar + INF; **she only just ~ed being sent to prison** se salvó de ir a la cárcel por muy poco

avoidable /ə'vɔɪdəbəl/ *adj* evitable

avoidance /ə'vɔɪdns/ *n* [u]: **his skillful ~ of controversial issues** la habilidad con la que evitó *or* eludió los temas polémicos; **~ of physical contact** el evitar el contacto físico

avoirdupois /,ævərdə'pɔɪz || ,ævədə'pɔɪz, ,ævwɑ:djʊ'pwɑ:/ *n: sistema de medidas de peso usado en el mundo anglosajón*; **one pound ~** una libra *or* 453,6 gramos

avow /ə'vaʊ/ *vt* (liter) reconocer*, confesar*; **she ~ed herself (to be) one of his followers** reconoció *or* admitió ser seguidora suya

avowal /ə'vaʊəl/ *n* (liter) reconocimiento *m*, confesión *f*

avowed /ə'vaʊd/ *adj* (*before n*) declarado, confesado

avowedly /ə'vaʊədli || ə'vaʊɪdli/ *adv*: **he gave an ~ biased opinion** dio una opinión que reconoció no era imparcial; **she is ~ indifferent to it** le es indiferente y así lo reconoce

avuncular /ə'vʌŋkjələr || ə'vʌŋkjələ(r)/ *adj* paternal y amistoso

aw /ɔ:/ *interj* (AmE) ¡ah!

AWACS /'eɪwæks/ *n* = **airborne warning and control system**

await /ə'weɪt/ *vt* 1 (wait for) esperar; **we are anxiously ~ing more news** estamos impacientes a la espera de *or* esperando más noticias; **~ further instructions** espere a recibir nuevas instrucciones; **the result still ~s confirmation** el resultado no ha sido confirmado aún; **prisoners ~ing trial** detenidos a la espera de juicio; **a long ~ed event** un acontecimiento muy esperado 2 (be in store for) esperar, aguardar; **who knows what fate ~s us** quién sabe qué nos deparará el destino, quién sabe qué suerte nos espera *or* aguarda

awake[1] /ə'weɪk/ *adj* (*pred*) despierto; **to stay ~** no dormirse*, mantenerse* despierto; **are you ~?** ¿estás despierto?; **you kept me ~ all night** no me dejaste dormir en toda la noche; **to be wide ~** estar* totalmente despierto

awake[2] (*past* **awoke**; *past p* **awoken**) *vi* 1 (wake up) despertar*; **to ~ from a deep sleep** despertar* de un sueño profundo; **I awoke to find him gone** cuando (me) desperté, él se había ido 2 (become aware) **to ~ TO sth** ‹*to danger/reality*› darse* cuenta DE algo; **to ~ to the pleasure of music** descubrir* el placer de la música
■ **awake** *vt* 1 (wake up) despertar*; **I was awoken by the sound of footsteps** me despertó el ruido de pasos 2 (arouse) ‹*curiosity/suspicion/interest*› despertar*

awaken /ə'weɪkən/ 1 ▸**awake**[2] 2 **to ~ sb TO sth** abrirle* los ojos a algn SOBRE algo

awakening /ə'weɪkənɪŋ/ *n* despertar *m*; **the ~ of new love** el despertar de un nuevo amor; **~ TO sth: a gradual ~ to the dangers of ...** una toma de conciencia gradual acerca de los peligros de ...; ***a rude*** **~** una sorpresa muy desagradable; **I had a rude ~ when I saw the state of the house** me llevé una sorpresa muy desagradable cuando vi cómo estaba la casa; **you're in for a rude ~** te vas a llevar un chasco (fam)

award[1] /ə'wɔ:rd || ə'wɔ:d/ *vt* 1 ‹*prize/medal*› conceder, otorgar*; ‹*honor*› conferir*; ‹*pay increase/grant*› conceder; ‹*contract*› dar*, adjudicar*; **damages were ~ed against her ex-husband** su ex-marido fue condenado a indemnizarla por daños y perjuicios 2 (Sport) ‹*penalty/free kick*› conceder

award[2] *n* 1 [c] (prize) galardón *m*, premio *m*; (medal) condecoración *f* 2 [c] (sum of money) asignación *f*, suma *f* de dinero; (as damages) indemnización *f*; (grant) beca *f*; **an ~ of 8%** (Lab Rel) un aumento (por convenio) del 8% 3 [u] (awarding — of prize, grant, pay increase) concesión *f*; (— of contract) adjudicación *f*

award(s) ceremony *n* acto *m* de entrega de premios

award winner *n* ganador, -dora *m,f* (del *o* de los premios), premiado, -da *m,f*

award-winning /ə'wɔ:rd,wɪnɪŋ || ə'wɔ:d ,wɪnɪŋ/ *adj* (*before n*) galardonado, premiado

aware /ə'wer || ə'weə(r)/ *adj* 1 (conscious) (*pred*) **to be ~ OF sth** ser* consciente DE algo, darse* cuenta DE algo; **I'm well ~ of that** soy *or* (Chi, Méx) estoy muy consciente *or* tengo plena conciencia de eso, me doy perfecta cuenta de eso; **as far as I'm ~** que yo sepa; **I was ~ of someone behind me** sentí que había alguien detrás de mí; **he's not even ~ of my existence** ni siquiera sabe que existo; **I wasn't ~ of having offended anybody** no creí haber ofendido a nadie; **are you ~ of the problems you're causing?** ¿te das cuenta de los problemas que estás causando?; **I was dimly ~ of someone calling my name** oía vagamente que alguien me llamaba; **you have to be ~ of the latest teaching methods** tienes que estar al tanto de los últimos métodos pedagógicos; **to make people ~ of environmental issues** concientizar* (AmL) *or* (Esp) concienciar a la gente sobre los problemas del medio ambiente, hacer* que la gente tome conciencia de los problemas del medio ambiente; **we want to make people ~ of their rights** queremos que la gente tome conciencia de sus derechos; **to be ~ THAT: is your father ~ that you drink?** ¿sabe tu padre que bebes?; **when did you become ~ that something was wrong?** ¿cuándo te diste cuenta de que pasaba algo?; **I'm well ~ that it's dangerous** soy *or* (Chi, Méx) estoy muy consciente *or* tengo plena conciencia de que es peligroso; **~ (OF) WHAT/WHO** *etc*: **are you ~ (of) what this means/who you're talking to?** ¿te das cuenta de lo que esto significa/de con

a

quién estás hablando? 2 (alert, knowledgeable): **he's very ~ for his age** es muy despierto para su edad; **they are very politically ~** tienen mucha conciencia política

awareness /ə'wernəs || ə'weənɪs/ *n* [u] conciencia *f*; **political ~** conciencia *f* política; **~ OF sth**: **she has no ~ of the problem/other people's feelings** no es *or* (Chi, Méx) está consciente del problema/de los sentimientos de los demás; **we want to increase public ~ of the dangers of smoking** queremos que haya una mayor conciencia de los peligros del tabaco

awareness campaign *n* campaña *f* de concientización (esp AmL), campaña de concienciación (Esp); **public ~ ~** campaña *f* pública de concientización (esp AmL) *or* (Esp) de concienciación

awash /ə'wɔːʃ || ə'wɒʃ/ *adj* (*pred*) 1 (flooded) **to be ~ (WITH sth)** estar* inundado (DE algo) 2 (full of) **to be ~ WITH sth** estar* lleno DE algo, rebosar algo

away[1] /ə'weɪ/ *adv*

> ⚠ *away* often appears as the second element of certain verb structures in English (*back away, do away with, slip away*, etc). For translations, see the relevant verb entry (*back, do, slip*, etc).

A 1 (from place, person): **I looked ~** aparté la vista; **he limped ~** se alejó cojeando; **they dragged the fallen tree ~** se llevaron el árbol caído arrastrándolo; **I turned ~** me di la vuelta, me di vuelta (CS) 2 (indicating removal): **the bark had been stripped ~** habían quitado la corteza; *see also* **blow away**, ▸**take away**, **wash away**, **wipe away** *etc*

B 1 (in the distance): **it isn't far ~** no queda lejos; **we're still a long way ~** todavía estamos muy lejos; **Easter is a long way ~** falta mucho para Pascua; **it's 20 miles ~** queda a 20 millas; **she lives an hour's drive ~** vive a una hora de aquí en coche 2 (absent): **she's ~ in Canada** está en Canadá; **they're both ~ today** ninguno de los dos está hoy; **I'll be ~ all next week** toda la semana que viene no voy a estar *or* voy a estar fuera 3 (Sport) (esp BrE): **to play ~** jugar* fuera (de casa)

C (on one's way): **we were ~ before sunrise** partimos *or* salimos antes del amanecer; **a couple of drinks and she's ~** (colloq) se toma un par de copas y se desata; **you only have to mention golf and he's ~** (colloq) apenas le mencionas el golf y no hay quien lo pare

D 1 (*with imperative*): **I've got some questions to ask you — OK, ask ~!** tengo algunas preguntas que hacerle —¡dígame! *or* (AmL tb) ¡pregunte nomás!; *see also* **fire away** 2 (continuously): **he's been painting ~ all morning** se ha pasado toda la mañana pintando; **I could hear him singing ~ in the bath** lo oía cantar en el baño

E 1 (into nothing): **the ghostly figure melted ~ into the darkness** la figura fantasmal se desvaneció en la oscuridad; *see also* **die away**, ▸**fade away**, **waste away**, *etc* 2 (indicating use of time): **you're dreaming your life ~** se te está yendo la vida en sueños; **they danced the night ~** bailaron toda la noche

F **away from** (*as prep*) 1 (in opposite direction to): **to face ~ from the light** ponerse* de espaldas a la luz; **the hotel faces ~ from the sea** el hotel da hacia el lado opuesto al mar; **she pulled the child ~ from the cliff edge** apartó al niño del borde del acantilado 2 (at a distance, separated from) lejos de; **~ from his family** lejos de su familia; **stand well ~ from the fire** no te acerques al fuego; **the ideal place if you want to be/get ~ from it all** el lugar ideal si te quieres alejar del mundanal ruido

G **away with** (liter) (*as prep*): **~ with her to the tower!** ¡llevadla a la torre!; **~ with these stale old conventions!** ¡abajo con estos convencionalismos caducos!

away[2] *adj* (*before n*): **~ team** equipo *m* visitante; **~ game** *o* (BrE also) **match** partido *m* que se juega fuera (de casa); **~ win** victoria *f* fuera de casa

awe /ɔː/ *n* [u] sobrecogimiento *m*; **they were filled with ~** se sobrecogieron; **she is in ~ of her superiors** se siente intimidada por sus superiores; **to hold sb in ~** sentir* *or* tener* un respeto reverencial por algn

awed /ɔːd/ *adj* sobrecogido, turbado; **they were ~ by the beauty of the landscape** se sintieron sobrecogidos por la belleza del paisaje; **they are somewhat ~ by their son's achievements** se sienten un tanto intimidados por los éxitos de su hijo

awe-inspiring /'ɔːɪn,spaɪrɪŋ || 'ɔːɪn,spaɪərɪŋ/ *adj* impresionante, imponente

awesome /'ɔːsəm/ *adj* 1 ‹*task/achievement*› imponente, formidable 2 (*as interj*) (AmE) ¡impresionante!

awestruck /'ɔːstrʌk/ *adj* atemorizado

awful[1] /'ɔːfəl/ *adj*

A (colloq) 1 ‹*journey/weather/day*› horrible, espantoso, atroz; ‹*clothes*› horroroso, espantoso; ‹*joke/movie*› malísimo, pésimo; **it smells ~** huele muy mal, tiene un olor que apesta (fam); **he's an ~ man** es un repugnante; **I know it sounds ~, but I found it amusing** te parecerá una barbaridad, pero me hizo gracia; **I felt ~** me sentía fatal *or* muy mal; **I've an ~ feeling I left the door unlocked** ¡qué horror! me parece que no cerré la puerta con llave; **for one ~ moment I thought he had seen me** pasé un momento horrible *or* espantoso creyendo que me había visto; **you are ~! I didn't mean** *that* ¡qué malo eres! *or* ¡qué mal pensado eres! no fue eso lo que quise decir; **I'm ~ at chess** soy un desastre jugando al ajedrez; **how ~ for the poor girl!** ¡qué horror! ¡pobre chica! 2 (*as intensifier*): **she's an ~ snob/bore** es terriblemente esnob/aburrida; **there were an ~ lot of people there** había muchísima gente; **he doesn't eat an ~ lot** no come mucho; **there's not an ~ lot to say** no hay mucho que decir

B 1 (awesome) (arch) imponente 2 (terrible) (liter) ‹*revenge/destruction*› atroz

awful[2] *adv* (AmE colloq) (*as intensifier*): **I'm ~ hot** tengo un calor espantoso; **it's an ~ long way to Tulsa** Tulsa está lejísimos

awfully /'ɔːfli/ *adv* 1 (*as intensifier*) (colloq): **he's ~ rich** es riquísimo; **they were ~ kind** fueron amabilísimos; **that's ~ nice of you** es muy amable de tu parte; **that's ~ rude of them** ¡qué grosería (de su parte)!; **I'm ~ sorry** lo siento de veras *or* en el alma; **it's not ~ difficult/important** no es terriblemente difícil/importante 2 (badly) espantosamente

awfulness /'ɔːfəlnəs || 'ɔːfəlnɪs/ *n* [u] 1 (of weather, journey) lo espantoso *or* atroz; (of clothes) lo horroroso *or* espantoso 2 (of destruction) (liter) atrocidad *f*

awhile /ə'hwaɪl || ə'waɪl/ *adv* (arch) un rato; **not yet ~** aún no, por el momento no

awkward /'ɔːkwərd || 'ɔːkwəd/ *adj*

A (clumsy) ‹*movement/person*› torpe; ‹*phrase/expression*› poco elegante

B 1 (difficult, inconvenient) ‹*shape/angle*› incómodo, poco práctico; **it's an ~ place to get to by rail** es difícil llegar allí en tren; **Tuesday's ~ for me** el martes me es difícil *or* no me viene bien; **you've called at a rather ~ moment, I'm afraid** me temo que llamas en mal momento *or* en un momento inoportuno; **she could make things very ~ for you** te podría hacer la vida imposible 2 (difficult to deal with) difícil; **he's an ~ customer** (colloq) es un tipo muy difícil (fam); **he's at an ~ age** está en una edad difícil

C 1 (delicate, embarrassing) ‹*decision/subject*› delicado; **you've put me in a very ~ position** me has puesto en una situación muy violenta *or* embarazosa 2 (embarrassed) ‹*silence*› incómodo, violento; **an ~ smile** una sonrisa forzada; **I feel ~ in his company** me encuentro incómodo *or* no estoy a gusto con él; **I feel ~ about discussing it with the doctor** me resulta violento hablarlo con el médico

awkwardly /'ɔːkwərdli || 'ɔːkwədli/ *adv* 1 (clumsily) ‹*move*› torpemente, con torpeza; ‹*express oneself*› con poca fluidez *or* elegancia 2 (inconveniently): **~ situated** mal situado; **~ timed** inoportuno 3 (with embarrassment): **he fidgeted ~ with his tie** violento *or* incómodo, jugueteaba con su corbata

awkwardness /'ɔːkwərdnəs || 'ɔːkwədnɪs/ *n* [u]

A (clumsiness) torpeza *f*

B 1 (of shape) lo incómodo, lo poco práctico; (of timing) lo inoportuno 2 (uncooperative conduct) falta *f* de cooperación

C 1 (delicacy — of subject) lo delicado *or* difícil; (— of situation) lo violento *or* embarazoso 2 (gaucheness) torpeza *f*

awl /ɔːl/ *n* punzón *m*

awning /'ɔːnɪŋ/ *n* (over door, window) toldo *m*; (on deck) toldilla *f*, toldo *m*; (on wagon) entalamadura *f*

awoke /ə'wəʊk/ *past of* **awake**[2]

awoken /ə'wəʊkən/ *past p of* **awake**[2]

AWOL /'eɪwɔːl || 'eɪwɒl/ *adj* (*pred*) (**= absent without leave**) ausente sin permiso; **to go ~** ausentarse sin permiso

awry /ə'raɪ/ *adj* (*pred*) torcido; **his hat/tie was ~** llevaba el sombrero torcido/la corbata torcida; **her clothes were all ~** llevaba la ropa mal puesta; **to go ~** salir* mal, fracasar; **our plans went hopelessly ~** nuestros planes fracasaron rotundamente

ax[1], (BrE) **axe** /æks/ *n* hacha *f*‡; **the ~ fell on public spending** hubo recortes en el gasto público; ***to give sb the ~*** despedir* *or* echar a algn; **I was the first to get** *o* **be given the ~** fui el primero al que despidieron *or* echaron *or* pusieron en la calle; **the series was given the ~ after only three episodes** suprimieron *or* cancelaron la serie después de tan sólo tres capítulos; ***to have an ~ to grind*** tener* un interés personal; **I have no ~ to grind** yo no tengo un interés personal en el asunto, a mí ni me va ni me viene (fam)

ax[2], (BrE) **axe** *vt* (journ) ‹*expenditure/costs*› recortar, reducir*; ‹*project/services*› suprimir, cancelar; ‹*jobs*› suprimir, eliminar; ‹*employee*› despedir*

axel /'æksəl/ *n* (salto m) axel *m*

axiom /'æksiəm/ *n* axioma *m*

axiomatic /,æksiə'mætɪk/ *adj* (Math, Phil) axiomático

axis /'æksəs || 'æksɪs/ *n* (*pl* **axes** /'æksiːz/) 1 eje *m* 2 **the Axis** (Hist) el Eje

axle /'æksəl/ *n* eje *m*; **rear/front ~** eje trasero/delantero *or* frontal; (*before n*): **~ box** *o* **housing** caja *f* del diferencial; **~ load** carga *f* axial

ay(e)[1] /aɪ/ *interj* 1 (yes) (dial) sí; **~, ~, sir** (Naut) a la orden, mi capitán (*or* almirante *etc*) 2 (expression of surprise) (BrE colloq): **~ ~, what's going on here?** a ver ¿qué pasa aquí?

ay(e)[2] /eɪ/ *adv* (poet or arch) siempre; **for ~** por siempre jamás

ayatollah /,aɪə'təʊlə || ,aɪə'tɒlə/ *n* ayatola *m*

ayes /aɪz/ *pl n*: **the ~ have it** gana el sí

AYH *n* **= American Youth Hostels**

AZ = Arizona

azalea /ə'zeɪljə/ *n* azalea *f*

Azerbaijan /,æzərbaɪ'dʒɑːn || ,æzəbaɪ'dʒɑːn/ *n* Azerbaiyán *m*, Azerbaiján *m*

Azerbaijani[1] /,æzərbaɪ'dʒɑːni || ,æzəbaɪ'dʒɑːni/ *adj* azerbaiyaní

Azerbaijani[2] *n* azerbaiyaní *mf*

azimuth /'æzəməθ || 'æzɪməθ/ *n* acimut *m*, azimut *m*

Azores /'eɪzɔːrz || ə'zɔːz/ *pl n*: **the ~** las Azores

Aztec[1] /'æztek/ *adj* azteca

Aztec[2] *n* azteca *mf*

azure[1] /'æʒər || 'æzjʊə(r)/ *adj* 1 ▸❶ **p.1036** (liter) ‹*sky/sea*› azur (liter), azul celeste; **~ blue eyes** ojos *mpl* zarcos (liter) 2 (in heraldry) azur

azure[2] ▸❶ **p.1036** *n* [u] (liter) azur *m* (liter)

Bb

b, B /biː/ *n*
A 1▸ (letter) b, B *f* 2▸ (Mus) si *m*; *see also* **a A2** 3▸ (grade) (Educ) *calificación en la escala que va de A a F en orden decreciente*
B (blood group) B *m*; ▸**blood group**
C (= **born**) n.
D (in sizes of paper) (BrE): **B4** B4 (*250 x 353mm*); **B5** B5 (*176 x 250mm*)
E (secondly) (*as linker*) en segundo lugar, número dos
F (in UK) (Transp) *indicador de carretera comarcal, local o secundaria*; (*before n*): **B road** carretera *f* comarcal *or* local *or* secundaria

BA *n* (= **Bachelor of Arts**) (person) licenciado, -da *m,f* (*en Filosofía y Letras*); (degree) licenciatura *f*; **Jane Smith,** ~ Lic. Jane Smith; **he's a** ~ es licenciado, tiene una licenciatura

baa[1] /bæ || bɑː/ *n* balido *m*

baa[2] *vi* balar

baa-lamb /ˈbɑːlæm/ *n* (BrE colloq: used to or by children) corderito *m*

Baath /bɑːθ/ *adj* ‹*party/activist*› baasista

babble[1] /ˈbæbəl/ *n* (*no pl*) 1▸ (of voice, voices): **a cry rang out above the** ~ **of voices** se oyó un grito por encima del murmullo de voces; **her answer came out in a confused** ~ balbució una confusa respuesta; **the baby's** ~ el balbuceo del bebé 2▸ (of water) susurro *m* (liter), murmullo *m* (liter)

babble[2] *vi* 1▸ (talk foolishly) parlotear (fam); **he** ~**d on** siguió parloteando (fam) 2▸ (talk unintelligibly) farfullar; «*baby*» balbucear; **a babbling brook** (liter) un arroyo rumoroso (liter)
■ **babble** *vt* farfullar, barbotar

babe /beɪb/ *n* 1▸ (little child) (liter) criatura *f*; **a** ~ **in arms** un bebé, un niño de pañales *or* de brazos; **compared to them, I was just a** ~ **in arms** al lado de ellos, yo estaba en pañales *or* en mantillas; ***to be*** ~***s in the wood*** estar* totalmente perdidos 2▸ (esp AmE colloq) (*as form of address — to woman*) nena (fam), ricura (fam); (— to man) nene (fam); **c'mon** ~**!** (AmE) (Sport) ¡vamos!, ¡dale!

babel /ˈbeɪbəl/ *n* 1▸ **Babel** (Bib) Babel *m*; **the Tower of B**~ la Torre de Babel 2▸ (confusion) (liter) (*no pl*) babel *f* (liter)

babe magnet *n* (colloq) tipo *m* con mucho gancho (fam), tío *m* con mucho gancho (Esp fam)

babiche /bəˈbiːʃ/ *n* [u] tiras *fpl* de cuero retorcido (*que usaban los indios norteamericanos para hacer distintas ataduras*)

baboon /bæˈbuːn || bəˈbuːn/ *n* babuino *m*

babushka /bəˈbuːʃkə ˈbæbʊʃkə/ *n*
A (old woman) anciana *f*, abuela *f*
B (AmE) (headscarf) pañuelo *m* de cabeza

baby[1] /ˈbeɪbi/ *n* (*pl* **babies**)
A 1▸ (infant) bebé *m*, niño, -ña *m,f*, bebe, -ba *m,f* (Per, RPl), guagua *f* (Andes); **I'm going to have a** ~ estoy embarazada, voy a tener un hijo *or* un niño; **I'm having a** ~ **in May** espero un niño para mayo; **she's having the** ~ **at home** va a tener el niño *or* a dar a luz en casa; **he cried like a** ~ lloró como un niño; **don't be such a** ~**!** ¡no seas niño!; ***to leave sb holding the*** ~ (BrE) cargarle* el muerto a algn (fam); ***to throw the*** ~ ***out with the bathwater*** tirar las frutas frescas con las pochas 2▸ (animal) cría *f* 3▸ (youngest member) benjamín, -mina *m,f* 4▸ (pet, concern) (colloq): **the campaign is her** ~ la campaña es su proyecto *or* su criatura
B (girlfriend) (esp AmE colloq) nena *f* (fam), chica *f*; (*as form of address*) nena, cariño; (boyfriend) chico *m*; (*as form of address*) cariño

baby[2] *adj* 1▸ (infant): ~ **boy** niño *m*, nene *m*, varón *m* (esp AmL); ~ **girl** niña *f*, nena *f*; **my** ~ **brother/sister** mi hermanito/hermanita; **a** ~ **bear** un osito 2▸ (small) ‹*clams/corn*› pequeño

baby[3] *vt* **-bies, -bying, -bied** mimar, malcriar*

baby alarm *n* intercomunicador *m*, interfono *m*

baby battering *n* [u] maltrato *m* infantil

baby-blue /ˈbeɪbiˌbluː/ ▸ⓘ **p.1036** *adj* (*pred* **baby blue**) azul celeste *or* claro *adj inv*, celeste (AmL)

baby blue ▸ⓘ **p.1036** *n* [u] azul *m* celeste *or* claro, celeste *m* (AmL)

baby boom *n* boom *m* de la natalidad

baby boomer /ˈbuːmər || ˈbuːmə(r)/ *n*: *persona nacida inmediatamente después de la segunda guerra mundial*

baby bouncer *n* (BrE) saltador *m* (para bebés)

baby buggy *n* (AmE) ▸**baby carriage**

Baby Buggy® *n* (BrE) sillita *f* (*de paseo*), carriola *f* (Méx)

baby bust *n* (AmE colloq) descenso *m* de la natalidad, caída *f* de la natalidad

baby buster *n* (AmE colloq); *persona nacida a finales de los sesenta o principios de los setenta, época de baja natalidad en EE.UU.*

baby carriage *n* (AmE) cochecito *m* de bebé, carriola *f* (Méx)

baby carrier *n* portabebés *m*, mochila *f* para bebés

baby-doll /ˈbeɪbiˈdɑːl || ˌbeɪbidɒl/ *adj*: ~ **nighty** baby-doll *m*, camisoncito *m*

baby face *n* cara *f* de niño/niña

baby-faced /ˈbeɪbifeɪst/ *adj* ‹*person*› con cara de niño/niña; ‹*charm/innocence*› angelical

baby food *n* [u] alimento *m* para bebés, comida *f* para bebés, comida *f* para guaguas (Andes)

baby grand *n* piano *m* de media cola

Babygro® /ˈbeɪbigrəʊ/ *n* (BrE) mameluco *m* (AmL), pelele *m* (Esp), enterito *m* (RPl), osito *m* (Chi)

babyhood /ˈbeɪbihʊd/ *n* [u] primera infancia *f*

babyish /ˈbeɪbiɪʃ/ *adj* infantil

Babylon /ˈbæbəlɑːn || ˈbæbɪlən/ *n* Babilonia *f*

Babylonian /ˌbæbəˈləʊniən || ˌbæbɪˈləʊniən/ *adj* ‹*civilization/art*› babilónico; ‹*king*› babilonio

baby minder *n* cuidador, -dora *m,f* infantil, ≈ niñero, -ra *m,f* (*que cuida a un niño mientras los padres trabajan*)

baby monitor *n* interfono *m*, intercomunicador *m*

baby oil *n* [u] aceite *m* para bebés, aceite *m* para guaguas (Andes)

baby's breath *n* [u] gipsófila *f*

baby shower *n* (AmE); *fiesta en la que los invitados llevan regalos al futuro bebé*

baby-sit /ˈbeɪbisɪt/ (*pres p* **-sitting**; *past & past p* **-sat**) *vi* cuidar niños, hacer* de canguro (Esp); **I'll** ~ **for you** yo te cuido a los niños (*or* al niño *etc*)
■ **baby-sit** *vt* ‹*child*› cuidar

baby-sitter /ˈbeɪbiˌsɪtər || ˈbeɪbiˌsɪtə(r)/ *n* baby sitter *mf*, canguro *mf* (Esp)

baby-sitting /ˈbeɪbiˌsɪtɪŋ/ *n* [u]: ~ **is badly paid** pagan poco por cuidar niños *or* (Esp) por hacer de canguro

baby sling *n* portabebés *m*

baby-snatcher /ˈbeɪbiˌsnætʃər || ˈbeɪbi ˌsnætʃə(r)/ *n* (BrE colloq) secuestrador, -dora *m,f* de bebés

baby talk *n* [u] lenguaje *m* de bebé, ≈ lengua *f* de trapo; **don't use** ~ ~ **to her** no le hables en media lengua (fam)

baby walker *n* (esp BrE) andador *m or* (Esp) tacatá *m or* (Col) caminador *m or* (Méx, Ven) andadera *f*

baby wipe *n* toallita *f* húmeda (para bebés)

baccalaureate[1] /ˌbækəˈlɔːriət/ *n* 1▸ (AmE) licenciatura *f* 2▸ (in France) bachillerato *m*

baccalaureate[2] *adj* (AmE): ~ **degree** licenciatura *f*

baccarat /ˌbækəˈrɑː, ˌbɑː- || ˈbækərɑː/ *n* [u] bacará *m*

bacchanalia /ˌbækəˈneɪljə/ *n* [c u] (liter) (festival) bacanales *fpl*; (orgy) bacanal *f*

Bacchus /ˈbækəs/ *n* Baco

baccy /ˈbæki/ *n* [u] (BrE colloq & dated) tabaco *m*

bach /bætʃ/ *n* (*pl* **-es**) (NZ) (holiday house) casita *f* de veraneo

bachelor /ˈbætʃələr || ˈbætʃələ(r)/ *n*
A (single man) soltero *m*; **a confirmed** ~ un soltero empedernido; (*before n*): ~ **apartment** *o* (BrE) **flat** apartamento *m* de soltero, departamento *m* de soltero (AmL), piso *m* de soltero (Esp), bulín *m* (RPl); ~ **girl** (dated) chica *f* soltera; **the** ~ **life** la vida de soltero, la soltería
B (Educ) licenciado, -da *m,f*; **B**~ **of Arts/Science/Education** (degree) licenciatura *f* en Filosofía y Letras/en Ciencias/en Educación; (person) licenciado, -da *m,f* en Filosofía y Letras/en Ciencias/en Educación
C (Can) (apartment) apartamento *m* de soltero, departamento *m* de soltero (AmL), piso *m* de soltero (Esp), bulín *m* (RPl)

bachelorette /ˌbætʃələˈret/ *n* (AmE) soltera *f*

bachelorette party *n* (AmE) despedida *f* de soltera

bachelorhood /ˈbætʃələrhʊd || ˈbætʃələhʊd/ *n* [u] soltería *f*

bachelor pad *n* (colloq) apartamento *m* de soltero, departamento *m* de soltero (AmL), piso *m* de soltero (Esp), bulín *m* (RPl fam)

bachelor party *n* (*pl* ~ **-ties**) (AmE) despedida *f* de soltero

bachelor's degree *n* licenciatura *f*

bacillus /bəˈsɪləs/ *n* (*pl* **-li** /-laɪ/) bacilo *m*

back[1] /bæk/ *n*
A ▸ⓘ **p.965** [c] (Anat) (of human) espalda *f*; (of animal) lomo *m*; **he was lying on his** ~ estaba tumbado boca arriba; **I fell on my** ~ me caí de espaldas; **he was flat on his** ~ **for a month** estuvo un mes en cama sin moverse; **he was standing with his** ~ **to the door** estaba (de pie) de espaldas a la puerta; **you break your** ~ **working and ...** te deslomas *or* te partes el lomo trabajando y ...; **while my** ~ **was turned he went and told the boss** fue y se lo contó al

b

jefe a mis espaldas; **I was glad to see the ~ of him** me alegré de que se fuera; ***behind sb's* ~**: **they laugh at him behind his ~** se ríen de él a sus espaldas; **they went behind my ~ and wrote to him** le escribieron sin consultarme *or* sin mi autorización; ***on the* ~ *of sb/sth*** a costa de algn/algo; ***to be on sb's* ~** (colloq) estarle* encima a algn; **I had the boss on my ~** tenía al jefe encima; **just get off my ~!** déjame en paz (fam); ***to break the* ~ *of a job*** hacer* la parte más difícil de un trabajo; ***to get*** *o* ***put sb's* ~ *up*** (colloq) irritar a algn; ***to put one's* ~ *into sth*** poner* empeño en algo; ***to turn one's* ~ *on sb*** volverle* la espalda a algn; **she turned her ~ on her family** le volvió la espalda a su familia; ▸**scratch² A4**

B [c] **1** (of chair) respaldo *m*; (of dress, jacket) espalda *f*; (of electrical appliance, watch) tapa *f* **2** (reverse side — of envelope, photo) dorso *m*, revés *m*; (— of head) parte *f* posterior *or* de atrás; (— of hand) dorso *m*; **the ~ of the neck** la nuca; **read the instructions on the ~** lea las instrucciones al dorso; ***on the* ~ *of an envelope*** en forma improvisada **3** **back to front**: **your sweater is on ~ to front** te has puesto el suéter al revés; **no, you've got it ~ to front:** *she* **asked** *him* **out** no, es al revés, fue ella quien lo invitó a él; ▸**hand¹ B**

C [c u] (rear part): **the ~ of the hall** el fondo de la sala; **the ~ of the car** la parte trasera *or* de atrás del coche; **the ~ of the house** la parte de atrás de la casa; **a truck ran into the ~ of me** un camión me chocó por detrás; **at the ~ of the drawer** en el fondo del cajón; **we sat at the ~** nos sentamos al fondo; **I'll sit in the ~** (of car) yo me siento detrás *or* (en el asiento de) atrás; **there's a yard at the ~** hay un patio atrás; **we stood at the ~ of the line** nos pusimos al final de la cola; **(in) ~ of the sofa** (AmE) detrás del sofá; **he's out ~ in the yard** (AmE) está en el patio, al fondo; ***in the* ~ *of beyond*** quién sabe dónde, en el quinto pino (Esp fam), donde el diablo perdió el poncho (AmS fam)

D [c] (Sport) defensa *mf*, zaguero, -ra *m,f*

back² *adj (before n, no comp)*

A (at rear) ‹*seat/wheel*› trasero, de atrás; ‹*garden/yard/room/door*› de atrás; **the ~ row** la última fila; **~ tooth** muela *f*

B (of an earlier date): **~ copy** *o* **number** *o* **issue** número *m* atrasado; **~ pay** atrasos *mpl*

C (Ling) ‹*vowel*› posterior

back³ *adv*

A (indicating return, repetition): **he invited me ~ for coffee** me invitó a volver a su casa a tomar un café; **we can get there and ~ in an hour** podemos ir y volver en una hora; **the journey ~** el viaje de vuelta; **I'll be ~ by eight o'clock** estaré de vuelta para las ocho, volveré antes de las ocho; **Edwin is ~ from Paris** Edwin ha vuelto de París; **it's ~ to work on Monday** el lunes hay que volver al trabajo; **John is ~ in Toronto** John ha vuelto a Toronto; **the Democrats are ~ in power** los demócratas han vuelto al poder; **long hair is ~ (in fashion)** vuelve (a estar de moda) el pelo largo; **meanwhile, ~ at the house ...** mientras tanto, en la casa ...; **to run/fly ~** volver* corriendo/en avión; **I'll drive you ~** te llevo de vuelta en coche; **we arrived ~ in Cambridge tired but happy** regresamos a Cambridge cansados pero contentos; **she came ~ out** volvió a salir; **I'll mail it ~** lo devolveré por correo, lo mandaré de vuelta por correo; **he asked for the ring ~** pidió que le devolviera el anillo; **he lapsed ~ into a coma** volvió a caer en coma; *see also* **go back**, ▸**take back** *etc*

B (in reply, reprisal): **hang up and I'll call you ~** cuelga, que yo te llamo; **he slapped her and she slapped him ~** él la abofeteó y ella le devolvió la bofetada

C **1** (backward): **we forced the enemy further ~** obligamos al enemigo a retroceder; **take two steps ~** da dos pasos atrás; **shoulders ~, chest out** hombros hacia atrás, sacando pecho; **to travel ~ in time** viajar hacia atrás en el tiempo **2** (toward the rear) atrás; **we can't hear you ~ here** aquí atrás no te oímos; **the British runner is ~ in sixth place** el corredor británico está en sexta posición; *see also* **hold back**, ▸**keep back** *etc*

D (in, into the past): **I bought it ~ in 1972** lo compré (ya) en 1972; **it happened a few years ~** pasó hace unos años; **we didn't have television ~ in those days** en aquellos tiempos no teníamos televisión; **I first mentioned it as far ~ as last June** lo mencioné por primera vez ya en junio; **further ~ than the 14th century** antes del siglo XIV; **that's the furthest ~ I can remember** no recuerdo nada anterior a eso

E **back and forth = backward(s) and forward(s)**; *see* **backward² 4**

back⁴ *vt*

A **1** (support) ‹*person/decision/claim*› respaldar, apoyar **2** (Fin) ‹*loan/bill*› avalar **3** (bet money on) ‹*horse/winner/loser*› apostar* por

B (reverse): **he ~ed the car out of the garage** sacó el coche del garaje dando marcha atrás *or* (Col, Méx) en reversa

C (stiffen) reforzar*; (line) forrar

D (lie behind): **a beach ~ed by tall pine trees** una playa bordeada de altos pinos; **a house ~ed by open fields** una casa cuyo fondo da a campo abierto

E (Mus) acompañar

■ **back** *vi* **1** (move backward) «*person*» retroceder; «*vehicle/driver*» dar* marcha atrás, echar *or* meter reversa (Col, Méx); **he ~ed into a lamppost** se dio contra una farola al dar marcha atrás *or* (Col, Méx) al meter reversa **2** «*wind*» cambiar de dirección (*en sentido contrario al de las agujas del reloj*)

Phrasal verbs

- **back away** [v + adv] echarse atrás; **to ~ away FROM sth** evitar algo; **to ~ away from trouble/confrontation** evitar problemas/confrontaciones
- **back down** [v + adv] volverse* atrás, echarse para atrás
- **back off** [v + adv] **1** ▸**back away** **2** (keep distance) (sl) retroceder
- **back on to** [v + adv + prep + o]: **the house ~s on to the river** el fondo de la casa da al río
- **back out** [v + adv] **1** (withdraw) volverse* atrás, echarse para atrás; **it's too late to ~ out now** ya es demasiado tarde para volverse atrás *or* echarse para atrás; **to ~ out OF sth**: **they ~ed out of the deal** no cumplieron el trato **2** (Auto) salir* dando marcha atrás, salir* en reversa (Col, Méx); **to ~ out of the garage** salir* del garaje dando marcha atrás *or* (Col, Méx) en reversa
- **back up**

A [v + o + adv, v + adv + o] **1** (support) ‹*person/efforts*› respaldar, apoyar; **he ~ed up his theory with hard facts** presentó hechos concretos que respaldan su teoría; **her account is ~ed up by evidence** hay pruebas que respaldan *or* confirman su versión **2** (Comput) ‹*file*› hacer* una copia de seguridad de **3** (reverse): **to ~ up the car** dar* marcha atrás (con el coche), echar *or* meter reversa (Col, Méx)

B [v + adv] **1** «*driver/car*» dar* marcha atrás, echar *or* meter reversa (Col, Méx) **2** (form tailback): **the traffic was ~ed up as far as ...** la cola *or* la caravana de coches se extendía hasta ...

backache /'bækeɪk/ *n* [u] dolor *m* de espalda

back alley *n* callejón *m*

backbench /'bækbentʃ/ *adj* (in UK) (*before n*) *de los diputados que no tienen cargo específico en el gobierno o la oposición*

backbencher /ˌbæk'bentʃər || ˌbæk'bentʃə(r)/ *n* (BrE) diputado, -da *m,f* (*sin cargo específico en el gobierno o la oposición*)

> **backbencher**
>
> Es un diputado ▸**MP - Member of Parliament** del Parlamento británico que no tiene un puesto de responsabilidad en el gobierno o en la oposición. Los *backbenchers* ocupan los escaños posteriores de la Cámara de los Comunes, detrás de los de los ministros o miembros del gabinete a la sombra ▸**Shadow Cabinet**. Se espera que voten como se lo ordena el ▸**Whip** del partido.

back benches /'bentʃəz || 'bentʃɪz/ *pl n*: **the ~ ~** (in UK) *los escaños de los diputados que no tienen cargo específico en el gobierno o la oposición*

backbiter /'bækbaɪtər || 'bækbaɪtə(r)/ *n* murmurador, -dora *m,f*

backbiting /'bækˌbaɪtɪŋ/ *n* [u] murmuraciones *fpl*, viboreo *m* (AmL fam)

backboard /'bækbɔːrd || 'bækbɔːd/ *n* tablero *m*

back boiler *n* (BrE) caldera *f* (*incorporada detrás de una chimenea*)

backbone /'bækbəʊn/ *n* **1** (Anat) columna *f* (vertebral), espina *f* dorsal **2** (main strength) columna *f* vertebral, eje *m*; **they lack ~** no tienen fibra

backbreaking /'bækˌbreɪkɪŋ/ *adj* agotador; **it's ~ work** este trabajo te deja deslomado

back-burner /ˌbæk'bɜːrnər || ˌbæk'bɜːnə(r)/ *vt* (AmE) dejar en suspenso, aparcar* (Esp)

back catalog, (BrE) **back catalogue** *n* catálogo *m* de obras completas

backchat /'bæktʃæt/ *n* [u] **1** (insolence) (colloq) impertinencia *f*, insolencia *f*; **I don't want any ~!** ¡no me contestes! **2** (repartee) murmullo *m* de fondo

backcloth /'bækklɔːθ || 'bækklɒθ/ *n* (BrE) telón *m* de fondo

backcomb /'bækkəʊm/ *vt* (BrE) cardar, batir, hacerse* crepé (Méx), crepar (Esp), escarmenar (Chi)

backcountry /'bækˌkʌntri/ *n* (Austral, AmE): **the ~** el campo

back cover *n* contraportada *f*

backdate /'bækdeɪt || ˌbæk'deɪt/ *vt* **1** ‹*wage increase*› pagar* con retroactividad *or* con efecto retroactivo; **an increase ~d to April** un aumento con retroactividad desde abril **2** ‹*letter/check*› ponerle* una fecha anterior a, antedatar

backdoor /'bækdɔːr || 'bækdɔː(r)/ *adj* (*before n*) ‹*tax/censorship*› encubierto, disfrazado

back door *n* puerta *f* trasera *or* de atrás; ***through*** *o* ***by the* ~ ~** a escondidas, furtivamente

backdraft, (BrE) **backdraught** /'bækdræft || 'bækdrɑːft/ *n* contratiraje *m*

backdrop /'bækdrɑːp || 'bækdrɒp/ *n* telón *m* de fondo

-backed /bækt/ *suff* **1** **broad~** de espaldas anchas; **a low~ chair** una silla de respaldo bajo; **a silver~ brush** un cepillo con lomo de plata **2** (supported): **UN~** apoyado por la ONU

back-end /ˌbæk'end/ *adj*

A (relating to process) final

B (Comput) subordinado, secundario

backer /'bækər || 'bækə(r)/ *n* **1** (supporter) partidario, -ria *m,f* **2** (sponsor) patrocinador, -dora *m,f* **3** (better) apostador, -dora *m,f*

backfield /'bækfiːld/ *n* (players) zagueros *mpl*; (area) *terreno detrás de la línea delantera*

backfill¹ /'bækfɪl/ *vt* rellenar

backfill² *n* relleno *m*

backfin /'bækfɪn/ aleta *f* dorsal

backfire¹ /'bækfaɪr || bæk'faɪə(r)/ *vi* **1** «*car*» producir* detonaciones en el escape, petardear (fam), pistonear (Col) **2** (fail) fracasar, fallar, salir* mal; **his plan ~d on him** le salió el tiro por la culata (fam)

backfire² /'bækfaɪr || 'bækfaɪə(r)/ *n* petardeo *m*, detonaciones *fpl*

backflip /'bækflɪp/ *n* voltereta *f* hacia atrás, (salto *m*) mortal *m* hacia atrás

backflow /'bækfləʊ/ *n* flujo *m* de retorno, contracorriente *f*

backformation /'bækfərˌmeɪʃən || 'bækfɔːˌmeɪʃən/ *n* [c u] derivación *f* regresiva

backgammon /'bækˌgæmən/ *n* [u] backgammon *m*

background¹ /'bækgraʊnd/ *n* **1** (of picture, scene) fondo *m*; **against a white ~** sobre un fondo blanco; **I could hear voices in the ~** oía voces en el fondo; **she prefers to stay in the ~** prefiere permanecer en un segundo plano; **the public knows little of what goes on in the ~** el público sabe poco de lo que pasa entre bastidores 2 (of events) ~ **(to sth)** antecedentes *mpl* (DE algo); **the ~ to the story** los antecedentes del caso; **you have to look at the ~ to the strike** hay que considerar las circunstancias que llevaron a la huelga *or* el contexto en que se dio la huelga; **against a ~ of rising inflation** en un momento de creciente inflación 3 (of person) (— origin) origen *m*; (— education) formación *f*, currículum *m*; (— previous activities) experiencia *f*; **from a working-class ~** de clase obrera; **he comes from a religious ~** creció en un ambiente religioso; **her ~ is in research** su experiencia/formación profesional es en el campo de la investigación

background² *adj* (*before n*) ‹*noise/music*› de fondo; **~ radiation** radiación *f* de fondo; **he'll give you some ~ information** él te informará sobre la situación (*or* el contexto, los antecedentes *etc*); **she gave a short ~ talk** dio una pequeña charla de introducción al tema

backgrounder /ˈbækgraʊndər ‖ ˈbækgraʊndə(r)/ *n* (AmE) informe *m* oficial (*que contiene información de fondo*)

background processing *n* [u] (Comput) procesamiento *m* subordinado, procesamiento *m* de fondo

background reading *n* [u] lectura *f* de fondo

background task *n* (Comput) tarea *f* secundaria

backhand¹ /ˈbækhænd/ *n* revés *m*; (*before n*): **~ shot** revés *m*; **~ volley** volea *f* de revés

backhand² *adv* con el revés, de revés

backhanded /ˌbækˈhændəd ‖ ˌbækˈhændɪd/ *adj* ‹*blow/swipe*› con el revés, de revés; **it was rather a ~ compliment** fue un cumplido de ésos que no sabes cómo *or* por dónde tomarlo

backhander /ˈbækˈhændər ‖ ˌbækˈhændə(r)/ *n* 1 (blow, stroke) revés *m* 2 (bribe) (BrE colloq) soborno *m*, mordida *f* (Méx fam), coima *f* (CS fam)

backhoe, (BrE also) **backhoe loader** /ˈbækhəʊ/ *n* excavadora *f*, pala *f* retroexcavadora

backing /ˈbækɪŋ/ *n* 1 [u] (support) respaldo *m*, apoyo *m* 2 [c] (Mus) acompañamiento *m* 3 [c u] (reinforcement) refuerzo *m* 4 [u] (betting) apuestas *fpl*

backing store *n* (Comput) memoria *f* auxiliar, memoria *f* secundaria

backing track *n* acompañamiento *m*

backlash /ˈbæklæʃ/ *n*
A [c] (adverse reaction) reacción *f* violenta; **there are fears of a Christian ~** se teme una violenta reacción por parte de los cristianos
B (Mech Eng) 1 [c] (recoil) contragolpe *m* 2 [u] (excessive play) juego *m* excesivo

backless /ˈbækləs ‖ ˈbæklɪs/ *adj* sin espalda

backlight¹ /ˈbæklaɪt/ *n* [u] iluminación *f* posterior

backlight² *vt* iluminar con luz posterior

backlighting /ˈbækˌlaɪtɪŋ/ *n* [u] alumbrado *m* de fondo

backlist /ˈbæklɪst/ *n* obras *fpl* publicadas

backlog /ˈbæklɔːg ‖ ˈbæklɒg/ *n* atraso *m*; **there is a huge ~ of work** hay muchísimo trabajo atrasado; **how long will it take to clear the ~?** ¿cuánto tiempo llevará poner el trabajo al día?

backlot /ˈbæklɑːt ‖ ˈbæklɒt/ *n*
A (of house) ▸ **back yard**
B (waste ground) terreno *m*, baldío
C (Cin) plató *m* de exteriores (*junto a un estudio*)

back marker *n* (BrE) rezagado, -da *m,f*

back matter *n* [u] apéndices *mpl*

back office *n* (of shop) trastienda *f*; (of stock exchange) back office *m* (*procesamiento administrativo y contable generado por la confirmación de una operación bursátil*); (*before n*) ‹*operations/personnel*› de back office

back-of-the-envelope /ˌbækəvðiˈenvələʊp/ *adj* ‹*calculation/estimates*› aproximado

backpack¹ /ˈbækpæk/ *n* mochila *f*

backpack² *vi* viajar con mochila, mochilear (CS)

backpacker /ˈbækˌpækər ‖ ˈbækˌpækə(r)/ *n* mochilero, -ra *m,f*

backpacking /ˈbækˌpækɪŋ/ *n* [u]: *excursionismo con mochila*

back page *n* contraportada *f*

back pain *n* [u] dolor *m* de espalda

back pass *n* pase *m* hacia atrás, pase *m* atrás

back passage *n* recto *m*

backpedal /ˈbækˌpedl/ *vi* BrE **-ll-** 1 (on bicycle) pedalear hacia atrás 2 (retreat) dar* marcha atrás, echarse atrás

backplate /ˈbækpleɪt/ *n* placa *f* posterior, patente *m* posterior (CS), chapa *f* posterior (RPl)

backrest /ˈbækrest/ *n* respaldo *m*

back road *n* carretera *f* secundaria *or* de poco tráfico

backroom boy /ˈbækruːm -rʊm/ *n* (esp BrE colloq): **the ~ ~s** los que trabajan en el anonimato *or* sin reconocimiento

backscratching /ˈbækˌskrætʃɪŋ/ *n* [u] (colloq) amiguismo *m*, compadrismo *m* (AmL)

back seat *n* asiento *m* trasero *or* de atrás; ***to take a ~ ~*** (colloq) mantenerse* al margen, dejar que otros asuman las responsabilidades (*or* toman las decisiones *etc*); **she's not the sort to take a ~ ~ to anybody** no es de las que se dejan relegar a un segundo plano; **educational value seems to have taken a ~ ~ to economy** parece que el valor educativo ha estado subordinado a lo económico; (*before n*): **back-seat driver** *pasajero que importuna al conductor con sus indicaciones*

backside /ˈbæksaɪd/ *n*
A (buttocks) (colloq) trasero *m* (fam), culo *m* (fam o vulg); **he needs a kick on** *o* (BrE) **up the ~ before he'll do anything** hay que darle una buena patada para que se ponga en movimiento (fam)
B (reverse) (AmE) parte *f* posterior

backsight /ˈbæksaɪt/ *n* mirilla *f*

backslapping¹ /ˈbækˌslæpɪŋ/ *n* [u] palmaditas *fpl* en la espalda (fam)

backslapping² *adj* (*before n*) campechano

backslash /ˈbækslæʃ/ *n* barra *f* invertida, barra *f* inversa

backslide /ˌbækˈslaɪd/ *vi* recaer*, reincidir

backslider /ˈbækslaɪdər ‖ ˈbækslaɪdə(r)/ *n* reincidente *mf*

backsliding /ˈbækˌslaɪdɪŋ/ *n* [u] recaída *f*, reincidencia *f*

backspace /ˈbækspeɪs/ *vi* retroceder un espacio (*al escribir a máquina*)

backspace (key) *n* tecla *f* de retroceso

backspin /ˈbækspɪn/ *n* [u] efecto *m* (hacia atrás)

back-stabbing¹ /ˈbækˌstæbɪŋ/ *n* [u] crítica *f* desleal

back-stabbing² *adj* punzante, hiriente

backstage¹ /ˈbækˈsteɪdʒ/ *adv* 1 (Theat) entre bastidores *or* bambalinas 2 (in secret) entre bastidores

backstage² *adj* 1 (Theat) entre bastidores 2 (secret) subrepticio, entre bastidores

backstairs /ˌbækˈsterz ‖ ˌbækˈsteəz/ *pl n* escalera *f* de servicio; (*before n*) ‹*deal/arrangement/lobbying*› clandestino

backstitch¹ /ˈbækstɪtʃ/ *n* [u c] pespunte *m*

backstitch² *vt/vi* pespuntar

backstop /ˈbækstɑːp ‖ ˈbækstɒp/ *n* (in baseball — fence) malla *f* de protección; (— catcher) receptor *m*, cátcher *m*

back straight *n* recta *f* de fondo

backstreet /ˈbækstriːt/ *n*: **the ~s** los barrios pobres; **a kid from the ~s** un chico de origen humilde; (*before n*) ‹*abortion*› clandestino, ilegal

backstretch /ˈbækstretʃ/ *n* (AmE) (Equ)
A (of race track) recta *f* de fondo
B (accommodation area) caballeriza *f*

backstroke /ˈbækstrəʊk/ *n* [u] estilo *m* espalda; **to do (the) ~** nadar de espaldas *or* (Esp) a espalda *or* (Méx) de dorso

backswing /ˈbækswɪŋ/ *n* (in golf) swing *m* hacia atrás

back talk *n* (AmE) ▸ **backchat 1**

back-to-back¹ /ˈbæktəˈbæk/ *n* (BrE); *casa adosada modesta, sin jardín trasero, de las ciudades industriales*

back-to-back² *adj* (*pred* **back to back**) 1 (consecutive) ‹*victories/defeats*› consecutivo; **the films are run ~ ~ ~** (*as adv*) dan las películas en sesión continua 2 ‹*houses*› *see* **back-to-back¹**

back-to-basics /ˌbæktəˈbeɪsɪks/ *adj*: **he advocates a ~ policy** propugna una política de vuelta *or* retorno a lo básico; **the ~ approach emphasizes religious education** el planteamiento de volver a lo básico pone énfasis en la educación religiosa

backtrack /ˈbæktræk/ *vi* 1 (retrace one's steps) retroceder 2 (reverse opinion, plan) dar* marcha atrás

backup /ˈbækʌp/ *n*
A 1 [u] (support) respaldo *m*, apoyo *m*; (*before n*) ‹*team/equipment*› de refuerzo 2 [c] (Comput) copia *f* de seguridad; (*before n*) ‹*disk/file*› de reserva, de seguridad
B (traffic jam) (AmE) embotellamiento *m*, taco *m* (Chi)

backup light *n* (AmE) luz *f* de marcha atrás, faro *m* de reversa (Col, Méx)

backward¹ /ˈbækwərd ‖ ˈbækwəd/ *adj*
A (*before n*) ‹*movement/somersault*› hacia atrás; **without so much as a ~ glance** sin ni siquiera una mirada atrás; **that would be a ~ step** eso sería un paso atrás
B ‹*child*› retrasado; ‹*nation/community*› atrasado; ***she's/he's not exactly ~ in coming forward*** es muy echada/echado p'alante (fam)

backward², (esp BrE) **backwards** /-z/ *adv* 1 (toward rear) hacia atrás; ***to bend*** *o* ***lean over ~*** hacer* lo imposible; **I've bent over ~ to help you** he hecho lo imposible por ayudarte; ▸ **know¹ A1** 2 (back first) ‹*run/walk*› hacia atrás 3 (back to front, in reverse order) al revés; **you've done it all ~** lo has hecho todo al revés; **you've put your sweater on ~** (AmE) te has puesto el suéter al revés 4 **backward(s) and forward(s)**: **he worked the lever ~(s) and forward(s)** le dio a la palanca para atrás y para adelante; **the door was swinging ~(s) and forward(s) in the wind** la puerta se mecía con el viento; **I've been going ~(s) and forward(s) all day between the house and the hospital** me he pasado el día de acá para allá *or* para arriba y para abajo entre la casa y el hospital; (*before n*): **backward-and-forward movement** movimiento *m* de vaivén

backward-compatible /ˌbækwərdkəmˈpætəbəl ‖ ˌbækwədkəmˈpætəbəl/, **backwards-compatible** /ˌbækwərdzkəmˈpætəbəl ‖ ˌbækwədzkəmˈpætəbəl/ *adj* (Comput) compatible con modelos/versiones anteriores

backward-looking /ˈbækwərdˌlʊkɪŋ ‖ ˌbækwədˈlʊkɪŋ/ *adj* retrógrado

backwardness /ˈbækwərdnəs ‖ ˈbækwədnɪs/ *n* [u] 1 (of country, region) atraso *m* 2 (mental) retraso *m* 3 (shyness, reluctance) reticencia *f*

backwards /ˈbækwərdz ‖ ˈbækwədz/ *adv* (esp BrE) ▸ **backward²**

backwash /ˈbækwɔːʃ ‖ ˈbækwɒʃ/ *n* [u] estela *f*; **the ~ of the coup** las secuelas *or* las repercusiones del golpe

backwater /ˈbækˌwɔːtər ‖ ˈbækˌwɔːtə(r)/ *n* 1 [u c] (stagnant water) agua *f‡* estancada 2 [c] (backward place) lugar *m* atrasado; **a cultural ~** un páramo cultural

backwoods /ˈbækwʊdz/ *pl n*: **the ~** (the countryside) el campo; (isolated, provincial place) la Cochinchina (fam); (*before n*) ‹*politician/university/town*› provinciano

backwoodsman /ˈbækwʊdzmən/ *n* (*pl* **-men** /-mən/)
A (AmE) 1 (forest dweller) *habitante de un bosque*

2 (rustic person) (colloq) provinciano, -na *mf*, paleto, -ta *mf* (Esp fam), pajuerano, -na *mf* (RPl fam)

B (BrE colloq) *miembro que no asiste con frecuencia a las sesiones de la Cámara de los Lores*

back yard *n* (paved) patio *m* trasero; (grassed) (AmE) jardín *m* trasero, fondo *m* (RPl); ***in one's own*** ~ ~ (colloq) en su (*or* mi *etc*) patio trasero *or* misma puerta; ***not in my*** ~ ~ no en mi patio trasero *or* en mi vecindario

bacon /'beɪkən/ *n* [u] tocino *m or* (Esp) bacon *m or* (RPl) panceta *f*; ***to bring home the*** ~ (colloq) (be breadwinner) ganar los garbanzos (fam), parar la olla (CS, Per fam); (achieve goal) obtener* resultados; ***to save sb's*** ~ (colloq) salvarle el pellejo a algn (fam)

bacteria /bæk'tɪriə || bæk'tɪəriə/ *pl of* **bacterium**

bacterial /bæk'tɪriəl || bæk'tɪəriəl/ *adj* bacterial

bactericidal /bæk,tɪrɪ'saɪdl || bæk,tɪərɪ'saɪdl/ *adj* bactericida

bactericide /bæk'tɪrɪsaɪd || bæk'tɪərɪsaɪd/ *n* bactericida *m*

bacteriological /bæk,tɪriə'lɑːdʒɪkəl || bæk,tɪərɪə'lɒdʒɪkəl/ *adj* bacteriológico

bacteriologist /bæk,tɪri'ɑːlədʒəst || bæk,tɪərɪ'ɒlədʒɪst/ *n* bacteriólogo, -ga *m,f*

bacteriology /bæk,tɪri'ɑːlədʒi || bæk,tɪəri'ɒlədʒi/ *n* [u] bacteriología *f*

bacterium /bæk'tɪriəm || bæk'tɪəriəm/ *n* bacteria *f*

bad[1] /bæd/ *adj*

> ⚠ The usual translation of *bad*, *malo*, becomes *mal* when it is used before a masculine singular noun.

(*comp* **worse** *superl* **worst**)

A 1 (of poor quality) malo; ~ **example** mal ejemplo *m*; **her handwriting is** ~ tiene mala letra; **he's a** ~ **liar** no sabe mentir; **that wouldn't be a** ~ **idea** no es mala idea, no estaría mal 2 (unreliable, incompetent) (*pred*) **to be** ~**AT sth/-ING** ser* malo PARA algo/+ INF; **I'm** ~ **at names/remembering dates** soy malo *or* no tengo cabeza para los nombres /para recordar fechas; **to be** ~**ABOUT-ING**: **he's** ~ **about returning things he's borrowed** le cuesta devolver lo que pide prestado; **to be** ~**ON sth**: **I'm** ~ **on punctuation** la puntuación no es mi fuerte

B 1 (unpleasant) ‹*weather/experience/news*› malo; **I've had a** ~ **day** he tenido (un) mal día; **to go from** ~ **to worse** ir* de mal en peor; **it tastes/smells** ~ sabe/huele mal, tiene mal gusto/olor 2 (unsatisfactory) malo; **you've come at a** ~ **moment** vienes en (un) mal momento; **it's been a** ~ **year for wine/the tourist industry** ha sido un mal año de vinos/para el turismo; **that's not** ~ **at all!** ¡no está nada mal!; **it'll look** ~ **if you don't turn up** queda mal *or* feo que no vayas; **it was** ~ **that nobody visited her** estuvo muy mal que no fuera nadie a verla; **(it's) too** ~ **we don't have a car** (colloq) ¡qué lástima que no tengamos coche!; **too** ~ **you didn't think of that earlier!** (colloq) ¡haberlo pensado antes! (fam); **it's too** ~ **you can't come** es una lástima *or* una pena que no puedas venir; **if she doesn't like it, that's just too** ~ (colloq) si no le gusta, peor para ella; **I was here first — too** ~**!** (colloq) yo llegué antes — ¡pues mala suerte! 3 (harmful) malo; **to be** ~**FOR sb/sth**: **too much food is** ~ **for you** comer demasiado es malo *or* hace mal; **smoking is** ~ **for your health** fumar es malo *or* perjudicial para la salud

C 1 (impolite) ‹*behavior/manners*› malo; **a** ~ **word** una palabrota, una mala palabra; ~ **boy/girl! don't do that!** ¡no hagas eso! ¡malo/mala! 2 (evil) ‹*person*› malo; **anyone who likes children can't be all** ~ si le gustan los niños no puede ser tan malo

D (severe) ‹*mistake/injury*› grave; ‹*headache*› fuerte; **he has a** ~ **cough** tiene mucha tos; **a boy with** ~ **acne/a** ~ **stammer** un chico con mucho acné/que tartamudea mucho

E (rotten) ‹*egg/fish/fruit*› podrido; **to go** ~ echarse a perder

F (afflicted): **she's got a** ~ **leg** está mal de la pierna; **this is my** ~ **leg** ésta es mi pierna mala; **I've got a** ~ **tooth** tengo un diente cariado/una muela cariada; **how are you? — not so** ~**!** (colloq) ¿qué tal estás? — aquí ando, tirando (fam); ***to be in a*** ~ ***way*** (colloq) estar* fatal (fam), estar* mal

G (sorry): **to feel** ~ **about sth**: **I feel** ~ **about not having written to her** me da no sé qué no haberle escrito; **it's not your fault; there's no need to feel** ~ **about it** no es culpa tuya, no tienes por qué preocuparte

H (Fin) ‹*check*› sin fondos; ~ **debts** deudas *fpl* incobrables

bad[2] *n* 1 [u] **all the** ~ **that he's done** todo el mal que ha hecho; **there's good and** ~ **in everybody** todos tenemos cosas buenas y malas; **you have to learn to take the** ~ **with the good** hay que aprender a aceptar lo bueno y lo malo, hay que aprender a aceptar las cosas como vienen; **she always looks for the** ~ **in any situation** siempre ve el lado malo de todo; ***to go to the*** ~ echarse a perder, perderse* 2 **to the** ~ (Fin) en números rojos 3 (people): **the** ~ (+ *pl vb*) los malos

bad[3] *adv* (esp AmE colloq): **to need sth real** ~ necesitar algo desesperadamente; **if you want it** ~ **enough** si de verdad lo quieres; **he's been hurt** ~ le han hecho mucho daño; ***she's got it*** ~ ***for him*** está loca por él, se derrite por él (fam)

badass /'bædæs || 'bædɑːs/ *n* (AmE colloq) antipático, -ca *m,f*, malaleche *mf* (Esp fam); (*before n*): ~ **attitude** actitud *f* antipática, actitud *f* imbécil; ~ **temper** malas pulgas *fpl*, mala leche *f* (Esp fam)

baddie, baddy /'bædi/ *n* (*pl* **-dies**) (BrE colloq) malo, -la *m,f* (de la película) (fam)

bade /bæd, beɪd/ *past of* **bid**[1] *vt* **B**, **bid**[1] *vi* **B**

badge /bædʒ/ *n* (pin-on) chapa *f*, botón *m* (AmL); (sew-on) insignia *f*; **policeman's** ~ (in US) placa *f or* chapa *f* de policía; **a** ~ **of success** un símbolo *or* una señal de éxito

badger[1] /'bædʒər || 'bædʒə(r)/ *n* tejón *m*

badger[2] *vt* fastidiar, darle* la lata a (fam); **they've been** ~**ing me to take them to the park** me han estado dando la lata para que los lleve al parque (fam); **she was finally** ~**ed into signing** tanto insistieron, que al final firmó

bad hair day *n* (AmE colloq) día *m* de perros (fam), mal día *m*; **he's having a** ~ ~ ~ está teniendo un día de perros (fam) *o* un mal día; **it's been a** ~ ~ ~ hoy ha sido un día de perros (fam)

badinage /,bædn'ɑːʒ || 'bædɪnɑːʒ/ *n* [u] (liter) chanza *f*

Badlands /'bædlændz/ *pl n*: **the** ~ *zona desértica de Dakota del Sur y Nebraska*

badly /'bædli/ *adv* (*comp* **worse** *superl* **worst**)

A (poorly) ‹*write/play/sing*› mal; ~ **explained/organized** mal explicado/organizado; **to do** ~: **our team did** ~ a nuestro equipo le fue mal; **the pound did** ~ **against the dollar** la libra bajó bastante respecto al dólar; **we're not doing** ~ vamos bastante bien; **the firm did** ~ **out of the deal** la empresa salió mal parada del trato *or* se perjudicó con el trato

B (unfavorably) ‹*start/end*› mal; **the play was** ~ **received** la obra fue mal recibida; **the interview went** ~ **for him** le fue mal en la entrevista

C (improperly) ‹*behave/treat*› mal

D (intensely, severely) (*as intensifier*) ‹*fail*› miserablemente, estrepitosamente; **he was** ~ **injured** resultó gravemente herido, resultó herido de gravedad; **a** ~ **scratched record** un disco muy *or* terriblemente rayado; **you're** ~ **mistaken** estás muy equivocado; **I miss her** ~ la echo muchísimo de menos; **you** ~ **need a haircut** te hace mucha falta cortarte el pelo; **they** ~ **wanted a home of their own** estaban desesperados por tener su propia casa

badly off *adj* (*comp* **worse off** *superl* **worst off** (*pred*)) 1 (poor) mal de dinero; **they're not** ~ ~ no están mal de dinero 2 (poorly supplied) **to be** ~ ~ **FOR sth**: **this town is very** ~ ~ **for open spaces** esta ciudad tiene una gran pobreza de espacios abiertos; **the country is very** ~ ~ **for raw materials** el país tiene una gran escasez de materia prima

bad-mannered /,bæd'mænərd || ,bæd'mænəd/ *adj* ‹*person*› maleducado; **it's terribly** ~ **to point like that** es de muy mala educación señalar así

badminton /'bædmɪntn/ *n* [u] bádminton *m*

badmouth /'bædmaʊθ/ *vt* (AmE sl) hablar pestes de (fam)

badness /'bædnəs || 'bædnɪs/ *n* [u] 1 (poor quality) mala calidad *f*, pobreza *f* 2 (of behavior) maldad *f*

bad practise, (BrE) **practice** *n* [u] prácticas *fpl* no recomendables; **it's** ~~ es una práctica no recomendable

bad-tempered /,bæd'tempərd || ,bæd'tempəd/ *adj* ‹*reply/tone*› malhumorado; ‹*person*› (as permanent characteristic) de mal genio; (in a bad mood) de mal humor; **I was feeling particularly** ~ estaba de muy mal humor

baffle[1] /'bæfəl/ *vt* 1 (perplex) ‹*experts/investigators*› desconcertar*; **it** ~**s me how they escaped** no me explico cómo se escaparon 2 (frustrate) ‹*efforts/attempts*› frustrar; **they managed to** ~ **their pursuers** consiguieron despistar a sus perseguidores

baffle[2] *n* 1 (Audio) bafle *m* 2 ~ **(plate)** (Mech Eng) deflector *m*

baffled /'bæfəld/ *adj* ‹*expression*› de perplejidad; **the** ~ **panel of experts** el desconcertado panel de expertos; **these instructions have got me** ~ estas instrucciones me tienen totalmente confundido

bafflement /'bæflmənt/ *n* [u] desconcierto *m*, confusión *f*

baffling /'bæflɪŋ/ *adj* desconcertante

BAFTA /'bæftə/ *n* (*no art*) = **British Academy of Film and Television Arts**

> **BAFTA**
>
> Los *BAFTA Awards*, galardones de la *British Academy of Film and Television Arts*, son el equivalente británico de los Oscars hollywoodenses. Son otorgados cada año en Londres a aquellos artistas, directores, productores y guionistas de cine considerados por votación de sus colegas los mejores del año.

bag[1] /bæg/ *n*

A 1 (container) bolsa *f*; **a paper/plastic** ~ una bolsa de papel/plástico; (*hand*~) (esp BrE) cartera *f or* (Esp) bolso *m or* (Méx) bolsa *f*; (*mail*~) saca *f* (del correo); **yes sir, no sir, three** ~**s full sir!** (BrE hum) ¡sí señor, no señor, lo que mande el señor!; ***to leave sb holding the*** ~ (AmE) cargarle* el muerto a algn 2 (piece of luggage) maleta *f*, valija *f* (RPl), petaca *f* (Méx); **he packed his** ~**s and left** hizo las maletas y se fue; **where are your** ~**s?** ¿dónde está su equipaje? 3 (bagful) bolsa *f*; ***to be a*** ~ ***of bones*** (colloq) ser* un costal de huesos *or* un esqueleto 4 (in hunting) piezas *fpl* cobradas; ***a mixed*** ~: **today's concert is a mixed** ~ en el concierto de hoy habrá de todo un poco *or* para todos los gustos; **my students were a very mixed** ~ **indeed** tenía un grupo de alumnos muy heterogéneo, tenía un grupo de alumnos de lo más variopinto; ***in the*** ~ (colloq): **we can start celebrating: the contract is in the** ~ ya podemos celebrarlo: el contrato es un hecho, tenemos el contrato en el bote (Esp fam); ▸**cat**[1] **A1**, **cat**[1] **A2**

B 1 (of skin) bolsa *f*; **to have** ~**s under one's eyes** (of skin) tener* bolsas en los ojos; (dark rings) tener* ojeras 2 (in clothing) bolsa *f*

C **bags** *pl* 1 (a lot) (colloq) cantidad *f* (fam), montones *mpl* (fam), pilas *fpl* (RPl fam); **there's** ~**s of room** (BrE colloq) hay cantidad *or* montones *or* (RPl tb) pilas de sitio (fam) 2 (BrE) (Clothing) pantalones *mpl* anchos

D (unpleasant woman) (colloq) bruja *f* (fam)

E (area of interest) (sl & dated): **pop music is not my** ~ la música pop no es lo mío

bag[2] **-gg-** *vt*

A ~ **(up)** (put in bag) ‹*rubbish/vegetables*› meter en una bolsa

b

B 1 (in hunting) ‹rabbit/pheasant› cazar*, cobrar 2 (esp BrE colloq) ▸**bags**

■ **bag** *vi* «trousers» hacer* bolsas

bagatelle /ˌbægəˈtel/ *n* 1 [c] (trifle) (liter) bagatela *f* 2 [u c] (Games) bagatelle *m* 3 [c] (Mus) bagatela *f*

bagel /ˈbeɪgəl/ *n: bollo con forma de rosquilla*

bagful /ˈbægfʊl/ *n* bolsa *f*; **they eat sweets by the ~** comen bolsas y bolsas de caramelos

baggage /ˈbægɪdʒ/ *n*

A [u] (esp AmE) (luggage) equipaje *m*; **ideological/political ~** bagage *m* ideológico/político; (*before n*): **~ allowance** límite *m* de equipaje; **~ car** (AmE) furgón *m* de equipajes; **baggage carousel** (AmE) cinta *f* transportadora (de equipajes), banda *f* transportadora (Méx); **~ cart** (AmE) carrito *m* (*para el equipaje*); **baggage check-in** facturación *f* de equipaje, chequeo *m* de equipaje (AmL), registro *m* de equipaje (Méx); **baggage checkroom** 1 (customs inspection room) sala *f* de inspección de equipajes, sala *f* de aduanas 2 (checkroom) (AmE) consigna *f* **~ claim** *o* (BrE) **reclaim** recogida *f* or recolección *f* de equipajes; **baggage compartment** compartimiento *m* de equipaje, compartimento *m* de equipaje; **baggage hall** zona *f* de recogida de equipaje; **baggage handler** despachador, -dora *m,f* de equipaje; **~ handling** handling *m*; **baggage locker** (casilla *f* de la) consigna *f* automática, (locker *m* de la) consigna *f* automática (AmL); **~ room** (AmE) consigna *f*

B [c] (woman) (colloq) bruja *f* (fam)

Baggie® /ˈbægi/ *n* (AmE) bolsita *f* de plástico (*para alimentos*)

baggies /ˈbægiz/ *pl n* (colloq) pantalones *mpl* anchos, pantalones *mpl* guangos (Méx fam)

bagginess *n* [u] (of clothing) holgura *f*, anchura *f*

baggy /ˈbægi/ *adj* **-gier, -giest** ‹sweater/coat/trousers› ancho, suelto, guango (Méx); **they're a bit ~ at the knees** hacen bolsas en las rodillas

Baghdad /ˈbægdæd ‖ bægˈdæd/ *n* Bagdad *m*

bag lady *n* vagabunda *f* (*que lleva todas sus pertenencias en bolsas*)

bagman /ˈbægmæn/ *n*

A (AmE colloq) (of extortionist) cobrador *m* de extorsionadores

B (Austral colloq) (tramp) vagabundo *m*

bagpiper /ˈbægˌpaɪpər ‖ ˈbægˌpaɪpə(r)/ *n* gaitero, -ra *m,f*

bagpipes /ˈbægpaɪps/ *pl n* gaita *f*

bags /bægz/ *vt* (BrE sl: used by children): **I ~ the chocolate one!** ¡el de chocolate para mí! ¡lo dije primero! *or* (RPl tb) ¡canté primero! (fam); (*as interj*): **~ I sit by the window!** ¡me pido el asiento de la ventanilla! (fam)

bag-snatcher /ˈbægˌsnætʃər ‖ ˈbægˌsnætʃə(r)/ *n* ladrón, -drona *m,f* de bolsos (*mediante el procedimiento del tirón*), tironero, -ra *m,f* (Esp)

bag-snatching /ˈbægˌsnætʃɪŋ/ *n* [u] tirón *m* (de bolsos)

baguette /bæˈget/ *n*

A (Culin) baguette *f*

B (gem) baguette *f*

bah /bɑː/ *interj* ¡bah!

Bahamas /bəˈhɑːməz/ *pl n*: **the ~** las Bahamas

Bahrain /bɑːˈreɪn/ *n* Bahrein *m*

bail¹ /beɪl/ *n*

A [u] (Law) fianza *f*; **he was released on ~** fue puesto en libertad bajo fianza; **to post** *o* **stand ~ for sb** pagar* la fianza de algn; **to grant/refuse ~ to sb** concederle/denegarle* la libertad bajo fianza a algn; **to jump ~** huir* estando en libertad bajo fianza

B [c] (on typewriter) barra *f* pisapapeles

bail² *vt* 1 (Law) poner* en libertad bajo fianza 2 (Naut) achicar*

Phrasal verb

• **bail out**

A [v + o + adv, v + adv + o] 1 (Law): **to ~ sb out** pagarle* la fianza a algn 2 (Naut) ‹water› achicar*

B [v + o + adv, v + adv + o] (rescue) sacar* de apuros, echarle un cable a (fam); **to ~ sb out (of trouble)** sacar* a algn de apuros

C [v + adv] (Aviat) tirarse en paracaídas; **he ~ed out of the burning plane** se tiró en paracaídas del avión en llamas

bail bond *n* compromiso *m* de fianza

bailey /ˈbeɪli/ *n* (*pl* **-leys**) (court) patio *m* interior (*de un castillo*); (outer wall) palenque *m*, liza *f*

Bailey bridge /ˈbeɪli/ *n* puente *m* de acero prefabricado

bailiff /ˈbeɪləf ‖ ˈbeɪlɪf/ *n*

A (Law) 1 (in UK) alguacil *mf* 2 (in US) *funcionario que custodia al acusado en el juzgado*

B (of estate) administrador, -dora *m,f*

bailiwick /ˈbeɪlɪwɪk/ *n* dominio *m*

bailout /ˈbeɪlaʊt/ *n* rescate *m* (*de una empresa en dificultades*)

bain marie /ˌbænməˈri ‖ ˌbænmæˈriː/ *n* baño *m* (de) María; **in a ~ ~** al baño (de) María

bairn /bern ‖ beən/ *n* (Scot) niño, -ña *m,f*

bait¹ /beɪt/ *n* [u] cebo *m*, carnada *f*; ***fish or cut ~!*** (AmE) ¡decídete!; ***to rise to the ~*** (react) picar*, morder* el anzuelo; (lit) «fish» picar*; ***to swallow*** *o* ***take the ~*** (fall into trap) tragarse* el cuento, caer* en la trampa; (lit) «fish» picar*

bait² *vt*

A ‹hook/trap› cebar

B (persecute, torment) acosar

baize /beɪz/ *n* [u] paño *m* (*para mesas de juego*)

bake¹ /beɪk/ *vt* 1 (Culin): **she ~s her own bread** hace el pan en casa; **~ in a hot oven** hornear en horno caliente; **do you fry it or ~ it?** ¿lo fríes o lo haces al horno?; **~d potato** papa *f* or (Esp) patata *f* asada *or* al horno; **~d custard** *tipo de flan*; **~d Alaska** Alaska *m* al horno (*postre de helado y merengue*) 2 (in sun) ‹brick› cocer* al sol; **the mud has been ~d hard by the sun** el sol ha endurecido el barro

■ **bake** *vi* 1 (Culin): **my mother used to ~ on Fridays** mi madre hacía pasteles (*or* pan *etc*) los viernes 2 (in sun) «brick» cocerse* al sol 3 (in the heat) (colloq) morirse* de calor (fam), asarse (fam)

bake² *n* 1 (meal) (AmE); *reunión donde se consume comida hecha al horno* 2 (dish) (BrE); *plato hecho al horno*

baked beans /beɪkt/ *pl n* 1 (in can) frijoles *mpl or* (Esp) judías *fpl or* (CS) porotos *mpl* en salsa de tomate 2 (dish) (AmE) *el mismo plato preparado con cerdo*

Bakelite® /ˈbeɪkəlaɪt/ *n* [u] baquelita *f*

baker /ˈbeɪkər ‖ ˈbeɪkə(r)/ *n* panadero, -ra *m,f*; **~'s (shop)** panadería *f*; **to go to the ~'s** ir* a la panadería; **~'s yeast** levadura *f* de panadero

baker's dozen *n* docena *f* de fraile

bakery /ˈbeɪkəri/ *n* (*pl* **-ries**) panadería *f*, panificadora *f* (frml), tahona *f* (Esp ant)

bake sale *n* (AmE); *venta de bizcochos, pasteles, etc caseros, con fines benéficos*

bakeware /ˈbeɪkwer ‖ ˈbeɪkweə(r)/ *n* [u] utensilios *mpl* para el horno

baking¹ /ˈbeɪkɪŋ/ *n* [u] 1 (activity): **we do a lot of ~** hacemos muchos pasteles (*or* tartas *etc*); (*before n*): **~ dish** fuente *f* para el horno; **~ potato** papa *f* para asar (AmL), patata *f* para asar (Esp); **~ powder** polvo *m* de hornear, Royal® *m*, levadura *f* en polvo (Esp); **~ sheet** chapa *f* del horno; **~ soda** bicarbonato *m* de sodio *or* de soda *or* (Esp) de sosa; **~ tin** *o* **pan** molde *m*, asadera *f* (RPl); **~ tray** (BrE) chapa *f* de horno 2 (product) (esp BrE): **they love their grandmother's ~** les encantan los pasteles (*or* las tartas *etc*) de su abuela

baking² *adj* (colloq): **I'm ~!** ¡me muero de calor! (fam), ¡me estoy asando! (fam); **it's ~ hot here** (*as adv*) aquí hace un calor achicharrante (fam)

baksheesh /ˈbækʃiːʃ/ *n* [u] (dated) (tip) propina *f*; (bribe) soborno *m*, mordida *f* (Méx fam), coima *f* (AmS fam)

balaclava (helmet) /ˌbæləˈklɑːvə/ *n* pasamontañas *m*

balalaika /ˌbæləˈlaɪkə/ *n* balalaica *f*

balance¹ /ˈbæləns/ *n*

A [c] (apparatus) balanza *f*; ***to be*** *o* ***hang in the ~*** estar* en el aire, estar* pendiente de un hilo; ▸**tip² B1**

B [u] 1 (physical) equilibrio *m*; **to keep/lose one's ~** mantener*/perder* el equilibrio; **the blow caught him off ~** el golpe lo agarró *or* (Esp) lo cogió desprevenido; ***to throw sb off ~*** (disconcert) desconcertar* a algn; (lit: topple) hacer* que algn pierda el equilibrio 2 [u] (equilibrium) equilibrio *m*; **the wheel is out of ~** (Auto) la rueda está desequilibrada *or* (AmL tb) desbalanceada; **mental ~** equilibrio mental; **the ~ of power** el equilibrio político *or* de poder, la correlación de fuerzas; **the Liberals hold the ~ of power** los Liberales son el partido bisagra; **to achieve/maintain a ~** lograr/mantener* un equilibrio; ***to redress the ~*** restablecer* el equilibrio; ***to strike a ~*** dar* con el justo medio 3 [u] (in artistic composition) equilibrio *m* 4 (Audio) balance *m*

C [c] (counterweight) **~** (TO sth) contrapeso *m* (A algo)

D [c] (Fin) 1 (in accounting) balance *m*; **closing ~** balance final *or* de cierre; **~ carried down** *o* **forward** remanente *m* a cuenta nueva; **on ~, the changes have been beneficial** a fin de cuentas, los cambios han resultado beneficiosos; **the ~ of the evidence** las pruebas consideradas en su conjunto; **the ~ of opinion** la opinión general 2 (*bank ~*) saldo *m*; **credit ~** saldo acreedor 3 (difference, remainder) resto *m*; (of sum of money) saldo *m*; **~ outstanding** saldo pendiente

balance² *vt*

A 1 ‹load› equilibrar; ‹object› mantener* *or* sostener* en equilibrio; **he put out his arms to ~ himself** extendió los brazos para no perder el equilibrio 2 (Auto) ‹wheel› equilibrar, balancear (AmL) 3 (counteract) servir* de contrapeso a 4 (weigh up) sopesar; **to ~ sth AGAINST sth: you have to ~ the risks against the likely profit** tienes que sopesar los riesgos y los posibles beneficios

B (Fin) ‹account› hacer* el balance de; **to ~ the books** hacer* cuadrar las cuentas; **to ~ one's budget** ajustar el presupuesto

■ **balance** *vi* 1 (hold position) mantener* el equilibrio 2 (Fin) «account» cuadrar

Phrasal verbs

• **balance out**

A [v + adv] compensarse; **it all ~s out in the end** al final una cosa compensa la otra

B [v + o + adv, v + adv + o] compensar; **the losses and the gains ~ one another out** las pérdidas y las ganancias se compensan

• **balance up**

A [v + o + adv] 1 (weigh up) sopesar 2 (even out, make level) igualar

B [v + adv] (add up) ‹figures› cuadrar

balance beam *n* barra *f* de equilibrio

balanced /ˈbælənst/ *adj* ‹diet› equilibrado, balanceado; ‹approach/view› equilibrado, ecuánime; ‹personality› equilibrado; **evenly ~** equilibrado; **well ~** ponderado, equilibrado

balance of payments *n* balanza *f* de pagos

balance of trade *n* balanza *f* comercial

balance sheet *n* balance *m*; **off-~ ~ financing** financiamiento *m* fuera de balance

balancing act /ˈbælənsɪŋ/ *n*: **to perform a ~ ~** hacer* malabarismos; **he is attempting a ~ ~ between both groups** está haciendo malabarismos para contentar a ambos grupos

balconied /ˈbælkənɪd/ *adj* ‹house/apartment› con balcón

balcony /ˈbælkəni/ *n* (*pl* **-nies**) 1 (Archit) balcón *m*; (large) terraza *f* 2 (Theat) (in US) platea *f* alta; (in UK) galería *f*, paraíso *m*, gallinero *m* (fam)

bald /bɔːld/ *adj* **-er, -est**

A 1 ‹man› calvo, pelón, pelado (CS); ‹animal› pelado, sin pelo; **he's ~** es calvo (*or* pelón *etc*); **to go ~** quedarse calvo (*or* pelón *etc*); **he's gone ~** está *or* se ha quedado calvo (*or* pelón *etc*); **~ patch** calva *f*; **his ~ head shone in the**

sunlight la calva le brillaba al sol **2** (worn) ‹*carpet/lawn*› pelado, con calvas; ‹*tire*› gastado, liso

B (plain): **he made a ~ statement of fact** no hizo más que constatar un hecho; **he told me the ~ truth** me dijo la verdad pura y simple

bald eagle *n: águila norteamericana de cabeza blanca y alas oscuras*

balderdash /ˈbɔːldərdæʃ || ˈbɔːldədæʃ/ *n* [u] paparruchas *fpl* (fam), tonterías *fpl*

baldheaded¹ /ˈbɔːld,hedəd || ,bɔːldˈhedɪd/ *adj* calvo, pelón (AmC, Méx), pelado (CS)

baldheaded² *adv* (colloq) con ganas (fam), con todo; **he picked up the ax and went for** o **at it ~** agarró el hacha y empezó a darle con ganas *or* con todo (fam); **she went for him ~** arremetió contra él con ganas (fam), se lanzó a por él (Esp fam)

balding /ˈbɔːldɪŋ/ *adj*: **he's ~** se está quedando calvo *or* (AmC, Méx tb) pelón *or* (CS tb) pelado

baldly /ˈbɔːldli/ *adv* lisa y llanamente, sin rodeos

baldness /ˈbɔːldnəs || ˈbɔːldnɪs/ *n* [u]

A **1** (of person, animal) calvicie *f* **2** (of carpet, lawn) lo pelado; (of tire) lo liso, lo gastado

B (plainness) llaneza *f*

baldy /ˈbɔːldi/ *n* (colloq & pej) calvo, -va *m,f*, pelón, -ona *m,f* (fam), pelado, -da *m,f* (Chi fam)

bale¹ /beɪl/ *n* **1** (bundle) paca *f*, fardo *m*, bala *f*; **a ~ of hay/cotton/paper** una paca *or* un fardo *or* una bala de heno/algodón/papel **2** ▸**bail¹ B**

bale² *vt* **1** ‹*hay/cotton/paper*› hacer* pacas *or* fardos *or* balas de, empacar*, enfardar **2** (Naut) achicar*

Phrasal verb

• **bale out** (BrE) ▸**bail out**

Balearic Islands /,bæliˈærɪk/ *pl n*: **the ~ ~** las Islas Baleares

Balearics /,bæliˈerɪks || ,bæliˈærɪks, bəˈlɪərɪks/ *pl n*: **the ~** las Baleares

baleful /ˈbeɪlfəl/ *adj* ‹*stare/look*› torvo; ‹*influence*› funesto, siniestro

balefully /ˈbeɪlfəli/ *adv* torvamente

baler /ˈbeɪlər || ˈbeɪlə(r)/ *n* empacadora *f*

balk¹ /bɔːk/ *vt* **1** ‹*attempt/plan*› obstaculizar*; **we were ~ed at every turn** nos vimos frustrados a cada paso, tropezamos con una dificultad a cada paso **2** (avoid) (BrE) ‹*question/issue*› evitar, eludir

■ **balk** *vi* **to ~ AT sth**: **the horse ~ed at the first fence** el caballo rehusó *or* se plantó en el primer obstáculo; **he ~ed at the suggestion** se mostró reacio a aceptar la sugerencia

balk² *n*

A **1** (Const) viga *f* de madera **2** (Agr) caballón *m*

B (in baseball) balk *m* (*movimiento antirreglamentario del lanzador*)

C (in billiards, snooker) cabaña *f*

Balkan /ˈbɔːlkən/ *adj* balcánico; **the ~ Mountains** los Balcanes; **the ~ states** los países balcánicos

balkanization /,bɔːlkənaɪˈzeɪʃən/ *n* [u] balcanización *f*

Balkans /ˈbɔːlkənz/ *pl n*: **the ~** los países balcánicos

balky, (BrE) **baulky** /ˈbɔːki/ *adj* ‹*person/animal*› rebelde, díscolo, chúcaro (AmL); ‹*car/engine*› malo

ball¹ /bɔːl/ *n*

A [c] **1** (in baseball, golf) pelota *f*, bola *f*; (in basketball, football) pelota *f* (esp AmL), balón *m* (esp Esp); (in billiards, croquet) bola *f*; **fast/low/easy ~** pelota *or* bola rápida/baja/fácil; ***the ~ is in his/your court*** le corresponde a él/te corresponde a ti dar el próximo paso; ***to be on the ~*** (colloq) andar* con cuatro ojos (fam), ser* muy espabilado; ***to carry the ~*** (AmE) llevar la batuta *or* la voz cantante; ***to drop*** o ***fumble the ~*** (lit: in US football) (AmE) fumblear; **you know he won't drop** o **fumble the ~** ya sabes que no nos va a fallar; ***to set*** o ***start/keep the ~ rolling*** poner*/mantener* las cosas en marcha *or* en movimiento **2** (delivery by pitcher) bola *f*

B [u] (*base~*) **1** (AmE) béisbol *m* **2** (game): ***to play ~ (with sb)*** (lit: play game) jugar* a la pelota (con algn); **he wouldn't play ~ with the police** (colloq) no quiso colaborar *or* cooperar con la policía; **we tried to persuade him but he wouldn't play ~** (colloq) intentamos convencerlo, pero no quiso saber de nada

C **1** [c] (round mass) bola *f*; (of string, wool) ovillo *m*; **shape the dough/mixture into ~s** formar bolas con la masa/mezcla; **she was curled up in a ~** estaba hecha un ovillo; **~ and chain** grillos *mpl or* grilletes *mpl* y cadenas; ***the whole ~ of wax*** (AmE) toda la historia (fam); **he bought it, the whole ~ of wax** se tragó toda la historia (fam) **2** [c u] (Hist, Mil) bala *f* **3** [c] (Anat): **the ~ of the foot** la parte anterior de la planta del pie; **the ~ of the thumb** la base del pulgar

D **balls** *pl* (vulg) **1** (testicles) huevos *mpl* (vulg), pelotas *fpl* (vulg), cojones *mpl* (vulg), tanates *mpl* (Méx vulg); **to kick sb in the ~s** darle* a algn una patada en los huevos (*or* las pelotas *etc*); ***to have ~s*** tener* los cojones *or* los huevos bien puestos (vulg), tenerlos* bien puestos *or* tenerlas* bien puestas (fam); ***to have sb by the ~s*** tener* a algn bien agarrado **2** (nonsense) pendejadas *fpl or* (Andes, Ven) huevadas *fpl or* (Esp) gilipolleces *fpl or* (Col, RPl) boludeces *fpl* (vulg); **~s to them!** ¡que se vayan a la mierda! (vulg)

E [c] (dance) baile *m*; ***to have a ~*** (colloq) divertirse* de lo lindo *or* como loco (fam); **what a ~!** ¡qué divertido!

ball² *vt*

A ‹*string/wool*› ovillar

B (have sex with) (AmE sl) echarse un polvo con (arg), tirarse ((vulg)

■ **ball** *vi* (AmE sl) echarse un polvo (arg), joder (vulg), tirar (vulg)

Phrasal verb

• **ball up** (BrE), **balls up** [v + o + adv, v + adv + o] (spoil) (sl) ‹*plans/task*› joder (vulg), fastidiar (fam)

ballad /ˈbæləd/ *n* **1** (narrative poem, song) romance *m* **2** (sentimental song) balada *f*

balladeer /,bæləˈdɪr || ,bæləˈdɪə(r)/ *n* **1** (writer) compositor, -tora *m,f* de baladas **2** (singer) cantante *mf* de baladas, baladista *mf* (AmL)

balladist /ˈbælədəst || ˈbælədɪst/ *n* cantante *mf* de baladas, baladista *mf* (AmL)

balladry /ˈbælədri/ *n* [u]

A (ballads collectively) baladas *fpl*

B (art) *arte de escribir o interpretar baladas*

ball-and-socket joint /,bɔːlənˈsɑːkət || ,bɔːlənˈsɒkɪt/ *n* articulación *f* de rótula

ballast¹ /ˈbæləst/ *n* [u] **1** (Aviat, Naut) lastre *m* **2** (counterbalance) contrapeso *m* **3** (for road, railroad bed) balasto *m*, cascajo *m*; (for concrete) grava *f*, gravilla *f*

ballast² *vt* lastrar

ballast tank *n* tanque *m* de lastre

ball bearing *n* **1** (bearing) cojinete *m* de bola, rodamiento *m*, balinera *f* (Col), rulemán *m* (RPl) **2** (ball) bola *f or* esfera *f* (de acero)

ball boy *n* recogepelotas *m*, recogebolas *m* (Col, Méx), pelotero *m* (Chi)

ball cock *n* válvula *f* de flotador

ball control *n* [u] control *m* del balón

ballerina /,bæləˈriːnə/ *n* **1** (female ballet dancer) bailarina *f* (de ballet) **2** (principal dancer) (AmE) primera bailarina *f*

ballet /ˈbæleɪ/ *n* [u c] ballet *m*; (*before n*): **~ dancer** bailarín, -rina *m,f* de ballet; **~ shoe** zapatilla *f* de ballet

balletic /bæˈletɪk/ *adj* ‹*movement*› de ballet; ‹*elegance/grace*› de bailarina

ballet school *n* escuela *f* de ballet

ballet skirt *n* tutú *m*

ball field *n* (AmE) campo *m* de béisbol, cancha *f* de béisbol (AmL)

ball game *n* (game with ball) juego *m* de pelota; (baseball game) (AmE) partido *m* de béisbol; (US football game) (AmE) partido *m* de fútbol *or* (AmC, Méx) futbol americano; **Ⓢ no ball games** prohibido jugar a la pelota; ***it's a whole new ~ ~*** (colloq) ha cambiado totalmente el panorama

ball girl *n* recogepelotas *f*, recogebolas *f* (Col, Méx), pelotera *f* (Chi)

ball gown *n* traje *m* de fiesta, vestido *m* de fiesta

ballhawk /ˈbɔːlhɔːk/ *n* (AmE colloq) as *m* del balón (fam)

ballistic /bəˈlɪstɪk/ *adj* balístico; **~ missile** misil *m* balístico; ***to go ~*** (colloq) ponerse* hecho un basilisco (fam), ponerse* hecho una furia (fam)

ballistics /bəˈlɪstɪks/ *n* (+ *sing vb*) balística *f*

ball joint *n* ▸**ball-and-socket joint**

ball lightning *n* [u] relámpago *m* de bola, relámpago *m* en bola

balloon¹ /bəˈluːn/ *n* **1** (toy) globo *m*, bomba *f* (Col), chimbomba *f* (AmC); (*before n*): **~ glass** copa *f* de coñac; **~ loan** préstamo *m* balloon (*préstamo reembolsable al vencimiento*); **~ sail** blooper *m* **2** (Aviat) globo *m*, aeróstato *m*; **meteorological** o **weather ~** globo *m* sonda; ***to go over*** o (BrE) ***down like a lead balloon*** (colloq) caer* muy mal (fam); ***when the ~ goes up*** (BrE) cuando estalle *or* (fam) reviente el asunto; (*before n*) ‹*ride/trip*› en globo **3** (in comic strip) globo *m*, bocadillo *m* **4** **~ (flask)** matraz *m*

balloon² *vi* **1** (Aviat) ir* en globo; **to go ~ing** (ir* a) pasear en globo **2** (swell) hincharse

balloon angioplasty *n* [u c] (*pl* **-ties**) angioplastia *f* con catéter balón

balloon catheter *n* catéter *m* balón

ballooning /bəˈluːnɪŋ/ *n* [u] aerostación *f*

balloonist /bəˈluːnəst || bəˈluːnɪst/ *n* aeróstata *mf*

balloon payment *n* pago *m* global

ballot¹ /ˈbælət/ *n*

A **1** [u] (system of voting) votación *f*; **to decide by ~** decidir por votación; (*before n*): **~ box** urna *f* **2** [c] (instance of voting) votación *f*; **to hold** o **take a ~ on sth** someter algo a votación; **first/second ~** primera/segunda votación **3** [c] (number of votes cast) número *m* de votos **4** [c] **~ (paper)** papeleta *f*, boleta *f* electoral (Méx, RPl), carta *f* electoral (Ven)

B [c] (drawing of lots) (BrE) sorteo *m*; **to have a ~** hacer* un sorteo

ballot² *vt* ‹*members*› invitar a votar; **to ~ sb ON sth** someter algo a la votación de algn

■ **ballot** *vi* **1** (vote) votar **2** (draw lots) (BrE) **to ~ FOR sth** sortear algo

ballot-box stuffing *n* [u] (AmE) fraude *m* electoral, pucherazo *m* (Esp fam), trinquete *m* (Méx fam)

balloting /ˈbælətɪŋ/ *n* [u] votación *f*

ballpark /ˈbɔːlpɑːrk || ˈbɔːlpɑːk/ *n* (AmE) (Sport) estadio *m or* (Méx) parque *m* de béisbol; ***to be in the ~***: **total costs will be in the 5 million ~** el costo total será del orden de cinco millones; **several of the bids are in our ~** varias de las ofertas están a nuestro alcance; (*before n*) aproximado; **a ~ figure/estimate** una cifra aproximada/un cálculo aproximado

ballplayer /ˈbɔːl,pleɪər || ˈbɔːl,pleɪə(r)/ *n* (AmE) (in baseball) jugador, -dora *m,f* de béisbol, beisbolista *mf*; (in US football) jugador, -dora *m,f* de fútbol *or* (AmC, Méx) de futbol americano; (in basketball) jugador, -dora *m,f* de baloncesto, baloncestista *mf*, basquetbolista *mf* (AmL)

ballpoint /ˈbɔːlpɔɪnt/ *n* [c u]: **~ (pen)** bolígrafo *m*, esfero(gráfico) *m* (Col), pluma *f* atómica (Méx), birome *f* (RPl), lápiz *m* de pasta (Chi)

ballroom /ˈbɔːlruːm -rʊm/ *n* sala *f or* salón *m* de baile

ballroom dancing *n* [u] baile *m* de salón

balls-up /ˈbɔːlzʌp/ *n* (BrE sl) cagada *f* (vulg), despelote *m* (AmL fam); **he made a complete ~ of the arrangements** la cagó con la organización (vulg)

ballsy /ˈbɔːlzi/ *adj* **-sier, -siest** (esp AmE sl) corajudo, agalludo (AmL fam)

ball valve *n* válvula *f* de bola

bally /ˈbæli/ *adj* (BrE colloq & dated) condenado (fam)

ballyhoo¹ /ˈbælihuː || ,bæliˈhuː/ *n* [u] (colloq) propaganda *f*, bombo *m* (fam); **after all the ~, the movie itself was a letdown** después de todo el bombo que le dieron, la película fue una decepción (fam)

ballyhoo[2] *vt* (esp AmE colloq) darle* bombo a (fam), anunciar con bombos y platillos *or* (Esp) a bombo y platillo; **their much-∼ed romance** su tan cacareado romance (fam)

balm /bɑːm/ *n* [u c] **1** (soothing agent) bálsamo *m* **2** (*lemon* ∼) melisa *f*, toronjil *m*

balmy /'bɑːmi/ *adj* **-mier, -miest 1** ‹*evening/ air*› templado y agradable **2** ‹*oil/ointment*› balsámico

baloney /bə'ləʊni/ *n* **1** [u] (nonsense) (colloq) tonterías *fpl*, chorradas *fpl* (Esp fam), macanas *fpl* (RPl fam) **2** [u c] (AmE) ▸**bologna**

balsa /'bɔːlsə/ *n* [c u] (tree, wood) balsa *f or* (Col) balso *m*

balsam /'bɔːlsəm/ *n* **1** [u c] (balm) bálsamo *m*; (*before n*): ∼ **fir** pino *m* del Canadá **2** [c] (plant) balsamina *f*

balsamic vinegar /bɔːl'sæmɪk/ *n* [u] vinagre *m* balsámico

balsawood /'bɔːlsəwʊd/ *n* [u] madera *f* de balsa *or* (Col) de balso

Balt[1] /bɔːlt/ *n* **1** (native) báltico, -ca *m,f* **2** (Hist) (German inhabitant) báltico alemán, báltica alemana *m,f*

Balt[2] *adj* báltico

Baltic[1] /'bɔːltɪk/ *adj* báltico

Baltic[2] *n*: **the** ∼ **(Sea)** el (mar) Báltico

baluster /'bæləstər || 'bæləstə(r)/ *n* balaustre *m*

balustrade /'bæləstreɪd || ˌbælə'streɪd/ *n* balaustrada *f*

balustrated /ˌbælə'streɪdəd || ˌbælə'streɪdɪd/ *adj* con balastrada

bamboo /bæm'buː/ *n* (*pl* **-boos**) **1** [u c] (plant) bambú *m*; (*before n*): ∼ **shoots** (Culin) brotes *mpl* de bambú **2** [u] (stems) (caña *f* de) bambú *m*; (*before n*) ‹*furniture*› de bambú

bamboozle /bæm'buːzəl/ *vt* (colloq) enredar (fam); **to** ∼ **sb** (INTO **sth**): **he was** ∼**d into financing their plan** lo engatusaron para que financiara su plan

ban[1] /bæn/ *vt* **-nn-** ‹*book/smoking*› prohibir*; ‹*organization*› proscribir*; ‹*activity*› prohibir*, vedar; **tomorrow's demo has been** ∼**ned** han prohibido *or* desautorizado la manifestación de mañana; ∼ **the bomb!** ¡no a la bomba atómica!; **to** ∼ **sb** FROM **sth**: **she's** ∼**ned from that club** tiene prohibida *or* vedada la entrada a ese club; **he was** ∼**ned from playing for one year** (Sport) lo suspendieron por un año; **the staff are** ∼**ned from joining a trade union** el personal tiene prohibido afiliarse a un sindicato

ban[2] *n*

A (prohibition) prohibición *f*; **to put** *o* **impose a** ∼ **on sth** prohibir* algo; **there's a** ∼ **on alcohol at soccer matches** han prohibido las bebidas alcohólicas en los partidos de fútbol; **to remove the** ∼ **on sth** levantar la prohibición de algo; **to be under a** ∼ estar* prohibido

B bans *pl* ▸**banns**

banal /bə'næl, 'beɪnəl || bə'nɑːl/ *adj* banal, trivial

banality /bə'næləti/ *n* [u c] (*pl* **-ties**) banalidad *f*, trivialidad *f*

banana /bə'nænə || bə'nɑːnə/ *n* plátano *m*, banana *f* (Per, RPl), banano *m* (AmC, Col), cambur *m* (Ven); ***to be top/second*** ∼ (AmE colloq) ser* el mandamás/el segundo de a bordo (fam); (*before n*): ∼ **boat** barco *m* bananero; ∼ **plantation** (plantación *f*) bananera *f*, platanar *m*, bananal *m* (AmL); ∼ **split** banana split *m*; ∼ **tree** (plátano *m*) bananero *m*, banano *m* (AmL), cambur *m* (Ven)

banana belt *n* (AmE colloq) región *f* de clima templado

banana peel *n* (AmE) ▸**banana skin**

banana plug *n* clavija *f* con punta cónica, clavija *f* banana

banana republic *n* república *f* banana *or* bananera

bananas /bə'nænəz || bə'nɑːnəz/ *adj* (sl) (*pred*): **she's completely** ∼ está chiflada (fam); **to go** ∼ perder* la chaveta (fam); **to drive sb** ∼ sacar* a algn de quicio; **to be** ∼ ABOUT **sb/sth**: **he's** ∼ **about her** está loco por ella (fam); **she's** ∼ **about opera** es loca por la ópera (fam)

banana skin *n* (esp BrE) cáscara *f* de plátano *or* (Per, RPl) de banana *or* (AmC, Col) de banano, piel *f* de plátano (Esp), concha *f* de cambur (Ven); ***to slip on a*** ∼∼ (lit) resbalar al pisar una cáscara de plátano (*or* banana *etc*); (make a mistake) meter la pata (fam), tirarse una plancha (Esp fam)

bancassurance, (BrE) **bankassurance** /ˌbæŋkə'ʃʊrəns/ *n* [u] seguros *mpl* bancarios

band[1] /bænd/ *n*

A 1 (group) grupo *m*; (of thieves, youths) pandilla *f*, banda *f* **2** (Mus) (*jazz* ∼) grupo *m or* conjunto *m* de jazz; (*rock* ∼) grupo *m or* banda *f* de rock; (*military* ∼) banda *f or* (Chi tb) orfeón *m* militar; ***to beat the*** ∼ (AmE) hacer* algo hasta más no poder

B 1 (ribbon) cinta *f*; (strip — of cloth) banda *f*, tira *f*; (— of leather) tira *f*; (— for hat) cinta *f*; (— around barrel) aro *m*; (— around crate) precinto *m* **2** (stripe) franja *f* **3** (on magnetic disk) banda *f*; (on record) surco *m* **4** (Min) veta *f*

C (*wave*∼) **1** (banda *f* de) frecuencia *f* **2** (range, category) (BrE) banda *f*

D 1 (Mech Eng) correa *f* (de transmisión) **2** (ring — on finger) anillo *m*; (— on bird) anilla *f*; (*wedding* ∼) alianza *f*, argolla *f* (AmL) **3** (*cigar* ∼) vitola *f*

band[2] *vt* **1** (edge) (*usu pass*) ‹*hem/rim*› ribetear; ∼**ed with blue** ribeteado de azul **2** (fasten) (*usu pass*): **her hair was** ∼**ed with a ribbon** llevaba el pelo sujeto *or* recogido con una cinta **3** ‹*bird*› anillar

(Phrasal verb)

- **band together** [v + adv] unirse, hacer* causa común

bandage[1] /'bændɪdʒ/ *n* **1** (dressing) vendaje *m*; **he had a** ∼ **on his arm** llevaba el brazo vendado **2** (strip of cloth) venda *f*

bandage[2] *vt* vendar; **she** ∼**d (up) my ankle** me vendó el tobillo

Band-Aid® /'bændeɪd/ *n* (AmE) curita® *f or* (Esp) tirita® *f*

bandanna, bandana /bæn'dænə/ *n* pañuelo *m* (*de colores*)

B & B /'biːən'biː/ *n* = **bed and breakfast**

bandbox /'bændbɑːks || 'bændbɒks/ *n* sombrerera *f*, caja *f* de sombreros; **she always looks right out of a** ∼ siempre va de punta en blanco

bandeau /bæn'dəʊ || 'bændəʊ/ *n* (*pl* **-deaux** /-z/) ▸**hair-band 1**

banded /'bændəd || 'bændɪd/ *adj* **1** (with bands) rayado **2** (Geol) bandeado, rayado **3** ‹*rates/ charges*› en bandas

banded anteater *n* oso *m* hormiguero rayado

banded snail *n* caracol *m* rayado

bandit /'bændət || 'bændɪt/ *n* bandido, -da *m,f*, bandolero, -ra *m,f*

banditry /'bændətri || 'bændɪtri/ *n* [u] bandolerismo *m*, bandidaje *m*

bandmaster /'bændˌmæstər || 'bændˌmɑːstə(r)/ *n* director *m* de banda

bandolier, bandoleer /ˌbændə'lɪr || ˌbændə'lɪə(r)/ *n* bandolera *f*

band saw *n* sierra *f* de cinta

bandsman /'bændzmən/ *n* (*pl* **-men** /-mən/) músico *m* de banda

bandstand /'bændstænd/ *n* quiosco *m* de música

bandwagon /'bændˌwægən/ *n* carroza *f* de (los) músicos; ***to climb*** *o* ***jump on the*** ∼ subirse al carro *or* al tren

bandwidth /'bændwɪdθ/ *n* amplitud *f* de banda

bandy[1] /'bændi/ *adj* **-dier, -diest** arqueado, torcido

bandy[2] *vt* **-dies, -dying, -died** ‹*remarks/jokes*› intercambiar; ***to*** ∼ ***words with sb*** discutir con algn

(Phrasal verb)

- **bandy about,** (AmE also) **bandy around** [v + o + adv]: **the rumors being bandied about are untrue** los rumores que circulan por ahí no son ciertos; **a phrase that's bandied about a lot nowadays** una frase que se maneja mucho hoy en día

bandy-legged /'bændiˌlegd/ *adj* ‹*person/ animal*› patizambo, zambo, cascorvo (Col); **to be** ∼ ser* patizambo (*or* zambo *etc*), tener* las piernas arqueadas

bane /beɪn/ *n* ruina *f*, pesadilla *f*; **foxes are the** ∼ **of farmers** los zorros son la ruina *or* la pesadilla de los granjeros; **to be the** ∼ **of sb's life** *o* **existence** ser* la cruz de algn

baneful /'beɪnfəl/ *adj* (liter) nefasto, funesto

bang[1] /bæŋ/ *n*

A 1 [c] (loud noise) estrépito *m*; (explosion) explosión *f*, estallido *m*; **he closed the door with a** ∼ cerró la puerta dando un portazo; **there was a** ∼ **and the car stopped** se oyó una explosión y el coche se paró; **the balloon burst with a** ∼ el globo se reventó con un estallido; ***to go over*** *o* (BrE) ***off with a*** ∼, ***to go with a*** ∼ ser* todo un éxito; **she returned to politics with a** ∼ volvió a la política a lo grande **2** (pleasure) (AmE colloq) (*no pl*): **to get a** ∼ **out of sth** disfrutar como loco con algo (fam)

B [c] (blow) golpe *m*, trancazo *m*, golpetazo *m*

C [c] (sexual intercourse) (sl) polvo *m* (arg)

D [c] **bangs** *pl* (AmE) (fringe) flequillo *m*, cerquillo *m* (AmL), chasquilla *f* (Chi), capul *f* (Col), fleco *m* (Méx), pollina *f* (Ven)

bang[2] *vt*

A 1 (strike) golpear; **she** ∼**ed her forehead on the shelf** se dio un golpe en la frente *or* se golpeó la frente con el estante; **he was** ∼**ing his fist on the table** daba puñetazos en la mesa, golpeaba la mesa con el puño; **she** ∼**ed her glass down and stormed out** plantó el vaso en la mesa y salió hecha una furia **2** (slam): **he** ∼**ed the door** dio un portazo (fam); **she** ∼**ed the drawer shut** cerró el cajón de un golpe

B (have sex with) (sl) tirarse (AmL vulg), coger* (Méx, RPl vulg)

■ **bang** *vi*

A 1 (strike) **to** ∼ ON **sth** golpear algo; **he started** ∼**ing on the door** empezó a aporrear la puerta; **to** ∼ INTO **sth** darse* CONTRA algo; **he stumbled and** ∼**ed into the wall** tropezó y se dio contra la pared; **he's been** ∼**ing away at the typewriter all day** se ha pasado todo el día dale que (te) dale con la máquina de escribir (fam) **2** (slam) «*door*» cerrarse* de un golpe, dar* un portazo; **the gate was** ∼**ing in the wind** la puerta daba golpes *or* (AmL tb) se golpeaba con el viento; **the lid** ∼**ed shut** la tapa se cerró de un golpe **3** (move noisily): **he was** ∼**ing about the kitchen** andaba por la cocina haciendo ruido

B (have sex) (sl) tirar (vulg), follar (Esp vulg), coger* (Méx, RPl vulg)

(Phrasal verbs)

- **bang on** [v + adv] (talk at length): **to** ∼ **on about sth** dar* la lata sobre algo (fam)
- **bang out** [v + o + adv, v + adv + o] **1** (play) ‹*tune*› (colloq) aporrear (fam) **2** (colloq) ‹*article/story*› escribir* (*a máquina*) **3** ‹*rhythm*› marcar*
- **bang up** [v + o + adv, v + adv + o] **1** (damage, injure) (AmE colloq) dejar hecho polvo (fam) **2** (make pregnant) (BrE sl) dejar embarazada, hacerle* un hijo a (fam) **3** (BrE sl) (lock up) encerrar*; (imprison) meter preso, enchironar (Esp arg), meter en cana (AmS arg), entambar (Méx arg)

bang[3] *adv*

A to go ∼ (detonate, explode) «*gun*» dispararse, hacer* ¡bang! *or* ¡pum!; «*balloon*» estallar, explotar, hacer* ¡pum!; ∼ **went our holiday** (BrE colloq) nuestras vacaciones se fueron al garete *or* al diablo (fam)

B (*as intensifier*) (esp BrE colloq): ∼ **opposite the station** justo *or* exactamente enfrente de la estación; ∼ **in the middle** justo *or* exactamente en el medio; **to come** ∼ **up against a problem** toparse *or* darse* de narices con un problema (fam); **to be** ∼ **up to date** estar* muy al día; ∼ **on time** a la hora justa *or* exacta; ***to be*** ∼ ***on*** dar* en el blanco, acertar* de lleno

b

bang[4] *interj* ¡pum!, ¡bang!; **~! ~! you're dead!** (used to or by children) ¡pum! ¡pum! ¡te maté!

banger /ˈbæŋər || ˈbæŋə(r)/ *n* (BrE colloq) **1** (sausage) salchicha *f* **2** (firework) petardo *m* **3** (car) (*old* ~) cacharro *m* (fam), cachila *f* (Ur fam)

Bangkok /ˈbæŋkɑːk || bæŋˈkɒk/ *n* Bangkok *m*

Bangladesh /ˌbɑːŋgləˈdeʃ || ˌbæŋgləˈdeʃ/ *n* Bangladesh *m*

Bangladeshi[1] /ˌbɑːŋgləˈdeʃi || ˌbæŋgləˈdeʃi/ *adj* bangladesí

Bangladeshi[2] *n* bangladesí *mf*; **he's a ~** es de Bangladesh

bangle /ˈbæŋgəl/ *n* pulsera *f*, brazalete *m*; (thin, of gold or silver) esclava *f*, aro *m*

bang-up /ˈbæŋʌp/ *adj* (AmE colloq & dated) súper *adj inv* (fam)

banish /ˈbænɪʃ/ *vt*
A **1** (exile) desterrar*; **she was ~ed from her native land** la desterraron (de su patria); **he tried to ~ her from his mind** intentó apartarla *or* (liter) desterrarla de su pensamiento **2** (prohibit) prohibir*; **cars have been ~ed from the shopping streets** han prohibido la circulación en la zona comercial
B (dispel) ‹*fear/worries/doubts*› hacer* olvidar, desvanecer* (liter)

banishment /ˈbænɪʃmənt/ *n* [u] **1** (exile) destierro *m* **2** (banning) prohibición *f*

banister /ˈbænəstər || ˈbænɪstə(r)/ *n* **1** (handrail) pasamanos *m*, barandal *m* **2** (post) balaustre *m*, barrote *m*

banjo /ˈbændʒəʊ/ *n* (*pl* **-jos**) banjo *m*

bank[1] /bæŋk/ ➡▯ *n*
A **1** (Fin) banco *m*; **the nationalization of the ~s** la nacionalización de los bancos *or* de la banca; ***to laugh*** o (iro) ***cry all the way to the ~*** morirse* de risa (fam); **when they tell me I write trash, I cry all the way to the ~** cuando me dicen que escribo basura, me río pensando en mis regalías; (*before n*): **~ balance** saldo *m*; **~ deposits** depósitos *mpl* bancarios; **~ raid** atraco *m* a un banco; **~ statement** estado *m or* extracto *m* de cuenta **2** (in gambling): **the ~** la banca; **to break the ~** hacer* saltar la banca; **you can eat there without breaking the ~** allí se puede comer sin arruinarse *or* sin gastar un dineral **3** (store, supply) banco *m*; **blood/sperm ~** banco de sangre/semen
B **1** (edge of river) orilla *f*, ribera *f*; **the river had burst its ~s** el río se había desbordado *or* se había salido de madre **2** (slope) terraplén *m*; (Eng) talud *m* **3** (graded bend) peralte *m*
C **1** (mass): **~ of earth/snow** montículo *m* de tierra/nieve; **~ of clouds** masa *f* de nubes **2** (on bed of sea, river) banco *m*, bajío *m*
D (of typewriter keys) teclado *m*; (of dials, instruments) tablero *m*
E **1** (row of oars) hilera *f* de remos **2** (rower's bench) banco *m*

bank[2] *vt*
A (Fin) ‹*money/check*› depositar *or* (esp Esp) ingresar (en el banco)
B (grade) ‹*bend/racetrack*› peraltar
C ‹*fire*› ▸**bank up A**
D (deflect) (AmE) hacer* rebotar
■ **bank** *vi*
A (Fin): **I ~ with the National** tengo la cuenta en el National; **where do they ~?, who do they ~ with?** ¿dónde tienen la cuenta?; **to shop and ~ from home** comprar y hacer operaciones bancarias desde la casa
B (Aviat) ladearse

Phrasal verbs

- **bank on** [v + prep + o] ‹*victory/help/support*› contar* con; **the decision may go our way, but I wouldn't ~ on it** puede que decidan a nuestro favor, pero yo no me confiaría demasiado; **he was ~ing on her to get him out of the mess** contaba con *or* confiaba en que ella lo sacaría del apuro; **we were ~ing on them accepting our offer** contábamos con *or* confiábamos en que aceptarían nuestra oferta
- **bank up**
A [v + o + adv, v + adv + o] ‹*earth/sand*› amontonar; **to ~ up the fire** agregarle* carbón (*or* leña *etc*) al fuego (*para que arda lentamente*)
B [v + adv] ‹‹*sand/snow*›› amontonarse; ‹‹*clouds*›› acumularse

> **Bank of England**
>
> El Banco de Inglaterra es el banco central del Reino Unido. Asesora al gobierno en asuntos financieros y actúa como banquero del gobierno y otros bancos.

bankable /ˈbæŋkəbəl/ *adj* **1** (Fin) ‹*check*› con fondos **2** ‹*star/name*› taquillero

bank account *n* cuenta *f* bancaria

bankassurance *n* [u] (BrE) ▸**bancassurance**

bank bill *n*
A (AmE) (paper money) billete *m* de banco
B (BrE) (bill of exchange) pagaré *m* bancario

bankbook /ˈbæŋkbʊk/ *n* libreta *f* de ahorros

bankcard /ˈbæŋkkɑːrd || ˈbæŋkkɑːd/ *n* **1** (AmE) tarjeta *f* de crédito (*expedida por un banco*) **2** (BrE) tarjeta *f* bancaria

bank charges *pl n* cargos *mpl* bancarios

bank clerk *n* (BrE) empleado, -da *m,f* de banco *or* banca, bancario, -ria *m,f* (CS)

bank credit *n* [u] crédito *m* bancario

bank draft *n* ▸**banker's draft**

banker /ˈbæŋkər || ˈbæŋkə(r)/ *n* **1** (Fin) banquero, -ra *m,f* **2** (in gambling) banca *f*

banker's card *n* (BrE) tarjeta *f* bancaria

banker's draft *n* (BrE) cheque *m or* efecto *m* bancario

banker's hours *pl n* (AmE) horario *m* de atención al público

banker's order *n* orden *f* de débito bancario (AmL), orden *m* de domiciliación bancaria (Esp)

bank holiday *n* (BrE) día *m* festivo, feriado *m* (esp AmL)

> **bank holiday**
>
> Día festivo de carácter oficial en el Reino Unido, en que cierran los bancos, correos, la mayoría de las oficinas y muchas tiendas. Siempre cae en un lunes.

banking /ˈbæŋkɪŋ/ *n* [u] (business) banca *f*; (*before n*) ‹*charges/system*› bancario

banking account *n* cuenta *f* bancaria

banking hours *pl n* horario *m* de atención al público

banking house *n* casa *f* de banca

bank loan *n* préstamo *m* bancario

bank manager *n* gerente *mf* de banco, director, -tora *m,f* de banco

bank note *n* **1** (promissory note) (AmE) pagaré *m* **2** (paper money) (BrE) billete *m* de banco

bank rate *n* tasa *f or* (Esp tb) tipo *m* de interés

bankroll[1] /ˈbæŋkrəʊl/ *n* (AmE colloq) (funds) fondos *mpl*; (roll of money) fajo *m* de billetes

bankroll[2] *vt* (AmE colloq) mantener*, financiar; ‹*operation*› costear, financiar, bancar* (RPl fam)

bankrupt[1] /ˈbænkrʌpt/ *adj* **1** ‹*company/person*› en quiebra, en bancarrota; (Law) en quiebra; **to be ~** estar* en quiebra *or* en bancarrota; **to go ~** quebrar*, ir* a la bancarrota **2** ‹*policy*› fallido y desacreditado; **a morally ~ country** un país en (la) bancarrota moral

bankrupt[2] *n* fallido, -da *m,f*

bankrupt[3] *vt* ‹*company/country*› hacer* quebrar, llevar a la quiebra *or* a la bancarrota; **you'll ~ me!** ¡me vas a arruinar!, ¡me vas a llevar a la bancarrota!

bankruptcy /ˈbæŋkrʌptsi/ *n* (*pl* **-cies**) **1** [u c] quiebra *f*, bancarrota *f*; (Law) quiebra *f*; **to file for ~** presentar una solicitud de declaración de quiebra; **they went into ~ in 1929** quebraron en 1929 **2** [u] (of policy) fracaso *m*; **moral ~** bancarrota *f* moral

bankruptcy court *n* (in UK) tribunal *m* de quiebras

bankruptcy order *n* resolución *f* que declara la quiebra

bankruptcy proceedings *pl n* juicio *m* de quiebra

bank teller *n* cajero, -ra *m,f* (de banco)

bank transfer *n* [u c] transferencia *f* bancaria

banner[1] /ˈbænər || ˈbænə(r)/ *n*
A **1** (flag) estandarte *m*; **the party campaigned under the ~ of social reform** el partido hizo su campaña bajo la bandera de las reformas sociales **2** (in demonstration) pancarta *f*
B **~ (headline)** (Journ) gran titular *m*
C (internet advertisement): **~ (advert)** banner *m* (publicitario)

banner[2] *adj* (AmE) excepcional

banning /ˈbænɪŋ/ *n* prohibición *f*

bannister *n* ▸**banister**

banns /bænz/ *pl n* amonestaciones *fpl*; **to publish/read the ~** publicar*/leer* las amonestaciones

banoffi pie, banoffee pie /bəˈnɑːfi || bəˈnɒfi/ *n*: *pastel de plátano, crema y dulce de leche*

banquet[1] /ˈbæŋkwət || ˈbæŋkwɪt/ *n* banquete *m*

banquet[2] *vi* **1** (have ceremonial meal) celebrar un banquete **2** (have lavish meal) darse* un banquete, banquetearse (fam)
■ **banquet** *vt* darle* un banquete a

banqueting hall /ˈbæŋkwətɪŋ || ˈbæŋkwɪtɪŋ/ *n* salón *m or* sala *f* de banquetes

banquette /bæŋˈket/ *n* (AmE) banco *m*

banshee /ˈbænʃiː/ *n* (Myth) *en la mitología irlandesa, espíritu de mujer cuyo llanto presagia una muerte*; **to wail like a ~** gemir* como un alma en pena

bantam /ˈbæntəm/ *n* gallinita *f* de Bantam

bantamweight /ˈbæntəmweɪt/ *n* peso *m* gallo; (*before n*) ‹*champion/title*› de los pesos gallo

banter[1] /ˈbæntər || ˈbæntə(r)/ *n* [u] bromas *fpl*; **there was some ~ about his accent** estuvieron bromeando *or* haciendo bromas sobre su acento

banter[2] *vi* bromear, hacer* bromas

bantering /ˈbæntərɪŋ/ *adj* ‹*tone*› de broma

Bantu[1] /ˈbæntuː/ *adj* bantú

Bantu[2] *n* **1** [u] (Ling) bantú *m* **2** [c] (*pl* **~s** *or* **~**) (person) bantú *mf*; **the ~(s)** los bantúes

bap /bæp/ *n* (BrE) panecito *m* (AmL), panecillo *m* (Esp), pancito *m* (CS)

baptism /ˈbæptɪzəm/ *n* [c u] bautismo *m*; ***a ~ of fire*** un bautismo de fuego

baptismal /bæpˈtɪzməl/ *adj*: **~ name** nombre *m* de pila; **~ font** pila *f* bautismal

Baptist[1] /ˈbæptəst || ˈbæptɪst/ *n* baptista *mf*, bautista *mf*

Baptist[2] *adj* baptista, bautista; **the ~ Church** la Iglesia Baptista *or* Bautista

baptize /bæpˈtaɪz/ *vt* bautizar*; **she was ~d Mary** la bautizaron con el nombre de Mary

bar[1] /bɑːr || bɑː(r)/ *n*
A **1** (rod, rail) barra *f*; (— on cage, window) barrote *m*, barra *f*; (— on door) tranca *f*; **to put sb/be behind ~s** meter a algn/estar* entre rejas **2** (of electric fire) (BrE) resistencia *f*
B **1** (Sport) (*cross~*) (in soccer) larguero *m*, travesaño *m*; (in rugby) travesaño *m*; (in high jump) barra *f or* (Esp) listón *m*; (*horizontal ~*) barra *f* (fija) **2** (in ballet) barra *f*
C (block) barra *f*; **~ of chocolate** barra *f or* tableta *f* de chocolate; (small) chocolatina *f*, chocolatín *m* (RPl); **gold ~** lingote *m* de oro; **~ of soap** pastilla *f* de jabón, barra *f* de jabón (CS)
D **1** (establishment) bar *m*; (counter) barra *f*, mostrador *m*; (in living room) bar *m*; **free ~** barra *f* libre; **salad ~** mesa *f* de ensaladas **2** (stall) puesto *m*; **heel ~** (BrE) *puesto de reparación rápida de calzado*; **key ~** (BrE) *lugar donde se duplican llaves en el acto*
E (Law) **1** **the Bar** (legal profession) (AmE) la abogacía; (barristers) (BrE) *el conjunto de barristers* ▸**barrister**; **to be called to the B~** (BrE) obtener* el título de ▸**barrister**; (*before n*): **B~ exam** (AmE) *examen con el cual se obtiene el título de abogado* **2** (in court) banquillo *m*; **the prisoner at the ~** el acusado, la acusada

➡▯ *see* Living in a Spanish-speaking country; Correspondence

F (Mus) **1** (measure) compás *m* **2** ~ **(line)** barra *f*
G (impediment) ~ **TO sth** obstáculo *m or* impedimento *m* PARA algo
H (in bay, river) barra *f*
I **1** (band of light, color) franja *f* **2** (Mil) (indicating rank) (AmE) *distintivo de teniente o capitán*; (to medal) (BrE) *galón que indica que se ha recibido por segunda vez la misma condecoración* **3** (in heraldry) barra *f*
J (unit of pressure) bar *m*

bar² *vt* **-rr-**
A (secure) ‹*door/window*› atrancar*, trancar*; **she found the door ~red against her** se encontró con que le habían atrancado *or* trancado la puerta
B (block) ‹*path/entrance*› bloquear; **a tree was ~ring our way** un árbol nos cortaba *or* bloqueaba *or* impedía el paso
C (prohibit) ‹*smoking/jeans*› prohibir*; **to ~ sb FROM sth**: **reporters were ~red from the meeting** se excluyó a los periodistas de la reunión; **his criminal record ~s him from the job** sus antecedentes penales le impiden acceder al puesto
D (stripe) (*usu pass*) dibujar franjas en

bar³ *prep* salvo, excepto, a *or* con excepción de; **~ one or two people** salvo *or* excepto una o dos personas, a *or* con excepción de una o dos personas; **we'll be finished, ~ some disaster, by tomorrow** acabaremos para mañana, salvo que *or* a menos que ocurra algún desastre; **~ none** sin excepción

barb /bɑːrb || bɑːb/ *n*
A **1** (of fishhook, arrow) lengüeta *f*; (of harpoon) punta *f* de presa **2** (on barbed wire) púa *f*
B (jibe) pulla *f*
C (Zool) **1** (of feather) barba *f* **2** (beardlike growth) barba *f*

Barbadian¹ /bɑːr'beɪdiən || bɑː'beɪdiən/ *adj* de Barbados

Barbadian² *n*: *habitante o persona oriunda de Barbados*; **she is a ~** es de Barbados

Barbados /bɑːr'beɪdəʊs || bɑː'beɪdɒs/ *n* (+ *sing vb*) Barbados *m*

barbarian¹ /bɑːr'beriən || bɑː'beəriən/ *adj* bárbaro

barbarian² *n* bárbaro, -ra *m,f*

barbaric /bɑːr'bærɪk || bɑː'bærɪk/ *adj* **1** (primitive) primitivo **2** (brutal) brutal; **these working hours are ~!** ¡este horario de trabajo es brutal *or* es una barbaridad!

barbarically /bɑːr'bærɪkli || bɑː'bærɪkli/ *adv* con brutalidad, salvajemente

barbarism /'bɑːrbərɪzəm || 'bɑːbərɪzəm/ *n* **1** [u] (lack of cultivation) barbarie *f* **2** [c] (Ling) barbarismo *m*

barbarity /bɑːr'bærəti || bɑː'bærəti/ *n* [u c] (*pl* **-ties**) **1** (brutality) brutalidad *f*; **the barbarities of the regime** las atrocidades del régimen **2** (lack of cultivation) barbarie *f*

barbarize /'bɑːrbəraɪz || 'bɑːbəraɪz/ *vt* **1** ‹*person*› embrutecer*, llevar a un estado de barbarie **2** ‹*language*› corromper

barbarous /'bɑːrbərəs || 'bɑːbərəs/ *adj* **1** ‹*tribes/rites*› bárbaro; ‹*accent/taste*› basto **2** ‹*punishment/captors*› brutal

Barbary /'bɑːrbəri || 'bɑːbəri/ *n* (arch *or* poet) Bertería *f* (arc); (*before n*): **the ~ Coast** la costa de Berbería (arc)

Barbary ape *n* macaco *m* (*del norte africano*)

barbecue¹ /'bɑːrbɪkjuː || 'bɑːbɪkjuː/ *n*
A (grid and fireplace) barbacoa *f*, parrilla *f*, asador *m* (AmL)
B (food cooked on grid) parrillada *f*
C (social occasion) barbacoa *f*, parrillada *f*, asado *m* (AmL)

barbecue² *vt* (cook on grid) asar a la parrilla *or* a la brasa

barbecue sauce *n* [u]: *salsa para servir con carnes a la parrilla o para adobarlas antes de asarlas*

barbed /bɑːrbd || bɑːbd/ *adj* mordaz

barbed wire *n* [u] alambre *m* de púas *or* (Esp tb) de espino; (*before n*): **barbed-wire fence** alambrada *f or* (CS) alambrado *m* de púas

barbel /'bɑːrbəl || 'bɑːbəl/ *n* **1** (fish) barbo *m* **2** (bristle) barbillón *m*

barbell /'bɑːrbel || 'bɑːbel/ *n* barra *f* (*para pesas*), haltera *f*

barber /'bɑːrbər || 'bɑːbə(r)/ *n* peluquero *m*, barbero *m* (ant); **I'm going to the ~('s)** voy al peluquero *or* a la peluquería

barbershop /'bɑːrbərʃɑːp || 'bɑːbəʃɒp/ *n* (AmE) peluquería *f*, barbería *f* (ant)

barbershop quartet *n*: *conjunto de voces masculinas que canta canciones sentimentales*

barbican /'bɑːrbɪkən || 'bɑːbɪkən/ *n* barbacana *f*

barbie /'bɑːrbi || 'bɑːbi/ *n* (Austral colloq) (Culin)
A (grid and fireplace) barbacoa *f*, parrilla *f*, asado *m* (AmL)
B (social occasion) barbacoa *f*, parrillada *f*, asado *m* (AmL)

Barbie doll®, Barbie /'bɑːrbi || 'bɑːbi/ *n*
A (doll) Barbie® *f*, muñeca *f* Barbie®
B (AmE colloq) (person) barbie *f* (fam)

bar billiards *n* (in UK) (+ *sing vb*) billar *m* americano

barbital /'bɑːrbətɔːl || 'bɑːbɪtl/ *n* [u] (AmE) barbital *m*

barbitone /'bɑːrbətəʊn || 'bɑːbɪtəʊn/ *n* [u] (BrE) ▸**barbital**

barbiturate /bɑːr'bɪtʃərət || bɑː'bɪtjʊrət/ *n* [u c] barbitúrico *m*

Barbour® /'bɑːrbər || 'bɑːbə(r)/ *n* Barbour® *m*; (*before n*): **~ jacket/coat** chaqueta *f* /abrigo *m* Barbour

barbwire /bɑːrb'waɪr || bɑːb'waɪə(r)/ *n* [u] (AmE) ▸**barbed wire**

Barcelona /ˌbɑːrsə'ləʊnə || ˌbɑːsə'ləʊnə/ *n* Barcelona

bar chart *n* gráfico *m* de barras

bar-code /'bɑːrˌkəʊd || 'bɑːˌkəʊd/ *vt* poner* código de barras a

bar code *n* código *m* de barras

bar code reader *n* lector *m* de códigos de barras

Bar Council *n* (in UK): **the ~~** *el colegio de los barristers*, ▸**barrister**

bar counter *n* barra *f*

bard /bɑːrd || bɑːd/ *n* **1** (poet) (liter) bardo *m* (liter), vate *m* (liter); **the B~** Shakespeare **2** (Celtic minstrel) bardo *m*

bare¹ /ber || beə(r)/ *adj* **barer** /'berər || 'beərə(r)/ **barest** /'berəst || 'beərɪst/
A **1** (uncovered) ‹*blade/body/flesh/shoulder*› desnudo; ‹*head*› descubierto; ‹*foot*› descalzo; ‹*floorboards*› sin alfombrar; ‹*tree/branches/fields*› pelado, desnudo; ‹*wire*› pelado *or* (Esp) desnudo; **~ from the waist up** desnudo hasta la cintura, con el torso desnudo; **to lay sth ~** poner* *or* dejar algo al descubierto; **a landscape ~ of vegetation** un paisaje desprovisto de vegetación **2** ‹*walls*› desnudo; ‹*room*› con pocos muebles; **~ of ornament** sin adorno
B (*before n*) **1** (without details) ‹*statement*› escueto; **he gave me just the ~ facts** se ciñó estrictamente a los hechos **2** (mere): **the ~ essentials/necessities** lo estrictamente esencial/necesario; **they have the ~st majority** tienen una mayoría muy escasa; **they earn the ~(st) minimum** ganan lo justo para vivir; **the incident was given a ~ two paragraphs** el incidente apenas si mereció dos párrafos

bare² *vt* desnudar; **to ~ one's head** quitarse el sombrero, descubrirse*; **the dog ~d its teeth** el perro enseñó *or* mostró los dientes; **she ~d her soul to me** me abrió su corazón

bare-armed /'ber'ɑːrmd || ˌbeə(r)'ɑːmd/ *adj* **1** (unprotected) con los brazos desprotegidos **2** (with arms uncovered) con los brazos desnudos *or* descubiertos **3** (Clothing) sin mangas

bareback¹ /'berbæk || 'beəbæk/ *adj*: **a ~ rider** un jinete que monta a pelo

bareback² *adv* ‹*ride*› a pelo

bare bones *pl n*: **she gave us the ~ ~ of the story** nos contó lo estrictamente esencial de la historia; (*before n*): **they made a bare-bones living** vivieron con lo justo

bare-breasted /ˌber'brestəd || ˌbeə'brestɪd/ *adj* con los pechos al aire

bare-chested /'ber'tʃestəd || ˌbeə'tʃestɪd/ *adj* desnudo de la cintura para arriba, sin camisa

barefaced /'berfeɪst || 'beəfeɪst/ *adj* ‹*liar/lie*› descarado

barefoot¹ /'berfʊt || 'beəfʊt/ *adj* descalzo, con los pies desnudos (liter)

barefoot² *adv*: **he/she ran ~** corrió descalzo/descalza

barefooted /ˌber'fʊtəd || ˌbeə'fʊtɪd/ *adj/adv* ▸**barefoot¹**, **barefoot²**

barehanded /ˌber'hændəd || ˌbeə'hændɪd/ *adv* ‹*fight*› sin guantes, a puño limpio; ‹*dig/work*› sin herramientas; (in baseball) sin guante

bareheaded /ˌber'hedəd || ˌbeə'hedɪd/ *adj* sin sombrero, con la cabeza descubierta

bare-knuckle¹ /ˌber'nʌkəl || ˌbeə'nʌkəl/ *adj* ‹*fight*› sin guantes, a puño limpio; ‹*politician*› (AmE) implacable

bare-knuckle² *adv* ‹*fight*› sin guantes, a puño limpio; **she has always fought ~ for her ideals** (AmE) siempre ha luchado a brazo partido por sus ideales

bare-legged /ˌber'legd || ˌbeə'legd/ *adj* con las piernas descubiertas; (without stockings) sin medias

barely /'berli || 'beəli/ *adv* **1** (hardly) apenas; **I can ~ hear you** apenas te oigo, casi no te oigo; **we'd ~ finished eating when he arrived** apenas habíamos terminado de comer cuando llegó **2** (scantily): **a ~ furnished room** una habitación con pocos muebles

bareness /'bernəs || 'beənɪs/ *n* [u] **1** (of body, hill, tree) desnudez *f* **2** (of walls) desnudez *f*; (of room) lo vacío

barf¹ /bɑːrf || bɑːf/ *vi* (AmE colloq) arrojar, devolver*, lanzar* (fam)

barf² *n* (AmE colloq) vómito *m*

barfly /'bɑːrflaɪ || 'bɑːflaɪ/ *n* (colloq) *persona que pasa mucho tiempo metida en bares*

bargain¹ /'bɑːrgən || 'bɑːgən/ *n*
A (cheap purchase) ganga *f*, pichincha *f* (RPl fam); (*before n*) ‹*price*› de ganga *or* oferta; ‹*counter/rail*› de ofertas, de oportunidades; **~ buy** ganga *f*, buena compra *f*; **~ flights to Australia** vuelos a Australia a precios imbatibles
B **1** (deal, agreement) trato *m*, acuerdo *m*; **have you forgotten our ~?** ¿ya te has olvidado de nuestro trato?; **it's a ~!** ¡trato hecho!; **to make a ~ with sb** hacer* un trato *or* pacto con algn; **if the negotiators don't strike a ~ soon ...** si los negociadores no llegan pronto a un acuerdo ...; ***into*** o (AmE also) ***in the ~*** encima, por si fuera poco; **and it started to rain into the ~** y encima *or* por si fuera poco se puso a llover; ***to drive a hard ~***: **he drives a hard ~** sabe cómo conseguir lo que quiere, es buen negociador; **if we don't agree, he may come back later and drive a much harder ~** si no aceptamos, quizás luego nos ponga las cosas mucho más difíciles **2** (Fin) operación *f*

bargain² *vi* **1** (haggle) **to ~ (WITH sb) (OVER sth)** ‹*over price/item*› regatear (CON algn) (POR algo) **2** (negotiate) negociar; **they were not prepared to ~ with the terrorists for the hostages' future** no estaban dispuestos a entrar en negociaciones con los terroristas sobre el futuro de los rehenes

Phrasal verbs

- **bargain away** [v + o + adv, v + adv + o] ‹*rights/independence*› regalar, echar por la borda
- **bargain for** [v + prep + o]: **we hadn't ~ed for such an eventuality** no habíamos contado con que pasara algo así, no habíamos tenido en cuenta esa posibilidad; **I hadn't ~ed for staying that late** no contaba con quedarme hasta tan tarde; **I got more than I had ~ed for** no me esperaba algo así
- **bargain on** ▸**bargain for**

bargain basement *n* sección *f* de ofertas *or* oportunidades; (*before n*): **bargain-basement prices** precios *mpl* de oferta *or* de ocasión

bargain break *n* oferta *f* de vacaciones baratas

b

bargain hunter *n* cazador, -dora *mf* de gangas; **she's a real ~ ~** siempre va a la caza de una ganga, es una pichinchera (RPl fam)

bargain hunting *n* [u]: **to go ~ ~** ir* en busca de gangas

bargaining /ˈbɑːrgənɪŋ || ˈbɑːgənɪŋ/ *n* [u] 1 (haggling) regateo *m* 2 (negotiating) negociaciones *fpl*; (*before n*) ‹*strategy/position*› negociador, de negociación; **a useful ~ counter** una buena baza; **the ~ table** la mesa de negociaciones

bargaining power *n* [u] poder *m* negociador

bargain offer *n* oferta *f* especial, oferta *f* de ocasión; **there are ~ ~s on all goods in store** hay ofertas especiales en todos los artículos de la tienda

bargain sale *n* venta *f* de ocasión

barge¹ /bɑːrdʒ || bɑːdʒ/ *n* 1 (Transp) barcaza *f*, gabarra *f* 2 (Mil) lancha *f* 3 (old vessel) (colloq & pej) barcucho *m* (fam & pey)

barge² *vi* (+ *adv compl*): **she ~d through the crowd** se abrió paso a empujones entre la multitud; **to ~ in: she ~d in without knocking** entró sin llamar; **he always ~s in when we're trying to talk** siempre se entromete cuando queremos hablar; **to ~ into a conversation** entrometerse en una conversación; **to ~ into sb** chocar* con algn

■ **barge** *vt* ‹*player/goalkeeper*› (BrE) empujar (*con el hombro*); ***to ~ one's way*** abrirse* paso a empujones

bargepole /ˈbɑːrdʒpəʊl || ˈbɑːdʒpəʊl/ *n* (BrE) pértiga *f*, bichero *m*; ***I wouldn't touch him/it with a ~*** (colloq) yo con él no me metería/eso no lo compraría (*or* aceptaría *etc*) ni que me pagaran; **buy it if you want to, I wouldn't touch it with a ~ myself** cómpralo si quieres, pero yo no lo querría ni regalado

bar girl *n* (AmE) mesera *f* (de barra) (AmL), camarera *f* (de barra) (esp Esp)

bar graph *n* gráfico *m* de barras

barhop /ˈbɑːrhɑːp || ˈbɑːhɒp/ *vi* **-pp-** (AmE) ir* de bar en bar, ≈ ir* de tascas (*en Esp*)

barista /bɑːˈriːstə bəˈrɪstə/ *n* (Culin) barista *mf*

baritone¹ /ˈbærətəʊn || ˈbærɪtəʊn/ *n* 1 [u] (voice) barítono *m*; **he sings ~** tiene voz de barítono 2 [c] (singer) barítono *m*

baritone² *adj* ‹*voice/part*› de barítono; ‹*instrument*› barítono

barium /ˈberiəm || ˈbeəriəm/ *n* [u] bario *m*; (*before n*): **~ enema/meal** enema *m* /papilla *f* de bario

bark¹ /bɑːrk || bɑːk/ *n*
A [u] (on tree) corteza *f*
B [c] (of dog, seal) ladrido *m*; (of fox) aullido *m*; (of person) rugido *m*; **to give a ~** ladrar, soltar* un ladrido; ***her/his ~ is worse than her/his bite*** perro que ladra no muerde *or* perro ladrador, poco mordedor
C [c] (esp AmE) ▸ **barque**

bark² *vi* 1 ‹‹*dog/seal*›› ladrar 2 (shout) (AmE) gritar; **to ~ AT sb** gritarle A algn; **the sergeant ~ed at them furiously** el sargento les gritó furioso

■ **bark** *vt*
A (shout) ‹*instructions/question*› espetar; **to ~ (out) an order** gritar una orden, dar* una orden a gritos
B 1 (graze): **to ~ one's knuckles** pelarse *or* rasparse los nudillos 2 ‹*tree/log*› descortezar*

barkeep /ˈbɑːrkiːp || ˈbɑːkiːp/, **barkeeper** /-ˌkiːpər || -ˌkiːpə(r)/ *n* (AmE) (bar owner) tabernero, -ra *m,f*; (male bartender) barman *m*, camarero *m* (Esp); (female bartender) mesera *f or* (Esp) camarera *f or* (CS) moza *f*

barker /ˈbɑːrkər || ˈbɑːkə(r)/ *n* voceador, -dora *m,f*

barking /ˈbɑːrkɪŋ || ˈbɑːkɪŋ/ *adv* (BrE colloq): **~ mad** loco de remate

barley /ˈbɑːrli || ˈbɑːli/ *n* [u] cebada *f*; (*before n*): **~ sugar** *tipo de caramelo*; **~ water** *refresco hecho con agua de cebada*; **~ wine** *cerveza inglesa muy fuerte*

barleycorn /ˈbɑːrlikɔːrn || ˈbɑːlikɔːn/ *n* grano *m* de cebada

barmaid /ˈbɑːrmeɪd || ˈbɑːmeɪd/ *n* 1 (behind the bar) mesera *f* de barra (AmL), camarera *f* de barra (esp Esp), mesonera *f* de barra (Ven) 2 (waitress) (AmE) mesera *f* (AmL), camarera *f* (esp Esp), mesonera *f* (Ven)

barman /ˈbɑːrmən || ˈbɑːmən/ *n* (*pl* **-men** /-mən/) (BrE) barman *m*, camarero *m* (Esp, Ven)

bar manager *n* gerente *mf*, de bar

bar mitzvah, Bar Mitzvah /bɑːrˈmɪtsvə || bɑːˈmɪtzvə/ *n* bar mitzvah *m*

barmy /ˈbɑːrmi || ˈbɑːmi/ *adj* **-ier, -iest** (BrE colloq) chiflado (fam), chalado (fam), rayado (AmS fam); **you've gone ~!** ¡te has vuelto loco!, ¡estás chiflado! (fam)

barn /bɑːrn || bɑːn/ *n* 1 (for crops) granero *m*; (for livestock) establo *m*; **they live in a great ~ of a place** viven en un caserón enorme; **he couldn't hit the side of a ~** (set phrase) tiene pésima puntería; ▸**door 1** 2 (for vehicles) (AmE) cochera *f*

barnacle /ˈbɑːrnɪkəl || ˈbɑːnɪkəl/ *n* percebe *m*; **she clung like a ~** se pegó como una lapa

barn burner *n* (AmE colloq) 1 (exciting event) espectáculo *m* emocionante 2 (in sport) partidazo *m*

barn dance *n* 1 (dance party) *fiesta donde se baila música folclórica* 2 (country dance) (BrE) *baile folclórico inglés*

barney /ˈbɑːrni || ˈbɑːni/ *n* (*pl* **-neys**) (BrE colloq) bronca *f* (fam), gresca *f* (fam); **to have a ~ with sb** tener* una agarrada con algn (fam)

barn owl *n* lechuza *f*

barnstorm /ˈbɑːrnstɔːrm || ˈbɑːnstɔːm/ *vi* (esp AmE); *recorrer zonas rurales durante una campaña electoral*

barnstorming /ˈbɑːrnstɔːrmɪŋ || ˈbɑːnstɔːmɪŋ/ *adj* (BrE) arrollador

barnyard /ˈbɑːrnjɑːrd || ˈbɑːnjɑːd/ *n* corral *m*

barometer /bəˈrɑːmətər || bəˈrɒmɪtə(r)/ *n* barómetro *m*

barometric /ˌbærəˈmetrɪk/ *adj* barométrico

baron /ˈbærən/ *n* 1 (nobleman) barón *m*; (Hist) barón *m* 2 (magnate) magnate *m*; **steel/press ~** magnate del acero/de la prensa 3 (Culin): **~ of beef** lomo *m or* (Esp) solomillo *m* doble

baroness /ˈbærənes/ *n* baronesa *f*

baronet /ˈbærənet/ *n* baronet *m*

baronial /bəˈrəʊniəl/ *adj*
A (of a baron) baronal
B ‹*hall/mansion*› señorial

barony /ˈbærəni/ *n* (*pl* **-nies**) (rank, domain) baronía *f*

baroque¹ /bəˈrəʊk || bəˈrɒk/ *adj* 1 *also* **Baroque** (Archit, Art, Mus) barroco 2 (extravagant) barroco

baroque², Baroque *n*: **the ~** el barroco

bar person *n* mesero, -ra *mf* (AmL), camarero, -ra *m,f* (esp Esp)

barque, (AmE also) **bark** /bɑːrk || bɑːk/ *n* 1 (sailing ship) corbeta *f* 2 (boat) (poet) bajel *m* (liter), barca *f*

barrack /ˈbærək/ *vt*
A (house) ‹*soldiers*› alojar en barracones
B (jeer) (BrE) ‹*speaker/performer*› abuchear

■ **barrack** *vi* (jeer) (BrE) ‹‹*audience/crowd*›› abuchear

barracking /ˈbærəkɪŋ/ *n* [u c] (BrE) abucheo *m*, silbatina *f* (AmS)

barrack room *n* (BrE) barracón *m*; (*before n*): **barrack-room humor/language** humor *m* /lenguaje *m* cuartelero

barracks /ˈbærəks/ *n* (*pl*, **~** (+ *sing or pl vb*)) cuartel *m*; **they spent several weeks in ~** pasaron varias semanas acuartelados; **to be restricted** o (BrE) **confined to ~** estar* acuartelado

barracuda /ˌbærəˈkuːdə/ *n* (*pl* **~** *or* **~s**) barracuda *f*

barrage¹ *n*
A /bəˈrɑːʒ || ˈbærɑːdʒ/ 1 (Mil) (action) descarga *f*; (fire) cortina *f or* barrera *f* de fuego; **artillery ~** descarga *f* de artillería, bombardeo *m* 2 (deluge) aluvión *m*; **a ~ of questions/criticism** un aluvión de preguntas/críticas
B /ˈbɑːrɪdʒ || ˈbærɑːdʒ/ (dam) presa *f*

barrage² /bəˈrɑːʒ || ˈbærɑːʒ/ *vt* **to ~ sb WITH sth: she was ~d with questions** la bombardearon *or* acosaron *or* acribillaron a preguntas; **they were ~d with complaints** recibieron un aluvión de quejas

barrage balloon /bəːˈrɑːʒ || ˈbærɑːʒ/ *n* globo *m* cautivo *or* de barrera

barre /bɑːr || bɑː(r)/ *n* barra *f*

barred /bɑːrd || bɑːd/ *adj* 1 (with bars) ‹*windows*› con barrotes 2 (striped) ‹*wings*› listado

barrel¹ /ˈbærəl/ *n*
A 1 (container) barril *m*, tonel *m*; ***a ~ of laughs***: **we had a ~ of laughs** nos divertimos muchísimo; **it wasn't exactly a ~ of laughs** no fue lo que se dice muy divertido; ***to be like shooting fish in a ~*** (AmE) ser* pan comido (fam); ***to have sb over a ~*** tener* a algn entre la espada y la pared; ***to scrape (the bottom of) the ~*** no quedarle a uno más recursos; **have you seen her new boyfriend? she's really scraping the ~!** ¿has visto con quién sale ahora? ¡tiene que estar muy desesperada!; **this channel is really scraping the bottom of the ~** sólo dan basura por este canal; (*before n*): **~ vault** bóveda *f* de cañón 2 (measure of oil) barril *m*
B 1 (of handgun) cañón *m*; (of cannon) tubo *m* 2 (of pen) cañón *m* 3 (of lock) cilindro *m*

barrel², (BrE) **-ll-** *vt* ‹*beer/wine*› embarrilar

■ **barrel** *vi* (move fast) (AmE colloq): **we were ~ing down the road** íbamos disparados *or* (fam) como bólidos por la carretera

Phrasal verb

• **barrel along** [v + adv] (AmE) ir* disparado *or* (fam) como un bólido

barrel-chested /ˈbærəlˌtʃestəd || ˌbærəl ˈtʃestɪd/ *adj* fornido

barrelhead /ˈbærəlhed/ *n* tapa *f* de barril; ***to pay on the ~*** (AmE) pagar* en el acto

barrelhouse /ˈbærəlhaʊs/ *n*
A [c] (AmE) (bar) antro *m*, tugurio *m*
B [u] (Mus) barrelhouse *m*; (*before n*) ‹*song/piano playing*› barrelhouse

barrel organ *n* organillo *m*

barren /ˈbærən/ *adj* **-er, -est**
A (infertile) ‹*land/soil*› estéril, árido, yermo (liter); ‹*tree/plant*› (*no comp*) que no da fruto, estéril; ‹*animal*› estéril; **a ~ woman** (dated *or* liter) una mujer infecunda *or* estéril
B 1 (fruitless) ‹*activity/discussion/period*› estéril 2 (dull) ‹*subject/style*› insulso 3 (devoid) (*pred*) **to be ~ OF sth** ‹*of interest/humor*› carecer* DE algo; ‹*of trees/vegetation*› estar* desprovisto DE algo

barrenness /ˈbærənnəs || ˈbærənnɪs/ *n* [u]
A (of land) aridez *f*, esterilidad *f*; (of tree) esterilidad *f*; (of woman, mare) (dated *or* liter) infecundidad *f*, esterilidad *f*
B (fruitlessness) improductividad *f*

barrens /ˈbærənz/ *pl n* (esp AmE) planicies *fpl* áridas

barrette /bɑːˈret || bəˈret/ *n* (AmE) pasador *m*, broche *m* (Méx, Ur), hebilla *f* (Arg), traba *f* (Chi)

barricade¹ /ˈbærəkeɪd || ˌbærɪˈkeɪd/ *n* barricada *f*; **the government retreated behind a ~ of promises and excuses** el gobierno se parapetó tras un cúmulo de promesas y excusas

barricade² *vt* ‹*street/door/building*› cerrar* con barricadas; **the students ~d themselves into the building** los estudiantes se atrincheraron en el edificio

Phrasal verb

• **barricade off** [v + o + adv, v + adv + o] cerrar* con barricadas

barrier /ˈbæriər || ˈbæriə(r)/ *n*
A 1 (wall) barrera *f*, muro *m*; **crash ~** valla *f* protectora; **crowd ~** valla *f* de contención; (*before n*): **~ methods of contraception** métodos *mpl* anticonceptivos mecánicos *or* de barrera 2 (gate) (BrE) barrera *f*; (*ticket ~*) *punto de acceso al andén, donde hay que presentar el billete*; **automatic ~** barrera automática
B 1 (obstacle) barrera *f*; **language/cultural ~** barrera idiomática/cultural; **to break down the ~s between nations** romper* las barreras

entre las naciones 2 (crucial point) barrera *f*; **the sound ~** la barrera del sonido

barrier cream *n* [u c] (BrE) crema *f* protectora, filtro *m* solar

Barrier Reef *n*: **the ~ ~** el Gran Arrecife Coralino, la Gran Barrera Coral

barring /'bɑːrɪŋ/ *prep*: **~ accidents** a menos que suceda algo imprevisto, si Dios quiere; **he said that, ~ delays, ...** dijo que, a menos que *or* salvo que hubiera algún retraso, ...; **~ martial law, we've done all we can to ...** salvo imponer la ley marcial, hemos hecho todo lo posible para ...

barrio /'bɑːriəʊ/ *n* (*pl* **-os**) (in US) *barrio de hispanohablantes en una ciudad norteamericana*

barrister /'bærəstər || 'bærɪstə(r)/ *n* (BrE) abogado, -da *m,f* (*habilitado para alegar ante un tribunal superior*)

bar room *n* (AmE) bar *m*

barrow /'bærəʊ/ *n*
A (*wheel~*) 1 carretilla *f* 2 (street trader's stall) (BrE) carretón *m* (*utilizado como puesto de venta*); (*before n*): **~ boy** *vendedor en un puesto callejero*
B (grave mound) (Archeol) túmulo *m*

barrowload /'bæra(ʊ)ləʊd/ *n* montón *m*

bar snack *n* comida *f* ligera, comida *f* liviana (AmL), comida *f* rápida

barstool /'bɑːrstuːl || 'bɑːstuːl/ *n* taburete *m*

Bart (title) **= Baronet**

bartend /'bɑːrtend || 'bɑːtend/ *vi* (AmE) atender* un bar, trabajar de barman

bartender /'bɑːr,tendər || 'bɑː,tendə(r)/ *n* (esp AmE) (male) barman *m*, camarero *m* (Esp, Ven); (female) mesera *f or* (Esp, Ven) camarera *f or* (CS) moza *f*

barter[1] /'bɑːrtər || 'bɑːtə(r)/ *vt* cambiar, trocar*; **to ~ sth FOR sth** cambiar algo POR algo
■ **barter** *vi* hacer* trueques

(Phrasal verb)
• **barter away** ▸**bargain away**

barter[2] *n* [u] trueque *m*, permuta *f*; (*before n*) ‹*economy/system*› de trueque

baryon /'bæriɑːn || 'bæriɒn/ *n* [u] barión *m*

basal /'beɪsəl/ *adj* elemental

basalt /bə'sɔːlt || 'bæsɔːlt/ *n* [u] basalto *m*

basaltic /bə'sɔːltɪk/ *adj* basáltico

bascule (bridge) /'bæskjuːl/ *n* puente *m* basculante

base[1] /beɪs/ *n*
A 1 (of column, wall) base *f*, basa *f*; (of mountain, tree) pie *m*; (of spine, skull) base *f*; (of geometric figure) base *f* 2 (of lamp) pie *m*; (of statue) pedestal *m*
B (foundation, basis) base *f*
C 1 (of patrol, for excursion) base *f*; **to return to ~** volver* a la base 2 **~ (camp)** (for expedition) campamento *m* base 3 (of organization) sede *f*
D (Culin) 1 (main ingredient) base *f*; **dishes with a rice ~** platos *mpl* a base de arroz 2 (of pie) base *f*, fondo *m*
E (medium): **paint with a water ~** pintura *f* al agua
F (Chem) base *f*
G (Math) base *f*
H (of word) (Ling) raíz *f*, base *f*
I (in baseball) base *f*; ***to be off ~*** (AmE) (wrong) estar* equivocado; (lit: in baseball) estar* fuera de (la) base; ***to catch sb off ~*** (AmE) (by surprise) pillar *or* (AmL) agarrar a algn desprevenido; (lit: in baseball) pillar *or* (AmL) agarrar a algn fuera de (la) base; ***to touch ~***: **I called them, just to touch ~** los llamé, para mantener el contacto; **her speech touched every ~** (AmE) en su discurso tocó todos los puntos de interés; ***to reach/get to first ~ in sth*** (AmE colloq) agarrarle la onda a algo (AmL fam), cogerle* el tranquillo a algo (Esp fam); ***to reach/get to first ~ with sb*** (AmE colloq) agarrar confianza con algn (AmL fam), coger* confianza con algn (Esp)

base[2] *vt*
A (found) **to ~ sth ON o UPON sth** ‹*opinion/conclusion*› basar *or* fundamentar algo EN algo; **the movie is ~d on a real event** la película se basa *or* está basada en una historia real
B (locate) basar; **he's ~d in Madrid** tiene su base en Madrid; **where are you ~d now?** ¿dónde estás (*or* vives *etc*) ahora?

base[3] *adj* **baser, basest** 1 (unworthy) ‹*conduct/motive/accusation*› abyecto, innoble, vil 2 (inferior): **~ metal** metal *m* de baja ley

baseball /'beɪsbɔːl/ *n* 1 [u] (game) béisbol *m*; (*before n*): **~ cap** gorra *f* de béisbol 2 [c] (ball) pelota *f* de béisbol

> **baseball**
>
> El béisbol, deporte nacional de EEUU, se juega con dos equipos de nueve jugadores cada uno, que corren entre tres *bases* (bolsas llenas de arenas) y un plato (*home plate*) que forman un rombo. El lanzador (*pitcher*) tira una pelota de cuero al bateador (*batter*), que debe golpearla con un bate para lanzarla fuera del alcance de los fildeadores (*fielders*), correr a las bases y volver al plato para obtener una carrera (*run*). Si la pelota, lanzada por alguno de los *fielders*, alcanza cualquiera de las bases antes de que el bateador llegue allí, éste queda fuera del juego. El torneo anual de béisbol más importante es la Serie Mundial ▸**World Series**.

baseball diamond *n* diamante *m*, cuadro *m*

baseball player *n* jugador, -dora *m,f* de béisbol

baseboard /'beɪsbɔːrd || 'beɪsbɔːd/ *n* (AmE) zócalo *m*, rodapié *m*, guardapolvos *m* (Chi)

-based /beɪst/ *suff* 1 (having its base in): **London~** con sede en Londres 2 (having as basis): **acrylic~** con base de acrílico; **grammar~ teaching methods** métodos *mpl* de enseñanza basados en la gramática

base hit *n* sencillo *m*

base hospital *n*
A (Mil) hospital *m* de campaña
B (Austral) (serving district) hospital *m* comarcal

base jump[1] *n* salto *m* en paracaídas (*desde una superficie fija*), base jump *m*

base jump[2] *vi* saltar con paracaídas (*desde una superficie fija*), hacer* base jump

base jumper *n* paracaidista *mf* (*que salta desde una superficie fija*)

base jumping *n* [u] salto *m* en paracaídas (*desde una superficie fija*), base jumping *m*

Basel /'bɑːzəl/ *n* Basilea *f*

base lending rate *n* tipo *m or* tasa *f* de interés base sobre préstamos

baseless /'beɪsləs || 'beɪslɪs/ *adj* infundado

baseline /'beɪslaɪn/ *n*
A (starting point) línea *f* base
B (in tennis, volleyball) línea *f* de saque; (in baseball) línea *f* de bases

baseload /'beɪsləʊd/ *n* carga *f* base; (*before n*): **~ power** potencia *f* base

basely /'beɪsli/ *adv* vilmente, de forma abyecta

baseman /'beɪsmæn/ *n* (*pl* **-men** /-men/) (AmE): **first/second/third ~** jugador *m* de primera/segunda/tercera base

basement /'beɪsmənt/ *n* sótano *m*

basement apartment, (BrE) **basement flat** *n* apartamento *m o* (AmL) departamento *m o* (Esp) piso *m* de sótano

baseness /'beɪsnəs || 'beɪsnɪs/ *n* [u] vileza *f*, bajeza *f*

base pair *n* (in biochemistry) par *m* de bases

base pay *n* [u] (AmE) sueldo *m* base *or* básico

baseplate /'beɪspleɪt/ *n* placa *f* base, plancha *f* soporte

base price *n* precio *m* base

base rate *n* (BrE) tipo *m or* tasa *f* base

bases[1] /'beɪsiːz/ *pl of* **basis**

bases[2] /'beɪsəz || 'beɪsɪz/ *pl of* **base**[1]

base station *n* estación *f* base

base unit *n*
A (in measures) unidad *f* base
B (Comput, Telec) unidad *f* base
C (piece of furniture) módulo *m* base, módulo *m* inferior

bash[1] /bæʃ/ *n* (colloq)
A 1 (blow) porrazo *m* (fam), golpe *m*, madrazo *m* (Méx fam); **she gave herself a ~ on the head** se dio un porrazo en la cabeza (fam) 2 (dent) (BrE) abolladura *f*, madrazo *m* (Méx fam)
B (party) juerga *f* (fam)
C (attempt) (BrE): **come on, have a ~!** ¡vamos, inténtalo *or* haz la prueba!; **I'll give it a ~** lo intentaré, haré la prueba

bash[2] *vt* (colloq) 1 (hit) pegarle* a; **shut up or I'll ~ your face (in)!** ¡cállate o te parto la cara! (fam); **I ~ed my knee on** o **against the door** me golpeé *or* (fam) me reventé la rodilla contra la puerta; **~ the ice with a stone** machaque el hielo con una piedra 2 (criticize) ‹*unions/feminists*› despotricar* contra

(Phrasal verbs)
• **bash ahead** [v + adv] (colloq) **to ~ ahead WITH sth** darle* con todo *or* con ganas A algo (fam)
• **bash around** (BrE), **bash about** [v + o + adv] (colloq) ‹*furniture/suitcase/person*› tratar a golpes *or* (AmL tb fam) a las patadas
• **bash down** [v + o + adv, v + adv + o] (colloq) echar abajo
• **bash in** (colloq)
A [v + o + adv, v + adv + o] 1 ‹*door*› echar abajo 2 (dent) ‹*box/hat/car*› abollar
B [v + o + adv]: **to ~ sb's head in** romperle* la cabeza *or* (fam) la crisma a algn; **to ~ sb's face/teeth in** partirle la cara/la boca a algn (fam)
• **bash into** [v + prep + o] ‹‹*person/car*›› chocar* con, darse* contra
• **bash on** [v + adv]: **to ~ on with sth** seguir* adelante con algo (a pesar de las dificultades), echarle para adelante con algo (fam); **well, let's ~ on** bueno, echémosle para adelante *or* (AmL tb) echémosle para adelante nomás (fam)
• **bash out** [v + o + adv, v + adv + o] (colloq) 1 (produce quickly) ‹*article/plan*› improvisar rápidamente 2 (churn out) ‹*letters/invitations*› producir* cantidades industriales de (fam)
• **bash up** [v + o + adv, v + adv + o] (BrE) (colloq) pegarle* una paliza a

bashful /'bæʃfəl/ *adj* tímido, vergonzoso, penoso (AmL exc CS)

bashfully /'bæʃfəli/ *adv* con timidez

bashfulness /'bæʃfəlnəs || 'bæʃfəlnɪs/ *n* [u] timidez *f*

bashing /'bæʃɪŋ/ *n* [u] (esp BrE colloq) tunda *f*, paliza *f*, somanta *f* (Esp fam), madriza *f* (Méx fam); **to give sb a ~** darle* una paliza (*or* tunda *etc*) a algn, ponerle* una madriza a algn (Méx fam)

-bashing /,bæʃɪŋ/ *suff* (BrE sl): **union/media~** el ataque a los sindicatos/la prensa

basic /'beɪsɪk/ *adj*
A (fundamental) ‹*idea*› básico, fundamental; ‹*right*› fundamental; **to be ~ TO sth**: **tourism is ~ to the island's economy** el turismo es fundamental *or* básico para la economía de la isla
B (simple, rudimentary) ‹*knowledge*› básico, elemental; ‹*need*› básico, esencial; ‹*hotel/food*› sencillo; **this textbook is very ~** este texto es muy elemental *or* básico; **my needs are very ~** yo necesito bien poco
C (Econ) ‹*pay*› básico; ‹*price*› básico, base *adj inv*
D (Chem) ‹*salt*› básico

BASIC *n* [u] **= Beginners' All-purpose Symbolic Instruction Code**

basically /'beɪsɪkli/ *adv* básicamente, fundamentalmente; **they are ~ the same** básicamente *or* fundamentalmente *or* en esencia son iguales; **the job ~ involves ...** el trabajo consiste básicamente *or* fundamentalmente en ...; **I was lucky, ~** más que nada *or* fundamentalmente tuve suerte; **what on earth went wrong? — ~, we made a mistake** ¿qué demonios pasó? — en dos palabras: nos equivocamos

Basic English *n* [u] inglés *m* elemental, inglés *m* básico

basic industry *n* industria *f* básica

basics /'beɪsɪks/ *pl n* lo básico, lo esencial; **you have to learn the ~ first** primero tienes que aprender lo básico; **we haven't much furniture, just the ~** no tenemos muchos muebles, sólo lo básico *or* lo esencial; **we must get back to ~** tenemos que replantearnos todo desde cero; **let's get down to ~** vamos a lo que importa

basic wage *n* sueldo *m* base, sueldo *m* básico

basil /ˈbæzəl, ˈbeɪzəl || ˈbæzl/ *n* [u] albahaca *f*

basilica /bəˈsɪlɪkə bəˈzɪlɪkə/ *n* (*pl* **-cas**) basílica *f*

basilisk /ˈbæsəlɪsk || ˈbæzɪlɪsk/ *n* basilisco *m*

basin /ˈbeɪsn/ *n*
[A] [1] (for liquid, food) cuenco *m*, bol *m*, tazón *m* [2] (*hand ~*) (BrE) lavamanos *m*, lavabo *m* (Esp), lavatorio *m* (CS), pileta *f* (RPl) [3] (of fountain) pila *f*, pilón *m*
[B] [1] (harbor) ensenada *f* [2] (dock) dársena *f*
[C] [1] (catchment area) cuenca *f* [2] (Geol) cuenca *f*

basinful /ˈbeɪsnfʊl/ *n*: ***to have had a ~ of sth/sb*** (BrE) estar* harto *or* (fam) hasta la coronilla de algo/algn

basis /ˈbeɪsəs || ˈbeɪsɪs/ *n* (*pl* **bases** /ˈbeɪsiːz/)
[A] [c u] (foundation, grounds) base *f*; **on what ~ do you make these assertions?** ¿en qué se basa usted para afirmar eso?; **on the ~ that ...** partiendo de la base de que ...; **on the ~ of these facts** sobre la base de estos hechos, en base a estos hechos (crit)
[B] (system, level) (*no pl*): **we meet on a regular/monthly ~** nos reunimos regularmente/mensualmente; **on a regional/national ~** a nivel regional/nacional; **the work is done on a voluntary ~** el trabajo se hace voluntariamente; **all clients are treated/charged on an equal ~** a todos los clientes se los trata igual/se les cobra lo mismo

bask /bæsk || bɑːsk/ *vi*: **to ~ in the sun** disfrutar (del calor) del sol; **she ~ed in their adulation** se deleitaba *or* se regodeaba con su adulación

basket /ˈbæskət || ˈbɑːskɪt/ *n*
[A] [1] (for shopping) canasta *f* (esp AmL), cesta *f* (esp Esp); (on hot-air balloon) barquilla *f*; **linen** *o* **laundry ~** canasto *m or* cesto *m* de la ropa sucia; (*before n*): **~ chair** silla *f* de mimbre; **~ maker** cestero, -ra *m,f*; **~ making** cestería *f* [2] (quantity) canasta *f* (esp AmL), cesta *f* (esp Esp) [3] (Fin): **~ of currencies** canasta *f* de divisas (esp AmL), cesta *f* de monedas (esp Esp)
[B] (in basketball) [1] (goal) canasta *f*, cesto *m* [2] (score) canasta *f*, enceste *m*
[C] (male genitals) (AmE sl) paquete *m* (fam)
[D] (bastard) (BrE colloq & euph) hijo, -ja *m,f* de su madre (fam & euf)

basketball /ˈbæskətbɔːl || ˈbɑːskɪtbɔːl/ *n* [1] [u] (game) baloncesto *m*, básquetbol *m* (AmL); (*before n*): **~ player** jugador, -dora *m,f* de baloncesto *or* (AmL tb) de básquetbol, baloncestista *mf*, basquetbolista *mf* (AmL) [2] [c] (ball) pelota *f* de básquetbol *or* (Esp) balón *m* de baloncesto

basket case *n* (esp AmE colloq) caso *m* perdido

basketry /ˈbæskətri || ˈbɑːskɪtri/ *n* [u] [1] (craft) cestería *f* [2] (goods) trabajos *mpl* de cestería

basketwork /ˈbæskətwɜːrk || ˈbɑːskɪtwɜːk/ *n* [u] trabajos *mpl* de cestería

basking shark /ˈbæskɪŋ || ˈbɑːskɪŋ/ *n* cetorrino *m*

Basle /bɑːl/ *n* Basilea *f*

basmati rice, basmati /bæzˈmɑːti/ *n* [u] arroz *m* basmati

basque /bæsk/ *n* corpiño *m*

Basque[1] /bæsk || bɑːsk/ *adj* vasco; **the ~ language** el euskera *or* vasco *or* vascuence; **the ~ Country** el País Vasco, Euskadi *m*

Basque[2] *n* [1] [c] (person) vasco, -ca *m,f* [2] [u] (language) euskera *m*, vasco *m*, vascuence *m*

bas-relief /ˌbɑːrɪˈliːf || ˈbæsrɪˌliːf/ *n* [u c] (technique, carving) bajorrelieve *m*

bass[1] *n*
[A] /beɪs/ (*pl* **~es**) (Mus) [1] [u] (voice) bajo *m*; **to sing ~** tener* voz de bajo [2] [c] (singer, part) bajo *m* [3] [c] (instrument) contrabajo *m*, bajo *m*; (*before n*): **~ player** (contra)bajo *mf*, (contra)bajista *mf* [4] [u] (Audio) graves *mpl*
[B] [c] /bæs/ (*pl* **~**) (Zool) (*sea ~*) lubina *f*; (*stone ~*) cherna *f*

bass[2] /beɪs/ *adj* ‹*voice*› de bajo; **~ clef** clave *f* de fa; **~ drum** bombo *m*; **~ guitar** contrabajo *m*

basset hound /ˈbæsət || ˈbæsɪt/ *n* basset *m*

bassinet /ˌbæsəˈnet || ˌbæsɪˈnet/ *n* (AmE) [1] (cradle) moisés *m* [2] (baby carriage) cochecito *m*

bassist /ˈbeɪsəst || ˈbeɪsɪst/ *n* (contra)bajista *mf*, (contra)bajo *mf*

bassoon /bəˈsuːn/ *n* fagot *m*

bassoonist /bəˈsuːnəst || bəˈsuːnɪst/ *n* fagot *mf*, fagotista *mf*

bastard[1] /ˈbæstərd || ˈbɑːstəd/ *n*
[A] (illegitimate child) bastardo, -da *m,f*, guacho, -cha *m,f* (CS fam & pey)
[B] (colloq *or* vulg) [1] (despicable male) cabrón *m* (fam *o* vulg), hijo *m* de puta (vulg) [2] (fellow) tipo *m* (fam); **the poor ~!** ¡pobre desgraciado! [3] (nasty, difficult thing): **this oven's a ~ (of a thing) to clean** limpiar este horno es muy jodido *or* (Esp) es un coñazo *or* (Méx) es una chinga (vulg)

bastard[2] *adj* (*before n*) [1] (illegitimate) ‹*child/son*› bastardo, guacho (CS fam & pey) [2] (of mixed origin) ‹*breed*› híbrido [3] (Tech) ‹*size/thread*› de tamaño no estándar

bastardize /ˈbæstərdaɪz || ˈbɑːstədaɪz/ *vt* envilecer*, prostituir*

baste /beɪst/ *vt* [1] (Culin) *rociar con su jugo o con mantequilla etc durante la cocción* [2] (sew loosely) hilvanar [3] (thrash) (AmE colloq) pegarle* una paliza a

baster /ˈbeɪstər || ˈbeɪstə(r)/ *n*: *especie de cuentagotas grande usado para rociar alimentos con su jugo durante la cocción*

bastion /ˈbæstʃən || ˈbæstiən/ *n* [1] (Archit) bastión *m* [2] (stronghold) baluarte *m*, bastión *m*

bat[1] /bæt/ *n*
[A] (Sport) (in baseball, cricket) bate *m*; (in table tennis) (BrE) paleta *f*, raqueta *f*; **to be at ~** (in baseball) (AmE) ser* bateador; ***off one's own ~*** (BrE) (de) motu proprio, por su (*or* mi *etc*) cuenta, por iniciativa propia; ***right off the ~*** (AmE) de buenas a primeras; ***to go to ~ for sb*** (AmE) echarle* una mano a algn; ***to play a straight ~*** (BrE) andarse* con pies de plomo
[B] [1] (Zool) murciélago *m*; ***like a ~ out of hell*** (colloq) como alma que lleva el diablo; ***to be (as) blind as a ~*** ser* más ciego que un topo, no ver* tres en un burro (Esp fam); ***to have ~s in one's belfry*** *o* (BrE also) ***in the belfry*** estar* más loco que una cabra (fam) [2] (hag) (colloq): **old ~** vieja *f*

bat[2] **-tt-** *vi* (Sport) batear; ***to ~ for sb*** (Sport) batear en reemplazo de algn; «*representative/spokesman*» (BrE) respaldar a algn

■ **bat** *vt*
[A] [1] (hit) ‹*ball/balloon*› golpear, darle* a [2] (average in baseball) tener* un promedio de
[B] (flutter): **to ~ one's eyelashes** *o* (BrE) **eyelids at sb** hacerle* ojitos *or* caídas de ojo a algn; ***not to ~ an eyelash*** *o* (BrE) ***an eyelid*** *o* ***an eye*** no pestañear, no inmutarse; **she listened to his outburst without ~ting an eyelid** escuchó sus exabruptos sin pestañear *or* sin inmutarse

(Phrasal verb)

• **bat around** [v + o + adv, v + adv + o] (discuss casually) ‹*idea/proposal*› tratar en forma superficial

batch /bætʃ/ *n* (of cakes) hornada *f*, tanda *f*; (of dough, cement) cantidad *f*, tanda *f*; (of goods) (Busn) lote *m*; (of trainees, candidates) grupo *m*, tanda *f*; (of mail, paperwork) pila *f*, montón *m*; (of improvements, innovations) serie *f*; (of data, transactions) (Comput) lote *m*; **the latest ~ of figures shows ...** las últimas cifras indican ...; (*before n*): **~ number** número *m* de serie

batch file *n* archivo *m* (de proceso) por lotes

batch processing *n* [u] (Comput) procesamiento *m* por lotes

batch production *n* [u] producción *f*, en lotes, producción *f* por lotes

batch program *n* programa *m* de proceso por lotes

bated /ˈbeɪtəd || ˈbeɪtɪd/ *adj*: **with ~ breath** con ansiedad, conteniendo la respiración

bath[1] /bæθ || bɑːθ/ *n* (*pl* **baths** /bæðz || bɑːðz/)
[A] [1] (wash) baño *m*; **to have** *o* (AmE also) **take a ~** bañarse, darse* un baño; **to give sb a ~** bañar a algn; ***to take a ~*** sufrir pérdidas; **he took an early ~** (BrE) (Sport) lo mandaron a los vestuarios; (*before n*) ‹*oil/salts/towel*› de baño [2] (tub) bañera *f*, tina *f* (AmL), bañadera *f* (Arg); **I was in the ~ when you rang** me estaba bañando cuando llamaste [3] (bathwater): **to run a** *o* **the ~** preparar un baño [4] (bathroom) (cuarto *m* de) baño *m*
[B] **baths** *pl* [1] (*swimming ~s*) (BrE) piscina *f*, alberca *f* (Méx), pileta *f* (RPl) [2] (*public ~s*) (for washing) baños *mpl* públicos; (for swimming) piscina *f*, alberca *f* (Méx), pileta *f* (RPl) [3] (spa) (Hist) baños *mpl*, balneario *m*
[C] (Phot, Tech) baño *m*

bath[2], (BrE) *vt* bañar
■ **bath** *vi* bañarse

Bath chair *n* (BrE) silla *f* de ruedas (*cubierta*)

bath cube *n* (BrE) cubo *m* de sales de baño

bathe[1] /beɪð/ *vt* [1] (wash) ‹*wound/eyes*› lavar; ‹*baby/dog*› (AmE) bañar [2] (drench) (*usu pass*) **to be ~d IN sth** ‹*in tears/sweat/light*› estar* bañado EN algo
■ **bathe** *vi* [1] (take bath) (AmE) bañarse [2] (go swimming) (BrE) bañarse

bathe[2] *n* (BrE colloq) (*no pl*) baño *m* (*en el mar, en un río etc*); **to go for a ~** ir* a darse un baño

bather /ˈbeɪðər || ˈbeɪðə(r)/ *n* (esp BrE) bañista *mf*

bathetic /bəˈθetɪk/ *adj* (frml) *que pasa de lo sublime a lo prosaico y trivial*

bathhouse /ˈbæθhaʊs || ˈbɑːθhaʊs/ *n* [1] (for bathing) baño *m*, público [2] (changing rooms) (AmE) caseta *f* (de playa)

bathing /ˈbeɪðɪŋ/ *n* [u] (BrE): **the ~ here is excellent** este lugar es excelente para bañarse *or* nadar; ⊘ **bathing prohibited** prohibido bañarse; (*before n*): **~ cap** gorra *f* de baño; **~ suit** *o* (BrE also) **costume** traje *m* de baño, bañador *m* (Esp), malla *f* (de baño) (RPl), vestido *m* de baño (Col)

bathing hut *n* caseta *f* (de playa)

bathing trunks *pl n* (BrE) ▸**swimming trunks**

bathmat /ˈbæθmæt || ˈbɑːθmæt/ *n* alfombrilla *f or* tapete *m or* (Chi) piso *m* de baño

bathos /ˈbeɪθɑːs || ˈbeɪθɒs/ *n* [u]: *paso repentino de lo sublime a lo prosaico y trivial*

bathrobe /ˈbæθrəʊb || ˈbɑːθrəʊb/ *n* bata *f* de baño, albornoz *m* (Esp)

bathroom /ˈbæθruːm, -rʊm || ˈbɑːθruːm, -rʊm/ *n* [1] (room with bath) (cuarto *m* de) baño *m* [2] (toilet) (esp AmE) baño *m*, servicio *m*; **to go to the ~** ir* al baño *or* al servicio; **the dog went to the ~ on the carpet** el perro ensució la alfombra; (*before n*): **~ humor** humor *m* escatológico; **~ scales** báscula *f or* balanza *f* de baño

bathtime /ˈbæθtaɪm || ˈbɑːθtaɪm/ *n* hora *f* del baño

bathtub /ˈbæθtʌb || ˈbɑːθtʌb/ *n* bañera *f*, tina *f* (AmL), bañadera *f* (Arg)

bathwater /ˈbæθˌwɔːtər || ˈbɑːθˌwɔːtə(r)/ *n* [u] agua *f*‡ del baño

bathysphere /ˈbæθɪsfɪr || ˈbæθɪsfɪə(r)/ *n* batisfera *f*

batik /bəˈtiːk/ *n* (technique, cloth) batik *m*

batiste /bæˈtiːst/ *n* [u] batista *f*

batman /ˈbætmən/ *n* (*pl* **-men** /-mən/) (BrE) ordenanza *m*

bat mitzvah, Bat Mitzvah /bɑːtˈmɪtsvə/ *n* bat mitzvah *m*

baton /bəˈtɑːn || ˈbætn/ *n* [1] (conductor's wand) (Mus) batuta *f* [2] (truncheon) (BrE) bastón *m*; (*before n*): **~ charge** carga *f* con bastones [3] (in relay race) (Sport) testigo *m*; (*before n*): **~ change** relevo *m* [4] (officer's) (BrE) (Mil) bastón *m* de mando [5] (drum major's or majorette's) bastón *m*

baton round *n* bala *f* de goma

bats /bæts/ *adj* (colloq) (*pred, no comp*) chiflado (fam), chalado (fam), rayado (AmS fam)

batsman /ˈbætsmən/ *n* (*pl* **-men** /-mən/) bateador *m*

battalion /bəˈtæljən/ *n* batallón *m*; **~s of workers/strikers** ejércitos *mpl* de obreros/huelguistas

batten[1] /ˈbætn/ *n*
A (Const) **1** (for door, wall) listón *m* **2** (for flooring) (BrE) tabla *f*
B (Naut) **1** (for sail) sable *m*, listón *m* **2** (for hatch) listón *m*, barra *f* de cierre
C (Theat) guía *f*

batten[2] *vt* ‹*tarpaulin*› reforzar* con listones
(Phrasal verb)
- **batten down** [v + adv + o] (Naut): **to ~ down the hatches** cerrar* las escotillas

batter[1] /ˈbætər || ˈbætə(r)/ *vt*
A (beat) ‹*victim/opponent*› apalear, aporrear; ‹*child/wife*› maltratar, pegarle* a; **boats ~ed by the storm** barcos azotados por la tormenta; **his reputation was severely ~ed by the scandal** el escándalo asestó un duro golpe a su reputación
B (cover with batter) rebozar*; **~ed fish** pescado *m* rebozado
■ **batter** *vi*: **huge waves were ~ing against the cliff** grandes olas batían contra *or* azotaban el acantilado; **she ~ed at** *o* **on the door** aporreó la puerta
(Phrasal verbs)
- **batter around** (BrE), **batter about** [v + o + adv] maltratar
- **batter down** [v + o + adv, v + adv + o] ‹*door/wall*› derribar a golpes, echar abajo
- **batter in** [v + o + adv, v + adv + o] ‹*door*› destrozar* a golpes; **his skull had been ~ed in** le habían partido el cráneo a golpes

batter[2] *n*
A [u] (Culin) (for fried fish, fried chicken) rebozado *m*, pasta *f* para rebozar; (for pancakes) masa *f*; (for cake) (AmE) masa *f*
B [c] (in baseball) (AmE) bateador, -dora *m,f*

battered /ˈbætərd || ˈbætəd/ *adj* **1** (worn, dented) ‹*car*› abollado; ‹*hat/suitcase*› estropeado; ‹*reputation/image*› maltrecho; **her ~ pride** su orgullo herido **2** (beaten) (*before n*) ‹*baby/child/wife*› maltratado, que recibe (*or* ha recibido *etc*) malos tratos

battering /ˈbætərɪŋ/ *n* paliza *f*; **he received** *o* **took a ~** recibió *or* le dieron una paliza

battering ram *n* ariete *m*

battery /ˈbætəri/ *n* (*pl* **-ries**)
A [c] (in radio, lamp) pila *f*; (in car, motorcycle) batería *f*; **the ~ is flat** la batería está descargada; **~-operated racing cars** coches *mpl* de carrera a pila(s) *or* que funcionan con pilas; ***to recharge one's batteries*** cargar* las baterías, recuperar la energía; (*before n*): **~ acid** electrolito *m*; **~ charger** cargador *m* de pilas; (Auto) cargador *m* de baterías
B [c] (artillery) batería *f*
C [c] (Agr) batería *f* (*conjunto de jaulas instaladas para la explotación avícola intensiva*); (*before n*) ‹*eggs/hens*› de criadero, de batería; **~ farming** cría *f* intensiva
D [c] (array, set): **a ~ of tests** una serie de tests; **a ~ of questions** una sarta de preguntas; **he is advised by a ~ of lawyers** lo asesora un verdadero ejército de abogados
E [u] (with physical harm) lesiones *fpl*; (without physical harm) agresión *f*, violencia *f*; (of wife, child) malos tratos *mpl*

battery farm *n* granja *f* de cría intensiva

batting /ˈbætɪŋ/ *n* [u] bateo *m*; **to lead off** *o* **open the ~** empezar* a batear; (*before n*): **~ average** promedio *m* de bateo; **~ order** orden *m* de bateo

battle[1] /ˈbætl/ *n* [c u]
A (Mil) batalla *f*; **to fight/lose/win a ~** librar/perder*/ganar una batalla; **to go into ~** entrar en batalla; **to do ~** luchar; **let ~ commence!** ¡que se inicie la contienda!; **gun ~** tiroteo *m*; (*before n*) ‹*scars/zone*› de guerra; ‹*plan*› de batalla; **~ cry** grito *m* de guerra; **~ formation** formación *f* de batalla *or* de combate
B (struggle) lucha *f*; **the ~ against inflation/cancer** la lucha contra la inflación/el cáncer; **I had a ~ with my conscience** tuve problemas con mi conciencia; **the ~ for the leadership** la lucha *or* la contienda por el liderazgo; **a ~ of wits** una lucha de ingenio; **that's half the ~ (won)** eso ya es un gran paso adelante; **to fight a losing ~** luchar por una causa perdida

battle[2] *vi* **1** (Mil) luchar, pelear; **to ~AGAINST** *o* **WITH sb** luchar CONTRA *or* CON algn **2** (struggle) **to ~AGAINST sth/sb** luchar CONTRA algo/algn; **he ~d against alcoholism** luchó contra el alcoholismo; **I was battling with the controls** estaba luchando con los controles; **after months of battling with union leaders** tras meses de forcejeo *or* de enfrentamiento con los líderes sindicales; **the patient was battling for life** el paciente se debatía entre la vida y la muerte; **they ~d over the inheritance** se pelearon por la herencia
■ **battle** *vt* **1** ***to ~ one's way*** abrirse* paso *or* camino con gran esfuerzo **2** (AmE) (oppose) combatir; **they are battling the new law** están combatiendo la nueva ley
(Phrasal verbs)
- **battle on** [v + adv] seguir* luchando
- **battle out** [v + o + adv]: ***to ~ it out*** luchar hasta el final; **to ~ it out for the title** disputarse el título
- **battle through** [v + adv] salir* adelante

battle-ax, (BrE) **battle-axe** /ˈbætlæks/ *n* **1** (weapon) hacha *f*‡ de guerra **2** (woman) (colloq) sargenta *f* (fam), sisebuta *f* (RPl fam)

battle cruiser *n* crucero *m* de batalla *or* de combate

battledress /ˈbætldres/ *n* [u] (BrE) traje *m* de campaña

battle fatigue *n* [u] fatiga *f* de combate

battlefield /ˈbætlfiːld/ *n* campo *m* de batalla

battlefront /ˈbætlfrʌnt/ *n* frente *m* de batalla

battleground /ˈbætlgraʊnd/ *n* campo *m* de batalla

battle group *n* batallón *m*

battle-hardened /ˈbætl,hɑːrdnd || ˈbætl,hɑːdnd/ *adj* avezado en *or* a la lucha

battlements /ˈbætlmənts/ *pl n* almenas *fpl*

battle royal *n* (*pl* **~ ~s** *or* **~s ~**) (frml) batalla *f* campal

battle-scarred /ˈbætl,skɑːrd || ˈbætl,skɑːd/ *adj* devastado por la guerra

battleship /ˈbætlʃɪp/ *n* acorazado *m*

battleship-gray, (BrE) **battleship-grey** /,bætlʃɪpˈgreɪ/ ▸ℹ **p.1036** *adj* (*pred* **battleship gray**) gris plomo *adj inv*

battleship gray, (BrE) **battleship grey** ▸ℹ **p.1036** *n* [u] gris *m* plomo

battle station *n* puesto *m* de batalla; **to take up ~ ~s** ocupar los puestos de batalla

battle zone *n* zona *f* de conflictos, zona *f* de batalla

batty /ˈbæti/ *adj* **-tier, -tiest** (colloq) chiflado (fam), chalado (fam), rayado (AmS fam); **to go ~** chiflarse (fam), chalarse (fam), rayarse (AmS fam)

batwing sleeve /ˈbætwɪŋ/ *n* manga *f* murciélago

bauble /ˈbɔːbəl/ *n* **1** (for decoration) chuchería *f*; (on Christmas tree) adorno *m*; **he wore an array of cheap ~s on his fingers** llevaba un montón de bisutería barata en los dedos **2** (of jester) (Hist) cetro *m*

baud /bɔːd/ *n* (Comput) baudio *m*; (*before n*): **~ rate** velocidad *f* media de transferencia

baulk[1] /bɔːk/ *vt/vi* (esp BrE) ▸ **balk[1]**

baulk[2] *n* (esp BrE) ▸ **balk[2]**

baulky /ˈbɔːki/ *adj* (BrE) ▸ **balky**

bauxite /ˈbɔːksaɪt/ *n* [u] bauxita *f*

Bavaria /bəˈveriə || bəˈveəriə/ *n* Baviera *f*

Bavarian[1] /bəˈveriən || bəˈveəriən/ *adj* bávaro

Bavarian[2] *n* bávaro, -ra *m,f*

bawd /bɔːd/ *n* (arch) alcahueta *f* (arc)

bawdy /ˈbɔːdi/ *adj* **-dier, -diest** ‹*language/scene*› subido de tono; ‹*joke*› subido de tono, verde (fam), colorado (Méx fam)

bawl /bɔːl/ *vi* **1** (shout) vociferar, desgañitarse; **to ~ AT sb** gritarle A algn **2** (weep) berrear
■ **bawl** *vt* ‹*insults*› gritar; ‹*order*› dar* a gritos
(Phrasal verb)
- **bawl out** [v + o + adv, v + adv + o] **1** ‹*insults*› gritar; ‹*order*› dar* a gritos **2** (scold) (colloq) regañar, retar (CS)

bawling out /ˈbɔːlɪŋ/ *n* (colloq) (*no pl*) bronca *f* (fam), rapapolvo *m* (Esp fam), café *m* (CS fam)

bay[1] /beɪ/ *n*
A (Geog) bahía *f*; **the B~ of Biscay** el golfo de Vizcaya
B (*loading* ~) **1** muelle *m or* plataforma *f* de carga **2** (for buses) zona *f* (AmL), dársena *f* (Esp) **3** (Archit) (in house) saliente *m or f*; (in church) crujía *f*; (*before n*): **~ window** ventana *f* en saliente **4** (area, recess) espacio *m*; **parking ~** (BrE) plaza *f* de estacionamiento *or* (Esp) de aparcamiento
C **at ~** acorralado; **to bring sth/sb to ~** acorralar algo/a algn; **to keep** *o* **hold sth/sb at ~** mantener* algo/a algn a raya, contener* algo/a algn
D (howl) aullido *m*
E **~ (tree)** laurel *m*
F (horse, pony) caballo *m* zaino *or* castaño

bay[2] *vi* «*hounds*» aullar*; **to ~ at the moon** aullarle* a la luna; **newspapers were ~ing for the arrest of those responsible** la prensa clamaba por que se detuviera a los responsables

bay[3] *adj* ‹*horse*› zaino, castaño

bayberry /ˈbeɪ,beri || ˈbeɪbəri/ *n* (*pl* **-ries**) **1** (wax myrtle) arrayán *m* brabántico, árbol *m* de la cera **2** (bay rum tree) malagueta *f*

bayleaf /ˈbeɪliːf/ *n* (*pl* **-leaves**) hoja *f* de laurel

bayonet[1] /ˈbeɪənət || ˈbeɪənɪt/ *n* **1** (Mil) bayoneta *f*; (*before n*): **~ charge** carga *f* a la bayoneta **2** (Mech Eng) bayoneta *f*; (*before n*): **~ holder** portalámparas *m* de bayoneta

bayonet[2] *vt* BrE **-tt-** herir*/matar con bayoneta

bayonet bulb *n* bombilla *f or* (Ec, Méx, Per) foco *m or* (Col, Ven) bombillo *m or* (RPl) bombita *f or* lamparita *f or* (Chi) ampolleta *f or* (AmC) bujía *f* con casquillo de bayoneta

bayou /ˈbaɪuː -əʊ/ *n* (*pl* **-ous**) pantano *m* (*en el sur de los EEUU*)

bay rum *n* [u] ron *m* de malagueta

bay rum tree *n* malagueta *f*

bazaar /bəˈzɑːr || bəˈzɑː(r)/ *n* **1** (oriental market) bazar *m* **2** (charity sale) venta *f* benéfica, bazar *m* (Col)

bazooka /bəˈzuːkə/ *n* bazuka *m*

BB *n*
A (AmE) (size of pellet); *diámetro estándar de los perdigones de escopeta de aire comprimido (0,44 cm)*; (*before n*): **~ gun** escopeta *f* de aire comprimido
B (BrE) (of pencil lead) **= double black**

BBC *n* (**= British Broadcasting Corporation**) **the ~** la BBC

> **BBC - British Broadcasting Corporation**
>
> Una de las principales cadenas emisoras británicas. La BBC transmite principalmente a través de sus dos canales de televisión, BBC 1 y BBC 2. También opera un número de canales digitales y de retransmisión vía satélite. Cuenta con cinco estaciones nacionales de radio: Radio 1 (música pop y de rock), Radio 2 (música popular, programas humorísticos y de entretenimiento), Radio 3 (música clásica), Radio 4 (noticias) y Radio 5 (deportes), además de numerosas emisoras locales y regionales. *Ver tb* ▸ **television.**

BBC English *n* [u] inglés *m* de la BBC (*hablado por sus locutores y considerado estándar*)

BBQ *n* **= barbecue**

BBS *n* (**= bulletin board system**) BBS *f*

BC **1** (**= before Christ**) antes de Cristo; (written form) aC, a. de C., a. de J.C. **2** **= British Columbia**

BCC *n* (Comput) (**= blind carbon copy**) CCO *f*

BCE (Relig) (**= before the common era**) ≈ antes de Cristo; *written form* ≈ aC, ≈ a. de C., ≈ a. de J.C.

b

 Be

When translating the verb *to be*, the English speaker needs to be constantly aware of whether to use the verb *ser* or *estar* – please refer to the notes at those entries for a broad description of the difference between the two words.

Generally, it is worth bearing in mind the following points:

■ Many words are used with either *ser* or *estar* and have different fixed meanings in each case:

estar aburrido
= to be bored

ser aburrido
= to be boring

estar bueno
= to be tasty/nice

ser bueno
= to be good

estar listo
= to be ready

ser listo
= to be clever/bright

estar seguro
= to be sure

ser seguro
= to be safe

■ The use of *ser* or *estar* with some other words produces more subtle differences:

está loco
= he is mad (i.e. insane)

es loco
= he is crazy (i.e. does stupid, dangerous things)

■ *estar* is often used in place of *ser* to indicate a changed or changing state:

es gordo
= he's fat

está gordo
= he's put on weight

■ It can also indicate a temporary as opposed to a permanent state:

eres muy fuerte
= you're very strong

estás muy fuerte
= you're very strong (these days/today)

However, the English speaker should not rely too much on this notion – *estar muerto = to be dead* might be considered a fairly permanent state!

■ Some words are used almost interchangeably with both *ser* and *estar* when in particular contexts:

fue/estuvo muy amable con nosotros
= she was very nice *or* pleasant to us

la fiesta estuvo/fue muy animada
= the party was very lively

Care should be taken, however, with regional differences. Latin America prefers *ser casado* for *to be married* while Spain favors *estar casado*. Latin America does not accept *estar viuda*, which is common in Spain.

Ser and Estar with the past participle

Note the completely different grammatical constructions created with *ser* and *estar* and the past participle.

■ When used with *estar*, the participle is adjectival:

está bien construido
= it's well-built

está muerto
= he is dead

■ When used with *ser*, the participle forms part of a verbal passive construction:

fue construido en 1985
= it was built in 1985

fue muerto en la batalla (period)
= he was killed in the battle

In both cases, the participle agrees in gender and number with the subject of the verb:

estaban muy entretenidas
= they were highly amused

fueron entretenidas
= they were entertained (i.e. by someone)

There are times when it is unclear whether an English sentence involving *be + past participle* is expressing a passive construction, or an adjectival use of the past participle. For example, the sentence *the land was divided in two* could refer to the state of the land (*the land was divided in two, with a wall marking the division*), or to the action of dividing it (*the land was divided in two during the war*). There is no such ambiguity in Spanish, which makes the meaning clear by the use of *ser* or *estar*:

the land was divided in two
= las tierras estaban divididas en dos (*state*)
= las tierras fueron divididas en dos (*action*)

Other verbs

Note that a variety of other verbs are used in translations of *to be*, including *existir, hacer, quedar, resultar, tener*; for examples, see the entries for these verbs, as well as the entry for **be**

---

be /biː, *weak form* /bi/ ▸ⓘ **p.940** (*pres* **am, are, is**; *past* **was, were**; *past p* **been**)

INDEX

■ **be** *verb intransitive*
Sense I General note
Sense II
A 1 followed by an adjective
2 with marital status
B 1 followed by a noun
2 playing the role of
C 1 with mental and physical states
2 when stating one's age
3 with prices, measurements, weight
Sense III
A 1 to exist, to live
2 in expressions of time
3 to take place
B to be situated, to be present
C 1 to have visited
2 used for emphasis
■ **be** *impersonal verb*
A 1 with physical conditions, circumstances
2 in expressions of time
3 talking about distance
B 1 introducing a person etc
2 in conditional use
■ **be** *auxiliary verb*
A 1 to describe action in progress
2 to speak of future events
B 1 in the passive voice
2 describing a process
C 1 for events with future reference
2 when expressing possibility
3 when expressing obligation
D in hypotheses
E 1 in tag questions
2 in elliptical uses

vi

Sense I [*See notes at ser and estar*]

Sense II

A 1 (followed by an adjective): **she's French/intelligent/cunning** es francesa/inteligente/astuta; **he's worried/furious** está preocupado/furioso; **he's blind** es *or* (Esp tb) está ciego; **he's short and fat** es bajo y gordo; **he's so fat he can't get into his clothes any more** está tan gordo que ya no le cabe la ropa; **these shoes are new, I've just bought them** estos zapatos son nuevos, los acabo de comprar; **these shoes are still as good as new** estos zapatos todavía están (como) nuevos; **have you never had gazpacho? it's delicious!** ¿nunca has comido gazpacho? ¡es delicioso!; **the gazpacho is delicious, did you make it yourself?** el gazpacho está delicioso ¿lo hiciste tú?; **she was very rude to me** estuvo muy grosera conmigo; **she's very rude** es muy grosera; **tomatoes are expensive in winter** los tomates son caros en invierno; **aren't tomatoes expensive at the moment!** ¡qué caros están los tomates!; **~ good and keep still** sé bueno y estáte quieto; **~ fair!** ¡sé justo!; **don't ~ silly!** ¡no seas tonto! 2 (when giving one's marital status): **Tony is married/divorced/single** Tony es *or* (esp Esp tb) está casado/divorciado/soltero; **she's married to a cousin of mine** está casada con un primo mío; **she's a widow** es viuda; **we've been married for eight years** hace ocho años que nos casamos, llevamos ocho años casados

B 1 (*when followed by a noun*) ser*; **you must ~ Helen! — no, I'm Rachel** ¡tú debes (de) ser Helen! — no, soy Rachel; **she's a lawyer/writer** es abogada/escritora; **she's a famous lawyer/writer** es una famosa abogada/escritora; **he's a Catholic/Muslim** es católico/musulmán; **she was Prime Minister for 11 years** fue Primera Ministra durante 11 años; **who was Prime Minister at the time?** ¿quién era Primer Ministro en ese momento?; **don't worry, it's me/Daniel/us** no te preocupes, soy yo/es Daniel/somos nosotros; **if I were you, I'd stay** yo que tú *or* yo en tu lugar me quedaría; **she's not one to complain** no es de las que se quejan; **I'm not a big eater** no soy de mucho comer 2 (playing the role of) hacer* de; **I was Juliet in the school play** hice de Julieta en la obra del colegio; **you ~ the princess and I'll ~ the fairy** tú eras la princesa y yo era el hada

C 1 (when talking about mental and physical states): **how are you?** ¿cómo estás?; **I'm much better, thank you** estoy *or* me encuentro mucho mejor, gracias; **she's pregnant/tired/depressed** está embarazada/cansada/deprimida; **how's the patient today?** ¿cómo está el paciente hoy?, ¿qué tal anda *or* está el paciente hoy? (fam); **I'm cold/hot/hungry/thirsty/sleepy** tengo frío/calor/hambre/sed/sueño;

she has been ill ha estado enferma; **he's dead** está muerto 2▸ (when stating one's age) tener*; **how old are you?** ¿cuántos años tienes?; **I'm 31** tengo 31 años; **Paul was four last Monday/will ~ four next Monday** Paul cumplió cuatro años el lunes pasado/cumplirá *or* va a cumplir cuatro años el lunes que viene; **he's a lot older/younger** es mucho mayor/menor; **our house is over 100 years old** nuestra casa tiene más de 100 años 3▸ (when giving prices, measurements, weight): **how much is that? — that'll ~ $15, please** ¿cuánto es? — (son) 15 dólares, por favor; **the large ones are $15 each** las grandes cuestan *or* valen 15 dólares cada una; **two plus two is four** dos más dos son cuatro; **how tall/heavy is he?** ¿cuánto mide/pesa?; **Jim's over six feet (tall)/120 pounds** Jim mide más de seis pies/pesa más de 120 libras

(*Sense* III)

A 1▸ (to exist, to live): **I think, therefore I am** pienso, luego existo; **to ~ or not to ~** ser o no ser; **the old custom is no more** (liter) la vieja costumbre ya no existe; **they made plans to marry but it was not to ~** planearon casarse pero no quiso el destino que así fuera; **to let sth/sb ~** dejar tranquilo *or* en paz algo/a algn; **I met her husband-to-~** conocí a su futuro marido; **the mother-to-~** la futura madre 2▸ (in expressions of time): **don't ~ too long** no tardes mucho, no (te) demores mucho (esp AmL); **I'm drying my hair, I won't ~ long** me estoy secando el pelo, enseguida estoy; **how long will dinner ~?** ¿cuánto falta para la cena? 3▸ (to take place) ser*; **the party/concert is tomorrow** la fiesta/el concierto es mañana; **the meeting will ~ in the hall** la reunión será en la sala; **the exams were last week** los exámenes fueron la semana pasada

B (to be situated, to be present) estar*; **where is the library?** ¿dónde está *or* queda la biblioteca?; **where's the bread?** ¿dónde está el pan?; **where are you? — I'm over here** ¿dónde estás? — estoy aquí; **what's in that box?** ¿qué hay en esa caja?; **who's in the movie?** ¿quién actúa *or* trabaja en la película?; **he's here for two weeks** va a estar aquí dos semanas; **how long are you married?** (AmE colloq) ¿cuánto tiempo hace que te casaste?; **how long are you in Chicago?** (colloq) ¿cuánto (tiempo) te vas a quedar en Chicago?

C (*only in perfect tenses*) 1▸ (to have visited) estar*; **I've never been to India** nunca he estado en la India; **have you been to the Turner Exhibition yet?** ¿ya has estado en *or* has ido a la exposición de Turner?; **has the milkman been?** (BrE) ¿ha venido el lechero? 2▸ (BrE colloq) (used for emphasis): **you've really (been and) gone and done it now!** ¡ahora sí que la has hecho buena! (fam & iró)

■ *v impers*

A 1▸ (when talking about physical conditions, circumstances): **it's sunny/cold/hot** hace sol/frío/calor; **it's cloudy** está nublado; **it was three degrees below zero** hacía tres grados bajo cero; **it was still dark outside** afuera todavía estaba oscuro *or* era de noche; **it was pitch black in the cellar** en el sótano estaba oscuro como boca de lobo; **it's so noisy/quiet in here!** ¡qué ruido/silencio hay aquí!; **what was it like in Australia?** ¿qué tal en Australia?; **it was chaos at the station** aquello era un caos en la estación, reinaba el caos en la estación; **I have enough problems as it is, without you ...** yo ya tengo suficientes problemas sin que tú encima ... 2▸ (in expressions of time) ser*; **it's three o'clock** son las tres; **it's one o'clock** es la una; **it was still very early** todavía era muy temprano; **it's Wednesday today** hoy es miércoles; **it's time we had a talk** es hora de que hablemos; **hi, Joe, it's been a long time** qué tal, Joe, tanto tiempo (sin verte) 3▸ (when talking about distance) estar*; **how far is it to Lima?** ¿a qué distancia está Lima?; **it's 500 miles from here to Detroit** Detroit queda *or* está a 500 millas de aquí, hay 500 millas de aquí a Detroit; **it's twenty minutes by train to the airport** el aeropuerto queda *or* está a veinte minutos en tren

B 1▸ (when introducing a person, an object) ser*; **look, it was he/they who suggested it** mira, fue él quien lo sugirió/fueron ellos quienes lo sugirieron; **it was me who told them** fui yo quien se lo dije *or* dijo, fui yo el que se lo dije *or* dijo; **what was it that annoyed him?** ¿qué fue lo que lo molestó? 2▸ (*in conditional use*) ser*; **had it not been** *o* **if it hadn't been for Juan, we would have been killed** si no hubiera sido por Juan *or* de no ser por Juan, nos habríamos matado; **were it not that she has a family to support ...** si no fuera porque tiene una familia que mantener ...

■ *v aux*

A **to ~-ING** 1▸ (to describe action in progress) estar* + GER; **I am waiting/working** estoy esperando/trabajando; **I was working until ten o'clock** estuve trabajando hasta las diez; **what was I saying?** ¿qué estaba diciendo?; **she was leaving when ...** se iba cuando ...; **how long have you been waiting?** ¿cuánto (tiempo) hace que esperas?, ¿cuánto (tiempo) llevas esperando? 2▸ (to speak of future events): **he is** *o* **will ~ arriving tomorrow** llega mañana; **when are you seeing her?** ¿cuándo la vas a ver *or* la verás?; **she'll ~ staying at the Plaza** se va a alojar en el Plaza

B ▸❶ p.1506 1▸ (*in the passive voice*) ser* [*The passive voice, however, is less common in Spanish than it is in English*] **it was built in 1903** se construyó en 1903, lo construyeron en 1903, fue construido en 1903; **she was told that ...** le dijeron *or* se le dijo que ...; **it is known that ...** se sabe que ...; **she deserves to ~ promoted** merece que la asciendan; **are you afraid of being recognized?** ¿tienes miedo de que te reconozcan?; **he demanded that the hostages ~ released** exigió que liberaran a los rehenes *or* que los rehenes fueran liberados 2▸ (when describing a process): **the mixture is then cooked on a low heat ...** luego la mezcla se cuece a fuego lento ...

C **to ~ to + INF** 1▸ (to describe events with future reference): **I'm to ~ met at the airport by Joe** Joe me irá a buscar al aeropuerto; **are we never to know the truth?** ¿es que no sabremos nunca la verdad?; **the dessert is (still) to come** todavía falta el postre; **she was to die in poverty** moriría en la pobreza; **if a solution is to ~ found ...** si se quiere encontrar *or* si se ha de encontrar una solución ...; **the plane was to have landed at Cairo** el avión debería haber aterrizado en El Cairo 2▸ (when expressing possibility): **is she to ~ trusted?** ¿se puede confiar en ella?; **what are we to do?** ¿qué podemos hacer?; **what's to stop you making a complaint?** ¿qué te impide reclamar?; **he wasn't to know** no tenía cómo saberlo; **it was nowhere to ~ found** no se lo pudo encontrar por ninguna parte 3▸ (when expressing obligation) deber* + INF, tener* que + INF, haber* de + INF; **tell her she's to stay here** dile que debe quedarse *or* tiene que quedarse aquí, dile que se quede aquí; **you are not to tell Carol!** ¡no debes decírselo a Carol!; **what am I to make of this?** ¿cómo se supone que debo interpretar esto?; **am I to understand that ... ?** ¿debo entender que ... ?; **she is to ~ admired** es digna de admiración; **they are to ~ congratulated on ...** hay que felicitarlos por ..., se merecen que se los felicite por ...; **I'm not to ~ disturbed!** ¡que nadie me moleste!

D (in hypotheses): **what would happen if she were** *o* **was to die?** ¿qué pasaría si ella muriera?; **were he to refuse ...** (frml) si se negara ..., en el caso de que se negara ...

E 1▸ (*in tag questions*): **she's right, isn't she?** tiene razón, ¿no? *or* ¿verdad? *or* ¿no es cierto?; **Jack isn't tired, are you, Jack?** Jack no está cansado, ¿no es cierto *or* verdad, Jack?; **so that's what you think, is it?** de manera que eso es lo que piensas 2▸ (*in elliptical uses*): **are you disappointed? — yes, I am/no, I'm not** ¿estás desilusionado? — sí (, lo estoy)/no (, no lo estoy); **isn't this scenery wonderful? — it certainly is!** ¿no es maravilloso este paisaje? — sí, realmente; **she was told the news, and so was he/but I wasn't** a ella le dieron la noticia, y también a él/pero a mí no; **I'm surprised, are/aren't you?** estoy sorprendido, ¿y tú?/¿tú no?; **it's me! — I guessed it was!** ¡soy yo! — ¡ya me lo imaginaba!

beach¹ /biːtʃ/ *n* playa *f*; **pebble/sandy ~** playa pedregosa/de arena; **we spent the day at the ~** pasamos el día en la playa; **sitting on the ~** sentado en la playa; (*before n*) ‹*house/party*› en la playa; **~ ball** pelota *f* de playa; **~ buggy** buggy *m*

beach² *vt* ‹*boat*› hacer* encallar, hacer* varar, hacer* embarrancar; ‹*whale*› hacer* embarrancar

beach bum *n* (colloq) *chico que pasa todo el día haciendo surf en la playa*

beachcomber /ˈbiːtʃˌkəʊmər ‖ ˈbiːtʃˌkəʊmə(r)/ *n* 1▸ (vagrant) vagabundo, -da *m,f*, bichicome *mf* (RPl) 2▸ (wave) *ola alta y con cresta que barre una playa*

beachfront /ˈbiːtʃfrʌnt/ *n* zona *f* frente a la playa; (*before n*) ‹*property/residence*› frente a la playa

beachgoer /ˈbiːtʃgəʊər ‖ ˈbiːtʃgəʊə(r)/ *n*: *persona que usa una playa*, playista *mf* (AmL)

beachhead /ˈbiːtʃhed/ *n* cabeza *f* de playa

beach hut *n* caseta *f* (de playa)

beachrobe /ˈbiːtʃrəʊb/ *n* albornoz *m* de playa, bata *f* de playa

beach umbrella *n* sombrilla *f*

beach volleyball *n* [u] voley *m* playa

beachwear /ˈbiːtʃwer ‖ ˈbiːtʃweə(r)/ *n* [u] ropa *f* de playa

beacon /ˈbiːkən/ *n* 1▸ (light) faro *m*; (fire) almenara *f*; **the police placed ~s along the road** la policía colocó balizas *or* señales luminosas a lo largo de la carretera 2▸ (*radio ~*) radiofaro *m* 3▸ (*Belisha ~*) (BrE) *señal luminosa intermitente en un cruce peatonal* 4▸ (inspiration) modelo *m*, dechado *m*

bead¹ /biːd/ *n*

A 1▸ (on necklace, bracelet) cuenta *f*, abalorio *m*; **a string of ~s** una sarta de cuentas, un collar 2▸ (of rosary) cuenta *f*; **to say** *o* **tell one's ~s** (arch) rezar* el rosario 3▸ (drop) gota *f*; **~s of sweat/condensation** gotas de sudor/condensación

B (on gun) punto *m* de mira, mira *f* globular; **to draw a ~ on sb/sth** apuntarle a algn/algo

C (on tire) talón *m*

bead² *vt* (*in pass*): **his face was ~ed with sweat** tenía la cara cubierta de gotas de sudor

beaded /ˈbiːdəd ‖ ˈbiːdɪd/ *adj* bordado con cuentas

beading /ˈbiːdɪŋ/ *n* [u] 1▸ (Archit) moldura *f* 2▸ (Clothing) *puntilla con adorno de cuentas*

beadle /ˈbiːdl/ *n* 1▸ (Hist, Relig) pertiguero *m* 2▸ (BrE) (Educ) bedel *mf*

beady /ˈbiːdi/ *adj*: **he had ~ eyes** tenía los ojos redondos y brillantes como cuentas; **he had his ~ eye on the last cookie** (hum) tenía los ojitos clavados en la última galleta; **to cast a ~ eye on** *o* **over sth** mirar algo con lupa

beady-eyed /ˈbiːdiˌaɪd/ *adj* de *or* con ojos redondos y brillantes

beagle /ˈbiːgəl/ *n* sabueso *m*, beagle *m*

beak /biːk/ *n*

A 1▸ (of bird, animal) pico *m* 2▸ (nose) (colloq & hum) napia(s) *f(pl)* (fam & hum), naso *m* (RPl fam & hum)

B (magistrate) (BrE colloq & hum) juez *mf*, juez, jueza *m,f*

beaker /ˈbiːkər ‖ ˈbiːkə(r)/ *n* 1▸ (Chem) vaso *m* de precipitados 2▸ (cup) (BrE) taza *f* (*gen alta y sin asa*)

be-all and end-all /ˈbiːɔːlənˌendɔːl/ *n*: **making money is the ~ ~ ~ of his life** el único fin que tiene en la vida es hacer dinero, hacer* dinero es su razón de ser; **work isn't the ~ ~ ~** el trabajo no lo es todo

beam¹ /biːm/ *n*

A 1▸ (in building) viga *f*; (in ship) bao *m*; (Sport) barra *f* sueca *or* de equilibrio 2▸ (widest part of ship) manga *f*; **on the port/starboard ~** a babor/estribor; ***to be broad in the ~*** (colloq) ser* culón (fam), tener* un buen trasero (fam) 3▸ (of scales) astil *m*

B 1▸ (ray) rayo *m*; (broad) haz *m* de luz; **a ~ of**

b

light un rayo de luz; **keep the headlights on high** o (BrE) **full** o **main** ~ (Auto) deja las (luces) largas *or* (Chi) altas; **to align the** ~**s** (Auto) alinear los faros 2 (Rad) haz *m* de radiofaro; ***to be off (the)*** ~ estar* equivocado; **he's way off (the)** ~ **if he thinks that** está totalmente equivocado si piensa eso; ***to be on the*** ~: **her predictions were right on the** ~ sus predicciones resultaron totalmente acertadas; **you're right on the** ~**!** ¡has dado en el clavo! (fam)

beam[2] *vi* 1 (shine) brillar; **the sun was** ~**ing down from a cloudless sky** el sol caía de lleno desde un cielo sin nubes 2 (smile) sonreír* (*abiertamente*); **he greeted them with a** ~**ing smile** los saludó con una sonrisa radiante; **she** ~**ed with delight** sonrió encantada

■ **beam** *vt* 1 (broadcast) transmitir 2 (express by smile): **he** ~**ed a welcome** sonrió en señal de bienvenida

Phrasal verbs

- **beam down** [v + o + adv]: **to** ~ **sb down** teletransportar a algn
- **beam up** [v + o + adv]: **to** ~ **sb up** teletransportar a algn

beam-ends /'bi:m'endz/ *pl n*: ***to be on one's*** ~ (BrE colloq) estar* en las últimas (fam), estar* a la cuarta pregunta (Esp fam)

bean[1] /bi:n/ *n*

A 1 (fresh, in pod) ▸ **green bean** 2 (dried) frijol *m or* (Esp) alubia *f or* judía *f or* (CS) poroto *m or* (Ven) caraota *f*; ***to be full of*** ~**s** (colloq) estar* lleno de vida, rebosar energía; ***to spill the*** ~**s** descubrir* el pastel, levantar la liebre *or* (RPl) la perdiz 3 (*coffee* ~) grano *m* (de café)

B (colloq) 1 (scrap, trace) (esp BrE) (*with neg*): **she told us nothing, not a** ~**!** ¡no nos dijo ni pío! (fam); **it isn't worth a** ~ no vale nada; ***not to have a*** ~ (BrE) estar* pelado (fam), estar* sin blanca (Esp fam), andar* erizo (Méx fam), andar* palmado (AmC fam); ***not to know*** ~**s** ***about sth*** (AmE) no saber* ni papa de algo (fam) 2 **beans** *pl* (money) platita *f* (AmL fam), cuartos *mpl* (Esp fam), quintos *mpl* (Méx fam) 3 (head) (AmE) coco *m* (fam), mate *m* (AmS fam) 4 (BrE dated) (*as form of address*): **old** ~ (to man) viejo (fam); (to woman) vieja (fam)

bean[2] *vt* (AmE colloq): **to** ~ **sb** darle* un porrazo *or* un mamporro en la cabeza a algn (fam)

beanbag /'bi:nbæg/ *n* 1 ~ **(chair)** *sillón formado por una gran bolsa rellena de cuentas de poliestireno etc* 2 (toy) *pequeño saco relleno que se arroja para que otro lo ataje*

beanburger /'bi:nbərgər || 'bi:nbɜ:gə(r)/ *n* hamburguesa *f* vegetal

bean counter *n* (colloq) ▸ **number cruncher 2**

bean curd *n* [u] tofu *m*, queso *m* de soya (AmL) *or* (Esp) soja

beanery /'bi:nəri/ *n* (*pl* **-ries**) (AmE colloq) restaurante *m* barato, fonda *f* (esp AmL), picada *f* (Chi fam)

beanfeast /'bi:nfi:st/ *n* (BrE colloq) fiestorro *m* (fam), festichola *f* (RPl fam), fiestoca *f* (Chi fam)

beanie, beanie cap /'bi:ni/ *n* gorrita *f* (*que se fija en la parte de atrás de la cabeza*)

beano /'bi:nəʊ/ *n* (BrE colloq) parranda *f* (fam), juerga *f* (fam), jarra *f* (Méx fam)

beanpole /'bi:npəʊl/ *n* 1 (Hort) rodrigón *m*, estaca *f* 2 (person) (colloq): **she's a** ~ es un espárrago, es muy larguirucha

beanshoot /'bi:nʃu:t/ *n* frijol *m* germinado *or* (Esp) judía *f* germinada *or* (CS) poroto *m* germinado; (of soy bean) brote *m or* germinado *m* de soya (AmL) *or* (Esp) soja

beansprout /'bi:nspraʊt/ *n* ▸ **beanshoot**

beanstalk /'bi:nstɔ:k/ *n* tallo *m* de frijol (*or judía etc*)

bear[1] /ber || beə(r)/ (*past* **bore**; *past p* **borne**) *vt*

A 1 (support) ‹*weight*› aguantar, resistir; ‹*cost*› correr con; ‹*responsibility*› cargar* con 2 (endure) ‹*pain/uncertainty*› soportar, aguantar, resistir; **he bore his grief with dignity** sobrellevó su dolor con dignidad; **the waiting was too much to** ~ la espera se hizo insoportable 3 (put up with, stand) (colloq) (*with can*) ‹*person*› aguantar (fam), soportar; ‹*noise*› aguantar, soportar, resistir; **I can't** ~ **her** no la soporto, no la aguanto, no la puedo ver (fam); **if there's one thing I can't** ~**, it's to be kept waiting** si hay algo que no soporto *or* (fam) que no aguanto es que me hagan esperar; **he can't** ~ **being criticized** no soporta que lo critiquen; **shut up! I can't** ~ **the thought!** ¡cállate! ¡no quiero ni pensar!; **to** ~ **to** + INF: **I can't** ~ **to watch!** no puedo mirar; **I can't** ~ **to think what might have happened!** ¡no quiero ni pensar lo que podía haber pasado! 4 (stand up to): **his work** ~**s comparison with the best** su obra puede compararse con las mejores; **her argument doesn't** ~ **close scrutiny** su razonamiento no resiste un análisis cuidadoso; **to** ~ -ING: **it doesn't** ~ **thinking about** da miedo sólo de pensarlo; **what she said won't** ~ **repeating** lo que dijo no es como para repetirlo

B 1 (carry) (liter) ‹*banner/coffin*› llevar, portar (liter); **policemen** ~**ing riot shields** policías con escudos antidisturbios; **our raft was borne along by the current** la corriente arrastraba nuestra balsa; **to** ~ **arms** (frml) portar armas (frml); **a letter** ~**ing good news** una carta portadora de buenas noticias 2 (harbor): **she's not one to** ~ **resentment** o **a grudge** no es rencorosa *or* resentida, no es de las que guardan rencor; **he bore no great affection for them** no sentía gran cariño por ellos, no les tenía gran cariño; **I** ~ **him no ill will** no le deseo ningún mal

C (have, show) ‹*title/signature/hallmark*› llevar; ‹*scars*› tener*; ‹*resemblance*› tener*, guardar; **it** ~**s all the signs of a professional job** tiene todas las características de un trabajo de profesionales; **his account** ~**s little relation to the truth** su versión tiene poco que ver *or* guarda poca relación con la verdad

D 1 (produce) ‹*fruit/crop*› dar*; ‹*interest*› devengar*; **her efforts bore rich rewards** sus esfuerzos fueron ampliamente recompensados; **a high interest-**~**ing account** una cuenta que ofrece altos tipos de interés, una supercuenta; **oil-**~**ing strata** estratos *mpl* donde hay petróleo 2 (give birth to) ‹*child*› dar* a luz; **she bore him six children** (liter) le dio seis hijos (liter); *see also* **born**[1]

■ **bear** *vi*

A 1 (turn) torcer*; ~ **left/right** tuerza *or* doble a la izquierda/derecha; **the road** ~**s to the right** la carretera tuerce a la derecha 2 (weigh down) (frml) **to** ~ ON **sb/sth**: **the structure** ~**s on these four pillars** la estructura se apoya *or* se sostiene en estas cuatro columnas; **the responsibility bore heavily on her** la responsabilidad pesaba sobre sus hombros; ▸ **bring B1**

B 1 (support weight) «*floor/pillar*» resistir 2 (produce fruit) «*tree*» dar* fruto

■ *v refl* (frml) 1 (hold, carry): **there's something very distinguished/elegant about the way he** ~**s himself** tiene un porte muy distinguido/elegante 2 (behave): **to** ~ **oneself** comportarse, conducirse* (frml); **they bore themselves with dignity** se comportaron con dignidad

Phrasal verbs

- **bear away**

A [v + o + adv, v + adv + o] (take off/away) ‹*prize/honors*› llevarse, hacerse* con, arrasar con

B [v + adv] (Naut) «*ship/boat*» zarpar

- **bear down**

A [v + o + adv, v + adv + o] (liter) ‹*opposition*› aplastar, aniquilar

B [v + adv] (in childbirth) empujar, pujar

- **bear down on** [v + adv + prep + o]: **to** ~ **down on sth** hacer* presión sobre algo; **the locomotive was** ~**ing down on them** la locomotora se les venía encima
- **bear in on, bear in upon** [v + adv + prep + o] (frml) (*usu pass*): **it was gradually borne in on them that ...** poco a poco se fueron percatando *or* fueron cayendo en la cuenta de que ...
- **bear off** ▸ **bear away A**, **bear away B**
- **bear on** [v + prep + o] (influence) influir* en, afectar a; (be relevant to) tener* que ver con
- **bear out** [v + o + adv, v + adv + o] ‹*theory/forecast*› confirmar; **the results seem to** ~ **him out** los resultados parecen confirmar que está en lo cierto; **her predictions were borne out when ...** sus predicciones se vieron confirmadas cuando ...
- **bear up** [v + adv]: **the children bore up well for most of the journey** los niños aguantaron bien la mayor parte del viaje; ~ **up, old man!** ¡arriba ese ánimo, hombre!; **I'm** ~**ing up, thanks** voy tirando *or* (Méx) ahí la llevo *or* (Col, Ven tb) ahí, llevándola, gracias (fam); **she bore up well under the strain** sobrellevó muy bien la situación
- **bear upon** ▸ **bear on**
- **bear with** [v + prep + o] ‹*person/mood*› soportar, tener* paciencia con, aguantar (fam); **if you'll just** ~ **with me a moment, ...** (asking to wait) si tienen la bondad de esperar un momento, ...; (asking for patience) si puedo poner a prueba su paciencia, ...

bear[2] *n*

A 1 oso, osa *m,f*; **the Great/Little B**~ la Osa Mayor/Menor; **he's a regular** ~ **in the morning** (AmE) por las mañanas está de un humor de perros; ***to be like a*** ~ ***with a sore head*** (colloq) estar* de un humor de perros (fam), estar* de mala leche (Esp fam); ***to be loaded for*** ~ (AmE colloq) estar* listo para el ataque; (*before n*): ~ **cub** osezno *m* 2 (*teddy* ~) osito *m* de peluche

B (Fin) bajista *m*; (*before n*): ~ **market** mercado *m* bajista *or* en baja

C (policeman) (AmE sl) policía *mf* del tráfico

bearable /'berəbəl || 'beərəbəl/ *adj* soportable

bear-baiting /'ber,beɪtɪŋ || 'beə,beɪtɪŋ/ *n* [u]: *deporte consistente en echarle los perros a un oso*

beard[1] /bɪrd || bɪəd/ *n* 1 (of person) barba *f*; **a man with a** ~ un hombre con *or* de barba, un barbudo, un barbas (fam); **to have** o **wear a** ~ tener* barba; **two/three days' (growth of)** ~ una barba de dos/tres días; **stop mumbling into your** ~**!** ¡deja de hablar entre dientes! 2 (Zool) barbas *fpl* 3 (Bot) arista *f*

beard[2] *vt* (liter) desafiar*

bearded /'bɪrdəd || 'bɪədɪd/ *adj* 1 ‹*man*› con *or* de barba, barbudo, barbado (liter); **he was heavily** ~ tenía una barba muy poblada; **the** ~ **lady** la mujer barbuda 2 (Zool) con barbas 3 (Bot) con aristas

beardless /'bɪrdləs || 'bɪədlɪs/ *adj* lampiño, barbilampiño; **a** ~ **youth** un joven imberbe

bearer /'berər || 'beərə(r)/ *n* 1 (of news) portador, -dora *m,f* 2 (carrier, porter) portador, -dora *m,f*, porteador, -dora *m,f* 3 (*pall* ~) portador, -dora *m,f* del féretro 4 (holder — of check) portador, -dora *m,f*; (— of passport) titular *mf*; **the** ~ **of the title** el poseedor del título, quien ostenta el título; (*before n*): ~ **bond** título *m* al portador

bear garden *n* loquero *m* (fam), casa *f* de locos (fam)

beargrass /'bergræs || 'beəgrɑ:s/ *n* [u] hierba *f* de oso

bear hug *n*: **he embraced us with a great** ~ ~ nos estrechó fuertemente entre sus brazos

bearing /'berɪŋ || 'beərɪŋ/ *n*

A 1 [c] (Aviat, Naut) demora *f*; **to take a** ~ **on sth** tomar una demora de algo; ***to find/get one's*** ~**s** orientarse; ***to lose one's*** ~**s** desorientarse, perderse* 2 [u c] (relevance) ~ ON **sth**: **that has no** ~ **on the subject** eso no tiene ninguna relación *or* no tiene nada que ver con el tema; **what is the** ~ **of his discovery on our work?** ¿qué importancia tiene su descubrimiento en relación con nuestro trabajo?, ¿de qué manera afecta su descubrimiento a nuestro trabajo?

B [c] (way of standing) porte *m*; (way of behaving) comportamiento *m*, modales *mpl*

C [c] (Mech Eng) 1 (assembly) cojinete *m*, rodamiento *m* 2 (*ball* ~) cojinete *m*, rodamiento *m*, balinera *f* (Col), rulemán *m* (RPl); (*roller* ~) cojinete *m* de rodillo; (*needle* ~) cojinete *m* de aguja

bearish /'berɪʃ || 'beərɪʃ/ *adj* ‹*market*› de tendencia bajista; ‹*forecast/attitude*› pesimista

Béarnaise sauce /ˌbeɪərˈneɪz || ˌbeɪəˈneɪz/ *n* [u] salsa *f* bearnesa

bearskin /ˈberskɪn || ˈbeəskɪn/ *n* 1 (skin) piel *f* de oso 2 (Mil) *gorro alto de piel de oso*

beast /biːst/ *n* 1 (animal) bestia *f*, fiera *f*; **~ of burden** bestia *or* animal *m* de carga 2 (creation, thing): **it's in the nature of the ~ that it's complicated** es un asunto (*or* un problema *etc*) complicado por naturaleza 3 (unkind person) (BrE colloq): **don't be such a ~!** ¡no seas malo *or* asqueroso! (fam) 4 (sexually aggressive man) (AmE colloq) fiera *f* (fam) 5 (sth unpleasant) (BrE colloq): **filing is a ~ of a job** archivar es un trabajo odioso

beastie /ˈbiːsti/ *n* (Scot) (dial) bicho *m* (fam)

beastliness /ˈbiːstlinəs || ˈbiːstlinɪs/ *n* [u] (colloq) lo espantoso (fam)

beastly /ˈbiːstli/ *adj* **-lier, -liest** (colloq & dated): **that ~ brother of hers** el asqueroso de su hermano (fam); **what a ~ thing to do/say!** ¡qué cosa más horrorosa de hacer/decir!; **this ~ weather** (BrE) este tiempo horroroso *or* (fam) de perros; **I can't get the ~ lid off** no le puedo quitar la maldita tapa (fam)

beat[1] /biːt/ (*past* **beat**; *past p* **beaten** /ˈbiːtn/) *vt*

A 1 (hit repeatedly) golpear; ‹*carpet*› sacudir; ‹*wings*› batir; **she ~ her fists against the door** aporreó la puerta con los puños 2 (inflict blows on): **he ~s his children** les pega a sus hijos, maltrata a sus hijos; **he was ~en to death** lo mataron a golpes; **she nearly ~ the life out of him** casi lo mata a golpes; **I'll soon ~ some sense into him!** ¡lo haré entrar en razón a fuerza de golpes! 3 (hammer) ‹*metal*› batir 4 (Culin) ‹*eggs*› batir; ‹*cream/egg whites*› batir, montar (Esp)

B 1 (defeat) ‹*opponent*› ganarle a, derrotar, vencer*; **he thinks he can ~ me at chess** se cree que me puede ganar al ajedrez; **he was ~en into fourth place** lo dejaron en un cuarto puesto; **you've got to know when you're ~en** hay que saber reconocer la derrota; **the government claims to have ~en inflation** el gobierno dice haber abatido la inflación; **(it) ~s me how anyone can do such a thing!** no logro entender cómo se puede llegar a hacer una cosa así; **a ~en man** un hombre acabado *or* derrotado; **if you can't ~ them, join them** si no puedes con ellos, únete a ellos 2 (be better than) ‹*record*› batir, superar; **this model can't be ~en** este modelo es el mejor *or* no tiene igual; **our prices can't be ~en** nuestros precios son imbatibles; **I scored 470, ~ that!** yo saqué 470 ¿a que no me ganas?; **you can't ~ home-made apple pie** no hay como el pastel de manzana casero; **it ~s working any day** (colloq) siempre es más divertido que trabajar; **his cooking ~s mine easily** cocina mejor que yo, ni punto de comparación 3 (evade) (Sport) burlar

C (arrive before, anticipate): **if we go early we should ~ the traffic/crowds** si vamos temprano nos evitamos el tráfico/gentío; **buy now and ~ the new tax** compre ahora, anticipándose al nuevo impuesto; **to ~ sb TO sth**: **I ~ him to the telephone** llegué antes que él al teléfono; **I'll ~ you to the shop** te echo *or* (RPl) te juego una carrera hasta la tienda; ***to ~ sb to it*** *o* ***to the punch*** adelantársele a algn, ganarle a algn por la mano *or* (RPl) de mano, ganarle la mano a algn (Chi); **she'd been ~en to it** alguien se le había adelantado, le habían ganado por la mano (*or* de mano *etc*)

D (Mus) ‹*time*› marcar*; **she ~ time with her foot** llevaba el compás con el pie

E 1 (tread): **they had ~en a path across the field** habían dejado marcado un sendero en el campo; **~ *it!*** (colloq) ¡lárgate! (fam), ¡mandate mudar! (RPl fam) 2 (scour) ‹*countryside*› batir

■ **beat** *vi* 1 (strike) **to ~ AGAINST/ON sth**: **the sea was ~ing against the cliff** el mar batía contra el acantilado; **he could hear them ~ing on the door** los oía golpear *or* aporrear la puerta; **the sun ~ down on them** el sol caía de lleno sobre ellos 2 (pulsate) ‹‹*heart/pulse*›› latir, palpitar; ‹‹*drum*›› redoblar; ‹‹*wings*›› batir 3 (in hunting) batir

Phrasal verbs

- **beat back** [v + o + adv, v + adv + o] ‹*attack/enemy*› rechazar*
- **beat down** [v + o + adv, v + adv + o] 1 (when bargaining): **we ~ him down to half the original figure** conseguimos que nos lo dejara a mitad de precio; **you might manage to ~ the price down a little** puede que te lo dejen un poco más barato si regateas 2 (flatten) ‹*door*› tirar *or* echar abajo, derribar; ‹*crop*› aplastar
- **beat in** [v + o + adv] (colloq): **to ~ sb's head/brains in** romperle* la cabeza *or* (fam) la crisma a algn
- **beat off**

A [v + o + adv, v + adv + o] (repulse) ‹*attacker/assault*› rechazar*; **he ~ off a strong challenge from the independent candidate** se impuso al importante reto del candidato independiente

B [v + adv] (masturbate) (AmE vulg) hacerse* *or* (Chi, Per) correrse la *or* una paja (vulg)

- **beat out**

A [v + o + adv, v + adv + o] 1 (drum) ‹*rhythm*› marcar* 2 (Metall) ‹*dent*› quitar (*a martillazos etc*) 3 (extinguish) ‹*fire/flames*› apagar* (*a golpes*)

B [v + o + adv] (smash) (colloq): **to ~ sb's brains out** romperle* la cabeza *or* (fam) la crisma a algn

- **beat up** [v + o + adv, v + adv + o] (colloq) darle* una paliza a (fam), pegarle* a; **she was badly ~en up** le dieron tremenda paliza (fam), le pegaron brutalmente
- **beat up on** [v + adv + prep + o] (AmE) (colloq) darle* una paliza a (fam), pegarle* a

beat[2] *n*

A (of heart) latido *m*; (of drum) golpe *m*; **his heart skipped** *o* **missed a ~** le dio un vuelco el corazón

B (Lit, Mus) 1 (rhythmic accent) tiempo *m* 2 (of baton) compás *m* 3 (rhythm) ritmo *m*

C 1 (of policeman) ronda *f*; **on the ~** de ronda 2 (in angling) (BrE) coto *m* de pesca

D (beatnik) beatnik *mf*

beat[3] *adj*

A (colloq) (*pred*) 1 (exhausted) reventado (fam), molido (fam); **to be dead ~** estar* reventado *or* molido (fam) 2 (defeated): **she knew she had him ~** sabía que se la había ganado

B (of beatniks) (*before n*) ‹*generation/poet*› beat *adj inv*

beaten /ˈbiːtn/ *past p of* **beat**[1]

beaten-up /ˌbiːtnˈʌp/ *adj* 1 (down-at-heel) desaliñado 2 (battered, used) ‹*car*› desvencijado; ‹*clothes*› raído

beater /ˈbiːtər || ˈbiːtə(r)/ *n*

A (*egg ~*) 1 batidor *m*, batidora *f* 2 (*carpet ~*) sacudidor *m*

B (in hunting) batidor, -dora *m,f*

beatific /ˌbiːəˈtɪfɪk/ *adj* beatífico

beatifically /ˌbiːəˈtɪfɪkli/ *adv* beatíficamente

beatification /biˌætəfəˈkeɪʃən || biˌætɪfɪˈkeɪʃən/ *n* [u c] beatificación *f*

beatify /biˈætəfaɪ || biˈætɪfaɪ/ *vt* **-fies, -fying, -fied** beatificar*

beating /ˈbiːtɪŋ/ *n* 1 [c] (thrashing): **to give sb a ~** darle* una paliza a algn; **to give the carpets a ~** sacudir las alfombras 2 [c] (defeat) paliza *f* (fam); **they gave us/we took a ~** nos dieron una paliza (fam) 3 [u] (surpassing): **to take some/a lot of ~**: **her time will take some/a lot of ~** va a ser difícil/muy difícil superar su marca

beating-up /ˌbiːtɪŋˈʌp/ *n*

A (an assault) paliza *f*

B (Hort) reforestación *f*

beatitude /biˈætətuːd || biˈætɪtjuːd/ *n* [u] beatitud *f*; **the B~s** las bienaventuranzas

beatnik /ˈbiːtnɪk/ *n* beatnik *mf*

beat-up /ˈbiːtʌp/ *adj* (*pred* **beat up**) (AmE colloq) destartalado; ‹*clothes*› andrajoso

beau /bəʊ/ *n* (*pl* **beaux** /bəʊ bəʊz/ *or* **beaus** /bəʊz/) (dated) 1 (suitor) pretendiente *m* 2 (dandy) galán *m*

beaut /bjuːt/ *n* (colloq) 1 (outstanding thing) maravilla; **it's a ~** es una maravilla; **the idea was a ~** fue una idea estupenda *or* genial; (*before n*): **it's a ~ evening** hace una tarde maravillosa 2 (beautiful person) maravilla *f*, preciosidad *f*, preciosura *f* (AmL)

beauteous /ˈbjuːtiəs/ *adj* (poet) hermoso, bello (liter)

beautician /bjuːˈtɪʃən/ *n* esteticista *mf*

beautification /ˌbjuːtəfəˈkeɪʃən || ˌbjuːtɪfɪˈkeɪʃən/ *n* [u] embellecimiento *m*

beautiful /ˈbjuːtəfəl || ˈbjuːtɪfəl/ *adj* 1 ‹*scenery/poem/colors*› precioso, hermoso, bello (liter); ‹*dress*› precioso, lindísimo (AmL); ‹*woman/child*› precioso, guapísimo, lindísimo (AmL), hermoso, bello (liter); ‹*hands/hair/voice*› precioso, lindísimo (AmL), hermoso, bello (liter); ‹*friendship*› hermoso 2 (very good) (colloq) ‹*meal/weather*› estupendo, buenísimo; ‹*shot/serve*› magnífico; **we lay in the sun all day: it was ~** nos pasamos el día tumbados al sol, se estaba de maravilla; **small is ~** (set phrase) lo bueno viene en frascos pequeños *or* (AmL tb) chicos; **the ~ people** la gente guapa, la gente linda (AmL) 3 (kind) (esp AmE) encantador; **that was a ~ thing to do** ¡qué detalle!; **you remembered my birthday! you're ~!** ¡eres un encanto, te has acordado de mi cumpleaños!

beautifully /ˈbjuːtəfli || ˈbjuːtɪfəli/ *adv* 1 (excellently, very well) ‹*sing/dance*› maravillosamente (bien); **she was ~ dressed** iba elegantísima; **it was ~ cooked** estaba hecho a la perfección; **the children behaved ~** los niños se portaron estupendamente *or* a las mil maravillas 2 (*as intensifier*): **it was ~ quiet** había un maravilloso silencio; **the water was ~ cool** el agua estaba deliciosa, el agua estaba deliciosamente fresca

beautify /ˈbjuːtəfaɪ || ˈbjuːtɪfaɪ/ *vt* embellecer*

beauty /ˈbjuːti/ *n* (*pl* **-ties**)

A 1 [u] (quality) belleza *f*, hermosura *f*; **~ *is in the eye of the beholder*** todo es según el color del cristal con que se mira; (*before n*): **~ competition** *o* **contest** *o* (AmE) **pageant** concurso *m* *or* certamen *m* de belleza; **~ (care) products** productos *mpl* de belleza; **~ queen** reina *f* de la belleza; **~ treatment** tratamiento *m* de belleza 2 [c] (advantage) (colloq): **the ~ of the plan/method is that …** lo bueno del plan/método es que …

B [c] 1 (woman) belleza *f*, beldad *f*; **B~ and the Beast** la Bella y la Bestia 2 (fine specimen) (colloq) preciosidad *f*, preciosura *f* (AmL), maravilla *f*

beauty consultant *n* esteticien *mf*, esteticista *mf*

beauty cream *n* [u c] crema *f* de belleza

beauty editor *n* (Journ) director, -tora *m,f* de la sección de belleza

beauty parlor, (BrE) **beauty parlour** *n* salón *m* de belleza

beauty salon *n* salón *m* de belleza

beauty shop *n* (AmE) salón *m* de belleza

beauty sleep *n* [u] (colloq & hum) *primeras horas de sueño*; **I need my ~ ~** tengo que acostarme temprano para estar guapa y fresca

beauty spot *n* 1 (place) lugar *m* pintoresco 2 (on face) lunar *m*

beaux /bəʊz bəʊ/ *pl of* **beau**

beaver /ˈbiːvər || ˈbiːvə(r)/ *n*

A 1 [c] (Zool) castor *m*; ***to be an eager ~*** ser* muy entusiasta y trabajador; ***to work like a ~*** trabajar como una hormiguita (fam) 2 [u] (fur) piel *f* de castor

B (AmE sl) ▸ **pussy 2**

Phrasal verb

- **beaver away** [v + adv] (colloq) trabajar como una hormiguita; **to ~ away AT sth** (fam): **Jack's ~ing away at his homework** Jack les está dando duro a los deberes (fam)

becalmed /bɪˈkɑːmd/ *adj*: **to be ~** estar* inmóvil (*a causa de la falta de viento*)

became /bɪˈkeɪm/ *past of* **become**

because /bəˈkɔːz || bɪˈkɒz/ *conj*

A porque; **he left ~ he wanted to** se fue porque quiso; **~ he loves her, he doesn't see it** como la quiere, no se da cuenta; **but why? — because!** (colloq) ¿pero por qué? — ¡porque sí!

B **because of** (*as prep*) por, a *or* por causa de (frml); **~ of the thunderstorm** por la tormenta, debido a la tormenta, a causa de la tormenta (frml); **I did it ~ of you** lo hice por ti; **I was two**

b

hours late ~ of him llegué con dos horas de retraso por su culpa

bechamel (sauce) /ˌbeɪʃəˈmel || ˈbeʃəmel/ *n* [u] (salsa *f*) bechamel *f or* besamel *f*

b

beck /bek/ *n*
A (summons): ***to be at sb's ~ and call*** estar* siempre a entera disposición de algn; **he expects me to be at his ~ and call** pretende que esté siempre a su entera disposición
B (stream) (BrE dial) arroyo *m*

beckon /ˈbekn/ *vt*: **to ~ sb in** hacerle* señas a algn para que entre; **he ~ed me over to his table** me hizo señas para que me acercara a su mesa
■ **beckon** *vi* hacer* una seña; **she ~ed and he went over to her** le hizo una seña y (él) se acercó; **I'm sorry: work ~s** lo siento pero el trabajo me llama; **she ~ed to him to follow** le hizo señas para que la siguiera; **the city lights ~ed to him again** volvió a sentirse atraído por las luces de la ciudad

become /bɪˈkʌm/ (*past* **became**; *past p* **become**) *vi*: **to ~ arrogant/distant** volverse* arrogante/distante; **to ~ famous/well-known** hacerse* famoso/conocido; **to ~ accustomed to sth** acostumbrarse a algo; **she soon became bored/tired/disillusioned** pronto se aburrió/se cansó/se decepcionó; **eating out has ~ so expensive** comer fuera se ha puesto carísimo; **the heat became unbearable** el calor se hizo *or* se volvió insoportable; **if the work ~s too much for you ...** si el trabajo se te hace demasiado pesado ...; **his letters became fewer** cada vez escribía menos; **he became increasingly withdrawn** se encerró cada vez más en sí mismo; **to ~ a lawyer/a priest/a protestant** hacerse* abogado/sacerdote/protestante; **he was later to ~ manager** más tarde llegaría a ser gerente; **they became friends** se hicieron amigos; **the two states became one** los dos estados se convirtieron en uno; **she's becoming a nuisance** se está poniendo muy fastidiosa; **when she became President** cuando asumió la presidencia; **don't let it ~ a habit!** ¡que no se convierta en una costumbre!
■ **become** *vt* 1 (befit) (frml) (*often neg*) ser* apropiado para; **it ill ~s her to criticize** mal puede ella criticar 2 (suit) favorecer*; **that style doesn't ~ you at all** ese estilo no te sienta nada bien *or* no te favorece en absoluto
(Phrasal verb)
• **become of** (*usu interrog*) ser* de; **whatever became of that friend of yours?** ¿qué fue de (la vida de) aquella amiga tuya?; **what's to ~ of me?** ¿qué va a ser de mí?; **what's to ~ of the house if he dies?** ¿qué va a pasar con la casa si él muere?

becoming /bɪˈkʌmɪŋ/ *adj* 1 (fitting) (frml) apropiado 2 ‹*outfit/dress/hat*› favorecedor, sentador (AmL)

bed[1] /bed/ *n*
A 1 (for sleeping) cama *f*; **to make the ~** hacer* *or* (AmL tb) tender* la cama; **to get into ~** acostarse*, meterse en la cama; **to get out of ~** levantarse; **I was surprised to find her out of ~** me sorprendió encontrarla levantada; **to go to ~** acostarse*; **I was in ~ by ten o'clock** a las diez ya estaba acostado *or* en la cama; **he's in ~ with measles** está en cama con sarampión; **he was in ~ till midday** se quedó en la cama *or* no se levantó hasta el mediodía; **time for ~!** ¡ya es hora de acostarse *or* irse a la cama!; **you look ready for ~** tienes cara de sueño; **to take to one's ~** (frml) caer* en cama; **we put the children to ~ early** acostamos a los niños temprano; **to go to ~ with sb** (euph) acostarse* con algn (euf); **to get sb into ~** llevarse a algn a la cama, llevarse a algn al flex (Esp fam); **to be good in ~** ser* bueno en la cama; ***a ~ of nails*** *o* ***thorns*** (liter) un calvario; ***a ~ of roses*** un lecho de rosas; ***to get out of ~ (on) the wrong side*** (BrE) levantarse con el pie izquierdo; ***to get up on the wrong side of the ~*** (AmE) levantarse con el pie izquierdo; ***you've made your ~ and now you must lie in it*** con tu pan te lo comas; ***early to ~ and early to rise (makes a man healthy, wealthy and wise)*** a quien madruga, Dios lo ayuda; (*before n*): **~ jacket** mañanita *f*; **~ linen** ropa *f* de cama 2 (in hotel, hospital) cama *f* 3 (bedroom) dormitorio *m*
B 1 (for plants) arriate *m*, cantero *m* (RPl) 2 (of oysters) vivero *m*
C (of river) lecho *m*, cauce *m*; (of sea) fondo *m*
D 1 (base, support) base *f*; **on a ~ of rice** sobre arroz 2 (stratum) capa *f* 3 (Print) cama *f*; **to put a newspaper to ~** finalizar* la preparación de una edición de un periódico
E (of truck) (AmE) plataforma *f*

bed[2] **-dd-** *vt*
A 1 (embed) (*often pass*) asentar* 2 **~ (out)** (Hort) ‹*seedlings*› trasplantar a la intemperie
B (have sex with) (dated) llevarse a la cama, llevarse al flex (Esp fam)
(Phrasal verb)
• **bed down**
A [v + adv] acostarse*
B [v + o + adv, v + adv + o] acostar*

BEd /ˈbiːˈed/ *n* (in UK) **= Bachelor of Education**

bed and board *n* [u] pensión *f* completa

bed-and-breakfast /ˌbednˈbrekfəst/ *vt*: *vender y comprar (los mismos valores) en días sucesivos para establecer la plusvalía o minusvalía dentro del año fiscal*

bed and breakfast *n* 1 [u] (service): **they do ~~~** dan alojamiento y desayuno 2 [c] (establishment) ≈ pensión *f*

> **bed and breakfast**
>
> Los *bed & breakfast* o *B&B* son casas privadas o pequeños hoteles que ofrecen alojamiento más el desayuno a precios generalmente módicos.

bedaub /bɪˈdɔːb/ *vt* embadurnar

bedazzle /bɪˈdæzəl/ *vt* (*often pass*) deslumbrar

bedbath /ˈbedbæθ || ˈbedbɑːθ/ *n* (BrE): **to give sb a ~** lavar a algn en la cama, higienizar* a algn en la cama (CS frml)

bedbug /ˈbedbʌg/ *n* chinche *f or m*

bedchamber /ˈbedˌtʃeɪmbər || ˈbed ˌtʃeɪmbə(r)/ *n* (arch) cámara *f* (arc)

bedclothes /ˈbedkləʊðz/ *pl n* ropa *f* de cama; **to change the ~** cambiar las sábanas

bedcover /ˈbedˌkʌvər || ˈbedˌkʌvə(r)/ *n* 1 (bedspread) cubrecama *m*, colcha *f* 2 **bedcovers** *pl* mantas *fpl*, cobijas *fpl* (AmL), frazadas *fpl* (AmL)

beddable /ˈbedəbəl/ *adj* (colloq): **to be ~** estar* bueno (fam), estar* rico (fam), estar* follable (Esp vulg)

bedding /ˈbedɪŋ/ *n* [u] 1 ▸**bedclothes** 2 (materials for bed) *ropa de cama, colchón etc* 3 (for animals) cama *f*

bedding plant *n* planta *f* de arriate, planta *f* parterre (Esp), planta *f* de cantero (RPl)

beddy-byes /ˈbediˌbaɪz/ *n* (BrE used to children): **time for ~!** ¡ya es hora de acostarse!

bedeck /brˈdek/ *vt* (liter) (*usu pass*): **to be ~ed with sth** estar* adornado *or* engalanado con algo

bedevil /brˈdevl/ *vt* BrE **-ll-**: **the project was ~ed with** *o* **by problems from start to finish** el proyecto estuvo plagado de problemas del principio al fin

bedfellow /ˈbedˌfeləʊ/ *n*: **to make strange ~s** hacer* una extraña pareja; **the crisis has brought together some strange ~s** la crisis ha forjado peculiares alianzas; **Britten and Mozart? unlikely ~s for a concert series!** ¿Britten y Mozart? ¡qué extraña combinación para de conciertos!

bed-hop /ˈbedˈhɑːp || ˈbedˌhɒp/ *vi* (colloq) ir* de cama en cama (fam)

bedlam /ˈbedləm/ *n* [u] (colloq): **there was ~ when he announced the news** se armó la de San Quintín cuando anunció la noticia (fam); **they were having a sale and it was ~ in there!** estaban de liquidación y aquello era una locura *or* (fam) un loquero

bedlinen /ˈbedlɪnən || ˈbedlɪnɪn/ *n* [u] ropa *f* blanca de cama

Bedouin[1] /ˈbedʊɪn/ *adj* beduino

Bedouin[2] *n* (*pl* **~s** *or* **~**) beduino, -na *m,f*

bedpan /ˈbedpæn/ *n* (Med) cuña *f*, chata *f*; (warming pan) calientacamas *m*

bedpost /ˈbedpəʊst/ *n* pilar *m* de la cama; ***between you, me and the ~*** (AmE colloq) aquí entre nos (hum), entre tú y yo

bedraggled /bɪˈdrægəld/ *adj* desaliñado; ‹*hair*› despeinado, enmarañado; (wet) empapado

bed rest *n* [u] reposo *m* en cama

bedridden /ˈbedˌrɪdn/ *adj* postrado en cama

bedrock /ˈbedrɑːk || ˈbedrɒk/ *n* [u] lecho *m* de roca, roca *f* firme; **the ~ of his theory** los cimientos *or* la base de su teoría

bedroll /ˈbedrəʊl/ *n* petate *m*, saco *m* de dormir, bolsa *f* de dormir (RPl)

bedroom /ˈbedruːm -rʊm/ *n* dormitorio *m*, habitación *f*, cuarto *m*, pieza *f* (esp AmL), recámara *f* (esp Méx); ***to make ~ eyes at sb*** (colloq) mirar con ojos seductores a algn; (*before n*): **~ slippers** pantuflas *fpl*, zapatillas *fpl* (Esp); **~ suite** juego *m* de dormitorio

bedroom community *n* (AmE) ciudad *f* dormitorio

-bedroomed /-ˌbedruːmd -rʊmd/ *suff* (BrE): **a two~/three~ house** una casa de dos/tres dormitorios

bedroom town *n* (AmE) ciudad *f* dormitorio

Beds = Bedfordshire

bed settee *n* sofá *m* cama

bedsheet /ˈbedʃiːt/ *n* sábana *f*

bedside /ˈbedsaɪd/ *n*: **they sat at his ~ throughout the night** pasaron toda la noche junto a su cabecera; (*before n*): **she has a nice ~ manner** tiene una forma de tratar a los pacientes muy agradable; **~ table** mesita *f* de noche, velador *m* (AmS), mesa *f* de luz (RPl)

bedside lamp *n* lámpara *f* de mesita de noche *or* (AmS) de velador *or* (Méx) de buró *or* (RPl) de mesa de luz

bedside rug *n* alfombra *f* de pie de cama, bajada *f* de cama (Chi)

bedsit /ˈbedsɪt/, **bedsitter** /ˈbedˌsɪtər || bed ˈsɪtə(r)/ *n* (BrE colloq) habitación *f* amueblada (*cuyo alquiler suele incluir el uso de baño y cocina comunes*)

bedsitting room /bedˈsɪtɪŋ/ *n* (BrE frml) ▸**bedsit**

bedsocks /ˈbedsɑːks || ˈbedsɒks/ *pl n* calcetines *mpl* para dormir, patucos *mpl* (Esp)

bedsore /ˈbedsɔːr || ˈbedsɔː(r)/ *n* escara *f*, úlcera *f* de decúbito (frml) (*llaga que se produce por estar mucho tiempo en cama*)

bedspread /ˈbedspred/ *n* cubrecama *m*, colcha *f*

bedstead /ˈbedsted/ *n* cama *f* (*sólo el armazón*), catre *m* (CS)

bedtime /ˈbedtaɪm/ *n* [u] hora *f* de acostarse *or* de irse a la cama; **it's way past your ~** hace rato que deberías estar durmiendo

bedtime story *n* cuento *m* para dormir, historia *f* para dormir

bedwetting /ˈbedˌwetɪŋ/ *n* [u] enuresis *f* nocturna (frml) (*problema del que se orina durante el sueño*)

bee /biː/ *n*
A (Zool) abeja *f*; **to keep ~s** criar* abejas, dedicarse* a la apicultura; ***as busy as a ~***: **they've been as busy as ~s, getting the dinner ready** han estado atareadísimos, preparando la cena; **you have been a busy little ~, haven't you?** ¡cómo has trabajado!; ***like ~s around a honey pot*** (colloq) como moscas en la miel; ***to have a ~ in one's bonnet about sth*** (colloq) tener* monomanía con algo, tener* algo metido entre ceja y ceja; ***to think one is the ~'s knees*** (colloq) creerse* lo máximo *or* el no va más (fam)
B (social gathering) (esp AmE) círculo *m*; **sewing ~** círculo de costura

Beeb /biːb/ *n* (BrE colloq): **the ~** la BBC

beech /biːtʃ/ *n* 1 [c] **~ (tree)** haya *f*‡ 2 [u] (wood) haya *f*‡

b

ⓘ Before

In expressions of time

As an adverb

When *before* is used as an adverb in expressions of time, the usual translation is *antes*:

two days before
= dos días antes

■ When it has the sense of already, it is usually translated by *ya*:

have you been there before?
= ¿ya has estado allí?

■ In negative sentences, *before* is often used in English simply to reinforce the verb. In such cases it is often not translated:

this has never happened before
= esto no ha sucedido nunca (antes)

I'd never done it before
= no lo había hecho nunca (antes)

As a preposition

When *before* is used as a preposition in expressions of time, the usual translation is *antes de*:

before the meeting
= antes de la reunión

As a conjunction

■ When *before* is used as a conjunction in expressions of time, it is translated by *antes de + infinitive*, where the two verbs have the same subject:

before going to work* or *before he went to work he took the children to school
= antes de ir a trabajar llevó a los niños al colegio

I'm going to watch television before going to bed* or *before I go to bed
= voy a ver televisión antes de acostarme

■ Where the two verbs have different subjects, the translation is *antes de que + subjunctive verb*:

let's go and see her before she leaves
= vayamos a verla antes de que se vaya

I wanted to let you know before you made any plans
= quería informarte antes de que hicieras planes

■ For simplicity, Spanish sometimes uses the preposition *antes de + noun* to translate *before + verb*:

before she got married her mother gave her a present
= antes de su boda su madre le dio un regalo

For more examples and particular usages, see the entries for **before**

beechnut /'biːtʃnʌt/ *n* hayuco *m*

beef¹ /biːf/ *n*

A [u] (meat) carne *f* de vaca *or* (AmC, Méx) de res, ternera *f* (Esp); (*before n*): ~ **extract** extracto *m* de carne; ~ **olives** (BrE) niños *mpl* envueltos

B (Agr) [1] [u] (beef cattle) ganado *m* vacuno/bovino [2] [c] (*pl* **beeves** /biːvz/) (animal) (AmE) cabeza *f* de ganado vacuno/bovino

C [u] (strength) (colloq) garra *f*; **to put some ~ into sth** darle* duro a algo (fam)

D [c] (*pl* **beefs**) (complaint) (colloq) queja *f*; **so what's your ~?** ¿qué motivo de queja *or* qué problema tienes?

beef² *vi* (colloq) **to ~ (ABOUT sth)** refunfuñar (POR algo) (fam)

Phrasal verb

- **beef up** [v + o + adv, v + adv + o] (colloq) ‹*engine*› reforzar*; ‹*team/organization*› robustecer*, fortalecer*

beefburger /'biːf,bɜːrgər || 'biːf,bɜːgə(r)/ *n* (esp BrE) hamburguesa *f*

beefcake /'biːfkeɪk/ *n* (colloq) [1] [c] (man) hombre *m* formido; **he's a real ~** es un machote (fam), está cachas (Esp fam) [2] [u] (muscles) cuerpos *mpl* musculosos

beef cattle *pl n* ganado *m* bovino, ganado *m* vacuno

Beefeater /'biːf,iːtər || 'biːf,iːtə(r)/ *n*: *alabardero de la Torre de Londres*

beef sausage *n* salchicha *f* de carne de vaca, salchicha *f* de ternera (Esp), salchicha *f* de carne de res (Méx)

beefsteak /'biːfsteɪk/ *n* [u c] ▸**steak B**

beefsteak tomato *n* (AmE); *tipo de tomate grande*

beef tomato *n* (BrE) ▸**beefsteak tomato**

beefy /'biːfi/ *adj* **-fier, -fiest** (colloq) fornido, cachas *adj inv* (Esp fam)

beehive /'biːhaɪv/ *n* colmena *f*

beekeeper /'biː,kiːpər || 'biː,kiːpə(r)/ *n* apicultor, -tora *m,f*

beekeeping /'biː,kiːpɪŋ/ *n* [u] apicultura *f*, cría *f* de abejas

beeline /'biːlaɪn/ *n*: ***to make a ~ for sb/sth*** (colloq) irse* derechito a algn/algo (fam)

Beelzebub /bɪ'elzəbʌb/ *n* Belcebú *m*

been /bɪn || biːn/ [1] *past p of* **be** [2] *past p of* **go¹**

beep¹ /biːp/ *n* (colloq) pitido *m*

beep² *vt*

A ‹*horn*› (colloq) pitar; **to ~ one's horn** pitar

B (AmE) (Telec) llamar con un buscapersonas *or* (AmL) bíper *or* beeper

■ **beep** *vi* pitar

beeper /'biːpər || 'biːpə(r)/ *n* (AmE) buscapersonas *m*, busca *m* (Esp fam), bip *m* (Méx fam), bíper *m* (Chi)

beer /bɪr || bɪə(r)/ *n* [u c] cerveza *f*; **to go out for a few ~s** salir* a tomar unas cervezas, irse* de cañas (Esp fam); ***it isn't/wasn't all ~ and skittles*** (BrE colloq) no es/era todo jauja (fam); ***it's small ~*** (colloq) es una bagatela

beer barrel *n* barril *m* de cerveza

beer belly, beer gut *n* (colloq) panza *f* (fam) (*de bebedor de cerveza*), ≈ panza *f* de pulquero (Méx fam)

beer bottle *n* (large) botella *f* de cerveza; (small) botellín *m* de cerveza

beer can *n* lata *f* de cerveza

beer cellar *n*

A (for storage) bodega *f* de cerveza

B (bar) cervecería *f*

beer engine *n* (BrE) bomba *f* de cerveza (AmL), grifo *m* de cerveza (Esp)

beerfest /'bɪrfest || 'bɪəfest/ *n* (AmE) fiesta *f* de la cerveza

beer garden *n*: *jardín o patio abierto de un bar*

beer glass *n* vaso *m* de cerveza

beer gut *n* (colloq) ▸**beer belly**

beer hall *n* cervecería *f* (grande)

beer mat *n* posavasos *m* (*de cartón*)

beer money *n* [u] [1] (allowance) dinero *m* de bolsillo *o* (AmL tb) para el bolsillo [2] (pittance) miseria *f*; **they can only afford to pay you ~ ~** sólo pueden pagarte una miseria

beer-swilling /'bɪr,swɪlɪŋ || 'bɪə,swɪlɪŋ/ *adj* (pej) borracho

beer tent *n*: *tienda de campaña en la que se sirve y vende cerveza en fiestas o ferias*

beery /'bɪri || 'bɪəri/ *adj* **-rier, -riest**: ~ **smell/breath** olor *m* /aliento *m* a cerveza

bee-sting therapy *n* [c u] (*pl* **-pies**) (Med) apiterapia *f*

beeswax¹ /'biːzwæks/ *n* [u] cera *f* de abeja; ***that's none of your ~*** no es asunto tuyo

beeswax² *vt* encerar

beet /biːt/ *n* [1] [u c] (*pl* ~), (*sugar* ~) remolacha *f* azucarera; (*before n*): ~ **sugar** azúcar *m or f* de remolacha [2] [c] (*pl* **~s**) (beetroot) (AmE) remolacha *f or* (Méx) betabel *m or* (Chi) betarraga *f*; **as red as a ~** rojo *or* colorado como la grana *or* (fam) como un tomate

beetle /'biːtl/ *n* [1] [c] (Zool) escarabajo *m* [2] [c] (hammer) maza *f*, marro *m* (Méx)

beetle-browed /'biːtlbraʊd/ *adj* de cejas muy pobladas

beetle brows *pl n* cejas *fpl* muy pobladas

beetle off *vi* (BrE colloq) largarse* (fam)

beetroot /'biːtruːt/ *n* [c u] (BrE) remolacha *f or* (Méx) betabel *m or* (Chi) betarraga *f*; ***as red as a ~*** rojo *or* colorado como la grana *or* (fam) como un tomate

beeves /biːvz/ *pl of* **beef¹ B2**

befall /bɪ'fɔːl/ *vt* (*past* **befell** /bɪ'fel/; *past p* **befallen** /bɪ'fɔːlən/) (liter) sucederle *or* ocurrirle a

■ **befall** *vi* suceder, ocurrir

befit /bɪ'fɪt/ *vt* **-tt-** (frml): **with a magnificence which ~ted the occasion** con un esplendor acorde con la ocasión, con el esplendor apropiado para la ocasión; **it ill ~s him to accuse me of negligence** mal puede él acusarme a mí de negligencia; **as ~s a princess** como corresponde a una princesa

befitting /bɪ'fɪtɪŋ/ *adj* (frml) apropiado

before¹ /bɪ'fɔːr || bɪ'fɔː(r)/ *prep*

A ▸ⓘ **p.945** (preceding in time) antes de; **I won't be back ~ three/midday** no estaré de vuelta antes de las tres/de(l) mediodía; **~ dinner/the game** antes de la cena/del partido; **~ long** dentro de poco; **they arrived ~ us** llegaron antes que nosotros; **excuse me, I was ~ you** lo siento, yo estaba antes (que usted) *or* delante de usted *or* (crit) delante suyo; **~ going in** antes de entrar; **ten minutes ~ the end of the game** diez minutos antes de que terminara el partido; **the day ~ her departure** el día anterior a su partida; **in the days ~ electricity** cuando no había electricidad; **turn right just ~ the bridge** tuerce *or* dobla a la derecha justo antes del puente

B [1] (in front of) delante de, ante (frml); **~ the assembled guests** delante de los invitados; **he is due to appear ~ the court next week** debe comparecer ante los tribunales la semana próxima (frml); **the matter comes ~ the committee today** el tema va a ser tratado hoy por la comisión; **I swear ~ God that ...** juro ante Dios que ... (frml); **they swept all ~ them** arrasaron con todo lo que encontraron a su paso; **the difficulties that still lay ~ him** las dificultades que aún tenía por delante [2] (in rank, priority): **she puts her work ~ her family** antepone el trabajo a su familia; **safety comes ~ anything else** la seguridad (está) ante todo

before² *conj* [1] ▸ⓘ **p.945** (earlier than) antes de que (+ *subj*), antes de (+ *inf*); **~ it gets dark** antes de que anochezca *or* de que se haga de noche; **~ ironing it** antes de plancharlo; **he died ~ he was 30** murió antes de cumplir los 30 años [2] (rather than) antes que; **she would die ~ ...** prefería morir antes que ...

before³ *adv* [1] ▸ⓘ **p.945** (preceding) antes; **long ~** mucho antes; **the day/year ~** el día/

año anterior; ~ **and after** antes y después; **have you been to Canada ~?** ¿ya has estado en el Canadá?; **this has never happened ~** esto no había sucedido nunca antes, es la primera vez que sucede esto; **not that page, the one ~** esa página no, la anterior [2] (ahead, in front) (arch) adelante

beforehand /bɪ'fɔːrhænd || bɪ'fɔːhænd/ *adv* antes; (in advance) de antemano, con anticipación *or* antelación; **I arrived ~ to get everything ready** llegué antes para preparar todo; **you should have thought of that ~** tendrías que haberlo pensado antes; **get everything ready well ~** prepáralo todo con (la) suficiente antelación; **can you book the tickets ~?** ¿se pueden reservar entradas con anticipación *or* antelación?

befriend /bɪ'frend/ *vt* hacerse* amigo de; **she was ~ed by an older girl** una chica mayor se hizo amiga de ella; **they were ~ed by a stray dog** se les pegó un perro callejero

befuddle /bɪ'fʌdl/ *vt* (*often pass*) aturdir, ofuscar*; **his brain was ~d by drink** el alcohol le había embotado el cerebro

beg /beg/ *vt* **-gg-**

A ‹*alms/money/food*› pedir*, mendigar*

B (frml) [1] (entreat) ‹*person*› suplicarle* a, rogarle* a; **I ~ you!** ¡te lo suplico!, ¡te lo ruego!; **to ~ sb to + INF** suplicarle* *or* rogarle* A algn QUE + SUBJ; **I ~ged her to wait** le supliqué *or* le rogué que esperara [2] (ask for) ‹*forgiveness/mercy*› suplicar*, rogar*; **to ~ sth OF sb** suplicarle* algo A algn; **on that point I ~ to differ** *o* **disagree** si me permite, en ese punto no estoy de acuerdo

■ **beg** *vi* [1] «*beggar*» pedir*, mendigar*; **they live by ~ging** viven de la mendicidad; **she taught the dog to ~** le enseñó al perro a levantar las patitas; **they are having to ~ for funds** prácticamente tienen que ponerse de rodillas para que les concedan fondos; ***to go ~ging*** (colloq): **is this sausage going ~ging?** ¿nadie quiere esta salchicha?, ¿nadie tiene interés en esta salchicha? [2] (ask) (frml) **to ~ FOR sth: she ~ged for more time** pidió por favor que le dieran una prórroga; **to ~ for forgiveness** implorar perdón

Phrasal verb

• **beg off** [v + adv] dar* una excusa

began /bɪ'gæn/ *past of* **begin**

beget /bɪ'get/ *vt* (*pres p* **begetting**; *past* **begot** *or* (arch) **begat** /bɪ'gæt/; *past p* **begotten**) (liter) [1] (give rise to) ‹*difficulty/crime/hatred*› provocar*, engendrar (liter) [2] (father) engendrar

beggar[1] /'begər || 'begə(r)/ *n* [1] mendigo, -ga *m,f*; ***~s can't be choosers*** a veces no se está en situación de exigir nada [2] (fellow) (BrE colloq): **he's a silly/conceited ~** es un tonto/creído; **you lucky ~!** ¡qué potra tienes! (fam), ¡qué suertudo eres! (AmL fam); **the little ~'s hidden my slippers** el muy pillo me ha escondido las pantuflas (fam)

beggar[2] *vt* ‹*country/social class*› arruinar, empobrecer*; (stronger) pauperizar*; ‹*family/person*› arruinar; **to ~ belief** ser* difícil de creer; **to ~ description** ser* indescriptible

beggar-my-neighbor, (BrE) **beggar-my-neighbour** /ˌbegərmaɪ'neɪbər || ˌbegəmaɪ'neɪbə(r)/ *n* [u]: *juego de naipes que consiste en tratar de quedarse con todas las cartas*; (*before n*): **~ policy** política *f* de empobrecer al vecino

begging bowl /'begɪŋ/ *n* plato *m* de las limosnas

begin /bɪ'gɪn/ (*pres p* **beginning**; *past* **began**; *past p* **begun**) *vt* ‹*meeting/journey/campaign*› empezar*, comenzar*, iniciar (frml); **he ~s the day with some exercises** empieza *or* comienza el día con un poco de gimnasia; **how does one ~ a letter of condolence?** ¿cómo se empieza una carta de pésame?; **to ~ work on sth** empezar* *or* comenzar* a trabajar en algo; **my early life was hard, he began** —los primeros años de mi vida fueron duros —comenzó *or* empezó diciendo; **to ~ -ING/to + INF** empezar* *or* comenzar* A + INF; **it's ~ning to rain** está empezando a llover; **he began talking** *o* **to talk about his work** empezó a hablar sobre su trabajo; **I'd begun to think you weren't coming** ya estaba empezando a pensar que no vendrías; **the two novels don't ~ to compare** no hay ni punto de comparación entre las dos novelas; **I can't ~ to thank you** no sé cómo agradecerte; **that won't even ~ to cover the cost** eso no alcanza ni remotamente para cubrir los gastos

■ **begin** *vi* [1] (start) «*year/meeting*» empezar*, comenzar*, iniciarse (frml); **I don't know where to ~** no sé por dónde empezar *or* comenzar; **the author ~s by making his own position clear** el autor empieza por aclarar cuál es su posición; **we began with very modest means** empezamos con medios muy modestos; **to ~ with** para empezar; **they'll do to ~ with** estarán bien para empezar; **to ~ with, he got the figures wrong** para empezar *or* en primer lugar, se equivocó con las cifras; **let's ~ at the beginning** empecemos por el principio [2] (originate) «*river*» nacer*; «*custom*» originarse, empezar*; **ever since the world began** desde que el mundo es mundo

beginner /bɪ'gɪnər || bɪ'gɪnə(r)/ *n* principiante *mf*; **~'s luck** la suerte del principiante

beginning /bɪ'gɪnɪŋ/ *n* [1] (in time, place) principio *m*, comienzo *m*; **the ~ of the end** (set phrase) el principio del fin; **at the ~ of the year/of June** a principios del año/de junio; **I'll start again from the ~** volveré a empezar desde el principio; **from ~ to end** de principio a fin [2] (origin, early stage) (*often pl*) comienzo *m*, inicio *m*; **his ~s in business** sus comienzos *or* inicios en el mundo de los negocios; **from small ~s, his business is now world-wide** lo que empezó siendo un modesto negocio, es ahora uno a nivel mundial; **since the ~(s) of time** desde que el mundo es mundo [3] (start, debut) (*no pl*) comienzo *m*; **it's not much, but at least it's a ~** no es mucho, pero por lo menos es un comienzo

begone /bɪ'gɔːn || bɪ'gɒn/ *interj* (arch *or* liter) ¡fuera de aquí!

begonia /bɪ'gəʊniə/ *n* (*pl* **-nias**) begonia *f*

begot /bɪ'gɑːt || bɪ'gɒt/ *past of* **beget**

begotten /bɪ'gɑːtn || bɪ'gɒtn/ *past p of* **beget**

begrime /bɪ'graɪm/ *vt* (liter) (*usu pass*) **to be ~d (WITH sth)** estar* sucio (DE algo)

begrudge /bɪ'grʌdʒ/ *vt* [1] (envy) envidiar; **I don't ~ you your success** no te envidio el éxito que tienes, no me molesta que tengas el éxito que tienes [2] (resent) **to ~ -ING: I really ~ paying so much for a meal like that** la verdad es que me da rabia *or* me duele pagar tanto por una comida así

beguile /bɪ'gaɪl/ *vt* [1] (deceive) **to ~ sb INTO/OUT OF -ING: he was ~d into/out of signing the contract** lo engatusaron para que firmara/no firmara el contrato [2] (charm) cautivar, seducir* [3] (pass) (liter) ‹*time*› pasar agradablemente

beguiling /bɪ'gaɪlɪŋ/ *adj* cautivador, seductor

beguilingly /bɪ'gaɪlɪŋli/ *adv* cautivadoramente, seductoramente

begun /bɪ'gʌn/ *past p of* **begin**

behalf /bɪ'hæf || bɪ'hɑːf/ *n*: **on** *o* (AmE also) **in ~ of sb, on** *o* (AmE also) **in sb's ~: he argued on her ~ that she had been very ill** alegó en su defensa *or* en su favor que había estado muy enferma; **I'd like to thank you on ~ of the team** quisiera darle las gracias en nombre de *or* de parte de todo el equipo; **he accepted the award on his father's/her ~** aceptó el premio en nombre de su padre/en su nombre; **I'm ringing on ~ of a friend** llamo de parte de un amigo; **don't worry on my ~** por mí no te preocupes; **a collection on ~ of the victims** una colecta a beneficio de *or* en pro de los damnificados

behave /bɪ'heɪv/ *vi* [1] (act) comportarse; (esp of children) portarse; **he doesn't usually ~ so badly/well** normalmente no se porta tan mal/bien; **he has no idea how to ~** no sabe comportarse; **he's very badly ~d** se porta muy mal; **she ~d in a suspicious manner** actuó de forma sospechosa; **you ~d very rudely toward him** estuviste *or* fuiste muy grosero con él [2] (be good) «*child/animal*» portarse bien, comportarse; **will you ~!** ¡pórtate bien!, ¡haz el favor de comportarte!; **their children know how to ~** sus hijos se portan muy bien *or* saben comportarse; **let's hope the weather ~s** esperemos que no nos falle el tiempo [3] (function) (+ *adv compl*): **the car ~s well in the snow** el coche responde bien en la nieve; **to ~ AS sth** funcionar COMO algo

■ *v refl*: **to ~ oneself** portarse bien, comportarse; **~ yourself!** ¡pórtate bien!

behavior, (BrE) **behaviour** /bɪ'heɪvjər || bɪ'heɪvjə(r)/ *n* [u] [1] (conduct) conducta *f*, comportamiento *m*; **I want you on your best ~** quiero que te portes mejor que nunca; **he's been put on his best ~** le han dicho que se comporte; **~ TOWARD sb: his ~ toward his wife was disgraceful** fue vergonzoso como se portó con su mujer [2] (functioning) (Mech Eng) funcionamiento *m*; (Chem, Phys) comportamiento *m*

behavioral, (BrE) **behavioural** /bɪ'heɪvjərəl/ *adj* ‹*problems/changes*› de conducta, conductual; **~ science** ciencia *f* de la conducta

behaviorism, (BrE) **behaviourism** /bɪ'heɪvjərɪzəm/ *n* [u] conductismo *m*, behaviorismo *m*

behaviorist[1], (BrE) **behaviourist** /bɪ'heɪvjərəst || bɪ'heɪvjərɪst/ *n* conductista *mf*, behaviorista *mf*

behaviorist[2], (BrE) **behaviourist** *adj* conductista, behaviorista

behavior pattern, (BrE) **behaviour pattern** *n* patrón *m* de conducta, patrón *m* de comportamiento

behead /bɪ'hed/ *vt* decapitar

beheld /bɪ'held/ *past and past p of* **behold**

behest /bɪ'hest/ *n*: **at the ~ of sb, at sb's ~** (frml) a instancia(s) de algn (frml)

behind[1] /bɪ'haɪnd/ *prep*

A [1] (to the rear of) detrás de, atrás de (AmL); **~ Peter** detrás de Peter, atrás de Peter (AmL); **~ me** detrás de mí, detrás mío (crit); **the other car followed close ~ us** el otro coche nos seguía muy de cerca; **he crossed the line ten seconds ~ the winner** cruzó la meta diez segundos después del ganador; **we're ten years ~ the Japanese in microelectronics** en microelectrónica llevamos un retraso de diez años respecto a los japoneses; **she's well ~ the rest of the class** está muy atrasada con respecto al resto de la clase [2] (on the other side of) detrás de, atrás de (AmL)

B [1] (responsible for) detrás de; **I know who's ~ all this** yo sé quién está detrás de todo esto [2] (underlying): **the theory ~ it is that ...** la teoría sobre la que se basa es que ...; **the idea ~ it is to ...** de lo que se trata es de ...; **we want to know the motives ~ your decision** queremos saber los motivos que te llevaron a esa decisión

C (in support of): **we're all ~ the police** todos respaldamos a la policía; **I'm ~ you all the way** tienes todo mi apoyo; **we put all our energies ~ the campaign** volcamos toda nuestra energía en apoyar la campaña

D [1] (to one's name) a sus (*or* mis *etc*) espaldas, en su (*or* mi *etc*) haber; **she has four years' experience ~ her** tiene cuatro años de experiencia a sus espaldas *or* en su haber [2] (in time): **all that is ~ us now** todo eso ha quedado atrás; **I'm ~ schedule** voy retrasado *or* atrasado (con el trabajo *or* los preparativos *etc*); **the train is ~ time** el tren va a llegar con retraso

behind[2] *adv* [1] (to the rear, following): **I want the small children here and the taller ones ~** que los niños pequeños se pongan aquí y los más altos detrás *or* (AmL tb) atrás; **she glanced ~** miró hacia atrás; **I was attacked from ~** me atacaron por la espalda; **keep an eye on the car ~** no pierdas de vista al coche de atrás; *see also* **stay behind,** ▸**wait behind** *etc* [2] (in race, competition): **England were two goals ~** Inglaterra iba perdiendo por dos goles; **they came from ~ to win 3-2** se recuperaron y finalmente ganaron 3 a 2; **the Republicans are ~ in the polls** los republicanos van a la zaga según las encuestas **3** (in arrears): **I'm ~ with my work/payments** estoy atrasada con el trabajo/en los pagos; **we're six months ~ with the rent** debemos seis meses de alquiler; *see also* **fall behind**, ▸**get behind** *etc* **4** (in time): **Buenos Aires is five hours ~** Buenos Aires va cinco horas más atrás, en Buenos Aires es cinco horas más temprano

behind³ *n* (colloq & euph) trasero *m* (fam)

behindhand /bɪ'haɪndhænd/ *adj* (colloq) (*pred*) **1** (in arrears) **to be ~ WITH sth** estar* atrasado EN algo; **he's ~ with his payments** está atrasado en los pagos **2** (slow, reluctant): **he's always a bit ~ in paying his share** siempre se hace el remolón *or* (Méx) se hace guaje cuando tiene que pagar lo que le toca (fam)

behind-the-scenes /bɪ,haɪndðə'si:nz/ *adj* ‹*footage/role*› de entre bambalinas, de entre bastidores

behold /bɪ'həʊld/ (*past and past p* **beheld**) *vt* (liter) contemplar (liter); **~ the handmaid of the Lord** (Relig) he aquí la esclava del Señor

■ **behold** *vi* (*only in imperative*) mirar; *see also* **lo**

beholden /bɪ'həʊldn/ *adj* (*pred*) **to be ~ TO sb (FOR sth)** estar* en deuda CON algn (POR algo); **we're not ~ to anybody** no estamos en deuda con nadie, no le debemos nada a nadie

beholder /bɪ'həʊldər || bɪ'həʊldə(r)/ *n* *see* **beauty**

behoove /bɪ'hu:v/ (BrE) **behove** /bɪ'həʊv/ *v impers* (frml) **it ~s sb + INF: it ~s us/them all to support him** nos/les corresponde a todos apoyarlo, es el deber de todos ayudarlo

beige¹ /beɪʒ/ ▸❶ **p.1036** *adj* beige *adj inv*, beis *adj inv* (Esp)

beige² ▸❶ **p.1036** *n* [u] beige *m*, beis *m* (Esp)

beignet /'benjeɪ/ *n* (AmE) buñuelo *m*

Beijing /,beɪ'dʒɪŋ/ *n* Beijing *m*, Pekín *m*

being /'bi:ɪŋ/ *n* **1** [c] (person, creature) ser *m*; **a supreme ~** un ser supremo **2** [u] (existence, life) (Phil) ser *m*; **to bring sth into ~** llevar algo a cabo, realizar* algo; **to call sth into ~** crear algo; **to come into ~** nacer* **3** [u] (essence) (liter) ser *m* (liter); **her whole ~ cried out against it** todo su ser se rebelaba contra ello

Beirut /beɪ'ru:t/ *n* Beirut

bejeweled, (BrE) **bejewelled** /bɪ'dʒu:əld/ *adj* (liter) enjoyado; **~ with stars** tachonado de estrellas (liter)

belabor, (BrE) **belabour** /bɪ'leɪbər || bɪ 'leɪbə(r)/ *vt* (liter) fustigar* (liter)

Belarus /,belə'ru:s/ *n* Bielorrusia *f*

belated /bɪ'leɪtəd || bɪ'leɪtɪd/ *adj* tardío

belatedly /bɪ'leɪtədli || bɪ'leɪtɪdli/ *adv* ‹*arrive*› con retraso; ‹*respond*› tardíamente

belay /bɪ'leɪ/ *vt* ‹*rope*› (Naut) amarrar; (in mountaineering) asegurar

belaying pin /bɪ'leɪɪŋ/ *n* cabilla *f*

belch¹ /beltʃ/ *vi* **1** «*person*» eructar **2** **to ~ FROM sth: flames ~ed from the mouth of the cannon** la boca del cañón escupía llamas; **smoke ~ed from the windows** salía humo de las ventanas

■ **belch** *vt* **~ (out)** escupir

belch² *n* eructo *m*; **he gave/let out a ~** eructó, se echó/soltó un eructo (fam)

beleaguer /bɪ'li:gər || bɪ'li:gə(r)/ *vt* **1** (besiege) asediar, sitiar **2** **beleaguered** *past p* (harassed) ‹*minister/opponent*› atribulado; **Acme Inc, the ~ed toy company** Acme Inc, el fabricante de juguetes que atraviesa momentos tan difíciles

Belfast /'belfæst || 'belfɑ:st/ *n* Belfast

belfry /'belfri/ *n* (*pl* **-fries**) campanario *m*

Belgian¹ /'beldʒən/ *adj* belga

Belgian² *n* belga *mf*

Belgium /'beldʒəm/ *n* Bélgica *f*

Belgrade /'belgreɪd || bel'greɪd/ *n* Belgrado *m*

belie /bɪ'laɪ/ *vt* **belies, belying, belied** **1** (misrepresent) no dejar traslucir, ocultar; **her smile ~d her sorrow** su sonrisa no dejaba traslucir la pena que sentía **2** (contradict): **this decision ~s his reputation as a liberal** esta decisión desdice de *or* no se compadece con su reputación de liberal; **this ~s the notion that ...** esto demuestra que no es cierto que ... **3** ‹*hopes*› defraudar; **her results have ~d her early promise** los resultados que ha obtenido no han estado a la altura de lo que prometía

belief /bə'li:f || bɪ'li:f/ *n* **1** [u c] (conviction, opinion) creencia *f*; **contrary to popular ~** contrariamente a lo que comúnmente se cree *or* a la opinión generalizada; **to the best of my ~** que yo sepa, a mi leal saber y entender; **it is my ~ that he lied to us** (frml) creo que nos mintió; **she acted in the ~ that ...** actuó convencida de que *or* en la creencia de que ...; **their attitude irritated me beyond ~** su actitud me irritó increíblemente *or* sobremanera **2** [u] (confidence) **~ IN sb/sth** confianza *f or* fe *f* EN algn/algo; **worthy of ~** (frml) digno de crédito **3** [u c] (Relig) fe *f*; **the miracle served to strengthen his ~** el milagro fortaleció su fe; **people of different ~s** gente de distinta fe *or* de distintas creencias; **he did not share her ~ in God** a diferencia de ella, él no creía en Dios

believable /bə'li:vəbəl || bɪ'li:vəbəl/ *adj* ‹*story/account*› verosímil, creíble; **with barely ~ courage** con un valor poco menos que increíble

believe /bə'li:v || bɪ'li:v/ *vt* **1** ‹*statement/fact/story*› creer*; ‹*person*› creerle* a; **do you ~ her?** ¿tú le crees?; **I don't ~ a word she says** no le creo ni una palabra, no (me) creo ni una palabra de lo que dice; **I don't ~ she's capable of that** no la creo capaz de eso; **I'd never have ~d it of her** jamás lo hubiera creído de ella; **~ it or not** aunque no lo creas, aunque parezca mentira; **you're crazy to ~ what she tells you** estás loco si te crees lo que te cuenta; **I could hardly ~ my ears/eyes** apenas podía creer lo que oía/veía, no daba crédito a mis oídos/mis ojos; **don't you ~ it!** (colloq) ¡créetelo! (fam & iró); **would you ~ it!** (colloq) ¡habráse visto!, ¡será posible!; **I don't ~ it!** ¡no puedo creerlo!; **~ you me!** (colloq) ¡te lo juro!; **I ~ you, though thousands wouldn't** (BrE) (yo) te creo, porque eres tú; **you'd better ~ it!** (esp AmE) ¡como lo oyes!; **you won't ~ what happened/who I've just seen** ¡no te imaginas lo que pasó/a quién acabo de ver!; ***to make ~ (that)*** hacer* de cuenta que **2** (think) creer*; **I ~ so/not** creo que sí/no, tengo entendido que sí/no; **I ~ he's changed his mind** creo que ha cambiado de idea; **to ~ sb/sth to + INF** (*often pass*): **the police ~ him to be dangerous/to have crossed the border** la policía cree que es peligroso/que ha cruzado la frontera; **it was ~d to be harmless** se creía que era inofensivo, se lo tenía por inofensivo

■ **believe** *vi* **1** (Relig) creer*; **to ~ IN sth/sb** creer* EN algo/algn; **to ~ in God/reincarnation** creer* en Dios/en la reencarnación **2** (have confidence) **to ~ IN sth** creer* EN algo, tener* fe EN algo; **I don't ~ in medicine** no tengo fe *or* no creo en la medicina **3** (consider good) **to ~ IN sth** ‹*in moderation/discipline*› ser* partidario DE algo, creer* EN algo; **I ~ in being firm with children** yo soy partidario de ser firme con los niños

believer /bə'li:vər || bɪ'li:və(r)/ *n* **1** (Relig) creyente *mf* **2** **~ IN sth** partidario, -ria *m,f* DE algo; **she's a great ~ in being frank with people** es muy partidaria de ser franca con la gente

Belisha beacon /bə'li:ʃə/ *n* (in UK) *señal luminosa intermitente en un cruce peatonal*

belittle /bɪ'lɪtl/ *vt* ‹*achievements*› menospreciar; ‹*person*› denigrar, rebajar; **to ~ oneself** menospreciarse, tenerse* en menos

belittling /bɪ'lɪtlɪŋ/ *adj* denigrante

Belize /bə'li:z/ *n* Belice *m*

bell¹ /bel/ *n*

A **1** (of church, school, clock) campana *f*; (on cow, goat) cencerro *m*; (on cat, toy) cascabel *m*; (on door, bicycle) timbre *m*; (of telephone, timer) timbre *m*; (*hand~*) campanilla *f*; **to ring the ~** tocar* el timbre/la campana; ***as clear as a ~***: **his voice was as clear as a ~** lo oía como si estuviera a mi lado; ***~s and whistles*** (colloq): **it comes with all the ~s and whistles** viene con toda la parafernalia de accesorios (hum); ***as sound as a ~*** en perfectas condiciones; ***to give sb a ~*** (BrE colloq) darle* un telefonazo a algn (fam), darle* un toque a algn (Esp fam); ***to ring a ~***: **it rings a ~** me suena; **the name rings a ~** me suena el nombre; **does that ring any ~s with you?** ¿te suena (de algo)?; (*before n*): **~ ringer** campanero, -ra *m,f*; (as hobby) campanólogo, -ga *m,f*; **~ ringing** (sound) toque *m* de campanas; (as hobby) campanología *f*; **~ tower** campanario *m* **2** **bells** *pl* (Mus) campanas *fpl*

B **1** (Sport): **the ~** la campana; **she was in third place at the ~** al sonar la campana iba en tercera posición; ***to be saved by the ~***: **he was saved by the ~** se salvó de milagro, lo salvó la campana; (in boxing) lo salvó la campana **2** (Naut) campana *f*; **at four ~s** a las dos horas de empezar el turno; **to sound two ~s** dar* dos campanadas

C **1** (of flower) campana *f*, corola *f* **2** (of instrument) pabellón *m*, campana *f*

bell² *vi* «*stag*» bramar

belladonna /,belə'dɑ:nə || ,belə'dɒnə/ *n* [c u] belladona *f*

bell-bottomed /'bel,bɑ:təmd || 'bel,bɒtəmd/ *adj* ‹*trousers*› de pata de elefante

bell-bottoms /'bel,bɑ:təmz || 'bel,bɒtəmz/ *pl n* pantalones *mpl* de pata de elefante

bellboy /'belbɔɪ/ *n* botones *m*

belle /bel/ *n* belleza *f*, beldad *f*; **the ~ of the ball** la reina de la fiesta; **a Southern ~** una belleza sureña

belles-lettres /,bel'letr(ə)/ *pl n* (+ *sing or pl vb*) bellas letras *fpl*

bellhop /'belhɑ:p || 'belhɒp/ *n* (AmE) botones *m*

bellicose /'belɪkəʊs/ *adj* belicoso

belligerence /bə'lɪdʒərəns/ *n* [u] **1** (aggressiveness) agresividad *f* **2** (Mil, Pol) beligerancia *f*

belligerency /bə'lɪdʒərənsi/ *n* [u] beligerancia *f*

belligerent¹ /bə'lɪdʒərənt/ *adj* **1** (aggressive) agresivo **2** (Mil, Pol) (*before n*) beligerante

belligerent² *n* parte *f* beligerante

belligerently /bə'lɪdʒərəntli/ *adv* agresivamente

bell jar *n* campana *f* de vidrio

bellow¹ /'beləʊ/ *vi* «*bull/elephant*» bramar; «*cow*» mugir*; **to ~ AT sb** gritarle A algn; **he ~ed at them to get back** les gritó que volvieran; **we had to ~ to make ourselves understood** tuvimos que gritar a voz en cuello para que nos oyeran

■ **bellow** *vt* ‹*song*› cantar a voz en cuello; **leave that alone!, he ~ed** —¡deja eso! —bramó; **he ~ed his orders** dio sus órdenes a gritos

bellow² *n* (of bull, elephant) bramido *m*; (of person) bramido *m*, grito *m*

bellows /'beləʊz/ *n* (*pl* ~) **1** (for fire) fuelle *m*; **a pair of ~** un fuelle **2** (on organ) fuelles *mpl* **3** (of camera) fuelle *m*

bell pepper *n* (AmE) ▸**capsicum**

bell pull *n* (tirador *m* de la) campanilla *f*

bell tent *n* tienda *f* de campaña redonda, carpa *f* cónica (AmL)

bellwether /'bel,weðər || 'bel,weðə(r)/ *n* (leader) líder *mf*; (indicator of trends) barómetro *m* indicador

belly /'beli/ *n* (*pl* **-lies**) **1** (of person) vientre *m*, barriga *f* (fam), panza *f* (fam), tripa *f* (Esp fam), guata *f* (Andes fam); (of animal) panza *f*, vientre *m*; **he's got a bit of a ~** (colloq) es un poco barrigón *or* panzón *or* (Andes) guatón (fam); (*before n*): **~ button** (colloq) ombligo *m*; **~ dance** danza *f* del vientre; **to do a ~ flop** darse* un planchazo *or* un panzazo *or* (Andes) un guatazo (fam); **~ landing** (Aviat) (colloq) aterrizaje *m* de panza, barrigazo *m* (fam); **~ laugh** carcajada *f* **2** (of stringed instrument) tabla *f* armónica *or* de armonía

b

(Phrasal verbs)

- **belly out**

A [v + adv] hincharse

B [v + o + adv, v + adv + o] hinchar

- **belly up** [v + adv] (AmE) (colloq) **to ~ up (TO sth)** arrimarse (A algo)

bellyache¹ /ˈbelieɪk/ *n* [c u] (colloq) dolor *m* de barriga (fam), dolor *m* de tripa (Esp fam), dolor *m* de guata (Andes fam)

bellyache² *vi* (colloq & pej) rezongar*, refunfuñar; **to ~ ABOUT sb/sth** quejarse constantemente DE algn/algo

bellyacher /ˈbelieɪkər || ˈbelieɪkə(r)/ *n* (colloq) quejón, -ona *m,f* (fam), quejica *mf* (Esp fam)

belly dancer *n* bailarina *f* (de la danza del vientre)

belly dancing *n* [u] danza *f* del vientre

bellyful /ˈbelifʊl/ *n*: **to have had a ~ (of sb/sth)** (colloq) estar* hasta las narices *or* hasta la coronilla (de algn/algo) (fam); **I've had a ~ of you/your complaints** estoy hasta las narices *or* hasta la coronilla de ti/tus quejas

belly pork *n* [u] tocino *m* (*fresco con vetas de carne*), panceta *f* (Esp)

belong /bɪˈlɔːŋ || bɪˈlɒŋ/ *vi*

A 1 (be property) **to ~ TO sb** ser* DE algn, pertenecerle* A algn; **it ~s to her** es suyo, es de ella, le pertenece (a ella); **does this ~ to you?** ¿esto es tuyo?; **who does that car ~ to?** ¿de quién es ese coche?; **you can't give away what doesn't ~ to you** no puedes regalar lo que no es tuyo *or* lo que no te pertenece; **the lands that ~ to them** las tierras de su propiedad *or* que les pertenecen 2 (be member) **to ~ TO sth**: **we ~ to the same club** somos socios del mismo club; **do you ~ to a union/political party?** ¿está afiliado a un sindicato/partido político? 3 (be part) **to ~ TO sth** ser* DE algo, pertenecer* A algo

B 1 (have as usual place) ir*; **that jug ~s in the cupboard/with the others** esa jarra va en el armario/con las demás; **put them back where they ~** vuélvelos a poner en su lugar 2 (in category) pertenecer*; **it ~s to the reptile family** pertenece a la familia de los reptiles; **his plays ~ in** *o* **to the classical tradition** sus obras de teatro se inscriben dentro de la tradición clásica; **these figures ~ under the heading of expenses** esas cifras deben ir en el apartado de gastos 3 (be suitable): **books and music ~ in every home** los libros y la música no deberían faltar en ningún hogar; **a man like him ~s on the stage** un hombre como él debería dedicarse al teatro; **this matter doesn't ~ in** *o* **to our department** este asunto no corresponde a *or* no es de nuestro departamento; **you ~ in** *o* **to the Dark Ages!** ¡es que eres de la Edad de Piedra!; **we ~ together** estamos hechos el uno para el otro 4 (socially): **it's good to know you ~** es bueno saber que se es parte de algo; **I still don't feel I ~ here** todavía no me siento aceptado *or* a gusto aquí

belongings /bɪˈlɔːŋɪŋz || bɪˈlɒŋɪŋz/ *pl n* pertenencias *fpl*; **personal ~** efectos *mpl or* objetos *mpl* personales

Belorussian¹ /ˌbelə(ʊ)ˈrʌʃən/ *adj* bielorruso

Belorussian² *n* [u c] 1 [u] (language) bielorruso *m* 2 [c] (person) bielorruso, -a *m,f*

beloved¹ *adj* 1 /bəˈlʌvəd || bɪˈlʌvɪd/; (*before n*) querido, amado, bienamado (liter); ‹*place*› querido 2 /bəˈlʌvd || bɪˈlʌvd/; (*after n*) **~ BY** *o* **OF sb**: **a man ~ by all** un hombre querido de *or* por todos; **a spot ~ of photographers** un lugar que los fotógrafos adoran

beloved² /bɪˈlʌvəd || bɪˈlʌvɪd/ *n* amado, -da *m,f* (liter), bienamado, -da *m,f* (liter); (*as form of address*) (dated *or* hum) (to man) querido (mío); (to woman) querida (mía); **dearly ~** (Relig) amados *or* caros hermanos

below¹ /bɪˈləʊ/ *prep*

A 1 (under) debajo de, abajo de (AmL); **the room directly ~ this one** la habitación justo debajo *or* (AmL tb) abajo de ésta; **500m ~ the surface** a 500m bajo la superficie *or* por debajo de la superficie 2 (downstream of) más abajo de

B (inferior, junior to) por debajo de; **all employees ~ executive level** todos los empleados por debajo del nivel ejecutivo

C (less than) por debajo de; **~ average** inferior a *or* por debajo de la media; **interest rates are back ~ 10%** los tipos de interés vuelven a estar por debajo del 10%; **if you earn ~ £8,000 a year** si ganas menos de 8.000 libras al año; **~ zero** bajo cero; **if the temperature falls ~ 20°C** si la temperatura desciende por debajo de 20°C; **~ standard** por debajo del nivel exigido

below² *adv*

A 1 (underneath) abajo; **put it on the shelf ~** ponlo en el estante de abajo; **the people in the apartment ~** la gente del apartamento de abajo; **down ~ we could see ...** abajo veíamos ...; **seen from ~** visto desde abajo 2 (Naut) abajo; **to go ~** bajar 3 (on earth) (liter) en la tierra; **here ~** aquí en la tierra

B (in text) más abajo; **see diagram ~** véase el diagrama más abajo

C (of temperature): **20 (degrees) ~** 20 (grados) bajo cero

below-the-line /bɪˌləʊðəˈlaɪn/ *adj*

A (in bridge) por debajo de la raya, por debajo de la línea

B (in accounts) extraordinario

Belshazzar's Feast /belˈʃæzərz || belˈʃæzəz/ *n* el festín de Baltasar

belt¹ /belt/ *n*

A 1 (Clothing) cinturón *m*; **green/brown ~** (in judo, karate) cinturón *m or* cinto *m or* (Méx) cinta *f* verde/marrón; (person) cinturón *mf or* (Méx) cinta *mf* verde/marrón; **~ *and braces*** (BrE): **he has a ~-and-braces approach** le gusta tomar todas las precauciones (del caso); ***to have sth under one's ~*** tener* algo a sus (*or* mis *etc*) espaldas, tener* algo en su (*or* mi *etc*) haber; **with a string of hits under his ~** con una serie de hits a sus espaldas *or* en su haber; ***to hit below the ~*** dar* un golpe bajo; **that was a bit below the ~** ¡ése fue un golpe bajo!; ***to tighten one's ~*** apretarse* el cinturón 2 (for holding tools) cinturón *m* para herramientas; (*cartridge ~*) cartuchera *f*, canana *f*; (*gun ~*) cinturón *m* (*con pistolera*)

B 1 (Mech Eng) correa *f*; (*conveyor ~*) cinta *f or* (Méx) banda *f* transportadora; (*fan ~*) correa *f or* (Méx) banda *f* del ventilador 2 (*seat ~*) cinturón *m* (de seguridad); (*safety ~*) cinturón *m* de seguridad; **to fasten one's ~** abrocharse el cinturón

C (area): **a ~ of rain/low pressure** un frente lluvioso/de bajas presiones; **the industrial ~** el cinturón industrial; **the cotton ~** la zona *or* región algodonera; ▸ **Bible Belt**

D (colloq) 1 (blow) tortazo *m* (fam), trancazo *m* (Méx fam) 2 (drink) (AmE) trago *m*

belt² *vt* (colloq) darle* una paliza a; **he ~ed me on the ear** (AmE) *o* (BrE) **round the ear** me dio un tortazo *or* (Méx) un trancazo (fam)

■ **belt** *vi*: **to ~ along/in/off** ir*/entrar/salir* zumbando *or* como un bólido (fam)

(Phrasal verbs)

- **belt down** [v + o + adv, v + adv + o] (AmE) (colloq): **to ~ one down** tomarse una; **he's over there ~ing them down** ahí está, tomándose una tras otra *or* (fam) empinando el codo
- **belt out** [v + o + adv, v + adv + o] (colloq) (sing) cantar a grito pelado (fam); (play) tocar* muy fuerte
- **belt up** [v + adv] (BrE colloq) 1 (be quiet) callarse la boca, cerrar* el pico (fam) 2 (Auto) ponerse* el cinturón

belt buckle *n* hebilla *f* (de cinturón)

belt drive *n* 1 [c] (belt) correa *f or* (Méx) banda *f* de transmisión 2 [u] (system) transmisión *f* por correa *or* (Méx) banda

belter /ˈbeltər || ˈbeltə(r)/ *n* (colloq)

A (impressive thing) joyita *f* (fam); **a ~ of an idea** una súper idea

B (loud — song) canción *f* cantada a grito pelado (fam); (— singer) cantante *mf* con buenos pulmones (fam)

belting /ˈbeltɪŋ/ *n* (colloq) paliza *f*; **to give sb a ~** darle* una paliza a algn; (with belt) darle* de correazos a algn, darle* una cueriza a algn (Méx fam)

belt sander *n* lijadora *f* de cinta

belt-tightening /ˈbelt,taɪtnɪŋ/ *n* [u] ajuste *m* de cinturón; (*before n*): **~ measures are the order of the day** las medidas de austeridad económica están a la orden del día

beltway /ˈbeltweɪ/ *n* (AmE) carretera *f or* ronda *f* de circunvalación, periférico *m* (AmC, Méx)

bemoan /bɪˈməʊn/ *vt* ‹*loss/lack*› lamentarse de; **he ~ed his fate** se lamentaba de su suerte

bemuse /bɪˈmjuːz/ *vt* 1 (puzzle) ‹*person*› desconcertar*; **I'm still ~d** sigo desconcertado 2 **bemused** *past p* ‹*expression*› de desconcierto; ‹*onlookers*› desconcertado

bench¹ /bentʃ/ *n*

A [c] 1 (seat) banco *m* 2 (*work~*) mesa *f* de trabajo; (for carpentry) banco *m* (de carpintero)

B 1 (Law): **the bench** *or* **the Bench** (judges collectively) la judicatura; (tribunal) el tribunal; **to be raised to the ~** (BrE) ser* nombrado juez *or* magistrado; **to speak from the ~** hablar desde el estrado; **to appear before the ~** comparecer* ante el tribunal 2 **benches** *pl* (BrE) (Govt): **the government/opposition ~es** los escaños *or* (RPl) la bancada *or* (Chi) la banca del gobierno/de la oposición; *see also* **back benches, front bench**

C (Sport): **the ~** el banquillo *or* (AmL tb) la banca

bench² *vt* (esp AmE) mandar al banquillo *or* (AmL tb) a la banca

benchmark /ˈbentʃmɑːrk || ˈbentʃmɑːk/ *n* 1 (Civil Eng) cota *f* 2 (criterion) referente *m*, punto *m* de referencia, parámetro *m* 3 (Comput) (*~ test*) prueba *f* patrón *or* de referencia

benchmark price *n* precio *m* de referencia

bench-run /ˈbentʃˈrʌn/ *vt* ▸ **bench-test**

bench run *n* ▸ **bench test**

bench-test /ˈbentʃˈtest/ *vt* ‹*engine/machine/software*› probar*, testear (AmL)

bench test *n* prueba *f* (de rendimiento), testeo *m* (AmL)

benchwarmer /ˈbentʃwɔːrmər || ˈbentʃwɔːmə(r)/ *n* (AmE colloq) suplente *mf*

bend¹ /bend/ *n* 1 (in road, river) curva *f*; (in pipe) ángulo *m*, codo *m*; **to take a ~** tomar *or* (esp Esp) coger* una curva; ***to be round the ~*** (esp BrE colloq) estar* chiflado *or* (Esp tb) como un cencerro (fam); **I think I'm going round the ~** creo que me estoy volviendo loco; **that noise is driving me round the ~** ese ruido me está volviendo loco 2 (in heraldry) banda *f* 3 (knot) (Naut) gaza *f* 4 **bends** *pl* **the ~s** la enfermedad del buzo

bend² (*past and past p* **bent**) *vt*

A ‹*pipe/wire/branch*› torcer*, curvar; ‹*back/arm/leg*› doblar, flexionar; ⓢ **do not bend** no doblar; **he was bent double with pain** se retorcía de dolor; **~ your head back/forward** inclina *or* echa la cabeza hacia atrás/adelante; **they sat in silence, heads bent over their work** estaban en silencio, concentrados en su trabajo

B (direct) (frml) ‹*energies/attention*› concentrar; **to ~ one's steps/gaze toward sth** dirigir* sus (*or* mis *etc*) pasos/la mirada hacia algo; **she bent her mind to her studies/work** se concentró en sus estudios/su trabajo

■ **bend** *vi*

A 1 «*pipe/wire/handle*» torcerse*; **he had to ~ to get through the door** tuvo que agacharse para pasar por la puerta; **to ~ forward/backward** inclinarse hacia adelante/atrás; **to ~ down** agacharse; **to ~ over** inclinarse; ▸ **backward² 1** 2 «*road/river*» hacer* una curva; **to ~ to the right/left** torcer* a la derecha/izquierda

B (submit) ceder; **to ~ (TO sth)** ceder (A algo); **he bent to her will/wishes** cedió a su voluntad/sus deseos

bendable /ˈbendəbəl/ *adj* flexible

bender /ˈbendər || ˈbendə(r)/ *n*

A (drinking bout) (colloq) juerga *f* (fam), jarra *f* (Méx fam), tomatera *f* (Chi fam), tomata *f* (Col fam); **to go on a ~** irse* de juerga (*or* jarra *etc*) (fam)

B (homosexual) (sl & pej) marica *m* (fam & pey)

bendy /ˈbendi/ *adj*
A (flexible) flexible, elástico
B (having many bends) tortuoso, zigzagueante

beneath¹ /bɪˈniːθ/ *prep*
A (under) bajo; **the ground gave way ~ his feet** el suelo cedió bajo sus pies; **~ the surface** bajo la superficie; **the city lay spread out ~ us** la ciudad se extendía a nuestros pies; **~ a calm exterior** bajo una apariencia de tranquilidad
B **1** (inferior to): **those ~ him** los que están (*or* estaban *etc*) por debajo de él; **she married ~ her** se casó con un hombre de clase inferior a la suya, no se casó bien **2** (unworthy of): **it's ~ her** es indigno de ella; **you're ~ contempt** no mereces ni desprecio

beneath² *adv*: **the floor ~** el piso de abajo; **I wondered what lay ~** me preguntaba qué habría debajo *or* abajo

Benedictine¹ *n* **1** [c] /ˌbenəˈdɪktən ‖ ˌbenɪˈdɪktɪn/ (Relig) benedictino, -na *m,f* **2** [u c] **Benedictine®** /ˌbenəˈdɪktiːn ‖ ˌbenɪˈdɪktiːn/ (Culin) licor *m* benedictino, Benedictine® *m*

Benedictine² /ˌbenəˈdɪktən ‖ ˌbenɪˈdɪktɪn/ *adj* benedictino

benediction /ˌbenəˈdɪkʃən ‖ ˌbenɪˈdɪkʃən/ *n* **1** (blessing) bendición *f* **2** **Benediction** (service) bendición *f* sacramental

benefaction /ˌbenəˈfækʃən ‖ ˌbenɪˈfækʃən/ *n* (frml) **1** [c] (donation, gift) obra *f* de beneficencia **2** [u] (doing good) buenas obras *fpl*

benefactor /ˈbenəfæktər ‖ ˈbenɪfæktə(r)/ *n* benefactor, -tora *m,f*

benefice /ˈbenəfəs ‖ ˈbenɪfɪs/ *n* beneficio *m* (eclesiástico)

beneficence /bəˈnefəsəns ‖ bɪˈnefɪsəns/ *n* [u] (frml) beneficencia *f*

beneficent /bəˈnefəsənt ‖ bɪˈnefɪsənt/ *adj* (frml) caritativo

beneficial /ˌbenəˈfɪʃəl ‖ ˌbenɪˈfɪʃəl/ *adj* **1** (good, advantageous) beneficioso; **to be ~ TO sb/sth** ser* beneficioso PARA algn/algo; **a savings plan which is ~ to the small investor** un plan de ahorro que beneficia al pequeño inversor **2** (Law) (*before n*) ‹*owner*› verdadero; **she has the ~ interest in the property** tiene el usufructo de la propiedad; **she has a ~ interest in the deal** es parte interesada en la transacción

beneficiary /ˌbenəˈfɪʃieri ‖ ˌbenɪˈfɪʃəri/ *n* (*pl* **-ries**) beneficiario, -ria *m,f*

benefit¹ /ˈbenəfɪt ‖ ˈbenɪfɪt/ *n*
A (good) beneficio *m*, bien *m*; (advantage) provecho *m*, ventaja *f*; **she is exploiting the situation for her own ~** está explotando la situación en beneficio propio *or* para su provecho; **for the ~ of your children** por el bien de tus hijos; **the ~s of a good education** las ventajas de una buena educación; **I didn't derive much ~ from the course** no saqué mucho (provecho) del curso; **~ TO sb/sth**: **the improvements will be of great ~ to the public** las mejoras serán muy beneficiosas para el público *or* beneficiarán mucho al público; **a change will be of ~ to you** un cambio te resultará beneficioso *or* provechoso; ***to give sb the ~ of the doubt*** darle* a algn el beneficio de la duda
B **1** (Soc Adm) prestación *f*; **they are not entitled to any ~s** no tienen derecho a recibir prestaciones de ningún tipo; **he's on unemployment ~s** *o* (BrE) **~** recibe subsidio de desempleo *or* (Chi) de cesantía, está cobrando el paro (Esp) **2** [c] (perk) beneficio *m or* ventaja *f* (extrasalarial)
C (concert, performance) beneficio *m*, función *f* benéfica; (game) *partido con fines benéficos*; (*before n*) ‹*concert/performance/game*› con fines benéficos

benefit² **-t-** *or* AmE *also* **-tt-** *vt* ‹*person/health/mankind*› beneficiar
■ **benefit** *vi* beneficiarse; **how will we ~?** ¿de qué manera nos vamos a beneficiar?; **to ~ FROM sth**: **he didn't ~ much from the experience** no sacó mucho (provecho) de la experiencia; **you will all ~ from the change** todos se van a beneficiar con el cambio

benefit concert *n* concierto *m* benéfico, concierto *m* de beneficencia

benefit performance *n* actuación *f* benéfica, actuación *f* de beneficencia

benefits package, benefit package *n* paquete *m* de beneficios

Benelux /ˈbenlʌks ‖ ˈbenɪlʌks/ *n* Benelux *m*; (*before n*): **the ~ countries** los países del Benelux

benevolence /bəˈnevələns/ *n* [u] benevolencia *f*, bondad *f*

benevolent /bəˈnevələnt/ *adj* **1** ‹*person/dictator/smile*› benévolo; ‹*gesture*› de benevolencia **2** ‹*society/organization*› benéfico, de beneficencia

benevolently /bəˈnevələntli/ *adv* con benevolencia

Bengal /beŋˈgɔːl/ *n* Bengala *f*

Bengali¹ /beŋˈgɔːli/ *adj* bengalí

Bengali² *n* **1** [c] (person) bengalí *mf* **2** [u] (language) bengalí *m*

benighted /bɪˈnaɪtəd ‖ bɪˈnaɪtɪd/ *adj* ‹*person*› ignorante; ‹*region*› sumido en la ignorancia

benign /bɪˈnaɪn/ *adj* **1** ‹*person/attitude*› benévolo **2** ‹*conditions*› propicio; ‹*influence*› benéfico; ‹*climate*› benigno **3** (Med) ‹*tumor/growth*› benigno

benignly /bɪˈnaɪnli/ *adv* **1** (kindly) con benevolencia, benévolamente **2** (favorably) con benignidad

bent¹ /bent/ *past and past p of* **bend²**

bent² *adj*
A ‹*pipe/branch*› curvado, torcido
B (determined) **to be ~ ON sth**: **she's ~ on controlling the company** se ha propuesto controlar la compañía; **he appears ~ on destroying his own career** parece empeñado en destruir su carrera
C (BrE sl) **1** (corrupt) corrupto, pringado (Esp arg), chueco (AmL fam) **2** (homosexual): **to be ~** ser* del otro bando (fam), ser* volteado (Col, Méx fam)

bent³ *n* (*no pl*) **1** (inclination) inclinaciones *fpl*; **people of (an) artistic ~** personas con inclinaciones artísticas **2** (aptitude) aptitud *f*; **a ~ for languages** aptitud *f or* facilidad *f* para los idiomas

bentwood /ˈbentwʊd/ *adj* (*before n*) de madera alabeada *or* curvada

benumb /bɪˈnʌm/ *vt* (*usu pass*) **1** (numb) entumecer*; **our hands were ~ed by the cold** teníamos las manos entumecidas por el frío **2** ‹*mind/senses*› embotar

Benzedrine® /ˈbenzədriːn/ *n* [u c] bencedrina *f*

benzene /ˈbenziːn/ *n* [u] benceno *m*

benzine /ˈbenziːn/ *n* [u] bencina *f*

bequeath /bɪˈkwiːð -ˈkwiːθ/ *vt* **to ~ sth TO sb, to ~ sb sth** legarle* algo A algn; **customs ~ed to us by our forebears** costumbres que nos legaron nuestros antepasados

bequest /bɪˈkwest/ *n* legado *m*

berate /bɪˈreɪt/ *vt* (frml) **to ~ sb (FOR sth)** reprender *or* amonestar a algn (POR algo); **she ~d herself silently for her disloyalty** se reprochaba interiormente su falta de lealtad

Berber /ˈbɜːrbər ‖ ˈbɜːbə(r)/ *n* bereber *mf*, beréber *mf*; (*before n*) ‹*carpet*› bereber, beréber

bereave /bɪˈriːv/ *vt* (liter) (*past & past p* **bereft**) **1** (deprive) **to ~ sb OF sth** despojar a algn DE algo **2** (*past & past p* **bereaved**) (by death): **he'd been ~d of his wife** (frml) había perdido a su mujer, su esposa había fallecido (frml)

bereaved¹ /bɪˈriːvd/ *adj* ‹*parent/family*› desconsolado, afligido (*por la muerte de un ser querido*), de luto; **a recently ~ widow** una mujer que acaba de enviudar *or* que acaba de perder a su marido

bereaved² *pl n*: **the ~** los deudos, la familia del difunto/de la difunta; **the sick and the ~** los enfermos y las personas que han perdido a un ser querido

bereavement /bɪˈriːvmənt/ *n* [c u] dolor *m*, pesar *m* (*por la muerte de un ser querido*); **they have suffered** *o* **had a ~ in the family** han sufrido la pérdida de un familiar; **the shock of ~** el trauma que produce la pérdida de un ser querido; **I felt a sense of ~ at her departure** sentí un gran pesar *or* (liter) un dolor desgarrador cuando se fue

bereavement counseling, (BrE) **bereavement counselling** *n* [u] *apoyo profesional o voluntario tras la pérdida de un ser querido*

bereavement counselor, (BrE) **bereavement counsellor** *n*: *profesional o voluntario que presta apoyo a personas que han perdido a un ser querido*

bereft¹ /bɪˈreft/ *past & past p of* **bereave 1**

bereft² *adj* (*pred*) **to be ~ OF sth** verse* privado DE algo; **totally ~ of inspiration** desprovisto de toda inspiración

beret /bəˈreɪ ‖ ˈbereɪ/ *n* boina *f*

berg /bɜːrg ‖ bɜːg/ *n* (*ice~*) iceberg *m*

bergamot /ˈbɜːrgəmɑːt ‖ ˈbɜːgəmɒt/ *n* bergamota *f*

beri-beri /ˈberiˈberi/ *n* [u] beriberi *m*

berk /bɜːrk ‖ bɜːk/ *n* (BrE sl) imbécil *mf*, pendejo, -ja *m,f* (AmL exc CS fam), huevón, -vona *m,f* (Andes, Ven arg), gilipollas *mf* (Esp arg), boludo, -da *m,f* (Col, RPl arg)

Berks = **Berkshire**

Berlin /bɜːrˈlɪn ‖ bɜːˈlɪn/ *n* Berlín *m*; (*before n*): **the ~ Wall** (Hist) el muro de Berlín

Berliner /bɜːrˈlɪnər ‖ bɜːˈlɪnə(r)/ *n* berlinés, -nesa *m,f*

berm /bɜːrm ‖ bɜːm/ *n* (AmE) arcén *m*, berma *f* (Andes), hombrillo *m* (Ven), banquina *f* (RPl), acotamiento *m* (Méx)

Bermuda /bərˈmjuːdə ‖ bəˈmjuːdə/ *n* las (islas) Bermudas; (*before n*): **~ shorts** bermudas *fpl*; **the ~ Triangle** el triángulo de las Bermudas

Bermudas /bərˈmjuːdəz ‖ bəˈmjuːdəz/ *pl n* bermudas *fpl*

Bern, Berne /bɜːrn ‖ bɜːn/ *n* Berna *f*

berry /ˈberi/ *n* (*pl* **-ries**) (Bot) baya *f*; (Culin) *fresas, frambuesas, moras etc*; ***as brown as a ~***: **they came back from Spain as brown as berries** volvieron de España negros como el carbón *or* como un tizón

berserk /bərˈsɜːrk ‖ bəˈsɜːk/ *adj*: **to go ~** volverse* loco; **she'll go ~ when she finds out** (get angry) (colloq) se va a poner hecha una furia *or* un basilisco cuando se entere (fam); **the audience went completely ~ when he came on stage** (colloq) el público se enloqueció cuando salió al escenario

berth¹ /bɜːrθ ‖ bɜːθ/ *n* **1** (couchette, bunk) litera *f*, cucheta *f* (RPl); (cabin) camarote *m* **2** (mooring) atracadero *m*; ***to give sb a wide ~*** eludir *or* evitar a algn, rehuir* a algn **3** (job, position) puesto *m*; **a starting ~** (Sport) (AmE) un puesto de (jugador) titular

berth² *vt/vi* atracar*

beryl /ˈberəl ‖ ˈberɪl/ *n* [u c] berilo *m*

beryllium /bəˈrɪliəm/ *n* [u] berilio *m*

beseech /bɪˈsiːtʃ/ *vt* (*past & past p* **beseeched** *or* **besought**) (liter) **1** ‹*person/God*› suplicar*, rogar*; **to ~ sb TO + INF** suplicarle* *or* rogarle* a algn QUE + SUBJ; **I ~ed her to stay** le supliqué *or* le rogué que se quedara **2** (beg for) ‹*mercy/pardon*› implorar

beseeching /bɪˈsiːtʃɪŋ/ *adj* ‹*voice/look*› suplicante; **in ~ tones** en tono suplicante *or* de súplica

beseechingly /bɪˈsiːtʃɪŋli/ *adv* en tono suplicante *or* de súplica; **she looked at him ~** lo miró suplicante

beset /bɪˈset/ *vt* (*pres p* **besetting**; *past & past p* **beset**) ‹*person*› ‹‹*anxieties/fears*›› acuciar; ‹‹*doubts*›› acosar; **he was ~ by doubts** lo acosaban las dudas; **I am ~ by enemies** estoy rodeado de enemigos; **the way ahead is ~ with difficulties** tenemos (*or* tienen *etc*) muchos obstáculos por delante

besetting /bɪˈsetɪŋ/ *adj* (*before n*) ‹*anxiety/problem*› acuciante; **his ~ sin** su gran *or* principal defecto

b

beside[1] /bɪ'saɪd/ *prep* **1** (at the side of) al lado de, junto a; **she's the one ~ me in the photograph** es la que está a mi lado *or* junto a mí *or* (crit) al lado mío en la foto; ***to be ~ oneself***: **he was ~ himself with rage** estaba fuera de sí (de la rabia); **she's ~ herself with happiness** está que no cabe en sí de la alegría, está loca de contenta (fam); **your mother was absolutely ~ herself when you didn't come home** tu madre estaba preocupadísima al ver que no volvías **2** (compared with) al lado de; **~ her, anyone looks tall** al lado de ella *or* a su lado, cualquiera parece alto **3** (extraneous to): **that's ~ the point** eso no tiene nada que ver, eso no viene al caso **4** ▸ **besides**[1]

beside[2] *adv* **1** (alongside) al lado **2** ▸ **besides**[2]

besides[1] /bɪ'saɪdz/ *prep* **1** (in addition to) además de; **there are five others coming ~ you** además de *or* aparte de ti, vienen otros cinco; **I wasn't interested in the talk, ~ which I was feeling tired** no me interesaba la charla y aparte de eso *or* además estaba cansado **2** (apart from) excepto, aparte de, fuera de; **no one knows ~ you** nadie lo sabe excepto tú *or* aparte de ti *or* fuera de ti

besides[2] *adv* además; **she studies and has a full-time job ~** estudia y además tiene un trabajo de jornada completa; **and plenty more ~** y mucho más todavía

besiege /bɪ'siːdʒ/ *vt* **1** ‹*town/castle*› (Mil) sitiar, asediar, cercar*; **an angry crowd ~d the embassy** una muchedumbre enfurecida rodeó *or* cercó la embajada; **the village was ~d by reporters** el pueblo se vio asediado por periodistas **2** **to ~ sb WITH sth**: **they ~d me with questions** me acosaron *or* bombardearon a preguntas; **they were ~d with letters of protest** los inundaron con cartas de protesta **3** (beset) (liter) (*usu pass*): **~d by doubts** acosado por las dudas; **~d by worries** abrumado por las preocupaciones

besmear /bɪ'smɪr || bɪ'smɪə(r)/ *vt* **to ~ sth WITH sth** embadurnar algo DE algo

besmirch /bɪ'smɜːrtʃ || bɪ'smɜːtʃ/ *vt* ensuciar, mancillar (liter); **to ~ a person's good name** ensuciar *or* (liter) mancillar el buen nombre de una persona

besom /'biːzəm/ *n* escobón *m* (*escoba hecha de ramas*)

besotted /bɪ'sɑːtəd || bɪ'sɒtɪd/ *adj* (*usu pred*) **to be ~ WITH sb/sth**: **he's totally ~ with her** está perdidamente enamorado de ella, está loco por ella; **she's ~ with the idea of becoming an actress** está obsesionada con la idea de ser actriz

besought /bɪ'sɔːt/ *past & past p of* **beseech**

bespatter /bɪ'spætər || bɪ'spætə(r)/ *vt* **to ~ sth WITH sth** salpicar* algo DE algo

bespeak /bɪ'spiːk/ *vt* (*past* **bespoke**; *past p* **bespoken** *or* **bespoke**) **1** (indicate) (liter) denotar, indicar* **2** (order) (arch) ‹*goods/clothes*› encargar*

bespectacled /bɪ'spektɪkəld/ *adj* de anteojos *or* lentes (AmL), con gafas (esp Esp)

bespoke[1] /bɪ'spəʊk/ *past & past p of* **bespeak**

bespoke[2] *adj* (*before n*) (esp BrE) (hecho) a (la) medida; ‹*tailor*› que confecciona ropa a (la) medida; Ⓢ **bespoke tailor** trajes a medida

bespoken /bɪ'spəʊkən/ *past p of* **bespeak**

best[1] /best/ *adj* (*superl of* **good**[1]) mejor; **he was (the) ~** él era el mejor; **this year's carnival will be the ~ ever** el carnaval de este año estará mejor que nunca; **she gave her ~ ever performance** actuó mejor que nunca; **the ~ years of my life** los mejores años de mi vida; **for the ~ part of an hour** durante casi una hora; **~ of all was the windsurfing** lo mejor de todo fue el windsurf; **the ~ things in life are free** (set phrase) los mejores placeres no cuestan dinero; **may the ~ man/team win** (set phrase) que gane el mejor; Ⓢ **best before July 29** consumir preferentemente antes del 29 de julio; **it was the ~ thing in the long run** a la larga fue lo mejor; **she knows what's ~ for you** ella sabe qué es lo que más te conviene; **the ~ thing (to do) is to wait** lo mejor es esperar; **do whatever you think is ~, do as you think ~** haz lo que mejor te parezca; **she's not very tolerant at the ~ of times** la tolerancia no es precisamente una de sus características

best[2] *adv*

A (*superl of* **well**[1], **well**[2]) mejor; **which color suits me (the) ~?** ¿qué color me queda mejor?; **I like this painting (the) ~ (of all)** éste es el cuadro que me gusta más *or* que más me gusta; **I mended/did it as ~ I could** lo arreglé/lo hice lo mejor que pude; **he's ~ remembered for his poems** se lo recuerda sobre todo *or* más que nada por sus poesías; **he always knows ~** (iro) él siempre quiere saber más que los demás; **I think it's ~ forgotten** mira, más vale olvidarlo; **their gossip is ~ ignored** a sus habladurías (es) mejor no hacerles ni caso

B **had best** (ought): **we'd ~ leave that decision to him** lo mejor va a ser que dejemos que eso lo decida él; **I'd ~ be on my way** (BrE colloq) me tengo que ir; *see also* **better**[1], **better**[2]

best[3] *n*

A **the ~** **1** (+ *sing vb*) lo mejor; **choose ABC hotels when only the ~ will do** si usted exige lo mejor, escoja hoteles ABC; **he's in the ~ of health** está en excelente estado de salud; **the ~ of three sets wins the match** quien gana dos sets, gana el partido; **I don't look my ~ in the mornings** por la mañana no es cuando estoy mejor de aspecto *or* (AmL tb) cuando me veo mejor; **she knows how to bring out the ~ in her students** sabe cómo potenciar al máximo la capacidad de sus alumnos; **he always gets the ~ out of his employees** siempre logra que sus empleados den lo mejor de sí; **in order to get the ~ out of the course ...** para sacar el máximo provecho del curso ...; **to demand the ~ from sb** exigirle* a algn el máximo; **to do** *o* **try one's (level) ~** hacer* todo lo posible; **it's not very good, but it's the ~ I can do** no está muy bien pero no lo puedo hacer mejor; **he gave of his ~** (frml) dio todo de sí; **to make the ~ of sth**: **we'll just have to make the ~ of what we've got** tendremos que arreglarnos con lo que tenemos; **they had to make the ~ of a bad job** tuvieron que hacer lo que pudieron; **just make the ~ of the opportunity** saca el máximo provecho *or* el mejor partido que puedas de la oportunidad; **they meant it for the ~** lo hicieron con la mejor intención; **it all turned out for the ~ in the end** al final todo fue para bien; **he did it to the ~ of his ability** lo hizo lo mejor que pudo; **to the ~ of my recollection, he wasn't there** si la memoria no me falla, no estaba; **so, to the ~ of your recollection, he wasn't there** entonces usted no recuerda haberlo visto allí; **to the ~ of my belief/knowledge, he still lives there** según tengo entendido/que yo sepa, todavía vive allí **2** (+ *pl vb*): **even the ~ of us are wrong sometimes** todos nos equivocamos; **he's one of the ~** (colloq) es un tipo genial (fam); **she can ski with the ~ of them** (colloq) esquía tan bien como el mejor; **they're (the) ~ of friends again now** están otra vez de lo más amigos

B **1** **at best**: **at ~, we'll just manage to cover costs** como mucho, podremos cubrir los gastos; **at ~, she's irresponsible** lo menos que se puede decir es que es una irresponsable **2** **at/past one's best**: **she's not at her ~ in the morning** la mañana no es su mejor momento del día; **at his ~, his singing rivals that of Caruso** en sus mejores momentos puede compararse a Caruso; **the roses were past their ~** las rosas ya no estaban en su mejor momento; **it's British theater at its ~** es un magnífico exponente de lo mejor del teatro británico

C **1** (in greetings): **to wish sb (all) the ~** desearle buena suerte a algn; **all the ~!** ¡buena suerte!, ¡que te (*or* les *etc*) vaya bien!; **give them my ~** dales recuerdos *or* saludos de mi parte; **Chris sends his ~** Chris manda recuerdos *or* saludos **2** (Sport) récord *m*; **a personal ~ for Flynn** un récord para Flynn, la mejor marca de Flynn

best[4] *vt* vencer*

best-before date /,bestbɪ'fɔːr || ,bestbɪ'fɔː(r)/ *n* fecha *f* de consumo preferente

best boy *n* (Cin) ayudante *mf* del electricista

bestial /'bestʃəl || 'bestiəl/ *adj* **1** ‹*cruelty/crime*› brutal, salvaje **2** ‹*acts*› (with animals) bestial

bestiality /,bestʃi'æləti || ,besti'æləti/ *n* [u] **1** (cruelty) brutalidad *f*, bestialidad *f* **2** (sex with animals) bestialidad *f*

bestiary /'bestʃieri || 'bestiəri/ *n* (*pl* **-ries**) bestiario *m*

bestir /bɪ'stɜːr || bɪ'stɜː(r)/ *v refl* **-rr-**: **to ~ oneself** moverse*

best-known /,best'nəʊn/ *adj* más famoso, más conocido

best-laid /'best'leɪd/ *adj* ‹*plans*› más minucioso, mejor trazado

best man *n*: *amigo que acompaña al novio el día de la boda*, ≈ padrino *m*, testigo *m*

bestow /bɪ'stəʊ/ *vt* (frml *or* liter) **to ~ sth ON** *o* **UPON sb** ‹*title/award*› conferirle* *or* otorgarle* algo A algn (frml); ‹*friendship*› ofrecerle* algo A algn (frml); **to ~ a gift on sb** hacerle* un obsequio a algn (frml); **he ~ed a kiss on her cheek** depositó un beso en su mejilla (liter); **he ~ed his affections on her** la hizo depositaria de su amor (liter)

bestowal /bɪ'stəʊəl/ *n* [u] (frml *or* liter) (of title, award) concesión *f* (frml), otorgamiento *m* (frml)

best practice *n* [u] buena práctica *f*

bestride /bɪ'straɪd/ *vt* (*past* **bestrode**; *past p* **bestridden**) ‹*horse*› montar a horcajadas; ‹*stream*› cruzar* de un salto

best-seller /,best'selər || ,best'selə(r)/ *n* **1** (book) bestseller *m*, superventas *m*; (product) superventas *m*; **a motorbike/car that has been among the ~s for four years** una moto/un coche que lleva cuatro años entre los superventas **2** (author) autor, -tora *m,f* de bestsellers

best-selling /,best'selɪŋ/ *adj* (*before n*) **1** (successful): **a ~ book/record** un libro/disco de gran éxito de ventas, un superventas; **a ~ children's writer** un autor de libros para niños que tiene gran éxito de ventas **2** (most successful): **last year's ~ paperbacks** los libros de bolsillo más vendidos *or* de más venta el año pasado; **this is our ~ model** éste es el modelo que más vendemos

bet[1] /bet/ *n* **1** (wager) apuesta *f*; **to win/lose a ~** ganar/perder* una apuesta; **I had** *o* **made a ~ with Charlie that Brazil would win** le aposté a Charlie que ganaría Brasil; **place your ~s, please** hagan sus apuestas, señores; **to take ~s** «*bookmaker*» aceptar apuestas **2** (option): **Bad Boy is a good ~ for the Derby** Bad Boy es una apuesta segura *or* un fijo *or* (CS, Ven) una fija para el Derby; **Brown is the best ~ to win the election** Brown es quien más probabilidades tiene de ganar las elecciones; **your best ~ is to stay here** lo mejor que puedes hacer es quedarte aquí; **your safest ~ would be to invest in government bonds** lo menos arriesgado sería invertir en bonos del estado; **she's a bad ~ in my opinion** opino que no es la más indicada; **it's a pretty good** *o* **fair ~ that someone here speaks English** es casi seguro que aquí alguien habla inglés; **my ~ is that she wins** apuesto (a) que gana ella; ***to hedge one's ~s*** cubrirse*

bet[2] (*pres p* **betting**; *past & past p* **bet**) *vt* **1** (gamble) ‹*money*› apostar*; **David ~ him £5 the Liberals would win** David le apostó cinco libras (a) que ganaban los liberales; **he ~ his whole salary on a horse** le apostó *or* le jugó todo el sueldo a un caballo **2** (be sure) jugarse*, apostar*; **I ~ he doesn't even remember my name** apuesto (a) que ni se acuerda de mi nombre; **I had a hard time persuading him — I'll ~ you did!** me costó mucho convencerlo — ¡me lo puedo imaginar!; **I can do it! — (I) ~ (you) you can't!** ¡a que puedo hacerlo!, —¡a que no!; **I ~ you any money** *o* **anything you like, they're late** me juego *or* te apuesto lo que quieras (a) que llegan tarde; ***you can ~ your boots*** *o* ***your life*** *o* ***your bottom dollar*** (colloq) apuesto *or* me juego la cabeza *or* camisa (fam);

am I angry? you ~ your (sweet) life I'm angry! ¿que si estoy enojada? ¡por supuesto *or* ya lo creo que lo estoy!

■ **bet** *vi* **1** (gamble) jugar*; **I'm not a ~ting man, but ...** yo no soy jugador, pero ...; **to ~ ON sth/sb** apostarle* A algo/algn; **I'm ~ting on it to win** le voy a apostar a ganador **2** (be sure): **I wouldn't ~ on it** yo no estaría tan seguro, yo no me fiaría; **(do you) want to ~?** (colloq) ¿qué *or* cuánto (te) apuestas?, ¿quieres apostar?; **will you be there? — you ~!** (colloq) ¿irás? — ¡por supuesto!; **I ~!** (colloq & iro) sí, seguro (iró), sí, ya (iró)

beta /'beɪtə || 'biːtə/ *n* **1** (letter) beta *f*; (*before n*): **~ rays** rayos *mpl* beta **2** (BrE) (Educ) ≈ notable *m*

beta blocker /'blɑːkər || 'blɒkə(r)/ *n* betabloqueador *m*, betabloqueante *m*

betake /bɪ'teɪk/ *v refl* (*past* **betook** *past p* **betaken**) (liter *or* hum): **to ~ oneself** trasladarse, irse*

beta rhythm *n* [u] ritmo *m* beta

beta-test /'biːtə,test/ *vt* ‹*product/software*› realizar* una prueba beta de, realizar* un beta test de *o* (AmL tb) un testeo beta de

beta test *n* prueba *f* beta, beta test *m*, testeo *m*, beta (AmL)

beta version *n* versión *f* beta

betcha /'betʃə/ (colloq): **~ can't climb that tree!** ¡a que no te subes a ese árbol!

betel /'biːtl/ *n* [u] betel *m*

bête noire /bet'nwɑːr || bet'nwɑː(r)/ *n* (*pl* **~s ~s** /bet'nwɑːr || bet'nwɑː(r), -'nwɑːrz/) bestia *f* negra (period), bête noire *f* (period); **liars are her particular ~ ~** si hay algo que detesta es la gente mentirosa

Bethlehem /'beθləhem || 'beθlɪhem/ *n* Belén *m*

betide /bɪ'taɪd/ *vi* (liter & arch) acaecer* (liter)

■ **betide** *vt* acaecerle* a (liter); ▸ **woe 1**

betimes /bɪ'taɪmz/ *adv* (arch) (in good time) con tiempo *or* anticipación; (soon) pronto; (early) temprano

betoken /bɪ'təʊkən/ *vt* (frml) (indicate) denotar, ser* signo *or* indicio de; (augur) presagiar, ser* augurio de

betook /bɪ'tʊk/ *past of* **betake**

betray /bɪ'treɪ/ *vt* **1** ‹*ally*› traicionar; ‹*promise*› faltar a; ‹*spouse/lover*› engañar, traicionar; **they ~ed their country** traicionaron a su país *or* a la patria; **to ~ sb's trust** defraudar la confianza que algn ha puesto en uno; **to ~ sth/sb TO sth/sb: he ~ed us to the enemy** nos vendió al enemigo **2** (reveal) revelar, delatar; **she ~ed herself by bursting into tears** se delató al echarse a llorar; **her voice ~ed her nervousness** su voz revelaba *or* delataba el miedo que sentía

betrayal /bɪ'treɪəl/ *n* [c u] (of ally, principles) traición *f*; (of promise) incumplimiento *m*; (of secrets) delación *f*; **a ~ of trust** un abuso de confianza; **an act of ~** una traición

betroth /bɪ'trəʊð/ *vt* (frml) prometer en matrimonio (frml); **her father ~ed her to a rich merchant** su padre la prometió en matrimonio a un rico mercader; **to be ~d to sb** ser* el prometido/la prometida de algn, estar* comprometido con algn (AmL)

betrothal /bɪ'trəʊðəl/ *n* [u c] (frml) esponsales *mpl* (frml), compromiso *m* (matrimonial)

betrothed /bɪ'trəʊðd/ *n* (*pl* **~**) (arch *or* journ) prometido, -da *m,f*; **my/her ~** mi/su prometido; **the ~** los novios *or* prometidos

better[1] /'betər || 'betə(r)/ *adj*

A (*comp of* **good**[1]) **1** ‹*quality/doctor/method/price*› mejor; **his tennis is ~ now** ahora juega mejor al tenis; **he's ~ at playing the guitar than at singing** toca la guitarra mejor de lo que canta; **fruit's much ~ for you than candy** la fruta es mucho más sana que los caramelos; **I've got an even ~ idea** tengo una idea aún mejor; **things couldn't be ~** todo va de maravilla; **I'll just take these shoes off ... ah, that's ~** me voy a quitar los zapatos ... ¡uf ... qué alivio!; **what do you think of the wine? — I've tasted ~** ¿qué te parece el vino? — los he probado mejores; **to get ~** mejorar; **her playing gets ~ and ~** cada vez toca mejor; **the bigger/quicker the ~** cuanto más grande/rápido mejor; **the less said about it the ~** cuanto menos se hable del tema mejor; **the garden looks all the ~ for the rain** la lluvia le ha venido bien al jardín; **if they can both come, so much the ~** si pueden venir los dos, mucho *or* tanto mejor; **I feel none the ~ for knowing that she has failed as well** no es ningún consuelo saber que ella tampoco lo ha logrado; **she's little ~ than a thief** es poco menos que una ladrona; **she's no ~ than a thief** es una ladrona, ni más ni menos; **have you got nothing ~ to do than ... ?** ¿no tienes nada mejor que hacer que ... ?; **he's moved on to ~ things since then** desde entonces se ha superado mucho; **to be ~ than one's word** cumplir con creces lo prometido; ***to go one ~***: **I can go one ~: I'll give you interest-free credit** yo puedo hacerle una oferta aún mejor: le doy crédito sin interés; **not content with that, she decided to go one ~** no satisfecha con eso, decidió ir aún más lejos; **he always has to go one ~ than everyone else** siempre tiene que ser más que nadie **2** (more suitable, desirable) ‹*suggestion/plan/date*› mejor; **it would be ~ to go by plane** sería mucho mejor ir en avión; **the matter is ~ forgotten** lo mejor será olvidar el asunto

B (*pred*) (recovered from illness): **to be ~** estar* mejor; **I'm ~ again** ya estoy mejor; **it took him months to get ~** tardó meses en mejorarse *or* recuperarse; **I am/feel much ~ than I was** estoy/me siento mucho mejor (que antes)

better[2] *adv*

A (*comp of* **well**[1], **well**[2]) mejor; **she swims ~ than I do** *o* **than me** nada mejor que yo; **we get on ~ than we used to** nos llevamos mejor que antes; **you can have it for five dollars: I can't do ~ than that, can I?** te lo dejo en cinco libras; más no me puedes pedir ¿no?; **I can see ~ from here** desde aquí veo mejor; **we'd've done ~ to wait** hubiera sido mejor esperar; **they did ~ out of the deal than they admit** salieron mejor parados con el acuerdo de lo que pretenden; **no one was ~ liked than he was** nadie era tan querido como él; **he thinks he knows ~** (se) cree que sabe más; **at the last moment he thought ~ of it and ...** a último momento cambió de idea *or* lo pensó mejor y ...

B **had better** (ought): **hadn't you ~ phone them?** ¿no deberías llamarlos?; **I'd ~ leave before it gets dark** va a ser mejor que me vaya antes de que oscurezca; **well, I'd ~ be off** bueno, me tengo que ir; **you'd ~ do exactly as I say** más te vale hacer exactamente lo que yo te diga; **you'd ~ not complain!** ¡más te vale no quejarte!; **you'd ~ believe it!** (colloq) sí señor

C (more) (AmE) más; **it cost me ~ than $100 to repair** me costó más de 100 dólares arreglarlo

better[3] *n*

A **1** (superior of two): **the ~** el mejor; **he is the ~ of the two brothers at swimming** de los dos hermanos es el que mejor nada; **for the ~** para bien, para mejor; **he's changed — and for the ~!** ha cambiado — ¡y para bien!; **things took a turn for the ~** las cosas dieron un giro positivo; ***to get the ~ of sb/sth*** ganarle la batalla a algn/algo; **my curiosity got the ~ of me** la curiosidad fue más fuerte que yo *or* pudo más que yo **2** **betters** *pl* (superiors) superiores *mpl*; **his elders and ~s** sus mayores

B (gambler) apostador, -dora *m,f*

better[4] *vt* **1** (improve) ‹*conditions/lot*› mejorar; ‹*chances*› aumentar; **to ~ oneself** (financially) prosperar; (culturally, educationally) superarse **2** (surpass) ‹*score/record*› mejorar, superar

betterment /'betərmənt || 'betəmənt/ *n* [u] mejoramiento *m*, mejora *f*

better-off /,betər'ɔːf || ,betər'ɒf/ *adj* (*pred* **better off**) **1** (financially) ‹*taxpayers/student*› de mejor posición económica; **we're ~ ~ now by £10,000** tenemos 10.000 libras más que antes; **he's ~ ~ than her** tiene mejor posición económica que ella, es de posición más acomodada que ella **2** (emotionally, physically) (*pred*) mejor; **I'm ~ ~ divorced than unhappily married** estoy mejor divorciado que en un matrimonio infeliz; **they're far ~ ~ without him** están mucho mejor sin él

betting /'betɪŋ/ *n* [u]: **let's take a look at the latest ~** veamos cómo están *or* van las apuestas; **what's the ~ he won't turn up?** (BrE) ¿qué (te) apuestas (a) que no viene?; (*before n*): **~ shop** (BrE) agencia *f* de apuestas

betting slip *n* boleto *m* de apuestas

bettor /'betər || 'betə(r)/ *n* (AmE) apostador, -dora *m,f*

between[1] /bɪ'twiːn/ *prep*

A (in time and space) entre; **a bus runs ~ the airport and the hotel** un autobús hace el recorrido entre el aeropuerto y el hotel; **~ now and Thursday** de aquí al jueves; **it is closed ~ 1 and 3** está cerrado de 1 a 3; **~ 80 and 100 guests** entre 80 y 100 invitados; **it must have cost something** *o* **somewhere ~ £150 and £200** debe (de) haber costado entre unas 150 y 200 libras; **nothing can come ~ us** nada podrá separarnos; **she's ~ jobs at the moment** en este momento no está trabajando

B (among) entre; **they divided** *o* **shared the money ~ them** se dividieron el dinero entre ellos; **what I'm about to say is strictly ~ you and me** *o* **~ ourselves** lo que te voy a decir debe quedar entre nosotros

C **1** (jointly, in combination) entre; **we spent $250 ~ us** gastamos 250 dólares entre los dos; **~ them they managed to lift it** entre los dos consiguieron levantarlo **2** (what with) (colloq) entre; **~ working and training I've no time for books** entre el trabajo y el entrenamiento no tengo tiempo para leer

between[2] *adv*: **the one ~** el/la de en medio; **there are very large houses and very small apartments and nothing (in) ~** hay casas muy grandes o apartamentos muy pequeños pero no hay nada intermedio

betweentimes /bɪ'twiːntaɪmz/, **betweenwhiles** /bɪ'twiːnhwaɪlz || bɪ'twiːnwaɪlz/ *adv* entre una cosa y otra, en los ratos perdidos

betwixt[1] /bɪ'twɪkst/ *prep* (liter & arch) entre

betwixt[2] *adv*: **~ and between: they're ~ and between, neither children nor adults** no son ni una cosa ni otra, ni niños ni adultos

bevel[1] /'bevəl/ *n* **1** (tool) falsa escuadra *f* **2** (angled surface) bisel *m*; (*before n*): **~ edge** borde *m* biselado, bisel *m*; **~ gear** engranaje *m* cónico

bevel[2] *vt* BrE **-ll-** biselar; **~ed edge/mirror** borde *m* /espejo *m* biselado

beverage /'bevərɪdʒ/ *n* bebida *f*; (*before n*): **~ wine** (AmE) vino *m* de mesa

bevvy /'bevi/ *n* (BrE colloq) (*pl* **-ies**) trago *m* (esp AmL fam), bebercio *m* (Esp fam)

bevy /'bevi/ *n* (*pl* **bevies**) **1** (of people) grupo *m* **2** (of birds) bandada *f*, parvada *f* (Méx)

bewail /bɪ'weɪl/ *vt* ‹*lack/decline*› lamentarse de, lamentar; ‹*loss*› llorar

beware /bɪ'wer || bɪ'weə(r)/ *vi* (*only in inf and imperative*): **~ lest you fall into temptation** (liter) guárdate *or* cuídate de caer en la tentación; **~!** ¡(ten) cuidado!, ¡atención!; **to ~ OF sth/sb**: Ⓢ **beware of the dog** cuidado con el perro; **he was told to ~ of pickpockets** le dijeron que se cuidara de los carteristas *or* que tuviera cuidado con los carteristas; **we were told to ~ of forgeries** nos previnieron de las falsificaciones; **~ of imitations** desconfíe de las imitaciones

■ **beware** *vt* guardarse *or* cuidarse de

bewilder /bɪ'wɪldər || bɪ'wɪldə(r)/ *vt* (confuse) desconcertar*, dejar perplejo; (overwhelm) apabullar; **they ~ed me with facts and figures** me apabullaron con datos y cifras

bewildered /bɪ'wɪldərd || bɪ'wɪldəd/ *adj* (confused) desconcertado, perplejo; (overwhelmed) apabullado; **I was utterly ~ by what she said** lo que dijo me dejó absolutamente perplejo

b

bewildering /bɪˈwɪldərɪŋ/ *adj* (confusing) desconcertante; (overwhelming) abapullante

bewilderingly /bɪˈwɪldərɪŋli/ *adv* de manera desconcertante; ~ **complicated** increíblemente complicado, de una complejidad asombrosa

bewilderment /bɪˈwɪldərmənt ‖ bɪˈwɪldəmənt/ *n* [u] perplejidad *f*, desconcierto *m*; **the child looked around in** ~ el niño miraba perplejo a su alrededor

bewitch /bɪˈwɪtʃ/ *vt* [1] (cast spell on) embrujar, hechizar*; **the house is ~ed** la casa está embrujada *or* encantada [2] (entrance, delight) cautivar

bewitching /bɪˈwɪtʃɪŋ/ *adj* ‹*music*› lleno de embrujo, con duende; ‹*personality/beauty*› cautivador; ‹*smile*› hechicero, cautivador; **I find the place** ~ para mí el sitio tiene magia

beyond[1] /biˈɑːnd ‖ bɪˈjɒnd/ *prep*
A (on other side of): **I live just ~ the station** vivo justo pasando la estación; **once we're ~ the frontier** cuando estemos del otro lado de la frontera; ~ **this point** de aquí en adelante, más allá
B [1] (further than): **try to think ~ the immediate future** trata de pensar más allá del futuro inmediato; **it's one stop ~ Rugby** es la parada/estación siguiente a Rugby; **I didn't read ~ the first chapter** no pasé del primer capítulo; **this has gone ~ a joke** esto pasa de ser una broma, esto ya ha dejado de ser gracioso [2] (later than): **I didn't stay ~ the opening speeches** sólo estuve para los discursos inaugurales; **it's way ~ the time I should have called her** ya hace rato que tenía que haberla llamado [3] (longer than): **it won't last much ~ an hour** no durará mucho más de una hora [4] (more than, apart from): **I can't tell you anything ~ that** no te puedo decir nada más que eso; **she told us little ~ what we already knew** no nos dijo gran cosa aparte *or* fuera de lo que ya sabíamos; **she wouldn't commit herself ~ vague promises** no quiso comprometerse más allá de hacer algunas vagas promesas
C [1] (past, no longer permitting): **it's ~ repair** ya no tiene arreglo; **I'm so tired I'm ~ caring** estoy tan cansado que ya no me importa [2] (outside reach, scope of): ~ **the reach of the law** fuera del alcance de la ley; **circumstances ~ our control** circunstancias ajenas a nuestra voluntad; **it's ~ his authority to give us such orders** no tiene autoridad para darnos esas órdenes; **phenomena like this are ~ human understanding** el ser humano no puede comprender fenómenos como éste; **this is, ~ question, the worst crisis this century** ésta es, sin lugar a duda, la crisis más grave del siglo; **his integrity is ~ question** su integridad está fuera de toda duda; **it's ~ me what she sees in him** (colloq) no puedo entender qué es lo que ve en él [3] (surpassing): **to live ~ one's means** vivir por encima de sus (*or* mis *etc*) posibilidades; **it's ~ belief** es increíble, es de no creer; **beauty ~ compare** (liter) belleza sin par (liter); **it has succeeded ~ our wildest expectations** ha tenido un éxito que ha superado en mucho nuestras expectativas más optimistas; **it's not ~ the bounds of possibility that ...** no es absolutamente imposible que ..., no es inconcebible que ...

beyond[2] *adv* [1] (in space) más allá; **you can see the mountains ~** se pueden ver las montañas a lo lejos; **the ships sail to India and ~** los barcos van hasta la India y más allá [2] (in time): **we're planning for the year 2000 and ~** estamos haciendo planes para el 2000 y más allá del 2000 [3] (more, in addition): **you can earn £20,000 and ~** puedes llegar a ganar 20.000 libras o más; **they have rice, but little ~** (frml) tienen arroz pero, fuera de eso, muy poca cosa

beyond[3] *n* (liter) [1] (Occult): **the ~** el más allá [2] (unexplored territory): **the great ~** lo desconocido

BF (= **brought forward**) saldo *m* anterior, transporte *m* (RPl)

bhp = brake horsepower

bi- /baɪ/ *pref* bi-

BIA *n* (in US) = **Bureau of Indian Affairs**

biannual /baɪˈænjuəl/ *adj* [1] (twice a year) ‹*report*› semestral; ‹*event/festival*› que se celebra dos veces al año [2] (crit) ▸**biennial**[1]

biannually /baɪˈænjuəli/ *adv* [1] (twice a year) dos veces al año [2] (crit) ▸**biennially**

bias[1] /ˈbaɪəs/ *n*
A [u c] [1] (prejudice, unfairness) parcialidad *f*, sesgo *m*; **the political ~ of the article** el sesgo político del artículo; **this paper has a left-wing ~** este periódico es de tendencia izquierdista; **she was accused of ~** se le acusó de parcialidad; **to be without ~** ser* imparcial, no ser* tendencioso *or* parcial *or* partidista; **the firm's ~ in favor of younger applicants** la preferencia de la compañía por los candidatos más jóvenes [2] (leanings, tendency): **his scientific ~** su inclinación por las ciencias; **the course has a scientific ~** el curso tiene un enfoque científico [3] (in statistics) margen *m* de error; **built-in ~** margen de error inherente
B [u] (in sewing): **to cut sth on the ~** cortar algo al bies *or* al sesgo

bias[2] *vt* ‹*judgment*› influir* en, afectar; **my previous experiences had ~ed me against Chinese food** experiencias anteriores me habían predispuesto en contra de la comida china

bias binding *n* [u] bies *m*

biased, biassed /ˈbaɪəst/ *adj* ‹*report/account/criticism*› tendencioso, parcial, partidista; ‹*judge*› parcial; **I think my daughter's wonderful, but then I'm ~** (hum) mi hija me parece maravillosa pero, claro, será pasión de madre (hum); **to be ~ AGAINST sth/sb** estar* predispuesto EN CONTRA DE algo/algn, tener* prejuicio EN CONTRA DE algo/algn; **to be ~ TOWARD(S) sth/sb** estar* predispuesto A FAVOR DE algo/algn

bias-ply /ˈbaɪəs,plaɪ/ *adj* (AmE) ▸**cross-ply**

bib /bɪb/ *n* [1] (for baby) babero *m*; ***to put on one's best ~ and tucker*** ponerse* sus mejores galas, engalanarse [2] (on dungarees, apron) peto *m* [3] (on dress) pechera *f*

Bible /ˈbaɪbəl/ *n* Biblia *f*; **the Holy ~** la Sagrada *or* Santa Biblia; **the feminist's b~** la biblia *or* el libro de cabecera de las feministas; (*before n*) ‹*story*› de la Biblia, bíblico; **~ basher** *o* **thumper** *o* **puncher** predicador, -dora *m,f*

Bible Belt *n* (in US): **the ~ ~** *zona de los EEUU donde impera un fundamentalismo protestante*

bible class *n* clase *f* para estudiar la biblia, ≈ catequesis *f*

Bible study *n* [u] estudio *m* de la biblia

biblical /ˈbɪblɪkəl/ *adj* bíblico

bibliographer /ˌbɪbliˈɑːgrəfər ‖ ˌbɪbliˈɒgrəfə(r)/ *n* bibliógrafo, -fa *m,f*, compilador, -dora *m,f* de bibliografías

bibliographic /ˌbɪbliəˈgræfɪk/, **-ical** /-ɪkəl/ *adj* bibliográfico

bibliography /ˌbɪbliˈɑːgrəfi ‖ ˌbɪbliˈɒgrəfi/ *n* (*pl* **-phies**) bibliografía *f*

bibliophile /ˈbɪbliəfaɪl/ *n* bibliófilo, -la *m,f*

bibulous /ˈbɪbjələs ‖ ˈbɪbjʊləs/ *adj* (liter & hum) ‹*person*› dado a la bebida, beodo (frml *o* hum); ‹*party/occasion*› donde corre la bebida

bicameral /baɪˈkæmərəl/ *adj* (frml) bicameral

bicarb /ˈbaɪkɑːrb ‖ ˈbaɪkɑːb/ *n* [u] (colloq) bicarbonato *m*

bicarbonate of soda /baɪˈkɑːrbəneɪt ‖ baɪˈkɑːbəneɪt/ *n* [u] bicarbonato *m* de sodio *or* de soda *or* (Esp) de sosa

bicentenary /ˌbaɪsenˈtenəri ‖ ˌbaɪsenˈtiːnəri/, **bicentennial** /ˌbaɪsenˈteniəl/ *n* bicentenario *m*

biceps /ˈbaɪseps/ *n* (*pl* ~) bíceps *m*

bicker /ˈbɪkər ‖ ˈbɪkə(r)/ *vi* pelear, discutir

bickering /ˈbɪkərɪŋ/ *n* [u] peleas *fpl*, discusiones *fpl*; **he grew tired of their constant ~** se hartó de sus constantes peleas *or* discusiones

bicky, bikky /ˈbɪki/ *n* (*pl* **-ies**) (BrE colloq) galleta *f*, galletita *f*

bicuspid /baɪˈkʌspəd ‖ baɪˈkʌspɪd/ *adj* ‹*valve*› mitral; ‹*tooth*› premolar, bicúspide (téc)

bicycle[1] /ˈbaɪsɪkəl/ *n* bicicleta *f*; **can you ride a ~?** ¿sabes andar *or* (Esp) montar en bicicleta?; **he got on/off the ~** se montó en/se bajó de la bicicleta; (*before n*) ‹*repairs*› de bicicletas; **~ clip** (BrE) pinza *f* (*que sujeta la pernera del pantalón*); **~ lane** carril *m or* (Chi) pista *f* para ciclistas; **~ race** carrera *f* ciclista *or* de bicicletas; **~ rack** *soporte para aparcar bicicletas*

bicycle[2] *vi* ir* en bicicleta; **he ~s to work now** ahora va a trabajar en bicicleta

bicycle chain *n* cadena *f* (de bicicleta)

bicycle pump *n* bomba *f* (de bicicleta), bombín *m*, inflador *m* (Bol, Per, RPl)

bicycle shed *n* aparcamiento *m or* estacionamiento *m* cubierto para bicicletas

bicycle track *n* carril *m* bicicletas, ciclovía *f* (AmL)

bicyclist /ˈbaɪsɪkləst ‖ ˈbaɪsɪklɪst/ *n* ciclista *m,f*

bid[1] /bɪd/ *vt* (*pres p* **bidding**; *past & past p* **bid**)
A [1] (at auction) ‹*sum of money*› ofrecer*; **what am I ~ for this vase?** ¿cuánto ofrecen por este jarrón?; **to ~ up the price** hacer* subir el precio, pujar el precio [2] (in bridge) declarar; **East ~ three no trumps** East declaró tres sin triunfo
B (*pres p* **bidding**; *past* **bade** *or* **bid**; *past p* **bidden** *or* **bid**) (liter) [1] (wish, say): **to ~ sb welcome/good morning** darle* la bienvenida/los buenos días a algn; **to ~ sb farewell** despedirse* de *or* decirle* adiós a algn [2] (request) **to ~ sb (to) + INF** pedirle* a algn QUE + SUBJ; **he bade me (to) stay** me pidió que me quedara; **do as you are ~den** *o* **~** haz lo que se te dice

■ **bid** *vi* (*pres p* **bidding**; *past & past p* **bid**)
A [1] (at auction) hacer* ofertas, pujar; **two people were ~ding for the picture** había dos personas pujando por el cuadro; **a woman was ~ding against me** una mujer estaba haciendo ofertas *or* pujando por el mismo lote que yo [2] (try to obtain) **to ~ FOR sth** ‹*for success/votes*› tratar de conseguir algo; **to ~ to + INF** tratar por todos los medios DE + INF, pugnar POR + INF [3] (in bridge) declarar
B (*pres p* **bidding**; *past* **bade** *or* **bid**; *past p* **bidden** *or* **bid**) **to ~ fair to + INF** prometer + INF; **the show ~s fair to become a real success** el espectáculo promete ser todo un éxito

bid[2] *n*
A [1] (at auction) oferta *f*, puja *f*; **to make a ~** hacer* una oferta; **a takeover ~** (Busn) una oferta pública de adquisición, una opa; (*before n*): **~ price** (Fin) precio *m* de compra [2] (in bridge) declaración *f*; **no ~** paso
B (attempt) intento *m*, tentativa *f*; (unsuccessful) intentona *f*, conato *m*, intento *m*, tentativa *f*; **her championship ~** su intento *or* tentativa de hacerse con el campeonato; **an escape ~** un conato *or* una intentona de fuga; **world record ~ fails** (journ) fracasa intento de batir marca mundial (period); **~ FOR sth**: **their ~ for power** su intento de hacerse con el poder; **he made one last ~ for freedom** hizo un último intento de escapar; **~ to + INF** intento *m* DE + INF; **his ~ to topple the regime** su intento de derribar al gobierno; **in a ~ to defuse the situation** en un intento de aliviar las tensiones creadas

biddable /ˈbɪdəbəl/ *adj*
A (obedient) dócil, manejable
B (in bridge) subastable

bidden /ˈbɪdn/ *past p of* **bid**[1] *vt* **B**, **bid**[1] *vi*

bidder /ˈbɪdər ‖ ˈbɪdə(r)/ *n* postor, -tora *m,f*, interesado, -da *m,f*; **to sell sth to the highest ~** vender algo al mejor postor

bidding /ˈbɪdɪŋ/ *n* [u]
A [1] (at auction): **who'll open the ~ at $1,000?** ¿quién ofrece 1.000 dólares para empezar?; **the ~ stands at $950** tengo *or* me ofrecen 950 dólares; **~ was brisk** la puja estuvo muy animada, el remate tuvo un ritmo muy ágil (AmL) [2] (in bridge) declaración *f*
B (wish): **they had servants to do their ~** tenían criados para lo que se les antojara

bidding war *n* guerra *f* de ofertas, guerra *f* de pujas

biddy /ˈbɪdi/ *n* (*pl* **-dies**) (colloq): **an old ~** una viejecita; (less polite) una vieja

bide /baɪd/ *vt/vi*: **~ awhile** (liter & dated) detente un momento; ***to ~ one's time*** esperar *or* aguardar el momento oportuno; **if you're prepared to ~ your time ...** si estás dispuesto a esperar *or* aguardar el momento oportuno ...; **we just ~d our time waiting for an opening** estábamos a la expectativa esperando que surgiese una oportunidad

bidet /bɪˈdeɪ || ˈbiːdeɪ/ *n* bidet *m*, bidé *m*

bidirectional /ˌbaɪdəˈrekʃənl, ˌbaɪdaɪ- || ˌbaɪdaɪˈrekʃənl, ˌbaɪdɪ-/ *adj* bidireccional

biennial¹ /baɪˈeniəl/ *adj* 1 (every two years) bienal 2 (Bot) bienal, bianual

biennial² *n* 1 (Bot) planta *f* bienal *or* bianual 2 (event) bienal *f*

biennially /baɪˈeniəli/ *adv* cada dos años, bienalmente

bier /bɪr || bɪə(r)/ *n* 1 (stand) andas *fpl*; **on a ~** en andas 2 (coffin) (poet) féretro *m*, ataúd *m*

biff¹ /bɪf/ *n* (colloq) puñetazo *m*; (Onomat) ¡paf!

biff² *vt* (colloq) pegarle* un puñetazo a; **to ~ sb on the nose** pegarle* un puñetazo en la nariz a algn (fam)

bifocal /baɪˈfəʊkəl/ *adj* bifocal

bifocals /baɪˈfəʊkəlz/ *pl n* anteojos *mpl or* (esp Esp) gafas *fpl* bifocales

bifurcate /ˈbaɪfərkeɪt || ˈbaɪfəkeɪt/ *vi* (frml) bifurcarse*

bifurcation /ˌbaɪfərˈkeɪʃən || ˌbaɪfəˈkeɪʃən/ *n* (frml) bifurcación *f*

big¹ /bɪg/ *adj* **-gg-**

> ⚠ The usual translation of *big*, *grande*, becomes *gran* when it is used before a singular noun.

A 1 (in size) grande; **a ~ garden** un jardín grande, un gran jardín; **I need a ~ger size** necesito una talla más grande; **these shoes are too ~ for me** estos zapatos me quedan grandes; **her ~, blue eyes** sus grandes ojos azules; **how ~ is the table?** ¿cómo es de grande *or* qué tamaño tiene la mesa?; **a ~ girl** (large) (euph) una chica grandota (fam); (buxom) (euph) una chica pechugona (fam) 2 (powerful) ‹*bomb/engine*› potente 3 (in scale, intensity) grande; **a ~ explosion/flood** una gran explosión/inundación; **a ~ hug/kiss** un abrazote/besote (fam); **a ~ success/effort** un gran éxito/esfuerzo

B 1 (major) grande, importante; **a ~ industrialist** un gran *or* importante industrial; **Acme Corp is our ~gest customer** Acme Corp es nuestro cliente más importante 2 (great) grande; **I'm a ~ fan of his** soy un gran admirador suyo; **he's a ~ eater** come mucho, es muy comelón *or* (CS, Esp) comilón (fam); **he's a ~ investor in Kuwait** invierte mucho en Kuwait; ***to be ~ on sth*** (colloq) ser* entusiasta *or* fanático de algo 3 (colloq) (*as intensifier*): **you ~ thickhead!** ¡pedazo de estúpido! (fam); **don't be such a ~ spoilsport!** ¡no seas tan aguafiestas!

C (significant, serious) grande; **a ~ decision** una gran decisión, una decisión importante; **it was a ~ mistake** fue un gran *or* grave error; **this is his ~ day** hoy es su gran día; **there's a ~ difference** hay una gran diferencia; **the ~ question now is ...** el quid del asunto *or* de la cuestión ahora es ...; **~ reductions!** ¡grandes rebajas!

D (older, grown up) grande; **don't cry: you're a ~ boy/girl now** no llores, ya eres un niño/una niña grande; **my ~ brother** mi hermano mayor

E (magnanimous, generous) generoso; **it was ~ of her** fue muy generoso de su parte; **he's too ~ to take offense** no se va a ofender, está por encima de esas cosas; **that's ~ of you!** (iro) ¡qué generoso eres! (iró)

F (boastful): **~ talk** fanfarronada *f*; ***to get too ~ for one's boots*** o ***breeches***: **he's getting too ~ for his boots** o **breeches** se le han subido los humos a la cabeza

G (prominent, popular) (colloq) (*pred*) conocido, famoso; **she's really ~ in Europe** es muy conocida *or* famosa en Europa, tiene mucho éxito en Europa

big² *adv* (colloq) 1 (ambitiously): **to think ~** ser* ambicioso, planear las cosas a lo grande 2 (boastfully): **to act ~** fanfarronear; **to talk ~** darse* importancia *or* ínfulas, fanfarronear 3 (with great success): **the movie went over ~ in Europe** la película tuvo un gran éxito *or* (fam) fue un exitazo en Europa; ***to make it ~*** tener* un gran éxito 4 (on a large scale): **farmers are spending ~ on heavy machinery** los agricultores están invirtiendo mucho en maquinaria pesada; **they began drilling in the hope of hitting it ~** empezaron a perforar con la esperanza de dar con yacimientos importantes

big- /bɪg/ *pref*: **~nosed** de nariz grande, narigudo (fam), narigón (fam); **~spending departments** departamentos *mpl* con grandes presupuestos; **one of the biggest-selling magazines** una de las revistas de mayor venta

bigamist /ˈbɪgəməst || ˈbɪgəmɪst/ *n* bígamo, -ma *m,f*

bigamous /ˈbɪgəməs/ *adj* bígamo

bigamy /ˈbɪgəmi/ *n* [u] bigamia *f*

big band *n*: *orquesta grande de jazz, esp entre 1930 y 1950*

big bang *n*: **the ~ ~** el big bang, la gran explosión; (*before n*): **the ~ ~ theory** la teoría del big bang *or* de la gran explosión

big-boned /ˈbɪgˈbəʊnd/ *adj* de huesos grandes, huesudo

Big Brother *n* (colloq) gran hermano *m*; **~ ~ is watching you** el gran hermano te observa *or* te vigila

big-budget /ˌbɪgˈbʌdʒət || ˌbɪgˈbʌdʒɪt/ *adj* (*before n*) costoso

big business *n* [u] el gran capital; **the Government has again given in to ~ ~** el Gobierno ha vuelto a ceder ante el gran capital; **to be ~ ~** ser* un gran negocio

big cheese *n* (sl) pez *m* gordo (fam)

big-city /ˈbɪgˌsɪti/ *adj* (*before n*) de las grandes ciudades

big crunch *n* big crunch *m*, gran implosión *f*

big daddy *n* gran jefe *m*, mandamás *m*

big dipper *n* 1 (AmE) (Astron): **Big Dipper** la Osa Mayor 2 (in amusement park) (BrE) montaña *f* rusa

big end *n* (BrE) cabeza *f* de biela

big game *n* [u] caza *f* mayor

big-game hunter *n* cazador, -dora *m,f* (*de caza mayor*)

biggie /ˈbɪgi/ *n* (colloq) 1 (thing): **he caught a real ~** (fish) pescó uno grandote (fam); **his fourth was a ~; it sold over a million** el cuarto fue un bombazo; vendió más de un millón; **right, this is the ~: when will it be finished?** bueno, ésta es la gran pregunta: ¿cuándo estará terminado? 2 (person) grande *mf*

big government *n* [u] (AmE) gobierno *m* intervencionista

big gun *n* (colloq) pez *m* gordo (fam)

bighead /ˈbɪghed/ *n* (colloq) 1 [c] (person) creído, -da *m,f* (fam), engreído, -da *m,f* 2 [u] (conceit) (AmE) engreimiento *m*

big-headed /ˌbɪgˈhedəd || ˌbɪgˈhedɪd/ *adj* (colloq) creído (fam), engreído

big-hearted /ˌbɪgˈhɑːrtəd || ˌbɪgˈhɑːtɪd/ *adj* de buen corazón, generoso

bight /baɪt/ *n* ensenada *f*, golfo *m*

big-league /ˈbɪgˈliːg/ *adj* (AmE) (*before n*) 1 ‹*baseball/player*› de las ligas mayores 2 ‹*business/politician*› de alto(s) vuelo(s); ‹*crook*› de marca mayor (fam)

big league *n* (AmE) 1 (Sport) liga *f* mayor 2 (top rank) los grandes

big lie *n*: **the ~ ~** la gran mentira

bigmouth /ˈbɪgmaʊθ/ *n* (colloq) 1 (boaster) fanfarrón, -rrona *m,f* 2 (gossip) chismoso, -sa *m,f*, cotilla *mf* (Esp fam), hocicón, -cona *m,f* (Chi, Méx fam)

big-name /ˈbɪgˈneɪm/ *adj* (*before n*) de renombre, importante

big noise *n* (colloq) ▸**big shot**

bigot /ˈbɪgət/ *n* intolerante *mf*, fanático, -ca *m,f*

bigoted /ˈbɪgətəd || ˈbɪgətɪd/ *adj* intolerante, fanático, prejuiciado

bigotry /ˈbɪgətri/ *n* [u] fanatismo *m*, intolerancia *f*

big science *n* [u] (colloq) ciencia *f* de los grandes proyectos

big-screen /ˈbɪgˈskriːn/ *adj* (*before n*) ‹*version*› para la pantalla grande; ‹*actor*› de la pantalla grande

big shot *n* (colloq) pez *m* gordo (fam); **she thinks she's a real ~ ~** se cree muy importante

big-ticket /ˈbɪgˈtɪkət || ˌbɪgˈtɪkɪt/ *adj* (AmE colloq) caro, costoso

big time *n* (colloq): **the ~ ~** el estrellato; **to make** o **reach** o **hit the ~ ~** alcanzar* el estrellato, triunfar; (*before n*): **a big-time comedian** un cómico de primera línea; **big-time politics** la política de alto nivel

big top *n* carpa *f* de circo; **all the thrills of the ~ ~** toda la emoción del mundo del circo

big tree (AmE) secoya *f* gigante, secuoya *f* gigante

big wheel *n* 1 (important person) (colloq) pez *m* gordo (fam) 2 (in amusement park) (BrE) rueda *f* gigante *or* (Méx) de la fortuna *or* (Chi, Col) de Chicago, noria *f* (Esp), vuelta *f* al mundo (Arg)

bigwig /ˈbɪgwɪg/ *n* (colloq) pez *m* gordo (fam), gerifalte *mf*, peso *m* pesado (fam)

bijou /ˈbiːʒuː/ *adj* (BrE) (*before n*) monísimo; Ⓢ **bijou residence for sale** se vende casita, verdadera monada

bike¹ /baɪk/ *n* (colloq) 1 (bicycle) bici *f* (fam); **on your ~!** (BrE sl) ¡vete a freír espárragos! (fam) 2 (motorcycle) moto *f*

bike² *vi* (colloq) ir* en bici (fam)

biker /ˈbaɪkər || ˈbaɪkə(r)/ (colloq) *n* motociclista *mf*, motorista *mf*, motero, -ra *m,f* (fam)

bike rack *n* (colloq) soporte *m* para estacionar bicicletas, soporte *m* para aparcar bicicletas (Esp)

biker boot *n* (colloq) bota *f* de motociclista *o* motorista, bota *f* de motero (fam)

bike shed *n* ▸**bicycle shed**

bikeway /ˈbaɪkweɪ/ *n* (AmE) carril *m* de bicicletas, ciclovía *f* (AmL)

bikini /bɪˈkiːni/ *n* bikini *m or* (RPl) *f*; (*before n*): **the ~ bottom/top** la parte de abajo/arriba del *or* (RPl) de la bikini; **~ line** entrepierna *f*, ingle *f*

bikini briefs *pl n* calzones *mpl* bikini (AmL), bragas *fpl* bikini (Esp), pantaletas *fpl*, bikini (Méx, Ven)

bilabial¹ /baɪˈleɪbiəl/ *adj* bilabial

bilabial² *n* bilabial *f*

bilateral /baɪˈlætərəl/ *adj* bilateral

bilaterally /baɪˈlætərəli/ *adv* bilateralmente

bilberry /ˈbɪlˌberi || ˈbɪlbərɪ/ *n* (*pl* **-ries**) arándano *m*

bile /baɪl/ *n* [u] 1 (Physiol) bilis *f*; (*before n*): **~ duct** conducto *m* hepático 2 (bad temper) (liter) mal genio *m*; **their insolence roused his ~** su insolencia hizo que montara en cólera (liter)

bilge /bɪldʒ/ *n*

A (Naut) 1 [c] (part of hull) pantoque *m* 2 **bilges** *pl* **the ~s** la sentina

B [u] 1 **~ (water)** agua *f*‡ de pantoque; (*before n*): **~ pump** bomba *f* de achique 2 (nonsense) (BrE colloq) paparruchas *fpl* (fam)

bilharzia /bɪlˈhɑːrziə || bɪlˈhɑːtsiə/ *n* [u] bilharziosis *f*, esquistosomiasis *f*

bilingual /baɪˈlɪŋgwəl/ *adj* 1 ‹*person*› bilingüe 2 ‹*text/edition/dictionary*› bilingüe

bilious /ˈbɪliəs/ *adj* 1 (nauseous): **to feel ~** sentirse* descompuesto; **this sort of food makes me ~** este tipo de comida me hace mal al hígado; **~ attack** ataque *m* al *or* de hígado 2 (sickening) asqueroso, nauseabundo, repugnante

b

bilk /bɪlk/ *vt* ‹*creditor*› burlar; **to ~ sb (OUT) OF sth** estafarle algo A algn

bill[1] /bɪl/ *n*
A [1] (invoice) factura *f*, cuenta *f*; **telephone ~** la cuenta *or* (Esp tb) el recibo del teléfono [2] (in restaurant) (esp BrE) cuenta *f*, nota *f*, adición *f* (RPl) [3] (costs) gastos *mpl*; **we have to reduce our wage ~** tenemos que reducir los gastos de personal, tenemos que reducir el rubro salarios (AmL); **the telephone ~ is still too high** lo que gastamos en teléfono es aún demasiado; ***to foot the ~*** pagar*, apoquinar (fam)
B (Fin) [1] (banknote) (AmE) billete *m*; **a dollar ~** un billete de un dólar [2] ▸**bill of exchange**
C (Govt) proyecto *m* de ley; **private ~** (BrE) *proyecto de ley presentado por un diputado*, moción *f* (Chi)
D [1] (poster) (dated) cartel *m*, anuncio *m*; **S post** *o* (BrE also) **stick no bills** prohibido fijar carteles [2] (program) programa *m*; **to head** *o* **top the ~** encabezar* el reparto; ***to fill*** *o* (BrE also) ***fit the ~*** reunir* las condiciones, satisfacer* los requisitos; **do you know of anyone who would fill the ~?** ¿conoces a alguien que reúna las condiciones *or* satisfaga los requisitos?; **that would fill the ~ admirably** eso sería ideal
E (certificate): **~ of indictment** *escrito de acusación presentado a un jurado*; **~ of lading** conocimiento *m* de embarque; **~ of sale** contrato *m or* escritura *f* de venta; **a clean ~ of health** (favorable report) el visto bueno; (Naut) certificado *m or* patente *f* de sanidad; ***to sell sb a ~ of goods*** (AmE colloq) darle* *or* (Chi) pasarle *or* (Col) meterle gato por liebre a algn (fam)
F [1] (beak) pico *m* [2] (of cap) (AmE) visera *f*
G **the (old) B~** (the police) (BrE sl) la poli (fam), la pasma (Esp arg), la cana (RPl arg), la tomba (Col fam)

bill[2] *vt*
A (invoice, charge) (Busn) pasarle la cuenta *or* la factura a; **to ~ sb FOR** *o* (AmE also) **ON sth** pasarle a algn la cuenta *or* la factura por algo
B (advertise, announce) ‹*play/performer*› anunciar; **it's being ~ed as the fight of the century** la están anunciando como la pelea del siglo
■ **bill** *vi*: ***to ~ and coo*** estar* como dos tortolitos

billabong /ˈbɪləbɑːŋ || ˈbɪləbɒŋ/ *n* (Austral) poza *f* (*de río*)

billboard /ˈbɪlbɔːrd || ˈbɪlbɔːd/ *n* (AmE) cartelera *f*, valla *f* (publicitaria)

billet[1] /ˈbɪlət || ˈbɪlɪt/ *n* alojamiento *m*

billet[2] *vt* alojar; **he ~ed his troops on local householders** alojó a sus tropas con las gentes del lugar

billet-doux /ˌbɪliˈduː/ *n* (*pl* **billets-doux** /-z/) (dated *or* hum) carta *f* de amor

billfold /ˈbɪlfəʊld/ *n* (AmE) billetera *f*, cartera *f*

billhook /ˈbɪlhʊk/ *n* podadera *f*

billiard /ˈbɪljərd || ˈbɪljəd/ *adj* (*before n*) de billar; **~ cue** taco *m* (de billar); **~ table** mesa *f* de billar; **as smooth as a ~ ball** liso como una bola de billar

billiards /ˈbɪljərdz || ˈbɪljədz/ *n* [u] (+ *sing vb*) billar *m*; **to play ~** jugar* al billar

billing /ˈbɪlɪŋ/ *n*
A [u] (on poster, etc) orden *m* de importancia; **to be given top ~** encabezar* el reparto
B (Com) [1] [u] (sending of invoice) facturación *f* [2] [c] (total sales) facturación *f*

billion /ˈbɪljən/ ▸**i p.1465** *n* [1] (10^9) mil millones *mpl*, millar *m* de millones [2] (BrE dated) (10^{12}) billón *m*; **I've got ~s of things to do** tengo miles *or* millones de cosas que hacer

billionaire /ˌbɪljəˈner || ˌbɪljəˈneə(r)/ *n* multimillonario, -ria *m,f*

bill of exchange *n* (*pl* **~s ~ ~**) letra *f* de cambio

bill of fare *n* [1] (menu) (dated) carta *f*, menú *m* [2] (theater program) programa *m*

bill of goods *n* (AmE) envío *m* de mercancías, despacho *m*, de mercancías; ***to sell sb a ~ ~ ~*** darle* *or* (Chi) pasarle *or* (Col) meterle gato por liebre a algn

bill of rights *n* (*pl* **~s ~~**) declaración *f* de derechos; **the B~ of R~** (in US) *las diez primeras enmiendas a la Constitución de EEUU, incorporadas en 1791* (in UK) *declaración del año 1689 que garantiza la libertad y los derechos de los ciudadanos en Inglaterra*

> **Bill of Rights**
> Son las primeras diez enmiendas a la Constitución de EEUU. Los derechos que confieren a los estadounidenses incluyen la libertad de cultos, de expresión, de prensa y diversos derechos para el que es acusado de un delito. La Quinta Enmienda (*Fifth Amendment*) establece, entre otras cosas, que nadie está obligado a testificar en su propia contra. La Segunda otorga el derecho a portar armas.

billow[1] /ˈbɪləʊ/ *vi* [1] **~ (out)** (swell) ‹‹*sail/parachute/dress*›› hincharse, inflarse [2] ‹‹*smoke*››: **smoke ~ed from the window** nubes de humo salían de *or* por la ventana [3] **billowing** *pres p* ‹*sails/skirt*› hinchado, inflado; **~ing smoke** nubes *fpl* de humo

billow[2] *n* [1] (wave) (liter) ola *f* [2] (of smoke) nube *f*

billposter /ˈbɪlˌpəʊstər || ˈbɪlˌpəʊstə(r)/ (BrE also) **billsticker** /ˈbɪlˌstɪkər || ˈbɪlˌstɪkə(r)/ *n*: *persona que pega carteles*; **S billposters will be prosecuted** (BrE) prohibido fijar carteles

billposting /ˈbɪlpəʊstɪŋ/ *n* [u] fijación *f* de carteles

billy /ˈbɪli/ *n* (*pl* **-lies**) [1] **~ (goat)** macho *m* cabrío [2] (container) (BrE) cacerola *f*, cazo *m*

billycan /ˈbɪlikæn/ *n* (BrE) cacerola *f*, cazo *m*

billy club *n* (AmE colloq) porra *f*, cachiporra *f*

billyo, billyoh /ˈbɪliəʊ/ *adv* (BrE colloq) (*as intensifier*): **to run/work like ~** correr/trabajar a toda mecha (fam); **it hurts like ~** duele horriblemente

biltong /ˈbɪltɑːŋ || ˈbɪltɒŋ/ *n* [u] (S Afr) (Culin) tasajo *m* (*en tiras condimentado*), charqui *m* (*en tiras condimentado*) (AmL)

bimbo /ˈbɪmbəʊ/ *n* [1] (girl) (colloq & usu pej) *joven bonita y tonta* [2] (fool) (colloq & dated) memo, -ma *m,f* (fam), imbécil *mf*

bimetallic /ˌbaɪməˈtælɪk/ *adj* bimetálico; **~ strip** franja *f or* banda *f* bimetálica

bimonthly[1] /baɪˈmʌnθli/ *adj* [1] (every two months) bimestral [2] (twice a month) bimensual, quincenal

bimonthly[2] *adv* [1] (every two months) bimestralmente [2] (twice a month) bimensualmente, quincenalmente

bin[1] /bɪn/ *n*
A (for kitchen refuse etc) (BrE) cubo *m or* (CS) tacho *m or* (Méx) bote *m or* (Col) caneca *f or* (Ven) tobo *m* de la basura; (wastepaper basket) (BrE) papelera *f*, papelero *m*, caneca *f* (Col); (*litter ~*) papelera *f*, basurero *m* (Chi, Méx, Ven), caneca *f* (Col)
B (for grain) granero *m*; (for coal) carbonera *f*; (for goods in shop) cajón *m*

bin[2] *vt* **-nn-** (BrE)
A (discard) tirar a la basura, botar a la basura (AmL excl RPl)
B (reject) rechazar*; **the whole project was binned** el proyecto íntegro fue rechazado

binary /ˈbaɪnəri/ *adj* [1] (Math) ‹*system/notation/digit*› binario; **~ code** código *m* binario [2] (dual) (frml) dual, doble [3] ‹*compound/molecule*› (Chem) binario

binary star *n* estrella *f* binaria

binaural /bɪˈnɔːrəl baɪ-/ *adj* [1] (of, with both ears) binaural [2] (Audio) binaural, estereofónico

bin bag *n* (BrE) bolsa *f* de basura

bind[1] /baɪnd/ (*past & past p* **bound**) *vt*
A (tie, fasten) ‹*person/captive*› atar, amarrar; ‹*wheat/corn*› agavillar; **their hands and feet were bound** los ataron *or* amarraron de pies y manos; **the ties that ~ us to our loved ones** los lazos que nos unen a los seres queridos
B [1] (wrap) envolver*; **they ~ their heads with turbans** se envuelven la cabeza con turbantes [2] **~ (up)** ‹*wound*› vendar [3] (in sewing) ribetear; **to ~ off** (AmE) cerrar*
C (Law) obligar*; **signing this document doesn't ~ you to anything** la firma de este documento no lo obliga *or* compromete a nada
D ‹*book*› encuadernar, empastar
E (Culin) ligar*, unir
■ **bind** *vi* [1] (stick together) ‹‹*dough*›› ligarse*, unirse; ‹‹*cement*›› cuajar [2] (become stuck, jam) ‹‹*brakes/wheel*›› trabarse, atascarse*

Phrasal verbs

- **bind over** [v + o + adv, v + adv + o]: **the judge had him bound over to the sheriff** (AmE) quedó bajo la custodia del sheriff por disposición judicial; **they were bound over to keep the peace** (BrE) quedaron bajo apercibimiento
- **bind up in** [v + o + adv + prep + o], (*usu pass*): **to be bound up in sth** (absorbed, engrossed) estar* enfrascado en algo; **they are very bound up in each other** están muy encerrados en su relación
- **bind up with** [v + o + adv + prep + o], (*usu pass*) [1] (dependent on): **to be bound up with sth** estar* estrechamente ligado *or* vinculado a algo [2] ▸**bind up in**

bind[2] *n* (colloq) [1] (difficult situation) aprieto *m*, apuro *m*; **to be in a ~** estar* en un aprieto *or* apuro, estar* metido en un lío (fam); **to put sb in a ~** poner* a algn en un aprieto *or* apuro [2] (nuisance) (BrE) lata *f* (fam), plomo *m* (fam), rollo *m* (Esp fam); **what a ~!** ¡qué lata *or* plomo! (fam), ¡qué rollo! (Esp fam)

binder /ˈbaɪndər || ˈbaɪndə(r)/ *n*
A (file, folder) carpeta *f*
B (Print) [1] (person) encuadernador, -dora *m,f* [2] (machine) encuadernadora *f*
C (Agr) agavilladora *f*
D (substance) aglutinante *m*

bindery /ˈbaɪndəri/ *n* (*pl* **-ries**) taller *m* de encuadernación

binding[1] /ˈbaɪndɪŋ/ *n* [1] [c] (book cover) tapa *f*, cubierta *f* [2] [u] (tape) ribete *m* [3] [c] (on ski) fijación *f*

binding[2] *adj*
A ‹*promise/commitment*› que hay que cumplir; (Law) vinculante; **to be ~ ON sb** ser* vinculante PARA algn; **his decision is final and ~ on the parties** su decisión es inapelable y vinculante para las partes
B (Med) astringente, que produce estreñimiento

bindweed /ˈbaɪndwiːd/ *n* [u] convólvulo *m*, correhuela *f*

bin end *n* (BrE); *última botella de una caja de vino, vendida normalmente a un precio reducido*

binge[1] /bɪndʒ/ *n* (colloq): **to go on a ~** irse* de juerga *or* parranda *or* farra (fam); **they had a real ~ to celebrate his promotion** celebraron su ascenso con una borrachera; **she dieted for two weeks and then had a huge ~** estuvo dos semanas a régimen y después se dio tremenda comilona (fam); **he went on a shopping ~** se fue a despilfarrar dinero a las tiendas; **the festival is the city's cultural ~** el festival es la orgía cultural de la ciudad

binge[2] *vi* (colloq) darse* una comilona (fam); **to ~ ON sth** atiborrarse *or* hartarse DE algo

binge drinker *n* borrachín, -china *m,f*

binge drinking *n* [u] hábito *m* de agarrar *or* (esp Esp) coger borracheras

binge eating *n* [u] comilona *f*; (*before n*): **~ ~ disorder** trastorno *m* alimentario compulsivo

bingo[1] /ˈbɪŋgəʊ/ *n* [u] bingo *m*, lotería *f* (de cartones); **to play ~** jugar* al bingo *or* a la lotería

bingo[2] *interj* [1] (Games) ¡cartón completo!, ¡bingo! [2] (describing sudden effect) ¡zas!, ¡sorpresa!

bingo hall *n* salón *m* de bingo, bingo *m*

binliner /ˈbɪnˌlaɪnər || ˈbɪnˌlaɪnə(r)/ *n* (BrE) bolsa *f* de la basura

binman /ˈbɪnmæn/ *n* (*pl* **-men** /-men/) (BrE colloq) basurero *m*

binnacle /ˈbɪnəkəl/ *n* bitácora *f*

binocular /bəˈnɑːkjələr || bɪˈnɒkjʊlə(r)/ *adj* binocular

binoculars /bəˈnɑːkjələrz || bɪˈnɒkjʊləz/ *pl n* binoculares *mpl*, gemelos *mpl*, prismáticos *mpl*, largavistas *m*, anteojos *fpl* de larga vista (esp AmL)

binomial[1] /baɪˈnəʊmiəl/ *n* binomio *m*

binomial[2] *adj* binomial, binómico

bint /bɪnt/ *n* (BrE sl & offensive) tipa *f* (fam), gachís *f* (Esp arg), mina *f* (CS arg), torta *f* (Méx arg)

bio *n* [u c] (*pl* **-os**) (AmE colloq)
A [u] ▸**biology**
B [c] ▸**biography**

bio- /'baɪəʊ/ *pref* bio-

bioactive /ˌbaɪəʊ'æktɪv/ *adj* bioactivo

biochemical /ˌbaɪəʊ'kemɪkəl/ *adj* bioquímico

biochemist /ˌbaɪəʊ'keməst || ˌbaɪəʊ'kemɪst/ *n* bioquímico, -ca *m,f*

biochemistry /ˌbaɪəʊ'keməstri || ˌbaɪəʊ'kemɪstri/ *n* [u] bioquímica *f*

biocidal /ˌbaɪəʊ'saɪdl/ *adj* biocida

biocide /'baɪə(ʊ)saɪd/ *n* biocida *m*

biocompatible /ˌbaɪəʊkəm'pætəbəl/ *adj* biocompatible

biocomputer /'baɪəʊkəmpju:tər || 'baɪəʊkəmpju:tə(r)/ *n* bioordenador *m*, biocomputador *m* (AmL), biocomputadora *f* (AmL)

biocomputing /ˌbaɪəʊkəm'pju:tɪŋ/ *n* [u] bioinformática *f*, biocomputación *f* (AmL)

biocontrol /ˌbaɪəʊkən'trəʊl/ *n* biocontrol *m*, control *m* biológico

biodegradability /ˌbaɪəʊdɪgreɪdə'bɪləti/ *n* [u] biodegradabilidad *f*

biodegradable /ˌbaɪəʊdɪ'greɪdəbəl/ *adj* biodegradable

biodegradation /ˌbaɪəʊdegrə'deɪʃən/ *n* [u] biodegradación *f*, degradación *f* biológica

biodegrade /ˌbaɪəʊdɪ'greɪd/ *vi* biodegradarse

bio-diesel /'baɪəʊˌdi:zəl/ *n* [u] biodiesel *m*

biodiversity /ˌbaɪəʊdə'vɜ:rsəti || ˌbaɪəʊdaɪ'vɜ:səti/ *n* biodiversidad *f*

biodynamic /ˌbaɪəʊdaɪ'næmɪk/ *adj* **1** (Agr) biodinámico, orgánico **2** (Psych) biodinámico

biodynamics /ˌbaɪəʊdaɪ'næmɪks/ *n* (+ *sing vb*) **1** (Biol) biodinámica *f* **2** (Agr) biodinámica *f*

bioelectronics /ˌbaɪəʊɪˌlek'trɑ:nɪks || ˌbaɪəʊˌɪlek'trɒnɪks/ *pl n* (Biol, Electron) bioelectrónica *f*

bioengineering /ˌbaɪəʊendʒə'nɪrɪŋ || ˌbaɪəʊendʒɪ'nɪərɪŋ/ *n* [u] ingeniería *f* biológica, bioingeniería *f*

bioethics /ˌbaɪəʊ'eθɪks/ *n* (+ *sing vb*) bioética *f*

biofilm /'baɪəʊfɪlm/ *n* biofilm *m*, biopelícula *f*

biofuel /'baɪəʊfju:əl/ *n* biocombustible *m*, combustible *m* biológico

biog /baɪ'ɑ:g || baɪ'ɒg/ *n* (colloq) ▸**biography**

biogas /'baɪəʊgæs/ *n* biogás *m*

biogenesis /ˌbaɪəʊ'dʒenəsəs || ˌbaɪəʊ'dʒenəsɪs/ *n* biogénesis *f*

biographer /baɪ'ɑ:grəfər || baɪ'ɒgrəfə(r)/ *n* biógrafo, -fa *m,f*

biographic /ˌbaɪə'græfɪk/, **-ical** /-ɪkəl/ *adj* biográfico

biography /baɪ'ɑ:grəfi || baɪ'ɒgrəfi/ *n* [u c] (*pl* **-phies**) biografía *f*

biohazard /'baɪəʊhæzərd || 'baɪəʊhæzəd/ *n* riesgo *m* biológico, peligro *m* biológico, biopeligro *m*

bioindicator /'baɪəʊ'ɪndəkeɪtər || 'baɪəʊ'ɪndɪkeɪtə(r)/ *n* (Ecol) bioindicador *m*

bioinformatics /ˌbaɪəʊɪnfər'mætɪks || ˌbaɪəʊɪnfə'mætɪks/ *n* (+ *sing vb*) bioinformática *f*

biological /ˌbaɪə'lɑ:dʒɪkəl || ˌbaɪə'lɒdʒɪkəl/ *adj* **1** ‹*process/reaction/research*› biológico; ‹*washing powder*› biológico; ‹*warfare/weapons*› biológico; ~ **clock** reloj *m* biológico *or* interno **2** (natural) ‹*parent*› biológico

biological diversity *n* [u] biodiversidad *f*

biologically /ˌbaɪə'lɑ:dʒɪkli || ˌbaɪə'lɒdʒɪkli/ *adv* biológicamente; ~ **based** basado en la biología

biological shield *n* escudo *m* biológico, blindaje *m* biológico

biological waste *n* [u] residuos *mpl* biológicos, residuos *mpl* biodegradables, bioresiduos *mpl*

biologist /baɪ'ɑ:lədʒəst || baɪ'ɒlədʒɪst/ *n* biólogo, -ga *m,f*

biology /baɪ'ɑ:lədʒi || baɪ'ɒlədʒi/ *n* [u] biología *f*

bioluminescence /ˌbaɪəʊlu:mə'nesns || ˌbaɪəʊlu:mɪ'nesns/ *n* [u] bioluminiscencia *f*

biomagnification /ˌbaɪəʊˌmægnəfə'keɪʃən || ˌbaɪəʊˌmægnɪfɪ'keɪʃən/ *n* [u] (Biol) biomagnificación *f*

biomarker /'baɪəʊmɑ:rkər || 'baɪəʊmɑ:kə(r)/ *n*
A (Chem) biomarcador *m*
B (indicator) indicador *m* biológico

biomass /'baɪəʊmæs/ *n* [u] biomasa *f*

biomechanics /ˌbaɪəʊmə'kænɪks || ˌbaɪəʊmɪ'kænɪks/ *n* (+ *sing vb*) biomecánica *f*

biomedical /ˌbaɪəʊ'medɪkəl/ *adj* biomédico

biometric /ˌbaɪəʊ'metrɪk/, **biometrical** /ˌbaɪəʊ'metrɪkəl/ *adj* biométrico

biometric reader *n* (Electron) lector *m* biométrico

biometrics /ˌbaɪəʊ'metrɪks/ *n* (+ *sing vb*) biometría *f*

biometry /baɪ'ɑ:mətri || baɪ'ɒmətri/ *n* [u] biometría *f*

biomorph /'baɪəʊmɔ:rf || 'baɪəʊmɔ:f/ *n* biomorfo *m*

bionic /baɪ'ɑ:nɪk || baɪ'ɒnɪk/ *adj* biónico; **the ~ woman** la mujer biónica

bionics /baɪ'ɑ:nɪks || baɪ'ɒnɪks/ *n* (+ *sing vb*) biónica *f*

biopharmaceutical /ˌbaɪəʊˌfɑ:rmə'su:tɪkəl || ˌbaɪəʊˌfɑ:mə'sju:tɪkəl/ *n* (Pharm) biofármaco, producto *m* biofarmacéutico

biophysical /ˌbaɪəʊ'fɪzɪkəl/ *adj* biofísico

biophysicist /ˌbaɪəʊ'fɪzəsəst || ˌbaɪəʊ'fɪzɪsɪst/ *n* biofísico, -ca *m,f*

biophysics /ˌbaɪəʊ'fɪzɪks/ *n* (+ *sing vb*) biofísica *f*

biopic /'baɪəʊpɪk/ *n* (colloq) *película biográfica*

biopsy /'baɪɑ:psi || 'baɪɒpsi/ *n* (*pl* **-sies**) biopsia *f*

bioregion /'baɪəʊri:dʒən/ *n* biorregión *f*

bioregional /ˌbaɪəʊ'ri:dʒənl/ *adj* biorregional

biorhythm /'baɪəʊˌrɪðəm/ *n* biorritmo *m*

BIOS /'baɪɑ:s || 'baɪɒs/ *n* = **Basic Input-Output System**

biosafety /'baɪəʊseɪfti/ *n* [u] seguridad *f* biológica, bioseguridad *f*

bioscience /'baɪəʊsaɪəns/ *n* biociencia *f*

bioscopy /baɪ'ɑ:skəpi || baɪ'ɒskəpi/ *n* bioscopía *f*

biosecurity /ˌbaɪəʊsɪ'kjʊrəti || ˌbaɪəʊsɪ'kjʊərəti/ *n* [u] bioseguridad *f*

biosensor /'baɪəʊsensər || 'baɪəʊsensə(r)/ *n* biosensor *m*, sensor *m* biológico

biosphere /'baɪəʊsfɪr || 'baɪəʊsfɪə(r)/ *n*: **the ~** la biosfera

biosphere reserve *n* reserva *f* de la biosfera

biosurgery /ˌbaɪəʊ'sɜ:rdʒəri || ˌbaɪəʊ'sɜ:dʒəri/ *n* [u] (Med) biocirugía *f*

biosynthesis /ˌbaɪəʊ'sɪnθəsəs || ˌbaɪəʊ'sɪnθəsɪs/ *n* [u] biosíntesis *f*

biosynthetic /ˌbaɪəʊsɪn'θetɪk/ *adj* ‹*pathway*› biosintético, de biosíntesis; ‹*activity/reaction*› biosintético

biotech /'baɪəʊtek/ *n* [u] biotecnología *f*; (*before n*) ‹*product/company/industry*› biotecnológico

biotechnologist /ˌbaɪəʊtek'nɑ:lədʒəst || ˌbaɪəʊtek'nɒlədʒɪst/ *n* biotecnólogo, -ga *m,f*

biotechnology /ˌbaɪəʊtek'nɑ:lədʒi || ˌbaɪəʊtek'nɒlədʒi/ *n* [u] **1** (in industry) biotecnología *f* **2** (ergonomics) (AmE) ergonomía *f*

bioterrorism /ˌbaɪəʊ'terərɪzəm/ *n* [u] (Mil) bioterrorismo *m*

bioterrorist /ˌbaɪəʊ'terərəst || ˌbaɪəʊ'terərɪst/ *n* (Mil) bioterrorista *mf*

biotic /baɪ'ɑ:tɪk || baɪ'ɒtɪk/ *adj* biótico

biotope /'baɪətəʊp/ *n* biotopo *m*

biotype /'baɪəʊtaɪp/ *n* biotipo *m*

biowarfare /ˌbaɪəʊ'wɔ:rfer || ˌbaɪəʊ'wɔ:feə(r)/ *n* [u] (Mil) guerra *f* biológica, bioguerra *f*

bipartisan /baɪ'pɑ:rtəzən || ˌbaɪpɑ:tɪ'zæn, baɪ'pɑ:tɪzən/ *adj* de dos partidos

bipartite /baɪ'pɑ:rtaɪt || baɪ'pɑ:taɪt/ *adj* **1** (in two parts) dividido en dos partes, bipartido (frml) **2** (bilateral) ‹*contract/treaty*› bipartito

biped /'baɪped/ *n* bípedo *m*

bipedal /baɪ'pɪdl baɪ'pedl/ *adj* bípedo

biplane /'baɪpleɪn/ *n* biplano *m*

bipolar /baɪ'pəʊlər || baɪ'pəʊlə(r)/ *adj*
A **1** (Psych) ‹*depression*› bipolar; **~ disorder** trastorno *m* bipolar **2** ‹*nerve cell*› bipolar
B ‹*animal/species*› que se encuentra en las dos regiones polares

birch[1] /bɜ:rtʃ || bɜ:tʃ/ *n* **1** [c] **~ (tree)** abedul *m* **2** [u] (wood) abedul *m* **3** (for flogging) vara *f*, férula *f* (frml); **the ~** la vara, la férula (frml)

birch[2] *vt* azotar (*con la vara*)

bird /bɜ:rd || bɜ:d/ *n*
A **1** (small) pájaro *m*; (large) ave *f*‡; **~'s nest** nido *m* de pájaro/ave; **her hair is a real ~'s nest** tiene el pelo hecho una verdadera maraña; **how did you know? — a little ~ told me** ¿cómo lo sabías? — me lo dijo un pajarito; **the ~ has flown** (set phrase) el pájaro ha volado; **a ~ in a gilded cage** un pájaro en una jaula de cristal; ***the ~s and the bees***: **he told us about the ~s and the bees** nos contó de dónde venían los niños; ***to be (strictly) for the ~s*** (colloq) no valer* nada; ***to do ~*** (BrE sl) estar* a la sombra (fam), estar* en cana *or* (Esp) en la trena *or* (Méx) en el tambo (arg); ***to eat like a ~*** comer como un pajarito; ***to give sb the ~*** (colloq) (boo) abuchear a algn; (in a relationship) dejar a algn, mandar a algn a freír espárragos (fam); ***to kill two ~s with one stone*** matar dos pájaros de un tiro; ***~s of a feather flock together*** Dios los cría y ellos se juntan; ***they're ~s of a feather*** son tal para cual; ***a ~ in the hand is worth two in the bush*** más vale pájaro en mano que ciento volando; ***it's the early ~ that catches the worm*** a quien madruga Dios lo ayuda **2** (clay pigeon) (AmE) plato *m* de tiro
B **1** (person): **he's rather an odd ~** es un bicho raro (fam); **you're a rare ~ around here these days!** ¡no se te ve el pelo a menudo por aquí últimamente! (fam) **2** (woman) (BrE sl) chica *f*, gachís *f* (Esp arg), piba *f* (RPl fam), vieja *f* (Col, Méx fam), cabra *f* (Chi fam)

birdbath /'bɜ:rdbæθ || 'bɜ:dbɑ:θ/ *n* pila *f* para pájaros

birdbrain /'bɜ:rdbreɪn || 'bɜ:dbreɪn/ *n* (colloq) cabeza *mf* de chorlito (fam)

birdbrained /'bɜ:rdbreɪnd || 'bɜ:dbreɪnd/ *adj* (colloq) lelo (fam), tarambana (fam)

birdcage /'bɜ:rdkeɪdʒ || 'bɜ:dkeɪdʒ/ *n* jaula *f* de pájaros; (large) pajarera *f*

bird call *n* reclamo *m*

birddog /'bɜ:rddɔ:g || 'bɜ:ddɒg/ *vt* **-gg-** (AmE colloq) controlar, vigilar

bird dog *n* (AmE) **1** (in hunting) perro, -rra *m,f* de caza **2** (person) (colloq) guardián, -diana *m,f*

birder /'bɜ:rdər || 'bɜ:də(r)/ *n* (AmE) ▸**birdwatcher**

bird feeder *n* comedero *m* para pájaros

bird flu *n* [u] (Med) gripe *f* aviar

birdhouse /'bɜ:rdhaʊs || 'bɜ:dhaʊs/ *n* (AmE) pajarera *f*

birdie /'bɜ:rdi || 'bɜ:di/ *n* **1** (bird) (used esp to or by children) pajarito *m*; **watch the ~!** ¡mira el pajarito! **2** (in golf) birdie *m*

birding /'bɜ:rdɪŋ || 'bɜ:dɪŋ/ *n* [u] (AmE) ▸**birdwatching**

birdlike /'bɜ:rdlaɪk || 'bɜ:dlaɪk/ *adj* ‹*appetite/steps*› de pajarito

birdman /'bɜ:rdmæn || 'bɜ:dmæn/ *n* (*pl* **-men** /-men/) hombre *m* pájaro

bird of paradise *n* (*pl* **~s ~ ~**) ave *f*‡ del Paraíso

bird of passage *n* (*pl* **~s ~ ~**) (bird, person) ave *f*‡ de paso

bird of prey *n* (*pl* **~s ~ ~**) ave *f*‡ rapaz *or* de rapiña *or* de presa

bird scarer /'skerər || 'skeərə(r)/ *n* espantapájaros *m*

birdseed /'bɜ:rdsi:d || 'bɜ:dsi:d/ *n* [u] alpiste *m*

bird's-eye view /ˈbɜːrdzaɪ || ˈbɜːdzaɪ/ *n* vista *f* aérea *or* a vuelo de pájaro; **the book gives a ∼ ∼ of the subject** el libro echa una mirada a vuelo de pájaro sobre el tema

bird-strike /ˈbɜːrd,straɪk || ˈbɜːd,straɪk/ *n* choque *m* con aves

bird table *n: mesa donde se deja comida a los pájaros*

birdwatcher /ˈbɜːrd,wɑːtʃər || ˈbɜːd,wɒtʃə(r)/ *n* observador, -dora *m,f* de aves

birdwatching /ˈbɜːrd,wɑːtʃɪŋ || ˈbɜːd,wɒtʃɪŋ/ *n* [u] observación *f* de las aves (*como hobby*)

biretta /bəˈretə/ *n* birrete *m*, birreta *f*

Biro®, biro /ˈbaɪrəʊ || ˈbaɪərəʊ/ *n* (*pl* **biros**) (BrE) bolígrafo *m*, pluma *f* atómica (Méx), birome *f* (RPl), esfero *m* (Col), lápiz *m* de pasta (Chi), boli *m* (Esp fam)

birth /bɜːrθ || bɜːθ/ *n* [u c] nacimiento *m*; (childbirth) parto *m*; **after the ∼ of her second child** después del nacimiento de su segundo hijo; **a difficult ∼** un parto difícil; **at ∼** al nacer; **he's Irish by ∼** es irlandés de nacimiento; **she's been deaf from ∼** es sorda de nacimiento; **date of ∼** fecha *f* de nacimiento; **the country of her ∼** su país de origen; **to be of humble/noble ∼** (liter) ser* de humilde cuna/de noble linaje (liter); **to give ∼** dar* a luz, parir; **she gave ∼ to a beautiful girl** dio a luz a una hermosa niña; ***to give ∼ to sth*** dar* origen a algo

birth certificate *n* partida *f or* certificado *m or* (Méx) acta *f‡* de nacimiento

birth control *n* [u] control *m* de la natalidad

birth-control pill /ˈbɜːrθkən,trəʊl || ˈbɜːθkən ,trəʊl/ *n* píldora *f* anticonceptiva

birthdate /ˈbɜːrθdeɪt || ˈbɜːθdeɪt/ *n* fecha *f* de nacimiento

birthday /ˈbɜːrθdeɪ || ˈbɜːθdeɪ/ *n* (of person) cumpleaños *m*; (of institution etc) aniversario *m*; **we have the same ∼** cumplimos años el mismo día; **what do you want for your ∼?** ¿qué quieres para tu cumpleaños?; **happy ∼!** ¡feliz cumpleaños!; **the association celebrates its 30th ∼ this year** la asociación celebra su 30° aniversario este año; (*before n*) ‹*cake/card/party/present*› de cumpleaños; **the ∼ boy/girl** el (niño)/la (niña) del cumpleaños, el cumpleañero/la cumpleañera (AmL)

birthday suit *n*: **in one's ∼ ∼** (hum) tal como Dios lo trajo al mundo, tal como uno vino al mundo, en traje de Adán/Eva (hum)

birthing pool /ˈbɜːrθɪŋ || ˈbɜːθɪŋ/ *n* baño *m* para parto en el agua

birthmark /ˈbɜːrθmɑːrk || ˈbɜːθmɑːk/ *n* mancha *f or* marca *f* de nacimiento, antojo *m*

birth pill *n* ▸ **birth-control pill**

birthplace /ˈbɜːrθpleɪs || ˈbɜːθpleɪs/ *n* [1] (of person) lugar *m* de nacimiento [2] (of movement, fashion, idea) cuna *f*

birthrate /ˈbɜːrθreɪt || ˈbɜːθreɪt/ *n* (índice *m or* tasa *f* de) natalidad *f*

birthright /ˈbɜːrθraɪt || ˈbɜːθraɪt/ *n* derecho *m* de nacimiento; (of eldest child) primogenitura *f*; **freedom is our ∼** nuestra libertad es un derecho inalienable

birthstone /ˈbɜːrθstəʊn || ˈbɜːθstəʊn/ *n* piedra *f* natal

birthweight /ˈbɜːrθweɪt || ˈbɜːθweɪt/ *n* [u] peso *m* al nacer

Biscay /ˈbɪskeɪ/ *n*: **the Bay of ∼** el Golfo de Vizcaya

biscuit /ˈbɪskɪt/ *n*

A [c] (Culin) [1] (AmE) bollo *m*, panecillo *m*, bísquet *m* (Méx) [2] (cookie, cracker) (BrE) galleta *f*, galletita *f* (RPl); ***to take the ∼*** (BrE colloq) ser* el colmo *or* el acabóse (fam); **I thought she was lazy, but you take the ∼!** ¡yo pensaba que ella era vaga pero tú te llevas la palma! [3] (for dog) galleta *f*

B [u] (porcelain, earthenware) bizcocho *m*, biscuit *m*

bisect /baɪˈsekt/ *vt* bisecar*

bisexual¹ /baɪˈsekʃuəl/ *adj* bisexual

bisexual² *n* bisexual *mf*

bisexuality /,baɪsekʃuˈæləti/ *n* [u] bisexualidad *f*

bish /bɪʃ/ *n* (BrE colloq & dated) plancha *f* (fam), metedura *f* de pata (fam), metida *f* de pata (AmL fam)

bishop /ˈbɪʃəp/ *n* [1] ▸❶ **p.1213** (Relig) obispo *m* [2] (in chess) alfil *m*

bishopric /ˈbɪʃəprɪk/ *n* [1] (office) obispado *m* [2] (diocese) obispado *m*, diócesis *f*

bismuth /ˈbɪzməθ/ *n* [u] bismuto *m*

bison /ˈbaɪsn/ *n* (*pl* ∼) [1] (N American) bisonte *m* (americano) [2] (European) bisonte *m*

bisque /bɪsk/ *n* [u] [1] (Culin) sopa *f* (*gen de marisco o pescado*) [2] (porcelain, earthenware) bizcocho *m*, biscuit *m*

bistable¹ /baɪˈsteɪbəl/ *n* (Elec) circuito *m* biestable

bistable² *adj* biestable

bistro /ˈbiːstrəʊ/ *n* (*pl* **-tros**) bistro(t) *m*, restaurante *m*

bit¹ /bɪt/ *past of* **bite¹**

bit² *n*

A [1] (fragment, scrap) pedazo *m*, trozo *m*; **in tiny ∼s** en pedacitos *or* trocitos; **to smash sth to ∼s** hacer* pedazos *or* añicos algo; **to tear sth to ∼s** romper* algo en pedazos; **the critics pulled the book to ∼s** los críticos destrozaron el libro; ***∼s and pieces*** (assorted items) cosas *fpl*; (belongings) cosas *fpl*, bártulos *mpl* (fam); (broken fragments) pedazos *mpl*; **she bought a table and a few other ∼s and pieces** compró una mesa y otras cosas más; **∼s and pieces of material** retazos *mpl*, retales *mpl*; ***to be thrilled to ∼s*** (BrE colloq) estar* contentísimo, no caber* en sí de alegría [2] (small piece) (esp BrE) trocito *m*, pedacito *m*; **I wrote the number down on a ∼ of paper** anoté el número en un trocito de papel *or* en un papelito; ***a ∼ on the side*** (BrE sl): **he's her ∼ on the side** es su rollo *or* (CS) su programa *or* (Méx) su segundo frente (fam) [3] (component part) (BrE) pieza *f*; **to take sth to ∼s** desarmar algo

B [1] (section, piece) parte *f*; ***to do one's ∼*** (BrE) aportar *or* poner* su (*or* mi *etc*) granito de arena, hacer* lo suyo (*or* mío *etc*); **I did my ∼ too** yo también aporté *or* puse mi granito de arena, yo también hice lo mío; **while your father was doing his ∼ in France** mientras tu padre estaba en el frente en Francia [2] (episode) parte *f*; **∼s of the book are quite good** algunas partes del libro están bastante bien

C **a bit of** [1] (some, a little) (+ *uncount noun*) un poco de; **a ∼ of peace and quiet** un poco de paz y tranquilidad; **with a little ∼ of luck** con un poquito de suerte; **a ∼ of salt** una pizca de sal, un poco de sal; **we had a ∼ of difficulty finding a hotel** nos resultó algo difícil encontrar un hotel; **it takes a ∼ of getting used to** cuesta un poco acostumbrarse; **they have a fair ∼** *o* **quite a ∼ of work to do** tienen bastante trabajo que hacer; **she went with them a good ∼ of the way** los acompañó una gran parte del trayecto; **whether you come or not won't make a ∼ of difference** da exactamente lo mismo que vengas o no; **it didn't make a ∼ of difference, he still did it** no sirvió de nada, lo hizo igual [2] (rather) (BrE): **we had a ∼ of an argument** tuvimos una pequeña discusión; **it was a ∼ of a waste of time** fue en cierta manera una pérdida de tiempo; **I've got a ∼ of a headache** me duele un poco la cabeza; **she's a ∼ of an expert** es casi una experta; **was he ashamed? not a ∼ of it!** (also AmE) ¿que si estaba avergonzado? ¡para nada! *or* ¡en absoluto! *or* ¡ni en lo más mínimo!

D **a bit** (*as adv*) [1] (somewhat) un poco; **a ∼ faster** un poco más rápido; **the town's changed a ∼** la ciudad ha cambiado algo *or* un poco; **she looks a ∼ pale** está un poco pálida; **I drank a ∼ too much** bebí un poco más de la cuenta *or* un poco demasiado; **that must be worth a ∼!** ¡eso debe de valer mucho *or* lo suyo!; **we spent quite a ∼** gastamos bastante; **were you worried? — not a ∼** ¿estabas preocupado? — en absoluto; **I wouldn't be a ∼ surprised** no me sorprendería para nada *or* en lo más mínimo; **she hasn't changed a ∼** no ha cambiado (para) nada [2] (a while) un momento *or* rato

E (*in adv phrases*) [1] **bit by bit** poco a poco, de a poco (AmL) [2] **every bit**: **I'm every ∼ as disappointed as you** estoy absolutamente tan decepcionado como tú; **he looks every ∼ the young executive** tiene todo el aspecto del joven ejecutivo

F (act, performance) (colloq): **she was doing her 'indignant parent' ∼** estaba en su papel de madre indignada

G [1] (in US): **two ∼s** veinticinco centavos de dólar; **his promise isn't worth two ∼s** su promesa no vale ni cinco *or* (Méx) ni un quinto; **I don't care** *o* **give two ∼s what she thinks** me importa un bledo *or* un comino lo que piense (fam) [2] (coin) (BrE colloq) moneda *f*; **a 50p ∼** una moneda de 50 peniques

H (Comput) bit *m*

I (of bridle) freno *m*, bocado *m*; ***to champ at the ∼***: **she was champing at the ∼** la consumía la impaciencia, estaba que no se podía aguantar; ***to have the ∼ between one's teeth***: **she has the ∼ between her teeth** está que no la para nadie (fam)

J (on drill) broca *f*, barrena *f*, mecha *f* (Arg)

K (woman) (BrE sl & offensive) tipa *f* (fam), tía *f* (Esp fam), mina *f* (CS arg)

bitch¹ /bɪtʃ/ *n*

A [1] (female dog) perra *f* [2] (fox) zorra *f*; (wolf) loba *f*; (otter, hyena) hembra *f*

B [1] (spiteful woman) (AmE vulg BrE sl) bruja *f* (fam), arpía *f* (fam), cabrona *f* (Esp, Méx vulg), yegua *f* (RPl fam) [2] (difficult, unpleasant thing) (colloq) lata *f* (fam), coñazo *m* (Esp fam), chingadera *f* (Méx arg)

C [1] (malicious talk) (colloq): **to have a good ∼** chismear *or* (Esp, Méx tb) cotillear *or* (Andes) chismosear *or* (RPl tb) chusmear *or* (Chi tb) pelar de lo lindo (fam) [2] (complaint) (AmE colloq) queja *f*

bitch² *vi* (colloq) [1] (complain) (AmE) quejarse, refunfuñar; **stop ∼ing!** ¡deja de quejarte *or* de refunfuñar!; **to ∼ ABOUT sth/sb** quejarse DE algo/algn [2] (talk maliciously) (BrE) chismear (fam), cotillear (Esp, Méx fam), chismosear (Andes fam), chusmear (RPl fam), pelar (Chi fam); **to ∼ ABOUT sth/sb** hablar pestes DE algo/algn, criticar* algo/a algn

bitchiness /ˈbɪtʃinəs || ˈbɪtʃinɪs/ *n* [u] (colloq) insidia *f*, mala leche *f* (Esp fam), mala uva *f* (Esp fam)

bitchy /ˈbɪtʃi/ *adj* **bitchier, bitchiest** (colloq) ‹*remark*› malicioso, insidioso, de mala leche (Esp fam); **you're so ∼!** ¡qué malo *or* malvado eres!; **she was really ∼ about her friend** habló pestes de su amiga

bite¹ /baɪt/ (*past* **bit**; *past p* **bitten**) *vt*

A «*person/dog*» morder*; «*flea/bug*» picar*; **she/I won't ∼ you!** (hum) ¡no te va/voy a morder! (hum); **to ∼ one's nails** comerse *or* morderse* las uñas; **the dog bit his finger off** el perro le arrancó el dedo de un mordisco *or* de un tarascón *or* de una tarascada; **what's biting you?** (colloq) ¿qué mosca te ha picado? (fam); ***to ∼ off more than one can chew*** tratar de abarcar más de lo que se puede; **you shouldn't ∼ off more than you can chew** mira que quien mucho abarca, poco aprieta; ***once bitten, twice shy*** el gato escaldado del agua fría huye

B [1] (grip) «*tires/brakes*» agarrar [2] «*saw/screw/file*» agarrar *or* calar en

■ **bite** *vi*

A [1] «*person/dog*» morder*; «*mosquito*» picar*; «*wind/frost*» cortar; «*acid*» corroer*; **to ∼ INTO sth** «*person*» darle* un mordisco A algo, hincarle* el diente A algo; **the wire bit into his wrists** el alambre se le clavó en las muñecas; **to ∼ ON sth** morder* algo [2] (take bait) «*fish*» picar*

B [1] «*tires/brakes*» agarrarse [2] «*saw/screw/file*»: **to ∼ (INTO sth)** agarrar *or* calar (EN algo)

C «*law/recession*» hacerse* sentir; **the cutbacks are beginning to ∼** los recortes están empezando a hacerse sentir

Phrasal verb

- **bite back** [v + o + adv, v + adv + o] ‹*resentment/anger*› contener*; **he bit back his words** se mordió la lengua (fam), fue a decir algo pero se contuvo

bite² *n*

A [c] (act) mordisco *m*; (fierce) tarascón *m*, tarasca-

da *f*; **to give sth a ~** darle* *or* pegarle* un mordisco a algo; **take a ~ of this** prueba esto; ***to have*** *o* ***get two ~s at the cherry*** (BrE) tener* una segunda oportunidad; **she's already had one ~ at the job and failed** ya lo ha intentado una vez y ha fracasado; ***put the ~ on sb*** (AmE colloq) (borrow money from sb) darle* un sablazo a algn (fam); (blackmail sb) chantajear a algn, morder* a algn (Méx), coimear a algn (CS, Per fam)
B [c] (wound — from insect) picadura *f*; (— from dog, snake) mordedura *f*
C [c] (in fishing): **he didn't get a single ~** no le picó ningún pez
D [c] (snack) (colloq) (*no pl*) bocado *m*; **to have a ~ (to eat)** comer un bocado, comer algo, picar algo
E [u] **1** (of flavor) lo fuerte **2** (of wind, frost) lo cortante *or* penetrante **3** (sharpness) mordacidad *f*; **the play lacks ~** la obra carece de mordacidad

bite-sized /ˈbaɪtˌsaɪzd/ *adj* tamaño bocado ((*adj inv*)), en taquitos (Esp)

biting /ˈbaɪtɪŋ/ *adj* **1** ‹*wind/cold*› cortante, penetrante **2** ‹*sarcasm/criticism/satire*› mordaz, cáustico

bitmap¹ /ˈbɪtmæp/ *n* mapa *m* de bits

bitmap² *vt* **-pp-** configurar en mapa de bits

bit part *n* papel *m* secundario

bit-player /ˈbɪtˌpleɪər || ˈbɪtˌpleɪə(r)/ *n: actor o actriz que desempeña papeles secundarios*

bit rate *n* tasa *f* de bits, velocidad *f* de transmisión de bits

bitten /ˈbɪtn/ *past p of* **bite¹**

bitter¹ /ˈbɪtər || ˈbɪtə(r)/ *adj*
A **1** (in taste) amargo **2** (very cold) ‹*weather*› glacial, muy frío; ‹*wind/frost*› cortante, penetrante, glacial; **it's ~** (*as adv*): **it's ~ cold** hace un frío glacial
B **1** (painful, hard) ‹*disappointment/remorse*› amargo; ‹*blow*› duro; ‹*truth*› crudo; **he shed ~ tears** lloró lágrimas amargas; **they fought on to the ~ end** lucharon valientemente hasta el final; **I had to stay till the ~ end** tuve que aguantarme allí hasta el final **2** ‹*reproach*› amargo; ‹*person*› resentido, amargado; **he's a ~ man** es un (hombre) resentido *or* amargado; **I felt ~ that no one had offered me help** me amargó que nadie se hubiera ofrecido a ayudarme **3** (implacable) ‹*enemies/hatred*› implacable, a muerte; ‹*struggle*› enconado

bitter² *n* **1** [u] (beer) (BrE) *tipo de cerveza ligeramente amarga que se produce en el Reino Unido* **2** **bitters** *pl licor amargo del tipo de la angostura*

bitter aloes *n* [u] aloes *mpl* amargos

bitter lemon *n* [c u] (BrE) bitter lemon *m* (*bebida efervescente semidulce con sabor a limón*)

bitterly /ˈbɪtərli || ˈbɪtəli/ *adv*
A ‹*cold*› **it was ~ cold** hacía un frío glacial
B **1** ‹*disappointed/angry/resentful*› tremendamente; ‹*weep/complain*› amargamente; ‹*say/remark*› amargamente, con amargura **2** (implacably) implacablemente, a muerte

bittern /ˈbɪtərn || ˈbɪtən/ *n* avetoro *m* común

bitterness /ˈbɪtərnəs || ˈbɪtənɪs/ *n* [u]
A **1** (of taste) amargor *m* **2** (of weather) inclemencia *f*, dureza *f*
B **1** (of disappointment, defeat) amargura *f* **2** (of person, state of mind) amargura *f*, resentimiento *m* **3** (of hatred) lo implacable; (of struggle) lo enconado

bittersweet /ˈbɪtərswiːt || ˈbɪtəswiːt/ *adj* **1** (in taste) agridulce; ‹*chocolate*› (AmE) amargo **2** ‹*memories/feeling/ballad*› agridulce

bittiness /ˈbɪtinəs || ˈbɪtɪnɪs/ *n* [u] **1** (of book, film, essay) falta *f* de ilación *or* cohesión **2** (in texture) (BrE) lo granuloso

bitty /ˈbɪti/ *adj* **-tier, -tiest** **1** (disjointed, scrappy) ‹*book/collection/concert*› deshilvanado, sin cohesión **2** (in texture) (BrE) granuloso **3** (tiny) (AmE colloq): **it's just a little ~ spider!** ¡es una arañita de nada! (fam)

bitumen /bɪˈtuːmən || ˈbɪtjʊmɪn/ *n* [u] betún *m*

bituminous /bɪˈtuːmənəs || bɪˈtjuːmɪnəs/ *adj* bituminoso

bivalent /baɪˈveɪlənt/ *adj* bivalente

bivalve /ˈbaɪvælv/ *n* (molusco *m*) bivalvo *m*

bivouac¹ /ˈbɪvʊæk/ *n* vivac *m*, campamento *m*

bivouac² *vi* **-ck-** vivaquear, acampar

biweekly¹ /ˈbaɪˌwiːkli/ *adj* **1** (every two weeks) quincenal **2** (twice a week) bisemanal

biweekly² *adv* **1** (every two weeks) quincenalmente, cada dos semanas **2** (twice a week) bisemanalmente, dos veces por semana

bizarre /bɪˈzɑːr || bɪˈzɑː(r)/ *adj* ‹*story/coincidence/humor*› extraño, singular; ‹*appearance/behavior*› estrambótico, estrafalario

blab /blæb/ **-bb-** *vi* (colloq) **1** (reveal secrets) descubrir* el pastel (fam), levantar la liebre *or* (RPl) la perdiz; (intentionally) soplar (fam), chivarse (Esp fam) **2** (prattle) parlotear (fam), cotorrear (fam)
■ **blab** *vt* **to ~ sth TO sb** soplarle algo A algn

blabber /ˈblæbər || ˈblæbə(r)/ *vi* ▸ **blab 2**

blabbermouth /ˈblæbərmaʊθ || ˈblæbəmaʊθ/ *n* (colloq) bocazas *mf* (fam), estómago *m* resfriado (RPl fam)

black¹ /blæk/ *adj* **-er, -est**
A ▸❶ **p.1036** **1** ‹*dress/car/hair/ink*› negro; ‹*sky*› oscuro, negro; **~ cloud** nubarrón *m*, nube *f* negra; **I flicked the switch and everything went ~** le di al interruptor y se quedó todo a oscuras; **her arms were ~ with bruises** tenía los brazos llenos de moretones *or* cardenales; ***to beat sb ~ and blue*** (colloq) darle* una tremenda paliza a algn (fam) **2** (dirty) (*pred*) negro, sucísimo **3** ‹*coffee*› negro (AmL), solo (Esp), tinto (Col), puro (Chi); ‹*tea*› solo, sin leche, puro (Chi)
B *also* **Black** negro; ‹*aspirations*› de los negros; **a ~ man** un (hombre) negro; **B~ Power** el Black Power
C **1** (sad, hopeless) negro; **this is a ~ day for our country** éste es un día aciago *or* negro para el país; ▸**paint² 3** **2** (intense, grim) ‹*despair/pessimism*› profundo; ‹*rage/fury*› ciego; **a ~ look** una mirada de odio **3** (evil) ‹*heart*› malvado
D (illegal): **the ~ economy** la economía informal *or* paralela (AmL), la economía sumergida (Esp); *see also* **black market**

black² *n* ▸❶ **p.1036**
A [u] (color) negro *m*; **she was dressed in ~** iba (vestida) de negro; **to wear ~** (in mourning) llevar luto; ***to swear ~ is white*** mentir* descaradamente; *see also* **black and white**
B [c] *also* **Black** (person) negro, -gra *m,f*
C (freedom from debt): ***to be in the ~*** no estar* en números rojos
D (in board games) **1** [c] (piece) negra *f* **2** *also* **Black** (player) (*no art*): **B~: Karpov** negras: Karpov; **and ~ resigned** y las negras abandonaron

black³ *vt* **1** (bruise): **to ~ sb's eye** ponerle* un ojo morado a algn **2** (dated) ‹*shoes*› lustrar **3** (boycott) (BrE) boicotear

Phrasal verbs

- **black out**
A [v + adv] (lose consciousness) perder* el conocimiento
B [v + o + adv, v + adv + o] **1** (in wartime) ‹*windows*› tapar; ‹*lights*› apagar*; **to ~ out a town** apagar* todas las luces de una ciudad **2** (by accident) ‹*town/district*› dejar sin luz *or* a oscuras **3** (TV) ‹*transmission/show*› cortar **4** (suppress) ‹*information/news*› censurar; **he had ~ed it out of his mind** lo había borrado de su memoria
- **black up** [v + adv] (BrE) (Theat) maquillarse de negro

black Africa *n* África *f*‡ negra

black-and-white /ˌblækənˈhwaɪt || ˌblækənˈwaɪt/ *adj* (*pred* **black and white**) **1** ▸❶ **p.1036**; ‹*photograph/film/television*› en blanco y negro **2** (clear-cut): **things aren't as ~ ~ ~ as that** las cosas no son tan simples

black and white ▸❶ **p.1036** *n* (Cin, Phot, TV) blanco y negro *m*; ***in ~ ~ ~***: **it's down here in ~ ~ ~** aquí está escrito bien claro; **I'd like to have it in ~ ~ ~** quisiera verlo (por) escrito; **she sees everything in (terms of) ~ ~ ~** para ella no hay términos medios

black arts *pl n*: **the ~ ~** la magia negra

blackball /ˈblækbɔːl/ *vt* **1** (vote against) votar en contra de **2** (ostracize) hacerle* el vacío a

black bear *n* oso *m* negro americano

black beetle *n* (BrE) cucaracha *f*

black belt *n* (belt) cinturón *m* negro, cinto *m* negro, cinta *f* negra (Méx); (person) cinturón *mf* negro, cinta *mf* negra (Méx)

blackberry¹ /ˈblækˌberi || ˈblækbəri/ *n* (*pl* **-ries**) **1** (fruit) mora *f* **2** **~ (bush)** zarzamora *f*, moral *m*

blackberry² *vi* (*only in -ing form*): **to go ~ing** ir* a recoger moras

Blackberry®¹ *n* (*pl* **-ies**) (Telec) Blackberry® *m or f*

Blackberry®² *vt* **-ries, -rying, -ried** (Telec) *enviar correo electrónico utilizando Blackberry*

blackbird /ˈblækbɜːrd || ˈblækbɜːd/ *n* **1** (European) mirlo *m* **2** (N American) totí *m*

blackboard /ˈblækbɔːrd || ˈblækbɔːd/ *n* pizarra *f*, encerado *m* (ant), pizarrón *m* (AmL), tablero *m* (Col)

blackboard duster *n* (BrE) borrador *m*

black body *n* (Phys) cuerpo *m* negro

black box *n* (Aviat) caja *f* negra

blackcap /ˈblækkæp/ *n* curruca *f*

black caucus *n* (in US) *grupo de representantes negros en el congreso*

black comedy *n* comedia *f* negra

black consciousness *n* [u] conciencia *f* negra

Black Country *n*: **the ~ ~** *zona industrial del centro de Inglaterra*

blackcurrant /ˈblækˌkɜːrənt || ˌblækˈkʌrənt/ *n* **1** (fruit) grosella *f* negra **2** **~ (bush)** grosellero *m* negro, casis *f*

Black Death *n*: **the ~ ~** la Peste Negra

black diamond *n*
A (lump of coal) (colloq) trozo *m* de carbón
B (diamond) diamante *m* negro, carbonado *m*
C (ski slope) (AmE) pista *f* negra

blacken /ˈblækən/ *vt* **1** (make black) ‹*ceiling/pot*› ennegrecer*; **they ~ed their faces for the show** se tiznaron la cara para la función **2** (defame) ‹*person*› deshonrar, desacreditar; ‹*reputation*› manchar, mancillar (liter)
■ **blacken** *vi* ennegrecerse*

black English *n* [u] inglés *m* de la población negra (*de las grandes ciudades estadounidenses*)

black eye *n* **1** (bruise) ojo *m* morado *or* (Méx) moro, ojo *m* a la funerala (Esp fam), ojo *m* en compota (CS fam), ojo *m* en tinta (Chi fam); **to give sb a ~ ~** ponerle* un ojo morado (*or* moro *etc*) a algn **2** (bad reputation) (AmE) mala fama *f*

black-eyed pea, (BrE) **black-eyed bean** /ˈblækˈaɪd/ *n* frijol *m* de vaca (AmL exc CS), judía *f* carilla (Esp), caupí *m*

black-eyed Susan /ˌblækaɪd ˈsuːzən/ *n* ojo *m* del poeta, ojo *m* de Venus

black flag *n*
A (of pirate) (Hist) bandera *f* negra, bandera *f* pirata
B (in sailing, motor racing) bandera *f* negra

Black Forest *n*: **the ~ ~** la Selva Negra

Black Forest gâteau, Black Forest cake *n* pastel *m* selva negra, tarta *f* (Esp) *or* torta *f* (CS, Ven) selva negra

black gold *n* [u] (AmE colloq) oro *m* negro (fam)

blackguard /ˈblægərd, -gɑːrd || ˈblægɑːd, -gəd/ *n* (dated) villano *m* (ant), canalla *m*

blackhead /ˈblækhed/ *n* espinilla *f*, punto *m* negro, comedón *m* (frml)

Black Hills *pl n*: **the ~ ~ (of Dakota)** las Black Hills (*cordillera de Dakota del Sur*)

black hole *n* agujero *m* negro

black ice *n* [u]: *capa fina de hielo en las carreteras*

blacking /ˈblækɪŋ/ *n* [u] betún *m* negro

blackjack /ˈblækdʒæk/ *n* **1** [u] (Games) blackjack *m* **2** [c] (weapon) (AmE) cachiporra *f*

blackleg[1] /'blækleg/ *n* (BrE) (Lab Rel) (pej) rompehuelgas *mf* (pey), esquirol *mf* (pey), carnero, -ra *m,f* (RPl fam & pey)

blackleg[2] *vi* **-gg-** (BrE) (Lab Rel) (pej) romper* una huelga, esquirolear (pey), carnerear (RPl fam & pey)

blacklist[1] /'blæklɪst/ *n* lista *f* negra

blacklist[2] *vt* poner* en la lista negra

black magic *n* [u] magia *f* negra

blackmail[1] /'blækmeɪl/ *n* [u] chantaje *m*; **that's emotional ~** eso es un chantaje afectivo

blackmail[2] *vt* chantajear, hacerle* chantaje a; **to ~ sb INTO -ING** chantajear a algn PARA QUE + SUBJ

blackmailer /'blæk,meɪlər || 'blæk,meɪlə(r)/ *n* chantajista *mf*

Black Maria /mə'raɪə/ *n* (colloq) coche *m* or furgón *m* celular, cuca *f* (Chi fam), jaula *f* (Col fam), julia *f* (Méx fam)

black mark *n* punto *m* en contra

black market *n* mercado *m* negro, estraperlo *m* (esp Esp); **to buy/sell sth on the ~ ~** comprar/vender algo en el mercado negro; **~ ~ IN sth** mercado negro DE algo

black marketeer /,mɑːrkə'tɪr || ,mɑːkɪ'tɪə(r)/ *n*: *persona que comercia en el mercado negro*, estraperlista *mf* (esp Esp)

black mass *n* misa *f* negra

black money *n* [u] dinero *m* negro

blackness /'blæknəs || 'blæknɪs/ *n* [u] [1] (black color) negrura *f* [2] (darkness) oscuridad *f*

blackout /'blækaʊt/ *n*

A [1] (loss of consciousness) desvanecimiento *m*, desmayo *m*; **to have a ~** tener* or sufrir un desvanecimiento [2] (failure of memory) pérdida *f* temporal de la memoria, laguna *f*

B (in wartime) *oscurecimiento de la ciudad para que ésta no sea visible desde los aviones enemigos*

C [1] (power failure) apagón *m* [2] (Rad, TV) suspensión *f* en la emisión [3] (embargo): **a news ~** un bloqueo informativo

blackout curtain *n* cortina *f* opaca (*usada en tiempos de guerra para impedir que la luz de las ventanas se vea desde el aire*)

Black Panther *n* Pantera *f* Negra

black powder *n* [u] pólvora *f*

black pudding *n* [u c] (BrE) morcilla *f*, moronga *f* (AmC, Méx), prieta *f* (Chi)

Black Sea *n*: **the ~ ~** el Mar Negro

black sheep *n* oveja *f* negra

blackshirt /'blækʃɜːrt || 'blækʃɜːt/ *n* camisa *mf* negra

blacksmith /'blæksmɪθ/ *n* herrero *m*

blackspot /'blækspɑːt || 'blækspɒt/ *n* (BrE) [1] (Transp) punto *m* negro (*punto de alta siniestralidad*) [2] (problem area): **an unemployment ~** una zona de alto índice de desempleo

blackthorn /'blækθɔːrn || 'blækθɔːn/ *n* [1] (Bot) endrino *m* [2] (walking stick) (AmE) bastón *m*

black tie *n* (on invitation) traje *m* de etiqueta, smoking *m*, esmoquin *m*; (*before n*): **black-tie dinner** cena *f* de etiqueta or gala

blacktop[1] /'blæktɑːp || 'blæktɒp/ *n* [u] (AmE) [1] (material) asfalto *m* [2] (surface) (colloq) pista *f*

blacktop[2] *vt* **-pp-** (AmE) asfaltar, pavimentar

black widow *n* viuda *f* negra

bladder /'blædər || 'blædə(r)/ *n* [1] (Anat) vejiga *f* [2] (in ball) cámara *f* de aire

bladderwrack /'blædərræk || 'blædəræk/ *n* [u] fuco *m*

blade /bleɪd/ *n*

A [1] (of knife, razor, saw, sword) hoja *f*; (of ice skate) cuchilla *f* [2] (sword) (liter) acero *m* (liter)

B [1] (of turbine, propeller) pala *f*, paleta *f* [2] (of bat, oar) pala *f* [3] (of windshield wiper) raqueta *f*, hoja *f*, plumilla *f* (Chi)

C (Bot) [1] (of grass) brizna *f*; **not a ~ of grass will grow there** ahí no crece ni una brizna de hierba [2] (of leaf, petal) limbo *m*

D (young man) (arch) gallardo joven *m*

blag[1] /blæg/ *n* (BrE colloq)

A (violent robbery) asalto *m*, atraco *m*

B (pretense) camelo *m* (fam), chamullo *m* (Chi fam)

blag[2] **-gg-** (BrE colloq) *vt* [1] (obtain by deception) conseguir* con camelos (fam), conseguir* con chamullos (Chi fam) [2] (rob with violence) atracar*, asaltar

blagger /'blægər || 'blægə(r)/ *n* (BrE colloq) [1] (bluffer) timador, -dora *m,f* (fam) [2] (hoaxer) timador, -dora *m,f* [3] (robber) chorizo, -za *m,f* (fam)

blah[1] /blɑː/ *n* [u] [1] (nonsense) (colloq) pamplinas *fpl* (fam) [2] (*as interj*): **~, ~, ~** bla, bla, bla (fam), etcétera, etcétera [3] **blahs** *pl* **to have the ~s** (AmE) estar* con la depre (fam)

blah[2] *adj* (AmE colloq) pesado, plomizo (fam)

Blairite[1] /'bleraɪt || 'bleəraɪt/ *n* blairista *mf*

Blairite[2] *adj* blairista

blame[1] /bleɪm/ *vt* [1] (find responsible) echarle la culpa a, culpar; **don't ~ me if you get into trouble** no me eches la culpa a mí or no me culpes a mí si te metes en líos; **to ~ sb FOR sth** culpar a algn DE algo, echarle la culpa DE algo A algn; **they ~d her for everything** la culparon a ella de todo, le echaron la culpa de todo a ella; **she ~s herself for the accident** se siente culpable del accidente; **to be to ~ for sth** tener* la culpa de algo, ser* responsable de algo; **they were entirely to ~ for what happened** tuvieron toda la culpa de lo que pasó; **no one's to ~** no es culpa de nadie, nadie tiene la culpa; **you have only yourself to ~** tú tienes toda la culpa, la culpa es sólo tuya [2] (apportion responsibility for) **to ~ sth ON sb/sth** echarle la culpa DE algo A algn/algo; **you can always ~ it on the weather/me** siempre puedes echarle la culpa al tiempo/echarme la culpa a mí, siempre puedes achacárselo al tiempo/achacármelo a mí; **they ~d the theft on a young apprentice** culparon del robo a un joven aprendiz [3] (disagree with, criticize) (colloq): **I'm not having any more to do with him — I don't ~ you** no quiero saber nada más de él — y con toda la razón; **you can't ~ me for getting upset** es normal que me molestara ¿no?

blame[2] *n* [u] [1] (responsibility) culpa *f*; **the ~ for what happened lies entirely with them** la culpa de lo que pasó la tienen sólo ellos; **it's always me that gets the ~** siempre me echan la culpa a mí; **to put** o **lay the ~ on sb** culpar a algn, echarle la culpa a algn; **to take** o **bear the ~ for sth** asumir la responsabilidad de algo; **we all must share the ~** todos tenemos parte de (la) culpa [2] (condemnation, reproach) (frml): **without ~** libre de culpa (frml); **a life without ~** una vida intachable or sin tacha

blameable /'bleɪməbəl/ *adj* ▸ **blameworthy**

blameless /'bleɪmləs || 'bleɪmlɪs/ *adj* [1] (irreproachable) ‹*life*› intachable, sin tacha [2] (guiltless) ‹*victim*› inocente

blameworthy /'bleɪm,wɜːrði || 'bleɪm,wɜːði/ *adj* (frml) ‹*person*› culpable; ‹*act*› censurable, condenable, reprobable

blanch /blæntʃ || blɑːntʃ/ *vt* [1] (Culin) ‹*almonds/tomatoes/vegetables*› escaldar, blanquear [2] (Hort) ‹*chicory/celery*› blanquear, aporcar* [3] (Metall) blanquear

■ **blanch** *vi* «*person*» palidecer*; **to ~ AT sth**: **he ~ed at the sight of the body** palideció al ver el cadáver

blancmange /blə'mɑːnʒ || blə'mɒnʒ/ *n* [u c] (BrE) crema *f* de maizena

bland /blænd/ *adj* **-er, -est** [1] ‹*colors/music*› soso, insulso, desabrido; ‹*food/taste*› insípido, soso, desabrido; ‹*diet*› simple y fácil de digerir; **a ~ wine** un vino sin cuerpo [2] ‹*statement/reply*› anodino, que no dice nada; ‹*smile/manner*› insulso; ‹*film/book/performer*› anodino

blandishments /'blændɪʃmənts/ *pl n* (liter) [1] (inducements) incentivos *mpl* [2] (flatteries) lisonjas *fpl* (liter), halagos *mpl*

blandly /'blændli/ *adv* ‹*smile*› de manera insulsa

blandness /'blændnəs || 'blændnɪs/ *n* [u] [1] (dullness) lo insulso, lo anodino, lo desabrido; (of food) lo insípido, lo insulso, lo desabrido [2] (lack of emotion) indiferencia *f*

blank[1] /blæŋk/ *adj* [1] (empty) ‹*page/space*› en blanco; ‹*façade*› liso; ‹*tape*› virgen; **the screen went ~** se fue la imagen (de la pantalla); **my mind went ~** me quedé en blanco; *see also* **blank check** [2] (lifeless): **a ~ expression** un rostro carente de expresión [3] (uncomprehending): **he responded with ~ silence** por toda respuesta calló, perplejo; **he stared at me in ~ amazement** me miró perplejo [4] (uncompromising) ‹*refusal/rejection*› rotundo, tajante [5] (Mil) ‹*ammunition*› de fogueo

Phrasal verb

• **blank out** [v + o + adv, v + adv + o] borrar

blank[2] *n* [1] (empty space) espacio *m* en blanco; **fill in the ~s** rellene los espacios en blanco; **can you guess the word? A, ~, ~, C, E** ¿puedes adivinar la palabra? A, raya, raya, C, E; **he called me a ~ idiot** me llamó idiota de m ...; **my mind was a complete ~** me quedé totalmente en blanco [2] (form) impreso *m*, formulario *m* [3] (card) *naipe en blanco*; **to draw a ~** no obtener* ningún resultado, no conseguir* nada [4] (uncut key) llave *f* ciega [5] (Mil) cartucho *m* de fogueo

blank check, (BrE) **blank cheque** *n* cheque *m* en blanco; **to give sb a ~ ~** darle* un cheque en blanco a algn, darle* carta blanca a algn

blanket[1] /'blæŋkət || 'blæŋkɪt/ *n* [1] (cover) manta *f*, cobija *f* (AmL), frazada *f* (AmL); ***to be born on the wrong side of the ~*** (euph & hum): **he was born on the wrong side of the ~** es (hijo) ilegítimo [2] (layer) manto *m*; **a ~ of snow** un manto de nieve

blanket[2] *adj* (*before n, no comp*) ‹*measure/ban*› global; **they use the word as a ~ term of abuse** usan la palabra como insulto indiscriminado; **their ~ coverage of the championship** su exhaustiva cobertura del campeonato; **~ cover** (Fin) cobertura *f* contra todo riesgo

blanket[3] *vt* cubrir*

blanket bath *n* (BrE): **to give sb a ~ ~** lavar a algn en la cama

blanket finish *n* llegada *f* estrecha

blanket roll *n* (AmE) petate *m*

blanket stitch *n* [u] punto *m* de festón

blankly /'blæŋkli/ *adv*: **to look at sb ~** mirar a algn sin comprender

blankness /'blæŋknəs || 'blæŋknɪs/ *n* [u] [1] (incomprehension) desconcierto *m*, perplejidad *f* [2] (lack of expression) vacuidad *f*

blank verse *n* [u] verso *m* blanco

blanquette /blɑːŋ'ket || blɒŋ'ket/ *n* blanqueta *f*; **veal ~** blanqueta *f* de ternera

blare[1] /bler || bleə(r)/ *n* estridencia *f*, estruendo *m*; **the queen enters to a ~ of trumpets** la reina entra al clarín de las trompetas (liter)

blare[2] *vi* «*loudspeaker/music/voice*» atronar*; **blaring horns** bocinas *fpl* atronadoras

Phrasal verb

• **blare out**

A [v + adv + o]: **the band was blaring out the same old tune** la banda tocaba la canción de siempre a todo volumen; **to ~ out an order** dar* una orden a gritos

B [v + adv] «*voice*» resonar*, bramar; **the radio was blaring out** la radio estaba puesta a todo volumen

blarney /'blɑːrni || 'blɑːni/ *n* [u] (colloq) [1] (smooth talk) labia *f* (fam) [2] (nonsense) paparruchas *fpl* (fam)

Blarney Stone /'blɑːrni || 'blɑːni/ *n*: ***to have kissed the ~ ~*** tener* mucha labia

blasé /blɑː'zeɪ || 'blɑːzeɪ/ *adj* ‹*manner/remark*› displicente; **~ ABOUT sth**: **you sound very ~ about your exams** no parecen preocuparte mucho tus exámenes, parece que los exámenes te traen or te tienen sin cuidado; **after you've seen so much blood, you become ~ about it** después de ver tanta sangre, uno se vuelve indiferente or se curte

blaspheme /blæs'fiːm/ *vi* blasfemar

blasphemer /blæs'fiːmər || blæs'fiːmə(r)/ *n* blasfemo, -ma *m,f*

blasphemous /'blæsfəməs/ *adj* blasfemo

blasphemy /'blæsfəmi/ *n* [u c] (*pl* **-mies**) blasfemia *f*

blast¹ /blæst || blɑːst/ *n*
A (of air, wind) ráfaga *f*; (of water, sand) chorro *m*; **an icy ~** una ráfaga de aire helado
B **1** (explosion) (journ) explosión *f* **2** (explosive charge) carga *f* **3** (shock wave) onda *f* expansiva; **she caught the full ~ of his rage** recibió todo el impacto de su furia **4** (outburst) embestida *f*, ataque *m*; **he got a real ~ from his wife** (colloq) su mujer le echó una buena bronca (fam)
C (of sound) toque *m*; ***(at) full ~***: **he had the TV on full ~** tenía la tele a todo volumen *or* (fam) a todo lo que daba; **the printer was going (at) full ~** la empresora estaba trabajando a toda máquina *or* a todo trapo
D (enjoyable event) (AmE colloq): **the party turned into a real ~** la fiesta se desmadró (fam); **it'll be a ~** será el desmadre (fam)

blast² *vt*
A **1** (blow) ‹*dam/rock*› volar*; **they used dynamite to ~ the safe open** usaron dinamita para volar *or* hacer saltar la caja fuerte; **it would ~ your foot off** te arrancaría el pie; **the explosion ~ed a gaping hole in the wall** la explosión abrió un boquete enorme en la pared **2** (shoot) (journ) acribillar **3** (attack) (journ) atacar*, arremeter contra
B (expressing annoyance) (esp BrE colloq): **~ it!** ¡maldición! (fam); **~ him! he's forgotten to leave the keys** ¡maldito sea! se olvidó de dejar las llaves (fam); **~ the exam! I'm not doing any more revision** ¡al diablo con el examen! no pienso repasar más
C (ruin) (liter) ‹*crops*› malograr; **championship hopes ~ed by injury** (journ) una lesión echa por tierra *or* malogra las esperanzas de ganar el campeonato
■ **blast** *vi* retumbar

(Phrasal verbs)
• **blast away**
A [v + adv + o, v + o + adv] ‹*rock/dam*› volar*
B [v + adv] **to ~ away AT sth** seguir* disparando CONTRA algo
• **blast off** [v + adv] «*rocket/astronaut*» despegar*
• **blast out** [v + prep + o] ‹*message*› emitir a todo volumen; ‹*music*› tocar* a todo volumen *or* (fam) a todo lo que da

blast³ *interj* (BrE colloq) ¡maldición! (fam)

blasted¹ /'blæstəd || 'blɑːstɪd/ *adj* **1** (colloq) maldito (fam), condenado (fam) **2** (liter) ‹*stump/oak*› herido por un rayo (liter)

blasted² *adv* (colloq): **she's too ~ clever** se pasa de lista (fam)

blast furnace *n* alto horno *m*

blast-hole /'blæst,həʊl || 'blɑːst,həʊl/ *n*
A (in pump) abertura *f*, alcachofa *f* de aspiración
B (Min) barreno *m*

blasting /'blæstɪŋ || 'blɑːstɪŋ/ *n* [u] (Min) voladura *f*; (*before n*): **~ cap** detonador *m*

blasting powder *n* [u] dinamita *f*

blast-off /'blæst,ɔːf || 'blɑːst,ɒf/ *n* despegue *m*

blast wave *n* onda *f* expansiva

blat /blæt/ *vi* **-tt-** (AmE colloq)
A (bleat) ▸**bleat¹**
B (travel quickly) ir* a toda mecha (fam)

blatancy /'bleɪtnsi/ *n* [u] desfachatez *f*, descaro *m*

blatant /'bleɪtnt/ *adj* **1** ‹*prejudice/disrespect*› descarado, ostensible; **to be ~ ABOUT sth**: **they're so ~ about it** lo hacen (*or* dicen *etc*) con tanto descaro *or* tanta desfachatez; **he was quite ~ about looking for another job** no ocultaba el hecho de que buscaba otro trabajo **2** (obvious) ‹*injustice/lie*› flagrante; ‹*incompetence*› patente

blatantly /'bleɪtntli/ *adv* **1** (openly) descaradamente, abiertamente, ostensiblemente **2** (clearly): **it's ~ untrue** está claro que no es cierto, es a todas luces falso; **it's ~ obvious that ...** está clarísimo que ...

blather¹ /'blæðər || 'blæðə(r)/ *vi* (colloq) parlotear (fam); **what are you ~ing (on) about?** ¿qué tonterías *or* (Esp tb) chorradas dices? (fam)

blather² *n* [u] (colloq) tonterías *fpl*, chorradas *fpl* (Esp fam); **stop your ~, will you?** ¿quieres dejarte de decir tonterías *or* (Esp tb) chorradas? (fam)

blaze¹ /bleɪz/ *n*
A **1** [c] (in grate) fuego *m*; (bonfire) fogata *f*, hoguera *f*; (flames) llamaradas *fpl*; **we soon had a lovely ~ going** pronto tuvimos encendido un buen fuego **2** [c] (dangerous fire) (journ) incendio *m* **3** [u] (burning heat) (liter) ardor *m*
B (dazzling display) (*no pl*): **the garden was a ~ of color** el jardín era un derroche de color; **the ballroom was a ~ of light** el salón de baile estaba resplandeciente; **in a ~ of glory** cubierto de gloria
C **blazes** *pl* (hell) (colloq & euph): **he can go to ~s!** ¡que se vaya al demonio *or* al diablo! (fam); **how/what/when the** *o* **in (blue) ~s ... ?** ¿cómo/qué/cuándo demonios *or* diablos ... ? (fam); ***like ~s*** (very fast) como un bólido (fam); (contradicting) a otro perro con ese hueso (fam); **we were going like ~s down the street** íbamos como un bólido por la calle (fam); **I got home at ten — like ~s you did!** llegué a casa a las diez — ya, a otro perro con ese hueso (fam)
D (marker) señal *f*; (Zool) mancha *f*

blaze² *vi* **1** «*fire*» arder; «*lights*» brillar, resplandecer*; **the sun ~d down on us** el sol nos abrasaba **2** «*eyes*» centellear; **she ~d with anger** ardía de indignación **3** «*gun*» escupir balas

(Phrasal verb)
• **blaze away** [v + adv] disparar sin tregua

blazer /'bleɪzər || 'bleɪzə(r)/ *n* blazer *m*, blazier *m* (Esp)

blazing /'bleɪzɪŋ/ *adj* **1** (burning) ‹*building*› en llamas; ‹*torch*› encendido **2** (very hot, bright) ‹*sun*› abrasador; ‹*lights*› resplandeciente; **it's ~ hot** (*as adv*) hace un calor abrasador *or* infernal **3** (glowing) ‹*eyes*› centelleante; ‹*red*› encendido, brillante; ‹*yellow/orange*› brillante **4** (furious) (colloq) ‹*row/argument*› violento; **she's got a ~ temper** tiene muy mal carácter; **he was ~** estaba que echaba chispas *or* que trinaba (fam)

blazon /'bleɪzn/ *vt* (liter)
A **to ~ sth forth** *o* **abroad** pregonar algo a voz en cuello
B (decorate) (*usu pass*) **to be ~ed WITH sth** estar* bordado *or* recamado DE algo (liter)

bldg (= building) edificio; (in addresses) Ed.

bleach¹ /bliːtʃ/ *n* [u c] lejía *f*, blanqueador *m* (Col, Méx), cloro *m* (AmC, Chi), lavandina *f* (Arg), agua *f*‡ Jane® (Ur)

bleach² *vt* ‹*cloth*› (in the sun) blanquear; (with bleach) poner* en lejía (*or* blanqueador *etc*); **the sun had ~ed his hair** el sol le había aclarado el pelo; **we have to ~ your hair first** primero tenemos que decolorarle el pelo
■ **bleach** *vi* «*hair*» aclararse; «*cloth*» decolorarse, desteñir*

bleachers /'bliːtʃərz || 'bliːtʃəz/ *pl n* (AmE) tribuna *f* descubierta

bleaching /'bliːtʃɪŋ/ *n* [u c] decoloración *f*; (*before n*): **~ agent** decolorante *m*

bleak /bliːk/ *adj* **-er, -est** **1** ‹*landscape/moorland*› inhóspito; ‹*building/room*› lóbrego; ‹*painting*› sombrío **2** ‹*winter*› crudo; ‹*day*› gris y deprimente **3** (miserable, cheerless) ‹*prospects/news*› sombrío, funesto; **he led a ~ existence** llevaba una vida sin alegrías

bleakly /'bliːkli/ *adv* sombríamente

bleakness /'bliːknəs || 'bliːknɪs/ *n* [u] **1** (starkness — of landscape) lo inhóspito; (— of building) lo lóbrego; (— of painting) lo sombrío **2** (of prospects, tone) lo sombrío

bleary /'blɪri || 'blɪəri/ *adj* **-rier, -riest**: **her eyes were ~ with tears** tenía los ojos empañados *or* nublados de lágrimas; **I feel a bit ~** estoy medio adormilado

bleary-eyed /'blɪri,aɪd || ,blɪəri'aɪd/ *adj* con cara de sueño; **he was still ~ from sleep** todavía tenía cara de sueño

bleat¹ /bliːt/ *vi* **1** «*sheep/goat*» balar **2** (whine, moan) (pej) quejarse
■ **bleat** *vt* gimotear

bleat² *n* **1** (of sheep, goat) balido *m* **2** (whine, moan) (pej) quejido *m*; **there was hardly a ~ of complaint** apenas si se quejaron

bleed /bliːd/ (*past & past p* **bled** /bled/) *vi* **1** «*person/wound*» sangrar; **my nose is ~ing** me sale sangre de la nariz; **he bled all over the sofa** manchó de sangre todo el sofá; **he bled to death** se desangró, murió desangrado; **he was ~ing internally** tenía una hemorragia interna; **my heart ~s for you** ¡qué lástima me das! **2** (Bot) «*tree/plant*» *exudar savia o resina* **3** (run) «*dye/color*» correrse
■ **bleed** *vt* **1** (Med) sangrar, hacerle* una sangría a; ***to ~ sb dry*** *o* ***white*** chuparle la sangre a algn (fam) **2** ‹*brakes/radiator*› purgar* **3** ‹*air/fluid*› **to ~ sth FROM** *o* **OUT OF sth** purgar* *or* sacar* algo DE algo

bleeder /'bliːdər || 'bliːdə(r)/ *n* (BrE sl) **1** (fellow) tipo *m* (fam); **you lucky ~!** ¡qué potra tienes! (fam), ¡qué suertudo eres! (AmL fam) **2** (exasperating person, thing): **you ~! now look what you've done!** ¡pedazo de ... ! ¡mira lo que has hecho! (fam); **I can't get the ~ to work** el maldito trasto no quiere funcionar (fam)

bleeding¹ /'bliːdɪŋ/ *n* [u] hemorragia *f*

bleeding² *adj* (BrE sl) ▸**bloody¹ B**

bleeding³ *adv* (BrE sl) ▸**bloody²**

bleeding edge *n* ▸**leading edge**

bleeding heart *n* **1** (Bot) flor *f* del corazón, dicentra *f* **2** (person) (pej) defensor, -sora *m,f* de pleitos perdidos

bleed valve *n* válvula *f* de purga

bleep¹ /bliːp/ *n* pitido *m*

bleep² *vi* (BrE) emitir un pitido
■ **bleep** *vt* (BrE) llamar por el buscapersonas *or* (Esp) el busca *or* (Méx) el bip *or* (Chi) el bíper

bleeper /'bliːpər || 'bliːpə(r)/ *n* (BrE) buscapersonas *m*, busca *m* (Esp fam), bip *m* (Méx fam), bíper *m* (Chi)

blemish¹ /'blemɪʃ/ *n* (on skin, fabric, wood) imperfección *f*; (on fruit) maca *f*, machucón *m* (AmL); **the house is a ~ on the landscape** la casa afea el paisaje; **a ~ on his character/reputation** una mancha en su carácter/reputación; **a life without ~** (liter) una vida intachable *or* sin tacha

blemish² *vt* ‹*honor/reputation*› manchar; **the table is slightly ~ed** la mesa tiene una pequeña imperfección

blench /blentʃ/ *vi* **1** (recoil) estremecerse*; **she didn't even ~** ni se inmutó **2** (turn pale) palidecer*

blend¹ /blend/ *n* **1** (mixture) combinación *f*, mezcla *f*; **there was an interesting ~ of people** había un grupo interesante y variado de gente **2** (Ling) palabra *f* compuesta (*por fusión de sustantivos*)

blend² *vt* **1** ‹*ingredients/colors*› mezclar, combinar **2** (in blender) licuar*, pasar por la licuadora
■ **blend** *vi* **1** **~ (together)** «*sounds/flavors/colors*» armonizar* **2** (merge) **to ~ WITH/INTO sth**: **the house ~s (in) well with its surroundings** la casa forma un conjunto armonioso con su entorno; **the blue of the water ~s (in) with the sky** el azul del agua se funde con el cielo; **he learned to ~ into the background** aprendió a pasar desapercibido

(Phrasal verb)
• **blend in**
A [v + o + adv, v + adv + o] ‹*cream/spice*› añadir *or* agregar* y mezclar; ‹*make-up*› difuminar, extender*; **~ in some white to soften the green** agréguele un poco de blanco para aclarar el verde
B [v + adv] (merge, harmonize) armonizar*, no desentonar

blended /'blendəd || 'blendɪd/ *adj* ‹*whiskey*› de mezcla; **~ tea/coffee** mezcla *f* de distintos tipos de té/café

blender /'blendər || 'blendə(r)/ *n* licuadora *f*

bless /bles/ *vt past* **blessed**; *past p* **blessed** *or* (arch) **blest) 1** (give benediction) bendecir*; **may the Lord ~ you** que el Señor te bendiga **2** (favor) (*usu pass*) **to be ~ed WITH sth**: **we have been ~ed with good health** tenemos la suerte de gozar de buena salud; **they were ~ed with a son** Dios los bendijo con un hijo **3** (*in interj phrases*): **~ you!** (to sb who sneezes) ¡salud! *or* (Esp) ¡Jesús!; (expressing gratitude) (colloq) muchísimas gracias; (as benediction) (que) Dios te (*or* los *etc*) bendiga; **he's done all the ironing, ~ him!** (colloq) ha planchado toda la ropa ¡qué tierno! (fam); **~ her heart, she's fallen asleep** la pobrecita se ha quedado dormida; **Jane, ~ her heart, has offered to put us up** la buena de Jane nos ha ofrecido alojamiento; **~ me/my soul!** (colloq) ¡válgame Dios!; **I'll be ~ed if I can remember his name** (colloq) por nada del mundo me puedo acordar de cómo se llama **4** (consecrate) ‹*wine/bread/marriage*› bendecir* **5** (adore) bendecir*; **~ the Lord!** ¡bendito *or* alabado sea el Señor!

blessed¹ /blest/ *past & past p of* **bless**

blessed² /ˈblesəd || ˈblesɪd/ *adj* **1** (hallowed) bienaventurado; **the B~ Roque González** el beato Roque González; **the B~ Virgin (Mary)** la Santísima Virgen (María); **the B~ Sacrament** el Santísimo Sacramento; **of ~ memory** a quien Dios tenga en su gloria **2** (fortunate, happy) (arch): **~ are the poor** (Bib) bienaventurados los pobres **3** (damn) (colloq) bendito (fam), dichoso (fam); **where's that ~ ... ?** ¿dónde está ese bendito *or* dichoso ... ?; **it's a ~ nuisance** es un latazo (fam)

blessedly /ˈblesədli || ˈblesɪdli/ *adv* felizmente, afortunadamente

blessing /ˈblesɪŋ/ *n*

A **1** (benediction) bendición *f* **2** (approval) aprobación *f*, consentimiento *m*; **the project has the board's ~** el proyecto cuenta con la aprobación de la junta **3** (of marriage) bendición *f*; (of bread, wine) consagración *f*

B (fortunate thing) bendición *f* (del cielo); ***a ~ in disguise***: **don't cry, this may turn out to be a ~ in disguise** no llores, puede que todo sea para bien *or* no llores, mira que no hay mal que por bien no venga; ***to be a mixed ~*** tener* sus pros y sus contras; ***you should count your ~s*** deberías dar gracias por lo que tienes

blest /blest/ (arch) *past & past pt of* **bless** (arch)

blether /ˈbleðər || ˈbleðə(r)/ *vi & n* ▸**blather¹, blather²**

blew /bluː/ *past of* **blow²**

blight¹ /blaɪt/ *n* [u] **1** (Agr, Hort) añublo *m*; (loosely) peste *f* **2** (curse) plaga *f*, cáncer *m*; **urban ~** los problemas de las zonas urbanas deprimidas; **her mother's death cast a ~ on her childhood** la muerte de su madre ensombreció su infancia

blight² *vt* **1** ‹*plant/crop*› arruinar, infestar; ‹*region*› asolar **2** ‹*life/career/health*› arruinar; ‹*hopes*› malograr, echar por tierra

blighter /ˈblaɪtər || ˈblaɪtə(r)/ *n* (BrE colloq) tipo *m* (fam), tío *m* (Esp fam); **you lucky ~!** ¡qué suertudo eres! (AmL fam), ¡qué potra tienes! (Esp fam)

Blighty /ˈblaɪti/ *n* (England) (BrE dated & hum) Inglaterra *f*

blimey /ˈblaɪmi/ *interj* (BrE colloq) ¡caray! (fam), ¡jo! (Esp fam), ¡(la) pucha! (esp AmL fam)

blimp /blɪmp/ *n* **1** (person) (pej & hum) reaccionario, -ria *m,f* **2** (AmE) (Aviat) zepelín *m*

blimpish /ˈblɪmpɪʃ/ *adj* (BrE pej & hum) reaccionario

blind¹ /blaɪnd/ *adj*

A **1** (Med) ciego; **~ man** ciego *m*; **~ woman** ciega *f*; **to be ~ in one eye** ser* tuerto; **he's been ~ since birth** es ciego de nacimiento; **to go ~** quedarse ciego; **to be ~ TO sth** no ver* algo; **he remained ~ to her beauty** permanecía ciego a sus encantos (liter o hum); **she's ~ to the fact that ...** no ve *or* no quiere ver que ...; **how could I have been so ~?** ¿cómo pude haber sido tan ciego? **2** ‹*flying*› por *or* con instrumentos **3** (Auto) ‹*corner*› de poca visibilidad

B (lacking reason, judgment) ‹*faith/obedience/fury*› ciego; **he was ~ with passion** lo cegaba la pasión, lo enceguecía la pasión (AmL); **~ with rage, she slapped him** ciega de ira, le dio una bofetada; **he made a ~ guess at the answer** intentó adivinar la respuesta, dio una respuesta al azar a ver si acertaba

C (BrE colloq) (*as intensifier*): **it isn't a ~ bit of use** no sirve para nada de nada (fam); **nobody took a ~ bit of notice** nadie le hizo ni pizca de caso (fam)

D (without opening) ‹*door/window*› tapiado; ‹*passage*› ciego, sin salida; ‹*wall*› ciego, sin ventanas

blind² *vt* **1** (permanently) dejar ciego; **he was ~ed in an accident** perdió la vista *or* se quedó ciego en un accidente **2** «*ambition/passion*» cegar*, enceguecer* (AmL); «*light/wealth*» deslumbrar, encandilar; **he was ~ed by her beauty** su belleza lo deslumbró *or* encandiló **3** **to ~ sb TO sth** impedirle* ver algo a algn; **love ~ed her to his faults** el amor le impedía ver sus defectos

blind³ *n*

A (outside window) persiana *f*; (*roller ~*) persiana *f* (de enrollar), estor *m* (Esp); (*venetian ~*) persiana *f* veneciana *or* de lamas, persiana *f* americana (Arg), cortina *f* veneciana (Ur)

B **1** (cover, diversion) pantalla *f*, subterfugio *m* **2** (hide) (AmE) puesto *m*, paranza *f*

C (blind people) (+ *pl vb*): **the ~** los ciegos, los invidentes (frml); **a school for the ~** una escuela para ciegos *or* (frml) invidentes; ***it's a case of the ~ leading the ~*** es a cuál de los dos sabe menos; ***in the country of the ~ the one-eyed man is king*** en tierra de ciegos *or* en el país de los ciegos el tuerto es rey

blind⁴ *adv* **1** (BrE colloq) (*as intensifier*): **to swear ~ that ...** jurar y perjurar que ...; **he swore ~ that he knew nothing** juró y perjuró que no sabía nada; **to be ~ drunk** estar* más borracho que una cuba (fam) **2** (Culin): **to bake pastry ~** cocer* masa en blanco *or* sin relleno

blind alley *n* callejón *m* sin salida

blind date *n* cita *f* a ciegas, cita *f* con un desconocido/una desconocida

blinder /ˈblaɪndər || ˈblaɪndə(r)/ *n* **blinders** *pl* **1** (AmE) (on horse) anteojeras *fpl*, tapajos *mpl* (Col) **2** (drinking spree) (BrE sl) parranda *f* (fam); **to go on a ~** irse* de parranda (fam) **3** (good game) (BrE sl) partido *m* excepcional; **to play a ~** jugar* como nunca

blindfold¹ /ˈblaɪndfəʊld/ *vt* vendarle los ojos a; **we were ~ed** nos vendaron los ojos

blindfold² *n* venda *f* (*para tapar los ojos*); **to put a ~ on sb** vendarle los ojos a algn; **they were wearing ~s** llevaban los ojos vendados

blindfold³ *adv* con los ojos vendados; **I've done this so many times, I could do it ~** lo he hecho tantas veces que podría hacerlo con los ojos cerrados

blindfolded /ˈblaɪnd,fəʊldəd || ˈblaɪnd,fəʊldɪd/ *adj* con los ojos vendados

blinding /ˈblaɪndɪŋ/ *adj* **1** (dazzling) ‹*light/glare*› cegador, deslumbrador, enceguecedor (AmL); **it came to me in a ~ flash** se me ocurrió de repente **2** (*as intensifier*) ‹*headache/pain*› atroz; ‹*rage*› ciego

blindingly /ˈblaɪndɪŋli/ *adv* (*as intensifier*): **it's ~ obvious** salta a la vista

blindly /ˈblaɪndli/ *adv* **1** (without seeing) ‹*grope*› a ciegas, a tientas **2** (without reasoning) ‹*follow/obey*› ciegamente

blind man's buff *n* [u] la gallina ciega

blindness /ˈblaɪndnəs || ˈblaɪndnɪs/ *n* [u] ceguera *f*; **~ TO sth** ceguera FRENTE A algo

blindside /ˈblaɪndsaɪd/ *vt* (AmE) **1** (attack) ‹*person/thing*› atacar* por el lado ciego **2** (mislead): **to be ~d by sb** ser* engañado por algn; **we were ~d by the bank's confidence** la confianza del banco nos hizo caer en un error

blind side *n* lado *m* ciego

blind spot *n* **1** (Opt) punto *m* ciego; (weak point) punto *m* flaco *or* débil **2** (Auto) punto *m* ciego; (Rad) (of transmitter) zona *f* de silencio

blind test *n* prueba *f* a ciegas, test *m* ciego

blind trust *n*: *fundación que administra en forma independiente los negocios de una persona que ocupa un cargo público*

blindworm /ˈblaɪndwɜːrm || ˈblaɪndwɜːm/ *n* lución *m*, serpiente *f* de cristal

bling /blɪŋ/ *n* [u] (colloq) (Clothing) bling bling *m* (*moda que consiste en adornarse ostentando riqueza mediante joyas caras, ropa de marca, pieles, relojes, etc*)

blink¹ /blɪŋk/ *n* parpadeo *m*, pestañeo *m*; **there wasn't a ~ of surprise when I told them** ni pestañearon cuando se lo dije; ***to be on the ~*** (colloq) no marchar, no andar* bien (AmL); ***to go on the ~*** estropearse, descomponerse* (AmL)

blink² *vi* «*eye/person*» pestañear, parpadear; «*light*» parpadear; **if you ~, you'll miss it!** (colloq & hum) si te descuidas, te lo pierdes; **he didn't even ~** ni pestañeó, ni se inmutó

■ **blink** *vt* ‹*eye*› guiñar, picar* (Col); ‹*light*› encender* y apagar*; **to ~ away tears** parpadear tratando de contener las lágrimas; **to ~ back tears** contener* las lágrimas

blinker¹ /ˈblɪŋkər || ˈblɪŋkə(r)/ *n*

A **1** (Auto) (colloq) intermitente *m*, direccional *f* (Col, Méx), señalizador *m* (de viraje) (Chi) **2** (AmE) (Transp) señal *f* intermitente

B **blinkers** *pl* (on horse) anteojeras *fpl*, tapaojos *mpl* (Col)

blinker² *vt* ‹*horse*› ponerle* anteojeras *or* (Col) tapaojos a; **they were ~ed by their prejudices** sus prejuicios los cegaban

blinkered /ˈblɪŋkərd || ˈblɪŋkəd/ *adj* ‹*attitude*› de miras estrechas; ‹*view/outlook*› estrecho

blinking¹ /ˈblɪŋkɪŋ/ *adj* **1** ‹*light*› intermitente **2** (BrE colloq): **what a ~ nerve!** ¡qué cara! (fam); **what a ~ idiot!** ¡qué tipo más imbécil! (fam)

blinking² *adv* (BrE colloq) condenadamente (fam)

blip /blɪp/ *n* **1** (sound) bip *m*, pitidito *m* **2** (on radar screen) señal *f* luminosa **3** (irregularity) accidente *m*; (problem) problema *m* pasajero

bliss /blɪs/ *n* [u] **1** (happiness) dicha *f*, felicidad *f* absoluta; **marital ~** felicidad *f* conyugal; **he's in a state of ~** está en la gloria; **what ~ to take these shoes off!** ¡qué gustazo quitarme estos zapatos! (fam) **2** (Relig) gozo *m*

blissed-out /,blɪstˈaʊt/ *adj* (AmE colloq) en estado de éxtasis

blissful /ˈblɪsfəl/ *adj* ‹*smile*› de gozo, de gran felicidad; **he listened to her with a ~ look on his face** la escuchaba extasiado; **they lived in ~ happiness** vivían felices y dichosos; **she babbled on, in ~ ignorance of the fact that she was talking to his wife** siguió parloteando tan tranquila, sin percatarse de que estaba hablando con su mujer

blissfully /ˈblɪsfəli/ *adv* ‹*smile/sigh*› con gran felicidad; **she was ~ unaware of what was going on** ella, muy tranquila, ni cuenta se daba de lo que estaba pasando; **they were ~ happy** eran completamente felices

blister¹ /ˈblɪstər || ˈblɪstə(r)/ *n* **1** (Med) ampolla *f*; **these shoes give me ~s** estos zapatos me hacen ampollas **2** (on paintwork) ampolla *f*, burbuja *f* **3** (on aircraft) burbuja *f*, cubierta *f* transparente

blister² *vi* «*skin/paint*» ampollarse; **his back ~ed** se le hicieron ampollas en la espalda, se le ampolló la espalda

■ **blister** *vt* ampollar

blistering /ˈblɪstərɪŋ/ *adj* **1** (hot) ‹*heat/sun/day*› abrasador; **a ~ hot day** (colloq) un día de calor achicharrante (fam) **2** (harsh, angry) ‹*attack/condemnation*› virulento **3** (fast) ‹*pace*› vertiginoso

blister pack *n* envase *m* burbuja, envase *m* blíster

blithe /blaɪð/ *adj* **1** (unconcerned) despreocupado **2** (happy, carefree) (liter) risueño

blithely /ˈblaɪðli/ *adv* alegremente; **he seemed ~ unconcerned** tenía un aire risueño y despreocupado

blithering /ˈblɪðərɪŋ/ *adj* (colloq) (*before n*): **you ~ idiot!** ¡imbécil! (fam)

blitz¹ /blɪts/ *n* **1** (Aviat, Mil) bombardeo *m* aéreo; **the B~** *el bombardeo alemán de Londres en 1940-41* **2** (intense attack) **~ ON sth**: **this weekend we're going to have a ~ on the garden** (colloq) este fin de semana vamos a atacar el jardín **3** (in US football) carga *f* (defensiva)

blitz[2] *vt* 1 ‹*city/area*› bombardear (desde el aire) 2 (AmE) (Sport) hacerle* una carga (defensiva) a

blitzed /blɪtst/ *adj* (sl) (*pred*): **to be ~** estar* como una cuba (fam)

blitzkrieg /'blɪtskri:g/ *n* guerra *f* relámpago, blitzkrieg *m*

blizzard /'blɪzərd || 'blɪzəd/ *n* ventisca *f*, tormenta *f* de nieve

bloated /'bləʊtəd || 'bləʊtɪd/ *adj* 1 ‹*body/face*› hinchado, abotagado, abotargado; **I feel ~ after all that food** me siento hinchado de tanto comer; **to be ~ with pride/self-importance** estar* henchido de orgullo/vanidad 2 (over-large) ‹*budget/estimate*› inflado

bloater /'bləʊtər || 'bləʊtə(r)/ *n* (in UK) arenque *m* ahumado

blob /blɑ:b || blɒb/ *n* 1 (drip) gota *f* 2 (indistinct shape) mancha *f*, borrón *m*

blobby /'blɑ:bi || 'blɒbi/ *adj* ‹*shape*› borroso; ‹*paint*› grumoso, lleno de grumos

bloc /blɑ:k || blɒk/ *n* (Pol) bloque *m*; **the Western B~** el bloque occidental

block[1] /blɑ:k || blɒk/ *n*

A 1 (of wood) bloque *m*; (of stone) bloque *m*, sillar *m*; **alphabet/building ~s** cubos *mpl* or (Méx) tabiques *mpl* de letras/de construcción; **the executioner's ~** el tajo del verdugo; **he was sent to the ~** lo condenaron a ser decapitado; ***to knock sb's ~ off*** (colloq) romperle* la crisma a algn (fam) 2 (*starting ~*) (Sport) taco *m* de salida; **to be first off the ~s** ser* el primero en la salida 3 (Print) (of metal) plancha *f*; (of wood) placa *f*, taco *m* 4 (of paper) bloc *m*

B (at auction) plataforma *f* (*para subastas*); **they are putting their boat on the ~ next week** la semana que viene subastan or (AmL tb) rematan su barco

C 1 (space enclosed by streets) manzana *f*; (distance between two streets) (AmE) cuadra *f* (AmL), calle *f* (Esp); **we went for a walk around the ~** fuimos a dar una vuelta a la manzana; **it's eight ~s from here** (AmE) está a ocho cuadras (AmL) or (Esp) calles de aquí 2 (building): **a ~ of flats** (BrE) un edificio de apartamentos or de departamentos (AmL), una casa de pisos (Esp); **an office ~** un edificio de oficinas; **the shower ~** el pabellón de las duchas

D (section — of income) parte *f*; (— of text) sección *f*, bloque *m*; (— of shares) paquete *m*; (— of seats) sección *f*; (— of tickets) taco *m*; (*before n*): **~ booking** reservas *fpl* en grupo, reservaciones *fpl* colectivas (AmL); **~ diagram** diagrama *m* de bloques

E (Comput) bloque *m*

F 1 (blockage) obstrucción *f*, bloqueo *m*; **I have a complete ~ about left and right** siempre me armo un lío con la derecha y la izquierda; **he has a mental ~ about physics** tiene un bloqueo mental con la física 2 (obstacle) **~ TO sth** obstáculo *m* PARA algo 3 (embargo) bloqueo *m*; **to put a ~ on sth** bloquear algo

G 1 (in boxing, fencing) bloqueo *m*, parada *f* 2 (in volleyball, US football) bloqueo *m*

block[2] *vt*

A 1 (obstruct) ‹*road/entrance*› bloquear; **you're ~ing my way** me estás impidiendo or bloqueando el paso; **that fat man is ~ing my view** ese gordo no me deja ver 2 ‹*drain/sink*› atascar*, tapar (AmL); **my nose is ~ed** tengo la nariz tapada 3 ▸ **block out**

B 1 (prevent) ‹*progress/attempt*› obstaculizar*, impedir*; ‹*funds/account/sale*› congelar, bloquear 2 (Sport) ‹*ball/opponent*› bloquear

C (emboss) estampar

D (align) ‹*address/paragraph*› alinear

■ **block** *vi* (Sport) bloquear

Phrasal verbs

- **block in** [v + o + adv, v + adv + o] 1 (shade) ‹*drawing/outline*› sombrear 2 (hem in) ‹*car/runner*› cerrarle* el paso a
- **block off** [v + o + adv, v + adv + o] ‹*street*› cortar; ‹*pipe*› cegar*
- **block out** [v + o + adv, v + adv + o] 1 (shut out) ‹*thought/worry*› ahuyentar, borrar de la mente 2 (obscure, obstruct) ‹*sun/light*› tapar
- **block up**

A [v + o + adv, v + adv + o] 1 (seal) ‹*entrance/window*› tapiar, cerrar* 2 (cause obstruction in) ‹*drain/sink*› atascar*, tapar (AmL); **my nose is all ~ed up** tengo la nariz tapada

B [v + adv] (become obstructed) atascarse*, taparse (AmL)

blockade[1] /blɑ:'keɪd || blɒ'keɪd/ *n* bloqueo *m*; **to break a ~** romper* un bloqueo; **to run a ~** burlar un bloqueo; **to raise** o **lift a ~** levantar un bloqueo

blockade[2] *vt* bloquear

blockage /'blɑ:kɪdʒ || 'blɒkɪdʒ/ *n* (in pipe, drain, road) obstrucción *f*; (Med) oclusión *f*; **she has a ~ in the bowel** tiene una oclusión intestinal

block and tackle *n* aparejo *m* de poleas, mufla *f*

blockboard /'blɑ:kbɔ:rd || 'blɒkbɔ:d/ *n* tablero *m* de carpintería

blockbuster /'blɑ:k,bʌstər || 'blɒk,bʌstə(r)/ *n* 1 (movie) éxito *m* de taquilla; (book) bestseller *m*, superventas *m* 2 (bomb) bomba *f* de demolición

block capitals *pl n* (letras *fpl*) mayúsculas *fpl* de imprenta

block chord *n* (Mus) acorde *m* en bloque

blocked /blɑ:kt || blɒkt/ *adj* 1 ‹*pipe/drain/artery*› obstruido; ‹*road*› bloqueado, cerrado; **I have a ~ nose** tengo la nariz tapada 2 ‹*account/currency*› bloqueado or congelado; **~ funds** fondos *mpl* congelados or inmobilizados

blocked-up /'blɑ:ktʌp || 'blɒkt'ʌp/ *adj* (*pred* **blocked up**) ‹*pipe/drain*› atascado, tapado (AmL); ‹*nose/ears*› tapado; **to be ~ ~** ‹‹*person*›› estar* congestionado

blockhead /'blɑ:khed || 'blɒkhed/ *n* (colloq) burro, -rra *m,f* (fam), bruto, -ta *m,f* (fam)

blockhouse /'blɑ:khaʊs || 'blɒkhaʊs/ *n* (Mil) blocao *m*

blocking software /'blɑ:kɪŋ || 'blɒkɪŋ/ *n* [u] software *m* de control parental, programa *m* de control parental

block letters *pl n* ▸ **block capitals**

block printing *n* [u] impresión *f* con bloques de madera tallada

block vote *n* (BrE) 1 (large number of votes) voto *m* en bloque 2 (voting method) voto *m* por delegación

block voting *n* [u] votación *f* en bloque

blog /blɑ:g || blɒg/ *n* (Comput) blog *m*, bitácora *f* electrónica or de Internet, weblog *m*

blogger /'blɑ:gər || 'blɒgə(r)/ *n* (Comput) blogger *mf*, bloguero, -ra *m,f*, bitacorero, -ra *m,f* (de Internet)

bloke /bləʊk/ *n* (BrE colloq) tipo *m* (fam), tío *m* (Esp fam); **is he your ~?** ¿es tu novio (or compañero etc)?; **he gets on well with the rest of the ~s** se lleva bien con los compañeros

blond[1] /blɑ:nd || blɒnd/ ▸ℹ **p.1036** *adj* (*f* **blonde**) ‹*child/hair*› rubio or (Méx) güero or (Col) mono or (Ven) catire; ‹*wood*› claro

blond[2] *n* (*f* **blonde**) rubio, -bia *m,f* or (Méx) güero, -ra *m,f* or (Col) mono, -na *m,f* or (Ven) catire *mf*

blood[1] /blʌd/ *n* [u]

A sangre *f*; **to give ~** dar* or donar sangre; **music is in his ~** lleva la música en la sangre; ***bad ~*** resentimiento *m*, animosidad *f*; **there was bad ~ between them after their argument** quedaron resentidos a raíz de la discusión; ***~ and guts*** (colloq) violencia *f*; **a ~-and-guts movie** una película sangrienta or de mucha violencia; ***~ and thunder*** melodrama *m*; **a film with plenty of ~ and thunder** una película de las de capa y espada; ***fresh*** o ***new*** o ***young ~*** sangre or savia *f* nueva; ***in cold ~*** a sangre fría; ***to be out for ~*** estar* buscando con quién desquitarse; **they're out for** o **after her ~** se la tienen jurada (fam); ***to draw ~*** (lit: wound) sacar* or hacer* salir sangre; (in argument) dar* en el blanco; **her remark had drawn ~** sus palabras lo habían herido en lo más vivo; ***to draw first ~*** anotarse el primer tanto; ***to get ~ out of*** o ***from a stone*** sacar* agua de las piedras; **trying to get information from him is like trying to get ~ out of a stone** a él hay que sacarle la información con sacacorchos or con tirabuzón; **you can't get ~ out of a stone** no se le puede pedir peras al olmo; ***to get sb's ~ up*** (colloq): **it gets my ~ up to see so much injustice** se me sube la sangre a la cabeza cuando veo tanta injusticia; ***to have sb's ~ on one's hands*** tener* las manos manchadas con la sangre de algn; ***to make sb's ~ boil***: **it makes my ~ boil to think that ...** me hierve la sangre cuando pienso que ...; ***to make sb's ~ run cold, to chill sb's ~***: **his laugh made my ~ run cold** su risa hizo que se me helara la sangre (en las venas); ***to sweat ~*** (colloq) (work hard) sudar sangre or tinta (fam); (be anxious) sudar la gota gorda (fam); ***to taste ~*** probar* el sabor de la victoria; (*before n*): **~ alcohol/sugar** concentración *f* de alcohol/azúcar en la sangre; **~ bank** banco *m* de sangre; **~ blister** ampolla *f* de sangre, flictema *m*; **~ cell** o **corpuscle** glóbulo *m*; **~ clot** coágulo *m* de sangre; **~ count** recuento *m* globular; **~ donor** donante *mf* de sangre; **~ plasma** plasma *m* sanguíneo; **~ poisoning** septicemia *f*; **~ serum** suero *m* sanguíneo; **~ supply** riego *m* sanguíneo; **~ temperature** temperatura *f* del cuerpo, temperatura *f* corporal; **~ test** análisis *m* de sangre; **~ transfusion** transfusión *f* de sangre; **~ type**; ▸ **blood group**

B (lineage, family) sangre *f*; **of noble/Spanish ~** de sangre noble/española; **it runs in their ~** lo llevan en la sangre; **~ *is thicker than water*** la familia siempre tira, la sangre tira; (*before n*): **~ tie** lazo *m* de sangre; **we're not ~ relations** no somos de la misma sangre, no somos (parientes) consanguíneos (frml), no me toca de nada (Esp fam)

blood[2] *vt* 1 (initiate) iniciar 2 (hunting) ‹*hounds*› encarnar, encarnizar*

blood bath *n* masacre *f*, baño *m* de sangre, carnicería *f*

blood-borne /'blʌd,bɔ:rn || 'blʌd,bɔ:n/ *adj* ‹*disease*› de transmisión sanguínea; ‹*infection*› de origen sanguíneo

blood brother *n* hermano *m* de sangre

bloodcurdling /'blʌd,kɜ:rdlɪŋ || 'blʌd,kɜ:dlɪŋ/ *adj* espeluznante, aterrador

blood doping /'dəʊpɪŋ/ *n* [u] dopaje *m* sanguíneo

blood feud *n* enemistad *f* mortal (*entre familias*)

blood group, blood type *n* (Med) grupo *m* sanguíneo; **what ~ ~ are you?** ¿qué grupo sanguíneo tiene?; **I'm ~ ~ AB positive/negative** tengo el grupo sanguíneo AB positivo/negativo

blood horse *n* (dated) purasangre *mf*

bloodhound /'blʌdhaʊnd/ *n* 1 (dog) sabueso *m* 2 (detective) sabueso *m*

bloodily /'blʌdli || 'blʌdɪli/ *adv*: **the rebellion was ~ suppressed** la rebelión fue sofocada de forma sangrienta or con derramamiento de sangre; **he seized power ~** se hizo con el poder a sangre y fuego

bloodiness /'blʌdinəs || 'blʌdinɪs/ *n* [u] 1 (violence) lo sanguinario 2 (awfulness) (BrE colloq & dated) lo horroroso

bloodless /'blʌdləs || 'blʌdlɪs/ *adj* 1 (without bloodshed) ‹*coup/revolution*› sin derramamiento de sangre, incruento 2 (lacking vitality) ‹*person*› sin sangre en las venas, con sangre de horchata; ‹*art*› sin vida

bloodlessly /'blʌdləsli || 'blʌdlɪsli/ *adv* 1 (without bloodshed) sin derramamiento de sangre 2 (lifelessly) sin emoción

bloodletting /'blʌd,letɪŋ/ *n* [u c] (Hist, Med) sangría *f*; **an orgy of ~** una orgía de sangre

bloodline /'blʌdlaɪn/ *n* línea *f* de sangre

bloodlust /'blʌdlʌst/ *n* [u] sed *f* de matar, deseo *m* de matar

bloodmobile /'blʌdməbi:l/ *n* (AmE) unidad *f* móvil de extracción de sangre

blood money *n* [u] 1 (ill-gotten fortune) dinero *m* sucio 2 (compensation) *dinero pagado a la familia de la víctima de un asesinato*

b

blood orange *n* naranja *f* sanguina *or* de sangre

blood pressure *n* [u] tensión *f or* presión *f* (arterial); **to have high/low ~ ~** tener* la tensión *or* presión alta/baja; **her ~ ~ has risen/fallen** le ha subido/bajado la tensión *or* presión; **to take sb's ~ ~** tomarle la tensión *or* presión a algn

blood pudding *n* [u c] ▸**blood sausage**

bloodred /'blʌdred/ ▸ⓘ **p.1036** *adj* (*pred* **blood red**) ‹*sky*› teñido de rojo; ‹*rose*› encarnado; ‹*wine*› de color rojo sangre

blood relationship *n* [u c] (parentesco *m* por) consanguinidad *f*

blood sausage *n* [u c] morcilla *f* (negra), moronga *f* (Méx), prieta *f* (Chi)

bloodshed /'blʌdʃed/ *n* [u] derramamiento *m* de sangre

bloodshot /'blʌdʃɑ:t || 'blʌdʃɒt/ *adj* ‹*eye*› rojo, inyectado de sangre

blood sport *n* deporte *m* sangriento

bloodstain /'blʌdsteɪn/ *n* mancha *f* de sangre

blood-stained /'blʌdsteɪnd/ *adj* manchado de sangre

bloodstock /'blʌdstɑ:k || 'blʌdstɒk/ *n* [u] caballos *mpl* pura sangre, pura sangres *mpl*

bloodstream /'blʌdstri:m/ *n*: **the ~** el torrente sanguíneo

bloodsucker /'blʌd,sʌkər || 'blʌd,sʌkə(r)/ *n* [1] (Zool) hematófago *m* [2] (person) sanguijuela *f* (fam)

bloodthirstiness /'blʌd,θɜ:rstinəs || 'blʌd,θɜ:stinɪs/ *n* [u] [1] (of person) carácter *m* sanguinario [2] (of story) lo sangriento

bloodthirsty /'blʌd,θɜ:rsti || 'blʌd,θɜ:sti/ *adj* **-thirstier, -thirstiest** [1] (cruel) sanguinario [2] (gory) ‹*story/description*› sangriento

blood vessel *n* vaso *m* sanguíneo; ***to burst a ~ ~*** (colloq): **she nearly burst a ~ ~ when he told her** casi le dio un ataque cuando se enteró (fam); **it's enough to make you burst a ~ ~** es como para que a uno le dé un ataque (fam)

bloody[1] /'blʌdi/ *adj* **-dier, -diest**
A [1] ‹*hands/clothes/bandage*› ensangrentado; ‹*nose/wound*› que sangra, sangrante [2] (violent) ‹*battle*› sangriento; ‹*tyrant*› sanguinario
B (esp BrE vulg *o* colloq) (*no comp*) (expressing annoyance, surprise, shock etc): **where's that ~ dog?** ¿dónde está ese maldito *or* puñetero *or* (Méx) pinche perro? (fam); **I didn't understand a ~ word!** no entendí ni jota (fam), no entendí un carajo (vulg); **turn that ~ television off!** ¡apaga esa televisión, coño *or* carajo! (vulg); **it's a ~ miracle he passed** ¡no sé cómo coño *or* (Méx) cómo chingados aprobó! (vulg); **~ hell!** ¡coño! (vulg), ¡chingado! (Méx vulg), ¡hostias! (Esp vulg)

bloody[2] *adv* (BrE vulg *o* colloq) (*as intensifier*): **it's ~ useless** no sirve para un carajo (vulg); **the weather was ~ awful!** ¡hizo un tiempo de mierda! (vulg); **she's a ~ brilliant player!** ¡juega de puta madre! (vulg), es una jugadora muy chingona (Méx vulg), es flor de jugadora (CS fam), es una verraca jugadora (Col fam); **not ~ likely!** ¡ni loco! (fam); **who ~ cares?** ¿a quién coño *or* (Méx) a quién chingados le importa?

bloody[3] *vt* **-dies, -dying, -died** manchar de sangre

Bloody Mary *n* [u c] (*pl* **~ ~s**) bloody mary *m*

bloody-minded /,blʌdi'maɪndəd || ,blʌdi 'maɪndɪd/ *adj* (esp BrE colloq) difícil, empecinado, atravesado (AmL fam); **she was being deliberately ~ and would not take our order** no nos atendía a propósito, para fastidiar (fam)

bloody-mindedness /,blʌdi'maɪndədnəs || ,blʌdi'maɪndɪdnɪs/ *n* [u] (esp BrE colloq) empecinamiento *m*; **she insisted on doing it herself out of sheer ~** se emperró en hacerlo ella misma, sólo para fastidiar

bloom[1] /blu:m/ *n*
A [1] [c] (flower) flor *f* [2] [u] (time of flowering) floración *f*; **to be in ~** estar* en flor; **to be in full ~** estar* en plena floración; **to come into ~** florecer*; ***in the full ~ of youth*** (liter) en plena juventud, en la flor de la vida *or* de la edad
B [u] (on fruits, leaves) vello *m*, pelusa *f*; ***to lose one's ~*** ajarse; **two years later, their relationship had lost its ~** dos años más tarde, su relación había perdido el encanto; ***to take the ~ off sth*** empañar algo; **that took the ~ off the celebrations** eso empañó los festejos

bloom[2] *vi* «*plant/tree/garden*» florecer*; «*flower*» abrirse*; **it was remarkable how she had ~ed in six short months/with her pregnancy** era notable cómo se había desarrollado en apenas seis meses/lo bien que le sentaba el embarazo

bloomer /'blu:mər || 'blu:mə(r)/ *n*
A (plant): **it's a spring ~** (es una planta que) florece *or* da flores en primavera
B (mistake) (BrE colloq) metedura *f or* (AmL tb) metida *f* de pata; **to make a ~** meter la pata (fam), tirarse una plancha (fam)
C **bloomers** *pl* bombachos *mpl*
D (loaf) (BrE) *pan con cortes transversales*

blooming[1] /'blu:mɪŋ/ *adj* [1] (BrE colloq) (*before n*): **I missed the ~ bus!** ¡perdí el condenado *or* maldito autobús! (fam); **what a ~ shame!** ¡qué mala pata! (fam) [2] (happy and healthy) (*pred*) radiante

blooming[2] *adv* (BrE colloq): **don't be so ~ rude!** ¡no seas tan grosero, caramba!; **there was a ~ great boulder in the way** había tremenda roca en el camino (fam), había una roca de aquí te espero en el camino (fam)

bloop /blu:p/ *vi* (AmE colloq)
A «*electronic device*» sonar*
B (make a mistake) «*person*» meter la pata

blooper /'blu:pər || 'blu:pə(r)/ *n* (esp AmE) metedura *f or* (AmL tb) metida *f* de pata (fam); **to make a ~** meter la pata (fam), tirarse una plancha (fam)

blossom[1] /'blɑ:səm || 'blɒsəm/ *n* [1] [c] (flower) flor *f* [2] [u] (mass of flowers) flores *fpl*; **orange ~** flores de azahar; **a cherry in ~** un cerezo en flor

blossom[2] *vi* [1] (flower) «*tree*» florecer*, dar* flor [2] (flourish) «*enterprise/arts*» florecer*; «*person/relationship*» alcanzar* su plenitud; **to ~ INTO sth: our friendship ~ed into love** nuestra amistad se transformó en amor; **Helen has ~ed (out) into a delightful young woman** Helen se ha convertido en una chica encantadora

blot[1] /blɑ:t || blɒt/ *n* [1] (of ink) borrón *m*, manchón *m* [2] (blemish) **~ (ON sth): a ~ on one's escutcheon** (esp BrE liter & hum) una mancha *or* una tacha en su (*or* mi *etc*) honor; **the factory is a ~ on the landscape** la fábrica afea *or* estropea el paisaje

blot[2] **-tt-** *vt* [1] (stain, smear) ‹*page/word*› emborronar, borronear [2] (dry) ‹*signature/ink*› secar* (*con papel secante*)

Phrasal verb

• **blot out** [v + o + adv, v + adv + o] ‹*word*› tachar; ‹*view*› tapar; ‹*past/memory*› borrar; **I wish I could ~ him out of my mind** ojalá me pudiera olvidar de él

blotch[1] /blɑ:tʃ || blɒtʃ/ *n* [1] (on skin) mancha *f*; **my skin came out in ~es** me salieron manchas en la piel [2] (of paint, ink) borrón *m*, manchón *m*

blotch[2] *vt* ‹*page/line*› emborronar, borronear; **her skin was all ~ed** tenía toda la piel manchada

blotchiness /'blɑ:tʃɪməs || 'blɒtʃɪnɪs/ *n* [u] borroneo *m*

blotchy /'blɑ:tʃi || 'blɒtʃi/ *adj* **blotchier, blotchiest** ‹*skin*› lleno de manchas; ‹*painting/writing*› emborronado, borroneado

blotter /'blɑ:tər || 'blɒtə(r)/ *n* [1] (sheet) hoja *f* de papel secante, secante *m*; (on desktop) carpeta *f*, cartapacio *m* [2] (record book) (AmE) registro *m*; **police ~** fichero *m* de la policía

blotting pad /'blɑ:tɪŋ || 'blɒtɪŋ/ *n* carpeta *f*, cartapacio *m*

blotting paper *n* [u] papel *m* secante

blotto /'blɑ:təʊ || 'blɒtəʊ/ *adj* (colloq) (*pred*) como una cuba (fam), tomado (AmL fam); **to get ~** agarrar *or* (Esp) pillar una curda (fam), agarrar una guarapeta (Méx fam)

blouse /blaʊs, blaʊz || blaʊz/ *n* [1] (woman's) blusa *f* [2] (man's uniform jacket) guerrera *f*

blouson /'blu:sɑ:n || 'blu:zɒn/ *n* [1] **~ (jacket)** (BrE) chaqueta *f or* (Esp) cazadora *f or* (Méx) chamarra *f or* (RPl) campera *f* [2] (woman's bodice) (AmE) blusón *m*

blow[1] /bləʊ/ *n*
A [1] (stroke) golpe *m*; **a ~ with a hammer** un martillazo, un golpe con un martillo; **to come to ~s** llegar* a las manos; ***at a (single)*** *o* ***one ~*** de un golpe, a la vez; ***to strike a ~ for sth*** romper una lanza en favor de algo [2] (shock, setback) golpe *m*; **~ TO sb** golpe PARA algn; **the news of his death came as a ~ to us all** la noticia de su muerte fue un duro golpe *or* un gran disgusto para todos nosotros
B [1] (action) soplo *m*, soplido *m*; **to give one's nose a ~** sonarse* la nariz [2] (gale) vendaval *m*; **to go for a ~** (BrE colloq) salir* a tomar (el) aire *or* el fresco

blow[2] (*past* **blew**; *past p* **blown**) *vt*
A (propel) soplar; **she blew the ash onto the floor** sopló y echó la ceniza al suelo; **stop ~ing smoke into my face!** ¡no me eches el humo a la cara!; **a gust blew the door shut** una ráfaga de viento cerró la puerta de golpe; **the helicopter blew a cloud of dust into the air** el helicóptero levantó una nube de polvo; **to ~ sth away/off/along: all trace of their camp had been ~n away by the wind** el viento no había dejado ni rastro del campamento; **her hat was ~n off** se le voló el sombrero; **they let the wind ~ them along** se dejaron llevar por el viento; **the wind blew the roof off the kiosk** el viento le arrancó el techo al quiosco; **the plane was ~n off course** el viento sacó el avión de su curso; **look what the wind's ~n in!** ¡mira quién ha aparecido!; ▸**wind**[1] **A**
B [1] (make by blowing) ‹*glass*› soplar; **to ~ bubbles** hacer* pompas de jabón [2] (clear) ‹*egg*› vaciar* (*soplando*); **to ~ one's nose** sonarse* la nariz [3] (play) ‹*note*› tocar*; ‹*signal*› dar*; **the referee blew the whistle** el árbitro tocó *or* hizo sonar el silbato *or* pito; ***to ~ one's own trumpet*** *o* (AmE) ***horn*** darse* bombo, echarse *or* tirarse flores; **he doesn't need anyone else to ~ his trumpet for him** no tiene abuela *or* se le ha muerto la abuela (fam & hum), no necesita quien lo alabe, se alaba solo
C [1] (smash) ‹*bridge/safe*› volar*, hacer* saltar; **the car was ~n to pieces** el coche voló en pedazos; **to ~ a hole in sth** hacer* un agujero en algo; ***to ~ sb's head off*** volarle la tapa de los sesos a algn; ***to ~ sth sky high*** *o* ***out of the water*: this ~s his theory sky high** esto echa por tierra su teoría; **if this goes off, we'll be ~n sky high** como explote, saltamos por los aires; ***to ~ sth wide open*** poner* algo al descubierto, destapar algo (fam) [2] (burn out) ‹*fuse*› fundir, hacer* saltar, quemar [3] (burst) ‹*gasket*› reventar*; ***to ~ one's top*** *o* ***stack*** *o* ***lid*** (colloq) explotar, ponerse* hecho una furia
D (colloq) [1] (squander) ‹*money*› despilfarrar, tirar; **to ~ sth ON sth: he'd ~n the money on a cruise** había despilfarrado el dinero en un crucero, se había pulido el dinero (Esp) *or* (RPl) se había patinado la plata en un crucero (fam) [2] (spoil): **they were getting on well, but he blew it by starting to ...** se estaban llevando bien, pero él lo echó todo a perder cuando empezó a ...; **I blew the oral test** la pifié (fam) *or* (vulg) la cagué en el oral, la regué en el oral (Méx fam)
E (leave) (esp AmE sl & dated) largarse* de (fam)
F (*past p* **blowed**) (curse) (BrE colloq): **~ me if she didn't make the same mistake!** ¿y no va y se equivoca otra vez?; **~ this! let's take a cab!** ¡al diablo con esto! tomemos un taxi (fam); **oh, ~ your principles!** ¡mira, guárdate tus principios!; **I'll be ~ed if I'll apologize!** ¡ya pueden esperar sentados a que pida perdón! (fam)
G (perform fellatio) (esp AmE vulg) chupar (vulg), mamar (vulg)

■ **blow** *vi*

A 1 ⟨⟨*wind*⟩⟩ soplar; **to ~ hot and cold** dar* una de cal y otra de arena 2 ⟨⟨*person*⟩⟩ soplar; **~ hard into the bag** sopla fuerte en la bolsa; **she came up the stairs, puffing and ~ing** subió las escaleras bufando y resoplando 3 ⟨⟨*whale*⟩⟩ bufar
B (be driven by wind): **litter was ~ing everywhere** había basura volando por todas partes; **sand had ~n in under the door** con el viento se había colado arena por debajo de la puerta; **his hat blew off** se le voló el sombrero; **the door blew open/shut** la puerta se abrió/se cerró con el viento
C (produce sound) ⟨⟨*bugle/foghorn/whistle*⟩⟩ sonar*; **the whistle blew for half-time** el silbato sonó anunciando el final del primer tiempo
D 1 (burn out) ⟨⟨*fuse*⟩⟩ fundirse, saltar, quemarse 2 (burst) ⟨⟨*gasket*⟩⟩ reventarse*
E (leave, go) (esp AmE sl & dated) largarse* (fam)

Phrasal verbs
- **blow away** [v + o + adv] (sl) 1 (kill) liquidar (fam); **one more word and I'll ~ you away!** una palabra más y te liquido *or* te vuelo la tapa de los sesos (fam) 2 (have strong effect on) (AmE): **that kind of music just ~s me away** ese tipo de música me enloquece (fam), es que flipo con ese tipo de música (Esp fam); **the tragedy blew me away** la tragedia me dejó anonadado; *see also* **blow² A**
- **blow down**
A [v + o + adv, v + adv + o] ⟨*fence/mast/cable*⟩ tirar (abajo), derribar; **~ me down!** (BrE colloq) ¡parece mentira! (fam), ¡me caigo y no me levanto! (fam)
B [v + adv] ⟨⟨*tree/tent*⟩⟩ caerse* (*con el viento*)
- **blow in** [v + adv] (arrive casually) (colloq) aparecer*, caer* (fam)
- **blow out**
A [v + o + adv, v + adv + o] 1 (extinguish) ⟨*match/flame*⟩ apagar* (*soplando*) 2 (shoot) (colloq): **to ~ sb's brains out, to ~ out sb's brains** saltarle *or* volarle* la tapa de los sesos a algn (fam) 3 (AmE colloq) (defeat convincingly): **to ~ sb out** darle* una paliza a algn (fam)
B [v + adv] 1 (become extinguished) ⟨⟨*candle/lamp*⟩⟩ apagarse* 2 (burst) ⟨⟨*tire*⟩⟩ reventarse* 3 (erupt) ⟨⟨*well/gas/oil*⟩⟩ hacer* explosión
- **blow over** [v + adv] 1 (be forgotten) ⟨⟨*scandal/trouble*⟩⟩ caer* en el olvido 2 ⟨⟨*storm*⟩⟩ pasar
- **blow up**
A [v + adv] 1 (explode) ⟨⟨*bomb*⟩⟩ estallar, hacer* explosión; ⟨⟨*bridge/car*⟩⟩ saltar por los aires 2 (begin) ⟨⟨*wind/storm*⟩⟩ levantarse; ⟨⟨*conflict*⟩⟩ estallar; **to ~ up INTO sth: the breeze had ~n up into a storm** la brisa había dado paso a una tormenta; **the affair blew up into a major scandal** el caso terminó en un gran escándalo 3 (become angry) (colloq) ⟨⟨*person*⟩⟩ explotar (fam)
B [v + o + adv, v + adv + o] 1 ⟨*mine/car*⟩ volar* 2 ⟨*tire/balloon*⟩ inflar, hinchar (Esp) 3 (colloq) ⟨*incident/affair*⟩ exagerar, sacar* de quicio; **it's been ~n up out of all proportion** lo han sacado totalmente de quicio 4 ⟨*photo*⟩ ampliar*, hacer* una ampliación de 5 (reprimand) (BrE colloq) regañar, retar (CS)

blow-by-blow /ˈbləʊbarˈbləʊ/ *adj* (*before n*) ⟨*account*⟩ con pelos y señales (fam)

blow drier, blow dryer *n* secador *m* (de pelo) de mano, secadora *f* (de pelo) de mano (Méx)

blow-dry¹ /ˈbləʊdraɪ/ *vt* **-dries, -drying, -dries**: **to ~ one's hair** hacerse* un brushing (*secarse el pelo con secador de mano y cepillo*)

blow-dry² *n* (*pl* **-dries**) brushing *m*

blower /ˈbləʊər || ˈbləʊə(r)/ *n* 1 (fan) calefactor *m* 2 (telephone) (BrE colloq & dated) teléfono *m*; **to be on the ~** estar* hablando por teléfono

blowfly /ˈbləʊflaɪ/ *n* (*pl* **-flies**) moscarda *f*

blowgun /ˈbləʊgʌn/ *n* (AmE) cerbatana *f*

blowhard /ˈbləʊhɑːrd || ˈbləʊhɑːd/ *n* (AmE colloq) fanfarrón, -rrona *m,f*

blowhole /ˈbləʊhəʊl/ *n* 1 (of whale) orificio *m* nasal 2 (in ice) orificio *m* de ventilación, respiradero *m*

blowjob /ˈbləʊdʒɑːb || ˈbləʊdʒɒb/ *n* (vulg) chupada *f* (vulg), mamada *f* (vulg)

blowlamp /ˈbləʊlæmp/ *n* (BrE) soplete *m*

blown /bləʊn/ *past p of* **blow²**

blowout /ˈbləʊaʊt/ *n* 1 (feast) (colloq) comilona *f* (fam), fiestón *m* (fam) 2 (burst tire) reventón *m*; **we had a ~** se nos reventó un neumático 3 (of fuse): **there has been a ~** han saltado *or* se han fundido *or* se han quemado los fusibles 4 (AmE) (Sport) paliza *f* (fam), derrota *f* aplastante 5 (AmE) (argument) disputa *f*; (outburst) arrebato *m*

blowpipe /ˈbləʊpaɪp/ *n* cerbatana *f*

blowsy *adj* **-sier, -siest** ▸ **blowzy**

blowtorch /ˈbləʊtɔːrtʃ || ˈbləʊtɔːtʃ/ *n* soplete *m*

blowup /ˈbləʊʌp/ *n* (colloq) 1 (enlargement) (Phot) ampliación *f* 2 (argument) encontronazo *m* (fam)

blowy /ˈbləʊi/ ▸ ❶ **p.1878** *adj* **-wier, -wiest** (colloq) ⟨*day*⟩ ventoso, de mucho viento

blowzy /ˈblaʊzi/ *adj* **-zier, -ziest**: **a ~ woman** una mujer con pinta de ordinaria (fam)

BLT *n* = **bacon, lettuce and tomato sandwich**

blub /blʌb/ *vi* **-bb-** (BrE) lloriquear

blubber¹ /ˈblʌbər || ˈblʌbə(r)/ *n*
A [u] 1 (whale fat) grasa *f* de ballena 2 (on person) (colloq) grasa *f*; **this ~ around my waist** estos michelines *or* rollos que tengo (fam)
B [c] (weep) (colloq & pej) (*no pl*) lloriqueo *m*; **to have a (good) ~** llorar a moco tendido (fam)

blubber² *vi* (colloq & pej) lloriquear

blubbery /ˈblʌbəri/ *adj* (colloq) fofo

bludge off /blʌdʒ/ (Austral) (NZ colloq) [v + adv]gorronear (fam); gorrear (fam); garronear (RPl) (fam); bolsear (Chi) (fam); **to ~~ others** vivir a costillas de los demás, vivir de gorra *or* (RPl) de garrón (fam), vivir bolseando a los demás (Chi) (fam)

bludgeon¹ /ˈblʌdʒən/ *vt* 1 (strike) aporrear 2 (bully) coaccionar; **to ~ sb INTO sth/-ING: they have to be ~ed into spending less** hay que obligarlos a reducir sus gastos

bludgeon² *n* porra *f*, cachiporra *f*

bludger /ˈblʌdʒər || ˈblʌdʒə(r)/ *n* (Austral) (NZ colloq) gorrón, -rrona *m,f* (fam); garronero, -ra *m,f* (RPl) (fam); bolsero, -ra *m,f* (Chi) (fam); (from welfare state) parásito, -ta *m,f* (fam)

blue¹ /bluː/ *adj* **bluer, bluest**
A ▸ ❶ **p.1036**; ⟨*dress/sea/sky*⟩ azul; **~ with cold** amoratado de frío; **she went ~ in the face** se le amorató la cara
B 1 (pornographic) (colloq) verde, porno *adj inv*, colorado (Méx) 2 (risqué) picante, subido de color *or* de tono
C (unhappy) (esp AmE) triste, deprimido
D (Pol) (BrE colloq) conservador

blue² *n*
A ▸ ❶ **p.1036** [u] (color) azul *m*; **dark/light ~** azul oscuro/claro; ***out of the ~*: she phoned/the letter arrived quite out of the ~** llamó/la carta llegó cuando menos se (*or* me *etc*) lo esperaba; ***to vanish* o *disappear into the ~*** esfumarse; **she/it vanished** o **disappeared into the ~** se esfumó, se la/lo tragó la tierra
B [c] (BrE) *deportista representante de Oxford o Cambridge*

blue³ *vt* (BrE colloq) despilfarrar, pulirse (Esp fam), patinarse (RPl fam), hacer* sonar (Chi fam)

blue baby *n* bebé *m* azul *or* cianótico

Bluebeard /ˈbluːbɪrd || ˈbluːbɪəd/ Barba Azul

bluebell /ˈbluːbel/ *n* 1 (in England) jacinto *m* silvestre 2 (in Scotland) campánula *f*, campanilla *f*

blueberry /ˈbluːˌberi || ˈbluːbəri/ *n* (*pl* **-ries**) arándano *m*

bluebird /ˈbluːbɜːrd || ˈbluːbɜːd/ *n* (Zool) azulejo *m*

blueblack /ˈbluːˈblæk/ ▸ ❶ **p.1036** *adj* (*pred* **blue black**) azul muy oscuro

blue blood *n* 1 [u] (breeding) sangre *f* azul 2 [c] (person) aristócrata *mf*

blue-blooded /ˈbluːˈblʌdəd || ˌbluːˈblʌdɪd/ *adj* de sangre azul

bluebottle /ˈbluːˌbɑːtl || ˈbluːˌbɒtl/ *n* mosca *f* azul, moscarda *f*

blue box *n* (*pl* **-es**) (Can) (Ecol) caja *f* azul (*para materiales reciclables*)

blue cheese *n* [u c] queso *m* azul

blue-chip /ˈbluːˈtʃɪp/ *adj* ⟨*stock/company*⟩ de primer orden, de primera; ⟨*investment*⟩ de mínimo riesgo

blue-collar /ˈbluːˈkɑːlər || ˌbluːˈkɒlə(r)/ *adj* ⟨*union*⟩ obrero; ⟨*job*⟩ manual; **~ workers** los obreros

blue-eyed /bluːˈaɪd/ *adj* de ojos azules; **~ boy** niño *m* mimado

blue flag *n*
A (for beach cleanliness) bandera *f* azul
B (in motor racing) bandera *f* azul

bluegrass /ˈbluːgræs || ˈbluːgrɑːs/ *n* [u] 1 (Bot) *hierba que se usa como forraje* 2 (Mus) blue grass *m*

blue jay *n* urraca *f* de América

blue jeans *pl n* (esp AmE) vaqueros *mpl*, (blue) jeans *mpl*, tejanos *mpl*, bluyines *mpl* (Andes), pantalones *mpl* de mezclilla (Méx)

blue law *n* (AmE) (Law); *ley que prohíbe la realización de ciertas actividades los domingos*

blue mouth *n* [u] (Vet Sci) virus *m* de la lengua azul

bluenose /ˈbluːnəʊz/ *n* (AmE colloq) puritano, -na *m,f*

blue-pencil /ˌbluːˈpensəl/ *vt* BrE **-ll-** censurar

blueprint /ˈbluːprɪnt/ *n* 1 (of technical drawing) plano *m*, proyecto *m*; (Phot) cianotipo *m* 2 (plan of action) programa *m*; **a ~ for disaster** el camino seguro al desastre

blue-ribbon /ˌbluːˈrɪbən/ *adj* 1 (elite) (esp AmE) de élite, selecto 2 (most prestigious) ⟨*trophy*⟩ máximo

blue ribbon *n* primer premio *m*

blue rinse *n* reflejos *mpl* azules; **she's had a blue rinse** se ha dado reflejos azules

blues /bluːz/ *pl n*
A (depression) (colloq): **the ~** la depre (fam); **to have the ~** estar* con la depre (fam)
B (Mus) blues *m*; **to play/sing (the) ~** tocar*/cantar blues

blue shark *n* tiburón *m* azul

blue-sky /ˈbluːˈskaɪ/ *adj* irreal, teórico

blue-sky law *n* (in USA) *ley estatal destinada a proteger a los inversionistas del fraude en la compra de valores, regulando la emisión y venta de los mismos*

bluestocking /ˈbluːˌstɑːkɪŋ || ˈbluːˌstɒkɪŋ/ *n* (pej) intelectual *f*

bluesy /ˈbluːzi/ *adj* bluesero, bluesy, tipo blues

blue tit *n* alionín *m*, herrerillo *m*

bluetongue /ˈbluːtʌŋ/ *n* (Vet Sci) virus *m* de lengua azul

Bluetooth® /ˈbluːtuːθ/ *n* [u] (Telec) Bluetooth® *m*

blue water *n* mar *m* abierto

blue whale *n* ballena *f* azul

bluff¹ /blʌf/ *vi* hacer* un bluff *or* (Col, Méx) un blof, hacer* un farol, blofear (Col, Méx), blufear (CS)
■ **bluff** *vt*: **she's ~ing us** nos quiere engañar, se está marcando un farol (Esp fam), nos está metiendo la mula (CS fam); **they were ~ed into believing that the diamonds were there** les hicieron creer que los diamantes estaban allí; **he managed to ~ his way out of it** o **to ~ it out** logró salir del apuro embaucándolos

bluff² *n*
A [u c] (pretense) bluff *m*, blof *m* (Col, Méx); **to call sb's ~** poner* a algn en evidencia
B [c] (cliff) risco *m*, acantilado *m*

bluff³ *adj* **-er, -est** ⟨*person*⟩ francote (fam), campechano

bluffer /ˈblʌfər || ˈblʌfə(r)/ *n* farolero, -ra *m,f* (fam), blofeador, -dora *m,f* (Col, Méx), blufeador, -dora *m,f* (CS)

bluish /ˈbluːɪʃ/ ▸ ❶ **p.1036** *adj* azulado; **a ~ green** un verde azulado

blunder¹ /ˈblʌndər || ˈblʌndə(r)/ *vi*
A (move clumsily, stumble): **I ~ed into the wrong**

b

room me equivoqué de habitación por atolondrado; **he ~ed into the boss in the corridor** se topó con el jefe en el pasillo; **he ~ed around in the dark** andaba dando tumbos en la oscuridad; **she ~ed in/out** entró/salió dando tumbos *or* traspiés; **somehow I ~ed through the interview** a trancas y barrancas, llegué al final de la entrevista

B 1 (make mistake) cometer un error garrafal, meter la pata (fam) 2 **blundering** *pres p* **that ~ing idiot!** ¡ese idiota perdido! (fam)

blunder² *n* (mistake) error *m* garrafal; (faux pas) metedura *f or* (AmL tb) metida *f* de pata (fam), plancha *f* (Esp fam)

blunderbuss /ˈblʌndərbʌs ‖ ˈblʌndəbʌs/ *n* trabuco *m*

blunt¹ /blʌnt/ *adj* **-er, -est** 1 (not sharp) ‹*pencil*› desafilado, que no tiene punta, mocho (esp AmL); ‹*tip/edge*› romo; ‹*knife/blade*› (BrE) desafilado; **a ~ instrument** un objeto contundente; **the act is a very ~ instrument for dealing with this problem** la ley ataca el problema de manera muy burda 2 (straightforward) ‹*person/manner*› directo, franco; ‹*refusal*› rotundo, categórico; **to be ~, it won't work** para serte franco *or* sincero, no creo que funcione; **she was very ~ about our shortcomings** no tuvo pelos en la lengua para señalar nuestras deficiencias

blunt² *vt* 1 (remove sharpness of) ‹*pencil/needle*› despuntar; ‹*knife/scissors*› desafilar 2 (make dull) ‹*senses/intellect*› embotar; ‹*satire/criticism*› suavizar*, atemperar

bluntly /ˈblʌntli/ *adv* ‹*say*› sin rodeos, claramente; ‹*refuse*› rotundamente; **to put it ~, you bore me** hablando en plata, me aburres (fam)

bluntness /ˈblʌntnəs ‖ ˈblʌntnɪs/ *n* [u] 1 (of blade) falta *f* de filo; (of point) lo poco afilado, lo mocho (esp AmL) 2 (straightforwardness) franqueza *f*; (brusqueness) brusquedad *f*

blur¹ /blɜːr ‖ blɜː(r)/ **-rr-** *vt* ‹*outline/image*› desdibujar, hacer* borroso; ‹*distinction*› hacer* menos claro; ‹*memory*› hacer* borroso; **his eyes were ~red with tears** las lágrimas empañaban sus ojos

■ **blur** *vi* «*outline/image*» desdibujarse, hacerse* borroso; «*writing/lines*» hacerse* borroso

blur² *n*: **everything became a ~** todo se volvió borroso; **a ~ of colors** una masa de colores indistintos; **my recollection of the party is a ~** tengo un recuerdo vago *or* borroso de la fiesta

blurb /blɜːrb ‖ blɜːb/ *n* propaganda *f*, nota *f* publicitaria (*en folleto, tapa de libro etc*)

blurred /blɜːrd ‖ blɜːd/ *adj* ‹*hills/outline/image/vision*› borroso; ‹*sound*› indistinto, poco claro; **all the photos were ~** todas las fotos habían salido mal enfocadas *or* (AmL tb) fuera de foco; **I felt dizzy and then everything went ~** me mareé y empecé a verlo todo borroso; **his vision started to get ~** empezó a nublársele la vista; **the picture became ~** la imagen perdió nitidez; **the distinction had become ~ in her mind** ya no veía claramente la diferencia

blurt /blɜːrt ‖ blɜːt/ *vt*: **to ~ sth (out)** espetar algo, soltar* algo (fam)

blush¹ /blʌʃ/ *vi* ruborizarse*, ponerse* colorado *or* rojo, sonrojarse; **I ~ easily** me ruborizo por nada, me pongo colorado *or* rojo por nada; **he ~ed scarlet at her words** se puso como la grana *or* (fam) como un tomate con lo que dijo; **she ~ed with shame** se puso colorada de vergüenza; **I ~ to admit that ...** (hum) me avergüenza tener que reconocer que ...

blush² *n* 1 (in cheeks) (*often pl*) rubor *m*; ***to spare sb's ~es***: **she spared his ~es and didn't mention his behavior the previous night** le ahorró un bochorno al no mencionar su comportamiento de la noche anterior; **oh, spare my ~es!** no me hagas pasar vergüenza, no hagas que me ruborice 2 (in sky, flower) tono *m* rosáceo

blusher /ˈblʌʃər ˈblʌʃə(r)/ *n* [u c] colorete *m*, rubor *m* (Méx, RPl)

bluster¹ /ˈblʌstər ‖ ˈblʌstə(r)/ *vi* 1 (talk threateningly) soltar* *or* echar bravatas, bravuconear; **don't ~** no te pongas bravucón *or* (fam) gallito 2 «*wind*» rugir*, bramar

bluster² *n* [u] bravatas *fpl*, bravuconería *f*

blustery /ˈblʌstəri/ *adj* ‹*weather/wind*› borrascoso; ‹*night*› tempestuoso

Blu-Tack® /ˈbluːtæk/ *n* [u] Blu-Tack® *m*

Blvd, (esp AmE) (= **Boulevard**) Blvar., Br.

BM *n* = **Bachelor of Medicine**

BMA *n* = **British Medical Association**

BMC *n* = **British Medical Council**

BMI *n* (Med) (= **body mass index**) IMC *m*

BMJ *n* = **British Medical Journal**

B-movie /ˈbiːˌmuːvi/ *n* película *f* de serie B *or* de bajo presupuesto

BMX *n* (= **bicycle-motocross**) (*before n*) ciclocross *m*; **~ bike** bicicleta *f* de ciclocross

bn = billion

BNP *n* = **British National Party**

BO *n* [u] (colloq) (= **body odor** *or* (BrE) = **odour**) olor *m* a transpiración; **to have BO** tener* olor a transpiración, oler* a transpiración

boa /ˈbəʊə/ *n* 1 (Zool) boa *f*; **a ~ constrictor** una boa constrictor 2 (Clothing) boa *m or f*

Boadicea /ˌbəʊədəˈsiːə ‖ ˌbəʊdɪˈsiːə/ *n* Boadicea

boar /bɔːr ‖ bɔː(r)/ *n* (*pl* **~s** *or* **~**) 1 (male pig) cerdo *m* macho, verraco *m* 2 (*wild* ~) jabalí *m*

board¹ /bɔːrd ‖ bɔːd/ *n*

A 1 [c] (plank) tabla *f*, tablón *m*; (*floor*~) tabla *f* (del suelo); ***as stiff as a ~*** más tieso que un palo *or* que una tabla; ***to tread the ~s*** pisar las tablas 2 [u] (material): **a piece of ~** una plancha (*de conglomerado etc*) 3 [c] (for chopping etc) tabla *f* (de madera) 4 [c] (*circuit* ~) placa *f* base; **main** *o* **mother ~** placa *f* madre

B [c] (*diving* ~) 1 trampolín *m* 2 (for surfing, windsurfing) tabla *f* (de surf) 3 (*dart*~) diana *f* 4 (Games) tablero *m*; ***to sweep the ~*** arrasar con *or* llevarse todos los premios

C [c] 1 (*notice*~) tablero *m or* (Esp) tablón *m* de anuncios 2 (sign) letrero *m*, cartel *m* 3 (*score*~) marcador *m* 4 (blackboard) pizarra *f*, pizarrón *m* (AmL), tablero *m* (Col) 5 (at airport, station) panel *m*, tablero *m*

D [c] 1 (committee) junta *f*, consejo *m*; **the school's ~ of governors** el consejo directivo del colegio, el consejo escolar 2 (administrative body): **the Water/Gas B~** la compañía del agua/gas 3 **~ (of directors)** (Busn) junta *f* directiva, directorio *m*, consejo *m* de administración; (*before n*): **~ meeting** reunión *f* de la junta directiva *or* del directorio 4 (of examiners) tribunal *m*

E [u] (provision of meals): **~ and lodging** comida y alojamiento; **full ~** pensión *f* completa; **half ~** media pensión *f*

F [u] (*in phrases*): **across the board** (uniformly, without exceptions): **they have promised to reduce taxation across the ~** han prometido una reducción general de impuestos; **they are demanding $120 across the ~** exigen un aumento de 120 dólares para todo el personal; (*before n*): **across-the-board** general; **on board** a bordo; **on ~ the ship/plane** a bordo del barco/avión; **to go on ~** embarcarse*; (*before n*): **on-board** de a bordo; ***to go by the ~***: **all these precautions tend to go by the ~** todas estas precauciones suelen dejarse a un lado; **she allowed all her scruples to go by the ~** echó por la borda todos sus escrúpulos; ***to take sth on ~*** (BrE) asumir algo; ‹*responsibility*› asumir algo, hacerse* cargo de algo; **they wouldn't take him on ~** no querían aceptarlo a bordo; *see also* **aboveboard**

G [c] (stock exchange) (AmE colloq) bolsa *f*

board² *vt*

A 1 (go aboard): **to ~ a ship** embarcar(se)*, subir* a bordo, abordar (Méx); **the train was ~ed by two policemen** dos policías subieron al tren 2 (in naval battle) abordar

B (accommodate) hospedar

■ **board** *vi*

A (go aboard) embarcar(se)*, abordar (Col, Méx)

B 1 (be accommodated) **to ~ WITH sb** alojarse *or* hospedarse en casa de algn 2 (at school) estar* interno, estar* pupilo (RPl)

(Phrasal verbs)

• **board out**

A [v + o + adv, v + adv + o] hospedar

B [v + adv] hospedarse

• **board up** [v + o + adv, v + adv + o] cerrar* con tablas

boarder /ˈbɔːrdər ‖ ˈbɔːdə(r)/ *n* 1 (lodger) huésped *mf* 2 (at boarding school) (esp BrE) interno, -na *m,f*, pupilo, -la *m,f* (RPl)

board game *n* juego *m* de mesa

boarding card /ˈbɔːrdɪŋ ‖ ˈbɔːdɪŋ/ *n* ▸**boarding pass**

boarding house *n* pensión *f*, casa *f* de huéspedes

boarding kennel *n* residencia *f*, canina, hotel *m* para perros

boarding party *n* pelotón *m* de abordaje

boarding pass *n* tarjeta *f* de embarque, pase *m* de abordar (Chi, Méx)

boarding school *n* internado *m*

Board of Trade *n*

A (AmE) ▸**chamber of commerce**

B (in UK) Departamento *m* de Industria y Comercio

boardroom /ˈbɔːrdruːm, -rʊm ‖ ˈbɔːdruːm, -rʊm/ *n* sala *f or* salón *m* de juntas

boardwalk /ˈbɔːrdwɔːk ‖ ˈbɔːdwɔːk/ *n* (AmE); *paseo marítimo entarimado*

boast¹ /bəʊst/ *vi* alardear, presumir, fanfarronear; **to ~ ABOUT/OF sth** alardear *or* jactarse *or* vanagloriarse DE algo; **that's nothing to ~ about** no es como para enorgullecerse *or* vanagloriarse

■ **boast** *vt* 1 (brag): **I won, he ~ed** —gané yo —dijo vanagloriándose 2 (possess) contar* con

boast² *n* 1 (bragging claim) alarde *m*, fanfarronada *f* (fam); **~ OF** *o* **ABOUT sth** alarde DE algo 2 (cause of pride): **it is her proud ~ that she has never borrowed money** se jacta de que nunca ha pedido dinero prestado

boaster /ˈbəʊstər ‖ ˈbəʊstə(r)/ *n* presumido, -da *m,f*, fanfarrón, -rrona *m,f* (fam)

boastful /ˈbəʊstfəl/ *adj* jactancioso, fanfarrón (fam)

boastfully /ˈbəʊstfəli/ *adv* de manera jactanciosa, con fanfarronería (fam)

boastfulness /ˈbəʊstfəlnəs ‖ ˈbəʊstfəlnɪs/ *n* [u] jactancia *f*, fanfarronería *f* (fam)

boat /bəʊt/ *n* barco *m*, embarcación *f* (frml); (small, open) bote *m*, barca *f*; **we went to Singapore by ~** fuimos a Singapur en barco; ***to be in the same ~*** estar* en la misma situación; ***to push the ~ out*** (BrE colloq) tirar la casa por la ventana (fam); ***to rock the ~*** hacer* olas; ▸**burn¹** *vt* **A1**, **miss²** *vt* **Sense I B**

boatbuilder /ˈbəʊtˌbɪldər ‖ ˈbəʊtˌbɪldə(r)/ *n* constructor, -tora *m,f* de barcos, carpintero, -ra *m,f* de ribera

boatbuilding /ˈbəʊtˌbɪldɪŋ/ *n* [u] construcción *f* de barcos

boat deck *n* cubierta *f*, puente *m*

boater /ˈbəʊtər ‖ ˈbəʊtə(r)/ *n* canotier *m*, rancho *m* de paja (CS)

boatful /ˈbəʊtfʊl/ *n*: **three ~s of immigrants landed last night** anoche llegaron tres embarcaciones llenas de inmigrantes

boathook /ˈbəʊthʊk/ *n* bichero *m*

boathouse /ˈbəʊthaʊs/ *n* cobertizo *m* (*para botes*)

boating /ˈbəʊtɪŋ/ *n* [u]: **to go ~** ir* a dar un paseo en bote (*or barca etc*)

boatload /ˈbəʊtləʊd/ *n* cargamento *m*; **a ~ of tourists arrived** llegó un barco cargado de turistas

boatman /ˈbəʊtmən/ *n* (*pl* **-men** /-mən/) 1 (crewman) barquero *m* 2 (repairer, builder) carpintero *m* de ribera 3 (hirer) barquero *m*

boat people *pl n* refugiados *mpl* del mar, boat people *mpl*

b

ℹ The Human Body

Whereas English uses a possessive pronoun in referring to parts of the body, Spanish uses the definite article:

she closed her eyes
= cerró los ojos

he knitted his brows
= frunció el ceño

Spanish often uses a reflexive verb in these cases:

I washed my face
= me lavé la cara

he brushed his hair
= se cepilló el pelo

she rubbed her arm
= se sobó el brazo

This includes many verbs which describe accidents:

he injured his knee
= se lesionó la rodilla

she broke her elbow
= se rompió el codo

I burned my fingers
= me quemé los dedos

I bit my tongue
= me mordí la lengua

When intransitive verbs are used it is the pronouns *me/te/le* etc that indicate the person being referred to:

my arm/liver/nose hurts
= me duele el brazo/el hígado/la nariz

my arm itches
= me pica el brazo

his hands were shaking
= le temblaban las manos

her eyes were stinging
= le escocían *or* le ardían los ojos

For an action involving more than one person, Spanish uses the indirect personal pronoun (*me/te/le* etc) with a transitive verb, in order to show who the object of the action is:

she kissed his cheek
= le besó la mejilla (*literally* she kissed to him the cheek)

she touched my arm
= me tocó el brazo

she brushed her (another person's) hair
= le cepilló el pelo

Note the translations of the examples below, in which the action is performed on more than one person:

he cut off their heads
= les cortaba la cabeza (*i.e.* each individual has only one head to be cut off)

Describing People

In describing general physical features, Spanish uses:

tener + definite article:

he has blue eyes o ***his eyes are blue***
= tiene los ojos azules

she has a thin face
= tiene la cara delgada

she has short hair
= tiene el pelo corto

ser de:

her eyes are blue o ***she has blue eyes***
= es de ojos azules

her hair is blond
= es de pelo rubio

she has fine features
= es de rasgos finos

tener can also be used to describe a changed or unusual appearance:

your face is red
= tienes la cara roja

his lips are swollen
= tiene los labios hinchados

Expressions relating to conditions or illnesses affecting parts of the body

to have a weak heart
= sufrir del corazón

to have a bad back
= tener problemas de espalda

to have breast cancer
= tener cáncer de mama

to have a stomach ulcer
= tener una úlcera estomacal

Aches and pains are both expressed using the verb *doler* or the noun *dolor*:

my legs ache
= me duelen las piernas

I have a pain in my leg
= me duele la pierna

I have a headache
= tengo dolor de cabeza *or* me duele la cabeza

I have toothache
= tengo dolor de muelas *or* me duelen las muelas

I have a stomach ache
= tengo dolor de estómago *or* me duele el estómago

stomach/chest pains
= dolores de estómago/de pecho

boat race *n* regata *f*; **the B~ Race** (in UK) *regata anual entre Oxford y Cambridge*

boatswain /ˈbəʊsn/ *n* contramaestre *m*

boat train *n: tren que enlaza con un barco*

boatyard /ˈbəʊtjɑːrd || ˈbəʊtjɑːd/ *n* varadero *m*, astillero *m*

bob[1] /bɑːb || bɒb/ *n*

A 1 (movement — of tail) meneo *m*; (— of head) inclinación *f* 2 (curtsy) reverencia *f*

B 1 (haircut) melena *f*; **to wear one's hair in a ~** llevar melena 2 (docked tail) cola *f* atusada

C 1 (on pendulum) pesa *f*; (on plumb line) plomada *f* 2 (bait) (BrE) cebo *m*, carnada *f*

D (*pl* ~) (BrE) (Fin) (colloq & dated) chelín *m*; **I bet that cost a few ~!** ¡eso ha tenido que costar un platal *or* (Esp) un pastón *or* (Méx) un lanón! (fam); **she's not short of a few ~** *o* **of a ~ or two** está forrada (fam)

E (sled) trineo *m* de bobsleigh

bob[2] **-bb-** *vi* (move abruptly): **the cork ~bed up and down on the water** el corcho cabeceaba en el agua; **he ~bed under the table** se metió rápidamente debajo de la mesa; **a head ~bed out from behind the door** una cabeza asomó por detrás de la puerta; **to ~ for apples** *jugar al juego consistente en tratar de atrapar con los dientes unas manzanas que flotan en agua*

■ **bob** *vt*

A 1 (move abruptly) ‹*tail*› menear; ‹*head*› inclinar 2 (make): **to ~ a curtsy** hacer* una reverencia *or* inclinación

B (cut) ‹*tail*› cortar, atusar; **to ~ one's hair** cortarse el pelo a lo paje

Phrasal verb

• **bob up** [v + adv] (colloq) aparecer*

Bob /bɑːb || bɒb/: **~'s *your uncle!*** (BrE colloq) ¡listo!, ¡ya está!

bobbin /ˈbɑːbən || ˈbɒbɪn/ *n* bobina *f*, carrete *m*

bobble /ˈbɑːbəl || ˈbɒbəl/ *n* 1 (on hat etc) borla *f*, pompón *m* 2 (AmE) (Sport) fomble *m*

bobby /ˈbɑːbi || ˈbɒbi/ *n* (*pl* **-bies**) (BrE colloq) bobby *m* (*policía británico*)

bobby pin *n* (AmE) horquilla *f*, pasador *m* (Méx), pinche *m* (Chi)

bobby socks, (AmE also) **bobby sox** *pl n* calcetines *mpl* cortos, calcetas *fpl* (Méx), soquetes *mpl* (CS)

bobbysoxer /ˈbɑːbiˌsɑːksər || ˈbɒbiˌsɒksə(r)/ *n* (AmE colloq) quinceañera *f* (fam), calcetinera *f* (Chi)

bobcat /ˈbɑːbkæt || ˈbɒbkæt/ *n* lince *m* rojo

bobskate /ˈbɑːbskeɪt || ˈbɒbskeɪt/ *n* (Can) (Sport) patín *m* de hielo

bobsled /ˈbɑːbsled || ˈbɒbsled/ (BrE also) **bobsleigh** /ˈbɑːbsleɪ || ˈbɒbsleɪ/ *n* bobsleigh *m*

bobtail /ˈbɑːbteɪl || ˈbɒbteɪl/ *n* 1 (docked tail) cola *f* cortada 2 (animal) animal *m* rabicorto

bobtailed /ˈbɑːbteɪld || ˈbɒbteɪld/ *adj* con la cola cortada, rabicorto

bod /bɑːd || bɒd/ *n* 1 (body) (AmE colloq) cuerpo *m*, figura *f* 2 (person) (BrE colloq) tipo, -pa *m,f* (fam), tío, tía *m,f* (Esp fam); **an odd ~** un bicho raro (fam)

bodacious[1] /bəʊˈdeɪʃəs/ *adj* (AmE dial & hum) voraz; ‹*hurry*› espantoso (fam)

bodacious[2] *adv* (AmE dial & hum) (*as intensifier*) enormemente

bode /bəʊd/ *vi* (liter): **to ~ well/ill** ser buena/mala señal; **their attitude ~s ill/well for the project** su actitud no augura nada bueno/promete mucho para el proyecto

■ **bode** *vt* presagiar, augurar; **this news ~s no good** esta noticia no presagia *or* no augura nada bueno

bodega /bəʊˈdeɪgə || bəˈdiːgə/ *n* (grocery store) (AmE) tienda *f* de comestibles *or* (Méx) de abarrotes, almacén *m* (CS)

bodge /bɑːdʒ || bɒdʒ/ *vt* (BrE) ▸**botch**[1]

bodice /ˈbɑːdəs || ˈbɒdɪs/ *n* 1 (of dress) canesú *m* 2 (over blouse) corpiño *m* 3 (undergarment) corpiño *m*

-bodied /ˈbɑːdid || ˈbɒdid/ *suff*: **big~** corpulento; **green~** de cuerpo verde; *see also* **able-bodied**

bodily[1] /ˈbɑːdli || ˈbɒdɪli/ *adj* (*before n*) ‹*secretion*› corporal, del cuerpo; **~ functions** funciones *fpl* fisiológicas, necesidades *fpl* (euf)

bodily[2] *adv*: **the crowd moved ~ toward the exit** el público se dirigió en masa hacia la salida; **they dragged him ~ into the car** lo agarraron y lo metieron en el coche a la fuerza; **they lifted him ~ out of the way** lo levantaron en peso y lo quitaron de en medio

bodkin /ˈbɑːdkən || ˈbɒdkɪn/ *n* aguja *f* de jareta

body /ˈbɑːdi || ˈbɒdi/ *n* (*pl* **bodies**) ▸ℹ **p.965**

A [c] 1 (of human, animal) cuerpo *m*; **the ~ beautiful** el culto del cuerpo; **~ *and soul*** en cuerpo y alma; ***to keep ~ and soul together*** subsistir, sobrevivir; **I had a snack to keep ~ and soul together until lunch** me tomé un bocado para aguantar hasta mediodía; (*before n*): **~ image** imagen *f* de sí mismo; **~ language** lenguaje *m* corporal; **~ odor** olor *m* a transpiración; **~ size** estatura *f*; **~ temperature** temperatura *f*; **~ type** tipo *m* somático; **~ weight** peso *m* 2 (trunk) cuerpo *m* 3 (corpse) cadáver *m*; **a dead ~** un cadáver; ***over my dead ~!*** ¡de ninguna manera!, ¡tendrán (*or* tendrá *etc*) que pasar por encima de mi cadáver!; (*before n*):

b

~ **count** recuento *m* de víctimas
B **1** [c] (main part — of plane) fuselaje *m*; (— of ship) casco *m*; (— of hall) nave *f*; (— of stringed instrument) caja *f* **2** [c] (Auto) carrocería *f*; (*before n*): ~ **shop** taller *m* de carrocería *or* de chapa y pintura *or* (Méx) de hojalatería *or* (Col) de latonería **3** (majority, bulk): **the ~ of sth** el grueso de algo
C **1** [c] (organization) organismo *m* **2** (unit) (*no pl*): **they walked out in a ~** salieron en masa *or* en bloque; **we must act together as a ~** tenemos que actuar unidos; **they're a fine ~ of men** forman un magnífico equipo; **the ~ politic** el cuerpo político **3** [c] (collection): **a ~ of evidence** un conjunto de pruebas; **a ~ of law** un cuerpo legal *or* de leyes; **a growing ~ of opinion supports this view** una creciente corriente de opinión apoya este punto de vista **4** [c] (mass) masa *f*; **a ~ of water** una masa de agua
D [c] (object) cuerpo *m*; **a ~ in motion** (Phys) un cuerpo en movimiento; **foreign ~** cuerpo *m* extraño; **heavenly ~** (poet) cuerpo *m* celeste
E [u] (density — of wine, fabric) cuerpo *m*; (— of hair) volumen *m*, cuerpo *m*
F [c] (person) (colloq & dated) tipo, -pa *m,f* (fam); **he's a funny old ~** un bicho raro (fam)
G [c] (body stocking) body *m*

body bag *n*: *bolsa utilizada para transportar cadáveres*

body blow *n* ~ ~ **(TO sth)** golpe *m* duro (PARA algo), revés *m* (PARA algo)

body builder *n* culturista *mf*, fisiculturista *mf*

body building *n* [u] culturismo *m*, fisiculturismo *m*

body clock *n* reloj *m* biológico

bodyguard /ˈbɑːdigɑːrd || ˈbɒdigɑːd/ *n* **1** (single person) guardaespaldas *mf* **2** (group) escolta *f*

body mass index *n* (*pl* **indexes**) (Med) índice *m* de masa corporal

body piercing *n* [u] piercing *m* *práctica de decorar la piel con aros metálicos y pendientes*

body search *n* cacheo *m*

bodyshell /ˈbɑːdiʃel || ˈbɒdiʃel/ *n* (AmE) carrocería *f*

body shirt *n* (AmE) **1** (blouse) blusa *f* **2** (leotard) body *m*, maillot *m*

body snatcher /ˈsnætʃər || ˈsnætʃə(r)/ *n* profanador, -dora *m,f* de tumbas

body stocking *n* body *m*

body warmer /ˈwɔːrmər || ˈwɔːmə(r)/ *n* chaleco *m* acolchado

bodywork /ˈbɑːdiwɜːrk || ˈbɒdiwɜːk/ *n* [u] **1** (body) carrocería *f* **2** (repairing) (AmE) chapa *f* y pintura *f*, trabajo *m* de carrocería *or* (Méx) de hojalatería *or* (Col) de latonería

boerewors /ˈbuːrə,vɔːs/ *n* [u] (SAfr) (Culin) *salchicha de carne de vaca, cordero o avestruz condimentada con varias especias*

boffin /ˈbɑːfən || ˈbɒfɪn/ *n* (BrE colloq) cerebrito *mf* (fam), bocho *m* (RPl fam)

bog /bɔːg, bɑːg || bɒg/ *n*
A [c u] **1** (swamp) ciénaga *f* **2** (*peat ~*) tremedal *m*
B [c] (lavatory) (BrE sl) retrete *m*, cagadero *m* (vulg)

Phrasal verb

- **bog down -gg-** [v + o + adv], (*usu pass*): **to get ~ged down** ‹‹*vehicle*›› quedar empantanado; **I'm terribly ~ged down with work** estoy inundado de trabajo; **don't get ~ged down in too much detail** no te enredes con demasiados detalles; **the discussion was getting ~ged down in trivialities** la discusión se estaba empantanando en detalles nimios

bogey /ˈbəʊgi/ *n* (*pl* **bogeys**)
A (evil spirit) ▸ **bogeyman**
B (feared thing) terror *m*, cuco *m* (CS fam)
C (nasal mucus) (BrE sl) moco *m* (seco)
D (golf) bogey *m*

bogeyman /ˈbəʊgimæn/ *n* (*pl* **-men** /-men/) **1** (imaginary evil person) coco *m* (fam), cuco *m* (CS, Per fam) **2** (of a team, party) terror *m*, cuco *m* (CS fam)

boggle /ˈbɑːgəl || ˈbɒgəl/ *vi* quedarse atónito *or* (fam) patidifuso; **the mind ~s** (hum) uno se queda helado *or* pasmado, uno alucina (Esp, Méx fam); **to ~ AT sth: his mind ~d at the thought of all that money** se quedó boquiabierto pensando en esa cantidad de dinero

boggy /ˈbɔːgi, ˈbɑːgi || bɒgi/ *adj* **-gier, -giest** cenagoso

bogie /ˈbəʊgi/ *n* (Rail) (BrE) **1** (wheel assembly) bogie *m* **2** (truck) vagoneta *f*

BOGOF /ˈbɔːgɔːf || ˈbɒgɒf/ *n* (colloq) (**= buy one get one free**) dos por uno *m*; (in writing) 2 x 1 *m*

bog roll *n* (BrE sl) rollo *m* de papel higiénico

bog-standard /bɑːgˈstændərd || bɒg ˈstændəd/ *adj* (BrE colloq) común y corriente *or* (AmL fam) y silvestre, de toda la vida

bogtrotter /ˈbɑːg,trɑːtər || ˈbɒg,trɒtə(r)/ *n* (BrE sl & offensive) irlandés, -desa *m,f*

bogus /ˈbəʊgəs/ *adj* ‹*claim/complaint*› falso; ‹*argument*› falaz; ‹*document/name/address*› falso; ‹*affection/optimism*› fingido, falso; **he's a ~ doctor** se hace pasar por doctor; **a ~ company** una empresa fantasma

Bohemia /bəʊˈhiːmiə/ *n* **1** (Geog) Bohemia *f* **2** (home of the unconventional) (mundo *m* de la) bohemia *f*

Bohemian¹ /bəʊˈhiːmiən/ *adj* **1** (Geog) bohemio, bohémico **2** *also* **bohemian** (unconventional) bohemio

Bohemian² *n* **1** (Geog) bohemio, -mia *m,f* **2** *also* **bohemian** (unconventional person) bohemio, -mia *m,f*

bohemianism /bəʊˈhiːmiənɪzəm/ *n* [u] bohemia *f*

boil¹ /bɔɪl/ *n*
A (Med) furúnculo *m*, forúnculo *m*
B (boiling point): ***on the ~***: **the vegetables are on the ~** las verduras se están haciendo; **to keep the kettle on the ~** mantener* el agua hirviendo; **he has another project on the ~** tiene otro proyecto entre manos; ***to bring sth to the ~***: **bring the water back to the ~** dejar que el agua vuelva a romper el hervor *or* (frml) vuelva a alcanzar el punto de ebullición; **they have brought the issue back to the ~** han vuelto a poner el tema sobre el tapete; ***to go off the ~***: **don't let the pot go off the ~** que el agua (*or* la sopa *etc*) no deje de hervir; **interest in the affair has gone off the ~** ha decaído el interés en el asunto

boil² *vi* **1** (be at boiling point) ‹‹*water/meat/vegetables*›› hervir*; **the kettle's ~ing!** ¡hierve el agua!; **add ~ing water** añada agua hirviendo; **the rice has ~ed dry** el arroz se ha quedado sin agua **2** (seethe) (liter) ‹‹*sea*›› bullir* (liter) **3** (be excited): **he was ~ing with rage** le hervía la sangre de rabia

■ **boil** *vt*
A **1** (bring to boiling point) ‹*water/milk*› hervir*, llevar a punto de ebullición (frml) **2** (keep at boiling point) ‹*soup/sauce*› hervir*, dejar hervir **3** (cook in boiling water) ‹*vegetables/beef*› cocer*, hervir*; **~ the eggs for three minutes** cocer *or* hervir los huevos tres minutos **4** (wash at boiling point) ‹*cotton/linen*› hervir*
B **boiled** *past p* ‹*potatoes/rice/cabbage*› hervido; ‹*ham*› cocido; ‹*egg*› (soft) pasado por agua; (hard) duro; **~ed sweet** (BrE) caramelo *m* de fruta

Phrasal verbs

- **boil away**
A [v + adv] (evaporate) ‹‹*sauce/water*›› consumirse, evaporarse
B [v + o + adv, v + adv + o] (cause to evaporate) evaporar
- **boil down** [v + o + adv, v + adv + o] (reduce) ‹*stock/sauce*› reducir*
- **boil down to** [v + adv + prep + o] reducirse* a; **what it ~s down to is this** en resumidas cuentas, lo que pasa es esto *or* todo se reduce a esto
- **boil off** ▸ **boil away B**
- **boil over** [v + adv] **1** ‹‹*milk*›› irse* por el fuego, salirse*, subirse (Chi); ‹‹*pan*›› desbordarse **2** ‹‹*person*›› perder* el control; **the demonstration ~ed over into a riot** la manifestación terminó en una revuelta
- **boil up** [v + adv] (colloq) estarse* preparando

boiler /ˈbɔɪlər || ˈbɔɪlə(r)/ *n*
A **1** (water heater) (BrE) caldera *f*, calentador *m* **2** (in steam engine) caldera *f* **3** (for laundry) (BrE) caldero *m* (*para hervir ropa*)
B (chicken) gallina *f* (*o pollo viejo que sólo sirve para hervir o estofar*)

boilermaker /ˈbɔɪlər,meɪkər || ˈbɔɪlə ,meɪkə(r)/ *n* **1** (person) calderero, -ra *m,f* **2** (drink) (AmE colloq) *whisky con cerveza*

boiler room *n* (BrE) sala *f* de calderas

boiler suit *n* (BrE) (Clothing) overol *m* (AmL), mono *m* (Esp)

boiling /ˈbɔɪlɪŋ/ *adj* (colloq): **this coffee is ~** este café está hirviendo, este café está que pela (fam); **this room is ~** esta habitación es un horno (fam); **I'm ~** estoy asado (fam); **it's ~ hot today/in here** (*as adv*) hace un calor espantoso hoy/aquí

boiling point ▸ⓘ **p.1790** *n* punto *m* de ebullición; ***to be at/reach ~ ~*** ‹‹*situation/feelings*›› estar*/ponerse* al rojo vivo; **I'm at ~ ~** estoy a punto de estallar

boiling-water reactor /,bɔɪlɪŋˈwɔːtər || ,bɔɪlɪŋˈwɔːtə(r)/ *n* reactor *m* de agua en ebullición

boisterous /ˈbɔɪstərəs/ *adj* **1** (exuberant) ‹*game/laughter*› bullicioso, escandaloso; **they are very ~ today** hoy están muy bullangueros *or* bulliciosos **2** (turbulent) (liter) ‹*wind*› tempestuoso; ‹*sea*› embravecido (liter), enfurecido (liter)

boisterously /ˈbɔɪstərəsli/ *adv* ‹*shout*› escandalosamente; ‹*play*› ruidosamente, bulliciosamente

boisterousness /ˈbɔɪstərəsnəs || ˈbɔɪstərəsnɪs/ *n* (of game) lo bullicioso; (of person) lo bullicioso, lo bullanguero

bold /bəʊld/ *adj* **-er, -est**
A (daring) ‹*person/plan/design*› audaz, atrevido
B (impudent, forward) ‹*smile/advances*› descarado, atrevido; **if I may be so ~ as to ...** si me permite el atrevimiento de ...; ***to make ~ with sth*** usar algo como si fuera propio
C ‹*pattern*› llamativo; ‹*red/colors*› fuerte, vivo; ‹*brushstrokes/handwriting*› enérgico, vigoroso; **a figure in ~ relief** una figura en un relieve muy marcado
D (Print): **~ type** negrita *f*

bold (face) *n* [u] negrita *f*

boldly /ˈbəʊldli/ *adv* **1** (daringly) con audacia *or* atrevimiento, audazmente **2** (impudently) descaradamente, con descaro *or* atrevimiento **3** (strikingly): **~ colored clothes** ropa *f* de colores llamativos; **a ~ drawn portrait** un retrato de trazos vigorosos

boldness /ˈbəʊldnəs || ˈbəʊldnɪs/ *n* [u] **1** (daring) audacia *f* **2** (impudence) descaro *m*, atrevimiento *m* **3** (strength) fuerza *f*

bole /bəʊl/ *n* tronco *m* (*de árbol*)

bolero /bəˈlerəʊ || bəˈleərəʊ/ *n* (*pl* **-ros**) **1** (Mus) bolero *m* **2** (Clothing) bolero *m*, torera *f*

Bolivia /bəˈlɪviə/ *n* Bolivia *f*

Bolivian¹ /bəˈlɪviən/ *adj* boliviano

Bolivian² *n* boliviano, -na *m,f*

boll /bəʊl/ *n* cápsula *f* (*del algodón o del lino*)

bollard /ˈbɑːlərd || ˈbɒlɑːd/ *n* **1** (on quay) noray *m*, bolardo *m*, proís *m* **2** (by road) (BrE) baliza *f*

bollix /ˈbɑːlɪks || ˈbɒlɪks/ *vt* ~ **(up)** (AmE sl): **try not to ~ it up this time!** ¡esta vez intenta no cagarla! (vulg); **the numbers are all ~ed (up)** los números están todos liados (fam)

bollocking /ˈbɑːləkɪŋ || ˈbɒləkɪŋ/ *n* (BrE sl): **to give sb a ~** echarle una bronca a algn (fam), camotear a algn (Méx fam); **he got a ~ from the boss** el jefe le echó una bronca *or* (Méx) lo camoteó (fam)

bollocks /ˈbɑːləks || ˈbɒləks/ *pl n* (BrE vulg) **1** (testicles) huevos *mpl* (vulg), pelotas *fpl* (vulg), bolas *fpl* (vulg) **2** (nonsense) pendejadas *fpl* *or* (Esp) gilipolleces *fpl* *or* (AmS) pelotudeces *or* (Col, RPl) boludeces *fpl* *or* (Andes, Ven) huevadas *fpl* (vulg); (*as interj*): **~!** (expressing disbelief) ¡no jodas! *or* (Esp tb) ¡y un huevo! (vulg); (expressing annoyance) ¡carajo! *or* (Esp) ¡joder! (vulg)

boll weevil *n* gorgojo *m* del algodón

bologna /bəˈləʊni/ *n* [u] (AmE); *tipo de salchicha ahumada*

Bologna /bəˈləʊnjə/ *n* Bolonia *f*

bolognese /ˌbəʊləˈniːz || ˌbɒləˈneɪz/ *adj*: ~ **sauce** salsa *f* boloñesa, ≈ tuco *m* (RPl)

Bolshevik[1] /ˈbəʊlʃəvɪk || ˈbɒlʃəvɪk/ *n* bolchevique *mf*

Bolshevik[2] *adj* bolchevique

Bolshevism /ˈbəʊlʃəvɪzəm || ˈbɒlʃəvɪzəm/ *n* [u] bolchevismo *m*

bolshie, bolshy /ˈbəʊlʃi || ˈbɒlʃi/ *adj* **-shier, -shiest** (BrE colloq) rebelde, díscolo

bolster[1] /ˈbəʊlstər || ˈbəʊlstə(r)/ *vt*: **to** ~ **(up)** reforzar*; ‹*argument*› reafirmar; ‹*morale*› levantar

bolster[2] *n* cabezal *m* (*almohada de forma cilíndrica*)

bolt[1] /bəʊlt/ *n*

A (Tech) tornillo *m*, perno *m*

B 1 (on door, window) pestillo *m*, pasador *m*, cerrojo *m* 2 (on firearm) (Mil) cerrojo *m*

C 1 (arrow) flecha *f*, saeta *f*; ***to shoot one's*** ~ echar el resto 2 ~ **(of lightning)** relámpago *m*, rayo *m*; ***a*** ~ ***from the blue*** un acontecimiento inesperado

D (dash): **to make a** ~ **for sth**: **they made a** ~ **for freedom** se escaparon; **I made a** ~ **for the door** corrí *or* me lancé hacia la puerta

E (of cloth) rollo *m*

bolt[2] *vt*

A (fasten with bolt) atornillar, sujetar con un tornillo *or* perno; **the tables are** ~**ed to the floor** las mesas están sujetas con pernos al suelo *or* están atornilladas al suelo

B ‹*door/window*› echarle el pestillo *or* el pasador *or* el cerrojo a; **the doors were locked and** ~**ed** las puertas estaban cerradas con llave y tenían echado el cerrojo

C ~ **(down)** ‹*food/meal*› engullir*

■ **bolt** *vi*

A «*horse*» desbocarse*; «*person*» echar a correr, salir* corriendo *or* disparado; **he** ~**ed for the door** echó a correr *or* salió corriendo hacia la puerta

B (Hort) producir* flores y semillas antes de tiempo

bolt[3] *adv*: ~ **upright** muy erguido, erguido, tieso; **he suddenly sat** ~ **upright in bed** se irguió de repente en la cama

bolthole /ˈbəʊlthəʊl/ *n* refugio *m*

bolus /ˈbəʊləs/ *n* (*pl* **boluses**) bolo *m* alimenticio

bomb[1] /bɑːm || bɒm/ *n*

A (Mil) 1 (explosive device) bomba *f*; **the room looked as if a** ~ **had hit it** (colloq) la habitación estaba toda patas arriba (fam); ***to go down a*** ~ (BrE colloq) hacer* furor (fam); ***to go like a*** ~ (BrE colloq) «*car/motorbike*» ir* como un bólido (fam); (be successful): **the party went like a** ~ la fiesta fue un exitazo (fam); **the business is going like a** ~ el negocio marcha a las mil maravillas; ***to put a*** ~ ***under sb*** (colloq) darle* una sacudida a algn; (*before n*): ~ **scare** amenaza *f* de bomba; ~ **squad** (colloq) brigada *f* antiexplosivos *or* de explosivos 2 (atomic or nuclear): **the** ~ la bomba (atómica)

B (flop) (AmE colloq) desastre *m* (fam), fracaso *m*

C (large sum) (BrE colloq) (*no pl*) dineral *m*, platal *m* (AmS fam), pastón *m* (Esp fam), lanón *m* (Méx fam); **it cost a** ~ costó un dineral (*or* un platal *etc*)

bomb[2] *vt*

A 1 (from air) ‹*city/factory*› bombardear 2 (plant bomb in) ‹*hotel/shop/train*› colocar* una bomba en

B (condemn) (AmE colloq) poner* por los suelos (fam)

■ **bomb** *vi* (colloq) 1 (flop) «*play/novel*» ser* un fracaso, estrellarse (fam), tronar* (Méx fam), jalar (Per fam); **I** ~**ed in physics** me reprobaron *or* (Esp) me suspendieron en física, me catearon (Esp) *or* (Méx) me tronaron *or* (RPl) me bocharon *or* (Chi) me rajaron *or* (Per) me jalaron en física (fam) 2 (go fast) (BrE) ir* a toda mecha (fam), ir* a todo lo que da (fam)

bombard /bɑːmˈbɑːrd || bɒmˈbɑːd/ *vt* 1 (Mil) ‹*position/city*› bombardear 2 (Nucl Phys) **to** ~ **sth WITH sth** bombardear algo CON algo 3 (assail) **to** ~ **sb WITH sth**: **I was** ~**ed with offers** me llovieron las ofertas; **she was** ~**ed with questions** la acribillaron *or* bombardearon a preguntas; **one is constantly being** ~**ed with advertisements** continuamente lo bombardean a uno con anuncios

bombardier /ˌbɑːmbəˈdɪr || ˌbɒmbəˈdɪə(r)/ *n* (Mil) 1 (AmE) bombardero *m* 2 (UK rank) cabo *m* de artillería

bombardment /bɑːmˈbɑːrdmənt || bɒmˈbɑːdmənt/ *n* [u c] 1 (Mil) bombardeo *m*; **artillery** ~ fuego *m* de artillería, bombardeo *m*; **aerial** ~ bombardeo *m* (aéreo) 2 (Nucl Phys) bombardeo *m* 3 (with questions, protests etc) bombardeo *m*

bombast /ˈbɑːmbæst || ˈbɒmbæst/ *n* [u] (frml) grandilocuencia *f*, ampulosidad *f*

bombastic /bɑːmˈbæstɪk || bɒmˈbæstɪk/ *adj* (frml) grandilocuente, bombástico

bombastically /bɑːmˈbæstɪkli || bɒmˈbæstɪkli/ *adv* (frml) en forma grandilocuente *or* bombástica

Bombay /bɑːmˈbeɪ || bɒmˈbeɪ/ *n* Bombay

bomb disposal *n* [u] desactivación *f* de explosivos; (*before n*): ~ ~ **expert** artificiero, -ra *m,f*; ~ ~ **squad** brigada *f* de desactivación de explosivos

bombed /bɑːmd || bɒmd/ *adj* (AmE colloq) (*pred*): **to be** ~ estar* como una cuba (fam), estar* tomado (AmL fam)

bombed-out /ˈbɑːmdˈaʊt || ˌbɒmdˈaʊt/ *adj* (*pred* **bombed out**) 1 ‹*town/building*› bombardeado; **the** ~ **shell of the cathedral** las ruinas de la catedral bombardeada 2 (high on drugs) (sl) (*pred*): **to be** ~ ~ estar* colgado (arg)

bomber /ˈbɑːmər || ˈbɒmə(r)/ *n* 1 (aircraft) bombardero *m* 2 (terrorist) terrorista *mf* (*que perpetra atentados colocando bombas*)

bomber jacket *n* chaqueta *f or* (Esp) cazadora *f or* (Méx) chamarra *f or* (RPl) campera *f* de aviador

bombing /ˈbɑːmɪŋ || ˈbɒmɪŋ/ *n* [c u] 1 (from aircraft) bombardeo *m* 2 (by terrorists) atentado *m* (terrorista), bombazo *m* (Méx fam)

bombshell /ˈbɑːmʃel || ˈbɒmʃel/ *n* (shocking news) bomba *f*, bombazo *m* (fam); **it came as a** ~ cayó como una bomba, fue un bombazo (fam); **a blonde** ~ (colloq) una rubia explosiva (fam & period)

bombsight /ˈbɑːmsaɪt || ˈbɒmsaɪt/ *n* (Mil) mira *f* de bombardero

bona fide /ˈbəʊnəfaɪd, ˌbəʊnəˈfiːdeɪ || ˌbəʊnəˈfaɪdi/ *adj* genuino, auténtico; **a** ~ ~ **offer** una oferta seria

bona fides /ˌbəʊnəˈfaɪdiːz/ *n* (frml) buena fe *f*; **to check sb's** ~ ~ verificar* las referencias de algn

bonanza /bəˈnænzə/ *n* 1 (piece of luck) filón *m*, mina *f* de oro 2 (plentiful supply) superabundancia *f*, gran oferta *f* 3 (Min) bonanza *f*

bonbon /ˈbɑːnbɑːn || ˈbɒnbɒn/ *n* caramelo *m*

bonce /bɑːns || bɒns/ *n* (BrE sl) coco *m* (fam), mate *m* (AmS fam)

bond[1] /bɑːnd || bɒnd/ *n*

A [c] 1 (link) vínculo *m*; ~**s of friendship** lazos *mpl or* vínculos *mpl* de amistad; **the** ~ **between mother and child** el vínculo afectivo entre madre e hijo; **a** ~ **had formed between them** entre ellos se había creado un vínculo 2 **bonds** *pl* (fetters) cadenas *fpl*; **to break** *o* **burst one's** ~**s** (liter) romper* sus (*or* mis *etc*) cadenas

B 1 [c] (joint, seal) junta *f*, juntura *f* 2 [u] (adhesion) adherencia *f* 3 [c] (Chem) enlace *m* 4 [u] (in brickwork) aparejo *m*

C (Fin) 1 [c] (debt certificate) bono *m*, obligación *f*; **government** ~ bono *or* obligación del Estado; **my word is my** ~ puedes fiar de *or* confiar en mi palabra 2 [c] (insurance contract) fianza *f*

D [u] ~ **(paper)** papel *m* de carta (*de buena calidad*)

bond[2] *vi* 1 (stick) adherirse*; **to** ~ **TO sth** adherirse* A algo 2 (form relationship) establecer* vínculos *or* lazos afectivos

■ **bond** *vt*

A (stick) **to** ~ **sth TO sth** adherir* *or* pegar* algo A algo

B (Busn) ‹*goods*› depositar bajo fianza

bondage /ˈbɑːndɪdʒ || ˈbɒndɪdʒ/ *n* [u] 1 (enslavement) (liter) cautiverio *m* (liter), esclavitud *f*; **a people in** ~ un pueblo sometido; **we are in** ~ **to our past** somos esclavos del pasado 2 (sexual) *práctica sexual sadomasoquista en la que uno de los participantes permanece atado*

bonded /ˈbɑːndəd || ˈbɒndɪd/ *adj* 1 (esp AmE) protegido por seguro de infidelidad 2 ‹*goods*› en depósito aduanero; ~ **warehouse** (almacén *m* de) depósito *m*

bonding /ˈbɑːndɪŋ || ˈbɒndɪŋ/ *n* [u] (Psych) vinculación *f* afectiva *or* emocional

bondsman /ˈbɑːndzmən || ˈbɒndzmən/ *n* (*pl* **-men** /-mən/) 1 (AmE) (Law) aval *m*, fiador *m* 2 (serf) siervo *m*

bone[1] /bəʊn/ *n* 1 [c] (Anat) hueso *m*; **this is too much for my poor old** ~**s** yo ya no estoy para estos trotes; **I can feel it in my** ~**s** tengo ese presentimiento; **meat on/off the** ~ carne *f* con/sin hueso; **the bare** ~**s (of sth)** lo básico (de algo); ***as dry as a*** ~ requeteseco; ***to be a*** ~ ***of contention*** ser* la manzana de la discordia; ***to be close to the*** ~ pasarse de castaño oscuro (fam); ***to cut sth to the*** ~: **we've cut costs to the** ~ hemos reducido los gastos a lo esencial *or* al mínimo; **he cut his finger to the** ~ se cortó el dedo hasta el hueso; ***to have a*** ~ ***to pick with sb*** tener* que ajustar cuentas con algn; ***to make no*** ~***s about sth***: **she makes no** ~**s about her sympathies/being an atheist** no esconde *or* no oculta sus preferencias/que es atea; **let's make no** ~**s about it** no nos andemos con tapujos *or* con rodeos 2 [c] (of fish) espina *f* 3 [c] **bones** *pl* (of dead person) restos *mpl*, huesos *mpl* (fam) 4 [u] (substance) hueso *m*

bone[2] *vt* ‹*meat*› deshuesar; ‹*fish*› quitarle las espinas a

Phrasal verb

• **bone up on** [v + adv + prep + o] (colloq) estudiar, ponerse* al día en

bone china *n* [u] porcelana *f* fina

-boned /bəʊnd/ *suff*: **big**~ de huesos grandes, huesudo

bone-dry /ˈbəʊnˈdraɪ/ *adj* (*pred* **bone dry**) completamente seco

bonehead /ˈbəʊnhed/ *n* (colloq) estúpido, -da *m,f*

boneheaded /ˈbəʊnˈhedəd || ˌbəʊnˈhedɪd/ *adj* (colloq) estúpido

bone idle *adj* (BrE colloq) haragán, flojo (fam), vago (fam)

boneless /ˈbəʊnləs || ˈbəʊnlɪs/ *adj* ‹*chicken/beef*› deshuesado; ‹*fish*› sin espinas

bone marrow *n* [u] médula *f* ósea

bonemeal /ˈbəʊnmiːl/ *n* [u] harina *f* de huesos

boner /ˈbəʊnər || ˈbəʊnə(r)/ *n* (AmE colloq) metedura *f or* (AmL tb) metida *f* de pata (fam); **to pull a** ~ meter la pata (fam), tirarse una plancha (Esp fam)

boneshaker /ˈbəʊnˌʃeɪkər || ˈbəʊnˌʃeɪkə(r)/ *n* (colloq) carraca *f* (fam), cacharro *m* (fam), cascajo *m* (fam)

bonfire /ˈbɑːnfaɪr || ˈbɒnfaɪə(r)/ *n* hoguera *f*, fogata *f*, fogón *m* (AmL)

Bonfire Night

Cada 5 de noviembre los británicos celebran *Bonfire Night* o ▸**Guy Fawkes Night**, para conmemorar la Conspiración de la Pólvora (*the Gunpowder Plot*). En esa misma fecha en 1605, un grupo de conspiradores católicos, encabezado por Guy Fawkes, intentaron volar el Parlamento inglés cuando el rey Jaime I se encontraba en su interior. Sin embargo, fueron descubiertos y ejecutados. En la actualidad es un acontecimiento que carece de significado político o religioso. Se lanzan fuegos artificiales y se encienden hogueras en las que se quema un muñeco de trapo (*guy*) que representa a *Guy Fawkes*.

b

bong /bɑːŋ || bɒŋ/ *n* talán *m*

bongo /'bɑːŋgəʊ || 'bɒŋgəʊ/ *n* (*pl* **-gos** *or* **-goes**) bongó *m*, bongo *m*

bonhomie /,bɑːnə'miː || ,bɒnə'miː/ *n* [u] cordialidad *f*

bonito /bə'niːtəʊ/ *n* [c u] (*pl* **-tos** *or* **-to**) bonito *m*

bonk[1] /bɑːŋk || bɒŋk/ *vt* 1 (hit) (colloq): **to ~ sb on the head/nose** pegarle* *or* darle* un golpe en la cabeza/nariz a algn 2 (have sex with) (BrE sl): **to ~ sb** tirarse *or* (Méx, RPl) coger* *or* (Chi) culearse a algn (vulg)
■ **bonk** *vi* (BrE sl) echarse un polvo (fam), follar (Esp vulg), coger* (Méx, RPl vulg), culear (Chi vulg)

bonk[2] *n* 1 (blow) (colloq) topetón *m*, topetazo *m* 2 (act of sex) (BrE sl) polvo *m* (arg)

bonkers /'bɑːŋkərz || 'bɒŋkəz/ *adj* (BrE sl & hum) (*pred*): **to be ~** estar* chiflado *or* chalado (fam), estar* más loco que una cabra (fam); **to go ~** perder* la chaveta (fam)

bon mot /,bəʊn'məʊ || ,bɒn'məʊ/ *n* (*pl* **~ ~s** /-z/) (frml) agudeza *f*

bonnet /'bɑːnət || 'bɒnɪt/ *n*
A (Clothing) 1 (for woman) sombrero *m* 2 (for baby) gorrito *m*, gorrita *f* (CS) 3 (Scottish beret) gorra *f* escocesa
B (Auto) (BrE) capó *m*, capote *m* (Méx)
C (of chimney) sombrerete *m*

bonny, bonnie /'bɑːni || 'bɒni/ *adj* **-nier, -niest** (esp Scot) hermoso, rozagante; ‹*dress/day*› bonito

bonsai /'bɑːnsaɪ || 'bɒnsaɪ/ *n* [u c] (*pl* **~**) bonsai *m*

bonus /'bəʊnəs/ *n*
A 1 (payment to employee) plus *m*, prima *f*, bonificación *f* 2 (dividend) (Fin) dividendo *m* adicional 3 (in competition): **for a ~ of two points** para ganar dos puntos extra
B (added advantage): **(added) ~** ventaja *f*; **and the school being nearby is a real ~** y el hecho de que el colegio esté cerca es una gran ventaja

bony /'bəʊni/ *adj* **bonier, boniest** 1 ‹*knee/face*› huesudo 2 (made of bone) óseo

bonzer /'bɑːnzər || 'bɒnzə(r)/ *adj* (Austral colloq) de primera, de primera orden

boo[1] /buː/ *interj* ¡bu!; ***he/she wouldn't say ~ to a goose*** (BrE) es incapaz de matar una mosca

boo[2] *n* ≈ silba *f*, ≈ rechifla *f*, ≈ silbatina *f* (AmS)

boo[3] **boos, booing, booed** *vt* abuchear; **she was ~ed off the stage** la abuchearon y tuvo que abandonar el escenario
■ **boo** *vi* abuchear

boob[1] /buːb/ *n* (colloq)
A (blunder) metedura *f or* (AmL tb) metida *f* de pata (fam); **to make a ~** meter la pata (fam), tirarse una plancha (Esp fam)
B (breast) teta *f* (fam o vulg), pechuga *f* (fam & hum), chichi *f* (Méx fam), lola *f* (RPl fam & hum)
C (foolish person) (AmE) bobo, -ba *m,f* (fam)

boob[2] *vi* (colloq) meter la pata (fam), tirarse una plancha (Esp fam)

boo-boo /'buːbuː/ *n* ▸ **boob**[1] **A**

boob tube *n* 1 (television) (AmE sl & dated) tele *f* (fam) 2 (BrE) (Clothing) (colloq) bustier *m* elástico

booby /'buːbi/ *n* (*pl* **-bies**) 1 (fool) (colloq & dated) bobo, -ba *m,f* (fam) 2 ▸ **boob**[1] **B**

booby hatch *n* (AmE sl) manicomio *m*, loquero *m* (fam)

booby prize *n* premio *m* al peor

booby-trap /'buːbitræp/ *vt* **-pp-** 1 (Mil): **his car was ~ped** le pusieron una bomba en el coche 2 (as joke) ‹*person*› gastarle una broma a

booby trap *n* 1 (Mil) trampa *f*; (bomb) bomba *f* trampa 2 (practical joke) broma *f*

booger /'bʊgər, 'buː- || 'buːgə(r)/ *n* (AmE colloq) moco *m* (seco)

boogey-man /'bʊgimæn, 'buː- || 'buːgimæn/ *n* (AmE) ▸ **bogeyman**

boogie[1] /'bʊgi, 'buːgi || 'buːgi/ *vi* **-gies, -gying, -gied** (sl) mover* *or* menear el esqueleto (fam), bailar

boogie[2], **boogie-woogie** /,bʊgi'wʊgi, ,buːgi'wuːgi || ,buːgi'wuːgi/ *n* [u] bugui-bugui *m*

boo-hoo /'buː'huː/ *interj* ¡buuah!

booing /'buːɪŋ/ *n* [u] abucheo *m*

book[1] /bʊk/ *n*
A (printed work) libro *m*; **it sounds like something out of a ~** parece de cuento; **a ~ on the French Revolution** un libro sobre la revolución francesa; **the good B~** (frml) la Biblia; **the B~ of Daniel** el Libro de Daniel; **by** *o* **according to the ~** ciñéndose a las reglas *or* normas; **to go by the ~** ceñirse* (estrictamente) a las normas *or* reglas; **in my ~** a mi modo de ver, en mi opinión; **that's one for the ~** (colloq) es un verdadero récord; ***to be a closed ~ to sb*** ser* un misterio para algn; ***to be an open ~*** ser* (como) un libro abierto; ***to be in sb's good/bad ~s*** (colloq): **I'm in her bad ~s now** en este momento no soy santo de su devoción; **try to get into her good ~s** trata de conquistártela; ***to be on ~*** (Theat) hacer* de apuntador; ***to bring sb to ~*** pedirle* cuentas a algn; **to be brought to ~** tener* que rendir cuentas; ***to read sb like a ~***: **he said he didn't care, but I could read him like a ~** dijo que no le importaba, pero a mí no me engañaba; **don't tell me stories, I can read you like a ~** a mí no me vengas con cuentos, que yo ya te conozco; ***to speak*** *o* ***talk like a ~*** hablar como un libro; ***to suit sb's ~***: **she'll tell you whatever suits her ~** te dirá lo que (a ella) le interese *or* le convenga; ***to throw the ~ at sb*** castigar* duramente a algn; (*before n*): **~ club** club *m* del libro, círculo *m* de lectores; **~ lover** amante *mf* de los libros, bibliófilo, -la *m,f*; **~ review** reseña *f* (*de un libro*)
B (*exercise ~*) 1 cuaderno *m* 2 (*note~*) libreta *f or* cuaderno *m* (de apuntes) 3 (telephone directory) guía *f*, directorio *m* (AmL exc CS); **we're in the ~** estamos en la guía *or* (AmL exc CS) en el directorio
C (set — of coupons) libreta *f*; (— of tickets) talonario *m*, taco *m* (Esp); (— of samples) muestrario *m*; (— of matches, stamps) librito *m*
D **books** *pl* 1 (Busn, Fin): **the ~s** los libros; **to keep** *o* **do the ~s** llevar los libros *or* la contabilidad; ▸ **cook**[2] **2** 2 (of club, agency) registro *m*; **are you on our ~s?** ¿está inscrito aquí?
E (betting) (AmE): **I'd make ~ they'll lose the game!** me apuesto *or* me juego la cabeza a que pierden el partido
F (libretto) (AmE) libreto *m*

book[2] *vt* (esp BrE) ➡📖
A 1 ‹*room/seat/flight*› reservar; ‹*appointment*› concertar*; **we're ~ed to fly on Tuesday** tenemos el vuelo reservado para el martes; **the hotel/restaurant/flight is fully ~ed** el hotel/restaurante/vuelo está completo; **we're fully ~ed until June** hasta junio no nos queda nada; **can we ~ a time to meet and discuss this?** (BrE) ¿cuándo nos podríamos reunir para discutirlo?; **I'm ~ed (up) all this week** tengo toda la semana ocupada 2 ‹*performer/band*› contratar; **they're fully ~ed for the next six months** no pueden aceptar más compromisos para los próximos seis meses
B (record) ‹*order*› asentar*
C 1 (record charge against) multar, ponerle* una multa a; **he was ~ed for speeding** lo multaron *or* le pusieron una multa por exceso de velocidad 2 (in soccer) (BrE) amonestar
■ **book** *vi* (esp BrE) hacer* una reserva *or* (AmL tb) una reservación, reservar

Phrasal verbs

• **book in**
A [v + adv] (register arrival) (BrE) inscribirse*, registrarse
B [v + o + adv, v + adv + o] 1 (reserve room for): **she'd ~ed us in at the Hilton** nos había reservado habitación en el Hilton 2 (register sb's arrival): **the receptionist ~ed us in** el recepcionista nos apuntó en el registro

• **book up** [v + o + adv, v + adv + o] (reserve) (*often pass*): **the hotels are all ~ed up** los hoteles están todos completos; **tonight's performance is ~ed up** no quedan localidades para la función de esta noche; **the orchestra is ~ed up until the summer** la orquesta no puede aceptar más compromisos hasta el verano

book[3] *adj* (*before n*) ‹*value/profit*› según los libros

bookable /'bʊkəbəl/ *adj* (BrE) 1 ‹*seat*› que se puede reservar; **tickets are ~ in advance** venta anticipada de localidades 2 (Sport) ‹*offense*› que se sanciona con tarjeta amarilla

bookbinder /'bʊk,baɪndər || 'bʊk,baɪndə(r)/ *n* encuadernador, -dora *m,f*

bookbinding /'bʊk,baɪndɪŋ/ *n* [u] encuadernación *f* (de libros)

bookcase /'bʊkkeɪs/ *n* biblioteca *f*, estantería *f*, librería *f* (Esp), librero *m* (Méx)

bookend /'bʊkend/ *n* sujetalibros *m*

Booker Prize /'bʊkər || 'bʊkə(r)/

> **Booker Prize**
>
> En el Reino Unido, un premio literario de un valor de 50.000 libras, que se otorga cada octubre al autor de la mejor novela de ficción que se haya publicado el año anterior. El ganador se elige de entre autores de la Commonwealth y la República de Irlanda. Es patrocinado por la financiera Man Group Plc, y desde 2002 su nombre oficial es *the Man Booker Prize*.

book fair *n* feria *f* de libros

bookie /'bʊki/ *n* (colloq) corredor, -dora *m,f* de apuestas

booking /'bʊkɪŋ/ *n* (esp BrE) 1 [c u] (reservation) reserva *f*, reservación *f* (AmL); **~s are now being taken** se aceptan reservas *or* (AmL tb) reservaciones; **to make/cancel a ~** hacer*/cancelar una reserva *or* (AmL tb) una reservación; **postal/telephone ~** reserva *or* (AmL tb) reservación por correo/teléfono; (*before n*): **~ fee** suplemento *m*, recargo *m* 2 [c] (engagement) compromiso *m*

booking clerk *n* (BrE frml) taquillero, -ra *mf*

booking office *n* (BrE) 1 (Theat) taquilla *f*, boletería *f* (AmL) 2 (Rail) (frml) mostrador *m* (*or* ventanilla *f etc*) de venta de pasajes *or* (Esp) de billetes

bookish /'bʊkɪʃ/ *adj* ‹*style/culture*› libresco; **one of those ~ types** un ratón de biblioteca (fam)

bookkeeper /'bʊk,kiːpər || 'bʊk,kiːpə(r)/ *n* tenedor, -dora *m,f* de libros, contable *mf* (Esp)

bookkeeping /'bʊk,kiːpɪŋ/ *n* [u] contabilidad *f*, teneduría *f* de libros

book learning *n* [u] saber *m* libresco; **~ ~'s no substitute for experience** lo que enseña la experiencia no se aprende en los libros

booklet /'bʊklət || 'bʊklɪt/ *n* folleto *m*

booklist /'bʊklɪst/ *n* 1 (of publisher) catálogo *m* de libros 2 (reading list) bibliografía *f*

bookmaker /'bʊk,meɪkər || 'bʊk,meɪkə(r)/ *n* corredor, -dora *m,f* de apuestas

bookmark[1] /'bʊkmɑːrk || 'bʊkmɑːk/ *n* 1 (for book) señalador *m*, marcador *m* 2 (Comput) marcador *m*, favoritos *mpl*

bookmark[2] *vt* (Comput) marcar*

bookmobile /'bʊkməbiːl/ *n* (AmE) biblioteca *f* ambulante, bibliobús *m* (Esp)

bookplate /'bʊkpleɪt/ *n* ex libris *m*

bookrest /'bʊkrest/ *n* atril *m*

bookseller /'bʊk,selər || 'bʊk,selə(r)/ *n* librero, -ra *m,f*; **a firm of ~s** una librería

bookshelf /'bʊkʃelf/ *n* (*pl* **-shelves**) 1 (shelf) estante *m*, balda *f* (Esp) (*para libros*) 2 **bookshelves** ▸ **bookcase**

bookshop /'bʊkʃɑːp || 'bʊkʃɒp/ *n* librería *f*

bookstall /'bʊkstɔːl/ *n* (in station) quiosco *m* (*de prensa y libros*); (at market) puesto *m* de libros

bookstore /'bʊkstɔːr/ *n* (AmE) librería *f*

book token *n* (BrE) cheque *m* regalo *m*, vale *m* (*canjeable por libros*)

bookworm /'bʊkwɜːrm || 'bʊkwɜːm/ *n* ratón *m* de biblioteca (fam)

boom[1] /buːm/ *n*
A (Econ, Fin) boom *m*; **the ~ of the twenties** el

➡📖 see Correspondence

boom económico de los años 20; **a period of economic ~** un período de auge *or* boom económico; **a ~ in house prices** un boom en el precio de la vivienda; **to go from ~ to bust** pasar del boom a la quiebra; *(before n)*: **~ industry** industria *f* en auge; **~ year** año *m* de boom *or* de gran prosperidad

B (sound — of waves, wind) bramido *m*; (— of guns, explosion) estruendo *m*

C 1 (Naut) (in modern sailing ships) botavara *f*; (in square-rigged ships) botalón *m* 2 (on crane) brazo *m*, pluma *f* 3 (for microphone) jirafa *f*, boom *m* 4 (floating barrier) barrera *f* flotante

boom[2] *vi*

A ‹‹*wind/waves*›› bramar; ‹‹*guns*›› tronar*; ‹‹*explosion*›› producir* un estruendo

B (*usu in -ing form*) ‹‹*market/industry*›› vivir un boom; **sales are ~ing** hay un boom de (las) ventas

■ **boom** *vt* decir* con voz resonante *or* de trueno

Phrasal verb

• **boom out**

A [v + adv] ‹‹*voice/answer/gun*›› retumbar, resonar*

B [v + o + adv, v + adv + o]: **he ~ed out a warning to them** les hizo una advertencia con voz de trueno; **the loudspeakers ~ed out the news** la noticia resonó por los altavoces

boom box *n* (colloq) (Mus) grabadora *f* portátil, gabacha *f* (Méx arg), loro *m* (Esp arg)

boomerang[1] /ˈbuːməræŋ/ *n* bumerang *m*; *(before n)*: **~ effect** efecto *m* (de) bumerang

boomerang[2] *vi* tener* el efecto contrario al buscado; **to ~ ON sb**: **the plan ~ed on him** le salió el tiro por la culata (fam)

booming /ˈbuːmɪŋ/ *adj* 1 ‹*voice/sound*› retumbante 2 ‹*industry*› en auge, que vive un boom

boon /buːn/ *n* 1 (blessing) gran ayuda *f*; **she's been a ~ to me these last few months** estos últimos meses me ha ayudado muchísimo; **immigration has been a ~ to the economy** la inmigración ha dado un impulso importante a la economía 2 (request, favor) (arch) favor *m*

boon companion *n* (liter) amigo, -ga *m,f* del alma

boondocks /ˈbuːndɑːks || ˈbuːndɒks/ *pl n* (AmE colloq & hum): **they live way out in the ~** viven en los quintos infiernos *or* (Esp tb) en el quinto pino *or* (CS tb) donde el diablo perdió el poncho (fam)

boondoggle /ˈbuːnˌdɑːɡəl || ˈbuːnˌdɒɡəl/ *n* (AmE colloq) despilfarro *m*

boonies /ˈbuːniːz/ *pl n* (AmE sl): **the ~** los quintos infiernos (fam), el culo del mundo (vulg)

boor /bʊr || bʊə(r)/ *n* zafio, -fia *m,f*, grosero, -ra *m,f*

boorish /ˈbʊrɪʃ || ˈbʊərɪʃ/ *adj* zafio, grosero

boorishness /ˈbʊrɪʃnəs || ˈbʊərɪʃnɪs/ *n* [u] zafiedad *f*, grosería *f*

boost[1] /buːst/ *n* 1 [c] (uplift): **the results are a ~ to her campaign** los resultados son un incentivo *or* un espaldarazo para su campaña; **it was a tremendous ~ to her confidence** le dio mucha más confianza en sí misma; **to give a ~ to sth** dar* empuje a algo, estimular algo; **the theater is to receive a $250,000 ~ in subsidies** el teatro recibirá una inyección de 250.000 dólares en ayudas oficiales 2 [c] (lift, leg-up) (*no pl*): **he gave me a ~ over the wall/up onto the roof** me dio impulso para saltar la tapia/para subir al tejado

boost[2] *vt* ‹*economy/production*› estimular; ‹*trade*› estimular, fomentar, potenciar; ‹*sales*› aumentar, incrementar; ‹*morale*› levantar; ‹*pressure/signal*› (Elec) elevar; **to ~ sb's confidence** darle* más confianza en sí mismo a algn; **she ~s her diet with vitamin pills** complementa su dieta con vitaminas; **the TV show has ~ed its audience** el número de telespectadores del programa ha aumentado

booster /ˈbuːstər || ˈbuːstə(r)/ *n* 1 (Rad, Telec, TV) repetidor *m* 2 (Auto) booster *m* 3 (Med): **~ (shot)** (vacuna *f* de) refuerzo *m*, vacuna *f* de recuerdo (Esp) 4 (Aerosp): **~ (rocket)** cohete *m* (propulsor)

booster cable *n* (AmE) cable *m* de arranque

boot[1] /buːt/ *n*

A (Clothing) bota *f*; (short) botín *m*; **a pair of ~s** unas botas, un par de botas; **soccer/rugby ~s** botines *mpl* de fútbol/rugby; ***the ~'s on the other foot now*** se ha vuelto la tortilla, se ha dado vuelta la tortilla (CS); ***to be as tough as an old ~*** *o* (BrE) ***old ~s*** (colloq) ‹‹*meat/poultry*›› estar* como una suela de zapato; ‹‹*person*›› ser* muy fuerte; ***to die with one's ~s on*** *o* ***in one's ~s*** morir* con las botas puestas, morir* al pie del cañón; ***to lick sb's ~s*** (colloq) adular a algn, hacerle* la pelota *or* (Méx) la barba *or* (Chi) la pata a algn (fam), chuparle las medias a algn (RPl fam), lambonear a algn (Col fam); ***to put*** *o* ***stick the ~ in*** (BrE colloq) (lit: kick) dar* patadas; (attack, condemn) ensañarse; *(before n)*: **~ polish** betún *m*, grasa *f* (Méx) *or* (RPl) pomada *f or* (Chi) pasta *f* de zapatos; **~ tree** horma *f* de bota; ▸**bet**[2] **2**, **big**[1] **F**

B (kick) (colloq) (*no pl*) patada *f*, puntapié *m*; ***to give sb the ~*** (colloq) echar a algn, poner* a algn de patitas en la calle (fam), darle* la patada a algn (fam)

C (BrE) (Auto) maletero *m*, portamaletas *m*, cajuela *f* (Méx), baúl *m* (Col, RPl), maleta *f* (Chi, Per)

D (Comput) arranque *m*; **warm/cold ~** arranque caliente/frío

E **to boot** (hum) (*as linker*) para rematarla, por si fuera poco

boot[2] *vt* 1 (kick) (colloq) darle* una patada *or* un puntapié a, patear; **he ~ed the ball into the net** metió el balón en la red de una patada 2 (Comput) **~ (up)** arrancar*, butear (fam)

Phrasal verbs

• **boot out** [v + o + adv, v + adv + o] (colloq) echar, poner* de patitas en la calle (fam), sacar* a patadas (fam)

• **boot up** [v + adv] (Comput) arrancar*, butear (fam)

bootblack /ˈbuːtblæk/ *n* limpiabotas *mf*, lustrabotas *mf* (AmS), bolero, -ra *m,f* (Méx), embolador, -dora *m,f* (Col)

boot camp *n* (AmE); *campamento de entrenamiento de reclutas de Marina*

bootee, (AmE also) **bootie** *n* 1 /ˈbuːtiː || buːˈtiː/ (for baby) botita *f* (*de punto*), patuco *m* (Esp), escarpín *m* (RPl), botín *m* (Chi) 2 /buːˈtiː/ (woman's ankle boot) botín *m*

booth /buːθ || buːð, buːθ/ *n* 1 (cabin) cabina *f*; **ticket ~** taquilla *f*, boletería *f* (AmL); **information ~** caseta *f* de información; **photo ~** fotomatón *m* 2 (*polling ~*) cabina *f or* (Méx) casilla *f or* (Chi) caseta *f* de votación 3 (*telephone ~*) cabina *f* (de teléfono) 4 (in restaurant) reservado *m* 5 (stall — at market) puesto *m*; (— at fair) barraca *f*, caseta *f*; (— at exhibition) stand *m*

bootjack /ˈbuːtdʒæk/ *n* sacabotas *m*, descalzador *m*

bootlace /ˈbuːtleɪs/ *n* cordón *m or* (Méx) agujeta *f or* (Per) pasador *m* (*de bota*)

bootleg[1] /ˈbuːtleɡ/ *vt* **-gg-** ‹*liquor/whiskey*› (AmE) dedicarse* al contrabando de; **to ~ tapes/videos** grabar y vender cintas/videos *or* (Esp) vídeos piratas

bootleg[2] *adj* (*before n*) ‹*whiskey/liquor*› de contrabando; ‹*tape*› pirata *adj inv*

bootlegger /ˈbuːtˌleɡər || ˈbuːtˌleɡə(r)/ *n* contrabandista *mf*

bootlicker /ˈbuːtˌlɪkər || ˈbuːtˌlɪkə(r)/ *n* (colloq) lameculos *mf* (vulg), pelota *mf* (Esp fam), chupamedias *mf* (CS, Ven fam), lambiscón, -cona *m,f* (Méx fam), lambón, -bona *m,f* (Col fam)

boot sale *n* ▸**car boot sale**

bootstrap /ˈbuːtstræp/ *n* oreja *f* (*de la bota*); ***to pull oneself up by one's (own) ~s*** salir* adelante sin ayuda de nadie; *(before n)*: **~ routine** (Comput) secuencia *f* de instrucciones iniciales, cebado *m*

booty /ˈbuːti/ *n* [u] botín *m*, escarpín (AmL)

booze[1] /buːz/ *n* [u] (colloq) bebida *f*, trago *m* (esp AmL fam); **she's been on the ~ again** ha estado dándole a la bebida *or* (esp AmL) al trago otra vez (fam)

booze[2] *vi* (colloq) empinar el codo (fam), beber; **to go out boozing** salir* de juerga (fam)

boozed-up /ˌbuːzdˈʌp/ (BrE also) **boozed** /buːzd/ *adj* (colloq) (*pred*): **to be ~** estar* curda (fam), estar* como una cuba (fam)

boozer /ˈbuːzər || ˈbuːzə(r)/ *n* (colloq) 1 (drinker) borrachín, -china *m,f* (fam), bebedor, -dora *m,f* 2 (BrE) (pub) bar *m*

booze-up /ˈbuːzʌp/ *n* (BrE colloq) juerga *f* (fam)

boozy /ˈbuːzi/ *adj* **-zier, -ziest** (colloq) ‹*person*› borrachín (fam); **a ~ meal** una comida regada con abundante alcohol

bop[1] /bɑːp || bɒp/ *n*

A [u] (kind of jazz) bop *m*

B (dance) (BrE colloq): **to go for a ~** irse* a mover *or* menear el esqueleto (fam)

C (blow) (colloq) coscorrón *m* (fam); **to give sb a ~ on the head** darle* un coscorrón a algn (fam)

bop[2] **-pp-** *vi* (colloq) (dance) (BrE) mover* *or* menear el esqueleto (fam), bailar

■ **bop** *vt* (hit) (colloq): **to ~ sb** pegarle* un coscorrón a algn (fam)

boracic acid /bəˈræsɪk/ *n* ácido *m* bórico

borage /ˈbɔːrɪdʒ || ˈbɒrɪdʒ/ *n* [u] borraja *f*

borax /ˈbɔːræks/ *n* [u] bórax *m*

Bordeaux /bɔːrˈdəʊ || bɔːˈdəʊ/ *n* 1 (Geog) Burdeos 2 [u] (wine) Burdeos *m*

bordello /bɔːrˈdeləʊ || bɔːˈdeləʊ/ *n* burdel *m*

border[1] /ˈbɔːrdər || ˈbɔːdə(r)/ *n*

A (Pol) frontera *f*; **to cross the ~** cruzar* *or* pasar la frontera; **Paraguay has ~s with three countries** Paraguay limita con tres países; **the B~s, the B~ Country** (in UK) *región escocesa que limita con Inglaterra*; *(before n)* ‹*dispute/town*› fronterizo; ‹*incident/raid*› en la frontera; **~ patrol** patrulla *f* de fronteras

B 1 (edge) borde *m*; **on the ~s of sleep** en la frontera del sueño 2 (edging — on fabric, plate, notepaper) cenefa *f*, guarda *f* (CS); (— on robe, official document) orla *f*; **a wallpaper ~** una greca

C (in garden) arriate *m*, cantero *m* (RPl)

border[2] *vt* 1 ‹*country/state*› limitar con; ‹*fields/lands*› lindar con; **the states ~ing Canada** los estados que limitan con Canadá; **the lake is ~ed to the north by woods** la parte norte del lago está bordeada de bosques; **~ing states** estados *mpl* limítrofes *or* fronterizos 2 (edge — with ribbon, binding) ribetear; (— with fur) orlar; **~ed with lace** con puntilla alrededor; **the plates were ~ed with a blue band** los platos tenían una cenefa *or* (CS tb) una guarda azul

Phrasal verb

• **border on, border upon** [v + prep + o] 1 ‹‹*country*›› limitar con 2 (verge on) rayar en, lindar con; **their demands ~ed on the ridiculous** sus exigencias rayaban en *or* lindaban con lo ridículo; **with a determination ~ing on obsession** con una determinación rayana en la obsesión

borderland /ˈbɔːrdərlænd || ˈbɔːdəlænd/ *n* [u c] zona *f* fronteriza

borderline[1] /ˈbɔːrdərlaɪn || ˈbɔːdəlaɪn/ *n* 1 (between countries) frontera *f* 2 (between categories) límite *m*; **she was on the pass-fail ~** estaba en el límite *or* estaba a caballo entre el aprobado y el reprobado *or* (Esp) el suspenso

borderline[2] *adj* ‹*case/score*› dudoso; ‹*candidate*› en el límite entre el aprobado y el reprobado *or* (Esp) el suspenso; **a ~ pass** un aprobado muy justo

bore[1] /bɔːr || bɔː(r)/ *past of* **bear**[1]

bore[2] *vt*

A ‹*well/shaft/tunnel*› hacer*, abrir*; **they ~d a hole into the rock** hicieron una perforación en la roca; **we ~d our way through the crowd** nos abrimos paso entre la muchedumbre; **his eyes were boring a hole in me** me traspasaba con la mirada

B (weary) aburrir; **I'm not boring you, am I?** no te estaré aburriendo, ¿no?; **opera ~s me stiff** *o* (BrE also) **rigid** la ópera me aburre mortalmente *or* soberanamente; **I'm ~d stiff** estoy más aburrida que una ostra; **the lecture ~d me to**

b

death *o* **tears** la conferencia fue aburridísima *or* me aburrió hasta decir basta

■ **bore** *vi* perforar, taladrar; **they are boring for oil/water** están haciendo perforaciones en busca de petróleo/agua

bore[3] *n*

A [1] (dull person) pesado, -da *m,f* (fam), pelmazo *m* (fam), plomo *m* (fam); (dull thing) aburrimiento *m*, pesadez *f* (fam), lata *f* (fam); **you're being a ~!** ¡mira que eres plomo *or* pesado! (fam) [2] (annoying thing) (esp BrE): **what a ~ your having to go so soon!** ¡qué fastidio *or* qué lata que te tengas que ir tan pronto! (fam)

B [1] (diameter — of cylinder, pipe, gun barrel) calibre *m*; **small-~ weapons** armas *fpl* de pequeño calibre; **12-~ shotgun** (BrE) escopeta *f* de calibre 12 [2] (hole) barreno *m*, agujero *m*

C (tidal wave) (Geog) macareo *m*

bored /bɔ:rd || bɔ:d/ *adj* aburrido; **I'm ~!** estoy aburrido; **to be ~ WITH sth** estar* aburrido *or* harto *or* cansado DE algo; **to get ~** aburrirse

boredom /'bɔ:rdəm || 'bɔ:dəm/ *n* [u] aburrimiento *m*

borehole /'bɔ:rhəʊl || 'bɔ:həʊl/ *n* perforación *f*

boring[1] /'bɔ:rɪŋ/ *adj* aburrido, aburridor (AmL)

boring[2] *n* [u] [1] (with lathe, machine tool) barrenado *m* [2] (in ground) perforación *f*

boringly /'bɔ:rɪŋli/ *adv* ‹*repeat/insist*› con gran pesadez; **it's ~ repetitive** es repetitivo hasta el cansancio; **he droned ~ on about his problems** se puso pesadísimo con sus problemas

born[1] /bɔ:rn || bɔ:n/; *past p of* **bear**[1] [1] **to be ~** nacer*; **when was she ~?** ¿cuándo nació?; **to be ~ blind: she was ~ blind** es ciega de nacimiento; **the young are ~ blind** las crías nacen ciegas; **to be ~ lucky** nacer* con suerte; **poets are ~ not made** los poetas nacen, no se hacen; **to be ~ INTO sth: he was ~ into a Protestant family/the aristocracy** nació en el seno de una familia protestante/aristócrata; **~ into poverty** nacido en la pobreza; **to be ~ into the world** (liter) venir* al mundo; **to be ~ OF sb/sth: she was ~ of middle-class parents** sus padres eran de clase media, nació en una familia de clase media; **with the confidence ~ of experience** con la confianza que da la experiencia; **to be ~ TO sb** (frml): **a child was ~ to them** tuvieron un hijo; **I wasn't ~ yesterday, you know!** ¡oye, que no nací ayer *or* (fam) que no me chupo el dedo!; **there's one ~ every minute!** (set phrase) hay tontos para repartir *or* para dar y vender; **young people today don't know they're ~!** los jóvenes de hoy no saben lo que tienen; **~ Jane Smith** (real name) cuyo verdadero nombre es/era Jane Smith; (neé) de soltera Jane Smith [2] (destined) **to be ~ TO sth/to + INF: he was ~ to (a life of) luxury** nació para (ser) rico; **this is the book I was ~ to write** estaba destinado a escribir este libro; **this is what I was ~ for** *o* **what I was ~ to do** yo he nacido para esto

born[2] *adj* (*before n*) ‹*teacher/actor/leader/musician*› nato; **she has a ~ aptitude for teaching** tiene una aptitud innata para la enseñanza; **in all my ~ days** (colloq) en toda mi vida; **he's a ~ loser** siempre ha sido y será un perdedor

-born /bɔ:rn || bɔ:n/ *suff*: **Austrian~/Dallas~** nacido en *or* oriundo de Austria/Dallas; **her first~** su primer hijo, su primogénito (frml)

born-again /,bɔ:rnə'gen || ,bɔ:nə'gen/ *adj* (*before n*): **~ Christian** cristiano *m* renacido, cristiana *f* renacida; **a ~ monetarist** un recién llegado al monetarismo

borne /bɔ:rn || bɔ:n/ *past p of* **bear**[1]

borough /'bɜ:rəʊ || 'bʌrə/ *n* [1] (in New York, London) ≈ municipio *m*; **the Five B~s** la ciudad de Nueva York [2] (in US) distrito *m* municipal [3] (in UK) municipio *m* [4] (in Alaska) condado *m*

borrow /'bɑ:rəʊ || 'bɒrəʊ/ *vt*

A [1] (have on loan): **the ladder/jacket is ~ed** la escalera/chaqueta es prestada; **may I ~ your pencil for a second?** ¿me prestas *or* (Esp tb) me dejas el lápiz un momento?; **why don't you ~ Sally's hat?** ¿por qué no le pides el sombrero prestado a Sally?; **is it all right if I ~ this chair?** ¿le importa si me llevo la silla?; **he had to ~ some money** tuvo que pedir dinero prestado; **to ~ sth FROM sb** pedirle* prestado algo A algn; **I ~ed a ladder from Tim** le pedí una escalera prestada a Tim; **I ~ed $5,000 from the bank** pedí un préstamo de 5.000 dólares al banco; **he was living on ~ed time** tenía los días contados [2] (from library) sacar*; **I ~ed it from the library** lo saqué de la biblioteca; **books can be ~ed for up to three weeks** los libros se pueden tener hasta tres semanas

B ‹*idea*› sacar*; ‹*word*› tomar; **to ~ sth FROM sth: an idea I ~ed from television** una idea que saqué de la televisión, una idea que me dio la televisión; **a term ~ed from German** un préstamo del alemán, una palabra tomada del alemán

■ **borrow** *vi* (Fin) pedir* *or* (frml) solicitar préstamos *or* créditos

borrower /'bɑ:rəʊər || 'bɒrəʊə(r)/ *n* [1] (Fin) prestatario, -ria *m,f*; ***neither a ~ nor a lender be*** ni prestes ni pidas prestado [2] (from library) usuario, -ria *m,f*, socio, -cia *m,f* (*de una biblioteca*)

borrowing /'bɑ:rəʊɪŋ || 'bɒrəʊɪŋ/ *n*

A [1] [u] (Fin) préstamos *mpl* [2] [c u] (from library) préstamo *m*

B [c] [1] (Ling) préstamo *m* [2] (thing derived): **this technique is a ~ from the cinema** esta técnica está tomada del cine

borstal /'bɔ:rstl || 'bɔ:stl/ *n* (BrE) reformatorio *m*, correccional *m* or *f* (de menores)

borzoi /'bɔ:rzɔɪ || 'bɔ:zɔɪ/ *n* galgo *m* ruso

Bosch /bɑ:ʃ || bɒʃ/ *n* el Bosco

bosh /bɑ:ʃ || bɒʃ/ *n* [u] (BrE colloq & dated) majaderías *fpl* (fam)

bo's'n /'bəʊsn/ *n* ▸ **boatswain**

Bosnia Herzegovina /,bɑ:zniə,hertsəgəʊ'vi:nə || ,bɒzniə,hɜ:tsəgəʊ'vi:nə/ *n* Bosnia Herzegovina *f*

Bosnian[1] /'bɑ:zniən || 'bɒzniən/ *adj* bosnio

Bosnian[2] *n* bosnio, -nia *m,f*

bosom /'bʊzəm/ *n* [1] (breast, chest) (liter) pecho *m*; **he clasped her to his ~** la estrechó contra su pecho; ***to lay bare one's ~ to sb*** abrirle* el corazón a algn; (*before n*) ‹*buddy/friend*› del alma, íntimo [2] (of woman — bust) pecho *m*, busto *m*; (— breast) pecho *m*, seno *m* [3] (of dress, blouse) pechera *f* [4] (heart, center) (liter) seno *m*; **in the ~ of one's family** en el seno de la familia; **in the ~ of the earth** en las entrañas de la tierra (liter)

bosomy /'bʊzəmi/ *adj* con mucho busto; **a ~ girl** una chica con mucho busto *or* (fam) muy pechugona

Bosphorus /'bɑ:spərəs || 'bɒspərəs/ *n*: **the ~** el (estrecho del) Bósforo

boss /bɑ:s || bɒs/ *n*

A (colloq) [1] (superior) jefe, -fa *m,f*; (employer, factory owner etc) patrón, -trona *m,f*; **you decide, you're the ~** decídelo tú, que eres el que manda; **the ~es and the workers** los patronos *or* la patronal y los trabajadores; **I want to be my own ~** quiero ser mi propio patrón [2] (leader) dirigente *mf*; **the party ~es** los dirigentes del partido; **union ~es** dirigentes *mpl* sindicales; **a Mafia ~** un capo de la Mafia

B [1] (on vault) clave *f* [2] (on wheel hub) cubo *m* [3] (on shield) tachón *m*

(Phrasal verb)

• **boss around, boss about** [v + o + adv] (colloq) mangonear (AmL fam), mandonear (fam)

boss-eyed /bɑ:s'aɪd || bɒs'aɪd/ *adj* (BrE colloq) bizco, turnio (Chi fam)

bossily /'bɑ:sli || 'bɒsɪli/ *adv* ‹*say*› en tono autoritario; ‹*behave*› de manera autoritaria, como un mandón/una mandona (fam)

bossiness /'bɑ:sinəs || 'bɒsinɪs/ *n* [u] autoritarismo *m*

bossy /'bɑ:si || 'bɒsi/ *adj* **bossier, bossiest** (colloq) mandón (fam), autoritario

bosun /'bəʊsn/ *n* ▸ **boatswain**

botanic /bə'tænɪk/, **-ical** /-ɪkəl/ *adj* ‹*studies*› botánico, de botánica; **~ gardens** jardín *m* botánico

botanist /'bɑ:tnəst || 'bɒtnɪst/ *n* botánico, -ca *m,f*

botany /'bɑ:tni || 'bɒtni/ *n* [u] [1] (subject) botánica *f* [2] (of particular place) flora *f*

botch[1] /bɑ:tʃ || bɒtʃ/ *vt* (colloq) **~ (up)** ‹*repair/fitting*› hacer* una chapuza de (fam), hacer* con los pies (fam); ‹*plan*› fastidiar (fam), estropear

botch[2], **botch-up** /'bɑ:tʃʌp || 'bɒtʃʌp/ *n* (colloq) chapuza *f* (fam); **to make a ~ of sth** hacer* una chapuza de algo (fam)

both[1] /bəʊθ/ *adj*: **~ boys like tennis** a ambos chicos *or* a los dos chicos les gusta el tenis; **~ the boys live near** los chicos viven los dos cerca; **~ their fathers were truck drivers** los padres de los dos *or* de ambos eran camioneros; **on ~ sides of the street** a ambos lados de la calle; **I can't lend you a coat, ~ mine are at the cleaners** no te puedo prestar un abrigo, los dos que tengo están en la tintorería

both[2] *pron* [1] ambos, -bas, los dos, las dos; **~ of them wanted to go** los dos *or* ambos querían ir; **he's invited ~ of us** nos ha invitado a los dos *or* a ambos; **~ of my brothers can swim** mis dos hermanos saben nadar [2] (*after n, pron*): **we ~ like chess** a los dos nos gusta el ajedrez; **her parents ~ like chess** tanto a su padre como a su madre les gusta el ajedrez; **the ring and the necklace were ~ stolen** robaron las dos cosas: el anillo y el collar; **the coats are ~ too big** los dos abrigos son demasiado grandes; **she sends her love to you ~** les manda recuerdos a los dos

both[3] *conj*: **both ... and ...**: **~ Paul and John are in Italy** tanto Paul como John están en Italia, Paul y John están los dos en Italia; **~ young and old will enjoy this movie** esta película les gustará tanto a los niños como a los mayores; **she ~ wrote and played the music** compuso y tocó la música ella misma

bother[1] /'bɑ:ðər || 'bɒðə(r)/ *vt* [1] (annoy, irritate) molestar; **does my smoking ~ you?** ¿te molesta que fume?; **sorry to ~ you** perdone (que lo moleste) [2] (pester) molestar, fastidiar, darle* la lata a (fam); **stop ~ing me!** ¡deja de molestarme *or* de fastidiarme *or* (fam) de darme la lata!; **she's always ~ing me for money** siempre está molestándome *or* fastidiándome para que le dé dinero [3] (worry, trouble) preocupar; **nothing seems to ~ her** nada parece preocuparla; **what's ~ing you?** ¿qué te pasa?, ¿qué es lo que te preocupa?; **his silence ~s me** su silencio me preocupa; **she's very quiet, but don't let it ~ you** es muy callada, no te inquietes por ello; **she can do what she likes, it doesn't ~ me!** que haga lo que quiera, me tiene sin cuidado *or* no me importa; **don't ~ your head about it** no le des más vueltas, no te preocupes por eso; **to ~ oneself about sth/sb** preocuparse por algo/algn; **to ~ oneself with sth** ocuparse de algo [4] (make effort) **not to ~ -ING: don't ~ writing a long letter** no hace falta que escribas una carta larga; **I don't ~ cooking any more** ya no me molesto en cocinar; **to ~ to + INF** tomarse la molestia DE + INF, molestarse EN + INF; **he didn't even ~ to tell me** ni siquiera se tomó la molestia de decírmelo, ni siquiera se molestó en decírmelo

■ **bother** *vi* [1] (make effort) molestarse; **you shouldn't have ~ed** no debiste haberte molestado; **why ~?** ¿para qué (molestarse)?; **I don't usually ~ with lunch** normalmente no como nada al mediodía; **I sometimes wonder why I ~!** ¡a veces no sé por qué me molesto! [2] (worry) **to ~ ABOUT sth/sb** preocuparse POR algo/algn; **I don't know why you ~ about him!** ¡no sé por qué te preocupas por él!

bother[2] *n* [1] [u] (trouble) molestia *f*; (work) trabajo *m*; (problems) problemas *mpl*; **it's no ~** no es ninguna molestia; **I don't want to put you to any ~** no quiero causarte ninguna molestia *or* darte trabajo; **it isn't worth the ~** no vale la pena; **this car's giving us a lot of ~** (BrE) este coche nos está dando muchos problemas; **to have ~ (with sth/sb)** (BrE) tener* problemas (con algo/algn); **we had a lot of ~ with the car** tuvimos muchísimos problemas con el coche; **did you have any ~ at customs?**

¿tuviste algún problema en la aduana?; **a spot of ~** (BrE colloq) un problemita (fam) **2** (troublesome thing, person) (*no pl*): **if it isn't too much of a ~ for you** si no es mucho problema *or* demasiada molestia para usted; **it's a ~ having to go home again** ¡qué fastidio tener que volver a casa!; **I'm sorry to be a ~** perdone la molestia, perdone que lo moleste

bother[3] *interj* (BrE): **~ (it)!** ¡maldito sea! (fam); **~ that car!** ¡maldito coche!

botheration /ˌbɑːðəˈreɪʃən || ˌbɒðəˈreɪʃən/ *interj* (BrE colloq) ¡caray! (fam)

bothered /ˈbɑːðərd || ˈbɒðəd/ *adj* (*pred*): **she yelled at him, but he wasn't a bit ~** le pegó un berrido, pero él ni se inmutó; **I'm not ~** (I don't mind) (BrE) me da igual *or* lo mismo; **I can't be ~ with all this nonsense** paso de toda esta tontería (fam), paso de todo este rollo (Esp, Méx fam); **I was going to go shopping, but I can't be ~** iba a salir de compras, pero me da pereza *or* no tengo ganas; **I can't be ~ going** *o* **to go** me da pereza ir, no tengo ganas de ir; ▸**hot A1**

bothersome /ˈbɑːðərsəm || ˈbɒðəsəm/ *adj* ‹*demands/questions*› molesto; ‹*child/reporters*› pesado, fastidioso; **they're becoming rather ~** se están poniendo bastante pesados *or* fastidiosos

Bothnia /ˈbɑːθniə || ˈbɒθniə/ *n*: **the Gulf of ~** el golfo de Botnia

bottle[1] /ˈbɑːtl || ˈbɒtl/ *n*

A **1** [c] (container) botella *f*; (of perfume, medicine, ink) frasco *m*; **return empty ~s** devuelva los envases *or* (Esp tb) los cascos; **a wine/milk ~** una botella de vino/leche (*el envase*); **a ~ of wine/milk** una botella de vino/leche; **baby's** *o* **feeding ~** biberón *m*, mamadera *f* (CS, Per), tetero *m* (Col), mamila *f* (Méx); **we must get together over a ~** tenemos que reunirnos para tomar algo; (*before n*): **~ brush** cepillo *m* *or* escobilla *f* para limpiar botellas, churrusco *m* (Col); **~ opener** abrebotellas *m*, destapador *m* (AmL); **~ rack** botellero *m* **2** [c] (contents) botella *f* **3** (alcohol) (colloq): **to go on the ~** darse* a la bebida; **to come off the ~** dejar la bebida; **to hit the ~** darle* a la bebida *or* (esp AmL) al trago (fam)

B [u] (courage, nerve) (BrE colloq) agallas *fpl* (fam); **to have a lot of ~** tener* muchas agallas (fam), ser* muy agalludo (AmL fam); **to lose one's ~** achicarse* (fam), acobardarse

bottle[2] *vt*

A **1** ‹*wine/beer/milk*› embotellar; **~d in France** embotellado en Francia; **~d beer/milk** cerveza *f* /leche *f* en *or* de botella; **~d water** agua *f*‡ embotellada **2** (BrE) (Culin) poner* en conserva

B (hit with bottle) (BrE sl) darle* un botellazo a

(Phrasal verbs)

- **bottle out** [v + adv] (BrE) (sl) rajarse (fam), acobardarse
- **bottle up** [v + o + adv, v + adv + o] (colloq) ‹*emotion/frustration/hate*› reprimir; **don't ~ it all up inside you** no te lo guardes dentro

bottle bank *n* contenedor *m* de recogida de vidrio

bottled-up /ˌbɑːtldˈʌp || ˌbɒtldˈʌp/ *adj* (*pred* **bottled up**) contenido, reprimido

bottlefeed /ˈbɑːtlfiːd || ˈbɒtlfiːd/ *vt* (*past & past p* **-fed**) alimentar *or* criar* con biberón *or* (Méx) con mamila *or* (CS, Per) con mamadera *or* (Col) con tetero

bottle-green /ˌbɑːtlˈgriːn || ˌbɒtlˈgriːn/ ▸**❶ p.1036** *adj* (*pred* **bottle green**) verde botella *adj inv*

bottle green ▸**❶ p.1036** *n* [u] verde *m* botella

bottleneck[1] /ˈbɑːtlnek || ˈbɒtlnek/ *n* (narrow stretch of road) cuello *m* de botella; (hold-up) embotellamiento *m*

bottleneck[2] *vt* (AmE) obstaculizar*

bottlewasher /ˈbɑːtlˌwɔːʃər || ˈbɒtlˌwɒʃə(r)/ *n* *see* **cook**[1]

bottling /ˈbɑːtlɪŋ || ˈbɒtlɪŋ/ *n* [u] **1** (of wine, milk) embotellado *m*; (*before n*): **~ plant** (planta *f*) embotelladora *f* **2** (of fruit, vegetables) (BrE) envasado *m*; (*before n*): **~ jar** frasco *m* *or* (Esp) bote *m* hermético

bottom[1] /ˈbɑːtəm || ˈbɒtəm/ *n*

A **1** (of box, bottle, drawer, bag) fondo *m*; (of hill, stairs) pie *m*; (of page) final *m*, pie *m*; (of pile) parte *f* de abajo; **you are at the ~ of the list** estás al final de la lista; **~s up!** (colloq) ¡al centro y pa'dentro! (fam), ¡fondo blanco! (AmL fam), ¡hasta verte, Cristo mío! (Chi fam); **at ~** en el fondo; **I wonder what's/who's at the ~ of it all** me pregunto qué es lo que hay/quién está detrás de todo esto; ***from the ~ of one's heart*** de todo corazón; **I mean it from the ~ of my heart** lo digo de todo corazón; ***to get to the ~ of sth*** llegar* al fondo de algo; ▸**barrel**[1] **2** (underneath — of box) parte *f* de abajo; (— of bottle) culo *m*, fondo *m*, poto *m* (Andes fam); (— of ship) fondo *m*; ***the ~ has fallen out of the market*** se ha desfondado el mercado, los precios han caído en picada *or* (Esp) en picado; ***to knock the ~ out of sth*** echar por tierra algo; **this evidence knocks the ~ out of his theory** estos datos echan por tierra su teoría; **that knocked the ~ out of his world** con eso se le vino el mundo abajo **3** (of bed) pies *mpl*; (of garden) fondo *m*; (of road) final *m* **4** (of sea, river, lake) fondo *m*; ***to hit*** *o* ***touch ~*** tocar* fondo; **earnings hit ~ in the second quarter** las ganancias tocaron fondo *or* se fueron a pique en el segundo trimestre; **he hit ~ when his wife died** se vino abajo cuando murió su mujer

B (of hierarchy): **he is at the ~ of the class** está entre los peores de la clase; **she came ~ of the class** (BrE) fue la peor de la clase; **the team is lying ~ of the league** el equipo está a la cola de la liga; **she started out at the ~** empezó desde abajo; **from the ~ up** de pies a cabeza, de arriba (a) abajo

C **1** (of person) trasero *m* (fam), traste *m* (CS fam); ▸**smooth**[1] **A1** **2** (of trousers) bajo *m*, bajos *mpl*; **the ~s of his trousers were muddy** llevaba los bajos del pantalón cubiertos de barro **3** (of pajamas, tracksuit) (*often pl*) pantalón *m*, pantalones *mpl*; (of bikini) parte *f* de abajo

D (in baseball) parte *f* baja, segunda *f*

E **bottoms** *pl* (river valley) (AmE) valle *m*, vega *f*

F **~ (gear)** (BrE colloq) (*no art*) primera *f*; **in ~** en primera

(Phrasal verb)

- **bottom out** [v + adv] tocar* fondo

bottom[2] *adj* (*before n*) **1** (lowest) ‹*shelf/layer/card*› de más abajo; ‹*mark/grade*› más bajo; **the ~ left-hand corner** el ángulo inferior izquierdo; **£50 is my absolute ~ price** 50 libras es mi último precio *or* el precio más bajo que le puedo ofrecer **2** (lower) ‹*part/edge/lip*› inferior, de abajo; **the ~ half of the page** la mitad inferior de la página

bottom drawer *n* [u] (BrE) ajuar *m*

bottomless /ˈbɑːtəmləs || ˈbɒtəmlɪs/ *adj* **1** ‹*well/shaft*› sin fondo; **he's a ~ pit** tiene la (lombriz) solitaria (fam), es un barril sin fondo (AmL fam) **2** ‹*generosity/patience*› infinito, sin límites

bottom line *n* **1** (of accounts) balance *m* final **2** (result): **the ~ ~ is that we'll be left defenseless** en pocas palabras *or* en resumidas cuentas, esto implica que nos quedaremos indefensos **3** (essential thing): **the ~ ~** lo esencial, lo primordial

botulism /ˈbɑːtʃəlɪzəm || ˈbɒtjuːlɪzəm/ *n* [u] botulismo *m*

bouclé /buːˈkleɪ || ˈbuːkleɪ/ *adj* bouclé

Boudicca /buːˈdɪkə/ *n* Boadicea

boudoir /ˈbuːdwɑːr || ˈbuːdwɑː(r)/ *n* tocador *m*

bouffant /buːˈfɑːnt || ˈbuːfɒŋ/ *adj* ahuecado, cardado (Esp), batido (Per, RPl), escarmenado (Chi)

bougainvillea /ˌbuːgənˈvɪljə || ˌbuːgənˈvɪliə/ *n* [c u] buganvilla *f*, Santa Rita *f* (RPl), buganvilia *f* (Chi), bugambilia *f* (Méx)

bough /baʊ/ *n* rama *f*

bought[1] /bɔːt/ *past & past p of* **buy**[1]

bought[2] *adj* comprado, no casero

bouillon /ˈbʊljən || ˈbuːjɒn/ *n* [u c] caldo *m*; (*before n*): **~ cube** cubito *m* *or* pastilla *f* de caldo

boulder /ˈbəʊldər || ˈbəʊldə(r)/ *n* roca *f* (*grande, alisada por la erosión*)

boulevard /ˈbʊləvɑːrd || ˈbuːləvɑːd/ *n* bulevar *m*

bounce[1] /baʊns/ *vi* **1** «*ball/object*» rebotar, picar* (AmL), botar (Esp, Méx); **the ball went bouncing along the road** la pelota salió dando botes por la calle; **the box was bouncing around on the back seat** la caja iba dando tumbos en el asiento de atrás; **the child was bouncing up and down on the sofa** el niño saltaba *or* daba brincos en el sofá; **to ~ OFF sth** rebotar CONTRA algo; **the wrestler ~d off the ropes** el luchador rebotó contra las cuerdas **2** (move jauntily) (+ *adv compl*): **she ~d into the room** entró a la habitación saltando *or* brincando *or* dando brincos **3** «*check*» (colloq) ser* devuelto *or* rechazado, rebotar (fam) **4** **bouncing** *pres p* ‹*baby*› sano, rozagante

■ **bounce** *vt*

A **1** ‹*ball/object*› hacer* rebotar, darle* botes a, hacer* picar (AmL), (hacer*) botar (Esp, Méx); **she ~d the child on her knee** le hacía (el) caballito al niño **2** ‹*check*› devolver*, rechazar* **3** (Comput) ‹*email*› rebotar

B (get rid of) (AmE colloq) echar, botar (AmL exc RPl fam)

(Phrasal verb)

- **bounce back** [v + adv] (recover) (colloq) levantarse, recuperarse

bounce[2] *n*

A **1** [c] (action) rebote *m*, bote *m*, pique *m* (AmL); **he hit the ball on the ~** le dio a la pelota de rebote **2** [u] (springiness, vitality): **the ball has no ~ left** la pelota ya no rebota *or* (Esp, Méx) ya no bota bien; **this shampoo puts the ~ back into your hair** este champú les da nueva vida a sus cabellos; **she's full of ~** es una persona llena de vida

B (dismissal) (AmE colloq): **to give sb the ~** poner* a algn de patitas en la calle (fam), botar a algn (AmL exc RPl fam)

C (Comput) (of an email) rebote *m*

bouncebackability /ˌbaʊnsbækəˈbɪləti/ *n* [u] capacidad *f* de recuperación

bouncer /ˈbaʊnsər || ˈbaʊnsə(r)/ *n* (colloq) gorila *m* (fam), sacabullas *m* (Méx fam)

bouncy /ˈbaʊnsi/ *adj* **-cier, -ciest** **1** ‹*ball*› que rebota *or* (Esp, Méx) bota bien; ‹*mattress*› firme y elástico; ‹*ride*› movido; ‹*hair*› con cuerpo **2** (lively, cheerful) ‹*person/personality/manner*› animado, lleno de vida; ‹*tune/rhythm*› alegre

bound[1] /baʊnd/ *n* **bounds** *pl*

A (limits) límites *mpl*; **within ~s** dentro de ciertos límites; **her generosity/enthusiasm knows no ~s** su generosidad/entusiasmo no tiene límite(s); **within the ~s of the city** dentro del perímetro urbano *or* de los límites de la ciudad; **within the ~s of reason/possibility** dentro de lo razonable/posible; **the play goes beyond the ~s of decency** la obra cae en lo indecente; **it's not beyond the ~s of possibility that they know already** (bien) cabe la posibilidad de que ya lo sepan, no es descabellado pensar que ya lo saben; **the shop is out of ~s to schoolchildren** los niños tienen prohibido entrar en la tienda

B (jump) salto *m*, brinco *m*; **with one ~** de un salto

bound[2] *vi* **1** (leap) saltar **2** (move) (+ *adv compl*): **the dog ~ed along behind the bicycle** el perro iba dando saltos detrás de la bicicleta; **to ~ in/out/away** entrar/salir*/irse* dando saltos

■ **bound** *vt* ‹*field/area/country*› delimitar; **she refuses to be ~ed by practical constraints** se niega a verse constreñida por consideraciones de orden práctico

bound[3] *past & past p of* **bind**[1]

bound[4] *adj*

A **1** (tied up) atado, amarrado (AmL exc RPl); **my hands were ~** tenía las manos atadas *or* (AmL exc RPl) amarradas, estaba maniatado

2 (obliged) **to be ~ BY sth (to + INF)**: **you are still ~ by your promise** sigues estando obligado a cumplir lo que prometiste; **she feels ~ by her own code of ethics to ...** siente que, de acuerdo a sus principios, es su deber ...; **they are ~ by law to supply the goods** están obligados por ley a suministrar los artículos; **to be ~ to + INF**: **the police are ~ to prosecute in such cases** la policía está obligada a remitir tales casos a la justicia; **he felt ~ to tell his mother what had happened** se sintió obligado a decirle a su madre lo que había sucedido; **I'm duty/honor ~ to tell you the truth** es mi deber/obligación decirte la verdad; **~ and determined** (AmE) empeñado

B (*pred*) (certain) **to be ~ to + INF**: **it was ~ to happen sooner or later** tarde o temprano tenía que suceder; **she's ~ to be elected** seguro que sale elegida; **it's ~ to be expensive** seguro que es caro, tiene que ser caro; **it was ~ to go wrong** no cabía duda de que iba a salir mal; **they're up to no good, I'll be ~** (colloq & dated) estoy seguro de que están haciendo algo que no deben

C (headed) (*pred*) **~ FOR**: **a ship ~ for New York** un barco con rumbo a Nueva York; **the truck was ~ for Italy** el camión iba rumbo a Italia; **they are homeward/Moscow ~** van camino a casa/a Moscú

D (Publ) encuadernado, empastado

-bound /baʊnd/ *suff* 1 (heading for): **passengers for the Birmingham~ train** los pasajeros con destino a Birmingham; **it crashed into the Moscow~ train** chocó con el tren que se dirigía a Moscú 2 (Publ): **leather~** encuadernado en cuero 3 (immobilized by): **snow~** paralizado por la nieve 4 (confined to): **wheelchair~** confinado a una silla de ruedas

boundary /ˈbaʊndri/ *n* (*pl* **-ries**) límite *m*; **within the parish boundaries** dentro de los límites *or* los *or* las lindes de la parroquia; **the ~ between fiction and fact** la frontera *or* la línea divisoria entre la ficción y la realidad; (*before n*): **~ line** línea *f* divisoria, linde *m or f*

bounden /ˈbaʊndən/ *adj*: **one's ~ duty** (arch) la obligación moral ineludible de uno

bounder /ˈbaʊndər || ˈbaʊndə(r)/ *n* (BrE colloq & dated) sinvergüenza *m*

boundless /ˈbaʊndləs || ˈbaʊndlɪs/ *adj* ‹*love/generosity/patience*› sin límites; ‹*resources/energy*› ilimitado, inagotable; ‹*space/universe*› infinito

bountiful /ˈbaʊntɪfəl/ *adj* (liter) 1 (generous) ‹*king/goddess/nature*› munificente (liter), pródigo (liter); ***to play Lady B~*** (BrE) hacerse* la dadivosa 2 (abundant) ‹*supply/harvest/gifts*› copioso, abundante

bounty /ˈbaʊnti/ *n* (*pl* **-ties**)

A [u c] (liter) (generosity) munificencia *f* (liter), prodigalidad *f*; (gift) presente *m* (frml), obsequio *m* (frml)

B [c] (reward) recompensa *f*; (*before n*): **~ hunter** cazador, -dora *m,f* de recompensas

bouquet /bəʊˈkeɪ, buːˈkeɪ || bʊˈkeɪ, bəʊˈkeɪ/ *n*

A 1 (of flowers) ramo *m*; (small) ramillete *m* 2 (compliment) elogio *m*, flor *f*

B (of wine) bouquet *m*, aroma *m*

bouquet garni /buːˌkeɪɡɑːrˈniː, ˈbəʊkeɪ- || buːˈkeɪˌɡɑːni/ *n* (*pl* **~s ~s** /-keɪz/) ramito *m* compuesto

bourbon /ˈbɜːrbən || ˈbɜːbən/ *n* [u c] bourbon *m*, whisky *m* americano

bourgeois¹ /ˈbʊrʒwɑː || ˈbɔːʒwɑː, ˈbʊəʒ-/ *adj* 1 (Pol, Sociol) burgués 2 (pej) ‹*person/attitudes*› burgués, aburguesado

bourgeois² *n* 1 (Pol, Sociol) burgués, -guesa *m,f* 2 (pej) burgués, -guesa *m,f*

bourgeoisie /ˌbʊrʒwɑːˈziː || ˌbɔːʒwɑːˈziː, ˌbʊəʒ-/ *n* [u] burguesía *f*

bout /baʊt/ *n*

A (period, spell): **I had a ~ of flu** tuve una gripe *or* (Col, Méx) gripa muy fuerte; **fully recovered after a ~ of illness** totalmente recuperado luego de una enfermedad; **~ of negotiations** tanda *f or* ronda *f* de negociaciones; **after a ~ of activity** tras una racha de actividad; **a drinking ~ that ended in tragedy** una borrachera *or* juerga que terminó en tragedia

B (Sport) (in boxing, wrestling) combate *m*, encuentro *m*; (in fencing) asalto *m*

boutique /buːˈtiːk/ *n* boutique *f*

boutonniere /ˌbuːtnˈɪr || ˌbuːtɒniˈeə(r)/ *n*: **he was wearing a ~** llevaba una flor en el ojal

bovine /ˈbəʊvaɪn/ *adj* bovino

bovver /ˈbɑːvər || ˈbɒvə(r)/ *n* (BrE sl) camorra *f* (fam); **to go out looking for ~** salir* a buscar camorra *or* bronca (fam)

bow¹ /baʊ/ *n*

A (movement) reverencia *f*, inclinación *f*, venia *f* (Col, CS), caravana *f* (Méx); **he greeted the Duchess with a ~** saludó a la duquesa con una reverencia; **to make a ~** hacer* una reverencia (*or* inclinación *etc*); **the actress took a ~ in front of the curtain** la actriz salió a saludar al público *or* a agradecer los aplausos del público; **you can take a ~ for doing so well** te mereces un aplauso por lo bien que lo hiciste

B (of ship) (*often pl*) proa *f*

bow² /baʊ/ *vi*

A hacer* una reverencia *or* (Col, CS) una venia *or* (Méx) una caravana; **I hate waiters who ~ and scrape** odio a los camareros demasiado solícitos *or* serviles; **to ~ TO sb** hacerle* una reverencia A algn, inclinarse ANTE algn; **to ~ TO sth**: **we must ~ to her age and experience** debemos tratarla con la deferencia que su edad y experiencia merecen; **I ~ to your superior knowledge** usted sabe más que yo; **they won't ~ to government pressure** no van a ceder ante la presión del gobierno; **to ~ to the inevitable** resignarse ante lo inevitable

B (Cin) «*film, movie*» **the film ~ed last week at Cannes** la película se estrenó la semana pasada en Cannes

■ **bow** *vt* ‹*head*› inclinar, agachar; **I ~ed my head in shame** incliné *or* agaché la cabeza avergonzado; **his whole body was ~ed with exhaustion** estaba doblegado de cansancio

Phrasal verbs

- **bow down** [v + adv] doblegarse*, bajar la cerviz; **to ~ down TO sb/sth** someterse A algn/algo
- **bow out** [v + adv] retirarse

bow³ /bəʊ/ *n*

A (knot) lazo *m*, moño *m* (esp AmL), moña *f* (Ur), rosa *f* (Chi); **to tie a ~** hacer* un lazo (*or* moño *etc*); **to tie sth in a ~** hacer* un lazo (*or* moño *etc*) con algo

B (weapon) arco *m*; **~ and arrow** arco y flecha

C (Mus) arco *m*

D (on spectacles — arm) (AmE) patilla *f*, brazo *m* (Chi, Col); (— frame) montura *f*, armazón *m or f*

bow⁴ /bəʊ/ *vi* «*branch/plank*» arquearse, doblarse, pandearse

■ **bow** *vt* ‹*branch/beam*› arquear

bowdlerize /ˈbaʊdləraɪz/ *vt* (pej) expurgar*

bowel /ˈbaʊəl/ *n*

A (Anat) *also* **large ~** intestino *m* grueso; **to move** *o* **open one's ~s** hacer* de vientre, ir* de cuerpo, mover* el vientre *or* el intestino (RPl frml); (*before n*): **~ movement** evacuación *f* (intestinal)

B **bowels** *pl* (liter): **in the ~s of the earth** en las entrañas de la tierra

bower /baʊr || ˈbaʊə(r)/ *n* enramada *f*

bowl¹ /bəʊl/ *n*

A 1 (container) (Culin) bol *m*, tazón *m*, cuenco *m*; (for washing etc) palangana *f*, barreño *m*; **fruit ~** frutero *m*, frutera *f* (CS); **mixing ~** bol *m*, tazón *m* 2 (contents) bol *m*, tazón *m* 3 (of toilet) taza *f*, inodoro *m* 4 (of pipe) cazoleta *f*; (of spoon, glass) cuenco *m*; (of fountain) pila *f*

B 1 (AmE) (stadium, arena) estadio *m* 2 (hollow) hondonada *f*

C (in bowls) bola *f*, bocha *f*; *see also* **bowls**

bowl² *vi*

A 1 (in bowls, bowling) lanzar*; **to go ~ing** *ir a jugar a los bolos, la petanca, las bochas etc* 2 (in cricket) lanzar*

B (move fast) «*person/bike/bus/train*» ir* como un bólido; **we were ~ing down** *o* **along the street** íbamos como bólidos por la calle

■ **bowl** *vt* 1 (in bowling) ‹*ball*› lanzar*; **he ~ed 227** hizo 227 puntos; **he ~ed a perfect game** jugó muy bien 2 (in cricket) ‹*ball*› lanzar*; ‹*batsman*› eliminar

Phrasal verb

- **bowl over** [v + o + adv, v + adv + o] 1 (knock down) derribar, tirar al suelo 2 (impress): **we were completely ~ed over by the beauty of the island** la belleza de la isla nos dejó pasmados *or* boquiabiertos; **I wasn't ~ed over by her singing** no me entusiasmó demasiado como cantó

bowlegged /ˈbəʊˈleɡd/ *adj* ‹*person*› patizambo, estevado, cascorvo (Col); ‹*table*› de patas arqueadas

bowler /ˈbəʊlər || ˈbəʊlə(r)/ *n*

A (Sport) 1 (in cricket) lanzador, -dora *m,f* 2 (in bowling, bowls) jugador, -dora *m,f*

B **~ (hat)** bombín *m*, sombrero *m* de hongo, tongo *m* (Andes)

bowling /ˈbəʊlɪŋ/ *n* [u]

A 1 (in bowling alley) bolos *mpl*, bowling *m* 2 (on grass) ▸ **bowls**

B (in cricket) lanzamiento *m*

bowling alley *n* bolera *f*, bowling *m*

bowling green *n*: *pista donde se juega a los*, ▸ **bowls**

bowls /bəʊlz/ *n* (+ *sing vb*) *juego semejante a la petanca que se juega sobre césped*

bowman /ˈbəʊmən/ *n* (*pl* **-men** /-mən/) (arch) arquero *m*

bowser /ˈbaʊzər || ˈbaʊzə(r)/ *n* tanque *m* de agua transportable

bowsprit /ˈbaʊsprɪt/ *n* bauprés *m*

bowstring /ˈbəʊstrɪŋ/ *n* cuerda *f* del arco

bow tie /bəʊ/ *n* corbata *f* de moño (AmL), pajarita *f* (Esp), corbata *f* de humita (Chi), corbatín *m* (Col), moñita *f* (Ur)

bow window /bəʊ/ *n* mirador *m*

bow-wow *n* 1 /ˈbaʊwaʊ/ (dog) (used to or by children) guau-guau *m* (leng infantil) 2 /ˈbaʊˈwaʊ/ (sound) ¡guau-guau!; **to go ~** hacer* guau-guau (leng infantil)

box¹ /bɑːks || bɒks/ *n*

A 1 (container, contents) caja *f*; (large) cajón *m*; (for piece of jewelry, pen etc) estuche *m*; (*ballot* **~**) urna *f*; (*collection* **~**) alcancía *f* (AmL), hucha *f* (Esp); (*jewellery* **~**) joyero *m*, alhajero *m* (AmL); (*tool* **~**) caja *f* de herramientas; **if I leave this house, it'll be in a ~** (colloq) sólo saldré de esta casa con los pies por delante (fam); ***to think outside the ~*** tener* ideas fuera de serie *or* de lo común 2 (protector) (Sport) (BrE) protector *m*, concha *f* (Méx)

B 1 (on form) casilla *f* 2 (*penalty* **~**) (in ice hockey) banquillo *m* (*de castigo*); (in soccer) área *f*‡ (de penalty *or* de castigo) 3 (in baseball) área *f*‡ 4 (at road junction) (BrE) parrilla *f*

C 1 (in theater) palco *m* 2 (booth) cabina *f*; **commentary ~** cabina *f* de comentaristas; **sentry ~** garita *f*; **witness ~** estrado *m*

D (*Christmas* **~**) (BrE) aguinaldo *m*

E (television) (esp BrE colloq): **the ~** la tele (fam), la caja tonta (fam); **what's on the ~?** ¿qué dan en la tele? (fam)

F (thump): **a ~ around the ears** un sopapo

G (shrub) boj *m*

box² *vi* boxear

■ **box** *vt*

A (put in boxes) poner* en una caja, embalar

B 1 (hit): **to ~ sb around the ear(s)** darle* un sopapo a algn 2 (fight) (Sport) boxear *or* pelear con *or* contra

Phrasal verb

- **box in** [v + o + adv, v + adv + o] 1 (restrict, surround) cerrarle* el paso a; **the favorite was completely ~ed in** le habían cerrado el paso al favorito 2 (enclose) ‹*pipes*› esconder (*tapando con una tabla etc*)

box camera *n* cámara *f* de cajón

boxcar /ˈbɑːkskɑːr || ˈbɒkskɑː(r)/ *n* (AmE) vagón *m* de carga, furgón *m*

boxer /ˈbɑːksər || ˈbɒksə(r)/ *n* 1 (person) boxeador, -dora *m,f*, púgil *mf* 2 (dog) bóxer *mf*

boxer shorts *pl n* calzoncillos *mpl*, calzones *mpl* (Méx), interiores *mpl* (Col, Ven)

box girder *n* viga *f* hueca

boxing /'bɑ:ksɪŋ || 'bɒksɪŋ/ *n* [u] boxeo *m*, box *m*; (*before n*): ~ **ring** ring *m*, cuadrilátero *m*

Boxing Day /'bɑ:ksɪŋ || 'bɒksɪŋ/ *n*: *el 26 de diciembre, día festivo en Gran Bretaña*

Boxing Day

En Gran Bretaña es el 26 de diciembre, día festivo oficial en que se llevan a cabo actividades deportivas y de caza. Antiguamente era la ocasión en que se regalaban pequeñas sumas de dinero (*Christmas boxes*) a los comerciantes y a sus empleados. En Irlanda se denomina (*Saint*) *Stephen's Day*.

box junction *n* (BrE) cruce *m* con parrilla

box number *n* 1▸ (at newspaper) (número *m* de) referencia *f* 2▸ (at post office) apartado *m* (de correos), apartado *m* postal (Méx), casilla *f* postal *or* de correo (CS)

box office *n* taquilla *f*, boletería *f* (AmL); (*before n*): **box-office success** éxito *m* de taquilla; **box-office takings** taquilla *f*

box pleat *n* tabla *f*, tablón *m*

boxroom /'bɑ:ksru:m, -rʊm || 'bɒksru:m, -rʊm/ *n* (BrE) trastero *m*

box spanner *n* (BrE) ▸**box wrench**

boxwood /'bɑ:kswʊd || 'bɒkswʊd/ *n* [u] (madera *f* de) boj *m*

box wrench *n* (AmE) llave *f* de tubo *or* (Méx) de dado

boy[1] /bɔɪ/ *n*

A 1▸ (baby, child) niño *m*, chico *m*; **is it a ~ or a girl?** ¿es niño o niña?, ¿es varón o nena? (esp AmL); **~s will be ~s** así son los chicos *or* los niños; **the little ~s' room** (AmE euph) el (cuarto de) baño, el váter (Esp fam) 2▸ (son) hijo *m*, chico *m*; **she has three ~s** tiene tres hijos *or* chicos *or* (esp AmL) varones; **my oldest ~ is 22** mi hijo mayor tiene 22 años; **one of the Smith ~s** uno de los hijos *or* chicos de los Smith 3▸ (young man) (colloq) muchacho *m*, chico *m*; **a good old ~** (AmE) un sureño típico; **a night out with the ~s** una noche de juerga con los muchachos *or* los chicos; ***jobs for the ~s*** (BrE colloq) amiguismo *m*; **the ~s in blue** (BrE colloq) la policía 4▸ (servant) criado *m*, mozo *m*

B (dog) perro *m*; **down, ~!** ¡sentarse!

boy[2] *interj* (esp AmE colloq) ¡vaya!

boy band *n* grupo *m* pop (*compuesto por chicos adolescentes*)

boycott[1] /'bɔɪkɑ:t || 'bɔɪkɒt/ *n* boicot *m*, boicoteo *m*; **to mount a ~** organizar* un boicot *or* boicoteo

boycott[2] *vt* boicotear, hacerle* el boicot a

boyfriend /'bɔɪfrend/ *n* novio *m*, pololo *m* (Chi fam); **live-in ~** compañero *m*

boyhood /'bɔɪhʊd/ *n* [u c] niñez *f*

boyish /'bɔɪɪʃ/ *adj* 1▸ ‹*enthusiasm/smile*› de chico, de niño; **his ~ looks** su aspecto juvenil *or* de chico 2▸ (used of woman) de muchacho, de chico; **with her short hair she looks rather ~** con el pelo corto parece un chico *or* un varón

boy-meets-girl /,bɔɪmi:ts'gɜ:rl || ,bɔɪmi:ts'gɜ:l/ *adj* (*before n*): **the typical ~ story/movie** la típica historia/película de amor

boyo /'bɔɪəʊ/ *n* (*pl* **boyos**) (BrE colloq & dial) (*as form of address*) muchacho, chaval (Esp fam), chavo (Méx fam), pibe (RPl fam), cabro (Chi fam)

boy scout *n* boy scout *m*, explorador *m*

boy wonder *n* (colloq) niño *m* prodigio

bozo /'bəʊzəʊ/ *n* (*pl* **bozos**) (AmE sl & pej) sujeto *m* (pey), tipo *m* (fam)

BR = British Rail

bra /brɑ:/ *n* sostén *m*, sujetador *m* (Esp), brasier *m* (Col, Méx), corpiño *m* (RPl), soutien *m* (Ur)

braai /'brɑ:i/ *vt* (SAfr) (Culin) asar a la parilla *o* a la brasa

■ **braai** *vi* hacer* barbacoa, hacer* parillada, hacer* asado (AmL)

brace[1] /breɪs/ *n*

A (support) abrazadera *f*

B 1▸ (Dent) ▸**brace**[1] **D2** 2▸ (Med) aparato *m* ortopédico

C (drill) berbiquí *m*; **~ and bit** berbiquí y barrena

D **braces** *pl* 1▸ (BrE) (Clothing) tirantes *mpl*, cargaderas *fpl* (Col), tiradores *mpl* (RPl), suspensores *mpl* (Chi) 2▸ (esp AmE) (Dent) aparato(s) *m(pl)*, frenos *mpl*, fierros *mpl* (Méx, Per), frenillos *mpl* (Chi)

E (*pl* ~) (pair) (BrE) par *m*; **they took home two ~ of pheasant** cobraron dos pares de faisanes

F (Print) llave *f*, corchete *m* redondo

brace[2] *vt*

A 1▸ (support) apuntalar 2▸ (place firmly) ‹*hand/foot*› afirmar, apoyar

B (Dent): **he had his teeth ~d** le pusieron aparatos *or* frenos *or* (Méx, Per) fierros *or* (Chi) frenillos (en los dientes)

■ *v refl*: **to ~ oneself for sth** prepararse para algo; **~ yourself, John won the prize** agárrate, John se ganó el premio (fam)

■ **brace** *vi* (AmE) **to ~ (FOR sth)** prepararse (PARA algo)

Phrasal verb

• **brace up** [v + adv] (AmE) animarse; **~ up!** ¡arriba ese ánimo!

bracelet /'breɪslət || 'breɪslɪt/ *n* pulsera *f*, brazalete *m*

brachiocephalic /,breɪkiəʊsə'fælɪk/ *adj* braquiocefálico

brachycephalic /,brækɪsə'fælɪk/ *adj* braquicéfalo

brachytherapy /,brækɪ'θerəpi/ *n* [c u] (*pl* **-pies**) (Med) braquiterapia *f*

bracing /'breɪsɪŋ/ *adj* vigorizante, tonificante

bracken /'brækən/ *n* [u] helechos *mpl*; **in the ~** entre los helechos

bracket[1] /'brækət || 'brækɪt/ *n*

A 1▸ (Print) corchete *m*; **to open/close ~s** abrir*/cerrar* corchetes; **in ~s** entre corchetes; **curly ~s** llaves *fpl*, corchetes *mpl* redondos 2▸ (parenthesis) (BrE) paréntesis *m*; **to add sth in ~s** agregar* algo entre paréntesis

B (category): **tax ~** ≈ banda *f* impositiva; **income ~** nivel *m* de ingresos; **the best car in this price ~** el mejor coche dentro de esta gama de precios; **his work is difficult to put in any particular ~** su obra es difícil de catalogar; **the 25-30 age ~** el grupo etario de entre 25 y 30 años

C (support) soporte *m*; (for shelves) escuadra *f*

bracket[2] *vt* 1▸ ‹*word/phrase*› poner* entre corchetes; (in parentheses) (BrE) poner* entre paréntesis 2▸ (categorize) catalogar*; **she has been ~ed as a romantic** se la ha catalogado de romántica; **you can't ~ these two cases together** no se puede equiparar estos dos casos

brackish /'brækɪʃ/ *adj* salobre

bract /brækt/ *n* bráctea *f*

brad /bræd/ *n* clavito *m*

bradawl /'brædɔ:l/ *n* punzón *m*

brag /bræg/ **-gg-** *vi* alardear, fanfarronear (fam), fantochear (AmL fam); **to ~ ABOUT** *o* **OF sth/-ING** alardear *or* jactarse DE algo/+ INF; **that's nothing to ~ about** eso no es como para enorgullecerse

■ **brag** *vt* fanfarronear (fam); **to ~ THAT** hacer* alarde *or* jactarse DE QUE

braggadocio /,brægə'dəʊʃiəʊ/ *n* [u] (liter) jactancia *f* (liter)

braggart /'brægərt || 'brægət/ *n* fanfarrón, -rrona *m,f*, jactancioso, -sa *m,f*

braid[1] /breɪd/ *n* 1▸ [c] (of hair) (esp AmE) trenza *f*; **she wears her hair in ~s** se peina con trenzas, lleva el pelo trenzado 2▸ [u] (Tex) galón *m*

braid[2] *vt* ‹*hemp/silk*› trenzar*; **she ~ed her hair** (esp AmE) se trenzó el pelo

braille, Braille /breɪl/ *n* [u] braille *m*, Braille *m*; (*before n*) ‹*book*› en braille *or* Braille

brain[1] /breɪn/ *n*

A (organ) cerebro *m*; **the human ~** el cerebro humano; **~ cell** neurona *f*; **~ damage** lesión *f* cerebral; **~ surgeon** neurocirujano, -na *m,f*; **~ surgery** neurocirugía *f*; **~ tumor** tumor *m* cerebral

B (intellect): **she's got a good ~** es muy inteligente; **his ~ is still as agile as ever** la cabeza le sigue funcionando perfectamente; ***to be bored out of one's ~*** (BrE colloq) estar* aburrido como una ostra (fam); ***to have sth on the ~*** (colloq) tener* algo metido en la cabeza; **she's got that boy on the ~** tiene a ese chico metido en la cabeza, tiene el seso sorbido por ese chico (fam)

C (clever person) cerebro *m*; **the best ~s in the country** los mejores cerebros del país; (*before n*): **the ~ drain** la fuga de cerebros; *see also* **brains**

brain[2] *vt* (colloq) romperle* la crisma a (fam); **I'll ~ you if you don't shut up!** ¡te rompo la crisma si no te callas! (fam)

brainbox /'breɪnbɑ:ks || 'breɪnbɒks/ *n* (BrE colloq) cerebrito *m* (fam), bocho *m* (RPl fam)

brainchild /'breɪntʃaɪld/ *n* creación *m*

brain-damaged /'breɪn,dæmɪdʒd/ *adj* con lesión cerebral; **she was born ~** nació con una lesión cerebral

brain-dead /'breɪnded/ *adj* clínicamente muerto

brain death *n* [u] muerte *f* clínica *or* cerebral

brainless /'breɪnləs || 'breɪnlɪs/ *adj* (colloq) ‹*person*› tarado, estúpido; **what a ~ thing to do!** ¡qué cosa más estúpida de hacer!

brains /breɪnz/ *n*

A (+ *pl vb*) 1▸ (substance) sesos *mpl*; (Culin) sesos *mpl*; ***to blow sb's ~ out*** levantarle la tapa de los sesos a algn 2▸ (intelligence) inteligencia *f*; **~ aren't needed for this job** para este trabajo no se necesita mucha inteligencia; ***to pick sb's ~***: **I'd like to pick your ~ about an article I'm writing** quisiera hacerte unas preguntas *or* consultas acerca de un artículo que estoy escribiendo; ***to rack*** *o* ***cudgel one's ~ (over sth)*** devanarse los sesos (con algo)

B (+ *sing vb*) 1▸ (mastermind) cerebro *m*, autor, -tora *m,f* intelectual (AmL); **she's the ~ behind the operation** es el cerebro *or* (AmL) la autora intelectual de la operación 2▸ (clever person) lumbrera *f*; **he's the ~ of the family** es la lumbrera de la familia

brainstorm[1] /'breɪnstɔ:rm || 'breɪnstɔ:m/ *n* (colloq) 1▸ (confusion) (BrE): **I/he had a ~** se me/le cruzaron los cables (fam) 2▸ (AmE) ▸**brainwave**

brainstorm[2] *vi* devanarse los sesos

brainstorming /'breɪn,stɔ:rmɪŋ || 'breɪn,stɔ:mɪŋ/ *n* brainstorming *m*; (*before n*): **~ session** sesión *f* de brainstorming

brainteaser /'breɪn,ti:zər || 'breɪn,ti:zə(r)/ *n* 1▸ (puzzle) rompecabezas *m* 2▸ (problem, question) rompecabezas *m*

brain trust *n* (AmE) grupo *m* de expertos

brainwash /'breɪnwɔ:ʃ || 'breɪnwɒʃ/ *vt* hacerle* un lavado de cerebro a, lavarle el cerebro a; **they ~ed her into accepting that ...** le hicieron un lavado de cerebro y llegó a aceptar que ...

brainwave /'breɪnweɪv/ *n* (colloq) idea *f* genial *or* brillante, lamparazo *m* (Col fam); **I had a ~** tuve una idea genial *or* brillante, tuve un lamparazo (Col fam), se me prendió el foco (Méx) *or* (RPl) la lamparita *or* (Chi) la ampolleta (fam)

brainy /'breɪni/ *adj* **-nier, -niest** (colloq) inteligente, listo; **she's very ~** es muy inteligente *or* lista, es un cerebrito *or* (RPl) un bocho (fam)

braise /breɪz/ *vt* estofar; **~d veal** ternera *f* en su jugo

brake[1] /breɪk/ *n* 1▸ (on vehicle) freno *m*; **to apply the ~s** frenar; **drum/disc/hydraulic ~s** frenos de tambor/de disco/hidráulicos; **the back/front ~s** los frenos delanteros/traseros; ***to put the ~s*** *o* ***a ~ on sth*** (colloq) poner* freno a algo; (*before n*): **~ blocks** pastillas *fpl* del freno; **~ fluid** líquido *m* de frenos; **~ lights** luces *fpl* de freno *or* de frenado; **~ lining** forro *m or* guarnición *f* del freno; **~ pedal** pedal *m* del freno; **~ shoe** zapata *f* del freno 2▸ (*hand~*) freno *m* de mano; **to put on** *o* **apply the ~** poner* el freno de mano

brake[2] *vi* frenar

■ **brake** *vt* frenar

b

b

brake horsepower *n* (*pl* ~ ~) potencia *f* al freno

brakeman /ˈbreɪkmən/ *n* (*pl* **-men** /-mən/) guardafrenos *mf*

brake van *n* (BrE) furgón *m*

braking /ˈbreɪkɪŋ/ *n* [u] frenado *m*; (*before n*): ~ **distance** distancia *f* de frenado

bramble /ˈbræmbəl/ *n* 1 (thorny plant) zarza *f* 2 (blackberry) (BrE) (zarza)mora *f*; (*before n*): ~ **bush** zarzamora *f*, moral *m*

bran /bræn/ *n* [u] salvado *m*, alfrecho *m*; (*before n*): ~ **tub** (BrE) *juego de las ferias benéficas en que se extraen regalos sorpresa de un recipiente lleno de salvado o serrín*

branch¹ /bræntʃ || brɑːntʃ/ *n* 1 (of tree) rama *f* 2 (of river, road, railway) ramal *m*; (of family, field of study) rama *f*; (of computer program) bifurcación *f*, ramificación *f*; (*before n*): ~ **line** ramal *m* 3 (of company) sucursal *f*; (of bank) sucursal *f*, agencia *f*; (of union, government department) delegación *f*; (*before n*): ~ **manager** gerente *mf* de sucursal; ~ **library** sucursal *f* de biblioteca 4 (of organization): **the American ~ of the company** la división americana de la compañía; **the three ~es of the armed forces** los tres cuerpos del ejército; **the executive/legislative ~** el poder ejecutivo/legislativo

branch² *vi* ‹‹*plant*›› echar ramas; ‹‹*river/family/capillaries*›› ramificarse*; ‹‹*road*›› bifurcarse*; **a path ~es (off) to the right** un sendero sale a la derecha

(Phrasal verb)

• **branch out** [v + adv] 1 (take on new activity) diversificar* sus (*or* nuestras *etc*) actividades; **to ~ out INTO sth**: **the company has ~ed out into publishing** la compañía ha diversificado sus actividades lanzándose al campo editorial 2 (become independent): **he has ~ed out on his own** ‹‹*business partner*›› se ha establecido por su cuenta; ‹‹*singer*›› ha emprendido su carrera en solitario

brand¹ /brænd/ *n*

A 1 (Busn) marca *f*; (*before n*): ~ **image** imagen *f* de marca; ~ **loyalty** lealtad *f* a una marca 2 (type) tipo *m*; (style) estilo *m*; **her ~ of socialism** su tipo de socialismo

B 1 (identification mark) marca *f* (*hecha a fuego*), hierro *m*; **the visible ~ of poverty** la señal visible de la pobreza 2 (stigma) estigma *m* 3 ▸**branding iron**

C (torch) (liter) tea *f*, hacha *f*‡ (liter)

brand² *vt* 1 (mark) ‹*cattle/crate*› marcar* (*con hierro candente*); **words ~ed on his memory** palabras grabadas en su memoria 2 (label) **to ~ sth/sb AS sth** tachar *or* tildar algo/a algn DE algo

branded /ˈbrændəd || ˈbrændɪd/ *adj* (BrE) (*before n*) de marca

branding /ˈbrændɪŋ/ *n* [u] (Marketing) branding *m*

branding iron *n* hierro *m* (de marcar)

brandish /ˈbrændɪʃ/ *vt* blandir

brand name *n* marca *f*; (*before n*): ~ ~ **products** productos *mpl* de marca

brand-new /ˈbrændˈnuː || ˌbrændˈnjuː/ *adj* ‹*toy/car*› nuevo, flamante; ‹*music/technology*› totalmente nuevo; **it looks ~** está flamante *or* como nuevo

brandy /ˈbrændi/ *n* [u c] (*pl* **-dies**) brandy *m*, coñac *m*; (*before n*): ~ **butter** (BrE) *mezcla de mantequilla, azúcar y coñac que se sirve con ciertos postres*

brandysnap /ˈbrændisnæp/ *n*: *especie de barquillo dulce que a veces se sirve relleno de crema*

brant /brænt/ *n* (AmE): ~ **goose** barnacla *f*

brash /bræʃ/ *adj* **-er, -est** ‹*person/attitude*› excesivamente desenvuelto, de gran desparpajo; ‹*color*› chillón

brashly /ˈbræʃli/ *adv* 1 ‹*behave/talk*› con excesiva desenvoltura, con gran desparpajo 2 ‹*commercial/populist*› descaradamente

brashness /ˈbræʃnəs || ˈbræʃnɪs/ *n* [u] (of person) excesiva desenvoltura *f*, gran desparpajo *m*; (of color scheme) lo chillón

brass¹ /bræs || brɑːs/ *n*

A [u] 1 (Metall) latón *m*; ***to be as bold as ~*** tener* más cara que espalda (fam), ser* muy descarado *or* desfachatado 2 (articles) objetos *mpl* de latón; **to polish the ~** limpiar los dorados 3 (Mus) (+ *sing or pl vb*) bronces *mpl*, metales *mpl* 4 (money) (BrE dial) guita *f* (arg), lana *f* (AmL fam), plata *f* (AmS fam)

B [c] 1 (in church) *placa conmemorativa o mortuoria de latón grabada con inscripciones o figuras* 2 (*horse ~*) medallón *m* de latón (*que se coloca sobre una amarra*)

C [u] (senior officers) (colloq) mandamases *mpl* (fam), capos *mpl* (CS fam)

D [u] (effrontery) (colloq) cara *f* (dura) (fam), jeta *f* (fam); **he's got a lot of ~!** ¡qué cara (dura) *or* jeta tiene! (fam)

brass² *adj* 1 ‹*button/screw*› dorado 2 (Mus) ‹*ensemble*› de bronces *or* metales; ~ **instrument** instrumento *m* de metal; **the ~ section** los bronces, los metales

brass band *n* banda *f* de música, tambora *f* (Méx), orfeón *m* (Chi)

brasserie /ˈbræsəri/ *n* (esp BrE) bar-restaurante *m*

brass hat *n* (Mil) (colloq) mandamás *m* (fam), capo *m* (CS fam)

brassiere /brəˈzɪr || ˈbræzɪə(r)/ *n* ▸**bra**

brass knuckles *pl n* (AmE) nudilleras *fpl* de metal, manoplas *fpl* (AmL)

brass rubbing *n* 1 [u] (activity) *técnica de calcar por frotación un*, ▸**brass¹ B1** 2 [c] (product) *calco por frotación de un*, ▸**brass¹ B1**

brassy /ˈbræsi || ˈbrɑːsi/ *adj* **-sier, -siest** 1 (colloq) ‹*woman*› ordinario, chabacano; **a ~ blonde** una rubia ordinaria, una rubia charra (AmL fam) 2 ‹*music*› estridente 3 (resembling brass) dorado

brat /bræt/ *n* 1 (child) (pej) mocoso, -sa *m,f* (pey), escuincle, -cla *m,f* (Méx) 2 (spoilt person) niño mimado, niña mimada *m,f*

bravado /brəˈvɑːdəʊ/ *n* [u] bravuconadas *fpl*, bravatas *fpl*; **a piece of ~** una bravuconada *or* bravata

brave¹ /breɪv/ *adj* **-ver, -vest** 1 (courageous) ‹*person/action*› valiente, valeroso; **a few ~ souls went in** unos cuantos valientes entraron; **that was ~ of you!** ¡qué valiente!; **her first ~ attempt at a serious role** la primera vez que se enfrenta a un papel serio 2 (fine, splendid) (arch *or* liter) soberbio, magnífico; **A B~ New World** Un mundo feliz

brave² *vt* ‹*peril*› afrontar, hacer* frente a; **we had to ~ the weather** tuvimos que hacerle frente al mal tiempo; **he knew she'd be furious but he decided to ~ the storm** sabía que se iba a poner furiosa, pero decidió capear el temporal

brave³ *n*

A (North American Indian) guerrero *m* piel roja

B (liter) (+ *pl vb*): **the ~** los valientes

bravely /ˈbreɪvli/ *adv* 1 (courageously) valientemente, con valor 2 (splendidly) (liter) magníficamente

bravery /ˈbreɪvəri/ *n* [u] valentía *f*, valor *m*, coraje *m*

bravo /ˈbrɑːvəʊ || brɑːˈvəʊ/ *n* (*pl* **-voes** *or* **-vos**) bravo *m*; (*as interj*) ¡bravo!

bravura /brəˈvʊrə || brəˈvʊərə/ *adj* ‹*writing/performance*› brillante; ‹*passage/singing*› interpretado con virtuosismo

brawl¹ /brɔːl/ *n* pelea *f*, reyerta *f*, gresca *f* (fam)

brawl² *vi* pelearse, armar camorra (fam)

brawn /brɔːn/ *n* [u] 1 (strength) músculos *mpl*; **he's all ~ and no brains!** es puro músculo y nada de materia gris 2 (BrE) (Culin) ▸**head cheese**

brawny /ˈbrɔːni/ *adj* **-nier, -niest** musculoso

bray¹ /breɪ/ *vi* ‹‹*donkey*›› rebuznar; ‹‹*person*›› cacarear; **they were ~ing with laughter** soltaban enormes risotadas

bray² *n* rebuzno *m*; **an irritating ~ of a laugh** una risa estridente y desagradable; **a ~ of trumpets** un estrépito *or* estruendo de trompetas

brazen /ˈbreɪzn/ *adj* descarado; **the ~ hussy!** ¡esa fresca *or* descarada!

(Phrasal verb)

• **brazen out** [v + o + adv, v + adv + o]: **to ~ it out** negar* descaradamente lo evidente

brazenly /ˈbreɪznli/ *adv* descaradamente, con la mayor frescura

brazier /ˈbreɪʒər, ˈbreɪzɪər || ˈbreɪzɪə(r)/ *n* brasero *m*

Brazil /brəˈzɪl/ *n* Brasil *m*

brazil (nut) /brəˈzɪl/ *n* coquito *m* del Brasil, castaña *f* de Pará (RPl)

Brazilian¹ /brəˈzɪliən/ *adj* brasileño, brasilero (crit)

Brazilian² *n* brasileño, -ña *m,f*, brasilero, -ra *m,f* (crit)

breach¹ /briːtʃ/ *n*

A [c u] (of law, code) infracción *f*, violación *f*; ~ **of contract** incumplimiento *m* de contrato; ~ **of privilege** (in UK) abuso *m* de la inmunidad parlamentaria; **a ~ of confidence** *o* **trust** un abuso de confianza, una infidencia; **it caused a ~ of national security** atentó contra *or* puso en peligro la seguridad nacional; ~ **of the peace** alteración *f* del orden público; **she was arrested for ~ of the peace** la detuvieron por alterar el orden público; **they are in ~ of the planning laws** están infringiendo *or* contraviniendo la ley de ordenación urbana

B [c] (gap, opening) (frml) brecha *f*; **to open a ~** abrir* una brecha; ***to stand in the ~*** estar* en la brecha *or* al pie del cañón; ***to step into/fill the ~*** llenar el hueco

C [c] (break) (frml) ruptura *f*

breach² *vt* 1 ‹*rule/copyright*› infringir*, violar; ‹*security*› poner* en peligro; **they were charged with ~ing the peace** los acusaron de alterar el orden público 2 (frml) ‹*defenses/wall*› abrir* una brecha en

bread¹ /bred/ *n* [u]

A (Culin) pan *m*; **white/wholemeal ~** pan blanco/integral; **sliced ~** pan de molde; **a slice of ~ and butter** una rebanada de pan con mantequilla *or* (RPl) manteca; **to live on ~ and water** vivir a pan y agua; **~ and circuses** pan y circo; ***the greatest/best thing since sliced ~*** (colloq) el no va más (fam), lo mejor que hay; ***to be sb's ~ and butter***: **teaching is his ~ and butter** se gana la vida enseñando; **tourism is this country's ~ and butter** este país subsiste gracias al turismo; ***to break ~ with sb*** (liter) compartir la mesa con algn; ***to cast one's ~ upon the waters*** (liter) hacer* (el) bien sin mirar a quién; ***to earn one's ~ (and butter)*** ganarse la vida *or* (liter) el pan; ***to know which side one's ~ is buttered (on)*** saber* lo que conviene (a uno); **he knows which side his ~'s buttered on** sabe lo que le conviene; ***to take the ~ out of sb's mouth*** quitarle el pan de la boca a algn; ***to want one's ~ buttered on both sides*** querer* el oro y el moro, querer* la chancha y los cinco reales *or* la chancha y los veinte (RPl fam); (*before n*): ~ **knife** cuchillo *m* del pan

B (money) (sl & dated) guita *f* (arg), lana *f* (AmL fam), plata *f* (AmS fam), pasta *f* (Esp fam)

bread² *vt* empanar (AmC, Méx), empanizar*, apanar (Chi)

bread-and-butter /ˌbrednˈbʌtər || ˌbrednˈbʌtə(r)/ *adj* (*before n*) ‹*issue/project*› primordial, que se ocupa de necesidades básicas; **this is just a ~ job** hago este trabajo sólo para vivir *or* para ganarme la vida; ~ **letter** (colloq) carta *f* de agradecimiento (*a un anfitrión*)

bread-and-butter pudding *n* [c u] budín *m* de pan (*hecho con pan untado con mantequilla*)

breadbasket /ˈbredˌbæskət || ˈbredˌbɑːskɪt/ *n* 1 (container) panera *f*; **the ~ of Europe** el granero de Europa 2 (stomach) (sl) panza *f* (fam), tripa *f* (Esp fam), guata *f* (Andes fam)

breadbin /ˈbredbɪn/ *n* (BrE) ▸**breadbox**

breadboard /ˈbredbɔːrd || ˈbredbɔːd/ *n* tabla *f* de cortar el pan

breadbox /ˈbredbɑːks || ˈbredbɒks/ *n* (AmE) panera *f* (*para guardar el pan*)

breadcrumb /ˈbredkrʌm/ *n* 1 miga *f* (de pan) 2 **breadcrumbs** *pl* (Culin) pan *m* rallado *or* (Méx) molido

breadfruit /ˈbredfruːt/ *n* (*pl* ~ *or* ~**s**) fruto *m* del árbol del pan

breadline /ˈbredlaɪn/ *n: cola de mendigos que espera recibir comida gratis*; ***they're on the*** ~ (colloq) apenas tienen *or* apenas les alcanza para vivir; **we're not on the ~ yet** todavía no estamos en la miseria

bread maker *n* (Culin) máquina *f* de hacer pan, máquina *f* panificadora

bread pudding *n* budín *m* de pan

bread sauce *n* [u]: *salsa hecha a base de miga de pan y leche*

bread stick *n* grisín *m*, colín *m* (Esp)

breadth /bredθ/ *n* **1** [c u] (width) anchura *f*, ancho *m*; **the room is 12ft in ~** la habitación tiene 12 pies de ancho *or* una anchura de 12 pies **2** [u] (extent) amplitud *f*; **~ of vision** amplitud de miras

breadthways /ˈbredθweɪz/, **breadthwise** /-waɪz/ *adv* a lo ancho

breadwinner /ˈbred,wɪnər || ˈbred,wɪnə(r)/ *n*: **she's the ~ of the family** es la que mantiene *or* sostiene a la familia; **he's the sole ~** es el único sostén de la familia

break[1] /breɪk/ (*past* **broke**; *past p* **broken**) *vt*

A ‹*window/plate/rope*› romper*; ‹*twig/stick*› partir, romper*, quebrar* (AmL); **I've broken my pencil** se me ha roto la punta del lápiz; **they broke a hole in the fence** abrieron una brecha en la valla; **she broke the chocolate into four pieces** partió el chocolate en cuatro trozos; **he broke his wrist playing rugby** se rompió la muñeca jugando al rugby; **I broke a tooth/my nail** se me rompió *or* partió un diente/la uña; ***to ~ the back of sth*** hacer* la peor parte de algo; **I think we've broken the back of the job** creo que ya tenemos hecho lo peor *or* la peor parte del trabajo

B (render useless) ‹*machine/radio*› romper*, descomponer* (AmL)

C (violate) ‹*rule/regulation*› infringir*, violar; ‹*promise*› no cumplir, faltar a; ‹*appointment*› faltar a, no acudir a; ‹*contract*› incumplir, romper*; **to ~ a strike** romper* una huelga, esquirolear (fam & pey), carnerear (RPl fam & pey); ▸**law**[1] **A2**, **word**[1] **C**

D (end) ‹*strike*› poner* fin a; ‹*drug ring*› desarticular; ‹*deadlock/impasse*› salir* de; ‹*habit*› dejar; **the Romans could not ~ their power** los romanos no pudieron quebrantar su poder *or* no pudieron abatirlos

E **1** (ruin) ‹*person/company*› arruinar a **2** (crush) ‹*person*› destrozar*, deshacer*; ▸**heart B2**, **spirit**[1] **C**, **will**[2] **A2** **3** (demote) rebajar de grado, degradar

F (impart) **to ~ sth (TO sb)**: **it was Sue who had to ~ the news to him** le tocó a Sue darle la noticia; **they broke it to her gently** se lo dijeron con mucho tacto

G (exceed): **to ~ the sound barrier** romper* *or* atravesar* la barrera del sonido

H **1** (interrupt) ‹*circuit/beam*› cortar; ‹*fast/silence*› romper* **2** (split up, divide) ‹*set/collection*› deshacer*; ‹*word*› separar, dividir **3** (disrupt, upset) ‹*pattern/continuity/monotony*› romper*

I (breach, pierce) ‹*soil*› roturar; **I haven't broken the skin** no me he abierto la piel, no me he rasguñado; **the submarine broke the surface of the water** el submarino afloró a la superficie

J **1** (get into) ‹*safe*› forzar*; **we broke the toolbox open** abrimos la caja de herramientas forzándola **2** (escape from) (AmE) ‹*jail*› escaparse *or* fugarse* de **3** (decipher) ‹*code*› descifrar

K (change) cambiar; **can anyone ~ this $50 bill?** ¿alguien me puede cambiar este billete de 50?, ¿alguien tiene cambio de 50?

L (open) ‹*shotgun/revolver*› abrir*

M (tame) ‹*horse*› domar

■ **break** *vi*

A **1** «*window/plate*» romperse*; «*rope/shoelace*» romperse*; «*twig/stick*» partirse, romperse*, quebrarse* (AmL); **my watch broke** se me rompió el reloj; **her tooth/nail broke** se le rompió *or* partió el diente/la uña; **it broke into several pieces** se hizo pedazos, se rompió en varios pedazos; **it ~s into squares** se parte en cuadrados **2** (separate): **the clouds are ~ing** se está despejando; **a splinter group which broke from the party** un grupo disidente que se escindió del partido; ▸**free**[1] **A3**, **3** (Sport) «*boxers/fighters*» separarse

B (give in) «*resistance*» desmoronarse, venirse* abajo; **she broke under constant interrogation** no resistió el constante interrogatorio; **the soldiers broke and ran** los soldados rompieron filas y echaron a correr

C **1** (begin) «*storm/crisis*» estallar; «*day*» romper*, apuntar, despuntar **2** (change) «*weather*» cambiar; **his voice is ~ing** le está cambiando *or* mudando la voz; **his voice broke** (with emotion) se le entrecortó la voz **3** (become known) «*story*» hacerse* público; «*scandal*» estallar, hacerse* público

D (strike) «*wave/surf*» romper*; **the waves were ~ing against the sea wall** las olas rompían contra el dique

E (adjourn) parar, hacer* una pausa; **to ~ for lunch/dinner** parar para almorzar/cenar

F (open) «*shotgun/revolver*» abrirse*

G (move, shift) trasladarse; **the action then ~s to Budapest** entonces la acción se traslada a Budapest

H (happen) (AmE colloq): **things are ~ing well for me at the moment** me están saliendo bien las cosas en este momento; ▸**even**[2] **B**

I (in snooker, pool) abrir* el juego

Phrasal verbs

• **break away** [v + adv] **1** (become free) **to ~ away (FROM sth/sb)** «*piece*» desprenderse (DE algo); **the boat broke away from its moorings** el barco se soltó de las amarras; **she tried to ~ away from him** trató de soltarse; **to ~ away from traditional methods** apartarse de los métodos tradicionales; **he broke away from the pack** (Sport) se adelantó al pelotón, dejó atrás al pelotón **2** (secede, leave) **to ~ away (FROM sth)** «*faction/region*» escindirse *or* separarse (DE algo)

• **break down**

Sense I [v + adv]

A **1** (stop functioning) «*vehicle/machine*» estropearse, averiarse*, descomponerse* (AmL), quedarse en pana (Chi), quedarse varado (Col); «*system*» fallar, venirse* abajo **2** (become injured) (colloq) «*sportsman*» lesionarse **3** (fail) «*talks/negotiations*» fracasar; **his health broke down** perdió la salud, se enfermó (AmL)

B (lose composure) perder* el control; **he broke down and cried** perdió el control y se echó a llorar

C (divide into components): **the total ~s down as follows** el total está compuesto *or* puede desglosarse de la siguiente manera; **the device ~s down into sections** el dispositivo es desarmable *or* desmontable

Sense II [v + o + adv, v + adv + o]

A ‹*door/fence/barrier*› echar abajo, derribar

B (overcome) ‹*shyness*› sobreponerse* a

C **1** (divide up) ‹*expenditure*› desglosar; ‹*sentence*› descomponer*; **the process can be broken down into three very simple steps** el proceso puede dividirse en tres pasos muy sencillos **2** (dismantle) ‹*weapon/machine*› desmontar, desarmar **3** (Chem) ‹*substance*› descomponer*

• **break in**

A [v + adv] **1** (force entry) «*burglar/intruder*» entrar, meterse (*para robar etc*) **2** (Mil) penetrar en las defensas enemigas **3** (interrupt) interrumpir; **to ~ in ON sth/sb**: **I don't mean to ~ in on your conversation, but ...** no es que quiera meterme en *or* interrumpir su conversación, pero ...; **sorry to ~ in on you like this** perdonen que interrumpa

B [v + o + adv, v + adv + o] **1** (train) ‹*horse*› domar **2** ‹*shoes/boots*› ablandar, domar (hum) **3** (smash down) ‹*door*› echar abajo, derribar

• **break into** [v + prep + o]

A **1** (force entry) ‹*building/grounds*› entrar en, meterse en (*para robar etc*); **our house was broken into** nos entraron a robar, nos entraron ladrones **2** (gain entry in) ‹*market/business*› entrar *or* introducirse* en **3** (start on) ‹*banknote*› cambiar; **we broke into a bottle of port I'd been saving for Christmas** abrimos una botella de oporto que tenía guardada para Navidad; **they had to ~ into their savings** tuvieron que echar mano de sus ahorros **4** (encroach upon): **it ~s into your spare time** te quita tiempo libre

B (begin): **to ~ into a run** echarse a correr; **to ~ into applause** romper* *or* prorrumpir en aplausos; **to ~ into song** ponerse* a cantar

• **break off**

A [v + o + adv, v + adv + o] **1** (detach) partir; **she broke off a piece of chocolate and gave it to him** partió un trozo de chocolate y se lo dio **2** (end, stop) ‹*engagement/diplomatic relations*› romper*; **the president broke off his harangue** el presidente interrumpió su arenga

B [v + adv] **1** (snap off, come free) «*piece of ice*» desprenderse; **the handle broke off** se le rompió *or* salió el asa **2** (stop talking) parar (de hablar), detenerse*, callarse; **she broke off in mid-sentence** paró *or* se detuvo *or* se calló en la mitad de la frase

• **break out** [v + adv]

A **1** (start) «*war/epidemic/rioting*» estallar **2** (appear): **a rash broke out all over his face** le salió un sarpullido en la cara; **beads of sweat broke out on her forehead** le aparecieron gotas de sudor en la frente **3** (develop) **to ~ out (IN sth)**: **he broke out in spots** le salieron granos; **he broke out in a rash** le salió un sarpullido; **to ~ out in a sweat** empezar* a sudar; **the mere thought makes me ~ out in a cold sweat** de sólo pensarlo me da un sudor frío; **chocolate makes me ~ out** (AmE) el chocolate me hace salir granos

B (escape) «*prisoner*» escaparse, fugarse*; **to ~ out of a vicious circle** salir* de *or* romper* un círculo vicioso; **they are eager to ~ out of their isolation** están ansiosos por salir de su aislamiento

• **break through**

A [v + adv] **1** (penetrate) (Mil) penetrar en las defensas enemigas; **it was late before the sun broke through** ya era tarde cuando salió el sol **2** (overcome major obstacle): **at last we have broken through** por fin hemos abierto (el) camino

B [v + prep + o] **1** (penetrate) ‹*barrier/police cordon*› atravesar*, romper*; **enemy forces broke through our defenses** las fuerzas enemigas penetraron en nuestras defensas; **the sun broke through the clouds** el sol se abrió paso entre las nubes **2** (overcome): **I never managed to ~ through his reserve** no logré que abandonara su reserva, no logré atravesar la barrera de su reserva

• **break up**

Sense I [v + o + adv, v + adv + o]

A **1** ‹*ship*› desguazar* **2** (divide) ‹*land*› dividir; ‹*sentence*› descomponer*; **~ it up into four pieces** divídelo *or* rómpelo en cuatro pedazos; **it helps ~ up the long mornings** ayuda a que las mañanas no parezcan tan largas

B **1** (disperse) ‹*demonstration*› disolver*; **he broke up the fight between the boys** separó a los niños que se estaban peleando; **come on, ~ it up!** ¡vamos, basta ya! **2** (wreck, ruin) ‹*home*› deshacer*; **he felt responsible for ~ing up their marriage** se sentía responsable de su separación *or* del fracaso de su matrimonio **3** (disband) ‹*team/group*› desintegrar; ‹*gang*› desarticular

Sense II [v + adv]

A **1** «*lovers/band*» separarse; **their partnership broke up** se separaron, dejaron de ser socios; **their marriage broke up** se separaron, su matrimonio fracasó; **to ~ up WITH sb** romper* *or* terminar CON algn, tronar* CON algn (Méx fam) **2** «*meeting/party*» terminar; «*crowd*» dispersarse **3** (BrE) (Educ): **we ~ up on the 21st** las clases terminan el 21, las vacaciones empiezan el 22; **when do you ~ up for Christmas?** ¿cuándo empiezan las vacaciones de Navidad?

B (break) romperse*, deshacerse*; **it broke up into tiny pieces** se deshizo, se hizo añicos

• **break with** [v + prep + o] **1** ‹*lover*› romper* *or* terminar *or* (Méx fam) tronar* con **2** ‹*tradition*› romper* con

break² *n*
A **1** (intermission) (Rad, TV) pausa *f* (comercial); (Theat) intervalo *m*, entreacto *m*, intermedio *m* **2** (rest period) descanso *m*; (at school) (BrE) recreo *m*; **let's take a ~** tomémonos un descanso, paremos para descansar, hagamos una pausa; **we have a coffee ~ at 11** a las 11 paramos para tomar un café; **we worked without a ~** trabajamos sin parar *or* descansar **3** (holiday, vacation) vacaciones *fpl*; **Christmas/summer ~** vacaciones de Navidad/verano **4** (change, respite) cambio *m*; **a welcome ~** un cambio refrescante; **~FROM sth: I need a ~ from all this** necesito descansar de todo esto; (a holiday) necesito un cambio de aires; ***give me a ~!*** (colloq) ¡déjame en paz!, ¡no me embromes! (AmL fam) **5** (in transmission) interrupción *f*, corte *m*
B **1** (gap) interrupción *f* **2** (in circuit) ruptura *f*, corte *m*
C (fracture) fractura *f*, rotura *m*
D (chance, opportunity) (colloq) oportunidad *f*; **he never got a decent ~** nunca se le presentó una buena oportunidad; **she's still looking for a ~** todavía está esperando que le cambie la suerte
E (separation, rift) ruptura *f*; **a ~ between the superpowers** una ruptura (de relaciones) entre las superpotencias; **to make a clean ~** cortar por lo sano; **he made a ~ with his past life** rompió *or* cortó con su pasado; **a ~ with tradition** una ruptura con la tradición
F **1** (sudden move): **he made a ~ for cover/the door** corrió a refugiarse/hacia la puerta **2** (breakaway) contraataque *m*
G (escape) fuga *f*, evasión *f* (frml)
H (in snooker, pool) tacada *f*, serie *f*
I (beginning) (liter): **at (the) ~ of day** al rayar el alba (liter), al despuntar el día
J (solo) solo *m*
K (in tennis) ruptura *f*, quiebre *m*; (*before n*): **~ point** punto *m* de ruptura
L (discount) (AmE colloq) descuento *m*

breakable /ˈbreɪkəbəl/ *adj* frágil

breakables /ˈbreɪkəbəlz/ *pl n* objetos *mpl* frágiles

breakage /ˈbreɪkɪdʒ/ *n* [u c] roturas *fpl*; **we offered to pay for the ~s** nos ofrecimos a pagar lo que se había roto

breakaway /ˈbreɪkəweɪ/ *n* **1** (separation) ruptura *f*, escisión *f*; (*before n*) ‹*faction/group*› disidente, escindido **2** (Sport) escapada *f* **3** (person) (Pol) disidente *mf*; **the ~s** (Sport) los escapados

break clause *n* (Law) cláusula *f* de rescisión unilateral, cláusula *f* de escape

breakdown /ˈbreɪkdaʊn/ *n*
A **1** (failure — of car, machine) avería *f*, descompostura *f* (Méx), varada *f* (Col), pana *f* (Chi); (—of service, communications) interrupción *f*; (— of negotiations) fracaso *m*, ruptura *f*; **the system suffered a complete ~** (Comput) el sistema colapsó; **electrical ~** fallo *m* eléctrico, falla *f* eléctrica (AmL); **a ~ in traditional values** un desmoronamiento de los valores tradicionales; (*before n*): **~ service** servicio *m* de asistencia en carretera; **~ truck** grúa *f* **2** (*nervous ~*) crisis *f* nerviosa; **you're going to give me a nervous ~** vas a hacer que me dé un ataque *or* que me vuelva loca
B **1** (analysis): **a detailed ~ of expenditure** un desglose detallado de los gastos; **a complete ~ of the report** un análisis punto por punto del informe **2** (into constituent elements) descomposición *f*

breaker /ˈbreɪkər || ˈbreɪkə(r)/ *n*
A (wave) gran ola *f*
B (CB enthusiast) (sl) radioaficionado, -da *m,f*
C (BrE) (Auto): **~'s yard** cementerio *m* de automóviles, desguace *m* (Esp), deshuesadero *m* (Méx), desarmaduría *f* (Chi)

break-even point /ˌbreɪkˈiːvən/ *n* punto *m* muerto, punto *m* de equilibrio

breakfast¹ /ˈbrekfəst/ *n* desayuno *m*; **to have ~** desayunar, tomar el desayuno; **to skip ~** no desayunar; (*before n*): **~ cereal** cereales *mpl* (*para el desayuno*); **~ television** televisión *f* matinal; **~ time** hora *f* del desayuno

breakfast² *vi* (frml) desayunar

breakfront /ˈbreɪkfrʌnt/ *n* (AmE); *mueble con estantes en la parte superior y armarios cerrados debajo*

break-in /ˈbreɪkɪn/ *n* robo *m* (*con escalamiento*); **they had a ~ next door** entraron a robar *or* entraron ladrones en la casa de al lado

breaking and entering /ˌbreɪkɪŋənd ˈentərɪŋ/ *n* [u] escalamiento *m*, allanamiento *m* de morada

breaking point *n* [u] límite *m*; **they have tried my patience to ~ ~** me han llevado al límite de mi paciencia; **the soldiers were at ~ ~** los soldados habían llegado al límite de sus fuerzas; **their resources are already stretched to ~ ~** ya han estirado sus recursos al máximo

breakneck /ˈbreɪknek/ *adj* (*before n*) vertiginoso, suicida; **at ~ speed** como alma que lleva el diablo (fam)

breakout /ˈbreɪkaʊt/ *n* **1** (from prison) fuga *f* **2** (by army): **they attempted a ~** intentaron romper el cerco

breakthrough /ˈbreɪkθruː/ *n* **1** (significant progress) gran avance *m*, gran adelanto *m*; **a major ~** un avance *or* adelanto importantísimo **2** (Sport) tanto *m* (*or* gol *m etc*) decisivo **3** (Mil) penetración *f*

breakup /ˈbreɪkʌp/ *n* **1** (of family) desintegración *f*; (of empire, company) desmembramiento *m*; (of political party) disolución *f*; (of talks) fracaso *m*; **the ~ of their marriage** su separación *or* ruptura **2** (of physical structure) desintegración *f*

breakwater /ˈbreɪkˌwɔːtər || ˈbreɪkˌwɔːtə(r)/ *n* rompeolas *m*

bream /briːm/ *n* (*pl* ~) **1** (freshwater fish) brama *f* **2** (saltwater fish) *cualquier pez de la familia de los espáridos como el pargo o la dorada*; **red ~** besugo *m*

breast¹ /brest/ ▸ℹ p.965 *n* **1** [c] (chest) pecho *m*; **she clasped the child to her ~** (liter) apretó al niño contra su pecho *or* (liter) contra su seno; ***to beat one's ~*** darse* golpes de pecho; ***to make a clean ~ of sth*** confesar* algo; **he made a clean ~ of it** lo confesó todo **2** [c] (of woman) pecho *m*, seno *m*; (*before n*): **~ cancer** cáncer *m* de mama *or* de pecho **3** [c u] (Culin) (of chicken, turkey) pechuga *f*; **~ of lamb** pecho *m* de cordero **4** [c] (of jacket, coat) delantera *f*; (*before n*): **~ pocket** bolsillo *m* superior (*de una chaqueta*) **5** [c] (*chimney ~*) campana *f* (de la chimenea)

breast² *vt* **1** (liter) ‹*waves/waters*› arrostrar (liter) **2** (liter) ‹*slope/hill*› coronar (liter) **3** (Sport) (journ): **to ~ the tape** tocar* *or* romper* la cinta (period)

breastbone /ˈbrestbəʊn/ *n* **1** (Anat) esternón *m* **2** (Culin) hueso *m* de la pechuga, quilla *f*

breastfeed /ˈbrestfiːd/ (*past & past p* **-fed**) *vt* darle* el pecho a, darle* de mamar a, amamantar; **a breastfed baby** un niño amamantado
■ **breastfeed** *vi* dar* el pecho, dar* de mamar

breastfeeding /ˈbrestˌfiːdɪŋ/ *n* [u]: **the benefits of ~** las ventajas de darle el pecho *or* de darle de mamar a un niño, las ventajas de la lactancia materna (frml)

breastplate /ˈbrestpleɪt/ *n* peto *m*

breaststroke /ˈbreststrəʊk/ *n* (estilo) pecho *m* (AmL), braza *f* (Esp); **can you do the ~?** ¿sabes nadar (estilo) pecho? (AmL), ¿sabes nadar a braza? (Esp)

breastwork /ˈbrestwɜːrk || ˈbrestwɜːk/ *n* parapeto *m*

breath /breθ/ *n*
A [c u] (air exhaled or inhaled) aliento *m*; **with his dying ~** con su último aliento; **to have bad ~** tener* mal aliento; **I could smell whisky on her ~** el aliento le olía a whisky; **to take a ~** aspirar, inspirar; **take a deep ~ and relax** respire hondo y relájese; **her ~ came with difficulty** respiraba con dificultad; **just let me get my ~ back** déjame recobrar el aliento, espera a que recobre el aliento; **to catch one's ~ in astonishment** quedarse sin respiración del asombro; **I was so nervous it all came out in one ~** estaba tan nervioso que lo dije todo de un tirón; **I'm short of ~** me falta el aire, me ahogo; **he gets short of ~ climbing stairs** se queda sin aliento al subir escaleras; **he arrived very out of ~** llegó jadeando *or* sofocado *or* sin aliento; ***in the same*** o ***next ~*** a continuación, a renglón seguido; **he ought not to be mentioned in the same ~ as Poe** no se lo debería poner en la misma categoría que Poe; **I could do with a ~ of fresh air** no me vendría mal un poco de aire (fresco); ***to be a ~ of fresh air*** (pleasant change) ser* (como) una bocanada de aire fresco; ***to draw ~*** (lit: breathe) respirar; (live) (liter): **the kindest woman that ever drew ~** la mujer más bondadosa que jamás hollara la tierra (liter); **as long as I draw ~ I will not forgive you** no te perdonaré mientras viva; ***to draw one's first ~*** (liter) venir* al mundo (liter); ***to draw one's last ~*** (liter) exhalar el último suspiro (liter); ***to hold one's ~*** (wait in suspense) contener* la respiración *or* el aliento; (liter) aguantar *or* contener* la respiración; **he promised — well, don't hold your ~** (colloq & hum) lo prometió — sí, pero mejor espera sentado (fam & hum); ***to say sth under one's ~*** decir* algo entre dientes; ***to take sb's ~ away*** dejar a algn sin habla; ***to waste one's ~*** gastar saliva (inútilmente); ***with bated ~*** con el corazón en un puño, en vilo; ▸**save¹ C1**
B [c] (slight breeze) soplo *m*; **there wasn't a ~ of wind** no corría ni la más leve brisa
C [c] (suggestion): **a ~ of suspicion** una leve sospecha; **there was a ~ of spring in the air** la primavera se sentía en el aire

breathable /ˈbriːðəbəl/ *adj* **1** (of the air) respirable **2** (of clothes) transpirable

breathalyze /ˈbreθəlaɪz/ *vt* (BrE) hacerle* la prueba del alcohol *or* de la alcoholemia a, hacerle* el alcohotest a

Breathalyzer®, Breathalyser® /ˈbreθəlaɪzər || ˈbreθəlaɪzə(r)/ *n* **1** (instrument) alcohómetro *m*, alcoholímetro *m*; (*before n*): **~ test** prueba *f* del alcohol *or* de la alcoholemia, alcohotest *m* **2** (test) (colloq) prueba *f* del alcohol; **to pass/fail the ~** pasar/no pasar la prueba del alcohol

breathe /briːð/ *vi* **1** «*person/animal/plant*» respirar; **to ~ deeply** respirar hondo; **give me a chance to ~** déjame respirar; ***to ~ again/easily/freely*** respirar tranquilo **2** «*fabric/leather*» dejar pasar el aire **3** «*wine/cheese*» respirar
■ **breathe** *vt* **1** ‹*air/fumes*› aspirar, respirar; ***to ~ one's last*** (liter) exhalar el último suspiro (liter); **I thought I'd ~d my last** (hum) pensé que ya no contaba el cuento (fam & hum) **2** ‹*alcohol/onions*› oler* a; ‹*disillusion/cynicism*› (liter) destilar; **she ~d garlic all over me** me echó todo su aliento a ajo **3** (instill, inspire) infundir; **to ~ new life into sth** infundirle nueva vida a algo **4** (utter) ‹*prayer*› musitar; ‹*sigh*› dejar escapar; **don't ~ a word of this to anyone** no le digas una palabra de esto a nadie

Phrasal verbs

• **breathe in**
A [v + adv] aspirar
B [v + o + adv, v + adv + o] ‹*air/fumes*› aspirar, respirar

• **breathe out**
A [v + adv] espirar
B [v + o + adv, v + adv + o] ‹*smoke*› expeler; ‹*air*› exhalar, expulsar

breather /ˈbriːðər || ˈbriːðə(r)/ *n* (colloq) respiro *m*, descanso *m*; **why don't you take** o **have a ~?** ¿por qué no te tomas un respiro *or* descanso?

breath freshener /ˈfreʃnər || ˈfreʃnə(r)/ *n* refrescante *m* bucal; **gum is chewed as a ~ ~** se masca chicle para refrescar el aliento

breathing /ˈbriːðɪŋ/ *n* [u] respiración *f*; **heavy/regular ~** respiración pesada/acompasada; **I put the phone down when I heard heavy ~** colgué el teléfono cuando empecé a oír unos jadeos; (*before n*) ‹*exercises*› respiratorio; ‹*equipment*› de respiración

breathing apparatus *n* [u c] equipo *m* de respiración; **underwater ~ ~** equipo *m* de buceo autónomo

breathing space *n* [u] respiro *m*; **the bank gave the company a ~ ~** el banco le dio un respiro a la compañía

breathless /'breθləs || 'breθlɪs/ *adj* ‹*voice*› entrecortado; **the blow left me ~** el golpe me dejó sin aliento *or* me cortó la respiración; **we waited in ~ expectation** esperamos con ansia; **he arrived ~** llegó jadeando *or* sin aliento *or* sin resuello; **she managed to utter a few ~ words** logró decir algunas palabras entrecortadas

breathlessly /'breθləsli || 'breθlɪsli/ *adv* entrecortadamente, jadeando; **we ~ await news of him** esperamos ansiosamente noticias de él

breathlessness /'breθləsnəs || 'breθlɪsnɪs/ *n* [u] dificultad *f* al respirar

breathtaking /'breθ,teɪkɪŋ/ *adj* **1** ‹*view/beauty*› impresionante, imponente **2** ‹*arrogance/stupidity/simplicity*› pasmoso, increíble

breathtakingly /'breθ,teɪkɪŋli/ *adv* ‹*arrogant/stupid/simple*› pasmosamente, increíblemente; **~ beautiful** de una belleza impresionante *or* imponente

breath-test /'breθ,test/ *vt* hacerle* la prueba de alcoholemia a, hacerle* la prueba del alcohol a, hacerle* el alcohotest a

breath test *n* prueba *f* del alcohol *or* de la alcoholemia, alcohotest *m*

breathy /'breθi/ *adj* **-thier, -thiest** ‹*voice*› entrecortado

bred /bred/ *past & past p of* **breed²**

breech¹ /bri:tʃ/ *n* (of firearm) recámara *f*

breech² *adj* ‹*delivery/birth*› de nalgas; **a ~ baby** un bebé que viene de nalgas

breeches /'brɪtʃəz || 'brɪtʃɪz/ *pl n* (*knee ~*) **1** (pantalones *mpl*) bombachos *mpl* **2** (*riding ~*) pantalones *mpl* de montar, breeches *mpl* (Col, RPl) **3** (trousers) (colloq & hum) pantalones *mpl*; ▸ **big¹**

breeches buoy *n* andarivel *m* de salvamento

breech-loader /'bri:tʃ,ləʊdər || 'bri:tʃ ,ləʊdə(r)/ *n* arma *f*‡ de retrocarga

breech-loading /'bri:tʃ,ləʊdɪŋ/ *adj* ‹*rifle/artillery*› de retrocarga

breed¹ /bri:d/ *n* (of animals) raza *f*; (of plants) variedad *f*; **a new ~ of athletes/managers** una nueva generación de atletas/directivos, un nuevo tipo de atleta/directivo; **a new ~ of warships** un nuevo género de barcos de guerra; **a dying ~** una especie en vías de extinción; **a ~ apart** un mundo aparte

breed² (*past & past p* **bred**) *vt* **1** ‹*animals*› criar*; **this stable has bred many champions** de esta cuadra han salido muchos campeones; **they are ~ing a new type of wheat** están desarrollando el cultivo de un nuevo tipo de trigo **2** (raise, educate): **the country ~s good athletes** el país produce buenos atletas; **I'm a Londoner born and bred** nací y me crié en Londres; **we ~ them tough in these parts** los hacemos machotes por aquí (fam) **3** ‹*disease/despair/violence*› engendrar, generar; **success ~s success** el éxito llama al éxito

■ **breed** *vi* **1** (reproduce) reproducirse* **2** «*despair/violence*» surgir*, generarse

breeder /'bri:dər || 'bri:də(r)/ *n* **1** (of animals) criador, -dora *m,f*; (of plants) cultivador, -dora *m,f* **2** (animal) reproductor, -tora *m,f* **3** **~ (reactor)** reactor *m* reproductor

breeding /'bri:dɪŋ/ *n* [u] **1** (reproduction) reproducción *f*; (*before n*): **~ season** época *f* de cría **2** (raising — of animals) cría *f*; (— of plants) cultivo *m*; (*before n*) ‹*cow/pig*› reproductor **3** (upbringing): **a man/woman of ~** un hombre/una mujer con clase *or* de buena cuna; **politeness is a sign of good ~** la cortesía es señal de buena educación *or* de buena crianza

breeding ground *n* (Zool) lugar *m* de cría; **a ~ ~ for revolutionaries** un semillero de revolucionarios; **~ ~ for opposition/violence** caldo *m* de cultivo para la oposición/la violencia

breeding site *n* lugar *m* de cría

breeze¹ /bri:z/ *n*

A ▸ **ℹ p.1878** [c u] (light wind) brisa *f*; **sea ~** brisa marina

B (sth easy) (colloq): **to be a ~** ser* pan comido (fam), ser* un bollo (RPl fam); **they'll win in a ~** van a ganar sin problemas, van a ganar con la gorra (Esp) *or* (Méx) con la zurda (fam)

breeze² *vi* (colloq): **he ~d into the office** entró en la oficina como Pedro *or* Perico por su casa (fam); **to ~ in/out** entrar/salir* tan campante *or* tan pancho (fam)

(Phrasal verb)

- **breeze through** [v + prep + o] (colloq): **they ~d through the game/exam** el partido/examen les resultó un paseo (fam)

breezeblock /'bri:zblɑ:k || 'bri:zblɒk/ *n* (BrE) bloque *m* de cemento

breezeway /'bri:zweɪ/ *n* (AmE) pasadizo *m* exterior techado

breezily /'bri:zəli || 'bri:zɪli/ *adv* **1** (cheerfully) alegremente, jovialmente **2** (nonchalantly) con toda tranquilidad

breezy /'bri:zi/ *adj* **-zier, -ziest**

A ▸ **ℹ p.1878** (windy) ‹*spot*› ventoso; **it was pleasantly ~** corría *or* soplaba una agradable brisa; **a bit ~ today, isn't it?** hace un poco de vientecito hoy ¿no?

B **1** (lively) (colloq) ‹*person*› dinámico; ‹*smile/greeting*› alegre y simpático **2** (nonchalant) despreocupado

brekkie, brekky /'breki/ *n* [u] (BrE colloq) desayuno *m*

brent /brent/ *n* (BrE) ▸ **brant**

brethren /'breðrən/ *pl n* (arch *or* liter) hermanos *mpl*

Breton¹ /'bretn/ *adj* bretón

Breton² *n* **1** [c] (person) bretón, -tona *m,f* **2** [u] (language) bretón *m*

breve /brev, bri:v || bri:v/ *n* breve *f*

breviary /'bri:vjəri || 'bri:vɪəri/ *n* (*pl* **-ries**) breviario *m*

brevity /'brevəti/ *n* [u] **1** (shortness) (frml) brevedad *f* **2** (conciseness) brevedad *f*, concisión *f*; **~ *is the soul of wit*** lo bueno, si breve, dos veces bueno

brew¹ /bru:/ *n* brebaje *m*

brew² *vt* **1** ‹*beer*› fabricar*, hacer* **2** ‹*tea*› preparar, hacer* **3** ‹*trouble/mischief*› tramar, maquinar

■ **brew** *vi* **1** (make beer) fabricar* cerveza **2** «*tea*»: **let the tea ~ for 5 minutes** deje el té en infusión 5 minutos, deje reposar el té 5 minutos; **the tea is ~ing** el té se está haciendo **3** «*storm*» avecinarse

(Phrasal verb)

- **brew up** [v + adv] **1** (develop): **a storm is ~ing up** se avecina una tormenta; **trouble is ~ing up** se va a armar lío (fam) **2** (make tea) (BrE colloq) hacer* té

brewer /'bru:ər || 'bru:ə(r)/ *n* cervecero, -ra *m,f*

brewer's yeast *n* [u] levadura *f* de cerveza

brewery /'bru:əri/ *n* (*pl* **-ries**) fábrica *f* de cerveza, cervecera *f*

brewhouse /'bru:haʊs/ *n* fábrica *f* de cerveza, cervecera *f*

brewpub /'bru:pʌb/ *n* (AmE) cervecería *f*

brew-up /'bru:ʌp/ *n* (BrE colloq) té *m*

briar /'braɪər || 'braɪə(r)/ *n* **1** [u] **~ (wood)** madera *f* de brezo **2** [c] **~ (pipe)** pipa *f* de madera de brezo **3** [c] ▸ **brier 1**, **brier 2**

bribe¹ /braɪb/ *n* soborno *m*, cohecho *m* (frml), coima *f* (CS, Per fam), mordida *f* (Méx fam); **to take** *o* **accept a ~** dejarse sobornar, aceptar un soborno; **as a ~** como soborno, de coima (CS, Per fam), de mordida (Méx fam)

bribe² *vt* sobornar, cohechar (frml), comprar (fam), morder* (Méx fam), coimear (CS, Per fam); **to ~ sb to + INF** sobornar a algn PARA QUE + SUBJ

bribery /'braɪbəri/ *n* [u] soborno *m*, cohecho *m* (frml), coima *f* (CS, Per fam); **~ and corruption** el soborno y la corrupción; **they are open to ~** se los puede sobornar *or* (frml) cohechar, se los puede comprar *or* (CS, Per) coimear *or* (Méx) morder (fam)

bric-a-brac /'brɪkəbræk/ *n* [u] baratijas *fpl*, chucherías *fpl*

brick /brɪk/ *n*

A **1** (Const) ladrillo *m*; **made of ~** (hecho) de ladrillo; **to put one's money into ~s and mortar** (BrE) invertir* en inmuebles; ***to drop a ~*** (BrE) meter* la pata (fam); ***you can't make ~s without straw*** no se puede trabajar sin materia prima; (*before n*): **a ~ wall/house** una pared/una casa de ladrillo **2** (toy) cubo *m* **3** (of ice cream) (BrE) barra *f*

B (reliable person) (BrE colloq & dated) persona *f* de confianza

(Phrasal verbs)

- **brick in** [v + o + adv, v + adv + o] tabicar*, tapiar
- **brick up** [v + o + adv, v + adv + o] tabicar*, tapiar

brickbat /'brɪkbæt/ *n* **1** (critical comment) diatriba *f*, crítica *f*; **~s and bouquets** diatribas y flores, críticas y alabanzas **2** (missile) (dated) cascote *m*

brickbuilt /'brɪkbɪlt/ *adj* de ladrillo

brickfield /'brɪkfi:ld/ *n* (BrE) cantera *f* de arcilla

brickie /'brɪki/ *n* (BrE colloq) albañil *m*, paleta *m* (Esp fam)

bricklayer /'brɪk,leɪər || 'brɪk,leɪə(r)/ *n* albañil *m*

bricklaying /'brɪk,leɪɪŋ/ *n* [u] albañilería *f*

brickred /,brɪk'red/ ▸ **ℹ p.1036** *adj* (*pred* **brick red**) rojo teja *adj inv*, rojo ladrillo *adj inv*

brick red ▸ **ℹ p.1036** *n* [u] rojo *m* teja, rojo *m* ladrillo

bricks and mortar *n* [u] (buildings) propiedad *f* inmobiliaria; (*before n*) ‹*investment/company*› inmobiliario

brickwork /'brɪkwɜ:rk || 'brɪkwɜ:k/ *n* [u] (bricks) enladrillado *m*, ladrillos *mpl*; (way bricks are laid) aparejo *m*

brickworks /'brɪkwɜ:rks || 'brɪkwɜ:ks/ *n* (*pl*, **~** (+ *sing or pl vb*)) fábrica *f* de ladrillos, ladrillar *m*

brickyard /'brɪkjɑ:rd || 'brɪkjɑ:d/ *n* **1** ▸ **brickworks** **2** (store) almacén *m* de venta de ladrillos

bridal /'braɪdl/ *adj* ‹*procession/feast*› nupcial; ‹*fashions/shop*› para novias; **the ~ party** los invitados a la boda *or* (esp AmL) al casamiento; **~ gown** traje *m* de novia; **~ registry** (AmE) lista *f* de bodas; **~ suite** suite *f or* cámara *f* nupcial

bride /braɪd/ *n* novia *f*; **the ~ and ~groom** los novios; (after ceremony) los recién casados, los novios; **a ~ of Christ** una esposa de Cristo

bridegroom /'braɪdgru:m/ *n* novio *m*

bridesmaid /'braɪdzmeɪd/ *n* dama *f* de honor; (child) *niña que acompaña a la novia*; ***always the ~(, never the bride)*** siempre la segundona

bridge¹ /brɪdʒ/ *n*

A [c] **1** puente *m*; ***to build ~s*** tender* un puente (de unión); ***we'll cross that ~ when we come to it*** ese problema lo resolveremos cuando llegue el momento; ▸ **burn¹ A1**, **burn¹ A** **2** (on ship) puente *m* (de mando) **3** (of nose) caballete *m* **4** (of glasses) puente *m* **5** (of stringed instrument) puente *m*, alzaprima *f*

B [c] (Dent) puente *m*

C [c] (Comput) puente *m*

D [u] (card game) bridge *m*; **contract ~** bridge-contrato *m*; **auction ~** bridge *m* subastado; **~ party** reunión *f* de bridge; **~ player** jugador, -dora *m,f* de bridge

E [c] **~ (passage)** (linking section) puente *m*

F [c] (in billiards, snooker) soporte *m*

bridge² *vt* ‹*river/road*› tender* *or* construir* un puente sobre; ‹*differences*› salvar

bridgeable /'brɪdʒəbəl/ *adj* ‹*differences/divide*› salvable, superable

bridge building *n* [u] construcción *f* de puentes; (*before n*) ‹*negotiations/efforts*› para propiciar un acercamiento

b

bridgehead /ˈbrɪdʒhed/ *n* cabeza *f* de puente

bridge loan, (BrE) **bridging loan** /ˈbrɪdʒɪŋ/ *n* préstamo *m* or crédito *m* puente

bridle¹ /ˈbraɪdl/ *n* brida *f*

bridle² *vi* torcer* el gesto, molestarse; **to ~ AT sth** molestarse POR algo

■ **bridle** *vt* 1 ‹*passion/rage*› (liter) domeñar (liter) 2 ‹*horse*› embridar, ponerle* la brida a

bridle path *n* camino *m* de herradura

brie /briː/ *n* [u] brie *m*

brief¹ /briːf/ *adj* 1 ‹*reign/interlude*› breve 2 ‹*statement/summary*› breve, sucinto; **his report was ~ and to the point** su informe era breve e iba al grano; **be ~** sé breve, no te extiendas; **in ~** en suma, en síntesis, en resumen 3 (scanty) ‹*skirt*› sucinto, escueto; ‹*bikini*› diminuto

brief² *n* 1 (Law) *expediente entregado por el abogado al*, ▸**barrister**; **it's a very complicated ~** es un caso muy complicado 2 (instructions) instrucciones *fpl*; (area of responsibility) competencia *f*; **his ~ was to design a functional building** le habían encargado que diseñara un edificio funcional, tenía instrucciones de diseñar un edificio funcional; **this is not part of the committee's ~** esto no entra dentro de la competencia del comité; ***to hold a/no ~ for sth*** abogar*/no abogar* por algo

brief³ *vt* ‹*lawyer*› instruir*; ‹*pilot/spy*› darle* instrucciones or órdenes a; ‹*official/committee*› informar; **the president had been badly ~ed for the meeting** el presidente no había sido bien preparado para la reunión

briefcase /ˈbriːfkeɪs/ *n* cartera *f*, maletín *m*, portafolio(s) *m* (esp AmL)

briefing /ˈbriːfɪŋ/ *n* 1 (of pilot, spy) instrucciones *fpl*, órdenes *fpl*; **he received an extensive ~ for the press conference** lo prepararon a fondo para la rueda de prensa; (*before n*): **~ room** sala *f* de instrucciones, sala *f* de briefing; **~ session** sesión *f* para dar instrucciones, briefing *m* 2 (*press ~*) reunión *f* informativa (para la prensa)

briefly /ˈbriːfli/ *adv* 1 ‹*visit/rule*› por poco tiempo; **she ~ wondered what he was doing there** se preguntó por un momento qué hacía él allí; **he nodded at us ~** nos saludó con un ligero movimiento de cabeza 2 ‹*reply/speak/state*› brevemente, sucintamente; ‹*say*› lacónicamente 3 (*indep*) en suma, en síntesis, resumen, en pocas palabras

briefness /ˈbriːfnəs ‖ ˈbriːfnɪs/ *n* [u] 1 (short duration) brevedad *f* 2 (conciseness) brevedad *f* 3 (of clothing) lo escueto

briefs /briːfs/ *pl n* (man's) calzoncillos *mpl*, slip *m*; (woman's) calzones *mpl* (esp AmL), bragas *fpl* (Esp), bombachas *fpl* (RPl), pantaletas *fpl* (AmC, Ven)

brier /ˈbraɪər ‖ ˈbraɪə(r)/ *n* 1 (wild rose) rosal *m* silvestre 2 (thornbush) zarza *f* 3 ▸**briar 1, briar 2**

brig /brɪg/ *n*

A (ship) bergantín *m*

B (AmE) (prison) calabozo *m*

Brig (UK title) = **Brigadier**

brigade /brɪˈgeɪd/ *n* 1 (unit) brigada *f* 2 (group) (colloq): **the brown rice ~** los fanáticos de la cocina macrobiótica

brigadier /ˌbrɪgəˈdɪr ‖ ˌbrɪgəˈdɪə(r)/ *n* (in UK) general *mf* de brigada

brigadier general *n* (in US) general *mf* de brigada

brigand /ˈbrɪgənd/ *n* forajido *m*, bandolero *m*

Brig Gen (US title) = **Brigadier General**

bright /braɪt/ *adj* **-er, -est**

A 1 ‹*star*› brillante; ‹*light*› brillante, fuerte; ‹*room*› con mucha luz; **draw the curtains, it's too ~** corre las cortinas, hay demasiada luz or claridad; **it was a ~, sunny day** era un día de sol radiante; **tomorrow will be ~** (esp BrE) mañana hará sol; **one of our ~est young stars** una de nuestras más brillantes actrices jóvenes 2 ‹*color*› fuerte, vivo, brillante; **a ~ red/blue shirt** una camisa de un rojo/azul fuerte or vivo or brillante 3 ‹*sound/tone*› claro

B 1 (cheerful) ‹*eyes*› lleno de vida, vivaracho; **the children's ~, smiling faces** las caras radiantes de felicidad de los niños; **to get up ~ and early** (colloq) levantarse tempranito (fam), madrugar* 2 (hopeful): **the prospects are not very ~** las perspectivas no son muy prometedoras or halagüeñas; **things are looking ~er now** las cosas tienen mejor cara or (AmL tb) pintan mejor ahora; **he has a ~ future ahead of him** tiene un brillante porvenir por delante; ***to look on the ~ side of sth*** mirar or ver* el lado bueno de algo

C (intelligent) ‹*person*› inteligente; ‹*idea*› (colloq) brillante, genial; **she's a very ~ child** es una niña muy inteligente or lista; **whose ~ idea was it to come here?** (iro) ¿quién tuvo la brillante idea de venir aquí? (iró)

brighten /ˈbraɪtn/ *vi* 1 (become brighter) «*light*» hacerse* más brillante or más fuerte; **her eyes ~ed** se le iluminaron los ojos 2 **~ (up)** (become cheerful, hopeful) «*person*» animarse, alegrarse; «*situation/prospects*» mejorar; «*mood/view*» volverse* más optimista; **it ~ed up in the afternoon** por la tarde salió el sol or aclaró; **her face ~ed (up)** se le iluminó la cara

■ **brighten** *vt* 1 (make brighter) iluminar 2 **~ (up)** (make more colorful, cheerful) ‹*room*› alegrar; ‹*occasion/party*› animar

bright-eyed /ˈbraɪtˈaɪd/ *adj* ‹*child/kitten*› de ojos vivos or vivarachos; ***~ and bushy-tailed*** (hum) lleno de vida y energía

brightly /ˈbraɪtli/ *adv* 1 ‹*shine/gleam*› intensamente, vivamente; **a ~ polished table** una mesa resplandeciente 2 ‹*say/smile*› alegremente

brightness /ˈbraɪtnəs ‖ ˈbraɪtnɪs/ *n* [u]

A 1 (of light, star) brillo *m*, resplandor *m*; (of morning) claridad *f*, luminosidad *f* 2 (of color) lo vivo 3 (of sound, tone) claridad *f*

B 1 (cheerfulness) alegría *f* 2 (of prospects) lo prometedor or halagüeño

C (intelligence) inteligencia *f*

brightness control *n* control *m* del brillo, regulación *f* del brillo; **turn the ~ ~ up/down** dale más brillo/quítale brillo; (*before n*): **~ ~ switch/button** interruptor *m* or botón *m* del brillo

brights /braɪts/ *pl n* (Auto) (AmE colloq) (luces *fpl*) largas or (Andes, Méx) altas *fpl*

bright spark *n* (BrE iro) lumbrera *f* (iró), genio *m* (iró)

brill¹ /brɪl/ *n* (*pl ~ or ~s*) rémol *m*, rodaballo *m* menor

brill² *adj* (BrE colloq) fenómeno (fam), genial (fam), padre (Méx fam), chévere (AmL exc CS fam)

brilliance /ˈbrɪljəns/ *n* [u] 1 (brightness) resplandor *m*, fulgor *m*; **the diamond's ~** el resplandor del brillante 2 (skill, intelligence) brillantez *f* 3 (magnificence) (liter) esplendor *m* (liter)

brilliant /ˈbrɪljənt/ *adj* 1 ‹*light*› brillante; ‹*sunshine*› radiante; ‹*red/green*› brillante, luminoso 2 ‹*writer/politician/performance/novel*› brillante; **whose ~ idea was it to ... ?** (iro) ¿quién tuvo la brillante idea de ... ? (iró) 3 (BrE colloq) genial (fam), fenomenal (fam); **¡~!** ¡genial! (fam) 4 (magnificent, splendid) (liter) lleno de brillo y esplendor

brilliantine /ˈbrɪljəntiːn/ *n* [u] brillantina *f*

brilliantly /ˈbrɪljəntli/ *adv* 1 ‹*shine*› intensamente; **a ~ sunny day** un día de sol radiante 2 ‹*play/write/argue*› con brillantez; ‹*funny/simple*› extraordinariamente; **he played ~** (colloq) jugó genial or fenomenal (fam)

Brillo pad® /ˈbrɪləʊ/ *n* estropajo *m* metálico, esponjita *f* metálica

brim¹ /brɪm/ *n* 1 (of hat) ala *f‡* 2 (of vessel) borde *m*; **fill the glass/cup to the ~** llena el vaso/la taza hasta el borde

brim² **-mm-** *vi* **to ~ WITH sth**: **her eyes were ~ming with tears** se le saltaban las lágrimas, tenía los ojos llenos de lágrimas; **to ~ with confidence/energy** rebosar seguridad/energía; **to be ~ming with happiness** estar* rebosante or desbordante de felicidad

Phrasal verb

• **brim over** [v + adv] «*cup/bowl*» desbordarse, rebosar; **he was ~ming over with enthusiasm** estaba rebosante or desbordante de entusiasmo

brimful /ˈbrɪmˈfʊl/ *adj* (*pred*) **to be ~ OF sth** ‹*of good ideas*› estar* repleto DE algo; ‹*of energy/life*› estar* rebosante or desbordante DE algo; **it was ~ of gold** estaba repleto de oro

brimming /ˈbrɪmɪŋ/ *adj* (*before n*) lleno hasta el borde

brimstone /ˈbrɪmstəʊn/ *n* [u] (arch) azufre *m*; *see also* **fire¹ A1**

brindled /ˈbrɪndld/ *adj* manchado, pinto

brine /braɪn/ *n* [u] 1 (salt water) salmuera *f*; **olives in ~** aceitunas *fpl* en salmuera 2 (sea water) agua *f‡* salada or de mar 3 (the sea) (liter): **the ~** el piélago (liter)

bring /brɪŋ/ (*past & past p* **brought**) *vt*

A 1 (take along) traer*; **can I ~ a friend?** (to where we're speaking) ¿puedo traer a or venir con un amigo?; (to a different place) ¿puedo llevar a or ir con un amigo?; **~ this to the kitchen** (AmE) lleva esto a la cocina; **she's ~ing Lucy with her** va a venir con Lucy, va a traer a Lucy; **~ your passport with you** traiga el pasaporte, traiga consigo el pasaporte (frml); **I've brought these books for the children** les he traído estos libros a los niños, he traído estos libros para los niños; **he brought me news from John** me trajo noticias de John; **we'll ~ you more news in our next bulletin** les daremos más información en nuestro próximo boletín; **she ~s a lifetime's experience** aporta la experiencia de toda una vida; **that ~s me to my next point: the need to ...** esto me lleva a lo siguiente: la necesidad de ...; **I brought away new hopes from that meeting** salí de esa reunión con nuevas esperanzas; **~ the chair/baby inside/outside** entra/saca la silla/al bebé; **~ it close** acércalo; **~ her in** hazla pasar or entrar 2 (attract, cause to come) atraer*; **the slightest sound could ~ the guards** el menor ruido podría atraer or hacer venir a los guardas; **what ~s you here?** ¿qué te trae por aquí?

B 1 (result in, produce) traer*; **the merger will ~ enormous benefits** la fusión va a traer or reportar enormes beneficios; **it brought us nothing but trouble** no nos trajo más que problemas; **the announcement brought cheers from the crowd** el anuncio hizo dar vivas a la muchedumbre; **these benefits ~ with them certain responsibilities** estas ventajas conllevan ciertas responsabilidades; **you've brought so much happiness to those poor children** les has dado tanta alegría a esos pobres niños; **to ~ a smile to sb's face** hacer* sonreír a algn; **it brought a blush to her face** la hizo sonrojarse; **it brought tears to my eyes** hizo que se me llenaran los ojos de lágrimas; **it ~s a shine to the wood** le da brillo a la madera; ***to ~ sth to bear***: **to ~ pressure to bear on sb** ejercer* presión sobre algn; **once he brought his mind to bear on the problem** una vez que centró su atención en el problema; **the guns were brought to bear on the target** apuntaron al objetivo con los cañones 2 (persuade): **I couldn't ~ myself to do it** no pude hacerlo

C (earn) ‹*profit/return*› dejar; **how much do you think the sale will ~ you?** ¿cuánto crees que vas a sacar de la venta?

D (Law): **to ~ a lawsuit** *o* **an action against sb** interponer* or iniciar una demanda or acción en contra de algn; **to ~ charges against sb** formularle cargos a algn, formular cargos en contra de algn

Phrasal verbs

• **bring about**

A [v + o + adv, v + adv + o] (cause) ‹*downfall/crisis*› provocar*, ocasionar; **the incident brought about a change in their attitude** el incidente provocó un cambio en su actitud; **to try to ~ about change in society** tratar de lograr que se produzcan cambios en la sociedad

B [v + o + adv] (Naut) hacer* virar

• **bring along** [v + o + adv, v + adv + o] 1 ‹*friend/records/photos*› traer*; **shall I ~ my guitar**

along? (to where I'm speaking) ¿traigo la guitarra?; (somewhere else) ¿llevo la guitarra? 2 ▸**bring on A2**

• **bring around**

A [v + o + adv, v + adv + o] (take along) traer*; **shall I ~ it around?** (to where we're speaking) ¿lo traigo?; (to a different place) ¿lo llevo?

B [v + o + adv] 1 (persuade) convencer*; **we finally brought her around to our point of view** finalmente conseguimos convencerla; **I've brought him around to a more reasonable point of view** lo he hecho entrar en razón 2 (steer): **I brought the conversation around to James** llevé la conversación al tema de James 3 (restore consciousness) hacer* volver en sí

• **bring back** [v + o + adv, v + adv + o] 1 (return): **I'll ~ your book back tomorrow** te devolveré *or* (AmL exc CS) te regresaré el libro mañana; **crying won't ~ him back** con llorar no vas a conseguir que vuelva; **no amount of money can ~ my daughter back (to me)** no hay suma de dinero que me pueda devolver a mi hija; **this ~s us back to the question of money** esto nos vuelve a llevar al tema del dinero; **to ~ sb back to life/health** devolverle* la vida/salud a algn 2 (from distant place) traer*; **I'll ~ you back a present** te traeré un regalo 3 (reintroduce) ‹*custom/method*› volver* a introducir 4 (recall) recordar*; **it brought back memories of the past** me (*or* le *etc*) trajo recuerdos del pasado, me (*or* le *etc*) recordó el pasado; **seeing you again ~s it all back** volverte a ver me lo vuelve a traer todo a la memoria

• **bring before** [v + o + prep + o] hacer* comparecer ante; **he was brought before the court** se lo hizo comparecer ante el tribunal

• **bring down** [v + o + adv, v + adv + o] 1 (lower) ‹*price*› reducir*, hacer* bajar; ‹*temperature*› hacer* bajar; **the measure brought the crime figures down** la medida consiguió que disminuyera la delincuencia 2 (cause to fall) ‹*tree/wall*› tirar, echar abajo; ‹*player/opponent*› derribar; **any noise might ~ the roof crashing down on us** al menor ruido se nos puede caer el techo encima; **the news brought their wrath down upon us** (frml) la noticia les hizo descargar su ira contra nosotros; **do you want to ~ the police down on me?** ¿es que quieres que se me eche encima la policía? 3 (kill, wound) ‹*person/animal*› derribar, abatir 4 (shoot down) ‹*aircraft*› derribar 5 (overthrow) ‹*government/dictator*› derrocar*, hacer* caer; **this issue could ~ down the coalition** esta cuestión podría hacer que se viniera abajo la coalición 6 (depress) deprimir

• **bring forth** [v + adv + o] 1 (produce, bear) (arch *or* liter) ‹*fruit*› dar*; ‹*child*› dar* a luz 2 (elicit) ‹*protest/criticism*› dar* lugar a, provocar*, suscitar (frml)

• **bring forward** [v + o + adv, v + adv + o] 1 (present) ‹*witness*› hacer* comparecer; ‹*evidence/idea/suggestion*› presentar 2 (in accounts) (BrE): **brought forward £262.38** saldo anterior £262.38, transporte £262.38 (RPI) 3 (to earlier time) ‹*meeting/appointment*› adelantar

• **bring home** [v + o + adv, v + adv + o]: **her letter brought home to me the seriousness of the situation** su carta me hizo dar cuenta cabal de la gravedad de la situación

• **bring in** [v + o + adv, v + adv + o]

A 1 (earn, yield): **his job doesn't ~ in much money** no saca mucho con su trabajo, su trabajo no le reporta mucho dinero 2 (attract) ‹*customers*› atraer* 3 (involve, use): **they had to ~ the police in** tuvieron que hacer intervenir a la policía; **we have to ~ in extra staff in the summer** tenemos que contratar personal extra en verano; **then you can ~ in the point about ...** entonces puedes introducir lo de ...

B 1 (introduce) ‹*regulation/system*› introducir*, implantar; ‹*bill*› presentar 2 (Law): **to ~ in a verdict of guilty** declarar culpable a algn

• **bring off** [v + o + adv, v + adv + o] (achieve) ‹*feat/victory*› conseguir*, lograr; ‹*plan/deal*› llevar a cabo

• **bring on**

A [v + o + adv, v + adv + o] 1 (cause) ‹*attack/breakdown*› provocar*; **what brought this on?** ¿esto a qué se debe? 2 (develop, encourage) ‹*talent*› fomentar, potenciar; ‹*crop*› acelerar el crecimiento de 3 (introduce) hacer* salir; **they brought on their best player** hicieron salir (a jugar) a su mejor jugador; **~ on the clowns!** ¡que salgan los payasos!

B [v + o + prep + o] (cause to befall): **he brought his misfortune on himself** él mismo se buscó su desgracia

• **bring out**

A [v + o + adv, v + adv + o] 1 (draw out) sacar*; ‹*person*› hacer* salir 2 (put on market) ‹*product/model*› sacar* (al mercado); ‹*edition/book*› publicar*, sacar* 3 (accentuate): **children ~ out the best in her** el trato con niños hace resaltar *or* pone de manifiesto sus mejores cualidades; **this light ~s out the red in your hair** esta luz realza el rojo de tu pelo 4 (make bloom) hacer* florecer 5 (BrE) **to ~ sb out IN sth: it brought me out in a rash** me produjo un sarpullido; **it brought me out in spots** hizo que me salieran granos

B [v + o + adv] (make less shy): **I tried to ~ her out a bit** traté de ayudarla a vencer su timidez

• **bring over** [v + o + adv]

A (bring along) traer*

B (persuade) ▸**bring around B1**

• **bring round** (BrE) ▸**bring around**

• **bring through**

A [v + o + prep + o]: **she managed to ~ him through his illness** consiguió que se recuperara de su enfermedad; **team spirit brought us through those difficult days** gracias al espíritu de equipo pudimos superar aquella difícil etapa

B [v + o + adv] sacar* adelante; **her courage will ~ her through** su valor la sacará adelante

• **bring to** [v + o + prep] reanimar, hacer* volver en sí

• **bring together** [v + o + adv, v + adv + o]: **the conference will ~ together scientists from all over the world** el congreso reunirá *or* congregará a científicos de todo el mundo; **a tragedy like this can ~ a family together** una tragedia así puede unir a una familia; **they were brought together by chance** el destino quiso que se conocieran (*or* se encontraran *etc*)

• **bring under** [v + o + adv, v + adv + o] (BrE) (frml) ‹*rioters/revolutionaries*› someter, sojuzgar* (frml)

• **bring up** [v + o + adv, v + adv + o] 1 (cause to rise) ‹*prices/temperature*› hacer* subir; **can you ~ her up to the required standard?** ¿puedes conseguir que alcance el nivel necesario? 2 (rear) ‹*child*› criar*; **I was brought up by my aunt** me crió mi tía; **they brought us up to respect authority** nos educaron en el respeto a la autoridad, desde niños nos enseñaron a respetar la autoridad; **I was brought up on westerns** crecí viendo películas de vaqueros 3 (mention) ‹*subject*› sacar*; **did you have to ~ that up?** ¿por qué tuviste que sacar ese tema?, ¿por qué tuviste que sacar eso a relucir *or* a colación?; **I wanted to ~ up the matter of ...** quería mencionar el asunto de ... 4 (Mil) ‹*artillery/tanks*› hacer* avanzar 5 (vomit) vomitar, devolver* 6 (make appear): **she was brought up before the judge** se la hizo comparecer ante el juez; **they were brought up before the headmaster** los llevaron ante el director

• **bring upon** ▸**bring on B**

bring-and-buy sale /ˌbrɪŋən'baɪ/ *n* (BrE) venta *f* benéfica, rastrillo *m* (Esp)

brinjal /'brɪndʒɔːl/ *n* (SAfr) (Culin) berenjena *f*

brink /brɪŋk/ *n* borde *m*; **the country stood on the ~ of war/ruin** el país estaba al borde de la guerra/ruina; **to be on the ~ of -ING** estar* a punto de + INF; **on the ~ of resigning** a punto de dimitir

brinkmanship /'brɪŋkmənʃɪp/ *n* [u] política *f* arriesgada *or* suicida

briny[1] /'braɪni/ *adj* **-nier, -niest** salobre

briny[2] *n* (colloq & hum): **the ~** el mar

brio /'briːəʊ/ *n* [u] brío *m*

briony /'braɪəni/ *n* (*pl* **-nies**) ▸**bryony**

briquette /brɪ'ket/ *n* briqueta *f* (*barra de carbón, papel etc para usar en la chimenea*)

brisk /brɪsk/ *adj* 1 (lively, quick) ‹*pace*› rápido y enérgico, brioso; ‹*walk*› a paso ligero; **trading was ~ on the Stock Exchange** hubo gran actividad en la Bolsa; **ice-cream sellers did a ~ trade** los vendedores de helados vendieron muchísimo 2 (efficient, energetic) ‹*person/manner*› enérgico *or* dinámico y eficiente; **the service is ~** el servicio es rápido y eficiente 3 (fresh and invigorating) ‹*wind/morning*› fresco

brisket /'brɪskət || 'brɪskɪt/ *n* [u] pecho *m* (*corte de carne del cuarto delantero*)

briskly /'brɪskli/ *adv* ‹*walk*› con brío; **it's selling ~** se está vendiendo muy bien; **right, he said ~, let's get to the point** —bueno —dijo con tono de eficiencia— vayamos al grano

briskness /'brɪsknəs || 'brɪsknɪs/ *n* [u] 1 (of walk) brío *m*; (of trade) dinamismo *m* 2 (of manner) eficiencia *f*

bristle[1] /'brɪsəl/ *n* [c u] 1 (on animal) cerda *f*; (on plant) pelo *m*; **this brush is genuine ~** este cepillo es de pura cerda; **with nylon ~** con cerda de nylon 2 (on human): **his face was covered in ~(s)** tenía la barba crecida

bristle[2] *vi* 1 (stand up) ‹‹*fur/hair*›› erizarse*, ponerse* de punta 2 (bridle) erizarse*; **he ~ed** se erizó; **to ~ AT sth: she ~d at his rudeness** su grosería la irritó *or* la enfureció 3 (have many) **to ~ WITH sth: the place was bristling with tourists** el lugar estaba repleto *or* (pey) plagado de turistas; **a bristling mustache** un bigote hirsuto; **to ~ with difficulties** estar* erizado de dificultades

bristlecone pine /'brɪsəlkəʊn/ *n* pino *m* de bristlecone

bristly /'brɪsli/ *adj* hirsuto, pinchudo (fam); **don't kiss me, you're too ~** no me beses, que tu barba está muy rasposa

Bristol fashion /'brɪstl/ *adj see* **shipshape**

Brit /brɪt/ *n* (colloq) británico, -ca *m,f*

Britain /'brɪtn/ *n* Gran Bretaña *f*

Britannic /brɪ'tænɪk/ *adj* (frml): **Her/His ~ Majesty** Su Majestad Británica

britches /'brɪtʃəz || 'brɪtʃɪz/ *pl n* ▸**breeches 2**

Briticism, briticism /'brɪtəsɪzəm || 'brɪtɪsɪzəm/ *n*: *vocablo o expresión del inglés británico*

British[1] /'brɪtɪʃ/ *adj* británico

British[2] *pl n*: **the ~** los británicos

British Council *n*: **the ~ ~** el Consejo Británico

> **British Council**
>
> Una organización que corresponde en algunos aspectos al Instituto Cervantes español, financiada por el gobierno británico para promover la difusión de la lengua inglesa en el mundo y el conocimiento de la cultura, literatura y costumbres de las distintas naciones y regiones del Reino Unido. Tiene sedes en 227 ciudades en 109 países. En EEUU no existe ningún equivalente exacto del *British Council*, pero en cada embajada norteamericana existe una filial del Departamento de Estado llamada *Information Resource Center*, que desempeña algunas de las mismas funciones culturales.

British English *n* [u] inglés *m* británico

Britisher /'brɪtɪʃər || 'brɪtɪʃə(r)/ *n* (AmE) británico, -ca *m,f*

British Isles *pl n*: **the ~~** las Islas Británicas

> **British Isles**
>
> Las Islas Británicas comprenden Gran Bretaña ▸**Great Britain,** Irlanda (tanto Irlanda del Norte como la República de Irlanda) y las islas más pequeñas que están a su alrededor, como las Islas Shetlands (*the Shetlands*), la Isla de Man (*Isle of Man*) y las Islas Anglonormandas (*the Channel Islands*).

b

b

British Library *n*

British Library

La Biblioteca Nacional Británica, antiguamente la biblioteca del *British Museum* (Museo Nacional Británico), lleva desde 1973 como entidad independiente. Cuenta hoy con una de las colecciones más prestigiosas de libros, periódicos, revistas, mapas, partituras, grabaciones sonoras y manuscritos del mundo entero. Su modernísima nueva sede, cerca de la estación londinense de *Saint Pancras*, fue inaugurada en 1997.

Britishness /'brɪtɪʃnəs || 'brɪtɪʃnɪs/ *n* (of movie, theme, attitude) lo británico; (of person) carácter *m* británico

British Summer Time *n* [u]: *hora de verano en Gran Bretaña, adelantada en una hora con respecto a la hora de Greenwich*

British thermal unit *n: unidad térmica británica (1.055 julios)*

Briton /'brɪtn/ *n* ciudadano británico, ciudadana británica *m,f*; **the ancient ~s** los antiguos britanos

Brittany /'brɪtni || 'brɪtəni/ *n* Bretaña *f*

brittle¹ /'brɪtl/ *adj* 1 (fragile) ‹*twigs/bones*› quebradizo; ‹*agreement/peace*› frágil, precario 2 (tense) ‹*laugh/reply/voice*› crispado

brittle² *n: tipo de caramelo duro*

brittlestar /'brɪtlstɑːr || 'brɪtlstɑː(r)/ *n* ofiuro *m*, ofiura *f*

broach /brəʊtʃ/ *vt* 1 (bring up) ‹*matter/issue*› mencionar; **I didn't dare ~ the subject** no me atreví a sacar *or* mencionar el tema 2 (tap) ‹*cask/barrel*› espitar

broad¹ /brɔːd/ *adj*

A (in dimension) ‹*avenue*› ancho; ‹*valley*› extenso, vasto, amplio; ‹*forehead*› despejado, amplio; ‹*grin/smile*› de oreja a oreja; **he had ~ shoulders** era ancho de hombros *or* de espaldas; **she has ~ hips** es ancha de caderas; ***it's as ~ as it's long*** (BrE colloq) da lo mismo, tanto monta (Esp fam)

B 1 (extensive) ‹*syllabus/support*› amplio; ‹*interests*› numeroso, variado; **a ~ range of courses** una amplia gama de cursos; **this has ~ implications** esto tiene consecuencias en muy diversos planos; **in its ~est sense** en su sentido más amplio 2 (general) ‹*guidelines/conclusions*› general; **in ~ terms** en líneas generales

C (tolerant, liberal) ‹*sympathies*› liberal; **~ views** criterios *mpl* amplios; **a ~ mind** una mente abierta, una actitud tolerante

D 1 (clear, obvious) claro; **a ~ hint** una indirecta muy clara *or* (hum) muy directa 2 (strong, marked) ‹*accent*› cerrado 3 (slightly indecent) ‹*humor/joke*› grosero, basto

E (Ling) ‹*vowel*› abierto

broad² *n*

A (woman) (AmE sl) tipa *f* (fam), tía *f* (Esp fam), vieja *f* (Col, Méx, Ven fam), mina *f* (CS arg)

B (BrE) (Geog): **the (Norfolk) B~s** *zona de deltas y estuarios en Norfolk*

broadband¹ /'brɔːdbænd/ *adj* ‹*access/connection*› de banda ancha

broadband² *n* [u] banda *f* ancha

broad-based /'brɔːd'beɪst/ *adj*

A (with a wide base) de *or* con base amplia

B (wide-ranging, diverse) ‹*approach/policy*› de gran alcance; ‹*audience*› amplio y diverso

broad bean *n* (bean, plant) haba *f*

broad-brush /'brɔːd'brʌʃ/ *adj* ‹*view/approach*› no detallado, generalista; ‹*terms*› muy general

broadcast¹ /'brɔːdkæst || 'brɔːdkɑːst/ (*past & past p* **broadcast**) *vt*

A 1 (transmit) ‹*programme/news*› transmitir, emitir; **the fight was ~ live** la pelea se transmitió *or* (Esp) se retransmitió en directo 2 (make known) ‹*news/rumor*› difundir, divulgar*; **don't go ~ing it around the office** no vayas a publicarlo por toda la oficina

B (scatter) ‹*seeds*› diseminar, sembrar* a voleo

■ **broadcast** *vi* «*station*» transmitir, emitir; **the Prime Minister will ~ to the nation** la Primera Ministra se dirigirá a la nación

broadcast² *n* programa *m*, emisión *f* (frml); (*before n*): **~ journalism** periodismo *m* de radio y televisión; **~ media** (+ *pl vb*) medios *mpl* de radiodifusión y teledifusión; **~ network** (broadcasting station) estación *f* emisora; (group) cadena *f* de radio y televisión; **~ news** noticias *fpl* de radio y televisión

broadcaster /'brɔːd,kæstər || 'brɔːd,kɑːstə(r)/ *n: presentador, locutor etc de radio o televisión*; **Chris Wang, the actor and ~** Chris Wang, actor y conocida figura de la radio/televisión.

broadcasting /'brɔːd,kæstɪŋ || 'brɔːd,kɑːstɪŋ/ *n* [u] (Rad) radiodifusión *f*; (TV) televisión *f*

broadcasting station *n* estación *f* emisora

broadcast satellite *n* satélite *m* de transmisiones

broadcast television *n* [u] televisión *f* en directo

broaden /'brɔːdn/ *vt* ‹*scope/horizons/interests*› ampliar*; **travel ~s the mind** los viajes amplían los horizontes

■ **broaden** *vi* 1 «*scope/interests*» ampliarse* 2 (widen) «*river/valley*» ensancharse

broad jump *n* (AmE) ▸**long jump**

broadleaf¹ /'brɔːdliːf/ *n* (*pl* **-leaves**) árbol *m or* planta *f* de hoja ancha

broadleaf² *adj* de hoja ancha

broad-leaved /'brɔːd'liːvd/ *adj* de hoja ancha

broadly /'brɔːdli/ *adv*

A (generally, approximately): **the two systems are ~ similar** en líneas generales, los dos sistemas son similares; **it's ~ true to say that ...** a grandes rasgos podría decirse que ...; **their route ~ followed the course of the river** siguieron más o menos el curso del río; **~ speaking** en líneas generales, hablando en términos generales

B (widely) ‹*grin/smile*› de oreja a oreja

broadly-based /,brɔːdli'beɪst/ *adj*: **the research is ~/is not ~ enough** la investigación tiene una base amplia/no tiene una base suficientemente amplia; **he enjoys ~ support in the party** cuenta con un amplio apoyo dentro del partido

broadminded /,brɔːd'maɪndəd || ,brɔːd 'maɪndɪd/ *adj* con mentalidad abierta, de criterio amplio, tolerante

broad-mindedness /,brɔːd'maɪndədnəs || ,brɔːd'maɪndɪdnɪs/ *n* [u] amplitud *f* de miras

broadsheet /'brɔːdʃiːt/ ▸**Newspapers** *n* (newspaper) (BrE); *periódico de formato grande*; (*before n*): **~ journalism** periodismo *m* serio

broadsheet

▸**Newspapers.**

broad-shouldered /,brɔːd'ʃəʊldərd || ,brɔːd 'ʃəʊldəd/ *adj* ancho de hombros *or* de espaldas

broadside¹ /'brɔːdsaɪd/ *n* 1 (volley) andanada *f* 2 (attack) ataque *m*, invectiva *f*; **to deliver a ~ against sb/sth** arremeter contra algn/algo, lanzar* una invectiva contra algn/algo

broadside², broadside on *adv* de lado, de costado

broad-spectrum /,brɔːd'spektrəm/ *adj* de amplio espectro

broadsword /'brɔːdsɔːrd || 'brɔːdsɔːd/ *n* sable *m*

Broadway /'brɔːdweɪ/

Broadway

Una calle famosa por sus teatros que atraviesa el barrio neoyorquino de Manhattan. El término a menudo se usa para referirse al teatro y al mundo del espéctaculo de EEUU en general. Antes del surgimiento de la industria del cine, era el principal lugar donde los actores podían hacerse famosos.

brocade /brəʊ'keɪd || brə'keɪd/ *n* [u] brocado *m*

broccoli /'brɑːkəli || 'brɒkəli/ *n* [u] brócoli *m*, brécol *m*

brochure /brəʊ'ʃʊr || 'brəʊʃə(r)/ *n* folleto *m*

broderie anglaise /'brəʊdəriɑːŋ'gleɪz || ,brəʊdəri'ɒŋgleɪz/ *n* [u] broderie *m*

brogan /'brəʊgən/ *n* (AmE) ▸**brogue 1**

brogue /brəʊg/ *n* 1 (shoe) *zapato bajo de cuero* 2 (Irish accent) (*no pl*) acento *m* irlandés

broil /brɔɪl/ (esp AmE) *vt* asar a la parrilla *or* al grill

■ **broil** *vi* 1 (get hot) asarse, achicharrarse 2 **broiling** *pres p* **a ~ing day** un día de calor achicharrante; (*as adv*): **it's ~ing hot** hace un calor achicharrante

broiler /'brɔɪlər || 'brɔɪlə(r)/ *n* 1 (AmE) (grill) parrilla *f*, grill *m* 2 (chicken) pollo *m* (*para asar*), pollo *m* parrillero (RPl) *or* (Chi) broiler

broke¹ /brəʊk/ *past of* **break¹**

broke² *adj* (colloq) (*pred*): **to be ~** estar* pelado *or* (Chi) planchado (fam); **to be flat** *o* **stony** *o* (AmE) **stone ~** estar* pelado *or* (Chi) planchado *or* (Esp) sin un duro *or* (Col) en la olla; **he went ~** se arruinó; ***to go for ~*** (colloq) jugarse* el todo por el todo (fam)

broken¹ /'brəʊkən/ *past p of* **break¹**

broken² *adj*

A 1 (smashed, damaged) ‹*window/vase/chair*› roto; ‹*bone*› roto, quebrado (AmL); **~ glass** vidrios *mpl or* (esp Esp) cristales *mpl* rotos; **she's got a ~ arm** tiene un brazo roto; **are you OK? — yes, no ~ bones** ¿estás bien? — sí, no me he roto ningún hueso; **do not apply to ~ skin** no aplicar si hay cortes, rasguños etc 2 (not working) ‹*toy*› roto; ‹*clock*› roto, descompuesto (AmL)

B (emotionally) ‹*voice*› quebrado, entrecortado; **she died of a ~ heart** murió de pena; **he's a ~ man** está destrozado *or* deshecho

C 1 ‹*marriage*› deshecho; **a ~ home** un hogar deshecho 2 (not fulfilled) ‹*promise/contract*› roto; ‹*trust*› defraudado

D 1 (interrupted, patchy): **she'd only had a few hours' ~ sleep** había dormido poco y mal, despertándose cada dos por tres; **there will be periods of ~ sunshine** habrá intervalos soleados; **a ~ line** una línea discontinua 2 (irregular, rough) ‹*ground*› accidentado; ‹*coastline*› recortado, irregular

E (imperfect): **in ~ English** en inglés chapurreado

broken-down /'brəʊkən,daʊn/ *adj* ‹*car/machine*› averiado, descompuesto (AmL), en pana (Chi), varado (Col); ‹*shed/gate*› destartalado; ‹*horse*› acabado

broken-hearted /,brəʊkən'hɑːrtəd || ,brəʊkən'hɑːtɪd/ *adj* ‹*person*› destrozado, deshecho; ‹*sobs*› desconsolado; **she was ~ at not being selected** le dolió en el alma que no la seleccionaran

broker¹ /'brəʊkər || 'brəʊkə(r)/ *n* 1 (agent, intermediary) agente *mf*; **marriage/insurance ~** agente *mf* matrimonial/de seguros 2 (*stock~*) corredor, -dora *m,f* de bolsa, agente *mf* de bolsa

broker² *vt* (AmE) ‹*bonds/commodities*› hacer* corretaje de

brokerage /'brəʊkərɪdʒ/ *n* 1 [u] (commission) corretaje *m* 2 [c] (firm) agencia *f* de corredores *or* agentes de bolsa

broking /'brəʊkɪŋ/ *n* [u] (BrE) correduría *f* de bolsa

brolly /'brɑːli || 'brɒli/ *n* (*pl* **-lies**) (BrE colloq) paraguas *m*

bromeliad /brəʊ'miːliæd || brə'miːliæd/ *n* bromelia *f*

bromide /'brəʊmaɪd/ *n*

A [c u] 1 (Chem) bromuro *m*; (*before n*): **~ paper** papel *m* de bromuro de plata 2 (sedative) sedante *m* (*de bromuro potásico*)

B [c] (platitude) lugar *m* común, frase *f* manida (*con que se intenta calmar o apaciguar a algn*)

bromine /'brəʊmiːn/ *n* [u] bromo *m*

bronchi /'brɑːŋki || 'brɒŋki/ *pl of* **bronchus**

bronchial /'brɑːŋkiəl || 'brɒŋkiəl/ *adj* ‹*artery/disease*› bronquial; **~ asthma** asma *f*‡ bronquial; **~ tubes** bronquios *mpl*

bronchiolitis /,brɑːŋkiə'laɪtəs || ,brɒŋkiə'laɪtɪs/ *n* [u] bronquiolitis *f*

bronchitic /brɑːŋˈkɪtɪk || brɒŋˈkɪtɪk/ *adj* bronquítico

bronchitis /brɑːŋˈkaɪtəs || brɒŋˈkaɪtɪs/ *n* [u] bronquitis *f*

bronchodilator /ˌbrɑːŋkəʊdaɪˈleɪtər || ˌbrɒŋkəʊdaɪˈleɪtə(r)/ *n* broncodilatador *m*

bronchopneumonia /ˌbrɑːŋkəʊnʊˈməʊnjə || ˌbrɒŋkəʊnjuːˈməʊniə/ *n* [u] bronconeumonía *f*, bronconeumonia *f*, neumonía *f* bronquial

bronchus /ˈbrɑːŋkəs || ˈbrɒŋkəs/ *n* (*pl* **bronchi**) bronquio *m*

bronco /ˈbrɑːŋkəʊ || ˈbrɒŋkəʊ/ *n* (*pl* **-cos**) (AmE) potro *m* salvaje

brontosaurus /ˌbrɑːntəˈsɔːrəs || ˌbrɒntəˈsɔːrəs/ *n* (*pl* **-ruses** *or* **-ri** /-raɪ/) brontosaurio *m*

Bronx cheer /brɑːŋks || brɒŋks/ *n* (AmE) pedorreta *f* (fam)

bronze /brɑːnz || brɒnz/ *n*

A **1** [u] (Metall) bronce *m*; (*before n*) ‹*statue/coin*› de bronce; **the B~ Age** la Edad de bronce **2** [c] (statue, ornament) bronce *m* **3** [c] **~ (medal)** medalla *f* de bronce; (*before n*): **~ medalist** medallista *mf* de bronce, medalla *mf* de bronce

B ▸ℹ **p.1036** [u] (color) color *m* bronce; **the ~ of her hair** el castaño dorado de sus cabellos; (*before n*) ‹*sheen/tint*› dorado, broncíneo (liter); ‹*skin*› bronceado

bronzed /brɑːnzd || brɒnzd/ *adj* bronceado

brooch /brəʊtʃ/ *n* prendedor *m*, broche *m*

brood¹ /bruːd/ *n* **1** (of birds) nidada *f*; (of mammals) camada *f* **2** (of children) (hum) prole *f* (fam & hum)

brood² *vi*

A **1** (reflect): **she sat ~ing on the unfairness of life** rumiaba lo injusta que era la vida; **stop ~ing over her/over it** deja de amargarte pensando en ella/de darle vueltas al asunto **2** **brooding** *pres p* (liter) ‹*presence/silence*› perturbador, inquietante

B ‹‹*bird/hen*›› empollar

brood mare *n* yegua *f* de cría

broody /ˈbruːdi/ *adj* **-dier, -diest**

A **1** **~ hen** gallina *f* clueca **2** (wanting children) (BrE colloq & hum): **it makes me feel ~** me despierta el instinto maternal, me da ganas de tener un niño

B (moody) meditabundo

brook¹ /brʊk/ *n* arroyo *m*

brook² *vt* (frml) (*usu with neg*) ‹*interference/interruptions*› tolerar, admitir

broom /bruːm/ *n*

A [c] (brush) escoba *f*; ***a new ~ sweeps clean*** escoba nueva barre bien; (*before n*): **~ cupboard** *o* (AmE) **closet** armario *m* de los artículos de limpieza; **a ~ handle** un palo de escoba

B [u] (plant) retama *f*, hiniesta *f*

broomstick /ˈbruːmstɪk/ *n* palo *m* de escoba; **a witch on her ~** una bruja en su escoba

Bros /brɑːs || brɒs/ *pl n* (**= Brothers**) Hnos.

broth /brɔːθ || brɒθ/ *n* [u] caldo *m*

brothel /ˈbrɑːθəl || ˈbrɒθəl/ *n* burdel *m*

brother¹ /ˈbrʌðər || ˈbrʌðə(r)/ *n* **1** (relative) hermano *m*; **do you have any ~s and sisters?** ¿tienes hermanos?; **I do love you, but like a ~** te quiero como a un hermano, nada más; **the Jones ~s** (liter): **the ~s Jones** los hermanos Jones **2** (male comrade) compañero *m* **3** (*as form of address*) (AmE colloq) hermano (fam), tío (Esp fam), mano (AmL exc CS fam) **4** (Relig) hermano *m*

brother² *interj* (AmE colloq): **(oh) ~!** ¡Dios mío!

brotherhood /ˈbrʌðərhʊd || ˈbrʌðəhʊd/ *n* **1** [u] (fellowship) fraternidad *f* **2** [c] (association) hermandad *f*; (Relig) cofradía *f*

brother-in-arms /ˌbrʌðərɪnˈɑːrmz || ˌbrʌðərɪnˈɑːmz/ *n* (*pl* **brothers-in-arms**) compañero *m* de armas

brother-in-law /ˈbrʌðərɪnlɔː/ *n* (*pl* **brothers-in-law**) cuñado *m*

brotherly /ˈbrʌðərli || ˈbrʌðəli/ *adj* fraternal

brougham /bruːm/ *n* cupé *m*

brought /brɔːt/ *past & past p of* **bring**

brouhaha /ˈbruːhɑːhɑː/ *n* [u c] (hum) baraúnda *f*, revuelo *m*

brow /braʊ/ ▸ℹ **p.965** *n*

A **1** (forehead) (liter) frente *f*; **a furrowed ~** una frente surcada de arrugas **2** (*eye~*) ceja *f*; **he had great, bushy ~s** tenía las cejas espesas *or* muy pobladas

B (of hill) cima *f*

browbeat /ˈbraʊbiːt/ *vt* (*past* **browbeat**; *past p* **browbeaten** /ˈbraʊbiːtn/) intimidar; **they tried to ~ me into joining them** intentaron intimidarme para que me uniera a ellos

brown¹ /braʊn/ ▸ℹ **p.1036** *adj* **-er, -est** ‹*shoe/dress/paint/eyes*› marrón, café *adj inv* (AmC, Chi, Méx), carmelito (Col); ‹*hair*› castaño; ‹*skin/person*› (naturally) moreno; (suntanned) bronceado, moreno; **to get ~** broncearse, ponerse* moreno

brown² ▸ℹ **p.1036** *n* [u] marrón *m*, café *m* (AmC, Chi, Méx), carmelito *m* (Col)

brown³ *vt* **1** (Culin) dorar **2** (tan) broncear

■ **brown** *vi* **1** (Culin) dorarse **2** (tan) broncearse, ponerse* moreno

brown ale *n* cerveza *f* negra

brown bag¹ *n*

A (for purchases) bolsa *f* de papel (estraza)

B (AmE) *bolsa de papel para comida y bebida que se consume fuera del establecimiento donde se adquiere*; (*before n*): **~ ~ lunch** comida *f* para llevar

brown bag² *vt* (AmE): **to ~ ~ one's lunch/drinks** comprar comida/bebida para llevar; ***to brown bag it***: **let's ~ ~ it** compremos comida y bebida para llevar

brown bear *n* oso *m* pardo

brown belt *n* (belt) cinturón *m* marrón, cinturón *m* café (AmC, Chi, Méx); (person) cinturón *mf* marrón, cinturón *mf* café (AmC, Chi, Méx)

brown bread *n* [u] pan *m* negro *or* (Esp) moreno; (wholewheat) pan *m* integral

brown dwarf *n* enana *f* marrón, enana *f* café (AmC, Chi, Méx)

browned-off /ˈbraʊndˈɔːf || ˌbraʊndˈɒf/ *adj* (BrE colloq) (*pred*): **to be ~** estar* harto, estar* hasta la coronilla *or* hasta las narices (fam); **I'm pretty ~** estoy bastante harto; **he was ~ about not getting a promotion** le dio rabia que no lo ascendieran, se mosqueó porque no lo ascendieron (Esp fam)

brownfield site /ˈbraʊnfiːld/ *n*: *antigua zona industrial que se reedifica*

brown goods *pl n* aparatos *mpl* electrónicos, aparatos *mpl* de línea marrón

brownie /ˈbraʊni/ *n*

A (cake) bizcocho *m* de chocolate y nueces, brownie *m*

B **1** (in UK): **Brownie** alita *f*; ***to earn B~ points*** (colloq) hacer* méritos, marcarse* *or* anotarse puntos **2** (elf) duende *m*

Brownie Guide *n* (in UK) alita *f*

browning /ˈbraʊnɪŋ/ *n* [u] (BrE): **(gravy) ~** *colorante para salsas*

brown-nose¹ /ˈbraʊnnəʊz/ *vi* (AmE sl) lamer culos *or* (Méx) huevos (vulg)

■ **brown-nose** *vt* (AmE sl): **to ~ the boss** lamerle el culo *or* (Méx) los huevos al jefe (vulg)

brown-nose², brown-noser /-ˌnəʊzər || -ˌnəʊzə(r)/ *n* (AmE sl) lameculos *mf* (vulg), lamehuevos *mf* (Méx vulg)

brownout /ˈbraʊnaʊt/ *n* (AmE) apagón *m* (parcial)

brown paper *n* [u] papel *m* de estraza

brown rice *n* arroz *m* integral

brown sauce *n* [u c] **1** (thickened stock) salsa *f* (*hecha con jugo de carne*) **2** (spicy relish) (BrE) *salsa agridulce con especias*

brownshirt /ˈbraʊnʃɜːrt || ˈbraʊnʃɜːt/ *n* camisa *mf* parda

brownstone /ˈbraʊnstəʊn/ *n* (AmE) **1** [u] (stone) piedra *f* rojiza **2** [c] (building) casa *f* de piedra rojiza

brown sugar *n* [u] azúcar *m* moreno, azúcar *f* morena

browse¹ /braʊz/ *vi*

A (look) mirar (*en una tienda, catálogo etc*); **can I help you? — I'm just browsing, thank you** ¿qué desea? — nada, gracias, estoy mirando *or* curioseando; **feel free to come in and ~ (around)** pasen y miren, sin ningún compromiso; **to ~ THROUGH sth**: **she was browsing through the records/a magazine** estaba echando un vistazo a los discos/hojeando una revista

B (feed) ‹‹*cow/deer*›› pacer*; **to ~ ON sth** alimentarse DE algo

■ **browse** *vt* (Comput) explorar

browse² *n* (*no pl*): **we had a ~ around the antique shops** estuvimos curioseando por las tiendas de antigüedades; **I had a ~ through the brochure** le eché una ojeada al folleto, hojeé el folleto

browser /ˈbraʊzər || ˈbraʊzə(r)/ *n*

A (Comput) navegador *m*

B (person) curioso, -sa *m,f*

brrr *interj* ¡brrr!, ¡uy!

brucellosis /ˌbruːsəˈləʊsəs || ˌbruːsəˈləʊsɪs/ *n* [u] brucelosis *f*

Bruges /bruːʒ/ *n* Brujas *f*

bruise¹ /bruːz/ *n* **1** (contusion) moretón *m*, cardenal *m*, magulladura *f*, moradura *f*, contusión *f* (frml), morado *m* (Esp, Ven) **2** (on fruit, plant) magulladura *f*, mallugadura *f* (Méx, Ven), machucón *m* (CS)

bruise² *vt* **1** (Med) ‹*body/arm/skin*› contusionar (frml); **my left side was badly ~d** el lado izquierdo me quedó lleno de moretones (*or* cardenales *etc*) **2** ‹*fruit*› magullar, mallugar* (Méx, Ven), machucar* (CS) **3** (crush) majar **4** (hurt) ‹*feelings/ego*› herir*

■ **bruise** *vi* ‹‹*fruit*›› magullarse, mallugarse* (Esp, Ven), machucarse* (CS); **he ~s very easily** le salen moretones (*or* cardenales *etc*) con mucha facilidad

bruised /bruːzd/ *adj* **1** ‹*arm/body*› con moretones (*or* cardenales *etc*) **2** ‹*pear/peach*› magullado, mallugado (Méx, Ven), machucado (CS) **3** ‹*feelings/ego*› herido

bruiser /ˈbruːzər || ˈbruːzə(r)/ *n* (colloq) muchachote *m* (fam); (aggressive) matón *m*

bruising /ˈbruːzɪŋ/ *adj* ‹*experience/encounter*› doloroso, que deja marca

bruit /bruːt/ *vt* (esp AmE liter) pregonar, divulgar*; **it has been ~ed (about) that …** corre el rumor de que …

brunch /brʌntʃ/ *n* [u c] (colloq) brunch *m* (*combinación de desayuno y almuerzo*)

brunette /bruːˈnet/ ▸ℹ **p.1036** *n* morena *f*, morocha *f* (CS)

brunt /brʌnt/ *n*: **to bear** *o* **take the ~ of sth**: **these areas took the ~ of the recession** estas zonas fueron las más afectadas *or* castigadas por la recesión; **their regiment bore the ~ of the casualties** su regimiento tuvo el número más alto de bajas

brush¹ /brʌʃ/ *n*

A [c] **1** (for cleaning) cepillo *m*; ***to be (as) daft as a ~*** (BrE colloq) ser* un bobo, ser* un tonto del bote (Esp fam) **2** (for hair) cepillo *m* **3** (*paint~*) pincel *m*; (large) brocha *f*; ***to be tarred with the same ~*** (colloq) estar* cortados por la misma tijera *or* por el mismo patrón **4** (for drums) escobilla *f*, plumilla *f* **5** (contact) escobilla *f*

B [c] (of fox) cola *f*

C [c] **1** (act): **I gave my hair/teeth a ~** me cepillé el pelo/los dientes **2** (faint touch) roce *m*; **the ~ of his lips** el roce de sus labios **3** (encounter) **~ WITH sth/sb** roce *m* CON algo/algn; **I had a slight ~ with the law** tuve un pequeño roce *or* encontronazo con la justicia (fam); **she has had several ~es with death** ha visto la muerte de cerca en varias ocasiones

D [u] **1** (scrub) maleza *f* **2** (cut branches) broza *f*

brush² *vt* **1** (clean, groom) ‹*jacket/hair/teeth*› cepillar; **~ the pastry with some beaten egg** pinte la masa con huevo batido **2** (sweep): **he ~ed the crumbs off the table** quitó las migas de la mesa **3** (touch lightly) rozar*

■ **brush** *vi* **to ~ AGAINST sth/sb** rozar* algo/a algn; **to ~ WITH sth/sb** ‹*with law/authorities*› tener* un roce *or* un encontronazo con algo/algn (fam); **to ~ with death** ver* la muerte de cerca

b

Phrasal verbs

- **brush aside** [v + o + adv, v + adv + o] 1 (push to one side) ‹*person/obstacle*› apartar 2 (ignore, disregard) ‹*objection/complaint/suggestion*› hacer* caso omiso de; ‹*criticism*› no darle* importancia a, pasar por alto
- **brush down** [v + o + adv, v + adv + o] (BrE) cepillar
- **brush off**

A [v + o + adv, v + adv + o] 1 (clean off) ‹*mud/hair*› quitar (*cepillando*) 2 (dismiss, disregard) ‹*advances/suggestions*› no hacer* caso de, hacer* caso omiso de; ‹*person*› no hacerle* caso a

B [v + adv] «*dirt/mark*» salir*, quitarse (*al cepillarlo*)

- **brush past** [v + prep + o]: **he ~ed past her on his way out of the door** la rozó al pasar cuando salía por la puerta
- **brush up** 1 [v + o + adv, v + adv + o] (colloq) darle* un repaso a 2 [v + adv] **to ~ up ON sth** darle* un repaso A algo

brushed /brʌʃt/ *adj* peinado

brush fire *n* incendio *m* de maleza

brush-off /'brʌʃɔ:f || 'brʌʃɒf/ *n* (colloq): **to give sb the ~** darle* calabazas a algn (fam); **to get the ~** recibir calabazas (fam)

brushstroke /'brʌʃstrəʊk/ *n* pincelada *f*

brush-up /'brʌʃʌp/ *n* (BrE) (*no pl*) 1 (grooming): **to have a wash and ~** lavarse y arreglarse un poco 2 (revision) repaso *m*

brushwood /'brʌʃwʊd/ *n* [u] 1 (cut branches) broza *f* 2 (scrub) maleza *f*

brushwork /'brʌʃwɜ:rk || 'brʌʃwɜ:k/ *n* [u] manejo *m* del pincel

brusque /brʌsk || bru:sk, brʊsk/ *adj* brusco

brusquely /'brʌskli || 'bru:skli, brʊskli/ *adv* con brusquedad

brusqueness /'brʌsknəs || 'bru:sknɪs, 'brʊsknɪs/ *n* [u] brusquedad *f*

Brussels /'brʌsəlz/ *n* Bruselas *f*

brussels sprout, Brussels Sprout /'brʌsəlz/ *n* col *f or* (AmS) repollito *m* de Bruselas

brutal /'bru:tl/ *adj* 1 (cruel, savage) ‹*killer/attack*› brutal; ‹*tone/remark*› cruel; **a ~ sport** un deporte salvaje 2 (harsh) ‹*truth/fact/frankness*› crudo 3 (severe) ‹*cold/conditions*› atroz

brutalism /'bru:tlɪzəm/ *n* [u]

A (savageness) brutalidad *f*, bruteza *f*

B (Art) brutalismo *m*

brutalist /'bru:tləst || 'bru:tlɪst/ *n* brutalista *mf*

brutality /bru:'tæləti/ *n* (*pl* **-ties**) 1 [u] (cruelty) brutalidad *f*; **they complained of police ~** se quejaron de la dureza de la represión policial; **the ~ of the murder** el salvajismo del asesinato 2 [c] (cruel act) brutalidad *f*

brutalize /'bru:tlaɪz/ *vt* insensibilizar*, endurecer*

brutally /'bru:tli/ *adv* 1 (cruelly) ‹*attack/treat*› brutalmente; **I was ~ beaten** me golpearon brutalmente 2 (mercilessly) ‹*frank/honest*› crudamente, despiadadamente

brute[1] /bru:t/ *n* (colloq) 1 (person) animal *mf* (fam), bestia *f or mf*, bruto, -ta *m,f*; **her son is a big ~ of a man** su hijo es un animal *or* una *or* un bestia 2 (animal) bestia *f* (fam) 3 (sth difficult): **it's a ~ to open** (colloq) da mucho trabajo abrirlo

brute[2] *adj* (*before n*): **~ force** fuerza *f* bruta; **they used ~ force to get him out of the car** lo sacaron del coche por la fuerza

brutish /'bru:tɪʃ/ *adj* 1 (coarse) bruto; (cruel) brutal, salvaje 2 (animal) ‹*life/instinct*› animal

brutishness /'bru:tɪʃnəs || 'bru:tɪʃnɪs/ *n* [u] bruteza *f*

brylcreem /'brɪlkri:m/ *vt* engominar

Brylcreem® /'brɪlkri:m/ *n* [u] fijador *m*, gomina *f*

bryony /'braɪəni/ *n* [u c] (*pl* **-nies**) brionia *f*, nueza *f*; **white ~** nueza *f* blanca; **black ~** nueza *f* negra

BS *n* 1 [c] (AmE) = **Bachelor of Science** 2 [u] (sl) = **bullshit**

BSA *n* (in US) = **Boy Scouts of America**

B-sample /'bi:sæmpəl || 'bi:sɑ:mpəl/ *n* (Med, Sport) muestra *f* B

BSB *n* (*no art*) = **British Sky Broadcasting**

BSc *n* (BrE) = **Bachelor of Science**

BSE (= **bovine spongiform encephalopathy**) EBE *f*

BSI *n* = **British Standards Institution**

BST = **British Summer Time**

BT *n* (*no art*) = **British Telecom**

Btu *n* = **British thermal unit(s)**

BTW (= **by the way**) BTW

bubble[1] /'bʌbəl/ *n* 1 (of soap) pompa *f*; (of air, gas) burbuja *f*; (in paintwork) ampolla *f*; (in lens, glass) burbuja *f* de aire; **to blow ~s** hacer* pompas; **speech/thought ~** bocadillo *m*, globito *m* (*en una historieta*) 2 (illusion): **the ~ burst when ...** se rompió el encanto cuando ...

bubble[2] *vi*

A 1 (form bubbles) «*lava*» bullir*; «*champagne*» burbujear 2 (make noise) «*stream*» borbotear, borbotar

B «*person*»: **to ~ WITH sth**: **she ~s with enthusiasm** rebosa (de) *or* desborda entusiasmo, el entusiasmo le sale por los poros

Phrasal verbs

- **bubble over** [v + adv] (colloq): **she was bubbling over with enthusiasm/joy** no cabía en sí de entusiasmo/alegría
- **bubble up** [v + adv]

A ‹*water/oil*› borbotear, borbotar, burbujear

B ‹*anger*› **anger ~d up inside her** estaba que hervía de ira

bubble and squeak *n* [u]: *plato de repollo y papas*

bubble bath *n* [c u] baño *m* de burbujas *or* espuma

bubble car *n* huevo *m*

bubble chamber *n* cámara *f* de burbujas

bubble economy *n* economía *f* de burbuja

bubblegum /'bʌbəlgʌm/ *n* [u] chicle *m* (de globos), chicle *m* de bomba (Col, Ven), chicle *m* globero (Ur); (*before n*) (AmE) facilón, bubblegum *adj inv*; **~ music** música *f* facilona *o* bubblegum

bubblejet printer /'bʌbəldʒet/ *n* impresora *f* de inyección (de tinta) por burbujas

bubble memory *n* memoria *f* de burbuja

bubble pack *n* 1 [c] (package) sobre *m* con acolchado de burbujas 2 [u] (wrapping) envoltorio *m* de plástico con burbujas

bubble-wrap /'bʌbəlræp/ *vt* envolver* en plástico con burbujas

bubble wrap, Bubble Wrap® *n* [u] plástico *m*, con burbujas

bubbly[1] /'bʌbli/ *adj* **-lier, -liest** 1 (lively, animated) ‹*person*› lleno de vida; ‹*personality*› efervescente 2 (full of bubbles) burbujeante

bubbly[2] *n* [u] (colloq) champán *m*, champaña *m or f*

bubonic plague /bju:'bɑ:nɪk || bju:'bɒnɪk/ *n* [u] peste *f* bubónica

buccaneer /ˌbʌkə'nɪr || ˌbʌkə'nɪə(r)/ *n* bucanero *m*

buccaneering[1] /ˌbʌkə'nɪrɪŋ || ˌbʌkə'nɪərɪŋ/ *n* [u] piratería *f*

buccaneering[2] *adj* pirata

Bucharest /'bu:kərest || ˌbu:kə'rest/ *n* Bucarest *m*

buck[1] /bʌk/ *n*

A (male — of deer) ciervo *m* (macho); (— of rabbit) conejo *m* (macho); (— of hare) liebre *f* macho

B (dandy) (arch) petimetre *m* (ant)

C (dollar) (esp AmE colloq) dólar *m*, verde *m* (AmL fam); ***big* ~s** un dineral *or* (AmS tb) un platal *or* (Esp tb) un pastón *or* (Méx tb) un lanón (fam); ***to make a fast o quick* ~** hacer* dinero *or* (AmS tb) plata fácil; **they just want to make a fast ~ out of the tourists** lo único que buscan es hacer dinero *or* (AmS tb) plata fácil con los turistas

D (responsibility): ***to pass the* ~** (colloq) pasar la pelota (fam); **the ~ stops here** la responsabilidad es mía (*or* nuestra *etc*)

buck[2] *vi* 1 «*horse/steer*» corcovear 2 (move jerkily) (AmE) «*car/deck*» dar* sacudidas 3 (resist, oppose) (AmE) **to ~ AGAINST sth/sb** rebelarse CONTRA algo/algn; **to ~ AGAINST *o* AT -ING** resistirse A + INF

■ **buck** *vt* (esp AmE) ‹*trend*› resistirse *or* oponerse* a; **to ~ the system** ir* contra la corriente

Phrasal verb

- **buck up** (colloq)

A [v + adv] 1 (become cheerful) levantar el ánimo; **~ up!** ¡levanta el ánimo!, ¡arriba ese ánimo! (fam) 2 (make effort) (BrE) esforzarse* 3 (hurry) (BrE) moverse* (fam), darse* prisa, apurarse (AmL)

B [v + o + adv, v + adv + o] levantarle el ánimo a; ***to ~ one's ideas up*** (BrE) mejorar el comportamiento, ponerse* a trabajar en serio

buck[3] *adj* (AmE colloq) (*before n*) raso

buck[4] *adv* (AmE colloq): **~ naked** en cueros (fam)

buckboard /'bʌkbɔ:rd || 'bʌkbɔ:d/ *n* (AmE) calesa *f* (*de cuatro ruedas*)

bucket[1] /'bʌkət || 'bʌkɪt/ *n* 1 (container) balde *m or* (Esp) cubo *m or* (Méx) cubeta *f or* (Ven) tobo *m*; ***to kick the* ~** (colloq & hum) estirar la pata (fam & hum); ***to leak like a rusty* ~** (colloq): **his alibi leaks like a rusty ~** su coartada hace agua por todas partes 2 (bucketful): **a ~ of water** un balde *or* (Esp) un cubo *or* (Méx) una cubeta *or* (Ven) un tobo de agua; **to rain ~s** llover* a cántaros; **to cry ~s** llorar a lágrima viva *or* (fam) a moco tendido 3 (scoop — on mechanical shovel) cuchara *f*; (— on waterwheel, dredger) cangilón *m*; (— on digger) pala *f*

bucket[2] *vi* (esp BrE colloq)

A (go fast): **~ (along)** «*vehicle*» ir* a gran velocidad

B **~ (down) it's ~ing (down)** está lloviendo a cántaros

Phrasal verb

- **bucket about** [v + adv] «*boat*» dar* tumbos

bucketful /'bʌkətfʊl || 'bʌkɪtfʊl/ *n* balde *m* (*or* cubo *etc*) lleno; *see also* **bucket**[1] **2**

bucket seat *n* asiento *m* envolvente

bucket shop *n* (colloq) 1 (travel agency) (BrE) agencia *f* de viajes (*que vende boletos de avión a precios reducidos*) 2 (Fin) agencia *f* de bolsa fraudulenta

buckeye /'bʌkaɪ/ *n* castaño *m* de Indias

buckle[1] /'bʌkəl/ *n* 1 (fastener) hebilla *f*; **to fasten a ~** abrochar una hebilla 2 (distortion) torcedura *f*

buckle[2] *vt*

A (fasten) ‹*shoe/belt*› abrochar

B (bend, crumple) ‹*wheel/metal*› torcer*, combar

■ **buckle** *vi*

A (bend, crumple) «*wheel/metal*» torcerse*, combarse; «*knees*» doblarse; **his knees ~d beneath him** se le doblaron las rodillas; **he ~d at the knees** le fallaron las rodillas

B (fasten) «*shoe/belt*» abrocharse (*con hebilla*)

Phrasal verbs

- **buckle down** [v + adv] «*worker/student*» ponerse* a trabajar en serio; **to ~ down TO sth**: **they ~d down to their task** se metieron de lleno en la tarea
- **buckle in**

A [v + o + adv] (fasten) abrocharle el cinturón a

B [v + adv] (cave in) hundirse, derrumbarse

- **buckle to** [v + adv] poner* manos a la obra
- **buckle up** [v + adv] (AmE) ponerse* *or* abrocharse el cinturón de seguridad

buckram /'bʌkrəm/ *n* [u] bucarán *m*

Bucks /bʌks/ = **Buckinghamshire**

Buck's Fizz *n* [u] *cóctel de jugo de naranja y champán o vino espumante*

buckshee /'bʌkʃi:/ *adj/adv* (BrE sl) gratis

buckshot /'bʌkʃɑ:t || 'bʌkʃɒt/ *n* [u] perdigón *m*

buckskin /'bʌkskɪn/ *n* 1 [u] (skin) gamuza *f* 2 **buckskins** *pl* (breeches) pantalones *mpl* de gamuza

buckteeth /'bʌkti:θ/ *pl n*: **to have ~** tener* los dientes salidos, tener* dientes de conejo (fam)

bucktoothed /'bʌktu:θt/ *adj* con los dientes salidos, dientudo (AmL fam)

buckwheat /ˈbʌkhwiːt || ˈbʌkwiːt/ *n* [u] trigo *m* rubión *or* sarraceno, alforfón *m*

bucolic /bjuːˈkɑːlɪk || bjuːˈkɒlɪk/ *adj* bucólico

bud¹ /bʌd/ *n*
A (Bot) brote *m*, yema *f*; (of flower) capullo *m*; **to be in ~** tener* brotes; **to come into ~** echar brotes; ***to nip sth in the ~*** (colloq) cortar algo de raíz
B (*as form of address*) (AmE colloq) ▸ **buddy**

bud² -dd- *vi* echar brotes
■ **bud** *vt* injertar

Budapest /ˈbuːdəpest || ˌbuːdəˈpest/ *n* Budapest *m*

buddha /ˈbuːdə, ˈbʊdə || ˈbʊdə/ *n* buda *m*; **the B~** Buda

Buddhism /ˈbuːdɪzəm, ˈbʊ- || ˈbʊdɪzəm/ *n* [u] budismo *m*

Buddhist¹ /ˈbuːdəst, ˈbʊ- || ˈbʊdɪst/ *n* budista *mf*

Buddhist² *adj* budista

budding /ˈbʌdɪŋ/ *adj* (*before n*) ‹*artist/genius*› en ciernes

buddleia /ˈbʌdliə/ *n* [c u] buddleia *f*

buddy /ˈbʌdi/ *n* (*pl* **-dies**) (AmE colloq) amigo *m*, compinche *m* (fam), cuate *m* (Méx fam); **they're good buddies** son muy compinches *or* (Méx) cuates (fam); (*as form of address*) hermano (fam), macho (Esp fam), güey (Méx fam), gallo (Chi fam)

buddy-buddy /ˈbʌdiˈbʌdi/ *adj* (esp AmE colloq) (*pred*) muy compinche *or* (Méx) cuate (fam); **to be ~ WITH sb** estar* a partir un piñón *or* (CS) a partir (de) un confite con algn (fam)

buddy movie *n* (AmE colloq); *película sobre la amistad entre dos personas*

buddy system *n* (AmE colloq) compañerismo *m*

budge /bʌdʒ/ *vi* (*usu with neg*) **1** (move) «*person/thing*» moverse*; **he stood there and refused to ~** se plantificó ahí y no hubo quien lo moviera **2** (change opinion) cambiar de opinión; **she won't ~** no va a cambiar de opinión, no va a ceder un ápice
■ **budge** *vt* **1** (move) ‹*bookcase*› correr; ‹*screw*› aflojar **2** (persuade) convencer*, hacer* cambiar de opinión

budgerigar /ˈbʌdʒərigɑːr || ˈbʌdʒərigɑː(r)/ *n* periquito *m*

budget¹ /ˈbʌdʒət || ˈbʌdʒɪt/ *n*
A **1** (amount of money) presupuesto *m*; **advertising ~** presupuesto publicitario; **the project ran over ~** el proyecto costó más de lo presupuestado *or* excedió el presupuesto; **the movie was completed under/on ~** la película costó menos de lo presupuestado/se realizó dentro del presupuesto establecido; **a big-/low-~ production** una producción con un gran presupuesto/con un presupuesto reducido; (*before n*) ‹*deficit/surplus*› presupuestario, presupuestal (AmL); **~ heading** partida *f* presupuestaria, rubro *m* presupuestario (AmL) **2** (limited outlay): **how to eat well on a (tight) ~** cómo comer bien económicamente *or* con un presupuesto reducido; (*before n*) ‹*model/vacation*› económico
B **1** (financial plan) presupuesto *m*; **the family ~** el presupuesto familiar **2** (of nation): **the ~** el presupuesto; (*before n*): **~ day** (in UK) *día de presentación del presupuesto general del Estado a la nación*

budget² *vi*: **to learn to ~** aprender a administrar el dinero; **careful ~ing enabled us to buy a house** planeando cuidadosamente nuestro presupuesto pudimos comprarnos una casa; **they're ~ing to spend £1 million on roads** tienen presupuestado *or* previsto gastar un millón de libras en carreteras; **to ~ FOR sth/-ING**: **I hadn't ~ed for staying in a hotel** no había contado con *or* previsto gastos de hotel
■ **budget** *vt* ‹*expenditure*› presupuestar; ‹*money*› asignar; **you'll have to ~ your time better** vas a tener que administrar mejor el tiempo; **~ed expenditure** gastos *mpl* presupuestados

budget account *n* (BrE) cuenta *f* presupuestaria *or* (AmL tb) presupuestal

budgetary /ˈbʌdʒəteri || ˈbʌdʒɪtəri/ *adj* presupuestario, presupuestal (AmL)

budget plan *n* (AmE) plan *m* de pago a plazos

budgie /ˈbʌdʒi/ *n* (BrE colloq) periquito *m*

bud vase *n* florero *m* alto (*para una o dos flores*)

buff¹ /bʌf/ *n*
A [u] **1** ~ **(leather)** gamuza *f* **2** ▸ **p.1036** (color) beige *m* **3** (bare skin): **in the ~** (colloq & hum) en cueros (fam & hum)
B [c] (enthusiast) (colloq) aficionado, -da *m,f*; **film ~** cinéfilo, -la *m,f*; **a jazz ~** un aficionado al jazz
C [c] (pad) gamuza *f*

buff² *adj* **1** (made of buff) (*before n*) de gamuza **2** ▸ **p.1036** (buff-colored) beige *adj inv*, beis *adj inv* (Esp)

buff³ *vt* ~ **(up)** ‹*metal*› pulir; ‹*floor/shoes*› sacar* brillo a

buffalo /ˈbʌfələʊ/ *n* (*pl* **-loes** *or* **-los**) **1** (wild ox) búfalo *m*; (*water* ~) búfalo *m* de agua, carabao *m* **2** (bison) (AmE) bisonte *m*, búfalo *m*

Buffalo wings *pl n*: *alitas de pollo fritas cubiertas con una salsa picante y servidas con salsa de queso azul*

buffer /ˈbʌfər || ˈbʌfə(r)/ *n*
A **1** (AmE) (Auto) parachoques *m*, paragolpes *m* (RPl) **2** (BrE) (Rail) (on train) tope *m*; (in station) parachoques *m*, amortiguador *m* de choques **3** (sth which absorbs impact) barrera *f*; (*before n*): **~ state** estado *m* tapón; **~ zone** zona *f* parachoques
B (Comput) memoria *f* intermedia *or* interfaz, tampón *m*
C (pad) gamuza *f*
D (old man) (BrE colloq): **an old ~** un vejete (fam)

buffer store *n* (Comput) búfer *m*, almacenamiento *m* en búfer

buffet¹ /bəˈfeɪ || ˈbʊfeɪ, ˈbʌfeɪ/ *n*
A (meal) buffet *m*; **cold ~** buffet frío; (*before n*): **~ lunch/meal/supper** almuerzo *m* /comida *f* /cena *f* bufé
B (BrE) **1** (counter) bar *m* (*en un tren*); (*before n*): **~ car** (also AmE) coche *m* restaurante, coche *m* comedor, vagón *m* restaurante **2** (cafeteria) bar *m* (*en una estación*)
C (sideboard) aparador *m*

buffet² /ˈbʌfət || ˈbʌfɪt/ *n* golpe *m*

buffet³ /ˈbʌfət || ˈbʌfɪt/ *vt* zarandear, sacudir

buffeting /ˈbʌfətɪŋ || ˈbʌfɪtɪŋ/ *n* (*no pl*): **the ~ of the waves** el embate de las olas; **the area took a severe ~ during the storm** la zona fue duramente azotada *or* castigada por la tormenta

buffoon /bəˈfuːn/ *n* payaso, -sa *m,f*, bufón, -fona *m,f*; **to act** *o* **play the ~** hacer* payasadas, hacer* el payaso (Esp)

buffoonery /bəˈfuːnəri/ *n* [u] payasadas *fpl*

bug¹ /bʌg/ *n*
A **1** (biting insect) chinche *f or m*; ***to be as snug as a ~ in a rug*** (colloq) estar* en la gloria (fam) **2** (any insect) (esp AmE) bicho *m*
B (germ, disease) (colloq): **it's a flu ~ that's going around** es algo *or* un virus que anda por ahí, es una peste que anda por ahí (AmL fam); **he caught** *o* **picked up a stomach ~** se agarró algo al estómago
C (colloq) **1** (obsession): **she got the travel ~** le entró la fiebre de los viajes; **she was** *o* **got bitten by the travel ~** la picó el gusanillo de los viajes **2** (enthusiast) (AmE): **a movie ~** un cinéfilo, un amante del cine
D (listening device) (colloq) micrófono *m* oculto
E (fault) problema *m*
F (Comput) error *m* (de programación), bug *m*

bug² -gg- *vt* (colloq)
A ‹*room/telephone*› colocar* micrófonos ocultos en
B (bother, irritate) fastidiar; **stop ~ging me!** ¡deja ya de fastidiarme *or* (fam) de darme la lata!; **it really ~s me when you do that** me saca de quicio que hagas eso; **what's ~ging you?** ¿qué mosca te ha picado? (fam)
■ **bug** *vi* (AmE) «*eyes*» salirse* de las órbitas

Phrasal verbs

• **bug off** [v + adv] (AmE) (colloq): **~ off!** ¡lárgate! (fam), ¡pírate! (Esp fam), ¡pela gallo! (Méx fam), mándate a cambiar (Andes), mandate mudar (RPl fam)

• **bug out** [v + adv] (AmE colloq)
A (bulge outwards) ‹*eyes*› salirse* de las órbitas; **his eyes practically bugged out when he saw her** se le salieron los ojos de las órbitas al verla
B (leave quickly) esfumarse (fam)

bugaboo /ˈbʌgəbuː/ *n* (*pl* **-boos**) ▸ **bugbear 2**

bugbear /ˈbʌgber || ˈbʌgbeə(r)/ *n* **1** (problem) pesadilla *f* **2** (cause of dread) coco *m or* (CS) cuco (fam)

bug-eyed /ˈbʌgaɪd/ *adj* ‹*monster*› de ojos saltones; **they were ~ when he appeared** se les salieron los ojos de las órbitas al verlo aparecer

bug-free /ˈbʌgˈfriː/ *adj*
A (uninfested with bugs) sin insectos, libre de insectos
B (Comput) sin errores (de programación)

bugger¹ /ˈbʌgər || ˈbʌgə(r)/ *n*
A (sodomite) sodomita *m,f*
B (BrE) **1** (unpleasant person) (vulg) hijo, -ja *m,f* de puta (vulg); **that stupid ~** ese cabrón *or* (AmL exc CS) ese pendejo *or* (Andes, Ven) ese huevón *or* (Col, RPl) ese boludo *or* (Esp) ese gilipollas (vulg) **2** (person) (sl): **come here you cheeky ~!** ¡ven aquí granuja *or* sinvergüenza! (fam); **poor ~!** ¡pobre tipo! (fam); **you lucky ~!** ¡qué potra tienes! (fam), ¡qué suertudo! (AmL fam), ¡qué suerte tienes macho! (Esp arg); ***to play silly ~s*** hacer* pendejadas *or* (Esp) gilipolleces *or* (Col, RPl) boludeces *or* (Andes, Ven) huevadas (arg)
C (sth difficult, unpleasant) (BrE sl): **this paint's a real ~ to get off** esta mierda *or* (Méx) chingadera de pintura no hay quien la quite (vulg); **the exam was a real ~** el examen fue jodidísimo (vulg); **~ *all*: it's ~ all to do with you** ¡a ti qué coño *or* qué carajo *or* (Méx) qué chingados te importa! (vulg); **she did ~ all** no hizo un carajo (vulg); ***not to give a ~*: I don't give a ~ what you say** me importa un carajo lo que digas (vulg)

bugger² *vt*
A (BrE) **1** (*in interj phrases*) (vulg): **~ you!** ¡vete a la mierda *or* (Esp tb) a tomar por culo *or* (Méx tb) a la chingada! (vulg); **~ this! he can do it himself** que lo haga él ¡qué coño! (vulg); **(I'm) ~ed if I know!** ¡no tengo ni puta idea! (vulg) **2** (ruin, spoil) (sl) joder (vulg), chingar* (Méx vulg); **the television's ~ed** la televisión se ha jodido *or* (Méx) se chingó (vulg) **3** (tire) (sl): **I'm (totally) ~ed** estoy hecho polvo (fam)
B (commit buggery with) ‹*person/animal*› sodomizar*

Phrasal verbs

• **bugger about, bugger around** (BrE vulg)
A [v + adv] (act foolishly) joder (vulg)
B [v + o + adv, v + adv + o] (inconvenience) joder (vulg)

• **bugger off** [v + adv] (BrE) (vulg): **~ off!** ¡vete a la mierda! (vulg), ¡vete a tomar por culo! (Esp vulg), ¡vete a la chingada! (Méx vulg); **he ~ed off** se largó (fam), se las tomó (RPl fam)

• **bugger up** [v + o + adv, v + adv + o] (BrE) (vulg) joder (vulg); **it ~ed up our holiday** nos jodió las vacaciones (vulg); **I ~ed up my exam** la cagué en el examen (vulg)

bugger³ *interj* (BrE vulg) ¡carajo! (vulg), ¡joder! (vulg)

buggery /ˈbʌgəri/ *n* [u] (sodomy) sodomía *f*

bugging /ˈbʌgɪŋ/ *n* [u]: *implantación de micrófonos ocultos*; (*before n*): **~ device** micrófono *m* oculto

buggy /ˈbʌgi/ *n* (*pl* **-gies**)
A **1** (two-wheeled) sulky *m*, calesa *f* **2** (four-wheeled) calesa *f*
B (*baby* ~) (baby carriage) (AmE) cochecito *m*; (pushchair) (BrE) sillita *f* de paseo (*plegable*)
C (motor vehicle): **dune ~** buggy *f or m*; **golf ~** carro *m* de golf

bughouse¹ /ˈbʌghaʊs/ *adj* (crazy) (AmE colloq) chiflado (fam), chalado (fam)

bughouse² *n* (AmE)
A (lunatic asylum) (colloq) loquero *m*
B (run-down movie theater) (pej & colloq) cine *m* de mala muerte (fam), cine *m* cutre (Esp fam)

b

bugle /'bju:gəl/ *n* **1** (instrument) clarín *m*, corneta *f*; (*before n*): ~ **call** toque *m* de clarín **2** (bead) cuenta *f*

bugler /'bju:glər || 'bju:glə(r)/ *n* corneta *mf*

bug-ridden /'bʌg,rɪdn/ *adj*
A (infested with bugs) infestado
B (Comput) infectado

build[1] /bɪld/ (*past & past p* **built**) *vt* **1** (construct, make) ‹*house*› construir*, edificar*, hacer*; ‹*bridge/road*› construir*; ‹*wall*› construir*, levantar, hacer*; ‹*nest*› hacer*; ‹*fire*› hacer*, preparar; ‹*car*› fabricar*; ‹*ship*› construir*; **to ~ sth OUT OF sth** construir* (*or* hacer* *etc*) algo CON algo **2** (establish, develop) ‹*career*› forjarse; ‹*empire*› levantar, construir*; **he tried to ~ a new life in America** intentó empezar de nuevo en América; **she built the company from nothing** levantó la empresa de la nada
■ **build** *vi* **1** (erect buildings) edificar* **2** (increase) «*tension/pressure*» aumentar

Phrasal verbs
- **build in** [v + o + adv, v + adv + o] incorporar; *see also* **built-in**
- **build on** [v + prep + o] agregar*; **the kitchen was built on later** la cocina se agregó más tarde
- **build up**

A [v + o + adv, v + adv + o] **1** (make bigger, stronger) ‹*muscles*› fortalecer*; **to ~ up one's strength** fortalecerse* **2** (accumulate) ‹*supplies/experience*› acumular; ‹*reserves*› acrecentar*; **they are ~ing up their forces in the area** están intensificando su presencia militar en la zona **3** (develop) ‹*reputation*› forjarse; ‹*confidence*› desarrollar; ‹*speed*› agarrar *or* (Esp) coger*; **to ~ up one's hopes** hacerse* ilusiones; **to ~ up the tension** hacer* que la tensión vaya en aumento; **they've built up a strong friendship** se han hecho muy amigos; **he built the firm up from nothing** levantó la empresa de la nada **4** (praise) (colloq) poner* por las nubes (fam); **they ~ you up and then they knock you down** te ponen por las nubes y luego te echan por tierra (fam); **he was built up to be the next world champion** llegaron a decir que sería el próximo campeón mundial
B [v + adv] **1** (accumulate) «*dirt*» acumularse, juntarse, irse* acumulando *or* juntando; **their debts had built up** sus deudas se habían ido acumulando **2** (increase, develop) «*pressure/noise*» ir* en aumento; **his resentment had built up** había ido acumulando rencor; **to ~ up TO sth: the tension ~s up to a climax** la tensión va en aumento hasta llegar a un punto culminante; **I think he's ~ing up to a nervous breakdown** creo que va camino de una crisis nerviosa **3** (grow up) «*town/settlement*» crecer*

build[2] *n*
A [c] (body proportions) complexión *f*; **with a slim/an athletic ~** de complexión delgada/atlética; **the ~ of a swimmer** el físico de un nadador
B [c] (Comput) (version of a program) generación *f*, compilación *f*, build *m*
C [u] (construction) construcción *f*

builder /'bɪldər || 'bɪldə(r)/ *n* albañil *mf*; (contractor) contratista *mf*; **a firm of ~s** una (empresa) constructora; **~'s labourer** (BrE) peón *mf* albañil; **~'s merchant** comerciante *mf* del sector de la construcción; **~'s yard** (BrE) almacén *m* de materiales para la construcción, barraca *f* (Chi, Ur), corralón *m* (Arg)

building /'bɪldɪŋ/ *n* **1** [c] (edifice) edificio *m*, inmueble *m* (frml) **2** [u] (construction) construcción *f*; (*before n*) ‹*materials*› de construcción; **~ contractor** contratista *mf* (de obras); **~ industry** industria *f* de la construcción; **~ land** terreno *m* edificable; **~ line** línea *f* límite de edificación, (línea *f* de) paramento *m* (Col); **~ lot** (AmE) solar *m*; **~ permit** permiso *m* de obras; **~ site** obra *f*; **the ~ trade** la industria de la construcción; **~ works** (construction of buildings) obras *fpl* de construcción; (buildings) edificaciones *fpl*

building block *n* **1** (Educ, Games) *cubo, ladrillo etc de juego educativo* **2** (Const) bloque *m* **3** (component) componente *m* básico

building society *n* (in UK) sociedad *f* de crédito hipotecario, sociedad *f* de ahorro y préstamo para la vivienda

build quality *n* [u] calidad *f* de diseño y manufacturación

buildup /'bɪldʌp/ *n* **1** (accumulation) acumulación *f* **2** (of tension, pressure) aumento *m*, intensificación *f*, concentración *f*; **~ (TO sth): the ~ to Christmas starts in October** los preparativos de la Navidad empiezan en octubre; **the ~ to the climax in the third act** el aumento de la tensión dramática hasta el clímax en el tercer acto **3** (of troops) concentración *f* **4** (publicity) propaganda *f*, bombo *m* (fam); **to give sth a big ~** hacerle* mucha propaganda a algo, darle* mucho bombo a algo (fam)

built[1] /bɪlt/ *past & past p of* **build**[1]

built[2] *adj*
A (*pred*) **1** (constructed): **the school is ~ around a courtyard** la escuela está construida alrededor de un patio; **our shoes are ~ to last** nuestros zapatos están hechos *or* fabricados para que duren; **the show is ~ around her act** el espectáculo gira en torno a su actuación; **to be ~ OF/OUT OF sth** estar hecho* DE algo; **to be ~ INTO sth: the aquarium is ~ into the wall** el acuario está empotrado en la pared; **a safety device is ~ into the system** el sistema lleva un mecanismo de seguridad incorporado **2** (physically): **he's ~ like an ox** es muy corpulento; **she's heavily ~** es de complexión robusta; **she's slightly ~** es menuda
B (describing people): **stockily ~** de complexión fuerte; **athletically ~** con físico de atleta

-built /bɪlt/ *suff* (constructed): **brick~/stone~** hecho de ladrillo/piedra; **sturdily~** de construcción sólida

built environment *n* urbanismo *m*, planificación *f* urbana

built-in /'bɪltɪn/ *adj* (*before n*) **1** ‹*bookcase/desk*› empotrado, encastrado; ‹*equipment*› fijo; ‹*mechanism/feature*› incorporado; **a camera with a ~ flash** una cámara con flash incorporado **2** (inherent) ‹*weakness/tendency*› intrínseco; **~ obsolescence** obsolescencia *f* planificada; **~ inflation** inflación *f* inherente a la economía

built-up /'bɪlt'ʌp/ *adj* (*before n*) **1** (containing many buildings): **a ~ area** una zona muy urbanizada **2** (with added height) ‹*heel/shoe*› con alza

bulb /bʌlb/ *n*
A (Bot, Hort) **1** (of daffodil, hyacinth) bulbo *m*, papa *f* (Chi) **2** (plant) bulbo *m* **3** (of garlic) cabeza *f*
B (*light ~*) **1** bombilla *f or* (Ec, Méx, Per) foco *m or* (Col, Ven) bombillo *m or* (RPl) bombita *f or* lamparita *f or* (Chi) ampolleta *f or* (AmC) bujía *f* **2** (of thermometer) cubeta *f* (*de mercurio*) **3** (of pipette, spray) perilla *f*

bulbous /'bʌlbəs/ *adj* ‹*growth*› bulboso; ‹*nose*› protuberante

Bulgaria /bʌl'geriə || bʌl'geəriə/ *n* Bulgaria *f*

Bulgarian[1] /bʌl'geriən || bʌl'geəriən/ *adj* búlgaro

Bulgarian[2] *n* **1** [c] (person) búlgaro, -ra *m,f* **2** [u] (language) búlgaro *m*

bulge[1] /bʌldʒ/ *n* **1** (protrusion) bulto *m* **2** (temporary increase) aumento *m* pasajero; **a population ~** un aumento demográfico

bulge[2] *vi* **1** (protrude) sobresalir*; **her eyes ~d at the thought** los ojos se le salían de las órbitas de sólo pensarlo; **to ~ WITH sth** estar* repleto DE algo; **the bag was bulging with books** la bolsa estaba repleta de libros **2** **bulging** *pres p* ‹*pocket/bag*› repleto; ‹*eyes*› saltón; **he has a bulging stomach** tiene mucha barriga

bulimia (nervosa) /bju:,li:miə(nɜ:r'vəʊsə), bu:- || bju:,lɪmiə(nɜ:'vəʊsə), bʊ-/ *n* [u] bulimia *f* (nerviosa)

bulimic /bju:'lɪmɪk, bu:- || bju:'lɪmɪk, bʊ-/ *adj* bulímico

bulk[1] /bʌlk/ *n* [u]
A **1** (Busn) (large quantity): **in ~** en grandes cantidades; (loose) a granel; **he buys his flour in ~** compra la harina en grandes cantidades; (Busn) compra la harina al por mayor **2** (large mass) mole *f*
B (largest part): **the ~ of sth** la mayor parte de algo, gran parte de algo; **the ~ of the army/workforce** el grueso del ejército/del personal
C (roughage) fibra *f*

bulk[2] *vi*: **to ~ large** ocupar un lugar importante

bulk buying *n* [u] compras *fpl* a granel, compra *f* al por mayor

bulk carrier *n* bulkcarrier *m*

bulk goods *pl n* mercancías *fpl* a granel, artículos *mpl* a granel

bulkhead /'bʌlkhed/ *n* mamparo *m*

bulkiness /'bʌlkinəs || 'bʌlkinɪs/ *n* [u] voluminosidad *f*

bulk mail *n* [u] (AmE) envío *m* postal de gran volumen

bulk purchase *n* **1** [c] (consignment) compra *f* al por mayor **2** [u] (bulk buying) compras *fpl* a granel, compra *f* al por mayor

bulky /'bʌlki/ *adj* **-kier, -kiest** ‹*package*› voluminoso, grande; ‹*person*› corpulento; ‹*sweater*› (AmE) grueso, gordo (fam)

bull /bʊl/ *n*
A [c] **1** (male bovine) toro *m*; ***to be like a ~ in a china shop*** ser* como chivo *or* elefante en cristalería (fam); ***to take the ~ by the horns*** agarrar *or* (esp Esp) coger* al toro por los cuernos *or* las astas; (*before n*): **~ neck** cuello *m* corto y ancho; ▸**rag**[1] **A1** **2** (male of other species) macho *m*; (*before n*) ‹*elephant/seal/moose*› macho *adj inv*
B [c] (on stock market) alcista *mf*; (*before n*): **~ market** mercado *m* alcista
C [c] (papal edict) bula *f*
D [u] (sl) (boasting, lying) estupideces *fpl*, chorradas *fpl* (Esp fam), macanas *fpl* (RPl fam), jaladas *fpl* (Méx arg); ▸**shoot**[2] **A1**
E [c] (colloq) ▸**bullseye**

bull bar *n* defensa *m* delantera (*protectora de parachoques*)

bulldog /'bʊldɔ:g || 'bʊldɒg/ *n* bul(l)dog *m*

bulldog clip *n* (BrE) sujetapapeles *m* (de pinza)

bulldoze /'bʊldəʊz/ *vt* **1** ‹*building*› demoler*, derribar; **they ~d the rubble into a pile** apilaron los escombros con el bulldozer **2** (bully, force) (colloq) avasallar; **I was determined not to be ~d by her** estaba resuelto a no dejarme avasallar por ella; **to ~ sb INTO sth/-ING** forzar* a algn A algo/+ INF; **we were ~d into signing** nos forzaron a firmar; **the measure was ~d through** se consiguió la aprobación de la medida a la fuerza; **he ~d his way into the hall** se metió en la sala llevándose a todo el mundo por delante

bulldozer /'bʊldəʊzər || 'bʊldəʊzə(r)/ *n* bulldozer *m*, topadora *f* (Arg)

bullet /'bʊlət || 'bʊlɪt/ *n* bala *f*; **I got the ~** (BrE colloq) me pusieron de patitas en la calle (fam); ***to bite the ~*: the time has come to bite the ~ and tell her** ha llegado el momento de hacer de tripas corazón y decírselo; **the government is loath to bite the ~ of devaluation** el gobierno se resiste a decidirse a devaluar; ***to sweat ~s*** (AmE colloq) sudar la gota gorda, sudar horrores (fam); (*before n*): **~ hole** agujero *m* de bala; **~ wound** herida *f* de bala

bulletin /'bʊlətn || 'bʊlətɪn/ *n* **1** (notice) anuncio *m*, comunicado *m* **2** (newsletter) boletín *m* **3** (report) (Journ) boletín *m* (informativo); **the latest ~ on his condition** el último parte médico

bulletin board *n* (AmE) tablero *m or* (Esp) tablón *m* de anuncios, cartelera *f* (AmL), diario *m* mural (Chi); (*before n*): **~ ~ system** (Comput) sistema *m* de tablero *or* tablón de anuncios

bullet point *n* punto *m* a tratar (*precedido de una marca en una lista*)

bulletproof /'bʊlətpru:f || 'bʊlɪtpru:f/ *adj* ‹*vest/glass*› antibalas *adj inv*, a prueba de balas; ‹*vehicle*› blindado

bullet train *n* tren *m* de alta velocidad japonés

bullfight /'bʊlfaɪt/ *n* corrida *f* de toros

bullfighter /'bʊl,faɪtər || 'bʊl,faɪtə(r)/ *n* torero, -ra *m,f*

bullfighting /ˈbʊlˌfaɪtɪŋ/ *n* [u] (deporte *m* de) los toros; (art) toreo *m*, tauromaquia *f*; **~ is very popular** los toros *or* las corridas de toros son muy populares; **the world of ~** el mundo de los toros *or* de la tauromaquia; (*before n*) ‹*expert/season*› taurino; **~ fan** taurófilo, -la *m,f*

bullfinch /ˈbʊlfɪntʃ/ *n* camachuelo *m*, pardillo *m*

bullfrog /ˈbʊlfrɔːg || ˈbʊlfrɒg/ *n* rana *f* toro

bullhorn /ˈbʊlhɔːrn || ˈbʊlhɔːn/ *n* (AmE) megáfono *m*

bullion /ˈbʊljən || ˈbʊliən/ *n* [u]: **gold/silver ~** oro/plata en lingotes

bullish /ˈbʊlɪʃ/ *adj* ‹*market*› alcista; ‹*forecast/attitude*› optimista

bullnecked /ˈbʊlnekt/ *adj* de cuello corto y ancho

bullock /ˈbʊlək/ *n* (castrated bull) buey *m*; (young bull) (esp AmE) novillo *m*

bullpen /ˈbʊlpen/ *n* (AmE)
A (in baseball) **1** (place) bull pen *m*, zona *f* de calentamiento (*en un diamante de béisbol*) **2** (pitchers) pítchers *mpl or* lanzadores *mpl* de reserva, relevistas *mpl* (Méx)
B (prison cell) (colloq) calabozo *m*

bullring /ˈbʊlrɪŋ/ *n* plaza *f* de toros

bull session *n* (AmE colloq) charla *f* (fam)

bullseye /ˈbʊlzaɪ/ *n* **1** (middle of target) diana *f* **2** (shot): **to score/be a ~** dar* en el blanco, hacer* diana

bullshit¹ /ˈbʊlʃɪt/ *n* [u] (vulg) (nonsense) sandeces *fpl* (fam), pendejadas (AmL exc CS vulg), gilipolleces *fpl* (Esp arg), huevadas *fpl* (Andes, Ven vulg), boludeces *fpl* (Col, RPl vulg), mamadas *fpl* (Méx vulg); (lies, boasting): **she says he's rich — bullshit!** dice que es rico — ¡qué coño va a ser rico ése! (vulg)

bullshit² *vi* **-tt-** (vulg) **1** (talk nonsense) decir* sandeces (*or* gilipolleces *etc*); *see* **bullshit¹** **2** (boast, brag) tirarse un farol (fam), mandarse la(s) parte(s) (CS fam)
■ **bullshit** *vt*: **don't ~ me!** ¡no me vengas con sandeces (*or* gilipolleces *etc*)!; *see also* **bullshit¹**; **he tried to ~ me with some excuse** trató de engañarme *or* (Esp fam) de pegármela con no sé qué excusas

bullshitter /ˈbʊlˌʃɪtər || ˈbʊlˌʃɪtə(r)/ *n* (sl) farolero, -ra *m,f* (fam), fantasma *mf* (Esp fam), mandaparte *mf* (RPl fam), hocicón, -cona *m,f* (Méx fam), mandador, -dora *m,f* de parte (Chi fam)

bull terrier /ˌbʊlˈteriər || ˌbʊlˈterɪə(r)/ *n* bulterrier *m*

bullwhip¹ /ˈbʊlhwɪp || ˈbʊlwɪp/ *n* látigo *m*

bullwhip² *vt* **-pp-** darle* latigazos a

bully¹ /ˈbʊli/ *n* (*pl* **-lies**) **1** [c] (thug, tyrant) matón, -tona *m,f*, bravucón, -cona *m,f*; **the class ~** el matón *or* bravucón de la clase **2** [c] (in field hockey) bully *m*, salida *f* **3** [u] (BrE) ▸ **bully beef**

bully² *vt* **-lies, -lying, -lied**
A (in school, the workplace) acosar, intimidar, matonear (AmL fam); **to ~ sb INTO sth**: **she bullied him into doing it** lo acosó hasta que lo hizo
B (in an international or political context) matonear

Phrasal verb
• **bully off** [v + adv] (in field hockey) sacar*

bully³ *interj*: **~ for you/him!** (dated) ¡bravo!

bully beef *n* [u] (BrE colloq) corned beef *m* (*carne de vaca en lata*)

bully boy *n* matón *m*, bravucón *m*

bullying /ˈbʊliɪŋ/ *n* [u]
A (in school) acoso *m* escolar, bullying *m*, matonismo *m* escolar, matonaje *m* escolar (Chi); (in the workplace) acoso *m* laboral, intimidación *f*, mobbing *m* (Esp)
B (international, political) matonismo *m*

bully-off /ˈbʊliɔːf || ˈbʊliɒf/ *n* (formerly, in hockey) bully *m*, salida *f*

bully pulpit *n* (AmE) tribuna *f*

bulrush /ˈbʊlrʌʃ/ *n* **1** [c] (cattail) (BrE) enea *f*, anea *f*, totora *f* **2** [c u] (rush) junco *m* (marinero)

bulwark /ˈbʊlwərk || ˈbʊlwək/ *n* **1** (defense) baluarte *m* **2** **bulwarks** *pl* (Naut) macarrones *mpl*

bum¹ /bʌm/ *n* (colloq)
A **1** (worthless person) vago, -ga *m,f* (fam); ***to give sb the ~'s rush*** (sl) echar *or* sacar* a algn a patadas (fam) **2** (vagrant) (AmE) vagabundo, -da *m,f* **3** (enthusiast) (AmE): **ski/tennis ~** loco, -ca *m,f* del esquí/tenis (fam); **he's/she's a beach ~** se pasa la vida en la playa
B (buttocks) (BrE) trasero *m* (fam), culo *m* (fam o vulg), traste *m* (CS fam), poto *m* (Chi, Per fam)

bum² **-mm-** *vt* (sl) **to ~ sth FROM *o* OFF sb** ‹*money/cigarette*› gorronearle *or* gorrearle algo A algn, pecharle algo A algn (CS fam); ***to ~ one's way through life*** ir* de gorrón *or* de gorra por la vida (fam), vivir de garrón *or* de arriba (RPl fam), andar* de vivales (Méx) *or* (CS) de pechador por la vida (fam)
■ **bum** *vi* **1** (drift): **to ~ around** vagabundear **2** (cadge) **to ~ OFF sb** gorronearle *or* gorrearle *or* (RPl) garronearle *or* (CS) pecharle a algn (fam)

bum³ *adj* (sl) (*before n*) **1** ‹*job/place*› de porquería (fam), de mierda (vulg) **2** (AmE): **a ~ rap** una acusación falsa; **it turned out to be a ~ deal** resultó ser un chanchullo (fam)

bumbag /ˈbʌmbæg/ *n* (BrE colloq) riñonera *f*

bumble /ˈbʌmbəl/ *vi* (+ *adv compl*) (walk) caminar a tropezones *or* trastabillando; (speak) hablar deshilvanadamente

bumblebee /ˈbʌmbəlbiː/ *n* abejorro *m*

bumbling /ˈbʌmblɪŋ/ *adj* torpe, incompetente

bumboat /ˈbʌmbəʊt/ *n*: *bote que se acerca a barcos anclados para vender mercancías*

bum boy *n* (BrE vulg) puto *m* (vulg), chapero *m* (Esp arg), cacorro *m* (Col vulg), chichifo *m* (Méx arg)

bumf /bʌmf/ *n* [u] (BrE colloq) papelerío *m* (fam), papeles *mpl*

bumfluff /ˈbʌmflʌf/ *n* [u] (BrE colloq) pelusa *f*, incipiente (*en la barbilla de un adolescente*)

bummer /ˈbʌmər || ˈbʌmə(r)/ *n* (sl) latazo *m* (fam), plomo *m* (fam), plomazo *m* (fam), coñazo *m* (Esp arg)

bump¹ /bʌmp/ *n*
A **1** (blow) golpe *m*; (jolt) sacudida *f*; (collision) topetazo *m*, golpe *m*; **that brought me back to reality with a ~** eso me devolvió de golpe a la realidad **2** (sound) golpe *m*; **things that go ~ in the night** cosas que dan miedo
B (lump — in surface) bulto *m*, protuberancia *f*; (— on head) chichón *m*; (— on road) bache *m*
C **bumps** *pl* (BrE): **we gave her/I got the ~s** ≈ la manteamos/me mantearon, le dimos/me dieron una pamba (Méx fam)

bump² *vt*
A (hit, knock lightly): **I ~ed my head/elbow on *o* against the door** me di en la cabeza/el codo con *or* contra la puerta; **I ~ed the post as I was reversing** choqué con *or* contra el poste al dar marcha atrás
B (remove, throw out) (AmE colloq) echar; **we got ~ed from the flight** nos quedamos sin plaza en el vuelo
■ **bump** *vi* **1** (hit, knock) **to ~ (AGAINST sth/sb)** darse* *or* chocar* (CONTRA *or* CON algo/algn) **2** (move) (+ *adv compl*): **the cart ~ed over the field** el carro iba dando botes *or* tumbos por el campo; **to ~ and grind** bailar contoneándose

Phrasal verbs
• **bump into** [v + prep + o] **1** (collide with) darse* *or* chocar* contra; **I ~ed into a tree** me di contra un árbol **2** (meet by chance) (colloq) ‹*acquaintance*› toparse *or* tropezarse* con, encontrarse* con
• **bump off** [v + o + adv, v + adv + o] (sl) quitar de en medio (fam), liquidar (fam), pasaportar (fam)
• **bump up** [v + o + adv, v + adv + o] (colloq) aumentar

bumper¹ /ˈbʌmpər || ˈbʌmpə(r)/ *n* (Auto) parachoques *m*, paragolpes *m* (AmL), defensa *f* (Méx), bómper *m* (Col); **the cars were ~ to ~** los coches iban pegados unos a otros; (*before n*): **~ sticker** adhesivo *m* para el parachoques (*or* paragolpes *etc*)

bumper² *adj* (*before n*) ‹*crop/year*› récord *adj inv*, extraordinario; ‹*edition*› extra; ‹*pack*› gigante

bumper car *n* coche *m or* (esp AmL) auto *m* de choque, carrito *m* chocón (Méx, Ven), autito *m* chocador (CS), carro *m* loco (Andes)

bumph /bʌmf/ *n* [u] ▸ **bumf**

bumpiness /ˈbʌmpinəs || ˈbʌmpinɪs/ *n* [u] (of surface, road, lawn) lo irregular, lo desnivelado; (of ride) traqueteo *m*

bumpkin /ˈbʌmpkɪn/ *n*: **(country) ~** pueblerino, -na *m,f*, paleto, -ta *m,f* (Esp fam & pey), pajuerano, -na *m,f* (RPl fam & pey), huaso, -sa *m,f* (Chi) (fam o pey), montañero, -ra *m,f* (Col) (fam o pey)

bump-start /ˈbʌmpstɑːrt || ˈbʌmpstɑːt/ *vt*: **to ~ a car** hacer* arrancar un coche empujándolo

bumptious /ˈbʌmpʃəs/ *adj* engreído, creído (fam)

bumpy /ˈbʌmpi/ *adj* **-pier, -piest** **1** (uneven) ‹*surface/lawn*› desigual, con desniveles; ‹*road*› lleno de baches **2** (rough): **we had a ~ flight** el avión se movió mucho; **it was a ~ ride and she felt sick** se mareó con el traqueteo del autobús (*or* el coche *etc*)

bumsters /ˈbʌmstərz || ˈbʌmstəz/ *pl n* (Clothing) pantalones *mpl* de tiro bajo *or* corto

bum-sucker /ˈbʌmˌsʌkər || ˈbʌmˌsʌkə(r)/ *n* (BrE vulg) lameculos *mf* (vulg), lamehuevos *mf* (Méx vulg)

bun /bʌn/ *n*
A **1** (sweetened) bollo *m*; **currant ~** bollo con pasas; ▸ **oven** **2** (bread roll) panecillo *m*, pancito *m* (CS), bolillo *m* (Méx)
B (hairstyle) moño *m*, rodete *m* (RPl), chongo *m* (Méx); **she wears her hair in a ~** lleva el pelo recogido en un moño (*or* rodete *etc*)
C **buns** *pl* (AmE colloq) trasero *m* (fam), pandero *m* (fam), culo *m* (fam o vulg), traste *m* (CS fam), poto *m* (Chi, Per fam); **hustle your ~s!** ¡muévete! (fam)

bunch¹ /bʌntʃ/ *n*
A **1** (of flowers) ramo *m*, bonche *m* (Méx); (small) ramillete *m*; (of bananas) racimo *m*, penca *f* (Méx), cacho *m* (RPl); (of grapes) racimo *m*; (of carrots, radishes) manojo *m*, atado *m* (CS), bonche *m* (Méx); (of keys) manojo *m*; **this novel is the best of a bad ~** esta novela es la menos mala de la serie **2** (group) grupo *m*; **she came with a ~ of her friends** vino con un grupo de amigos; **they're a ~ of idiots** son una panda de idiotas, son una punta (AmL) *or* (CS) una manga de idiotas (fam); **they're an odd ~** son gente de lo más rara **3** (a lot) (AmE colloq) montón *m*, porrón *m* (Esp fam), chorro *m* (Méx fam), kilo *m* (RPl fam); **thanks a ~!** (colloq & iro) ¡gracias mil! (iró)
B **bunches** *pl* (hairstyle) (BrE) coletas *fpl*

bunch² *vi* **1** **~ (together)** «*runners/cars*» amontonarse **2** «*cloth*» fruncirse*
■ **bunch** *vt* agrupar

Phrasal verb
• **bunch up**
A [v + adv] **1** ‹*people/vehicles*› amontonarse **2** ‹*material*› fruncirse; ‹*clothes*› remangarse*, arremangarse*
B [v + adv + o, v + o + adv]: **she ~ed up the pillows/~ed the pillows up** amontonó las almohadas

bunch of fives *n* (BrE colloq) **1** (fist) puño *m* **2** (punch) puñetazo *m*, piña *f* (fam)

bundle¹ /ˈbʌndl/ *n* **1** (of clothes, rags) lío *m*, fardo *m*, atado *m* (AmL); (of newspapers, letters) paquete *m*; (of money) fajo *m*; (of sticks, twigs) haz *m*, atado *m* (AmL); **that child is a ~ of joy/mischief** ese niño es un cascabel/un diablillo; **she's a ~ of nerves** es un manojo de nervios; **he isn't a ~ of laughs** no es muy divertido que digamos; **the play isn't exactly a ~ of laughs** la obra no es precisamente muy cómica; ***to go a ~ on sth/sb*** (BrE sl): **I don't go a ~ on Lucy/that idea** Lucy/la idea no me vuelve loco **2** (large sum of money): **a ~** (colloq) un dineral, un platal (AmS fam), un pastón (Esp fam), un lanón (Méx fam) **3** (of fibers) haz *m* **4** (of software, a product) paquete *m*

bundle² *vt* **1** (make into a bundle) liar*, atar; **the system comes with ~d software** el sistema viene con software incluido **2** (push) (+ *adv compl*): **she ~d them off to school** los despachó al colegio; **they ~d him into the car** lo metieron a empujones en el coche; **he was ~d out of the country** lo echaron del país

3 ‹*software/products*› vender en paquete

Phrasal verb

- **bundle up** 1 [v + o + adv, v + adv + o] ‹*clothes/papers*› liar* 2 [v + adv] (AmE colloq) abrigarse*

bundled software *n* [u] paquete *m* de software

bun fight *n* (BrE colloq & hum); *merienda o té para mucha gente*

bung[1] /bʌŋ/ *n*
A (stopper) tapón *m*
B (bribe) (BrE colloq) soborno *m*, coima *f* (CS, Per fam), mordida *f* (Méx fam)

bung[2] *vt* 1 (put bung in) taponar 2 (BrE colloq) (put) poner*, meter; (throw) tirar; **she ~ed a few things into the case** metió unas cuantas cosas en la maleta; **just ~ it anywhere** ponlo en cualquier lado, tíralo por cualquier lado

Phrasal verbs

- **bung in** [v + o + adv, v + adv + o] (BrE) (colloq) agregar*, echar
- **bung out** [v + o + adv, v + adv + o] (BrE) (colloq) ‹*person*› echar a la calle (fam); ‹*clothes*› tirar a la basura (fam), botar (AmL exc RPl)
- **bung up** [v + o + adv, v + adv + o] (BrE) (colloq) ‹*sink/pipe*› atascar*, tapar (AmL); **my nose is all ~ed up** tengo la nariz tapada

bung[3] *adj* (Austral) (NZ) ‹*leg/eye*› herido, lastimado; ‹*fuse/feature*› roto, descompuesto (AmL), malogrado (Per)

bungalow /ˈbʌŋgələʊ/ *n* 1 (one-story house) casa *f* de una planta 2 (colonial or summer house) bungalow *m*

bungee /ˈbʌndʒi/ *n* correa *f* elástica, pulpos *mpl* (Esp)

bungee cord *n* cordón *m* elástico (*para asegurar el equipaje o para hacer bungee*)

bungee jumping *n* banyi *m*

bungle[1] /ˈbʌŋgəl/ *vt* echar a perder; **a ~d attempt** un intento fallido; **he ~d it** la pifió (fam), metió la pata (fam)

bungle[2] *n* desatino *m*, metedura *f* de pata (fam)

bungler /ˈbʌŋglər || ˈbʌŋglə(r)/ *n* metepatas *mf* (fam)

bungling /ˈbʌŋglɪŋ/ *adj* (*before n, no comp*) torpe

bungy /ˈbʌndʒi/ *n* ▸**bungee**

bungy jumping *n* ▸**bungee jumping**

bunion /ˈbʌnjən/ *n* juanete *m*

bunk /bʌŋk/ *n*
A [c] (bed) litera *f*, cucheta *f* (RPl)
B [u] (nonsense) (colloq) bobadas *fpl* (fam); ***to do a ~*** (BrE sl) largarse* (fam), salir* por piernas (arg), picárselas (RPl fam)

Phrasal verbs

- **bunk down** [v + adv] (colloq) dormir*, planchar la oreja (fam & hum)
- **bunk off** ▸**skive off A2**, **skive off A**

bunk bed *n* litera *f*, cucheta *f* (RPl)

bunker /ˈbʌŋkər || ˈbʌŋkə(r)/ *n*
A (*coal ~*) 1 carbonera *f* 2 (on ship) carbonera *f*
B (Mil, Sport) búnker *m*

bunker mentality *n*: **to adopt a ~ ~** adoptar una postura defensiva

bunkhouse /ˈbʌŋkhaʊs/ *n* barraca *f*, barracón *m*

bunkum /ˈbʌŋkəm/ *n* [u] (colloq) bobadas *fpl* (fam)

bunk-up /ˈbʌŋkʌp/ *n* (BrE) ▸**leg up**

bunny /ˈbʌni/ *n* (*pl* **-nies**) (colloq) conejito *m* (fam); **the Easter ~** el conejo de Pascua

bunny girl *n* conejita *f*

bunny rabbit *n* (used to or by children) conejito *m* (fam)

Bunsen burner /ˈbʌnsən/ *n* mechero *m* Bunsen

bunt[1] /bʌnt/ *vt* tocar*

bunt[2] *n* toque *m* (de bola)

bunting /ˈbʌntɪŋ/ *n*
A [u] 1 (fabric) (esp AmE) *tela usada para la confección de banderas* 2 (little flags) (BrE) banderitas *fpl*
B [c] (Zool) (American bird) tomaguín *m*; (European bird) hortelano *m*

buoy /bɔɪ, ˈbuːi || bɔɪ/ *n* boya *f*

Phrasal verb

- **buoy up** [v + o + adv, v + adv + o] 1 ‹*boat/raft/person*› mantener* a flote 2 ‹*market/economy*› fortalecer* 3 (keep cheerful) ‹*person*› animar; **to ~ up sb's spirits** levantarle el ánimo a algn

buoyancy /ˈbɔɪənsi/ *n* [u] 1 (ability to float) flotabilidad *f* 2 (of liquid) sustentación *f* hidráulica 3 (resilience) optimismo *m* 4 (Fin, Econ) (of currency) solidez *f*; (of market) tendencia *f* alcista

buoyant /ˈbɔɪənt/ *adj* 1 (able to float) flotante, boyante 2 ‹*mood/spirits/person*› optimista 3 ‹*currency*› fuerte; ‹*market*› alcista

BUPA /ˈbuːpə/ *n* (in UK) (*no art*) = **British United Provident Association**

buppie /ˈbʌpi/ *n* (*pl* **-ies**) (colloq) *yupi de raza negra*

bur *n* ▸**burr**

burble /ˈbɜːrbəl || ˈbɜːbəl/ *vi* 1 ‹‹*stream/spring*›› borbotar, borbotear 2 (talk meaninglessly) parlotear (fam), cotorrear (fam) 3 (talk excitedly) hablar atropelladamente

burbs, 'burbs /bɜːrbz || bɜːbz/ *pl n* (AmE colloq) barrios *mpl* residenciales de las afueras

burden[1] /ˈbɜːrdn || ˈbɜːdn/ *n*
A 1 (load) (liter) carga *f* 2 (encumbrance) carga *f*; **financial ~** una carga económica; **tax ~** carga fiscal; **the ~ of responsibility** el peso de la responsabilidad; **to be a ~ to *o* on sb** ser* una carga para algn; **~ of proof** carga *f* de la prueba
B (theme) esencia *f*
C (Naut) arqueo *m*

burden[2] *vt* cargar*; **to ~ sb (WITH sth)**: **I've been ~ed with all the responsibility/work** me han cargado con toda la responsabilidad/todo el trabajo; **I don't want to ~ you with my problems** no te quiero preocupar con mis problemas; **don't ~ yourself (down) with too much luggage** no te cargues de equipaje

burdensome /ˈbɜːrdnsəm || ˈbɜːdnsəm/ *adj* oneroso

burdock /ˈbɜːrdɑːk || ˈbɜːdɒk/ *n* [c u] bardana *f*, cadillo *m*

bureau /ˈbjʊrəʊ || ˈbjʊərəʊ/ *n* (*pl* **bureaus** *or* **bureaux**)
A 1 (agency) agencia *f*; **marriage/employment ~** agencia matrimonial/de empleo *or* de colocaciones 2 (government department) (AmE) departamento *m* 3 (Journ) oficina *f*
B 1 (chest of drawers) (AmE) cómoda *f* 2 (desk) (BrE) buró *m*, escritorio *m*

bureaucracy /bjʊˈrɑːkrəsi || bjʊəˈrɒkrəsi/ *n* [u c] (*pl* **-cies**) burocracia *f*

bureaucrat /ˈbjʊrəkræt || ˈbjʊərəkræt/ *n* burócrata *mf*

bureaucratic /ˌbjʊrəˈkrætɪk || ˌbjʊərəˈkrætɪk/ *adj* burocrático

bureau de change /ˌbjʊrəʊdəˈʃɑːnʒ || ˌbjʊərəʊdəˈʃɑ̃ʒ/ *n* (*pl* **bureaux de change**) (casa *f* de) cambio *m*

bureaux /ˈbjʊrəʊz || ˈbjʊərəʊz/ *pl of* **bureau**

burette, (AmE also) **buret** /bjʊˈret/ *n* bureta *f*

burg /bɜːrg || bɜːg/ *n* 1 (AmE colloq & dated) localidad *f* 2 (Hist) burgo *m*

burgeon /ˈbɜːrdʒən || ˈbɜːdʒən/ *vi* 1 (grow, flourish) ‹‹*nature/plant*›› (liter) florecer*, retoñar (liter); ‹‹*market/organization*›› florecer* 2 **burgeoning** *pres p* ‹*awareness/demand*› creciente; ‹*market*› pujante, floreciente; **a ~ing young talent of the Mexican cinema** un pujante joven talento del cine mexicano

burger /ˈbɜːrgər || ˈbɜːgə(r)/ *n* (colloq) hamburguesa *f*; (*before n*): **~ bar** hamburguesería *f*; **~ bun** pan *m* de hamburguesa

burgher /ˈbɜːrgər || ˈbɜːgə(r)/ *n* (Hist) burgués, -guesa *m,f*

burglar /ˈbɜːrglər || ˈbɜːgə(r)/ *n* ladrón, -drona *m,f*; (*before n*): **~ alarm** alarma *f* antirrobo

burglarize /ˈbɜːrgləraɪz || ˈbɜːgləraɪz/ *vt* (AmE) robar

burglarproof /ˈbɜːrglərpruːf || ˈbɜːgləpruːf/ *adj* a prueba de robos

burglary /ˈbɜːrgləri || ˈbɜːgləri/ *n* [c u] (*pl* **-ries**) robo *m* (*con allanamiento de morada o escalamiento*)

burgle /ˈbɜːrgəl || ˈbɜːgəl/ *vt* robar; **our house was/we were ~d** nos entraron ladrones en casa, nos entraron a robar

burgomaster /ˈbɜːrgəˌmæstər || ˈbɜːgəˌmɑːstə(r)/ *n* burgomaestre *m*

Burgundy /ˈbɜːrgəndi || ˈbɜːgəndi/ *n* (*pl* **-dies**) 1 (Geog) Borgoña *f* 2 [u c] *also* **burgundy** (wine) Borgoña *m* 3 ▸❶ **p.1036**; **burgundy** (color) burdeos *m or* (RPl) bordó *m or* (Chi) concho *m* de vino; (*before n*) ‹*dress/material*› burdeos *or* (RPl) bordó *or* (Chi) concho de vino *adj inv*

burial /ˈberiəl/ *n* [c u] entierro *m*; **to give sb a decent/Christian ~** dar* a algn honrosa/cristiana sepultura; **~ at sea** entierro en el mar; (*before n*): **~ ground** cementerio *m*; **~ mound** túmulo *m* funerario; **~ rites** ritos *mpl* funerarios; **his ~ place is unknown** no se sabe dónde está enterrado

burk /bɜːrk || bɜːk/ *n* ▸**berk**

burka, burqa /ˈbɜːrkə || ˈbɜːkə/ *n* (Clothing) burka *m or f*, burqa *m or f*

Burkina Faso /bɜːrˌkiːnəˈfæsəʊ || bɜːˌkiːnəˈfæsəʊ/ *n* Burkina Faso *m*

burlap /ˈbɜːrlæp || ˈbɜːlæp/ [u c] 1 (heavy material) arpillera *f* 2 (lighter material) loneta *f*

burlesque[1] /bɜːrˈlesk || bɜːˈlesk/ *n* [c u] 1 (parody) obra *f* burlesca; (*before n*) ‹*comedy/play*› burlesco 2 (in US) (Hist) revista *f*

burlesque[2] *vt* parodiar

burly /ˈbɜːrli || ˈbɜːli/ *adj* **-lier, -liest** (big, strong) ‹*man*› fornido, corpulento; ‹*arms*› musculoso

Burma /ˈbɜːrmə || ˈbɜːmə/ *n* Birmania *f*

Burmese[1] /bɜːrˈmiːz || bɜːˈmiːz/ *adj* birmano

Burmese[2] *n* (*pl* ~) 1 [c] (person) birmano, -na *m,f* 2 [u] (language) birmano *m* 3 [c] **~ (cat)** gato *m* birmano

burn[1] /bɜːrn || bɜːn/ (*past & past p* **burned** *or* **burnt**) *vi*
A 1 ‹‹*fire/flame*›› arder; ‹‹*wood/coal*›› arder, quemarse; ‹‹*building/town*›› arder; **something's ~ing!** se está quemando algo; **I can smell ~ing** huele *or* hay olor a quemado; **a ~ing smell** un olor a quemado; **the smell of ~ing rubber** el olor a goma quemada *or* (Méx) hule quemado 2 ‹‹*gas/light*›› estar* encendido *or* (AmL tb) prendido; **I left the light ~ing** dejé la luz encendida *or* (AmL tb) prendida 3 ‹‹*food*›› quemarse 4 (in sun) ‹‹*skin*›› quemarse
B 1 (be hot) arder; **my cheeks/ears were ~ing** me ardían las mejillas/las orejas; **the midday sun ~ed down on them** el sol de mediodía caía a plomo sobre ellos 2 (smart, sting) ‹‹*eyes/wound*›› escocer*, arder (esp AmL); **a ~ing sensation** un escozor, un ardor (esp AmL) 3 ‹‹*acid/ice*›› quemar
C 1 (be consumed) arder; **to ~ WITH sth** arder DE algo; **she was ~ing with impatience/curiosity** ardía de impaciencia/curiosidad 2 (long) (liter): **she ~ed for revenge/his embrace** deseaba ardientemente vengarse/que la abrazara; **to ~ to + INF** morirse* POR + INF, arder en deseos DE + INF (liter); **he was ~ing to tell her** se moría por decírselo, ardía en deseos de decírselo (liter)

■ **burn** *vt*
A 1 ‹*letter/book/rubbish*› quemar; ‹*building/town*› incendiar, quemar; **I ~ed the paint off the door** le saqué la pintura a la puerta con un soplete; **the mark is ~ed into the wood/on the animal's hide** la marca está grabada a fuego en la madera/en la piel del animal; **I ~ed a hole in my sleeve** me quemé la manga (*con un cigarrillo etc*); ***to ~ one's boats* o *bridges*** quemar las naves 2 (overcook): **I've ~ed the cake/meat** se me ha quemado el pastel/la carne 3 (consume): **the stove ~s gas** la cocina funciona a *or* con gas; **we ~ a lot of electricity/gas** usamos *or* gastamos mucha electricidad/mucho gas; **coal-~ing stove** cocina *f* de *or* a carbón; ▸**candle**, **oil**[1] **A4** 4 ‹*witch/heretic*› quemar
B 1 (injure) quemar; **to ~ oneself** quemarse; **I've ~ed my tongue** me he quemado la

b

lengua; **careful you don't ~ yourself on the iron** ten cuidado, no vayas a quemarte con la plancha; **to be ~ed to death** morir* abrasado **2▸** (swindle) (AmE sl) estafar, timar (fam)
C (create) quemar

(Phrasal verbs)

- **burn away**
A [v + adv] ‹‹*oil/coal*›› consumirse
B [v + o + adv, v + adv + o] quemar
- **burn down**
A [v + o + adv, v + adv + o] incendiar
B [v + adv] incendiarse, quedar reducido a cenizas
- **burn off** [v + o + adv, v + adv + o] ‹*paint/varnish*› quitar (*con llama*); ‹*gas/impurities/calories*› quemar
- **burn out**
A [v + adv] **1▸** (stop burning) ‹‹*fire/candle*›› apagarse* **2▸** ‹‹*motor*›› quemarse
B [v + o + adv (+ prep + o)] (force out): **they ~ed the rebels out of the building** prendieron fuego al edificio para obligar a salir a los rebeldes
C [v + o + adv]: **to ~ itself out** ‹‹*fire*›› apagarse*; ‹‹*meteorite/rocket*›› desintegrarse; **he's ~t himself out** ‹‹*actor/singer*›› está acabado *or* (fam) quemado
- **burn up**
A [v + o + adv, v + adv + o] **1▸** (consume) ‹*fuel*› consumir; ‹*calories*› quemar; **this car really ~s up the miles** (colloq) este coche corre de maravilla (fam); **he was ~ed up with jealousy** lo consumían los celos **2▸** (annoy, anger) (AmE colloq) enfermar (AmL fam), calentar* (RPl fam), poner* enfermo (Esp fam)
B [v + adv] ‹‹*meteorite/rocket*›› desintegrarse

burn² *n*
A **1▸** (injury) quemadura *f*; **she suffered severe/minor ~s to her face** sufrió quemaduras graves/leves en la cara; **he has third-degree ~s** tiene quemaduras de tercer grado **2▸** (on surface) quemadura *f*; **a cigarette ~** una quemadura *or* marca de cigarrillo **3▸** (feeling) escozor *m*, ardor *m* (esp AmL); ***slow ~*** (AmE colloq): **Mary did a slow ~ when she heard it** a Mary le empezó a hervir la sangre cuando lo oyó
B (stream) (dial *or* poet) arroyo *m*

burner /'bɜːrnər || 'bɜːnə(r)/ *n*
A (for oven) quemador *m*; ***to put sth on the back ~***: **they put the idea on the back ~** dejaron la idea en suspenso por el momento, aparcaron la idea por el momento (Esp)
B (Comput) quemador *m*; **a DVD ~ is fitted as standard** cuenta con un quemador de DVD integral de serie

burning /'bɜːrnɪŋ || 'bɜːnɪŋ/ *adj* (*before n*) **1▸** (hot) ‹*sand*› ardiente; ‹*sun*› abrasador **2▸** (*as adv*): **it's ~ hot** está muy caliente, está ardiendo; **the ~ hot sand** la arena ardiente **3▸** (intense) ‹*desire*› ardiente; ‹*hatred*› violento **4▸** (urgent) ‹*question/issue*› candente; **a topic of ~ importance** un tema de crucial *or* vital importancia

-burning /ˌbɜːrnɪŋ || ˌbɜːnɪŋ/ *suff*: **a coal~/wood~ heating system** un sistema de calefacción a carbón/leña

burnish /'bɜːrnɪʃ || 'bɜːnɪʃ/ *vt* bruñir*

burnout /'bɜːrnaʊt || 'bɜːnaʊt/ *n* **1▸** [c u] (exhaustion) (AmE colloq) agotamiento *m*, surmenage *m* **2▸** [c] (Aerosp) tercera fase *f* (*del vuelo de un cohete*)

> **Burns Night**
>
> Cada 25 de enero los escoceses en todo el mundo celebran el día del nacimiento del poeta Robert Burns, preparando una cena llamada *Burns Supper*, cuyo plato principal es *haggis* (estómago de oveja relleno con una mezcla de hígado y otras vísceras, avena, cebollas y especias). También se bebe whisky y se suelen leer poemas de Burns.

burns unit *n* unidad *f* de quemados

burnt¹ /bɜːrnt || bɜːnt/ *past & past p of* **burn¹**

burnt² *adj* ‹*food/toast*› quemado; ‹*smell/taste*› a quemado; **~ offering** (Relig) holocausto *m*

burnt orange ▸ⓘ **p.1036** *n* [u] naranja *m* oscuro

burnt-out /'bɜːrnt'aʊt || 'bɜːntaʊt/ *adj* calcinado

burnt sienna ▸ⓘ **p.1036** *n* [u] siena *m* tostado

burnup /'bɜːrnʌp || 'bɜːnʌp/ *n* (BrE sl): **to go for a ~** salir* a correr con el coche

burp¹ /bɜːrp || bɜːp/ *n* eructo *m*

burp² *vi* eructar, soltar* un eructo (fam)
■ **burp** *vt* ‹*baby*› hacer* eructar

burr /bɜːr || bɜː(r)/ *n*
A [c] (spiny seedhead — small) abrojo *m*, cadillo *m* (Col); (— large) erizo *m*
B [c u] (on edge of metal) rebaba *f*
C [u] (in pronunciation) *manera de pronunciar las erres en ciertas regiones*

burrow¹ /'bɜːrəʊ || 'bʌrəʊ/ *n* madriguera *f*; (of rabbits) conejera *f*

burrow² *vi* (in sand, soil) cavar; (in handbag, drawer) hurgar*, escarbar; **to ~ into the rock** horadar la roca; **they started ~ing into her private life** empezaron a hurgar en su vida privada
■ **burrow** *vt* ‹*hole/passage*› cavar, excavar

bursar /'bɜːrsər || 'bɜːsə(r)/ *n* administrador, -dora *m,f*

bursary /'bɜːrsəri || 'bɜːsəri/ *n* (*pl* **-ries**) (BrE) beca *f or* (Esp tb) ayuda *f or* bolsa *f* de estudios

burst¹ /bɜːrst || bɜːst/ (*past & past p* **burst**) *vi*
A ‹‹*balloon/tire*›› reventarse*; ‹‹*pipe*›› reventar*, romperse*; ‹‹*fireworks/shell*›› estallar, explotar; ‹‹*dam*›› romperse*; ‹‹*storm*›› desatarse, desencadenarse; **to ~ open** ‹‹*door/suitcase*›› abrirse* de golpe
B (move suddenly) (+ *adv compl*): **they ~ into the room** entraron de sopetón en la habitación, irrumpieron en la habitación (frml); **he ~ out from behind the bush and ...** de repente salió de entre los arbustos y ...; **they ~ out of the room** salieron de la habitación precipitadamente; **the news ~ upon an unsuspecting world** la noticia cayó como una bomba sobre un mundo que no se la esperaba; **the realization ~ upon me** de pronto *or* de repente me di cuenta; **a demonstrator ~ through the police cordon** un manifestante rompió el cordón policial
■ **burst** *vt* ‹*balloon/bubble*› reventar*; **he bent over and ~ the seam of his trousers** se inclinó y se le rompió la costura de los pantalones; **he ~ open the door** abrió la puerta de golpe; **the river ~ its banks** el río se desbordó *or* se salió de madre

(Phrasal verbs)

- **burst in** [v + adv] entrar (de sopetón), irrumpir (frml); **don't come ~ing in like that: knock first!** ¡no se entra así de sopetón, hay que llamar antes!; **to ~ in ON sb**: **you can't go ~ing in on people like that!** ¡no se puede entrar así (de sopetón) donde hay gente!; **the robbers ~ in on us while we were counting the day's receipts** los ladrones nos sorprendieron *or* (frml) irrumpieron en el local cuando estábamos haciendo la caja
- **burst into** [v + prep + o]: **to ~ into tears** echarse *or* ponerse* *or* (liter) romper* a llorar; **to ~ into song** ponerse* a cantar; **to ~ into flames** estallar en llamas
- **burst out** [v + adv] **1▸** (cry): **you're lying!, she ~ out suddenly** —¡estás mintiendo! —saltó de repente; **he ~ out with all kinds of accusations** salió con todo tipo de acusaciones **2▸** (exit) salir* **3▸** (start suddenly): **he ~ out laughing** se echó a reír, soltó una carcajada; **she ~ out crying** se echó *or* se puso a llorar, rompió a llorar (liter)

burst² *n*
A **1▸** (short surge): **a ~ of applause** una salva de aplausos; **a ~ of activity** un arrebato *or* arranque de actividad; **a ~ of inspiration** un ramalazo de inspiración; **inspiration comes in ~s** la inspiración viene en oleadas; **a ~ of energy** un arranque de energía; **there was a ~ of laughter from the table in the corner** se oyeron carcajadas en la mesa del rincón; **that final ~ earned him a bronze medal** ese esfuerzo final le valió la medalla de bronce **2▸** (of gunfire) ráfaga *f*
B **1▸** (rupture — of pipe) rotura *f*; (— of tire) (BrE) reventón *m* **2▸** (explosion) explosión *f*, estallido *m*

bursting /'bɜːrstɪŋ || 'bɜːstɪŋ/ *adj* (*pred, no comp*) **1▸** (overflowing) **to be ~ (WITH sth)** estar* repleto (DE algo); **the granaries are ~** los graneros están repletos; **the city is ~ with tourists** la ciudad está llena *or* abarrotada de turistas; **he was ~ with health/energy** rebosaba (de) salud/energía; **I'm ~** (colloq) (have eaten too much) estoy que reviento (fam) (need to go to the toilet) (BrE), me estoy haciendo (fam), no me puedo aguantar más **2▸** (anxious, impatient) (colloq) **to be ~ to + INF**: **she was ~ to interrupt** se moría de ganas de interrumpir, se moría por interrumpir; **go on, I know you're ~ to tell me** vamos, sé que te mueres por decírmelo

bursting (point) *n*: **to be filled** *o* **full to ~ with sth** estar* (lleno) hasta los topes *or* hasta el tope de algo

burton /'bɜːrtn || 'bɜːtn/ *n*: ***to go for a ~*** (BrE colloq) ‹‹*plan*›› irse* al traste *or* al diablo *or* al cuerno (fam); ‹‹*person*›› estirar la pata (fam), palmarla (Esp fam)

bury /'beri/ **buries, burying, buried** *vt*
A (inter) enterrar*, sepultar (frml); **she has buried three husbands** ha enterrado a tres maridos; **to ~ sb at sea** dar* sepultura a algn en el mar (frml)
B **1▸** ‹*bone/treasure*› enterrar*; **many bodies are still buried under** *o* **in the rubble** muchos cadáveres están aún enterrados *or* sepultados bajo los escombros; **the village was buried by the avalanche** el pueblo fue sepultado por la avalancha; **a little village buried away in the Pyrenees** un pueblecito de algún rincón de los Pirineos **2▸** (plunge, thrust) **to ~ sth (IN sth)**: **she buried the knife in his chest** le enterró *or* le hundió *or* le clavó el cuchillo en el pecho; **he buried his head in his hands** ocultó la cabeza entre las manos; **he always has his head buried in a book** está siempre enfrascado en la lectura de algún libro
C (settle, bring to an end) ‹*quarrel*› poner* fin a
■ *v refl* **1▸** (immerse oneself) **to ~ oneself IN sth** ‹*in one's work/one's studies/one's books*› enfrascarse* EN algo **2▸** (become lodged) ‹‹*bullet*›› alojarse; ‹‹*arrow*›› clavarse

bus¹ /bʌs/ *n* (*pl* **buses** *or* AmE also **busses**)
A (Transp) **1▸** (local) autobús *m*, bus *m*, camión *m* (AmC, Méx), colectivo *m* (Arg, Ven), ómnibus *m* (Per, Ur), micro *f* (Chi), guagua *f* (Cu); **on the ~** en el autobús (*or* bus *etc*); **to go by ~** ir* en autobús (*or* bus *etc*); ***to look like*** *o* ***have a face like the back (end) of a ~*** (colloq) ser* feo con ganas (fam); (*before n*): **~ conductor** cobrador, -dora *m,f*, guarda *mf* (RPl) de autobuses; **~ depot** (BrE) garage *m* (esp AmL), cochera *f* (Esp), depósito *m* (Chi); **~ driver** conductor, -tora *m,f or* chofer *mf or* (Esp) chófer *mf* de autobús, camionero, -ra *m,f* (AmC, Méx), colectivero, -ra *m,f* (Arg), microbusero, -ra *m,f* (Chi); **~ lane** (BrE) carril *m* bus; **~ pass** abono *m* de autobús, bono-bus *m* (Arg, Esp); **~ route** recorrido *m*; **~ service** servicio *m* de autobuses; **~ shelter** marquesina *f*; **~ station** estación *f or* terminal *f* de autobuses; **~ stop** parada *f or* (AmL exc RPl) paradero *m* de autobús (*or* bus *etc*); **~ ticket** boleto *m* (AmL) *or* billete *m* (Esp) de autobús; ▸**miss² Sense IB** **2▸** (long-distance) autobús *m*, autocar *m* (Esp), pullman *m* (CS), ómnibus *m* (RPl), micro *m* (Arg)
B (Comput) bus *m*; **address/data ~** bus de direcciones/datos

bus² *vt* **-s-** *or* **-ss-**
A (transport by bus) llevar *or* transportar en autobús (*or* bus *etc*); ‹*schoolchildren*› (in US) *transportar a colegios fuera de su zona para favorecer la integración racial*; ***to ~ it*** (colloq) ir* en autobús (*or* bus *etc*)
B (clear, clean) (AmE) ‹*table*› limpiar

busboy /'bʌsbɔɪ/ *n* (AmE) ayudante *m* de camarero

busby /'bʌzbi/ *n* (*pl* **-bies**) *gorro militar de piel*

bush¹ /bʊʃ/ *n*
A **1▸** [c] (shrub) arbusto *m*, mata *f*; **the burning ~** la zarza ardiente; ***to beat about*** *o* ***around the ~*** andarse* con rodeos; **stop beating about the ~!** ¡déjate de rodeos! **2▸** [c] (of hair) mata *f*

[3] **bushes** *pl* (thicket) matorrales *mpl*, maleza *f*; ***to beat the ~es for sth*** (AmE) buscar* algo por todas partes
B [u] (wild country): **the ~** el monte
C (BrE) (Mech Eng) cojinete *m*

bush² *adj* (AmE colloq) poco profesional

bushbaby /ˈbʊʃˌbeɪbi/ *n* (*pl* **-bies**) gálago *m*

bushed /bʊʃt/ *adj* (colloq) (*pred*) (exhausted) hecho polvo (fam), agotado

bushel /ˈbʊʃəl/ *n* ≈ fanega *f* (*EEUU: 35,23dm³, RU: 36,37dm³*); **I had a ~ of things to do** (AmE colloq) tenía un montón de cosas que hacer (fam); ▸**light¹ A**

bushfire /ˈbʊʃfaɪr || ˈbʊʃfaɪə(r)/ *n* (esp BrE) incendio *m* de monte

bushing /ˈbʊʃɪŋ/ *n* (esp AmE) cojinete *m*

bush league *n* (AmE) liga *f* menor; (*before n*) ‹*organization/performance*› de tercera *or* cuarta categoría

bush telegraph *n* (*no pl*): **it came through on the ~ ~** me lo contó *or* me lo dijo un pajarito (fam), lo escuché en radio macuto (Esp fam)

bushwhack /ˈbʊʃwæk/ *vi* (AmE) [1] (live, travel in the wild) hacer* exploraciones [2] (hack a pathway) abrirse* camino

bushy /ˈbʊʃi/ *adj* **bushier, bushiest** ‹*beard*› poblado, espeso; ‹*eyebrows*› tupido, poblado; ‹*undergrowth*› espeso

bushy-tailed /ˌbʊʃiˈteɪld/ *adj* con una cola muy peluda

busily /ˈbɪzəli || ˈbɪzɪli/ *adv*: **they were all ~ working** todos trabajaban afanosamente; **she was ~ writing her thank-you letters** estaba muy ocupada escribiendo sus cartas de agradecimiento

business /ˈbɪznəs || ˈbɪznɪs/ *n*
A [u] (Busn) [1] (world of commerce, finance) negocios *mpl*; (*before n*): **~ studies** (ciencias *fpl*) empresariales *fpl*; **~ school** o **college** *n* escuela *f* de administración *or* gestión de empresas, escuela *f* de negocios, instituto *m* comercial (CS), comercial *f* (CS); **the ~ pages** las páginas de economía y finanzas, las páginas de negocios; **~ people** gente *f* de negocios; **a course in ~ German** un curso de alemán comercial; **the ~ community** los empresarios, el empresariado [2] (commercial activity, trading) comercio *m*; **to be in ~: the firm has been in ~ for over 50 years** la empresa tiene más de 50 años de actividad comercial; **the factory is back in ~ again** la fábrica ha reanudado sus operaciones; **the Liberals are back in ~** los liberales son nuevamente una fuerza con la que hay que contar; **to set up in ~: loans to help you set up in ~** préstamos para ayudarlo a montar *or* poner un negocio; **he set himself up in ~ as a financial consultant** se estableció como asesor financiero; **go into ~: they went into ~ together** montaron *or* pusieron un negocio juntos; **to go out of ~** cerrar*; **high rents have put many local traders out of ~** muchos comercios han tenido que cerrar debido a los alquileres altos; **~ is good** el negocio anda *or* marcha bien; **~ is slack** hay muy poco movimiento; **the hamburger stands were doing good ~** los puestos de hamburguesas estaban haciendo un buen negocio; **the company lost two million dollars' worth of ~** la compañía perdió ventas (*or* contratos *etc*) por valor de dos millones de dólares; **~ is ~** los negocios son los negocios; Ⓢ **business as usual** seguimos atendiendo al público durante las reformas; **the government tried to give the appearance of ~ as usual** el gobierno intentó dar la impresión de que no había pasado nada; **the store/bank opens for ~ at nine o'clock** la tienda/el banco abre al público a las nueve; (*before n*) ‹*quarter/deal*› comercial; ‹*practice*› comercial; **~ acumen** visión *f* para los negocios; **~ associate** socio, -cia *m,f* [3] (custom, clients): **to lose ~** perder* clientes *or* clientela; **taxis ply for ~ at the airport** taxis ofrecen sus servicios en el aeropuerto
B [c] [1] (firm) negocio *m*, empresa *f*; (*before n*) ‹*name/address*› comercial; **~ administration/management** administración *f* /dirección *f* de empresas; **~ premises** local *m* comercial [2] (branch of commerce): **I'm in the insurance/antiques ~** trabajo en el ramo de los seguros/en la compra y venta de antigüedades; **the fashion/music ~** la industria *or* el negocio de la moda/música; **we are not in the ~ of making rash promises** no acostumbramos hacer promesas irresponsables; **she's the best designer in the ~** es la mejor diseñadora del ramo
C [u] [1] (transactions): **some important ~ came up and she had to dash off** surgió algo importante y tuvo que irse corriendo; **is it ~ or personal?** ¿se trata de cuestiones de trabajo o es algo personal?; **it's been a pleasure to do ~ with you** ha sido un placer trabajar con usted; **I'm here on ~** estoy aquí por negocios/por trabajo; **she's away on ~** está de viaje por negocios/por trabajo; **to mix ~ with pleasure** mezclar el trabajo con la diversión; **unfinished ~** asuntos *mpl* pendientes; **~ *before pleasure*** antes es la obligación que la devoción, primero el deber (y después el placer); ***to do one's ~*** (colloq & euph) hacer* sus necesidades (euf); ***to get down to ~*** ir* al grano, entrar en materia; ***to mean ~*** decir* algo muy en serio; **he obviously meant ~** estaba claro que lo decía muy en serio; ***to talk ~*** (lit) hablar de negocios; **all right then, $10,000 — now you're talking ~!** bueno, está bien, $10.000 — ahora sí que se te puede tomar en serio; **quit stalling and let's talk ~** deja de andarte con rodeos y vayamos al grano; (*before n*) ‹*appointment/lunch*› de trabajo, de negocios; **~ correspondence** correspondencia *f* comercial; **~ hours** horas *fpl* de oficina; **~ letter** carta *f* comercial; **~ trip** viaje *m* de negocios [2] (items on agenda) asuntos *mpl*, temas *mpl*; **the committee had a lot of ~ to get through** la comisión tenía muchos asuntos *or* temas que tratar; **any other ~** otros asuntos, ≈ ruegos y preguntas [3] (rightful occupation, concern) asunto *m*, incumbencia *f*; **to mind one's own ~: there I was, minding my own ~, when …** estaba ahí, de lo más tranquila, cuando …; **mind your own ~!** ¡no te metas en lo que no te importa!; **that's none of your ~** eso no es asunto tuyo, eso no te incumbe; **I know it's none of my ~, but …** ya sé que no es asunto mío, pero …; **it's no ~ of yours/mine** no es asunto tuyo/mío, no te/me incumbe; **you had no ~ apologizing on my behalf** no te correspondía a ti disculparte de mi parte; **I shall make it my ~ to find out** yo me ocuparé *or* me encargaré de averiguarlo; ***like nobody's ~*** (colloq): **she was getting through those chocolates like nobody's ~** les estaba dando duro a los bombones (fam); **he was dashing around like nobody's ~** estaba corriendo como un loco de aquí para allá; **he was spending money like nobody's ~** gastaba dinero como si fuera agua; ***to send sb about her/his ~*** echar a algn con cajas destempladas, mandar a algn a pasear *or* (Esp) a paseo (fam)
D (affair, situation, activity) (colloq) (*no pl*) asunto *m*; **this divorce ~ is getting me down** este asunto del divorcio me está deprimiendo; **what's all this ~ about you leaving?** ¿qué es eso de que te vas?; ***to be the ~*** (BrE sl) ser* bárbaro *or* genial *or* fantástico (fam); ***to give sb the ~*** (AmE): **if I get home late, my parents give me the ~** si llego tarde a casa mis padres me echan la bronca (fam); **my friends gave me the ~ when I wore my new dress** mis amigos me tomaron el pelo cuando me puse el vestido nuevo (fam)

business analyst *n* analista financiero, analista financiera *m,f*

business card *n* tarjeta *f* de visita, tarjeta *f* de presentación, tarjeta *f* comercial

business center, (BrE) **business centre** *n* centro *m* financiero

business-class¹ /ˈbɪznəsklæs || ˈbɪznɪsklɑːs/ *adj* (*before n*) de clase preferente *or* business-class

business-class² *adv* en clase preferente *or* business-class

business class *n* clase *f* preferente, business class *f*

business consultancy *n* [u c] (*pl* **-ies**)
A [c] (practice) asesoría *f* financiera, consultoría *f* financiera
B [u] (profession) consultoría *f* de empresas, consultoría *f* financiera

business consultant *n* consultor financiero, consultora financiera *m,f*

business contact *n* contacto *m* comercial

business cycle *n* ciclo *m* económico

business day *n* (AmE) ▸**working day**

business end *n* (hum) (of gun) cañón *m*; (of knife, sword) filo *m*; (of hammer) cabeza *f*

business ethics *pl n* ética *f* comercial, ética *f* empresarial

business expenses *pl n* gastos *mpl* empresariales, gastos *mpl* de la empresa

business language *n* [u] lenguaje *m* comercial, lengua *f* comercial

businesslike /ˈbɪznəslaɪk || ˈbɪznɪslaɪk/ *adj* ‹*person/manner*› (serious) formal, serio; (efficient) eficiente; ‹*discussion*› serio

businessman /ˈbɪznəsmæn || ˈbɪznɪsmən/ *n* (*pl* **-men** /-men/) empresario *m*, hombre *m* de negocios

business manager *n* director, -tora *m,f* comercial gerente *mf* comercial

business park *n* parque *m* empresarial

business person *n* (*pl* **~ people**) persona *f* de negocios, empresario, -ria *m,f*

business plan *n* plan *m* de negocios, plan *m* comercial

business proposition *n* propuesta *f* comercial, propuesta *f* de negocios

business rate *n* (in UK) *impuesto sobre locales comerciales, destinado a financiar los gastos municipales*

business reply envelope *n* sobre *m* con franqueo pagado impreso

business reply service *n*: *servicio de correos que permite a las empresas hacer uso de etiquetas y de sobres con franqueo pagado*

business software *n* [u] software *m* de gestión

business suit *n* traje *m* de oficina, traje *m* de calle

business-to-business /ˌbɪznəstəˈbɪznəs || ˌbɪznɪstəˈbɪznɪs/ *adj* empresa-empresa *adj inv*; **~ commerce** comercio *m* empresa-empresa

business unit *n* unidad *f* de negocios

businesswoman /ˈbɪznəsˌwʊmən || ˈbɪznɪsˌwʊmən/ *n* (*pl* **-women**) empresaria *f*, mujer *f* de negocios

busing, bussing /ˈbʌsɪŋ/ *n* [u] (in US) *traslado de escolares en autobús a colegios fuera de su zona para favorecer la integración racial*

busk /bʌsk/ *vi* (BrE colloq); *cantar o tocar un instrumento en la calle o en estaciones del transporte público*

busker /ˈbʌskər || ˈbʌskə(r)/ *n* (BrE) músico *m* callejero

busload /ˈbʌsləʊd/ *n*: **the first ~ of schoolchildren had just arrived** acababa de llegar el primer autobús (lleno) de escolares; **tourists were arriving by the ~/in ~s** iban llegando autocares (*or* autobuses *etc*) llenos de turistas

busman's holiday /ˈbʌsmənz/ *n* (*no pl*) *tiempo libre en que se realizan actividades similares al trabajo diario*

buss /bʌs/ *n* (arch *or* dial) beso *m*, ósculo *m* (liter *o* hum)

bussing /ˈbʌsɪŋ/ *n* [u] ▸**busing**

bust¹ /bʌst/ *vt* (*past & past p* **busted** *or* BrE also **bust**) [1] (break) (colloq) ‹*window/machine*› romper*; **the door was locked, so we ~ed it open** como la puerta estaba cerrada con llave, la abrimos a golpes [2] (*past & past p* **busted**) (raid) (sl) ‹*person*› agarrar (fam), trincar* (Esp fam); ‹*premises*› hacer* una redada en [3] (*past & past p* **busted**) (bankrupt) (AmE colloq) dejar sin un centavo *or* (Esp tb) sin blanca *or* (Méx tb) sin un quinto [4] (*past & past p* **busted**) (punch) (AmE colloq) darle* un puñetazo a [5] (*past & past p*

busted) ~ **(down)** (demote) (AmE sl) degradar
■ **bust** vi (past & past p **busted** or BrE also **bust**) (colloq) ‹‹object/machine›› romperse*, estropearse, sonar* (CS fam)

Phrasal verb
• **bust up** (colloq)
A [v + o + adv, v + adv + o] 1 (end) ‹relationship› romper*; (disrupt) ‹meeting› jorobar (fam) 2 (wreck) hacer* polvo (fam), destrozar*
B [v + adv]: **to ~ up with sb** 1 (separate) romper* con algn 2 (quarrel) pelearse con algn, tener* una bronca con algn (fam)

bust² n
A 1 (sculpture) busto m 2 (bosom) busto m, pecho m; **she's a 36-inch** ~ tiene 90 de busto
B 1 (collapse) (esp AmE) caída f, descalabro m 2 (raid) (sl) redada f

bust³ adj
A 1 (bankrupt) (colloq): **to go** ~ quebrar*, ir(se)* a la bancarrota, fundirse (Per, RPl fam) 2 (Games) (pred): **anything higher than a six and I'm** ~ si me toca una carta más alta que seis me paso or me voy; **it's a gold medal or** ~ o la medalla de oro o nada
B (broken) (BrE) ▸ **busted**

bustard /'bʌstərd || 'bʌstəd/ n avutarda f

busted /'bʌstəd || 'bʌstɪd/ adj (esp AmE colloq) roto, estropeado

buster /'bʌstər || 'bʌstə(r)/ n (AmE colloq) (as form of address) fulano (fam), macho (Esp fam), güey (Méx fam), gallo (Chi fam), che (RPl fam)

bustier /'bʌstɪeɪ/ n bustier m, top m

bustle¹ /'bʌsəl/ vi 1 (move busily): **I could hear her bustling along the corridor** oía como iba y venía afanosamente por el corredor; **to ~ around** ir* de aquí para allá, trajinar 2 (be crowded, lively) ‹‹street/store››: **to ~ (WITH sth)** bullir* (DE algo)

bustle² n
A [u] (activity) ajetreo m, bullicio m (fam)
B [c] (Clothing, Hist) polisón m, miriñaque m

bustling /'bʌslɪŋ/ adj ‹street/shop› animado, de mucho movimiento; ‹crowd› animado, bullicioso

bust-up /'bʌstʌp/ n 1 (breakup) ruptura f 2 (quarrel) (BrE colloq) pelea f, bronca f (fam)

busty /'bʌsti/ adj **bustier, bustiest** (colloq) pechugona (fam)

busway /'bʌsweɪ/ n (AmE) carril m bus

busy¹ /'bɪzi/ adj **busier, busiest**
A (occupied) ‹person› ocupado; **I'm a ~ man** soy un hombre ocupado; **can't you see I'm ~?** ¿no ves que estoy ocupado or atareado?; **she likes to be ~** le gusta estar ocupada or tener algo que hacer; **the children keep me very ~** los niños me tienen muy atareada or me dan mucho que hacer; **to get ~** ponerse* a trabajar; **we'd better get ~** (colloq) mejor nos ponemos a trabajar or (nos) ponemos manos a la obra; **I got ~ on the reports** (colloq) me puse a trabajar en los informes; **I was ~ writing a letter** estaba ocupada escribiendo una carta
B ‹street/market› concurrido, de mucho movimiento; **I've had a ~ day** he tenido un día de mucho trabajo; **I have a ~ schedule next week** la próxima semana tengo un programa muy apretado; **summer is our busiest season** en la temporada de verano es cuando más trabajo tenemos; **a ~ road** una carretera con mucho tráfico or muy transitada
C (Telec) ocupado (AmL), comunicando (Esp); **the line was ~** estaba ocupado or (Esp) comunicando; **your phone was ~** tu teléfono estaba ocupado or (Esp) tu teléfono comunicaba
D (fussy, detailed) ‹pattern/picture› recargado, abigarrado

busy² v refl **busies, busying, busied to ~ oneself -ING** ponerse* A + INF; **I busied myself tidying the room** me puse a ordenar la habitación; **to ~ oneself WITH sth** entretenerse* CON algo; **can't you find anything to ~ yourself with?** ¿por qué no buscas algo con qué entretenerte?

busybody /'bɪzi,bɑːdi || 'bɪzi,bɒdi/ n (pl **-dies**) (colloq) entrometido, -da m,f, metomentodo mf (fam), metiche mf (AmL fam), metido, -da m,f (AmS fam), meterete, -ta m,f (RPl fam)

busy Lizzie /'lɪzi/ n (BrE) alegría f del hogar or de la casa, impatiens f

busy signal n (AmE) tono m or señal f de ocupado (AmL), señal f de comunicando (Esp)

but¹ /bʌt weak form /bət/ conj
A 1 (however) pero; **he nodded, ~ he didn't say anything** asintió, pero no dijo nada; **she was fired, ~ they were not** la despidieron a ella pero no a ellos; **everybody, ~ everybody knows that** eso no hay nadie que no lo sepa; **you're really bugging me ~ good!** (AmE colloq) ¡qué manera de darme la lata! (fam) 2 (used for introductory emphasis) pero; **~ what made you say it?** ¿pero por qué lo dijiste?; **~ that's miles away!** ¡pero eso queda lejísimos!; **surely he doesn't believe that? — oh, ~ he does!** no puede ser que se crea eso — pues sí que se lo cree 3 **but then** (as linker) (however, still) pero; (in that case) pero entonces; **~ then you never were very ambitious, were you?** pero la verdad es que tú nunca fuiste muy ambicioso ¿no?; **~ then he must have lied to us!** ¡pero entonces nos debe haber mentido!; **I don't want to, ~ then again I do** no quiero, pero a la vez or al mismo tiempo sí quiero
B 1 **not ... but ...** no ... sino ...; **it wasn't her ~ Sheila who told me** no fue ella sino Sheila quien me lo dijo; **it appears that she's not Greek ~ Albanian** parece que no es griega, sino albanesa; **not only did she hit him, ~ she also ...** no sólo le pegó, sino que también ... 2 (without) (liter) (usu with neg): **not a day passes ~ I'm reminded of him** no pasa un solo día sin que me acuerde de él
C 1 **but that** (dated) (usu with neg): **I don't doubt ~ that it's the right thing to do** no dudo que sea lo correcto; **who knows ~ that he may come?** ¿quién sabe?, quizás venga 2 **but what** (arch) (usu with neg): **I don't doubt ~ what you are right** no dudo que tengas razón

but² prep 1 (except): **everyone ~ me** todos menos or excepto or salvo yo; **nobody's been told ~ you and me** no se le ha dicho a nadie más que a ti y a mí, no se le ha dicho a nadie excepto or salvo a ti y a mí; **the last street ~ one** la penúltima calle; **the next street ~ one** la próxima calle no: la siguiente; **who ~ she could help us?** (liter) ¿quién sino ella podría ayudarnos?; **I had no alternative ~ to leave** no me quedó otra alternativa que irme; **there's nothing we can do ~ wait** no podemos hacer otra cosa sino esperar, lo único que podemos hacer es esperar 2 **but for: ~ for them/their help, we'd have lost all our money** de no haber sido por ellos/por su ayuda or si no hubiera sido por ellos/por su ayuda, habríamos perdido todo nuestro dinero

but³ adv (frml): **we can ~ try** con intentarlo no se pierde nada; **he's still ~ a child** aún no es más que un niño; **one cannot ~ admire her audacity** uno no puede (por) menos que admirar su audacia; **they cannot ~ be right** tienen que estar en lo cierto

but⁴ /bʌt/ n pero m; **no ~s: come here at once!** no hay pero que valga, ¡ven aquí inmediatamente!; **but, and this is a big ~, ...** pero, y éste es un gran pero ...

butane /'bjuːteɪn/ n [u] butano m; (before n): **~ gas** gas m butano

butanol /'bjuːtənɔːl || 'bjuːtənɒl/ n [u] butanol m

butch /bʊtʃ/ adj (colloq) ‹man› machote (fam); ‹woman› hombruna, machota (fam); ‹physique/clothing› (of man) de machote (fam); (of woman) hombruno

butcher¹ /'bʊtʃər || 'bʊtʃə(r)/ n 1 (meat dealer) carnicero, -ra m,f; **~'s (shop)** carnicería f 2 (murderer) asesino, -na m,f; see also **butchers**

butcher² vt 1 ‹cattle/pig› matar, carnear (CS) 2 ‹people› masacrar, hacer* una carnicería con

butcher-block /'bʊtʃərblɑːk || 'bʊtʃəblɒk/ adj (AmE) de madera maciza

butchers, butcher's /'bʊtʃərz || 'bʊtʃəz/ n: **to have/take a ~ at sth** (BrE sl) echarle una ojeada a algo; **let's have a ~** ¿a ver?

butchery /'bʊtʃəri/ n [u] matanza f, carnicería f

butler /'bʌtlər || 'bʌtlə(r)/ n mayordomo m

butt¹ /bʌt/ n
A 1 (of rifle) culata f 2 **~ (end)** (blunt end) extremo m 3 (of cigarette) colilla f, pucho m (RPl fam), bacha f (Méx fam) 4 (cigarette) (AmE colloq) cigarrillo m, pucho m (AmS fam)
B (target, object) blanco m; **to be the ~ of jokes/criticism** ser* el blanco de las bromas/las críticas
C (cask) barril m, tonel m
D 1 (from goat) topetazo m, embestida f 2 (head ~) cabezazo m, topetazo m
E (buttocks) (AmE colloq) trasero m (fam), culo m (fam o vulg), traste m (CS fam), poto m (Chi, Per fam); **it's time they got off their ~s** ya es hora de que se pongan a trabajar; **I fell right on my ~** me caí de culo (fam o vulg)
F **butts** pl (firing range) campo m de tiro

butt² vt
A 1 (with horns) ‹‹goat›› embestir*, topetar 2 (with head) darle* un topetazo or cabezazo a
B (join) (Const) empalmar, ensamblar

Phrasal verbs
• **butt in** [v + adv] (interrupt) interrumpir, meter la cuchara (fam); (interfere) meterse (fam), inmiscuirse*; **he had to ~ in and spoil everything!** ¡tenía que meterse y estropearlo todo! (fam); **we don't want them ~ing in on our private lives** no queremos que se inmiscuyan or (fam) se metan en nuestra vida privada
• **butt out** [v + adv] (AmE) (colloq) largarse* (fam), pirarse (Esp fam), pelar gallo (Méx fam), mandarse a cambiar (Andes) or (RPl) mudar (fam)

butter¹ /'bʌtər || 'bʌtə(r)/ n [u] mantequilla f, manteca f (RPl); **apple ~** (AmE) mermelada f or (CS tb) dulce m de manzana; **~ wouldn't melt in her/his mouth** es una mosquita muerta; **to push sb's ~s** darle* or meterle caña a algn (fam); (before n): **~ dish** mantequera f, mantequillera f; **~ knife** cuchillo m de mantequilla or (RPl) de manteca

butter² vt ‹bread› untar con mantequilla or (RPl) manteca, ponerle* mantequilla or (RPl) manteca a; **~ed toast** tostadas fpl con mantequilla or (RPl) manteca; **pour the mixture into a ~ed dish** (BrE) vierta la mezcla en un molde enmantequillado or untado de mantequilla or (RPl) enmantecado

Phrasal verb
• **butter up** [v + o + adv, v + adv + o] (colloq) halagar* (interesadamente), darle* jabón a (fam), hacerle* la barba a (Méx fam), hacerle* la pata a (Chi fam)

butterball /'bʌtərbɔːl || 'bʌtəbɔːl/ n (AmE colloq) bolita f de grasa (fam)

butter bean n 1 (dried bean) tipo de frijol blanco, poroto m de manteca (RPl) 2 (wax bean) (AmE) tipo de frijol fresco con vaina amarilla

buttercup /'bʌtərkʌp || 'bʌtəkʌp/ n ranúnculo m

butterfat /'bʌtərfæt || 'bʌtəfæt/ n [u] grasa f or crema f de la leche

butterfingers /'bʌtər,fɪŋgərz || 'bʌtə,fɪŋgəz/ n (pl ~) (colloq) torpe mf, patoso, -sa m,f (Esp fam)

butterfly /'bʌtərflaɪ || 'bʌtəflaɪ/ n (pl **-flies**) 1 [c] (Zool) mariposa f; (before n): **~ bush** budleya f; **~ net** red f para cazar mariposas, cazamariposas m; **~ nut** (tuerca f de) mariposa f; **~ valve** (válvula f de) mariposa f 2 [c] (person) persona que no sienta cabeza 3 [u] (swimming stroke) estilo m mariposa, estilo m de mariposa (Méx); **to do the ~** nadar (estilo) mariposa, nadar a mariposa (Esp), nadar de mariposa (Méx) 4 **butterflies** pl (nervous feeling) nervios mpl; **my butterflies disappear as soon as I get on stage** los nervios se me pasan en cuanto subo al escenario; **to get/have butterflies (in one's stomach)** ponerse*/estar* nervioso

butterfly effect n efecto m mariposa

butterfly stroke n estilo m mariposa, estilo m de mariposa (Méx)

b

buttermilk /'bʌtərmɪlk || 'bʌtəmɪlk/ *n* [u] 1 suero *m* (de la leche) 2 ▸ ℹ **p.1036** (color) (esp BrE) (color *m*) crema *m*; (*before n*) color crema *adj inv*

butterscotch /'bʌtərskɑːtʃ || 'bʌtəskɒtʃ/ *n* [u]: *caramelo duro hecho con azúcar y mantequilla*

buttery /'bʌtəri/ *adj* mantecoso; **a ~ taste** un sabor a mantequilla *or* (RPl) manteca

butt joint *n* junta *f* a tope, junta *f* plana

buttock /'bʌtək/ *n* 1 nalga *f* 2 **buttocks** *pl* nalgas *fpl*, trasero *m* (fam)

button[1] /'bʌtn/ *n*

A (Clothing) botón *m*; **to sew a ~ onto sth** coserle* *or* pegarle* un botón a algo; ***on the ~*** (AmE): **his answer was right on the ~** dio en el clavo con su respuesta; **she arrived on the ~** llegó en punto *or* muy puntual; ***to be as bright as a ~*** ser* muy despierto, ser* más listo que el hambre (fam); (*before n*): **~ mushroom** champiñón *m* pequeño; **~ nose** nariz *f* chata y pequeña

B (switch) botón *m*; ***to hit the right ~*** dar* en la tecla

C (badge) distintivo *m*

button[2] *vt* **~ (up)** abotonar, abrochar

■ **button** *vi*: **the blouse ~s to the neck** la blusa va abotonada *or* abrochada hasta el cuello

button badge *n* pin *m*, botón *m* (AmL)

button battery *n* pila *f* de botón

button-down /'bʌtndaʊn/ *adj* (*before n*) 1 (Clothing): **~ collar** *cuello cuyas puntas se abotonan a la camisa* 2 (staid, conventional) (AmE colloq) acartonado

buttoned up /'bʌtnd'ʌp/ *adj* (*before n* **buttoned-up**) (colloq) retraído

buttonhole[1] /'bʌtnhəʊl/ *n* 1 (Clothing) ojal *m* 2 (flower) (BrE) *flor que se lleva en el ojal*

buttonhole[2] *vt* acorralar; **she ~d me on my way out** me acorraló a la salida

button-through /'bʌtnθruː/ *adj* (*before n*) (BrE) (Clothing) abrochado *or* abotonado por delante

buttress[1] /'bʌtrəs || 'bʌtrɪs/ *n* 1 (Archit) contrafuerte *m*; **flying ~** arbotante *m* 2 (for a theory, argument) apoyo *m*

buttress[2] *vt* 1 (Archit) ‹*wall*› reforzar* con un contrafuerte 2 (support) ‹*argument/case*› respaldar, apoyar

butty /'bʌti/ *n* (*pl* **-ties**) (BrE colloq) sandwich *m*, bocata *m* (Esp fam)

butyl /'bjuːtəl || 'bjuːtaɪl, 'bjuːtɪl/ *n* [u] 1 (Chem) butilo *m*; (*before n*): **~ rubber** caucho *m* butílico; **~ roofing** cubierta *f* de butilo 2 (butyl rubber) caucho *m* butílico

buxom /'bʌksəm/ *adj* con mucho busto *or* pecho, bien dotada (euf & hum), pechugona (fam)

buy[1] /baɪ/ (*past & past p* **bought**) *vt*

A (purchase) comprar; **we ~ and sell stamps and old coins** compramos y vendemos sellos y monedas antiguas; **to ~ sth cheap/second-hand** comprar algo barato/de segunda mano; **$10 won't ~ you much** con 10 dólares no se puede comprar gran cosa; **money can't ~ happiness** el dinero no hace la felicidad, la felicidad no se compra con dinero; **I'll ~ the next round** a la próxima ronda invito yo; **to ~ sb sth** comprarle algo a algn; **she bought the children some books** les compró unos libros a los niños; **she bought some books for the children** compró unos libros para los niños; **let me ~ you a drink** déjame invitarte a una copa; **she bought my ticket** me pagó la entrada; **I bought myself a hat** me compré un sombrero; **I bought this mirror for $50** compré este espejo por 50 dólares; **to ~ sth FROM sb** comprarle algo A algn; **I bought the radio from** *o* (colloq) **off a friend** le compré la radio a un amigo

B ‹*person/support/votes*› comprar; **his triumph was dearly bought** pagó muy caro el triunfo

C (accept, believe) (colloq) tragarse* (fam); **if he'll ~ that, he'll ~ anything** si se traga eso, se traga cualquier cosa (fam)

■ **buy** *vi* comprar; **to ~ FROM sb** comprarle A algn; **we always ~ from him** siempre le compramos a él; **to ~ forward** (Fin) comprar a plazo fijo (y precio convenido)

(Phrasal verbs)

- **buy in** (BrE)

A [v + o + adv, v + adv + o] 1 ‹*food/supplies/fuel*› comprar (*para abastecerse*) 2 (at auction) comprar (*el mismo vendedor*)

B [v + adv] comprar

- **buy into** [v + prep + o] 1 ‹*company*› adquirir* participación en, comprar acciones en 2 aceptar
- **buy off** [v + o + adv, v + adv + o] sobornar, comprar (fam)
- **buy out** [v + o + adv, v + adv + o] ‹*partner/shareholder*› comprarle su parte a
- **buy up** [v + adv + o] comprarse todas las existencias de

buy[2] *n* compra *f*; **a good/bad ~** una buena/mala compra; **one of the best ~s of the year** una de las gangas del año (fam)

buy-back /'baɪbæk/ *n* 1 (contractual undertaking) compromiso *m* de readquisición, pacto *m* de recompra; (*before n*): **~ option** opción *f* de recompra 2 (stock repurchase) autocartera *f*

buyer /'baɪər || 'baɪə(r)/ *n* 1 (customer) comprador, -dora *m,f*; **it's a ~'s market** el mercado favorece al comprador 2 (buying agent) (Busn) encargado, -da *m,f* de compras

buy-in /'baɪ,ɪn/ *n*

A (of own stock) adquisición *f*, de acciones propias

B (of strategic stake) compra *f* de acciones (*por gerentes de otras compañías*)

buying power /'baɪɪŋ/ *n* poder *m* adquisitivo

buy-out /'baɪaʊt/ *n*: **management/workers' ~** compra *f* de una compañía por parte de sus ejecutivos /trabajadores

buzz[1] /bʌz/ *n*

A 1 (of bee, wasp) zumbido *m* 2 (of voices) rumor *m*, murmullo *m*; **there was a ~ of excitement in the lecture hall** hubo un murmullo de agitación en la sala de conferencias 3 (as signal) zumbido *m*

B (phone call) (colloq): **to give sb a ~** darle* *or* pegarle* *or* (Méx) echarle un telefonazo a algn (fam), darle* un toque a algn (Esp fam)

C (thrill) (colloq) (from drugs) colocón *m* (arg); (thrill): **I get a real ~ out of surfing** el surf me vuelve loco

D (rumor, news) (BrE colloq) rumor *m*; **the ~ is that ...** se rumorea que ..., corre la voz de que ...

buzz[2] *vi* 1 «*bee/bluebottle*» zumbar 2 «*telephone/alarm clock*» sonar* 3 (be animated) (*usu in -ing form*) **to ~ WITH sth**: **the town was ~ing with rumors** la ciudad era un hervidero de rumores; **the Boston arts scene is really ~ing** hay una actividad febril en el mundo artístico de Boston 4 (reverberate, reel) (*usu in -ing form*): **my ears were ~ing** me zumbaban los oídos; **my head was ~ing with all the figures I had to memorize** la cabeza me daba vueltas con todos los números que me tenía que aprender

■ **buzz** *vt*

A 1 (call on intercom) llamar por el interfono 2 (call on phone) (AmE colloq) darle* *or* pegarle* *or* (Méx) echarle un telefonazo a (fam), darle* un toque a (Esp fam)

B «*aircraft*» acercarse* a

(Phrasal verbs)

- **buzz about, buzz around**

A [v + adv] «*person*» trajinar

B [v + o + adv] (spread about) ‹*rumor*› hacer* correr, propagar*

- **buzz off** [v + adv] (colloq) (*usu in imperative*) largarse* (fam), picar* (RPl fam)

buzz[3] *adj* (*before n*) de moda, en boga

buzzard /'bʌzərd || 'bʌzəd/ *n* 1 (hawk) (esp BrE) águila *f*‡ ratonera 2 (vulture) (AmE) aura *f*‡, gallinazo *m*, zopilote *m* (AmC, Méx)

buzzer /'bʌzər || 'bʌzə(r)/ *n* 1 (bell) timbre *m*, chicharra *f*; ***at the ~*** (AmE) (Sport) en los últimos instantes 2 (lock) portero *m* automático *or* eléctrico

buzz saw *n* (AmE) sierra *f* circular

buzzword /'bʌzwɜːrd || 'bʌzwɜːd/ *n* palabra *f* de moda

BVD® /'biːviː'diː/ *n* (AmE); *prenda interior de hombre*

BVM *n* (= **Blessed Virgin Mary**) Ntra. Sra.

b/w = black and white

BWR *n* = **boiling water reactor**

by[1] /baɪ/ *prep*

> ⚠ **by** often appears as the second element of certain verb structures in English (*abide by, get by, stand by*, etc). For translations, see the relevant verb entry (*abide, get, stand*, etc).

A 1 (not later than): **her father told her to be in ~ 11** el padre le dijo que volviera antes de las 11 *or* que a las 11 estuviera en casa; **they should be there ~ now** ya deberían estar allí; **will it be ready ~ 5?** ¿estará listo para las 5?; **~ the time he arrived, most of the others had left** cuando llegó, casi todos los demás se habían ido 2 (during, at): **~ day he's a bank clerk and ~ night a barman** de día es empleado bancario y de noche barman; **~ day the streets are deserted** durante el día *or* de día las calles están desiertas; **Rome ~ night** Roma nocturna, Roma de noche

B 1 (at the side of, near to) al lado de, junto a; **she went and sat ~ Neil** fue y se sentó al lado de Neil *or* junto a Neil; **come and sit ~ me** ven a sentarte a mi lado *or* junto a mí *or* (crit) al lado mío; **we spent the day ~ the sea** pasamos el día en la playa *or* junto al mar; **it's right ~ the door** está justo al lado de la puerta; **in the café ~ the station** en el café de al lado de la estación 2 (to hand) (AmE): **I always keep some money ~ me** siempre llevo algo de dinero encima; **do you have the letter ~ you?** ¿tiene (usted) la carta (consigo)?

C 1 (past): **I said hello, but he walked right ~ me** lo saludé pero él pasó de largo; **I think we've already gone ~ the house** creo que ya hemos pasado la casa; **let's go around ~ the canal** demos la vuelta por el canal 2 (via, through) por; **I came in ~ the back door** entré por la puerta de atrás; **~ land/sea/air** por tierra/mar/avión

D ▸ ℹ **p.1506** (indicating agent, cause) (*with passive verbs*) por [*The passive voice is, however, less common in Spanish than it is in English*]; **she was brought up ~ her grandmother** la crió su abuela, fue criada por su abuela; **blonde hair bleached ~ the sun** pelo rubio aclarado por el sol; **she was haunted ~ his memory** su recuerdo la atormentaba; **we were forgotten ~ all our friends** todos nuestros amigos se olvidaron de nosotros; **she was accompanied ~ several members of her family** iba acompañada de varios familiares; **a play ~ Shakespeare** una obra de Shakespeare; **it was written ~ Pinter** fue escrita por Pinter

E 1 (indicating means, method): **made ~ hand** hecho a mano; **to travel ~ car/train/plane** viajar en coche/tren/avión; **to pay ~ credit card** pagar* con tarjeta de crédito; **I sent the letter ~ registered mail** envié la carta por correo certificado; **please reply ~ return of mail** *o* (BrE) **return of post** le rogamos nos conteste a vuelta de correo; **she was reading ~ the light of a candle** leía a la luz de una vela; **to navigate ~ the stars** guiarse* por las estrellas; **~ moonlight** a la luz de la luna; **she grabbed me ~ the arm** me agarró del brazo; **~ -ING**: **you won't get anywhere ~ being negative** no vas a conseguir nada con esa actitud tan negativa; **I'll begin ~ introducing myself** empezaré por presentarme 2 (owing to, from): **~ an amazing coincidence** por una de esas casualidades; **she is Spanish ~ birth** es española de nacimiento; **he had two children ~ his second wife** tuvo dos hijos con *or* de su segunda mujer; **~ -ING**: **~ specializing, she has limited her options** al especializarse, ha restringido sus posibilidades; **~ being too extreme, they have lost public support** por ser demasiado extremistas, han perdido apoyo popular

F 1 (according to): **~ that clock it's almost half past** según ese reloj son casi y media; **it's a good offer ~ any standards** es una buena oferta se mire por donde se mire; **judging**

~ **what you say** a juzgar por lo que dices; **I'm only going ~ what I heard** sólo me baso en lo que he oído; **~ the look of things, we're too late** por lo visto *or* al parecer hemos llegado demasiado tarde; **is it all right ~ you if I smoke?** ¿te importa si fumo?; **that's fine ~ me** por mí no hay problema **2▸** (*in interj phrases*): **I swear ~ all that's holy, I never touched a hair of her head** juro por lo más sagrado que no le puse un dedo encima; **~ God, you'll be sorry you said that!** te juro que te vas a arrepentir de haber dicho eso; **~ heck, what a fuss over nothing!** (colloq) ¡Jesús! ¡cuánto lío por nada!

G **1▸** (indicating rate) por; **to sell/buy sth ~ the meter/kilo** vender/comprar algo por metro(s)/kilo(s); **we are paid ~ the hour/batch** nos pagan por hora(s)/lote; **we gathered apples ~ the bagful** recogimos bolsas y bolsas de manzanas; **they make them ~ the thousand** hacen miles y miles de ellos **2▸** (indicating extent of difference): **she broke the record ~ several seconds** batió el récord en *or* por varios segundos; **I'm taller than you ~ an inch or two** te llevo una pulgada o dos, soy una pulgada o dos más alto que tú; **we missed the train ~ seconds** perdimos el tren por unos segundos; **the price has gone up ~ $500 in a year** el precio ha subido 500 dólares en un año; **her popularity has fallen ~ three per cent** su popularidad ha disminuido (en) un tres por ciento **3▸** (indicating gradual progression): **one ~ one** uno por uno; **they went in two ~ two** entraron de dos en dos *or* (CS tb) de a dos; **you have to learn step ~ step** tienes que aprender paso a paso; **he grows worse day ~ day** cada día está peor, empeora día a día; **little ~ little** poco a poco, de a poco (CS)

H (Math) por; **multiply two ~ three** multiplica dos por tres; **divide six ~ three** divide seis por *or* entre tres; **a room 20ft ~ 12ft** una habitación de 20 pies por 12

I (in compass directions): **north ~ northeast** nornor(d)este

J **by oneself** (alone, without assistance) solo; **I need to be ~ myself** necesito estar solo *or* a solas; **I don't like to leave them ~ themselves at night** no me gusta dejarlos solos de noche; **can you manage that case ~ yourself?** ¿puedes tú solo con esa maleta?; **they do their homework ~ themselves** hacen los deberes solos

by[2] *adv* **1▸** (past): **let me ~!** ¡déjenme pasar!; **she rushed ~ without seeing me** pasó corriendo y no me vio; **they watched the parade march ~** vieron pasar el desfile **2▸** (aside, in reserve): **I try and put a little money ~ each week** trato de ahorrar un poco de dinero cada semana; **keep some food ~, just in case** aparta *or* reserva algo de comida por si acaso **3▸** (to sb's residence): **call** *o* **stop ~ on your way to work** pasa por casa de camino al trabajo **4▸** (*in phrases*): **by and by**: **~ and ~ they came to the clearing** al poco rato llegaron al claro; **it's going to rain ~ and ~** va a llover dentro de poco; **by and large** por lo general, en general; **by the by** *see* **bye**[1]

bye[1] /baɪ/ *n*: **she got a ~ into the second round** pasó automáticamente a la segunda vuelta; ***by the ~***: **he mentioned it by the ~** lo mencionó de pasada; **my parents weren't happy about it either, but that's just by the ~** por cierto *or* a propósito, a mis padres tampoco les hizo mucha gracia

bye[2], (AmE) **'bye** /baɪ/ *interj* (colloq) ¡adiós!, ¡chao *or* chau! (esp AmL fam)

bye-bye[1] /'baɪ'baɪ/ *interj* (colloq) ¡adiós!, ¡chaucito! (AmL fam), ¡chaíto! (Chi fam)

bye-bye[2] *adv* (AmE colloq: used with children): **to go ~** ir* de paseo

bye-byes /'baɪbaɪz/ *pl n* (BrE colloq: used with children): **to go (to) ~** irse* a dormir, irse* a hacer nono *or* (Méx) (la) meme *or* (Chi, Per) tuto (leng infantil)

bye-law /'baɪlɔː/ *n* (BrE) ▸**bylaw**

by-election, bye-election /'baɪə,lekʃən/ *n* (in UK) *elección para cubrir un escaño vacante en el parlamento*

Byelorussia /bi,eləʊ'rʌʃə ‖ ,bjeləʊ'rʌʃə/ *n* Bielorrusia *f*

Byelorussian[1] /bi,eləʊ'rʌʃən ‖ ,bjeləʊ'rʌʃən/ *adj* bielorruso

Byelorussian[2] *n* **1▸** [c] (person) bielorruso, -sa *m,f* **2▸** [u] (language) bielorruso *m*

bygone /'baɪgɔːn ‖ 'baɪgɒn/ *adj* (liter) (*before n*) ‹*age/era/days*› de antaño (liter), pasado; ***to let ~s be ~s*** olvidar el pasado; **let ~s be ~s** lo pasado, pasado está

bylaw /'baɪlɔː/ *n* **1▸** (company regulation) norma *f*; **the airport authority ~s** el reglamento del aeropuerto **2▸** (local, municipal law) (BrE) ordenanza *f* municipal

byline[1] /'baɪlaɪn/ *n* **1▸** (Journ) data *f* **2▸** (in soccer) línea *f* de meta

byline[2] *vt* firmar (*un artículo periodístico*)

byname /'baɪneɪm/ *n* apodo *m*, sobrenombre *m*, mote *m*

BYOB /,biː,waɪ,əʊ'biː/ *n* = **bring your own bottle** *o* **booze** *o* **beer**

bypass[1] /'baɪpæs ‖ 'baɪpɑːs/ *n* **1▸** (road) (BrE) carretera *f* de circunvalación, bypass *m*, libramiento *m* (Méx), carretera *f* circunvalar (Col) **2▸** (Med) bypass *m*; (*before n*) ‹*surgery/operation*› de bypass **3▸** (Tech) bypass *m*

bypass[2] *vt* **1▸** (Transp): **you can ~ Paris by taking the Pontoise road** si tomas la carretera de Pontoise (te) evitas entrar en París; **the new road ~es the town** la nueva carretera circunvala la ciudad **2▸** (circumvent): **she ~ed her supervisor and went to talk to the manager** pasó por encima de su supervisor y fue a hablar con el gerente; **we want to ~ the middlemen** queremos evitar tener que usar intermediarios

bypath /'baɪpæθ ‖ 'baɪpɑːθ/ *n*

A (side path, indirect route) desvío *m*

B (minor branch of a subject) subrama *f*

byplay /'baɪpleɪ/ *n* [u] acción *f* secundaria

by-product /'baɪ,prɑːdʌkt ‖ 'baɪ,prɒdʌkt/ *n* **1▸** (in manufacture) subproducto *m*, producto *m* secundario, derivado *m* **2▸** (consequence) consecuencia *f*

byre /baɪr ‖ 'baɪə(r)/ *n* (arch *or* dial) establo *m*

byroad /'baɪrəʊd/ *n* carretera *f* secundaria *or* vecinal

bystander /'baɪ,stændər ‖ 'baɪ,stændə(r)/ *n*: **a ~ helped him to his feet** un transeúnte *or* alguien que estaba allí lo ayudó a levantarse; **they opened fire, killing innocent ~s** abrieron fuego y mataron a varias personas inocentes *or* a varios transeúntes; **~s looked on in amazement** quienes estaban allí *or* (frml) los circunstantes miraban asombrados

byte /baɪt/ *n* byte *m*, octeto *m*

byway /'baɪweɪ/ *n* camino *m* (*apartado*); **the remoter ~s of science** los vericuetos menos explorados de la ciencia

byword /'baɪwɜːrd ‖ 'baɪwɜːd/ *n* **~ FOR sth** sinónimo DE algo; **our name is a ~ for quality** nuestra marca es sinónimo de calidad

by-your-leave /,baɪjər'liːv ‖ ,baɪjɔː'liːv/ *n*: ***without so much as a ~*** sin (ni) siquiera pedir permiso

Byzantine[1] /'bɪzntiːn, -taɪn ‖ bɪ'zæntaɪn, baɪ'zæntaɪn/ *adj* **1▸** (of Byzantium) bizantino; **the ~ Empire** el Imperio Bizantino **2▸** **byzantine** (complex) complejo

Byzantine[2] *n* bizantino, -na *m,f*

Byzantium /bɪ'zæntiːəm/ *n* Bizancio *m*

c, C /siː/ *n* 1 (letter) c, C *f* 2 **C** (Mus) do *m*; *see also* **a A2** 3 **C** ▸❶ p.796 (= **Celsius** *or* **centigrade**) C; **20°C** 20°C 4 **C** (grade) (Educ) *calificación en la escala que va de A a F en orden decreciente* 5 **c** (= **circa**) **Rome, pop. c. 3,000,000** Roma, 3.000.000 hab. aprox.; **Homer, c. 800 B.C.** Homero, hacia el 800 aC 6 **c** *o* **cc** (Corresp) (= **copy to**) **c H. Palmer** copia a H. Palmer 7 **c** (in currencies)(= **cent(s)**) centavo(s) *m(pl)* 8 (= **cancer**) (euph & hum): **the big C** el cáncer

C & W /ˌsiːən'dʌbəljuː/ *n* [u] = **country and western**

ca = **circa**

CA, Ca = **California**

CAA *n* (in UK) = **Civil Aviation Authority**

cab /kæb/ *n*
A 1 (taxi) taxi *m*; **to go by ~** ir* en taxi; **to call a ~** llamar a un taxi; (*before n*): **~ driver** taxista *mf*; **~ rank** *o* **stand** parada *f* de taxis, sitio *m* (Méx) 2 (horse-drawn) coche *m* de caballos
B (driver's compartment) cabina *f* (del conductor)

CAB *n*
A (in US) = **Civil Aeronautics Board**
B (in UK) = **Citizens' Advice Bureau**

cabal /kə'bæl/ *n* 1 (group) conciliábulo *m* 2 (plot) conspiración *f*

cabala /kə'bɑːlə/ *n* cábala *f*

cabalistic /ˌkæbə'lɪstɪk/ *adj* cabalístico

cabaret /ˌkæbə'reɪ || 'kæbəreɪ/ *n* 1 [c u] (show) cabaret *m* 2 [c] (nightclub) cabaret *m*

cabaret club *n* cabaret *m*

cabbage /'kæbɪdʒ/ *n* 1 [c u] (vegetable) repollo *m*, col *f*; **red ~** (col *f*) lombarda *f*, repollo *m* colorado *or* morado (CS), col *f* morada (Méx); (*before n*): **I found her/him in the ~ patch** (AmE euph & hum) la/lo trajo la cigüeña (euf & hum) 2 [c] (person) (BrE colloq): **since the accident he's been a ~** desde el accidente está convertido en un vegetal (fam)

cabbage butterfly, (BrE) **cabbage white (butterfly)** *n* mariposa *f* de la col

cabbala *n* ▸**cabala**

cabbalistic *adj* ▸**cabalistic**

cabby, cabbie /'kæbi/ *n* (colloq) taxista *mf*, ruletero, -ra *m,f* (Méx fam), tachero, -ra *m,f* (RPl fam)

caber /'keɪbər || 'keɪbə(r)/ *n* (in Scotland) tronco *m*; **tossing the ~** lanzamiento *m* del tronco

cabin /'kæbən || 'kæbɪn/ *n*
A (Naut) 1 (on ship) camarote *m* 2 (in small boat) cabina *f*, camarote *m*
B (Aerosp, Auto, Aviat) cabina *f*; (*before n*): **~ baggage** *o* **luggage** equipaje *m* de mano
C (hut) cabaña *f*; (in motel) bungalow *m*
D (driver's cab) (BrE) cabina *f* (del conductor)

cabin boy *n* grumete *m*

cabin cruiser *n* yate *m* de motor

cabinet /'kæbənət || 'kæbɪnɪt/ *n*
A (cupboard) armario *m*; **(glass) ~** vitrina *f*; **liquor ~** (AmE): **cocktail ~** (BrE) mueble-bar *m*; **medicine ~** botiquín *m*; **bathroom ~** botiquín *m or* armario *m* del cuarto de baño; **TV/hi-fi ~** mueble *m* de la televisión/del equipo de alta fidelidad
B *also* **Cabinet** (Govt) gabinete *m* (ministerial); (*before n*): **~ minister** ≈ ministro, -tra *m,f*, ≈ secretario, -ria *m,f* de Estado; **~ reshuffle** remodelación *f* del gabinete (ministerial)

> **Cabinet**
>
> El gabinete (ministerial) del gobierno británico es un cuerpo formado por unos 20 ministros (*ministers*) nombrados por el Primer Ministro (*Prime Minister*) y que se reúne regularmente para discutir asuntos administrativos y de política gubernamental. Cada uno de los ministros es responsable de un área específica, mientras que a la totalidad del gabinete le atañe decidir acerca de la política a seguir por el gobierno. El líder del principal partido de la oposición también nombra un gabinete, llamado gabinete en la sombra (*Shadow Cabinet*), con el objeto de que pueda gobernar en caso de que el gobierno sea derrotado.

cabinetmaker /'kæbənətˌmeɪkər || 'kæbɪnɪt ˌmeɪkə(r)/ *n* ebanista *mf*

cabinet meeting *n* reunión *f* del gabinete ministerial, consejo *m* de ministros

cabin fever *n* [u] (AmE colloq) agobio *m* (*por estar largo tiempo en un sitio cerrado*)

cable¹ /'keɪbəl/ *n*
A [c] (Elec, Naut) cable *m*
B [c] (Telec) cable *m*, telegrama *m*; **to receive/send a ~** recibir/enviar* un cable *or* telegrama
C [u] ▸**cable television**

cable² *vt* (Telec) ‹*message/news*› cablegrafiar*, telegrafiar*; **to ~ sb** enviarle* un cable a algn, telegrafiarle* a algn; **I'll ~ New York for money** enviaré un cable *or* telegrafiaré a Nueva York pidiendo dinero; **she ~d me $2,000** me envió un giro (telegráfico) de 2.000 dólares

cable-access /'keɪbəlˌækses/ *adj* de cable

cable car *n* 1 (suspended) teleférico *m* 2 (funicular) funicular *m* 3 (streetcar) (AmE) tranvía *m*

cablecast /'keɪbəlkæst || 'keɪbəlkɑːst/ *vt* ‹*programs/signals*› transmitir por cable
■ **cablecast** *vi* hacer* transmisiones por cable

cablecaster /'keɪbəlkæstər || 'keɪbəlkɑːstə(r)/ *n* distribuidor *m* de cable

cable channel *n* canal *m* por cable

cable company *n* operador *m or* operadora *f* de televisión por cable

cablegram /'keɪbəlgræm/ *n* (frml) cablegrama *m* (frml)

cable network *n* red *f* de telecomunicaciones por cable

cable railway *n* funicular *m*

cable-ready /ˌkeɪbəl'redi/ *adj* (AmE) adaptado para el cable

cable release *n* cable *m* disparador

cable stitch *n* ochos *mpl*, trenzas *fpl*; (*before n*): **~ ~ sweater** suéter *m* de ochos *or* trenzas

cable television *n* [u] televisión *f* por cable, cablevisión *f* (esp AmL)

cable TV *n* ▸**cable television**

cableway /'keɪbəlweɪ/ *n* cable *m* transportador

cabling /'keɪblɪŋ/ *n* [u] 1 (cables) cableado *m* 2 (installation of cables) instalación *f* de cables

cabman /'kæbmæn -mən/ *n* (*pl* **-men** /-men/)
A (taxi driver) taxista *m*
B (Hist) (carriage driver) cochero *m*

caboodle /kə'buːdl/ *n*: **the whole (kit and) ~** (colloq) absolutamente todo

caboose /kə'buːs/ *n* (AmE) (Rail) furgón *m* de cola, cabús *m* (Méx)

cabover /'kæbəʊvər || 'kæbəʊvə(r)/ *n* (AmE); *camión que tiene la cabina directamente sobre el motor*

cacao /kə'kaʊ || kə'kɑːəʊ/ *n* (*pl* **-caos**) 1 (tree) cacao *m* 2 **~ (bean)** semilla *f* de cacao *m*

cache /kæʃ/ *n*
A (of provisions) alijo *m*; **arms ~** alijo de armas
B (Comput) cache *m*

cache memory *n* (Comput) (memoria *f*) caché *f or* cache *f*

cachet /kæ'ʃeɪ || 'kæʃeɪ/ *n* [u] cachet *m*, distinción *f*

cackhanded /ˌkæk'hændəd || ˌkæk'hændɪd/ *adj* (BrE colloq) torpe, patoso (Esp fam)

cackle¹ /'kækəl/ *vi* 1 «*hen*» cacarear 2 «*person*» (laugh) reírse* socarronamente; (chatter) cotorrear (fam)

cackle² *n* 1 (of hen) cacareo *m* 2 (of person — laugh) risa *f* socarrona; (— chatter) cotorreo *m* (fam); ***cut the ~!*** (colloq) ¡menos charla! (fam)

cacophonous /kə'kɑːfənəs || kə'kɒfənəs/ *adj* cacofónico

cacophony /kə'kɑːfəni || kə'kɒfəni/ *n* 1 (liter) algarabía *f* 2 (Ling) cacofonía *f*

cactus /'kæktəs/ *n* (*pl* **-ti** /-taɪ/ *or* **-tuses**) cactus *m*

cad /kæd/ *n* (colloq & dated) bellaco *m* (arc *o* hum), canalla *m*, sinvergüenza *m*

CAD /kæd/ *n* [u] (= **computer-aided design**) CAD *m*, DAC *m* (AmL), DAO *m* (Esp)

cadaver /kə'dævər || kə'dɑːvə(r)/ *n* cadáver *m*

cadaverous /kə'dævərəs/ *adj* (liter) cadavérico

CADCAM /'kædkæm/ *n* [u] (= **computer-aided design, computer-aided manufacture**) CADCAM *m*

caddie¹ /'kædi/ *n* caddie *mf*; (*before n*): **~ car** *o* **cart** carrito *m* para los palos de golf

caddie² *vi* **-dies, -dying, -died** hacer* de caddie; **to ~ for sb** ser* el caddie de algn

caddis fly /'kædəs || 'kædɪs/ *n* frigánea *f*

caddish /'kædɪʃ/ *adj* (colloq & dated): **~ act** canallada *f*; **~ fellow** bellaco *m* (arc *o* hum), canalla *m*

caddy¹ /'kædi/ *n* 1 ▸**tea caddy** 2 ▸**caddie¹** 3 (for shopping) (AmE) carrito *m* de la compra

caddy² *vi* ▸**caddie²**

cadence /'keɪdns/ *n* cadencia *f*

cadenza /kə'denzə/ *n* (Mus) cadencia *f*

cadet /kə'det/ *n* cadete *mf*; (*before n*): **~ corps** cuerpo *m* de cadetes

cadge /kædʒ/ (colloq) *vt* **to ~ sth FROM** *o* **OFF sb** gorronearle *or* gorrearle *or* (RPl) garronearle *or* (Chi) bolsearle algo A algn (fam); **can I ~ a lift from you?** ¿me llevas?, ¿me das un aventón? (Méx fam); **can I ~ a smoke?** ¿te puedo gorronear (*or* gorrear *etc*) un cigarrillo? (fam)
■ **cadge** *vi* **to ~ FROM** *o* **OFF sb** gorronearle *or* gorrearle *or* (RPl) garronearle *or* (Chi) bolsearle A algn (fam)

Cadillac® /'kædəlæk || 'kædɪlæk/ *n*
A (car) Cadillac® *m*

B (luxury item) (AmE colloq) (*before n*): ~ **version** versión *f* de lujo

Cadiz /kəˈdɪz/ *n* Cádiz *m*

cadmium /ˈkædmiəm/ *n* [u] cadmio *m*

cadre /ˈkædri || ˈkɑːdə(r), ˈkɑːdrə/ *n* (Adm, Mil, Pol) cuadro *m*

CAE *n* [u] (= **computer-aided** *or* = **assisted engineering**) CAE *m*

caecum /ˈsiːkəm/ *n* (*pl* **caeca** /ˈsiːkə/) (esp BrE) ▸**cecum**

Caesar /ˈsiːzər || ˈsiːzə(r)/ *n* César

Caesarean (section) /sɪˈzæriən || sɪˈzeəriən/ *n* ▸**Cesarean (section)**

caesium /ˈsiːziəm/ *n* [u] (BrE) ▸**cesium**

caesura /sɪˈzʊrə || sɪˈzjʊərə/ *n* (*pl* **-ras**) cesura *f*

café, cafe /kæˈfeɪ || ˈkæfeɪ/ *n*
A (coffee bar) café *m*, cafetería *f*; (restaurant) *restaurante económico*
B **1** (AmE) (bar) bar *m* de copas **2** (nightclub) discoteca *f*

café society, cafe society *n* [u] sociedad *f* del café

cafeteria /ˌkæfəˈtɪriə || ˌkæfəˈtɪəriə/ *n* (in hospital, college) cantina *f*, cafetería *f*; (restaurant) restaurante *m* autoservicio, self-service *m*

cafetière /ˌkæfəˈtjer || ˌkæfəˈtjeə(r)/ *n* cafetera *f* de émbolo *or* de pistón

caff /kæf/ *n* (BrE colloq) ▸**café**

caffeine /kæˈfiːn || ˈkæfiːn/ *n* [u] cafeína *f*

caftan /ˈkæftən || ˈkæftæn/ *n* caftán *m*

cage¹ /keɪdʒ/ *n*
A **1** (for birds, animals) jaula *f* **2** (protective framework) armazón *m* rígido, armazón *f* rígida **3** (of elevator) jaula *f*
B (Sport) **1** (in basketball) canasta *f*, cesta *f* **2** (in ice hockey) portería *f*, meta *f*, arco *m* (Col, CS)

cage² *vt* (*usu pass*) enjaular; **I feel ~d in** me siento como enjaulado

cage bird *n* pájaro *m* de jaula

cage fighting *n* [u] (Sport) lucha *f* en jaula

cagey /ˈkeɪdʒi/ *adj* **cagier, cagiest** (colloq) ‹*reply*› reservado, cauteloso; **to be ~ ABOUT sth/-ING**: **he's very ~ about his past** no suelta prenda sobre su pasado (fam); **she was ~ about committing herself** se cuidó mucho de comprometerse

cagily /ˈkeɪdʒəli || ˈkeɪdʒɪli/ *adv* ‹*reply*› cautelosamente

cagoule /kəˈguːl/ *n* canguro *m*

cagy /ˈkeɪdʒi/ *adj* **cagier, cagiest** ▸**cagey**

cahoots /kəˈhuːts/ *n*: ***to be in ~ (with sb)*** (colloq) estar* confabulado *or* complotado *or* (fam) conchabado (con algn)

CAI *n* (= **computer-aided or computer-assisted instruction**) CAI *f*, IAC *f* (AmL), IAO *f* (Esp)

caiman /ˈkeɪmən/ *n* caimán *m*

Cain /keɪn/ *n* Caín; ***to raise ~*** (colloq) armar la de Dios es Cristo (fam)

cairn /kern ˈkeən/ *n*
A (marker) hito *m* *or* mojón *m* de piedras apiladas (*colocado sobre una tumba o una cumbre etc*)
B ~ **(terrier)** terrier *m* escocés

Cairo /ˈkaɪrəʊ/ *n* El Cairo

caisson /ˈkeɪsɑːn || ˈkeɪsən/ *n*
A (Const, Tech) cajón *m* hidráulico
B **1** (ammunition chest) cajón *m* de municiones **2** (vehicle) cureña *f*

cajole /kəˈdʒəʊl/ *vt* engatusar, camelar (fam); **I let myself be ~d into going** me dejé engatusar y fui

cajolery /kəˈdʒəʊləri/ *n* [u] zalamería *f*, engatusamiento *m*

Cajun¹ /ˈkeɪdʒən/ *adj* cajún

Cajun² *n* **1** [c] (person) cajún *mf* (*descendiente de inmigrantes franceses en el estado norteamericano de Luisiana*) **2** [u] (Ling) *dialecto del francés hablado por los*, ▸**Cajun² 1**

cake¹ /keɪk/ *n*
A [u c] (Culin) (large) pastel *m*, tarta *f* (Esp), torta *f* (esp CS); (small, individual) pastel *m*, masa *f* (RPl); **sponge ~** bizcocho *m*, queque *m* (AmL exc RPl), bizcochuelo *m* (CS), ponqué *m* (Col, Ven), panque *m* (Méx); ***the icing*** *o* (AmE also) ***frosting on the ~*** un extra; ***to be a piece of ~*** (colloq) ser* pan comido (fam); ***to take the ~*** (colloq) ser* el colmo (fam); ‹‹*person*›› llevarse la palma (fam); ***to go*** *o* ***sell like hot ~s*** venderse como pan caliente *or* como rosquillas; ***to have one's ~ and eat it***: **you can't have your ~ and eat it (too)** no puedes tenerlo todo, tienes que elegir; (*before n*): ~ **decorator** (AmE) manga *f* de pastelería
B [c] ~ **of soap** pastilla *f* de jabón
C [u] (whole, total) (esp BrE colloq) pastel *m*; **they demand a larger slice** *o* **piece** *o* **share of the ~** exigen una tajada mayor del pastel

cake² *vt* (*usu pass*) **to be ~d WITH sth**: **our shoes were ~d with mud** teníamos los zapatos cubiertos de barro endurecido
■ **cake** *vi* endurecerse*

cake decoration *n*
A [u] (craft) decoración *f* de pasteles, decoración *f* de tortas (CS)
B [c] (object) decoración *f* del pastel, decoración *f* de la torta (CS)

cake flour *n* [u] (AmE) harina *f* de repostería

cakehole /ˈkeɪkhəʊl/ (BrE colloq): **shut your ~** ¡cállate (la boca)!, ¡cierra el pico! (fam)

cake tin *n* (BrE) **1** (for baking) molde *m* (para pastel) **2** (for storage) lata *f* (*para guardar pasteles*)

cakewalk /ˈkeɪkwɔːk/ *n*
A (easy task) (colloq): **to be a ~** ser* pan comido (fam), estar* chupado or tirado (Esp fam), estar* botado (Andes fam), ser* un bollo (RPl fam)
B (dance) *baile de origen afro-americano, popular a finales de siglo XIX*

cal (= **calorie(s)**) cal.

Cal **1** (= **Calorie(s)**) kcal **2** = **California**

CAL *n* (= **computer-assisted (or -aided) learning**) CAL *f*

calabash /ˈkæləbæʃ/ *n* (tree, fruit, utensil) calabaza *f*, güira *f* (AmC), totumo *m* (Col, Ven)

calabrese /ˈkæləbriːz/ *n* [u] brócoli *m* calabrés

calamine (lotion) /ˈkæləmaɪn/ *n* [u] (Pharm) loción *f* de calamina

calamitous /kəˈlæmətəs || kəˈlæmɪtəs/ *adj* calamitoso, desastroso

calamity /kəˈlæməti || kəˈlæmɪti/ *n* (*pl* **-ties**) calamidad *f*, desastre *m*

calcification /ˌkælsəfəˈkeɪʃən || ˌkælsɪfɪˈkeɪʃən/ *n* calcificación *f*

calcify /ˈkælsəfaɪ || ˈkælsɪfaɪ/ **-fies, -fying, -fied** *vt* calcificar*
■ **calcify** *vi* calcificarse*

calcine /ˈkælsaɪn/ *vt* calcinar
■ **calcine** *vi* calcinarse

calcium /ˈkælsiəm/ *n* [u] calcio *m*; (*before n*): ~ **carbonate** carbonato *m* de calcio

calculable /ˈkælkjələbəl || ˈkælkjʊləbəl/ *adj* calculable

calculate /ˈkælkjəleɪt || ˈkælkjʊleɪt/ *vt*
A (compute, estimate) calcular; **he ~d the risks** calculó los riesgos
B (aim, design) **to be ~d to + INF**: **his remarks were ~d to offend** lo dijo con la intención *or* el própósito de ofender; **policies ~d to appeal to younger voters** medidas pensadas *or* planeadas para atraer el voto de los jóvenes
■ **calculate** *vi* calcular

Phrasal verb
• **calculate on** [v + prep + o]: **you can ~ on about 20 replies** calcula que llegarán unas 20 respuestas; **I'd ~d on arriving at about seven** había pensado *or* planeado llegar a eso de las siete

calculated /ˈkælkjəleɪtəd || ˈkælkjʊleɪtɪd/ *adj* (*before n*) **1** ‹*risk*› calculado **2** ‹*insult*› intencionado, dicho con toda intención; ‹*act*› premeditado, deliberado

calculating /ˈkælkjəleɪtɪŋ || ˈkælkjʊleɪtɪŋ/ *adj* calculador

calculating machine *n* calculadora *f*

calculation /ˌkælkjəˈleɪʃən || ˌkælkjʊˈleɪʃən/ *n* **1** [c u] (mathematical) cálculo *m* **2** [c u] (estimate) cálculo *m*; **by** *o* **according to my ~(s)** según mis cálculos **3** [u] (premeditation): **there was cold ~ in everything she did** todo lo hacía de manera fría y calculadora

calculator /ˈkælkjəleɪtər || ˈkælkjʊleɪtə(r)/ *n* **1** (machine) calculadora *f*; **pocket ~** calculadora *f* (de bolsillo) **2** (tables) tablas *fpl* de cálculo

calculus /ˈkælkjələs || ˈkælkjʊləs/ *n*
A [u c] (*pl* **-luses**) (Math) cálculo *m* *or* análisis *m* (matemático)
B [c] (*pl* **-li** /-laɪ/) (stone) (Med) cálculo *m*

Calcutta /kælˈkʌtə/ *n* Calcuta *f*

caldron, (BrE) **cauldron** /ˈkɔːldrən/ *n* caldero *m*

Caledonia /ˌkæləˈdəʊniə || ˌkælɪˈdəʊniə/ *n* Caledonia *f*

calendar /ˈkæləndər || ˈkælɪndə(r)/ *n*
A **1** [c] (showing day, date) calendario *m*, almanaque *m*; (*before n*): ~ **month** mes *m* (del calendario); ~ **year** año *m* civil *or* del calendario **2** [u] (system) calendario *m*
B (list, schedule) calendario *m*; (Law) lista *f* *or* tabla *f* de juicios; (Govt) agenda *f*; ~ **of events** programa *m* de actos; **the Church ~** el calendario eclesiástico; **a full social ~** un calendario social muy apretado; **the sporting ~** el calendario deportivo

calendar art *n* [u] arte *m* barato (pey)

calf /kæf || kɑːf/ *n* (*pl* **calves**)
A (Zool) **1** [c] (young cow, bull) ternero, -ra *m,f*, becerro, -rra *m,f*; **to be in** *o* **with ~** estar* preñada; ***to kill the fatted ~*** (liter) celebrar una gran fiesta de bienvenida **2** [c] (young whale) ballenato *m*; (young elephant, seal, buffalo etc) cría *f* (*de elefante, foca, búfalo etc*) **3** [u] (leather) (piel *f* *or* cuero *m* de) becerro *m*
B [c] (Anat) pantorrilla *f*

calf-length /ˈkæfleŋθ || ˈkɑːfleŋθ/ *adj* ‹*skirt*› que llega a media pierna; ‹*boots*› de media caña

calfskin /ˈkæfskɪn || ˈkɑːfskɪn/ *n* [u] (piel *f* *or* cuero *m* de) becerro *m*

caliber, (BrE) **calibre** /ˈkæləbər || ˈkælɪbə(r)/ *n* **1** [c] (diameter) calibre *m*; (*before n*): **a 44-~ bullet** una bala de calibre 44 **2** [u] (quality, ability) calibre *m*; **a writer of his ~** un escritor de su calibre

calibrate /ˈkæləbreɪt || ˈkælɪbreɪt/ *vt* calibrar

calibration /ˌkæləˈbreɪʃən || ˌkælɪˈbreɪʃən/ *n* **1** [c] (set of graduations) calibrado *m* **2** [u] (act) calibrado *m*

calibre *n* (BrE) ▸**caliber**

calico /ˈkælɪkəʊ/ *n* (*pl* **-coes** *or* **-cos**)
A [u c] **1** (printed cotton) algodón *m* estampado, percal *m*, percala *f* (Chi, Per) **2** (white cotton) (BrE) lienzo *m*, percal *m*, percala *f* (Chi, Per)
B [c] ~ **(cat)** (AmE) gato *m* manchado

Calif = **California**

California /ˌkæləˈfɔːrniə || ˌkælɪˈfɔːniə/ *n* California *f*; (*before n*) (esp AmE) de California, californiano

Californian¹ /ˌkæləˈfɔːrniən || ˌkælɪˈfɔːniən/ *adj* californiano

Californian² *n* californiano, -na *m,f*

Caligula /kəˈlɪgjələ || kəˈlɪgjʊlə/ *n* Calígula

calipers, (BrE) **callipers** /ˈkæləpərz || ˈkælɪpəz/ *pl n* **1** (for measuring) calibrador *m*; **(a pair of) ~s** (un) calibrador **2** (Med) aparato *m* ortopédico (*para la pierna*)

caliph /ˈkeɪləf || ˈkeɪlɪf/ *n* califa *m*

calisthenics, (BrE) **callisthenics** /ˌkæləsˈθenɪks || ˌkælɪsˈθenɪks/ *n* (+ *sing o pl vb*) calistenia *f*

call¹ /kɔːl/ ➡📖 *n*
A (by telephone) llamada *f*, llamado *m* (AmL); **to make a ~** llamar por teléfono, hacer* una llamada (telefónica); **to give sb a ~** llamar a algn (por teléfono); **I'll take the ~ in the other room** hablaré desde la otra habitación; **will you take the ~?** (talk to sb) ¿le paso la llamada?;

➡📖 *see* Using the telephone

C

C

(accept charges) ¿acepta la llamada?; **there's a ~ for you on line one** lo llaman *or* tiene una llamada por la línea uno; **I have to return his ~** tengo que devolverle la llamada; **local/long-distance/international ~** llamada urbana/interurbana/internacional; **an 800 ~** (in US) una llamada gratuita

B 1 (of person — cry) llamada *f*, llamado *m* (AmL); (— shout) grito *m*; **a ~ for help** una llamada (*or* un grito *etc*) de socorro; **didn't you hear my ~?** ¿no oíste que te llamé? 2 (— of animal) grito *m*; (— of bird) reclamo *m* 3 (of bugle, trumpet, horn) toque *m*; **the ~ to retreat** la retreta

C 1 (summons): **to be on ~** estar* de guardia; **the ~ of duty/to arms** (liter) la llamada *or* (AmL tb) el llamado del deber/a las armas; **his hospitality went far beyond the ~ of duty** fue por demás hospitalario; **to answer** *o* **obey the ~ of nature** (euph) hacer* sus (*or* mis *etc*) necesidades (euf) 2 (Relig): **the ~ to the priesthood** la llamada *or* (AmL tb) el llamado al sacerdocio; **to receive a ~** (in Presbyterian Church etc) ser* nombrado pastor 3 (Theat): **it's your ~** le toca salir a escena 4 (lure) llamada *f*, atracción *f*

D (request) llamamiento *m*, llamado *m* (AmL); **he made a ~ for peace** hizo un llamamiento *or* (AmL tb) llamado a la paz; **the strike ~** el llamamiento *or* (AmL tb) el llamado a la huelga, la convocatoria de huelga; **there were ~s for his resignation** pidieron su dimisión; **~ for papers** convocatoria *f* de ponencias

E (claim): **there are too many ~s on my time** tengo demasiadas obligaciones, muchas cosas reclaman mi atención; **to have first ~ on sth** tener* prioridad sobre algo

F (*usu with neg*) 1 (reason) motivo *m*; **he had no ~ to be rude** no tenía por qué ser grosero 2 (demand) demanda *f*; **there's no** *o* **not much ~ for this product** no hay mucha demanda para este producto

G (visit) visita *f*; **to pay a ~ on sb** hacerle* una visita a algn, ir* a ver a algn; **house ~s** visitas *fpl* a domicilio; **to pay a ~** (BrE euph) ir* al baño (euf)

H 1 (decision) (Sport) decisión *f*, cobro *m* (Chi) 2 (in bridge) declaración *f*; **to make one's ~** declarar; **whose ~ is it?** ¿a quién le toca declarar? 3 (in horse racing) (AmE) comentario *m*

I (Fin) (on shares) dividendo *m* pasivo; **on** *o* **at ~** a la vista

call² ➡📖 *vt*

A (shout) llamar; **to ~ sb's name** llamar a algn; **didn't you hear us ~ing you?** ¿no oíste que te estábamos llamando?; **to ~ the roll** *o* **register** (Educ) pasar lista; **he ~s the numbers at bingo** canta los números en el bingo; **to ~ time** (BrE) anunciar la hora de cerrar (*en un pub*); **the ball was ~ed in/out** (tennis) declararon buena/mala la pelota

B ‹*police/taxi/doctor*› llamar; **he was ~ed to her office** lo llamaron para que fuera a su oficina; **to ~ a strike/meeting** llamar a *or* convocar* una huelga/reunión

C (contact — by telephone, radio) llamar; **I'll ~ you tomorrow** te llamo *or* te llamaré mañana; **for more information ~ us on** *o* **at 341-6920** para más información llame *or* llámenos al (teléfono) 341-6920; **don't ~ us, we'll ~ you** (set phrase) ya lo llamaremos; **~ me on my cell phone** llámame al celular (AmL) or móvil (Esp)

D (name, describe as) llamar; **we ~ her Betty** la llamamos *or* (esp AmL) le decimos Betty; **what are you going to ~ the baby?** ¿qué nombre le van a poner al bebé?; **what is this ~ed in Italian?** ¿cómo se llama esto en italiano?; **to ~ sb names** insultar a algn; **are you ~ing me a liar?** ¿me estás llamando mentiroso?; **he ~s himself an artist, but …** se dice *or* se considera un artista pero …; **what sort of time do you ~ this?** ¿éstas son horas de llegar?; **she can hardly be ~ed beautiful** no puede decirse que sea bonita; **how could you ~ yourself her friend?** ¿cómo puedes decir que eres amiga suya?; **I didn't have anything I could ~ my own** no tenía nada que de verdad fuera mío; **I don't ~ that difficult** yo no diría que es difícil; **I ~ that a waste of time** eso es lo que yo llamo una pérdida de tiempo; **shall we ~ it $30?** digamos *or* pongamos que treinta dólares

E 1 (in poker) ‹*bet/player*› ver* 2 (in bridge) declarar

■ **call** *vi*

A «*person*» llamar; **the dog comes when I ~** el perro viene cuando (lo) llamo; **to ~ TO sb: she ~ed to me for help/to fetch a cloth** me llamó para que la ayudara/para que le llevara un trapo; **duty ~s** el deber me llama

B (by telephone, radio) llamar; **who's ~ing, please?** ¿de parte de quién, por favor?; **Madrid ~ing** aquí Madrid

C (visit) venir*, pasar; **thanks for ~ing** gracias por venir; **he ~ed while I was out** vino *or* pasó cuando yo no estaba; **S please call again** gracias por su visita

D 1 (in poker) ver* 2 (in bridge) declarar

Phrasal verbs

- **call around** [v + adv] 1 (Telec) llamar (*a varias personas*) 2 ▸**call round 1**
- **call at** [v + prep + o]: **the ship ~ed at Tangier** el barco hizo escala en Tánger; **this train ~s at all stations** este tren para en todas las estaciones; **I ~ed at your place yesterday** ayer pasé por tu casa
- **call away** [v + o + adv, v + adv + o]: **she was ~ed away from the meeting** la llamaron y tuvo que salir de la reunión; **he was ~ed away on business** tuvo que ausentarse por motivos de trabajo
- **call back**

A (Telec) [v + o + adv]: **can I ~ you back?** ¿puedo llamarte más tarde?; **she never ~s you back** nunca te devuelve la llamada

B [v + adv] 1 (Telec) volver* a llamar 2 «*traveling salesman*» volver* a pasar

- **call down** [v + o + adv, v + adv + o] 1 (invoke) ‹*curses/wrath*› invocar* 2 (reprimand) (AmE) hacerle* una llamada de atención a
- **call for** [v + prep + o] 1 (need, require) ‹*skill/courage*› requerir*, exigir*; **you won? this ~s for champagne!** ¿ganaste? ¡esto hay que celebrarlo con champán!; **that last remark wasn't ~ed for** ese último comentario estuvo de más *or* no era necesario 2 (demand) pedir*; **he called for restraint** hizo un llamamiento *or* llamado (AmL) a la moderación 3 (request) ‹*reserves/reinforcements*› llamar 4 (shout for) pedir* (*a gritos*) 5 (collect) ‹*goods/person*› pasar a buscar *or* a recoger; **I'll ~ for you at seven** te pasaré a buscar *or* recoger a las siete
- **call forth** [v + adv + o] (frml) ‹*protest/criticism*› provocar*, dar* lugar a; ‹*emotion*› inspirar
- **call in**

A [v + o + adv, v + adv + o] 1 (summon) ‹*expert/plumber/doctor*› llamar 2 (withdraw) retirar de circulación 3 (Fin) ‹*debt/loan*› exigir* el pago inmediato de; ‹*library books*› solicitar la devolución de; **he had to ~ in all his political IOUs** tuvo que recurrir a todos los que le debían favores políticos

B [v + adv] 1 (visit) **to ~ in (ON sb): shall we ~ in on the Rowsons?** ¿por qué no pasamos a ver *or* a visitar a los Rowson?, ¿por qué no les hacemos una visita a los Rowson?; **Ingrid ~ed in while you were out** (BrE) Ingrid pasó *or* vino cuando no estabas 2 (telephone) llamar

- **call off** [v + o + adv, v + adv + o] 1 (cancel) ‹*game/meeting/marriage*› suspender; ‹*strike*› suspender, desconvocar*; **if that's how you feel, let's ~ the whole thing off** mira, si eso es lo que piensas mejor olvidémoslo 2 (order to stop) ‹*men*› retirar; ‹*dog*› llamar
- **call on** [v + prep + o] 1 (visit) pasar a ver *or* a visitar a, visitar 2 ▸**call upon**
- **call out** [v + o + adv, v + adv + o] 1 (summon) ‹*guard/fire brigade*› llamar; ‹*army*› hacer* intervenir a; **we had to ~ the doctor out in the middle of the night** tuvimos que hacer venir al médico en la mitad de la noche 2 (on strike) (BrE) llamar a la huelga 3 (utter): **he ~ed out her name** la llamó, pronunció su nombre (liter)
- **call round** [v + adv] 1 (visit) (BrE) pasar; **Clare ~ed round this afternoon** Clare pasó *or* vino esta tarde 2 (esp BrE) (Telec) ▸**call around 1**
- **call up** [v + o + adv, v + adv + o] 1 (cause to return) ‹*memory/image*› traer* a la memoria, evocar* (liter); ‹*spirits*› invocar*, llamar 2 (telephone) (esp AmE) llamar 3 (Mil) (*often pass*) llamar (a filas)
- **call upon** [v + prep + o] 1 (invite) invitar; **I should like to ~ upon the chairman to make a speech** quisiera invitar al señor presidente a que diga unas palabras 2 (appeal to) apelar a; **we ~ upon all people of goodwill to …** apelamos a todas las personas de buena voluntad para que …

CALL *n* [u] = **computer-assisted** *or* **computer-aided learning**

call back *n*

A [u] (Telec) (return call) *sistema de devolución automática de llamadas*; (in international calls) *sistema para hacer llamadas internacionales a costo reducido, utilizando una tarjeta especial*

B [u] (Comput) call back *m*

C [c] (AmE) (invitation) invitación *f*

call barring *n* [u] bloqueo *m* de llamadas

call box *n* (BrE) cabina *f* telefónica, teléfono *m* público

callboy /ˈkɔːlbɔɪ/ *n* (Theat) traspunte *m*

call button *n* botón *m* de llamada

call center, (BrE) **call centre** *n* centro *m* de llamadas

call charge *n* importe *m* de una llamada

call diversion *n* [u] desvío *m* de llamadas

caller /ˈkɔːlər ‖ ˈkɔːlə(r)/ *n*: **we didn't have many ~s** no vino mucha gente; (Telec) no tuvimos *or* no hubo muchas llamadas; **she's a regular ~** viene a menudo; (Telec) llama a menudo (por teléfono); **the ~ didn't leave her name** la persona que llamó no dejó su nombre

caller display *n* pantalla *f* de identificación de llamadas

call-forwarding /ˈkɔːlˌfɔːrwərdɪŋ ‖ ˈkɔːlˌfɔːwədɪŋ/ *n* [u] desvío *m* de llamadas

callgirl /ˈkɔːlgɜːrl ‖ ˈkɔːlgɜːl/ *n* (colloq) call-girl *f* (*prostituta que da citas por teléfono*)

calligrapher /kəˈlɪgrəfər ‖ kəˈlɪgrəfə(r)/ *n* calígrafo, -fa *m,f*

calligraphy /kəˈlɪgrəfi/ *n* [u] caligrafía *f*

call-in /ˈkɔːlɪn/ *n* (AmE); *programa de radio o TV en el que el público participa por teléfono*

calling /ˈkɔːlɪŋ/ *n* 1 (vocation) vocación *f* 2 (occupation) (frml) profesión *f*

calling card *n* (AmE) tarjeta *f* de visita; ***to leave one's ~ ~*** (BrE euph): **the dog/cat left his ~ ~ on the carpet** el perro/el gato dejó un regalito en la alfombra (hum)

callipers *n* (BrE) ▸**calipers**

callisthenics *n* (BrE) ▸**calisthenics**

call letters *pl n* (AmE) distintivo *m* de llamada

call number *n* signatura *f*, número *m* de catálogo

call option *n* (Fin) opción *f* de compra

callous /ˈkæləs/ *adj* ‹*person/remark*› insensible, cruel

callously /ˈkæləsli/ *adv* cruelmente

callousness /ˈkæləsnəs ‖ ˈkæləsnɪs/ *n* [u] insensibilidad *f*, crueldad *f*

call-out /ˈkɔːlaʊt/ *adj* (BrE) por desplazamiento; ‹*service*› a domicilio

callow /ˈkæləʊ/ *adj* inmaduro, inexperto; **a very ~ youth** un joven imberbe *or* muy bisoño

call return *n* [u] *sistema de identificación y devolución de la última llamada*

call screening *n* [u] 1 (for identifying callers) identificador *m* de llamadas 2 (call barring) bloqueo *m* de llamadas

call sign, call signal *n* indicativo *m*

call slip *n* (AmE) ficha *f* de préstamo

call-up /ˈkɔːlʌp/ *n* (BrE) (Mil) llamamiento *m* *or* (AmL tb) llamado *m* a filas

callus /ˈkæləs/ *n* (*pl* **-luses**) (Med) callo *m*, callosidad *f*

callused /ˈkæləst/ *adj* encallecido, calloso

➡📖 *see* Using the telephone

call waiting *n* [u] llamada *f* en espera

calm[1] /kɑːm/ *adj* **-er, -est** 1 ‹*sea*› en calma, tranquilo, calmo (esp AmL); ‹*day*› sin viento; **the storm died down and it became ~** cesó la tormenta y volvió la calma 2 (not excited) ‹*person/voice*› tranquilo, calmado, calmo (esp AmL); **keep ~!** ¡tranquilo!, ¡calma!; **she remained ~ throughout** no perdió la calma en ningún momento; **we'll discuss it when you feel ~er** lo hablaremos cuando estés más calmado

calm[2] *vt* tranquilizar*, calmar; **I had a drink to ~ my nerves** me tomé una copa para tranquilizarme *or* calmarme; **~ yourself** tranquilízate, cálmate

(Phrasal verb)

- **calm down**

A [v + o + adv, v + adv + o] tranquilizar*, calmar

B [v + adv] tranquilizarse*; **~ down!** ¡tranquilízate!, ¡tranquilo!, ¡no te pongas así!

calm[3] *n* 1 (stillness) (*no pl*) calma *f*; **a (dead) ~** una calma chicha; **the ~ before the storm** la calma que precede a la tormenta 2 [u] (peace, tranquillity) calma *f*, tranquilidad *f*

calming /ˈkɑːmɪŋ/ *adj* tranquilizante

calmly /ˈkɑːmli/ *adv* con calma

calmness /ˈkɑːmnəs || ˈkɑːmnɪs/ *n* [u] 1 (of person) calma *f*, tranquilidad *f* 2 (of sea, wind) calma *f*

calomel /ˈkæləmel/ *n* [u] calomelanos *m*, calomel *m*

Calor Gas® /ˈkælər || ˈkælə(r)/ *n* [u] (BrE) (gas *m*) butano *m*, supergás® *m* (RPl)

caloric /kəˈlɔːrɪk || ˈkælərɪk/ *adj* ‹*value*› (of food) calórico; (of coal) calorífico; **~ energy** energía *f* calórica

calorie /ˈkæləri/ *n* 1 (Phys) caloría *f* 2 *also* **Calorie** (Culin) (kilo)caloría *f*; **to count the ~s** contar* las calorías; (*before n*): **food with a low ~ content** alimentos *mpl* de bajo contenido calórico; **a ~-controlled diet** una dieta *or* un régimen bajo en calorías

calorific /ˌkæləˈrɪfɪk/ *adj* calorífico; **~ value** (of coal) valor *m* calorífico; (of food) contenido *m* calórico

calorimeter /ˌkæləˈrɪmətər || ˌkæləˈrɪmɪtə(r)/ *n* calorímetro *m*

Cal Tech /ˈkælˈtek/ *n* = **California Institute of Technology**

calumniate /kəˈlʌmnieɪt/ *vt* (frml) calumniar

calumny /ˈkæləmni/ *n* [c u] (*pl* **-nies**) (frml) calumnia *f*

Calvary /ˈkælvəri/ *n* (*pl* **-ries**) 1 (Bib) (*no art*) el Calvario 2 [c] (Art) calvario *m*

calve /kæv || kɑːv/ *vi* parir

calves /kævz || kɑːvz/ *pl of* **calf**

Calvinism /ˈkælvənɪzəm/ *n* [u] calvinismo *m*

Calvinist[1] /ˈkælvənəst || ˈkælvɪnɪst/ *n* calvinista *mf*

Calvinist[2] *adj* calvinista

calypso /kəˈlɪpsəʊ/ *n* (*pl* **-soes** *or* BrE **-sos**) (Mus) calipso *m*

calyx /ˈkeɪlɪks/ *n* (*pl* **calyces** /ˈkeɪləsiːz/ *or* **calyxes**) cáliz *m*

cam /kæm/ *n* leva *f*

CAM *n* [u] (= **computer aided** *or* **assisted manufacturing**) CAM *f*, FAC *f* (AmL), FAO *f* (Esp)

camaraderie /ˌkɑːməˈrɑːdəri || ˌkæməˈrɑːdəri/ *n* [u] camaradería *f*, compañerismo *m*

camber[1] /ˈkæmbər || ˈkæmbə(r)/ *n* 1 (curvature — of road) peralte *m*; (— of deck) brusca *f*; (— of wing) curvatura *f* 2 (on curve) (BrE) peralte *m* 3 (Archit, Const) combadura *f* 4 (Auto) inclinación *f* de las ruedas delanteras

camber[2] *vt* 1 ‹*road*› peraltar; ‹*deck*› dar* brusca a; ‹*beam*› combar 2 **cambered** *past p* ‹*road*› peraltado

Cambodia /kæmˈbəʊdiə/ *n* Camboya *f*

Cambodian[1] /kæmˈbəʊdiən/ *adj* camboyano

Cambodian[2] *n* 1 [u] (language) camboyano *m* 2 [c] (person) camboyano, -na *m,f*

cambric /ˈkæmbrɪk/ *n* [u] (Tex) cambray *m*, batista *f*

Cambridge blue *n*

A [u] (color) azul *m* claro, (azul m) celeste *m*

B [c] (Sport) ▸**blue[2] B**

Cambs = **Cambridgeshire**

camcorder /ˈkæmˌkɔːrdər || ˈkæmˌkɔːdə(r)/ *n* videocámara *f*, camcórder *m*

came /keɪm/ *past of* **come**

camel /ˈkæməl/ *n*

A [c] (Zool) camello *m*; (*before n*): **~ train** *o* **caravan** caravana *f* de camellos

B ▸ⓘ **p.1036** [u] (color) beige *m*

camelhair /ˈkæməlher || ˈkæməlheə(r)/ *n* [u] (Tex) pelo *m* de camello

camellia /kəˈmiːljə || kəˈmiːliə/ *n* camelia *f*

camel's hair *n* ▸**camelhair**

camembert /ˈkæməmber || ˈkæməmbeə(r)/ *n* [u c] camembert *m*

cameo /ˈkæmiəʊ/ *n*

A (jewelry) camafeo *m*; (*before n*): **~ brooch** camafeo *m*

B (Cin, TV) actuación *f* especial; (*before n*): **a ~ performance** una actuación especial; **a ~ appearance** una aparición como artista invitado

camera /ˈkæmərə/ *n* 1 (Phot) cámara *f* (fotográfica), máquina *f* fotográfica *or* de fotos 2 (Cin, TV) cámara *f*; **on ~** en imagen; (*before n*): **the ~ crew** los camarógrafos, los cameraman (esp AmL), los cámaras (Esp); *see also* **in camera**

camera angle *n* ángulo *m* de la cámara

cameraman /ˈkæmərəmæn/ *n* (*pl* **-men** /-men/) camarógrafo, -fa *m,f*, cameraman *mf* (esp AmL), cámara *mf* (Esp)

camera phone *n* (Telec) (teléfono *m*) celular *f* (AmL) *or* (Esp) móvil *m* cámara

camera-ready /ˌkæmərəˈredi/ *adj* listo para la cámara, camera-ready *adj inv*; **~ copy** copia *f* lista para la cámara, copia *f* camera-ready

camera-shy /ˈkæmərəʃaɪ/ *adj*: **he's ~** se cohíbe frente a una cámara

camerawork /ˈkæmərəwɜːrk || ˈkæmərəwɜːk/ *n* [u] fotografía *f*

Cameroon /ˌkæməˈruːn/ *n* Camerún *m*

camisole /ˈkæməsəʊl || ˈkæmɪsəʊl/ *n* camisola *f*; (*before n*): **~ top** blusita *f* de tirantes *or* (CS) de breteles

camomile /ˈkæməmaɪl/ *n* (BrE) ▸**chamomile**

camouflage[1] /ˈkæməflɑːʒ/ *n* [c u] (Mil, Zool) camuflaje *m*

camouflage[2] *vt* (Mil, Zool) camuflar, camuflajear (AmL)

camp[1] /kæmp/ *n*

A [c] 1 (temporary) campamento *m*; **a gipsy ~** un campamento gitano; **(summer) ~** (in US) campamento *m* de verano, colonia *f* de vacaciones *or* verano; **to pitch ~** acampar; **to break** *o* **strike ~** levantar el campamento 2 (permanent): **army ~** campamento *m* militar; **concentration/labor ~** campo *m* de concentración/trabajo

B [c] (group, position) bando *m*; **to be in the same ~** estar* en el mismo bando

C [u] (affected behavior, style) amaneramiento *m*, afectación *f*

camp[2] *vi* acampar; **to go ~ing** ir* de camping *or* de campamento *or* de acampada

(Phrasal verbs)

- **camp on** [v + adv] rellenar automáticamente (*cuando queda disponible la línea*)
- **camp out** [v + adv] acampar
- **camp up** (*v + o + adv*): **to ~ *it up*** actuar* amaneradamente *or* con afectación

camp[3] *adj* 1 (effeminate) amanerado, afeminado 2 ‹*acting/performance*› afectado, exagerado

campaign[1] /kæmˈpeɪn/ *n* 1 (Marketing, Pol, Sociol) campaña *f*; (*before n*): **the ~ manager/funds** el director/los fondos de la campaña 2 (Mil) campaña *f*

campaign[2] *vi* 1 (Pol, Sociol) **to ~ FOR/AGAINST sth** hacer* una campaña A FAVOR DE/EN CONTRA DE algo 2 (Mil) luchar

campaigner /kæmˈpeɪnər || kæmˈpeɪnə(r)/ *n* 1 (Mil) combatiente *mf*; **an old ~** un veterano 2 (Pol, Sociol) defensor, -sora *m,f*; **a ~ for human rights** un defensor de los derechos humanos; **the candidate's skills as a ~** la habilidad del candidato para hacer una campaña

campaign literature *n* [u] propaganda *f* impresa de una campaña

campaign trail *n* campaña *f* electoral; **to be on the ~ ~** estar* en la campaña electoral; **they are all on the ~ ~** están en plena campaña electoral; **to go on the ~ ~** lanzarse* a la campaña electoral

campanology /ˌkæmpəˈnɑːlədʒi || ˌkæmpəˈnɒlədʒi/ *n* [u] campanología *f*

campbed /ˈkæmpbed/ *n* (BrE) catre *m* de campaña, cama *f* plegable

campcraft /ˈkæmpkræft || ˈkæmpkrɑːft/ *n* [u] arte *m* de acampar

camper /ˈkæmpər || ˈkæmpə(r)/ *n*

A (in tent) campista *mf*, acampante *mf*

B (Transp) *also* **~ van** cámper *f*, autocaravana *f* (Esp)

campfire /ˈkæmpfaɪr || ˈkæmpfaɪə(r)/ *n* fogata *f*, hoguera *f*, fogón *m* (AmL)

camp follower *n* 1 (sympathizer) simpatizante *mf* 2 (Mil) (prostitute) prostituta *f*

campground /ˈkæmpgraʊnd/ ➡📖 *n* (AmE) camping *m*

camphor /ˈkæmfər || ˈkæmfə(r)/ *n* [u] alcanfor *m*

camping /ˈkæmpɪŋ/ *n* [u]: **I like ~** me gusta ir de camping *or* de campamento *or* de acampada; ⊘ **no camping** prohibido acampar

camping holiday *n* (with facilities) vacaciones *fpl* en un camping; (in the wild) vacaciones *fpl* en una tienda, vacaciones *fpl* en una carpa (AmL); **to go on a ~~** (with facilities) irse* de vacaciones a un camping; (in the wild) irse* de vacaciones en una tienda *or* (AmL) carpa

camping site *n* ▸**campsite**

camping stool *n* ▸**campstool**

camping stove *n* cocina *f* de camping gas®

camping van *n* cámper *m*

camp meeting *n* (AmE) reunión *f* adventista (*a la que asisten fieles que acampan en el lugar*)

campsite /ˈkæmpsaɪt/ ➡📖 *n* camping *m*, campamento *m*

campstool /ˈkæmpstuːl/ *n* silla *f* plegable

campus /ˈkæmpəs/ *n* (*pl* **-puses**) campus *m*; **to live on ~** vivir en el campus *or* dentro del recinto universitario

CAMRA /ˈkæmrə/ *n* (BrE) (*no art*) = **Campaign for Real Ale**

camshaft /ˈkæmʃæft || ˈkæmʃɑːft/ *n* árbol *m* de levas

CAM system *n* sistema *m* CAM

can[1] /kæn/ *n*

A 1 (container) lata *f*, bote *m* (Esp), tarro *m* (Chi); (for garbage) (AmE) cubo *m or* (CS) tacho *m or* (Col) careca *f or* (Méx) bote *m or* (Ven) tobo *m* de la basura; **a ~ of tomatoes** una lata *or* (Esp tb) un bote *or* (Chi) un tarro de tomates; **a ~ of beer** una lata *or* (Esp tb) un bote de cerveza; **a 4 gallon gasoline ~** un bidón de gasolina de 4 galones; ***a ~ of worms*** (colloq) un problema complicado; **the investigation has opened up a real ~ of worms** la investigación ha destapado toda una serie de problemas; ***to carry the ~*** (BrE colloq) pagar* el pato (fam); (*before n*): **~ opener** abrelatas *m* 2 (for film) (Cin) lata *f*; ***to be in the ~*** (colloq) ‹‹*film/take/scene*›› estar* listo (fam); **the contract's in the ~** el contrato es un hecho, tenemos el contrato en el bote (Esp fam)

B (AmE sl) 1 (prison) cárcel *f*, trullo *m* (Esp arg), cana *f* (AmS arg), gayola *f* (RPl arg), bote *m* (Méx, Ven arg), porotera *f* (Chi arg); **to be in the ~** estar* a la sombra (fam) 2 (toilet) trono *m* (fam) 3 (buttocks) culo *m* (fam *o* vulg), trasero *m* (fam)

can[2] *vt* **-nn-**

A 1 (put in cans) enlatar 2 (bottle) (AmE) ‹*fruit*› preparar conservas de

B (AmE colloq) 1 (dismiss) echar (fam), correr (fam)

➡📖 *see* Correspondence

2 (stop) (*usu in impera*): ~ **it!** ¡basta ya!

can³ /kæn *weak form* /kən/ *v mod*

> ⚠ When *can* means *to be capable of* or *to be allowed to*, it is translated by *poder*: **he can't eat** no puede comer; **can you come out tonight?** ¿puedes salir esta noche?
>
> When *can* means *to know how to*, it is translated by *saber*: **can you swim?** ¿sabes nadar?; **she can already read and write** ya sabe leer y escribir.
>
> When *can* is used with a verb of perception such as *see*, *hear*, or *feel*, it is often not translated: **can you see her from here?** ¿la ves desde aquí?; **she couldn't feel anything** no sentía nada.

(*past* **could**)

A (indicating ability) *forms of* poder*; (referring to particular skills) *forms of* saber*; ~ **you come to the dance this evening?** ¿puedes venir al baile esta noche?; **she couldn't answer the question** no pudo contestar la pregunta; **the house ~ accommodate six people** en la casa se pueden alojar seis personas; **I'll do what I ~** haré lo que pueda *or* lo que esté en mi mano; **they did all they could** hicieron todo lo que pudieron; **no ~ do** (colloq) no puedo; **I ~'t stay long** no me puedo quedar mucho rato; **~'t you keep still?** ¿no puedes estarte quieto?; **I cannot believe she said that** no puedo creer que dijera eso; **we ~ but try** con intentarlo no se pierde nada; **will things improve? — we ~ but hope so** ¿mejorarán las cosas? — esperemos que sí; **I ~'t but agree** no puedo menos que estar de acuerdo; **~ you swim/speak German?** ¿sabes nadar/(hablar) alemán?; **she could read music when she was four** a los cuatro años ya sabía leer música

B 1 (indicating, asking etc permission) *forms of* poder*; **I ~'t stay out late** no puedo *or* no me dejan volver a casa tarde; **~ I come with you?** ¿puedo ir contigo?; **you ~'t go in there, madam** no puede entrar ahí, señora; **you ~ stay as long as you like** te puedes quedar todo el tiempo *or* todo lo que quieras 2 (in requests) *forms of* poder*; **~ you turn that music down, please?** ¿puedes bajar esa música, por favor?; **~ I have two salads, please?** ¿me trae dos ensaladas, por favor? 3 (in offers): **~ I help you?** ¿me permite?; (in shop) ¿lo/la atienden?, ¿qué desea? ; **~ I carry that for you?** ¿quieres que (te) lleve eso?

C 1 (with verbs of perception): **I ~'t see very well** no veo muy bien; **~ you hear me?** ¿me oyes?; **I could hear every word they said** oía todo lo que decían; **as you ~ see, there's a lot of work to be done** como ves *or* puedes ver, hay mucho que hacer 2 (with verbs of mental activity): **I ~'t understand it** no lo entiendo, no logro *or* no puedo entenderlo; **~ you remember her name?** ¿te acuerdas de cómo se llama?; **I could guess what had happened** me imaginaba lo que había pasado; **~'t you tell he's lying?** ¿no te das cuenta de que está mintiendo?

D 1 (allow oneself to) (*with neg or interrog*) *forms of* poder*; **you ~'t blame her** no puedes echarle la culpa; **I couldn't very well tell him just then** no se lo podía decir justo en ese momento; **how *could* you?** pero ¿cómo se te ocurrió hacer (*or* decir *etc*) una cosa así?, pero ¿cómo pudiste hacer (*or* decir *etc*) una cosa así? 2 (in suggestions, advice): **~'t you give it another try?** ¿por qué no lo vuelves a intentar?; **you ~'t let him have the last word** no puedes dejar que diga la última palabra 3 (in orders): **for a start, you ~ clean all this up** puedes empezar por limpiar todo esto; **if you don't behave you ~ go straight to bed** si no te portas bien, te vas inmediatamente a la cama

E 1 (indicating possibility) *forms of* poder*; **anything ~ happen now** ahora puede pasar cualquier cosa; **what *can* she be doing in there?** ¿qué estará haciendo ahí?, ¿qué puede estar haciendo ahí?; **it ~'t be true!** ¡no puede ser!, ¡no es posible!; **you ~'t be serious!** ¡no lo dirás en serio!; **she ~'t have finished already** no puede haber terminado ya; **he ~'t be her husband** no puede ser su marido 2 (indicating characteristic): **you ~ be really stubborn** a veces eres realmente terco; **she ~ be charming when she wants to** es encantadora cuando quiere *or* cuando se lo propone; **learning the piano ~ be fun** aprender a tocar el piano puede ser divertido; **she's as happy as ~ be** está contentísima, está de lo más contenta; *see also* **could**

Canaan /ˈkeɪnən/ *n* Canaán

Canaanite /ˈkeɪnənaɪt/ *n* cananeo, -nea *m,f*

Canada /ˈkænədə/ *n* (el) Canadá *m*

Canada goose *n* ganso *m* del Canadá

Canadian¹ /kəˈneɪdiən/ *adj* canadiense

Canadian² ➡ *n* canadiense *mf*

Canadian football *n* [u] fútbol *m* *or* (Méx) futbol *m* canadiense

canal /kəˈnæl/ *n*

A (for transport, irrigation) canal *m*

B (Anat) canal *m*; **the alimentary ~** el tubo *or* canal digestivo; **the birth ~** el canal del parto

canal boat *n* barcaza *f*

canal holiday *n*: *vacaciones en una barcaza a lo largo de un canal*

canalize /ˈkænlaɪz/ *vt* 1 ‹*river*› canalizar* 2 ‹*energies/efforts*› canalizar*, encauzar*

Canal Zone *n*: **the (Panama) ~ ~** la zona del Canal (de Panamá)

canapé /ˈkænəpeɪ/ *n* canapé *m*

canard /kəˈnɑːrd || kæˈnɑːd, ˈkænɑːd/ *n* rumor *m* falso, bulo *m* (Esp fam)

Canaries /kəˈneriz || kəˈneəriz/ *pl n*: **the ~** las Canarias

canary /kəˈneri || kəˈneəri/ *n* (*pl* **-ries**) 1 (bird) canario *m* 2 (informer) (AmE sl) soplón, -plona *m,f* (fam), chivato, -ta *m,f* (Esp fam)

Canary Islands *pl n*: **the ~ ~** las Islas Canarias

canary-yellow /kəˌneriˈjeləʊ || kəˌneəriˈjeləʊ/ ► p.1036 *adj* (*pred* **canary yellow**) amarillo canario *or* (AmL tb) patito *or* pollito *adj inv*

canary yellow ► p.1036 *n* [u] amarillo *m* canario *or* (AmL tb) patito *or* pollito

canasta /kəˈnæstə/ *n* [u] (Games) canasta *f*

cancan /ˈkænkæn/ *n* cancán *m*

cancel /ˈkænsəl/ (BrE) **-ll-** *vt*

A 1 ‹*meeting/match/trip/flight*› cancelar 2 ‹*order/subscription/debt*› cancelar; ‹*command/decree*› anular 3 ‹*indicator*› (Auto) apagar*

B ‹*stamp*› matasellar; ‹*check*› anular, cancelar

C (delete) ‹*word/number/passage*› tachar, suprimir

D (Comput) cancelar

E 1 (Math) eliminar 2 ► **cancel out 2**

■ **cancel** *vi* 1 (call off): **he ~ed at the last minute** a último momento canceló la cita (*or* el viaje *etc*) 2 (revoke): **what will we do if they ~?** ¿qué vamos a hacer si cancelan el pedido (*or* la reserva *etc*)?

(Phrasal verb)

• **cancel out** [v + o + adv, v + adv + o] 1 (Math) anular 2 (offset) ‹*deficit/loss*› compensar; ‹*debt*› cancelar; **those advantages are ~ed out by the practical difficulties** las dificultades de orden práctico anulan esas ventajas

cancellation /ˌkænsəˈleɪʃən/ *n*

A [u c] 1 (of event, trip, flight) cancelación *f* 2 (of order, booking) cancelación *f*; **there may be some ~s on the night** (Theat) quizás haya alguna devolución esa misma noche

B [c] (on stamp) matasellos *m*

cancellation fee *n* comisión *f* de cancelación

cancer /ˈkænsər || ˈkænsə(r)/ *n*

A ► p.965 [c u] (disease) (Med) cáncer *m*; **~ of the breast** cáncer de mama; **a ~ in our society** un cáncer de nuestra sociedad; (*before n*): **~ patient** enfermo *m* de cáncer

B **Cancer** (Astrol) 1 (constellation) (*no art*) Cáncer 2 [c] (person) Cáncer *or* cáncer *mf*, canceriano, -na *m,f*; *see also* **Aquarius**

cancer-causing /ˈkænsərˌkɔːzɪŋ || ˈkænsəˌkɔːzɪŋ/ *adj* cancerígeno

Cancerian¹ /kænˈsɪriən || kænˈsɪəriən/ *n* canceriano, -na *m,f*

Cancerian² *adj* canceriano, de los (de) Cáncer

cancerous /ˈkænsərəs/ *adj* ‹*tissue*› canceroso; **~ growth** tumor *m* canceroso *or* maligno

cancer research *n* [u] investigación *f* sobre el cáncer

cancer stick *n* (colloq hum) pitillo *m* (fam), pucho *m* (AmL fam)

candela /kænˈdiːlə/ *n* (*pl* **-las**) candela *f*

candelabra /ˌkændəˈlɑːbrə/ *n* (*pl* **-bras**) candelabro *m*

candid /ˈkændəd || ˈkændɪd/ *adj* 1 (frank) abierto, franco, sincero; **what's your ~ opinion?** dime francamente lo que opinas 2 ‹*photograph/shot*› natural; **~ camera** cámara *f* indiscreta

candidacy /ˈkændədəsi || ˈkændɪdəsi/ *n* (*pl* **-cies**) candidatura *f*

candidate /ˈkændədeɪt || ˈkændɪdət/ *n* (for job, election, exam) candidato, -ta *m,f*; **the Republican ~ for Governor** el candidato republicano a gobernador

candidature /ˈkændədətʃər || ˈkændɪdətʃə(r)/ *n* (BrE) ► **candidacy**

candidly /ˈkændədli || ˈkændɪdli/ *adv* con franqueza, sinceramente

candied /ˈkændid/ *adj* confitado, abrillantado (RPl)

candle /ˈkændl/ *n* (for domestic use) vela *f*, candela *f*; (for altar) cirio *m*; ***not to be worth the ~*** no merecer* *or* valer* la pena; ***to burn the ~ at both ends*** tratar de abarcar demasiado, hacer* de la noche día; ***to hold a ~ to sb***: **she can't** *o* **doesn't hold a ~ to her sister** no le llega ni a la suela del zapato a la hermana; (*before n*): **~ holder** palmatoria *f*; (for birthday cakes *etc*) portavela *m*; **~ snuffer** apagavelas *m*

candlelight /ˈkændllaɪt/ *n* [u]: **by ~** a la luz de una vela/de las velas

candlelit /ˈkændllɪt/ *adj* ‹*room/restaurant*› alumbrado con velas; **a ~ dinner** una cena íntima a la luz de las velas

candlestick /ˈkændlstɪk/ *n* candelero *m*, candelabro *m*; (flat) palmatoria *f*

candlewick /ˈkændlwɪk/ *n* [u] (Tex) chenilla *f*

can-do /ˈkænˈduː/ *adj* (colloq) dinámico

candor, (BrE) **candour** /ˈkændər || ˈkændə(r)/ *n* [u] franqueza *f*; **with perfect ~** con absoluta franqueza

candy /ˈkændi/ *n* (*pl* **-dies**) (AmE) 1 [u] (confectionery) golosinas *fpl*, dulces *mpl* (AmL exc RPl); (*before n*): **~ bar** *golosina en barra* 2 [c] (individual piece) caramelo *m*, dulce *m* (AmL exc RPl)

candy apple *n* (AmE) manzana *f* acaramelada

candy-ass /ˈkændiˌæs/ *n* (AmE colloq) pazguato, -ta *m,f* (fam), baboso, -sa *m,f* (AmL fam)

candy-assed /ˈkændiˌæst/ *adj* (AmE colloq) pazguato (fam), baboso (AmL fam)

candy cane *n* (AmE) barra *f* de caramelo, barra *f* de dulce (AmL exc RPl)

candyfloss /ˈkændiflɑːs || ˈkændiflɒs/ *n* [u c] (BrE) algodón *m* (de azúcar)

candyman /ˈkændimæn/ *n* (*pl* **-men** /-men/) (AmE colloq) camello *m* (arg)

candy store *n* (AmE) tienda *f* de caramelos, tienda *f* de dulces (AmL exc RPl), tienda *f* de golosinas

candystriped /ˈkændistraɪpt/ *adj* (Tex) a *or* de rayas

candy-striper /ˈkændiˌstraɪpər || ˈkændiˌstraɪpə(r)/ *n* (AmE colloq) enfermera *f* voluntaria

cane¹ /keɪn/ *n*

A 1 [c] (stem — of bamboo) caña *f*; (— of raspberry, blackberry) tallo *m* leñoso 2 [c] (*sugar ~*) caña *f* de azúcar; (*before n*): **~ sugar** azúcar *m* de caña 3 [u] (for wickerwork) mimbre *m*

B [c] 1 (walking stick) bastón *m* 2 (for punishment)

➡ *ver* Variedades del inglés

palmeta *f*; **he got the ~** le dieron con la palmeta **3** (for supporting plants) rodrigón *m*, tutor *m*

cane² *vt* castigar* con la palmeta; **the teacher ~d him** el profesor lo castigó con la palmeta

canebrake /'keɪnbreɪk/ *n* (AmE) cañaveral *m*

caned /keɪnd/ *adj*
A (made of cane) de caña
B (sl) (on alcohol) como una cuba (fam), mamado (fam); (on drugs) pasado, colocado (Esp fam), hasta atrás (Méx fam)

canine¹ /'keɪnaɪn/ *n*
A (Zool) canino *m*, cánido *m*
B **~ (tooth)** (diente *m*) canino *m*, colmillo *m*

canine² *adj* canino; **our ~ friends** nuestros amigos los perros

caning /'keɪnɪŋ/ *n*: **to give sb a ~** castigar* a algn con la palmeta; **they took a ~ last Saturday** (Sport) el sábado pasado les dieron una paliza (fam)

canister /'kænəstər || 'kænɪstə(r)/ *n* **1** (for tea, coffee) lata *f*, bote *m* (Esp) **2** (Mil) bote *m* (*de humo, metralla etc*)

canker /'kæŋkər || 'kæŋkə(r)/ *n* [u c] **1** (Med) úlcera *f* (*especialmente en la boca*); (*before n*): **~ sore** (AmE) afta *f*‡ **2** (Bot) cancro *m* **3** (evil) cáncer *m*

cankerous /'kæŋkərəs/ *adj* ulceroso

cannabis /'kænəbəs || 'kænəbɪs/ *n* [u] (plant) cáñamo *m*, cannabis *m*; (drug) hachís *m*, cannabis *m*; (*before n*): **~ resin** (aceite *m* de) hachís *m*

canned /kænd/ *adj* **1** ‹*peaches/meat*› enlatado, en *or* de lata, en conserva **2** (pre-recorded) (colloq) ‹*music*› enlatado (fam); ‹*laughter*› grabado **3** (drunk) (BrE sl) mamado (fam)

cannelloni /,kænə'ləʊni/ *n* [u c] canelones *mpl*

cannery /'kænəri/ *n* (*pl* **-ries**) fábrica *f* de conservas *or* enlatados

cannibal /'kænəbəl || 'kænɪbəl/ *n* caníbal *mf*, antropófago, -ga *m,f*

cannibalism /'kænəbəlɪzəm || 'kænɪbəlɪzəm/ *n* [u] canibalismo *m*, antropofagia *f*

cannibalize /'kænəbəlaɪz || 'kænɪbəlaɪz/ *vt* ‹*machine/car*› canibalizar*; ‹*material*› fusilarse (fam), plagiar

cannily /'kænəli || 'kænɪli/ *adv* astutamente, con astucia

canning /'kænɪŋ/ *n* [u] **1** (putting in cans) enlatado *m*; (*before n*): **~ factory** fábrica *f* de conservas *or* de enlatados; **~ industry** industria *f* conservera *or* de enlatados **2** (bottling) (AmE): **late summer is ~ season** el fin del verano es la época de preparar conservas

cannon¹ /'kænən/ *n* (*pl also* ~)
A (gun) cañón *m*; (*before n*): **~ fodder** carne *f* de cañón
B (in billiards) (BrE) carambola *f*

cannon² *vi* (BrE) (Sport) hacer* (una) carambola; **to ~ INTO sb/sth** chocar* CONTRA algn/algo

cannonade /,kænə'neɪd/ *n* cañoneo *m*

cannonball¹ /'kænənbɔ:l/ *n* **1** (Mil) bala *f* de cañón **2** **~ (service)** (in tennis) saque *m or* servicio *m* fuerte y rasante

cannonball² *vi* (colloq) ir* como un bólido (fam); **we ~ed down the freeway** íbamos como un bólido por la autopista

cannot /'kænɑ:t || 'kænɒt/ **= can not**

canny /'kæni/ *adj* **-nier, -niest** **1** (shrewd) ‹*person*› astuto, ladino; ‹*idea*› astuto **2** (thrifty) ahorrativo; **he's very ~ where his own money is concerned** es muy cuidadoso cuando se trata de su propio dinero

canoe¹ /kə'nu:/ *n* canoa *f*, piragua *f*; ***to paddle one's own ~*** arreglárselas solo, rascarse* con sus (*or* mis *etc*) propias uñas (Chi, Méx fam)

canoe² *vi* **-noes, -noeing, -noed** ir* en canoa *or* piragua; **they ~d down the river** fueron río abajo en canoa

canoeing /kə'nu:ɪŋ/ *n* [u] piragüismo *m*, canotaje *m*

canoeist /kə'nu:əst || kə'nu:ɪst/ *n* piragüista *mf*, remero, -ra *m,f* de canoas, canoero, -ra *m,f*

canon /'kænən/ *n*
A **1** (church decree) canon *m*; (*before n*): **~ law** derecho *m* canónico **2** (standard, criterion) (frml) canon *m*
B ▸ **ⓘ p.1213** (clergyman) canónigo *m*
C (body of works) *conjunto de obras de un autor consideradas auténticas*; **the Protestant ~** el canon protestante; **the C~ (of the mass)** el Canon (de la misa)
D (Mus) canon *m*

canonical /kə'nɑ:nɪkəl || kə'nɒnɪkəl/ *adj* (frml) canónico

canonicals /kə'nɑ:nɪkəlz || kə'nɒnɪkəlz/ *pl n* vestiduras *fpl* sacerdotales

canonization /,kænənə'zeɪʃən || ,kænənaɪ'zeɪʃən/ *n* canonización *f*

canonize /'kænənaɪz/ *vt* canonizar*

canoodle /kə'nu:dl/ *vi* (colloq) besuquearse (fam)

canopy /'kænəpi/ *n* (*pl* **-pies**) (over bed, throne, altar) dosel *m*, baldaquín *m*, baldaquino *m*; (over statuette) doselete *m*; (over person) palio *m*, dosel *m*; (of cockpit) cubierta *f* transparente; **the ~ of stars** (poet) la bóveda celeste (liter)

canst /kænst/ (arch) *2nd pers sing pres of* **can³**

cant¹ /kænt/ *n*
A [u] **1** (insincere talk) hipocresía *f* **2** (jargon) jerga *f*
B (*no pl*) (oblique surface) superficie *f* inclinada

cant² *vt* **1** (tilt) inclinar, ladear **2** ‹*boat/ship*› hacer* escorar
■ **cant** *vi* escorar

can't /kænt || kɑ:nt/ **= can not**

Cantab /'kæntæb/ **= Cambridge University**

cantaloupe, cantaloup /'kæntələʊp, -lu:p || 'kæntəlu:p/ *n* cantalupo *m*, cantaloup *m* (*melón pequeño de corteza rugosa y pulpa anaranjada*)

cantankerous /kæn'tæŋkərəs/ *adj* cascarrabias *adj inv*

cantata /kən'tɑ:tə/ *n* cantata *f*

canteen /kæn'ti:n/ *n*
A (dining hall) (BrE) cantina *f*, comedor *m*, casino *m* (Chi) (*en lugar de trabajo, colegio etc*)
B (water bottle) cantimplora *f*
C (for cutlery) (BrE) *estuche para guardar un juego de cubiertos*; **~ of cutlery** juego *m* de cubiertos, cubertería *f*

canter¹ /'kæntər || 'kæntə(r)/ *n* medio galope *m*; **to go at a ~** «*horse*» ir* a medio galope; «*rider*» cabalgar* *or* ir* a medio galope; **to go for a ~** salir* a cabalgar; **to win at** *o* **in a ~** ganar cómodamente

canter² *vi* «*horse*» ir* a medio galope; «*rider*» cabalgar* *or* ir* a medio galope
■ **canter** *vt* ‹*horse*› hacer* avanzar a medio galope

canticle /'kæntɪkəl/ *n* cántico *m*

cantilever /'kæntəli:vər || 'kæntɪli:və(r)/ *n* viga *f* voladiza; (*before n*): **~ brake** freno *m* cantilever; **~ bridge** puente *m* voladizo

canto /'kæntəʊ/ *n* (*pl* **-tos**) canto *m*

canton /'kæntn || 'kæntɒn/ *n* cantón *m*

Cantonese¹ /,kæntn'i:z || ,kæntə'ni:z/ *adj* cantonés

Cantonese² *n* (*pl* ~) **1** [c] (person) cantonés, -nesa *m,f* **2** [u] (language) cantonés *m*

cantonment /kæn'təʊnmənt, -'tɑ:n- || kæn'tɒnmənt, -'tu:n-/ *n* acantonamiento *m*

cantor /'kæntər || 'kæntɔ:(r)/ *n* (in a synagogue) solista *m* del coro; (in a Christian church) sochantre *m*

Canuck /kə'nʌk kə'nək/ *n* (AmE sl & often pej) canadiense *mf*

canvas /'kænvəs/ *n*
A **1** [u] (cloth) lona *f*; **under ~** (in a tent) en una tienda de campaña *or* (AmL) en una carpa; (Naut) con el velamen desplegado, con las velas desplegadas; (*before n*) ‹*bag/shoes*› de lona; ‹*chair*› de lona *or* loneta **2** (in boxing, wrestling): **the ~** la lona **3** [u c] (for embroidery) cañamazo *m*
B (Art) **1** [c u] (for painting) lienzo *m*, tela *f* **2** [c] (painting) cuadro *m*, lienzo *m* (frml), tela *f* (frml)

canvass¹ /'kænvəs/ *vt*
A **1** (Pol): **to ~ voters in an area** hacer* campaña entre los votantes de una zona **2** ‹*opinion*› sondear, hacer* un sondeo de; **we've ~ed the leading experts in the field** hemos hecho una encuesta entre los más destacados expertos en el tema **3** (Busn) ‹*orders*› solicitar; **to ~ retailers for a product** promocionar un producto entre los comerciantes
B ‹*idea*› proponer*, presentar
C (scrutinize) (AmE): **to ~ the votes** hacer* el escrutinio de los votos
■ **canvass** *vi* **1** (Pol) hacer* campaña, hacer* propaganda electoral; **to ~ FOR sb** hacer* campaña A *or* EN FAVOR DE algn; **he's ~ing for John Taylor** está haciendo campaña a *or* en favor de John Taylor; **to go out ~ing for votes** hacer* campaña para conseguir votos **2** (Busn) **to ~ FOR sth** tratar de conseguir algo; **she's gone to New York to ~ for business/orders/clients** ha ido a Nueva York para conseguir contratos/pedidos/clientes

canvass² *n* **1** (asking for votes) campaña *f* para conseguir votos **2** (scrutiny of votes) (AmE) escrutinio *m*

canvasser /'kænvəsər || 'kænvəsə(r)/ *n* **1** (Pol) *persona que solicita votos durante una campaña electoral* **2** (Busn) representante *mf or* agente *mf* comercial

canvassing /'kænvəsɪŋ/ *n* [u] **1** (Pol) solicitación *f* de votos **2** (Busn) representación *f* comercial

canyon /'kænjən/ *n* cañón *m*

canyoning /'kænjənɪŋ/ *n* [u] barranquismo *m*, cañonismo *m*

cap¹ /kæp/ *n*
A **1** (schoolboy's, jockey's, soldier's) gorra *f*; (nurse's) cofia *f*; (judge's) birrete *m*; (cardinal's) birreta *f*, solideo *m*; **swimming ~** gorro *m or* (esp AmL) gorra *f* de baño; **baseball/golf ~** gorra de béisbol/golf, cachucha *f* (Col, Méx, Ven); **~ and bells** gorro de bufón; **~ and gown** (Educ) toga *f* y birrete *m*; ***if the ~ fits wear it*** al que le caiga *or* le venga el sayo *or* saco, que se lo ponga (AmL), el que se pica, ajos come (Esp); ***to put one's thinking ~ on*** (colloq) usar la materia gris (fam); ***to set one's ~ at sb*** poner* los ojos en algn; ▸**hand¹ B, ring¹ B** **2** (BrE) (Sport) (hat) *gorra que se da a un jugador seleccionado para un equipo nacional*; (player) jugador, -dora *m,f* de la selección; **he won five ~s for Wales** integró la selección galesa en cinco ocasiones
B **1** (of bottle) tapa *f*, tapón *m*; (metal) chapa *f*, tapa *f*; (of pen) capuchón *m*, tapa *f*; **radiator ~** tapa *f* del radiador; **gas** *o* (BrE) **petrol ~** tapa *f* del depósito *or* tanque de gasolina **2** (diaphragm) (BrE) diafragma *m*
C **1** (of mushroom, toadstool) sombrerete *m* **2** (of tooth — natural) esmalte *m*; (— artificial) funda *f*
D (*percussion* ~) **1** fulminante *m*, pistón *m* **2** (for toy gun) fulminante *m*
E (upper limit) tope *m*; **to put a ~ on sth** poner* un tope a algo

cap² *vt* **-pp-**
A **1** ‹*bottle/tube*› tapar **2** ‹*mountains/hilltops*› coronar, cubrir* la cima de **3** ‹*oil well*› tapar
B **1** (outdo): **they were always trying to ~ each other's jokes** estaban siempre tratando de contar un chiste mejor que el del otro; **~ that!** ¡a ver si tú puedes hacerlo mejor! **2** (crown, complete) rematar, coronar; **to ~ it all off** *o* (BrE) **to ~ it all ...** para colmo (de desgracias *or* de males) ..., para rematarla ... (fam)
C (set upper limit) ‹*expenditure*› poner* un tope a, limitar; ‹*council*› (in UK) poner* un tope a *or* limitar los gastos de; **to ~ defense spending** poner* un tope a *or* limitar los gastos de defensa
D (BrE) (Sport): **he's been ~ped five times for Scotland** ha integrado cinco veces la selección escocesa
E (Dentistry): **to have a tooth ~ped** ponerse* una funda *or* una corona

cap³ **1** **= capital letter** **2** **(= capital city)** Cap.

CAP *n* **(= Common Agricultural Policy)** PAC *f*

ℹ Capacity/Capacidad

Metric system *Sistema métrico*		US/UK system *Sistema estadounidense y británico*
10 milliliters	= 1 centiliter	
10 mililitros	= 1 centilitro	
10 centiliters	= 1 deciliter	
10 centilitros	= 1 decilitro	
10 deciliters	= 1 liter	= 2.1 US pints
10 decilitros	= 1 litro	= 1.76 UK pints = 0.246 US gallons = 0.22 UK gallons
10 liters	= 1 dekaliter	
10 litros	= 1 decalitro	

US system *Sistema estadounidense*		Metric system *Sistema métrico*
	1 fluid ounce 1 onza fluida	= 2,95 centiliters
16 fluid ounces	= 1 pint = 1 pinta	= 0,47 liters
2 pints	= 1 quart = 1 cuarto	= 0,946 liters
4 quarts	= 1 gallon = 1 galón	= 3,785 liters

UK system *Sistema británico*		Metric system *Sistema métrico*
	1 fluid ounce 1 onza fluida	= 2,84 centiliters
20 fluid ounces	= 1 pint = 1 pinta	= 0,568 liters
2 pints	= 1 quart = 1 cuarto	= 1,136 liters
4 quarts	= 1 gallon = 1 galón	= 4,546 liters

capability /ˌkeɪpəˈbɪləti/ *n* (*pl* **-ties**)
A (of person) **1** [u] (ability) capacidad *f*; **~ to + INF** capacidad PARA + INF **2** **capabilities** *pl* (potential) aptitudes *fpl*; **to have capabilities** tener* aptitudes
B [u c] **1** (Mil) capacidad *f*; **nuclear ~** capacidad nuclear **2** (of machine) cilindrada *f*, capacidad *f*

capable /ˈkeɪpəbəl/ *adj*
A (competent) capaz, competente; **I'll leave you in the ~ hands of Mr Smith** lo dejo con el Sr Smith: queda en buenas manos
B (*pred*) (able) **to be ~ OF -ING** ser* capaz DE + INF; **he's quite ~ of just tearing the letter up** es muy capaz de romper la carta; **to be ~ OF sth**: **it's competent work, but you're ~ of better** es un buen trabajo, pero eres capaz de hacerlo mejor *or* puedes hacerlo mejor; **the car is ~ of speeds up to 120 mph** el coche puede alcanzar una velocidad de hasta 120 millas por hora

capably /ˈkeɪpəbli/ *adv* competentemente

capacious /kəˈpeɪʃəs/ *adj* ‹*container*› de mucha cabida *or* capacidad; **a ~ bag** un bolso muy amplio

capacitor /kəˈpæsətər ‖ kəˈpæsɪtə(r)/ *n* capacitor *m*, condensador *m*

capacity /kəˈpæsəti/ *n* (*pl* **-ties**)
A [u c] **1** ▸ℹ **p.998** (maximum content) capacidad *f*; **a ~ of two liters** una capacidad de dos litros; **three drinks is about my ~** mi límite es de más o menos tres copas; **the theater has a (seating) ~ of 600** el teatro tiene capacidad para 600 espectadores, el teatro tiene un aforo de 600 localidades (frml); **their concerts were always filled to ~** sus conciertos siempre registraban llenos totales *or* completos; **engine ~** (Auto) cilindrada *f*; (*before n*): **a ~ crowd/audience** un lleno completo *or* total **2** (output) capacidad *f*; **to operate at full ~** funcionar al límite de capacidad *or* a pleno rendimiento; **to operate below ~** funcionar por debajo del límite de capacidad
B [u] (ability) capacidad *f*; **~ FOR sth** capacidad DE algo; **he has an incredible ~ for work** tiene una increíble capacidad de trabajo; **~ to + INF** capacidad PARA + INF; **the country's ~ to produce oil** la capacidad del país para producir petróleo; **the job was beyond her ~** el trabajo estaba por encima de su capacidad
C [c] (role) calidad *f*; **he spoke in his ~ as union delegate** habló en su calidad de delegado del sindicato; **I'm here in a private ~** he venido a título personal
D [u] (legal fitness) capacidad *f*

capacity audience *n* lleno *m* total

capacity booking *n* [u c] reserva *f* total, reservación *f* total (AmL)

capacity crowd *n* lleno *m* completo, lleno *m* total

caparison¹ /kəˈpærəsən ‖ kəˈpærɪsən/ *n* (arch) (for horse) gualdrapa *f*, caparazón *m*

caparison² *vt* (liter) (*usu pass*) **to be ~ed IN/WITH sth** estar* engualdrapado CON *or* DE algo

cap badge *n* insignia *f* para la gorra

cape /keɪp/ *n*
A (Clothing) capa *f*
B (Geog) cabo *m*; **the C~** (Cape Province) la provincia de El Cabo; (Cape of Good Hope) el Cabo de Buena Esperanza

Cape Cod *n* **1** (Geog) Cape Cod **2** [c] **~ ~ (cottage)** (in US) *casa de madera de uno o dos pisos con gran chimenea y tejado a dos aguas*

Cape Horn *n* el Cabo de Hornos

Cape of Good Hope *n*: **the ~ ~ ~ ~** el Cabo de Buena Esperanza

caper¹ /ˈkeɪpər ‖ ˈkeɪpə(r)/ *n*
A (jump) salto *m*; **to cut a ~** dar* saltos *or* brincos de alegría
B **1** (prank) travesura *f*, broma *f*; **they got up to the usual student ~s at the graduation party** hicieron las típicas travesuras de estudiante en la fiesta de graduación; ***and all that ~*** (colloq) y toda esa historia (fam) **2** (scheme): **I wonder what his little ~ is** me pregunto qué estará tramando*or* qué se traerá entre manos
C (Bot, Culin) alcaparra *f*

caper² *vi* correr y brincar*, dar* saltos *or* brincos

capercaillie /ˌkæpərˈkeɪli ‖ ˌkæpəˈkeɪli/, **capercailzie** /ˈkæpərˈkeɪlzi ‖ ˌkæpəˈkeɪlzi/ *n* urogallo *m*

Cape Town *n* Ciudad *f* del Cabo

Cape Verdean¹ /ˈvɜːrdiən ‖ ˈvɜːdiən, ˈveəd-/ *adj* caboverdiano

Cape Verdean² *n* caboverdiano -na *m,f*

Cape Verde Islands /vɜːrd ‖ vɜːd/ *pl n*: **the ~ ~ ~** las Islas de Cabo Verde

capful /ˈkæpfʊl/ *n* contenido *m* de una tapa (*or* un tapón *etc*); **dilute one ~ of the liquid in three liters of water** disuelva (el contenido de) una tapa *or* un tapón del líquido en tres litros de agua

capillary¹ /ˈkæpəleri ‖ kəˈpɪləri/ *adj* (*before n*) capilar; **~ tube** tubo *m* capilar

capillary² *n* (*pl* **-ries**) (vaso *m*) capilar *m*

capital¹ /ˈkæpətl ‖ ˈkæpɪtl/ *n*
A [c] (city) capital *f*
B [c] (letter) mayúscula *f*; **write your name in ~s** escriba su nombre con mayúsculas; **small ~s** versalitas *fpl*
C [u] (Fin) capital *m*; **to make ~ (out) of sth** sacar* provecho *or* partido de algo, capitalizar* algo; **they are seeking to gain political ~ from the affair** intentan sacar provecho político del asunto; (*before n*) ‹*costs/inflows*› de capital; **~ assets** activo *m* fijo *or* inmovilizado; **~ equipment** *o* **goods** bienes *mpl* de equipo *or* capital; **~ expenditure/investment** gasto *m* /inversión *f* de capital; **~ gain** plusvalía *f*; **~ gains tax** impuesto *m* sobre la plusvalía; **~ grant** (in UK) subvención *f* de capital; **~ growth** aumento *m* *or* crecimiento *m*, del capital; **~ loss** minusvalía *f*; **~ market** mercado *m* de capitales; **~ transfer tax** (in UK) (Hist) impuesto *m* sobre las transferencias de capital; **~ stock** capital *m* social
D [c] (Archit) capitel *m*

capital² *adj*
A (Law) ‹*crime/offense*› que está sancionado con la pena de muerte; **~ punishment** pena *f* capital *or* de muerte
B **1** (major) ‹*consideration*› primordial; ‹*importance*› capital, primordial **2** (Geog, Pol): **~ city** capital *f*
C (Print) ‹*letter*› mayúscula; **I don't believe in art with a ~ A** no creo en el Arte con mayúsculas
D (excellent) (dated) estupendo; (*as interj*): **~!** ¡estupendo!

> **capital punishment**
>
> La pena capital se aplica en 38 estados de EEUU a personas que han sido declaradas culpables de asesinato. Los métodos de ejecución varían e incluyen la horca, el fusilamiento, la cámara de gas, la silla eléctrica y la inyección letal. Aunque hay alrededor de 24.000 asesinatos cada año, muchos de los condenados a muerte apelan ante los tribunales superiores, lo que significa que muchos presos permanecen durante años en el pabellón de los condenados a muerte (*death row*) a la espera de ser ejecutados. En Gran Bretaña la pena de muerte por asesinato se abolió en 1965.

capital charge *n*
A (Law) *acusación de un delito castigado con la pena de muerte*
B (Fin) cargo *m* por capital

capital-intensive /ˌkæpətlɪnˈtensɪv ‖ ˌkæpɪtlɪnˈtensɪv/ *adj* ‹*industry*› intensivo en capital (*que exige un alto capital fijo*)

capitalism /ˈkæpətlɪzəm ‖ ˈkæpɪtəlɪzəm/ *n* [u] capitalismo *m*

capitalist¹ /ˈkæpətləst ‖ ˈkæpɪtəlɪst/ *n* capitalista *mf*

capitalist² *adj* capitalista

capitalistic /ˌkæpətəˈlɪstɪk ‖ ˌkæpɪtəˈlɪstɪk/ *adj* capitalista

capitalization /ˌkæpətləˈzeɪʃən ‖ ˌkæpɪtəlaɪˈzeɪʃən/ *n* [u c] (Fin) capitalización *f*

capitalize /ˈkæpətlaɪz ‖ ˈkæpɪtəlaɪz/ *vt*
A (Fin) capitalizar*
B (Print) *imprimir o escribir con mayúsculas*

(Phrasal verb)
• **capitalize on** [v + prep + o] sacar* provecho *or* partido de, capitalizar*

capital offense, (BrE) **capital offence** *n* delito *m* capital

capitation fee /ˌkæpəˈteɪʃən ‖ ˌkæpɪˈteɪʃən/ *n* cuota *f* por capitación

Capitol /ˈkæpətl ‖ ˈkæpɪtl/ *n*: **the ~** el Capitolio

> **Capitol - The Capitol**
>
> El Capitolio o sede del Congreso ▸**Congress** de Estados Unidos, en Washington DC. Situado en *Capitol Hill*, a menudo la prensa emplea este nombre para hacer referencia al Congreso de EEUU.

Capitol Hill /ˈkæpətl ‖ ˈkæpɪtl/ *n* (in US) el Congreso de los EEUU

capitulate /kəˈpɪtʃəleɪt ‖ kəˈpɪtjʊleɪt/ *vi* capitular; **to ~ TO sb/sth** capitular ANTE algn/algo

capitulation /kəˌpɪtʃəˈleɪʃən ‖ kəˌpɪtjʊˈleɪʃən/ *n* [u] capitulación *f*

Caplet® /ˈkæplət ‖ ˈkæplɪt/ *n* (AmE) comprimido *m* (*de forma ovalada*)

capo /ˈkeɪpəʊ ‖ ˈkæpəʊ/ *n* (*pl* **-pos**) **1** (for guitar) capotasto *m*, ceja *f* **2** /ˈkɑːpəʊ/ (in Mafia) (AmE) capo *m*

capon /ˈkeɪpən/ *n* capón *m*

cap pistol *n* pistola *f* de pistones, pistola *f* de fulminantes (AmL)

cappuccino /ˌkæpəˈtʃiːnəʊ/ *n* (*pl* **-nos**) capuchino *m*

caprice /kəˈpriːs/ *n* [c u] capricho *m*

capricious /kəˈprɪʃəs/ *adj* ‹*person*› caprichoso; ‹*weather*› variable, inestable

capriciously /kəˈprɪʃəsli/ *adv* caprichosamente, de modo caprichoso

capriciousness /kəˈprɪʃəsnəs || kəˈprɪʃəsnɪs/ *n* [u] (of person) volubilidad *f*; (of weather) inestabilidad *f*

Capricorn /ˈkæprɪkɔːrn || ˈkæprɪkɔːn/ *n* 1 (constellation) (*no art*) Capricornio 2 [c] (person) Capricornio *or* capricornio *mf*, capricorniano, -na *m,f*; *see also* **Aquarius**

Capricornean¹ /ˌkæprɪˈkɔːrniən || ˌkæprɪˈkɔːniən/ *n* capricorniano, -na *m,f*

Capricornean² *adj* capricorniano, de los (de) Capricornio

cap rock *n* [u] capa *f* de roca

caps /kæps/ *pl n* = **(capitals = capital letters)** may

capsicum /ˈkæpsɪkəm/ *n* pimiento *m*, pimentón *m* (AmS exc RPl), ají *m* (RPl)

capsize /ˈkæpsaɪz || kæpˈsaɪz/ *vi* volcarse*; (right over) dar* una vuelta de campana

■ **capsize** *vt* hacer* volcar; (right over) hacer* dar una vuelta de campana

caps lock *n* (tecla *f* de) bloqueo *m* de mayúsculas

capstan /ˈkæpstən/ *n* 1 (Naut) cabrestante *m* 2 (on tape recorder) capstan *m*

capsule¹ /ˈkæpsəl || ˈkæpsjuːl/ *n* 1 (Pharm) cápsula *f* 2 (Bot) cápsula *f* 3 (*space* ~) cápsula *f* espacial

capsule² *adj* (*before n*) condensado

capsule endoscope *n* (Med) (video)cápsula *f* endoscópica

Capt (title) = **Captain**

captain¹ /ˈkæptən || ˈkæptɪn/ *n* 1 (rank) capitán *m* 2 (person in command) capitán, -tana *m,f*; **this is your ~ speaking** (Aviat) les habla el comandante; **a ~ of industry** un industrial influyente, un magnate de la industria 3 (head waiter) (AmE) maître *m*, jefe *m* de comedor, capitán *m* de meseros (Méx)

captain² *vt* (Naut, Sport) capitanear

captaincy /ˈkæptənsi || ˈkæptɪnsi/ *n* [u c] (*pl* **-cies**) capitanía *f*; **under the ~ of Smith** bajo el mando *or* a las órdenes de Smith

caption¹ /ˈkæpʃən/ *n* 1 (under picture) leyenda *f*, pie *m* de foto (*or* ilustración *etc*) 2 (headline) título *m* 3 (Cin) subtítulo *m*

caption² *vt* 1 ‹*picture/illustration*› ponerle* una leyenda a 2 ‹*article*› titular 3 ‹*film*› subtitular

captious /ˈkæpʃəs/ *adj* (frml) ‹*person*› criticón; **a ~ remark** una crítica

captivate /ˈkæptəveɪt || ˈkæptɪveɪt/ *vt* cautivar

captivating /ˈkæptəveɪtɪŋ || ˈkæptɪveɪtɪŋ/ *adj* encantador, cautivador

captive¹ /ˈkæptɪv/ *n* (liter) cautivo, -va *m,f*

captive² *adj*: **to take/hold sb ~** tomar prisionero/mantener* cautivo *or* prisionero a algn; **to have a ~ market** tener* el monopolio del mercado, tener* monopolizado el mercado; **to have a ~ audience** tener* un público que no tiene más remedio que escuchar; **he held the audience ~** mantuvo captada la atención del público

captivity /kæpˈtɪvəti/ *n* [u] cautiverio *m*, cautividad *f*; **to keep sth/sb in ~** mantener* algo/a algn en cautiverio

captor /ˈkæptər || ˈkæptə(r)/ *n* (of person) captor, -tora *m,f*; **it barked at its ~s** les ladró a los que lo capturaron

capture¹ /ˈkæptʃər || ˈkæptʃə(r)/ *vt*

A 1 (seize by force) ‹*person*› capturar, apresar, aprehender; ‹*animal*› capturar; ‹*ship*› apresar; ‹*city*› tomar 2 (gain by effort) ‹*votes*› conseguir*, captar; ‹*title*› conseguir*; ‹*championship*› ganar; **they ~ed 20% of the market** se hicieron con el 20% del mercado

B 1 (attract, hold) ‹*attention/interest*› captar, atraer*; **the idea has ~d the public imagination** la idea ha entusiasmado a la opinión pública; **his feats have ~d the nation's imagination** tiene al país cautivado con sus hazañas 2 (preserve, record) ‹*mood/atmosphere*› captar, reproducir*

capture² *n* [u] 1 (of person) captura *f*, apresamiento *m*; (of animal) captura *f*; (of city) conquista *f*, toma *f*; (of ship) apresamiento *m* 2 (of votes) captación *f*; (of markets) conquista *f*

capuchin /ˈkæpjəʃən || ˈkæpjʊtʃɪn/ *n* 1 **Capuchin** (Relig) capuchino *m* 2 **~ (monkey)** mono *m* capuchino

capybara /ˈkæpəˌberə || ˌkæpɪˈbɑːrə/ *n* (*pl* ~ *or* **~s**) capibara *f*, carpincho *m*, chigüire *m* (Ven)

car /kɑːr || kɑː(r)/ *n* 1 (Auto) coche *m*, automóvil *m* (frml), carro *m* (AmL exc CS), auto *m* (esp CS); **to go by ~** ir* en coche (*or* carro *etc*); (*before n*): **~ accident** accidente *m* de coches *or* (frml) automovilístico; **~ alarm** alarma *f* de coche; **~ chase** persecución *f* de coches; **~ crash** choque *m*, accidente *m* de coche(s); **~ deck** (Naut) cubierta *f* de coches *or* (frml) automóviles; **~ ferry** transbordador *m* de coches, ferry *m* para automóviles; **~ hire** [u] (BrE) alquiler *m* de coches, arrendamiento *m* de autos (esp CS), renta *f* de coches *or* carros (Méx); **~ industry** industria *f* automovilística *or* (AmL) automotriz; **~ insurance** seguro *m* de coche *or* (frml) automóvil; **~ key** llave *f* de coche; **~ license** permiso *m* de circulación; **~ number** (número *m* de la) matrícula *f* del coche, número *m* de la placa, número *m* de la patente (CS); **~ radio** radio *f* del coche, radio *m* del carro (AmL exc CS); **~ rental** alquiler *m* de coches, arrendamiento *m* de autos (esp CS), renta *f* de coches *or* carros (Méx); **~ stereo** equipo *m* de música del coche; **~ valeting** lavado *m* y limpieza interior del coche; **~ worker** trabajador, -dora *m,f* de la industria automovilística *or* (AmL) automotriz 2 (Rail, Transp) (for passengers, freights) vagón *m*, coche *m* 3 (of balloon) barquilla *f* 4 (of elevator) cabina *f*

carafe /kəˈræf/ *n* (for wine) garrafa *f*; (for water) *botella de boca ancha*

caramel /ˈkɑːrml || ˈkærəmel/ *n* 1 [u] (burnt sugar) caramelo *m*; (*before n*): **~ sauce** caramelo *m* 2 [c u] (confectionery) *caramelo hecho a base de leche y azúcar*

caramelize /ˈkɑːrmlaɪz || ˈkærəməlaɪz/ *vt* acaramelar; **~d sugar** azúcar *m or f* a punto de caramelo

■ **caramelize** *vi* acaramelarse

carapace /ˈkærəpeɪs/ *n* caparazón *m or f*

carat /ˈkærət/ *n* 1 (for gold) ((AmE also): **karat**) quilate *m*; **18-~ gold** oro *m* de 18 quilates 2 (for precious stones) quilate *m*

caravan¹ /ˈkærəvæn/ *n* 1 (group) caravana *f* 2 (vehicle) (BrE) caravana *f*, rulot *f* (Esp), trailer *m* (AmL), casa *f* rodante (CS), tráiler *m* (Andes, Méx); **gypsy ~** carromato *m* de gitanos; (*before n*): **~ park** *o* **site** camping *m* para caravanas, caravaning *m* (Esp)

caravan² *vi* **-nn-** (BrE): **to go ~ning** ir* de vacaciones en una caravana, ir* de caravaning (Esp)

caravanner /ˈkærəvænər || ˈkærəvænə(r)/ *n* (BrE) 1 (tourist) turista *mf* que viaja en caravana *or* (AmL), tráiler *or* (Chi, Méx), en cámper *or* (CS), en una casa rodante,, caravanista *mf* (Esp) 2 (resident) *persona que tiene una caravana como vivienda*

caravanning /ˈkærəvænɪŋ/ *n* [u] (BrE) (travelling in a trailer) turismo *m* en caravana *or* (AmL) tráiler *or* (Chi, Méx) cámper *or* (CS) casa rodante, caravaning *m* (Esp)

caravansary /ˌkærəˈvænsəri/ (BrE) **caravanserai** /ˌkærəˈvænsəraɪ/ *n* caravasar *m*

caravel /ˈkærəvel/ *n* carabela *f*

caraway /ˈkærəweɪ/ *n* alcaravea *f*; (*before n*): **~ seed** carvi *m*

carbide /ˈkɑːrbaɪd || ˈkɑːbaɪd/ *n* carburo *m*

carbine /ˈkɑːrbaɪn || ˈkɑːbaɪn/ *n* carabina *f*

carbohydrate /ˌkɑːrbəʊˈhaɪdreɪt || ˌkɑːbəˈhaɪdreɪt/ *n* [c u] hidrato *m* de carbono, carbohidrato *m*

carbolic /kɑːrˈbɑːlɪk || kɑːˈbɒlɪk/ *adj*: **~ acid** ácido *m* carbólico *or* fénico

car bomb *n* coche *m* bomba

carbon /ˈkɑːrbən || ˈkɑːbən/ *n*

A 1 [u] (Chem) carbono *m* 2 [c] (Elec) carbón *m*

B [c] 1 (paper) ▸**carbon paper** 2 (copy) ▸**carbon copy**

carbonaceous /ˌkɑːrbəˈneɪʃəs || ˌkɑːbəˈneɪʃəs/ *adj* carbonoso

carbonate /ˈkɑːrbəneɪt || ˈkɑːbəneɪt/ *n* carbonato *m*

carbonated /ˈkɑːrbəneɪtəd || ˈkɑːbəneɪtɪd/ *adj* ‹*water*› carbonatado; ‹*drink*› gaseoso

carbon copy *n* copia *f* (*hecha con papel carbón*); **to be a ~ ~ of sb/sth** ser* un calco de algn/algo; **she's the ~ ~ of her mother** es un calco de su madre, es calcada a la madre, es el vivo retrato de la madre; **it's a ~ ~ of one in Paris** es un calco *or* es una copia exacta de uno que hay en París

carbon credit *n* (Ecol) bono *m* de carbono

carbon cycle *n* ciclo *m* del carbono

carbon-date /ˌkɑːrbənˈdeɪt || ˌkɑːbənˈdeɪt/ *vt* datar mediante la técnica del carbono

carbon dating /ˈdeɪtɪŋ/ *n* [u]: *datación mediante el método del carbono 14*

carbon dioxide *n* [u] anhídrido *m* carbónico, bióxido *m or* dióxido *m* de carbono; **to reduce ~ ~ emissions** disminuir* las emisiones de anhídrido *or* bióxido *or* dióxido de carbono

carbon emissions *pl n* (Ecol) emisiones *fpl* de carbón; (*before n*): **~ ~ trading** comercio *m* de derechos de emisión de gases de efecto invernadero

carbon fiber, (BrE) **fibre** *n* [u] fibra *f* de carbón

carbon footprint *n* (Ecol) impacto *m* de carbono, huella *f* de carbono

carbonic acid /kɑːrˈbɑːnɪk || kɑːˈbɒnɪk/ *n* [u] ácido *m* carbónico

carboniferous /ˌkɑːrbəˈnɪfərəs || ˌkɑːbəˈnɪfərəs/ *adj* ‹*rock/layer*› carbonífero; **the C~ period** el período carbonífero

carbonization /ˌkɑːrbənəˈzeɪʃən || ˌkɑːbənaɪˈzeɪʃən/ *n* [u] carbonización *f*

carbonize /ˈkɑːrbənaɪz || ˈkɑːbənaɪz/ *vt* carbonizar*

■ **carbonize** *vi* carbonizarse*

carbon monoxide *n* [u] monóxido *m* de carbono

carbon offsetting /ˈɔːfsetɪŋ ˈɒfsetɪŋ/ *n* [u] (Ecol) compensación *f* (económica) por emisiones de carbón

carbon paper *n* [u] papel *m* carbón, papel *m* de calco, papel *m* carbónico (RPl)

car boot sale *n* (BrE); *mercadillo improvisado en el que particulares venden o intercambian objetos que ya no usan y que colocan en el maletero del coche para que puedan ser vistos*

Carborundum®, (BrE) **carborundum** /ˌkɑːrbəˈrʌndəm || ˌkɑːbəˈrʌndəm/ *n* [u] carborundo *m*

carboy /ˈkɑːrbɔɪ || ˈkɑːbɔɪ/ *n* garrafón *m*

carbuncle /ˈkɑːrbʌŋkəl || ˈkɑːbʌŋkəl/ *n*

A (Med) forúnculo *m*, furúnculo *m*, carbunco *m*

B (gem) carbúnculo *m*, carbunclo *m*

carburetor, (BrE) **carburettor** /ˌkɑːrbəˈreɪtər || ˌkɑːbəˈretə(r)/ *n* carburador *m*

carcass, (BrE also) **carcase** /ˈkɑːrkəs || ˈkɑːkəs/ *n* 1 (dead animal) *cuerpo de animal muerto*; (for meat) res *f* (*muerta*); (of poultry) huesos *mpl*; **move your ~!** (colloq) ¡quítate de en medio! (fam) 2 (remains, framework) armazón *m or f*; **the ~ of a wrecked ship** la carcasa *or* el armazón *or* la armazón de un barco naufragado 3 (of a tire) carcasa *f*

carcinogen /kɑːrˈsɪnədʒən || kɑːˈsɪnədʒən/ *n* (agente *m*) cancerígeno *m or* carcinógeno *m*

carcinogenic /ˌkɑːrsnəˈdʒenɪk || ˌkɑːsɪnəˈdʒenɪk/ *adj* cancerígeno, carcinógeno

C

C

carcinoma /ˌkɑːrsəˈnəʊmə || ˌkɑːsɪˈnəʊmə/ *n* carcinoma *m*

card[1] /kɑːrd || kɑːd/ *n*

A [c] **1** (for identification, access) tarjeta *f*; (*business* ~) tarjeta (de visita); (*credit* ~) tarjeta (de crédito); **membership** ~ carnet *m or* (Méx) credencial *f* de socio; **to show sb the yellow/red** ~ (in soccer) mostrarle* la tarjeta amarilla/roja a algn; ***to ask for one's*** **~*s*** (BrE colloq) renunciar; ***to give sb their*** **~*s*** (BrE colloq) echar a algn, darle* la patada a algn (fam) **2** (*greeting* ~) tarjeta *f* (de felicitaciones); **birthday/sympathy** ~ tarjeta de cumpleaños/de pésame; **Christmas** ~ tarjeta de Navidad, tarjeta de Pascua (Chi, Per), crismas *m* (Esp) **3** (*index* ~) ficha *f*; (*before n*): ~ **catalog/index** fichero *m*; ~ **punch** perforadora *f* de tarjetas; ~ **reader** lectora *f* de tarjetas perforadas **4** (*post*~) (tarjeta *f*) postal *f* **5** (for collecting) cromo *m*, estampa *f* (Méx), lámina *f* (Andes), figurita *f* (RPl) **6** (program) (Sport) programa *m*

B [u] (thin cardboard) cartulina *f*

C **1** [c] (playing card) carta *f*, naipe *m*, baraja *f* (AmC, Col, Méx, RPl, Ven); **a deck** *o* (BrE) **pack of ~s** una baraja, un mazo (esp AmL); **to play a high/low** ~ jugar* una carta alta/baja; ***to be in*** *o* (BrE) ***on the*** **~*s***: **it was in** *o* **on the ~s that something like this would happen** se veía venir *or* era seguro que iba a pasar algo así; ***to lay*** *o* ***put one's*** **~*s*** ***on the table*** poner* las cartas boca arriba *or* sobre la mesa; ***to play one's*** **~*s*** ***right*** jugar* bien sus (*or* mis *etc*) cartas; (*before n*): ~ **table** mesa *f* de juego; ▸ **chest A**, **sleeve 1** **2** **cards** *pl* **to play ~s** jugar* a las cartas *or* (Col) jugar* cartas; **to win/lose at ~s** ganar/perder* a las cartas; **lucky at ~s, unlucky in love** afortunado en el juego, desafortunado en amores *or* en el amor

D [c] (implement) (Tex) carda *f*

E [c] (funny person) (colloq & dated): **he's a** ~ es muy cómico, es un plato (AmL fam)

F (Comput) tarjeta *f* de expansión

card[2] *vt* (Tex) cardar

cardamom /ˈkɑːrdəməm || ˈkɑːdəməm/ *n* [u] cardamomo *m*

cardboard /ˈkɑːrdbɔːrd || ˈkɑːdbɔːd/ *n* [u] (stiff) cartón *m*; (thin) cartulina *f*; (*before n*): ~ **box** caja *f* de cartón

cardboard city *n* (BrE); *área urbana donde la gente sin techo duerme en camas improvisadas con cajas de cartón*

cardboard cutout *n* **1** (shape) figura *f* de cartón **2** (person) (pej) monigote *m* (pey)

card-carrying /ˈkɑːrdˌkærɪŋ || ˈkɑːdˌkærɪŋ/ *adj*: **he's a ~ member of the party** está afiliado al partido, es un miembro activo del partido

card game *n* juego *m* de cartas, juego *m* de naipes

cardholder /ˈkɑːrdˌhəʊldər || ˈkɑːdˌhəʊldə(r)/ *n* titular *mf* (*de una tarjeta de crédito*), tarjetahabiente *mf* (Méx, Ven)

cardiac /ˈkɑːrdiæk || ˈkɑːdiæk/ *adj* ‹*condition*› cardíaco; ‹*surgery*› cardiovascular; ~ **arrest** paro *m* cardíaco

cardiac failure *n* fallo *m* cardíaco

cardigan /ˈkɑːrdɪgən || ˈkɑːdɪgən/ *n* cárdigan *m*, chaqueta *f* de punto, rebeca *f* (esp Esp), saco *m* (tejido) (RPl), chaleca *f* (Chi)

cardinal[1] /ˈkɑːrdnəl || ˈkɑːdɪnl/ *n*

A ▸ⓘ **p.1213** (Relig) cardenal *m*

B ▸ⓘ **p.1465**; ~ **(number)** número *m* cardinal

C (Zool) cardenal *m*

cardinal[2] *adj* ‹*rule/idea*› fundamental, esencial; ~ **sin** pecado *m* capital; ~ **virtue** virtud *f* cardinal

cardinal point *n* punto *m* cardinal

card-index /ˈkɑːrdˌɪndeks || ˈkɑːdˌɪndeks/ *vt* hacer* fichas de *or* sobre

cardiogram /ˈkɑːrdiəgræm || ˈkɑːdiəgræm/ *n* cardiograma *m*

cardiograph /ˈkɑːrdiəgræf || ˈkɑːdiəgrɑːf/ *n* cardiógrafo *m*

cardiologist /ˌkɑːrdiˈɑːlədʒəst || ˌkɑːdiˈɒlədʒɪst/ *n* cardiólogo, -ga *m,f*

cardiology /ˌkɑːrdiˈɑːlədʒi || ˌkɑːdiˈɒlədʒi/ *n* [u] cardiología *f*

cardiopulmonary /ˌkɑːrdiəʊˈpʌlməneri || ˌkɑːdiəʊˈpʌlmənəri/ *adj* cardiopulmonar

cardiorespiratory /ˌkɑːrdiəʊˈrespərətɔːri || ˌkɑːdiəʊrɪˈspɪrətəri/ *adj* cardiorespiratorio

cardiovascular /ˌkɑːrdiəʊˈvæskjələr || ˌkɑːdiəʊˈvæskjʊlə(r)/ *adj* cardiovascular

cardphone /ˈkɑːrdfəʊn || ˈkɑːdfəʊn/ *n* (BrE); *teléfono público que funciona mediante tarjetas prepagadas y/o de crédito*

card player *n* jugador, -dora *m,f* de cartas, jugador, -dora *m,f* de naipes

card reader *n* (Comput) lector *m* de tarjetas de memoria; (*before n*): ~ ~ **slot** ranura *f* de lector de tarjetas de memoria

cardsharp /ˈkɑːrdʃɑːrp || ˈkɑːdʃɑːp/ (AmE also) **cardshark** /ˈkɑːrdʃɑːrk || ˈkɑːdʃɑːk/ *n* tahúr *mf*, tramposo, -sa *m,f*, fulero, -ra *m,f* (Esp fam)

card swipe *n* lector *m* de tarjetas de banda magnética

card trick *n* truco *m* de cartas

card vote *n* (in UK) *votación en la que cada votante señala su preferencia mostrando una tarjeta*

care[1] /ker || keə(r)/ *n*

A [u] **1** (attention, carefulness) cuidado *m*, atención *f*; **she was driving without due ~ and attention** conducía en forma imprudente y sin prestar la debida atención; **have a ~!** (frml) ¡tenga cuidado!; **Ⓢ handle with care** frágil **2** **to take ~** tener* cuidado; **take ~!** (be careful) ¡ten cuidado!; (look after yourself) ¡cuídate!; **take ~ crossing the road** (ten) cuidado al cruzar la calle; **to take ~ over** *o* **with sth** poner* cuidado en algo, cuidar algo; **he takes enormous ~ over** *o* **with the presentation of food** pone muchísimo cuidado en *or* cuida muchísimo la presentación de los platos; **take ~ you don't slip on those rocks** ten cuidado de no resbalar(te) en esas rocas; **he took ~ that all the figures were correct** se aseguró de que todas las cifras fueran correctas

B [u] **1** (of people): **medical ~** asistencia *f* médica; **she's in** *o* **under Dr Knapp's ~** la está tratando *or* atendiendo el Dr Knapp, está en manos del Dr Knapp; **in the ~ of a teacher** al cuidado de un profesor **2** (of animals, things) cuidado *m*; **pet/hair ~** el cuidado de los animales domésticos/del cabello; **the garden was beautiful when it was under John's ~** el jardín estaba hermoso cuando John se ocupaba *or* se encargaba de él; **could I leave these documents in your ~?** ¿puedo dejar estos documentos a su cuidado? **3** (BrE) (Soc Adm): **children in ~** *niños que están a cargo de las autoridades locales* **4** (object of concern): **the children are my special ~** para mí primero están los niños

C **1** **to take ~ of sb/sth** (look after) atender* a algn, cuidar de algn; ‹*of children*› cuidar a *or* de algn, ocuparse *or* encargarse* de algn; ‹*of pet/plant*› cuidar algo; ‹*of machine/car*› cuidar algo; **I can take ~ of myself** yo sé cuidarme; **you must take better ~ of yourself** debes cuidarte más; **this garden takes ~ of itself** este jardín no necesita muchos cuidados **2** **to take ~ of sb/sth** (be responsible for, deal with) ocuparse *or* encargarse* de algn/algo; **leave Helen to take ~ of the details** deja que Helen se ocupe *or* se encargue de los detalles; **that takes ~ of that!** ¡listo! *or* ¡eso ya está! **3** **to take ~ of sb** (beat up, kill) (sl & euph) encargarse* de algn (fam & euf)

D [c u] (worry) preocupación *f*; **free of all ~(s)** sin preocupaciones; **not to have a ~ in the world** *o* **to be without a ~ in the world** no tener* ninguna preocupación

E (on letters): **in ~ of** (AmE) *o* (BrE) **~ of** en casa de

care[2] *vi* **to ~ (ABOUT sth/sb)** preocuparse (POR algo/algn); **she ~s deeply about social issues** se preocupa muchísimo por la problemática social; **all he ~s about is sport** lo único que le interesa es el deporte; **I don't ~** no me importa, me es *or* me da igual; **he can go to hell for all I ~** por mí se puede ir al diablo *or* infierno; **who ~s!** ¡y a mí qué!; **see if I ~!** ¡me tiene *or* me trae sin cuidado!, ¡me da igual!

■ **care** *vt* **1** (feel concern) (*usu neg, interrog*): **I couldn't ~ less what he does** me tiene *or* me trae sin cuidado lo que haga, no me importa en absoluto lo que haga; **they're not her children; she could ~ less** (AmE colloq) como no son sus hijos, le importa un comino *or* un bledo *or* un rábano (fam); **what do I ~ if they don't invite me?** ¿y a mí qué me importa si no me invitan?; **who ~s what she says?** ¿a quién le importa lo que ella diga?; ***not to ~ a rap*** *o* ***jot*** (dated): **I don't ~ a rap** *o* **jot** me importa un comino *or* un bledo *or* un rábano (fam) **2** (wish) (frml) **to ~ to + INF**: **would you ~ to join us for dinner?** ¿le gustaría cenar con nosotros?; **he needs her more than he ~s to admit** la necesita más de lo que está dispuesto a reconocer; **would you ~ to step this way?** ¿tendría la bondad de pasar por aquí?

Phrasal verb

• **care for** [v + prep + o] **1** (look after) ‹*patient*› cuidar (de), atender*; ‹*house/garden*› cuidar, ocuparse *or* encargarse* de; **well ~d for** bien cuidado **2** (be fond of) querer*, sentir* afecto *or* cariño por **3** (like) (*usu neg*): **I don't ~ for his type very much** no me gusta mucho ese tipo de persona; **the house was lovely, but I didn't ~ for the furniture** la casa era preciosa, pero los muebles no me gustaron *or* no eran de mi gusto **4** (in offers) (frml): **would you ~ for a cigar?** ¿puedo ofrecerle un puro?, ¿le apetece un puro? (esp Esp); **would you ~ for a stroll in the garden?** ¿le gustaría dar un paseo por el jardín?

CARE /ker || keə(r)/ *n* (*no art*) = **Cooperative for American Relief Everywhere**

care assistant *n* cuidador, -dora *m,f* (*en hospital, hogar de ancianos etc*); ≈ auxiliar *mf* de enfermería

careen /kəˈriːn/ *vi* **1** ~ **(over)** (Naut) escorar(se) **2** (rush) (AmE) ir* a toda velocidad

■ **careen** *vt* carenar

career[1] /kəˈrɪr || kəˈrɪə(r)/ *n* carrera *f*; **he made a ~ for himself in journalism** *o* **as a journalist** se forjó una carrera en el periodismo *or* como periodista, se abrió camino como periodista; (*before n*): **~s adviser** *o* (BrE): **counsellor** orientador, -dora *m,f* (profesional); **~s office** oficina *f* de orientación profesional; **~ path** trayectoria *f* profesional; **~ guidance** orientación *f* profesional *or* (CS) vocacional; **~ diplomat** diplomático, -ca *m,f* de carrera; **~ girl/woman** mujer *f* de carrera

career[2] *vi* ir* a toda velocidad; **a truck ~ed toward us** un camión se nos vino encima a toda velocidad

career break *n* **1** (time not in paid work) paréntesis *m* laboral **2** (change of occupation) cambio *m* de ocupación

career change *n* cambio *m* (de carrera) profesional, cambio *m* de profesión

career development *n* **1** (story of career) trayectoria *f* profesional **2** (future opportunities) desarrollo *m* profesional

careerist /kəˈrɪrəst || kəˈrɪərɪst/ *n* ambicioso, -sa *m,f*, arribista *mf*

career ladder *n* escala *f* profesional, escala *f* de puestos

career move *n* cambio *m* de trayectoria profesional

career prospects *pl n* perspectivas *fpl* profesionales

career structure *n* (BrE) trayectoria *f* profesional estructurada

care facility *n*: **it's a ~ ~ for chronically ill people** es un centro para el cuidado de enfermos crónicos

carefree /ˈkerfriː || ˈkeəfriː/ *adj* ‹*person/mood*› despreocupado; **she had a ~ childhood** tuvo una infancia despreocupada *or* sin problemas; **he felt young and ~** se sintió joven y libre de preocupaciones

careful /ˈkerfəl || ˈkeəfəl/ *adj*

A (cautious) cuidadoso, prudente; **you should be**

more ~ in future tendrías que tener más cuidado en el futuro; **you can't be too ~** toda prudencia es poca; **(be) ~** (ten) cuidado; **be ~ going down the stairs** (ten) cuidado al bajar las escaleras; **(be) ~ you don't fall!** ¡cuidado, no vayas a caerte!; **be ~ she doesn't trick you** ten cuidado de que no te vaya a engañar; **be ~ where you step/what you say** (ten) cuidado dónde pisas/con lo que dices; **to be ~ OF sb/sth** tener* cuidado CON algn/algo; **be ~ of pickpockets/the dog** ten cuidado con los carteristas/el perro; **I have to be ~ of drinking too much** tengo que tener cuidado de no beber demasiado; **to be ~ to + INF** procurar + INF; **be ~ not to upset my mother** procura no disgustar a mi madre; **I was ~ to invite her as well** no se me pasó por alto invitarla; **to be ~ WITH sth** tener* cuidado CON algo; **be ~ with that vase** ten cuidado con ese jarrón; **to be ~ with one's money** (thrifty) cuidar el dinero; (mean) (euph) mirar mucho el dinero

B (painstaking) ‹*planning*› cuidadoso; ‹*work*› cuidado, esmerado, bien hecho; ‹*worker*› meticuloso; **after ~ consideration of all the options** después de considerar detenidamente todas las opciones

carefully /'kerfli || 'keəfəli/ *adv* **1** ‹*handle*› con cuidado; ‹*plan/examine*› cuidadosamente, detenidamente; ‹*designed/chosen*› con esmero; **think it over ~ before you decide** piénsate lo bien antes de decidirte; **listen ~: I shall say this only once** presta mucha atención: no te lo pienso decir dos veces; **I ~ avoided any mention of ...** tuve mucho cuidado de no mencionar ..., me cuidé mucho de mencionar ... **2** (cautiously) ‹*drive*› con cuidado; **to go ~** ir* con cuidado, ser* prudente

carefulness /'kerfəlnəs || 'keəfəlnɪs/ *n* [u] **1** (caution) cuidado *m*, prudencia *f* **2** (thoroughness) meticulosidad *f* **3** (care and attention) cuidado *m*

caregiver /'kergɪvər || 'keəgɪvə(r)/ *n* (AmE) ▸**carer**

care group *n* **1** (patients) grupo *m* de atención especial **2** (AmE) (mutual support group) grupo *m* de apoyo mutuo **3** (AmE) (interest group) grupo *m* de apoyo

care home *n* (for old people) residencia *f* de ancianos, hogar *m* de ancianos; (for mentally ill people) (hospital *m*) psiquiátrico *m*

care label *n* etiqueta *f* con instrucciones de lavado

careless /'kerləs || 'keəlɪs/ *adj* **1** (inattentive, negligent) ‹*person*› descuidado, poco cuidadoso; ‹*work*› poco cuidado; ‹*driving*› negligente; **you made some ~ mistakes** cometiste errores por descuido; **they're so ~ with money** son muy descuidados *or* poco cuidadosos con el dinero; **he's ~ about his dress** es descuidado en el vestir **2** (indifferent) **to be ~ OF sth**: **she seems ~ of the danger** no parece importarle *or* preocuparle el peligro **3** (unstudied) (*before n*) ‹*ease/elegance*› natural, no afectado **4** (unworried) (liter) (*before n*) ‹*schooldays/revelers*› despreocupado

carelessly /'kerləsli || 'keəlɪsli/ *adv* **1** (inattentively) sin la debida atención **2** (casually) de manera despreocupada

carelessness /'kerləsnəs || 'keəlɪsnɪs/ *n* [u] **1** (inattention) falta *f* de atención *or* de cuidado **2** (nonchalance) despreocupación *f*

care order *n* (in UK) *orden de un tribunal por la cual un niño queda bajo la tutela de las autoridades locales, cuando sus padres son incapaces de cuidarlo*

carer /'kerər || 'keərə(r)/ *n* (Med) cuidador, -dora *m,f*

caress[1] /kə'res/ *n* caricia *f*

caress[2] *vt* acariciar

caret /'kærət/ *n* signo *m* de intercalación

caretaker /'ker,teɪkər || 'keə,teɪkə(r)/ *n*

A (BrE) conserje *mf*; (*before n*) ‹*government/president*› provisional; **~ manager** (in business) director, -tora *m,f* provisional; (in sport) entrenador, -dora *m,f* provisional, director técnico provisional, directora técnica provisional *m,f* (AmL)

B (AmE) **1** (of pets) cuidador, -dora *m,f* **2** (of people) ▸**carer**

careworn /'kerwɔːrn || 'keəwɔːn/ *adj* agobiado por las preocupaciones

carfare /'kɑːrfer || 'kɑːfeə(r)/ *n* (AmE) precio *m* del boleto *or* (Esp) del billete; ***I didn't even make my ~*** no saqué ni para el autobús (*or* tren *etc*)

car-free /'kɑːr,friː || 'kɑː,friː/ *adj* sin coches, sin carros (AmL exc CS), sin autos (CS)

carful /'kɑːrfʊl || 'kɑːfʊl/ *n* ▸**carload 1**

cargo /'kɑːrgəʊ || 'kɑːgəʊ/ *n* (*pl* **-goes** *or* **-gos**) **1** [c] (load) cargamento *m* **2** [u] (goods) carga *f*; (*before n*): **~ ship** carguero *m*, barco *m* de carga

cargo boat *n* carguero *m*, barco *m* de carga

cargo plane *n* avión *m* de carga

cargo vessel *n* carguero *m*, buque *m* de carga

car-hire /'kɑːr,haɪr || 'kɑː,haɪə(r)/ *adj* (*before n*) (BrE) de alquiler de coches *or* (AmL exc CS) de carros *or* (CS) de autos; **~ firm/company** empresa *f* de alquiler de coches

carhop /'kɑːrhɑːp || 'kɑːhɒp/ *n* (in US) (in drive-in restaurants) *persona que atiende a los clientes en sus coches*

Caribbean[1] /,kærə'biːən, kə'rɪbiən || ,kærɪ'biːən/ *adj* caribeño, del Caribe

Caribbean[2] *n* **1** **the ~ (Sea)** el (mar) Caribe **2** (region): **the ~** el Caribe, las Antillas

caribou /'kærəbuː || 'kærɪbuː/ *n* (*pl* **~**) caribú *m*

caricature[1] /'kærɪkətʃʊr || 'kærɪkətʃʊə(r)/ *n* caricatura *f*

caricature[2] *vt* caricaturizar*

caricaturist /'kærɪkətʃʊrəst || 'kærɪkətʃʊərɪst/ *n* caricaturista *mf*

caries /'keriːz || 'keəriːz/ *n* [u] caries *f*

carillon /'kærəlɑːn || kə'rɪljən/ *n* carillón *m*

caring /'kerɪŋ || 'keərɪŋ/ *adj* ‹*society/approach*› humanitario; ‹*person*› (kindly) bondadoso, generoso; (affectionate) afectuoso; (sympathetic) comprensivo; **the ~ professions** las profesiones de vocación social

carjack /'kɑːrdʒæk || 'kɑːdʒæk/ *vt: asaltar a un conductor con el propósito de robarle el coche*

carjacker /'kɑːrdʒækər || 'kɑːdʒækə(r)/ *n: persona que asalta a un conductor con el propósito de robarle el coche*

carjacking /'kɑːrdʒækɪŋ || 'kɑːdʒækɪŋ/ *n: asalto a un conductor para robarle el coche*

carload /'kɑːrləʊd || 'kɑːləʊd/ *n* **1** (Auto): **it took three ~s to take everything** tuvimos que hacer tres viajes con el coche cargado *or* lleno para llevarlo todo; **we were driving with a ~ of children** íbamos con el coche lleno de niños **2** (AmE) (Rail): **a ~ of oranges** un vagón lleno *or* cargado de naranjas; **they're buying them by the ~** los están comprando a carretadas

carmaker /'kɑːrmeɪkər || kɑːmeɪkə(r)/ *n* fabricante *mf* de automóviles

carmaking /'kɑːrmeɪkɪŋ || 'kɑːmeɪkɪŋ/ *n* [u] fabricación *f* de automóviles

carmel /'kɑːrml || 'kɑːml/ *n* (AmE) ▸**caramel**

Carmelite[1] /'kɑːrməlaɪt || 'kɑːməlaɪt/ *n* carmelita *mf*

Carmelite[2] *adj* ‹*nun/friar*› carmelita; **~ house** convento *m* carmelita

carmine /'kɑːrmən || 'kɑːmaɪn/ ▸ⓘ **p.1036** *n* [u] (rojo *m*) carmín *m*; (*before n*) carmín *adj inv*

carnage /'kɑːrnɪdʒ || 'kɑːnɪdʒ/ *n* [u] carnicería *f*, matanza *f*; **the ~ on our roads** la mortandad en nuestras carreteras

carnal /'kɑːrnl || 'kɑːnl/ *adj* ‹*desires/appetites/pleasures*› carnal; **~ knowledge** conocimiento *m* carnal

carnation /kɑːr'neɪʃən || kɑː'neɪʃən/ *n* **1** (Bot) clavel *m* **2** ▸ⓘ **p.1036** (color) rosa *m* vivo; (*before n*) ‹*dress/wallpaper*› rosa vivo *adj inv*

carnival /'kɑːrnəvəl || 'kɑːnɪvəl/ *n* **1** (festival) carnaval *m* **2** (traveling fair) (AmE) feria *f* ambulante

carnivore /'kɑːrnəvɔːr || 'kɑːnɪvɔː(r)/ *n* carnívoro, -ra *m,f*

carnivorous /kɑːr'nɪvərəs || kɑː'nɪvərəs/ *adj* carnívoro

carob /'kærəb/ *n* **1** [c] **~ (tree)** algarrobo *m* **2** [c] **~ (bean)** algarroba *f* **3** [u] (confection) *sucedáneo de chocolate hecho de algarrobas*

carol[1] /'kærəl/ *n* villancico *m*; (*before n*): **~ service** *servicio religioso navideño en el que se cantan villancicos*

carol[2] *vi* BrE **-ll-** **1** **to go ~ing** salir* a cantar villancicos (de casa en casa) **2** (sing cheerfully) cantar alegremente

carol singer *n: persona que canta villancicos*

carom[1] /'kærəm/ *vi* (AmE) (in billiards) hacer* carambola; **the car ~ed off the fence into a tree** el coche rebotó contra la valla y dio contra un árbol

carom[2] *n* (AmE) (Sport) carambola *f*

carotene /'kærətiːn/ *n* [u] caroteno *m*, carotina *f*

carotid (artery) /kə'rɑːtəd || kə'rɒtɪd/ *n* carótida *f*

carousal /kə'raʊzəl/ *n* (liter *or* hum) gaudeamus *m* (liter *o* hum)

carouse /kə'raʊz/ *vi* (liter *or* hum) estar* de juerga *or* jarana (fam)

carousel /,kærə'sel/ *n* **1** (AmE) ▸**merry-go-round 1** **2** (for baggage) cinta *f or* correa *f* transportadora, carrusel *m* (Esp) **3** (for slides) carrete *m* de diapositivas, carrusel *m* **4** (in shops) (AmE) expositor *m* giratorio

carp[1] /kɑːrp || kɑːp/ *n* (*pl* **~** *or* **~s**) carpa *f*

carp[2] *vi* criticar* por criticar; **to ~ AT sb/sth** quejarse (sin motivo) DE algn/algo; **he ~s at all her little faults** se queja de ella hasta por el más mínimo detalle

carpal (bone) /'kɑːrpəl || 'kɑːpəl/ *n* carpo *m*

car park *n* (BrE) **1** (open space) ▸**parking lot** **2** (building) ▸**parking garage**

Carpathians /kɑːr'peɪθiənz || kɑː'peɪθiənz/ *pl n*: **the ~** los (montes) Cárpatos

carpel /'kɑːrpəl || 'kɑːpəl/ *n* carpelo *m*

carpenter /'kɑːrpəntər || 'kɑːpəntə(r)/ *n* carpintero, -ra *m,f*

carpentry /'kɑːrpəntri || 'kɑːpəntri/ *n* [u] carpintería *f*

carpet[1] /'kɑːrpət || 'kɑːpɪt/ *n*

A **1** [c] (rug) alfombra *f*, tapete *m* (Col, Méx); **flying** *o* **magic ~** alfombra mágica; ***to be on the ~*** (colloq) «*person*» estar* llevándrose una bronca (fam); «*subject*» estar* sobre el tapete **2** [u] (wall-to-wall) alfombra *f*, moqueta *f* (Esp), moquette *f* (RPl)

B [c] (of flowers, leaves, moss) (liter) alfombra *f* (liter); **the earth was covered in a ~ of green** la tierra estaba alfombrada *or* tapizada de verde (liter)

carpet[2] *vt*

A **1** ‹*floor/room*› alfombrar, enmoquetar (Esp); **the house is fully ~ed** la casa está totalmente alfombrada *or* (Esp) totalmente enmoquetada **2** (liter) ‹*ground/path*› alfombrar (liter); **the meadows were ~ed with daisies** los prados estaban alfombrados *or* tapizados de margaritas

B (reprimand) ‹*person*› (BrE colloq) echarle una bronca *or* (esp AmL) un regaño *or* (Méx) una regañiza a (fam), retar (CS fam)

carpetbag /'kɑːrpətbæg || 'kɑːpɪtbæg/ *n: bolso o maletín hecho de tejido de alfombra*

carpetbagger /'kɑːrpət,bægər || 'kɑːpɪt,bægə(r)/ *n: político oportunista que logra o pretende representar a una localidad que no es la suya*

carpet beater *n* sacudidor *m* (de alfombras)

carpet-bomb /'kɑːrpət,bɑːm || 'kɑːpɪt,bɒm/ *vt* realizar* un bombardeo de saturación sobre

carpet bombing *n* [u] bombardeo *m* por *or* de saturación

carpeting /'kɑːrpətɪŋ || 'kɑːpɪtɪŋ/ *n* [u] alfombras *fpl*, alfombrado *m*

carpet layer *n* instalador, -dora *m,f* de alfombras *or* (Esp) de moquetas *or* (RPl) de moquettes

C

carpet rod *n: barra para asegurar la alfombra a los peldaños de la escalera*

carpet slipper *n* zapatilla *f or* pantufla *f* de felpa

carpet square *n* loseta *f* de alfombra *or* (Esp), de moqueta

carpet sweeper *n* cepillo *m* mecánico (*para barrer alfombras*)

carpet tile *n* loseta *f* de alfombra *or* (Esp) de moqueta

carphone /ˈkɑːrfəʊn || ˈkɑːfəʊn/ *n* teléfono *m* de automóvil

carping[1] /ˈkɑːrpɪŋ || ˈkɑːpɪŋ/ *adj* criticón

carping[2] *n* [u] quejas *fpl* continuas

car-pool /ˈkɑːrpuːl || ˈkɑːpuːl/ *vi* (AmE); *organizar o formar un*, ▸ **car pool 1**

car pool *n* [1] (sharing arrangement) *acuerdo entre varias personas que se trasladan juntas al lugar de trabajo etc utilizando por turnos el coche de cada una* [2] (company fleet) (BrE) parque *m* de vehículos (*de una empresa*)

carport /ˈkɑːrpɔːrt || ˈkɑːpɔːt/ *n* cochera *f*, garaje *m* abierto

carrel, carrell /ˈkærəl/ *n* cubículo *m* (*en una biblioteca*)

carriage /ˈkærɪdʒ/ *n*

A [c] [1] (horse-drawn) carruaje *m*, coche *m* [2] (BrE) (Rail) vagón *m* [3] (*baby* ~) (AmE) cochecito *m*, carriola *f* (Méx)

B [c] [1] (of typewriter) carro *m* [2] (*gun* ~) cureña *f*

C [u] (transport) transporte *m*, porte *m*; **the ~ of goods** el transporte de mercancías; **~ paid/forward** (BrE) porte(s) *m(pl)* pagado(s)/a pagar; **~ free** (BrE) franco de porte, sin porte(s)

D [u] (bearing) (frml) porte *m*

carriage bolt *n* tirafondos *m*

carriage clock *n* reloj *m* de mesa *or* (Esp) de sobremesa

carriage return *n*

A (on keyboard) *also* **~ ~ key** (tecla *f* de) retorno *m*

B (action) interlineación *f*

carriage trade *n* (AmE) [u] clientes *mpl* selectos

carriageway /ˈkærɪdʒweɪ/ *n* (BrE) calzada *f*; **the southbound/northbound ~** la calzada en dirección sur/norte

carrier /ˈkæriər || ˈkæriə(r)/ *n*

A (company) compañía *f or* empresa *f* de transportes; **the Dutch national ~** (Aviat) la compañía *or* línea aérea nacional holandesa

B (*aircraft* ~) portaaviones *m*

C (of disease, gene) portador, -dora *m,f*

D [1] **~ (bag)** (BrE) bolsa *f* (de plástico *or* papel) [2] (on bicycle — basket) cesta *f*, canasta *f*; (— rack) portabultos *m*, parrilla *f* (CS, Cu)

carrier pigeon *n* paloma *f* mensajera

carrion /ˈkæriən/ *n* [u] carroña *f*

carrion crow *n* corneja *f*

carrot /ˈkærət/ *n* [1] [c u] (Bot, Culin) zanahoria *f* [2] [c] (incentive) incentivo *m*; **a ~-and-stick policy** una política de incentivos y amenazas

carroty /ˈkærəti/ ▸❶ **p.1036** *adj* (de) color zanahoria *adj inv*

carry /ˈkæri/ **-ries, -rying, -ried** *vt*

A [1] (bear, take) ‹*case/book*› llevar; **help me ~ this into the hall** ayúdame a llevar esto a la sala; **I can't ~ this, it's too heavy** no puedo cargar con esto, pesa demasiado; **she was ~ing her baby in her arms** llevaba a su hijo en brazos; **we half carried, half dragged him toward the exit** lo llevamos casi a rastras hacia la salida; **I've been ~ing the book around for weeks** llevo semanas con el libro a cuestas [2] (have with one) llevar encima; **he never carries any money** nunca lleva dinero encima [3] (be provided with) tener*; **our products ~ a five-year guarantee** nuestros productos tienen una garantía de cinco años; **the symbol is carried on the firm's trucks** los camiones tienen *or* llevan el símbolo de la compañía; **every pack carries the logo of the company** todos los paquetes vienen con *or* traen el logotipo de la compañía; **the ships ~ nuclear weapons** los buques están equipados con *or* dotados de armas nucleares; **nowadays the word carries sinister overtones** hoy en día la palabra conlleva *or* tiene connotaciones siniestras [4] (be pregnant with): **when I was ~ing my first child** cuando esperaba a mi primer hijo, cuando estaba embarazada *or* encinta de mi primer hijo

B [1] (convey) ‹*goods/passengers*› llevar, transportar, acarrear; **the car can ~ four people** el coche tiene cabida para cuatro personas, en el coche caben cuatro personas; **she was carried along by the crowd** fue arrastrada por la multitud; **as fast as his legs would ~ him** tan rápido como pudo, a todo lo que daba [2] (channel, transmit) ‹*oil/water/sewage*› llevar; **blood carries oxygen to all parts of the body** la sangre lleva el oxígeno a todas las partes del cuerpo; **overhead cables ~ 10,000 volts** por los cables aéreos pasa una corriente de 10.000 voltios; **the wind carried her voice to him** el viento le hizo llegar su voz [3] ‹*disease*› ser* portador de; **foxes ~ the virus** los zorros son portadores del virus [4] **to ~ conviction** «*voice/argument/point*» ser* convincente, convencer*; **as a witness, she doesn't ~ conviction** como testigo no es convincente *or* no convence

C [1] (support) ‹*weight*› soportar, resistir [2] (take responsibility for) ‹*cost/blame*› cargar* con [3] (sustain): **the lead actress carried the play** la protagonista sacó la obra adelante; **we can't afford to ~ any passengers** no nos podemos permitir el lujo de tener gente que no produzca

D (involve, entail) ‹*responsibility*› conllevar; ‹*consequences*› acarrear, traer* aparejado; **crimes of this nature ~ a high penalty** este tipo de delito trae aparejada una pena grave; **this account carries 10% interest** esta cuenta produce *or* da un interés del 10%; **each question carries 10 points** cada una de las preguntas vale 10 puntos; **the measure carries the threat of job losses** la medida encierra la amenaza de la pérdida de puestos de trabajo

E (extend, continue): **if we ~ this line further** si prolongamos esta recta; **the fighting was carried over the border** la lucha se extendió más allá de la frontera; **never ~ a diet too far** no hay que exagerar con los regímenes; **that's ~ing matters too far** eso es llevar las cosas demasiado lejos

F [1] (gain support for) ‹*bill/motion*› aprobar*; **she carried her point** hizo prevalecer su argumento [2] (Pol) (win) ‹*constituency/city*› hacerse* con; ***to ~ all before one***: **she arrived in Washington, ~ing all before her** llegó a Washington, arrasando con todo; **the new model has carried all before it** el nuevo modelo ha arrasado con la competencia

G [1] (stock) ‹*model*› tener*, vender [2] (include) (Journ) ‹*story/letter/interview*› traer*, publicar*

H (of bearing): **to ~ one's head erect** llevar la cabeza erguida

I (Math) llevar(se); **~ 1** (me) llevo 1

■ *v refl* **to ~ oneself** [1] (in bearing): **she carries herself well** tiene buen porte [2] (behave) comportarse, actuar*; **she carried herself well in a difficult situation** supo desenvolverse bien en una situación difícil

■ **carry** *vi*: **sound carries further in the mountains** en la montaña los sonidos llegan más lejos; **her voice carries well** su voz tiene mucha proyección; **the arrow carried beyond the target** la flecha siguió más allá del blanco

Phrasal verbs

• **carry away** [v + o + adv, v + adv + o], (*usu pass*): **they were carried away by the excitement of the occasion** se dejaron llevar por lo emocionante de la ocasión; **the audience was completely carried away by his virtuosity** su virtuosismo transportó *or* extasió al público; **I got carried away and painted the window as well** me entusiasmé y pinté la ventana también; **he didn't really mean it, he got a little carried away** no lo hizo a propósito, se le fue un poco la mano

• **carry back** [v + o + adv]: **the music carried me back to those happy days** la música me recordó aquellos tiempos felices *or* (liter) me transportó a aquellos felices tiempos

• **carry forward** [v + o + adv, v + adv + o] ‹*total*› llevar (*a la columna o página siguiente*); **can we ~ the surplus forward to next year?** ¿podemos transferir el excedente al ejercicio siguiente?; **Ⓢ carried forward** suma y sigue

• **carry off** [v + o + adv, v + adv + o]

A [1] (abduct) ‹*victim/hostage*› llevarse [2] (kill) «*disease/plague*» (dated) llevarse

B [1] (win) ‹*trophy/cup*› llevarse, hacerse* con; **she carried off all the prizes** barrió *or* arrasó con todos los premios [2] (succeed with): **will she be able to ~ off the part with sufficient style?** ¿podrá interpretar el papel con el estilo que se requiere?; **she carried the interview off very well** salió muy airosa *or* muy bien parada de la entrevista; **they tried to seem unruffled and they almost carried it off** trataron de dar la impresión de que ni se inmutaban y casi lo lograron

• **carry on**

A [1] [v + o + adv, v + adv + o] (continue, maintain) ‹*practice*› seguir* *or* continuar* con [2] [v + adv + o] (conduct, pursue) ‹*conversation/correspondence*› mantener*

B [v + adv] [1] (continue) seguir*, continuar*; **the strike could well ~ on into the new year** la huelga podría seguir *or* continuar hasta entrado el año que viene; **~ on, you were saying?** continúa ¿qué estabas diciendo?; **to ~ on -ING** seguir* + GER; **they just carried on talking** siguieron hablando como si tal cosa; **to ~ on WITH sth** seguir* CON algo; **~ on with what you're doing!** ¡sigue con lo que estás haciendo!; **I've got enough work to be ~ing on with** por el momento tengo bastante trabajo [2] (make a fuss) (colloq): **what a way to ~ on!** ¡qué manera de hacer escándalo, por favor!; **there's no need to ~ on about it!** ¡no hay necesidad de seguir dale que dale con el asunto! (fam) [3] (have affair) (colloq): **they'd been ~ing on for years** hacía años que tenían un enredo (fam)

• **carry out** [v + o + adv, v + adv + o] [1] (perform, conduct) ‹*work/repairs*› llevar a cabo, realizar*, hacer* [2] (fulfill) ‹*order/promise*› cumplir; ‹*duty*› cumplir con

• **carry over** [v + o + adv, v + adv + o] [1] (defer, postpone) ‹*matter/business*› postergar*, posponer* [2] ‹*surplus/debt*› transferir*

• **carry through**

A [v + o + adv], [v + o + prep + o] (enable to survive): **it was this thought that carried us through** esta idea fue la que nos sostuvo durante la prueba; **enough supplies to ~ them through the winter** suficientes provisiones que les permitan sobrevivir el invierno; **her spiritual strength carried her through her illness** su fortaleza espiritual la ayudó a sobrellevar la enfermedad

B [v + o + adv, v + adv + o] (bring to completion) ‹*plan*› llevar a cabo *or* a término, ejecutar; ‹*reform*› realizar*, llevar a cabo *or* a término; ‹*idea*› poner* en práctica

carryall /ˈkæriɔːl/ *n* (AmE) bolso *m* de viaje, bolsón *m* (RPl)

carry-back /ˈkæribæk/ *n* transferencia *f or* traspaso *m* a un ejercicio anterior

carrycot /ˈkærikɑːt || ˈkærikɒt/ *n* (BrE) cuna *f* portátil, capazo *m*

carrying charge *n*

A (on unproductive assets) (AmE) gastos *mpl* generales de bienes inactivos

B (for transport) costo *m* del transporte, coste *m* del transporte (Esp)

carryings-on /ˌkæriɪŋzˈɑːn || ˌkæriɪŋzˈɒn/ *pl n* (colloq) enredos *mpl* (fam), líos *mpl* (fam); **I'm not interested in the neighbors' ~** los enredos *or* líos de los vecinos me tienen sin cuidado (fam); **his ~ with his secretary** sus enredos *or* líos con la secretaria (fam)

carrying trade *n* [u] negocio *m* de transportes

carry-on[1] /ˈkæriˌɑːn || ˌkæriˈɒn/ *n* [u] (BrE colloq) lío *m* (fam), jaleo *m* (fam), follón *m* (Esp fam)

carry-on[2] *adj* (AmE) (*before n*) de mano

carryout /ˈkæriaʊt/ *n: comida preparada o bebida que se vende para consumir fuera del lugar de venta*

carry-over /ˈkæriˌəʊvər || ˈkæriˌəʊvə(r)/ *n* (surplus) remanente *m*; (in book keeping) *suma o saldo que se transfiere a la página o columna siguiente*

carry trade *n* [u] (Fin) carry trade *m* (*práctica especulativa que consiste en tomar dinero prestado donde las tasas de interés son bajas para invertirlo donde son altas*)

car seat *n* (part of car) asiento *m* del coche; (for infant) asiento *m* de bebé (*para el coche*)

carsick /ˈkɑːrsɪk || ˈkɑːsɪk/ *adj* mareado; **I get ~** me mareo (cuando viajo) en coche

carsickness /ˈkɑːrˌsɪknəs || ˈkɑːˌsɪknɪs/ *n* [u] mareo *m* (*por viajar en coche*)

cart¹ /kɑːrt || kɑːt/ *n* 1 (waggon) carro *m*, carreta *f*; ***to put the ~ before the horse*** empezar* la casa por el tejado; (*before n*): **~ track** camino *m* de carros 2 (*hand~*) carretilla *f* 3 (in supermarket, airport) (AmE) carrito *m*

cart² *vt* (colloq) acarrear; **I had to ~ the books around all day** tuve que cargar con los libros todo el día, tuve que andar acarreando los libros todo el día; **we need a van to ~ this furniture away** necesitamos una camioneta para acarrear *or* llevar *or* transportar estos muebles; **they were ~ed off to prison** se los llevaron a la cárcel

carte blanche /ˈkɑːrtˈblɑːnʃ || ˌkɑːtˈblɑːnʃ/ *n* [u]: **to give sb/have ~ ~** darle* a algn/tener* carta blanca

cartel /kɑːrˈtel || kɑːˈtel/ *n* cártel *m*

Cartesian /kɑːrˈtiːʒən || kɑːˈtiːziən, -ˈtiːʒən/ *adj* cartesiano

Carthage /ˈkɑːrθɪdʒ || ˈkɑːθɪdʒ/ *n* Cartago *m*

Carthaginian¹ /ˌkɑːrθəˈdʒɪniən || ˌkɑːθəˈdʒɪniən/ *adj* cartaginense

Carthaginian² *n* cartaginense *mf*

carthorse /ˈkɑːrthɔːrs || ˈkɑːthɔːs/ *n* caballo *m* de tiro

cartilage /ˈkɑːrtlɪdʒ || ˈkɑːtɪlɪdʒ/ *n* [u c] cartílago *m*

cartilaginous /ˌkɑːrtəˈlædʒənəs || ˌkɑːtɪˈlædʒɪnəs/ *adj* cartilaginoso

cartload /ˈkɑːrtləʊd || ˈkɑːtləʊd/ *n*
A (quantity transported) carretada *f*
B (large number, quantity) (colloq): **by the ~** a carretadas (fam), a montones (fam); **tourists were arriving by the ~** los turistas llegaban a carretadas (fam)

cartographer /kɑːrˈtɑːgrəfər || kɑːˈtɒgrəfə(r)/ *n* cartógrafo, -fa *m,f*

cartographic /ˌkɑːrtəˈgræfɪk || ˌkɑːtəˈgræfɪk/ *adj* cartográfico

cartography /kɑːrˈtɑːgrəfi || kɑːˈtɒgrəfi/ *n* [u] cartografía *f*

carton /ˈkɑːrtn || ˈkɑːtn/ *n* 1 (of milk, fruit juice) (envase *m* de) cartón *m* 2 (of cigarettes) cartón *m* 3 (cardboard box) caja *f* de cartón

cartoon /kɑːrˈtuːn || kɑːˈtuːn/ *n* 1 (humorous drawing) chiste *m* (*gráfico*), mono *m* (Chi); (caricature) caricatura *f* 2 (Cin) dibujos *mpl* animados 3 (*strip ~*) (BrE) historieta *f*, tira *f* cómica, monitos *mpl* (Chi, Méx) 4 (Art) cartón *m*

cartoonist /kɑːrˈtuːnəst || kɑːˈtuːnɪst/ *n* (of humorous drawing) humorista *mf*, dibujante *mf* de chistes; (of caricatures) caricaturista *mf*; (of strip cartoon) humorista *mf*, monero, -ra *m,f* (Méx)

cartouche /kɑːrˈtuːʃ || kɑːˈtuːʃ/ *n* 1 (Archeol) cartucho *m* 2 (Archit) cartela *f*

cartridge /ˈkɑːrtrɪdʒ || ˈkɑːtrɪdʒ/ *n* 1 (for gun) cartucho *m*; (*before n*): **~ belt** cartuchera *f* 2 (for record player) cápsula *f* 3 (container — of tape) cartucho *m*; (— of typewriter ribbon, film) carrete *m* 4 (for pen) cartucho *m*

cartridge case *n* cartuchera *f*, estuche *m* para cartuchos

cartridge paper *n* [u] papel *m* de dibujo

cartwheel¹ /ˈkɑːrthwiːl || ˈkɑːtwiːl/ *n* (wheel) rueda *f* (*de carro*); (in gymnastics) voltereta *f* lateral, rueda *f*, vuelta *f* de carro (Méx), rueda *f* de carro (Ur), medialuna *f* (Arg); **to do** *o* **turn a ~** dar* una voltereta lateral, hacer* la rueda (*or* la vuelta de carro *etc*)

cartwheel² *vi* dar* volteretas laterales, hacer* ruedas (*or* vueltas de carro *etc*)

carve /kɑːrv || kɑːv/ *vt*
A (Art) ‹*wood/stone*› tallar; ‹*figure/bust*› esculpir, tallar; ‹*initials*› grabar; **the statue was ~d from** *o* **out of a single block** la estatua fue esculpida *or* tallada en un solo bloque; **birds ~d in** *o* **out of wood** pájaros tallados *or* esculpidos en madera; **the names were ~d in(to) the desktops** los nombres estaban grabados en los pupitres; **they ~d an existence from that harsh land** extrajeron su sustento de aquella tierra inhóspita
B (Culin) ‹*meat*› cortar, trinchar; ‹*slice*› cortar
■ **carve** *vi* (Culin) cortar *or* trinchar la carne (*or* el pollo *etc*)

Phrasal verbs
- **carve out** [v + o + adv, v + adv + o] ‹*reputation*› forjarse; ‹*name*› hacerse*; **to ~ out a career for oneself** labrarse *or* forjarse un porvenir profesional
- **carve up** [v + o + adv, v + adv + o] 1 (divide) (colloq & pej) ‹*country/company*› dividir, repartir; **they ~d up the land among themselves** se repartieron las tierras 2 (wound with knife) (sl) ‹*person/face*› rajar (arg), coser a puñaladas (fam)

carver /ˈkɑːrvər || ˈkɑːvə(r)/ *n* 1 ▸**carving knife** 2 **carvers** *pl* trinchantes *mpl*, cubiertos *mpl* de trinchar

carvery /ˈkɑːrvəri || ˈkɑːvəri/ *n* (*pl* **-ries**) (BrE) asador *m* (*restaurante especializado en carnes asadas*)

carve-up /ˈkɑːrvʌp || ˈkɑːvʌp/ *n* (colloq & pej) reparto *m*

carving /ˈkɑːrvɪŋ || ˈkɑːvɪŋ/ *n* 1 [c] (carved object) talla *f*, escultura *f* 2 [u] (carved work) tallado *m*

carving fork *n* trinchante *m*, tenedor *m* de trinchar

carving knife *n* trinchante *m*, cuchillo *m* de trinchar

car wash *n* túnel *m or* tren *m* de lavado; **$ car wash $5** lavado de coche 5 dólares

caryatid /ˌkæriˈætəd || ˌkæriˈætɪd/ *n* cariátide *f*

Casanova /ˌkæzəˈnəʊvə, ˈkæsə- || ˌkæsəˈnəʊvə/ *n* Casanova; **he's a ~** (colloq) es un casanova *or* un Don Juan

cascade¹ /kæsˈkeɪd/ *n* 1 (waterfall) cascada *f*; **water flowed off the roof in a ~** el agua caía del tejado en cascada 2 (of coins, sparks) cascada *f*, lluvia *f*; **a ~ of abuse** un torrente de insultos; **her curls hung in ~s to her shoulders** los rizos le caían en cascada sobre los hombros

cascade² *vi* caer* en cascada

cascade effect *n* efecto *m* (de) cascada

case¹ /keɪs/ *n*
A (matter) caso *m*; **the Greene ~** el caso Greene; **police are investigating several ~s of fraud** la policía está investigando varios casos de estafa; **to dismiss a ~** sobreseer* una causa; **to hear a ~** conocer* de una causa; **to lose/win a ~** perder*/ganar un pleito *or* juicio; **the workers' ~ has been taken up by the papers** los periódicos se han hecho eco de la causa de los obreros; ***an open-and-shut ~*** un caso claro, un caso que no tiene vuelta de hoja; ***to be on sb's ~*** (AmE) estar* encima de algn; **he's been on my ~ ever since** desde entonces ha estado encima de mí; **get off my ~!** ¡déjame tranquilo *or* en paz!; ***to make a federal ~ out of sth*** (AmE colloq) hacer* un drama de algo
B 1 (Med, Soc Adm) caso *m*; **two ~s of meningitis, two meningitis ~s** dos casos de meningitis; **the doctor said he was a hopeless ~** el médico dijo que no tenía cura; **he's a mental ~** (colloq) está loco de remate *or* de atar (fam); **don't trust her with it, she's a hopeless ~** (colloq) no se lo confíes a ella, es un caso perdido; **the man next door's a sad ~** el del vecino es un caso digno de lástima 2 (eccentric) (colloq) caso *m* (fam); **my aunt's a real ~** mi tía es un caso (fam)
C (instance, situation) caso *m*; **a clear ~ of bias** un caso claro de parcialidad; **it was a ~ of love at first sight** fue el clásico flechazo, fue el caso típico de amor a primera vista; **it was a ~ of doing what we were told** era cuestión de hacer lo que se nos mandara; **in Martin's ~, in the ~ of Martin** en el caso de Martin; **in her ~** en su caso; **a ~ in point** un ejemplo que viene al caso, un buen ejemplo; **in most ~s** en la mayoría de los casos; **as the ~ may be** según (sea) el caso; **in no ~** (frml) bajo *or* en ninguna circunstancia; **he won't go — in that ~, neither will I** no quiere ir — (pues) en ese caso, yo tampoco; **that is the ~** así es, esa es la cuestión; **if that's the ~** si es así; **that's not the ~** no es así; **that's the ~ with him too** a él le pasa lo mismo; **in that ~, I'm not interested** en ese caso, no me interesa; **it is less common than used to be the ~** es menos frecuente de lo que solía ser
D (*in phrases*): **in any case** de todas maneras *or* formas, en cualquier caso, de cualquier modo; **in case** (*as conj*): **make a note in ~ you forget** apúntalo por si te olvidas, apúntalo en caso de que se te olvide; **just in case** por si acaso; **bring a sweater just in ~** tráete un suéter por si acaso *or* (fam) por si las moscas; **in case of** en caso de; **in ~ of fire/accident** en caso de incendio/accidente
E (argument): **the ~ for the prosecution** la acusación; **the ~ for the defense** la defensa; **she has a good/strong ~** sus argumentos son buenos/poderosos; **there is a ~ for leniency/for doing nothing** hay razones para ser indulgente/para no hacer nada; **to make (out) a ~ for sth/-ING** exponer* los argumentos a favor de algo/para + INF; **the ~ put by the banks is that ...** la razón que aducen los bancos es que ...; **to put/state one's ~** dar*/exponer* sus (*or* mis *etc*) razones; **there's no ~ to answer** la acusación no tiene asidero *or* fundamento; ***I rest my ~*** a las pruebas me remito
F (*suit~*) 1 maleta *f*, petaca *f* (Méx), valija *f* (RPl) 2 (*attaché ~*) maletín *m* 3 (crate) caja *f*, cajón *m*, jaba *f* (Chi, Per); (of wine, liquor) *caja de 12 botellas* 4 (hard container — for small objects) estuche *f*; (— for large objects) caja *f*; (soft container) funda *f*
G (Ling) caso *m*

case² *vt* (sl): **to ~ the joint** reconocer* el terreno (*antes de cometer un delito*)

casebook /ˈkeɪsbʊk/ *n* registro *m*

case file *n* documentación *f*

case-hardened /ˈkeɪsˌhɑːrdnd || ˈkeɪsˌhɑːdnd/ *adj* 1 ‹*judge/social worker/doctor*› que se ha insensibilizado 2 (Metall) cementado

case history *n* (Med) historial *m* clínico *or* médico, historia *f* clínica (AmL); (Soc Adm) evolución *f* de un caso social; (of events) historia *f*

case law *n* [u] jurisprudencia *f*

case load *n* número *m* de casos (*atendidos por un médico, abogado etc*)

case management *n* [u] tratamiento *m* dado a un caso

casement /ˈkeɪsmənt/ *n* marco *m* (*de ventana con bisagras*); (*before n*): **~ window** *ventana cuya hoja u hojas se abren por medio de bisagras*

case notes *pl n* notas *fpl* sobre el caso

case-sensitive /ˌkeɪsˈsensətɪv/ *adj* (Comput) 1 (of a program, function) sensible a las mayúsculas y minúsculas, que distingue las mayúsculas de las minúsculas 2 (of input) que trata de forma diferente a las mayúsculas y a las minúsculas

case study *n* estudio *m*, monografía *f*, trabajo *m*

casework /ˈkeɪswɜːrk || ˈkeɪswɜːk/ *n* [u]: *trabajo de asistencia social individual*

caseworker /ˈkeɪsˌwɜːrkər || ˈkeɪsˌwɜːkə(r)/ *n* asistente *mf* social

cash¹ /kæʃ/ *n* [u] 1 (notes and coins) dinero *m* (en) efectivo; **I'll bank this ~** voy a depositar *or* (Esp) ingresar este dinero en el banco; **we pay ~ for gold** compramos oro al contado; **(in) ~** en efectivo, en metálico; **I have $100 (in) ~** tengo 100 dólares en efectivo *or* metálico; **how much have you in ~?, how much ~ have you?** ¿cuánto dinero en efectivo tienes?; $

C

cash only pagos únicamente al contado; **pay ~** (on check) (BrE) páguese al portador; **~ down** al contado; **~ on delivery** entrega *f* contra reembolso; **~ in hand** (saldo *m* de) caja *f*; **~ at bank** (saldo *m* de) bancos *mpl*; **~ in hand and in bank** (saldos *mpl* de) caja y bancos; **hard** *o* (AmE) **cold ~** dinero *m* constante y sonante (fam), efectivo *m*; ***~ on the barrelhead*** (AmE colloq) dinero *m* contante y sonante (fam), dinero *m* en mano (fam); **he paid hard** *o* **cold ~ on the barrelhead** pagó con dinero contante y sonante (fam), pagó a tocateca (Esp) *or* (Méx) al chas chas (fam), pagó taca taca (RPl) *or* (Col) rancotán *or* (Chi) chin chin (fam); (*before n*) ‹*payment*› en efectivo; ‹*refund*› al contado; **~ offer** oferta *f* de pago en efectivo *or* al contado; **~ price** precio *m* al contado; **~ prize** premio *m* en metálico *or* en dinero efectivo **2** (money, funds) (colloq) dinero *m*, lana *f* (AmL fam), plata *f* (AmS fam), tela *f* (Esp fam)

cash² *vt* ‹*check*› cobrar; **to go to the bank to ~ a check** ir* al banco a cobrar un cheque; **I'll ~ the check for you** yo te cambio el cheque

Phrasal verbs

- **cash in**

A [v + o + adv, v + adv + o] (exchange for money) ‹*bonds/coupons*› canjear, cobrar

B [v + adv] (profit) **to ~ in (ON sth)** ‹*on prosperity/popularity/shortage*› aprovecharse *or* sacar* provecho (DE algo), sacar* tajada (DE algo) (fam)

- **cash up** [v + adv] (BrE) hacer* la caja

cash account *n* **1** (ledger account) cuenta *f* de caja **2** (current account) cuenta *f* corriente

cash advance *n* anticipo *m* en efectivo

cash and carry /ˌkæʃnˈkæri/ *n: tienda de venta al por mayor*; (*before n*) ‹*system/business*› de venta al por mayor

cashback *n* **1** (incentive) devolución *f* de dinero en efectivo **2** (retail service) *retirada de dinero en efectivo al pagar con tarjeta, cantidad que se carga a la cuenta del cliente*

cashbook /ˈkæʃbʊk/ *n* libro *m* de caja

cashbox /ˈkæʃbɑːks || ˈkæʃbɒks/ *n* caja *f* (*del dinero*)

cash call *n: emisión de acciones para que antiguos inversores aporten el nuevo capital necesario*

cashcard /ˈkæʃkɑːrd || ˈkæʃkɑːd/ *n* (BrE) tarjeta *f* del cajero automático

cash cow *n* (colloq) **1** (product) producto *m* de gran rentabilidad **2** (activity) actividad *f* generadora de caja

cash crop *n* cultivo *m* industrial *or* comercial

cash desk *n* (BrE) caja *f*

cash dispenser *n* (BrE) cajero *m* automático *or* permanente

cash economy *n* economía *f* basada en el dinero

cashew (nut) /ˈkæʃuː/ *n* anacardo *m*, castaña *f* de cajú (AmL), nuez *f* de la India (Méx)

cash flow *n* flujo *m* de caja, cash-flow *m*; (*before n*): **~ ~ problem** problema *m* de liquidez

cashier¹ /kæˈʃɪr || kæˈʃɪə(r)/ *n* cajero, -ra *m,f*

cashier² *vt* ‹*officer*› separar del servicio, destituir*

cashier's check *n* (AmE) cheque *m* bancario *or* de caja *or* de gerencia

cash-in /ˈkæʃˌɪn/ *n* cobro *m*; (*before n*): **~ value** valor *m* al cobro

cash income *n* ingreso *m* de caja

cashless /ˈkæʃləs || ˈkæʃlɪs/ *adj*: **the ~ society** la sociedad de las tarjetas de crédito

cash machine *n* cajero *m* automático *or* permanente

cashmere /ˈkæʒmɪr || ˈkæʃmɪə(r)/ *n* [u] cachemir *m*, cachemira *f*

cash nexus *n* relación *f* monetaria

cash payment *n* (in notes and coins) pago *m* en efectivo; (immediate payment) pago *m* al contado

cashpoint *n* (BrE) cajero *m* automático *or* permanente

cash register *n* caja *f* registradora

cash-rich /ˈkæʃˈrɪtʃ/ *adj* ‹*company*› con mucho dinero en caja; ‹*immigrant*› con mucho dinero en efectivo, con mucho dinero en mano (fam)

cash sale *n* venta *f* al contado

cash-strapped /ˈkæʃˌstræpt/ *adj* (colloq) sin dinero

cash surrender value *n* valor *m* de rescate en efectivo

cash value *n* valor *m* al contado

casing /ˈkeɪsɪŋ/ *n* **1** (protective — cover) cubierta *f*; (— case) caja *f* **2** (lining) (tubo *m* de) revestimiento *m* **3** (of window, door) marco *m*

casino /kəˈsiːnəʊ/ *n* (*pl* **-nos**) casino *m*

cask /kæsk || kɑːsk/ *n* barril *m*, tonel *m*; **aged in oak ~s** añejado en barriles *or* toneles de roble

cask-conditioned /ˈkæskˌkənˈdɪʃənd || ˈkɑːskˌkənˈdɪʃənd/ *adj* madurado en barril

casket /ˈkæskət || ˈkɑːskɪt/ *n* **1** (for jewels) cofre *m*, joyero *m*, alhajero *m* (AmL) **2** (for cremated ashes) urna *f* (*cineraria*) **3** (coffin) (AmE) ataúd *m*

Caspian Sea /ˈkæspiən/ *n*: **the ~ ~** el mar Caspio

Cassandra /kəˈsændrə/ *n* Casandra

cassava /kəˈsɑːvə/ *n* [u] mandioca *f*

casserole¹ /ˈkæsərəʊl/ *n* **1** [c] (utensil) cazuela *f*, fuente *f* de horno (*con tapa*) **2** [c u] (food) guiso *m*, guisado *m* (Méx); **beef ~** carne *f* estofada *or* guisada, estofado *m*, guiso *m* de carne, guisado *m* de res (Méx); **chicken ~** pollo *m* a la cacerola *or* a la cazuela, guisado *m* de pollo (Méx)

casserole² *vt* (esp BrE) guisar en una cazuela

cassette /kəˈset/ *n* **1** (Audio) cassette *f or m*; **I have it on ~** lo tengo grabado *or* en cassette; (*before n*): **~ deck** platina *f*, pletina *f*; **~ player** pasacintas *m*, cassette *m* (Esp), pasacassettes *m* (RPl), tocacassettes *m* (Chi); **~ recorder** grabadora *f or* grabador *m* (de cassettes), cassette *m* (Esp) **2** (Video) videocassette *m*, (cinta *f* de) video *m or* (Esp) vídeo *m*, videocinta *f*

cassette tape *n* cinta *f* de casete

cassis /kæˈsiːs/ *n* [u] (crema *f* de) cassis *m*

cassock /ˈkæsək/ *n* (of priest) sotana *f*; (of chorister) túnica *f*

cast¹ /kæst || kɑːst/ *n*

A **1** (molded object) (Art) vaciado *m*; (Metall) pieza *f* fundida; **a plaster ~ of the footprint** un molde de yeso de la huella **2** (mold) molde *m* **3** (for broken limb) yeso *m or* (Esp) escayola *f*; **he's got a ~ on his leg** tiene la pierna enyesada *or* (Esp tb) escayolada

B (Cin) (+ *sing or pl vb*) reparto *m*, elenco *m* (esp AmL); **she met the ~** le presentaron a los actores (*or* bailarines *etc*); **a ~ of thousands** un gran número de actores (*or* bailarines *etc*), un gran elenco (esp AmL); (*before n*): **~ list** reparto *m*

C (in angling) lanzamiento *m*

D **1** (form): **a liberal ~ of mind** una mentalidad liberal; **a pessimistic ~ of mind** una mentalidad pesimista; **the handsome ~ of his features** (liter) la belleza de sus facciones **2** (shade) tinte *m*

E **1** (left by worm) rastro *m* **2** (skin of snake) piel *f*

F (squint): **he had a ~ in one eye** era algo bizco, bizqueaba un poco

cast² *vt* (*past & past p* **cast**)

A **1** ‹*stone*› arrojar, lanzar*, tirar; ‹*dice*› tirar, echar; ‹*line*› lanzar*; ‹*net*› echar; **he was ~ into the dungeon** lo arrojaron a la mazmorra **2** ‹*shadow/light*› proyectar; **I sat in the shadow ~ by the wall** me senté a la sombra de la pared *or* que proyectaba la pared; **the news ~ a shadow over the event** la noticia ensombreció el acto; **this incident ~s him in a very different light** este incidente lo muestra de manera muy distinta; **to ~ doubt on sth** poner* algo en duda; **~ your eye over this** échale una mirada *or* una ojeada *or* un vistazo a esto; **he ~ his eye around the room** recorrió la habitación con la mirada **3** ‹*horoscope*› hacer*, preparar; ‹*vote*› emitir

B (shed) ‹‹*snake*›› mudar de, mudar; **the horse ~ a shoe** al caballo se le salió *or* se le cayó una herradura; **to ~ anchor** echar el ancla *or* las anclas

C **1** (mold) (Art) vaciar*; (Metall) fundir; **statues ~ in bronze** estatuas de bronce **2** (formulate) formular; **the argument could be ~ more concisely** el argumento podría presentarse *or* formularse de manera más concisa

D (Cin, Theat) ‹*role*› asignar; **we haven't ~ Ophelia yet** todavía no hemos asignado el papel de Ofelia; **he was ~ in the part of ...** le asignaron *or* le dieron el papel de ...; **it's a difficult play to ~** es difícil decidir el reparto de la obra; **he's well ~ as Iago** está bien elegido para el papel de Yago; **she was ~ as the princess** le dieron el papel de la princesa

■ **cast** *vi* (in angling) lanzar*

Phrasal verbs

- **cast about for** [v + adv + prep + o] ‹*for idea/solution/excuse*› tratar de encontrar, buscar*
- **cast aside** [v + o + adv, v + adv + o] (abandon) ‹*person*› hacer* a un lado, dejar de lado; ‹*doubts/worries*› desechar, apartar de sí
- **cast away** [v + o + adv]: **they were ~ away on a desert island** llegaron a una isla desierta tras naufragar
- **cast back** [v + o + adv]: **~ your mind back** trata de recordar, rememora (liter)
- **cast off**

A [v + adv] **1** (in knitting) cerrar* **2** (Naut) soltar* amarras

B [v + o + adv, v + adv + o] **1** (in knitting) ‹*stitch*› cerrar* **2** (abandon) ‹*friend/lover*› dejar, abandonar **3** (stop wearing) ‹*clothing*› desechar

- **cast on**

A [v + adv] (in knitting) poner* *or* montar los puntos, urdir (Chi)

B [v + o + adv, v + adv + o] ‹*stitch*› montar, poner*

- **cast out** [v + o + adv, v + adv + o] (expel) (liter) expulsar

castanets /ˌkæstəˈnets/ *pl n* castañuelas *fpl*

castaway /ˈkæstəweɪ || ˈkɑːstəweɪ/ *n* náufrago, -ga *m,f*

cast down *adj* (*pred*) abatido

caste /kæst || kɑːst/ *n* **1** [c u] (class) casta *f*; (*before n*): **the ~ system** el sistema de castas **2** [u] (system) sistema *m* de castas

castellated /ˈkæstəleɪtəd || ˈkæstəleɪtɪd/ *adj* almenado

caster /ˈkæstər || ˈkɑːstə(r)/ *n* **1** (wheel) ruedecita *f*, ruedita *f* (esp AmL), rodachina *f* (Col) **2** (for sugar, flour) espolvoreador *m*

caster sugar *n* (BrE); *azúcar blanca de granulado muy fino*

castigate /ˈkæstəgeɪt || ˈkæstɪgeɪt/ *vt* (frml) fustigar* (liter), criticar* severamente, censurar

castigation /ˌkæstəˈgeɪʃən || ˌkæstɪˈgeɪʃən/ *n* [u] (frml) censura *f*

Castile /kæsˈtiːl || kæˈstiːl/ *n* Castilla *f*

Castilian¹ /kæsˈtɪljən || kəˈstɪliən/ *adj* castellano; **~ Spanish** castellano *m*

Castilian² *n* **1** [c] (person) castellano, -na *m,f* **2** [u] (language) castellano *m*

casting /ˈkæstɪŋ || ˈkɑːstɪŋ/ *n*

A **1** [u] (process) (Art) vaciado *m*; (Metall) fundición *f* **2** [c] (object) (Art) vaciado *m*; (Metall) pieza *f* fundida

B [u] (Cin, Theat) selección *f* (*de actores*), reparto *m* de papeles; (*before n*): **~ director** director, -tora *m,f* de reparto

C [u] (in angling) lanzamiento *m*

casting couch *n* (colloq): **she got the part by using the ~ ~** consiguió el papel obsequiándole sus favores al director de reparto (euf)

casting vote *n* voto *m* de calidad

cast-iron /ˈkæstˈaɪərn || ˈkɑːstˈaɪən/ *adj* (*before n*) **1** (Metall) de hierro fundido *or* colado **2** ‹*guarantee/assurance*› sólido; ‹*will/determination*› férreo; ‹*evidence*› irrefutable; ‹*alibi*› a toda prueba; **a ~ constitution** una salud de hierro

cast iron *n* [u] hierro *m* fundido *or* colado

castle¹ /ˈkæsəl || ˈkɑːsəl/ *n*

A (Archit) castillo *m*; ***(to build) ~s in the air*** *o* ***in Spain*** (construir*) castillos en el aire

B (in chess) torre *f*

castle² *vi* enrocar*; **to ~ (on the) queen's/king's side** hacer* un enroque largo/corto

cast list *n* reparto *m*

cast member *n* miembro *m* del reparto

castoff /'kæstɔ:f || 'kɑ:stɒf/ *n*
A ropa *f* desechada; **she gave me her ~s** me dio la ropa que ya no quería; **he's one of her ~s** es uno de los que ha plantado (fam)
B (Print) *cálculo del número de caracteres de un texto*

cast-off /'kæstɔ:f || 'kɑ:stɒf/ *adj (before n)* viejo

castor /'kæstər || 'kɑ:stə(r)/ *n* ▸ **caster**

castor oil *n* [u] aceite *m* de ricino *or* (CS tb) (de) castor

castor sugar *n* [u] ▸ **caster sugar**

castrate /'kæstreɪt || kæ'streɪt/ *vt* castrar

castrati /kæs'trɑ:ti:/ *pl of* **castrato**

castration /kæs'treɪʃən/ *n* [u] castración *f*; *(before n)*: **~ complex** complejo *m* de castración

castrato /kæs'trɑ:təʊ/ *n (pl* **-ti**) castrado *m*

casual¹ /'kæʒuəl/ *adj*
A **1** (superficial) *(before n)* ‹*inspection*› superficial; **a ~ glance** una ojeada rápida; **it's just a ~ relationship** es una relación superficial *or* sin trascendencia; **a ~ acquaintance** un conocido, una conocida; **~ sex should be avoided** evite las relaciones sexuales promiscuas **2** (chance) *(before n)* ‹*visit/caller/reader*› ocasional; **a ~ encounter** un encuentro casual *or* fortuito **3** (informal) ‹*chat/atmosphere*› informal; ‹*clothes*› de sport, informal; **we meet for a ~ drink from time to time** nos vemos para tomar algo de vez en cuando
B (unconcerned) ‹*attitude/tone/disregard*› despreocupado; ‹*remark*› hecho al pasar; **she seemed very ~ about the whole thing** parecía tomárselo todo con mucha tranquilidad, parecía no darle mucha importancia al asunto; **he's rather ~ about keeping appointments** es bastante informal para cumplir sus compromisos; **act ~, there's a policeman coming** disimula, que ahí viene un policía
C (not regular) ‹*employment/labor/job*› eventual, ocasional; **~ worker** (on farm) jornalero, -ra *m,f*; (in factory) obrero, -ra *m,f* eventual; **to do ~ work** trabajar como eventual

casual² *n*
A (worker) (on farm) jornalero, -ra *m,f*; (in factory) obrero, -ra *m,f* eventual
B **casuals** *pl* (Clothing) ropa *f* de sport

casual contract *n* contrato *m* eventual, contrato *m* temporal or (AmL tb) temporario

casual Friday *n* viernes *m* informal (*día en el que no es necesario vestir traje y corbata en el trabajo*)

casualize /'kæʒuəlaɪz/ *vt* hacer* eventual, hacer* temporal *or* (AmL tb) temporario

casually /'kæʒuəli/ *adv*
A (informally) **1** ‹*dressed*› de manera informal, informalmente **2** ‹*chat*› informalmente
B (without concern) ‹*react*› con toda tranquilidad
C (with indifference) con indiferencia

casualness /'kæʒuəlnəs || 'kæʒʊəlnɪs/ *n* [u] **1** (informality) sencillez *f* **2** (lack of concern) tranquilidad *f*

casualty /'kæʒjuəlti/ *n (pl* **-ties**)
A (injured person) herido, -da *m,f*; (dead person) víctima *f*; (Mil) baja *f*; **there were no casualties** no hubo heridos (*or* víctimas *etc*), no hubo que lamentar desgracias personales (period); **they suffered heavy casualties** tuvieron muchas bajas; **truth is the first ~ of war** la verdad es la primera víctima de la guerra; *(before n)*: **~ list** relación *f* de bajas
B (hospital department) (BrE) (*no art*) urgencias *fpl*; **he was rushed to ~** lo llevaron a toda prisa a urgencias; *(before n)*: **~ department** servicio *m* de urgencias; **~ ward** sala *f* de urgencias; (Mil) sala *f* de heridos

casualwear /'kæʒuəlwer || 'kæʒuəlweə(r)/ *n* [u] ropa *f* informal, ropa *f* de sport

casuist /'kæʒuəst || 'kæzjʊɪst, 'kæʒʊɪst/ *n* casuista *mf*

casuistry /'kæʒuəstri || 'kæzjʊɪstri, -ʒʊɪ-/ *n* [u] casuística *f*

cat¹ /kæt/ *n*
A **1** (domestic animal) gato, -ta *m,f*; ***has the ~ got your tongue?*** (colloq) ¿te comieron la lengua los ratones? (fam), ¿te ha comido la lengua el gato? (Esp); ***he thinks he's the ~'s whiskers*** *o* ***pajamas*** se cree el súmmum; ***look what the ~'s brought*** *o* ***dragged in!*** (colloq) ¡hombre, mira quién viene por aquí!; **you look like something the ~ dragged in** ¡parece que vinieras de la guerra!; ***not to have a ~ in hell's chance*** (BrE colloq) no tener* la más mínima posibilidad; ***there's not enough*** *o* ***no room to swing a ~*** (colloq) no cabe ni un alfiler (fam); ***to be like a ~ on hot bricks*** *o* ***on a hot tin roof*** estar* sobre ascuas; ***to fight like ~ and dog*** andar* como (el) perro y (el) gato; **those two are like ~ and dog** esos dos se llevan *or* están siempre como el perro y el gato; ***to grin like a Cheshire ~*** sonreír* de oreja a oreja; ***to let the ~ out of the bag*** descubrir* el pastel, levantar la liebre *or* (RPl) la perdiz; ***to play ~ and mouse (with sb)*** jugar* al gato y al ratón (con algn); ***to rain ~s and dogs*** llover* a cántaros *or* a mares; ***to see which way the ~ jumps*** ver* por dónde van los tiros; ***to set*** *o* ***put the ~ among the pigeons*** levantar un revuelo; ***when the ~'s away the mice will play*** cuando el gato duerme, bailan los ratones; ***a ~ may look at a king*** los ojos son para mirar, con mirar no se desgasta **2** (lion, tiger) felino *m*; **the big ~s** los felinos mayores
B **1** (spiteful woman) (colloq) arpía *f* **2** (guy) (AmE sl & dated) tipo *m* (fam)
C (colloq) ▸ **caterpillar B2**

cat² *n* = **catalog** *or* = **catalogue**

CAT *n* [u] (= **computerized axial tomography**) TAC *f*; *(before n)*: **~ scan** escáner *m* TAC; **~ scanner** escáner *m* TAC

cataclysm /'kætəklɪzəm/ *n* cataclismo *m*

cataclysmic /,kætə'klɪzmɪk/ *adj* catastrófico

catacombs /'kætəkəʊmz || 'kætəku:mz/ *pl n* catacumbas *fpl*

catafalque /'kætəfælk/ *n* catafalco *m*

Catalan¹ /'kætlæn || 'kætəlæn/ *adj* catalán

Catalan² *n* **1** [c] (person) catalán, -lana *m,f* **2** [u] (language) catalán *m*

catalepsy /'kætlepsi || 'kætəlepsi/ *n* [u] catalepsia *f*

cataleptic /,kætl'eptɪk || ,kætə'leptɪk/ *adj* cataléptico

catalog¹, catalogue /'kætlɔ:g || 'kætəlɒg/ *n* **1** (list, book) catálogo *m*; **mail-order ~** catálogo de venta por correo; **a ~ of disasters** un desastre detrás de otro; **a ~ of complaints** una retahíla de quejas **2** (AmE) (Educ) *folleto informativo de una institución académica*

catalog², catalogue *vt* **1** (list) catalogar*; **she ~ed his virtues** hizo una relación de sus virtudes **2** (classify) catalogar*

catalog shopping, (BrE) **catalogue shopping** *n* [u] compra *f* por catálogo

Catalonia /,kætl'əʊniə || ,kætə'ləʊniə/ *n* Cataluña *f*

Catalonian /,kætl'əʊniən || ,kætə'ləʊniən/ *adj* catalán

catalpa /kə'tælpə/ *n* catalpa *f*

catalysis /kə'tæləsəs || kə'tælɪsɪs/ *n* [u] catálisis *m*

catalyst /'kætləst || 'kætəlɪst/ *n* catalizador *m*; **this acted as a ~ in bringing about change** esto sirvió de catalizador para producir el cambio

catalytic /,kætl'ɪtɪk || ,kætə'lɪtɪk/ *adj* (Chem) catalítico, catalizador; **the ~ effect of her words** el efecto catalizador de sus palabras

catalytic converter *n* catalizador *m*

catalyze /'kætlaɪz || 'kætəlaɪz/ *vt* catalizar*

catamaran /,kætəmə'ræn 'kætəməræn/ *n* catamarán *m*

catapult¹ /'kætəpʊlt || 'kætəpʌlt/ *n* **1** (Mil) catapulta *f* **2** (Aviat) catapulta *f* (de lanzamiento) **3** (used by children) (BrE) tirachinas *m*, honda *f* (CS, Per), resortera *f* (Méx), cauchera *f* (Col), china *f* (Ven)

catapult² *vt* catapultar; **the crash ~ed her through the windshield** el choque la hizo salir disparada por el parabrisas; **the film ~ed him to fame** la película lo catapultó *or* lo lanzó a la fama

cataract /'kætərækt/ *n*
A (Med) catarata *f*; *(before n)*: **he had a ~ operation** lo operaron de cataratas
B (over a precipice) catarata *f*; (in a river) rápido *m*

catarrh /kə'tɑ:r || kə'tɑ:(r)/ *n* [u] catarro *m*

catarrhal /kə'tɑ:rəl/ *adj* catarral

catastrophe /kə'tæstrəfi/ *n* catástrofe *f*

catastrophic /,kætə'strɑ:fɪk || ,kætə'strɒfɪk/ *adj* catastrófico

catastrophically /,kætə'strɑ:fɪkli || ,kætə'strɒfɪkli/ *adv* catastróficamente

catatonic /,kætə'tɑ:nɪk || ,kætə'tɒnɪk/ *adj* catatónico

cat basket *n* cesto *m* del gato

cat burglar *n* ladrón, -drona *m,f* (*que escala paredes para entrar a un edificio*)

catcall¹ /'kætkɔ:l/ *n* silbido *m*; **~s** silba *f*, abucheo *m*, rechifla *f*, silbatina *f* (AmS), pifias *fpl* (Chi)

catcall² *vt/vi* rechiflar, abuchear, pifiar (Chi)

catch¹ /kætʃ/ *(past & past p* **caught**) *vt*
A **1** ‹*ball/object*› agarrar, coger* (esp Esp); **he caught her by the arm/wrist** la agarró *or* (esp Esp) cogió del brazo/de la muñeca **2** (capture, trap) ‹*mouse/lion*› atrapar, coger* (esp Esp); ‹*fish*› pescar*, coger* (esp Esp); **~ me if you can!** ¡a que no me agarras *or* (esp Esp) coges!; **he got caught** lo pillaron *or* agarraron *or* (esp Esp) cogieron; **she got caught** (euph) (se) quedó embarazada
B **1** (take by surprise) agarrar, coger* (esp Esp), pillar (fam), pescar* (fam); **to ~ sb in the act** agarrar (*or* coger* *etc*) a algn infraganti *or* con las manos en la masa; **she caught him reading her mail** lo pilló leyendo sus cartas (fam); **(you won't) ~ me going there again!** (colloq) ¡a mí no me vuelven a ver el pelo por ahí! (fam); **you won't ~ me falling for that one!** pierde cuidado, que ésa yo no me la trago (fam); **you won't ~ her in on a Saturday night** un sábado por la noche no la pillas *or* pescas en casa (fam); **we got caught in the rain** nos sorprendió *or* (fam) nos pilló *or* pescó la lluvia **2** (intercept) ‹*person*› alcanzar*; **run and ~ him** corre a ver si lo alcanzas; **~ you later** (AmE colloq) nos vemos; ***to ~ sb with his pants*** *o* (BrE) ***trousers down*** (colloq) agarrar *or* (esp Esp) coger* a algn desprevenido *or* (fam) en off-side
C **1** ‹*train/plane*› (take) tomar, coger* (esp Esp); (be in time for) alcanzar*; **I only just caught it** lo alcancé con el tiempo justo, por poco lo pierdo **2** (manage to see, hear): **there's a movie I'd like to ~** (colloq) hay una película que no me quiero perder; **we'll just ~ the end of the game** todavía podemos pescar el final del partido (fam); **we could ~ a movie before dinner** (AmE) podríamos ir al cine antes de cenar
D (entangle, trap): **I caught my skirt on a nail** se me enganchó *or* (Méx tb) se me atoró *or* (Chi) se me pescó la falda en un clavo; **I caught my finger in the drawer** me pillé *or* (AmL tb) me agarré el dedo en el cajón; **I got caught in a traffic jam** me agarró *or* (esp Esp) me cogió un atasco; **these people are caught in a cycle of poverty** esta gente está atrapada en un círculo de pobreza
E **1** (attract, arrest): **try to ~ his attention** trata de atraer su atención; **the dress caught her fancy** se encaprichó con el vestido; **the concept caught the imagination of the young** el concepto estimuló la imaginación de los jóvenes **2** (apprehend): **did you ~ what she said?** ¿oíste *or* entendiste lo que dijo?; **I didn't ~ the name** no entendí *or* capté el nombre; **I don't quite ~ your meaning** no acabo de entender *or* de captar lo que quieres decir; **he caught the look in her eye** le leyó la mirada; **I caught the aroma of fresh coffee** me llegó el aroma de café recién hecho **3** ‹*mood/spirit/likeness*› captar, reflejar
F (become infected with) ‹*disease*› contagiarse de, contraer* (frml); **he caught the disease** se contagió de la enfermedad, contrajo la enfermedad (frml); **to ~ a cold** resfriarse*, agarrar *or* (esp

C

Esp) coger* *or* (fam) pescar* *or* pillar un resfriado; **I caught (the) measles from him** me contagió *or* (fam) me pegó el sarampión; **he's caught that habit from his girlfriend** esa costumbre se le ha pegado de su novia, esa costumbre la ha cogido de su novia (esp Esp); **I caught his enthusiasm** me contagió *or* (fam) se me pegó su entusiasmo

G (hit): **he caught his head on the beam** se dio en la cabeza con la viga; **she caught him a blow on the chin** le dio *or* pegó un golpe en la barbilla; ***to ~ it*** *o* (AmE also) ***~ hell*** (colloq): **you'll really ~ it from Dad if he sees you!** ¡si papá te ve, te mata!; **he really caught it** *o* **caught hell!** le cayó una de padre y señor mío

H **1** (hold back): **he caught his breath in surprise** se le cortó la respiración de sorpresa **2** (restrain): **to ~ oneself** contenerse*

■ **catch** *vi*

A **1** (grasp) agarrar, coger* (esp Esp), cachar (Méx); **here, ~!** ¡toma, agarra *or* (esp Esp) coge *or* (Méx) cacha! **2** (bite, take hold) ‹‹*screw/cog*›› agarrar; ‹‹*mechanism*›› engranar; **his voice caught and he was unable to carry on** se le hizo un nudo en la garganta y no pudo continuar **3** (become hooked) engancharse, atorarse (Méx), pescarse* (Chi)

B (ignite) ‹‹*fire/coal*›› prender, agarrar (AmL)

Phrasal verbs

- **catch on** [v + adv] (colloq) **1** (become popular) ‹‹*fashion/idea*›› imponerse*; ‹‹*game/style*›› ponerse* de moda **2** (understand) entender*, darse* cuenta, caer* (fam); **to ~ on TO sth** darse* cuenta DE algo, entender* algo; **we finally caught on to what was happening** finalmente nos dimos cuenta de lo que pasaba
- **catch out** [v + o + adv, v + adv + o] **1** (trick) pillar (fam), agarrar (CS fam) **2** (in wrongdoing) pescar* (fam), pillar (fam), agarrar, coger* (esp Esp) **3** (surprise) sorprender
- **catch up**

A [v + adv] (draw level): **I missed three weeks' classes, and it was a struggle to ~ up** perdí tres semanas de clase y me costó ponerme al día; **we used to be market leaders, but now other countries are ~ing up** antes éramos los líderes del mercado pero ahora otros países nos están alcanzando; **to ~ up WITH/ON sb/sth: she had to ~ up with** *o* **on the rest of the class/the work she'd missed** tuvo que ponerse al nivel del resto de la clase/al día con el trabajo; **I've got a lot of work to ~ up on** tengo que poner al día mucho trabajo atrasado; **you go on ahead, I'll ~ up with you later** ustedes vayan delante, que yo ya los alcanzo; **all those late nights eventually caught up on** *o* **with me** todas esas trasnochadas finalmente pudieron más que yo; **I called Sue to ~ up with** *o* **on the latest gossip** llamé a Sue para ponerme al día con los últimos chismes *or* al tanto de los últimos chismes; **I need to ~ up on my sleep** tengo que recuperar el sueño perdido

B **1** [v + o + adv] (draw level with) (BrE) ‹*leader/group*› alcanzar* **2** [v + o + adv, v + adv + o] (pick up) recoger*

C (trap, involve): **to be/get caught up in sth** estar*/quedar enganchado/atrapado en algo; ‹*in excitement/enthusiasm*› contagiarse de algo; **I was completely caught up in my thoughts** estaba totalmente absorto *or* ensimismado en mis pensamientos; **I got caught up in the traffic** me agarró *or* (esp Esp) me cogió el tráfico; **she got caught up in the scandal** se vio envuelta en el escándalo

catch² *n*

A **1** (Sport) atrapada *f*, parada *f*, atajada *f* (CS) **2** (sth, sb caught): **he's/she's a good ~** (colloq) es un buen partido; **it is a prize ~ for the party** es una inestimable adquisición para el partido **3** (of fish) pesca *f*

B (fastening device — on door) pestillo *m*, pasador *m* (AmL); (— on window, box, necklace) cierre *m*; **safety ~** seguro *m*

C (hidden drawback) trampa *f*; **what's the ~?** ¿cuál es la trampa *or* el truco?; **I knew there'd be a ~ in** *o* **to it somewhere** ya sabía yo que tenía que haber gato encerrado; **there's no ~** no hay ninguna trampa *or* ningún truco, no hay trampa ni cartón (Esp); **it's a C~-22 situation** es una situación sin salida

D (in voice) temblor *m*; **with a ~ in her voice** con la voz entrecortada *or* temblorosa

catchall /ˈkætʃɔːl/ *n* cajón *m* de sastre; (*before n*) ‹*clause/phrase/term*› comodín *adj inv*; **a ~ piece of legislation** una ley que abarca muchos casos

catch-as-catch-can /ˌkætʃəzˌkætʃˈkæn/ *n* [u] (Sport) catch *m*, lucha *f* super-libre (Méx), catch as catch can *m* (CS); **it's (a case of) ~ in this business** en este negocio cada uno se las arregla como puede

catch crop *n* (BrE) cultivo *m* intermedio

catcher /ˈkætʃər || ˈkætʃə(r)/ *n* (in baseball) receptor, -tora *m,f*, catcher *mf*

catching /ˈkætʃɪŋ/ *adj* (*pred*) contagioso; **their enthusiasm was ~** su entusiasmo era contagioso

catchline /ˈkætʃlaɪn/ *n* (BrE)

A (Print) encabezamiento *m*

B (in advertising) frase *f* publicitaria

catchment area /ˈkætʃmənt/ *n* **1** (of hospital, school) zona *f* de captación (*distrito que corresponde a un hospital, colegio etc*) **2** (Geog) cuenca *f*

catchpenny /ˈkætʃˌpeni/ *adj* (dated) (*before n*) ‹*novel/newspaper*› barato, de tres al cuarto

catchphrase *n* (of person) latiguillo *m*; (of political party) eslogan *m*

catch points *pl n* (Rail) agujas *fpl* de seguridad

catch question *n* pregunta *f* capciosa

catch-up /ˈkætʃˌʌp/ *n*

A (colloq) ▸**ketchup**

B (AmE): **play ~** (with team) jugar* para conseguir el empate; (with player) jugar* para tratar de igualar a

catchword /ˈkætʃwɜːrd || ˈkætʃwɜːd/ *n* **1** (slogan) eslogan *m* **2** ▸**catchphrase**

catchy /ˈkætʃi/ *adj* **catchier, catchiest** pegadizo, pegajoso (AmL exc RPl)

catechism /ˈkætəkɪzəm/ *n* **1** [u] (instruction) catequesis *f* **2** [c] (book) catecismo *m*

catechize /ˈkætəkaɪz/ *vt* **1** (Relig) catequizar* **2** (question thoroughly) interrogar*

categoric /ˌkætəˈgɔːrɪk || ˌkætəˈgɒrɪk/, **-ical** /-ɪkəl/ *adj* categórico, terminante; ‹*refusal*› rotundo

categorically /ˌkætəˈgɔːrɪkli || ˌkætəˈgɒrɪkli/ *adv* categóricamente

categorization /ˌkætəgərəˈzeɪʃən || ˌkætəgəraɪˈzeɪʃən/ *n* [u c] clasificación *f*, categorización *f*

categorize /ˈkætəgəraɪz/ *vt* ‹*things*› clasificar*; ‹*people*› catalogar*, calificar*; (Phil) categorizar*; **how would you ~ his music?** ¿cómo catalogaría su música?

category /ˈkætəgɔːri || ˈkætəgəri/ *n* (*pl* **-ries**) categoría *f*

cater /ˈkeɪtər || ˈkeɪtə(r)/ *vi* (Culin) *encargarse del servicio de comida y bebida para fiestas, cafeterías etc*

■ **cater** *vt* (AmE) ‹*banquet/wedding/party*› encargarse* del buffet de; Ⓢ **we cater your party** buffets a domicilio

Phrasal verbs

- **cater for** (BrE) ▸**cater to**
- **cater to** (BrE), **cater for** [v + prep + o]: **to ~ to** *o* (BrE) **for people of all ages** ofrecer* servicios para gente de todas las edades; **we try to ~ to** *o* (BrE) **for all needs/interests** tratamos de satisfacer todas las necesidades/de tener presente todo tipo de intereses; **the book ~s to** *o* (BrE) **for beginners** el libro está dirigido a *or* concebido para principiantes; **why should we ~ to** *o* (BrE) **for their whims?** ¿por qué hemos de satisfacer sus caprichos?

cater-corner /ˈkætərˌkɔːrnər || ˈkætəˌkɔːnə(r)/, **cater-cornered** /-ˌkɔːrnərd || -ˌkɔːnəd/ *adj* (AmE) diagonal

caterer /ˈkeɪtərər || ˈkeɪtərə(r)/ *n*: *persona o firma que se encarga del servicio de comida y bebida para fiestas, cafeterías etc*

catering /ˈkeɪtərɪŋ/ *n* [u] **1** (provision of food): **to do the ~** encargarse* del servicio de comida y bebida (*or* del buffet *etc*) **2** (trade) restauración *f*, catering *m* (Esp); (*before n*): **~ company** empresa *f* de servicios de comida y bebida, (empresa *f* de) catering (esp Esp); **~ industry** *o* **trade** negocio *m* del catering; **~ school** escuela *f* de hostelería *or* restauración

caterpillar /ˈkætərpɪlər || ˈkætəpɪlə(r)/ *n*

A (Zool) oruga *f*, azotador *m* (Méx), cuncuna *f* (Chi)

B **1** **~ (track)** (Mil, Transp) oruga *f* **2** **Caterpillar® (tractor)** (Agr) oruga *f*

caterwaul /ˈkætərwɔːl || ˈkætəwɔːl/ *vi* ‹‹*cat*›› maullar*; ‹‹*person*›› aullar*, dar* aullidos

caterwauling /ˈkætərwɔːlɪŋ || ˈkætəwɔːlɪŋ/ *n* [u] (of cat) maullidos *mpl*; (of person) aullidos *mpl*

catfish /ˈkætfɪʃ/ *n* (*pl* **~** *or* **~es**) siluro *m*, bagre *m*

catflap /ˈkætflæp/ *n* gatera *f*

cat food *n* [u] comida *f* para gatos

catgut /ˈkætgʌt/ *n* [u] tripa *f*; (Med) catgut *m*

catharsis /kəˈθɑːrsəs || kəˈθɑːsɪs/ *n* [u c] (*pl* **catharses** /-siːz/) catarsis *f*

cathartic¹ /kəˈθɑːrtɪk || kəˈθɑːtɪk/ *adj* catártico

cathartic² *n* [c u] purgante *m*

Cathay /kæˈθeɪ/ *n* (arch *or* poet) Catay (arc *o* liter)

cathedral /kəˈθiːdrəl/ *n* catedral *f*; (*before n*) ‹*city*› catedralicio; **~ church** iglesia *f* catedral

catherine wheel /ˈkæθrən || ˈkæθrɪn/ *n* (BrE) rueda *f* (*de fuegos artificiales*), girándula *f*

catheter /ˈkæθətər || ˈkæθɪtə(r)/ *n* catéter *m*

cathode /ˈkæθəʊd/ *n* cátodo *m*

cathode ray *n* rayo *m* catódico; (*before n*): **~ ~ tube** tubo *m* de rayos catódicos

Catholic¹ /ˈkæθəlɪk/ *n* católico, -ca *m,f*

Catholic² *adj*

A (Relig) católico; **the Roman ~ Church** la iglesia católica (apostólica romana)

B **catholic** (broad, comprehensive) liberal; ‹*tastes/interests*› amplio y variado; **he's c~ in his choice of books** lee libros de toda índole *or* de la más variada índole

Catholicism /kəˈθɑːləsɪzəm || kəˈθɒlɪsɪzəm/ *n* [u] catolicismo *m*

cathouse /ˈkæthaʊs/ *n* (AmE sl) casa *f* de putas (fam), putero *m* (Méx fam), quilombo *m* (RPl fam), casa *f* de remolienda (Chi fam), puteadero *m* (Col fam)

catkin /ˈkætkən || ˈkætkɪn/ *n* amento *m*, candelilla *f*

cat-lick /ˈkætˌlɪk/ *n* (colloq): **to give oneself a ~** hacerse* un lavado de gato

catlike /ˈkætlaɪk/ *adj* ‹*tread/stealth*› felino, gatuno; ‹*animal*› parecido al gato; **she stretched ~ on the sofa** se estiró en el sofá como un gato

cat litter *n* [u] arena *f* para gatos

catmint /ˈkætmɪnt/ *n* [u] (BrE) nébeda *f*

catnap¹ /ˈkætnæp/ *n* siestecita *f*, cabezada *f*; **to have** *o* **take a ~** echarse una siestecita *or* cabezada

catnap² *vi* **-pp-** echarse una siestecita *or* cabezada

catnip /ˈkætnɪp/ *n* [u] nébeda *f*

cat-o'-nine-tails /ˌkætəˈnaɪnteɪlz/ *n* (*pl*, **~** (+ *sing vb*)) azote *m* (*de tiras con nueve nudos*)

cat's cradle *n* [u]: **to play ~ ~** (jugar* a) hacer* cunitas

cat's-eye /ˈkætsaɪ/ *n* [u] (Min) ojo *m* de gato

Cat's-eye® /ˈkætsaɪ/ *n* (Transp) catafaros *m*, ojo *m* de gato (CS), estoperol *m* (Col)

cat's-paw, catspaw /ˈkætspɔː/ *n* instrumento *m*

cat suit *n* (BrE) malla *f* (entera)

catsup /ˈkætsəp/ *n* [u c] (AmE) ▸**ketchup**

cattail /ˈkætteɪl/ *n* (AmE) anea *f*, enea *f*, totora *f*

cattery /ˈkætəri/ *n* (*pl* **-ries**) residencia *f* de gatos, residencia *f* felina, guardería *f* para gatos (Esp)

cattle /ˈkætl/ *pl n* ganado *m*, reses *fpl*; **200 (head of) ~** 200 cabezas de ganado, 200 reses;

they drove us like ~ onto the boat nos subieron al barco como a ganado; (*before n*): **~ breeder** ganadero, -ra *m,f*; **~ breeding** ganadería *f*; **~ crossing** paso *m* de ganado; **~ dealer** tratante *mf* de ganado ≈rematador, -dora *m,f* de ganado (AmS); **~ guard** *o* (BrE) **grid** *rejilla en la carretera que permite pasar a los vehículos pero no al ganado*; **~ prod** picana *f* (eléctrica); **~ ranch** finca *f* ganadera, hacienda *f* (ganadera) (esp AmL), rancho *m* ganadero (Méx), estancia *f* (RPl), fundo *m*, ganadero (Chi); **~ rustler** ladrón, -ona *m,f* de ganado, cuatrero, -ra *m,f*, abigeo, -gea *m,f* (frml); **~ shed** establo *m*

cattle car *n* (AmE) (Rail) vagón *m* de ganado

cattleman /'kætlmən/ *n* (*pl* **-men** /-mən/) ganadero *m*

cattle market *n* feria *f* de ganado; **beauty contests are degrading ~ ~s** en los concursos de belleza se exhibe a las mujeres como en una feria de ganado

cattle truck *n* 1 (AmE) (Transp) camión *m* de ganado 2 (BrE) (Rail) vagón *m* de ganado

catty /'kæti/ *adj* **-tier, -tiest** (colloq) malicioso, venenoso

CATV *n* (in US) = **Community Antenna Television**

catwalk /'kætwɔːk/ *n* (for models, on scaffolding) pasarela *f*; (in theater) puente *m* de trabajo, paso *m* de gatos (Méx)

Caucasian¹ /kɔː'keɪʒən/ *adj* 1 (Geog, Ling) caucasiano, caucásico 2 (Anthrop) caucásico; **the suspect is a ~ male** el sospechoso es un hombre blanco

Caucasian² *n* (Anthrop) caucásico, -ca *m,f*; **police are looking for a young ~** la policía busca a un joven de raza blanca

Caucasus /'kɔːkəsəs/ *n*: **the ~ (Mountains)** el Cáucaso

caucus /'kɔːkəs/ *n* (*pl* **-cuses**) (Pol) 1 (in US) *reunión del comité central o asamblea local de un partido* 2 (bloc of politicians) (esp AmE) grupo *m*, sector *m* 3 (committee) (BrE) comité *m*

caudal /'kɔːdl/ *adj* caudal; **~ fin** aleta *f* caudal

caught /kɔːt/ *past & past p of* **catch¹**

cauldron *n* (BrE) ▸**caldron**

cauliflower /'kɑːlɪ,flaʊər || 'kɒlɪ,flaʊə(r)/ *n* [c u] coliflor *f*; (*before n*): **~ cheese** (BrE) *coliflor gratinada con queso*; **~ ear** oreja *f* deformada

caulk /kɔːk/ *vt* ‹*seams/hull*› (Naut) calafatear; ‹*cracks/joints*› enmasillar

caulking /'kɔːkɪŋ/ *n* [u] (Naut) calafateo *m*, calafateado *m*; (of cracks) enmasillado *m*

causal /'kɔːzəl/ *adj* 1 ‹*connection/relationship*› causal 2 (Ling) causal

causality /kɔː'zæləti/ *n* [u] causalidad *f*

causally /'kɔːzəli/ *adv* causalmente

causation /kɔː'zeɪʃən/ *n* [u] causalidad *f*

causative¹ /'kɔːzətɪv/ *adj* 1 (Ling) causativo 2 ‹*factor/event*› causante

causative² *n* causativo *m*

cause¹ /kɔːz/ *n*

A 1 [c] (of accident, event) causa *f*; **the ~ of death is unknown** se desconoce la causa de la muerte; **~ and effect** causa y efecto 2 [u] (reason, grounds) motivo *m*, razón *f*; **there's some ~ for concern** existen motivos *or* razones para preocuparse; **there's no ~ for concern** no hay por qué preocuparse; **I have every ~ to regret it** tengo motivos sobrados para lamentarlo; **without (good) ~** sin causa (justificada) *or* motivo (justificado); **she was furious, and with (good) ~** estaba furiosa, y con (toda la) razón; **to show ~** (Law) fundamentar

B [c] 1 (ideal, movement) causa *f*; **to fight/die for the ~** luchar/morir* por la causa; **it's a good ~** es una buena causa; **he worked for the ~ of nuclear disarmament** trabajó en pro del desarme nuclear; **they fought in the ~ of freedom** lucharon en pro de la libertad; ***to make common ~ with sb*** hacer* causa común con algn 2 (case) (Law) causa *f*; **to plead sb's ~** abogar* por algn

cause² *vt* causar; **to ~ sb problems** causarle *or* ocasionarle problemas a algn; **to ~ sb sorrow/pain** causarle tristeza/dolor a algn; **to ~ sb/sth TO + INF** hacer* que algn/algo + SUBJ; **their criticism ~d him to resign** sus críticas motivaron *or* provocaron su renuncia, sus críticas hicieron que renunciara; **this ~d the rope to break** esto hizo que se rompiera la soga; **the police ~d the road to be closed** (frml) la policía ordenó cerrar la calle

cause célèbre /,kəʊzsə'lebrə || ,kɔːzse'lebrə/ *n* (*pl* **~s ~s** /'kəʊzsə'lebrə/) (famous lawsuit) caso *m* famoso *or* célebre; **the strike became a ~ ~** la huelga dio mucho que hablar

causeway /'kɔːzweɪ/ *n* (path) paso *m* elevado; (road) carretera *f* elevada

caustic /'kɔːstɪk/ *adj* 1 (Chem) cáustico; **~ soda** sosa *f or* soda *f* cáustica 2 ‹*wit/remark*› cáustico, mordaz

caustically /'kɔːstɪkli/ *adv* cáusticamente, mordazmente

cauterize /'kɔːtəraɪz/ *vt* cauterizar*

caution¹ /'kɔːʃən/ *n*

A 1 [u] (care, prudence) cautela *f*, prudencia *f*; **to act with ~** actuar* con cautela *or* prudencia; **we must use** *o* **exercise ~ in dealing with them** debemos ser cautelosos *or* tener mucho cuidado al tratar con ellos; ***to throw ~ to the wind(s)*** echar la precaución por la borda, abandonar toda precaución 2 [c] (warning) advertencia *f*, aviso *m*; (Law, Sport) amonestación *f*; **my boss gave me a ~ for lateness** el jefe me advirtió que no volviera a llegar tarde

B (amusing person) (dated): **he's a real ~** es un tipo divertidísimo

caution² *vt* 1 (warn) advertir*; **he ~ed us against overconfidence** nos advirtió que no nos confiáramos demasiado 2 (inform of rights) instruir*, informar 3 (reprimand) **to ~ sb ABOUT sth** llamarle la atención a algn POR algo; **to ~ sb FOR -ING** (Law, Sport) amonestar a algn POR + INF

cautionary /'kɔːʃəneri || 'kɔːʃənəri/ *adj*: **~ words** *o* **remarks** advertencias *fpl*; **~ tale** cuento *m* con moraleja; **this had a ~ effect on the others** esto fue una buena lección *or* fue aleccionador para los demás; **to sound a ~ note** recomendar* cautela *or* prudencia

caution money *n* [u] (BrE) fianza *f*

cautious /'kɔːʃəs/ *adj* ‹*person/approach/attitude*› prudente, cauteloso, cauto; **the senator was ~ about committing himself** el senador se cuidó de comprometerse

cautiously /'kɔːʃəsli/ *adv* cautelosamente; **he ~ opened the door** abrió cautelosamente la puerta; **I'm ~ optimistic** soy prudentemente optimista

cavalcade /,kævəl'keɪd/ *n* cabalgata *f*; **a ~ of pop stars** un desfile de estrellas de la música pop

cavalier¹ /,kævə'lɪr || ,kævə'lɪə(r)/ *n* 1 (gallant gentleman) (liter) caballero *m* 2 **Cavalier** (in UK history) monárquico, -ca *m,f* (*partidario de Carlos I en la guerra civil inglesa*)

cavalier² *adj* displicente

cavalry /'kævəlri/ *n* [u] caballería *f*; (*before n*) ‹*charge/officer/unit*› de caballería

cavalryman /'kævəlrimən/ *n* (*pl* **-men** /-mən/) soldado *m* de caballería

cave /keɪv/ *n* cueva *f*; (*before n*): **~ dweller** (prehistoric) cavernícola *mf*, troglodita *mf*; (modern) habitante *mf* de las cuevas; **~ painting** pintura *f* rupestre

Phrasal verb

• **cave in** [v + adv] 1 (collapse) «*roof/tunnel*» derrumbarse, hundirse 2 (yield) (colloq) «*government/employer*» ceder

caveat /'kɑːviɑːt || 'kæviæt/ *n* 1 (warning) (frml) advertencia *f*; **with the ~ that ...** con la salvedad de que ... 2 (Law) *solicitud que se presenta al tribunal para que se abstenga de tomar una determinada acción sin previa notificación del solicitante*

cave-in /'keɪvɪn/ *n* hundimiento *m*, derrumbe *m*

caveman /'keɪvmæn/ *n* (*pl* **-men** /-men/) 1 (prehistoric man) troglodita *m*, cavernícola *m*, hombre *m* de las cavernas 2 (brutish man) (colloq & hum) troglodita *m* (fam & hum)

cavern /'kævərn || 'kævən/ *n* caverna *f*

cavernous /'kævərnəs || 'kævənəs/ *adj* ‹*building/hall/entrance*› grande y tenebroso; ‹*pit/hole*› profundo y oscuro, como la boca de un lobo; ‹*voice*› cavernoso; ‹*eyes*› hundido

caviar, caviare /'kæviɑːr || 'kæviɑː(r)/ *n* [u] caviar *m*

cavil¹ /'kævəl || 'kævɪl/ *vi* BrE **-ll- to ~ AT** *o* **ABOUT sth** ponerle* reparos A algo

cavil² *n* reparo *m*

caving /'keɪvɪŋ/ *n* [u] espeleología *f*; **to go ~** hacer* espeleología

cavity /'kævəti/ *n* (*pl* **-ties**) 1 (hole) cavidad *f* 2 (Dent) caries *f* 3 (Anat) cavidad *f*; **abdominal ~** cavidad abdominal; **nasal ~** fosa *f* nasal

cavity wall *n* (Const) pared *f or* muro *m* con cámara de aire; (*before n*): **~ ~ insulation** aislamiento *m* con cámara de aire

cavort /kə'vɔːrt || kə'vɔːt/ *vi* retozar*; **he's ~ing with his secretary** está tonteando con su secretaria (fam)

cavy /'keɪvi/ *n* (*pl* **-vies**) cobayo *m*, cobaya *f*, conejillo *m* de Indias, cuy *m* (AmS), cuye *m* (Chi), curí *m* (Col)

caw¹ /kɔː/ *vi* graznar

caw² *n* graznido *m*

cay /kiː || keɪ/ *n* cayo *m*

cayenne (pepper) /,keɪ'en/ *n* [u] (pimienta *f* de) cayena *f*

cayman /'keɪmən/ *n* caimán *m*

Cayman Islands /'keɪmən/ *pl n*: **the ~ ~** las Islas Caimanes

CB *n* [u c] = **citizens' band** (*before n*): **~ radio** radio *f or* (AmL) *m* BC *or* banda ciudadana

C-band /'siː,bænd/ *n* banda *f* C

CBC *n* = **Canadian Broadcasting Corporation**

CBE *n* (in UK) = **Commander of the British Empire** (*condecoración*)

CBI *n* (in UK) = **Confederation of British Industry**

CBS *n* (in US) (*no art*) (= **Columbia Broadcasting System**) la CBS

CBS - Columbia Broadcasting System

Una de las tres primeras compañías de radio y televisión nacionales norteamericanas. Las otras dos son ABC y NBC. *Ver tb* ▸**television.**

CBT *n* [u] (= **computer-based training**) EBC *f* (AmL), EBO *f* (Esp)

cc 1 ▸❶ **p.1864** (= **cubic centimeter** *o* (BrE) = **centimetre**) c.c. 2 (Corresp) (= **copies to**) **~ H. Palmer, T. Rees** copias a H. Palmer y T. Rees

CCTV *n* = **closed circuit television**

CD *n* 1 (= **compact disc** *or* (AmE also) **disk**) CD *m*; (*before n*): **~ burner** quemador *m* de CDs; **~ changer** cambiador *m* de CDs; **~ library** biblioteca *f* de CDs, servicio *m* de préstamo de CDs; **~ system** reproductor *m* de CDs; **~ writer** (Comput) grabadora *f* de CDs 2 ❺ **CD** = **(corps diplomatique)** CD *m* 3 = **Certificate of Deposit**

CD-I *n* (Comput) (= **Compact Disc-Interactive**) CD-I *m*

CD-ROM *n* (= **compact disc read-only memory**) CD-ROM *m*

CE *n* = **Church of England**

cease¹ /siːs/ *vt* 1 **to ~ to + INF/to ~ -ING** dejar DE + INF; **to ~ to exist** dejar de existir; **~ firing!** (Mil) ¡alto el fuego!; **his naiveté never ~s to amaze me** no me explico cómo puede ser tan ingenuo 2 ‹*production/publication*› interrumpir, suspender

■ **cease** *vi* «*noise*» cesar; «*production*» interrumpirse; «*work*» detenerse*; **we shall not ~ from our fight** *o* **from fighting** (liter) no cejaremos en la lucha (liter)

cease² *n* [u]: **without ~** (liter) sin cesar

cease-fire /'siːs'faɪr || 'siːs,faɪə(r)/ *n* alto *m* el fuego, cese *m* del fuego (AmL)

C

ceaseless /'si:sləs || 'si:slɪs/ *adj* incesante

ceaselessly /'si:sləsli || 'si:slɪsli/ *adv* incesantemente, sin cesar

cecum /'si:kəm/ *n* (*pl* **ceca** /'si:kə/) intestino *m* ciego

cedar /'si:dər || 'si:də(r)/ *n* **1** [c] (tree) cedro *m*; **~ of Lebanon** cedro del Líbano **2** [u] (wood) (madera *f* de) cedro *m*

cedarwood /'si:dərwʊd || 'si:dəwʊd/ *n* [u] (madera *f* de) cedro *m*

cede /si:d/ *vt* **to ~ sth (TO sb)** ceder(le) algo (A algn); **to ~ a point in an argument** conceder algo en una discusión

cedilla /sɪ'dɪlə/ *n* cedilla *f*

CEEC *pl n* (EU) (= **Central and Eastern European Countries**) PECO *mpl*

Ceefax® /'si:fæks/ *n* (in UK) *servicio de teletexto de la BBC*

ceilidh /'keɪli/ *n*: *fiesta tradicional escocesa o irlandesa con música y baile*

ceiling /'si:lɪŋ/ *n* **1** (Const) techo *m*, cielo *m* raso **2** (upper limit) límite *m*, tope *m*; **wage ~** tope *m* or (period) techo *m* salarial; **to set** *o* **put a ~ on sth** poner* un límite *or* tope a algo; (*before n*): **~ fan** ventilador *m* de techo; **~ price** precio *m* tope *or* límite **3** (Aviat) techo *m*

ceiling rose *n* rosetón *m*

celandine /'seləndaɪn/ *n* (*lesser* ~) **1** celidonia *f* menor **2** (*greater* ~) celidonia *f*

celeb /sə'leb/ *n* (colloq) famoso, -sa *m,f*

celebrant /'seləbrənt || 'selɪbrənt/ *n* celebrante *m*, oficiante *m*

celebrate /'seləbreɪt || 'selɪbreɪt/ *vt* **1** ‹*anniversary/birthday/success*› celebrar, festejar **2** (praise) (frml) ‹*virtues/deeds*› celebrar (liter), loar (liter); **paintings that ~ nature** pinturas que son un canto *or* (liter) una loa a la naturaleza **3** ‹*Mass/the Eucharist*› celebrar

■ **celebrate** *vi*: **we won: let's ~!** ¡ganamos, vamos a celebrarlo *or* festejarlo!

celebrated /'seləbreɪtəd || 'selɪbreɪtɪd/ *adj* célebre, famoso

celebration /,selə'breɪʃən || ,selɪ'breɪʃən/ *n* **1** [c u] (event) fiesta *f*; **he attended the ~s** asistió a los festejos *or* las festividades; **we ought to have a little ~** deberíamos celebrarlo *or* festejarlo **2** [u] (praise) celebración *f* (liter), loa *f* (liter); **the play is a ~ of life** la obra es un canto *or* (liter) una loa a la vida **3** [u] (of Mass, Communion) celebración *f*

celebratory /sə'lebrətɔ:ri, 'selə- || ,selɪ'breɪtəri/ *adj* ‹*spirit*› festivo; **we had a ~ drink** nos tomamos una copa para celebrarlo *or* festejarlo

celebrity /sə'lebrəti || sɪ'lebrəti/ *n* (*pl* **-ties**) **1** [c] (person) famoso, -sa *m,f*, celebridad *mf*; **he's something of a local ~** es todo un personaje *or* toda una celebridad en el pueblo (*or* barrio *etc*) **2** [u] (fame) (frml) celebridad *f*

celebrity culture *n* [u] (Sociol) cultura *f* de la fama

celeriac /sə'leriæk || sɪ'leriæk/ *n* [u c] apio *m* nabo, apio *m* rábano

celerity /sə'lerəti || sɪ'lerəti/ *n* [u] (frml) celeridad *f* (frml)

celery /'seləri/ *n* [u] apio *m*; **a stick/head of ~** una rama/mata de apio

celestial /sə'lestʃəl || sɪ'lestiəl/ *adj* **1** (Astron) ‹*body/equator*› celeste **2** (liter) ‹*peace/beauty*› celestial (liter)

celibacy /'seləbəsi || 'selɪbəsi/ *n* [u] celibato *m*

celibate[1] /'seləbət || 'selɪbət/ *adj* célibe

celibate[2] *n* célibe *mf*

cell /sel/ *n*

A (in prison, monastery, honeycomb) celda *f*

B (Biol) célula *f*; (*before n*) ‹*division/wall*› celular; **a single ~ animal** un animal unicelular

C (Elec) célula *f*; (in battery) elemento *m*, pila *f*

D (Pol) célula *f*

cellar /'selər || 'selə(r)/ *n* sótano *m*; (for coal) carbonera *f*; (for wine) bodega *f*; **to keep a good ~** tener* una buena bodega; ***to be/finish in the ~*** (AmE colloq) estar*/llegar* en el último lugar

cell biology *n* [u] biología *f* celular

cell block *n* bloque *m* de celdas

cell division *n* [u] división *f* de la célula

cellist /'tʃeləst || 'tʃelɪst/ *n* violoncelista *mf*, violonchelista *mf*, chelista *mf*

cell mate *n* compañero, -ra *m,f* de celda

cello /'tʃeləʊ/ *n* (*pl* **-los**) violoncelo *m*, violonchelo *m*, chelo *m*

cellophane, (BrE) **Cellophane**® /'seləfeɪn/ *n* [u] celofán *m*

cell phone /'selfəʊn/ ➡ *n* (US) (Telec) teléfono *m* celular (AmL); teléfono *m* móvil (Esp)

cellular /'seljələr || 'seljʊlə(r)/ *adj* **1** (Biol) celular **2** (Geol) poroso **3** celular **4** ‹*system/telephone*› celular

cellular phone *n* (Telec) (teléfono *m*) celular *m* (esp AmL), (teléfono *m*) móvil *m* (Esp)

cellulite /'seljəlaɪt || 'seljʊlaɪt/ *n* [u] celulitis *f*

cellulitis /,seljə'laɪtəs || ,seljʊ'laɪtɪs/ *n* [u] celulitis *f*

celluloid /'seljəlɔɪd || 'seljʊlɔɪd/ *n* [u] celuloide *m*

cellulose /'seljələʊs || 'seljʊləʊs/ *n* [u] celulosa *f*; (*before n*): **~ acetate** acetato *m* de celulosa; **~ nitrate** nitrocelulosa *f*

celly /'seli/ *n* (*pl* **-lies**) (AmE colloq)

A (cell mate) compañero, -ra *m,f* de celda

B (Telec) (cell phone) celular *m* (AmL); móvil *m* (Esp)

Celsius /'selsiəs/ ▸ℹ p.796 *adj*: **20 degrees ~** 20 grados centígrados *or* Celsio(s); **the ~ scale** la escala centígrada *or* de Celsius *or* Celsio

Celt /kelt/ *n* celta *mf*

Celtic /'keltɪk/ *adj* celta

Celtic fringe *n* tierras *fpl* celtas

cement[1] /sɪ'ment/ *n* [u] **1** (Const) cemento *m* **2** (Dent) empaste *m*, cemento *m* **3** (glue) adhesivo *m* **4** (uniting element) aglutinante *m*

cement[2] *vt* **1** (Const) unir con cemento; **to ~ sth (over)** revestir* algo de cemento, cementar algo (AmL) **2** (Dent) empastar **3** (make firm) ‹*friendship/alliance*› consolidar, fortalecer*

cement mixer *n* hormigonera *f*

cemetery /'seməteri || 'semətəri/ *n* (*pl* **-ries**) cementerio *m*

cenotaph /'senətæf || 'senətɑ:f/ *n* cenotafio *m*

censer /'sensər || 'sensə(r)/ *n* incensario *m*

censor[1] /'sensər || 'sensə(r)/ *n* **1** (official) censor, -sora *m,f* **2** (Psych) censura *f*

censor[2] *vt* ‹*news/book/letter*› censurar; **the film was heavily ~ed** la película estaba muy cortada por la censura

censorious /sen'sɔ:riəs/ *adj* ‹*attitude/remark*› de censura; **to be ~ ABOUT** *o* **OF sth/sb** censurar algo/a algn

censorship /'sensərʃɪp || 'sensəʃɪp/ *n* [u] censura *f*

censorware /'sensərwer || 'sensəweə(r)/ *n* [u] (Comput) software *m* de censura

censure[1] /'sentʃər || 'sensjə(r)/ *vt* ‹*person/conduct/action*› censurar

censure[2] *n* [u] censura *f*; **to pass a vote of ~** aprobar* un voto de censura

census /'sensəs/ *n* (*pl* **-suses**) censo *m*; **to take a ~** hacer* *or* levantar un censo

cent[1] /sent/ *n* (subdivision — of dollar) centavo *m*; (— of euro) céntimo *m*; **for two ~s I'd give it all up** (AmE colloq) por menos de dos centavos *or* (Esp) de cuatro ochavos lo dejaría todo (fam); ***I don't have/it isn't worth a red ~*** (AmE colloq) no tengo/no vale ni un céntimo *or* centavo; ***to put in one's two ~s' worth*** (AmE colloq) meter baza *or* (fam *o* pey) cuchara, dar* su (*or* mi *etc*) opinión

cent[2] **1** (= **century**) s. **2** (= **centigrade**) C°

centaur /'sentɔ:r || 'sentɔ:(r)/ *n* centauro *m*

centenarian /,sentn'eriən || ,sentɪ'neəriən/ *n* centenario, -ria *m,f*

centenary /sen'tenəri || sen'ti:nəri/ *n* (*pl* **-ries**) centenario *m*

centennial[1] /sen'teniəl/ *adj* del centenario

centennial[2] *n* (esp AmE) centenario *m*

center[1], (BrE) **centre** /'sentər || 'sentə(r)/ *n*

A **1** (middle point, area) centro *m*; **the museum is in the city ~** el museo está en el centro de la ciudad; **our office is right in the ~** nuestra oficina está en el mismo centro; **I'm going into the ~** voy al centro; **the ~ of the universe** el centro del universo; **his children are the ~ of his world** su vida está centrada en sus hijos, su vida gira en torno a sus hijos; **to be the ~ of attention** ser* el centro de atención **2** (Pol) centro *m*; **he's left of ~** es de centro izquierda; (*before n*) ‹*party/coalition*› centrista, de centro **3** (filling) relleno *m*

B (site of activity) centro *m*; **commercial/financial ~** centro comercial/financiero; **community/health ~** centro cívico/de salud; **a ~ of learning/higher education** un centro de enseñanza/educación superior; **urban ~** centro urbano; **attacks on civilian ~s have ceased** han cesado los ataques dirigidos a poblaciones

C (Sport) (in US football, rugby) centro *mf*; (in basketball) pivot *mf*, pivote *mf* (AmL)

center[2], (BrE) **centre** *vt*

A **1** (position) ‹*picture/heading*› centrar **2** (Sport) ‹*ball*› lanzar* un centro con

B **1** (concentrate, focus) **to ~ sth ON sth/sb** centrar algo EN algo/algn **2** (base around): **she ~s her life around her work/husband** su vida gira alrededor de su trabajo/marido; **the major industries are ~ed on Chicago** las principales industrias están concentradas en Chicago y sus alrededores

■ **center** *vi* **1** (focus on) **to ~ ON** *o* **UPON sth/sb** centrarse EN algo/algn; **his hopes ~ed on being promoted** cifraba todas sus esperanzas en que lo ascendieran **2** (revolve around) **to ~ ON** *o* **AROUND sth/sb** girar ALREDEDOR DE *or* EN TORNO A algo/algn; **her life ~s around her work** su vida gira en torno a su trabajo **3** (play in midfield) (AmE) jugar* de mediocampo

center back, (BrE) **centre back** *n* defensa *mf* central, zaguero, -ra *m,f* central

centerboard, (BrE) **centreboard** /'sentərbɔ:rd || 'sentəbɔ:d/ *n* orza *f*

-centered, (BrE) **-centred** /'sentərd || 'sentəd/ *suff* **1** (Culin): **walnut~** (con) relleno de nuez **2** (having as focus): **child~ education** educación *f* en torno a las inquietudes del niño

center field *n* (in baseball) (area) jardín *m* central, centro *m* campo; **he plays ~ ~** juega de jardinero centro *or* de centro campo

center fielder *n* (in baseball) jardinero *mf* centro, centro *mf* campo

centerfold, (BrE) **centrefold** /'sentərfəʊld || 'sentəfəʊld/ *n* póster *m* *or* encarte *m* central

center forward, (BrE) **centre forward** *n* delantero *mf* centro

center ground, (BrE) **centre ground** *n* posición *f* centrista, posición *f* de centro

center half, (BrE) **centre half** (*pl* **halfs** *or* **halves**) *n* medio *mf* centro

centering, (BrE) **centring** /'sentərɪŋ/ *n* [u] (Print) centrado *m*; **automatic ~** centrado automático

center-left[1] /,sentər'left || ,sentə'left/ *adj* de centroizquierda

center-left[2] *n* [u] centroizquierda *f*

center line, (BrE) **centre line** *n* línea *f* central

center of gravity, (BrE) **centre of gravity** *n* centro *m* de gravedad

centerpiece, (BrE) **centrepiece** /'sentərpi:s || 'sentəpi:s/ *n* **1** (decoration) centro *m* (de mesa) **2** (main feature) eje *m*

center punch, (BrE) **centre punch** *n* punzón *m*

center spread, (BrE) **centre spread** *n* páginas *fpl* centrales

center stage, (BrE) **centre stage** *n* (Theat) centro *m* del escenario; **politicians believe that (the) ~ ~ belongs to them** los

➡ *see* SMS (electronic text messaging); *see* Using the telephone

políticos siempre quieren estar en primer plano; (*as adv*): **to move ~~** (Theat) colocarse* en el centro del escenario; (become prominent) pasar a primer plano, saltar a la palestra

centesimal /sen'tesəməl || sen'tesɪməl/ *adj* centesimal

centi- /'senti/ *pref* centi-

centigrade /'sentəgreɪd || 'sentɪgreɪd/ ▸ℹ p.796 *adj* ‹*scale*› centígrado; **20 degrees ~** 20 grados centígrados

centiliter, (BrE) **centilitre** /'sentə,li:tər || 'sentɪ,li:tə(r)/ ▸ℹ p.998 *n* centilitro *m*

centimeter, (BrE) **centimetre** /'sentə,mi:tər || 'sentɪ,mi:tə(r)/ ▸ℹ p.1376 *n* centímetro *m*

centipede /'sentəpi:d || 'sentɪpi:d/ *n* ciempiés *m*

central[1] /'sentrəl/ *adj*

A (main) **1** ‹*office/library*› central; **~ station** estación *f* central; **the ~ government/bank** el gobierno/banco central; **the car has ~ locking** el coche tiene cierre centralizado (de puertas) **2** ‹*problem*› fundamental, principal; ‹*theme/character*› central, principal; **to play a ~ role/part in sth** jugar* un papel primordial *or* fundamental en algo; **to be ~ TO sth: this is ~ to the success of the project** esto es fundamental para que el proyecto sea un éxito; **his reinstatement is ~ to our demands** su readmisión es uno de los puntos clave de nuestras reivindicaciones

B (in the center) **1** ‹*area/street/location*› céntrico; **our office is very ~** nuestra oficina está en una zona céntrica *or* en un lugar muy céntrico; **in ~ Chicago** en el centro de Chicago **2** (Anat) central **3** (Ling) ‹*vowel/articulation*› medio, central

central[2] *n* (AmE) (Hist) central *f* telefónica

Central African Republic *n*: **the ~ ~ ~** la República Centroafricana

Central America *n* Centroamérica *f*, América *f* Central

Central American[1] *adj* centroamericano, de (la) América Central

Central American[2] *n* centroamericano, -na *m,f*

Central and Eastern European Countries *pl n* (EU) Países *mpl* de Europa Central y Oriental

central bank *n* banco *m* central

central casting *n* [u] (Cin) departamento *m* de contratación de actores

Central Europe *n* Europa *f* Central

Central European[1] *adj* centroeuropeo, de (la) Europa Central

Central European[2] *n* centroeuropeo, -pea *m,f*

central government *n* gobierno *m* central

central heating *n* [u] calefacción *f* central

centralism /'sentrəlɪzəm/ *n* [u] centralismo *m*

centralist /'sentrələst || 'sentrəlɪst/ *adj* centralista

centralization /,sentrələ'zeɪʃən || ,sentrəlaɪ'zeɪʃən/ *n* [u] centralización *f*

centralize /'sentrəlaɪz/ *vt* centralizar*

central locking *n* [u] cierre *m* centralizado

centrally /'sentrəli/ *adv*: **~ heated** con calefacción central; **it's ~ located** está en una zona céntrica *or* en un lugar céntrico; **these matters are ~ controlled** estos asuntos se controlan desde la oficina (*or* sede *etc*) central

central nervous system *n* sistema *m* nervioso central

central processing unit *n* unidad *f* central de proceso

central processor *n* ▸**central processing unit**

central reservation *n* (BrE) mediana *f*, bandejón *m* (central) (Chi), camellón *m* (Méx)

Central Standard Time *n* [u] horario *m* de la zona central

centre[1] *n* (BrE) ▸**center**[1]

centre[2] *vt/vi* (BrE) ▸**center**[2]

-centred *suff* (BrE) ▸**-centered**

centrifugal /sen'trɪfjəgəl || ,sentrɪ'fju:gəl, sen'trɪfjʊgəl/ *adj* centrífugo

centrifuge /'sentrəfju:dʒ || 'sentrɪfju:dʒ/ *n* centrifugador *m*

centripetal /sen'trɪpətl || ,sentrɪ'pi:tl, sen'trɪpɪtl/ *adj* centrípeto

centrist[1] /'sentrəst || 'sentrɪst/ *n* centrista *mf*

centrist[2] *adj* centrista

centuries-old /'sentʃərɪz,əʊld/ *adj* secular, de varios siglos de antigüedad

centurion /sen'tʊriən || sen'tjʊəriən/ *n* centurión *m*

century /'sentʃəri/ ▸ℹ p.1085 *n* (*pl* **-ries**) **1** (100 years) siglo *m*; **in the 19th ~** en el siglo XIX; **the bargain of the ~** la ganga del siglo; **a centuries-old tradition** una tradición secular *or* de siglos **2** (in cricket) centena *f*

CEO *n* (esp AmE) = **chief executive officer**

cephalic /sə'fælɪk || sɪ'fælɪk/ *adj* cefálico

ceramic /sə'ræmɪk || sɪ'ræmɪk/ *adj* ‹*pot*› de cerámica; **~ art** cerámica *f*; **~ tile** (for walls) azulejo *m*; (for floors) baldosa *f* (de cerámica)

ceramic cooktop, (AmE) **ceramic hob,** (BrE) *n* placa *f* vitrocerámica, cocina *f* vitrocerámca

ceramicist /se'ræməsəst || sɪ'ræmɪsɪst/ *n* ceramista *mf*

ceramics /sə'ræmɪks || sɪ'ræmɪks/ *n* **1** (art, process) (+ *sing vb*) cerámica *f* **2** (objects) (+ *pl vb*) objetos *mpl* de cerámica, cerámicas *fpl*

Cerberus /'sɜ:rbərəs || 'sɜ:bərəs/ *n* Cancerbero *m*, Cerbero *m*

cereal /'sɪriəl || 'sɪəriəl/ *n* [c u] **1** (plant, grain) cereal *m*; **to grow ~s** cultivar cereales **2** (*breakfast ~*) cereales *mpl*

cerebellum /,serə'beləm || ,serɪ'beləm/ *n* (*pl* **-lums** *or* **-la** /-lə/) cerebelo *m*

cerebral /sə'ri:brəl || 'serɪbrəl/ *adj* **1** ‹*person/music*› cerebral **2** (Anat) cerebral

cerebral palsy *n* [u] parálisis *f* cerebral

cerebration /,serə'breɪʃən || ,serɪ'breɪʃən/ *n* [u] **1** (Psych) actividad *f* cerebral **2** (thought) (hum) elucubraciones *fpl*

cerebrum /sə'ri:brəm || 'serɪbrəm/ *n* (*pl* **-brums** *or* **-bra** /-brə/) cerebro *m*

ceremonial[1] /,serə'məʊniəl || ,serɪ'məʊniəl/ *adj* ‹*robes/formula*› ceremonial; ‹*occasion/opening*› solemne

ceremonial[2] *n* [c u] ceremonial *m*

ceremonially /,serə'məʊniəli || ,serɪ'məʊniəli/ *adv* con ceremonia

ceremonious /,serə'məʊniəs || ,serɪ'məʊniəs/ *adj* ceremonioso

ceremoniously /,serə'məʊniəsli || ,serɪ'məʊniəsli/ *adv* ceremoniosamente

ceremony /'serəməʊni || 'serɪməni/ *n* [c u] (*pl* **-nies**) (ritual, formality) ceremonia *f*; **opening/closing ~** ceremonia inaugural *or* de apertura/de clausura; **to *stand on* ~** ser* muy ceremonioso; **don't stand on ~** déjate de ceremonias

cerise /sə'ri:s -ri:z/ ▸ℹ p.1036 *n* [u] color *m* guinda; (*before n*) color guinda *adj inv*

cert[1] /sɜ:rt || sɜ:t/ *n* (BrE sl): **she's a dead ~ to win an award** seguro que se lleva un premio; **that's a ~** eso es más que seguro, de eso no cabe la menor duda

cert[2] **1** = **certificate** **2** = **certified**

certain[1] /'sɜ:rtn || 'sɜ:tn/ *adj*

A **1** (definite) seguro; **they were heading for ~ death** iban a una muerte segura; **a strike seemed ~** una huelga parecía inevitable; **only death is ~** lo único seguro es la muerte; **she made ~ of a good seat by arriving early** llegó temprano para asegurarse una buena localidad; **I'll make ~ that he understands** me aseguraré de que entienda; **it's not ~ (that) they'll approve of the idea** no es seguro que aprueben la idea; **one thing *o* this much is ~ ...** de lo que no cabe la menor duda es de que ...; **it is ~ that the President knew** se tiene la certeza de que el presidente lo sabía; **to be ~ to + INF: it's ~ to rain** seguro que llueve; **she is ~ to want to know why** con seguridad querrá saber por qué, seguro que quiere saber por qué **2** (convinced) (*pred*): **to be ~** estar* seguro; **he's quite ~ about it** está muy seguro *or* muy convencido de ello; **are you ~?** ¿estás seguro?; **to be ~ OF sth** estar* seguro DE algo; **are you quite ~ (that) it's not dangerous?** ¿estás seguro de que no es peligroso?; **I feel ~ (that) it was a mistake** tengo la seguridad *or* la certeza de que fue un error; **I checked the list to make ~ (that) ...** revisé la lista para asegurarme de que ... **3** **for certain** con certeza; **when will you know for ~?** ¿cuándo lo sabrás con certeza?; **I can't say for ~** no lo puedo decir a ciencia cierta; **she won't do that again, that's (for) ~** no volverá a hacerlo, eso es seguro *or* de eso no cabe duda

B (particular) (*before n*) cierto; **it's only open on ~ days/at ~ times of day** está abierto solamente ciertos días/a ciertas horas (del día); **he has a ~ something** tiene un no sé qué *or* (un) algo especial; **he has a ~ charm** tiene un cierto encanto; **there are ~ things you ought to know** hay ciertas cosas que deberías saber; **a ~ person refused to go** cierta persona se negó a ir, alguien que yo conozco se negó a ir; **a ~ Jill Brown** una tal Jill Brown; **a ~ amount of envy is inevitable** es inevitable que haya cierta envidia

certain[2] *pron* (frml) (+ *pl vb*): **~ of his colleagues/her works** ciertos colegas suyos/ciertas obras suyas

certainly /'sɜ:rtnli || 'sɜ:tnli/ *adv* **1** (definitely): **we're almost ~ going to win** es casi seguro que vamos a ganar; **do you see what I mean? — certainly** ¿te das cuenta de lo que quiero decir? — desde luego; **I'll ~ try, but I can't guarantee anything** por supuesto que lo intentaré, pero no puedo garantizar nada; **he's ~ intelligent, but ...** no hay duda de que es inteligente, pero ..., es cierto que es inteligente, pero ...; **I'll ~ see she gets your message** tenga la seguridad *or* la certeza de que le daré su recado **2** (emphatic): **I ~ won't be buying anything there again!** por cierto que *or* por supuesto que no voy a volver a comprar nada allí; **he may be rich, but he ~ isn't generous** será rico, pero (lo que es,) de generoso no tiene nada; **I ~ wouldn't help her** lo que es yo, no la ayudaría; **it's cold today — it ~ is!** hoy hace frío — ¡ya lo creo! **3** (responding to request): **may I use your phone? — you ~ may!** ¿puedo llamar por teléfono? — pues claro ¡(no) faltaría más!; **~, sir/madam** por supuesto *or* cómo no, señor/señora; **~ not!** ¡de ninguna manera!, ¡por supuesto que no!

certainty /'sɜ:rtnti || 'sɜ:tnti/ *n* (*pl* **-ties**) **1** [u c] (belief, conviction) certeza *f*, seguridad *f*; **we can say with ~ that ...** podemos decir con certeza *or* con seguridad que ... **2** [c] (certain event): **there are few certainties in this life** hay pocas cosas seguras en esta vida; **defeat is now a ~** la derrota es algo seguro *or* es cosa segura

Cert Ed *n* (in UK) = **Certificate of Education**

certifiable /'sɜ:rtəfaɪəbəl || 'sɜ:tɪfaɪəbəl/ *adj* demente; **he's a bit odd, and as for her, she's ~** (colloq) él es un poco raro, y ella está para que la encierren (fam)

certificate[1] /sər'tɪfəkət || sə'tɪfɪkət/ *n* certificado *m*; **marriage/death ~** certificado *m* de matrimonio/defunción, acta *f*‡ de matrimonio/defunción (Méx); **birth ~** partida *f* *or* certificado *m* de nacimiento, acta *f*‡ de nacimiento (Méx); **medical ~** certificado *m* médico; **share ~** título *m* de acción, certificado *m* de acciones; **Certificate of Education** (in UK) certificado *m* de escolaridad

certificate[2] /sər'tɪfəkeɪt || sə'tɪfɪkeɪt/ *vt* certificar*

certification /,sɜ:rtəfə'keɪʃən || ,sɜ:tɪfɪ'keɪʃən/ *n* [u] certificación *f*

certify /'sɜ:rtəfaɪ || 'sɜ:tɪfaɪ/ *vt* **-fies, -fying, -fied** **1** ‹*facts/claim/truth/death*› certificar*; **this is to ~ that ...** por la presente certifico

C

que *or* doy fe de que …; **experts have certified the coins as genuine** los expertos han certificado la autenticidad de las monedas 2 (declare insane) (*usu pass*) declarar demente; **he should be certified!** (colloq) ¡está para que lo encierren! (fam), está más loco que una cabra (fam) 3 (license) (AmE): **he isn't certified to teach in this state** no está habilitado para ejercer la docencia en este estado 4 **certified** *past p* (AmE) certificado; **certified accountant** (BrE) contador titulado, contadora titulada *m,f* (AmL), contable titulado, contable titulada *m,f* (Esp); **certified check** cheque *m* certificado *or* conformado; **certified mail** correo *m* certificado; **certified milk** leche *f* con garantía sanitaria; **certified public accountant** (AmE) contador público, contadora pública *m,f* (AmL), censor jurado, censora jurada *m,f* de cuentas (Esp)

certitude /ˈsɜːrtətuːd || ˈsɜːtɪtjuːd/ *n* [u] (frml) certidumbre *f*, certeza *f*

ceruse /səˈruːs || sɪəˈruːs/ *n* albayalde *m*

cervical /ˈsɜːrvɪkəl || ˈsɜːvɪkəl, sɜːˈvaɪkəl/ *adj*
A (of cervix) del cuello del útero; ~ **cancer** cáncer *m* cervical, cáncer *m* del cuello del útero *or* de la matriz; ~ **opening** cuello *m* del útero; ~ **smear** (BrE) citología *f*, Papanicolau *m* (AmL); ~ **screening** (BrE) citología (cervical) *f*, frotis cervical *m*, Papanicolau *m* (AmL)
B (of neck) (frml) cervical; ~ **collar** collarín *m*, collar *m* ortopédico; ~ **vertebra** vértebra *f* cervical

cervix /ˈsɜːrvɪks || ˈsɜːvɪks/ *n* (*pl* **-vixes** *or* **-vices** /-vəsiːz/)
A (of womb) cuello *m* del útero
B (neck) (frml) cerviz *f*

Cesarean (section), Cesarian (section) /sɪˈzæriən || sɪˈzeəriən/ *n* (AmE) cesárea *f*

CESDP *n* (EU) (= **Common European Security and Defence Policy**) PESD *f*

cesium /ˈsiːziəm/ *n* [u] cesio *m*

cesium clock *n* (AmE) reloj *m* de cesio

cessation /seˈseɪʃən/ *n* [u c] (frml) cese *m*, cesación *f*; ~ **of hostilities** cese de hostilidades

cession /ˈseʃən/ *n* [u] (frml) cesión *f*

cesspit /ˈsespɪt/, **cesspool** /-puːl/ *n* pozo *m* negro *or* séptico *or* ciego; **your mind is a** ~ tienes una mente de cloaca

Ceylon /sɪˈlɑːn || sɪˈlɒn/ *n* (Hist) Ceilán *m*

cf (compare) cf.

CFC *n* = **chlorofluorocarbon**

CFC-free /ˌsiːefsiːˈfriː/ *adj* sin CFC

CFE *n* (in UK) = **College of Further Education**

CFI *n* (EU) (= **Court of First Instance**) TPICE *m*

CFO *n* = **chief financial officer**

CFS *n* [u] (= **chronic fatigue syndrome**) SFC *m*

cg (= **centigram(s), centigramme(s)**) (BrE) cg

cgs (= **centimeter-** *or* (BrE) = **centimetre-gram-second**) cgs; ~ **units** sistema *m* cegesimal *or* cgs

CGT *n* [u] = **capital gains tax**

ch (*pl* **chs**) (= **chapter**) c.

CH, (BrE) = **central heating**

c.h. (= **central heating**) cc

cha-cha-cha¹ /ˌtʃɑːtʃɑːˈtʃɑː/, **cha-cha** /ˈtʃɑːtʃɑː/ *n* cha-cha-chá *m*

cha-cha-cha², cha-cha *vi* bailar (el) cha-cha-chá

chad /tʃæd/ *n: trocito redondo de papel que se desprende al usar una perforadora*

Chad *n* Chad *m*

chafe /tʃeɪf/ *vt* rozar*
■ **chafe** *vi* 1 (rub) rozar* 2 (be frustrated) irritarse; **he** ~**d at the restrictions** lo irritaban las trabas

chaff /tʃæf || tʃɑːf, tʃæf/ *n* [u] 1 (husks) barcia *f*, ahechaduras *fpl*, granzas *fpl* 2 (fodder) *mezcla de paja y heno* 3 (worthless material) paja *f*, broza *f*

chaffinch /ˈtʃæfɪntʃ/ *n* pinzón *m*

chafing /ˈtʃeɪfɪŋ/ *n* [u] rozadura *f*, roce *m*

chafing dish *n* (Culin) *hornillo para mantener la comida caliente en la mesa*

chagrin¹ /ʃəˈgrɪn || ˈʃægrɪn/ *n* [u] (liter) disgusto *m*, desilusión *f*

chagrin² *vt* (liter) (*usu pass*): **to be** ~**ed** estar* disgustado *or* apesadumbrado

chain¹ /tʃeɪn/ *n* 1 cadena *f*; **she was wearing a gold** ~ llevaba una cadena de oro; **the bicycle** ~ la cadena de la bicicleta; **to pull the** ~ (esp BrE) tirar (de) la cadena, jalar la cadena (AmL exc CS); ~ **of office** *collar que es atributo de un cargo oficial*; **to be in** ~**s** estar* encadenado; **(to make** *o* **form) a human** ~ (hacer* *or* formar) una cadena humana 2 (series) cadena *f*; **a** ~ **of events** una cadena *or* (frml) concatenación de acontecimientos; **a** ~ **of ideas** una serie de ideas encadenadas *or* eslabonadas; ~ **of command** cadena de mando; **atom** ~ cadena de átomos; **mountain** ~ cadena montañosa *or* de montañas, cordillera *f* 3 (Busn) cadena *f*; **a hotel** ~ una cadena hotelera *or* de hoteles 4 (unit of measurement) (Hist) *22 yardas o 20,12 metros*

chain² *vt* **to** ~ **sth/sb TO sth** encadenar algo/a algn A algo; **they were** ~**ed to the railings** estaban encadenados a las rejas; **I don't want to be** ~**ed to the house all day** no quiero estar todo el día metida *or* encerrada en casa

Phrasal verb
• **chain up** [v + o + adv, v + adv + o] encadenar

chain bridge *n* puente *m* colgante de cadenas

chain drive *n* [u] accionamiento *m* por cadena

chain gang *n* (in US) (Hist) cuerda *f or* cadena *f* de presos

chain guard *n* 1 (on bicycle) protector *m* de la cadena 2 (in watch) protector *m* del mecanismo de cuerda

chain letter *n* carta *f* (*de una cadena*)

chain-link fence /ˈtʃeɪnlɪŋk/ *n* [u] alambrada *f*, valla *f* de tela metálica

chain mail *n* [u] cota *f* de malla

chain reaction *n* reacción *f* en cadena

chainsaw /ˈtʃeɪnsɔː/ *n* motosierra *f*, sierra *f* de cadena

chainsmoke /ˈtʃeɪnsməʊk/ *vi* fumar un cigarrillo tras otro

chainsmoker /ˈtʃeɪnˌsməʊkər || ˈtʃeɪnˌsməʊkə(r)/ *n: persona que fuma un cigarrillo tras otro*; **he's a** ~ fuma un cigarrillo tras otro, fuma como una chimenea *or* como un carretero *or* (Méx) como (un) chacuaco (fam)

chain stitch *n* (punto *m* de) cadeneta *f*, punto *m* cadena (RPl)

chain store *n* tienda *f* de una cadena

chainwheel /ˈtʃeɪnhwiːl || ˈtʃeɪnwiːl/ *n* rueda *f* dentada

chair¹ /tʃer || tʃeə(r)/ *n*
A 1 (seat) silla *f*; (*arm*~) sillón *m*, butaca *f* (esp Esp); **dentist's** ~ sillón *or* silla de dentista; **sit on/in that** ~ siéntate en esa silla/ese sillón; **have** *o* **take a** ~ **please** siéntese *or* tome asiento por favor 2 (*electric* ~) (AmE colloq) silla *f* eléctrica; **he got sent to the** ~ lo mandaron a la silla eléctrica
B 1 (at university) cátedra *f* 2 (in meeting) presidencia *f*; **to be in/take the** ~ presidir; **comments must be made through the** ~ los comentarios deben hacerse a través de la presidencia 3 (person) presidente, -ta *m,f*

chair² *vt* 1 ‹*meeting/committee*› presidir 2 (carry) (BrE) llevar en *or* (Esp) a hombros; **he was** ~**ed from the stadium by his fans** sus fans lo sacaron en *or* (Esp) a hombros del estadio

chairback /ˈtʃerbæk || ˈtʃeəbæk/ *n* 1 (of chair) respaldo *m* de la silla 2 (chair) silla *f* con respaldo

chairlift /ˈtʃerlɪft || ˈtʃeəlɪft/ *n* telesilla *f or* (Esp) telesquí *m*

chairman /ˈtʃermən || ˈtʃeəmən/ ▸ⓘ **p.1213** *n* (*pl* **-men** /-mən/) presidente, -ta *m,f*; **Madam C**~ (frml) señora presidenta

chairmanship /ˈtʃermənʃɪp || ˈtʃeəmənʃɪp/ *n* [u] presidencia *f*

chairperson /ˈtʃerˌpɜːrsn || ˈtʃeəˌpɜːsən/ *n* (*pl* **-persons**) presidente, -ta *m,f*

chairwoman /ˈtʃerˌwʊmən || ˈtʃeəˌwʊmən/ *n* (*pl* **-women**) presidenta *f*

chaise longue /ˈʃeɪzˈlɔːŋ || ˌʃeɪzˈlɒŋ/ *n* (*pl* ~**s** ~**s** /-z/) chaise longue *f*

chakalaka /ˌtʃækəˈlækə/ *n* [u] (SAfr) (Culin) *salsa de cebollas, tomates, chile, col y zanahorias*

chalcedony /kælˈsedni/ *n* [u c] (*pl* **-nies**) calcedonia *f*

chalet /ˈʃæleɪ/ *n* 1 (cabin) chalet *m* (*de montaña*) 2 (in motel) (BrE) bungalow *m*

chalice /ˈtʃæləs || ˈtʃælɪs/ *n* cáliz *m*

chalk¹ /tʃɔːk/ *n*
A [u] (Geol) creta *f*, caliza *f*; ***to be as different as ~ and cheese*** (BrE) ser* (como) la noche y el día *or* (como) el día y la noche; (*before n*): ~ **soil** tierra *f* caliza *or* calcárea
B [c u] 1 (for writing) tiza *f*, gis *m* (Méx); **a piece of** ~ una tiza, un gis (Méx); ~ ***and talk*** (BrE) enseñanza *f* tradicional (*con profesor y pizarra*); ***not by a long ~*** (BrE colloq) ni mucho menos; **she's the best candidate by a long** ~ es, con mucho, la mejor candidata 2 (in billiards) tiza *f*

chalk² *vt* 1 ‹*billiard cue*› entizar* 2 (write with chalk) escribir* con tiza *or* (Méx) gis

Phrasal verb
• **chalk up**
A [v + adv + o] 1 (write on blackboard) escribir*, anotar 2 ‹*win/success*› apuntarse, anotarse
B [v + o + adv] (charge) (colloq) **to** ~ **sth up TO sb** anotar algo en la cuenta de algn

chalkboard /ˈtʃɔːkbɔːrd || ˈtʃɔːkbɔːd/ *n* (AmE) ▸**blackboard**

chalkface /ˈtʃɔːkfeɪs/ *n* (BrE): **the** ~ la enseñanza; **at the** ~ frente a la pizarra *or* (AmL) al pizarrón

chalkiness /ˈtʃɔːkinəs || ˈtʃɔːkinɪs/ *n* [u] lo calcáreo

chalkpit /ˈtʃɔːkpɪt/ *n* cantera *f* de creta

chalky /ˈtʃɔːki/ *adj* **-kier, -kiest** 1 (containing chalk) ‹*soil/water*› calcáreo 2 (like chalk) ‹*substance/texture/taste*› terroso 3 (covered in chalk) lleno de tiza *or* (Méx) de gis

challenge¹ /ˈtʃæləndʒ || ˈtʃælɪndʒ/ *vt*
A 1 (summon) desafiar*, retar; **one knight** ~**d the other** un caballero desafió *or* retó al otro; **he** ~**d him to a duel** lo desafió a un duelo, lo retó a duelo; **to** ~ **sb to + INF** desafiar* a algn A QUE + SUBJ; **I** ~ **you to prove that!** ¡lo desafío a que lo demuestre! 2 (offer competition to): **no one can** ~ **the leaders now** nadie puede hacer peligrar la posición de los líderes; **they'll be** ~**d by a coalition at the next election** en las próximas elecciones se les enfrentará una coalición 3 (question) ‹*authority/right/findings*› cuestionar; ‹*assumption/idea/theory*› cuestionar, poner* en entredicho *or* en duda *or* en tela de juicio
B (stimulate) suponer* *or* constituir* un reto *or* un desafío para; **this job will really** ~ **him** este trabajo realmente supondrá *or* constituirá un reto *or* un desafío para él
C 1 (stop) (Mil) darle* el alto a; **she was** ~**d by a store detective** un guarda de seguridad la abordó 2 (Law) ‹*juror*› recusar

challenge² *n*
A [c] 1 (to duel, race) desafío *m*, reto *m*; **to issue a** ~ **to sb** desafiar* *or* retar a algn; **to take up** *o* **accept the** ~ aceptar el reto *or* desafío 2 (competition) rival *m*; **the Democrats are a serious** ~ **to the government** los demócratas constituyen un serio rival para el gobierno 3 (disputing): **I cannot tolerate this** ~ **to my authority** no tolero que se cuestione mi autoridad
B [c u] (stimulation) reto *m*, desafío *m*; **it isn't going to be easy, but I like a** ~ no va a ser fácil, pero me gusta todo lo que supone *or* constituye un reto *or* un desafío
C [c] 1 (by policeman, sentry) alto *m* 2 (to juror) recusación *f*

challenger /'tʃæləndʒər || 'tʃælɪndʒə(r)/ *n* contendiente *mf*, rival *mf*; **the ~ for the title** el/la aspirante al título

challenging /'tʃæləndʒɪŋ || 'tʃælɪndʒɪŋ/ *adj* **1** ‹*movie/book*› que da que pensar, que cuestiona ideas establecidas **2** ‹*task/undertaking*› que supone *or* constituye un reto *or* un desafío **3** ‹*look/tone*› desafiante, retador

chamber /'tʃeɪmbər || 'tʃeɪmbə(r)/ *n*
A (room) (arch) cámara *f* (arc)
B (Govt) **1** (room): **council ~** sala *f* consistorial; **senate ~** cámara *f* del senado **2** (body) cámara *f*; **the upper/lower ~** la cámara alta/baja
C **1** (cave) cueva *f* **2** (Anat) cámara *f*
D **1** (of gun) recámara *f* **2** (Mech Eng) cámara *f*; **combustion ~** cámara de combustión
E **chambers** *pl* (Law) **1** (for private hearing): **the case will be heard in ~s** la vista será a puerta cerrada **2** (barrister's office) (in UK) bufete *m*, estudio *m* (CS) **3** (judge's office) (in US) despacho *m* del juez

chamber concert *n* concierto *m* de cámara

chamberlain /'tʃeɪmbərlən || 'tʃeɪmbəlɪn/ *n* chambelán *m*

chambermaid /'tʃeɪmbərmeɪd || 'tʃeɪmbəmeɪd/ *n* camarera *f* (*en un hotel*)

chamber music *n* [u] música *f* de cámara

chamber of commerce *n* cámara *f* de comercio

Chamber of Trade *n*: *organización nacional que agrupa y representa a las cámaras de comercio locales*

chamber orchestra *n* orquesta *f* de cámara

chamber pot *n* orinal *m or* bacinica *f or* (CS) escupidera *f*

chameleon /kə'mi:liən/ *n* camaleón *m*

chamfer¹ /'tʃæmfər || 'tʃæmfə(r)/ *n* bisel *m*

chamfer² *vt* **1** (make chamfer on) biselar **2** (cut groove in) acanalar

chamois *n* **1** /'ʃæmi, 'ʃæmwɑ: || 'ʃæmwɑ:/ (Zool) gamuza *f* **2** **~ (leather)** /'ʃæmi/ gamuza *f*

chamomile /'kæməmaɪl/ *n* [c u] (AmE) manzanilla *f*, camomila *f*; (*before n*): **~ tea** manzanilla *f*

champ¹ /tʃæmp/ *vi* **1** (chew) masticar*, mascar* **2** (be eager): **they were ~ing with impatience** saltaban de impaciencia; ▸**bit² I**

champ² *n* (colloq) campeón, -peona *m,f*

champagne /ʃæm'peɪn/ *n* [u c] **1** (Culin) champán *m*, champaña *f or m*; (*before n*): **a ~ breakfast** un desayuno con champán *or* champaña; **~ cocktail/glass** cóctel *m* /copa *f* de champán *or* champaña **2** ▸**ⓘ p.1036** (color) color *m* champán *or* champaña; (*before n*) color champán *or* champaña *adj inv*

champers /'ʃæmpərz || 'ʃæmpəz/ *n* (BrE colloq & dated) (+ *sing vb*) champán *m*, champaña *f or m*

champion¹ /'tʃæmpiən/ *n*
A (Sport) campeón, -peona *m,f*; **the world swimming ~** el campeón mundial de natación
B (Hist) paladín *m*, campeón *m*; **she's a ~ of lost causes** es una defensora de pleitos perdidos *or* de causas perdidas

champion² *vt* abogar* por, defender*

champion³ *adj* **1** (*before n*) ‹*bull/chrysanthemums*› premiado; **a ~ swimmer/athlete** un campeón de natación/de atletismo **2** (excellent) (BrE dial) fantástico

championship /'tʃæmpiənʃɪp/ *n* **1** [c] (Sport) (*often pl*) campeonato *m* **2** [u] (of cause) defensa *f*

chance¹ /tʃæns || tʃɑ:ns/ *n*
A [u] (fate) casualidad *f*, azar *m*; **it was pure ~ that we met** nos encontramos de *or* por pura casualidad; **to trust sth to ~** dejar algo (librado) al azar; **to leave nothing to ~** no dejar nada (librado) al azar; **by ~** por *or* de casualidad; **have you seen my hat, by any ~?** ¿has visto mi sombrero por casualidad?; **do you by any ~ happen to know where he lives?** ¿sabes por casualidad dónde vive?; **if by any ~ she should call, give her my number** si (por casualidad) llamara *or* llegara a llamar, dale mi número; (*before n*) ‹*meeting/occurrence*› casual, fortuito
B [c] (risk) riesgo *m*; **don't take any ~s** no te arriesgues, no corras riesgos; **he took a ~ on not being recognized** se arriesgó confiando en que no lo iban a reconocer; **we can't take ~s with people's lives** no podemos correr riesgos con *or* arriesgar la vida de la gente; **that's a ~ we'll have to take** es un riesgo que tendremos que correr
C [c] **1** (opportunity) oportunidad *f*, ocasión *f*; **there was no ~ to ask questions** no hubo oportunidad *or* ocasión de hacer preguntas; **I wish I'd had the ~ to travel when I was younger** ojalá hubiera tenido la oportunidad de viajar cuando era joven; **the ~ didn't arise** no surgió *or* no se dio la oportunidad, no hubo ocasión; **to jump** *o* **leap at the ~** aprovechar *or* no dejar escapar la oportunidad *or* ocasión; **the ~ of a lifetime** una oportunidad única en la vida, la oportunidad de su (*or* mi *etc*) vida; **you always wanted to sing: now's/here's your ~** siempre quisiste cantar: ésta es tu oportunidad; **now's my ~** ésta es la mía, ésta es mi oportunidad; **to miss one's ~** desperdiciar la ocasión *or* la oportunidad; **finished yet? — give me a ~!** ¿has acabado ya? — ¡espera un poco!; **it'll work if you only give it a ~** ya verás como funciona si le das tiempo; **give them half a ~ and they'll fleece you** en cuanto te descuidas te despluman; **you won't get a second ~** no vas a tener otra oportunidad **2** (raffle ticket) (AmE) número *m*, boleto *m*; **to take** *o* **buy a ~** comprar un número *or* boleto
D [c] (likelihood) posibilidad *f*, chance *f or m* (esp AmL); **he has no ~ of escaping** no tiene ninguna posibilidad *or* chance de escapar; **there's not much ~ of winning now** no hay muchas posibilidades *or* probabilidades *or* chances de ganar; **there is little ~ that he has survived** hay pocas posibilidades *or* probabilidades *or* chances de que haya sobrevivido; **there's a slight ~ of her remembering** podría ser que se acordara, existe una pequeña posibilidad de que se acuerde; **your plan hasn't a ~** tu plan no tiene ninguna posibilidad; **they don't stand much of a ~** lo tienen (bien) difícil; **she's got a fighting ~** tiene alguna posibilidad *or* chance; **not a** *o* **no ~!** (colloq) ¡ni de casualidad *or* ni en broma! (fam); **the ~s are ten to one** hay una posibilidad entre diez; **it's a million-to-one ~** *o* **a ~ in a million** las posibilidades son muy remotas; **(the) ~s are (that) ...** (colloq) lo más probable es que ...; **the ~s are he's left already** lo más probable es que ya se haya ido; ***to be in with a ~*** (BrE) tener* posibilidades *or* chances

chance² *vt* **1** (risk): **to ~ it** arriesgarse*, correr el riesgo; **let's ~ it; after all, it may not rain** arriesguémonos; después de todo, puede que no llueva **2** (happen) **to ~ to + INF: I just ~d to be passing your office** pasaba por tu oficina por casualidad; **Ann ~d to see them kiss** (liter) quiso el azar que Ann los viera besándose (liter)

Phrasal verb

• **chance on, chance upon** [v + prep + o] ‹*object*› encontrar* por casualidad; ‹*person*› encontrarse* por casualidad con

chancel /'tʃænsəl || 'tʃɑ:nsəl/ *n*: *coro y presbiterio*

chancellery /'tʃænsləri || 'tʃɑ:nsələri/ *n* (*pl* **-ries**)
A (AmE) (embassy, embassy staff) legación *f* (diplomática), cancillería *f*
B (chancellor's office) cancillería *f*

chancellor /'tʃænslər || 'tʃɑ:nsələ(r)/ *n* **1** **Chancellor (of the Exchequer)** (in UK) ≈ ministro, -tra *m,f* de Economía/Hacienda **2** (premier) canciller *mf* **3** (of university) rector, -tora *m,f*

chancer /'tʃænsər || 'tʃɑ:nsə(r)/ *n* (BrE colloq) oportunista *mf*

chance remark *n* comentario *m* casual

chancery /'tʃænsəri || 'tʃɑ:nsəri/ *n* (*pl* **-ries**) (in US) *tribunal de justicia que conoce de casos no contemplados por el derecho consuetudinario o el escrito*

Chancery Division *n* (in UK): **the ~** *sección del* ▸**High Court** *que conoce de causas de derecho comercial, de sucesión, de quiebra etc*

chancy, chancey /'tʃænsi || 'tʃɑ:nsi/ *adj* **chancier, chanciest** (colloq) arriesgado

chandelier /ˌʃændə'lɪr || ˌʃændə'lɪə(r)/ *n* araña *f* (*de luces*)

chandler /'tʃændlər || 'tʃɑ:ndlə(r)/ *n* **1** (maker of candles) *fabricante de velas* **2** (Naut): **(ship's) ~** proveedor *m* de buques

change¹ /tʃeɪndʒ/ *n*
A **1** [u c] (alteration) cambio *m*; **a period of great ~** un período de grandes cambios; **there has been little ~ in the last 20 years** ha habido pocos cambios en los últimos 20 años; **a ~ in public opinion/the law** un cambio en la opinión pública/la ley; **a ~ in temperature** un cambio de temperatura; **there's been a ~ in the weather** ha cambiado el tiempo; **to make ~s to sth** hacerle* cambios a algo; **a ~ for the better** un cambio positivo *or* para mejor; **a ~ for the worse** un cambio para peor; **the ~ (of life)** (euph) la menopausia **2** [c] (replacement) cambio *m*; **a ~ of address/plan/government** un cambio de dirección/plan/gobierno; **an oil/wheel ~** un cambio de aceite/rueda; **a ~ of air/scenery will do you good** un cambio de aire(s) *or* de ambiente te sentará bien; ***to have a ~ of heart*** cambiar de idea **3** (of clothes) muda *f*; **bring at least one ~ of clothes/underwear** tráete al menos una muda (de ropa)/de ropa interior **4** [c] (sth different from usual) cambio *m*; **at least it's** *o* **it makes a ~ from chicken** por lo menos no es pollo; **going abroad would be** *o* **make a nice ~** no estaría mal ir al extranjero para variar; **for a ~** para variar; **I'll have coffee for a ~** para variar tomaré café; **he was late, for a ~** (iro) llegó tarde para variar (iró); ***to ring the ~s*** introducir* variaciones; **the chef likes to ring the ~s on the menu every week** al chef le gusta variar *or* cambiar el menú todas las semanas; ***a ~ is as good as a rest*** con un cambio de actividad se renuevan las energías
B [u] **1** (coins) cambio *m*, monedas *fpl*, sencillo *m* (AmL), feria *f* (Méx fam), menudo *m* (Col); **one dollar in ~** un dólar en monedas; **can you give me some ~ for the machine?** ¿me das cambio *or* monedas para la máquina?; **I don't have any loose ~** no tengo dinero suelto; **I can give ~** *o* **of $5** te puedo cambiar 5 dólares **2** (money returned) cambio *m*, vuelto *m* (AmL), vuelta *f* (Esp), vueltas *fpl* (Col); **sixty pence ~** sesenta peniques de cambio (*or* vuelto *etc*); **keep the ~** quédese con el cambio (*or* vuelto *etc*); **you can eat well and still have/get ~ from $10** se puede comer bien por menos de 10 dólares; **you won't get much ~ from** *o* **out of $1,000** no te costará mucho menos de 1.000 dólares; ***not to get much ~ out of sb*** (colloq): **we didn't get much ~ out of her** no pudimos sacarle mucho (fam)

change² *vt*
A **1** ‹*appearance/rules/situation*› cambiar; **you can't ~ the way you are** uno no cambia, no se puede cambiar la manera de ser; **the sorcerer ~d her into a stone** el mago la convirtió en una piedra **2** ‹*tire/oil/sheets*› cambiar; **to ~ one's address/job/doctor** cambiar de dirección/trabajo/médico; **to ~ position/direction/color** cambiar de posición/dirección/color; **I've ~d jobs** he cambiado de trabajo; **let's ~ the subject** cambiemos de tema; **she ~d her name from Bronowski to Brown** se cambió el apellido de Bronowski a Brown; **the time/date of the concert has been ~d** han cambiado la hora/fecha del concierto; **to ~ gear** cambiar de marcha, hacer* el cambio **3** (exchange) ‹*seats/rooms*› cambiar(se) de; **I wouldn't want to ~ places with her** no quisiera estar *or* verme en su lugar; **if he doesn't like it can I ~ it?** si no le gusta ¿puedo cambiarlo?; **he ~d it for a red one** lo cambió por uno rojo

C

B ‹*money*› **1** (into smaller denominations) cambiar; **can anyone ~ $20?** ¿alguien me puede cambiar 20 dólares? **2** (into foreign currency) **to ~ sth (INTO sth)** cambiar algo (A *or* (Esp tb) EN algo); **to ~ dollars into pesos** cambiar dólares a *or* (Esp tb) en pesos
C ‹*baby*› cambiar; **to ~ one's clothes/shoes** cambiarse de ropa/de zapatos
D (Transp): **you have to ~ train(s) at Nice** tienes que hacer transbordo *or* cambiar (de trenes) en Niza
■ **change** *vi*
A **1** (become different) cambiar; **I can't believe how much she's ~d** me parece increíble lo mucho que ha cambiado; **she's a ~d person since she met him** desde que lo conoció es otra; **to ~ in shape/size** cambiar de forma/tamaño; **customs have ~d** las costumbres han cambiado; **to ~ INTO sth** convertirse* *or* transformarse EN algo **2** (from one thing to another) cambiar; **the traffic lights ~d** cambió el semáforo, cambiaron las luces (del semáforo); **the cast ~s every three months** el reparto cambia cada tres meses; **her smile ~d to a frown** dejó de sonreír y frunció el ceño; **the scene ~s to wartime Rome** la escena pasa *or* se traslada a Roma durante la guerra; **I've ~d to a new dentist** he cambiado de dentista **3** **changing** *pres p* ‹*needs/role/moods*› cambiante
B **1** (put on different clothes) cambiarse; **I'm going upstairs to ~** voy arriba a cambiarme; **she ~d into a black dress** se cambió y se puso un vestido negro; **I'm going to ~ into something more comfortable** me voy a poner algo más cómodo; **~ out of those wet clothes** quítate esa ropa mojada; **to get ~d** cambiarse **2** (Transp) cambiar, hacer* transbordo; **all ~!** (BrE) ¡fin de trayecto!; **we have to ~ at Victoria** tenemos que cambiar *or* hacer transbordo en Victoria

(Phrasal verbs)

- **change around**
A [v + o + adv, v + adv + o] (rearrange) ‹*furniture/pictures*› cambiar de sitio *or* de lugar
B [v + adv] cambiar
- **change down** [v + adv] (BrE) (Auto) cambiar (*a una velocidad inferior*)
- **change over** [v + adv] **1** (change function, system) cambiar; **to ~ over TO sth** cambiar A algo, adoptar algo **2** (change channel) (BrE) (TV) cambiar de canal
- **change round** (esp BrE) ▸ **change around**
- **change up** [v + adv] (BrE) (Auto) cambiar (*a una velocidad superior*)

changeability /ˌtʃeɪndʒəˈbɪləti/ *n* [u] variabilidad *f*, lo cambiante
changeable /ˈtʃeɪndʒəbəl/ *adj* cambiante, variable
changeless /ˈtʃeɪndʒləs || ˈtʃeɪndʒlɪs/ *adj* inalterable, incambiable
changeling /ˈtʃeɪndʒlɪŋ/ *n*: *niño sustituido por otro al nacer*
change machine *n* máquina *f* de cambio
change management *n* [u]
A (management of change) gestión *f* del cambio, administración *f* del cambio
B (Comput) gestión *f* de cambios, administración *f* de cambios
change of life *n* (euph) menopausia *f*
changeover /ˈtʃeɪndʒˌəʊvər || ˈtʃeɪndʒˌəʊvə(r)/ *n* **1** (transition) **~ (FROM sth) (TO sth)** cambio *m* (DE algo) (A algo) **2** (in relay race) relevo *m*
change purse *n* (AmE) portamonedas *m*, monedero *m*, chauchera *f* (Bol, Chi)
changing bag /ˈtʃeɪndʒɪŋ/ *n*
A (for baby) bolsa *f* portapañales
B (Phot) *bolsa que permite el cambio de un carrete sin que éste se vele*
changing mat *n* cambiador *m*
changing of the guard *n* cambio *m* de (la) guardia, relevo *m* de la guardia
changing room *n* (BrE) **1** (Sport) vestuario *m*, vestidor *m* (Chi, Méx) **2** (in shop) probador *m*

channel[1] /ˈtʃænl/ *n*
A **1** (strait) canal *m*; **the (English) C~** el Canal de la Mancha; (*before n*): **C~ ferry** ferry *m* que cruza el Canal de la Mancha **2** (course of river) cauce *m* **3** (navigable course) canal *m*
B (for irrigation) canal *m*, acequia *f*
C (system, method) vía *f*; **through diplomatic ~s** por la vía diplomática; **you must go through the official ~s** tiene que hacer el trámite por los conductos *or* las vías oficiales; **you should direct your enthusiasm into more useful ~s** deberías canalizar tu entusiasmo de una manera más útil; **distribution ~s** canales *mpl* de distribución
D (Comput, TV) canal *m*
channel[2] *vt* BrE **-ll-** canalizar*, encauzar*, dirigir*; **he should ~ his efforts/energy into something constructive** debería canalizar *or* encauzar *or* dirigir sus esfuerzos hacia algo constructivo

> **Channel Four, Channel Five**
> ▸ **television**

channel-changer /ˈtʃænlˌtʃeɪndʒər || ˈtʃænlˌtʃeɪndʒə(r)/ *n* mando *m* (a distancia), control *m* (remoto) de la TV
channel-hop /ˈtʃænlˌhɑːp || ˈtʃænlˌhɒp/ *vi* (BrE)
A (TV) hacer* zapping *or* zapeo
B (to Continent) cruzar* el Canal de la Mancha
channel-hopping /ˈtʃænlˌhɑːpɪŋ || ˈtʃænlˌhɒpɪŋ/ *n* [u] (BrE)
A (TV) zapping *m*, zapeo *m*
B (to Continent) travesías *f or* (AmL tb) cruces *mpl* del Canal de la Mancha
Channel Islands *pl n*: **the ~ ~** las Islas Anglonormandas, las islas del Canal de la Mancha
channel selector *n* selector *m* de canales
channel-surf /ˈtʃænlsɜːrf || ˈtʃænlsɜːf/ *vi* (TV) hacer* zapping *or* zapeo
channel-surfing /ˈtʃænlˌsərfɪŋ || ˈtʃænlˌsɜːfɪŋ/ *n* [u] (AmE) zapping *m*, zapeo *m*
Channel Tunnel *n*: **the ~ ~** el Eurotúnel, el túnel del Canal de la Mancha
chant[1] /tʃænt || tʃɑːnt/ *n* **1** (Mus, Relig) salmodia *f*; **Gregorian/plain ~** canto *m* gregoriano/llano **2** (slogan — of demonstrators) consigna *f*; (— of sports fans) alirón *m*, cántico *m*, canción *f*
chant[2] *vt* **1** (Mus, Relig) salmodiar **2** «*crowd/demonstrators/fans*» gritar
■ **chant** *vi* **1** (Mus, Relig) salmodiar **2** «*crowd*» gritar
chantey /ˈʃænti/ *n* (*pl* **-teys**) (AmE) saloma *f*
chanty *n* (*pl* **-ties**) ▸ **chantey**
Chanukah /ˈhɑːnəkə/ *n* ▸ **Hanukkah**
chaos /ˈkeɪɑːs || ˈkeɪɒs/ *n* [u] caos *m*; **there'll be absolute** *o* **total ~** será un verdadero caos
chaos theory *n* teoría *f* del caos
chaotic /keɪˈɑːtɪk || keɪˈɒtɪk/ *adj* caótico
chap[1] /tʃæp/ *n*
A (man) (colloq) tipo *m* (fam); **he's a good/pleasant ~** es un buen tipo/un tipo agradable (fam); **the poor little ~!** ¡pobrecito!; (*as form of address*) (BrE): **old ~** querido amigo; **come on, ~s; let's get busy** vamos chicos, a trabajar
B (Med) grieta *f*
chap[2] **-pp-** *vi* agrietarse, partirse, pasparse (RPl)
■ **chap** *vt* agrietar, partir, paspar (RPl)
chap. *n* (*pl* **chaps**) (= **chapter**) c., cap.
chaparral /ˌʃæpəˈræl/ *n* [u] (AmE) chaparral *m*, matorral *m*
chapati, chapatti /tʃəˈpæti || tʃəˈpɑːti, -ˈpæti/ *n* (*pl* **-tis** *or* **-ties**) *pan ácimo indio*
chapel /ˈtʃæpəl/ *n*
A (Relig) **1** (building, area in church) capilla *f*; **the prison/castle ~** la capilla de la cárcel/del castillo **2** (Nonconformist church) templo *m*; **they're ~** son protestantes que no pertenecen a la Iglesia Anglicana
B (in some trade unions) (BrE) sección *f* sindical; **father/mother of ~** representante *mf or* enlace *m* sindical

chapel of rest *n* velatorio *m*, sala *f* velatoria
chaperon[1]**, chaperone** /ˈʃæpərəʊn/ *n* **1** (of young lady) acompañante *f*, chaperona *f*; **he came as (a) ~** (hum) vino de chaperón *or* (Esp) de carabina (hum) **2** (for children) (AmE) acompañante *mf*
chaperon[2]**, chaperone** *vt* acompañar
chaplain /ˈtʃæplən || ˈtʃæplɪn/ *n* capellán *m*
chaplaincy /ˈtʃæplənsi || ˈtʃæplɪnsi/ *n* (*pl* **-cies**) capellanía *f*
chaplet /ˈtʃæplət || ˈtʃæplɪt/ *n* **1** (for head) (liter) corona *f or* guirnalda *f* de flores **2** (Relig) rosario *m*
chapped /ˈtʃæpt/ *adj* ‹*lips*› agrietado, partido, paspado (RPl)
chappie, chappy /ˈtʃæpi/ *n* (*pl* **-pies**) (BrE colloq) tipo *m* (fam)
chaps /tʃæps/ *pl n* zahones *mpl*, chaparreras *fpl* (Méx), p(i)erneras *fpl* (CS), zamarros *mpl* (Col)
chapter /ˈtʃæptər || ˈtʃæptə(r)/ *n*
A (of book) capítulo *m*; **a shameful ~ in our country's history** un capítulo vergonzoso de la historia de nuestro país; **a ~ of accidents** una serie de desgracias; **~ *and verse*** con todo lujo de detalles; **to quote ~ and verse** citar textualmente *or* palabra por palabra
B **1** (Relig) capítulo *m* **2** (of fraternity, sorority) sección *f*
C (of act of parliament) capítulo *m*
chapter house *n* **1** sala *f* capitular **2** (in US college) sala *f* de reunión
char[1] /tʃɑːr || tʃɑː(r)/ **-rr-** *vt* carbonizar*
■ **char** *vi*
A «*wood*» carbonizarse*; **~red remains** restos *mpl* carbonizados *or* calcinados
B (do cleaning work) (BrE) *trabajar haciendo limpiezas*
char[2] *n* (BrE)
A [c] (cleaner) mujer *f* de la limpieza, limpiadora *f*, asistenta *f* (Esp)
B [u] (tea) (colloq & dated) té *m*
charabanc /ˈʃærəbæŋ/ *n* (BrE dated) autobús *m* (de turismo), autocar *m* (Esp), bañadera *f* (RPl)
character /ˈkærəktər || ˈkærəktə(r)/ *n*
A [u c] (of person) **1** (temperament, nature) carácter *m*; **the national ~** el carácter nacional; **we have very different ~s** tenemos un carácter muy distinto, tenemos caracteres muy distintos; **to be in/out of ~** ser*/no ser* típico; **rudeness is very much in ~ for him** la mala educación es típica de él *or* es un rasgo típico en él; **she's a good judge of ~** es buena psicóloga **2** (*good ~*) reputación *f*; **he bears good ~** tiene buena reputación; **to vouch for sb's (good) ~** responder por algn; (*before n*): **~ reference** referencias *fpl*; **~ witness** testigo *mf* de buena conducta; **he's been a victim of ~ assassination** han intentado destruir su reputación, ha sido víctima de difamación **3** (strength of personality) carácter *m*, personalidad *f*; **a person of strong ~** una persona de carácter fuerte, una persona con una personalidad fuerte; **he lacks ~** no tiene carácter; **army life builds ~** la vida militar imprime carácter
B [u c] (of place, thing) carácter *m*; **the restaurant has lots of ~** el restaurante tiene mucho carácter; **the house has no ~** la casa no tiene carácter *or* estilo; **the ~s of the two cities are very different** el carácter de las dos ciudades es muy distinto; **her face is full of ~** tiene una cara con mucha personalidad; **the demonstration soon took on the ~ of a riot** la manifestación no tardó en tomar un cariz violento
C [c] **1** (in novel, play, movie) personaje *m*, carácter *m* (Col, Méx); **he doesn't react in ~** su reacción no es la que cabría esperar de su personaje; (*before n*): **~ actor** actor *m* de carácter; **~ sketch** descripción *f* de un personaje *or* (Col, Méx tb) de un carácter **2** (person) tipo *m* (fam); **he's an odd/a nasty ~** es un tipo raro/un mal tipo (fam) **3** (eccentric person) caso *m*; **Jane's a real ~** Jane es (todo) un caso
D [c] (symbol) carácter *m*; **Chinese/Roman ~s** caracteres chinos/romanos
character code *n* código *m* de caracteres

character-forming /'kærəktər,fɔːrmɪŋ || 'kærəktə,fɔːmɪŋ/ *adj* que forma la personalidad

characteristic[1] /,kærəktə'rɪstɪk/ *n* característica *f*

characteristic[2] *adj* característico

characteristically /,kærəktə'rɪstɪkli/ *adv*: **his answer was ~ frank** respondió con la franqueza que lo caracteriza *or* con su acostumbrada franqueza; (*indep*) de modo característico

characterization /,kærəktərə'zeɪʃən || ,kærəktəraɪ'zeɪʃən/ *n* [u] caracterización *f*

characterize /'kærəktəraɪz/ *vt* 1 (be typical of) caracterizar* 2 (describe) calificar*; **to ~ sth/sb AS sth** calificar* algo/a algn DE algo; **I would ~ her as honest and hardworking** la calificaría de honrada y trabajadora 3 (Lit) describir* (*a personajes de ficción*) 4 (Theat) caracterizar*

characterless /'kærəktərləs || 'kærəktəlɪs/ *adj* ‹*restaurant/town*› sin carácter; **she was totally ~** no tenía ninguna personalidad; **a ~ house** una casa sin ningún carácter *or* estilo

character recognition *n* [u] reconocimiento *m* de caracteres

character set *n* juego *m* de caracteres

character space *n* espacio *m* (entre caracteres), matriz *f*

character string *n* cadena *f* de caracteres

charade /ʃə'reɪd || ʃə'rɑːd/ *n* 1 (farse) farsa *f*, payasada *f* 2 **~s** (+ *sing vb*) (game) charada *f*

charbroil /'tʃɑːrbrɔɪl || 'tʃɑːbrɔɪl/ *vt* (AmE) hacer* a la brasa *or* a las brasas

charbroiled /'tʃɑːrbrɔɪld || 'tʃɑːbrɔɪld/ *adj* (AmE) (hecho) a la brasa *or* a las brasas

charcoal /'tʃɑːrkəʊl || 'tʃɑːkəʊl/ *n* [u] 1 carbón *m* (vegetal) 2 (Art) carboncillo *m*, carbonilla *f* (RPl); (*before n*): **~ drawing** dibujo *m* al carboncillo *or* al carbón *or* (RPl tb) a la carbonilla

charcoal burner *n* 1 (person) carbonero, -ra *m,f* 2 (stove) cocina *f* de carbón, estufa *f* de carbón (AmC, Col, Méx)

charcoal-gray, (BrE) **charcoal-grey** /,tʃɑːrkəʊl'greɪ || ,tʃɑːkəʊl'greɪ/ ▸❶ **p.1036** *adj* gris marengo *adj inv*

charcoal gray, (BrE) **charcoal grey** ▸❶ **p.1036** *n* [u] gris *m* marengo

charcuterie /ʃɑːr'kuːtəri || ʃɑː'kuːtəri/ *n* (AmE) ▸**delicatessen**

charge[1] /tʃɑːrdʒ || tʃɑːdʒ/ *n*

A [c] 1 (Law) cargo *m*, acusación *f*; **what is the ~?** ¿cuál es el cargo *or* la acusación que se me (*or* le *etc*) hace?, ¿de qué se me (*or* le *etc*) acusa?; **he's being tried on a ~ of murder** se lo juzga por homicidio; **to bring** *o* **lay a ~ (of theft) against sb** formular *or* presentar cargos (de robo) contra algn; **to bring** *o* **press ~s against sb** formular *or* presentar cargos contra algn; **to drop ~s** retirar la acusación *or* los cargos 2 (accusation) acusación *f*

B [c] 1 (price) precio *m*; (fee) honorario *m*; **admission ~** precio de entrada; **scale of ~s** tarifa *f* (de precios/honorarios); **is there a ~ for the connection?** ¿cobran por la conexión?; **there is no ~ for the service** no se cobra por el servicio, el servicio es gratis; **a small ~ is made for delivery** se cobra una pequeña cantidad por la entrega a domicilio; **free of** *o* **without ~** gratuitamente, gratis, sin cargo; **at no extra ~** sin cargo adicional; **electricity ~s are going up again** las tarifas eléctricas vuelven a subir 2 (financial liability) carga *f*

C 1 [c] (command, commission) orden *f*, instrucción *f* 2 [u] (responsibility): **who is in ~ around here?** ¿quién es el/la responsable?, ¿quién manda aquí?; **the person in ~** la persona responsable; **to be in ~ of sth/sb** tener* algo/a algn a su (*or* mi *etc*) cargo; **I was in ~ of 20 children** 20 niños estaban a mi cargo, tenía 20 niños a mi cargo; **he's in ~ of production** está al frente de la producción; **in the ~ of sb, in sb's ~** a cargo de algn; **to take ~ (of sb/sth/-ING)**: **she took ~ of the situation** se hizo cargo de la situación; **Sarah took ~ of the guests/of buying the food** Sarah se encargó de los invitados/de comprar la comida 3 [c] (sb entrusted): **a nanny with her young ~s** una niñera con los niños a su cargo *or* cuidado

D [c u] (Elec, Phys) carga *f*

E [c] (of explosive) carga *f*; **a ~ of dynamite/gunpowder** una carga de dinamita/pólvora

F [c] 1 (attack) carga *f*; **cavalry ~** carga de (la) caballería 2 (in US football) ofensiva *f* (*en la que se gana mucho terreno*)

charge[2] *vt*

A (accuse) **to ~ sb WITH sth/-ING** acusar a algn DE algo/+ INF; **he was ~d with murder** fue acusado de asesinato; **the crimes with which he is ~d** los delitos que se le imputan *or* se le inculpan (frml), los delitos de los que se le acusa; **they ~d him with stealing** lo acusaron de robar

B (ask payment) cobrar; **they ~d him $15 for a haircut** le cobraron 15 dólares por el corte de pelo; **I was ~d extra for the bread** me cobraron el pan aparte, me cobraron extra por el pan

C (obtain on credit): **she never carries cash, she just ~s everything** nunca lleva dinero, lo compra todo con tarjeta (de crédito)/lo carga todo a su cuenta; **to ~ sth TO sb** cargar* algo a la cuenta de algn; **to ~ sth ON sth**: **she ~d the meal on Surecard** pagó la comida con Surecard

D 1 (entrust) (frml) **to ~ sb WITH sth/-ING** encomendarle* A algn algo/QUE + SUBJ; **the body ~d with the supervision of the project** el organismo al que se le ha encomendado la supervisión del proyecto 2 (command) (liter) **to ~ sb to + INF** ordenarle A algn + INF *or* QUE + SUBJ 3 (allege) (AmE) aducir*

E (attack) cargar* contra

F (Elec) ‹*battery*› cargar*

■ **charge** *vi*

A 1 **to ~ (AT sth/sb)** (Mil) cargar* (CONTRA algo/algn); «*bull/elephant*» arremeter *or* embestir* (CONTRA algo/algn); **~!** ¡al ataque!, ¡a la carga! 2 (rush) (colloq) (+ *adv compl*): **he came charging down the stairs** se abalanzó escaleras abajo; **she ~d straight into me** se abalanzó hacía mí; **don't all ~ off at the end of the lesson** no salgan en estampida al acabar la clase

B (Elec) cargarse*

chargeable /'tʃɑːrdʒəbəl || 'tʃɑːdʒəbəl/ *adj* 1 (Fin): **a new rate will be ~ from ...** se cobrará una nueva tarifa a partir de ...; **any costs incurred are ~ to the customer** todos los gastos en que se incurra son de cargo del cliente *or* corren por cuenta del cliente 2 (Law) ‹*offense*› perseguible

charge account *n* cuenta *f* de crédito

charge card *n* tarjeta *f* de pago

charge-coupled /'tʃɑːrdʒ,kʌpəld || 'tʃɑːdʒ ,kʌpəld/ *adj* de acoplamiento de cargas; **~ device** dispositivo *m* de acoplamiento de cargas

charged /tʃɑːrdʒd || tʃɑːdʒd/ *adj* cargado; **positively/negatively ~** con carga positiva/negativa; **a voice ~ with emotion** una voz cargada de emoción

chargé d'affaires /ʃɑːr,ʒeɪdə'fer || ,ʃɑː dʒeɪdæ'feə(r)/ *n* (*pl* **chargés d'affaires** /-z/) encargado, -da *m,f* de negocios

chargehand /'tʃɑːrdʒhænd || 'tʃɑːdʒhænd/ *n* (BrE) encargado, -da *m,f*

charge nurse *n* (BrE) enfermero, -ra *m,f* jefe

charger /'tʃɑːrdʒər || 'tʃɑːdʒə(r)/ *n* (*battery ~*)

A cargador *m*

B (horse) (liter) caballo *m* (de batalla), corcel *m* (liter)

C (plate) bandeja *f*

chargrill /'tʃɑːrgrɪl || 'tʃɑːgrɪl/ *vt* hacer* a la brasa *or* a las brasas

chargrilled /'tʃɑːrgrɪld || 'tʃɑːgrɪld/ *adj* (hecho) a la brasa *or* a las brasas

chariot /'tʃæriət/ *n* carro *m* (de guerra); (drawn by four horses) cuadriga *f*

charioteer /,tʃæriə'tɪr || ,tʃæriə'tɪə(r)/ *n* auriga *m*

charisma /kə'rɪzmə/ *n* 1 [u] (magnetism) carisma *m* 2 [c] (Relig) carisma *m*

charismatic /,kærəz'mætɪk || ,kærɪz'mætɪk/ *adj* carismático

charitable /'tʃærətəbəl || 'tʃærɪtəbəl/ *adj* 1 (generous, giving) ‹*person/act/deed*› caritativo; **a ~ soul** un alma caritativa 2 (kind) ‹*person*› bueno; ‹*interpretation/explanation*› benévolo, generoso; **that wasn't a very ~ remark** ése no fue un comentario muy generoso 3 (for charity) (*usu before n, no comp*) ‹*work*› de beneficencia, benéfico; **a ~ organization** una organización de beneficencia, una obra benéfica; **to have ~ status** tener* categoría *or* estatus de organización de beneficencia

charitable trust *n* fundación *f* benéfica *or* de beneficencia

charitably /'tʃærətəbli || 'tʃærɪtəbli/ *adv* caritativamente, generosamente, con caridad *or* generosidad

charity /'tʃærəti/ *n* (*pl* **-ties**)

A 1 [c] (organization) organización *f* benéfica *or* de beneficencia, obra *f* benéfica; **this isn't a ~, you know!** oye, que esto no es una institución de beneficencia *or* no es la beneficencia 2 [u] (relief) obras *fpl* de beneficencia; **to raise money for ~** recaudar dinero para un fin benéfico; **to work for ~** trabajar para una organización benéfica; **to live on ~** vivir de limosnas *or* de la caridad; **we don't want ~** no queremos limosna; (*before n*) ‹*work*› de beneficencia, benéfico; ‹*dinner/premiere*› benéfico, de beneficencia, con fines benéficos; **~ appeal** cuestación *f* para obras benéficas; **a ~ performance** una función benéfica *or* de beneficencia, un beneficio; **~ run** carrera *f* con fines benéficos; **~ walk** marcha *f* benéfica; **~ worker** trabajador, -dora *m,f* de la beneficencia

B [u] (generosity, kindness) caridad *f*, amor *m* al prójimo; ***~ begins at home*** la caridad bien entendida empieza por casa *or* (Esp) por uno mismo

charity school *n* escuela *f* de beneficencia

charity shop *n* (BrE); *tienda que vende artículos de segunda mano con fines benéficos*

charlady /'tʃɑːr,leɪdi || 'tʃɑː,leɪdi/ *n* (*pl* **-ladies**) (BrE) mujer *f* de la limpieza, limpiadora *f*, asistenta *f* (Esp)

charlatan /'ʃɑːrlətən || 'ʃɑːlətən/ *n* charlatán, -tana *m,f*

Charlemagne /'ʃɑːrləmeɪn || 'ʃɑːləmeɪn/ *n* Carlomagno

Charleston /'tʃɑːrlstən || 'tʃɑːlstən/ *n* [u c] charlestón *m*

charley horse /'tʃɑːrli || 'tʃɑːli/ *n* (AmE colloq) calambre *m*

charlie /'tʃɑːrli || 'tʃɑːli/ *n* (BrE colloq & dated): **he looked a right ~** parecía un verdadero imbécil; **I felt a right ~** me sentí ridículo (fam)

charm[1] /tʃɑːrm || tʃɑːm/ *n*

A 1 [u] (attractiveness) encanto *m*, atractivo *m*; **a man of great ~** un hombre encantador; **to turn on the ~** ponerse* encantador 2 [c] (attractive quality, feature) encanto *m*; **he couldn't resist her ~s** no pudo resistirse a sus encantos

B [c] (spell) hechizo *m*; ***to work/go like a ~*** funcionar/ir* *or* andar* a las mil maravillas

C [c] 1 (amulet) amuleto *m*, fetiche *m* 2 (on bracelet) dije *m*, colgante *m*, chiche *m* (Chi); (*before n*): **~ bracelet** pulsera *f* de dijes *or* colgantes *or* (Chi) chiches

charm[2] *vt*

A (delight, attract) cautivar, embelesar; **she ~ed them into agreeing** los conquistó para que accedieran, utilizó sus encantos para que accedieran; **he can ~ the birds off** *o* **out of the trees** es capaz de convencer a cualquiera con sus encantos

B 1 (bewitch) ‹*snake*› encantar 2 **charmed** *past p* **to lead a ~ed life/existence** tener* mucha suerte en la vida; **~ed circle** círculo *m* de los elegidos

charmer /'tʃɑːrmər || 'tʃɑːmə(r)/ *n* persona *f* encantadora, encanto *m*

charming /'tʃɑ:rmɪŋ || 'tʃɑ:mɪŋ/ *adj* ‹*person*› encantador; ‹*room/house*› precioso, encantador; (*as interj*): **~!** (BrE iro) ¡qué detalle! *or* ¡qué bonito! (iró)

charmingly /'tʃɑ:rmɪŋli || 'tʃɑ:mɪŋli/ *adv* de un modo encantador; **her ~ open manner** su carácter abierto y encantador

charmless /'tʃɑ:rmləs || 'tʃɑ:mlɪs/ *adj* sin (ningún) atractivo *or* encanto

charm offensive *n* ofensiva *f* del encanto; **to launch a ~ ~** empezar* a usar el encanto como táctica ofensiva

charm school *n* (AmE); *escuela para señoritas donde se enseña a comportarse en sociedad*

charnel house /'tʃɑ:rnl || 'tʃɑ:nl/ *n* (arch) osario *m*

chart¹ /tʃɑ:rt || tʃɑ:t/ *n*
A 1 (Aviat, Naut) carta *f* de navegación 2 (Meteo) mapa *m*, carta *f* 3 (diagram, graph) gráfico *m*; (table) tabla *f*; **to keep a ~ of sth** llevar una estadística de algo
B charts *pl* (hit parade): **the ~s** la lista de éxitos, el hit parade; **the singles ~s** la lista de singles

chart² *vt* 1 (make map of) trazar* el mapa de 2 (plan, plot) trazar* 3 ‹*progress/changes*› seguir* atentamente; (record) registrar gráficamente; **the graph ~s their progress** el gráfico muestra *or* refleja su progreso

charter¹ /'tʃɑ:rtər || 'tʃɑ:tə(r)/ *n*
A [c] 1 (of university) estatutos *mpl*; (of city) fuero *m*; (of company) escritura *f* de constitución; **by royal ~** por cédula real 2 (constitution) carta *f* 3 (guarantee of rights) fuero *m*, privilegio *m*
B [u] (hire) (Transp) (contrato *m* de) fletamento *m*; **on ~** bajo (contrato de) fletamento; **to be available for ~** estar* disponible para fletamento, poderse* fletar; (*before n*) ‹*flight/plane*› chárter *adj inv*; ‹*company*› de vuelos chárter

charter² *vt*
A 1 (grant charter to) ‹*university/organization*› aprobar* los estatutos de 2 BrE **chartered** *past p* colegiado; **~ed accountant** contador público, contadora pública *m,f* (AmL), censor jurado, censora jurada *m,f* de cuentas (Esp)
B (hire) ‹*plane/ship/bus*› fletar, alquilar

Charter Mark *n* (in UK) *premio otorgado a instituciones que han prestado un servicio público de excepción*

charter member *n* (AmE) miembro *m* fundador

Charter of Fundamental Rights *n* (EU) Carta *f* de los Derechos Fundamentales de la Unión Europea

charter school *n* (in US) *escuela independiente financiada con fondos públicos cuyos estatutos están bajo la jurisdicción de las autoridades municipales*

chart plotter *n* trazador *m* de trayectoria

chart recorder *n* registrador *m* de gráficos

chart-topper /'tʃɑ:rt,tɑ:pər || 'tʃɑ:t,tɒpə(r)/ *n* número *m* uno de la lista de éxitos

charwoman /'tʃɑ:r,wʊmən || 'tʃɑ:,wʊmən/ *n* (*pl* **-women**) (BrE) ▸**charlady**

chary /'tʃeri || 'tʃeəri/ *adj* **charier, chariest** (*pred*) **to be ~ OF sth**: **he's ~ of driving in city traffic** evita conducir por ciudad; **she's ~ of making longterm commitments** es reacia a contraer compromisos a largo plazo

chase¹ /tʃeɪs/ *n* 1 (pursuit) persecución *f*; **car ~** persecución en coche; **to give ~** salir* en persecución de algn/algo, ir* tras algn/algo, darle* caza a algn/algo; **he ran off and we gave ~** se echó a correr y (nosotros) salimos en su persecución *or* y fuimos tras él *or* y le dimos caza 2 (hunting): **the ~** la caza

chase² *vt*
A (follow, pursue) ‹*thief*› perseguir*, darle* caza a; ‹*clients/new business*› ir* *or* andar* a la caza de; ‹*success*› perseguir*, ir* en busca de; **they're both chasing the same woman** (colloq) ambos andan detrás de la misma mujer
B (drive) echar
C (engrave) ‹*metal/silver*› cincelar, grabar
■ **chase** *vi*: **we ~d after the thief** fuimos *or* salimos tras el ladrón; **to ~ around after girls** ir* *or* andar* detrás de las chicas; **we ~d all over the place looking for her** dimos vueltas por todas partes buscándola

Phrasal verb
• **chase up** [v + o + adv, v + adv + o] (colloq): **~ up this order for me, please** averíguame qué pasó con este pedido, por favor; **haven't they paid yet? we must ~ them up** ¿todavía no han pagado? tenemos que reclamarles el dinero *or* (AmL tb) tenemos que apurarlos; **I'll have to ~ him up about the report** voy a tener que recordarle lo del informe

chaser /'tʃeɪsər || 'tʃeɪsə(r)/ *n*: *bebida de bajo contenido en alcohol que se toma después de otra más fuerte*

chasm /'kæzəm/ *n* sima *f*, abismo *m*; **the yawning ~ between the two brothers** el profundo abismo (que media) entre los dos hermanos

chassis /'tʃæsi || 'ʃæsi/ *n* (*pl* **chassis** /'tʃæsiz || 'ʃæ-/) 1 (Auto) chasis *m*, bastidor *m*; (*before n*): **~ number** número *m* de chasis 2 (Aviat) tren *m* de aterrizaje 3 (of radio, TV) bastidor *m*

chaste /'tʃeɪst/ *adj* **chaster, chastest** 1 (pure, modest) casto, puro 2 (simple) ‹*style/architecture*› sobrio, sencillo

chastely /'tʃeɪstli/ *adv* castamente

chasten /'tʃeɪsn/ *vt* hacer* escarmentar, castigar*, aleccionar

chastened /'tʃeɪsnd/ *adj*: **she felt ~** sintió que había escarmentado *or* aprendido la lección; **he had a ~ look** tenía la mirada de quien ha escarmentado

chasteness /'tʃeɪstnəs || 'tʃeɪstnɪs/ *n* [u] 1 (purity, modesty) castidad *f*, pureza *f* 2 (simplicity) sobriedad *f*, sencillez *f*

chastening /'tʃeɪsnɪŋ/ *adj* ‹*experience*› aleccionador, que sirve de escarmiento; ‹*thought*› que hace recapacitar

chastise /tʃæs'taɪz/ *vt* (frml) 1 (verbally) reprender, reprobar* 2 (physically) castigar*

chastisement /tʃæ'staɪzmənt/ *n* [c u] (frml) 1 (verbal) reprimenda *f* 2 (physical) castigo *m*, escarmiento *m*

chastity /'tʃæstəti/ *n* [u] castidad *f*; (*before n*): **~ belt** cinturón *m* de castidad

chasuble /'tʃæʒəbəl || 'tʃæzjʊbəl/ *n* casulla *f*

chat¹ /tʃæt/ *n* charla *f*, conversación *f* (esp AmL), plática *f* (AmC, Méx); **to have a ~ with sb** charlar *or* hablar *or* (esp AmL) conversar *or* (AmC, Méx) platicar* con algn; **it's time we had a serious ~** es hora de que hablemos seriamente; **I'll have a ~ with him about his behavior** hablaré con él *or* le hablaré sobre su comportamiento

chat² *vi* **-tt-** 1 (talk) **to ~ (TO** *o* **WITH sb)** charlar *or* hablar *or* (esp AmL) conversar *or* (AmC, Méx) platicar* (CON algn) 2 (on Internet): **to ~ (TO** *or* **WITH) sb** chatear (CON algn)

Phrasal verb
• **chat up** [v + o + adv, v + adv + o] (BrE) (colloq) darle* jabón a (fam); (flirtatiously) tratar de ligar con (fam), llevarle la carga a (RPl fam)

château-bottled /'ʃætəʊ,bɑ:tld || 'ʃætəʊ ,bɒtld/ *adj* embotellado en origen

chatelaine /'ʃætleɪn/ *n* castellana *f*

chat line *n* foro *m* telefónico

chat room *n* chat *m*, tertulia *f* digital

chat show *n* (BrE) programa *m* de entrevistas; (*before n*): **~ ~ host** presentador, -dora *m,f* de un programa de entrevistas

chattel /'tʃætl/ *n* (Law) bienes *mpl* muebles; **all his goods and ~s** todas sus pertenencias, todos sus enseres

chatter¹ /'tʃætər || 'tʃætə(r)/ *vi* 1 ‹‹*person*›› charlar, chacharear (fam), parlotear (fam), cotorrear (fam); **she was ~ing on** *o* **away** estaba chachareando *or* parloteando (fam) 2 ‹‹*monkeys*›› parlotear; ‹‹*birds*›› cotorrear 3 ‹‹*machine guns/typewriters*›› tabletear; ‹‹*sewing machine*›› traquetear; **his teeth are ~ing** le castañetean los dientes

chatter² *n* [u] 1 (idle talk) cháchara *f* (fam), parloteo *m* (fam) 2 (of monkeys) parloteo *m*; (of birds) cotorreo *m* 3 (of machine guns, typewriters) tableteo *m*

chatterbox /'tʃætərbɑ:ks || 'tʃætəbɒks/ *n* parlanchín, -china *m,f*, charlatán, -tana *m,f*, tarabilla *mf*, cotorra *f* (fam); **he's such a ~** habla (hasta) por los codos (fam)

chattering /'tʃætərɪŋ/ *adj* (BrE colloq): **the ~ classes** los que hablan mucho y dicen poco

chatty /'tʃæti/ *adj* **-tier, -tiest** ‹*person*› conversador, hablador; ‹*style*› informal, llano; ‹*letter*› simpático y lleno de noticias

chat-up line /'tʃæt,ʌp/ *n* frase *f* para entrarle a alguien

Chaucerian /tʃɔ:'sɪriən || tʃɔ:'sɪəriən/ *adj* chauceriano

chauffeur¹ /'ʃəʊfər || 'ʃəʊfə(r)/ *n* chofer *mf or* (Esp) chófer *mf*; **a ~-driven limousine** una limusina con chofer *or* (Esp) con chófer

chauffeur² *vt* 1 ‹*person*› hacer* de chofer *or* (Esp) de chófer para; **she's always ~ing her children around** siempre está haciendo de chofer *or* (Esp) de chófer para sus hijos 2 (AmE): **a ~ed car** un coche con chofer *or* (Esp) con chófer
■ **chauffeur** *vi* trabajar *or* hacer* de chofer *or* (Esp) de chófer

chauvinism /'ʃəʊvənɪzəm || 'ʃəʊvɪnɪzəm/ *n* [u] 1 (jingoism) chovinismo *m*, patriotería *f* 2 (sexism): **male ~** machismo *m*

chauvinist¹ /'ʃəʊvənəst || 'ʃəʊvɪnɪst/ *n* 1 (jingoist) chovinista *mf*, patriotero, -ra *m,f* 2 (sexist) machista *m*; **(male) ~** machista *m*

chauvinist², chauvinistic /,ʃəʊvə'nɪstɪk || ,ʃəʊvɪ'nɪstɪk/ *adj* 1 (jingoistic) chovinista, patriotero 2 (sexist) machista; **(male) ~ pig** (colloq) machista *m* asqueroso (fam)

chav /tʃæv/ *n* (BrE colloq) (pej) chav *mf*; ≈ bakala *mf* (Esp)

chavette /tʃæ'vet/ *n* (BrE colloq) (pej) chav *f*; ≈ bakala *f* (Esp)

chaw /tʃɔ:/ *n* (AmE) ▸**chew²**

cheap¹ /tʃi:p/ *adj* **-er, -est**
A 1 (inexpensive) ‹*goods/labor*› barato; ‹*fare/ticket*› (BrE) económico, de precio reducido; **~ money** dinero *m* barato *or* a bajo interés; **dirt ~** baratísimo, tirado (fam), regalado (fam); **it's ~ at the price** a ese precio es barato, a ese precio resulta económico; **~ at half the price** casi nada (iró); **~ and cheerful** bonito y barato; ***on the* ~: I bought/sold/got it on the ~** lo compré/vendí/conseguí barato *or* a bajo precio; **she travels/lives on the ~** viaja/vive con poco dinero *or* (fam) a lo barato 2 (shoddy) ‹*merchandise/jewelry*› ordinario, de baratillo; ‹*mechanic/electrician*› (AmE) chapucero; **~ and nasty** ordinario
B 1 (vulgar, contemptible) ‹*joke/gimmick*› de mal gusto; ‹*trick/gibe/tactics*› bajo, rastrero; ‹*liar/crook*› vil; **to make oneself ~** rebajarse, degradarse 2 (worthless) ‹*flattery/promises*› fácil; **words are ~** es fácil hablar; **they hold life ~** tienen en poco la vida 3 (stingy) (AmE colloq) agarrado (fam), apretado (fam)

cheap² *adv* **-er, -est** barato; **to buy/sell/get sth ~** comprar/vender/conseguir* algo barato; **the house was going ~** la casa se vendía barata; **success doesn't come ~** el éxito cuesta caro

cheapen /'tʃi:pən/ *vt* quitarle valor a, degradar; **to ~ oneself** rebajarse, degradarse

cheapjack /'tʃi:pdʒæk/ *adj* (colloq) ordinario, de pacotilla *or* de baratillo (fam); ‹*builder/electrician*› chapucero

cheaply /'tʃi:pli/ *adv* ‹*buy/sell/get*› barato, a bajo precio; ‹*dress/eat/live*› con poco dinero, económicamente, a lo barato (fam); **they will not sell themselves ~** no se venderán barato

cheapness /'tʃi:pnəs || 'tʃi:pnɪs/ *n* [u] 1 (low cost) baratura *f*, bajo precio *m* 2 (vulgarity) ordinariez *f*, vulgaridad *f*; (nastiness) bajeza *f* 3 (stinginess) (AmE) tacañería *f*

cheapo /'tʃi:pəʊ/ *adj* (*before n*) (colloq) ordinario, barato

cheap shot *n* (AmE) golpe *m* bajo

cheapskate /'tʃi:pskeɪt/ *n* (colloq) agarrado, -da *m,f* (fam), apretado, -da *m,f* (fam)

cheat[1] /tʃi:t/ *vt* [1] (deceive) estafar, engañar, timar; **to ~ sb (OUT) OF sth**: **they were ~ed (out) of their land** los estafaron *or* engañaron *or* timaron quitándoles las tierras [2] (avoid) burlar; **he ~ed death yet again** (liter) burló a la muerte una vez más (liter)

■ **cheat** *vi* [1] (act deceitfully) hacer* trampas; **to ~ at cards** hacer* trampa(s) jugando a las cartas; **to ~ on** *o* (BrE) **in an exam** hacer* trampa *or* copiar(se) (en un examen); **he ~ed on his income tax** hizo trampas en la declaración de la renta [2] (be unfaithful) **to ~ ON sb** engañar a algn

cheat[2] *n* [1] (AmE also) **cheater** /'tʃi:tər || 'tʃi:tə(r)/ (swindler) estafador, -dora *m,f*; (at cards) tramposo, -sa *m,f*, fulero, -ra *m,f* (Esp fam); (in exam) tramposo, -sa *m,f* [2] (trick, fraud) trampa *f*, estafa *f*

cheat sheet *n* (AmE colloq) chuleta *f or* (Méx), acordeón *m or* (Col, Per), comprimido *m or* (RPl), machete *m or* (Chi), torpedo *m* (fam)

Chechen[1] /'tʃetʃen/ *adj* checheno; **the ~ Republic** la República de Chechenia

Chechen[2] *n* [1] [u] (language) checheno *m* [2] [c] (person) checheno, -na *m,f*

Chechnya /'tʃetʃniə || tʃetʃ'nja:/ *n* Chechenia *f*

check[1] /tʃek/ ➡ *n*

A [c] (stop, restraint) control *m*, freno *m*; **to keep** *o* **hold sth/sb in ~** controlar *or* contener* algo/a algn; **to put a ~ on sth** frenar algo; **to put a ~ to sth** (AmE) impedir* algo; **~s and balances** (Pol) mecanismos *mpl* de control y equilibrio de poderes

B [c] [1] (inspection — of passport, documents) control *m*, revisión *f*; (— of work) examen *m*, revisión *f*; (— of machine, product) inspección *f*; **to keep a ~ on sth/sb** controlar *or* vigilar algo/a algn [2] (of facts, information) verificación *f*; **I'll have a ~ to see if there is enough** verificaré *or* veré si hay suficiente

C [1] [c u] (cloth) tela *f* a *or* de cuadros; (*before n*) ‹*jacket/shirt*› a *or* de cuadros [2] [c] (square) cuadro *m*

D [u] (in chess) jaque *m*; **to be in ~** estar* en jaque; **to put sb in ~** darle* jaque a algn

E (Fin) (BrE) **cheque** cheque *m*, talón *m* (Esp); **to pay by ~** pagar* con cheque *or* (Esp) con talón; **a ~ for $50** un cheque de 50 dólares *or* por valor de 50 dólares; **open/crossed ~** (BrE) cheque al portador/cheque cruzado; **blank ~** cheque en blanco; ***(to give sb) a blank ~*** (darle* a algn) carta blanca; **they gave me a blank ~ to do whatever I pleased** me dieron carta blanca para hacer lo que quisiera

F [c] (restaurant bill) (AmE) cuenta *f*, adición *f* (RPl)

G [c] (receipt, counterfoil) ticket *m*, resguardo *m* (Esp), tiquete *m* (Col)

H [c] (tick) (AmE) marca *f*, tic *m*, visto *m* (Esp), palomita *f* (Méx fam)

check[2] *vt*

A (restrain) ‹*enemy advance*› frenar; ‹*anger/impulse/tears*› contener*, controlar

B [1] (inspect) ‹*passport/ticket*› revisar, controlar, checar* (Méx); ‹*machine/product*› inspeccionar; ‹*quality*› controlar; ‹*temperature/pressure/volume*› comprobar*, chequear, checar* (Méx); **to ~ sth FOR sth**: **~ the material for flaws** compruebe *or* chequee *or* (Méx) cheque que el material no tenga taras; **~ your local branch for information** infórmese en su sucursal más cercana [2] (verify) ‹*facts/information*› comprobar*, verificar*, chequear, checar* (Méx); ‹*accounts/bill*› revisar, comprobar*; **let me ~ my diary/list** déjame chequearlo *or* (Méx) checarlo en mi agenda/lista; **~ the meaning/spelling in the dictionary** verifica *or* comprueba el significado/la ortografía en el diccionario; **to ~ sth AGAINST sth** cotejar *or* chequear algo CON algo; **he ~ed the copy against the original** cotejó *or* chequeó la copia con el original; **~ that it's closed** asegúrate de que *or* comprueba que esté cerrado; **did you ~ when they're arriving?** ¿confirmaste cuándo llegan?, ¿chequeaste *or* (Méx) checaste cuándo llegan?; **~ whether the mail's arrived** mira a ver si ha llegado el correo

C (chess) dar* jaque (al rey)

D (AmE) [1] (deposit — in cloakroom) dejar en el guardarropa; (— in baggage office) dejar *or* (frml) depositar en consigna [2] (register) (Aviat) ‹*baggage*› facturar, chequear (AmL)

E (AmE) (mark) marcar*, hacer* un tic *or* (Méx fam) una palomita en, poner* un visto en (Esp)

■ **check** *vi* [1] (verify, make sure) comprobar*, verificar*, chequear, checar* (Méx); **just ~ing!** sólo me quería asegurar [2] (tally) (AmE) **to ~ WITH sth** coincidir *or* concordar* CON algo [3] (stop) ‹‹*person/horse*›› pararse de repente, pararse en seco

Phrasal verbs

• **check in**

A [v + adv] [1] (register) (at airport) facturar *or* (AmL tb) chequear el equipaje; (at hotel) registrarse; **they haven't ~ed in yet** todavía no se han registrado [2] (make routine contact) (AmE): **he usually ~s in after lunch** generalmente llama/pasa después de comer; **if you're going to be late, be sure to ~ in** si vas a llegar tarde, no dejes de avisarnos

B [v + o + adv, v + adv + o] [1] (register) ‹*luggage*› facturar, chequear (AmL); **the girl who ~ed us in** la chica que nos atendió (*or* nos facturó el equipaje *etc*) [2] (return) (AmE) ‹*book/equipment*› devolver*

• **check off** [v + o + adv, v + adv + o] ‹*items/details*› ir* marcando; **~ the names off against my list** ve marcando los nombres cotejándolos con mi lista

• **check out**

A [v + adv (+ prep + o)] (leave) irse*; **he's already ~ed out of the hotel** ya se ha ido del hotel (*habiendo pagado la factura etc*)

B [v + adv] (tally) (AmE) ‹‹*story/account*›› cuadrar

C [v + o + adv, v + adv + o] [1] ‹*figures/facts/story*› verificar*, comprobar*, chequear, checar* (Méx); **we must ~ out the new film** (colloq) tenemos que ir a ver qué tal es la nueva película [2] (esp AmE) ‹*shopping*› ‹‹*customer/client*›› pagar*; ‹‹*cashier*›› cobrar; **how many books can I ~ out at one time?** ¿cuántos libros puedo sacar a la vez?

D [v + adv] (die) (AmE colloq) estirar la pata (fam), diñarla (Esp fam), petatearla (Méx fam), cantar para el carnero (RPl arg), entregarla* (Chi fam)

• **check through** [v + o + adv]: **~ my bags through to London, please** factúreme el equipaje directamente a Londres, por favor

• **check up** [v + adv]: **I'm not sure what time it arrives but I'll ~ up before leaving** no estoy seguro de la hora que llega pero lo confirmaré antes de salir; **to ~ up (ON sb/sth)**: **he's been ~ing up on her expenses** le ha estado controlando los gastos; **have you been ~ing up on me?** ¿me has estado vigilando *or* espiando?; **we ~ed up on him and found out he was lying** hicimos averiguaciones y comprobamos que mentía; **I think there's a flight at 9, can you ~ up on that?** creo que hay un vuelo a las 9 ¿puedes averiguar si es así? *or* ¿puedes comprobarlo *or* confirmarlo?

check[3] *interj* [1] (in chess) ¡jaque! [2] (expressing affirmation, confirmation) (AmE colloq) ¡sí, señor!

checkbook, (BrE) **chequebook** /'tʃekbʊk/ *n* chequera *f*, talonario *m* de cheques (esp Esp); (*before n*): **~ journalism** periodismo *m* sensacionalista (*que paga para obtener exclusivas*)

checkbox /'tʃekba:ks || 'tʃekbɒks/ *n* casilla *f* de verificación

checked /tʃekt/ *adj* (*no comp*) ‹*material/shirt*› a *or* de cuadros

checker /'tʃekər || 'tʃekə(r)/ *n* (AmE)

A (cashier) cajero, -ra *m,f*

B (Games) ficha *f*

checkerboard /'tʃekərbɔ:rd || 'tʃekəbɔ:d/ *n* (AmE) tablero *m* de ajedrez/damas

checkered, (BrE) **chequered** /'tʃekərd || 'tʃekəd/ *adj* [1] ‹*career/history/past*› accidentado, con altibajos [2] ‹*pattern/design*› a *or* de cuadros

checkers /'tʃekərz || 'tʃekəz/ *n* (AmE) (+ *sing vb*) damas *fpl*; *see also* **Chinese chequers**

check-in /'tʃekɪn/ *n* (at airport) (place & act) facturación *f* de equipajes; (*before n*): **~ desk** *o* **counter** (at airport) mostrador *m* de facturación (in hotel) (AmE), recepción *f*; **~ time** hora *f* de facturación

checking account /'tʃekɪŋ/ *n* (AmE) cuenta *f* corriente

checklist /'tʃeklɪst/ *n* lista *f* de control

checkmate[1] /'tʃekmeɪt/ *n* [c u] (jaque *m*) mate *m*

checkmate[2] *vt* darle* (jaque) mate a

checkout /'tʃekaʊt/ *n* [1] (in supermarket) caja *f*; (*before n*): **~ assistant** cajero, -ra *m,f*; **~ boy** cajero *m*; **~ counter** caja *f*; **~ girl** cajera *f* [2] (in hotel) (*before n*): **~ time** *hora en que se debe dejar libre la habitación*

checkpoint /'tʃekpɔɪnt/ *n* control *m*

checkroom /'tʃekru:m -rʊm/ *n* (cloakroom) (AmE) guardarropa *m*

checksum /'tʃeksʌm/ *n* suma *f* de comprobación *or* verificación, suma *f* de control

checkup /'tʃekʌp/ *n* [1] (Med) chequeo *m*, revisión *f*, reconocimiento *m* (médico) (frml), revisación *f* (RPl); **to have a ~** hacerse* un chequeo *or* (frml) un reconocimiento (médico) [2] (Dent) chequeo *m*, revisión *f* [3] (AmE) (Auto) revisión *f*, servicio *m* (AmL), service *m* (RPl)

cheddar, Cheddar /'tʃedər || 'tʃedə(r)/ *n* [u] queso *m* (de) Cheddar

cheek[1] /tʃi:k/ *n*

A ▸ ❶ p.965 [c] (Anat) [1] (of the face) mejilla *f*, cachete *m* (AmL fam); ***~ by jowl with sb*** uno junto al otro; ***to turn the other ~*** dar* la otra mejilla [2] (buttock) (colloq) nalga *f*, cachete *m* (CS fam)

B [u] (colloq) [1] (impudence) descaro *m*, frescura *f*, cara *f* (fam), morro *m* (Esp fam), patudez *f* (Chi fam); **he had the ~ to ...** tuvo el descaro *or* la frescura (*or* la cara *etc*) de ...; **what (a) ~!** ¡qué cara (más dura)! (fam), ¡qué caradura es! (fam) [2] (impudent words) (BrE) insolencias *fpl*, impertinencias *fpl*; **to give sb a lot of ~** ser* muy insolente con algn

cheek[2] *vt* (BrE colloq) contestar, responder

cheekbone /'tʃi:kbəʊn/ *n* pómulo *m*

-cheeked /tʃi:kt/ *suff*: **rosy~** de mejillas sonrosadas; **chubby~** mofletudo

cheekily /'tʃi:kəli || 'tʃi:kɪli/ *adv* descaradamente, con frescura

cheekiness /'tʃi:kinəs || 'tʃi:kinɪs/ *n* [u] descaro *m*, frescura *f*, caradurismo *m* (fam), caradura *f* (fam)

cheeky /'tʃi:ki/ *adj* **-kier, -kiest** ‹*boy/girl*› fresco, atrevido, descarado, caradura (fam); ‹*grin*› pícaro; ‹*prank/remark*› impertinente

cheep[1] /tʃi:p/ *vi* piar*

cheep[2] *n* piada *f*, piído *m*

cheer[1] /tʃɪr || 'tʃɪə(r)/ *n*

A [c] [1] (of encouragement, approval) ovación *f*, aclamación *f*; **to give three ~s for sb** vitorear *or* (AmS tb) vivar a algn; **three ~s for Fred!** ¡viva Fred! [2] (cheerleaders' routine) (AmE) hurra *m*

B **cheers** *pl* (colloq) (*as interj*) [1] (drinking toast) ¡salud!; **here's to you, ~s!** ¡a tu salud! [2] (goodbye) adiós, chao *or* chau (esp AmL fam) [3] (thanks) (BrE) gracias

C [u] (cheerfulness) (liter) alegría *f*, animación *f*; **be of good ~** ¡ánimo!, ¡levanta el ánimo!

cheer[2] *vt*

A [1] (shout in approval) aclamar, vitorear [2] **~ (on)** (encourage) ‹*team/runner*› animar, alentar*

B (gladden, comfort) alegrar, reconfortar

■ **cheer** *vi* aplaudir, gritar entusiasmadamente

Phrasal verb

• **cheer up**

A [v + adv] animarse; **come on, ~ up!** ¡vamos! ¡anímate! *or* ¡arriba ese ánimo!

B [v + o + adv, v + adv + o] ‹*person*› animar, levantarle el ánimo a; **some bright curtains would ~ the room up** unas cortinas en colores vivos alegrarían el cuarto

cheerful /'tʃɪrfəl || 'tʃɪəfəl/ *adj* ‹*person/expression/smile*› alegre, jovial; ‹*color/clothes/decor*›

➡ *see* Living in a Spanish-speaking country

C

alegre; ‹*news/prospect*› alentador

cheerfully /ˈtʃɪrfəli || ˈtʃɪəfəli/ *adv* ‹*grin/whistle/chatter*› alegremente; **the room was ~ decorated** la habitación tenía un decorado muy alegre; **she ~ accepted their criticism** aceptó sus críticas con buen humor; **I could ~ murder him** si pudiera, lo mataría *or* lo mataría y me quedaría tan pancho (fam)

cheerfulness /ˈtʃɪrfəlnəs || ˈtʃɪəfəlnɪs/ *n* [u] alegría *f*

cheerily /ˈtʃɪrəli || ˈtʃɪərɪli/ *adv* con alegría

cheering[1] /ˈtʃɪrɪŋ || ˈtʃɪərɪŋ/ *adj* ‹*news/prospect/sight*› alentador

cheering[2] *n* ovaciones *fpl*, aplausos *mpl*, vítores *mpl*

cheerio /ˌtʃɪriˈəʊ || ˌtʃɪəriˈəʊ/ *interj* (BrE colloq) 1 (goodbye) adiós, hasta luego, chao *or* chau (esp AmL fam) 2 (drinking toast) (dated) ¡salud!

cheerleader /ˈtʃɪrˌliːdər || ˈtʃɪəˌliːdə(r)/ *n* animador, -dora *m,f* (*en encuentros deportivos, mitines políticos*), porrista *mf* (Col, Méx)

cheerless /ˈtʃɪrləs || ˈtʃɪəlɪs/ *adj* ‹*room/house*› triste, sin alegría; ‹*day/landscape*› triste; ‹*prospect*› poco alentador, sombrío

cheery /ˈtʃɪri || ˈtʃɪəri/ *adj* **-rier, -riest** ‹*smile*› de felicidad, alegre; ‹*greeting*› lleno de alegría; ‹*manner*› risueño y optimista

cheese /tʃiːz/ *n* [u c] queso *m*; **blue ~** queso azul; **say ~!** (Phot) ¡sonría (*or* sonrían *etc*)!; ***hard* ~** mala pata (fam); ***to cut the* ~** (AmE sl) tirarse *or* (Col, Méx) echarse uno (fam); (*before n*): **~ spread** queso *m* cremoso para untar; **~ straws** palitos *mpl* de queso

Phrasal verb

- **cheese off** [v + o + adv, v + adv + o] (BrE) (colloq) (*usu pass*): **to be ~d off** estar* harto *or* (fam) hasta la coronilla; **I'm really ~d off with them** me tienen hasta la coronilla (fam)

cheeseboard /ˈtʃiːzbɔːrd || ˈtʃiːzbɔːd/ *n* (board) tabla *f* para el queso; (course) tabla *f* de quesos

cheeseburger /ˈtʃiːzˌbɜːrgər || ˈtʃiːzˌbɜːgə(r)/ *n* hamburguesa *f* con queso

cheesecake /ˈtʃiːzkeɪk/ *n*
A [u c] (Culin) tarta *f* de queso
B [u] (pinups) (colloq & dated) *fotos de mujeres desnudas*

cheesecloth /ˈtʃiːzklɔːθ || ˈtʃiːzklɒθ/ *n* [u] estopilla *f*, bambula *f*

cheese knife *n* cuchillo *m* para queso

cheesemaker /ˈtʃiːzmeɪkər || ˈtʃiːzmeɪkə(r)/ *n* fabricante *mf* de quesos

cheesemaking /ˈtʃiːzmeɪkɪŋ/ *n* [u] fabricación *f* del queso

cheeseparing[1] /ˈtʃiːzˌperɪŋ || ˈtʃiːzpeərɪŋ/ *adj* tacaño, cicatero

cheeseparing[2] *n* [u] tacañería *f*, cicatería *f*

cheese sauce *n* [u c] salsa *f* de queso

cheese wire *n* cortador *m* de queso

cheesy /ˈtʃiːzi/ *adj* **-sier, -siest** 1 ‹*smell/taste*› (como) a queso 2 (shoddy) (AmE sl) de mala calidad, rasca (CS fam) 3 (colloq) (toothy) (esp BrE): **a great, big, ~ grin** una sonrisa de oreja a oreja

cheetah /ˈtʃiːtə/ *n* guepardo *m*, chita *f*

Cheezies® /ˈtʃiːzɪz/ *pl n* (Can) (Culin) *comida ligera que consiste en trozos de masa de harina de maíz espolvoreados con queso*

chef /ʃef/ *n* chef *m*, jefe, -fa *m,f* de cocina

chelate /ˈkiːleɪt/ *vt* quelatar, formar quelatos; **~d mineral** mineral *m* quelatado

Chelsea tractor /ˈtʃelsiː/ *n* (BrE colloq) (Auto) todoterreno *m* urbano

chemical[1] /ˈkemɪkəl/ *n* [c u] sustancia *f* química, producto *m* químico

chemical[2] *adj* químico

chemical agent *n* agente *m* químico

chemical engineer *n* ingeniero químico, ingeniera química *m,f*

chemical engineering *n* [u] ingeniería *f* química

chemically /ˈkemɪkli/ *adv* químicamente

chemical toilet *n* inodoro *m* químico, wáter *m* químico

chemical weapon *n* arma *f*‡ química

chemise /ʃəˈmiːz/ *n* 1 (underclothing) camiseta *f* 2 (dress) vestido *m* camisero, chemisier *m*

chemist /ˈkeməst || ˈkemɪst/ *n* 1 (scientist) químico, -ca *m,f* 2 (pharmacist) (BrE) farmacéutico, -ca *m,f*; **dispensing ~** farmacéutico, -ca *m,f*; **at the ~'s** en la farmacia

chemistry /ˈkeməstri || ˈkemɪstri/ *n* [u] 1 (science) química *f* 2 (properties) propiedades *fpl*, comportamiento *m* 3 (interaction) sintonía *f*, vibraciones *fpl*; **the ~ of love/worker-management relations** la sintonía del amor/de las relaciones empleado-dirección; **good/bad ~** buena/mala sintonía; **the ~ between us was wrong** entre nosotros no existía esa atracción mutua indispensable; **a certain ~ develops between the performer and his audience** se establece una comunicación muy especial entre el artista y su público

chemistry set *n* juego *m* de química

chemoreceptor /ˈkiːməʊrɪseptər || ˈkiːməʊrɪseptə(r)/ *n* receptor *m* químico

chemotherapy /ˌkiːməʊˈθerəpi/ *n* [c u] (*pl* **-pies**) quimioterapia *f*

chenille /ʃəˈniːl/ *n* [u] felpilla *f*

cheque /tʃek/ ➡📖 *n* (BrE) ▸**check**[1] **E** (*before n*): **~ (guarantee) card** tarjeta *f* bancaria

chequebook *n* (BrE) ▸**checkbook**

chequered /ˈtʃekərd || ˈtʃekəd/ *adj* (BrE) ▸**checkered**

cherish /ˈtʃerɪʃ/ *vt* 1 (care for, value) ‹*person/friendship*› apreciar, valorar; **to love and to ~** amarse y respetarse 2 (cling to) ‹*memory/hope/ideal*› conservar, mantener*; ‹*illusion/dream*› abrigar*, acariciar 3 **cherished** *past p* preciado; **a long ~ed ambition** una ambición albergada durante largo tiempo; **his most ~ed possession** su bien más preciado

cheroot /ʃəˈruːt/ *n* puro *m* (*cortado en ambos extremos*)

cherry /ˈtʃeri/ *n* (*pl* **-ries**) 1 [c] (fruit) cereza *f*; **wild ~** cereza silvestre; **black ~** guinda *f*; (*before n*): **~ brandy** aguardiente *m* de cerezas; **~ tomato** tomate *m* cherry *or* cereza 2 [c] (tree) cerezo *m*; (*before n*): **~ blossom** flor *f* de cerezo; **~ orchard** cerezal *m* 3 ▸❶ **p.1036** [u] (color): **~ red** rojo *m* cereza, color *m* guinda 4 [c] (virginity) (sl) virginidad *f*; **to lose one's ~** perder* la virginidad

cherry-pick /ˈtʃeriˌpɪk/ *vt* ‹*candidates/students/proposals*› elegir* los mejores

cherry picker *n* (crane) (colloq) grúa *f* con cesta, grúa *f* con plataforma

cherry-red /ˌtʃeriˈred/ ▸❶ **p.1036** *adj* (*pred* **cherry red**) rojo cereza *adj inv*, color guinda *adj inv*

cherub /ˈtʃerəb/ *n* (*pl* **-ubs**)
A 1 (Art) querubín *m* 2 (child) querubín *m*, angelito *m*
B (*pl* **-ubim** /-əbɪm/) (Bib) querubín *m*; **~im and seraphim** querubines y serafines

cherubic /tʃəˈruːbɪk || tʃɪˈruːbɪk/ *adj* ‹*child/face/smile*› angelical

chervil /ˈtʃɜːrvəl || ˈtʃɜːvɪl/ *n* [u] perifollo *m*

Ches = **Cheshire**

Cheshire cat /ˈtʃeʃər || ˈtʃeʃə(r), ˈtʃeʃɪə(r)/ *n* gato *m* (de) Cheshire; ***to grin like a ~ ~*** sonreír* de oreja a oreja

chess /tʃes/ *n* [u] ajedrez *m*; (*before n*) ‹*player/game*› de ajedrez; **~ clock** *n* cronómetro *m* de ajedrez; **~ set** juego *m* de ajedrez; **~ tournament** torneo *m* de ajedrez

chessboard /ˈtʃesbɔːrd || ˈtʃesbɔːd/ *n* tablero *m* de ajedrez

chessman /ˈtʃesmæn/ (*pl* **-men** /-men/) **chess piece** *n* pieza *f* de ajedrez

chest /tʃest/ *n*
A (Anat) pecho *m*; **to have a weak ~** tener* problemas respiratorios; ***to get sth off one's ~*** desahogarse* contando/confesando algo; ***to play* o *keep one's cards close to one's ~*** no soltar* prenda (fam); (*before n*): **~ cold** catarro *m* de pecho; **~ pains** dolores *mpl* de pecho; **~ specialist** especialista *mf* de las vías respiratorias
B (box) arcón *m*
C (AmE) 1 (treasury) tesorería *f* 2 (funds) fondos *mpl*

-chested /ˈtʃestəd || ˈtʃestɪd/ *suff*: **bare~** desnudo de la cintura para arriba, sin camisa; **she's very flat~** no tiene nada de busto, es una tabla (fam)

chesterfield /ˈtʃestərfiːld || ˈtʃestəfiːld/ *n* sofá (*m*)

chest expander /ɪkˈspændər || ɪkˈspændə(r)/ *n* extensor *m*

chest freezer *n* congelador *m* horizontal, arcón *m* congelador

chest infection *n* infección *f*, de la vías respiratorias, infección *f* de pecho

chestnut[1] /ˈtʃesnʌt/ *n*
A [c] 1 (nut) castaña *f* 2 **~ (tree)** castaño *m* 3 (*horse ~*) (nut) castaña *f* de Indias; (tree) castaño *m* de Indias 4 (old story) (colloq): **an old ~** una historia muy vieja *or* pasada
B ▸❶ **p.1036** [u] (color) castaño *m*
C [c] (horse) caballo *m* castaño *or* zaino

chestnut[2] ▸❶ **p.1036** *adj* ‹*horse*› castaño, zaino; ‹*hair*› castaño

chest of drawers *n* (*pl* **~s ~ ~**) cómoda *f*

chesty /ˈtʃesti/ *adj* **-tier, -tiest** 1 (well-developed) con mucho pecho, pechugón (fam) 2 (BrE) (Med) de pecho; **to be ~** tener* el pecho congestionado

chevron /ˈʃevrən/ *n* (Mil) galón *m* (*en forma de V*)

chew[1] /tʃuː/ *vt* ‹*food*› mascar*, masticar*; ‹*nails/pencil*› morder*; ‹*tobacco/gum*› mascar*; ***to ~ the fat* o *rag*** (colloq) charlar *or* (esp AmL) conversar *or* (AmC, Méx) platicar*

■ **chew** *vi* **to ~ AT/ON sth** mordiscar* algo, mordisquear algo

Phrasal verbs

- **chew out** [v + o + adv, v + adv + o] (scold, reprimand) (AmE colloq) regañar, reñir* (Esp, Méx), retar (CS fam)
- **chew over** [v + o + adv, v + adv + o] (colloq) ‹*suggestion/offer*› considerar; ‹*problem*› darle* vueltas a; **I'd like to ~ it over for a couple of days** quisiera pensármelo un par de días
- **chew up** [v + o + adv, v + adv + o] (when eating) masticar* *or* mascar* bien; **the dog had ~ed up the carpet** el perro había destrozado la alfombra a mordiscos

chew[2] *n*: **a ~ of tobacco** una mascada de tabaco

chewing gum /ˈtʃuːɪŋ/ *n* [u] chicle *m*, goma *f* de mascar (frml)

chewy /ˈtʃuːi/ *adj* **-wier, -wiest** ‹*meat*› correoso, duro, latigudo (Chi fam); ‹*candy/toffee*› masticable

chiack /ˈtʃaɪæk/ *vt* (Austral colloq) reírse* de ,pitorrearse de (Esp fam)

chiaroscuro /kiˌɑːrəˈskʊrəʊ || kiˌɑːrəˈskʊərəʊ/ *n* [u] claroscuro *m*

chic[1] /ʃiːk/ *adj* **-er, -est** ‹*clothes/appearance*› chic *adj inv*, elegante; ‹*restaurant/lifestyle*› *adj inv*, chic

chic[2] *n* [u] chic *m*, elegancia *f*

Chicana /tʃɪˈkɑːnə/ *n* (*pl* **-nas**) chicana *f*

chicane /ʃɪˈkeɪn/ *n* chicane *f*

chicanery /ʃɪˈkeɪnəri/ *n* [u c] (*pl* **-eries**) (liter) argucia *f*

Chicano /tʃɪˈkɑːnəʊ/ *n* (*pl* **-nos**) chicano *m*

Chicano

Estadounidense de origen mexicano. En un principio el término se usaba como insulto, pero en la actualidad ha dejado de serlo e incluso los propios mexicoamericanos lo prefieren.

chichi /ˈʃiːʃiː/ *adj* (colloq) cursi (fam & pey)

➡📖 *see* Living in a Spanish-speaking country

chick /tʃɪk/ *n* **1** (young chicken) pollito, -ta *m,f*, polluelo, -la *m,f* **2** (young bird) pichón, -chona *m,f*, polluelo, -la *m,f* **3** (young woman) (sl) muchacha *f*, chavala *f* (Esp fam), pebeta *f* (RPl fam), cabra *f* (Chi fam)

chickadee /ˈtʃɪkədiː/ *n* (AmE) paro *m*, herrerillo *m*

chicken[1] /ˈtʃɪkən || ˈtʃɪkɪn/ *n* **1** [c] (Zool) pollo *m*; **she's no (spring) ~** no es ninguna niña *or* nena; **to play ~** jugar* a ver quién es más gallito; ***don't count your ~s (before they're hatched)*** no hay que vender la piel del oso (antes de cazarlo); ***he's already counting his ~s*** está como la lechera del cuento; ▸**roost**[2] **2** [u] (Culin) pollo *m*; (hen) gallina *f*; **roast ~** pollo asado; (*before n*): **~ liver** hígado *m* de pollo

Phrasal verb

- **chicken out** [v + adv (+ prep + o)] (colloq) acobardarse, achicarse* (fam), rajarse (fam); **to ~ out OF sth**: **she ~ed out of telling him** no se atrevió a decírselo

chicken[2] *adj* (colloq: used esp by children) (*pred*) gallina (fam), miedoso

chicken brick *n* (BrE); *recipiente de barro para asar el pollo en su jugo*

chickenburger /ˈtʃɪkənbɜːrgər || ˈtʃɪkɪnbɜːgə(r)/ *n* hamburguesa *f* de pollo

chicken feed *n* [u] (colloq) una miseria (fam), calderilla *f* (fam)

chickenhearted /ˈtʃɪkənˌhɑːrtəd || ˌtʃɪkɪn ˈhɑːtɪd/, **chickenlivered** /-ˈlɪvərd || -ˈlɪvəd/ *adj* cobarde, miedoso

chicken Kiev /ˈkiːev/ *n* pollo *m* Kiev

chickenpox /ˈtʃɪkənpɑːks || ˈtʃɪkɪnpɒks/ *n* [u] varicela *f*, peste *f* cristal (Chi)

chicken run *n*
A (enclosure) corral *m*
B (in South Africa) (Pol) (colloq) *huida de Sudáfrica por miedo a las represalias después de la época del apartheid*

chicken wire *n* [u] alambrera *f*

chick flick *n* (colloq) (Cin) película *f* para mujeres

chick lit /lɪt/ *n* [u] (colloq) (Lit) chick lit *f*, literatura *f* para la mujer moderna

chickpea /ˈtʃɪkpiː/ *n* garbanzo *m*

chickweed /ˈtʃɪkwiːd/ *n* [u] pamplina *f*, álsine *f* media

chicle /ˈtʃɪkəl/ *n* [u] (Bot) chicle *m*

chicory /ˈtʃɪkəri/ *n* [u] **1** (Bot) endivia *f* **2** (in coffee) achicoria *f*

chide /tʃaɪd/ *vt* (*past* **chided** *or* **chid** /tʃɪd/; *past p* **chided** *or* **chid** *or* **chidden** /ˈtʃɪdn/) (frml in BrE) **to ~ sb FOR sth/-ING** reprender *or* censurar a algn POR algo/+ INF

chief[1] /tʃiːf/ *n* **1** (head) jefe, -fa *m,f*, líder *mf*; **~ of police** jefe de policía; **the great white ~** el gran jefe *or* (Méx fam) el mero mero; **too many ~s and not enough Indians** (set phrase) muchos jefes y pocos trabajadores **2** (boss) (colloq) jefe, -fa *m,f* **3** (BrE colloq) (*as form of address*) jefe, -fa, patrón, -trona

chief[2] *adj* (*before n, no comp*) **1** (main) principal **2** (highest in rank): **~ constable** jefe, -fa *m,f* de policía; **~ executive** (BrE) (of corporation) presidente, -ta *m,f*; **~ executive officer** (of corporation) presidente, -ta *m,f*; **C~ Rabbi** Gran Rabino *m*; **~ superintendent** (BrE) comisario, -ria *m,f* jefe de policía

chief inspector *n* (BrE) inspector, -tora *m,f*, general (de la policía) (esp AmL), inspector, -tora *m,f* jefe (de la policía) (esp Esp)

chief justice *n* (in US) presidente, -ta *m,f* del tribunal; **C~ J~ (of the United States)** Presidente del Tribunal Supremo (de los Estados Unidos)

chiefly /ˈtʃiːfli/ *adv* principalmente

chief of staff, Chief of Staff *n* (*pl* **~s ~ ~**) (Mil) jefe, -fa *m,f* del estado mayor

chieftain /ˈtʃiːftən/ *n* (of tribe, group) cacique *m*; (of Scottish clan) jefe, -fa *m,f*

chiffon /ʃɪˈfɑːn || ˈʃɪfɒn/ *n* [u] chiffón *m*

chignon /ˈʃiːnjɑːn || ˈʃiːnjɒn/ *n* moño *m*, chongo *m* (Méx), rodete *m* (RPl)

chihuahua /tʃəˈwɑːwə || tʃɪˈwɑːwə/ *n* chihuahua *m*

chilblain /ˈtʃɪlbleɪn/ *n* sabañón *m*

child /tʃaɪld/ *n* (*pl* **children** /ˈtʃɪldrən/) **1** (boy) niño *m*; (girl) niña *f*; **a group of ~ren** un grupo de niños; **I've known her since I was a ~** la conozco desde niño *or* chico; **don't be such a ~!** ¡no seas niño *or* crío!, ¡no seas tan infantil!; ***to be ~'s play*** ser* un juego de niños; ***the ~ is father of the man*** lo que se mama de niño dura toda la vida; (*before n*): **~ labor** trabajo *m* de menores; **~ prodigy** niño, -ña *m,f* prodigio; **~ psychiatrist** psiquiatra *mf* infantil; **~ psychiatry** psiquiatría *f* infantil; **~ psychologist** psicólogo, -ga *m,f* infantil; **~ psychology** psicología *f* infantil; **~ welfare** protección *f* a la infancia; *see also* **abuse**[1] **B** **2** (son) hijo *m*; (daughter) hija *f*; **have you any ~ren?** ¿tiene hijos?; **we have two ~ren** tenemos dos hijos; **to be with ~** (liter) estar* encinta; **to get sb with ~** (liter) dejar a algn encinta; **to be great** *o* **big with ~** (arch) estar* a punto de dar a luz; **she's a ~ of the sixties** es un producto de los años sesenta

child abuser /əˈbjuːzər || əˈbjuːzə(r)/ *n* (physically) *persona que maltrata a un menor*; (sexually) *persona que abusa sexualmente de un menor*

child allowance *n* (in UK) **1** (in taxation) (Hist) desgravación *f* fiscal por hijo **2** (colloq) ▸**child benefit**

childbearing /ˈtʃaɪldˌberɪŋ || ˈtʃaɪldˌbeərɪŋ/ *n* [u] maternidad *f*; (*before n*): **to be of ~ age** estar* en edad fértil

child benefit *n* [u] (in UK) *prestación que se recibe del estado para cada hijo independientemente de los ingresos de los padres* ≈asignación *f* familiar (CS)

childbirth /ˈtʃaɪldbɜːrθ || ˈtʃaɪldbɜːθ/ *n* [u] parto *m*, alumbramiento *m* (frml); **she died in ~** murió de parto

child bride *n* novia *f*, adolescente; **she arrived as a ~ ~** llegó en calidad de novia cuando aún era una niña

childcare /ˈtʃaɪldker || ˈtʃaɪldkeə(r)/ *n* cuidado *m* de los niños, puericultura *f*; (*before n*): **~ facilities** (BrE) guarderías *fpl*

child carer *n* cuidador, -dora *m,f* de niños

child-centered, (BrE) **child-centred** /ˈtsaɪldˌsentərd || ˈtsaɪldˌsentəd/ *adj* dirigido a los niños

child-friendly /ˈtʃaɪldˌfrendli/ *adj* **1** ‹*activities/access*› fácil para el niño **2** ‹*legislation*› de protección al menor; ‹*timetable*› favorable al niño

childhood /ˈtʃaɪldhʊd/ *n* [u c] niñez *f*, infancia *f*; **to be in one's second ~** estar* en la segunda infancia

childish /ˈtʃaɪldɪʃ/ *adj* **1** (immature) ‹*attitude/prank/remark*› infantil, pueril; **don't be so ~!** ¡no seas tan infantil!, ¡no seas niño! **2** (typical of a child) infantil

childishly /ˈtʃaɪldɪʃli/ *adv* de una manera infantil *or* pueril, como un niño

childishness /ˈtʃaɪldɪʃnəs || ˈtʃaɪldɪʃnɪs/ *n* [u] infantilismo *m*, puerilidad *f*

child language *n* [u] lenguaje *m* infantil

childless /ˈtʃaɪldləs || ˈtʃaɪldlɪs/ *adj* ‹*couple/marriage*› sin hijos

childlike /ˈtʃaɪldlaɪk/ *adj* ‹*innocence/simplicity/trust*› ingenuo, de niño

child lock *n* **1** (in car) cierre *m* de seguridad para niños, seguro *m* para niños **2** (on TV, computer) bloqueo *m* de seguridad para niños

childminder /ˈtʃaɪldmaɪndər || ˈtʃaɪldmaɪndə(r)/ *n* (BrE) cuidador, -dora *m,f* de niños

child molester /məˈlestər || məˈlestə(r)/ *n*: *persona que abusa sexualmente de un menor*

child pornography *n* [u] pornografía *f* infantil

childproof /ˈtʃaɪldpruːf/ *adj* a prueba de niños

child protection *n* [u] protección *f* de menores; (*before n*) ‹*measures/services*› de protección al menor

children /ˈtʃɪldrən/ *pl of* **child**

children's home *n* centro *m* de acogida de menores, hogar *m* de niños (AmL)

children's literature *n* [u] literatura *f* infantil

child seat *n* asiento *m* de seguridad (para niños)

child soldier *n* (Mil) niño soldado *m*, niña soldado *f*

child support *n* [u] mantención *f*, del menor; (*before n*) de la mantención del menor (*or* de los menores); **~ ~ law** ley *f* que regula la mantención de los menores

Child Support Agency *n* (in UK) Organismo *m* de ayuda al menor

Chile /ˈtʃɪli/ *n* Chile *m*

Chilean[1] /ˈtʃɪliən/ *adj* chileno

Chilean[2] *n* chileno, -na *m,f*

chili, chilli /ˈtʃɪli/ *n* (*pl* **-lies**) ají *m*, chile *m*; **~ con carne** chile con carne; (*before n*): **~ powder** ají *or* chile en polvo

chili dog *n* (AmE); *perrito caliente con chile con carne*

chill[1] /tʃɪl/ *n* **1** [u] (coldness — of weather) frío *m*, fresco *m*; (— of manner) frialdad *f*; **there's a ~ in the air** hace frío *or* fresco; **to take the ~ off/out of sth** templar *or* calentar* algo; **the boycott cast a ~ over bilateral relations** el boicot enfrió las relaciones bilaterales **2** [c] (Med) enfriamiento *m*, resfriado *m*; **to catch a ~** resfriarse* **3** (shiver) escalofrío *m*

chill[2] *vt* enfriar*; ‹*wine/food*› poner* a enfriar; **S serve chilled** sírvase frío; **we were ~ed to the bone** estábamos congelados (de frío); **the scream ~ed his blood** al oír el grito se le heló la sangre en las venas

Phrasal verb

- **chill out** [v + adv] (colloq) **1** (calm down) tranquilizarse, calmarse; **come on man, ~!** ¡vamos hombre, tú tranqui! (fam) **2** (pass time) pasar el tiempo

chill[3] *adj* (liter) gélido (liter)

chiller /ˈtʃɪlər || ˈtʃɪlə(r)/ *n*
A (refrigerator) refrigerador *m*
B (colloq) película *f* de suspenso *or* (Esp) de suspense y terror

chill factor *n* [u] sensación *f* térmica (*por efecto de la exposición al viento*)

chilli *n* (*pl* **-lies**) ▸**chili**

chilliness /ˈtʃɪlinəs || ˈtʃɪlinɪs/ *n* [u] (of weather) frío *m*; (of greetings) frialdad *f*

chilling /ˈtʃɪlɪŋ/ *adj* **1** ‹*look*› glacial, frío **2** ‹*tale/remark/thought*› escalofriante, espeluznante

chill-out[1] /ˈtʃɪlˌaʊt/ *adj* (colloq) (*before n*) ‹*area/room*› de descanso, de chill-out (fam); **~ music** música *f* chill out

chill-out[2] *n* [u] (colloq) chill out *m* (fam); relajación *f*, descanso *m*

chilly /ˈtʃɪli/ *adj* **-lier, -liest** **1** ▸**❶ p.1878**; ‹*room/weather*› frío; **~ today, isn't it?** hace fresquito hoy ¿no?; **I feel ~** tengo frío; **a ~ economic climate** una situación económica adversa **2** ‹*greeting/welcome*› frío

chillybin /ˈtʃɪlibɪn/ *n* (NZ) (Culin) nevera *f* portátil, heladera *f* portátil (RPl), hielera *f* (Chi) (Méx)

chime[1] /tʃaɪm/ *n* **1** (sound — of bells) repique *m*; (— of clock) campanada *f*; (— of doorbell) campanilla *f* **2** (device) (*usu pl*) carillón *m*

chime[2] *vt* ‹*tune*› tocar*; **the clock ~d midnight** el reloj dió *or* tocó las doce

■ **chime** *vi* **1** «*bell*» sonar*, repicar*; «*clock*» dar* la hora, sonar* **2** **to ~ WITH sth** concordar* *or* sintonizar* CON algo

Phrasal verbs

- **chime in** [v + adv] (colloq) meter (la) cuchara (fam)
- **chime in with** [v + adv + prep + o] ‹*with plans/wishes*› estar* en sintonía con

chimera /kaɪˈmɪrə || kaɪˈmɪərə/ *n* quimera *f*

chimerical /kaɪˈmerɪkəl/ *adj* quimérico

C

chimney /'tʃɪmni/ *n* 1 (of house, factory) chimenea *f*; ***to smoke like a ~*** (colloq) fumar como un carretero *or* una chimenea (fam); (*before n*): **~ breast** campana *f* de la chimenea; **~ pot** sombrerete *m* de la chimenea; **~ stack** fuste *m* 2 (of lamp) tubo *m* 3 (Geol) chimenea *f*

chimneypiece /'tʃɪmnipi:s/ *n* repisa *f* de chimenea

chimney sweep *n* deshollinador, -dora *m,f*

chimp /tʃɪmp/ *n* (colloq) chimpancé *m*; **like a ~s' tea party** como una casa de locos

chimpanzee /ˌtʃɪmpæn'zi: -pən-/ *n* chimpancé *m*

chin /tʃɪn/ *n* barbilla *f*, mentón *m*, pera *f* (CS fam); **to have a weak** *o* **receding ~** no tener* barbilla; **double ~** papada *f*, doble barba *f* (fam); ***to keep one's ~ up*** no perder* el ánimo; **~ up!** (colloq) ¡ánimo! (fam); ***to take it on the ~*** (AmE) sufrir las consecuencias, pagar* el pato (fam); **it was the kids who took it on the ~** fueron los niños los que sufrieron las consecuencias *or* (fam) pagaron el pato; ***to take sth on the ~*** encajar bien un golpe (suffer stoically) (BrE), aguantar algo con resignación; **she took their criticisms on the ~** encajó bien las críticas; (*before n*): **~ strap** correa *f* (*para atar debajo de la barbilla*), barbijo *m*

china /'tʃaɪnə/ *n* [u] (ceramic ware) loza *f*; (fine) porcelana *f*; **a piece of ~** una porcelana, un objeto de porcelana; **an exhibition of ~** una exposición de porcelanas; (*before n*): **~ doll** muñeca *f* de porcelana

China /'tʃaɪnə/ *n* China *f*

china clay *n* [u] caolín *m*

Chinaman /'tʃaɪnəmən/ *n* (*pl* **-men** /-mən/) (dated *or* offensive) chino *m*

Chinatown /'tʃaɪnətaʊn/ *n* (*no art*) barrio *m* chino

chinaware /'tʃaɪnəwer ‖ 'tʃaɪnəweə(r)/ *n* [u] (objetos *mpl* de) porcelana *f*

chinch bug /tʃɪntʃ/ *n* chinche *m or f* de los cereales

chinchilla /tʃɪn'tʃɪlə/ *n* chinchilla *f*

Chinese[1] /tʃaɪ'ni:z/ *adj* chino

Chinese[2] *n* (*pl* ~) 1 [c] (person) chino, -na *m,f* 2 [u] (language) chino *m* 3 [u c] (food, meal) (BrE colloq) comida *f* china 4 [c] (restaurant) (BrE colloq) restaurante *m* chino

Chinese chequers *n* (+ *sing vb*) damas *fpl* chinas

Chinese lantern *n* farolillo *m or* farolito *m* de papel

Chinese wall *n* (Fin) muralla *f* china (*muro imaginario para impedir el flujo de información privilegiada entre departamentos de una entidad financiera*)

Chinese whispers *n* (+ *sing vb*) juego *m* del teléfono

chink[1] /tʃɪŋk/ *n*

A (crack — in fence, wall) grieta *f*, abertura *f*; (— of door) rendija *f*, resquicio *m*; **a ~ of light entered through the shutters** la luz entraba por las rendijas de la persiana; ***the ~ in sb's armor*** el punto flaco *or* débil de algn

B (of coins, glasses) tintineo *m*

C (Chinese) (sl & offensive) chino, -na *m,f*, chale *mf* (Méx fam & pey)

chink[2] *vt* ‹*glasses*› hacer* tintinear; ‹*coins*› hacer* sonar *or* tintinear

■ **chink** *vi* «*glasses*» tintinear; «*coins*» sonar*

chinless /'tʃɪnləs ‖ 'tʃɪnlɪs/ *adj* (BrE colloq) timorato; **~ wonder** hijo, -ja *m,f* de papá (fam)

chino /'tʃi:nəʊ/ *n*

A (Tex) *gabardina f de algodón generalmente de color caqui*

B **chinos** *pl* (Clothing) pantalones *mpl* chinos *or* de chino

chintz /tʃɪnts/ *n* [u] chintz *m*

chintzy /'tʃɪntsi/ *adj* **-zier, -ziest** 1 (shoddy, cheap) (AmE colloq) barato, ordinario 2 (flowery, pretty) (BrE) coquetón (fam)

chin-up /'tʃɪn,ʌp/ *n* (AmE) flexión *f* de brazos (*colgándose de una barra*)

chinwag[1] /'tʃɪnwæg/ *n* (colloq) (*no pl*) cháchara *f* (fam), palique *m* (Esp fam); **to have a ~** chacharear (fam)

chinwag[2] *vi* **-gg-** (colloq & dated) estar* de cháchara *or* (Esp tb) de palique (fam), chacharear (fam)

chip[1] /tʃɪp/ *n*

A 1 (of wood) astilla *f*; (of stone) esquirla *f*; ***a ~ off the old block*** de tal palo tal astilla; ***to have a ~ on one's shoulder*** ser* un resentido 2 (crack, break) desportilladura *f*, muesca *f*; **there's a ~ in this cup** esta taza está desportillada *or* descascarillada *or* (RPl) cascada *or* (Chi) saltada

B (Culin) 1 (wafer): **banana ~s** *rodajas de plátano frito*, patacones *mpl* (Col); **potato ~s** (AmE) papas *fpl or* (Esp) patatas *fpl* fritas, patatas *fpl* a la inglesa (Esp), papas *fpl* chip (Ur) 2 (French fry) (BrE) papa *f or* (Esp) patata *f* frita, papa *f* a la francesa (Col, Méx); (*before n*) ‹*basket/pan*› para freír papas *or* (Esp) patatas; **~ shop** pescadería *f* (*donde se vende pescado frito y papas fritas*)

C (counter) (Games) ficha *f*; **they used it as a bargaining ~ in the negotiations** lo usaron de baza en las negociaciones; ***to be in the ~s*** (AmE) estar* rico *or* boyante; ***to cash in one's ~s*** (colloq & hum) estirar la pata (fam & hum), diñarla (Esp fam & hum); ***to have had one's ~s*** (BrE colloq): **you've had your ~s, mate** la jodiste, hermano (vulg); **I thought I'd had my ~s when the cable snapped** creí que me había llegado la hora cuando se rompió el cable; ***when the ~s are down*** (colloq) a la hora de la verdad

D (Comput, Electron) chip *m*; **silicon ~** pastilla *f* de silicio

E (Sport) 1 (in soccer) bombita *f* (*pase o tiro corto por encima de un jugador contrario*) 2 **~ (shot)** (in golf) chip *m* (*golpe corto y seco que permite acceder al green*) (in tennis) toque *m*

chip[2] **-pp-** *vt*

A 1 (damage) ‹*crockery*› desportillar, cascar* (RPl), saltar (Chi); ‹*tooth*› romper* un trocito de; **the paint got ~ped** la pintura se saltó *or* se desconchó 2 (cut, break) ‹*hole*› hacer*, abrir*; **I ~ped off the old plaster** quité el yeso viejo quebrándolo *or* rompiéndolo; **I ~ped a piece (of wood/stone) off the block** saqué un trozo (de madera/piedra) picando el bloque

B (slice) (Culin) cortar; **~ped potatoes** (BrE) papas *fpl or* (Esp) patatas *fpl* fritas, papas *fpl* a la francesa (Col, Méx); **~ped beef** (AmE) *carne de vaca ahumada y cortada en rodajas finas*

C (in golf, tennis, soccer) *levantar la pelota mediante un golpe corto y preciso*

■ **chip** *vi* «*china/cup*» desportillarse, cascarse* (RPl), saltarse (Chi); «*paint/varnish*» saltarse, desconcharse; **to ~ off** saltarse, desprenderse

Phrasal verbs

• **chip away**

A [v + o + adv, v + adv + o] (remove) ‹*paint*› descascarar, desconchar

B [v + adv] 1 (destroy gradually) (colloq) **to ~ away AT sth: they ~ped away at his authority** fueron minando *or* socavando su autoridad 2 (come off) «*paint/varnish*» descascararse, desconcharse

• **chip in** [v + adv] (colloq) 1 (speak) intervenir*, meter (la) cuchara (fam) 2 (contribute) contribuir*; **if we all ~ in** si todos ponemos algo *or* contribuimos con algo

chip and PIN, chip and pin /ˌtʃɪpən'pɪn/ *n* [u] (Busn) *modo de pago con tarjeta electrónica que opera introduciendo el número personal de identificación en un dispositivo, en lugar de firma*, ≈ redcompra *f* (Chi)

chip-based /'tʃɪp,beɪst/ *adj* con microprocesadores; **~ technology** tecnología *f* de microprocesadores

chipboard /'tʃɪpbɔ:rd ‖ 'tʃɪpbɔ:d/ *n* [u] 1 (of wood) madera *f* prensada *or* aglomerada, aglomerado *m* 2 (of paper) (AmE) cartón *m* prensado

chipmunk /'tʃɪpmʌŋk/ *n* ardilla *f* listada

chipolata (sausage) /ˌtʃɪpə'lɑ:tə/ *n* (BrE) salchicha *f* (*pequeña y delgada*)

chipper /'tʃɪpər ‖ 'tʃɪpə(r)/ *adj* (colloq) alegre

chippings /'tʃɪpɪŋz/ *pl n* (BrE) gravilla *f*, cascajo *m*; ⓢ **loose chippings** gravilla suelta, proyección de gravilla

chippy /'tʃɪpi/ *n* (*pl* **-pies**)

A (promiscuous woman) (AmE colloq) fulana *f* (fam), buscona *f* (fam), chusca *f* (Chi fam)

B (shop) (BrE colloq) pescadería *f* (*donde se vende pescado frito y papas fritas*)

chipset /'tʃɪpset/ *n* chipset *m*, conjunto *m* de chips

chiromancy /'kaɪrəmænsi/ *n* [u] (frml) quiromancia *f*

chiropodist /kə'rɑ:pədəst ‖ kɪ'rɒpədɪst/ *n* pedicuro, -ra *m,f*, podólogo, -ga *m,f*, callista *mf*

chiropody /kə'rɑ:pədi ‖ kɪ'rɒpədi/ *n* [u] podología *m*

chiropractic /ˌkaɪrə'præktɪk ‖ ˌkaɪərəʊ'præktɪk/ *n* [u] quiropráctica *f*

chiropractor /'kaɪrə,præktər ‖ 'kaɪərəʊˌpræktə(r)/ *n* quiropráctico, -ca *m,f*

chirp[1] /tʃɜ:rp ‖ tʃɜ:p/ *vi* «*bird*» piar*; «*insect/cricket*» chirriar*

■ **chirp** *vt* decir* alegremente

chirp[2] *n* [c u] (of bird) piada *f*, piído *m*; (of cricket) chirrido *m*

chirping /'tʃɜ:rpɪŋ ‖ 'tʃɜ:pɪŋ/ *n* [u] (of birds) gorjeo *m*; (of crickets) chirrido *m*

chirpy /'tʃɜ:rpi ‖ 'tʃɜ:pi/ *adj* **-pier, -piest** (BrE colloq) alegre, animado

chirrup /'tʃɪrəp/ *vi/vt* ▸**chirp**[1], **chirp**[2]

chisel[1] /'tʃɪzəl/ *n* (for stone) cincel *m*; (for wood) formón *m*, escoplo *m*

chisel[2] *vt* BrE **-ll-**

A 1 ‹*stone*› cincelar; ‹*wood/metal*› labrar, tallar; ‹*groove/slot/inscription*› grabar, cincelar; **the statue was ~ed out of granite** la estatua estaba esculpida en granito 2 **chiseled** *past p* **his finely ~ed features** sus finamente cincelados *or* dibujados rasgos

B (cheat) (sl) **to ~ sb OUT OF sth** birlarle *or* (Col tb) tumbarle algo A algn (fam)

chiseler, (BrE) **chiseller** /'tʃɪzələr ‖ 'tʃɪzələ(r)/ *n* (sl) estafador, -dora *m,f*, timador, -dora *m,f*

chit /tʃɪt/ *n*

A (receipt) recibo *m*, resguardo *m*; (note) nota *f*; (to exchange for sth) vale *m*

B (young woman) (dated): **a ~ of a girl** una mocosa (fam)

chitchat /'tʃɪttʃæt/ *n* [u] (colloq) cháchara *f* (fam), palique *m* (Esp fam)

chitty /'tʃɪti/ *n* (*pl* **-ties**) (BrE colloq) ▸**chit A**

chivalric /ʃɪ'vælrɪk/ *adj* de la caballería, caballeresco

chivalrous /'ʃɪvəlrəs/ *adj* cortés, caballeroso

chivalry /'ʃɪvəlri/ *n* [u] (in conduct) caballerosidad *f*, cortesía *f*; (Hist) caballería *f*; **the age of ~** los tiempos de la caballería andante; **(the age of) ~ is not dead** (hum) aún quedan caballeros

chives /tʃaɪvz/ *pl n* cebollinos *mpl*, cebolletas *fpl*

chivvy /'tʃɪvi/ *vt* **chivvies, chivvying, chivvied** ▸**chivy**

chivy /'tʃɪvi/ *vt* **chivies, chivying, chivied** (colloq) ‹*person*› meterle prisa a, apurar (AmL); **to ~ sb up** (BrE) meterle prisa *or* (AmL tb) apurar a algn; **my sister had to ~ me into applying** mi hermana me tuvo que empujar para que hiciera la solicitud

chlorate /'klɔ:reɪt/ *n* [u c] clorato *m*

chloric acid /'klɔ:rɪk/ *n* [u] ácido *m* clórico

chloride /'klɔ:raɪd/ *n* [u c] cloruro *m*

chlorinate /'klɔ:rəneɪt ‖ 'klɔ:rɪneɪt/ *vt* clorar, tratar con cloro

chlorination /ˌklɔ:rə'neɪʃən ‖ ˌklɔ:rɪ'neɪʃən/ *n* [u] cloración *f*

chlorine /'klɔ:ri:n/ *n* [u] cloro *m*

chlorofluorocarbon /ˌklɔ:rəʊˌflʊrəʊ'kɑ:rbən ‖ ˌklɔ:rəʊˌflʊərəʊ'kɑ:bən, -ˌflɔ:rə-/ *n* clorofluorocarbono *m*

chloroform[1] /'klɔ:rəfɔ:rm ‖ 'klɒrəfɔ:m/ *n* [u] cloroformo *m*

chloroform[2] *vt* cloroformizar*, cloroformar (AmL)

chlorophyl, (BrE) **chlorophyll** /ˈklɔːrəfɪl || ˈklɒrəfɪl/ *n* [u] clorofila *f*

choc /tʃɑːk || tʃɒk/ *n* (BrE colloq) bombón *m*

chocaholic /ˌtʃɑːkəˈhɔːlɪk || ˌtʃɒkəˈhɒlɪk/ *n* (hum) adicto, -ta *m,f* al chocolate

choc-ice /ˈtʃɑːkaɪs || ˈtʃɒkaɪs/ *n* (BrE) bombón *m* helado

chock[1] /tʃɑːk || tʃɒk/ *n* 1 (under wheel) cuña *f*, calzo *m* 2 (for support) calzo *m*, calce *m*

chock[2] *vt* 1 (immobilize) ‹*wheel/door/barrel*› ponerle* una cuña *or* un calzo a, acuñar, calzar* 2 **~ (up)** (support) ‹*boat*› poner* en calces

chock-a-block /ˌtʃɑːkəˈblɑːk || ˌtʃɒkəˈblɒk/ *adj* (colloq) (*pred*) **to be ~ (WITH sth/sb)** estar* hasta los topes (DE algo/algn) (fam); **the bar was ~** el bar estaba de bote en bote *or* (fam) hasta los topes

chocker /ˈtʃɑːkər || ˈtʃɒkə(r)/ *adj* (colloq)
A (fed up) (BrE): **to be ~ with sth** estar* hasta la coronilla de algo (fam), estar* cabreado de algo (Chi) (fam)
B (esp Austral): **to be ~ with sth** estar* hasta arriba *or* hasta los topes de algo (fam)

chock-full /ˈtʃɑːkˈfʊl || ˌtʃɒkˈfʊl/ *adj* (*pred*) **to be ~ OF** *o* **WITH sth/sb** estar* hasta los topes DE algo/algn (fam); **the place was ~ of tourists** el lugar estaba hasta los topes de turistas (fam)

chocoholic /ˌtʃɑːkəˈhɔːlɪk || ˌtʃɒkəˈhɒlɪk/ *n* (colloq) ▸ **chocaholic**

chocolate[1] /ˈtʃɑːklət || ˈtʃɒklət/ *n*
A 1 [u] chocolate *m*; **a bar of ~** una pastilla *or* tableta de chocolate; **milk ~** chocolate con leche; **plain** *o* **dark** *o* (AmE) **semi-sweet ~** chocolate amargo; **white ~** chocolate blanco; **cooking ~** chocolate de taza; (*before n*) ‹*egg*› de chocolate; **~ bar** chocolatina *f*, chocolatín *m* (RPl); **~ cookie** *o* (BrE) **biscuit** galleta *f* (cubierta) de chocolate; **chocolate-chip cookie** *galleta con pedacitos de chocolate* 2 [c] (candy, sweet) bombón *m*; **a box of ~s** una caja de bombones; (*before n*): **~ liqueur** bombón de licor 3 [u] (*drinking ~*) chocolate *m or* cacao *m* en polvo; **a cup of hot ~** una taza de chocolate
B ▸ ⓘ **p.1036** [u] (color) color *m* chocolate, marrón *m or* (Chi, Méx) café *m or* (Col) carmelito *m* oscuro

chocolate[2] *adj* 1 (Culin) (*before n*) ‹*cake/icing/frosting*› de chocolate; **~ milk** leche *f* chocolatada 2 ▸ ⓘ **p.1036** (in color) color chocolate *adj inv*, marrón *or* (Chi, Méx) café *or* (Col) carmelito oscuro *adj inv*

chocolaty /ˈtʃɑːkləti || ˈtʃɒkləti/ ▸ ⓘ **p.1036** *adj*: **a ~ taste** un sabor como a chocolate; **a ~ brown** un marrón *or* (Chi, Méx) café *or* (Col) carmelito oscuro

choice[1] /tʃɔɪs/ *n*
A [c u] (act, option) elección *f*; **freedom of ~** libertad *f* de elección; **I had a free ~** me dejaron elegir; **you have a ~: either you leave now or I call the police** una de dos: o se va ya o llamo a la policía; **I had no ~ but to obey** no tuve más remedio *or* alternativa que obedecer; **to make one's ~** elegir*, escoger*; **doctors have to make hard ~s sometimes** los médicos a veces tienen que tomar decisiones difíciles; **by** *o* **from ~: I'm single by ~** no me he casado porque no he querido *or* por decisión propia; **I would never have taken this job from ~** si fuera por mí, jamás habría aceptado este trabajo; **I don't work here out of ~** no es por (mi) gusto que trabajo aquí; **you can take any two books of your ~** puede llevarse dos libros a elección
B 1 [c] (person, thing chosen): **she's a possible ~ for the job** es una de las candidatas posibles para el puesto; **the people's ~** (set phrase) la elección del pueblo; **he's a bad ~ as ambassador** su nombramiento como embajador no es una elección acertada; **it was an unfortunate ~ of words** no fue la mejor manera de decirlo; **the ~ of restaurant was a happy one** la elección del restaurante fue muy acertada 2 (variety) (*no pl*) surtido *m*, selección *f*; **to be spoiled for ~** (BrE) tener* mucho de donde elegir; **we're spoiled for ~ as far as museums go** en cuanto a museos, tenemos la suerte de tener muchísimos

choice[2] *adj* **choicer, choicest**
A (high-quality) ‹*fruit/vegetables/wine*› selecto, escogido; ‹*beef/veal*› (in US) de primera
B ‹*language/phrase*› (liter) exquisito; **he used some ~ language when he found out** (iro) soltó unas perlitas cuando se enteró (iró)

choir /kwaɪr || ˈkwaɪə(r)/ *n*
A (Mus) coro *m*; **a male-voice ~** un coro masculino; **a ~ of angels** un coro de ángeles; (*before n*): **~ practice** ensayo *m* de coro; **~ stalls** coro *m*
B (part of church) coro *m*

choirboy /ˈkwaɪrbɔɪ || ˈkwaɪəbɔɪ/ *n*: *niño que canta en un coro de iglesia*

choirmaster /ˈkwaɪrˌmæstər || ˈkwaɪəˌmɑːstə(r)/ *n* director *m* de coro, maestro *m* de coro

choke[1] /tʃəʊk/ *vt*
A (stifle) ‹*person/animal*› estrangular, ahogar*, asfixiar; **let go, you're choking me** suelta, que me estás estrangulando *or* ahogando *or* asfixiando; **this collar is choking me** este cuello me está estrangulando; **choking fumes** gases *mpl* asfixiantes; **a voice ~d by sobs** una voz ahogada en llanto
B 1 (block) ‹*pipe/drain/channel*› atascar*, obstruir*, taponar (Col), tapar (AmL); **the roads were ~d with traffic** las carreteras estaban congestionadas de tráfico 2 (overwhelm): **the garden is ~d with weeds** el jardín está invadido de malezas
■ **choke** *vi* ahogarse*, asfixiarse; **to ~ ON sth** atragantarse *or* (AmL tb) atorarse CON algo; **she ~d on a bone** se atragantó *or* (AmL tb) se atoró con un hueso, se le atragantó un hueso; **to ~ with laughter** morirse* *or* desternillarse de risa; **to ~ with anger** no poder* hablar de la furia

Phrasal verbs
• **choke back** [v + adv + o] ‹*tears*› contener*, tragarse*; **I ~d back my anger** me contuve
• **choke off** [v + o + adv, v + adv + o] 1 (cut off) ‹*supply/flow*› cortar 2 (interrupt) (BrE colloq) cortar, interrumpir
• **choke up**
A [v + o + adv, v + adv + o] (block) ‹*drain/pipe*› obstruir*, atascar*, tapar (AmL)
B [v + adv] (colloq) 1 (be unable to speak): **I/she ~d up** se me/le hizo un nudo en la garganta, me ahogué/se ahogó (de la emoción) 2 (fail) (AmE) fallar

choke[2] *n* [c u]
A (Auto) choke *m*, estárter *m*, ahogador *m* (Chi, Méx), cebador *m* (RPl), chupete *m* (Chi fam)
B (of an artichoke) barba(s) *f(pl)*

choke chain *n* collar *m* corredizo

choked /tʃəʊkt/ *adj* 1 (husky): **goodbye, he said in a ~ voice** —adiós —dijo, con la voz entrecortada por la emoción 2 (disappointed, upset) (BrE) disgustado; (angry) furioso

choked up *adj* (colloq) (*pred*): **to be ~ ~** estar* disgustado; **I was really ~ ~ when I heard** me quedé muy disgustado cuando me enteré

choke point *n* (AmE) cuello *m* de botella

choker /ˈtʃəʊkər || ˈtʃəʊkə(r)/ *n* 1 (necklace) gargantilla *f* 2 (collar) cuello *m* alto

chokey, choky /ˈtʃəʊki/ *n* (*pl* **-keys, -kies**) (BrE colloq) 1 [c] (prison) (dated) chirona *f* (fam), cana *f* (AmS arg), trullo *m* (Esp fam), bote *m* (Méx, Ven fam), gayola *f* (RPl arg), porotera *f* (Chi arg), guandoca *f* (Col fam) 2 [u] (imprisonment): **he got three months' ~** le dieron tres meses de chirona (fam) *or* (AmS arg) de cana

choler /ˈkɑːlər || ˈkɒlə(r)/ *n* [u] (arch & liter) cólera *f*

cholera /ˈkɑːlərə || ˈkɒlərə/ *n* [u] cólera *m*

choleric /ˈkɑːlərɪk || ˈkɒlərɪk/ *adj* (liter) colérico

cholesterol /kəˈlestərəʊl || kəˈlestərɒl/ *n* [u] colesterol *m*

chomp /tʃɑːmp || tʃɒmp/ *vt/vi* mascar*, masticar*

choo-choo /ˈtʃuːtʃuː/ *n* (used to or by children) chucu-chu(cu) *m* (leng infantil)

chook /tʃʊk/ *n* (Austral) (NZ colloq) (Zool) pollo *m*

choose /tʃuːz/ (*past* **chose**; *past p* **chosen**) *vt* 1 (select) ‹*dress/carpet/career*› elegir*, escoger*; ‹*candidate*› elegir*; **they've chosen a very strong team** han seleccionado un equipo muy bueno 2 (decide) **to ~ to + INF** decidir + INF, optar POR + INF; **we chose to go by plane** decidimos ir *or* optamos por ir en avión; **no one would ~ to live here** nadie elegiría *or* escogería este lugar para vivir; **why won't you sign? — because I don't ~ to** ¿por qué no firma? — porque no quiero; **he chose not to tell her** decidió no decírselo
■ **choose** *vi* 1 (make selection) elegir*, escoger*; **to ~ AMONG/BETWEEN/FROM sth: you can ~ among/between these hotels** puede elegir *or* escoger entre estos hoteles; **you can ~ from this range** puede elegir *or* escoger dentro de esta gama; **there are lots of flavors to ~ from** hay muchos sabores a *or* para elegir; **there's little** *o* **not much to ~ between them** no hay gran diferencia entre ellos 2 (like, please): **as you ~** como quieras

choosy /ˈtʃuːzi/ *adj* **-sier, -siest** (colloq) exigente, difícil de contentar; **~ ABOUT sth** exigente EN CUANTO A algo

chop[1] /tʃɑːp || tʃɒp/ *n*
A 1 (with ax, cleaver) hachazo *m*; (with hand) manotazo *m*; (Sport) golpe *m* cortado; (in karate) golpe *m* 2 (dismissal, cancellation) (BrE colloq): **to give sb the ~** echar a algn; **they all got the ~** los echaron a todos; **her story got the ~** no le publicaron el artículo; **the show is for the ~** el espectáculo va a bajar de cartel
B (Culin) chuleta *f*, costilla *f* (AmS)
C **chops** *pl* (colloq) (of animal) quijada *f*, morro *m*; (of person) boca *f*, jeta *f* (fam), morro *m* (fam); **to lick** *o* **smack one's ~s** relamerse; **to bust sb's ~s** (AmE sl) arremeter contra algn

chop[2] **-pp-** *vt*
A 1 (cut) ‹*wood/firewood*› cortar; ‹*meat/apple*› cortar (*en trozos pequeños*); ‹*parsley/onion*› picar*; **he ~ped the meat (up) into pieces** cortó la carne en pedacitos; **we ~ped a path through the jungle** nos abrimos camino a machetazos en la selva 2 **chopped** *past p* ‹*onions/herbs*› picado; ‹*meat/beef/sirloin*› (AmE) molido *or* (Esp, RPl) picado 3 (cancel) (colloq) ‹*plan*› suprimir; ‹*grant*› cortar, suprimir
B ‹*ball*› cortar
■ **chop** *vi* (strike) golpear, cortar; **to ~ and change** (BrE colloq) cambiar continuamente

Phrasal verbs
• **chop down** [v + o + adv, v + adv + o] ‹*tree*› cortar, talar; ‹*branch/pole*› cortar
• **chop off** [v + o + adv, v + adv + o] ‹*branch*› cortar; ‹*finger*› cortar, cercenar
• **chop up** [v + o + adv, v + adv + o] ‹*onion/parsley*› picar*; ‹*meat/apple*› cortar (*en trozos pequeños*); (grind) moler* *or* (Esp, RPl) picar*

chop-chop /ˈtʃɑːpˈtʃɑːp || ˈtʃɒpˈtʃɒp/ *adv* (colloq): **come along, ~, let's get going!** vamos, rapidito, que nos vamos; **can you bring it around ~?** ¿puedes traerlo ya mismo *or* enseguida?

chopper /ˈtʃɑːpər || ˈtʃɒpə(r)/ *n*
A (hatchet) hacha *f*‡ pequeña
B (colloq) (helicopter) helicóptero *m*
C (AmE colloq) (motorbike) moto *f*
D (BrE vulg) (penis) verga *f* (vulg), pija *f* (RPl vulg), picha *f* (Esp vulg), pico *m* (Chi vulg)
E **choppers** *pl* (colloq) dientes *mpl* postizos, comedor *m* (fam & hum)

chopping block /ˈtʃɑːpɪŋ || ˈtʃɒpɪŋ/ *n* (for logs) tajo *m*; (for meat) tabla *f* de carnicero, tajo *m*

chopping board *n* tabla *f* de picar

chopping knife *n* cuchillo *m* de cocina (*para cortar carne, picar verdura, etc*)

choppy /ˈtʃɑːpi || ˈtʃɒpi/ *adj* **-pier, -piest** 1 (rough) ‹*sea*› picado 2 (uneven) disparejo

chop shop *n* (AmE colloq) taller *m* de desguace (*de vehículos robados*)

chopstick /ˈtʃɑːpstɪk || ˈtʃɒpstɪk/ *n* palillo *m* (*para comer comida oriental*)

C

C

chop suey /'su:i/ *n* [u] chop suey *m* (*plato de comida china con brotes de soja, carne o pescado etc*)

choral /'kɔ:rəl/ *adj* ‹*work/symphony/service*› coral; ~ **society** coral *f*, orfeón *m*

chorale /kə'ræl || kə'rɑ:l/ *n* coral *f*

chord /kɔ:rd || kɔ:d/ *n*

A (Mus) acorde *m*; **major/minor** ~ acorde mayor/menor; ***to strike/touch a*** ~: **that struck a ~ with her** eso le tocó la fibra sensible; **his speech struck the right ~ with the audience** su discurso estuvo en perfecta sintonía con el sentir del público; **it touches some common ~ in all of us** nos llega a todos

B (Math) cuerda *f*

C (Anat) cuerda *f*

chore /tʃɔ:r || tʃɔ:(r)/ *n* **1** (routine task — in house) tarea *f*; (— on farm) faena *f*, tarea *f*; **household ~s** quehaceres *mpl* domésticos, tareas *fpl* del hogar **2** (tedious task) lata *f* (fam); **ironing is a ~** planchar es muy aburrido *or* (fam) es una lata; **how to make housework less of a ~** cómo hacer que las tareas del hogar resulten menos pesadas

choreograph /'kɔ:riəgræf || 'kɒriəgrɑ:f/ *vt* coreografiar*, hacer* la coreografía de

choreographer /ˌkɔ:ri'ɑ:grəfər || ˌkɒri'ɒgrəfə(r)/ *n* coreógrafo, -fa *m,f*

choreography /ˌkɔ:ri'ɑ:grəfi || ˌkɒri'ɒgrəfi/ *n* [u] coreografía *f*

chorister /'kɔ:rəstər || 'kɒrɪstə(r)/ *n* corista *mf*; (choirboy) *niño que canta en un coro de iglesia*

chortle[1] /'tʃɔ:rtl || 'tʃɔ:tl/ *vi* **to ~ (OVER sth)** reírse* (DE algo) (*con satisfacción*)

chortle[2] *n* risa *f*, carcajada *f* (*de satisfacción*)

chorus[1] /'kɔ:rəs/ *n*

A (+ *sing o pl vb*) (in musical, opera, tragedy) coro *m*; (*before n*): **~ girl** corista *f*; **~ line** coro *m*

B **1** (refrain) estribillo *m*; (choral piece) coral *m* **2** (outburst) coro *m*; **a ~ of praise/protest** un coro de alabanzas/protestas; **to shout in ~** gritar a coro

chorus[2] *vt* corear

chose /tʃəʊz/ *past of* **choose**

chosen[1] /'tʃəʊzən/ *past p of* **choose**

chosen[2] *adj* (*before n*): **take your ~ dish to the cashier** lleve a la caja el plato que haya elegido *or* escogido; **only a ~ few were invited to attend** sólo invitaron a una selecta minoría; **God's ~ people** el pueblo elegido

chough /tʃʌf/ *n* chova *f*

choux pastry /ʃu:/ *n* [u]: *masa para éclairs o bombas rellenas*

chow /tʃaʊ/ *n*

A [u] (food) (sl) comida *f*, manduca *f* (Esp fam), lata *f* (Col fam), morfi *or* morfe *m* (CS arg)

B [c] ~ ~() (dog) chow-chow *mf*

chowder /'tʃaʊdər || 'tʃaʊdə(r)/ *n* [u]: *sopa o guiso de pescado*

chowderhead /'tʃaʊdərhed || 'tʃaʊdəhed/ *n* (AmE colloq) ganso, -sa *m,f* (fam), baboso, -sa *m,f* (fam), aturdido, -da *m,f* (Chi fam)

chow mein /'tʃaʊ'meɪn/ *n* [u] chow mein *m* (*plato de comida china con tallarines fritos, carne y legumbres*)

Chrissake /'kraɪsseɪk/ *interj*: **for ~** (sl) ¡por Dios!, ¡por favor!

Christ /kraɪst/ *n* **1** (Relig) Cristo; (*before n*): **the ~ child** el niño Jesús **2** (*as interj*) (colloq) ¡Jesús! (fam); **for ~'s sake!** ¡por amor de Dios!

christen /'krɪsən/ *vt* **1** (baptize) bautizar*; **we ~ed him Daniel** le pusimos Daniel, lo bautizamos con el nombre de Daniel **2** (use for first time) (esp BrE colloq) estrenar

Christendom /'krɪsəndəm/ *n* (frml) (*no art*) la Cristiandad

christening /'krɪsnɪŋ/ *n* [u c] bautismo *m*, bautizo *m*

christening gown *n* faldón *m or* faldones *mpl* (de bautizo)

christening robe *n* faldón *m or* faldones *mpl* (de bautizo)

Christian[1] /'krɪstʃən/ *n* cristiano, -na *m,f*

Christian[2] *adj* **1** (Relig) cristiano **2** (kind) (esp BrE dated) amable

Christian Democrat *n* cristiano, -na *m,f* demócrata

Christian Democratic *adj* cristianodemócrata

Christianity /ˌkrɪsti'ænəti 'krɪstʃi-/ *n* [u] **1** (faith) cristianismo *m* **2** (believers) los cristianos, el cristianismo

Christian name *n* nombre *m* de pila

Christian Science *n* [u] Ciencia *f* Cristiana

Christian Scientist *n* Cientista Cristiano, -na *m,f*, Científico Cristiano, Científica Cristiana *m,f*

Christian Socialism *n* [u] socialismo *m* cristiano

Christian Socialist *n* socialista *mf* cristiano

Christlike /'kraɪstlaɪk/ *adj*: **they looked on him as a ~ figure** lo veían como a una especie de Cristo; **he led a ~ existence** llevó una vida a imagen de la de Cristo

Christmas /'krɪsməs/ *n* Navidad *f*, Pascua *f* (Chi, Per); **I saw her at ~** la vi en *or* para Navidad, la vi para la Pascua (Chi, Per); **we spent ~ in Rome** pasamos la Navidad *or* las Navidades *or* (Chi, Per tb) la Pascua en Roma; **merry** *o* (BrE also) **happy ~!** ¡Feliz Navidad!, ¡Felices Pascuas!; (*before n*): **~ box** (BrE) aguinaldo *m* (*propina que se da en Navidad a los proveedores, los recolectores de residuos etc*); **~ cake** pastel *m* de Navidad (*pastel de frutas cubierto de mazapán y azúcar glaseado*); **~ card** tarjeta *f* de Navidad, tarjeta *f* de Pascua (Chi, Per), crismas *m* (Esp); **~ carol** villancico *m*; **~ cracker** (BrE) *sorpresa que se abre durante la comida de Navidad*; **~ Day** día *m* de Navidad *or* (Chi, Per tb) de Pascua; **~ dinner** comida *f* de Navidad; **~ Eve** Nochebuena *f*; **~ party** celebración *f* navideña; **~ present** *o* (esp AmE) **gift** regalo *m* de Navidad *or* (Chi, Per tb) de Pascua; **~ pudding** (esp BrE) pudding *m* de Navidad (*hecho a base de frutas confitadas y coñac*), plum pudding *m*; **~ rose** eléboro *m*; **~ stocking** *media o calcetín en que se colocan los regalos de Navidad*; **~ time** la(s) Navidad(es), la Pascua (Chi, Per); **~ tree** árbol *m* de Navidad *or* (Chi, Per tb) de Pascua

Christmassy /'krɪsməsi/ *adj* (colloq) navideño

Christmastide /'krɪsməstaɪd/ *n* (liter) (*no art*) la(s) Navidad(es), la Pascua (Chi, Per)

chromatic /krəʊ'mætɪk krə-/ *adj* (Opt, Mus) cromático

chromatid /'krəʊmətɪd/ *n* (Biol) cromátida *f*

chrome /krəʊm/ *n* [u] cromo *m*; (*before n*): **~ steel** acerocromo *m*

chrome yellow *n* [u] amarillo *m* cromo

chromium /'krəʊmiəm/ *n* [u] cromo *m*; (*before n*): **~ plating** cromado *m*; **~ steel** acerocromo *m*

chromium-plated /ˌkrəʊmiəm'pleɪtəd || ˌkrəʊmiəm'pleɪtɪd/ *adj* cromado

chromosomal /ˌkrəʊmə'səʊməl/ *adj* cromosómico, cromosomático

chromosome /'krəʊməsəʊm/ *n* cromosoma *m*; **x ~** cromosoma *m* X; **y ~** cromosoma *m* Y

chromosome map *n* mapa *m* cromosómico, mapa *m* de cromosomas

chromotherapy /ˌkrəʊməʊ'θerəpi/ *n* [c u] (*pl* **-pies**) (Med) cromoterapia *f*

chronic /'krɑ:nɪk || 'krɒnɪk/ *adj* **1** (Med) crónico **2** ‹*unemployment/shortages*› crónico; ‹*smoker/liar*› empedernido **3** (terrible) (BrE colloq) malísimo, terrible

chronically /'krɑ:nɪkli || 'krɒnɪkli/ *adv*: **he's ~ ill** es un enfermo crónico; **she's ~ bored** todo la aburre

chronic fatigue syndrome *n* [u] síndrome *m* de fatiga crónica, SFC *m*

chronicle[1] /'krɑ:nɪkəl || 'krɒnɪkəl/ *n* crónica *f*; **(the Book of) C~s** (Bib) Crónicas

chronicle[2] *vt* describir*, registrar

chronicler /'krɑ:nɪklər || 'krɒnɪklə(r)/ *n* cronista *mf*

chronological /ˌkrɑ:nə'lɑ:dʒɪkəl || ˌkrɒnə'lɒdʒɪkəl/ *adj* ‹*list/table*› cronológico; **in ~ order** en *or* por orden cronológico

chronologically /ˌkrɑ:nə'lɑ:dʒɪkli || ˌkrɒnə'lɒdʒɪkli/ *adv* en *or* por orden cronológico, cronológicamente

chronology /krə'nɑ:lədʒi || krə'nɒlədʒi/ *n* (*pl* **-gies**) **1** [u] (sequence in time) cronología *f* **2** [c] (list) cronología *f*

chronometer /krə'nɑ:mətər || krə'nɒmɪtə(r)/ *n* cronómetro *m*

Chronos /'krɑ:nəs || 'krəʊnɒs/ *n* Cronos

chronotherapy /ˌkrɑ:nəʊ'θerəpi, ˌkrɒnəʊ'θerəpi/ *n* [c u] (*pl* **-pies**) (Med) cronoterapia *f*

chrysalid /'krɪsəlɪd/ *n* crisálida *f*

chrysalis /'krɪsələs || 'krɪsəlɪs/ *n* crisálida *f*

chrysanth /krɪ'sænθ/ *n* (BrE colloq) crisantemo *m*

chrysanthemum /krɪ'sænθəməm/ *n* crisantemo *m*

chub /tʃʌb/ *n* (*pl* ~ *or* **~s**) cacho *m*

chubbiness /'tʃʌbinəs || 'tʃʌbinɪs/ *n* [u] gordura *f*

chubby /'tʃʌbi/ *adj* **-bier, -biest** (colloq) ‹*legs/cheeks/face*› regordete (fam); ‹*baby/man*› gordinflón (fam), regordete (fam), rellenito (fam), rechoncho; **~-cheeked** mofletudo

chuck[1] /tʃʌk/ *n*

A [u] (Culin) *corte de carne vacuna del cuarto delantero*

B [c] (Tech) portabrocas *m*; (*before n*): **~ key** llave *f* de sujeción

C [c] (playful pat) palmadita *f*

D (*as term of endearment*) (BrE dial) cariño *m*

chuck[2] *vt*

A **1** (throw) tirar, lanzar*, aventar* (Col, Méx, Per); (throw away) tirar, botar (AmL exc RPl); **~ it in the garbage** tíralo a la basura, bótalo a la basura (AmL exc RPl); **~ me a towel/the ball** tírame *or* (Col, Méx, Per tb) aviéntame una toalla/la pelota **2** (give up) (colloq) ‹*job*› dejar, plantar (fam); ‹*boyfriend/girlfriend*› plantar (fam), botar (AmC, Chi fam), largar* (RPl fam); **~ it!** ¡basta ya!

B (stroke): **to ~ sb under the chin** darle* una palmadita en la barbilla a algn

Phrasal verbs

- **chuck away** [v + o + adv, v + adv + o] **1** (squander, waste) (colloq) ‹*money*› derrochar, despilfarrar, tirar; ‹*opportunity*› desperdiciar **2** ▸ **chuck out A1**
- **chuck in** [v + o + adv, v + adv + o] ‹*job/studies*› (BrE colloq) dejar, mandar al diablo (fam); **I'm going to ~ it (all) in** voy a mandar todo al diablo (fam)
- **chuck out** (colloq)

  A [v + o + adv, v + adv + o] **1** (get rid of) ‹*clothes/rubbish*› tirar, botar (AmL exc RPl) **2** (reject) (BrE) ‹*plan/suggestion*› rechazar*

  B [v + o + adv, v + adv + o] (expel) echar
- **chuck up**

  A [v + o + adv, v + adv + o] (BrE) ▸ **chuck in**

  B [v + adv] (vomit) (sl) devolver*, lanzar* (fam), guacarear (Méx fam), buitrear (Chi, Per fam)

chucker-out /ˌtʃʌkər'aʊt/ *n* (BrE colloq) gorila *m* (*en una discoteca, un club nocturno etc*)

chuckhole /'tʃʌkhəʊl/ *n* (AmE) bache *m*

chuckle[1] /'tʃʌkəl/ *vi* reírse*; **she ~d to herself** se rió entre dientes

chuckle[2] *n* risita *f*; **they had a ~ over** *o* **about that** se estuvieron riendo de eso; **it might raise a ~** puede que haga reír

chuck wagon *n* (AmE); *furgón en el que se transportan víveres y utensilios de cocina*

chuffed /tʃʌft/ *adj* (BrE colloq) (*pred*) contento; **she was dead ~ when I told her** quedó loca de contenta cuando se lo dije (fam)

chug[1] /tʃʌg/ **-gg-** *vt* (AmE colloq) tragarse*

■ **chug** *vi* **-gg-** (+ *adv compl*): **the engine ~ged up the hill** la locomotora subió la cuesta dando resoplidos; **the last runners came ~ging around the corner** los últimos corredores dieron la vuelta a la esquina resoplando; **the project is ~ging along** el proyecto sigue marchando

chug[2] *n* resoplido *m*

chugalug /'tʃʌgəlʌg/ *vt* **-gg-** (AmE colloq) beberse *or* tomarse de un trago

chukker /ˈtʃʌkər || ˈtʃʌkə(r)/, **chukka** /ˈtʃʌkə/ *n: cada uno de los tiempos de un partido de polo*

chum /tʃʌm/ *n*
A [c] (friend) (colloq) amigo, -ga *m,f,* compinche *mf* (fam), cuate *m* (Méx fam), pata *m* (Per fam); **they're great ~s** son muy amigos, son muy compinches *or* (Méx) muy cuates *or* (Per) muy patas (fam); **look here, ~** mire usted, amigo *or* compadre, mira, tío (Esp fam), mirá, che (RPl fam)
B [u] (bait) (AmE) carnada *f*, cebo *m*
Phrasal verb
• **chum up -mm-** [v + adv] (esp BrE) (colloq) hacerse* amigos *or* (Méx fam) cuates; **to ~ up WITH sb** hacerse* amigo *or* (Méx fam) cuate DE algn

chummy /ˈtʃʌmi/ *adj* **-mier, miest** (colloq): **they're very ~** son muy compinches *or* (Méx) muy cuates *or* (Per) muy patas (fam); **a ~ atmosphere** un ambiente de camaradería; **don't get too ~ with your students** no les des demasiada confianza a tus alumnos

chump /tʃʌmp/ *n* (colloq & dated) tontorrón, -rrona *m,f* (fam); ***to be off one's ~*** (BrE colloq) estar* medio chiflado *or* tocado (fam)

chump change *n* [u] (AmE colloq) miseria *f* (fam); **it's rough work and it pays ~ ~** es un trabajo duro y la paga, una miseria

chump chop *n* (BrE); *chuleta con el hueso en el medio*

chunder¹ /ˈtʃʌndər || ˈtʃʌndə(r)/ *n* (colloq) vomitera *f* (fam), vomitadera *f* (Andes, Ven fam)

chunder² *vi* (colloq) vomitar, arrojar

chunk¹ /tʃʌŋk/ *n* (of bread, meat) pedazo *m*, trozo *m*, cacho *m* (fam); **a big ~ of the money** una buena parte del dinero

chunk² *vt* (AmE) separar en trozos
■ **chunk** *vi* hacer* un ruido metálico seco

chunky /ˈtʃʌŋki/ *adj* **-kier, -kiest** **1** ‹*person/build*› fornido, macizo **2** ‹*marmalade*› con trozos grandes de cáscara **3** ‹*sweater/knitwear*› grueso, gordo (fam)

Chunnel /ˈtʃʌnl/ *n* (colloq): **the ~** el Eurotúnel, el túnel del Canal de la Mancha

chunter on /ˈtʃʌntər || ˈtʃʌntə(r)/ [v + adv + prep + o] (BrE colloq): **to ~ on about sth** darle* al tema de (fam)

church /tʃɜːrtʃ || tʃɜːtʃ/ *n* **1** [c] (building) iglesia *f*; **to go to ~** ir* a la iglesia, ≈ ir* a misa; **were you at** *o* **in ~ on Sunday?** ¿estabas en misa *or* en la iglesia el domingo?; **they were married in ~** se casaron por la Iglesia *or* (Per, RPl) por iglesia; (*before n*): **~ hall** sala *f* de reuniones de la parroquia; **~ parade** *formación de soldados o marineros en uniforme que asisten a un oficio religioso como cuerpo oficial*; **a ~ service** un oficio religioso; **he wants a ~ wedding** quiere casarse por la Iglesia *or* (Per, RPl) por iglesia **2** *also* **Church** (as organization): **the ~** la Iglesia; **the C~ of England/Scotland** la Iglesia Anglicana/Presbiteriana Escocesa; **to enter the ~** (become a priest) hacerse* sacerdote (*or* pastor *etc*); (become a nun) meterse (a *or* de) monja

Church of England

La Iglesia Anglicana, protestante, es la Iglesia oficial de Inglaterra. Fue creada en 1534, bajo el reinado de Enrique VIII, por una ley suprema (*Act of Supremacy*) mediante la cual el rey reemplazó al Papa como jefe de la Iglesia en Inglaterra. En la actualidad el monarca lo sigue siendo, pero sus obispos y arzobispos son designados a propuesta del Primer Ministro (*Prime Minister*). El jefe espiritual de la Iglesia es el Arzobispo de Canterbury. Inglaterra está dividida en 44 diócesis y 13.000 parroquias (*parishes*) cada una de las cuales está a cargo de un párroco (*vicar*). En 1992, el *General Synod* u organismo rector de la Iglesia, permitió a las mujeres ser párrocos. En muchos países del mundo donde existen comunidades miembros de la *Anglican Communion*, como EEUU o Escocia, los anglicanos se autodenominan *Episcopalians*.

Church of Ireland

La Iglesia de Irlanda es el nombre oficial de la confesión anglicana (▸**Church of England**) en Irlanda. La iglesia anglicana se le asociaba tradicionalmente con la colonización británica. Era la iglesia de *the Ascendancy* (la aristocracia rural de origen mayormente inglés). Con la desaparición de esta clase en la Irlanda republicana, la *Church of Ireland* sobrevive como confesión minoritaria en 12 diócesis a través de la isla.

Church of Scotland

La Iglesia Presbiteriana Escocesa es la Iglesia oficial de Escocia. Tuvo sus inicios en 1560, encabezada por John Knox y Andrew Melville y fue aceptada oficialmente en 1690. No tiene obispos y los miembros de su clero se denominan *ministers* o pastores en lugar de sacerdotes. Tanto los hombres como las mujeres pueden ser *ministers*.

Church in Wales

La confesión anglicana (▸**Church of England**) en Gales se denomina la Iglesia en Gales. La provincia anglicana de Gales, creada en 1920, está dividida en 6 diócesis.

churchgoer /ˈtʃɜːrtʃˌgəʊər || ˈtʃɜːtʃˌgəʊə(r)/ *n* practicante *mf*

churchgoing /ˈtʃɜːrtʃˌːgəʊɪŋ || ˈtʃɜːtʃˌgəʊɪŋ/ *adj* practicante

church key *n* (AmE colloq) abrelatas *m*

churchman /ˈtʃɜːrtʃmən || ˈtʃɜːtʃmən/ *n* (*pl* **-men** /-mən/) clérigo *m*, eclesiástico *m*

churchwarden /ˈtʃɜːrtʃˌwɔːrdn || ˈtʃɜːtʃˌwɔːdn/ *n* **1** (esp in UK) (Relig) coadjutor, -tora *m,f* **2** **~ (pipe)** *pipa de arcilla de cañón largo*

churchwoman /ˈtʃɜːrtʃˌwʊmən || ˈtʃɜːtʃˌwʊmən/ *n* (*pl* **-women**) clériga *f*

churchyard /ˈtʃɜːrtʃjɑːrd || ˈtʃɜːtʃjɑːd/ *n* cementerio *m*, camposanto *m* (liter)

churl /tʃɜːrl || tʃɜːl/ *n* (arch *or* liter) patán *m*

churlish /ˈtʃɜːrlɪʃ || ˈtʃɜːlɪʃ/ *adj* grosero, maleducado; **it would be ~ to refuse such a kind offer** sería una grosería no aceptar un ofrecimiento tan amable

churn¹ /tʃɜːrn || tʃɜːn/ *n* **1** (for making butter) mantequera *f* **2** (milk can) (BrE) lechera *f*, tarro *m* de leche (RPl), cantina *f* (Col)

churn² *vt* **1** (stir) ‹*milk/cream*› batir; ‹*butter*› hacer* **2** (agitate) ‹*liquid/water/mud*› agitar, revolver* **3** (Fin) hacer* rotar en exceso (*para incrementar comisiones*)
■ **churn** *vi* «*liquid/water*» arremolinarse; «*wheels/propeller*» girar rápidamente; **the ~ing sea** el mar revuelto; **my stomach was ~ing** tenía un nudo en el estómago
Phrasal verbs
• **churn out** [v + o + adv, v + adv + o] (colloq) producir* como salchichas (fam)
• **churn up** [v + o + adv, v + adv + o] revolver*; **I felt all ~ed up inside** tenía un nudo en el estómago

churn rate *n* tasa *f* de cancelación de clientes

chute /ʃuːt/ *n*
A **1** (for parcels, coal, refuse) tolva *f*, vertedor *m*, ducto *m* (Ur); (for toboggans) rampa *f*; (in swimming pool, amusement park) tobogán *m*, rodadero *m* (Col) **2** (for animals) pasadizo *m*, brete *m* (CS)
B (parachute) (colloq) paracaídas *m*

chutes and ladders *n* (AmE) (+ *sing vb*) serpientes y escaleras *fpl*

chutney /ˈtʃʌtni/ *n* [u] chutney *m* (*conserva agridulce que se come con carnes, queso etc*)

chutzpah /ˈhʊtspə/ *n* [u] (colloq) cara *f* (dura) (fam), descaro *m*

CI = Channel Islands

CIA *n* (= **Central Intelligence Agency**) CIA *f*

ciborium /səˈbɔːriəm || sɪˈbɔːriəm/ *n* (*pl* **-ria** /-riə/) (Relig) copón *m*

cicada /səˈkeɪdə || sɪˈkɑːdə/ *n* cigarra *f*, chicharra *f* (esp AmL)

cicatrice /ˈsɪkətrɪs/, **cicatrix** /-trɪks/ *n* (*pl* **cicatrices** /ˈsɪkətrəsiːz || ˌsɪkəˈtraɪsiːz/) cicatriz *f*

Cicero /ˈsɪsərəʊ/ *n* Cicerón

cicerone /ˌsɪsəˈrəʊni/ *n* (*pl* **-oni** /-əʊni/) (liter) cicerone *mf*

CID *n* = **Criminal Investigation Department**

cider /ˈsaɪdər || ˈsaɪdə(r)/ *n* [u c] **1** (alcoholic) sidra *f*; **hard ~** (AmE) sidra fermentada; (*before n*): **~ press** lagar *m*, molino *m*, trapiche *m* (AmL) (*para triturar manzanas*) **2** (non-alcoholic) (AmE): **(sweet) ~** jugo *m or* (Esp) zumo *m* de manzana

cig /sɪg/ *n* (BrE colloq) pitillo *m*, pucho *m* (AmL)

cigar /sɪˈgɑːr || sɪˈgɑː(r)/ *n* cigarro *m*, habano *m*, puro *m*, tabaco *m* (Col); **good try! close, but no ~!** (AmE colloq) ¡casi lo conseguiste! casi, pero no, ¡casi lo conseguiste!, si no fuera por el casi (Chi fam & hum)

cigarette /ˌsɪgəˈret/ *n* cigarrillo *m*; (*before n*): **~ ash** ceniza *f* (de cigarrillo); **~ butt** *o* **end** colilla *f*; **~ case** cigarrera *f*, pitillera *f*; **~ holder** boquilla *f*; **~ lighter** encendedor *m*, mechero *m* (Esp); **~ machine** máquina *f* de cigarrillos (esp AmL), máquina *f*, de tabaco (Esp); **~ paper** papel *m* de fumar, papelillo *m* (de fumar), sábana *f* (Méx)

cigarillo /ˌsɪgəˈrɪləʊ/ *n* (*pl* **-los**) *puro delgado*

cigar-shaped /sɪˈgɑːrˌʃeɪpt || sɪˈgɑːˌʃeɪpt/ *adj* con forma de puro

ciggy /ˈsɪgi/ *n* (*pl* **-gies**) (BrE colloq) ▸**cig**

C-in-C /ˈsiːɪnˈsiː/ *n* = **Commander-in-Chief**

cinch¹ /sɪntʃ/ *n*
A (colloq) (*no pl*) **1** (easy task): **it's a ~** es pan comido (fam), está tirado (Esp fam), es una papa *or* un bollo (RPl fam), es botado (Chi fam) **2** (certainty) (AmE): **it's a ~ that she'll get the part** (de) fijo que le dan el papel (fam)
B (AmE) (Equ) cincha *f*

cinch² *vt* (AmE)
A (Equ) cinchar
B (make sure of) (colloq) asegurar

cinchona /sɪŋˈkəʊnə/ *n* **1** [c] (tree) quino *m*, árbol *m* (de la) quina *f*, cinchona *f* **2** [u] **~ (bark)** quina *f*, corteza *f* de cinchona *f* **3** [u] (drug) quinina *f*

cinder /ˈsɪndər || ˈsɪndə(r)/ *n* **1** [c] (ember) carbonilla *f*, carboncillo *m*; **to be burnt to a ~** carbonizarse* **2** **cinders** *pl* (ashes) ceniza *f*, rescoldo *m* **3** [c] (Geol) toba *f* (volcánica) **4** [u] (slag) escoria *f*

cinder block *n* (AmE) bloque *m* (*de hormigón ligero*)

Cinderella /ˌsɪndəˈrelə/ *n* (Lit) (la) Cenicienta; **the ~ of the industry** el pariente pobre *or* la cenicienta de la industria

cinder track *n* pista *f* de ceniza

cine /ˈsɪni/ *n* (BrE colloq) **1** ▸**cinecamera** **2** (film) película *f*

cineaste /ˈsɪniæst/ *n* (liter) cinéfilo, -la *m,f*

cinecamera /ˈsɪniˌkæmərə/ *n* (BrE) filmadora *f* (AmL), tomavistas *m* (Esp); (large, professional) cámara *f* cinematográfica

cinefilm /ˈsɪnifɪlm/ *n* [u c] (BrE) película *f*

cinema /ˈsɪnəmə || ˈsɪnəmɑː/ *n* **1** [c] (building) (BrE) cine *m*, teatro *m* (Chi); **to go to the ~** ir* al cine, ir* a cine (Col); **what's on at the ~?** ¿qué dan *or* (Esp) ponen en el cine? **2** [u] (films) cine *m*; **French ~** el cine francés **3** (film industry) (esp BrE): **the ~** el cine

cinema complex *n* multicine *m*, multicines (Esp)

cinemagoer /ˈsɪnəməˌgəʊər || ˈsɪnəməˌgəʊə(r)/ *n*: **he's a keen ~** es muy aficionado al cine; **the street was full of ~s** la calle estaba llena de gente que iba al/venía del cine

cinema-going¹ /ˈsɪnəməˌgəʊɪŋ/ *adj* ‹*public/students*› que concurre al cine, que va al cine

cinema-going² *n* [u] concurrencia *f* al cine, asistencia *f* al cine; **~ is on the increase** la concurrencia *or* asistencia al cine está en aumento

cinematic /ˌsɪnəˈmætɪk/ *adj* (frml) cinematográfico

C

cinematographer /ˌsɪnəməˈtɑːgrəfər || ˌsɪnəməˈtɒgrəfə(r)/ *n* camarógrafo, -fa *m,f* (*de cine*), cámara *mf* (*de cine*) (Esp)

cinematographic /ˌsɪnəmætəˈgræfɪk/ *adj* (frml) cinematográfico

cinematography /ˌsɪnəməˈtɑːgrəfi || ˌsɪnəməˈtɒgrəfi/ *n* [u] (frml) cinematografía *f* (frml)

cineplex, Cineplex® /ˈsɪnipleks/ *n* (AmE) multicine *m*

cineprojector /ˈsɪniprəˌdʒektər || ˈsɪniprəˌdʒektə(r)/ *n* (BrE) proyector *m* de cine

cinnabar /ˈsɪnəbɑːr || ˈsɪnəbɑː(r)/ *n* [u] cinabrio *m*

cinnamon /ˈsɪnəmən/ *n* [u] 1 (Culin) canela *f*; (*before n*): ~ **stick** trozo *m* de canela en rama 2 ▸ ℹ **p.1036** (color) canela *m*; (*before n*) canela *adj inv*

CIO *n*
A = **Congress of Industrial Organizations**
B (= **Chief Information Officer**) CIO *mf*

cipher /ˈsaɪfər || ˈsaɪfə(r)/ *n*
A [c u] (code) clave *f*, cifra *f*; **a message written in** ~ un mensaje cifrado *or* en clave
B [c] 1 (zero) cero *m* 2 (Arabic numeral) cifra *f*, dígito *m*
C [c] (nonentity) (pej): **he/she is a mere** ~ es un cero a la izquierda

circa /ˈsɜːrkə || ˈsɜːkə/ *prep* alrededor de, hacia; ~ **900 BC** alrededor del año 900 AC, hacia el año 900 AC

circadian /sɜːrˈkeɪdiən || sɜːˈkeɪdiən/ *adj* circadiano; **the** ~ **rhythm** el ritmo circadiano

Circe /ˈsɜːrsi || ˈsɜːsi/ *n* Circe

circle¹ /ˈsɜːrkəl || ˈsɜːkəl/ *n*
A 1 (shape) círculo *m*; **to draw a** ~ trazar* un círculo *or* una circunferencia; ***to come/go full*** ~ volver* al punto de partida; **fashion has now come full** ~ la moda ha dado un giro completo; ***to go/run around (and around) in*** ~**s**: **the negotiations seem to be going around in** ~**s** las negociaciones están estancadas *or* en un (*or* una) impasse; **we're just running around in** ~**s** así no vamos a llegar a ninguna parte; **I was running around in** ~**s trying to get everything ready** estaba (dando vueltas) como loco tratando de tenerlo todo listo; ***to square the*** ~ hacer* lo imposible, tratar de lograr la cuadratura del círculo 2 (of trees, houses, mountains) círculo *m*, cinturón *m* 3 (around eye) ojera *f*
B (BrE) (Theat): **dress** ~ primer piso *m*, platea *f* alta; **upper** ~ segundo piso *m*
C (group) círculo *m*; **their** ~ **of friends/acquaintances** su círculo de amigos/conocidos; **in political/military** ~**s** en círculos políticos/militares; **in business** ~**s** en el mundo de los negocios; **in other** ~**s** en otros medios

circle² *vt*
A (move around) dar* vueltas alrededor de; (be around) rodear, cercar*; **we** ~**d the landing site** sobrevolamos en círculo el lugar de aterrizaje
B (draw circle around) ‹*mistake/number*› trazar* un círculo alrededor de
■ **circle** *vi* dar* vueltas; «*aircraft/bird*» volar* en círculos, circunvolar* (frml); **to** ~ **AROUND sth** dar* vueltas ALREDEDOR DE algo

circlet /ˈsɜːrklət || ˈsɜːklɪt/ *n* aro *m*

circuit /ˈsɜːrkət || ˈsɜːkɪt/ *n*
A (passage around) recorrido *m*, vuelta *f*; **the** ~ **of the islands takes 3 hours** el recorrido *or* el tour de las islas dura tres horas; **the moon's** ~ **of** *o* **around the earth** la órbita de la luna alrededor de la tierra; **the athlete ran six** ~**s of the track** el atleta dio seis vueltas a la pista
B 1 (Law) distrito *m or* territorio *m* jurisdiccional 2 (series of dates, events) circuito *m*
C (Elec) circuito *m*; **parallel/series** ~ circuito en paralelo/serie
D (motor racing track) autódromo *m*, pista *f*

circuit board *n* placa *f* base

circuit breaker *n* cortacircuitos *m*

circuitous /sərˈkjuːətəs || sɜːˈkjuːɪtəs/ *adj* (frml) ‹*course/path*› tortuoso; ‹*argument*› que no conduce a nada; **we came a rather** ~ **way** vinimos por un camino muy largo

circuitry /ˈsɜːrkətri || ˈsɜːkɪtri/ *n* [u] sistema *m* de circuitos

circuit training *n* [u] tabla *f* (de gimnasia)

circular¹ /ˈsɜːrkjələr || ˈsɜːkjʊlə(r)/ *adj* 1 (round) ‹*building/bed/pattern*› circular, redondo 2 (making a circuit) ‹*route*› de circunvalación; **a** ~ **tour** un circuito 3 ‹*argument*› viciado 4 (for general distribution): **a** ~ **letter/memo** una circular

circular² *n* circular *f*

circular breathing *n* [u] respiración *f* circular

circularize /ˈsɜːrkjələraɪz || ˈsɜːkjʊləraɪz/ *vt* enviar* circulares a, informar por medio de circulares a

circular saw *n* sierra *f* circular

circulate /ˈsɜːrkjəleɪt || ˈsɜːkjʊleɪt/ *vi* 1 «*blood/water/air/traffic*» circular; «*news*» circular; «*rumor*» circular, correr 2 (at party) circular
■ **circulate** *vt* 1 (disseminate) ‹*report/news*› hacer* circular, divulgar*; **to** ~ **the rumor that ...** hacer* correr la voz de que ... 2 (send circular to) enviar* una circular a

circulating library /ˈsɜːrkjəleɪtɪŋ || ˈsɜːkjʊleɪtɪŋ/ *n* (AmE) biblioteca *f* (*que permite sacar libros en préstamo*)

circulation /ˌsɜːrkjəˈleɪʃən || ˌsɜːkjʊˈleɪʃən/ *n* [u] 1 (of air, water, traffic) circulación *f*; (of news, rumor) circulación *f* 2 (of blood) circulación *f*; **to have (a) good/poor** ~ tener* buena/mala circulación 3 (of currency, newspaper) circulación *f*; **to put notes/coins into** ~ poner* billetes/monedas en circulación; **that issue has been withdrawn from** ~ ese número ha sido retirado de la circulación; **to be in/out of** ~ estar* en/fuera de circulación; **the accident took him out of** ~ **for weeks** el accidente lo tuvo fuera de circulación durante semanas; (*before n*): ~ **figures** número *m* de ejemplares vendidos, tirada *f*

circulatory /ˈsɜːrkjələtɔːri || ˌsɜːkjʊˈleɪtəri/ *adj* circulatorio; **the** ~ **system** el sistema circulatorio

circumcise /ˈsɜːrkəmsaɪz || ˈsɜːkəmsaɪz/ *vt* circuncidar

circumcision /ˌsɜːrkəmˈsɪʒən || ˌsɜːkəmˈsɪʒən/ *n* [c u] circuncisión *f*; **female** ~ circuncisión femenina

circumference /sərˈkʌmfərəns || səˈkʌmfərəns/ *n* circunferencia *f*; **two meters in** ~ dos metros de circunferencia

circumflex (accent) /ˈsɜːrkəmfleks || ˈsɜːkəmfleks/ *n* (acento *m*) circunflejo *m*

circumlocution /ˌsɜːrkəmləʊˈkjuːʃən || ˌsɜːkəmləˈkjuːʃən/ *n* [u c] circunloquio *m*; (Ling) circunlocución *f*

circumlocutory /ˌsɜːrkəmˈlɑːkjətɔːri || ˌsɜːkəmˈlɒkjʊtəri/ *adj* lleno de circunloquios *or* rodeos

circumnavigate /ˌsɜːrkəmˈnævəgeɪt || ˌsɜːkəmˈnævɪgeɪt/ *vt* circunnavegar*

circumnavigation /ˌsɜːrkəmˌnævəˈgeɪʃən || ˌsɜːkəmˌnævɪˈgeɪʃən/ *n* [u c] circunnavegación *f*

circumscribe /ˈsɜːrkəmskraɪb || ˈsɜːkəmskraɪb/ *vt*
A (Math) circunscribir*
B (confine, restrict) (frml) limitar, restringir*

circumscription /ˌsɜːrkəmˈskrɪpʃən || ˌsɜːkəmˈskrɪpʃən/ *n*
A [u] (restriction) (frml) restricción *f*
B [c] (on coin, medal) grafila *f*

circumspect /ˈsɜːrkəmspekt || ˈsɜːkəmspekt/ *adj* (frml) circunspecto (frml), cauto

circumspection /ˌsɜːrkəmˈspekʃən || ˌsɜːkəmˈspekʃən/ *n* [u] (frml) circunspección *f* (frml), cautela *f*

circumstance /ˈsɜːrkəmstæns, -əns || ˈsɜːkəmstəns/ *n*
A (condition, fact) circunstancia *f*; **owing to** ~**s beyond our control** debido a circunstancias ajenas a nuestra voluntad; **aggravating/extenuating/exonerating** ~**s** circunstancias agravantes/atenuantes/eximentes; **in** *o* **under the** ~**s** dadas las circunstancias; **in** *o* **under no** ~**s** bajo ningún concepto, bajo ninguna circunstancia; **in certain** ~**s** en algunas circunstancias; **in** *o* **under normal** ~**s** en circunstancias normales
B **circumstances** *pl* (financial position): **a gentleman in reduced** *o* **straitened** ~**s** un caballero venido a menos; **a person in my** ~**s** una persona en mi situación *or* posición económica; *see also* **pomp**

circumstantial /ˌsɜːrkəmˈstæntʃəl || ˌsɜːkəmˈstænʃəl/ *adj* 1 ‹*evidence*› circunstancial 2 (detailed) (frml) detallado

circumvent /ˌsɜːrkəmˈvent || ˌsɜːkəmˈvent/ *vt* ‹*law/rule*› burlar; ‹*difficulty/obstacle*› sortear, salvar

circumvention /ˌsɜːrkəmˈventʃən || ˌsɜːkəmˈvenʃən/ *n* [u]: **the** ~ **of the obstacles** (el) sortear los obstáculos; **the** ~ **of the law** (el) burlar la ley

circus /ˈsɜːrkəs || ˈsɜːkəs/ *n*
A (Theat) circo *m*; (*before n*) ‹*clown/animal*› de circo
B (in town) (BrE) glorieta *f*

cirrhosis /səˈrəʊsəs || sɪˈrəʊsɪs/ *n* [u] cirrosis *f*; ~ **of the liver** cirrosis hepática

cirrus /ˈsɪrəs/ *n* (*pl* **cirri** /ˈsɪraɪ/) cirro *m*

CIS *n* (= **Commonwealth of Independent States**) CEI *f*

CISC *n* (= **Complex Instruction Set Computer**) CISC *m*

cissy /ˈsɪsi/ *n* (*pl* **-sies**) *adj* (BrE) ▸ **sissy¹, sissy²**

Cistercian¹ /sɪˈstɜːrʃən || sɪˈstɜːʃən/ *n* cisterciense *m*

Cistercian² *adj* ‹*monk/abbey*› cisterciense; **the** ~ **order** el Císter

cistern /ˈsɪstərn || ˈsɪstən/ *n* (water tank) cisterna *f*, tanque *m* del agua; (of lavatory) (BrE) cisterna *f*

citadel /ˈsɪtədl -del/ *n* (fortification) ciudadela *f*; **this** ~ **of conservatism** este reducto *or* baluarte del conservadurismo

citation /saɪˈteɪʃən/ *n* 1 [c u] (quotation) cita *f* 2 [c] (commendation) mención *f* 3 [c] (Law) citación *f* (judicial), emplazamiento *m*

cite /saɪt/ *vt* 1 (quote) citar, mencionar; **they closed the factory, citing lack of demand** cerraron la fábrica alegando falta de demanda 2 (Mil): **he was** ~**d for bravery** recibió una mención por su valor 3 (Law): **she was** ~**d as corespondent in the divorce proceedings** fue nombrada como segunda responsable en la demanda de divorcio

citizen /ˈsɪtəzən || ˈsɪtɪzən/ *n* 1 (of country) ciudadano, -na *m,f* 2 (of town, city): **the** ~**s of Cuenca** los habitantes *or* vecinos de Cuenca, los conquenses; (*before n*): ~ **participation** participación *f* ciudadana

citizenry /ˈsɪtəzənri || ˈsɪtɪzənri/ *n* (*pl* **-ries**) (frml) ciudadanía *f*, ciudadanos *mpl*

Citizens' Advice Bureau (*pl* **-bureaus** *or* **bureaux** /-z/) *n* (in UK) *agencia de asesoramiento legal, financiero etc, gratuito al ciudadano*

citizen's arrest *n: detención llevada a cabo por un ciudadano común*

citizens' band *n* (Rad) banda *f* ciudadana

citizenship /ˈsɪtəzənʃɪp || ˈsɪtɪzənʃɪp/ *n* [u] ciudadanía *f*

citrate /ˈsɪtreɪt/ *n* [c u] citrato *m*

citric acid /ˈsɪtrɪk/ *n* [u] ácido *m* cítrico

citrus /ˈsɪtrəs/ *adj* (*before n*) cítrico

city /ˈsɪti/ ▸ **City - The City** *n* (*pl* **cities**) 1 (large town) ciudad *f*; **the big** ~ la gran ciudad; (*before n*): ~ **center** centro *m* de la ciudad; ~ **council** ayuntamiento *m*, municipio *m*; ~ **dweller** habitante *mf* de la ciudad, citadino, -na *m,f* (AmL); ~ **life** vida *f* urbana *or* de ciudad; ~ **manager** (AmE) funcionario encargado de la administración de una ciudad; ~ **plan** plano *m* de la ciudad 2 **City** (in UK): **the C**~ la

City (de Londres) (*el centro financiero londinense*)

City - The City

Es el área que se encuentra dentro de los límites de la antigua ciudad de Londres. Hoy en día es el centro financiero y de negocios de la capital. Allí tienen sus sedes centrales muchos bancos e instituciones financieras. A menudo, cuando se habla de *The City*, se está refiriendo a estas instituciones y no a la zona propiamente dicha.

city desk *n* 1 (in US) *sección de noticias locales de un periódico* 2 (in UK) *sección de economía y finanzas de un periódico*

city editor *n* 1 (in US) redactor, -tora *m,f* de noticias locales 2 (in UK) redactor financiero, redactora financiera *m,f*

city farm *n* (BrE) granja *f* urbana (*con fines educativos*)

city fathers *pl n* concejales *mpl* y mandatarios *mpl* municipales

city gent *n* (BrE colloq); *hombre de negocios de la City londinense*

city hall *n* (AmE) ayuntamiento *m*, municipio *m*

city page *n* (BrE) sección *f* de finanzas, sección *f* de economía

city planner *n* (AmE) urbanista *mf*o m

city planning *n* [u] (AmE) urbanismo *m*

cityscape /'sɪtiskeɪp/ *n* paisaje *m* urbano

city slicker *n* (colloq) urbanita *mf* (hum), futre *mf* (Chi fam)

city-state /'sɪtisteɪt/ *n* ciudad *f* estado

citywide /'sɪtiwaɪd/ *adj* ‹*network*› que abarca toda la ciudad

civet /'sɪvət || 'sɪvɪt/ *n* 1 [c] ~ **(cat)** civeta *f*, gato *m* de algalia 2 [u] (substance) civeto *m*, algalia *f*

civic /'sɪvɪk/ *adj* 1 ‹*authorities*› civil; ‹*leader*› de la ciudad; **a ~ event** un acto municipal oficial; **~ center** edificios *mpl* municipales 2 ‹*duty/virtues/education*› cívico

civics /'sɪvɪks/ *n* [u] (+ *sing vb*) educación *f* cívica, civismo *m*

civies *pl n* ►**civvies**

civil /'sɪvəl || 'sɪvəl, -vɪl/ *adj*

A 1 (of society, citizens) civil; **~ unrest** malestar *m* social 2 (not military) ‹*government/aviation*› civil 3 (Law) ‹*case/suit*› civil; **~ law** derecho *m* civil; **~ marriage** matrimonio *m* civil; **~ wedding** boda *f* civil

B (polite) ‹*reply/remark*› cortés; **that's very ~ of you** es muy gentil de su parte

civil code *n* código *m* civil

civil defense, (BrE) **civil defence** *n* [u] defensa *f* civil

civil disobedience *n* [u] resistencia *f* pasiva, desobediencia *f* civil

civil engineer *n* ingeniero, -ra *m,f* civil *or* (Esp tb) de caminos

civil engineering *n* [u] ingeniería *f* civil *or* (Esp tb) de caminos

civilian[1] /sə'vɪljən || sɪ'vɪljən/ *n* civil *mf*; **~s were not affected** la población civil no se vio afectada

civilian[2] *adj* ‹*casualties*› entre la población civil; **in ~ dress** (Mil) vestido de civil *or* de paisano; (of doctor etc) vestido de particular *or* de paisano

civility /sə'vɪləti || sɪ'vɪlətɪ/ *n* (*pl* **-ties**) 1 [u] (courtesy) educación *f*, cortesía *f*, urbanidad *f*; **he was treated with cold ~** lo trataron cortés pero fríamente 2 [c] (act, utterance) cortesía *f*, cumplido *m*

civilization /ˌsɪvələ'zeɪʃən || ˌsɪvɪlaɪ'zeɪʃən/ *n* [u c] (condition, society, process) civilización *f*

civilize /'sɪvəlaɪz || 'sɪvɪlaɪz/ *vt* civilizar*; **she was a civilizing influence on him** bajo su influencia se hizo más educado

civilized /'sɪvəlaɪzd || 'sɪvɪlaɪzd/ *adj* 1 (advanced) ‹*society/nations/world*› civilizado 2 (cultured, sophisticated) ‹*person*› educado; ‹*tastes*› refinado; **cloth napkins! how very ~!** ¡servilletas de tela! ¡qué refinamiento!; **please call back at a more ~ hour** por favor llame a una hora más decente

civil liberties *pl n* derechos *mpl* civiles

Civil List *n*: **the ~~** (in UK) *presupuesto anual asignado por el Parlamento a la familia real*

Civil List

Es la cantidad de dinero que el Parlamento británico acuerda asignar cada año al monarca reinante y a algunos miembros de la familia real, a fin de solventar sus gastos.

civilly /'sɪvəlli || 'sɪvəlli, -vɪl-/ *adv* cortésmente

civil partnership *n* [c] [u] (BrE) (Law) unión *f* civil (*de pareja homosexual*)

civil rights ►**segregation** *pl n* derechos *mpl* civiles; (*before n*): **~~ movement** movimiento *m* por los derechos civiles

Civil Rights Act of 1964

►**segregation.**

civil servant *n* funcionario, -ria *m,f* (del Estado)

civil service *n*: **the ~~** la administración pública; (employees) el funcionariado (del Estado); (*before n*): **she's taking the ~~ entrance examinations** está haciendo oposiciones para ingresar a la administración pública

civil war *n* [u c] guerra *f* civil; **the C~ W~** la guerra civil (in US) la Guerra de Secesión

Civil War (en Inglaterra)

Muchas de las causas que provocaron la guerra civil (1642-1651) entre los *Royalists* (monárquicos) o *Cavaliers* (partidarios del rey Carlos I) y las fuerzas parlamentarias (apodadas *Roundheads*) encabezadas por Oliver Cromwell tenían que ver con los problemas religiosos y económicos de la época. Desde tiempos del rey Enrique VIII el parlamento había luchado por conseguir más poder frente al monarca, y el intento de Carlos I de arrestar a los miembros del cuerpo legislativo al negarle éste los fondos necesarios para seguir gobernando como autócrata fue lo que desencadenó el conflicto militar. Vencido en las batallas de Marston Moor (1644) y Naseby (1645), el rey se entregó al ejército escocés un año más tarde. Condenado a muerte por una comisión parlamentaria bajo Cromwell, fue ajusticiado en 1649. Durante los años de la *Commonwealth* que siguieron, el *Protector* Cromwell se mostró tan intolerante como su predecesor. Disolvió el Parlamento en varias ocasiones y gobernó durante varios años como dictador. La monarquía fue restaurada en 1660 bajo Carlos II, hijo de Carlos I.

Civil War (en Estados Unidos)

La Guerra de Secesión (1861-1865), entre los estados del norte y los del sur de EEUU, se inició principalmente a raíz del problema de los esclavos. Abraham Lincoln, elegido presidente en 1860, se oponía a la esclavitud, pero sostenía que no le pondría fin. Once estados del sur, donde la economía agrícola dependía del trabajo de los esclavos, no lo creyeron así y en 1861 formaron los ►**Confederate States of America**, a menudo llamada *The Confederacy* (La Confederación) para separarse de la Unión. La Guerra estalló el 12 de abril. Al rendirse la Confederación el 9 de abril de 1865 habían muerto 620.000 personas. Lincoln fue asesinado cinco días más tarde. Se abolió la esclavitud y en 1870, posteriores enmiendas a la Constitución otorgaron a los negros, al menos en teoría, los mismos derechos de los blancos.

civvies /'sɪviz/ *pl n* (colloq): **in ~** de civil, de paisano

civvy street /'sɪvi/ *n* [u] (BrE colloq) vida *f* civil

CJD *n* [u] (= **Creutzfeld-Jakob disease**) ECJ *f*

cl ►❶ **p.998** (= **centiliter(s)** *or* (BrE) = **centilitre(s)**) cl.

clack /klæk/ *vi* tabletear; ‹‹*high heels*›› taconear; **I was ~ing away on my typewriter** estaba tecleando en mi máquina de escribir; **that will set their tongues ~ing** eso les va a dar mucho que hablar

clad[1] /klæd/ (arch *or* liter) *past and past p of* **clothe A2**

clad[2] *adj* (liter *or* hum) vestido; **scantily ~ girls** chicas *fpl* ligeras de ropa (hum); **~ IN sth**: **~ in black velvet** vestida de terciopelo negro; **~ in rags** cubierto de harapos

-clad /klæd/ *suff*: **leather~** con ropa de cuero; **concrete~** revestido de hormigón

cladding /'klædɪŋ/ *n* [u] revestimiento *m*

claim[1] /kleɪm/ *n*

A (demand): **wage** *o* **pay ~** demanda *f* de aumento salarial, reivindicación *f* salarial; **insurance ~** reclamación *f* al seguro; **~FOR sth**: **my ~ for a disability allowance was rejected** rechazaron mi solicitud de una prestación por invalidez; **to put in a ~ for expenses** presentar una solicitud de reembolso de gastos; **the company paid** *o* **met his ~ for compensation in full** la compañía pagó la totalidad de la suma que reclamó como indemnización; **to file a ~** presentar una demanda; **she makes enormous ~s on my time** me quita muchísimo tiempo

B (to right, title) **~ (TO sth)** derecho *m* (A algo); **they have a legitimate ~ to the territory** tienen legítimo derecho a reivindicar el territorio como propio; **I've no ~ to expertise in that area** no pretendo ser experto en la materia; **that's her only ~ to fame** eso es lo único por lo que se destaca; **to lay ~ to sth** reivindicar* algo; **research has a prior ~ on available funds** la investigación tiene prioridad en la adjudicación de los fondos disponibles; **she has first ~ on my affection** es la persona que más quiero

C (allegation) afirmación *f*; **that's a big ~ to make** eso es mucho decir; **they ignored her ~ that she was being followed** afirmó que la seguían pero no le hicieron caso

D (piece of land) concesión *f*; **he staked his ~ to the party leadership** dejó claro que estaba en la contienda por el liderazgo del partido; *see also* **stake**[2] **B1**

claim[2] *vt*

A 1 (assert title to) ‹*throne/inheritance/land*› reclamar; ‹*right*› reivindicar*; **to ~ diplomatic immunity** alegar* inmunidad diplomática; **they ~ed the disputed territory as their own** reivindicaron como suyo el territorio en litigio 2 (demand, take as one's own) ‹*lost property*› reclamar; **she ~ed her rightful place as the world champion** ocupó el lugar que le correspondía como campeona mundial; **the earthquake ~ed many lives** el terremoto cobró muchas vidas 3 ‹*social security/benefits*› (apply for) solicitar; (receive) cobrar; **he's going to ~ compensation** va a exigir que se lo indemnice, va a reclamar una indemnización; **she's not entitled to ~ these allowances** no tiene derecho a (solicitar) estas prestaciones; **you can ~ your expenses back** puedes pedir que te reembolsen los gastos

B (allege, profess): **no one has ~ed responsibility for the attack** nadie ha reivindicado el atentado; **no one can yet ~ victory** nadie puede cantar victoria todavía; **I can't ~ indifference** no puedo pretender que no me importa; **he ~ed (that) he knew nothing about it** aseguraba *or* afirmaba no saber nada de ello; **he ~s their dog bit him** dice haber sido mordido por su perro; **to ~ to + INF: they ~ to have found the cure** dicen *or* aseguran haber encontrado la cura; **I can't ~ to be an intellectual** no pretendo ser un intelectual

C ‹*attention/interest*› reclamar

■ **claim** *vi* presentar una reclamación; **to ~ FOR sth** reclamar algo; **have you ~ed for your**

C

hotel bill yet? ¿has reclamado ya los gastos de hotel?; **to ~ ON sth: you can ~ on the insurance** puedes reclamar al seguro

claimant /ˈkleɪmənt/ *n* **1** (Soc Adm) solicitante *mf* **2** (to throne) pretendiente, -ta *m,f*

claim form *n* (in UK) formulario *m*, impreso *m* (*para solicitar prestaciones sociales, reembolso de gastos etc*)

clairvoyance /klerˈvɔɪəns || kleəˈvɔɪəns/ *n* [u] clarividencia *f*

clairvoyant¹ /klerˈvɔɪənt || kleəˈvɔɪənt/ *n* clarividente *mf*

clairvoyant² *adj* ‹*powers/experiences*› extrasensorial; **I'm not ~, you know!** ¡no soy clarividente!

clam /klæm/ *n* almeja *f*; ***to shut up like a ~*** (colloq) quedarse como una tumba (fam)

Phrasal verb

- **clam up -mm-** [v + adv] (colloq) ponerse* muy poco comunicativo

clambake /ˈklæmbeɪk/ *n* (in US) *picnic en la playa en el que se cuecen almejas*

clamber /ˈklæmbər || ˈklæmbə(r)/ *vi* trepar; **they ~ed over the wall** treparon *or* se encaramaron al muro y saltaron; **he ~ed into the car** subió al coche con dificultad

clammy /ˈklæmi/ *adj* **-mier, -miest** ‹*handshake*› húmedo; ‹*weather*› bochornoso, pegajoso (fam); **his hand was ~ with sweat** tenía la mano sudorosa

clamor¹, (BrE) **clamour** /ˈklæmər || ˈklæmə(r)/ *n* [u] **1** (noise) clamor *m* **2** (outcry) clamor *m*; **~ FOR/AGAINST sth: the ~ for increased subsidies** las voces que reclamaban un aumento en las subvenciones; **the public ~ against her appointment** el clamor popular contra su nombramiento

clamor², (BrE) **clamour** *vi* gritar; **the children started ~ing to go home** los niños empezaron a gritar que se querían ir a casa; **to ~ FOR sth: to ~ for justice** clamar por justicia; **some elements are already ~ing for war** algunos sectores ya están pidiendo guerra a gritos

clamorous /ˈklæmərəs/ *adj* vociferante, ruidoso

clamp¹ /klæmp/ *n* **1** (Const) abrazadera *f*; (in carpentry) tornillo *m* de banco **2** (Med) pinza *f*, clamp *m* **3** (Dent) clamp *m* **4** (*wheel ~*) (BrE) cepo *m*

clamp² *vt* **1** (join, fasten) sujetar con abrazaderas **2** (BrE) (Auto) (colloq): **to ~ a car** ponerle* el cepo a un coche

Phrasal verb

- **clamp down** [v + adv] **to ~ down ON sth/sb** tomar medidas drásticas CONTRA algo/algn; **to ~ down on inflation** tomar medidas drásticas contra la inflación, poner* freno a la inflación

clampdown /ˈklæmpdaʊn/ *n* (colloq) **~ ON sth/sb: a ~ on illegal immigrants** medidas *fpl* drásticas contra los inmigrantes ilegales; **there's been a ~ on loans** se ha restringido severamente la concesión de créditos, se ha puesto freno a la concesión de créditos; **there's been a ~ on dissidents** ha recrudecido la represión contra los disidentes

clan /klæn/ *n* clan *m*

clandestine /klænˈdestən || klænˈdestɪn/ *adj* clandestino

clandestinely /klænˈdestənli || klænˈdestɪnli/ *adv* clandestinamente

clang¹ /klæŋ/ *vi* ‹‹*bells*›› sonar*, repicar*; **the gate ~ed shut** la verja se cerró con gran estruendo

■ **clang** *vt* hacer* sonar, tocar*

clang² *n* [u c] sonido *m* metálico (*fuerte*)

clanger /ˈklæŋər || ˈklæŋə(r)/ *n* (BrE colloq) metedura *f or* (AmL tb) metida *f* de pata; ***to drop a ~*** meter la pata (fam), tirarse una plancha (Esp fam)

clank¹ /klæŋk/ *vi* ‹‹*chain/bicycle*›› hacer* ruido; **the tanks ~ed into the square** los tanques entraron traqueteando en la plaza

■ **clank** *vt* ‹*chain*› hacer* sonar; **she ~ed the bucket down on the floor** plantó el cubo en el suelo con gran estrépito

clank² *n* [u c] ruido *m* metálico (*de cadenas etc*)

clannish /ˈklænɪʃ/ *adj* cerrado, exclusivista; **they are very ~** son un grupo muy cerrado *or* exclusivista

clap¹ /klæp/ *n*

A [c] **1** (applause) aplauso *m*; **to give sb a ~** aplaudir a algn **2** (slap) palmada *f* **3** (noise): **a ~ of thunder** un trueno

B [u] (gonorrhea) (sl) gonorrea *f*

clap² -pp- *vt*

A **1** (applaud) ‹*person/performance*› aplaudir; **they were warmly ~ped off the pitch** recibieron una calurosa ovación al abandonar el campo de juego (frml) **2** (slap): **he ~ped me on the back** me dio una palmada en la espalda; **she ~ped her hands (together)** batió palmas *or* dio una palmada de alegría (*or* satisfacción *etc*); **to ~ one's hands to the music** dar* palmadas al compás de la música

B (put, place) (colloq): **he was ~ped in prison** lo metieron en la cárcel; **he ~ped his hand over my eyes** me tapó los ojos con la mano; ▸**eye¹ A1**

■ **clap** *vi* **1** (applaud) aplaudir **2** (strike hands together) dar* una palmada

Phrasal verb

- **clap on** [v + o + adv, v + adv + o] **1** (apply) asegurar, sujetar; **to ~ one's cap on** encasquetarse la gorra **2** (add) (BrE colloq) agregar*, encajar (fam)

clapboard /ˈklæbərd, ˈklæpbɔːrd || ˈklæpbɔːd, ˈklæbəd/ *n* [u c] listón *m*; (*before n*): **~ house** casa *f* de (tablas de) madera

clapped-out /ˌklæptˈaʊt/ *adj* (*pred* **clapped out**) (BrE colloq) destartalado (fam); **a ~ car** un cacharro (fam), una tartana (Esp fam), una carcacha (Chi, Méx fam); **to be/feel ~ ~** estar* reventado *or* hecho polvo (fam)

clapper /ˈklæpər || ˈklæpə(r)/ *n* (of bell) badajo *m*; ***like the ~s*** (BrE colloq): **it was going like the ~s** iba como una bala *or* como un bólido (fam)

clapperboard /ˈklæpərbɔːrd || ˈklæpəbɔːd/ *n* claqueta *f*

clapping /ˈklæpɪŋ/ *n* [u] aplausos *mpl*

claptrap /ˈklæptræp/ *n* [u] (colloq) paparruchas *fpl* (fam)

claque /klæk/ *n* claque *m*

claret /ˈklærət/ *n* **1** [u c] (wine) burdeos *m*, clarete *m* **2** ▸**i** p.1036 [u] (color) granate *m*

clarification /ˌklærəfəˈkeɪʃən || ˌklærɪfɪˈkeɪʃən/ *n* **1** [u] (explanation) aclaración *f*; **this requires ~** esto requiere una aclaración, esto hay que aclararlo; **I'd like some further ~ on this point** quisiera que se me aclarara este punto **2** [u] (of butter, liquid) clarificación *f*

clarify /ˈklærəfaɪ || ˈklærɪfaɪ/ **-fies, -fying, -fied** *vt* **1** (explain, make clear) ‹*situation/reasons/statement*› aclarar **2** (purify) ‹*fat/beer/wine*› clarificar*

■ **clarify** *vi* **1** ‹‹*situation/position*›› aclararse **2** ‹‹*butter/beer/wine*›› clarificarse*

clarinet /ˌklærəˈnet || ˌklærɪˈnet/ *n* clarinete *m*

clarinetist, clarinettist /ˌklærəˈnetəst || ˌklærɪˈnetɪst/ *n* clarinetista *mf*

clarion call /ˈklæriən/ *n* (liter) toque *m* de rebato

clarity /ˈklærəti/ *n* [u] **1** (of thought, expression, style) claridad *f* **2** (of wine, glass, gem) limpidez *f*

clash¹ /klæʃ/ *n*

A [c] **1** (of interests) conflicto *m*; (of cultures) choque *m*; (of opinions, views) disparidad *f*; **personality ~** choque *m* de caracteres dispares; **I missed the lecture because of a timetable ~** me perdí la conferencia porque tenía otra cosa a la misma hora *or* por un problema de coincidencia de horarios **2** (of colors) falta *f* de armonía

B [c] (between armies, rival factions) enfrentamiento *m*, choque *m*; **a ~ of heads** (BrE) (Sport) un cabezazo

C [u] (noise): **the ~ of swords** el sonido del choque de espadas; **the ~ of the cymbals** el sonido de los platillos

clash² *vi*

A **1** ‹‹*aims/interests*›› estar* en conflicto *or* en pugna; ‹‹*personalities*›› chocar*; **our views ~ on every subject** tenemos puntos de vista opuestos en todo **2** ‹‹*colors/patterns*›› desentonar; **to ~ WITH sth** desentonar CON algo; **that tie ~es with your shirt** esa corbata desentona *or* (fam) no te pega con la camisa

B ‹‹*armies/factions/leaders*›› chocar*; **to ~ WITH sb (OVER sth): police ~ed with demonstrators** hubo choques entre la policía y los manifestantes; **he ~ed with his manager over his contract** tuvo un enfrentamiento con el gerente acerca de su contrato

C ‹‹*dates*›› coincidir; **the concert ~es with the film tonight** el concierto y la película de esta noche son a la misma hora

D **1** (make noise) ‹‹*cymbals/swords*›› sonar* (*al entrechocarse*) **2** (collide) chocar*; **their heads ~ed** (BrE) se dieron un cabezazo

■ **clash** *vt* ‹*cymbals*› tocar*; ‹*weapons*› entrechocar*

clasp¹ /klæsp || klɑːsp/ *n*

A **1** (fastening) broche *m*, cierre *m* **2** (embrace): **he held his opponent in a firm ~** tenía bien agarrado a su contrincante

B (on medal) (Mil) pasador *m*

clasp² *vt* **1** (grip, embrace): **she ~ed her bag firmly** sujetó *or* agarró firmemente el bolso; **they ~ed hands** se dieron un fuerte apretón de manos; **he ~ed her in his arms** la estrechó entre sus brazos **2** (fasten) ‹*bracelet/necklace*› abrochar; **the belt was ~ed tightly around his waist** llevaba el cinturón bien apretado

clasp knife *n* navaja *f*

class¹ /klæs || klɑːs/ *n*

A [c u] (social stratum) clase *f*; **the ruling ~** *o* (BrE also) **~es** la clase dominante; **a better ~ of customer** clientes *mpl* de más categoría; (*before n*): **the ~ struggle** *o* **war, ~ warfare** la lucha de clases

B [c] **1** (group of students) clase *f*; **he came top of his ~** salió primero de la clase; **she's in my English ~** está en mi clase de inglés; **the ~ of '86** la promoción del 86; (*before n*): **~ president** delegado, -da *m,f* de curso **2** (lesson) clase *f*

C [c] **1** (group, type) clase *f*; **it's the best in its ~** es el mejor de su clase *or* tipo; **to be in a ~ of one's/its own** ser* único *or* inigualable; **to be in a different ~ to sb/sth** no tener* comparación con algn/algo; **they're not in the same ~ as their opponents** no están a la altura de sus contrincantes **2** (Bot, Zool) clase *f*

D [u] **1** (Transp) clase *f*; **to travel first/second ~** (in UK) (Rail) viajar en primera/segunda (clase) **2** (in UK) (Post): **send the letter first/second ~** manda la carta por correo preferente/normal **3** (in UK) (Educ) *tipo de título que se concede según las calificaciones obtenidas durante la carrera y/o exámenes finales*; (*before n*): **he got a first ~ degree** se recibió con la nota más alta (*en AmL*) ≈ sacó matrícula de honor en la carrera (*en Esp*)

E [u] (style) (colloq) clase *f*, estilo *m*; **she's got ~** tiene clase *or* estilo; **a singer of true ~** un cantante de categoría

class² *vt* catalogar*; **he's been ~ed with** *o* **among the greats of the sport** está considerado como uno de los grandes del deporte

class³ *adj* (colloq) (*before n*) ‹*performance/actor/restaurant*› de primera (clase) (fam)

class action *n* (AmE) (Law) acción *f* popular, demanda *f* colectiva

class-conscious /ˈklæsˌkɑːntʃəs || ˌklɑːsˈkɒnʃəs/ *adj* (Sociol, Pol) con conciencia de clase; (classist) clasista, consciente de las distinciones sociales

class consciousness *n* [u] (Sociol, Pol) conciencia *f* de clase; (classism) clasismo *m*

classic¹ /ˈklæsɪk/ *adj* (*usu before n*) **1** (excellent, unsurpassed) ‹*study/text/play*› clásico; ‹*scene/line/speech*› memorable; **a blunder of ~ proportions** un error colosal; **the way he escaped was ~** (colloq) la manera como se escapó fue genial **2** (established) ‹*method/strategy/proof*› clásico **3** (stereotypical) ‹*symptoms/situation*› clásico, típico **4** (simple, timeless) ‹*clothes/design*› clásico

classic² *n* **1** (play, film, book) clásico *m*; **the ~s of Spanish literature** los clásicos de la literatura española; **a ~ of its kind** un clásico en su género; **her gaffe was a ~** (iro) su metedura *or* (AmL tb) metida de pata fue de las que hacen época; *see also* **classics** **2** (Clothing) prenda *f* clásica **3** (horse race) (Sport) clásico *m* (*carrera de caballos importante*)

classical /ˈklæsɪkəl/ *adj* **1** (of Greece, Rome) ‹*myths/architecture*› clásico; **a ~ scholar** un humanista especializado en lenguas clásicas **2** *also* **Classical** (Art, Lit, Mus) clásico **3** (traditional) ‹*theory/idea/methods*› clásico; **~ music** música *f* clásica *or* culta

classicism, Classicism /ˈklæsəsɪzəm || ˈklæsɪsɪzəm/ *n* [u] clasicismo *m*

classicist /ˈklæsəsəst || ˈklæsɪsɪst/ *n* **1** (Art, Lit, Mus) clasicista *mf* **2** (Educ) estudiante *mf* de clásicas

classics /ˈklæsɪks/ *n* [u] (+ *sing vb*) clásicas *fpl*

classifiable /ˌklæsəˈfaɪəbəl || ˈklæsɪfaɪəbəl/ *adj* clasificable

classification /ˌklæsəfəˈkeɪʃən || ˌklæsɪfɪˈkeɪʃən/ *n* **1** [u] (act, process) clasificación *f* **2** [c] (category) clasificación *f* **3** [c u] (BrE) (Cin, Video) clasificación *f*

classification yard *n* (AmE) playa *f* de maniobras

classified /ˈklæsəfaɪd || ˈklæsɪfaɪd/ *adj* **1** (categorized) clasificado; **~ advertisement** anuncio *m* por palabras, aviso *m* clasificado (AmL); **~ advertising** publicidad *f* clasificada (*en periódico*) **2** (secret) ‹*data/records/information*› secreto, confidencial

classifieds /ˈklæsəfaɪdz || ˈklæsɪfaɪdz/ *pl n* anuncios *mpl* por palabras, avisos *mpl* clasificados (AmL)

classify /ˈklæsəfaɪ || ˈklæsɪfaɪ/ *vt* **-fies, -fying, -fied** **1** (categorize) ‹*books/data*› clasificar*; **I wouldn't ~ him as a comic** yo no lo catalogaría como cómico *or* no lo calificaría de cómico **2** (designate as secret) ‹*information/document*› clasificar* como secreto

classism /ˈklæsɪzəm || ˈklɑːsɪzəm/ *n* clasismo *m*

classist /ˈklæsəst || ˈklɑːsɪst/ *adj* clasista

classless /ˈklæsləs || ˈklɑːslɪs/ *adj* ‹*society*› sin clases

class list *n* (in UK) (Educ) lista *f* de alumnos clasificados por nota

class mark *n* (BrE) calificación *f*, nota *f*

classmate /ˈklæsmeɪt || ˈklɑːsmeɪt/ *n* compañero, -ra *m,f* de clase

class-ridden /ˈklæsˌrɪdn || ˈklɑːsˌrɪdn/ *adj* ‹*attitudes/society*› clasista

classroom /ˈklæsruːm, -rʊm || ˈklɑːsruːm, -rʊm/ *n* aula *f‡*, clase *f*, sala *f or* salón *m* de clase (frml)

class system *n* [u] sistema *m* de clases

class teacher *n* tutor, -tora *m,f* de la clase, profesor, -ra *m,f* jefe (Chi)

class trip *n* viaje *m* de estudios

classy /ˈklæsi || ˈklɑːsi/ *adj* **-sier, -siest** (colloq) con estilo *or* clase

clatter¹ /ˈklætər || ˈklætə(r)/ *vi* «*pans*» hacer* ruido; «*hooves*» chacolotear, hacer* ruido; «*typewriter*» repiquetear; **she ~ed (off) down the corridor** se fue taconeando por el pasillo; **the train ~ed over the bridge** el tren pasó traqueteando por el puente

■ **clatter** *vt* ‹*pans/cutlery*› hacer* ruido con

clatter² *n* [u] (of trains) traqueteo *m*; (of typewriters) repiqueteo *m*; (of hooves) chacoloteo *m*

Claudius /ˈklɔːdiəs/ *n* Claudio

clause /klɔːz/ *n* **1** (in contract, treaty) cláusula *f* **2** (Ling) oración *f*, cláusula *f*

claustrophobia /ˌklɔːstrəˈfəʊbiə || ˌklɒstrəˈfəʊbiə, ˌklɔːstrə-/ *n* [u] claustrofobia *f*

claustrophobic /ˌklɔːstrəˈfəʊbɪk || ˌklɒstrəˈfəʊbɪk, ˌklɔːstrə-/ *adj* claustrofóbico; **I got ~** me dio claustrofobia

clavichord /ˈklævəkɔːrd || ˈklævɪkɔːd/ *n* clavicordio *m*

clavicle /ˈklævɪkəl/ *n* clavícula *f*

claw¹ /klɔː/ *n* **1** (of tiger, lion) zarpa *f*, garra *f*; (of eagle) garra *f*; ***to get one's ~s into sb*** (colloq): **he won't stand a chance if she gets her ~s into him** es hombre muerto si cae en sus garras; **the critics have got their ~s into him** los críticos se le han echado encima *or* se han encarnizado con él **2** (of crab, lobster) pinza *f* **3** (of hammer) boca *f* sacaclavos; (of excavator) cuchara *f*

claw² *vt*: **the cat had ~ed the rug to shreds** el gato había destrozado la alfombra con las uñas; ***to ~ one's way***: **they ~ed their way through the wreckage of the plane** se abrieron camino como pudieron entre los restos del avión; **he ~ed his way to the top** no reparó en medios para llegar a la cima

■ **claw** *vi* arañar; **to ~ AT sth: she ~ed at his face** trató de arañarle la cara; **the cat's ~ing at the door** el gato está arañando la puerta; **he ~ed at the branch as he fell** intentó agarrarse de la rama al caer

Phrasal verb

• **claw back** [v + o + adv, v + adv + o] (esp BrE) ‹*money/revenue*› recuperar

clawback /ˈklɔːbæk/ *n* [c u] (BrE) recuperación *f*

claw hammer *n* martillo *m* de orejas

clay /kleɪ/ *n* [u c] arcilla *f*; **potter's ~** arcilla (figulina); **(modeling) ~** arcilla (para modelar); (for children) (AmE) plastilina® *f*, plasticina® *f* (CS); (*before n*): **~ court** (Sport) cancha *f* de arcilla (AmL), pista *f* de tierra batida (Esp), cancha *f* de polvo de ladrillo (RPl); **~ pipe** pipa *f* de cerámica *or* barro

clayey /ˈkleɪi/ *adj* ‹*soil*› arcilloso

claymore /ˈkleɪmɔːr || ˈkleɪmɔː(r)/ *n*: *espada tradicional escocesa*

clay pigeon *n* plato *m* (*de tiro*); (*before n*): **~ ~ shooting** tiro *m* al plato

clean¹ /kliːn/ *adj* **-er, -est**

A **1** (not soiled) ‹*face/dressing*› limpio; **are your hands ~?** ¿tienes las manos limpias?; **she wiped the table ~** limpió la mesa; **the dog licked the bone ~** el perro lamió el hueso hasta dejarlo limpio **2** (of habits) ‹*person/animal*› limpio **3** (not used) ‹*clothes/towel*› limpio; **use a ~ sheet of paper** usa una hoja de papel nueva **4** (pure, non-polluting) ‹*air/water*› limpio, puro; ‹*smell*› a limpio; ‹*taste*› refrescante; **~ energy** energía *f* no contaminante; **~ fuel** combustible *m* limpio

B **1** (morally) ‹*joke*› inocente; **keep it ~: there will be children around** no te pases, que habrá niños; **~ living** vida *f* sana; **Mr C~** (colloq) la imagen de la honradez **2** (fair) ‹*game/player/campaign*› limpio

C (unblemished) ‹*driver's license*› donde no constan infracciones; **the airport has a ~ safety record** no se han registrado accidentes en el aeropuerto; **the player with the ~est disciplinary record** el jugador que ha sido sancionado el menor número de veces; **~ copy** (Publ) texto *m or* material *m* bien presentado; **to come ~ about sth** (colloq) confesar* algo

D (well defined) ‹*stroke/features*› bien definido, nítido; **the ~ lines of the design** la pureza de líneas del diseño; **a ~ break** una fractura limpia; **she made a ~ break with the past** cortó radicalmente con el pasado; **she decided to make a ~ break and stop seeing him** decidió cortar por lo sano y dejar de verlo

E (Relig) ‹*animal/flesh*› puro

clean² *adv* (colloq) **1** (completely): **I ~ forgot about it** se me olvidó por completo; **we're ~ out of coffee** no tenemos ni pizca de café (fam); **they got ~ away on a motorcycle** se escaparon en una moto sin dejar ni rastro **2** (cleanly, fairly) ‹*fight/play*› limpio, limpiamente

clean³ *vt* **1** (remove dirt from) ‹*house/windows/carpet*› limpiar; ‹*car/floor*› lavar, limpiar; ‹*blackboard*› borrar, limpiar; **have you ~ed your teeth?** ¿te has lavado los dientes?; **to ~ sth OF sth: it must be ~ed of dust and grease** hay que quitarle el polvo y la grasa; **to ~ sth FROM/OFF sth: he ~ed the splashes off the windows** limpió las salpicaduras que había en las ventanas; **you can ~ it off with a sponge** lo puedes quitar con una esponja **2** (dry clean) limpiar en seco, llevar a la tintorería *or* (Esp tb) al tinte **3** ‹*fish/chicken*› limpiar

■ **clean** *vi* **1** (become clean): **this carpet ~s well** esta alfombra se limpia fácil *or* queda muy bien cuando se limpia; **the stain ~ed off easily** la mancha salió sin problemas **2** (remove dirt) «*substance/device*» limpiar

Phrasal verbs

• **clean out**

A [v + o + adv, v + adv + o] (clean thoroughly) ‹*room/car/stable*› vaciar* y limpiar (*a fondo*)

B [v + o + adv, v + adv + o] (empty, exhaust) (colloq): **I'm ~ed out at the moment** estoy pelado *or* (CS tb) pato (fam); **did they steal a lot? — they ~ed him out** ¿robaron mucho? — lo desplumaron (fam); **that weekend away ~ed me out** ese viaje de fin de semana me dejó pelado *or* (CS tb) pato (fam); **we ~ed them out of booze** los dejamos sin bebidas

• **clean up**

A [v + o + adv, v + adv + o] **1** ‹*room/garden*› limpiar; **I'll just ~ myself up before they arrive** voy a arreglarme *or* lavarme un poco antes de que lleguen **2** (morally) ‹*city/television/politics*› limpiar **3** (colloq) ‹*money/fortune*› hacer*, sacar*

B [v + adv] **1** (make clean) limpiar; **I'm tired of ~ing up after you** estoy harto de limpiar lo que tú ensucias **2** (make money) (sl) barrer con todo (fam)

clean⁴ *n* (colloq) (*no pl*) limpieza *f*; **it needs a good ~** necesita una buena limpieza; **just give it a quick ~** dale una repasadita (fam)

clean-cut /ˈkliːnˈkʌt/ *adj* ‹*outline*› bien definido, nítido; ‹*appearance/image*› muy cuidado; **he always played the ~ hero** siempre hacía de bueno de la película

cleaner /ˈkliːnər || ˈkliːnə(r)/ *n* **1** (person) limpiador, -dora *m,f*; **a firm of office ~s** una empresa de servicios de limpieza para oficinas **2** (substance) producto *m* de limpieza **3** (*dry ~*) tintorero, -ra *m,f*; **take it to the ~'s** *o* **~s** llévalo a la tintorería *or* (Esp tb) al tinte; ***to take sb to the ~s*** *o* ***~'s*** (colloq) dejar limpio *or* pelado *or* (CS tb) pato a algn (fam)

cleaning /ˈkliːnɪŋ/ *n* [u] limpieza *f*; **who's going to do the ~?** ¿quién va a limpiar *or* hacer la limpieza?; (*before n*): **~ fluid** líquido *m* limpiador; **the ~ lady** *o* **woman** la señora *or* mujer de la limpieza, la limpiadora

cleanliness /ˈklenlinəs || ˈklenlinɪs/ *n* [u] limpieza *f*; **personal ~** el aseo personal

clean-living /ˈkliːnˈlɪvɪŋ/ *adj* ‹*person*› sin vicios, de vida sana; ‹*habits*› de persona decente

cleanly¹ /ˈkliːnli/ *adv* **1** (evenly) ‹*cut/snap*› limpiamente **2** (fairly) ‹*fight/play/win*› limpio, limpiamente, con limpieza **3** (adroitly) (Sport) ‹*catch/take/shoot*› con destreza

cleanly² /ˈklenli/ *adj* **-lier, -liest** limpio

cleanness /ˈkliːnnəs || ˈkliːnnɪs/ *n* [u]

A **1** (absence of dirt) limpieza *f* **2** (of air, water, energy) pureza *f* **3** (of lines, features) pureza *f*

B (of campaign, fight) lo limpio

clean-out /ˈkliːnˌaʊt/ *n* limpieza *f* general

clean room *n* (Tech) sala *f* blanca, sala *f* limpia

cleanse /klenz/ *vt* limpiar; **to ~ sth/sb (OF sth)** (liter) limpiar algo/a algn (DE algo); **to be ~d of sin** quedar limpio *or* libre de pecado

cleanser /ˈklenzər || ˈklenzə(r)/ *n* [c u] **1** (for household use) producto *m* de limpieza **2** (for skin) leche *f* (*or* crema *f etc*) limpiadora *or* de limpieza

clean-shaven /ˌkliːnˈʃeɪvən/ *adj* ‹*face*› bien afeitado *or* (esp Méx) rasurado; **a ~ man** un hombre sin barba ni bigote

cleansing¹ /ˈklenzɪŋ/ *adj* ‹*agent/powers*› limpiador; **~ cream/lotion/milk** crema *f* /loción *f* /leche *f* limpiadora *or* de limpieza; **~ department** (BrE) servicio *m* de limpieza; **~ tissue** toallita *f* limpiadora

cleansing[2] *n* limpieza *f*

cleanup /'kli:nʌp/ *n* (*no pl*) [1] (clean) limpieza *f*; **the ~ after the nuclear disaster** las operaciones de limpieza luego del desastre nuclear [2] (of crime, corruption) limpieza *f*; (*before n*): **~ campaign** campaña *f* contra la delincuencia (*or* la corrupción *etc*) [3] (large profit) (AmE colloq) tajada *f* (fam)

clear[1] /klɪr || klɪə(r)/ *adj* **-er, -est**

A ‹*sky*› despejado, claro; ‹*day*› despejado; ‹*liquid/glass/plastic*› transparente; ‹*gaze*› limpio, claro; **~ soup** consomé *m*; **I have a ~ conscience** tengo la conciencia tranquila; **she has very ~ skin** tiene muy buen cutis; **to keep a ~ head** mantener* la mente despejada

B (distinct) ‹*outline/picture*› nítido, claro; ‹*voice*› claro; **now we have a ~ line** ahora se oye bien

C [1] (plain, evident): **they have a ~ advantage over us** está claro que nos llevan ventaja; **a ~ majority** una amplia mayoría; **it's a ~ case of suicide** es un caso evidente *or* claro de suicidio; **the Bears are ~ favorites** los Bears son, sin lugar a dudas, el equipo favorito; **it became ~ that he was lying** se hizo evidente *or* patente que estaba mintiendo [2] ‹*explanation/instructions/idea*› claro; **is that ~?** ¿está *or* queda claro?; **it's not entirely ~ to me why it's necessary** no me queda muy claro por qué es necesario; **let's get this ~** entendámonos bien; **I want to make one thing ~** quiero que quede en claro una cosa; **I don't think I can make the explanation any ~er** no creo que pueda explicarlo más claramente; **it was made ~ to him that …** le explicaron claramente que …; **do I make myself ~?** ¿me explico?, ¿está claro? [3] **to be ~** ‹‹*person*››: **let's be quite ~!** ¡entendámonos bien!, ¡que quede bien claro!; **I'm not entirely ~** no lo tengo muy claro, no me queda muy claro

D (free, unobstructed) ‹*space/road/desk*› despejado; **did you get a ~ view of him?** ¿lo pudiste ver bien?; **Ⓢ keep clear** no obstruya el paso; **I keep Thursday afternoon ~** me dejo todos los jueves por la tarde libres; **all ~!** ¡el campo está libre!; **~ OF sth**: **the roads are ~ of traffic** no hay tráfico en las carreteras; **he's ~ of debts** está libre de deudas

E (entire): **we've got two days ~** *o* **two ~ days** tenemos dos días enteros; **he makes a ~ $450 a week** saca 450 dólares netos *or* limpios a la semana; **~ profit** beneficio *m* neto *or* líquido, ganancia *f* neta *or* líquida; **they are three points ~** llevan tres puntos de ventaja

F (beyond, outside) (*pred*) **to be ~ (OF sth)**: **once you're ~ of the fence/town** una vez que hayas pasado la verja/salido de la ciudad; **he's 30 meters ~ of the pack** va 30 metros delante del pelotón; **we must be ~ of danger by now** ya debemos estar fuera de peligro; **you're well ~ of the tree** estás a bastante distancia del árbol; **we soon got ~ of the houses** pronto dejamos atrás las casas; **stand ~ of the doors** manténganse alejados de las puertas; **the curtains must hang ~ of the radiators** las cortinas no deben tocar los radiadores; **keep ~!** ¡no se acerquen!; **I advised her to keep ~ of him** le aconsejé que no tuviera nada que ver con él; ***to be in the ~***: **the report puts us in the ~** el informe nos deja libres de toda sospecha; **once across the river, you'll be in the ~** una vez que hayas cruzado el río, estarás fuera de peligro; **another $500 and I'll be in the ~** 500 dólares más y estaré libre de deudas

G (in showjumping) ‹*round*› sin faltas

clear[2] *adv* (*as intensifier*): **the cargo sank ~ to the bottom** la carga se fue a pique hasta el fondo; ▸**loud**[2]

clear[3] *vt*

A [1] (make free, unobstructed) ‹*room*› vaciar*; ‹*floor/surface*› despejar; ‹*drain/pipe*› desatascar*, destapar (AmL); ‹*building/stage*› desalojar; **to ~ the table** levantar *or* (Esp tb) quitar la mesa; **50 square miles of forest have been ~ed** han talado 50 millas cuadradas de bosque; **to ~ one's throat** carraspear; **to ~ a space for sth** hacer* sitio *or* lugar para algo; **an accord that ~s the way for increased trade** un acuerdo que abre camino para un mayor intercambio comercial; **police ~ed the area** la policía evacuó la zona; **the area was ~ed of debris** se quitaron los escombros de la zona; **to ~ sth out of the way** quitar algo de en medio; **let's ~ all this paper off the desk** quitemos todos estos papeles del escritorio; ▸**air**[1] **A** [2] (Comput) ‹*screen*› despejar; ‹*data*› borrar

B ‹*fence/ditch/hurdle*› salvar, saltar por encima de; **the plane just ~ed the trees** el avión pasó casi rozando los árboles; **the chassis barely ~ed the ground** el chasis casi tocaba el suelo; **if the measure ~s the Senate** si el Senado aprueba la medida; **the vessel ~ed the harbor** la embarcación salió del puerto; **the passengers have already ~ed customs** los pasajeros ya han pasado por la aduana

C (free from suspicion): **he was ~ed of all charges** lo absolvieron de todos los cargos; **she is determined to ~ her name** está decidida a limpiar su nombre

D [1] (authorize) autorizar*, darle* el visto bueno a; **you'll have to ~ that with Tom** tendrás que obtener autorización *or* el visto bueno de Tom; **the shipment hasn't been ~ed yet** todavía no han autorizado el envío; **the 727 had been ~ed for takeoff/landing** el 727 había recibido autorización para despegar/aterrizar [2] (Fin) compensar; **a ~ed check** un cheque *or* (Esp tb) un talón compensado *or* pagado

E [1] (settle) ‹*debt/account*› liquidar, saldar [2] (earn) sacar*; **she ~s over $3,000 a week** saca más de 3.000 dólares por semana [3] (sell off) ‹*stock*› liquidar; **Ⓢ reduced to clear** (BrE) rebajas por liquidación

F (Sport) ‹*ball/puck*› despejar

■ **clear** *vi*

A [1] ‹‹*sky/weather*›› despejarse; ‹‹*water*›› aclararse; **her head began to ~** se le empezó a despejar la cabeza [2] (disperse) ‹‹*fog/smoke*›› levantarse, disiparse; ‹‹*traffic/congestion*›› despejarse; ‹‹*irritation*›› pasarse, irse*; **my rash has ~ed** se me ha ido el sarpullido

B (Fin) ‹‹*check*›› ser* compensado

Phrasal verbs

• **clear away** [1] [v + adv + o, v + o + adv] ‹*dishes*› recoger*; ‹*debris/rubble*› llevarse, retirar [2] [v + adv] recoger* la mesa, levantar la mesa

• **clear off**

A [v + adv] (go away) (colloq) largarse* (fam); **~ off!** ¡fuera de aquí!, ¡lárgate! (fam)

B [v + o + adv, v + adv + o] [1] (pay) ‹*debt*› liquidar [2] (remove) echar de

• **clear out**

A [v + o + adv, v + adv + o] ‹*cupboard/drawer/attic*› vaciar* y ordenar

B [v + adv] (leave) (colloq) irse*, largarse* (fam)

• **clear up**

A [v + o + adv, v + adv + o] [1] (resolve) ‹*crime*› esclarecer*, resolver*; ‹*issue/misunderstanding/doubts*› aclarar [2] (tidy) ‹*rubbish*› recoger*; **help me ~ up everything off the floor** ayúdame a recoger todo del suelo

B [v + adv] [1] (tidy) ordenar [2] ‹‹*weather*›› despejar; **if it ~s up** si despeja [3] (get better) ‹‹*cough/cold*›› mejorarse, irse*; **the rash has ~ed up** se le (*or* me *etc*) ha ido el sarpullido

clearance /'klɪrəns || 'klɪərəns/ *n*

A [u] (authorization) autorización *f*; (from customs) despacho *m* de aduana; **she has ~ to inspect the documents** está autorizada para inspeccionar los documentos; **to get** *o* **obtain ~ from sb** conseguir* *or* obtener* autorización de algn

B [u] (free space) espacio *m* (libre); **3m ~ on either side** 3m de espacio a cada lado

C [u] (of building land) desmonte *m*, despeje *m*; **slum ~** demolición *f* de viviendas insalubres

D [u] (of stock) liquidación *f*; (*before n*): **~ sale** liquidación *f*, realización *f* (AmL)

E [u] (of check) compensación *f*

F [c] (in soccer) despeje *m*

clear-cut *vt* (*pres p* **-cutting** *past & past p* **-cut**) dejar sin árboles

clear-headed /'klɪr,hedəd || ,klɪə'hedɪd/ *adj* lúcido

clearing /'klɪrɪŋ || 'klɪərɪŋ/ *n*

A (in forest) claro *m*

B (Fin) (of check) compensación *f*

clearing bank *n* (in UK) banco *m* de compensación

clearing house *n* [1] (Fin) cámara *f* de compensación [2] (for information) centro *m* de intercambio de información

clearly /'klɪrli || 'klɪəli/ *adv*

A [1] (distinctly) ‹*visible/marked/distinguished*› claramente; ‹*speak/write/think*› con claridad, claramente [2] (without ambiguity) ‹*speak/write/show*› claramente

B (obviously): **it's ~ impossible/absurd** es a todas luces imposible/absurdo, está claro que es imposible/absurdo; **~, this must stop** (*indep*) evidentemente *or* desde luego, esto se tiene que terminar

clear-out /'klɪraʊt || 'klɪəraʊt/ *n* (BrE colloq) limpieza *f* (*deshaciéndose de trastos etc*); **we're having a ~ of the cellar** estamos limpiando y ordenando el sótano

clear-sighted /'klɪr,saɪtəd || ,klɪə'saɪtɪd/ *adj* de gran lucidez, perspicaz

clear-up rate /'klɪrʌp || 'klɪərʌp/ *n* (BrE) proporción *f* de casos resueltos

clearway /'klɪrweɪ || 'klɪəweɪ/ *n* (in UK) *tramo de carretera en el que está prohibido detenerse*

cleat /kli:t/ *n* [1] (for rope) cornamusa *f* [2] (on bridge, gangway) listón *m* antideslizante [3] (on shoe) taco *m*, toperol *m* (Chi) [4] (shoe, boot) (AmE) *calzado para deportes*

cleavage /'kli:vɪdʒ/ *n* [c u] [1] (bosom) escote *m* [2] (Biol) división *f* [3] (in rock) grieta *f*, hendidura *f*

cleave /kli:v/ *vt* (*past* **cleaved** *or* **cleft** *or* arch **clove**; *past p* **cleaved** *or* **cleft** *or* arch **cloven**) (arch *or* liter) (split) hender* (liter), partir

■ **cleave** *vi* (*past & past p* **cleaved**)

A [1] (cut through): **to ~ through the waves** surcar* las olas; **he ~d through the throng** se abrió camino a través del gentío [2] (split) ‹‹*rock*›› partirse, rajarse

B (be faithful) (liter) **to ~ TO sb/sth** serle* fiel A algn/algo

cleaver /'kli:vər || 'kli:və(r)/ *n* cuchilla *f* de carnicero

clef /klef/ *n* clave *f*

cleft[1] /kleft/ *past & past p of* **cleave**

cleft[2] *adj* ‹*chin*› partido; **~ palate** paladar *m* hendido, fisura *f* del paladar

cleft[3] *n* hendidura *f*, grieta *f*

clematis /'klemətəs || 'klemətɪs/ *n* [u c] clemátide *f*

clemency /'klemənsi/ *n* [u] [1] (mercy) clemencia *f* [2] (of weather) benignidad *f*

clement /'klemənt/ *adj* (liter) [1] ‹*person*› clemente [2] ‹*weather*› benigno

clementine /'kleməntiːn, -taɪn || 'kleməntaɪn/ *n* (BrE) clementina *f*

clench /klentʃ/ *vt*

A [1] (close) ‹*fist/fingers/jaw*› apretar*; **he spoke through ~ed teeth** masculló algo, dijo algo entre dientes; **~ed-fist salute** saludo *m* con el puño cerrado [2] (grip) apretar*, agarrar

B ▸**clinch**[1]

Cleopatra /,kli:ə'pætrə/ *n* Cleopatra

clerestory /'klɪrstɔ:ri || 'klɪəstɔ:ri/ *n* (*pl* **-ries**) triforio *m*

clergy /'klɜ:rdʒi || 'klɜ:dʒi/ *n* (+ *sing or pl vb*) clero *m*

clergyman /'klɜ:rdʒimən || 'klɜ:dʒimən/ *n* (*pl* **-men** /-mən/) clérigo *m*

clergywoman /'klɜ:rdʒi,wʊmən || 'klɜ:dzi,wʊmən/ *n* (*pl* **-women**) clériga *f*

cleric /'klerɪk/ *n* clérigo, -ga *m,f*, eclesiástico, -ca *m,f*

clerical /'klerɪkəl/ *adj*

A (Relig) ‹*robes/vows*› clerical; **~ collar** alzacuello *m*, clergyman *m*

B (of a clerk) ‹*job/work*› de oficina; **~ assistant** oficinista *mf*, empleado, -da *m,f*; **~ staff** personal *m* administrativo

clericalism /'klerɪkəlɪzəm/ *n* [u] clericalismo *m*

clerical worker *n* empleado, -da *m,f* de oficina, administrativo, -va *m,f*

clerihew /ˈklerɪhjuː/ *n: poema cómico o satírico de cuatro versos*

clerk¹ /klɜːrk || klɑːk/ *n* (in office) empleado (administrativo), empleada (administrativa) *m,f*, oficinista *mf*; (in bank) empleado, -da *m,f*, bancario, -ria *m,f* (CS); (*sales* ~) (AmE) vendedor, -dora *m,f*, dependiente, -ta *m,f*; (*desk* ~) (AmE) recepcionista *mf*; **C~ of (the) Court** actuario, -ria *m,f*

clerk² *vi* (AmE colloq) trabajar de dependiente (*or* de oficinista *etc*)

clever /ˈklevər || ˈklevə(r)/ *adj* **-verer, -verest** 1 (intelligent, talented) ‹*person/animal*› inteligente; **you think you're so ~!** ¡te crees tan inteligente!; **she lost the tickets — that was ~ of her!** (iro) perdió las entradas — ¡qué lista! (iró) 2 (artful) (pej) ‹*person*› listo; **don't try to be ~ with me** no te hagas el listo conmigo; **she's just being ~** se cree muy lista 3 (skillful, cunning) ‹*magician/player/politician*› hábil; ‹*invention/solution/disguise*› ingenioso; **~ boy!** ¡muy bien!; **to be ~ AT sth** ser* bueno PARA algo; **he's ~ at languages** es bueno para los idiomas; **to be ~ WITH sth** ser* hábil CON algo; **she's ~ with her hands** es hábil con las manos

clever-clever /ˈklevər,klevər || ˈklevə,klevə(r)/ *adj* (BrE colloq) listillo (fam), que se pasa de listo *or* (CS) de vivo (fam)

clever clogs *n* (BrE colloq) ▸**clever dick**

clever dick, clever Dick *n* (BrE colloq) sabelotodo *mf*, sabihondo, -da *m,f*

cleverly /ˈklevərli || ˈklevəli/ *adv* hábilmente, ingeniosamente

cleverness /ˈklevərnəs || ˈklevənɪs/ *n* [u] 1 (of design, plan) lo ingenioso 2 (of person — intelligence) inteligencia *f*; (— skill) habilidad *f*; (— facetiousness) gracia *f* (iró)

clew /kluː/ *n* ovillo *m*

cliché /kliːˈʃeɪ || ˈkliːʃeɪ/ *n* [c u] lugar *m* común, cliché *m*, tópico *m*

clichéd /kliːˈʃeɪd || ˈkliːʃeɪd/ *adj* estereotipado

cliché-ridden /kliːˈʃeɪ,rɪdn || ˈkliːʃeɪ,rɪdn/ *adj* lleno de lugares comunes *or* de clichés

click¹ /klɪk/ *vt* 1 ‹*tongue*› chasquear; ‹*fingers*› chasquear, tronar* (Méx); **to ~ one's heels** dar* un taconazo 2 (Comput) hacer* clic en, pinchar

■ **click** *vi*

A (make clicking sound) hacer* un ruidito seco, hacer* 'clic'; **it ~s into place** encaja en su lugar haciendo 'clic'

B (Comput) hacer* clic *or* click; **to ~ ON sth** hacer* clic *or* click EN algo

C (colloq) 1 (strike home): **what he had said suddenly ~ed** de pronto me di cuenta de *or* capté lo que había dicho; **then it ~ed: of course he was right** entonces caí en la cuenta *or* lo vi todo claro: por supuesto que tenía razón 2 (relate well) congeniar; **somehow we just ~ed** de alguna manera congeniamos *or* nos entendimos desde un principio 3 (succeed) (esp AmE) tener* éxito

click² *n* 1 (sound — of fingers, tongue) chasquido *m*; (— of heels) taconazo *m*; (— of camera, switch) clic *m* 2 (Ling) clic *m* 3 (Comput) clic *m*, click *m*

clickable /ˈklɪkəbəl/ *adj* ‹*text/image*› cliqueable, pinchable

click language *n* lengua *f* clic, lengua *f* consistente en chasquidos

clickthrough /ˈklɪkθruː/ *n* visita *f* a un sitio web

client /ˈklaɪənt/ *n* 1 cliente, -ta *m,f* 2 (Comput) cliente *m*

client base *n* (Busn) base *f* de clientes, base *f* de clientela; **a shrinking/expanding ~ ~** una base de clientes *or* de clientela en retracción/expansión

clientele /,klaɪənˈtel || ,kliːɒnˈtel, ,kliːənˈtel/ *n* (+ *sing or pl vb*) clientela *f*

client group *n* grupo *m* de clientes

client nation *n* país *m* cliente

client-server /ˈklaɪənt,sɜːrvər || ˈklaɪənt,sɜːvə(r)/ *adj* cliente-servidor

cliff /klɪf/ *n* precipicio *m*; (by sea) acantilado *m*

cliff face *n* pared *f* del acantilado

cliffhanger /ˈklɪf,hæŋər || ˈklɪf,hæŋə(r)/ *n* 1 (tense situation) situación *f* tensa; **each episode ends with a ~** cada episodio termina con una situación de suspenso *or* (Esp) de suspense 2 (serial) serie *f* de suspenso *or* (Esp) de suspense

cliff-hanging /ˈklɪf,hæŋɪŋ/ *adj* (*before n*) de suspenso *or* (Esp) de suspense, muy tenso

clifftop /ˈklɪftɑːp || ˈklɪftɒp/ *n* cima *f*, del acantilado; **it stands on the ~** está situado en lo alto del acantilado *or* en la cima del acantilado

climacteric /klaɪˈmæktərɪk/ *n* climaterio *m*

climactic /klaɪˈmæktɪk/ *adj* culminante

climate /ˈklaɪmət/ *n* (Geog) clima *m*; **the political/intellectual/artistic ~** el clima político/intelectual/artístico; **in the current ~** en la situación actual

climate change *n* [u] (Meteo) cambio *m* climático

climate control *n* [u] 1 (of car) climatizador *m* 2 (of the environment) control *m* del clima 3 (of micro-environment) climatización *f*

climate-controlled /ˈklaɪmətkən,trəʊld/ *adj* climatizado

climatic /klaɪˈmætɪk/ *adj* climático, climatológico

climatological /,klaɪmətəˈlɑːdʒɪkəl || ,klaɪmətəˈlɒdʒɪkəl/ *adj* climatológico, climático

climatology /,klaɪməˈtɑːlədʒi || ,klaɪməˈtɒlədʒi/ *n* [u] climatología *m*

climax¹ /ˈklaɪmæks/ *n* (*pl* **-maxes**) 1 (peak) clímax *m*, punto *m* culminante 2 (orgasm) orgasmo *m*

climax² *vi* 1 «*campaign/show*»: **to ~ IN sth** culminar EN *or* CON algo 2 (have orgasm) tener* un orgasmo

■ **climax** *vt* ser* el punto culminante de

climb¹ /klaɪm/ *vt* ‹*mountain*› escalar, subir a; ‹*stairs*› subir; ‹*tree*› trepar a, treparse a (esp AmL), subirse a; **he slipped while ~ing the north face** se resbaló al escalar la pared norte; **to ~ Everest** escalar el Everest, subir al Everest; **he ~ed the stairs with difficulty** subió las escaleras con dificultad; **she ~ed the tree** trepó *or* se trepó al árbol, se subió al árbol

■ **climb** *vi* 1 (clamber) trepar, treparse; **to go ~ing** (Sport) hacer* alpinismo *or* (AmL tb) andinismo, ir* a escalar *or* de escalada; **she ~ed onto a chair/the table** se subió a una silla/la mesa, trepó *or* se trepó a una silla/la mesa; **we ~ed down off the roof** bajamos del tejado; **to ~ into/out of bed** meterse en/levantarse de la cama; **he ~ed into his pajamas** se puso el pijama; **~ in!** (to car) ¡sube! 2 (rise) «*path/road/aircraft*» subir, ascender* (frml); «*inflation/population/temperature*» subir, ascender* (frml)

Phrasal verbs

• **climb down**

A [v + prep + o] (descend) ‹*rope*› bajarse por; ‹*tree*› bajarse de

B [v + adv] 1 (descend) bajar(se), descender* (frml) 2 (withdraw, concede) (colloq) ceder

• **climb up**

A [v + prep + o] ‹*tree*› trepar a, treparse a (esp AmL); ‹*hill*› subir; ‹*rockface*› escalar; ‹*rope*› subir *or* trepar por

B [v + adv] subir; **she ~ed up to the top** subió hasta la cima

climb² *n* 1 (ascent) subida *f*; (Sport) escalada *f*; **it's a steep ~ to the top** es una subida empinada hasta la cima; **a difficult ~ for beginners** una escalada difícil para principiantes 2 (gradient) ascenso *m*, subida *f* 3 (Aviat) ascenso *m*; **to go into a ~** iniciar un ascenso

climb-down /ˈklaɪmdaʊn/ *n* (BrE) marcha *f or* vuelta *f* atrás; **it was a ~ by the government** el gobierno dio marcha atrás *or* se volvió atrás

climber /ˈklaɪmər || ˈklaɪmə(r)/ *n* (*rock* ~) 1 escalador, -dora *m,f*; (mountaineer) montañero, -ra *m,f*, alpinista *mf*, andinista *mf* (AmL) 2 (Hort) enredadera *f*, trepadora *f* 3 (*social* ~) (pej) arribista *mf*, trepador, -dora *m,f*

climbing¹ /ˈklaɪmɪŋ/ *adj* trepador; **~ plant** planta *f* trepadora

climbing² *n* [u] (Sport) alpinismo *m*, montañismo *m*, andinismo *m* (AmL)

climbing frame *n* (BrE) ▸**jungle gym**

climbing speed *n* [u] velocidad *f* de ascenso

climbing wall *n* muro *m* de escalada

clime /klaɪm/ *n* (poet) clima *m*

clinch¹ /klɪntʃ/ *vt* 1 ‹*deal*› cerrar*; ‹*election*› ganar; ‹*series/title*› ganar, hacerse* con; **this ~ed the argument** esto resolvió la discusión de forma contundente 2 (Const) ‹*nail*› remachar

■ **clinch** *vi* 1 (in boxing) abrazarse*, enredarse en un clinch 2 (assure victory) (AmE) ganar

clinch² *n* 1 (in boxing) clinch *m* 2 (embrace) (colloq) abrazo *m*, achuchón *m* (Esp fam), apercolle *m* (Col fam), apapacho *m* (Méx fam)

clincher /ˈklɪntʃər || ˈklɪntʃə(r)/ *n* (colloq) factor *m* decisivo

cling /klɪŋ/ *vi* (*past & past p* **clung**)

A 1 (hold fast) **to ~ TO sth/sb** estar* aferrado A algo/algn; **he was ~ing (on) to his mother's skirt** estaba aferrado a las faldas de su madre; **she still ~s to that hope/belief** sigue aferrada a esa esperanza/creencia; **they managed to ~ on to the title** consiguieron retener el título; **the boy clung on to her hand** el niño no le soltaba la mano; **they clung together on the raft** iban abrazados/muy juntos en la balsa 2 (be dependent) (pej) **to ~ (TO sb)** pegársele* A algn

B (stick) **to ~ (TO sth)** «*limpet/vine/dirt/fluff*» pegarse* *or* adherirse* (A algo); **fabrics that ~ to the body** telas que se pegan *or* se ciñen al cuerpo; **the smell of smoke clung to his jacket** tenía la chaqueta impregnada de olor a humo

clingfilm /ˈklɪŋfɪlm/ *n* [u] (BrE) film *m or* película *f* adherente (*para envover alimentos*), Egapac® *m* (Méx)

clinging /ˈklɪŋɪŋ/ *adj* 1 (pej) ‹*adult*› poco independiente; ‹*person*› pegajoso (fam), pesado (fam); ***a ~ vine*** una lapa 2 ‹*dress*› que se pega *or* se ciñe al cuerpo 3 ‹*smell*› que no se va fácilmente

cling peach, clingstone peach /ˈklɪŋstəʊn/ *n* peladillo *m*

clingwrap /ˈklɪŋræp/ *n* ▸**clingfilm**

clingy /ˈklɪŋi/ *adj* **-gier, -giest** (colloq) 1 ‹*dress/top*› que se pega al cuerpo 2 (pej) ‹*child*› poco independiente; ‹*adult*› pegajoso (fam), pesado (fam)

clinic /ˈklɪnɪk/ *n* 1 (in state hospital) consultorio *m*; (private hospital) clínica *f*; **law ~** consultorio *m* legal *or* jurídico 2 (Med) (class) clase *f* práctica

clinical /ˈklɪnɪkəl/ *adj* 1 (Med) (*before n*) ‹*diagnosis/training/depression*› clínico; **~ psychologist** psicólogo clínico, psicóloga clínica *m,f*; **~ psychology** psicología *f* clínica; **~ thermometer** termómetro *m* (clínico) 2 (cool, unemotional) ‹*manner/detachment*› frío; **the ~ appearance of the building** el aspecto frío *or* aséptico del edificio

clinical death *n* [u] muerte *f* clínica

clinically /ˈklɪnɪkli/ *adv* 1 (Med) clínicamente; **~ dead** clínicamente muerto 2 (coldly) fríamente

clinician /klɪˈnɪʃən/ *n* clínico, -ca *m,f*

clink¹ /klɪŋk/ *vt* hacer* tintinear; **we ~ed glasses** entrechocamos los vasos

■ **clink** *vi* tintinear

clink² *n*

A (sound) (*no pl*) tintineo *m*

B [c] (prison) (sl) cárcel *f*, trullo *m* (Esp arg), bote *m* (Méx, Ven arg), cana *f* (AmS arg), gayola *f* (RPl arg), porotera *f* (Chi arg)

clinker /ˈklɪŋkər || ˈklɪŋkə(r)/ *n*

A 1 [u] (from furnace) escoria *f* de hulla 2 [c] (brick) ladrillo *m* duro

B [c] (AmE sl) 1 (gaffe) metedura *f or* (AmL tb) metida *f* de pata (fam), pifia *f* (fam), pifiada *f* (fam) 2 (bad product) porquería *f* (fam), basura *f*

clinkerbuilt /ˈklɪŋkərbɪlt || ˈklɪŋkəbɪlt/ *adj* de tingladillo

clip[1] /klɪp/ *n*
A **1** (device) clip *m*, gancho *m*; *see also* **hairclip, paperclip** **2** (brooch) broche *m*, prendedor *m*
B (*cartridge* ~) (Mil) cargador *m*
C **1** (with scissors) tijeretada *f* **2** (from film) fragmento *m*, clip *m*
D (foul) (AmE) bloqueo *m* por la espalda (*fuera de la zona legal*)
E (blow): ***to give sb a ~ on*** *o* ***round the ear*** (BrE colloq) darle* una torta *or* un tortazo a algn (fam)
F (speed): **at a fair ~** (colloq) a buen trote; **at a fast ~** a toda velocidad, a toda mecha (fam)
G (item): **a ~** (AmE colloq) cada uno; **tickets are 90 bucks a ~** las entradas cuestan 90 dólares cada una

clip[2] **-pp-** *vt*
A **1** (cut, shorten) ‹*hair/nails/grass/hedge*› cortar; **~ off any dead growth** corte/pode las ramas secas **2** ‹*sheep*› trasquilar, esquilar; ‹*dog*› recortarle el pelo a **3** (punch) ‹*ticket*› picar*, perforar
B (AmE) (cut out) ‹*article/coupon/photograph*› recortar
C (hit) golpear; **to ~ sb round the ear** (BrE colloq) darle* una torta *or* un tortazo a algn (fam)
D (attach) sujetar (*con un clip*)
■ **clip** *vi*: **the lid ~s on** la tapa se ajusta con unos ganchos

clip art *n* [u] **1** (printed illustrations) imágenes *mpl* clip art **2** (Comput) clip art *m*

clipboard /ˈklɪpbɔːrd || ˈklɪpbɔːd/ *n* **1** tablilla *f* con sujetapapeles **2** (Comput) portapapeles *m*

clip-clop /ˈklɪpklɑːp || ˈklɪpklɒp/ *n* (*no pl*) ruido *m* de cascos

clip frame *n* marco *m* de clip

clip joint *n* (sl) bar *m* de alterne (*muy caro*)

clip-on /ˈklɪpɑːn || ˈklɪpɒn/ *adj* (*before n*) ‹*tie/brooch/sunglasses*› que se engancha; ‹*earrings*› de clip

clipped /klɪpt/ *adj* **1** ‹*accent/speech/tone*› cortado **2** (abbreviated) ‹*word*› apocopado, abreviado

clipper /ˈklɪpər || ˈklɪpə(r)/ *n* (Naut) clíper *m*

clippers /ˈklɪpərz || ˈklɪpəz/ *pl n* (for nails) cortaúñas *m*; (for hair) maquinilla *f* (*para cortar el pelo*); (for hedge, lawn) podaderas *fpl*, tijeras *fpl* de podar

clippie /ˈklɪpi/ *n* (BrE colloq & dated) cobradora *f*, guarda *f* (RPl)

clipping /ˈklɪpɪŋ/ *n* (*press* ~) **1** recorte *m* de prensa **2** **clippings** *pl* (clipped pieces) recortes *mpl*, pedazos *mpl*; **grass ~s** hierba *f* cortada; **nail ~s** pedazos *mpl* de uñas

clique /kliːk/ *n* camarilla *f*

cliquey /ˈkliːki/, **cliquish** /ˈkliːkɪʃ/ *adj* exclusivista, cerrado

cliquishness /ˈkliːkɪʃnəs || ˈkliːkɪʃnɪs/ *n* [u] exclusivismo *m*

clitoral /ˈklɪtərəl/ *adj* del clítoris

clitoris /ˈklɪtərəs || ˈklɪtərɪs/ *n* clítoris *m*

Cllr (title) = **Councillor**

cloak[1] /kləʊk/ *n* capa *f*; **under a ~ of secrecy** bajo un manto *or* un velo de secreto; **under the ~ of respectability** bajo una capa de respetabilidad

cloak[2] *vt* ‹*purpose/activities*› encubrir*; **to be ~ed** IN **sth** estar* envuelto EN algo; **the city was ~ed in darkness** la ciudad estaba envuelta en un manto de oscuridad; **the whole affair was ~ed in secrecy** todo el asunto estuvo rodeado de un velo *or* un manto de secreto

cloak-and-dagger /ˌkləʊkənˈdæɡər || ˌkləʊkənˈdæɡə(r)/ *adj* ‹*operations/atmosphere*› envuelto en intrigas y misterio; (Lit, Theat) de capa y espada

cloaking /ˈkləʊkɪŋ/ *n* [u] (Comput) cloaking *m*

cloakroom /ˈkləʊkruːm -rʊm/ *n* **1** (for coats) guardarropa *m*; (*before n*): **~ attendant** guardarropa *mf*, encargado, -da *m,f* del guardarropa **2** (lavatory) (BrE) lavabo *m*, baño *m* (*de las visitas*) (esp AmL)

clobber[1] /ˈklɑːbər || ˈklɒbə(r)/ *vt* (colloq) **1** (hit, batter) darle* una paliza a, cascar* (fam); **I'll ~ you!** ¡te voy a cascar! (fam); **the report ~s the TV companies** el informe les da duro a las compañías de televisión (fam) **2** (defeat heavily) ‹*team*› darle* una paliza a (fam); **they were ~ed 5-0** les dieron una paliza: perdieron 5 a 0

clobber[2] *n* [u] (BrE colloq) bártulos *mpl* (fam), cacharpas *fpl* (RPl fam)

cloche /kləʊʃ || klɒʃ/ *n* **1** (for plants) campana *f* de cristal **2** ~ **(hat)** casquete *m*

clock[1] /klɑːk || klɒk/ *n* **1** ▸ ❶ **p.1798** (timepiece) reloj *m*; **to work/run against the ~** trabajar/correr contra reloj; **they were rushing to beat the ~** se apresuraban para terminar a tiempo; **to work around** *o* **round the ~** trabajar las veinticuatro horas del día, trabajar día y noche; **around-the-~** *o* **round-the-~ surveillance** vigilancia *f* las veinticuatro horas del día; **to put the ~s back/forward** atrasar/adelantar los relojes; ***to turn*** *o* ***put the ~ back*** volver* atrás; **you can't turn the ~ back!** no se puede volver atrás *or* al pasado; **that would be putting the ~ back 50 years** eso implicaría un retroceso de 50 años **2** (*time* ~) reloj *m* registrador *or* (Méx) checador; **to punch the ~** fichar, marcar* *or* (Méx) checar* tarjeta **3** (Auto) (odometer) (colloq) cuentakilómetros *m*; (speedometer) velocímetro *m*, espidómetro *m* (Col); **it's only got 10,000 on the ~** (BrE) sólo ha hecho 10.000 millas **4** (in taxi) (colloq) taxímetro *m*

clock[2] *vt*
A (colloq) **1** (achieve, reach) ‹*speed/time*› registrar, hacer*; **she ~ed the fastest time** registró *or* hizo el mejor tiempo; **we ~ed 130 downhill** registramos *or* alcanzamos 130 en bajada; **I ~ 500 miles a week** hago 500 millas por semana **2** (time) ‹*athlete/race*› cronometrar
B (hit) (BrE colloq): **I nearly ~ed him one** casi le doy una (fam)

Phrasal verbs
- **clock in** [v + adv] fichar, marcar* *or* (Méx) checar* tarjeta (*al entrar al trabajo*)
- **clock off** (BrE) ▸ **clock out**
- **clock on** (BrE) ▸ **clock in**
- **clock out** [v + adv] fichar, marcar* *or* (Méx) checar* tarjeta (*al salir del trabajo*)
- **clock up** [v + adv + o] (accumulate) (colloq) ‹*miles/hours*› hacer*; ‹*successes*› apuntarse, anotarse (AmL); **I ~ed up 55 hours overtime last month** el mes pasado hice 55 horas extra

clockface /ˈklɑːkfeɪs || ˈklɒkfeɪs/ *n* esfera *f*, carátula *f* (Méx)

clockmaker /ˈklɑːkˌmeɪkər || ˈklɒkˌmeɪkə(r)/ *n* relojero, -ra *m,f*

clock radio *n* radiodespertador *f or m*

clock speed *n* [u] velocidad *f* operativa

clocktower /ˈklɑːkˌtaʊər || ˈklɒkˌtaʊə(r)/ *n* torre *f* de(l) reloj

clock-watcher /ˈklɑːkˌwɑːtʃər || ˈklɒkˌwɒtʃə(r)/ *n*: *empleado siempre pendiente de no trabajar más de las horas estipuladas*

clockwise[1] /ˈklɑːkwaɪz || ˈklɒkwaɪz/ *adj* ‹*direction*› de las agujas del reloj; **in a ~ movement** en un movimiento en el sentido de las agujas del reloj

clockwise[2] *adv* en el sentido de las agujas del reloj

clockwork /ˈklɑːkwɜːrk || ˈklɒkwɜːk/ *n* [u] mecanismo *m* de relojería; **it's driven by ~** funciona con un mecanismo de relojería; **the organization runs like ~** la organización funciona como un reloj; ***as regular as ~*** (colloq) como un reloj (fam); (*before n*): **~ toy** (esp BrE) juguete *m* de cuerda

clod /klɑːd || klɒd/ *n* **1** (of earth) terrón *m* **2** (oaf) (colloq) zoquete *mf* (fam), zopenco, -ca *m,f* (fam)

clodhopper /ˈklɑːdˌhɑːpər || ˈklɒdˌhɒpə(r)/ *n* (colloq) **1** (yokel) patán *m* **2** (heavy shoe) zapatón *m* (fam)

clodhopping /ˈklɑːdˌhɑːpɪŋ || ˈklɒdˌhɒpɪŋ/ *adj* (colloq) (*before n*) ‹*oaf*› torpe, patoso (Esp fam); ‹*boots*› tosco

clog[1] /klɑːɡ || klɒɡ/ *n* zueco *m*

clog[2] **-gg-** ~ **(up)** *vt* ‹*pipe/sink/filter*› obstruir*, atascar*; ‹*wheels*› atascar*
■ **clog** *vi* «*pipe*» obstruirse*, atascarse*; «*wheel*» atascarse*

clog dance *n* danza *f*, con zuecos (*típico de Irlanda, Escocia y el norte de Inglaterra*)

clogging /ˈklɑːɡɪŋ || ˈklɒɡɪŋ/ *n* [u] (AmE) baile *f* con zuecos

cloisonné[1] /ˌklɔɪznˈeɪ || ˈklwɑːzɒneɪ/ *adj* de cloisonné

cloisonné[2] *n* [c] cloisonné *m*, esmalte *m* tabicado *or* alveolado

cloister[1] /ˈklɔɪstər || ˈklɔɪstə(r)/ *n* **1** (Archit) (*often pl*) claustro *m* **2** (Relig) claustro *m*

cloister[2] *vt*: **he's been ~ed away all day** ha estado encerrado *or* enclaustrado todo el día; **he ~s himself (away) with his books** se encierra *or* se enclaustra con sus libros

cloistered /ˈklɔɪstərd || ˈklɔɪstəd/ *adj* **1** (Archit) (*before n*) ‹*courtyard/walk/garden*› enclaustrado **2** ‹*outlook*› limitado; **he had led a ~ existence** había vivido muy enclaustrado

clonal /ˈkləʊnl/ *adj* clónico

clone[1] /kləʊn/ *n* clon *m*

clone[2] *vt* ‹*cell/gene/plant*› clonar

clonk[1] /klɑːŋk || klɒŋk/ *n* (colloq) **1** (noise) ruido *m or* sonido *m* hueco **2** (blow) (BrE) golpe *m* seco

clonk[2] *vi* (colloq) (make noise) hacer* un ruido hueco
■ **clonk** *vt* (hit) (BrE) golpear

close[1] /kləʊs/ *adj* **closer, closest**
A **1** (near) próximo, cercano; **the ~st bank is in Front Street** el banco más próximo *or* cercano está en Front Street; **at ~ range** *o* **quarters** de cerca; **~** TO **sth/sb** próximo *or* cercano A algo/algn, cerca DE algo/algn; **the ~st city to Cambridge** la ciudad más próxima *or* cercana a Cambridge, la ciudad que está más cerca de Cambridge **2** ‹*shave*› al ras, apurado; ***that was a ~ shave*** *o* ***call*** (colloq) se salvó (*or* me salvé *etc*) por un pelo *or* por los pelos (fam)
B ‹*link/connection*› estrecho; ‹*contact*› directo; **a ~ relative** un pariente cercano; **they are ~ friends** son muy amigos, son amigos íntimos; **his ~est friends and family** sus amigos y familiares más allegados; **they've always been very ~** siempre han sido *or* (Esp) estado muy unidos; **a source ~ to the government** fuentes allegadas *or* cercanas al gobierno; **they were ~ collaborators** mantenían una estrecha colaboración
C (in similarity): **it's not the same color but it's a ~ match** no es el mismo color pero es casi igual; **he bears a ~ resemblance to his brother** tiene un gran parecido a *or* con su hermano, se parece mucho a su hermano; **that's the ~st thing to a hammer I've got** esto es lo más parecido a un martillo que tengo
D **1** ‹*weave*› tupido, cerrado; ‹*print*› apretado; **in ~ order** (Mil) en formación cerrada **2** ‹*argument/reasoning*› riguroso; ‹*translation*› fiel **3** (BrE) (Sport) de pases cortos **4** ‹*fit*› ajustado, ceñido
E (strictly guarded): **it was kept a ~ secret** se mantuvo en el más absoluto *or* riguroso secreto
F (careful) ‹*study/examination*› detenido, detallado; **to pay ~ attention to sth** prestar mucha atención a algo; **to keep a ~ watch on sth/sb** vigilar algo/a algn de cerca; **on ~r inspection, I found that ...** al mirarlo mejor *or* más de cerca vi que ...
G ‹*contest/finish*› reñido; **it's going to be ~** va a estar muy reñido; **he finished a ~ second** llegó en segundo lugar, muy cerca del ganador
H (of weather, atmosphere) pesado, bochornoso
I **1** (mean, stingy) tacaño **2** (secretive) reservado; **to be ~** ABOUT **sth: she's very ~ about what she did during the war** es muy reacia a hablar de lo que hizo durante la guerra
J (Ling) ‹*vowel*› cerrado

close[2] /kləʊs/ *adv* **closer, closest**
A **1** (in position) cerca; **we must be ~ by now** ya debemos (de) estar cerca, ya debe faltar poco; **the car behind is very ~** el coche de atrás

viene muy pegado; **stay ~ or you'll get lost** no te separes o te perderás; **to draw/get/come ~** acercarse*; **don't come any ~r or I'll scream** no te me acerques más o me pongo a gritar; **~ TO sth/sb** cerca DE algo/algn; **we are ~r to London than to Brighton** estamos más cerca de Londres que de Brighton; **come ~r to the window** acércate más a la ventana; **to hold sb ~** abrazar* a algn; **they're following ~ behind** nos siguen de cerca; **phew, that was ~!** ¡uf, nos salvamos por poco *or* por los pelos! **2** (in time): **it must be ~ to suppertime** ya casi debe ser la hora de la cena; **our birthdays are very ~** nuestros cumpleaños caen por las mismas fechas *or* muy cerca; **it's getting ~ to Christmas** se acerca la Navidad

B (in intimacy): **the tragedy brought them ~r together** *o* **to each other** la tragedia los acercó *or* unió más

C (in approximation): **it's not my favorite, but it comes pretty ~** no es mi favorito pero casi; **~ TO sth**: **the temperature is ~ to ...** la temperatura es de cerca de *or* de casi ...; **he must be ~ to 50** debe tener cerca de *or* casi 50 años, debe andar frisando (en) los 50; **this production is ~ to the original** esta producción es fiel al original; **that's the ~st to an apology you'll get** eso es lo más parecido a una disculpa que vas a recibir; **the industry is ~ to collapse** la industria está al borde de la ruina; **he was ~ to tears** estaba a punto de llorar

D (carefully): **on looking ~r, I found ...** al mirar más de cerca *or* al fijarme mejor vi que ...

E (short): **he had his hair cut very ~** se cortó el pelo muy corto

F (*in phrases*) **1** **close by** cerca; **we live ~ by** vivimos cerca; **we'll pass ~ by our house** vamos a pasar cerca de nuestra casa **2** **close on**: **it must be ~ on suppertime** ya casi debe ser la hora de la cena; **there were ~ on 10,000 present** había cerca de *or* casi 10.000 asistentes **3** **close to**: **I've never seen him ~ to** nunca lo he visto de cerca; **~ to 60,000 attended** asistieron cerca de 60.000 personas **4** **close together** junto; **his eyes are too ~ together** tiene los ojos demasiado juntos; **our birthdays are ~ together** nuestros cumpleaños caen por las mismas fechas *or* muy cerca **5** **close up** de cerca; **to look at sth ~ up** mirar algo de cerca

close³ /kləʊz/ *n*

A (conclusion, end) fin *m*; **to come/draw to a ~** llegar*/acercarse* a su fin; **to bring sth to a ~** poner* *or* dar* fin a algo; **he was born around the ~ of the 19th century** nació a *or* hacia finales *or* fines del siglo XIX; **at the ~ of day** (liter) al caer el día (liter); **at the ~ of trading** al cierre

B /kləʊs/ **1** (in residential area) (BrE) calle *f* (*sin salida*), ≈ quinta *f* (*en Per*) **2** (of cathedral) recinto *m*

close⁴ /kləʊz/ *vt*

A **1** ‹*window/book/valve*› cerrar*; **he ~d his mouth/eyes** cerró la boca/los ojos **2** ‹*pores/gash/gap*› cerrar* **3** (Elec) ‹*circuit*› cerrar*

B (block, deny access to) ‹*road/channel/checkpoint*› cerrar*; **the square is to be ~d to traffic** van a cerrar la plaza al tráfico; **to ~ one's ears to sth** hacer* oídos sordos a algo; **you shouldn't ~ your mind to the idea** no deberías cerrarte en banda a la idea *or* rechazar completamente la idea

C **1** (halt operations) cerrar*; **the airport has been ~d because of bad weather** han cerrado el aeropuerto debido al mal tiempo **2** (terminate, wind up) ‹*shop/branch/file/account*› cerrar*

D (conclude) ‹*deal*› cerrar*; ‹*debate/meeting*› cerrar*, poner* fin a; **they ~d the concert with ...** el concierto se cerró con ...

■ **close** *vi*

A **1** «*door/window*» cerrar(se)*; **the door ~d** la puerta se cerró; **the door doesn't ~ properly** la puerta no cierra bien; **her eyes ~d and she fell asleep** se le cerraron los ojos y se quedó dormida **2** «*gap/crack/wound*» cerrarse*; **the darkness ~d around him** la oscuridad lo envolvió **3** (fold shut) «*flower*» cerrarse*; **his hands ~d around my throat** me rodeó el cuello con las manos

B **1** (stop service, trading) «*shop/library/museum*» cerrar*; **at what time do you ~?** ¿a qué hora cierran? **2** (cease operations) «*factory/shipyard/shop*» cerrar*

C **1** (finish, end) «*lecture/book*» terminar, concluir* **2** (Fin) «*prices/shares*» cerrar* **3** **closing** *pres p* ‹*years/remarks/words*› último; **in the closing minutes of the game** en los últimos minutos *or* en los minutos finales del partido; **closing price** (Fin) precio *m* al cierre

D (approach) acercarse*; **to ~ ON sth/sb** acercarse* A algo/algn; **defenders were closing on him from all sides** los defensas lo estaban cercando

Phrasal verbs

- **close down**

A [v + o + adv, v + adv + o] ‹*shop/factory*› cerrar*

B [v + adv] **1** (cease operations) «*shop/factory*» cerrar* **2** (cease broadcasting) (BrE) terminar la emisión

- **close in** [v + adv] **1** «*pursuers/enemy*» acercarse*, aproximarse; **to ~ in ON sth/sb** cercar* algo/a algn; **the police began to ~ in on them** la policía los empezó a cercar **2** «*winter*» acercarse*; **night was closing in** estaba oscureciendo *or* anocheciendo, caía la noche (liter); **to ~ in ON/UPON sb**: **darkness was closing in on them** la noche se cernía sobre ellos (liter) **3** (get shorter) acortarse; **the days were beginning to ~ in** los días estaban empezando a acortarse
- **close off** [v + o + adv, v + adv + o] ‹*street/entrance*› clausurar, cerrar*
- **close on** [v + prep + o] (reduce gap) «*leaders/rivals*» acercarse* a
- **close out** [v + o + adv, v + adv + o] (AmE) liquidar
- **close up**

A [v + adv] **1** «*shop/museum*» cerrar* **2** «*wound/gash*» cerrarse*, cicatrizar*; «*flower*» cerrarse*; **come on, everybody, ~ up a bit!** ¡vamos, pónganse un poco más juntos!

B [v + o + adv, v + adv + o] **1** ‹*shop/museum*› cerrar* **2** (Print) ‹*characters/words*› juntar

- **close with** [v + prep + o] **1** (engage) ‹*enemy*› enfrentarse a **2** (conclude deal) cerrar* trato con

closecropped /ˈkləʊsˌkrɑːpt || ˌkləʊsˈkrɒpt/ *adj* ‹*grass*› muy corto; **he was ~ like a convict** llevaba el pelo (cortado) al rape como un presidiario

closed /kləʊzd/ *adj*

A ‹*door/window/book/flower*› cerrado; **your eyes were ~** tenías los ojos cerrados; **the door was ~** la puerta estaba cerrada

B (not operating, trading) cerrado; **the factory is ~ for two weeks in July** la fábrica cierra *or* está cerrada dos semanas en julio

C **1** ‹*community/road/channel*› cerrado; ‹*trial/session/meeting*› a puerta(s) cerrada(s); **to be ~ TO sth** estar* cerrado A algo; **~ to shipping** cerrado a la navegación; **his mind is ~ to anything new** rechaza *or* se cierra a todo lo nuevo **2** (Math) ‹*set/curve/surface*› cerrado

D ‹*case/matter*› cerrado

E (Ling) ‹*syllable/vowel*› cerrado

closed circuit *n* circuito *m* cerrado; (*before n*): **closed-circuit television** televisión *f* en circuito cerrado

closed-door /ˈkləʊzdˈdɔːr || ˌkləʊzdˈdɔː(r)/ *adj* (AmE) a puerta(s) cerrada(s)

closed-end /ˈkləʊzdˈend/ *adj* (Fin) de capital fijo *or* limitado

close-down /ˈkləʊzdaʊn/ *n* **1** (of factory) cierre *m* **2** (Rad, TV) (BrE) cierre *m* (de la programación)

closed season, (esp AmE) **close season,** (BrE) *n* veda *f*

closed shop *n: empresa que tiene un convenio con un sindicato determinado por el cual todo empleado debe estar afiliado a éste*

closed society *n* sociedad *f* cerrada

close-fisted /ˈkləʊsˌfɪstəd || ˌkləʊsˈfɪstɪd/ *adj* tacaño, agarrado (fam), amarrete (AmS fam)

close-fitting /ˈkləʊsˌfɪtɪŋ/ *adj* ajustado, ceñido

close-grained /ˈkləʊsgreɪnd/ *adj* de grano fino

close-in /ˈkləʊzˌɪn/ *adj* **1** (from a short distance) ‹*photography/shot*› de cerca **2** (near town center) (AmE) cercano al centro

close-knit /ˈkləʊsˈnɪt/ *adj* unido

close-lipped /ˈkləʊsˈlɪpt/ *adj* ▸ **tight-lipped**

closely /ˈkləʊsli/ *adv*

A ‹*connected/associated*› estrechamente; **we are ~ related** somos parientes cercanos; **those ideas are ~ related** esas ideas están muy relacionadas entre sí *or* muy emparentadas; **they worked ~ with the French** trabajaron en estrecha colaboración con los franceses

B **1** (densely) ‹*written*› con letra apretada; **a ~ woven fabric** un tejido muy tupido *or* de trama muy cerrada; **we were very ~ packed in the taxi** íbamos muy apretados en el taxi; **the room was ~ packed** la habitación estaba atestada de gente **2** (precisely) ‹*reasoned/defined*› rigurosamente

C **1** (at a short distance) ‹*follow/mark*› de cerca **2** (carefully) ‹*study/examine*› detenidamente; ‹*watch*› de cerca, atentamente; ‹*question*› a fondo; **a ~ guarded secret** un secreto muy bien guardado

D **1** (in approximation): **somebody who resembled her ~** alguien que se le parecía mucho; **a ~ matching color** un color muy parecido **2** (nearly equally): **a ~ fought** *o* **contested game** un partido muy reñido

closely-knit /ˈkləʊsliˈnɪt/ *adj* unido

closely-run /ˈkləʊsliˈrʌn/ *adj* ▸ **close-run**

closeness /ˈkləʊsnəs || ˈkləʊsnɪs/ *n* [u]

A **1** (in space) cercanía *f*, proximidad *f* **2** (in time) proximidad *f*

B (intimacy) estrecha *or* íntima relación *f*

C **1** (of print) lo apretado; (of weave) lo tupido; (of grain) lo fino **2** (of reasoning, argument) rigor *m*

D **1** (of translation) fidelidad *f* **2** (of game) lo reñido

E (of atmosphere) lo pesado, lo bochornoso

closeout /ˈkləʊzaʊt/ *n* (AmE) liquidación *f*

close-range /ˈkləʊsˈreɪndʒ/ *adj* de cerca

close-run /ˈkləʊsˈrʌn/ *adj* ‹*race/competition*› muy reñido; **the election was a pretty ~ thing** las elecciones fueron *or* estuvieron muy reñidas

close season *n* (BrE) ▸ **closed season**

close-set /ˈkləʊsˈset/ *adj* **1** ‹*eyes*› junto; ‹*trees/houses*› junto, apiñado **2** ‹*type/print*› apretado

closet¹ /ˈklɑːzət || ˈklɒzɪt/ *n* **1** (AmE) (cupboard) armario *m*, placard *m* (RPl); (for clothes) armario *m*, closet *m* (AmL exc RPl), placard *m* (RPl); ***to come out of the ~*** (colloq) destaparse (fam), declararse abiertamente homosexual **2** (room) (arch) gabinete *m* **3** (toilet) (arch) retrete *m*

closet² *adj* ‹*gay/racist*› encubierto, de closet (Méx fam), de tapadillo (Esp fam)

closet³ *vt* (*usu pass*) **to be ~ed (WITH sb)** estar* encerrado (CON algn); **they've been ~ed in his room for hours** llevan encerrados horas y horas en su habitación

■ *v refl*: **to ~ oneself** encerrarse*

close-up /ˈkləʊsʌp/ *n* primer plano *m*; **in ~** (Cin, Phot) en primer plano

closing /ˈkləʊzɪŋ/ *n* [u] hora *f* de cierre

closing date *n* fecha *f* límite, fecha *f* tope; **the ~ ~ is May 5th** el plazo de presentación (*or* entrega *etc*) finaliza el 5 de mayo, la fecha límite de presentación (*or* entrega *etc*) es el 5 de mayo

closing-down sale /ˌkləʊzɪŋˈdaʊn/ *n* (BrE) ▸ **closing-up sale**

closing entry *n* anotación *f* de cierre

closing time *n* hora *f* de cierre

closing-up sale /ˌkləʊzɪŋˈʌp/ *n* (AmE) liquidación *f* de cierre

closure /ˈkləʊʒər || ˈkləʊʒə(r)/ *n*

A **1** [u c] (of factory, hospital, road) cierre *m* **2** [u] (of debate) clausura *f*; **to move the ~** *proponer que se ponga fin a un debate para pasar a la votación*

B [c] (fastening) cierre *m*

C [u] (Sociol) (emotional healing) sanación *f* emocional, cierre *f* emocional

C

C

clot[1] /klɑ:t || klɒt/ *n*
A (of blood) coágulo *m*
B (idiot) (BrE colloq) bobalicón, -cona *m,f* (fam)
clot[2] *vi* **-tt-** ‹‹*blood*›› coagularse; ‹‹*milk/cream*›› cuajar
■ **clot** *vt* coagular
cloth /klɔ:θ || klɒθ/ *n*
A 1 [u] (fabric) tela *f*, género *m*, tejido *m*; (thick, woolen) paño *m*; **a lovely piece of ~** una tela preciosa; ***to be made (up) out of whole ~*** (AmE) ser* pura invención *or* puro invento; ▸**coat**[1] **A1** 2 [c] (rag, duster) trapo *m*; (*dish~*) trapo *m* (de cocina), bayeta *f* (Esp), limpión *m* (Col, Ven), fregón *m* (RPl) 3 [c] (*table~*) mantel *m*
B (Relig): **the ~** el clero; **a man of the ~** un clérigo
cloth-bound /'klɔ:θbaʊnd || 'klɒθbaʊnd/ *adj* encuadernado en tela
cloth cap *n* (BrE) gorra *f*
clothe /kləʊð/ *vt*
A 1 (provide clothes for) vestir* 2 (*past & past p* **clothed** *or* **clad**) (dress) (liter) vestir*, ataviar* (liter); **the mist ~d the valley in a grey shroud** el valle estaba envuelto en un manto gris de bruma (liter); *see also* **clad**[2]
B (disguise) disfrazar*
cloth-eared /'klɔ:θ'ɪrd || 'klɒθ,ɪəd/ *adj* (colloq) sordo (como una tapia)
clothes /kləʊðz/ *pl n* ropa *f*; **these ~ are dirty** esta ropa está sucia; **I bought him some ~** le compré ropa; **to put on/take off one's ~** ponerse*/quitarse la ropa; **she jumped in with her ~ on** se metió vestida; **he had no ~ on** estaba desnudo; (*before n*): **~ basket** cesta *f or* canasta *f or* canasto *m* de la ropa sucia; **~ brush** cepillo *m* para *or* de la ropa, escobilla *f* de ropa (Chi); **~ hanger** percha *f*; **~ horse** tendedero *m* (*plegable*); **~ line** cuerda *f* de tender; **~ moth** polilla *f*; **~ pole** *o* **prop** palo *m* de tendedero; **~ shop** tienda *f or* casa *f* de modas; **~ tree** (AmE) perchero *m*
clothes-drier, clothes-dryer /'kləʊðz ,draɪər || 'kləʊðz,draɪə(r)/ *n* tendedero *m*, tenderete *m*
clothes-peg /'kləʊðzpeg/ *n* (BrE) ▸**clothes-pin**
clothes-pin /'kləʊðzpɪn/ *n* (AmE) pinza *f or* (Arg) broche *m or* (Chi) perrito *m or* (Col, Ven) gancho *or* (Ur) palillo *m* (de tender la ropa)
clothier /'kləʊðiər || 'kləʊðiə(r)/ *n*: *propietario de una casa de modas*
clothing /'kləʊðɪŋ/ ▸**i** **p.788** *n* [u] ropa *f*; (*before n*): **~ allowance** sobresueldo *m* para gastos de ropa; **~ factory** taller *m* de confección, fábrica *f* de prendas de vestir; **the ~ industry** la industria de la confección; ▸**wolf**[1]
clotted cream /'klɑ:təd || 'klɒtɪd/ *n* [u]: *crema muy espesa, típica del sudoeste de Inglaterra*
cloture /'kləʊtʃər || 'kləʊtʃə(r)/ *n* (AmE) clausura *f*; **to invoke ~** *proponer que se ponga fin a un debate para pasar a la votación*
cloud[1] /klaʊd/ *n* 1 ▸**i** **p.1878** [c u] (Meteo) (single) nube *f*; (mass) nubes *fpl*, nubosidad *f*; **patches of ~** nubosidades *fpl*; **a large black ~ filled the sky** un nubarrón negro cubría el cielo; **there's not a ~ in the sky** está totalmente despejado; **the only ~ on the horizon is my exam** la única nube en el horizonte *or* el único nubarrón es mi examen; **the only ~ on an otherwise perfect summer** la única sombra en un verano que hubiera sido perfecto; ***to be on ~ nine*** (colloq) estar* en el séptimo cielo *or* en la gloria; ***to be up in the ~s*** (colloq) estar* en las nubes (fam); ***to cast a ~ on*** *o* ***over sth*** ensombrecer* algo; ***under a ~*** en circunstancias sospechosas *or* poco claras; ***every ~ has a silver lining*** no hay mal que por bien no venga 2 [c] (of gas, smoke, dust) nube *f*; (of suspicion, ambiguity) halo *m*, nube *f*; **to go up in a ~** *o* **~s of smoke** desaparecer* en una nube de humo 3 [c] (of insects, birds) nube *f*
cloud[2] *vt* 1 (dim, blur) ‹*view/vision*› nublar; ‹*mirror/glass*› empañar; **emotion ~ed his judgment** la emoción lo ofuscaba, estaba obnubilado por la emoción; **to ~ the issue** embrollar el asunto, crear confusión 2 (spoil, mar) ‹*enjoyment/relationship*› empañar 3 (make cloudy) ‹*beer*› enturbiar
■ **cloud** *vi* ‹‹*beer/wine*›› enturbiarse; **her eyes ~ed with tears** las lágrimas le empañaron *or* le nublaron los ojos

Phrasal verb
• **cloud over** ▸**i** **p.1878** [v + adv] nublarse

cloud bank *n* banco *m* de nubes
cloud base *n* [u] base *f* de nubes
cloudburst /'klaʊdbɜ:rst || 'klaʊdbɜ:st/ *n* chaparrón *m*, aguacero *m*
cloud-capped /'klaʊd'kæpt/ *adj* (liter) coronado de nubes (liter)
cloud chamber *n* cámara *f* de Wilson
cloud cover *n* [u] cobertura *f* de nubes, masa *f* de nubes
cloud-cuckoo-land /,klaʊd'ku:ku:lænd || ,klaʊd'kʊku:lænd/ *n*: **she lives in ~** vive en las nubes *or* en otro mundo
cloudiness /'klaʊdinəs || 'klaʊdinɪs/ *n* [u] (of sky) lo nublado *or* nuboso; (of liquid) lo turbio
cloudless /'klaʊdləs || 'klaʊdlɪs/ *adj* totalmente despejado, sin una nube
cloudy /'klaʊdi/ *adj* **-dier, -diest** 1 ▸**i** **p.1878** (Meteo) ‹*weather/day*› nublado; ‹*sky*› nublado, nuboso; **it was warm, but ~** hacía calor pero estaba nublado *or* había nubes 2 ‹*liquid*› turbio; ‹*glass*› empañado; ‹*memory*› poco claro
clout[1] /klaʊt/ *n* (colloq)
A [c] (blow) tortazo *m* (fam); **to give sb a ~** darle* un tortazo a algn (fam)
B [u] (power, influence) peso *m*, influencia *f*; **to have** *o* **carry ~** tener* peso *or* influencia
clout[2] *vt* (colloq): **to ~ sb (one)** darle* un tortazo a algn (fam)
clove[1] /kləʊv/ *n* 1 (spice) clavo *m* (de olor) 2 (of garlic) diente *m*
clove[2] (arch) *past of* **cleave**
clove hitch *n* ballestrinque *m*
cloven /'kləʊvən/ (arch) *past p of* **cleave**
cloven hoof *n* pezuña *f* partida *or* hendida
clover /'kləʊvər || 'kləʊvə(r)/ *n* [u c] trébol *m*; **four-leaf** *o* **four-leaved ~** trébol de cuatro hojas; ***to be*** *o* ***live in ~*** vivir a lo grande, darse* la gran vida
cloverleaf /'kləʊvərli:f || 'kləʊvəli:f/ *n* (*pl* **-leaves**) 1 (Bot) hoja *f* de trébol 2 (Transp) trébol *m*
clown[1] /klaʊn/ *n* payaso, -sa *m,f*; **he's the school/office ~** es el payaso del colegio/de la oficina
clown[2] *vi* **~ (around** *o* **about)** hacer* payasadas, payasear, hacer* el payaso (Esp)
cloy /klɔɪ/ *vi* empalagar*
cloying /'klɔɪɪŋ/ *adj* empalagoso
cloyingly /'klɔɪɪŋli/ *adv* empalagosamente
cloze test /kləʊz/ *n* prueba *f* cloze, ejercicio *m* de comprensión (*en el que hay que rellenar blancos*)
club[1] /klʌb/ *n*
A 1 (cudgel) garrote *m*, (cachi)porra *f* 2 (*golf ~*) palo *m* de golf
B 1 (society, association) club *m*; **sports ~** club deportivo; **golf/tennis ~** club de golf/tenis; **to join a ~** hacerse* socio de un club; **I'm fed up — join the ~!** estoy harto — ¡no eres el único! *or* ¡ya somos dos!; ***in the (pudding) ~*** (BrE colloq) embarazada, en estado (interesante) (fam) 2 (building, premises) club *m*
C 1 (Games) (card) trébol *m*; (in Spanish pack) basto *m* 2 **clubs** *pl* (suit) (+ *sing or pl vb*) tréboles *mpl*; (in Spanish pack) bastos *mpl*; **~s is** *o* **are trumps** triunfan tréboles/bastos 3 (for dancing) discoteca *f*
club[2] *vt* **-bb-** aporrear, darle* garrotazos a; **they ~bed him to the ground** lo tiraron al suelo a garrotazos
■ **club** *vi* (visit dancing venues): **to go clubbing** ir* de discoteca, ir* de marcha (Esp fam), carretear (Chi fam)

Phrasal verb
• **club together** [v + adv] (contribute money) (BrE): **they ~bed together to buy her a present** le compraron un regalo entre todos

clubber /'klʌbər || 'klʌbə(r)/ *n* discotequero, -ra *m,f*, clubero, -ra *m,f* (AmL), marchoso, -sa *m,f* (Esp fam), carretero, -ra *m,f* (Chi fam)
club car *n* (AmE) vagón *m* club, coche *m* club
club class *n* [u] (BrE) clase *f* club
clubfoot /'klʌbfʊt/ *n* pie *m* deforme
clubfooted /'klʌb,fʊtəd || ,klʌb'fʊtɪd/ *adj* con el pie deforme
clubgoer /'klʌbgəʊər || 'klʌbgəʊə(r)/ *n* ▸**clubber**
clubhouse /'klʌbhaʊs/ *n* 1 (building for club) casa *f* club 2 (of grandstand, stadium) (AmE) club *m* de tribuna
clubland /'klʌblænd/ *n* [u] (BrE) 1 (neighborhood) zona *f* de bares y discotecas, zona *f* de marcha (Esp fam) 2 (world of nightclubs) vida *f* nocturna, marcha *f* (Esp fam)
club member *n* socio, -cia *m,f* de un club
clubroom /'klʌbru:m -rʊm/ *n* salón *m* social
clubroot /'klʌbru:t/ *n* [u] hernia *f* de la col, potra *f* de la col
club sandwich *n* sandwich *m* club *or* de dos pisos
cluck[1] /klʌk/ *vi* ‹‹*hen*›› cloquear; ‹‹*person*›› chascar* *or* chasquear la lengua
cluck[2] *n*
A (sound — of hen) cloqueo *m*; (— of person) chasquido *m* (de la lengua)
B (fool) (AmE colloq) idiota *mf* (fam)
clue /klu:/ *n* 1 (hint, indication) pista *f*; **to give sb a ~** darle* una pista a algn; **her diary may provide a ~ to her whereabouts** su diario puede dar una pista acerca de su paradero; ***not to have a ~*** (colloq) (not know, be incompetent) no tener* ni (la más mínima *or* la menor) idea (fam) 2 (in crosswords) clave *f*
clued-up /'klu:d'ʌp/ *adj* (*pred* **clued up**) (colloq) ‹*person*› bien informado; **to be ~ ~ ABOUT sth** estar* muy al tanto DE algo
clueless /'klu:ləs || 'klu:lɪs/ *adj* 1 (not having found clue) (AmE journ) sin pistas 2 (incompetent) (BrE colloq) negado (fam); **they're completely ~ when it comes to the practicalities** en lo que tiene que ver con los aspectos prácticos son totalmente negados *or* no tienen ni idea (fam)
clump[1] /klʌmp/ *n*
A 1 (of trees) grupo *m*; **a ~ of flowers** un macizo de flores 2 (of earth) terrón *m*
B (noise) ruido *m* de pisadas fuertes
clump[2] *vt* amontonar; **to ~ sth together** amontonar algo
■ **clump** *vi* 1 (walk heavily) (colloq) caminar pisando fuerte 2 (agglutinate) aglutinarse
clumpy /'klʌmpi/ *adj* (colloq)
A (clumsy, awkward) ‹*boots/furniture*› tosco y pesado
B ‹*soil*› aterronado
clumsily /'klʌmzəli || 'klʌmzɪli/ *adv* 1 ‹*walk/handle/apologize*› torpemente, con torpeza 2 ‹*made/fashioned*› toscamente; ‹*written*› con poca fluidez
clumsiness /'klʌmzinəs || 'klʌmzinɪs/ *n* [u] 1 (of movement, words) torpeza *f* 2 (of construction, design) tosquedad *f*; **the ~ of her prose/translation** la falta de fluidez de su prosa/traducción
clumsy /'klʌmzi/ *adj* **-sier, -siest** 1 ‹*person/movement*› torpe, patoso (Esp fam); (graceless) desgarbado (fam) 2 ‹*tool/shape*› tosco; ‹*translation/forgery*› burdo; ‹*prose/writing*› falto de fluidez
clung /klʌŋ/ *past & past p of* **cling**
clunk[1] /klʌŋk/ *vi* golpetear
clunk[2] *n* golpetazo *m* (metálico)
clunker /'klʌŋkər || 'klʌŋkə(r)/ *n* (AmE colloq)
A (vehicle) cacharro *m* (fam), carcacha *f* (Andes, Méx fam), cachila *f* (Ur fam); (machine) trasto *m* (fam)
B (failure) fracaso *m*
clunky /'klʌŋki/ *adj* 1 (out of date) anticuado 2 (clumsy, awkward) tosco y pesado

cluster[1] /ˈklʌstər || ˈklʌstə(r)/ *n* **1** (of people, buildings) grupo *m*; (of berries, bananas) racimo *m*; (of stars) grupo *m*; (of plants) macizo *m*; (*before n*): **~ bomb** bomba *f* dispersora *or* de dispersión **2** (Ling) grupo *m*; **consonant ~** grupo consonántico **3** (Comput) grupo *m* de terminales

cluster[2] *vi* (bunch) apiñarse, agruparse; **to ~ around sth/sb** apiñarse *or* agruparse alrededor de *or* en torno a algo/algn

■ **cluster** *vt*: **all the hotels are ~ed around the station** todos los hoteles están agrupados *or* concentrados alrededor de la estación

clutch[1] /klʌtʃ/ *n*

A **1** (grasp): **to make a ~ at sth** intentar agarrar algo; **she felt the ~ of the tentacle around her leg** sintió como el tentáculo le agarraba la pierna *or* se le aferraba a la pierna **2** **clutches** *pl* garras *fpl*; **to be in/fall into sb's/sth's ~es** estar*/caer* en las garras de algn/algo **3** (difficult, crucial situation) (AmE): **in the ~** (colloq) en las emergencias; (*before n*): **~ situation** situación *f* de emergencia

B **1** (device) embrague *m*, clutch *m* (AmC, Col, Méx, Ven); (*before n*): **~ plate** disco *m* del embrague **2** **~ (pedal)** (pedal *m* del) embrague *m*, clutch *m* (AmC, Col, Méx, Ven); **to let out the ~** desembragar*, soltar* el embrague; **to put in** *o* **depress the ~** embragar*, apretar* el embrague

C **1** (of eggs) nidada *f* **2** (group, bunch) puñado *m*

D ▸**clutch bag**

clutch[2] *vt* **1** (grab) agarrar **2** (hold close, tightly) tener* firmemente agarrado; **he came in ~ing a bunch of flowers** entró con un ramo de flores en la mano; **she ~ed the child to her breast** estrechó *or* apretó al niño contra su pecho

■ **clutch** *vi* **to ~ AT sth** tratar de agarrarse DE algo; **she ~ed at that faint hope** se aferró a aquel rayo de esperanza

clutch bag *n: bolso sin asas, sobre m* (AmL)

clutter[1] /ˈklʌtər || ˈklʌtə(r)/ *n* [u]: **the room was full of ~** la habitación estaba abarrotada *or* atestada de cosas; **a ~ of books and papers** un revoltijo de libros y papeles; **his office was in a ~** tenía el despacho muy desordenado

clutter[2] *vt* **~ (up)** abarrotar; **to ~ sth WITH sth** abarrotar algo DE algo; **she's ~ed up my house with junk** me ha abarrotado *or* llenado la casa de porquerías; **don't ~ your essay with unnecessary detail** no recargues el trabajo con detalles superfluos

cluttered /ˈklʌtərd || ˈklʌtəd/ *adj* abarrotado *or* atestado de cosas

cm ▸ⓘ **p.1376** (= **centimeter(s)** *or* (BrE) **centimetre(s)**) cm.

Cmdr (title) = **Commander**

CND *n* (in UK) (= **Campaign for Nuclear Disarmament**) Campaña *f* pro Desarme Nuclear

CNG *n* [u] (= **compressed natural gas**) GNC *m*

CNN *n* (*no art*) (= **Cable News Network**) CNN *f*

> **CNN - Cable News Network**
>
> Una compañía de televisión norteamericana que emite programas informativos y de noticias vía satélite, las veinticuatro horas del día. *Ver tb* ▸**television.**

C-note /ˈsiːnəʊt/ *n* (AmE colloq) billete *m* de cien dólares *or* (AmL fam) de cien verdes

Co **1** /kəʊ/ (= **company**) Cía. **2** (Geog) = **County**

CO

A (Geog) = **Colorado**

B (Mil) = **Commanding Officer**

co- /kəʊ/ *pref* co-

c/o (= **in care of** *or* (BrE) **care of**) **John Smith, c/o Ana Mas** John Smith, en casa de Ana Mas *or* Ana Mas, para entregar a John Smith

coach[1] /kəʊtʃ/ *n*

A **1** (horse-drawn carriage) coche *m* (de caballos), carruaje *m*; (*stage* ~) diligencia *f*; **~ and four** coche tirado por cuatro caballos; **state ~** carroza *f*; ***to drive a ~ and horses through sth*** saltarse algo a la torera; (*before n*): **~ box** pescante *m*; **~ horse** caballo *m* de tiro **2** (bus) (BrE) autobús *m*, autocar *m* (Esp), pullman *m* (CS), ómnibus *m* (RPl), micro *m* (Arg); (*before n*): **~ driver** (BrE) conductor, -tora *m,f* de autobús (*or* autocar *etc*); **~ operator** compañía *f or* operador *m* de autobuses (*or* autocar *etc*); **~ park** estacionamiento *m* de autobuses (AmL), aparcamiento *m* de autobuses *or* autocares (Esp); **~ party** grupo *m* que viaja en autobús (*or* autocar *etc*); **~ station** terminal *f* or estación *f* de autobuses (*or* autocares *etc*); **~ tour** (BrE) viaje *m or* gira *f* en autobús (*or* autocar *etc*); **~ trip** excursión *f* en autobús (*or* autocar *etc*)

B (Rail) **1** (AmE) vagón *m* de tercera (clase); **to go ~** viajar en tercera; (*before n*) ‹*fare/passenger*› de tercera **2** (BrE) vagón *m*

C **1** (tutor) profesor, -sora *m,f* particular **2** (team manager) entrenador, -dora *m,f*, director técnico, directora técnica *m,f* (AmL)

coach[2] *vt* ‹*team/player*› entrenar; ‹*pupil/student/singer*› preparar, darle* clases a; **to ~ sb for an exam** preparar a algn para un examen

coach bolt *n* (BrE) ▸**carriage bolt**

coachbuilder /ˈkəʊtʃˌbɪldər || ˈkəʊtʃˌbɪldə(r)/ *n* (Auto) carrocero, -ra *m,f*

coach house *n* **1** (shed) cochera *f* **2** ▸**coaching inn**

coaching /ˈkəʊtʃɪŋ/ *n* [u] **1** (training) entrenamiento *m* **2** (tutoring) preparación *f*, clases *fpl* **3** (prompting) (AmE colloq) ayuda *f*

coaching inn *n* hostería *f or* posada *f* de posta

coachload /ˈkəʊtʃləʊd/ *n* (BrE) ▸**busload**

coachman /ˈkəʊtʃmən/ *n* (*pl* **-men** /-mən/) cochero *m*

coachwork /ˈkəʊtʃwɜːrk || ˈkəʊtʃwɜːk/ *n* [u] carrocería *f*

coagulant /kəʊˈægjələnt || kəʊˈægjʊlənt/ *n* coagulante *m*

coagulate /kəʊˈægjəleɪt || kəʊˈægjʊleɪt/ *vi* «*blood*» coagularse; «*milk/sauce*» cuajar

■ **coagulate** *vt* ‹*blood*› coagular; ‹*milk/sauce*› cuajar

coagulation /kəʊˌægjəˈleɪʃən || kəʊˌægjʊˈleɪʃən/ *n* [u] (of blood) coagulación *f*; (of milk, sauce) cuajo *m*

coal /kəʊl/ *n* [u c] carbón *m*; ***as black as ~*** negro como el carbón; ***to carry ~s to Newcastle*** llevar leña al monte, ir* a vendimiar y llevar uvas de postre; ***to haul sb over the ~s*** reprender severamente a algn, poner* a algn como chupa de dómine, pasarle un buen café a algn (RPl fam); ***to heap ~s of fire on sb's head*** avergonzar* a algn devolviéndole bien por mal; (*before n*): **~ bin** *o* (BrE) **bunker** carbonera *f*; **~ cellar** carbonera *f*; **~ dust** polvillo *m* de carbón; **~ fire** fuego *m* de *or* a carbón; **~ gas** gas *m* de hulla; **~ industry** industria *f* del carbón; **~ merchant** carbonero, -ra *m,f*; **~ mine** mina *f* de carbón; **~ miner** minero, -ra *m,f* del carbón; **~ pit** mina *f* de carbón; **~ seam** veta *f* de carbón

coal-black /ˈkəʊlˈblæk/ ▸ⓘ **p.1036** *adj* (*pred* **coal black**) negro como el carbón

coal black ▸ⓘ **p.1036** *n* [u] negro *m* carbón

coal-burning /ˈkəʊlˌbɜːrnɪŋ || ˈkəʊlˌbɜːnɪŋ/ *adj* de carbón; **a ~ stove** una cocina *or* (Col, Méx) estufa de carbón

coalesce /ˌkəʊəˈles/ *vi* (Chem, Phys) fusionarse; «*factions*» unirse

coalescence /ˌkəʊəˈlesns/ *n* [u] (Chem, Phys) fusión *f*; (of factions) unión *f*

coalface /ˈkəʊlfeɪs/ *n* tajo *m*, frente *m* de explotación del carbón

coalfield /ˈkəʊlfiːld/ *n* yacimiento *m* de carbón; (area of working mines) área *f‡ or* zona *f* de minas de carbón

coal-fired /ˈkəʊlˈfaɪrd || ˈkəʊlˈfaɪəd/ *adj* a *or* de carbón; **~ power station** central *f* eléctrica a *or* de carbón

coalhole /ˈkəʊlhəʊl/ *n* **1** (chute) trampilla *f* de la carbonera **2** (indoor bunker) (BrE) carbonera *f*

coalition /ˌkəʊəˈlɪʃən/ *n* [u c] coalición *f*; **to form a ~** formar una coalición; (*before n*): **~ government** gobierno *m* de coalición

coalman /ˈkəʊlmæn/ *n* (*pl* **-men** /-men/) carbonero *m*

coal mining *n* [u] explotación *f* hullera *or* de las minas de carbón; (*before n*): **coal-mining area** zona *f* minera

coal scuttle /ˈkəʊlˌskʌtl/ *n* cubo *m* del carbón

coalshed /ˈkəʊlʃed/ *n* carbonera *f*

coal tar *n* alquitrán *m* de hulla; (*before n*): **~ ~ soap** jabón *m* de brea

coal tit *n* azabache *m*, carbonero *m* (garrapinos)

coaming /ˈkəʊmɪŋ/ *n* brazola *f*

coarse /kɔːrs || kɔːs/ *adj* **coarser, coarsest** **1** ‹*sand/filter/mesh*› grueso; ‹*cloth*› basto, ordinario, burdo; ‹*bread*› basto; ‹*features*› tosco; **~ salt** sal *f* gruesa *or* gorda **2** ‹*manners*› ordinario, basto, tosco; ‹*language/joke*› ordinario, basto, grosero

coarse fish *n* (*pl* ~ ~) pescado *m* de río *or* de agua dulce (*excepto la trucha y el salmón*)

coarse fisherman *n* (*pl* **~men**) pescador *m* de río *or* de agua dulce (*excepto de la trucha y del salmón*)

coarse fishing *n* [u] pesca *f* de río *or* de agua dulce (*excepto de la trucha y del salmón*)

coarse-grained /ˈkɔːrsˌgreɪnd || ˌkɔːs ˈgreɪnd/ *adj* de grano grueso

coarsely /ˈkɔːrsli || ˈkɔːsli/ *adv* **1** ‹*chop*› en trozos grandes; ‹*weave*› toscamente **2** ‹*speak/behave*› de manera ordinaria, con ordinariez

coarsen /ˈkɔːrsn || ˈkɔːsən/ *vt* **1** ‹*skin*› poner* áspero **2** ‹*person/manners*› volver* ordinario *or* tosco *or* basto

■ **coarsen** *vi* «*skin*» volverse* áspero; «*person/language*» volverse* más ordinario *or* basto

coarseness /ˈkɔːrsnəs || ˈkɔːsnɪs/ *n* [u] **1** (of sand, mesh) lo grueso; (of cloth) lo burdo; (of wine) aspereza *f*; (of features) tosquedad *f* **2** (of person, manners) tosquedad *f*, ordinariez *f*

coast[1] /kəʊst/ *n*

A **1** (shoreline) costa *f*; ***the ~ is clear*** no hay moros en la costa; **as soon as the ~ is clear** en cuanto no haya moros en la costa **2** (region) costa *f*, litoral *m*; **the South C~** la costa sur *or* meridional (de Inglaterra); **the East/West C~** la costa Este/Oeste (de los Estados Unidos); **from ~ to ~** de costa a costa

B (ride) (*no pl*): **a gentle ~ down** un suave descenso sin pedalear/sin llevar el motor en marcha

coast[2] *vi* **1** (freewheel) «*cyclist/car*» deslizarse* (*sin pedalear/sin llevar el motor en marcha*) **2** (move effortlessly): **he's ~ing toward the tape** avanza sin ningún esfuerzo hacia la meta; **she ~ed through her exams** superó fácilmente los exámenes **3** (sled) (AmE) deslizarse* en trineo **4** (Naut) bordear la costa

coastal /ˈkəʊstl/ *adj* (*before n*) ‹*waters/climate*› costero; **~ navigation** navegación *f* costera, cabotaje *m*; **~ strip** franja *f* costera

coaster /ˈkəʊstər || ˈkəʊstə(r)/ *n* **1** (ship) barco *m* de cabotaje **2** (drink mat) posavasos *m*

coaster brake *n* freno *m* de pedal

coastguard /ˈkəʊstgɑːrd || ˈkəʊstgɑːd/ *n* **1** (organization): **the Coastguard** los guardacostas **2** [c] (person) guardacostas *mf*

coastguardsman /ˈkəʊstgɑːrdzmən || ˈkəʊstgɑːdzmən/ *n* (*pl* **-men** /-mən/) (AmE) ▸**coastguard 2**

coastguard station *n* puesto *m* guardacostas

coastguard vessel *n* (barco *m*) guardacostas *m*

coastline /ˈkəʊstlaɪn/ *n* [u c] costa *f*

coast road *n* carretera *f* de la costa

coast-to-coast /ˌkəʊsttəˈkəʊst/ *adj* (AmE) de costa a costa

coast to coast *adv* (AmE) a lo largo y ancho del país

coat[1] /kəʊt/ *n*

A (Clothing) (*over*~) **1** (for men) abrigo *m or* (RPl)

C

sobretodo *m*; (for women) abrigo *m or* (RPl) tapado *m*; **white ~** (doctor's etc) bata *f* blanca; ***to cut one's ~ according to one's cloth*** (BrE) vivir según sus (*or* mis *etc*) posibilidades, adaptarse a las circunstancias, no estirar los pies más de lo que da la frazada (RPl fam); ***to trail one's ~*** buscar* pelea *or* (fam) camorra; ***to turn*** *o* ***change one's ~*** cambiar de chaqueta, chaquetear; (*before n*): **~ hanger** percha *f*; **~ stand** perchero *m* **2** (jacket) chaqueta *f*, saco *f* (AmL); (heavier) chaquetón *m*
B (of animals) pelaje *m*
C (layer — of paint, varnish) capa *f*, mano *f*; (— of dust) capa *f*

coat² *vt* cubrir*; **~ed with chocolate** cubierto de chocolate, bañado en chocolate; **~ the surface with primer** aplique una capa *or* mano de base a la superficie; **his tongue was ~ed** tenía la lengua sucia, tenía la lengua cubierta de saburra (téc)

coat check *n* (AmE) guardarropa *m*

-coated /'kəʊtəd || 'kəʊtɪd/ *suff* (Culin): **sugar~** cubierto de azúcar; **chocolate~** cubierto de chocolate, bañado en chocolate

coati /kəʊ'ɑ:ti/ *n* (*pl* **-tis**) coatí *m*

coating /'kəʊtɪŋ/ *n* (of dust, grease) capa *f*; (Culin) capa *f*, baño *m*; (on tongue) saburra *f* (téc); **metal/protective ~** revestimiento *m* metálico/de protección; **covered with a plastic ~** plastificado

coat of arms *n* (*pl* **~s ~ ~**) escudo *m* de armas

coattails /'kəʊtteɪlz/ *pl n* faldones *mpl* (*del frac o chaqué*); ***to ride on sb's ~*** ir* montado en el carro de algn; **he rose to fame on his father's ~** alcanzó la fama a la sombra de su padre

co-author¹ /,kəʊ'ɔ:θər || ,kəʊ'ɔ:θə(r)/ *n* coautor, -tora *m,f*; **we were ~s of a book on astrology** escribimos conjuntamente un libro sobre astrología

co-author² *vt* escribir* conjuntamente

coax /kəʊks/ *vt* **to ~ sb/sth INTO -ING**: **I ~ed the child into going to bed** convencí al niño para que se acostara; **I ~ed the engine into starting/the animal into the cage** con paciencia logré que el motor arrancara/que el animal se metiera en la jaula; **to ~ sb TO + INF**: **she ~ed them to eat** con paciencia intentó que comieran; **to ~ sth FROM** *o* **OUT OF sb** sonsacarle* algo A algn; **I managed to ~ an answer/the information out of her** logré sonsacarle una respuesta/la información; **a ~ing voice/smile** una voz/sonrisa persuasiva

coaxial /kəʊ'æksiəl/ *adj* coaxial

coaxing /'kəʊksɪŋ/ *n* [u] persuasión *f*, mano *f* izquierda; **with a little ~ she agreed to let us go** con un poco de mano izquierda conseguimos que nos dejara ir

coaxingly /'kəʊksɪŋli/ *adv* persuasivamente

cob /kɑ:b || kɒb/ *n*
A **1** (horse) jaca *f* **2** (male swan) cisne *m* macho
B (*corn~*) mazorca *f* (de maíz), choclo *m* (AmS), elote *m* (AmC, Méx)
C (BrE) (loaf) pan *m* (redondo)

cobalt /'kəʊbɔ:lt/ *n* [u] cobalto *m*

cobalt blue ▸ **i** **p.1036** *n* [u] azul *m* cobalto

cobber /'kɑ:bər || 'kɒbə(r)/ *n* (Austral colloq) amigo *m*, compadre *m* (fam)

cobble¹ /'kɑ:bəl || 'kɒbəl/ *n* adoquín *m*

cobble² *vt* **1** ‹*shoe*› arreglar **2** **cobbled** *past p* ‹*street*› adoquinado

Phrasal verb

- **cobble together** [v + o + adv, v + adv + o] (colloq) ‹*meal*› improvisar; ‹*essay/speech*› redactar a las carreras (fam); **she ~d a dress together in an afternoon** se hizo un vestido así como pudo en una tarde; **we quickly ~d together a letter of apology** a toda prisa escribimos una carta pidiendo disculpas

cobbler /'kɑ:blər || 'kɒblə(r)/ *n*
A (shoe repairer) zapatero *m* (remendón); ***the ~ should stick to his last*** zapatero, a tus zapatos
B **1** (drink) *vino con jugo de frutas y hielo picado* **2** (pie) pastel *m*
C **cobblers** *pl* (nonsense) (BrE sl) estupideces *fpl*, pendejadas *fpl* (AmL exc CS vulg), gilipolleces *fpl* (Esp) (fam *o* vulg), huevadas *fpl* (Andes vulg)

cobblestone /'kɑ:bəlstəʊn || 'kɒbəlstəʊn/ *n* adoquín *m*

cobnut /'kɑ:bnʌt || 'kɒbnʌt/ *n* avellana *f*

COBOL /'kəʊbɑ:l || 'kəʊbɒl/ *n* [u] (**= Common Business Oriented Language**) COBOL *m*

cobra /'kəʊbrə/ *n* cobra *f*

cobweb /'kɑ:bweb || 'kɒbweb/ *n* telaraña *f*; ***to blow the ~s away*** sacudirse las telarañas

coca /'kəʊkə/ *n* coca *f*

Coca-Cola® /,kəʊkə'kəʊlə/ *n* [u c] Coca-Cola® *f*

cocaine /kəʊ'keɪn/ *n* [u] cocaína *f*; (*before n*): **~ addict** cocainómano, -na *m,f*

coccyx /'kɑ:ksɪks || 'kɒksɪks/ *n* (*pl* **coccyges** /'kɑ:ksədʒi:z || 'kɒksɪdʒi:z/ *or* **coccyxes**) coxis *m*, cóccix *m*

cochineal /'kɑ:tʃəni:l || ,kɒtʃɪ'ni:l/ *n* **1** [c] (insect) cochinilla *f* **2** [u] (dye) cochinilla *f*, carmín *m*

cock¹ /kɑ:k || kɒk/ *n*
A [c] **1** (male fowl) gallo *m*; ***to think one's the ~ of the walk*** creerse* el dueño del mundo, creerse* el amo del cotarro (fam) **2** (male bird) macho *m*; (*before n*) ‹*pheasant/sparrow*› macho *adj inv*
B [c] **1** (valve, tap) llave *f* de paso **2** (in firearm) percutor *m*
C [c] (penis) (vulg) verga *f*, pija *f* (RPl vulg), polla *f* (Esp vulg), pico *m* (Chi vulg)
D [c] (pal) (BrE colloq) macho *m* (fam)
E [u] (nonsense) (BrE colloq) tonterías *fpl*, pendejadas *fpl* (AmL exc CS vulg), gilipolleces *fpl* (Esp fam), huevadas *fpl* (Andes vulg)

cock² *vt*
A ‹*gun*› montar, amartillar
B **1** (tilt) ‹*head*› ladear; **he ~ed his hat** se ladeó el sombrero **2** (raise) ‹*ears*› levantar, parar (AmL); **the dog ~ed its leg at each tree** el perro levantaba la pata en cada árbol; **try and keep an ear ~ed for the mailman** (colloq) estáte atento *or* pendiente por si viene el cartero

Phrasal verb

- **cock up** [v + o + adv, v + adv + o] (BrE) (sl) fastidiar (fam), joder (vulg); **we ~ed it up** la fastidiamos (vulg), la jodimos (vulg)

cockade /kɑ:'keɪd || kɒ'keɪd/ *n* escarapela *f*

cock-a-doodle-doo /,kɑ:kə,du:dl'du: || ,kɒkə,du:dl'du:/ *interj* ¡quiquiriquí!

cock-a-hoop /,kɑ:kə'hu:p || ,kɒkə'hu:p/ *adj* **1** (exultant) (*usu pred*) **to be ~ ABOUT sth** estar* contentísimo *or* como unas castañuelas CON algo **2** (awry) (AmE): **his plans were knocked all ~** se le desbarataron *or* trastocaron los planes

cockamamy /,kɑ:kə'meɪmi || ,kɒkə'mæmi/ *adj* (AmE colloq) absurdo, disparatado

cock-and-bull /,kɑ:kən'bʊl || ,kɒkən'bʊl/ *adj* (colloq): **~ story** *o* **tale** cuento *m* (chino) (fam), camelo *m* (fam)

cockatoo /'kɑ:kətu: || ,kɒkə'tu:/ *n* (*pl* **-toos**) cacatúa *f*

cockatrice /'kɑ:kətrəs, -,trɪs || ,kɒkə'trɪs, -'traɪs/ *n: animal mitológico mitad serpiente, mitad gallo*

cockchafer /'kɑ:k,tʃeɪfər || 'kɒkt,ʃeɪfə(r)/ *n* escarabajo *m* sanjuanero

cockcrow /'kɑ:kkrəʊ || 'kɒkkrəʊ/ *n* [u] (liter) (*no art*): **at ~** al amanecer, al rayar el alba (liter)

cocked hat *n* sombrero *m* de tres picos; ***to knock sb/sth into a ~ ~*** darle* cien *or* cien mil vueltas a algn/algo (fam), ser* muchísimo mejor que algn/algo

cockerel /'kɑ:krəl || 'kɒkərəl/ *n* gallito *m*

cocker spaniel /'kɑ:kər || 'kɒkə(r)/ *n* cocker *mf* (spaniel)

cockeyed /'kɑ:kaɪd || 'kɒkaɪd/ *adj* **1** (ridiculous) ‹*plan/ideas*› disparatado **2** (askew, crooked) torcido, chueco (AmL)

cockfight /'kɑ:kfaɪt || 'kɒkfaɪt/ *n* pelea *f* de gallos, riña *f* de gallos (AmS)

cockfighting /'kɑ:k,faɪtɪŋ || 'kɒk,faɪtɪŋ/ *n* [u] peleas *fpl* de gallos, riñas *fpl* de gallos (AmS)

cockiness /'kɑ:kinəs || 'kɒkinɪs/ *n* [u] engreimiento *m*, petulancia *f*

cockle¹ /'kɑ:kəl || 'kɒkəl/ *n* **1** (Zool) berberecho *m*; ***to warm the ~s of sb's heart*** enternecer* a algn **2** (shell) concha *f* de berberecho

cockle² *vi* arrugarse*
■ **cockle** *vt* arrugar*

cockleshell /'kɑ:kəlʃel || 'kɒkəlʃel/ *n*
A (shell) concha *f* de berberecho
B (boat) barquichuela *f*, cascarón *m* de nuez

Cockney¹, cockney /'kɑ:kni || 'kɒkni/ *n* (*pl* **-neys**) **1** [c] (person) cockney *mf* (*persona nacida en el East End de Londres, tradicionalmente de clase obrera*) **2** [u] **~ (rhyming slang)** *argot utilizado por los cockneys en el que se sustituye una palabra determinada por otra palabra o locución que rime con ella*

Cockney², cockney *adj* cockney

cockpit /'kɑ:kpɪt || 'kɒkpɪt/ *n*
A **1** (Aviat) cabina *f* de mando **2** (Naut) puente *m* de mando **3** (in racing car) cabina *f*
B (for cockfights) gallera *f*, reñidero *m*, palenque *m* (Méx); **the ~ of Europe** el reñidero de Europa

cockroach /'kɑ:krəʊtʃ || 'kɒkrəʊtʃ/ *n* cucaracha *f*

cockscomb /'kɑ:kskəʊm || 'kɒkskəʊm/ *n* **1** [c] (on cock) (Zool) cresta *f* **2** [c u] (Bot) moco *m* de pavo **3** [c] ▸ **coxcomb**

cocksucker /'kɑ:k,sʌkər || 'kɒk,sʌkə(r)/ *n* (vulg) hijo *m* de puta (vulg), cabrón *m* (vulg)

cocksure /'kɑ:kʃʊr || kɒk'ʃʊə(r), kɒk'ʃɔ:(r)/ *adj* (colloq) creído (fam), petulante, engreído

cocktail /'kɑ:kteɪl || 'kɒkteɪl/ *n* **1** [c] (drink) cóctel *m*, coctel *m*, combinado *m*; **he invited us over for ~s** nos invitó a tomar unas copas *or* unos tragos; **a lethal ~** un cóctel *or* coctel explosivo; (*before n*): **~ bar** bar *m*, coctelería *f*; **~ cabinet** (BrE) mueble-bar *m*; **~ dress** traje *m* de fiesta; **~ lounge** salón *m* de fiestas; **~ mixer** coctelera *f*; **~ onion** cebollita *f* perla; **~ party** cóctel *m*, coctel *m*; **~ sausage** salchicha *f* de aperitivo; **~ shaker** coctelera *f*; **~ stick** palillo *m*, mondadientes *m*, escarbadientes *m* **2** [c u] (food): **shrimp** *o* (BrE also) **prawn ~** cóctel *m* de camarones *or* (Esp) de gambas *or* (CS) de langostinos, langostinos *mpl* con salsa golf (RPl)

cockteaser /'kɑ:k,ti:zər || 'kɒk,ti:zə(r)/, **cocktease** /'kɑ:kti:z || 'kɒkti:z/ *n* (vulg) calientabraguetas *f* (vulg), calientahuevos *f* (Col, Ven vulg), calientapollas *f* (Esp vulg)

cock-up /'kɑ:kʌp || 'kɒkʌp/ *n* (BrE colloq) lío *m*, follón *m* (Esp fam); **I made a ~ of it** la fastidié (fam), la embarré (AmS fam)

cocky /'kɑ:ki || 'kɒki/ *adj* **cockier, cockiest** (colloq) gallito (fam), chulo (Esp fam)

cocoa /'kəʊkəʊ/ *n* [u c] (powder) cacao *m*, cocoa *f* (AmL); (drink) chocolate *m*, cocoa *f* (AmL); (*before n*): **~ butter** manteca *f or* mantequilla *f* de cacao; **~ powder** cacao *m* (en polvo), cocoa *f* (en polvo) (AmL)

coconut /'kəʊkənʌt/ *n* [c u] coco *m*; (*before n*): **~ candy** *o* (BrE) **ice** dulce *m* de coco; **~ matting** estera *f* de fibra de coco; **~ milk** (fresh juice) agua *f*‡ de coco; (Culin) leche *f*, de coco; **~ oil** aceite *m*, de coco; **~ palm** *o* **tree** cocotero *m*, palma *f* de coco (Col)

coconut shy *n* (in UK) tiro *m* al coco

cocoon¹ /kə'ku:n/ *n* (Zool) capullo *m*

cocoon² *vt* **to ~ sb IN sth** arrebujar *or* arropar a algn EN *or* CON algo; **he was ~ed in his own private world** vivía en su propio mundo

cod¹ /kɑ:d || kɒd/ *n* [c u] (*pl* **~** *or* **~s**) bacalao *m*

cod² *adj* (BrE colloq) ‹*fax*› falso; ‹*accent*› fingido

COD¹ *adv* (**= cash** *or* (AmE also) **collect on delivery**) contra reembolso

COD² *n* [c u] (**= cash** *or* (AmE also) **collect on delivery**) pago *m* contra reembolso

coda /'kəʊdə/ *n* coda *f*; **as a ~ to these events ...** (frml) como colofón a estos acontecimientos ...

coddle /'kɑ:dl || 'kɒdl/ *vt* **1** (pamper) mimar **2** (Culin): **~d eggs** *huevos cocidos en agua que no alcanza el punto de ebullición*

code[1] /kəʊd/ *n*
A 1 [c u] (cipher) clave *f*, código *m*; **to break a ~** descifrar una clave *or* un código; **in ~** en clave, cifrado 2 [c] (for identification) código *m* 3 [u] (Comput) código *m* 4 [c] (Telec) código *m*, prefijo *m*
B [c] 1 (social, moral) código *m*; **~ of honor** código de honor; **~ of practice/conduct** código de práctica/conducta; **moral ~** código de ética 2 (Law) código *m*; **the Napoleonic C~** el código napoleónico

code[2] *vt* 1 (encipher) ‹*message/letter*› cifrar, poner* en clave 2 (give identifying number, mark) ‹*documents/items*› codificar*; ‹*information/instructions*› (Comput) codificar*

code book *n* libro *m* de códigos

code-breaker /ˈkəʊd,breɪkər || ˈkəʊd ,breɪkə(r)/ *n* 1 (person) descifrador, -dora *m,f* de códigos 2 (device) descifrador *m* de códigos

codefendant /,kəʊdɪˈfendənt/ *n* codemandado, -da *m,f*

codeine /ˈkəʊdi:n/ *n* [u] codeína *f*

code-name /ˈkəʊd,neɪm/ *vt* dar* un nombre clave a; **it was ~ed 'Eagle'** se le dio el nombre clave de 'Eagle'

code name *n* nombre *m* en clave

code number *n* clave *f* numérica

codependency /,kəʊdɪˈpendənsi/ *n* [u] (Psych) codependencia *f*

codependent /,kəʊdɪˈpendənt/ *n* (Psych) codependiente *mf*

code word *n* palabra *f* de acceso, clave *f* de acceso, contraseña *f* de acceso

codex /ˈkəʊdeks/ *n* (*pl* **-dices** /-dɪsi:z/) códice *m*

codger /ˈkɑ:dʒər || ˈkɒdʒə(r)/ *n* (colloq): **old ~** vejete *m* (fam), viejales (Esp fam)

codices /ˈkəʊdəsi:z, ˈkɑ:d- || ˈkəʊdɪsi:z, ˈkɒd-/ *pl of* **codex**

codicil /ˈkɑ:dəsɪl || ˈkəʊdɪsɪl/ *n* codicilo *m*

codify /ˈkɑ:dəfaɪ || ˈkəʊdɪfaɪ/ *vt* **-fies, -fying, -fied** codificar*

coding /ˈkəʊdɪŋ/ *n* [u c] 1 (use of ciphers) cifrado *m*, notación *f* en clave; **notice of ~** (Tax) (in UK) *notificación del código fiscal que recibe anualmente el contribuyente* 2 (Comput) codificación *f*

codirector /,kəʊdəˈrektər, ,kəʊdaɪ- || ,kəʊdɪ ˈrektə(r), ,kəʊdaɪ-/ *n* codirector, -tora *m,f*

cod-liver oil /ˈkɑ:d,lɪvər || ˈkɒd,lɪvə(r)/ *n* [u] aceite *m* de hígado de bacalao

co-driver /ˈkəʊ,draɪvər || ˈkəʊ,draɪvə(r)/ *n* copiloto *mf*

codswallop /ˈkɑ:dzwɑ:ləp || ˈkɒdzwɒləp/ *n* [u] (BrE colloq) paparruchas *fpl* (fam)

cod war *n* (colloq) guerra *f* del bacalao

coed[1] /ˈkəʊed/ *adj* mixto

coed[2] *n* (AmE colloq); *alumna de una institución de enseñanza mixta*

coedition /,kəʊəˈdɪʃən/ *n* edición *f* conjunta, coedición *f*

co-editor /,kəʊˈedɪtər || ,kəʊˈedɪtə(r)/ *n* coeditor, -tora *m,f*

coeducational /kəʊ,edʒəˈkeɪʃnəl || kəʊ,edjʊ ˈkeɪʃnəl/ *adj* mixto

coefficient /,kəʊəˈfɪʃənt || ,kəʊɪˈfɪʃənt/ *n* coeficiente *m*

coeliac disease /ˈsi:lɪæk/ *n* [u] (Med) enfermedad *f* celiaca

coequal[1] /kəʊˈi:kwəl/ *adj* igual; **they are ~ in importance** son iguales en importancia

coequal[2] *n* igual *mf*; **they treated him as a ~** lo trataron de igual a igual

coerce /kəʊˈɜ:rs || kəʊˈɜ:s/ *vt* **to ~ sb (INTO -ING)** coaccionar a algn (PARA QUE + SUBJ), compeler a algn (A + INF) (frml)

coercion /kəʊˈɜ:rʒən || kəʊˈɜ:ʃən/ *n* [u] coacción *f*; **by ~** (Law) bajo coacción, por la fuerza

coercive /kəʊˈɜ:rsɪv || kəʊˈɜ:sɪv/ *adj* coactivo, coercitivo

coeval /kəʊˈi:vəl/ *adj* (frml) **to be ~ (WITH sb)** ser* coetáneo *or* contemporáneo (DE algn); **to be ~ (WITH sth)** ser* contemporáneo (DE algo)

coexist /,kəʊɪgˈzɪst/ *vi* **to ~ (WITH sb/sth)** coexistir *or* convivir (CON algn/algo)

coexistence /,kəʊɪgˈzɪstəns/ *n* [u] coexistencia *f*, convivencia *f*

C of E[1] *n* (BrE) (= **Church of England**) Iglesia *f* Anglicana

C of E[2] *adj* (BrE colloq) (= **Church of England**) anglicano

coffee /ˈkɔ:fi || ˈkɒfi/ *n*
A [u] (beans, granules, drink) café *m*; **black ~** café negro *or* (Esp) solo *or* (Chi) puro *or* (Col) tinto; **white ~** (BrE) cortado *m*; (with more milk) café con leche; (*before n*): **~ bean** grano *m* de café; **~ break** pausa *f* del café; **~ cup** taza *f* de café; **~ filter** filtro *m* de café; **~ grounds** poso *m* del café; **~ mill** o **grinder** molinillo *m* de café; **~ percolator** cafetera *f* de filtro; **~ spoon** cucharita *f or* cucharilla *f* de café
B ▸❶ **p.1036** [u] (color) (color *m*) café *m* con leche

coffee bar *n* (BrE) café *m*, cafetería *f*

coffee cake *n* [u c] 1 (in US) *bizcocho con fruta seca*, plum cake *m* (Esp) 2 (in UK) pastel *m* de café

coffee-colored, (BrE) **coffee-coloured** /ˈkɔ:fi,kʌlərd || ˈkɒfi,kʌləd/ ▸❶ **p.1036** *adj* color café *adj inv*

coffee house *n* café *m*, cafetería *f*

coffee klatsch /klætʃ/ *n* (AmE) tertulia *f*

coffee machine *n* 1 (for preparation) máquina *f* de café 2 (for selling ready-made) (máquina *f*) expendedora *f* de café

coffee maker *n* cafetera *f*, máquina *f* para preparar café

coffee morning *n* (BrE); *reunión social en la mañana, a veces con fines benéficos*

coffeepot /ˈkɔ:fipɑ:t || ˈkɒfipɒt/ *n* cafetera *f*

coffee shop *n* cafetería *f*

coffee table *n* mesa *f* de centro, mesa *f* ratona (RPl); (*before n*): **coffee-table book** *libro ilustrado de gran formato*

coffee whitener /ˈhwaɪtnər || ˈwaɪtnə(r)/ *n*: *polvo o gránulos que se añaden al café como sustituto de la leche*

coffer /ˈkɔ:fər || ˈkɒfə(r)/ *n* 1 (chest) cofre *m* 2 **coffers** *pl* (funds) fondos *mpl*; **(the) government/national ~s** las arcas del estado/de la nación, el erario público

coffin /ˈkɔ:fən || ˈkɒfɪn/ *n* ataúd *m*, féretro *m*, caja *f*, cajón *m* (AmL)

co-finance /,kəʊfəˈnæns ,kəʊfaɪ-/ *vt* ‹*project/initiative*› cofinanciar

co-founder /,kəʊˈfaʊndər || ,kəʊˈfaʊndə(r)/ *n* cofundador, -dora *m,f*

cog /kɑ:g || kɒg/ *n* 1 (tooth) diente *m* 2 (wheel) piñón *m*, rueda *f* dentada; **he was just a ~ in the party machine** era una pieza más en el engranaje del partido

cogency /ˈkəʊdʒənsi/ *n* [u] (frml) contundencia *f*

cogent /ˈkəʊdʒənt/ *adj* convincente, contundente

cogently /ˈkəʊdʒəntli/ *adv* convincentemente, contundentemente

cogitate /ˈkɑ:dʒəteɪt || ˈkɒdʒɪteɪt/ *vi* **to ~ (ON o UPON sth)** cavilar *or* meditar (SOBRE algo)

cogitation /,kɑ:dʒəˈteɪʃən || ,kɒdʒɪˈteɪʃən/ *n* [c u] (frml) (*often pl*) cavilación *f*, meditación *f*

cognac /ˈkɑ:njæk || ˈkɒnjæk/ *n* [u c] coñac *m*, coñá *m*

cognate[1] /ˈkɑ:gneɪt || ˈkɒgneɪt/ *adj* **~ (WITH sth)** relacionado (CON algo), afín (A algo); (Ling) cognado (CON algo)

cognate[2] *n* (Ling) cognado *m*

cognition /kɑ:gˈnɪʃən || kɒgˈnɪʃən/ *n* [u] cognición *f*

cognitive /ˈkɑ:gnətɪv || ˈkɒgnɪtɪv/ *adj* ‹*powers/process/learning*› cognoscitivo; **~ psychology** psicología *f* cognitiva

cognitive science *n* [u] ciencia *f* cognitiva

cognitive scientist *n* cognitivista *mf*

cognizance, cognisance /ˈkɑ:gnəzəns || ˈkɒgnɪzəns/ *n* [u] 1 (knowledge) (frml) conocimiento *m*; **to have ~ of sth** tener* conocimiento de algo; **please take ~ of the fact that ...** pongo en su conocimiento que ... (frml) 2 (Law) competencia *f*

cognizant, cognisant /ˈkɑ:gnəzənt || ˈkɒgnɪzənt/ *adj* 1 (aware) (frml) (*pred*) **to be ~ OF sth** tener* conocimiento *or* estar* al corriente DE algo 2 (Law) competente

cognoscenti /,kɑ:njəˈʃenti || ,kɒnjəˈʃenti/ *pl n* entendidos *mpl*

cog railway *n* ferrocarril *m* de cremallera

cogwheel /ˈkɑ:ghwi:l || ˈkɒgwi:l/ *n* rueda *f* dentada

cohabit /kəʊˈhæbət || kəʊˈhæbɪt/ *vi* (frml) **to ~ (WITH sb)** cohabitar (CON algn) (frml)

cohabitation /kəʊ,hæbəˈteɪʃən || kəʊ,hæbɪ ˈteɪʃən/ *n* [u] (frml) cohabitación *f* (frml)

coheir /kəʊˈer || kəʊˈeə(r)/ *n* coheredero, -ra *m,f*

cohere /kəʊˈhɪr || kəʊˈhɪə(r)/ *vi* 1 (form unit) formar una unidad 2 (be consistent) «*arguments/reasons*»: **to ~ (WITH sth)** ser* coherente *or* congruente (CON algo)

coherence /kəʊˈhɪrəns || kəʊˈhɪərəns/, **coherency** /-si/ *n* [u] 1 (logical connection) coherencia *f*, congruencia *f* 2 (of group) cohesión *f*

coherent /kəʊˈhɪrənt || kəʊˈhɪərənt/ *adj* coherente, congruente

coherently /kəʊˈhɪrəntli || kəʊˈhɪərəntli/ *adv* coherentemente, congruentemente

cohesion /kəʊˈhi:ʒən/ *n* [u] cohesión *f*

Cohesion Fund *n* (EU) Fondo *m* de Cohesión

cohesive /kəʊˈhi:sɪv/ *adj* 1 (Phys) cohesivo 2 ‹*group*› unido

cohort /ˈkəʊhɔ:rt || ˈkəʊhɔ:t/ *n* 1 (Hist, Mil) cohorte *f* 2 (follower) (AmE) seguidor, -dora *m,f*, adlátere *mf* 3 (in statistics) cohorte *f*

COI *n* (in UK) = **Central Office of Information**

coif /kɔɪf/ *n* (Relig) toca *f*

coiffeur /kwɑ:ˈfɜ:r || kwɑ:ˈfɜ:(r)/ *n* estilista *m*, peluquero *m*, coiffeur *m*

coiffure[1] /kwɑ:ˈfjʊr || kwɑ:ˈfjʊə(r)/ *n* peinado *m*

coiffure[2] *vt* peinar

coil[1] /kɔɪl/ *n*
A 1 (series of loops — of rope, wire, cable) rollo *m*; (— of smoke) espiral *f*, volutas *fpl*; (— of hair) moño *m*, chongo *m* (Méx), rodete *m* (RPl); **the snake wound itself into a ~** la serpiente se enrolló *or* se enroscó; (*before n*): **~ spring** resorte *m* (de espiral), muelle *m* (helicoidal) 2 (single loop) lazada *f*, vuelta *f*; **one ~ of the rope had fallen loose** se había soltado una lazada *or* vuelta de cuerda
B 1 (Elec) (*induction ~*) bobina *f* (de inducción) 2 (Auto) (*ignition ~*) bobina *f* (de encendido)
C (contraceptive) (BrE) espiral *f*, dispositivo *m* intrauterino

coil[2] *vt* ‹*rope/wire/cable*› enrollar; **her hair was ~ed into a chignon** llevaba el pelo en un moño *or* (Méx) en un chongo *or* (RPl tb) en un rodete; **to ~ sth/oneself AROUND sth** enrollar algo/enrollarse *or* enroscarse* ALREDEDOR DE algo
■ **coil** *vi*: **smoke ~ed into the air** el humo se alzaba en volutas *or* en espiral

coin[1] /kɔɪn/ *n* 1 [c] (individual) moneda *f*; **let's toss** o **flip a ~** echémoslo a cara o cruz *or* (Andes, Ven) al cara o sello *or* (RPl) a cara o ceca *or* (Méx) a águila o sol; ***the other side of the ~*** la otra cara de la moneda; ***two sides of the same ~*** dos caras de la misma moneda 2 [u] (collectively) moneda *f*; **he paid me in ~** me pagó en monedas; **such terms are the common ~ of philosophical discourse** tales términos son moneda corriente en el discurso filosófico; ***to pay sb back in her/his own ~*** pagarle* a algn con la misma moneda

coin[2] *vt* 1 (invent) ‹*word/expression*› acuñar; **to ~ a phrase** (set phrase) valga la expresión (fr hecha), como se suele decir 2 (mint) acuñar; ***to ~ it (in)*** (BrE colloq) forrarse (fam), llenarse de oro (fam)

coinage /ˈkɔɪnɪdʒ/ *n*
A [u] 1 (coins) monedas *fpl*; (system) sistema *m* monetario 2 (act of minting) acuñación *f*
B 1 [c] (invented word, phrase) palabra *f* (*or* frase *f* *etc*) de nuevo cuño 2 [u] (act of inventing word) acuñación *f*

coin box *n* depósito *m* de monedas

coincide /ˌkəʊənˈsaɪd || ˌkəʊɪnˈsaɪd/ *vi* 1 (occur together) **to ~ (WITH sth)** coincidir (CON algo) 2 (agree, correspond) «*views/ideas*»: **to ~ (WITH sth)** coincidir (CON algo)

coincidence /kəʊˈɪnsədəns || kəʊˈɪnsɪdəns/ *n*
A [c u] (chance happening) casualidad *f*, coincidencia *f*; **what a ~!** ¡qué casualidad!, ¡qué coincidencia!; **by ~ he was there** dio la casualidad de que estaba allí; **it was pure/no ~ that ...** fue pura casualidad/no fue casualidad que ...
B [u] (frml) 1 (occurrence together) coincidencia *f* 2 (agreement) coincidencia *f*

coincident /kəʊˈɪnsədənt || kəʊˈɪnsɪdənt/ *adj* (frml) (*no comp*) 1 (occurring together) ‹*events/areas*› coincidente 2 (in agreement) ‹*views/ideas*› coincidente; **to be ~ WITH sth** coincidir CON algo

coincidental /kəʊˌɪnsəˈdentl || kəʊˌɪnsɪˈdentl/ *adj* casual, fortuito

coincidentally /kəʊˌɪnsəˈdentli || kəʊˌɪnsɪˈdentli/ *adv* por casualidad, casualmente; **~, we met again at a party** (*indep*) dio la casualidad de que nos volvimos a encontrar en una fiesta

coin-op /ˈkɔɪnˌɑːp || ˈkɔɪnˌɒp/ *adj* ▸ **coin-operated**

coin-operated /ˈkɔɪnˌɑːpəreɪtəd || ˈkɔɪnˌɒpəreɪtɪd/ *adj* que funciona con monedas

coitus /ˈkəʊətəs || ˈkəʊɪtəs/, **coition** /kəʊˈɪʃən/ *n* [u] (frml) coito *m* (frml)

coitus interruptus /ɪntəˈrʌptəs/ *n* [u] (frml) coitus *m* interruptus (frml)

coke /kəʊk/ *n*
A [u] (fuel) (carbón *m* de) coque *m*
B [u] (cocaine) (colloq) coca *f* (fam)
C [u c] **Coke**® (colloq) Coca-Cola® *f*

col ▸ **column**

Col (title) (= **Colonel**) Cnel.

colander /ˈkʌləndər || ˈkʌləndə(r)/ *n* colador *m*, escurridor *m* (*de pasta, verduras*)

cold[1] /kəʊld/ *adj*
A ▸ ⓘ **p.1878**; ‹*water/weather/drink*› frío; **I'm ~** tengo frío; **my feet are ~** tengo los pies fríos, tengo frío en los pies; **it's ~ today/in here** hoy/aquí hace frío; **the soup is ~** la sopa está fría; **I'm getting ~** me está entrando frío; **it's getting ~** está empezando a hacer frío; **your dinner's getting ~** se te está enfriando la comida; **the water has gone ~** el agua se ha enfriado; **the engine starts straight from ~ without fail** el motor arranca en frío sin fallar; **the trail had gone ~** se habían borrado las huellas; **the news was already ~** la noticia ya estaba pasada *or* añeja; **no, you're still ~, getting ~er** (in game) no, frío, más frío; ▸ **blow**[2] **A1**
B 1 (unfriendly, unenthusiastic) ‹*person/stare/color*› frío; **I got a very ~ reception** me recibieron con mucha frialdad *or* muy fríamente, la recepción que me dieron fue muy fría; **to be ~ TO *o* WITH sb** tratar a algn con frialdad, estar*/ser* frío con algn; ***to go ~ on sth***: **I went ~ on the idea** (colloq) la idea dejó de hacerme gracia (fam); ***to leave sb ~***: **that leaves me ~** (colloq) (eso) me deja frío *or* tal cual (fam), (eso) no me da ni frío ni calor (fam) 2 (impersonal) ‹*logic*› frío; **keeping to the ~ facts ...** ateniéndose únicamente a los hechos ...
C (unconscious) ▸ **out**[2] **A2**
D (without preparation) sin ninguna preparación; **I came to the job ~** empecé el trabajo sin ninguna preparación; **I was expected to start from ~** esperaban que empezara sin ninguna preparación

cold[2] *n*
A [u] (low temperature) frío *m*; **to shiver with ~** temblar* de frío; **these plants have suffered in the ~** estas plantas han sufrido con el frío; **you shouldn't go out in the ~** no deberías salir con el frío que hace; **come in out of the ~** entra, que hace frío; **to feel the ~** ser* friolento *or* (Esp) friolero, sentir* el frío; ***to be left out in the ~*** quedarse al margen; ***to leave sb out in the ~*** dejar a algn al margen
B [c] (Med) resfriado *m*, catarro *m*, constipado *m* (Esp), resfrío *m* (CS); **to have a ~** estar* resfriado; **I've got a chest ~** tengo el pecho congestionado *or* cargado, estoy acatarrado; **I've got a head ~** estoy resfriado; **to catch a ~** resfriarse*, coger* un resfriado (Esp), agarrarse un resfrío (CS); **to give sb one's ~** (colloq) contagiarle *or* (fam) pegarle* el resfriado a algn

cold[3] *adv* (*as intensifier*): **to refuse sb ~** rechazar* a algn de plano; **he turned me down ~** me dijo que no de plano, me contestó con un no rotundo; **to stop ~** pararse en seco; **I've got the part down ~ now** (AmE) me sé el papel perfectamente *or* (fam) de pe a pa ahora

cold-blooded /ˈkəʊldˈblʌdəd || ˌkəʊldˈblʌdɪd/ *adj* 1 ‹*murder*› a sangre fría; ‹*killer*› despiadado, cruel, desalmado 2 (indifferent): **she was quite ~ about her decision/about telling him the truth** habló de su decisión/le dijo la verdad con total frialdad 3 (Zool) de sangre fría 4 (sensitive to cold) (colloq) ‹*person*› friolento *or* (Esp) friolero

cold-bloodedly /ˈkəʊldˈblʌdədli || ˌkəʊldˈblʌdɪdli/ *adv* ‹*murder*› a sangre fría; ‹*dismiss*› despiadadamente

cold calling *n* [u] venta *f* en frío

cold cream *n* [u] crema *f* limpiadora *or* de limpieza, cold cream *f*

cold cuts *pl n* (AmE) fiambres *mpl*

cold frame *n* cama *f* (*armazón de madera y vidrio para proteger plantas*)

cold fusion *n* [u] fusión *f* fría, fusión *f* en frío

cold-hearted /ˈkəʊldˈhɑːrtəd || ˌkəʊldˈhɑːtɪd/ *adj* frío, insensible

coldly /ˈkəʊldli/ *adv* con frialdad, fríamente

cold meats *pl n* fiambres *mpl*

coldness /ˈkəʊldnəs || ˈkəʊldnɪs/ *n* [u]
A (of person, attitude) frialdad *f*
B (temperature) frío *m*

cold-shoulder /ˈkəʊldˈʃəʊldər || ˌkəʊldˈʃəʊldə(r)/ *vt* (colloq) hacerle* el vacío a

cold sore *n* herpes *m* (labial), boquera *f*, fuego *m* (AmL), pupa *f* (Esp fam)

cold storage *n* [u] almacenamiento *m* en cámaras frigoríficas; **let's put the project into ~ ~ until we have more funds** dejemos el proyecto en barbecho hasta que tengamos más fondos

cold store *n* cámara *f* frigorífica *or* de refrigeración

cold turkey *adv* (sl): **he went ~ ~ for three months** estuvo con el síndrome de abstinencia *or* (arg) con el mono durante tres meses; **he quit heroin ~ ~** cortó *or* paró en seco con la heroína (fam)

cold war *n* guerra *f* fría

cold warrior *n* (journ & dated) partidario, -ria *m,f* de la guerra fría

coleslaw /ˈkəʊlslɔː/ *n* [u]: *ensalada de repollo, zanahoria y cebolla con mayonesa*

colic /ˈkɑːlɪk || ˈkɒlɪk/ *n* [u] cólico *m*

coliseum /ˌkɑːləˈsiːəm || ˌkɒlɪˈsiːəm/ *n* coliseo *m*

collaborate /kəˈlæbəreɪt/ *vi* 1 (work together) colaborar 2 (assist enemy) **to ~ (WITH sb)** colaborar (CON algn)

collaboration /kəˌlæbəˈreɪʃən/ *n* 1 [u c] (cooperation) colaboración *f*; **in ~ with** en colaboración con 2 [u] (with enemy) colaboracionismo *m*

collaborator /kəˈlæbəreɪtər || kəˈlæbəreɪtə(r)/ *n* 1 (partner) colaborador, -dora *m,f* 2 (with enemy) colaboracionista *mf*

collage /kəˈlɑːʒ || ˈkɒlɑːʒ/ *n* [c u] collage *m*

collagen /ˈkɑːlədʒən || ˈkɒlədʒən/ *n* [u] colágeno *m*

collapse[1] /kəˈlæps/ *vi*
A 1 (fall down) «*building/bridge*» derrumbarse, desmoronarse, desplomarse; «*roof*» hundirse, venirse* abajo; **the floorboards ~d under him** las tablas del suelo cedieron bajo su peso 2 (Med) «*person*» sufrir un colapso; **she ~d from exhaustion** sufrió un colapso debido al agotamiento
B (fall) «*person*» desplomarse; **I ~d into an armchair** me desplomé en un sillón; **we ~d with laughter** nos desternillamos de risa
C (fail) fracasar, venirse* abajo; **they withdrew their support and the project ~d** retiraron su apoyo y el proyecto fracasó *or* se vino abajo
D «*currency/prices*» caer* en picada *or* (Esp) en picado; «*company*» quebrar*, ir* a la bancarrota
E 1 (fold up) «*table/chair*» plegarse* 2 **collapsing** *pres p* ‹*table/chair*› plegable
■ **collapse** *vt* ‹*table*› plegar*

collapse[2] *n* [c u] 1 (of building, bridge) derrumbe *m*, desmoronamiento *m*; **the news caused a ~ in share prices** la noticia hizo que el precio de las acciones cayera en picada *or* (Esp) en picado 2 (Med) colapso *m*; **I was in a state of (near) ~** estaba a punto de desplomarme *or* al borde del colapso 3 (of plan) fracaso *m*; (of company) quiebra *f*; **the country is close to economic ~** el país está al borde de la ruina *or* de la bancarrota

collapsible /kəˈlæpsəbəl/ *adj* ‹*table/bed/bicycle/umbrella*› plegable; ‹*aerial*› telescópico

collar[1] /ˈkɑːlər || ˈkɒlə(r)/ *n* 1 ▸ ⓘ **p.788** (Clothing) cuello *m*; (Med) collarín *m*, cuello *m* ortopédico; **to grab sb by the ~** agarrar a algn del cuello; ***to get hot under the ~*** sulfurarse, ponerse* hecho una furia 2 (for animal) collar *m* 3 (Zool) collar *m* 4 (Culin) cuello *m* 5 (Mech Eng) abrazadera *f*

collar[2] *vt* (colloq): **they were ~ed by the police** la policía les echó el guante (fam); **he ~ed me as I was leaving** me agarró *or* me pescó cuando salía (fam), me cogió por banda cuando salía (Esp fam)

collarbone /ˈkɑːlərbəʊn || ˈkɒləbəʊn/ *n* clavícula *f*

collarstud /ˈkɑːlərstʌd || ˈkɒləstʌd/ *n* (BrE) broche *m* del cuello de la camisa

collate /kɑːˈleɪt || kəˈleɪt/ *vt* 1 (assemble) reunir*, recopilar 2 (order) poner* en orden, compaginar 3 (compare) **to ~ sth (WITH sth)** ‹*statements/texts/manuscripts*› cotejar *or* confrontar algo (CON algo)

collateral[1] /kəˈlætərəl/ *n* [u] (Fin) (money) garantía *f*, fianza *f*; (property) garantía *f* real

collateral[2] *adj* 1 (side by side) (frml) ‹*kingdoms/territories*› colindante 2 (secondary) ‹*information/evidence*› incidental, circunstancial 3 (genealogy) ‹*relative/descent*› colateral

collateral damage *n* [u] daños *mpl* colaterales

collateral loan *n* préstamo *m* pignoraticio, préstamo *m* (con garantía) colateral

collateral security *n* [u] garantía *f* colateral

collation /kəˈleɪʃən/ *n*
A [u] 1 (assembling) reunión *f*, recopilación *f* 2 (comparison) cotejo *m*, comparación *f* 3 (putting into order) compaginación *f*
B [c] (meal) (frml) refrigerio *m* (frml), colación *f* (frml)

colleague /ˈkɑːliːg || ˈkɒliːg/ *n* colega *mf*, compañero, -ra *m,f* (de trabajo); **one of his medical/legal ~s** un colega *or* compañero suyo médico/abogado

collect[1] /kəˈlekt/ *vt*
A 1 (gather together) ‹*information/evidence/data*› reunir*, recopilar, recabar (frml); **he ~ed some shells on his walk** durante el paseo recogió algunas conchas; **we're ~ing old clothes for charity** estamos juntando ropa usada para una obra benéfica; **we ~ed (up) our belongings** recogimos nuestras cosas; **could you ~ (up) the glasses?** ¿podrías recoger los vasos? 2 (attract, accumulate) acumular, juntar; **my books are ~ing dust** mis libros están acumulando *or* juntando polvo 3 (earn) (colloq) sacar(se)* (fam), ganarse; **I ~ed around $5,000 this**

month este mes (me) saqué como 5.000 dólares; **he ~ed a heavy fine** (BrE) se ganó una buena multa (fam)

B (as hobby) ‹*stamps/antiques/butterflies*› coleccionar, hacer* colección de, juntar (esp AmL); **he ~s the work of young unknowns** colecciona obras de artistas jóvenes desconocidos

C (fetch, pick up) recoger*; **I ~ed my suit from the cleaner's** recogí el traje de la tintorería; **they ~ the garbage every Monday** todos los lunes pasan a recoger la basura; **she ~s her from school every day** la recoge del colegio *or* la va a buscar al colegio todos los días; **I'm ~ing Jean on the way** de camino voy a pasar a recoger *or* a buscar a Jean

D (obtain payment) ‹*rent/fine/subscription/dues*› cobrar; ‹*taxes*› recaudar

E (put in order): **give me some time to ~ my thoughts** déjame pensar un momento; ***to ~ oneself*** recobrar la calma, serenarse

■ **collect** *vi*

A 1 (gather, assemble) «*people*» reunirse*, congregarse* 2 (accumulate) «*dust/water*» acumularse, juntarse

B (solicit contributions) recaudar dinero, hacer* una colecta

C (take money) (colloq) cobrar

collect² /kəˈlekt/ *adj* (AmE) a cobro revertido, por cobrar (Chi, Méx)

collect³ /kəˈlekt/ *adv* (AmE) a cobro revertido, por cobrar (Chi, Méx)

collect⁴ /ˈkɑːlɪkt || ˈkɒlekt/ *n* (Relig) colecta *f*

collected /kəˈlektəd || kəˈlektɪd/ *adj* 1 (composed) sereno, compuesto 2 (Lit): **the ~ works of Jane Austen** las obras completas de Jane Austen

collectedly /kəˈlektədli || kəˈlektɪdli/ *adv* serenamente

collectible¹, collectable /kəˈlektəbəl/ *adj* 1 (worth collecting) coleccionable 2 (able to be collected): **tickets are ~ at the box office** las entradas se pueden retirar en la taquilla

collectible², collectable *n* 1 (publication) coleccionable *m* 2 (antique) objeto *m* coleccionable

collecting box /kəˈlektɪŋ/ *n* (BrE) alcancía *f* (AmL), hucha *f* (Esp)

collection /kəˈlekʃən/ *n*

A 1 [u] (of evidence) recopilación *f*; (of rent, debts) cobro *m*; (of taxes) recaudación *f*; (*before n*): **a debt ~ agency** una agencia de cobro a morosos 2 [u] (act of fetching): **the goods are ready for ~** puede recoger *or* pasar a buscar las mercancías; **children must wait for ~ by their parents** los niños deben esperar a que sus padres los recojan *or* pasen a buscar 3 [c] (of mail, refuse) recogida *f*

B [c] (of money) colecta *f*; **to make** *o* **hold a ~ for sth** hacer* una colecta para algo; (*before n*): **~ box** alcancía *f* (AmL), hucha *f* (Esp); **~ plate** (Relig) bandeja *f*, cepillo *m*

C [c] (group — of objects) colección *f*; (— of people) grupo *m*; **coin/butterfly ~** colección de monedas/mariposas; **the designer's winter ~** la colección de invierno del modisto

collective¹ /kəˈlektɪv/ *adj* (*usu before n*) 1 (shared) ‹*responsibility*› colectivo, compartido; **it was a ~ decision** fue una decisión tomada en conjunto; **~ bargaining** negociación *f* colectiva; **~ ownership** propiedad *f* colectiva 2 (aggregated) ‹*knowledge/experience*› colectivo; **our ~ offspring total 8** entre los dos tenemos 8 hijos, tenemos 8 hijos en total; **the three companies own a ~ 26% of the shares** entre las tres compañías poseen un 26% de las acciones 3 (Ling) ‹*noun/suffix*› colectivo

collective² *n*

A (Econ) colectivo *m*, cooperativa *f*

B (Ling) sustantivo *m or* nombre *m* colectivo

collective farm *n* granja *f* colectiva

collectively /kəˈlektɪvli/ *adv* 1 (jointly) ‹*decide/act*› conjuntamente 2 (as a cooperative) ‹*farm/own*› en cooperativa, en régimen colectivista *or* de cooperativa 3 (as aggregate) (*indep*) en conjunto

collective unconscious *n*: **the ~ ~** el inconsciente colectivo

collectivism /kəˈlektɪvɪzəm/ *n* [u] colectivismo *m*

collectivist /kəˈlektɪvəst || kəˈlektɪvɪst/ *adj* ‹*principles/policy*› colectivista

collectivization /kəˌlektɪvarˈzeɪʃən/ *n* [u] colectivización *f*

collectivize /kəˈlektɪvaɪz/ *vt* colectivizar*

collector /kəˈlektər || kəˈlektə(r)/ *n* 1 coleccionista *mf*; **a ~'s item** *o* **piece** una pieza de colección 2 (official) cobrador, -dora *m,f*; **tax ~** recaudador, -dora *m,f* de impuestos

college /ˈkɑːlɪdʒ || ˈkɒlɪdʒ/ *n*

A 1 (university) (esp AmE) universidad *f*; (*before n*) ‹*education/life/lecturer*› universitario 2 (for vocational training) escuela *f*, instituto *m*; **technical ~** escuela *f* de formación profesional, politécnico *m*; **art ~** escuela *f* de bellas artes; **~ of further education** *institución donde se puede cursar tanto estudios de formación profesional como asignaturas del bachillerato*; *see also* **teachers college** 3 (department of university) facultad *f*, departamento *m*; (in Britain) colegio *m* universitario

B (body) colegio *m*; **electoral ~** colegio electoral; **the C~ of Cardinals** el colegio cardenalicio

collegiate /kəˈliːdʒət -dʒiət/ *adj* ‹*life/activities/environment*› (esp AmE) universitario; ‹*university/system*› (BrE) *constituido por varios colegios universitarios*, colegiado (Méx)

collide /kəˈlaɪd/ *vi* 1 (crash) «*vehicle*» chocar*, colisionar (frml); **the two vehicles ~d head-on** los dos vehículos chocaron *or* (frml) colisionaron de frente; **to ~ WITH sth/sb** chocar* CON algo/algn 2 (disagree) **to ~ (WITH sb/sth) (OVER sth)** tener* un enfrentamiento (CON algn/algo) (SOBRE *or* ACERCA DE algo)

collie /ˈkɑːli || ˈkɒli/ *n* collie *mf*, pastor escocés, pastora escocesa *m,f*

collier /ˈkɑːljər || ˈkɒliə(r)/ *n* 1 (miner) minero, -ra *m,f* (*de carbón*) 2 (ship) barco *m* carbonero

colliery /ˈkɑːljəri || ˈkɒliəri/ *n* (*pl* **-ries**) mina *f* de carbón

collision /kəˈlɪʒən/ *n* [c u] 1 (crash — of cars, trains) choque *m*, colisión *f* (frml); (— of boats) abordaje *m*, colisión *f* (frml); **to be in ~ WITH sth** chocar* *or* (frml) colisionar CON algo; (*before n*): **the two ships were on a ~ course** los dos barcos llevaban rumbo de colisión; **he is on a ~ course with his party executive** va camino del enfrentamiento con la ejecutiva del partido 2 (disagreement) enfrentamiento *m*, confrontación *f*

collision damage waver, collision damage waiver *n* seguro *m* de colisión

collocate¹ /ˈkɑːləkeɪt || ˈkɒləkeɪt/ *vi* (Ling) **to ~ WITH sth** darse* en combinación CON algo

collocate² /ˈkɑːləkət, ˈkɑːləkeɪt || ˈkɒləkət, ˈkɒləkeɪt/ *n* (Ling) colocación *f* típica

collocation /ˌkɑːləˈkeɪʃən || ˌkɒləˈkeɪʃən/ *n* [c u] (Ling) colocación *f* típica

colloquia /kəˈləʊkwiə/ *adj pl of* **colloquium**

colloquial /kəˈləʊkwiəl/ *adj* ‹*term/expression/style*› coloquial, familiar; **it is written in ~ English** está escrito en un inglés coloquial

colloquialism /kəˈləʊkwiəlɪzəm/ *n* palabra *f* /expresión *f* coloquial

colloquially /kəˈləʊkwiəli/ *adv* coloquialmente

colloquium /kəˈləʊkwiəm/ *n* (*pl* **~s** *or* **-quia**) coloquio *m*

colloquy /ˈkɑːləkwi || ˈkɒləkwi/ *n* (*pl* **-quies**) coloquio *m*

collude /kəˈluːd/ *vi* **to ~ WITH sb** coludir CON algn, actuar* en colusión *or* en connivencia CON algn

collusion /kəˈluːʒən/ *n* [u] colusión *f*, connivencia *f*; **to be in ~ with sb** estar* coludido con algn, estar* en colusión *or* connivencia con algn

collywobbles /ˈkɑːliˌwɑːbəlz || ˈkɒliˌwɒbəlz/ *pl n* (nerves) (colloq): **to have the ~** estar* nerviosísimo, tener* canguelo (Esp fam), tener* culillo (Col, Ven fam), tener* ñáñaras (Méx fam)

Colo = Colorado

cologne /kəˈləʊn/ *n* [u c] (*eau de ~*) colonia *f*

Cologne /kəˈləʊn/ *n* (Geog) Colonia *f*

Colombia /kəˈlʌmbiə/ *n* Colombia *f*

Colombian¹ /kəˈlʌmbiən/ *adj* colombiano

Colombian² *n* colombiano, -na *m,f*

colon /ˈkəʊlən/ *n*

A (Anat) colon *m*

B (in punctuation) dos puntos *mpl*

colonel /ˈkɜːrnl || ˈkɜːnl/ *n* coronel, -nela *m,f*

Colonel Blimp /ˈblɪmp/ *n* (BrE pej & hum) carca *m* (fam & pey) (*hombre autoritario y de ideas anticuadas*)

colonial¹ /kəˈləʊniəl/ *adj* colonial; **in ~ times** durante la colonia, en la época colonial

colonial² *n*

A (colonist) colono, -na *m,f*

B (BrE) 1 *ciudadano británico que ha vivido y trabajado en una de las ex colonias* 2 *persona oriunda de una de las ex colonias*

colonialism /kəˈləʊniəlɪzəm/ *n* [u] colonialismo *m*

colonialist¹ /kəˈləʊniələst || kəˈləʊniəlɪst/ *adj* colonialista

colonialist² *n* colonialista *mf*

colonic /kəˈlɑːnɪk, kəʊ- || kəˈlɒnɪk/ *n* lavado *m* del colon

colonic irrigation *n* [u] irrigación *f* del colon

colonist /ˈkɑːlənəst || ˈkɒlənɪst/ *n* colono, -na *m,f*

colonization /ˌkɑːlənəˈzeɪʃən || ˌkɒlənaɪˈzeɪʃən/ *n* [u] colonización *f*

colonize /ˈkɑːlənaɪz || ˈkɒlənaɪz/ *vt* 1 ‹*country/area*› colonizar* 2 (Bot, Zool) establecer* una colonia en 3 colonizar*

colonnade /ˌkɑːləˈneɪd || ˌkɒləˈneɪd/ *n* columnata *f*

colony /ˈkɑːləni || ˈkɒləni/ *n* (*pl* **-nies**) 1 (territory) colonia *f*; **the (thirteen) Colonies** las trece colonias 2 (community) colonia *f* 3 (Biol) colonia *f*

colophon /ˈkɑːləfɑːn || ˈkɒləfɒn/ *n* 1 (emblem) logotipo *m* (*de una editorial*) 2 (inscription) (arch) colofón *m*

color¹, (BrE) **colour** /ˈkʌlər || ˈkʌlə(r)/ ▸ⓘ **p.1036** *n*

A 1 [c u] (shade) color *m*; **what ~ is the ball?** ¿de qué color es la pelota?; **do you have it in a different ~?** ¿lo tiene en otro color?; **to change ~** cambiar de color; **the ~s of the bird's plumage** los colores *or* el colorido del plumaje del pájaro; **her hair is reddish-brown in ~** tiene el pelo (de color) castaño-rojizo; ***let's see the ~ of your money*** primero quiero ver el dinero, primero quiero ver la lana *or* (AmS tb) la plata *or* (Esp) la pasta (fam) 2 [u] (not monochrome) color *m*; **a touch of ~** un toque de color; **in full ~** a todo color; (*before n*) ‹*photograph*› en colores *or* (Esp) en color; ‹*television*› en colores *or* (Esp) en color *or* (Andes, Ven) a color; **~ magazine** revista *f* a todo color; **~ printing** cromolitografía *f*; **~ reproduction** reproducción *f* en color; **~ supplement** suplemento *m* a todo color *or* en color 3 [u c] (tone quality) (Mus) timbre *m* 4 [u] (vividness) color *m*, colorido *m*; **local ~** el color local 5 [u] (semblance, impression) (liter): **to give** *o* **lend ~ to sth** darle* credibilidad a algo; **that puts a different ~ on things** eso le da otro cariz a las cosas

B [u] (racial feature) color *m*; **people of ~** gente *f* de color; (*before n*): **~ prejudice** prejuicio *m* racial

C [u] (complexion) color *m*; **to have a good/bad ~** tener* buen/mal color; **to bring the ~ back to sb's cheeks** devolverle* el color *or* los colores a algn; **to get one's ~ back** volverle* el color *or* los colores a algn; **the mention of John brought the ~ to her face** al oír mencionar a John se ruborizó *or* se sonrojó *or* se puso colorada *or* roja; **to have a high ~** (permanent characteristic) ser* rubicundo; (be feverish) estar* muy colorado *or* rojo; *see also* **off-color**

D [c] (allegiance, type) color *m*; **politicians of all ~s** políticos de todos los colores

C

Colors

what color is it?
= ¿de qué color es?

it's yellow
= es amarillo/amarilla

Note the use of the preposition *de* in the following sentences:

she always wears green
= siempre se viste de verde

to paint something yellow
= pintar algo de amarillo

dressed in black
= vestido de negro

the woman in white
= la mujer de blanco

Nouns of color

These are all masculine:

a deep red
= un rojo intenso

you look good in green
= el verde te queda bien

violet
= el violeta (*i.e. the color; the flower is feminine* – la violeta)

They are used as in English:

we have it in red and yellow
= lo tenemos en rojo y amarillo

I love green
= me encanta el verde

blue is in fashion
= está de moda el azul

Adjectives of color

Some of the most common of these agree in gender and number with the noun they modify:

a yellow blouse
= una blusa amarilla

blue/black shoes
= zapatos azules/negros

Many, however, are invariable in form:

turquoise curtains
= unas cortinas turquesa

Some adjectives may be either variable or invariable in number, principally *naranja*, *rosa*, *malva*, and *violeta*:

pink shirts
= camisas rosa *or* rosas

Note the use of the Spanish word *color* in combination with adjectives of color, whether as an integral part of a compound:

cream trousers
= pantalones color crema

or as an optional addition:

strawberry-pink
= (color) fresa

salmon
= (color) salmón

lilac socks
= calcetines (color) lila

lemon yellow paint
= pintura (color) amarillo limón

de color is also used to indicate approximation:

flesh-colored tights
= medias (de) color carne

'Combined' colors

Most of these in Spanish are compound nouns as in English:

dusty pink
= rosa viejo

cherry red
= rojo cereza

emerald green
= verde esmeralda

Several 'combined' colors are expressed in Spanish by a single word:

bluish white
= blanquiazul

greenish-white
= verdiblanco

red-green
= verdirrojo

red-and white
= blanquirrojo

black-and-white
= blanquinegro (but note that *black-and-white TV/photos* is translated by *televisión/fotos en blanco y negro*)

Shades of color

Spanish has various endings which can be used to translate the suffix *-ish*:

greenish
= verdoso

yellowish
= amarillento

reddish
= rojizo

blackish
= negruzco

bluish
= azulado

whitish
= blancuzco

It also uses the phrase *tirando a* to denote tinges of color:

a bright orangish yellow
= un amarillo fuerte tirando a naranja

a blackish grey
= un gris oscuro tirando a negro

Shades of color expressed with adjectives such as *light* and *dark* are always invariable in Spanish:

a light blue skirt
= una falda azul claro

dark brown shoes
= zapatos marrón oscuro

Hair color

fair/blond hair
= pelo rubio

brown hair
= pelo marrón

light/dark brown hair
= pelo marrón claro/oscuro

mousy(-colored) hair
= pelo color castaño desvaído

black hair
= pelo negro

white hair
= pelo blanco

auburn hair
= pelo castaño rojizo *or* pelo color caoba

But:

she has red hair
= es pelirroja

he has gray hair
= es canoso *or* tiene el pelo canoso

Eye color

blue eyes
= ojos azules

brown eyes
= ojos marrones *or* (*AmC, Chi, Méx*) café

light blue eyes
= ojos azul claro

green eyes
= ojos verdes

gray eyes
= ojos grises *or* color gris

hazel eyes
= ojos color avellana

B colors *pl* 1 (flag) bandera *f*; **the national ~s** la bandera nacional, la enseña de la patria; **the ~s of the regiment** el estandarte del regimiento; **the ship was flying the ~s of Greece** el barco llevaba bandera griega; **he was called to the ~s** (arch) fue llamado a filas; ***one's true ~s***: **she showed her true ~s** se mostró tal cual era en realidad; ***to nail one's ~s to the mast*** tomar partido, definirse; ***with flying ~s*** con gran éxito; **he passed his exams with flying ~s** le fue estupendamente en los exámenes; **she passed the test with flying ~s** pasó airosa la prueba 2 (BrE) (Sport): **the team ~s** los colores del equipo; **she won her national ~s at the age of 20** vistió los colores nacionales *or* la seleccionaron para el equipo nacional a los 20 años 3 (Art) colores *mpl*; **a box of ~s** una caja de (lápices de) colores

color², (BrE) **colour** *vt* 1 (Art) pintar, colorear; **to ~ sth blue/green** pintar *or* colorear algo de azul/verde 2 (dye) teñir*; **to ~ sth blue/red** teñir* algo de azul/rojo 3 (influence, bias) ‹*atmosphere*› empañar; **you shouldn't let that ~ your judgment** no deberías dejar que eso influya en tu opinión; **his dislike of her ~ed his opinion** la poca simpatía que le tenía no lo dejaba ser imparcial

■ **color** *vi* 1 (flush) ruborizarse*, sonrojarse, ponerse* colorado 2 «*fruit*» tomar *or* (esp AmL) agarrar *or* (esp Esp) coger* color 3 (Art) «*child*» colorear

Phrasal verb

• **color in** [v + o + adv, v + adv + o] pintar, colorear

Colorado beetle /ˌkɑːləˈrɑːdəʊ || ˌkɒləˈrɑːdəʊ/ *n* escarabajo *m* de la papa *or* (Esp) patata

coloration /ˌkʌləˈreɪʃən/ *n* [u] (frml) coloración *f* (frml)

coloratura /ˌkɑːlərəˈtʊrə || ˌkɒlərəˈtʊərə/ *n* 1 (ornamentation) coloratura *f* 2 **~ (soprano)**

soprano *f* ligera de coloratura

color bar, (BrE) **colour bar** *n* **1** (social system) *sistema social que discrimina a las personas de raza negra* **2** (range of colors) barra *f* de colores

color-blind, (BrE) **colour-blind** /ˈkʌlərblaɪnd || ˈkʌləblaɪnd/ *adj* daltónico, daltoniano

color blindness, (BrE) **colour blindness** *n* [u] daltonismo *m*

color-coded, (BrE) **colour-coded** /ˈkʌlər ˌkəʊdəd || ˌkʌləˈkəʊdɪd/ *adj* codificado con colores

color coding, (BrE) **colour coding** *n* [u] codificación *f* con colores

color-coordinated, (BrE) **colour-coordinated** /ˌkʌlərkəʊˈɔːrdneɪtəd || ˌkʌləkəʊˈɔːdɪneɪtɪd/ *adj* haciendo juego, con colores coordinados

colored¹, (BrE) **coloured** /ˈkʌlərd || ˈkʌləd/ *adj*

A ‹*walls/blouse*› de color

B (non-white) (often offensive) de color; (in S Africa) mestizo

C (biased) parcial

colored², (BrE) **coloured** *n*

A *also* **Colored** (non-white) (often offensive) persona *f* de color; (*Cape C~*) (in S Africa) persona *f* de color (*hijo de padres de distinta raza*)

B **coloreds** *pl* ropa *f* de color

-colored, (BrE) **-coloured** /ˌkʌlərd || ˈkʌləd/ ▸ **i** **p.1036** *suff*: **slate~/coral~** de color pizarra/coral; **a dark~ hat** un sombrero de (un) color oscuro

colorfast, (BrE) **colourfast** /ˈkʌlərfæst || ˈkʌləfɑːst/ *adj* ‹*fabric/garment*› que no destiñe, de colores sólidos *or* inalterables

color filter, (BrE) **colour filter** *n* filtro *m* de color

colorful, (BrE) **colourful** /ˈkʌlərfəl || ˈkʌləfəl/ *adj* **1** ‹*cloth/clothes/plumage*› de colores muy vivos *or* vistosos; ‹*parade*› lleno de color *or* de colorido, vistoso **2** ‹*description*› lleno de color *or* de colorido; **he's a very ~ character** es un hombre de lo más pintoresco *or* original; **he gave a rather ~ account of what had happened** dio una versión muy adornada de lo ocurrido; **he tends to use rather ~ language** tiende a usar un vocabulario un poco subido de tono

colorfully, (BrE) **colourfully** /ˈkʌlərfəli || ˈkʌləfəli/ *adv* **1** (with bright colors) vistosamente, con colores vivos *or* brillantes **2** (in vivid terms) con gran colorido

color guard, (BrE) **colour guard** *n* (Mil) portaestandarte *mf*

coloring, (BrE) **colouring** /ˈkʌlərɪŋ/ *n* [u]

A (of picture) colorido *m*; (*before n*): **~ book** libro *m* de *or* para colorear

B **1** (of skin) color *m*, tono *m*; **red doesn't suit your ~** el rojo no va con tu tez y el color de tus cabellos **2** (of fur, plumage) colorido *m*

C (substance) colorante *m*; (*food ~*) colorante *m*

D (bias) sesgo *m*, tinte *m*

colorist, (BrE) **colourist** /ˈkʌlərəst || ˈkʌlərɪst/ *n* (Art) colorista *mf*

colorize /ˈkʌləraɪz/ *vt* (AmE) ‹*movie*› hacer* la versión en color de

colorless, (BrE) **colourless** /ˈkʌlərləs || ˈkʌləlɪs/ *adj* **1** (without color) incoloro, sin color **2** (dull) ‹*person/life*› anodino, gris

color scheme, (BrE) **colour scheme** *n* (combinación *f* de) colores *mpl*

color sense, (BrE) **colour sense** *n* [u] sentido *m* del color

color therapist, (BrE) **colour therapist** *n* colorterapeuta *mf*

color therapy, (BrE) **colour therapy** *n* [c u] (*pl* **-pies**) colorterapia *f*

colorway, (BrE) **colourway** /ˈkʌlərweɪ || ˈkʌləweɪ/ *n* combinación *f* de colores

colossal /kəˈlɑːsəl || kəˈlɒsəl/ *adj* (colloq) ‹*amount/size/building/strength*› colosal, descomunal; ‹*idiot*› de tomo y lomo (fam)

colosseum /ˌkɑːləˈsiːəm || ˌkɒləˈsiːəm/ *n* coliseo *m*

Colosseum /ˌkɑːləˈsiːəm || ˌkɒləˈsiːəm/ *n* Coliseo

colossus /kəˈlɑːsəs || kəˈlɒsəs/ *n* (*pl* **-suses** *or* **-si** /-saɪ/) (statue, giant) coloso *m*

colostomy /kəˈlɑːstəmi || kəˈlɒstəmi/ *n* (operation) colostomía *f*; (opening) ano *m* artificial, ano *m* contra natura (RPl)

colour *etc* (BrE) ▸ **color¹** *etc*

colour sergeant *n* (in UK) abanderado *m*

colt /kəʊlt/ *n* **1** (Equ) potro *m* **2** **Colt®** colt® *m* **3** (BrE) (Sport) junior *mf*

colter, (BrE) **coulter** /ˈkəʊltər || ˈkəʊltə(r)/ *n* **1** (of plow) cuchilla *f* (del arado) **2** (of seed drill) aleta *f* surcadora

columbine /ˈkɑːləmbaɪn || ˈkɒləmbaɪn/ *n* aguileña *f*

Columbus /kəˈlʌmbəs/ *n*: **(Christopher** /ˈkrɪstəfər || ˈkrɪstəfə(r))/ ~ (Cristóbal) Colón

Columbus Day *n* (in US) el día de la Raza *or* de la Hispanidad

column /ˈkɑːləm || ˈkɒləm/ *n*

A (Archit) columna *f*; **Trajan's C~** la columna Trajana; **Nelson's C~** el monumento a Nelson; **~ of mercury** columna de mercurio

B (on grid, chart, screen) columna *f*; **first row down, second ~ along** primera línea, segunda columna

C (Journ, Print) columna *f*; **her name often appears in our ~s** su nombre aparece con frecuencia en las columnas de nuestro periódico; **he writes a ~ for 'The Globe'** es columnista de 'The Globe'; (*before n*): **hundreds of ~ inches have been written about the subject** el tema ha hecho correr ríos de tinta

D (Mil) columna *f*; **a ~ of tanks** una columna de tanques

columnist /ˈkɑːləmnəst, ˈkɑːləməst || ˈkɒləmnɪst, ˈkɒləmɪst/ *n* columnista *mf*, articulista *mf*

coma /ˈkəʊmə/ *n* (*pl* **~s**)

A (Med) coma *m*; **to be in/to go into a ~** estar*/entrar *or* caer* en coma

B (*pl* **~s** *or* **comae** /-maɪ/) (of comet) cabellera *f*, coma *f*

comatose /ˈkəʊmətəʊs/ *adj* (Med) comatoso; **I slumped ~ in front of the television** (colloq) me quedé grogui frente al televisor (fam)

comb¹ /kəʊm/ *n*

A **1** (for hair) peine *m*, peinilla *f* (AmL), peineta *f* (Chi); ***to go over sth with a fine-tooth ~*** examinar *or* revisar algo minuciosamente *or* con lupa **2** (worn in hair) peineta *f*

B (act) (*no pl*): **your hair needs a good ~** tienes que peinarte bien; **give your hair a quick ~** pásate un peine, date una peinada (esp AmL)

C (Tex) carda *f*

D (on bird) cresta *f*

E (*honey~*) panal *m*; **honey on the ~** miel *f* con un trozo de panal

comb² *vt*

A **1** (pass a comb through): **to ~ sb's hair** peinar a algn; **to ~ one's hair** peinarse **2** ‹*wool/cotton*› peinar

B (search) ‹*area/field*› peinar, rastrear; ‹*files/archives*› rebuscar* en; **to ~ sth FOR sth**: **they ~ed the area for survivors/clues** peinaron *or* rastrearon la zona en busca de supervivientes/pistas; **I ~ed the newspaper for the story** repasé el periódico de arriba abajo buscando el artículo

combat¹ /kəmˈbæt || ˈkɒmbæt/ *vt* BrE **-tt-** combatir, luchar contra

combat² /ˈkɑːmbæt || ˈkɒmbæt/ *n* [c u] combate *m*; **single ~** combate singular; **close ~** combate cuerpo a cuerpo; (*before n*) ‹*strategy/force/troops/zone*› de combate; **~ dress** uniforme *m* de campaña; **~ jacket** guerrera *f*; **~ pants** *o* (BrE) **trousers** pantalones *mpl* militares

combatant /kəmˈbætnt || ˈkɒmbətənt/ *n* combatiente *mf*

combat fatigue *n* fatiga *f* de combate

combative /kəmˈbætɪv || ˈkɒmbətɪv/ *adj* combativo

combat mission *n* misión *f* de combate

combe, (BrE) **coomb** /kuːm/ *n* (Geog) cañada *f*

combination /ˈkɑːmbəˈneɪʃən || ˌkɒmbɪˈneɪʃən/ *n*

A **1** [c u] (mixture) combinación *f*; **an interesting color ~** *o* **~ of colors** una interesante combinación de colores; **the two methods work very well in ~** los dos métodos funcionan muy bien usados en conjunción **2** [c] (Math) combinación *f*

B [c] (of lock) combinación *f*; (*before n*): **~ lock** cerradura *f* de combinación

C **combinations** *pl* (BrE) *prenda de ropa interior de una pieza*

D [c] (motorcycle and sidecar) (BrE) moto *f* con sidecar

combine¹ /kəmˈbaɪn/ *vt* ‹*elements*› combinar; ‹*ingredients*› (Culin) mezclar; ‹*efforts*› aunar*; **the two teams were ~d** los dos equipos se integraron en uno; **she ~s charm and intelligence** reúne encanto e inteligencia; **~d with the right accessories ...** con los accesorios apropiados ...; **this, ~d with the fact that ...** esto, unido *or* sumado al hecho de que ...

■ **combine** *vi* «*elements*» combinarse; «*ingredients*» mezclarse; «*teams/forces*» unirse; «*companies*» fusionarse

combine² /ˈkɑːmbaɪn || ˈkɒmbaɪn/ *n*

A ~ **(harvester)** (Agr) cosechadora *f*

B **1** (of companies) grupo *m* industrial **2** (coalition) (AmE) alianza *f*, coalición *f*

combined /kəmˈbaɪnd/ *adj* conjunto; **our ~ efforts led to success** la suma de nuestros esfuerzos nos condujo al éxito; **it's a pen, watch and calculator ~** es bolígrafo, reloj y calculadora a la vez; **~ operations** (BrE) (Mil) operaciones *fpl* conjuntas

combined-cycle /kəmˈbaɪndˌsaɪkəl/ *adj* de ciclo combinado

combined drug therapy *n* [c u] (*pl* **-pies**) terapia *f* combinada de medicamentos

combined pill *n* píldora *f* combinada

combining form /kəmˈbaɪnɪŋ/ *n* (Ling) componente *m* de un (nombre) compuesto

combo /ˈkɑːmbəʊ || ˈkɒmbəʊ/ *n* conjunto *m* (*de jazz*)

combust /kəmˈbʌst/ *vi* hacer* combustión; **to ~ spontaneously** arder en *or* de forma espontánea

combustible /kəmˈbʌstəbəl/ *adj* combustible, inflamable

combustion /kəmˈbʌstʃən/ *n* [u] combustión *f*; (*before n*): **~ engine** motor *m* de combustión

combustion chamber *n* cámara *f* de combustión

come /kʌm/ *vi* (*past* **came**; *past p* **come**)

A **1** (advance, approach, travel) venir*; **~ here** ven (aquí); **~ here, let me do it** ven, deja que lo hago yo; **they must have seen us coming** deben de habernos visto venir; **you could see the punchline coming a mile off** el final se veía venir de lejos; **have you ~ far?** ¿vienes de lejos?; **as I was coming up/down the stairs** cuando subía/bajaba (por) las escaleras; **we've ~ a long way since ...** (made much progress) hemos avanzado mucho desde que ...; (many things have happened) ha llovido mucho desde que ...; **he came striding/running into the room** entró a grandes zancadas/corriendo en la habitación; **don't ~ crying to me if you get hurt** no me vengas llorando si te haces daño; **to ~ TO sb/sth: tell her to ~ to me; I'll sort the matter out** dile que venga a hablar conmigo; yo lo arreglaré; **don't ~ to me with your problems!** ¡no me vengas (a mí) con tus problemas!; **you have to ~ to these problems with an open mind** tienes que enfocar estos problemas sin prejuicios; **~ (and) look at this** ven a ver esto; **~ and get it!** (colloq) ¡a comer! **2** (be present, visit, accompany) venir*; **I'm having a party on Friday; can you ~?** doy una fiesta el viernes; ¿puedes venir?; **can I ~ with you?** ¿puedo ir contigo?, ¿te puedo acompañar?; **my mother ~s to see me every week** mi madre viene a verme todas las semanas; **we're going for a walk, are you coming (with us)?** vamos a dar un paseo ¿(te) vienes (con nosotros)?; **to ~AS sth**: **Sue's coming as a toreador** Sue va a venir (vestida) de torero; **she came to London as US ambassador** vino a Londres como embajadora de los Estados Unidos

B **1** (arrive): **what time are you coming?** ¿a qué hora vas a venir?; **leave? I've only just ~!** ¿irme? ¡si acabo de llegar!; **after a while, you'll ~ to a crossroads** al cabo de un rato, llegarás a un cruce; **I'm coming, I won't be a moment** enseguida voy; **to ~ABOUT sth** venir* POR algo; **I've ~ about the advert** he venido por lo del anuncio; **Mrs Peabody, I've ~ about your son** Mrs Peabody, quisiera hablar con usted; se trata de su hijo; **to ~FOR sth/sb** venir* a buscar algo/a algn, venir* A POR algo/algn (Esp); **I've ~ for Daniel** vengo a buscar a Daniel, vengo a por Daniel (Esp); **to ~ to + INF** venir* a + INF; **I'm going to enjoy this meal, if it ever ~s** voy a disfrutar de esta comida, si algún día nos la sirven; **we very much appreciate all your suggestions; keep them coming!** apreciamos muchísimo todas sus sugerencias ¡sigan haciéndolas llegar! **2** **to come and go** ir* y venir*; **you can ~ and go as you please** puedes salir y entrar a tu antojo; **she doesn't know whether she's coming or going** está hecha un lío (fam); **Presidents ~ and go, the problems remain the same** los presidentes cambian pero los problemas son siempre los mismos; **three o'clock came and went and he still hadn't arrived** pasaron las tres y no llegaba

C **1** (occur in time, context): **Christmas ~s but once a year** sólo es Navidad una vez al año; **Christmas is coming** ya llega la Navidad; **spring came early this year** la primavera llegó temprano este año; **this coming Friday** este viernes que viene; **the time has ~ for us to part** ha llegado el momento de que nos separemos; **her moment had ~** le había llegado el momento; **death ~s to us all** la muerte nos llega a todos; **the announcement came as a complete surprise** el anuncio fue una sorpresa total; **it ~s as no surprise that …** no es ninguna sorpresa que …; **to take life as it ~s** aceptar la vida tal (y) como se presenta; **~ what may** pase lo que pase; **to have sth coming**: **you've got a birthday coming** pronto es tu cumpleaños, tu cumpleaños ya está al caer; **I have a raise coming** pronto me toca un aumento; **she's got a surprise coming (to her)!** ¡no sabe lo que le espera!; **he had it coming (to him)** se lo tenía merecido **2** (*as prep*) para; **I'll be tired out ~ Friday** estaré agotado para el viernes; **~ the end of the crisis** para cuando salgamos de la crisis **3** **to come** (in the future) (*as adv*): **in years to ~** en años venideros, en el futuro; **a taste of things to ~** una muestra de lo que nos espera; **and the best is yet to ~** y todavía no ha pasado lo mejor

D (extend, reach) (+ *adv compl*) llegar*; **he ~s no higher than my waist** no me llega (ni) a la cintura; **the water only came up to our knees** el agua sólo nos llegaba a las rodillas

E (be gained): **it'll ~, just keep practicing** ya te va a salir *or* lo vas a lograr; sigue practicando; **fluency ~s through practice** la fluidez se adquiere con la práctica; **driving didn't ~ easily to me** aprender a manejar *or* (Esp) conducir no me fue *or* no me resultó fácil

F (be available, obtainable) (+ *adv compl*) venir*; **sugar ~s in half-pound bags** el azúcar viene en paquetes de media libra; **to ~WITH sth**: **these glasses came free with the dishwasher** estos vasos venían gratis con el lavaplatos; **the car ~s with the job** el coche te lo dan con el trabajo; **it ~s with instructions** viene con *or* trae instrucciones; **these watches don't ~ cheap** estos relojes no son nada baratos; **he's as silly as they ~o they don't ~ any sillier than him** es de lo más tonto que hay

G (+ *adv compl*) **1** (in sequence, list, structure): **Cancer ~s between Gemini and Leo** Cáncer está entre Géminis y Leo; **the violin solo ~s somewhere in the third movement** el solo de violín es en el tercer movimiento; **the verb ~s at the end of the sentence** el verbo va al final de la frase **2** (in race, competition) llegar*; **to ~ first/second/last** llegar* el primero/segundo/último; **to ~ top/bottom of the class** salir* el primero/último de la clase **3** (be ranked) estar*; **my children must ~ first** primero están mis hijos

H **1** (become) (+ *adj compl*): **it's ~ loose/unstuck** se ha aflojado/despegado; **the bow has ~ undone** se ha desatado *or* deshecho el lazo; **my dream has ~ true** mi sueño se ha hecho realidad **2** (reach certain state) **to ~ to + INF** llegar* a + INF; **how do you ~ to be here?** ¿cómo es que estás aquí?; **I could have done it yesterday, ~ to think of it** lo podría haber hecho ayer, ahora que lo pienso

I (have orgasm) (colloq) venirse* *or* (Esp) correrse *or* (AmS) acabar (arg)

J (*in phrases*): **come, come!** ¡vamos, vamos!, ¡dale! (CS fam); **come again?** (colloq) ¿qué? *or* (AmL fam) ¿qué qué?; **~ again, I can't hear you** repite, que no te oigo; **how come?** (colloq) ¿cómo?; **how ~ you didn't know?** ¿cómo es que no sabías?

■ **come** *vt* (BrE): **don't ~ the victim with me!** no te hagas la víctima conmigo; ***to ~ it*** (colloq): **don't ~ it with me, lad!** ¡no te pases conmigo, chaval! (fam), ¡no te la jales conmigo, carnal! (Méx vulg), ¡menos prepo, che! (RPl fam)

Phrasal verbs

- **come about** [v + adv] **1** (happen) ocurrir, suceder; **it came about that …** ocurrió *or* sucedió que …; **how does that ~ about?** ¿cómo es eso?; **how does it ~ about that… ?** ¿cómo es que …?; **I don't understand why that should ~ about** no comprendo por qué habría de ocurrir eso **2** (change direction) (Naut) ‹‹*ship/wind*›› cambiar de dirección
- **come across**

A [v + prep + o] (find) encontrar(se)*; (meet) ‹*person*› encontrarse* con; **I'd never ~ across the word before** era la primera vez que oía/leía la palabra

B [v + adv] **1** (communicate, be communicated) ‹‹*meaning*›› ser* comprendido; ‹‹*feelings*›› transmitirse; **he came across very well in the interview** hizo muy buena impresión en la entrevista; **to ~ across AS sth**: **she came across as a very warm person** dio la impresión de ser una persona muy cálida; **we do not wish to ~ across as uncaring** no queremos dar la impresión de que nos es indiferente **2** (cooperate) (esp AmE colloq) **to ~ across (WITH sth)**: **he didn't ~ across with the information** no nos pasó la información

- **come after** [v + prep + o] seguir*; **I ran away but they came after me** me escapé pero me siguieron; **he came after me with the umbrella I'd left behind** vino detrás de mí con el paraguas que había dejado olvidado
- **come along** [v + adv]

A (*in imperative*) **1** (hurry up): **~ along, children** ¡vamos, niños!, ¡de prisa, niños!, ¡apúrense, niños! (AmL), ¡órale, niños! (Méx fam) **2** (as encouragement, rebuke): **~ along!** ¡vamos!; **~ along there, there's no need to cry** vamos, vamos, no tienes por qué llorar

B **1** (accompany): **we're going to the exhibition — can I ~ along?** vamos a la exposición — ¿puedo ir (yo) también?; **~ along with me** ven conmigo, acompáñame **2** (present oneself, arrive): **you came along just at the right time** llegaste justo en el momento adecuado; **grab the first taxi that ~s along** toma el primer taxi que pase *or* venga

C (progress) ir*, marchar; **how's your essay coming along?** ¿cómo te va con el trabajo?, ¿cómo va *or* marcha el trabajo?; **the kitchen's coming along nicely** la cocina está quedando muy bien

- **come apart** [v + adv] **1** (fall apart) deshacerse*; **it came apart in my hands** se me deshizo en las manos **2** (have detachable parts) desmontarse, desarmarse
- **come around**, (BrE also) **come round**

A [v + prep + o] (turn) ‹*bend*› tomar; ‹*corner*› doblar

B [v + adv] **1** (visit) (esp BrE) venir*; **you should ~ around and see us more often** ¿por qué no vienes a vernos más a menudo? **2** (recover consciousness) volver* en sí **3** (change mind): **he'll ~ around eventually** ya se va a convencer; **to ~ around to sb's point of view** aceptar el punto de vista de algn **4** (recover from bad mood): **let him sulk for a while, he'll soon ~ around** que refunfuñe un rato, ya se le pasará **5** (occur): **when your birthday ~s around again** para tu próximo cumpleaños; **winter is coming around again** ya vuelve el invierno

- **come at** [v + prep + o] **1** (attack): **she was coming at me with a knife** se me venía encima con un cuchillo **2** (get at, attain) llegar* a
- **come away** [v + adv]

A **1** (leave, depart) **to ~ away (FROM sth)** ‹*from meeting/concert/stadium*› salir* (DE algo); **I came away with the impression that …** me quedé con la impresión de que …; **~ away from there!** ¡apártate de ahí!, ¡no te acerques ahí! **2** (on vacation) irse*

B (become detached) ‹‹*handle*›› salirse*; ‹‹*button*›› caerse*; ‹‹*wallpaper*›› despegarse*; **the knob came away in my hand** me quedé con la perilla en la mano

- **come back** [v + adv]

A **1** (return) volver*; **to ~ back FROM sth** volver* DE algo; **I've just ~ back from Paris/a business trip** acabo de volver de París/un viaje de negocios; **to ~ back TO sth/sb** volver* A algo/algn; **would you like to ~ back to my place for a drink?** ¿quieres venir a casa a tomar algo?; **my wife's ~ back to me** mi mujer ha vuelto conmigo; **wide trousers have ~ back into fashion** los pantalones anchos vuelven a estar de moda *or* se han vuelto a poner de moda **2** (be remembered) **to ~ back (TO sb)**: **it's all coming back (to me)** estoy volviendo a recordarlo todo

B **1** (with reply, comment): **I'd like to ~ back at the Minister on the question of …** volviendo al tema de … quisiera decirle al señor Ministro que …; **I'll ~ back to you with the results** ya le comunicaré los resultados **2** (stage recovery) recuperarse

- **come before** [v + prep + o] ‹*judge/court*› comparecer* ante (frml); **the bill ~s before Congress next week** el proyecto se presentará al Congreso la semana próxima
- **come between** [v + prep + o] ‹*lovers/partners*› interponerse* entre, separar; **nothing can ~ between us now** ya nada puede separarnos
- **come by** [v + prep + o] (get, acquire) ‹*job/money/antique*› conseguir*, hacerse* con; **to be easy/hard to ~ by** ser* fácil/difícil de conseguir; **Jim came by this idea while reading** a Jim se le ocurrió la idea mientras leía; **how did you ~ by that scar?** ¿cómo te hiciste esa cicatriz?
- **come down** [v + adv]

A **1** (descend) bajar **2** (reach) llegar*; **her hair came down to her waist** el pelo le llegaba hasta *or* a la cintura **3** (collapse) ‹‹*ceiling/wall*›› caerse*, venirse* abajo; **this building is due to ~ down next year** van a demoler *or* derribar este edificio el año que viene **4** ‹‹*plane*›› aterrizar*; (in accident) caer*; **the plane came down in the sea** el avión cayó en el mar

B (decrease) ‹‹*price/temperature/pressure*›› bajar; **she's ~ down in my estimation** ha bajado en mi estima; **they've ~ down in the world** (se) han venido a menos

C **1** (from the north) venir*; **Jack's coming down for Christmas** Jack va a venir a pasar la Navidad aquí **2** (from university) (BrE): **I came down in 1978** me licencié en 1978

D (decide): **to ~ down against/in favor of sth/sb** ‹‹*judge/court*›› fallar en contra/a favor de algo/algn; **the shareholders have ~ down in favor of the proposal** los accionistas han resuelto aceptar la propuesta; **the arbitrator came down on the side of the union** el árbitro falló a favor del sindicato; **she came down on her parents' side** se puso de parte de sus padres

E (from drug) bajar (arg)

F (be passed down, inherited): **the ring came down to her from her mother** heredó el anillo de su madre; **few works have ~ down to us from**

that period nos han llegado pocas obras de ese período

G (deal with) **to ~ down ON sb/sth**: **the firm ~s down severely on absenteeism** la empresa trata el ausentismo con mano dura

- **come down to** [v + adv + prep + o] (be a question of) (*impers*) ser* cuestión de; **it ~s down to deciding yes or no** todo es cuestión de *or* simplemente se trata de decidir si sí o si no; **what it ~s down to in the end is …** al final la cosa se reduce a …
- **come down with** [v + adv + prep + o] (become ill with) ‹*illness*› caer* enfermo de, contraer* (frml)
- **come forward** [v + adv] «*witness*» presentarse; «*volunteer*» ofrecerse*, presentarse; «*culprit*» darse* a conocer, presentarse; **to ~ forward with a solution** ofrecer* *or* sugerir* una solución; **to ~ forward with an offer** hacer* una oferta
- **come from** [v + prep + o]

A **1** (originate from) venir* de; «*person*» ser* de; **where do you ~ from?** ¿de dónde eres?; **'video' ~s from the Latin verb meaning 'to see'** 'video' viene del verbo latino que significa 'ver'; **that's rather hypocritical coming from you** eso es bastante hipócrita viniendo de ti; ***I want to know where you're coming from on this*** (AmE colloq) quiero saber qué te propones con esto **2** (be descended from) ‹*family/line*› descender* de

B (result from) resultar de, surgir* de

- **come home** [v + adv] **1** (to house) volver* a casa **2** (to homeland) volver* a casa
- **come home to** [v + adv + prep + o] (strike, convince): **it suddenly came home to him that she was going to die** de pronto se dio cuenta de que ella se iba a morir
- **come in** [v + adv]

A (enter) entrar; **~ in!** ¡adelante!, ¡pase!

B **1** (arrive) «*ship/boat*» llegar* **2** «*tide*» subir **3** (to work, office) venir* **4** (in race) llegar*; **she came in first/second/last** llegó la primera/segunda/última

C **1** (be received) «*signal*» recibirse; «*applications/suggestions/donations*» llegar*; **reports are coming in of …** están llegando informes de …; **~ in, Apollo 13, do you read me?** adelante, Apollo 13 ¿me escuchas? **2** (as income) «*revenue*» entrar, recibirse, percibirse (frml); **they have only $600 coming in each month** sólo les entran 600 dólares al mes, tienen ingresos *or* (AmL tb) entradas de apenas 600 dólares al mes

D **1** (be enacted, implemented) «*law*» entrar en vigor; «*regulations*» entrar en vigencia **2** (become fashionable) ponerse* de moda **3** (come into season): **raspberries are just coming in** está empezando la temporada de las frambuesas

E **1** (join in) intervenir* **2** (play useful role): **where do I ~ in?** ¿cuál es mi papel?, ¿y yo qué pinto? (fam); **that's where these boxes ~ in** para eso están estas cajas; **to ~ in handy** venir* bien, resultar útil; **they agreed to ~ in on the deal** decidieron participar en el negocio

F (come to power) (Govt) subir al poder

- **come in for** [v + adv + prep + o] (be subject to) ‹*criticism/attention/ridicule*› ser* objeto de
- **come into** [v + prep + o] **1** (enter into) entrar en, entrar a (AmL) **2** (inherit) heredar **3** (be, become relevant): **principles don't ~ into it** no es cuestión de principios; **I want to know where I ~ into this** quiero saber cuál es mi papel en todo esto
- **come of** [v + prep + o] **1** (result): **it was a good idea, but nothing came of it** era una buena idea, pero todo quedó en la nada; **I applied once before, but nothing came of it** yo lo solicité una vez, pero sin ningún resultado; **no good can ~ of it** nada bueno puede salir de ello; **that's what ~s of playing with fire** eso es lo que pasa cuando se juega con fuego **2** ▸**come from A2**
- **come off**

A [v + adv] **1** (detach itself) «*handle*» soltarse*; «*button*» caerse*; «*wallpaper*» despegarse*; «*dirt/grease*» quitarse, salir*; **my glasses keep coming off** se me caen los anteojos; **does this piece ~ off?** ¿se puede quitar esta pieza? **2** [v + prep + o] (fall off) ‹*horse/motorcycle*› caerse* de; **I came off my bike** me caí de la bici

B [v + adv] **1** (take place) suceder; **it looks as if my trip's going to ~ off** parece que mi viaje se va a concretar **2** (succeed) tener* éxito; **it was meant to be funny, but it didn't ~ off at all** pretendía ser cómico, pero no tuvo ninguna gracia **3** (fare, acquit oneself): **to ~ off badly** salir* mal parado; **he always ~s off worst** siempre sale perdiendo **4** (appear, seem) (AmE colloq) **to ~ off AS sth**: **she doesn't ~ off as very bright** no parece muy inteligente, no da la impresión de ser muy inteligente **5** (have orgasm) (BrE sl) venirse* *or* (Esp) correrse *or* (AmS) acabar (arg)

C [v + prep + o] **1** (stop taking) ‹*drug/tranquilizers*› dejar de tomar, desengancharse de (fam); **she came off the pill** dejó de tomar la píldora **2** (be serious): **~ *off it!*** (colloq) ¡anda! ¡no digas tonterías! (fam)

- **come on** [v + adv]

A **1** (urging sb) (*only in imperative*): **~ on!** ¡vamos! ¡date prisa! *or* (AmL tb) ¡apúrate!, ¡órale! (Méx fam); **~ on! you can do it!** ¡vamos, que lo puedes hacer! **2** (inviting sb) (*usu in imperative*): **hi! ~ on in/up** hola, pasa/sube; **tell them to ~ right on over** diles que se vengan ahora mismo **3** (follow): **you go ahead, we'll ~ on later** tú ve primero, nosotros iremos más tarde **4** (advance) avanzar*

B **1** (begin) «*night/winter*» entrar, empezar*; **I felt a headache coming on** me empezó a doler la cabeza; **it came on to rain** (BrE) se puso a llover **2** (begin to operate) «*heating/appliance*» encenderse*, ponerse* en funcionamiento; «*light*» encenderse*

C (progress) avanzar*; **how's your thesis? — it's coming on** ¿cómo va la tesis? — avanzando; **we've ~ on a lot since those days** hemos avanzado mucho desde aquella época

D **1** «*actor/perfomer*» aparecer*, salir* a escena **2** (Rad, TV) «*program/show*» empezar*, salir* al aire **3** (be shown, performed) «*movie/play*»: **do you know what's coming on at the Odeon?** ¿sabes lo que van a dar *or* (Esp tb) echar en el Odeon? **4** (Sport) «*substitute/player*» entrar

E (behave, present oneself) (sl): **he ~s on so friendly** da la impresión de ser tan amable; ***to ~ on strong***: **I only invited him in for coffee, but he started coming on strong** sólo lo invité a tomar un café pero se empezó a pasar *or* (Méx) a poner sangrón (fam)

- **come on to** [v + adv + prep + o] pasar a
- **come out**

(Sense I) [v + adv (+ prep + o)]

A **1** (from inside, indoors) salir*; **can Johnny ~ out to play?** ¿Johnny puede salir a jugar?; **we came out of the meeting totally dissatisfied** salimos de la reunión totalmente insatisfechos; **if you take this route, you ~ out at Park Lane** por este camino se sale a Park Lane; **this is the best news to ~ out of Ireland in years** ésta es la mejor noticia que llega de Irlanda desde hace años **2** (from prison, hospital) salir*

B **1** (from proper place) «*tooth/hair*» caerse*; **some of the pages have ~ out** algunas de las páginas se han despegado *or* salido **2** (be removed) «*stain/dye*» salir*; **those tonsils will have to ~ out** hay que sacar esas amígdalas

(Sense II) [v + adv]

A (appear) «*sun/stars*» salir*; «*flowers*» florecer*, salir*

B **1** (be said, spoken) salir*; **I tried to say it in French but it came out all wrong** quise decirlo en francés pero me salió mal; **I didn't mean to say it, it just came out** no lo dije a propósito, se me escapó **2** (be revealed, emphasized) «*secret/truth/virtues/faults*» revelarse, salir* a la luz

C **1** (declare oneself) declararse; **to ~ out in favor of/against sth** declararse a favor de/en contra de algo; **to ~ out (on strike)** declararse en huelga, ir* a la huelga **2** (as being gay) destaparse (fam), declararse públicamente homosexual

D (be published, become available) «*newspaper/magazine/record/product*» salir*; **when do the unemployment figures ~ out?** ¿cuándo salen *or* se publican las cifras del desempleo?

E **1** (have as outcome, total) salir*; **the bill ~s out at** *o* **to £10 per person** la cuenta sale a 10 libras por persona; **everything came out right in the end** al final todo salió bien **2** (fare, acquit oneself): **to ~ out well/badly** salir* bien/mal parado

F (Phot) salir*; **the photo didn't ~ out well** la foto no salió bien; **I never ~ out well in photos** nunca salgo bien en las fotos

G (enter society) «*debutante*» presentarse en sociedad; **a coming-out party/ball** una fiesta/un baile de presentación (en sociedad)

- **come out in** [v + adv + prep + o]: **I/she came out in spots** me/le salieron granos; **he's ~ out in a rash** le ha salido un sarpullido; **he ~s out in a cold sweat at the mere mention of the word** le entra un sudor frío con la sola mención de la palabra
- **come out with** [v + adv + prep + o] **1** (say) ‹*excuse/allegation*› salir* con; **some of the things he ~s out with!** ¡sale con cada cosa! **2** (bring onto market) ‹*product*› sacar*
- **come over**

A [v + adv] **1** (to sb's home): **telephone me or, better still, ~ over** llámame o, mejor aún, pásate por casa *or* ven a casa **2** (from overseas) venir* **3** (change sides, opinions): **she came over to our side** se pasó a nuestro bando; **he'll soon ~ over to our way of thinking** ya se va a convencer de que tenemos razón **4** (have sudden feeling): **to ~ over faint** marearse; **he came over all shivery** de repente le dieron escalofríos **5** ▸**come across B1**

B [v + prep + o] (affect, afflict): **a feeling of nausea came over her** le dieron náuseas; **I don't know what came over me** no sé qué me pasó; **whatever came over you?** ¿cómo se te ocurrió hacer eso?

- **come round** (esp BrE) ▸**come around**
- **come through**

A [v + adv] **1** (into room, office etc) (BrE) pasar; **would you like to ~ through, please** ¿quieren pasar, por favor? **2** (be received) «*message/supplies*» llegar*; **my posting/promotion has just ~ through** mi destino/ascenso acaba de llegar; **you're coming through loud and clear** te recibimos *or* oímos muy bien **3** (be communicated) «*personality/emotion/anger*» hacerse* patente, evidenciarse; **he doesn't trust us — yes, that was coming through loud and clear** no se fía de nosotros — no, eso estaba clarísimo *or* se veía bien claro **4** (not fail) (AmE): **in the end they came through with the money** al final pusieron el dinero; **at the end of the day, a good record will ~ through** sea como sea, un buen disco siempre se impone; **when the chips were down, you came through for me** a la hora de la verdad, tú no me fallaste

B [v + adv] (penetrate) «*water/light*» penetrar, entrar; «*sound/noise*» oírse*

C [v + prep + o] (survive) ‹*ordeal/illness*› salir* de; ‹*war*› sobrevivir

- **come to**

(Sense I) [v + prep + o]

A **1** (reach) llegar* a; **so what's the solution? — I'm coming to that** ¿entonces cuál es la solución? — a eso voy; **I came to jazz via rock music** llegué al jazz a través del rock; **I never thought I'd ~ to this** nunca pensé que llegaría a esto; **it's unlikely to ~ to an open confrontation** no es probable que se llegue a una confrontación directa; **what's the world coming to!** ¡hasta dónde vamos a llegar!, ¡adónde vamos a ir a parar! **2** (occur) «*idea/answer/name*» ocurrirse; **it came to me in a flash** se me ocurrió de repente **3** (be a question of): **when it ~s to …** cuando se trata de …; **if it ~s to that** si es necesario; **or you could do it yourself, ~ to that** o lo podrías hacer tú misma ¿por qué no?

B (amount to) «*total*» ascender* a (frml); **it ~s to $15 exactly** son 15 dólares justos; **the plan never came to anything** el plan nunca llegó a nada; **it ~s to the same thing** viene a ser lo mismo

C

C

(Sense II) /ˈkʌmˈtuː/; [v + adv] (recover consciousness) volver* en sí, recobrar el conocimiento

- **come together** [v + adv] 1 «group/people» reunirse* 2 «plan/idea» cuajar; **it's all coming together for the party** le está empezando a ir bien al partido
- **come under** [v + prep + o] 1 (become subject to) ‹domination/spell› caer* bajo 2 (be classified under) ‹heading/category› ir* bajo
- **come up** [v + adv]

A 1 (ascend, rise) «person» subir; «sun/moon» salir* 2 (approach) acercarse*; **to ~ up TO sb** acercársele* A algn 3 (travel, be transported) venir* 4 (to university) (BrE) empezar* (la universidad)

B 1 (grow) «seed/plant» crecer* 2 (after cleaning) quedar; **the sheets have ~ up beautifully** las sábanas han quedado muy bien 3 (swell) (BrE) «bruise/knees/bites» hincharse

C 1 (occur, arise) «problem» surgir*, presentarse; «number» salir*; **I'll let you know as soon as another vacancy ~s up** le avisaré en cuanto se produzca otra vacante; **two hamburgers, coming up** dos hamburguesas, marchando *or* marchan dos hamburguesas; **something important has just ~ up** acaba de surgir algo importante; **when my number ~s up in the lottery** cuando me toque la lotería 2 (be raised, mentioned) «subject/point» surgir*; «name» ser* mencionado; **have any good jobs ~ up recently in the paper?** ¿ha salido algún empleo bueno en el periódico últimamente? 3 (Law): **my case ~s up next Wednesday** mi caso se ve el próximo miércoles

- **come up against** [v + adv + prep + o] ‹opposition/prejudice› enfrentarse a, toparse *or* tropezarse* con; **if they ~ up against one of the top teams** si se tienen que enfrentar a uno de los primeros equipos
- **come up for** [v + adv + prep + o]: **the question ~s up for discussion once a year** el problema se debate una vez al año; **I should ~ up for promotion next year** me deberían considerar para un ascenso el año que viene
- **come upon** [v + prep + o] (arch *or* liter) 1 (encounter, reach) encontrarse* con 2 (afflict, oppress) «fear/despair» apoderarse de; «curse» caer* sobre
- **come up to** [v + adv + prep + o] 1 (reach as far as) llegar* a *or* hasta; **the water came up to my chest** el agua me llegaba al pecho 2 (attain) ‹standard› alcanzar*, llegar* a; **her performance didn't ~ up to expectations** su actuación no estuvo a la altura de lo que se esperaba 3 (be nearly): **it's coming up to four o'clock** son cerca de las cuatro; **in the weeks coming up to Christmas** en las semanas previas a la Navidad; **we're coming up to the end of this stage** nos estamos acercando al final de esta etapa
- **come up with** [v + adv + prep + o] 1 (find) ‹plan/scheme› idear; ‹proposal› presentar, plantear; **if you can ~ up with a better idea** si a ti se te ocurre algo mejor; **can you ~ up with the money by Thursday?** ¿puedes conseguir el dinero para el jueves? 2 (in baseball) ‹ball› atajar, coger* (Esp)

comeback /ˈkʌmbæk/ *n*

A (return, revival) vuelta *f*, retorno *m*; **to make** *o* **stage a ~**: **he made** *o* **staged a ~ at 60** volvió a la escena (*or* a la política *etc*) a los 60 (años); **he made a dramatic ~ in the second set** se recuperó espectacularmente en el segundo set; **70s fashion is making a ~** vuelve la moda de los años 70

B (redress) (*no pl*): **the trouble is (that) you have no ~ at all** el problema es que no puedes hacer ninguna reclamación *or* no puedes exigir reparación; **your only ~ is to complain to the manager** tu único recurso es quejarte al gerente

C (retort) respuesta *f*, réplica *f*

Comecon /ˈkɑːmɪkɑːn || ˈkɒmɪkɒn/ *n* (*no art*) (= **Council for Mutual Economic Aid**) (Hist) el COMECON

comedian /kəˈmiːdiən/ *n* (Theat, TV) humorista *mf*, cómico, -ca *m,f*; **he's a real ~** es un verdadero payaso

comedienne /kəˌmiːdiˈen/ *n* 1 (comic) humorista *f*, cómica *f* 2 (actress) actriz *f* cómica

comedown /ˈkʌmdaʊn/ *n* degradación *f*, humillación *f*

comedy /ˈkɑːmədi || ˈkɒmədi/ *n* (*pl* **-dies**)

A [c] (play, film) comedia *f*; **Shakespeare's comedies** las comedias de Shakespeare; **~ of manners** comedia *f* de costumbres; ***it was a ~ of errors*** fue todo un sainete

B [u] 1 (genre) (Cin, Lit, Theat) comedia *f* 2 (comic entertainment) humorismo *m*; (*before n*) ‹show/program› humorístico, de humor 3 (of situation, scene) comicidad *f*, lo cómico; **there's a lot of ~ in the book** el libro tiene mucho humor *or* muchos momentos cómicos

comedy show *n* programa *m* de humor, programa *m* cómico

come-hither /ˌkʌmˈhɪðər || ˌkʌmˈhɪðə(r)/ *adj* (*before n*) insinuante

comeliness /ˈkʌmlinəs || ˈkʌmlinɪs/ *n* [u] (liter) gracia *f*, encanto *m*

comely /ˈkʌmli/ *adj* **-lier, -liest** (liter) bonito, lindo

come-on /ˈkʌmɑːn || ˈkʌmɒn/ *n* 1 (sexual) (colloq): **to give sb the ~** insinuársele* a algn, tirarle los tejos a algn (Esp fam) 2 (inducement) (Marketing) gancho *m*, señuelo *m*

comer /ˈkʌmər || ˈkʌmə(r)/ *n* 1 **all ~s**: **the contest is open to all ~s** el certamen está abierto al público en general *or* a todos los que quieran participar; **he said he would take on all ~s** dijo que se enfrentaría a cualquiera que quisiera retarlo 2 (promising person, thing) (AmE colloq): **she/he/it looks like a ~** parece que tiene posibilidades *or* futuro, parece prometedora/prometedor

comestibles /kəˈmestəbəlz/ *pl n* (frml) comestibles *mpl*

comet /ˈkɑːmət || ˈkɒmɪt/ *n* cometa *m*

come-uppance /ˌkʌmˈʌpəns/ *n* [u] (colloq): **to get one's ~** recibir *or* llevarse su (*or* mi *etc*) merecido

comfort[1] /ˈkʌmfərt || ˈkʌmfət/ *n*

A 1 [u] (physical, material) comodidad *f*, confort *m*; **to live in ~** vivir desahogadamente *or* con holgura; **she believes in traveling in ~** le gusta viajar cómodamente *or* con comodidad 2 [c] (sth pleasant, luxury) comodidad *f*; **all the ~s of a modern home** todas las comodidades *or* todo el confort del hogar moderno; **she likes her home ~s** le gusta estar rodeada de comodidades

B [u] (mental) consuelo *m*; **words of ~** palabras *fpl* de consuelo; **to give ~ to sb** consolar* *or* reconfortar a algn; **to give aid and ~ to terrorists** (in US) cooperar con terroristas; **he was a great ~ to me when my mother died** me sirvió de mucho consuelo cuando murió mi madre; **it's a ~ to know that you're there** es reconfortante *or* un consuelo saber que estás ahí; **it is small ~ to me to know that ...** poco me consuela saber que ...; **to take ~ from sth** consolarse* con algo; **you can take ~ from the fact that you're not the only one** puedes consolarte pensando que no eres el único; **too close for ~** peligrosamente cerca; ***to be cold ~*** no servir* de consuelo

comfort[2] *vt* ‹child› consolar*; ‹bereaved person› consolar*, confortar; **I was ~ed by the knowledge that you'd be there** me reconfortó saber que estarías allí

comfortable /ˈkʌmftərbəl || ˈkʌmftəbəl/ *adj*

A 1 ‹chair/clothes› cómodo; ‹house/room› confortable, cómodo; **I'm not very ~ in this chair/dress** no estoy muy cómoda en esta silla/con este vestido; **to make oneself ~**: **make yourself ~!** ¡ponte cómodo!; **he made himself ~ in an armchair** se acomodó *or* arrellanó en un sillón; **the nurse came in to make him ~** la enfermera vino a ponerlo cómodo; **the truth is not so ~** la verdad no es tan agradable 2 (Med) estable; **she spent a ~ night** pasó buena noche 3 (at ease) (*pred*) cómodo; **to feel ~ with sb** sentirse* cómodo *or* a gusto con algn; **choose a subject you feel ~ with** elige un tema en el que te sientas seguro 4 (complacent) ‹view/assumption› cómodo

B (financially) ‹income/pension› bueno; **they're ~** están bien (de dinero), son gente acomodada; **they enjoy a ~ lifestyle** llevan una vida desahogada

C ‹margin/majority› amplio, holgado

comfortably /ˈkʌmftərbli || ˈkʌmftəbli/ *adv* 1 ‹lie/sit› cómodamente, confortablemente; **the apartment is ~ furnished** el apartamento está confortablemente amueblado 2 ‹live› holgadamente, con holgura; **to be ~ off** vivir holgadamente *or* con holgura, tener* una posición desahogada *or* acomodada 3 ‹win› holgadamente, sin problemas

comfort break *n* pausa *f* para ir al baño *or* (Esp) lavabo

comforter /ˈkʌmfərtər || ˈkʌmfətə(r)/ *n* 1 (bedcover) (AmE) edredón *m* 2 (scarf) (BrE) bufanda *f* 3 (for baby) (BrE) ▸**pacifier**

comfort food *n* [u] *comida que se ingiere a fin de obtener una sensación de bienestar*

comforting /ˈkʌmfərtɪŋ || ˈkʌmfətɪŋ/ *adj* ‹words› de consuelo, reconfortante; **it's a ~ thought** es reconfortante *or* es un consuelo pensarlo

comfort station *n* (AmE euph) baño *m* (público), servicios *mpl* (públicos) (Esp)

comfort zone *n* 1 (safe area) zona *f* de comodidad, zona *f* de confort 2 (in work) comodidad *f* laboral

comfrey /ˈkʌmfri/ *n* consuelda *f*

comfy /ˈkʌmfi/ *adj* **-fier, -fiest** (colloq) cómodo; **what a ~ sofa/coat!** ¡qué sofá más mullidito/abrigo más calentito! (fam); **now let's make you nice and ~** ya verás qué cómodo te pongo

comic[1] /ˈkɑːmɪk || ˈkɒmɪk/ *adj* ‹actor/scene› cómico; ‹writer› humorístico; **~ opera** ópera *f* bufa *or* cómica; **~ relief** toque *m* de humor

comic[2] *n*

A (comedian) cómico, -ca *m,f*, humorista *mf*

B 1 (BrE) (book) comic *m*, libro *m* de historietas; (magazine) ▸**comic book** 2 **comics** *pl* (comic strips) (AmE) tiras *fpl* cómicas, historietas *fpl*, monitos *mpl* (Andes, Méx)

comical /ˈkɑːmɪkəl || ˈkɒmɪkəl/ *adj* cómico

comic book *n* (AmE) revista *f* de historietas, tebeo *m* (Esp), revista *f* de chistes (RPl); (for adults) comic *m*

comic strip *n* tira *f* cómica, historieta *f*

comic verse *n* [u] poesía *f* humorística, poesía *f* cómica

coming[1] /ˈkʌmɪŋ/ *adj* (*before n*) 1 (approaching) ‹week/year› próximo, entrante; **this ~ Monday** este lunes, el lunes que viene, el lunes próximo; **the parties are preparing for the ~ election** los partidos se preparan para las próximas elecciones; **she was the only one to foresee the ~ crisis** fue la única que supo ver la crisis que se avecinaba *or* que se preparaba 2 (promising) (colloq) ‹writer/politician/executive› prometedor; **the ~ thing** lo que se va a llevar

coming[2] *n* [u c] llegada *f*; (Relig) advenimiento *m*; **there was a lot of ~ and going** había mucho ir y venir de gente, había mucho movimiento; **his ~s and goings** sus idas y venidas

coming-of-age /ˌkʌmɪŋəvˈeɪdʒ/ *n* mayoría *f* de edad; **this film marked the ~ of cinema** con esta película el cine llegó a su mayoría de edad

coming-out /ˌkʌmɪŋˈaʊt/ *n* 1 (of debutante) presentación *f* en sociedad, puesta *f* de largo; (*before n*): **~ party** fiesta *f* de presentación en sociedad *or* puesta de largo 2 (of homosexual) destape *m*

comma /ˈkɑːmə || ˈkɒmə/ *n* coma *f*

command[1] /kəˈmænd || kəˈmɑːnd/ *vt*

A 1 (order) **to ~ sb to + INF** ordenarle A algn QUE + SUBJ; **he ~ed us to fire** nos ordenó que disparásemos; **he ~ed that the attack begin** ordenó que comenzara el ataque 2 (have authority over) ‹regiment/army/ship› estar* al mando de, tener* el mando de, comandar

B (have) ‹wealth/resources› contar* con, disponer*

de; ‹*majority*› contar* con; **the hotel ~s magnificent views** el hotel cuenta con *or* tiene magníficas vistas

C ‹*respect*› imponer*, infundir, inspirar; ‹*confidence*› inspirar; **she can now ~ very high fees** ahora puede exigir honorarios muy altos; **it will ~ a higher price** alcanzará un precio más alto

command² *n*

A **1** [c] (order) orden *f*; **the message was sent at the general's ~** el mensaje se envió por orden del general; **by royal ~** por orden real; **he gave the ~ to fire** dio (la) orden de disparar; **her ~ that the prisoner be freed** su orden de poner en libertad al prisionero *or* de que el prisionero fuera puesto en libertad **2** [u] (authority) mando *m*; **he was given ~ of a regiment** lo pusieron al mando de un regimiento; **to assume ~** (frml) asumir el mando; **to be at sb's ~** estar* a las órdenes de algn; **if you need help, I'm at your ~** si necesita ayuda, estoy a sus órdenes *or* a su disposición; **who's in ~ on this ship?** ¿quién está al mando de este barco?, ¿quién manda en este barco?; **the officer in ~** el oficial al mando; **the colonel in ~ of the troops** el coronel al mando de las tropas; **she's in ~ of the situation** es dueña de la situación; **she took ~ of the business** se hizo cargo *or* se puso al frente del negocio; **under sb's ~** bajo las órdenes de algn **3** [c] (directing group) (+ *sing or pl vb*) mando *m*; **the high ~ ordered a retreat** el alto mando ordenó la retirada; (*before n*): **~ post** puesto *m* de mando

B [u] (mastery) dominio *m*; **her ~ of German** su dominio del alemán; **she has a wide vocabulary at her ~** dispone de *or* domina un amplio vocabulario

C [c] (Comput) orden *f*, comando *m*

command and control *n* [u] control *m* y mando

commandant /'kɑːməndænt || 'kɒməndænt/ *n* comandante *mf*

command center, (BrE) **command centre** *n* puesto *m* de control centralizado

command economy *n* economía *f* dirigida

commandeer /ˌkɑːmən'dɪr || ˌkɒmən'dɪə(r)/ *vt* **1** (Mil) ‹*vehicle/building/supplies*› requisar; ‹*personnel*› reclutar (*por la fuerza*) **2** (take arbitrarily) apropiarse (de)

commander /kə'mændər || kə'mɑːndə(r)/ *n* **1** (officer in command) comandante *mf* **2** (navy rank) ≈ capitán *m* de fragata

commander-in-chief /kəˌmændərən'tʃiːf || kəˌmɑːndərɪn'tʃiːf/ *n* (*pl* **commanders-in-chief**) comandante *mf* en jefe

commanding /kə'mændɪŋ || kə'mɑːndɪŋ/ *adj* **1** (dominant) ‹*position*› de superioridad, dominante; ‹*advantage/lead*› considerable **2** (authoritative) ‹*presence*› que impone; ‹*tone*› autoritario, imperioso **3** (overlooking) ‹*position/hill*› prominente; **the house enjoys a ~ view of the bay** desde la casa se domina toda la bahía

commanding officer *n* oficial *mf* al mando

command key *n* tecla *f* de comando

command language *n* lenguaje *m* de comandos

command line *n* línea *f* de comandos

commandment /kə'mændmənt || kə'mɑːndmənt/ *n* precepto *m*; **the Ten C~s** los diez mandamientos

command module *n* módulo *m* de maniobra y mando

commando /kə'mændəʊ || kə'mɑːndəʊ/ *n* (*pl* **-dos** *or* **-does**) (unit, soldier) comando *m*; (*before n*) ‹*unit/raid*› de comandos

command performance *n* (in UK) gala *f* real

commedia dell'arte /kəˌmeɪdiədel'ɑːrteɪ || kɒˌmeɪdiədel'ɑːteɪ/ *n* [u] comedia *f* del arte

comme il faut /ˌkɑːmiːl'fəʊ, kəm- || 'kɒmiːl 'fəʊ/ *adj* (*after n*) como es debido, comme il faut

commemorate /kə'meməreɪt/ *vt* conmemorar

commemoration /kəˌmemə'reɪʃən/ *n* [c u] conmemoración *f*; **in ~ of** en conmemoración de; (*before n*) ‹*service/ball*› de conmemoración

commemorative¹ /kə'memərətɪv/ *adj* conmemorativo

commemorative² *n* (AmE); *moneda o sello conmemorativo*

commence /kə'mens/ *vi* (frml) ‹‹*session/celebration*›› dar* comienzo (frml), iniciarse; ‹‹*person*›› comenzar*

■ **commence** *vt* (frml) ‹*work/discussion*› dar* comienzo a (frml), iniciar (frml), comenzar*; **to ~ -ING** comenzar* A + INF; **~ firing!** (Mil) ¡abran fuego!

commencement /kə'mensmənt/ *n* [u c] **1** (beginning) (frml) inicio *m*, comienzo *m* **2** (graduation) (AmE) (ceremonia *f* de) graduación *f*, (ceremonia *f* de) entrega *f* de diplomas; (*before n*): **~ speech/exercise** discurso *m* /ceremonia *f* de graduación

commend /kə'mend/ *vt*

A **1** (praise) ‹*person/work/action*› elogiar; **to ~ sb FOR sth** elogiar a algn POR algo; **Ⓢ highly commended** mención de honor, accésit **2** (recommend) recomendar*; **the book has little/much to ~ it** el libro tiene pocos/muchos méritos; **to ~ sth TO sb** recomendar(le)* algo A algn; **his work did not ~ itself to the judges** su obra no encontró aceptación entre el jurado

B (frml) **1** (entrust) **to ~ sb/sth TO sb** encomendar(le)* algn/algo A algn; **she ~ed her soul to God** encomendó su alma a Dios **2** (in polite formulas): **~ me to your family** presente mis respetos a su familia (frml)

commendable /kə'mendəbəl/ *adj* loable, encomiable, digno de elogio *or* de alabanza *or* de encomio

commendably /kə'mendəbli/ *adv*: **a ~ honest person** una persona de loable *or* de encomiable honestidad, una persona cuya honestidad es digna de elogio *or* de alabanza *or* de encomio

commendation /ˌkɑːmən'deɪʃən || ˌkɒmen'deɪʃən/ *n* **1** [u c] (praise) (frml) encomio *m*, elogios *mpl* **2** [c] (award) mención *f* de honor, accésit *m*; **he received an official ~ for bravery** le concedieron una distinción en reconocimiento a su valor

commensurate /kə'mensərət, -enʃ || kə'menʃərət, -sjə-/ *adj* (frml) acorde; **the enormity of the problem calls for a ~ response** la enormidad del problema exige una respuesta acorde; **~ WITH sth** acorde *or* en proporción CON algo; **Ⓢ salary commensurate with experience** sueldo según experiencia

comment¹ /'kɑːment || 'kɒment/ *n* **1** [c] (remark) comentario *m*, observación *f*; **to make a ~ about sth** hacer* un comentario *or* una observación sobre algo; **he made some nasty ~s about her** habló muy mal de ella; **~ ON sth/sb**: **the film is a ~ on modern society** la película es una reflexión sobre la sociedad actual; **it is a ~ on their working methods that ...** dice mucho de sus métodos de trabajo que ... **2** [u] (reaction) comentarios *mpl*; **to pass ~ on sth** hacer* comentarios sobre algo; **the minister is unavailable for ~** (journ) el ministro no desea hacer ningún comentario; **no ~** sin comentarios; **I have no further ~ to make** no tengo nada que agregar; **to be fair ~** (BrE) ser* razonable; **the divorce caused much ~** el divorcio suscitó muchos comentarios *or* fue muy comentado

comment² *vi* **to ~ (ON sth)** hacer* comentarios (SOBRE algo)

■ **comment** *vt* comentar, observar

commentary /'kɑːmənteri || 'kɒməntəri, -tri/ *n* (*pl* **-ries**) **1** (on event) (Rad, Sport, TV) comentarios *mpl*, crónica *f*; (*before n*): **~ box** cabina *f* de prensa **2** (analysis) comentario *m*

commentate /'kɑːmənteɪt || 'kɒmənteɪt/ *vi* **to ~ (ON sth)** hacer* los comentarios *or* la crónica (DE algo)

commentator /'kɑːməntəɪtər || 'kɒmənteɪtə(r)/ *n* comentarista *mf*

comment card *n* tarjeta *f* de comentarios

commerce /'kɑːmərs || 'kɒmɜːs/ *n* [u] **1** (trade) comercio *m*; **to be in ~** dedicarse* al comercio **2** **Commerce** (in US) (Govt) (colloq) (*no art*) departamento *m* de Comercio **3** (relations) (arch) trato *m*; **to have ~ with sb** (social) tener* trato con algn; (sexual) tener* trato carnal con algn

commercial¹ /kə'mɜːrʃəl || kə'mɜːʃəl/ *adj* **1** ‹*relations/premises/studies*› comercial; **~ law** derecho *m* mercantil *or* comercial **2** (viable): **it's not a ~ proposition** no es rentable **3** (popular) ‹*music/cinema*› comercial **4** (unrefined) sin refinar

commercial² *n* **1** (advertisement) (Rad, TV) spot *m* publicitario, anuncio *m*, aviso *m* (AmL), comercial *m* (AmL) **2** **~ (vehicle)** (BrE) (for passengers) vehículo *m* de transporte público (for goods) *vehículo usado para repartos, transporte de mercancías etc*

commercial art *n* [u] arte *m* publicitario

commercial artist *n* dibujante publicitario, -ria *m,f*

commercial bank *n* (Fin) banco *m* comercial *or* mercantil

commercial break *n* pausa *f* publicitaria, pausa *f* comercial (AmL), corte *m* publicitario, corte *m* comercial (AmL)

commercialism /kə'mɜːrʃəlɪzəm || kə'mɜːʃəlɪzəm/ *n* [u] comercialismo *m*

commercialization /kəˌmɜːrʃələ'zeɪʃən || kəˌmɜːʃəlaɪ'zeɪʃən/ *n* [u] comercialización *f*

commercialize /kə'mɜːrʃəlaɪz || kə'mɜːʃəlaɪz/ *vt* comercializar*

commercial law *n* [u] derecho *m* mercantil, derecho *m* comercial

commercially /kə'mɜːrʃəli || kə'mɜːʃəli/ *adv* ‹*manufacture/sell*› comercialmente; **~ viable** rentable; **the record isn't available ~** el disco no está a la venta

commercial paper *n* [u] (AmE) efectos *mpl* negociables, papel *m* comercial

commercial traveller *n* (BrE) viajante *mf* de comercio, corredor, -dora *m,f* (RPl)

commercial value *n* [u] valor *m* comercial

Commie, commie /'kɑːmi || 'kɒmi/ *n* (sl & pej) rojo, -ja *m,f* (fam & pey), comunista *mf*

commis /kə'miː || 'kɒmi/ *n* (BrE); *ayudante de cocinero o camarero*

commiserate /kə'mɪzəreɪt/ *vi*: **I do ~, I know what it's like** te compadezco *or* (hum) te acompaño en el sentimiento, sé muy bien lo que es eso; **I ~d with him about losing his job** le dije cuánto sentía que se hubiera quedado sin trabajo

commiseration /kə'mɪzə'reɪʃən/ *n* [u] (*often pl*) conmiseración *f*; **I can only offer my ~s** sólo puedo decirle cuánto lo siento

commissar /'kɑːməsɑːr || 'kɒmɪsɑː(r)/ *n* comisario político, comisaria política *m,f*

commissariat /ˌkɑːmə'seriət || ˌkɒmɪ'seəriət/ *n*

A (Pol) comisaría *f* política

B (Mil) **1** [c] (department) intendencia *f* **2** [u] (supplies) vituallas *fpl*

commissary /'kɑːməseri || 'kɒmɪsəri/ *n* (*pl* **-ries**) (AmE) **1** (Mil) economato *m*, comisariato *m* (Col) **2** (company restaurant) comedor *m* (de empresa), cantina *f*, casino *m* (Chi) **3** (officer) intendente *mf*

commission¹ /kə'mɪʃən/ *n*

A [c] (group) comisión *f*; **government ~** comisión gubernamental; **the European C~** la Comisión Europea *or* de las Comunidades Europeas

B [c u] (for sales) comisión *f*; **salesmen receive 5% ~** los vendedores reciben el 5% de comisión *or* una comisión del 5%; **a basic salary plus ~** un sueldo base más (la) comisión; **to sell sth on ~** vender algo a comisión; (*before n*): **~ charge** comisión *f*

C [c] **1** (task, responsibility) cometido *m* **2** (for music, painting, building) encargo *m*, comisión *f* (esp AmL); **she got a ~ to design a hotel** le encargaron el diseño de un hotel **3** (office) (Govt)

C

cargo *m*; (Mil) grado *m* de oficial; (document) nombramiento *m*
D [u] (use) servicio *m*; **to be in/go into ~** estar*/entrar en servicio; **to be out of ~** estar* fuera de servicio; **to take sth out of ~** retirar algo del servicio
E [u] (of offense) (frml) perpetración *f* (frml); **sins of ~ and omission** pecados *mpl* de obra y omisión

commission² *vt*
A 1 **to ~ sb to + INF** ‹*artist/writer/researcher*› encargarle* a algn que + SUBJ; **we ~ed Victor to paint the portrait** le encargamos a Victor que pintara el retrato 2 ‹*painting/novel/study*› encargar*, comisionar (esp AmL)
B 1 (Mil) nombrar oficial; **~ed officer** oficial *mf* (del ejército) (*con grado de teniente o superior a teniente*) 2 (Naut) ‹*ship*› poner* en servicio

commission agent *n* (BrE) comisionista *mf*

commissionaire /kə,mɪʃə'ner || kə,mɪʃə'neə(r)/ *n* (BrE) conserje *m*, portero *m*

commissioner /kə'mɪʃənər || kə'mɪʃənə(r)/ *n* 1 (commission member) comisionado, -da *m,f*, miembro *mf* de la comisión; **EU C~** comisario, -ria *m,f* de la UE 2 (of police) (BrE) inspector, -tora *m,f* jefe 3 (AmE) (Sport) presidente, -ta *m,f* (*de una federación deportiva*); **the C~ of Baseball** el presidente de la federación de béisbol

commissioner for oaths *n* (*pl* **~s ~ ~**) (in UK) *abogado autorizado para dar fe de las declaraciones bajo juramento*, ≈ notario, -ria *m,f*

commissioning editor /kə'mɪʃənɪŋ/ *n*: *editor con autoridad para seleccionar y contratar a escritores*

commission of inquiry *n* comisión *f* de investigación

commit /kə'mɪt/ *vt* **-tt-**
A (perpetrate) ‹*crime/fraud/error/sin*› cometer; **to ~ suicide** suicidarse
B (assign) ‹*funds/time/resources*› asignar, consignar (frml); **her remains were ~ted to the grave** (frml) sus restos recibieron sepultura (frml); **to ~ sth to sb's care** confiar* algo al cuidado de algn; **to ~ sth/sb to the flames** (liter) entregar* algo/a algn a las llamas (liter); **to ~ sth to memory** memorizar* algo; **to ~ sth to paper** *o* **writing** poner* *or* (frml) consignar algo por escrito
C (send): **to ~ sb to an asylum** internar a algn en un manicomio; **he was ~ted (to prison)** fue encarcelado; **she was ~ted for** *o* **to trial** ≈ se dictó auto de procesamiento *or* (*en Col*) *auto de enjuiciamiento or* (*en Méx*) *auto de sujeción a proceso or* (*en Ven*) *auto de sometimiento a juicio or* (*en Chi*) *auto encargatorio de reo contra ella*
D (BrE) (Govt) someter a la consideración de una comisión
E (bind) comprometer, obligar*; **that would ~ us to the purchase** eso nos comprometería *or* obligaría a efectuar la compra; **to ~ sb TO -ING/+ INF** comprometer *or* obligar* a algn A + INF; **the pact ~s both nations to ...** con la firma del pacto ambas naciones se comprometen a ...
■ *v refl* **to ~ oneself** 1 (bind) comprometerse; **to ~ oneself TO -ING/+ INF** comprometerse A + INF 2 (state views) comprometerse; **he wouldn't ~ himself** no quiso comprometerse

commitment /kə'mɪtmənt/ *n*
A [c] 1 (responsibility) responsabilidad *f*; (obligation) obligación *f*; **a family is a major ~** una familia es una gran responsabilidad; **he has no family ~s** no tiene obligaciones *or* cargas familiares; **I've taken on too many financial ~s** he contraído demasiados compromisos financieros; **to meet one's ~s** hacer* frente a sus (*or* mis *etc*) compromisos *or* obligaciones; **there's no ~ to join/buy** no hay (ninguna) obligación *or* ningún compromiso de afiliarse/comprar 2 (engagement) compromiso *m* 3 (guarantee, promise) garantías *fpl*; **we are seeking a ~ that ...** queremos que se nos den garantías de que ..., queremos que se nos garantice que ...
B [u] 1 (to relationship): **I'm not looking for ~ right now** no quiero una relación a largo plago por ahora 2 (dedication) **~ (TO sth)** dedicación *f or* entrega *f* (A algo); **he requires great ~ from his students** exige de sus alumnos verdadera dedicación
C [u] (allocation) asignación *f*; **the government has increased its research ~** el gobierno ha aumentado los fondos destinados a la investigación
D [u] ▸**committal A**
E [u] (of bill) remisión *f* a una comisión

committal /kə'mɪtl/ *n* [u]
A 1 (Law) encarcelamiento *m*; **~ for trial** ≈ procesamiento *m*, ≈ encargatoria *f* de reo (*en Chi*), ≈ enjuiciamiento *m* (*en Col*), ≈ sujeción *f* a proceso (*en Méx*), ≈ sometimiento *m* a juicio (*en Ven*); (*before n*): **~ proceedings** ≈ sumario *m* 2 (to hospital, asylum) reclusión *f*
B (Relig): **~ to the grave** sepultura *f*; (*before n*): **~ service** exequias *fpl* (frml)

committed /kə'mɪtəd || kə'mɪtɪd/ *adj* 1 (dedicated) ‹*Christian/Communist/feminist*› comprometido; ‹*teacher/worker*› entregado a su trabajo, dedicado; **he is ~ to the cause** está entregado a la causa 2 (under obligation, pledged) comprometido; **having signed, you're now ~** al firmar se ha comprometido; **he doesn't want to be ~** no quiere comprometerse; **our funds are fully ~** todos nuestros fondos están asignados *or* (frml) consignados; **to be ~ TO sth/-ING: you're now ~ to selling** *o* **the sale** ahora está comprometido *or* obligado a vender

committee /kə'mɪti/ *n* (of club, society) comité *m*, comisión *f*; (of parliament) comisión *f*; **to be on a ~** ser* miembro de un comité *or* una comisión; **it was discussed in ~** se discutió en un comité; **the executive ~** el comité ejecutivo; (*before n*) ‹*meeting/member/chair*› del comité *or* de la comisión; **~ room** sala *f* de reuniones del comité/de la comisión; **the bill is at ~ stage** (BrE) el proyecto de ley está siendo estudiado por una comisión parlamentaria

committeeman /kə'mɪtimən/ *n* (*pl* **-men** /-mən/) (AmE) miembro *m* de una comisión *or* de un comité

Committee of Permanent Representatives *n* (EU) Comité *m* de Representantes Permanentes

committeewoman /kə'mɪti,wʊmən/ *n* (*pl* **-women**) (AmE) miembro *f* de una comisión *or* de un comité

commode /kə'məʊd/ *n* 1 (chest of drawers) cómoda *f* 2 (for invalid) *silla con orinal* 3 (toilet) (AmE) inodoro *m*, taza *f*

commodious /kə'məʊdiəs/ *adj* (frml) espacioso, amplio

commodity /kə'mɑːdəti || kə'mɒdəti/ *n* (*pl* **-ties**) 1 (product) artículo *m*, producto *m*, mercancía *f*, mercadería *f* (AmS) 2 (Fin) materia *f* prima; (*before n*) ‹*trading/broker*› en materias primas; **the ~** *o* **commodities market** el mercado de materias primas

commodore /'kɑːmədɔːr || 'kɒmədɔː(r)/ *n* 1 (navy rank) (in UK) comodoro *mf* 2 (of shipping line) *oficial al mando de una flota mercante* 3 (of yacht club) presidente, -ta *m,f*

common¹ /'kɑːmən || 'kɒmən/ *adj*
A 1 (widespread, prevalent) ‹*mistake/occurrence/name*› común, corriente; **the ~ cold** el resfriado común; **(to be) in ~ use** (ser*) de uso corriente; **it is very ~ for teenagers to feel misunderstood** es muy común que los adolescentes se sientan incomprendidos 2 (average, normal) ‹*soldier*› raso; **the ~ man** el hombre medio *or* de la calle; **the ~ people** la gente común y corriente; **I was treated like a ~ criminal** me trataron como a un vulgar delincuente; **to have the ~ touch** tener* el don de saber tratar con la gente sencilla; **it's ~ decency** es una cuestión de elemental (buena) educación 3 (low-class, vulgar) ‹*person/behavior/accent*› ordinario
B 1 (shared, mutual) ‹*characteristic/interests/ownership*› común; ‹*factor/multiple/divisor*› (Math) común; **~ wall** (AmE) (pared *f*) medianera *f*; **~ ground** puntos *mpl* en común *or* de coincidencia; **to be ~ TO sth** ser* común A algo; **this characteristic is ~ to several species** es una característica común a varias especies 2 (public): **it's ~ knowledge** todo el mundo lo sabe, es vox populi; **by ~ consent he's the best** todos coinciden en que es el mejor; **the ~ good** el bien común *or* de todos; **~ land** tierras *fpl* comunales

common² *n*
A [u] (*in phrases*): **in common** en común; **to have sth in ~ (with sb)** tener* algo en común (con algn); **in common with** (*as prep*) al igual que; *see also* **Commons**
B [c] (in UK) *terreno perteneciente al municipio, antiguamente zona de pastoreo de la comunidad*

Common Agricultural Policy *n*: **the ~ ~ ~** política *f* agrícola común

commonality /,kɑːmə'næləti || ,kɒmə'næləti/ *n* ▸**commonalty**

commonalty /'kɑːmənlti || 'kɒmənəlti/ *n* (frml): **the ~** el pueblo llano

common carrier *n*
A (person) transportista *mf*; (company) empresa *f* de transportes
B (AmE) (Telec) empresa *f* de telecomunicaciones

common currency *n* [u]
A (in language): **to be ~ ~** ser* (moneda) corriente
B (money) moneda *f* común

commoner /'kɑːmənər || 'kɒmənə(r)/ *n* plebeyo, -ya *m,f*

Common Era *n*: **the ~ ~** la era cristiana

Common European Security and Defence Policy *n* (EU) Política *f* Europea de Seguridad y Defensa

common law *n* [u] (Law) derecho *m* consuetudinario; (*before n*): **common-law wife** concubina *f*, conviviente *f* (Chi); **common-law marriage** matrimonio *m* consensual *or* de hecho

> **common law**
>
> En el derecho inglés, el término se refiere a la ley basada en la costumbre y en el fallo de los tribunales (derecho consuetudinario y jurisprudencia respectivamente), es decir que no ha sido creada en el Parlamento. A menudo se contrapone a derecho escrito (*statute law*). El derecho consuetudinario (*common law*) sólo rige cuando el derecho escrito no se pronuncia en una materia.

common law marriage *n* (Law) matrimonio *m* consensual *or* de hecho

commonly /'kɑːmənli || 'kɒmənli/ *adv* 1 (usually, widely) comúnmente; **Ursa Minor, ~ known as the Little Bear** Ursa Minor, comúnmente *or* vulgarmente conocida como la Osa Menor; **she's ~ known as Tootsie** todos la conocen como Tootsie; **a ~ held belief/opinion** una creencia/opinión muy generalizada *or* extendida 2 (vulgarly) ‹*behave/speak*› de manera ordinaria

Common Market *n*: **the ~ ~** el Mercado Común

commonness /'kɑːmənnəs || 'kɒmənnɪs/ *n* [u] 1 (frequency) frecuencia *f* 2 (vulgarity) ordinariez *f*

common noun *n* nombre *m* común

common-or-garden /,kɑːmənɔːr'gɑːrdn || ,kɒmənɔː'gɑːdn/ *adj* (BrE colloq) vulgar y corriente, normal y corriente, común y corriente *or* (AmL tb) común y silvestre

commonplace¹ /'kɑːmənpleɪs || 'kɒmənpleɪs/ *adj* 1 (ordinary) ‹*things/events*› común, corriente; **a ~ occurrence** un caso común *or* corriente; **it's now fairly ~ for young couples to divorce** es bastante común *or* corriente hoy en día que las parejas jóvenes se divorcien 2 (trite, hackneyed) ‹*remark/expression*› banal, trillado

commonplace² *n* 1 (common occurrence) cosa *f* frecuente *or* común *or* corriente 2 (platitude) lugar *m* común, tópico *m*

common room *n* (BrE) (for staff) sala *f* de profesores; (for students) sala *f* de reunión de estudiantes

Commons /ˈkɑːmənz || ˈkɒmənz/ *n* (in UK) (+ *sing or pl vb*): **the ~** la Cámara de los Comunes

common salt *n* [u] sal *f* común

commonsense /ˈkɑːmənsens || ˌkɒmənˈsens/ *adj* (*before n*) lleno de sentido común; **he has a ~ attitude to things** ve las cosas con mucho sentido común

common sense *n* [u] sentido *m* común

common stock *n* (AmE) acciones *fpl* ordinarias

common time *n* [u] (Mus) cuatro *m* por cuatro

Commonwealth /ˈkɑːmənwelθ || ˈkɒmənwelθ/ *n*: **the (British) ~** la *or* el Commonwealth; **the ~ of Nations** (frml) la Mancomunidad *or* Comunidad Británica de Naciones; (state title) (frml): **the ~ of Australia** la Confederación de Australia; **the ~ of Virginia** (UK Hist) el Estado de Virginia; **the ~** la República de Cromwell

> **Commonwealth**
>
> La *Commonwealth* o Comunidad Británica de Naciones, creada en 1931, es una asociación de estados independientes, en su mayoría ex colonias británicas, más algunas dependencias británicas, tales como Las Bermudas, Las Islas Malvinas y Gibraltar. Los miembros trabajan juntos para lograr ciertos fines como la paz mundial, fomento del comercio y la defensa de la democracia. Cada dos años se celebra una reunión de todos los jefes de gobierno de la Comunidad (*the Commonwealth Conference*), para debatir asuntos de carácter político y económico. Cada cuatro años se celebran los *Commonwealth Games*, competencia deportiva en el que uno de los miembros es el anfitrión.

Commonwealth of Independent States *n*: **the ~ ~ ~ ~** la Comunidad de Estados Independientes

commotion /kəˈməʊʃən/ *n* (*no pl*) **1** (outrage) conmoción *f*; **to cause (a) ~** producir* *or* causar una conmoción; **their detention caused a ~ throughout the country** su detención conmocionó al país; **to make a ~ about sth** armar un escándalo por *or* sobre algo **2** (noise) alboroto *m*, jaleo *m* (fam); **to make a ~** armar (un) alboroto, armar jaleo (fam)

communal /kəˈmjuːnl, ˈkɑːmjʊnl || ˈkɒmjʊnl, kəˈmjuːnl/ *adj* **1** (shared) ‹*land/ownership*› comunal; ‹*kitchen/bathroom*› común **2** (in community) ‹*life*› comunitario **3** (between groups) ‹*riots*› interno, intestino (frml)

communally /kəˈmjuːnli, ˈkɑːmjʊnli || ˈkɒmjʊnəli, kəˈmjuːnəli/ *adv* en comunidad; **the land is held ~** la tierra se posee en comunidad

commune[1] /ˈkɑːmjuːn || ˈkɒmjuːn/ *n* **1** (community) comuna *f* **2** (administrative division) comuna *f*

commune[2] /kəˈmjuːn/ *vi* (liter): **to ~ with God/nature** estar* en íntima comunión con Dios/la naturaleza

communicable /kəˈmjuːnɪkəbəl/ *adj* **1** ‹*thoughts/ideas/knowledge*› comunicable **2** (Med) ‹*disease*› transmisible

communicant /kəˈmjuːnɪkənt/ *n* comulgante *mf*

communicate /kəˈmjuːnɪkeɪt/ *vi*
A «*person/aircraft*» comunicarse*; **I can't speak Arabic, so it was difficult for us to ~** como no hablo árabe tuvimos dificultades para comunicarnos; **to ~ WITH sb** comunicarse* CON algn; **I find it hard to ~** me es difícil comunicarme con los demás
B **1** (connect) «*room*»: **to ~ (WITH sth)** comunicar(se)* (CON algo); **the bedroom ~s with the bathroom** el dormitorio (se) comunica con el cuarto de baño; **the two rooms/buildings ~** las dos habitaciones/los dos edificios (se) comunican **2** **communicating** *pres p* ‹*rooms*› que se comunican; ‹*doors*› de comunicación
■ **communicate** *vt* **1** (make known) **to ~ sth (TO sb)** ‹*knowledge/idea*› comunicar(le)* algo (A algn) **2** (transmit) **to ~ sth TO sb** ‹*feeling*› transmitirle *or* comunicarle* *or* contagiarle* algo A algn

communication /kəˌmjuːnəˈkeɪʃən || kəˌmjuːnɪˈkeɪʃən/ *n*
A **1** [u] (act) comunicación *f*; **to be in/get into ~ (with sb)** estar*/ponerse* en comunicación *or* en contacto (con algn); **lines of ~** (Mil) líneas *fpl* de comunicación; (*before n*): **~ skills** (Educ) aptitud *f* para comunicarse; **~ theory** teoría *f* de la comunicación **2** [c] (message) (frml) comunicación *f* (frml)
B **communications** *pl* (means of communicating) comunicaciones *fpl*; **to cut/restore ~s** cortar/restablecer* las comunicaciones; **there are poor road ~s between the capital and the coast** hay muy malas comunicaciones viales entre la capital y la costa; (*before n*): **~s center** *o* (BrE) **centre** centro *m* de comunicaciones; **~s network** red *f* de comunicaciones; **~s satellite** satélite *m* de telecomunicaciones; **~s software** paquete *m* de comunicaciones; **~ theory** teoría *f* de la comunicación

communication cord *n* (BrE) (Rail); *cuerda o cadena de la cual se tira para que se frene en una emergencia*

communicative /kəˈmjuːnəkeɪtɪv || kəˈmjuːnɪkətɪv/ *adj* comunicativo

communicator /kəˈmjuːnəkeɪtər || kəˈmjuːnɪkeɪtə(r)/ *n*: *persona que sabe comunicarse con los demás*

communion /kəˈmjuːnjən/ *n*
A (Relig) **1** [u] (Eucharist): **Communion: Holy C~** la Santa *or* Sagrada Comunión; **to take C~** recibir la comunión *or* la eucaristía, comulgar*; (*before n*): **~ cup** cáliz *m*; **~ rail** comulgatorio *m*; **~ service** comunión *f* **2** [c] (denomination) confesión *f*
B [u] (exchange of ideas, fellowship) (frml) comunión *f*

communiqué /kəˈmjuːnəkeɪ || kəˈmjuːnɪkeɪ/ *n* comunicado *m*; **the Government issued a ~** el gobierno emitió un comunicado; **a joint ~** un comunicado conjunto

communism, Communism /ˈkɑːmjənɪzəm || ˈkɒmjʊnɪzəm/ *n* [u] comunismo *m*

communist[1], **Communist** /ˈkɑːmjənəst || ˈkɒmjʊnɪst/ *adj* comunista

communist[2], **Communist** *n* comunista *mf*

community /kəˈmjuːnəti/ *n* (*pl* **-ties**)
A **1** (people in a locality) comunidad *f*; (*before n*): **~ policing** *sistema en el que la policía trabaja en estrecha colaboración con los habitantes de una localidad* **2** (society at large): **the ~** la comunidad; (*before n*): **~ service** trabajo *m* comunitario (*prestado en lugar de cumplir una pena de prisión*); **~ services** servicios *mpl* comunitarios; **~ spirit** espíritu *m* comunitario, civismo *m*
B **1** (large grouping) comunidad *f*, colectividad *f*; **the German ~ in Madrid** la comunidad *or* colectividad *or* colonia alemana de Madrid; **the city's black ~** la población *or* comunidad negra de la ciudad **2** (people living together) comuna *f*; **a religious ~** una comunidad religiosa **3** (Ecol) colonia *f*
C (EU): **the community** *o* **the Community** la Comunidad (Europea); (*before n*) ‹*budget/law*› comunitario
D (mutuality) (frml) comunidad *f*; **~ of goods/interest** comunidad de bienes/intereses

community care *n* [u] *servicios de atención comunitaria a ancianos y a discapacitados físicos y mentales*

community center, (BrE) **community centre** *n* centro *m* cívico

community charge *n* [u] (formerly in UK) impuesto *m* comunitario por capitación

community chest *n* (in US) *fondos reunidos voluntariamente por la comunidad, destinados a beneficencia y bienestar social*

community college *n* (in US) *establecimiento educativo de nivel terciario*

> **community college**
>
> Un tipo de universidad norteamericana donde se imparten cursos de nivel universitario de dos años de duración. Son cursos prácticos orientados a la población local.

C

community forest *n*: *zona de arbolado destinada a la recreación y administrada teniendo en cuenta el medio ambiente*

community hall *n* salón *m* comunitario

community health center, (BrE) **community health centre** *n* centro *m* médico comunitario, centro *m* de salud comunitario

community home *n*: *centro comunitario que alberga a menores que están al margen de la ley*

community hospital *n* hospital *m* local (*no especializado*)

community leader *n* líder *mf* de la comunidad

community medicine *n* [u] asistencia *f* médica local

community policeman *n* policía *m* de barrio, policía *m* comunitario

community property *n* (in US) bien *m* ganancial

community school *n* (in UK) centro *m* docente y de recreación para adultos

community singing *n* [u] canto *m* colectivo

community worker *n* asistente *mf* social, trabajador, -dora *m,f* social (Méx), visitador, -dora *m,f* social (Chi)

commutable /kəˈmjuːtəbəl/ *adj* conmutable

commutation[1] /ˌkɑːmjəˈteɪʃən || ˌkɒmjuːˈteɪʃən/ *n* [c u] conmutación *f*

commutation[2] *adj* (AmE): **~ ticket** abono *m*

commutator /ˈkɑːmjəteɪtər || ˈkɒmjuːteɪtə(r)/ *n* conmutador *m*

commute /kəˈmjuːt/ *vi* viajar todos los días (*entre el lugar de residencia y el de trabajo*)
■ **commute** *vt* **1** (reduce) ‹*sentence/punishment*› conmutar; **the death sentence was ~d to one of life imprisonment** le conmutaron la pena de muerte por la de cadena perpetua **2** (change, convert) (frml) ‹*payment*› **to ~ sth INTO/FOR sth** conmutar algo POR algo

commuter /kəˈmjuːtər || kəˈmjuːtə(r)/ *n*: *persona que viaja diariamente una distancia considerable entre su lugar de residencia y el de trabajo*; (*before n*): **the ~ belt** *barrios periféricos y otros lugares dentro de un área más amplia alrededor de una ciudad, desde los cuales viaja un* ▸**commuter**; **~ train** tren *m* de cercanías

compact[1] /kəmˈpækt/ *adj* **1** (small and neat) compacto **2** (tightly packed) ‹*soil*› compacto **3** (concise) ‹*style of writing*› conciso

compact[2] /ˈkɑːmpækt || ˈkɒmpækt/ *n*
A (container): **(powder) ~** polvera *f*
B **~ (car)** (AmE) coche *m* compacto
C (agreement) (frml) pacto *m*, acuerdo *m*

compact[3] /kəmˈpækt/ *vt* (*usu pass*) ‹*soil/snow*› compactar, comprimir

compact camera *n* cámara *f* compacta

compact disc, compact disk /ˈkɑːmpækt || ˈkɒmpækt/ *n* disco *m* compacto, compact-disc *m*; (*before n*): **~ ~ interactive** disco *m* compacto interactivo, compact (disc) *m*, interactivo; **~ ~ player** (reproductor *m* de) compact-disc *m*

compactly /kəmˈpæktli/ *adv*: **it folds up quite ~** al doblarlo queda bastante compacto

compactness /kəmˈpæktnəs || kəmˈpæktnɪs/ *n* [u] lo compacto; (of style) concisión *f*

companion /kəmˈpænjən/ *n*
A **1** (associate, comrade) compañero, -ra *m,f*; **a traveling/drinking ~** un compañero de viaje/de copas **2** (employee) dama *f* de compañía, señorita *f* /señora *f* de compañía
B (accompanying item) compañero *m*, pareja *f*; (*before*

n): ~ **volume** *libro que acompaña o complementa a otro*
C (guide) guía *f*, manual *m*
D (in titles) (in UK) *grado más bajo en algunas órdenes de caballería*

companionable /kəm'pænjənəbəl/ *adj* ‹*person*› sociable, amigable; **in ~ silence** en amigable *or* cordial silencio

companionably /kəm'pænjənəbli/ *adv* amigablemente

companionship /kəm'pænjənʃɪp/ *n* [u] **1** (fellowship) camaradería *f*, compañerismo *m* **2** (company) compañía *f*; **she missed female ~** echaba de menos la compañía de otras mujeres

companionway /kəm'pænjənweɪ/ *n* escalera *f* de cámara

company /'kʌmpəni/ *n* (*pl* **-nies**)
A [u] **1** (companionship) compañía *f*; **bring somebody with you for ~** vente con alguien para que te haga compañía; **in sb's ~** en compañía de algn; **in ~ with other experts we hold that ...** al igual que otros especialistas creemos que ...; **to keep sb ~** hacerle* compañía a algn; **to keep ~ with sb** andar* en compañía de algn; **to part ~ (with sb)** separarse (de algn); **the two generals part ~ on this issue** los dos generales difieren sobre este tema **2** (companion, companions): **the dog will be ~ for her** el perro será una compañía para ella *or* le hará compañía; **she's excellent ~** es muy agradable (*or* divertido *etc*) estar con ella; **I'm bad ~ when I'm depressed** cuando estoy deprimido es mejor dejarme solo; **she's been keeping bad ~ recently** últimamente anda en malas compañías; **you're in good ~: we've all been fired** no eres el único: nos han despedido a todos; **present ~ excepted** exceptuando a los presentes, mejorando lo presente; ***a man is known by the ~ he keeps*** dime con quién andas y te diré quién eres **3** (guests, visitors) visita *f*; **are you expecting ~?** ¿esperas visita?; **we've got ~** tenemos visita; **to know how to behave in ~** saber* (cómo) comportarse en sociedad
B [c] (business enterprise) compañía *f*, empresa *f*; **a pharmaceutical/shipping ~** una compañía farmacéutica/naviera; **public limited ~** (in UK) sociedad *f* anónima; **a trading ~** una sociedad mercantil; **Smith and C~** Smith y Compañía; **we had lunch on the ~** la comida corrió a cargo de la compañía *or* empresa; (*before n*) ‹*car*› de la compañía *or* empresa; **~ director** directivo, -va *m,f* de una compañía; **~ law** derecho *m* corporativo *or* de sociedades; **~ pension scheme** plan *m* de pensiones de una compañía; **~ policy** política *f* de la empresa; **~ secretary** (in UK) secretario, -ria *m,f* de la compañía; **~ town** *ciudad que depende de la actividad económica de una sola empresa*
C [c] **1** (body of people) (liter) cofradía *f* **2** (Theat) compañía *f*; **a theater ~** una compañía teatral *or* de teatro; **the ~ is on tour** la compañía está de gira **3** (Mil) compañía *f*; **~, dismiss!** ¡compañía, rompan filas! **4** (Naut): **ship's ~** tripulación *f*, dotación *f*

comparable /'kɑːmpərəbəl || 'kɒmpərəbəl/ *adj* ‹*salary/situation*› comparable, equiparable; **they are not ~** no se los puede comparar; **~ TO** *o* **WITH sth** comparable *or* equiparable A algo

comparably /'kɑːmpərəbli || 'kɒmpərəbli/ *adv* de modo análogo *or* similar

comparative¹ /kəm'pærətɪv/ *adj* **1** (relative) relativo; **they live in ~ comfort** viven con relativo bienestar; **she faced the situation with ~ calm** (le) hizo frente a la situación con relativa calma; **they were ~ strangers** eran prácticamente unos desconocidos, casi no se conocían **2** ‹*literature/linguistics*› comparado; ‹*analysis/study*› comparativo, comparado **3** (Ling) ‹*adjective/adverb/form*› comparativo

comparative² *n* (Ling) comparativo *m*

comparatively /kəm'pærətɪvli/ *adv* relativamente

compare¹ /kəm'per || kəm'peə(r)/ *vt*
A **1** (make comparison between) ‹*statement/figures*› comparar; **you can't ~ cheap wine and champagne** el vino barato y el champán no se pueden comparar; **to ~ sth/sb TO** *o* **WITH sth/sb** comparar algo/a algn CON algo/algn; **he ~d the handwriting with that on the envelope** comparó *or* cotejó la letra con la del sobre; **it's tiny ~d to your house** es pequeñísima comparada con tu casa *or* en comparación con tu casa **2** (liken) **to ~ sth/sb TO sth/sb** comparar algo/a algn CON *or* A algo/algn; **she's been ~d to Joan of Arc** se la ha comparado con *or* a Juana de Arco
B (Ling) ‹*adjective/adverb*› formar los grados comparativo y superlativo de
■ **compare** *vi*: **I liked his last book, but the new one just doesn't ~** me gustó su último libro, pero el nuevo no se puede comparar; **how do the two models ~ for speed?** en cuanto a velocidad ¿qué diferencia hay entre los dos modelos?; **the prices ~ pretty well** no hay mucha diferencia de precio; **to ~ WITH sb/sth**: **nothing ~s with good home cooking** la comida casera no se puede comparar con nada; **how does this ~ with her first novel?** ¿qué tal es ésta, comparada con su primera novela?; **the sales figures ~ with the best of previous years** las cifras de venta son equiparables *or* comparables a las mejores de los años anteriores; **your last essays ~ favorably with your previous efforts** tus últimos trabajos están mejor que los anteriores; **it ~s badly with other models in the same price range** desmerece en comparación con otros modelos de precio similar

compare² *n* [u] (liter): **beyond ~** sin comparación, incomparable

comparison /kəm'pærəsən || kəm'pærɪsən/ *n* **1** [u c] comparación *f*; **there is no (point of) ~ between them** no tienen (ni punto de) comparación, no hay (ni punto de) comparación entre ellos; **by/in ~ (with sth/sb)** en comparación (con algo/algn); **mine is cheap in ~** el mío es barato en comparación; **the old system doesn't bear** *o* **stand ~ with the new one** no se puede comparar el viejo sistema con el nuevo, el viejo sistema no admite comparación con el nuevo; **~s are odious** (set phrase) las comparaciones son odiosas **2** (Ling) comparación *f*; **degrees of ~** grados *mpl* de comparación

compartment /kəm'pɑːrtmənt || kəm'pɑːtmənt/ *n* **1** (of bag, desk, refrigerator) compartimento *m*, compartimiento *m* **2** (in train) (BrE) (Rail) compartimento *m*, compartimiento *m*

compartmentalization /ˌkəmpɑːrtˌmentlə'zeɪʃən || ˌkɒmpɑːtˌmentəlaɪ'zeɪʃən/ *n* [u] compartimentación *f*

compartmentalize /ˌkəmpɑːrt'mentlaɪz || ˌkɒmpɑːt'mentəlaɪz/ *vt* compartimentar

compass /'kʌmpəs/ *n*
A [c] (*magnetic ~*) brújula *f*, compás *m*; **radio ~** radiocompás *m*; **the points of the ~** los puntos cardinales; (*before n*): **~ course** rumbo *m* magnético; **~ rose** rosa *f* de los vientos
B [c] (Math) (*often pl*) compás *m*; **use a ~** *o* **use ~es** *o* **a pair of ~es to draw it** dibújalo con un compás
C [u] (limits, scope) (frml) alcance *m*; **it falls within the ~ of the board** cae dentro de la competencia de la junta

compassion /kəm'pæʃən/ *n* [u] compasión *f*, piedad *f*; **to arouse ~** despertar* compasión; **to move sb to ~** mover* a algn a compasión; **they had no ~ toward the victims** no tuvieron compasión con las víctimas

compassionate /kəm'pæʃənət/ *adj* compasivo; **~ leave/discharge** (BrE) permiso *m* /baja *f* por motivos familiares

compassion fatigue *n* [u] *cansancio provocado por la frecuencia o número de las cuestaciones para obras benéficas*

compass saw *n* sierra *f* de calar, sierra *f* caladora

compatibility /kəmˌpætə'bɪləti/ *n* [u] compatibilidad *f*

compatible /kəm'pætəbəl/ *adj* **1** ‹*people/ideas/principles*› compatible; **to be ~ WITH sb/sth** ser* compatible CON algn/algo **2** (Comput) ‹*equipment/system/software*› compatible; **an IBM-~ computer** una computadora *or* (Esp tb) un ordenador compatible con IBM **3** (Biol, Med) compatible

compatriot /kəm'peɪtriət || kəm'pætrɪət, -'peɪ-/ *n* compatriota *mf*

compel /kəm'pel/ *vt* **-ll-** **1** (force) **to ~ sb to + INF** obligar* *or* forzar* *or* (frml) compeler a algn A + INF; **she was ~led to pawn her watch** se vio obligada a empeñar su reloj; **I feel ~led to warn you that ...** me veo obligado a *or* en la obligación de advertirle que ... **2** (command) (frml) ‹*obedience/respect*› imponer*; **it ~s our admiration** no podemos menos que admirarlo; **a character who ~s our attention** un personaje que llama poderosamente la atención

compelling /kəm'pelɪŋ/ *adj* ‹*argument/evidence*› convincente, persuasivo; ‹*book*› absorbente; ‹*need*› imperioso; **there's no ~ reason to change our policy** no hay ninguna razón de peso por la que debamos cambiar de política; **there's something ~ about him** tiene algo que cautiva

compendious /kəm'pendiəs/ *adj* (frml) compendioso

compendium /kəm'pendiəm/ *n* (*pl* **-diums** *or* **-dia** /-dɪə/) (BrE) **1** (book) compendio *m* **2** (of games) juegos *mpl* reunidos

compensable /kəm'pensəbəl/ *adj* (AmE) susceptible de indemnización, indemnizable

compensate /'kɑːmpənseɪt || 'kɒmpenseɪt/ *vt* **1** (indemnify) ‹*worker/victim*› indemnizar*, compensar, resarcir*; **to ~ sb FOR sth** indemnizar* *or* compensar a algn POR algo, resarcir* a algn DE algo **2** (counterbalance) ‹*force/weight/movement*› compensar
■ **compensate** *vi* **1** (make up for) **to ~ FOR sth** compensar algo; **his unattractiveness is ~d for by his intelligence** su inteligencia compensa su falta de atractivo; **they offered me $1,000 to ~ for the damage** me ofrecieron 1.000 dólares para compensarme por los daños *or* para resarcirme de los daños, me ofrecieron 1.000 dólares de indemnización (por los daños) **2** (Psych, Physiol) **to ~ (FOR sth)** compensar (POR algo)

compensation /ˌkɑːmpən'seɪʃən || ˌkɒmpen'seɪʃən/ *n*
A **1** [u c] (recompense) **~ (FOR sth)** indemnización *f* *or* compensación *f* (POR algo); **I received $20,000 as** *o* **in ~ for the damage** me dieron 20.000 dólares de indemnización *or* en compensación por los daños; **I got a discount as ~ for the delay** me hicieron un descuento como *or* en compensación por el retraso; **that's small ~ for all my trouble** con eso no se compensan todas las molestias que me he tomado **2** [u] (remuneration) (AmE) remuneración *f*, retribución *f*; (*before n*): **~ package** paquete *m* salarial
B [u] (Psych, Physiol) compensación *f*

compensatory /ˌkɑːmpen'seɪtɔːri || ˌkɒmpen'seɪtəri/ *adj* **1** **~ payment** indemnización *f*; **~ damages** indemnización *f* por daños y perjuicios **2** ‹*behavior/reaction/mechanism*› (Psych) compensador **3** ‹*movement*› (Physiol) de compensación

compere¹, **compère** /'kɑːmper || 'kɒmpeə(r)/ *n* (BrE) presentador, -dora *m,f*, animador, -dora *m,f*

compere², **compère** *vt* (BrE) ‹*show*› presentar, animar

compete /kəm'piːt/ *vi* competir*, participar; **we'll be competing in the games** vamos a competir *or* participar en los juegos; **four teams are competing for the cup** cuatro equipos compiten por la copa *or* se disputan la copa; **they ~d for her love** se disputaban su amor; **to ~ AGAINST/WITH sb/sth** competir* CONTRA/CON algn/algo; **we'll be competing against three other players/teams** vamos a competir contra otros tres jugadores/equipos; **we simply can't ~ with them/the big firms** sencillamente no podemos competir con ellos/con las grandes firmas, sencillamente no podemos hacerles la competencia a ellos/a las grandes firmas; **it can't ~ with my mother's**

cooking no se puede comparar con *or* a la comida de mi madre

competence /ˈkɑːmpətəns || ˈkɒmpɪtəns/ *n* [u] 1 (ability) competencia *f*, capacidad *f*; **I don't doubt his ~ as a teacher, but ...** no dudo de su competencia como profesor, pero ...; **a certain level of ~ in French** un cierto nivel (de conocimientos) de francés 2 (jurisdiction) (Law) competencia *f*; **to be within/beyond the ~ of the court** ser*/no ser* (de la) competencia del tribunal

competent /ˈkɑːmpətənt || ˈkɒmpɪtənt/ *adj* 1 ‹*person*› competente, capaz; **he's ~ in his work/as an instructor** es competente en su trabajo/como instructor; **to be ~ to + INF** estar* capacitado PARA + INF; **I'm not ~ to judge** no estoy capacitado para juzgar; **I feel ~ to deal with the situation** me siento capacitado *or* preparado para hacerle frente a la situación 2 (adequate) aceptable; **how's her German? — quite ~** ¿qué tal habla alemán? — bastante bien 3 (legally qualified) (Law) ‹*court*› competente; ‹*witness*› hábil

competently /ˈkɑːmpətəntli || ˈkɒmpɪtəntli/ *adv* competentemente

competition /ˌkɑːmpəˈtɪʃən || ˌkɒmpəˈtɪʃən/ *n*

A [u] 1 (competing) competencia *f*; **free ~** (Econ) libre competencia; **fair/unfair ~** competencia leal/desleal; **to be in ~ with sb/sth** competir* con algn/algo 2 (opposition) competencia *f*

B [c] (contest) concurso *m*; (literary) certamen *m*, concurso *m*; (Sport) competencia *f* (AmL), competición *f* (Esp); **to enter a ~** presentarse a un concurso *or* certamen

competitive /kəmˈpetətɪv || kəmˈpetɪtɪv/ *adj* 1 ‹*sport/industry*› competitivo; **~ examination** concurso *m* de *or* por oposición, oposición *f* (Esp) 2 ‹*person*› competitivo; ‹*spirit*› competitivo, de competición (Esp) 3 ‹*prices*› competitivo; ‹*salary/pay*› bueno

competitively /kəmˈpetətɪvli || kəmˈpetɪtɪvli/ *adv* 1 ‹*play*› con espíritu competitivo *or* (Esp tb) de competición 2 (Busn): **~ priced** a precios competitivos

competitiveness /kəmˈpetətɪvnəs || kəmˈpetɪtɪvnɪs/ *n* [u] 1 (of business, economy) competitividad *f* 2 (of person) espíritu *m* competitivo

competitive tendering *n* [u] licitación *f* competitiva

competitor /kəmˈpetətər || kəmˈpetɪtə(r)/ *n* 1 (contestant) participante *mf*, concursante *mf*; (in competitive examination) opositor, -tora *m,f*, concursante *mf* 2 (rival) (Busn) competidor, -dora *m,f*, rival *mf*; (Sport) contrincante *mf*, rival *mf*

compilation /ˌkɑːmpəˈleɪʃən || ˌkɒmpɪˈleɪʃən/ *n* 1 [u] (of list) compilación *f*; (of information) recopilación *f* 2 [c] (collection) recopilación *f*; **a ~ of her greatest hits** una recopilación de sus grandes éxitos; (*before n*): **~ album** álbum *m* recopilatorio

compile /kəmˈpaɪl/ *vt* 1 (make, compose) ‹*dictionary/index*› compilar 2 (collect) ‹*information/material*› recopilar, reunir*, recabar 3 (Comput) ‹*program*› compilar

compiler /kəmˈpaɪlər || kəmˈpaɪlə(r)/ *n* 1 (of dictionary, list) compilador, -dora *m,f*; (of information) recopilador, -dora *m,f* 2 (program) (Comput) compilador *m*

complacency /kəmˈpleɪsnsi/ *n* [u] autocomplacencia *f*; **the riots shook the government out of its ~** los disturbios sacudieron al gobierno obligándolo a abandonar su autocomplacencia; **he had every reason for ~** tenía razones más que suficientes para sentirse contento consigo mismo *or* para sentirse satisfecho de sí mismo

complacent /kəmˈpleɪsnt/ *adj* ‹*person*› satisfecho de sí mismo; ‹*attitude*› displicente; **you've won the first round, but don't get ~** has ganado la primera vuelta, pero no te confíes, has ganado la primera vuelta pero no te duermas sobre los laureles

complacently /kəmˈpleɪsntli/ *adv* ‹*smile*› con suficiencia

complain /kəmˈpleɪn/ *vi* quejarse, reclamar; **to ~ TO sb ABOUT sth** quejarse A algn POR algo; **I ~ed to the neighbors about the noise** me quejé a los vecinos por el ruido; **they're always ~ing** siempre están quejándose *or* reclamando *or* protestando; **I can't ~** no me puedo quejar; **they ~ed about working conditions** protestaron por las condiciones de trabajo; **to ~ OF sth** quejarse DE algo; **she ~ed of a headache** se quejó de dolor de cabeza, se quejó de que le dolía la cabeza

■ **complain** *vt*: **you're hurting me, she ~ed** —me haces daño —protestó *or* se quejó; **he ~ed that no one took him seriously** se quejó de que nadie lo tomaba en serio

complainant /kəmˈpleɪnənt/ *n* reclamante *mf*; (Law) actor, -tora *m,f*

complaint /kəmˈpleɪnt/ *n* 1 (statement of displeasure) queja *f*, reclamo *m* (AmL); **my main ~ was the food** mi principal (motivo de) queja era la comida; **to make a ~** quejarse, reclamar; **to lodge a ~** presentar una queja, hacer* una reclamación *or* (AmL tb) presentar un reclamo; **they have no cause/grounds for ~** no tienen motivo de queja 2 (ailment) dolencia *f* (frml), afección *f* (frml)

complaints department *n* departamento *m* de reclamaciones *or* (AmL tb) reclamos

complaisance /kəmˈpleɪzns/ *n* [u] (frml) sumisión *f*

complaisant /kəmˈpleɪznt/ *adj* (frml) sumiso

complement[1] /ˈkɑːmpləmənt || ˈkɒmplɪmənt/ *n*

A 1 **~ (TO sth)** complemento *m* (DE algo) 2 (Ling) (complemento *m*) predicativo *m* 3 (Math) complemento *m*; **the ~ of an angle** el complemento de un ángulo

B (full number): **the orchestra had the full ~ of strings** la orquesta contaba con una sección de cuerdas completa; **the ship's ~** (Naut) la tripulación *or* dotación completa

complement[2] *vt* complementar; **those colors ~ each other** esos colores se complementan (entre sí)

complementarity /ˌkɑːmpləmənˈtærəti || ˌkɒmplɪmenˈtærɪti/ *n* complementariedad *f*

complementary /ˌkɑːmpləˈmentri || ˌkɒmplɪˈmentri/ *adj* 1 ‹*colors/interests/processes*› complementario; **the two characters are ~ to each other** los dos personajes se complementan (entre sí) 2 (Math) complementario 3 (Biol) ‹*genes*› complementario

complementary medicine *n* [u] medicina *f* complementaria

complete[1] /kəmˈpliːt/ *adj*

A 1 (entire) ‹*set/edition*› completo; **the ~ and unabridged edition** la edición completa *or* íntegra; **the kit comes ~ with tools and instructions** el kit viene con las herramientas e instrucciones incluidas; **he came dressed as a woodman, ~ with axe** vino vestido de leñador, con hacha y todo 2 (finished) terminado, concluido; **when will the report be ~?** ¿cuándo estará terminado *or* listo el informe?

B (thorough, absolute) (*as intensifier*) total, completo; **it was a ~ disaster/failure** fue un desastre/fracaso total, fue un absoluto desastre/fracaso; **I made a ~ fool of myself** quedé como un verdadero idiota; **it came as a ~ surprise** fue una auténtica *or* verdadera sorpresa; **a ~ waste of time** una pérdida de tiempo total y absoluta

complete[2] *vt* 1 (finish) ‹*building/education*› acabar, terminar; ‹*sentence*› cumplir; **when we have ~d our investigations ...** cuando hayamos completado *or* concluido nuestras investigaciones ... 2 (make whole) ‹*set/collection*› completar; **let me ~ the picture** deja que te termine de describir la situación 3 (fill in) (frml) ‹*questionnaire/form*› llenar, rellenar

■ **complete** *vi* (in house purchases) (BrE); *formalizar el contrato de compraventa*

completely /kəmˈpliːtli/ *adv* completamente, totalmente; **I ~ forgot** me olvidé completamente *or* totalmente *or* por completo; **it's ~ and utterly false** es total y absolutamente falso; **do you feel ~ recovered?** ¿estás ya bien del todo?, ¿ya te sientes del todo bien?; **we ~ failed to convince them** no logramos convencerlos en absoluto *or* para nada

completeness /kəmˈpliːtnəs || kəmˈpliːtnɪs/ *n* [u] lo completo, lo total

completion /kəmˈpliːʃən/ *n* [u] 1 (act) finalización *f*, terminación *f*; **~ of the building work is scheduled for next year** la finalización de las obras está prevista para el año próximo 2 (state): **to bring sth to ~** terminar algo, llevar algo a término (frml); **the building is nearing ~** falta poco para terminar el edificio; (*before n*): **~ date** fecha *f* de entrega 3 (of form, coupon): **following ~ of the form** tras haber rellenado el impreso 4 (in house purchases) (BrE) *formalización del contrato de compraventa*

complex[1] /ˈkɑːmpleks || ˈkɒmpleks/ *adj* 1 (complicated) ‹*person/idea/issue/situation*› complejo, complicado 2 (intricate) ‹*system/pattern/design*› complejo 3 (Ling) ‹*sentence/word*› complejo 4 (Math) ‹*number/variable*› complejo

complex[2] *n*

A (buildings) complejo *m*; **a sports/an industrial ~** un complejo deportivo/industrial

B (Psych) complejo *m*; **she's got a ~ about her stammer** tiene complejo por ser tartamuda, su tartamudez la tiene acomplejada; **he's got a ~ about spiders** (colloq) les tiene fobia a las arañas

C (set, series) serie *f*

complexion /kəmˈplekʃən/ *n* 1 (skin type) cutis *m*; (in terms of color) tez *f*; **a good ~** un buen cutis; **a dark/light ~** una tez oscura/clara 2 (aspect) cariz *m*; **to put a different/new ~ on sth** darle* otro/un nuevo cariz a algo 3 (nature, make-up) carácter *m*

complexity /kəmˈpleksəti/ *n* [u c] (*pl* **-ties**) complejidad *f*; **the subject's ~** la complejidad *or* lo complejo del tema

compliance /kəmˈplaɪəns/ *n* [u] 1 (acquiescence) conformidad *f*; **~ WITH sth** conformidad CON algo; **in ~ with your wishes/the law ...** conforme a *or* en conformidad con sus deseos/la ley ... 2 (submissiveness) docilidad *f* 3 (Tech) resistencia *f* a la vibración

compliance officer *n* (in UK) oficial *mf* de cumplimiento

compliant /kəmˈplaɪənt/ *adj* ‹*person*› que se amolda a los deseos de los demás; ‹*workforce*› dócil

complicate /ˈkɑːmpləkeɪt || ˈkɒmplɪkeɪt/ *vt* ‹*situation/subject*› complicar*; **don't ~ the issue!** ¡no compliques las cosas!

complicated /ˈkɑːmpləkeɪtəd || ˈkɒmplɪkeɪtɪd/ *adj* complicado; **she's a ~ person** es una persona complicada

complication /ˌkɑːmpləˈkeɪʃən || ˌkɒmplɪˈkeɪʃən/ *n* complicación *f*; **to cause ~s** causar complicaciones *or* dificultades; **~s set in** (Med) surgieron complicaciones

complicity /kəmˈplɪsəti/ *n* [u] **~ (IN sth)** complicidad *f* (EN algo)

compliment[1] /ˈkɑːmpləmənt || ˈkɒmplɪmənt/ *n* 1 (expression of praise) cumplido *m*, halago *m*; **to pay sb a ~** hacerle* un cumplido a algn, halagar* a algn; **I meant it as a ~** lo dije como un cumplido *or* halago, mi intención fue hacerle un cumplido; **he's received many ~s on his cooking** le han alabado mucho lo bien que cocina; **he was fishing for ~s** andaba a la caza de *or* buscando cumplidos; **the children are a ~ to both of you** pueden estar orgullosos de sus hijos; **my ~s to the chef** felicitaciones al cocinero; **I take it as a ~ that ...** me halaga que ... 2 **compliments** *pl* (greetings, best wishes) saludos *mpl*; **give him my ~s** salúdelo de mi parte, dele saludos de mi parte; **~s of the season!** ¡Felices Fiestas!; **please accept this champagne with the ~s of the management** permítame ofrecerle este champán, gentileza *or* cortesía de la dirección; (*before n*): **~s slip** ≈ tarjeta *f*

compliment[2] *vt* **to ~ sb (ON sth)** felicitar a algn (POR algo); **allow me to ~ you on your singing** permítame que lo felicite por lo bien

C

que canta; **she ~ed him on his new suit** le alabó el traje nuevo

complimentary /ˌkɑːmplə'mentəri || ˌkɒmplɪ'mentri/ *adj* 1 (flattering) ‹*remark/review/article*› elogioso, halagüeño; **I asked what he thought of you and he was very ~** le pregunté qué pensaba de ti y fue muy elogioso; **she wasn't very ~ about her teacher** no habló muy bien de su profesora 2 (free) ‹*copy*› de obsequio *or* regalo; **~ ticket** invitación *f*; **all drinks on board are ~** el servicio de bar a bordo es gratuito *or* es cortesía de la empresa

comply /kəm'plaɪ/ *vi* **-plies, -plying, -plied to ~ (WITH sth)**: **to ~ with a request** acceder a una solicitud; **to ~ with an order** cumplir *or* obedecer* *or* acatar una orden; **to ~ with sb's instructions** seguir* las instrucciones de algn; **to ~ with the law** acatar la ley; **all machinery must ~ with safety regulations** toda la maquinaria debe cumplir con *or* llenar los requisitos de seguridad; **she refused to ~** se negó a acatar la orden (*or* a acceder a su deseo *etc*)

component[1] /kəm'pəʊnənt/ *n* 1 (constituent part) componente *m* 2 (Auto) pieza *f*; (Electron) componente *m*; (*before n*): **~s manufacturer** fabricante *m* de piezas de automóvil/de componentes electrónicos

component[2] *adj* componente; ‹*element*› constituyente; **~ part** componente *m*, parte *f* integrante

comport /kəm'pɔːrt || kəm'pɔːt/ *v refl* (frml): **to ~ oneself** conducirse* (frml), comportarse

comportment /kəm'pɔːrtmənt || kəm'pɔːtmənt/ *n* [u] (frml) conducta *f*, comportamiento *m*

compose /kəm'pəʊz/ *vt*
A (constitute) (*usu pass*) **to be ~d OF sth** estar* compuesto DE algo, componerse* DE algo
B 1 ‹*music*› componer*; ‹*poem*› escribir*, componer*; ‹*letter*› redactar 2 (Print) componer*
C (calm, control) (liter): **to ~ one's thoughts** poner* en orden sus (*or* mis *etc*) ideas; **she managed to ~ herself** *o* **her features** logró serenarse *or* recobrar la compostura
■ **compose** *vi* (Mus) componer*

composed /kəm'pəʊzd/ *adj* sereno, tranquilo

composedly /kəm'pəʊzədli || kəm'pəʊzɪdli/ *adv* serenamente, tranquilamente

composer /kəm'pəʊzər || kəm'pəʊzə(r)/ *n* compositor, -tora *m,f*

composite[1] /kɑːm'pɑːzət || 'kɒmpəzɪt/ *adj* 1 (compound, made up): **~ picture** *o* **photograph** fotomontaje *m*; (Law) retrato *m* robot, retrato *m* hablado (AmL); **he is a ~ character** es un personaje amalgama de otros 2 (Bot) ‹*plants/flowers*› compuesto 3 (Math) ‹*number*› no primo, divisible

composite[2] *n* 1 (compound) amalgama *f*, combinación *f* 2 (Bot) compuesta *f*

composition /ˌkɑːmpə'zɪʃən || ˌkɒmpə'zɪʃən/ *n*
A [u] (makeup) composición *f*; **the ~ of the subsoil** la composición del subsuelo
B 1 [u c] (Art, Lit, Mus) composición *f* 2 [c] (Educ) (essay) redacción *f*, composición *f* (AmL)
C [u] (Print) composición *f*
D [c] (substance) mezcla *f*; (*before n*) ‹*rubber/sole*› sintético
E [c] (agreement, settlement) transacción *f*; (with creditors) convenio *m*

compositor /kəm'pɑːzətər || kəm'pɒzɪtə(r)/ *n* cajista *mf*, formador, -dora *m,f* (Méx)

compos mentis /ˌkɑːmpəs'mentəs || ˌkɒmpɒs'mentɪs/ *adj* (frml) (*pred*) en plenitud de sus (*or* mis *etc*) facultades (mentales) (frml); **are you sure she's ~ ~?** (hum) ¿estás seguro de que está en sus cabales *or* en su sano juicio?; **I'd just woken up and I wasn't entirely ~ ~** (hum) me acababa de despertar y no estaba (d)espabilado del todo

compost[1] /'kɑːmpəʊst || 'kɒmpɒst/ *n* [u] abono *m* orgánico *or* vegetal, compost *m*; (*before n*): **~ heap** *o* (AmE) **pile** *lugar donde se amontonan desechos para preparar abono*

compost[2] *vt* 1 (make into compost) ‹*grass*› convertir* en abono 2 (fertilize with compost) ‹*garden*› abonar

compostable /'kɑːmpəʊstəbəl || 'kɒmpɒstəbəl/ *adj* ‹*vegetable matter/kitchen waste*› que se puede convertir en abono *or* compost

composure /kəm'pəʊʒər || kəm'pəʊʒə(r)/ *n* [u] compostura *f*, calma *f*, serenidad *f*; **to lose/regain one's ~** perder*/recobrar la compostura (*or* la calma *etc*)

compote /'kɑːmpəʊt || 'kɒmpəʊt, -pɒt/ *n* compota *f*

compound[1] /'kɑːmpaʊnd || 'kɒmpaʊnd/ *adj* ‹*number/word/eye/leaf*› compuesto; **~ interest** interés *m* compuesto; **~ substance** compuesto *m*

compound[2] /'kɑːmpaʊnd || 'kɒmpaʊnd/ *n*
A 1 (Chem) compuesto *m* 2 (word) palabra *f* compuesta 3 (mixture) mezcla *f*; **livestock ~** (Agr) pienso *m* compuesto, concentrado *m*
B (residence) complejo *m* habitacional; (for prisoners etc) barracones *mpl*

compound[3] /kɑːm'paʊnd, kəm- || kəm'paʊnd/ *vt*
A (make worse) ‹*problem*› agravar, exacerbar; ‹*risk/difficulties*› acrecentar*, aumentar; ‹*delay*› alargar*
B (*usu pass*) 1 (combine) (liter) **to be ~ed WITH sth** ir* acompañado DE algo 2 (compose, mix) combinar; **(to be) ~ed OF sth** (estar*) compuesto DE algo
C (settle by agreement) ‹*debt*› ajustar (*mediante un convenio con los acreedores*)
■ **compound** *vi* **to ~ with sb FOR sth** transigir* *or* (AmL tb) transar CON algn EN algo

comprehend /ˌkɑːmprɪ'hend || ˌkɒmprɪ'hend/ *vt*
A (understand) comprender; **I don't think you fully ~ the situation** me parece que no acabas de comprender la situación
B (embrace, include) (frml) abarcar*, comprender

comprehensible /ˌkɑːmprɪ'hensəbəl || ˌkɒmprɪ'hensəbəl/ *adj* comprensible; **this is only ~ to a lawyer** esto sólo le resultaría comprensible a un abogado

comprehension /ˌkɑːmprɪ'hentʃən || ˌkɒmprɪ'henʃən/ *n* 1 [u] (understanding) comprensión *f*; **it's beyond my ~** me resulta incomprensible 2 [c u] (school exercise) (BrE) ejercicio *m* de comprensión

comprehensive /ˌkɑːmprɪ'hensɪv || ˌkɒmprɪ'hensɪv/ *adj* 1 ‹*survey/report*› exhaustivo, global; ‹*view*› integral, de conjunto, global; ‹*list/range*› completo; ‹*victory/defeat*› absoluto; ‹*insurance/cover*› contra todo riesgo; **he has a ~ knowledge of computing** tiene muy amplios conocimientos de informática 2 (Educ) (in UK) *relativo al sistema educativo en el cual no se separa a los educandos según su nivel de aptitud*

comprehensive (school) *n* (BrE) *instituto de segunda enseñanza*

> **comprehensive school**
>
> Colegio británico de educación secundaria con alumnos de todos los niveles, cuyas edades están comprendidas entre los 11 y los 18 años. Estos colegios fueron introducidos en los años 60, con el fin de crear un sistema educativo más igualitario, en sustitución del sistema selectivo que operaba en esa época. *Ver tb* ▸**grammar school.**

comprehensively /ˌkɑːmprɪ'hensɪvli || ˌkɒmprɪ'hensɪvli/ *adv*: **the subject is ~ treated in this book** este libro trata el tema exhaustivamente; **they were ~ beaten in the final** sufrieron una derrota aplastante en la final

comprehensives /ˌkɑːmprɪ'hensɪvz || ˌkɒmprɪ'hensɪvz/ *pl n* (in US) exámenes *mpl* finales (*en asignaturas de todo el curso o la carrera*)

compress[1] /kəm'pres/ *vt* 1 (reduce) comprimir; ‹*text*› condensar; **to ~ sth INTO sth**: **it is ~ed into solid blocks** se comprime hasta formar bloques compactos; **he ~ed the speech into a short article** escribió un breve artículo en el que se condensaba el discurso 2 (Comput) comprimir

compress[2] /'kɑːmpres || 'kɒmpres/ *n* compresa *f*; **hot/cold ~** compresa caliente/fría

compressed air /kəm'prest/ *n* [u] aire *m* comprimido

compression /kəm'preʃən/ *n* [u] 1 (reduction) compresión *f*; (*before n*): **~-ignition engine** motor *m* de compresión; **~ ratio** relación *f* de compresión; **~ stroke** carrera *f* de compresión 2 (Comput) compresión *f*

compressor /kəm'presər || kəm'presə(r)/ *n* compresor *m*

comprise /kəm'praɪz/ *vt* 1 (consist of) comprender, constar de 2 (constitute, make up) componer*; **to be ~d OF sth** componerse* DE algo, estar* compuesto DE algo

compromise[1] /'kɑːmprəmaɪz || 'kɒmprəmaɪz/ *n* [c u] 1 (agreement) acuerdo *m* mutuo, arreglo *m*, compromiso *m*; **to come to** *o* **reach a ~** llegar* a un acuerdo mutuo *or* a un arreglo *or* a un compromiso; (*before n*) ‹*candidate/decision*› aceptable para ambas partes (*or* para todos *etc*); ‹*solution*› de compromiso 2 (trade-off): **a ~ between price and quality** un equilibrio entre precio y calidad; **efficiency achieved with no ~ to safety** eficiencia obtenida sin comprometer la seguridad

compromise[2] *vi* 1 (make concessions) transigir*, transar (AmL); **we ~d on $750** transigimos *or* (AmL tb) transamos en $750 2 (give way) **to ~ ON sth**: **we cannot ~ on this point** en este punto no podemos ceder *or* transigir; **we didn't want to ~ on safety** no queríamos comprometer la seguridad
■ **compromise** *vt* 1 (discredit) ‹*person/organization/reputation*› comprometer; **to ~ oneself** ponerse* en una situación comprometida 2 (endanger) comprometer, poner* en peligro

compromising /'kɑːmprəmaɪzɪŋ || 'kɒmprəmaɪzɪŋ/ *adj*
A ‹*evidence*› comprometedor; ‹*situation*› comprometido
B ‹*spirit*› acomodaticio

comptroller /kən'trəʊlər || kən'trəʊlə(r)/ *n* (frml) interventor, -tora *m,f*, contralor, -lora *m,f* (AmL)

compulsion /kəm'pʌlʃən/ *n* 1 [u] (force, duress) coacción *f*; **you're under no ~ to do it** no tienes ninguna obligación de hacerlo, nadie puede obligarte a hacerlo; **she signed under ~** firmó coaccionada *or* bajo coacción 2 [c] (obsession) compulsión *f*

compulsive /kəm'pʌlsɪv/ *adj* 1 (compelling): **the book is ~ reading** es uno de esos libros que se empiezan y no se pueden dejar; **the film is ~ viewing** es una película que no hay que perderse 2 (obsessive) ‹*behavior*› compulsivo; **she has bouts of ~ spending** tiene temporadas de gastar y gastar sin freno; **he's a ~ eater/liar** come/miente por compulsión

compulsively /kəm'pʌlsɪvli/ *adv* compulsivamente

compulsive-obsessive /kəmˌpʌlsɪvəb'sesɪv/ *adj, n* ▸**obsessive-compulsive**[1], **obsessive-compulsive**[2]

compulsorily /kəm'pʌlsərəli || kəm'pʌlsərɪli/ *adv* obligatoriamente, a la fuerza

compulsory /kəm'pʌlsəri/ *adj* ‹*attendance*› obligatorio; ‹*retirement/saving*› forzoso; **~ education** enseñanza *f or* escolaridad *f* obligatoria; **~ liquidation** liquidación *f* forzosa

compulsory purchase *n* (BrE) expropiación *f*; (*before n*): **~ ~ order** orden *f* de expropiación

compunction /kəm'pʌŋkʃən/ *n* [u] reparo *m*; **without the slightest ~** sin el más mínimo reparo *or* escrúpulo; **to have no ~ about -ING** no tener* ningún reparo en + INF; **I wouldn't have any ~ about lying to her** no tendría ningún reparo en mentirle

computation /ˌkɑːmpju'teɪʃən || ˌkɒmpjuː'teɪʃən/ *n* [u c] cálculo *m*, cómputo *m*; **the figure is correct by my ~** la cifra es correcta según mis cálculos; **their wealth is beyond ~** su fortuna es incalculable

computational /ˌkɑːmpjuˈteɪʃnəl || ˌkɒmpjuːˈteɪʃənl/ *adj* computacional

computational linguistics *n* [u] (+ *sing vb*) lingüística *f* computacional

compute /kəmˈpjuːt/ *vt* calcular, computar

computer /kəmˈpjuːtər || kəmˈpjuːtə(r)/ *n* computadora *f* (esp AmL), computador *m* (esp AmL), ordenador *m* (Esp); **all the data is on ~** todos los datos están computarizados *or* computerizados; **to put sth on ~** informatizar* algo; **she works in ~s** trabaja en informática *or* computación; (*before n*) ‹*society/age/revolution*› de la informática; ‹*program/game*› de computadora (*or* ordenador *etc*); ‹*graphics/animation*› por computadora (*or* ordenador *etc*); **~ chip** chip *m* informático, chip *m* de computadora (*or* de ordenador *etc*); **~ crime** delito *m* informático; **~ engineer** técnico, -ca *m,f* en informática *or* computación; **~ expert** técnico informático, técnica informática *m,f*, técnico, -ca en computadoras (*or* ordenadores *etc*); **~ fraud** fraude *m* informático; **~ language** lenguaje *m* de programación; **~ pornography** pornografía *f* informática *or* por Internet; **~ printout** impresión *f* de salida impresión *f* de computadora (*or* de ordenador *etc*); **~ programmer** programador, -dora *m,f*; **~ programming** programación *f*; **~ room** sala *f* de computadoras (*or* de ordenadores *etc*); **~ skills** conocimientos *mpl* de informática *or* de computación; **~ studies** informática *f*, computación *f*; **~ terminal** terminal *m* informático, terminal *m* de computadora (*or* de ordenador *etc*); **~ typesetting** composición *f* por computadora (*or* por ordenador *etc*); **~ user** usuario, -ria *m,f* de computadora (*or* de ordenador *etc*)

computer-aided /kəmˌpjuːtərˈeɪdəd || kəmˌpjuːtərˈeɪdɪd/, **computer-assisted** /-əˈsɪstəd || -əˈsɪstɪd/ *adj* ‹*learning/design*› asistido por computadora (*or* ordenador *etc*)

computer-based /kəmˈpjuːtərˌbeɪst || kəmˈpjuːtəˌbeɪst/ *adj* ‹*investigation/approach/communications*› computarizado, computerizado; **~ training** entrenamiento *m* basado en computadora (*or* ordenador *etc*), enseñanza *f* basada en computadora (*or* ordenador *etc*), EBC *m*, EBO *m* (Esp)

computer conferencing *n* [u] teleconferencia *f* asistida por computadora (*or* ordenador *etc*)

computer dating *n* [u] citas *fpl*, por computadora (*or* ordenador *etc*); (*before n*): **~ ~ agency/service** agencia *f* /servicio *m* de citas por computadora (*or* ordenador *etc*)

computerese /kəmˌpjuːtəˈriːz/ *n* [u] jerga *f* de la informática

computer-friendly /kəmˌpjuːtərˈfrendli || kəmˌpjuːtəˈfrendli/ *adj* **1▸** (compatible with IT) ‹*systems/methods*› compatible con computadoras (*or* ordenadores *etc*) **2▸** (able to use IT) ‹*employee/work force*› con conocimientos de informática

computer-generated /kəmˌpjuːtərˈdʒenəreɪtəd || kəmˌpjuːtəˈdʒenəreɪtɪd/ *adj* ‹*graphics/forecasts*› realizado por computadora (*or* ordenador *etc*)

computerization /kəmˌpjuːtərəˈzeɪʃən || kəmˌpjuːtəraɪˈzeɪʃən/ *n* [u] (of data) computarización *f*, computerización *f*; (of business) informatización *f*

computerize /kəmˈpjuːtəraɪz/ *vt* ‹*data/records*› computarizar*, computerizar*; ‹*company/department*› informatizar*

computer literacy *n* [u] conocimientos *mpl* de informática *or* de computación, competencia *f* en informática *or* en computación

computer-literate /kəmˌpjuːtərˈlɪtərət || kəmˌpjuːtəˈlɪtərət/ *adj* con conocimientos de informática *or* de computación, con competencia en informática *or* en computación

computer-operated /kəmˌpjuːtərˈɑːpəreɪtəd || kəmˌpjuːtərˈɒpəreɪtɪd/ *adj* ‹*system/machine*› operado por computadora (*or* ordenador *etc*), computarizado, computerizado

computer-readable /kəmˌpjuːtərˈriːdəbəl || kəmˌpjuːtəˈriːdəbəl/ *adj* que puede ser leído por computadora (*or* ordenador *etc*)

computer science *n* [u] informática *f*

computer scientist *n* informático, -ca *m,f*, científico, -ca *m,f* en informática *or* en computación

computer virus *n* virus *m* informático

computing /kəmˈpjuːtɪŋ/ *n* [u] informática *f*, computación *f*; (*before n*): **~ skills** competencia *f* en el uso de computadoras (*or* ordenadores *etc*); **~ time** tiempo *m* máquina

comrade /ˈkɑːmræd || ˈkɒmreɪd/ *n* **1▸** (friend, fellow member) compañero, -ra *m,f*, camarada *mf*; **~ in arms** compañero, -ra *m,f* de armas **2▸** (*as form of address*) (Pol) (to man) compañero, camarada; (to woman) compañera, camarada

comradely /ˈkɑːmrædli || ˈkɒmreɪdli/ *adj* ‹*greetings/gesture*› de camaradería; **their welcome was hardly ~** su recibimiento fue muy poco amistoso

comradeship /ˈkɑːmrædʃɪp || ˈkɒmreɪdʃɪp/ *n* [u] camaradería *f*; **in a spirit of ~** con espíritu de camaradería

con[1] /kɑːn || kɒn/ *n*

A (fraud) (colloq) timo *m* (fam), estafa *f*

B (prisoner, convict) (sl) preso, -sa *m,f*, taleguero, -ra *m,f* (Esp arg)

C **1▸** (colloq) (objection) contra *m*; **the ~s outweigh the pros** hay menos pros que contras **2▸** (voter) votante *mf* en contra; *see also* **pro**[1] **B**

con[2] *vt* **-nn-**

A (colloq) (deceive) timar (fam), estafar; (sweet-talk) engatusar, embaucar*, camelar (fam); **to ~ sb INTO/OUT OF sth**: **I didn't want to go: I was ~ned into it** yo no quería ir: me embaucaron *or* (fam) me camelaron para que fuera; **I was ~ned into thinking that ...** me engatusaron haciéndome creer que ...; **he ~ned the old ladies out of their savings** embaucó a las ancianas y les quitó los ahorros; **he ~ned his way into the house by posing as a doctor** consiguió meterse en la casa haciéndose pasar por médico

B (study) (arch) estudiar

Con **1▸** = **Conservative** **2▸** = **constable**

concatenate[1] /kɑːnˈkætəneɪt || kɒnˈkætɪneɪt/ *vt* (frml) concatenar

concatenate[2] *adj* (frml) concatenado

concatenation /kɑːnˌkætəˈneɪʃən || kɒnˌkætɪˈneɪʃən/ *n* (frml) concatenación *f* (frml)

concave /ˈkɑːnkeɪv || ˈkɒŋkeɪv/ *adj* cóncavo

concavity /kɑːnˈkævəti || kɒŋˈkævəti/ *n* (*pl* **-ties**) **1▸** [u] (of lens, mirror, surface) lo cóncavo **2▸** [c] (hollow) concavidad *f*

concavo-convex /kɑːnˌkeɪvəʊˈkɑːnveks || kɒŋˌkeɪvəʊˈkɒnveks/ *adj* cóncavo-convexo

conceal /kənˈsiːl/ *vt* **1▸** (hide) ‹*object/facts/truth*› ocultar; ‹*emotions*› disimular, ocultar; **he had a gun ~ed beneath his coat** ocultaba un arma bajo el abrigo; **she looked at him with barely ~ed hatred/disdain** lo miró con mal disimulado odio/desdén; **to ~ sth FROM sb** ocultar(le) algo A algn **2▸** **concealed** *past p* ‹*door/camera*› oculto; ‹*lighting*› indirecto; **~ed wiring** instalación *f* (eléctrica) empotrada; Ⓢ **concealed entrance/exit** peligro: entrada/salida de vehículos

concealment /kənˈsiːlmənt/ *n* [u] ocultación *f*

concede /kənˈsiːd/ *vt* **1▸** (admit) ‹*failure/inability/superiority*› reconocer*; **to ~ defeat** admitir la derrota, darse* por vencido; **that's true, he ~d** —eso es cierto —reconoció *or* admitió **2▸** (allow) ‹*right/privilege*› conceder; **to ~ sth TO sb** concederle algo A algn; **he ~d the point to the chairman** le concedió la razón al presidente **3▸** (give away) ‹*game/penalty*› conceder; **they ~d an early goal** concedieron un gol en los primeros minutos del partido

■ **concede** *vi* (admit defeat) admitir la derrota, darse* por vencido; (Sport) abandonar

conceit /kənˈsiːt/ *n*

A [u] (pride) engreimiento *m*, presunción *f*; **to be full of ~** ser* muy engreído

B [c] (opinion) (liter) parecer *m*

C [c] (Lit) concepto *m*

conceited /kənˈsiːtəd || kənˈsiːtɪd/ *adj* engreído, presuntuoso, creído (fam)

conceitedly /kənˈsiːtədli || kənˈsiːtɪdli/ *adv* con engreimiento *or* presunción

conceivable /kənˈsiːvəbəl/ *adj* imaginable; **they used every ~ means** usaron todos los medios imaginables; **it's just ~ that he forgot** puede ser que se haya olvidado, cabe la posibilidad de que se haya olvidado

conceivably /kənˈsiːvəbli/ *adv* (*indep*): **they may ~ have decided to sell it** cabe la posibilidad de que hayan decidido venderlo, no es inconcebible que hayan decidido venderlo

conceive /kənˈsiːv/ *vt*

A **1▸** (devise) ‹*scheme/plan/book/idea*› concebir*; **a brilliantly ~d plan** un plan muy bien concebido *or* de magnífica concepción **2▸** (imagine) imaginar, pensar*; (consider) considerar; **they ~d it to be their responsibility** consideraron que era su responsabilidad; **I can't ~ why you allowed him to use your car** no concibo *or* no me cabe en la cabeza por qué le prestaste el coche

B (develop): **she ~d a passion for opera** le entró pasión por la ópera; **she ~d an instant antipathy for him** le tomó *or* (esp Esp) le cogió antipatía de inmediato

C ‹*child*› concebir*

■ **conceive** *vi* (become pregnant) concebir*

(Phrasal verb)

• **conceive of** [v + prep + o] (frml) imaginar, concebir*

concentrate[1] /ˈkɑːnsəntreɪt || ˈkɒnsəntreɪt/ *vt*

A ‹*energies/attention/activities*› **to ~ sth (ON sth)** concentrar algo (EN algo); **he should ~ his efforts on something worthwhile** debería concentrar sus esfuerzos en algo que mereciese la pena

B **1▸** (gather, bring together) **to ~ sth IN/INTO sth** concentrar algo EN algo; **troops were ~d in the capital** las tropas se concentraron en la capital **2▸** (increase strength of) concentrar

■ **concentrate** *vi*

A (focus attention) «*person*» concentrarse; «*talks*» centrarse; **I can't ~ in here** aquí no me puedo concentrar; **to ~ ON sth/-ING**: **the talks will ~ on this problem** las conversaciones se centrarán en este problema; **~ on the main problem/on getting this finished** concéntrate en el problema principal/en terminar esto

B (converge) «*people/group/crowd*» concentrarse

concentrate[2] *n* [u] concentrado *m*

concentrated /ˈkɑːnsəntreɪtəd || ˈkɒnsəntreɪtɪd/ *adj* **1▸** ‹*effort*› intenso y continuado **2▸** ‹*solution/juice*› concentrado; **highly ~** muy concentrado; **in ~ form** concentrado

concentration /ˌkɑːnsənˈtreɪʃən || ˌkɒnsənˈtreɪʃən/ *n*

A [u] (attention) **~ (ON sth)** concentración *f* (EN algo); **this work requires all one's (powers of) ~** este trabajo exige la máxima concentración

B **1▸** [c] (gathering, grouping) concentración *f* **2▸** [u] (Chem, Culin) concentración *f*

concentration camp *n* campo *m* de concentración

concentric /kənˈsentrɪk/ *adj* concéntrico

concept /ˈkɑːnsept || ˈkɒnsept/ *n* concepto *m*; **the two designs are similar in ~** los dos diseños se basan en conceptos similares

concept album *n* álbum *m* monográfico, álbum *m* conceptual

concept car *n* modelo *m* experimental de coche

conception /kənˈsepʃən/ *n*

A [c u] (idea) noción *f*, concepción *f*; **they have no ~ of the value of money** no tienen noción *or* idea del valor del dinero

B [u] **1▸** (of baby, young) concepción *f* **2▸** (of idea, plan) concepción *f*

conceptual /kənˈseptʃuəl || kənˈseptjuəl/ *adj* conceptual; **~ art** arte *m* conceptual; **~ artist** artista *mf* conceptual

conceptualism /kən'septʃuəlɪzəm || kən 'septjʊəlɪzəm/ *n* [u] conceptualismo *m*

conceptualization /kən,septʃuələ'zeɪʃən || kən,septʊəlaɪ'zeɪʃən/ *n* [u] conceptualización *f*

conceptualize /kən'septʃuəlaɪz || kən 'septjʊəlaɪz/ *vt* ‹*experience/reality/events*› formarse un concepto de, conceptualizar*

■ **conceptualize** *vi* formarse un concepto, conceptualizar*

conceptually /kən'septʃuəli || kən'septjʊəli/ *adv* ‹*impossible/daring/flawed*› conceptualmente; (*indep*) desde un punto de vista conceptual

concern[1] /kən'sɜːrn || kən'sɜːn/ *n*

A [c] (business, affair) asunto *m*; **that's no ~ of yours** eso no es asunto tuyo *or* no es de tu incumbencia, eso no te concierne *or* no te incumbe (a ti); **what ~ is it of ours?** ¿y a nosotros qué nos importa?; **what they do in their free time is their ~** lo que hagan en su tiempo libre es asunto suyo; **make it your ~ to send all the faxes immediately** encárguese personalmente de que todos los faxes se manden inmediatamente

B [u] **1** (anxiety) preocupación *f*, inquietud *f*; **there's cause for ~** hay motivos de preocupación *or* para preocuparse; **her health has been a constant source** *o* **object of ~ to her parents** su salud ha sido un constante motivo de preocupación para sus padres; **there is ~ that ...** preocupa que ..., es preocupante *or* inquietante que ... **2** (interest) **~ FOR sb/sth** interés *m* POR algn/algo; **she shows genuine ~ for their welfare** demuestra un verdadero interés por su bienestar; **to be of ~ to sb** importarle *or* preocuparle a algn; **it's of no great ~ to me what he does** no me importa *or* no me preocupa mucho lo que haga

C [c] (firm) empresa *f*, negocio *m*; **a going ~** un negocio en marcha

concern[2] *vt*

A (affect, involve) concernir*, incumbir; **it ~s all of us** nos concierne *or* incumbe a todos; **the people/department ~ed** la gente/el departamento en cuestión; **those ~ed know who they are** los interesados ya saben quiénes son; **to be ~ed IN sth** estar* involucrado EN algo; **to be ~ed WITH sth** ocuparse DE algo; **where money is ~ed, he's hopeless** en lo que respecta al dinero, es un caso perdido; **is this letter important? — not as far as I'm ~ed** ¿esta carta es importante? — en lo que a mí respecta, no *or* para mí, no; **as far as I'm ~ed, the matter is closed** en lo que a mí respecta, el asunto está zanjado, por mi parte doy el asunto por zanjado; **he can drop dead as far as I'm ~ed** (colloq) por mí que se muera (fam); **I might as well not exist as far as he's ~ed** para él es como si yo no existiera; **to whom it may ~** (frml) a quien corresponda (frml)

B **1** (interest) interesar; **money is the only thing that ~s him** el dinero es lo único que le interesa; **to be ~ed WITH sth: I'm more ~ed with quality than quantity** me interesa más la calidad que la cantidad **2** (worry, bother) preocupar, inquietar; **what ~s her is ...** lo que le *or* la preocupa *or* inquieta es ...

C (relate to): **my doubts ~ her experience** tengo dudas en cuanto a *or* (con) respecto a su experiencia; **my fears ~ing her health were unfounded** mis temores en cuanto a *or* respecto a su salud eran infundados; **item one ~s the new office** el primer punto trata de la nueva oficina

■ *v refl* **to ~ oneself (ABOUT sb/sth)** preocuparse (POR algn/algo); **I wouldn't ~ yourself** yo que tú no me preocuparía; **to ~ oneself WITH sth: I don't ~ myself with their affairs** yo no me inmiscuyo en sus asuntos; **~ yourself with the problem in hand** ocúpate del problema que tienes entre manos

concerned /kən'sɜːrnd || kən'sɜːnd/ *adj* ‹*person*› preocupado; ‹*look*› de preocupación; **to be ~ABOUT/FOR sb/sth** estar* preocupado POR algn/algo; **they're ~ about his health** están preocupados por su salud, les preocupa su salud; **she's not in the least ~** no está nada preocupada, no se preocupa en lo más mínimo; **I'm ~ for the children** estoy preocupada por los niños, me preocupan los niños; **you don't seem in the least ~ that ...** no parece preocuparte en lo más mínimo que ...; **he seemed very ~ to make it clear that ...** parecía muy preocupado por dejar en claro que ...; *see also* **concern**[2]

concerning /kən'sɜːrnɪŋ || kən'sɜːnɪŋ/ *prep* sobre, acerca de, con respecto a; **I'd like a word with you ~ the trip** quisiera hablar con usted sobre *or* acerca de *or* con respecto al viaje; **the problems ~ automation** los problemas relacionados con *or* concernientes a la automatización

concert[1] /'kɑːnsərt || 'kɒnsət/ *n* **1** [c] (performance) concierto *m*; **rock ~** concierto de rock; (*before n*): **~ grand** piano *m* de cola *or* de concierto; **~ hall** sala *f* de conciertos, auditorio *m*; **~ performer** concertista *mf*; **~ pianist** concertista *mf* de *or* en piano; **~ pitch** diapasón *m* normal; **~ tour** gira *f* de conciertos **2** **in concert** (performing live) en vivo, en concierto; (in combination) conjuntamente; **their voices were raised in ~ against the new law** protestaron al unísono contra la nueva ley; **in ~WITH sb** conjuntamente *or* de común acuerdo CON algn

concert[2] /kən'sɜːrt || kən'sɜːt/ *vt* **1** (frml) concertar*, coordinar **2** **concerted** *past p* coordinado, concertado; **we'll have to make a ~ed effort to ...** tendremos que coordinar *or* concertar nuestros esfuerzos para ...

concertgoer /'kɑːnsərt,gəʊər || 'kɒnsət ,gəʊə(r)/ *n*: **she's a regular ~** va muy a menudo a conciertos; **as regular ~s will know** como ya sabrá el público aficionado (a los conciertos)

concerti /kən'tʃerti: || kən'tʃeəti/ *pl of* **concerto**

concertina[1] /,kɑːnsər'tiːnə || ,kɒnsə'tiːnə/ *n* concertina *f*; (*before n*) ‹*file/pleats*› de fuelle, de acordeón

concertina[2] *vi* aplastarse como un acordeón

concertize /'kɑːnsərtaɪz || 'kənsətaɪz/ *vi* (AmE) dar* un concierto

concertmaster /'kɑːnsərt,mæstər || 'kɒnsət ,mɑːstə(r)/ *n* (AmE) primer violín *mf*, concertino *mf*

concerto /kən'tʃertəʊ || kən'tʃɜːtəʊ, kən 'tʃeətəʊ/ *n* (*pl* **-tos** *or* **-ti**) concierto *m*; **violin/cello ~** concierto para violín/violoncelo; **~ grosso** concerto *m* grosso

concession /kən'seʃən/ *n*

A **1** [c] (sth granted, admitted) concesión *f*; **to make ~s** hacer* concesiones; **S admission £3; concessions £2** (BrE) entrada £3; estudiantes, jubilados *etc* £2; **tax ~s** exenciones *fpl* tributarias *or* fiscales; **a telephone was her only ~ to modern living** un teléfono era su única concesión a la vida moderna **2** [u] (granting) concesión *f* **3** [c u] (admission of defeat) (AmE) (Pol) claudicación *f*; (*before n*): **~ speech** *discurso en el que se admite la derrota*

B [c] **1** (exploitation rights) concesión *f* **2** (trading area, stand) concesión *f*

concessionaire /kən,seʃə'ner || kən,seʃə 'neə(r)/ *n* concesionario, -ria *m,f*

concessionary /kən'seʃəneri || kən 'seʃənəri/ *adj* ‹*fare/ticket*› a precio reducido, con descuento

conch (shell) /kɑːŋk, kɑːntʃ || kɒŋk, kɒntʃ/ *n* caracola *f*

conchy, conchie /'kɑːntʃi || 'kɒntʃi/ *n* (*pl* **-chies**) (arch, sl & pej) objetor, -tora *m,f* de conciencia

concierge /kəʊn'sjerʒ || ,kɒnsɪ'eəʒ/ *n* portero, -ra *m,f*, conserje *mf*

conciliate /kən'sɪlieɪt/ *vt* conciliar

conciliation /kən,sɪli'eɪʃən/ *n* [u] conciliación *f*; **the matter must go to ~** (BrE) el asunto debe someterse a conciliación

conciliator /kən'sɪlieɪtər || kən'sɪlieɪtə(r)/ *n* conciliador, -dora *m,f*

conciliatory /kən'sɪliətɔːri || kən'sɪliətəri/ *adj* conciliador, conciliatorio

concise /kən'saɪs/ *adj* ‹*instructions/writing*› conciso; **be ~** sé conciso *or* breve; **~ dictionary** diccionario *m* abreviado

concisely /kən'saɪsli/ *adv* con concisión, sucintamente

conciseness /kən'saɪsnəs || kən'saɪsnɪs/ *n* [u] concisión *f*

conclave /'kɑːnkleɪv || 'kɒnkleɪv/ *n* [c u] cónclave *m*; **in ~** en cónclave

conclude /kən'kluːd/ *vt*

A **1** (end) ‹*discussion/lesson/letter*› concluir* (frml), finalizar* **2** (settle) ‹*deal*› cerrar*; ‹*agreement*› llegar* a; ‹*treaty*› firmar; ‹*alliance*› pactar

B (infer) concluir* (frml); **I'd already ~d that ...** yo ya había llegado a la conclusión de que ..., yo ya había concluido que ... (frml)

■ **conclude** *vi* **1** (come to an end) ‹‹*meeting/talk/book*›› concluir* (frml), terminar; **to ~, I would like to thank everybody for coming** para concluir, querría agradecerles a todos su asistencia **2** **concluding** *pres p* ‹*remarks/chapter*› final

conclusion /kən'kluːʒən/ *n*

A **1** [c] (end) conclusión *f*; **the project has been brought to a successful ~** el proyecto se ha llevado a feliz término *or* a una feliz conclusión; **his words brought the meeting to an early ~** sus palabras precipitaron el término de la reunión; **in ~** (*as linker*) para concluir, como conclusión **2** [u] (of contract, treaty) firma *f*

B [c] (decision, judgment) conclusión *f*; **to come to** *o* **reach a ~** llegar* a una conclusión; **I've come to the ~ that ...** he llegado a la conclusión de que ...; **to draw a ~** sacar* una conclusión; **you can draw your own ~s** tú saca tus propias conclusiones; ***to jump to ~s*** precipitarse (a sacar conclusiones); **don't jump to ~s!** ¡no te precipites (a sacar conclusiones)!; **he jumped to the ~ that she loved him** concluyó precipitadamente que (ella) lo quería, sacó precipitadamente la conclusión de que (ella) lo quería

conclusive /kən'kluːsɪv/ *adj* ‹*argument*› concluyente, conclusivo, decisivo; ‹*evidence*› concluyente; ‹*victory*› decisivo, contundente

conclusively /kən'kluːsɪvli/ *adv* de manera concluyente, concluyentemente

concoct /kən'kɑːkt || kən'kɒkt/ *vt* **1** (put together) ‹*meal/drink*› preparar; **he ~ed a delicious dish in no time at all** improvisó un plato delicioso en un momento **2** (fabricate) ‹*excuse/alibi/story*› inventarse; ‹*plan*› tramar

concoction /kən'kɑːkʃən || kən'kɒkʃən/ *n* **1** [c u] (food, drink): **I'm not eating/drinking that ~** (pej) yo no me como ese mejunje/bebo ese brebaje (pey); **one of Pierre's delicious ~s** una de las exquisitas creaciones de Pierre **2** [u] (of story, excuse) invención *f* (pey)

concomitant[1] /kən'kɑːmətənt || kən 'kɒmɪtənt/ *adj* (frml) concomitante (frml)

concomitant[2] *n* (frml) fenómeno *m* concomitante (frml)

concord /'kɑːnkɔːrd || 'kɒŋkɔːd/ *n* [u c] **1** (harmony) (frml) concordia *f* **2** (Ling, Mus) concordancia *f*

concordance /kən'kɔːrdns || kən'kɔːdns/ *n* concordancia *f*; (index) concordancias *fpl*

concordancer /kən'kɔːrdnsər || kən'kɔː dnsə(r)/ *n* (Comput) programa *f* de concordancias

concordant /kən'kɔːrdnt || kən'kɔːdnt/ *adj* (frml) (*pred*) **to be ~ (WITH sth)** ser* concordante (CON algo) (frml), concordar* (CON algo)

concordat /kən'kɔːrdæt || kən'kɔːdæt/ *n* concordato *m*

concourse /'kɑːnkɔːrs || 'kɒŋkɔːs/ *n*

A (large hall) explanada *f*

B (gathering) (liter) concurrencia *f*

concrete[1] /kɑːn'kriːt, 'kɑːnkriːt || 'kɒnkriːt/ *adj* **1** (specific) ‹*evidence/example*› concreto **2** (not abstract) ‹*object/reality*› concreto; **~ noun/number** nombre *m* /número *m* concreto; **~ poetry** poesía *f* concreta

concrete[2] /'kɑːnkriːt || 'kɒnkriːt/ *n* [u] hormigón *m*, concreto *m* (AmL); (in loose usage) cemento *m*; (*before n*) ‹*post/building*› de hormigón *or*

(AmL tb) concreto; ~ **mixer** mezcladora *f*, hormigonera *f*

concrete³ /ˈkɑːnkriːt || ˈkɒnkriːt/ *vt* ‹*path*› pavimentar con hormigón *or* (AmL tb) con concreto

concrete jungle *n* jungla *f* de cemento

concretely /kɑːnˈkriːtli, ˈkɑːnkriːtli || ˈkɒnkriːtli/ *adv* concretamente

concretion /kɑːnˈkriːʃən || kənˈkriːʃən/ *n* concreción *f*

concubine /ˈkɑːŋkjʊbaɪn || ˈkɒŋkjʊbaɪn/ *n* concubina *f*

concupiscence /kɑːnˈkjuːpəsəns || kənˈkjuːpɪsns/ *n* [u] (frml) concupiscencia *f* (frml)

concupiscent /kɑːnˈkjuːpəsənt || kənˈkjuːpɪsnt/ *adj* (frml) concupiscente (frml)

concur /kənˈkɜːr || kənˈkɜː(r)/ *vi* **-rr-** (frml) **1** (agree) **to ~ (WITH sb/sth)** coincidir (CON algn/algo), estar* de acuerdo (CON algn/algo) **2** (coincide) «*events/circumstances*» concurrir (frml), coincidir

concurrence /kənˈkɜːrəns || kənˈkʌrəns/ *n* [u] (frml) **1** (agreement) coincidencia *f* **2** (coincidence) concurrencia *f* (frml), coincidencia *f*

concurrent /kənˈkɜːrənt || kənˈkʌrənt/ *adj* (frml) **1** (in time) ‹*event/celebrations*› concurrente (frml), simultáneo **2** (in agreement) ‹*opinions/statements/conclusions*› coincidente, que coinciden

concurrently /kənˈkɜːrəntli || kənˈkʌrəntli/ *adv* (frml) simultáneamente; **the two sentences are to run ~** las dos condenas se cumplirán simultáneamente

concuss /kənˈkʌs/ *vt* (*usu pass*): **to be ~ed** sufrir una conmoción (cerebral) *or* una concusión

concussion /kənˈkʌʃən/ *n* **1** [u] (Med) conmoción *f* cerebral, concusión *f* **2** [c] (impact, violent shaking) sacudida *f*

condemn /kənˈdem/ *vt*

A **1** (sentence) condenar; **he was ~ed to death** lo condenaron *or* fue condenado a muerte; **they were ~ed to a life of poverty** estaban condenados a vivir en la miseria; **the ~ed cell** la celda de los condenados a muerte; **the ~ed man** el condenado a muerte **2** (censure) condenar

B **1** (declare unusable) ‹*building*› declarar ruinoso; ‹*meat/food product*› declarar no apto para el consumo **2** (in US: convert to public use) ‹*building*› expropiar (*por causa de utilidad pública*)

condemnation /ˌkɑːndemˈneɪʃən || ˌkɒndemˈneɪʃən/ *n* [u] **1** (censure) condena *f*, repulsa *f*; **these actions deserve worldwide ~** estas acciones merecen la condena internacional **2** (sentencing) **~ TO sth** condena *f* A algo **3** (of property) declaración *f* de ruinoso; (of meat, food product) declaración *f* de no apto para el consumo **4** (in US: of land) expropiación *f* (*por causa de utilidad pública*)

condemnatory /kənˈdemnətɔːri || ˌkɒndemˈneɪtəri/ *adj* condenatorio

condensate /ˈkɑːndenseɪt || ˈkɒndenseɪt/ *n*

A [u] (liquid) líquido *m* condensado

B [c] (in chemical reaction) condensado *m*

condensation /ˌkɑːndenˈseɪʃən || ˌkɒndenˈseɪʃən/ *n*

A [u] **1** (process) condensación *f* **2** (on windows etc) vapor *m*, vaho *m*

B [c u] (abridgment — process) condensación *f*; (— abbreviated version) versión *f* condensada

condense /kənˈdens/ *vt* **1** (Chem) ‹*vapor/gas*› condensar **2** (abridge) ‹*book/article/speech*› condensar, compendiar, resumir

■ **condense** *vi* (Chem) condensarse

condensed /kənˈdensd/ *adj* condensado, resumido; **~ milk** leche *f* condensada; **~ soup** sopa *f* concentrada

condenser /kənˈdensər || kənˈdensə(r)/ *n* **1** (Chem, Elec) condensador *m* **2** (Opt) condensador *m*

condescend /ˌkɑːndɪˈsend || ˌkɒndɪˈsend/ *vi* **1** (deign) **to ~ to + INF** dignarse *or* condescender* A + INF **2** (patronize) **to ~ TO sb** tratar a algn con condescendencia; **I hate the way she ~s to us** odio la condescendencia con que nos trata

condescending /ˌkɑːndɪˈsendɪŋ || ˌkɒndɪˈsendɪŋ/ *adj* ‹*tone/smile*› condescendiente; **he's very ~** tiene una actitud muy condescendiente; **to be ~ TO** *o* **TOWARD(S) sb** tratar a algn con condescendencia

condescendingly /ˌkɑːndɪˈsendɪŋli || ˌkɒndɪˈsendɪŋli/ *adv* con condescendencia

condescension /ˌkɑːndɪˈsentʃən || ˌkɒndɪˈsenʃən/ *n* [u] condescendencia *f*

condign /kənˈdaɪn/ *adj* (liter) merecido

condiment /ˈkɑːndəmənt || ˈkɒndɪmənt/ *n* (seasoning) condimento *m*, aliño *m*; (relish) salsa *f* (*para condimentar*)

condition¹ /kənˈdɪʃən/ *n*

A (stipulation, requirement) condición *f*; **~s of sale** condiciones *fpl* de venta; **under the ~s of the contract** bajo las condiciones del contrato; **she made it a ~ that ...** puso como condición que ...; **on one ~** con una condición; **on ~ that** con la condición de que, a condición de que

B **1** (state) (*no pl*) estado *m*, condiciones *fpl*; **in good/poor ~** en buen/mal estado, en buenas/malas condiciones; **to be in no ~ to + INF** no estar* en condiciones de + INF; **he wasn't in any ~ to travel** no estaba en condiciones de viajar; **her ~ is stable** su estado es estacionario; **the human ~** la condición humana **2** (state of fitness): **to be in/out of ~** estar*/no estar* en forma **3** (Med) afección *f* (frml), enfermedad *f*; **a rare medical ~** una enfermedad *or* (frml) afección poco común; **a heart/liver ~** una afección cardíaca/hepática (frml)

C **conditions** *pl* **1** (circumstances) condiciones *fpl*; **working/living/housing ~s** condiciones de trabajo/vida/vivienda **2** (Meteo): **weather ~s are good** el estado del tiempo es bueno

condition² *vt*

A (influence, determine) condicionar; **to ~ sb to + INF** condicionar a algn A + INF; **society ~s people to accept certain conventions** la sociedad condiciona a la gente a aceptar ciertas convenciones; **our culture has ~ed us to be competitive** nuestra cultura nos ha programado para la competencia; **~ed reflex** *o* **response** reflejo *m* condicionado

B (make healthy) ‹*hair*› acondicionar; ‹*muscles*› tonificar*; ‹*athlete*› poner* en forma, preparar

conditional¹ /kənˈdɪʃnəl || kənˈdɪʃənl/ *adj* **1** (provisional) ‹*agreement/acceptance*› condicional, con condiciones; **to be ~ ON** *o* **UPON sth** estar* condicionado *or* supeditado A algo; **she made the offer ~ on their accepting certain changes** hizo la oferta con *or* bajo la condición de que aceptaran ciertos cambios **2** (Ling) ‹*sentence*› condicional

conditional² *n*: **the ~** el condicional *or* potencial

conditionally /kənˈdɪʃnəli/ *adv* condicionalmente

conditioner /kənˈdɪʃnər || kənˈdɪʃnə(r)/ *n* (*hair ~*) acondicionador *m*, enjuague *m* (AmL), suavizante *m* (Esp), bálsamo *m* (Chi); (*fabric ~*) suavizante *m*

conditioning /kənˈdɪʃnɪŋ/ *n* [u] **1** (Psych) condicionamiento *m* **2** (physical) (AmE) preparación *f* (física)

conditioning shampoo *n* champú *m* acondicionador

condo /ˈkɑːndəʊ || ˈkɒndəʊ/ *n* (AmE colloq) ▸**condominium A**

condole /kənˈdəʊl/ *vi* (frml) **to ~ WITH sb (ON sth)** expresarle sus condolencias A algn (POR algo) (frml)

condolence /kənˈdəʊləns/ *n* (frml) **1** [u] (sympathy): **letter/message of ~** carta/mensaje de condolencia (frml) **2** **condolences** *pl* condolencias *fpl* (frml), pésame *m*; **he offered/sent his ~s to the widow** le dio/envió el pésame *or* (frml) sus condolencias a la viuda; **please accept our heartfelt ~s** rogamos acepte nuestras más sinceras condolencias *or* nuestro más sentido pésame (frml)

condom /ˈkɑːndəm || ˈkɒndɒm/ *n* preservativo *m*, condón *m*

condominium /ˌkɑːndəˈmɪniəm || ˌkɒndəˈmɪniəm/ *n* (*pl* **~s**)

A (AmE) **1** [u] (ownership) régimen *m* de propiedad horizontal **2** (building) condominio *m* (AmL), bloque *m* de pisos (Esp) **3** (apartment) apartamento *m*, piso *m* (Esp) (*en régimen de propiedad horizontal*)

B [u c] (Pol) condominio *m*

condone /kənˈdəʊn/ *vt* ‹*violence/conduct*› aprobar*; **I'm not condoning them** no apruebo su conducta

condor /ˈkɑːndər || ˈkɒndɔː(r)/ *n* cóndor *m*

conduce /kənˈduːs || kənˈdjuːs/ *vi* (frml) **to ~ TO sth** conducir* A algo

conducive /kənˈduːsɪv || kənˈdjuːsɪv/ *adj* (*pred*) **to be ~ TO sth** ser* propicio PARA algo; **this place is not very ~ to working** este lugar no es muy propicio para trabajar; **it's not ~ to concentration** no favorece la concentración, no ayuda a concentrarse

conduct¹ /ˈkɑːndʌkt || ˈkɒndʌkt/ *n* [u] **1** (behavior) conducta *f*, comportamiento *m*; **good/bad ~** buena/mala conducta, buen/mal comportamiento; **the rules of ~ of the school** las normas de comportamiento del colegio; **unprofessional ~** conducta *f* poco profesional **2** (management): **her ~ of the investigation was exemplary** la manera *or* el modo en que condujo la investigación fue ejemplar

conduct² /kənˈdʌkt/ *vt*

A (carry out) ‹*inquiry/experiment*› llevar a cabo, realizar*; ‹*conversation*› mantener*; **to ~ one's own defense** llevar su (*or* mi *etc*) propia defensa; **the way he ~ed his private life** la manera en que llevaba sus asuntos personales; **to ~ business** llevar a cabo actividades comerciales

B (Mus) ‹*orchestra/work*› dirigir*

C (lead, direct) ‹*visitor/tour/party*› guiar*; **he ~ed us to the library** (frml) nos condujo a la biblioteca (frml)

D (transmit) ‹*heat/electricity/liquid*› conducir*

■ *v refl*: **to ~ oneself** conducirse* (frml), comportarse

■ **conduct** *vi* (Mus) dirigir*

conduction /kənˈdʌkʃən/ *n* [u] conducción *f*

conductive /kənˈdʌktɪv/ *adj* conductor

conductivity /ˌkɑːndʌkˈtɪvəti || ˌkɒndʌkˈtɪvəti/ *n* [u] conductividad *f*

conductor /kənˈdʌktər || kənˈdʌktə(r)/ *n*

A (Mus) director, -tora *m,f* (de orquesta)

B **1** (on bus) cobrador, -dora *m,f*, guarda *mf* (RPl) **2** (on train) (AmE) revisor, -sora *m,f*, cobrador, -dora *m,f*

C (Elec, Phys) conductor *m*

conductress /kənˈdʌktrəs || kənˈdʌktrɪs/ *n* **1** (on bus) cobradora *f*, guarda *f* (RPl) **2** (on train) (AmE) cobradora *f*, revisora *f*

conduit /ˈkɑːnduːət, -dət || ˈkɒndjʊɪt, -dɪt/ *n* conducto *m*

cone /kəʊn/ *n*

A **1** (Math) cono *m*; **~-shaped** cónico **2** (of volcano) cono *m* (volcánico) **3** (for traffic control) cono *m*

B (*ice-cream ~*) cucurucho *m or* (Chi, Méx) barquillo *m or* (Ven) barquilla *f or* (Col) cono *m*

C (in retina) cono *m*

D (Bot) piña *f*, cono *m*

Phrasal verb

• **cone off** [v + o + adv] (BrE) ‹*lane*› separar con conos; ‹*road*› marcar* con conos

coney /ˈkəʊni/ *n* (*pl* **coneys**) ▸**cony**

confab /ˈkɑːnfæb || ˈkɒnfæb/ *n* (colloq) charla *f*

confection /kənˈfekʃən/ *n* **1** (sweet) dulce *m* **2** (creation) creación *f*

confectioner /kənˈfekʃnər || kənˈfekʃənə(r)/ *n* pastelero, -ra *m,f*, confitero, -ra *m,f*; Ⓢ **Bakers and Confectioners** Panadería y Pastelería, Panadería y Confitería (esp AmL)

confectioners' sugar *n* [u] (AmE) azúcar *m* glas(é) *or* (Chi) flor *or* (Col) en polvo *or* (RPl) impalpable

confectionery /kənˈfekʃəneri || kənˈfekʃənəri/ *n* [u] productos *mpl* de confitería

C

confederacy /kən'fedərəsi/ *n* confederación *f*; **the C~** (in US history) la Confederación

confederate[1] /kən'fedərət/ *adj* 1 confederado 2 **Confederate** (in US history) confederado

confederate[2] *n* 1 (state) confederado *m*; **the C~s** (in US history) los Confederados 2 (accomplice) (liter) cómplice *mf*

> **Confederate States of America**
>
> Los once estados norteamericanos, Carolina del Norte y del Sur, Misisipi, Florida, Georgia, Luisiana, Alabama, Tejas, Virginia, Arkansas, Tennessee, que se apartaron de la Unión en 1861, provocando el comienzo de la Guerra de Secesión ▸ **Civil War (en Estados Unidos).**

confederation /kən,fedə'reɪʃən/ *n* (alliance, association) confederación *f*

confer /kən'fɜːr || kən'fɜː(r)/ **-rr-** *vt* (bestow) ‹*honor/title/right*› conceder, conferir* (frml); **to ~ sth ON** *o* **UPON sb/sth** concederle *or* (frml) conferirle* algo A algn/algo

■ **confer** *vi* (discuss) consultar; **to ~ WITH sb (ABOUT sth)** consultar (algo) CON algn; **she ~red with her lawyer before giving her decision** antes de dar su decisión consultó con su abogado

conference /'kɑːnfrəns || 'kɒnfərəns/ *n* 1 [c] (large assembly) congreso *m*, conferencia *f*; **an international ~ on Aids** un congreso *or* una conferencia internacional sobre el Sida; **the annual party ~** el congreso anual del partido; **a medical ~** un congreso médico; (*before n*): **~ center** *o* (BrE): **centre** centro *m* de congresos *or* conferencias; **~ hall** sala *f* de congresos *or* de conferencias 2 [c u] (meeting, discussion) conferencia *f*; **to hold a ~** celebrar una conferencia; **to be in ~ with sb** estar* reunido *or* en reunión *or* (frml) en conferencia con algn; (*before n*): **~ call** teleconferencia *f*; **~ room** sala *f* de juntas *or* reuniones; **at the ~ table** en la mesa de las negociaciones 3 [c] (esp AmE) (Sport) liga *f*

conferencing /'kɑːnfrənsɪŋ || 'kɒnfərənsɪŋ/ *n* [u] teleconferencias *fpl*, llamadas *fpl* en conferencia (AmL)

conferment /kən'fɜːrmənt || kən'fɜːmənt/, **conferral** /kən'fɜːrəl/ *n* [u] otorgamiento *m*, concesión *f*

confess /kən'fes/ *vt*

A (admit) (frml) ‹*error/ignorance*› confesar*; **I was surprised, I must ~** debo confesar que me sorprendió

B 1 ‹*sin*› confesar* 2 ‹*penitent*› confesar*

■ **confess** *vi*

A 1 (admit) confesar*; **to ~ TO sth/-ING: he ~ed to five murders** confesó haber cometido cinco asesinatos; **they ~ed to having forgotten it was my birthday** me confesaron que se habían olvidado de que era mi cumpleaños 2 **confessed** *past p* ‹*thief/liar*› declarado; **a self-~ed Marxist** un marxista confeso

B (Relig) confesarse*

confession /kən'feʃən/ *n*

A [c] (statement) confesión *f*; **to make a ~** confesar*, hacer* una confesión; **I have a ~ to make** tengo que hacerte una confesión, tengo que confesar algo; **a signed ~** una confesión por escrito

B 1 [c u] (of sins) confesión *f*; **to go to ~** ir* a confesarse; **to hear sb's ~** confesar* a algn, oír* a algn en confesión; **to make one's ~** confesarse* 2 [c] (denomination) confesión *f* 3 [c] (profession): **~ of faith** profesión *f* de fe

confessional[1] /kən'feʃnəl/ *adj* 1 (intimate) ‹*writing*› con revelaciones íntimas 2 (Relig) confesional

confessional[2] *n* confesionario *m*, confesonario *m*

confessor /kən'fesər || kən'fesə(r)/ *n* confesor *m*

confetti /kən'feti/ *n* [u] confeti *m or* (Chi) chaya *f or* (RPl) papel *m* picado *or* (Ven) papelillos *mpl*

confidant /'kɑːnfədænt || 'kɒnfɪdænt/ *n* confidente *m*

confidante /'kɑːnfədænt || 'kɒnfɪdænt/ *n* confidente *f*

confide /kən'faɪd/ *vi* 1 (tell secrets) **to ~ IN sb** confiarse* A algn; **you can ~ in me** puedes confiarte a mí 2 (trust) (liter) **to ~ IN sb/sth** confiar* EN algn/algo

■ **confide** *vt* 1 (tell) **to ~ sth TO sb** ‹*secret/fear*› confiarle* algo A algn; **he ~d his troubles to me** me confió sus problemas; **he ~d to me that he was scared** me confió que estaba asustado 2 (entrust) (frml) **to ~ sth TO sb** confiarle* algo a algn

confidence /'kɑːnfədəns || 'kɒnfɪdəns/ *n*

A [u] 1 (trust, faith) confianza *f*; **it doesn't inspire ~** no inspira confianza; **~ IN sb/sth** confianza EN algn/algo; **I have every/the greatest ~ in her** tengo entera/absoluta confianza en ella; **vote of ~/no ~** voto *m* de confianza/censura 2 (self-confidence) confianza *f* en sí mismo, seguridad *f* en sí mismo; **she's full of/she lacks ~** tiene mucha/le falta confianza *or* seguridad en sí misma

B 1 [u] (confidentiality): **he took her into his ~** se confió a ella; **I'm telling you this in ~** te lo digo en confianza; **send applications in ~ to ...** envíe su solicitud a ... Se garantiza absoluta reserva *or* discreción; **in strict/strictest ~** con absoluta/la más absoluta reserva 2 [c] (secret) confidencia *f*; **they exchanged ~s** se hicieron confidencias

confidence game *n* (AmE) estafa *f*, timo *m* (fam)

confidence trick *n* (BrE) ▸ **confidence game**

confidence trickster *n* (BrE) estafador, -dora *m,f*, timador, -dora *m,f*

confident /'kɑːnfədənt || 'kɒnfɪdənt/ *adj* 1 (sure) ‹*statement/forecast*› hecho con confianza *or* seguridad; **in the ~ belief** *o* **expectation that ...** confiando en que ...; **I am ~ that she won't disappoint us** tengo (la) plena confianza de que no nos defraudará; **to be ~ OF sth** confiar* EN algo; **we are ~ of victory** confiamos en la victoria 2 (self-confident) ‹*person*› seguro de sí mismo

confidential /,kɑːnfə'dentʃəl || ,kɒnfɪ'denʃəl/ *adj* 1 (secret) ‹*letter/information*› confidencial; Ⓢ **confidential** confidencial 2 (private) (*before n*) ‹*secretary/clerk*› de confianza 3 (intimate) ‹*tone*› confidencial

confidentiality /,kɑːnfə,dentʃi'æləti || ,kɒnfɪ,denʃi'æləti/ *n* [u] confidencialidad *f*, reserva *f*; **~ will be respected** se garantiza absoluta reserva *or* discreción *or* confidencialidad

confidentially /,kɑːnfə'dentʃəli || ,kɒnfɪ'denʃəli/ *adv* confidencialmente

confidently /'kɑːnfədəntli || 'kɒnfɪdəntli/ *adv* con seguridad *or* confianza

confiding /kən'faɪdɪŋ/ *adj* confiado

configurable /kən'fɪgjərəbəl || kən'fɪgərəbəl/ *adj* configurable

configuration /kən,fɪgjə'reɪʃən || kən,fɪgə'reɪʃən/ *n* 1 (Astron, Chem, Comput) configuración *f* 2 (outline) configuración *f*

configure /kən'fɪgjər || kən'fɪgə(r)/ *vt* ‹*computer system*› configurar

confine /kən'faɪn/ *vt* 1 (limit, restrict) **to ~ sth TO sth** limitar *or* restringir* algo A algo; **she ~s her analysis to one country** limita *or* restringe su análisis a un país; **he ~d himself to a few words of thanks** se limitó a expresar unas pocas palabras de agradecimiento; **drug addiction is not ~d to large cities** la drogadicción no afecta únicamente a las grandes ciudades; **the fire was ~d to the basement** el incendio se localizó en el sótano, el incendio sólo afectó al sótano 2 (shut in, imprison) ‹*person*› confinar, recluir*; ‹*animal*› encerrar*; **they were ~d to barracks** (BrE) (Mil) estaban retenidos en el cuartel, estaban arrestados; **she is ~d to a wheelchair** está confinada a una silla de ruedas; **he was ~d to bed for several months** tuvo que guardar cama varios meses, estuvo postrado en cama durante varios meses; **rain ~d them to the house** la lluvia los obligó a permanecer en la casa

confined /kən'faɪnd/ *adj* ‹*space*› limitado, reducido; **in the ~ atmosphere of a country town** en el ambiente cerrado de una ciudad de provincia

confinement /kən'faɪnmənt/ *n* 1 [u] (act, state) reclusión *f*, confinamiento *m*; **to be in solitary ~** estar* incomunicado 2 [u c] (in childbirth) parto *m*

confines /'kɑːnfaɪnz || 'kɒnfaɪnz/ *pl n* confines *mpl*, límites *mpl*; **the ~ of sth** los confines *or* límites de algo

confirm /kən'fɜːrm || kən'fɜːm/ *vt*

A 1 (substantiate) ‹*report/reservation/order*› confirmar; **we were ~ed in our suspicions** nuestras sospechas se vieron confirmadas 2 (ratify) (frml) ‹*treaty/agreement*› ratificar* 3 **confirmed** *past p* ‹*bachelor/liar*› empedernido; **she is a ~ed believer in strict discipline** cree firmemente en la disciplina

B (Relig) confirmar

confirmation /,kɑːnfər'meɪʃən || ,kɒnfə'meɪʃən/ *n*

A [u] 1 (substantiation) confirmación *f*; **we shall need ~ of your booking by letter** necesitamos confirmación por escrito de su reserva; **it gave ample ~ of her acting ability** confirmó ampliamente su talento como actriz; **this is ~ of what I thought** esto confirma lo que yo pensaba 2 (ratification) (frml) ratificación *f*

B [u c] (Relig) confirmación *f*

confiscate /'kɑːnfəskeɪt || 'kɒnfɪskeɪt/ *vt* confiscar*, decomisar; **to ~ sth FROM sb** confiscarle* *or* decomisarle algo A algn

confiscation /,kɑːnfə'skeɪʃən || ,kɒnfɪ'skeɪʃən/ *n* [u c] confiscación *f*, decomiso *m*

conflagration /,kɑːnflə'greɪʃən || ,kɒnflə'greɪʃən/ *n* conflagración *f*

conflate /kən'fleɪt/ *vt* refundir, combinar

conflation /kən'fleɪʃən/ *n* [u c] refundición *f* (*de dos o más obras o trabajos escritos*)

conflict[1] /'kɑːnflɪkt || 'kɒnflɪkt/ *n* [c u] conflicto *m*; **armed ~** conflicto armado; **the two countries are in ~ over the island** los dos países se disputan la isla; **to come into ~ with sth/sb** entrar en conflicto con algo/algn; **a ~ of interests** un conflicto de intereses; **a ~ of opinions** una discrepancia de opiniones

conflict[2] /kən'flɪkt/ *vi* ‹‹*opinions/versions*›› discrepar, estar* reñido; **our interests ~** nuestros intereses están en conflicto

conflicting /kən'flɪktɪŋ/ *adj* ‹*interests*› opuesto, encontrado; ‹*views/accounts*› contradictorio; **she was torn by ~ emotions** se debatía en un mar de emociones contradictorias

confluence /'kɑːnfluəns || 'kɒnfluəns/ *n* confluencia *f*

conform /kən'fɔːrm || kən'fɔːm/ *vi* 1 (be in accordance) **to ~ TO** *o* **WITH sth** ‹*to regulations/guidelines*› ajustarse A *or* cumplir CON algo; **these fire extinguishers do not ~ to** *o* **with the safety regulations** estos extinguidores no se ajustan a *or* no cumplen con las normas de seguridad 2 (act in a conformist way) ser* conformista; **to ~ TO sth: he usually ~s to their wishes** por lo general se aviene a sus deseos; **the pressure on teenagers to ~ to the ways of their peers** la presión a que se ven sometidos los adolescentes para comportarse como el resto de sus coetáneos 3 (Relig) seguir* las directrices de la iglesia

conformism /kən'fɔːrmɪzəm || kən'fɔːmɪzəm/ *n* conformismo *m*

conformist[1] /kən'fɔːrməst || kən'fɔːmɪst/ *adj* ‹*person/attitudes*› conformista; **she's very ~ in her dress** es muy convencional en su manera de vestir

conformist[2] *n* conformista *mf*

conformity /kən'fɔːrməti || kən'fɔːməti/ *n* [u] conformidad *f*; **he shows a slavish ~ to fashion** es un esclavo de la moda; **in ~ with** (frml) conforme a, en conformidad con (frml); **in ~ with your wishes** conforme a *or* (frml) en conformidad con sus deseos

confound /kən'faʊnd/ *vt* 1 (perplex) ‹*person*› confundir, desconcertar* 2 (thwart) ‹*attempt*› frustrar; ‹*plan*› echar por tierra, desbaratar

3▸ (mix up, confuse) (frml) **to ~ sth WITH sth** confundir algo CON algo **4▸** (damn) (colloq & dated): **~ the man/weather!** ¡maldito hombre/tiempo!; **~ it!** ¡maldita sea!

confounded /kən'faʊndəd || kən'faʊndɪd/ *adj (before n)* (colloq & dated) maldito, condenado

confront /kən'frʌnt/ *vt* **1▸** (come face to face with) ‹*danger/problem*› afrontar, enfrentar, hacer* frente a; **these hazards ~ the miners every day** los mineros hacen frente a *or* enfrentan *or* afrontan diariamente estos peligros; **police were ~ed by a group of demonstrators** la policía se vio enfrentada a un grupo de manifestantes; **the sight which ~ed us on arrival** el espectáculo con el que nos encontramos al llegar **2▸** (face up to) ‹*enemy/fear/crisis*› hacer* frente a, enfrentarse a; **I decided to ~ him on the matter** decidí encararme con él y plantearle la cuestión, decidí plantearle la cuestión cara a cara; **to ~ sb WITH sth/sb**: **I intend to ~ him with it tomorrow** pienso encararme con él mañana y decírselo; **the reader is ~ed with a mass of statistics** el lector se ve enfrentado a una gran cantidad de estadísticas; **to ~ the attacker with his victim** poner* al atacante y a su víctima frente a frente *or* cara a cara, carear al atacante y su víctima

confrontation /ˌkɑːnfrʌn'teɪʃən || ˌkɒnfrʌn'teɪʃən/ *n* **1▸** [c u] (conflict) enfrentamiento *m*, confrontación *f* **2▸** [c] (encounter) confrontación *f*; (of witnesses etc) careo *m*

confrontational /ˌkɑːnfrʌn'teɪʃnəl || ˌkɒnfrʌn'teɪʃənl/ *adj* contencioso, polémico, confrontacional (AmL)

Confucian¹ /kən'fjuːʃən/ *n* confuciano, -na *m,f*

Confucian² *adj* confuciano

Confucianism /kən'fjuːʃənɪzəm/ *n* [u] confucianismo *m*, confucionismo *m*

Confucius /kən'fjuːʃəs/ *n* Confucio

confusable¹ /kən'fjuːzəbəl/ *adj* confundible

confusable² *n* término *m* de fácil confusión

confuse /kən'fjuːz/ *vt*

A **1▸** (bewilder) confundir, desconcertar* **2▸** (blur) ‹*situation*› complicar*, enredar; **to ~ the issue** complicar* el asunto

B (mix up, be unable to distinguish) ‹*ideas/sounds*› confundir; **these two words are often ~d by foreigners** los extranjeros confunden a menudo estas dos palabras; **to ~ sth/sb WITH sth/sb** confundir algo/a algn CON algo/algn

confused /kən'fjuːzd/ *adj* **1▸** (perplexed) confundido; **to get ~** confundirse; **I'm still a little ~** todavía estoy un poco confundido; **what are you ~ about?** ¿qué es lo que te tiene confundido? **2▸** (unclear) ‹*argument/noise/movie*› confuso; **the situation is still very ~** la situación todavía es muy confusa **3▸** (embarrassed) confundido, turbado

confusedly /kən'fjuːzədli || kən'fjuːzɪdli/ *adv* **1▸** (in an unclear way) de manera confusa, confusamente **2▸** (with embarrassment) con turbación

confusing /kən'fjuːzɪŋ/ *adj* ‹*explanation/map/timetable*› confuso, poco claro; **her remarks were more ~ than helpful** sus observaciones confundían más que ayudaban

confusingly /kən'fjuːzɪŋli/ *adv* ‹*written/expressed*› confusamente, de manera confusa; **the twins are ~ similar** los gemelos son tan parecidos que se confunden; (indep): **~, the order was sent to both offices** para mayor confusión, la orden se envió a ambas oficinas

confusion /kən'fjuːʒən/ *n* [u]

A **1▸** (turmoil) confusión *f*; **the meeting ended in ~** la reunión terminó en medio de la confusión general **2▸** (disorder) desorden *m*; **the desk was in ~** el escritorio estaba en desorden

B **1▸** (perplexity) confusión *f*, desconcierto *m*; **this news added to my ~** esta noticia aumentó mi confusión *or* desconcierto; **there's some ~ about who's to do it** existe cierta confusión acerca de quién ha de hacerlo **2▸** (embarrassment) turbación *f*; **her presence threw him into ~** su presencia lo turbó

C (failure to distinguish) confusión *f*

confute /kən'fjuːt/ *vt* (frml) ‹*argument*› refutar; **to ~ sb** demostrar* que algn está equivocado

conga /'kɑːŋgə || 'kɒŋgə/ *n* **1▸** (dance) conga *f* **2▸** **~ (drum)** congas *fpl*

con game *n* (AmE) ▸**confidence game**

congeal /kən'dʒiːl/ *vi* «*ketchup/mustard*» espesarse; «*fat*» solidificarse*, cuajar; **~ed blood** sangre *f* coagulada

congenial /kən'dʒiːniəl/ *adj* ‹*person*› simpático, agradable; **a ~ atmosphere** un ambiente agradable y en el que uno se siente a gusto

congenital /kən'dʒenɪtl/ *adj* ‹*disease/defect*› congénito; **he's a ~ liar/idiot** es mentiroso/idiota por naturaleza

congenitally /kən'dʒenɪtli/ *adv* congénitamente

conger (eel) /'kɑːŋgər || 'kɒŋgə(r)/ *n* congrio *m*

congested /kən'dʒestəd || kən'dʒestɪd/ *adj* **1▸** (with traffic) congestionado; (with people) abarrotado *or* repleto de gente; **~ WITH sth** abarrotado DE algo **2▸** ‹*lungs/nose*› congestionado

congestion /kən'dʒestʃən/ *n* [u] **1▸** (with traffic) congestión *f*; (with people) abarrotamiento *m* **2▸** (Med) congestión *f*

congestion charge *n* (Auto) *pago en concepto de peaje que se cobra por conducir en el centro de Londres dentro de cierto horario*

conglomerate¹ /kən'glɑːmərət || kən'glɒmərət/ *n* **1▸** [c] (Busn) conglomerado *m* (de empresas) **2▸** [c u] (Geol) conglomerado *m*

conglomerate² /kən'glɑːməreɪt || kən'glɒməreɪt/ *vi* conglomerarse

conglomeration /kənˌglɑːmə'reɪʃən || kənˌglɒmə'reɪʃən/ *n* **1▸** [c] (collection) acumulación *f*, conglomerado *m* **2▸** [u] (Geol) conglomeración *f*

Congo /'kɑːŋgəʊ || 'kɒŋgəʊ/ *n* **1▸** (nation) el Congo **2▸** **the ~ (River)** *o* (BrE) **the (River) ~** el Congo

Congolese¹ /ˌkɑːŋgə'liːz || ˌkɒŋgə'liːz/ *adj* congoleño

Congolese² *n* congoleño, -ña *m,f*

congrats /kən'græts/ *interj* (colloq) ¡enhorabuena!, ¡felicitaciones! (AmL)

congratulate /kən'grætʃəleɪt || kən'grætjʊleɪt/ *vt* felicitar; **I hear you are to be ~d** me han dicho que hay que felicitarte *or* darte la enhorabuena; **to ~ sb ON sth/-ING** felicitar *or* darle* la enhorabuena a algn POR algo/+ INF; **I ~d them on their new baby** los felicité *or* les di la enhorabuena por el nacimiento del niño

■ *v refl* **to ~ oneself ON sth** felicitarse POR *or* DE algo, congratularse POR *or* DE algo (frml)

congratulation /kənˌgrætʃə'leɪʃən || kənˌgrætjʊ'leɪʃən/ *n* **1▸** [u] (praise) felicitación *f* **2▸** **congratulations** *pl* enhorabuena *f*, felicitaciones *fpl*; **to offer sb one's ~s on sth** darle* a algn la enhorabuena por algo; **she came across to receive their ~s** se acercó a recibir sus felicitaciones *or* la enhorabuena; (*as interj*): **(my) ~s!** ¡enhorabuena!, ¡felicitaciones! (AmL)

congratulatory /kən'grætʃələtɔːri || kən'grætjʊlətəri/ *adj* (frml) ‹*telegram*› de enhorabuena *or* felicitación; **he gave her a ~ handshake** le dio la mano felicitándola

congregate /'kɑːŋgrɪgeɪt || 'kɒŋgrɪgeɪt/ *vi* congregarse*

congregation /ˌkɑːŋgrɪ'geɪʃən || ˌkɒŋgrɪ'geɪʃən/ *n* (Relig) **1▸** (attending service) fieles *mpl*; (parishioners) feligreses *mpl*; **falling ~s may lead to the closure of some churches** la disminución del número de fieles puede llevar al cierre de algunas iglesias; **the Lutheran ~ in Dayton** los miembros de la iglesia luterana de Dayton **2▸** (RC society) congregación *f*

congregational /ˌkɑːŋgrɪ'geɪʃnəl || ˌkɒŋgrɪ'geɪʃənl/ *adj* ‹*hymn/singing*› con participación de los fieles; **the C~ Church** la iglesia congregacionalista

congress /'kɑːŋgrəs || 'kɒŋgres/ *n* **1▸** (conference) congreso *m* **2▸** **Congress** (in US) el Congreso (de los Estados Unidos)

> **Congress**
>
> El Congreso es el organismo nacional legislativo de Estados Unidos. Se reúne en el Capitolio ▸**Capitol - The Capitol** y está compuesto por dos cámaras, el Senado ▸**Senate** y la Cámara de Representantes ▸**House of Representatives.** Se renueva cada dos años y su función es elaborar leyes. Toda nueva ley debe ser aprobada primero por las dos cámaras y posteriormente por el Presidente ▸**President.**

congressional /kən'greʃnəl/ *adj* (in US) ‹*committee*› del Congreso; **~ district** distrito *m* electoral; **~ elections** elecciones *fpl* parlamentarias; **the C~ Record** las Actas del Congreso (de los EEUU)

congressman /'kɑːŋgrəsmən || 'kɒŋgresmən/ *n* (*pl* **-men** /-mən/) (in US) miembro *m* del Congreso

congresswoman /'kɑːŋgrəsˌwʊmən || 'kɒŋgresˌwʊmən/ *n* (*pl* **-women**) (in US) miembro *f* del Congreso

congruence /kən'gruːəns, 'kɑːŋgruːəns || 'kɒŋgrʊəns/ *n* [u] **1▸** (harmony) (frml) congruencia *f* **2▸** (Math) congruencia *f*

congruent /kən'gruːənt, 'kɑːŋgruːənt || 'kɒŋgrʊənt/ *adj* **1▸** ▸**congruous** **2▸** (Math) congruente

congruous /'kɑːŋgruəs || 'kɒŋgrʊəs/ *adj* (frml) congruente; **to be ~ WITH sth** ser* congruente CON algo

conic /'kɑːnɪk || 'kɒnɪk/ *adj* cónico; **~ section** sección *f* cónica

conical /'kɑːnɪkəl || 'kɒnɪkəl/ *adj* cónico

conifer /'kɑːnəfər || 'kɒnɪfə(r)/ *n* conífera *f*

coniferous /kəʊ'nɪfərəs || kə'nɪfərəs/ *adj* conífero; ‹*forest*› de coníferas; **a ~ tree** una conífera

conjectural /kən'dʒektʃərəl/ *adj* basado en conjeturas, conjetural (frml)

conjecture¹ /kən'dʒektʃər || kən'dʒektʃə(r)/ *n* **1▸** [u] (guesswork): **it's pure ~** no son más que conjeturas *or* suposiciones; **whether he'll accept is a matter for ~** sobre si aceptará o no sólo pueden hacerse conjeturas **2▸** [c] (guess) (frml) conjetura *f*; **to make/hazard a ~** hacer*/aventurar una conjetura

conjecture² *vt* (frml) conjeturar; **it may have been him, he ~d** —puede haber sido él —conjeturó; **one may ~ that ...** se podría conjeturar que ...

■ **conjecture** *vi* conjeturar, hacer* conjeturas

conjointly /kən'dʒɔɪntli/ *adv* (frml) conjuntamente

conjugal /'kɑːndʒəgəl || 'kɒndʒʊgəl/ *adj* (frml) ‹*happiness/fidelity*› conyugal; **~ rights** (Hist, Law) derechos *mpl* conyugales; **~ visit** (Law) visita *f* conyugal

conjugate /'kɑːndʒəgeɪt || 'kɒndʒʊgeɪt/ *vt* conjugar*

■ **conjugate** *vi* «*verb*» conjugarse*

conjugation /ˌkɑːndʒə'geɪʃən || ˌkɒndʒʊ'geɪʃən/ *n* [c u] (Ling) conjugación *f*

conjunction /kən'dʒʌŋkʃən/ *n* **1▸** [c] (Ling) conjunción *f*; **coordinating/subordinating ~** conjunción coordinante/subordinante **2▸** [c u] (combination) conjunción *f*; **in ~ with sth/sb** en conjunción con algo/algn **3▸** [c u] (Astron) conjunción *f*

conjunctiva /ˌkɑːndʒʌŋk'taɪvə || ˌkɒndʒʌŋk'taɪvə, kən'dʒʌŋktɪvə/ *n* (*pl* **-vas** *or* **-vae** /-viː/) conjuntiva *f*

conjunctivitis /kənˌdʒʌŋktɪ'vaɪtəs || kənˌdʒʌŋktɪ'vaɪtɪs/ *n* [u] conjuntivitis *f*

conjuncture /kən'dʒʌŋktʃər || kən'dʒʌŋktʃə(r)/ *n* [c u] (frml) coyuntura *f*

conjure /'kɑːndʒər || 'kʌndʒə(r)/ *vt*

A **1▸** (by magic): **to ~ sth out of thin air** hacer* aparecer algo como por arte de magia **2▸** (evoke) evocar*, traer* a la memoria; *see also* **conjure up**

B /kən'dʒʊr || kən'dʒʊə(r)/ (entreat) (liter) **to ~ sb**

C

to + INF conminar *or* conjurar a algn A QUE + SUBJ(liter)

■ **conjure** *vi* (perform tricks) hacer* magia; **a name to ∼ with** un nombre que abre todas las puertas

Phrasal verb

• **conjure up** [v + o + adv, v + adv + o] 1 (evoke) ‹*memories*› evocar*, traer* a la memoria; **it ∼s up images of ...** hace pensar en ... 2 (summon) ‹*spirits*› invocar*; **he ∼d up a delicious lunch** hizo un delicioso almuerzo en un santiamén (como por arte de magia)

conjurer /ˈkɑːndʒərər || ˈkʌndʒərə(r)/ *n* prestidigitador, -dora *m,f*, mago, -ga *m,f*

conjuring /ˈkɑːndʒərɪŋ || ˈkʌndʒərɪŋ/ *n* [u] prestidigitación *f*, magia *f*; (*before n*): **∼ trick** truco *m* de magia

conjuror *n* ▸ **conjurer**

conk /kɑːŋk || kɒŋk/ *n* (sl) 1 (nose) (BrE) napia *f* (fam) 2 (blow, hit) porrazo *m* (fam)

conker /ˈkɑːŋkər || ˈkɒŋkə(r)/ *n* (BrE colloq) castaña *f* (de Indias)

conkers /ˈkɑːŋkərz || ˈkɒŋkəz/ *n* (BrE) (+ *sing vb*); *juego infantil en el que se ata una castaña a una cuerda y con ella se trata de romper la del contrario*

conk out *v + adv* (colloq) 1 (fail) «*engine/car*» averiarse*, descomponerse* (AmL) 2 «*person*» (sleep) dormir* como un tronco (fam); (die) estirar la pata (fam); **after lunch I just ∼ed out for two hours** después de comer dormí dos horas como un tronco (fam); **she ∼ed out at the age of 93** estiró la pata a los 93 años (fam)

con man *n* estafador *m*, timador *m*

Conn = Connecticut

connect /kəˈnekt/ *vt*

A 1 (attach) **to ∼ sth (TO sth)** conectar algo (A algo) 2 (link together) ‹*rooms*› comunicar*, unir; ‹*towns*› conectar; **the buildings are ∼ed by a covered walkway** un pasillo techado comunica los edificios 3 (Telec): **I'm trying to ∼ you** un momento que lo comunico *or* (Esp) le pongo con el número; **I'll ∼ you with her office** lo comunico *or* (Esp) le pongo con su despacho 4 (link to main system) ‹*phone/gas*› conectar; **we haven't been ∼ed yet** aún no nos han conectado a la red; **to be ∼ed to the Internet** estar* conectado a Internet

B (associate) ‹*people/ideas/events*› relacionar, asociar

■ **connect** *vi*

A 1 (be joined together) «*rooms*» comunicarse*; «*pipes*» empalmar 2 (be fitted) **to ∼ (TO sth)** estar* conectado (A algo)

B (Transp) **to ∼ WITH sth** «*train/boat/flight*» enlazar* CON algo, conectar CON algo (AmL); **this flight ∼s with a flight to Rome** este vuelo enlaza *or* (AmL tb) conecta con uno a Roma

C (colloq) 1 (make contact): **he ∼ed and sent him flying** le dio un puñetazo que lo mandó por los aires 2 (be sympathetic) **to ∼ (WITH sb/sth)** sintonizar* (CON algn/algo); **we just don't ∼** simplemente no sintonizamos *or* no estamos en la misma onda

Phrasal verb

• **connect up**

A [v + o + adv, v + adv + o] ‹*wires/apparatus*› conectar

B [v + adv] «*wires*» conectarse; **don't you see? it all ∼s up** ¿no ves? todo está relacionado

connected /kəˈnektəd || kəˈnektɪd/ *adj* ‹*ideas/events*› relacionado; **the two murders are ∼** hay una conexión entre los dos asesinatos, los dos asesinatos están relacionados (entre sí); **their families are ∼** sus familias están emparentadas; **the two firms are in no way ∼** las dos empresas no tienen conexión *or* relación alguna; **the two theories are closely/loosely ∼** las dos teorías están íntimamente relacionadas/guardan cierta relación; **she's very well ∼** está muy bien relacionada *or* conectada, tiene muy buenos contactos, tiene muy buenas conexiones (AmL); **to be ∼ed WITH sth** estar* relacionado *or* conectado CON algo; **this incident could be ∼ with the murder** este incidente podría estar relacionado *or* conectado con el crimen; **the town has always been ∼ with the textile trade** la ciudad siempre ha estado vinculada a la industria textil

connecting /kəˈnektɪŋ/ *adj* (*before n*): **∼ rooms** habitaciones *fpl* que se comunican (entre sí); **the ∼ door was locked** la puerta que comunicaba las dos habitaciones estaba cerrada con llave; **he missed the ∼ flight** perdió el vuelo de enlace, perdió la conexión *or* la combinación

connecting rod *n* biela *f*

connection /kəˈnekʃən/ *n*

A [c] 1 (link) **∼ (WITH sth)** enlace *m or* conexión *f* (CON algo) 2 (Elec) conexión *f*

B [u] **∼ (TO sth)** 1 (attaching) conexión *f* (CON algo) 2 (of phone, gas) conexión *f* (A algo)

C [c] (Transp) **∼ (WITH sth)** conexión *f or* enlace *m* (CON algo); **I have a ∼ in Rome** tengo que hacer una conexión *or* un enlace en Roma; **I missed my ∼** perdí la combinación *or* conexión

D [c u] 1 (relation) **∼ (WITH sth)** relación *f or* conexión *f* (CON algo); **she is wanted in ∼ with the killing** se la busca en conexión *or* en relación con el asesinato; **in ∼ with your order ...** con relación a *or* en relación con su pedido ...; **in this ∼** a este respecto, con respecto a esto 2 (relationship) conexión *f*

E **connections** *pl* 1 (links, ties) lazos *mpl* 2 (influential people) contactos *mpl*, conexiones *fpl* (AmL); **I'll use my ∼s** utilizaré mis contactos *or* (AmL tb) conexiones; **I got the job through family ∼s** conseguí el trabajo a través de los contactos de mi familia 3 (relations) familiares *mpl*, parientes *mpl*; **she has Polish ∼s** tiene familiares *or* parientes polacos

connective /kəˈnektɪv/ *n* (Ling) conectador *m*

connective tissue *n* [u] tejido *m* conjuntivo

connectivity /ˌkɑːnekˈtɪvəti || ˌkɒnekˈtɪvəti/ *n* [u] conectividad *f*

connector /kəˈnektər || kəˈnektə(r)/ *n* conector *m*

connexion /kəˈnekʃən/ *n* [c u] (esp BrE) ▸ **connection**

conning tower /ˈkɑːnɪŋ || ˈkɒnɪŋ/ *n* 1 (on submarine) falsa torre *f* 2 (on warship) torre *f* de mando

conniption /kəˈnɪpʃən/ *n* (AmE colloq) (fit — of rage) ataque *m* de rabia, rabieta *f* (fam); (— of hysteria) ataque *m* de histeria; (— of panic) ataque *m* de pánico; **he went into ∼s** le dio un ataque de rabia (*or* histeria *etc*); (*before n*): **∼ fit** ataque *m* de rabia (*or* histeria *etc*)

connivance /kəˈnaɪvəns/ *n* [u] complicidad *f*, connivencia *f* (frml); **with the ∼ of the authorities** con la complicidad de las autoridades, en connivencia con las autoridades (frml); **in ∼ with sb** en complicidad con algn, en connivencia con algn (frml); **∼ AT sth** complicidad EN algo

connive /kəˈnaɪv/ *vi* 1 (plot) **to ∼ (WITH sb)** actuar* en complicidad *or* (frml) en connivencia (CON algn) 2 (cooperate) **to ∼ AT sth** ser* cómplice EN algo; **I refuse to ∼ at this deception** me niego a ser cómplice en este engaño

conniving /kəˈnaɪvɪŋ/ *adj* maniobrero, maquinador

connoisseur /ˌkɑːnəˈsɜːr || ˌkɒnəˈsɜː(r)/ *n* entendido, -da *m,f*; **a wine ∼** un entendido en vinos

connotation /ˌkɑːnəˈteɪʃən || ˌkɒnəˈteɪʃən/ *n* [u c] connotación *f*

connote /kəˈnəʊt/ *vt* connotar

conquer /ˈkɑːŋkər || ˈkɒŋkə(r)/ *vt* ‹*country/empire/mountain*› conquistar; ‹*enemy/rival*› vencer*; **the ∼ing army** el ejército victorioso; **he ∼ed her heart** conquistó su corazón; **she was unable to ∼ her fear of flying** fue incapaz de vencer *or* superar el miedo a viajar en avión; **love ∼s all** el amor todo lo vence

conqueror /ˈkɑːŋkərər || ˈkɒŋkərə(r)/ *n* conquistador, -dora *m,f*; **William the C∼** Guillermo el Conquistador

conquest /ˈkɑːŋkwest || ˈkɒŋkwest/ *n* [c u] conquista *f*; **to make a ∼** hacer* una conquista; **she added John to her list of ∼s** John pasó a contarse entre sus muchas conquistas

conquistador /kɔːŋˈkiːstədɔːr, -ˈkwɪs- || kɒnˈkwɪstədɔː(r), -ˈkɪs-/ *n* (*pl* **-dors** *or* **-dores** /-ˈdɔːriːz/) conquistador *m*

Cons (in UK) **= Conservative**

consanguinity /ˌkɑːnsænˈgwɪnəti || ˌkɒnsæŋˈgwɪnəti/ *n* [u] consanguinidad *f*, consanguineidad *f*

conscience /ˈkɑːntʃəns || ˈkɒnʃəns/ *n* [c u] conciencia *f*; **to have a clear ∼** tener* la conciencia tranquila *or* limpia; **my ∼ is clear!** ¡(yo) tengo la conciencia tranquila *or* limpia!; **she has a guilty ∼** no tiene la conciencia tranquila, se siente culpable, le remuerde la conciencia; **her ∼ was troubling her** le remordía la conciencia; **my ∼ wouldn't let me do it** no pude hacerlo, me habría remordido la conciencia; **that's between you and your ∼** haz lo que te diga *or* te dicte la conciencia; **the voice of ∼** la voz de la conciencia; **I don't want that on my ∼** no quiero ese cargo de conciencia; **social ∼** conciencia *f* social; **in all ∼** sinceramente, en conciencia; (*before n*): **∼ clause** (Law) *cláusula que salvaguarda la libertad de conciencia*; **∼ money** *dinero que se paga para descargar la conciencia*

conscience-stricken /ˈkɑːntʃənsˌstrɪkən || ˈkɒnʃənsˌstrɪkən/ *adj* acosado por los remordimientos

conscientious /ˌkɑːntʃiˈentʃəs || ˌkɒnʃiˈenʃəs/ *adj* ‹*work*› concienzudo, serio; ‹*student*› aplicado, serio

conscientiously /ˌkɑːntʃiˈentʃəsli || ˌkɒnʃiˈenʃəsli/ *adv* a conciencia, concienzudamente

conscientiousness /ˌkɑːntʃiˈentʃəsnəs || ˌkɒnʃiˈenʃəsnɪs/ *n* [u] aplicación *f*, escrupulosidad *f*

conscientious objector *n* objetor, -tora *m,f* de conciencia

conscious /ˈkɑːntʃəs || ˈkɒnʃəs/ *adj*

A 1 (awake, alert) (*no comp*) consciente; **he was fully ∼** estaba totalmente consciente 2 (aware) (*pred*) **to be ∼ OF sth** ser* *or* (Chi, Méx tb) estar* consciente DE algo, tener* conciencia (*or* consciencia) DE algo; **I'm fully ∼ of its importance** soy *or* (Chi, Méx tb) estoy plenamente consciente de su importancia, tengo plena conciencia de su importancia; **it made her more politically ∼** aumentó su conciencia política; **to become ∼ of a problem** tomar conciencia de un problema; **to become ∼ that ...** darse* cuenta de que ...

B (deliberate) ‹*decision*› deliberado; ‹*irony/disdain*› intencional, deliberado; **she made a ∼ effort to be nice to them** se esforzó por ser amable con ellos

-conscious /ˌkɑːntʃəs || ˌkɒnʃəs/ *suff*: **safety∼** preocupado por la seguridad; **a fashion∼ girl** una chica que sigue *or* siempre va a la última moda; **for your calorie∼ guests** para sus invitados preocupados por guardar la línea *or* por el consumo de calorías; *see also* **class-conscious**

consciously /ˈkɑːntʃəsli || ˈkɒnʃəsli/ *adv* ‹*choose/avoid*› deliberadamente; **he didn't do it ∼** no lo hizo intencionalmente *or* a propósito

consciousness /ˈkɑːntʃəsnəs || ˈkɒnʃəsnɪs/ *n* [u]

A 1 (state of being awake, alert) conocimiento *m*; **to lose/regain ∼** perder*/recobrar el conocimiento *or* el sentido 2 (conscious mind) conciencia *f*, consciencia *f*

B (awareness) conciencia *f*, consciencia *f*; **his ∼ of having failed her** su conciencia de haberle fallado; **national ∼** conciencia nacional; **to raise sb's ∼** concientizar* *or* (Esp) concienciar a algn

-consciousness /ˌkɑːntʃəsnəs || ˌkɒnʃəsnɪs/ *suff*: **security∼** preocupación *f* por la seguridad

consciousness-raising /ˈkɑːntʃəsnəsˌreɪzɪŋ || ˈkɒnʃəsnɪsˌreɪzɪŋ/ *n* [u] concientización *f* (AmL), concienciación *f* (Esp); (*before n*): **∼ campaign** campaña *f* de concientización *or* (Esp) concienciación

conscript[1] /ˈkɑːnskrɪpt || ˈkɒnskrɪpt/ *n* recluta *mf*, conscripto, -ta *m,f* (AmL); (*before n*): **∼ army**

ejército *m* de reclutas *or* (AmL tb) de conscriptos

conscript² /kən'skrɪpt/ *vt* ‹*soldiers/army*› reclutar; **he was ~ed into the army** lo llamaron a filas *or* a cumplir el servicio militar

conscription /kən'skrɪpʃən/ *n* [u] servicio *m* militar obligatorio, conscripción *f* (esp AmL)

consecrate /'kɑːnsəkreɪt || 'kɒnsɪkreɪt/ *vt* ‹*church/host*› consagrar; **~d ground** tierra *f* consagrada; **he ~d his life to the poor** (frml) consagró su vida *or* se consagró a los pobres

consecration /,kɑːnsə'kreɪʃən || ,kɒnsɪ'kreɪʃən/ *n* [u c] **1** (of church) consagración *f* **2** (of bread and wine): **the C~** la Consagración

consecutive /kən'sekjətɪv || kən'sekjʊtɪv/ *adj* **1** (successive) ‹*numbers*› consecutivo; **he was absent on three ~ days** faltó tres días seguidos; **he's ill for the third ~ week** ya hace tres semanas que está enfermo **2** (Ling) ‹*clause/conjunction*› consecutivo

consecutively /kən'sekjətɪvli || kən'sekjʊtɪvli/ *adv* consecutivamente; **the sentences are to run ~** (Law) las condenas se cumplirán consecutivamente *or* sucesivamente

consensus /kən'sensəs/ *n* [c u] **1** (agreement) consenso *m*; **to reach a ~** llegar* a un consenso; (*before n*): **~ politics** política *f* de consenso **2** (opinion) opinión *f* general; **the ~ (of opinion) is that ...** la opinión general *or* más generalizada es que ...

consent¹ /kən'sent/ *vi* acceder; **to ~ TO sth** acceder A *or* consentir* EN algo; **she has ~ed to see you** ha accedido a *or* ha consentido en verlo; **he ~ed to being interviewed** accedió a *or* consintió en ser entrevistado; **~ing adult** (Law) *adulto que realiza un acto por su propia y libre voluntad*

consent² *n* [u] consentimiento *m*; **to give/refuse one's ~** dar*/negar* su (*or* mi *etc*) consentimiento; **by mutual ~** de común acuerdo; **he gave his ~ to their marriage** dio su consentimiento para que se casaran; **age of ~** (Law) *edad a partir de la cual es válido el consentimiento que se da para tener relaciones sexuales*

consent form *n* documento *m* de consentimiento *or* autorización

consequence /'kɑːnsəkwens || 'kɒnsɪkwəns/ *n*

A [c] (result) consecuencia *f*; **to be a ~ of sth** ser* consecuencia *or* resultado de algo; **to have ~s** tener* *or* traer* consecuencias; **to take the ~s** atenerse* a *or* aceptar las consecuencias; **he neglected the business, with the ~ that ...** descuidó el negocio y como consecuencia ... *or* y a consecuencia de ello ...; **and ten people died in ~** y a consecuencia de ello murieron diez personas; **in ~, we shall be obliged to close** por consiguiente, nos veremos obligados a cerrar; **in ~ of this** (frml) a consecuencia de esto

B [u] (importance) trascendencia *f*, importancia *f*; **to be of ~ to sb** tener* trascendencia *or* ser* de importancia para algn; **that's of no ~** eso no tiene importancia; **the only French player of any ~** el único jugador francés de cierta talla *or* que merece ser tenido en cuenta; **a person of no ~/of ~** una persona insignificante/de peso

consequences /'kɑːnsəkwensəz || 'kɒnsɪkwənsɪz/ *n* (in UK) (+ *sing or pl vb*) *juego que consiste en ir componiendo un cuento mediante fragmentos que cada participante escribe por separado y luego pasa al siguiente*

consequent /'kɑːnsəkwənt || 'kɒnsɪkwənt/ *adj* consiguiente; **to be ~ ON sth** (frml) ser* resultado de algo

consequential /,kɑːnsə'kwentʃəl || ,kɒnsɪ'kwenʃəl/ *adj* **1** (resultant) ‹*loss*› consiguiente, resultante **2** (important) (frml) ‹*decision/event*› trascendental, importante, de trascendencia *or* importancia

consequently /'kɑːnsəkwentli || 'kɒnsɪkwentli/ *adv* consiguientemente, por consiguiente

conservancy /kən'sɜːrvənsi || kən'sɜːvənsi/ *n* (*pl* **-cies**) **1** [c] (controlling board) (BrE) junta *f* rectora **2** [u] (conservation) protección *f or* conservación *f* del medio ambiente

conservation /,kɑːnsər'veɪʃən || ,kɒnsə'veɪʃən/ *n* [u] **1** (Ecol) protección *f or* conservación *f* del medio ambiente; **the ~ of our forests** la protección *or* conservación de nuestros bosques; **soil ~** conservación del suelo; (*before n*) ‹*group/scheme*› conservacionista; **~ area** (BrE) zona *f* protegida (*por su interés ecológico o arquitectónico*) **2** (saving) conservación *f*, ahorro *m*

conservationist /,kɑːnsər'veɪʃənəst || ,kɒnsə'veɪʃənɪst/ *n* conservacionista *mf*; (*before n*) ‹*group/policy*› conservacionista

conservatism /kən'sɜːrvətɪzəm || kən'sɜːvətɪzəm/ *n* [u] **1** (in politics, traditions) conservadurismo *m* **2** **C~** (in UK) conservadurismo *m*

conservative¹ /kən'sɜːrvətɪv || kən'sɜːvətɪv/ *adj* **1** (traditional) ‹*person/views/clothes*› conservador **2** **Conservative** (in UK) (*before n*) conservador; **the C~ (and Unionist) Party** el Partido Conservador **3** (cautious) ‹*approach*› cauteloso, prudente; **at a ~ estimate** calculando por lo bajo

conservative² *n* **1** (traditionalist) conservador, -dora *m,f* **2** **Conservative** (in UK) conservador, -dora *m,f*; **the C~s** los conservadores, el Partido Conservador

> **Conservative Party**
>
> El Partido Conservador es uno de los principales partidos políticos británicos. Se sitúa a la derecha del espectro político que apoya el sistema capitalista, la libre empresa y la privatización de la industria y los servicios públicos. Surgió alrededor de 1830 como resultado de la evolución del *Tory Party* y a menudo se le denomina aún por este nombre.

conservatively /kən'sɜːrvətɪvli || kən'sɜːvətɪvli/ *adv* **1** (conventionally): **he dresses very ~** es muy conservador en el vestir **2** (cautiously): **losses are ~ put at $200,000** se calcula que las pérdidas son de 200.000 dólares como mínimo

conservatoire /kən'sɜːrvətwɑːr || kən'sɜːvətwɑː(r)/ *n* conservatorio *m*

conservatory /kən'sɜːrvətɔːri || kən'sɜːvətri/ *n* (*pl* **-ries**)

A (greenhouse) jardín *m* de invierno

B (school of music) conservatorio *m*

conserve¹ /kən'sɜːrv || kən'sɜːv/ *vt* **1** (preserve) ‹*wildlife/rivers*› proteger*, conservar **2** (save) ‹*energy*› conservar, ahorrar; ‹*resources*› conservar, preservar; **to ~ one's strength** ahorrar energías

conserve² /'kɑːnsɜːrv || 'kɒnsɜːv/ *n* [u c] conserva *f*, (jam) confitura *f*

consider /kən'sɪdər || kən'sɪdə(r)/ *vt* **1** (examine) ‹*advantages/offer*› considerar; **it is my ~ed opinion that ...** lo he pensado mucho y considero *or* opino que ... **2** (contemplate) ‹*possibility*› considerar, plantearse, contemplar; **it's an idea worth ~ing** es una idea que habría que considerar; **would you ~ a 5% increase?** ¿considerarías una oferta del 5% de aumento?; **£4 an hour? I wouldn't even ~ it!** ¿4 libras la hora? ¡yo ni me lo plantearía!; **we're ~ing Ann for the job** estamos pensando en Ann para el puesto; **to ~ + -ING: we're ~ing moving house** estamos pensando en mudarnos; **would you ~ selling it if ... ?** ¿le interesaría venderlo si ... ?; **just ~ how you'd feel** imagínate *or* piensa cómo te sentirías **3** (take into account) ‹*facts/cost/risks/person/feelings*› tener* en cuenta, considerar, tener* *or* tomar en consideración (frml); **all things ~ed, I think that ...** bien considerado *or* bien mirado, creo que ...; **she never ~s anyone else's wishes** nunca tiene en cuenta a los demás; **when you ~ that he's a beginner ...** teniendo en cuenta que es un principiante ...; **~ how much they've done for you** piensa en *or* ten en cuenta todo lo que han hecho por ti **4** (regard as) considerar; **she was ~ed a good teacher** estaba considerada como una buena profesora, se la tenía por buena profesora; **they ~ themselves (to be) above such things** se consideran por encima de esas cosas; **what do you ~ a lot of money?** ¿tú qué entiendes por *or* consideras mucho dinero?; **~ it done!** ¡dalo por hecho!; **~ yourself lucky** puedes darte por afortunado, puedes considerarte afortunado; **to ~ sb/sth to + INF: it's ~ed to be the best of its class** está considerado como el mejor de su clase; **I still ~ that ...** sigo considerando *or* pensando que ...; *see also* **considering¹**, ▸**considering²**, **considering³**

considerable /kən'sɪdərəbəl/ *adj* ‹*achievement/risk*› considerable; **a ~ sum of money** una importante *or* considerable suma de dinero; **with ~ difficulty** con bastante dificultad; **with ~ success** con éxito considerable; **to a ~ extent** en gran parte

considerably /kən'sɪdərəbli/ *adv* ‹*better/worse*› bastante, considerablemente; **the situation has improved ~** la situación ha mejorado considerablemente *or* en gran medida

considerate /kən'sɪdərət/ *adj* ‹*person/behavior*› atento, considerado; **how ~ of her!** ¡qué atenta!

considerately /kən'sɪdərətli/ *adv* ‹*behave/treat*› con consideración

consideration /kən,sɪdə'reɪʃən/ *n*

A **1** [u] (attention, thought): **their case has been given careful ~** su caso ha sido estudiado *or* considerado detenidamente; **I sent her a draft for (her) ~** le mandé un borrador para que lo estudiara; **these are the factors that enter into ~** estos son los factores que hay que tener *or* tomar en consideración; **to take sth into ~** tener* *or* tomar algo en consideración, tener* algo en cuenta; **the report is under ~** el informe está siendo estudiado; **in ~ of** en consideración a **2** [c] (factor): **a major ~ is the cost** un factor a tener muy en cuenta es el costo; **her only ~ was her own success** lo único que le interesaba era su propio éxito

B [u] (thoughtfulness) consideración *f*; **she should show her colleagues more ~** debería tratar con más consideración a sus colegas *or* ser más considerada con sus colegas; **he shows no ~ for my feelings** no tiene ninguna consideración por lo que yo pueda sentir

C [u] (importance): **of little/no ~** de poca/ninguna importancia *or* trascendencia

D [c] (payment): **for a small ~** por una módica suma *or* cantidad; **a financial ~** una contraprestación económica

considering¹ /kən'sɪdərɪŋ/ *prep* teniendo en cuenta; **~ the circumstances** teniendo en cuenta las circunstancias, dadas las circunstancias

considering² *conj*: **~ (that) she's only been playing for a year, she did very well** teniendo en cuenta que sólo hace un año que juega, le fue muy bien; **~ she's been absent so long, I think we should ...** dado que ha faltado tanto, creo que deberíamos ...

considering³ *adv* (colloq): **it's not too bad ~** no está tan mal, si te pones a pensar *or* después de todo

consign /kən'saɪn/ *vt* **1** (hand over) (frml) **to ~ sb/sth TO sth**: **the boy was ~ed to the care of his aunt** el niño fue encomendado a su tía, el niño fue confiado al cuidado de su tía; **a writer ~ed to oblivion** un escritor relegado al olvido **2** (send) ‹*goods*› consignar

consignee /,kɑːnsə'niː || ,kɒnsaɪ'niː/ *n* consignatario, -ria *m,f*

consigner /kən'saɪnər || kən'saɪnə(r)/ *n* ▸**consignor**

consignment /kən'saɪnmənt/ *n* **1** [c] (goods sent) envío *m*, remesa *f* **2** [u] (sending) envío *m*; **goods for ~ to Athens** mercancías para ser enviadas a Atenas; **on ~** en consignación; (*before n*): **~ note** albarán *m or* aviso *m* de envío

consignor /kən'saɪnər || kən'saɪnə(r)/ *n* consignador, -dora *m,f*, remitente *mf*

consist /kən'sɪst/ *vi* **to ~ OF sth** (of different parts) constar DE algo, estar* compuesto DE algo; **to ~ IN sth** consistir EN algo

consistency /kən'sɪstənsi/ *n* (*pl* **-cies**) [1] [u] (regularity) regularidad *f* [2] [u c] (of batter, mixture) consistencia *f* [3] [u] (coherence) coherencia *f*

consistent /kən'sɪstənt/ *adj* [1] (compatible) **to be ~ (WITH sth)** ‹‹*statements/beliefs*›› concordar* (CON algo); **the injuries were not ~ with an accidental fall** las heridas no podían haberse producido como consecuencia de una caída accidental [2] (constant) ‹*excellence/failure*› constante; ‹*denial*› sistemático, constante; **parents should be ~** los padres deben ser consecuentes; **we have to be ~ in our approach** tenemos que ser coherentes *or* consecuentes en el enfoque

consistently /kən'sɪstəntli/ *adv* [1] (without change) ‹*argue*› coherentemente; ‹*behave*› consecuentemente, coherentemente [2] (constantly) ‹*claim/refuse*› sistemáticamente, constantemente; **he's been ~ wrong/right** ha estado sistemáticamente equivocado/en lo cierto

consolation /ˌkɑːnsə'leɪʃən || ˌkɒnsə'leɪʃən/ *n* [c u] consuelo *m*; **if it's any ~ to you** si te sirve de consuelo; (*before n*): **~ prize** premio *m* de consolación, premio *m* (de) consuelo (CS)

consolatory /kən'səʊlətɔːri || kən'sɒlətri/ *adj* (frml) consolador

console[1] /'kɑːnsəʊl || 'kɒnsəʊl/ *n*

A [1] (control panel) consola *f* [2] (of organ) consola *f*

B [1] (ornamental bracket) ménsula *f*, consola *f* [2] **~ (table)** consola *f*

console[2] /kən'səʊl/ *vt* consolar*; **I ~d myself with the thought that …** me consolé pensando que …

consolidate /kən'sɑːlədeɪt || kən'sɒlɪdeɪt/ *vt* [1] (reinforce) ‹*support/reputation/position*› consolidar [2] (combine) ‹*companies*› fusionar; ‹*debts*› consolidar

■ **consolidate** *vi* [1] (merge) ‹‹*companies*›› fusionarse [2] (build) **to ~ ON sth** consolidar algo

consolidated accounts *pl n* cuentas *fpl* consolidadas

consolidation /kənˌsɑːlə'deɪʃən || kənˌsɒlɪ'deɪʃən/ *n* [1] [u] (reinforcement) consolidación *f*; (*before n*) ‹*unit/exercise*› para consolidar lo aprendido [2] [u c] (merging — of companies) fusión *f*; (— of debts) consolidación *f*

consoling /kən'səʊlɪŋ/ *adj* ‹*words*› de consuelo, consolador; **a ~ fact** un consuelo; **it's a ~ thought that …** reconforta *or* es un consuelo pensar que …

consols /'kɑːnsɑːlz || 'kɒnsəlz/ *pl n* (in UK) valores *mpl* consolidados

consommé /ˌkɑːnsə'meɪ || kən'sɒmeɪ/ *n* [u c] consomé *m*

consonance /'kɑːnsənəns || 'kɒnsənəns/ *n* [1] [u c] (Lit, Mus) consonancia *f* [2] [u] (accord) (frml): **a ~ of opinion** un consenso de opinión

consonant[1] /'kɑːnsənənt || 'kɒnsənənt/ *n* consonante *f*

consonant[2] *adj* (frml) (*pred*) **to be ~ WITH sth** estar* en consonancia CON algo

consonantal /ˌkɑːnsə'næntl || ˌkɒnsə'næntl/ *adj* consonántico

consort /'kɑːnsɔːrt || 'kɒnsɔːt/ *n* (spouse) (frml) consorte *mf* (frml); **prince/queen ~** príncipe *m* /reina *f* consorte

Phrasal verb

• **consort with** /kən'sɔːrt || kən'sɔːt/; [v + prep + o] (frml) [1] (associate with) tener* trato con; **to ~ with the enemy** confraternizar* con el enemigo [2] (be in harmony with) condecir* *or* compadecerse* con

consortium /kən'sɔːrʃiəm || kən'sɔːtiəm/ *n* (*pl* **-tia** /-tiə/ *or* **-tiums**) consorcio *m*

conspectus /kən'spektəs/ *n* (frml) visión *f* general

conspicuous /kən'spɪkjuəs/ *adj* ‹*hat/badge*› llamativo; ‹*differences/omissions/lack*› manifiesto, notorio, evidente; **to make oneself ~** llamar la atención; **I feel rather ~ in this hat** con este sombrero tengo la sensación de que todo el mundo me mira; **in a most ~ position** en un lugar bien visible; **to be ~ by one's absence** brillar por su (*or* mi *etc*) ausencia; **to be ~ FOR sth** ‹*for bravery/loyalty*› destacar(se)* POR algo; **~ consumption** consumo *m* ostentoso

conspicuously /kən'spɪkjuəsli/ *adv*: **she was ~ dressed** iba vestida de forma muy llamativa; **the project has been ~ successful** el proyecto ha tenido un éxito evidente *or* notorio

conspiracy /kən'spɪrəsi/ *n* (*pl* **-cies**) [1] [c] (plot) conspiración *f*; **there's a ~ against me in this office!** (hum) ¡toda la oficina está confabulada contra mí! (hum); **~ to + INF** conspiración PARA + INF; **the press maintained a ~ of silence on the subject** la prensa guardó un silencio cómplice sobre el tema [2] [u] (act of conspiring) conspiración *f*

conspiracy theory *n* teoría *f* de la conspiración

conspirator /kən'spɪrətər || kən'spɪrətə(r)/ *n* conspirador, -dora *m,f*

conspiratorial /kənˌspɪrə'tɔːriəl/ *adj* de complicidad

conspiratorially /kənˌspɪrə'tɔːriəli/ *adv* con complicidad

conspire /kən'spaɪr || kən'spaɪə(r)/ *vi* (plot) conspirar; **to ~ to + INF** conspirar PARA + INF; **to ~ AGAINST sb** conspirar CONTRA algn; **circumstances ~d to thwart our plans** todo conspiró *or* se confabuló para que nuestros planes fracasaran

constable /'kɑːnstəbəl || 'kʌnstəbəl/ ▸**❶ p.1213** *n* (BrE) agente *mf* de policía; (as form of address) (señor/señora) agente

constabulary /kən'stæbjəleri || kən'stæbjʊləri/ *n* (*pl* **-ries**) (BrE) policía *f*

Constance /'kɑːnstəns || 'kɒnstəns/ *n*: **Lake ~** el lago de Constanza

constancy /'kɑːnstənsi || 'kɒnstənsi/ *n* [u] [1] (steadfastness) constancia *f*; **~ of purpose** constancia *f*, tesón *m* [2] (fidelity) (liter) fidelidad *f*, lealtad *f*

constant[1] /'kɑːnstənt || 'kɒnstənt/ *adj* [1] (continual) ‹*pain/complaints*› constante, continuo; **the fax is in ~ use** el fax se usa continuamente [2] (unchanging) ‹*temperature/speed*› constante; **calculated at ~ prices** calculado a precios constantes [3] (loyal) (liter) fiel, leal

constant[2] *n* constante *f*

Constantine /'kɑːnstəntaɪn || 'kɒnstəntaɪn/ *n* Constantino

Constantinople /ˌkɑːnstæntn'əʊpəl || ˌkɒnstæntɪ'nəʊpəl/ *n* Constantinopla *f*

constantly /'kɑːnstəntli || 'kɒnstəntli/ *adv* constantemente; **he's ~ moaning about something** está constantemente *or* continuamente quejándose; **a ~ changing world** un mundo en constante cambio

constellation /ˌkɑːnstə'leɪʃən || ˌkɒnstə'leɪʃən/ *n* constelación *f*; **a glittering ~ of stars attended the ball** una constelación *or* una pléyade de estrellas asistió al baile

consternation /ˌkɑːnstər'neɪʃən || ˌkɒnstə'neɪʃən/ *n* [u] consternación *f*; **the news filled her with ~** la noticia la dejó consternada *or* la llenó de consternación

constipate /'kɑːnstəpeɪt || 'kɒnstɪpeɪt/ *vt* estreñir*, causarle estitiquez a (esp Chi)

constipated /'kɑːnstəpeɪtəd || 'kɒnstɪpeɪtɪd/ *adj* estreñido, estítico (esp Chi)

constipation /ˌkɑːnstə'peɪʃən || ˌkɒnstɪ'peɪʃən/ *n* [u] estreñimiento *m*, estitiquez *f* (esp Chi)

constituency /kən'stɪtʃuənsi || kən'stɪtjʊənsi/ *n* (*pl* **-cies**) [1] (area) circunscripción *f or* distrito *m* electoral; (*before n*): **~ party** (BrE) sección *f* local del partido [2] (supporters) electores *mpl* potenciales (*de una circunscripción electoral*)

constituent[1] /kən'stɪtʃuənt || kən'stɪtjʊənt/ *n*

A (Govt) elector, -tora *m,f*

B (component, ingredient) (frml) componente *m*, elemento *m* constitutivo *or* constituyente

constituent[2] *adj* (*before n*)

A ‹*part/element*› constituyente, constitutivo

B (Govt) ‹*assembly*› constituyente

constitute /'kɑːnstətuːt || 'kɒnstɪtjuːt/ *vt* (frml)

A [1] (represent) constituir* (frml); **this ~s proof of her guilt** esto constituye prueba de su culpabilidad (frml) [2] (compose, make up) constituir* (frml), formar

B (establish) (*often pass*) constituir* (frml)

constitution /ˌkɑːnstə'tuːʃən || ˌkɒnstɪ'tjuːʃən/ *n*

A [c] [1] (of country) constitución *f* [2] (of association, party) estatutos *mpl*

B [c] (of person) constitución *f*, complexión *f*; **to have a strong/weak ~** ser* de constitución *or* complexión fuerte/débil

C [u] (make-up, composition) constitución *f*

D [u] (establishment) constitución *f*

> **Constitution**
>
> La Constitución de los EEUU, escrita después de que el país se independizara de Gran Bretaña, fue ratificada en 1789 por representantes de cada una de las trece ex colonias (▸**thirteen Colonies**) que conformaban los Estados Unidos, incluidos algunos de los padres de la nación (▸**Founding Fathers**). La Constitución estableció los tres poderes de gobierno, el legislativo (▸**Congress**), el judicial (▸**Supreme Court**), y el ejecutivo (▸**President**). La separación de poderes fue ideada a fin de evitar que cualquiera adquiriera demasiada autoridad. El texto básico de la Constitución nunca ha cambiado, pero desde 1789 se le han hecho 27 enmiendas. Las primeras diez enmiendas se conocen como *the* ▸**Bill of Rights**.

constitutional[1] /ˌkɑːnstə'tuːʃnəl || ˌkɒnstɪ'tjuːʃənl/ *adj* ‹*crisis/dilemma/monarchy*› constitucional

constitutional[2] *n* (dated *or* hum) paseo *m*

constitutional law *n* [u] derecho *m* constitucional, derecho *m* político

constitutionally /ˌkɑːnstə'tuːʃnəli || ˌkɒnstɪ'tjuːʃənəli/ *adv* constitucionalmente

constrain /kən'streɪn/ *vt* (compel) (*often pass*) obligar*, constreñir* (frml); **she felt ~ed to be polite** se sintió obligada a ser cortés

constraint /kən'streɪnt/ *n* [1] [u] (compulsion) coacción *f*; **we acted under ~** actuamos coaccionados *or* bajo coacción; **there is no ~ to participate** no es obligatorio participar, no hay obligación de participar [2] [u c] (restriction) (*often pl*) restricción *f*, limitación *f*; **without ~** sin restricciones *or* limitaciones [3] [u] (inhibition) represión *f*

constrict /kən'strɪkt/ *vt* ‹*opening/channel*› estrechar; ‹*flow/breathing*› dificultar; ‹*freedom*› coartar, restringir*; ‹*person*› coartar, imponerle* restricciones *or* limitaciones a

constricted /kən'strɪktəd || kən'strɪktɪd/ *adj* [1] ‹*opening/channel*› estrecho, angosto [2] (inhibited) coartado; **I felt ~** me sentía coartado

constriction /kən'strɪkʃən/ *n* [1] [c] (narrow part) estrechamiento *m* [2] [u] (tightness) opresión *f*; (Med) constricción *f* [3] [u c] (limitation, hampering) restricción *f*, limitación *f*; **the ~(s) of social convention** las restricciones *or* limitaciones que imponen las convenciones sociales

constrictive /kən'strɪktɪv/ *adj* ‹*rules/traditions*› restrictivo; ‹*clothing*› que restringe la libertad de movimientos

constrictor /kən'strɪktər || kən'strɪktə(r)/ *n* [1] (Zool) serpiente *f* constrictora [2] (Anat) músculo *m* constrictor

construct[1] /kən'strʌkt/ *vt* [1] (build) (frml) ‹*hospital/bridge/dam/road*› construir* [2] (put together) ‹*model/frame*› armar, montar [3] (form) ‹*theory*› construir*, elaborar; ‹*alliance*› formar; **a very well ~ed play** una obra muy bien estructurada [4] (Ling, Math) construir*

construct[2] /'kɑːnstrʌkt || 'kɒnstrʌkt/ *n* constructo *m*

construction /kən'strʌkʃən/ *n*

A [u] [1] (of building, road, ship) construcción *f*; **road**

~ construcción de carreteras; **to be under ~** estar* en construcción; (*before n*) ‹*industry/worker*› de la construcción; ‹*toy/set*› (AmE) para construir modelos; **~ company** (empresa *f*) constructora *f*, empresa *f* de la construcción; **~ site** obra *f* **2** (of theory) construcción *f*, elaboración *f* **3** (Ling, Math) construcción *f*
B [u] (design, composition) construcción *f*; **faults in ~** defectos *mpl* de construcción
C [c] (structure) estructura *f*, construcción *f*
D [c] (interpretation) interpretación *f*; **you're putting a wrong ~ on what she said** estás dando una interpretación errónea a sus palabras, estás malinterpretando sus palabras

constructional toy /kən'strʌkʃnəl/ *n* (BrE) juguete *m* para construir modelos

construction camp *n* campamento *m* para obreros de la construcción

constructive /kən'strʌktɪv/ *adj* **1** (helpful, useful) ‹*criticism/suggestion/advice*› constructivo; **she was very ~ about my essay** hizo comentarios muy constructivos sobre mi trabajo **2** (BrE) (Law): **~ dismissal** *renuncia forzada por presiones por parte del empleador*

constructively /kən'strʌktɪvli/ *adv* de manera constructiva, constructivamente

construe /kən'stru:/ *vt* **1** (interpret) ‹*words/action*› interpretar **2** ‹*sentence/passage*› analizar* sintácticamente

consubstantiation /ˌkɑ:nsəbˌstæntʃi'eɪʃən || ˌkɒnsəbˌstænʃi'eɪʃən/ *n* [u] consubstanciación *f*

consul /'kɑ:nsəl || 'kɒnsəl/ *n* **1** (diplomat) cónsul *mf*; **~ general** cónsul general **2** (in ancient Rome) cónsul *m*

consular /'kɑ:nsələr || 'kɒnsjʊlə(r)/ *adj* consular

consulate /'kɑ:nsələt || 'kɒnsjʊlət/ *n* consulado *m*

consult /kən'sʌlt/ *vt*
A ‹*expert/colleague/dictionary/watch*› consultar; **if symptoms persist, ~ a doctor** si los síntomas continúan, consulte a su médico; **we were not ~ed about the office move** no se nos consultó (sobre) el traslado de la oficina
B (consider) (frml) ‹*feelings/interests*› tener* en consideración, considerar
■ **consult** *vi*: **they ~ed and decided to leave** se consultaron entre sí y decidieron irse; **I ought to ~ with my wife first** primero debería consultárselo a *or* consultarlo con mi mujer

consultancy /kən'sʌltənsi/ *n* [c u] (*pl* **-cies**)
A (Busn) asesoría *f*, consultoría *f*, consulting *m*; (*before n*): **~ fees** honorarios *mpl* por asesoría
B (BrE) (Med) puesto *m* de especialista

consultant /kən'sʌltənt/ *n*
A (adviser) asesor, -sora *m,f*, consultor, -tora *m,f*; **I'm a management ~** soy asesor *or* consultor de gestión empresarial; (*before n*) ‹*architect/engineer*› asesor, consultor
B (BrE) (Med) especialista *mf*; (*before n*): **~ ophthalmologist/pediatrician** especialista *mf* en oftalmología/pediatría

consultation /ˌkɑ:nsəl'teɪʃən || ˌkɒnsəl'teɪʃən/ *n* [u c] **1** (with doctor, lawyer) consulta *f* **2** (of dictionary, notes) consulta *f* **3** (discussion): **there was no ~ with the tenants** no se consultó a los inquilinos, los inquilinos no fueron consultados; **the union is demanding full ~ at each stage** el sindicato exige participar plenamente en el proceso consultivo; **in ~ with sb** en conferencia con algn

consultative /kən'sʌltətɪv/ *adj* ‹*committee/report*› consultivo; **in a ~ capacity** en capacidad de asesor *or* consultor

consulting /kən'sʌltɪŋ/ *adj* (*before n*) **1** (providing advice) ‹*architect/engineer*› asesor, consultor **2** (Med): **~ hours** horario *m or* horas *fpl* de consulta; **~ room** consultorio *m*, consulta *f*

consumable /kən'su:məbəl || kən'sju:məbəl/ *adj* consumible

consumables /kən'su:məbəlz || kən'sju:məbəlz/ *pl n* insumos *mpl*, bienes *mpl* consumibles

consume /kən'su:m || kən'sju:m/ *vt* **1** (eat, drink) (frml) consumir; **she ~s vast quantities of novels** devora grandes cantidades de novelas **2** (use up) ‹*electricity/energy/resources*› consumir **3** (Econ) ‹*commodity/product*› consumir **4** (destroy) «*fire*» reducir* a cenizas; **he was ~d by** *o* **with jealousy** lo consumían los celos; **he was ~d by** *o* **with envy** se moría de envidia

consumer /kən'su:mər || kən'sju:mə(r)/ *n* consumidor, -dora *m,f*; (*before n*): **~ choice** (posibilidad *f* de) elección *f or* opción *f* del consumidor; **~ confidence** confianza *f* del consumidor; **~ credit** crédito *m* al consumo; **~ demand** demanda *f* de consumo; **~ durables** bienes *mpl* de consumo duraderos; **~ goods** artículos *mpl or* bienes *mpl* de consumo; **~ products** productos *mpl* de consumo; **~ protection** protección *f* al consumidor; **~ resistance** resistencia *f* del consumidor; **~ rights** derechos *mpl* del consumidor; **~ research** estudio *m* de mercado; **the ~ society** la sociedad de consumo; **~ spending** gasto *m* del consumidor *or* de los consumidores; **~ survey** encuesta *f* sobre consumo

consumer confidence *n* [u] (Busn) confianza *f* del consumidor

consumerism /kən'su:mərɪzəm || kən'sju:mərɪzəm/ *n* [u] **1** (high consumption) consumismo *m* **2** (consumer protection) protección *f* al consumidor

Consumer Price index *n* índice *m* de precios al consumo *or* al consumidor

consumer survey *n* (Busn) encuesta *f* del *or* al consumidor

consumer unit *n* unidad *f* de consumo

consuming /kən'su:mɪŋ || kən'sju:mɪŋ/ *adj* (*before n*) ‹*passion*› devorador; ‹*interest*› arrollador, absorbente

consummate[1] /'kɑ:nsəmət || 'kɒnsəmət/ *adj* (frml) (*before n*) ‹*actor/politician/liar*› consumado; **with ~ mastery** con consumada maestría

consummate[2] /'kɑ:nsəmeɪt || 'kɒnsəmeɪt/ *vt* consumar

consummately /'kɑ:nsəmətli || 'kɒnsəmətli/ *adv* a la perfección; **the maneuver was ~ effected** la maniobra fue efectuada a la perfección

consummation /ˌkɑ:nsə'meɪʃən || ˌkɒnsə'meɪʃən/ *n* [u] consumación *f*

consumption /kən'sʌmpʃən/ *n* [u]
A **1** (eating, drinking) consumo *m*; **the ~ of alcohol** el consumo de bebidas alcohólicas; **this meat is fit/unfit for human ~** esta carne es/no es apta para el consumo **2** (use) consumo *m*; **water ~** consumo de agua; **it was not intended for public ~** no estaba dirigido al público **3** (Econ) consumo *m*
B (tuberculosis) (dated) tisis *f* (ant), consunción *f* (ant)

consumptive[1] /kən'sʌmptɪv/ *adj* (dated) tísico (ant)

consumptive[2] *n* (dated) tísico, -ca *m,f* (ant)

cont (= **continued**) sigue

contact[1] /'kɑ:ntækt || 'kɒntækt/ *n*
A **1** [u] (physical) contacto *m*; **avoid ~ with the skin/eyes** evite el contacto con la piel/los ojos; **bodily ~ is not allowed in this sport** no se permite el contacto físico en este deporte; **to come in/into ~ with sth** hacer* contacto con algo; **the plane's wheels made ~ with the ground** las ruedas del avión tocaron tierra; **point of ~** punto *m* de contacto; (*before n*): **~ adhesive** adhesivo *m* de contacto; **~ sport** deporte *m* de choque **2** [u c] (association, communication) contacto *m*; **to have ~ with sb** tener* contacto *or* trato con algn, tratarse con algn; **we had little ~** no teníamos mucho contacto *or* trato, no nos tratábamos mucho; **my ~ with him was purely professional** mi trato con él era exclusivamente profesional; **radio ~** contacto por radio; **to come in/into ~ with sb** tratar a algn; **to be/get in ~ with sb** estar*/ponerse* en contacto con algn; **to lose ~ with sb** perder* (el) contacto con algn; **the agents failed to make ~** los agentes no lograron establecer contacto; **be sure to make ~ with our office** no deje de ponerse en contacto con nuestra oficina
B (Elec) **1** [u] (connection) contacto *m*; **to make ~** hacer* contacto; **to break ~** interrumpir el contacto **2** [c] (terminal) contacto *m*
C [c] (influential person) contacto *m*; **he got the job through ~s** consiguió el trabajo a través de sus contactos
D [c] (Med): **all the carrier's ~s must be traced** deben localizarse todas las personas que hayan estado en contacto con el portador
E [c] (colloq) ▸**contact lens**

contact[2] *vt* ponerse* en contacto con, contactar (con); **where can I ~ you?** ¿dónde puedo contactarlo *or* localizarlo?, ¿cómo puedo contactar con usted?

contactable /'kɑ:ntæktəbəl || 'kɒntæktəbəl, kən'tækt-/ *adj*: **I'm ~ on my mobile** se me puede contactar en el celular *or* (Esp) móvil; **they're only ~ at certain times** están contactables *or* se les puede contactar sólo a ciertas horas

contact breaker *n* interruptor *m*

contact lens *n* lente *f or* (AmL) lente *m* de contacto, lentilla *f* (Esp)

contact man *n* (agente *m*) intermediario *m*

contact print *n* contacto *m*

contact sheet *n* contacto *m*

contagion /kən'teɪdʒən/ *n* **1** (Med) contagio *m* **2** (liter) plaga *f*

contagious /kən'teɪdʒəs/ *adj* contagioso; **is it ~?** ¿es contagioso?

contain /kən'teɪn/ *vt*
A (hold) «*box/envelope/bottle*» contener*; **I've lost the bag ~ing my passport** he perdido el bolso donde llevaba el pasaporte; **the book ~s over 500 recipes** el libro contiene más de 500 recetas
B **1** (check, hold back) ‹*enemy/fire/epidemic*› contener*; **a drive to ~ prices** una campaña para contener los precios **2** (restrain) ‹*anger/laughter/tears*› contener*; **to ~ oneself** contenerse*, aguantarse; **he could ~ himself no longer** no se pudo contener *or* aguantar más

container /kən'teɪnər || kən'teɪnə(r)/ *n* **1** (receptacle) recipiente *m*; (as packaging) envase *m* **2** (Transp) contenedor *m*, contáiner *m*; (*before n*): **~ ship** buque *m* portacontenedores; **~ terminal** terminal *f* de portacontenedores; **~ train** tren *m* de contenedores; **~ transport** transporte *m* en contenedores; **~ truck** camión *m* portacontenedores

container gardening *n* [u] jardinería *f* en macetas

container port *n* puerto *m* para contenedores

containment /kən'teɪnmənt/ *n* [u] contención *f*; **a policy of ~** una política de contención

contaminant /kən'tæmɪnənt/ *n* contaminante *m*

contaminate /kən'tæməneɪt || kən'tæmɪneɪt/ *vt* contaminar; **to become ~d** contaminarse

contamination /kənˌtæmə'neɪʃən || kənˌtæmɪ'neɪʃən/ *n* [u] contaminación *f*; **radioactive ~** contaminación radioactiva

contd (= **continued**) sigue

contemplate /'kɑ:ntəmpleɪt || 'kɒntəmpleɪt/ *vt* **1** (look at) contemplar **2** (ponder) ‹*position/alternatives*› contemplar, considerar; (Relig) meditar sobre **3** (consider possibility of) **to ~ sth/-ING**: **she is contemplating a trip to China** está pensando *or* proyectando hacer un viaje a la China; **I ~d phoning her** pensé (en) llamarla **4** (expect) (crit) prever*; **do you ~ any difficulties?** ¿prevé alguna dificultad *or* que vaya a haber dificultades?

contemplation /ˌkɑ:ntəm'pleɪʃən || ˌkɒntem'pleɪʃən/ *n* **1** [u c] (reflection) reflexión *f*, meditación *f*; (Relig) contemplación *f*, meditación *f* **2** [u] (observation) contemplación *f*; **lost in ~ of the landscape** ensimismado en la contemplación del paisaje **3** [u] (of future event) previsión *f*

contemplative /kən'templətɪv/ *adj* ‹*look*› pensativo, meditabundo; ‹*life/order*› (Relig) contemplativo

C

C

contemplatively /kən'templətɪvli/ *adv* pensativamente

contemporaneous /kən,tempə'reɪniəs/ *adj* (frml) ▸**contemporary¹ 1**

contemporaneously /kən,tempə'reɪniəsli/ *adv* (frml) (*indep*) en *or* durante la misma época

contemporary¹ /kən'tempəreri || kən'tempərəri/ *adj* 1▸ (of the same period) ‹*writers/painters*› contemporáneo, coetáneo; ‹*newspapers/paintings*› de la época; **they were ~ discoveries** fueron descubrimientos que tuvieron lugar en la misma época; **to be ~ WITH sb/sth** ser* contemporáneo *or* coetáneo DE algn/algo 2▸ (present-day) ‹*art/fashions/thinking*› contemporáneo, actual; **~ history** historia *f* contemporánea

contemporary² *n* (*pl* **-ries**) 1▸ (sb living at same time) contemporáneo, -nea *m,f*, coetáneo, -nea *m,f* 2▸ (sb of same age): **he looks older than his contemporaries** parece mayor que la gente de su edad *or* generación

contempt /kən'tempt/ *n* [u]
A (scorn) desprecio *m*, desdén *m*; **he felt nothing but ~ for them** no sentía más que desprecio *or* desdén por ellos; **he treated her with ~** la trataba con desprecio *or* desdén; **to hold sth/sb in ~** despreciar *or* desdeñar algo/a algn; **to be beneath ~** ser* despreciable *or* deleznable
B **~ (of court)** (Law) desacato *m* al tribunal; **he was in ~ of court** había cometido desacato al tribunal

contemptible /kən'temptəbəl/ *adj* despreciable, deleznable

contemptuous /kən'temptʃuəs || kən'temptjʊəs/ *adj* despectivo, desdeñoso; **to be ~ OF sth/sb** despreciar *or* desdeñar algo/a algn

contemptuously /kən'temptʃuəsli || kən'temptjʊəsli/ *adv* con desprecio, con desdén, desdeñosamente

contend /kən'tend/ *vi* 1▸ (Mil) (liter) contender* (liter) 2▸ (compete) **to ~ (WITH sb) (FOR sth)** competir* (CON algn) (POR algo); **several people are ~ing for the job** varias personas compiten por *or* se disputan el puesto 3▸ (face) **to ~ WITH sth** lidiar CON *or* enfrentarse A algo; **it's just one of the many things we have to ~ with** es una de las tantas cosas con las que tenemos que lidiar, es una de las tantas cosas a las que tenemos que enfrentarnos 4▸ **contending** *pres p* ‹*armies*› contendiente; ‹*teams*› contrario, rival; ‹*interests*› en pugna, antagónico, opuesto
■ **contend** *vt* argüir*, sostener*; **she ~s that he was innocent** arguye *or* sostiene que él era inocente

contender /kən'tendər || kən'tendə(r)/ *n* **~ (FOR sth)** aspirante *mf* (A algo); **there are two ~s for the contract** dos compañías (*or* países *etc*) compiten por *or* se disputan el contrato; **a strong ~ for the title** un serio aspirante al título

content¹ /'kɑːntent || 'kɒntent/ *n* **contents** *pl*
A (of box, bottle, book) contenido *m*; contenidos *mpl*; **the house will be sold with its ~s** la casa se venderá con todos los muebles; **she read the ~s of the letter** leyó la carta; Ⓢ **contents 200 approx** contenido: aprox 200; **(table of) ~s** (of book) índice *m* de materias, sumario *m*; (in magazine) sumario *m*
B [u] 1▸ (amount contained) contenido *m*; **sugar/lead ~** contenido de azúcar/plomo; **vitamin ~** contenido vitamínico; **the silver ~ of the alloy** la cantidad *or* proporción de plata que contiene la aleación 2▸ (substance) contenido *m*
C [u] /kən'tent/ (contentment) (liter) contento *m* (liter)

content² /kən'tent/ *adj* (*pred*) contento; **to be ~ WITH sth** estar* contento CON algo; **I'm quite ~ with my new job** estoy muy contento con mi nuevo trabajo; **not ~ with raising taxes ...** no contentos con subir los impuestos ...; **he's ~ to look after the children** está contento cuidando a los niños

content³ /kən'tent/ *vt* contentar, satisfacer*
■ *v refl* **to ~ oneself WITH sth/-ING** contentarse *or* conformarse CON algo/+ INF; **you'll have to ~ yourself with a little less to start with** para empezar te tendrás que contentar con un poco menos

contented /kən'tentəd || kən'tentɪd/ *adj* ‹*sigh/purr*› de satisfacción; ‹*person/workforce*› satisfecho; **to be ~ WITH sth** contentarse *or* conformarse CON algo

contentedly /kən'tentədli || kən'tentɪdli/ *adv* con satisfacción

contention /kən'tentʃən || kən'tenʃən/ *n*
A 1▸ [u] (dispute): **who was responsible is still in ~** todavía se discute quién fue el responsable; **the matter in ~** el asunto en discusión; **her motives are not in ~** nadie pone en tela de juicio sus intenciones 2▸ (competition): **he's still in ~ for a medal** todavía tiene posibilidades de llevarse una medalla; **she's out of ~ in this race** en esta carrera no tiene ninguna posibilidad *or* (AmL tb) chance
B [c] (assertion) opinión *f*; **it is her ~ that ...** ella sostiene que ..., a su modo de ver ...

contentious /kən'tentʃəs || kən'tenʃəs/ *adj* 1▸ ‹*issue/decision*› polémico, muy discutido 2▸ ‹*person*› discutidor

contentment /kən'tentmənt/ *n* [u] satisfacción *f*

content supplier *n* (Comput) proveedor *m* de contenidos

contest¹ /'kɑːntest || 'kɒntest/ *n* 1▸ (competition) (Games) concurso *m*; (Sport) competencia *f* (AmL),competición *f* (Esp); (in boxing) combate *m*; **beauty ~** concurso *m or* certamen *m* de belleza 2▸ (struggle, battle) lucha *f*, contienda *f*; **the fight wasn't much of a ~** la pelea no estuvo muy reñida; **it was no ~** el resultado estaba cantado; **do you think they're a better team? — oh, no ~** (colloq) ¿te parecen un equipo mejor? — hombre, ni comparación

contest² /kən'test/ *vt* 1▸ ‹*allegation*› refutar; ‹*will*› impugnar; **he ~ed the umpire's decision** protestó contra la decisión del árbitro 2▸ ‹*election*› presentarse como candidato a; **a hotly ~ed election** unas elecciones muy reñidas; **six candidates were ~ing the seat** seis candidatos se disputaban el escaño

contestant /kən'testənt/ *n* (in beauty contest, quiz show) concursante *mf*; (for post, position) contendiente *mf*, candidato, -ta *m,f*; **a Miss World ~** una aspirante al título de Miss Mundo

context /'kɑːntekst || 'kɒntekst/ *n* [u c] 1▸ (Ling) contexto *m*; **out of ~** fuera de contexto; **in ~, it could even mean 'hostility'** según el contexto, incluso podría significar 'hostilidad' 2▸ (situation, background) contexto *m*

context-sensitive /,kɑːntekst'sensətɪv || ,kɒntekst'sensɪtɪv/ *adj* 1▸ (Ling) que depende del contexto 2▸ (Comput): **~ help menu** ayuda *f* /menú *m* sensible al contexto

contextualize /kən'tekstʃuəlaɪz || kən'tekstjʊəlaɪz/ *vt* contextualizar*

contiguity /,kɑːntə'gjuːəti || ,kɒntɪ'gjuːəti/ *n* [u] contigüidad *f*

contiguous /kən'tɪgjuəs/ *adj* contiguo

continence /'kɑːntnəns || 'kɒntɪnəns/ *n* [u] 1▸ (restraint) continencia *f* 2▸ (Med) control *m* de los esfínteres

continent¹ /'kɑːntnənt || 'kɒntɪnənt/ *n* continente *m*

continent² *adj* 1▸ (restrained) continente 2▸ (Med) que controla los esfínteres

Continent /'kɑːntnənt || 'kɒntɪnənt/ *n*: **the ~** Europa *f* (continental)

continental /,kɑːntn'entl || ,kɒntɪ'nentl/ *adj*
A (Geog) ‹*slope/climate*› continental; **~ drift** deriva *f or* movimiento *m* de los continentes; **~ shelf** plataforma *f* continental
B **Continental** 1▸ (European) ‹*customs/cuisine*› de Europa (continental) 2▸ (in US history) ‹*Congress/soldier*› de las colonias confederadas

Continental /,kɑːntn'entl || ,kɒntɪ'nentl/ *n* europeo, -pea *m,f*

continental breakfast *n* [u] desayuno *m* continental (*desayuno de café o té y bollos con mantequilla y mermelada*)

continental crust *n* corteza *f* continental

continental quilt *n* (BrE) edredón *m* (nórdico)

contingency /kən'tɪndʒənsi/ *n* (*pl* **-cies**) 1▸ [c] (eventuality) contingencia *f*, eventualidad *f*; (*before n*) ‹*fund*› (para casos) de emergencia, para imprevistos; **we've made ~ plans** hemos tomado medidas previendo cualquier contingencia *or* eventualidad 2▸ [u] (Phil) contingencia *f*

contingency planning *n* [u] planificación *f* de contingencia

contingent¹ /kən'tɪndʒənt/ *n* contingente *m*

contingent² *adj* 1▸ (dependent) **to be ~ ON sth** estar* supeditado A algo, depender DE algo 2▸ (Phil) contingente

continua /kən'tɪnjʊə/ *pl of* **continuum**

continual /kən'tɪnjuəl/ *adj* 1▸ (frequent, repeated) continuo, constante 2▸ (uninterrupted) continuo, constante

continually /kən'tɪnjuəli/ *adv* continuamente, constantemente

continuance /kən'tɪnjuəns/ *n* [u c] 1▸ ▸**continuation 1** 2▸ (AmE) (Law) aplazamiento *m*

continuant /kən'tɪnjuənt/ *n* sonido *m* continuo

continuation /kən,tɪnju'eɪʃən/ *n* 1▸ [u] (maintenance) mantenimiento *m*; **the ~ of the status quo** el mantenimiento del status quo 2▸ [c] (resumption) reanudación *f*, continuación *f* 3▸ [c] (extension — of street, canal) prolongación *f*, continuación *f*; (— of story, film) continuación *f*

continue /kən'tɪnjuː/ *vi* 1▸ (carry on) continuar*, seguir*; **the meeting ~d into the small hours** la reunión continuó *or* se prolongó hasta altas horas de la noche 2▸ (resume) continuar*, seguir*, proseguir* (frml) 3▸ (remain) (frml) continuar*, seguir*; **he is going to ~ at school** va a continuar *or* seguir estudiando 4▸ (go, extend) ‹‹*road/canal*›› continuar*, seguir*; **~ down the hill as far as the crossroads** continúa *or* sigue bajando la cuesta hasta llegar al cruce; **we ~d on our way** reanudamos el camino
■ **continue** *vt* 1▸ (keep on) continuar*, seguir* con; **to ~ -ING/to + INF** continuar* *or* seguir* + GER; **her work/health ~s to improve** su trabajo/salud continúa *or* sigue mejorando; **she ~d speaking/working** continuó *or* siguió hablando/trabajando 2▸ (resume) continuar*, seguir* con, proseguir* (frml); **to be ~d** continuará; **~d on p 96** continúa en la pág 96; **to ~ -ING** continuar* *or* seguir* + GER 3▸ (extend, prolong) prolongar*

continued /kən'tɪnjuːd/ *adj* (*before n*) ‹*success*› ininterrumpido; ‹*support*› constante

continuing /kən'tɪnjʊɪŋ/ *adj* (*before n*) continuado; **~ education** educación *f* para adultos

continuity /,kɑːntn'uːəti || ,kɒntɪ'njuːəti/ *n* [u]
A (cohesion, flow) continuidad *f*
B 1▸ (Cin) continuidad *f*; (*before n*): **the ~ girl/man** la secretaria/el secretario de rodaje 2▸ (TV, Rad) continuidad *f*; (*before n*): **~ announcer** locutor, -tora *m,f* de continuidad

continuo /kən'tɪnjuəʊ/ *n* (*pl* **~s**) bajo *m* continuo

continuous¹ /kən'tɪnjuəs/ *adj*
A (unbroken, constant) continuo, ininterrumpido; **~ assessment** evaluación *f* continua; **~ performance** (Cin) función *f* continua (AmL exc CS), sesión *f* continua (Esp), función *f* continuada (CS); **~ stationery** papel *m* continuo
B 1▸ (Math) ‹*function/curve*› continuo 2▸ (Ling) ‹*tense*› continuo; **future/present ~** futuro *m* /presente *m* continuo

continuous² *n* (Ling): **the ~** el continuo

continuously /kən'tɪnjuəsli/ *adv* continuamente, sin interrupción

continuum /kən'tɪnjuəm/ *n* (*pl* **~s** *or* **-nua**) 1▸ (sequence) (frml) continuo *m* (frml) 2▸ (Math) continuo *m*

contort /kən'tɔːrt || kən'tɔːt/ *vt* ‹*face*› contraer*, crispar; **to ~ one's body** contorsionarse; *see also* **contorted**
■ **contort** *vi* crisparse, contraerse*; **his face**

~**ed with pain** se le crispó *or* se le contrajo el rostro de dolor

contorted /kən'tɔːrtəd || kən'tɔːtɪd/ *adj* 1 (twisted): **a horribly ~ smile** una mueca horrible; **his face was ~ with pain** tenía el rostro contraído *or* crispado de dolor 2 ‹*logic/reasoning*› retorcido, tortuoso

contortion /kən'tɔːrʃən || kən'tɔːʃən/ *n* contorsión *f*; **facial ~s** muecas *fpl*

contortionist /kən'tɔːrʃənəst || kən'tɔːʃənɪst/ *n* contorsionista *mf*

contour[1] /'kɑːntʊr || 'kɒntʊə(r)/ *n* 1 (outline) contorno *m* 2 **contours** *pl* (curves) curvas *fpl* 3 **~ (line)** curva *f* de nivel, cota *f*; (*before n*): **~ map** mapa *m* acotado *or* topográfico

contour[2] *vt* 1 (shape) moldear 2 (Civil Eng) ‹*road/railway*› construir* siguiendo las curvas del terreno 3 ‹*map*› acotar

contraband /'kɑːntrəbænd || 'kɒntrəbænd/ *n* [u] 1 (goods) contrabando *m* 2 (smuggling) contrabando *m*; (*before n*) ‹*tobacco/alcohol*› de contrabando

contraception /ˌkɑːntrə'sepʃən || ˌkɒntrə'sepʃən/ *n* [u] anticoncepción *f*, contracepción *f*

contraceptive[1] /'kɑːntrə'septɪv || ˌkɒntrə'septɪv/ *n* anticonceptivo *m*, contraconceptivo *m*

contraceptive[2] *adj* ‹*method/device*› anticonceptivo, contraconceptivo; **emergency ~ pill** anticonceptivo *m* oral de emergencia

contract[1] /'kɑːntrækt || 'kɒntrækt/ *n*

A 1 (agreement) contrato *m*; (for public works, services) contrata *f*; **to enter into a ~ (with sb)** celebrar un contrato (con algn); **to honor/break a ~** cumplir/incumplir *or* violar un contrato; **~ of employment** contrato de trabajo; **under the terms of your ~** según lo establecido en su contrato; **a fixed ~** un contrato fijo; **to be under ~ to sb/sth** estar* bajo contrato con algn/algo; **to win/lose a ~** (Busn) obtener* *or* conseguir*/perder* un contrato; **to put sth out to ~** otorgar* la contrata de *or* para algo; (*before n*) ‹*price*› contractual; **~ law** derecho *m* contractual 2 (document) contrato *m*; **to sign a ~** firmar *or* (frml) suscribir* un contrato; **to exchange ~s** (in UK: on property deal) suscribir* el contrato de compraventa

B (for murder) (sl): **to put out a ~ on sb** ponerle* precio a la cabeza de algn; (*before n*): **~ killer** asesino, -na *m,f* a sueldo, sicario, -ria *m,f*; **~ killing** asesinato *m* a sueldo

contract[2] /kən'trækt/ *vt*

A *also* /'kɑːntrækt || 'kɒntrækt/ (place under contract) contratar

B 1 ‹*debt/liability*› contraer* (frml) 2 ‹*disease*› contraer* (frml)

C 1 ‹*muscle*› contraer* 2 ‹*word/phrase*› contraer*

■ **contract** *vi*

A *also* /'kɑːntrækt || 'kɒntrækt/ (enter into an agreement) **to ~ (WITH sb) FOR sth** celebrar un contrato (CON algn) PARA algo; **we hope to ~ with them for the supply of ...** esperamos celebrar un contrato con ellos para el suministro de ...

B (become smaller) ‹‹*metal/muscle/pupils*›› contraerse*

Phrasal verbs

• **contract in** /'kɑːntrækt || 'kɒntrækt/; [v + adv] (BrE) suscribirse*, darse* de alta

• **contract out** /'kɑːntrækt || 'kɒntrækt/

A [v + adv (+ prep + o)] (withdraw) (BrE) (Busn) darse* de baja; **you really can't ~ out of your obligations** no puedes evadirte de tus obligaciones

B [v + o + adv, v + adv + o] ‹*job/work*› subcontratar

contract bridge /'kɑːntrækt || 'kɒntrækt/ *n* [u] contrato *m*

contractile /kən'træktl || kən'træktaɪl/ *adj* contráctil

contraction /kən'trækʃən/ *n*

A 1 [u] (decrease in size, length) contracción *f* 2 [c] (in childbirth) contracción *f* 3 [c u] (Ling) contracción *f*

B [u] (of debt, disease) contracción *f* (frml)

contractor /kən'træktər || kən'træktə(r)/ *n* contratista *mf*; **a firm of building ~s** una empresa de construcciones

contractual /kən'træktʃuəl || kən'træktjuəl/ *adj* contractual, derivado del contrato

contractually /kən'træktʃuəli || kən'træktjuəli/ *adv* ‹*bound/obliged*› contractualmente; **~, you do not have to give more than a week's notice** (*indep*) según el contrato, no tienes que dar más de una semana de aviso

contract work /'kɑːntrækt || 'kɒntrækt/ *n* contrato *m* por trabajo *or* tarea

contradict /ˌkɑːntrə'dɪkt || ˌkɒntrə'dɪkt/ *vt* 1 (assert the opposite of) ‹*statement/words/person*› contradecir*; **how dare you ~ me?** ¿cómo te atreves a contradecirme?; **she ~s everything I say** me contradice en todo lo que digo; **he's always ~ing himself** siempre está contradiciéndose 2 (be inconsistent with) ‹*principles/spirit*› contradecirse* con; **their actions ~ their professed intentions** sus acciones se contradicen *or* no son consecuentes con sus intenciones

■ **contradict** *vi* contradecir*; **their stories ~ (each other)** sus historias se contradicen

contradiction /ˌkɑːntrə'dɪkʃən || ˌkɒntrə'dɪkʃən/ *n* [c u] contradicción *f*; **a ~ in terms** un contrasentido

contradictory /ˌkɑːntrə'dɪktəri || ˌkɒntrə'dɪktəri/ *adj* contradictorio

contradistinction /ˌkɑːntrədɪ'stɪŋkʃən || ˌkɒntrədɪ'stɪŋkʃən/ *n*: **in ~ to** (frml) (*as prep*) en contraposición a

contraflow (system) /'kɑːntrəfləʊ || 'kɒntrəfləʊ/ *n* (BrE) *circulación de vehículos en sentido contrario al habitual por carriles habilitados para estos efectos*

contrail /'kɑːntreɪl || 'kɒntreɪl/ *n* estela *f* de condensación

contraindicate /ˌkɑːntrə'ɪndɪkeɪt || ˌkɒntrə'ɪndɪkeɪt/ *vt*: **to be ~d** estar* contraindicado

contraindication /ˌkɑːntrəˌɪndɪ'keɪʃən || ˌkɒntrəˌɪndɪ'keɪʃən/ *n* contraindicación *f*

contralto /kən'træltəʊ/ *n* (*pl* **~s**) contralto *f*; (*before n*) ‹*voice/part*› de contralto

contraption /kən'træpʃən/ *n* (colloq) artilugio *m*, aparato *m*, artefacto *m*; **how far will that old ~ take you?** ¿hasta dónde vas a llegar con ese cacharro? (fam)

contrapuntal /ˌkɑːntrə'pʌntl || ˌkɒntrə'pʌntl/ *adj* de contrapunto

contrarian *n* inversor, -ra *mf* que va a corriente

contrarily /'kɑːntrerəli || kən'treərɪli/ *adv*: **she behaves so ~** hace todo lo contrario de lo que se le dice

contrariness /'kɑːntrerinəs || kən'treərinɪs/ *n* [u] desobediencia *f*

contrariwise /'kɑːntreriwaɪz || 'kɒntrəriwaɪz/ *adv* (*as linker*) por el contrario, al contrario; **Anderson imitated Carter, or was it ~?** Anderson imitaba a Carter ¿o era todo lo contrario *or* a la inversa?

contrary[1] *adj*

A /'kɑːntreri || 'kɒntrəri/ 1 (opposed, opposite) ‹*view/opinion/conclusion*› contrario; ‹*motion*› (Mus) en sentido opuesto *or* contrario; **to be ~ TO sth** ser* contrario A algo, ir* en contra DE algo 2 **contrary to** (*as prep*) contrariamente a, al contrario de, en contra de; **~ to popular belief** contrariamente a *or* al contrario de *or* en contra de lo que comúnmente se cree

B /'kɑːntreri, kən'treri || kən'treəri/ que siempre lleva la contraria, con espíritu de contradicción

contrary[2] /'kɑːntreri || 'kɒntrəri/ *n* (*pl* **-ries**) 1 (opposite): **the ~** lo contrario; **my client's wishes were quite the ~** mi cliente deseaba justamente lo contrario; **unless you hear to the ~ ...** a menos de que se les informe lo contrario ...; **despite his assertions to the ~ ...** a pesar de sus declaraciones en sentido contrario ...; **there is no proof to the ~** no existe prueba en contrario 2 **on the contrary** (*as linker*) al contrario, todo lo contrario, por el contrario

contrast[1] /'kɑːntræst || 'kɒntrɑːst/ *n*

A 1 [c] (difference) contraste *m*; **there are sharp ~s between the two characters** existen marcados contrastes entre los dos personajes 2 [u] (Art, Cin, Phot) contraste *m*; **the ~ of light and shade** el contraste de luz y de sombra; **if you adjust the ~** (TV) si regulas el contraste

B 1 [c] (different person, thing) **to be a ~ TO sb/sth** contrastar CON algn/algo 2 [u c] (comparison) comparación *f*

C (*in phrases*): **by contrast** (*as linker*) por contraste, en comparación; **in contrast to** *o* **with** (*as prep*) en contraste con, a diferencia de, en contraposición a

contrast[2] /kən'træst || kən'trɑːst/ *vt* contrastar, comparar; **it's interesting to ~ the two styles** es interesante contrastar *or* comparar los dos estilos; **to ~ sth/sb WITH sth/sb** comparar algo/a algn CON algo/algn

■ **contrast** *vi* 1 (differ) contrastar; **to ~ WITH sth** contrastar CON algo 2 **contrasting** *pres p* ‹*opinions/approaches*› contrastante, opuesto

contrastive /kən'træstɪv || kən'trɑːstɪv/ *adj* (contrasting) (frml) contrastante; (Ling) contrastivo

contravene /ˌkɑːntrə'viːn || ˌkɒntrə'viːn/ *vt* contravenir*, infringir*, violar

contravention /ˌkɑːntrə'ventʃən || ˌkɒntrə'venʃən/ *n* [u c] contravención *f*, infracción *f*; **to be/act in ~ of the law** estar*/obrar en contravención de la ley

contretemps /'kɑːntrətɑːn || 'kɒntrətɑ̃/ *n* (*pl* **~**) contratiempo *m*

contribute /kən'trɪbjət -bjuːt/ *vt* 1 ‹*money/time*› contribuir* con, aportar, hacer* una aportación *or* (esp AmL) un aporte de; ‹*suggestions/ideas*› aportar; **her performance ~s little to the production** su actuación aporta muy poco a la obra 2 ‹*article/poem/paper*› escribir*; **he ~d two essays to the volume** escribió dos ensayos para el libro

■ **contribute** *vi* 1 (play significant part) **to ~ (TO sth)** contribuir* (A algo); **their efforts ~d to the success of the campaign** sus esfuerzos contribuyeron al éxito de la campaña 2 (give money) contribuir*; (make social security contributions) hacer* aportaciones *or* (Esp) cotizar* *or* (RPl) aportar *or* hacer* aportes *or* (Chi) imponer* *or* hacer* imposiciones; **to ~ TO sth**: **they all ~d to his present** todos contribuyeron con dinero para su regalo; **to ~ to a fund** hacer* aportaciones *or* (esp AmL) aportes a un fondo 3 (participate) **to ~ TO sth** participar EN algo; **she ~s to class discussions** participa en clase 4 (Journ) **to ~ TO sth**: **she ~s regularly to 'The Clarion'** escribe regularmente para 'The Clarion'

contribution /ˌkɑːntrə'bjuːʃən || ˌkɒntrɪ'bjuːʃən/ *n* 1 [c] (participation, part played) contribución *f*; **to make a ~ to sth** hacer* una contribución a algo; **his ~ to the debate was most enlightening** su intervención en el debate fue muy instructiva 2 [c u] (payment, donation) contribución *f*; (to a fund) aportación *f*, aporte *m* (esp AmL); (to social security fund) cotización *f*, aporte *m* (RPl), imposición *f* (Chi)

contributor /kən'trɪbjətər || kən'trɪbjʊtə(r)/ *n* 1 (writer) colaborador, -dora *m,f*; **he is a regular ~ to the local paper** escribe regularmente para el periódico local 2 (donor) donante *mf*; **they were generous ~s to the cause** contribuyeron generosamente a la causa

contributory /kən'trɪbjətɔːri || kən'trɪbjʊtəri/ *adj* 1 ‹*factor/cause/circumstance*› que contribuye; **~ negligence** (Law) culpa *f* concurrente 2 (Busn, Soc Adm) ‹*pension plan*› de aportación obligatoria por parte del empleado

con trick *n* (BrE colloq) timo *m* (fam), estafa *f*

contrite /'kɑːntraɪt, kən'traɪt || 'kɒntraɪt, kən'traɪt/ *adj* arrepentido, contrito (liter)

contrition /kən'trɪʃən/ *n* [u] arrepentimiento *m*, contrición *f* (liter); **an act of ~** (Relig) un acto de contrición

contrivance /kən'traɪvəns/ *n* 1 [c] (device) artilugio *m*, aparato *m*, artefacto *m* 2 [c u] (artifice, stratagem) artimaña *f*, treta *f*

contrive /kən'traɪv/ *vt* 1 (manage) **to ~ to + INF** lograr + INF/QUE + SUBJ, ingeniárselas *or* arreglárselas PARA + INF/PARA QUE + SUBJ; **they**

C

~d to make it look like ... lograron que pareciera que ..., se las ingeniaron *or* se las arreglaron para que pareciera que ...; **they ~d to lose yet again** (iro) se las ingeniaron para volver a perder (iró) 2 (create) ‹*method/device*› idear; ‹*meeting*› arreglar

contrived /kən'traɪvd/ *adj* artificioso; **her reaction seemed a little ~** su reacción pareció un poco afectada

control¹ /kən'trəʊl/ *vt* **-ll-**
A 1 (command) ‹*country/people/industry*› controlar, ejercer* control sobre; **his ambition to ~ the business** su ambición de hacerse con el control del negocio 2 (regulate) ‹*temperature/rate/flow*› controlar, regular; ‹*traffic*› dirigir*; ‹*prices/inflation/growth*› controlar
B 1 (curb, hold in check) ‹*person/animal*› controlar; ‹*disease/fire/vermin*› controlar; ‹*emotion*› controlar, dominar; **you ought to ~ that temper of yours!** ¡deberías controlar *or* dominar ese genio!; **to ~ oneself** controlarse, dominarse 2 (manage, steer) ‹*vehicle/boat*› controlar; ‹*horse*› controlar, dominar
C (check) ‹*accounts/expenditure*› controlar

control² *n*
A [u] 1 (command) control *m*; **to be in ~** mandar; **who's in ~ here?** ¿quién manda aquí?; **they were now in complete ~ of the straits** ahora dominaban *or* controlaban completamente el estrecho; **to gain ~ of sth** hacerse* con el control de algo; **to have/lose ~ of sth** tener*/perder* el control de algo; **the firm remains in the family's ~** la compañía sigue en manos de *or* bajo el control de la familia; **the zone was under Arab ~** la zona estaba bajo el control *or* el dominio de los árabes; **we need only a few more shares to take ~ of the company** sólo necesitamos unas pocas acciones más para hacernos con el control de la compañía 2 (ability to control, restrain) control *m*; (authority) autoridad *f*; **to be beyond sb's ~** estar* fuera del control de algn, escapar al control de algn; **problems which are beyond the government's ~** problemas que escapan al control del gobierno; **circumstances beyond our ~ may lead to delays** circunstancias ajenas a nuestra voluntad pueden ocasionar retrasos; **she was in complete ~ of herself throughout** en ningún momento perdió el control *or* el dominio de sí misma; **to be out of ~** estar* fuera de control; **to get out of ~** descontrolarse; **he brought his anger under ~** logró controlar *or* dominar su ira; **the epidemic is under ~** la epidemia está bajo control; **she struggled to keep the horse under ~** luchó para mantener al caballo bajo control; **he lost ~ of the horse** perdió el control del caballo, el caballo se le desmandó; **he lost ~ of himself** perdió el control *or* el dominio de sí mismo, perdió los estribos, se descontroló; **he lost ~ of the car** perdió el control del coche
B [u c] (regulation, restriction) **~(s) ON/OF sth** control *m* DE algo; **arms ~** control *m* de armamentos; **population ~** control *m* demográfico; **wage ~(s)** regulación *f* salarial *or* de salarios; **price ~(s)** control *m* de precios
C 1 [u] (knob, switch) botón *m* de control, control *m*; **the volume/tone ~** el botón *or* control del volumen/tono 2 **controls** *pl* (of vehicle) mandos *mpl*
D 1 (headquarters) (*no art*) control *m* 2 [c] (checkpoint) control *m*
E [c] (in experiment) patrón *m* (de comparación); (*before n*): **~ experiment** experimento *m* de control; **~ group** grupo *m* de control
F [u] (skill, mastery) dominio *m*

control character *n* carácter *m* de control

control column *n* palanca *f* de mando

control freak *n* (colloq & pej) maniático, -ca *m,f* del control

control key *n* tecla *f* de control

controllable /kən'trəʊləbəl/ *adj* controlable

controlled /kən'trəʊld/ *adj* 1 (contained) ‹*voice/emotion*› contenido; ‹*response*› mesurado 2 (regulated) ‹*conditions/environment/experiment*› controlado; **a ~ explosion** una explosión controlada; **~ economy** economía *f* dirigida 3 (subject to controls) controlado

controlled substance *n* sustancia *f* de uso reglamentado

controller /kən'trəʊlər || kən'trəʊlə(r)/ *n* 1 (director) director, -tora *m,f*; **financial ~** director financiero, directora financiera *m,f* 2 (device) controlador *m*

controlling /kən'trəʊlɪŋ/ *adj* (*before n*): **~ interest** participación *f* mayoritaria *or* de control

control panel *n* 1 (for remote control) tablero *m* de control 2 (Comput) panel *m* de control

control rod *n* barra *f* de control

control room *n* (Mil, Naut) centro *m* de operaciones; (Audio, Rad, TV) sala *f* de control

control systems *pl n* sistemas *mpl* de control

control tower *n* torre *f* de control

control unit *n* unidad *f* de control

controversial /,kɑːntrə'vɜːrʃəl || ,kɒntrə'vɜːʃəl/ *adj* controvertido, polémico

controversially /,kɑːntrə'vɜːrʃəli || ,kɒntrə'vɜːʃəli/ *adv* de manera polémica

controversy /'kɑːntrəvɜːrsi || 'kɒntrevɜːsi, kən'trɒvəsi/ *n* [u c] (*pl* **-sies**) controversia *f*, polémica *f*; **it was the subject of endless ~** fue objeto de interminable polémica

controvert /'kɑːntrəvɜːrt || 'kɒntrəvɜːt/ *vt* (frml) controvertir* (frml), contradecir*

contumacious /,kɑːntə'meɪʃəs || ,kɒntjuː'meɪʃəs/ *adj* (frml) ‹*witness/defendant*› contumaz (frml), rebelde

contumacy /kən'tuːməsi || 'kɒntjuːməsi/ *n* [u] (frml) contumacia *f* (frml), rebeldía *f*

contumely /kɑːn'tuːməli || 'kɒntjuːmɪli/ *n* [u] (*pl* **-lies**) (frml) contumelia *f* (frml), afrenta *f*

contuse /kən'tuːz || kən'tjuːz/ *vt* (frml) (*usu pass*) contusionar (frml)

contusion /kən'tuːʒən || kən'tjuːʒən/ *n* (frml) contusión *f*

conundrum /kə'nʌndrəm/ *n* adivinanza *f*, acertijo *m*; **there remain a few ~s surrounding ...** quedan unas cuantas interrogantes relacionadas con ...

conurbation /,kɑːnɜːr'beɪʃən || ,kɒnɜː'beɪʃən/ *n* conurbación *f*

convalesce /,kɑːnvə'les || ,kɒnvə'les/ *vi* recuperarse, convalecer*; **you need a long period of rest to ~** necesitas un largo período de descanso para recuperarte; **to ~ AFTER *o* FROM sth** convalecer* *or* recuperarse DE algo; **she is convalescing from *o* after an illness** está convaleciendo *or* se está recuperando de una enfermedad

convalescence /,kɑːnvə'lesns || ,kɒnvə'lesns/ *n* [u] convalecencia *f*

convalescent¹ /,kɑːnvə'lesnt || ,kɒnvə'lesnt/ *n* convaleciente *mf*; (*before n*): **~ home** clínica *f* de reposo

convalescent² *adj* (*no comp, pred*) convaleciente; **he is still ~ after his illness** todavía está convaleciente de su enfermedad

convection /kən'vekʃən/ *n* [u] convección *f*; (*before n*): **~ heater** estufa *f or* calentador *m* de convección

convector /kən'vektər || kən'vektə(r)/ *n* estufa *f or* calentador *m* de convección

convene /kən'viːn/ *vt* ‹*meeting/assembly/members*› convocar*
■ **convene** *vi* «*council/committee/congress*» reunirse*

convener /kən'viːnər || kən'viːnə(r)/ *n* (of committee) *persona que convoca una reunión*; (BrE) (Lab Rel) enlace *mf or* representante *mf* sindical

convenience /kən'viːniəns/ *n* 1 [u] (comfort, practicality) conveniencia *f*, comodidad *f*; **for your own ~** para su propria conveniencia *or* comodidad; **are you sure the date is to your ~?** ¿está seguro de que la fecha le viene bien?; **at your ~** cuando le resulte conveniente, cuando le venga bien; **at your earliest ~** (Corresp) a la mayor brevedad posible, a la brevedad 2 [c] (amenity, appliance): **our hotels are equipped with every modern ~** nuestros hoteles están equipados con todas las comodidades modernas 3 [c] (toilet) (BrE frml) baño *m* (esp AmL), servicio *m* (esp Esp)

convenience food *n* [c u] comida *f* de preparación rápida

convenience store *n* (AmE); *tienda pequeña que permanece abierta en horarios no habituales*

convenient /kən'viːniənt/ *adj* 1 (opportune, suitable) conveniente; **Tuesday is not ~ for me** el martes no me resulta conveniente *or* no me viene bien; **is there a ~ train tomorrow?** ¿hay algún tren que me (*or* te *etc*) convenga mañana?; **would it be ~ for me to call tomorrow?** ¿estaría bien que pasara mañana?; **his resignation was most ~ for the firm** su dimisión fue muy oportuna para la empresa *or* le vino muy bien a la empresa 2 (neat, practical) práctico, cómodo; **a very ~ way of storing cassettes** una manera muy práctica *or* cómoda de guardar los cassettes 3 (handy, close): **I always go to that supermarket, it's very ~** siempre voy a ese supermercado porque me queda muy a mano; **it's very ~ having the school so near** resulta muy práctico tener la escuela tan cerca; **a ~ base from which to explore the region** una base bien situada desde donde explorar la región; **it's so ~ for the station** la estación queda tan a mano

conveniently /kən'viːniəntli/ *adv* 1 (handily) convenientemente; **it's ~ situated** está convenientemente situada; **the book is ~ sized to fit into your pocket** el libro tiene un tamaño muy práctico para llevar en el bolsillo 2 (expediently): **the government ~ forgets its election promises** le resulta muy cómodo al gobierno olvidarse de sus promesas electorales; **~ for him, the banks were closed** le vino muy bien *or* le convino que los bancos estuvieran cerrados

convenor *n* ▸**convener**

convent /'kɑːnvənt || 'kɒnvənt/ *n* convento *m*; (*before n*): **~ school** colegio *m* de monjas

convention /kən'ventʃən || kən'venʃən/ *n*
A 1 [u] (social code) convenciónes *fpl*, convencionalismos *mpl*; **~ dictates that one should wear black on such occasions** es costumbre vestir de negro en tales ocasiones 2 [c] (established practice) convención *f*; **printers'/literary ~** convención tipográfica/literaria
B [c] (agreement) convención *f*
C [c] (conference) convención *f*, congreso *m*; **the Democratic ~** (in US) la convención *or* el congreso del partido Demócrata

conventional /kən'ventʃnəl || kən'venʃənl/ *adj* 1 (traditional) ‹*design/style*› tradicional, clásico; ‹*behavior/method/theory*› convencional; **the ~ wisdom is that ...** la opinión ortodoxa es que ... 2 (unoriginal) ‹*person/taste/clothes*› convencional 3 (non-nuclear) ‹*weapons/warfare/defense*› convencional

conventionality /kən,ventʃə'næləti || kən,venʃə'næləti/ *n* [c u] (*pl* **-ties**) (frml) convencionalismo *m*, formalismo *m*

conventionally /kən'ventʃnəli || kən'venʃnəli/ *adv* ‹*dress/behave/live*› de manera convencional; ‹*built/designed/staged*› de manera tradicional *or* clásica

convention center, (BrE) **convention centre** *n* centro *m* de convenciones

conventioneer /kən,venʃə'nɪr || kən,venʃə'nɪə(r)/ *n* (AmE) congresista *mf*

converge /kən'vɜːrdʒ || kən'vɜːdʒ/ *vi* «*lines/roads*» converger*, convergir*; «*crowd/armies*» reunirse*; **they all ~d on the square** todos se reunieron en la plaga

convergence /kən'vɜːrdʒəns || kən'vɜːdʒəns/ *n* [u c] convergencia *f*

convergent /kən'vɜːrdʒənt || kən'vɜːdʒənt/ *adj* convergente

conversant /kən'vɜːrsnt || kən'vɜːsnt/ *adj* (*pred*) **to be ~ WITH sth** ser* versado EN algo; **for those already ~ with the subject** para los que ya conocen el tema *or* están familiarizados con el tema

conversation /,kɑːnvər'seɪʃən || ,kɒnvə'seɪʃən/ *n* 1 [u] (spoken communication) conversación *f*; **the art of ~** el arte de la conversación; **I**

got into ~ with a stranger entablé conversación con un desconocido; **they were deep in ~** estaban en plena conversación; **to engage sb in ~** entablar *or* trabar conversación con algn; **we made polite ~ until the cab arrived** estuvimos conversando amablemente hasta que llegó el taxi; **she has no ~** no tiene conversación, no sabe conversar; (*before n*): **~ class** clase *f* de conversación **2** [c] (talk) conversación *f*; **to have a ~ (about sth)** hablar de *or* conversar sobre algo; **we were having a ~ about you** estábamos hablando de ti; **we've had this ~ before** ya hemos hablado de esto antes; (*before n*): **~ piece** tema *m* de conversación; **his remark was a real ~ stopper** (colloq) su comentario los (*or* nos *etc*) dejó a todos callados

conversational /ˌkɑːnvərˈseɪʃnəl || ˌkɒnvəˈseɪʃənl/ *adj* ‹*manner/tone/style*› familiar, coloquial

conversationalist /ˌkɑːnvərˈseɪʃnələst || ˌkɒnvəˈseɪʃnəlɪst/ *n* conversador, -dora *m,f*; **I'm not much of a ~, I'm afraid** me temo que no soy muy buen conversador

conversationally /ˌkɑːnvərˈseɪʃnəli || ˌkɒnvəˈseɪʃənli/ *adv*: **nice day, he said ~** —hace buen tiempo —dijo tratando de entablar conversación

converse¹ /kənˈvɜːrs || kənˈvɜːs/ *vi* **to ~ (ON** *o* **ABOUT sth)** conversar (SOBRE *or* ACERCA DE algo)

converse² /ˈkɑːnvɜːrs || ˈkɒnvɜːs/ *n*: **the ~** lo contrario *or* lo opuesto; **I believe the ~ to be true** pienso que sucede lo contrario *or* lo opuesto

converse³ /kənˈvɜːrs, ˈkɑːnvɜːrs || ˈkɒnvɜːs/ *adj* (*before n*) contrario, inverso

conversely /kənˈvɜːrsli, ˈkɑːnvɜːrsli || ˈkɒnvɜːsli/ *adv* (*as linker*) a la inversa

conversion /kənˈvɜːrʒən || kənˈvɜːʃən/ *n*
A [u c] **1** (transformation) **~ (INTO/TO sth)** conversión *f or* transformación *f* (EN algo); **what's the formula for the ~ of miles into kilometers?** ¿cuál es la fórmula para convertir millas a *or* (Esp) en kilómetros?; (*before n*): **~ table** tabla *f* de conversión *or* de equivalencias **2** (change, switch) **~ (FROM sth TO sth)** conversión *f* (DE algo A algo) **3** (Relig) conversión *f*
B [u] (Law) apropiación *f* indebida
C [c u] (in rugby) conversión *f*, transformación *f*
D [c u] (in US football) conversión *f*

convert¹ /ˈkɑːnvɜːrt || ˈkɒnvɜːt/ *n* converso, -sa *m,f*; **~ (FROM sth) TO sth** converso (DE algo) A algo; **we have become ~s to solar energy** nos hemos convertido en partidarios del uso de la energía solar

convert² /kənˈvɜːrt || kənˈvɜːt/ *vt*
A ‹*building*› remodelar, reformar; ‹*vehicle*› transformar; **to ~ sth INTO sth** convertir* *or* transformar algo EN algo; **the church has been ~ed into a museum** la iglesia ha sido convertida *or* transformada en un museo; **these panels ~ the sunlight into electricity** estas placas convierten la luz solar en electricidad; **they live in a ~ed barn** viven en un granero convertido en vivienda
B **1** (exchange) (Fin) **to ~ sth INTO sth** ‹*shares/currency*› convertir* algo EN algo; **to ~ securities into real estate** convertir* valores en bienes inmuebles **2** (change) **to ~ sth INTO** *o* **TO sth** ‹*weights/measures*› convertir* algo A *or* EN algo; **to ~ pounds into kilos** convertir* libras a *or* en kilos
C (cause to change view) convertir*; **to ~ sb TO sth** convertir* a algn A algo; **a ~ed Jew/Communist** un judío/comunista converso; **he ~ed us to the idea** nos convenció de la idea
D (Sport) ‹*penalty/try*› transformar, convertir* (period); **he didn't ~ the try** no transformó *or* no convirtió los dos puntos
E (appropriate) (Law) ‹*property*› apropiarse indebidamente
■ **convert** *vi*
A (change into) **to ~ INTO** *o* **TO sth** convertirse* *or* transformarse EN algo
B (Pol, Relig) **to ~ TO sth** convertirse* A algo

converter /kənˈvɜːrtər || kənˈvɜːtə(r)/ *n* **1** (furnace) convertidor *m* **2** (Comput, Elec) convertidor *m*

convertibility /kənˌvɜːrtəˈbɪləti || kənˌvɜːtəˈbɪləti/ *n* [u] **1** (Fin) convertibilidad *f* **2** (of appliance, object) convertibilidad *f*

convertible¹ /kənˈvɜːrtəbəl || kənˈvɜːtəbəl/ *adj* **1** (Fin) convertible; **~ debentures** obligaciones *fpl* convertibles **2** (adaptable) ‹*appliance/chair*› convertible

convertible² *n* **1** (Auto) descapotable *m*, convertible *m* (AmL) **2** (sofa bed) (AmE) sofá-cama *m*

convex /ˈkɑːnveks || ˈkɒnveks/ *adj* convexo

convexity /kɑːnˈveksəti || kɒnˈveksəti/ *n* [u c] (*pl* **-ties**) convexidad *f*

convey /kənˈveɪ/ *vt*
A **1** (carry, take) ‹*goods/people/electricity*› transportar, conducir*; ‹*sound*› transmitir, llevar **2** (communicate, make felt) ‹*opinion/feeling*› expresar, transmitir; ‹*thanks/regards*› hacer* llegar, transmitir; **try to ~ to him that such tactics are counterproductive** trata de hacerle ver que dichas tácticas son contraproducentes; **the phrase ~s nothing to me** la frase no me dice nada; **mere words could not ~ what she felt** las palabras por sí solas no podían expresar lo que sentía
B (Law) ‹*property*› traspasar, transferir*

conveyance /kənˈveɪəns/ *n*
A **1** [u] (transport) transporte *m* **2** [c] (vehicle) vehículo *m*, medio *m* de transporte
B [u c] (transfer of property) traspaso *m*, transferencia *f*; **deed of ~** escritura *f* de compraventa

conveyancing /kənˈveɪənsɪŋ/ *n* [u]: *trámites y formalización del traspaso de bienes inmuebles*

conveyor (belt) /kənˈveɪər || kənˈveɪə(r)/ *n* cinta *f or* correa *f* transportadora, banda *f* transportadora (Méx)

convict¹ /ˈkɑːnvɪkt || ˈkɒnvɪkt/ *n* recluso, -sa *m,f*, presidiario, -ria *m,f*

convict² /kənˈvɪkt/ *vt* (*often pass*) declarar culpable, condenar; **she was ~ed on eight charges of espionage** fue declarada culpable de ocho acusaciones de espionaje; **a ~ed murderer/rapist** un asesino/violador convicto; **to be ~ed OF sth** ser* condenado POR algo; **he was ~ed of murdering his wife** fue condenado por el asesinato de su esposa
■ **convict** *vi* condenar

conviction /kənˈvɪkʃən/ *n* [u c]
A (Law) **~ (FOR sth)** condena *f* (POR algo); **with that evidence they managed to secure a ~** con esas pruebas lograron que se lo/la condenara; **he had several previous ~s for theft** tenía varias condenas previas por robo
B (certainty, strong belief) convicción *f*; **he spoke without much ~/from deep ~** habló sin mucha convicción/con profunda convicción; **their claim carried little ~** su afirmación era muy poco convincente; **she grew up in the ~ that her father was dead** (frml) creció con la convicción de que su padre estaba muerto

conviction politics *n* (+ *pl vb*) política *f* de convicción

convince /kənˈvɪns/ *vt* convencer*; **that doesn't ~ me** eso no me convence; **to ~ sb OF sth** convencer* a algn DE algo; **he failed to ~ them of his innocence** no logró convencerlos de su inocencia; **to ~ sb THAT** convencer* a algn DE QUE; **to ~ sb to + INF** convencer* a algn PARA QUE + SUBJ; **how can we ~ them to change their minds?** ¿cómo podemos convencerlos para que cambien de opinión?

convinced /kənˈvɪnst/ *adj* **1** (thorough) (*before n*) ‹*Christian/pacifist*› convencido **2** (persuaded) (*pred*) **to be ~ OF sth** estar* convencido DE algo; **to be ~ THAT** estar* convencido DE QUE

convincing /kənˈvɪnsɪŋ/ *adj* convincente

convincingly /kənˈvɪnsɪŋli/ *adv* convincentemente

convivial /kənˈvɪviəl/ *adj* ‹*atmosphere*› cordial, ameno, de camaradería; **he was in a very ~ mood** estaba muy simpático *or* sociable *or* expansivo

conviviality /kənˌvɪviˈæləti/ *n* [u] lo cordial, lo ameno

convocation /ˌkɑːnvəˈkeɪʃən || ˌkɒnvəˈkeɪʃən/ *n*
A *also* **Convocation** (*no art*, + *sing or pl vb*) **1** (Relig) sínodo *m*, asamblea *f* **2** (Educ) claustro *m*
B [c u] (frml) (gathering) asamblea *f*; (summoning) convocación *f*

convoke /kənˈvəʊk/ *vt* (frml) convocar*

convoluted /ˈkɑːnvəluːtəd || ˌkɒnvəˈluːtɪd/ *adj* **1** (complicated) ‹*story/argument*› intrincado, enrevesado **2** (Biol) ‹*shell/leaf/petal*› convoluto

convolution /ˌkɑːnvəˈluːʃən || ˌkɒnvəˈluːʃən/ *n* **1** [u c] (of story, plot) lo intrincado, lo enrevesado **2** [c] (of brain) circunvolución *f*

convolvulus /kənˈvɑːlvjələs || kənˈvɒlvjʊləs/ *n* (*pl* **-luses** *or* **-li** /-laɪ/) convólvulo *m*

convoy¹ /ˈkɑːnvɔɪ || ˈkɒnvɔɪ/ *n* (of ships) convoy *m*; (of vehicles) convoy *m*, caravana *f*; **in ~** en convoy *or* caravana

convoy² *vt* ‹*ships/trucks*› escoltar, convoyar

convulse /kənˈvʌls/ *vt* **1** (contort) (*usu pass*): **he was ~d with pain** se retorcía del dolor; **their antics ~d the audience** el público se desternillaba (de risa) con sus payasadas (fam) **2** (shake, rock) convulsionar, sacudir
■ **convulse** *vi*: **the patient was convulsing** el paciente tenía convulsiones

convulsion /kənˈvʌlʃən/ *n* **1** (spasm) convulsión *f*; **to have ~s** tener* convulsiones; **he went into ~s** le dio un ataque convulsivo; **their antics had us in ~s** (colloq) nos desternillamos de risa con sus payasadas (fam) **2** (disturbance) convulsión *f*

convulsive /kənˈvʌlsɪv/ *adj* convulsivo; **he collapsed into ~ laughter** le dio un ataque de risa

convulsively /kənˈvʌlsɪvli/ *adv* convulsivamente

cony /ˈkəʊni/ *n* (*pl* **conies**) **1** [c] (rabbit) (arch) conejo *m* **2** [u] (fur) piel *f* de conejo

coo¹ /kuː/ *vi* ‹‹*dove/pigeon*›› arrullar, zurear; **everyone was ~ing over the baby** todos estaban bobos con el bebé (fam)
■ **coo** *vt* susurrar

coo² *interj* (BrE dated) ¡vaya! (fam)

cooee /ˈkuːiː/ *interj* (BrE colloq) ¡yuyu!

cook¹ /kʊk/ *n* cocinero, -ra *m,f*; **he's a good ~** cocina muy bien, es muy buen cocinero; ***to be chief ~ and bottle-washer*. I'm not chief ~ and bottle-washer here, you know** mira que yo no soy la sirvienta *or* (esp AmL) el mandadero; ***too many ~s spoil the broth*** muchas manos en un plato hacen mucho garabato

cook² *vt* **1** (prepare) ‹*food/meal*› hacer*, preparar **2** (falsify) (colloq) ‹*books/accounts*› amañar (fam)
■ **cook** *vi* **1** (prepare food) ‹‹*person*›› cocinar, guisar; **can you ~?** ¿sabes cocinar *or* guisar? **2** (become ready) ‹‹*food/meal*›› hacerse* **3** (happen) (colloq): **what's ~ing?** ¿qué se está cociendo? (fam), ¿qué se está tramando? (fam)

Phrasal verb
- **cook up** [v + o + adv, v + adv + o] (colloq) ‹*excuse/alibi*› inventarse; ‹*scheme*› tramar

cookbook /ˈkʊkbʊk/ *n* libro *m* de cocina *or* de recetas, recetario *m*

cooked /kʊkt/ *adj* ‹*ham*› cocido; ‹*meal/breakfast*› caliente; **it's not quite ~ yet** le falta un poco todavía; **~ meats** fiambres *mpl*

cooker /ˈkʊkər || ˈkʊkə(r)/ *n* (BrE) **1** (stove) cocina *f or* (Col, Méx) estufa *f* **2** (cooking apple) manzana *f* para cocinar

cooker hood *n* campana *f* de cocina

cookery /ˈkʊkəri/ *n* [u] cocina *f*; (*before n*): **~ book** (BrE) libro *m* de cocina *or* de recetas, recetario *m*; **~ classes** clases *fpl* de cocina

cookery course *n* curso *m* de cocina

cookhouse /ˈkʊkhaʊs/ *n* cocina *f* (*de campaña*)

cookie /ˈkʊki/ *n* **1** (biscuit) (AmE) (Culin) galleta *f*, galletita *f* (RPl); ***that's the way the ~ crumbles*** ¡qué se le va a hacer!, ¡así es la vida!; (*before n*): **~ sheet** bandeja *f* de horno; ***to be***

C

caught with one's hand in the ~ jar: **he was caught with his hand in the ~ jar** lo agarraron *or* lo pillaron con las manos en la masa (fam) **2** (person) (colloq): **she's a smart ~** es más lista que el hambre (fam); **he's a tough ~** es un tipo durísimo (fam) **3** (term of endearment) (AmE dated) tesorito (fam) **4** (Comput) cookie *f or m*, galleta *f*

cooking /ˈkʊkɪŋ/ *n* [u] **to do the ~** cocinar; **it is used in ~** se usa para cocinar *or* en cocina; **he missed home ~** echaba de menos la comida casera; **his ~ is awful** cocina muy mal; **Spanish ~** la cocina *or* la gastronomía española; (*before n*) ‹*oil*› comestible; ‹*salt*› de cocina; ‹*sherry/apple*› para cocinar; ‹*utensils*› de cocina; **~ foil** papel *m* de aluminio, papel *m* Albal (Esp), papel *m* Alusafoil® (Chi); **the ~ time** el tiempo de cocción

cookout /ˈkʊkaʊt/ *n* (AmE) comida *f* al aire libre

cook pot *n* cacharro *m*

cooktop /ˈkʊktɑːp || ˈkʊktɒp/ *n* (AmE) hornillas *fpl* (AmL exc RPl), encimera *f* (Esp), hornallas *fpl* (RPl)

cooky *n* ▸**cookie**

cool[1] /kuːl/ *adj* **-er, -est** ▸**ℹ p.1878**

A (cold) ‹*climate/air/clothes*› fresco; ‹*drink*› fresco, frío; **it's ~ outside** hace *or* está fresco (a)fuera

B (reserved, hostile) ‹*reception/behavior*› frío; **to be ~ TO** *o* **TOWARD sb** estar* frío CON algn

C **1** (calm) ‹*person/exterior*› sereno, tranquilo; **keep ~!** ¡tranquilo!, no te pongas nervioso; **to keep a ~ head** no perder* la calma; **~, calm and collected** (set phrase) tranquilo y sereno; ***to play it ~*** (colloq) tomarse las cosas con calma, no precipitarse **2** (unperturbed) impasible; **he's a very ~ customer** tiene una sangre fría impresionante

D (sl) **1** (trendy, laid-back): **he's really ~** es muy en la onda (fam); es muy taquilla (Chi fam); **it's ~ to like this kind of music** si te gusta este tipo de música estás en la onda *or* estás in (fam); **those shades are really ~** esas gafas de sol molan cantidad (Esp arg) **2** (acceptable, all right): **he's ~** es un tipo bien (fam), es un tío legal (Esp fam)

E (with numbers) (colloq): **a ~ one million dollars** la friolera de un millón de dólares (fam); **an increase of a ~ 10%** un aumento de ni más ni menos que el 10%

cool[2] *n* [u]

A (low temperature): **let's stay here in the ~** quedémonos aquí al fresco; **in the ~ of the evening** por la tarde cuando está *or* hace fresco

B (composure) calma *f*; **to keep one's ~** mantener* la calma; **to lose one's ~** perder* la calma

cool[3] *vt* ‹*air/room*› refrigerar; ‹*engine/food/enthusiasm*› enfriar*; **to ~ sb's temper** apaciguar* a algn; ***to ~ it*** (sl): **~ it, you two! we don't want any fights in here** ya está bien, que aquí no queremos peleas; **~ it! he's watching us!** (AmE) disimula, que nos está mirando

■ **cool** *vi* «*air/room*» refrigerarse; «*engine/food/enthusiasm*» enfriarse*; **to ~ TOWARD sb/sth** (AmE) perder* el entusiasmo POR algn/algo; **he had ~ed toward her/toward the idea of going to the movies** ya no estaba tan entusiasmado con ella/con la idea de ir al cine

Phrasal verbs

• **cool down**

A [v + adv] **1** (become cooler) «*food/iron*» enfriarse*; «*person*» refrescarse*; **it starts to ~ down around this time of day** a esta hora del día empieza a refrescar **2** (become calmer) «*temper/person*» calmarse

B [v + o + adv, v + adv + o] **1** (make cooler) ‹*food*› enfriar*; ‹*person*› refrescar* **2** (make calmer) ‹*person*› calmar

• **cool off** [v + adv] **1** (become cooler) «*person*» refrescarse* **2** (become calmer) calmarse **3** (lose enthusiasm, passion) enfriarse*

coolant /ˈkuːlənt/ *n* [c u] (líquido *m*) refrigerante *m*

cool bag *n* (BrE) ▸**cool box**

cool box *n* (BrE) nevera *f* portátil, heladera *f* portátil (RPl), hielera *f* (Chi, Méx)

-cooled /kuːld/ *suff*: **air/water~** enfriado por aire/por agua; **gas~ reactor** reactor *m* enfriado por gas

cooler /ˈkuːlər || ˈkuːlə(r)/ *n*

A (container, device) (Tech) refrigerador *m*

B (sl): **in the ~** (in jail) a la sombra (fam); (in a cell) en el calabozo

cool-headed /ˈkuːlˌhedəd || ˌkuːlˈhedɪd/ *adj* sereno; **to remain ~** no perder* la cabeza

coolie /ˈkuːli/ *n* culí *mf*

cooling /ˈkuːlɪŋ/ *adj* ‹*drink/swim*› refrescante; **~ system** (Tech) sistema *m* de refrigeración

cooling-off /ˈkuːlɪŋˈɔːf || ˌkuːlɪŋˈɒf/ *n* (*no pl*) enfriamiento *m*; **a ~ in enthusiasm** un enfriamiento del entusiasmo; (*before n*): **~ period** período *m* de reflexión

cooling tower *n* torre *f* de refrigeración

coolly /ˈkuːlli/ *adv* **1** (calmly) con serenidad *or* calma; **she walked up to him and quite ~ shot him** se le acercó y con una sangre fría increíble le pegó un tiro **2** (boldly) descaradamente, con la mayor frescura **3** (with reserve, hostility) fríamente, con frialdad

coolness /ˈkuːlnəs || ˈkuːlnɪs/ *n* [u]

A (in temperature) frescor *m*, frescura *f*; (of color) frialdad *f*

B **1** (calmness) serenidad *f*, sangre *f* fría **2** (boldness) descaro *m*, frescura *f*

C (reserve, hostility) frialdad *f*; **I was disconcerted at her ~ toward me** me desconcertó la frialdad con la que me trató

coomb /kuːm/ *n* (BrE) ▸**combe**

coon /kuːn/ *n*

A (raccoon) (AmE colloq) mapache *m*

B (Black) (sl & offensive) negro, -gra *m,f*

coop /kuːp/ *n*: **chicken/hen ~** gallinero *m*; ***to fly the ~*** ahuecar* el ala (fam), largarse* (fam)

Phrasal verb

• **coop up** [v + o + adv, v + adv + o], (*usu passive*) encerrar*

co-op /ˈkəʊɑːp || ˈkəʊɒp/ *n*

A **1** (organization) cooperativa *f* **2** (shop) cooperativa *f*

B (apartment building) (AmE) *edificio de apartamentos en régimen de cooperativa*

cooper /ˈkuːpər || ˈkuːpə(r)/ *n* tonelero, -ra *m,f*

cooperate /kəʊˈɑːpəreɪt || kəʊˈɒpəreɪt/ *vi* cooperar, colaborar; **if the weather ~s** (colloq) si el tiempo no nos falla; **to ~ WITH sb** cooperar *or* colaborar CON algn

cooperation /kəʊˌɑːpəˈreɪʃən || kəʊˌɒpəˈreɪʃən/ *n* [u] **~ (WITH sb/sth)** cooperación *f or* colaboración *f* (CON algn/algo); **your ~ is appreciated** se agradece su colaboración

cooperative[1] /kəʊˈɑːpərətɪv || kəʊˈɒpərətɪv/ *adj* **1** (obliging) ‹*attitude*› de colaboración, cooperativo; **he was very ~** se mostró muy dispuesto a cooperar *or* a colaborar; **the children weren't very ~** los niños pusieron poco de su parte **2** (joint) ‹*effort/venture*› conjunto **3** (collective) ‹*farm*› en régimen de cooperativa; **~ society/store** cooperativa *f*; **~ building** (AmE) ▸**co-op B**

cooperative[2] *n* cooperativa *f*; **agricultural ~** cooperativa agraria

cooperatively /kəʊˈɑːpərətɪvli || kəʊˈɒpərətɪvli/ *adv* **1** (helpfully) de manera cooperativa **2** (collectively) ‹*owned/run*› en régimen de cooperativa

co-opt /kəʊˈɑːpt || kəʊˈɒpt/ *vt*: **to ~ sb onto a committee** invitar a algn a formar parte de una comisión

coordinate[1] /kəʊˈɔːrdneɪt || ˌkəʊˈɔːdɪneɪt/ *vt*

A (make function together) ‹*movements/activities/project*› coordinar

B (aesthetically) ‹*clothes*› combinar, coordinar, conjuntar

C (Ling) coordinar; **coordinating conjunction** conjunción *f* coordinante

■ **coordinate** *vi* **1** «*clothes/kitchenware*» combinar, hacer* juego **2** **coordinating** *pres p* **a gray suit with coordinating accessories** un traje gris con accesorios haciendo juego *or* (Esp tb) con accesorios a juego

coordinate[2] /kəʊˈɔːrdnət || kəʊˈɔːdɪnət/ *n*

A (Math) coordenada *f*; (*before n*): **~ geometry** geometría *f* analítica

B **coordinates** *pl* prendas *fpl* para combinar, coordinados *mpl*

coordinate[3] /kəʊˈɔːdnət || kəʊˈɔːdɪnət/ *adj* coordinado

coordinated /kəʊˈɔːrdneɪtəd || kəʊˈɔːdɪneɪtɪd/ *adj* **1** (physically): **she's well ~** tiene mucha coordinación (en los movimientos) **2** ‹*clothes*› combinado; **a range of ~ separates** una línea de prendas para combinar; **wallpaper and curtains are ~** el papel pintado y las cortinas vienen en diseños que armonizan *or* combinan *or* hacen juego

coordination /kəʊˌɔːrdnˈeɪʃən || kəʊˌɔːdɪˈneɪʃən/ *n* [u] **1** (of movements, body) coordinación *f* **2** (organization) coordinación *f*

coordinator /kəʊˈɔːrdneɪtər || kəʊˈɔːdɪneɪtə(r)/ *n* coordinador, -dora *m,f*

coot /kuːt/ *n* (*pl* **~s** *or* **~**)

A (Zool) focha *f*, fúlica *f*; ***as bald as a ~*** (BrE colloq) más calvo *or* (CS) pelado que una bola de billar (fam), más pelón que una bola de boliche (Méx fam)

B [c] (fool) (colloq): **silly old ~!** ¡viejo estúpido!

cootie /ˈkuːti/ *n* (AmE) **1** (louse) (sl) piojo *m*; (germ) microbio *m* **2** (children's game) *juego de dados*

coowner /ˌkəʊˈəʊnər || ˌkəʊˈəʊnə(r)/ *n* copropietario, -ria *m,f*

coownership /ˌkəʊˈəʊnərʃɪp || ˌkəʊˈəʊnəʃɪp/ *n* copropiedad *f*

cop[1] /kɑːp || kɒp/ *n* (colloq)

A (police officer) poli *mf* (fam), tira *mf* (Méx fam), cana *mf* (RPl arg), cachaco, -ca *m,f* (Per fam), paco, -ca *m,f* (Chi fam); **the ~s** la poli (fam), la pasma (Esp arg), la tira (Méx fam), la cana (RPl arg), los pacos (Chi fam); **to play ~s and robbers** jugar* a policías y ladrones

B (arrest) (BrE dated *or* hum): **it's a fair ~** pues sí señor, me ha agarrado *or* (esp Esp) cogido

C (good, use) (BrE): **to be not much ~** no ser* nada del otro mundo *or* del otro jueves (fam), no valer* gran cosa

cop[2] *vt* **-pp-** **1** (win) (AmE journ) llevarse **2** (receive, get) (esp BrE colloq): **he ~ped a whack on the head** se llevó un porrazo en la cabeza (fam); **~ (a load of) this/him/her!** ¡no te lo/la pierdas! (fam); ***to ~ it*** (BrE): **you'll ~ it if they find out** como se enteren, estás arreglado *or* te vas a llevar una buena (fam) **3** (catch, seize) (BrE colloq) agarrar, pillar (fam), pescar* (fam); **~ hold of this a minute** ¿me tienes esto un momento? **4** (steal) (colloq) afanar (arg), volar* (Méx fam)

Phrasal verb

• **cop out** [v + adv] (sl) rajarse (fam), evadirse; **to ~ out OF sth** ‹*of responsibility/task*› escabullirse* DE algo, sacarle* el cuerpo A algo (fam)

co-partner /ˈkəʊˌpɑːrtnər || ˈkəʊˌpɑːtnə(r)/ *n* socio, -cia *m,f*

copay /ˈkəʊpeɪ/ *n* [u] copago *m*

copayment /ˈkəʊˌpeɪmənt/ *n* copago *m*

cope[1] /kəʊp/ *vi* **to ~ (WITH sth/sb)**: **to ~ with stress** saber* sobrellevar el estrés; **to ~ with responsibility** hacer* frente a las responsabilidades; **I can't ~ with all this work** no doy abasto *or* no puedo con tanto trabajo; **how do you ~ without a washing machine?** ¿cómo te las arreglas sin lavadora?; **I just can't ~ any more** ya no puedo más; **how is he coping on his own?** ¿qué tal se las arregla *or* se defiende solo?; **can you ~ with all that luggage?** ¿puedes con todo ese equipaje?; **these are some of the problems they have to ~ with** éstos son algunos de los problemas a los que tienen que enfrentarse; **they can ~ comfortably with present demand** pueden hacer frente sin problemas a la demanda actual

■ **cope** *vt* (Archit) rematar con albardilla

cope[2] *n*

A (Relig) capa *f* de lluvia

B ▸**coping**

copeck *n* ▸**kopeck**

Copenhagen /ˌkəʊpən'heɪgən/ *n* Copenhague *m*

Copernican /kə'pɜːrnɪkən ‖ kə'pɜːnɪkən/ *adj* copernicano

Copernicus /kə'pɜːrnɪkəs ‖ kə'pɜːnɪkəs/ *n* Copérnico

copestone /'kəʊpstəʊn/ *n* albardilla *f*

copier /'kɑːpiər ‖ 'kɒpiə(r)/ *n* fotocopiadora *f*

copilot /'kəʊˌpaɪlət/ *n* copiloto *mf*

coping /'kəʊpɪŋ/ *n* albardilla *f*, remate *m*

coping saw *n* sierra *f* de marquetería

copingstone /'kəʊpɪŋstəʊn/ *n* albardilla *f*

copious /'kəʊpiəs/ *adj* copioso, abundante

copiously /'kəʊpiəsli/ *adv* ‹*eat/drink*› abundantemente; ‹*weep/bleed*› copiosamente

cop-out /'kɑːpaʊt ‖ 'kɒpaʊt/ *n* (colloq): **that's just a ~** eso es evadirse, eso es escurrirle el bulto al problema (fam)

copper /'kɑːpər ‖ 'kɒpə(r)/ *n*
A 1 [u] (metal) cobre *m* 2 **coppers** *pl* (coins) (colloq) peniques *mpl*, perras *fpl* (Esp fam), quintos *mpl* (Méx fam), chauchas *fpl* (Chi fam), vintenes *mpl* (Ur fam) 3 ▸ⓘ **p.1036** (color) color *m* cobre; (*before n*) cobrizo
B (police officer) (colloq) ▸**cop¹ A**

copper beech *n* haya *f*‡ roja

copper-bottomed /'kɑːpərˌbɑːtəmd ‖ ˌkɒpə'bɒtəmd/ *adj* 1 ‹*pan/kettle*› con fondo de cobre 2 ‹*guarantee*› sólido

copperhead /'kɑːpərhed ‖ 'kɒpəhed/ *n* víbora *f* cobriza

copperplate /'kɑːpərpleɪt ‖ 'kɒpəpleɪt/ *n*
A [u] ~ **(handwriting)** letra *f* inglesa; **he wrote it in his best ~** lo escribió con su mejor caligrafía
B [c] (Print) (plate) plancha *f* de cobre

coppery /'kɑːpəri ‖ 'kɒpəri/ ▸ⓘ **p.1036** *adj* cobrizo

coppice¹ /'kɑːpəs ‖ 'kɒpɪs/ *n* 1 (small group of trees) bosquecillo *m* 2 (Agr) *plantación de árboles que se talan periódicamente*

coppice² *vt* (BrE) talar

copra /'kəʊprə ‖ 'kɒprə/ *n* [u] copra *f*

coprocessor /kəʊ'prɑːsesər ‖ kəʊ'prəʊsesə(r)/ *n* coprocesador *m*

co-produce /ˌkəʊprə'duːs ‖ ˌkəʊprə'djuːs/ *vt* coproducir*

co-production /'kəʊprəˌdʌkʃən/ *n* [c u] coproducción *f*

co-proprietor /ˌkəʊprə'praɪətər ‖ ˌkəʊprə'praɪətə(r)/ *n* copropietario, -ria *m,f*

copse /kɑːps ‖ kɒps/ *n* bosquecillo *m*

Copt /kɑːpt ‖ kɒpt/ *n* copto, -ta *m,f*

copter /'kɑːptər ‖ 'kɒptə(r)/ *n* (colloq) helicóptero *m*

Coptic /'kɑːptɪk ‖ 'kɒptɪk/ *adj* copto

copula /'kɑːpjələ ‖ 'kɒpjʊlə/ *n* (*pl* **-las** *or* **-lae** /-liː/) cópula *f*

copulate /'kɑːpjəleɪt ‖ 'kɒpjʊleɪt/ *vi* copular

copulation /ˌkɑːpjə'leɪʃən ‖ ˌkɒpjʊ'leɪʃən/ *n* [u c] cópula *f*

copulative /'kɑːpjələtɪv ‖ 'kɒpjʊlətɪv/ *adj* copulativo

copy¹ /'kɑːpi ‖ 'kɒpi/ *n* (*pl* **copies**)
A [c] 1 (of painting, statue) copia *f* 2 (of document) copia *f*; **the customer keeps the top ~** el cliente se queda con el original
B [c] (of newspaper, book) ejemplar *m*; **back ~** número *m* atrasado; **presentation ~** ejemplar *m* de cortesía
C [u] 1 (text): **he/she must be able to produce clear ~** debe saber redactar con claridad; **I got my ~ in by midnight** entregué el artículo (*or* reportaje *etc*) antes de la media noche; **she wrote the ~ for the campaign** se encargó de la redacción de los textos de la campaña; **good news doesn't make good ~** las buenas noticias no se venden bien; (*before n*): **~ desk** (AmE) redacción *f* 2 (unprinted matter) manuscrito *m*

copy² **copies, copying, copied** *vt*
A 1 (reproduce) ‹*statue/painting*› copiar 2 (photocopy) ‹*letter/memo*› fotocopiar
B (transcribe) ‹*passage/poem/notes*› copiar; **to ~ sth FROM *o* OFF sb** copiarle algo A algn; **to ~ sth FROM *o* OUT OF sth** copiar algo DE algo
C 1 (imitate) ‹*painter/singer*› copiarle a; ‹*style/behavior*› copiar 2 (plagiarize) copiar, plagiar
■ **copy** *vi* 1 (cheat) ‹‹*children/candidates*›› copiar; **I was caught ~ing off Jack** me pescaron copiándole a Jack *or* (Esp tb) copiándome de Jack 2 (imitate) copiar, imitar 3 (Aerosp, Telec) recibir

Phrasal verbs
- **copy down** [v + adv + o] copiar
- **copy out** [v + adv + o] copiar

copybook /'kɑːpibʊk ‖ 'kɒpibʊk/ *n* cuaderno *m*; ***to blot one's ~*** (BrE) manchar su (*or* mi *etc*) reputación; **a blot on his ~** una mancha en su historial *or* en su hoja de servicios; (*before n*) ‹*performance/rescue*› de antología; **a ~ landing** un aterrizaje impecable

copycat /'kɑːpikæt ‖ 'kɒpikæt/ *n* (colloq) copión, -piona *m,f* (fam), imitamonos *mf* (Méx fam) (*before n*) ‹*murder/riot*› (journ) inspirado en otros; ‹*product*› de imitación

copy-edit /'kɑːpiˌedət ‖ 'kɒpiˌedɪt/ *vt* corregir*, editar
■ **copy-edit** *vi* corregir*, editar

copy editor *n* corrector, -tora *m,f*, editor, -tora *m,f*

copyholder /'kɑːpiˌhəʊldər ‖ 'kɒpiˌhəʊldə(r)/ *n* (stand) atril *m* para documentos; (clasp) sujetador *m* de documentos

copyist /'kɑːpiəst ‖ 'kɒpiɪst/ *n* copista *mf*

copyleft /'kɑːpileft ‖ 'kɒpileft/ *n* (Law) copyleft *f*, copia *f* permitida

copyread /'kɑːpiriːd ‖ 'kɒpiriːd/ *vt/vi* (AmE) corregir*, editar

copyreader /'kɑːpiˌriːdər ‖ 'kɒpiˌriːdə(r)/ *n* (AmE) corrector, -tora *m,f*, editor, -tora *m,f*

copyright¹ /'kɑːpiraɪt ‖ 'kɒpirait/ *n* [u] copyright *m*, derechos *mpl* de reproducción; **to hold the ~ on sth** tener* el copyright *or* los derechos de algo; **it comes out of ~ next year** el copyright vence *or* los derechos vencen el año que viene; (*before n*): **~ law** ley *f* de propiedad intelectual

copyright² *adj*: **this film is ~** todos los derechos de esta película están reservados, esta película está protegida por copyright

copyright³ *vt* obtener* el copyright de, registrar los derechos de

copyright library *n* biblioteca *f* de depósito legal

copy-type /'kɑːpitaɪp ‖ 'kɒpitaɪp/ *vt* mecanografiar*

copy typist *n* mecanógrafo, -fa *m,f*

copywriter /'kɑːpiˌraɪtər ‖ 'kɒpiˌraɪtə(r)/ *n* redactor publicitario, redactora publicitaria *m,f*, redactor, -tora *m,f* de anuncios

coquet /kəʊ'ket ‖ kɒ'ket/ *vi* **-tt-** (liter) coquetear

coquetry /'kəʊkətri ‖ 'kɒkɪtri/ *n* [u c] (*pl* **-tries**) (liter) coquetería *f*

coquette /kəʊ'ket ‖ kɒ'ket/ *n* (liter) coqueta *f*

coquettish /kəʊ'ketɪʃ ‖ kɒ'ketɪʃ/ *adj* (liter) coqueto

coquettishness /kəʊ'ketɪʃnəs ‖ kɒ'ketɪʃnɪs/ *n* [u] (liter) coquetería *f*

cor /kɔːr ‖ kɔː(r)/ *interj* (BrE sl) ¡mi Dios!, ¡jo! (Esp fam), ¡guau! (Méx fam), ¡pa! (RPl fam)

coracle /'kɔːrəkəl ‖ 'kɒrəkəl/ *n*: *barca de mimbre y cuero*

coral /'kɔːrəl ‖ 'kɒrəl/ *n* [u] 1 (substance) coral *m*; (*before n*) ‹*island*› coralino, de coral; ‹*necklace*› de coral; **~ reef** arrecife *m* de coral, barrera *f* coralina 2 ▸ⓘ **p.1036** (color) (color *m*) coral *m*

cor anglais /ˌkɔːr 'ɑːŋgleɪ ‖ ˌkɔːr 'ɒŋgleɪ/ *n* (*pl* **~s ~** /'kɔːr-/) (BrE) corno *m* inglés

corbel /'kɔːrbəl ‖ 'kɔːbəl/ *n* ménsula *f*

cord /kɔːrd ‖ kɔːd/ *n*
A [c u] 1 (string, rope) cuerda *f*; (of pajamas, curtains) cordón *m* 2 (AmE) (Elec) cordón *m*, cable *m* 3 (Anat) ▸**spinal cord**, **umbilical cord**, **vocal cords**
B 1 [u] (Tex) pana *f*, corderoy *m* (AmS), cotelé *m* (Chi) 2 **cords** *pl* (Clothing) pantalones *mpl* de pana (*or* corderoy *etc*)
C [c] (measure of firewood) *medida para cargas de leña*

cordial¹ /'kɔːrdʒəl ‖ 'kɔːdiəl/ *adj* 1 (friendly) ‹*smile/welcome*› cordial 2 (heartfelt) (*before n*) ‹*dislike/hatred*› cordial, profundo

cordial² *n* [c u] 1 (soft drink) refresco *m* (*concentrado*) 2 (liqueur) cordial *m*

cordiality /ˌkɔːrdʒ'æləti ‖ ˌkɔːdi'æləti/ *n* [u c] (*pl* **-ties**) cordialidad *f*

cordially /'kɔːrdʒəli ‖ 'kɔːdiəli/ *adv* 1 (warmly) ‹*welcome/greet*› cordialmente 2 (strongly) ‹*dislike/hate*› cordialmente

cordite /'kɔːrdaɪt ‖ 'kɔːdaɪt/ *n* [u] cordita *f*

cordless /'kɔːrdləs 'kɔːdlɪs/ *adj* inalámbrico; **~ phone** teléfono *m* inalámbrico *or* sin hilos

cordon /'kɔːrdn ‖ 'kɔːdn/ *n* cordón *m*; **a police ~** un cordón policial

Phrasal verb
- **cordon off** [v + o + adv, v + adv + o] acordonar

cordon bleu /ˌkɔːrdɑːn'blɜː ‖ ˌkɔːdɒn'blɜː/ *adj* cordon bleu

cordon sanitaire /ˌkɔːrdɑːnˌsɑːnə'ter ‖ ˌkɔːdɒnˌsænɪ'teə(r)/ *n* (*pl* **~s ~s** /'kɔːrdɑːn'sɑːnə'ter/) (Pol) cordón *m* sanitario

corduroy /'kɔːrdərɔɪ ‖ 'kɔːdərɔɪ/ *n* 1 [u] (Tex) pana *f*, corderoy *m* (AmS), cotelé *m* (Chi) 2 **corduroys** *pl* (Clothing) pantalones *mpl* de pana (*or* corderoy *etc*)

corduroy road *n* camino *m* de troncos

core¹ /kɔːr ‖ kɔː(r)/ *n*
A 1 (of apple, pear) corazón *m*, centro *m*; (of Earth) centro *m*, núcleo *m*; (of magnet) núcleo *m*; (of mold) macho *m*; (of nuclear reactor) núcleo *m*; ***to the ~***: **the organization is rotten to the ~** la organización está totalmente corrompida; **she's American to the ~** es americana hasta la médula; **his behavior shocked me to the ~** su comportamiento me horrorizó 2 (central, essential part) núcleo *m*; (of problem) meollo *m*; **a hard ~ of resistance** un foco de resistencia férrea; (*before n*) ‹*subject*› (Educ) básico (*before n*) ‹*supplier/currency/values/activity*› clave; **~ commodities** productos *mpl* básicos principales; **~ curriculum** plan *m* de estudios común; **a ~ vocabulary of 1,000 words** un vocabulario básico de 1.000 palabras; **to be ~ (to sth)** ser* un factor clave (para algo) 3 (Comput) núcleo *m* magnético; (*before n*): **~ memory** memoria *f* central
B 1 (of rope) mecha *f* 2 (of electric cable) alma *f*‡

core² *vt* ‹*apple*› quitarle el corazón *or* el centro a

CORE /kɔːr ‖ kɔː(r)/ *n* (in US) (*no art*) = **Congress of Racial Equality**

core area *n* zona *f* central

coreligionist /ˌkəʊrɪ'lɪdʒənəst ‖ ˌkəʊrɪ'lɪdʒənɪst/ *n* correligionario, -ria *m,f*

Coreper /'kəʊrəpə(r)/ *n* (EU) (= **Comité de Representantes Permanentes**) Coreper *m*

corer /'kɔːrər ‖ 'kɔːrə(r)/ *n*: *utensilio para quitarle el centro a las frutas*

corespondent /ˌkəʊrɪ'spɑːndənt ‖ ˌkəʊrɪ'spɒndənt/ *n*: *tercero citado en un juicio de divorcio, con quien se presume que el cónyuge demandado ha cometido adulterio*

core subject *n* asignatura *f* principal, asignatura *f* troncal (Esp)

core time *n* [u] (BrE) horas *fpl* de presencia obligatoria

Corfu /kɔːr'fuː ‖ kɔː'fuː/ *n* Corfú

corgi /'kɔːrgi ‖ 'kɔːgi/ *n* (*pl* **-gis**) corgi *mf*

coriander /'kɔːriændər ‖ ˌkɒri'ændə(r)/ *n* [u] cilantro *m*, culantro *m*, coriandro *m*

Corinth /'kɔːrənθ ‖ 'kɒrɪnθ/ *n* Corinto *m*

Corinthian /kə'rɪnθiən/ *adj* corintio

cork¹ /kɔːrk ‖ kɔːk/ *n* 1 [u] (substance) corcho *m* 2 [c] (in bottle) corcho *m* 3 [c] (in angling) corcho *m*

cork² *vt* ‹*bottle*› ponerle* un (tapón de) corcho a

C

C

corkage /ˈkɔːrkɪdʒ || ˈkɔːkɪdʒ/ *n* [u] descorche *m* (*precio que cobra un restaurante por abrir botellas que el cliente trae consigo*)

corked /kɔːrkt || kɔːkt/ *adj* ‹*wine*› que huele y sabe a corcho

corker /ˈkɔːrkər || ˈkɔːkə(r)/ *n* (colloq): **a ~ of a shot** un tiro fenomenal *or* (Esp tb) pistonudo *or* (Méx tb) chipocludo (fam), flor de tiro (CS fam); **she's certainly a ~!** ¡ella sí que está buena! (fam)

corking /ˈkɔːrkɪŋ || ˈkɔːkɪŋ/ *adj* (colloq & dated) fenomenal (fam), pistonudo (Esp fam), chipocludo (Méx fam)

cork oak *n* alcornoque *m*

corkscrew /ˈkɔːrkskruː || ˈkɔːkskruː/ *n* sacacorchos *m*, tirabuzón *m*; (*before n*): **~ curl** tirabuzón *m*

corm /kɔːrm || kɔːm/ *n* bulbo *m*

cormorant /ˈkɔːrmərənt || ˈkɔːmərənt/ *n* cormorán *m*

corn /kɔːrn || kɔːn/ ►**Corn Belt** *n*

A [u] **1** (cereal crop — in general) grano *m*; (maize) (AmE) maíz *m*; (wheat) (BrE) trigo *m*; (oats) (*in Scotland and Ireland*), avena *f* **2** (foodstuff) maíz *m*, choclo *m* (AmS); **~ on the cob** mazorca *f* (de maíz), choclo *m* (AmS), elote *m* (Méx); (*before n*) ‹*oil/syrup*› de maíz; **~ meal** harina *f* de maíz; **~ whiskey** whisky *m* de maíz

B [u] (hackneyed sentiments) (colloq) sensiblería *f*, cursilería *f*

C [c] (on toe) callo *m*; ***to tread on sb's ~s*** (BrE) poner* el dedo en la llaga; (*before n*): **~ plaster** emplasto *m* para callos

Corn = Cornwall

cornball[1] /ˈkɔːrnbɔːl || ˈkɔːnbɔːl/ *adj* **1** (AmE colloq) sentimentaloide, sensiblero, cebollento (Chi fam) **2** ‹*trick*› malo

cornball[2] *n* (AmE colloq) sensiblero, -ra *m,f*

> **Corn Belt**
>
> Son los estados de la región central de EEUU (*American Midwest*), especialmente Iowa, Illinois e Indiana, donde se cultiva la mayor parte del maíz del país.

cornbread /ˈkɔːrnbred || ˈkɔːnbred/ *n* [u] pan *m* de harina de maíz

corn circle *n* círculo *m* en los cultivos (*de origen desconocido*)

corncob /ˈkɔːrnkɑːb || ˈkɔːnkɒb/ *n* mazorca *f* (de maíz), choclo *m* (AmS), elote *m* (Méx); (*before n*): **~ pipe** *pipa hecha con mazorca de maíz seca*

corncrake /ˈkɔːrnkreɪk || ˈkɔːnkreɪk/ *n* guión *m* de codornices

corncrib /ˈkɔːrnkrɪb || ˈkɔːnkrɪb/ *n* (AmE) granero *m* (*para maíz*)

corn dog *n* (AmE); *salchicha frita rebozada con harina de maíz*

cornea /ˈkɔːrniə || ˈkɔːniə/ *n* córnea *f*

corned beef /kɔːrnd || kɔːnd/ *n* [u] corned beef *m* (*carne en conserva*)

corner[1] /ˈkɔːrnər || ˈkɔːnə(r)/ *n*

A **1** (inside angle — of room, cupboard) rincón *m*; (— of field) esquina *f*; (— of mouth) comisura *f*; **in the top righthand ~ of the page** en el ángulo superior derecho de la página; **a quiet ~ of Hampshire** un tranquilo rincón de Hampshire; **to see/watch sth/sb out of the ~ of one's eye** ver*/observar algo/a algn de reojo *or* con el rabillo del ojo; ***from all** o **the four ~s of the earth** o **world*** de todas partes (del mundo), de los cuatro puntos cardinales; ***to be in a (tight) ~*** estar* en un aprieto; ***to drive/force sb into a ~*** acorralar a algn; ***to paint oneself into a ~*** meterse en camisa de once varas (fam); (*before n*): **~ cupboard** rinconera *f* **2** (outside angle —of street, page) esquina *f*; (— of table) esquina *f*, punta *f*; (bend in road) curva *f*; **I'll meet you on** o **at the ~** te veo en la esquina; **he took the ~ too fast** tomó la curva demasiado rápido; ***around the ~*** (imminent) a la vuelta de la esquina; (lit: nearby) a la vuelta de la esquina, al lado; ***to cut ~s***: **if you try to cut ~s, the recipe doesn't work** si tratas de simplificar la receta, no te sale bien; **we could produce a cheaper article, but only by cutting ~s** podríamos producir un artículo más barato, pero sólo si cuidáramos menos los detalles; ***to turn the ~*** (lit) dar* la vuelta a *or* doblar la esquina; **the country seems to be turning the ~ at last** por fin parece que el país empieza a levantarse *or* a repuntar; (*before n*): **~ shop** (BrE) tienda *f* de barrio; **they sell it in the ~ shop** lo venden en la tienda de la esquina

B **1** (in soccer) (**~** *kick*) córner *m*, tiro *m or* saque *m* de esquina **2** (in hockey) córner *m*

C (in boxing) esquina *f*; ***to fight one's/sb's ~*** (BrE): **he was determined to fight his own ~** estaba decidido a defender lo suyo *or* (fam) a pelearla

D (monopoly) monopolio *m*

corner[2] *vt*

A (trap) ‹*fugitive/stag/fox*› acorralar; **I ~ed her in the corridor** la abordé en el pasillo

B (monopolize) acaparar

■ **corner** *vi* tomar una curva; **this car ~s well** este coche tiene buen agarre en las curvas

-cornered /ˈkɔːrnərd || ˈkɔːnəd/ *suff*: **the three~ hat** el sombrero de tres picos

corner flag *n* banderín *f* de córner *or* esquina, banderola *f* de esquina

corner seat *n* asiento *m* de rincón

cornerstone /ˈkɔːrnərstəʊn || ˈkɔːnəstəʊn/ *n* **1** (Const) piedra *f* angular, clave *f* de bóveda **2** (basis) pilar *m*, piedra *f* angular, clave *f* de bóveda; **the ~ of the reforms/policy/constitution** la piedra angular *or* la clave de bóveda de las reformas/la política/la constitución

cornet /kɔːrˈnet || ˈkɔːnɪt/ *n* **1** (Mus) (instrument) corneta *f*; (person) corneta *mf* **2** (BrE) (Culin) cucurucho *m*

corn exchange *n* **1** (in US) bolsa *f* de granos **2** (in UK) lonja *f*, mercado *m* de granos, alhóndiga *f*

cornfield /ˈkɔːrnfiːld || ˈkɔːnfiːld/ *n* (in US) maizal *m*; (in UK — of wheat) trigal *m*; (— of oats) avenal *m*

cornflakes /ˈkɔːrnfleɪks || ˈkɔːnfleɪks/ *pl n* copos *mpl or* (AmL exc CS) hojuelas *fpl* de maíz

cornflour /ˈkɔːrnflaʊr || ˈkɔːnflaʊə(r)/ *n* [u] (BrE) maizena® *f*

cornflower /ˈkɔːrnflaʊr || ˈkɔːnflaʊə(r)/ *n* aciano *m*

cornflowerblue /ˌkɔːrnflaʊrˈbluː || ˌkɔːnflaʊəˈbluː/ ►❶ **p.1036** *adj* (*pred* **cornflower blue**) azul lavanda *adj inv*

cornflower blue ►❶ **p.1036** *n* [u] azul *m* lavanda

cornice /ˈkɔːrnəs || ˈkɔːnɪs/ *n* cornisa *f*

corniness /ˈkɔːrninəs || ˈkɔːninɪs/ *n* (colloq) cursilería *f*

Cornish[1] /ˈkɔːrnɪʃ || ˈkɔːnɪʃ/ *adj* de Cornualles

Cornish[2] *n* [u] córnico *m* (*antigua lengua celta de Cornualles*)

Cornish pasty *n* (*pl* **-ties**) *empanadilla de papa, cebolla, carne y nabo sueco*

cornstarch /ˈkɔːrnstɑːrtʃ || ˈkɔːnstɑːtʃ/ *n* [u] (AmE) maizena® *f*

cornucopia /ˌkɔːrnəˈkəʊpiə || ˌkɔːnjʊˈkəʊpiə/ *n* cornucopia *f*, cuerno *m* de la abundancia

Cornwall /ˈkɔːrnwɔːl || ˈkɔːnwɔːl/ *n* Cornualles *m*

corny /ˈkɔːrni || ˈkɔːni/ *adj* **-nier, -niest** (colloq) **1** ‹*song/movie*› cursi, sensiblero **2** (BrE) malo

corolla /kəˈrɑːlə || kəˈrɒlə/ *n* corola *f*

corollary /ˈkɔːrəleri || kəˈrɒləri/ *n* (*pl* **-ries**) **~ (OF** o **TO sth)** corolario *m* (DE algo)

corona /kəˈrəʊnə/ *n* (*pl* **-nas**) (*pl also* **-nae** /-niː/)

A **1** (Astron) corona *f* **2** (of skull, tooth) corona *f* **3** **~ (discharge)** (Phys) descarga *f* de corona

B (cigar) corona *m*

coronary[1] /ˈkɔːrəneri || ˈkɒrənri/ *adj* ‹*artery/vein*› coronario; **~ thrombosis** trombosis *f* coronaria

coronary[2] *n* (*pl* **-ries**) infarto *m* (de miocardio), trombosis *f* coronaria; **I nearly had a ~ when she told me** cuando me lo dijo casi me da un ataque *or* un infarto

coronation /ˌkɔːrəˈneɪʃən || ˌkɒrəˈneɪʃən/ *n* [u c] coronación *f*; (*before n*) ‹*day/ceremony*› de la coronación

coroner /ˈkɔːrənər || ˈkɒrənə(r)/ *n*: *funcionario encargado de investigar las causas de muertes violentas, repentinas o sospechosas*, ≈ juez *mf* de instrucción

coronet /ˌkɔːrəˈnet || ˈkɒrənet/ *n* **1** (small crown) corona *f* (*de príncipe, duque etc*) **2** (tiara) diadema *f*

corp = corporation

corpora /ˈkɔːrpərə || ˈkɔːpərə/ *pl of* **corpus**

corporal /ˈkɔːrprəl || ˈkɔːpərəl/ *n* cabo *m*

corporal punishment *n* [u] castigos *mpl* corporales

corporate /ˈkɔːrpərət || ˈkɔːpərət/ *adj*

A **1** (of a company) ‹*headquarters/lawyer*› de la empresa *or* compañía; **~ membership** suscripción *f* de empresa; **the ~ image** la imagen corporativa, la imagen de la empresa *or* compañía; **he is still at the bottom of the ~ ladder** todavía está en el primer peldaño del escalafón de la empresa; **~ name** razón *f* social; **~ tax** (in US) *impuesto a la renta pagado por sociedades* **2** (of big business) ‹*mentality/jargon*› empresarial

B (joint, collective) ‹*action/decision/responsibility*› colectivo

corporate raider *n* tiburón *m* (empresarial)

corporate state *n* estado *m* corporativo

corporation /ˌkɔːrpəˈreɪʃən || ˌkɔːpəˈreɪʃən/ *n*

A (company — in US) sociedad *f* anónima; (— in UK) compañía *f*, empresa *f*, corporación *f*; (Law) persona *f* jurídica; (*before n*): **~ tax** (in UK) *impuesto a la renta pagado por sociedades*

B (municipal council) (BrE) corporación *f* (municipal), municipio *m*, ayuntamiento *m*; (*before n*) ‹*bus*› municipal

C (paunch) (BrE hum) panza *f* (fam)

corporatize /ˈkɔːrpərətaɪz || ˈkɔːpərətaɪz/ *vt* convertir* en empresa comercial, corporativizar* (esp AmL)

corporeal /kɔːrˈpɔːriəl || kɔːˈpɔːriəl/ *adj* (frml) **1** (of the body) corpóreo **2** (material, tangible) corpóreo, material

corps /kɔːr || kɔː(r)/ *n* (*pl* **~** /-z/; (+ *sing or pl vb*))

A (Mil) (formation, service branch) cuerpo *m*

B (body, group) cuerpo *m*; **diplomatic ~** cuerpo diplomático

corpse /kɔːrps || kɔːps/ *n* cadáver *m*

corpulence /ˈkɔːrpjələns || ˈkɔːpjʊləns/ *n* [u] corpulencia *f*

corpulent /ˈkɔːrpjələnt || ˈkɔːpjʊlənt/ *adj* corpulento

corpus /ˈkɔːrpəs || ˈkɔːpəs/ *n* (*pl* **-pora** *or* **-puses**) (frml) **1** (Art, Ling, Lit, Mus) corpus *m*; **the Tolstoy ~, the ~ of Tolstoy's works** la obra de Tolstoy **2** (Anat) cuerpo *m* **3** (Fin) capital *m*

corpuscle /ˈkɔːrpʌsəl || ˈkɔːpʌsəl/ *n* corpúsculo *m*, glóbulo *m*; **red/white ~** glóbulo *m* rojo/blanco

corral[1] /kəˈræl || kɒˈrɑːl/ *n* **1** (for animals) corral *m* **2** (of wagons) (Hist) círculo *m*

corral[2] *vt* BrE **-ll-** **1** ‹*cattle*› encorralar; ‹*person*› acorralar; **she was ~ed by reporters** la acorralaron los periodistas **2** ‹*wagons*› formar un círculo con **3** (AmE) ‹*votes*› acaparar, monopolizar*; ‹*sympathy*› ganarse

correct[1] /kəˈrekt/ *vt* **1** (put right) ‹*mistake/defect*› corregir*; ‹*exam/proofs*› corregir*; ‹*person*› corregir*; **to ~ sb's eyesight/posture** corregirle* la vista/postura a algn; **bad habits are difficult to ~** es muy difícil corregir las malas costumbres; **~ me if I'm wrong, but ...** perdón, pero yo creo que ...; **I stand ~ed** (frml *or* hum) reconozco mi error **2** (punish) (dated & euph) ‹*child*› corregir*; ‹*criminal*› castigar*

correct[2] *adj* **1** (true, right) ‹*answer/time/figures*› correcto; **you're quite ~** está usted en lo cierto; **would I be ~ in thinking/saying that ... ?** ¿estaría en lo cierto si pensara/dijera que ... ?; **are you Mr Clive Davis? —that's ~** ¿es usted el señor Clive Davis? —el mismo **2** (proper) ‹*manners/dress/language*› correcto; **he's always very ~** siempre es correctísimo *or* muy correcto

correction /kə'rekʃən/ *n* 1 [u c] (of defect) corrección *f*; **so you'll take responsibility for it — ~, *he* will!** (colloq) así que tú te responsabilizas — nada de eso, la responsabilidad es suya (fam) 2 [u] (punishment) (dated & euph) correctivo *m*; **house of ~** correccional *m or f*, reformatorio *m*

correctional /kə'rekʃnəl/ *adj* (AmE): **~ institution** correccional *m or f*; **~ regime** sistema *m* penitenciario

correction fluid *n* [u] (líquido *m*) corrector *m*

corrective¹ /kə'rektɪv/ *adj* ‹*surgery/lens*› correctivo; ‹*shoes*› ortopédico; **to take ~ measures** tomar medidas correctivas

corrective² *n* **~ (TO sth)** rectificación *f* DE algo

correctly /kə'rektli/ *adv* correctamente; **she had assumed, quite ~ as it turned out, that they would attend** resultó que no se había equivocado al suponer que asistirían

correctness /kə'rektnəs || kə'rektnɪs/ *n* [u] 1 (of answer) exactitud *f*, lo correcto, corrección *f* 2 (of conduct, dress) corrección *f*

correlate¹ /'kɔːrəleɪt || 'kɒrəleɪt/ *vt* correlacionar, establecer* una correlación entre

■ **correlate** *vi* **to ~ (WITH sth)** estar* correlacionado (CON algo), guardar correlación (CON algo)

correlate² /'kɔːrələt || 'kɒrələt/ *n* (frml) correlato *m* (frml)

correlation /,kɔːrə'leɪʃən || ,kɒrə'leɪʃən/ *n* [c u] correlación *f* (frml)

correlative¹ /kə'relətɪv || kɒ'relətɪv/ *n* 1 (frml) correlato *m* (frml) 2 (Ling) correlativo *m*

correlative² *adj* 1 (frml) **to be ~ (WITH sth)** estar correlacionado (CON algo), guardar correlación (CON algo) 2 (Ling) ‹*conjunction/pronoun*› correlativo

correspond /,kɔːrə'spɑːnd || ,kɒrə'spɒnd/ *vi*
A 1 (tally) **to ~ (WITH sth)** corresponderse *or* concordar* (CON algo) 2 (be equivalent) **to ~ (TO sth)** equivaler* *or* corresponder (A algo); **her position roughly ~s to that of Chancellor of the Exchequer** su puesto equivale más o menos al de ministro de Hacienda
B (communicate by letter) **to ~ (WITH sb)** mantener* correspondencia (CON algn)

correspondence /,kɔːrə'spɑːndəns || ,kɒrə'spɒndəns/ *n*
A [u c] (agreement) correspondencia *f*
B [u] 1 (letters) correspondencia *f* 2 (letter-writing) correspondencia *f*; **to be in ~ with sb** escribirse* *or* cartearse con algn; **to study sth by ~** (BrE) estudiar algo por correspondencia

correspondence column *n* (BrE) sección *f* de cartas al director

correspondence course *n* curso *m* por correspondencia

correspondent¹ /,kɔːrə'spɑːndənt || ,kɒrə'spɒndənt/ *n* 1 (letter writer) corresponsal *mf*; **to be a good/bad ~** ser* bueno/malo para escribir cartas 2 (Journ) corresponsal *mf*; **special ~** enviado, -da *m,f* especial

correspondent² *adj* (frml) correspondiente; **to be ~ (WITH sth)** corresponderse (CON algo)

corresponding /,kɔːrə'spɑːndɪŋ || ,kɒrə'spɒndɪŋ/ *adj*
A (related) correspondiente; **~ TO sth** correspondiente A algo
B ‹*member/fellow*› correspondiente

correspondingly /,kɔːrə'spɑːndɪŋli || ,kɒrə'spɒndɪŋli/ *adv* (proportionately) en proporción, en la misma medida; (as a result) en consecuencia; (*as linker*) de la misma manera

corridor /'kɔːrədər || 'kɒrɪdɔː(r)/ *n* 1 (in building, train) pasillo *m*, corredor *m*; **the ~s of power** (set phrase) los pasillos del poder, las altas esferas 2 (strip of land) corredor *m*; **the Polish C~** (Hist) el corredor de Danzig; (*before n*): **~ coach** (BrE) *n* vagón *m* (de pasajeros) con pasillo

corrigendum /,kɔːrə'dʒendəm || ,kɒrɪ'dʒendəm/ *n* (*pl* **-da** /-də/) corrigenda *f* (frml)

corroborate /kə'rɑːbəreɪt || kə'rɒbəreɪt/ *vt* corroborar

corroboration /kə,rɑːbə'reɪʃən || kə,rɒbə'reɪʃən/ *n* [u] corroboración *f*; **they produced evidence in ~ of her story** presentaron pruebas que corroboraban su versión

corroborative /kə'rɑːbərətɪv || kə'rɒbərətɪv/ *adj* ‹*information/facts/statement*› corroborante; **for want of ~ evidence** (Law) a falta de pruebas corroborantes

corrode /kə'rəʊd/ *vt* ‹*metal*› corroer*
■ **corrode** *vi* «*metal/battery*» corroerse*

corrosion /kə'rəʊʒən/ *n* [u] 1 (action) corrosión *f*; **the ~ of the human spirit** la degradación del espíritu humano 2 (substance) herrumbre *f*, orín *m*

corrosive¹ /kə'rəʊsɪv/ *adj* ‹*liquid/substance*› corrosivo; ‹*wit/satire/remark*› corrosivo, mordaz

corrosive² *n* corrosivo *m*

corrugated /'kɔːrəgeɪtəd || 'kɒrəgeɪtɪd/ *adj* ondulado; **~ paper** papel *m* ondulado; **~ cardboard** cartón *m* corrugado

corrugated iron *n* [u] chapa *f* de zinc, calamina *f* (Chi, Per)

corrugation /,kɔːrə'geɪʃən || ,kɒrə'geɪʃən/ *n* [u c] ondulación *f*

corrupt¹ /kə'rʌpt/ *vt* (deprave) corromper; (bribe) sobornar; ‹*text*› viciar; (Comput) corromper

corrupt² *adj* 1 ‹*person/society/government*› corrompido, corrupto; **~ practices** (Govt, Law) corrupción *f*, corruptela *f* (fam) 2 ‹*text/manuscript/edition*› viciado

corruptible /kə'rʌptəbəl/ *adj* 1 ‹*person/official*› corruptible 2 (perishable) (liter) ‹*flesh*› corruptible (liter)

corruption /kə'rʌpʃən/ *n* 1 [u] (of morals, language) corrupción *f*; **he was accused of bribery and ~** lo acusaron de soborno y corrupción; **the ~ of minors** la corrupción de menores 2 [u c] (of text) deformación *f* 3 [u] (Relig) (liter) corrupción *f*; **the ~ of the flesh** la corrupción de la carne

corsage /kɔːr'sɑːʒ || kɔː'sɑːʒ/ *n* 1 (bodice) corpiño *m* 2 (flowers) prendido *m* (*ramillete o flor que se lleva en el vestido*)

corsair /kɔːr'ser || kɔː'seə(r)/ *n* 1 (pirate) corsario *m*, pirata *m* 2 (ship) corsario *m*

corset /'kɔːrsət || 'kɔːsɪt/ *n* (undergarment) (*often pl*) corsé *m*; **surgical ~** corsé ortopédico

Corsica /'kɔːrsɪkə || 'kɔːsɪkə/ *n* Córcega *f*

Corsican¹ /'kɔːrsɪkən || 'kɔːsɪkən/ *adj* corso

Corsican² *n* corso, -sa *m,f*

cortege, cortège /kɔːr'teʒ || kɔː'teɪʒ/ *n* cortejo *m*; **funeral ~** cortejo fúnebre

cortex /'kɔːrteks || 'kɔːteks/ *n* (*pl* **-tices** /-təsiːz/) 1 (Anat) corteza *f*; **cerebral ~** corteza *f* cerebral, córtex *m* 2 (Bot) corteza *f*

cortisone /'kɔːrtəzəʊn || 'kɔːtɪzəʊn/ *n* [u] (Pharm, Physiol) cortisona *f*

corundum /kə'rʌndəm/ *n* [u] corindón *m*

coruscate /'kɔːrəskeɪt || 'kɒrəskeɪt/ *vi* centellear, titilar; **coruscating wit/charm** ingenio *m* /simpatía *f* deslumbrante

corvette /kɔːr'vet || kɔː'vet/ *n* corbeta *f*

cos /kɑːz || kɒz/ **= cosine**

cosh¹ /kɑːʃ || kɒʃ/ *n* (BrE) porra *f*, cachiporra *f*, macana *f* (AmL)

cosh² *vt* (BrE): **to ~ sb over the head** aporrear a algn en la cabeza, darle* a algn con una porra en la cabeza

cosignatory /,kəʊ'sɪgnətɔːri || ,kəʊ'sɪgnətəri/ *n* (*pl* **-ries**) **~ (OF** *o* **TO sth)** cosignatario, -ria *m,f* (DE algo)

cosine /'kəʊsaɪn/ *n* coseno *m*

cosiness /'kəʊzines || 'kəʊzinɪs/ *n* (BrE) ▸**coziness**

cos lettuce /kɑːs || kɒs/ *n* lechuga *f* romana

cosmetic /kɑːz'metɪk || kɒz'metɪk/ *adj* 1 (beautifying) (*before n*) ‹*powder/cream*› cosmético; **~ surgery** cirugía *f* estética 2 (superficial) ‹*reforms/changes*› superficial

cosmetician /,kɑːzmə'tɪʃən || ,kɒzmə'tɪʃən/ *n* cosmetólogo, -ga *m,f*

cosmetics /kɑːz'metɪks || kɒz'metɪks/ *pl n* cosméticos *mpl*, productos *mpl* de belleza

cosmetologist /,kɑːzmə'tɑːlədʒəst || ,kɒzmə'tɒlədʒɪst/ *n* (AmE) cosmetólogo, -ga *m,f*

cosmic /'kɑːzmɪk || 'kɒzmɪk/ *adj* ‹*dust/rays*› cósmico; **an event of ~ significance** un acontecimiento de suma importancia

cosmology /kɑːz'mɑːlədʒi || kɒz'mɒlədʒi/ *n* [u] cosmología *f*

cosmonaut /'kɑːzmənɔːt || 'kɒzmənɔːt/ *n* cosmonauta *mf*

cosmopolitan¹ /,kɑːzmə'pɑːlətn || ,kɒzmə'pɒlɪtn/ *adj* cosmopolita

cosmopolitan², (AmE) **cosmopolite** /kɑː'zmɑːpəlaɪt || kɒz'mɒpəlaɪt/ *n* cosmopolita *mf*

cosmos /'kɑːzməs || 'kɒzmɒs/ *n*: **the ~** el cosmos

Cossack /'kɑːsæk || 'kɒsæk/ *n* cosaco, -ca *m,f*

cosset /'kɑːsət || 'kɒsɪt/ *vt* mimar

cossie /'kɑːzi || 'kɒzi/ *n* (*pl* **-sies**) (colloq) traje *m* de baño, bañador *m* (Esp), vestido *m* de baño (Col), malla *f* (de baño) (RPl)

cost¹ /kɔːst || kɒst/ *n*
A 1 (expense) (*often pl*) costo *m* (esp AmL), coste *m* (Esp); **notional/operating ~s** costos *or* (Esp) costes probables/de explotación; **transportation/maintenance ~s** costos *or* (Esp) costes de transporte/mantenimiento; **at no additional** *o* **extra ~** sin cargo adicional; **to cover (one's) ~s** cubrir* los gastos; **he has no idea of the ~ of running a car** no tiene idea de cuánto cuesta mantener un coche; **to cut ~s** reducir* (los) gastos; **to meet the ~(s) of sth** correr con los gastos de algo; (*before n*): **~ accountant** contador, -dora *m,f* de costos (AmL), contable *mf* de costes (Esp) **~ accounting** contabilidad *f* analítica de costos *or* (Esp) costes 2 **costs** *pl* (Law) costas *fpl*; **to pay ~s** pagar* las costas; **~s were awarded against the plaintiff** las costas se impusieron al demandante; **~s were awarded to the plaintiff** las costas se impusieron al demandado 3 [u] (price) costo *m*, coste *m* (Esp); **at ~** (Busn) a precio de costo *or* (Esp) coste, al costo (AmL)
B [u] (loss, sacrifice): **at the ~ of sth** a costa *or* a expensas de algo; **he became president, but at a ~** llegó a ser presidente, pero a qué precio; **she helped me out, at great ~ to herself** sacrificó mucho al ayudarme; **at little ~ to yourself, you could help one of these orphans** haciendo un pequeño sacrificio podrías ayudar a uno de estos huérfanos; **she devoted herself to the cause without stopping to count the ~** se entregó a la causa sin detenerse a pensar en sí misma; **at all ~s** a toda costa, a cualquier precio; **it must be avoided at all ~s** hay que evitarlo a toda costa *or* a cualquier precio *or* cueste lo que cueste; **he's very convincing, as I know to my ~** es muy persuasivo, como sé por experiencia propia

cost² *vt* (*past & past p* **cost**)
A 1 «*article/service*» costar*; **how much did it ~ you?** ¿cuánto te costó?; **how much does it ~?** ¿cuánto cuesta?, ¿cuánto vale?; **it'll ~ you!** (colloq) ¡mira que te va a salir caro!; **that ~s money** eso cuesta dinero; **keeping fit ~s both time and effort** mantenerse en forma cuesta tiempo y esfuerzo 2 (cause to lose) costar*; **one slip ~ him the title** un error le costó el título; **his frankness ~ him dear** pagó cara su franqueza
B (*past & past p* **costed**) 1 (calculate cost of) calcular el costo *or* (Esp) coste de; **she ~ed the project** hizo un presupuesto para el proyecto 2 (find out price of) averiguar* el precio de; **he ~ed the different types of engines** averiguó los precios de los distintos tipos de motores

co-star¹ /'kəʊstɑːr || 'kəʊstɑː(r)/ *n* coprotagonista *mf*

co-star² **-rr-** *vt*: **the movie ~s Humphrey Bogart and Ingrid Bergman** Humphrey Bogart e Ingrid Bergman coprotagonizan el film; **~ring Peter Lorre** con Peter Lorre (*en un papel secundario*)
■ **co-star** *vi* **to ~ (WITH sb)** actuar* (CON algn)

Costa Rica /ˌkoːstəˈriːkə || ˌkɒstəˈriːkə/ *n* Costa Rica *f*

Costa Rican¹ /ˌkoːstəˈriːkən || ˌkɒstəˈriːkən/ *adj* costarricense

Costa Rican² *n* costarricense *mf*, tico, -ca *m,f* (fam)

cost-benefit analysis /ˈkoːstˈbenəfət || ˌkɒstˈbenɪfɪt/ *n* [u c] análisis *m* de costo-beneficio

cost center, (BrE) **cost centre** *n* centro *m* de costos *or* (Esp) costes

cost-conscious /ˈkoːstˌkɑːntʃəs || ˈkɒst ˌkɒnʃəs/ *adj* ‹*manager/business*› consciente del costo *or* (Esp), coste; ‹*society/traveler*› consciente de lo que gasta

cost cutting *n* [u] reducción *f* de gastos; (*before n*): **cost-cutting drive** campaña *f* de reducción de gastos

cost-effective /ˈkoːstɪˈfektɪv || ˌkɒstɪˈfektɪv/, **cost-efficient** /-ɪˈfɪʃənt/ *adj* rentable, redituable, económico

costermonger /ˈkɑːstərˌmʌŋgər || ˈkɒstə ˌmʌŋgə(r)/ *n* (BrE dated) vendedor callejero, vendedora callejera *m,f* (*especialmente de fruta y verduras*)

costing /ˈkoːstɪŋ || ˈkɒstɪŋ/ *n* [u c] presupuesto *m*, cálculo *m* de costos *or* (Esp) costes

costliness /ˈkoːstlinəs || ˈkɒstlinɪs/ *n* [u] alto precio *m*

costly /ˈkoːstli || ˈkɒstli/ *adj* **-lier, -liest** costoso

cost of living *n*: **the ~ ~ ~** el costo *or* (Esp) coste de (la) vida; (*before n*): **~ ~ ~ allowance** subsidio *m* por aumento del costo *or* (Esp) coste de la vida; **~ ~ ~ index** índice *m* del costo *or* (Esp) coste de la vida

cost overrun *n* sobrecosto *m or* (Esp), sobrecoste *m*

cost-plus /ˈkoːstˈplʌs || ˈkɒstˈplʌs/ *adj* (*before n*) ‹*pricing/contract*› de costo *or* (Esp) coste más margen

cost price *n* precio *m* de costo *or* (Esp) de coste; **to buy/sell sth at ~ ~** comprar/vender algo a precio de costo *or* (Esp) de coste, comprar/vender algo al costo (AmL)

costume /ˈkɑːstuːm || ˈkɒstjuːm/ *n* **1** [u] (style of dress) traje *m*; (for parties, disguise) disfraz *m*; **regional/period ~** traje regional/de época; **in ~** disfrazado; (*before n*) ‹*drama/piece*› de época; **~ ball** baile *m* de disfraces; **~ party** (AmE) fiesta *f* de disfraces **2** [c] (set of clothes) (Theat) vestuario *m*; (*before n*): **~ designer** diseñador, -dora *m,f* de vestuario **3** [c] (lady's suit) (dated) traje *m* sastre *or* de chaqueta **4** [c] (*swimming* ~) traje *m* de baño

costume jewelry, (BrE) **costume jewellery** *n* [u] bisutería *f*, alhajas *fpl* de fantasía

costumer /ˈkɑːstuːmər || kɒˈstjuːmə(r)/ (BrE) **costumier** /kɑːsˈtuːmiei || kɒˈstjuːmɪə(r)/ *n* **1** (Theat) diseñador, -dora *m,f* de vestuario **2** (dressmaker) modisto, -ta *m,f*

cosy¹ /ˈkəʊzi/ *adj* **cosier, cosiest** (BrE) ▸**cozy¹**

cosy² *n* (*pl* **cosies**) (BrE) ▸**cozy²**

cot /kɑːt || kɒt/ *n*

A **1** (campbed) (AmE) catre *m* **2** (for child) (BrE) cuna *f*, cama *f* (*con barandas*)

B (for finger) (AmE) dedil *m*

cotangent /kəʊˈtændʒənt/ *n* cotangente *f*

cot death *n* [u c] (BrE) muerte *f* de cuna, muerte *f* súbita (infantil)

coterie /ˈkəʊtəri/ *n* círculo *m*; **literary/cultural ~** círculo literario/cultural

coterminous /ˌkəʊˈtɜːrmənəs || ˌkəʊˈtɜːmɪnəs/ *adj* (*pred*) (frml) colindante; **~ WITH sth** colindante *or* limítrofe CON *or* DE algo

cotillion, cotillon /kəˈtɪljən || kəˈtɪliən/ *n* (AmE) cotillón *m*

cottage /ˈkɑːtɪdʒ || ˈkɒtɪdʒ/ *n* casita *f*

cottage cheese *n* [u] requesón *m*

cottage hospital *n* (in UK) hospital *m* rural

cottage industry *n* industria *f* artesanal

cottage loaf *n* (BrE) hogaza *f*

cottage pie *n* [c u] (BrE); *pastel de carne cubierto con puré*, pastel *m* de papas *or* de carne (CS)

cotter /ˈkɑːtər || ˈkɒtə(r)/ *n*

A (Tech) chaveta *f*; (*before n*): **~ pin** chaveta *f*

B (Hist) campesino *m* (*al que se le dejaba una vivienda y tierras a cambio de su trabajo*), inquilino *m* (Chi)

cotton /ˈkɑːtn || ˈkɒtn/ *n* [u]

A **1** (cloth) algodón *m*; **is it ~?** ¿es de algodón?; (*before n*) ‹*shirt/dress/sheet*› de algodón; **~ print** estampado *m* de algodón **2** (thread) (BrE) hilo *m* (de coser) **3** (*absorbent* ~) (AmE) algodón *m* (hidrófilo *or* en rama)

B **1** (plant) algodón *m*; **field of ~** algodonal *m* **2** (fiber) algodón *m*; (*before n*): **~ gin** almarrá *m*; **~ mill** fábrica *f* de tejidos (*de algodón*)

(Phrasal verbs)

- **cotton on** [v + adv] (colloq) **to ~ on (TO sth)** darse* cuenta (DE algo), caer* en la cuenta (DE algo); **it took her a long time to ~ on** tardó mucho en darse cuenta *or* en caer en la cuenta
- **cotton to** [v + prep + o] (AmE) **1** (take a liking to) (colloq) simpatizar* con; **I didn't ~ to him at first** al principio no simpaticé con él *or* no me cayó bien **2** (realize, understand) ‹*implications/dangers*› darse* cuenta de, caer* en la cuenta de

cotton batting *n* [u] (AmE) algodón *m* (hidrófilo *or* en rama)

Cotton Belt *n*: *región algodonera de EEUU*

> **Cotton Belt**
>
> Aquellos estados del sur de EEUU, donde se cultiva la mayor parte del algodón del país. Son Tejas, Oklahoma, Luisiana, Arkansas, Tennesee, Alabama, Georgia, Carolina del Norte y del Sur.

cotton bud *n* (BrE) bastoncillo *m*, cotonete *m* (Méx)

cotton cake *n* [u] semillas *fpl* de algodón (*usadas como pienso*)

cotton candy *n* [u] (AmE) algodón *m* de azúcar

cotton grass *n* [u] algodonosa *f*

cotton-picker /ˈkɑːtnˌpɪkər || ˈkɒtnˌpɪkə(r)/ *n* **1** (person) recolector, -tora *m,f* de algodón **2** (machine) cosechadora *f* de algodón

cotton-picking /ˈkɑːtnˌpɪkɪŋ || ˈkɒtnˌpɪkɪŋ/ *adj* (AmE colloq) (*as intensifier*) maldito (fam), condenado (fam); **you must be out of your ~ mind** tú has perdido la chaveta (fam), tú debes de estar loco

cotton reel *n* carrete *m* de algodón

cottonseed /ˈkɑːtnsiːd || ˈkɒtnsiːd/ *n* [u] semilla *f* de algodón

cotton swab *n* (AmE) bastoncillo *m*, cotonete *m* (Méx)

cottontail /ˈkɑːtnteɪl || ˈkɒtnteɪl/ *n* tapetí *m*

cottonwood /ˈkɑːtnwʊd || ˈkɒtnwʊd/ *n* álamo *m* de Virginia

cotton wool *n* [u] (BrE) algodón *m* (hidrófilo *or* en rama); ***to wrap sb (up) in ~ ~*** criar* a algn entre algodones

cotyledon /ˌkɑːtlˈiːdn || ˌkɒtɪˈliːdən/ *n* cotiledón *m*

couch¹ /kaʊtʃ/ *n* **1** (sofa) sofá *m*; **studio ~** sofá-cama *m* **2** (doctor's, psychoanalyst's) diván *m* **3** (bed) (poet) lecho *m* (liter)

couch² *vt* expresar, formular; **her complaint was ~ed in the strongest terms** su queja estaba expresada *or* formulada en los términos más enérgicos

couchette /kuːˈʃet/ *n* (BrE) litera *f*

couchgrass /ˈkuːtʃgræs || ˈkuːtʃgrɑːs, ˈkaʊtʃgrɑːs/ *n* [u] grama *f*

couch potato *n* (colloq) teleadicto, -ta *m,f* (fam)

cougar /ˈkuːgər || ˈkuːgə(r)/ *n* puma *m*

cough¹ /koːf || kɒf/ *n* tos *f*; **to have a ~** tener* tos; **smoker's ~** tos *f* de fumador; **to give a ~** toser, carraspear; (*before n*): **~ candy** caramelo *m* para la tos; **~ drop** pastilla *f* para la tos; **~ medicine** medicina *f or* (esp AmL) remedio *m* para la tos; **~ mixture** *o* **syrup** jarabe *m* para la tos; **~ suppressant** antitusígeno *m*; **~ sweet** (BrE) caramelo *m* para la tos

cough² *vi* **1** toser **2** (confess) (BrE sl) **~ (up)** cantar (arg)

■ **cough** *vt* **~ (up)** expectorar, esputar

(Phrasal verb)

- **cough up**

A [v + adv + o] (pay) (colloq) ‹*money*› soltar* (fam), aflojar (fam)

B [v + adv] (pay) soltar* la lana *or* (AmS tb) la plata *or* (Esp) la pasta, apoquinar (fam) *see also* **cough²** *vi* **b**, *vt*

could /kʊd/ *v mod*

A *past of* **can³**

B (indicating possibility) *forms of* poder*; **if I took a taxi, I ~ get there on time** si tomara un taxi, podría llegar a tiempo; **I would help you if I ~** te ayudaría si pudiera; **we ~ be a little late this evening** puede (ser) que *or* tal vez lleguemos un poco tarde esta noche; **that ~ be him now** puede (ser) que sea él; **you ~ have killed us all!** ¡podrías *or* podías habernos matado a todos!; **you ~ be right** puede (ser) que tengas razón; **that ~ be the case, but we have no evidence** podría *or* pudiera ser, pero no tenemos pruebas; **well, I daresay I ~, but I don't want to** bueno, tal vez podría *or* pudiera, pero no quiero; **I ~n't possibly agree to that** de ninguna manera podría acceder a eso; **she ~n't have got there before six because she didn't leave until quarter to** no pudo *or* no puede haber llegado antes de las seis porque no salió hasta menos cuarto; **she ~n't have got there before six even if she'd tried** no podría haber llegado antes de las seis aunque lo hubiera intentado; **it ~ have been better** podría *or* podía haber estado mejor; **was the soup OK? — it ~ have been hotter** ¿qué tal la sopa? — no estaba muy caliente que digamos; **he ~n't have treated us more kindly** no podría *or* no podía habernos tratado mejor; **they ~n't be happier** están contentos a más no poder; **I ~n't agree more** estoy completamente de acuerdo

C **1** (asking permission): **~ I use your bathroom?** ¿podría *or* me permitiría pasar al baño?; **if I ~ just say something here ...** si me permiten hacer una acotación ... **2** (in requests): **~ you please be quiet!** ¿me haces el favor de callarte?; **~ you sign here please?** ¿quiere firmar aquí, por favor? **3** (in offers): **~ I be of some assistance?** (frml) ¿puedo ayudar en algo?; (in shop etc) ¿lo/la atienden?

D **1** (in suggestions) *forms of* poder*; **you ~ try doing it this way** podrías tratar de hacerlo de esta manera; **you ~ at least apologize!** ¡al menos podrías pedir perdón! **2** (indicating strong desire) *forms of* poder*; **I ~ have killed/hugged her** la hubiera matado/abrazado, la podría *or* podía haber matado/abrazado

couldn't /ˈkʊdnt/ **= could not**

could've /ˈkʊdəv/ **= could have**

coulee /ˈkuːliː/ *n* (AmE) barranco *m*, quebrada *f*

coulomb /ˈkuːlɑːm || ˈkuːlɒm/ *n* culombio *m*

coulter /ˈkəʊltər || ˈkəʊltə(r)/ *n* (BrE) ▸**colter**

council /ˈkaʊnsəl/ ▸**council** *n*

A **1** (advisory group) consejo *m* **2** (Govt) ayuntamiento *m*; **town/city ~** ayuntamiento *m*, municipio *m*; **she's on the ~** es concejala en el ayuntamiento *or* municipio; **to be in ~** (frml) estar* reunido; (*before n*): **~ estate** *complejo urbanístico de viviendas de alquiler subvencionadas por el ayuntamiento,* ≈ viviendas *fpl* de protección oficial (*en Esp*), ≈ viviendas *fpl* económicas (*en RPl*); **~ flat** *o* **house** (BrE) *apartamento o casa de alquiler subvencionados por el ayuntamiento,* piso *m or* casa *f* de protección oficial (*en Esp*); **~ housing** (BrE) *viviendas de alquiler subvencionadas por el ayuntamiento,* ≈ viviendas de protección oficial (*en Esp*), ≈ viviendas económicas (*en RPl*); **~ tenant** (BrE) *inquilino de una vivienda de alquiler subvencionada por el ayuntamiento,* inquilino, -na *m,f* de una vivienda de protección oficial (en Esp), inquilino, -na *m,f* de una vivienda económica (en RPl)

B (Relig) concilio *m*

council

Gran Bretaña está dividida, con fines administrativos, en áreas. Las más grandes son los condados ▸**county**[1] y en Escocia, regiones ▸**region**; ambos se dividen en *districts*. Los *Parish Councils* (*Community Councils* en Escocia y Gales) son las unidades más pequeñas de gobierno local. Todos son dirigidos por *Councils* que cuentan con poderes otorgados por el gobierno central. Están formados por representantes o *councillors* que son elegidos por los habitantes de la localidad. Sus responsabilidades incluyen la educación, los servicios sociales, la vivienda, el transporte, el medio ambiente, los servicios de la policía y de los bomberos, urbanismo, lugares de esparcimiento, bibliotecas y otros servicios locales. Se financian con el ▸**council tax** y con fondos que reciben del gobierno central.

councillor *n* (BrE) ▸**councilor**

councilman /ˈkaʊnsəlmən/ *n* (*pl* **-men** /-mən/) (AmE) concejal *m*

Council of Europe *n*: **the ~ ~ ~** el Consejo de Europa

Council of Ministers *n* (EU): **the ~ ~ ~** el Consejo de Ministros (*de la Comunidad Europea*)

Council of the European Union *n* (EU) Consejo *m* de la Unión Europea

council of war *n* consejo *m* de guerra

councilor, (BrE) **councillor** /ˈkaʊnsələr || ˈkaʊnsələ(r)/ *n* concejal, -jala *m,f*

council tax *n* (BrE) [u] contribución *f* urbana *or* municipal (*basada en el valor de la propiedad y el número de personas que viven en ella*)

council tax

En Gran Bretaña, impuesto que los habitantes de un inmueble deben pagar al ▸**council** o municipalidad local. La cantidad que debe pagarse se calcula tomando como base el valor estimado de la vivienda, y el número de personas que viven en ella.

councilwoman /ˈkaʊnsəlˌwʊmən/ *n* (*pl* **-women**) (AmE) concejala *f*

counsel[1] /ˈkaʊnsəl/ *n* **1** [u c] (advice) (frml *or* liter) consejo *m*; **to hold/take ~ with sb** asesorarse *or* aconsejarse con algn; **let's hope that wiser ~s may prevail** esperemos que impere el buen sentido; **a ~ of perfection** un ideal imposible; ***to keep one's own ~*** reservarse la opinión **2** [c] (*pl*, ~ (*no art*)) (Law) abogado, -da *m,f*; **~ for the defense** abogado defensor, abogada defensora *m,f*; **~ for the prosecution** fiscal *mf*

counsel[2]**,** (BrE) **-ll-** *vt* **1** (frml) aconsejar, recomendar*; **to ~ sb to + INF** aconsejarle a algn QUE + SUBJ **2** (Educ, Psych) orientar, asesorar

■ **counsel** *vi* aconsejar; **to ~ AGAINST -ING**: **he ~ed against taking legal action** aconsejó no entablar *or* que no se entablara demanda

counseling, (BrE) **counselling** /ˈkaʊnsəlɪŋ/ *n* [u] (Educ, Psych) orientación *f* psicopedagógica; **academic ~** orientación *f* universitaria; **he's having ~ for his drinking problem** está en terapia por su alcoholismo; **marriage guidance ~** terapia *f* matrimonial; (*before n*): **~ service** servicio *m* personalizado de asesoramiento y ayuda; **marriage ~ service** servicio *m* de terapia de pareja

counselor, (BrE) **counsellor** /ˈkaʊnsələr || ˈkaʊnsələ(r)/ *n* **1** (Educ, Psych) consejero, -ra *m,f*, orientador, -dora *m,f* **2** (AmE) (Law) abogado, -da *m,f*

counselor-at-law /ˌkaʊnsələrətˈlɔː/ *n* (*pl* **counselors-at-law**) (AmE) abogado, -da *m,f*

count[1] /kaʊnt/ *n*

A **1** (act of counting) recuento *m*, cómputo *m*; (of votes) escrutinio *m*, recuento *m*, cómputo *m*, conteo *m* (Andes, Ven); (in boxing) cuenta *f*, conteo *m* (Andes, Ven); **to make** *o* (colloq) **do a ~ of sth** hacer* un recuento de algo; **at the last ~** en el último recuento; **hold your breath for a ~ of five** aguanta hasta cinco sin respirar; **we'll begin on the ~ of four** a los cuatro empezamos; **to keep/lose ~ of sth** llevar/perder* la cuenta de algo; **I've lost ~ of the number of times I've told you** ya ni sé cuántas veces te lo he dicho; ***to be out for the ~*** estar* fuera de combate **2** (total) total *m*; **the final ~** (of votes) el recuento *or* cómputo final; **the body ~ has risen to 40** el número total de víctimas ha ascendido a 40; **sperm ~** cuenta *f* espermática

B (particular, point): **to be found guilty on all ~s** (Law) ser* declarado culpable de todos los cargos; **they're right on the first ~** en el primer punto tienen razón; **it's been praised/criticized on several ~s** ha sido elogiado/criticado por varios motivos *or* por varias razones; **it aims to entertain and inform and it fails on both ~s** se propone divertir e informar y no logra ninguno de los dos cometidos

C ▸ⓘ **p.1213** (rank) conde *m*; **C~ Dracula** el conde Drácula

count[2] *vt*

A (enumerate, add up) contar*; **to ~ the days/minutes** contar* los días/los minutos; **I'm ~ing the hours till he arrives** no veo la hora de que llegue; **you can ~ them on the fingers of one hand** se pueden contar con los dedos de una mano

B (include) contar*; **there were six of them, not ~ing the driver** eran seis, sin contar al conductor; **there'll be fourteen of us, ~ing you and me** seremos catorce, tú y yo incluidos

C (consider) considerar; **to ~ oneself lucky/fortunate** considerarse afortunado, darse* por afortunado; **to ~ sb among one's friends** contar* a algn entre sus (*or* mis *etc*) amigos

■ **count** *vi*

A (enumerate) contar*; **can't you ~?** ¿(es que) no sabes contar?; **I ~ed (up) to ninety-two** conté hasta noventa y dos; **to ~ in tens** contar* de diez en diez; **~ing from Tuesday** a partir del martes

B **1** (be valid) contar*; **that doesn't ~** eso no cuenta *or* no vale **2** (matter) contar*; **every minute ~s** cada minuto cuenta; **every penny ~s** muchos pocos hacen un mucho; **he doesn't have too many friends who ~** (of importance) no tiene muchos amigos de peso; (close) no tiene muchos amigos de verdad

Phrasal verbs

• **count against**

A [v + prep + o] perjudicar*; **his age ~ed against him** su edad fue un factor negativo *or* lo perjudicó

B [v + o + prep + o]: **don't ~ it against her** no se lo tengas en cuenta

• **count down** [v + adv]: **we're ~ing down to Christmas already** ya estamos contando los días que faltan para Navidad

• **count for** [v + prep + o] contar*; **your opinion ~s for a great deal/won't ~ for much** tu opinión importa mucho/no va a contar mucho

• **count in** [v + o + adv] incluir*; **you can ~ me in** cuenten conmigo, yo me apunto (fam), yo me anoto (CS fam)

• **count on** [v + prep + o] **1** (rely on) ‹*friend/help*› contar* con; **she'll be late, you can ~ on it** va a llegar tarde, de eso puedes estar seguro *or* eso puedes darlo por descontado; **I wouldn't ~ on getting the job** yo que tú no me confiaría en que te van a dar el trabajo; **can I ~ on you to be discreet?** ¿puedo confiar en tu discreción?; **we were ~ing on her for support** contábamos con que nos apoyaría **2** (expect) esperar; **we hadn't ~ed on that happening** no esperábamos que fuera a pasar eso

• **count out**

A [v + o + adv]: **on those terms, you can ~ me out** si ésas son las condiciones, a mí no me incluyan *or* no cuenten conmigo; **a revival of the movement can't be ~ed out** no se puede descartar un resurgimiento del movimiento

B [v + o + adv, v + adv + o] **1** ‹*money/objects*› contar* (*uno por uno*) **2** ‹*boxer*› contarle* hasta out a; **the bell rang before he could be ~ed out** la campana sonó antes de que terminara la cuenta *or* (Col) el conteo

• **count toward** (BrE), **count towards** [v + prep + o] contar* para; **these marks ~ toward the final grade** estas notas cuentan *or* son tenidas en cuenta para la calificación final

countability /ˌkaʊntəˈbɪləti || ˌkaʊntəˈbɪlɪti/ *n* [u] hecho *m* de ser numerable *or* contable

countable /ˈkaʊntəbəl/ *adj* **1** (Math) numerable **2** (Ling) ‹*noun/use*› numerable

countback /ˈkaʊntbæk/ *n* [u] *forma de decidir un empate teniendo en cuenta la mejor puntuación en la última etapa de la competencia*

countdown /ˈkaʊntdaʊn/ *n* cuenta *f* atrás *or* regresiva, conteo *m* regresivo (Andes); **to start/begin the ~** empezar*/comenzar* la cuenta atrás *or* regresiva; **in the ~ to the Olympic Games** en los días que precedieron (*or* preceden *etc*) al inicio de los Juegos Olímpicos

countenance[1] /ˈkaʊntnəns || ˈkaʊntnəns/ *n*

A [c] (face, expression) (liter) semblante *m* (liter), rostro *m* (liter); **his ~ betrayed no sign of emotion** su semblante no dejó ver *or* no acusó rastro alguno de emoción; ***to keep one's ~*** no perder* la compostura, guardar la calma; ***to put sb out of ~*** desconcertar* a algn, hacerle* perder la compostura a algn

B [u] (approval) (frml): **to give ~ to sth** dar* su (*or* mi *etc*) sanción a algo; **your presence there would lend ~ to their aims** tu presencia allí sería una aprobación tácita de sus objetivos

countenance[2] *vt* (frml) (*usu neg*) ‹*behavior/idea*› tolerar, aceptar

counter[1] /ˈkaʊntər || ˈkaʊntə(r)/ *n*

A **1** (in shop) mostrador *m*; (in café) barra *f*; (in bank, post office) ventanilla *f*; (in kitchen) (AmE) encimera *f*; **perfume ~** mostrador de perfumería **2** (*in phrases*): **over the counter**: **that drug is not available over the ~** esa medicina no se puede comprar sin receta; (*before n*): **over-the-counter** (Fin) extrabursátil; **under the counter** bajo mano; (*before n*): **under-the-counter** clandestino; ‹*deal*› bajo mano

B (Games) ficha *f*; **we still have one last bargaining ~** aún nos queda una carta que jugar *or* una última baza

C (counting apparatus) contador *m*

D **1** (check) **a ~ TO sth**: **to act as a ~ to sth** contrarrestar algo, servir* de contrapeso a algo; **they advance these findings as a ~ to Freudian doctrine** presentan estos descubrimientos como una respuesta a la teoría freudiana **2** (Games, Sport) contraataque *m*

counter[2] *vt* **1** (oppose) ‹*deficiency/trend*› contrarrestar **2** (in debate) ‹*idea/statement*› rebatir, refutar; **to ~ THAT** responder *or* replicar* QUE

■ **counter** *vi* **1** (in debate) contraatacar* **2** (Games, Sport) responder, contraatacar*

counter[3] *adv* **~ TO sth**: **to run** *o* **go ~ to sth** ser* contrario a *or* oponerse* a algo; **this result ran ~ to all our previous experience** este resultado era contario a *or* se oponía a todas nuestras experiencias anteriores

counter- /ˈkaʊntər || ˈkaʊntə(r)/ *pref* contra-

counteract /ˌkaʊntəˈrækt/ *vt* contrarrestar

counterargument /ˈkaʊntərˌɑːrgjəmənt || ˈkaʊntə(r)ˌɑːgjəmənt/ *n* contraargumento *m*

counterattack[1] /ˈkaʊntərəˈtæk/ *n* contraataque *m*

counterattack[2] *vi* contraatacar*

counterbalance[1] /ˈkaʊntərˌbæləns || ˈkaʊntəˌbæləns/ *n* contrapeso *m*; **~ TO sth/sb** contrapeso A algo/algn

counterbalance[2] *vt* contrapesar, servir* de contrapeso a

counterbid[1] /ˈkaʊntərbɪd || ˈkaʊntəbɪd/ *n* contraoferta *f* (*en subasta*)

counterbid[2] *vi* hacer* una contraoferta, pujar más alto, contraofertar (esp AmL)

counterblast /ˈkaʊntərblæst || ˈkaʊntəblɑːst/ *n* **~ (TO sth/sb)** enérgica respuesta *f* (A algo/algn)

counterclaim /ˈkaʊntərkleɪm || ˈkaʊntəkleɪm/ *n* reconvención *f*, contrademanda *f*

counter clerk *n* (in post office) empleado, -da *m,f*; (in bank) (BrE) cajero, -ra *m,f*

C

counterclockwise /ˌkaʊntər'klɑːkwaɪz || ˌkaʊntə'klɒkwaɪz/ *adj/adv* (AmE) en sentido contrario a las agujas del reloj

counterculture /'kaʊntərˌkʌltʃər || 'kaʊntəˌkʌltʃə(r)/ *n* contracultura *f*

counterespionage /ˌkaʊntər'espiənɑːʒ/ *n* [u] contraespionaje *m*

counterfeit[1] /'kaʊntərfɪt || 'kaʊntəfɪt/ *n* falsificación *f*

counterfeit[2] *vt* ‹*coins/banknotes*› falsificar*; ‹*enthusiasm/sympathy*› fingir*

counterfeit[3] *adj* ‹*coin/concern*› falso

counterfeiter /'kaʊntərfɪtər || 'kaʊntəfɪtə(r)/ *n* falsificador, -dora *m,f*

counterfoil /'kaʊntərfɔɪl || 'kaʊntəfɔɪl/ *n* talón *m* (AmL), matriz *f* (Esp)

counterinflationary /ˌkaʊntərɪn'fleɪʃəneri || ˌkaʊntərɪn'fleɪʃənri/ *adj* antiinflacionario, antiinflacionista

counterinsurgency /ˌkaʊntərɪn'sɜːrdʒənsi || ˌkaʊntərɪn'sɜːdʒənsi/ *n* [u] contrainsurgencia *f*; (*before n*) ‹*tactics/forces/techniques*› contrainsurgente, de contrainsurgencia

counterintelligence /'kaʊntərɪn'teləd ʒəns || ˌkaʊntərɪn'telɪdʒəns/ *n* [u] contraespionaje *m*

counterintuitive /ˌkaʊntərɪn'tuːətɪv || ˌkaʊntərɪn'tjuːɪtɪv/ *adj* contraintuitivo

countermand /'kaʊntərmænd || ˌkaʊntə'mɑːnd/ *vt* contramandar; (Fin) ‹*check*› dar* orden de no pagar; **he ~ed the order** dio la contraorden

countermeasure /'kaʊntərmeʒər || 'kaʊntəmeʒə(r)/ *n* contramedida *f*

countermove /'kaʊntərmuːv || 'kaʊntəmuːv/ *n* (in board games) contrajugada *f*; (countermeasure) contramedida *f*

counteroffer /'kaʊntərˌɔːfər || 'kaʊntərˌɒfə(r)/ *n* contraoferta *f*

counterorder /'kaʊntərˌɔːrdər || 'kaʊntə(r),ɔːdə(r)/ *n* contraorden *f*

counterpane /'kaʊntərpeɪn || 'kaʊntəpeɪn/ *n* (dated) cubrecama *m*

counterpart /'kaʊntərpɑːrt || 'kaʊntəpɑːt/ *n*
A (person with equivalent rank) homólogo, -ga *m,f*; **the minister met his Spanish ~** el ministro se reunió con su homólogo español; **he compared British teenagers with their American ~s** comparó a los adolescentes británicos con los americanos; **this literary genre has its ~ in painting** este género literario tiene su equivalente en pintura
B (Law) duplicado *m*

counter-plea /'kaʊntərˌpliː || 'kaʊntəˌpliː/ *n* (in criminal case) contestación *f* a la acusación; (in civil case) contestación *f* a la reconvención

counterplot /'kaʊntərplɑːt || 'kaʊntəplɒt/ *n* contraconspiración *f*, contracomplot *m*

counterpoint /'kaʊntərpɔɪnt || 'kaʊntəpɔɪnt/ *n* [u c] (Mus) contrapunto *m*

counterpoise[1] /'kaʊntərpɔɪz || 'kaʊntəpɔɪz/ *n* (Mech Eng) contrapeso *m*; **to be in ~** estar* en equilibrio

counterpoise[2] *vt* (Mech Eng) (frml) contrapesar, servir* de contrapeso a

counterproductive /ˌkaʊntərprə'dʌktɪv || ˌkaʊntəprə'dʌktɪv/ *adj* contraproducente

counterproposal /'kaʊntərprəˌpəʊzəl || 'kaʊntəprəˌpəʊzəl/ *n* contrapropuesta *f*

counterpunch /'kaʊntərpʌntʃ || 'kaʊntəpʌntʃ/ *n* contragolpe *m*

Counter-Reformation /ˌkaʊntərˌrefər'meɪʃən || ˌkaʊntəˌrefə'meɪʃən/ *n*: **the ~** la Contrarreforma

counterrevolution /ˌkaʊntərˌrevə'luːʃən || ˌkaʊntəˌrevə'luːʃən/ *n* contrarrevolución *f*

counterrevolutionary[1] /ˌkaʊntərˌrevə'luːʃəneri || ˌkaʊntəˌrevə'luːʃənəri/ *adj* contrarrevolucionario

counterrevolutionary[2] *n* contrarrevolucionario, -ria *m,f*

countershaft /'kaʊntərʃæft || 'kaʊntəʃɑːft/ *n* transmisión *f* intermedia

countersign[1] /'kaʊntərsaɪn || 'kaʊntəsaɪn/ *vt* ‹*document/authorization*› refrendar

countersign[2] *n* contraseña *f*

countersignature /'kaʊntərsɪgnətʃər || 'kaʊntəsɪgnətʃə(r)/ *n* refrendo *m*, segunda firma *f*

countersink[1] /'kaʊntərsɪŋk || 'kaʊntəsɪŋk/ *n* **1** (bit) avellanador *m* **2** (hole) avellanado *m*

countersink[2] *vt* (*past* **-sank**; *past p* **-sunk**) **1** ‹*hole*› avellanar **2** ‹*screw*› encastar

counterspy /'kaʊntərspaɪ || 'kaʊntəspaɪ/ *n* (*pl* **-spies**) contraespía *mf*

countertenor /'kaʊntərˌtenər || ˌkaʊntə'tenə(r)/ *n* contralto *m*

counterterrorism /'kaʊntərˌterərɪzəm || 'kaʊntəˌterərɪzəm/ *n* [u] contraterrorismo *m*; (*before n*) ‹*coordinator/expert*› en contraterrorismo

counterterrorist[1] /ˌkaʊntər'terərəst || ˌkaʊntə'terərɪst/ *adj* contraterrorista

counterterrorist[2] *n* contraterrorista *mf*

countertop /'kaʊntərtɑːp || 'kaʊntətɒp/ *n* (AmE) encimera *f*

countervailing /'kaʊntərˌveɪlɪŋ || 'kaʊntəˌveɪlɪŋ/ *adj* (*before n*) ‹*argument/tendency*› compensatorio; ‹*credit/duty*› de compensación, compensatorio

counterweight /'kaʊntərweɪt || 'kaʊntəweɪt/ *n* contrapeso *m*; **~ TO sth/sb** contrapeso A algo/algn

countess /'kaʊntəs || 'kaʊntes/ ▸ⓘ p.1213 *n* condesa *f*; **C~ Spencer** la condesa de Spencer

countinghouse /'kaʊntɪŋhaʊs/ *n* (dated) contaduría *f*

countless /'kaʊntləs || 'kaʊntlɪs/ *adj* ‹*stars/hours*› incontables, innumerables; **I've told him ~ times** se lo he dicho infinidad de veces

count noun *n* sustantivo *m* numerable

countrified /'kʌntrɪfaɪd/ *adj* ‹*area/atmosphere*› rústico, rural

country /'kʌntri/ *n* (*pl* **-tries**)
A [c] **1** (nation) país *m* **2** (people) pueblo *m*; ***to go to the ~*** (BrE) (Pol) consultar al electorado, llamar *or* convocar* (a) elecciones **3** (native land) patria *f*; **to fight for one's ~** luchar por su (*or* mi *etc*) patria
B [u] (rural area): **the ~** el campo; **they live in the ~** viven en el campo; **across ~** a campo traviesa, a campo través; (*before n*) ‹*life*› rural; ‹*people*› del campo; ‹*cottage*› de campo; **~ dweller** habitante *mf* del campo; **~ lane** camino *m* rural; **~ park** parque *m* periurbano; **~ road** carretera *f* rural; **~ seat** casa *f* solariega; **~ town** población *f* rural
C [u] (region) terreno *m*, territorio *m*; **unknown/familiar ~** terreno desconocido/conocido; **cattle-farming ~** región *f* ganadera; **it's good walking ~** es una zona buena para el excursionismo
D [u] (Mus) (música *f*) country *m*; **to play/sing ~** tocar*/cantar (música) country

country-and-western /ˌkʌntriən'westərn || ˌkʌntriən'westən/ *n* [u] música *f* country, country (and western) *m*

country bumpkin *n* pueblerino, -na *m,f*, paleto, -ta *m,f* (Esp & pey), pajuerano, -na *m,f* (RPl fam & pey), huaso, -sa *m,f* (chi fam o pey), montañero, -ra *m,f* (Col fam o pey)

country club *n* club *m* de campo

country cousin *n* pueblerino, -na *m,f*

country dance *n* (esp BrE) danza *f* folklórica

country dancing *n* [u] (esp BrE) danzas *fpl* folklóricas

country house *n* casa *f* solariega

countryman /'kʌntrimən/ *n* (*pl* **-men** /-mən/) **1** (compatriot) (liter) compatriota *m*; **fellow ~** compatriota *m* **2** (country dweller) campesino *m*

country mile *n* (AmE colloq): ***to miss sth by a ~ ~*** errar* por mucho *or* por una legua, errarle* feo (RPl fam)

country music *n* [u] (música *f*) country *m*

countryside /'kʌntrisaɪd/ *n* [u] campiña *f*, campo *m*

country store *n* (AmE) tienda *f* de pueblo (*en la que se vende de todo*)

countrywide /ˌkʌntri'waɪd/ *adj/adv* a escala nacional

countrywoman /'kʌntriˌwʊmən/ *n* (*pl* **-women**) **1** (compatriot) (liter) compatriota *f*; **fellow ~** compatriota *f* **2** (country dweller) campesina *f*

county[1] /'kaʊnti/ *n* (*pl* **-ties**) **1** (in US) condado *m*; (*before n*): **~ line** límite *m* del condado; **~ seat** cabeza *f* de partido **2** (in UK) condado *m*; (*before n*): **~ boundary** límite *m* del condado; **~ hall** (in UK) *edificio donde funciona la administración de un condado*, Diputación *f* Provincial (Esp); **~ town** capital *f* del condado

county[2] *adj* (BrE colloq) distinguido, pijo (Esp fam), pituco (CS fam), popis (Méx fam)

> **county**
>
> Región administrativa de Gran Bretaña que agrupa un número de distritos (*districts*). Los condados son las principales unidades administrativas de Gran Bretaña y muchos tienen demarcaciones que se remontan a muchos años atrás. Sin embargo, en las últimas décadas, éstas y sus nombres han cambiado mucho, y el término *county* a menudo ya no se usa. La mayoría de los estados en EEUU también están divididos en condados. Hay alrededor de 3.000 condados en EEUU.

county council *n* (in UK) *corporación de gobierno a nivel de condado*

county court *n* **1** (in US) juzgado *m* comarcal **2** (in UK) juzgado *m* comarcal (*que conoce de causas de derecho civil*)

county cricket *n* [u] (in UK) *críquet del nivel más alto que se juega entre los equipos profesionales de los condados*

coup /kuː/ *n* (*pl* **~s** /kuːz/)
A (successful action) golpe *m* maestro; **to pull off a ~** dar* un golpe maestro
B **~ (d'état)** (Pol) golpe *m* (de estado); **to stage a ~** dar* un golpe (de estado)

coup de grâce /ˌkuːdə'grɑːs/ *n* (*pl* **~s ~ ~**) golpe *m* de gracia; **to deliver the ~ ~ ~** asestar el golpe de gracia

coupé /'kuːpeɪ/ (AmE also) **coupe** /kuːp/ *n* cupé *m*

couple[1] /'kʌpəl/ *n*
A **1** (two people) (+ *sing o pl vb*) pareja *f*; **a married ~** un matrimonio; **the happy ~** los recién casados, los novios **2** (*pl* **~**) (in hunting) (BrE) pareja *f* de perros
B (two or small number): **a ~ (of sth)** (+ *pl vb*) un par (de algo); **can you lend me a ~ of pounds?** ¿puedes prestarme un par de libras?; **I think he'd had a ~** (colloq & euph) creo que tenía unas copas de más (fam & euf); **a ~ hundred books** (AmE colloq) unos doscientos libros; **a ~ hours** (AmE colloq) unas dos horas

couple[2] *vt* **1** (connect) ‹*cars*› (Rail) enganchar; ‹*circuits*› conectar; ‹*theories/events*› asociar; **to ~ sth/sb WITH sth/sb** asociar algo/a algn CON algo/algn **2** (combine) (*often pass*) **to ~ sth WITH sth**: **the fall in demand, ~d with competition from abroad** el descenso de la demanda, unido a la competencia extranjera
■ **couple** *vi* (copulate) aparearse

Phrasal verb
• **couple up** [v + o + adv, v + adv + o] enganchar

coupler /'kʌplər || 'kʌplə(r)/ *n* **1** (Mech Eng) enganche *m* **2** (Electron) conectador *m* **3** (AmE) (Rail) enganche *m*

couplet /'kʌplət || 'kʌplɪt/ *n* pareado *m*, dístico *m*; **in rhyming ~s** en pareados

coupling /'kʌplɪŋ/ *n*
A [c] **1** (Tech) acoplamiento *m* **2** (BrE) (Rail) enganche *m*
B [u] (copulation) apareamiento *m*
C [u c] (combination, linking) combinación *f*

coupon /'kuːpɑːn || 'kuːpɒn/ *n*
A **1** (voucher — for discount) vale *m*; (— in rationing) cupón *m* de racionamiento **2** (form — in advertisement) cupón *m*; (— for competition) boleto *m*; **football ~** (BrE) boleto *m* (*de quinielas*)

C

B (Fin) cupón *m*

courage /ˈkɜːrɪdʒ || ˈkʌrɪdʒ/ *n* [u] valor *m*, coraje *m*; **he has/lacks the ~ to do it** tiene/le falta valor *or* coraje para hacerlo; **to have/lack the ~ of one's convictions** ser*/no ser* fiel a sus (*or* mis *etc*) convicciones; **to lose (one's) ~** acobardarse; **he took ~ from her smile** su sonrisa le dio ánimo; ***to pluck up (the) ~ (to + INF)*** armarse de valor *or* de coraje (para + INF); ***to screw up one's ~*** armarse de valor *or* de coraje; ***to take one's ~ in both hands*** hacer* de tripas corazón (fam)

courageous /kəˈreɪdʒəs/ *adj* ‹*person*› valiente, corajudo; ‹*words*› valiente; ‹*act*› valeroso, de valor *or* de valentía

courageously /kəˈreɪdʒəsli/ *adv* con valor *or* valentía

courgette /kʊrˈʒet || kɔːˈʒet/ *n* [c u] (BrE) ▸**zucchini**

courier /ˈkʊriər || ˈkʊriə(r)/ *n* **1** (guide) guía *mf* **2** (messenger) (BrE) mensajero, -ra *m,f*, correo *mf*, rutero, -ra *m,f*; (*before n*): **~ service** servicio *m* de mensajero

course¹ /kɔːrs || kɔːs/ *n*

A **1** (of river) curso *m*; (of road) recorrido *m* **2** (way of proceeding): **the only ~ open to us** el único camino que tenemos, nuestra única opción; **your best ~ is to say nothing** lo mejor que puedes hacer es no decir nada **3** (progress) (*no pl*): **in the normal ~ of events** normalmente, en circunstancias normales; **in due ~** a su debido tiempo; **you'll be informed in due ~** se le informará en su momento *or* cuando corresponda *or* a su debido tiempo; **in the ~ of time** con el tiempo; **in** *o* **during the ~ of a few short weeks** en el curso de unas pocas semanas; **in the ~ of our conversation** en el curso *or* transcurso de nuestra conversación; **during the ~ of the interview** durante (el transcurso de) la entrevista; **it changed the ~ of history/events** cambió el curso de la historia/los acontecimientos; **to interfere with the ~ of justice** (Law) entorpecer* la acción de la justicia; ***to run*** *o* ***take its ~*** seguir* su curso

B **of course** claro, desde luego, por supuesto; **you know it, don't you? — of ~!** lo sabes, ¿no? — ¡claro! *or* ¡desde luego! *or* ¡por supuesto!; **of ~! why didn't I think of that?** ¡pero claro! ¿cómo no se me ocurrió?; **am I invited? — of ~ you are!** ¿estoy invitado? — ¡claro *or* desde luego *or* por supuesto *or* naturalmente que sí!; **of ~ not** claro que no; **what do they want? — money, of ~!** ¿qué quieren? — ¡pues qué van a querer! ¡dinero!; **I'm not always right, of ~** claro que no siempre tengo razón; **you know, of ~, his father's dead** ya sabrás que su padre murió; **the lines are, of ~, from 'Hamlet'** los versos son, claro está *or* naturalmente, de 'Hamlet'

C (Aviat, Naut) rumbo *m*; **true ~** rumbo verdadero; **to plot a ~** (Aviat) trazar* el plan de vuelo; (Naut) trazar* la derrota; **to set ~ for** poner* rumbo a; **the plane had gone off ~** el avión se había desviado de su rumbo; **the project is on ~ for completion** el proyecto va bien encaminado y se terminará en la fecha prevista; **to change ~** cambiar de rumbo; **the party has changed ~** el partido ha dado un nuevo rumbo *or* giro a su política

D **1** (Educ) curso *m*; **a short ~** un cursillo; **~ IN/ON sth** curso DE/SOBRE algo; **to take** *o* (BrE also) **do a ~** hacer* un curso; **to go on a ~** ir* a hacer un curso; **they are sending me on a ~** me van a enviar a hacer un curso; (*before n*): **~ material** material *m* de curso **2** (Med): **a ~ of treatment** un tratamiento; **the doctor put me on a ~ of antibiotics** el doctor me recetó antibióticos; **be sure to finish the ~** no deje de terminar la serie *or* el ciclo

E (part of a meal) plato *m*; **main ~** plato principal *or* fuerte *or* (Ven) central; **as a** *o* **for the first ~** de primer plato, de entrada; **a three-~ meal** una comida de dos platos y postre

F (Sport) (*race~*) hipódromo *m*, pista *f* (de carreras); (*golf ~*) campo *m or* (CS tb) cancha *f* (de golf); **the race is over a ~ of three miles** (el circuito de) la carrera tiene un recorrido de tres millas; ***to last*** *o* ***stay the ~*** (persist to the end) aguantar hasta el final; (lit: complete race) terminar la carrera

G (of bricks) hilada *f*

H (Naut) vela *f* mayor

course² *vt* (hunt) cazar* (*con perros*)

■ **course** *vi* (flow swiftly) (liter): **he felt the blood coursing through his veins** sentía correr la sangre por sus venas (liter)

coursebook /ˈkɔːrsbʊk || ˈkɔːsbʊk/ *n* (BrE) libro *m* de curso

courser /ˈkɔːrsər || ˈkɔːsə(r)/ *n* (poet) corcel *m* (liter)

courseware /ˈkɔːrswer || ˈkɔːsweə(r)/ *n* [u] (Comput) *software ideado para uso pedagógico*

coursework /ˈkɔːrswɜːrk || ˈkɔːswɜːk/ *n* [u] trabajos *mpl* de curso

coursing /ˈkɔːrsɪŋ || ˈkɔːsɪŋ/ *n* [u] caza *f* (*con perros*)

court¹ /kɔːrt || kɔːt/ *n*

A (Law) **1** (tribunal) tribunal *m*; **to appear in ~** comparecer* ante el tribunal *or* los tribunales; **I'll see you in ~!** ¡te voy a demandar!; **to go to ~** acudir a los tribunales; **to take sth to ~** llevar algo a los tribunales; **to take sb to ~** demandar a algn, llevar a algn a juicio; **in open ~** en audiencia pública; **the ~ is adjourned** se levanta la sesión; **the ~ will rise** pónganse de pie; ***to laugh sb/sth out of ~*** reírse* de algn/algo; **I'd be laughed out of ~** se reirían de mí; ***to rule sth out of ~*** rechazar* algo de plano; (*before n*): **~ action** acción *f* judicial; **~ case** causa *f*, juicio *m*; **~ hearing** vista *f*; **~ official** funcionario, -ria *m,f* del juzgado; **~ order** orden *f* judicial; **~ proceedings** proceso *m* **2** **out of court**: **to settle out of ~** transigir* extrajudicialmente, llegar* a una transacción extrajudicial; (*before n*): **an out-of-court settlement** una transacción *or* un arreglo extrajudicial **3** (building) juzgado *m*

B **1** (of sovereign) corte *f*; **at ~** en la corte; **the C~ of St James** la Corona Británica; ***to hold ~*** «*sovereign*» recibir a la corte; **he was holding ~ in the bar** estaba en el pub rodeado de admiradores; ***to pay ~ to sb*** (dated) rendirle* homenaje a algn; **many young men paid ~ to her** muchos jóvenes le hacían la corte; (*before n*): **~ circular** boletín *m* de la Corte **2** (palace) palacio *m*

C (Sport) cancha *f* (AmL), pista *f* (Esp); **they've been on ~ for two hours** llevan dos horas jugando; **off ~** fuera de la cancha (AmL) *or* (Esp) de la pista

D (courtyard) patio *m*

E (BrE) (Clothing) zapato *m* (de) salón

court² *vt* **1** (woo) ‹*girl*› (dated) cortejar (ant), hacerle* la corte a (ant); **she was being ~ed by a young officer** un joven oficial la cortejaba *or* le hacía la corte; **the party is ~ing the youth vote** el partido está tratando de ganarse el voto joven **2** (seek) ‹*danger/fame/favor*› buscar*; ‹*disaster*› exponerse* a; **he's ~ing death** está tentando al destino

■ **court** *vi* «*couple*» (dated) estar* de novios, noviar (AmL fam), pololear (Chi fam); **they've been ~ing for a year now** llevan ya un año de relaciones *or* de noviazgo *or* (Chi fam) de pololeo

court card *n* (BrE) (Games) figura *f*

courteous /ˈkɜːrtiəs || ˈkɜːtiəs/ *adj* ‹*person/behavior*› cortés, educado, fino; ‹*reply/letter*› cortés

courteously /ˈkɜːrtiəsli || ˈkɜːtiəsli/ *adv* cortésmente, con cortesía

courtesan /ˈkɔːrtəzən || ˈkɔːtɪzæn/ *n* (liter) cortesana *f*

courtesy /ˈkɜːrtəsi || ˈkɜːtəsi/ *n* (*pl* **-sies**) **1** [u] (politeness) cortesía *f*; **it is common ~** es de (simple) cortesía *or* de buena educación; **you could have had the ~ to inform us** podría haber tenido la gentileza de avisarnos; (*before n*): **~ call** *o* **visit** visita *f* de cortesía; (out of obligation) visita *f* de cumplido; **~ title** tratamiento *m* de cortesía **2** [c] (greeting): **they exchanged courtesies** se saludaron con las cortesías de rigor **3** [c] (favor) atención *f*, gentileza *f*; **by ~ of** por atención *or* gentileza de; (*before n*): **~ bus** autobús *m* de cortesía; **~ car** coche *f* de cortesía; **~ card** tarjeta *f* de cortesía; **~ coach** autobús *m* de cortesía; **~ copy** ejemplar *m* de obsequio

courtesy light *n* (Auto) luz *f* interior

courthouse /ˈkɔːrthaʊs || ˈkɔːthaʊs/ *n* juzgado *m*

courtier /ˈkɔːrtiər || ˈkɔːtiə(r)/ *n* cortesano, -na *m,f*

courtly /ˈkɔːrtli || ˈkɔːtli/ *adj* **-lier, -liest** distinguido, fino; **~ love** (Lit) (el) amor cortés

court-martial¹ /ˌkɔːrtˈmɑːrʃəl || ˌkɔːtˈmɑːʃəl/ *n* (*pl* **courts-martial** /ˈkɔːrts- || ˈkɔːts-/) consejo *m* de guerra

court-martial² *vt* **-l-** *or* BrE **-ll-** formarle consejo de guerra a; **they'll be ~ed** se les formará consejo de guerra

Court of Auditors *n* (EU) Tribunal *m* de Cuentas Europeo

Court of First Instance *n* (EU) Tribunal *m* de Primera Instancia de las Comunidades Europeas

court of law *n* tribunal *m* (de justicia)

courtroom /ˈkɔːrtruːm, -rʊm || ˈkɔːtruːm, -rʊm/ *n* sala *f* (*de un tribunal*); (*before n*): **~ drama** (Cin, Theat, TV) *obra cuya acción gira alrededor de un juicio*

courtship /ˈkɔːrtʃɪp || ˈkɔːtʃɪp/ *n*

A (of people) noviazgo *m*

B (Zool) cortejo *m*; (*before n*): **~ ritual** parada *f* nupcial

court shoe *n* (BrE) zapato *m* (de) salón

court tennis *n* [u] (AmE); *modalidad de tenis que se juega en frontón cerrado*

courtyard /ˈkɔːrtjɑːrd || ˈkɔːtjɑːd/ *n* patio *m*

cousin /ˈkʌzn/ *n* primo, -ma *m,f*; **first ~** primo hermano *or* carnal, prima hermana *or* carnal; **second ~** primo segundo, prima segunda; **first ~ once removed** (child of one's cousin) sobrino segundo, sobrina segunda *m,f*; (cousin to one's parents) tío segundo, tía segunda *m,f*; **our transatlantic ~s** nuestros hermanos del otro lado del Atlántico; **we're kissing ~s to the McKays** somos parientes lejanos de los McKays; ***to be first ~ to sth*** ser* primo hermano de algo, ser* muy parecido a algo

couture /kuːˈtʊr || kuːˈtjʊə(r)/ *n* (*haute ~*) alta costura *f*; (*before n*) ‹*collection/house*› de alta costura

couturier /kuːˈtʊriər || kuːˈtjʊəriei/ *n* modisto *m*

covalent /kəʊˈveɪlənt/ *adj* covalente

covalent bond *n* enlace *m*, covalente

cove /kəʊv/ *n* **1** (Geog) cala *f*, caleta *f* **2** (BrE colloq & dated) tipo *m* (fam)

coven /ˈkʌvn/ *n* aquelarre *m*

covenant¹ /ˈkʌvənənt/ *n* **1** (contract) pacto *m*, cláusula *f* **2** (financial agreement) (BrE) *acuerdo para el pago de cantidades regulares de dinero a una organización benéfica* **3** (Bib) alianza *f*

covenant² *vt* (Law) *comprometerse a pagar firmando un*, ▸**covenant¹ 2**

Coventry /ˈkʌvəntri || ˈkɒvəntri/ *n*: ***to send sb to ~*** hacerle* el vacío a algn

cover¹ /ˈkʌvər || ˈkʌvə(r)/ *n*

A [c] **1** (lid, casing) tapa *f*, cubierta *f* **2** (over tennis court, vehicle) lona *f*; (for cushion, sofa, typewriter) funda *f*; (for book, notebook) forro *m*; (*bed ~*) cubrecama *m*, colcha *f* **3** **covers** *pl* (bedclothes): **the ~s** las mantas, las cobijas (AmL), las frazadas (AmL)

B [c] **1** (of book) tapa *f*, cubierta *f*; (of magazine) portada *f*, carátula *f* (Andes); (*front ~*) portada *f*; **back ~** contraportada *f*; **hard/soft ~s** tapas duras/blandas; **to read sth from ~ to ~** leer* algo de cabo a rabo; (*before n*): **~ price** precio *m* de venta al público **2** (envelope, package): **under separate ~** por separado; **under plain ~** en sobre sin membrete

C **1** [u] (shelter, protection): **to take ~** guarecerse*, ponerse* a cubierto; **we took ~ from the rain in a barn** nos guarecimos de la lluvia en un granero; **to run for ~** correr a guarecerse *or* a ponerse a cubierto; **under ~ of darkness** *o* **night** al abrigo *or* amparo de la oscuridad *or* de

la noche; **to give sb ~** (Mil) cubrir* a algn; **air ~** (Mil) cobertura *f* aérea; **to break ~** salir* al descubierto [2] [u] (of vegetation): **this plant provides good ground ~** esta planta cubre rápidamente el terreno [3] [c u] (front, pretense) tapadera *f*, pantalla *f*; **the bar served as a ~ for illegal activities** el bar servía de tapadera *or* de pantalla para negocios ilegales; **to blow** *o* **break sb's ~** desenmascarar a algn
D [u] (Fin) [1] (insurance) (BrE) cobertura *f*; **the policy provides third-party ~** la póliza cubre contra terceros; **to take out ~ against sth** asegurarse contra algo [2] (in banking) garantía *f*
E [u] (reserve duty): **volunteers provide ~ for the firemen** un cuerpo de voluntarios suple a los bomberos cuando es necesario
F [c] **~ (charge)** (in restaurant) cubierto *m* (in nightclub) (AmE), ≈ consumición *f* mínima
G [c] (Mus) (of a song) versión *f*

cover[2] *vt*
A [1] (overlay) cubrir*; **ivy ~s the walls** la hiedra cubre las paredes; **they ~ed the walls with slogans** llenaron *or* cubrieron las paredes de pintadas; **he ~ed himself with glory** (liter) se cubrió de gloria; **to be ~ed IN sth** estar* cubierto DE algo; **she was ~ed in paint** estaba cubierta de pintura; **everything was ~ed in** *o* **with dust** todo estaba cubierto *or* lleno de polvo [2] ‹*hole/saucepan*› tapar [3] ‹*cushion*› ponerle* una funda a; ‹*book*› forrar; ‹*sofa*› tapizar*, recubrir* [4] ‹*passage/terrace*› techar, cubrir*; **~ed market** mercado *m* cubierto
B [1] (extend over) ‹*area/floor*› cubrir*; ‹*page*› llenar [2] (travel, traverse) ‹*distance*› recorrer, cubrir*; **we ~ed 200km a day** recorrimos 200km por día [3] (operate over) ‹*region/area*› cubrir*
C [1] (deal with) ‹*syllabus*› cubrir*; ‹*topic*› tratar; ‹*eventuality*› contemplar; **this case is not ~ed by existing legislation** la legislación vigente no contempla este caso [2] (report on) (Journ) cubrir* [3] (apply to) (Law): **this legislation only ~s large companies** esta legislación sólo afecta *or* se aplica a las empresas grandes
D [1] (hide) tapar; **she ~ed her ears/eyes** se tapó los oídos/ojos; **to ~ one's head** cubrirse* (la cabeza) [2] (mask) ‹*surprise/ignorance*› disimular; ‹*blunder/mistake*› ocultar, tapar (fam)
E [1] (guard, protect) cubrir*; **we have all the exits ~ed** tenemos todas las salidas cubiertas; **I'll keep you ~ed** yo te cubro [2] (point gun at) apuntarle a; **we've got you ~ed!** ¡te tenemos encañonado!, ¡te estamos apuntando! [3] (Sport) ‹*opponent*› marcar*; ‹*court/shot/base*› cubrir*
F (Fin) [1] (pay for, meet) ‹*costs/expenses*› cubrir*; ‹*liabilities*› hacer* frente a; **will $100 ~ it?** ¿alcanzará con 100 dólares? [2] (insurance) cubrir*, asegurar; **the policy ~s you against all risks** esta póliza lo cubre contra todo tipo de riesgos; **to be ~ed against sth** estar* asegurado contra algo
G (Games) [1] ‹*stake*› igualar [2] ‹*card/jack*› matar
H (Agr) ‹‹*bull/stallion*›› cubrir*
I (Mus) ‹*song*› versionar
■ **cover** *vi* [1] (deputize) **to ~ FOR sb** sustituir* *or* suplir a algn [2] (conceal truth) **to ~ FOR sb** encubrir* a algn
■ *v refl*: **to ~ oneself** cubrirse* las espaldas

Phrasal verbs
• **cover in** [v + adv + o, v + o + adv] ▸**cover over 1**
• **cover over** [v + o + adv, v + adv + o] [1] (roof) ‹*passage/terrace*› techar, cubrir* [2] (conceal) tapar, cubrir*
• **cover up**
A [v + o + adv, v + adv + o] [1] (cover completely) cubrir*, tapar [2] (conceal) ‹*facts/truth*› ocultar, tapar (fam); ‹*mistake*› disimular
B [v + adv] (conceal error) disimular; (conceal truth) **to ~ up FOR sb** encubrir* a algn

coverage /ˈkʌvərɪdʒ/ *n* [u]
A (physical) ‹‹*television/cell phone*›› cobertura *f* televisiva/de telefonía celular (AmL) *or* (Esp) móvil
B (treatment): **news ~** cobertura *f* informativa; **the wide ~ of these events** la amplia cobertura de estos acontecimientos; **there will be live ~ of the game** el partido será transmitido *or* (Esp) retransmitido en directo

cover-all /ˈkʌvərɔːl/ *adj* ‹*term/title*› general
cover-alls /ˈkʌvərɔːlz/ *pl n* (AmE) overol *m* (AmL), mono *m* (de trabajo) (Esp)
-covered /ˌkʌvərd ‖ ˌkʌvəd/ *suff*: **snow~** cubierto de nieve; **plastic~** revestido de plástico
covered wagon *n* carromato *m*, carreta *f* (*con toldo*)
cover girl *n* modelo *f* de portada
covering /ˈkʌvərɪŋ/ *n*: **use it as a ~ for the floor** úsalo para cubrir *or* tapar el suelo; **a ~ of ash/dust** una capa de ceniza/polvo
covering letter *n* carta *f* adjunta; **he enclosed a ~ ~ with his résumé** envió su currículum con una carta adjunta
coverlet /ˈkʌvərlət ‖ ˈkʌvəlɪt/ *n* cobertor *m*
cover letter *n* (AmE) ▸**covering letter**
cover note *n* (BrE) certificado *m* provisional (de seguro), nota *f* de cobertura
cover sheet *n* carátula *f*; **fax ~** portada *f* *or* carátula *f* de fax
cover slip *n* cubreobjetos *m*
cover story *n* [1] (in magazine) tema *m* de portada; (in newspaper) noticia *f* de primera plana [2] (alibi) pantalla *f*, tapadera *f*
covert[1] /ˈkəʊvərt ‖ ˈkʌvət, ˈkəʊvɜːt/ *adj* encubierto
covert[2] /ˈkʌvərt ‖ ˈkʌvət/ *n* (BrE) espesura *f*
covertly /ˈkəʊvərtli ‖ ˈkʌvətli, ˈkəʊvɜːtli/ *adv* encubiertamente
cover-up /ˈkʌvərʌp/ *n*: **there has been a ~** ha habido una maniobra para encubrir el asunto; **they are looking into the Ecesa ~** están investigando el encubrimiento de actividades ilícitas en Ecesa
covet /ˈkʌvət/ *vt* ‹*power/prize/possessions*› codiciar; **thou shalt not ~ thy neighbor's wife** no desearás *or* codiciarás la mujer de tu prójimo
coveted /ˈkʌvətəd ‖ ˈkʌvətɪd/ *adj* codiciado
covetous /ˈkʌvətəs/ *adj* codicioso; **he stole ~ glances at the painting** miraba el cuadro con ojos codiciosos; **to be ~ OF sth** (frml) codiciar algo
covetously /ˈkʌvətəsli/ *adv* codiciosamente, con codicia
covetousness /ˈkʌvətəsnəs ‖ ˈkʌvətəsnɪs/ *n* [u] codicia *f*
covey /ˈkʌvi/ *n* (*pl* **-eys**) nidada *f* (*de perdices, codornices o urogallos*)
coving /ˈkəʊvɪŋ/ *n* [u] (Archit) cornisa *f* cóncava
cow[1] /kaʊ/ *n* [1] (Agr) vaca *f*; ***till*** *o* ***until the ~s come home*** (colloq) hasta el día del juicio final [2] (female whale, elephant, seal) hembra *f* [3] (woman) (BrE colloq & pej): **stupid ~!** ¡imbécil! (fam); **she's a nasty ~** es una arpía, es una yegua (CS fam)
cow[2] *vt* intimidar; **he wasn't ~ed by their threats** no se dejó acobardar *or* intimidar por sus amenazas; **he was ~ed into going** lo intimidaron para que fuera; **a ~ed look** una mirada acobardada *or* atemorizada
coward /ˈkaʊərd ‖ ˈkaʊəd/ *n* cobarde *mf*
cowardice /ˈkaʊərdəs ‖ ˈkaʊədɪs/ *n* [u] cobardía *f*; **an act of ~** un acto de cobardía, una cobardía
cowardliness /ˈkaʊərdlinəs ‖ ˈkaʊədlinɪs/ *n* [u] cobardía *f*
cowardly /ˈkaʊərdli ‖ ˈkaʊədli/ *adj* cobarde
cowbell /ˈkaʊbel/ *n* cencerro *m*
cowbird /ˈkaʊbɜːrd ‖ ˈkaʊbɜːd/ *n* tordo *m* negro
cowboy /ˈkaʊbɔɪ/ *n* [1] (in Western US) vaquero *m*; (in Wild West) vaquero *m*, cowboy *m*; **to play ~s and Indians** jugar* a indios y vaqueros, jugar* a los cowboys (CS); (*before n*) ‹*hat*› de vaquero, de cowboy; **~ boots** botas *fpl* camperas *or* tejanas [2] (irresponsible person) (AmE colloq) salvaje *mf* (fam), gamberro, -rra *m,f* (Esp fam) [3] (unscrupulous trader) (BrE colloq) pillo, -lla *m,f* (fam), pirata *mf* (fam); (*before n*): **a ~ builder** un pirata de la construcción; **don't go there, it's a ~ outfit** no vayas ahí, son una banda de pillos (fam)

cow camp *n* (AmE) campamento *m* de vaqueros
cowcatcher /ˈkaʊˌkætʃər ‖ ˈkaʊˌkætʃə(r)/ *n* quitapiedras *m*
cower /ˈkaʊər ‖ ˈkaʊə(r)/ *vi* encogerse* (de miedo); **they ~ed before the Tsar** agacharon la cabeza ante el zar
cow flop, cow flap *n* (AmE colloq) boñiga *f*, bosta *f*
cowgirl /ˈkaʊgɜːrl ‖ ˈkaʊgɜːl/ *n* vaquera *f*
cowhand /ˈkaʊhænd/ *n* peón *m* (de campo)
cowherd /ˈkaʊhɜːrd ‖ ˈkaʊhɜːd/ *n* vaquero, -ra *m,f*
cowhide /ˈkaʊhaɪd/ *n* [c u] (leather) cuero *m* *or* (Esp tb) piel *f* de vaca
cowl /kaʊl/ *n*
A [1] (monk's cloak) hábito *m* (*con capucha*), cogulla *f* [2] (hood) capucha *f*, cogulla *f* [3] **~ (neck)** (Clothing) cuello *m* vuelto (*desbocado*)
B (of chimney) sombrerete *m*
cowlick /ˈkaʊlɪk/ *n* (AmE) remolino *m*
cowling /ˈkaʊlɪŋ/ *n* (Aviat) cubierta *f* de proa
cowman /ˈkaʊmən/ *n* (*pl* **-men** /-mən/)
A (in US) [1] (ranch owner) ganadero *m* [2] (ranch worker) vaquero *m*, peón *m*
B (dairyman) (BrE) encargado *m* de las vacas lecheras
co-worker /ˌkəʊˈwɜːrkər ‖ ˌkəʊˈwɜːkə(r)/ *n* (AmE) (workmate) colega *mf*, compañero, -ra *m,f* de trabajo; (collaborator) colaborador, -dora *m,f*
cow-parsley /ˈkaʊˌpɑːrsli ‖ ˈkaʊˌpɑːsli/ *n* [u] perifollo *m*
cowpat /ˈkaʊpæt/ *n* boñiga *f*, bosta *f* (esp AmL) (*de vaca*)
cowpoke /ˈkaʊpəʊk/ *n* (AmE colloq) vaquero *m*
cowpox /ˈkaʊpɑːks ‖ ˈkaʊpɒks/ *n* [u] vacuna *f*
cowpuncher /ˈkaʊpʌntʃər ‖ ˈkaʊpʌntʃə(r)/ *n* (AmE colloq) vaquero *m*, cowboy *m*
cowrie, cowry /ˈkaʊri/ *n* (*pl* **-ries**) cauri *m*
co-write /ˌkəʊˈraɪt/ *vt* ser* coautor de
co-writer /ˈkəʊˌraɪtər ‖ ˈkəʊˌraɪtə(r)/ *n* coautor, -tora *m,f*
cowshed /ˈkaʊʃed/ *n* establo *m* (de las vacas)
cowslip /ˈkaʊslɪp/ *n*: *variedad de prímula*
cow town *n* (AmE) [1] (rural town) ciudad *f* ganadera [2] (unsophisticated town) pueblo *m* de mala muerte, pueblucho *m*
cox[1] /kɑːks ‖ kɒks/ *n* timonel *mf*
cox[2] *vt/vi* timonear
coxcomb /ˈkɑːkskəʊm ‖ ˈkɒkskəʊm/ *n* (dandy) (arch) petimetre *m* (ant)
coxswain /ˈkɑːksən ‖ ˈkɒksən/ *n* (Naut) timonel *m*
coy /kɔɪ/ *adj* **coyer, coyest** (shy) tímido; (evasive) evasivo; **a ~ little smile** una sonrisita tímida y coqueta; **let's not be ~ about it** no nos andemos con remilgos
coyly /ˈkɔɪli/ *adv* con (coqueta) timidez
coyness /ˈkɔɪnəs ‖ ˈkɔɪnɪs/ *n* [u] (coqueta) timidez *f*
coyote /kaɪˈəʊti ‖ kɔɪˈəʊti/ *n* (*pl* **-otes** *or* **-ote**) coyote *m*
coypu /ˈkɔɪpuː/ *n* coipo *m*
coziness, (BrE) **cosiness** /ˈkəʊzinəs ‖ ˈkəʊzinɪs/ *n* [u] [1] (of room) lo acogedor [2] (of conversation, relationship) intimidad *f*
cozy[1], (BrE) **cosy** /ˈkəʊzi/ *adj* **cozier, coziest** [1] ‹*room*› acogedor; **in her ~ bed** en su cama cómoda y calentita [2] ‹*chat*› íntimo y agradable [3] (convenient) (pej) ‹*deal/arrangement/system*› de lo más conveniente (pey)
cozy[2], (BrE) **cosy** *n* (*pl* **-ies**): **egg ~** cubrehuevos *m*; **tea ~** cubreteteras *m*

Phrasal verb
• **cozy up to cozies, cozying, cozied** [v + adv + prep + o] (AmE) adular, tratar de quedar bien con

cozzie /ˈkɔːzi ‖ ˈkɒzi/ *n* (BrE, Austral) ▸**cossie**
CPA *n* (in US) = **Certified Public Accountant**
CPI *n* (in US) (= **consumer price index**) IPC *m*

Cpl (title) = **Corporal**

CPO (title) = **Chief Petty Officer**

CPR *n* [u] = **cardiopulmonary resuscitation**

cps 1 (Phys) (= **cycles per second**) cps 2 (Print) (= **characters per second**) cps

CPU *n* (= **central processing unit**) UCP *f*, CPU *f*

Cr 1 = **Councillor** 2 = **credit**

crab[1] /kræb/ *n*
A 1 [c] (animal) cangrejo *m*, jaiba *f* (AmL); ***to catch a* ~** (in rowing) fallar con el remo 2 [u] **~ (meat)** cangrejo *m*, jaiba *f* (AmL)
B **crabs** *pl* (pubic lice) (colloq) ladillas *fpl*
C [c] (in gymnastics): **to do a ~** hacer* el puente

crab[2] *vi* **-bb-** (colloq) rezongar* (fam), refunfuñar (fam)

crab apple *n* 1 (fruit) manzana *f* silvestre 2 (tree) manzano *m* silvestre

crabbed /kræbd/ *adj* 1 ‹*handwriting*› apretado 2 ▸**crabby**

crabby /'kræbi/ *adj* **-bier, -biest** (colloq) rezongón (fam), refunfuñón (fam)

crack[1] /kræk/ *n*
A [c] 1 (in ice, wall, pavement) grieta *f*; (in glass, china) rajadura *f*; ***to paper*** *o* ***paste over the ~s*** ponerle* parches al problema (*or* a la situación *etc*), tapar agujeros (fam) 2 (chink, slit) rendija *f*
B [c] (sound — of whip, twig) chasquido *m*; (— of rifle shot) estallido *m*; (— of thunder) estruendo *m*; (— of bones) crujido *m*; ***to give sb a fair ~ of the whip*** (BrE) darle* todas las oportunidades a algn
C [c] (blow) golpe *m*
D (instant): **at the ~ of dawn** al amanecer, al despuntar el día (liter), al rayar el alba (liter)
E [c] (attempt) (colloq) intento *m*; **to have a ~ at sth** intentar algo; **have a ~ at solving the problem** intenta resolver el problema, prueba a ver si puedes resolver el problema
F [c] (colloq) (wisecrack) comentario *m* socarrón; **to make a ~** hacer* un comentario socarrón
G [u] (drug) crack *m*
H [u] (fun) ▸**craic**

crack[2] *adj* (*before n*) ‹*shot/troops*› de primera; **he's a ~ player** es un jugador de primera, es un crack (AmL)

crack[3] *vt*
A ‹*cup/glass*› rajar; ‹*ground/earth*› agrietar, resquebrajar; ‹*skin*› agrietar; **he ~ed a rib** se fracturó una costilla
B 1 (break open) ‹*egg*› cascar*, romper*; ‹*nut*› cascar*, partir; ‹*safe*› forzar*; ‹*drugs ring/spy ring*› desmantelar, desarticular; ***to ~ a book*** (AmE colloq) abrir* un libro; **he scarcely ~ed a book before the exam** apenas abrió un libro antes del examen; ***to ~ (open) a bottle*** (colloq) destapar *or* abrir* *or* descorchar una botella; ***to ~ a smile*** sonreír*; **he didn't even ~ a smile** ni siquiera sonrió 2 (decipher, solve) ‹*code*› descifrar, dar* con; ‹*problem*› resolver*; **I've ~ed it!** (colloq) ¡ya lo tengo!
C (make cracking sound with) ‹*whip*› (hacer*) chasquear *or* restallar; ‹*finger/knuckle*› hacer* crujir; ▸**whip**[1]
D (hit sharply) pegar*; **I ~ed my head on** *o* **against the beam** me di con la cabeza contra la viga
E ‹*joke*› (colloq) contar*
F (Chem Eng) ‹*petroleum*› craquear

■ **crack** *vi*
A 1 «*cup/glass*» rajarse; «*rock/plaster/paint/skin*» agrietarse; **his composure began to ~** empezó a perder la compostura 2 (make cracking sound) «*whip*» chasquear, restallar; «*bones/twigs*» crujir 3 «*voice*» quebrarse* 4 (break down): **she ~ed under the strain** sufrió una crisis nerviosa a raíz de la tensión; **something ~ed inside her and she began to sob** no pudo contenerse más y se echó a llorar
B (be active, busy): **to get ~ing** (colloq) poner(se)* manos a la obra; **you'd better get ~ing with that translation** más vale que (te) pongas manos a la obra y hagas esa traducción (fam); **come on, get ~ing!** ¡vamos, muévete! (fam)

Phrasal verbs

- **crack down** [v + adv] **to ~ down ON sb/sth** tomar medidas enérgicas CONTRA algn/algo
- **crack up**

A [v + adv] 1 (break down) (colloq) «*person*» sufrir un ataque de nervios, sucumbir a la presión 2 (burst out laughing) (colloq) soltar* una carcajada 3 «*ice*» agrietarse
B [v + o + adv] (colloq) (make laugh) matar de la risa (fam)
C [v + o + adv] (praise) (colloq) (*usu pass*): **it isn't all it's ~ed up to be** no es tan bueno como se dice *or* (fam) como lo pintan

crackbrained /'krækbreɪnd/ (AmE also) **crackbrain** /-breɪn/ *adj* (colloq) ‹*idea*› descabellado; ‹*person*› chiflado (fam), chalado (fam), rayado (AmL fam)

crack cocaine *n* [u] crack *m*

crackdown /'krækdaʊn/ *n* **~ (ON sth/sb)** ofensiva *f or* campaña *f* (CONTRA algo/algn), medidas *fpl* enérgicas (CONTRA algo/algn)

cracked /krækt/ *adj* 1 ‹*cup/glass*› rajado; ‹*rib*› fracturado; ‹*wall/ceiling*› con grietas, resquebrajado; ‹*lips*› partido, agrietado; ‹*skin*› agrietado 2 (crazy) (colloq): **a ~ idea** una chifladura (fam); **she's completely ~** está completamente loca *or* (fam) chiflada 3 ‹*voice*› cascado

cracker /'krækər || 'krækə(r)/ *n*
A (biscuit) cracker *f*, galleta *f* (*salada*)
B (*fire~*) 1 petardo *m* 2 (BrE) sorpresa *f* (*que estalla al abrirla*)
C (good-looking person) (BrE colloq & dated) pimpollo *m* (fam), churro *m* (AmS fam)
D (Comput) cracker *mf*

cracker-barrel /'krækər,bærəl || 'krækə,bærəl/ *adj* (AmE) sin sofisticaciones

crackerjack /'krækərdʒæk || 'krækədʒæk/ *n* (AmE colloq) as *m* (fam); **he's a ~ at hockey** es un as jugando al hockey (fam); (*before n*) ‹*person/idea/car*› fuera de serie (fam), de narices (Esp fam)

crackers /'krækərz || 'krækəz/ *adj* (BrE colloq) (*pred*) (crazy) chiflado (fam); **to be ~** estar* chiflado (fam), estar* como una cabra (fam); **she went ~ when she found out** se puso furibunda cuando se enteró (fam); **I'm ~ about him** estoy chiflada por él (fam)

crackhead /'krækhed/ *n* (sl) adicto, -ta *m,f* al crack

crack house *n*: *lugar donde se compra y vende crack*

cracking[1] /'krækɪŋ/ *adj* (colloq): **at a ~ pace** a toda pastilla (fam), a un ritmo endemoniado (fam); **~ good** (*as adv*) super bueno (fam); *see also* **crack**[3] **B**

cracking[2] *n* (Chem Eng) craqueo *m*

crackle[1] /'krækəl/ *vi* 1 «*fire*» crepitar, chisporrotear; «*twigs/paper*» crujir; **the line's crackling a lot** hay mucho ruido en la línea 2 (sparkle): **this city ~s with excitement** esta ciudad bulle de entusiasmo

crackle[2] *n* [u] (of twigs, paper) crujido *m*; **the ~ of the fire** el crepitar *or* el chisporroteo del fuego; **the ~ of gunfire** el traqueteo de los fusiles

crackling /'kræklɪŋ/ *n*
A [u] (noise — of paper) crujido *m*; (— of fire) chisporroteo *m*
B (Culin) 1 [u] (crisp pork rind) *piel crujiente y tostada del cerdo asado* 2 **cracklings** *pl* (AmE) chicharrones *mpl*

crackly /'krækli/ *adj* ‹*line/signal*› con interferencia, con mucho ruido; ‹*twigs/leaves/paper*› crujiente; ‹*fire*› crepitante, chisporroteante

crackpot /'krækpɑːt || 'krækpɒt/ *n* (colloq) chiflado, -da *m,f* (fam), chalado, -da *m,f* (fam); (*before n*): **a ~ idea** una idea descabellada

crackup /'krækʌp/ *n* (colloq) 1 (collision) (AmE) choque *m* 2 (breakdown) colapso *m*, derrumbe *m*

Cracow /'krækaʊ/ *n* Cracovia *f*

cradle[1] /'kreɪdl/ *n*
A (for baby) cuna *f*; **the ~ of civilization** la cuna de la civilización; **from the ~** desde la infancia *or* la cuna; ***from the ~ to the grave*** (durante) toda la vida; **they took care of him from the ~ to the grave** se ocuparon de él durante toda su vida *or* desde que nació hasta que murió
B 1 (for telephone receiver) horquilla *f*; **he replaced the receiver on its ~** colgó el auricular 2 (for ship) calzo *m* 3 (on tall building, ship) andamio *m* colgante 4 (for mechanic) camilla *f* 5 (Med) cabestrillo *m*

cradle[2] *vt* ‹*baby/child*› acunar, mecer*; ‹*guitar/wounded arm*› sostener* contra el pecho

cradle Catholic *n* (Relig) católico, -ca *m,f* de nacimiento

cradle robber /'kreɪdl,rɑːbər || 'kreɪdl ,rɒbə(r)/ *n* (AmE colloq) corruptor, -tora *m,f* de menores (hum), asaltacunas *mf* (Méx fam), sardinero, -ra *m,f* (Col fam)

cradle-snatcher /'kreɪdl,snætʃər || 'kreɪdl ,snætʃə(r)/ *n* (BrE colloq) ▸**cradle robber**

cradlesong /'kreɪdlsɔːŋ || 'kreɪdlsɒŋ/ *n* canción *f* de cuna, nana *f*

craft[1] /kræft || krɑːft/ *n*
A 1 [u c] (trade) oficio *m*; (skill) arte *m*; **he showed his ~ as an actor** demostró tener mucho oficio como actor; (*before n*) ‹*exhibition*› de artesanía(s); **~ center** *o* (BrE) **centre** centro *m* artesanal; **~ fair** feria *f* artesanal *or* de artesanía 2 **crafts** *pl* artesanía *f*; **the local ~s** la artesanía local; *see also* **art**[1] **A2**
B [u] (guile, deceit) (liter) artimañas *fpl*; **to do sth by ~** hacer* algo con artimañas
C [c] (*pl* ~) 1 (Naut) embarcación *f* 2 (Aerosp, Aviat) nave *f*

craft[2] *vt* trabajar; **a well-~ed novel** una novela escrita con oficio *or* bien construida; **the carving is beautifully ~ed** la talla es de bella factura *or* está bellamente trabajada

craftily /'kræftəli || 'krɑːftɪli/ *adv* ‹*smile*› con picardía; ‹*act*› con astucia, astutamente

craftiness /'kræftinəs || 'krɑːftinɪs/ *n* [u] astucia *f*, picardía *f*

craftsman /'kræftsmən || 'krɑːftsmən/ *n* (*pl* **-men** /mən/) artesano *m*, artífice *m*

craftsmanship /'kræftsmənʃɪp || 'krɑːftsmənʃɪp/ *n* [u] 1 (skill) destreza *f*, conocimiento *m* del oficio 2 (workmanship) trabajo *m*

craftswoman /'kræfts,wʊmən || 'krɑːfts ,wʊmən/ *n* (*pl* **-women**) artesana *f*

craftwork /'kræftwɜːrk || 'krɑːftwɜːk/ *n* [u] 1 (skill) artesanía *f* 2 (work produced) artesanía *f*, artesanías *fpl* (esp AmL)

crafty /'kræfti || 'krɑːfti/ *adj* **-tier, -tiest** ‹*person*› astuto, zorro (fam), vivo (fam); ‹*child*› pícaro, pillo; ‹*methods/tactics*› hábil, artero; **he's a ~ old fox** es un viejo de lo más zorro (fam)

crag /kræg/ *n* peñasco *m*, risco *m*

craggy /'krægi/ *adj* **-gier, -giest** ‹*rocks/mountains*› escarpado; **he had a ~, weather-beaten face** tenía un rostro curtido y de facciones bien marcadas

craic /kræk/ *n* [u] (IrE) diversión *f*

crake /kreɪk/ *n* rascón *m*, gallareta *f*

cram /kræm/ **-mm-** *vt* 1 (stuff) meter; **she ~med the money into her pockets** se metió *or* se embutió el dinero en los bolsillos; **I ~med all my things into a case** metí *or* embutí todas mis cosas en una maleta; **they ~med us all into one car** nos metieron a todos apretujados en un coche; **the room was ~med with people/books** la habitación estaba abarrotada *or* atiborrada de gente/libros; **you can't ~ three meetings into one morning** no puedes tratar de asistir a tres reuniones en una mañana; **to ~ oneself with food** atiborrarse 2 (for exam) ‹*facts/dates*› memorizar*, empollar (Esp fam), zambutir(se) (Méx fam), tragar(se)* (RPl fam); ‹*student*› preparar intensivamente

■ **cram** *vi*
A (for exam) memorizar*, empollar (Esp fam), zambutir (Méx), tragar* (RPl fam), matearse (Chi fam), empacarse* (Col fam)
B (get in) meterse; **we all ~med into the room** nos metimos todos en la habitación

cram-full /'kræm'fʊl/ *adj* ‹*theater/stadium*› lleno de bote en bote; ‹*carriage/bus*› repleto, atiborrado de gente; ‹*shelves/wardrobe/drawer*› atiborrado

crammer /ˈkræmər || ˈkræmə(r)/ *n* (school) (BrE colloq); *academia donde se prepara intensivamente para exámenes oficiales*

cramp¹ /kræmp/ *n*
A [u c] calambre *m*, rampa *f* (Esp); **I've got (a) ~ in my leg** se me ha acalambrado la pierna, me ha dado un calambre *or* (Esp tb) (una) rampa en la pierna; **(stomach) ~s** retorcijones *or* (Esp) retortijones en el estómago; **I got writer's ~** me empezó a doler la mano de tanto escribir
B [c] **~ (iron)** (Const) grapa *f*

cramp² *vt*
A 1 (cram) apretujar 2 (limit) ‹*work/progress*› entorpecer*; ***to ~ sb's style*** cortarle los vuelos a algn
B (fasten with cramp) grapar, engrapar

cramped /kræmpt/ *adj* ‹*handwriting*› apretado; **I'm ~ (for space)** tengo poco sitio *or* lugar; **they work in ~ conditions** están muy estrechos en el trabajo; **we were a bit ~ in the car** íbamos algo apretujados *or* apretados en el coche

crampon /ˈkræmpɑːn || ˈkræmpɒn/ *n* crampón *m*

cranberry /ˈkræn,beri || ˈkrænbəri/ *n* (*pl* **-ries**) arándano *m* (*rojo y agrio*); (*before n*): **~ sauce** salsa *f* de arándano

crane¹ /kreɪn/ *n*
A (for lifting) grúa *f*
B (Zool) grulla *f*

crane² *vt*: **to ~ one's neck** estirar el cuello
■ **crane** *vi* estirarse; **she ~d out of the window to see what was happening** se asomó a la ventana y estiró el cuello para ver qué pasaba

crane driver *n* gruista *mf*

cranefly /ˈkreɪnflaɪ/ *n* (*pl* **-flies**) típula *f*

crane operator *n* operador, -dora *m,f* de grúa

cranial /ˈkreɪniəl/ *adj* craneal, craneano

cranium /ˈkreɪniəm/ *n* (*pl* **-nia** /-nɪə/) cráneo *m*

crank¹ /kræŋk/ *n*
A 1 (Mech Eng) cigüeñal *m* 2 **~ (handle)** (Auto) manivela *f* (de arranque)
B (colloq) 1 (eccentric) maniático, -ca *m,f*, raro, -ra *m,f* 2 (bad-tempered person) (AmE) cascarrabias *mf*

crank² *vt* ‹*car*› (hacer*) arrancar* con la manivela

crankcase /ˈkræŋkkeɪs/ *n* cárter *m* (del cigüeñal)

crankiness /ˈkræŋkinəs || ˈkræŋkinɪs/ *n* [u] (colloq) 1 (eccentricity) rareza *f* 2 (bad temper) (AmE) mal genio *m*

crankshaft /ˈkræŋkʃæft || ˈkræŋkʃɑːft/ *n* (eje *m or* árbol *m* del) cigüeñal *m*

cranky /ˈkræŋki/ *adj* **-kier, -kiest** (colloq) 1 (eccentric) ‹*person*› maniático, raro; ‹*idea*› estrafalario, raro 2 (bad-tempered) (AmE) malhumorado

cranny /ˈkræni/ *n* (*pl* **-nies**) ranura *f*; ▸**nook 1**

crap¹ /kræp/ *n* 1 [u] (excrement) (vulg) mierda *f* (vulg) 2 [c] (act) (vulg) cagada *f* (vulg); **to take** *o* (BrE) **have a ~** cagar* (vulg) 3 [u] (nonsense) (sl) estupideces *fpl*, gilipolleces *fpl* (Esp) (fam *o* vulg), pendejadas *fpl* (AmL exc CS fam), huevadas *fpl* (Andes, Ven vulg), boludeces *fpl* (Col, RPl vulg); **cut the ~!** ¡déjate de joder! (fam), ¡déjate de chingar! (Méx vulg); **he's full of ~** es un mentiroso de mierda (vulg) 4 [u] (trash) (sl) porquerías *fpl* (fam), mierda *f* (vulg)

crap² *vi* **-pp-** (vulg) cagar* (vulg)

crap³ *adj* (BrE sl) de mierda (vulg)

crape /kreɪp/ *n* [u] ▸**crepe**

crap game *n* (AmE) ▸**craps**

crappy /ˈkræpi/ *adj* **-pier, -piest** (sl) ‹*book/movie/actor*› malo, de porquería (fam), de mierda (vulg); **it's ~** es una porquería (fam), es una cagada (vulg)

craps /kræps/ *n* (AmE) (+ *sing vb*) crap *m* (*juego de azar que se juega con dos dados*); **to shoot ~** jugar* al crap

crash¹ /kræʃ/ *n* 1 (loud noise) estrépito *m*; **she dropped the plates with a ~** se le cayeron los platos con gran estrépito; **there was a tremendous ~ of thunder** se oyó un trueno espantoso; **the ~ of the waves** el romper de las olas 2 (collision, accident) accidente *m*, choque *m*; **plane/car ~** accidente aéreo/de automóvil; **we were in a ~** tuvimos un accidente, chocamos 3 (financial failure) crac *m*, crack *m*; **the Wall Street ~** el crac(k) de Wall Street; **a bank ~** la quiebra de un banco

crash² *vt*
A 1 (smash): **he ~ed the car** tuvo un accidente con el coche, chocó; **to ~ sth INTO sth**: **he ~ed his car/bike into the car in front** (iba en el coche/la moto y) chocó con el coche de delante 2 (make a noise) hacer* ruido con; **she ~ed the cymbals together** hizo sonar los platillos
B (colloq): **to ~ a party** colarse* en una fiesta (fam)
■ **crash** *vi*
A 1 (collide) **to ~ (INTO sth)** estrellarse *or* chocar* (CONTRA algo) 2 (make loud noise) «*thunder*» retumbar; **the dishes ~ed to the floor** los platos se cayeron al suelo estrepitosamente; **the ceiling came ~ing down on them** el techo se les derrumbó encima 3 (Fin) «*shares*» caer* a pique, colapsar; **Wall Street ~ed in 1929** en 1929 hubo un crac(k) en la bolsa de Nueva York
B (spend the night) (colloq) quedarse a dormir; **can I ~ at your place?** ¿puedo quedarme a dormir en tu casa?
C (Comput) fallar

Phrasal verb
• **crash out** [v + adv]
A (to go to sleep) quedarse dormido; **we just ~ed out on the floor** nos tiramos a dormir en el suelo
B (in competitions, sports) quedar eliminado

crash³ *adv*: **to go ~ into sth** estrellarse estrepitosamente contra algo

crash⁴ *interj* ¡patapum! (fam)

crash⁵ *adj* (*before n*) ‹*program/course*› intensivo; **~ diet** régimen *m* muy estricto

crash barrier *n* barrera *f* de protección

crash-dive /ˈkræʃˈdaɪv/ *vi* 1 ‹*submarine*› hacer* una rápida inmersión de emergencia 2 ‹*aircraft*› caer* en picada *or* (Esp), en picado

crash dive *n* sumersión *f* de emergencia

crash helmet *n* casco *m* (protector)

crashing /ˈkræʃɪŋ/ *adj* (BrE colloq) (*before n*): **he's/she's a ~ bore** es una verdadera lata (fam), es un plomo (fam)

crash-land /ˈkræʃˈlænd/ *vt* ‹*aircraft*› aterrizar* de emergencia
■ **crash-land** *vi* hacer* un aterrizaje forzoso *or* de emergencia

crash-landing /ˈkræʃˈlændɪŋ/ *n* aterrizaje *m* forzoso *or* de emergencia

crash pad *n*
A (shock-absorbing material) material *m* amortiguador
B (place to sleep) (colloq) lugar *m* donde quedarse a dormir (*sólo una noche*)

crash-test /ˈkræʃˈtest/ *vt*: **inspectors ~ed a production model** los inspectores sometieron el modelo en serie a la prueba de choque *or* de impacto

crash test *n* prueba *f* de choque *or* de impacto; (*before n*): **~ dummy** *muñeco que simula un cuerpo humano en una prueba de choque*

crass /kræs/ *adj* **-er, -est** 1 (stupid, coarse) ‹*joke*› burdo; ‹*remark*› grosero, de muy poco gusto (*or* tacto *etc*) 2 (utter, extreme) ‹*ignorance*› craso, supino; ‹*stupidity*› extremo

crate¹ /kreɪt/ *n* 1 (container) cajón *m* (de embalaje), jaula *f*, jaba *f* (Chi); **a ~ of apples** un cajón de manzanas 2 (old plane, car) (sl) cascajo *m* (fam), cacharro *m* (fam)

crate² *vt* embalar

crater /ˈkreɪtər || ˈkreɪtə(r)/ *n* cráter *m*

cravat /krəˈvæt/ *n* pañuelo *m* de hombre *m*

crave /kreɪv/ *vt* 1 (long for) ‹*admiration/flattery*› ansiar*; ‹*affection*› tener* ansias de 2 (beg, implore) (frml) ‹*mercy/pardon/indulgence*› implorar; **may I ~ your attention for a moment?** ¿puedo reclamar su atención un momento?
■ **crave** *vi* **to ~ FOR sth** «*pregnant woman*» tener* antojo DE algo; **I was craving for a drink** me moría de ganas de tomar algo; **to ~ for** *o* **after peace** (liter) anhelar la paz (liter)

craven /ˈkreɪvən/ *adj* (liter) cobarde

cravenly /ˈkreɪvənli/ *adv* (liter) cobardemente

craving /ˈkreɪvɪŋ/ *n* [u c] 1 (strong desire) ansias *fpl*, ansia *f‡*, sed *f* (liter); **a ~ after the truth** ansias *or* (liter) sed de verdad 2 (in pregnancy) antojo *m*; **she had a ~ for chocolate** tenía antojo de comer chocolate

craw /krɔː/ *n*: ***to stick in sb's ~*** (colloq) sacar* de quicio a algn, atragantársele a algn; **her remarks really stick in my ~** sus comentarios realmente me sacan de quicio *or* se me atragantan

crawfish /ˈkrɔːfɪʃ/ *n* (*pl* **-fish** *or* **-fishes**) ▸**crayfish**

crawl¹ /krɔːl/ *vi*
A 1 (creep) arrastrarse; «*baby*» gatear, ir* a gatas; «*insect*» andar*; **I ~ed to the phone and called for help** me arrastré hasta el teléfono y pedí ayuda; **a spider ~ed up my leg** una araña se me subió por la pierna; ▸**flesh A1** 2 (go slowly) «*traffic/train*» avanzar* muy lentamente, ir* a paso de tortuga (fam); **time ~ed by** el tiempo pasaba muy lentamente
B (teem): **the beach was ~ing with tourists** la playa estaba llena *or* plagada de turistas, la playa hervía de turistas
C (demean oneself) (colloq) arrastrarse, rebajarse; **to ~ TO sb** arrastrarse *or* rebajarse ANTE algn

crawl² *n*
A (slow pace) (*no pl*): **to go at a ~** avanzar* muy lentamente, ir* a paso de tortuga (fam)
B (swimming stroke) crol *m*; **to do the ~** nadar crol *or* (Esp) a crol *or* (Méx) de crol

crawler /ˈkrɔːlər || ˈkrɔːlə(r)/ *n*
A (person) (colloq) adulador, -dora *m,f*, pelota *mf* (Esp fam), chupamedias *mf* (CS, Ven fam), lambiscón, -cona *m,f* (Méx fam), lambón, -bona *m,f* (Col fam)
B (BrE) (Auto) vehículo *m* lento; (*before n*): **~ lane** carril *m* para vehículos lentos
C (Comput) buscador *m* araña *or* robótico

crayfish /ˈkreɪfɪʃ/ *n* (*pl* **-fish** *or* **-fishes**) 1 (freshwater) ástaco *m*, cangrejo *m* de río 2 (marine) langosta *f* (*pequeña*), cigala *f*

crayon¹ /ˈkreɪɑːn || ˈkreɪɒn/ *n* 1 (pencil) lápiz *m* de color; **a box of ~s** una caja de lápices de colores; (*wax ~*) crayola® *f*, crayón *m* (Méx, RPl), lápiz *m* de cera (Chi); **eye/lip ~** lápiz *m* de ojos/labios 2 (drawing) *dibujo hecho con lápices de colores o crayolas*

crayon² *vt*: *dibujar o colorear con lápices de colores o crayolas*

Phrasal verb
• **crayon in** [v + o + adv, v + adv + o] colorear

craze /kreɪz/ *n* (fashion) moda *f*; (fad) manía *f*; **cocktails are the latest ~** los cócteles son el último grito *or* están de última moda; **I had a ~ for wearing only black** me dio la manía de vestirme siempre de negro

crazed /kreɪzd/ *adj* 1 ‹*eyes/expression*› de loco; ‹*person*› enloquecido; **to be ~ with hunger/thirst** estar* enloquecido de hambre/sed; **fear-~** enloquecido de miedo; **fever-~** delirante 2 ‹*finish/glaze*› agrietado, craquelé (RPl)

crazily /ˈkreɪzəli || ˈkreɪzɪli/ *adv* 1 (madly) ‹*laugh/drive*› como (un) loco 2 (crookedly) ‹*lean*› de manera peligrosa

craziness /ˈkreɪzinəs || ˈkreɪzinɪs/ *n* [u] locura *f*

crazy¹ /ˈkreɪzi/ *adj* **-zier, -ziest**
A 1 (mad, foolish) ‹*person/action/idea*› loco; **that's ~** es una locura; **to go ~** volverse* loco, enloquecerse*; **the fans go ~ every time she walks on stage** los fans se vuelven locos *or* se enloquecen cada vez que sale al escenario; **don't tell my mom, she'll go ~** no le cuentes a mamá, que se va a poner furiosa; **to drive sb ~** volver* loco a algn; **like ~** como (un) loco 2 (very enthusiastic) (colloq) (*pred*) **to be ~ ABOUT**

o (AmE) **FOR** *o* (AmE) **OVER sb** estar* loco POR algn (fam); **I'm not ~ about the idea** la idea no me enloquece *or* no me vuelve loco; **to be ~ FOR** *o* **OVER sb** (AmE) estar* loco POR algn (fam)
B (crooked) peligroso; **to lean at a ~ angle** inclinarse de modo peligroso

crazy² *n* (*pl* **-zies**) (AmE sl) chiflado, -da *m,f* (fam), chalado, -da *m,f* (fam)

crazy bone *n* (AmE) hueso *m* del codo

crazy paving *n* [u] (BrE); *enlosado de diseño irregular*

crazy quilt *n* (AmE) colcha *f* de patchwork *or* de retazos, centón *m*; **a ~ ~ of fields** un mosaico de campos

CRC *n* [u] **= camera-ready copy**

creak¹ /kri:k/ *vi* «*door/hinges*» chirriar*; «*bedsprings/floorboards*» crujir; «*joints/boots*» crujir

creak² *n* (of door, hinges) chirrido *m*; (of bedsprings, floorboards) crujido *m*; (of knees, joints) crujido *m*

creaky /'kri:ki/ *adj* **-kier, -kiest** ‹*door/hinges*› que chirría, chirriante; ‹*stairs*› que cruje

cream¹ /kri:m/ *n*
A [u] (Culin) crema *f* (de leche), nata *f* (Esp); **light** *o* (BrE) **single ~** crema líquida, nata líquida (Esp); **heavy** *o* (BrE) **double ~** crema doble, doble crema (Méx), nata para montar (Esp); **whipped ~** crema batida, nata montada (Esp); **~ of mushroom soup** crema *f* de champiñones; (*before n*): **~ slice** milhojas *m* de crema *or* (Esp) de nata; **~ tea** (in UK) *té servido con scones, mermelada y crema batida*, ▸**scone**; **~ sherry** *tipo de jerez dulce*
B [c u] (lotion) crema *f*; **face/night ~** crema para la cara/de noche; **shoe ~** betún *m*, pomada *f* (RPl) *or* (Méx) grasa *f or* (Chi) pasta *f* de zapatos
C [u] (elite): **the ~** la flor y nata, la crema; **the ~ of society** la flor y nata *or* la crema de la sociedad
D [u] ▸❶ **p.1036** (color) color *m* crema

cream² ▸❶ **p.1036** *adj* color crema *adj inv*

cream³ *vt*
A (Culin) **1** ‹*butter/sugar/eggs*› batir **2** ‹*vegetables/chicken*› *mezclar con crema o bechamel*; **~ed rice** arroz *m* con leche; **~ed potatoes** puré *m* de papas *or* (Esp) patatas **3** (skim) ‹*milk*› descremar, desnatar
B (defeat, smash) (AmE sl) hacer* polvo *or* papilla (fam)
C (vulg) ‹*pants*› mojarse; **to ~ oneself** (ejaculate) venirse* *or* (Esp) correrse *or* (AmS) acabar (arg)

Phrasal verb

- **cream off** [v + o + adv, v + adv + o] (BrE) (colloq) ‹*profits*› llevarse, quedarse con; **they ~ off the best young musicians** se llevan a la flor y nata del talento musical joven

cream cake *n* **1** [c u] (gateau) tarta *f or* (CS) torta *f* con crema *or* (Esp) con nata **2** [c] (individual) pastel *m or* bollo *m* de crema *or* (Esp) de nata, masa *f* de crema (RPl)

cream cheese *n* [u] queso *m* crema (AmL), queso *m* para untar (Esp)

cream cracker *n* (BrE) galleta *f* (*salada*), cracker *f*, cream cracker *f* (Ur)

creamer /'kri:mər || 'kri:mə(r)/ *n*
A [c] (machine) desnatadora *f*
B [c] (jug) (AmE) jarrita *f* para crema
C [u] (powder) leche *f* en polvo

creamery /'kri:məri/ *n* (*pl* **-ries**) **1** (factory) fábrica *f* de productos lácteos **2** (shop) lechería *f*, mantequería *f*

creaminess /'kri:minəs || 'kri:minɪs/ *n* [u] cremosidad *f*

cream of tartar *n* [u] crémor *m* tártaro

cream puff *n* bollo *m* de crema *or* (Esp) nata

cream soda *n* [u]: *gaseosa con sabor a vainilla*

creamy /'kri:mi/ *adj* **-mier, -miest** **1** (containing cream) ‹*milk/sauce*› con crema **2** (smooth) ‹*consistency/lather*› cremoso

crease¹ /kri:s/ *n*
A (in paper, clothes, skin) arruga *f*; (in trousers) raya *f*, pliegue *m* (Méx, Ven); **to put ~s in** *o* **press ~s into** *o* **iron ~s into a pair of trousers** plancharle la raya *or* (Méx, Ven) el pliegue a un pantalón
B [u] (in cricket) línea *f*

crease² *vi* «*material/paper*» arrugarse*
■ **crease** *vt* **1** (crumple) ‹*clothes*› arrugar*; **you'll ~ your dress** te vas a arrugar el vestido **2** (make a crease in) ‹*paper*› doblar, plegar*; **his trousers are perfectly ~d** tiene la raya de los pantalones muy bien planchada *or* (Méx, Ven) el pliegue de los pantalones muy bien planchado

Phrasal verb

- **crease up** (BrE colloq)
A [v + adv] (laugh uproariously) desternillarse *or* partirse de risa
B [v + o + adv] (make laugh) matar de la risa (fam)

crease-resistant /'kri:srɪ,zɪstənt/ *adj* ‹*fabric/shirt*› inarrugable

create /kri'eɪt/ *vt* **1** (bring into existence) ‹*world/product*› crear; **to ~ jobs** crear *or* generar empleo; **he scored two goals and ~d three more** marcó dos goles y posibilitó tres más **2** (cause) ‹*problem/difficulties*› crear, causar; ‹*impression*› producir*, causar; **to ~ a sensation** causar *or* hacer* sensación; **the aim is to ~ confusion in the enemy ranks** el objetivo es crear confusión en las filas enemigas **3** (invest) ‹*peer/baronet*› nombrar
■ **create** *vi* (make a fuss) (BrE colloq) armar jaleo (fam)

creation /kri'eɪʃən/ *n*
A [u] (act) creación *f*; **the C~** la Creación; **where in ~ have you been?** ¿dónde diablos has estado? (fam)
B [c] (thing created) creación *f*; **she was wearing an Erika ~** llevaba un modelo *or* una creación de Erika

creationism /kri'eɪʃənɪzəm/ *n* [u] creacionismo *m*

creationist /kri'eɪʃənəst || kri'eɪʃənɪst/ *n* creacionista *mf*

creative /kri'eɪtɪv/ *adj* ‹*person/artist/cook*› creativo; **~ writing classes** clases de creación literaria; **she's very good at ~ writing** escribe *or* redacta muy bien

creative accountancy, creative accounting *n* [u] (colloq) contabilidad *f* creativa

creative arts *pl n* artes *fpl* creativas

creatively /kri'eɪtɪvli/ *adv* de manera creativa, creativamente

creativity /,kri:eɪ'tɪvəti/ *n* [u] creatividad *f*

creator /kri'eɪtər || kri'eɪtə(r)/ *n* creador, -dora *m,f*; **the C~** (Relig) el Creador

creature /'kri:tʃər || 'kri:tʃə(r)/ *n* **1** (animate being) criatura *f*; **all living ~s** todas las criaturas vivientes; **they're friendly little ~s** son unos animalitos muy simpáticos; **sea ~** animal *m* marino; **~s from another planet** seres *mpl* de otro planeta; (*before n*): **she likes her ~ comforts** le gustan las comodidades **2** (person) ser *m*, criatura *f*; **to be a ~ of habit** ser* un animal de costumbres **3** (tool, puppet) (liter & pej) títere *m* **4** (creation) (liter) creación *f*

creche, crèche /kreʃ/ *n*
A **1** (children's home) (AmE) orfanato *m*, orfelinato *m*, orfanatorio *m* **2** (day nursery) (BrE) guardería *f* (infantil)
B (crib) (AmE) nacimiento *m*, pesebre *m*, belén *m* (Esp)

credence /'kri:dns/ *n* [u] (frml): **to give** *o* **lend ~ to sth** dar* crédito a algo; **that interpretation has never gained ~** esa interpretación nunca ha merecido crédito; **letter of ~** cartas *fpl* credenciales

credentials /krɪ'dentʃəlz || krɪ'denʃəlz/ *pl n* (of ambassador) cartas *fpl* credenciales; (references) referencias *fpl*; (identifying papers) documentos *mpl* (de identidad); **to present one's ~** presentar sus (*or* mis *etc*) cartas credenciales; **she has excellent ~** (for a post) tiene excelentes referencias; **no one can question his ~ as a revolutionary** *o* **his revolutionary ~** no se puede poner en duda su trayectoria como revolucionario

credibility /,kredə'bɪləti/ *n* [u] credibilidad *f*; **to lack** *o* **be lacking in ~** carecer* de credibilidad

credibility gap *n* [u] margen *m* de credibilidad

credible /'kredəbəl/ *adj* ‹*story/version*› creíble; **his characters are totally ~** sus personajes son absolutamente verosímiles; **no ~ alternative has been offered** no han presentado una verdadera alternativa

credibly /'kredəbli/ *adv* de manera creíble

credit¹ /'kredət || 'kredɪt/ *n*
A (Fin) **1** [u] (in store) crédito *m*; **to give ~** vender a crédito; **to buy sth on ~** comprar algo a crédito; **unlimited/interest-free ~** crédito ilimitado/sin intereses; ❸ **sorry, no credit** no se fía; (*before n*): **~ account** (BrE) credicuenta *f*, cuenta *f* de *or* a crédito; **~ sales** ventas *fpl* a crédito; ❸ **easy credit terms available** facilidades de pago **2** [u] (in banking): **if your account is in ~ ...** si está en números negros ..., si tiene fondos en su cuenta ...; **to keep one's account in ~** mantener* un saldo positivo; **you have $200 to your ~** tiene un saldo de 200 dólares; (*before n*): **~ balance** saldo *m* positivo; **~ crisis** *o* **crunch** crisis *f* de crédito *or* crediticia; **~ limit** límite *m* de crédito; **~ line** línea *f* de crédito; **~ memorandum** *o* (BrE) **note** (between companies) nota *f* de crédito; (given by store) vale *m* de devolución; **~ rating** calificación *f* crediticia **3** [c] (on balance sheet) saldo *m* acreedor *or* a favor; (*before n*): **~ entry** abono *m*, asiento *m* de abono; **on the ~ side** en el haber
B [u] (honor, recognition) mérito *m*; **the police emerged with ~** la policía salió airosa; **~ FOR sth: for that, the ~ must go to Bob** en cuanto a eso, el mérito es de Bob; **she deserves some ~ for trying** merece que se le reconozca el mérito de haberlo intentado; **I got no ~ for it** no me lo reconocieron; **she always gets the ~** es ella la que siempre se lleva los laureles; **he's brighter than I gave him ~ for** es más listo de lo que yo lo creía; **Jim must take the ~ for the excellent organization** la excelente organización es obra de Jim; **to take the ~ away from sb** quitarle *or* restarle méritos a algn; **your children are a ~ to you** te puedes enorgullecer de tus hijos, puedes estar orgulloso de tus hijos; **it is to his ~ that he admitted his mistake** habla mucho en su favor el hecho de que haya admitido su error; **to her ~, she's very modest** dicho sea en su honor, es muy modesta; **the results do ~ to the school** los resultados hablan muy bien del colegio *or* (le) hacen honor al colegio; **the work would do ~ to a professional** hasta un profesional podría enorgullecerse del trabajo; **~ where it's due, she's a good cook** en honor a la verdad, hay que reconocer que cocina muy bien
C [c] (Educ) **1** (for study) crédito *m* (*unidad de valor de una asignatura dentro de un programa de estudios*) **2** (grade) ≈ notable *m*
D **credits** *pl* **1** (Cin, TV, Video) créditos *mpl*, rótulos *mpl* (de crédito) **2** (achievements) logros *mpl*
E [u] (belief) (liter) crédito *m*; **to give ~ to sth** dar* crédito a algo

credit² *vt*
A ‹*sum/funds*› **to ~ sth TO sth** abonar *or* ingresar algo EN algo; ‹*account/person*› **to ~ sth/sb WITH sth: $2,000 will be ~ed to your account, we will ~ your account with $2,000** abonaremos *or* ingresaremos 2.000 dólares en su cuenta
B **1** (ascribe to) **to ~ sb WITH sth/-ING: I'd ~ed you with more common sense** te creía con más sentido común; **please, ~ me with** *some* **intelligence** reconóceme algo de inteligencia, por favor; **they are ~ed with having invented the game** se les atribuye la invención del juego; **who would have ~ed her with being a diplomat?** ¿quién hubiera creído que era diplomática? **2** (believe) creer*, dar* crédito a; **can you ~ it?** ¿te lo puedes creer?, ¿no te parece increíble?

creditable /'kredətəbəl || 'kredɪtəbəl/ *adj* encomiable, meritorio

credit account *n* (BrE) ▸**charge account**

credit agency *n* ▸**credit reference agency**

credit card *n* tarjeta *f* de crédito

credit facilities *pl n* crédito *m*, facilidades *fpl* de pago

creditor /ˈkredətər || ˈkredɪtə(r)/ *n* acreedor, -dora *m,f*

credit reference agency *n* agencia *f* calificadora de crédito

credit squeeze *n* [u] restricciones *fpl* crediticias

credit standing *n* [u] (reputación *f* de) solvencia *f para conseguir la concesión de un crédito*

credit union *n* cooperativa *f* de crédito

creditworthiness /ˈkredətˌwɜːrðinəs || ˈkredɪtˌwɜːðinɪs/ *n* [u] capacidad *f* de pago, solvencia *f* (*para conseguir la concesión de un crédito*)

creditworthy /ˈkredətˌwɜːrði || ˈkredɪtˌwɜːði/ *adj* con capacidad de pago, solvente (*para que se le conceda un crédito*)

credo /ˈkreɪdəʊ ˈkriː-/ *n* (*pl* **-dos**) 1▸ (system of beliefs) credo *m* 2▸ (Relig): **the C~** el Credo

credulity /krɪˈduːləti || krɪˈdjuːləti/ *n* [u] credulidad *f*

credulous /ˈkredʒələs || ˈkredjʊləs/ *adj* crédulo

creed /kriːd/ *n* 1▸ **Creed** (Relig): **the (Apostles'/Nicene) C~** el Credo (apostólico/de Nicea) 2▸ (system of beliefs) credo *m*

creek /kriːk/ *n* 1▸ (stream) (AmE) arroyo *m*, riachuelo *m*; ***to be up the ~*** (BrE) estar* mal, estar* equivocado; **the report is completely up the ~** el informe es un disparate; ***to be up the ~*** (colloq) *o* (vulg) ***up shit ~ (without a paddle)*** (in difficulty) estar* en aprietos *or* en apuros, estar* jodido (vulg) 2▸ (inlet) (BrE) cala *f*

creel /kriːl/ *n* nasa *f*

creep[1] /kriːp/ (*past & past p* **crept**) *vi*

A (+ *adv compl*) 1▸ (crawl) arrastrarse; **the fox crept under the fence** el zorro pasó arrastrándose por debajo de la cerca; **we crept along on all fours** avanzamos a *or* en cuatro patas 2▸ (move stealthily): **to ~ into/out of a room** entrar en/salir* de un cuarto sigilosamente; **I crept past the doorway** pasé sigilosamente por delante de la puerta; **a note of suspicion crept into his voice** se empezó a notar un elemento de sospecha en su voz; **several mistakes have crept in** se han deslizado varios errores 3▸ (move slowly): **the water crept higher** el agua iba subiendo poco a poco; **prices continue to ~ up** los precios siguen subiendo lentamente; **despair crept over her** la desesperación se fue apoderando de ella; **~ing inflation/unrest** creciente inflación/malestar 4▸ (grow, spread) ‹‹*plant/vine*›› trepar

B (ingratiate oneself) (BrE colloq) **to ~ TO sb** adular a algn, hacerle* la pelota a algn (Esp fam), hacerle* la pata a algn (Chi fam), chuparle las medias a algn (RPl fam); ▸**flesh A1**

Phrasal verb

- **creep up on** [v + adv + prep + o]: **they crept up on him** se le acercaron sigilosamente; **old age ~s up on you** vas envejeciendo sin darte cuenta; **the deadline's ~ing up on us** se nos está acabando el plazo

creep[2] *n*

A [c] (colloq) 1▸ (unpleasant person) asqueroso, -sa *m,f* 2▸ (favor-seeking person) adulador, -dora *m,f*, pelota *mf* (Esp fam), chupamedias *mf* (CS, Ven fam), lambiscón, -cona *m,f* (Méx fam), lambón, -bona *m,f* (Col fam)

B (BrE) (Auto) vehículo *m* lento; (*before n*): **~ lane** carril *m* para vehículos lentos

C **creeps** *pl* (colloq): ***to give sb the ~s*** ponerle* los pelos de punta a algn (fam), darle* escalofríos a algn

creeper /ˈkriːpər || ˈkriːpə(r)/ *n*

A 1▸ (plant) planta *f* trepadora, enredadera *f* 2▸ (bird) trepador *m*

B (Auto) camilla *f*

creepy /ˈkriːpi/ *adj* **-pier, -piest** (colloq) 1▸ ‹*story/film*› escalofriante, espeluznante 2▸ ‹*person*› repulsivo, asqueroso

creepy-crawly /ˌkriːpiˈkrɔːli/ *n* (*pl* **-lies**) (colloq) bicho *m* (fam)

cremains /krəˈmeɪnz || krɪˈmeɪnz/ *pl n* cenizas *fpl*

cremate /ˈkriːmeɪt || krɪˈmeɪt/ *vt* incinerar, cremar

cremation /krɪˈmeɪʃən/ *n* [c u] incineración *f*, cremación *f*

crematorium /ˌkriːməˈtɔːriəm || ˌkreməˈtɔːriəm/ *n* (*pl* **-riums** *or* **-ria** /-riə/) crematorio *m*

crematory /ˈkriːmətɔːri || ˈkremətəri/ *n* (*pl* **-ries**) crematorio *m*

crème caramel /ˌkremˈkɑːrml || ˌkremˌkærəˈmel/ *n* flan *m*

crème de la crème /ˌkremdəlɑːˈkrem/ *n*: **the ~ ~ ~ ~** la flor y nata, la crema, la crème de la crème

crème de menthe /ˌkremdəˈmenθ || ˈkremdəˈmɒnθ/ *n* [u] crema *f* de menta

crenelated, (BrE) **crenellated** /ˈkrenleɪtəd || ˈkrenəleɪtɪd/ *adj* ‹*wall/parapet*› almenado, con almenas; ‹*molding/pattern*› almenado

crenelation, (BrE) **crenellation** /ˌkrenlˈeɪʃən || ˌkrenəˈleɪʃən/ *n* almenas *fpl*

Creole[1] /ˈkriːəʊl/ *adj* criollo

Creole[2] *n* 1▸ [c] (person) criollo, -lla *m,f* 2▸ [u] **creole** (Ling) criollo *m*

creosote[1] /ˈkriːəsəʊt/ *n* [u] creosota *f*

creosote[2] *vt* darle* una mano de creosota a

crepe, crêpe /kreɪp/ *n*

A [u] 1▸ (fabric) crep *m*, crêpe *m*, crepé *m*, crespón *m* 2▸ (for mourning) brazalete *m* negro

B [u] **~ (rubber)** crep *m*, crêpe *m*, crepé *m*

C [c] (pancake) (Culin) crep *m*, crêpe *f*, filloa *f*, panqueque *m* (AmC, CS), crepa *f* (Méx)

crepe de Chine /ˌkreɪpdəˈʃiːn/ *n* [u] crep *m* de China, crêpe *m* de Chine

crepe paper *n* [u] papel *m* crepé *or* crep *or* crêpe

crept /krept/ *past & past p of* **creep[1]**

crepuscular /krəˈpʌskjələr || krɪˈpʌskjʊlə(r)/ *adj* (liter) crepuscular

crescendo /krəˈʃendəʊ || krɪˈʃendəʊ/ *n* (*pl* **-dos**) 1▸ (Mus) crescendo *m* 2▸ (climax) punto *m* culminante

crescent[1] /ˈkresnt/ *n*

A (moon) creciente *m*; **the C~** la Media Luna

B 1▸ (shape) media luna *f* 2▸ (street) *calle en forma de media luna*

crescent[2] *adj* creciente; **the ~ moon** la luna creciente

cress /kres/ *n* [u] 1▸ mastuerzo *m* 2▸ (*water~*) berro *m*

crest /krest/ *n*

A 1▸ (of skin) cresta *f*; (of feathers) penacho *m* 2▸ (on helmet) cimera *f*; (of feathers) penacho *m*

B (in heraldry) emblema *m*, divisa *f*

C (of wave) cresta *f*; (of mountain) cima *f*; ***to be on*** *o* ***ride (on) the ~ of a wave*** estar* en la cresta de la ola

D (Anat) cresta *f*

crested /ˈkrestəd || ˈkrestɪd/ *adj*

A (printed with crest) ‹*notepaper*› con emblema *or* escudo

B (Zool) con cresta

crestfallen /ˈkrestˌfɔːlən/ *adj* alicaído

cretaceous /krɪˈteɪʃəs/ *adj* 1▸ (chalky) cretáceo 2▸ **Cretaceous** (Geol) cretáceo; **the C~ (period** *o* **age)** el cretáceo

Cretan /ˈkriːtn/ *adj* cretense

Crete /kriːt/ *n* Creta *f*

cretin /ˈkriːtn || ˈkretɪn/ *n* 1▸ (stupid person) estúpido, -da *m,f*, imbécil *mf*, cretino, -na *m,f* 2▸ (Med) cretino, -na *m,f*

cretinism /ˈkriːtnɪzəm || ˈkretɪnɪzəm/ *n* [u] cretinismo *m*

cretinous /ˈkriːtnəs || ˈkretɪnəs/ *adj* 1▸ (Med) cretino 2▸ (stupid) imbécil

cretonne /ˈkriːtɑːn || kreˈtɒn/ *n* [u] cretona *f*

Creutzfeld-Jakob disease /ˌkrɔɪtsfeldˈjækəb || ˌkrɔɪtsfeldˈjækɒb/ *n* enfermedad *f* de Creutzfeld-Jakob, ECJ *f*

crevasse /krəˈvæs/ *n* grieta *f* (*en un glaciar*)

crevice /ˈkrevəs || ˈkrevɪs/ *n* grieta *f*

crew[1] /kruː/ *n* 1▸ (Aviat, Naut) tripulación *f*; (Rail) personal *m*; **cabin/flight ~** personal *m* de cabina/vuelo; **ground ~** personal *m* de tierra; **ten passengers and three ~ were killed** murieron diez pasajeros y tres miembros de la tripulación; (*before n*): **~ member** miembro *mf* de la tripulación, tripulante *mf* 2▸ (team) equipo *m*; **film ~** (Cin) equipo *m* de rodaje *or* filmación; **the stage ~** (Theat) los tramoyistas; **winning ~** (Sport) equipo *m* ganador 3▸ (gang, band) banda *f*, pandilla *f*

crew[2] *vi*: **I'm ~ing for him** formo parte de la tripulación de su yate

■ **crew** *vt* ‹*boat/aircraft*› tripular

crew[3] (arch) *past of* **crow[2]**

crew cut *n* pelo *m* cortado al rape; **to have a ~ ~** llevar el pelo cortado al rape; **to get a ~ ~** cortarse el pelo al rape

crew neck *n* escote *m* redondo

crib[1] /krɪb/ *n*

A [c] 1▸ (AmE) (child's bed) cuna *f* 2▸ (BrE) (Nativity scene) nacimiento *m*, pesebre *m*, belén *m* (Esp) 3▸ (AmE) (home) casa *f* 4▸ (NZ) (holiday house) casita *f* de veraneo

B [c] 1▸ (Agr) (manger) pesebre *m* 2▸ (for storing grain) (AmE) granero *m*

C [c] (colloq) 1▸ (for cheating in exam) chuleta *f or* (Méx) acordeón *m or* (Col, Per) comprimido *m or* (RPl) machete *m or* (Chi) torpedo *m* (fam) 2▸ (plagiarism) refrito *m* (fam), plagio *m* 3▸ (translation) traducción *f*

D [c] (BrE colloq) (Games) (cribbage) ▸**cribbage**

crib[2] **-bb-** *vt* (colloq) ‹*answer*› copiar; **to ~ sth FROM** *o* (sl) **OFF sth/sb**: **he ~bed whole paragraphs from the encyclop(a)edia** copió párrafos enteros de la enciclopedia; **she ~bed the answer from her classmate** le copió la respuesta a su compañera

■ **crib** *vi* copiar; **she was caught ~bing from the book/her classmate** la pillaron copiando del libro/copiándole a su compañera

cribbage /ˈkrɪbɪdʒ/ *n* [u]: *juego de naipes*

crib death *n* [u c] (AmE) muerte *f* de cuna, muerte *f* súbita (infantil)

crick[1] /krɪk/ *n* calambre *m*; **I've got a ~ in my neck** me ha dado tortícolis

crick[2] *vt*: **to ~ one's neck** hacer* un mal movimiento con el cuello

cricket /ˈkrɪkət || ˈkrɪkɪt/ *n*

A [c] (Zool) grillo *m*; ***to be as chirpy/merry as a ~*** (colloq) estar* como unas Pascuas *or* como un cascabel

B [u] (Sport) (game) críquet *m*; ***that's not ~*** (BrE colloq) eso no es jugar limpio; (*before n*) ‹*ball/match/bat*› de críquet

> **cricket**
>
> El críquet se juega principalmente en Gran Bretaña y los países de la ▸**Commonwealth**. Se juega en un campo de césped, entre dos equipos de once jugadores cada uno. Se emplean bates (*bats*) y una pelota de cuero. Cada equipo batea en una entrada (*innings*) para marcar carreras (*runs*). Los jugadores del equipo contrario (*bowlers*) lanzan (*bowl*) la pelota al bateador y fildean (*field*), es decir interceptan la pelota, con el objetivo, si lo logran, de dejar al bateador fuera del juego (*out*) o que obtenga el menor número de carreras posibles. Hay dos bateadores (*batsmen*) a la vez en el campo, cada uno defendiendo un *wicket*, que son de tres palos verticales (*stumps*) que sostienen a su vez dos palos cortos (*bails*). Los *wickets* se encuentran uno frente al otro y están separados por una distancia de 22 yardas (20,1 mts. aproximadamente). Las carreras se marcan cuando los bateadores corren de un wicket a otro.

cricketer /ˈkrɪkətər || ˈkrɪkɪtə(r)/ *n* jugador, -dora *m,f* de críquet

cried /kraɪd/ *past & past p of* **cry[2]**

crikey /ˈkraɪki/ *interj* (BrE colloq & dated) ¡caramba! (fam)

crime /kraɪm/ *n* **1** [c] (wrongful act) delito *m*; (murder) crimen *m*; **to commit a ~** cometer un delito; **the scene of the ~** el lugar del delito/crimen, la escena del crimen (period); **a ~ against humanity/nature** un crimen contra la humanidad/contra natura; **is it such a ~ to have an affair?** ¿es que es un crimen tener una aventura?; **it's a ~ to waste such talent** (colloq) es un crimen *or* un pecado desperdiciar un talento así **2** [u] (criminal activity) delincuencia *f*; **to punish/prevent ~** castigar*/prevenir* la delincuencia; **a life of ~** una vida de delincuencia; **an increase in ~** un aumento de la delincuencia *or* criminalidad; **organized ~** el crimen organizado; **~ doesn't pay** (set phrase) no hay crimen sin castigo (fr hecha); (*before n*) ‹*rate/figures*› de criminalidad; **~ fiction** novelas *fpl* policíacas *or* policiales; **~ statistics** datos *mpl* estadísticos sobre la criminalidad, estadísticas *fpl* sobre criminalidad; **~ wave** ola *f* delictiva; **~ writer** escritor, -tora *m,f* de novela policíaca *or* policial

Crimea /kraɪ'miːə/ *n*: **the ~** Crimea *f*

Crimean /kraɪ'miːən/ *adj*: **the ~ War** la guerra de Crimea

crimefighting /'kraɪmfaɪtɪŋ/ *n* [u] lucha *f* contra la delincuencia

crime prevention *n* [u] prevención *f* de la delincuencia; (*before n*): **~ ~ officer** *agente de policía que asesora a los habitantes de una calle, barrio etc sobre la prevención de la delincuencia*

crime squad *n* brigada *f* de investigación criminal

criminal¹ /'krɪmənl || 'krɪmɪnl/ *n* delincuente *mf*; (serious offender) criminal *mf*

criminal² *adj* **1** (of crime) (Law) ‹*act*› delictivo; ‹*case*› criminal; ‹*bankrupcy*› fraudulento; ‹*organization/mind*› criminal; **~ code** código *m* penal; **~ conviction** condena, f; **~ court** juzgado *m* en lo penal; **~ damage** delito *m* de daños; **~ intent** intención *f* dolosa, dolo *m* penal (téc) **~ law** derecho *m* penal; **~ lawyer** abogado, -da *m,f* criminalista *or* penalista; **~ negligence** negligencia *f* criminal; **~ offense** delito *m*; **to start ~ proceedings against sb** iniciar proceso penal *or* enjuiciamiento contra algn **2** (shameful) (colloq) vergonzoso (fam)

Criminal Investigation Department *n* (in UK) Brigada *f* de Investigación Criminal

criminality /ˌkrɪmə'næləti || ˌkrɪmɪ'næləti/ *n* [u] criminalidad *f*

criminalization /ˌkrɪmənələ'zeɪʃən || 'krɪmɪnəlaɪ'zeɪʃən/ *n* criminalización *f*

criminalize /'krɪmənəlaɪz || 'krɪmɪnəlaɪz/ *vt* criminalizar*

criminal justice *n* [u] justicia *f* penal; (*before n*): **~ ~ system** sistema *m* de justicia penal

criminally /'krɪmənli || 'krɪmɪnəli/ *adv* **1** (Law): **they're ~ liable** se les puede imputar delito; **an institution for the ~ insane** una institución penitenciaria para delincuentes psicóticos **2** (shamefully) vergonzosamente

criminal record *n* antecedentes *mpl* penales, prontuario *m* (CS); **to have a ~ ~** tener* antecedentes penales *or* (CS tb) prontuario

criminologist /ˌkrɪmə'nɑːlədʒəst || ˌkrɪmɪ'nɒlədʒɪst/ *n* criminólogo, -ga *m,f*

criminology /ˌkrɪmə'nɑːlədʒi || ˌkrɪmɪ'nɒlədʒi/ *n* [u] criminología *f*

crimp¹ /krɪmp/ *vt* ‹*hair*› rizar*, ondular (*con tenacillas*); ‹*pastry*› hacerle* un reborde a; ‹*material*› plisar

crimp² *n* (in hair) rizo *m*, onda *f*; (in fabric) pliegue *m*; ***to put a ~ in sth*** (AmE colloq) obstaculizar* *or* dificultar algo

crimson¹ /'krɪmzən/ ▸ⓘ **p.1036** *n* [u] carmesí *m*

crimson² ▸ⓘ **p.1036** *adj* ‹*rose/dress/lipstick*› carmesí *adj inv*; **to turn** *o* **flush ~** ponerse* colorado *or* rojo

crimson³ *vi* (liter) ‹‹*face*›› ruborizarse*; ‹‹*sky*›› teñirse* de rojo (liter)

cringe /krɪndʒ/ *vi* **1** (shrink, cower) ‹‹*dog/victim*›› encogerse*; **to ~ AT sth: I ~d at his jokes** sus chistes me hacían sentir vergüenza ajena *or* me hacían pensar 'tierra trágame'; **I ~ at the thought of speaking in public** me muero de vergüenza de sólo pensar en hablar en público **2** (grovel) arrastrarse; **his cringing behavior makes me sick** su actitud servil *or* rastrera me da asco; **to ~ BEFORE sb** arrastrarse ANTE algn

cringe-making /'krɪndʒˌmeɪkɪŋ/ *adj* ▸**cringeworthy**

cringeworthy /'krɪndʒwɜːrði || 'krɪndʒwɜːði/ *adj* (colloq) para morirse de vergüenza *or* (AmL exc CS) de pena

crinkle¹ /'krɪŋkəl/ *n* arruga *f*

crinkle² *vt*: **~ (up)** arrugar*

■ **crinkle** *vi*: **~ (up)** ‹‹*paper/foil/skin*›› arrugarse*

crinkle-cut /'krɪŋkəlkʌt/ *adj* ondulado

crinkly /'krɪŋkli/ *adj* **-klier, -kliest** ‹*material/face*› arrugado; ‹*hair*› rizado

crinoline /'krɪnlən || 'krɪnəlɪn/ *n* crinolina *f*, miriñaque *m*

cripes /kraɪps/ *interj* (BrE colloq & dated) ¡cáspita! (fam & ant)

cripple¹ /'krɪpəl/ *n* lisiado, -da *m,f*, tullido, -da, m,f; **an emotional ~** una persona traumada *or* con traumas

cripple² *vt* **1** (lame, disable): **he was ~d for life** quedó lisiado de por vida; **he's ~d with arthritis** la artritis lo tiene casi inmovilizado; **a ~d arm** un brazo tullido **2** (make inactive, ineffective) ‹*ship/plane*› inutilizar*; ‹*industry*› paralizar*

crippling /'krɪplɪŋ/ *adj* ‹*costs/debts*› agobiante; ‹*losses/strike*› de consecuencias catastróficas; ‹*pain*› atroz

crisis /'kraɪsəs || 'kraɪsɪs/ *n* (*pl* **-ses** /-siːz/) crisis *f*; **an emotional/identity ~** una crisis emocional/de identidad; **a state of ~** un estado de crisis; **in time of ~** en época de crisis; **she's good in a ~** reacciona bien en los momentos difíciles; **a ~ of confidence** una crisis de confianza; (*before n*): **~ management** gestión *f* de crisis; **to reach ~ point** hacer* crisis

crisp¹ /krɪsp/ *adj* **-er, -est**

A **1** (brittle) ‹*toast/bacon*› crujiente, crocante (RPl) **2** (fresh) ‹*lettuce/sheets*› fresco; ‹*apple/snow*› crujiente; **a ~ 20 dollar bill** un billete nuevecito de 20 dólares; **a ~ white shirt** una camisa blanca recién planchada **3** (cold) ‹*air*› frío y vigorizante; **a ~ winter morning** una fría y despejada mañana de invierno

B **1** (brisk, concise) ‹*manner*› seco; ‹*style*› escueto **2** (sharp) ‹*photograph*› nítido

C (tight) ‹*curls*› crespo, apretado

crisp² *n* (*potato ~*) (BrE) papa *f or* (Esp) patata *f* frita (*de bolsa*), papa *f* chip (Ur); ***to burn sth to a ~*** achicharrar algo

crisp³ *vt* ‹*bread*› tostar* ligeramente; ‹*bacon*› cocinar (*hasta que esté crujiente*)

crispbread /'krɪspbred/ *n*: *galleta delgada y crujiente, generalmente de centeno*

crisper /'krɪspər || 'krɪspə(r)/ *n*: *cajón del refrigerador donde se guarda la fruta y la verdura*

crisply /'krɪspli/ *adv* **1** (briskly) ‹*say/walk*› resueltamente **2** (neatly) ‹*starched/ironed*› con esmero

crispness /'krɪspnəs || 'krɪspnɪs/ *n* [u]

A **1** (of pastry, bacon) lo crujiente *or* (RPl tb) lo crocante **2** (of vegetables, linen) frescura *f* **3** (of weather) frío *m* saludable

B **1** (of manner) lo resuelto *or* decidido **2** (of outline, picture) nitidez *f*

crispy /'krɪspi/ *adj* **-pier, -piest** crujiente, crocante (RPl)

crisscross¹ /'krɪskrɔːs || 'krɪskrɒs/ *adj* entrecruzado

crisscross² *vt* entrecruzar*

crisscross³ *n* entramado *m*

crisscross⁴ *adv* en forma entrecruzada

criterion /kraɪ'tɪriən || kraɪ'tɪəriən/ *n* (*pl* **-ria** /-riə/) criterio *m*

critic /'krɪtɪk/ *n* **1** (Art, Theat, Lit) crítico, -ca *m,f*; **a literary/theater/music ~** un crítico literario/teatral/de música **2** (detractor) detractor, -tora *m,f*; **he struck back at his ~s** devolvió el golpe a sus detractores; **~s of the scheme** los detractores del proyecto

critical /'krɪtɪkəl/ *adj*

A **1** (censorious) ‹*remark/report*› crítico; **he watched us with a ~ eye** nos observó con ojo crítico; **to be ~ OF sth/sb** criticar* algo/a algn; **she's terribly ~ of government policy** critica duramente la política del gobierno **2** (journalistic, academic) ‹*analysis/theory/writing*› crítico; **the film enjoyed a ~ success** la película fue muy bien recibida por la crítica

B **1** (very serious) ‹*condition/situation/shortage*› crítico **2** (decisive, crucial) ‹*period/phase*› crítico; ‹*victory/decision/resource*› de importancia fundamental **3** (Phys) ‹*pressure/temperature/volume*› crítico; **~ angle** ángulo *m* crítico; **to go ~** iniciar una reacción en cadena

critical care *n* [u] cuidados *mpl* críticos

critically /'krɪtɪkli/ *adv*

A **1** (seriously) ‹*ill*› gravemente **2** (crucially) fundamentalmente; **~ important** de importancia fundamental

B **1** (as a critic): **analyze the poem ~** haga un análisis crítico del poema; **she looked ~ at her reflection** miró con ojo crítico la imagen que le devolvía el espejo **2** (censoriously): **she spoke rather ~ of him** habló de él en tono de desaprobación *or* de crítica

critical mass *n* [u] masa *f* crítica; **to achieve ~ ~** alcanzar* la masa crítica

critical path *n* camino *m* crítico

critical path analysis *n* [u] análisis *m* del camino crítico

criticism /'krɪtəsɪzəm || 'krɪtɪsɪzəm/ *n* **1** [c u] (censure) crítica *f*; **constructive/unfavorable ~** crítica constructiva/desfavorable; **my only ~ is that it is too long** mi única crítica es que es demasiado largo **2** [u] (work of critic) crítica *f*; **literary ~** crítica literaria

criticize /'krɪtəsaɪz || 'krɪtɪsaɪz/ *vt* **1** (censure) criticar*; **they ~d us for not acting sooner** nos criticaron por no haber actuado antes **2** (evaluate) hacer* la crítica de

critique /krɪ'tiːk/ *n* crítica *f*

critter /'krɪtər || 'krɪtə(r)/ *n* (AmE sl) bicho *m* (fam)

croak¹ /krəʊk/ *n* (of frog) croar *m*, canto *m*; (of raven) graznido *m*; (of person) voz *f* ronca, graznido *m*

croak² *vi*

A **1** ‹‹*frog*›› croar; ‹‹*raven*›› graznar **2** (utter) ‹‹*person*›› hablar con voz ronca

B (die) (sl) estirar la pata (fam), diñarla (Esp fam), cantar para el carnero (RPl fam)

■ **croak** *vt*

A (utter) decir* con voz ronca

B (kill) (sl) liquidar (fam), cargarse* (Esp, Méx arg)

Croat /'krəʊæt/ *n* ▸**Croatian²**

Croatia /krəʊ'eɪʃə/ *n* Croacia *f*

Croatian¹ /krəʊ'eɪʃən/ *adj* croata

Croatian² *n* **1** [c] (person) croata *mf* **2** (language) croata *m*

crochet¹ /krəʊ'ʃeɪ || 'krəʊʃeɪ/ *vt* ‹*shawl/dress*› tejer a crochet *or* a ganchillo

■ **crochet** *vi* hacer* crochet *or* ganchillo, tejer a crochet

crochet² *n* [u] crochet *m*, ganchillo *m*; (*before n*) ‹*cushion/shawl*› tejido al crochet, de ganchillo; **~ hook** aguja *f* de crochet, ganchillo *m*, crochet *m* (Chi)

crock /krɑːk || krɒk/ *n*

A **1** (earthen vessel) vasija *f* de barro; ▸**gold¹ A2** **2** **crocks** *pl* (crockery) (BrE colloq) vajilla *f*

B **1** (nonsense) (AmE sl): **ain't that a ~!** (set phrase) ¡qué estupidez! (fam) **2** (decrepit thing) antigualla *f* (fam), cacharro *m* (fam); (decrepit person) (esp BrE colloq) vejestorio *m* (fam), carca *mf* (fam)

crockery /'krɑːkəri || 'krɒkəri/ *n* [u] vajilla *f*, loza *f*

crocodile /'krɑːkədaɪl || 'krɒkədaɪl/ *n*

A **1** [c] (reptile) (Zool) cocodrilo *m*; (*before n*): ***(to shed*** *o* ***weep) ~ tears*** (derramar *or* llorar) lágrimas de cocodrilo **2** [u] (skin) cuero *m or* (Esp, Méx) piel *f* de cocodrilo

B [c] (line) (BrE colloq) fila *f* (*de dos en dos*); **to walk in a ~** caminar en fila (*de dos en dos*)

C

C

crocodile clip *n* (BrE) pinza *f* de contacto

crocus /ˈkrəʊkəs/ *n* (*pl* **-cuses**) azafrán *m* de primavera

Croesus /ˈkriːsəs/ *n* Creso; **to be as rich as ~** ser* un Creso

croft /krɔːft || krɒft/ *n* granja *f* pequeña (*en Escocia*)

crofter /ˈkrɔːftər || ˈkrɒftə(r)/ *n* campesino, -na *m,f* de un ▸**croft**

crofting /krɔːftɪŋ || krɒftɪŋ/ *n* [u] (BrE) explotación *f* agrícola mediante ▸**croft**

Crohn's disease /krəʊnz/ *n* [u] enfermedad *f* de Crohn

croissant /krwaˈsɑːn || ˈkrwasɒŋ/ *n* croissant *m*, medialuna *f* (Arg), cachito *m* (Ven), cuernito *m* (Méx)

crone /krəʊn/ *n* vieja *f* bruja

crony /ˈkrəʊni/ *n* (*pl* **-nies**) (colloq) compinche *mf* (fam), amigote, -ta *m,f* (fam)

cronyism /ˈkrəʊniɪzəm/ *n* [u] amiguismo *m*, compadrismo *m*, compadrazgo *m*

crook[1] /krʊk/ *n*
A (criminal) sinvergüenza *mf*, pillo, -lla *m,f* (fam)
B **1** (of the arm) *parte interior del codo* **2** (of shepherd) cayado *m*; (of bishop) báculo *m*

crook[2] *vt* ‹*finger/arm*› doblar; **he ~ed his finger at me** me llamó *or* me hizo señas con el dedo; **she's only got to ~ her (little) finger for him to come running** no tiene más que mover un dedo para que él venga corriendo

crook[3] *adj* **-er, -est** (Austral colloq) **1** (ill, sick) (*pred*): **to feel ~** sentirse* mal **2** (bad) ‹*food/drink*› malo **3** (angry): **to go ~ at** *o* **on sb** ponerse* hecho basilisco *or* una furia con algn (fam)

crooked /ˈkrʊkəd || ˈkrʊkɪd/ *adj* **1** (bent, twisted) ‹*line/arms/legs*› torcido, chueco (AmL); ‹*back/person*› encorvado; ‹*road/path*› sinuoso, lleno de curvas; **the picture's still ~** el cuadro todavía está torcido *or* (AmL tb) chueco; **she gave me a ~ grin** me hizo una mueca **2** (dishonest) (colloq) ‹*person/deal*› deshonesto, chueco (Chi, Méx fam)

crookedly /ˈkrʊkədli || ˈkrʊkɪdli/ *adv* ‹*hang*› torcido; **he smiled ~** sonrió torciendo la boca

croon /kruːn/ *vi* cantar con voz suave
■ **croon** *vt* cantar suavemente

crooner /ˈkruːnər || ˈkruːnə(r)/ *n* cantante melódico, -ca *m,f*

crop[1] /krɑːp || krɒp/ *n*
A **1** (quantity of produce) cosecha *f*; **to harvest a ~** cosechar; **this rain will be good for the ~s** esta lluvia les vendrá bien a los cultivos **2** (type of produce) cultivo *m*; (*before n*): **~ duster** (aircraft) fumigador *m* (aéreo); (person) fumigador, -dora *m,f*; **~ dusting** fumigado *m*; **~ rotation** rotación *f* de cultivos; **~ spraying** fumigación *f* de cultivos **3** (batch) (colloq) tanda *f* (fam); **this year's ~ of students** la tanda de estudiantes de este año
B (haircut) corte *m* de pelo muy corto; **Eton ~** corte a la garçonne
C (*riding ~*) **1** fusta *f*, fuete *m* (AmL exc CS) **2** (handle of whip) mango *m* de una fusta
D (of bird) buche *m*

crop[2] *vt* **-pp-**
A (cut) ‹*hair*› cortar muy corto; ‹*tail/ears*› cortar; **he had a lean face and ~ped hair** tenía el rostro enjuto y el pelo muy corto; **~ped jacket** (BrE) chaqueta *f* corta; **to ~ grass** pastar, pacer*
B **1** (harvest) cosechar **2** (plant) cultivar
■ **crop** *vi* (Agr) darse*

Phrasal verbs
- **crop out** [v + adv] aflorar
- **crop up** [v + adv]

A (Geol) aflorar
B (occur, present itself) (colloq) surgir*; **if anything interesting ~s up** si surge algo interesante; **something must have ~ped up at work** debe haber surgido algún problema en el trabajo; **one phrase ~s up again and again in the report** hay una frase que se repite constantemente en el informe

cropper /ˈkrɑːpər || ˈkrɒpə(r)/ *n*
A **to come a ~** (colloq) (fall) darse* *or* pegarse* un porrazo (fam); (suffer defeat, disaster) fracasar por completo
B (Agr) **1** (plant): **a good ~** una planta de buen rendimiento; **an early ~** una planta que da frutos temprano **2** (person) trabajador, -dora *m,f* agrícola

croquet /krəʊˈkeɪ || ˈkrəʊkeɪ/ *n* [u] croquet *m*

croquette /krəʊˈket/ *n* (*potato ~*) *rollito de puré de papa envuelto en pan rallado y frito*

crosier /ˈkrəʊʒər || ˈkrəʊzɪə(r)/ *n* báculo *m*

cross[1] /krɔːs || krɒs/ *n*
A **1** (Relig) cruz *f*; **to make the sign of the ~** hacer* la señal de la cruz; (cross oneself) persignarse, hacerse* la señal de la cruz, santiguarse*; **papal/Latin/Greek ~** cruz papal/latina/griega; **to bear one's ~** cargar* con *or* llevar su (*or* mi *etc*) cruz; **we all have our ~ to bear** todos cargamos con *or* llevamos nuestra cruz **2** (mark, sign) cruz *f*; **to make a ~** hacer* una cruz **3** (medal): **the Iron C~** la Cruz de Hierro
B (Biol) (hybrid) cruce *m*, cruza *f* (AmL); **a ~ between anger and disbelief** una mezcla de ira e incredulidad
C (Sport) **1** (in soccer) pase *m* cruzado **2** (in boxing) cruzado *m*, cross *m*; **right/left ~** cruzado *or* cross de derecha/izquierda
D (Clothing): **cut on the ~** cortado al bies *or* al sesgo

cross[2] *vt*
A **1** (go across) ‹*road*› cruzar*; ‹*river/desert*› cruzar*, atravesar*; **it ~ed my/her/his mind that ...** se me/le ocurrió que ..., me/le pasó por la cabeza que ... **2** (lie across) ‹‹*bridge/road/railway*›› cruzar*, atravesar*
B (put crosswise) ‹*arms/legs*› cruzar*; **to ~ one's eyes** ponerse* *or* (Méx tb) hacer* bizco, poner* los ojos bizcos; **we have a ~ed line** (Telec) se han cruzado las líneas, está ligado (Arg, Ven); ***to have one's lines*** *o* ***wires ~ed*** (colloq): **those two seem to have their lines ~ed** parece que esos dos no hablan el mismo idioma; **I think maybe we've got our wires ~ed** me parece que no hablamos de lo mismo
C (put line through): **to ~ the t** ponerle* el palito a la t
D (BrE) (Fin) cruzar*; **~ed cheque** cheque *m* cruzado
E (crossbreed) ‹*plants/breeds*› cruzar*; **to ~ sth WITH sth** cruzar* algo CON algo
F (go against) ‹*person*› contrariar*; ‹*plans*› frustrar; **she doesn't like to be ~ed** no le gusta que la contraríen; **to be ~ed in love** (liter) ser* desventurado en amores (liter)
G (Sport) ‹*ball*› cruzar*, tirar cruzado
■ **cross** *vi* **1** (walk across road) cruzar*; **to ~ over (the road)** cruzar* (la calle); **before ~ing look both ways** antes de cruzar mire en ambos sentidos; **shall we ~ over?** ¿cruzamos? **2** (intersect) ‹‹*paths/roads*›› cruzarse* **3** (pass one another) ‹‹*letters*›› cruzarse*
■ *v refl*: **to ~ oneself** persignarse, santiguarse*, hacerse* la señal de la cruz

Phrasal verbs
- **cross off** [v + o + adv, v + adv + o, v + o + prep + o] ‹*name/item*› tachar; **she ~ed it off the list** lo tachó de la lista
- **cross out** [v + o + adv, v + adv + o] ‹*name/item*› tachar

cross[3] *adj* **-er, -est** (esp BrE) enojado (esp AmL), enfadado (esp Esp); **they've been married 50 years and never a ~ word!** llevan casados 50 años y nunca se han levantado la voz; **to get ~** enojarse (esp AmL), enfadarse (esp Esp); **it makes me ~** me da rabia; **I'm so ~ with myself for forgetting** estoy furiosa conmigo misma por haberme olvidado; **to be ~ ABOUT sth** estar* enojado *or* (esp Esp) enfadado POR algo

crossbar /ˈkrɔːsbɑːr || ˈkrɒsbɑː(r)/ *n* **1** (on bicycle) barra *f* **2** (of goal) larguero *m*, travesaño *m*, horizontal *m* (Andes) **3** (in pole vaulting, high jump) listón *m*

crossbeam /ˈkrɔːsbiːm || ˈkrɒsbiːm/ *n* viga *f* transversal

cross-bench /ˈkrɔːsbentʃ || ˈkrɒsbentʃ/ *n* (in UK) (*usu pl*) *escaño ocupado por un diputado independiente*

cross-bencher /ˌkrɔːsˈbentʃər || ˌkrɒsˈbentʃə(r)/ *n* (BrE) diputado, -da *m,f* independiente

crossbill /ˈkrɔːsbɪl || ˈkrɒsbɪl/ *n* piquituerto *m*

crossbones /ˈkrɔːsbəʊnz || ˈkrɒsbəʊnz/ *pl n* *see* **skull**

cross-border /ˈkrɔːsˌbɔːrdər || ˈkrɒsˌbɔːdə(r)/ *adj* (*before n*) ‹*cooperation/trade*› entre dos países fronterizos; ‹*raid/fighting*› fronterizo

crossbow /ˈkrɔːsbəʊ || ˈkrɒsbəʊ/ *n* ballesta *f*

crossbred /ˈkrɔːsbred || ˈkrɒsbred/ *adj* cruzado

crossbreed[1] /ˈkrɔːsbriːd || ˈkrɒsbriːd/ *n* cruce *m*, cruza *f* (AmL)

crossbreed[2] *vt* (*past & past p* **-bred**) cruzar*

crossbreeding /ˈkrɔːsˌbriːdɪŋ || ˈkrɒsˌbriːdɪŋ/ *n* [u] cruce *m*, cruza *f* (AmL)

cross-Channel /ˈkrɔːsˌtʃænl || ˌkrɒsˈtʃænl/ *adj* (*before n*) ‹*ferry/traffic*› que cruza el Canal de la Mancha; **she completed a ~ swim** cruzó el Canal de la Mancha a nado

cross-check[1] /ˈkrɔːstʃek || ˌkrɒsˈtʃek/ *vt* ‹*facts/references*› verificar* (*consultando otras fuentes*); **to ~ sth AGAINST sth** cotejar algo CON algo
■ **cross-check** *vi* hacer* una comprobación *or* verificación; **you'd better ~** más vale que lo compruebes *or* verifiques

cross-check[2] *n* comprobación *f*, verificación *f*; **to do a ~ (on sth)** hacer* una comprobación *or* verificación (de algo)

cross-claim /ˈkrɔːskleɪm || ˈkrɒskleɪm/ *n* (Law) contrademanda *f*

cross-contamination /ˌkrɔːskənˌtæməˈneɪʃən || ˌkrɒskənˌtæmɪˈneɪʃən/ *n* (Biol, Med) contaminación *f* cruzada

cross-country[1] /ˈkrɔːsˈkʌntri || ˌkrɒsˈkʌntri/ *adj* **1** (across countryside) ‹*route/drive*› campo a través, a campo traviesa, a campo través; ‹*skiing*› de fondo; **~ race** cross *m*; **~ running** cross *m*, campo *m* a través **2** (across a country) ‹*tour/flight*› de extremo a extremo del país

cross-country[2] *adv* **1** (across countryside) ‹*travel/drive*› campo a través, a campo traviesa, a campo través **2** (across a country) ‹*travel*› a través del país

cross-country[3] *n* [u] campo *m* a través, cross-country *m*

cross-cultural /ˈkrɔːsˈkʌltʃərəl || ˌkrɒsˈkʌltʃərəl/ *adj* intercultural, transcultural

crosscurrent /ˈkrɔːsˌkɜːrənt || ˈkrɒsˌkʌrənt/ *n* contracorriente *f*

cross-curricular /ˌkrɔːskəˈrɪkjələr || ˌkrɒskəˈrɪkjʊlə(r)/ *adj* (BrE) intercurricular, transcultural

crosscut saw /ˈkrɔːskʌt || ˈkrɒskʌt/ *n* sierra *f* de través

cross-dress /ˈkrɔːsˈdres || ˌkrɒsˈdres/ *vi* practicar* el travestismo

cross-dresser /ˌkrɔːsˈdresər || ˌkrɒsˈdresə(r)/ *n* transformista *mf*, travesti *mf*, travestí *mf*

cross-dressing /ˈkrɔːsˈdres || ˌkrɒsˈdres/ *n* [u] transformismo *m*, travestismo *m*

crosse /krɔːs || krɒs/ *n*: *especie de raqueta de mango largo que se usa para jugar al lacrosse*

cross-examination /ˌkrɔːsɪgˌzæməˈneɪʃən || ˌkrɒsɪgˌzæmɪˈneɪʃən/ *n* [c u] repreguntas *fpl*, contrainterrogación *f* (Chi); **under ~** durante las repreguntas *or* (Chi) la contrainterrogación

cross-examine /ˌkrɔːsɪgˈzæmən || ˌkrɒsɪgˈzæmɪn/ *vt* ‹*witness*› repreguntar, contrainterrogar* (Chi)

cross-eyed /ˈkrɔːsˌaɪd || ˌkrɒsˈaɪd/ *adj* bizco; **to be ~** ser* bizco; **to go ~** ponerse* bizco

cross-fertilization /ˈkrɔːsˌfɜːrtləˈzeɪʃən || ˌkrɒsˌfɜːtɪlaɪˈzeɪʃən/ *n* [u] fecundación *f* cruzada

cross-fertilize /ˌkrɔːsˈfɜːrtlaɪz || ˌkrɒsˈfɜːtɪlaɪz/ *vt* fecundar mediante fecundación cruzada

crossfire /ˈkrɔːsfaɪr || ˈkrɒsfaɪə(r)/ *n* [u] fuego *m* cruzado; ***to be caught in the ~*** (in argument) estar* entre dos fuegos

crosshatching /ˈkrɔːsˌhætʃɪŋ || ˈkrɒsˌhætʃɪŋ/ *n* [u] sombreado *m*

cross-head /ˈkrɔːshed || ˈkrɒshed/ *adj* ‹*screw*› de estrella *or* cruz

cross holding *n* participación *f* recíproca *or* cruzada

cross infection *n* [u] infección *f* cruzada

crossing /ˈkrɔːsɪŋ || ˈkrɒsɪŋ/ *n*

A (across sea) travesía *f*, cruce *m* (AmS)

B 1 (for pedestrians) cruce *m* peatonal *or* de peatones, paso *m* de peatones (Esp); (*before n*): **~ guard** (AmE) *persona que detiene el tráfico para permitir que los escolares atraviesen la calzada* 2 (*grade ~ o* BrE **level** ~) paso *m* a nivel, crucero *m* (Méx) 3 (at border) paso *m* fronterizo 4 (crossroads) cruce *m*

C (in church) crucero *m*

cross-legged /ˈkrɔːsˌlegd || ˌkrɒsˈlegd/ *adv* ‹*sit*› con las piernas cruzadas (*en el suelo*)

crossly /ˈkrɔːsli || ˈkrɒsli/ *adv*: **no, she said ~** —no —dijo enojada (esp AmL) *or* (esp Esp) enfadada

crossover /ˈkrɔːsəʊvər || ˈkrɒsəʊvə(r)/ *n*

A [c] 1 (point of crossing) paso *m* 2 (on railroad) cruce *m* de vías

B [u] (Mus) crossover *m*

cross ownership *n* [u] propiedad *f* cruzada

cross-party /ˈkrɔːsˌpɑːrti || ˈkrɒsˌpɑːti/ *adj* ‹*support/negotiations*› entre partidos, interpartidista

crosspatch /ˈkrɔːspætʃ || ˈkrɒspætʃ/ *n* (colloq) cascarrabias *mf* (fam), gruñón, -ñona *m,f*

crosspiece /ˈkrɔːspiːs || ˈkrɒspiːs/ *n* travesaño *m*

cross-ply /ˈkrɔːsplaɪ || ˈkrɒsplaɪ/ *adj* ‹*tire*› convencional, de carcasa diagonal

cross-pollination /ˌkrɔːsˌpɑːləˈneɪʃən || ˌkrɒsˌpɒlɪˈneɪʃən/ *n* [u] polinización *f* cruzada

cross-purposes /ˌkrɔːsˈpɜːrpəsəz || ˌkrɒsˈpɜːpəsɪz/ *pl n*: **I think we're/they're at ~** creo que estamos/están hablando de cosas distintas; **we seem to be talking at ~** esto parece un diálogo de sordos

cross-question /ˈkrɔːsˈkwestʃən || ˌkrɒsˈkwestʃən/ *vt* interrogar*

cross-questioning /ˌkrɔːsˈkwestʃənɪŋ || ˌkrɒsˈkwestʃənɪŋ/ *n* [u] interrogatorio *m*

cross-rate /ˈkrɔːsreɪt || ˈkrɒsreɪt/ *n* (Fin) tipo (*m*) de cambio cruzado

cross-refer /ˌkrɔːsrɪˈfɜːr || ˌkrɒsrɪˈfɜː(r)/ *vt* **-rr-** **to ~ sb TO sth** remitir a algn A algo; **to ~ sth TO sth** remitir de algo A algo

cross-reference[1] /ˈkrɔːsˈrefrəns || ˌkrɒsˈrefrəns/ *n* remisión *f*

cross-reference[2] *vt* **to ~ sth TO sth** remitir de algo A algo

■ **cross-reference** *vi* **to ~ to sth** remitir A algo

crossroads /ˈkrɔːsrəʊdz || ˈkrɒsrəʊdz/ *n* (*pl* ~) cruce *m*, encrucijada *f* (liter); ***to be at a o the ~*** estar* en una encrucijada

cross section, (BrE) **cross-section** /ˈkrɔːsˈsekʃən || ˌkrɒsˈsekʃən/ *n* [c u] (Biol, Eng) sección *f*, corte *m* transversal; **in ~ ~** en sección, en corte transversal; **they took a ~ ~ of society** tomaron una muestra representativa de los distintos estratos sociales; **a ~ ~ of opinion** un amplio espectro de opinión

cross-sell /ˈkrɔːsˈsel || ˌkrɒsˈsel/ *vt* (*past & past p* **sold**) vender en forma cruzada, hacer* venta cruzada de

cross-stitch /ˈkrɔːsstɪtʃ || ˈkrɒsstɪtʃ/ *n* [u c] punto *m* (de) cruz

cross street *n* (AmE) calle *f* que cruza

cross-subsidize /ˌkrɔːsˈsʌbsədaɪz || ˌkrɒsˈsʌbsɪdaɪz/ *vt* hacer* una subvención cruzada de, subsidiar en forma cruzada (AmL)

cross-subsidy /ˌkrɔːsˈsʌbsədi || ˌkrɒsˈsʌbsɪdi/ *n* subsidio *m* cruzado, perecuación *f*

cross talk *n* [u] 1 (Telec) interferencia *f* 2 (repartee) (BrE) *intercambio de comentarios ocurrentes*

crosstown /ˈkrɔːstaʊn || ˈkrɒstaʊn/ *adj* (AmE) que cruza *or* atraviesa la ciudad

crosstrees /ˈkrɔːstriːz || ˈkrɒstriːz/ *pl n* crucetas *fpl*

cross-vote /ˈkrɔːsˈvəʊt || ˌkrɒsˈvəʊt/ *vi* votar por otro partido, votar cruzado (AmL)

cross-voting /ˌkrɔːsˈvəʊtɪŋ || ˌkrɒsˈvəʊtɪŋ/ *n* [u] votación *f* por otro partido, votación *f* cruzada (AmL)

crosswalk /ˈkrɔːswɔːk || ˈkrɒswɔːk/ *n* (AmE) cruce *m* peatonal *or* de peatones, paso *m* de peatones (Esp)

crossways /ˈkrɔːsweɪz || ˈkrɒsweɪz/ *adv* ▸**crosswise**

crosswind /ˈkrɔːswɪnd || ˈkrɒswɪnd/ *n* viento *m* de través *or* costado

crosswise /ˈkrɔːswaɪz || ˈkrɒswaɪz/ *adv* transversalmente, en diagonal

crossword (puzzle) /ˈkrɔːswɜːrd || ˈkrɒswɜːd/ *n* crucigrama *f*, palabras *fpl* cruzadas (CS), puzzle *m* (Chi)

crotch /krɑːtʃ || krɒtʃ/ *n* 1 (Clothing) entrepierna *f* 2 (genital area) entrepierna *f*

crotchet /ˈkrɑːtʃət || ˈkrɒtʃɪt/ *n*

A (idiosyncrasy) (AmE): **it/he has its/his little ~s!** ¡tiene sus mañas!

B (BrE) (Mus) negra *f*

crotchety /ˈkrɑːtʃəti || ˈkrɒtʃəti/ *adj* (colloq) cascarrabias *adj inv*, malhumorado

crotchless /ˈkrɑːtʃləs || ˈkrɒtʃlɪs/ *adj* sin entrepierna

crouch /kraʊtʃ/ *vi* «*person*» agacharse, ponerse* en cuclillas; **the cat ~ed, ready to pounce** el gato se agazapó, listo para saltar; **the child was ~ed in a corner** el niño estaba agachado *or* en cuclillas en un rincón; **to ~ down** agacharse

croup /kruːp/ *n*

A [u] (Med) crup *m*

B [c] (Equ) grupa *f*, ancas *fpl*

croupier /ˈkruːpiər || ˈkruːpiə(r)/ *n* crupier *mf*, croupier *mf*

crouton /ˈkruːtɑːn || ˈkruːtɒn/ *n* crutón *m*, picatoste *m* (Esp)

crow[1] /krəʊ/ *n*

A (Zool) cuervo *m*; ***as the ~ flies*** en línea recta; ▸**eat A**, **stone**[2] **A**

B (cry — of rooster) cacareo *m*; (— of baby) gorjeo *m*; (— of adult) alarido *m*, grito *m*

crow[2] *vi* (*past* **crowed** *or* arch **crew**; *past p* **crowed**) 1 «*cock*» cacarear 2 «*baby*» gorjear 3 (boast, exult) alardear, pavonearse; **to ~ ABOUT/OVER sth** alardear *or* jactarse DE algo; **it's nothing to ~ about** no es como para enorgullecerse

■ **crow** *vt* (*past & past p* **crowed**) alardear; **I told you so, he ~ed** —te lo dije —alardeó

crowbar /ˈkrəʊbɑːr || ˈkrəʊbɑː(r)/ *n* palanca *f*

crowd[1] /kraʊd/ *n* 1 (gathering of people) muchedumbre *f*, multitud *f*, gentío *m*; **a large ~ had gathered** se había congregado una muchedumbre *or* una gran multitud *or* un gentío; **a ~ of spectators** una multitud de espectadores; **she pushed her way through the ~** se abrió paso entre la muchedumbre *or* la multitud *or* el gentío; **the game is expected to attract a good ~** se espera que el partido atraiga mucho público; **the accident drew a large ~** el accidente atrajo *or* congregó a muchos curiosos; **the singer drew a large ~** el cantante atrajo mucho público; **there was quite a ~** había mucha gente; **~s of shoppers/tourists** multitud de clientes/turistas; ***to pass in a ~*** (colloq) estar* pasable, pasar; (*before n*): **~ scene** escena *f* multitudinaria; **~ trouble** disturbios *mpl* del público 2 (masses, average folk) (pej): **she isn't just one of the ~** no es del montón; **the show caters for the ~** el espectáculo está pensado para el gran público; ***to go with o follow the ~*** seguir* (a) la manada, dejarse arrastrar *or* llevar por la corriente; ***to stand out from/rise above the ~*** destacar(se)* 3 (group, set) (colloq) gente *f*; **the ~ from the office** la gente de la oficina; **they are a nice ~** son gente simpática; **I thought she was one of Jane's ~** creí que era de la pandilla *or* del grupo de Jane 4 (large number) (colloq) (*no pl*) montón *m*; **I had a ~ of things on my mind** tenía un montón de cosas en la cabeza

crowd[2] *vi* aglomerarse; **people ~ed outside** la gente se aglomeró afuera; **the fans ~ed around him** los admiradores se aglomeraron a su alrededor; **we opened the doors and they ~ed into the hall** abrimos las puertas y entraron en tropel a la sala

■ **crowd** *vt*

A (fill) «*people*» llenar, abarrotar; **the characters that ~ the pages of the novel** los personajes que pueblan las páginas de la novela; **they must have ~ed over 50,000 people into the stadium** deben haber metido a más de 50.000 personas en el estadio; **don't try to ~ everything onto one page** no trates de meter todo en una página; *see also* **crowded**

B (put pressure on) (colloq) acosar, hostigar*; **stop ~ing me** deja de acosarme *or* hostigarme

Phrasal verbs

- **crowd in on** [v + adv + prep + o]: **doubts ~ed in on her** la invadieron las dudas; **unhappy memories ~ed in on him** tristes recuerdos acudieron en tropel a su memoria (liter); **at times the city seems to ~ in on you** a veces uno se siente oprimido *or* agobiado por la ciudad
- **crowd out** [v + o + adv, v + adv + o] (colloq) hacer* salir, desplazar*; **we were ~ed out of the room** había tanta gente que tuvimos que salir de la habitación; **they are ~ing the moderates out of the party** están desplazando a los moderados del partido

crowd control *n* [u] control *m* de multitudes; (*before n*): **~ ~ barrier** barrera *f* de control de multitudes

crowded /ˈkraʊdəd || ˈkraʊdɪd/ *adj* ‹*street/room/bus*› abarrotado *or* atestado *or* lleno de gente; **the beach gets very ~** la playa se llena de gente; **it's too ~ in here** hay demasiada gente aquí; **a very ~ schedule** un calendario *or* un programa muy apretado; **the cupboard is ~ with odds and ends** el armario está atiborrado *or* lleno de cosas; **they live ~ together in one room** viven amontonados *or* apiñados en un cuarto

crowd-puller /ˈkraʊdˌpʊlər || ˈkraʊdˌpʊlə(r)/ *n* (colloq) gran atracción *f* (*espectáculo o persona que atrae mucho público*)

crowd safety *n* [u] seguridad *f* en las aglomeraciones

crowfoot /ˈkrəʊfʊt/ *n* (*pl* **~s** *or* ~) ranúnculo *m*

crown[1] /kraʊn/ *n*

A 1 [c] (of monarch) corona *f*; **the last monarch to wear the ~ of Greece** el último monarca en llevar la corona de Grecia; **~ of thorns** corona *f* de espinas 2 (Govt, Law): **the C~** la corona

B [c] (top — of hill) cima *f*; (— of tree) copa *f*; (— of tooth) corona *f*; (— of head) coronilla *f*; (— of hat) copa *f*; (— of road) centro *m*

C [c] (Fin) corona *f*

D [c] (culmination) (frml) coronación *f*, culminación *f*

E [u] (Print) *hoja de 15 pulgadas por 20*

crown[2] *vt*

A (make monarch) coronar; **she was ~ed empress/May queen** la coronaron emperatriz/reina de la primavera; **the ~ed heads of Europe** los monarcas *or* las testas coronadas de Europa

B 1 (surmount) coronar, rematar 2 (be culmination of) coronar; **their efforts were ~ed with success** sus esfuerzos se vieron coronados por el éxito; **to ~ it all, I lost my wallet** y para coronarla, perdí la billetera

C (Dent) ‹*tooth*› poner* una corona en

D (in checkers): **to ~ a piece** hacer* dama, coronar (Méx, Ven)

E (hit) (colloq) darle* un coscorrón a (fam)

crown court *n* (in UK) juzgado *m* (*que conoce de causas de derecho penal*)

crowning /ˈkraʊnɪŋ/ *adj* (*before n*) ‹*success/achievement*› supremo, mayor; **her ~ glory is**

C

her thick, auburn hair una abundante cabellera castaña corona su belleza

crown jewels *pl n* joyas *fpl* de la corona

crown prince *n* príncipe *m* heredero

crown princess *n* princesa *f* heredera

crown roast *n* corona *f* (*de cordero, cerdo etc*)

crow's feet /krəʊz/ *pl n* patas *fpl* de gallo

crow's nest *n* cofa *f*

crozier *n* ▸**crosier**

CRT *n* (= **cathode ray tube**) TRC *m*

crucial /ˈkruːʃəl/ *adj* ‹*moment*› crucial, decisivo, crítico; ‹*role/issue*› crucial, decisivo; **he took over at a ~ time for the company** se hizo cargo de la dirección en un momento crucial *or* decisivo *or* crítico para la compañía; **the next game will be ~ for us** el próximo partido es decisivo *or* es de crucial importancia para nosotros; **it was ~ to the prosecution** era de crucial importancia para la acusación; **the ~ words are 'not less than two months'** la expresión clave es 'no menos de dos meses'; **the correct ingredients are ~** es importantísimo usar los ingredientes indicados

crucially /ˈkruːʃəli/ *adv*: **it's ~ important** es de crucial importancia

crucible /ˈkruːsəbəl/ *n* crisol *m*

crucifix /ˈkruːsəfɪks || ˈkruːsɪfɪks/ *n* crucifijo *m*

crucifixion /ˌkruːsəˈfɪkʃən || ˌkruːsɪˈfɪkʃən/ *n* [u c] crucifixión *f*

cruciform /ˈkruːsəfɔːrm || ˈkruːsɪfɔːm/ *adj* cruciforme

crucify /ˈkruːsəfaɪ || ˈkruːsɪfaɪ/ (*past & past p* **-fied**) *vt* 1 (execute) crucificar* 2 (treat severely) (colloq): **they were crucified in the press** la prensa los destrozó; **if my father found out, he'd ~ me** si se enterara mi padre, me mataría; **the other team crucified us** los del otro equipo nos dieron una paliza (fam)

crud /krʌd/ *n* 1 [u] (impurities) porquería *f* 2 [u] (nonsense) (colloq) estupidez *f* (fam) 3 [c] (person) (sl) asqueroso, -sa *m,f* (fam)

cruddy /ˈkrʌdi/ *adj* **-dier, -diest** asqueroso

crude[1] /kruːd/ *adj* **-der, -dest** 1 (vulgar) ‹*joke/word/gesture*› ordinario, grosero 2 (unsophisticated) ‹*device/method*› rudimentario, burdo 3 (containing impurities) (*before n*) ‹*oil*› crudo

crude[2] *n* [u c] crudo *m*

crudely /ˈkruːdli/ *adv* 1 (vulgarly) ‹*remark/joke/gesture*› groseramente; **to put it ~** hablando en plata (fam) 2 (roughly) de un modo rudimentario

crudeness /ˈkruːdnəs || ˈkruːdnɪs/ *n* [u] 1 (vulgarity) grosería *f*, ordinariez *f* 2 (primitiveness) tosquedad *f*

crudités /ˈkruːdəteɪ || ˈkruːdɪteɪ/ *pl n*: *verduras crudas que se sirven acompañadas de una salsa*

crudity /ˈkruːdəti/ *n* [u] ▸**crudeness**

cruel /ˈkruːəl/ *adj* **crueller, cruellest** ‹*person/action/joke*› cruel; ‹*winter*› crudo; ‹*blow*› duro; **to be ~ TO sb** ser* cruel CON algn; ***to be ~ to be kind*** hacer* sufrir a algn para hacerle un bien; **now I realize they were only being ~ to be kind** ahora me doy cuenta de que sólo lo hacían por mi (*or* su *etc*) bien

cruelly /ˈkruːəli/ *adv* cruelmente

cruelty /ˈkruːəlti/ *n* [u c] (*pl* **-ties**) crueldad *f*; **~ TO sb** crueldad CON algn; **society for the prevention of ~ to animals** sociedad *f* protectora de animales

cruelty-free /ˌkruːəltiˈfriː/ *adj* no probado *or* (AmL tb) testeado en animales

cruet /ˈkruːət || ˈkruːɪt/ *n* 1 (Culin) vinagrera *f*, aceitera *f*, alcuza *f* (Chi); (*before n*): **~ stand** vinagreras *fpl*, convoy *m* (Esp), alcuzas *fpl* (Chi) 2 (Relig) vinajeras *fpl*

cruise[1] /kruːz/ *vi*

A 1 (Naut) «*person/liner*» hacer* un crucero, navegar*; «*fleet/warship*» navegar*, patrullar 2 «*police car*» patrullar 3 «*teenagers*» pasearse en coche

B 1 (travel at steady speed) «*plane*» volar*, desplazarse*; «*car*» ir* (*a una velocidad constante*); **we are now cruising at an altitude of 30,000ft** volamos *or* nos desplazamos ahora a una altitud de 30.000 pies 2 (Sport): **Smith ~d home** Smith llegó a la meta holgadamente; **the team ~d to an easy victory** el equipo logró cómodamente la victoria

C (search for sex) (sl) buscar* plan *or* (RPl) programa *or* (Chi) pinche (arg)

■ **cruise** *vt* «*ship*» (Mil) patrullar; (Leisure) navegar* por; «*police car*» patrullar

cruise[2] *n* crucero *m*; **to go on a ~** hacer* un crucero; **world ~** crucero alrededor del mundo; (*before n*): **~ ship** transatlántico *m*

cruise missile *n* misil *m* de crucero

cruiser /ˈkruːzər || ˈkruːzə(r)/ *n* 1 (warship) crucero *m* 2 (*cabin ~*) lancha *f*, barco *m* 3 (police car) (AmE) (coche *m*) patrulla *f*, patrullero *m* (RPl), autopatrulla *m* (Chi)

cruising altitude /ˈkruːzɪŋ/ *n* [u] altitud *f* de crucero

cruising speed *n* velocidad *f* de crucero

cruller /ˈkrʌlər || ˈkrʌlə(r)/ *n* (in US) rosquilla *f*

crumb /krʌm/ *n*

A 1 [c] (of bread, cake) miga *f*; **the sales figures offer a ~ of comfort** las cifras de venta brindan algo de consuelo; **I need every ~ of information I can get** necesito toda la información que pueda obtener; ***~s from the rich man's table*** las migajas del banquete 2 [c] (worthless person) (sl) mequetrefe *mf* (fam)

B **crumbs** *pl* (BrE colloq) (*as interj*) recórcholis (fam)

crumble[1] /ˈkrʌmbəl/ *vi* «*cake/cheese/soil*» desmenuzarse*; «*wall*» desmoronarse; «*alliance/democracy/resolve*» desmoronarse, derrumbarse; **many of our schools are crumbling** muchas de nuestras escuelas se están viniendo abajo

■ **crumble** *vt* ‹*earth/cheese*› desmenuzar*; ‹*bread*› desmigajar

crumble[2] *n* [c u] *postre de fruta cubierto de una mezcla de harina, mantequilla y azúcar*

crumbly /ˈkrʌmbli/ *adj* **-blier, -bliest** ‹*cake/bread*› que se desmigaja; ‹*cheese*› que se desmenuza fácilmente

crummy /ˈkrʌmi/ *adj* **-mier, -miest** (colloq) malo, horrible

crump /krʌmp/ *n* (colloq) explosión *f*

crumpet /ˈkrʌmpət || ˈkrʌmpɪt/ *n*

A [c] (Culin) *panecillo de levadura que se come tostado*

B [u] (women) (BrE sl) tipas *fpl* (fam), tías *fpl* (Esp fam), minas *fpl* (CS fam)

crumple /ˈkrʌmpəl/ *vt* ‹*paper/clothes*› arrugar*; ‹*metal*› abollar; **she ~d the sheet of paper into a ball** hizo una bola estrujando la hoja de papel; **to ~ sth up** arrugar* algo

■ **crumple** *vi* 1 (become creased) «*fabric/shirt*» arrugarse* 2 (collapse) «*metal/fuselage*» abollarse

crumple zone *n* zona *f* de absorción de impacto

crunch[1] /krʌntʃ/ *vt* 1 (eat noisily) ‹*nut/celery/apple*› mascar*, ronchar, ronzar* 2 (crush) aplastar (*haciendo crujir*); **to ~ the gears** hacer* chirriar los cambios; **to ~ sth up** triturar algo

■ **crunch** *vi* 1 (eat noisily) mascar*, ronchar, ronzar* 2 (make grinding sound): **our footsteps ~ed on the snow/gravel** nuestros pasos hacían crujir la nieve/grava

crunch[2] *n*

A (noise) crujido *m*

B (crisis): **the ~** la hora de la verdad; **when it comes to the ~** a la hora de la verdad; (*before n*) (colloq) ‹*decision/factor/year*› crucial

crunchy /ˈkrʌntʃi/ *adj* **-chier, -chiest** crujiente

crupper /ˈkrʌpər || ˈkrʌpə(r)/ *n* 1 (strap) baticola *f*, grupera *f* 2 (rump) grupa *f*, ancas *fpl*

crusade[1] /kruːˈseɪd/ *n* 1 (Hist) *also* **Crusade** cruzada *f*, campaña *f* 2 (campaign) cruzada *f*; **a ~ against/for sth** una cruzada *or* campaña contra algo/a favor de algo

crusade[2] *vi*: **to ~ (against/for sth)** hacer* una cruzada *or* campaña (contra algo/a favor de algo)

crusader /kruːˈseɪdər || kruːˈseɪdə(r)/ *n* 1 (Hist) *also* **Crusader** cruzado *m* 2 (campaigner) defensor, -sora *m,f*; **a ~ for social reform** un paladín de la reforma social

crush[1] /krʌʃ/ *vt*

A 1 (squash) ‹*box/car/person/fingers*› aplastar; ‹*garlic*› machacar*; ‹*grapes*› prensar, pisar; ‹*dress/suit*› arrugar*; **we sat ~ed together in the back** nos sentamos apretujados en la parte de atrás; **she ~ed the berry between her fingers** aplastó *or* estrujó la baya con los dedos; **they managed to ~ seven people into the car** consiguieron meter apretujadas a siete personas en el coche; **she ~ed everything into the case** metió todo apretujado en la maleta 2 **~ (up)** (pound, pulverize) ‹*nuts/root/stone*› triturar; **~ed ice** hielo *m* picado *or* (Méx) frappé

B (subdue) ‹*resistance/rebels/enemy*› aplastar; **he felt utterly ~ed** se sintió completamente abatido; **they succeeded in ~ing the bill** lograron que no se aprobara el proyecto de ley; **the government moved swiftly to ~ the rumor** el gobierno actuó con rapidez para acallar el rumor

■ **crush** *vi* «*dress/suit*» arrugarse*; **do you think we can all ~ into the back?** ¿crees que nos podemos apretujar todos en la parte de atrás?

crush[2] *n*

A (crowd) (*no pl*) aglomeración *f*; **there was a terrible ~ at the bar** había una aglomeración *or* un gentío horrible en el bar; **three people were injured in the ~** tres personas resultaron heridas en el tumulto; **it was a bit of a ~ with eight people in the car** con ocho personas en el coche se estaba un poco apretado

B [c] (infatuation) (colloq) enamoramiento*m*; **to have a ~ on sb** estar* chiflado por algn (fam); **all the kids had a ~ on Miss Spinetti** todos los niños estaban chiflados por Miss Spinetti; **it's just a schoolboy ~** sólo es un enamoramiento de adolescente

C [u c] (drink) (BrE): **orange ~** naranjada *f*; **lemon ~** limonada *f*

crush barrier *n* valla *f* de protección *or* de contención

crushing /ˈkrʌʃɪŋ/ *adj* ‹*defeat*› aplastante; ‹*reply/contempt*› apabullante

crushproof /ˈkrʌʃpruːf/ *adj* inarrugable

crust[1] /krʌst/ *n* 1 (of bread) corteza *f*, costra *f*; **a ~ of bread** un mendrugo; **without a ~ to eat** sin qué comer; ***to earn a*** *o* ***one's ~*** (colloq) ganarse el pan *or* (fam) los garbanzos 2 (of pie) tapa *f* de masa 3 (thin outer layer) costra *f*, corteza *f*; **the earth's ~** la corteza terrestre; **a ~ of ice** una capa de hielo

crust[2] *vi* formar (un) poso

crustacean /krʌˈsteɪʃən/ *n* crustáceo *m*

crustily /ˈkrʌstəli || ˈkrʌstɪli/ *adv* malhumoradamente

crusty /ˈkrʌsti/ *adj* **-tier, -tiest** 1 (crispy) ‹*bread/pastry*› crujiente 2 (irascible) ‹*person/reply*› malhumorado

crutch /krʌtʃ/ *n*

A 1 (walking aid) muleta *f*; **to be/walk on ~es** andar* con muletas 2 (support) muleta *f*, apoyo *m*

B (BrE) ▸**crotch**

crux /krʌks/ *n* (*no pl*) quid *m*; **the ~ of the matter** el quid de la cuestión

cry[1] /kraɪ/ *n* (*pl* **cries**)

A [c] 1 (exclamation) grito *m*; **to give/let out a ~** dar*/soltar* un grito; **there was a ~ of 'man overboard!'** se oyó un grito de '¡hombre al agua!'; **she heard cries for help** oyó gritos de socorro; **her suicide attempt was a ~ for help** su intento de suicidio fue una llamada *or* un grito *or* (AmL tb) un llamado de socorro; ***to be a far ~ from sth*** ser* muy distinto de *or* a algo 2 (of street vendor) pregón *m*; **the cries of the newsboys** los gritos de los vendedores de diarios 3 (*no pl*) (call — of seagull) chillido *m*, reclamo *m*; (— of hounds) aullido *m*; ***to be in full ~***: **the press were in full ~, demanding his**

resignation la prensa pedía a gritos su dimisión

B (weep) (colloq) (*no pl*) llanto *m*; **to have a ~** llorar; **you'll feel better after a good ~** te sentirás mejor después de un buen llanto

C (slogan) lema *m*, slogan *m*

cry² **cries, crying, cried** *vi*

A (weep) llorar; **to make sb ~** hacer* llorar a algn; **we laughed till we cried** nos reímos hasta que se nos saltaron las lágrimas; **I could have cried for joy/with frustration** hubiera llorado de alegría/frustración; **to ~ for sb** llorar por algn; **I'll give you something to ~ about** *o* **for!** ¡yo te voy a dar motivo para que llores!

B (call) ‹*bird*› chillar; ‹*person*› gritar; **they cried for help** pidieron ayuda a gritos; ***for ~ing out loud!*** (colloq) ¡por el amor de Dios!

■ **cry** *vt*

A (weep) llorar; **he cried himself to sleep** lloró hasta quedarse dormido

B (call) gritar

(Phrasal verbs)

- **cry down** [v + o + adv, v + adv + o] menospreciar, quitarle méritos a
- **cry off** [v + adv] (esp BrE) echarse atrás; **he had agreed to the interview, but cried off when ...** había aceptado que lo entrevistaran pero se echó atrás cuando ...; **several of the guests cried off at the last minute** a último momento varios de los invitados dijeron que no podían venir
- **cry out** [v + adv] **1** (call out) gritar; **he cried out to them to come back** les gritó que volvieran **2** (need) **to ~ out FOR sth** pedir* algo a gritos
- **cry up** [v + o + adv, v + adv + o] ensalzar*, exaltar

crybaby /ˈkraɪ,beɪbi/ *n* (*pl* **-babies**) (colloq) llorón, -rona *m,f* (fam), llorica *mf* (Esp fam), lloretas *mf* (Col fam), chillón, -llona *m,f* (Méx)

crying /ˈkraɪɪŋ/ *adj* (*before n*) ‹*need/urgency*› apremiante; **it's a ~ shame!** es una verdadera pena *or* lástima; **it would be a ~ shame to waste this food** sería un crimen *or* un pecado desperdiciar esta comida

cryobiology /,kraɪəʊbaɪˈɑːlədʒi || ,kraɪəʊbaɪˈɒlədʒi/ *n* [u] criobiología *f*

cryogenic /,kraɪəˈdʒenɪk/ *adj* criogenético

cryogenics /,kraɪəˈdʒenɪks/ *n* (+ *sing vb*) criogenia *f*, criogenética *f*

cryosurgery /,kraɪəʊˈsɜːrdʒəri || ,kraɪəʊˈsɜːdʒəri/ *n* [u] criocirugía *f*

crypt /krɪpt/ *n* cripta *f*

cryptanalysis /,krɪptəˈnæləsəs || ,krɪptəˈnælɪsɪs/ *n* [u] criptanálisis *m*

cryptic /ˈkrɪptɪk/ *adj* ‹*remark/reference*› enigmático, críptico; ‹*crossword/clue*› críptico

cryptically /ˈkrɪptɪkli/ *adv* enigmáticamente, crípticamente

crypto- /ˈkrɪptəʊ/ *pref* cripto-; **~Communist** criptocomunista

cryptogram /ˈkrɪptəgræm/ *n* criptograma *m*

cryptographer /krɪpˈtɑːgrəfər || krɪpˈtɒgrəfə(r)/ *n* criptógrafo, -fa *m,f*

cryptographic /,krɪptəˈgræfɪk/ *adj* criptográfico

cryptography /krɪpˈtɑːgrəfi || krɪpˈtɒgrəfi/ *n* [u] criptografía *f*

cryptology /krɪpˈtɑːlədʒi || krɪpˈtɒlədʒi/ *n* [u] criptología *f*

crystal¹ /ˈkrɪstl/ *n*

A [c] (Chem) cristal *m*; **bath ~s** sales *fpl* de baño

B **1** [u] **~ (glass)** cristal *m* **2** [c] (watch cover) cristal *m or* vidrio *m* (*de reloj*), mica *f* (AmL)

crystal² *adj* (liter) (*before n*) ‹*water/stream*› cristalino

crystal ball *n* bola *f* de cristal

crystal-clear /,krɪstlˈklɪr || ,krɪstlˈklɪə(r)/ *adj* ‹*water*› (liter) cristalino; ‹*sound/image*› nítido, claro; **it is ~ that ...** está clarísimo que ..., está más claro que el agua que ...; **the meaning is ~** el significado es transparente *or* es obvio

crystal gazer /ˈgeɪzər || ˈgeɪzə(r)/ *n* adivino, -na *m,f* (*que usa una bola de cristal para predecir el futuro*)

crystal gazing /ˈgeɪzɪŋ/ *n* [u]: *predicción del futuro mirando una bola de cristal*

crystalline /ˈkrɪstələn || ˈkrɪstəlaɪn/ *adj* cristalino

crystallization /,krɪstələˈzeɪʃən || ,krɪstəlaɪˈzeɪʃən/ *n* [u] **1** (Chem, Geol) cristalización *f* **2** (taking shape) cristalización *f*; **~ INTO sth** cristalización EN algo

crystallize /ˈkrɪstəlaɪz/ *vi* **1** (Chem, Geol) cristalizarse*; **to ~ out** cristalizar* **2** (take shape) ‹*plan/idea/interest*› cristalizarse*; **to ~ INTO sth** cristalizarse* EN algo

■ **crystallize** *vt* **1** (Chem, Geol) cristalizar* **2** (give shape to) ‹*idea/plan*› materializar* **3** (Culin) ‹*fruit*› confitar, escarchar, abrillantar (RPl), cristalizar* (Méx)

crystallography /,krɪstəˈlɑːgrəfi || ,krɪstəˈlɒgrəfi/ *n* [u] cristalografía *f*

CSA *n* **1** (in USA) = **Confederate States of America** **2** (in UK) = **Child Support Agency**

CSE *n* [c u] (formerly, in UK) (= **Certificate of Secondary Education**) ≈ bachillerato *m* elemental (*exámenes que se tomaban alrededor de los 16 años que en la actualidad se han reemplazado por*, ▸**GCSE**

CS gas /ˈsiːˈes/ *n* [u] gas *m* lacrimógeno

CST (in US) = **Central Standard Time**

CT *n* **1** (= **computerized tomography**) TC *f* **2** Connecticut

cu = **cubic**

cub /kʌb/ *n* **1** (young animal) cachorro *m* **2** (young person) (BrE dated) jovenzuelo, -la *m,f*; (*before n*): **~ reporter** periodista novato, -ta *m,f* **3** **Cub (Scout)** lobato *m*; **he's in the C~ Scouts** *o* (BrE also) **C~s** pertenece a los lobatos; (*before n*): **C~ master** (BrE) jefe *m* de lobatos

Cuba /ˈkjuːbə/ *n* Cuba *f*

Cuban¹ /ˈkjuːbən/ *adj* cubano

Cuban² *n* cubano, -na *m,f*

cubbyhole /ˈkʌbihəʊl/ *n* **1** (for storage) chiribitil *m* **2** (small room) chiribitil *m*, cuchitril *m* (pey)

cube¹ /kjuːb/ *n*

A (solid, shape) cubo *m*; (of meat, cheese) dado *m*, cubito *m*; (of sugar) terrón *m*; (*before n*): **~ sugar** azúcar *m* en terrones

B (power of three) (Math) cubo *m*

cube² *vt*

A (cut into cubes) cortar en dados *or* cubitos

B (Math) ‹*number/quantity*› elevar al cubo, cubicar*; **eight ~d** ocho al cubo

cube root *n* raíz *f* cúbica

cubic /ˈkjuːbɪk/ *adj*

A (of measure, shape) cúbico; **~ capacity** volumen *m*; (of engine) cilindrada *f*, cubicaje *m*; **~ measure** medida *f* de capacidad

B ▸❶ **p.1864** (Math) ‹*equation/expression*› de tercer grado; **~ meter** metro *m* cúbico

cubicle /ˈkjuːbɪkəl/ *n* (in dormitory, toilets) cubículo *m*; (booth) cabina *f*; (in store) probador *m*

cubism, Cubism /ˈkjuːbɪzəm/ *n* [u] cubismo *m*

cubist¹, Cubist /ˈkjuːbəst || ˈkjuːbɪst/ *n* cubista *mf*

cubist², Cubist *adj* cubista

cubit /ˈkjuːbət || ˈkjuːbɪt/ *n* codo *m*

cuboid¹ /ˈkjuːbɔɪd/ *adj* cuboide

cuboid² *n* cuboide *m*

cuckold¹ /ˈkʌkəʊld/ *n* cornudo *m*; **to make a ~ of sb** ponerle* los cuernos a algn

cuckold² *vt* ponerle* los cuernos a

cuckoo¹ /ˈkuːkuː || ˈkʊkuː/ *n* (*pl* **cuckoos**) **1** (bird) cuco *m*, cucú *m*, cuclillo *m*; ***a ~ in the nest*** un usurpador **2** (call) cucú *m*

cuckoo² *adj* (colloq) chiflado (fam), chalado (fam); ‹*ideas*› descabellado

cuckoo clock *n* reloj *m* de cuco *or* cucú

cucumber /ˈkjuːkʌmbər || ˈkjuːkʌmbə(r)/ *n* [c u] pepino *m*; ***(as) cool as a ~*** tan fresco *or* pancho (fam)

cud /kʌd/ *n* [u]: ***to chew the ~*** (lit) ‹‹*cow*›› rumiar; ‹‹*person*›› rumiar el asunto

cuddle¹ /ˈkʌdl/ *vt* abrazar*; **he fell asleep cuddling his teddy** se durmió abrazado a su osito

■ **cuddle** *vi* abrazarse*; **they were kissing and cuddling on the sofa** estaban amartelados en el sofá, se estaban haciendo arrumacos en el sofá (fam); **to ~ up TO sb** acurrucarse* CONTRA algn

cuddle² *n* abrazo *m*; **come and give me a ~** ven a darme un abrazo; **they were sitting on the sofa having a ~** se hacían arrumacos sentados en el sofá; **she just needs a ~** le hace falta que le hagan mimos *or* (Méx fam) que la apapachen

cuddly /ˈkʌdli/ *adj* **-dlier, -dliest** ‹*baby/teddy*› riquísimo, que da ganas de comérselo; ‹*person*› adorable; **~ toy** muñeco *m* de peluche

cudgel¹ /ˈkʌdʒəl/ *n* garrote *m*, porra *f*; ***to take up the ~s on behalf of sb/sth*** romper* una lanza por algn/algo

cudgel² *vt* BrE **-ll-** aporrear

cue¹ /kjuː/ *n*

A **1** (Mus) entrada *f*; (Theat) pie *m*; **that's your ~ to show what you can do** ése es el momento de demostrar de lo que eres capaz; **to give sb her/his ~** darle* el pie a algn; **to miss one's ~** no salir* a escena en el momento debido; **the police walked in, right on ~** la policía entró en el momento justo; ***to take one's ~ from sb*** seguir* el ejemplo de algn; (*before n*) ‹*word/phrase*› clave *adj inv* **2** (Psych) impulso *m*

B (in snooker, billiards) taco *m*; (*before n*): **~ ball** bola *f* blanca

cue² **cues, cuing, cued** *vt*

A ‹*actor*› darle* el pie a; ‹*musician*› darle* la entrada a; **~ camera one!** ¡cámara uno, acción!

B (in snooker, billiards) ‹*ball*› embocar*

(Phrasal verb)

- **cue in** [v + o + adv, v + adv + o] ‹*musician*› darle* entrada a; ‹*actor*› darle* el pie a

cue card *n* letrero *m* apuntador

cuff¹ /kʌf/ *n*

A **1** (of sleeve) puño *m*; (of pants) (AmE) vuelta *f or* (Chi) bastilla *f or* (Méx) valenciana *f or* (RPl) botamanga *f* **2** (*in phrases*): **off the cuff** (*as adv*): **he spoke off the ~** habló improvisando; (*as adj*): **an off-the-~ speech** un discurso improvisado; **on the cuff** (AmE): **he let me have the beer on the ~** me fió la cerveza **3** **cuffs** *pl* (*hand~s*) (colloq) esposas *fpl*, pulseras *fpl* (arg)

B (blow — on face) cachete *m*, bofetón *m*, cachetada *f* (AmL); (— on head) coscorrón *m*, capón *m* (Esp); **a ~ on** *o* (BrE) **round the ear** un bofetón

cuff² *vt* (strike) darle* un cachete (*or* coscorrón *etc*) a

cuffed /kʌft/ *adj* ‹*sleeves*› con puño; ‹*pants*› (AmE) con vuelta *or* (Chi) con bastilla *or* (Méx) con valenciana *or* (RPl) con botamanga

cuff link *n* gemelo *m or* (Col) mancorna *f or* (Chi) collera *f or* (Méx) mancuernilla *or* mancuerna *f*

cuirass /kwɪˈræs/ *n* coraza *f*

cuisine /kwɪˈziːn/ *n* [u c] cocina *f*

cul-de-sac /ˈkʌldɪsæk/ *n* (*pl* **culs-de-sac** /kʌlz-/ **cul-de-sacs** /-sæks/) calle *f* sin salida *or* (Col) ciega *or* (RPl) cortada; **he feels he's in a ~** siente que está en un callejón sin salida

culinary /ˈkʌləneri || ˈkʌlɪnəri/ *adj* culinario

cull¹ /kʌl/ *vt* **1** ‹*seals/lambs/deer*› *sacrificar de forma selectiva* **2** ‹*flowers/fruit*› escoger* **3** ‹*facts/information*› seleccionar

cull² *n: matanza selectiva de animales*

cullender /ˈkʌləndər || ˈkʌləndə(r)/ *n* ▸**colander**

culminate /ˈkʌlməneɪt || ˈkʌlmɪneɪt/ *vi*

A (reach peak) **to ~ IN sth** culminar EN algo

B (Astron) culminar

■ **culminate** *vt* (AmE) ser* la culminación de

culmination /,kʌlməˈneɪʃən || ,kʌlmɪˈneɪʃən/ *n* [u] **1** (of events, efforts) culminación *f*, punto *m*

C

culminante 2 (Astron) culminación *f*

culottes /'ku:la:ts || kju:'lɒts/ *pl n* falda *f* pantalón, pollera *f* pantalón (CS, Per)

culpability /ˌkʌlpə'bɪləti/ *n* [u] (frml) culpabilidad *f*

culpable /'kʌlpəbəl/ *adj* (frml) ‹*person*› culpable; ‹*action*› culposo; ~ **homicide** homicidio *m* sin premeditación; **to hold sb ~ for sth** considerar a algn culpable de algo

culprit /'kʌlprət || 'kʌlprɪt/ *n* culpable *mf*; (Law) inculpado, -da *m,f*

cult /kʌlt/ *n* 1 (belief, worship) culto *m* 2 (sect) secta *f* 3 (craze, obsessive interest) culto *m*; **personality ~** el culto a la personalidad; (*before n*): ~ **figure** ídolo *m*; ~ **hero** figura *f* de culto, ídolo *m*; ~ **movie** película *f* de culto

cultivable /'kʌltəvəbəl || 'kʌltɪvəbəl/ *adj* cultivable

cultivate /'kʌltəveɪt || 'kʌltɪveit/ *vt* 1 (Agr, Hort) cultivar 2 ‹*friendship/contacts/talent*› cultivar; **she ~d an air of indifference** adoptaba un estudiado aire de indiferencia; **he's worth cultivating** vale la pena cultivar su amistad *or* la relación con él

cultivated /'kʌltəveɪtəd || 'kʌltɪveɪtɪd/ *adj* 1 (Agr, Hort) ‹*land/plant/variety*› cultivado 2 (refined) cultivado

cultivation /ˌkʌltə'veɪʃən || ˌkʌltɪ'veɪʃən/ *n* [u] 1 (Agr, Hort) cultivo *m*; **to be under ~** estar* en cultivo 2 (of friendship, contacts) cultivo *m* 3 (refinement) refinamiento *m*, lo cultivado

cultivator /'kʌltəveɪtər || 'kʌltɪveɪtə(r)/ *n* cultivadora *f*

cultural /'kʌltʃərəl/ *adj* cultural; **our ~ heritage** nuestro patrimonio cultural

culturally /'kʌltʃərəli/ *adv* desde un punto de vista cultural, culturalmente

culture[1] /'kʌltʃər || 'kʌltʃə(r)/ *n*
A [c u] (civilization) cultura *f*; (*before n*): ~ **clash** choque *m* de culturas; ~ **shock** choque *m* cultural *or* de culturas
B [u] (intellectual activity) cultura *f*; **a man of great ~** un hombre de gran cultura; **a person of no ~** una persona totalmente inculta, una persona sin ninguna cultura
C [c u] (Biol) cultivo *m*; (*before n*): ~ **medium** caldo *m* de cultivo
D [u] (Agr) (of plants) cultivo *m*; (of animals) cría *f*

culture[2] *vt* cultivar

cultured /'kʌltʃərd || 'kʌltʃəd/ *adj* 1 (intellectual) ‹*person/mind*› culto; ‹*tastes*› refinado, propio de una persona culta 2 (Agr, Biol) de cultivo; ~ **pearls** perlas *fpl* cultivadas *or* de cultivo

culture vulture *n* (colloq & hum) devorador, -dora *m,f* de cultura

culture war *n* (Sociol) guerra *f* cultural

culvert /'kʌlvərt || 'kʌlvət/ *n* 1 (drain) alcantarilla *f* 2 (Elec) conducto *m* subterráneo

cum /kʌm/ *prep*: **a study-~-library** un estudio-biblioteca; **my secretary-~-assistant** mi secretaria y ayudante a la vez

Cumb = **Cumberland**

cumbersome /'kʌmbərsəm || 'kʌmbəsəm/, **cumbrous** /'kʌmbrəs/ *adj* ‹*movements/gait*› pesado y torpe; **the box was ~ to carry** la caja era voluminosa e incómoda de llevar; **that's a very ~ way of expressing it** ésa es una manera muy torpe de expresarlo; ~ **rules and regulations** engorrosas normas y reglamentos

cumin /'kʌmən || 'kʌmɪn/ *n* [u] comino *m*

cum laude /kʊm'laʊdə || kʌm'laʊdeɪ/ *adv* (AmE) cum laude

cummerbund /'kʌmərbʌnd || 'kʌməbʌnd/ *n* faja *f* (*de smoking*)

cumquat /'kəmkwɑ:t || 'kʌmkwɒt/ *n* (BrE) ▸**kumquat**

cumulative /'kju:mjələtɪv || 'kju:mjʊlətɪv/ *adj* acumulativo

cumulative voting *n* [u] voto *m* acumulativo

cumulonimbus /ˌkju:mjələʊ'nɪmbəs || ˌkju:mjʊləʊ'nɪmbəs/ *n* (*pl* **-bi** /-baɪ/) cúmulonimbo *m*

cumulus /'kju:mjələs || 'kju:mjʊləs/ *n* (*pl* **-li** /-laɪ/) cúmulo *m*

cuneiform[1] /kjʊ'ni:əfɔ:rm || 'kjuːnɪfɔ:m/ *adj* cuneiforme

cuneiform[2] *n* [u] escritura *f* cuneiforme

cunnilingus /ˌkʌnɪ'lɪŋgəs/ *n* [u] cunnilingus *m*

cunning[1] /'kʌnɪŋ/ *adj*
A 1 (clever, sly) ‹*villain/trick/plan*› astuto; ‹*smile*› malicioso; **you ~ devil!** ¡qué astuto eres! 2 (ingenious) ‹*device*› ingenioso
B (cute, attractive) (AmE): **a ~ guy** un tipo guapo *or* (esp AmL) buen mozo; **she's real ~!** ¡es guapísima *or* (esp AmL) lindísima!

cunning[2] *n* [u] astucia *f*; **low ~** zorrería *f* (fam)

cunningly /'kʌnɪŋli/ *adv* astutamente, con astucia

cunt /kʌnt/ *n* (vulg) 1 (female genitals) coño *m* (vulg), concha *f* (AmS vulg), chocho *m* (Esp vulg), chocha *f* (Col vulg), chucha *f* (Chi vulg), pucha *f* (Méx vulg) 2 (term of abuse — referring to woman) hija *f* de puta (vulg); (— referring to man) (BrE) hijo *m* de puta (vulg)

cup[1] /kʌp/ *n*
A [c] 1 (container, contents) taza *f*; **a ~ of tea/coffee** una taza de té/café; **measuring ~** taza *f* de medir; **paper ~** vaso *m* de papel; ***to be sb's ~ of tea***: **he isn't my ~ of tea** no es santo de mi devoción; **this might be more your ~ of tea** quizás esto te guste más *or* esto sea más de tu gusto 2 (cupful) taza *f*; **add one ~ of flour/water** añada una taza de harina/agua 3 (goblet) copa *f*; **to drink** *o* **drain the ~ of bitterness** (liter) apurar el cáliz *or* la copa de la amargura (liter); ***to be in one's ~s*** estar* borracho
B [u] (beverage) (esp BrE) *ponche a base de vino*
C [c] (trophy) copa *f*; (*before n*) ‹*competition/match*› de copa; **we watched the ~ final** miramos la final de copa; ~ **tie** (BrE) partido *m* de copa
D [c] 1 (of bra) copa *f* 2 (of jockstrap) (AmE) coquilla *f or* (Méx) concha *f* 3 (of flower) cáliz *m*

cup[2] *vt* **-pp-**: **to ~ one's hands** (to drink) ahuecar* las manos; (to shout) hacer* bocina (con las manos); **to hold sth ~ped in one's hands** sostener* algo entre las manos ahuecadas; **she ~ped a hand to her ear** se llevó la mano a la oreja para oír mejor

cupbearer /'kʌpˌberər || 'kʌpˌbeərə(r)/ *n* copero *m*, escanciador *m*

cupboard /'kʌbərd || 'kʌbəd/ *n* 1 (cabinet) armario *m*; (in dining room) aparador *m* 2 (full-length, built-in) (BrE) armario *m or* (AmL exc RPl) clóset *m or* (RPl) placard *m*

cupboard love *n* [u] (BrE) cariño *m* interesado

cupcake /'kʌpkeɪk/ *n*
A (Culin) ≈magdalena *f*
B (attractive woman) (AmE colloq) bombón *m* (fam)
C (effeminate man) (AmE colloq) amariconado *m* (fam)

cupful /'kʌpfʊl/ *n* (*pl* **cupfuls** *or* **cupsful** /'kʌpsfʊl/) taza *f*

Cupid /'kju:pəd || 'kju:pɪd/ *n* Cupido

cupidity /kju:'pɪdəti/ *n* [u] (liter) codicia *f*

cupola /'kju:pələ/ *n* 1 (roof) cúpula *f*; (small) cupulino *m* 2 (turret) linterna *f*

cuppa /'kʌpə/ *n* (BrE colloq) (taza *f* de) té *m*

cupronickel /ˌku:prəʊ'nɪkəl || ˌkju:prəʊ'nɪkəl/ *n* [u] cuproníquel *m*

cur /kɜ:r || kɜ:(r)/ *n* (liter & dated) 1 (dog) (pej) perro *m* callejero 2 (despicable man) bellaco *m*

curable /'kjʊrəbəl || 'kjʊərəbəl/ *adj* curable, que tiene cura

curaçao /'kjʊrəsəʊ || ˌkjʊərə'səʊ/ *n* [u] curasao *m*

curacy /'kjʊrəsi || 'kjʊərəsi/ *n* [u c] (*pl* **-cies**) coadjutoría *f*

curare /kjʊ'rɑ:ri/ *n* [u] curare *m*

curate /'kjʊrət || 'kjʊərət/ *n* coadjutor *m*; ***to be a ~'s egg, to be like the ~'s egg*** (BrE) tener* cosas buenas y malas

curative[1] /'kjʊrətɪv || 'kjʊərətɪv/ *adj* curativo

curative[2] *n* remedio *m*

curator /kjʊ'reɪtər || kjʊə'reɪtə(r)/ *n* (of museum, art gallery) conservador, -dora *m,f*; (of exhibition) comisario, -ria *m,f*

curb[1] /kɜ:rb || kɜ:b/ *n*
A (restraint) ~ (ON sth) freno *m* (A algo); **to put a ~ on sth** poner* freno *or* coto a algo; **to keep a ~ on sth** dominar *or* refrenar algo
B (on bridle) barbada *f*; (*before n*): ~ **bit** freno *m*
C **curb,** (BrE) **kerb** (in street) bordillo *m* (de la acera), borde *m* de la banqueta (Méx), cuneta *f* (Chi), sardinel *m* (Col), cordón *m* de la vereda (RPl)

curb[2] *vt*
A (control) ‹*anger/excitement*› dominar, refrenar; ‹*spending/prices/imports*› poner* freno a, frenar; Ⓢ **curb your dog** (AmE) controle a su perro
B ‹*horse*› ponerle* la barbada a

curb cut *n* (AmE) rampa *f* (en la acera *or* (Méx) banqueta *or* (CS, Per) vereda), rasante *f* de la acera (Esp), bajada *f* de cordón (RPl)

curbside, (BrE) **kerbside** /'kɜ:rbsaɪd || 'kɜ:bsaɪd/ *n* filo *m* de la acera *or* (Méx) de la banqueta *or* (CS, Per) de la vereda

curbstone /'kɜ:rbstəʊn || 'kɜ:bstəʊn/ *n* (BrE) **kerbstone** *n* piedra *f* del ▸**curb**[1] **C**

curd /kɜ:rd || kɜ:d/ *n* [u] 1 (from milk) (*often pl*) cuajada *f*; (*before n*): ~ **cheese** requesón *m* 2 (paste) (esp BrE): **bean ~** tofu *m*, queso *m* de soya (AmL) *or* (Esp) soja; **orange/lemon/lime ~** crema *f* de naranja/limón/lima

curdle /'kɜ:rdl || 'kɜ:dl/ *vi* 1 (go bad, separate) «*milk/sauce*» cortarse 2 (form curds) «*milk*» cuajarse; **a scream that made my blood ~** un grito que me heló la sangre
■ **curdle** *vt* 1 (cause to go bad, separate) ‹*milk/mayonnaise*› cortar 2 (cause to form curds) ‹*milk*› cuajar

cure[1] /kjʊr || kjʊə(r)/ *vt*
A 1 (Med) curar; **to ~ sb OF sth** ‹*of illness/shyness/anxiety*› curar a algn DE algo; ‹*of habit/idea*› quitarle algo A algn 2 (remedy) ‹*evil/problem*› remediar, poner* remedio a
B 1 (preserve) ‹*meat/fish*› curar 2 ‹*rubber*› vulcanizar*
■ **cure** *vi*
A (effect a cure) curar
B «*meat/fish/tobacco/hides*» curarse

cure[2] *n* 1 (remedy — for disease) cura *f*; (— for problem) remedio *m*; **there's no ~ for this condition** esta enfermedad no tiene cura; **to be beyond** *o* **past ~** no tener* curación/remedio 2 (course of treatment) cura *f*; **to take** *o* **go on a ~** tomar las aguas 3 (return to health) restablecimiento *m*, curación *f*

cure-all /'kjʊrɔ:l || 'kjʊərɔ:l/ *n* (remedio *m*) curalotodo *m*, panacea *f*

curettage /ˌkjʊrə'tɑ:ʒ || ˌkjʊərɪ'tɑ:ʒ/ *n* [u] legrado *m*, raspado *m*, raspaje *m* (CS)

curfew /'kɜ:rfju: || 'kɜ:fju:/ *n* 1 (restriction) toque *m* de queda; **to be under (a) ~** estar* bajo toque de queda 2 (deadline) toque *m* de queda; **they went out after ~** salieron después del toque de queda

Curia /'kjʊriə || 'kjʊəriə/ *n* (Relig): **the ~** la Curia

curio /'kjʊriəʊ || 'kjʊəriəʊ/ *n* (*pl* **-os**) curiosidad *f*

curiosity /ˌkjʊri'ɑ:səti || ˌkjʊəri'ɒsəti/ *n* (*pl* **-ties**)
A [u] (inquisitive interest) curiosidad *f*; **I just asked out of ~** pregunté sólo por curiosidad; ~ ***killed the cat*** por querer saber, la zorra perdió la cola
B [c] (novelty) curiosidad *f*; (*before n*): ~ **shop** tienda *f* de curiosidades *or* de objetos curiosos; ~ **value** valor *m* de pieza rara

curious /'kjʊriəs || 'kjʊəriəs/ *adj* 1 (inquisitive) curioso; **why do you ask? — oh, I'm just ~** ¿por qué lo preguntas? — sólo por curiosidad; **to be ~ to + INF** tener* curiosidad POR + INF; **I'm ~ to know what she thought** tengo curiosidad por saber qué le pareció 2 (strange) curioso, extraño; **it's ~ the way** *o* **it's ~ how we always think alike** es curioso como siempre pensamos de modo parecido

curiously /'kjʊriəsli || 'kjʊəriəsli/ *adv* **1** (with curiosity) con curiosidad **2** (strangely) curiosamente; ~ **enough, we got on very well** (*indep*) curiosamente *or* aunque parezca mentira, nos llevamos muy bien

curiousness /'kjʊriəsnəs || 'kjʊəriəsnɪs/ *n* [u] **1** (strangeness) lo curioso **2** (curiosity) curiosidad *f*

curium /'kjʊriəm || 'kjʊəriəm/ *n* [u] curio *m*

curl[1] /kɜːrl || kɜːl/ *n* **1** (of hair) rizo *m*, rulo *m* (CS), chino *m* (Méx); (ringlet) bucle *m*, tirabuzón *m* **2** (of lips) mueca *f* de desprecio **3** (of smoke) voluta *f*

curl[2] *vt* **1** ‹*hair*› rizar*, encrespar (CS), enchinar (Méx), enrular (RPl) **2** (twist, bend): **to ~ one's lip** hacer* una mueca, torcer* el gesto; **the snake ~ed itself around the branch** la serpiente se enroscó *or* se enrolló alrededor de la rama; **she ~ed herself into a ball** se hizo un ovillo

■ **curl** *vi* **1** «*hair*» rizarse*, ensortijarse (liter), encresparse (CS), enchinarse (Méx), enrularse (RPl) **2** «*paper/leaf/edge*» ondularse, rizarse* **3** (spiral) «*path*» serpentear; «*smoke*» formar *or* hacer* volutas, subir en espirales

Phrasal verb

• **curl up** [v + adv] **1** (twist) «*leaf/pages*» ondularse, rizarse*; **the cat ~ed up in front of the fire** el gato se hizo un ovillo frente a la chimenea; **to ~ up in a chair with a good book** acurrucarse* *or* repatingarse* *or* (Esp) repantigarse* en un sillón con un buen libro; **I was so embarrassed, I just wanted to ~ up and die** (colloq) me dio tanta vergüenza que hubiera querido que la tierra me tragara **2** (rise) «*smoke/steam*» subir en espirales, formar *or* hacer* volutas

curler /'kɜːrlər || 'kɜːlə(r)/ *n* (for hair) rulo *m*, rulero *m* (RPl), marrón *m* (Col), chino *m* (Méx), tubo *m* (Chi, Méx); **to have one's ~s in, to be in ~s** tener* los rulos (*or* ruleros *etc*) puestos

curlew /'kɜːrluː || 'kɜːljuː/ *n* zarapito *m*

curlicue /'kɜːrlɪkjuː || 'kɜːlɪkjuː/ *n* (in handwriting) floritura *f*; (in woodcarving) arabesco *m*

curling /'kɜːrlɪŋ || 'kɜːlɪŋ/ *n* [u] (Sport) curling *m*; (*before n*): ~ **stone** piedra *f* de curling

curling irons, curling tongs *pl n* tenacillas *fpl* (*para rizar el pelo*)

curly /'kɜːrli || 'kɜːli/ *adj* **-lier, -liest** ‹*hair*› rizado, ensortijado (liter), crespo (CS), chino (Méx); ‹*tail*› enroscado; ‹*writing/signature*› con florituras

curly-haired /ˌkɜːrli'herd || ˌkɜːli'heəd/, **curly-headed** /ˌkɜːrli'hedəd || ˌkɜːli'hedɪd/ *adj* de pelo rizado

curmudgeon /kɜːr'mʌdʒən || kɜː'mʌdʒən/ *n* cascarrabias *mf*

curmudgeonly /kɜːr'mʌdʒənli || kɜː'mʌdʒənli/ *adj* ‹*manner*› de viejo cascarrabias

currant /'kɜːrənt || 'kʌrənt/ *n*
A (dried dwarf grape) pasa *f* de Corinto
B (shrub, fruit) *cualquier arbusto o fruto de la familia Ribes como la grosella*

currency /'kɜːrənsi || 'kʌrənsi/ *n* (*pl* **-cies**)
A (Fin) **1** [c u] (type of money) moneda *f*; ~ **in circulation** moneda *f* circulante *or* en circulación; **foreign ~** moneda *f* extranjera, divisas *fpl*; (*before n*): ~ **converter** convertidor *m* de divisas; ~ **devaluation** devaluación *f* de la moneda; ~ **market** mercado *m* cambiario *or* de cambios *or* de divisas; ~ **unit** unidad *f* monetaria **2** [u] (cash) efectivo *m*
B [u] (prevalence) difusión *f*; **to have ~ (AS sth)** tener* difusión (COMO algo); **to gain ~** «*view/fashion*» extenderse*, ganar adeptos; **to give ~ to a rumor/belief** confirmar un rumor/una creencia; **to be in ~** estar* en circulación

current[1] /'kɜːrənt || 'kʌrənt/ *adj*
A (*before n*) **1** (existing) ‹*situation/policy/prices*› actual; ‹*year/month*› en curso **2** (most recent) ‹*issue*› último; ‹*price list*› actual
B **1** (valid) ‹*license/membership*› vigente **2** (prevailing) ‹*opinion/practice*› corriente, común, habitual **3** (up to date) (*pred*): **to be/become ~** estar*/ponerse* al corriente *or* al día

current[2] *n*
A [c] **1** (flow of water, air) corriente *f*; **against the ~** contra la corriente; **with the ~** en el sentido de la corriente **2** (general trend) corriente *f*; **to go with the ~** dejarse llevar por la corriente; **to go against the ~** ir* contra la corriente
B [c u] (Elec) corriente *f*; **to run off household ~** (AmE) funcionar con electricidad

current account *n* (BrE) cuenta *f* corriente

current affairs *pl n* sucesos *mpl* de actualidad; (*before n*): **current-affairs program** programa *m* de actualidades

current cost accounting *n* [u] contabilidad *f* a costos *or* (Esp) costes corrientes

current events *pl n* sucesos *mpl or* acontecimientos *mpl* de actualidad, la actualidad

currently /'kɜːrəntli || 'kʌrəntli/ *adv* **1** (at present) actualmente **2** (commonly) comúnmente; **as ~ thought** como se suele ahora pensar; **medicine, as ~ practiced here** la medicina como se practica actualmente aquí

current regulator *n* regulador *m* de corriente

curricular /kə'rɪkjələr || kə'rɪkjʊlə(r)/ *adj* curricular

curriculum /kə'rɪkjələm || kə'rɪkjʊləm/ *n* (*pl* **-lums** *or* **-la** /-lə/) **1** (range of courses) plan *m* de estudios **2** (for single course) programa *m* (de estudio), currículo *m*, curriculum *m* (AmL)

curriculum vitae /'viːtaɪ/ ➔📖 *n* (*pl* **curricula vitae**) (BrE) currículum *m* (vitae), historial *m* personal, hoja *f* de vida (Col)

curry[1] /'kɜːri || 'kʌri/ *n* (*pl* **curries**) **1** [c u] (dish) curry *m*; **vegetable ~** curry de verduras, verduras *fpl* al curry **2** [u] ~ **(powder)** curry *m*; (*before n*): ~ **sauce** salsa *f* de curry

curry[2] **-ries, -rying, -ried** *vt*
A (Culin) preparar al curry; **curried chicken** pollo *m* al curry
B **1** (dress) ‹*leather*› curtir **2** (groom) ‹*horse*› almohazar*; ►**favor**[1] **A1**

currycomb /'kɜːrikəʊm || 'kʌrikəʊm/ *n* almohaza *f*

curse[1] /kɜːrs || kɜːs/ *n* **1** (evil spell) maldición *f*; **to put a ~ on sb, to put sb under a ~** echarle una maldición a algn **2** (oath) maldición *f*, palabrota *f*; **~s!** ¡maldición! **3** (burden) maldición *f*; **this man is the ~ of my life!** ¡este hombre es mi cruz!; **the ~ of unemployment** la lacra del desempleo **4** (menstruation) (colloq & euph): **the ~** la regla

curse[2] *vt* **1** (put spell on) maldecir* **2** (express annoyance at) ‹*weather/luck*› maldecir*; **~ her/him!** ¡maldita/maldito sea!; **~ it!** ¡maldición! **3** (swear at) insultar **4** (afflict) (*usu pass*) **to be ~d WITH sth** estar* aquejado DE algo, padecer* DE algo

■ **curse** *vi* maldecir*, soltar* palabrotas

cursed /'kɜːrsəd || 'kɜːsɪd/ *adj* maldito

cursive[1] /'kɜːrsɪv || 'kɜːsɪv/ *adj* cursivo

cursive[2] *n* cursiva *f*

cursor /'kɜːrsər || 'kɜːsə(r)/ *n* **1** (Comput) cursor *m*; (*before n*): ~ **key** tecla *f* del *or* de cursor **2** (on slide rule) cursor *m*

cursorily /'kɜːrsərəli || 'kɜːsərəli/ *adv* someramente, por encima

cursory /'kɜːrsəri || 'kɜːsəri/ *adj* ‹*glance*› rápido; ‹*description*› somero; ‹*interest*› superficial; ‹*resemblance*› ligero

curst /kɜːrst || kɜːst/ *adj* (arch) ►**cursed**

curt /kɜːrt || kɜːt/ *adj* cortante, seco; **she was very ~ with me on the telephone** estuvo muy cortante conmigo por teléfono

curtail /kɜːr'teɪl || kɜː'teɪl/ *vt* **1** (cut short) abreviar, acortar **2** (restrict) restringir*; (reduce) reducir*

curtailment /kɜːr'teɪlmənt || kɜː'teɪlmənt/ *n* [u] **1** (cutting short) acortamiento *m* **2** (of freedom) restricción *f*; (of spending) reducción *f*

curtain[1] /'kɜːrtn || 'kɜːtn/ *n* **1** (at window) cortina *f*; **a pair of ~s** unas cortinas; **to draw** *o* **open the ~s** (des)correr *or* abrir* las cortinas; **to pull** *o* **close** *o* **draw the ~s** correr *or* cerrar* las cortinas; (*before n*): ~ **hook** gancho *m* (de cortina); ~ **rail** riel *m* (de cortina); ~ **rod** *o* **pole** barra *f* de cortina **2** (as screen) cortina *f*; **the Iron C~** la cortina de hierro (AmL), el telón de acero (Esp) **3** (Theat) telón *m*; **the ~ rises/falls** sube *or* se levanta/baja *or* cae el telón; ***it's ~s for you/him*** (colloq) estás/está acabado; ***to bring*** *o* ***ring down the ~ on sth*** (terminate) poner* punto final a algo; (in theater) suspender las representaciones de algo **4** (of rain) cortina *f*; (of fog) manto *m*; (of mystery, secrecy) halo *m*, velo *m*

curtain[2] *vt* ‹*window/house*› poner* cortinas en

Phrasal verb

• **curtain off** [v + o + adv, v + adv + o] ‹*bed/alcove*› separar con una cortina

curtain call *n* salida *f* a escena *or* al escenario (*para saludar*), telón *m* (Méx); **he took five ~ ~s** salió cinco veces (al escenario) a saludar, tuvo cinco telones (Méx)

curtaining /'kɜːrtnɪŋ || 'kɜːtnɪŋ/ *n* [u] (BrE) tela *f* de cortinas

curtain-raiser /'kɜːrtnˌreɪzər || 'kɜːtnˌreɪzə(r)/ *n* (Theat) *pieza corta que precede a la representación principal*; **and that's just the ~! just see what happens next** ¡y eso es sólo el aperitivo! espera a ver lo que viene después

curtain wall *n* muro *m or* pared *f* de cerramiento

curtly /'kɜːrtli/ *adv* de manera cortante

curtness /'kɜːrtnəs/ *n* [u] lo cortante

curtsey[1] *n* (*pl* **-seys**) (esp BrE) ►**curtsy**[1]

curtsey[2] *vi* **-seys, -seying, -seyed** (BrE) ►**curtsy**[2]

curtsy[1] /'kɜːrtsi || 'kɜːtsi/ *n* (*pl* **-sies**) reverencia *f* (*que hacen las mujeres agachándose*); **to make** *o* **drop a ~ to sb** hacerle* una reverencia a algn

curtsy[2] *vi* **-sies, -sying, -sied** hacer* una reverencia; **to ~ to sb** hacerle* una reverencia a algn

curvaceous /kɜːr'veɪʃəs || kɜː'veɪʃəs/ *adj* curvilíneo, escultural

curvature /'kɜːrvətʃʊr || 'kɜːvətʃə(r)/ *n* [u] curvatura *f*; **he suffers from ~ of the spine** tiene desviación de columna

curve[1] /kɜːrv || kɜːv/ *n* **1** (bend) curva *f*; ***to throw sb a ~*** (AmE) agarrar *or* (esp Esp) coger* a algn desprevenido **2** (contour) curva *f* **3** (on graph) curva *f*

curve[2] *vi* **1** «*surface*» estar* curvado *or* combado; **it ~s outward** está curvado hacia afuera **2** «*river*» describir* una curva; «*ball*» describir* una curva, curvear (Méx); **the path ~s down to the sea** el sendero tuerce y baja hacia el mar

curve ball *n* curva *f*

curved /kɜːrvd || kɜːvd/ *adj* curvo

curvilinear /ˌkɜːrvə'lɪniər || ˌkɜːvɪ'lɪniə(r)/ *adj* curvilíneo

curvy /'kɜːrvi || 'kɜːvi/ *adj* **-vier, -viest** ‹*line*› curvo; ‹*figure*› curvilíneo; ‹*road*› con muchas curvas

cushion[1] /'kʊʃən/ *n* **1** (on chair) almohadón *m*, cojín *m*; (*before n*): ~ **cover** funda *f* de almohadón *or* cojín **2** (padding) colchón *m*; **a ~ of air** un colchón de aire; **a ~ against inflation** una protección contra la inflación **3** (in billiards, pool) baranda *f*, banda *f*

cushion[2] *vt* **1** ‹*blow*› amortiguar*, suavizar* **2** (protect) **to ~ sth/sb AGAINST sth** proteger* algo/a algn CONTRA algo

cushy /'kʊʃi/ *adj* **cushier, cushiest** (colloq) cómodo, fácil; **you're onto a ~ number there** (BrE) te has acomodado muy bien, te has encontrado un buen chollo (Esp fam)

cusp /kʌsp/ *n* **1** (Archit, Math) vértice *m*; (of crescent moon) cuerno *m*; (of tooth, leaf) cúspide *f*; **to be on the ~ of sth** estar* a las puertas *or* al borde de algo **2** (Astrol) cúspide *f*

cuspidor /'kʌspədɔːr || 'kʌspɪdɔː(r)/ *n* (AmE) escupidera *f*

cuss[1] /kʌs/ *n* (colloq) **1** (curse) palabrota *f*, mala palabra *f* (esp AmL), taco *m* (Esp fam); ***not to give*** *o* ***care a ~***: **I don't give** *o* **care a ~ what they**

➔📖 *see* Correspondence

think me importa un cuerno *or* un comino lo que piensen (fam) 2 (person) tipo, -pa *m,f* (fam)

cuss[2] *vt* (colloq): **she ~ed us for being late** nos puso de vuelta y media por llegar tarde (fam)
■ **cuss** *vi* despotricar*

cussed /ˈkʌsəd || ˈkʌsɪd/ *adj* (colloq) 1 (*before n*) ‹*nuisance*› maldito, puñetero (fam) 2 (perverse, obstinate) ‹*person*› difícil

cussedness /ˈkʌsədnəs || ˈkʌsɪdnɪs/ *n* [u] (colloq): **out of sheer ~** sólo para fastidiar (fam)

cuss word *n* (AmE colloq) palabrota *f*, mala palabra *f* (esp AmL), taco *m* (Esp fam)

custard /ˈkʌstərd || ˈkʌstəd/ *n* [u] 1 (sauce) (BrE) crema *f*; (cold, set) ≈ natillas *fpl*; (*before n*): **~ powder** *polvo que se mezcla con leche para hacer crema o natillas* 2 (*egg ~*) *especie de flan*; (*before n*): **~ tart** tarta *f* de crema

custard apple *n* chirimoya *f*

custard pie *n* (in slapstick comedy) tarta *f* de crema

custodial /kʌˈstəʊdiəl/ *adj*: **~ sentence** pena *f* de prisión; **to be in ~ care** ≈ estar* bajo la tutela del tribunal de menores

custodian /kʌˈstəʊdiən/ *n* 1 (of museum, library) conservador, -dora *m,f* 2 (of morals) guardián, -diana *m,f*, custodio, -dia *m,f*

custody /ˈkʌstədi/ *n* [u]
A (detention): **to be in (police) ~** estar* detenido; **to take sb into ~** detener* a algn
B 1 (of child) custodia *f*; **he was given ~ of the children** le dieron *or* (frml) le otorgaron la custodia de los niños 2 (safekeeping) (frml) custodia *f*, cuidado *m*; **in the ~ of sb, in sb's ~** bajo custodia de algn, al cuidado de algn

custom[1] /ˈkʌstəm/ *n*
A 1 [c u] (convention, tradition) costumbre *f*; **here it is the ~ to ...** aquí se acostumbra ...; **he broke with ~** rompió con la tradición; **by ~** según la costumbre 2 [c] (habit) (frml) costumbre *f*; **it was her ~ to travel alone** tenía por costumbre viajar sola
B [u] (patronage) (esp BrE): **if they value our ~** si no nos quieren perder como clientes; **they've lost ~ to the supermarket** han perdido clientes *or* clientela por culpa del supermercado; **I'll take my ~ elsewhere** dejaré de ser su cliente
C **customs** *pl* 1 (organization, place) aduana *f*; **to go through ~s** pasar por la aduana; (*before n*): **~s clearance** despacho *m* de aduana; **~s declaration** declaración *f* de aduana; **~s duty** derechos *mpl* de aduana; **~s inspector** inspector, -tora *m,f* de aduanas; **~s officer** *o* **official** agente *mf or* oficial *mf* de aduanas, vista *mf* (de aduanas), aduanero, -ra *m,f*; **~s tariff** arancel *m*, tarifa *f* arancelaria 2 (tax) derechos *mpl* arancelarios *or* de aduana

custom[2] *adj* (*before n*) (esp AmE) que trabaja por encargo; ‹*suit*› a (la) medida; ‹*car*› (hecho) de encargo

customarily /ˌkʌstəˈmerəli || ˈkʌstəmərəli/ *adv* habitualmente

customary /ˈkʌstəmeri/ *adj* 1 (traditional) tradicional; **it is not ~ for a wife to accompany her husband** no se acostumbra *or* no es la costumbre que la mujer acompañe al marido 2 (habitual) ‹*time/route*› habitual, acostumbrado, de costumbre

custom-built /ˌkʌstəmˈbɪlt/ *adj* hecho de encargo

customer /ˈkʌstəmər || ˈkʌstəmə(r)/ *n* 1 (client) cliente, -ta *m,f*; **the ~ is always right** (set phrase) el cliente siempre tiene razón (fr hecha); (*before n*): **~ care** atención *f* al cliente; **~ careline** línea *f* de atención al cliente; **~ profile** perfil *m* de la clientela; **~ service department** departamento *m* de atención al cliente; Ⓢ **customer services** información y reclamaciones 2 (fellow) (colloq) tipo, -pa *m,f* (fam), tío, -tia *m,f* (Esp fam)

customhouse /ˈkʌstəmhaʊs/ *n* (AmE) aduana *f*

customize /ˈkʌstəmaɪz/ *vt* ‹*car/program*› hacer* (*or* adaptar *etc*) según los requisitos del cliente; **a ~d service** un servicio personalizado

custom-made /ˌkʌstəmˈmeɪd/ *adj* ‹*furnishings/furniture*› hecho de encargo; **he has his shirts ~** se manda (a) hacer las camisas a la medida

customs hall *n* sala *f* de aduanas

customs house *n* aduana *f*

customs union *n* unión *f* aduanera

cut[1] /kʌt/ *n*
A 1 (wound) tajo *m*, corte *m* 2 (incision) corte *m*; **to make a ~ in sth** hacer* un corte en algo
B 1 (reduction): **a wage ~** un recorte salarial; **a tax ~** una reducción *or* rebaja en los impuestos; **to make ~s in essential services** hacer* recortes en los servicios esenciales; **to take a ~ in salary** aceptar un sueldo más bajo 2 (in text, film — deletion) corte *m*; (— deleted material) trozo *m* omitido 3 (*power ~*) apagón *m*
C 1 (*hair~*) corte *m* de pelo; **dry/wet ~** corte en seco/con el pelo mojado 2 (of suit) corte *m*; ***to be a ~ above sb/sth*** (colloq): **he thinks himself a ~ above the rest** se cree superior a los demás; **this hotel is a ~ above the Ambassador** este hotel es de mayor categoría que el Ambassador
D (of meat — type) corte *m*; (— piece) trozo *m*
E (share) (colloq) tajada *f* (fam), parte *f*; **to take/get one's ~ of sth** sacar* tajada de algo
F (blow — with knife) cuchillada *f*; (— with rapier) estocada *f*; (— with whip) latigazo *m*; **~ *and thrust***: **the ~ and thrust of politics** el toma y daca de la vida política
G (AmE) (Print) plancha *f*

cut[2] (*pres p* **cutting** *past & past p* **cut**) *vt*
A 1 ‹*wood/paper/wire/rope*› cortar; **to ~ sth/sb loose** soltar* algo/a algn; **to ~ sb's throat** degollar* a algn; **they're going to ~ me open and have a look** me van a abrir para ver; **~ the top off it** córtale la parte de arriba; **they ~ a path through the undergrowth** abrieron un camino a través de la maleza; ***to ~ it fine*** (colloq) calcular muy justo, dejar poco margen; *see also* **short**[2] **A** 2 (divide, slice up) cortar; **~ the bread into slices** corte el pan en rebanadas; **to ~ sth in half/in two** cortar algo por la mitad/en dos 3 (prevent passage through) (Mil) ‹*road/railroad/supply lines*› cortar
B 1 (gash, wound) cortar; **I ~ my finger** me corté el dedo; **you'll ~ yourself!** ¡te vas a cortar!; ***he's so sharp he'll ~ himself!*** (BrE) se pasa de listo (fam) 2 (cause pain) «*remark/scorn*» herir*
C 1 (trim) ‹*hair/nails*› cortar; ‹*grass/corn*› cortar, segar*; **to get one's hair ~** cortarse el pelo 2 (in dressmaking) ‹*dress/trousers*› cortar 3 (carve, shape) ‹*glass/stone*› tallar; **his finely ~ features** sus delicadas *or* (liter) bien cinceladas facciones 4 (make) ‹*key*› hacer*; ‹*hole*› hacer*; ‹*disc*› (colloq) grabar
D (AmE) ‹*check*› extender*
E 1 (excavate) **to ~ sth (INTO sth)**: **a tunnel ~ into the mountain** un túnel excavado en la montaña; **a pattern ~ into the glass** un diseño tallado en el cristal 2 (mine) ‹*coal*› extraer*
F (reduce) ‹*level/number*› reducir*; ‹*budget*› recortar; ‹*price/rate*› rebajar, reducir*; ‹*education/service/workforce*› hacer* recortes en; **the journey time has been ~ by half** la duración del trayecto se ha reducido a la mitad
G 1 (shorten) ‹*text*› acortar 2 (remove) ‹*scene*› cortar 3 ‹*film*› (edit) editar; «*censors*» hacer* cortes en
H (grow): **he's ~ting his teeth** le están saliendo los dientes, está cortando los dientes (RPl)
I (cards) ‹*deck*› cortar
J (intersect) (Math) cortar
K (colloq) 1 (not attend): **to ~ school** hacer* novillos (fam), hacerse* la rata *or* la rabona (RPl fam), irse* de pinta (Méx fam), hacer* la cimarra (Chi fam), capar clase (Col fam) 2 (ignore): ***to ~ sb dead*** dejar a algn con el saludo en la boca
L (colloq) 1 (cease): **~ the sob story!** ¡deja de quejarte!; **~ the wisecracks!** ¡basta ya de bromas! 2 (switch off) ‹*engine/lights*› apagar*
M (adulterate) (colloq) **to ~ sth WITH sth** mezclar algo CON algo; ‹*heroin/cocaine*› cortar algo CON algo
■ **cut** *vi*
A 1 «*knife/scissors*» cortar; **to ~ INTO sth**: **the rope ~ into her wrists** la cuerda le estaba cortando *or* lastimando las muñecas; ***to ~ and run*** (colloq) largarse* (fam), ahuecar* el ala (fam), tomarse los vientos (RPl fam); ***to ~ loose*** (colloq) (break free) romper* las ataduras; (lose restraint) (esp AmE): **he ~ loose with a string of insults** se desató en una sarta de insultos, soltó una sarta de insultos 2 «*words*» herir*; **her remarks ~ deep** sus palabras lo hirieron en lo más vivo 3 (be cuttable): **it ~s easily** se corta fácilmente
B (Cin, Rad): **~!** ¡corte(n)!; **~ to the street** la escena pasa a la calle
C (in cards) cortar
D (intersect) (Math) «*lines*» cortarse

Phrasal verbs

• **cut across** [v + prep + o] 1 (take short cut across) cortar por, tomar un atajo a través de 2 (cross boundaries of) trascender*; **an issue which ~s across class barriers/party lines** un tema que trasciende las divisiones sociales/la política de partidos

• **cut back**
A [v + o + adv, v + adv + o] 1 (prune) ‹*hedge/branches*› podar, recortar 2 (reduce) ‹*spending*› recortar, reducir*
B [v + adv] 1 (make reductions) hacer* economías, constreñirse*; **to ~ back ON sth**: **we've had to ~ back on investments** hemos tenido que reducir las inversiones 2 (Cin) **to ~ back TO sth** volver* A algo

• **cut down**
A [v + o + adv, v + adv + o] 1 (fell) ‹*tree*› cortar, talar 2 (kill) matar; **he was ~ down in his prime** (liter) su vida fue segada en flor (liter) 3 (reduce) ‹*expenditure*› reducir*, recortar; ‹*consumption*› reducir*, disminuir*; ‹*article*› acortar
B [v + adv] (make reductions): **cigarette? — no, thanks, I'm trying to ~ down** ¿un cigarrillo? — no, gracias, estoy tratando de fumar menos; **to ~ down ON sth**: **you should ~ down on carbohydrates** debería reducir el consumo de hidratos de carbono

• **cut in**
A [v + adv] 1 (interrupt) interrumpir; **may I ~ in?** (when dancing) ¿me permite? 2 (Auto) atravesarse*; **she ~ in in front of me** se me atravesó, se me metió delante 3 **to ~ in line** (AmE) colarse (fam), saltarse *or* brincarse* la cola (Méx fam)
B [v + o + adv] (give share) (colloq) **to ~ sb in ON sth**: **she demanded to be ~ in on the deal** exigió su parte, quiso sacar su tajada (fam)

• **cut off**
A [v + o + adv, v + adv + o] (sever) ‹*branch*› cortar; ‹*limb*› amputar, cortar; **to ~ off sb's head** cortarle la cabeza a algn
B [v + o + adv, v + adv + o] (interrupt, block) ‹*supply/route*› cortar; **to ~ off sb's retreat** cortarle la retirada a algn
C [v + o + adv] 1 (separate, isolate) aislar*; **to feel ~ off** sentirse* aislado; **the town was ~ off for several days following the earthquake** la ciudad quedó varios días sin comunicaciones después del terremoto 2 (intercept): **to ~ sb off** cortarle el paso a algn 3 (on telephone): **we were ~ off** se cortó la comunicación

• **cut out**
A [v + o + adv, v + adv + o] ‹*article/photograph*› recortar; **I ~ it out of the paper** lo recorté del periódico
B [v + o + adv, v + adv + o] 1 ‹*dress/cookies*› cortar 2 (exclude) ‹*noise/need/alcohol/carbohydrates*› eliminar, suprimir; **those trees ~ out the light** esos árboles quitan *or* tapan la luz; **he ~ me out of his will** me excluyó de su testamento, me desheredó; **you can ~ out the wisecracks !** (colloq) ¡déjate de bromas!; **~ it out!** (colloq) ¡basta ya!, ¡ya párale! (Méx); ▸ **work**[1] **A**
C (suit) **to be ~ out FOR sth** estar* hecho para algo; **I'm not ~ out for teaching** *o* **to be a teacher** no estoy hecho para la enseñanza, no tengo madera de profesor; **they seem ~ out for each other** parecen hechos el uno para el otro, son tal para cual
D [v + adv] 1 (stop working) «*engine*» pararse, calarse 2 (switch off) «*pump/boiler*» apagarse*

• **cut through** [v + prep + o] 1 (overcome) abrirse* camino por entre; **you have to ~ through all**

the academic jargon to get to the heart of the matter hay que abrirse camino por entre toda esa jerga académica para llegar al meollo del asunto **2** (take short cut) cortar camino por

• **cut up**

A **1** [v + o + adv, v + adv + o] ‹*vegetables/wood*› cortar en pedazos **2** [v + o + adv] (injure) cortar; **she was badly ~ up** se cortó toda, sufrió lesiones graves (frml) **3** [v + o + adv] (colloq); *adelantar agresivamente volviendo al carril demasiado cerca del coche adelantado* **4** [v + o + adv] (criticize) (AmE colloq) hablar pestes de (AmL fam), poner* verde (Esp fam)

B (upset) (colloq): **to be ~ up about sth** estar* disgustado por algo

C [v + adv]: **to ~ up rough** (BrE colloq) ponerse* agresivo *or* (fam) bravo, cabrearse (fam)

cut[3] *adj* **1** (*before n*) ‹*flowers*› cortado; ‹*glass*› tallado **2** (drunk) (BrE colloq) (*pred*) borracho, tomado (AmL fam)

cut-and-dried /ˌkʌtn'draɪd/ *adj* (*pred* **cut and dried**) ‹*arrangements*› preparado de antemano; ‹*opinions*› preconcebido; **her election isn't ~ ~ ~** no se puede dar por sentado que vaya a salir elegida

cut-and-paste /ˌkʌtən(d)'peɪst/ *vt* cortar y pegar

cut and paste *n* [u] (operación *f* de) cortar *m* y pegar

cutaneous /kjʊ'teɪniəs || kju:'teɪniəs/ *adj* cutáneo

cutaway /'kʌtəweɪ/ *adj* (*before n*) ‹*diagram/model*› *con un corte transversal que deja ver el interior de algo*

cutaway (coat) *n* chaqué *m*

cutback /'kʌtbæk/ *n*

A (reduction) recorte *m*, reducción *f*

B (flashback) **~ (TO sth)** flashback *m* (A algo)

cute /kju:t/ *adj* **cuter, cutest** **1** (sweet) ‹*baby/face*› mono (fam), cuco (fam), rico (CS fam) **2** (attractive) (AmE): **a ~ guy** un tipo guapo *or* (esp AmL) buen mozo; **she's really ~!** ¡es guapísima *or* (esp AmL) lindísima! **3** (clever) (AmE) listo, vivo (AmL fam) **4** (contrived) (AmE) afectado, efectista

cutesy /'kju:tsi/ *adj* **-sier, -siest** (AmE) cursi

cut-glass /'kʌtglæs || ˌkʌt'glɑ:s/ *adj* de cristal tallado

cuticle /'kju:tɪkəl/ *n* (Bot) cutícula *f*; (of nails) cutícula *f*

cutie /'kju:ti/ *n* (esp AmE colloq) (woman) bombón *m* (fam), churro *m* (AmS fam); **she's/he's a little ~** (child) es una monada (fam)

cutie pie *n* (AmE colloq) monín, -nina *m,f* (fam)

cut-in /'kʌt'ɪn/ *n* inserto *m*, escena *f* insertada

cutlass /'kʌtləs/ *n* alfanje *m*

cutler /'kʌtlər || 'kʌtlə(r)/ *n* cuchillero *m*

cutlery /'kʌtləri/ *n* [u] **1** (implements) cubiertos *mpl*, cubertería *f*, cuchillería *f* (Chi) **2** (trade) cuchillería *f*

cutlet /'kʌtlət || 'kʌtlɪt/ *n* **1** (chop) chuleta *f* (*pequeña*) **2** (croquette) *especie de croqueta*

cutline /'kʌtlaɪn/ *n*

A (caption) (AmE) leyenda *f*

B (in squash) línea *f* de saque

cut loaf *n* pan *m* de molde en rebanadas

cutoff /'kʌtɔ:f || 'kʌtɒf/ *n*

A **~ (point)** límite *m*; (*before n*): **~ date** fecha *f* límite *or* tope

B (Elec) corte *m*; (*before n*) ‹*frequency/voltage*› de corte; **~ switch** conmutador *m or* interruptor *m* de corte, switch *m* de corte (AmL)

C (shortcut) (AmE) atajo *m*

D **cutoffs** *pl* shorts *mpl* vaqueros

cutout /'kʌtaʊt/ *n*

A (image, silhouette) recortable *m*, figura *f* para recortar; (*before n*) ‹*figure/model*› recortable

B (switch) fusible *m*, cortacircuitos *m*

cutover /'kʌtəʊvər || 'kʌtəʊvə(r)/ *n* transición *f*, cambio *m*

cut-price /'kʌt'praɪs/ *adj* (BrE) ▸ **cut-rate**

cut-rate /'kʌt'reɪt/ *adj* (AmE) a precio rebajado; ‹*shop*› de ocasión

cutter /'kʌtər || 'kʌtə(r)/ *n*

A (tool — for wire) tenazas *fpl*; (— for glass) diamante *m*, cortavidrios *m*; (— of plane) cuchilla *f*

B (worker) cortador, -dora *m,f*

C (Naut) **1** (sailing vessel) cúter *m* **2** (ship's boat) bote *m* **3** (of US coastguard) guardacostas *m*

cutthroat[1] /'kʌtθrəʊt/ *n* **1** (murderer) (liter) degollador, -dora *m,f*, asesino, -na *m,f* **2** **~ (razor)** (BrE) navaja *f*

cutthroat[2] *adj* ‹*competition*› feroz, salvaje

cutting[1] /'kʌtɪŋ/ *n*

A [c] **1** (from newspaper) (BrE) recorte *m* **2** (from plant) esqueje *m*, gajo *m* (RPl), pie *m* (Col), patilla *f* (Chi)

B [c] (for road, railway) (BrE) zanja *f*

C [u] (Cin, Rad, TV) montaje *m*, edición *f*

cutting[2] *adj* **1** (*before n*) ‹*tool/blade*› cortante; ***the ~ edge*** (lit: blade) el filo; **at the ~ edge of technology** a la vanguardia de la tecnología **2** (cold) ‹*wind*› cortante **3** (hurtful) ‹*remark*› hiriente

cutting board *n* tabla *f* para cortar

cutting-room /'kʌtɪŋru:m -rʊm/ *n* sala *f* de montaje *or* edición

cuttings library /'kʌtɪŋz/ *n* archivo *m* de recortes de prensa

cuttlebone /'kʌtlbəʊn/ *n* [u] jibión *m*

cuttlefish /'kʌtlfɪʃ/ *n* (*pl* **-fishes** *or* **-fish**) jibia *f*, sepia *f*

cutwater /'kʌtwɔ:tər || 'kʌtwɔ:tə(r)/ *n* **1** (of ship) tajamar *m* **2** (of bridge) espolón *m*

CV *n* = **curriculum vitae**

c.w.o. = **cash with order**

cwt *n* = **hundredweight**

cyan /'saɪæn/ ▸ **p.1036** *n* [u] cian *m*

cyanide /'saɪənaɪd/ *n* [u] cianuro *m*

cyberart /'saɪbər,ɑ:rt || 'saɪbə(r),ɑ:t/ *n* [u] ciberarte *m*

cybercafé /'saɪbər,kæfeɪ || 'saɪbə,kæfeɪ/ *n* cibercafé *m*

cybercitizen /'saɪbər,sɪtəzən || 'saɪbə,sɪtɪzən/ *n* ciberciudadano, -na *m,f*

cybercrime /'saɪbərkraɪm || 'saɪbəkraɪm/ *n* ciberdelito *m*, delito *m* informático

cyberculture /'saɪbər,kʌltʃər || 'saɪbə,kʌltʃə(r)/ *n* [u] cibercultura *f*

cybernaut /'saɪbərnɔ:t || 'saɪbənɔ:t/ *n* **1** (person who wears sensory devices) usuario, -ria de casco de realidad virtual **2** (Internet user) cibernauta *mf*, internauta *mf*

cybernetics /ˌsaɪbər'netɪks || ˌsaɪbə'netɪks/ *n* (+ *sing vb*) cibernética *f*

cyberphobia /ˌsaɪbər'fəʊbiə || ˌsaɪbə'fəʊbiə/ *n* [u] ciberfobia *f*

cyberpunk /'saɪbərpʌŋk || 'saɪbəpʌŋk/ *n*

A [u] (science fiction) género *m* ciberpunk

B [c] (writer) escritor, -tora *m,f* ciberpunk

C [c] (hacker) pirata *mf* informático, -ca

cybersex /'saɪbərseks || 'saɪbəseks/ *n* [u] cibersexo *m*

cyberspace /'saɪbərspeɪs || 'saɪbəspeɪs/ *n* [u] ciberespacio *m*

cyberterrorism /'saɪbər'terərɪzəm || 'saɪbə'terərɪzəm/ *n* [u] (Comput) ciberterrorismo *m*

cyberterrorist /'saɪbər'terərəst || 'saɪbə'terərɪst/ *n* (Comput) ciberterrorista *mf*

cyberworld /'saɪbərwɜ:rld || 'saɪbəwɜ:ld/ *n* cibermundo *m*

cyclamate /'saɪkləmeɪt || 'saɪkləmeɪt, 'sɪk-/ *n* ciclamato *m*

cyclamen /'saɪkləmən || 'sɪkləmən/ *n* ciclamen *m*

cycle[1] /'saɪkəl/ *n*

A **1** (process) ciclo *m*; **the menstrual/life ~** el ciclo menstrual/de la vida; **the trade** *o* **business ~** el ciclo económico **2** (of washing machine) programa *m* **3** (of songs, poems, plays) ciclo *m*

B (Elec, Comput) ciclo *m*

C (bicycle) bicicleta *f*; (*before n*): **~ clips** pinzas *fpl* para ciclista; **~ lane** carril *m* para bicicletas; **~ path** vía *f* para bicicletas; **~ rack** soporte *m* para estacionar *or* (Esp) aparcar (bicicletas); **~ shed** estacionamiento *m or* (Esp) aparcamiento *m* cubierto para bicicletas; **~ shop** tienda *f* de bicicletas; **~ track** (cyclists' road) vía *f* para bicicletas, ciclovía *f* (AmL), bicisenda *f* (CS); (for competitions) velódromo *m*

cycle[2] *vi* «*person*» ir* en bicicleta; **I ~ to work** voy al trabajo en bicicleta

cycleway /'saɪkəlweɪ/ *n* ruta *f* de cicloturismo

cyclic /'saɪklɪk/, **cyclical** /'saɪklɪkəl 'sɪklɪkəl/ *adj* cíclico; **~ form** (Mus) forma *f* cíclica

cycling /'saɪklɪŋ/ *n* [u] ciclismo *m*; **to go ~** salir* en bicicleta, ir* a andar en bicicleta (AmL); (*before n*): **~ holiday/vacation** vacaciones *fpl* en bicicleta; **~ shorts** pantalones *mpl* de ciclismo

cyclist /'saɪkləst || 'saɪklɪst/ *n* ciclista *mf*

cyclo-cross /'saɪkləʊkrɔ:s || 'saɪkləʊkrɒs/ *n* [u] ciclocross *m*

cyclohexane /ˌsaɪkləʊ'hekseɪn/ *n* [u] ciclohexano *m*

cyclometer /saɪ'klɑ:mətər || saɪ'klɒmɪtə(r)/ *n* velocímetro *m*, cuentaquilómetros *m*

cyclone /'saɪkləʊn/ *n* **1** (storm) ciclón *m* **2** (low-pressure area) zona *f* de bajas presiones

Cyclops /'saɪklɑ:ps || 'saɪklɒps/ *n* Cíclope

cyclosporin /ˌsaɪkləʊ'spɔ:rən || ˌsaɪkləʊ'spɔ:rɪn/ *n* [u] ciclosporina *f*

cyclotron /'saɪklətrɑ:n || 'saɪklətrɒn/ *n* ciclotrón *m*

cygnet /'sɪgnət || 'sɪgnɪt/ *n* pollo *m* de cisne

cylinder /'sɪləndər || 'sɪlɪndə(r)/ *n*

A (Math) cilindro *m*

B **1** (of engine) cilindro *m*; **a four-/six-~ engine** un motor de cuatro/seis cilindros; ***firing on all ~s*** «*organization/person*» trabajando a todo vapor *or* a toda máquina; (*before n*): **~ block** bloque *m* de cilindros; **~ head** culata *f* **2** (container — for liquid gas) tanque *m or* (Esp) bombona *f or* (RPl) garrafa *f or* (Chi) balón *m*; (— for hot water) tanque *m* **3** (component — of gun) tambor *m*; (— of lock, printing press) cilindro *m*

cylindrical /sə'lɪndrɪkəl || sɪ'lɪndrɪkəl/ *adj* cilíndrico

cymbal /'sɪmbəl/ *n* platillo *m*, címbalo *m*; **to play the ~s** tocar* los platillos

cynic /'sɪnɪk/ *n* cínico, -ca

cynical /'sɪnɪkəl/ *adj* cínico

cynically /'sɪnɪkli/ *adv* cínicamente

cynicism /'sɪnəsɪzəm || 'sɪnɪsɪzəm/ *n* [u] cinismo *m*

cypher *n* (esp BrE) ▸ **cipher**

cypress /'saɪprəs/ *n* ciprés *m*

Cypriot[1] /'sɪpriət/ *n* chipriota *mf*; **Greek/Turkish ~** greco-/turco-chipriota *mf*

Cypriot[2] *adj* chipriota

Cyprus /'saɪprəs/ *n* Chipre *f*

Cyrillic /sə'rɪlɪk || sɪ'rɪlɪk/ *adj* cirílico

cyst /sɪst/ *n* quiste *m*

cystic fibrosis /ˌsɪstɪkfaɪ'brəʊsəs || ˌsɪstɪkfaɪ'brəʊsɪs/ *n* [u] fibrosis *f* cística *or* pancreática

cystitis /sɪ'staɪtəs || sɪ'staɪtɪs/ *n* [u] cistitis *f*

cytogenetics /ˌsaɪtəʊdʒə'netɪks/ *n* (+ *sing vb*) citogenética *f*

cytology /saɪ'tɑ:lədʒi || saɪ'tɒlədʒi/ *n* [u] citología *f*

cytoplasm /'saɪtə,plæzəm/ *n* citoplasma *m*

cytotoxic /ˌsaɪtəʊ'tɑ:ksɪk || ˌsaɪtəʊ'tɒksɪk/ *adj* citotóxico

czar /zɑ:r || zɑ:(r)/ *etc* (esp AmE) ▸ **tsar**

Czech[1] /tʃek/ *adj* checo

Czech[2] *n* **1** [c] (person) checo, -ca *m,f* **2** [u] (language) checo *m*

Czechoslovak /ˌtʃekə'sləʊvæk/ *adj/n* (Hist) ▸ **Czechoslovakian**[1], **Czechoslovakian**[2]

Czechoslovakia /ˌtʃekəslə'vɑ:kiə || ˌtʃekəslə'vækiə/ *n* (Hist) Checoslovaquia *f*

Czechoslovakian[1] /ˌtʃekəslə'vɑ:kiən || ˌtʃekəslə'vækiən/ *adj* (Hist) checoslovaco

Czechoslovakian[2] *n* (Hist) checoslovaco, -ca *m,f*

Czech Republic *n*: **the ~ ~** la República Checa

Dd

d

D, d /diː/ *n* 1 (letter) d, D *f* 2 (Mus) re *m*; *see also* **a A2** 3 (Educ) *calificación en el sistema que va de A a F en orden decreciente* 4 (AmE) (Pol) = **Democrat** 5 **d** = **died** m., fallecido en; **Marcel Proust, b. 1871 d. 1922** Marcel Proust (1871-1922) 6 **d** (BrE) (Hist) = **penny**/**pence** penique *m*

d' = **do**; **d'you go there often?** ¿vas ahí a menudo?

'd /d/ 1 = **had** 2 = **would** 3 = **did**

DA *n* (in US) = **district attorney**

D/A *adj* = **digital-to-analog** D/A

dab[1] /dæb/ *n*

A 1 (small amount — of cream, paint) toque *m*; (— of perfume) gota *f*, toque *m*; **a ~ of mustard** un poquito de mostaza 2 (pat): **he gave his tie a ~ with a damp cloth** se frotó un poco la corbata con un trapo húmedo

B **dabs** *pl* (fingerprints) (BrE sl) huellas *fpl* digitales *or* dactilares

C (fish) platija *f*

dab[2] **-bb-** *vt* **to ~ sth WITH sth**: **she ~bed the child's eyes with her handkerchief** le secó los ojos al niño con el pañuelo; **~ the stain with a damp cloth** frote suavemente la mancha con un trapo húmedo; **to ~ sth ON sth**: **~ a bit of glue on it** ponle una gotita de pegamento; **~ antiseptic on the cut** dese unos toques de antiséptico en la herida; **~ the stain off with a wet sponge** quite la mancha dándole ligeros toques con una esponja mojada

■ **dab** *vi* **to ~ AT sth** dar* toquecitos A algo

dabble /ˈdæbəl/ *vt*: **we ~d our hands/feet in the river** chapoteamos en el río

■ **dabble** *vi* **to ~ IN sth**: **to ~ in politics/journalism** tener* escarceos con la política/el periodismo; **to ~ on the stock exchange** jugar* a la bolsa

dabbler /ˈdæblər || ˈdæblə(r)/ *n* diletante *m,f*

dabchick /ˈdæbtʃɪk/ *n* somorgujo *m*

dab hand *n* (BrE colloq): **to be a ~ ~ at sth** tener* (buena) mano para algo, ser* un manitas para algo (Esp fam)

DAC *n* (= **digital-to-analog converter**) DAC *m*

dachshund /ˈdɑːksʊnt || ˈdækshʊnd/ *n* teckel *mf*, perro, -rra *m,f* salchicha (fam)

Dacron® /ˈdeɪkrɑːn || ˈdækrɒn, ˈdeɪkrɒn/ *n* [u] (AmE) Dacrón® *m*

dactyl /ˈdæktl || ˈdæktɪl/ *n* dactílico *m*

dactylic /dækˈtɪlɪk/ *adj* dactílico

dad /dæd/ *n* 1 (father) (colloq) papá *m* (fam); (*as form of address*) papá 2 (old man) (BrE sl) (*as form of address*) abuelo (fam)

Dada /ˈdɑːdɑː/ *n* [u] dadá *m*, dadaísmo *m*; (*before n*) ‹*poetry/movement*› dadaísta

Dadaism /ˈdɑːdɑːɪzəm || ˈdɑːdəɪzəm/ *n* [u] dadaísmo *m*

Dadaist[1] /ˈdɑːdɑːəst || ˈdɑːdəɪst/ *n* dadaísta *mf*

Dadaist[2] *adj* dadaísta

daddy /ˈdædi/ *n* (used to or by children) papi *m* (fam); (*as form of address*) papi (fam); ***the ~ of them all*** (BrE colloq) (first example) el decano; (supreme example) el que se lleva la palma (fam)

daddy longlegs /ˌdædiˈlɔːŋlegz || ˌdædi ˈlɒŋlegz/ *n* (*pl* ~ ~) (colloq)

A (harvestman) (AmE) segador *m*, falangio *m*

B (cranefly) (BrE) típula *f*, tata Dios *m* (RPl fam)

dado[1] /ˈdeɪdəʊ/ *n* (*pl* **-does** *or* BrE **-dos**) (of wall) friso *m*; (of pedestal) dado *m*

dado[2] *vt* **dadoes, dadoing, dadoed** ‹*wall/surface*› ponerle* un friso a

dado rail *n* moldura *f* (*de adorno y protección de una pared*)

Daedalus /ˈdiːdləs/ *n* Dédalo

daff /dæf/ *n* (BrE colloq) narciso *m*

daffodil /ˈdæfədɪl/ *n* narciso *m*

daffy /ˈdæfi/ *adj* **-fier, -fiest** (colloq) chiflado (fam), chalado (fam)

daft /dæft || dɑːft/ *adj* **-er, -est** (esp BrE colloq) 1 (silly, foolish) tonto, bobo (fam); **that was a ~ thing to do, Carol** hiciste una tontería, Carol; **he's ~ in the head** está chiflado (fam) 2 (extremely fond) **to be ~ ABOUT sb** estar* loco POR algn; **he's ~ about her** está loco por ella; **she's ~ about golf** la enloquece el golf

Dagestan /ˈdɑːgəˌstæn || ˌdægɪˈstæn/ *n* Dagestán *m*

dagger /ˈdægər || ˈdægə(r)/ *n*

A (weapon) daga *f*, puñal *m*; ***to be at ~s drawn with sb*** (BrE) estar* a matar con algn; ***to look ~s at sb*** fulminar a algn con la mirada, lanzarle* una mirada asesina a algn

B (Print) cruz *f*

dago /ˈdeɪgəʊ/ *n* (*pl* **dagos** *or* **dagoes**) 1 (Italian) (AmE sl & offensive) italiano, -na *m,f*, tano, -na *m,f* (RPl fam, a veces pey), bachicha *mf* (CS fam) 2 (BrE sl & offensive) (Spaniard) español, -ñola *m,f*, gallego, -ga *m,f* (RPl fam & pey), coño, -ña *m,f* (Chi fam & pey); (South American) sudamericano, -na *m,f*, sudaca *mf* (Esp fam & pey)

dahlia /ˈdæljə || ˈdeɪliə/ *n* dalia *f*

Dáil /dɔɪl/ *n*: **the ~** ►**Dáil Éireann**

> **Dáil Éireann**
>
> Es el nombre de la cámara baja del Parlamento de la República de Irlanda. Los diputados, llamados *TDs* (abreviatura de *Teachtaí Dála*) representan 41 circunscripciones y son elegidos por cinco años de acuerdo al sistema de representación proporcional.

daily[1] /ˈdeɪli/ *adj* (*before n*) ‹*newspaper/prayers*› diario; ‹*walk/visit*› diario, cotidiano; **employed/paid on a ~ basis** contratado/pagado por día(s); **our ~ bread** el pan nuestro de cada día

daily[2] *adv* a diario, diariamente

daily[3] *n* (*pl* **-lies**)

A (Journ) diario *m*, periódico *m*

B **~ (help)** (BrE) asistenta *f*, mujer *f* de la limpieza

> **The Daily Mail**
>
> ►Newspapers.

> **The Daily Telegraph**
>
> ►Newspapers.

dainties /ˈdeɪntiz/ *pl n* (frml) exquisiteces *fpl*

daintily /ˈdeɪntli || ˈdeɪntɪli/ *adv* con delicadeza, delicadamente, con finura

daintiness /ˈdeɪntinəs || ˈdeɪntinɪs/ *n* [u] delicadeza *f*, finura *f*

dainty /ˈdeɪnti/ *adj* **-tier, -tiest**

A 1 (delicate) ‹*flowers/vase*› delicado; ‹*lace*› primoroso; ‹*appearance/manners/tastes*› delicado, refinado; ‹*physique*› delicado 2 (affected) ‹*appearance/manners/tastes*› afectado, remilgado, melindroso 3 (choosy) ‹*tastes*› remilgado, melindroso

B (delicious) ‹*dish/morsel*› exquisito

daiquiri /ˈdaɪkəri ˈdæ-/ *n* daiquiri *m*

dairy /ˈderi || ˈdeəri/ *n* (*pl* **-ries**) 1 (on farm) lechería *f*; (*before n*) ‹*product/produce*› lácteo; ‹*butter/cream*› de granja; ‹*cow/herd/industry*› lechero; **~ farm** granja *f* lechera, tambo *m* (RPl); **~ farmer** ganadero, -ra *m,f* de vacuno lechero *or* de leche; **~ farming** industria *f* láctea *or* de la leche 2 (shop) lechería *f*; (company) central *f* lechera 3 (NZ) (small grocery shop) tienda *f* de combustibles *or* de ultramarinos; bodega *f* (Cu, Per, Ven); abarrotes *mpl* (AmC, Andes, Méx); almacén *m* (CS)

dairy ice cream *n* [c u] helado *m* de leche

dairymaid /ˈderimeɪd || ˈdeərimeɪd/ *n* ordeñadora *f*, lechera *f*

dairyman /ˈderimən || ˈdeərimən/ *n* (*pl* **-men** /-mən/) ordeñador *m*, lechero *m*

dais /ˈdaɪəs || ˈdeɪɪs, ˈdaɪəs/ *n* (*pl* **daises**) tarima *f*; (rostrum) estrado *m*

daisy /ˈdeɪzi/ *n* (*pl* **-sies**) 1 (wild) margarita *f* de los prados, maya *f*; ***as fresh as a ~*** tan fresco como una lechuga; ***to be pushing up (the) daisies*** (colloq & hum) estar* criando malvas; (*before n*): **~ chain** guirnalda *f* de margaritas 2 (cultivated) margarita *f*

daisy-chain /ˈdeɪziˌtʃeɪn/ *vt* enlazar* en cadena (*tipo margarita*)

daisy wheel *n* margarita *f*; (*before n*): **daisy-wheel printer** impresora *f* de margarita

daks /dæks/ *pl n* (Austral, NZ) (Clothing) pantalón *m*, pantalones *mpl*

Dalai Lama /ˌdælaɪ ˈlɑːmə/ *n* Dalai Lama *m*

dale /deɪl/ *n* (liter) valle *m*

dalliance /ˈdæliəns/ *n* [u] (liter) devaneo *m* (liter), escarceos *mpl*, coqueteo *m*

dally /ˈdæli/ *vi* **-lies, -lying, -lied** 1 (waste time) perder* el tiempo; **to ~ about** entretenerse* 2 (flirt) **to ~ WITH sb/sth** coquetear CON algn/algo

Dalmatian /dælˈmeɪʃən/ *n* dálmata *mf*

dam[1] /dæm/ *n*

A 1 (barrier) dique *m*, presa *f*, represa *f* (AmS) 2 (reservoir) embalse *m*, represa *f* (AmS)

B (Zool) madre *f* (*de un animal*)

dam[2] *vt* **-mm-** ‹*river/lake/valley*› represar, construir* una presa *or* (AmS) una represa en

Phrasal verb

• **dam up** [v + o + adv, v + adv + o] 1 ►**dam**[2] 2 (restrain) ‹*feelings*› contener*, reprimir

damage[1] /ˈdæmɪdʒ/ *n*

A [u] (to object) daño *m*; (to reputation, cause) daño *m*, perjuicio *m*; **storm/fire ~** daños ocasionados por una tormenta/un incendio; **the bomb caused/did a lot of ~** la bomba causó grandes daños/hizo grandes estragos *or* destrozos; **to make good the ~** reparar los daños causados; **the ~ is done** el daño ya está hecho; ***what's the ~?*** (sl) ¿cuánto se debe?

B **damages** *pl* (Law) daños y perjuicios *mpl*

damage[2] *vt* 1 ‹*building/vehicle*› dañar; ‹*health*› perjudicar*, ser* perjudicial para; ‹*vital organ*› dañar; ‹*reputation/cause*› perjudicar*, dañar; **smoking can seriously ~ your health** fumar perjudica seriamente la salud 2 **damaged** *past p* ‹*stock*› dañado, averiado; **fire-/**

rain-~d goods mercancías *fpl* dañadas por un incendio/la lluvia

damage assessment *n* [u c] evaluación *f* de los daños

damage limitation *n* [u] (*before n*): **~~ exercise** (for accidents, fires) acción *f* para minimizar los daños; (in public relations) operación *f* de lavado de imagen

damaging /ˈdæmɪdʒɪŋ/ *adj* ‹*criticism/admission*› perjudicial; **to be ~ TO sb/sth** ser* perjudicial PARA algn/algo

Damascus /dəˈmæskəs/ *n* Damasco *m*

damask /ˈdæməsk/ *n* [u] damasco *m*; (*before n*): **~ silk** damasco *m* de seda; **~ tablecloth** mantel *m* de damasco

damask rose *n* rosa *f* de Jericó

dame /deɪm/ ▸**knight** *n*

A **Dame** (title in UK) Dame (*título honorífico concedido a mujeres distinguidas con la Orden del Imperio Británico*)

B (woman) (AmE sl) tipa *f* (fam), tía *f* (Esp fam), mina *f* (CS arg)

C (in pantomime) (BrE) *papel de anciana representado por un hombre*

Dame
▸**knight.**

damfool /ˈdæmfuːl/ *n* estúpido, -da *m,f*

dam-fool /ˈdæmˈfuːl/ *adj* estúpido

damiana /ˌdæmiˈænə ‖ ˌdeɪmiˈɑːnə/ *n* (Bot) damiana *f*

dammit /ˈdæmɪt/ *interj* (colloq) ¡caray! (fam & euf); ***as near as*** **~** (BrE colloq) poco más o menos; **she's 18, (or) as near as ~** tiene 18 años poco más o menos, tiene 18 años o por ahí anda (fam); **he didn't make it, but he got as near as ~** no lo logró, pero por un pelo (fam)

damn¹ /dæm/ *vt*

A **1** (Relig) condenar **2** (condemn) condenar; **he ~ed himself by his actions** sus propias acciones lo condenaron **3** (doom to failure) (*usu pass*): **the project was ~ed from the start** el proyecto estaba condenado al fracaso desde un principio

B (colloq) (*in interj phrases*): **(God) ~ it (all)!** ¡caray! (fam & euf), ¡maldita sea! (fam); **~ it to hell!** (AmE) ¡por todos los demonios! (fam); **~ and blast!** (BrE dated) ¡diantre! (fam & ant); **she's taken my key, ~ her!** ¡la imbécil ésa se llevó mi llave! (fam); **I'll be** *o* **I'm ~ed if I know what he's talking about** no tengo ni idea de qué está hablando (fam); **well, I'll be ~ed!** ¡vaya! (fam), ¡mecachis! (fam & euf); **I'll be ~ed if he didn't hit her!** ¿y no va y le pega? (fam)

damn² *n* (colloq) (*no pl*): **it's not worth a ~** no vale nada, no vale un carajo (vulg); **it doesn't matter a ~ to her** a ella le importa un bledo (fam); ***not to give a ~***: **I don't give a ~ what they think** me importa un bledo *or* un pito *or* un comino lo que piensen (fam)

damn³ *interj* (colloq) ¡caray! (fam & euf), ¡carajo! (vulg)

damn⁴ *adj* (colloq) (*before n*), (*as intensifier*) condenado (fam), maldito (fam), pinche (Méx fam); **it's a ~ nuisance!** ¡es un latazo! (fam); **they did ~ all** (BrE) no hicieron absolutamente nada (fam), no hicieron nada de nada (fam); **it's a ~ shame** es una verdadera lástima

damn⁵ *adv* (colloq) (*as intensifier*): **she's ~ clever** es de lo más inteligente, es super inteligente (fam); **you know ~ well what I mean!** ¡sabes de sobra lo que quiero decir!

damnable /ˈdæmnəbəl/ *adj* (colloq & dated) deplorable

damnably /ˈdæmnəbli/ *adv* (colloq & dated) (*as intensifier*) terriblemente

damnation¹ /dæmˈneɪʃən/ *n* [u] condenación *f*

damnation² *interj* (colloq & dated) ¡maldición!, ¡caray! (fam & euf)

damned¹ /dæmd/ *pl n*: **the ~** los condenados

damned² *adj* **1** (condemned) ‹*souls*› condenado **2** ▸**damn⁴**

damned³ *adv* ▸**damn⁵**

damnedest /ˈdæmdəst ‖ ˈdæmdɪst/ *n* (colloq): **it was the ~ coincidence** fue una coincidencia de lo más increíble; ***to do one's ~***: **she did her ~ to stop it** hizo todo lo que pudo *or* todo lo que estaba de su mano para impedirlo

damning /ˈdæmɪŋ/ *adj* **1** (condemnatory) ‹*evidence/facts*› condenatorio **2** (critical) ‹*review/appraisal*› crítico

Damocles /ˈdæməkliːz/ *n* Damocles

damp¹ /dæmp/ *adj* **-er, -est** ‹*air/clothing/house*› húmedo; **there are ~ patches on the ceiling** hay manchas de humedad en el techo; **the house smells ~** la casa huele a humedad

damp² *n* [u] humedad *f*

damp³ *vt*

A **1** (check) ‹*vibration*› amortiguar* **2** **~ (down)** ‹*fire*› sofocar* **3** ‹*enthusiasm/excitement*› apagar*, enfriar*

B (moisten) ‹*ironing*› humedecer*, mojar

damp course, damp-proof course /ˈdæmppruːf/ *n* membrana *f* aislante

dampen /ˈdæmpən/ *vt*

A (moisten) humedecer*, mojar

B (discourage) ‹*hopes*› hacer* perder; ‹*enthusiasm*› hacer* perder, apagar*; **to ~ sb's spirits** desanimar *or* desmoralizar* *or* desalentar* a algn

dampener /ˈdæmpənər ‖ ˈdæmpənə(r)/ *n*: **the news was a ~ on the mood of the evening** la noticia vino a aguar el ambiente de la tarde; **it was the final ~ on their hopes** fue lo que finalmente les hizo perder las esperanzas

damper /ˈdæmpər ‖ ˈdæmpə(r)/ *n* **1** (of piano) sordina *f*; ***to put a ~ on sth*** (colloq): **the bad news put a ~ on the celebrations/their hopes** la mala noticia estropeó las fiestas/ les hizo perder esperanzas; **if he turns up, it'll put a ~ on the entire evening** si aparece, nos amargará la noche *or* nos va a aguar la fiesta **2** (of chimney) regulador *m* de tiro

damp-proof /ˈdæmppruːf/ *vt* proteger* contra la humedad

damp-proof course *n* ▸**damp course**

damsel /ˈdæmzəl/ *n* (arch *or* poet) damisela *f* (arc *o* liter), doncella *f* (arc *o* liter); **a ~ in distress** (hum) una señorita en apuros (hum)

damson /ˈdæmzən/ *n* **1** (fruit) ciruela *f* damascena **2** (tree) ciruelo *m* damasceno

dance¹ /dæns ‖ dɑːns/ *n*

A **1** [c] (act) baile *m*; **may I have this ~?** ¿me concede este baile *or* esta pieza? (ant); ***to lead sb a merry ~*** (BrE) darle* quebraderos de cabeza a algn **2** [c] (set of steps) baile *m*, danza *f*; **the ~ of death** la danza de la muerte **3** [u] (art form) danza *f*, baile *m*; **~ class** clase *f* de baile; **~ floor** pista *f* de baile; **~ step** paso *m* de baile

B (occasion) baile *m*; (*before n*) ‹*music*› de baile, bailable

dance² *vi*

A **1** (to music) bailar; **to ~ (in time) to the music** bailar al compás de la música **2** (skip) dar* saltos; **he was so happy, he was dancing (up and down)** estaba que saltaba de alegría

B «*eyes/flames*» (liter) bailar, danzar* (liter); **the flowers ~d in the breeze** las flores se mecían con la brisa (liter)

■ **dance** *vt* **1** ‹*waltz/tango*› bailar; **they ~d the night away** bailaron durante toda la noche **2** ‹*person*› llevar bailando; ▸**attendance 2**

dancer /ˈdænsər ‖ ˈdɑːnsə(r)/ *n* bailarín, -rina *m,f*

dancing /ˈdænsɪŋ ‖ ˈdɑːnsɪŋ/ *n* [u] baile *m*; **he loves ~** le encanta bailar; **her ~ is superb** baila de maravilla; (*before n*) ‹*instructor/lesson/shoes*› de baile; **~ partner** compañero, -ra *m,f* de baile, pareja *mf* de baile

dandelion /ˈdændəlaɪən ‖ ˈdændɪlaɪən/ *n* diente *m* de león

dander /ˈdændər ‖ ˈdændə(r)/ *n*: ***to get one's ~ up*** (colloq) perder* los estribos; ***to get sb's ~ up*** (colloq) hacerle* perder los estribos a algn

dandle /ˈdændl/ *vt* ‹*baby*› mecer* (*sobre las rodillas*)

dandruff /ˈdændrʌf/ *n* [u] caspa *f*; (*before n*): **~ shampoo** champú *m* anti-caspa

dandy¹ /ˈdændi/ *n* dandi *m*, dandy *m*

dandy² *adj* **-dier, -diest** (AmE colloq) mono (fam), chulo (Esp fam)

Dane /deɪn/ *n* danés, -nesa *m,f*, dinamarqués, -quesa *m,f*

danger /ˈdeɪndʒər ‖ ˈdeɪndʒə(r)/ *n* **1** [u] peligro *m*; **S danger** peligro; **there's no ~ of that** no hay peligro de que eso suceda; **there's no ~ of him offering to pay** (iro) no hay ningún peligro de que se ofrezca a pagar (iró); **her life was in ~** su vida estaba en peligro *or* en riesgo; **the doctor said he was out of ~** el médico dijo que estaba fuera de peligro; **to be in ~ of -ING** correr peligro *or* riesgo de + INF; **he's in ~ of losing it all** corre peligro *or* riesgo de perderlo todo; (*before n*): **~ point** punto *m* de peligro, momento *m* de peligro; **~ signal** señal *f* de peligro; **~ spot** lugar *m* de peligro; **~ zone** zona *f* de peligro; **to be on the ~ list** encontrarse* en estado grave; **to be off the ~ list** estar* fuera de peligro **2** [c] (hazard) peligro *m*; **the ~s of life at sea** los peligros de la vida en el mar; **~ TO sb/sth** peligro PARA algn/algo

danger money *n* [u] (esp BrE) plus *m or* prima *f* de peligrosidad

dangerous /ˈdeɪndʒərəs/ *adj* peligroso; **~ driving** conducción *f* con imprudencia temeraria; **he's a ~ man to cross** es peligroso contrariarlo

dangerously /ˈdeɪndʒərəsli/ *adv* peligrosamente; **to live ~** llevar una vida arriesgada; **go on, live ~, have another drink!** (hum) vamos, sé osada y tómate otro (hum); **she came ~ close to losing her life** estuvo a un paso *or* a punto de morir

dangle /ˈdæŋgl/ *vi* «*leg/key*» colgar*, pender

■ **dangle** *vt* **1** (allow to hang loosely) ‹*string/suspended object*› hacer* oscilar **2** (hold out): **he ~d the possibility of promotion in front of her** quiso tentarla con la posibilidad de un ascenso

Phrasal verb

• **dangle after** (AmE) [v + prep + o] (colloq) andar* detrás de (fam)

Daniel /ˈdænjəl/ *n* Daniel

Danish¹ /ˈdeɪnɪʃ/ *adj* danés, dinamarqués

Danish² *n* **1** [u] (language) danés *m* **2** ▸**Danish pastry**

Danish blue *n* [u]: *tipo de queso azul*

Danish pastry *n*: *bollo cubierto de azúcar glaseado*

dank /dæŋk/ *adj* ‹*cave/air*› frío y húmedo

Danube /ˈdænjuːb/ *n*: **the ~, the ~ River** (AmE): **the River ~** (BrE) el Danubio

Danzig /ˈdæntsɪg/ *n* (Hist) Dánzig

dapper /ˈdæpər ‖ ˈdæpə(r)/ *adj* ‹*man/appearance*› atildado, pulcro

dappled /ˈdæpəld/ *adj* **1** (Equ) ‹*horse/coat*› rodado, pinto **2** (mottled) ‹*color/appearance*› moteado; ‹*light/pattern*› veteado

dapple-gray, (BrE) **dapple-grey** /ˌdæpl ˈgreɪ/ *adj* (*pred* **dapple gray**) ▸**i p.1036**; tordo rodado, tordillo, tordo

dapple gray *n* ▸**i p.1036**; caballo *m* tordo rodado, tordillo *m*, tordo *m*

DAR *n* = **Daughters of the American Revolution**

Dardanelles /ˌdɑːrdnˈelz ‖ ˌdɑːdəˈnelz/ *pl n*: **the ~** los Dardanelos

dare¹ /der ‖ deə(r)/ *n* reto *m*, desafío *m*; **she did it on** *o* (BrE) **for a ~** lo hizo porque la retaron *or* la desafiaron

dare² *v mod* atreverse a, animarse a, osar (liter); **you ~ touch me and I'll scream!** ¡como te atrevas a tocarme, grito!; **just you ~!** ¡atrévete y verás!; **how ~ you speak to me like that!** ¡cómo te atreves a hablarme así!, ¡cómo tienes la desfachatez *or* el tupé de hablarme así!; **don't you ~ go in there!** ¡ni se te ocurra entrar ahí!; **I didn't ~ answer** no me atreví *or* no me animé a contestar; **I ~n't tell her** (esp BrE) no me atrevo *or* no me animo a decírselo; **he ~ not answer** (liter) no osa responder (liter); **she's very sorry! — I ~ say!** está muy arrepentida — ¡y bien puede estarlo!; **I ~ say it'll turn up** ya aparecerá; **I ~ say you've had enough** estarás harto (, me imagino)

■ *vt*

d

A (be so bold) **to ~ to + INF** atreverse *or* animarse a + INF, osar + INF (liter); **I didn't ~ to answer** no me atreví *or* no me animé a contestar, no osé responder (liter); **you mean they ~d to publish that?** ¡no me digas que tuvieron el valor de publicarlo!
B **1** (challenge) **to ~ sb to + INF** retar *or* desafiar* a algn a + INF *or* a que + SUBJ; **they ~d him to jump off the bridge** lo desafiaron a tirarse *or* a que se tirara del puente; **go on, dive in, I ~ you!** ¡anda, tírate! ¿a que no te atreves *or* a que no eres capaz?; **she ~d him to prove that it was not so** lo desafió a que probara que no era así **2** (liter) ‹*wrath/fury*› desafiar* (liter)

daredevil /ˈderˌdevl || ˈdeəˌdevl/ *n* corajudo, -da *m,f* (fam); (*before n*) ‹*feat/exploit*› temerario

daring¹ /ˈderɪŋ || ˈdeərɪŋ/ *adj* **1** (intrepid) ‹*explorer/pilot/acrobat*› osado, temerario; ‹*plan/exploit*› audaz **2** (provocative) ‹*proposal/dress/film*› atrevido

daring² *n* [u] **1** (courage) arrojo *m*, coraje *m* **2** (boldness) audacia *f*

daringly /ˈderɪŋli || ˈdeərɪŋli/ *adv* **1** (intrepidly) con arrojo *or* coraje **2** (provocatively) ‹*speak/criticize*› con osadía *or* audacia; ‹*critical/radical*› osadamente; **a ~ low-cut dress** un vestido con un escote muy atrevido

dark¹ /dɑːrk || dɑːk/ *adj* **-er, -est**
A (unlit) ‹*room/night*› oscuro; **it's getting ~** está oscureciendo, se está haciendo de noche; **the ~ side of the moon** el lado oculto de la luna
B ▸**❶ p.1036** **1** (in color) ‹*eyes/hair/clothes*› oscuro; ‹*brown/blue*› oscuro; **~ glasses** lentes *mpl* negros *or* oscuros (AmL), gafas *fpl* negras (Esp), anteojos *mpl* oscuros (esp AmL); **~ chocolate** chocolate *m* oscuro *or* sin leche **2** (in complexion) moreno; **he's/she's very ~** es muy moreno/morena
C **1** (evil, sinister) (liter) ‹*deeds/threats*› oscuro; **there's a ~ side to his nature/his activities** hay algo (de) siniestro en él/sus actividades **2** (somber, gloomy) ‹*thoughts/mood*› sombrío; **in the ~ days of the war** en los días aciagos de la guerra **3** (mysterious, obscure) ‹*hint/allusion*› oscuro; **in ~est ignorance** en la más completa ignorancia; **the D~ Continent** (dated) el continente negro; **in ~est Africa** (dated) en lo más recóndito de Africa; ***to keep sth ~*** mantener* algo en secreto
D (Ling) oscuro

dark² *n* [u] **1** (absence of light): **the ~** la oscuridad; **to sit in the ~** estar* sentado en la oscuridad *or* en lo oscuro; **I'm afraid of the ~** me da miedo la oscuridad; ***to keep sb in the ~ about sth*** ocultarle algo a algn; **to be in the ~ about sb's intentions** estar* a oscuras sobre las intenciones de algn; **we're working completely in the ~** estamos trabajando a ciegas; ***to whistle in the ~*** hacer* ver que todo va bien **2** (nightfall): **to wait until ~** esperar hasta que anochezca; **don't go out alone after ~** no salgas solo de noche

Dark Ages *pl n*: **the ~ ~** la Alta Edad Media, la Edad de las tinieblas; **ecology is still in the ~ ~** todavía estamos en la prehistoria de la ecología

darken /ˈdɑːrkən || ˈdɑːkən/ *vt* **1** (make dark) ‹*sky/room/color*› oscurecer*; ▸**door 1** **2** (make somber) ensombrecer*; **his last days were ~ed by the loss of his wife** la pérdida de su esposa ensombreció sus últimos días
■ **darken** *vi* **1** (grow dark) ‹‹*room/color*›› oscurecerse*; ‹‹*sky*›› oscurecerse*, nublarse **2** (grow somber) ensombrecerse*

dark-eyed /ˈdɑːrkˈaɪd || ˌdɑːkˈaɪd/ *adj* de ojos oscuros

dark horse *n* **1** (surprise victor) (AmE) ganador, -dora *m,f* sorpresa **2** (unknown quantity) enigma *m*

darkie *n* ▸**darky**

darkly /ˈdɑːrkli || ˈdɑːkli/ *adv* **1** (mysteriously) ‹*hint*› misteriosamente **2** (in dark color): **trees outlined ~ against the sky** las oscuras siluetas de los árboles perfiladas contra el cielo

dark matter *n* [u] materia *f* oscura

darkness /ˈdɑːrknəs || ˈdɑːknɪs/ *n* [u] **1** (of night, room) oscuridad *f*; **the building was in complete** *o* **total ~** el edificio estaba totalmente a oscuras; **in the ~** en la oscuridad *or* lo oscuro; **when ~ falls** al caer la noche **2** (evil) tinieblas *fpl*; **the powers of ~** los poderes del mal

darkroom /ˈdɑːrkruːm, -rʊm || ˈdɑːkruːm, -rʊm/ *n* cuarto *m* oscuro

dark-skinned /ˈdɑːrkˈskɪnd || ˌdɑːkˈskɪnd/ *adj* ‹*person/race*› de piel oscura

darky /ˈdɑːrki || ˈdɑːki/ *n* (*pl* **-kies**) (BrE sl & offensive) negro, -gra *m,f*

darling¹ /ˈdɑːrlɪŋ || ˈdɑːlɪŋ/ *n* **1** (beloved person): **you'll always be my ~** siempre serás mi amor; **isn't he/she a (little) ~!** ¡qué monada *or* preciosidad!; **be a ~ and fetch my paper** sé bueno y tráeme el periódico; (*as form of address*) cariño **2** (popular person) niño mimado, niña mimada *m,f*; **she was the ~ of the public** era la niña mimada del público

darling² *adj* **1** (beloved) (*before n*) querido **2** (delightful) (dated) mono (fam); **what a ~ little hat/dog!** ¡qué sombrerito/perrito más mono! (fam)

darn¹ /dɑːrn || dɑːn/ *vt*
A (mend) ‹*hole/stocking*› zurcir*
B (colloq & euph) (*in interj phrases*): **~ it!** ¡caray! (fam & euf); **I'll be ~ed if I'll do it** eso yo no lo hago ni que me maten; **I'm ~ed if I know** que me maten si lo sé

darn² *n* zurcido *m*

darn³ *interj* ¡caray! (fam & euf)

darn⁴, darned /dɑːrnd || dɑːnd/ *adj* (colloq & euph) (*as intensifier*) maldito (fam); **it's a ~ nuisance** es un maldito engorro (fam); **I can't see a ~ thing** no veo ni medio (fam)

darn⁵, darned *adv* (colloq & euph) (*as intensifier*): **he's too ~ clever** se pasa de listo; **he knows ~ well I'm right** sabe de sobra que tengo razón

darnedest /ˈdɑːrndəst || ˈdɑːndɪst/ *adj* (colloq & euph): **it was the ~ thing!** aquello fue rocambolesco, aquello fue la caraba *or* la repanocha (Esp fam)

darning /ˈdɑːrnɪŋ || ˈdɑːnɪŋ/ *n* [u] **1** (action) zurcido *m*; (*before n*) ‹*needle/thread*› de zurcir **2** (things to be darned) ropa *f* para zurcir

dart¹ /dɑːrt || dɑːt/ *n*
A [c] **1** (weapon) dardo *m* **2** (Games) dardo *m*
B (movement) (*no pl*) *movimiento rápido*; **he made a ~ for the gun** se abalanzó sobre el arma; **with a ~ of its tongue, the lizard caught the fly** la lagartija atrapó a la mosca de un lengüetazo
C [c] (Clothing) pinza *f*

dart² *vi*: **to ~ into a room** entrar como una flecha en una habitación; **to ~ out of a room** salir* como una flecha de una habitación; **he ~ed behind a bush** corrió a esconderse detrás de un arbusto; **her eyes ~ed around the room** recorrió la habitación rápidamente con la mirada
■ **dart** *vt* ‹*look/glance*› lanzar*; **the lizard ~ed out its tongue** la lagartija disparó la lengua

dartboard /ˈdɑːrtbɔːrd || ˈdɑːtbɔːd/ *n* diana *f*

darts /dɑːrts || dɑːts/ *n* (+ *sing vb*) dardos *mpl*; **to play ~** jugar* a los dardos

Darwinism /ˈdɑːrwənɪzəm || ˈdɑːwɪnɪzəm/ *n* [u] darvinismo *m*, darwinismo *m*

dash¹ /dæʃ/ *n*
A (sudden movement) (*no pl*): **to make a ~ for safety/shelter** correr a ponerse a salvo/a cobijarse; **he made a ~ for freedom** intentó escaparse; **everyone made a ~ for the exit** todos se precipitaron hacia la salida; ***to make a ~ for it*** (colloq) salir* a toda mecha (fam)
B [c] (small amount) poquito *m*; **a ~ of vinegar** un poquito *or* unas gotas de vinagre; **a ~ of pepper** una pizca de pimienta; **a ~ of milk** un chorrito de leche; **dark hair with a ~ of grey** pelo *m* entrecano
C [c] **1** (punctuation mark) guión *m* **2** (in Morse code) raya *f*
D [u] (spirit, nerve) brío *m*; **to play/perform with ~** tocar*/actuar* con brío; ***to cut a ~*** (BrE) ser* el centro de todas las miradas, llamar la atención, partir plaza (Méx)
E [c] (Sport) carrera *f* (*de poca distancia*); **the 100m ~** los 100m planos *or* (Esp) lisos *or* (RPl) llanos
F (splash) (*no pl*) embate *m*
G [c] (Auto) (colloq) tablero *m* (de mandos), salpicadero *m* (Esp)

dash² *vt*
A **1** (hurl): **she ~ed the plate to pieces** hizo añicos *or* trizas el plato; **the ship was ~ed against the rocks** el barco se estrelló contra las rocas **2** (splash) echar; **she ~ed her face with water to refresh herself** se echó agua en la cara para refrescarse
B (disappoint) ‹*hopes*› (*usu pass*) defraudar, truncar* (liter)
C (mix): **his hair was ~ed with grey** tenía el pelo entrecano *or* salpicado de gris
D (BrE dated) ▸**darn¹ B**
■ **dash** *vi*
A (rush): **I ~ed to the rescue** me lancé al rescate; **she ~ed out** salió disparada; **I'll just ~ across the road for some milk** voy en frente un minuto a comprar leche; **to ~ into/across the room** entrar en/atravesar* la habitación como una exhalación; **I can't stay long, I must ~** (colloq) me voy corriendo, que tengo prisa *or* (AmL tb) que estoy apurada
B (crash) ‹‹*waves*›› romper*

Phrasal verb

• **dash off**
A [v + o + adv, v + adv + o] (write hurriedly) ‹*letter/essay*› escribir* corriendo
B [v + adv] (leave hastily) irse* corriendo

dashboard /ˈdæʃbɔːrd || ˈdæʃbɔːd/ *n* tablero *m* de mandos, salpicadero *m* (Esp)

dashed /dæʃt/ *adj/adv* (BrE dated) ▸**darn⁴**, **darn⁵**

dashing /ˈdæʃɪŋ/ *adj* **1** (lively, spirited) gallardo; **a ~ young sergeant** un sargento joven y gallardo **2** (smart) ‹*hat/mustache*› elegante; **he looked very ~ in his uniform** estaba muy elegante *or* apuesto con el uniforme

dastardly /ˈdæstərdli || ˈdæstədli/ *adj* (liter *or* hum) ‹*deed/act*› ruin (liter)

DAT /ˌdiːerˈtiː/ *n* = **digital audiotape**

data /ˈdeɪtə/; (*pl of* **datum**)
A (facts, information) (+ *pl vb*) datos *mpl*, información *f*; **to collect/supply ~ on sb/sth** recopilar/suministrar información sobre algn/algo
B (Comput) (+ *sing vb*) datos *mpl*; **a piece of ~** un dato; (*before n*) ‹*file*› de datos; **~ analysis** análisis *m* de datos; **~ analyst** analista *mf* de datos; **~ bank** banco *m* de datos; **~ bus** bus *m* de datos; **~ capture** toma *f* de datos; **~ carrier** portadora *f* de datos; **~ communication(s)** comunicación *f* de datos; **~ corruption** corrupción *f* de datos; **~ dictionary** *o* **directory** diccionario *m* de datos; **~ disk** disco *m* de datos; **~ encryption** cifrado *m* de datos; **~ entry** entrada *f* de datos; **~ file** archivo *m* de datos; **~ highway** autopista *f* de datos; **~ input** introducción *f* de datos; **~ item** dato *m* elemental; **~ link** enlace *m* de datos; **~ mining** extracción *f* de datos; **~ network** red *f* de datos; **~ processor** procesador *m* de datos; **~ recovery** recuperación *f* de datos; **~ retrieval** rescate *m* de datos; **~ security** seguridad *f* de datos; **~ set** conjunto *m* de datos; **~ sheet** hoja *f* de datos; **~ terminal** terminal *m* de datos; **~ type** tipo *m* de datos; **~ warehouse** almacén *m* de datos; **~ warehousing** almacenamiento *m* de datos

data acquisition *n* [u] adquisición *f* de datos; (*before n*): **~ ~ system** sistema *m* de adquisición de datos

database¹ /ˈdeɪtəbeɪs/ *n* base *f* de datos

database² *vt* almacenar en base de datos

database management system *n* sistema *m* de gestión *or* (AmL tb) de manejo de bases de datos

database system *n* sistema *m* de bases de datos

data collection *n* [u] recogida *f* de datos; (*before n*): **~ ~ program** programa *m* de recogida de datos

dataglove /ˈdeɪtəglʌv/ *n* guante *m* de datos

data management *n* [u] gestión *f* de datos; (*before n*): **~ ~ system/software** sistema *m* /software *m* de gestión de datos

data processing *n* [u] procesamiento *m or* proceso *m* de datos

ℹ Dates, Days, Months and Years

The days of the week

Spanish uses lower-case letters for the names of days:

Monday	=	lunes
Tuesday	=	martes
Wednesday	=	miércoles
Thursday	=	jueves
Friday	=	viernes
Saturday	=	sábado
Sunday	=	domingo

The names of the days of the week are preceded by an article in spoken Spanish:

the course starts on Monday
= el curso empieza el lunes

he works (on) Saturdays
= trabaja los sábados

Monday morning
= el lunes por la mañana *or* la mañana del lunes

The months of the year

Spanish also uses lower-case letters for the names of months:

January	=	enero
February	=	febrero
March	=	marzo
April	=	abril
May	=	mayo
June	=	junio
July	=	julio
August	=	agosto
September	=	septiembre or setiembre
October	=	octubre
November	=	noviembre
December	=	diciembre

in May
= en mayo

in early March
= a principios de marzo

in mid-October
= a mediados de octubre

in late December
= a fines *or* a finales de diciembre

The names of the months can be preceded by *el mes de*:

I spent August in London
= pasé el mes de agosto en Londres

Years, decades and centuries

1936
= 1936 (*mil novecientos treinta y seis*)

October 12th, 1942
= el 12 octubre de 1942 (*el doce de octubre de mil novecientos cuarenta y dos*)

in the spring of 1790/1890/1990 etc
= en la primavera del 90 (noventa)

the sixties
= los sesenta *or* los años sesenta *or* la década de los sesenta

Ordinal numbers are used for the first to the ninth centuries:

the 4th century
= el siglo cuarto

For the 10th century, both cardinal and ordinal numbers are accepted:

the 10th century
= el siglo décimo *or* el siglo diez

From the 11th century onward, cardinal numbers are used:

the 21st century
= el siglo vientiuno

Dates

Spanish uses cardinal numbers for the date:

today is the 6th
= hoy es seis

In most other contexts, the article *el* is required:

he died on the 10th of October
= murió el 10 (*diez*) de octubre

If the day of the week is mentioned, the article *el* is not repeated before the number:

they met on Monday, August 4th
= se reunieron el lunes 4 (*cuatro*) de agosto

When the month is not mentioned, *el día* can precede the date:

he arrives on the 20th
= llega el veinte *or* el día veinte

However the ordinal number is preferred for the first day of the month in Latin America, whereas the cardinal number is more commonly used in Spain:

January 1st
= 1º de enero (*el primero de enero*) *or* 1 de enero (*el uno de enero*)

Asking the date

what's the date?
= ¿a cuánto estamos? *or* ¿a cómo estamos?

it's the 6th
= estamos a 6 (seis)

today is November 6th
= hoy es 6 de noviembre

data projector *n* cañón *m* de proyección

data protection *n* [u] protección *f* de datos *or* de la información; (*before n*): **D~ P~ Act** *n* Ley *f* de Protección de Datos

data storage *n* [u] almacenamiento *m* de datos; (*before n*): **~ ~ device/system** mecanismo *m* /sistema *m* de almacenamiento de datos; **~ ~ disk/file** disquete *m* /archivo *m* para almacenamiento de datos

data structure *n* (Comput) **1** [u] (organization of data) estructura *f* de datos **2** [c] (collection of data) conjunto *m* de datos

date¹ /deɪt/ *n*

A ▸ℹ **p.1085** [c] (of appointment, battle) fecha *f*; **what ~ is she arriving (on)?** ¿en qué fecha llega?; **what's today's ~?, what's the ~ today?** ¿a qué fecha estamos?; **at a later ~** más tarde, en una fecha posterior; **closing ~** fecha *f* límite, fecha *f* tope; **what are his ~s?** (of birth and death) ¿en qué fechas nació y murió?; **to set** *o* **fix a ~ for sth** fijar la fecha para algo; **to ~** hasta la fecha, hasta el momento; *see also* **out-of-date, up-to-date**

B [u] (period of time) (frml): **a coin of Roman ~** una moneda de la época romana; **a friendship of recent ~** una amistad reciente

C [c] (colloq) **1** (appointment) cita *f*; **Greg has a ~ with Ana on Sunday** Greg sale con Ana el domingo; **she had a dinner ~ that evening** (esp AmE) la habían invitado a cenar esa noche **2** (person) (esp AmE): **he's my regular ~** estoy saliendo con él **3** (booking): **he's playing three ~s in London this month** va a actuar tres veces en Londres este mes

D [c] (fruit) dátil *m*

date² *vt*

A **1** (mark with date) ‹*letter/check*› fechar; **the letter was ~d April 13** la carta estaba fechada el 13 de Abril *or* tenía fecha del 13 de abril **2** (give date to) ‹*remains/pottery/fossil*› datar, determinar la antigüedad de

B (betray age) (colloq): **remembering that song really ~s you** el que recuerdes esa canción demuestra tu edad

C (go out with) (esp AmE colloq) salir* con (fam); **who's she dating now?** ¿con quién sale ahora?

■ **date** *vi*

A (originate in) datar; **it ~s from the 14th century** data del siglo XIV; **his title ~s back to the 14th century** los orígines de su título se remontan al siglo XIV

B (become old-fashioned) pasar de moda

C (go on dates) (esp AmE colloq): **he/she started dating at 14** empezó a salir con chicas/chicos *or* (AmL tb) a noviar *or* (Chi fam) a pololear a los 14 años

dated /ˈdeɪtəd || ˈdeɪtɪd/ *adj* ‹*fashion/word*› anticuado; **his plays are ~** sus obras han perdido actualidad

dateline¹ /ˈdeɪtlaɪn/ *n*

A (Journ) data *f* (*línea de un texto periodístico en la que constan fecha y lugar de origen del mismo*)

B ▸**Date Line**

dateline² *vt* fechar

Date Line *n*: **the (International) ~ ~** línea *f* del cambio de fecha

date palm *n* palmera *f* datilera, palma *f* de dátiles

date rape *n* violación *f* (*cometida durante una cita*)

date-stamp /ˈdeɪtstæmp/ *vt* ‹*document/library book*› fechar

date stamp *n* **1** (instrument) fechador *m* **2** (date) fecha *f*

dating agency /ˈdeɪtɪŋ/ *n* agencia *f* matrimonial *or* de contactos

dating service *n* agencia *f* de contactos

dative¹ /ˈdeɪtɪv/ *adj* dativo

dative² *n* dativo *m*; **in the ~** en dativo

datum /ˈdeɪtəm/ *n* (*pl* **data**) (frml) dato *m*; *see also* **data**

daub¹ /dɔːb/ *vt* **1** (smear) **to ~ sth WITH sth** ‹*wall/canvas*› embadurnar algo DE algo; **her clothes were ~ed with paint** tenía la ropa embadurnada de pintura; **to ~ sth ON** *o* **OVER sth: she ~ed makeup on her face** se embadurnó la cara de maquillaje **2** (paint crudely) pintarrajear

daub² *n* **1** (painting) (pej) mamarracho *m*, chafarrinón *m* (Esp) **2** (smear) mancha *f*; *see also* **wattle A**

daughter /ˈdɔːtər || ˈdɔːtə(r)/ *n* (female child) hija *f*; **~s of Eve** hijas de Eva; **a true ~ of France** una digna hija de Francia; **D~s of the American Revolution** *asociación de mujeres descendientes de combatientes de la guerra de la independencia norteamericana*

daughterboard /ˈdɔːtərbɔːrd || ˈdɔːtəbɔːd/ *n* placa *f* hija

daughter-in-law /ˈdɔːtərmlɔː/ *n* (*pl* **daughters-in-law**) nuera *f*

daunt /dɔːnt/ *vt* (*usu pass*) amilanar, intimidar, arredrar (liter); **she felt ~ed by the danger** se amilanó ante el peligro; **nothing ~ed** (liter): **nothing ~ed, we carried on** impertérritos *or* sin inmutarnos, seguimos adelante

daunting /ˈdɔːntɪŋ/ *adj* ‹*prospect*› desalentador, sobrecogedor; **it's a ~ task** es una tarea de enormes proporciones

dauntless /ˈdɔːntləs || ˈdɔːntlɪs/ *adj* (liter) ‹*soldiers/hero*› intrépido; ‹*courage/spirit*› a toda prueba

d

davenport /ˈdævənpɔːrt || ˈdævənpɔːt/ *n* (AmE) sofá *m* (*grande*)

David /ˈdeɪvəd || ˈdeɪvɪd/ *n* David

Davy Jones' Locker /ˈdeɪviˌdʒəʊnz/ *n* (colloq & dated) el fondo del mar

Davy lamp /ˈdeɪvi/ *n* lámpara *f* aflogística *or* de Davy

dawdle /ˈdɔːdl/ *vi* entretenerse*; **don't ~ on the way there** no te entretengas en el camino; **to ~ OVER sth: she ~d over her meal** comió con gran parsimonia

dawdler /ˈdɔːdlər || ˈdɔːdlə(r)/ *n* persona *f* lenta *or* (fam) cachazuda, lerdo, -da *m,f*; **we can't wait any longer for the ~s** no podemos esperar más a los rezagados

dawn[1] /dɔːn/ *n*

A [u c] (daybreak) amanecer *m*; **as ~ breaks** al rayar o romper el alba (liter), al amanecer; **at ~** al amanecer, al alba (liter); **from ~ till dusk** de sol a sol, de la mañana a la noche; (*before n*) ‹*patrol/start*› de madrugada

B [c] (beginning) albores *mpl* (liter), aurora *f* (liter); **since the ~ of civilization** desde los albores de la civilización; **the ~ of hope** el despertar de la esperanza

dawn[2] *vi* (liter) **1** «*day*» amanecer*, clarear, alborear (liter); **as day was ~ing** al clarear *or* despuntar el día; **the day ~ed bright and sunny** el día amaneció luminoso y soleado; **the day will ~ when you regret this** ya llegará el día en que te arrepientas **2** «*new age/civilization*» alborear (liter), nacer*

(Phrasal verb)

- **dawn on** [v + prep + o]: **it ~ed on me that ...** caí en la cuenta de que ..., me cayó el veinte (Méx fam) *or* (Chi fam) la chaucha de que ...

dawn chorus *n*: **the ~ ~** el trino de los pájaros al amanecer

dawn raid *n* **1** (Mil) *ataque militar de madrugada* **2** (Fin) *compra repentina de las acciones de una compañía por una empresa tiburón*

day /deɪ/ ▸❶ **p.1085** *n*

A (unit of time) día *m*; **I saw her two ~s ago** la vi hace dos días; **take the pills twice a ~** tómese las pastillas dos veces al día; **a three-~-old chick** un pollito de tres días; **three ~s out of port** a tres días del puerto; **he's arriving in two ~s** *o* **in two ~s' time** llega dentro de dos días; **he's forty if he's a ~** tiene cuarenta años como poco; ***a nine ~s' wonder*: the case was a nine ~s' wonder** el interés en el caso duró lo que un suspiro; ***from ~ one*** desde el primer momento

B (daylight hours) día *m*; **the longest ~ of the year** el día más largo del año; **all ~** todo el día; **come on, we haven't got all ~!** ¡vamos! ¡que no tenemos todo el día!; **we traveled by ~** *o* **during the ~** viajamos durante el *or* de día; **we went to the beach for the ~** fuimos a pasar el día a la playa; **~ and night** día y noche; ▸**happy A1**, **light**[1] **A**

C **1** (point in time) día *m*; **what ~ is (it) today?** ¿qué día es hoy?; **every ~** todos los días; **every other ~** un día sí y un día no, día por medio (CS, Per); **(on) the ~ they left** el día que se fueron; **the ~ before** el día anterior; **(on) the following ~** al día siguiente; **the ~ before yesterday** anteayer, antes de ayer; **the ~ after tomorrow** pasado mañana; **the other ~** el otro día; **with each ~ that passes** cada día que pasa; **~ after ~** día tras día; **~ by ~** día a día, de día en día; **~ in, ~ out** todos los días; **I listen to the same complaints ~ in, ~ out** escucho las mismas quejas todos los santos días; **from ~ to ~** de día en día, día a día; **from one ~ to the next** de un día para (el) otro; **from that ~ on(ward)** desde aquel día, a partir de aquel día; **from this ~ on(ward)** de hoy *or* de ahora en adelante; **from that ~ forth** (arch *or* liter) desde aquel día; **it's 12 years to the ~ since we met** hoy hace exactamente 12 años que nos conocimos; **to this ~, he can't forgive her** hasta el día de hoy, no se lo perdona; **it's not my/his ~** no es mi/su día; **it's (just) been one of those ~s** (colloq) ha sido un día de aquéllos *or* (Esp) de aquí te espero (fam); **that'll be the ~** (colloq & iro) cuando las ranas críen cola; **did you have a good/bad ~?** ¿te fue bien/mal hoy?; **have a good** *o* **nice ~!** (esp AmE) ¡que le vaya bien!; **on a good ~ we can cover 20 miles** cuando todo va bien podemos llegar a hacer 20 millas; **what a ~!** ¡vaya día!; ***as naked as the ~ he/she was born*** como Dios lo/la trajo al mundo; ***at the end of the ~*** a *or* en fin de cuentas, al fin y al cabo; ***to call it a ~*: it was getting dark, so we decided to call it a ~** estaba oscureciendo, así que decidimos dejarlo para otro día (*or* hasta el día siguiente *etc*); **I clearly wasn't getting anywhere, so I called it a ~ and left** obviamente no estaba logrando nada, así que abandoné y me fui; ***to make a ~ of it*** (spend whole day) quedarse todo el día; (make memorable): **they have decided to make a ~ of it, and travel first class** han decidido que un día es un día y viajarán en primera; ***to make sb's ~*** (colloq) alegrarle la vida a algn; ***to save for a rainy ~*** ahorrar para cuando lleguen las vacas flacas; ***another ~, another dollar*** (AmE) la vida sigue su curso **2** (specified day, date) día *m*; **it's rent ~** es el día del alquiler; **it's her ~ for going to the bank** hoy le toca ir al banco; **D~ of Judgment, ~ of reckoning** día del Juicio Final; **their father will be back next Tuesday; that'll be the ~ of reckoning** su padre llega el martes, entonces será el ajuste de cuentas **3** (working day) jornada *f*, día *m*; **we work an 8-hour ~** nuestra jornada laboral es de ocho horas; **she is paid by the ~** le pagan por día(s); **to take a ~ off (from) work** tomarse un día libre

D (indefinite time): **any ~ (now)** cualquier día de éstos; **it's not every ~ you get an opportunity like this** una oportunidad así no se te presenta todos los días; **one ~** un día; **one ~ we'll be famous** un *or* algún día seremos famosos; **one of these ~s** un día de éstos; **some ~** algún día; **the ~ will come when I'll be vindicated** llegará el día en el que se me haga justicia; ***any ~ (of the week)*** (colloq): **caviar? I'd rather have a hamburger any ~** ¿caviar? prefiero mil veces una hamburguesa; **he's the better player any ~ of the week** es con mucho el mejor jugador

E **1** (period of time) día *m*; **up to the present ~** hasta el día de hoy; **the happiest ~s of her life** los días más felices de su vida; **in ~s gone by** (liter) antaño (liter); **in ~s to come** (liter) en días venideros (liter), en el futuro; **in ~s of old, in olden ~s** (liter) antaño (liter); **in the old ~s** antiguamente; **the good old ~s** los viejos tiempos; **in the ~s of King Henry, in King Henry's ~** en tiempos del rey Enrique, en la época del rey Enrique; **in this ~ and age** hoy (en) día, el día de hoy; **in those ~s** en aquellos tiempos, en aquella época; **these ~s** hoy (en) día; **those were the ~s!** ¡qué tiempos aquéllos!; **my dancing/singing ~s are over** mis días de bailarín/cantante han quedado atrás; ***it's early ~s yet*** (BrE) aún es pronto; ***to have seen*** *o* ***known better ~s*** haber* visto tiempos mejores **2** (current period): **the ~** el día; **the burning issues of the ~** los temas candentes del día **3** (period of youth, success) (*no pl*) día *m*; **she was a beauty in her ~** en su día *or* en sus tiempos fue una belleza; **your ~ will come** ya te llegará el día; **he was the leading politician of his ~** en su día fue el político de mayor influencia; ***to have had one's ~*: the steam engine has had its ~** la locomotora a vapor ha pasado a la historia **4** **days** *pl n* (lifetime) días *mpl*; **she ended her ~s in a seaside boarding house** acabó sus días en una pensión de la costa; ***my/his ~s are numbered*** tengo/tiene los días contados

F (contest): **the ~ is lost** todo está perdido; ***to carry*** *o* ***win the ~*** prevalecer*; **the moderates won the ~** prevalecieron los moderados; ***to save the ~*: her quick thinking saved the ~** su rapidez mental nos (*or* los *etc*) sacó del apuro

G **days** (*as adv*) **to work ~s** trabajar durante el día; **I'm often out ~s** (colloq) suelo estar fuera durante el día

daybed /ˈdeɪbed/ *n* **1** (for daytime rest) diván *m* cama **2** (sofa bed) (AmE) sofá-cama *m*

day boy *n* (BrE) alumno *m* externo (*de un colegio con internado*)

daybreak /ˈdeɪbreɪk/ *n* [u] alba *f*‡ (liter), amanecer *m*; **at ~** al alba (liter), al amanecer

day care *n* [u] **1** (for children) (AmE) servicio *m* de guardería infantil; (*before n*): **day-care center** guardería *f* infantil **2** (for old/disabled people) (BrE) *atención prestada durante el día a ancianos, minusválidos etc*

day centre *n* (BrE) *centro diurno para ancianos, minusválidos etc*

daydream[1] /ˈdeɪdriːm/ *n* ensueño *m*, ensoñación *f*, fantasía *f*

daydream[2] *vi* soñar* despierto, fantasear; (have false hopes) hacerse* ilusiones

day girl *n* (BrE) alumna *f* externa (*de un colegio con internado*)

day laborer, (BrE) **day labourer** *n* jornalero, -ra *m,f*

daylight /ˈdeɪlaɪt/ *n* [u] **1** (daybreak) madrugada *f*, amanecer *m*; **before ~** antes de que amanezca **2** (daytime): **it is still ~** todavía es de día; **in broad ~** a plena luz del día; (*before n*) ‹*attack/raid*› diurno; ▸**robbery** **3** (light of day) luz *f* (del día); **we must bring this matter into the ~** debemos sacar este asunto a la luz; ***to beat/scare the (living) ~s out of sb*** (colloq): **his driving scares the living ~s out of me** me da pánico *or* (fam) me pone los pelos de punta cómo maneja *or* (Esp) conduce; **you frightened the living ~s out of me!** ¡me pegaste un susto tremendo!; **he nearly beat the (living) ~s out of the kid** le dio tal paliza al niño que casi lo mata; ***to see ~*** (comprehend) ver* claro; (have end in sight) vislumbrar el final

daylight (saving) time *n* [u] (AmE) hora *f* de verano

daylight hours *pl n* horas *fpl* de luz (diurna *or* del día)

day nursery *n* guardería *f* infantil

day-old /ˈdeɪˈəʊld/ *adj* de un día

day out *n* excursión *f*

day pass *n* pase *m* diario

day patient *n* paciente ambulatorio, -ria *mf*, paciente externo, -na *mf*

day release *n* [u] (in UK) *sistema que permite a un empleado ausentarse regularmente de su trabajo para seguir estudios relacionados con el mismo*

day return (ticket) *n* (BrE) boleto *m or* (Esp) billete *m or* (Col) tiquete *m* de ida y vuelta en el (mismo) día, boleto *m* de viaje redondo en el (mismo) día (Méx)

dayroom /ˈdeɪruːm -rʊm/ *n*: *sala de estar comunal en hospitales, prisiones etc*

day school *n* colegio *m* (*sin internado*)

day surgery *n* cirugía *f* ambulatoria, cirugía *f* de alta precoz

daytime /ˈdeɪtaɪm/ *n*: **the ~** el día; **in** *o* **during the ~** de día *or* durante el día; (*before n*): **~ flight** vuelo *m* diurno

daytime TV *n* televisión *f* diurna

day-to-day /ˌdeɪtəˈdeɪ/ *adj* (*before n*) **1** (everyday) ‹*occurrence/event*› cotidiano, diario; ‹*chores/difficulties*› de cada día **2** (one day at a time) ‹*existence*› diario; **to live on a ~ basis** vivir al día

day trip *n* excursión *f* de un día; **to go on a ~ ~ to the seaside** ir* a pasar el día a la playa

day-tripper /ˈdeɪˌtrɪpər || ˈdeɪˌtrɪpə(r)/ *n* excursionista *mf*, dominguero, -ra *m,f* (fam & pey)

daywear /ˈdeɪwer || ˈdeɪweə(r)/ *n* [u] ropa *f* de calle

daywork /ˈdeɪwɜːrk || ˈdeɪwɜːk/ [u] trabajo *m* diurno

daze[1] /deɪz/ *n* (*no pl*) aturdimiento *m*; **to go about in a ~** estar* en las nubes; **it all happened so quickly, I was in a complete ~** todo pasó tan rápido que quedé totalmente aturdido

daze[2] *vt* (*usu pass*) aturdir; **he was ~d by the blow/by the news** el golpe/la noticia lo dejó aturdido

dazed /deɪzd/ *adj* aturdido

dazzle[1] /ˈdæzəl/ *vt* **1** «*light*» deslumbrar, encandilar **2** «*beauty/wit*» deslumbrar

dazzle[2] *n* [u] 1 (of lights, headlamps) resplandor *m*, brillo *m* 2 (of publicity, fame) hechizo *m*

dazzling /'dæzlɪŋ/ *adj* 1 (bright) ‹*light/glare/sunshine*› deslumbrante, resplandeciente, que encandila 2 (impressive) ‹*wealth/wit/good looks*› deslumbrante, deslumbrador

dazzlingly /'dæzlɪŋli/ *adv* ‹*beautiful/clever*› deslumbrantemente, impresionantemente

db, dB (= **decibel**) dB

DBE *n* (in UK) = **Dame of the British Empire**

DBMS *n* = **database management system**

DC 1 (= **direct current**) CC 2 = **District of Columbia**

DCC /ˌdi:si:'si:/ *n* = **digital compact cassette**

DCM (in UK) (Mil) = **Distinguished Conduct Medal**

D-day /'di:deɪ/ *n* 1 (in World War II) día *m* D (*día del desembarco aliado en Normandía*) 2 (important day) el día señalado

DDS *n* = **Doctor of Dental Surgery**

DDT *n* [u] DDT *m*

DE = **Delaware**

DEA *n* (= **Drug Enforcement Administration**) DEA *f*

deacon /'di:kən/ *n* diácono *m*

deaconess /'di:kənəs || ˌdi:kə'nes, 'di:kənɪs/ *n* diaconisa *f*

deactivate /di:'æktəveɪt || di:'æktɪveɪt/ *vt* ‹*bomb/switch*› desactivar

dead[1] /ded/ *adj*

A (no longer alive) ‹*person/animal/plant*› muerto; **he's ~** está muerto; **she has been ~ for 50 years** hace 50 años que murió; **~ body** cadáver *m*, cuerpo *m* sin vida; **he was ~ on arrival at the hospital** cuando llegó al hospital ya había muerto, ingresó cadáver (Esp); **to drop ~** caerse* muerto; **drop ~!** ¡vete al demonio *or* al diablo!; **to shoot/strike sb ~** matar a algn a tiros/a golpes; **S wanted, dead or alive** se busca: vivo o muerto; **more ~ than alive** más muerta que viva; ***as ~ as a dodo*** *o* ***doornail*** requetemuerto (fam); ***~ and buried***: **long after I'm ~ and buried** mucho después de que esté muerto y enterrado *or* de que esté bajo tierra; ***~ and gone***: **all this will be yours when I'm ~ and gone** todo esto será tuyo cuando yo me muera; ***~ men tell no tales*** los muertos no hablan; ***not to be seen*** *o* ***caught ~*** (colloq): **I wouldn't be seen** *o* **caught ~ in that hat** yo no me pondría ese sombrero ni muerta *or* ni loca; ▸**body A3**

B 1 (numb) (*usu pred*) dormido; **my feet have gone ~ with the cold** se me han dormido los pies del frío 2 (unresponsive) **to be ~ TO sth** ser* sordo A algo; **she remained ~ to my pleas** permaneció sorda a mis súplicas; **he remained ~ to pity** nada lo movía a compasión (liter)

C (very tired, ill) (colloq) muerto (fam); **I'm absolutely ~** ¡estoy muerto! (fam)

D 1 (obsolete) ‹*language*› muerto; ‹*custom*› en desuso; **a ~ metaphor** una metáfora lexicalizada 2 (past, finished with) ‹*issue*› pasado; **the matter is ~ and buried** el asunto ya está enterrado, a lo pasado, pisado 3 (in bar, restaurant) (colloq): **is this glass/bottle ~?** ¿ha terminado ya con el vaso/la botella?

E 1 (not functioning) ‹*wire/circuit*› desconectado; ‹*telephone*› desconectado, cortado; ‹*battery*› descargado; **the line suddenly went ~** de repente se cortó (la comunicación) 2 (not alight) ‹*fire/coals/match*› apagado 3 (quiet, not busy) ‹*town/hotel/party*› muerto; **the ~ season** la temporada baja; **in the ~ hours of the night** a altas horas de la noche *or* de la madrugada 4 (Fin) ‹*capital/money*› muerto, improductivo 5 (Sport) ‹*ball*› muerto

F 1 (*as intensifier*): **in ~ silence** en un silencio absoluto *or* total; **he collapsed in a ~ faint** se desplomó totalmente inconsciente; **to come to a ~ halt/stop** parar en seco; **she's in ~ earnest** lo dice muy en serio; **we're in ~ trouble if they catch us** (BrE sl) si nos agarran estamos fritos (fam), como nos cojan nos la cargamos (Esp fam) 2 (exact): **to be on a ~ level with sth** estar* exactamente al mismo nivel que algo

dead[2] *adv*

A 1 (exactly) justo; **~ on target** justo en el blanco; **she was ~ on time** (esp BrE) llegó puntualísima 2 (directly) justo, directamente; **~ ahead** justo delante 3 (suddenly): **to stop ~** parar en seco; **he stopped the ball ~** paró la pelota en seco

B 1 (absolutely) (colloq) ‹*straight/level*› completamente; **~ slow** lentísimo; **~ drunk** completamente borracho, como una cuba (fam); **~ tired** muerto (de cansancio) (fam), cansadísimo; **I'm ~ broke** estoy pelado (fam); **you're ~ right** tienes toda la razón; **you're ~ wrong** estás muy equivocado; **to be ~ certain** *o* **sure** estar* totalmente seguro; **to be ~ beat** estar* hecho polvo (fam) 2 (*as intensifier*) (sl): **it was ~ easy** estuvo regalado *or* tirado (fam); **I'm ~ bored** estoy aburridísimo *or* muerto de aburrimiento

dead[3] *n*

A (+ *pl vb*): **the ~** los muertos; **to rise from the ~** resucitar de entre los muertos; **they were screaming fit to wake the ~** chillaban a grito pelado (fam)

B (depth): **in the** *o* (BrE also) **at ~ of night** a altas horas de la noche *or* de la madrugada; **in the ~ of winter** en lo más crudo del invierno

dead-and-alive /ˌdednə'laɪv/ *adj* (BrE colloq) de mala muerte (fam)

deadbeat /'dedbi:t/ *n* (colloq) 1 (lazy person) vago, -ga *m,f*, bueno, -na *m,f* para nada, flojo, -ja *m,f* (fam) 2 (scrounger) (AmE) aprovechado, -da *m,f*, gorrón, -rrona *m,f* (Esp fam), aprovechador, -dora *m,f* (CS fam)

dead center, (BrE) **dead centre** *n*

A (exact center): **in the ~ ~** justo en el centro

B (Mech Eng) punta *f* fija

deaden /'dedn/ *vt* 1 (muffle) ‹*shock/impact/force*› amortiguar; ‹*noise/vibration*› reducir* 2 (desensitize) ‹*pain*› atenuar*, aliviar; ‹*nerve*› insensibilizar*; ‹*mind/faculties*› entorpecer*

dead-end /'ded'end/ *adj* 1 (without exit) ‹*street/road*› sin salida, ciego (Andes, Ven) 2 (without prospects) (colloq): **a ~ job** un trabajo sin porvenir *or* futuro

dead end *n* 1 (street) callejón *m* sin salida 2 (situation) callejón *m* sin salida; **to come to** *o* **reach a ~ ~** llegar* a un callejón sin salida *or* a un impasse

deadeye /'dedaɪ/ *n* (AmE colloq) *tirador con buena puntería*, tirofijo *mf* (Col fam)

deadhead /'dedhed/ *n* (AmE colloq) pánfilo, -la *m,f* (fam)

dead-head /'dedhed/ *vt* ‹*plant*› quitarle las flores marchitas a

dead heat *n* empate *m*

dead letter *n*

A (Law) letra *f* muerta; **to be a ~ ~** ser* letra muerta

B (undelivered letter) carta *f* no reclamada; (*before n*): **dead-letter office** departamento *m* de cartas no reclamadas

deadline /'dedlaɪn/ *n* fecha *f* tope *or* límite, plazo *m* de entrega; **to work to a ~** trabajar con miras a un plazo determinado; **to set/extend a ~** fijar/prorrogar* el plazo de entrega; **to meet a ~** entregar* un trabajo dentro del plazo previsto; **they always miss the ~s** nunca entregan el trabajo a tiempo

deadliness /'dedlinəs || 'dedlinɪs/ *n* [u]: **a weapon of such ~ could destroy mankind** un arma tan mortífera podría acabar con la humanidad; **the ~ of her aim** su certera *or* infalible puntería

deadlock[1] /'dedlɑ:k || 'dedlɒk/ *n*

A (*no pl*) 1 (stalemate) punto *m* muerto, impasse *m*; **to reach/end in (a) ~** llegar* a/acabar en un punto muerto *or* en un impasse; **to break the ~** salir* del impasse 2 (in scoring) (AmE) (Sport) empate *m*

B [c] (lock) *tipo de cerradura*, candado *m*

deadlock[2] *vt* (*usu pass*) ‹*discussion*› estancar*; **the negotiations remained ~ed** las negociaciones continuaban estancadas *or* en un impasse

■ **deadlock** *vi* estancarse*, llegar* a un impasse *or* punto muerto

deadly[1] /'dedli/ *adj* **-lier, -liest**

A 1 (fatal) ‹*disease/poison/blow*› mortal; ‹*weapon*› mortífero; ‹*combat*› a muerte 2 (unerring) ‹*aim*› certero, infalible 3 (*as intensifier*) ‹*seriousness*› enorme; ‹*enemy/rival*› a muerte; ‹*sin*› (Relig) capital; **in ~ silence** en un silencio sepulcral

B (dull, boring) (colloq) ‹*play/book/party*› funesto, aburridísimo

deadly[2] *adv* (*as intensifier*) ‹*dull/boring*› terriblemente; **you must be joking! — no, I'm ~ serious** lo dices en broma ¿no? — no, lo digo muy en serio

deadly nightshade /'naɪtʃeɪd/ *n* [c u] belladona *f*

dead man's handle *n* freno *m* de seguridad

dead march *n* marcha *f* fúnebre

deadness /'dednəs || 'dednɪs/ *n* [u] 1 (of color) lo apagado 2 (of eyes, expression) falta *f* de vida

dead nettle *n* ortiga *f* muerta

deadpan[1] /'dedpæn/ *adj* ‹*face/expression*› de póquer *or* (fam) de palo; ‹*voice/delivery*› deliberadamente inexpresivo; **~ humor** *tipo de humor caracterizado por la inexpresividad deliberada del humorista*

deadpan[2] *adv* de manera inexpresiva

dead reckoning *n* [u] 1 (Naut) estimación *f* 2 (guesswork) (colloq) cálculo *m* a ojo *or* (Col, CS fam) al ojo (de buen cubero) (fam)

Dead Sea *n*: **the ~ ~** el Mar Muerto

dead weight *n* (*no pl*) peso *m* muerto

dead wood, (AmE also) **deadwood** /'dedwʊd/ *n* [u]

A (dead trees, branches) ramas *fpl* secas

B (useless people, material): **to get rid of the ~ ~ among the staff** sacarse* de encima al personal inútil; **there's a lot of ~ ~ in that file** hay mucha paja en ese archivo (fam)

dead zone *n* (Telec) zona *f* sin cobertura

deaf[1] /def/ *adj* 1 sordo; **to be ~ in one ear** (temporarily) estar* sordo de un oído; (permanently) ser* sordo de un oído; **to go ~** quedarse sordo; **he's ~ and dumb** es sordomudo 2 (unwilling to hear) **to be ~ TO sth** hacer* oídos sordos A algo; **he was ~ to her pleas/protests** hizo oídos sordos a sus ruegos/protestas

deaf[2] *pl n*: **the ~** los sordos; **the ~ and dumb** los sordomudos

deaf-aid /'defeɪd/ *n* (BrE) audífono *m*

deaf-blind /'defblaɪnd/ *adj* sordociego

deafen /'defən/ *vt* ensordecer*; **we were ~ed by the explosion** la explosión nos ensordeció *or* nos dejó sordos

deafening /'defənɪŋ/ *adj* ‹*noise/crash/roar*› ensordecedor; **a ~ silence greeted the report** el informe fue recibido con el más absoluto silencio

deaf-mute /'defmju:t/ *n* sordomudo, -da *m,f*

deafness /'defnəs || 'defnɪs/ *n* [u] sordera *f*

deal[1] /di:l/ *n*

A 1 (indicating amount): **a great/good** *o* **fair ~ of sth**: **it makes a great/good** *o* **fair ~ of difference** cambia mucho/bastante las cosas; **I've given the question a great ~ of thought** he reflexionado mucho sobre el asunto; **we haven't got a great ~ of money** no tenemos mucho dinero; **there's not a great ~ I can do to help** no es demasiado lo que yo puedo hacer para ayudar; **a ~ of sth** (arch *or* dial): **there's a ~ of work to be done** hay un montón de trabajo que hacer 2 **a great/good ~** (*as adv*): **we've seen her a great ~** *o* **we've seen a great ~ of her lately** la hemos visto mucho *or* muy a menudo últimamente; **he's a good ~ smarter than he looks** es bastante más inteligente de lo que parece; **did you enjoy the party? — not a great ~** ¿te divertiste en la fiesta? — no demasiado

B [c] 1 (agreement) trato *m*, acuerdo *m*; **they shook hands on the ~** cerraron el trato con un apretón de manos; **it's a ~!** ¡trato hecho!;

d

the ~ is on se ha llegado a un acuerdo; **to do** *o* **make a ~ with sb** llegar* a un acuerdo con algn, hacer* *or* cerrar* un trato *or* hacer* un pacto con algn; **what's the ~?** (AmE colloq) ¿qué pasa?; ***to make a big ~ out of sth***: **I don't want to make a big ~ out of it, but I had to pay ...** no quiero hacer un problema por esto, pero tuve que pagar ...; **she made such a big ~ out of choosing a hat** hizo tantos aspavientos para elegir un sombrero; **it's no big ~** no es nada del otro mundo; **big ~!** (iro): **so he's taking you to a dance, big ~!** así que te lleva a un baile ¡pues vaya *or* mira tú! (iró); **a $5 token of their gratitude, big ~!** $5 como muestra de su gratitud ¡qué generosidad! (iró); **I had to get up at six — big ~!** me tuve que levantar a las seis — ¡qué horror! (iró) **2▸** (financial arrangement) acuerdo *m*; **a new ~ for the clothing industry** un nuevo acuerdo salarial para la industria de la confección; **she got a very good ~ when she left the company** llegó a un buen arreglo económico al dejar la compañía; **he got a very good ~ out of the bank** consiguió que el banco le ofreciera muy buenas condiciones; **the New D~** *política económica aplicada entre 1933 y 1940 por la administración del presidente Roosevelt* **3▸** (bargain): **you'll get a better ~ if you shop around** lo conseguirás más barato si vas a otras tiendas

C (treatment) trato *m*; **the disabled deserve a better ~** los minusválidos merecen un mejor trato *or* algo mejor; **the children had a very rough ~ after their parents' divorce** los niños sufrieron mucho a raíz del divorcio de los padres; **she's had a raw ~ in life** la vida la ha tratado muy mal

D (Games) (*no pl*) reparto *m* (*de las cartas*); **it's my/your ~** me toca a mí/te toca a ti dar *or* repartir, doy *or* reparto yo/das *or* repartes tú

E [u] (wood) (madera *f* de) pino *m*

deal[2] (*past & past p* **dealt**) *vt*

A ‹*cards*› dar*, repartir; **to ~ sb a good/bad hand** darle* a algn una buena/mala mano; **I was ~t three aces** me tocaron tres ases

B **to ~ sb/sth a blow** asestarle un golpe a algn/algo

■ **deal** *vi* (Games) dar*, repartir

Phrasal verbs

• **deal in**

A [v + prep + o] (Busn) ‹*antiques/second-hand cars*› dedicarse* a la compra y venta de, comerciar en; **to ~ in securities** operar en valores mobiliarios

B [v + o + adv] (in card games): **~ me in!** dame cartas a mí también

• **deal out** [v + o + adv, v + adv + o] ‹*gifts/money*› repartir, distribuir*; **a judge who ~s out harsh sentences** un juez que dicta sentencias muy duras; **the punishment that was ~t out to them** el castigo que se les aplicó *or* impuso

• **deal with** [v + prep + o]

A **1▸** (do business with) ‹*company*› tener* relaciones comerciales con; **the government won't ~ with terrorists** el gobierno no negociará con los terroristas **2▸** (behave): **to ~ fairly with sb** tratar a algn con justicia, portarse bien con algn

B **1▸** (handle, tackle): **the problem must be ~t with now** hay que ocuparse del *or* hay que resolver el problema ahora mismo; **I don't know how to ~ with this problem** no sé qué hacer con *or* no sé cómo atacar este problema; **they can ~ with any kind of emergency** saben qué hacer *or* saben cómo reaccionar en cualquier tipo de emergencia; **this complaint has not been ~t with yet** nadie se ha ocupado de *or* nadie ha atendido esta reclamación todavía; **I know how to ~ with him** yo sé cómo tratarlo; **I prefer to ~ with her** yo prefiero tratar con ella; **I always have to ~ with the awkward customer** siempre me toca a mí lidiar con el cliente difícil; **we'll see how he ~s with this class** ya veremos cómo se las arregla con esta clase **2▸** (be responsible for) ocuparse *or* encargarse* de **3▸** (punish): **your mother will ~ with you** ya te las verás con tu madre; **the judge ~t with her severely** el juez fue severo con ella

C ‹*issue/matter*› (discuss, treat) tratar; (have as subject) tratar de

dealer /ˈdiːlər || ˈdiːlə(r)/ *n*

A **1▸** (trader) **~ (IN sth)**: **arms/drug ~** traficante *mf* de armas/drogas; **a ~ in livestock** un consignatario *or* tratante de ganado; **she's a record/car ~** se dedica a la compra-venta de discos/coches; **visit your local Ford/Hoover ~** visite a su concesionario Ford/representante Hoover más próximo; **a ~ in stolen goods** un reducidor **2▸** (Fin) corredor, -dora *m,f* de bolsa *or* de valores; **foreign currency ~** agente *mf* de cambio

B (Games): **the ~** el que da *or* reparte las cartas

dealership /ˈdiːlərʃɪp || ˈdiːləʃɪp/ *n* concesión *f*, representación *f*

dealing /ˈdiːlɪŋ/ *n*

A **1▸** [u] (business methods): **the company has a reputation for honest/shady ~** la empresa tiene fama de honradez en los negocios/de hacer negocios turbios **2▸** **dealings** *pl* (contacts, relations) relaciones *fpl*, trato *m*; **his ~s with the press** sus relaciones *or* su trato con la prensa; **I've never had ~s with her** nunca he tratado con ella; **my ~s with him are purely professional** sólo trato con él por razones de trabajo; **the company has ~s with the Far East** la compañía tiene negocios con el Lejano Oriente

B [u] **1▸** (trafficking) tráfico *m* **2▸** (on stock exchange) (BrE) transacciones *fpl*; **~ was** *o* **~s were suspended in the company's shares** se suspendió la cotización en bolsa de la compañía; **in heavy ~** en medio de una fuerte actividad

dealmaker /ˈdiːlmeɪkər || ˈdiːlmeɪkə(r)/ *n* agente *mf*

dealt /delt/ *past & past p of* **deal**[2]

dean /diːn/ *n*

A (Relig) deán *m*

B **1▸** (in university) decano, -na *m,f* **2▸** (in college, secondary school) (AmE) *docente a cargo del asesoramiento y de la disciplina de los estudiantes*

C (AmE) decano, -na *m,f*

dear[1] /dɪr || dɪə(r)/ *adj* **dearer** /ˈdɪrər || ˈdɪərə(r)/ **dearest** /ˈdɪrəst || ˈdɪərɪst/

A (loved) querido; **a very ~ friend of mine** un amigo mío muy querido; **~ (old) Jane, she's such a help to me** la buena de Jane, me ayuda tanto; **that was when ~ Dr Wentworth was still alive** eso pasó cuando todavía vivía el pobre *or* el buen Dr Wentworth; **it was his ~est wish/possession** era su mayor deseo/su bien más preciado; **to be ~ TO sb**: **memories that are very ~ to him** recuerdos que le son muy caros *or* que significan mucho para él; **that bracelet was very ~ to her** esa pulsera tenía gran valor (sentimental) para ella; **a man ~ to all our hearts** un hombre querido de *or* por todos; **to hold sb ~** (frml) tener* a algn en mucha estima, tenerle* mucha estima a algn; **I hold my reputation (very) ~** tengo en mucho mi reputación

B (in direct address) **1▸** (in speech): **my ~ Henry, you cannot be serious** ¡pero Henry! ¡qué disparate!; **my ~ Mrs Harper, I can assure you that ...** mi buena señora (Harper), le aseguro que ...; **my ~ girl/boy, how terrible for you!** ¡pero qué horror, hija mía/hijo mío! **2▸** (in letter-writing): **D~ Mr Jones** Estimado Sr. Jones; **D~ Jimmy** Estimado Jimmy; (more affectionate) Querido Jimmy; **D~ Sir or Madam** Estimado/a Señor(a), Muy señor mío/señora mía; **My ~ Paul** Mi querido Paul

C (lovable) adorable; **what a ~ little thing he is!** ¡pero qué ricura *or* monada (de niño)!, ¡qué niño más majo (Esp) *or* (AmL) más amoroso!; **they have the ~est (little) house** tienen una casita monísima; **she's a ~ girl** es un encanto de chica, es una chica majísima (Esp)

D (expensive) caro; **was it very ~?** ¿te costó muy caro?; **~ money** dinero *m* caro

dear[2] *interj*: **oh ~!** ¡ay!, ¡qué cosa!; **~, (oh) ~!** ¡vaya por Dios!; **oh, ~ me, that's terrible** ay por Dios, eso sí que es terrible

dear[3] *n*

A (*as form of address*) **1▸** (term of affection) querido, -da, cariño; **not there, Sally, ~** allí no, Sally querida *or* cariño; **John, my ~, bring me my slippers** John, tesoro *or* corazón *or* (Esp tb) majo ¿me traes las pantuflas?; **my ~est** querido mío **2▸** (colloq: used by tradespeople): **how many coffees was it, ~?** ¿cuántos cafés me dijo?; **sorry, ~, we're sold out** no, mire, no nos quedan

B (nice person) (colloq): **be a ~ and answer the door for me** anda, sé bueno y abre la puerta; **he's/she's such a ~** es un ángel *or* un cielo; **(you) poor ~!** ¡pobre ángel!, ¡pobrecito!; **the poor ~, he's got the flu** el pobrecito tiene gripe

dear[4] *adv* caro

dearie /ˈdɪri || ˈdɪəri/ *n* (colloq) **1▸** (*as form of address*) (used esp by women) tesoro, corazón; **what's the matter, ~?** ¿qué te pasa, tesoro *or* mi vida? **2▸** **~ me!** ¡ay, por Dios!

Dear John letter *n* (colloq) *carta que pone fin a una relación*

dearly /ˈdɪrli || ˈdɪəli/ *adv*

A (*as intensifier*): **I love him ~** lo quiero mucho *or* de verdad; **we would ~ love to see you again** nos encantaría volverte a ver; **I should ~ like to get my revenge** ¡cómo me gustaría vengarme!; **~ beloved** (frml) amado (frml); (*as form of address*) (Relig) (amados) hermanos

B (at great cost) caro *adj*; **victory was ~ won** la victoria costó muy cara; **he paid ~ for his generosity** pagó cara su generosidad

dearth /dɜːrθ || dɜːθ/ *n*

A (lack, short supply) (*no pl*) **a ~ (OF sth)** escasez *f* (DE algo); **in times of ~** en épocas de escasez; **~ of resources** escasez *f or* penuria *f* de recursos; **there is no ~ of suitable candidates** no hay escasez de *or* no faltan candidatos idóneos

B [u] (famine) (arch) carestía *f* (arc), hambruna *f*

death /deθ/ *n*

A [u c] (end of life) muerte *f*, fallecimiento *m* (frml); **to die a natural ~** morir* de muerte natural; **he died a peaceful ~** tuvo una buena muerte *or* una muerte tranquila; **the fire caused several ~s** el incendio causó varios muertos *or* cobró varias víctimas; **the illness can result in ~** la enfermedad puede ser mortal; **~ by strangulation/drowning** muerte por estrangulación/inmersión; **they were united in ~** (liter) la muerte los unió; **~ to the traitor!** ¡muerte al traidor!; **to put sb to ~** ejecutar a algn; **he was sentenced to ~/to ~ by hanging** lo condenaron a muerte/a morir en la horca; **he was stabbed/beaten to ~** lo mataron a puñaladas/golpes; **to freeze/starve to ~** morirse* de frío/hambre; **to bleed to ~** morir* desangrado; **he drank himself to ~** el alcohol acabó con él *or* lo mató; **to fight to the ~** luchar a muerte; **a duel to the ~** un duelo a muerte; **to ~** (*as intensifier*) (colloq): **to be scared to ~** estar* muerto de miedo; **they're frightened to ~ of losing their jobs** tienen un miedo espantoso de perder el trabajo; **I was bored to ~** me aburrí como una ostra (fam); **I'm sick to ~ of your complaining** estoy hasta la coronilla de tus quejas (fam); **his mother spoiled him to ~** la madre lo echó a perder con tanto mimo *or* lo malcrió de mala manera; **I'm worried to ~** estoy preocupadísima; ***as pale as ~*** blanco como un papel; **you look as pale as ~** estás blanco como un papel; ***at ~'s door*** a las puertas de la muerte; ***to be the ~ of sb*** acabar con algn; **you'll be the ~ of your poor mother** vas a acabar con tu pobre madre, vas a matar a disgustos a tu pobre madre; ***to catch one's ~ (of cold)*** agarrarse *or* (Esp) coger* una pulmonía doble; ***to do sth to ~***: **that play has been done to ~** esa obra está muy trillada; **if they get hold of a good idea, they tend to do it to ~** si se les ocurre una buena idea, la repiten hasta la saciedad *or* hasta el cansancio; **Richard II was done to ~ in his prison cell** (liter) a Ricardo II lo asesinaron *or* le dieron muerte en su celda; ***to hang on like grim ~*** aferrarse con todas sus fuerzas; ***to look like (grim) ~*** tener* la cara desencajada; **you look like ~ warmed over** *o* (BrE) **up** (hum) ¡tienes muy mala cara!

B (end) fin *m*; **that was the ~ of my hopes/ambitions** eso acabó con mis esperanzas/ambiciones; **it's ~ to small businesses** para los negocios pequeños es la ruina

deathbed /ˈdeθbed/ *n* lecho *m* de muerte; **to be on one's ~** estar* en su lecho de muerte; (*before n*) ‹*confession/marriage*› in extremis, in artículo mortis

death benefit *n* [u c] indemnización *f* por muerte *or* fallecimiento, compensación *f* por muerte *or* fallecimiento

death blow *n* golpe *m* mortal; **to deal** *o* **deliver a ~ ~ to sb/sth** asestar *or* dar* un golpe mortal a algn/algo

death camp *n* campo *m* de exterminio

death cell *n* celda *f* de la muerte, celda *f* de los condenados a muerte

death certificate *n* certificado *m or* (Méx) acta *f*‡ de defunción

death-dealing /'deθ,di:lɪŋ/ *adj* (liter) mortífero

death-defying /'deθdə,faɪɪŋ || 'deθdɪ,faɪɪŋ/ *adj* que desafía a la muerte

death duties *pl n* (BrE) impuesto *m* sobre sucesiones *or* a la herencia

death knell *n* toque *m* de difuntos, doble *m*; **television was the ~ ~ of the local movie house** el advenimiento de la televisión presagió la desaparición de los cines de barrio

deathless /'deθləs || 'deθlɪs/ *adj* (liter) imperecedero (liter), eterno, inmortal; **his ~ prose** (iro) su inmortal prosa (iró)

deathlike /'deθlaɪk/ *adj* ▸ **deathly**[1]

deathly[1] /'deθli/ *adj* ‹*silence*› de muerte, mortal, sepulcral; ‹*pallor*› cadavérico

deathly[2] *adv*: **she looked ~ white** *o* **pale** estaba blanca como el *or* un papel, estaba lívida

death mask *n* mascarilla *f*

death-or-glory /,deθɔ:r'glɔ:ri || ,deθɔ:'glɔ:ri/ *adj* temerario

death penalty *n*: **the ~ ~** la pena de muerte

death rattle *n* estertor *m* de la muerte

death row *n* (*no art*) pabellón *m* de los condenados a muerte, corredor *m* de la muerte

death sentence *n* condena *f* a (la pena de) muerte

death's head *n* (liter) calavera *f*

death squad *n* escuadrón *m* de la muerte

death threat *n* amenaza *f* de muerte

death throes *pl n* agonía *f*; **the whale was in its ~ ~** la ballena agonizaba *or* daba los últimos estertores

death toll *n* número *m* de víctimas (mortales) *or* de muertos

death trap *n*: *edificio, vehículo etc muy poco seguro*

death warrant *n* sentencia *f* de muerte; ***to sign one's own ~ ~*** firmar su (*or* mi *etc*) sentencia de muerte *or* propia sentencia

deathwatch beetle /'deθwɑ:tʃ || 'deθwɒtʃ/ *n* carcoma *f*

death wish *n* (*no pl*) (Psych) pulsión *f* de muerte

deb /deb/ *n* (colloq) debutante *f*

debacle, débâcle /,deɪ'bɑ:kəl/ *n* desastre *m*, debacle *f*, descalabro *m*

debag /di:'bæg/ *vt* **-gg-** (BrE colloq & dated): **he was ~ged** le quitaron los pantalones, lo dejaron en calzoncillos

debar /di:'bɑ:r || di:'bɑ:(r)/ *vt* **-rr-** (frml) **to ~ sb FROM sth**: **he's been ~red from attending the meetings** se lo ha excluido de las reuniones; **the fact that she didn't have a degree ~red her from promotion** el hecho de no tener un título universitario le impedía ascender; **he was ~red from taking his final exam** se le prohibió rendir el examen final; **he was ~red from holding public office** fue inhabilitado para ocupar cargos públicos

debark /di:'bɑ:rk || di:'bɑ:k/ *vt/vi* ▸ **disembark**

debarkation /,di:bɑ:r'keɪʃən || ,di:bɑ:'keɪʃən/ *n* [u] ▸ **disembarkation**

debase /dɪ'beɪs/ *vt* **1** (devalue) ‹*ideal/principle*› degradar, envilecer*; ‹*language*› corromper, viciar; **the ~d standards of the time** la decadencia de la época **2** (demean) ‹*person*› degradar, rebajar; **she refused to ~ herself by accepting bribes** no quiso degradarse *or* rebajarse aceptando sobornos **3** ‹*coinage*› alterar

debatable /dɪ'beɪtəbəl/ *adj* discutible; **that's a ~ point** eso es (una cuestión) discutible

debate[1] /dɪ'beɪt/ *n* **1** [c] (public, parliamentary) debate *m*; **the nuclear ~** la cuestión de la energía nuclear **2** [u] (discussion) debate *m*, discusión *f*; **the topic under ~ was immigration** el tema del debate *or* que se debatió fue la inmigración

debate[2] *vt* **1** ‹*question/topic/motion*› debatir, discutir **2** (weigh up, consider) ‹*idea/possibility*› darle* vueltas a, considerar; **I ~d in my mind whether to accept or not** estuve deliberando si aceptar o no; **they're still debating who to send** todavía están tratando de decidir a quién van a enviar

debating /dɪ'beɪtɪŋ/ *n* [u] discusión *f*; (*before n*): **~ society** círculo *m* de debate y discusión

debauch[1] /dɪ'bɔ:tʃ/ *vt* (liter) pervertir*, corromper

debauch[2] *n* (liter) orgía *f*

debauched /dɪ'bɔ:tʃt/ *adj* vicioso, libertino

debauchery /dɪ'bɔ:tʃəri/ *n* [u] disipación *f*, libertinaje *m*; **to lead a life of ~** llevar una vida disipada *or* disoluta

debenture /dɪ'bentʃər || dɪ'bentʃə(r)/ *n* **1** **~ (bond)** (Fin) obligación *f*, bono *m*, debenture *m* (Chi); (*before n*): **~ capital** capital *m* en obligaciones; **~ holder** obligacionista *mf* **2** (customs voucher) certificado *m* de aduanas

debilitate /dɪ'bɪləteɪt || dɪ'bɪlɪteɪt/ *vt* (*often pass*) debilitar

debilitating /dɪ'bɪləteɪtɪŋ || dɪ'bɪlɪteɪtɪŋ/ *adj* ‹*disease*› debilitante; ‹*climate/heat*› extenuante; **her ~ shyness** su timidez enfermiza; **the war had a ~ effect on the economy** la guerra debilitó la economía

debility /dɪ'bɪləti/ *n* [u] debilidad *f*

debit[1] /'debət || 'debɪt/ *n* débito *m*, cargo *m*; (*before n*): **~ balance** saldo *m* deudor; **~ card** tarjeta *f* de cobro automático; **~ entry** débito *m*, asiento *m* de cargo; **~ note** nota *f* de cargo; **on the ~ side** en el debe, entre los aspectos negativos

debit[2] *vt* (Fin) debitar, cargar*; **to ~ a sum against** *o* **to an account** cargar* una suma a una cuenta, debitar una cantidad de una cuenta; **they ~ed my account with the sum** cargaron la suma a mi cuenta, debitaron la suma de mi cuenta; **I was ~ed with $100** me cargaron *or* debitaron 100 dólares

debonair /,debə'ner || ,debə'neə(r)/ *adj* (suave) elegante y desenvuelto; (courteous) cortés, afable; (of dashing appearance) bien plantado, gallardo (liter)

debone /di:'bəʊn/ *vt* ‹*meat*› deshuesar; ‹*fish*› quitarle las espinas a

debouch /dɪ'baʊtʃ/ *vi* (frml) «*troops*» emerger*; «*stream/road*» desembocar*

debrief /di:'bri:f/ *vt*: **he was ~ed by his captain, his captain ~ed him** rindió informe *or* dio parte de su misión al capitán

debriefing /di:'bri:fɪŋ/ *n* [u c]: **they were sent for ~** los llamaron para que rindiesen informe *or* diesen parte de su misión

debris /də'bri: || 'debri:, 'deɪbri:/ *n* [u] **1** (rubble) escombros *mpl*; (of plane, ship) restos *mpl*; (rubbish) desechos *mpl*; **after the party they left me to clear up the ~** (hum) me tocó limpiar a mí los despojos de la fiesta (hum) **2** (Geol) detritos *mpl*

debt /det/ *n* **1** [u] (indebtedness) endeudamiento *m*; **I'm $200 in ~** debo 200 dólares, tengo deudas por 200 dólares; **I'm hopelessly in ~** estoy agobiado de deudas; **I'm in ~ to my father for $2,000** le debo 2.000 dólares a mi padre; **to be in sb's ~** *o* **in ~ to sb** (frml) estarle* en deuda a algn, estar* en deuda con algn; **this nation is forever in their ~** *o* **in ~ to them** esta nación les estará siempre en deuda *or* estará siempre en deuda con ellos; **to get** *o* **run into ~** endeudarse, llenarse *or* cargarse* de deudas; **to get/be out of ~** salir* de/no tener* deudas **2** [c] (money owing) deuda *f*; **foreign ~** deuda externa; **a ~ of honor** una deuda de honor; **bad ~s** deudas incobrables; **to run up ~s** contraer* deudas, endeudarse; **to repay a ~** pagar* *or* saldar una deuda; **I owe you a ~ I can never repay** siempre estaré en deuda contigo

debt burden *n* carga *f* de la deuda

debt collector *n* cobrador, -dora *m,f* de deudas *or* de morosos

debt counseling, (BrE) **debt counselling** *n* [u] asesoramiento *m* sobre la deuda

debt financing *n* [u] financiación *f* de la deuda

debt-free /'det'fri:/ *adj* libre de deudas

debtor /'detər || 'detə(r)/ *n* deudor, -dora *m,f*

debt relief *n* [u] alivio *m* de la carga de la deuda

debt-ridden /'det,rɪdn/ *adj* cargado de deudas

debug /di:'bʌg/ *vt* **-gg-**
A (Comput) ‹*program/system*› depurar
B ‹*room/building*› localizar* y retirar los micrófonos ocultos de

debugger /di:'bʌgər || di:'bʌgə(r)/ *n* programa *m* de depuración

debunk /di:'bʌŋk/ *vt* (colloq) ‹*claim/theory*› demoler* (fam), desacreditar; ‹*belief/person*› desacreditar; (ridicule) ridiculizar*; (expose) desenmascarar

debut[1], **début** /'deɪbju: 'de-/ (*pl* **-buts** /-bju: z/) *n* debut *m*; **to make one's ~** (on stage etc) debutar, hacer* su (*or* mi *etc*) debut; **she made her ~ in society last year** fue presentada en sociedad el año pasado; (*before n*): **her ~ movie** la película en la que hizo su debut

debut[2] (*pres p* **debuting** /'deɪbjuɪŋ 'de-/; *past & past p* **debuted** /'deɪbju:d 'de-/) *vi* (AmE journ) debutar

debut album *n* álbum *m* de debut, álbum *m* de presentación, primer álbum *m*

debutante /'debju:tɑ:nt 'deɪ-/ *n* debutante *f*

Dec ▸ ❶ **p.1085 (= December)** dic.

deca- /'dekə/ *pref* (*before vowel* **dec-**) deca-

decade /'dekeɪd/ ▸ ❶ **p.1085** *n* década *f*

decadence /'dekədəns/ *n* [u] decadencia *f*; **I consider breakfast in bed the height of ~** (hum) para mí desayunar en la cama es el colmo del sibaritismo *or* hedonismo

decadent /'dekədənt/ *adj* decadente

decaf, decaff /'di:kæf/ *n* [u] (colloq) descafeinado *m*

decaffeinate /di:'kæfəneɪt || di:'kæfɪneɪt/ *vt* descafeinar

decaffeinated /di:'kæfəneɪtəd || di: 'kæfɪneɪtɪd/ *adj* ‹*coffee/tea*› descafeinado; ‹*soft drink*› sin cafeína

decal /'di:kæl/ *n* (AmE) calcomanía *f*

decalcify /di:'kælsəfaɪ || di:'kælsɪfaɪ/ *vt* **-fies, -fying, -fied** descalcificar*

decaliter, (BrE) **decalitre** /'dekəli:tər || 'dekəli:tə(r)/ *n* decalitro *m*

Decalogue /'dekəlɔ:g || 'dekəlɒg/ *n*: **the ~** el Decálogo, las Tablas de la Ley

decameter, (BrE) **decametre** /'dekəmi: tə(r)/ *n* decámetro *m*

decamp /dɪ'kæmp/ *vi* **1** (abscond) (hum) esfumarse (fam), hacerse* humo (AmL fam) **2** (Mil) (frml) levantar campamento

decant /dɪ'kænt/ *vt* (pour) ‹*wine*› decantar; ‹*liquid/solution*› (Chem) trasvasar

decanter /dɪ'kæntər || dɪ'kæntə(r)/ *n* licorera *f*

decapitate /dɪ'kæpɪteɪt/ *vt* decapitar

decapitation /dɪ,kæpɪ'teɪʃən/ *n* [u c] decapitación *f*

decathlete /dɪ'kæθli:t/ *n* decatlonista *mf*, decatleta *mf*

decathlon /dɪ'kæθlɑ:n, -lən || dɪ'kæθlɒn, -lən/ *n* decatlón *m*

decay[1] /dɪ'keɪ/ *vi*
A **1** (rot) «*fruit/foodstuffs/corpse*» descomponerse*, pudrirse*; «*wood*» pudrirse*; «*tooth*» cariarse, picarse*; **~ing matter** materia *f* en descomposición **2** (Nucl Phys) «*particle/isotope*» descomponerse*, desintegrarse
B **1** (become dilapidated) «*building/machine*» dete-

d

riorarse; **~ing inner-city areas** zonas *fpl* urbanas en franco deterioro **2** (deteriorate) ⟨⟨*empire/culture/civilization*⟩⟩ decaer*, declinar
■ **decay** *vt* (rot) ⟨*fruit/foodstuffs/corpse*⟩ descomponer*; ⟨*wood*⟩ pudrir*; ⟨*tooth*⟩ cariar, picar*

decay[2] *n* [u]
A **1** (of organic matter) descomposición *f* **2** (Dent) caries *f* **3** (Nucl Phys) descomposición *f* (radioactiva), desintegración *f*
B **1** (of building, structure) deterioro *m*; **the houses had fallen into ~** las casas estaban en un estado ruinoso **2** (of culture, values) decadencia *f*

decease /dɪ'si:s/ *n* [u] (frml) fallecimiento *m* (frml), defunción *f* (frml), deceso *m* (esp AmL frml)

deceased[1] /dɪ'si:st/ *n* (*pl* ~) (frml): **the ~** el difunto, la difunta; (*pl*) los difuntos, las difuntas (frml)

deceased[2] *adj* (frml) difunto; **her ~ husband** su difunto marido; **William Jones, ~** el difunto William Jones

decedent /dɪ'si:dnt/ *n* (AmE) difunto, -ta *m,f* (frml), finado, -da *m,f* (frml)

deceit /dɪ'si:t/ *n* [u c] engaño *m*; **she is full of ~** es muy falsa; **he obtained the money by ~** se hizo con el dinero valiéndose de *or* mediante engaños

deceitful /dɪ'si:tfəl/ *adj* ⟨*person*⟩ falso, embustero; ⟨*action*⟩ engañoso

deceitfully /dɪ'si:tfəli/ *adv* ⟨*behave/speak*⟩ con falsedad; **he ~ claimed to have been given permission** pretendía, faltando a la verdad, que le habían dado permiso

deceitfulness /dɪ'si:tfəlnəs || dɪ'si:tfəlnɪs/ *n* [u] falsedad *f*, engaño *m*

deceive /dɪ'si:v/ *vt* engañar; **he was ~d by her story** se dejó engañar por lo que le contó; **I thought he loved me, but I was ~d** creía que me quería pero estaba engañada; **to ~ sb INTO -ING** engañar a algn PARA QUE + SUBJ; **she was ~d into handing over the money** la engañaron para que entregara el dinero; **they ~d him into believing that she was dead** le hicieron creer que estaba muerta; **she's deceiving her husband** engaña a su marido; **to be ~d in sb**: **I have been ~d in you, Paul** me has defraudado, Paul; **if I'm not ~d in her, she'll make a good leader** si no me engaño *or* equivoco, será una buena líder; **to ~ oneself** engañarse
■ **deceive** *vi*: **appearances can ~** las apariencias engañan

deceiver /dɪ'si:vər || dɪ'si:və(r)/ *n* impostor, -tora *m,f*

decelerate /di:'seləreɪt/ *vi* (frml) ⟨⟨*car/train/driver*⟩⟩ reducir* *or* aminorar la velocidad, desacelerar (frml); ⟨⟨*process/trend*⟩⟩ desacelerarse (frml), ralentizarse*
■ **decelerate** *vt* ⟨*engine/vehicle*⟩ reducir* *or* aminorar la velocidad de, desacelerar (frml); ⟨*development/process*⟩ desacelerar (frml), ralentizar*

deceleration /di:,selə'reɪʃən/ *n* [u] desaceleración *f*, ralentización *f*

December /dɪ'sembər || dɪ'sembə(r)/ ▸❶ **p.1085** *n* diciembre *m*; *see also* **January**

decency /'di:snsi/ *n* **1** [u] (of dress, conduct) decencia *f*, decoro *m*; **an affront to human ~** una afrenta contra la dignidad humana **2** [u] (propriety) buena educación *f*, consideración *f*; **it's no more than common ~** no es más que una cuestión de elemental (buena) educación; **she didn't even have the ~ to ask me** ni siquiera tuvo la consideración de preguntarme **3** **decencies** *pl* (proper conduct) (frml) convenciones *fpl* sociales; **to observe the decencies** guardar las formas

decennial /dɪ'seniəl/ *adj* (frml) decenal

decent /'di:snt/ *adj*
A **1** (seemly, proper) ⟨*language/conduct/dress*⟩ decente, decoroso; **are you ~?** ¿estás presentable?; **he remarried after a ~ interval** se volvió a casar después de que pasara un decoroso período de tiempo; **to do the ~ thing** hacer* lo que corresponde *or* es correcto; **he did the ~ thing and married her** (dated) hizo lo que debía y se casó con ella **2** (respectable) decente; **no ~ person would want to be seen there** ninguna persona decente se dejaría ver por ahí
B **1** (acceptable) ⟨*housing/income*⟩ decente; **a ~ meal/suit** una comida/un traje decente *or* como es debido; **she has quite a ~ job** tiene un trabajo bastante bueno **2** (fairly good) aceptable; **she gave a ~ performance** su actuación fue aceptable
C (kind, pleasant) amable; **it's very ~ of you to help out** has sido muy amable en venir a ayudar; **he's a ~ (enough) fellow** es (bastante) buena persona; **he's being very ~ about it all** se está portando muy bien

decently /'di:sntli/ *adv*
A **1** (respectably) ⟨*dress/behave*⟩ decentemente, con decencia **2** (reasonably): **we couldn't ~ refuse** hubiera sido descortés *or* una descortesía el no aceptar
B (acceptably) ⟨*perform/cook*⟩ bastante bien
C (kindly) amablemente

decentralization /di:,sentrələ'zeɪʃən || di:,sentrəlaɪ'zeɪʃən/ *n* [u] descentralización *f*

decentralize /di:'sentrəlaɪz/ *vt* ⟨*government/industry*⟩ descentralizar*
■ **decentralize** *vi* descentralizarse*

deception /dɪ'sepʃən/ *n* [u c] engaño *m*; **to obtain sth by ~** obtener* algo mediante *or* valiéndose de engaños; **a gross ~** un burdo engaño

deceptive /dɪ'septɪv/ *adj* ⟨*exterior/manner*⟩ engañoso; ⟨*simplicity/ease*⟩ engañoso, aparente; **appearances can be ~** las apariencias engañan

deceptively /dɪ'septɪvli/ *adv*: **it's ~ simple/easy** es aparentemente simple/fácil; **he looks ~ young** no es tan joven como parece

deci- /'desi/ *pref* deci-

decibel /'desəbel || 'desɪbel/ *n* decibelio *m*, decibel *m*

decide /dɪ'saɪd/ *vt*
A **1** ⟨⟨*person*⟩⟩ decidir; **I can't ~ which I prefer** no puedo decidir cuál prefiero, no sé por cuál decidirme; **you must ~ what to do/when to act/where to go** tú tienes que decidir qué vas a hacer/cuándo debes actuar/adónde vas a ir; **have you ~d anything yet?** ¿ya has decidido *or* resuelto algo?; **I've ~d to learn karate** he decidido *or* resuelto aprender karate; **in the end she ~d (that) he was right** al final decidió que él tenía razón; **you can't just ~ you want to leave school** no puedes decidir así como así que quieres dejar el colegio **2** (persuade) decidir; **what finally ~d me was the price** lo que me decidió *or* me hizo decidir fue el precio; **what ~d you to come?** ¿qué te decidió a venir?
B (settle, determine) ⟨*question/issue*⟩ decidir; ⟨*outcome*⟩ determinar; **it will ~ who wins the election** decidirá quién gana las elecciones
■ **decide** *vi* decidirse; **it's hard to ~ between the two** es difícil decidirse por uno de los dos; **to ~ IN FAVOR OF/AGAINST sth/sb**: **we ~d in favor of the cheaper one** nos decidimos por el más barato; **the judge ~d in favor of/against the plaintiff** el juez resolvió a favor/en contra del demandante; **she ~d against buying it** decidió no comprarlo

Phrasal verb
• **decide on, decide upon** [v + prep + o] ⟨*date/venue*⟩ decidir; ⟨*candidate*⟩ decidirse por; **she ~d on the green one** se decidió por el verde; **in the end I ~d on painting it green** finalmente decidí pintarlo de verde

decided /dɪ'saɪdəd || dɪ'saɪdɪd/ *adj* **1** (distinct) (*before n*) ⟨*improvement/advantage/preference*⟩ claro, marcado **2** (determined) ⟨*person/character/tone*⟩ decidido

decidedly /dɪ'saɪdədli || dɪ'saɪdɪdli/ *adv* **1** (definitely) decididamente; **it struck me as ~ odd** me pareció decididamente raro **2** (determinedly) ⟨*speak/act*⟩ con decisión

decider /dɪ'saɪdər || dɪ'saɪdə(r)/ *n* (Sport): **the ~** (match) el (partido de) desempate; (point, goal) el tanto (*or* el set *etc*) decisivo

deciding /dɪ'saɪdɪŋ/ *adj* ⟨*factor/influence*⟩ decisivo; ⟨*set/point*⟩ decisivo; ⟨*match*⟩ de desempate

deciduous /dɪ'sɪdʒuəs || dɪ'sɪdjʊəs/ *adj* ⟨*tree*⟩ de hoja caduca, caducifolio (téc); ⟨*forest*⟩ de árboles de hoja caduca, de caducifolios (téc)

decimal[1] /'desəməl || 'desɪməl/ *adj* ⟨*number/fraction/notation*⟩ decimal; ⟨*currency/coinage*⟩ decimal; **accurate to three ~ places** exacto hasta la tercera cifra decimal

decimal[2] ▸❶ **p.1091** *n* decimal *m*

decimalization /,desəmələ'zeɪʃən || ,desɪməlaɪ'zeɪʃən/ *n* decimalización *f*, conversión *f* al sistema decimal

decimalize /'desəməlaɪz || 'desɪməlaɪz/ *vt* decimalizar*, convertir* al sistema decimal

decimal point ▸❶ **p.1091** *n* ≈ coma *f* (*decimal o de los decimales*), punto *m* decimal

decimate /'desəmeɪt || 'desɪmeɪt/ *vt* diezmar

decimeter, (BrE) **decimetre** /'desi,mi:tər || 'desi,mi:tə(r)/ decímetro *m*

decipher /dɪ'saɪfər || dɪ'saɪfə(r)/ *vt* descifrar

decision /dɪ'sɪʒən/ *n*
A [c] **1** (selection, choice) decisión *f*; **it's your ~** es tu decisión; **to make** *o* (BrE also) **take a ~** tomar una decisión; **to arrive at** *o* **reach a ~** llegar* a una decisión; **~s, ~s!** (colloq) ¡qué difícil es decidirse!; (*before n*): **it's ~ time!** (colloq) ya es hora de decidir(se) **2** (verdict) decisión *f*; **the director's ~ is final** la decisión del director es irrevocable **3** (in boxing): **on** *o* **by a ~** por puntos, por decisión (AmL)
B [u] (decisiveness) (frml) decisión *f*

decision-making /dɪ'sɪʒən,meɪkɪŋ/ *n* [u] toma *f* de decisiones; **she has an aptitude for ~** tiene aptitud para tomar decisiones; (*before n*) ⟨*body/process*⟩ decisorio

decisive /dɪ'saɪsɪv/ *adj*
A (conclusive) ⟨*battle/influence/factor*⟩ decisivo; ⟨*victory*⟩ contundente
B (purposeful) ⟨*person/personality*⟩ decidido, resuelto; ⟨*leadership/answer*⟩ firme

decisively /dɪ'saɪsɪvli/ *adv* **1** (convincingly) ⟨*beat/win*⟩ contundentemente **2** (purposefully) ⟨*speak/act*⟩ con decisión

decisiveness /dɪ'saɪsɪvnəs || dɪ'saɪsɪvnɪs/ *n* [u]
A (of experiment) lo decisivo; (of victory) contundencia *f*
B (of person, character) decisión *f*, firmeza *f*

deck[1] /dek/ *n*
A **1** (Naut) cubierta *f*; **below ~(s)** bajo cubierta; **to go up on ~** salir* a cubierta; ***to be on ~*** (AmE) (in baseball) estar* esperando turno, estar* en el círculo de espera; (ready, to hand) estar* a mano; ***to clear the ~(s)***: **they were clearing the ~s for the rehearsal** estaban despejando todo para el ensayo; **let's clear the ~s before we start the new project** despejemos el camino antes de embarcarnos en el nuevo proyecto; (*before n*) ⟨*cabin/cargo/games*⟩ de cubierta **2** (of stadium) (AmE) nivel *m* **3** (*sun ~*) terraza *f* **4** (of bus) (BrE) piso *m*
B (ground) (sl): **the ~** el suelo; ***to hit the ~*** (fall flat) caerse* al suelo; (get up) (AmE sl & dated) levantarse
C (Audio) deck *m* (AmL), pletina *f* (Esp)
D **1** (AmE) (Games): **~ (of cards)** baraja *f*, mazo *m* (esp AmL) **2** (Comput) lote *m*, paquete *m*

deck[2] *vt*
A (adorn) **to ~ sth (out) WITH sth** engalanar *or* adornar algo CON algo; **to ~ sth (out) IN sth** engalanar algo CON algo; **he was all ~ed out in his Sunday best** iba muy endomingado, iba de punta en blanco
B (knock down) (AmE colloq) tumbar (fam)

deckchair /'dektʃer || 'dektʃeə(r)/ *n* silla *f* de playa, hamaca *f* (Esp), perezosa *f* (Col, Per), reposera *f* (RPl), perezoso *m* (Ur); ***to rearrange the ~s on the Titanic*** tocar* el violín mientras el barco se hunde

-decker /'dekər || 'dekə(r)/ *suff*: **single~** de un (solo) piso; **double/triple~** de dos/tres pisos

deckhand /'dekhænd/ *n* marinero *m*

decking /'dekɪŋ/ *n* [u] **1** (of ship) material *m* de cubierta **2** (material for floors, doors etc) tablones *mpl* **3** (embellishment) embellecimiento *m*

deckle-edged /'dekl,edʒd/ *adj* ⟨*paper*⟩ de barba

declaim /dɪ'kleɪm/ *vi* **1** (on stage) declamar **2** (to speak pompously) discursear

ℹ Decimals, Fractions and Percentages

Decimals

In most Spanish-speaking countries, a comma indicates the decimal place:

***0.5* (point five)**
= 0,5 (*cero coma cinco*)

***12.76* (twelve point seven six)**
= 12,76 (*doce coma setenta y seis*)

Some Latin American countries, however, use a point as in English:

***0.5* (point five)**
= 0.5 (*cero punto cinco*)

***12.76* (twelve point seven six)**
= 12.76 (*doce punto setenta y seis*)

Fractions

1/2 = un medio
1/3 = un tercio
1/4 = un cuarto
1/5 = un quinto
1/6 = un sexto
1/7 = un séptimo
1/8 = un octavo
1/9 = un noveno
1/10 = un décimo
2/3 = dos tercios
3/4 = tres cuartos

Any fraction smaller than a tenth is formed by adding the suffix *-avo* to the cardinal number:

1/11 = un onceavo
1/12 = un doceavo
7/16 = siete dieciseisavos
1/20 = un veinteavo
1/30 = un treintavo
1/40 = un cuarentavo

But:
1/100 = un centésimo 1/1000 = un milésimo

The less common fractions are expressed as follows:

3/52 = tres sobre cincuenta y dos
7/102 = siete sobre ciento dos

When not used in a strictly mathematical context, fractions are expressed in a different way:

half an apple
= media manzana *or* la mitad de una manzana

a third of the mixture
= la tercera parte de la mezcla

three quarters of the population
= las tres cuartas de la población

Percentages

The article is used before a percentage in Spanish:

10% of the population
= el 10% (*diez por ciento*) de la población

prices have gone up by 15%
= los precios han subido un 15% (*un quince por ciento*)

■ **declaim** *vt* ‹*verse/speech*› declamar

declamation /ˌdekləˈmeɪʃən/ *n* **1▸** [u] (art) declamación *f* **2▸** [c] (tirade) arenga *f*

declamatory /dɪˈklæmətɔːri || dɪˈklæmətəri/ *adj* declamatorio

declarable /dɪˈklerəbəl || dɪˈkleərəbəl/ *adj* ‹*goods/income*› declarable

declaration /ˌdekləˈreɪʃən/ *n*
A (statement, announcement) declaración *f*; **a ~ of intent** una declaración de intenciones; **a customs ~** una declaración de aduanas; **the ~ (of the poll)** (BrE) la lectura del resultado (electoral); **the D~ of Independence** la Declaración de la Independencia; **he made a ~ of his love for her** le declaró su amor
B (Law) **1▸** (finding) pronunciamiento *m* (oficial) **2▸** (statement) declaración *f*
C (in bridge) declaración *f*

declare /dɪˈkler || dɪˈkleə(r)/ *vt*
A **1▸** (state, announce) ‹*intention*› declarar; ‹*opinion*› manifestar*; **the company ~d a dividend of 3%** (Busn) la compañía fijó un dividendo del 3%; **the government has ~d a state of emergency** el gobierno ha declarado el estado de emergencia; **to ~ war** declarar la guerra; **to ~ war on** *o* **against sb/sth** declararle la guerra a algn/algo, declarar la guerra contra algn/algo; **they ~d her (to be) the winner** la declararon ganadora; **the museum was officially ~d open** el museo fue inaugurado oficialmente; **he ~d himself to her** se le declaró, le declaró su amor; **they ~d themselves against the plan** se declararon *or* se pronunciaron en contra del plan **2▸** (Tax) ‹*goods/income*› declarar; **nothing to ~** nada que declarar
B (in bridge) ‹*trumps*› declarar
■ **declare** *vi*
A (AmE) (Pol) **1▸** (announce candidacy) anunciar su (*or* mi *etc*) candidatura **2▸** (take sides) **to ~ FOR/AGAINST sb/sth** declararse *or* pronunciarse A FAVOR/EN CONTRA DE algn/algo
B (*as interj*) (dated): **well, I (do) ~!** ¡válgame Dios! (ant)
C (in bridge) declarar

declared /dɪˈklerd || dɪˈkleəd/ *adj* (*before n*) ‹*aim/purpose/motive*› declarado; **~ candidate** (Pol) candidato, -ta *m,f* oficial

declassify /diːˈklæsəfaɪ || diːˈklæsɪfaɪ/ *vt* **-fies, -fying, -fied** levantar el secreto oficial que rige sobre; **the information has been declassified** el público tiene ahora libre acceso a la información

declension /dɪˈklentʃən || dɪˈklenʃən/ *n* [c u] (Ling) declinación *f*

declination /ˌdekləˈneɪʃən || ˌdeklɪˈneɪʃən/ *n* (Astron) declinación *f*

decline¹ /dɪˈklaɪn/ *n* (*no pl*) **1▸** (decrease) descenso *m*, disminución *f*; **a ~ in demand** un descenso *or* una disminución en la demanda **2▸** (downward trend) declive *m*, decadencia *f*, deterioro *m*; **the D~ and Fall of the Roman Empire** la decadencia y caída del Imperio Romano; **to be in ~** estar* en declive *or* en decadencia; **student numbers are on the ~** el número de estudiantes está descendiendo; **his prestige is on the ~** está perdiendo prestigio; **interest in radio has been on the ~ since …** el interés por la radio ha ido disminuyendo desde …; **to fall into ~** entrar en decadencia; **to go into a ~** entrar en decadencia; (Med) empezar* a empeorar

decline² *vi*
A **1▸** (decrease) ‹‹*production/strength*›› disminuir*, decrecer*; ‹‹*interest*›› disminuir*, decaer*; **to ~ in importance** perder* importancia; **their shares have ~d in value** sus acciones han disminuido de valor **2▸** (deteriorate) ‹‹*health/faculties*›› deteriorarse; ‹‹*standard/quality*›› decaer*; ‹‹*industry/region*›› decaer* **3▸ declining** *pres p* ‹*industry/region/standards*› en declive, en decadencia; ‹*empire*› en decadencia; **in his declining years** en sus últimos años *or* (liter) en el ocaso de su vida; **the graph shows a declining trend** el gráfico muestra una tendencia decreciente *or* a la baja
B (refuse): **I invited him, but he ~d** lo invité, pero rehusó *or* declinó mi invitación
C (Ling) ‹‹*noun/adjective*›› declinarse
D **1▸** (slope down) (liter) descender* **2▸** ‹‹*sun/day*›› (poet) declinar (liter)
■ **decline** *vt*
A (refuse) ‹*offer/invitation/drink*› rehusar, declinar; **he ~d to comment** declinó hacer declaraciones
B (Ling) ‹*noun/adjective*› declinar

declivity /dɪˈklɪvəti/ *n* (*pl* **-ties**) (frml) declive *m*

declutch /diːˈklʌtʃ/ *vi* desembragar*, sacar* el clutch (Col, Méx)

decode /diːˈkəʊd/ *vt* ‹*signal*› descodificar*; ‹*message*› descifrar

decoder /diːˈkəʊdər || diːˈkəʊdə(r)/ *n* descodificador *m*

décolletage /deɪˌkɑːləˈtɑːʒ || ˌdeɪkɒlˈtɑːʒ/ *n* escote *m*

décolleté(e) /deɪˌkɑːlˈteɪ || deɪˈkɒlteɪ/ *adj* ‹*dress/blouse*› escotado; **she came to the ball ~** vino al baile muy escotada

decolonize /diːˈkɑːlənaɪz || diːˈkɒlənaɪz/ *vt* descolonizar*

decommission /ˌdiːkəˈmɪʃən/ *vt* **1▸** (take out of service) ‹*ship*› retirar del servicio **2▸** (make safe, dismantle) ‹*weapons/nuclear reactor*› desmantelar

decompile /ˌdiːkəmˈpaɪl/ *vt* (Comput) descompilar

decompose /ˌdiːkəmˈpəʊz/ *vi* **1▸** (rot) ‹‹*corpse/waste*›› descomponerse*, pudrirse*; **a strong smell of decomposing fish** un fuerte olor a pescado en descomposición **2▸** (Chem) ‹‹*compound*›› descomponerse*
■ **decompose** *vt* (Biol, Chem, Phys) descomponer*

decomposition /ˌdiːkɑːmpəˈzɪʃən || ˌdiːkɒmpəˈzɪʃən/ *n* [u] descomposición *f*

decompress /ˌdiːkəmˈpres/ *vt*
A ‹*diver*› someter a descompresión
B ‹*data*› descomprimir*
■ **decompress** *vi*
A ‹‹*diver*›› someterse a descompresión
B (relax) (AmE colloq) ‹‹*person*›› relajarse

decompression /ˌdiːkəmˈpreʃən/ *n* [u]
A (Naut) descompresión *f*; (*before n*): **~ chamber** cámara *f* de descompresión; **~ sickness** aeroembolismo *m*
B (expansion of compressed data) descompresión *f*

decongestant¹ /ˌdiːkənˈdʒestənt/ *adj* descongestionante, anticongestivo

decongestant² *n* [u c] descongestionante *m*, anticongestivo *m*

deconstruct /ˌdiːkənˈstrʌkt/ *vt*
A (Lit, Phil) ‹*text/concept/film*› deconstruir*
B (dismantle) ‹*system/organization*› desmantelar

deconstruction /ˌdiːkənˈstrʌkʃən/ *n* [u c] deconstrucción *f*

deconstructionist¹ /ˌdiːkənˈstrʌkʃənəst || ˌdiːkənˈstrʌkʃənɪst/ *adj* deconstructivista

deconstructionist² *n* deconstructivista *mf*

deconstructivism /ˌdiːkənˈstrʌktɪvɪzəm/ *n* [u] (Art, Archit, Lit, Phil) deconstructivismo *m*

deconstructivist¹ /ˌdiːkənˈstrʌktɪvəst || ˌdiːkənˈstrʌktɪvɪst/ *adj* (Art, Archit, Lit, Phil) deconstructivista

deconstructivist² *n* (Art, Archit, Lit, Phil) deconstructivista *mf*

decontaminate /ˌdiːkənˈtæməneɪt || ˌdiːkənˈtæmɪneɪt/ *vt* descontaminar

decontamination /ˌdiːkənˌtæməˈneɪʃən || ˌdiːkənˌtæmɪˈneɪʃən/ *n* [u] descontaminación *f*

decontrol /ˌdiːkənˈtrəʊl/ *vt* **-ll-** ‹*prices*› desregularizar*, liberalizar*

decor, décor /deɪˈkɔːr || ˈdeɪkɔː(r)/ *n* [u c] **1▸** (furnishings) decoración *f* **2▸** (Theat) decorado *m*, escenografía *f*

decorate /ˈdekəreɪt/ *vt*
A **1▸** ‹*room/house*› (with paint) pintar; (with wallpaper) empapelar **2▸** ‹*hat/Christmas tree*› adornar, decorar (AmL); ‹*cake*› decorar
B (award medal to) (*usu pass*) **to ~ sb (FOR sth)** condecorar a algn (POR algo)
■ **decorate** *vi* (paint) pintar; (hang wallpaper) empapelar

decorating /ˈdekəreɪtɪŋ/ *n* [u]: **he helped me with the ~** me ayudó a decorar la casa (*or* la habitación *etc*)

decoration /ˌdekəˈreɪʃən/ *n*
A **1▸** [u] (act, process) decoración *f* **2▸** [u]

d

d

(ornamentation) decoración *f*; **for ~** de adorno; **the soap isn't there for ~, you know!** el jabón no está allí de adorno ¿eh? **3** [c] (ornament) adorno *m*
B [u c] (Mil) condecoración *f*

decorative /'dekərətɪv/ *adj* **1** (ornamental) ‹*border/frill*› decorativo, ornamental, de adorno **2** (Art): **the ~ arts** las artes decorativas **3** (Const): **the house is in good ~ order** (BrE) el interior de la casa está en buen estado

decorator /'dekəreɪtər ‖ 'dekəreɪtə(r)/ *n* (painter) pintor, -tora *m,f*; (paperhanger) empapelador, -dora *m,f*; (designer) decorador, -dora *m,f*, interiorista *mf*

decorous /'dekərəs/ *adj* (frml) ‹*conduct/dress*› decoroso

decorously /'dekərəsli/ *adv* (frml) ‹*behave/dress*› decorosamente, con decoro

decorum /dɪ'kɔːrəm/ *n* [u] decoro *m*; **to behave with ~** comportarse con decoro

decoy¹ /'diːkɔɪ/ *n*
A (lure, diversion) señuelo *m*; **to act as a ~** hacer* or servir* de señuelo
B (in hunting) señuelo *m*, reclamo *m*

decoy² /dɪ'kɔɪ/ *vt* atraer* con señuelo

decrease¹ /dɪ'kriːs 'diːkriːs/ *vi* **1** (in quantity) «*amount/numbers/output*» disminuir*, decrecer*; «*prices*» bajar; «*speed*» disminuir* **2** (in degree, intensity) «*quality*» disminuir*, bajar; «*power/effectiveness*» disminuir*, decrecer*; «*interest*» disminuir*, decaer*
■ **decrease** *vt* disminuir*, reducir*; **we must ~ our spending on armaments** debemos disminuir *or* reducir los gastos de armamento

decrease² /'diːkriːs dɪ'kriːs/ *n* [c u] disminución *f*, descenso *m*; **crime is on the ~** la delincuencia está disminuyendo

decreasing /dɪ'kriːsɪŋ/ *adj* decreciente; **they have a ~ chance of success** sus posibilidades de éxito son cada vez menores *or* van disminuyendo

decreasingly /dɪ'kriːsɪŋli/ *adv*: **it is becoming ~ effective as a deterrent** como instrumento de disuasión, es cada vez menos efectivo; **he is ~ able to fend for himself** cada vez le es más difícil valerse por sí mismo

decree¹ /dɪ'kriː/ *n* **1** (command) decreto *m*; **by royal ~** por real decreto; **to issue a ~** promulgar* un decreto **2** (Law): **~ nisi/absolute** sentencia *f* provisional/definitiva (*en un juicio de divorcio*)

decree² *vt* **1** (announce, command) ‹*holiday/amnesty*› decretar; **fate ~d that you and I should meet** el destino quiso que nos conociéramos, estaba escrito que teníamos que conocernos **2** (esp AmE) (Law) decretar

decrepit /dɪ'krepət ‖ dɪ'krepɪt/ *adj* **1** (dilapidated, worn-out) ‹*bus/furniture*› destartalado; ‹*house*› deteriorado, viejo y en mal estado **2** (infirm) ‹*person/animal*› decrépito

decrepitude /dɪ'krepətuːd ‖ dɪ'krepɪtjuːd/ *n* [u] **1** (dilapidation) deterioro *m* **2** (infirmity) decrepitud *f*

decriminalize /diː'krɪmɪnəlaɪz/ *vt* despenalizar*

decry /dɪ'kraɪ/ *vt* **decries, decrying, decried** (condemn) condenar, censurar; (disparage) menospreciar

decrypt /diː'krɪpt/ *vt* **1** (make intelligible) ‹*message*› descifrar, descodificar* **2** (Comput) ‹*cryptogram*› descifrar

decryption /diː'krɪpʃən/ *n* desciframiento *m*, descodificación *f*

dedicate /'dedɪkeɪt/ *vt*
A **1** (devote) **to ~ sth TO sth/-ING** dedicar* algo A algo/+ INF; **she ~d her life to the service of** *o* **to serving her country** dedicó *or* consagró su vida al servicio de su país *or* a servir a su país **2** (address as mark of respect) ‹*poem/book*› dedicar*; **to ~ sth TO sb** dedicarle* algo A algn; **I'd like to ~ this song to my mother** quisiera dedicar(le) esta canción a mi madre
B **1** (consecrate) ‹*church/shrine/memorial*› dedicar* **2** (declare open) (AmE) ‹*building/fair*› inaugurar

dedicated /'dedɪkertəd ‖ 'dedɪkeɪtɪd/ *adj*
A ‹*musician/nurse/teacher*› de gran dedicación, dedicado *or* entregado a su (*or* mi *etc*) trabajo; **she's a ~ mother** es una madre entregada a sus hijos; **to be ~ TO sth** estar* dedicado *or* entregado A algo; **he was absolutely ~ to his work** estaba completamente dedicado *or* entregado a su trabajo
B (Comput) (*before n*) ‹*word processor/terminal/hardware*› dedicado

dedication /ˌdedɪ'keɪʃən/ *n*
A [u] (devotion) **~ (TO sth)** dedicación *f or* entrega *f* (A algo)
B **1** [u] (act of making tribute) dedicación *f* **2** [c] (written message) dedicatoria *f*
C [u] **1** (consecration) dedicación *f* **2** (opening) (AmE) inauguración *f*

deduce /dɪ'duːs ‖ dɪ'djuːs/ *vt* ‹*fact/conclusion*› deducir*, inferir*; **to ~ sth FROM sth** deducir* *or* inferir* algo DE algo; **from this we can ~ that ...** de esto se deduce *or* se infiere que ...

deduct /dɪ'dʌkt/ *vt* **to ~ sth (FROM sth)** deducir* *or* descontar* algo (DE algo); **income tax is ~ed automatically** el impuesto sobre la renta se deduce automáticamente

deductible¹ /dɪ'dʌktəbəl/ *adj* deducible; (*tax-~*) desgravable

deductible² *n* (AmE) franquicia *f*

deduction /dɪ'dʌkʃən/ *n* [u c]
A (subtraction) deducción *f*, descuento *m*; **he gets $260 a week after ~s** gana 260 dólares semanales netos
B (reasoning, conclusion) deducción *f*

deductive /dɪ'dʌktɪv/ *adj* ‹*method/reasoning*› deductivo

deed¹ /diːd/ ➡📖 *n*
A (action) hecho *m*; **they were demanding ~s, not words** exigían hechos y no palabras; **good ~s** buenas acciones *fpl*, buenas obras *fpl*; **brave ~s** actos *mpl* de valor, hazañas *fpl* heroicas; **to do one's good ~ for the day** hacer* la buena acción del día; **he supported me in word and in ~** me apoyó de palabra y obra
B (Law) escritura *f*; **the ~** *o* **~s to the house/land** la escritura de la casa/del terreno; **~ of assignment/gift** escritura de cesión/donación

deed² *vt* (AmE) ceder, transferir*

deed poll *n* (BrE) escritura *f* unilateral; **he changed his name by ~ ~** ≈ se cambió el apellido oficialmente

deejay /'diːdʒeɪ/ *n* (colloq) disc-jockey *mf*, pinchadiscos *mf* (Esp fam)

deem /diːm/ *vt* (frml) considerar, juzgar*; **to ~ sb/sth (to be) sth**: **she was ~ed (to be) a good mother** se consideró *or* se juzgó que era una buena madre; **it was ~ed prudent to close off the area** se consideró *or* se juzgó prudente acordonar la zona

deep¹ /diːp/ *adj* **-er, -est**
A **1** ‹*ravine/well*› profundo, hondo; ‹*gash/wound*› profundo; ‹*dish*› hondo; ‹*pan*› alto; **the ditch is 6 ft ~** la zanja tiene 6 pies de profundidad; **the ~ waters of the river** las profundas aguas del río; **a ~ pile carpet** una alfombra de pelo largo; **the ~ end of the pool** la parte (más) profunda *or* honda de la piscina; **ankle-/knee-~** hasta los tobillos/la rodilla; **the water's only ankle-~** el agua llega sólo hasta los tobillos; **we're waist-~ in work** estamos con muchísimo trabajo; *see also* **deep end** **2** (horizontally) ‹*shelf/wardrobe*› profundo; **the soldiers were standing 12 ~** los soldados formaban columnas de 12 en fondo; **the site is 100ft wide by 50ft ~** el terreno tiene 100 pies de ancho por 50 de largo *or* de fondo **3** (broad) ‹*border/edge*› ancho
B ‹*sigh/groan*› profundo, hondo; **take a ~ breath** respire hondo
C **1** (low-pitched) ‹*voice*› profundo, grave; ‹*note*› grave **2** (dark) ‹*color*› intenso, subido; **a ~er shade of red** un rojo más intenso *or* subido; **a ~ tan** un bronceado intenso
D (intense) ‹*sleep/love/interest*› profundo; ‹*look/gaze*› intenso, profundo; **in ~ mourning** de luto riguroso; **it is with ~ regret that ...** es con gran *or* profundo pesar que ...; **as the crisis grew ~er** a medida que se agudizaba la crisis; **there is ~ suspicion that ...** existen grandes *or* graves sospechas de que ...; **to be in ~ trouble** estar* en un serio apuro *or* (fam) en un buen lío; **it left a ~ impression on me** me causó una profunda impresión
E **1** (intellectually) ‹*thoughts/learning*› profundo **2** (enigmatic) ‹*mystery/secret*› profundo; **you're a ~ one** (colloq) tú eres un enigma

deep² *adv* **-er, -est**
A **1** (of penetration): **to dig ~** cavar hondo; **they marched ~ into the jungle** se internaron *or* adentraron en lo más profundo de la selva; **he thrust his hands ~ in(to) his pockets** hundió las manos en los bolsillos; **feelings run very ~ among the population** hay un sentir muy fuerte entre la población; **he looked ~ into her eyes** la miró fijamente a los ojos **2** (thoroughly): **to go ~/~er (into sth)** ahondar/ahondar más (en algo), profundizar*/profundizar* más (en algo)
B **1** (situated far from edge): **~ in the forest** en lo profundo del bosque; **~ in the subconscious mind** en lo profundo del subconsciente; **the roots of this trouble lie ~** las raíces de este problema son muy profundas; **~ down you know I'm right** en el fondo sabes que tengo razón **2** (greatly involved) **to be ~ IN sth**: **we're still ~ in debt** todavía estamos muy endeudados *or* tenemos muchísimas deudas; **I found her ~ in her book** la encontré absorta *or* ensimismada en su libro; **you can't back out now: you're in this too ~** (colloq) ya no te puedes echar atrás: estás metido en esto hasta el cuello (fam)
C (extensively): **to drink ~ of sth** (liter) embeberse de *or* en algo

deep³ *n* (liter) (*no pl*) **1** (sea): **the ~** el piélago (liter); **a monster from the ~** un monstruo de las profundidades (del mar) (liter) **2** (most intense part): **in the ~ of winter** en lo más crudo del invierno

deep-dish /'diːp'dɪʃ/ *adj* (*before n*) (AmE)
A ‹*pie*› de base profunda; ‹*pizza*› de base gruesa
B (colloq) **1** (extreme, excessive) extremo **2** (thorough) ‹*knowledge/opinion*› bien fundamentado

deepen /'diːpən/ *vt*
A ‹*canal/well*› hacer* más profundo *or* hondo
B **1** ‹*knowledge/understanding*› profundizar* *or* ahondar en; ‹*sympathy/concern*› aumentar; ‹*friendship*› estrechar **2** ‹*voice*› hacer* más grave **3** ‹*color*› intensificar*
■ **deepen** *vi*
A «*gorge/river/water*» hacerse* *or* volverse* más hondo *or* profundo
B **1** «*sorrow/concern/love*» hacerse* más profundo, aumentar; «*friendship*» estrecharse; «*interest/mystery*» crecer*, aumentar; «*crisis*» acentuarse* **2** «*voice*» hacerse* más profundo *or* grave **3** «*color*» intensificarse*; «*darkness*» hacerse* más profundo

deep end *n*: **the ~ ~** (of swimming pool) la parte honda, lo hondo (fam); ***to go*** *o* ***jump off the ~ ~*** (colloq) ponerse* hecho una furia (fam), perder* los estribos; ***to throw sb in (at) the ~ ~*** meter a algn de lleno en lo más difícil

deepening /'diːpənɪŋ/ *adj* ‹*waters/darkness/mystery*› cada vez más profundo; ‹*dismay/crisis*› creciente, cada vez mayor

deep-felt /'diːp'felt/ *adj* profundo; **with ~ sorrow** con profundo pesar

deep-freeze /'diːp'friːz/ *vt* (*past* **-froze** *past p* **-frozen**) ‹*meat/vegetables*› congelar; (commercially) ultracongelar; **a packet of deep-frozen cod** un paquete de bacalao ultracongelado

deep freeze *n*
A [c] (in shop, home) congelador *m*, freezer *f* (AmL)
B [u] (state) (ultra)congelación *f*; **the proposal is at present in ~ ~** la propuesta ha sido congelada por el momento; (*before n*): **deep-freeze compartment** congelador *m*

deep freezer *n* ▸ **deep freeze A**

deep freezing *n* [u] congelación *f*; (commercial) ultracongelación *f*

deep-fry /'diːp'fraɪ/ *vt* **-fries, -frying, -fried** freír* (*en abundante aceite*)

deep fryer *n* freidora *f*

➡📖 *see* Living in a Spanish-speaking country

deeply /'di:pli/ *adv*
A ‹*sigh*› profundamente; **to breathe ~** respirar hondo; **he cut ~ into the wood** hizo un corte profundo en la madera
B ‹*think/consider*› a fondo; ‹*grateful/concerned*› profundamente; ‹*interested*› sumamente; **I am ~ indebted to her** le debo muchísimo; **I was ~ offended by his remarks** me sentí muy ofendida por sus comentarios

deepness /'di:pnəs || 'di:pnɪs/ *n* [u] **1** (of hole, water) profundidad *f*, hondura *f* **2** (of person, remark) profundidad *f* **3** (of emotion) lo profundo **4** (of voice) profundidad *f*, gravedad *f* **5** (of color, tan) intensidad *f*

deep-rooted /'di:p'ru:təd || ˌdi:p'ru:tɪd/ *adj* ‹*prejudice/belief*› profundamente arraigado

deep-sea /'di:p'si:/ *adj* (*before n*) ‹*creature*› de las profundidades (marinas); **~ creatures** fauna *f* abisal; **~ diver** buceador, -dora *m,f* de profundidad; **~ diving** buceo *m* de altura *or* en alta mar; **~ fishing** pesca *f* de altura

deep-seated /'di:p'si:təd || ˌdi:p'si:tɪd/ *adj* ‹*prejudice/conviction/tradition*› profundamente arraigado; ‹*problem/grievance*› de raíces profundas

deep-set /'di:p'set/ *adj* ‹*eyes*› hundido

deep six *n*: ***to give sth the ~ ~*** (AmE colloq) tirar algo, botar algo (AmL exc RPl); ‹*proposal/idea*› rechazar* algo

Deep South *n*: **the ~ ~** *el sureste de Estados Unidos, Carolina del Sur, Georgia, Alabama, Misisipí y Luisiana*

deep space *n* [u] espacio *m* interplanetario

deep structure *n* [u c] (Ling) estructura *f* profunda

deep-vein thrombosis /'di:p'veɪn/ *n* trombosis *f* venosa profunda, TVP *f*

deepwater /'di:pwɔ:tər || 'di:pwɔ:tə(r)/ *adj* de profundidad

deer /dɪr || dɪə(r)/ *n* (*pl* **~**) ciervo *m*, venado *m*

deerhound /'dɪrhaʊnd || 'dɪəhaʊnd/ *n* deerhound *mf*, lebrel *m* inglés

deer park *n* reserva *f* de venados

deerskin /'dɪrskɪn || 'dɪəskɪn/ *n* [c u] piel *f* de ciervo

deerstalker /'dɪrˌstɔ:kər || 'dɪəˌstɔ:kə(r)/ *n* gorra *f* de cazador

de-escalate /di:'eskəleɪt/ *vt* ‹*bombing*› desescalar, reducir*; ‹*crisis*› desacelerar; **to ~ the war** frenar la escalada bélica, desescalar la guerra
■ **de-escalate** *vi* «*violence*» disminuir*, reducirse*; «*situation*» mejorar

de-escalation /di:ˌeskə'leɪʃən/ *n* [u c] desescalada *f*

deface /dɪ'feɪs/ *vt* ‹*wall/poster/notice*› pintarrajear; (make ugly) afear, desfigurar

de facto /deɪ'fæktəʊ/ *adj/adv* (frml) de facto

defamation /ˌdefə'meɪʃən/ *n* [u] (frml) difamación *f*; **to sue sb for ~ (of character)** demandar a algn por difamación

defamatory /dɪ'fæmətɔ:ri || dɪ'fæmətri/ *adj* ‹*statement/accusation/allegation*› difamatorio

defame /dɪ'feɪm/ *vt* (frml) difamar; **she tried to ~ my character** intentó difamarme

default¹ /dɪ'fɔ:lt/ *n* [u]
A (omission) omisión *f*; (on payments) mora *f*; (failure to appear) incomparecencia *f*; (Law) rebeldía *f*; **they accept no responsibility for any act or ~** no aceptan responsabilidad por ningún acto u omisión; **he won his case by ~** ganó el juicio en rebeldía del demandado; **she won by ~** (Sport) ganó por incomparecencia de su rival; **she is in ~ on her mortgage** (Fin) está en mora en los pagos de la hipoteca; (*before n*): **~ interest** interés *m* de mora
B (lack) falta *f*; **the system was chosen by ~** el sistema fue elegido a falta de una alternativa viable, la elección del sistema se impuso como única alternativa; **he was elected by ~** fue elegido por ausencia de otros candidatos; **in ~ of directions from his superiors ...** a falta de directivas de sus superiores ...; (*before n*): **~ option** (Comput) opción *f* por defecto

default² *vi* **1** (Fin) no pagar*; **to ~ ON sth** no pagar* algo **2** (Law) estar* en rebeldía **3** (Sport) no presentarse, no comparecer* (frml) **4** (Comput): **to ~ to sth** ir* por defecto a algo

defaulter /dɪ'fɔ:ltər || dɪ'fɔ:ltə(r)/ *n*
A **1** (Fin) moroso, -sa *m,f* **2** (Law) rebelde *mf*
B (BrE) (Mil, Naut) rebelde *mf*

defeat¹ /dɪ'fi:t/ *n* [u c] **1** (by opponent) derrota *f*; **after their ~ of the rebels** tras derrotar a los rebeldes; **to suffer (a) ~** sufrir una derrota; **they suffered (a) ~ at the hands of the Turks** fueron derrotados por los turcos; **to accept** *o* **admit ~** darse* por vencido **2** (of motion, bill) (Adm, Govt) rechazo *m*; **the motion suffered a ~** la moción fue rechazada **3** (of hopes, plans) fracaso *m*

defeat² *vt*
A ‹*opponent*› derrotar, vencer*
B ‹*hopes/plans*› frustrar; **we were ~ed in our attempt to climb Everest** nuestro intento de escalar el Everest se vio frustrado; **it was lack of funds that ~ed us** fue la falta de fondos lo que nos hizo fracasar; **to ~ one's own ends/purpose** ir* en contra de sus (*or* mis *etc*) propios intereses; **that would ~ the object** *o* **purpose of the exercise** eso iría en contra de lo que se pretende lograr
C (Adm, Govt) ‹*opposition/government*› derrotar; ‹*bill/amendment/motion*› rechazar*
D (baffle) (colloq): **it ~s me** no alcanzo a comprenderlo

defeatism /dɪ'fi:tɪzəm/ *n* [u] derrotismo *m*

defeatist¹ /dɪ'fi:təst || dɪ'fi:tɪst/ *adj* ‹*person/attitude*› derrotista

defeatist² *n* derrotista *mf*

defecate /'defɪkeɪt/ *vi* (frml) defecar* (frml)

defecation /ˌdefɪ'keɪʃən/ *n* [u] (frml) defecación *f* (frml)

defect¹ /'di:fekt/ *n* defecto *m*; **a speech/birth ~** un defecto en el habla/de nacimiento; **it's a ~ in her character** es un defecto suyo *or* de su carácter; **the plan has many ~s** el plan tiene muchos defectos

defect² /dɪ'fekt/ *vi* (Pol) desertar*, defeccionar (period); **to ~ FROM sth TO sth**: **he ~ed from the USSR to the US** desertó de la URSS para irse a los EEUU; **their key man has ~ed to a rival team** su mejor hombre se ha pasado a un equipo rival

defection /dɪ'fekʃən/ *n* [u c] deserción *f*; (Pol) defección *f*

defective /dɪ'fektɪv/ *adj*
A ‹*material/mechanism/hearing*› defectuoso; **he's mentally ~** es (un) deficiente mental; **your method must be ~ if it doesn't work** tu método tiene que tener algún defecto si no funciona
B (Ling) ‹*verb*› defectivo

defector /dɪ'fektər || dɪ'fektə(r)/ *n* desertor, -tora *m,f*

defence *n* (BrE) ▸ **defense**

defenceless *adj* (BrE) ▸ **defenseless**

defend /dɪ'fend/ *vt*
A (physically) ‹*country/territory*› defender*; **she knows how to ~ herself** sabe defenderse; **to ~ sth/sb FROM/AGAINST sth/sb** defender* algo/a algn DE algo/algn
B (verbally) **1** ‹*ideal/cause/person*› defender*; **she was quick to ~ him** salió rápidamente a defenderlo *or* en su defensa; **he said nothing to ~ himself** no dijo nada en su defensa *or* para defenderse **2** (Educ) ‹*thesis*› defender*
C (Law) defender*; **she hired a lawyer to ~ her** contrató a un abogado para que la defendiera
D ‹*title/reputation*› defender*
■ **defend** *vi*
A (Law) actuar* por la defensa; **Jones was ~ing and Smith prosecuting** Jones actuaba por la defensa y Smith por la acusación
B (Sport): **he's better at ~ing** juega mejor como defensa

defendant /dɪ'fendənt/ *n* (Law) (in civil case) demandado, -da *m,f*; (in criminal case) acusado, -da *m,f*

defender /dɪ'fendər || dɪ'fendə(r)/ *n* **1** (of cause, course of action, opinion) defensor, -sora *m,f* **2** (Sport) defensa *mf*

defending /dɪ'fendɪŋ/ *adj*: **the ~ champion** el actual campeón (*que defiende su título*); **~ counsel** (Law) abogado defensor, abogada defensora *m,f*

defense, (BrE) **defence** /dɪ'fens, 'di:fens || dɪ'fens/ *n*
A [u] **1** (Mil) defensa *f*; **Secretary of D~** (in US) Ministro, -tra *m,f or* (Méx) Secretario, -ria *m,f* de Defensa; (*before n*) ‹*spending*› de defensa; **Defence Minister** (in UK) Ministro, -tra *m,f or* (Méx) Secretario, -ria *m,f* de Defensa **2** (on personal level) defensa *f*; **to come to sb's ~** salir* *or* acudir en defensa de algn; **the old man didn't put up much of a ~ against the muggers** el anciano no opuso mucha resistencia a los asaltantes
B [c] **1** (protection) defensa *f*, protección *f*; **~ AGAINST sth** defensa *or* protección CONTRA algo **2** (apologia) defensa *f*; **a convincing ~ of his theories** una convincente defensa de sus teorías
C **defenses** *pl* (Mil, Med, Psych) defensas *fpl*; **the body's ~s** las defensas del organismo; **to lower** *o* **drop one's ~s** bajar la guardia; **I wore down his ~s** conseguí que bajara la guardia
D [c] (Law) defensa *f*; **the accused will conduct his own ~** el acusado se hará cargo de *or* llevará su propia defensa; **ignorance of the law is no ~** la ignorancia de la ley no exime de su cumplimiento; **the ~** la defensa; (*before n*): **~ counsel** abogado defensor, abogada defensora *m,f*; **~ witness** testigo *mf* de la defensa
E **1** [u] (Sport) defensa *f*; **the team is strong on ~** el equipo tiene una buena defensa **2** [c] (in chess) defensa *f*

defenseless, (BrE) **defenceless** /dɪ'fensləs || dɪ'fenslɪs/ *adj* ‹*person/country*› indefenso

defenselessness, (BrE) **defencelessness** /dɪ'fensləsnəs || dɪ'fenslɪsnɪs/ *n* [u] indefensión *f*

defense mechanism, (BrE) **defence mechanism** *n* (Physiol, Psych) mecanismo *m* de defensa

defensible /dɪ'fensəbəl/ *adj* **1** (Mil) ‹*town/position*› defendible **2** ‹*theory/action/conduct*› defendible, justificable **3** (in US football) ‹*play*› *que puede ser rechazado por la defensa*

defensive /dɪ'fensɪv/ *adj* ‹*measures/weapon/play/move*› defensivo; **there's no need to be** *o* **get so ~!** ¡no hay por qué ponerse tan a la defensiva!; ***to be on the ~*** (Mil, Psych) estar* a la defensiva

defensively /dɪ'fensɪvli/ *adv*
A ‹*reply*› a la defensiva; ‹*behave/play*› a la defensiva, defensivamente
B (in the defense) (*indep*) defensivamente; **~ they're very weak** defensivamente son muy débiles

defer /dɪ'fɜ:r || dɪ'fɜ:(r)/ *vt* **-rr-** **1** (postpone) (frml) ‹*action/journey/payment*› diferir* (frml), aplazar*, postergar* (esp AmL); **she ~red making a decision** aplazó *or* (esp AmL) postergó la decisión **2** **deferred** *past p* ‹*charges/taxation/liabilities*› (Fin) diferido; ‹*shares*› (Fin) de dividendo diferido; ‹*sentence*› (Law) aplazado **3** (AmE) (Mil): **he was ~red on medical grounds/for two years** le concedieron una prórroga por razones médicas/de dos años

Phrasal verb
• **defer to** [v + prep + o] (frml) deferir* a (frml); **I ~ to your experience** defiero a su experiencia (frml), respeto su mejor experiencia

deference /'defərəns/ *n* [u] (frml) deferencia *f*; **to treat sb with ~** tratar a algn con deferencia; **out of ~ to sb/sth, in ~ to sb/sth** por deferencia a algn/algo

deferential /ˌdefə'rentʃəl || ˌdefə'renʃəl/ *adj* ‹*attitude/manner*› deferente; **to be ~ TO sb** ser* deferente (PARA) CON algn

deferentially /ˌdefə'rentʃəli || ˌdefə'renʃəli/ *adv* deferentemente, con deferencia

deferment /dɪ'fɜ:rmənt || dɪ'fɜ:mənt/ *n* [u c] **1** (of decision, journey, payment) (frml) aplazamiento *m* **2** (AmE) (Mil) prórroga *f*

deferral /dɪ'fɜ:rəl/ *n* [u c] (frml) aplazamiento *m*

deferred payment /dɪ'fɜ:rd || dɪ'fɜ:d/ *n* pago *m* aplazado

defiance /dɪ'faɪəns/ *n* [u]: **an act of ~** un desafío, un acto de rebeldía; **in ~ of danger/death** (frml) desafiando el peligro/a la muerte; **in ~ of**

her orders haciendo caso omiso de sus órdenes, a despecho de sus órdenes; **he acted in ~ of the regulations** no respetó el reglamento

defiant /dɪˈfaɪənt/ *adj* ‹*attitude/tone/answer*› desafiante; ‹*person*› rebelde

defiantly /dɪˈfaɪəntli/ *adv* con actitud desafiante, insolentemente

defibrillation /diːˌfɪbrəˈleɪʃən || diːˌfɪbrɪˈleɪʃən/ *n* [u] desfibrilación *f*

defibrillator /diːˈfɪbrəleɪtər || diːˈfɪbrɪleɪtə(r)/ *n* desfibrilador *m*

deficiency /dɪˈfɪʃənsi/ *n* (*pl* **-cies**)
A [c u] **1** (Med) deficiencia *f*; (*before n*): **~ disease** enfermedad *f* carencial **2** (shortage) escasez *f*, déficit *m*
B [c] (shortcoming) deficiencia *f*

deficient /dɪˈfɪʃənt/ *adj* (frml) ‹*nutrition/supply/vocabulary*› deficiente, insuficiente; **he felt he was somehow ~ as a husband** sentía que de alguna manera fallaba como marido; **he's mentally ~** es deficiente mental; **to be ~ IN sth** carecer* DE algo; **foods ~ in vitamins** alimentos *mpl* de bajo contenido vitamínico; **a plan ~ in imagination** un plan carente de imaginación

deficit /ˈdefəsɪt || ˈdefɪsɪt/ *n* **1** (Fin) déficit *m*; **to make up/show a ~ of $300** cubrir*/arrojar un déficit de 300 dólares; **the budget ~** el déficit presupuestario **2** (shortfall) déficit *m* **3** (Games, Sport) diferencia *f* de goles (*or* puntos *etc*)

defile¹ /dɪˈfaɪl/ *vt* **1** (Relig) ‹*temple/sacred object*› profanar **2** (taint) (liter) ‹*mind/spirit*› envilecer* (liter), corromper*; ‹*memory*› profanar; ‹*reputation*› mancillar (liter); ‹*woman*› deshonrar (liter); ‹*countryside/river*› dañar

defile² /ˈdiːfaɪl/ *n* desfiladero *m*

defilement /dɪˈfaɪlmənt/ *n* [u] **1** (Relig) (desecration) profanación *f* **2** (liter) (of mind) envilecimiento *m*, corrupción *f*; (of memory) profanación *f*

definable /dɪˈfaɪnəbəl/ *adj* definible; **murder is ~ as ...** el asesinato se puede definir *or* es definible como ...

define /dɪˈfaɪn/ *vt*
A **1** (state meaning of, describe) ‹*word/situation/position*› definir **2** (delimit) ‹*powers/duties*› delimitar **3** (characterize) distinguir*
B (outline) (*usu pass*) definir; **it's clearly ~d** está claramente definido; **the trees were sharply ~d against the sky** el contorno de los árboles se recortaba nítidamente contra el cielo

defined benefit pension plan *n* (Fin) plan *m* de pensiones de beneficios definidos

defined contribution pension plan *n* (Fin) plan *m* de pensiones de cotizaciones *or* aportaciones definidas *or* aportes definidos (AmL tb)

definite /ˈdefənət, ˈdefnət || ˈdefɪnɪt/ *adj*
A **1** (final) (*no comp*) ‹*date/price/offer*› definitivo, en firme **2** (certain) seguro, confirmado; **is it ~ that they're leaving?** ¿es seguro *or* está confirmado que se van? **3** (firm, categorical) ‹*tone*› firme, terminante; **she was very ~ about wanting to come** dijo categóricamente que quería venir **4** (distinct) (*no comp*): **it's a ~ advantage** es claramente una ventaja, es sin duda una ventaja; **it's a ~ possibility** es bien posible, es sin duda una posibilidad
B ▸ ❶ **p.1785** (Ling): **~ article** artículo *m* determinado *or* definido

definitely /ˈdefənətli, ˈdefnətli || ˈdefɪnɪtli/ *adv* **1** (without doubt): **it's ~ true/an improvement** no hay duda de que es cierto/una mejora, es indudablemente cierto/una mejora; **I'd ~ support the party if asked** si me lo pidieran, no dudaría en dar mi apoyo al partido; **he ~ said we should meet here** seguro que dijo que nos encontráramos aquí; **she's ~ smarter than he is** es decididamente más inteligente que él; **is she coming? — definitely** ¿viene? — sí, seguro *or* segurísimo **2** (definitively) ‹*arrange/agree*› definitivamente; **let's decide ~ on a day** vamos a fijar *or* decidir un día en forma definitiva **3** (firmly) ‹*speak/say*› terminantemente, categóricamente; ‹*act*› con firmeza

definiteness /ˈdefənətnəs, ˈdefnətnəs || ˈdefɪnɪtnɪs/ *n* [u] firmeza *f*, seguridad *f*

definition /ˌdefəˈnɪʃən || ˌdefɪˈnɪʃən/ *n*
A [c u] **1** (statement of meaning) definición *f*; **what's your ~ of good music?** ¿tú qué entiendes por buena música?; **by ~** por definición **2** (categorization) definición *f*, delimitación *f*
B [u] **1** (focus): **the plot lacked ~** la trama argumental no estaba bien definida; **it gave her life ~** le dio dirección *or* sentido a su vida; **blusher gives your cheekbones ~** el colorete realza los pómulos *or* da realce a los pómulos **2** (Cin, Phot, TV) nitidez *f*, definición *f* **3** (Audio) nitidez *f*, claridad *f* **4** (Opt) definición *f*

definitive /dɪˈfɪnətɪv || dɪˈfɪnɪtɪv/ *adj* (*no comp*) **1** (final) ‹*answer/verdict/victory*› definitivo **2** (authoritative) ‹*edition/biography/study*› de mayor autoridad; ‹*performance*› inmejorable, insuperable

definitively /dɪˈfɪnətɪvli || dɪˈfɪnɪtɪvli/ *adv* definitivamente

deflate /dɪˈfleɪt/ *vt*
A **1** ‹*balloon/tire*› desinflar **2** (humble): **to ~ sb** *o* **sb's ego** bajarle los humos a algn **3** (depress) deprimir; **I felt ~d** me sentí por los suelos; **the news ~d my spirits** la noticia me deprimió *or* me abatió
B (Econ) ‹*economy/currency*› deflactar
■ **deflate** *vi* «*balloon/tire*» desinflarse, deshincharse (Esp)

deflation /dɪˈfleɪʃən/ *n* [u]
A (Econ) deflación *f*
B (of balloon, tire) desinflamiento *m*

deflationary /dɪˈfleɪʃəneri || dɪˈfleɪʃənəri/ *adj* (Econ) ‹*measures/policy*› deflacionario, deflacionista

deflect /dɪˈflekt/ *vt* **to ~ sth (FROM sth)** ‹*missile/light/attention*› desviar* algo (DE algo); **she tried to ~ the conversation (away) from personal matters** intentó desviar la conversación hacia temas que no fueran personales; **she could not be ~ed from her aim** nadie podía desviarla de su propósito
■ **deflect** *vi* «*rays/waves*» desviarse*

deflection /dɪˈflekʃən/ *n* [u c] **1** (of ball, bullet) desviación *f* **2** (of pointer, needle) desviación *f* **3** (of light) (Opt, Phys) refracción *f* **4** (of particle) (Phys) deflexión *f*

deflector /dɪˈflektər || dɪˈflektə(r)/ *n* (Naut) deflector *m*

defloration /ˌdefləˈreɪʃən || ˌdiːflɔːˈreɪʃən/ *n* [u] (liter) desfloración *f* (liter)

deflower /diːˈflaʊər || diːˈflaʊə(r)/ *vt* (liter) desflorar (liter), desvirgar*

defog /diːˈfɔːg || diːˈfɒg/ *vt* **-gg-** (AmE) desempañar

defogger /diːˈfɔːgər || diːˈfɒgə(r)/ *n* (AmE) desempañador *m*

defoliant /diːˈfəʊliənt/ *n* [u c] defoliante *m*

defoliate /diːˈfəʊlieɪt/ *vt* ‹*tree/jungle*› defoliar

defoliation /diːˌfəʊliˈeɪʃən/ *n* [u] defoliación *f*

deforest /diːˈfɔːrəst || diːˈfɒrɪst/ *vt* deforestar

deforestation /diːˌfɔːrəˈsteɪʃən || ˌdiːfɒrɪˈsteɪʃən/ *n* [u] deforestación *f*, despoblación *f* forestal (Esp)

deform /dɪˈfɔːrm || dɪˈfɔːm/ *vt* deformar

deformation /ˌdiːfɔːrˈmeɪʃən || ˌdiːfɔːˈmeɪʃən/ *n* [u c] deformación *f*

deformed /dɪˈfɔːrmd || dɪˈfɔːmd/ *adj* ‹*person/limb*› deforme; ‹*mind*› retorcido

deformity /dɪˈfɔːrməti || dɪˈfɔːməti/ *n* [u c] (*pl* **-ties**) **1** (disfigurement, malformation) deformidad *f* **2** (of mind, character) deformación *f*

DEFRA /ˈdefrə/ *n* (*no art*) (in UK) = **Department for Environment, Food and Rural Affairs**

defrag¹ /ˈdiːfræg/ *n* (Comput) (colloq) ▸ **defragmentation**

defrag² /diːˈfræg/ *vt* (Comput) (colloq) ▸ **defragment**

defragment /ˌdiːfrægˈment/ *vt* (Comput) desfragmentar, defragmentar

defragmentation /ˌdiːfrægmenˈteɪʃən/ *n* [u] (Comput) desfragmentación *f*, defragmentación *f*

defraud /dɪˈfrɔːd/ *vt* ‹*person*› estafar; **to ~ the state** defraudar al estado; **to ~ sb OF sth** estafarle algo A algn

defray /dɪˈfreɪ/ *vt* (frml) ‹*cost/expense*› sufragar* (frml), costear

defrayal /dɪˈfreɪəl/ *n* [u] (frml) ▸ **defrayment**

defrayment /dɪˈfreɪmənt/ *n* [u] (frml) abono *m*; **the ~ of expenses is your responsibility** usted debe sufragar(se) (frml) *or* costearse los gastos

defreeze /diːˈfriːz/ *vt* descongelar

defrock /diːˈfrɑːk || diːˈfrɒk/ *vt* (Relig): **he was ~ed** lo apartaron del sacerdocio

defrost /diːˈfrɔːst || diːˈfrɒst/ *vt* **1** ‹*food*› descongelar; ‹*refrigerator*› deshelar*, descongelar **2** (AmE) ‹*windshield*› desempañar
■ **defrost** *vi* «*meat*» descongelarse; «*refrigerator*» deshelarse*, descongelarse

defroster /diːˈfrɔːstər || diːˈfrɒstə(r)/ *n* **1** (of refrigerator) descongelante *m* **2** (AmE) (Auto) desempañador *m*

deft /deft/ *adj* **-er, -est** ‹*movement/manipulation*› hábil, diestro; **she's very ~ with a needle** es muy habilidosa con la aguja; **to be ~ AT sth/-ING** ser* hábil PARA algo/+ INF

deftly /ˈdeftli/ *adv* hábilmente, con destreza

deftness /ˈdeftnəs || ˈdeftnɪs/ *n* [u] habilidad *f*, destreza *f*

defunct /dɪˈfʌŋkt/ *adj* **1** (extinct) ‹*idea/theory*› caduco; ‹*institution/party*› desaparecido, extinto, fenecido (frml); **the party is not yet ~** el partido tiene aún vida; **a ~ law** una ley que ha caído en desuso **2** (dead) (frml) difunto (frml)

defuse /diːˈfjuːz/ *vt* ‹*bomb*› desactivar; ‹*situation/atmosphere*› distender*; ‹*crisis/anger*› calmar

defy /dɪˈfaɪ/ *vt* **defies, defying, defied**
A **1** (disobey) ‹*order/law/authority*› desacatar, desobedecer* **2** (resist): **to ~ categorization/understanding/description** ser* inclasificable/incomprensible/indescriptible; **the door defied all efforts to open it** no hubo manera de abrir la puerta; **to ~ all logic** *o* **reason** no tener* ninguna lógica, ir* en contra de toda lógica **3** (ignore) ‹*danger/death*› desafiar*; **hundreds of fans defied the pouring rain to welcome them home** a pesar de la lluvia torrencial, cientos de aficionados fueron a recibirlos
B (challenge) **to ~ sb to + INF** desafiar* a algn A QUE + SUBJ

degeneracy /dɪˈdʒenərəsi/ *n* [u] (frml) degeneración *f*

degenerate¹ /dɪˈdʒenəreɪt/ *vi* **1** «*standards/morals/language*» degenerar; «*health*» deteriorarse; **to ~ INTO sth** degenerar EN algo; **the argument ~d into a fight** la discusión degeneró en una pelea **2** (Biol) degenerar

degenerate² /dɪˈdʒenərət/ *adj* degenerado

degenerate³ /dɪˈdʒenərət/ *n* (frml) degenerado, -da *m,f*

degeneration /dɪˌdʒenəˈreɪʃən/ *n* [u] **1** (deterioration) degeneración *f*, deterioro *m* **2** (Med) (of tissue, organs) degeneración *f*

degenerative /dɪˈdʒenərətɪv/ *adj* degenerativo

degradable /dɪˈgreɪdəbəl/ *adj* degradable

degradation /ˌdegrəˈdeɪʃən/ *n* [u]
A (debasement) degradación *f*; **they lived in ~** vivían en una situación degradante
B (Chem, Phys) degradación *f*

degrade /dɪˈgreɪd/ *vt*
A **1** (debase) degradar; **she felt ~d** se sentía degradada; **to ~ oneself** degradarse, rebajarse **2** (Mil) ‹*officer/official*› degradar
B **1** (impair) (Tech) distorsionar **2** (decompose) degradar
■ **degrade** *vi* degradarse

degrading /dɪˈgreɪdɪŋ/ *adj* degradante

degree /dɪˈgriː/ *n*
A (level, amount) grado *m*, nivel *m*; **it's a matter** *o* **question of ~** es cuestión de grados, depende de hasta qué punto; **our students are motivated in** *o* **to varying ~s** nuestros alumnos tienen distintos grados *or* niveles de motivación; **a ~ of realism** cierto grado de realismo;

there's a ~ of truth in what she says hay cierta verdad en lo que dice; **to a certain** *o* **limited ~** hasta cierto punto; **to a high ~** en alto grado; **to the highest ~** en grado sumo; **to such a ~ that ...** hasta tal punto que ..., en *or* a tal grado que ...; **he's not in the slightest** *o* **least ~ mean** no es tacaño en absoluto; **in no small ~** en gran medida; ***to a ~*** (extremely) en grado sumo; (to some extent) hasta cierto punto

B (grade, step) grado *m*; **first/third ~ burns** quemaduras *fpl* de primer/tercer grado; **first/second ~ murder** (in US) homicidio *m* en primer/segundo grado; **~ of kinship** grado de parentesco; **~ of comparison** (Ling) grado de comparación; ***by ~s*** gradualmente, paulatinamente; *see also* **third degree**

C (Math, Geog, Meteo, Phys) grado *m*; **it was 40 ~s in the shade** hacía 40 grados a la sombra; **12 ~s of frost** *o* **below zero** 12 grados bajo cero; **this wine is 12 ~s proof** este vino es de *or* tiene 12 grados

D (Educ) título *m*; **first ~** licenciatura *f*; **a master's ~** una maestría *or* un master; **a PhD ~** un doctorado; **an honorary ~** un título honoris causa; **he has** *o* (frml) **holds a ~ in chemistry** es licenciado en química; **I'm going to take a philosophy ~** voy a hacer la carrera de filosofía, voy a licenciarme en filosofía; **I took my ~ last year** acabé la carrera *or* (AmL tb) me recibí el año pasado, obtuve la licenciatura el año pasado; (*before n*): **~ ceremony** ceremonia *f* de licenciatura; **~ certificate** título *m* de licenciado; **~ course** licenciatura *f*

E (in society) (arch *or* liter) rango *m*, condición *f* social; **of high ~** de alto rango; **of low/humble ~** de baja/humilde condición

dehumanize /diːˈhjuːmənaɪz/ *vt* (brutalize, make impersonal) deshumanizar*

dehumanizing /diːˈhjuːmənaɪzɪŋ/ *adj* deshumanizante

dehumidify /ˌdiːhjuːˈmɪdəfaɪ || ˌdiːhjuːˈmɪdɪfaɪ/ *vt* **-fies, -fied** deshumedecer*

dehydrate /diːˈhaɪdreɪt/ *vt* ‹*vegetables/milk/skin*› deshidratar

■ **dehydrate** *vi* «*skin/person*» deshidratarse

dehydrated /ˌdiːhaɪˈdreɪtəd || ˌdiːhaɪˈdreɪtɪd/ *adj* **1** (Med) deshidratado; **to become ~** deshidratarse; **let's have a beer: I'm really ~** (colloq & hum) vamos a tomarnos una cerveza, que estoy deshidratado (fam & hum) **2** ‹*vegetables*› deshidratado; ‹*milk*› en polvo

dehydration /ˌdiːhaɪˈdreɪʃən/ *n* [u] deshidratación *f*

deice /diːˈaɪs/ *vt* deshelar*

deicer /diːˈaɪsər || ˌdiːˈaɪsə(r)/ *n* [u] descongelante *m*

deictic /ˈdaɪktɪk/ *adj* deíctico

deification /ˌdeɪəfəˈkeɪʃən || ˌdeɪɪfɪˈkeɪʃən/ *n* [u] deificación *f*

deify /ˈdeɪəfaɪ || ˈdeɪɪfaɪ/ *vt* **-fies, -fying, -fied** deificar*

deign /deɪn/ *vi* **to ~ to + INF** dignarse (A) + INF; **he didn't ~ to reply** no se dignó (a) contestar

deinstal /ˌdiːɪnˈstɔːl/ *vt* (Comput) desinstalar

deism, Deism /ˈdeɪɪzəm/ *n* [u] deísmo *m*

deist, Deist /ˈdeɪəst || ˈdeɪɪst/ *n* deísta *mf*

deity /ˈdeɪəti/ *n* (*pl* **-ties**) **1** (god) deidad *f*; **the D~** Dios **2** (leading figure) (hum) dios, diosa *m,f* (hum)

déjà vu /ˌdeɪʒɑːˈvuː/ *n* [u] déjà vu *m*; **a sense of ~ ~ came over me when I entered the house** cuando entré en la casa tuve la sensación de que ya había estado allí antes *or* tuve una sensación de déjà vu

dejected /dɪˈdʒektəd || dɪˈdʒektɪd/ *adj* abatido, desalentado, con el ánimo por los suelos

dejectedly /dɪˈdʒektədli || dɪˈdʒektɪdli/ *adv* con desaliento *or* desánimo

dejection /dɪˈdʒekʃən/ *n* [u] abatimiento *m*, desánimo *m*

de jure¹ /ˌdiːˈdʒʊri || ˌdeɪˈdʒʊəri/ *adv* de jure *or* iure, de derecho

de jure² *adj* (*before n*) de jure

deka- /ˈdekə/ *pref* (AmE) ▸**deca-**

dekko /ˈdekəʊ/ *n* (BrE sl & dated) (*no pl*): **to have** *o* **take a ~ (at sth/sb)** echar(le) un vistazo (a algo/algn) (fam); **let's have a ~** ¿a ver?

Del = Delaware

delay¹ /dɪˈleɪ/ *vt*

A **1** (make late, hold up) retrasar, demorar (esp AmL); **this ~ed the start of the talks** esto retrasó *or* (AmL tb) demoró el comienzo de las conversaciones; **the train was ~ed at the station** el tren se retrasó *or* (AmL tb) se demoró en la estación; **his arrival was ~ed by 24 hours** su llegada se retrasó 24 horas; **I was ~ed by the traffic** me retrasé *or* (AmL tb) me demoré por el tráfico; **I don't want to ~ you** no quiero entretenerte **2** **delaying** *pres p* ‹*action/tactics*› dilatorio

B **1** (defer) ‹*departure/decision/payment*› retrasar, demorar (AmL); **to ~ -ING**: **we ~ed signing the contract** retrasamos *or* (AmL tb) demoramos la firma del contrato; **I ~ed telling her the bad news** pospuse el momento de darle la mala noticia **2** **delayed** *past p* ‹*effect/reaction*› retardado

■ **delay** *vi* tardar, demorar (esp AmL); **don't ~, order now!** no lo deje para mañana *or* (AmL tb) no demore: haga hoy mismo su pedido; **there's no point in ~ing any longer** no tiene sentido esperar más tiempo

delay² *n*

A **1** [u] (waiting) tardanza *f*, dilación *f*, demora *f* (esp AmL); **without ~** sin tardanza *or* dilación, sin demora (esp AmL); **and now, without further ~, I shall read out the results** y ahora, sin más preámbulos, pasaré a leer los resultados **2** [c] (holdup) retraso *m*, demora *f* (esp AmL); **an hour's ~, a ~ of one hour** un retraso *or* (esp AmL) una demora de una hora, una hora de retraso *or* (esp AmL) de demora; **~s can be expected on major roads** se puede esperar embotellamientos en las principales carreteras; **what's the ~?** (colloq) ¿qué estamos esperando?

B [c] **1** (extra time) (Law) aplazamiento *m*, prórroga *f* **2** (interval) lapso *m*, intervalo *m*

delayed action /dɪleɪd/ *n* [u] acción *f* retardada; (*before n*): **delayed-action bomb/mechanism** bomba *f* /mecanismo *m* de acción retardada

delayering /diːˈleɪərɪŋ/ *n* [u] reducción *f* de niveles jerárquicos, reducción *f* de jerarquías

delectable /dɪˈlektəbəl/ *adj* **1** (delicious) ‹*food/meal/taste*› delicioso, exquisito **2** (delightful) delicioso, encantador

delectation /ˌdiːlekˈteɪʃən/ *n* [u] (liter) deleite *m*, delectación *f* (frml); **what do you have for our ~ tonight?** ¿con qué nos vas a deleitar esta noche?

delegate¹ /ˈdelɪgeɪt/ *vt* **1** ‹*duties/responsibility/powers*› **to ~ sth (TO sb)** delegar* algo (EN algn); **she refuses to ~ responsibility to her assistants** se niega a delegar responsabilidad en sus ayudantes **2** (depute) **to ~ sb to + INF** delegar* a algn PARA QUE + SUBJ

■ **delegate** *vi* delegar*

delegate² /ˈdelɪgət/ *n*

A (to meeting) delegado, -da *m,f*

B (in US) **1** (to party convention) delegado, -da *m,f* **2** (in House of Representatives) *representante de un territorio que aún no ha adquirido categoría de estado*

delegation /ˌdelɪˈgeɪʃən/ *n*

A [c] **1** (deputation) delegación *f* **2** (in US) (Govt): **(state) ~** *grupo de representantes de un estado en el Congreso*

B [u] (act of delegating) delegación *f*; **~ of responsibility is an essential skill** es esencial saber delegar responsabilidades

delete /dɪˈliːt/ *vt* suprimir, eliminar; (by crossing out) tachar; **~ as applicable** táchese lo que no corresponda

delete key *n* tecla *f* de borrado

deleterious /ˌdeləˈtɪriəs || ˌdelɪˈtɪəriəs/ *adj* (frml) nocivo, perjudicial; **to be ~ TO sth** ser* nocivo *or* perjudicial PARA algo

deletion /dɪˈliːʃən/ *n* **1** [u] (action) supresión *f*, eliminación *f*; (*before n*): **~ symbol** *o* **sign** dele *m*, símbolo *m* de supresión **2** [c] (text deleted) supresión *f* **3** (record) disco *m* fuera de catálogo

deli /ˈdeli/ *n* (colloq) ▸**delicatessen**

deliberate¹ /dɪˈlɪbərət -brət/ *adj*

A (intentional) ‹*act/attempt*› deliberado, intencionado; **I could tell it was ~** se veía que lo había hecho (*or* dicho *etc*) a propósito *or* adrede; **it was a ~ insult** lo dijo (*or* hizo *etc*) con (la) intención de insultar

B **1** (considered) reflexivo; **she was very ~ in her choice of words** eligió sus palabras con sumo cuidado **2** (unhurried) ‹*movement/gesture/speech*› pausado, lento

deliberate² /dɪˈlɪbəreɪt/ *vi* (frml) **to ~ (ABOUT/ON sth)** deliberar (SOBRE algo)

■ **deliberate** *vt* (frml) ‹*matter/question*› deliberar sobre; **he ~d whether to go to Boston** estuvo deliberando *or* pensando si ir o no a Boston

deliberately /dɪˈlɪbrətli/ *adv*

A (intentionally) adrede, a propósito, deliberadamente; **you did that ~** lo hiciste adrede *or* a propósito

B (unhurriedly) ‹*move/gesture/speak*› pausadamente, con parsimonia

deliberation /dɪˌlɪbəˈreɪʃən/ *n* (frml)

A **1** [u] (consideration) deliberación *f*; **after long ~** tras largas deliberaciones *or* una larga deliberación **2** **deliberations** *pl* (decision making) deliberaciones *fpl*

B [u] (unhurried manner) parsimonia *f*, calma *f*

deliberative /dɪˈlɪbəreɪtɪv || dɪˈlɪbərətɪv/ *adj* deliberante, deliberativo

delicacy /ˈdelɪkəsi/ *n* (*pl* **-cies**)

A [u] **1** (fineness, intricacy) delicadeza *f*, lo delicado; (fragility) fragilidad *f*, lo delicado; **the ~ of the negotiations** lo delicado de las negociaciones **2** (tact) delicadeza *f* **3** (subtleness) lo delicado

B [c] (choice food) manjar *m*, exquisitez *f*

delicate /ˈdelɪkət/ *adj*

A **1** (fine, intricate) ‹*lace/features*› delicado; ‹*workmanship*› fino, esmerado **2** (fragile, needing care) delicado; **a ~ child** un niño delicado (de salud); **she is in ~ health** está delicada de salud

B **1** (needing skill) ‹*maneuver/operation*› delicado **2** (needing tact) ‹*situation/subject*› delicado **3** (tactful) ‹*approach/touch*› delicado, discreto

C (subtle) ‹*shade/taste*› delicado

delicately /ˈdelɪkətli/ *adv*

A ‹*carve/paint*› con delicadeza, delicadamente; **a ~ balanced equilibrium** un delicado equilibrio

B ‹*act/behave/treat*› con delicadeza

C ‹*patterned/perfumed*› delicadamente

delicatessen /ˌdelɪkəˈtesən/ *n* charcutería *f*, rotisería *f* (CS), salsamentaria *f* (Col), salchichonería *f* (Méx)

delicious /dɪˈlɪʃəs/ *adj* **1** (appetizing) ‹*food/taste/smell*› delicioso, exquisito, riquísimo; **it tastes** *o* **it's ~** está delicioso *or* exquisito *or* riquísimo **2** (delightful) ‹*breeze/feeling*› delicioso; **she looked absolutely ~** estaba divina

deliciously /dɪˈlɪʃəsli/ *adv* **1** (appetizingly) deliciosamente **2** (delightfully) deliciosamente; **he's ~ funny/ironic** tiene un humor delicioso/una ironía deliciosa

delight¹ /dɪˈlaɪt/ *n* **1** [u] (joy) placer *m*, deleite *m*; **she could not conceal her ~** no podía disimular el placer que sentía; **to take ~ in sth** disfrutar *or* gozar* con algo; **he takes great ~ in teasing his sister** disfruta *or* goza enormemente haciendo rabiar a su hermana, se deleita haciendo rabiar a su hermana; **to my ~, she won** ganó, para gran alegría mía **2** [c] (source of joy) placer *m*; **her happiness was a ~ to see** era un placer *or* una delicia verla tan feliz, daba gusto verla tan feliz

delight² *vt* (make very happy) llenar de alegría; (give pleasure to) deleitar; **his success ~ed them** su éxito los llenó de alegría; **the clown ~ed the children** el payaso hizo las delicias de *or* deleitó a los niños; **music to ~ the ear** música que es un deleite *or* placer para el oído

■ **delight** *vi* **to ~ IN -ING** deleitarse + GER; **he ~s in playing practical jokes** se deleita haciendo bromas, le encanta hacer bromas

d

d

delighted /dɪ'laɪtəd || dɪ'laɪtɪd/ *adj* ‹*grin/look*› de alegría; **his ~ parents** sus contentísimos padres; **to be ~: I'm ~ (that) you can come** me alegra mucho que puedas venir, estoy encantado de que puedas venir; **I told him the news and he was ~** le di la noticia y se alegró muchísimo; **to be ~ AT sth: we were ~ at his success/the news** su éxito/la noticia nos causó una enorme alegría *or* nos llenó de alegría; **to be ~ WITH sth/sb** estar* encantado CON algo/algn; **he was ~ with the toy/his teacher** estaba encantado con el juguete/su profesor; **to be ~ to + INF: I am ~ to hear it** no sabes cuánto *or* cómo me alegro; **we'll be ~ to accept your invitation** aceptamos encantados *or* con mucho gusto su invitación; **I'd be ~ to help** yo ayudaría encantado *or* con mucho gusto; **will you come? — (I should be) ~ (to)** ¿vendrá? — con mucho gusto; **~ to meet you** encantado de conocerlo, mucho gusto (en conocerlo)

delightedly /dɪ'laɪtədli || dɪ'laɪtɪdli/ *adv* con gran alegría; **yes, yes, he agreed ~** —sí, sí —dijo encantado

delightful /dɪ'laɪtfəl/ *adj* ‹*weather/evening*› muy agradable, delicioso; ‹*person*› encantador; ‹*dress*› precioso; **he's such ~ company** es encantador

delightfully /dɪ'laɪtfəli/ *adv* ‹*sing/paint*› divinamente, de maravilla; **she's ~ naive** tiene una ingenuidad que es una delicia; **it's ~ pretty** es una preciosidad *or* (fam) una monada

delimit /di:'lɪmət, dɪ- || dɪ'lɪmɪt/ *vt* delimitar

delimitation /dɪˌlɪmə'teɪʃən || dɪˌlɪmɪ'teɪʃən/ *n* [u c] delimitación *f*

delineate /dɪ'lɪnieɪt/ *vt* (frml) 1▸ (draw) trazar*, delinear 2▸ (describe) ‹*plan/proposal*› trazar*, delinear; ‹*problem/concept*› definir; **a writer who ~s his characters with great subtlety** un escritor que dibuja sus personajes con gran sutileza 3▸ (outline) delinear, dibujar; **the trees were clearly ~d against the sky** los árboles se recortaban *or* perfilaban nítidamente contra el cielo

delineation /dɪˌlɪni'eɪʃən/ *n* [u c] (frml) 1▸ (drawing) trazado *m* 2▸ (description) descripción *f*

delinquency /dɪ'lɪŋkwənsi/ *n* [u] 1▸ (Law, Sociol) delincuencia *f* 2▸ (Fin) mora *f*; (*before n*): **~ charge** recargo *m* de mora

delinquent[1] /dɪ'lɪŋkwənt/ *n* delincuente *mf*

delinquent[2] *adj*
A (Sociol) ‹*youth*› delincuente; ‹*activities*› delictivo
B (AmE) (Fin) ‹*debtor/tax payer*› moroso, de morosos

delirious /dɪ'lɪriəs/ *adj* 1▸ (Med) delirante; **to be ~** delirar, desvariar*; **the fever made her ~** la fiebre la hizo delirar *or* desvariar 2▸ (wildly excited, happy) (colloq) loco de alegría (fam); **to become ~ with joy** enloquecer* de alegría

deliriously /dɪ'lɪriəsli/ *adv* 1▸ ‹*toss/mutter*› delirantemente 2▸ (colloq) locamente (fam); **she was ~ happy** estaba loca de alegría (fam)

delirium /dɪ'lɪriəm/ *n* [u] 1▸ (Med) delirio *m*, desvarío *m*; **she was in a state of ~ for several days** estuvo delirando *or* desvariando durante varios días 2▸ (delusions) (colloq): **to suffer from ~** delirar, desvariar*

delirium tremens /'tri:mənz 'tremənz/ *n* delírium tremens *m*

deliver /dɪ'lɪvər || dɪ'lɪvə(r)/ *vt*
A 1▸ (hand over) ‹*goods/message*› entregar*; **his new car was ~ed yesterday** ayer le entregaron el coche nuevo; **the bus ~s me to my doorstep** el autobús me deja en mi misma puerta; **to ~ (up/over) the fortress to the enemy** entregarle* la fortaleza al enemigo; *see also* **good**[2] **C1** 2▸ (distribute) ‹*milk/mail/paper*› repartir (*a domicilio*); **we have our milk/paper ~ed every day** nos traen la leche/el periódico a casa todos los días
B (save) (liter) librar; **to ~ sb FROM sth** librar a algn DE algo; **~ us from evil** líbranos del mal; **Lord ~ us!** ¡Dios nos libre!
C 1▸ (administer) ‹*blow/punch*› propinar, asestar 2▸ (issue) ‹*ultimatum*› dar*; ‹*warning*› hacer*; ‹*speech*› pronunciar; ‹*lecture/sermon*› dar*; (Law) ‹*judgment*› dictar, pronunciar, emitir 3▸ (produce, provide): **he promised much, but ~ed little** cumplió muy poco de lo mucho que había prometido; **this treaty ~ed several advantages** este tratado trajo como consecuencia varias ventajas 4▸ (Sport) ‹*ball*› lanzar* 5▸ (in elections) (AmE) ‹*state*› ganar
D (Med): **her husband ~ed the baby** su marido la asistió *or* atendió en el parto; **they ~ed the child with forceps** sacaron al niño con fórceps; **the queen was ~ed of a son/daughter** (frml) la reina dio a luz (a) un hijo (varón)/una hija

■ **deliver** *vi*
A (Busn): **we ~ free of charge** hacemos reparto(s) a domicilio gratuitamente
B (produce the necessary) (colloq) cumplir; **he's full of big talk, but can he ~?** habla mucho, pero ¿es capaz de cumplir?; **he has not ~ed on any of his promises** no ha cumplido ninguna de sus promesas

■ *v refl* **to ~ oneself OF sth** (express) (frml) exponer* *or* expresar algo

deliverance /dɪ'lɪvərəns/ *n* [u] (liter) liberación *f*

deliverer /dɪ'lɪvərər || dɪ'lɪvərə(r)/ *n* (liter) libertador, -dora *m,f*, salvador, -dora *m,f*

delivery /dɪ'lɪvəri/ *n* (*pl* **-ries**)
A 1▸ [u] (act) entrega *f*; **we guarantee speedy ~ of orders** garantizamos la pronta entrega de pedidos; **how much do you charge for ~?** ¿cuánto cobran por el envío *or* transporte?; **these crates are awaiting ~** estas cajas están por entregar; **to pay on ~** pagar* a la entrega *or* al recibo de la mercancía; **cash on ~** entrega contra reembolso; **to take ~ of sth** recibir algo; **when can you take ~ of the package?** ¿cuándo puede recibir el paquete?; (*before n*): **~ charges** gastos *mpl* de envío *or* transporte; **~ man** repartidor *m*; **~ period** plazo *m* de entrega; **~ service** servicio *m* de reparto a domicilio; **~ truck** *o* (BrE) **van** camioneta *f or* furgoneta *f* de los repartos 2▸ [c] (occasion) reparto *m*; **is there a ~ on Saturdays?** ¿hay reparto los sábados? 3▸ [c] (consignment) partida *f*, remesa *f*
B [u] (freeing) (liter) liberación *f*
C [c] (of baby) parto *m*, alumbramiento *m* (frml); (*before n*): **~ room** sala *f* de partos
D [u] (manner of speaking) expresión *f* oral
E (Sport) 1▸ [c] (throw) lanzamiento *m* 2▸ [u] (manner of throwing) (AmE) estilo *m* de lanzamiento

delivery note *n* (esp BrE) nota *f* de entrega, albarán *m* (de entrega) (Esp)

dell /del/ *n* (poet) hondonada *f*

delouse /di:'laʊs/ *vt* despiojar

Delphi /'delfaɪ 'delfi/ *n* Delfos *m*

Delphic /'delfɪk/ *adj* 1▸ (Myth) délfico; **the ~ oracle** el oráculo de Delfos 2▸ (ambiguous) (liter) ambiguo; **a ~ utterance** una ambigüedad

delphinium /del'fɪniəm/ *n* (*pl* **-iums** *or* **-ia** /-iə/) delfinio *m*, espuela *f* de caballero

delta /'deltə/ *n*
A (letter) delta *f*
B (Geog) delta *m*

delta-wing(ed) /'deltə'wɪŋ(d)/ *adj* con alas (en) delta

delude /dɪ'lu:d/ *vt* engañar; **he ~d her with false promises** la engañó con falsas promesas; **to ~ sb INTO -ING: they ~d him into believing that he had talent** le hicieron creer que tenía talento

■ *v refl*: **to ~ oneself** engañarse; **don't ~ yourself that she loves you** no te hagas ilusiones *or* no te engañes pensando que te quiere, desengáñate: no te quiere

deluded /dɪ'lu:dəd || dɪ'lu:dɪd/ *adj* engañado; **the poor ~ creature** (hum) el pobre iluso/la pobre ilusa

deluge[1] /'delju:dʒ/ *n*
A 1▸ (flood) inundación *f*; **the D~** el diluvio (universal) 2▸ (downpour) diluvio *m*
B (of protests, questions, letters) aluvión *m*, avalancha *f*

deluge[2] *vt*
A (overwhelm): **they were ~d with protests/letters** recibieron un aluvión de protestas/cartas; **he was ~d with offers** le llovieron las ofertas; **we were ~d with questions** nos abrumaron con preguntas
B (flood) inundar

delusion /dɪ'lu:ʒən/ *n*
A [c] 1▸ (mistaken idea) error *m*; (vain hope) falsa ilusión *f*; **she clung to the ~ that ...** se aferraba a la vana ilusión de que ...; **they're laboring under the ~ that they're going to get compensation** se creen que los van a indemnizar (y están en un error) 2▸ (Psych) idea *f* delirante; **he suffers from ~s** *o* **the ~ that he is Napoleon** se cree Napoleón; **he has ~s of grandeur** tiene delirios de grandeza
B [u] (act of deluding) (frml) engaño *m*

delusive /dɪ'lu:sɪv/ *adj* (frml) (illusory) ilusorio; (misleading) engañoso

delusory /dɪ'lu:səri/ *adj* ▸**delusive**

deluxe[1] /də'lʊks/ *adj* de lujo

deluxe[2] *adv* ‹*travel/fly*› en clase de lujo

delve /delv/ *vi* 1▸ (research) (liter) **to ~ INTO sth** ahondar EN algo; **to ~ into the past** hurgar* en el pasado 2▸ (rummage) hurgar*, escarbar

Dem (in US) = **Democrat**

demagnetize /di:'mægnətaɪz/ *vt* (Phys) desimantar

demagog, (BrE) **demagogue** /'deməgɑ:g || 'deməgɒg/ *n* demagogo, -ga *m,f*

demagogic /ˌdemə'gɑ:gɪk || ˌdemə'gɒgɪk/ *adj* demagógico

demagogue *n* ▸**demagog**

demagogy /'deməgɑ:gi || 'deməgɒgi/, **demagoguery** /'deməgɑ:gəri || 'deməgɒgəri/ *n* [u] demagogia *f*

demand[1] /dɪ'mænd || dɪ'mɑ:nd/ *vt*
A ‹‹*person*›› (call for, insist on) exigir*; (ask) preguntar; **I ~ a fair trial** exijo un juicio imparcial; **they're ~ing immediate payment of the debt** exigen el pago inmediato de la deuda; **the unions are ~ing better conditions** los sindicatos reclaman mejores condiciones; **to ~ money with menaces** (Law) exigir* dinero con intimidación; **what have I done? he ~ed** —¿qué he hecho yo? —preguntó; **to ~ to + INF** exigir* + INF *or* QUE + SUBJ; **she ~ed to know the reason** quiso saber el porqué, exigió que se le dijera por qué; **to ~ sth OF sb** exigirle* algo A algn; **a great deal is ~ed of the students on this course** en este curso se les exige mucho a los alumnos
B (necessitate, require) ‹*dedication/perseverance*› exigir*, requerir*; **this document ~s your immediate attention** este documento requiere su atención inmediata

demand[2] *n*
A [c] (claim) exigencia *f*; (Lab Rel, Pol) reivindicación *f*, reclamo *m*; (request) petición *f*, pedido *m* (AmL); **to comply with sb's ~s** satisfacer* las exigencias de algn; **the union's wage ~s** las reivindicaciones salariales del sindicato; **by popular ~** a petición *or* (AmL tb) pedido del público; **the trial made enormous ~s on his health** el juicio puso a prueba su salud; **her work makes heavy** *o* **great ~s on her time** el trabajo le absorbe gran parte del tiempo; **she did not feel equal to the ~s of the job** no se sentía capaz de hacer frente a las exigencias del trabajo, no se sentía a la altura de lo que el trabajo exigía; **abortion on ~** libre aborto *m*; **contraception on ~** libre acceso *m* a los anticonceptivos; **payable on ~** pagadero a la vista; (*before n*) ‹*draft/deposit/note*› a la vista; **~ feeding** *alimentación del bebé cuando éste la reclama, en lugar de a horas preestablecidas*
B [u] (requirement) (Busn) demanda *f*; **these shoes are much in ~** estos zapatos tienen gran demanda *or* se venden mucho; **he's in great ~ as a magician** es un mago muy solicitado *or* popular; **(the) ~ exceeds (the) supply** la demanda es superior a *or* supera la oferta; **there is (a) great ~ for teachers** hay una gran demanda de profesores; **to create a ~ for sth** crear demanda de algo

demand-driven /dɪˌmænd'drɪvən || dɪˌmɑ:nd 'drɪvən/ *adj* orientado por la demanda

demanding /dɪˈmændɪŋ || dɪˈmɑːndɪŋ/ *adj* ‹*job*› que exige mucho; ‹*book/music*› difícil; **he's a ~ teacher** es un profesor exigente; **she's a very ~ child** es una niña que exige mucha atención; **it's physically ~** es agotador

demand-led /dɪˌmænˈled || dɪˌmɑːndˈled/ *adj* determinado por la demanda

demanning /diːˈmænɪŋ/ *n* (BrE) reducción *f* del personal

demarcate /ˈdiːmɑːrkeɪt || ˈdiːmɑːkeɪt/ *vt* (frml) ‹*frontier/area/limit*› demarcar*; ‹*concept*› delimitar

demarcation /ˌdiːmɑːrˈkeɪʃən || ˌdiːmɑːˈkeɪʃən/ *n* **1** [u] (BrE) (Lab Rel) delimitación *f* de atribuciones; (*before n*): **~ dispute** conflicto *m* de atribuciones **2** [u] (delimitation) demarcación *f*; (*before n*): **~ line** línea *f* de demarcación **3** [c] (boundary) línea *f* de demarcación

dematerialize /ˌdiːməˈtɪriəlaɪz || ˌdiːməˈtɪəriəlaɪz/ *vi* desvanecerse* (en el aire)

demean /dɪˈmiːn/ *vt* (frml) degradar; **to ~ oneself** rebajarse, degradarse; **I refuse to ~ myself by apologizing to him** me niego a rebajarme a pedirle perdón

demeaning /dɪˈmiːnɪŋ/ *adj* degradante

demeanor, (BrE) **demeanour** /dɪˈmiːnər || dɪˈmiːnə(r)/ *n* [u] (frml) **1** (behavior) comportamiento *m*, conducta *f* **2** (bearing) porte *m*

demented /dɪˈmentəd || dɪˈmentɪd/ *adj* **1** (insane) ‹*person*› demente; ‹*screams/mutterings*› enloquecido, de demente; **to become ~** enloquecerse* **2** (very worried, irritated) (colloq) histérico (fam); **she was ~ with worry** estaba histérica (de preocupación) (fam)

dementedly /dɪˈmentədli || dɪˈmentɪdli/ *adv* demencialmente; **he rushed around ~** corría como (un) loco de un lado para otro

dementia /dɪˈmentʃə || dɪˈmenʃə/ *n* [u] (Psych) demencia *f*

demerara (sugar) /ˌdeməˈrɑːrə || ˌdeməˈreərə/ *n* [u] (BrE) azúcar *f* morena, azúcar *m* moreno

demerge /diːˈmɜːrdʒ || diːˈmɜːdʒ/ *vt* (BrE) escindir

demerger /diːˈmɜːrdʒər || diːˈmɜːdʒə(r)/ *n* escisión *f*

demerit /diːˈmerət || diːˈmerɪt/ *n* **1** (fault) (frml) demérito *m* (frml); **the merits and ~s of the plan** los méritos y deméritos del plan **2** (black mark) (AmE) sanción *f*

demi- /ˈdemi/ *pref* **1** (half, half-size) semi- **2** (partially) medio-

demigod /ˈdemigɑːd || ˈdemigɒd/ *n* semidiós *m*

demijohn /ˈdemidʒɑːn || ˈdemidʒɒn/ *n* damajuana *f*

demilitarize /diːˈmɪlɪtəraɪz/ *vt* desmilitarizar*; **~d zone** zona *f* desmilitarizada

demimonde /ˈdemiˌmɑːnd || ˌdemiˈmɒnd/ *n* **1** (world of prostitutes) (euph) mujeres *fpl* de vida alegre *or* airada (euf) **2** (world of shady dealings) bajos fondos *mpl*

demise¹ /dɪˈmaɪz/ *n* (*no pl*)
A (frml) **1** (death) (euph) fallecimiento *m* (frml), deceso *m* (AmL frml); **upon his ~** tras su fallecimiento **2** (end) desaparición *f*
B (Law) transferencia *f* en arrendamiento

demise² *vt* (Law) **1** (transfer by lease) transferir* en arrendamiento; **the ~d premises** el inmueble arrendado **2** (transfer by legacy) transmitir por sucesión

demisemiquaver /ˌdemiˈsemikweɪvər || ˌdemiˈsemikweɪvə(r)/ *n* (BrE) fusa *f*

demist /diːˈmɪst/ *vt* (BrE) desempañar

demister /diːˈmɪstər || diːˈmɪstə(r)/ *n* (BrE) desempañador *m*

demo /ˈdeməʊ/ *n* (*pl* **demos**)
A **1** (Mus) demostración *f*; demo *m or f*; (*before n*): **~ tape** cinta *f* de demostración *or* demo **2** (Marketing) (colloq) demostración *f*
B (protest) (BrE colloq) manifestación *f*

demob¹ /diːˈmɑːb || diːˈmɒb/ *vt* **-bb-** (BrE) desmovilizar*

demob² *n* [u] (BrE) desmovilización *f*

demobilization /dɪˌməʊbələˈzeɪʃən || diːˌməʊbɪlaɪˈzeɪʃən/ *n* [u] desmovilización *f*

demobilize /dɪˈməʊbəlaɪz || diːˈməʊbɪlaɪz/ *vt* desmovilizar*

democracy /dɪˈmɑːkrəsi || dɪˈmɒkrəsi/ *n* (*pl* **-cies**) (Pol) **1** [u] (system) democracia *f* **2** [c] (democratic state) democracia *f*; **we live in a ~** vivimos en una democracia

democrat /ˈdeməkræt/ *n* **1** (believer in democracy) demócrata *mf* **2** **Democrat** (in US) demócrata *mf*

democratic /ˌdeməˈkrætɪk/ *adj*
A (Pol) **1** ‹*country/system/election*› democrático **2** **Democratic** (in US) demócrata
B (egalitarian) ‹*organization/principles*› democrático; ‹*art/sports*› popular

> **Democratic Party**
>
> El Partido Demócrata, creado en 1792, es uno de los dos principales partidos políticos de Estados Unidos. El otro es el Partido Republicano ▸**Republican Party.** El Partido Demócrata está considerado como el propulsor de políticas más liberales, especialmente referidas a temas que afectan a la sociedad. Por esta razón, consigue el apoyo de sindicatos y grupos minoritarios.

democratically /ˌdeməˈkrætɪkli/ *adv* democráticamente; **to be ~ minded** ser* demócratico

democratization /dɪˌmɑːkrətəˈzeɪʃən || dɪˌmɒkrətaɪˈzeɪʃən/ *n* [u] democratización *f*

democratize /dɪˈmɑːkrətaɪz || dɪˈmɒkrətaɪz/ *vt* democratizar*

demographer /dɪˈmɑːgrəfər || dɪˈmɒgrəfə(r)/ *n* demógrafo, -fa *m,f*

demographic¹ /ˌdeməˈgræfɪk/ *adj* demográfico

demographic² *n* **1** (Sociol) sector *m* demográfico **2** **~s** *pl* (characteristics) características *fpl* demográficas

demography /dɪˈmɑːgrəfi || dɪˈmɒgrəfi/ *n* [u] demografía *f*

demolish /dɪˈmɑːlɪʃ || dɪˈmɒlɪʃ/ *vt*
A **1** ‹*structure/building*› demoler*, derribar, echar abajo; **bombs ~ed the street** las bombas destruyeron la calle **2** ‹*argument/theory/myth*› demoler*, echar por tierra
B (colloq) **1** (defeat) ‹*opposition/opponent*› hacer* polvo (fam) **2** (eat up) zamparse (fam)

demolition /ˌdeməˈlɪʃən/ *n* [u c] **1** (of building) demolición *f*, derribo *m* **2** (of theory) demolición *f*, destrucción *f*; (*before n*): **he did a thorough ~ job on the report** (colloq) hizo pedazos *or* destrozó el informe (fam)

demolition derby *n* (AmE); *carrera de coches en la que se pretende dejar fuera de combate a los demás participantes*

demon /ˈdiːmən/ *n*
A **1** (Myth) demonio *m*; (*before n*): **the ~ drink** el demonio de la bebida **2** (naughty child) (colloq) demonio *m* (fam), diablo *m* (fam); **he's a little ~** es un diablillo (fam)
B **1** (colloq) (enthusiast) **a ~ FOR sth: she's a ~ for work/exercise** es una bestia trabajando/haciendo ejercicio (fam) **2** (talented person) **a ~ AT sth: he's a ~ at chess/golf** es una fiera *or* un hacha jugando al ajedrez/golf (fam); (*before n*) ‹*bowler/shot*› endiabladamente bueno (fam)

demoniacal /ˌdiːməˈnaɪəkəl/ *adj* ‹*laughter/shrieks*› diabólico, demoníaco; ‹*activity*› desenfrenado

demonic /dɪˈmɑːnɪk || dɪˈmɒnɪk/ *adj* **1** ‹*possession/powers/force*› demoníaco **2** ▸**demoniacal**

demonize /ˈdiːmənaɪz/ *vt* satanizar*, demonizar*

demonstrable /dɪˈmɑːnstrəbəl || ˈdemɒnstrəbəl, dɪˈmɒnstrebəl/ *adj* demostrable

demonstrably /dɪˈmɑːnstrəbli || ˈdemɒnstrəbli, dɪˈmɒnstrəbli/ *adv* (frml): **a ~ true/false statement** una afirmación cuya verdad/falsedad es demostrable

demonstrate /ˈdemənstreɪt/ *vt* **1** (show) ‹*need/ability/method*› demostrar*; **he ~d how to make mayonnaise** demostró cómo se hace la mayonesa **2** (Marketing) ‹*appliance/product*› hacer* una demostración de
■ **demonstrate** *vi*
A (Pol) manifestarse*; **to ~ in support of/against sth/sb** manifestarse* en apoyo/en contra de algo/algn
B (Marketing) hacer* demostraciones

demonstration /ˌdemənˈstreɪʃən/ *n*
A **1** (expression) muestra *f*, demostración *f* **2** (display) demostración *f*; (*before n*) ‹*lecture*› de prácticas; ‹*model*› de demostración
B (Pol) manifestación *f*; **to go on a ~** (BrE) asistir a una manifestación

demonstrative /dɪˈmɑːnstrətɪv || dɪˈmɒnstrətɪv/ *adj*
A (exuberant, effusive) ‹*person/personality*› efusivo, expresivo, demostrativo (AmL)
B (logically conclusive) (frml) ‹*argument/exposition*› concluyente; **this case is ~ of his theory** este caso demuestra su teoría
C ‹*pronoun/adjective*› demostrativo

demonstratively /dɪˈmɑːnstrətɪvli || dɪˈmɒnstrətɪvli/ *adv* efusivamente

demonstrator /ˈdemənstreɪtər || ˈdemənstreɪtə(r)/ *n*
A (Pol) manifestante *mf*
B (Marketing) demostrador, -dora *m,f*
C (BrE) (Educ) profesor, -sora *m,f* de prácticas, ayudante *mf or* asistente *mf* del profesor/de la profesora

demoralization /dɪˌmɔːrələˈzeɪʃən || dɪˌmɒrəlaɪˈzeɪʃən/ *n* [u] desmoralización *f*

demoralize /dɪˈmɔːrəlaɪz || dɪˈmɒrəlaɪz/ *vt* desmoralizar*

demoralizing /dɪˈmɔːrəlaɪzɪŋ || dɪˈmɒrəlaɪzɪŋ/ *adj* desmoralizante, desalentador

demote /dɪˈməʊt, ˈdiːməʊt || diːˈməʊt/ *vt* **1** (in organization) bajar de categoría; (Mil) degradar **2** (reduce importance of) **to ~ sth TO sth** rebajar *or* relegar* algo A algo

demotic /dɪˈmɑːtɪk || dɪˈmɒtɪk/ *adj* (frml) **1** (popular) popular, del pueblo **2** ‹*script*› demótico

demotion /dɪˈməʊʃən diː-/ *n* [u c] **1** (in organization) descenso *m* de categoría; (Mil) degradación *f* **2** (reduction in importance) relegamiento *m*

demotivate /diːˈməʊtɪveɪt/ *vt* desmotivar

demur¹ /dɪˈmɜːr || dɪˈmɜː(r)/ *vi* **-rr-** (frml) objetar; **to ~ AT sth** poner*(le) objeciones *or* reparos A algo

demur² *n* (frml): **without ~** sin poner objeciones *or* reparos

demure /dɪˈmjʊr || dɪˈmjʊə(r)/ *adj* recatado

demurely /dɪˈmjʊrli || dɪˈmjʊəli/ *adv* recatadamente, con recato

demurrage /dɪˈmɜːrɪdʒ || dɪˈmʌrɪdʒ/ *n* [u] sobrestadía *f*

demystify /diːˈmɪstəfaɪ || diːˈmɪstɪfaɪ/ *vt* **-fies, -fying, -fied** desmitificar*

den /den/ *n* **1** (lair) guarida *f*, cubil *m*; **the lion's ~** la guarida del león; **a fox's ~** una zorrera *or* raposera **2** (of thieves) guarida *f*; **a ~ of (vice and) iniquity** un antro de (vicio y) perdición **3** (room) (colloq) cuarto *m* de estar, leonera *f* (Esp fam); (for study, work) estudio *m*, gabinete *m* **4** (of Cub Scouts) (AmE) grupo *m*

denationalization /diːˌnæʃnələˈzeɪʃən || ˌdiːˌnæʃnəlaɪˈzeɪʃən/ *n* [u] desnacionalización *f*

denationalize /diːˈnæʃnəlaɪz/ *vt* desnacionalizar*

denaturalize /diːˈnætʃrəlaɪz/ *vt*
A (make unnatural) desnaturalizar*
B (deprive of citizenship) cancelar *or* retirar la nacionalidad a

denature /diːˈneɪtʃər || diːˈneɪtʃə(r)/ *vt*
A (spoil) (frml) desvirtuar*
B ‹*protein/alcohol*› desnaturalizar*

dendrochronology /ˌdendrəʊkrəˈnɑːlədʒi || ˌdendrəʊkrəˈnɒlədʒi/ *n* [u] dendrocronología *f*

dendrology /denˈdrɑːlədʒi || denˈdrɒlədʒi/ *n* [u] dendrografía *f*

denial /dɪˈnaɪəl/ *n*
A [u c] (of accusation, fact): **to issue a ~ of sth** des-

d

mentir* algo; **he issued a written ~** publicó un desmentido, dio un mentís *or* lo desmintió por escrito; **his ~ was pointless as we had proof** era absurdo que lo negara ya que teníamos pruebas
B [u c] (of request, rights) denegación *f*; **a ~ of justice** una denegación de justicia
C [u c] (repudiation) negación *f*, rechazo *m*; **to be in ~** negarse* a *or* ser* incapaz de aceptar la realidad
D [u] (abstinence) renuncia *f*, abnegación *f*

denier /ˈdenjər || ˈdeniə(r)/ *n* denier *m*; **15 ~ stockings** medias *fpl* de 15 denier

denigrate /ˈdenɪgreɪt/ *vt* (frml) **1** ‹*character/reputation/person*› denigrar **2** ‹*effort/attempt*› menospreciar

denigration /ˌdenɪˈgreɪʃən/ *n* [u] (frml) **1** (besmirching) denigración *f* **2** (belittling) menosprecio *m*

denim /ˈdenəm || ˈdenɪm/ *n*
A [u] (Tex) tela *f* vaquera *or* de jeans, mezclilla *f* (Chi, Méx); (*before n*) ‹*jacket/skirt*› vaquero, tejano (Esp), de mezclilla (Chi, Méx)
B **denims** *pl* (colloq) **1** (jeans) vaqueros *mpl*, jeans *mpl*, tejanos *mpl*, bluyines *mpl* (Andes), pantalones *mpl* de mezclilla (Méx) **2** (overalls) (AmE) pantalón *m* de peto, mono *m*, overol *m* (AmL)

denizen /ˈdenəzən || ˈdenɪzən/ *n* **1** (inhabitant) (liter *or* hum) morador, -dora *m,f*, habitante *mf*; **the ~s of the forest** los moradores del bosque; **the local ~s** los vecinos del lugar **2** (Biol) *planta o animal que se ha aclimatado a un lugar*

Denmark /ˈdenmɑːrk || ˈdenmɑːk/ *n* Dinamarca *f*

denominate /dɪˈnɑːməneɪt || dɪˈnɒmɪneɪt/ *vt* (frml) denominar

denomination /dɪˌnɑːməˈneɪʃən || dɪˌnɒmɪˈneɪʃən/ *n*
A (Relig) confesión *f*
B **1** (of currency) valor *m*, denominación *f* (AmL); **bills in $10 and $20 ~s** billetes de 10 y 20 dólares **2** (of system of measures) unidad *f*
C (heading) (frml) encabezamiento *m*, acápite *m* (AmL)

denominational /dɪˌnɑːmɪˈneɪʃnəl || dɪˌnɒmɪˈneɪʃənl/ *adj* confesional

denominative /dɪˈnɑːmənətɪv || dɪˈnɒmɪnətɪv/ *adj* denominativo

denominator /dɪˈnɑːməneɪtər || dɪˈnɒmɪneɪtə(r)/ *n* (Math) denominador *m*; *see also* **lowest common denominator**

denotation /ˌdiːnəʊˈteɪʃən/ *n* (frml) denotación *f* (frml)

denote /dɪˈnəʊt/ *vt* **1** (frml) (indicate) denotar (frml), indicar* **2** (Ling) denotar

denouement, dénouement /ˌdeɪnuːˈmɑːn || deɪˈnuːmɔːn/ *n* desenlace *m*

denounce /dɪˈnaʊns/ *vt* **1** (inform against) denunciar; **they ~d him to the police as a thief** lo denunciaron a la policía por ladrón **2** (censure) ‹*action/attitude*› denunciar

dense /dens/ *adj* **denser, densest**
A **1** (closely spaced) ‹*forest/jungle*› espeso; ‹*population/traffic*› denso; ‹*crowd*› compacto, apretado; **columns of ~ print** columnas de apretada letra impresa **2** (thick) ‹*fog/mist/smoke*› denso, espeso; **the air was ~ with smoke** el aire estaba cargado de humo **3** (Phys) denso **4** (complicated) ‹*prose/article*› denso
B (stupid) (colloq) ‹*person*› burro (fam), duro de entendederas (fam)

densely /ˈdensli/ *adv*
A ‹*populated/forested*› densamente; ‹*packed*› apretadamente
B (stupidly) (colloq) torpemente

denseness /ˈdensnəs || ˈdensnɪs/ *n*
A (stupidity) (colloq) falta *f* de luces
B ▸**density A**

density /ˈdensəti/ *n* [u c] (*pl* **-ties**)
A **1** (of population) densidad *f* **2** (of fog) lo espeso, densidad *f* **3** (Comput, Phys) densidad *f* **4** (of style) lo denso
B (hum) ▸**denseness A**

dent¹ /dent/ *n* **1** (depression — in metal) abolladura *f*, abollón *m*; (— in wood) marca *f*; **to make a ~ in sth** hacerle* una abolladura a algo, abollar algo; (*in wood*) hacer* una marca en algo **2** (reduction) (colloq): **it's made a big ~ in our savings** se ha llevado *or* se ha comido una buena parte de nuestros ahorros (fam)

dent² *vt* **1** ‹*metal*› abollar; ‹*wood*› hacer* una marca en; **he hit the safe with a hammer but hardly ~ed it** golpeó la caja fuerte con un martillo pero como si nada **2** ‹*popularity*› afectar; ‹*pride*› hacer* mella en; **to ~ sb's confidence** hacerle* perder confianza a algn
■ **dent** *vi* «*metal*» abollarse

dental¹ /ˈdentl/ *adj* **1** (Dent) ‹*treatment/health/hygienist*› dental; ‹*school*› de odontología *or* (Chi tb) de dentística; **a ~ appointment** una cita *or* hora con el dentista; **~ assistant** ayudante *mf* de dentista; **~ nurse** auxiliar *mf* de odontología, enfermero, -ra dental; **the ~ profession** los dentistas *or* (frml) odontólogos; **~ receptionist** recepcionista *mf* de clínica dental; **~ technician** protésico, -ca *m,f* dental, técnico *mf* dental **2** (Ling) dental

dental² *n* (Ling) dental *f*

dental floss *n* [u] hilo *m or* seda *f* dental

dental surgeon *n* (frml) cirujano, -na *m,f* dentista

dentex /ˈdenteks/ *n* (*pl* **~** *or* **~es**) (Culin, Zool) dentón *m*

dentifrice /ˈdentəfrəs || ˈdentɪfrɪs/ *n* dentífrico *m*

dentine /ˈdentiːn/ *n* [u] dentina *f*

dentist /ˈdentəst || ˈdentɪst/ *n* dentista *mf*, odontólogo, -ga *m,f* (frml); **to go to the ~('s)** ir* al dentista

dentistry /ˈdentəstri || ˈdentɪstri/ *n* [u] odontología *f*, dentística *f* (Chi), dentistería *f* (Ven)

dentist's chair *n* sillón *m* de dentista

dentist's surgery *n* clínica *f* dental

dentition /denˈtɪʃən/ *n* **1** (set of teeth) dentadura *f*; **milk ~** primera dentición *f*, dientes *mpl* de leche **2** [u] (teething process) dentición *f*

denture /ˈdentʃər || ˈdentʃə(r)/ *n* **1** (dental plate) (frml) prótesis *f* dental (frml) **2** **dentures** *pl* dentadura *f* postiza, caja *f* de dientes (Col), placa *f* (de dientes) (Chi); **a set of ~s** una dentadura postiza

denude /dɪˈnuːd || dɪˈnjuːd/ *vt* **1** (Geog) ‹*land/surface*› denudar **2** (strip) (liter) **to ~ sth/sb OF sth** despojar algo/a algn DE algo (liter)

denunciation /dɪˌnʌnsiˈeɪʃən/ *n* [u c] denuncia *f*; **a public ~ of the impostor** una denuncia pública del impostor

deny /dɪˈnaɪ/ *vt* **denies, denying, denied**
A ‹*accusation/fact*› negar*; ‹*rumors*› desmentir*; **even if you don't like it, you can't ~ that ...** aunque no te guste, no me negarás que ...; **there's no ~ing that ...** es innegable *or* no se puede negar que ...; **he denied (that) other people had been present** negó que hubiera habido alguien más presente; **I don't ~** *o* **I'm not ~ing that it's costly, but ...** no discuto *or* niego que sea caro, pero ...; **to ~ -ING**: **she denied stealing** *o* **having stolen it** negó haberlo robado
B (refuse) ‹*request*› denegar*; **to ~ sb sth** negarle* algo a algn; **we were denied access to the files** nos negaron el acceso a los archivos; **a last-minute goal denied them victory** un gol de última hora los privó de *or* les negó la victoria; **justice has been denied us** no se nos ha hecho justicia; **she denied herself cigarettes during Lent** se privó de fumar durante la Cuaresma; ***to ~ oneself*** sacrificarse*
C (disavow) (liter) ‹*faith/country*› renegar* de; **Peter denied Christ three times** Pedro negó a Jesús tres veces

deodorant¹ /diːˈəʊdərənt/ *n* [c u] desodorante *m*; **a roll-on/stick/aerosol ~** un desodorante de bola/de barra/en aerosol

deodorant² *adj* desodorante

deodorize /diːˈəʊdəraɪz/ *n* desodorizar*

deoxidize /diːˈɑːksədaɪz || diːˈɒksɪdaɪz/ *vt* desoxidar

deoxygenate /diːˈɑːksɪdʒəneɪt || diːˈɒksɪdʒəneɪt/ *vt* desoxigenar

dep = departs/departure

depart /dɪˈpɑːrt || dɪˈpɑːt/ *vi*
A (leave) **1** (Transp) salir*, partir (frml); **the train/plane will ~ in 15 minutes** el tren/avión saldrá *or* (frml) efectuará su salida dentro de 15 minutos **2** «*person*» (frml) partir (frml), salir*; **the day we ~ed for Venice** el día que salimos para Venecia
B (deviate) (frml) **to ~ FROM sth** apartarse DE algo; **his version ~s from the truth at several points** su versión se aparta *or* se aleja de la verdad en varios puntos
■ **depart** *vt* (liter): **he ~ed these shores in 1932** partió de *or* abandonó estas tierras en 1932 (liter); **she ~ed this life** *o* **world at the age of 87** (euph) dejó de existir a los 87 años de edad (frml)

departed¹ /dɪˈpɑːrtəd || dɪˈpɑːtɪd/ *adj* **1** (dead) (frml & euph) difunto (frml); **our dear ~ mother** nuestra difunta madre (frml), nuestra madre, que en paz descanse *or* que en gloria esté **2** (past) (liter) ‹*happiness/joys/youth*› perdido; **remembering ~ glories** recordando glorias pasadas

departed² *n* (*pl* **~**) (frml & euph): **the ~** el difunto, la difunta; (*pl*) los difuntos, las difuntas (frml)

department /dɪˈpɑːrtmənt || dɪˈpɑːtmənt/ *n*
A **1** (of shop, store) sección *f* **2** (of company, organization) departamento *m*, sección *f*
B **1** (Govt) ministerio *m*, secretaría *f* (Méx); **the D~ of Education** el Ministerio de Educación, la Secretaría de Educación (Méx); **the D~ of Defense** el Ministerio de Defensa, la Secretaría de Defensa (Méx); **the D~ of State, the State D~** (in US) el Departamento de Estado (norteamericano) **2** (AmE) (Adm): **the police/fire ~** el cuerpo de policía/bomberos
C (Educ) departamento *m*; **the Latin/history ~** el departamento de latín/historia
D (area of competence, responsibility) (colloq): **cooking is my husband's ~** la cocina es cosa de mi marido (fam), de cocinar se encarga mi marido; **sewing? I'm not much good in that ~** ¿coser? yo no soy muy buena en ese terreno
E (Adm, Geog) (in France etc) departamento *m*

departmental /ˌdiːpɑːrˈmentl || ˌdiːpɑːtˈmentl/ *adj* departamental; **the ~ head** el jefe del departamento *or* de la sección; **at (the) ~ level** a nivel departamental *or* de departamento

departmentalize /ˌdiːpɑːrtˈmentlaɪz || ˌdiːpɑːtˈmentlaɪz/ *vt* compartimentar

Department for Culture, Media and Sport *n* (in UK) Ministerio *m or* (Méx) Secretaría *f* de Cultura, Medios de Comunicación y Deporte

Department for Education and Skills *n* (in UK) Ministerio *m or* (Méx) Secretaría *f* de Educación y Empleo

Department for Environment, Food and Rural Affairs *n* (in UK) Ministerio *m or* (Méx) Secretaría *f* del Medioambiente

Department for International Development *n* (in UK) Ministerio *m or* (Méx) Secretaría *f* para el Desarrollo de otros países

Department for Work and Pensions *n* (in UK) Ministerio *m o* (Méx) secretaría *f* del Trabajo y Pensiones

Department of Health and Human Services *n* (in US) Ministerio *m or* (Méx) Secretaría *f* de Sanidad y Servicios Sociales

Department of Homeland Security *n* (Pol) ▸**homeland security**

Department of Trade and Industry *n* (in UK) Ministerio *m or* (Méx) Secretaría *f* de Comercio e Industria

department store *n* (grandes) almacenes *mpl*, tienda *f* de departamentos (Méx); **there's a ~ ~ on the corner** en la esquina hay unos grandes almacenes

departure /dɪˈpɑːrtʃər || dɪˈpɑːtʃə(r)/ *n*
A **1** [u c] (Transp) salida *f*, partida *f* (frml); **the arrivals and ~s board** el panel de llegadas y salidas; **our point of ~ was New York** Nueva York fue nuestro punto de partida; **the point of ~ for a whole new field of research** el

punto de partida de todo un nuevo campo de investigación; (*before n*): ~ **gate/lounge** puerta *f* /sala *f* de embarque; ~ **time** hora *f* de salida [2] [u] (of person) (frml) partida *f* (frml), ida *f*; **he was on the point of ~ when the police arrived** estaba a punto de irse *or* (frml) de partir cuando llegó la policía; **to take one's ~** retirarse (frml)

B (deviation) (*no pl*): **a ~ from custom** un cambio con respecto a lo acostumbrado *or* a lo habitual; **a ~ from the norm** una desviación de la norma; **encouraging private enterprise is a new ~ for this government** el estímulo de la empresa privada es una innovación en la política de este gobierno

depend /dɪ'pend/ *vi*

A [1] (rely, be dependent) **to ~ ON sb/sth** depender DE algn/algo; **this town ~s on the tourist trade** esta ciudad depende *or* vive del turismo; **they ~ on him for their livelihood** dependen de él para su sustento [2] (be determined by) **to ~ ON sth** depender DE algo; **a good deal ~s on what happens tomorrow** mucho depende de lo que pase mañana; **it all ~s (on) what you mean by free will** todo depende de lo que tú entiendas por libre albedrío; **are you going to the cinema tonight? — it ~s** ¿vas a ir al cine esta noche? — depende

B (count on, be sure of) **to ~ ON** *o* **UPON sb/sth** contar* CON algn/algo; **you can ~ on her support** puedes contar con su apoyo *or* con que te apoyará; **some people just can't be ~ed on** no se puede contar con *or* confiar en ciertas personas; **I'll be there, (you can) ~ on it** estaré ahí, cuenta con ello *or* tenlo por seguro; **you can't ~ on him to tell the truth** no puedes estar seguro de que va a decir la verdad

dependability /dɪ,pendə'bɪləti/ *n* [u] (of person) formalidad *f*, seriedad *f*; (of car) confiabilidad *f*, fiabilidad *f*

dependable /dɪ'pendəbəl/ *adj* ‹*person*› formal, digno de confianza; ‹*ally/workman*› digno de confianza, con el que se puede contar; ‹*car*› confiable, fiable

dependant, (AmE also) **dependent** /dɪ'pendənt/ *n*: **how many ~s does he have?** ¿cuántas personas tiene a su cargo?; **your children and other ~s** sus hijos y otras personas a su cargo *or* y otras cargas familiares

dependence /dɪ'pendəns/ *n* [u] [1] (reliance) dependencia *f* [2] (addiction) (Med) dependencia *f*; **drug ~** drogodependencia *f* (frml); **his ~ on morphine** su dependencia de la morfina

dependency /dɪ'pendənsi/ *n* (*pl* **-cies**)

A [c] (Govt) dependencia *f*, dominio *m*

B [u] (dependence) dependencia *f*

dependency culture *n* cultura *f* de la dependencia *or* del asistencialismo

dependent[1] /dɪ'pendənt/ *adj* [1] (reliant) (*pred*) **to be ~ ON sth/sb** depender DE algo/algn; **they are ~ on drugs** son drogodependientes (frml) [2] (Soc Adm) (*before n*): **~ relative** carga *f* familiar, familiar *mf* a su (*or* mi *etc*) cargo [3] (Govt) (*usu before n*) ‹*territory*› dependiente [4] (Ling) ‹*clause/construction*› subordinado [5] (conditional) (*pred*) **to be ~ ON sth** depender DE algo; **the quality of the crop is ~ on the weather** la calidad de la cosecha depende del tiempo

dependent[2] *n* (AmE) ▸ **dependant**

depersonalize /diː'pɜːrsnəlaɪz || diː'pɜːsnəlaɪz/ *vt* [1] (dehumanize) despersonalizar* [2] (generalize) ‹*argument/criticism*› quitarle las referencias personales a

depict /dɪ'pɪkt/ *vt* (frml) [1] (portray) representar [2] (describe) describir*, pintar

depiction /dɪ'pɪkʃən/ *n* [u c] (frml) [1] (representation) representación *f* [2] (description) descripción *f*; **a vivid ~ of life in the early 1900s** una vívida descripción *or* estampa de la vida a principios de siglo

depilate /'depəleɪt || 'depɪleɪt/ *vt* depilar

depilatory[1] /dɪ'pɪlətɔːri || dɪ'pɪlətri/ *adj* depilatorio

depilatory[2] *n* [c u] (*pl* **-ries**) depilatorio *m*

deplane /diː'pleɪn/ *vi* (AmE) desembarcar*, bajarse *or* (frml) descender* del avión

deplete /dɪ'pliːt/ *vt* [1] (reduce) ‹*supplies/stock/funds*› reducir*; **energy sources are being rapidly ~d** las fuentes de energía se están agotando rápidamente; **the regiment was greatly ~d by desertion** las deserciones diezmaron el regimiento; **hunger and lack of sleep had ~d his strength** el hambre y la falta de sueño lo habían debilitado *or* habían consumido sus fuerzas; **I felt ~d** me sentía agotado *or* sin fuerzas [2] (Med) drenar

depleted uranium /dɪ'pliːtəd || dɪ'pliːtɪd/ *n* [u] uranio *m* empobrecido

depletion /dɪ'pliːʃən/ *n* [c u] (reduction) reducción *f*, disminución *f*; (exhaustion) agotamiento *m*

deplorable /dɪ'plɔːrəbəl/ *adj* [1] (disgraceful) ‹*incident/situation*› deplorable, vergonzoso; **it is ~ that this is still allowed** es deplorable *or* vergonzoso que esto se siga permitiendo [2] (regrettable) ‹*accident/misfortune*› lamentable

deplorably /dɪ'plɔːrəbli/ *adv* (disgracefully) deplorablemente, vergonzosamente; (regrettably) lamentablemente

deplore /dɪ'plɔːr || dɪ'plɔː(r)/ *vt* (frml) [1] (condemn) ‹*cruelty/racism/immorality*› deplorar, condenar; **union officials ~d the management proposals** los dirigentes sindicales calificaron de deplorables las propuestas de la dirección [2] (regret) ‹*death/accident/misfortune*› deplorar, lamentar; **they ~d the lack of candidates** se lamentaron de la falta de candidatos

deploy /dɪ'plɔɪ/ *vt*

A (position) (Mil) ‹*forces/missile*› desplegar*

B (distribute, use) (frml) utilizar*, hacer* uso de

■ **deploy** *vi* (Mil) desplegarse*

deployment /dɪ'plɔɪmənt/ *n* [u c]

A (Mil) despliegue *m*

B (distribution, use) (frml) utilización *f*

depolarize /diː'pəʊləraɪz/ *vt* despolarizar*

depoliticize /diːpə'lɪtəsaɪz || diːpə'lɪtɪsaɪz/ *vt* despolitizar*

deponent /dɪ'pəʊnənt/ *n*

A ~ **(verb)** (Ling) (verbo *m*) deponente *m*

B (Law) deponente *mf*

depopulate /diː'pɑːpjəleɪt || diː'pɒpjʊleɪt/ *vt* ‹*area/country*› despoblar*; **the region has become ~d** la región se ha despoblado

depopulation /diː,pɑːpjə'leɪʃən || diː,pɒpjʊ'leɪʃən/ *n* [u] despoblación *f*

deport /dɪ'pɔːrt || dɪ'pɔːt/ *vt* ‹*spy/alien/immigrant*› deportar

■ *v refl* (frml): **to ~ oneself** conducirse* (frml), comportarse

deportation /,diːpɔːr'teɪʃən || ,diːpɔː'teɪʃən/ *n* [u c] deportación *f*

deportation order *n* orden *f* de deportación

deportee /,diːpɔːr'tiː || ,diːpɔː'tiː/ *n* deportado, -da *m,f*

deportment /dɪ'pɔːrtmənt || dɪ'pɔːtmənt/ *n* [u] (frml) [1] (carriage) porte *m* [2] (conduct) conducta *f*, comportamiento *m*

depose /dɪ'pəʊz/ *vt*

A (overthrow, unseat) ‹*dictator/ruler*› deponer*, derrocar*; ‹*champion/king*› destronar

B (Law) declarar, deponer* (frml)

deposit[1] /dɪ'pɑːzət || dɪ'pɒzɪt/ ➡▯ *vt*

A [1] (set down) ‹*load/packages*› depositar, poner* [2] (Geol) ‹*silt/sediment*› depositar

B [1] (leave) depositar; **I ~ed the will with my lawyer** dejé el testamento en manos de mi abogado; **we ~ed the kids with their grandmother** (hum) le encajamos *or* enjaretamos los niños a la abuela (hum) [2] ‹*money*› depositar, ingresar (Esp); (in bank account) depositar, ingresar (Esp); **you have to ~ half the amount now** debe entregar ahora la mitad del dinero como depósito

deposit[2] *n*

A [1] (payment into account) depósito *m*, ingreso *m* (Esp); **he has $600 on ~ at the bank** tiene 600 dólares en una cuenta de ahorro(s); (*before n*): **~ slip** comprobante *m or* (RPl) boleta *f* de depósito, resguardo *m* de ingreso (Esp) [2] (down payment — on large amounts) depósito *m*, entrega *f* inicial, entrada *f* (Esp), pie *m* (Chi); (— on small amounts) depósito *m*, señal *f*, seña *f* (RPl); **a small ~ secures any article** se reserva cualquier artículo pagando un pequeño depósito *or* dejando una pequeña señal *or* (RPl) seña; **he put down a ~ on the car** hizo una entrega inicial para el coche, dio una entrada (Esp) *or* (Chi) un pie para el coche; **a 10% ~, a ~ of 10%** un depósito del 10% (on house, car etc) una entrega inicial del 10%, una entrada (Esp) *or* (Chi) un pie del 10% [3] (security) depósito *m*, fianza *f*; **is there a ~ on this bottle?** ¿cobran el envase *or* (Esp, Méx) casco? [4] (BrE) (Govt) *depósito que se paga para poder presentarse como candidato a diputado*; **to lose one's ~** *perder el depósito al no obtener el mínimo de votos estipulado*

B (accumulation — of silt, mud) depósito *m*; (— of dust, particles) capa *f*; (— at bottom of wine bottle) posos *mpl*, heces *fpl*

C (Min) (of gas) depósito *m*; (of gold, copper) yacimiento *m*

deposit account *n* (BrE) cuenta *f* de ahorro(s)

deposition /,depə'zɪʃən/ *n*

A [c u] (Law) deposición *f* (frml), declaración *f*

B [u] (Geog) sedimentación *f*

C [u] (of president, dictator) destitución *f*; (of king) destronamiento *m*

depositor /dɪ'pɑːzətər || dɪ'pɒzɪtə(r)/ *n* inversionista *mf*, ahorrista *mf* (RPl), ahorrante *mf* (Chi)

depository /dɪ'pɑːzətɔːri || dɪ'pɒzɪtri/ *n* (*pl* **-ries**) ▸ **repository 1**

depository library *n* (in US) *biblioteca que recibe las publicaciones oficiales del gobierno*

depot /'diːpəʊ || 'depəʊ/ *n*

A [1] (storehouse) depósito *m*, almacén *m* [2] (Mil) depósito *m*

B (esp AmE) (bus station) terminal *f or* (Chi) *m*, estación *f* de autobuses; (train station) estación *f*

C (esp BrE) (storage area) [1] (for buses) garage *m* (esp AmL), cochera *f* (Esp), depósito *m* (Chi) [2] (for trains) depósito *m* de locomotoras

deprave /dɪ'preɪv/ *vt* ‹*person/mind*› pervertir*, depravar

■ **deprave** *vi* pervertir*, depravar

depraved /dɪ'preɪvd/ *adj* depravado

depravity /dɪ'prævəti/ *n* (*pl* **-ties**) [1] [u] (quality) depravación *f*; **to lead a life of ~** llevar una vida depravada *or* de depravación [2] [c] (act) acto *m* depravado

deprecate /'deprɪkeɪt/ *vt* (frml) [1] (express disapproval of) ‹*action/conduct*› reprobar*, criticar*; **such enormous waste cannot be too strongly ~d** un despilfarro de tales proporciones debe ser condenado de la forma más enérgica [2] (belittle) menospreciar, despreciar

deprecating /'deprɪkeɪtɪŋ/ *adj* (frml) [1] (disapproving) ‹*remark/glance*› de desaprobación, reprobatorio [2] (belittling) ‹*smile/laugh*› de desprecio

deprecatingly /'deprɪkeɪtɪŋli/ *adv* (frml) [1] (disapprovingly) con desaprobación *or* reprobación, de manera reprobatoria [2] (belittlingly) con desprecio *or* menosprecio

deprecation /,deprɪ'keɪʃən/ *n* [u] (frml) [1] (disapproval) reprobación *f*, desaprobación *f* [2] (belittlement) menosprecio *m*, desprecio *m*

deprecatory /'deprəkətɔːri || 'deprəkət(ə)ri, 'deprəkeɪt(ə)ri/ *adj*

A (disapproving) de desaprobación, reprobatorio

B (apologetic) de disculpa

depreciate /dɪ'priːʃieɪt/ *vt*

A (Fin) ‹*property/assets*› depreciar, amortizar*

B (disparage) (frml) ‹*achievement/ability*› menospreciar

■ **depreciate** *vi* (Fin) ‹‹*assets/shares/currency*›› depreciarse

depreciation /dɪ,priːʃi'eɪʃən/ *n* [u]

A (Fin) [1] (in accounting) amortización *f* [2] (fall in value of a currency) depreciación *f*

B (disparagement) menosprecio *m*

depredations /,deprə'deɪʃənz/ *pl n* (liter) (of war) depredaciones *fpl* (frml), expolios *mpl* (frml);

➡▯ *see* Living in a Spanish-speaking country

d

the ~ of disease/age los estragos de la enfermedad/la vejez

depress /dɪˈpres/ *vt*
A (sadden) deprimir, abatir; **rainy days ~ me** los días lluviosos me deprimen
B (press down) (frml) ‹*handle/lever*› bajar; ‹*button*› pulsar (frml), apretar*
C (Econ) ‹*market*› deprimir; ‹*prices/wages*› reducir*, hacer* bajar
D (Physiol) tener* un efecto depresivo sobre

depressant¹ /dɪˈpresənt/ *n* [c u] (Pharm) depresivo *m*

depressant² *adj* (Pharm) depresivo

depressed /dɪˈprest/ *adj*
A (dejected) deprimido, abatido; **she's feeling a bit ~** anda un poco deprimida; **to get/become ~** deprimirse, dejarse abatir
B (Econ) ‹*economy/market*› deprimido, en crisis; ‹*area*› deprimido, de gran desempleo; **~ prices have created a buyer's market** la caída de los precios ha creado un mercado que favorece al comprador
C (substandard) (AmE) de calidad inferior; **his reading skills are ~** en lectura está por debajo de lo normal

depressing /dɪˈpresɪŋ/ *adj* deprimente

depressingly /dɪˈpresɪŋli/ *adv*: **the crime rate is ~ high** el índice de criminalidad ha alcanzado unos niveles deprimentes; **it's ~ obvious that ...** resulta deprimente lo obvio que es que ...

depression /dɪˈpreʃən/ *n*
A [u] (despondency) depresión *f*, abatimiento *m*; **to suffer from ~** sufrir depresiones
B [c] (in flat surface) depresión *f*
C [c] (Econ) depresión *f*, crisis *f*; **the (Great) D~** la Gran Depresión
D [c] (Meteo) depresión *f* atmosférica, borrasca *f*

> **Great Depression**
>
> La Gran Depresión fue la crisis económica que afectó a la mayoría de los países del mundo entre 1929 y el estallido de la Segunda Guerra Mundial en 1939. Comenzó en EEUU con la caída en picada de los valores en la Bolsa de Nueva York el 29 de Octubre de 1929. Muchos bancos dejaron de cumplir sus obligaciones, muchos negocios quebraron y millones de personas se quedaron sin trabajo.

depressive¹ /dɪˈpresɪv/ *adj* depresivo

depressive² *n* (person) depresivo, -va *m,f*

depressurization /diːˌpreʃərəˈzeɪʃən || diːˌpreʃəraɪˈzeɪʃən/ *n* despresurización *f*

depressurize /diːˈpreʃəraɪz/ *vt* despresurizar*

deprivation /ˌdeprəˈveɪʃən || ˌeprɪˈveɪʃən/ *n* **1** [u c] (lack, loss) privación *f*; **oxygen ~** falta *f* de oxígeno **2** [u c] (hardship) privaciones *fpl*, penurias *fpl*; **to suffer ~(s)** pasar *or* sufrir privaciones *or* penurias **3** [u] (depriving) privación *f*

deprive /dɪˈpraɪv/ *vt* **1** (take away) **to ~ sb/sth OF sth** privar a algn/algo DE algo **2** (keep from having) **to ~ sb/sth (OF sth)**: **the tree ~s the house of light** el árbol le quita luz a la casa; **he was ~d of food** lo hicieron pasar hambre; **she was reluctant to ~ her children** no quería que sus hijos pasaran privaciones
■ *v refl*: **to ~ oneself of sth** privarse de algo

deprived /dɪˈpraɪvd/ *adj* ‹*child*› carenciado, desventajado; ‹*region*› carenciado; **educationally ~ children** niños *mpl* con una educación deficitaria, niños con una educación en desventaja desde el punto de vista educativo; **he had an emotionally ~ childhood** tuvo una niñez con grandes carencias afectivas

deprogram, (BrE) **deprogramme** /diːˈprəʊɡræm/ *vt* desprogramar

dept (= **department**) Dpto.

depth /depθ/ *n*
A [u c] **1** (of hole, water) profundidad *f*; **at a ~ of 200m** a una profundidad de 200m; ***out of one's ~***: **when it comes to computers I'm out of my ~** estoy muy flojo en informática; **I tried reading Hegel but soon got out of my ~** traté de leer a Hegel pero pronto me perdí; **don't go out of your ~** (in water) no vayas donde no haces pie *or* no tocas fondo **2** (of shelf, cupboard) profundidad *f*, fondo *m*; (of hem) ancho *m*; **the full ~ of the garden** todo el largo del jardín **3** (of shot) (Sport) alcance *m* **4** (Phot): **~ of field** profundidad *f* de campo
B [u c] **1** (of emotion) profundidad *f* **2** (of knowledge, understanding) profundidad *f*; **her criticism displays ~ of thought** su crítica revela un razonamiento muy profundo; **to study sth in ~** estudiar algo a fondo *or* en profundidad **3** (of voice) profundidad *f*; (of sound) intensidad *f*
C [u] **depths** *pl* **1** (deepest part): **in the ~s of the ocean/forest** en las profundidades del océano/la espesura del bosque; **in the ~s of winter/night** en lo más crudo del invierno/lo más profundo de la noche; ***to plumb the ~s***: **to plumb the ocean ~s** (liter) descender* a las profundidades del mar (liter) **2** (of misery, depravity): **even in the ~s of despair ...** aún en lo más hondo de su desesperación ...; **he has sunk to such ~s that ...** ha caído tan bajo que ...; ***to plumb the ~s***: **to plumb the ~s of despair** (liter) hundirse en la desesperación

depth charge *n* carga *f* de profundidad

depth finder *n* sonda *f* de profundidad

depth recorder *n* sonda *f* de profundidad con grabadora

depth sounder /ˈsaʊndər || ˈsaʊndə(r)/ *n* sonda *f* de profundidad

deputation /ˌdepjəˈteɪʃən || ˌdepjʊˈteɪʃən/ *n* delegación *f*, comisión *f*

depute /dɪˈpjuːt/ *vt* **to ~ sb TO sth** encomendarle* algo A algn, comisionar a algn PARA algo

deputize /ˈdepjətaɪz || ˈdepjʊtaɪz/ *vi* **to ~ FOR sb** reemplazar* a algn, desempeñar las funciones de algn; **the chairman's away, so I'm deputizing** el presidente no está, así es que yo lo reemplazo
■ **deputize** *vt* (AmE) **1** ▸**depute 2** (appoint as deputy) (Law) nombrar como segundo

deputy /ˈdepjəti || ˈdepjʊti/ *n* (*pl* **-ties**)
A **1** (second-in-command) segundo, -da *m,f*; (substitute) suplente *mf*, reemplazo *mf*; (*before n*): **~ chair** *o* **chairman** vicepresidente, -ta *m,f*; **~ director** subdirector, -tora *m,f*, director adjunto, directora adjunta *m,f*; **~ head** (BrE) subdirector, -tora *m,f* **2** **~ (sheriff)** (AmE) (Law) ayudante *mf* del sheriff **3** (BrE) (Min) *capataz encargado de la seguridad en una mina*
B (Govt) diputado, -da *m,f*; **to be elected as a ~** ser* elegido diputado/diputada

derail /dɪˈreɪl/ *vt* **1** ‹*train*› hacer* descarrilar **2** (upset) ‹*plan/negotiations*› desbaratar
■ **derail** *vi* «*train*» descarrilarse

derailleur /dɪˈreɪlər || dɪˈreɪlə(r), dəˈreɪljə(r)/ *n* descarrilador *m*

derailment /dɪˈreɪlmənt/ *n* [c u] descarrilamiento *m*

derange /dɪˈreɪndʒ/ *vt*
A (make insane) (frml) hacer* perder el juicio a, volver* loco
B (disturb) (frml) ‹*plan/operations*› trastornar; ‹*calm/routine*› perturbar (frml)

deranged /dɪˈreɪndʒd/ *adj* trastornado, desquiciado; **she has a ~ notion that ...** le ha entrado en la cabeza la locura de que ...

derangement /dɪˈreɪndʒmənt/ *n* [u]
A (insanity) locura *f*, perturbación *f* mental
B (disturbance) trastorno *m* (frml)

derby /ˈdɜːrbi || ˈdɑːbi/ *n* (*pl* **derbies**)
A (Equ, Sport): **the D~** (in UK) el Derby, el clásico de Epsom; **the Irish/Kentucky D~** el Derby de Irlanda/Kentucky; **a local ~** (in soccer) (BrE) *enfrentamiento de dos equipos vecinos a nivel nacional*
B (hat) (AmE) bombín *m*, hongo *m*, sombrero *m* (de) hongo

derecognition /ˌdiːrekəɡˈnɪʃən/ *n* [u] retiro *m* del reconocimiento

derecognize /diːˈrekəɡnaɪz/ *vt* retirar el reconocimiento de

deregulate /diːˈreɡjəleɪt || diːˈreɡjʊleɪt/ *vt* desregular, liberalizar*

deregulation /diːˌreɡjəˈleɪʃən || diːˌreɡjʊˈleɪʃən/ *n* [u] desregulación *f*, liberalización *f*

derelict¹ /ˈderəlɪkt/ *adj* **1** (ruined) ‹*building/area*› abandonado y en ruinas **2** (Law, Naut) ‹*ship/vessel*› abandonado, der(r)elicto (frml)

derelict² *n*
A (vagrant) marginado, -da *m,f*
B (Law, Naut) der(r)elicto *m* (frml)

dereliction /ˌderəˈlɪkʃən/ *n* [u]
A (of property, area) abandono *m*
B (neglect) (frml): **~ of duty** negligencia *f* en el cumplimiento del deber

deride /dɪˈraɪd/ *vt* ridiculizar*, burlarse *or* reírse* de

de rigueur /ˌdəriːˈɡɜːr || ˌdərɪˈɡɜː(r)/ *adj* (*pred*): **to be ~ ~** ser* de rigor; **lower hemlines are ~ ~ this season** esta temporada se imponen las faldas más largas

deringer *n* ▸**derringer**

derision /dɪˈrɪʒən/ *n* [u] escarnio *m* (frml), irrisión *f* (frml), desdén *m* y burla *f*; **he became an object of ~** se convirtió en el hazmerreír de todos *or* (frml) en un objeto de escarnio; **to make sth/sb the** *o* **an object of ~** ridiculizar* algo/a algn

derisive /dɪˈraɪsɪv/ *adj* ‹*smile/laughter*› burlón; ‹*attitude/remark*› desdeñoso y burlón; **they were ~ about** *o* **of my attempts at poetry** se burlaron de mis intentos de hacer poesía

derisively /dɪˈraɪsɪvli/ *adv* burlonamente, con sorna

derisory /dɪˈraɪzəri/ *adj* ‹*sum/offer*› irrisorio

derivation /ˌderəˈveɪʃən || ˌderɪˈveɪʃən/ *n* **1** [u c] (Ling) (process) derivación *f*; (origin) origen *m*; **the ~ of this word is uncertain** el origen de esta palabra es incierto **2** [u c] (Math) (deduction) deducción *f*; (deriving) derivación *f* **3** [u] (obtaining) obtención *f*; **the ~ of diesel from crude oil** la obtención del diesel a partir del crudo

derivative¹ /dɪˈrɪvətɪv/ *adj*
A (unoriginal) ‹*novel/painting*› carente de originalidad; ‹*plot/theme*› manido, trillado; ‹*artist/writer*› adocenado
B (derived) derivado
C (Fin) derivado

derivative² *n* **1** (in industry) derivado *m*; **petroleum ~s** derivados *mpl* del petróleo **2** (Ling) (word) derivado *m*; (language) lengua *f* derivada **3** (Math) derivada *f* **4** (Fin) derivado *m*, derivada *f*

derive /dɪˈraɪv/ *vt* **to ~ sth FROM sth**: **she ~s a deep serenity from her faith** su fe le proporciona una gran serenidad; **children can ~ great enjoyment from the simplest things** las cosas más simples pueden dar enorme placer a un niño; **we can ~ little comfort from the fact that he didn't spend everything** que no se lo haya gastado todo no es un gran consuelo; **the revenues ~d from this activity** los beneficios que se obtienen de esta actividad; **the book ~s its prestige from the accuracy of its analysis** el libro debe su prestigio a la rigurosidad de su análisis; **penicillin is ~d from mold** la penicilina se obtiene (a partir) del moho; **the name is ~d from the Greek** el nombre viene *or* deriva del griego
■ **derive** *vi*
A (stem from) **to ~ FROM sth** «*attitude/problem*» provenir* DE algo; «*idea*» tener* su origen EN algo; **the characters in the film ~ from real life** los personajes de la película están basados en seres reales
B (Ling) **to ~ FROM sth** «*word/name*» derivar(se) DE algo

dermatitis /ˌdɜːrməˈtaɪtəs || ˌdɜːməˈtaɪtɪs/ *n* [u] dermatitis *f*

dermatologist /ˌdɜːrməˈtɑːlədʒəst || ˌdɜːməˈtɒlədʒɪst/ *n* dermatólogo, -ga *m,f*

dermatology /ˌdɜːrməˈtɑːlədʒi || ˌdɜːməˈtɒlədʒi/ *n* [u] dermatología *f*

derogate /ˈderəɡeɪt/ *vi* (frml) **1** (detract) **to ~ FROM sth** quitarle méritos A algo; **I don't want to ~ from the fine work you have done, but ...** no quiero quitarle méritos al magnífico trabajo que has hecho, pero ... **2** (deviate) **to ~ FROM sth** desviarse* *or* apartarse DE algo

3 (lessen) (frml) **to ~ FROM sth** ‹*from rights/authority*› menoscabar *or* cercenar algo (frml)

derogation /ˌderəˈgeɪʃən/ *n* [u c] menoscabo *m*

derogatory /dɪˈrɑːgətɔːri || dɪˈrɒgətri/ *adj* ‹*remark/attitude*› despectivo; ‹*sense*› peyorativo, despectivo; **she is always very ~ about him** siempre habla de él con desdén *or* desprecio

derrick /ˈderɪk/ *n* 1 (over oil well) torre *f* de perforación, derrick *m* 2 **~ (crane)** (Naut) grúa *f*

derrière /ˌderiˈer || ˌderiˈeə(r)/ *n* (colloq, euph & hum) trasero *m* (fam & euf)

derring-do /ˌderɪŋˈduː/ *n* [u] (arch *or* hum): **deeds of ~** hazañas *fpl*, proezas *fpl*

derringer, deringer /ˈderəndʒər || ˈderɪndʒə(r)/ *n: pistola de cañón corto y gran calibre*

derv® /dɜːrv || dɜːv/ *n* [u] (BrE) ▸**diesel**[1] **2**

dervish /ˈdɜːrvɪʃ || ˈdɜːvɪʃ/ *n* derviche *mf*; **he was dancing like a ~** bailaba como un endemoniado

DES *n* (in Ireland) = **Department of Education and Skills**

desalinate /diːˈsælənеɪt || diːˈsælɪneɪt/, **desalinize** /-naɪz/ *vt* desalinizar*, desalar

desalination /diːˌsæləˈneɪʃən || diːˌsælɪˈneɪʃən/, **desalinization** /-nəˈzeɪʃən/ *n* [u] desalinización *f*, desalación *f*; (*before n*): **~ plant** (planta *f*) desalinizadora *f*, desaladora *f*

descale /diːˈskeɪl/ *vt* (BrE) quitarle el sarro a

descaler /diːˈskeɪlər || diːˈskeɪlə(r)/ *n* [u c] (BrE); *producto para quitar el sarro*

descant /ˈdeskænt/ *n* contrapunto *m*

descend /dɪˈsend/ *vi*

A (move downwards) «*plane/hill/path*» descender* (frml), bajar

B 1 (in importance) descender* (frml) 2 **descending** *pres p* descendente; **~ing scale** (Mus) escala *f* diacrónica descendente; **in ~ing order** en orden decreciente *or* descendente; **in ~ing order of importance** en orden decreciente *or* descendente de importancia

C (set in) «*mist*» descender* (frml); «*rain*» caer*; «*silence/gloom*» abatirse (liter)

D (stoop) **to ~ TO sth/-ING** rebajarse A algo/+ INF; **I wouldn't ~ to lying** no me rebajaría a mentir; **don't ~ to his level** no te pongas a su nivel

E 1 (be descended) **to ~ FROM sb** descender* DE algn, ser* descendiente DE algn 2 (be inherited) «*tradition/custom*» provenir*; **this ring has ~ed through generations** este anillo ha ido pasando de generación en generación; **concepts which ~ to us from the Greeks** conceptos que nos vienen *or* que hemos heredado de los griegos

■ **descend** *vt* descender* (frml), bajar

Phrasal verb

• **descend on, descend upon** [v + prep + o] 1 (attack) lanzarse *or* caer* sobre; **a plague ~ed on the town** una plaga se abatió sobre la ciudad (liter) 2 (invade) invadir; **the whole family will be ~ing on us at Christmas** (hum) nos va a invadir *or* nos va a caer toda la familia para Navidad (fam)

descendant, (AmE also) **descendent** /dɪˈsendənt/ *n* descendiente *mf*; **their ~s** sus descendientes, su descendencia

descended /dɪˈsendəd || dɪˈsendɪd/ *adj* (*pred*) **to be ~ FROM sb** ser* descendiente DE algn, descender* DE algn; **she is ~ from Count Stopes** es descendiente *or* desciende del conde Stopes; **music ~ from medieval songs** música que tiene su origen en canciones medievales

descendent *n* (AmE) ▸**descendant**

descent /dɪˈsent/ *n*

A [u c] 1 (by climbers, plane) descenso *m*, bajada *f* 2 (in terrain) pendiente *f*, bajada *f*; **it's a very steep ~** es una pendiente *or* bajada muy empinada; **the land makes a sharp ~ to the sea** el terreno cae en una pendiente muy pronunciada hasta el mar

B [u] (decline) caída *f*

C [u] 1 (lineage) ascendencia *f*; **she's of noble ~** es de ascendencia noble, desciende de nobles 2 (transmission) transmisión *f*

D [c] (raid) incursión *f*, asalto *m*

descramble /diːˈskræmbəl/ *vt* descodificar*

descrambler /diːˈskræmblər || diːˈskræmblə(r)/ *n* descodificador *m*

describe /dɪˈskraɪb/ *vt*

A (put into words) describir*; **~ it to** *o* **for me** descríbemelo; **words cannot ~ her beauty** es de una belleza indescriptible

B (characterize) **to ~ sb/sth (AS sth)**: **how would you ~ yourself?** ¿cómo te definirías?; **he ~s himself as a socialist** se dice socialista, se define como socialista; **I would ~ the book as dull and repetitive** yo diría que es un libro soso y repetitivo

C 1 (draw) (Math) trazar* 2 (move in shape of) (frml) ‹*curve/arc*› describir* (frml)

description /dɪˈskrɪpʃən/ *n*

A [c] (of person, scene, event) descripción *f*; **I was able to identify the car from his ~** pude identificar el coche gracias a su descripción; **I know nobody answering that ~** no conozco a nadie que responda a esa descripción

B [u] (technique) descripción *f*; **powers of ~** talento *m* para describir; **her beauty was beyond ~** su belleza era indescriptible; **the sensation defies ~** es una sensación difícil de describir

C [c] (sort): **of every ~, of all ~s** de todo tipo, de toda clase; **we don't have anything of that ~** no tenemos nada de ese tipo *or* nada con esas características

descriptive /dɪˈskrɪptɪv/ *adj* ‹*passage/writing/powers*› descriptivo; ‹*adjective*› calificativo; **we need a ~ name for the product** necesitamos un nombre que sugiera las características del producto

descriptivism /dɪˈskrɪptɪvɪzəm/ *n* [u] descriptivismo *m*

descriptivist /dɪˈskrɪptɪvəst || dɪˈskrɪptɪvɪst/ *n* descriptivista *mf*

descriptor /dɪˈskrɪptər || dɪˈskrɪptə(r)/ *n* 1 (Ling) palabra *f* descriptiva 2 (Comput) descriptor *m*

descry /dɪˈskraɪ/ *vt* **-cries, -crying, -cried** (liter) divisar

desecrate /ˈdesɪkreɪt/ *vt* ‹*church/shrine*› profanar; **the landscape has been ~d by massive hotels** enormes hoteles han profanado el paisaje

desecration /ˌdesɪˈkreɪʃən/ *n* [u c] profanación *f*

desegregate /diːˈsegrɪgeɪt/ *vt* eliminar la segregación racial de

■ **desegregate** *vi* dejar de practicar la segregación racial

desegregation /diːˌsegrɪˈgeɪʃən/ *n* [u] abolición *f* de la segregación racial

deselect /ˌdiːsəˈlekt/ *vt*

A (BrE) ‹*Member of Parliament*› no reelegir* como candidato a diputado

B (Comput) deseleccionar

deselection /ˌdiːsəˈlekʃən/ *n* [u c] no reelección *f* como candidato a diputado

desensitize /diːˈsensətaɪz || diːˈsensɪtaɪz/ *vt* **to ~ sb TO sth** insensibilizar* a algn A algo, hacer* a algn insensible A algo

desert[1] /ˈdezərt || ˈdezət/ *n* 1 (Geog) desierto *m*; (*before n*) ‹*region/climate*› desértico; ‹*tribe/sand*› del desierto 2 (desolate place, state) desierto *m*

desert[2] /dɪˈzɜːrt || dɪˈzɜːt/ *vt* 1 (frml) ‹*place*› abandonar, huir* de 2 ‹*post/friend/family*› abandonar; ‹*cause/party/duty*› desertar de 3 (fail) abandonar; **his courage ~ed him** su valor lo abandonó

■ **desert** *vi* (Mil) desertar; **they ~ed in droves to the rebels** hubo una deserción masiva hacia el bando rebelde

desert boots *pl n: botas bajas de ante*

deserted /dɪˈzɜːrtəd || dɪˈzɜːtɪd/ *adj* 1 (desolate) desierto; **the place was ~** el lugar estaba desierto, no había un alma en el lugar; **the ~ streets** las calles desiertas 2 (abandoned) ‹*husband/wife*› abandonado

deserter /dɪˈzɜːrtər || dɪˈzɜːtə(r)/ *n* desertor, -tora *m,f*

desertification /dɪˌzɜːrtəfəˈkeɪʃən || dɪˌzɜːtɪfɪˈkeɪʃən/ *n* [u] desertización *f*

desertify /dɪˈzɜːrtəfaɪ || dɪˈzɜːtɪfaɪ/ *vt* desertizar*

desertion /dɪˈzɜːrʃən || dɪˈzɜːʃən/ *n* [u] 1 (Mil) deserción *f*; (Pol) defección *f* 2 (of family, place) abandono *m* 3 (of cause, principles) deserción *f*

desert island *n* isla *f* desierta

desert rat *n* 1 (Zool) jerbo *m* 2 (BrE) (Hist, Mil) rata *f* del desierto

deserts /dɪˈzɜːrts || dɪˈzɜːts/ *pl n*: ***to get one's just ~*** recibir su (*or* tu *etc*) merecido

deserve /dɪˈzɜːrv || dɪˈzɜːv/ *vt* 1 ‹*success/praise/criticism*› merecer(se)*; **I think we ~ a drink** creo que (nos) merecemos *or* nos hemos ganado una copa; **they ~ each other** son tal para cual; **they got what they ~d** se llevaron su merecido; **to ~ to + INF** merecer* + INF; **he ~s to win/be punished** merece ganar/ser castigado *or* que lo castiguen 2 ‹*attention/investigation*› merecer*, ser* digno de

■ **deserve** *vi*: **to ~ well/ill of sb** (liter) merecer* el reconocimiento/la condena de algn; **they ~d better of us all** merecían que los tratáramos mejor

deservedly /dɪˈzɜːrvədli || dɪˈzɜːvɪdli/ *adv* merecidamente

deserving /dɪˈzɜːrvɪŋ || dɪˈzɜːvɪŋ/ *adj* 1 ‹*cause/case*› meritorio; **many ~ students don't get grants** muchos estudiantes de mérito no reciben becas; **the ~ poor** los pobres dignos de ayuda 2 (*pred*) **to be ~ OF sth** (frml) ser* merecedor *or* digno DE algo

deshabille /ˌdesəˈbiːl || ˌdeɪzæˈbiːl/ *n* [u] deshabillé *m*

desiccant /ˈdesəkənt || ˈdesɪkənt/ *n* secante *m*

desiccated /ˈdesɪkeɪtəd || ˈdesɪkeɪtɪd/ *adj* seco; **~ coconut** coco *m* rallado

desideratum /dɪˌzɪdəˈrɑːtəm dɪˌsɪ-/ *n* (*pl* **-ta** /-tə/) (frml) desiderátum *m* (frml)

design[1] /dɪˈzaɪn/ *n*

A [c u] 1 (of product, car, machine) diseño *m*; (drawing) diseño *m*, boceto *m*; **the ~ of the course has many flaws** el curso está muy mal estructurado *or* planeado; (*before n*): **~ department** departamento *m* de diseño; **~ engineer** ingeniero, -ra *m,f* en diseño; **a ~ fault** un defecto de diseño; **~ patent** patente *f* de diseño; **it's still at the ~ stage** todavía lo están diseñando; **~ studio** estudio *m* de diseño; **~ technology** tecnología *f* de diseño 2 (pattern, decoration) diseño *m*, motivo *m*, dibujo *m* 3 (product, model) modelo *m*

B [u] 1 (Art) diseño *m*; **to study ~** estudiar diseño 2 (style) estilo *m*, líneas *fpl*

C 1 [c] (plan) (liter) plan *m*; **by ~** deliberadamente; **more by accident than ~** por casualidad más que porque se hubiera planeado 2 **designs** *pl* (intentions) propósitos *mpl*, designios *mpl* (liter); ***to have ~s on sth/sb*** tener* los ojos puestos en algo/algn

design[2] *vt*

A (devise) ‹*house/garden*› diseñar, proyectar; ‹*dress/set/product*› diseñar; ‹*course/program*› planear, estructurar

B **designed** *past p* 1 (created) diseñado; **a well-~ed chair/machine** una silla/máquina bien diseñada *or* de buen diseño; **it's ~ed to fit into a briefcase** está diseñado para que quepa en un maletín; **the scheme was ~ed for small businesses** el plan había sido concebido *or* estaba pensado para la pequeña empresa 2 (meant): **the dinner was ~ed to coincide with your visit** la cena estaba planeada para coincidir con su visita; **a statement ~ed to reassure the public** una declaración destinada a tranquilizar al público

designate[1] /ˈdezɪgneɪt/ *vt*

A (name officially) nombrar, designar; **they ~d me as their spokesman** me nombraron portavoz del grupo; **the area was ~d a national park** la zona fue declarada parque nacional

B (call) (frml) designar; **three points ~d A, B, C on the diagram** tres puntos designados por A, B, C en el diagrama

C (indicate) (frml) indicar*

designate[2] /ˈdezɪgneɪt, -nət ‖ ˈdezɪgnət/ *adj* (*after n*): **the governor/ambassador ~** quien ha sido nombrado gobernador/embajador

designated driver /ˈdezɪgneɪtəd ‖ ˈdezɪgneɪtɪd/ *n* (AmE) conductor designado, conductora designada *m,f*, chofer designado, -da *m,f* (AmL) (*persona que sale en grupo y no bebe por tener que conducir*)

designated hitter /ˈdezɪgneɪtəd ‖ ˈdezɪgneɪtɪd/ *n* (AmE) bateador *m* designado

designation /ˌdezɪgˈneɪʃən/ *n*
A **1** [u] (naming) designación *f* **2** [c] (name) (frml) denominación *f* (frml), nombre *m*
B [c u] (appointment) nombramiento *m*, designación *f*

designer /dɪˈzaɪnər ‖ dɪˈzaɪnə(r)/ *n* diseñador, -dora *m,f*; **a fashion/furniture ~** un diseñador de modas/muebles; **great ~s like Dior** los grandes modistas *or* diseñadores como Dior; **set/stage ~** escenógrafo, -fa *m,f*; **an industrial/automotive ~** un diseñador industrial/de automotores; (*before n*) ‹*clothes/jeans*› de diseño exclusivo; ‹*furniture/pen*› de diseño; **she only wears ~ labels** sólo usa ropa muy exclusiva

designer drug *n* droga *f* de diseño

designer stubble *n* [u] barba *f* de tres días (recortada)

designing /dɪˈzaɪnɪŋ/ *adj* maquinador, intrigante

desirability /dɪˌzaɪrəˈbɪləti ‖ dɪˌzaɪərəˈbɪlɪti/ *n* [u]
A (of action, idea) conveniencia *f*; **the ~ of mass tourism in the capital is questionable** es cuestionable que la afluencia de turismo de masas a la capital sea de desear
B (of person) atractivo *m*

desirable /dɪˈzaɪrəbəl ‖ dɪˈzaɪərəbəl/ *adj* **1** ‹*property/location*› atractivo; **S desirable residence for sale** se vende residencia de alto standing *or* de gran categoría **2** (sexually) ‹*woman/man*› atractivo, deseable, apetecible **3** (advisable, worthwhile) ‹*outcome*› deseable, conveniente; ‹*option*› conveniente, aconsejable; **it is most ~ that you should attend** (frml) sería muy conveniente que asistiese; **teaching experience is ~** se valorará experiencia docente

desirably /dɪˈzaɪrəbli ‖ dɪˈzaɪərəbli/ *adv* idealmente

desire[1] /dɪˈzaɪr ‖ dɪˈzaɪə(r)/ *n*
A [c] (wish) deseo *m*, anhelo *m* (liter); **his greatest** *o* **heart's ~** su mayor deseo *or* (liter) anhelo, su deseo ferviente; **a ~ FOR sth** deseos *mpl* DE algo; **a ~ TO + INF**: **he expressed a ~ to see his family** dijo que tenía deseos de ver a su familia, dijo que deseaba ver a su familia; **I have no real ~ to go into business** no me entusiasma la idea de dedicarme a los negocios
B [u] (lust) deseo *m*

desire[2] *vt*
A **1** (want) ‹*happiness/success/approval*› desear; **it is to be ~d** es de desear; **his conduct leaves a great deal to be ~d** su conducta deja mucho que desear **2** **desired** *past p* deseado; **to have the ~d effect** producir* el efecto deseado; **cut the wood to the ~d length** corte la madera a la medida deseada **3** (request) (frml) rogar* (frml), solicitar (frml); **to ~ sb to + INF** rogar(le)* a algn QUE + SUBJ
B (lust after) ‹*person*› desear

desirous /dɪˈzaɪrəs ‖ dɪˈzaɪərəs/ *adj* (frml) (*pred*) **to be ~ TO + INF** estar* deseoso DE + INF; **to be ~ OF sth**: **we are ~ of your success** le deseamos éxito; **to be ~ THAT**: **the committee is ~ that you should attend** es el deseo de la comisión que usted esté presente

desist /dɪˈzɪst -sɪst/ *vi* (frml) **1** (cease) **to ~ (FROM sth/-ING)** desistir (DE algo/+ INF) **2** (abstain) **to ~ (FROM sth/-ING)** abstenerse* (DE algo/+ INF)

desk /desk/ *n* **1** (table) escritorio *m*, mesa *f* de trabajo; (in school) pupitre *m*; (*before n*) ‹*calendar/lamp*› de escritorio, de (sobre)mesa; **a ~ job** un trabajo de oficina **2** (service counter) mostrador *m*; **information ~** (mostrador *m* de) información *f*; **cash ~** caja *f*; **reception ~** recepción *f* **3** (Journ) sección *f*; **the news/foreign/sports ~** la sección de noticias/de noticias internacionales/de información deportiva **4** (in orchestra) atril *m*

deskbound /ˈdeskbaʊnd/ *adj* sedentario

desk clerk *n* recepcionista *mf*

desk diary *n* agenda *f* de escritorio, agenda *f* de (sobre)mesa, agenda *f* de despacho

deskill /diːˈskɪl/ *vt* requerir* menos especialización en

desktop /ˈdesktɑːp ‖ ˈdesktɒp/ *adj* (*before n*) ‹*calculator/computer*› de escritorio, de (sobre)mesa; **~ publishing** autoedición *f*, edición *f* electrónica

desolate[1] /ˈdesələt/ *adj*
A **1** (deserted) ‹*place/landscape*› desierto, desolado **2** (barren) yermo (liter)
B **1** (inconsolable) ‹*person*› desconsolado, desolado **2** (forlorn, forsaken) ‹*outlook/existence*› sombrío, lúgubre

desolate[2] /ˈdesəleɪt/ *vt* (liter)
A (sadden) (*usu pass*) ‹*person*› desconsolar*, desolar*
B ‹*land/area*› desolar*, devastar

desolately /ˈdesələtli/ *adv* desconsoladamente, tristemente

desolation /ˌdesəˈleɪʃən/ *n* [u]
A **1** (of landscape) desolación *f*, lo desierto **2** (devastation) desolación *f*, asolación *f*
B (misery) desolación *f*, desconsuelo *m*

despair[1] /dɪˈsper ‖ dɪˈspeə(r)/ *n* [u] desesperación *f*; **she was in ~** estaba desesperada; **the children drive me to ~** los niños me vuelven loca *or* me sacan de quicio; ***to be the ~ of sb***: **he was the ~ of his teachers** volvía locos *or* sacaba de quicio a los maestros

despair[2] *vi* perder* las esperanzas, desesperar; **don't ~** no (te) desesperes, ¡ánimo!; **to ~ OF sth/-ING**: **she ~ed of ever seeing her family again** perdió las esperanzas de volver a ver a su familia; **to ~ OF sb**: **the doctors had ~ed of her** los médicos habían perdido las esperanzas de salvarla; **honestly, I ~ of you!** ¡francamente, eres un caso perdido!

despairing /dɪˈsperɪŋ ‖ dɪˈspeərɪŋ/ *adj* ‹*look/cry*› de desesperación; ‹*attempt*› desesperado; **his ~ mother** su desconsolada madre

despairingly /dɪˈsperɪŋli ‖ dɪˈspeərɪŋli/ *adv* con desesperación, desesperadamente

despatch /dɪˈspætʃ/ *vt/n* ▸ **dispatch**[1], **dispatch**[2]

desperado /ˌdespəˈrɑːdəʊ/ *n* (*pl* **-does** *or* **-dos**) forajido, -da *m,f*

desperate /ˈdespərət/ *adj*
A **1** (frantic, reckless) ‹*person/attempt*› desesperado; **to be ~** estar* desesperado; **they're getting ~** se están empezando a desesperar; **these are ~ measures** éstas son medidas tomadas en la desesperación *or* (fam) a la desesperada; **in a ~ struggle for survival** tratando por todos los medios de sobrevivir, luchando con uñas y dientes por sobrevivir; **I'm afraid he may do something ~** tengo miedo de que haga alguna locura **2** (in urgent need) (colloq): **where's the bathroom? I'm ~!** ¿dónde está el baño? estoy que no (me) aguanto más (fam); **~ FOR sth**: **she's ~ for work** está desesperada por conseguir trabajo; **I'm ~ for a cup of tea** estoy que me muero por una taza de té (fam); **~ to + INF**: **I'm ~ to get home** estoy que me muero por *or* no veo la hora de llegar a casa (fam)
B **1** (critical) ‹*state/situation*› grave, desesperado; ‹*need*› apremiante; **~ situations require ~ remedies** a grandes males, grandes remedios *or* soluciones; **the house is in ~ need of repair** la casa necesita arreglos urgentes; **next week will do, it's not that ~** (colloq) la semana que viene está bien, no corre tanta prisa *or* (AmL tb) no hay tanto apuro **2** (awful) (BrE colloq) terrible, pésimo

desperately /ˈdespərətli/ *adv* **1** ‹*struggle/try*› desesperadamente **2** ‹*need/require*› urgentemente, con urgencia **3** (*as intensifier*): **she's ~ ill** está gravemente enferma, está gravísima; **it's ~ urgent** es sumamente *or* extremadamente urgente; **I'm ~ tired/cold** tengo un cansancio/frío terrible, estoy que me muero de cansancio/frío (fam); **we're not ~ busy** (colloq) no estamos lo que se dice ocupadísimos

desperation /ˌdespəˈreɪʃən/ *n* [u] desesperación *f*; **in ~** en la desesperación

despicable /dɪˈspɪkəbl/ *adj* vil, despreciable, infame; **you ~ liar!** ¡vil mentiroso!; **it's utterly ~ to treat a friend like that** es una canallada tratar así a un amigo

despicably /dɪˈspɪkəbli/ *adv* vilmente; **he behaved ~** se portó como un canalla *or* de manera infame

despise /dɪˈspaɪz/ *vt* ‹*person*› despreciar (profundamente); **$800 a week is not to be ~d** 800 dólares por semana no es una suma desdeñable

despite /dɪˈspaɪt/ *prep* a pesar de; **he kept working ~ his illness** *o* **~ being ill** continuó trabajando a pesar de su enfermedad *or* a pesar de estar enfermo

despoil /dɪˈspɔɪl/ *vt* (liter) ‹*village/city*› saquear; **to ~ sth/sb OF sth** despojar algo/a algn DE algo

despondency /dɪˈspɑːndənsi ‖ dɪˈspɒndənsi/ *n* [u] desaliento *m*, abatimiento *m*

despondent /dɪˈspɑːndənt ‖ dɪˈspɒndənt/ *adj* abatido, desanimado, descorazonado

despondently /dɪˈspɑːndəntli ‖ dɪˈspɒndəntli/ *adv* con desánimo *or* desaliento

despot /ˈdespɑːt ‖ ˈdespɒt/ *n* déspota *mf*

despotic /deˈspɑːtɪk ‖ deˈspɒtɪk/ *adj* despótico

despotism /ˈdespətɪzəm/ *n* [u] despotismo *m*

des.res. /ˈdezˈrez/ *n* = **desirable residence**

dessert /dɪˈzɜːrt ‖ dɪˈzɜːt/ *n* [c u] postre *m*; **what are we having for ~?** ¿qué hay de postre?, ¿qué vamos a tomar de postre?; (*before n*) ‹*plate/fork*› de postre; **~ wine** vino *m* de postre

dessertspoon /dɪˈzɜːrtspuːn ‖ dɪˈzɜːtspuːn/ *n* cuchara *f* de postre

dessertspoonful /dɪˈzɜːrtspuːnfʊl ‖ dɪˈzɜːtspuːnfʊl/ *n* (*pl* **-spoonfuls** *or* **-spoonsful**) (BrE) cucharada *f* de postre

destabilize /diːˈsteɪbəlaɪz/ *vt* desestabilizar*

destination /ˌdestəˈneɪʃən ‖ ˌdestɪˈneɪʃən/ *n* **1** (end of journey) destino *m* **2** (purpose) meta *f*

destine /ˈdestən ‖ ˈdestɪn/ *vt* (liter) (*usu pass*) destinar

destined /ˈdestənd ‖ ˈdestɪnd/ *adj* (*pred*)
A (fated) **to be ~ to + INF** estar* (pre)destinado A + INF; **they were ~ to meet again** estaban (pre)destinados a volverse a encontrar, estaba escrito que se volverían a encontrar; **the project was ~ never to get off the ground** el proyecto estaba condenado a quedar en agua de borrajas; **it was ~ to fail** estaba condenado al fracaso
B **1** (intended) destinado; **food ~ for distribution to the refugees** alimentos destinados a ser distribuidos entre los refugiados **2** (bound, on way) con destino; **cargo ~ for the West Indies** carga con destino al Caribe

destiny /ˈdestəni ‖ ˈdestɪni/ *n* [c u] (*pl* **-nies**) destino *m*, sino *m* (liter)

destitute[1] /ˈdestətuːt ‖ ˈdestɪtjuːt/ *adj* **1** (very poor) ‹*person/family*› indigente; **she was left ~** quedó en la indigencia *or* miseria **2** (devoid) (frml) **to be ~ OF sth** carecer* DE algo (frml)

destitute[2] *pl n*: **the ~** los desposeídos

destitution /ˌdestəˈtuːʃən ‖ ˌdestɪˈtjuːʃən/ *n* [u] indigencia *f*, miseria *f*

destock /diːˈstɑːk ‖ diːˈstɒk/ *vi* (BrE) liquidar las existencias

de-stress /diːˈstres/ *vi* liberarse del estrés

destroy /dɪˈstrɔɪ/ *vt*
A **1** ‹*city/building/forest*› destruir*; ‹*book/document/evidence*› destruir* **2** (undermine, ruin) ‹*reputation/confidence/friendship*› acabar con; ‹*life*› arruinar, destrozar* **3** ‹*animal*› sacrificar* (euf) **4** (annihilate) ‹*army/population*› aniquilar

B (colloq) **1** (defeat utterly) ‹*person/team/opposition*› aplastar, darle* una paliza a (fam) **2** (disappoint) (AmE) (*usu pass*) decepcionar; **I was ~ed when I heard** me llevé una gran decepción cuando me enteré

destroyer /dɪ'strɔɪər || dɪ'strɔɪə(r)/ *n* destructor *m*

destruct¹ /dɪ'strʌkt/ *vt* destruir*
■ **destruct** *vi* destruirse*

destruct² *n* (Aerosp, Mil) (auto)destrucción *f*; (*before n*): **~ button** botón *m* de (auto)destrucción; ‹*mechanism/system*› de (auto)destrucción

destruction /dɪ'strʌkʃən/ *n* [u]
A (act, process) **1** (of city, books, documents, forest) destrucción *f* **2** (of reputation, civilization) ruina *f*, destrucción *f* **3** (slaughter) exterminación *f*
B (cause of downfall) (frml) ruina *f*, perdición *f*; **alcohol/gambling was his ~** el alcohol/juego fue su ruina *or* perdición
C (damage) destrucción *f*, estragos *mpl*, destrozos *mpl*

destructive /dɪ'strʌktɪv/ *adj* **1** ‹*storm/weapon*› destructor; ‹*tendency*› destructivo; ‹*child*› destrozón; **the ~ force of the bomb** la fuerza destructora de la bomba; **chemicals which are ~ of the ozone layer** (frml) productos químicos que destruyen la capa de ozono **2** ‹*criticism/comment*› destructivo, negativo

destructively /dɪ'strʌktɪvli/ *adv* **1** ‹*behave/use*› destructivamente, de manera destructiva **2** ‹*criticize/comment*› destructivamente

destructiveness /dɪ'strʌktɪvnəs || dɪ'strʌktɪvnɪs/ *n* [u] **1** (of weapon) capacidad *f* destructora **2** (of child) tendencia *f* destructiva **3** (of attitude, criticism) carácter *m* destructivo *or* negativo

desuetude /'deswɪtu:d || dɪ'sju:ɪtju:d/ *n* [u] (frml) desuso *m*; **to fall** *o* **sink into ~** caer* en desuso

desultorily /'desəltɔ:rəli || 'dezəltərəli/ *adv* **1** ‹*walk/work/talk*› sin entusiasmo, con desgana *or* (esp AmL) desgano; **she wandered ~ from store to store** deambuló por las tiendas sin propósito fijo **2** ‹*rain/snow*› intermitentemente

desultory /'desəltɔ:ri || 'dezəltəri/ *adj* **1** (half-hearted) ‹*effort/attempt*› desganado; **in a ~ fashion** sin entusiasmo, con desgana *or* (esp AmL) desgano **2** (unsystematic) ‹*approach*› poco sistemático *or* metódico

detach /dɪ'tætʃ/ *vt* **1** (separate) separar, quitar; (unstick) despegar*; **to ~ sth (FROM sth): the headrest can be ~ed** el apoyacabezas se puede desmontar *or* quitar; **they became ~ed from the main group** se separaron del grupo principal; **to ~ oneself from sth** distanciarse de algo **2** (assign) (Mil) destacar*

detachable /dɪ'tætʃəbəl/ *adj* ‹*cover*› de quita y pon, de quitar y poner; ‹*lining*› desmontable

detached /dɪ'tætʃt/ *adj*
A ‹*person/manner*› (aloof) distante, indiferente; (objective) objetivo, imparcial
B **1** (BrE) no adosado **2** (Med): **~ retina** desprendimiento *m* de retina

detachment /dɪ'tætʃmənt/ *n*
A [u] (aloofness) distancia *f*, indiferencia *f*; (objectivity) objetividad *f*, imparcialidad *f*; **he watched the execution of the prisoners with ~** presenció impasible la ejecución de los prisioneros
B [u] (act of detaching) (frml) desprendimiento *m*
C [c] (Mil) destacamento *m*

detail¹ /dɪ'teɪl, 'di:teɪl || 'di:teɪl/ *n*
A [c] **1** (particular) detalle *m*, pormenor *m*; **identical in every ~** idéntico hasta en el más mínimo detalle; **he asked for further ~s** pidió más información *or* información más detallada **2** (embellishment) detalle *m* **3** (insignificant matter) minucia *f*, detalle *m* (sin importancia) **4** (Art) detalle *m*
B [u] (minutiae) detalles *mpl*; **he has an eye for ~** es muy detallista *or* minucioso *or* meticuloso; **there's no need to go into ~** no es necesario entrar en detalles *or* pormenores; **he went into great ~** lo contó con todos los detalles *or* pormenores, lo contó con lujo de detalles *or* (fam) con pelos y señales; **to describe/explain sth in ~** describir*/explicar* algo detalladamente *or* minuciosamente
C (Mil) **1** [c] (group) destacamento *m*, cuadrilla *f* **2** [u] (duty): **to be on cleanup/latrine ~** estar* en la cuadrilla de aseo/letrinas

detail² *vt*
A (describe) ‹*plan/similarities*› exponer* en detalle, detallar
B (Mil) destacar*; **to ~ sb to + INF** destacar* a algn A *or* PARA + INF; **to ~ sb FOR/TO sth: they were ~ed for guard duty** fueron destacados para hacer la guardia; **he was ~ed to another unit** lo destacaron *or* destinaron a otra unidad

detailed /'di:teɪld/ *adj* ‹*account/description*› detallado, minucioso, pormenorizado; ‹*examination*› minucioso, detenido; **to give ~ consideration to sth** considerar algo detenidamente

detain /dɪ'teɪn/ *vt* **1** (delay) (frml): **don't let me ~ you** no quiero entretenerlo *or* demorarlo; **I was ~ed by a customer** me demoré con un cliente; **it need not ~ us long** no debiera tomarnos mucho tiempo **2** (in custody) detener* **3** (in hospital) retener*, hacer* quedar **4** (Educ) dejar castigado, hacer* quedar después de clase

detainee /,di:teɪ'ni:/ *n* detenido, -da *m,f*; **a political ~** un preso político

detect /dɪ'tekt/ *vt* **1** (notice, perceive) ‹*object/substance*› detectar; **they ~ed the presence of ...** detectaron la presencia de ..., se advirtió la presencia de ...; **I ~ed a note of sarcasm in his voice** noté cierto tonillo sarcástico en su voz **2** (discover) ‹*crime/criminal*› descubrir*

detectable /dɪ'tektəbəl/ *adj* perceptible, detectable

detection /dɪ'tekʃən/ *n* [u]
A (of error) descubrimiento *m*; (of act, crime, criminal): **they minimized the chances of ~** redujeron al mínimo las posibilidades de ser descubiertos; **she hoped that it would escape ~** tenía la esperanza de que pasara desapercibido *or* inadvertido; (*before n*): **~ work** investigaciones *fpl*, pesquisas *fpl*
B (of substance, event) detección *f*

detective /dɪ'tektɪv/ *n* (private) detective *mf*; (in police force) agente *mf*, oficial *mf*; (*before n*): **~ agency** *o* **bureau** agencia *f* de detectives; **~ story** novela *f* policíaca *or* policial; **~ work** pesquisas *fpl*, investigaciones *fpl*

detective constable *n* (BrE) agente *mf* de policía

detective inspector *n* (BrE) inspector, -tora *m,f* de policía

detector /dɪ'tektər || dɪ'tektə(r)/ *n* detector *m*; **metal ~** detector *m* de metales; (*before n*): **~ van** (BrE) *camioneta que detecta a usuarios de TV que no han pagado la cuota anual del servicio*

detente /,deɪ'tɑ:nt/ *n* [u] (Pol) distensión *f*

detention /dɪ'tentʃən || dɪ'tenʃən/ *n* [u]
A (in custody) detención *f*; **he spent three weeks in ~** estuvo detenido tres semanas; (*before n*): **~ order** orden *f* de arresto; **~ without charge** detención *f* sin cargos
B (Educ): **to be in ~** estar* castigado; **the teacher gave him ~** *o* (BrE also) **a ~** el profesor lo dejó castigado después de clase

detention camp *n* campo *m* de detenidos

detention home, (BrE) **detention centre** *n* reformatorio *m*, correccional *m or f* de menores

deter /dɪ'tɜ:r || dɪ'tɜ:(r)/ *vt* **-rr-** **1** ‹*person*› disuadir, hacer* disuadir; **she was not ~red** no desistió de su propósito; **to ~ sb FROM sth/-ING** disuadir a algn DE algo/+ INF **2** ‹*crime/war*› impedir*

detergent¹ /dɪ'tɜ:rdʒənt || dɪ'tɜ:dʒənt/ *n* [u c] (Chem) detergente *m*; (for clothes) detergente *m*, jabón *m* en polvo; (for dishes) lavavajillas *m*, detergente *m* (CS)

detergent² *adj* detergente

deteriorate /dɪ'tɪriəreɪt || dɪ'tɪəriəreɪt/ *vi* «*health/relationship/material*» deteriorarse; «*weather/work*» empeorar; **to ~ INTO sth** degenerar EN algo

deterioration /dɪ,tɪriə'reɪʃən || dɪ,tɪəriə'reɪʃən/ *n* [u] deterioro *m*

determinable /dɪ'tɜ:rmənəbəl || dɪ'tɜ:mɪnəbəl/ *adj*
A ‹*quantity/extent*› determinable
B (Law) ‹*contract/agreement*› rescindible

determinant /dɪ'tɜ:rmənənt || dɪ'tɜ:mɪnənt/ *n*
A (deciding factor) (frml) factor *m* determinante
B (Math) determinante *m*

determination /dɪ,tɜ:rmə'neɪʃən || dɪ,tɜ:mɪ'neɪʃən/ *n* [u]
A (resoluteness) determinación *f*, resolución *f*; **with an air of ~** con aire resuelto *or* decidido
B (definition) (frml) determinación *f*

determine /dɪ'tɜ:rmən || dɪ'tɜ:mɪn/ *vt*
A (ascertain) ‹*position/cause/nature*› establecer*, determinar
B **1** (influence) determinar, condicionar; **determining factor** factor *m* determinante **2** (settle) decidir **3** (mark) ‹*boundary/edge/limit*› definir, demarcar*
C (liter) **1** (resolve) decidir; **to ~ to + INF** decidir + INF, tomar la determinación DE + INF; **he ~d to leave at once** decidió *or* tomó la determinación de partir de inmediato **2** (cause to decide) decidir; **that ~d me** eso me decidió
D (terminate) ‹*contract/agreement*› rescindir

Phrasal verb
• **determine on, determine upon** [v + prep + o] (frml) decidirse por

determined /dɪ'tɜ:rmənd || dɪ'tɜ:mɪnd/ *adj* ‹*mood/person*› decidido, resuelto; **we must make a ~ effort to prevent it** debemos esforzarnos al máximo para impedirlo, debemos poner todo nuestro empeño en impedirlo; **to be ~ to + INF** estar* decidido A + INF, estar* empeñado EN + INF; **he was ~ to achieve it** estaba decidido a *or* empeñado en lograrlo; **to be ~ THAT** estar* resuelto *or* decidido A QUE + SUBJ; **she's ~ that no one shall stop her** está resuelta *or* decidida a que nadie se lo impida

determinedly /dɪ'tɜ:rməndli || dɪ'tɜ:mɪndli/ *adv* **1** (doggedly) ‹*awkward/stubborn*› obstinadamente, empecinadamente **2** (with determination) ‹*persevere*› con determinación; ‹*walk*› con aire resuelto *or* decidido

determiner /dɪ'tɜ:rmənər || dɪ'tɜ:mɪnə(r)/ *n* determinante *m*

determinism /dɪ'tɜ:rmənɪzəm || dɪ'tɜ:mɪnɪzəm/ *n* [u] determinismo *m*

deterrence /dɪ'terəns/ *n* [u] disuasión *f*

deterrent¹ /dɪ'terənt/ *n*: **a burglar alarm may act as a ~ to thieves** una alarma antirrobo puede servir para disuadir a los ladrones; **the nuclear ~** las armas nucleares como elemento de disuasión *or* como fuerza disuasoria

deterrent² *adj* disuasivo, disuasorio

detest /dɪ'test/ *vt* detestar, odiar, aborrecer*; **to ~ -ING** detestar *or* odiar + INF; **I ~ ironing** detesto *or* odio planchar

detestable /dɪ'testəbəl/ *adj* detestable, odioso, aborrecible

detestably /dɪ'testəbli/ *adv* **1** ‹*behave/act*› de manera detestable **2** (*as intensifier*) ‹*arrogant/rude*› odiosamente, repugnantemente

detestation /,di:tes'teɪʃən/ *n* [u] (frml) aversión *f*, odio *m*

dethrone /dɪ'θrəʊn di:-/ *vt* destronar

detonate /'detəneɪt/ *vt* ‹*bomb/explosive*› hacer* detonar
■ **detonate** *vi* «*bomb/explosive*» detonar, explotar, estallar

detonation /,detə'neɪʃən/ *n* [u c] explosión *f*, detonación *f*

detonator /'detəneɪtər || 'detəneɪtə(r)/ *n* detonador *m*

detour¹ /'di:tʊr || 'di:tʊə(r)/ *n* **1** (deviation) rodeo *m*, vuelta *f*; **to make a ~** dar* un rodeo, desviarse* **2** (AmE) (Transp) desvío *m*, desviación *f*

detour² *vi* desviarse*
■ **detour** *vt* (AmE) **1** ‹*traffic*› desviar* **2** (avoid): **we had to ~ the flooded intersection** tuvimos que dar un rodeo *or* que desviarnos para evitar el cruce inundado

detox /'di:tɑ:ks || di:'tɒks/ *n* (colloq) ▸ **detoxification 1**

d

detoxicate /diːˈtɑːksəkeɪt || diːˈtɒksɪkeɪt/ *vt* ►**detoxify**

detoxication /diːˌtɑːksəˈkeɪʃən || diːˌtɒksɪˈkeɪʃən/ *n* ►**detoxification**

detoxification /diːˌtɑːksəfəˈkeɪʃən || diːˌtɒksɪfɪˈkeɪʃən/ *n* [u] **1** (of addict) desintoxicación *f*; (*before n*) ‹*unit/center*› de desintoxicación **2** (of substance) eliminación *f* de la toxicidad

detoxify /diːˈtɑːksəfaɪ || diːˈtɒksɪfaɪ/ *vt* **-fies, -fying, -fied** **1** ‹*addict/alcoholic*› desintoxicar* **2** ‹*substance/material*› eliminar la toxicidad de

d

detract /dɪˈtrækt/ *vi* **to ~ FROM sth: I didn't wish to ~ from her achievement** no quise quitarle méritos *or* restarle valor a su logro; **it ~s from the beauty of the painting** desmerece la belleza del cuadro

detraction /dɪˈtrækʃən/ *n* [u] (frml) detracción *f* (frml)

detractor /dɪˈtræktər || dɪˈtræktə(r)/ *n* detractor, -tora *m,f*

detrain /diːˈtreɪn/ *vi* desembarcarse* (*de un tren*)

■ **detrain** *vt* ‹*troops*› desembarcar*; ‹*supplies*› descargar* (*de un tren*)

detriment /ˈdetrəmənt || ˈdetrɪmənt/ *n* [u] (frml) detrimento *m*, perjuicio *m*; **to the ~ of sb/sth** en detrimento *or* perjuicio de algn/algo; **~ TO sth** perjuicio PARA algo; **without ~ to his health** sin perjuicio para su salud

detrimental /ˌdetrəˈmentl || ˌdetrɪˈmentl/ *adj* (frml) **~ (TO sb/sth)** perjudicial (PARA algn/algo)

detritus /dɪˈtraɪtəs/ *n* [u] **1** (debris) desechos *mpl* **2** (Geol) detrito *m*, detritus *m*

de trop /dəˈtrəʊ/ *adv*: **to be ~ ~** estar* de más; **I felt ~ ~** sentí que estaba de más allí

deuce /duːs || djuːs/ *n*
A [u c] (in tennis) deuce *m*, cuarenta *mpl* iguales
B (Games) dos *m*
C (colloq & dated) (*as intensifier*): **where/what the ~ ... ?** ¿dónde/qué diantre *or* demontre(s) ... ? (fam & ant), ¿dónde/qué diablos ... ? (fam)

deuced¹ /duːst || djuːst/ *adj* (colloq & dated) condenado (fam); **what ~ bad luck!** ¡qué condenada suerte! (fam)

deuced² *adv* (colloq & dated) (*as intensifier*) endemoniadamente

Deuteronomy /ˌduːtəˈrɑːnəmi || ˌdjuːtəˈrɒnəmi/ *n* el Deuteronomio

deutschmark /ˈdɔɪtʃmɑːrk || ˈdɔɪtʃmɑːk/ *n* marco *m* (alemán)

devaluation /diːˌvæljuˈeɪʃən/ *n* [u c] **1** (Fin) devaluación *f* **2** (reduction in esteem) subvaloración *f*

devalue /diːˈvæljuː/ *vt* **1** (Fin) ‹*currency*› devaluar* **2** ‹*person/work*› subvalorar

devastate /ˈdevəsteɪt/ *vt* **1** (lay waste) ‹*town/country*› devastar, asolar **2** (overwhelm) ‹*opposition/argument*› aplastar, arrollar, demoler*; **she was ~d by grief** estaba deshecha de dolor, estaba desconsolada; **I was ~d when I heard** quedé deshecho *or* anonadado cuando me enteré

devastating /ˈdevəsteɪtɪŋ/ *adj* **1** (overwhelming) ‹*punch/shock*› devastador; **the news was ~** la noticia fue un golpe tremendo **2** ‹*accuracy/skill/logic*› abrumador, apabullante; ‹*reply/critique/defeat*› demoledor, aplastante; ‹*beauty*› irresistible

devastatingly /ˈdevəsteɪtɪŋli/ *adv* ‹*frank/witty*› tremendamente; ‹*beautiful/funny*› irresistiblemente; **it was ~ clear** estaba clarísimo; **it's ~ simple** es de una simplicidad apabullante *or* abrumadora

devastation /ˌdevəˈsteɪʃən/ *n* [u] devastación *f*; **the ~ of war** los estragos *or* la devastación de la guerra

develop /dɪˈveləp/ *vt*
A **1** (improve) desarrollar; (perfect) perfeccionar; (foster) fomentar, promover* **2** (elaborate) ‹*theory/plan*› desarrollar, elaborar; ‹*idea*› desarrollar **3** (exploit) ‹*resources*› explotar; ‹*land/area*› urbanizar* **4** (expand) ‹*business/range*› ampliar*
B (devise) ‹*drug/engine*› crear; ‹*method*› idear, desarrollar
C (acquire) ‹*immunity/resistance*› desarrollar; ‹*disease*› contraer* (frml); **he ~ed other symptoms** empezó a presentar otros síntomas; **the prototype ~ed several faults** surgieron varios problemas con el prototipo; **he's ~ed a taste for gin** le ha tomado *or* (esp Esp) cogido el gusto a la ginebra; **she ~ed an appreciation of classical music** empezó a apreciar la música clásica
D (Phot) ‹*photograph/film*› revelar

■ **develop** *vi*
A **1** (grow) ‹‹*person/body*›› desarrollarse; ‹‹*industry*›› desarrollarse; ‹‹*interest*›› crecer*, aumentar **2** (evolve) **to ~ INTO sth** convertirse* *or* transformarse EN algo; **their friendship ~ed into love** su amistad se convirtió *or* se transformó en amor; **to ~ FROM sth** evolucionar A PARTIR DE algo **3** (Econ) ‹‹*nation/region*›› desarrollarse, progresar **4** (unfold) ‹‹*plot/novel*›› desarrollarse
B (appear) ‹‹*problem/complication*›› surgir*, aparecer*; ‹‹*crisis*›› producirse*

developed /dɪˈveləpt/ *adj* **1** (Econ, Pol) ‹*nation/region*› desarrollado **2** (refined) ‹*palate/sense of irony*› exquisito, refinado

developer /dɪˈveləpər || dɪˈveləpə(r)/ *n*
A [c] (of land, property — company) promotora *f* inmobiliaria; (— person) promotor inmobiliario, promotora inmobiliaria *m,f*
B [u] (Phot) revelador *m*
C [c] (Psych): **a slow/late ~** un individuo de desarrollo lento/tardío; **I was a late ~** (hum) me espabilé tarde

developing¹ /dɪˈveləpɪŋ/ *adj* ‹*country*› en vías de desarrollo

developing² *n* [u] revelado *m*

developing bath *n* baño *m* de revelado

developing world *n*: **the ~ ~** los países en (vías de) desarrollo

development /dɪˈveləpmənt/ *n*
A [u] **1** (physical, mental) desarrollo *m* **2** (of argument, idea, plot) desarrollo *m*; (of situation, events) desarrollo *m*, evolución *f*
B [u] **1** (of drug, engine) creación *f* **2** (perfecting) perfeccionamiento *m*
C [u] **1** (of land, area) urbanización *f*; **the area is ripe for ~** están dadas las condiciones para urbanizar la zona **2** (of resources) explotación *f* **3** (fostering) fomento *m*, promoción *f*
D [c] (*housing ~*) complejo *m* habitacional, fraccionamiento *m* (Méx), urbanización *f* (Esp)
E [u] **1** (Econ) desarrollo *m* **2** (evolution) desarrollo *m*, evolución *f*
F [c] **1** (happening, event) acontecimiento *m*, suceso *m*; **we are awaiting further ~s** estamos a la espera de novedades *or* de nuevos acontecimientos, estamos esperando a ver qué pasa; **there have been new ~s** las cosas han tomado un nuevo rumbo; **there have been no new ~s** las cosas siguen como estaban, no ha sucedido nada nuevo **2** (advance) avance *m*, conquista *f*
G [c] (Mus) desarrollo *m*

developmental /dɪˌveləpˈmentl/ *adj* del desarrollo; **~ psychology/biology** psicología *f* /biología *f* del desarrollo

development area *n* (in UK) área *f*‡ *or* polo *m* de desarrollo (*asistida por el gobierno*)

deviance /ˈdiːviəns/ *n*
A **1** [u] (Psych) desviación *f* **2** [c] (idiosyncracy) anomalía *f*
B [c u] (deviation) desviación *f*

deviancy /ˈdiːviənsi/ *n* [u c] ►**deviance A**

deviant¹ /ˈdiːviənt/ *adj* ‹*practices/conduct*› desviado, que se aparta de la norma; ‹*person/personality*› anormal

deviant² *n*: *individuo de conducta desviada*

deviate /ˈdiːvieɪt/ *vi* **to ~ FROM sth** ‹*from course*› desviarse* DE algo; ‹*from truth/norm*› apartarse DE algo

deviation /ˌdiːviˈeɪʃən/ *n* [u c] desviación *f*

deviationism /ˌdiːviˈeɪʃənɪzəm/ *n* [u] desviacionismo *m*

deviationist¹ /ˌdiːviˈeɪʃənəst || ˌdiːviˈeɪʃənɪst/ *n* desviacionista *mf*

deviationist² *adj* desviacionista

device /dɪˈvaɪs/ *n*
A (gadget, tool) artefacto *m*, dispositivo *m*, aparato *m*; (mechanism) dispositivo *m*, mecanismo *m*; **explosive ~** artefacto *m* explosivo; **nuclear ~** arma *f*‡ nuclear
B (stratagem) recurso *m*, estratagema *f*; **a rhetorical ~** un recurso retórico; ***to leave sb to her/his own ~s*** dejar que algn se las arregle solo, abandonar a algn a sus propios recursos
C (in heraldry) emblema *m*

devil¹ /ˈdevl/ *n*
A **1** (Relig) diablo *m*, demonio *m*; **the ~** el demonio, el diablo; **go to the ~!** (colloq & dated) ¡vete al diablo! (fam); ***the ~ finds work for idle hands (to do)*** el ocio es la madre de todos los vicios; ***the ~ is in the detail*** el diablo está *or* se esconde en los detalles; ***the ~ looks after his own*** mala hierba *or* bicho malo nunca muere; ***better the ~ you know (than the ~ you don't)*** más vale malo conocido que bueno por conocer; ***speak*** o ***talk of the ~ ...*** hablando del rey de Roma y él que se asoma, hablando de Roma, el burro *or* el diablo se asoma; ***(the) ~ take the hindmost*** ¡sálvese quién pueda!; ***to be (caught) between the ~ and the deep blue sea*** estar* entre la espada y la pared **2** (evil spirit) demonio *m*
B (colloq) (*in intensifying phrases*): **it hurt like the ~** me dolió horriblemente; **who/what/where the ~ ... ?** ¿quién/qué/dónde demonios *or* diablos ... ? (fam); **this is in a ~ of a mess** aquí hay un desorden de (los) mil demonios (fam); **we had the ~ of a time** nos las vimos negras (fam)
C **1** (person, animal): **you little ~!** (colloq: used to child) ¡eres un diablillo!; **they've been absolute ~s this morning** se han portado como diablos esta mañana; **go on, be a ~, have another one!** (BrE) ¡anda, cómete otro, no seas tonto!; **he's a ~ for chocolates** (colloq) lo enloquecen los bombones; **poor ~!** ¡pobre diablo!; **he's won again, the lucky ~** ha vuelto a ganar ¡qué potra tiene! (fam), el suertudo ha vuelto a ganar (AmL) **2** (troublesome thing): **the lock is a real ~** la cerradura es maldita (fam); **that concerto is the very ~ to play** ese concierto es endemoniadamente difícil de tocar

devil² *vt* BrE **-ll-**
A (Culin) hacer* con picante y especias; **~ed eggs** *huevos duros con salsa picante*
B (harass, worry) (AmE) fastidiar

devilish¹ /ˈdevlɪʃ/ *adj* (dated) **1** (fiendish) ‹*trick/plot/stroke*› diabólico **2** (extreme) (BrE colloq & dated) infernal

devilish² *adv* (BrE dated) endemoniadamente

devilishly /ˈdevlɪʃli/ *adv* **1** (BrE dated) (*as intensifier*) endemoniadamente **2** (wickedly) ‹*laugh/grin*› con picardía

devil-may-care /ˌdevlmeɪˈker || ˌdevlmeɪˈkeə(r)/ *adj* (colloq) (*before n*) despreocupado

devilment /ˈdevlmənt/ *n* [u] (dated) ►**devilry 1**

devilry /ˈdevlri/ *n* [u] **1** (naughtiness): **that child is full of ~** ese chico es un diablillo; **out of (sheer) ~** por (pura) maldad; **what (piece of) ~ is she up to now?** ¿en qué diabluras andará ahora? **2** (witchcraft) brujería *f*

devil's advocate *n* abogado *m* del diablo

devil's food cake *n* [c u] pastel *m* de chocolate

devils on horseback *pl n* **1** (AmE) *ostras envueltas en,* ►**bacon** **2** (BrE) *ciruelas pasas envueltas en,* ►**bacon**

devious /ˈdiːviəs/ *adj* **1** (underhand) ‹*person*› taimado, artero, zorro (fam); **by ~ means** con artimañas, con tejemanejes **2** (roundabout) ‹*route/path*› tortuoso, sinuoso

deviously /ˈdiːviəsli/ *adv* arteramente

deviousness /ˈdiːviəsnəs || ˈdiːviəsnɪs/ *n* [u] artería *f*, zorrería *f* (fam)

devise /dɪˈvaɪz/ *vt*
A (invent) ‹*plan/method/system*› idear, crear, concebir*; ‹*machine/tool*› inventar; **it's a gadget of his own devising** es un aparato que él mismo inventó
B (bequeath) (Law) **to ~ sth TO sb** legar* algo A algn

devoice /diːˈvɔɪs/ *vt* (Ling) desonorizar*

devoid /dɪˈvɔɪd/ *adj* (*pred*) (frml) **to be ~ OF sth** carecer* DE algo; **she is utterly ~ of imagination** carece totalmente de imaginación; **a speech ~ of content** un discurso carente de contenido (frml)

devolution /ˌdevəˈluːʃən || ˌdiːvəˈluːʃən/ *n* [u]
A **1** (delegation) delegación *f*, transferencia *f* **2** (BrE) (Govt) *transferencia de competencias del gobierno central a un gobierno regional*
B (Law) cesión *f*

> **devolution**
>
> En el Reino Unido, el término *devolution* implica la transferencia de competencias del gobierno central tanto a las naciones históricas de Escocia y Gales y a la provincia de Irlanda del Norte, como a otras regiones periféricas del estado británico. Después de la victoria Laborista en las urnas en 1997, fueron inaugurados el Parlamento escocés ▸**Scottish Parliament** y las Asambleas de Irlanda del Norte ▸**Northern Ireland Assembly** y de Gales ▸**Welsh Assembly - National Assembly for Wales (NAfW).**

devolutionism /ˌdiːvəˈluːʃənɪzəm/ *n* [u] devolucionismo *m*

devolutionist /ˌdevəˈluːʃənəst || ˌdiːvəˈluːʃənɪst/ *n* devolucionista *mf*

devolve /dɪˈvɑːlv || dɪˈvɒlv/ *vi* **1** (frml) **to ~ TO** *o* **(UP)ON sb** «*duties/responsibilities*» recaer* SOBRE *or* EN algn; «*authority/power*» pasar A algn; **his duties ~ upon his deputy** sus obligaciones recaen sobre *or* en su sustituto **2** «*property*»: **to ~ TO** *o* **ON sb** pasar A algn
■ **devolve** *vt* (frml) ‹*power*› delegar*, transferir*; ‹*privilege/right*› conceder; **to ~ authority to the regions** dar* autonomía a las regiones

devoré /dəˈvɔːreɪ/ *n* [u] (Tex) devoré *m*

devote /dɪˈvəʊt/ *vt* **to ~ sth TO sth/-ING** dedicar* algo A algo/+ INF; **she ~d her life to helping the poor** dedicó *or* consagró su vida a ayudar a los pobres; **we are devoting 20% of the budget to the advertising campaign** vamos a destinar un 20% del presupuesto a la campaña publicitaria; **you should ~ more attention to your children** tendrías que prestarles más atención *or* que dedicarte más a los niños
■ *v refl* **to ~ oneself TO sth/-ING** dedicarse* A algo/+ INF

devoted /dɪˈvəʊtəd || dɪˈvəʊtɪd/ *adj* **1** (loving) ‹*couple/family*› unido; **your ~ son, Charles** tu hijo que te quiere, Charles; **his ~ mother** su abnegada madre; **to be ~ TO sb** sentir* devoción POR algn, tenerle* mucho cariño A algn **2** (dedicated) (*before n*) ‹*follower/admirer*› ferviente, devoto; ‹*service/friendship*› leal

devotedly /dɪˈvəʊtədli || dɪˈvəʊtɪdli/ *adv* ‹*love/serve*› con devoción; ‹*attached/loyal*› fervientemente

devotee /ˌdevəˈtiː/ *n* **1** (Relig) devoto, -ta *m,f* **2** (fan) adepto, -ta *m,f*, partidario, -ria *m,f*

devotion /dɪˈvəʊʃən/ *n*
A [u] (love) devoción *f*; (loyalty) lealtad *f*; **~ TO sb/sth**: **they showed great ~ to their king** demostraron gran devoción por/lealtad a su rey; **her ~ to the cause** su dedicación *or* entrega a la causa
B [u] (of money, time, space) dedicación *f*
C [c] (Relig) oración *f*, rezo *m*; **to be at one's ~s** estar* rezando

devotional /dɪˈvəʊʃnəl || dɪˈvəʊʃənl/ *adj* piadoso, devoto

devour /dɪˈvaʊr || dɪˈvaʊə(r)/ *vt* **1** (eat) devorar; **she ~ed the book** devoró el libro; **he ~ed her with his eyes** la devoraba con los ojos **2** (destroy) (liter) devorar (liter), destruir* **3** (torment) (*usu pass*) devorar; **I was ~ed by curiosity** me devoraba la curiosidad; **he was ~ed by jealousy** lo consumían los celos

devouring /dɪˈvaʊrɪŋ || dɪˈvaʊərɪŋ/ *adj* (liter) ‹*jealousy/hatred*› devorador; ‹*enthusiasm*› vehemente

devout /dɪˈvaʊt/ *adj* **1** (Relig) devoto, piadoso; **she is very ~** es muy devota *or* piadosa; **she is a ~ Catholic** es muy católica **2** (earnest) (frml) (*before n*) ‹*supporter*› ferviente; **it is my ~ wish that ...** es mi más sincero deseo que ...

devoutly /dɪˈvaʊtli/ *adv* ‹*pray*› con devoción; ‹*hope*› fervientemente

dew /duː, djuː || djuː/ *n* [u] rocío *m*

dewdrop /ˈduːdrɑːp, ˈdjuː- || ˈdjuːdrɒp/ *n* gota *f* de rocío

dewlap /ˈduːlæp, ˈdjuː- || ˈdjuːlæp/ *n* **1** (on cow, dog) (*usu pl*) papada *f* **2** (on person) perigallo *m*

dewy /ˈduːi, ˈdjuːi || ˈdjuːi/ *adj* **dewier, dewiest** **1** ‹*grass/lawn*› cubierto de rocío **2** (liter) ‹*eyes*› húmedo

dewy-eyed /ˈduːiaɪd, ˈdjuːi- || ˌdjuːiˈaɪd/ *adj* **1** (innocent) ingenuo **2** (emotional) con los ojos húmedos

dexter /ˈdekstər || ˈdekstə(r)/ *adj* (*pred*) diestro

dexterity /dekˈsterəti/ *n* [u] **1** (manual) destreza *f*, habilidad *f*, maña *f* **2** (skill, judgment) habilidad *f*

dexterous, dextrous /ˈdekstrəs/ *adj* (frml) **1** (nimble, agile) ‹*person/fingers/movement*› diestro, hábil **2** (adroit) ‹*politician/move/intervention*› hábil

dexterously, dextrously /ˈdekstrəsli/ *adj* ‹*move/work*› con destreza *or* habilidad; ‹*argue/mediate*› hábilmente

dextrose /ˈdekstrəʊs -əʊz/ *n* [u] dextrosa *f*

dextrous *adj* ▸**dexterous**

dextrously *adv* ▸**dexterously**

DFC *n* (Mil) = **Distinguished Flying Cross**

DfES *n* (in UK) = **Department for Education and Skills**

DG *n* (EU)
A (= **Directorate-General**) DG *fpl*
B (= **Director General**) DG *mf*

diabetes /ˌdaɪəˈbiːtiːz/ *n* [u] diabetes *f*

diabetic[1] /ˌdaɪəˈbetɪk/ *adj* diabético; ‹*jam/chocolate*› para diabéticos

diabetic[2] *n* diabético, -ca *m,f*

diabolic /ˌdaɪəˈbɑːlɪk || ˌdaɪəˈbɒlɪk/ *adj* **1** ‹*arts*› del demonio; ‹*figure/vision*› diabólico **2** ▸**diabolical 1**

diabolical /ˌdaɪəˈbɑːlɪkəl || ˌdaɪəˈbɒlɪkəl/ *adj* **1** (fiendish) ‹*plan/machinations*› diabólico, satánico; ‹*cruelty/grin*› perverso, satánico **2** (very bad) (BrE colloq) espantoso, atroz

diabolically /ˌdaɪəˈbɑːlɪkli || ˌdaɪəˈbɒlɪkli/ *adv* **1** (fiendishly) ‹*laugh/ensnare*› diabólicamente, perversamente; ‹*clever/difficult*› endemoniadamente **2** (very badly) (BrE colloq): **he sings ~** canta pésimo, canta que es un horror; **it was ~ boring** fue espantosamente aburrido

diachronic /ˌdaɪəˈkrɑːnɪk || ˌdaɪəˈkrɒnɪk/ *adj* diacrónico

diacritic /ˌdaɪəˈkrɪtɪk/ *n* signo *m* diacrítico

diadem /ˈdaɪədem/ *n* diadema *f*

diaeresis, dieresis, (esp AmE) /daɪˈerəsəs || daɪˈɪərɪsɪs/ *n* [c u] (*pl* **-ses** /-siːz/) diéresis *f*, crema *f*

diagnose /ˈdaɪəgnəʊz ˌdaɪəgˈnəʊz/ *vt* **1** (Med) ‹*illness*› diagnosticar*; **the doctor ~d her as epileptic** el médico le diagnosticó epilepsia; **I was wrongly ~d** no acertaron *or* se equivocaron con el diagnóstico **2** ‹*cause/fault*› determinar, establecer*

diagnosis /ˌdaɪəgˈnəʊsəs || ˌdaɪəgˈnəʊsɪs/ *n* (*pl* **-ses** /-siːz/) **1** [c] (opinion, conclusion) diagnóstico *m*; **to make/give a ~** hacer*/dar* un diagnóstico **2** [u] (art, process) diagnosis *f*

diagnostic /ˌdaɪəgˈnɑːstɪk || ˌdaɪəgˈnɒstɪk/ *adj* (*before n*) diagnóstico

diagonal[1] /daɪˈægənl/ *adj* ‹*line*› diagonal; ‹*path*› en diagonal

diagonal[2] *n* diagonal *f*; **a skirt cut on the ~** una falda cortada al bies *or* al sesgo

diagonally /daɪˈægənli/ *adv* diagonalmente, en diagonal

diagram[1] /ˈdaɪəgræm/ *n* diagrama *m*, esquema *m*, gráfico *m*, gráfica *f*; **to draw a ~** hacer* un diagrama (*or* un gráfico *etc*)

diagram[2] *vt* BrE **-mm-** hacer* un diagrama de

diagrammatic /ˌdaɪəgrəˈmætɪk/ *adj* esquemático, gráfico

dial[1] /ˈdaɪl || ˈdaɪəl/ *n*
A **1** (on clock, watch) esfera *f* **2** (on measuring instrument) cuadrante *m* **3** (of telephone) disco *m* **4** (on radio) dial *m*
B (face) (BrE sl & dated) jeta *f* (arg), cara *f*

dial[2], (BrE) **-ll-** *vt* **1** (Telec) marcar*, discar* (AmL); **you can ~ New York direct** se puede llamar a Nueva York directamente, hay discado directo con Nueva York (AmL) **2** (AmE colloq) sintonizar*
■ **dial** *vi* (Telec) marcar*, discar* (AmL)

Phrasal verb

• **dial out** [v + adv] hacer* llamadas al exterior

dialect /ˈdaɪəlekt/ *n* dialecto *m*; **to speak (in) ~** hablar (en) dialecto; (*before n*) ‹*atlas/geography*› lingüístico; **a ~ word** un vocablo dialectal, un dialectalismo

dialectal /ˌdaɪəˈlektl/ *adj* dialectal

dialectic /ˌdaɪəˈlektɪk/ *n*, **dialectics** /-tɪks/ *n* (+ *sing vb*) dialéctica *f*

dialectical materialism /ˌdaɪəˈlektɪkəl/ *n* [u] materialismo *m* dialéctico

dialectologist /ˌdaɪəlekˈtɑːlədʒəst || ˌdaɪəlekˈtɒlədʒɪst/ *n* dialectólogo, -ga *m,f*

dialectology /ˌdaɪəlekˈtɑːlədʒi || ˌdaɪəlekˈtɒlədʒi/ *n* [u] dialectología *f*

dial-in /ˈdaɪlɪn || ˈdaɪəlˌɪn/ *adj*
A (Comput) ▸**dial-up**
B (Rad, TV) con llamadas en directo

dialling code /ˈdaɪlɪŋ || ˈdaɪəlɪŋ/ *n* (BrE) prefijo *m or* (AmL tb), código *m* de acceso (telefónico)

dialling tone *n* (BrE) ▸**dial tone**

dialogue, (AmE also) **dialog** /ˈdaɪəlɔːg || ˈdaɪəlɒg/ *n*
A [c u] (conversation) (Lit) diálogo *m*
B **1** [u] (communication) diálogo *m*; **the president called for a resumption of ~** el presidente pidió la reanudación del diálogo **2** [c] (discussion) debate *m*

dialogue box, (AmE also) **dialog box** *n* cuadro *m* diálogo

dial telephone *n* teléfono *m* de disco

dial tone *n* tono *m* de marcar *or* (AmL) de discado

dial-up /ˈdaɪlʌp || ˈdaɪəlˌʌp/ *adj* de acceso telefónico *or* (AmL tb), conmutado, dial up (AmL)

dialysis /daɪˈæləsəs || daɪˈæləsɪs/ *n* [u] diálisis *f*; (*before n*): **~ machine** dializador *m*

diamanté /ˌdiːəˈmɑːnteɪ || ˌdaɪəˈmænti, ˌdiːəˈmɒnteɪ/ *n* [u] estrás *m*, strass *m*

diameter /daɪˈæmətər || daɪˈæmɪtə(r)/ *n* diámetro *m*

diametric /ˌdaɪəˈmetrɪk/ *adj* diametral

diametrically /ˌdaɪəˈmetrɪkli/ *adv* diametralmente; **~ opposed views** opiniones *fpl* diametralmente opuestas

diamond /ˈdaɪəmənd/ *n*
A **1** [c u] (Min) diamante *m*; (cut) brillante *m*, diamante *m*; **~ cut** (BrE) duelo *m* de titanes; (*before n*): **~ ring** anillo *m or* sortija *f* de brillantes *or* diamantes **2** [c] (precious person) joya *f*, alhaja *f*; **he's a ~ in the rough** *o* (BrE) **a rough ~** no es muy pulido, pero tiene buenas cualidades
B (shape) rombo *m*
C (Games) **1** (card) diamante *m* **2** **diamonds** (suit) (+ *sing or pl vb*) diamantes *mpl*; **~s is** *o* **are trumps** triunfan diamantes
D (in baseball) **1** (area inside bases) diamante *m*, cuadro *m* **2** (entire field) campo *m* (de béisbol)

diamond anniversary *n* (esp AmE) bodas *fpl* de diamante

diamondback /ˈdaɪəməndbæk/ *n* **1** (snake) serpiente *f* de cascabel **2** (turtle) tortuga *f* (*comestible*)

diamond-cutter /ˈdaɪəmənd,kʌtər || ˈdaɪəmənd,kʌtə(r)/ *n* (cortador *m* de) diamante *m*

diamond jubilee *n* sextuagésimo aniversario *m*, sesenta aniversario *m*

diamond wedding *n* (BrE) bodas *fpl* de diamante

Diana /daɪˈænə/ *n* Diana

diaper[1] /ˈdaɪpər || ˈdaɪəpə(r)/ *n* (AmE) pañal *m*; (*before n*): ~ **rash** irritación *f* (*en las nalgas de un bebé*); **she has ~ rash** está escaldada *or* (Méx) rozada

diaper[2] *vt* (AmE) ‹*baby*› ponerle* un pañal a, empañalar (Méx)

diaphanous /daɪˈæfənəs/ *adj* diáfano, transparente

diaphragm /ˈdaɪəfræm/ *n*
A (Anat) diafragma *m*
B (contraceptive) diafragma *m*
C (in microphone, camera) diafragma *m*

diaporama /ˌdaɪəpəˈrɑːmə/ *n* diaporama *m*

diarist /ˈdaɪərəst || ˈdaɪərɪst/ *n* cronista *mf*

diarize /ˈdaɪəraɪz/ *vt* ‹*appointment/meeting/service*› anotar en una agenda

diarrhea, (BrE) **diarrhoea** /ˌdaɪəˈriːə || ˌdaɪəˈrɪə/ *n* [u] diarrea *f*; **verbal ~** verborrea *f*, verborragia *f*, diarrea *f* verbal (hum)

diary /ˈdaɪəri/ *n* (*pl* **-ries**)
A 1 (personal record) diario *m*; **to keep** *o* **write a ~** llevar *or* escribir* un diario 2 (BrE) (Journ) *columna que comenta sucesos de actualidad*
B (book for appointments) agenda *f*; **desk/pocket ~** agenda *f* de escritorio/bolsillo; **let me check in my ~** déjame consultar mi agenda

Diaspora /daɪˈæspərə/ *n*: **the ~** la diáspora

diastole /daɪˈæstəli/ *n* diástole *f*

diastolic /ˌdaɪəˈstɑːlɪk || ˌdaɪəˈstɒlɪk/ *adj* diastólico

diatom /ˈdaɪətɑːm || ˈdaɪətəm/ *n* diatomea *f*

diatonic /ˌdaɪəˈtɑːnɪk || ˌdaɪəˈtɒnɪk/ *adj* diatónico

diatribe /ˈdaɪətraɪb/ *n* diatriba *f*, invectiva *f*

dibber /ˈdɪbər || ˈdɪbə(r)/ *n* plantador *m*

dibble /ˈdɪbəl/ *n* plantador *m*

dibs /dɪbz/ *pl n* (AmE colloq: used by children): **~ on the window!** ¡(me) pido la ventana! (leng infantil), ¡la ventana para mí, canté primero! (RPl fam)

dice[1] /daɪs/ *n* (*pl* ~) dado *m*

dice[2] *pl of* **die**[2] **A**, *and of* **dice**[1]

dice[3] *vt* ‹*meat/vegetables*› cortar en dados *or* cubitos
■ **dice** *vi* 1 (BrE) (Games) jugar* a los dados 2 (risk): ***to ~ with death*** jugar* con la muerte

dicey /ˈdaɪsi/ *adj* **dicier, diciest** (colloq) (risky) arriesgado, riesgoso (AmL); (uncertain) dudoso, incierto

dichotomy /daɪˈkɑːtəmi || daɪˈkɒtəmi/ *n* dicotomía *f*

dick[1] /dɪk/ *n*
A 1 (penis) (vulg) verga *f* (vulg), pija *f* (RPl vulg), polla *f* (Esp vulg), pico *m* (Chi vulg) 2 (BrE) ▸**dickhead**
B (detective) (AmE colloq & dated) poli *mf* (fam), polizonte *mf* (fam); **private ~** detective privado, -da *m,f*

dick[2] *vt* (AmE) 1 (vulg) (copulate with) joder (vulg), tirar(se) (vulg), coger* (Méx, RPl vulg), culear(se) (Chi vulg) 2 (cheat) (sl) joder (vulg), timar (fam)

dickens /ˈdɪkənz || ˈdɪkɪnz/ *n* 1 (colloq & dated): **where the ~ is it?** ¿dónde diantre *or* demontre(s) está? (ant & fam), ¿dónde diablos está? (fam); **what the ~!** ¡qué diantre *or* demontre(s)! (ant & fam), ¡qué diablos! (fam) 2 (unruly child) (AmE colloq): **he's/she's the ~** es el mismísimo demonio

Dickensian /dɪˈkenziən/ *adj* ‹*character/style*› dickensiano; ‹*slum/squalor*› de la época victoriana

dicker /ˈdɪkər || ˈdɪkə(r)/ *vi* (AmE colloq) regatear

dickey[1] /ˈdɪki/ *n* (*pl* **dickeys**)
A (dress, shirt front) pechera *f* postiza
B (BrE): **~ (bow)** ▸**bow tie**

dickey[2] *adj* ▸**dicky**[2]

dickhead /ˈdɪkhed/ *n* (vulg) huevón, -vona *m,f* (Andes, Ven vulg), gilipollas *mf* (Esp) (fam *o* vulg), pelotudo, -da *m,f* (AmS vulg), pendejo, -ja *m,f* (AmL exc CS) (fam *o* vulg)

dicky[1] /ˈdɪki/ *n* ▸**dickey**[1]

dicky[2] *adj* (BrE colloq & dated): **he's got a ~ heart** tiene problemas cardíacos; **I'm feeling rather ~** no me siento bien, estoy pachucho (Esp fam)

dickybird /ˈdɪkibɜːrd || ˈdɪkibɜːd/ *n* (colloq: used to and by children) pajarito *m*, pío-pío *m* (leng infantil); **watch the ~!** (BrE) ¡mira el pajarito!

dicta /ˈdɪktə/ *pl of* **dictum**

Dictaphone® /ˈdɪktəfəʊn/ *n* dictáfono® *m*

dictate[1] /ˈdɪkteɪt || dɪkˈteɪt/ *vt*
A (read out) dictar; **she ~d a letter to her secretary** le dictó una carta a su secretaria
B (prescribe, lay down) «*law*» establecer*, dictar; «*prudence/common sense*» dictar; **they are in no position to ~ terms** no están en posición de imponer condiciones; **who's he to ~ what I should do?** ¿quién es él para darme órdenes?
■ **dictate** *vi* dictar

(Phrasal verb)
• **dictate to** [v + prep + o] mandar, darle* órdenes a; **I will not be ~d to** a mí no me van a mandar

dictate[2] /ˈdɪkteɪt/ *n* mandato *m*; **the ~s of fashion/conscience** los dictados de la moda/la conciencia

dictation /dɪkˈteɪʃən/ *n* 1 [u] (Corresp) dictado *m*; **she asked her secretary to take ~** llamó a la secretaria para dictarle una carta (*or* un informe *etc*) 2 [c u] (Educ) dictado *m*; **the teacher gave them a ~** la maestra les hizo un dictado

dictator /ˈdɪkteɪtər || dɪkˈteɪtə(r)/ *n* 1 dictador, -dora *m,f* 2 (autocratic person) déspota *mf*, dictador, -dora *m,f*

dictatorial /ˌdɪktəˈtɔːriəl/ *adj* dictatorial

dictatorially /ˌdɪktəˈtɔːriəli/ *adv* de manera dictatorial, dictatorialmente

dictatorship /dɪkˈteɪtərʃɪp || dɪkˈteɪtəʃɪp/ *n* [c u] dictadura *f*; **the ~ of the proletariat** la dictadura del proletariado

diction /ˈdɪkʃən/ *n* [u]
A (clarity of speech) dicción *f*; **she has very good/poor ~** tiene muy buena/mala dicción
B (Lit) lenguaje *m*

dictionary /ˈdɪkʃəneri || ˈdɪkʃənri, ˈdɪkʃənəri/ *n* (*pl* **-ries**) diccionario *m*

dictum /ˈdɪktəm/ *n* (*pl* **-tums** *or* **-ta**) 1 (pronouncement) sentencia *f*; (maxim) máxima *f* 2 (Law) dictamen *m*

did /dɪd/ *past of* **do**[1]

didactic /daɪˈdæktɪk, də- || daɪˈdæktɪk, dɪ-/ *adj* 1 (Lit, Educ) ‹*poetry/novel/method*› didáctico 2 (pedantic) ‹*manner/tone/tendency*› pedante

didactics /daɪˈdæktɪks, də- || daɪˈdæktɪks, dɪ-/ *n* (+ *sing vb*) didáctica *f*

diddle /ˈdɪdl/ *vt* (colloq) estafar, timar (fam); **they ~d me over the change** me engañaron *or* (fam) me timaron con el cambio; **to ~ sb OUT OF sth**: **he ~d me out of 50 dollars** me sacó *or* me estafó 50 dólares

diddly-squat /ˌdɪdliˈskwɑːt || ˌdɪdliˈskwɒt/ *n* [u] (AmE colloq): **I don't care ~** me importa un bledo *or* un pepino *or* un pimiento *or* (Méx) un cacahuate (fam)

didn't /ˈdɪdnt/ = **did not**

Dido /ˈdaɪdəʊ/ *n* Dido

die[1] /daɪ/ **dies, dying, died** *vi*
A 1 (stop living) morir*; (violently) matarse, morir*; **he ~d of cancer** (se) murió de cáncer; **he ~d in the war** murió en la guerra; **he ~d in an accident** murió *or* se mató en un accidente; **he ~d a happy man** murió feliz 2 (be overcome) (colloq) morirse*; **to ~ of boredom/embarrassment** morirse* de aburrimiento/vergüenza; **to ~ laughing** morirse* de risa; **I nearly ~d!** casi me muero 3 (want very much) (colloq) **to be dying FOR sth** morirse* POR algo; **I was dying for a drink** me moría de sed; **to be dying to + INF** morirse* POR + INF, morirse* de ganas de + INF; **she's dying to meet you** se muere por conocerte, se muere de ganas de conocerte
B 1 (cease to exist) «*love/hatred*» morir*; **their memory will never ~** nunca los olvidaremos; **his secret ~d with him** se llevó el secreto a la tumba; **the smile ~d on his lips** se le borró la sonrisa de los labios; **old habits ~ hard** las viejas costumbres no se pierden fácilmente 2 (be extinguished) «*fire*» extinguirse*, apagarse*; «*light*» extinguirse* 3 (stop functioning) «*engine/motor*» apagarse*, dejar de funcionar
C (colloq) (in baseball) quedarse embasado, ser* dejado en base
■ **die** *vt*: **to ~ a natural death** morir* de muerte natural; **to ~ a violent death** tener* *or* sufrir una muerte violenta; ***to ~ a death*** (BrE colloq) quedar en la nada; ***to ~ a thousand deaths*** (colloq) pasarlas negras *or* moradas (fam), pasar las de Caín (fam)

(Phrasal verbs)
• **die away** [v + adv] «*storm/wind*» amainar; «*anger/indignation*» pasar; **her voice ~d away** su voz se fue apagando *or* (liter) extinguiendo
• **die back** [v + adv] «*plant/foliage*» morirse*
• **die down** [v + adv] «*fire/flames/noise*» irse* apagando *or* (liter) extinguiendo; «*storm/wind*» amainar; «*anger/excitement*» calmarse
• **die off** [v + adv] ir* muriendo
• **die out** [v + adv] «*family/race/species*» extinguirse*; «*tradition/custom*» morir*, caer* en desuso

die[2] *n* (*pl* **dice** /daɪs/)
A (Games) dado *m*; **the ~ is cast** la suerte está echada; **to shoot** *o* (BrE) **play (at) dice** jugar* a los dados; **to load the dice** cargar* los dados; ***as straight as a ~*** derecho hasta decir basta; ***no dice*** (AmE): **can you lend me 500 bucks? — no dice!** ¿me prestas 500 dólares? — ¡ni hablar! *or* ¡ni lo sueñes!; **I tried to fix it, but (it was) no dice** traté de arreglarlo, pero no hubo manera, traté de arreglarlo, pero ni modo *or* no hubo caso (AmL)
B (*pl* **dies** /daɪz/) (Tech) 1 (block) troquel *m* 2 (mold) molde *m*

dieback /ˈdaɪbæk/ *n* [u] muerte *f* regresiva *or* descendente

die-cast /ˈdaɪkæst || ˈdaɪkɑːst/ *vt* (*past & past p* **-cast**) vaciar*

die-casting /ˈdaɪˌkæstɪŋ || ˈdaɪˌkɑːstɪŋ/ *n* [u] vaciado *m*

diehard /ˈdaɪhɑːrd || ˈdaɪhɑːd/ *n* intransigente *mf*; (*before n*) ‹*Republican/conservative*› intransigente, acérrimo

dieresis /daɪˈerəsəs || daɪˈɪərɪsɪs/ *n* [c u] (*pl* **-ses** /-siːz/) (esp AmE) ▸**diaeresis**

diesel[1] /ˈdiːzəl/ *n* 1 [c] (vehicle) coche *m* (*or* camión *m etc*) diesel, diesel *m*, gasolero *m* (RPl) 2 [u] (fuel) diesel *m*, gasóleo *m*, gas-oil *m*, ACPM *m* (Col)

diesel[2] *adj* (*before n*) diesel *adj inv*

diesel-electric /ˌdiːzələˈlektrɪk || ˌdiːzəlɪˈlektrɪk/ *adj* dieseleléctrico

diesel engine *n* motor *m* diesel *or* de gasóleo, motor *m* gasolero (RPl)

diesel-engined /ˈdiːzəlˌendʒənd || ˈdiːzəlˌendʒɪnd/ *adj* con *or* de motor diesel, con *or* de motor gasóleo, con *or* de motor gasolero (RPl)

diesel-powered /ˈdiːzəlˌpaʊərd || ˈdiːzəlˌpaʊəd/ *adj* ‹*locomotive*› diesel *adj inv*, a gas(-)oil

diesel train *n* tren *m* diesel *or* a gasóleo, tren *m* gasolero (RPl)

die-stamp /ˈdaɪstæmp/ *vt* grabar

diet[1] /ˈdaɪət/ *n*
A 1 (special food) régimen *m*, dieta *f*; **to be/go on a ~** estar*/ponerse* a régimen *or* a dieta; (*before n*) ‹*bread/jam*› de régimen, dietético; ‹*cola/mayonnaise*› light *adj inv* 2 (nourishment) alimentación *f*, dieta *f* (alimenticia); **they live on a ~ of rice and fish** se alimentan de arroz y pescado; **a generation brought up on a ~ of violence** una generación que ha crecido sin ver otra cosa que violencia
B (Pol) dieta

diet[2] *vi* hacer* régimen *or* dieta

dietary /ˈdaɪəteri || ˈdaɪətri/ *adj* ‹*laws/habits*› alimenticio; ‹*fiber*› dietético

dietetic /ˌdaɪəˈtetɪk/ *adj* ‹*studies/research*› dietético; ‹*drinks/chocolate/jam*› (AmE) de régimen, dietético; **~ science** dietética *f*

dietetics /ˌdaɪəˈtetɪks/ *n* (+ *sing vb*) dietética *f*

dietician, dietitian /ˌdaɪəˈtɪʃən/ *n* dietista *mf*, experto, -ta *m,f* en dietética

differ /ˈdɪfər || ˈdɪfə(r)/ *vi*
A 1 (be at variance) diferir*; **how do they ~?** ¿en

qué difieren? **2** (be unlike) ser* distinto *or* diferente; **to ~ FROM sb/sth** diferenciarse *or* diferir* DE algn/algo; **she ~s from me in that she enjoys traveling** nos diferenciamos en que *or* en lo que diferimos es en que a ella le gusta viajar
B (disagree) discrepar, diferir* (frml); **I beg to ~ but ...** lamento discrepar (de su opinión) pero ...; **to ~ WITH sb** discrepar DE algn

difference /'dɪfrəns/ *n*
A [c u] **1** (dissimilarity) diferencia *f*; **spot the ~** (puzzle) los 9 (*or* 7 *etc*) errores, encuentre las diferencias (AmL); **to tell the ~** notar *or* ver* la diferencia; **a holiday with a ~** unas vacaciones diferentes **2** **to make a/no ~**: **it could make a ~ in** *o* (BrE) **to the outcome** podría influir en el resultado; **it will make no ~ to you** a ti no te va a afectar; **does it make any ~ to you if we go today?** ¿te es *or* te da lo mismo si vamos hoy?; **it makes a ~ having a computer** las cosas son muy distintas con una computadora; **would it make a great deal of ~ in** *o* (BrE) **to the cost?** ¿supondría una gran diferencia de precio?, ¿cambiaría mucho el precio?; **what ~ does it make? — it makes all the ~ in the world** ¿qué importa? — importa muchísimo; **an extra $100 would make all the ~** con 100 dólares más, las cosas serían totalmente diferentes; **it will cost you £5 or as near as makes no ~** te costará unas 5 libras poco más o menos **3** (change) diferencia *f*; **the ~ in him since he started slimming is amazing** es increíble el cambio que ha dado *or* cómo ha cambiado desde que empezó a adelgazar **4** (Math) diferencia *f*; **the ~ between six and two is four** la diferencia entre seis y dos es cuatro; ***to split the*** **~** dividirse la diferencia (a partes iguales)
B [c] (disagreement) (often euph) diferencia *f*; **they've had their ~s** han tenido sus diferencias; **to settle** *o* **resolve one's ~s** saldar *or* resolver* sus (*or* mis *etc*) diferencias; **we put aside our ~s** olvidamos nuestras diferencias

different /'dɪfrənt/ *adj* **1** (not the same) distinto, diferente; **they are quite ~** son muy distintos *or* diferentes; **she's been a ~ person since the operation** es otra desde que la operaron; **~ FROM** *o* **TO** *o* (AmE also) **THAN sth/sb** distinto *or* diferente DE *or* A algo/algn **2** (unusual) diferente, original; **how do you like it? — well, it's ~, I suppose** ¿qué te parece? — pues ..., es original ¿no?

differential¹ /,dɪfə'rentʃəl || ,dɪfə'renʃəl/ *adj*
A (Fin) ‹*rate/tariff/rent*› diferencial
B (Math) ‹*equation/operator*› diferencial; **~ calculus** cálculo *m* diferencial

differential² *n*
A (esp BrE) (Busn) diferencial *m*; **price/wage ~s** diferenciales de precios/salarios
B **~ (gear)** (Auto) diferencial *m*

differentiate /,dɪfə'rentʃieɪt || ,dɪfə'renʃieɪt/ *vi*
A (recognize distinction) distinguir*; **I don't ~ between them** yo no distingo entre ellos
B (Biol) «*cells/tissue*» experimentar un proceso de diferenciación, diferenciarse
■ **differentiate** *vt*
A (distinguish) (frml) diferenciar, distinguir*; **to ~ sth FROM sth** diferenciar *or* distinguir* algo DE algo
B (Math) ‹*function/expression*› diferenciar

differentiation /,dɪfə,rentʃi'eɪʃən || ,dɪfə,renʃi'eɪʃən/ *n* [u] diferenciación *f*

differently /'dɪfrəntli/ *adv*: **they think ~** no piensan igual *or* del mismo modo, piensan de muy distinto modo *or* de manera muy diferente; **I view things ~** yo veo las cosas de otra forma *or* otro modo; **~ abled** discapacitado

difficult /'dɪfɪkəlt/ *adj*
A **1** (not easy) ‹*task/problem*› difícil; **the ~ bit** *o* **part is ...** lo difícil es ..., la dificultad está en ...; **he's finding it ~ to give up smoking** le está resultando difícil dejar de fumar, le está costando dejar de fumar; **it is ~ to know whom to believe** es difícil saber a quién creerle; **we'll make things very ~ for him** le haremos la vida imposible; **you're a ~ man to get hold of!** ¡mira que es difícil dar contigo! **2** (unfavorable) ‹*times/circumstances/phase*› difícil
B (awkward) ‹*person/personality*› difícil; **he's ~ to live with** es difícil convivir con él; **she's just trying to be ~** lo único que quiere es causar problemas

difficulty /'dɪfɪkəlti/ *n* (*pl* **-ties**) **1** [u] (of situation, task) dificultad *f*; **with/without ~** con/sin dificultad; **I'm in a bit of ~ over the rent** estoy pasando ciertas dificultades para pagar el alquiler; **he has ~ (in) understanding English** tiene dificultad para entender el inglés; **she had great ~ walking** caminaba con mucha dificultad **2** [c] (problem) dificultad *f*, problema *m*; **learning/language difficulties** dificultades *fpl or* problemas *mpl* de aprendizaje/idioma; **I haven't met any difficulties** no (me) he encontrado con ninguna dificultad; **to be in/get into difficulties** estar*/meterse en dificultades *or* apuros; **to make difficulties** crear problemas

diffidence /'dɪfədəns || 'dɪfɪdəns/ *n* [u] falta *f* de seguridad en sí mismo, retraimiento *m*

diffident /'dɪfədənt || 'dɪfɪdənt/ *adj* ‹*person*› poco seguro de sí mismo; ‹*smile*› tímido

diffidently /'dɪfədəntli || 'dɪfɪdəntli/ *adv* ‹*talk/behave*› con poca seguridad en sí mismo; ‹*smile*› tímidamente

diffract /dɪ'frækt/ *vt* difractar
■ **diffract** *vi* difractarse

diffraction /dɪ'frækʃən/ *n* [u] difracción *f*; (*before n*): **~ grating** difractor *m*

diffuse¹ /dɪ'fjuːz/ *vt* ‹*heat/particle*› difundir, esparcir*; ‹*light*› tamizar*, difuminar; ‹*knowledge/news*› (frml) difundir
■ **diffuse** *vi* «*heat/wave*» difundirse, esparcirse*; «*news/customs*» (frml) difundirse

diffuse² /dɪ'fjuːs/ *adj* **1** (Phys) ‹*light/gas*› difuso **2** ‹*speaker/writer/style*› difuso, poco preciso

diffuseness /dɪ'fjuːsnəs || dɪ'fjuːsnɪs/ *n* [u] (pej) carácter *m* difuso

diffuser /dɪ'fjuːzər || dɪ'fjuːzə(r)/ *n* difusor *m*

diffusion /dɪ'fjuːʒən/ *n* [u] **1** (Phys) difusión *f* **2** (of knowledge, news) difusión *f*

dig¹ /dɪg/ (*pres p* **digging**; *past & past p* **dug**) *vt*
A **1** ‹*ground*› cavar; **I spent the day ~ging the garden** me pasé el día cavando en el jardín **2** ‹*hole/trench*› (by hand) cavar; (by machine) excavar **3** ‹*turnips/potatoes*› sacar*; ‹*weeds*› arrancar* **4** (Archeol) ‹*site/temple*› excavar
B (jab, thrust) **to ~ sth INTO sth** clavar algo EN algo; **he dug his nails into me** me clavó las uñas; **to ~ sb in the ribs** darle* *or* (fam) pegarle* un codazo en las costillas a algn
C (sl & dated) **1** (like): **do you ~ this place?** ¿te gusta este lugar?, ¿te mola este sitio? (Esp arg), ¿te pasa este lugar? (Méx arg) **2** (understand) entender*; **I don't ~ him** no lo entiendo, no sé de qué va (Esp fam)
■ **dig** *vi*
A **1** (excavate — by hand) cavar; (— by machine) excavar; «*dog*» escarbar; **they're ~ging for oil** están haciendo prospecciones de petróleo **2** (Archeol) hacer* excavaciones, excavar
B (search) buscar*; **she dug in her pockets for her key** buscó la llave en los bolsillos; **we hope you'll ~ deep (in your pockets)** esperamos que contribuyan con generosidad; **to ~ for information** tratar de obtener *or* (frml) recabar información
C (understand) (sl & dated) entender*

Phrasal verbs

- **dig around** [v + adv] (colloq) revolver*, escarbar (*buscando algo*)
- **dig in**

A [v + adv] **1** (Mil) atrincherarse **2** (start eating) (colloq) atacar* (fam); **~ in!** ¡al ataque! (fam), ¡ataquen *or* (Esp) atacad! (fam)
B [v + o + adv, v + adv + o] **1** ‹*fertilizer/compost*› agregarle* a la tierra **2** (Mil): **to be dug in** estar* atrincherado

- **dig into** [v + prep + o] (colloq) **1** (start eating) atacar* (fam) **2** (investigate) investigar* **3** ‹*resources/reserves*› echar mano de; **I was reluctant to ~ into my savings** no quería tocar mis ahorros, no quería tener que echar mano de mis ahorros
- **dig out** [v + o + adv, v + adv + o] **1** (remove) sacar* (*de entre los escombros, la nieve etc*); (from soil) desenterrar* **2** (find) (colloq) sacar*, desempolvar
- **dig over** [v + o + adv, v + adv + o] ‹*soil*› remover*, dar* vuelta (CS); **to ~ the garden over** remover* *or* (CS) dar* vuelta la tierra en el jardín
- **dig up** [v + o + adv, v + adv + o] **1** ‹*vegetable patch/lawn*› levantar; ‹*weeds/tree/bulbs*› arrancar* **2** ‹*body/treasure/pottery*› desenterrar* **3** ‹*facts/information*› (colloq) sacar* a la luz

dig² *n*
A (Archeol) excavación *f*; **to go on a ~** ir* de excavación
B (jab — with elbow) codazo *m*; (— with pin) pinchazo *m*; **he gave him a ~ with his gun/umbrella** le clavó la pistola/el paraguas; **to give sb a ~ in the ribs** darle* un codazo en las costillas a algn
C (critical remark) (colloq) pulla *f*; (hint) indirecta *f*; **to have a ~ at sb/sth** meterse con algn/algo
D **digs** *pl* (lodgings) (BrE): **to live in ~s** *vivir en una habitación alquilada, una pensión etc*; **he took me to his ~s** me llevó a donde vivía

digest¹ /daɪ'dʒest, də- || daɪ'dʒest, dɪ-/ *vt* **1** ‹*food*› digerir* **2** (assimilate mentally) ‹*facts/information*› asimilar, digerir* (fam) **3** (summarize) (frml) compendiar

digest² /'daɪdʒest/ *n*
A **1** (summary) compendio *m* **2** (journal) boletín *m*, revista *f*
B (Law) libro *m* de jurisprudencia; **the D~** el Digesto

digestible /daɪ'dʒestəbəl, də- || daɪ'dʒestəbəl, dɪ-/ *adj* **1** (Physiol) digerible; **easily ~** fácil de digerir **2** (comprehensible) ‹*facts/information*› fácil de asimilar *or* (fam) digerir

digestion /daɪ'dʒestʃən, də- || daɪ'dʒestʃən, dɪ-/ *n* [u] digestión *f*

digestive¹ /daɪ'dʒestɪv, də- || daɪ'dʒestɪv, dɪ-/ *adj* digestivo; **~ juices** jugos *mpl* gástricos; **the ~ system** el aparato digestivo; **~ tract** tracto *m* intestinal

digestive² *n* (BrE colloq) ▸**digestive biscuit**

digestive biscuit *n* (BrE) galleta *f* integral

digger /'dɪgər || 'dɪgə(r)/ *n*
A (machine) excavadora *f*; (person) excavador, -dora *m,f*
B (Austral colloq) (form of address) hermano *m* (fam); macho *m* (Esp fam); güey *m* (Méx fam); gallo *m* (Chi fam)
C (Austral colloq) (Australian person) australiano, -na *m,f*

digging /'dɪgɪŋ/ *n* (*often pl*) (Min, Archeol) excavación *f*

digicam /'dɪdʒɪkæm/ *n* (Phot) cámara *f* digital

digit /'dɪdʒət || 'dɪdʒɪt/ *n*
A (Math) dígito *m* (frml); **a five-~ number** un número de cinco cifras *or* (frml) dígitos
B (Anat) dedo *m*

digital /'dɪdʒətl || 'dɪdʒɪtl/ *adj*
A (Comput, Electron) ‹*display/watch/recording*› digital
B (relating to fingers) (frml) digital, dactilar

digital (im)migrant *n* (Comput) inmigrante *mf* digital

digital access lock *n* **1** (card-operated) cerradura *f* accionada con tarjeta magnética **2** (with keypad) cerradura *f* con clave numérica

digital audiotape *n* **1** (tape) cinta *f* digital **2** (cassette) casete *m or f* digital

digital camera *n* cámara *f* (fotográfica) digital

digital cash *n* [u] dinero *m* electrónico *or* digital

digital certificate *n* certificado *m* digital *or* electrónico

digital computer *n* computadora *f or* (Esp) ordenador *m* digital

digital divide *n* (Comput) brecha *f* digital

digital highway *n* autopista *f or* (AmL tb) carretera *f* digital

digital image *n* imagen *f* digital; (*before n*): **~ ~ processing** procesamiento *m or* tratamiento *m* de imágenes digitales

digital imaging /'ɪmɪdʒɪŋ/ *n* [u] producción *f* de imágenes digitales; (*before n*) ‹*technology*› de

d

producción de imágenes digitales

digitalin /ˌdɪdʒəˈtælən || ˌdɪdʒɪˈteɪlɪn/ *n* digitalina *f*

digitalis /ˌdɪdʒəˈtæləs || ˌdɪdʒɪˈteɪlɪs/ *n* digital *f*

digitalize /ˈdɪdʒətəlaɪz || ˈdɪdʒɪtəlaɪz/ *vt* digitalizar*

digital lock *n* ▸**digital access lock**

digitally /ˈdɪdʒətli/ *adv* ‹*recorded/encoded*› digitalmente

digitally remastered /riːˈmæstərd || riːˈmɑːstəd/ *adj* remasterizado digitalmente

digital native *n* (Comput) nativo, -va *m,f* digital

digital remastering /riːˈmæstərɪŋ || riːˈmɑːstərɪŋ/ *n* [u] remasterización *f* digital

digital signature *n* firma *f* digital

digital television *n* [u c] **1** [c] (digital TV set) televisor *m* digital **2** [u] (system) televisión *f* digital

digital to analog converter *n* convertidor *m or* conversor *m* digital-analógico

digital versatile disc *n* ▸**digital video disc**

digital video *n* vídeo *m or* (AmL) video *m* digital; (*before n*): ~ ~ **camera** videocámara *f* digital

digital video disc *n* videodisco *m* digital

digitize /ˈdɪdʒətaɪz || ˈdɪdʒɪtaɪz/ *vt* digitalizar*

digitizer /ˈdɪdʒɪtaɪzər || ˈdɪdʒɪtaɪzə(r)/ *n* digitalizador *m*

dignified /ˈdɪgnəfaɪd || ˈdɪgnɪfaɪd/ *adj* **1** ‹*person/reply*› digno, circunspecto; ‹*silence/attitude*› digno; **it's not very** ~ no es muy decoroso *or* elegante **2** (stately) ‹*bearing*› majestuoso, señorial

dignify /ˈdɪgnəfaɪ || ˈdɪgnɪfaɪ/ *vt* **-fies, -fying, -fied** **1** (grace) dignificar* **2** (make respectable) darle* categoría a; **I would not** ~ **that question with an answer** esa pregunta no es digna de respuesta

dignitary /ˈdɪgnəteri || ˈdɪgnɪtəri/ *n* (*pl* **-ries**) dignatario, -ria *m,f*

dignity /ˈdɪgnəti/ *n* [u]

A (dignified air) **1** (of person) dignidad *f*; **to lose/retain one's** ~ perder*/conservar la dignidad; ***to stand on one's*** ~ mantener* las distancias **2** (of occasion) solemnidad *f*; (of monument) sobriedad *f*

B **1** (status, worth) dignidad *f*, categoría *f*; **she considers it to be beneath her** ~ lo considera una degradación **2** (rank, position) (frml) dignidad *f* (frml)

digraph /ˈdaɪgræf || ˈdaɪgrɑːf/ *n* (Ling) dígrafo *m*

digress /daɪˈgres/ *vi*: **if I may** ~ **for a moment** si me permiten hacer un breve inciso *or* paréntesis; **but I** ~ pero estoy divagando, pero me estoy apartando del tema; **to** ~ **FROM sth** apartarse DE algo

digression /daɪˈgreʃən/ *n* [c u] digresión *f*; **by way of (a)** ~ a modo de inciso *or* paréntesis

digressive /daɪˈgresɪv/ *adj* ‹*writer/speaker*› que tiende a divagar; ‹*account/speech*› repleto de digresiones; ~ **passage** digresión *f*

digs /dɪgz/ *n* (BrE) ▸**dig² D**

dike /daɪk/ *n*

A **1** (to keep out water) dique *m* **2** (causeway) terraplén *m* **3** (ditch) acequia *f*

B ▸**dyke B**

diktat /dɪkˈtɑːt || ˈdɪktæt/ *n* decreto *m*

dilapidated /dəˈlæpədeɪtəd || dɪˈlæpɪdeɪtɪd/ *adj* ‹*building*› ruinoso; ‹*car*› destartalado, desvencijado

dilapidation /dəˌlæpəˈdeɪʃən || dɪˌlæpɪˈdeɪʃən/ *n* **1** [u] (dilapidated condition) (frml) deterioro *m* (frml); **the house is in a state of** ~ la casa está en estado ruinoso **2** [c] (BrE) (Law) (*usu pl*) *suma cobrada a un inquilino por concepto de deterioro*

dilate /daɪˈleɪt/ *vi*

A (widen) dilatarse

B (speak, write at length) (frml) **to** ~ **ON** *o* **UPON sth** extenderse* SOBRE algo

■ **dilate** *vt* dilatar

dilated /daɪˈleɪtəd || daɪˈleɪtɪd/ *adj* (*usu pred*) dilatado; **his pupils were** ~ tenía las pupilas dilatadas

dilation /daɪˈleɪʃən/, **dilatation** /ˌdaɪləˈteɪʃən/ *n* [u] dilatación *f*; ~ **and curettage** (Med) dilatación y legrado *or* raspaje

dilator /daɪˈleɪtər || daɪˈleɪtə(r)/ *n* **1** (instrument, muscle) dilatador *m* **2** (drug) vasodilatador *m*

dilatory /ˈdɪlətɔːri || ˈdɪlətəri/ *adj* (frml) **1** (causing delay) dilatorio; ~ **tactics** (maniobras *fpl*) dilatorias *fpl* **2** (not prompt) ‹*reply/response*› tardío; **to be** ~ **in doing sth** tardar demasiado en hacer algo

dildo /ˈdɪldəʊ/ *n* (*pl* **-dos** *or* **-does**) consolador *m*

dilemma /dəˈlemə, daɪ- || dɪˈlemə, daɪ-/ *n* dilema *m*; **to place sb/to be in a** ~ poner* a algn/estar* en un dilema; **I'm in a** ~ **as to whether to go or not** estoy en un dilema, no sé si ir o no

dilettante /ˈdɪlətɑːnt || ˌdɪlɪˈtænti/ *n* (*pl* **-tes** *or* **-ti** /-tiː/) diletante *mf*

dilettantism /ˈdɪlətɑːntɪzəm || ˌdɪlɪˈtæntɪzəm/ *n* [u] diletantismo *m*

diligence /ˈdɪlədʒəns || ˈdɪlɪdʒəns/ *n* [u] diligencia *f*

diligent /ˈdɪlədʒənt || ˈdɪlɪdʒənt/ *adj* **1** (hard-working) ‹*worker*› diligente, cumplidor; ‹*student*› aplicado, diligente **2** (thorough) ‹*work/study*› esmerado, concienzudo, hecho a conciencia; ‹*search*› minucioso, cuidadoso

diligently /ˈdɪlədʒəntli || ˈdɪlɪdʒəntli/ *adv* con diligencia, diligentemente

dill /dɪl/ *n* [u] (Culin) **1** (herb) eneldo *m* **2** ~ **(pickle)** (AmE) pepinillo *m* en vinagre al eneldo

dilly /ˈdɪli/ *n* (*pl* **-lies**) (AmE colloq) **1** (splendid thing, person) joya *f* (fam) **2** (useless thing) trasto *m* (inútil); (useless person) inútil *mf*, inservible *mf*

dilly-dally /ˈdɪliˌdæli/ *vi* **-dallies, -dallying, -dallied** (colloq) **1** (dawdle) perder* el tiempo; **he dilly-dallied over his work for hours** estuvo horas perdiendo el tiempo sin hacer nada de trabajo; **don't** ~ **on the way** no te entretengas **2** (vacillate) titubear; **I wish he'd stop** ~**ing!** ¡ojalá tomara una decisión de una vez por todas!

dilute¹ /daɪˈluːt || daɪˈljuːt/ *vt* **1** ‹*liquid/concentrate*› diluir* **2** ‹*criticism*› atenuar*

dilute² *adj* diluido

dilution /daɪˈluːʃən || daɪˈljuːʃən/ *n* [u] **1** (of liquids) dilución *f* **2** (Fin) dilución *f*, debilitamiento *m*

dim¹ /dɪm/ *adj* **-mm-**

A **1** (dark) ‹*room*› oscuro, poco iluminado; ‹*light*› débil, tenue **2** (indistinct) ‹*memory/shape*› borroso; ‹*idea*› vago; **in the** ~ **and distant past** en el pasado remoto **3** (gloomy, hopeless) ‹*prospects/future*› nada halagüeño, nada prometedor; ▸**view¹ C1** **4** (of eyesight) (*pred*): **his eyesight is growing** ~ cada vez ve peor, le está fallando la vista; **eyes** ~ **with tears** ojos nublados *or* empañados por las lágrimas

B (stupid) (colloq) corto (de luces) (fam), tonto (fam)

dim² **-mm-** *vt* **1** ‹*lights*› atenuar*; **to** ~ **one's headlights** (AmE) poner* las (luces) cortas *or* de cruce *or* (AmL tb) las (luces) bajas, bajar las luces **2** ‹*eyesight*› ir* debilitando; ‹*memory*› ir* borrando; ‹*spirits*› hacer* perder, empañar (liter); **tears** ~**med her eyes** las lágrimas le nublaron *or* le empañaron los ojos

■ **dim** *vi* **1** (lessen in brightness) «*light*» irse* atenuando **2** «*memory*» irse* borrando; «*sight*» irse* debilitando

Phrasal verb

- **dim out** [v + o + adv, v + adv + o] (AmE) ir* oscureciendo

dime /daɪm/ *n* (AmE colloq); *moneda de diez centavos*; **it's not worth a** ~ no vale nada, no vale un duro (Esp fam); **this car can turn on a** ~ este coche es muy maniobrable *or* gira en muy poco espacio; ***to be a*** ~ ***a dozen***: **they are a** ~ **a dozen** (very cheap) son baratísimos; (very common) los hay a patadas *or* a montones (fam)

dime novel *n* (AmE dated) novelucha *f* (pey)

dimension /deˈmentʃən, daɪ- || dɪˈmenʃən, daɪ-/ *n*

A (Math, Phys) dimensión *f*

B **dimensions** *pl* (size, extent) dimensiones *fpl*; **a problem of enormous** ~**s** un problema de enormes dimensiones

C (aspect) dimensión *f*; **a whole new** ~ una dimensión totalmente nueva

dime store *n* (AmE) *tienda que vende artículos de bajo precio*, ≈ baratillo *m*

diminish /dəˈmɪnɪʃ || dɪˈmɪnɪʃ/ *vi* **1** «*cost/number/amount*» disminuir*, reducirse*; «*enthusiasm*» disminuir*, apagarse*; **the currency has** ~**ed in value** la moneda ha disminuido de valor *or* se ha depreciado **2** **diminishing** *pres p* ‹*amount/speed/importance*› cada vez menor; **the law of** ~**ing returns** (Econ) la ley de los rendimientos decrecientes

■ **diminish** *vt* ‹*size/cost*› reducir*, disminuir*; ‹*enthusiasm*› disminuir*, apagar*; ‹*hostility*› aplacar*

diminished /dəˈmɪnɪʃt || dɪˈmɪnɪʃt/ *adj* ‹*expectations*› más limitado; ‹*interval*› (Mus) disminuido; **to plead** ~ **responsibility** alegar* una atenuante de responsabilidad

diminishment /dəˈmɪnɪʃmənt || dɪˈmɪnɪʃmənt/ *n* [u c] disminución *f*

diminuendo /dəˌmɪnjuˈendəʊ || dɪˌmɪnjʊˈendəʊ/ *n* (*pl* **-dos**) diminuendo *m*

diminution /ˌdɪməˈnuːʃən || ˌdɪmɪˈnjuːʃən/ *n* [u c] (frml) disminución *f*

diminutive¹ /dəˈmɪnjətɪv || dɪˈmɪnjʊtɪv/ *adj*

A (small) diminuto, minúsculo

B (Ling) diminutivo

diminutive² *n* (Ling) diminutivo *m*

dimly /ˈdɪmli/ *adv* ‹*shine*› débilmente; **a** ~ **lit room** una habitación poco iluminada *or* iluminada por una luz tenue; **I could** ~ **make out ...** podía entrever indistintamente ...; **I** ~ **recall it** lo recuerdo vagamente

dimmer /ˈdɪmər || ˈdɪmə(r)/ *n* potenciómetro *m*, dimmer *m*; (*before n*): ~ **switch** (Elec) potenciómetro *m*, dimmer *m*; (AmE) (Auto) conmutador *m* de las luces

dimness /ˈdɪmnəs || ˈdɪmnɪs/ *n* [u]

A **1** (of light) lo tenue; (of room) penumbra *f* **2** (of outline) lo borroso **3** (of prospects, future) lo sombrío, lo poco halagüeño

B (stupidity) (colloq) cortedad *f* (fam)

dimple¹ /ˈdɪmpəl/ *n* **1** (in cheeks, chin) hoyuelo *m* **2** (small hollow) hoyito *m*

dimple² *vt* (liter) ‹*water*› rizar*; **a smile** ~**d his cheeks** al sonreír se le dibujaron hoyuelos en las mejillas (liter)

■ **dimple** *vi*: **her cheeks** ~ **when she smiles** se le hacen hoyuelos en las mejillas cuando sonríe

dimpled /ˈdɪmpəld/ *adj* ‹*texture*› poroso; ‹*cheeks*› con hoyuelos; **his** ~ **face broke into a broad smile** los hoyuelos de su cara se marcaron con la amplia sonrisa

dimwit /ˈdɪmwɪt/ *n* (colloq) tarado, -da (mental) *m,f* (fam), imbécil *mf*

dim-witted /ˈdɪmˈwɪtəd || ˌdɪmˈwɪtɪd/ *adj* (colloq) tonto (fam), idiota

din /dɪn/ *n* [u] (colloq) (*no pl*) (of conversation, voices) barullo *m* (fam), bulla *f* (fam); (of drill, traffic) estruendo *m*, ruido *m*

dinar /dɪˈnɑːr, ˈdiː- || ˈdiːnɑː(r)/ *n* dinar *m*

din-dins /ˈdɪndɪnz/ *n* (used to or by children) comidita *f*, papa *f* (AmL leng infantil)

dine /daɪn/ *vi* (frml) cenar; **to** ~ **ON** *o* **OFF sth** cenar algo; **they** ~**d on venison last night** anoche cenaron venado

Phrasal verb

- **dine out** [v + adv] cenar (a)fuera; ***to*** ~ ***out on sth***: **you'll be dining out on that for years** te va a dar tema de conversación para quién sabe cuántas ocasiones

diner /ˈdaɪnər || ˈdaɪnə(r)/ *n*

A (person) comensal *mf*

B **1** (restaurant) (AmE) cafetería *f* **2** ▸**dining car**

dinette /daɪˈnet/ *n* **1** (area) zona *f* comedor **2** ~ **(set)** (AmE) juego *m* de comedor diario

ding *n* (AmE colloq) abolladura *f*, abollón *m* (fam)

ding-a-ling /ˈdɪŋəlɪŋ/ *n*

A [u] (sound) tilín, tilín *m*; **to go** ~ hacer* tilín, tilín

B [c] /ˈdɪŋəlɪŋ/ (stupid person) (AmE colloq) tonto, -ta *m,f*

dingbat /ˈdɪŋbæt/ *n* (AmE, Austral colloq)
A (fool) tontonazo, -za *m,f* (fam), gili *mf* (Esp fam), gil *mf* (CS fam), leso -sa *m,f* (Chi fam)
B (eccentric) chiflado, -da (fam), pirado, -da *m,f* (Esp, Méx fam)

ding-dong[1] /ˈdɪŋdɔːŋ || ˈdɪŋdɒŋ/ *n*
A [u] (sound) talán, talán *m*; **to go ~** hacer* talán, talán
B [c] (quarrel) (BrE colloq) bronca *f* (fam), pelea *f*

ding-dong[2] *adj* (colloq) (*before n*) ‹*struggle/contest*› reñidísimo

dinghy /ˈdɪŋgi ˈdɪŋi/ *n* (*pl* **-ghies**) **1** (sailing boat) bote *m* **2** (*inflatable o rubber* ~) bote *m* neumático **3** ~ **(cruiser)** velero *m* de crucero, yola *f*

dinginess /ˈdɪndʒinəs || ˈdɪndʒinɪs/ *n* [u] (of room, street) lo lúgubre, lo sombrío; (of curtains) lo descolorido, lo deslucido

dingle /ˈdɪŋgəl/ *n* (liter) hondonada *f* frondosa y arbolada

dingo /ˈdɪŋgəʊ/ *n* (*pl* **-goes**) dingo *m*

dingus /ˈdɪŋgəs/ *n* (*pl* **-guses**) (AmE, S Afr colloq) cuestión *f* (fam), coso *m* (AmS fam), chisme *m* (Esp, Méx fam), vaina *f* (Col, Per, Ven fam), chunche *m* (AmC fam), huarifaifa *f* (Chi fam)

dingy /ˈdɪndʒi/ *adj* **-gier, -giest** ‹*building/room/street*› lúgubre, sombrío, deprimente; ‹*furnishings*› deslucido; (dirty) sucio

dining car /ˈdaɪnɪŋ/ *n* coche *m* comedor, vagón *m* restaurante

dining hall *n* refectorio *m*

dining room *n* comedor *m*; (*before n*): **dining-room table** mesa *f* de comedor

dining table *n* mesa *f* (de comedor)

dinkum /ˈdɪŋkəm/ *adj* (Austral colloq) (article) auténtico, genuino; (person) de primera

dinky /ˈdɪŋki/ *adj* **-kier, -kiest** **1** (AmE colloq) de mala muerte (fam); **a ~ apartment/room** un cuchitril (fam) **2** (cute) (BrE colloq) mono (fam), lindo (AmL), amoroso (esp AmL)

dinner /ˈdɪnər || ˈdɪnə(r)/ *n* [u c] **1** (in evening) cena *f*, comida *f* (AmL); **to eat** *o* **have ~** cenar, comer (AmL); **to sit down to ~** sentarse* a cenar; **who's cooking (the) ~ tonight?** ¿quién hace hoy la cena?; **they've asked us to ~** nos han invitado a cenar (a su casa); **to go out to ~** salir* a cenar fuera; (*before n*): **~ guest** invitado, -da *m,f* a cenar; **~ plate** plato *m* llano *or* (Méx) plano *or* (RPl tb) playo *or* (Chi) bajo (*grande*); **~ service** *o* **set** vajilla *f* **2** (formal) cena *f* (de gala) **3** (at midday) almuerzo *m*, comida *f* (esp Esp, Méx); **to eat** *o* **have ~** almorzar*, comer (esp Esp, Méx); **Sunday/Christmas ~** el almuerzo *or* (esp Esp, Méx) la comida del domingo/de Navidad; **my children have school ~s** mis hijos se quedan a comer en el colegio; **I hate school ~s** odio la comida del colegio; **he's had more girlfriends than you've had hot ~s** (colloq) ¡cambia de novia como de camisa!; (*before n*): **~ hour** hora *f* del almuerzo *or* (esp Esp, Méx) de la comida; **~ money** dinero *m* para el almuerzo *or* (esp Esp, Méx) para la comida

dinner dance *n* cena *f* con baile, comida *f* bailable (esp AmL), cena-baile *f* (Méx)

dinner jacket *n* (esp BrE) esmoquin *m*, smoking *m*; (*before n*): **is it a dinner-jacket affair/occasion?** ¿hay que ir de etiqueta?

dinner lady *n* (BrE); *encargada de supervisar las comidas en un colegio*

dinner party *n* cena *f*, comida *f* (AmL)

dinner table *n* mesa *f*; **it's bad manners to read at the ~ ~** leer en la mesa es de mala educación

dinner theater *n* (AmE) sala *f* de espectáculos (*con servicio de restaurante*)

dinosaur /ˈdaɪnəsɔːr || ˈdaɪnəsɔː(r)/ *n* **1** (prehistoric creature) dinosaurio *m* **2** (outdated thing) pieza *f* de museo

dint /dɪnt/ *n*
A **by ~ of sth** a fuerza de algo; **he won it by ~ of sheer hard work** se lo ganó a fuerza de trabajar, se lo ganó a pulso
B (AmE) ▸**dent**[1]

diocesan /daɪˈɑːsəsən || daɪˈɒsɪsən/ *adj* diocesano

diocese /ˈdaɪəsəs || ˈdaɪəsɪs/ *n* diócesis *f*

diode /ˈdaɪəʊd/ *n* diodo *m*

dionysian /ˌdaɪəˈnɪziən/ *adj* (liter) dionisíaco (liter)

Dionysus /ˌdaɪəˈnaɪsəs/ *n* Dionisos, Dionisio

diopter, (BrE) **dioptre** /daɪˈɑːptər || daɪˈɒptə(r)/ *n* dioptría *f*

diorama /ˌdaɪəˈræmə || ˌdaɪəˈrɑːmə/ *n* **1** (museum display) diorama *m* **2** (Art) diorama *m*

dioxide /daɪˈɑːksaɪd || daɪˈɒksaɪd/ *n* [c u] (Chem) dióxido *m*, bióxido *m*; **carbon/sulphur ~** dióxido *or* bióxido de carbono/azufre, anhídrido *m* carbónico/sulfuroso

dioxin /daɪˈɑːksən || daɪˈɒksɪn/ *n* [u] dioxina *f*

dip[1] /dɪp/ **-pp-** *vt*
A **to ~ sth IN(TO) sth** meter algo EN algo; (into liquid) mojar algo EN algo; **he ~ped his hand into the bag** metió la mano en la bolsa; **he ~ped his bread in the milk** mojó el pan en la leche; **~ it in flour** páselo por harina, enharínelo
B (Agr) ‹*sheep*› desinfectar (*haciendo pasar por un baño*)
C **1** (lower) ‹*head*› agachar, bajar; **the ship ~ped its flag in salute** el barco saludó con la bandera **2** (BrE) (Auto): **to ~ one's headlights** poner* las (luces) cortas *or* de cruce *or* (AmL tb) las (luces) bajas, bajar las luces

■ **dip** *vi*
A **1** (decrease) «*sales/prices*» bajar **2** (move downward) «*aircraft/bird*» bajar en picada *or* (Esp) en picado, picarse* (Méx); **the sun ~ped below the horizon** (liter) el sol desapareció *or* se escondió tras el horizonte **3** (slope) «*land*» descender*, bajar
B (choose) (colloq: used by children) echar suertes (*al ritmo de una canción infantil*)

Phrasal verb

• **dip into** [v + prep + o] **1** ‹*reserves/savings*› echar mano de **2** ‹*book/report*› hojear, leer* por encima; ‹*subject*› estudiar superficialmente

dip[2] *n*
A (swim) (colloq) (*no pl*) chapuzón *m* (fam); **to take a ~** darse* un chapuzón (fam)
B (Agr) baño *m* desinfectante
C [c] (depression, hollow) hondonada *f*
D [c] **1** (in sales, production) caída *f*, descenso *m* **2** (*magnetic ~*) inclinación *f* (magnética) **3** (Geol) (*angle of ~*) buzamiento *m*, ángulo *m* de inclinación
E [u c] (Culin) *salsa para acompañar los diferentes bocaditos que se sirven con el aperitivo, en una fiesta etc*
F (scoop) (AmE) bola *f*

Dip Ed *n* (in UK) (**= Diploma in Education**) *título de maestro o profesor*

diphtheria /dɪfˈθɪriə || dɪfˈθɪəriə/ *n* [u] difteria *f*

diphthong /ˈdɪfθɔːŋ || ˈdɪfθɒŋ/ *n* diptongo *m*

diphthongize /ˈdɪfθɔːŋaɪz || ˈdɪfθɒŋaɪz/ *vi* diptongarse*

■ **diphthongize** *vt* diptongar*

diplodocus /dɪpˈlɑːdəkəs || dɪpˈlɒdəkəs/ *n* (*pl* **-cuses**) diplococo *m*

diploid /ˈdɪplɔɪd/ *adj* diploide

diploma /dəˈpləʊmə || dɪˈpləʊmə/ *n* diploma *m*; **to have** *o* **hold a ~ in sth** ser* diplomado en algo

diplomacy /dəˈpləʊməsi || dɪˈpləʊməsi/ *n* [u] **1** (Govt) diplomacia *f* **2** (tact) diplomacia *f*

diplomat /ˈdɪpləmæt/ *n* **1** diplomático, -ca *m,f*; **a career ~** un diplomático de carrera **2** (tactful person) persona *f* diplomática

diplomatic /ˌdɪpləˈmætɪk/ *adj* **1** (Govt) (*before n*) diplomático; **the ~ corps** el cuerpo diplomático; **~ immunity** inmunidad *f* diplomática; **to break off ~ relations** romper* las relaciones diplomáticas **2** (tactful) ‹*person/approach*› diplomático; **she needs ~ handling** hay que tratarla con diplomacia

diplomatically /ˌdɪpləˈmætɪkli/ *adv* con diplomacia, diplomáticamente

diplomatic bag *n* (BrE) ▸**diplomatic pouch**

diplomatic passport *n* pasaporte *m* diplomático

diplomatic pouch *n* (AmE) valija *f* diplomática

diplomatic service *n* servicio *m* diplomático

diplomatist /dəˈpləʊmətəst || dɪˈpləʊmətɪst/ *n* persona *f* diplomática

dipole /ˈdaɪpəʊl/ *n* **1** (Elec) dipolo *m* **2** (Rad, TV): **~ (antenna** *o* (BrE) **aerial)** antena *f* dipolar

dipper /ˈdɪpər || ˈdɪpə(r)/ *n*
A (Zool) tordo *m* de agua
B (ladle) (AmE) cucharón *m*, cazo *m*; **the Big/Little D~** (Astron) la Osa Mayor/Menor

dippy /ˈdɪpi/ *adj* **-pier, -piest** (colloq) chiflado (fam)

dipso /ˈdɪpsəʊ/ *n* (colloq) borracho, -cha *m,f*, curda *mf* (RPl fam)

dipsomania /ˌdɪpsəˈmeɪniə/ *n* [u] dipsomanía *f*

dipsomaniac /ˌdɪpsəˈmeɪniæk/ *n* dipsómano, -na *m,f*, dipsomaníaco, -ca *m,f*

dipstick /ˈdɪpstɪk/ *n* varilla *f* (medidora) del aceite

dip switch *n* (BrE) conmutador *m* (de las luces)

diptych /ˈdɪptɪk/ *n* díptico *m*

dire /daɪr || ˈdaɪə(r)/ *adj* **direr** /ˈdaɪrər || ˈdaɪərə(r)/ **direst** /ˈdaɪrəst || ˈdaɪərɪst/
A **1** ‹*news/fate/consequences*› funesto, nefasto; **to be in ~ straits** estar* en una situación desesperada **2** (very bad) (BrE colloq) espantoso (fam), atroz
B (ominous) ‹*warning*› serio, grave; **he made ~ predictions about the economy** hizo pronósticos más que alarmantes sobre la economía
C (desperate) ‹*need/misery*› extremo

direct[1] /dəˈrekt, daɪ- || daɪˈrekt, dɪ-/ *adj*
A **1** ‹*route/flight*› directo; ‹*contact*› directo; ‹*cause/consequence*› directo; **there is no ~ link between the two incidents** los dos incidentes no están directamente relacionados; **do not expose to ~ heat** no exponer directamente al calor; **it has no ~ bearing on the result** no afecta directamente al resultado; **~ dialing** *o* (BrE) **dialling** (Telec) servicio *m* automático, discado *m* directo *or* automático (AmL), marcado *m* automático (Méx); **~ taxation** impuestos *mpl* directos, tributación *f* directa; **~ elections to the European Parliament** elecciones *fpl* directas al Parlamento Europeo **2** (in genealogy) ‹*line/ancestor*› directo; **he's a ~ descendant of the duke** desciende directamente del duque, desciende del duque por línea directa **3** (exact) ‹*equivalent/quotation*› exacto; **he's the ~ opposite of his brother** es diametralmente opuesto a su hermano; **to score a ~ hit** dar* en el blanco **4** (Ling) (*before n*) ‹*question/command*› en estilo directo; **~ discourse** *o* (BrE) **speech** estilo *m* directo
B (frank, straightforward) ‹*person/manner*› franco, directo; ‹*question*› directo; **he wouldn't give me a ~ answer** no quiso darme una respuesta clara *or* concreta

direct[2] *adv*
A ‹*write/phone*› directamente; ‹*go/travel*› (BrE) directo, directamente; **to dial ~** (Telec) marcar* *or* (AmL tb) discar* directamente el número
B (straight) directamente; **he came ~ from the station/his meeting** vino directamente desde la estación/de la reunión; **~ from Paris** (Rad, TV) en directo desde París
C (straightforwardly) (esp AmE colloq) directamente, sin rodeos; **give it to me ~** dímelo directamente *or* sin rodeos

direct[3] *vt*
A **1** (give directions to) indicarle* el camino a; **can you ~ me to the station?** ¿me podría indicar el camino a la estación?, ¿me podría decir cómo se va a la estación? **2** (address) ‹*letter/parcel*› mandar, dirigir*
B (aim) **1** ‹*remark/comment*› dirigir*; **it was ~ed at us** iba dirigido a nosotros **2** ‹*energy/attention*› dirigir* **3** ‹*steps/eyes/gaze*› dirigir*
C ‹*play/orchestra/inquiry/traffic*› dirigir*

d

ℹ Street Directions

How do I get there?

Al salir de la estación, tome* a su izquierda, todo recto hasta llegar al semáforo, pasar el semáforo y doblar en la bocacalle inmediatamente a la izquierda. Camine hasta el final de la calle hasta donde hay una plaza, cruce la plaza y camine unos 100 metros siguiendo la misma calle. Se encontrará en frente de un edificio blanco, tome* el callejón que está a la derecha y saldrá a la Avenida Colón, atraviese la avenida hacia un espacio abierto. El hotel se encuentra a la derecha, entre un gimnasio y un edificio de oficinas.

*Peninsular Spanish prefers *coger* in this case

D (order) (frml) ordenar; **to ~ sb to + INF** ordenarle A algn QUE + SUBJ; Ⓢ **take as directed** (Pharm) tómese según prescripción facultativa *or* (AmL tb) según indicación médica

■ **direct** *vi* (Cin, Theat) dirigir*

direct access *n* [u] acceso *m* directo

direct action *n* [u] acción *f* directa

direct billing *n* [u c] (AmE) débito *m* bancario *or* (Esp) domiciliación *f* de pagos; **to pay by ~ ~** pagar* por débito bancario (AmL), domiciliar los pagos (Esp)

direct cost *n* costo *m or* (Esp) coste *m* directo

direct current *n* [u] corriente *f* continua

direct debit *n* [u c] ▸**direct billing**

direct fire *n* [u] fuego *m* directo

direct grant school *n* (in UK) *colegio privado subvencionado por el Estado*

direct investment *n* [u c] inversión *f* directa

direction /dəˈrekʃən, daɪ- || daɪˈrekʃən, dɪ-/ *n*

A [c] (course, compass point) dirección *f*; **in that ~** en esa dirección; **in a westerly ~** en dirección oeste; **in all ~s** en todas direcciones; **sense of ~** sentido *m* de (la) orientación; **to change ~** cambiar de dirección; **it's a step in the right ~** es un paso positivo; **in the ~ of** en dirección a

B [c] (tendency) dirección *f*; **a token gesture in the ~ of reconciliation** un gesto simbólico hacia la reconciliación

C [u] (purpose): **her enthusiasm lacks ~** no sabe canalizar *or* encauzar su entusiasmo; **he lacks ~** no tiene un norte

D [u] (supervision) dirección *f*; **under the ~ of** bajo la dirección de; **she is able to work well with the minimum of ~** es capaz de trabajar bien con el mínimo de instrucciones

E **directions** *pl* 1 (for route) ▸ℹ **p.1110**; indicaciones *fpl*; **I had to ask for ~s** tuve que preguntar el camino, tuve que pedir indicaciones *or* que me indicaran el camino 2 (for task, use, assembly) instrucciones *fpl*, indicaciones *fpl*; Ⓢ **directions for use** modo de empleo

directional /dəˈrekʃənl, daɪ- || daɪˈrekʃənl, dɪ-/ *adj* direccional; **~ antenna** *o* (BrE) **aerial** antena *f* dirigida

direction finder *n* radiogoniómetro *m*

directionless /dəˈrekʃənləs, daɪ- || daɪˈrekʃənlɪs, dɪ-/ *adj* ‹*young people*› sin rumbo, sin oriente; ‹*policy*› sin dirección, que no conduce a nada; ‹*party/market*› a la deriva, sin rumbo fijo

directive /dəˈrektɪv, daɪ- || daɪˈrektɪv, dɪ-/ *n* directriz *f*, directiva *f* (esp AmL); **EU ~s become binding on member states** las directivas de la UE pasan a ser vinculantes para los estados miembros

direct labor, (BrE) **direct labour** *n* [u] 1 (production workers) mano *f* de obra directa 2 (workers contracted by employer) mano *f* de obra de contratación directa

directly[1] /dəˈrektli, daɪ- || daɪˈrektli, dɪ-/ *adv*

A 1 (without stopping) ‹*go/drive/fly*› directamente, directo 2 (without intermediaries) ‹*report/deal*› directamente; **he's ~ responsible** es el responsable directo; **you'll be answerable ~ to her** tendrás que darle cuentas directamente a ella, ella será tu superior inmediato 3 (exactly) ‹*opposite/above*› justo; **they live ~ opposite to us** viven justo enfrente de nosotros 4 (in genealogy) ‹*related/descended*› por línea directa 5 (Pol) ‹*elected*› en forma directa

B (frankly, straightforwardly) ‹*ask/refer to*› directamente; ‹*answer/speak*› con franqueza

C (now, at once) inmediatamente, ahora mismo; **~ before/after** inmediatamente antes/después

directly[2] *conj* (esp BrE colloq) en cuanto; **tell me ~ he arrives** avísame en cuanto llegue

direct mail *n* [u] publicidad *f* por correo; (*before n*): **direct-mail shot** mailing *m*

direct marketing *n* [u] márketing *m* directo

direct method *n* (Educ, Ling): **the ~ ~** el método directo

directness /dəˈrektnəs, daɪ- || daɪˈrektnɪs, dɪ-/ *n* [u] 1 (of character, manner, remark) franqueza *f* 2 (of aim, attack) lo directo

direct object *n* (Ling) complemento *m* directo

director /dəˈrektər, daɪ- || daɪˈrektə(r), dɪ-/ *n*

A 1 (of company) directivo, -tiva *m,f*; **non-executive ~** consejero, -ra *m,f*; **board of ~s** consejo *m* de administración, junta *f* directiva; **the financial/personnel ~** el director de finanzas/de personal; *see also* **managing director** 2 (of department, project) director, -tora *m,f*

B 1 (Cin, Theat) director, -tora *m,f* 2 (esp AmE) (Mus) director, -tora *m,f*

directorate /dəˈrektərət, daɪ- || daɪˈrektərət, dɪ-/ *n*

A (board of directors) (+ *sing o pl vb*) dirección *f*, directiva *f*, consejo *m* de administración, junta *f* directiva

B (esp BrE) ▸**directorship**

Directorate General *n* (EU) Direcciones *fpl* Generales

director general *n* director, -tora *m,f* general; **the ~ ~ for agriculture/information** (EU) el director general de agricultura/información

directorial /ˌdərekˈtɔːriəl, ˈdaɪ- || ˌdaɪrekˈtɔːriəl, ˌdɪ-/ *adj* ‹*techniques/tricks*› de dirección; ‹*experience*› en dirección, como director; ‹*debut*› como director

director's chair *n* silla *f* de director (*de cine*)

directorship /dəˈrektərʃɪp, daɪ- || daɪˈrektəʃɪp, dɪ-/ *n* 1 (post) dirección *f*, cargo *m* de director 2 (time, work as director) dirección *f*; **under his ~** bajo su dirección

directory /dəˈrektəri, daɪ- || daɪˈrektəri, dɪ-/ *n* (*pl* **-ries**) 1 (*telephone ~*) guía *f* telefónica *or* de teléfonos, directorio *m* telefónico (Col, Méx), listín *m* (de teléfonos) (Esp fam); (*before n*): **~ assistance** *o* (BrE) **enquiries** servicio *m* de información telefónica, información *f* (de teléfonos) 2 (index, yearbook) directorio *m*, guía *f*; **a street** *o* (AmE) **city ~** una guía de calles, un callejero

direct rule *n* [u] administración *f* directa

direct selling *n* [u] ventas *fpl* directas

dirge /dɜːrdʒ || dɜːdʒ/ *n* canto *m* fúnebre

dirndl /ˈdɜːrndl || ˈdɜːndl/ *n* falda *f* con peto

dirt /dɜːrt || dɜːt/ *n* [u]

A 1 (unclean substance) suciedad *f*, mugre *f*; **he looked at me as though I were ~** me miró con cara de asco; **to treat sb like ~** tratar a algn como a un perro 2 (excrement) (euph): **dog('s)/cat('s) ~** porquería *f* de perro/gato (euf), caca *f* de perro/gato (fam)

B 1 (scandal): **they tried to get some ~ on the party** intentaron ensuciar el nombre del partido; **to dig up ~ on** *o* **about sb** sacarle* los trapos sucios a relucir *or* al sol a algn 2 (obscenity) (esp BrE colloq) inmundicia *f*; **a novel with a bit of ~ in it** una novela un poco verde *or* (Méx) colorada

C (earth, soil) (esp AmE) tierra *f*; **to hit the ~** (sl) caerse* al suelo; (*before n*) ‹*road/track*› de tierra

dirt cheap *adj* (*before n* **dirt-cheap**) (colloq) baratísimo, regalado (fam), tirado (fam)

dirt farmer *n* (AmE); *agricultor que trabaja su propia tierra*

dirtily /ˈdɜːrtli || ˈdɜːtɪli/ *adv* ‹*laugh/leer*› lascivamente; ‹*eat*› sin modales

dirty[1] /ˈdɜːrti || ˈdɜːti/ *adj* **-tier, -tiest**

A 1 (soiled) sucio; (stained) manchado; **my hands are ~** tengo las manos sucias; **a ~ mark** una mancha; **to get ~** ensuciarse; **the floor is ~** el suelo está sucio; **the kitchen was disgustingly ~** la cocina estaba sucísima *or* hecha un asco; **he has very ~ habits** es muy sucio, es muy guarro (Esp fam); **don't touch that, it's ~** (colloq: said to children) no toques eso, que está sucio, no toques eso ¡caca! (fam); ***to get one's hands ~*** ensuciarse *or* mancharse las manos 2 (inclement) (colloq) ‹*weather/night*› asqueroso (fam), de perros (fam)

B 1 (obscene) ‹*story/book*› cochino (fam), guarro (Esp fam); ‹*leer/grin*› lascivo; ‹*joke*› verde *or* (Méx) colorado; ‹*magazine*› porno *adj inv*; **to have a ~ mind** tener* una mente de cloaca; **you've got a really ~ laugh!** te ríes como un viejo verde 2 (shameful) ‹*job/work*› sucio; ‹*secret*› vergonzoso; **~ money** dinero *m* sucio *or* negro; **to do sb's ~ work** hacerle* el trabajo sucio a algn 3 (despicable) (colloq): **he's a ~ bastard** (vulg) es un hijo de puta (vulg); **he played a ~ trick on me** me jugó una mala pasada, me hizo una jugarreta, me hizo una guarrada (Esp fam); ***to do the ~ on sb*** (BrE) jugarle* una mala pasada a algn; **it's a ~ shame** (AmE) ¡qué mala pata! (fam) 4 (unfair) ‹*tactics*› sucio; **he's a ~ player** juega sucio; **~ war** guerra *f* sucia

C (angry, accusing): **a ~ look** una mirada asesina

dirty[2] **dirties, dirtying, dirtied** *vt* 1 (soil) ensuciar; **to ~ one's hands/clothes** ensuciarse las manos/la ropa 2 (besmirch) ‹*reputation/record*› manchar

■ **dirty** *vi* ensuciarse

dirty[3] *adv* (colloq)

A 1 (unfairly) ‹*fight/play*› sucio 2 (indecently): **to talk ~** decir* cochinadas *or* (Esp tb) guarradas (fam)

B (BrE sl) (*as intensifier*): **~ great** tremendo

dirty-minded /ˌdərtiˈmaɪndəd || ˌdɜːti ˈmaɪndɪd/ *adj* que tiene la mente sucia, que tiene una mente de cloaca

dirty old man *n* (colloq) viejo *m* verde (fam)

dirty pool *n* [u] (AmE sl) juego *m* sucio

dirty tricks *pl n* chanchullos *mpl*; (*before n*): **~ ~ department** *departamento de actividades clandestinas*

dirty weekend *n* (BrE colloq): **to go on a ~ ~ with sb** irse* de fin de semana con un/una amante

dirty word *n* palabrota *f*, mala palabra *f* (AmL), taco *m* (Esp), garabato *m* (Chi); **'failure' is a ~ ~ here** aquí 'fracaso' es una palabra tabú *or* (AmL tb) una mala palabra

dis[1]**, diss** /dɪs/ *vt* (AmE colloq): **he ~es his parents all the time** siempre les falta al *or* (CS) el respeto a sus padres

dis[2] *n* [u] (AmE colloq) falta *f* de respeto

disability /ˌdɪsəˈbɪləti/ *n* (*pl* **-ties**)

A (state) [u] invalidez *f*, discapacidad *f*, minusvalía *f*; (particular handicap) [c] problema *m*; **she managed to overcome her ~** consiguió superar su problema; (*before n*) ‹*pension/allowance*› por invalidez

B (disqualification) (Law) incapacidad *f* (legal)

disable /dɪsˈeɪbəl/ *vt*

A 1 «*illness/accident/injury*» dejar inválido (*or* lisiado *or* ciego *etc*); **he was ~d during the war** quedó inválido en la guerra 2 ‹*machine/weapon/device*› (Mil) inutilizar*

B (Law) inhabilitar

disabled[1] /dɪsˈeɪbəld/ *adj* 1 (physically handicapped) discapacitado, minusválido; **a ~ soldier** un inválido de guerra 2 ‹*ship/tank/machinery*› (Mil) inutilizado

disabled[2] *pl n*: **the ~** los discapacitados, los minusválidos

disabled access *n* [u] acceso *m* para discapacitados

disabled driver *n* conductor, -tora *m,f* discapacitado, -da

disablement /dɪs'eɪbəlmənt/ *n* 1 [u] (state) invalidez *f*, discapacidad *f*, minusvalía *f* 2 [u] (of machine, weapon, device) (Mil) inutilización *f*

disabuse /ˌdɪsə'bju:z/ *vt* (frml) desengañar; **I'm sorry to have to ~ you** siento tener que desengañarlo; **to ~ sb OF sth**: **I tried to ~ him of the notion that ...** intenté sacarlo del error de que ...

disadvantage[1] /ˌdɪsəd'væntɪdʒ || ˌdɪsəd'vɑ:ntɪdʒ/ *n* 1 [c] (hindrance, drawback) desventaja *f*, inconveniente *m*; **to be at a ~** estar* en desventaja; **his age puts him at a ~** su edad lo pone en (una) situación de desventaja, su edad lo perjudica *or* no lo favorece; **to show sb to ~** *o* (BrE) **at a ~** no favorecer* a algn; **to sb's/sth's ~, to the ~ of sb/sth** en perjuicio de algn/algo; **they're spreading rumors to his ~** están haciendo correr rumores que lo perjudican 2 [u] (Sociol) carencias *fpl*

disadvantage[2] *vt* ‹*interests/person*› perjudicar*; **athletes from small countries are ~d** los atletas de países pequeños están en desventaja *or* se ven perjudicados

disadvantaged /ˌdɪsəd'væntɪdʒd || ˌdɪsəd'vɑ:ntɪdʒd/ *adj* ‹*children/area*› desfavorecido, carenciado

disadvantageous /dɪsˌædvæn'teɪdʒəs || dɪsˌædvən'teɪdʒəs/ *adj* desventajoso, desfavorable; **in a ~ position** en (una) situación de desventaja; **to be ~ TO sb/sth** ser* desventajoso *or* desfavorable PARA algn/algo

disaffected /ˌdɪsə'fektəd || ˌdɪsə'fektɪd/ *adj* desafecto; **party members are becoming ~** el partido está perdiendo el apoyo de sus miembros

disaffection /ˌdɪsə'fekʃən/ *n* [u] desafección *f*

disagree /ˌdɪsə'gri:/ *vi*
A 1 (differ in opinion) **to ~ (WITH sb/sth)** no estar* de acuerdo (CON algn/algo), disentir* *or* discrepar (DE algn/algo) (frml); **no one ventured to ~** nadie se atrevió a mostrar su desacuerdo *or* disconformidad; **I (must) ~** yo no estoy de acuerdo, yo disiento *or* discrepo (frml) 2 (quarrel) **to ~ (WITH sb)** discutir (CON algn) 3 (conflict) «*figures/reports/accounts*» no coincidir, discrepar; **to ~ WITH sth** no coincidir CON algo
B (cause discomfort) **to ~ WITH sb** sentarle* *or* caerle* mal A algn; **onions ~ with her** las cebollas le sientan *or* le caen mal

disagreeable /ˌdɪsə'gri:əbəl/ *adj* ‹*smell/experience/weather*› desagradable; ‹*task/job*› ingrato, desagradable; ‹*person*› desagradable

disagreeably /ˌdɪsə'gri:əbli/ *adv* ‹*look/say*› de mala manera, de manera desagradable; **it was ~ hot** hacía un calor desagradable

disagreement /ˌdɪsə'gri:mənt/ *n* 1 [u] (difference of opinion) desacuerdo *m*, disconformidad *f*; **to express (one's) ~** expresar su (*or* mi *etc*) desacuerdo *or* disconformidad; **to be in ~ (with sb/sth)** estar* en desacuerdo (con algn/algo) 2 [c] (quarrel) discusión *f* 3 [u c] (disparity) discrepancia *f*

disallow /ˌdɪsə'laʊ/ *vt* (frml) ‹*claim/evidence*› (Law) rechazar*, desestimar; ‹*goal*› anular

disambiguate /ˌdɪsæm'bɪgjʊeɪt/ *vt* quitarle la ambigüedad a

disappear /ˌdɪsə'pɪr || ˌdɪsə'pɪə(r)/ *vi*
A 1 (become invisible) desaparecer*; **the ship ~ed over the horizon** el barco desapareció *or* se perdió en el horizonte; **she ~ed from sight** desapareció, la perdí de vista; **he kept ~ing into the bathroom every five minutes** cada cinco minutos desaparecía y se metía en el baño; **to make sth ~** hacer* desaparecer algo; ▸**act**[2] **C2** 2 (become lost) desaparecer*; **to ~ without (a) trace** desaparecer* sin dejar rastro, esfumarse
B «*pain/problems*» desaparecer*, irse*; «*worries/fears*» desvanecerse*

disappearance /ˌdɪsə'pɪrəns || ˌdɪsə'pɪərəns/ *n* desaparición *f*

disappeared /ˌdɪsə'pɪrd || ˌdɪsə'pɪəd/ *pl n*: **the ~** los desaparecidos

disappoint /ˌdɪsə'pɔɪnt/ *vt* 1 (let down) ‹*person*› decepcionar; **I'm sorry to ~ you** lamento decepcionarlo; **the book ~ed me** el libro me decepcionó 2 (fall short of) ‹*hopes/desires*› defraudar; **the town ~ed our expectations** el pueblo nos decepcionó *or* nos defraudó; **her ambitions were ~ed** sus ambiciones se vieron defraudadas
■ **disappoint** *vi* decepcionar, defraudar

disappointed /ˌdɪsə'pɔɪntəd || ˌdɪsə'pɔɪntɪd/ *adj* 1 (*pred*): **to be ~** estar* desilusionado *or* decepcionado; **to be ~ AT -ING**: **she was ~ at losing the match** se llevó una desilusión al perder el partido; **I was ~ not to see you** *o* **at not seeing you** me llevé una desilusión al no verte, sentí mucho no verte; **to be ~ WITH sth**: **I'm ~ with the results** los resultados me han decepcionado; **to be ~ IN sth/sb**: **she was ~ in love** tuvo un desengaño amoroso; **I'm ~ in you** me has decepcionado *or* defraudado 2 ‹*look/sigh*› de desilusión; **he returned a ~ man** volvió desilusionado *or* decepcionado *or* desengañado de todo

disappointing /ˌdɪsə'pɔɪntɪŋ/ *adj* decepcionante; **the results were very ~** los resultados fueron muy decepcionantes; **how ~!** ¡qué desilusión!; **they finished a ~ fourth** quedaron en cuarto lugar, lo cual fue muy decepcionante

disappointingly /ˌdɪsə'pɔɪntɪŋli/ *adv* ‹*perform/react*› de manera decepcionante; **it's ~ short/superficial** es tan corto/superficial que resulta decepcionante

disappointment /ˌdɪsə'pɔɪntmənt/ *n* 1 [u] (emotion) desilusión *f*, decepción *f*; **much to my ~, our plans fell through** para mi gran desilusión, nos fallaron los planes; **book now to avoid ~** para no llevarse desilusiones, haga ahora su reserva 2 [c] (letdown) decepción *f*, chasco *m*; **the meal turned out to be a great ~** la comida resultó decepcionante *or* fue un chasco; **~s in love** desengaños *mpl* amorosos; **their daughter's a big ~ to them** su hija los ha decepcionado mucho

disapproval /ˌdɪsə'pru:vəl/ *n* [u]
A (dislike) desaprobación *f*; **to voice** *o* **express one's ~ of sb/sth** mostrar* *or* expresar su (*or* mi *etc*) desaprobación respecto de algn/algo; **she frowned in ~** frunció el ceño con desaprobación; **there were murmurs of ~** se oyeron murmullos de desaprobación
B (rejection) (AmE) (of bill) no aprobación *f*; (of grant) denegación *f*

disapprove /ˌdɪsə'pru:v/ *vi*: **she wants to be a singer but her parents ~** quiere ser cantante pero a sus padres no les parece bien *or* (frml) sus padres desaprueban la idea; **to ~ OF sth/sb**: **he ~s of smoking** no le gusta *or* (frml) desaprueba que se fume, está en contra del tabaco; **she ~s of her son's fiancée** no tiene buen concepto de la novia de su hijo
■ **disapprove** *vt* (AmE) ‹*plan/expenditure*› rechazar*, no aprobar*

disapproving /ˌdɪsə'pru:vɪŋ/ *adj* ‹*tone/look*› de reproche

disapprovingly /ˌdɪsə'pru:vɪŋli/ *adv* ‹*frown/glare*› con desaprobación

disarm /dɪs'ɑ:rm || dɪs'ɑ:m/ *vt*
A 1 (remove weapon from) ‹*country/troops/assailant*› desarmar 2 (defuse, neutralize) ‹*bomb/mine*› desactivar; ‹*opposition*› desarmar; ‹*criticism*› desbaratar
B (win confidence of) desarmar; **he was ~ed by her smile** su sonrisa lo desarmó
■ **disarm** *vi* desarmarse

disarmament /dɪs'ɑ:rməmənt || dɪs'ɑ:məmənt/ *n* [u] (Mil, Pol) desarme *m*; **nuclear ~** desarme nuclear; (*before n*) ‹*talks/treaty*› sobre (el) desarme

disarming /dɪs'ɑ:rmɪŋ || dɪs'ɑ:mɪŋ/ *adj* ‹*smile/manner*› que desarma; **I found her utterly ~** me pareció encantadora

disarmingly /dɪs'ɑ:rmɪŋli || dɪs'ɑ:mɪŋli/ *adv*: **he smiled ~ at me** me desarmó con su sonrisa; **she's ~ frank** es de una franqueza que desarma

disarray /ˌdɪsə'reɪ/ *n* [u] (of political party) desorganización *f*; (of thoughts) confusión *f*; (of appearance) desaliño *m*; **the troops were in ~** entre las tropas reinaba la confusión *or* el caos; **a party in complete ~** un partido totalmente desorganizado; **her papers/clothes were in total ~** sus papeles estaban completamente desordenados/su ropa estaba completamente desordenada

disassemble /ˌdɪsə'sembəl/ *vt* 1 desmontar, desarmar (esp AmL) 2 **disassembled** *past p* (AmE) que viene *or* se vende desmontado *or* (esp AmL) desarmado
■ **disassemble** *vi*
A (come apart) desmontarse, desarmarse (esp AmL)
B (disperse) (AmE) «*crowd*» dispersarse; «*meeting*» disolverse*

disassociate /ˌdɪsə'səʊʃɪeɪt -sieɪt/ *vt* ▸**dissociate**

disassociation /ˌdɪsəˌsəʊʃɪ'eɪʃən -sɪ'eɪʃən/ *n* [u] ▸**dissociation**

disaster /dɪ'zæstər || dɪ'zɑ:stə(r)/ *n*
A [c] (flood, earthquake) catástrofe *f*, desastre *m*; (crash, sinking) siniestro *m*, desastre *m*; (*before n*): **~ fund** fondo *m* para los damnificados; **~ movie** película *f* de catástrofes; **~ relief** ayuda *f* en caso de catástrofe *or* desastre
B [c] 1 (fiasco) desastre *m*; **a catalog of ~s** una serie de desastres *or* de calamidades 2 (hopeless person) (colloq) desastre *m* (fam)
C [u] (misfortune): **~ struck** ocurrió *or* se produjo una catástrofe; **to be doomed to ~** estar* condenado al fracaso; **the talks ended in ~** las conversaciones acabaron en un fracaso total; **the vacation ended in ~** las vacaciones acabaron de forma desastrosa

disaster area *n* 1 (site of disaster) zona *f* siniestrada, zona *f* de desastre; **to be declared a ~ ~** ser* declarado zona de desastre 2 (colloq & hum) desastre *m* (fam & hum); **my room is a real ~ ~** mi habitación está hecha un desastre (fam); **he's a walking ~ ~** es un verdadero desastre (fam)

disastrous /dɪ'zæstrəs || dɪ'zɑ:strəs/ *adj* desastroso, catastrófico; **they took no precautions, with ~ consequences** no tomaron precauciones, lo cual tuvo consecuencias desastrosas *or* catastróficas; **the result was ~** el resultado fue desastroso *or* catastrófico

disastrously /dɪ'zæstrəsli || dɪ'zɑ:strəsli/ *adv* desastrosamente

disavow /ˌdɪsə'vaʊ/ *vt* (frml) 1 (deny): **he ~ed all knowledge of the matter** negó tener conocimiento del asunto; **she ~ed any connection with the terrorists** negó tener ninguna relación con los terroristas 2 (disown) ‹*children/origins*› renegar* de

disavowal /ˌdɪsə'vaʊəl/ *n* [u c] (frml) desmentido *m*, mentís *m* (Esp)

disband /dɪs'bænd/ *vt* ‹*organization*› disolver*; ‹*army*› licenciar
■ **disband** *vi* «*organization*» disolverse*; «*group/gathering*» desbandarse

disbar /dɪs'bɑ:r || dɪs'bɑ:(r)/ *vt* **-rr-** ‹*barrister/attorney*› inhabilitar para el ejercicio de la abogacía

disbelief /ˌdɪsbə'li:f || ˌdɪsbɪ'li:f/ *n* [u] incredulidad *f*; **she looked at me in ~** me miró incrédula *or* sin dar crédito a lo que veía (*or* oía *etc*)

disbelieve /ˌdɪsbə'li:v || ˌdɪsbɪ'li:v/ *vt* (frml) ‹*statement*› no creer*; ‹*person*› no creerle* a

disbelieving /ˌdɪsbə'li:vɪŋ || ˌdɪsbɪ'li:vɪŋ/ *adj* (*before n*) incrédulo; **he looked at me in a ~ manner** me miró incrédulo

disburse /dɪs'bɜ:rs || dɪs'bɜ:s/ *vt* (frml) desembolsar

disbursement /dɪs'bɜ:rsmənt || dɪs'bɜ:smənt/ *n* [u c] (frml) 1 (payment) desembolso *m* 2 **disbursements** *pl* (expenses) gastos *mpl*

disc /dɪsk/ *n*
A (esp BrE) ▸**disk**
B (*parking ~*) (BrE) (Transp) disco *m* (de estacionamiento); (*before n*): **~ zone** *zona donde es obligatorio el uso del disco de estacionamiento,* zona *f* azul (Esp)

discard /dɪs'kɑ:rd || dɪs'kɑ:d/ *vt*
A 1 (dispose of) desechar, deshacerse* de 2 ‹*idea/belief*› desechar; ‹*friends*› desentenderse* de 3 (shed) ‹*skin/leaves*› mudar 4 (take

off) ‹*clothing*› desembarazarse* de
B (in card games) descartarse de
■ **discard** *vi* (in card games) descartarse

disc brake *n* freno *m* de disco

discern /dɪ'sɜːrn || dɪ'sɜːn/ *vt* (frml) **1** (with senses) distinguir*, percibir **2** (mentally): **to ~ the truth** discernir* cuál es la verdad (frml); **I ~ed that he was lying** me di cuenta de que mentía

discernible /dɪ'sɜːrnəbəl || dɪ'sɜːnəbəl/ *adj* (frml) ‹*likeness/difference/change*› apreciable, ostensible; ‹*fault/drawback*› perceptible; **he did it for no ~ reason** no está claro por qué lo hizo

discerning /dɪ'sɜːrnɪŋ || dɪ'sɜːnɪŋ/ *adj* ‹*reader/customer/critic*› exigente, con criterio; ‹*palate/taste*› exigente, fino; ‹*ear/eye*› educado

discernment /dɪ'sɜːrnmənt || dɪ'sɜːnmənt/ *n* [u] (frml) criterio *m*, discernimiento *m*

discharge[1] /dɪs'tʃɑːrdʒ || dɪs'tʃɑːdʒ/ *vt*
A **1** (release) ‹*prisoner*› liberar, poner* en libertad; ‹*patient*› dar* de alta; ‹*juror*› dispensar; ‹*bankrupt*› rehabilitar; **I ~d myself from hospital** me di de alta yo mismo del hospital; **he was ~d from the army** fue dado de baja del ejército; **to ~ oneself from a responsibility** (frml) eximirse de una responsabilidad (frml) **2** (dismiss) (frml) despedir*
B **1** (send out) ‹*smoke/fumes*› despedir*; ‹*electricity*› descargar*; ‹*sewage/waste*› verter*; **to ~ pus** supurar **2** (unload) ‹*cargo*› descargar*; ‹*passenger*› desembarcar* **3** (shoot) ‹*volley/broadside*› descargar*; ‹*arrow*› arrojar, lanzar*
C **1** ‹*duty/obligation*› cumplir con **2** ‹*debt*› saldar, liquidar
■ **discharge** *vi* **1** «*river*» desembocar*, descargar* (téc) **2** «*wound/fistula*» supurar **3** «*battery*» descargarse*

discharge[2] /'dɪstʃɑːrdʒ || 'dɪstʃɑːdʒ/ *n*
A **1** [u c] (release — from army) baja *f*; (— from prison) puesta *f* en libertad; **conditional ~** (Law) libertad *f* condicional **2** [u] (dismissal) despido *m*
B [u c] **1** (Med) secreción *f*; (*vaginal ~*) flujo *m* (vaginal) **2** (of toxic fumes, gases) emisión *f*; (of sewage, waste) vertido *m* **3** (Elec) descarga *f*
C [u] (of debt, liabilities) liquidación *f*, pago *m*; (of duty) (frml) cumplimiento *m*

disciple /dɪ'saɪpəl/ *n* **1** (Relig) discípulo, -la *m,f* **2** (adherent) seguidor, -dora *m,f*

disciplinarian /ˌdɪsəplə'neriən || ˌdɪsɪplɪ'neəriən/ *n*: **he is a strict ~** impone una disciplina férrea; **he is a poor ~** no sabe mantener la disciplina

disciplinary /'dɪsəpləneri || ˌdɪsɪ'plɪnəri/ *adj* disciplinario

disciplinary action *n* **1** [u] (process) medidas *fpl* disciplinarias **2** [c] (measure) medida *f* disciplinaria

discipline[1] /'dɪsəplən || 'dɪsɪplɪn/ *n*
A [u c] (rule) disciplina *f*; **getting up early is good ~** levantarse temprano ayuda a disciplinarse *or* es una buena autodisciplina
B [u] (Educ, Sport) disciplina *f*

discipline[2] *vt*
A **1** (control) ‹*child/pupils*› disciplinar; ‹*emotions*› controlar; **to ~ a class** imponer* la disciplina en clase **2** (punish) ‹*employee*› sancionar; ‹*prisoner*› castigar*
B (train) ‹*body/mind*› disciplinar
■ *v refl* **to ~ oneself to + INF** imponerse* la disciplina de + INF, obligarse* A + INF

disciplined /'dɪsəplənd || 'dɪsɪplɪnd/ *adj* disciplinado

disc jockey *n* disc(-)jockey *mf*, pinchadiscos *mf* (Esp fam)

disclaim /dɪs'kleɪm/ *vt*
A (deny): **he ~ed all responsibility for the accident** negó toda responsabilidad en el accidente; **he ~ed ownership of the knife/any connection with him** negó que el cuchillo fuera suyo/tener ninguna relación con él; **she ~ed all knowledge of his whereabouts** negó conocer su paradero
B (Law) ‹*property/trust*› renunciar a

disclaimer /dɪs'kleɪmər || dɪs'kleɪmə(r)/ *n* (Law) descargo *m* de responsabilidad

disclose /dɪs'kləʊz/ *vt* revelar

disclosure /dɪs'kləʊʒər || dɪs'kləʊʒə(r)/ *n* **1** [u] (act of disclosing) revelación *f* **2** [c] (revelation) revelación *f*

Discman® /'dɪskmən/ *n* (*pl* **-mans** /-mənz/) discman® *m*

disco /'dɪskəʊ/ *n* (*pl* **-cos**) **1** [c] (nightclub) discoteca *f*, disco *f* (fam) **2** [c] (party, dance) (BrE) baile *m* **3** [u] **~ (music)** música *f* disco; (*before n*) ‹*record/beat*› de música disco **4** [u] (style of dancing) baile *m* disco *or* de discoteca

disco dancing *n* [u] baile *m* de discoteca

discography /dɪs'kɑːgrəfi || dɪs'kɒgrəfi/ *n* (*pl* **-phies**) discografía *f*

discoid /'dɪskɔɪd/, **discoidal** /dɪs'kɔɪdl/ *adj* discoidal

discolor, (BrE) **discolour** /dɪs'kʌlər || dɪs'kʌlə(r)/ *vt* (fade) decolorar; (stain) dejar amarillento, manchar
■ **discolor** *vi* (lose color) decolorarse; (become stained) volverse* amarillento

discoloration /dɪsˌkʌlə'reɪʃən/ *n* [u c] (fading) decoloración *f*; (stain) mancha *f*

discolour *vt/vi* (BrE) ▸**discolor**

discomfit /dɪs'kʌmfət || dɪs'kʌmfɪt/ *vt* (frml) **1** (disconcert) desconcertar*; **I was ~ed to hear that ...** me desconcertó enterarme de que ... **2** ‹*hopes*› frustrar; ‹*plans*› desbaratar

discomfiture /dɪs'kʌmfətʃʊr || dɪs'kʌmfɪtʃə(r)/ *n* [u] (frml) turbación *f*

discomfort[1] /dɪs'kʌmfərt || dɪs'kʌmfət/ *n* **1** [u c] (lack of comfort) incomodidad *f*; (pain) molestia *f*, malestar *m*; **he was told to expect some ~ after the operation** le advirtieron que sentiría alguna(s) molestia(s) después de la operación; **to be in ~** tener* molestias **2** [u] (emotional, mental) inquietud *f*, desasosiego *m*; **much to my ~** para mi gran inquietud

discomfort[2] *vt* (esp AmE) molestar, incomodar

discommode /ˌdɪskə'məʊd/ *vt* (frml) incomodar

discomposure /ˌdɪskəm'pəʊʒər || ˌdɪskəm'pəʊʒə(r)/ *n* [u] (frml) turbación *f*

disconcert /ˌdɪskən'sɜːrt || ˌdɪskən'sɜːt/ *vt* desconcertar*

disconcerting /ˌdɪskən'sɜːrtɪŋ || ˌdɪskən'sɜːtɪŋ/ *adj* desconcertante

disconcertingly /ˌdɪskən'sɜːrtɪŋli || ˌdɪskən'sɜːtɪŋli/ *adv* ‹*look/stare*› de manera desconcertante; **she's ~ clever/shy** su inteligencia/timidez desconcierta *or* resulta desconcertante

disconnect /ˌdɪskə'nekt/ *vt* desconectar; **I didn't pay my bills, so I was ~ed** me cortaron el teléfono (*or* el gas *etc*) por no pagar
■ **disconnect** *vi* (Comput) desconectar

disconnected /ˌdɪskə'nektəd || ˌdɪskə'nektɪd/ *adj*
A (incoherent) ‹*remarks/ideas/thoughts*› inconexo, sin ilación
B (esp AmE) (Telec) desconectado

disconsolate /dɪs'kɑːnsələt || dɪs'kɒnsələt/ *adj* ‹*person/look*› desconsolado

disconsolately /dɪs'kɑːnsələtli || dɪs'kɒnsələtli/ *adv* desconsoladamente, con desconsuelo

discontent /ˌdɪskən'tent/ *n* **1** [u] (dissatisfaction) descontento *m* **2** **discontents** *pl* (grievances) (frml) quejas *fpl*

discontented /ˌdɪskən'tentəd || ˌdɪskən'tentɪd/ *adj* descontento; **to be ~ WITH sth** estar* descontento CON algo

discontentment /ˌdɪskən'tentmənt/ *n* [u] descontento *m*

discontinuance /ˌdɪskən'tɪnjuəns/, **discontinuation** /ˌdɪskənˌtɪnju'eɪʃən/ *n* [u] (frml) suspensión *f*

discontinue /ˌdɪskən'tɪnjuː/ *vt*
A **1** ‹*service/production/payment*› suspender **2** (Busn) discontinuar*, descontinuar*; **a ~d model** un modelo que se ha discontinuado *or* descontinuado, un modelo que ya no se fabrica/vende; **~d merchandise** mercancías *fpl* de fin de serie
B ‹*action/suit*› (Law) desistir de

discontinuity /dɪsˌkɑːntn'uːəti || dɪsˌkɒntɪ'njuːəti/ *n* [u c] (*pl* **-ties**)
A (lack of continuity) discontinuidad *f*
B **1** (break) (frml) interrupción *f* **2** (Geol, Math) discontinuidad *f*

discontinuous /ˌdɪskən'tɪnjuəs/ *adj* **1** ‹*line/pattern*› discontinuo **2** (patchy, interrupted) con interrupciones

discord /'dɪskɔːrd || 'dɪskɔːd/ *n*
A [u] (disagreement, conflict) discordia *f*; **it sowed the seeds of ~ in the family** sembró *or* plantó la semilla de la discordia en la familia
B (Mus) **1** [u] (lack of harmony) discordancia *f*, disonancia *f* **2** [c] (chord) acorde *m* disonante

discordant /dɪs'kɔːrdnt || dɪs'kɔːdnt/ *adj* ‹*music/note/opinion/colors*› discordante; ‹*atmosphere*› de discordia; **to strike a ~ note** dar* la nota discordante; **to be ~ WITH sth** (frml) discordar* CON algo (frml)

discotheque /'dɪskətek/ *n* [c] ▸**disco 1, disco 2**

discount[1] /'dɪskaʊnt/ *n* descuento *m*; **I got a 10% ~ *o* a ~ of 10%** me hicieron un 10% de descuento *or* un descuento del 10%; **she gave me a ~ on the sofa** me hizo un descuento en el precio del sofá; **cash ~** descuento por pago en efectivo *or* al contado; **is there a trade ~?** ¿hacen descuentos al gremio?; **at a ~: the goods were sold off at a ~** la mercancía se vendió con descuento *or* a precio reducido; **these shares are at a ~ to their issue price** estas acciones se cotizan por debajo de su precio de emisión; **good manners seem to be at a ~ these days** (frml) hoy en día ya no cuentan los buenos modales; (*before n*) ‹*store/stationer*› de saldos; ‹*furniture/hardware*› de saldo

discount[2] /'dɪskaʊnt, dɪs'kaʊnt || dɪs'kaʊnt/ *vt*
A (Busn) **1** ‹*amount*› descontar*; **I could ~ 10% for you** podría descontarle un 10% **2** ‹*goods*› rebajar **3** ‹*price/debt*› reducir*; **at ~ed prices** con descuento
B (Fin) ‹*bill of exchange/promissory note*› descontar*
C (disregard) ‹*possibility*› descartar; ‹*claim/criticism*› pasar por alto, no tener* en cuenta; **you can ~ most of what she says** no hay que tener en cuenta la mayor parte de lo que dice

discount card *n* tarjeta *f* de descuento

discountenance /dɪs'kaʊntnəns/ *vt* (frml)
A (disown) ‹*action/conduct*› repudiar (frml)
B (disconcert) (*usu pass*) desconcertar*

discount house *n*
A (AmE) (store) tienda *f* de saldos, tienda *f* de descuentos
B (BrE) (Fin) banco *m* de descuento

discount rate *n* (Fin) tasa *f* de descuento

discourage /dɪs'kɜːrɪdʒ || dɪs'kʌrɪdʒ/ *vt* **1** (depress) desalentar*, desanimar; **to become ~d** desanimarse **2** (deter) ‹*crime/speculation*› poner* freno a; ‹*burglar*› ahuyentar, disuadir; **his attitude ~s initiative in his employees** su actitud no fomenta *or* no estimula la iniciativa de sus empleados; **she actively ~d his advances** rechazó sus insinuaciones, intentó que dejara de insinuársele; **his character ~d any attempt at friendship** su carácter alejaba a todo el que intentaba trabar amistad con él; **the state of the economy ~s foreign investment** el estado de la economía no ofrece alicientes al inversor extranjero; **smoking is ~d in this office** en esta oficina se quiere evitar que la gente fume **3** (dissuade) **to ~ sb FROM -ING: she ~d me from taking the exam** trató de convencerme de que no me presentara al examen, intentó que desistiera de presentarme al examen

discouragement /dɪs'kɜːrɪdʒmənt || dɪs'kʌrɪdʒmənt/ *n*
A [u] (dejection) desánimo *m*, desaliento *m*
B **1** [u] (dissuasion) (frml): **the reasons for my ~ of their relationship are ...** las razones por las que me opongo a su relación son ... **2** [c] (deterrent) freno *m*; (obstacle) impedimento *m*; **a ~ to violence** un freno a la violencia

discouraging /dɪs'kɜːrɪdʒɪŋ || dɪs'kʌrɪdʒɪŋ/ *adj* ‹*news/sight/result*› desalentador, descorazonador; **she was rather ~ about my chances**

me desalentó *or* desanimó bastante en cuanto a mis posibilidades

discourse[1] /ˈdɪskɔːrs || ˈdɪskɔːs/ *n*
A (frml) **1** [c] (dissertation) disertación *f* **2** [u] (talk) conversación *f*
B [u c] (Ling) discurso *m*; (*before n*): **~ analysis** análisis *m* del discurso

discourse[2] /dɪsˈkɔːrs || dɪsˈkɔːs/ *vi* (frml) **to ~ (UP)ON sth** disertar SOBRE algo

discourteous /dɪsˈkɜːrtiəs || dɪsˈkɜːtiəs/ *adj* descortés

discourteously /dɪsˈkɜːrtiəsli || dɪsˈkɜːtiəsli/ *adv* con descortesía, descortésmente

discourtesy /dɪsˈkɜːrtəsi || dɪsˈkɜːtəsi/ *n* [u c] (*pl* **-sies**) (frml) descortesía *f*

discover /dɪsˈkʌvər || dɪsˈkʌvə(r)/ *vt* **1** (find) ‹*planet/element/cure/treasure*› descubrir*; ‹*error/loss/fact*› descubrir*, darse* cuenta de; **I ~ed that I'd lost my passport** descubrí que *or* me di cuenta de que había perdido el pasaporte **2** (find out) ‹*reason/solution/culprit*› descubrir*, hallar; **it has been ~ed that ...** se ha descubierto que ...; **they ~ed her to be an excellent hostess** descubrieron que era una excelente anfitriona **3** ‹*talent/star*› descubrir*

discoverer /dɪsˈkʌvərər || dɪsˈkʌvərə(r)/ *n* descubridor, -dora *m,f*

discovery /dɪsˈkʌvəri/ *n* (*pl* **-ries**)
A [u] (in science, exploration) descubrimiento *m*
B [u c] (finding) descubrimiento *m*; **she was shocked at the ~ that her son was a drug addict** se quedó anonadada al descubrir que su hijo era drogadicto; **he hid for fear of ~** se escondió por miedo a que lo descubrieran; **she's Hollywood's newest ~** es el último descubrimiento *or* la última revelación de Hollywood

discredit[1] /dɪsˈkredət || dɪsˈkredɪt/ *vt* **1** (show to be false) ‹*theory*› desacreditar; **to be ~ed** estar* desacreditado **2** (damage reputation of) desacreditar, desprestigiar

discredit[2] *n*
A **1** [u] (disgrace) descrédito *m*; **to bring sth/sb into ~** desacreditar *or* desprestigiar algo/a algn; **to bring ~ on** *o* **upon sb/sth** traer* el descrédito a algn/algo; **to be/redound to the ~ of sb/sth** (frml) ir*/redundar en descrédito de algn/algo **2** (object of disgrace) (*no pl*) **to be a ~ TO sb/sth** ser* una vergüenza PARA algn/algo
B [u] (doubt, disbelief): **to throw** *o* **cast ~ on sth** poner* algo en tela de juicio

discreditable /dɪsˈkredətəbəl || dɪsˈkredɪtəbəl/ *adj* (frml) **1** (shameful) ‹*conduct/action*› deshonroso, vergonzoso **2** (damaging) (*pred*) **to be ~ TO sth/sb** desprestigiar algo/a algn

discreet /dɪˈskriːt/ *adj* **1** (tactful) ‹*person/conduct/inquiries*› discreto; **she maintained a ~ silence** mantuvo un discreto silencio; **I followed at a ~ distance** seguí a una distancia prudencial **2** (restrained) ‹*elegance/colors*› discreto, sobrio

discreetly /dɪsˈkriːtli/ *adv* discretamente, con discreción

discrepancy /dɪsˈkrepənsi/ *n* [c u] (*pl* **-cies**) discrepancia *f*

discrete /dɪsˈkriːt/ *adj* **1** (separate, distinct) (frml) ‹*events/units*› diferenciado **2** (Math) discreto

discretion /dɪsˈkreʃən/ *n* [u]
A (tact) discreción *f*
B (judgment) criterio *m*; **use your ~** usa tu criterio, haz lo que mejor te parezca; **at the committee's ~** a criterio *or* a discreción de la comisión; **they granted her the ~ to do whatever she felt necessary** le concedieron facultades discrecionales para hacer lo que considerara necesario; **the age** *o* **years of ~** la madurez; **~ *is the better part of valor*** la prudencia es la madre de la ciencia

discretionary /dɪsˈkreʃəneri || dɪsˈkreʃənəri, -ənri/ *adj*
A ‹*powers/authority*› discrecional
B (BrE) discrecional

discriminate /dɪsˈkrɪməneɪt || dɪˈskrɪmɪneɪt/ *vi*
A (act with prejudice) hacer* discriminaciones, discriminar; **to ~ AGAINST sb** discriminar a algn; **to ~ IN FAVOR OF sb** favorecer* a algn
B **1** (distinguish) distinguir*, discriminar **2** (be discerning) discernir*, utilizar* el sentido crítico

discriminating /dɪsˈkrɪməneɪtɪŋ || dɪˈskrɪmɪneɪtɪŋ/ *adj* (discerning) ‹*critic*› exigente; ‹*judgment*› sagaz; ‹*taste*› refinado, educado, que sabe distinguir; **for the ~ customer/palate** para el cliente/paladar exigente *or* que sabe apreciar lo que es bueno; **she watches anything on TV, she's not very ~** ve cualquier cosa que den por televisión, sin ningún criterio selectivo

discrimination /dɪsˌkrɪməˈneɪʃən || dɪˈskrɪmɪˈneɪʃən/ *n* [u]
A (unfair treatment) discriminación *f*; **racial/sex ~** discriminación racial/sexual
B (discernment) criterio *m*, discernimiento *m*

discriminatory /dɪsˈkrɪmənətɔːri || dɪˈskrɪmɪnətəri/ *adj* discriminatorio

discursive /dɪsˈkɜːrsɪv || dɪsˈkɜːsɪv/ *adj* **1** (Lit) ‹*style*› fluido; (long-winded) prolijo **2** (in logic) discursivo

discus /ˈdɪskəs/ *n* (*pl* **-cuses**) **1** (object) disco *m* **2** (event): **the ~** el lanzamiento de disco

discuss /dɪsˈkʌs/ *vt* **1** (talk about) ‹*person*› hablar de; ‹*topic*› hablar de, tratar; (debate) debatir; ‹*plan/problem*› discutir; **we ~ed what to do next** estuvimos deliberando sobre qué debíamos hacer a continuación **2** (examine) ‹*opinion/statement*› analizar*

discussion /dɪsˈkʌʃən/ *n* [c u] (of plan, problem) discusión *f*, debate *m*; **after much ~** después de largas deliberaciones, después de mucho discutirlo; **there has been no ~ of the moral aspects** no se ha hablado de *or* no se han discutido los aspectos morales; **it's still under ~** todavía se está discutiendo *or* estudiando; **when does it come up for ~?** ¿cuándo se va a discutir *or* tratar?; **she suggested a topic for ~** sugirió un tema para debatir; **there will be ~s with other unions/the management** habrá conversaciones con otros sindicatos/la patronal; (*before n*): **~ document** documento *m* base *or* de consulta

discussion group *n* (gen) coloquio *m*, grupo *m* de debate *or* discusión; (Internet) foro *m* (virtual)

disdain[1] /dɪsˈdeɪn/ *n* [u] desdén *m*

disdain[2] *vt* desdeñar; **to ~ to + INF** (frml) no dignarse A + INF; **she ~ed to speak to us** no se dignó a dirigirnos la palabra

disdainful /dɪsˈdeɪnfəl/ *adj* ‹*manner/tone*› despectivo, desdeñoso; **to be ~ TOWARD** *o* **OF sth** despreciar *or* desdeñar algo; **she's very ~ toward her colleagues** se muestra desdeñosa con sus colegas, trata a sus colegas con desdén

disdainfully /dɪsˈdeɪnfəli/ *adv* con desdén, desdeñosamente

disease /dɪˈziːz/ *n*
A [c u] (Med) enfermedad *f*, dolencia *f* (frml)
B [c] (vice) mal *m*, enfermedad *f*

diseased /dɪˈziːzd/ *adj*
A (Med) ‹*organ/limb/tissue*› afectado; ‹*plant/animal*› enfermo
B (abnormal) ‹*mind*› enfermizo, morboso; ‹*society*› enfermo

disembark /ˌdɪsəmˈbɑːrk || ˌdɪsɪmˈbɑːk/ *vi* **to ~ (FROM sth)** desembarcar* (DE algo)
■ **disembark** *vt* desembarcar*

disembarkation /dɪsˌembɑːrˈkeɪʃən || dɪsˌembɑːˈkeɪʃən/ *n* [u] (of people) desembarco *m*; (of cargo) desembarque *m*

disembodied /ˌdɪsəmˈbɑːdid || ˌdɪsɪmˈbɒdid/ *adj* incorpóreo

disembowel /ˌdɪsəmˈbaʊəl || ˌdɪsɪmˈbaʊəl/ *vt* BrE **-ll-** destripar

disempower /ˌdɪsəmˈpaʊər || ˌdɪsɪmˈpaʊə(r)/ *vt*: **they set out to ~ the old ruling class** se proponían quitarle el poder *or* dejar sin poder a la vieja clase dominante; **the middle classes felt progressively ~ed** la clase media sentía que se le había quitado cada vez más el poder

disenchant /ˌdɪsnˈtʃænt || ˌdɪsɪnˈtʃɑːnt/ *vt* (*usu pass*) desilusionar, desencantar; **to be ~ed WITH sb/sth** estar* desilusionado CON *or* DE algn/DE algo

disenchantment /ˌdɪsnˈtʃæntmənt || ˌdɪsɪnˈtʃɑːntmənt/ *n* [u] desencanto *m*, desilusión *f*

disenfranchise /ˌdɪsnˈfræntʃaɪz || ˌdɪsɪnˈfræntʃaɪz/ *vt* ‹*person*› privar del derecho al voto; ‹*place*› privar del derecho de representación

disengage /ˌdɪsnˈgeɪdʒ || ˌdɪsɪnˈgeɪdʒ/ *vt*
A **1** (extricate) **to ~ sth (FROM sth)** soltar* algo (DE algo); **he ~d his hand from hers** se soltó de su mano; **to ~ oneself from a responsibility** (frml) eximirse de una responsabilidad (frml) **2** (Mil) ‹*troops/forces*› retirar
B (Tech) ‹*gears/mechanism*› desconectar; **to ~ the clutch** desembragar*, soltar* el embrague
■ **disengage** *vi*
A (Tech) «*gears/mechanism*» desconectarse
B (Mil) retirarse; (Sport) «*boxers/fencers*» separarse

disengagement /ˌdɪsnˈgeɪdʒmənt || ˌdɪsɪnˈgeɪdʒmənt/ *n* [u]
A (Tech) desconexión *f*
B (Mil) retirada *f*

disentangle /ˌdɪsnˈtæŋgəl || ˌdɪsɪnˈtæŋgəl/ *vt* **1** (unravel) ‹*rope/hair/wool*› desenredar, desenmarañar **2** (separate): **I tried to ~ myself from his grasp** traté de que me soltara, traté de zafarme **3** (sort out) ‹*problem*› desenmarañar, esclarecer*; ‹*mystery*› esclarecer*, desentrañar

disequilibrium /dɪsˌiːkwɪˈlɪbriəm/ *n* [u] desequilibrio *m*

disestablishment /ˌdɪsəˈstæblɪʃmənt/ *n* [u] separación *f* del Estado (*de la Iglesia*)

disfavor, (BrE) **disfavour** /dɪsˈfeɪvər || dɪsˈfeɪvə(r)/ *n* [u] **1** (disapproval) (frml) desaprobación *f*; **to view** *o* **look on sth with ~** desaprobar* algo (frml), no ver* algo con buenos ojos; **to fall into ~** «*person*» caer* en desgracia; «*custom*» caer* en desuso; **to find ~ with sb** encontrar* la oposición de algn **2** (disadvantage) (frml): **to be to sb's ~** perjudicar* a algn

disfigure /dɪsˈfɪgjər || dɪsˈfɪgə(r)/ *vt* ‹*face/person*› desfigurar; ‹*landscape/building*› afear, estropear

disfigurement /dɪsˈfɪgjərmənt || dɪsˈfɪgəmənt/ *n* [u] (of person) desfiguración *f*; (of scenery, building) afeamiento *m*

disfranchise /dɪsˈfræntʃaɪz/ *vt*
A (AmE) (Busn) retirarle la franquicia a
B ▸**disenfranchise**

disgorge /dɪsˈgɔːrdʒ || dɪsˈgɔːdʒ/ *vt* **1** (spill): **the bag burst, disgorging its contents onto the floor** la bolsa se rompió y todo lo que había dentro se desparramó por el suelo; **the river ~s its waters into the lake** el río vierte sus aguas en el lago **2** (regurgitate) devolver*, arrojar
■ **disgorge** *vi* «*river*» desembocar*

disgrace[1] /dɪsˈgreɪs/ *n* [u c] **1** (shame) vergüenza *f*; **there's no ~ in being poor** ser pobre no es ninguna vergüenza; **it's a ~** es una vergüenza, es un escándalo; **his conduct brought ~ on his family** su conducta trajo la deshonra a la familia; **she was sent upstairs in ~** la mandaron arriba castigada; **she spent several years in ~** pasó varios años en el oprobio *or* la ignominia **2** (sb, sth shameful) (*no pl*) vergüenza *f*; **to be a ~ (TO sb/sth)** ser* una vergüenza (PARA algn/algo); **a national ~** una vergüenza nacional

disgrace[2] *vt* **1** (bring shame on) ‹*person/family/school*› deshonrar; **I ~d myself by getting drunk** hice un papelón emborrachándome (fam); **the dog's just ~d itself again** el perro ya ha vuelto a hacer de las suyas; **this weather would not ~ the Bahamas** este clima no tiene nada que envidiarle al de las Bahamas **2** (destroy reputation of) ‹*enemy/politician*› desacreditar

disgraceful /dɪsˈgreɪsfəl/ *adj* ‹*conduct/performance/lies*› vergonzoso; **it's ~ of him to treat her like that** es vergonzoso *or* es una vergüenza que la trate así

d

disgracefully /dɪsˈɡreɪsfəli/ *adv* vergonzosamente

disgruntled /dɪsˈɡrʌntld/ *adj* ‹*child/look/tone*› contrariado; ‹*employee*› descontento

disguise¹ /dɪsˈɡaɪz/ *vt* 1 ‹*person*› disfrazar*; ‹*voice*› cambiar; **to ~ oneself** disfrazarse*; **to ~ oneself AS sth** disfrazarse* DE algo; **~d as a priest** disfrazado de cura 2 (conceal) ‹*mistake/incompetence*› ocultar; ‹*disapproval/contempt/pleasure*› disimular; **there is no disguising the fact that ...** no se puede ocultar el hecho de que ...

disguise² *n* 1 [c u] disfraz *m*; **in ~** disfrazado; **in the ~ of a priest** disfrazado de cura 2 [u] (pretense) (liter) disimulo *m*

disgust¹ /dɪsˈɡʌst/ *vt* darle* asco a; **you ~ me!** ¡me das asco!; **the smell/taste ~s me** el olor/sabor me da asco *or* me repugna; **I am ~ed by his disregard for others** me indigna su falta de consideración con el prójimo

disgust² *n* [u] (revulsion) indignación *f*; (physical, stronger) asco *m*, repugnancia *f*; **it fills me with ~** me da asco, me repugna; **~ AT sth: my ~ at their behavior surprised them** les sorprendió que me indignara su comportamiento; **much to my ~, they ate it raw** se lo comieron crudo, lo cual me dio un asco espantoso; **I turned away, in ~ at the sight** me volví, asqueado por aquel espectáculo; **she stormed out of the meeting in ~** salió indignada *or* furiosa de la reunión

disgusted /dɪsˈɡʌstəd ‖ dɪsˈɡʌstɪd/ *adj* indignado; (stronger) asqueado; **~ AT *o* WITH sth/sb/oneself: I was ~ at their attitude** me indignó su actitud; **she's ~ with him/herself** está indignada *or* furiosa con él/furiosa consigo misma; **I came out absolutely ~** salí de allí asqueado

disgustedly /dɪsˈɡʌstədli ‖ dɪsˈɡʌstɪdli/ *adv* con indignación; (stronger) con asco *or* repugnancia

disgusting /dɪsˈɡʌstɪŋ/ *adj* 1 (very bad) ‹*smell/taste/food*› asqueroso, repugnante; **how ~!** ¡qué asco!; **your room is in a ~ state** tienes la habitación que da asco 2 (causing outrage) ‹*conduct/attitude*› vergonzoso; ‹*joke*› de mal gusto, asqueroso

disgustingly /dɪsˈɡʌstɪŋli/ *adv* (*as intensifier*) ‹*dirty*› asquerosamente; **he's ~ rich** (hum) está forrado (de dinero) (fam), está podrido en plata *or* (Esp) podrido de dinero (fam)

dish¹ /dɪʃ/ *n*
A 1 (plate) plato *m*; (*serving ~*) fuente *f* 2 (amount) plato *m* 3 **dishes** *pl* (crockery): **to wash *o* do the ~es** lavar los platos *or* (AmC, Méx tb) trastes
B (Culin) plato *m*; **my favorite ~** mi plato favorito
C (Telec, TV) antena *f* parabólica

dish² *vt* (thwart) (BrE colloq) echar por tierra

Phrasal verbs

- **dish out** [v + o + adv, v + adv + o] 1 (Culin) servir* 2 (distribute) (colloq) ‹*weapons/clothing*› repartir; ‹*advice*› dar*; **to ~ out criticism** criticar*; ***to ~ it out*: he really knows how to ~ it out** reparte golpes a diestra y siniestra *or* (Esp) a diestro y siniestro
- **dish up**
A [v + o + adv, v + adv + o] 1 (Culin) servir* 2 (present) (colloq) ofrecer*
B [v + adv] servir*

dishabille /ˌdɪsəˈbiːl/ *n* (hum): **in (a state of) ~** en paños menores (fam & hum), sin vestirse

dish antenna, (BrE) **dish aerial** *n* antena *f* parabólica

disharmony /dɪsˈhɑːrməni ‖ dɪsˈhɑːməni/ *n* [u] (frml) discordia *f*

dishcloth /ˈdɪʃklɔːθ ‖ ˈdɪʃklɒθ/ *n* 1 (for drying) paño *m* de cocina, repasador *m* (RPl), limpión *m* (Col) 2 (for washing) (BrE) ▸**dishrag**

dishearten /dɪsˈhɑːrtn ‖ dɪsˈhɑːtn/ *vt* desanimar, descorazonar, desalentar*; **don't be ~ed!** ¡ánimo, no te dejes abatir!, ¡no te desanimes!

disheartening /dɪsˈhɑːrtnɪŋ ‖ dɪsˈhɑːtnɪŋ/ *adj* descorazonador, desalentador

dished /dɪʃt/ *adj* (AmE colloq & dated) molido (fam), hecho polvo (fam)

disheveled, (BrE) **dishevelled** /dɪˈʃevəld/ *adj* ‹*person*› despeinado, desmelenado; ‹*hair*› despeinado, alborotado

dish liquid *n* [u] (AmE) lavavajillas *m*, detergente *m*

dishonest /dɪsˈɑːnəst ‖ dɪsˈɒnɪst/ *adj* ‹*person/answer*› deshonesto; ‹*dealings/means*› fraudulento, deshonesto

dishonestly /dɪsˈɑːnəstli ‖ dɪsˈɒnɪstli/ *adv* ‹*act*› deshonestamente, con deshonestidad; **he dealt ~ with his customers** engañaba a los clientes

dishonesty /dɪsˈɑːnəsti ‖ dɪsˈɒnɪsti/ *n* [u] deshonestidad *f*, falta *f* de honradez; (of statement) falsedad *f*; (of dealings) fraudulencia *f*

dishonor¹, (BrE) **dishonour** /dɪsˈɑːnər ‖ dɪsˈɒnə(r)/ *n* 1 [u] (disgrace) deshonra *f*, deshonor *m*; **to bring ~ on *o* upon sb/sth** traer* la deshonra a algn/algo 2 (cause of disgrace) (*no pl*) **to be a ~ TO sb/sth** ser* una deshonra *or* un deshonor PARA algn/algo

dishonor², (BrE) **dishonour** *vt*
A (bring disgrace on) ‹*family/nation/team*› deshonrar
B (renege on) ‹*agreement/treaty*› no respetar; ‹*promise*› no cumplir, faltar a; ‹*check/letter of credit*› devolver*, no pagar*; ‹*debt*› no pagar*

dishonorable, (BrE) **dishonourable** /dɪsˈɑːnərəbəl ‖ dɪsˈɒnərəbəl/ *adj* deshonroso

dishonorably, (BrE) **dishonourably** /dɪsˈɑːnərəbli ‖ dɪsˈɒnərəbli/ *adv* de manera deshonrosa; **to be ~ discharged** ser* dado de baja con deshonor

dishpan /ˈdɪʃpæn/ *n* (AmE) palangana *f* (*para lavar los platos*); (*before n*): **~ hands** manos *fpl* de fregona

dish rack *n* escurreplatos *m*, escurridor *m*

dishrag /ˈdɪʃræɡ/ *n* (AmE) trapo *m*, bayeta *f*, fregón *m* (RPl)

dishtowel /ˈdɪʃtaʊəl/ *n* ▸**dishcloth 1**

dishware /ˈdɪʃwer ‖ ˈdɪʃweə(r)/ *n* [u] (AmE) vajilla *f*

dishwasher /ˈdɪʃˌwɔːʃər ‖ ˈdɪʃˌwɒʃə(r)/ *n* 1 (machine) lavaplatos *m*, lavavajillas *m*; (*before n*): **~ detergent** (detergente *m* para) lavavajillas *m*; **~ powder** detergente *m* en polvo para lavavajillas, lavavajillas *m* en polvo; **~ salt** sal *f* para lavavajillas 2 (person) lavaplatos *mf*

dishwasher-safe /ˌdɪʃwɔːʃərˈseɪf ‖ ˌdɪʃwɒʃəˈseɪf/ *adj* que se puede lavar en el lavavajillas

dishwater /ˈdɪʃˌwɔːtər ‖ ˈdɪʃˌwɔːtə(r)/ *n* [u] agua *f*‡ de fregar *or* de lavar los platos; **it tastes like ~** (of soup) es un aguachirle; (of coffee) sabe a chicoria, tiene gusto a jugo de paraguas (CS) *or* (Méx) a té de calcetín (fam & hum)

dishy /ˈdɪʃi/ *adj* **dishier, dishiest** (BrE colloq): **he's/she's ~** está muy bueno/buena (fam), es un churro (AmS fam)

disillusion /ˌdɪsəˈluːʒən ‖ ˌdɪsɪˈluːʒən/ *vt* desilusionar; **I don't wish to ~ you, but ...** no quisiera desilusionarte, pero ...; **I became thoroughly ~ed with politics** la política acabó desilusionándome por completo

disillusionment /ˌdɪsəˈluːʒənmənt ‖ ˌdɪsɪˈluːʒənmənt/ *n* [u] desilusión *f*; **there is increasing ~ with their policies** la gente está cada vez más desilusionada con sus políticas

disincentive /ˌdɪsnˈsentɪv ‖ ˌdɪsɪnˈsentɪv/ *n* [u c] falta *f* de incentivos; **a ~ TO sth/sb: these inflation rates are a ~ to savers** estas tasas de inflación no ofrecen incentivos al ahorrista *or* no fomentan el ahorro

disinclination /ˌdɪsɪnkləˈneɪʃən ‖ ˌdɪsɪnklɪˈneɪʃən/ *n* [u] (frml) (*no pl*): **I felt a strong ~ to help him** no me sentí nada inclinado a ayudarle; **they have a great ~ for change** son reacios al cambio

disinclined /ˌdɪsnˈklaɪnd ‖ ˌdɪsɪnˈklaɪnd/ *adj* (frml) (*pred*) **~ to + INF: she was ~ to listen to him** no se sentía inclinada a escucharlo; **the heat made us feel ~ to go out** el calor nos quitaba las ganas de salir

disinfect /ˌdɪsnˈfekt ‖ ˌdɪsɪnˈfekt/ *vt* 1 (clean) ‹*toilet/sink*› desinfectar 2 (decontaminate) ‹*room/clothing*› desinfectar

disinfectant /ˌdɪsnˈfektənt ‖ ˌdɪsɪnˈfektənt/ *n* [u c] desinfectante *m*

disinflation /ˌdɪsnˈfleɪʃən ‖ ˌdɪsɪnˈfleɪʃən/ *n* [u] desinflación *f*

disinformation /ˌdɪsɪnfərˈmeɪʃən ‖ ˌdɪsɪnfəˈmeɪʃən/ *n* [u] desinformación *f*

disingenuous /ˌdɪsnˈdʒenjuəs ‖ ˌdɪsɪnˈdʒenjʊəs/ *adj* insincero, falso

disingenuously /ˌdɪsnˈdʒenjuəsli ‖ ˌdɪsɪnˈdʒenjʊəsli/ *adv* de manera insincera, con falsedad

disingenuousness /ˌdɪsnˈdʒenjuəsnəs ‖ ˌdɪsɪnˈdʒenjʊəsnɪs/ *n* [u] insinceridad *f*, falsedad *f*

disinherit /ˌdɪsnˈherət ‖ ˌdɪsɪnˈherɪt/ *vt* 1 ‹*heir*› desheredar 2 (deprive) **to ~ sb OF *o* FROM sth** despojar a algn DE algo

disinheritance /ˌdɪsnˈherətəns ‖ ˌdɪsɪnˈherɪtəns/ *n* [u] 1 (of heir) desheredamiento *m* 2 (deprivation of rights) desposeimiento *m*

disintegrate /dɪsˈɪntəɡreɪt ‖ dɪsˈɪntɪɡreɪt/ *vi* 1 (fragment) «*metal/rock*» desintegrarse, deshacerse* 2 (fall apart) «*rocket*» desintegrarse 3 (lose cohesion) «*empire/movement*» desintegrarse 4 (decay) (Nucl Phys) desintegrarse
■ **disintegrate** *vt* 1 ‹*rock/metal*› desintegrar, deshacer* 2 ‹*rocket*› desintegrar

disintegration /dɪsˌɪntəˈɡreɪʃən ‖ dɪsˌɪntɪˈɡreɪʃən/ *n* desintegración *f*

disinter /ˌdɪsɪnˈtɜːr ‖ ˌdɪsɪnˈtɜː(r)/ *vt* **-rr-** (frml) 1 ‹*corpse/body*› desenterrar*, exhumar (frml) 2 ‹*plan/idea*› desenterrar*, desempolvar

disinterest /dɪsˈɪntrəst/ *n* [u]
A (indifference, apathy) desinterés *m*; **it's a matter of complete ~ to me** es un asunto que no me interesa en absoluto
B (impartiality) neutralidad *f*, imparcialidad *f*

disinterested /dɪsˈɪntrəstəd ‖ dɪsˈɪntrəstɪd/ *adj* ‹*decision/advice*› imparcial; ‹*action*› desinteresado

disinterestedly /dɪsˈɪntrəstədli ‖ dɪsˈɪntrəstɪdli/ *adv* desinteresadamente

disinvest /ˌdɪsɪnˈvest/ *vi* desinvertir*

disinvestment /ˌdɪsɪnˈvestmənt/ *n* [u] desinversión *f*

disjointed /dɪsˈdʒɔɪntəd ‖ dɪsˈdʒɔɪntɪd/ *adj*
A (incoherent) ‹*speech/writing/account*› inconexo, deshilvanado
B (AmE) (Culin): **~ chicken** pollo *m* despiezado *or* (AmL) en presas

disjointedly /dɪsˈdʒɔɪntədli ‖ dɪsˈdʒɔɪntɪdli/ *adv* de forma inconexa *or* deshilvanada

disjunctive /dɪsˈdʒʌŋktɪv/ *adj* (Ling, Math, Phil) disyuntivo

disk /dɪsk/ *n*
A (flat, circular object) disco *m*
B 1 (Comput) disco *m* 2 (Audio) disco *m*; **to cut a ~** grabar un disco
C (Anat) disco *m*

disk drive *n* unidad *f* de disco

diskette /dɪsˈket/ *n* disquete *m*

disk operating system *n* sistema *m* operativo de disco, DOS *m*

disk space *n* [u] espacio *m* en disco

dislikable /dɪsˈlaɪkəbəl/ *adj* desagradable

dislike¹ /dɪsˈlaɪk/ *vt*: **I don't ~ it, but I prefer jazz** no me disgusta *or* no es que no me guste, pero prefiero el jazz; **he ~d her intensely** no la podía ver, le tenía verdadera aversión; **to ~ -ING: he ~s wearing a tie** le desagrada *or* no le gusta llevar corbata

dislike² *n* 1 [u] (emotion) (*no pl*): **her ~ of parties** el hecho de que no le gusten las fiestas; **a ~ OF sth/FOR sb: I have a strong ~ of dogs** no me gustan nada los perros, (les) tengo aversión a los perros; **to take a ~ to sb** tomarle antipatía a algn; **I took an instant ~ to her** me cayó mal inmediatamente, le tomé antipatía inmediatamente 2 [c] (sth disliked): **fish is a particular ~ of mine** le tengo manía al pescado; **you'll have to tell us all your likes and ~s** tendrás que decirnos lo que te gusta y lo que no te gusta

dislocate /ˈdɪsləkeɪt/ *vt*
A (Med) ‹*joint/limb*› dislocarse*
B (disrupt) ‹*traffic/economy*› trastornar
C (displace) (AmE) desplazar*

dislocation /ˌdɪslə'keɪʃən/ *n* [u]
A (Med) dislocación *f*
B (disruption) trastorno *m*
C (displacement) (AmE) desplazamiento *m*

dislodge /dɪs'lɑːdʒ || dɪs'lɒdʒ/ *vt* **1** (shift, remove) sacar*; **the wind ~d some tiles** el viento causó que se soltaran varias tejas **2** (drive out) ‹*person/enemy/party*› desplazar*; **to ~ sb FROM sth** desplazar* a algn DE algo

disloyal /dɪs'lɔɪəl/ *adj* desleal; **to be ~ TO sb/sth** ser* desleal CON *or* A algn/A algo

disloyally /dɪs'lɔɪəli/ *adv* con deslealtad

disloyalty /dɪs'lɔɪəlti/ *n* [u] **~ TO sb/sth** deslealtad *f* CON *or* A algn/A algo

dismal /'dɪzməl/ *adj* **1** (gloomy) ‹*place/tone*› sombrío, deprimente, lúgubre; ‹*person*› taciturno, triste **2** (very bad) ‹*news/prophecy*› funesto; ‹*future*› muy negro; ‹*weather*› malísimo; ‹*results/performance/conditions*› pésimo; **her attempts resulted in ~ failure** sus intentos fracasaron estrepitosamente

dismally /'dɪzməli/ *adv* **1** ‹*cry*› con desaliento; ‹*say*› en tono sombrío **2** ‹*play/perform*› pésimamente; **the day was ~ dull** hacía un tiempo deprimente

dismantle /dɪs'mæntl/ *vt*
A **1** (take apart) ‹*machinery*› desmontar; ‹*scaffolding*› desmantelar, desmontar; ‹*piece of furniture*› desmontar, desarmar **2** (strip) (Tech) ‹*ship/building/fort*› desmantelar
B ‹*organization/system*› desmantelar

dismast /dɪs'mæst || dɪs'mɑːst/ *vt* desarbolar

dismay[1] /dɪs'meɪ/ *n* [u] consternación *f*; **they looked at him in** *o* **with ~** lo miraron consternados; **much to my/his ~** para mi/su desgracia

dismay[2] *vt* consternar; **I was ~ed at her reaction** su reacción me dejó consternado; **we refused to be ~ed by these reverses** no nos dejamos abatir por estos reveses

dismember /dɪs'membər || dɪs'membə(r)/ *vt* **1** (disarticulate) ‹*animal*› descuartizar*; ‹*corpse*› desmembrar* **2** (split up) ‹*group/organization*› desmembrar*, desarticular

dismiss /dɪs'mɪs/ *vt*
A **1** ‹*employee*› despedir*; ‹*executive, minister*› destituir*; **he was ~ed from his job** lo despidieron del trabajo; **he was ~ed from service** (Mil) fue dado de baja **2** (send away): **she ~ed the class 15 minutes early** dejó salir a su clase 15 minutos antes de la hora; **class ~ed!** pueden retirarse
B **1** (reject) ‹*possibility/suggestion*› descartar, desechar; **he immediately ~ed the thought** inmediatamente descartó *or* desechó la idea; **he ~ed the idea as nonsensical** desechó *or* descartó la idea calificándola de absurda **2** (refuse to countenance) ‹*request/petition/claim*› desestimar, rechazar*
C (Law) ‹*charge/appeal*› desestimar; **to ~ a case** sobreseer una causa
D (Sport) ‹*opponent*› vencer* (*con facilidad*)
■ **dismiss** *vi* (Mil) retirarse; **~!** (Mil) ¡rompan filas!

dismissal /dɪs'mɪsəl/ *n* [u c] **1** (of employee) despido *m*; (of executive, minister) destitución *f* **2** (sending away) autorización *f* para retirarse **3** (of theory, request) rechazo *m* **4** (Law) desestimación *f*

dismissive /dɪs'mɪsɪv/ *adj* ‹*attitude/smile*› desdeñoso; ‹*tone*› displicente; **he's so ~ of people** tiene una actitud muy desdeñosa para con los demás; **he was very ~ about his own success** le daba muy poca importancia a su éxito; **pay no attention to that, he said, with a ~ wave of his hand** —no hagas caso de eso —dijo, quitándole importancia con un ademán

dismount /dɪs'maʊnt/ *vi* desmontar; **he helped her to ~** la ayudó a desmontar; **to ~ from a horse** bajarse *or* apearse *or* desmontarse de un caballo
■ **dismount** *vt*
A ‹*engine/machine*› desmontar
B (Equ) (*usu pass*) desmontar

disobedience /ˌdɪsə'biːdiəns/ *n* [u] desobediencia *f*

disobedient /ˌdɪsə'biːdiənt/ *adj* desobediente; **to be ~ TO sth/sb** desobedecer* algo/a algn

disobey /ˌdɪsə'beɪ/ *vt* ‹*parent/rule*› desobedecer*
■ **disobey** *vi* desobedecer*; **he dared to ~** osó desobedecer

disobliging /ˌdɪsə'blaɪdʒɪŋ/ *adj* (frml) desatento, poco servicial

disorder /dɪs'ɔːrdər || dɪs'ɔːdə(r)/ *n*
A [u] **1** (confusion) desorden *m*; **the army retreated in ~** el ejército se retiró a la desbandada **2** (unrest) desórdenes *mpl*, disturbios *mpl*
B [c] (Med) afección *f* (frml), problema *m*; **a kidney ~** un problema *or* (frml) una afección renal; **mental ~s** trastornos *mpl* mentales

disordered /dɪs'ɔːrdərd || dɪs'ɔːdəd/ *adj*
A **1** (untidy, out of order) ‹*papers/notes/thoughts*› desordenado **2** (chaotic, disorganized) ‹*lifestyle*› desordenado
B (sick) ‹*mind/brain*› trastornado, enfermizo

disorderly /dɪs'ɔːrdərli || dɪs'ɔːdəli/ *adj* **1** (untidy) ‹*room/desk*› desordenado **2** (unruly) ‹*crowd*› alborotado; ‹*person*› revoltoso

disorderly conduct *n* [u] alteración *f* del orden público

disorderly house *n* (brothel) prostíbulo *m*; (gaming house) casa *f* de juegos; **they were charged with keeping a ~ ~** se les acusó de regentar un prostíbulo/llevar una casa de juegos

disorganization /dɪsˌɔːrgənə'zeɪʃən || dɪsˌɔːgənaɪ'zeɪʃən/ *n* [u] desorganización *f*

disorganize /dɪs'ɔːrgənaɪz || dɪs'ɔːgənaɪz/ *vt* desorganizar*

disorganized /dɪs'ɔːrgənaɪzd || dɪs'ɔːgənaɪzd/ *adj* desorganizado

disorient /dɪs'ɔːrient/ *vt* desorientar; **to become ~ed** desorientarse

disorientate /dɪs'ɔːrienteɪt/ *vt* ▸**disorient**

disorientation /dɪsˌɔːrien'teɪʃən/ *n* [u] desorientación *f*

disown /dɪs'əʊn/ *vt* **1** (repudiate) ‹*child/friend/country/allegiance*› renegar* de, repudiar **2** (deny responsibility for) ‹*intention/comment/signature/opinion*› no reconocer* como propio

disparage /dɪs'pærɪdʒ/ *vt* menospreciar

disparagement /dɪs'pærɪdʒmənt/ *n* [u] menosprecio *m*

disparaging /dɪs'pærədʒɪŋ/ *adj* ‹*comment/attitude*› desdeñoso, despreciativo; **to be ~ ABOUT** *o* **OF sth/sb**: **she was very ~ about their efforts** habló de sus intentos en tono desdeñoso *or* despreciativo

disparagingly /dɪs'pærədʒɪŋli/ *adv* en tono desdeñoso *or* despreciativo

disparate /dɪs'pærət, 'dɪspərət || 'dɪspərət/ *adj* (frml) **1** (varied) dispar **2** (distinct, separate) distinto

disparity /dɪs'pærəti/ *n* [c u] **1** (inequality) disparidad *f* **2** (difference) discrepancia *f*

dispassionate /dɪs'pæʃənət/ *adj* ‹*statement/account/analysis*› desapasionado, objetivo; ‹*adjudication*› imparcial, ecuánime; ‹*onlooker*› imparcial; **he remained ~ in the argument** no se acaloró en la discusión; **let's try and be ~ about it** intentemos verlo de forma objetiva

dispassionately /dɪs'pæʃənətli/ *adv* sin apasionamiento

dispatch[1] /dɪ'spætʃ/ *vt*
A (send) ‹*letter/goods/messenger*› despachar, enviar*
B **1** (carry out) (frml) ‹*task/duty*› despachar **2** (kill) (euph) ‹*person/animal*› despachar (euf) **3** (consume) (hum) ‹*food/drink*› despacharse (hum)

dispatch[2] *n*
A [c] (message) despacho *m*; (Mil) parte *m*; **to be mentioned in ~es** (BrE) recibir una mención de honor
B [u] (sending) despacho *m*, envío *m*, expedición *f*; (*before n*): **~ note** nota *f* de expedición, aviso *m* de envío
C [u] (promptness) (frml) rapidez *f*

dispatch box *n* (BrE) valija *f or* cartera *f* ministerial; **the minister spoke from the ~ ~** el ministro habló desde la tribuna

dispatch case *n* portafolio(s) *m*

dispatch rider *n* **1** (on horse) (Hist, Mil) emisario *m*, correo *m* **2** (on motorcycle) (BrE) mensajero, -ra *m,f*, rutero, -ra *m,f*

dispel /dɪ'spel/ *vt* **-ll-** **1** ‹*doubts/fear*› disipar, hacer* desvanecer **2** ‹*fog*› disipar

dispensable /dɪ'spensəbəl/ *adj* prescindible

dispensary /dɪ'spensəri/ *n* (*pl* **-ries**) **1** (in hospital, clinic) dispensario *m*, farmacia *f* **2** (in store) despacho *m* de recetas **3** (in school, factory) enfermería *f*

d

dispensation /ˌdɪspən'seɪʃən/ *n*
A [c] (regime, way of things) administración *f*
B [c] **1** (exemption) exención *f*; **he was granted a ~ from military service** lo declararon exento del servicio militar **2** (Relig) dispensa *f*
C [c] (sth granted by God, fate) bendición *f*; **a ~ of Providence** una bendición de Dios
D [u] (of justice) administración *f*; (of drugs) despacho *m*

dispense /dɪ'spens/ *vt*
A **1** ‹*grants/alms*› dar*; ‹*advice*› ofrecer*, dar*; ‹*criticism*› hacer*; ‹*favors*› conceder* **2** ‹‹*machine*›› expender
B (Pharm) ‹*drugs/prescription*› despachar, preparar
C (administer) ‹*justice*› administrar
D (exempt) (frml) **to ~ sb FROM sth** dispensar *or* eximir a algn DE algo; **she was ~d from attending Mass** se la dispensó *or* eximió de asistir a misa

Phrasal verb

• **dispense with** [v + prep + o] (do without) prescindir de; **let's ~ with formalities** prescindamos de las formalidades

dispenser /dɪ'spensər || dɪ'spensə(r)/ *n*
A (device): **a cash ~** un cajero automático; **a soap ~** un dispositivo que suministra jabón
B (pharmacist) (BrE) farmacéutico, -ca *m,f*

dispersal /dɪ'spɜːrsəl || dɪ'spɜːsəl/ *n* [u] **1** (of crowd, troops) dispersión *f* **2** (of seeds, spores) dispersión *f* **3** (distribution) distribución *f*

dispersant /dɪs'pɜːrsnt || dɪs'pɜːsnt/ *n* dispersante *m*

disperse /dɪ'spɜːrs || dɪ'spɜːs/ *vt* **1** (scatter) ‹*crowd/protesters*› dispersar **2** ‹*gloom/foreboding*› disipar, hacer* desvanecer **3** (spread out, disseminate) ‹*police/troops/forces*› dispersar; ‹*news/information*› propagar*, divulgar*, diseminar
■ **disperse** *vi* dispersarse

dispirit /dɪ'spɪrət || dɪ'spɪrɪt/ *vt* desanimar, desalentar*, descorazonar

dispirited /dɪ'spɪrətəd || dɪ'spɪrɪtɪd/ *adj* ‹*person*› desanimado, alicaído, abatido; ‹*expression*› de desaliento *or* abatimiento; **to become ~** desanimarse

dispiritedly /dɪ'spɪrətədli || dɪ'spɪrɪtɪdli/ *adv* con desaliento

dispiriting /dɪ'spɪrətɪŋ || dɪ'spɪrɪtɪŋ/ *adj* desalentador, descorazonador

displace /dɪs'pleɪs/ *vt* **1** (Phys) ‹*liquid/volume*› desplazar* **2** (replace) ‹*person/government/religion*› reemplazar* **3** (force from home) ‹*refugees/workers*› desplazar* **4** (put out of place) ‹*bone*› dislocar*; ‹*machine part*› sacar* de su lugar **5** (Psych) ‹*desire/energy*› sublimar

displaced person /dɪs'pleɪst/ *n* desplazado, -da *m,f*

displacement /dɪs'pleɪsmənt/ *n* **1** [u] (replacement) sustitución *f*, reemplazo *m* **2** [u c] (Naut) desplazamiento *m*; (Auto) cilindrada *f* **3** [u c] (Psych) sublimación *f* **4** [u] (of refugees) desplazamiento *m*

display[1] /dɪs'pleɪ/ *vt* **1** (put on show) ‹*exhibit*› exponer*; ‹*data/figures*› (Comput) visualizar*; **the shopkeeper ~ed his wares** el tendero colocó los artículos en el escaparate (*or* la estantería *etc*); **his work is ~ed in the museum** sus obras están expuestas en el museo; **the results will be ~ed on the bulletin board** los resultados aparecerán en el tablón de anuncios **2** (flaunt) ‹*finery/erudition*› hacer* despliegue *or* gala de; ‹*muscles*› lucir*, hacer* alarde de; **the peacock ~ed its feathers** el pavo real desplegó la cola **3** (Journ,

Print) ‹*headlines/captions*› hacer* resaltar **4▸** (reveal) ‹*anger/interest*› demostrar*, manifestar*; ‹*feelings*› exteriorizar*, demostrar*; ‹*tendencies/symptoms*› presentar; ‹*tact/skill/courage*› demostrar*, dar* prueba de

display[2] *n*
A **1▸** (exhibition) exposición *f*, muestra *f*; (show) show *m*; **firework ~** fuegos *mpl* artificiales; **to be on ~** «*painting/wares*» estar* expuesto; **to put sth on ~** exponer* algo **2▸** (arrangement): **a ~ of flowers** un arreglo floral; **a ~ of books** una exposición de libros; (*before n*): **~ cabinet** vitrina *f*; **~ case** (in store) exhibidor *m*; (in home) vitrina *f*; **~ stand** expositor *m*; **~ window** escaparate *m*, vitrina *f* (AmL), vidriera *f* (AmL) **3▸** (of feeling) exteriorización *f*, demostración *f*; (of courage, strength, knowledge) despliegue *m*; (of ignorance) demostración *f*; **she gave a competent ~ of horsemanship** demostró que era una competente amazona; **he made (a) great ~ of his experience in those matters** hizo gran alarde de su experiencia en ese campo; **there's no need to make such a ~ of your affection!** ¡no hace falta que seas tan efusivo!
B (Comput, Electron) display *m*, visualizador *m*; **digital/analog ~** visualizador digital/analógico; (*before n*) ‹*screen/panel*› de visualización (de datos)
C (Journ, Print) (*before n*): **~ advertising** anuncios *mpl* destacados

displease /dɪs'pliːz/ *vt* ‹*master/monarch*› desagradar, contrariar*; **to be ~d WITH sb** estar* disgustado CON algn; **to be ~d AT sth: she was ~d at his offhand attitude** su actitud descortés le molestó *or* desagradó; **he was ~d at having to repeat himself** le molestó tener que repetir lo que había dicho

displeasing /dɪs'pliːzɪŋ/ *adj* desagradable; **to be ~ TO sb: this result/news was ~ to him** el resultado/la noticia le desagradó *or* lo contrarió

displeasure /dɪs'pleʒər || dɪs'pleʒə(r)/ *n* [u] desagrado *m*; **he incurred the king's ~** contrarió al rey

disport /dɪ'spɔːrt || dɪ'spɔːt/ *v refl* (frml *or* hum): **to ~ oneself** retozar* (liter *o* hum), divertirse*

disposable /dɪ'spəʊzəbəl/ *adj*
A ‹*cup/razor/pen*› desechable, de usar y tirar
B (Fin) ‹*income*› disponible

disposal /dɪ'spəʊzəl/ *n*
A **1▸** (removal, riddance): **the problem of the ~ of this kind of waste** el problema de cómo deshacerse de *or* de qué hacer con este tipo de residuos; **arrangements were made for the ~ of the body** se hicieron arreglos para que el cadáver fuera inhumado (*or* trasladado al crematorio *etc*) **2▸** (Fin) enajenación *f* **3▸** (of bomb) desactivación *f*
B (of troops) despliegue *m*
C (power to use) disposición *f*; **at sb's ~** a disposición de algn; **I'm at your ~** estoy a su disposición; **to have sth at one's ~** disponer* de algo, tener* algo a su (*or* mi *etc*) disposición; **the means we have at our ~ ...** los medios de que disponemos, los medios que tenemos a nuestra disposición; **to put sth/oneself at sb's ~** *o* **the ~ of sb** poner* algo/ponerse* a disposición de algn

dispose /dɪ'spəʊz/ *vt* (frml)
A (incline) predisponer*; **this does not ~ me to like her** esto no me predispone a su favor
B **1▸** (arrange) disponer* (frml), colocar* **2▸** (determine) disponer*, decidir

Phrasal verb

• **dispose of** [v + prep + o]
A **1▸** (get rid of) ‹*refuse/evidence*› deshacerse* de; ‹*rival/opponent*› deshacerse* de, liquidar (fam) **2▸** (sell) ‹*house/car/land*› disponer* de, vender, enajenar (frml) **3▸** (deal with) ‹*problem/question/objection*› despachar
B (have use of) (frml) ‹*funds/resources*› disponer* de

disposed /dɪ'spəʊzd/ *adj* (*pred*) **1▸** (inclined) **to be ~ to + INF** estar* dispuesto A + INF; **I'm not/I don't feel ~ to help him** no estoy dispuesta/no me siento inclinada a ayudarlo; **you can watch, if you feel so ~** puedes mirar si quieres *or* si te interesa; **to be favorably/unfavorably ~ to** *o* **toward sb** estar* bien/mal dispuesto hacia algn **2▸** (liable) (frml) **to be ~ TO sth** ser* propenso A algo, tener* propensión A algo

disposition /ˌdɪspə'zɪʃən/ *n*
A **1▸** [c] (personality) manera *f or* modo *m* de ser, temperamento *m*; **he is of cheerful ~** es de temperamento *or* de natural alegre **2▸** (inclination) (*no pl*) (frml) **~ TO sth** predisposición *f* A algo; **I felt no ~ to punish him** no me sentí inclinado a castigarlo
B [u c] (arrangement) disposición *f*; **to make one's ~s** (Mil) dar* sus disposiciones *or* órdenes
C [u] (Law) enajenación *f*; **to make ~ of one's property** (in a will) hacer* disposición *or* disponer* de sus (*or* mis *etc*) bienes
D ▸**disposal C**

dispossess /ˌdɪspə'zes/ *vt* (frml) **to ~ sb OF sth** desposeer* *or* despojar a algn DE algo (frml); **he was ~ed by Jones** (Sport) Jones le quitó la pelota

dispossessed[1] /ˌdɪspə'zest/ *adj* (frml) que ha sido despojado de sus bienes (*or* tierras *etc*)

dispossessed[2] *pl n* (frml): **the ~** los desposeídos (frml)

dispossession /ˌdɪspə'zeʃən/ *n* [u] (frml) desposeimiento *m* (frml)

disproportion /ˌdɪsprə'pɔːrʃən || ˌdɪsprə'pɔːʃən/ *n* [u c] desproporción *f*; **to be in ~ to** *o* **with sth** estar* desproporcionado en relación con algo *or* con respecto a algo

disproportionate /ˌdɪsprə'pɔːrʃənət || ˌdɪsprə'pɔːʃənət/ *adj* ‹*number/size*› desproporcionado; **the ~ size of his nose** lo desproporcionado (del tamaño) de su nariz; **a ~ amount of money is spent on advertising** lo que se gasta en propaganda es desmesurado; **to be ~ TO sth: the size of its head is ~ to its body** el tamaño de la cabeza es desproporcionado con relación al del cuerpo *or* con respecto al del cuerpo; **the salary is ~ to the risks involved** el sueldo no guarda relación con los riesgos que comporta

disproportionately /ˌdɪsprə'pɔːrʃnətli || ˌdɪsprə'pɔːʃənətli/ *adv* desproporcionadamente

disprove /dɪs'pruːv/ *vt* ‹*claim/assertion/charge*› desmentir*; ‹*doctrine/theory*› rebatir, refutar; **to ~ the existence of sth** probar* que algo no existe

disputable /dɪ'spjuːtəbəl/ *adj* discutible

disputation /ˌdɪspjə'teɪʃən || ˌdɪspjuː'teɪʃən/ *n* [u c] **1▸** (argument, controversy) (frml) polémica *f* **2▸** (formal debate) debate *m*

disputatious /ˌdɪspjə'teɪʃəs || ˌdɪspjuː'teɪʃəs/ *adj* (frml) ‹*person*› amigo de polémicas, discutidor; ‹*mood*› discutidor

dispute[1] /dɪ'spjuːt/ *n* **1▸** [c] (controversy, clash) polémica *f*, controversia *f*; **a border ~** un conflicto fronterizo, un diferendo limítrofe (AmL) **2▸** [u] (debate) discusión *f*; (quarrel) disputa *f*; **it is open to ~ whether he acted reasonably** si actuó en forma razonable o no es discutible *or* se presta a discusión; **the territory in** *o* **under ~** el territorio en litigio; **the matter is still in** *o* **under ~** aún no se ha llegado a un acuerdo sobre el asunto; **her superiority in this field is beyond (all) ~** su superioridad en este campo es indiscutible **3▸** [c] (Lab Rel) conflicto *m* (laboral); **an industrial/a pay ~** un conflicto laboral/salarial; **the union is in ~ with management** existe una situación de conflicto entre el sindicato y la patronal

dispute[2] *vt*
A **1▸** (contest) discutir, cuestionar; **I don't ~ (the fact) that it was a mistake** no discuto que fue un error; **it cannot be ~d that the idea is attractive** no se puede negar *or* hay que reconocer que la idea resulta atrayente; **I ~ the idea that ...** yo rechazo la idea de que ... **2▸** ‹*will/decision*› impugnar **3▸** (argue) ‹*point/question/subject*› debatir, discutir **4▸** **disputed** *past p* ‹*decision*› discutido, polémico; ‹*territory*› en litigio
B **1▸** (fight for) ‹*possession/victory/territory*› (among many) disputarse; **our team ~d the match till the end** nuestro equipo luchó hasta el final **2▸** (resist) ‹*entry/advance*› hacer* frente a, resistir

disqualification /dɪsˌkwɑːləfə'keɪʃən || dɪsˌkwɒlɪfɪ'keɪʃən/ *n* **1▸** [u c] (from exam, competition) descalificación *f*; (from office, service) inhabilitación *f*; **a three-year ~ (from driving)** (BrE) la inhabilitación para manejar *or* (Esp) conducir por tres años **2▸** [c] (sth that disqualifies) impedimento *m*

disqualify /dɪs'kwɑːləfaɪ || dɪs'kwɒlɪfaɪ/ *vt* **-fies, -fying, -fied** **1▸** (debar) (Sport) descalificar*; **to ~ sb (FROM sth): the team was disqualified from the contest** el equipo quedó descalificado de la prueba; **she was disqualified from taking the exam** fue inhabilitada para presentarse al examen **2▸** (make ineligible): **as a professional she was disqualified from entering the Olympics** el hecho de ser profesional le impedía participar en las Olimpíadas; **a criminal record disqualifies you from jury service** tener antecedentes penales inhabilita *or* hace no apto para ser miembro de un jurado

disquiet[1] /dɪs'kwaɪət/ *n* [u] (frml) inquietud *f*, intranquilidad *f*, desasosiego *m*

disquiet[2] *vt* (frml) inquietar

disquieting /dɪs'kwaɪətɪŋ/ *adj* (frml) inquietante, intranquilizante

disquisition /ˌdɪskwə'zɪʃən || ˌdɪskwɪ'zɪʃən/ *n* (frml) **~ (ON sth)** disquisición *f* (SOBRE *or* ACERCA DE algo) (frml)

disregard[1] /ˌdɪsrɪ'gɑːrd || ˌdɪsrɪ'gɑːd/ *vt* ‹*danger/difficulty*› ignorar, despreciar; ‹*advice/wishes*› hacer* caso omiso de, no prestar atención a; ‹*feelings*› no tomar *or* tener* en cuenta; **please ~ my son's rudeness** le pido que no tome *or* tenga en cuenta la grosería de mi hijo; **they ~ed his criminal past and gave him the job** no tuvieron en cuenta *or* en consideración sus antecedentes penales y le dieron el puesto

disregard[2] *n* [u] **~ FOR sth/sb** indiferencia *f* HACIA algo/algn; **with complete ~ for the danger/her own safety** sin ni siquiera considerar el peligro/su propia seguridad

disrepair /ˌdɪsrɪ'per || ˌdɪsrɪ'peə(r)/ *n* [u] mal estado *m*; **it's in considerable/grave ~** está en bastante/muy mal estado, está bastante/muy abandonado; **the building had gone** *o* (BrE) **fallen into (a state of) ~** el edificio se había deteriorado

disreputable /dɪs'repjətəbəl || dɪs'repjʊtəbəl/ *adj* **1▸** (shady) ‹*person/firm*› de dudosa reputación, de mala fama; **his ~ appearance** su mal aspecto, su mala pinta (fam) **2▸** (seedy) ‹*nightclub/district*› de mala fama **3▸** (discreditable) ‹*conduct/action*› vergonzoso

disreputably /dɪs'repjətəbli || dɪs'repjʊtəbli/ *adv* vergonzosamente

disrepute /ˌdɪsrɪ'pjuːt/ *n* [u] (frml): **to fall into ~** caer* en descrédito; **to bring sth into ~** desacreditar algo; **he brought the family name into ~** deshonró *or* desacreditó el nombre de la familia

disrespect[1] /ˌdɪsrɪ'spekt/ *n* [u] **~ (FOR sth)** falta *f* de respeto (HACIA algo); **I meant no ~** no fue mi intención ofenderlo, no quise faltarle al *or* (CS) el respeto; **with ~** con poco respeto, irreverentemente

disrespect[2] *vt* (AmE colloq) **1▸** «*person*»: **don't ~ your aunt** no le faltes al *or* (CS) el respeto a tu tía **2▸** ‹*law/rule*› no respetar

disrespectful /ˌdɪsrɪ'spektfəl/ *adj* ‹*person*› irrespetuoso; ‹*attitude*› irreverente; **to be ~ TO** *o* **TOWARD sb** ser* irrespetuoso PARA CON algn, faltarle al *or* (CS) el respeto A algn; **he was ~ toward his elders** fue irrespetuoso (para) con sus mayores, les faltó al *or* (CS) el respeto a sus mayores

disrobe /dɪs'rəʊb/ *vi* (remove robes) (frml) despojarse de sus (*or* mis *etc*) vestiduras (frml); (undress) (frml *or* hum) despojarse de la ropa (frml *o* hum), desvestirse*

■ **disrobe** *vt* (frml) **1▸** (undress) desvestir* **2▸** (unfrock) (AmE) ‹*judge*› destituir* (frml)

disrupt /dɪs'rʌpt/ *vt* ‹*meeting/class*› perturbar el desarrollo de; ‹*traffic/communications*› crear problemas de, afectar a; ‹*plans*› desbaratar, trastocar*; ‹*relations*› afectar (a), deteriorar; **the**

country was ~ed by the strike la huelga conmocionó la vida del país

disruption /dɪsˈrʌpʃən/ *n* [u c] trastorno *m*; **~ TO sth**: **this caused serious ~ to our schedules** esto desbarató nuestro calendario de trabajo, esto ocasionó graves trastornos en nuestro calendario de trabajo; **roadworks caused ~ to the traffic flow** obras viales crearon problemas de tráfico

disruptive /dɪsˈrʌptɪv/ *adj* ‹*influence*› perjudicial, negativo; ‹*factor*› perturbador; **all these interruptions are very ~** todas estas interrupciones perjudican el desarrollo normal de la clase (*or* del trabajo *etc*); **he has a record of ~ behavior** siempre ha causado problemas de disciplina; **a ~ pupil** un alumno problema

diss /dɪs/ *vt* ▸**dis**[1]

dissatisfaction /dɪsˌsætəsˈfækʃən || dɪsˌsætɪsˈfækʃən/ *n* [u] descontento *m*, insatisfacción *f*

dissatisfied /dɪsˈsætəsfaɪd || dɪsˈsætɪsfaɪd/ *adj* ‹*customer*› descontento, insatisfecho; **to be ~ WITH sth/sb** estar* descontento *or* insatisfecho CON algo/algn

dissect /dɪˈsekt/ *vt* **1** (cut up) ‹*animal/body*› disecar*, diseccionar, hacer* la disección de **2** (analyze) ‹*theory/book*› examinar *or* analizar* minuciosamente, diseccionar

dissection /dɪˈsekʃən/ *n* [u c] disección *f*, disecación *f*

dissemble /dɪˈsembəl/ *vt* (frml) ‹*truth/motive*› ocultar; ‹*emotions*› disimular

■ **dissemble** *vi* (frml) fingir*

disseminate /dɪˈsemənert || dɪˈsemɪneɪt/ *vt* (frml) ‹*virus/spores*› diseminar; ‹*idea/information*› difundir, diseminar, divulgar*

dissemination /dɪˌseməˈneɪʃən || dɪˌsemɪˈneɪʃən/ *n* [u] (frml) diseminación *f*, difusión *f*

dissension /dɪˈsentʃən || dɪˈsenʃən/ *n* [u c] disensión *f* (frml), desacuerdo *m*

dissent[1] /dɪˈsent/ *vi* (frml) **1** **to ~ (FROM sth)** discrepar *or* (frml) disentir* (DE algo) **2** **dissenting** *pres p* ‹*voice/member*› discrepante

dissent[2] *n* [u] (frml) desacuerdo *m*, disconformidad *f*, disenso *m* (frml); **to express/voice one's ~** expresar/manifestar* su (*or* mi *etc*) desacuerdo *or* disconformidad; **to spread ~** sembrar* la discordia; **booked for ~** (Sport) amonestado por discutir con el árbitro

dissenter /dɪˈsentər || dɪˈsentə(r)/ *n* (frml) disidente *mf*; **they were early ~s from papal authority** fueron de los primeros en rebelarse contra la autoridad papal

dissertation /ˌdɪsərˈteɪʃən || ˌdɪsəˈteɪʃən/ *n* **1** (Educ) (in US: for PhD) tesis *f* (doctoral); (in UK: for lower degree) tesis *f*, tesina *f* **2** (formal discourse) (frml) disertación *f*

disservice /dɪsˈsɜːrvəs || dɪsˈsɜːvɪs/ *n* [u] (frml): **to do sb a ~**: **this report does him a ~** este informe no le hace justicia; **my parents did me a great ~ by educating me at home** mis padres no me hicieron ningún favor educándome en casa; **these strident advocates do their cause a ~** estos partidarios fanáticos perjudican la causa por la que luchan

dissidence /ˈdɪsədəns || ˈdɪsɪdəns/ *n* [u] (Pol) disidencia *f*

dissident[1] /ˈdɪsədənt || ˈdɪsɪdənt/ *n* disidente *mf*

dissident[2] *adj* disidente

dissimilar /dɪˈsɪmələr || dɪˈsɪmɪlə(r)/ *adj* distinto, diferente; **you could not find two more ~ people** no podrían ser más distintos *or* tener caracteres más dispares; **to be ~ TO sth** (*usu neg*) ser* distinto DE *or* A algo; **a hat not ~ to my own** un sombrero similar al mío *or* no muy distinto del mío

dissimilarity /ˌdɪsɪməˈlærəti || ˌdɪsɪmɪˈlærəti/ *n* [u c] (*pl* **-ties**) diferencia *f*, disimilitud *f* (frml)

dissimulate /dɪˈsɪmjəleɪt || dɪˈsɪmjʊleɪt/ *vt* (liter) ‹*feelings/intention*› disimular, encubrir*, ocultar; ‹*fact*› ocultar, encubrir*

■ **dissimulate** *vi* disimular

dissipate /ˈdɪsəpeɪt || ˈdɪsɪpeɪt/ *vt*

A (frml) **1** (squander) ‹*wealth/inheritance*› disipar, dilapidar; ‹*energy/talents*› desperdiciar **2** (dispel) ‹*anxiety*› disipar, hacer* desvanecer

B (Phys) ‹*heat/electrical energy*› difundir

■ **dissipate** *vi* (frml) «*anger/doubts*» disiparse, desvanecerse*

dissipated /ˈdɪsəpeɪtəd || ˈdɪsɪpeɪtɪd/ *adj* disipado, disoluto

dissipation /ˌdɪsəˈpeɪʃən || ˌdɪsɪˈpeɪʃən/ *n* [u]

A (dissolute living) disipación *f*, libertinaje *m*; **a life of ~** una vida disipada

B (frml) **1** (of fear, hope) disipación *f* **2** (of fortune) dilapidación *f*, derroche *m*; (of energy) desperdicio *m*

dissociate /dɪˈsəʊʃieɪt -sieɪt/ *vt*

A **1** (separate) **to ~ sth/sb (FROM sth)** disociar algo/a algn (DE algo) **2** (distance) **to ~ oneself FROM sb/sth** desvincularse DE algn/algo

B (Chem) disociar

dissociation /dɪˌsəʊʃiˈeɪʃən -siˈeɪʃən/ *n* [u] **1** (Chem, Psych) disociación *f* **2** (from opinion, act) desvinculación *f*

dissoluble /dɪˈsɑːljəbəl || dɪˈsɒljʊbəl/ *adj* disoluble

dissolute /ˈdɪsəluːt/ *adj* disoluto

dissolution /ˌdɪsəˈluːʃən/ *n* [u]

A **1** (of meeting, alliance, parliament) disolución *f*; (of empire) desintegración *f* **2** (Chem) disolución *f*

B (debauchery) disolución *f*

dissolvable /dɪˈzɑːlvəbəl || dɪˈzɒlvəbəl/ *adj*

A ‹*substance/stitches*› soluble, disoluble

B ‹*society/organization*› disoluble

dissolve[1] /dɪˈzɑːlv || dɪˈzɒlv/ *vt*

A (in liquid) disolver*

B **1** (dismiss) ‹*assembly/parliament*› disolver* **2** (break up) ‹*company/marriage*› disolver*

■ **dissolve** *vi*

A (in liquid) «*sugar/salt/pill*» disolverse*

B **1** (vanish) (liter) desvanecerse*; **to ~ into thin air** desvanecerse* en el aire, esfumarse **2** (emotionally): **to ~ into tears** deshacerse* en lágrimas

C «*assembly/committee*» disolverse*

dissolve[2] *n* (Cin, Phot, TV) fundido *m*

dissonance /ˈdɪsənəns/ *n* **1** [c u] (Mus) disonancia *f* **2** [u] (lack of agreement) discordancia *f*

dissonant /ˈdɪsənənt/ *adj* **1** (discordant) ‹*music/sounds/chord*› disonante **2** (dissenting) ‹*opinions/beliefs*› discrepante **3** (clashing) ‹*colors/characteristics*› discordante

dissuade /dɪˈsweɪd/ *vt* **to ~ sb (FROM sth)** disuadir a algn (DE algo); **she wouldn't be ~d** no hubo manera de disuadirla; **he's not easily ~d** no es fácil quitarle una idea de la cabeza; **to ~ sb FROM -ING**: **I managed to ~ her from leaving** logré convencerla de que no se fuera, logré que desistiera de la idea de irse

dissuasion /dɪˈsweɪʒən/ *n* [u] disuasión *f*; **no amount of ~ will stop him** no habrá manera de disuadirlo

dissuasive /dɪˈsweɪsɪv/ *adj* disuasorio, disuasivo

dissyllabic /ˌdaɪsəˈlæbɪk, ˌdɪ- || ˌdaɪsɪˈlæbɪk, ˌdɪ-/ *adj* ▸**disyllabic**

dissyllable /ˈdaɪˌsɪləbəl/ *n* ▸**disyllable**

distaff /ˈdɪstæf || ˈdɪstɑːf/ *n* rueca *f*; (*before n*): **on the ~ side** por línea materna, por parte de madre

distance[1] /ˈdɪstəns/ *n* [c u]

A **1** (space between two points) distancia *f*; **what's the ~ between ... ?** ¿qué distancia hay entre ... ?; **the posts are an equal ~ apart** los postes son equidistantes *or* están todos a la misma distancia; **stopping ~** (Auto) distancia *f* de parada; **within easy driving/walking ~** a poca distancia en coche/a pie; **the fire could be seen from a ~ of 12 miles** el incendio se veía a una distancia de 12 millas; **I can't walk long ~s** no puedo caminar mucho; **it's no ~ at all** *o* **hardly any ~ from here** está muy cerca *or* a dos pasos de aquí; **the station is some** *o* **quite a** *o* **a fair ~ away** la estación queda bastante lejos; **it's only a short ~ to the hotel** el hotel queda muy cerca; **they went part of the ~ together** fueron juntos parte del camino; ***to be within striking ~ (of sth)*** estar* cerca (de algo) **2** (faraway point): **in the (far) ~** en la distancia *or* lejanía, a lo lejos; **I can't read it at this ~** no lo puedo leer a esta distancia; **at** *o* **from a ~ he looked like a young man** de lejos parecía joven; **to admire sb from a ~** admirar a algn de lejos **3** (in time) distancia *f*; **from a ~ of ten years the experience seemed less important** a diez años de distancia *or* después de diez años la experiencia no parecía tan importante **4** (between rivals, competitors) distancia *f*; **the ~ between them has narrowed** se ha acortado la distancia entre ellos

B (emotional) distanciamiento *m*; ***to keep one's ~*** (remain aloof) guardar las distancias; (lit: keep away) no acercarse*; **she kept her ~ from the others in class** guardaba las distancias con el resto de la clase; **keep your ~ or I'll shoot!** ¡no te (me) acerques o disparo!; ***to keep sb at a ~*** guardar las distancias con algn

C (Sport) distancia *f*; **she is champion at** *o* **over this ~** es la campeona de *or* en esta distancia; ***to go the ~***: **the fight went the ~** la pelea duró hasta el último round; **she started the project enthusiastically, but I'm not sure if she'll go the ~** empezó con mucho entusiasmo pero no sé si llevará el proyecto a buen término; (*before n*): **~ runner** corredor, -dora *m,f* de fondo

distance[2] *v refl* **to ~ oneself (FROM sb/sth)** (emotionally) distanciarse (DE algn/algo); (deny involvement) desvincularse DE algn/algo; **he tried to ~ himself from the whole business** intentó desvincularse del asunto

distance learning *n* [u] enseñanza *f* a distancia

distant /ˈdɪstənt/ *adj*

A **1** (in space) ‹*spot/country*› distante, lejano; **I could hear the ~ sound of bells** oía campanas a lo lejos **2** (in time): **in the ~ past/future** en el pasado remoto/en un futuro lejano; **in those ~ times** en aquellos (lejanos) tiempos

B (*pred*) **1** (in space): **cities 50 miles ~ (from each other)** ciudades que distan 50 millas (la una de la otra) **2** (in time): **in an age many years ~ from our own** en una época muy distante *or* alejada de la nuestra **3** (in content): **the story was rather ~ from the truth/facts** la historia distaba bastante de la verdad/los hechos

C ‹*relative*› lejano; ‹*resemblance/connection*› remoto

D **1** (aloof) ‹*person/manner*› distante, frío **2** (absentminded) ‹*expression/tone*› ausente, ido

distantly /ˈdɪstəntli/ *adv* **1** (loosely): **the two concepts are ~ related** los dos conceptos están vagamente relacionados *or* tienen alguna relación entre sí; **we are ~ related** somos parientes lejanos; **a ~ remembered episode** un incidente que recordaba (*or* recordaban *etc*) vagamente **2** ‹*nod/greet*› con frialdad

distaste /dɪsˈteɪst/ *n* [u] desagrado *m*; **I view the prospect with extreme ~** la perspectiva me desagrada profundamente; **he has a ~ for hard work** le tiene aversión al trabajo

distasteful /dɪsˈteɪstfəl/ *adj* **1** (unpleasant) ‹*task/chore*› desagradable; **to be ~ TO sb** desagradarle *or* resultarle desagradable A algn **2** (offensive) ‹*remark/book/picture*› de mal gusto

distemper[1] /dɪsˈtempər || dɪsˈtempə(r)/ *n* [u]

A (Vet Sci) moquillo *m*, distémper *m* (Chi)

B (paint) (BrE) pintura *f* al temple

distemper[2] *vt* (BrE) pintar al temple

distend /dɪˈstend/ *vt* dilatar, hinchar

■ **distend** *vi* dilatarse, hincharse

distension, (AmE also) **distention** /dɪˈstentʃən || dɪˈstenʃən/ *n* [u] dilatación *f*

distich /ˈdɪstɪk/ *n* dístico *m*

distill, (BrE) **distil, -ll-** /dɪˈstɪl/ *vt* **1** ‹*liquid/herb/spirits*› destilar; **~ed water** agua *f*‡ destilada; **impurities were ~ed out** se extrajeron las impurezas mediante un proceso de destilación **2** ‹*information/ideas*› extraer*

distillation /ˌdɪstəˈleɪʃən || ˌdɪstɪˈleɪʃən/ *n*

A **1** [u] (process) destilación *f* **2** [c] (product) destilado *m*

B [c] (of facts, experiences) síntesis *f*

distiller /dɪˈstɪlər || dɪˈstɪlə(r)/ *n* destilador, -dora *m,f*

d

distillery /dɪˈstɪləri/ *n* (*pl* **-ries**) destilería *f*

distinct /dɪˈstɪŋkt/ *adj*
A ‹*shape/outline*› definido, claro, nítido; ‹*likeness*› obvio, marcado; ‹*improvement*› decidido, marcado; ‹*possibility*› nada desdeñable; **I had the ~ feeling that he was hiding something** tenía el convencimiento de que escondía algo; **things have taken a ~ turn for the worse** las cosas han empeorado decididamente
B 1 (different, separate) distinto, bien diferenciado; **to be ~ FROM sth** ser* distinto *or* diferente DE *or* A algo; **these two issues are quite ~ from each other** se trata de dos asuntos *or* problemas totalmente distintos; **the taste of gin is quite ~ from that of vodka** el sabor de la ginebra es muy distinto *or* diferente del *or* al del vodka, la ginebra y el vodka tienen sabores muy distintos; **we are talking about English people as ~ from British people** nos referimos a los ingleses en particular y no a los británicos 2 (unmistakable) (*pred*) inconfundible

distinction /dɪˈstɪŋkʃən/ *n*
A 1 [c] (difference) distinción *f*; **you shouldn't make a ~ between them** no deberías hacer distinciones entre ellos; **we must make** *o* **draw a ~ between ...** debemos distinguir entre ... 2 [u] (act of differentiating) distinción *f*; **without ~ of race or creed** sin distinción de raza o credo
B 1 [u] (merit, excellence): **a writer of ~** un distinguido *or* destacado escritor; **a novel of ~** una destacada novela; **a car/watch of ~** un coche/reloj de categoría; **he served with ~** se distinguió en el servicio 2 [u] (distinguished appearance) distinción *f*; **he has an air of ~** tiene un aire distinguido *or* de distinción 3 [c u] (mark of recognition) honor *m*, distinción *f*; **she has won ~ in the field of genetics** se ha distinguido en el campo de la genética 4 [u c] (BrE) (Educ) mención *f* especial

distinctive /dɪˈstɪŋktɪv/ *adj*
A (easily identifiable) ‹*marking/plumage*› distintivo, característico; ‹*gesture/laugh*› personal, inconfundible; ‹*decor/dress*› particular
B (Ling): **~ feature** rasgo *m* distintivo *or* pertinente

distinctively /dɪˈstɪŋktɪvli/ *adv* ‹*dress/behave*› de manera muy particular *or* personal; ‹*dressed/furnished*› con personalidad

distinctly /dɪˈstɪŋktli/ *adv* 1 ‹*speak/enunciate*› con claridad 2 ‹*hear*› perfectamente, claramente; **I ~ remember telling you** me acuerdo perfectamente *or* muy bien de que te lo dije 3 (decidedly): **she was ~ upset** estaba claro que se había disgustado; **that was ~ rude of him** fue una verdadera grosería de su parte; **he sounded ~ Scottish** tenía un inconfundible acento escocés

distinguish /dɪˈstɪŋgwɪʃ/ *vt*
A 1 (differentiate) distinguir*, diferenciar; **to ~ sth/sb FROM sth/sb** distinguir* *or* diferenciar algo/a algn DE algo/algn 2 **distinguishing** *pres p* ‹*feature/mark*› distintivo, característico
B (make out) distinguir*
■ **distinguish** *vi* distinguir*; **he can't ~ between green and blue** no distingue entre el verde y el azul, no distingue el verde del azul
■ *v refl*: **to ~ oneself** distinguirse*, destacarse*; **you didn't exactly ~ yourself** (hum) la verdad es que te luciste (iró)

distinguishable /dɪˈstɪŋgwɪʃəbəl/ *adj* 1 (recognizable as different) **to be ~ (FROM sth/sb)** distinguirse* (DE algo/algn); **the male is ~ by its bright plumage** el macho se distingue *or* se reconoce por el colorido del plumaje 2 (discernible): **to be ~** distinguirse*; **the mountain was barely ~ through the fog** la montaña apenas se distinguía en la niebla

distinguished /dɪˈstɪŋgwɪʃt/ *adj* distinguido; **his grey hair makes him look ~** el pelo canoso le da un aspecto distinguido

distort /dɪˈstɔːrt || dɪˈstɔːt/ *vt* 1 (deform) ‹*metal/object*› deformar; **his face was ~ed by** *o* **with anger/pain** tenía el rostro crispado por la ira/del dolor 2 (Opt) ‹*image/reflection*› deformar, distorsionar; **a ~ing mirror** un espejo deformante 3 (Electron) ‹*signal/sound*› distorsionar 4 (misrepresent) ‹*facts/statement*› tergiversar, distorsionar
■ **distort** *vi* (Audio) distorsionar

distortion /dɪˈstɔːrʃən || dɪˈstɔːʃən/ *n* 1 [u] (of metal, object) deformación *f*; (of features) distorsión *f* 2 [u] (Opt) deformación *f*, distorsión *f* 3 [u] (Electron) distorsión *f* 4 [u c] (of facts, news) tergiversación *f*, distorsión *f*; **a gross ~ of the truth** una total distorsión de la verdad

distract /dɪˈstrækt/ *vt* 1 (divert) ‹*person*› distraer*; **his attention was constantly being ~ed by the noise** el ruido lo distraía continuamente; **they began shouting to ~ the attention of the guards** empezaron a gritar para distraer a los guardias *or* para distraer la atención de los guardias; **to ~ sb FROM sth** distraer* a algn DE algo; **don't ~ him from his work** no lo distraigas de su trabajo 2 (amuse) entretener*, distraer*

distracted /dɪˈstræktəd || dɪˈstræktɪd/ *adj* ‹*person*› trastornado; ‹*look*› enajenado; **she was ~ with grief/anxiety** estaba trastornada por la pena/por la angustia

distractedly /dɪˈstræktədli || dɪˈstræktɪdli/ *adv* como un loco; **he paced to and fro ~** andaba como un loco de un lado para otro

distracting /dɪˈstræktɪŋ/ *adj* que distrae; **he found her presence very ~** su presencia le impedía concentrarse *or* lo distraía

distraction /dɪˈstrækʃən/ *n*
A 1 [c u] (interruption) distracción *f*; **the war was a ~ from the country's internal problems** la guerra distrajo la atención de los problemas internos del país 2 [c] (entertainment) (frml) entretenimiento *m*, distracción *f* diversión *f*
B [u] 1 (distress) desconsuelo *m* 2 (madness): **to drive sb to ~** sacar* a algn de quicio; **to love sb to ~** estar* perdidamente enamorado de algn, estar* loco por algn

distraint /dɪˈstreɪnt/ *n* [u] embargo *m*

distraught /dɪˈstrɔːt/ *adj* ‹*voice/person*› consternado, angustiado; **to be ~ with grief/worry** estar* consternado por el dolor/por la preocupación; **she's utterly ~** está deshecha *or* destrozada

distress[1] /dɪˈstres/ *n* [u]
A 1 (mental) angustia *f*, aflicción *f*; **her divorce caused her parents a great deal of ~** su divorcio afligió mucho a sus padres; **to my great ~** para gran disgusto mío; **he was in great ~** sufría mucho 2 (physical): **respiratory ~** dificultades *fpl* respiratorias; **he showed signs of ~ during the race** tuvo síntomas de agotamiento durante la carrera 3 (financial) penuria *f* 4 (danger): **in ~** en peligro; (*before n*) ‹*call/signal*› de socorro; **~ rocket** cohete *m* de señales
B (AmE) (Law) embargo *m*; (*before n*): **~ merchandise** *mercancía embargada en pago de una deuda*

distress[2] *vt*
A (upset) afligir*; (grieve) consternar; **please don't ~ yourself** por favor, no se aflija
B ‹*wood/furniture*› envejecer* (*para dar aspecto de antiguo*)

distress area *n* área *f*‡ deprimida

distressed /dɪˈstrest/ *adj* 1 (upset) afligido; **I was very ~ to hear about his death** (frml) la noticia de su muerte me dejó consternada *or* me afligió mucho 2 (poor) (euph): **to be in ~ circumstances** pasar estrecheces; **they are ~ gentlefolk** es gente bien venida a menos 3 ‹*leather/wood*› envejecido

distressing /dɪˈstresɪŋ/ *adj* ‹*news/circumstance*› penoso, angustiante; **it was quite ~ to see him like that** daba mucha pena verlo así, angustiaba verlo así

distressingly /dɪˈstresɪŋli/ *adv* penosamente

distress sale *n* venta *f* forzosa

distributary /dɪˈstrɪbjəteri || dɪˈstrɪbjʊtəri/ *n* (*pl* **-ries**) brazo *m* (de río), ramal *m*

distribute /dɪˈstrɪbjət, -bjuːt || dɪˈstrɪbjuːt/ *vt* 1 (hand out) ‹*leaflets/food*› distribuir*, repartir 2 (share out) ‹*profits/dividends*› repartir; ‹*tasks/responsibilities*› distribuir*; **they ~d the spoils amongst themselves** se repartieron el botín 3 (supply) (Busn) ‹*goods/films*› distribuir* 4 (spread out) distribuir*; **the weight must be evenly ~d** el peso debe estar bien distribuido 5 (locate) (*usu pass*), (+ *adv compl*) distribuir*; **how are the figures ~d?** ¿cómo se distribuyen *or* están distribuidas las cifras?; **the incidence of drug addiction is not ~d evenly throughout the country** la drogadicción no tiene una distribución pareja en el país
■ **distribute** *vi* (Busn): **they ~ for us in Japan** son distribuidores nuestros en el Japón

distributed filter /dɪˈstrɪbjətɪd || dɪˈstrɪbjʊtɪd/ *n* (Comput) filtro *m* ADSL

distribution /ˌdɪstrɪˈbjuːʃən/ *n* [u c]
A 1 (of leaflets, money, food, chores) distribución *f*, reparto *m*; (of dividends) reparto *m* 2 (Busn) distribución *f*; (*before n*): **~ network** red *f* de distribuidores
B (range, spread) distribución *f*

distribution cost *n* costo *m or* (Esp) coste *m* de distribución

distribution list *n* lista *f* de distribución

distribution rights *pl n* derechos *mpl* de distribución

distributive[1] /dɪˈstrɪbjətɪv || dɪˈstrɪbjʊtɪv/ *adj*
A (Busn): **the ~ trades** el sector de (la) distribución
B (Ling) distributivo

distributive[2] *n* distributivo *m*

distributor /dɪˈstrɪbjətər || dɪˈstrɪbjʊtə(r)/ *n*
A (Busn) distribuidor *m*; (Cin) distribuidora *f*
B (Auto, Elec) distribuidor *m* (del encendido), delco® *m* (Esp)

distributor cap *n* tapa *f* del distribuidor *or* (Esp) del delco®

distributorship /dɪˈstrɪbjətərʃɪp || dɪˈstrɪbjʊtəʃɪp/ *n* contrato *m* de distribución

district[1] /ˈdɪstrɪkt/ *n*
A 1 (region) zona *f*, región *f* 2 (locality) barrio *m*; **financial ~** distrito *m* financiero; **red-light ~** zona *f* de tolerancia (AmL), zona *f* roja (AmL), barrio *m* chino (Esp); **the Federal D~** el distrito federal
B (Govt) (in US: of state, city) distrito *m*; **congressional ~** distrito *m or* circunscripción *f* electoral

district[2] *vt* (AmE) dividir en distritos

> **District of Columbia - DC**
>
> Es el distrito de la capital de EEUU, Washington, que abarca toda su extensión y se sitúa en la ribera este del Río Potomac. Fue fundado por el Congreso ▸**Congress** en 1790. Es el lugar donde se ecuentran muchos de los edificios del gobierno.

district attorney *n* (in US) fiscal *mf* del distrito

district commissioner *n* (in UK) *jefe de policía de un distrito*

district council *n* (in UK) *corporación de gobierno a nivel de área y que está por debajo de un* ▸**county council**

district court *n* (in US) tribunal *m* de distrito

district nurse *n* (in UK) *enfermero que tiene a su cuidado a los pacientes de un distrito*

distrust[1] /dɪsˈtrʌst/ *vt* desconfiar* de, no fiarse* de

distrust[2] *n* [u] desconfianza *f*, recelo *m*; **he looked at them with ~** los miró con desconfianza *or* recelo; **~ OF sth/sb** falta *f* de confianza EN algo/algn

distrustful /dɪsˈtrʌstfəl/ *adj* ‹*expression/person/nature*› desconfiado, receloso; **to be ~ OF sb** desconfiar* *or* recelar DE algn; **she was ~ of his motives** desconfiaba de sus motivos

distrustfully /dɪsˈtrʌstfəli/ *adv* con desconfianza *or* recelo

disturb /dɪˈstɜːrb || dɪˈstɜːb/ *vt*
A 1 (interrupt): **the noise ~ed my concentration** el ruido me hizo perder la concentración; **the calm was ~ed by the arrival of the tourists** la llegada de los turistas vino a perturbar la calma; **my sleep was ~ed by the dog barking** los ladridos del perro me despertaron; **he**

was arrested for ~ing the peace lo detuvieron por alterar el orden público; **he whispered so as not to ~ the sleeping child** habló en voz baja para no despertar al niño; ⊗ **do not disturb** se ruega no molestar **2** (inconvenience) molestar; **I'm sorry to ~ you, but ...** perdone que lo moleste, pero ... **3** (burst in upon) ‹*thief*› sorprender
B (disarrange): **she found that her papers had been ~ed** notó que alguien había tocado sus papeles; **nothing had been ~ed** todo estaba en su lugar *or* sitio
C (trouble) perturbar, inquietar, llenar de inquietud

disturbance /dɪ'stɜ:rbəns || dɪ'stɜ:bəns/ *n*
A [u c] **1** (noisy disruption) alboroto *m*, tumulto *m*; **to cause/create a ~** armar/provocar* un alboroto; **the aircraft are a continual ~** los aviones son una molestia constante **2** (interruption) interrupción *f*
B [u c] (of routine, order) alteración *f*
C [c] (riot) disturbio *m*; **there have been several large-scale ~s in the capital** se han registrado varios disturbios de consideración en la capital

disturbed /dɪ'stɜ:rbd || dɪ'stɜ:bd/ *adj*
A **1** (Psych) ‹*person/mind*› trastornado; **a severely ~ child** un niño con graves trastornos *or* problemas emocionales; **she is mentally/emotionally ~** tiene problemas mentales/emocionales **2** (perturbed) (*pred*): **I was greatly ~ to hear of his misfortune** la noticia de su desgracia me impresionó *or* afectó muchísimo
B (restless) ‹*sleep*› agitado, inquieto; **I had a ~ night** dormí muy mal

disturbing /dɪ'stɜ:rbɪŋ || dɪ'stɜ:bɪŋ/ *adj* ‹*news/development*› (worrying, upsetting) inquietante, perturbador; (alarming) alarmante; **I found the play deeply ~** la obra me afectó mucho; **viewers may find some of the scenes ~** algunas escenas pueden herir la sensibilidad del espectador

disturbingly /dɪ'stɜ:rbɪŋli || dɪ'stɜ:bɪŋli/ *adv* ‹*honest/realistic/bad*› inquietantemente; **the situation is ~ familiar** lo habitual de la situación es inquietante *or* preocupante

disulfide, (BrE) **disulphide** /daɪ'sʌlfaɪd/ *n* [c u] bisulfito *m*

disunite /,dɪsju:'naɪt, ,dɪʃju:'naɪt || ,dɪsju:'naɪt/ *vt* desunir

disunity /dɪs'ju:nəti, dɪʃ'ju:nəti || dɪs'ju:nəti/ *n* [u] desunión *f*

disuse /dɪs'ju:s, dɪʃ'ju:s || dɪs'ju:s/ *n* [u] desuso *m*; **to fall into ~** «*words/customs/laws*» caer* en desuso; «*building/port*» dejar de utilizarse; **the hinges have become stuck through ~** las bisagras están atascadas por el desuso

disused /dɪs'ju:zd, dɪʃ'ju:zd || dɪs'ju:zd/ *adj* ‹*factory/quarry*› abandonado; ‹*machinery*› en desuso

disyllabic /,daɪsə'læbɪk || ,daɪsɪ'læbɪk/ *adj* bisílabo

disyllable /daɪ'sɪləbəl/ *n* bisílabo *m*

ditch¹ /dɪtʃ/ *n* zanja *f*; (at roadside) cuneta *f*; (for irrigation) acequia *f*; ***to the last ~***: **to defend sth to the last ~** defender* algo encarnizadamente; **the union will fight on to the last ~** el sindicato seguirá en la brecha hasta el final

ditch² *vt*
A **1** (abandon, get rid of) (colloq) ‹*girlfriend/boyfriend*› plantar (fam), botar (AmC, Chi fam); ‹*object*› deshacerse* de, botar (AmL exc RPl), tirar (Esp, RPl); **the robbers ~ed the getaway car** los ladrones dejaron tirado el coche en el que huyeron **2** ‹*plan/project*› (colloq) abandonar, desechar **3** (evade) (AmE sl): **to ~ the police** escurrírsele a la policía, escaquearse de la policía
B (Aviat): **to ~ a plane** hacer* un amaraje *or* amarizaje *or* amerizaje (forzoso)
■ **ditch** *vi* hacer* un amaraje *or* amarizaje *or* amerizaje (forzoso)

ditching /'dɪtʃɪŋ/ *n* [u] **1** (digging) excavación *f* de zanjas **2** (Aviat) amaraje *m*, amarizaje *m*, amerizaje *m*

ditchwater /'dɪtʃwɔ:tər || 'dɪtʃwɔ:tə(r)/ *n* [u] ***as dull as ~*** sin ninguna gracia

dither¹ /'dɪðər || 'dɪðə(r)/ *vi* (colloq) **1** (become agitated) (AmE) ponerse* muy nervioso **2** (be indecisive) titubear, vacilar; **I was ~ing over whether to go or not** no sabía si ir o no ir

dither² *n* (colloq) (*no pl*): **he's in a real ~ about the concert** está (lo que se dice) neura con lo del concierto (fam); **their unexpected arrival threw her into a ~** llegaron sin avisar y se puso muy nerviosa

ditherer /'dɪðərər || 'dɪðərə(r)/ *n* indeciso, -sa *m,f*

dithery /'dɪðəri/ *adj* (colloq) indeciso

ditto¹ /'dɪtəʊ/ *adv* (colloq): **I'm fed up — ditto!** estoy harto — ¡y yo ídem de ídem! (fam)

ditto² *n* (*pl* **-tos**) ídem *m*; (*before n*): **~ marks** comillas *fpl*

ditty /'dɪti/ *n* (*pl* **-ties**) *cancioncilla o poema simple*

ditz /dɪts/ *n* (AmE colloq) cabeza *mf* de chorlito (fam), despistado, -da *m,f*

ditzy /'dɪtsi/ *adj* (AmE colloq) con cabeza de chorlito (fam), despistado

diuretic¹ /,daɪjə'retɪk || ,daɪjʊ'retɪk/ *n* diurético *m*; **tea acts as a ~** el té tiene efectos diuréticos

diuretic² *adj* diurético

diurnal¹ /daɪ'ɜ:rnl || daɪ'ɜ:nl/ *adj* **1** (Biol) ‹*animal/flower*› diurno **2** (recurring daily) diario

diurnal² *n* diurno *m*

diva /'di:və/ *n* (*pl* **-vas** *or* AmE also **-ve** /-veɪ/) diva *f*

divan /dɪ'væn/ *n* **1** (sofa) diván *m*, canapé *m* **2** **~ (bed)** cama *f* turca

dive¹ /daɪv/ (*past* **dived** *or* AmE also **dove**; *past p* **dived**) *vi*
A **1** (from height) zambullirse*, tirarse (al agua), tirarse *or* echarse un clavado (AmL); **she ~d into the water** se zambulló, se tiró al agua **2** (under surface) «*person/whale*» sumergirse*, zambullirse*; «*submarine*» sumergirse*; **can you ~ down and pick it up?** ¿te zambulles y lo recoges?; **we'll ~ to a depth of 100 feet** bajaremos a 100 pies de profundidad; **to ~ for pearls/treasure** bucear buscando perlas/tesoros; **to go diving** ir* a hacer submarinismo *or* a bucear **3** (swoop) «*plane/bird*» bajar en picada *or* (Esp) en picado
B **1** (lunge, move suddenly): **he ~d for cover under the table** se tiró *or* se metió debajo de la mesa para protegerse; **he ~d to save the penalty** se lanzó para salvar el penalty **2** (thrust hand): **she ~d into her pocket for a coin** se metió la mano en el bolsillo buscando una moneda **3** (attack greedily) (colloq): **they ~d for the food** se lanzaron *or* se abalanzaron sobre la comida
C (drop sharply) (journ) «*currency/sales/population*» caer* en picada *or* (Esp) en picado, pegar* un bajón (fam)
■ **dive** *vt*: **she ~d her hand into her bag** metió la mano en el bolso

Phrasal verb
• **dive in** [v + adv] (colloq) (into water) zambullirse*, tirarse al agua, tirarse *or* echarse un clavado (AmL); **~ in!** (start eating) ¡al ataque! (fam), ¡ataquen *or* (Esp) atacar! (fam); **the best thing is to ~ right in** (into task) lo mejor es meterse de lleno *or* (fam) de cabeza en la tarea

dive² *n*
A **1** (into water) zambullida *f*, clavado *m* (AmL); (Sport) salto *m* (de trampolín), clavado *m* (AmL) **2** (of submarine, whale) inmersión *f* **3** (swoop) descenso *m* en picada *or* (Esp) en picado
B (lunge, sudden movement) (colloq): **he made a ~ for the gun** se abalanzó sobre la pistola; **we made a ~ for the nearest doorway** nos precipitamos hacia la salida más próxima; **(full-length) ~** (in soccer) estirada *f*; ***to take a ~*** (in boxing) (sl) hacer* tongo (fam), dejarse ganar
C (disreputable club, bar) (colloq) antro *m*

dive³ /'dɪveɪ/ *pl of* **diva**

dive-bomb /'daɪvbɑ:m || 'daɪvbɒm/ *vt* bombardear en picada *or* (Esp) en picado

diver /'daɪvər || 'daɪvə(r)/ *n*
A (Sport) **1** (competitor) saltador, -dora *m,f*, clavadista *mf* **2** (casual swimmer): **the ~s kept splashing us** continuamente nos salpicaban los que se tiraban al agua **3** (deep-sea) submarinista *mf*, buzo *mf*, hombre-rana, mujer-rana *m,f*
B (Zool) colimbo *m*

diverge /də'vɜ:rdʒ || daɪ'vɜ:dʒ/ *vi* **1** «*lines/paths*» separarse, divergir* (frml); **then our careers ~d** luego nuestras carreras tomaron rumbos diferentes **2** «*opinions/explanations*» divergir*; **to ~ FROM sth** discrepar DE algo

divergence /də'vɜ:rdʒəns || daɪ'vɜ:dʒəns/ *n* [u] **1** (difference) divergencia *f* **2** (drawing apart) separación *f*, divergencia *f*

divergent /də'vɜ:rdʒənt || daɪ'vɜ:dʒənt/ *adj* divergente

divers /'daɪvərz || 'daɪvəz/ *adj* (arch) (*before n*) diversos

diverse /daɪ'vɜ:rs || daɪ'vɜ:s/ *adj* **1** (varied) ‹*interests/tastes*› diversos, variados; **plant life in the area is extremely ~** la vegetación en la zona es muy variada; **a huge and ~ country** un país enorme y lleno de contrastes **2** (unlike) ‹*elements/origins/styles*› diferentes, distintos

diversification /də,vɜ:rsəfə'keɪʃən || daɪ,vɜ:sɪfɪ'keɪʃən/ *n* [u] **1** (change, variety) variedad *f* **2** (Busn) diversificación *f*

diversified /də'vɜ:rsəfaɪd || daɪ'vɜ:sɪfaɪd/ *adj* diversificado

diversify /də'vɜ:rsəfaɪ || daɪ'vɜ:sɪfaɪ/ **-fies, -fying, -fied** *vt* ‹*approach/investment/products*› diversificar*
■ **diversify** *vi* (Busn) diversificarse*; **to ~ INTO sth**: **they diversified into sportswear** diversificaron su producción introduciéndose en el mercado de ropa de deporte

diversion /də'vɜ:rʒən || daɪ'vɜ:ʃən/ *n*
A **1** [u] (of river) desviación *f* **2** [u] (of funds) malversación *f* **3** [c] (BrE) (Transp) desvío *m*, desviación *f*
B [c] (distraction) (Mil) diversión *f*, divertimiento *m* estratégico; **you create a ~ and I'll make my escape** tú los distraes mientras yo me escapo
C [c u] (amusement) (frml) diversión *f*, entretenimiento *m*

diversionary /də'vɜ:rʒəneri || daɪ'vɜ:ʃənəri/ *adj* ‹*tactic/raid*› de diversión *or* divertimiento; ‹*remark*› para desviar *or* distraer la atención

diversity /də'vɜ:rsəti || daɪ'vɜ:səti/ *n* **1** [u] (variety) diversidad *f*; **ethnic/religious ~** diversidad étnica/religiosa **2** (large range) (*no pl*) diversidad *f*; **a wide ~ of opinion** una gran diversidad de opiniones

divert /də'vɜ:rt || daɪ'vɜ:t/ *vt*
A **1** (redirect) ‹*stream/flow*› desviar*; ‹*traffic*› (BrE) desviar*; **I tried to ~ the conversation away from the topic** intenté desviar la conversación hacia otro tema **2** (ward off) ‹*blow/attack*› eludir, esquivar
B **1** (distract) ‹*attention/thoughts*› distraer* **2** (amuse) (frml) divertir*, entretener*

diverting /də'vɜ:rtɪŋ || daɪ'vɜ:tɪŋ/ *adj* (frml) ameno

divest /daɪ'vest/ *vt*
A (deprive) **to ~ sb/sth OF sth** despojar a algn/algo DE algo
B (sell off) ‹*asset/operation/stake*› deshacerse* de *v refl*; **to ~ oneself OF sth** deshacerse* DE algo

divestiture /daɪ'vestətʃʊr || daɪ'vestɪtʃə(r)/ *n* [u] desinversión *f*

divestment /daɪ'vestmənt/ *n* [u c] **1** (selling) desinversión *f* **2** [c] (sale) venta *f*, enajenación *f*

divide¹ /də'vaɪd || dɪ'vaɪd/ *vt*
A **1** (split up) dividir; **to ~ sth INTO sth** dividir algo EN algo **2** (separate) **to ~ sth FROM sth** separar algo DE algo **3** **dividing** *pres p* ‹*wall/barrier*› divisorio **4** (share) ‹*cake/money/work*› repartir; **they ~d it between themselves** se lo repartieron; **I ~ my time between England and Italy** paso parte del tiempo en Inglaterra y parte en Italia
B **1** (cause to disagree) dividir **2** (BrE) (Govt) (cause to vote): **they propose to ~ the House on this issue** proponen llevar el tema a votación en la Cámara
C (Math) dividir; **to ~ 10 by 5** dividir 10 entre *or* por 5; **10 ~d by 5 is 2** 10 dividido (entre *or* por) 5 es (igual a) 2; **can you ~ 3 into 7?** ¿7 es divisible entre *or* por 3?
■ **divide** *vi*
A **1** (fork) «*road/river*» dividirse; **the road ~s**

into two lanes el camino se bifurca *or* se divide en dos **2** (split) «*group/particles/cells*» dividirse; ~ **and conquer/rule** divide y vencerás/reinarás **3** (BrE) (Govt) (vote) votar; **the House ~d** la Cámara procedió a la votación
B (Math) dividir

(Phrasal verbs)
- **divide off** [v + o + adv, v + adv + o] separar
- **divide up**

A [v + o + adv, v + adv + o] dividir
B [v + adv] «*room/book/people*» dividirse; **we ~d up into two groups** nos dividimos en dos grupos

divide[2] *n* **1** (Geog) (línea *f*) divisoria *f* de aguas; **the Continental** *o* **Great D~** las montañas Rocosas *or* Rocallosas **2** (division) línea *f* divisoria; **to cross the Great D~** (euph) emprender el último viaje (euf)

divided /dəˈvaɪdəd || dɪˈvaɪdɪd/ *adj* **1** (Bot) seccionado **2** ‹*opinion*› dividido; **the committee is sharply ~ over this issue** las opiniones al respecto están muy divididas en la comisión

divided highway *n* (AmE) autovía *f*, carretera *f* de doble calzada *or* carril

divided skirt *n* falda *f* pantalón, pollera *f* pantalón (CS)

dividend /ˈdɪvədend || ˈdɪvɪdend/ *n* **1** (Busn, Fin) dividendo *m*; ***to pay ~s*** dar* dividendos, reportar beneficios **2** (Math) dividendo *m*

divider /dəˈvaɪdər || dɪˈvaɪdə(r)/ *n* **1** (screen) mampara *f*; (in filing system) separador *m* **2** **dividers** *pl* (Math): **(pair of) ~s** compás *m* de puntas fijas

dividing line /dəˈvaɪdɪŋ || dɪˈvaɪdɪŋ/ *n* línea *f* divisoria; **sometimes there is a very fine ~ ~ between genius and madness** a veces la línea que divide *or* separa la genialidad de la locura es muy tenue

divination /ˌdɪvəˈneɪʃən || ˌdɪvɪˈneɪʃən/ *n* [u] adivinación *f*

divine[1] /dəˈvaɪn || dɪˈvaɪn/ *adj*
A (*before n*) ‹*providence/intervention/inspiration*› divino; **it was ~ justice** fue un castigo de Dios; **~ liturgy** liturgia *f* sagrada; **~ worship** oficio *m* religioso
B (wonderful) ‹*weather/music/dress*› divino, precioso; **these oysters are ~** estas ostras son una delicia; **you look simply** *o* **perfectly ~** ¡estás divina!

divine[2] *vt* **1** (discover, guess) (liter) ‹*intentions/truth*› adivinar; ‹*future*› adivinar, vaticinar **2** ‹*water/minerals*› descubrir* (*con una varita de zahorí*)

divine[3] *n* (liter) (priest) eclesiástico *m*; (theologian) teólogo *m*

divinely /dəˈvaɪnli || dɪˈvaɪnli/ *adv*
A (from God) ‹*inspired/created*› por Dios; **he believes his sermons are ~ inspired** cree que sus sermones están inspirados por Dios *or* son de inspiración divina
B (wonderfully) ‹*dance/sing/cook*› como los dioses, divinamente, deliciosamente

divine right *n* derecho *m* divino; **the ~ ~ of kings** el derecho divino de los reyes

diving /ˈdaɪvɪŋ/ *n* [u] **1** (from height) saltos *mpl* de trampolín, clavados *mpl* (AmL) **2** (under water) submarinismo *m*, buceo *m*

diving bell *n* campana *f* de inmersión *or* de buzo

diving board *n* trampolín *m*

diving suit *n* escafandra *f*, traje *m* de buzo

divining rod /dəˈvaɪnɪŋ || dɪˈvaɪnɪŋ/ *n* varita *f* de zahorí

divinity /dəˈvɪnəti || dɪˈvɪnəti/ *n* (*pl* **-ties**) (frml)
A **1** [u c] (divine nature, being) divinidad *f* **2** [u] (theology) teología *f*
B [u] ~ **(fudge)** (AmE) *golosina hecha a base de azúcar, almíbar de maíz, clara de huevo etc*

divisible /dəˈvɪzəbəl || dɪˈvɪzəbəl/ *adj* (*pred*) **1** (Math) divisible; **21 is ~ by 3** 21 es divisible entre *or* por 3 **2** (separable) **to be ~ (FROM sth)**: **economic policy is not ~ from social concerns** la política económica no puede disociarse de los intereses sociales, la política económica es indivisible de los intereses sociales

division /dəˈvɪʒən || dɪˈvɪʒən/ *n*
A **1** [u c] (distribution) reparto *m*, división *f*; **the ~ of labor** (Econ) la división del trabajo **2** [c] (boundary) división *f*; **religious /linguistic/class ~s** divisiones religiosas/lingüísticas/de clase **3** [c] (part) división *f*
B [u] (disagreement) desacuerdo *m*
C [c] (department) división *f*, sección *f*, departamento *m*
D [c] (Mil) **1** (of troops) división *f* **2** (of ships, planes) división *f*
E [c] (Sport) **1** (in boxing) categoría *f* **2** (in US: area) zona *f* **3** (in UK: by standard) división *f*; **a team in the first ~** un equipo de primera división
F [u c] (Math) división *f*; **long ~** división larga *or* desarrollada; (*before n*): **~ sign** signo *m* de división *or* de dividir
G [c] (BrE) (Govt) votación *f*
H [u] (splitting — of particles, cells) división *f*

divisive /dəˈvaɪsɪv || dɪˈvaɪsɪv/ *adj* divisivo

divisor /dəˈvaɪzər || dɪˈvaɪzə(r)/ *n* divisor *m*

divorce[1] /dəˈvɔːrs || dɪˈvɔːs/ *n*
A [c u] (Law) divorcio *m*; **to get/obtain a ~ (from sb)** conseguir*/obtener* el divorcio (de algn); **he was granted a ~** le concedieron el divorcio; **~ is on the increase** el número de divorcios está aumentando; (*before n*): **~ proceedings** trámites *mpl* de divorcio; **the ~ rate** el número de divorcios; **they'll end up in the ~ courts** van a terminar divorciándose
B [c u] (separation) divorcio *m*; **the ~ between theory and practice** el divorcio entre la teoría y la práctica

divorce[2] *vt*
A (Law) ‹*husband/wife*› divorciarse de; **to get ~d** divorciarse
B (separate) **to ~ sth (FROM sth)** divorciar algo (DE algo)
■ **divorce** *vi* divorciarse

divorcé /dəˌvɔːrˈseɪ || ˌdɪvɔːˈseɪ/ *n* divorciado *m*

divorced /dəˈvɔːrst || dɪˈvɔːst/ *adj* **1** (Law) divorciado; **a ~ man** un divorciado; **a ~ woman** una divorciada; **his parents are ~** sus padres están divorciados **2** (detached) **to be ~ FROM sth** estar* divorciado DE algo

divorcee /dəˌvɔːrˈseɪ || ˌdɪvɔːˈsiː/ *n* divorciado, -da *m,f*

divorcée /dəˌvɔːrˈseɪ || ˌdɪvɔːˈsiː/ *n* divorciada *f*

divorce settlement *n* términos *mpl* del divorcio

divot /ˈdɪvət/ *n* tormo *m*, terrón *m*

divulge /daɪˈvʌldʒ/ *vt* ‹*secret/plan/information*› divulgar*; **to ~ sth TO sb** revelarle algo A algn

divvy[1] /ˈdɪvi/ *n* (*pl* **-vies**) (colloq) **1** (share) (AmE) tajada *f* (fam), parte *f* **2** (dividend) (BrE) dividendo *m*

divvy[2] *vt* **-vies, -vying, -vied ~ (up)** (AmE colloq) repartir

dixie /ˈdɪksi/ *n*
A [u] **Dixie** (colloq) **1** (AmE) *los estados del sur en EEUU* **2** (jazz) dixie *m*
B [c] (pot) (BrE dated: used by soldiers) perola *f* (ant), olla *f*

Dixie cup® /ˈdɪksi/ *n* (AmE) vaso *m* de papel

Dixieland /ˈdɪksilænd/ *n* [u] (Mus) (colloq) dixieland *m*

DIY *n* [u] (BrE) = **do-it-yourself** bricolaje *m*

DIY'er, diy'er /ˌdiːaɪˈwaɪər || ˌdiːaɪˈwaɪə(r)/ *n* aficionado, -da *m,f* al bricolaje

dizzily /ˈdɪzəli || ˈdɪzɪli/ *adv* vertiginosamente

dizziness /ˈdɪzinəs || ˈdɪzinɪs/ *n* [u] mareo *m*, vahído *m*; **an attack** *o* **spell of ~** un mareo

dizzy[1] /ˈdɪzi/ *adj* **-zier, -ziest** **1** (giddy) ‹*sensation*› de mareo; **I had a ~ spell** me dio un mareo; **to feel ~** estar* mareado; **it makes me ~ just watching them** sólo de mirarlos me mareo **2** (causing dizziness) ‹*speed*› vertiginoso; ‹*height*› de vértigo; **inflation continued at a ~ rate** la inflación continuaba a un ritmo vertiginoso **3** (silly, scatterbrained) (colloq) tarambana (fam)

dizzy[2] *vt* **-zies, -ziing, -zied** marear

DJ *n* **1** = **disc jockey** **2** (Clothing) (BrE colloq) = **dinner jacket**

djinn /dʒɪn/ *n* genio *m*

D-lock /ˈdiːˌlɑːk || ˈdiːˌlɒk/ *n* ▸**U-lock**

DMZ *n* (AmE) = **demilitarized zone**

DNA *n* [u] (= **deoxyribonucleic acid**) ADN *m*, DNA *m*

DNA fingerprint *n* muestra *f* de AND

DNA fingerprinting /ˈfɪŋgərˌprɪntɪŋ || ˈfɪŋgə ˌprɪntɪŋ/ *n* [u] análisis *m* de muestras de AND

DNA profile *n* perfil *m* genético *or* de AND

DNA profiling /ˈprəʊfaɪlɪŋ/ *n* [u] análisis *m* de muestras de AND

Dnieper /ˈniːpər || ˈdniːpə(r)/ *n*: **the ~** el Dniéper

Dniester /ˈniːstər || ˈdniːstə(r)/ *n*: **the ~** el Dniéster

DNS *n* = **domain-name system** DNS *m*

do[1] /duː; *weak form* /dʊ də/ (*3rd pers sing pres* **does**; *pres* **doing**; *past* **did**; *past p* **done**)

INDEX

vt

A (to perform an action) hacer*; **~ something!** ¡haz algo!; **and do you know what she did?** ¿y sabes lo que hizo?; **they've done absolutely nothing** no han hecho absolutamente nada; **are you ~ing anything this evening?** ¿vas a hacer algo esta noche?; **to have something/nothing to ~** tener* algo/no tener* nada que hacer; **don't ~ anything I wouldn't ~!** (hum) ¡pórtate bien!; **you did the right thing** hiciste lo correcto; **it was a silly thing to ~** fue una estupidez; **it's very much the thing to ~** es lo que hay que hacer *or* lo que se impone, es lo 'in' (fam); **now, would I ~ a thing like that?** vamos ¿me crees capaz de una cosa así?; **don't, whatever you ~, forget to …** hagas lo que hagas, no te olvides de …; **what's the weather ~ing?** (colloq) ¿qué tal está el tiempo? (fam); **what are your boots ~ing in here?** ¿qué hacen aquí tus botas?; **I don't like what you're up to — well, what are you going to ~ about it?** no me gustan las cosas en que andas — ¿ah, no? ¿y qué vas a hacer al respecto?; **what is she ~ing about getting a job?** ¿qué está haciendo para conseguir trabajo?; **after all I've done for them!** ¡después de todo lo que he hecho por ellos!; **what can I ~ for you, sir?** (frml) ¿en qué le puedo servir, caballero? (frml); **can I ~ anything to help?** ¿puedo ayudar en algo?; **he does a lot for charity** participa mucho en obras de caridad; **the things people ~ for entertainment!** ¡las cosas que hace la gente para divertirse!; **what have you done to your hair?** ¿qué te has hecho en el pelo?; **what did you ~ to your sister?** ¿qué le hiciste a tu hermana?; **that's what having a lot of money does to you** eso es lo que le pasa a la gente cuando tiene mucho dinero; **what have I done to deserve this?** ¿qué he hecho yo para merecer esto?; **I don't know what I'm going to ~ with you!** ¡no sé qué voy a hacer contigo!; **what have you been ~ing with yourself?** ¿qué has estado haciendo?; *see also* **do with**

B **1▸** (to carry out) ‹*job/task*› hacer*; **when are you going to get your homework done?** ¿cuándo vas a hacer los deberes?; **what do you want done?** ¿qué quiere que haga?; **tell me what needs ~ing** dime qué hay que hacer; **who does the cooking?** ¿quién cocina?; **let me ~ the talking** déjame hablar a mí; **well done!** ¡muy bien! **2▸** ‹*push-ups/tricks*› hacer*; ‹*crossword/sum*› hacer*; **you can ~ that in your head** eso se puede hacer mentalmente; **to ~ a Tarzan/Frank Sinatra** (colloq & hum) hacer* como Tarzán/Frank Sinatra

C (as one's job, profession, function): **what do you ~? — I'm in advertising** ¿usted qué hace *or* a qué se dedica? — trabajo en publicidad; **what does your father ~ for a living?** ¿qué trabaja tu padre?; **what does the thyroid gland/this lever ~?** ¿para qué sirve *or* qué función cumple la tiroides/esta palanca?

D (to achieve, to bring about): **she's done it: it's a new world record** lo ha logrado: es una nueva marca mundial; **one blow should ~ it** con un golpe debería ser suficiente; **it was climbing those stairs that did it** fue por subir esa escalera; **now you've done it!** ¡ahora sí que la has hecho buena! (iró); **he's late again: that does it!** vuelve a llegar tarde ¡esto ya es la gota que colma el vaso!; **what is locking him up going to ~?** ¿qué se gana con encerrarlo?; **the antibiotics aren't ~ing anything** los antibióticos no están surtiendo ningún efecto; **his rudeness did little to improve the situation** su grosería no contribuyó a mejorar las cosas, que digamos; **to ~ sth FOR sb/sth**: **that mustache really does something for him** la verdad es que le queda muy bien el bigote; **what has EU membership done for Greece?** ¿en qué ha beneficiado a Grecia ser miembro de la UE?; **I followed his advice and look what it's done for me** seguí su consejo y mira cómo me ha ido *or* qué he conseguido; **jazz doesn't ~ anything for me** el jazz no me atrae *or* no me dice nada

E (to attend to) ‹*customer*› atender*; **I'll ~ you next** ahora la atiendo a usted

F **1▸** (to look after, to arrange, to repair): **I have to ~ my nails** me tengo que arreglar las uñas; **she had her hair done** se hizo peinar; **who does your hair?** ¿quién te peina?, ¿a qué peluquería vas?; **we had someone in to ~ the kitchen** hicimos pintar (*or* empapelar *etc*) la cocina; **I can't ~ the car myself** yo no sé arreglar el coche **2▸** (to clean) ‹*dishes*› lavar; ‹*brass/windows*› limpiar; **I haven't done my teeth yet** todavía no me he lavado los dientes **3▸** (to prepare, to arrange) preparar; **would you ~ the carrots?** ¿me preparas (*or* pelas *etc*) las zanahorias?; **they did the flowers for the wedding** ellos hicieron los arreglos florales para la boda

G **1▸** (to make, to produce) ‹*meal*› preparar, hacer* **2▸** ‹*drawings/translations/interviews*› hacer*; **she's done several films** ha hecho varias películas; **he doesn't ~ live concerts any more** ya no da más conciertos en vivo

H (BrE) **1▸** (to provide): **do you ~ breakfasts?** ¿sirven desayunos?; **we ~ student reductions** hacemos descuentos a estudiantes; **they ~ a set meal for £12** tienen un menú de 12 libras **2▸** (to provide for) (colloq) atender*

I (to be adequate for, to suit): **two shirts will ~ me** con dos camisas me alcanza *or* tengo suficiente

J (when expressing speeds, distances): **the other car was ~ing 100 mph** el otro coche iba a 100 millas por hora; **the car has only done 4,000 miles** el coche sólo tiene 4.000 millas; **this model does 45 miles per gallon** este modelo da 45 millas por galón; **we did 500 km in four hours** hicimos 500 km en cuatro horas

K **1▸** (to study) estudiar; **we're ~ing Balzac/the digestive system** estamos estudiando Balzac/el aparato digestivo **2▸** (colloq) (to visit) ‹*sights/museum*› visitar; **they did three capitals in two days** visitaron *or* (fam) se hicieron tres capitales en dos días; **we did Europe last year** el año pasado recorrimos Europa

L (Theater) **1▸** (to play role of) hacer* el papel de **2▸** (to take part in) ‹*play*› actuar* en **3▸** (to perform at) ‹*the Astoria/the Playhouse*› (BrE) actuar* en **4▸** (to impersonate) imitar

M (colloq) (to serve) **1▸** (time in prison) cumplir; **he's ~ing eight years for armed robbery** está cumpliendo ocho años por atraco a mano armada **2▸** (in a posting): **I did six months in Panama** estuve destinado seis meses en Panamá

N (BrE colloq) **1▸** (to catch, to prosecute) agarrar; **they can ~ you for possession** te pueden agarrar (AmL) *or* (esp Esp) coger por posesión; **he was done for speeding** le encajaron una multa por exceso de velocidad (fam) **2▸** (to cheat) estafar, timar; **I've been done!** ¡me han estafado *or* timado! **3▸** (to beat up) darle* una paliza a; **I'll ~ you!** ¡te voy a dar una paliza! **4▸** (to rob) ‹*bank/house*› robar

O (slang) (to use): **to ~ drugs** drogarse*, consumir drogas

P (colloq) **1▸** (to finish) terminar; **are** *o* (esp BrE) **have you done complaining?** ¿has terminado de quejarte? **2▸** (to exhaust) (BrE colloq) dejar hecho polvo (fam)

■ **do** *vi*

A (to act, to behave) hacer*; **~ as you're told!** ¡haz lo que se te dice!; **~ as I say, not as I ~** haz lo que yo digo, pero no lo que yo hago; **you did well to tell me** hiciste bien en decírmelo; **she'd ~ better to keep quiet** sería mejor que se callara

B (to be getting along, to manage): **how are you ~ing?** ¿qué tal estás *or* andas *or* te va?; **how do you ~?** (as greeting) mucho gusto, encantado/encantada; **how ~?** (colloq & dial) ¿qué tal?; **mother and child are ~ing well** madre e hijo se encuentran muy bien; **she's ~ing well after her operation** se está recuperando bien después de su operación; **how am I ~ing? — you're ~ing fine!** ¿qué tal voy? — ¡vas muy bien!; **how's the bread/meat ~ing?** ¿cómo va el pan/la carne?; **azaleas don't ~ well here** las azaleas no se dan bien aquí; **how are we ~ing for time/cash?** ¿cómo *or* qué tal vamos *or* andamos de tiempo/dinero?; **she did well/badly in her exams** le fue bien/mal en los exámenes; **you did well to get into the finals** llegar a las finales ya fue todo un logro; **he's done well for himself** ha sabido abrirse camino; **to ~ well/badly out of sth** salir* bien/mal parado de algo

C (to go on, to happen) (colloq) (*in -ing form*): **what's ~ing?** ¿qué pasa?, ¿qué hay? (fam); **there's nothing ~ing in town** no pasa nada en el pueblo; **couldn't you lend me $20? — nothing ~ing!** ¿no me podrías prestar $20? — ¡ni hablar!; **I asked her but … nothing ~ing!** se lo pedí, pero no hubo forma *or* (AmL tb) ni modo

D **1▸** (to be suitable, acceptable): **look, this simply will not ~!** ¡mira, esto no puede ser!; **it's not ideal, but it'll ~** no es lo ideal, pero sirve; **will this suit ~?** ¿te parece que este traje está bien?; **I'm afraid I can't manage it today — that's OK, tomorrow will ~ fine!** lo siento, pero hoy no puedo — no importa, mañana da igual; **I'm not going to cook, bread and cheese will ~ for them!** no pienso cocinar, se tendrán que conformar con pan y queso; **it doesn't ~ to get emotional** no hay que ponerse sentimental **2▸** (to serve as) **to ~ FOR** *o* **AS sth,**: **this box will ~ for a table** esta caja nos servirá de mesa; **fruit will ~ as dessert** y de postre, ya nos arreglaremos con fruta

E (to be enough) ser* suficiente, alcanzar*, estar* bien; **one egg will ~ for me** un huevo es suficiente para mí, con un huevo me alcanza; **that'll ~! shut up!** ¡basta! ¡cállate la boca!

F (to finish) (*in past p*) terminar; **are** *o* (BrE) **have you done?** ¿has terminado?; **I'm not** *o* (BrE) **I haven't done yet!** no he terminado todavía

■ *verb auxiliary*

> ⚠ Where *do* is used as an auxiliary verb, the Spanish verb on its own translates both the auxiliary and the principal verbs: **she didn't come** no vino; **does he know?** ¿lo sabe?
> Note that in spoken Spanish a question is indicated by intonation.

[*El verbo auxiliar* do *se usa para formar el negativo* (*I* 1) *y el interrogativo* (*I* 2) *, para agregar énfasis* (*I* 3) *o para sustituir a un verbo usado anteriormente* (*II*)]

Sense I

A **1▸** (*used to form the negative*): **I ~ not** *o* **don't know** no sé; **she does not** *o* **doesn't want to** no quiere; **I did not** *o* **didn't see her** no la vi; **don't let's fool ourselves** no nos engañemos; **oh, don't let's be arguing when …** (colloq) mira, no perdamos el tiempo discutiendo cuando …; **Ⓢ do not touch!** no tocar; **but honey … — don't (you) 'honey' me!** pero querida … — ¡no me vengas con zalamerías! **2▸** (*with inversion after negative adverbs*): **not once did he apologize** no se disculpó ni siquiera una vez; **not only does it cost more, it also …** no sólo cuesta más, sino que también …

B **1▸** (*used to form the interrogative*): **does this belong to you?** ¿esto es tuyo?; **did I frighten you?** ¿te asusté?; **don't you agree?** ¿no estás de acuerdo?, ¿no te parece?; **did I not warn you that … ?** ¿(acaso) no te advertí que … ? **2▸** (*in exclamations*): **doesn't it make you sick!** ¡dime si no es asqueante!; **does that man get on my nerves!** ¡cómo me saca de quicio ese hombre!; **boy, ~ you need a bath!** ¡Dios mío! ¡qué falta te hace un baño!

C **1▸** (*for emphasis*): **you ~ exaggerate!** ¡cómo exageras!; **you must admit, she did look ill** tienes que reconocer que tenía mala cara; **and yes, I did write that letter** y sí, sí que escribí esa carta; **when she did at last arrive …** cuando por fin llegó …; **~ be quiet!** ¿te quieres callar?; **~ please help yourself** sírvete por favor; **she said she'd succeed and succeed she did** dijo que triunfaría y lo cierto es que así fue **2▸** (when expressing alternatives): **I haven't decided, but if I ~ accept …** todavía no lo he decidido, pero si aceptara … **3▸** (when expressing contradictions): **since you didn't ask me … — but I did ask you!** como no me lo pediste … — ¡pero sí te lo pedí!; **you don't care what I think — but I ~ care!** a ti no te importa lo que pienso yo — ¡pero claro que me importa! **4▸** (in oaths, wills, affidavits etc): **I, Charles Brown, ~ solemnly swear that …** yo, Charles Brown, juro solemnemente que … **5▸** (in the marriage service): **to say "I ~"** dar el "sí, quiero"

d

(Sense II) (*in elliptical use*)

A **~ you live here? — yes, I ~/no, I don't** ¿vives aquí? — sí/no; **did you suspect her at the time? — I did, yes** ¿sospechaste de ella en aquel momento? — pues sí; **she wanted to come, but he didn't** ella quería venir, pero él no; **you don't have to stay, but she does** tú no te tienes que quedar, pero ella sí; **tell Jim — will ~!** (colloq) dile a Jim — ¡se lo diré!; **~ you like ice cream? — you bet I ~!** ¿te gustan los helados? — ¡si me gustarán ... !; **did you enjoy yourself? — did I ever!** ¿te divertiste? — ¡si me habré divertido ... !; **she found it in your drawer — oh, *did* she?** lo encontró en tu cajón — ¿ah, sí?; **I love Mozart; don't you?** me encanta Mozart, ¿a tí no?; **I don't need a haircut — yes, you ~!** no necesito cortarme el pelo — ¡cómo que no!; **I didn't say that! — you did!** yo no dije eso — sí, señor (, lo dijiste); **you cheated! — I didn't!** hiciste trampa — no, señor (, no hice trampa) *or* (fam) ¡qué va!; **I won! — no, you didn't! — did! — didn't!** ¡gané yo! — ¡no! — ¡que sí! — ¡que no!; **she says she understands, but she doesn't** dice que comprende, pero no es así; **I don't know why I dislike him: I just ~!** no sé por qué me cae mal: simplemente porque sí *or* (AmL tb) porque sí nomás; **I want to be rich: who doesn't?** quiero ser rico: ¿quién no?; **I think I deserve more than the others — oh, you ~, ~ you?** creo que me merezco más que los demás — ¿ah, sí? ¡no me digas!; **I expect they resent my presence as I ~ theirs** me imagino que a ellos les molesta mi presencia tanto como a mí la suya; **I didn't read that chapter — you ought to have done** (BrE) no leí ese capítulo — deberías haberlo leído *or* hecho; **will you write to her? — I may (well) ~** ¿le vas a escribir? — posiblemente; **I play the clarinet and so does she** *o* **she does too** yo toco el clarinete y ella también; **she doesn't smoke and neither ~ I** *o* **I don't either** (ella) no fuma y yo tampoco; **I think it's ridiculous — so ~ I** me parece ridículo — a mí también; **I don't want to go — nor** *o* **neither ~ I** no quiero ir — yo tampoco; **I love it — really? I don't** me encanta — ¿de veras?, a mí no; **I don't like her music — I ~** no me gusta su música — a mí sí

B (*in tag questions*): **you know Bob, don't you?** conoces a Bob ¿no? *or* ¿verdad? *or* ¿no es cierto?; **I told you, didn't I?** te lo dije ¿no? *or* ¿no es cierto?; **that's your trouble: you just don't think, ~ you?** eso es lo que pasa contigo ¡que no piensas!

(Phrasal verbs)

- **do away with** [v + adv + prep + o] **1** (abolish) ‹*privilege/tax*› abolir*, suprimir; ‹*need*› eliminar, acabar con **2** (kill) (colloq) eliminar, liquidar (fam); **to ~ away with oneself** suicidarse, matarse
- **do by** [v + adv compl + prep + o]: **his concern to ~ well by his son** su preocupación por hacer todo lo posible por su hijo; **she didn't ~ badly by us** (we treated her well) no se puede quejar de como la tratamos; (she treated us well) no nos trató mal; **she feels hard done by** siente que la han tratado injustamente; ***do as you would be done by*** trata a los demás como tú quisieras ser tratado
- **do down** [v + o + adv, v + adv + o] (BrE) menospreciar, hacer* de menos
- **do for** [v + prep + o] **1** (contrive) (*usu in interrog*): **what did you ~ for money/food?** ¿de dónde sacaste dinero/comida? **2** (cause collapse of) (BrE): **that last hill did for me** esa última cuesta acabó conmigo; **the last attack nearly did for him** el último ataque casi lo mata; **to be done for** (also AmE colloq): **they've spotted us, we're done for!** ¡nos han visto, estamos perdidos!; **we've been walking for hours, I'm absolutely done for!** hemos caminado horas, estoy agotado *or* (fam) molido *or* (fam) hecho polvo **3** (in house) (BrE): **she does for us on Mondays** viene a limpiar a casa los lunes
- **do in** [v + o + adv, v + adv + o] (colloq) **1** (kill) eliminar, liquidar (fam), cargarse* (Esp fam) **2** (tire out) agotar, reventar* (fam); **to be done in** estar* agotado *or* (fam) reventado *or* (fam) molido *or* (fam) hecho polvo **3** (injure, ruin) (BrE) ‹*back/shoulder*› hacerse* daño en, embromarse (AmS fam); ‹*engine/shoe*› estropear, arruinar (CS), cargarse* (Esp fam)
- **do out** [v + o + adv, v + adv + o] **1** (clean out) (BrE) ‹*room*› hacer* una limpieza a fondo de **2** (decorate) (esp BrE): **the bedroom was done out in pink** el dormitorio estaba pintado de/empapelado en rosa
- **do out of** [v + o + adv + prep + o] (colloq) quitar, birlar; **he was done out of his share** le quitaron *or* le birlaron su parte
- **do over**

A [v + o + adv, v + adv + o] **1** ‹*room/house*› (redecorate) volver* a pintar/empapelar; (changing furnishings) decorar **2** (beat up) (BrE sl) darle* una paliza a, sacarle* la mugre a (AmL fam)

B [v + o + adv] (do again) (AmE) volver* a hacer

- **do up** [v + o + adv, v + adv + o] **1** (fasten) ‹*coat/necklace/button*› abrochar; ‹*zipper*› subir; **~ up your tie** hazle el nudo de la corbata; **~ your shoes up** átate *or* (AmL tb) amárrate (los cordones de) los zapatos, amárrate las agujetas (Méx) *or* (Per) los pasadores; **she wears her hair done up** lleva el pelo recogido **2** (wrap up) ‹*parcel*› envolver* **3** (dress up) (colloq): **she was all done up** estaba muy elegante **4** (colloq) ‹*house*› arreglar (*pintando, empapelando etc*)
- **do with** [v + prep + o]

A (benefit from) (*with can, could*): **that door could ~ with a coat of paint** no le vendría mal una mano de pintura a esa puerta; **you could ~ with a change** te hace falta *or* te vendría bien un cambio

B (expressing connection): **to have/be sth to ~ with sth/sb**: **I don't want to have anything to ~ with this business** yo no quiero tener nada que ver con este asunto; **she wants to see you, it's something to ~ with tomorrow's meeting** quiere hablar contigo, se trata de algo relacionado con la reunión de mañana; **anything to ~ with trains interests him** le interesa todo lo que tenga que ver *or* esté relacionado con trenes; **what has that got to ~ with it?** ¿y eso qué tiene que ver?; **what's that (got) to ~ with you?** ¿a ti qué te importa?; **it's to ~ with your son** se trata de su hijo; **it's nothing to ~ with you!** no es nada que te concierna *or* que te importe a ti; **if it were anything to ~ with me I'd ...** si fuera por mí, yo ...; **I've had nothing to ~ with my family for years** hace años que no tengo ningún contacto con mi familia

- **do without** [v + adv], [v + prep + o]: **I don't think we can ~ without this machine** no creo que podamos prescindir de *or* arreglarnos sin esta máquina; **you really think you could ~ without me?** ¿de verdad piensas que no me necesitas?; **you'll just have to ~ without, like everyone else** te las tendrás que arreglar, como todos los demás; **I can** *o* **could ~ without your interfering!** ¡no necesito *or* no me hace falta que te vengas a entrometer!; **her coming to stay is something I can ~ without!** ¡ni falta que me hace que ella se venga a quedar!

do² /duː/ *n* (*pl* **dos**)

A [c] (party, gathering) (colloq) fiesta *f*, reunión *f*

B (state of affairs) (colloq) (*no pl*): **it's a poor ~ if we can't even get fifty people** sería realmente deprimente que no vinieran ni 50 personas; **it's a rum ~** (dated) ¡qué cosa más rara! (fam); ***fair ~s*** (BrE colloq): **I don't call that fair ~s** para mí eso no es justicia; **fair ~s all round** a partes iguales para todos; (*as interj*) ¡seamos justos!

C **do's and don'ts** (rules) normas *fpl*; **the ~'s and don'ts of foreign travel** qué hacer y qué evitar cuando se viaja al extranjero

do³ /dəʊ/ *n* (*pl* **dos**) (Mus) do *m*

do. ▸**ditto²**

DOA *adj* (AmE) (*pred*) = **dead on arrival**

doable /ˈduːəbəl/ *adj* (*pred*): **to be ~** ser* posible de hacer; **it's not ~ in three weeks** es imposible hacerlo en tres semanas

DOB *n* (esp AmE) = **date of birth**

Doberman /ˈdəʊbərmən || ˈdəʊbəmən/ *n* doberman *m*

dob in /dɑːb || dɒb/ (Austral, NZ) (colloq) [v + o + prep] acusar; sapear (Col, Ven) (fam); chivarse de (Esp fam); **Helen ~bed me in to Mum** Helen me acusó con mi mamá, Helen me sapeó a mi mamá (Col, Ven) (fam), Helen se chivó de mí a mi mamá (Esp fam)

doc /dɑːk || dɒk/ *n*

A (doctor) (colloq) doctor, -tora *m,f*

B (in word processing) documento *m*

docile /ˈdɑːsəl || ˈdəʊsaɪl/ *adj* dócil, sumiso

docilely /ˈdɑːsəlli || ˈdəʊsaɪlli/ *adv* dócilmente

docility /dɑːˈsɪləti, ˈdəʊ- || dəʊˈsɪləti/ *n* [u] docilidad *f*

dock¹ /dɑːk || dɒk/ *n*

A (Naut) **1** [c] (wharf, quay) muelle *m*; (for cargo ships) dársena *f*; **to be in ~** [u] ‹‹*ship*›› estar* en puerto; ‹‹*car*›› (BrE colloq) estar* en reparaciones; (*before n*) ‹*worker/strike*› portuario **2** **docks** *pl* puerto *m*

B (Law) (*no pl*): **the ~** el banquillo de los acusados

C [u] (Bot) acedera *f*

dock² *vt*

A **1** ‹*dog's tail/horse's tail*› cortar **2** ‹*wages*› descontar* dinero de

B **1** (Naut) ‹*vessel/ship*› fondear, atracar* **2** (Aerosp) acoplar

■ **dock** *vi* **1** (Naut) ‹‹*ship/vessel*›› atracar*, fondear **2** (Aerosp) acoplarse

docker /ˈdɑːkər || ˈdɒkə(r)/ *n* (BrE) estibador, -dora *m,f*, cargador, -dora *m,f*

docket¹ /ˈdɑːkət || ˈdɒkɪt/ *n*

A **1** (AmE) (Law) lista *f* de casos **2** (agenda) orden *m* del día

B (BrE) (Busn) **1** (label) etiqueta *f*, rótulo *m*; (delivery note) resguardo *m* de entrega **2** (customs certificate) certificado *m* de aduana

docket² *vt* (BrE) (Busn) etiquetar, rotular

docking /ˈdɑːkɪŋ || ˈdɒkɪŋ/ *n* [u] (Aerosp) acoplamiento *m*

dockland /ˈdɑːklænd || ˈdɒklənd/ *n* (BrE) (*often pl*) zona *f* portuaria; **in London's ~(s)** en la zona portuaria londinense

dockyard /ˈdɑːkjɑːrd || ˈdɒkjɑːd/ *n* (*often pl*) **1** (for merchant shipping) astillero *m* **2** (for navy) (BrE) astillero *m* naval, arsenal *m* (Esp)

doctor¹ /ˈdɑːktər || ˈdɒktə(r)/ ▸**i** **p.1213** *n*

A (Med) médico, -ca *m,f*, doctor, -tora *m,f*, facultativo, -va *m,f* (frml); **you should see a/your ~** deberías ir a un/al médico; **D~ Jones** el doctor Jones; **good morning, D~** buenos días, doctor; **which ~ are you under?** (BrE) ¿qué doctor *or* médico te atiende?; **D~s Without Borders** Médicos Sin Fronteras; ***just what the ~ ordered*** (colloq) justo lo que hace falta (fam)

B (Educ) doctor, -tora *m,f*; **D~ of Philosophy/Law** doctor en filosofía/derecho

doctor² *vt*

A (treat) (colloq) ‹*person*› tratar; ‹*disease*› curar, tratar

B (pej) **1** ‹*food/drink*› adulterar **2** ‹*text/document*› arreglar **3** ‹*results/evidence*› falsificar*, amañar

C (neuter) (BrE euph) operar (euf), castrar

doctoral /ˈdɑːktərəl || ˈdɒktərəl/ *adj* ‹*thesis/dissertation*› doctoral; **~ candidate** doctorando, -da *m,f*

doctor-assisted suicide /ˈdɑːktərəˌsɪstəd || ˈdɒktərəˌsɪstɪd/ *n* [u c] suicidio *m* asistido por un médico

doctorate /ˈdɑːktərət || ˈdɒktərət/ *n* doctorado *m*; **to get a/one's ~** doctorarse; **to do a ~** hacer* un doctorado

doctor's note *n* (BrE) permiso *m* médico, baja *f* médica (Esp), licencia *f* médica (RPl), incapacidad *f* (Col, Méx)

doctrinaire /ˌdɑːktrəˈner || ˌdɒktrɪˈneə(r)/ *adj* doctrinario

doctrinal /ˈdɑːktrənl || dɒkˈtraɪnl/ *adj* doctrinal

doctrine /ˈdɑːktrən || ˈdɒktrɪn/ *n* **1** [u] (principles, tenets) doctrina *f*; **Christian ~** la doctrina cristiana **2** [c] (Pol) doctrina *f*; **the Monroe D~** la doctrina Monroe

docudrama /ˌdɑːkjədrɑːmə || ˈdɒkjʊdrɑːmə/ *n* [c u] docudrama *m*

document¹ /ˈdɑːkjəmənt || ˈdɒkjʊmənt/ *n* documento *m*; **are your ~s in order?** ¿tiene los documentos *or* (fam) papeles en regla?, ¿tiene la documentación en regla?; **his diary is an interesting social ~** su diario constituye un interesante documento social

document² /ˈdɑːkjəment || ˈdɒkjʊment/ *vt* documentar

documentary¹ /ˌdɑːkjəˈmentəri || ˌdɒkjʊˈmentri/ *adj* documental

documentary² *n* (*pl* **-ries**) documental *m*

documentation /ˌdɑːkjəmenˈteɪʃən || ˌdɒkjʊmenˈteɪʃən/ *n* [u] documentación *f*

document case *n* portadocumentos *m*

docusoap /ˈdɑːkjuːsəʊp || ˈdɒkjuːsəʊp/, **docu-soap** *n* (colloq) docuserie *f*, docu-soap *m*

DOD *n* (in US) = **Department of Defense**

dodder /ˈdɑːdər || ˈdɒdə(r)/ *vi* (colloq) **1** (totter) andar* tambaleándose *or* con paso inseguro **2** **doddering** *pres p* (pej) chocho (fam); **you ~ing old fool!** ¡viejo estúpido! (fam)

doddery /ˈdɑːdəri || ˈdɒdəri/ *adj* (colloq) temblequeante

doddle /ˈdɑːdl || ˈdɒdl/ *n* (BrE): **it's a ~** está tirado (fam), es pan comido (fam), está regalado (Chi, Méx, Ven fam)

dodge¹ /dɑːdʒ || dɒdʒ/ *vt* **1** ‹*blow*› esquivar; ‹*pursuer*› eludir, sacudirse (fam) **2** ‹*question*› esquivar, soslayar; ‹*problem/issue*› soslayar, eludir; ‹*work/duty/responsibility*› eludir, rehuir*; ‹*tax*› evadir; **we ~d paying our fare** viajamos sin pagar; **to ~ the draft** (AmE) *no acudir a la llamada a filas*

■ **dodge** *vi* echarse a un lado, apartarse; **she ~d behind the car** se escondió rápidamente detrás del coche

dodge² *n*

A (trick) (colloq) treta *f*, truco *m*, artimaña *f*; **that's an old ~** ése es un truco muy viejo

B (sidestep) esquive *m*

dodgem (car) /ˈdɑːdʒəm || ˈdɒdʒəm/ *n* (BrE colloq) coche *m* or (esp AmL) auto *m* de choque, carrito *m* chocón (Méx, Ven), autito *m* chocador (RPl), carro *m* loco (Andes)

dodger /ˈdɑːdʒər || ˈdɒdʒə(r)/ *n*: **tax ~** evasor, -sora *m,f* de impuestos; **fare ~** *persona que intenta viajar sin pagar en un medio de transporte público*

dodgy /ˈdɑːdʒi || ˈdɒdʒi/ *adj* **dodgier, dodgiest** (BrE colloq) **1** (unreliable, dubious): **the brakes are a bit ~** los frenos no andan muy bien *or* (Esp arg) están un poco chungos; **that pâté looks a bit ~** ese paté tiene mala pinta (fam); **he's a ~ character** no es un tipo de fiar (fam) **2** (tricky) peliagudo; (risky) arriesgado, riesgoso (AmL)

dodo /ˈdəʊdəʊ/ *n* (*pl* **dodos** *or* **dodoes**) dodo *m*

doe /dəʊ/ *n* (of deer) hembra *f* de gamo, gama *f*; (of rabbit) coneja *f*; (of hare) hembra *f* de liebre

DOE *n* (in US) = **Department of Energy**; (in UK) = **Department of the Environment**

doe-eyed /ˈdəʊˈaɪd/ *adj* de dulces y grandes ojos oscuros

doer /ˈduːər || ˈduːə(r)/ *n* (colloq) **1** (active person) persona *f* emprendedora *or* dinámica **2** (person who does sth) hacedor, -dora *m,f*; **a ~ of good works** un buen samaritano

does /dʌz *weak form* /dəz/ *3rd pers sing pres of* **do¹**

doeskin /ˈdəʊskɪn/ *n* **1** [u] (leather) napa *f*, cabritilla *f* **2** [c] (skin — of deer) piel *f* de gamo; (— of sheep) piel *f* de oveja; (— of lamb) piel *f* de cordero

doesn't /ˈdʌznt/ = **does not**

doff /dɑːf || dɒf/ *vt*: **to ~ one's hat to sb** quitarse el sombrero *or* descubrirse* ante algn

dog¹ /dɔːg || dɒg/ *n*

A **1** (Zool) perro, -rra *m,f*; (male canine) macho *m*; **I wouldn't do it to/wish it on a ~** no se lo haría/desearía a mi peor enemigo; **it shouldn't happen to a ~** no le debería pasar a nadie; ***a ~'s breakfast*** (BrE) un desastre, un desaguisado; **his desk always looks like a ~'s breakfast** su mesa siempre está patas arriba (fam); ***a ~'s life*** una vida de perros; ***dressed*** *o* ***done up like a ~'s dinner*** (BrE) todo emperifollado (fam); ***it's (a case of) ~ eat ~*** hay una competencia brutal; ***like a ~ with two tails*** (BrE) como (un) niño con zapatos nuevos; ***not to have*** *o* ***stand a ~'s chance*** no tener* ni la más remota posibilidad; ***to go to the ~s*** venirse* abajo; **the country's going to the ~s** el país se viene abajo; ***to put on the ~*** (AmE colloq) darse* tono, darse* pisto (Esp fam), mandarse la(s) parte(s) (CS fam); ***to treat sb like a ~*** tratar a algn como a un perro; ***every ~ has its day*** a todos les llega su momento de gloria; ***give a ~ a bad name (and hang it)*** (BrE) cría fama y échate a dormir *or* por un perro que maté, mataperros me llamaron; ***let sleeping ~s lie*** mejor no revolver el asunto, mejor es no meneallo (fam); ***you can't teach an old ~ new tricks*** loro viejo no aprende a hablar; (*before n*): **~ basket** cesto *m* para el perro; **~ biscuit** galleta *f* para perros; **~ food** comida *f* para perros; **~ fox** zorro *m*; **~ handler** adiestrador, -dora *m,f* de perros; **~ license** licencia *f* para perro; **~ show** exposición *f* canina; **~ wolf** lobo *m* **2** **dogs** *pl* (races) (BrE colloq): **the ~s** las carreras de galgos

B (fellow) (colloq & dated) tipo *m* (fam); **dull ~** tipo *m* aburrido (fam); **gay ~** tipo *m* divertido (fam); **lucky ~** tipo *m* con suerte (fam); **sly ~** pillín *m* (fam)

C (sl & pej) **1** (ugly woman) cardo *m* (fam), callo *m* (Esp fam), bagre *m* (AmS fam) **2** (worthless thing) (AmE) bodrio *m* (fam), porquería *f* (fam)

D (clamp) grapa *f*

dog² *vt* **-gg- 1** (trouble) (*often pass*) perseguir*; **we've been ~ged by bad luck from the beginning** la mala suerte nos ha perseguido desde el principio; ***to ~ it*** (AmE) escurrir el bulto (fam) **2** (follow closely) perseguir*; **to ~ sb's footsteps** *o* **heels** pisarle los talones a algn

dogcart /ˈdɔːgkɑːrt || ˈdɒgkɑːt/ *n*: *carro de dos ruedas tirado por caballos*

dogcatcher /ˈdɔːgˌkætʃər || ˈdɒgˌkætʃə(r)/ *n* perrero, -ra *m,f*

dog collar *n* **1** (for dog) collar *m* de perro **2** (clerical collar) (colloq *or* hum) alzacuello *m*, clergyman *m*

dog days *pl n*: **the ~ ~** la canícula (liter)

doge /dəʊdʒ/ *n* (Hist) dux *m*

dog-ear¹ /ˈdɔːgɪr || ˈdɒgɪə(r)/ *n* oreja *f* de burro (fam), esquina *f* doblada (*de una página*)

dog-ear² *vt*: *marcar la página de un libro doblando una esquina*

dog-eared /ˈdɔːgɪrd || ˈdɒgɪəd/ *adj* con orejas de burro (fam), sobado y con las esquinas dobladas

dog-end /ˈdɔːgend || ˈdɒgend/ *n* (BrE colloq) colilla *f*, pucho *m* (AmL fam)

dogfight /ˈdɔːgfaɪt || ˈdɒgfaɪt/ *n* **1** (Aviat) combate *m* aéreo **2** (between dogs) pelea *f* de perros **3** (rough fight) refriega *f*, reyerta *f*

dogfish /ˈdɔːgfɪʃ || ˈdɒgfɪʃ/ *n* (*pl* **-fish** *or* **-fishes**) pintarroja *f*, cazón *m*, perro *m* marino

dogged /ˈdɔːgəd || ˈdɒgɪd/ *adj* obstinado, emperrado (fam)

doggedly /ˈdɔːgədli || ˈdɒgɪdli/ *adv* obstinadamente

doggerel /ˈdɔːgərəl || ˈdɒgərəl/ *n* [u] ripios *mpl*

doggie *n* ▸**doggy¹**

dogging /ˈdɔːgɪŋ || ˈdɒgɪŋ/ *n* [u] (colloq) dogging *m*; cancaneo *m* (Esp); (*práctica de tener relaciones sexuales en un lugar público, o bien mirar a otros mientras lo hacen*)

doggo /ˈdɔːgəʊ || ˈdɒgəʊ/ *adv*: ***to lie ~*** (BrE colloq) quedarse escondido (*sin hacer ruido*)

doggone¹ /ˈdɑːgɑːn || ˈdɒgɒn/ *vt* (AmE colloq & euph): **~ it, the car won't start** mecachis *or* me cacho en diez, el coche no quiere arrancar (fam & euf)

doggone², doggoned /ˈdɑːgɑːnd || ˈdɒgɒnd/ *adj* (*superl* **doggondest**) (AmE colloq & euph) (*before n*) dichoso (fam), condenado (fam), maldito (fam)

doggone³, doggoned *adv* (AmE colloq & euph): **you know ~ well that we can't go** sabes requetebién que no podemos ir (fam)

doggy¹ /ˈdɔːgi || ˈdɒgi/ *n* (*pl* **-gies**) (used to or by children) guau-guau *m* (leng infantil), perrito *m*

doggy² *adj* **1** (of, like a dog) perruno, de perro **2** (fond of dogs): **I'm not a very ~ person** no soy muy aficionado a *or* amante de los perros

doggy bag *n*: *bolsita que proporcionan en algunos restaurantes para llevarse las sobras a casa*

doggy-paddle /ˈdɔːgiˌpædl || ˈdɒgiˌpædl/ *vi* ▸**dog-paddle**

doggy paddle *n* [u] (used to or by children) ▸**dog paddle**

doghouse /ˈdɔːghaʊs || ˈdɒghaʊs/ *n* (AmE) casa *f* or casilla *f or* (Esp) caseta *f or* (Chi) casucha *f* del perro, perrera *f* (Col); ***to be in the ~*** (also BrE colloq) haber* caído en desgracia

dog in the manger *n*: **don't be a ~ ~ ~ ~** no seas como el perro del hortelano (que ni come ni deja comer); (*before n*): **dog-in-the-manger attitude/approach** actitud *f* /enfoque *m* del perro del hortelano

dog Latin *n* [u] latín *m* macarrónico, latinajo *m*

dogleg /ˈdɔːgleg || ˈdɒgleg/ *n* (in road) curva *f* pronunciada; (in pipe) codo *m*

doglike /ˈdɔːglaɪk || ˈdɒglaɪk/ *adj* perruno, de perro

dogma /ˈdɔːgmə || ˈdɒgmə/ *n* (body of belief, tenet) dogma *m*

dogmatic /dɔːgˈmætɪk || dɒgˈmætɪk/ *adj* dogmático

dogmatically /dɔːgˈmætɪkli || dɒgˈmætɪkli/ *adv* dogmáticamente

dogmatism /ˈdɔːgmətɪzəm || ˈdɒgmətɪzəm/ *n* [u] dogmatismo *m*

do-gooder /ˈduːˌgʊdər || ˌduːˈgʊdə(r)/ *n* (pej) hacedor, -dora *m,f* de buenas obras (hum)

dog-paddle /ˈdɔːgˌpædl || ˈdɒgˌpædl/ *vi* nadar a lo perro

dog paddle *n* [u] estilo *m* perro *or* perrito

dog rose *n* [c u] escaramujo *m*, zarzaperruna *f*

dogsbody /ˈdɔːgzˌbɑːdi || ˈdɒgzˌbɒdi/ *n* (*pl* **-bodies**) (esp BrE colloq): **I'm just the general ~ around here** yo aquí no soy más que el botones; **I'm fed up with being his ~** estoy harta de ser su sirvienta

dog sled *n* trineo *m* tirado por perros

Dog Star *n*: **the ~ ~** Sirio *m*, la Canícula

dog tag *n* **1** (Mil) placa *f* de identificación **2** (for dog) placa *f*

dog-tired /ˈdɔːgtaɪrd || ˈdɒgtaɪəd/ *adj* (*pred*) (colloq) muerto de cansancio, hecho polvo (fam)

dog-tooth /ˈdɔːgtuːθ || ˈdɒgtuːθ/ *adj* (*before n*) ‹*pattern/molding*› (Archit) de diente de perro; ‹*check/suit*› (BrE) (Clothing) de pata de gallo, de pied de poule (CS)

dog track *n* canódromo *m*, galgódromo *m* (Méx)

dogwatch /ˈdɔːgwɔːtʃ || ˈdɒgwɒtʃ/ *n* turno *m* de guardia corto

doh /dəʊ/ *n* (Mus) do *m*

DoH *n* (in UK) = **Department of Health**

doily /ˈdɔɪli/ *n* (*pl* **-lies**) **1** (on plate) blonda *f* **2** (under plate, ornament) tapete *m*, pañito *m*, carpeta *f* (Col, CS)

doing /ˈduːɪŋ/ *n*

A [u] (action): **it was all his mother's ~** fue todo cosa de su madre; **it'll take a bit/lot of ~** va a dar un poco de/mucho trabajo; **that takes some ~** eso no es nada fácil, eso no es moco de pavo (fam); **it was none of our ~** nosotros no tuvimos nada que ver

B **doings** *pl* (activities, events) actividades *fpl*

do-it-yourself /ˌduːətʃərˈself || ˌduːɪtjɔːˈself/ *n* [u] bricolaje *m*; (*before n*): **~ enthusiast** aficionado, -da *m,f* al bricolaje, bricolero, -ra *m,f*; **~ shop** tienda *f* de bricolaje

doldrums /ˈdəʊldrəmz, ˈdɑːl- || ˈdɒldrəmz/ *pl n*: **the ~** (Geog) la zona de las calmas ecuatoriales; (Meteo) las calmas ecuatoriales; ***to be in the ~*** estar* de capa caída; **we may come out of the economic ~ next year** el próximo año podríamos salir del bache económico

dole /dəʊl/ *n* (BrE): **the ~** el subsidio de desempleo, el paro (Esp), la cesantía (Chi); **to be on**

the ~ estar* cobrando subsidio de desempleo *or* (Chi tb) de cesantía, estar* en el paro (Esp); **to go on the ~** apuntarse para cobrar el subsidio de desempleo *or* (Esp tb) para cobrar el paro; (*before n*) ‹*check/money*› de la seguridad social, del paro (Esp); **the ~ queue** el número de desempleados *or* (Esp tb) de parados; **to join the ~ queue** pasar a engrosar las filas del desempleo *or* (Esp tb) del paro

(Phrasal verb)

- **dole out** [v + o + adv, v + adv + o] (distribute) ‹*food/money*› dar*, repartir; **to ~ out criticism** criticar*, hacer* críticas

doleful /ˈdəʊlfəl/ *adj* ‹*face/look*› compungido, triste; ‹*sound/voice/music*› plañidero, lúgubre

dolefully /ˈdəʊlfəli/ *adv* ‹*sigh*› con pesar, acongojadamente (liter); ‹*sing*› plañideramente

doll /dɑːl || dɒl/ *n*

A (toy — resembling female) muñeca *f*; (— resembling male) muñeco *m*; **~s' clothes** ropa *f* de muñeca; **~s' hospital** hospital *m* de muñecas

B **1** (pretty little girl) muñeca *f*; (attractive woman) (AmE) muñeca *f* **2** (pleasant person) (AmE colloq) encanto *m* (fam); **you're a real ~** eres un verdadero encanto

(Phrasal verb)

- **doll up** [v + o + adv] (colloq): **to get (all) ~ed up** *o* **to ~ oneself up** emperifollarse (fam), ponerse* de punta en blanco

dollar /ˈdɑːlər || ˈdɒlə(r)/ *n* dólar *m*; **five US/Hong Kong/Australian ~s** cinco dólares (estadounidenses)/de Hong Kong/australianos; ***~s to doughnuts*** (AmE colloq): **it's ~s to doughnuts they'll come** te apuesto *or* juego lo que quieras (a) que vienen; ***to be (as) sound as a ~*** (AmE colloq) ‹‹*heart/engine*›› funcionar *or* marchar como un reloj; ‹‹*person*›› estar* (fuerte) como un toro; ***to feel/look like a million ~s***: **he made me feel like a million ~s** me hizo sentir en el séptimo cielo *or* a las mil maravillas; **she looked like a million ~s** estaba despampanante; ***top ~*** (AmE colloq) el mejor precio (*or* sueldo *etc*); ***you can bet your bottom ~*** (colloq) puedes estar seguro, te lo doy firmado (fam); (*before n*): **~ area** zona *f* del dólar; **~ bill** billete *m* de un dólar; **~ bloc** bloque *m* del dólar; **~ days** (AmE) *días en que los artículos de un negocio se venden por un dólar o por una cantidad fija de dólares*; **~ sign** signo *m or* símbolo *m* del dólar

dollar-cost averaging *n* [u] (AmE) (Fin) *inversión periódica de un monto constante en valores o títulos*

dollar diplomacy *n* [u] diplomacia *f* del dólar

dollarization /ˌdɑːlərəˈzeɪʃən || ˌdɒləraɪˈzeɪʃən/ *n* [u] dolarización *f*

dollhouse /ˈdɑːlhaʊs || ˈdɒlhaʊs/ (AmE) *n* casa *f* de muñecas

dollop /ˈdɑːləp || ˈdɒləp/ *n* (colloq) (served with a spoon) cucharada *f*; (serving, measure) porción *f*; **a hefty ~ of sarcasm** una buena dosis de sarcasmo

doll's house *n* (BrE) casa *f* de muñecas

dolly /ˈdɑːli || ˈdɒli/ *n* (*pl* **-lies**)

A (doll) (used to or by children) muñequita *f*, queca *f* (Esp leng infantil)

B **1** (mobile platform) (Tech) plataforma *f* rodante **2** (Cin, TV) dolly *m*; (*before n*): **~ shot** travelling *m* **3** (AmE) (Rail) *locomotora pequeña*

dolly bird *n* (BrE colloq, pej & dated) bombón *m* (fam), ninfa *f* (fam)

dolman sleeve /ˈdəʊlmən || ˈdɒlmən/ *n* manga *f* dolman

dolmen /ˈdəʊlmən || ˈdɒlmən/ *n* dolmen *m*

dolomite /ˈdəʊləmaɪt || ˈdɒləmaɪt/ *n* [u] dolomita *f*

Dolomites /ˈdəʊləmaɪts || ˈdɒləmaɪts/ *pl n*: **the ~** las Dolomitas

dolorous /ˈdəʊlərəs || ˈdɒlərəs/ *adj* (liter) lastimero, plañidero

dolphin /ˈdɑːlfən || ˈdɒlfɪn/ *n* (*pl* **~s** *or* **~**) delfín *m*

dolphinarium /ˌdɑːlfəˈneriəm || ˌdɒlfɪˈneəriəm/ *n* delfinario *m*

dolt /dəʊlt/ *n* imbécil *mf*

domain /dəˈmeɪn dəʊ-/ *n*

A (sphere of influence, activity) campo *m*, esfera *f*; **statistics is outside my ~** la estadística no es mi campo; **in the political/economic ~** en el ámbito político/económico, en la esfera política/económica; **in the public ~** de(l) dominio público

B (Comput) dominio *m*; (*before n*): **~ name** nombre *m* de dominio; **~ name system** sistema *m* de nombres de dominio

C (estate) (Hist) dominios *mpl*

D (Math) dominio *m*

dome /dəʊm/ *n* (Archit) cúpula *f*; **the blue ~ of the sky** (liter) la bóveda celeste (liter); **the shiny ~ of his bald head** su calva reluciente

domed /dəʊmd/ *adj* **1** (dome-shaped) ‹*forehead/head*› abombado **2** (Archit) ‹*building*› con cúpula; ‹*roof*› abovedado

Domesday Book /ˈduːmzdeɪ/ *n*: **(the) ~ ~** el Domesday Book (*registro catastral compilado en Inglaterra en el año 1086*)

domestic[1] /dəˈmestɪk/ *adj*

A **1** (of the home) ‹*life/problems*› doméstico; **the ~ chores** las tareas domésticas; **for ~ reasons** por motivos familiares; **they live in ~ bliss** la felicidad de su hogar es perfecta; **to be in ~ service** trabajar en el servicio doméstico; **~ appliance** aparato *m* de uso doméstico; **~ help** ayuda *f* doméstica; **~ servant** doméstico, -ca *m,f*, empleado doméstico, empleada doméstica *m,f*; **~ staff** personal *m* doméstico *or* de servicio, servidumbre *f*; **~ violence** violencia *f* en el hogar **2** (home-loving) casero, hogareño; **he's a very ~ sort of person** le gusta la vida de hogar, es muy casero *or* hogareño

B ‹*animal*› doméstico

C (Econ, Pol) ‹*affairs/policy/market*› interno; ‹*produce*› nacional; **~ news** noticias *fpl* nacionales; **~ flight** vuelo *m* nacional

domestic[2] *n* (frml) doméstico, -ca *m,f*, empleado doméstico, empleada doméstica *m,f*

domesticate /dəˈmestɪkeɪt/ *vt* (Bot, Zool) ‹*animal/species*› domesticar*; (make home-loving) (hum) ‹*person*› domesticar* (hum)

domesticated /dəˈmestɪkeɪtəd || dəˈmestɪkeɪtɪd/ *adj*

A (Bot, Zool) ‹*animal/species*› domesticado; ‹*plant*› aclimatado

B (of person) (*pred*) (hum): **she's not very ~** no es una mujer muy de su casa; **he's thoroughly ~ now** ahora está totalmente domesticado (hum)

domestication /dəˌmestɪˈkeɪʃən/ *n* [u] domesticación *f*

domesticity /ˌdəʊmesˈtɪsəti, ˌdɒː- || ˌdɒmesˈtɪsəti, dəʊ-/ *n* [u] (frml *or* hum) domesticidad *f*

domestic science *n* [u] economía *f* doméstica, hogar *m* (Esp)

domicile /ˈdɑːməsaɪl || ˈdɒmɪsaɪl/ *n* (frml) domicilio *m* (frml); **~ of origin/choice** domicilio de origen/de elección; **to have ~ in England** estar* domiciliado en Inglaterra (frml)

domiciled /ˈdɑːməsaɪld || ˈdɒmɪsaɪld/ *adj* (frml) domiciliado (frml)

domiciliary /ˌdɑːməˈsɪlieri || ˌdɒmɪˈsɪliəri/ *adj* (frml) domiciliario (frml); ‹*care*› domiciliario (frml), a domicilio

dominance /ˈdɑːmənəns || ˈdɒmɪnəns/ *n* [u]

A **1** (supremacy) dominio *m*, dominación *f* **2** (predominance) predominio *m*, preponderancia *f*

B (Biol, Ecol) dominación *f*

dominant[1] /ˈdɑːmənənt || ˈdɒmɪnənt/ *adj*

A **1** (more powerful) ‹*nation/party/force/influence*› dominante; **~ market position** posición *f* dominante en el mercado **2** (predominant) ‹*crop/industry*› predominante, preponderante; ‹*pattern/topic*› dominante, preponderante

B (Biol, Ecol, Mus) dominante

dominant[2] *n* dominante *f*

dominate /ˈdɑːməneɪt || ˈdɒmɪneɪt/ *vt* dominar

■ **dominate** *vi* **1** (have control) dominar **2** (predominate) predominar; **in these discussions the question of the economy ~d** el tema de la economía dominó las conversaciones; **to ~ (OVER sth)** predominar (SOBRE algo)

dominating /ˈdɑːməneɪtɪŋ || ˈdɒmɪneɪtɪŋ/ *adj* dominante

domination /ˌdɑːməˈneɪʃən || ˌdɒmɪˈneɪʃən/ *n* [u] dominación *f*

dominatrix /ˌdɑːməˈneɪtrɪks || ˌdɒmɪˈneɪtrɪks/ *n* (*pl* **-trices** /-trəsiːz || -trɪsiːz/ *or* **-trixes** /-trɪksəz || -trɪksɪz/) **1** (dominating woman) mujer *f* dominante **2** (in sadomasochism) ama *f*‡

domineer /ˌdɑːməˈnɪr || ˌdɒmɪˈnɪə(r)/ *vi* avasallar; **to ~ OVER sb** ser* muy dominante CON algn; **he ~s over his wife** es muy dominante con su mujer

domineering /ˌdɑːməˈnɪrɪŋ || ˌdɒmɪˈnɪərɪŋ/ *adj* dominante

Dominica /ˌdɑːməˈniːkə || dəˈmɪnɪkə/ *n* Dominica *f*

Dominican[1] *n*

A /dəˈmɪnɪkən/ (Relig) dominico, -ca *m,f*, domínico, -ca *m,f*

B **1** /dəˈmɪnɪkən/ (from the Dominican Republic) dominicano, -na *m,f* **2** /ˌdɑːməˈniːkən, dəˈmɪnɪkən || ˌdɒmɪˈniːkən, dəˈmɪnɪkən/ (from Dominica) dominicano, -na *m,f*

Dominican[2] *adj*

A (Relig) dominico, domínico; **the ~ order** (la orden de) los Dominicos *or* los Domínicos

B **1** (from the Dominican Republic) dominicano **2** (from Dominica) dominicano

Dominican Republic /dəˈmɪnɪkən/ *n*: **the ~ ~** la República Dominicana

dominion /dəˈmɪnjən/ *n* **1** [u] (power) (liter) dominio *m*; **to have *o* hold ~ over sth/sb** tener* *or* mantener* algo/a algn bajo dominio **2** [c] (Hist) dominio *m*

domino /ˈdɑːmənəʊ || ˈdɒmɪnəʊ/ *n* (*pl* **-noes**)

A **1** (counter) ficha *f* de dominó; (*before n*): **~ effect** efecto *m* dominó **2** **dominoes** (+ *sing vb*) dominó *m*

B (mask) dominó *m*

don[1] /dɑːn || dɒn/ *n* (BrE) profesor universitario, profesora universitaria *m,f* (*esp en Oxford y Cambridge*)

don[2] *vt* **-nn-** **1** (put on) (liter) ponerse* **2** (assume) (frml) asumir; **I was forced to ~ the role of critic** me vi obligado a asumir el papel de crítico

donate /ˈdəʊneɪt, dəʊˈneɪt/ *vt* ‹*money/blood/organ*› donar; ‹*services*› prestar desinteresadamente

donation /dəʊˈneɪʃən/ *n* **1** [c] (gift) donativo *m*, donación *f*; **to make a ~ (to sth)** hacer* una donación *or* un donativo (a algo) **2** [u] (act) donación *f*

done[1] /dʌn/ *past p of* **do**[1]

done[2] *adj* (*no comp*)

A (*pred*) **1** (finished) hecho; **I must have this ~ by five o'clock** tengo que tener esto hecho *or* terminado para las cinco; **your camera's ~, you can come and collect it** su cámara está lista, la puede venir a recoger; **when do you want it ~ by?** ¿para cuándo lo quiere?; **the day is ~** (liter) el día toca a su fin (liter); **to have *o* be ~ with sb/sth** haber* terminado *or* acabado con algn/algo; **I'm ~** he terminado; **have *o* are you ~ with the iron?** ¿has terminado con la plancha?; **why don't you tell the truth and have *o* be ~ with it?** ¿por qué no dices la verdad y acabamos de una vez?; **thank goodness that's ~ with!** ¡menos mal que ya hemos terminado con eso!; **I'd like to get this over and ~ with as quickly as possible** quisiera quitar esto de en medio cuanto antes; ***~ and dusted*** asunto *m* concluido; oleado y sacramentado (Andes); **by then, that could be all ~ and dusted** para entonces, eso podría ser asunto concluido *or* estar oleado y sacramentado **2** (cooked) cocido; **the carrots ought to be ~ by now** las zanahorias ya deberían estar (cocidas) **3** (exhausted) agotado

B (accepted): **don't talk business, it's not ~ *o* not the ~ thing** no hables de negocios, no está bien visto; **it wasn't ~ to call your colleagues by their first names** no se acostumbraba llamar a los colegas por el nombre de pila

done[3] *interj* ¡trato hecho!, ¡vale! (Esp)

dong /dɑːŋ || dɒŋ/ *n* (sl) verga *f* (vulg), polla *f* (Esp vulg), pija *f* (RPl vulg), pichula (Chi vulg)

donga /ˈdɑːŋgə || ˈdɒŋgə/ *n* (SAfr) (Geog)
A (ditch) zanja *f* (*causada por la erosión*)
B (water channel) barranco *m* (seco)

dongle /ˈdɔːŋgl || ˈdɒŋgl/ *n* dispositivo *m* de protección de software, dongle *m*

donjon /ˈdɑːndʒən || ˈdɒndʒən/ *n* torre *f* del homenaje

Don Juan /ˌdɑːnˈhwɑːn || ˌdɒnˈdʒuːən, ˈhwɑːn/ *n* Don Juan; **he's a ~ ~** es un Don Juan

donkey /ˈdɑːŋki || ˈdɒŋki/ *n* (*pl* **-keys**)
A burro *m*, asno *m*; **~'s years** (colloq) siglos *mpl*, la tira (de tiempo) (Esp fam); **it's ~'s year's since I've seen her** hace siglos que no la veo; (*before n*): **~ derby** (BrE) carrera *f* de burros
B (stupid person) burro, -rra *m,f*

donkey jacket *n* (BrE); *chaquetón de trabajo con un refuerzo impermeable en los hombros*

donkey work *n* (colloq) trabajo *m* pesado; **to do the ~ ~** hacer* el trabajo pesado

donnish /ˈdɑːnɪʃ || ˈdɒnɪʃ/ *adj* (esp BrE) erudito, profesoral

donnybrook /ˈdɑːnibrʊk || ˈdɒnibrʊk/ *n* (AmE) gresca *f*, barahúnda *f*

donor /ˈdəʊnər || ˈdəʊnə(r)/ *n*
A (Med) donante *mf*; **a blood/kidney ~** un donante de sangre/riñón; (*before n*): **~ card** tarjeta *f* de donante
B (to charity) donante *mf*

Don Quixote /ˌdɑːnˈkwɪksət, kɪˈhəʊti || ˌdɒn ˈkwɪksəʊt, kɪˈhəʊti/ *n* Don Quijote

don't[1] /dəʊnt/ **= do not**

don't[2] *n* ▸**do**[2] **C**

don't-know /ˌdəʊntˈnəʊ/ *n*: *persona que no contesta o responde que no sabe a una pregunta formulada en una encuesta*

donut /ˈdəʊnʌt/ *n* ▸**doughnut**

doodad /ˈduːdæd/ *n* (AmE colloq) **1▸** (gadget) cosa *f*, cuestión *f* (fam), chisme *m* (Esp, Méx fam), coso *m* (AmS fam), vaina *f* (Col, Per, Ven fam) **2▸** (person) fulano, -na *m,f* (fam)

doodah /ˈduːdɑː/ *n* (BrE) **1▸** ▸**doodad** **2▸** **to go all of a ~** (colloq) ponerse* nerviosísimo

doodle[1] /ˈduːdl/ *vi/vt* garabatear, garrapatear

doodle[2] *n* garabato *m*

doodlebug /ˈduːdlbʌg/ *n*
A (AmE) (Zool) larva *f* de hormiga león
B (AmE) (Min) varilla *f* de zahorí
C (BrE colloq) bomba *f* volante (*de la segunda guerra mundial*)

doo-doo /ˈduːduː/ *n* (colloq) caca *f* (fam)

doofus /ˈduːfəs/ *n* (AmE colloq) (*pl* **-es**) ganso, -sa *m,f* (fam), baboso, -sa *m,f* (AmL fam)

doom[1] /duːm/ *vt* **1▸** (fate) (*usu pass*) condenar; **the project was ~ed from the start** el proyecto estaba condenado al fracaso desde el principio **2▸** **doomed** *past p* ‹*man*› condenado, sentenciado; ‹*enterprise*› condenado al fracaso; **~ed to die/fail** predestinado *or* condenado a morir/fracasar; **~ed to oblivion/failure** predestinado *or* condenado al olvido/fracaso

doom[2] *n* [u] **1▸** (fate) sino *m* (liter); (death) muerte *f*; **they knew they were going to their ~** sabían que la muerte los esperaba; **the earthquake sent many to their ~** muchos encontraron la muerte en el terremoto; **the day of ~** (Relig) el día del Juicio Final **2▸** (ruin) fatalidad *f*; **the prophets of ~** los catastrofistas *or* agoreros

doom-laden /ˈduːmˌleɪdn/ *adj* fatídico

doomsday /ˈduːmzdeɪ/ *n* (arch) día *m* del Juicio Final; **till ~** (colloq) hasta el día del juicio final (fam); (*before n*): **the ~ scenario** lo más terrible que podría suceder, las circunstancias más catastróficas

doona /ˈduːnə/ *n* (Austral) edredón *m* nórdico

door /dɔːr || dɔː(r)/ *n* **1▸** puerta *f*; **to open/close** *o* **shut the ~** abrir*/cerrar* la puerta; **to slam the ~** dar* un portazo; **to slam the ~ in sb's face** darle* a algn con la puerta en las narices; **front/back ~** puerta principal *or* de la calle/trasera *or* de atrás; **double ~s** puerta de dos hojas; **she was at the ~** estaba en la puerta; **the meeting went on behind closed ~s** la reunión se celebró a puerta(s) cerrada(s); **the things people get up to behind closed ~s** lo que hace la gente en la intimidad; **Ⓢ doors open at six** entrada a partir de las seis; **let me show you to the ~** permítame que lo acompañe hasta la salida *or* puerta; **there's someone at the ~** llaman a la puerta; **to answer the ~** abrir* la puerta; **there's the ~, you answer it** están llamando, abre tú; **to knock on** *o* **at sb's ~** llamar a la puerta de algn; **don't come knocking at my ~ when it all goes wrong** cuando todo salga mal no vengas a llamar a mi puerta; **there are many young actors knocking at the ~** hay muchos actores jóvenes esperando una oportunidad; ***to darken sb's ~*** poner* los pies en casa de algn; **he told her to leave and never darken his ~ again** le dijo que se fuera y que no volviera a poner los pies en su casa; ***to lay sth at sb's ~*** echarle la culpa de algo a algn; **they put the blame at my ~** me echaron la culpa a mí; ***to lie at sb's ~***: **responsibility for her death lies at your ~** tú eres el responsable de su muerte; ***to lock the barn ~ after the horse is stolen*** *o* (BrE) ***to lock the stable ~ after the horse has bolted*** tomar precauciones cuando ya es tarde *or* asno muerto, la cebada al rabo; ***to push at an open ~*** gastar pólvora en salvas *or* (RPl) en chimangos *or* (Andes) en gallinazos; ***to show sb the ~*** mostrarle* *or* enseñarle la puerta a algn, echar a algn; (*before n*) ‹*handle/key*› de la puerta; **~ knob** pomo *m* (de la puerta); **~ knocker** aldaba *f*, llamador *m* **2▸** (doorway, entrance) puerta *f*, entrada *f*; **tickets are available at the ~** se pueden comprar las localidades en la puerta *or* a la entrada; ***by*** *o* ***through the back ~*** por la puerta trasera *or* de atrás; **large numbers of immigrants are entering the country through the back ~** muchos inmigrantes entran al país de forma ilegal *or* ilegalmente **3▸** (room, building) puerta *f*; **to go from ~ to ~** ir* de puerta en puerta; **he lives two ~s down** vive dos casas más allá, vive casa por medio (CS); **next ~** (in next building) al lado; **he lives next ~ to us/the shop** vive al lado de (nuestra) casa/de la tienda; **this is next ~ to impossible** esto raya en lo imposible; **out of ~s**: **he's not allowed out of ~s in this weather** no le permiten salir con este tiempo; **I like having breakfast out of ~s** me gusta desayunar al aire libre **4▸** (means of access) puerta *f*; **a ~ to a better life** una puerta a un futuro mejor; **the new rules will open the ~ to all kinds of abuse** las nuevas reglas dejarán la puerta abierta a todo tipo de abuso; ***when one ~ shuts, another opens*** donde una puerta se cierra, otra se abre

doorbell /ˈdɔːrbel || ˈdɔːbel/ *n* timbre *m*

do-or-die /ˈduːərˈdaɪ || ˌduːɔːˈdaɪ/ *adj* de vida o muerte

doorframe /ˈdɔːrfreɪm || ˈdɔːfreɪm/ *n* marco *m* de la puerta

doorjamb /ˈdɔːrdʒæm || ˈdɔːdʒæm/ *n* ▸**doorpost**

doorkeeper /ˈdɔːrˌkiːpər || ˈdɔːˌkiːpə(r)/ *n* ▸**doorman**

doorman /ˈdɔːrmən || ˈdɔːmən/ *n* (*pl* **-men** /-mən/) portero *m*

doormat /ˈdɔːrmæt || ˈdɔːmæt/ *n* felpudo *m*; **I'm fed up with being a ~** estoy harta de que me pisoteen

doorpost /ˈdɔːrpəʊst || ˈdɔːpəʊst/ *n* jamba *f* (*de la puerta*)

doorsill /ˈdɔːrsɪl || ˈdɔːsɪl/ *n* umbral *m*

doorstep[1] /ˈdɔːrstep || ˈdɔːstep/ *n*
A umbral *m*; **one day he turned up on my ~** un día apareció en mi puerta; ***on the/one's ~*** a la vuelta de la esquina; **a revolution right on their ~** una revolución muy cerca de sus fronteras *or* en un país muy cercano
B (BrE colloq) (piece of bread) rebanada *f* gruesa de pan

doorstep[2] *vt* **-pp-**
A (Journ) *esperar a alguien fuera de su casa para hacerle una entrevista o foto*
B (in door-to-door selling) *envolver con palabrería a un posible comprador de manera que se ve en dificultades para no comprar un producto*

doorstop /ˈdɔːrstɑːp || ˈdɔːstɒp/ *n* **1▸** (wedge) cuña *f* (*para mantener la puerta abierta*) **2▸** (on floor, wall) tope *m* (*de la puerta*)

door-to-door[1] /ˌdɔːrtəˈdɔːr || ˌdɔːtəˈdɔː(r)/ *adj* ‹*delivery/service*› de puerta a puerta, a domicilio; **a ~ salesman** un vendedor ambulante (*que va de puerta a puerta*)

door-to-door[2] *adv* **1▸** ‹*collect/sell*› de puerta en puerta, de puerta a puerta **2▸** (of travel) de puerta a puerta; **it takes me an hour ~** tardo una hora de puerta a puerta

doorway /ˈdɔːrweɪ || ˈdɔːweɪ/ *n* **1▸** (of room, building) entrada *f* **2▸** (means of access) (frml): **the ~ to fulfillment** la senda *or* el camino que lleva a la realización

dopamine /ˈdəʊpəmiːn/ *n* dopamina *f*

dopaminergic /ˌdəʊpəməˈnɜːrdʒɪk || ˌdəʊpəmɪˈnɜːdʒɪk/ *adj* (Pharm) dopaminérgico

dope[1] /dəʊp/ *n*
A **1▸** [u] (drugs) (sl) droga *f*, pichicata *f* (CS, Per fam); (cannabis) hachís *m*, chocolate *m* (Esp arg); (*before n*): **~ dealer** camello *mf* (fam) **2▸** [u] (Sport) estimulante *m*, droga *f*, doping *m*
B [u] (information) (sl) información *f*; **so what's the ~ on Brian?** ¿qué se sabe de Brian?, ¿qué hay de Brian? (fam)
C [c] (stupid person) (colloq) imbécil *mf*, tarugo *mf* (fam)
D [u] **1▸** (varnish) (Aerosp) barniz *m* **2▸** (lubricant) lubricante *m*

dope[2] *vt* **1▸** (colloq) ‹*person/racehorse*› dopar (fam), drogar*; ‹*food/drink*› poner* droga en **2▸** (Elec) implantar, incrustar

Phrasal verbs

- **dope out** [v + o + adv, v + adv + o] (AmE sl) **1▸** (solve, understand) entender* **2▸** (devise) idear
- **dope up** [v + o + adv] (colloq) dopar (fam)

dopehead /ˈdəʊphed/ *n* (AmE sl) drogata *mf* (Esp arg), pichicatero, -ra *m,f* (CS, Per fam), falopero, -ra *m,f* (RPl arg), grifo, -fa *m,f* (Méx fam)

dope-test /ˈdəʊpˈtest/ *vt*: **they ~ed the runner** le hicieron un control *or* una prueba antidopaje *or* antidóping al corredor

dope test *n* control *m* antidopaje *or* antidóping, prueba *f* antidopaje *or* antidóping

dopey, dopy /ˈdəʊpi/ *adj* **dopier, dopiest** (colloq) **1▸** (stupid) lelo (fam), bobo (fam) **2▸** (befuddled) atontado, grogui (fam)

Doric /ˈdɔːrɪk || ˈdɒrɪk/ *adj* dórico

dork /dɔːrk || dɔːk/ *n*
A (stupid person) (colloq) ganso, -sa *m,f* (fam), baboso, -sa *m,f* (AmL fam)
B (penis) (AmE vulg) verga *f* (vulg), pija *f* (RPl vulg), polla *f* (Esp vulg), pico *m* (Chi vulg)

dorm /dɔːrm || dɔːm/ *n* (colloq) ▸**dormitory**

dormancy /ˈdɔːrmənsi || ˈdɔːmənsi/ *n* [u]
A **1▸** (of animal, plant) letargo *m* **2▸** (of volcano) estado *m* latente *or* de inactividad
B (of idea, emotion) (frml) estado *m* latente

dormant /ˈdɔːrmənt || ˈdɔːmənt/ *adj*
A **1▸** ‹*animal/plant*› aletargado **2▸** ‹*volcano*› inactivo
B (frml) ‹*idea/emotion*› latente; **to lie ~** permanecer* latente
C (in heraldry) (*pred*) yacente

dormer (window) /ˈdɔːrmər || ˈdɔːmə(r)/ *n* buhardilla *f*

dormice /ˈdɔːrmaɪs || ˈdɔːmaɪs/ *pl of* **dormouse**

dormitory /ˈdɔːrmətɔːri || ˈdɔːmɪtəri/ *n* (*pl* **-ries**) **1▸** (in school, hostel) dormitorio *m*; (*before n*): **~ town/suburb** (BrE) ciudad *f*/barrio *m* dormitorio **2▸** (students' residence) (AmE) residencia *f* de estudiantes, colegio *m* mayor (Esp)

Dormobile®, dormobile /ˈdɔːrməbiːl || ˈdɔːməbiːl/ *n* (BrE) cámper *m*

dormouse /ˈdɔːrmaʊs || ˈdɔːmaʊs/ *n* (*pl* **-mice** /-maɪs/) lirón *m*

dorsal /ˈdɔːrsəl || ˈdɔːsəl/ *adj* dorsal

DOS /dɑːs || dɒs/ *n* (**= disc-operating system**) DOS *m*

dosage /ˈdəʊsɪdʒ/ *n* [c u] dosis *f*; **Ⓢ do not exceed the stated dosage** no sobrepasar la dosis indicada; **Ⓢ dosage: one every three hours** posología: uno cada tres horas

dose[1] /dəʊs/ *n*
A (of medication) dosis *f*; **Ⓢ do not exceed the**

recommended ~ no sobrepasar la dosis recomendada; **he's fine in small** ~**s** (hum) se lo puede aguantar en pequeñas dosis; ***like a* ~ *of salts*** (colloq) en menos que canta un gallo (fam), en un abrir y cerrar de ojos (fam)
B **1** (portion, amount) (colloq): **a bad ~ of flu** una gripe *or* (Col, Méx) una gripa muy mala; **a ~ of sea air will do you good** un poco de aire de mar te va a hacer bien **2** (venereal infection) (colloq) enfermedad *f* venérea

dose² *vt*: **I've been dosing myself with vitamin C** he estado tomando vitamina C; **I'm all ~d up with painkillers** me he tomado no sé cuántos analgésicos; **all he does is ~ her up with antibiotics** lo único que hace es recetarle antibióticos

dosh /dɑːʃ || dɒʃ/ *n* (BrE sl) ▸**dough B**

doss¹ /dɑːs || dɒs/ *n* (BrE colloq) (sth easy): **it's a ~** está tirado (fam), es pan comido (fam)

doss² *vi* (BrE colloq)
A (sleep) dormir*, apolillar (RPl fam); **can I ~ (down) at your place?** ¿me puedo quedar (a dormir) en tu casa?
B (be lazy) haraganear, rascarse* (fam), flojear (fam)

dosser /ˈdɑːsər || ˈdɒsə(r)/ *n* (BrE colloq) **1** (tramp) vagabundo, -da *m,f* **2** (idler) vago, -ga *m,f*, flojo, -ja *m,f* (fam), manta *mf* (Esp fam)

dosshouse /ˈdɑːshaʊs || ˈdɒshaʊs/ *n* (BrE colloq) albergue *m* (*para vagabundos o pobres*)

dossier /ˈdɔːsjeɪ || ˈdɒsiə(r)/ *n* dossier *m*, expediente *m*; **to keep a ~ on sb/sth** llevar un dossier *or* un expediente sobre algn/algo

dost /dʌst/ (arch) *2nd pers sing pres of* **do¹**

dot¹ /dɑːt || dɒt/ *n* **1** (spot) punto *m*; **~ ~ ~** puntos suspensivos; ***on the* ~** en punto; **the train left on the ~ of half past two** *o* **at half past two on the ~** el tren salió a las dos y media en punto; ***the year* ~** (BrE) el año de la polca *or* de la pera *or* de Maricastaña (fam), el año uno (RPl fam); **since the year ~** hace (mil) años **2** (in Morse code) punto *m*; **~ dash ~** punto raya punto

dot² *vt* **-tt-**
A (add dot) puntuar*
B **dotted** *past p* **1** ‹line› de puntos; **to sign on the ~ted line** firmar sobre la línea de puntos; **cut along the ~ted line** corte por la línea punteada *or* de puntos **2** ‹*quaver/crotchet/minim*› con puntillo
C (scatter, intersperse) (*usu pass*) salpicar*; **her family is ~ted about all over Europe** su familia está desperdigada por toda Europa

dotage /ˈdəʊtɪdʒ/ *n* [u] (frml *or* hum): **to be in one's ~** estar* chocho (fam), chochear (fam)

dot com, dot-com /ˈdɑːt ˈkɑːm || ˌdɒt ˈkɒm/ *n* **1** (Internet site) sitio *m* web **2** (Internet company) puntocom *f*, punto com *f*; (*before n*): **~ millionaire** millonario *m* puntocom *or* punto com; **~ revolution** revolución de las puntocom *or* punto com

dote /dəʊt/ *vi* **to ~ ON sb** adorar a algn

doth /dʌθ/ (arch) *3rd pers sing pres of* **do¹**

doting /ˈdəʊtɪŋ/ *adj*: **his ~ mother** su madre, que lo adora

dot matrix *n* matriz *f* de puntos; (*before n*): **dot-matrix printer** impresora *f* matricial

dottiness /ˈdɑːtinəs || ˈdɒtɪnɪs/ *n* [u] (colloq) chifladura *f*

dotty /ˈdɑːti || ˈdɒti/ *adj* **-tier, -tiest** (colloq) ‹*person*› chiflado (fam); ‹*idea*› descabellado; **she's absolutely ~ about him** está loca por él

double¹ /ˈdʌbəl/ *adj*
A **1** (twice as much) ‹*amount/portion*› doble; **a ~ brandy/vodka** un coñac/vodka doble; **she's ~ your age** te dobla la edad; **it's ~ that** es el doble de eso; **we get ~ pay on Sundays** los domingos nos pagan el doble *or* nos dan paga doble; **a ~ dip** (AmE colloq) dos bolas *or* un doble de helado **2** (in pair) ‹*consonant*› doble; **my number is ~ three seven ~ four eight** (esp BrE) mi número es tres tres siete, cuatro cuatro ocho; **it's spelled with a ~ 't'** se escribe con dos tes; **a ~ negative** (Ling) una doble negación; **~ bend** curva *f* en S (*read as: curva en ese*); **~ doors** (with two leaves) puerta *f* de dos hojas; (two doors) doble puerta *f*; **a ~ six** (Games) un seis doble *or* un doble seis; **inflation reached ~ figures** *o* **digits** la inflación alcanzó/rebasó el 10% **3** (for two) ‹*room*› doble; ‹*bed*› de matrimonio, de dos plazas (AmL) **4** (folded) doble; **to fold sth ~** doblar algo por la mitad; **he was bent ~ with the pain** se retorcía del dolor
B **1** (dual) doble; **a ~ purpose** un doble propósito **2** (false): **to lead a ~ life** llevar una doble vida; **to play a ~ game** hacer* un doble juego

double² *adv* **1** (twice as much) ‹*pay/earn/cost*› el doble; **she spends ~ what she earns** gasta el doble de lo que gana; **I pay ~ the rent I did last year** pago el doble de alquiler que el año pasado; **~ 7 is 14** el doble de 7 es 14 **2** (two together): **to see ~** ver* doble

double³ *n*
A **1** (hotel room) doble *f* **2** (of spirits) medida *f* doble
B (lookalike) doble *mf*
C **1** (in bridge, dice, dominoes, darts) doble *m*; **to throw a ~** sacar* un doble **2** (in billiards) doblete *m*; (in baseball) doble *m*, doblete *m* **3** (Sport) (double win) doblete *m* **4** (in gambling): **~ or nothing** *o* (BrE) **quits** (el) doble o nada
D (two victories) (Sport): **the ~** el doblete
E (pace): **at** *o* **on the ~** (Mil) a paso ligero; **come here at the ~!** ¡ven aquí inmediatamente!

double⁴ *vt*
A **1** (increase twofold) ‹*earnings/profits*› doblar, duplicar*; ‹*efforts*› redoblar; **I'd ~ the amount of sugar** yo le pondría el doble de azúcar; **I'll ~ that offer** yo ofrezco el doble **2** (Games) ‹*stake/call/bid*› doblar
B (fold) ‹*paper/cloth*› doblar por la mitad; ‹*fist*› (AmE) cerrar*
C (Cin, Theat): **she ~s the parts of maid and princess** interpreta dos papeles: el de criada y el de princesa
D (sail around) ‹*headland/cape*› doblar
■ **double** *vi*
A (increase twofold) «*price/amount*» duplicarse*, doblarse
B (have dual role): **the table ~s as a desk** la mesa también se usa como escritorio; **somebody ~d for him in the dangerous scenes** alguien lo doblaba en las escenas peligrosas; **the clarinetist ~s on saxophone** el clarinetista también toca el saxofón
C (in bridge, billiards) doblar

Phrasal verbs
- **double back** [v + adv] «*person/vehicle/animal*» volver* sobre sus pasos; **the path ~d back on itself** el camino doblaba sobre sí mismo
- **double over** [v + adv] «*person*» ▸**double up (a)**
- **double up** [v + adv] **1** (bend, fold up) «*person*» doblarse en dos; **to ~ up with laughter** morirse* *or* desternillarse de risa **2** (share) compartir la habitación (*or* cama *etc*) **3** (redouble) (AmE) doblar

double act *n*: **they do/are a ~ ~** son una pareja de humoristas, actúan en pareja

double-action /ˌdʌbəlˈækʃən/ *adj* de doble acción

double agent *n* doble agente *mf*

double-barreled, (BrE) **double-barrelled** /ˌdʌbəlˈbærəld/ *adj* **1** ‹*shotgun*› de dos cañones **2** (BrE) compuesto

double bass /beɪs/ *n* contrabajo *m*

double-bedded /ˌdʌbəlˈbedəd || ˌdʌbəlˈbedɪd/ *adj* ‹*room*› con cama de matrimonio, con cama de dos plazas (AmL)

double bill *n* programa *m* doble

double bind *n* (Psych) situación *f* de double bind; ***to be* (*caught*) *in a* ~ ~** estar* en un dilema

double-blind /ˌdʌbəlˈblaɪnd/ *adj*: **~ experiment** experimento *m* de doble ciego

double boiler *n* cacerola *f* para baño María; **heat in a ~ ~** calentar* al baño María

double-book /ˌdʌbəlˈbʊk/ *vt* (BrE): **the room had been ~ed** la habitación había sido reservada para dos personas distintas *or* por partida doble

double booking *n* [u c] (BrE) reserva *f* por partida doble, doble reserva *f*; **we have a ~ ~ for the 27ᵗʰ** nos hemos comprometido con dos personas a la vez para el 27

double-breasted /ˌdʌbəlˈbrestəd || ˌdʌbəl ˈbrestɪd/ *adj* cruzado

double-check /ˌdʌbəlˈtʃek/ *vi* volver* a mirar, verificar* dos veces
■ **double-check** *vt* ‹*facts/information*› volver* a revisar

double check *n*: **run a ~ ~ on that story** asegúrate bien de la veracidad de esa historia; **we run a ~ ~ on our cars** nosotros revisamos los coches a conciencia

double chin *n* papada *f*

double-click /ˈdʌbəlˈklɪk/ *vt* ‹*icon/open/close*› hacer* doble clic en, pinchar dos veces en
■ **double-click** *vi* hacer* doble clic, pinchar dos veces; **to ~ ON sth** hacer doble clic EN algo, pinchar dos veces EN algo

double click *n* doble clic *m*

double-clutch /ˌdʌbəlˈklʌtʃ/ *vi* hacer* un doble embrague

double cream *n* [u] (BrE) crema *f* doble, nata *f* para montar (Esp), doble crema *f* (Méx)

double-cross /ˌdʌbəlˈkrɔːs || ˌdʌbəlˈkrɒs/ *vt* traicionar

double cross *n* traición *f*

double date *n*: **to go on a ~ ~** salir* dos parejas juntas

double-dealer /ˌdʌbəlˈdiːlər || ˌdʌbəlˈdiːlə(r)/ *n* (colloq): **he's a ~** siempre (se) anda con dobles juegos (fam)

double-dealing¹ /ˌdʌbəlˈdiːlɪŋ/ *n* [u] doble juego *m*

double-dealing² *adj* (*before n*) maniobrero

double-decker /ˌdʌbəlˈdekər || ˌdʌbəl ˈdekə(r)/ *n*
A ~ **(bus)** (esp BrE) autobús *m* de dos pisos
B ~ **(sandwich)** sandwich *m* doble *or* de dos pisos

double-declutch /ˌdʌbəldiːˈklʌtʃ/ *vi* ▸**double-clutch**

double-density /ˌdʌbəlˈdensəti || ˌdʌbəl ˈdensɪti/ *adj* **1** (Comput) ‹*disk*› de doble densidad **2** ‹*housing/household*› ocupado por dos familias

double-digit /ˌdʌbəlˈdɪdʒət || ˌdʌbəlˈdɪdʒɪt/ *adj* (*before n*) ‹*figure*› de dos cifras; ‹*inflation*› de dos cifras, de más del 10%

double Dutch *n* [u]
A (gibberish) (colloq) chino *m* (fam); **that's ~ ~ to me** para mí eso es chino (fam)
B (skipping game) (AmE) *juego que consiste en saltar con dos cuerdas*

double-edged /ˌdʌbəlˈedʒd/ *adj* (with two cutting edges) ‹*knife/blade*› de doble filo; (with good and bad effects) ‹*law/scheme*› de doble filo; (with two meanings) ‹*remark/comment*› de doble sentido, con segundas

double entendre /ˌduːblɑːnˈtɑːndrə/ *n* doble sentido *m*

double-entry bookkeeping /ˈdʌbəl ˈentri/ *n* [u] contabilidad *f* por partida doble

double exposure *n* [c u] doble exposición *f*

double-fault /ˌdʌbəlˈfɔːlt/ *vi* cometer (una) doble falta

double fault *n* (in tennis) doble falta *f*; **to serve a ~ ~** cometer (una) doble falta

double feature *n* programa *m* doble

double-figure /ˌdʌbəlˈfɪgjər || ˌdʌbəlˈfɪgə(r)/ *adj* ▸**double-digit**

double first *n* **1** (in UK) (degree) *título universitario obtenido después de haber recibido en dos especialidades la nota máxima de la escala de calificaciones* **2** (degree holder) *persona que tiene un* ▸**double first**

double-glaze /ˌdʌbəlˈgleɪz/ *vt* instalar doble ventana *or* doble acristalamiento en

double-glazed /ˌdʌbəlˈgleɪzd/ *adj* ‹*window*› con doble vidrio *or* (Esp) acristalamiento; ‹*house*› con doble ventanas

double glazing *n* [u] doble ventana *f*, doble acristalamiento *m*

double-header /ˌdʌbəlˈhedər ‖ ˌdʌbəl ˈhedə(r)/ *n* (AmE); *dos encuentros consecutivos entre los mismos equipos*

double indemnity *n* [u] doble indemnización *f*; (*before n*): **~ ~ insurance** seguro *m* con cobertura de doble indemnización

double jeopardy *n* [u] (AmE) (Law) *segundo procesamiento por el mismo delito*

double-jointed /ˌdʌbəlˈdʒɔɪntəd ‖ ˌdʌbəl ˈdʒɔɪntɪd/ *adj* ‹*fingers*› con articulaciones dobles; **he's ~** tiene articulaciones dobles

double knitting *n* [u] lana *f* de hebra gruesa

double knot *n* doble nudo *m*

double-lock /ˌdʌbəlˈlɑːk ‖ ˌdʌbəlˈlɒk/ *vt* cerrar* con doble llave; **remember to ~ the door** acuérdate de cerrar con doble llave *or* de darle dos vueltas a la llave

double meaning *n* doble sentido *m*

double-page spread /ˈdʌbəlˈpeɪdʒ/ *n* doble página *f*

double-park /ˌdʌbəlˈpɑːrk ‖ ˌdʌbəlˈpɑːk/ *vi* estacionar(se) *or* aparcar* en doble fila

double-parked /ˌdʌbəlˈpɑːrkt ‖ ˌdʌbəlˈpɑːkt/ *adj* estacionado *or* aparcado en doble fila

double parking *n* [u] estacionamiento *m* en doble fila

double pneumonia *n* [u] pulmonía *f or* neumonía *f* doble

double-quick¹ /ˈdʌbəlkwɪk/ *adj* (colloq): **in ~ time** volando (fam)

double-quick² *adv* (colloq) volando (fam)

doubles /ˈdʌbəlz/ *pl n* dobles *mpl*; **the women's/men's/mixed ~** los dobles femeninos *or* damas/masculinos *or* caballeros/mixtos; **let's play ~** juguemos (un partido de) dobles; (*before n*) ‹*championship/partner/player*› de dobles

double saucepan *n* (BrE) ▸**double boiler**

double-space /ˌdʌbəlˈspeɪs/ *vt* mecanografiar* a doble espacio

double spacing *n* [u] doble espacio *m*

doublespeak /ˈdʌbəlspiːk/ *n* [u] ▸**double-talk**

double spread *n* ▸**double-page spread**

double standard *n* doble moral *m*; **to apply** *o* **have ~ ~s** aplicar* una ley para unos y otra para otros

double star *n* doble estrella *f*

double-stopping /ˌdʌbəlˈstɑːpɪŋ ‖ ˌdʌbəl ˈstɒpɪŋ/ *n* [u] doble cuerda *f*

doublet /ˈdʌblət ‖ ˈdʌblɪt/ *n*
A (Clothing) jubón *m*
B (Ling) doblete *m*

double-take /ˈdʌbəlteɪk/ *n*: **to do a ~** reaccionar (tardíamente)

double-talk /ˈdʌbəltɔːk/ *n* [u] ambigüedades *fpl*

double taxation *n* (Fin) doble tasación *f*

doublethink /ˈdʌbəlθɪŋk/ *n* [u]: *aceptación de principios contradictorios*

double-time /ˈdʌbəltaɪm/ *vi* (AmE) (Mil) marchar a paso ligero

double time *n* [u] **1** (Busn) paga *f* doble; **on Sundays we're on ~ ~** los domingos nos dan paga doble *or* nos pagan el doble **2** (AmE) (Mil) paso *m* ligero

double vision *n* [u] (Med) doble visión *f*, diplopía *f*

double whammy /ˈhwæmi ‖ ˈwæmi/ *n* (colloq) doble palo (fam), doble revés *m*; **we face the ~ ~ of deflation and tax increases** nos enfrentamos al doble palo *or* revés de la deflación y el aumento de los impuestos

double yellow lines *pl n* (in UK) líneas *fpl* amarillas dobles (*al borde de la calzada que indican que está prohibido estacionar*)

doubly /ˈdʌbli/ *adv* ‹*difficult/dangerous/interesting*› doblemente; **now I'm ~ sure** ahora estoy absolutamente seguro; **make ~ sure you lock the door** asegúrate bien de cerrar la puerta; **it's an awful road, ~ so when it's raining** es una carretera pésima y es dos veces peor cuando llueve; **this soup is ~ nice with sherry** esta sopa queda el doble de rica con jerez

doubt¹ /daʊt/ *n* **1** [u] (uncertainty) duda *f*, incertidumbre *f*; **there is no room for ~** no hay lugar a duda, no cabe duda; **I have no ~ whatsoever that he will succeed** no tengo la menor duda de que lo logrará; **no ~ she will phone** con seguridad que llama, seguro que llama; **no ~ you are tired after your trip** seguramente *or* sin duda estarás cansado después del viaje; **it's a brilliant idea — no ~, but ...** es una idea genial — no lo dudo *or* no cabe duda *or* indudablemente, pero ...; **she is, without (a) ~, the best** es, sin duda alguna *or* sin la menor duda *or* indudablemente, la mejor; **he will without ~ become famous** no cabe duda de que *or* sin duda llegará a ser famoso; **I am in some ~ as to whether to employ him** dudo si emplearlo o no; **I am in no ~ about his intelligence** no me cabe la menor duda de que es inteligente, no pongo en duda su inteligencia; **his integrity is not in ~** su integridad no está en duda *or* en tela de juicio; **beyond reasonable ~** (Law) más allá de toda duda fundada; **the result is still in ~** aún se desconoce el resultado; **there is some ~ about** *o* **as to his integrity** existen ciertas dudas acerca de su integridad; **when in ~** en caso de duda; **if in ~, don't buy it/don't go** si estás en (la) duda, no lo compres/no vayas; **to cast ~ on sth** poner* algo en duda **2** [c] (reservation) duda *f*; **I have my ~s** tengo mis dudas; **she began to have ~s about his fidelity** empezó a dudar de su fidelidad

doubt² *vt* **1** ‹*fact/truth*› dudar de; **do you ~ my word?** ¿dudas de mi palabra?; **I ~ his story** dudo que su historia sea verdad; **I ~ed my own eyes** no creía lo que veía, no daba crédito a mis (propios) ojos; **there was/could be no ~ing his enthusiasm** no se podía dudar de su entusiasmo; **I rather ~ her ability to stay the course** dudo que sea capaz de seguir adelante **2** (consider unlikely) dudar; **I very much ~ it** lo dudo mucho; **to ~ (THAT)** *o* **IF** *o* **WHETHER** dudar QUE (+ *subj*); **I ~ that** *o* **if** *o* **whether she'll come** dudo que venga; **I ~ he'll agree** dudo que vaya a acceder
■ **doubt** *vi* (Relig) dudar

doubter /ˈdaʊtər ‖ ˈdaʊtə(r)/ *n* escéptico, -ca *m,f*

doubtful /ˈdaʊtfəl/ *adj*
A **1** (full of doubt) ‹*expression/tone*› de indecisión *or* duda, dubitativo; **he looked a bit ~ when I asked him to stay** se mostró un tanto dudoso *or* indeciso cuando le pedí que se quedara; **to be ~ ABOUT** *o* **AS TO sth**: **I am ~ as to its value** tengo mis dudas acerca de su valor; **I'm ~ if** *o* **whether it's worth it** dudo que valga la pena **2** (in doubt) dudoso; **the outcome remains ~** el resultado sigue siendo dudoso *or* incierto; **it is ~ THAT** no es seguro QUE (+ *subj*); **it is ~ whether he'll accept** no es seguro que acepte
B (dubious) dudoso; **a remark in ~ taste** un comentario de dudoso gusto; **a man of ~ character** un hombre de moral dudosa; **the weather looks ~** parece que se va a descomponer; **that meat is a bit ~** (colloq) esa carne no me inspira confianza

doubtfully /ˈdaʊtfəli/ *adv* ‹*say*› sin convicción; ‹*agree*› con reserva; **she looked ~ at the large pile of work** miró con recelo el montón de trabajo

doubting Thomas /ˌdaʊtɪŋˈtɑːməs ‖ ˌdaʊtɪŋ ˈtɒməs/ *n* escéptico, -ca *m,f*; **he's such a ~ ~** es como Santo Tomás: si no lo ve, no lo cree

doubtless /ˈdaʊtləs ‖ ˈdaʊtlɪs/, **doubtlessly** /-li/ *adv* sin duda, indudablemente

douche¹ /duːʃ/ *n* **1** (jet of liquid) irrigación *f or* ducha *f* vaginal **2** (syringe) irrigador *m* vaginal

douche² *vt* irrigar*

dough /dəʊ/ *n* [u]
A (Culin) masa *f*
B (money) (sl) guita *f* (arg), lana *f* (AmL fam), plata *f* (AmS fam), pasta *f* (Esp fam)

doughnut /ˈdəʊnʌt/ *n* donut *m*, rosquilla *f*

doughty /ˈdaʊti/ *adj* **-tier, -tiest** (liter *or* hum) aguerrido, valiente; **his ~ deeds** sus hazañas

doughy /ˈdəʊi/ *adj* **1** (Culin) ‹*consistency*› pastoso; ‹*taste*› a crudo **2** (pasty) ‹*complexion/face*› pálido, blancuzco

Douglas fir /ˈdʌgləs/ *n* abeto *m* Douglas, douglasia *f*

dour /daʊr, dʊr ‖ dʊə(r)/ *adj* adusto; **a ~ Scot** un adusto escocés

douse /daʊs/ *vt* ‹*flames*› sofocar*; ‹*light/candle*› apagar*; ‹*person*› empapar; **he ~d himself with petrol** se roció con gasolina

dove¹ /dʌv/ *n* **1** (Zool) paloma *f* **2** (Pol) paloma *f*

dove² /dəʊv/ (AmE) *past of* **dive¹**

dovecote /ˈdʌvkɑːt ‖ ˈdʌvkɒt/, **dovecot** /-kɑːt ‖ -kɒt/ *n* palomar *m*

dove-gray, (BrE) **dove-grey** /ˈdʌvˈgreɪ/ ▸**ⓘ p.1036** *adj* (*pred* **dove gray**) gris perla *adj inv*

dove gray ▸**ⓘ p.1036** *n* [u] gris *m* perla

Dover sole /ˈdəʊvər ‖ ˈdəʊvə(r)/ *n* lenguado *m*

dovetail¹ /ˈdʌvteɪl/ *n* **1** (tenon) cola *f* de milano **2** **~ (joint)** (ensambladura *f* a) cola *f* de milano

dovetail² *vi* **to ~ (INTO/WITH sth)** encajar (EN/CON algo)

dowager /ˈdaʊədʒər ‖ ˈdaʊədʒə(r)/ *n* **1** (widow) *viuda de un noble*; (*before n*): **the ~ Duchess of Devon** la duquesa viuda de Devon **2** (elderly lady) matrona *f* (*de la alta sociedad*)

dowdy /ˈdaʊdi/ *adj* **-dier, -diest** ‹*woman*› sin gracia, sin estilo; **she wears ~ clothes** se viste con poca gracia; **the fabric is a bit ~** la tela es un poco aburrida

dowel (pin) /ˈdaʊəl/ *n* (Tech) espiga *f*

> **Dow Jones Average**
>
> También conocido como *Dow Jones Index* (Índice Dow Jones), es un índice que expresado en puntos indica el precio relativo de las acciones en la Bolsa de Nueva York de cada día de transacciones. Se basa en el precio promedio de ciertas acciones seleccionadas. Se emplea para medir la fuerza del mercado bursátil de EEUU. Se dan cuatro índices, el más importante de los cuales es el *Dow Jones Industrial Average - DJIA* (Índice Dow Jones de Valores Industriales) que refleja la actividad de 30 valores.

Dow Jones Average/Index /ˌdaʊ ˈdʒəʊnz/ *n*: **the ~ ~ ~** el índice de Dow Jones

down¹ /daʊn/ *adv*

> ⚠ *down* often appears as the second element of certain verb structures in English (*back down, clamp down, tone down,* etc). For translations, see the relevant verb entry (*back, clamp, tone,* etc).

A **1** (in downward direction): **I ran all the way ~ to the bottom** corrí hasta abajo; **the path that goes ~ into the valley** el sendero que baja hasta el valle; **to help sb ~** ayudar a algn a bajar; **don't look ~!** ¡no mires (hacia *or* para) abajo!; **from the waist/neck ~** desde la cintura/el cuello para abajo; **jump ~!** ¡salta!; **he flopped ~ exhausted** se dejó caer agotado; **~, boy!** ¡abajo!; **wind the window ~** baja la ventanilla; **~ with Smith/tyranny!** ¡abajo Smith/la tiranía! **2** (downstairs): **can you come ~?** ¿puedes bajar?; **run ~ and fetch the hammer** baja rápido a buscarme el martillo; **we can walk ~** podemos bajar andando
B **1** (of position) abajo; **~ in the basement/valley** abajo en el sótano/el valle; **500m/two floors ~** 500m/dos pisos más abajo; **further ~ on the same page** más abajo en la misma página; **~ here/there** aquí/allí (abajo); **it was ~ at the bottom of the rucksack** estaba en el fondo de la mochila; **the sun/moon is ~** el sol/la luna se ha puesto; **~ *under*** (colloq) en Australia **2** (downstairs): **I'll be ~ right away** enseguida bajo **3** (lowered, pointing downward)

bajado; **with the blinds ~** con las persianas bajadas; **face/head ~** boca abajo; **I had my foot ~ on the accelerator** tenía el pie en *or* estaba pisando el acelerador **4** (in position): **the carpet isn't ~ yet** aún no han puesto *or* colocado la alfombra; **I had newspaper ~** había puesto periódicos (en el suelo) **5** (prostrate): **the champ is ~!** ¡el campeón ha caído en la lona!; **I was ~ with flu all last week** estuve con gripe toda la semana pasada

C **1** (of numbers, volume, intensity): **with the volume ~ low** con el volumen al mínimo; **my temperature is ~ to 38°C** la fiebre me ha bajado a 38°C; **attendance/circulation is ~** la asistencia/circulación ha bajado; **sterling closed half a cent ~** al cierre la libra había bajado medio centavo; **they were two goals ~** iban perdiendo por dos goles **2** (in league, table, hierarchy): **still ~ at the bottom of the league** todavía en el último lugar de la clasificación; **from the president ~** desde el presidente para abajo

D **1** (in, toward the south): **to go/come ~ south/to London** ir*/venir* al sur/a Londres; **people ~ south/in Mexico** la gente del sur/de México **2** (at, to another place) (esp BrE): **~ on the farm** en la granja; **he's ~ at the bar** está en el bar; **I'm going ~ to Anne's/the library** voy a casa de Anne/a la biblioteca **3** (away from university, major city) (esp BrE): **they're sending a detective ~ from Scotland Yard** van a enviar un detective de Scotland Yard; **he went ~ from Oxford in 1967** terminó sus estudios en Oxford en 1967, egresó de Oxford en 1967 (AmL)

E **1** (dismantled, removed): **the Christmas decorations should be ~ by now** ya deberían haber quitado las decoraciones de Navidad; **the room looks bare with the pictures ~** la habitación queda desnuda sin los cuadros; **once this wall is ~** una vez que hayan derribado esta pared; *see also* **burn down**, ▸**cut down**, **fall down** *etc* **2** (out of action): **the telephone lines are ~** las líneas de teléfono están cortadas; **the system is ~ again** (Comput) otra vez el sistema no funciona **3** (deflated): **one of your tires is ~** tienes un neumático desinflado

F (in writing): **did you get ~ what she said?** ¿tomaste nota de lo que dijo?, ¿apuntaste *or* anotaste lo que dijo?; **he's ~ for tomorrow at ten** está apuntado *or* anotado para mañana a las diez; **she's ~ as unemployed** consta *or* figura como desempleada

G (in cash): **he's demanding $150 ~** exige un depósito de $150

H (hostile): **to be ~ on sb** (colloq): **my teacher's ~ on me at the moment** la maestra me tiene ojeriza, la maestra la ha agarrado conmigo (AmL fam)

I **down to** **1** (as far as) hasta; **from the roof ~ to the foundations** desde el tejado hasta los cimientos; **right ~ to the present day** hasta nuestros días **2** (reduced to): **when the liquid is ~ to half its volume** cuando el líquido se haya reducido a la mitad de su volumen; **we're ~ to our last tin of tomatoes** nos queda sólo una lata de tomates **3** (dependent on) (BrE): **it's all ~ to luck** todo es cuestión de suerte **4** (to be done by): **the rest is ~ to you** el resto depende de ti; **it's ~ to the owner to take precautions** es responsabilidad del propietario tomar precauciones

down² *prep*

A **1** (in downward direction): **we ran ~ the slope** corrimos cuesta abajo; **to come ~ the stairs** bajar por la escalera; **it fell ~ a hole** se cayó por un agujero; **to tip sth ~ the sink** tirar algo por el fregadero; **you've spilled wine ~ your shirt** te has manchado la camisa de vino; **she looked ~ the list** recorrió la lista con la mirada **2** (at lower level): **halfway ~ the hill** a mitad de camino ladera abajo; **line 26, halfway ~ the page** línea 26, hacia la mitad de la página

B **1** (along): **we drove on ~ the coast/the Mississippi** seguimos por la costa/a lo largo del Misisipí; **as I strolled ~ the street** cuando paseaba por la calle **2** (further along): **the library is just ~ the street** la biblioteca está un poco más allá *or* más adelante; **15 miles ~ the road** a 15 millas siguiendo la carretera; **there's a butcher's 100 yards ~ the road** hay una carnicería unas 100 yardas más adelante **3** (to, in) (BrE colloq): **I've got to go ~ the shops** tengo que ir de compras; **I saw her ~ the pub yesterday** ayer la vi en el bar

C (through): **~ the ages/centuries** a través de los tiempos/los siglos

down³ *adj*

A (*before n*) **1** (going downward): **the ~ escalator** la escalera mecánica de bajada *or* para bajar **2** (from London) (BrE): **the ~ train** el tren de Londres

B (depressed) (colloq) (*pred*) deprimido; **to feel ~** andar* deprimido *or* (fam) con un bajón, estar* con la depre (fam)

down⁴ *n*

A [u] **1** (on bird) plumón *m* **2** (on face, body) vello *m*, pelusilla *f*; (on upper lip) bozo *m*, pelusilla *f* **3** (on plant, fruit) pelusa *f*

B **downs** *pl* (esp BrE) (Geog) colinas *fpl*

C (dislike): **to have a ~ on sb** (BrE colloq) tenerle* ojeriza a algn

D [c] (in US football) down *m*, oportunidad *f*

down⁵ *vt*

A **1** (drink down) ‹*drink*› beberse *or* tomarse rápidamente; **he ~ed it in one** se lo bebió *or* se lo tomó de un trago **2** (knock down) ‹*person/opponent*› tumbar, derribar **3** (shoot down) ‹*aircraft*› derribar, abatir **4** (put down): ***to ~ tools*** dejar de trabajar

B (defeat) (AmE colloq) derrotar

down-and-dirty /ˌdaʊnən(d)'dɜːrti || ˌdaʊnən(d)'dɜːti/ *adj* (AmE colloq) **1** (unprincipled) sucio y sin cuartel; **a ~ war broke out between the two newspapers** una guerra sucia y sin cuartel estalló entre los dos periódicos **2** ‹*tips*› claro y directo

down-and-out /'daʊnənaʊt/ (AmE also) **down-and-outer** /-ər || -ə(r)/ *n* vagabundo, -da *m,f*

down and out *adj* (colloq) (*pred*): **to be ~ ~ ~** estar* en la miseria

down-at-heel /ˌdaʊnət'hiːl/ *adj* esp BrE (*pred* **down at heel**) **1** (shabby, poor) ‹*person*› desastrado; ‹*place*› venido abajo *or* a menos; **a ~ cafe** un café de mala muerte **2** ‹*shoes/slippers*› con el tacón *or* (CS, Per) el taco gastado

downbeat¹ /'daʊnbiːt/ *n* compás *m* acentuado

downbeat² *adj* **1** (gloomy) deprimente **2** (low-key) ‹*mood/atmosphere/performance*› relajado

downcast /'daʊnkæst || 'daʊnkɑːst/ *adj* **1** (dejected) ‹*expression*› alicaído, abatido **2** (directed downward): **with ~ eyes** con la mirada baja, mirando al suelo

downdraft, (BrE) **downdraught** /'daʊndræft || 'daʊndrɑːft/ *n* corriente *f* descendente

downer /'daʊnər || 'daʊnə(r)/ *n* (sl) **1** (barbiturate) sedante *m*, amansalocos *m* (fam & hum) **2** (depressing experience) (*no pl*) palo *m* (fam), experiencia *f* deprimente; ***to be on a ~*** estar* con la depre (fam)

downfall /'daʊnfɔːl/ *n* (of person) perdición *f*, ruina *f*; (of industry) derrumbamiento *m*; (of hopes, plans) desmoronamiento *m*; (of king, dictator) caída *f*; **gambling was his ~** el juego fue su perdición *or* ruina

downgrade¹ /'daʊngreɪd/ *vt* **1** (demote) ‹*employee/hotel*› bajar de categoría **2** (reduce) reducir*; **we must not ~ the importance of his contribution** no debemos restar importancia a su aportación

downgrade² *n* (AmE) bajada *f*; **a ~ of 1 in 40** una pendiente del 2,5%; ***to be on the ~*** ir* cuesta abajo, ir* de mal en peor

downhearted /ˌdaʊn'hɑːrtəd || ˌdaʊn'hɑːtɪd/ *adj* desanimado, desmoralizado; **there's no need to be ~!** ¡no hay por qué desanimarse *or* desmoralizarse!

downhill¹ /daʊn'hɪl/ *adv* ‹*walk/run*› cuesta abajo; ***to go ~*** ir* cuesta abajo, ir* de mal en peor

downhill² /'daʊnhɪl/ *adj*

A **1** (downward) ‹*path*› cuesta abajo; **a ~ slope** una bajada, una pendiente **2** (in skiing) ‹*race/racer*› de descenso contra-reloj

B (easy, pleasant) (*pred*): **it's all ~ from here** de aquí en adelante todo va a marchar sobre ruedas *or* todo va a ser coser y cantar

downhill³ /'daʊnhɪl/ *n* (in skiing): **the ~** el descenso contra-reloj

down-home /'daʊnhəʊm/ *adj* (AmE) **1** ‹*entertainment/sound*› sureño, del sur (*de los EEUU*) **2** ‹*cooking*› casero; ‹*appearance*› rústico; ‹*appeal*› de las cosas sencillas

Downing Street /'daʊnɪŋ/ *n* Downing Street (*calle de Londres donde se encuentra la residencia oficial del primer ministro británico*)

> **Downing Street**
>
> Una calle del céntrico barrio londinense de Westminster. El número 10 es la residencia oficial del Primer Ministro y el número 11 la del *Chancellor of the Exchequer* (equivalente al cargo del Ministro de Economía y Hacienda). Los periodistas utilizan a menudo las expresiones *Downing Street* o *Number 10* para referirse al despacho del Primer Ministro.

down in the mouth *adj* alicaído

download /'daʊnləʊd/ *vt* (Comput) descargar*, bajar, trasvasar

downloadable /ˌdaʊn'ləʊdəbəl/ *adj* descargable, trasvasable

downmarket¹ /'daʊnˌmɑːrkət || ˌdaʊn'mɑːkɪt/ *adv*: **the paper has gone ~** el diario ha perdido categoría; (deliberately) el diario se dirige ahora a un sector más popular del público

downmarket² *adj* ‹*newspaper*› popular; ‹*store*› barato, que vende a un sector popular del mercado; ‹*TV show*› dirigido a las masas; **a more ~ part of town** un barrio más popular, un barrio de menos categoría

down payment *n* cuota *f or* entrega *f* inicial, entrada *f* (Esp), pie *m* (Chi); **to put** *o* **make a ~ ~ on sth** dar* la cuota *or* entrega inicial *or* (Esp tb) la entrada *or* (Chi tb) el pie para comprar algo

downpipe /'daʊnpaɪp/ *n* (BrE) bajante *m*

downplay /'daʊnpleɪ || ˌdaʊn'pleɪ/ *vt* ‹*importance*› quitar; ‹*story/rumor*› quitar importancia a

downpour /'daʊnpɔːr || 'daʊnpɔː(r)/ *n* aguacero *m*, chaparrón *m*

downright¹ /'daʊnraɪt/ *adj* ‹*lie/insolence*› descarado; ‹*crook/liar/rogue*› redomado, de tomo y lomo (fam); ‹*madness*› total y absoluto

downright² *adv*: **it was ~ dangerous!** ¡fue peligrosísimo!; **that's ~ stupid** ¡eso es una soberana estupidez!; **he's ~ mean** es tacañísimo; **he wasn't so much impolite as ~ rude!** ¡no estuvo descortés sino de lo más grosero!

downriver /'daʊn'rɪvər || ˌdaʊn'rɪvə(r)/ *adv* río abajo; **two miles ~ from here** a dos millas río abajo de aquí

downscale /'daʊnskeɪl/ *adj/adv* ▸**downmarket¹**, **downmarket²**

downshift¹ /'daʊnʃɪft/ *n* (AmE)

A (change to lower gear) cambio *m* a una velocidad inferior

B (reduction in tempo) ralentización *f*

downshift² *vi* (AmE)

A (change to lower gear) cambiar a una velocidad inferior

B (slow down) ralentizar*

downshifter /'daʊnʃɪftər || 'daʊnʃɪftə(r)/ *n*: *persona que deja un trabajo estresante por otro más tranquilo*

downside /'daʊnsaɪd/ *n* inconveniente *m*, desventaja *f*; **on the ~, it is more expensive** tiene el inconveniente de ser más caro

downsize /'daʊnsaɪz/ *vt* (AmE) **1** ‹*design*› reducir* el tamaño de; ‹*dimensions*› reducir* **2** ‹*staff/head-count*› recortar, reducir*

■ **downsize** *vi* hacer* recortes del personal, hacer* recortes en la planilla *or* (Esp) plantilla

downsizing /'daʊnsaɪzɪŋ/ *n* [u] (AmE) **1** (of design, dimensions) reducción *f* **2** (of company) recortes *mpl* en el personal, recortes *mpl* en la planilla *or* (Esp) plantilla

downspout /ˈdaʊnspaʊt/ *n* (AmE) bajante *m*

Down's syndrome /daʊnz/ *n* [u] síndrome *m* de Down, mongolismo *m* (crit); (*before n*) ‹*child*› afectado por el síndrome de Down, mongólico (crit)

downstage /ˈdaʊnˈsteɪdʒ/ *adv* en el frente del escenario, en el proscenio; ~ **left/right** en la parte izquierda/derecha del proscenio

downstairs¹ /ˈdaʊnsterz ‖ ˌdaʊnˈsteəz/ *adv* abajo; **the kitchen's** ~ la cocina está abajo *or* en el piso de abajo; **he went** ~ **to open the door** bajó a abrir la puerta; **she ran** ~ bajó corriendo (las escaleras); **he fell** ~ se cayó por las escaleras; **she'll be** ~ **in a minute** enseguida baja

downstairs² *n* planta *f* baja; (*before n*) ‹*neighbor/toilet*› (del piso) de abajo

downstate¹ /ˈdaʊnsteɪt/ *n* (AmE) el sur del estado; (*before n*): ~ **New York** el sur del estado de Nueva York

downstate² /ˌdaʊnˈsteɪt/ *adv* (AmE): **she lives** ~ vive en el sur del estado

downstream /ˌdaʊnˈstriːm/ *adv* río abajo; **the factory is** ~ **of the bridge** la fábrica está más allá del puente, río abajo

down time, downtime *n* [u]
A (of machines, computers) tiempo *m* inactivo *or* de inactividad, tiempo *m* muerto
B (AmE) (leisure) período *m* de descanso

down-to-earth /ˌdaʊntəˈɜːrθ ‖ ˌdaʊntəˈɜːθ/ *adj* (*pred* **down to earth**) realista, práctico

downtown¹ /ˈdaʊntaʊn/ *n* [u] (AmE) centro *m* (*de la ciudad*); (*before n*): ~ **New York** el centro de Nueva York; **a** ~ **restaurant** un restaurante céntrico *or* del centro

downtown² *adv* (AmE): **to go** ~ ir* al centro; **to live** ~ vivir en el centro

downtrend /ˈdaʊntrend/ *n* tendencia *f* a la baja

downtrodden /ˈdaʊnˌtrɑːdn ‖ ˈdaʊnˌtrɒdn/ *adj* ‹*peasants/workers/minority*› oprimido; **the** ~ **masses** las masas oprimidas

downturn /ˈdaʊntɜːrn ‖ ˈdaʊntɜːn/ *n* (Econ): **the economy has taken a** ~ la situación económica ha empeorado *or* ha dado un bajón

downward¹ /ˈdaʊnwərd ‖ ˈdaʊnwəd/ *adj* ‹*direction/pressure*› hacia abajo; ‹*movement/spiral*› descendente; ‹*tendency*› (Fin) a la baja; **the** ~ **slide of the pound** el descenso de la libra; **a** ~ **path** un camino en bajada *or* cuesta abajo

downward² /ˈdaʊnwərd ‖ ˈdaʊnwəd/ (esp BrE) **downwards** /-z/ *adv* ‹*slope/roll/curve*› hacia abajo; **face** ~ boca abajo; **he revised his estimate** ~ revisó su presupuesto a la baja

downwardly /ˈdaʊnwərdli ‖ ˈdaʊnwədli/ *adv* hacia abajo

downwardly mobile *adj* de movilidad social descendente

downwind /ˌdaʊnˈwɪnd/ *adv* en la dirección del viento; **we live** ~ **of the factory** donde vivimos, con el viento nos llegan los humos de la fábrica

downy /ˈdaʊni/ *adj* **-nier, -niest** ‹*texture/surface*› sedoso, aterciopelado; ‹*skin/peach*› aterciopelado

dowry /ˈdaʊəri/ *n* (*pl* **-ries**) dote *f*

dowse /daʊz/ *vi*: **to** ~ **for water** buscar* agua con una varilla de zahorí

■ **dowse** *vt* ▸**douse**

dowser /ˈdaʊzər ‖ ˈdaʊzə(r)/ *n* 1 ▸**dowsing rod** 2 (person) zahorí *mf*

dowsing rod /ˈdaʊzɪŋ/ *n* varita *f* de zahorí

doyen /ˈdɔɪən/ *n* decano, -na *m,f*

doyenne /dɔɪˈen/ *n* decana *f*, gran dama *f*

doyley /ˈdɔɪli/ *n* ▸**doily**

doz /dʌz/ = **dozen**

doze¹ /dəʊz/ *vi* dormitar

(Phrasal verb)

• **doze off** [v + adv] quedarse dormido, dormirse*

doze² *n* (*no pl*) sueño *m*; **to have a** ~ echar una cabezada *or* un sueño

dozen¹ /ˈdʌzn/ *n* (*pl* ~ *or* ~**s**) docena *f*; **three** ~ tres docenas; **four dollars a** *o* **per** ~ cuatro dólares la docena; **eggs are sold by the** ~ los huevos se venden por docena(s); **we've been selling them by the** ~ los hemos estado vendiendo como pan caliente *or* como rosquillas; **I got** ~**s of cards** recibí montones de tarjetas (fam); **I've told him** ~**s of times** se lo he dicho miles de veces; **to do one's daily** ~ (BrE dated) hacer* su (*or* mi *etc*) gimnasia diaria; **baker's/devil's** ~ docena del fraile

dozen² *adj* docena *f* de; **a** ~**/two** ~ **eggs** una docena/dos docenas de huevos

dozy /ˈdəʊzi/ *adj* **dozier, doziest** 1 (sleepy) amodorrado, adormilado 2 (quiet) dormido; **a** ~ **village** un pueblecito dormido 3 (stupid) (BrE colloq) tonto, abombado (AmL fam)

DP *n* 1 [u] = **data processing** 2 [c] (esp AmE) = **displaced person**

DPhil /ˈdiːˈfɪl/ *n* (BrE) = **Doctor of Philosophy** ▸**PhD**

dpi /ˌdiːpiːˈaɪ/ (Comput) = **dots per inch**

DPP *n* (in UK) (= **Director of Public Prosecutions**) ≈ fiscal *mf* general del Estado

Dr /ˈdɑːktər ‖ ˈdɒktə(r)/ (title) (= **Doctor**) Dr., Dra.

drab /dræb/ *adj* 1 (dull) ‹*clothing/decor/appearance*› soso, sin gracia; **a** ~ **green** un verde apagado 2 (humdrum) ‹*life/occupation*› gris, monótono

drabness /ˈdræbnəs ‖ ˈdræbnɪs/ *n* [u] 1 (of clothing, decor) falta *f* de gracia, lo soso 2 (of life) lo aburrido *or* monótono

drachma /ˈdrækmə/ *n* dracma *f or m*

draconian /drəˈkəʊniən/ *adj* draconiano

draft¹ /dræft ‖ drɑːft/ *n*
A [c] (BrE): **draught** (cold air) corriente *f* de aire; ***to feel the*** ~ (colloq) resentirse*, verse* afectado
B [c] (formulation) versión *f*; **the first/final** ~ **of my speech** la primera versión/la versión final de mi discurso; **a rough** ~ un borrador; **he presented the project in** ~ **(form)** presentó el anteproyecto; (*before n*) ‹*resolution/version*› preliminar; ~ **bill** anteproyecto *m* de ley; **I checked the** ~ **contract** revisé el borrador *or* la minuta del contrato
C [c] (BrE): **draught** (Naut) calado *m*
D [u] (BrE): **draught** (haulage) tiro *m*; (*before n*) ‹*horse/animal*› de tiro
E (Fin) cheque *m or* efecto *m* bancario
F (AmE): **the** ~ (Mil) el llamamiento *or* (AmL tb) llamado a filas; (*before n*): ~ **card** cartilla *f* militar; ~ **deferral** prórroga *f* del servicio militar; ~ **quota** cupo *m* (*de soldados*)

draft² *vt*
A (formulate) ‹*document/contract*› redactar el borrador de; ‹*speech*› preparar; **I've already** ~**ed the letter** ya he redactado el borrador de la carta
B (conscript) (AmE) reclutar, llamar a filas; **her son was** ~**ed into the army** su hijo fue llamado a filas
C (assign) designar

draft dodger *n* (AmE) prófugo, -ga *m,f*, insumiso *m* (Esp), remiso *m* (Andes)

draftproof, (BrE) **draughtproof** /ˈdræftpruːf ‖ ˈdrɑːftpruːf/ *adj* ‹*doors/windows*› hermético

draftproofing, (BrE) **draughtproofing** /ˈdræftpruːfɪŋ ‖ ˈdrɑːftpruːfɪŋ/ *n* [u] 1 (material) burlete *m* 2 (process) instalación *f* de burletes

draftsman, (BrE) **draughtsman** /ˈdræftsmən ‖ ˈdrɑːftsmən/ *n* (*pl* **-men** /-mən/)
A (Law) *persona que redacta un anteproyecto de ley*
B 1 (Archit, Eng) dibujante *mf*, delineante *mf* 2 (Art) dibujante *mf*

draftsmanship, (BrE) **draughtsmanship** *n* [u] (skill) dibujo *m* lineal; (quality) habilidad *f* como dibujante

drafty, (BrE) **draughty** /ˈdræfti ‖ ˈdrɑːfti/ *adj* **-tier, -tiest** ‹*room/corridor*› con corrientes de aire; **it's a bit** ~ hay corriente (de aire)

drag¹ /dræg/ **-gg-** *vt*
A 1 (haul) arrastrar, llevar a rastras; **she** ~**ged herself over to the phone** fue a rastras *or* fue arrastrándose hasta el teléfono; ***to*** ~ ***sb's name*** *o* ***reputation through the mud*** *o* ***dirt*** cubrir* de fango *or* manchar el buen nombre de algn 2 (force) (colloq): **I** ~**ged myself out of bed** me forcé a salir de la cama; **we had to** ~ **the information out of him** tuvimos que sacarle la información con tirabuzón (fam); **how did I get** ~**ged into this ridiculous plan?** ¿cómo me dejé meter en un plan tan absurdo?; **it's hard to** ~ **him away from the television set** cuesta sacarlo de enfrente del televisor; **I could hardly bear to** ~ **myself away** no tenía ninguna gana de irme
B (allow to trail) ‹*tail/garment/anchor*› arrastrar; **the dog was** ~**ging its broken leg** el perro iba arrastrando la pata rota; **I don't want to** ~ **the kids around with me all day** no quiero andar con los niños a cuestas todo el día; ***to*** ~ ***one's feet*** *o* ***heels*** (act slowly, unwillingly) dar(le)* largas al asunto; (lit: scuff along) andar* arrastrando los pies
C (dredge) ‹*river/lake*› dragar*
D (Comput): ~ **(and drop)** arrastrar (y soltar)

■ **drag** *vi*
A 1 (trail) «*anchor*» garrar; «*coat*» arrastrar; **her dress** ~**ged behind her** el vestido le arrastraba por detrás 2 (lag) rezagarse*
B (go on slowly) «*work/conversation*» hacerse* pesado; «*film/play*» hacerse* largo; **the meeting really** ~**ged** la reunión se hizo eterna
C (race cars) (AmE colloq) echarse un pique (fam)

(Phrasal verbs)

• **drag down** [v + o + adv, v + adv + o] 1 (morally) arrastrar; **he tries to** ~ **everyone down to his own level** quiere arrastrar a los demás a su mismo nivel 2 (physically) debilitar

• **drag in** [v + o + adv, v + adv + o] ‹*subject/topic*› sacar* a colación

• **drag on** [v + adv] alargarse* (*interminablemente*)

• **drag out** [v + o + adv, v + adv + o] alargar*

• **drag up** [v + o + adv, v + adv + o] 1 (recall) sacar* a relucir; **why** ~ **that up now?** ¿qué sentido tiene sacar eso a relucir ahora? 2 (bring up) (BrE hum) criar*; **where were you** ~**ged up?** ¿y tú dónde te criaste *or* dónde aprendiste esos modales?

drag² *n*
A (*no pl*) 1 (hindrance) **a** ~ **ON sb/sth**: **he's been a** ~ **on her all her life** ha sido una carga para ella toda su vida; **it was a continual** ~ **on my time** me quitaba *or* me robaba mucho tiempo; **the war was a** ~ **on the country's resources** la guerra fue una sangría para los recursos del país 2 (tiresome thing) (sl) lata *f* (fam), plomo *m* (fam), coñazo *m* (Esp arg), camello *m* (Col fam); (tiresome person) plomo *m* (fam), pelmazo, -za *m,f* (fam); **what a** ~**!** ¡qué lata! (fam)
B [u] (resistant force) resistencia *f* al avance
C [c] (on cigarette) (colloq) chupada *f*, pitada *f* (AmL), calada *f* (Esp)
D [u] (influence) (AmE sl) palanca *f* (fam), enchufe *m* (Esp fam), cuña *f* (CS fam)
E [u] (women's clothes): **to wear** ~ vestirse* de mujer; **in** ~ vestido de mujer; (*before n*) ‹*act/show*› de travestis *or* transformistas; ~ **artist** drag (queen) *f*, transformista *m*; ~ **queen** drag (queen) *f*, reinona *f* (Esp arg)
F [c] (dragnet) red *f* barredera
G (street) (AmE sl): **the main** ~ la calle principal

drag lift *n* remonte *m*

dragnet /ˈdrægnet/ *n*
A (police operation) operación *f or* (AmL tb) operativo *m* policial de captura
B (large net) (Naut) red *f* barredera

dragon /ˈdrægən/ *n*
A (Myth) dragón *m*; ***to chase the*** ~ (colloq) fumar heroína
B (fierce woman) (colloq) arpía *f* (fam)

dragonfly /ˈdrægənflaɪ/ *n* (*pl* **-flies**) libélula *f*, caballito *m* del diablo, matapiojos *m* (Andes), alguacil *m* (RPl)

dragon lady *n* (AmE) mata-hari *f* (fam)

dragoon¹ /drəˈguːn/ *n* dragón *m*

dragoon² *vt* **to** ~ **sb INTO -ING** presionar a algn PARA QUE + SUBJ

drag race *n* carrera *f* de dragsters

dragster /ˈdrægstər ‖ ˈdrægstə(r)/ *n* (car) dragster *m*, coche *m* trucado (*para cubrir distancias cortas a gran velocidad*)

drain¹ /dreɪn/ *n*
A (in garden, patio) 1 (pipe) sumidero *m*, resumide-

d

ro *m* (AmL); **the ~s** (of town) el alcantarillado; (of building) las tuberías de desagüe **2** (BrE) (grid) sumidero *m*, resumidero *m* (AmL) **3** (Med) drenaje *m*
B (BrE) (in street) alcantarilla *f*
C (plughole) desagüe *m*; ***that's money down the ~*** eso es tirar el dinero; **20 years' research down the ~** veinte años de investigación tirados por la borda; ***to laugh like a ~*** (BrE) reírse* a mandíbula batiente
D (*no pl*) **1** (cause of depletion) **a ~ ON sth**: **a ~ on the country's resources** una sangría para el país; **his drinking was a constant ~ on his wages** gran parte del sueldo se le iba en bebida; **the extra work is an enormous ~ on my energy** el trabajo extra me está agotando **2** (outflow, loss) fuga *f*

drain² *vt*
A **1** ‹*container/tank*› vaciar*; ‹*land/swamp*› drenar, avenar; ‹*blood*› drenar; ‹*sap/water*› extraer*; **to ~ the oil from the engine** vaciar* el aceite del motor **2** (Culin) ‹*vegetables/rice/pasta*› escurrir, colar* **3** (Med) ‹*abscess/bladder*› drenar **4** ‹‹*river/channel*›› desaguar*
B (drink up) ‹*glass/cup*› vaciar*, apurar; ‹*beer*› apurar, beberse
C (consume, exhaust) ‹*resources/strength*› agotar, consumir; **too much work has ~ed his energy** el excesivo trabajo ha consumido sus energías *or* lo ha agotado; **the war is ~ing the nation of its resources** la guerra está sangrando al país
■ **drain** *vi* **1** (dry) ‹‹*dishes/cutlery/food*›› escurrir(se); **leave the dishes to ~** deja que los platos (se) escurran **2** (disappear): **the blood** *o* **color ~ed from her face** se quedó lívida, perdió el color de la cara, palideció; **all the strength seemed to ~ from my limbs** los brazos y las piernas se me quedaron como sin fuerzas **3** (discharge) ‹‹*pipes/river*›› desaguar*

Phrasal verbs
• **drain away**
A [v + adv] **1** ‹‹*liquid*››: **the bathwater takes ages to ~ away** la bañera tarda mucho en vaciarse; **the rain gradually ~s away into the soil** la lluvia se va filtrando en la tierra **2** ‹‹*strength/resources*›› irse* agotando; **her will to live ~ed away** iba perdiendo las ganas de vivir
B [v + o + adv, v + adv + o] ‹*liquid*› escurrir
• **drain off**
A [v + adv] ‹‹*rainwater*›› escurrirse
B [v + o + adv, v + adv + o] **1** (Culin) escurrir **2** (Tech) extraer*

drainage /ˈdreɪnɪdʒ/ *n* [u] **1** (of household waste) desagüe *m* (de aguas residuales); (of rainwater) canalización *f* (de agua de lluvia); (*before n*): **~ system** (red *f* de) alcantarillado *m* **2** (of fields, marshes) drenaje *m*, avenamiento *m*; (*before n*) ‹*ditch/channel*› de drenaje *or* avenamiento **3** (Med) drenaje *m*

drainboard /ˈdreɪnbɔːrd || ˈdreɪnbɔːd/ *n* (AmE) escurridero *m*

drained /dreɪnd/ *adj* agotado, exhausto

draining board /ˈdreɪnɪŋ/ *n* (BrE) escurridero *m*

drainpipe /ˈdreɪnpaɪp/ *n* tubo *m or* caño *m* del desagüe, bajante *f*; (*before n*): **~ trousers** (BrE) pantalones *mpl* pitillo

drake /dreɪk/ *n* pato *m* (macho)

Dralon® /ˈdreɪlɑːn || ˈdreɪlɒn/ *n* [u] (BrE) Dralón® *m*

dram /dræm/ *n* **1** (of Scotch, spirits) (esp Scot) copita *f* **2** (fluid measure) *medida de capacidad equivalente a 1,77cc* **3** (Pharm) (arch) *unidad de peso equivalente a 3,88 gr en EEUU y a 1,77 gr en el RU*

drama /ˈdrɑːmə/ *n* (*pl* **-mas**)
A (Theat) **1** [c] (play) obra *f* dramática, drama *m* **2** [u] (plays collectively) teatro *m*, drama *m*; (dramatic art) arte *m* dramático; (as school subject) ≈ expresión *f* corporal; (*before n*) ‹*school/student/teacher*› de arte dramático; **~ critic** crítico *mf* teatral
B **1** [u] (excitement) dramatismo *m*; **a movie full of the ~ of war** una película con todo el dramatismo de la guerra **2** [c] (exciting event, story) (journ): **hijack ~ continues** continúan los dramáticos sucesos en torno al secuestro

drama-doc /ˈdrɑːmədɑːk || ˈdrɑːmədɒk/ *n* [u c] docudrama *m*

dramatic /drəˈmætɪk/ *adj*
A **1** (Theat) (*before n*) dramático, teatral; **the ~ arts** las artes dramáticas **2** (exaggerated) ‹*pause/entrance*› dramático, histriónico; **there's no need to be so ~ about it** no hay por qué hacer tanto teatro
B **1** (striking) ‹*change/improvement*› espectacular, drástico; (increase) espectacular **2** (momentous) ‹*events/development/announcement*› dramático

dramatically /drəˈmætɪkli/ *adv* **1** (Theat) ‹*effective/moving*› desde el punto de vista dramático **2** (exaggeratedly) ‹*pause/announce*› dramáticamente, de manera teatral *or* histriónica **3** (strikingly) ‹*change/improve/increase*› de manera espectacular; **they are ~ different** son radicalmente distintos

dramatics /drəˈmætɪks/ *n*
A (Theat) (+ *sing vb*): **amateur ~** teatro *m* amateur *or* de aficionados
B (histrionics) (+ *pl vb*): **his ~ are very wearing** hace tanto teatro *or* es tan teatral que uno llega a cansarse

dramatis personae /ˌdræmətəspərˈsəʊniː || ˌdræmətɪspɜːˈsəʊnaɪ/ *pl n* personajes *mpl* (*de una obra teatral*)

dramatist /ˈdræmətəst || ˈdræmətɪst/ *n* dramaturgo, -ga *m,f*

dramatization /ˌdræmətəˈzeɪʃən || ˌdræmətaɪˈzeɪʃən/ *n* [u c] **1** (Theat) dramatización *f*, adaptación *f* teatral **2** (exaggeration) dramatización *f*, exageración *f*

dramatize /ˈdræmətaɪz/ *vt*
A ‹*story/novel*› (Theat) dramatizar*, hacer* una adaptación teatral de; (Cin) llevar al cine
B (exaggerate) ‹*situation/event*› dramatizar*, exagerar
■ **dramatize** *vi* dramatizar*

drank /dræŋk/ *past of* **drink²**

drape /dreɪp/ *vt* **1** (arrange): **they ~d a flag over the tomb** colocaron una bandera formando pliegues sobre la tumba; **the dress was ~d in graceful folds** el vestido tenía un elegante drapeado; **she ~d herself over the sofa** se tendió sobre el sofá; **he ~d his legs over the arm of the chair** se acomodó poniendo las piernas sobre el brazo del sillón **2** (cover) cubrir*; **the furniture was ~d with sheets** los muebles estaban cubiertos con sábanas

draper /ˈdreɪpər || ˈdreɪpə(r)/ *n* (BrE dated) pañero, -ra *m,f* (ant); **a ~'s** una pañería (ant), una mercería

drapery /ˈdreɪpəri/ *n* (*pl* **-ries**)
A (BrE) **1** [u] (merchandise) mercería *f* **2** [c] (shop) mercería *f*, pañería *f* (ant)
B [u] (covering) (*often pl*) colgaduras *fpl*; (clothing) ropajes *mpl*, paños *mpl*

drapes /dreɪps/ *pl n* (AmE) cortinas *fpl*

drastic /ˈdræstɪk/ *adj* **1** (radical) ‹*solution/measure/punishment*› drástico, radical **2** (striking) ‹*change/effect*› radical, drástico, espectacular; ‹*deterioration*› grave

drastically /ˈdræstɪkli/ *adv* drásticamente

drat /dræt/ *interj* (colloq): **~ (it)!** ¡caray! (fam); **~ him!** ¡maldito sea! (fam)

dratted /ˈdrætəd || ˈdrætɪd/ *adj* (*before n*) dichoso (fam); **¿where are my ~ specs?** dónde están mis dichosas gafas?

draught /dræft || drɑːft/ *n*
A [u] (storage under pressure): **beer on ~** cerveza *f* de barril; (*before n*) ‹*beer/cider*› de barril
B [c] (liter) **1** (of water, beer) trago *m*; (of air) bocanada *f* **2** (of drug): **a ~ of poison** un bebedizo; **a sleeping ~** una pócima para dormir
C (BrE) ▸**draft¹**

draughtboard /ˈdræftbɔːrd || ˈdrɑːftbɔːd/ *n* (BrE) damero *m*, tablero *m* de damas

draught excluder *n* (BrE) burlete *m*

draughtproof /ˈdræftpruːf || ˈdrɑːftpruːf/ *adj* ▸**draftproof**

draughts /dræfts || ˈdrɑːfts/ *n* (BrE) (+ *sing vb*) damas *fpl*; **to play ~** jugar* a las damas

draughtsman /ˈdræftsmən || ˈdrɑːftsmən/ *n* (BrE) ▸**draftsman**

draughtsmanship /ˈdræftsmənʃɪp || ˈdrɑːftsmənʃɪp/ *n* (BrE) ▸**draftsmanship**

draughty /ˈdræfti || ˈdrɑːfti/ *adj* ▸**drafty**

draw¹ /drɔː/ (*past* **drew**; *past p* **drawn**) *vt*
A **1** (move by pulling) ‹*curtains/drapes/bolt*› (open) descorrer; (shut) correr; ‹*bow*› tensar; **I drew my belt tighter** me apreté más el cinturón **2** (in specified direction): **~ your chair up to the table** acerca *or* arrima la silla a la mesa; **he drew his cloak about him** se envolvió bien en la capa; **he drew her aside** *o* **to one side** la llevó a un lado, la llevó aparte; **her hair was ~n back into a bun** llevaba el pelo recogido en un moño **3** (pull along) ‹*cart/sled*› tirar de, arrastrar; **the cart was ~n by a horse** un caballo tiraba del carro
B (bring to specified state): **the chairman drew the meeting to a close** el presidente dio por terminada la reunión; **it has been ~n to my attention that …** se me ha señalado que …
C **1** (pull out) ‹*tooth/cork*› sacar*, extraer* (frml); ‹*gun*› desenfundar, sacar*; ‹*sword/dagger*› desenvainar, sacar*; **to ~ water (from a well)** sacar* agua (de un pozo); **he drew a $100 bill out of** *o* **from his wallet** sacó un billete de 100 dólares de su cartera **2** (cause to flow) sacar*; **to ~ blood** sacar* sangre, hacer* sangrar; **to ~ breath** respirar **3** (Games) ‹*card/domino*› sacar*, robar; **she drew the winning number** ‹‹*participant*›› sacó el número ganador; ‹‹*official*›› extrajo el número ganador **4** (in contest, tournament): **Italy has been ~n to play France** a Italia le ha tocado en el sorteo jugar contra Francia
D **1** (Fin) ‹*salary/pension*› cobrar, percibir (frml); ‹*check*› girar, librar; **to ~ money from** *o* **out of the bank** retirar *or* sacar* dinero del banco **2** (derive) ‹*strength*› sacar*; **the painting ~s its inspiration from nature** el cuadro se inspira en la naturaleza; **she drew comfort from the fact that …** se consoló pensando que …; **they were ~n from all sections of society** provenían de todos los sectores sociales
E (establish) ‹*distinction/parallel/analogy*› establecer*; **he drew the conclusion that …** llegó a *or* sacó la conclusión de que …; **there's a lesson to be ~n from all this** de todo esto podemos sacar una lección *or* aprender algo
F **1** (attract) ‹*customers/crowd*› atraer*; **I was soon ~n into the argument** pronto me vi envuelto en la discusión; **may I ~ your attention to the fact that …** permítanme señalarles que …; **to ~ attention to oneself** llamar la atención; **to be ~n to/toward sb/sth** sentirse* atraído por/hacia algn/algo **2** (elicit) ‹*response*› obtener*; ‹*praise*› conseguir*; ‹*criticism/protest*› provocar*, suscitar; ‹*applause/laughter*› arrancar*; **to ~ tears/a smile from sb** hacer* llorar/hacer* sonreír a algn; **we finally drew the story out of him** finalmente logramos sonsacarle lo que había pasado; **I asked him about it, but he wouldn't be ~n** se lo pregunté, pero se negó a decir nada
G **1** (sketch) ‹*flower/picture*› dibujar; ‹*line*› trazar*; ‹*plan/guidelines*› trazar* **2** (describe) pintar; **a well-~n character** un personaje bien perfilado
H (BrE) (Games, Sport) empatar
I (Naut): **the ship ~s 25 feet of water** el barco tiene un calado de 25 pies
J (disembowel) ‹*fowl/criminal*› destripar
■ **draw** *vi*
A (move): **to ~ close to** *o* **near (to) sth/sb** acercarse* a algo/algn; **she drew close to him** se le acercó, se acercó a él; **to ~ to an end** *o* **a close** terminar, finalizar* (frml); **as the year ~s to an** *o* **its end** *o* **to a close** al finalizar *or* concluir el año; **the train drew out of/into the station** el tren salió de/entró en la estación; **to ~ ahead of sb/sth** adelantarse a algn/algo; **to ~ level with sb/sth** alcanzar* a algn/algo; **the visiting team drew level after 15 minutes** el equipo visitante empató en el minuto 15
B (Art) dibujar
C (BrE) (Games, Sport) empatar; (in chess game) hacer* tablas; **Arsenal drew with Spurs** Arsenal empató con Spurs; **they drew three all** empataron a tres, empataron tres a tres
D (take in air) ‹‹*chimney/cigar*›› tirar; **this pipe ~s well/badly** esta pipa tira bien/mal

Phrasal verbs
• **draw apart** [v + adv] alejarse, distanciarse
• **draw away** [v + adv] **1** (move off) **to ~ away**

FROM sth alejarse DE algo 2 (in competition, race) **to ~ away FROM sb** alejarse *or* distanciarse DE algn, dejar atrás a algn 3 (recoil) **to ~ away (FROM sb/sth)** apartarse (DE algn/algo)

- **draw back** [v + adv] 1 (retreat) retirarse 2 (from promise, undertaking) echarse atrás, volverse* atrás 3 (recoil) retroceder
- **draw down** [v + o + adv, v + adv + o] (lower) ‹*blind*› bajar; **his hat was ~n down over his ears** llevaba el sombrero calado hasta las orejas
- **draw in**

A [v + o + adv, v + adv + o] 1 (retract) ‹*claws*› esconder, retraer* 2 (attract) atraer* 3 (into quarrel, war) involucrar; (into conversation) darle* participación a

B [v + adv] 1 (arrive) «*train*» llegar* 2 «*days*» hacerse* más corto; **the days** *o* **nights are ~ing in** los días se están haciendo más cortos, está anocheciendo más temprano

- **draw off**

A [v + o + adv, v + adv + o] 1 (drain) ‹*beer/sap*› sacar*, extraer* (frml) 2 (withdraw) ‹*troops*› retirar 3 (divert) ‹*pursuit/pursuers*› confundir 4 (remove) ‹*glove/stocking*› quitarse

B [v + adv] (withdraw) «*troops*» retirarse

- **draw on**

A [v + o + adv, v + adv + o] ‹*glove/stocking*› ponerse*

B [v + prep + o] (make use of) ‹*resources/reserves*› recurrir a, hacer* uso de; **she drew on her own experiences** se inspiró en sus propias experiencias

C [v + adv] (approach, advance): **night is ~ing on** está anocheciendo; **time is ~ing on** el tiempo sigue su marcha

D [v + o + adv] (entice) «*curiosity/prospect*» acicatear, espolear

- **draw out**

A [v + adv] 1 (depart) «*train*» salir* 2 (become longer) hacerse* más largo; **the days are ~ing out** los días se están haciendo más largos, está anocheciendo más tarde

B [v + o + adv, v + adv + o] 1 (extend, prolong) alargar*, estirar 2 (extract, remove) ‹*tooth/thorn*› sacar*, extraer* (frml); ‹*wallet/handkerchief*› sacar*; ‹*information*› sacar*, sonsacar*; ‹*confession*› arrancar* 3 (withdraw) ‹*money*› sacar*

C [v + o + adv (+ prep + o)] (persuade to talk): **try to ~ him out on that point** trata de sacarle información sobre eso; **he's very shy: see if you can ~ him out a little** *o* **if you can ~ him out of himself** es muy tímido, a ver si logras que se muestre un poco más comunicativo

- **draw together**

A [v + o + adv, v + adv + o] reunir, juntar

B [v + adv] unirse, acercarse*

- **draw up**

A [v + adv] «*car*» detenerse*, parar

B [v + o + adv, v + adv + o] 1 (prepare, draft) ‹*contract/treaty*› redactar, preparar; ‹*list*› hacer* 2 (arrange in formation) ‹*troops/competitors*› alinear, formar; **several taxis were ~n up outside** había varios taxis estacionados afuera 3 (bring near) ‹*chair*› acercar*, arrimar

C [v + o + adv] (straighten oneself): **to ~ oneself up** erguirse*; **he drew himself up to his full height** se irguió cuan alto era

draw[2] *n*

A (raffle) sorteo *m*; **a prize ~** un sorteo de premios; **when will the ~ take place?** (BrE) ¿cuándo se efectuará el sorteo?

B (tie) (Games, Sport) empate *m*; **the game ended in a ~** (Sport) el partido acabó en empate; (in chess) la partida acabó en tablas

C (attraction) (colloq) gancho *m* (fam), atracción *f*

D (on cigarette, pipe) (AmE) chupada *f*, pitada *f* (AmL), calada *f* (Esp)

E (of handgun): **he had** *o* **was the fastest ~ in Texas** era el pistolero más rápido de Texas; **to beat sb to the ~** sacar* *or* desenfundar (la pistola) antes que algn; ***to be quick on the ~*** (with gun) ser* rápido en desenfundar; (with quip, retort) pescarlas* al vuelo (fam)

drawback /ˈdrɔːbæk/ *n* inconveniente *m*, desventaja *f*

drawbridge /ˈdrɔːbrɪdʒ/ *n* puente *m* levadizo

drawcord /ˈdrɔːkɔːrd || ˈdrɔːkɔːd/ *n* ▸**drawstring**

drawee /drɔːˈiː/ *n* librado, -da *m,f*, girado, -da *m,f*

drawer *n*

A /drɔːr || ˈdrɔː(r)/ (in furniture) cajón *m*, gaveta *f* (esp AmC, Méx); *see also* **top drawer**

B /ˈdrɔːər || ˈdrɔːə(r)/ (of check) librador, -dora *m,f*, girador, -dora *m,f*; Ⓢ **refer to drawer** devolver* al librador

C /ˈdrɔːər || ˈdrɔːə(r)/ (Art) dibujante *mf*

D **drawers** /drɔːrz || drɔːz/; *pl* (Clothing) calzones *mpl*

drawing /ˈdrɔːɪŋ/ *n* [c u] (technique, sketch) dibujo *m*; **pencil/ink ~** dibujo a lápiz/a tinta; **to do** *o* **make a ~ of sb/sth** hacer* un dibujo de algn/algo; (*before n*): **~ paper** papel *m* de dibujo; **~ pen** tiralíneas *m*

drawing board *n* tablero *m*, mesa *f* de dibujo; ***back to the ~ ~!*** ¡vuelta a empezar!

drawing office *n* (BrE) oficina *f* técnica

drawing pin *n* (BrE) ▸**thumbtack**

drawing room *n* sala *f*, salón *m*

drawl[1] /drɔːl/ *vi* hablar arrastrando las palabras

■ **drawl** *vt* decir* arrastrando las palabras

drawl[2] *n: acento caracterizado por la longitud de las vocales*; **a Southern ~** un acento sureño

drawn[1] /drɔːn/ *past p of* **draw**[1]

drawn[2] *adj*

A (haggard) ‹*features/face*› demacrado

B (Sport) ‹*game/match*› empatado

drawn butter *n* [u] (AmE) mantequilla *f* clarificada derretida

drawn-out /ˈdrɔːnaʊt/ *adj* larguísimo, interminable

drawstring /ˈdrɔːstrɪŋ/ *n* cordón *m* (*del que se tira para cerrar algo*); (*before n*) ‹*bag/waist*› fruncido con un cordón o una cinta

dray /dreɪ/ *n* carro *m* fuerte

dread[1] /dred/ *vt* tenerle* terror *or* pavor a; **I ~ going to the dentist** le tengo terror *or* pavor al dentista; **I ~ to think what might have happened** no quiero ni pensar en lo que podría haber pasado, me horroriza pensar en lo que podría haber pasado; **the ~ed moment finally came** finalmente llegó el tan temido momento

dread[2] *n* [u] terror *m*; **~ OF sth: I have a ~ of spiders** les tengo terror *or* horror a las arañas; **he was** *o* **stood in ~ of his father** su padre lo atemorizaba *or* aterraba, le tenía terror a su padre; **we lived in constant ~ of discovery/being deported** vivíamos temiendo constantemente que nos descubrieran/deportaran; **to be filled with ~** estar* aterrorizado; **my greatest ~ is dying of cancer** lo que más me aterra es morir de cáncer

dread[3] *adj* (liter) (*before n*) pavoroso, aterrador

dreadful /ˈdredfəl/ *adj* ‹*news/experience/weather*› espantoso, terrible, atroz; **stop that ~ racket!** ¡deja de hacer ese ruido tan espantoso!; **how ~ for you!** ¡qué horror! ¡pobrecito!; **I feel ~ about not having helped** me siento muy mal por no haber ayudado; **you look ~** tienes muy mala cara

dreadfully /ˈdredfəli/ *adv* ‹*upset/late*› terriblemente, enormemente; ‹*write/sing*› espantosamente (mal), fatal (Esp fam); **I'm ~ sorry** lo siento muchísimo *or* en el alma; **it hurts ~** duele muchísimo

dreadlocks /ˈdredlɑːks || ˈdredlɒks/ *pl n: rizos al estilo de los rastafaris*

dreadnought /ˈdrednɔːt/ *n* acorazado *m*

dream[1] /driːm/ *n*

A 1 (while sleeping) sueño *m*; **to have a ~ about sth/sb** soñar* con algo/algn; **a bad ~** una pesadilla; **sweet ~s!** ¡que duermas bien!, ¡que sueñes con los angelitos! (hum) 2 (daydream) sueño *m*, ensueño *m*; **she felt as if she were in a ~** le parecía estar soñando (despierta); **he goes around in a ~** vive en las nubes

B (fantasy, ideal, aspiration) sueño *m*; **her wildest ~s came true** hasta sus sueños más imposibles se hicieron realidad; **it was beyond my wildest ~s** ni en sueños lo hubiera imaginado; **the house of your ~s** la casa de sus sueños, su casa ideal; **a ~ come true** un sueño hecho realidad; **her fondest ~** el sueño de su vida, su mayor ilusión; **I had ~s of being famous** mi sueño (dorado) era hacerme famoso, soñaba con la fama *or* con hacerme famoso; **The American D~** el sueño americano; (*before n*): **~ world** (imaginary) mundo *m* imaginario; (ideal) mundo *m* ideal; **he lives in a ~ world** vive de ilusiones, vive en las nubes; **your ~ home** la casa de sus sueños, su casa ideal; **she's everyone's ~ girl** es el tipo de chica con la que sueña todo el mundo

C (sth wonderful) (colloq) sueño *m*; **the dress was an absolute ~** el vestido era un sueño, el vestido era de ensueño; **it cleans like a ~** limpia de maravilla; **he cooks like a ~** cocina de maravilla; **the whole thing went like a ~** todo salió a las mil maravillas

dream[2] (*past & past p* **dreamed** *or* BrE also **dreamt** /dremt/) *vi*

A 1 (in sleep) soñar*; **to ~ ABOUT** *o* **OF sth/sb** soñar* CON algo/algn 2 (daydream) soñar* (despierto), estar* en las nubes; **stop ~ing!** ¡baja de las nubes!

B 1 (imagine) **to ~ OF sth** soñar* CON algo; **I ~ed of going to live in the country** soñaba con irme a vivir al campo 2 (contemplate) **(not) to ~ OF sth/-ING: I wouldn't ~ of borrowing money** ni se me ocurriría pedir dinero prestado; **would you do that? — I wouldn't ~ of it!** ¿harías eso? — ¡ni pensarlo! ¡de ninguna manera! *or* ¡ni en sueños!

■ **dream** *vt*

A (in sleep) soñar*; **I ~ed (that) I was drowning** soñé que me ahogaba; **to ~ a dream** (liter) soñar*, tener* un sueño

B (imagine) (*usu neg*) imaginarse; **I never ~ed he'd be so rude** nunca (me) imaginé que iba a ser tan grosero; **she little ~ed that she would one day own that house** lo que menos se imaginaba era que aquella casa llegaría a ser suya

Phrasal verbs

- **dream away** [v + o + adv, v + adv + o] pasarse soñando; **he ~ed away the hours** se pasaba las horas soñando
- **dream up** [v + o + adv, v + adv + o] ‹*plan*› idear; **I don't know how he ~s up these notions** no sé de dónde saca *or* cómo se le ocurren esas cosas

dreamboat /ˈdriːmbəʊt/ *n* (colloq & dated) sueño *m*; (person) bombón *m* (fam & ant)

dreamer /ˈdriːmər || ˈdriːmə(r)/ *n* (daydreamer, idealist) soñador, -dora *m,f*; **come on, ~, hit the ball!** ¡anda, no te quedes ahí dormido y dale a la pelota!; **a band of ~s** (pej) unos ilusos

dreamily /ˈdriːməli || ˈdriːmili/ *adv* ‹*gaze*› con ojos soñadores; ‹*say*› en tono soñador

dreamland /ˈdriːmlænd/ *n* [u]

A (sleep) sueño *m*

B (ideal world) mundo *m* de ensueño, mundo *m* ideal

dreamless /ˈdriːmləs || ˈdriːmlɪs/ *adj* ‹*sleep*› tranquilo

dreamlike /ˈdriːmlaɪk/ *adj* de ensueño, irreal

dreamt /dremt/ (BrE) *past & past p of* **dream**[2]

dreamy /ˈdriːmi/ *adj* **-mier, -miest** 1 (abstracted) ‹*person*› soñador, fantasioso; ‹*gaze*› distraído 2 ‹*music*› etéreo, sutil 3 (wonderful) (colloq & dated) maravilloso

drear /drɪr || ˈdrɪə(r)/ *adj* (liter) ▸**dreary**

drearily /ˈdrɪrəli || ˈdrɪərili/ *adv* ‹*say*› sombríamente; ‹*dress*› sin gracia; **a ~ monotonous job** un trabajo de una monotonía deprimente

dreariness /ˈdrɪrinəs || ˈdrɪərinɪs/ *n* [u] 1 (of surroundings) lo lóbrego or deprimente; (of weather) lo gris *or* deprimente 2 (of routine) monotonía *f*

dreary /ˈdrɪri || ˈdrɪəri/ *adj* **-rier, -riest** 1 (bleak, gloomy) ‹*room/landscape*› deprimente, lóbrego, sombrío; ‹*weather*› gris, deprimente 2 (boring) ‹*work/routine*› monótono, aburrido, aburridor (AmL); **she's rather ~ company** no es muy entretenida

dredge[1] /dredʒ/ *vt*

A ‹*river/channel*› dragar*

B (Culin) 1 (cover completely) rebozar* 2 (cover top of) (BrE) espolvorear; **~ the cake with sugar** espolvorear el pastel con azúcar

■ **dredge** *vi* (in river, canal) dragar*

(Phrasal verb)

- **dredge up** [v + o + adv, v + adv + o] 1 (raise) ‹*mud/sand*› dragar* 2 (recall) ‹*story/scandal*› desenterrar*, sacar* a relucir

dredge² *n* 1 (net) red *f* de arrastre 2 ▸ **dredger A**

dredger /ˈdredʒər || ˈdredʒə(r)/ *n*
A 1 (machine) draga *f* 2 (vessel) dragador *m*, draga *f*
B (for sugar, flour) (BrE) espolvoreador *m*

dregs /dregz/ *pl n* (sediment) posos *mpl*, cunchos *mpl* (Col), conchos *mpl* (Chi); **there are only the ~ left** sólo quedan los restos; **he drained the bottle to the ~** apuró la botella; **the ~ of humanity/society** la escoria de la humanidad/sociedad

drench /drentʃ/ *vt* (*usu pass*) 1 (soak) empapar; **to get ~ed** empaparse; **I'm absolutely ~ed** estoy empapado, estoy calado hasta los huesos 2 (Culin) macerar

drenching¹ /ˈdrentʃɪŋ/ *n* (*no pl*): **to get a ~** empaparse

drenching² *adj* torrencial

Dresden /ˈdrezdən/ *n* Dresde (*m*); (*before n*): **~ china** porcelana *f* de Dresde

dress¹ /dres/ *n*
A [c] (for woman, girl) vestido *m*; (*before n*): **~ length** corte *m* de vestido
B [u] (clothing, style of dressing): **the local ~** el traje típico del lugar; **they arrived in formal ~** llegaron vestidos de etiqueta; **actors in period ~** actores con traje(s) de época; **they adopted Western ~** adoptaron el modo de vestir *or* la vestimenta occidental; **he took great care over his ~** se preocupaba mucho por su atuendo *or* su indumentaria; (*before n*): **~ code** código *m* de vestir; **she has good/no ~ sense** tiene buen gusto/mal gusto para vestirse

dress² *vt*
A 1 (put clothes on) vestir*; **to get ~ed** vestirse*; **I'm not ~ed** no estoy vestido; **she wasn't ~ed for the occasion** no estaba vestida de forma adecuada para la ocasión; **she was well/badly ~ed** iba bien/mal vestida; **a smartly ~ed woman** una mujer elegantemente vestida; **he was ~ed in white/rags/uniform** iba (vestido) de blanco/con harapos/de uniforme; **she was ~ed in a kimono** llevaba (puesto) un kimono 2 (provide clothes for) vestir*; **she's ~ed by Balmain** la viste Balmain
B (Culin) 1 (prepare) ‹*chicken/fish*› preparar; **~ed crab** cangrejo *m* preparado 2 (season) ‹*salad*› aliñar
C 1 (Med) ‹*wound*› vendar 2 ‹*skins*› adobar, curtir; ‹*stone*› labrar
D (Agr, Hort) ‹*field/topsoil*› abonar
E (decorate) ‹*Christmas tree*› adornar, decorar; ‹*shop window*› arreglar, decorar
F (Mil) ‹*company/troops*› alinear

■ **dress** *vi*
A 1 (put on, wear clothes) vestirse*; **he always ~es in black** siempre (se) viste de negro; **she ~es very well** (se) viste muy bien; **to ~ to the right/left** cargar* *or* (Méx) calzar* a la derecha/izquierda 2 (dress formally): **we don't ~ for dinner** no nos cambiamos para cenar
B (Mil) alinearse; **~ right!** ¡vista a la derecha!

(Phrasal verbs)

- **dress down**
A [v + o + adv] (reprimand) (colloq) regañar, echarle una regañina a (fam), retar (CS), darle* *or* pasarle un café a (RPl fam)
B [v + adv] vestirse* informalmente

- **dress up**
A [v + adv] 1 (dress smartly) ponerse* elegante; ***all ~ed up and no place*** *o* (BrE) ***nowhere to go*** compuesta y sin novio, vestida y alborotada (Méx) 2 (in fancy dress) disfrazarse*; **to ~ up AS sth** disfrazarse* DE algo; **I'm going to ~ up as a pirate** me voy a disfrazar de pirata
B [v + o + adv, v + adv + o] 1 (dress smartly) poner* elegante 2 (in fancy dress) disfrazar*; **to dress sb up AS sth** disfrazar* a algn DE algo 3 ‹*idea/plan*› disfrazar*; **criticism ~ed up as advice** críticas disfrazadas de consejos

dressage /drəˈsɑːʒ || ˈdresɑːʒ/ *n* [u]: *método de adiestramiento de caballos para que ejecuten ciertas maniobras*

dress circle *n* platea *f* alta, primer piso *m*

dress-conscious /ˈdresˌkɑːntʃəs || ˈdresˌkɒnʃəs/ *adj* preocupado por la ropa

dress designer *n* modisto, -ta *m,f*

dress-down /ˈdresˈdaʊn/ *n* ropa *f* informal; (*before n*) ‹*day*› de ropa informal

dresser /ˈdresər || ˈdresə(r)/ *n*
A 1 (person): **he's a sloppy/stylish ~** (se) viste con mucho descuido/estilo 2 (Theat) ayudante, -ta *m,f* de camerino
B 1 (in bedroom) (AmE) tocador *m* 2 (in kitchen) (BrE) aparador *m*

dressing /ˈdresɪŋ/ *n*
A [c] (Med) apósito *m*, gasa *f*; (bandage) vendaje *m*
B [u] (putting on clothes): **her arthritis made ~ difficult** le costaba vestirse a causa de la artritis
C [u c] (Culin) 1 (for salad) aliño *m*, aderezo *m* 2 (stuffing) (AmE) relleno *m*
D [u c] (Agr, Hort) abono *m*
E 1 [c] (Tex) apresto *m* 2 [u] (of leather) curtido *m*

dressing-down /ˌdresɪŋˈdaʊn/ *n* [u] (*no pl*) reprimenda *f*, rapapolvo *m* (Esp fam), reto *m* (CS fam)

dressing gown *n* (woman's) bata *f*, salto *m* de cama (CS); (man's) bata *f*, salto *m* de cama (CS), batín *m* (Esp); (of toweling) albornoz *m*, salida *f* de baño

dressing room *n* 1 (Theat) camerino *m* 2 (in house) vestidor *m*

dressing table *n* tocador *m*

dressmaker /ˈdresˌmeɪkər || ˈdresˌmeɪkə(r)/ *n* modista *mf*; (designer) modisto, -ta *m,f*

dressmaking /ˈdresˌmeɪkɪŋ/ *n* [u] costura *f*; (*before n*): **~ course** curso *m* de corte y confección

dress rehearsal *n* ensayo *m* general

dress shirt *n* camisa *f* de etiqueta

dress suit *n* traje *m* de etiqueta

dress uniform *n* [u c] uniforme *m* de gala

dressy /ˈdresi/ *adj* **-sier, -siest** ‹*clothes/garment*› de vestir, elegante; **she's a very ~ woman** le gusta ir muy arreglada

drew /druː/ *past of* **draw¹**

dribble¹ /ˈdrɪbəl/ *vi*
A (drool) babear; **he ~s** se le cae la baba, babea
B (Sport) driblar, driblear

■ **dribble** *vt*
A **to ~ saliva** babear; **she was dribbling milk** le chorreaba la leche por la boca; **~ melted chocolate over the cake** decorar el pastel con chorritos de chocolate fundido
B (Sport): **he ~d the ball past** *o* **around a defender** dribló *or* dribleó *or* regateó a un defensa

dribble² *n*
A 1 [u] (saliva) baba *f* 2 [c] (of running liquid) chorrito *m*, hilo *m*; **there's only a ~ left** queda sólo una gota *or* un poquito
B [u] (Sport) dribling *m*, regateo *m*

dribs and drabs /ˌdrɪbzənˈdræbz/ *pl n*: **in ~ ~ ~** poquito a poco

dried¹ /draɪd/ *past & past p of* **dry²**

dried² *adj* ‹*figs/peas/flowers*› seco; ‹*fish*› salado, seco; ‹*milk/eggs*› en polvo; **~ fruit(s)** fruta(s) *f(pl)* seca(s); **~ meat** cecina *f*, charqui *m* (CS)

dried-up /ˈdraɪdʌp/ *adj* ‹*river bed/park*› seco; ‹*face/body*› reseco

drier /ˈdraɪər || ˈdraɪə(r)/ *n* ▸ **dryer**

drift¹ /drɪft/ *vi*
A 1 (on water) *moverse empujado por la corriente*; **the boat ~ed off course** el barco se desvió de su rumbo; **the logs/boats ~ed down the river** los troncos/botes bajaban empujados por la corriente 2 (be adrift) «*boat/person*» ir* a la deriva 3 (in air) «*balloon/glider*» *moverse empujado por el viento*; **the clouds ~ed away** las nubes se fueron dispersando
B (proceed aimlessly): **he ~ed from job to job** iba sin rumbo de un trabajo a otro; **the firm is ~ing inexorably toward ruin** la compañía va camino de la ruina; **the strikers began ~ing back to work** los huelguistas empezaron a volver poco a poco al trabajo; **the crowd began to ~ away** la muchedumbre comenzó a dispersarse; **the conversation began to ~** la conversación empezó a irse por las ramas; **to ~ apart** «*couple/friends*» distanciarse; **I just ~ed into marriage** me dejé llevar por las circunstancias y terminé casándome
C (pile up) «*sand/snow*» amontonarse

■ **drift** *vt* ‹*snow/sand*› amontonar

(Phrasal verb)

- **drift off** [v + adv] quedarse dormido

drift² *n*
A [c] (of sand) montón *m*; (of snow) ventisquero *m*
B (meaning) (*no pl*) sentido *m*; **I didn't quite catch your ~** no entendí *or* capté muy bien lo que querías decir; **if you get my ~** tú ya me entiendes
C (movement): **the ~ toward war** la inexorable marcha hacia la guerra; **the ~ from the land** el éxodo rural; **the ~ of public opinion** el cambio en la opinión pública
D [u] 1 (Geol) terreno *m* de acarreo; *see also* **continental A** 2 (Ling) evolución *f*
E [u] (deviation) desviación *f*

drifter /ˈdrɪftər || ˈdrɪftə(r)/ *n*
A (person): **he's a ~** va dando tumbos por la vida, es un tiro al aire (CS fam)
B (boat) trainera *f*, (barco *m*) pesquero *m*

drift ice *n* [u] hielo *m* flotante

drift net *n* traína *f*, red *f* de fija *or* de posta

driftwood /ˈdrɪftwʊd/ *n* [u]: *madera, tablas etc que flotan en el mar a la deriva o que arrastra el mar hasta la playa*

drill¹ /drɪl/ *n*
A [c] 1 (tool) (*electric o power ~*) taladradora *f*, taladro *m*; (*hand ~*) taladro *m* (manual); (Dent) torno *m*, fresa *f* 2 (Eng, Min) perforadora *f*, barreno *m* 3 (drill head) broca *f*; (Dent) fresa *f*
B 1 [u] (Mil) instrucción *f*; **rifle ~** instrucción con fusil 2 [c] (Educ) ejercicio *m*; **spelling ~s** ejercicios de ortografía 3 [u c] (rehearsal): **fire ~** simulacro *m* de incendio 4 [u] (correct procedure) (BrE colloq): **what's the ~?** ¿qué se hace?; **I don't know the ~ for making a claim** no sé qué se hace *or* qué hay que hacer para presentar una reclamación
C [c] (Agr) 1 (furrow) hilera *f*, surco *m* 2 (machine) sembradora *f*
D [u] (Tex) dril *m*

drill² *vt*
A 1 ‹*hole*› hacer*, perforar 2 ‹*wood/metal*› taladrar, perforar, barrenar 3 (Dent) ‹*tooth*› trabajar *or* limpiar con la fresa
B 1 (Mil) ‹*soldiers*› instruir* 2 ‹*child/pupil*› **she ~ed them in the use of the passive voice** les hizo practicar la (voz) pasiva; **to ~ sth INTO sb** inculcarle* algo A algn; **it was ~ed into him that ...** le habían inculcado que ...

■ **drill** *vi*
A (Min) perforar, hacer* perforaciones; **to ~ for oil/water** perforar en busca de petróleo/agua
B (Mil) «*soldiers*» entrenarse

drill bit *n* broca *f*, barrena *f*, mecha *f* (Arg)

drilldown /ˈdrɪldaʊn/ *n* [u] (Comput) drilldown *m*, cambio *m* rápido

drilling platform /ˈdrɪlɪŋ/ *n* plataforma *f* de perforación

drilling rig *n* plataforma *f* de perforación

drily /ˈdraɪli/ *adv* secamente, con sequedad

drink¹ /drɪŋk/ *n*
A [u] 1 (any liquid) bebida *f*; **food and ~** comida y bebida 2 (alcohol) bebida *f*; **to drive sb/to take to ~** llevar a algn/darse* a la bebida; **it's enough to drive you to ~!** (hum) ¡te saca de quicio!; **to be the worse for ~** estar* bebido; (*before n*): **he has a ~ problem** (BrE) bebe demasiado
B [c] 1 (amount drunk, served, sold): **have a ~ of water/milk** bebe *or* (esp AmL) toma un poco de agua/leche; **I'm thirsty, may I have a ~?** tengo sed ¿me das algo de beber *or* (esp AmL) para tomar?; **would you like a hot ~?** ¿quieres beber *or* (esp AmL) tomar algo caliente?; Ⓢ **cold drinks** bebidas frescas; (*before n*): **~s dispenser** *o* **machine** expendedor *m* automático de bebidas, máquina *f* de bebidas 2 (alcoholic) copa *f*, trago *m* (fam); **to have a ~** tomar una copa; **the ~s are on me!** ¡yo invito!; **to go for a ~** salir* a tomar una copa, salir* a tomar algo; **we're invited for ~s** nos han invitado a

tomar algo *or* a tomar unas copas; (*before n*): **~s cabinet** mueble-bar *m*; **~s party** cóctel *m*
C (sea) (sl: used by pilots, seamen): **the ~** el agua, el *or* la mar

drink² (*past* **drank**; *past p* **drunk**) *vt* ‹*beverage/wine*› beber, tomar (esp AmL); **give me something to ~** dame algo de beber *or* (esp AmL) para tomar; **they drank the bar dry** se lo bebieron *or* (esp AmL) tomaron todo; **I'll ~ your good health** ¡a tu salud!; **to ~ a toast to sb** brindar por algn
■ *v refl*: **to ~ oneself stupid** ponerse* como una cuba; **he drank himself to death** lo mató la bebida
■ **drink** *vi*
A (swallow) beber, tomar (esp AmL); **to ~ from the bottle/out of a glass** beber de la botella/en un vaso
B **1** (consume alcohol) beber, tomar (AmL); **I don't ~** no bebo, no tomo (alcohol) (AmL); **don't ~ and drive** si tomas, no manejes (AmL), si bebes, no conduzcas (Esp); **~ing and driving** (BrE) ▸**drunk driving** **2** (toast) **to ~ TO sb** brindar POR algn; **let us ~ to our hostess** brindemos por nuestra anfitriona; **they drank to his health** brindaron por su salud, bebieron a su salud; **I'll ~ to that!** ¡brindo por que así sea!

Phrasal verbs

• **drink in** [v + o + adv, v + adv + o]: **plants ~ in water through their roots** las plantas absorben el agua a través de sus raíces; **she drank in every word he said** estaba pendiente de cada una de sus palabras; **we drank in the fresh air** respiramos el aire puro; **I drank in the beauty of the scenery** me empapé de la belleza del paisaje
• **drink up**
A [v + adv] bebérselo *or* (esp AmL) tomárselo todo, terminar su (*or* mi *etc*) copa (*or* leche *etc*)
B [v + o + adv, v + adv + o] beberse, tomarse (esp AmL)

drinkable /ˈdrɪŋkəbəl/ *adj* ‹*water*› potable; **a fairly ~ red** un tinto bastante aceptable; **this is not ~!** ¡esto no se puede beber!

drink-driver /ˈdrɪŋkˈdraɪvər || ˈdrɪŋk ˈdraɪvə(r)/ *n* (BrE) ▸**drunk driver**

drink-driving /ˌdrɪŋkˈdraɪvɪŋ/ *n* (BrE) ▸**drunk driving**

drinker /ˈdrɪŋkər || ˈdrɪŋkə(r)/ *n*: **he's a heavy ~** es un gran bebedor *or* un bebedor empedernido; **she's a moderate/a social/an occasional ~** bebe *or* (AmL tb) toma con moderación/sólo en compañía/de vez en cuando; **I'm a beer ~ myself** yo prefiero la cerveza

drinking /ˈdrɪŋkɪŋ/ *n* [u] **1** (of liquid): **her broken jaw made ~ difficult** le era muy difícil beber con la mandíbula rota; (*before n*): **~ trough** abrevadero *m* **2** (of alcohol): Ⓢ **no drinking allowed on these premises** se prohíbe el consumo de bebidas alcohólicas; **his ~ is causing concern** lo mucho que bebe está causando preocupación; **I've given up ~** he dejado la bebida; (*before n*): **~ bout** juerga *f*; **~ companion** compañero, -ra de borrachera; **I'm not a ~ man** no bebo *or* (AmL tb) no tomo mucho; **~ session** borrachera *f*

drinking chocolate *n* [u] chocolate *m* en polvo

drinking fountain *n* fuente *f* (*de agua potable*), bebedero *m* (CS, Méx)

drinking song *n* canción *f* de taberna

drinking-up time /ˌdrɪŋkɪŋˈʌp/ *n* [u] (in UK) tiempo *m* para acabar las bebidas (*antes de cerrar un pub*)

drinking water *n* [u] agua *f*‡ potable

drip¹ /drɪp/ **-pp-** *vi* **1** (fall in drops): **water was ~ping from the ceiling** el techo goteaba, caían gotas del techo; **blood was ~ping from his nose** le salía sangre de la nariz; **beads of sweat were ~ping from her brow** le caían gotas de sudor **2** (let drops fall) «*washing/hair*» chorrear, gotear; «*faucet/tap*» gotear; **hang it up and let it ~** cuélgalo y deja que (se) escurra; **I'm ~ping with sweat** estoy chorreando de sudor **3** (display lavishly) **to ~ WITH sth**: **to ~ with charm/venom** rezumar encanto/veneno; **to ~ with medals/diamonds** ir* cargado de medallas/brillantes
■ **drip** *vt*: **the wound was ~ping blood** salía sangre de la herida; **you're ~ping coffee down your shirt** te estás manchando la camisa de café, te estás chorreando la camisa con el café (AmL)

drip² *n*
A **1** (sound, flow of rainwater, tap) (*no pl*) goteo *m*; **the steady ~, ~ of the rain** el continuo gotear de la lluvia **2** [c] (drop of liquid) gota *f*; **place a tray under the roast to catch any ~s** ponga una bandeja debajo del asado para recoger el jugo/la grasa que pueda caer
B (Med) suero *m*, gota a gota *m*; **he's on a ~** le han puesto suero *or* el gota a gota
C (ineffectual person) (colloq) soso, -sa *m,f* (fam)

drip-dry¹ /ˈdrɪpdraɪ/ *adj* ‹*fabric/garment*› de lava y pon, de lavar y poner, lavilisto® (RPl); Ⓢ **drip-dry** no retorcer

drip-dry² *vi* **-dries, -drying, -dried**: **hang it out to ~** cuélguelo mojado y déjelo escurrir

drip-feed¹ /ˈdrɪpfiːd/ *n* (BrE) suero *m*, gota a gota *m* (Esp)

drip-feed² *vt* (*past & past p* **-fed**) alimentar por vía intravenosa *or* con suero

dripping¹ /ˈdrɪpɪŋ/ *n* [u] (BrE); *grasa de carne asada que se suele untar en el pan*

dripping² *adj* (colloq) empapado; (*as intensifier*): **to be ~ wet** estar* chorreando *or* empapado; **my hair's still ~ wet** todavía tengo el pelo chorreando *or* empapado

drippy /ˈdrɪpi/ *adj* **-pier, -piest** **1** (rainy) (AmE) lluvioso **2** (colloq) ‹*person*› soso (fam); ‹*story/novel*› sensiblero, sentimentaloide

drip tray *n* bandeja *f* para recoger el caldo

drive¹ /draɪv/ (*past* **drove**; *past p* **driven**) *vt*
A (Transp) **1** ‹*car/bus/train*› manejar *or* (Esp) conducir*; ‹*racing car/power boat*› pilotar, pilotear; **she ~s a Renault** tiene un Renault; **I ~ a taxi/truck** soy taxista/camionero **2** (convey in vehicle) llevar en coche; **she drove me home/into town** me llevó en coche a casa/al centro
B **1** (cause to move) (+ *adv compl*): **the wind drove the dust into our faces/the clouds away** el viento nos echó el polvo en la cara/se llevó *or* barrió las nubes; **I don't want to ~ you away, but I'm expecting visitors** no es que quiera echarte, pero estoy esperando visitas; **the Indians were ~n off their land** los indios fueron expulsados de sus tierras; **they drove the enemy back across the river** hicieron retroceder al enemigo al otro lado del río; **the smoke drove them out of the house** el humo los obligó a salir de la casa; **the ship was ~n off course** el barco perdió el rumbo; **the shortage is driving prices higher** la escasez está haciendo subir los precios **2** (Sport) ‹*ball*› mandar, lanzar* **3** (provide power for, operate) hacer* funcionar, mover*
C **1** (make penetrate) ‹*nail*› clavar; ‹*stake*› hincar*; **he drove the nail through the plank** atravesó la tabla con el clavo; **to ~ sth INTO sth** clavar/hincar* algo EN algo **2** (open up) ‹*tunnel/shaft*› perforar, abrir*; **the cavalry drove a passage through the enemy ranks** la caballería abrió una brecha entre las filas enemigas
D **1** (cause to become) volver*; **imprisonment drove him insane** la prisión lo volvió loco *or* lo llevó a la locura; **he ~s me crazy** *o* **mad with his incessant chatter** me saca de quicio con su constante cháchara; **this pain is driving me crazy** este dolor me está enloqueciendo; **those blue eyes of yours really ~ me wild!** (colloq) ¡esos ojazos azules me vuelven loco …! (fam); **his attitude drove her to despair** su actitud la desesperaba **2** (compel to act) **to ~ sb to + INF** llevar *or* empujar a algn A + INF; **we were ~n to it by fear** fue el miedo lo que nos llevó a hacerlo; **she is ~n by ambition** la impulsa *or* motiva la ambición **3** (overwork): **he drove them mercilessly** los hizo trabajar como esclavos; **they ought to work without being ~n** deberían trabajar sin que se les tuviera que estar encima; **she ~s herself far too hard** se exige demasiado a sí misma
■ **drive** *vi* **1** (in vehicle) manejar *or* (Esp) conducir*; **can you ~?** ¿sabes manejar *or* (Esp) conducir?; **to ~ on the right/left** manejar *or* (Esp) conducir* por la derecha/izquierda; **to ~ at 50 km/h** ir* a 50 km/h; **he was driving too fast** iba demasiado deprisa; **she ~s to work** va a trabajar en coche; **we drove 300 miles/all night** viajamos 300 millas/toda la noche; **did you walk here? — no, I drove** ¿viniste a pie? — no, en coche; **we'll ~ back/over tomorrow** volveremos/iremos mañana (en el coche); **they drove away in a cloud of dust** su coche se alejó en medio de una nube de polvo; **his new car ~s well** su nuevo coche es muy fácil de manejar *or* (Esp) conducir **2** (dash) «*rain/wind/dust*» azotar, barrer **3** (penetrate) «*point/tool*» penetrar; «*army*» penetrar, adentrarse

Phrasal verbs

• **drive at** [v + prep + o], (*only in -ing form*) querer* decir, insinuar*; **what are you driving at?** ¿qué quieres decir?, ¿qué (es lo que) estás insinuando?
• **drive home** [v + o + adv, v + adv + o] ‹*nail/bolt*› remachar; ‹*argument/lesson*› hacer* entender; **you must ~ it home to him that …** tienes que hacerle entender que …
• **drive off**
A [v + adv] **1** «*car/driver*» irse*, partir **2** (in golf) salir*
B [v + o + adv, v + adv + o] (repel) ‹*attackers/dogs*› ahuyentar
• **drive on**
A [v + o + adv] (incite) empujar; **ambition drove him on to ever greater efforts** la ambición lo empujaba *or* llevaba a esforzarse cada vez más
B [v + adv] seguir* (adelante); **~ on!** ¡siga (adelante)!
• **drive out** [v + o + adv, v + adv + o] ‹*invaders*› expulsar; **the smoke will ~ them out** el humo los va a hacer salir
• **drive up**
A [v + adv] «*vehicle/driver*» llegar*; **a car drove up outside the embassy** un coche llegó a *or* se detuvo frente a la embajada
B [v + o + adv, v + adv + o] (cause to rise) ‹*prices/demand*› hacer* subir

drive² *n*
A [c] (in vehicle): **to go for a ~** ir* a dar un paseo *or* una vuelta en coche; **his house is ten minutes' ~ away** su casa está a diez minutos en coche; **it's a three-hour/300-mile ~** es un viaje de tres horas/300 millas en coche; **it's a long ~ from here** está a muchas horas de coche de aquí; **the roads are good, so it's an easy ~** las carreteras son buenas así que se maneja *or* (Esp) se conduce sin problemas
B [c] **1** (leading to house) camino *m*, avenida *f* (*que lleva hasta una casa*) **2** (in front of house) entrada *f* (*para coches*) **3** (in street names) calle *f*
C [c] (stroke) (Sport) golpe *m* fuerte
D **1** [u] (energy) empuje *m*, dinamismo *m*; **she's totally lacking in ~** no es nada emprendedora, no tiene nada de empuje *or* dinamismo **2** [c] (compulsion) (Psych) impulso *m*, instinto *m*; **the sex ~** el apetito sexual
E [c] **1** (organized effort) campaña *f*; **a sales/export ~** una campaña de ventas/exportación; **a membership ~** una campaña para atraer socios **2** (attacking move) (Mil) ofensiva *f*, avanzada *f* **3** (in US football) ataque *m*
F (tournament) (BrE): **a bridge/whist ~** un torneo de bridge/whist
G **1** [u c] (propulsion system) transmisión *f*, propulsión *f*; **belt ~** transmisión *f* por correa **2** [u] (Auto): **front-wheel/rear-wheel ~** tracción *f* delantera/trasera; **four-wheel ~** tracción en las cuatro ruedas; **right-/left-hand ~** con el volante a la derecha/a la izquierda; (*before n*): **a four-wheel ~ vehicle** un vehículo con tracción en las cuatro ruedas **3** [u] (automatic gear position) marcha *f*, drive *m*; **to shift into ~** poner* el coche en marcha *or* drive

drive belt *n* correa *f* de transmisión

drive-by shooting /ˈdraɪvˈbaɪ/ *n* (AmE); *asesinato or disparos desde un vehículo en movimiento*

drive-in¹ /ˈdraɪvɪn/ *adj* (AmE): **~ bank** autobanco *m*

drive-in² *n* (AmE) (cinema) autocine *m*, autocinema *m* (Méx); (restaurant) drive in *m* (*restaurante que* *sirve a los clientes en el propio automóvil*)

drivel[1] /ˈdrɪvəl/ *n* [u] tontería *f*, estupidez *f*; **I've never heard such ~** nunca he oído tanta tontería *or* tantas tonterías

drivel[2] *vi* BrE **-ll-** decir* tonterías

driven /ˈdrɪvən/ *past p of* **drive**[1]

-driven /ˌdrɪvən/ *suff*: **steam ~** a *or* de vapor

driver /ˈdraɪvər || ˈdraɪvə(r)/ *n*
A (of car, truck, bus) conductor, -ra *m,f*, chofer *m or* (Esp) chófer *mf*; (of racing car) piloto *mf*; (of carriage) cochero *m*; (of cart) carretero *m*; (of train) (BrE) maquinista *mf*; **cab ~** taxista *mf*; **~s are asked to avoid this area** se ruega a los automovilistas que eviten circular por esta zona; **she's a good ~** maneja *or* (Esp) conduce bien
B (in golf club) madera *f* número 1
C (Comput) driver *m*
D (agent, cause) propulsor, -sora *m,f*; **the ~s of change** los propulsores de cambio

driver's license *n* (AmE) licencia *f or* (Esp) permiso *m* de conducción; (less formally) carné *m or* permiso *m* (de conducir) (Esp), carné *m* (Chi) *or* (Ur) libreta *f or* (AmC, Méx, Ven) licencia *f or* (Col) pase *m* (de manejar), registro *m* (Arg), brevete *m* (Per)

driver's seat *n* asiento *m* del conductor; ***to be in the ~ ~*** estar* al frente, llevar las riendas

driver's test *n* (AmE) examen *m* de conducir, examen *m* de manejar *or* de manejo (AmL)

driveshaft /ˈdraɪvʃæft || ˈdraɪvʃɑːft/ *n* árbol *m* de transmisión

drive-through /ˈdraɪvˌθruː/ *adj* (AmE): **~ restaurant** drive-through *m* (*restaurante donde se sirve al cliente en su coche*); **~ car wash** túnel *m* de lavado

drive-up window /ˈdraɪvˌʌp/ *n* (AmE); *ventanilla para hacer los pedidos en un* ►**drive-through**

driveway /ˈdraɪvweɪ/ *n* ►**drive**[2] **B2**

driving[1] /ˈdraɪvɪŋ/ *n* [u] (Auto) conducción *f* (frml); **I don't think much of his ~** no me gusta mucho como maneja *or* (Esp) conduce; **you must be tired after all that ~** debes estar cansada después de tanto manejar *or* (Esp) conducir; **I want someone to share the ~** quiero que alguien se turne conmigo para manejar *or* (Esp) conducir; **he was charged with reckless ~** fue acusado de conducir con imprudencia temeraria; (*before n*) ‹*gloves/shoes/lesson*› de manejar *or* (Esp) conducir; **~ instructor** instructor, -tora *m,f* de autoescuela

driving[2] *adj* **1** ‹*rain*› torrencial; ‹*wind*› azotador **2** (dynamic): **she's the ~ force behind the whole project** es el alma-máter *or* la impulsora del proyecto; **his ~ ambition was to get a seat on the board** lo que lo impulsaba era la ambición de llegar a formar parte de la directiva

driving examiner *n* examinador práctico, examinadora práctica *m,f* (*en el proceso de otorgación del carnet de conducir*)

driving licence *n* (BrE) ►**driver's license**

driving mirror *n* (BrE) (espejo *m*) retrovisor *m*

driving range *n*: *campo de golf diseñado para practicar tiros de salida*

driving school *n* autoescuela *f*, escuela *f* de conductores *or* de choferes (AmL), escuela *f* de manejo (Méx)

driving seat *n* ►**driver's seat**

driving test *n* examen *m* de conducir, examen *m* de manejar (AmL)

driving wheel *n* (Tech, Auto, Rail) rueda *f* motriz

drizzle[1] /ˈdrɪzəl/ ►ⓘ **p.1878** *n* llovizna *f*, garúa *f* (AmL)

drizzle[2] ►ⓘ **p.1878** *v impers* lloviznar, garuar* (AmL)

drizzly /ˈdrɪzli/ ►ⓘ **p.1878** *adj* ‹*weather/day*› de llovizna; ‹*rain*› menudo, fino; **it's been ~ since early this morning** ha estado lloviznando desde esta mañana temprano

droll /drəʊl/ *adj* **1** (comic) gracioso, con chispa; **oh yes, terribly ~** (iro) sí, muy chistoso *or* gracioso (iró) **2** (quaint, curious) curioso; **a ~ little fellow** un hombrecillo estrafalario

dromedary /ˈdrɑːməderi || ˈdrɒmədəri/ *n* (*pl* **-ries**) dromedario *m*

drone[1] /drəʊn/ *n*
A [c] **1** (bee) zángano *m* **2** (parasite) zángano *m* **3** (drudge) (AmE) esclavo, -va *m,f*
B [u] **1** (sound — of bees) zumbido *m*; (— of traffic, aircraft) zumbido *m*, ruido *m* **2** (monotonous speech, voice) cantinela *f* (fam), sonsonete *m*
C [c] **1** (note, chord) bordón *m* **2** (of bagpipe) roncón *m*, bordón *m*
D [c] (Aviat, Mil) avión *m* teledirigido

drone[2] *vi* **1** «*bee/engine/plane*» zumbar; **a small plane ~d past** una avioneta pasó zumbando **2** «*person*» hablar con monotonía; **she ~d (on) for hours about Latin verbs** siguió horas con la cantinela *or* la perorata de los verbos latinos (fam)

drongo /ˈdrɑːŋgəʊ || ˈdrɒŋgəʊ/ *n* (Austral, NZ) (colloq) tarado, -da *m,f* (fam)

drool[1] /druːl/ *vi* **1** «*dog/baby*» babear; **we ~ed at the sight of the cakes** se nos hizo agua la boca *or* (Esp) la boca agua al ver los pasteles; **saliva ~ed from its mouth** babeaba, se le caía la baba **2** (gloat) **to ~ OVER sth/sb**: **he ~s over you** se le cae la baba por ti (fam)

drool[2] *n* [u] (AmE) **1** (dribble) babas *fpl*, baba *f* **2** (drivel) (sl) bobadas *fpl* (fam), memeces *fpl* (Esp fam)

droop /druːp/ *vi* **1** (sag, hang down) «*flowers*» ponerse* mustio; **her head ~ed onto my shoulder** dejó caer su cabeza sobre mi hombro; **his shoulders ~ed** se encorvó; **her eyelids began to ~** se le empezaron a cerrar los ojos **2** (flag) «*spirits/courage*» flaquear, decaer*; «*person*» desfallecer*, decaer*; **I tend to ~ in the very hot weather** me pongo mustio cuando hace mucho calor **3** **drooping** *pres p* ‹*head*› gacho; ‹*breasts*› caído; ‹*flower*› mustio; **we sang songs to revive our ~ing spirits** cantamos para levantarnos el ánimo *or* la moral

■ **droop** *vt* ‹*head/wing*› dejar caer, bajar; **he ~ed his shoulders** se encorvó

droopy /ˈdruːpi/ *adj* **-pier, -piest** ‹*leaves/flowers*› mustio; ‹*mustache*› que cuelga, colgón (Esp)

drop[1] /drɑːp || drɒp/ *n*
A **1** (of liquid) gota *f*; **~ by ~** gota a gota; **down to the last ~** hasta la última gota; **we haven't had a ~ of rain for six weeks** no ha caído una gota de agua en seis semanas; **is it raining? — no, just a few ~s** ¿llueve? — no, sólo son cuatro gotas **2** (small amount) gota *f*; **he hasn't touched a ~ since the accident** no ha probado el alcohol desde que tuvo el accidente; **go on, have some — OK, just a ~** anda, bebe —bueno, una gotita; **I take a ~ now and then** tomo un traguito de vez en cuando; **she'd had a ~ too much** había bebido más de la cuenta; ***a ~ in the ocean*** *o* ***bucket*** un grano de arena en el desierto, una insignificancia **3** **drops** *pl* (Med) gotas *fpl*; **ear/nose ~s** gotas para los oídos/la nariz; **eye ~s** colirio *m* **4** (in chandelier) lágrima *f*, cairel *m* (RPl); **she wore a diamond ~ in each ear** llevaba unos pendientes de brillantes en forma de lágrima; **acid ~s** caramelos *mpl* ácidos; **chocolate ~s** pastillas *fpl* de chocolate
B **1** (fall) (*no pl*) (in temperature) descenso *m*; (in voltage) caída *f*, descenso *m*; (in prices) caída *f*, baja *f*; **she had to take a ~ in salary** tuvo que aceptar un sueldo más bajo; **a ~ of 30%** *o* **a 30% ~ in sales** un descenso del 30% en las ventas; ***at the ~ of a hat*** en cualquier momento; **he has to be ready to leave everything and go at the ~ of a hat** tiene que estar siempre listo para dejarlo todo y salir en cualquier momento *or* sin previo aviso; **she could cook a superb meal at the ~ of a hat** podía preparar una comida estupenda en un santiamén *or* en un abrir y cerrar de ojos **2** (difference in height) caída *f*; **a sudden ~** una caída abrupta; **a sheer ~ onto the rocks** una caída a plomo sobre las rocas **3** (trapdoor) escotillón *m*
C **1** (of supplies) (Aviat) lanzamiento *m*; **they were unable to make the ~** no pudieron llevar a cabo el lanzamiento, no pudieron lanzar los víveres (*desde el avión, helicóptero etc*) **2** (parachute jump) (BrE) lanzamiento *m*, salto *m*
D **1** (letter box) (AmE) buzón *m* **2** (collection point) (AmE) punto *m* de recogida **3** (used by spies) (sl) punto *m* de contacto
E (advantage): ***to get the ~ on sb*** (colloq) (with gun) sacar* (la pistola) antes que algn; **they had the ~ on us** estaban en una situación de ventaja con respecto a nosotros

drop[2] **-pp-** *vt*
A **1** (accidentally): **I/you/he ~ped the cup** se me/te/le cayó la taza; **don't ~ it!** ¡que no se te caiga!; **she stumbled and ~ped the tray** tropezó y se le cayó la bandeja; **he ~ped an easy catch** perdió una pelota fácil; **this is your big chance, so don't ~ the ball** (AmE) es tu gran oportunidad, así que no vayas a meter la pata (fam); **I've ~ped a stitch** se me ha escapado un punto **2** (deliberately) ‹*cup/vase*› dejar caer, tirar; ‹*bomb/supplies*› lanzar*; **to ~ sb by parachute** lanzar* a algn en paracaídas; **~ that gun!** ¡suelta ese revólver!; **to ~ anchor** echar anclas, anclar; ***to ~ a brick*** *o* (BrE) ***a clanger*** meter la pata (fam); ***to ~ sb/sth like a hot potato*** *o* ***brick*** no querer* saber nada más de algn/algo **3** (in tennis) ‹*ball*› colocar* **4** (give birth to) ‹*lamb/foal*› parir
B (lower) ‹*hem*› alargar*, bajar; ‹*eyes/voice*› bajar; ‹*prices*› bajar, reducir*
C **1** (set down) ‹*passenger/cargo*› dejar **2** (deliver) pasar a dejar; **I can ~ them there on my way home** puedo pasar por allí a dejarlos de camino a casa
D (send) (colloq) ‹*note/postcard*› mandar; **~ me a line** a ver si me mandas *or* me escribes unas líneas
E (utter) ‹*hint/remark*› soltar*, dejar caer; **he's always ~ping names** siempre está mencionando gente importante; **to let it ~ that ...** (inadvertently) dejar escapar que ...; (deliberately) dejar caer que ...
F (knock down) (colloq) derribar, tumbar (fam)
G **1** (omit) ‹*letter/syllable/word*› omitir; **she ~s her aitches** *o* **h's** se come las haches (fam), no aspira las haches; **this verb ~s the 'e' when inflected** este verbo pierde la 'e' al conjugarse; **to ~ sth (FROM sth)** ‹*chapter/scene/article*› suprimir algo (DE algo); **to ~ sb from a team** sacar* a algn de un equipo; **if they ~ Bob, they'll lose their best man** si se deshacen de Bob, van a perder a su mejor jugador **2** (give up, abandon) ‹*case*› abandonar; ‹*charges*› retirar; ‹*plan/idea*› abandonar, renunciar a; ‹*habit*› dejar; ‹*friend/associate*› dejar de ver a; **let's ~ the subject** cambiemos de tema; **~ it!** (colloq) ¡basta ya! (fam); **just ~ everything and come** déjalo todo y vente
H (lose) ‹*game/match*› perder*; **he ~ped $100 on the deal** (AmE) se le fueron *or* perdió 100 dólares en el asunto

■ **drop** *vi*
A **1** (fall) «*object*» caer(se)*; «*plane*» bajar, descender*; **the book/vase ~ped from her hand** el libro/jarrón se le cayó de la mano; **he ~ped to the ground** se tiró *or* echó al suelo; **he vaulted the wall and ~ped (down) lightly onto the grass** saltó el muro y se dejó caer suavemente sobre el césped; **to ~ out of sight** perderse* de vista, desaparecer* **2** (collapse) desplomarse; **I ~ped into an armchair feeling exhausted** me desplomé exhausto en un sillón; **he kept running till he ~ped** siguió corriendo hasta caer rendido; **to be ready to ~** estar* cayéndose; **I was ~ping on my feet** no me podía tener en pie; **to ~ (down) dead** caerse* muerto; **~ dead!** (colloq) ¡vete al demonio! (fam)
B **1** (decrease) «*wind*» amainar; «*temperature*» bajar, descender*; «*prices*» bajar, experimentar un descenso (frml); «*voice*» bajar **2** (in height) «*terrain*» caer*; «*hemline*» alargarse*
C (lapse): **he allowed the conversation to ~** dejó que decayese la conversación; **let the matter ~** déjalo ya, no insistas; **let it ~! I'm sick of hearing about it** ¡basta de una vez! ya estoy harta de oír hablar de eso

Phrasal verbs

- **drop away** [v + adv] **1** «*ground*» caer*; **the ground ~s away sharply** el terreno cae abruptamente 2 ‹‹*support/interest*›› disminuir*; ‹‹*supporters*›› desertar

- **drop back** [v + adv] rezagarse*, quedarse atrás; **she ~ped back to third place** se rezagó, quedando en el tercer puesto
- **drop behind** 1 [v + adv] rezagarse*, quedarse atrás 2 [v + prep + o] ‹*competitors/classmates*› quedar atrás *or* rezagarse* con respecto a
- **drop by** 1 [v + adv] (colloq) pasar; **why don't you ~ by for a cup of coffee some time?** ¿por qué no pasas un día a tomar un café? 2 [v + prep + o] pasar por; **I have to ~ by the office** tengo que pasar por la oficina
- **drop in** [v + adv] (colloq) pasar; **I'll ~ in sometime tomorrow** pasaré mañana en algún momento; **why don't we ~ in and see her?** ¿por qué no pasamos a verla?; **Mary had just ~ped in for coffee** acababa de llegar *or* (fam) caer Mary a tomar un café; **to ~ in ON sb** pasar a ver a algn, caerle* a algn (fam)
- **drop into** [v + prep + o] (colloq) pasar por
- **drop off**

A [v + adv] 1 (fall off) caerse* 2 (fall asleep): **to ~ off (to sleep)** dormirse*, quedarse dormido 3 (decrease) ‹‹*sales/numbers*›› disminuir*
B [v + o + adv] ‹*person/goods*› dejar; **the taxi will ~ you off at the corner** el taxi te dejará en la esquina

- **drop out** [v + adv] 1 (from school, college, course): **she ~ped out (of school)** abandonó los estudios; **he's ~ped out of the course** ha dejado de asistir al curso 2 (during competition, race) abandonar; (before event): **he ~ped out at the last moment** en el último momento decidió que no se presentaría (*or* no tomaría parte etc); **to ~ out of politics** abandonar *or* dejar la política 3 (from society) marginarse, convertirse* en un marginado
- **drop over** ▸ **drop round**
- **drop round** [v + adv] (BrE) (colloq) pasar; **I'll ~ round (to) her house** pasaré por su casa

dropcloth /'drɑːpklɔːθ || 'drɒpklɒθ/ *n* (AmE) cubierta *f* (*para proteger muebles y suelos mientras se pinta*)

drop curtain *n* telón *m*

drop-dead /'drɑːp'ded || 'drɒp'ded/ *adj* (colloq) ‹*beauty/elegance*› que es de morirse (fam), que te caes de espaldas (fam); **he's ~ gorgeous** es para morirse de guapo (fam), es que te caes de espaldas de guapo (fam), está como un tren (Esp fam)

drop-down /'drɑːp'daʊn || 'drɒp,daʊn/ *adj* (*before n*)
A (unfolding) ‹*bed/door*› abatible
B (on toolbar) ‹*menu*› desplegable

drop goal *n* drop *m*, patada *f* de bote-pronto (Esp)

drop hammer *n* martinete *m* (de forja), (martillo *m*) pilón *m*

drop handlebars *pl n* manubrio *m or* (Esp) manillar *m* de bicicleta de carreras

drop kick *n* (in rugby) botepronto *m*; (in wrestling) patada *f* voladora

drop-leaf table /'drɑːpliːf || 'drɒpliːf/ *n* mesa *f* de alas abatibles

droplet /'drɑːplət || 'drɒplɪt/ *n* gotita *f*

drop-off *n* /'drɑːpɔːf || 'drɒpɒf/
A (decrease) disminución *f*
B (AmE) (cliff) precipicio *m*

drop-off point *n* 1 (for people) lugar *m* donde puede apearse (*de autobús, coche etc*) 2 (for goods) lugar *m* donde se dejan las mercancías

dropout /'drɑːpaʊt || 'drɒpaʊt/ *n* 1 (from society, group) marginado, -da *m,f*; **they're all ~s from big business** es toda gente que ha abandonado el mundo de los negocios 2 (from education) *alumno que no completa los estudios*

dropper /'drɑːpər || 'drɒpə(r)/ *n* cuentagotas *m*, gotero *m*

droppings /'drɑːpɪŋz || 'drɒpɪŋz/ *pl n* (of bird, flies) excremento *m* (frml), cagadas *fpl* (fam); (of horse, cow) boñigas *fpl*, bosta *f*, caca *f* (fam); (of rabbit, sheep) cagarrutas *fpl*, caca *f* (fam)

drop scone *n* (BrE); *bollo hecho sobre una plancha caliente*

drop shot *n* dejada *f*; **to hit** *o* **make a ~ ~** hacer* una dejada

dropsy /'drɑːpsi || 'drɒpsi/ *n* [u] hidropesía *f*

drop zone *n* (esp AmE) zona *f* de lanzamiento

dross /drɑːs || drɒs/ *n* [u] 1 (waste) basura *f* 2 (Metall) escoria *f*

drought /draʊt/ *n* [c u] sequía *f*

drove[1] /drəʊv/ *past of* **drive**[1]

drove[2] *n* 1 (of animals) manada *f* 2 **droves** *pl* (of people) hordas *fpl*, manadas *fpl*; **they came in ~s** vino gente a montones (fam); **they stayed away in ~s** (hum) vinieron cuatro gatos (fam)

drover /'drəʊvər || 'drəʊvə(r)/ *n* arriero *m*

drown /draʊn/ *vt*
A 1 ‹*person/animal*› ahogar*; **to be ~ed** ahogarse*, morir* ahogado 2 (submerge) ‹*landscape/fields*› anegar*, cubrir*; ‹*drink*› (colloq) aguar*; ‹*food*› (colloq) ensopar (fam); **~ed valley** valle *m* sumergido
B ~ **(out)** (make inaudible) ‹*noise/cries/screams*› ahogar*; **I turned up the radio to ~ (out) the traffic** subí la radio para ahogar el ruido del tráfico
■ **drown** *vi* 1 ahogarse*, morir* ahogado 2 **drowning** *pres p* **he tried to save the ~ing man** trató de salvar al hombre que se estaba ahogando; **he's a ~ing man** es hombre muerto

drowning /'draʊnɪŋ/ *n* [c u]: **to save sb from ~** salvar a algn de morir ahogado; **there were several ~s off this beach last summer** hubo varios ahogados *or* se ahogaron varias personas en esta playa el verano pasado

drowse /draʊz/ *vi* dormitar; **she sat drowsing in a chair** estaba dormitando *or* adormilada en un sillón

drowsiness /'draʊzinəs || 'draʊzinɪs/ *n* [u] somnolencia *f*, sopor *m*, modorra *f*; **a feeling of ~ overcame him** lo invadió el sopor *or* la modorra

drowsy /'draʊzi/ *adj* **-sier, -siest** 1 (sleepy) ‹*person/look*› somnoliento, adormilado; **he was growing ~** se estaba amodorrando *or* adormilando, le estaba entrando sueño; **wine makes me ~** el vino me da sueño *or* me amodorra 2 (peaceful, inactive) ‹*atmosphere/afternoon*› somnoliento, perezoso

drub /drʌb/ *vt* **-bb-** aplastar, aniquilar

drubbing /'drʌbɪŋ/ *n*: **to give sb a ~** darle* una paliza a algn; **they got a ~ at the last election** les dieron una buena paliza en las últimas elecciones (fam), sufrieron una derrota aplastante en las últimas elecciones

drudge[1] /drʌdʒ/ *n* esclavo, -va *m,f*, bestia *f* de carga; **she felt she was a household ~** sentía que no era más que una sirvienta *or* una fregona

drudge[2] *vi* trabajar como un esclavo

drudgery /'drʌdʒəri/ *n* [u]: **this job is sheer ~** este trabajo es una pesadez; **machines that take the ~ out of housework** aparatos que aligeran la carga de las tareas domésticas

drug[1] /drʌg/ *n* 1 (narcotic) droga *f*, estupefaciente *m* (frml); **hard/soft ~s** drogas duras/blandas; **to be on ~s** drogarse*; **I don't do ~s** (sl) yo no me drogo; **success became a ~ with her** el éxito se convirtió en una droga para ella; ***a ~ on the market*** un artículo del cual el mercado ya está saturado; (*before n*): **~ dealer** traficante *mf* de drogas; **~ dependence** drogodependencia *f* (frml); **~ habit** drogadicción *f*; **~ pusher** *o* **peddler** (colloq) camello *mf* (arg), conecte *mf* (Méx arg), jíbaro *mf* (Col, Ven arg); **~ traffic** tráfico *m* de drogas, narcotráfico *m*; **~ trafficker** traficante *mf* de drogas; **~ trafficking** tráfico *m* de drogas; **~ user** consumidor, -dora *m,f* de drogas 2 (medication) medicamento *m*, medicina *f*, fármaco *m* (frml); **she is on** *o* **takes ~s for her heart** está tomando *or* toma medicamentos para el corazón; **they took him off that ~ and put him on another one** le dejaron de dar ese medicamento y le empezaron a dar otro

drug[2] *vt* **-gg-** 1 ‹*person/animal*› drogar* 2 **drugged** *past p* drogado; **she was kept ~ged to relieve the pain** la mantenían drogada para aliviarle el dolor; **a ~ged sleep** un sueño pesado 3 (add drugs to) ‹*food/wine*› adulterar con drogas

drug abuse *n* [u] consumo *m* de drogas *or* (frml) estupefacientes

drug abuser *n* toxicómano, -na *m,f*

drug addict *n* drogadicto, -ta *m,f*, toxicómano, -na *m,f* (frml)

drug addiction *n* [u] drogadicción *f*, drogodependencia *f*, toxicomanía *f* (frml)

drug baron *n* capo, -pa *mf* de la droga

drug bust *n* (colloq) redada *f* antidroga

drug culture *n* [u c] subcultura *f* de la droga

drug-free /'drʌg'friː/ *adj* ‹*zone/place*› libre de drogas, sin drogas; ‹*blood donor*› que no consume drogas

druggist /'drʌgɪst/ *n* (AmE) farmacéutico, -ca *m,f*

drug raid *n* redada *f* antidroga

drug rape *n* [u c] *violación en la que la víctima está bajo los efectos de alguna droga*

drug-related /'drʌgrɪ,leɪtəd || 'drʌgrɪ,leɪtɪd/ *adj* 1 (Med) ‹*side-effect/hazard*› del medicamento 2 ‹*offense/charge/crime*› relacionado con el tráfico de drogas

drug ring *n* (AmE) red *f* de narcotráfico

drug runner, drug smuggler *n* traficante *mf* de drogas

drug scene *n* mundo *m* de la droga

drugs charges *pl n* cargos *mpl* relacionados con las drogas

drugs offense, (BrE) **drugs offence** *n* delito *m* relacionado con las drogas

drug squad, (BrE) **drugs squad** *n* brigada *f* antidroga *or* de estupefacientes

drugstore /'drʌgstɔːr || 'drʌgstɔː(r)/ *n* (AmE); *establecimiento que vende medicamentos, cosméticos, periódicos y una gran variedad de artículos*

drugstore cowboy *n* (AmE colloq) cowboy *m* de tres al cuarto

drug-taker /'drʌg,teɪkər || 'drʌg,teɪkə(r)/ *n* consumidor, -dora *m,f* de drogas

drug-taking /'drʌg,teɪkɪŋ/ *n* [u] consumo *m* de drogas

drug test *n* control *m* antidóping

druid, Druid /'druːɪd/ *n* druida *m*

druidic /druː'ɪdɪk/ *adj* druida

drum[1] /drʌm/ *n*
A (Mus) 1 tambor *m*; ***to beat the ~ for sth*** anunciar *or* pregonar algo con bombos y platillos *or* (Esp) a bombo y platillo 2 **drums** *pl* (in band) batería *f*; **with Buddy Rich on ~s** con Buddy Rich en (la) batería
B 1 (container) bidón *m* 2 (machine part) tambor *m*; **a revolving ~** un tambor giratorio 3 (spool) tambor *m*
C (Auto) 1 (*brake ~*) tambor *m* (del freno) 2 (brake) (colloq) freno *m* de tambor
D (Archit) tambor *m*

drum[2] **-mm-** *vt* ‹*table/floor*› golpetear; **to ~ one's fingers** tamborilear con los dedos
■ **drum** *vi* 1 (Mus) tocar* el tambor 2 (vibrate) ‹‹*sound*›› resonar* 3 (beat, tap) ‹‹*person*›› dar* golpecitos, tamborilear; ‹‹*rain/hail/hooves*›› repiquetear

Phrasal verbs

- **drum into** [v + o + prep + o]: **to ~ sth into sb** *o* **sb's head** hacerle* aprender algo a algn a fuerza de repetírselo *or* (fam) de machacárselo; **she has had it ~med into her that she mustn't ...** le han hecho aprender a fuerza de repetírselo *or* (fam) de machacárselo que no debe ...
- **drum out of** [v + o + adv + prep + o] ‹*of army/school*› expulsar de
- **drum up** [v + adv + o] ‹*support*› conseguir*, obtener*; **she's trying to ~ up enthusiasm for the scheme** está tratando de despertar entusiasmo por el plan

drumbeat /'drʌmbiːt/ *n* son *m* del tambor

drum brake *n* freno *m* de tambor

drumhead /'drʌmhed/ *n* parche *m* (del tambor)

drumhead court-martial *n* consejo *m* de guerra (*celebrado en el campo de batalla*)

drumkit /'drʌmkɪt/ *n* batería *f*

d

d

drum major *n* 1 (AmE) (Mus) jefe *m* de la banda 2 (BrE) (Mil) tambor *m* mayor

drum majorette *n* bastonera *f*

drummer /ˈdrʌmər || ˈdrʌmə(r)/ *n* (pop, jazz) batería *mf*, baterista *mf* (AmL); (military) tambor *m*; ***to hear*** *o* ***move to*** *o* ***march to a different*** ~ (AmE) ir* contra la corriente

drumroll /ˈdrʌmrəʊl/ *n* redoble *m* de tambor

drumstick /ˈdrʌmstɪk/ *n*
A (Mus) palillo *m* (de tambor), baqueta *f*
B (Culin) muslo *m*, pata *f*

drunk¹ /drʌŋk/ *past p of* **drink²**

drunk² *adj* 1 (*pred*) (intoxicated) borracho; **to be** ~ estar* borracho; **to get** ~ **on beer/wine** emborracharse con cerveza/vino; **I feel like getting** ~ **tonight** esta noche quiero emborracharme; **we got him** ~ lo emborrachamos; ~ **and incapable** (Law) en estado de embriaguez e irresponsabilidad (frml); ~ **and disorderly** (Law) en estado de embriaguez y alterando el orden público (frml) 2 (elated) **to be** ~ **WITH sth** estar* ebrio *or* borracho DE algo; ~ **with success/power/happiness** ebrio *or* borracho de gloria/poder/alegría

drunk³ *n* 1 (drunken person) borracho, -cha *m,f* 2 (habitual drunkard) borracho, -cha *m,f*

drunkard /ˈdrʌŋkərd || ˈdrʌŋkəd/ *n* (frml & pej) borracho, -cha *m,f*, beodo, -da *m,f* (frml)

drunk driver /ˌdrʌŋkˈdraɪvər || ˌdrʌŋk ˈdraɪvə(r)/ *n* conductor bebido, conductora bebida *m,f*

drunk driving *n* (AmE) delito *m* de conducir *or* (AmL tb) manejar bajo la influencia del alcohol; (*before n*): **it was his second** ~ ~ **offense** era la segunda vez que lo detenían por conducir *or* (AmL tb) manejar borracho

drunken /ˈdrʌŋken/ *adj* (*before n*) ‹*person/mob*› borracho; ‹*orgy/brawl*› de borrachos; ~ **driver** (BrE) conductor, -tora *m,f* en estado de embriaguez (frml); **in a** ~ **stupor** en un sopor etílico (frml *o* hum)

drunkenly /ˈdrʌŋkənli/ *adv* ‹*walk*› tambaleándose; ‹*speak*› arrastrando las palabras; **the blow made him reel** ~ el golpe lo hizo tambalearse como un borracho

drunkenness /ˈdrʌŋkənnəs || ˈdrʌŋkənnɪs/ *n* [u] 1 (state) borrachera *f*, embriaguez *f* (frml) 2 (alcoholism) alcoholismo *m*

dry¹ /draɪ/ *adj* **drier, driest**
A 1 (not wet) ‹*ground/wood/washing*› seco; **she rubbed her hair** ~ **with a towel** se secó el pelo con una toalla; **to wipe sth** ~ secar* algo (*con un paño*); ❸ **store in a cool, dry place** guardar en lugar fresco y seco 2 (lacking natural moisture) ‹*leaves/skin/hair/mouth*› seco; ‹*sobs*› sin lágrimas; ‹*cough*› seco; **my mouth was** ~ **with fear** tenía la boca seca de miedo; **I feel** ~ **after all that talking** tengo la garganta seca de tanto hablar; **a crust of** ~ **bread** una corteza de pan duro; **there wasn't a** ~ **eye in the house** (set phrase) no hubo quien no llorara 3 (dried-up) ‹*well/river*› seco; **the cow has gone** ~ la vaca no da más leche; **his inspiration had run** ~ se había secado la fuente de su inspiración, se había agotado su inspiración 4 ▸❶ **p.1878** (not rainy, not humid) ‹*climate/weather/heat*› seco; **tomorrow will be** ~ mañana no lloverá, mañana hará tiempo seco 5 (using no fluid) ‹*cell*› seco; **he had a** ~ **shave** se afeitó en seco; **a piece of** ~ **bread** una rebanada de pan sin mantequilla
B (prohibiting sale of alcohol) ‹*state/county*› seco, *donde está prohibida la venta de bebidas alcohólicas*
C (not sweet) ‹*wine/sherry*› seco; ‹*champagne*› brut, seco
D 1 (ironic) ‹*humor/wit/remark*› mordaz, cáustico 2 (lacking warmth) ‹*greeting/laugh/style*› seco
E (dull, boring) ‹*lecture/book*› árido; **just the** ~ **facts, with no embellishment** la verdad a secas, sin adornos

dry² *vt* **dries, drying, dried** 1 (with cloth, heat) ‹*clothes/crockery*› secar*; **to** ~ **oneself** secarse*; **to** ~ **one's eyes/tears** secarse* *or* (liter) enjugarse* las lágrimas; ❸ **dry on a flat surface** no colgar, secar extendido sobre una superficie 2 (preserve) ‹*fish/fruit/meat*› secar*

■ **dry** *vi*
A (become dry) ‹‹*washing/dishes/paint/concrete*›› secarse*; **you wash and I'll** ~ tú lavas y yo seco; **I hung it out to** ~ lo tendí para que se secara; (BrE): ***to hang sb out to*** ~ abandonar a algn a su suerte
B ▸**dry up A3**

Phrasal verbs

- **dry off** [v + adv] secarse*
- **dry out**
A [v + adv] 1 ‹‹*soil/clothes*›› secarse* 2 (colloq) ‹‹*alcoholic*›› curarse (*de alcoholismo*), hacerse* una cura de desintoxicación
B [v + o + adv, v + adv + o] ‹*soil/clothes*› secar*
- **dry up**
A [v + adv] 1 ‹‹*stream/puddle/pond*›› secarse* (*completamente*) 2 ‹‹*funds/resources/inspiration*›› agotarse 3 (colloq) ‹‹*actor*›› quedarse en blanco 4 (shut up) (sl): ~ **up!** ¡cierra el pico! (fam), ¡cállate la boca! (fam) 5 (dry dishes) (BrE) secar* los platos
B [v + o + adv, v + adv + o] 1 ‹*well/stream*› secar* (*completamente*) 2 ‹*dishes*› (BrE) secar*

dry³ *n*: **come into the** ~ ven a cubierto, entra

dryad /ˈdraɪəd, -æd || ˈdraɪæd/ *n* dríada *f*, dríade *f*

dry clean /ˈdraɪkliːn || ˌdraɪˈkliːn/ *vt* ‹*clothes/curtains*› limpiar en seco; **I had my coat** ~ **~ed** mandé el abrigo a la tintorería *or* (Esp tb) al tinte; ❸ **dry clean only** limpiar en seco

dry cleaner('s) *n* tintorería *f*, tinte *m* (Esp); **my coat is at the** ~ **~'s** tengo el abrigo en la tintorería *or* (Esp tb) en el tinte

dry cleaning *n* [u] 1 (action) limpieza *f* en seco; ❸ **dry cleaning recommended** se recomienda la limpieza en seco 2 (clothes): **I collected my** ~ ~ recogí mi ropa de la tintorería *or* (Esp tb) del tinte

dry-dock /ˈdraɪdɑːk || ˌdraɪˈdɒk/ *vi* entrar en dique seco

dry dock *n* dique *m* seco; **to be in** ~ ~ estar* en dique seco

dryer /ˈdraɪər || ˈdraɪə(r)/ *n* 1 (for clothes — machine) secadora *f*; (— rack) tendedor *m*, tendedero *m*; (*spin* ~) secadora *f* (centrífuga); (*tumble* ~) secadora *f* (de aire caliente) 2 ▸**hairdrier**

dry-eyed /ˈdraɪaɪd/ *adv* sereno, sin una lágrima

dry fly *n* (*pl* ~ **flies**) mosca *f* seca

dry-fly fishing /ˈdraɪˈflaɪ/ *n* pesca *f* con mosca artificial

dry goods *pl n* 1 (clothing) (AmE) artículos *mpl or* prendas *fpl* de confección; (*before n*): ~ ~ **store** tienda *f* de confecciones 2 (groceries) (BrE) comestibles *mpl* no perecederos

dry ice *n* [u] hielo *m* seco

drying-up /ˌdraɪɪŋˈʌp/ *n* (BrE): **to do the** ~ secar* los platos

dryly *adv* ▸**drily**

dry measure *n* [u c] medida *f* (de capacidad) para áridos

dryness /ˈdraɪnəs || ˈdraɪnɪs/ *n* [u]
A (of ground, hair, skin, climate) sequedad *f*
B (of wine, sherry) lo seco
C (of manner) sequedad *f*; (of humor, wit) lo mordaz *or* cáustico
D (of subject, lecture) aridez *f*

dry rot *n* [u]: *putrefacción de la madera producida por un hongo*

dry run *n* simulacro *m*

dry season *n*: **the** ~ ~ la estación seca

dry shampoo *n* [u c] champú *m* seco

dry-shave /ˈdraɪˈʃeɪv/ *vi* afeitarse en seco

dry shave *n* afeitado *or* (esp Méx) rasurado en seco

dry shaver *n* afeitadora *f* (eléctrica) en seco

dry-ski slope /ˈdraɪˈskiː/ *n* pista *f* de esquí artificial

dry-stone wall /ˈdraɪstəʊn/ *n* (BrE) ▸**dry wall**

dry wall *n* muro *m* de mampostería sin mortero

DSC *n* (in UK) (Mil) = **Distinguished Service Cross**

DSM *n* (in UK) (Mil) = **Distinguished Service Medal**

DSO *n* (in UK) (Mil) = **Distinguished Service Order**

DT /ˌdiːˈtiː/ *n* [u] = **data transmission**

DTI *n* (in UK) = **Department of Trade and Industry**

DTs *pl n* (colloq) = **delirium tremens**

DTV *n* (TV) (= **digital television**) TVD *f*

DU *n* (= **depleted uranium**) UE *m*

dual /ˈduːəl || ˈdjuːəl/ *adj* (*before n*) 1 (double) ‹*role/function/purpose*› doble; ‹*citizenship/nationality*› doble; ~ **personality** doble personalidad *f* 2 (joint) ‹*ownership/interest*› compartido 3 (Ling) ‹*number/form*› dual

dual carriageway *n* (BrE) autovía *f*, carretera *f* de doble calzada *or* carril

dual-control /ˌduːəlkənˈtrəʊl || ˌdjuːəlkən ˈtrəʊl/ *adj* de doble mando *or* control; ~ **car/brakes** coche *m* /frenos *mpl* de doble mando *or* control; ~ **steering** doble dirección *f*

dual highway *n* (AmE) autovía *f*, carretera *f* de doble calzada *or* carril

duality /duːˈæləti || djuːˈæləti/ *n* [u c] (*pl* **-ties**) dualidad *f*

dual-purpose /ˌduːəlˈpɜːrpəs || ˌdjuːəlˈpɜːpəs/ *adj* ‹*utensil*› de doble uso; ‹*cleaner*› de doble acción; ‹*furniture*› de doble función *or* uso; ‹*strategy*› de doble fin

dual-use /ˌduːəlˈjuːs || ˌdjuːəlˈjuːs/ *adj* (AmE) de doble utilidad

dub /dʌb/ *vt* **-bb-**
A 1 (nickname) apodar 2 **to** ~ **sb (a) knight** armar a algn caballero
B 1 (Cin) ‹*film*› doblar; **the movie was** ~**bed into French** la película estaba doblada al francés 2 (Audio) mezclar

dubbin /ˈdʌbɪn/ *n* [u] grasa *f* para el cuero

dubbing /ˈdʌbɪŋ/ *n* [u] 1 (Cin) doblaje *m* 2 (Audio) mezcla *f*

dubious /ˈduːbiəs || ˈdjuːbiəs/ *adj* 1 (questionable) ‹*honor/achievement*› dudoso, discutible; ‹*past*› turbio; ‹*motives/person*› sospechoso; **I think that's a** ~ **compliment** no sé si eso se puede interpretar como un cumplido; **he seems a rather** ~ **character to me** no me parece una persona de fiar; **a joke in** ~ **taste** una broma de dudoso gusto 2 (doubtful) **to be** ~ (**ABOUT sth/sb**) tener* reservas *or* dudas (SOBRE *or* ACERCA DE algo/algn); **I'm very/a little** ~ **about the whole idea** tengo grandes/algunas reservas sobre el asunto

dubiously /ˈduːbiəsli || ˈdjuːbiəsli/ *adv* 1 (doubtfully) ‹*look/say*› con recelo *or* desconfianza 2 (suspiciously) ‹*behave*› sospechosamente

ducal /ˈduːkəl || ˈdjuːkəl/ *adj* (frml) ‹*palace*› ducal; ‹*rank*› de duque

duchess /ˈdʌtʃəs || ˈdʌtʃɪs/ ▸❶ **p.1213** *n* duquesa *f*; **the D**~ **of Argyll** la Duquesa de Argyll

duchy /ˈdʌtʃi/ *n* (*pl* **duchies**) ducado *m*; **the D**~ **of Cornwall** el Ducado de Cornualles

duck¹ /dʌk/ *n*
A 1 [c] pato *m*; (female) pata *f*; ***a dead*** ~ un asunto acabado; ***to play*** **~*s and drakes*** hacer* cabrillas *or* (CS, Méx) patitos *or* (Col) pan y quesito (en el agua); ***to play*** **~*s and drakes with sth*** tirar algo por la ventana; ***to take to sth like a*** ~ ***to water***: **he took to skiing like a** ~ **to water** empezó a esquiar como si lo hubiera hecho toda la vida; ▸**water¹ A** 2 [u] (Culin) pato *m*
B 1 [c] (fellow) (AmE colloq) tipo *m* (fam), tío *m* (Esp fam) 2 (as term of address) (BrE colloq) tesoro (fam), majo, -ja (Esp fam)
C 1 [u] (fabric) lona *f* 2 **ducks** *pl* (Clothing) pantalones *mpl* de dril *or* lona
D [c] (in cricket) cero *m*; **to be out for a** ~ ser* eliminado sin marcar ningún tanto

duck² *vi* (bow down) agacharse; (hide) esconderse; **I** ~**ed behind a pillar** me escondí rápidamente detrás de una columna

■ **duck** *vt*
A (lower) ‹*head*› agachar, bajar
B (submerge) hundir
C (dodge) ‹*question*› eludir, esquivar; ‹*responsibility*› evadir, eludir
(Phrasal verb)
• **duck out** [v + adv] escabullirse*; **to ~ out OF sth** escabullirse* DE algo, eludir algo

duck-billed platypus /'dʌkbɪld/ *n* ornitorrinco *m*

duckboard /'dʌkbɔ:rd || 'dʌkbɔ:d/ *n* paso *m* de tablones, rejilla *f* de listones

duckie /'dʌki/ *n* (BrE colloq) (*as term of address*) tesorito (fam)

ducking /'dʌkɪŋ/ *n* chapuzón *m*; **to give sb a ~** darle* un chapuzón a algn

duckling /'dʌklɪŋ/ *n* **1** [c] (Zool) patito *m*, anadón *m* **2** [u] (Culin) pato *m* (*joven*)

duckpond /'dʌkpɑ:nd || 'dʌkpɒnd/ *n* estanque *m* de patos

ducks /dʌks/ *n* (BrE colloq) ▸**duck¹ B2**

duck soup *n*: *to be ~ ~* (AmE sl) ser* pan comido (fam), ser* un bollo (RPl fam)

duckweed /'dʌkwi:d/ *n* [u] lenteja *f* de agua

duct /dʌkt/ *n*
A (for ventilation, wiring, liquid, gas) conducto *m*
B (Anat) conducto *m*
C (Bot) tubo *m*

ductile /'dʌktl || 'dʌktaɪl/ *adj* **1** (Metall) dúctil **2** (easily influenced) (frml) dúctil (frml), dócil

duct tape *n* [u] (AmE) cinta *f* adhesiva plateada (de sellado)

dud¹ /dʌd/ *n* (colloq)
A **1** (useless thing) birria *f* (fam), porquería *f* (fam) **2** (useless person) calamidad *f*, inútil *mf*
B (shell, bomb) *bomba o granada que no estalla*
C **duds** *pl* (clothes) (sl) trapos *mpl* (fam), pilchas *fpl* (CS arg)

dud² *adj* (colloq) **1** (useless, valueless) ‹*note/coin*› falso; ‹*check*› sin fondos; ‹*watch/radio*› malo, de porquería (Col, CS fam), chafa (Méx fam), berreta (RPl fam); **a ~ battery** una pila gastada *or* que no funciona **2** (Mil) ‹*shell/bomb*› que no estalla

dude /du:d || dju:d/ *n* (AmE) **1** (dandy) (colloq & dated) petimetre *m* (ant) **2** (any male) (sl) tipo *m* (fam), tío *m* (Esp fam)

dude ranch *n* (in US) *rancho de vacaciones*

dudgeon /'dʌdʒən/ *n*: **in high ~** indignadísimo, lleno de indignación

due¹ /du: || dju:/ *adj*
A (*pred*) **1** (payable): **the rent is now ~** hay que pagar el alquiler; **the payment becomes** *o* **falls ~ on the 5th** hay que hacer efectivo el pago el día 5 **2** (owed): **he is ~ a pay increase** le corresponde un aumento de sueldo; **~ TO sb/sth: the respect ~ to one's elders** el respeto que se les debe a los mayores; **the money ~ to them** el dinero que se les debe *or* (frml) se les adeuda; **it's all ~ to you** todo gracias a ti, te lo debemos todo a ti; **it was ~ to a technical problem** se debió a un problema técnico **3** **due to** (*as prep*) (crit) debido a; **all flights were canceled ~ to bad weather** se cancelaron todos los vuelos debido al mal tiempo; **she was absent ~ to illness** faltó por enfermedad **4** (scheduled): **when is the next train/flight ~?** ¿cuándo llega el próximo tren/vuelo?; **the plane/train is ~ (in) at any moment** el avión/tren ya está por llegar; **when is the baby ~?** ¿para cuándo espera *or* tiene fecha?, ¿cuándo sale de cuentas? (Esp); **the movie/book is ~ out in August** la película/el libro saldrá en agosto; **she's ~ back tomorrow** vuelve mañana, su regreso está previsto para mañana; **she is ~ for promotion** le corresponde un ascenso; **the meeting is ~ to take place at four** la reunión está prevista para las cuatro
B (*before n*) **1** (proper) ‹*consideration/regard*› debido; **without ~ cause** sin causa justificada; **according to ~ process of law** en conformidad con el debido proceso; **with all ~ respect** con el debido respeto, con todo el respeto que se merece; **in ~ course** en su debido momento, a su debido tiempo **2** (deserved) ‹*reward*› merecido; **all ~ credit to her** hay que reconocer su mérito

due² *adv*: **the fort is ~ west of the town** el fuerte está justo *or* exactamente al oeste del pueblo; **we headed ~ north** nos dirigimos derecho hacia el norte

due³ *n*
A **give him his ~: he is efficient** tienes que reconocer que es eficiente
B **dues** *pl* **1** (subscription) cuota *f*; **I've paid my ~s to the company** yo a la compañía no le debo nada **2** (Naut): **port/anchorage ~s** derechos *mpl* de puerto

due date *n* **1** (Fin) fecha *f* de vencimiento **2** (of birth): **when's your ~ ~?** ¿para cuándo esperas *or* tienes fecha?, ¿cuándo sales de cuentas? (Esp)

duel¹ /'du:əl || 'dju:əl/ *n* **1** (with pistols, swords) duelo *m*; **to fight a ~** batirse en *or* a duelo; **to challenge sb to a ~** retar a algn a duelo **2** (contest) duelo *m*, contienda *f*

duel² *vi* BrE **-ll- to ~ (WITH sb)** batirse en *or* (AmL tb) a duelo (CON algn)

duelist, (BrE) **duellist** /'du:ələst || 'dju:əlɪst/ *n* duelista *mf*

duet /du:'et || dju:'et/ *n* dúo *m*; **to sing/play a ~** cantar/tocar* un dúo; **a violin ~** un dúo de violín; **a piano ~** una pieza para piano a cuatro manos

duff¹ /dʌf/ *adj* (BrE colloq) malo, chafa (Méx fam)
(Phrasal verb)
• **duff up** [v + o + adv, v + adv + o] (BrE) (colloq) darle* una paliza a

duff² *n* (AmE sl) trasero *m* (fam), culo *m* (fam: en algunas regiones vulg); **get off your ~ and do some work** vamos, muévete y trabaja un poco

duffel /'dʌfəl/ *n* [u]: *tela gruesa de lana*

duffel bag *n* talego *m*, tula *f* (Col), bolso *m* marinero (RPl)

duffer /'dʌfər || 'dʌfə(r)/ *n* (colloq) inútil *mf*, zoquete *mf* (fam), chambón, -bona *m,f* (AmL fam)

duffle /'dʌfəl/ *n* **1** [u] (Tex) ▸**duffel** **2** [c] **~ (coat)** trenca *f*, montgomery *m* (CS)

dufus /'du:fəs/ *n* ▸**doofus**

dug¹ /dʌg/ *past & past p of* **dig¹**

dug² *n* (udder) ubre *f*; (teat) mama *f*

dugout /'dʌgaʊt/ *n*
A (Mil) refugio *m* subterráneo
B **~ (canoe)** piragua *f*
C (in baseball) dogaut *m*, caseta *f*

duke /du:k || dju:k/ *n*
A ▸ⓘ **p.1213** (title) duque *m*; **the D~ of Argyll** el duque de Argyll
B **dukes** *pl* (fists) (sl & dated) puños *mpl*

dukedom /'du:kdəm || 'dju:kdəm/ *n* ducado *m*

dulcet /'dʌlsət || 'dʌlsɪt/ *adj* (liter *or* iro) dulce; **I could hear her ~ tones** (iro) oía su dulce voz (iró)

dulcimer /'dʌlsəmər || 'dʌlsɪmə(r)/ *n* dulcémele *m*

dull¹ /dʌl/ *adj*
A **1** (not bright) ‹*color*› apagado; ‹*light/glow*› pálido; ‹*eyes/complexion*› sin brillo **2** (not shiny) ‹*finish*› mate; ‹*hair*› sin brillo **3** ▸ⓘ **p.1878** (overcast) ‹*day/morning*› gris, feo; **it's rather ~ out today** hoy está bastante nublado
B (boring) ‹*speech*› aburrido; ‹*person*› aburrido, soso (fam); **a deadly ~ evening** una noche terriblemente aburrida
C **1** (of faculties) torpe, lerdo **2** (listless) desanimado **3** (Fin) flojo **4** (not acute) ‹*pain/ache*› sordo **5** (muffled) ‹*sound*› sordo, amortiguado **6** (blunt) ‹*edge/blade*› romo, embotado

dull² *vt* **1** (make less bright) ‹*color/metal/surface*› quitar el brillo a, opacar* **2** (make less sharp) ‹*pain*› aliviar, calmar; ‹*senses*› entorpecer*, embotar; ‹*edge/blade*› embotar; **he drank to ~ his grief** bebía para ahogar las penas
■ **dull** *vi* **1** «*surface/metal*» perder* brillo **2** «*memory/senses*» embotarse, entorpecerse*

dullard /'dʌlərd || 'dʌləd/ *n* (arch *or* liter) zopenco, -ca *m,f* (fam)

dullness /'dʌlnəs || 'dʌlnɪs/ *n*
A **1** (of metal, color, hair, complexion) falta *f* de brillo, lo opaco **2** (of senses, memory) embotamiento *m* **3** (of weather) lo gris **4** (of pain) lo sordo
B **1** (tedium) lo aburrido; **an evening of unrelieved ~** una tarde de total aburrimiento **2** (stupidity) estupidez *f*

dullsville¹ /'dʌlzvɪl/ *adj* (AmE colloq) aburrido

dullsville² *n* (AmE colloq): **this is ~!** (place) ¡qué lugar más muerto!, ¡vaya muermo de sitio! (Esp fam); (condition) ¡qué aburrimiento!, ¡qué aburrición! (Col, Méx), ¡esto es un opio! (RPl fam)

dully /'dʌlli/ *adv* **1** (dimly) ‹*glow/shine*› débilmente, pálidamente **2** ‹*sound/ring*› sordamente **3** (boringly) ‹*talk/write*› de manera aburrida **4** (listlessly) ‹*answer/speak*› sin ánimo

duly /'du:li || 'dju:li/ *adv* **1** (as expected, planned): **permission was ~ granted** el permiso fue concedido, como era de esperar; **he ~ arrived at four** llegó a las cuatro, como estaba previsto **2** (correctly, properly) debidamente; **unless it is ~ stamped** a menos que esté debidamente sellado; **your comments have been ~ noted** se ha tomado debida nota de sus observaciones

dumb /dʌm/ *adj*
A **1** (unable to speak) mudo; **she's deaf and ~** es sordomuda; **~ animals** los animales **2** (temporarily silent): **to remain ~** permanecer* en silencio *or* callado; **to be struck ~** quedarse mudo *or* sin habla, enmudecer*
B (stupid) (AmE colloq) tonto, bobo (fam); **how ~ can you get?!** ¿cómo puedes ser tan tonto *or* (fam) bobo?; **that was a ~ thing to do/say** ¡qué tontería haber hecho/dicho eso!; **I can't get the ~ thing to work** no logro hacer que funcione esta porquería (fam); **to act ~** hacerse* el tonto *or* (fam) el bobo; **she played the ~ blonde** hacía el papel de la típica rubia tonta
(Phrasal verb)
• **dumb down** [v + adv + o, v + o + adv] bajar el nivel intelectual de

dumb-ass /'dʌm'æs/ *adj* (*before n*) (AmE colloq) tarado (fam), baboso (AmL fam); **we're ruled by ~ politicians** estamos gobernados por políticos tarados *or* (AmL tb) babosos (fam)

dumbbell /'dʌmbel/ *n*
A (weight) pesa *f*, mancuerna *f*
B (stupid person) (AmE colloq) estúpido, -da *m,f* (fam), tarado, -da *m,f* (fam)

dumbfound /,dʌm'faʊnd/ *vt* (*usu pass*) anonadar; **we were ~ed at the news** nos quedamos atónitos con la noticia, la noticia nos dejó anonados

dumbhead /'dʌmhed/ *n* (AmE colloq) cabeza *mf* hueca (fam)

dumbo /'dʌmbəʊ/ *n* (*pl* **-oes**) (colloq) pavo, -va *m,f* (fam,), leso, -sa *m,f* (Chi fam)

dumbstruck /'dʌmstrʌk/ *adj* estupefacto; **to be ~** quedarse estupefacto *or* mudo de asombro

dumbwaiter /'dʌm,weɪtər || ,dʌm'weɪtə(r)/ *n* **1** (elevator) montaplatos *m* **2** (table) mesita *f* rodante

dum-dum /'dʌmdʌm/ *n* (AmE colloq & dated) zopenco, -ca *m,f* (fam)

dumdum (bullet) *n* bala *f* dum-dum

dummy¹ /'dʌmi/ *n*
A **1** (in window display, for dressmaker) maniquí *m* **2** (in tests, stunts) muñeco *m*; **ventriloquist's ~** muñeco de ventrílocuo **3** (in US football) domi *m*
B **1** (fake) imitación *f* **2** (Publ) maqueta *f* **3** (in rugby, soccer) amago *m* de pase, finta *f*; **he sold him a ~** lo engañó con un amago de pase, le hizo una finta
C (Busn) testaferro *m*, hombre *m* de paja
D (for baby) (BrE) ▸**pacifier**
E (fool) (colloq) bobo, -ba *m,f* (fam)
F (in bridge, whist) mano *f* del muerto; (player) muerto *m*

dummy² *adj* **1** (imitation) ‹*gun/telephone*› de juguete; **a ~ package** un paquete vacío **2** (Busn) ‹*shareholder*› que actúa como testaferro; **a ~ firm** una empresa fantasma

dummy run *n* (BrE colloq) ensayo *m*, prueba *f*; **we had** *o* **did a ~ ~ just to test the rescue**

apparatus hicimos un simulacro para poner a prueba el equipo de salvamento

dump[1] /dʌmp/ *n*

A 1 (place for waste) vertedero *m* (de basura), basurero *m*, basural *m* (AmL), tiradero *m* (Méx), botadero *m* (de basura) (Andes) 2 (heap of waste) montón *m* de basura; ***to take a ~*** (AmE vulg) hacer* caca (fam), hacer* del dos (Méx, Per fam)

B (temporary store) (Mil) depósito *m*; **ammunition ~** depósito de armas; **stores ~** intendencia *f*

C (Comput) dump *m*, vuelco *m or* volcado *m* de memoria

D (unpleasant place) (colloq) lugar *m* de mala muerte

E dumps *pl* (colloq): ***to be (down) in the ~s*** estar* *or* andar* con la depre (fam), estar* *or* andar* con el ánimo por el suelo

dump[2] *vt*

A 1 (get rid of) ‹*waste/refuse*› deshacerse* de, tirar, botar (AmL exc RPl) 2 (Busn): **to ~ goods/products** inundar el mercado con mercancías/productos a bajo precio 3 ‹*boyfriend/girlfriend*› (colloq) plantar (fam), botar (AmS exc RPl fam), largar* (RPl fam)

B 1 (set on ground) ‹*load/sand/soil*› descargar*, verter*; **he ~ed the bags (down) beside the car** plantó las maletas junto al coche (fam) 2 (leave) (colloq) dejar; **the taxi ~ed us (off) at the airport** el taxi nos dejó en el aeropuerto; **where can I ~ my things?** ¿dónde puedo dejar *or* poner mis cosas? 3 (Comput) ‹*data/disks*› volcar*

■ **dump** *vi* (Comput) volcar*

Phrasal verb

• **dump on** [v + prep + o]: **to ~ on sb** (AmE colloq) hablar pestes de algn (fam), poner* verde a algn (Esp fam)

dumper (truck) /ˈdʌmpər || ˈdʌmpə(r)/ *n* ▸**dump truck**

dumping /ˈdʌmpɪŋ/ *n* [u]

A (of waste): ⓢ **no dumping** prohibido arrojar *or* tirar basura; **the ~ of nuclear waste** el vertido de residuos nucleares

B (Busn) dumping *m*

dumping ground *n* vertedero *m*, basurero *m*, basural *m* (AmL), tiradero *m* (Méx), botadero *m* (Andes)

dumpling /ˈdʌmplɪŋ/ *n* 1 (Culin) (savory) *bola de masa que se come en sopas o guisos*; **apple ~** *manzana al horno, envuelta en masa* 2 (small fat person) (colloq) gordito, -ta *m,f* (fam)

Dumpster® /ˈdʌmpstər || ˈdʌmpstə(r)/ *n* (AmE) contenedor *m* (*para escombros*)

dump truck *n* volquete *m*, dumper *m* (Esp), camión *m* de volteo (Méx), camión *m* volteador (RPl), volqueta *f* (Col)

dumpy /ˈdʌmpi/ *adj* **-pier, -piest** regordete

dun[1] /dʌn/ *n* 1 ▸ⓘ **p.1036** [u] (color) pardo *m* 2 [c] (horse) caballo *m* pardo

dun[2] ▸ⓘ **p.1036** *adj* pardo

dun[3] *vt* **-nn-** 1 **to ~ sb FOR sth** acosar *or* apremiar a algn para que pague algo 2 **dunning** *pres p* ‹*letter/notice*› en que se exige el pago de una deuda

dunce /dʌns/ *n* (pej) burro, -rra *m,f*

dunce cap, (BrE) **dunce's cap** *n* capirote *m*, orejas *fpl* de burro

dunderhead /ˈdʌndərhed || ˈdʌndəhed/ *n* tonto, -ta *m,f* de capirote

dune /duːn || djuːn/ *n* duna *f*

dune buggy *n* (AmE) buggy *m* (*vehículo de neumáticos anchos para transitar por la arena*)

dung[1] /dʌŋ/ *n* [u] 1 (feces) boñiga *f*, bosta *f* 2 (manure) (esp BrE) estiércol *m*

dung[2] *vt* (BrE) ‹*field/flowerbed*› estercolar, abonar con estiércol

dungarees /ˌdʌŋgəˈriːz/ *pl n* 1 (workman's) overol *m*, mono *m* (Esp); (fashion) pantalón *m* de peto, peto *m* (Esp), mameluco *m* (CS) 2 (AmE) (jeans) vaqueros *mpl*, jeans *mpl*

dungeon /ˈdʌndʒən/ *n* mazmorra *f*, calabozo *m*

dungheap /ˈdʌŋhiːp/, **dunghill** /-hɪl/ *n* estercolero *m*

dunk /dʌŋk/ *vt* 1 ‹*cake/bread/cracker*› (re)mojar, sopear (Chi, Méx) 2 (immerse) sumergir*

dunno /dəˈnəʊ/ (colloq): **(I) ~** no sé, ni idea (fam)

dunnock /ˈdʌnək/ *n* acento *m*

duo /ˈduːəʊ || ˈdjuːəʊ/ *n* (*pl* **-os**) 1 (two people) dúo *m* 2 (Mus) dúo *m*

duodecimal /ˌduːəʊˈdesəməl || ˌdjuːəʊˈdesɪməl/ *adj* duodecimal

duodenal /ˌduːəˈdiːnl || ˌdjuːəˈdiːnl/ *adj* duodenal

duodenum /ˌduːəˈdiːnəm || ˌdjuːəˈdiːnəm/ *n* (*pl* **-nums** *or* **-na** /-nə/) duodeno *m*

Duo-Tang® /ˈduːəʊtæŋ || ˈdjuːəʊtæŋ/ *n* (Can) archivador *m*, carpeta *f* de anillos *or* (Esp) anillas

DUP - Democratic Unionist Party

▸**Ulster Democratic Unionist Party (DUP).**

dupe[1] /duːp || djuːp/ *vt* engañar, embaucar*; **to ~ sb INTO -ING** engañar *or* embaucar* a algn PARA QUE + SUBJ; **she ~d him into buying it** lo engañó *or* lo embaucó para que se lo comprara; **I was ~d into believing she loved me** me embaucó *or* me engañó haciéndome creer que me quería

dupe[2] *n* inocentón, -tona *m,f*, primo, -ma *m,f* (Esp fam); **I realized I'd been the ~ of a con man** me di cuenta de que había sido víctima de un estafador

duple time /ˈduːpəl || ˈdjuːpəl/ *n* [u] doble tiempo *m*

duplex[1] /ˈduːpleks || ˈdjuːpleks/ *adj* (frml) dúplex

duplex[2] *n* (AmE) 1 **~ (apartment)** dúplex *m* 2 **~ (house)** *casa de dos viviendas adosadas*

duplicate[1] /ˈduːplɪkət || ˈdjuːplɪkət/ *adj* (*before n*): **a ~ copy** un duplicado; **a ~ key** un duplicado *or* una copia de una llave; **~ invoice** (double invoice) factura *f* por duplicado; (copy) copia *f* (de la factura)

duplicate[2] /ˈduːplɪkət || ˈdjuːplɪkət/ *n* duplicado *m*, copia *f*; **in ~** por duplicado

duplicate[3] /ˈduːplɪkeɪt || ˈdjuːplɪkeɪt/ *vt* 1 (copy) ‹*letter/document*› hacer* copias de 2 (repeat) ‹*work/efforts*› repetir* (*en forma innecesaria*)

duplicating machine /ˈduːplɪkeɪtɪŋ || ˈdjuːplɪkeɪtɪŋ/ *n* mimeógrafo *m*, multicopista *f*

duplication /ˌduːplɪˈkeɪʃən || ˌdjuːplɪˈkeɪʃən/ *n* [u] 1 (of document) copia *f*, duplicación *f* 2 (of effort, work) repetición *f* (innecesaria)

duplicator /ˈduːplɪkeɪtər || ˈdjuːplɪkeɪtə(r)/ *n* ▸**duplicating machine**

duplicitous /dʊˈplɪsətəs || djuːˈplɪsətəs/ *adj* (frml) artero

duplicity /dʊˈplɪsəti || djuːˈplɪsəti/ *n* [u] (frml) duplicidad *f*

durability /ˌdʊrəˈbɪləti || ˌdjʊərəˈbɪləti/ *n* [u] 1 (of product, fabric) durabilidad *f* 2 (of fame, reputation, popularity) permanencia *f*

durable /ˈdʊrəbəl || ˈdjʊərəbəl/ *adj* 1 (hardwearing) ‹*fabric/clothing/shoes*› durable 2 (Busn): **~ goods** bienes *mpl* (de consumo) duraderos 3 (enduring) ‹*peace/friendship/fame*› duradero

durables /ˈdʊrəbəlz || ˈdjʊərəbəlz/ *pl n* bienes *mpl* (de consumo) duraderos

duration /dʊˈreɪʃən || djʊəˈreɪʃən/ *n* [u] duración *f*; **these rooms will be locked for the ~ of the conference** estas habitaciones se mantendrán cerradas mientras dure la conferencia; **for the ~** (Mil) mientras dure la guerra; **if we can't get the car started, we'll be here for the ~** si el coche no arranca, vamos a estar aquí per sécula seculorum

Dürer /ˈdʊrər || ˈdjʊərə(r)/ *n* Durero

duress /dʊˈres || djʊəˈres/ *n* [u]: **under ~** bajo coacción

Durex® /ˈdjʊreks || ˈdjʊəreks/ *n*

A [c] (condom) (BrE) preservativo *m*, condón *m*

B [u] (Austral) ▸**Scotch tape**

during /ˈdʊrɪŋ || ˈdjʊərɪŋ/ *prep* 1 (throughout the course of) durante; **you never see them ~ the day** nunca se los ve durante el día *or* de día; **~ his lifetime he was relatively unknown** en vida no fue muy conocido 2 (at some point in) durante; **she'll call ~ the week** llamará durante la semana; **it was ~ a visit to the Far East that he first met her** la conoció durante *or* en una visita al Lejano Oriente

durst /dɜːrst || dɜːst/ (arch) *past of* **dare**[2]

dusk /dʌsk/ *n* [u] anochecer *m*; **at ~** al anochecer; **his face was barely visible in the ~** apenas si se le veía el rostro en la penumbra

duskiness /ˈdʌskinəs || ˈdʌskɪnɪs/ *n* [u] (of complexion) lo moreno *or* oscuro

dusky /ˈdʌski/ *adj* **-kier, -kiest** 1 (dark-skinned) (liter *or* euph) ‹*complexion*› moreno; ‹*person*› moreno, de tez morena 2 (of hue) ‹*pink/brown*› oscuro

dust[1] /dʌst/ *n*

A [u] 1 (household) polvo *m*; **the ~ of ages** el polvo de (los) siglos; **to gather ~** llenarse de *or* juntar polvo, empolvarse (Méx) 2 (on ground) polvo *m*, tierra *f* (AmL); ***to bite the ~*** «*person*» morder* el polvo; «*project/plan*» irse* a pique; «*car/refrigerator*» (hum) pasar a mejor vida (hum); ***to shake the ~ off one's feet*** largarse* hecho una furia, mandarse mudar (Andes fam), mandarse a cambiar (Chi fam); ***to throw ~ in sb's eyes*** engatusar a algn 3 (in air) polvo *m*; **the horses raised a cloud of ~** los caballos levantaron una polvareda; ***as dry as ~*** árido; **all his books are as dry as ~** todos sus libros son muy áridos; ***not to see sb for ~*** (colloq): **mention work and you won't see him for ~** basta hablarle de trabajo para que ponga los pies en polvorosa; ***to kick*** *o* ***raise up a ~ about sth*** armar un lío por algo (fam); ***when the ~ has settled*** cuando haya pasado la tormenta

B [u] (of gold, coal) polvo *m*

C [u] (liter) polvo *m*; **~ to ~, ashes to ashes** polvo eres y en polvo te convertirás

D (dusting) (*no pl*): **to give sth a ~** sacarle* *or* limpiarle el polvo a algo

dust[2] *vt*

A (remove dust from): **to ~ the furniture** quitarles el polvo a los muebles, sacudir los muebles (CS, Méx)

B (sprinkle) **to ~ sth (WITH sth)** espolvorear algo (CON algo); **I ~ed the cake with sugar** *o* **~ed sugar over the cake** espolvoreé el pastel con azúcar; **she ~ed her feet with talcum powder** se echó *or* se puso talco en los pies

Phrasal verbs

• **dust down** [v + o + adv] sacudirle el polvo a; **to ~ oneself down** sacudirse el polvo

• **dust off** [v + o + adv, v + adv + o] 1 ‹*table/shelf*› quitarle el polvo a, sacudir (CS, Méx); ‹*dirt*› quitar 2 (revive) desempolvar

dustbag /ˈdʌstbæg/ *n* bolsa *f* para aspiradora

dustbin /ˈdʌstbɪn, ˈdʌsbɪn/ *n* (BrE) cubo *m or* (CS) tacho *m or* (Méx) bote *m or* (Col) caneca *f or* (Ven) tobo *m* de la basura

dustbin lid *n* (BrE) tapa *f* del cubo (*or* del tacho *etc*) de la basura

dustbin liner *n* (BrE) bolsa *f* de basura

dustbin man *n* (BrE) ▸**dustman**

dust bowl *n*: *terreno semidesértico expuesto a la erosión causada por el viento*

dustcart /ˈdʌstkɑːrt, ˈdʌskɑːrt || ˈdʌstkɑːt, dʌskɑːt/ *n* (BrE) camión *m* de la basura

dust cloth *n* (AmE) trapo *m* del polvo, trapo *m* de sacudir (CS, Méx), franela *f* (RPl), sacudidor *m* (Méx)

dust cloud *n* 1 (dust in the air) nube *f* de polvo 2 (Astron) nube *f* de polvo

dust cover *n* 1 (for furniture) funda *f* (*para proteger del polvo*) 2 (hard cover) tapa *f*; (flexible cover) funda *f* 3 (dust jacket) sobrecubierta *f*

dust devil *n* remolino *m* de polvo, tolvanera *f*

duster /ˈdʌstər || ˈdʌstə(r)/ *n*

A (BrE) 1 (for blackboard) borrador *m* 2 ▸**dust cloth**

B (AmE) (Clothing) (housecoat) guardapolvo *m*

dusting /ˈdʌstɪŋ/ *n* 1 [u] (cleaning): **the ~ takes me half the morning** quitar *or* limpiar el polvo or (CS, Méx tb) sacudir me toma media mañana **2** (sprinkling) (*no pl*): **add a ~ of sugar** espolvoree un poco de azúcar; **a light ~ of snow** unos pocos copos de nieve

dusting down *n* (*no pl*): **to give sb a ~ ~** echarle un rapapolvo *or* una regañina *or* (Méx) una regañiza a algn (fam), retar a algn (CS), pasarle un café a algn (RPl fam)

dust jacket *n* sobrecubierta *f*

dustman /'dʌstmən, 'dʌsmən/ *n* (*pl* **-men** /-mən/) (BrE) basurero *m*

dustpan /'dʌstpæn, 'dʌspæn/ *n* pala *f*, recogedor *m*

dust rag *n* ▸ **dust cloth**

dustsheet /'dʌstʃi:t, 'dʌsʃi:t/ *n* (BrE) ▸ **dust cover 1**

dust storm *n* tormenta *f* de polvo

dustup /'dʌstʌp/ *n* (colloq) pelea *f*; **to have a ~** pelearse

dusty /'dʌsti/ *adj* **-tier, -tiest** **1** ‹*furniture*› cubierto de polvo; ‹*road/plain/town*› polvoriento; **to get ~** llenarse de polvo, empolvarse **2** (of hue) grisáceo **3** (BrE colloq): **to get a ~ answer** recibir una respuesta evasiva

dusty-pink /'dʌstipɪŋk/ ▸ⓘ **p.1036** *adj* (*pred* **dusty pink**) color rosa viejo *adj inv*

dusty pink ▸ⓘ **p.1036** *n* [u] rosa *m* viejo

Dutch[1] /dʌtʃ/ *adj* holandés; ***to go ~*** pagar* a escote (fam), pagar* *or* ir* a la americana (AmL), pagar* *or* ir* a la inglesa (Chi fam)

Dutch[2] *n* **1** [u] (language) holandés *m* **2** (people) (+ *pl vb*): **the ~** los holandeses **3** (wife): **my old d~** (BrE dial & dated) mi media naranja (fam), la patrona (CS fam & hum), la parienta (Esp fam) **4** (trouble): ***to be in ~*** (AmE colloq) estar* metido en un lío (fam)

Dutch auction *n: subasta en la que el precio se va bajando hasta encontrar un comprador*

Dutch barn *n* (esp BrE) cobertizo *m*

Dutch cap *n* (BrE) diafragma *m*

Dutch courage *n* [u] (colloq) *valentía o arrojo que se debe a la ingestión de una bebida alcohólica*

Dutch door *n* (AmE); *puerta de dos paneles horizontales que se pueden abrir por separado*

Dutch elm *n* olmo *m* (*híbrido*)

Dutch elm disease *n* [u] grafiosis *f* del olmo

Dutchman /'dʌtʃmən/ *n* (*pl* **-men** /-mən/) holandés *m*; ***if that's true then I'm a ~*** (colloq) si eso es verdad, yo soy Napoleón *or* el Papa de Roma (fam)

Dutch oven *n* (AmE); *olla grande de hierro*

Dutch treat *n* invitación *f* a escote (fam), invitación *f* a la americana (AmL) *or* (Chi tb) a la inglesa

Dutch uncle *n*: ***to talk to sb like a ~ ~*** criticar* a algn con franqueza

Dutchwoman /'dʌtʃ,wʊmən/ *n* (*pl* **-women**) holandesa *f*

dutiable /'du:tiəbəl || 'dju:tiəbəl/ *adj* sujeto a derechos arancelarios

dutiful /'du:tifəl || 'dju:tifəl/ *adj* consciente de sus deberes

dutifully /'du:tifəli || 'dju:tifəli/ *adv* diligentemente

duty /'du:ti || 'dju:ti/ *n* (*pl* **duties**)

A [c u] (obligation) deber *m*, obligación *f*; **to do one's ~ (by sb)** cumplir con su (*or* mi *etc*) deber *or* obligación (para con algn); **it is the ~ of every citizen to vote** votar es el deber *or* la obligación de todo ciudadano; **he did it out of a sense of ~** lo hizo porque le parecía que era su deber; **she made it her ~ to ...** se impuso la obligación de ...; **I have a ~ to keep my partners informed** es mi obligación *or* mi deber mantener informados a mis socios; (*before n*): **~ call** *o* **visit** visita *f* de cumplido

B [u] **1** (service) servicio *m*; **a spell of ~ abroad** una temporada de servicio en el extranjero; **to do night ~** hacer* el turno nocturno; **to do ~ as sth** hacer* las veces de algo, servir* de algo **2** (in phrases): **off duty: to come/go off ~** acabar el turno *or* la guardia; **to be off ~** «*nurse/doctor*» no estar* de turno *or* guardia; «*policeman/fireman*» no estar* de servicio; **on duty: to come/go on ~** empezar* el turno *or* la guardia; **he's on ~ all morning** «*nurse/doctor*» está de turno *or* de guardia toda la mañana; «*policeman/fireman*» está de servicio toda la mañana; (*before n*): **~ chemist** (BrE) farmacia *f* de guardia *or* de turno; **~ officer** oficial *mf* de servicio; **~ roster** lista *f* de guardias; **~ solicitor** (BrE) abogado, -da *m,f* de oficio **3** **duties** *pl* (responsibilities) (frml) funciones *fpl*, responsabilidades *fpl*; **when do you take up your duties?** ¿cuándo asume usted sus funciones?; **to neglect one's duties** descuidar sus (*or* mis *etc*) responsabilidades

C [c u] (Tax) (*often pl*) impuesto *m*; **to pay ~ on sth** pagar* impuestos sobre algo; **excise duties** impuestos *mpl* internos *or* al consumo

duty-bound /,du:ti'baʊnd || ,dju:ti'baʊnd/ *adj*: **to be ~** TO + INF: **I was ~ to accept** estaba obligado a aceptar

duty-free[1] /,du:ti'fri: || ,dju:ti'fri:/ *adj* libre de impuestos

duty-free[2] *adv* libre de impuestos, sin pagar impuestos

duty-frees /,du:ti'fri:z || ,dju:ti'fri:z/ *pl n* (BrE colloq); *artículos libres de impuestos*

duty-free shop *n* duty free *m*, tienda *f* libre de impuestos

duty-paid /,du:ti'peɪd || ,dju:ti'peɪd/ *adj* (*before n*) con derechos pagados

duvet /'du:veɪ/ *n* (BrE) edredón *m* (nórdico); (*before n*): **~ cover** funda *f* de edredón

DVD *n* **= digital video disc**

DVD burner *n* quemador *m* de DVD

DVD player *n* lector *m* DVD

DVD recorder *n* grabadora *f* de DVD, grabador *m* de DVD

DVD writer *n* quemador *m* de DVD

'd've /dəv/ **= would have**

DVI *n* (**= digital video interactive**) DVI *m*

DVLA *n* (in UK) **= Driver and Vehicle Licensing Agency**

DVLC *n* (formerly in UK) **= Driver and Vehicle Licensing Centre**

DVM *n* **= Doctor of Veterinary Medicine**

DVT *n* (**= deep-vein thrombosis**) TVP *f*

dwarf[1] /dwɔ:rf || dwɔ:f/ *n* (*pl* **~s** *or* **dwarves** /dwɔ:rvz/) **1** (Myth) enano, -na *m,f*; (small person) enano, -na *m,f* **2** (plant) (*before n*) ‹*tree/species*› enano **3** (Astron): **~ (star)** estrella *f* enana; **~ planet** planeta *m* enano

dwarf[2] *vt* ‹*building*› hacer* parecer pequeño; **I felt ~ed by her brother** al lado de su hermano me sentía como un enano; **her achievements ~ those of her rivals** sus logros eclipsan los de sus rivales

dweeb /dwi:b/ *n* (AmE colloq) memo, -ma *m,f* (fam), baboso, -sa *m,f* (AmL fam)

dwell /dwel/ (*past & past p* **dwelt** *or* **dwelled**) *vi* (liter) morar (liter), vivir

Phrasal verb

- **dwell on** [v + prep + o] **1** (concentrate on): **try not to ~ on the past** trata de no pensar demasiado en el pasado; **the documentary ~s excessively on the sordid side of her life** el documental se detiene demasiado *or* hace demasiado hincapié en los aspectos sórdidos de su vida **2** (Mus) ‹*note*› alargar*

-dweller /,dwelər || ,dwelə(r)/ *suff*: **city~s** la gente que vive en la ciudad

dwelling /'dwelɪŋ/ *n* **1** (habitation) (liter) morada *f* (liter) **2** (house) (frml) vivienda *f*

dwelt /dwelt/ *past & past p of* **dwell**

DWI *n* (in US) (Law) **= driving while intoxicated**

dwindle /'dwɪndl/ *vi* **1** «*numbers/audiences/population*» disminuir*, menguar*, reducirse*; **to ~ away to nothing** irse* reduciendo hasta quedar en la nada; **to ~ in importance** perder* importancia **2** **dwindling** *pres p* **dwindling resources** recursos *mpl* cada vez más limitados; **dwindling numbers** números *mpl* cada vez más reducidos

dye[1] /daɪ/ *n* **1** (for hair, shoes, fabric) tintura *f*, tinte *m* **2** (color) color *m*

dye[2] *vt* **dyes, dyeing, dyed** ‹*hair/dress/shoes/cloth*› teñir*; **he ~d the cloth red** tiñó la tela de rojo; **she ~s her hair blonde** se tiñe el pelo de rubio

■ **dye** *vi* «*cloth*»: **this fabric doesn't ~ well** esta tela no se tiñe bien

dyed-in-the-wool /,daɪdɪnðə'wʊl/ *adj* (*before n*) recalcitrante

dyer /'daɪər || 'daɪə(r)/ *n* tintorero, -ra *m,f*

dying[1] /'daɪɪŋ/ *adj* (*before n*) ‹*person/animal*› moribundo, agonizante; ‹*race/breed*› en vías de extinción; ‹*flame/embers*› mortecino (liter); ‹*year/day*› (liter) que se apaga (liter); ‹*words/breath*› último, postrero (liter); **to my ~ day** hasta el fin de mis días; **it was her ~ wish that ...** fue su último deseo que ...; **a ~ art** un arte que se está perdiendo

dying[2] *pl n*: **the ~** los moribundos

dyke /daɪk/ *n*

A ▸ **dike A**

B (lesbian) (sl & often pej) tortillera *f* (arg), volteada *f* (Col, Méx fam & pey), arepera *f* (Col, Ven arg)

dynamic[1] /daɪ'næmɪk/ *adj* **1** ‹*person/personality/economy*› dinámico **2** (Phys) dinámico

dynamic[2] *n* fuerza *f* motriz

dynamics /daɪ'næmɪks/ *n*

A (+ *sing vb*) (Phys) dinámica *f*

B (+ *pl vb*) (forces for change) dinámica *f*

dynamism /'daɪnəmɪzəm/ *n* [u] dinamismo *m*

dynamite[1] /'daɪnəmaɪt/ *n* **1** (explosive) dinamita *f* **2** (source of trouble, scandal): **these latest disclosures are political ~** estas nuevas revelaciones son políticamente explosivas **3** (sb, sth wonderful) (colloq): **his new record is really ~** su nuevo disco es realmente sensacional

dynamite[2] *vt* dinamitar, volar* con dinamita

dynamize /'daɪnəmaɪz/ *vt* vitalizar*

dynamo /'daɪnəməʊ/ *n* (*pl* **-mos**) dínamo *m or* dinamo *m* (AmL), dinamo *f or* dínamo *f* (Esp)

dynamometer /,daɪnə'mɑ:mətər || ,daɪnə'mɒmɪtə(r)/ *n* dinamómetro *m*

dynastic /daɪ'næstɪk || dɪ'næstɪk/ *adj* dinástico

dynasty /'daɪnəsti || 'dɪnəsti/ *n* (*pl* **-ties**) dinastía *f*

dyne /daɪn/ *n* dina *f*

dysentery /'dɪsnteri || 'dɪsəntri/ *n* [u] disentería *f*

dysfunction /dɪs'fʌŋkʃən/ *n* [u c] disfunción *f*

dysfunctional /dɪs'fʌŋkʃnəl || dɪs'fʌŋkʃənl/ *adj* disfuncional

dyslexia /dɪs'leksiə/ *n* [u] dislexia *f*

dyslexic[1] /dɪs'leksɪk/ *adj* disléxico

dyslexic[2] *n* disléxico, -ca *m,f*

dysmorphia /dɪs'mɔ:rfiə || dɪs'mɔ:fiə/ *n* [u] (Med) dismorfia *f*

dyspepsia /dɪs'pepsiə/ *n* [u] dispepsia *f*

dysplasia /dɪs'pleɪʒə || dɪs'pleɪziə/ *n* [u] (Med) (pre-cancerous condition) displasia *f*; (of a joint) displasia *f*; **hip ~** displasia de cadera

dysplastic /dɪs'plæstɪk/ *adj* (Med) displásico

dystrophy /'dɪstrəfi/ *n* [u] distrofia *f*

d

Ee

e, E /iː/ *n* **1** (letter) e, E *f* **2** (drug) (sl) éxtasis *m* **3** (Mus) mi *m*; *see also* **a A2** **4** (Educ) ≈ deficiente *m* (*calificación en la escala que va de A a F en orden decreciente*)

e- /iː/ *pref*: **~catalog** catálogo *m* electrónico; **~text** texto *m* electrónico

each[1] /iːtʃ/ *adj* cada *adj inv*; **~ question is worth five points** cada pregunta vale cinco puntos; **~ one is hand-painted** cada uno de ellos está pintado a mano; **~ one of us/them** cada uno de nosotros/ellos; **~ and every house in the neighborhood** todas las casas del barrio, sin excepción *or* todas y cada una de las casas del barrio; **I want ~ and every one of you to be present** quiero que estén todos presentes, quiero que estén presentes todos y cada uno de ustedes *or* todos sin excepción

each[2] *pron*

A **1** cada uno, cada una; **examine the rings: ~ represents a year's growth** observen los anillos: cada uno representa un año de crecimiento; **we passed through several villages, ~ more picturesque than the last** pasamos por varios pueblecitos, a cuál más pintoresco; **~ in turn stepped onto the stage** uno por uno fueron subiendo al escenario; **I'll have a little of ~, please** sírveme un poco de cada uno, por favor **2** **each of**: **~ of them blamed the other** se echaron la culpa mutuamente; **the missiles, ~ of which costs ...** los misiles, cada uno de los cuales cuesta ...; **~ of us must do his duty** cada uno de nosotros tiene que cumplir con su deber; **he questioned ~ of them in turn** les preguntó uno por uno **3** (*after n, pron*): **they ~ received a gift** cada uno recibió un regalo; **you have ~ been granted ...** a cada uno de ustedes se le ha otorgado ...; **John and Bill ~ won a car** John y Bill ganaron un coche cada uno

B **each other**: **they hate ~ other** se odian; **they are always criticizing ~ other** siempre se están criticando el uno al otro; (if more than two people) siempre se están criticando unos a otros; **we give ~ other advice** nos aconsejamos mutuamente; **their respect/contempt for ~ other** su mutuo respeto/desprecio, el respeto/desprecio que sienten el uno por el otro

each[3] *adv*: **we were paid $10 ~** nos pagaron 10 dólares a cada uno; **the apples are 20 cents ~** las manzanas valen 20 centavos por pieza *or* cada una

each-way /ˈiːtʃˈweɪ/ *adj*: **~ bet** apuesta *f* a colocado *or* (CS) a placé

eager /ˈiːgər || ˈiːgə(r)/ *adj*: **an ~ crowd was awaiting her** una multitud impaciente la esperaba; **an ~ young reporter** un joven y entusiasta periodista; **a mood of ~ anticipation** un ambiente de ansiosa expectación; **she's ~ to learn** tiene muchos deseos *or* muchas ansias de aprender; **to be ~ FOR sth**: **she is ~ for power** tiene muchas ansias *or* mucha ambición de poder; **they were ~ for revenge/love** tenían sed de venganza/cariño; **they waited, ~ for a glimpse of the star** esperaron, ansiosos por ver a la estrella un momento

eager beaver *n* (colloq): **to be an ~ ~** ser* muy entusiasta y trabajador

eagerly /ˈiːgərli || ˈiːgəli/ *adv* ‹*accept/agree*› con entusiasmo; ‹*await/look forward to*› ansiosamente, con ansiedad e impaciencia; ‹*listen/read*› con avidez

eagerness /ˈiːgərnəs || ˈiːgənɪs/ *n* [u] entusiasmo *m*; **the ~ with which they set about tackling the task** el entusiasmo con que acometieron la tarea; **~ to + INF**: **his ~ to please** su deseo de agradar; **in my ~ to get there, I ignored their warnings** tenía tantas ganas de llegar allí, que no hice caso de sus advertencias

EAGGF *n* (EU) (= **European Agricultural Guidance and Guarantee Fund**) FEOGA *m*

eagle /ˈiːgəl/ *n*

A (Zool) águila *f*‡

B (in golf) eagle *m*

eagle eye *n* mirada *f* escrutadora, ojo *m* de lince; **you have to keep an ~ ~ on those two** no puedes quitarles los ojos de encima a esos dos, tienes que estar* ojo avizor con esos dos

eagle-eyed /ˈiːgəlˌaɪd/ *adj* con ojos de lince

eaglet /ˈiːglət || ˈiːglɪt/ *n* aguilucho *m*

ear /ɪr || ɪə(r)/ *n*

A **1** ▶❶ **p.965** (Anat) (organ) oído *m*; (outer part) oreja *f*; **he has big ~s** tiene orejas grandes; **the inner/middle/outer ~** el oído interno/medio/externo; **~, nose and throat department** el departamento de otorrinolaringología *or* de oído, nariz y garganta; **to grin from ~ to ~** sonreír* de oreja a oreja; **to listen with a sympathetic ~** escuchar con actitud comprensiva; **to listen with half an ~** escuchar a medias; ***her ~s must be burning*** le deben estar ardiendo las orejas *or* zumbando los oídos; ***to be all ~s*** ser* todo oídos; ***to bend sb's ~*** (colloq) darle* la lata a algn (fam); ***to be out on one's ~*** (colloq): **you'll be out on your ~** te van a poner de patitas en la calle (fam); ***to be up to one's ~s in debt/trouble/work*** estar* hasta aquí *or* hasta las orejas de deudas/problemas/trabajo; ***to be wet behind the ~s*** estar* verde, no tener* experiencia; ***to come to sb's ~s*** llegar* a oídos de algn; ***to fall down about*** *o* ***around one's ~s***: **the house is falling down around our ~s** la casa se nos está viniendo abajo *or* cayendo a pedazos; **it brought their dreams crashing down about their ~s** echó por tierra sus ilusiones; ***to fall on deaf ~s*** caer* en oídos sordos; ***to give sb a thick ~*** (colloq) darle* una torta *or* un moquete a algn (fam); ***to go in one ~ and out the other*** (colloq): **I've told her a thousand times, but it just goes in one ~ and out the other** se lo he dicho mil veces, pero le entra por un oído y le sale por el otro; ***to have/keep one's ~ to the ground*** mantenerse* atento; ***to have sb's ~*** gozar* de la confianza de algn; ***to lend an ~ to sb*** prestarle atención a algn; ***to pin back one's ~s***: **now pin back your ~s** (colloq) escuchen bien, paren la oreja (AmL fam); **I'll pin back his ~s for him!** (AmE colloq) le voy a dar un buen tirón de orejas (fam); *see* **pin back**; ***to prick up one's ~s*** ‹‹*person*›› aguzar* el oído, parar la(s) oreja(s) (AmL fam); (lit) ‹‹*dog/horse*›› levantar *or* (AmL) parar las orejas; ***to set sb by the ~s***: **the will set the whole family by the ~s** el testamento sembró la discordia entre *or* enemistó a los miembros de la familia; ***to set sth on its ~*** (AmE) causar revuelo en algo, revolucionar algo; ***to turn a deaf ~ to sb/sth*** hacer* oídos sordos a algn/algo **2** (sense of hearing) oído *m*; **pleasing to the ~** agradable al oído; **to have a good ~ for music/languages** tener* oído para la música/los idiomas; **to play an instrument/a piece by ~** tocar* un instrumento/una pieza de oído; ***to play it by ~***: **what are you going to say? — I don't know, I'll just have to play it by ~** ¿qué vas a decir? — no sé, ya veré llegado el momento *or* sobre la marcha

B (of corn) espiga *f*

earache /ˈɪreɪk || ˈɪəreɪk/ *n* [u c] dolor *m* de oído; **I've had ~** *o* **an ~ all morning** llevo toda la mañana con dolor de oído, me ha dolido el oído toda la mañana

eardrops /ˈɪrdrɑːps || ˈɪədrɒps/ *npl* gotas *fpl* para los oídos

eardrum /ˈɪrdrʌm || ˈɪədrʌm/ *n* tímpano *m*

-eared /ɪrd || ɪəd/ *suff*: **big~** de orejas grandes, orejudo (fam)

earful /ˈɪrfʊl || ˈɪəfʊl/ *n* (colloq) **1** (scolding): **if she's late again, she'll get an ~** si llega tarde otra vez, me va a oír; **my mother gave me an ~** mi madre me echó un rapapolvo *or* (RPl) me cafeteó (fam) **2** (of news, gossip): **I got an ~ about her divorce** me estuvo dando la lata con lo de su divorcio (fam)

earhole /ˈɪrhəʊl || ˈɪəhəʊl/ *n* agujero *m* de la oreja

earl /ɜːrl || ɜːl/ *n* conde *m*

earldom /ˈɜːrldəm || ˈɜːldəm/ *n* **1** (title) título *m* de conde **2** (land) condado *m*

earlier /ˈɜːrliər || ˈɜːliə(r)/ *adj/adv comp of* **early**[1], **early**[2]

earliness /ˈɜːrlinəs || ˈɜːlinɪs/ *n* [u] lo temprano; **I remarked on the ~ of the starting time** comenté lo temprano que empezaba; **the ~ of spring** la temprana llegada de la primavera

earlobe /ˈɪrləʊb || ˈɪələʊb/ *n* lóbulo *m* de la oreja

earlocks /ˈɪrlɑːks || ˈɪəlɒks/ *pl n* aladares *mpl*

early[1] /ˈɜːrli || ˈɜːli/ *adj* **-lier, -liest**

A (before expected time): **her ~ arrival took us by surprise** su llegada anticipada *or* antes de tiempo nos tomó por sorpresa; **I was ~** llegué temprano; **we were 20 minutes ~** llegamos con 20 minutos de adelanto; **the baby was a week ~** el niño se adelantó una semana; **the bus was ~** el autobús pasó (*or* salió *etc*) antes de la hora; **your report is ~ for once** por una vez entregas el informe antes de tiempo; **I was ~ getting to work this morning** esta mañana llegué al trabajo antes de la hora; **to be ~ FOR sth**: **he was ~ for his appointment** llegó a la cita antes de la hora

B **1** ‹*crop/variety*› temprano, tempranero (Col) **2** (before normal time): **I had an ~ breakfast** desayuné temprano *or* (Esp tb) pronto; **let's have an ~ night** acostémonos temprano; **Easter is ~ this year** (la) Pascua cae temprano este año; **~ retirement** jubilación *f* anticipada; **it sent him to an ~ grave** lo mató antes de tiempo; **an ~ death** una muerte temprana *or* prematura **3** (first, far back in time): **she was an ~ advocate of the free market** fue una pionera en la defensa del mercado libre; **~ man** el hombre primitivo; **~ music** música *f* antigua; **~ reports from the area** los primeros informes de la zona; **his earliest memories** sus primeros recuerdos; **the earliest train we can catch** el primer tren que podemos tomar; **at an ~ stage** en una etapa temprana; **if detected in the ~ stages** si se detecta en sus comienzos; **at an earlier stage** en una etapa anterior; **it's too ~ to tell** es demasiado pronto para saber [4] (in morning): **we're ~ risers** somos madrugadores; **you won't find anyone up at this ~ hour** no vas a encontrar a nadie levantado tan temprano *or* a estas horas; **in the ~ hours of the morning** en las primeras horas de la mañana, de madrugada; **to get** *o* (BrE also) **make an ~ start** salir* temprano; **I went for an ~ swim** me fui a nadar temprano; **I asked for an ~ morning call** pedí que me despertaran por la mañana temprano [5] (toward beginning of period) (*before n*): **in the ~ afternoon** a primeras horas de la tarde; **in ~ June** a principios *or* a comienzos de junio; **the ~ 20th century** los comienzos del siglo XX; **the E~ Middle Ages** la Alta Edad Media; **the ~ Church** la iglesia primitiva; **in ~ childhood** en la primera infancia; **he spent his ~ life in India** pasó sus primeros años en la India; **from an ~ age** desde pequeño, desde temprana edad (liter); **he was in his ~ twenties** tenía poco más de veinte años; **an ~ goal** un gol temprano *or* (Méx) tempranero; **an ~ Picasso** un Picasso de la primera época; **E~ English** (Archit) *primera fase del gótico inglés*; **E~ American style** (Archit) estilo *m* colonial americano

C (in near future) pronto; **we should appreciate an ~ reply** agradeceríamos una pronta respuesta; **an earlier date would be preferable** una fecha más cercana sería preferible; **at the earliest possible moment** lo antes *or* lo más pronto posible; **at your earliest convenience** (Corresp) tan pronto como le sea posible, a la brevedad (frml)

early² *adv* **-lier, -liest**

A (before expected time) temprano; **come ~ if you want to get a seat** ven temprano si quieres conseguir asiento; **the baby arrived two weeks ~** el niño se adelantó dos semanas; **she was released earlier than expected** la pusieron en libertad antes de lo esperado

B [1] (before usual time) temprano, pronto (Esp); **we had dinner ~** cenamos temprano *or* (Esp tb) pronto [2] (in morning) temprano, pronto (Esp); **I get up ~ every morning** me levanto temprano *or* (Esp tb) pronto todas las mañanas [3] (toward beginning of period): **~ in the morning** por la mañana temprano; **~ in the afternoon/evening** por la tarde/noche temprano; **~ in the week/year** a principios de semana/año; **~ one Tuesday evening** un martes a primeras horas de la noche; **~ (on) in her career** al principio de su carrera; **earlier that night** antes *or* más temprano esa misma noche; **book ~** haga su reserva cuanto antes [4] (long ago): **it was known as ~ as 200 BC** ya se sabía en el año 200 A.C.

C (soon) pronto; **as ~ as possible** lo más pronto posible, cuanto antes; **we can't come earlier than Friday** no podemos venir antes del viernes; **they won't be here till nine at the earliest** por temprano que lleguen no estarán aquí antes de las nueve; **when is the earliest you can start?** ¿cuál es la primera fecha en la que podría empezar?

early bird *n* (hum) madrugador, -dora *m,f*, pájaro *m* madrugador *or* mañanero (fam); *see also* **bird A1**

early closing (day) *n* (in UK) *día en que las tiendas cierran a mediodía*

early leaver /ˈliːvər || ˈliːvə(r)/ *n* [1] (from school) alumno, -na *m,f* que deja anticipadamente la escuela [2] (from pension plan) *persona que deja de cotizar en un plan de pensiones con anterioridad a la edad de jubilación*

early-warning /ˌɜːrliˈwɔːrnɪŋ || ˌɜːliˈwɔːnɪŋ/ *adj* de alerta avanzada *or* precoz

earmark¹ /ˈɪrmɑːrk || ˈɪəmɑːk/ *n* marca *f* en la oreja

earmark² *vt*

A ‹*money/funds*› destinar

B [1] ‹*animal*› marcar* en la oreja [2] ‹*page/document*› marcar*

earmuffs /ˈɪrmʌfs || ˈɪəmʌfs/ *pl n* orejeras *fpl*

earn /ɜːrn || ɜːn/ *vt*

A [1] ‹*money/wages*› ganar; **you ~ very good money working on an oil rig** se gana mucho dinero trabajando en una plataforma petrolífera; **~ing capacity** *o* **power** potencial *m* de ingresos [2] ‹*interest*› dar*, devengar* (frml)

B ‹*respect/gratitude*› ganarse; **you've ~ed a rest** te has ganado un descanso; **his conduct has ~ed him the disapproval of his colleagues** su conducta le ha valido *or* con su conducta se ha ganado la desaprobación de sus colegas; **he ~ed a degree in mechanical engineering** (AmE) se licenció en ingeniería mecánica

■ **earn** *vi* (esp BrE) trabajar, ganar dinero

earned income /ɜːrnd || ɜːnd/ *n* ingresos *mpl* en concepto de salario *or* sueldo, ingresos *mpl* por trabajo personal (Esp)

earned run *n* carrera *f* limpia

earner /ˈɜːrnər || ˈɜːnə(r)/ *n* [1] (person): **salary ~** asalariado, -da *m,f*; **a wage ~ on less than $10,000** un trabajador que gana menos de $10.000; **there's only one (wage) ~ in the family** en la familia hay sólo una persona que trabaja [2] (source of income) (BrE colloq): **you could be onto a nice little ~ there** con eso te podrías sacar un buen dinerito (fam); **those shirts turned out to be a wonderful ~** hicimos el agosto con esas camisas (fam)

earnest¹ /ˈɜːrnəst || ˈɜːnɪst/ *adj* [1] (serious) ‹*expression/look*› serio; **he's terribly ~** se lo toma todo muy en serio [2] (sincere) (frml) ‹*effort/attempt*› serio, concienzudo; ‹*wish*› ferviente

earnest² *n*

A **in ~** (not joking) en serio; (wholeheartedly) en serio, de verdad; (determined, sincere): **she's in ~ about becoming a writer** está seriamente decidida a hacerse escritora; **I'm in deadly ~** lo digo muy en serio; **work has begun in ~** el trabajo ha empezado en serio *or* de verdad

B [1] **~ (money)** fianza *f* [2] (guarantee) (liter) prenda *f* (liter)

earnestly /ˈɜːrnəstli || ˈɜːnɪstli/ *adv* [1] ‹*speak/look*› con seriedad [2] ‹*desire/believe*› (frml) de todo corazón

earnestness /ˈɜːrnəstnəs || ˈɜːnɪstnɪs/ *n* [u] [1] (of character) seriedad *f*; (of tone) gravedad *f* [2] (of belief) sinceridad *f*; (of desire) fervor *m*

earnings /ˈɜːrnɪŋz || ˈɜːnɪŋz/ *pl n* [1] (of a person) ingresos *mpl*; **my ~ are not enough to support myself** no gano lo suficiente para mantenerme [2] (of a business) ganancias *fpl*, beneficios *mpl*, utilidades *fpl* (AmL)

earnings-related /ˈɜːrnɪŋzrɪˌleɪtəd || ˌɜːnɪŋzrɪˈleɪtɪd/ *adj* (BrE) proporcional al sueldo

earphone /ˈɪrfəʊn || ˈɪəfəʊn/ *n* audífono *m*

earpiece /ˈɪrpiːs || ˈɪəpiːs/ *n* [1] (of phone) auricular *m*, tubo *m* (RPl) [2] (of glasses) patilla *f*

earpiercing¹ /ˈɪrˌpɪrsɪŋ || ˈɪəˌpɪəsɪŋ/ *adj* estridente

earpiercing² *n* [u]: *perforación del lóbulo de la oreja*

earplug /ˈɪrplʌg || ˈɪəplʌg/ *n* tapón *m* para el oído

earring /ˈɪrrɪŋ || ˈɪərɪŋ/ *n* pendiente *m*, zarcillo *m*, arete *m* (AmL), aro *m* (CS), caravana *f* (Ur)

earshot /ˈɪrʃɑːt || ˈɪəʃɒt/ *n*: **her mother was still within ~** su madre todavía estaba lo suficientemente cerca como para oír; **they moved out of ~** se alejaron y ya no pude (*or* pudo *etc*) oír más

earsplitting /ˈɪrˌsplɪtɪŋ || ˈɪəˌsplɪtɪŋ/ *adj* [1] ‹*scream*› estridente, que rompe los tímpanos [2] ‹*noise/din/racket*› ensordecedor

ear stud *n* arete *m or* (Esp) pendiente *m or* (CS) arito *m* (*en forma de bolita*), tornillo *m* (Ur)

earth¹ /ɜːrθ || ɜːθ/ *n*

A [u] [1] (Astron, Relig) tierra *f*; **the ~** *o* **E~** la Tierra; **I'd follow you to the ends of the ~** te seguiría hasta el fin del mundo *or* (liter) los confines de la tierra; **nothing on ~ would make me do it** no lo haría por nada del mundo; **you look like nothing on ~ with that new hairdo** (colloq) ese peinado te queda espantoso; ***to cost the ~*** (BrE colloq) costar* un ojo de la cara (fam); ***to promise the ~*** prometer el oro y el moro [2] (*as intensifier*): **why on ~ didn't you warn me?** ¿por qué diablos *or* demonios no me avisaste?; **who on ~ would come visiting at this time?** ¿a quién puede ocurrírsele venir de visita a estas horas?

B [u] [1] (land, the ground) tierra *f*; **~, sea and sky** tierra, mar y aire; **to fall to ~** caer* a tierra; ***to bring sb (back) down to ~*** hacer* bajar de las nubes a algn; ***to come down to ~*** bajar de las nubes, poner* los pies sobre la tierra [2] (soil) tierra *f*; (*before n*) ‹*floor/wall*› de tierra

C [u] (BrE) (Elec) tierra *f*; **the machine needs an ~** la máquina necesita una toma de tierra; (*before n*) ‹*cable/wire/terminal*› (de toma) de tierra, a tierra (AmL)

D [c] (burrow, hole) madriguera *f*; ***to go to ~*** ‹‹*person*›› esconderse; ‹‹*fox*›› meterse en la madriguera; ***to run sb/sth to ~*** dar* con algn/algo

earth² *vt* (BrE) (Elec) conectar a tierra; **the appliance must be ~ed** el aparato debe estar conectado a tierra *or* (AmL tb) debe hacer tierra

Phrasal verb

• **earth up** [v + o + adv, v + adv + o] (BrE) acollar*

earthbound /ˈɜːrθbaʊnd || ˈɜːθbaʊnd/ *adj*

A (dull) pedestre, prosaico

B ‹*spacecraft/meteor*› que se dirige (*or* se dirigía *etc*) a la Tierra

earthen /ˈɜːrθən || ˈɜːθən/ *adj* [1] ‹*floor/embankment*› de tierra [2] ‹*pot/jug*› de barro

earthenware /ˈɜːrθənwer || ˈɜːθənweə(r)/ *n* [u] [1] (material) barro *m* (cocido) [2] (dishes) vajilla *f* de barro (cocido)

earthiness /ˈɜːrθinəs || ˈɜːθinɪs/ *n* [u] (of humor) lo desenfadado, lo directo; **she liked his ~** le gustaba su franca llaneza, le gustaba lo campechano que era

earthling /ˈɜːrθlɪŋ || ˈɜːθlɪŋ/ *n* terrícola *mf*

earthly¹ /ˈɜːrθli || ˈɜːθli/ *adj* [1] (worldly) ‹*life*› terrenal, terreno; **his ~ remains** sus restos mortales; **all her ~ possessions** todo lo que poseía (*or* posee *etc*) en este mundo [2] (*as intensifier*) (colloq): **it's no ~ use asking her** es inútil preguntarle; **it makes no ~ sense for us both to go** no tiene ningún sentido que vayamos los dos

earthly² *n* (BrE colloq) [1] (chance): **you don't have** *o* **stand an ~ against her** no tienes ni la más remota posibilidad de ganarle [2] (idea): **I haven't got an ~** no tengo ni la menor *or* ni la más remota idea

earth mother *n* [1] (Myth) la madre naturaleza, ≈ la pachamama (Andes) [2] (woman): **she's a real ~** es la típica madraza

earth mover *n* excavadora *f*

earth-moving equipment /ˈɜːrθmuːvɪŋ || ˈɜːθmuːvɪŋ/ *n* maquinaria *f* excavadora

earthquake /ˈɜːrθkweɪk || ˈɜːθkweɪk/ *n* terremoto *m*, sismo *m* (AmL), seísmo *m* (Esp)

earthquake-proof /ˈɜːrθkweɪkpruːf || ˈɜːθkweɪkpruːf/ *adj* a prueba de terremotos

earth sciences *pl n* ciencias *fpl* de la tierra

earthshaking /ˈɜːrθˌʃeɪkɪŋ || ˈɜːθˌʃeɪkɪŋ/, **earth-shattering** /-ˌʃætərɪŋ/ *adj* ‹*event/news*› que causa conmoción; **it was hardly an ~ discovery** no se puede decir que haya sido un descubrimiento trascendental *or* revolucionario

earth tones *pl n* tonos *mpl* en la gama del marrón y beige

earth tremor *n* temblor *m* de tierra

earthward¹ /ˈɜːrθwərd || ˈɜːθwəd/ *adj* hacia la tierra

earthward², (esp BrE) **earthwards** /ˈɜːrθwərdz || ˈɜːθwədz/ *adv* hacia la tierra

earthwork /ˈɜːrθwɜːrk || ˈɜːθwɜːk/ *n* [1] [c] (bank) terraplén *m* [2] [u] (work) trabajos *mpl* de preparación del terreno

earthworm /ˈɜːrθwɜːrm || ˈɜːθwɜːm/ *n* lombriz *f* (de tierra)

earthy /ˈɜːrθi || ˈɜːθi/ *adj* **-thier, -thiest** [1] ‹*shade/tone*› terroso; **an ~ taste/smell** un sabor/olor a tierra [2] (frank) ‹*person*› llano, campechano; ‹*sensuality*› primitivo; ‹*humor*› desenfadado, directo

ear trumpet *n* trompetilla *f*

earwax /ˈɪrwæks || ˈɪəwæks/ *n* [u] cerilla *f*, cerumen *m*

earwig /ˈɪrwɪg || ˈɪəwɪg/ *n* tijereta *f*, cortapicos *m*

e

e

ease[1] /iːz/ *n* [u]
A (facility) facilidad *f*; **~ of operation/reference** facilidad de manejo/consulta; **for ~ of access** para facilitar el acceso; **with ~** fácilmente, con facilidad; **the graceful ~ with which he moved** la gracia y soltura con que se movía
B **1** (freedom from constraint): **I never feel at ~ with her** con ella nunca siento que me puedo relajar *or* nunca me siento a mis anchas; **I feel more at ~ in casual clothes** me siento más cómodo *or* más a gusto vestido de sport; **he knows how to put interviewees at their ~** sabe hacer relajar al entrevistado; **to put/set sb's mind at ~** tranquilizar* a algn **2** (Mil): **(stand) at ~!** ¡descansen!, ¡en descanso!
C (leisure): **he was used to a life of ~** estaba acostumbrado a la buena vida *or* a una vida desahogada; **to take one's ~** (liter) reposar (frml)

ease[2] *vt*
A **1** ‹*pain*› calmar, aliviar; ‹*tension*› hacer* disminuir, aliviar; ‹*burden*› aligerar; **to ~ sb's mind** tranquilizar* a algn; **he did it to ~ his conscience** lo hizo para descargarse la conciencia; **they ~d me of a couple of hundred dollars** (hum) me aligeraron de unos doscientos dólares (hum) **2** ‹*situation*› paliar, mejorar; ‹*transition*› facilitar; **a bridge would ~ the traffic flow** un puente descongestionaría *or* haría más fluida la circulación del tráfico; **to ~ the way for sb** allanarle el camino a algn
B **1** ‹*rules/restrictions*› relajar **2** ‹*belt/rope*› aflojar
C (move with care) (+ *adv compl*): **they ~d him into the wheelchair** lo sentaron con cuidado en la silla de ruedas; **he ~d on his jacket** se puso la chaqueta con cuidado
■ **ease** *vi* **1** «*pain*» aliviarse, calmarse; «*tension*» disminuir*, decrecer* **2** «*interest rate/prices*» disminuir*, bajar **3** «*restriction*» relajarse

Phrasal verbs
• **ease off**
A [v + adv] **1** (become less severe) «*rain*» amainar; «*fever*» bajar; «*pain*» aliviarse, calmarse; «*pressure/traffic*» disminuir*; «*tension*» disminuir*, decrecer*; **things have ~d off a little at work** las cosas se han calmado un poco en el trabajo **2** (act more moderately): **he'll be dead before he's forty if he doesn't ~ off** no va a llegar a los cuarenta si sigue trabajando así *or* si no se toma las cosas con más calma; **~ off, Jim; he's only a youngster** tranquilo Jim, no es más que un chico **3** ▸**ease up 2**
B [v + prep + o] (colloq) **1** (be less severe with): **~ off the criticism a little** no critiques tanto; **~ off him or you'll break his arm!** ¡déjalo ya, que le vas a romper el brazo! **2** ‹*accelerator/brake*› soltar*, aflojarle a (fam)
• **ease up** [v + adv] **1** (relax): **you ought to ~ up at your age** a tu edad deberías tomarte las cosas con más calma; **if we ~ up now, we'll never get back on schedule** si bajamos el ritmo ahora, nunca nos pondremos al día **2** (slow down) disminuir* la velocidad, aminorar la marcha

easel /ˈiːzəl/ *n* caballete *m*

easily /ˈiːzəli || ˈiːzɪli/ *adv*
A **1** (without difficulty) fácilmente, con facilidad; **they won ~** ganaron fácilmente *or* con facilidad *or* (fam) fácil; **it's ~ done** es fácil que suceda eso; **the campsite is ~ accessible** el camping es de fácil acceso; **he's ~ persuaded/fooled** es fácil de convencer/engañar; **it's ~ obtainable** se consigue sin problemas; **driving didn't come ~ to me** aprender a manejar *or* (Esp) conducir no me fue *or* no me resultó fácil; **languages come ~ to him** tiene facilidad para los idiomas **2** (readily) ‹*break/stain/cry*› con facilidad; **you gave up much too ~** te diste por vencido demasiado pronto **3** ‹*move/speak*› con soltura
B **1** (by far) con mucho, fácil (fam), (de) lejos (AmL fam); **he's ~ the best** es fácil *or* con mucho *or* (AmL) (de) lejos el mejor; **there's ~ enough for everybody** hay de sobra para todos; **~ our worst year since 1976** con mucho nuestro peor año desde 1976 **2** (at least) por lo menos, fácil (fam), tranquilo (Méx fam); **it must have cost ~ $100** debe de haber costado por lo menos $100
C (very conceivably) perfectamente, fácilmente; **it could ~ have been me** podría haber sido yo perfectamente *or* fácilmente

easiness /ˈiːzinəs || ˈiːzɪnɪs/ *n* [u] **1** (of task) lo fácil, facilidad *f* **2** (of manner, movement) soltura *f*, naturalidad *f*

easing /ˈiːzɪŋ/ *n*: **the ~ of tension between the two countries** el relajamiento de la tensión entre los dos países; **the ~ of traffic congestion** la descongestión del tráfico; **the ~ of interest rates** la reducción de las tasas *or* los tipos de interés

east[1] /iːst/ *n* [u]
A **1** (point of the compass, direction) este *m*; **the ~, the E~** el este, el Este; **it lies to the ~ of the city** está al este de la ciudad; **the wind is blowing from** *o* **is in the ~** el viento sopla *or* viene del este *or* del Este; **~-north~** estenoreste *m*; **~-south~** estesureste *m* **2** (region): **the ~, the E~** el este; **a town in the ~ of England** una ciudad del este *or* en el este de Inglaterra
B **the East** (the Orient) (el) Oriente; (the Communist bloc) (Hist, Pol) el Este; (*before n*): **E~-West relations** las relaciones Este-Oeste
C **East** (in bridge) Este *m*

east[2] *adj* (*before n*) este *adj inv*, oriental; **~ winds** vientos *mpl* del este; **the ~ wing/door** el ala/la puerta este

east[3] *adv* al este; **the house faces ~** la casa da al *or* está orientada al este; **we took the train ~** tomamos el tren hacia el este *or* en dirección este; **~ OF sth** al este DE algo; **it is ~ of Dallas** está al este de Dallas; **back ~** (in US) en el este, en los estados del Este

East Africa *n* África *f‡* Oriental *or* del Este

eastbound /ˈiːstbaʊnd/ *adj* que va (*or* iba *etc*) en dirección este *or* hacia el este

East End *n* (in UK): **the ~ ~ (of London)** *barrio del este de Londres de tradición obrera*

Eastender /ˌiːstˈendər || ˌiːstˈendə(r)/ *n* (in UK) *persona que vive o ha nacido en el* ▸**East End**

Easter /ˈiːstər || ˈiːstə(r)/ *n* Pascua *f* (de Resurrección); (*before n*): **~ Bunny** *o* **Rabbit** conejito *m or* conejo *m* de Pascua; **~ Day** *o* **Sunday** (el) Domingo de Pascua *or* Resurrección; **~ Monday** (el) lunes de Pascua; **the ~ vacation** las vacaciones de Semana Santa; **~ week** Semana *f* Santa

Easter egg *n*
A **1** (of chocolate) huevo *m* de Pascua **2** (hard-boiled egg) huevo *m* duro, huevo *m* sancochado (Ven)
B (Comput) huevo *m* de Pascua (*sorpresa inesperada oculta en un sitio web o en un programa de aplicación*)

Easter Island *n* la Isla de Pascua

Easter lily *n* (AmE) azucena *f* blanca

easterly[1] /ˈiːstərli || ˈiːstəli/ *adj* ‹*wind*› del este; **in an ~ direction** hacia el este *or* en dirección este

easterly[2] *n* (*pl* **-lies**) viento *m* del este

eastern /ˈiːstərn || ˈiːstən/ *adj* **1** (Geog) (*before n*) oriental, este *adj inv*; **the ~ areas of the country** las zonas orientales *or* este del país; **heavy rain over ~ England** fuertes lluvias en *or* sobre el este de Inglaterra; **the ~ states** los estados del este; **E~ Europe** Europa Oriental *or* del Este **2** (oriental) ‹*appearance/custom*› oriental

Easterner, easterner /ˈiːstərnər || ˈiːstənə(r)/ *n*: *nativo o habitante del este del país o de la región*; **I'm an ~ myself** yo también soy del este

easternmost /ˈiːstərnməʊst || ˈiːstənməʊst/ *adj* (*before n*) ‹*town/island*› más al este; **the ~ tip of the island** el extremo este *or* oriental de la isla

Eastern time *n*: *hora oficial en la costa este de EEUU y de Australia*

east-facing /ˈiːstfeɪsɪŋ/ *adj* que da al este

East Indies *pl n*: **the ~ ~** las Indias Orientales

East Timor /ˈtiːmɔːr || ˈtiːmɔː(r)/ *n* Timor *m* Oriental

eastward[1] /ˈiːstwərd || ˈiːstwəd/, **eastwardly** /-li/ *adj* (*before n*): **in an ~ direction** en dirección este, hacia el este

eastward[2], (BrE) **eastwards** /-z/ *adv* ‹*travel/turn*› hacia el este; **~ OF sth** al este DE algo

easy[1] /ˈiːzi/ *adj* **-sier, -siest**
A **1** (not difficult) ‹*task/victory*› fácil; **it's an ~ problem to solve** es un problema fácil de resolver; **it's as ~ as ABC** es facilísimo *or* es un juego de niños; **it's within ~ reach of Washington** está muy cerca de Washington; **~ money** dinero *m* fácil, plata *f* fácil *or* dulce (AmS fam); **to take the ~ way out** optar por el camino fácil; **you aren't making this very ~ for me** no me lo estás poniendo muy fácil, no me estás facilitando las cosas; **that's ~ for you to say** se dice muy fácil, es fácil hablar; **I'm ~ to please** soy fácil de contentar; **she's ~ to get along with** es de trato fácil, es fácil llevarse bien con ella; **S Spanish made easy** Español sin esfuerzo **2** ‹*target/victim*› fácil; **he was ~ game** *o* (BrE) **meat for a woman like her** era fácil presa para una mujer como ella **3** (by a large margin): **she was an ~ winner** ganó sin problemas
B **1** (undemanding) ‹*life*› fácil, desahogado; **at an ~ pace** sin prisas *or* con tranquilidad; **~ terms** (Busn) facilidades *fpl* de pago; **to be ~ on the eye/ear** ser* agradable a la vista/al oído; **our prices are ~ on your pocket** nuestros precios le van bien a su bolsillo **2** (not painful): **my throat feels much easier now** me duele mucho menos la garganta ahora; **my conscience is ~** tengo la conciencia tranquila **3** (unconstrained) ‹*movement/manners*› natural, no forzado; **they chatted with ~ familiarity** charlaron con espontaneidad; **we were on ~ terms with them** estábamos en confianza con ellos
C **1** (lenient) ‹*boss/marker*› poco exigente *or* severo, indulgente, barco (Méx fam); **to be ~ ON sb** ser* poco exigente *or* severo CON algn, ser* indulgente CON algn **2** (sexually available) (sl) fácil; **she's ~** es una chica fácil; **a woman of ~ virtue** una mujer de vida airada (frml), una mujer ligera de cascos **3** (without strong opinion) (esp BrE colloq) (*pred*): **I'm ~** me da igual *or* lo mismo
D (Fin): **copper prices are easier today** hoy han cedido ligeramente los precios del cobre

easy[2] *adv*
A (without difficulty): **languages come ~ to him** tiene facilidad para los idiomas; **such skill doesn't come ~** esa habilidad no se adquiere fácilmente *or* (AmL tb) así nomás; **~ *come*, ~ *go*** así como viene se va
B **1** (slowly, calmly) despacio, con calma; **~ now, don't rush it** despacito *or* con calma *or* tranquilo, no te apresures; **~ does it** despacito (y buena letra), con calma y nos amanecemos (Méx); **to take it/things ~** tomárselo/tomarse las cosas con calma; **take it ~! there's no need to get upset** ¡cálmate! no es para ponerse así **2** (sparingly): **go ~ on** *o* **with the sugar, we don't have much left** no te pases *or* (Méx) llévatela suave con el azúcar, que queda poco (fam); **go ~ on the eye shadow** que no se te vaya la mano con la sombra de ojos **3** (leniently): **go ~ on him, he didn't mean to do it** no seas muy duro con él, no lo hizo a propósito
C (BrE) (Mil): **stand ~!** ¡descansen!, ¡en descanso!

easy-care /ˈiːziker || ˈiːzikeə(r)/ *adj* (BrE) *que necesita poca plancha, es fácil de lavar etc*

easy chair *n* sillón *m*, poltrona *f*, butaca *f*

easygoing /ˌiːziˈgəʊɪŋ/ *adj*: **she's pretty ~** es una persona de trato fácil *or* sin complicaciones; **he has an ~ attitude to life** se toma la vida con calma *or* (fam) con soda; **the new teacher is fairly ~** el profesor nuevo no es muy exigente *or* (Méx fam) es bastante barco; **when it comes to food, I'm pretty ~** en cuanto a comida, no tengo remilgos *or* soy fácil de complacer *or* (AmL tb) no soy mañoso

easy listening *n* [u] música *f* de fácil escucha

easy-peasy /ˌiːziˈpiːzi/ *adj* (BrE colloq: used to or by children) super fácil (fam), regalado (Chi, Méx, Ven fam), chupado (Esp fam), chiche (AmC fam), botado (Andes fam)

eat /iːt/ (*past* **ate**; *past p* **eaten**) *vt*
A ‹*meal/vegetables*› comer; **I don't ∼ meat** no como carne; **I won't ∼ you!** (colloq) ¡no te voy a comer!; **she ate her way through the whole cake** acabó con *or* se comió todo el pastel; ***to ∼ humble pie*** *o* ***eat dirt*** *o* (AmE) ***crow*** morder* el polvo (fam), tragarse* el orgullo; ***to ∼ sb alive*** comerse vivo a algn
B (upset, bother) (sl): **what's ∼ing her?** ¿a ésta qué le pica *or* qué bicho la picó? (fam)
■ **eat** *vi* comer; **to ∼ in/out** comer en casa/(a)fuera; **we usually ∼ at 7 o'clock** solemos cenar a las siete; **we ate off plastic plates** comimos en platos de plástico; **to ∼ Chinese/Greek** comer comida china/griega; ***∼, drink and be merry (for tomorrow we die)*** a beber y a tragar (que el mundo se va a acabar)

Phrasal verbs

- **eat away** [v + o + adv, v + adv + o] [1] «*rats/mice*» roer*; «*moths*» picar*, comerse; **the termites gradually ∼ away the inside of the tree** las termitas carcomen poco a poco el interior del árbol [2] «*acid*» corroer* [3] «*waves*» desgastar
- **eat away at** [v + adv + prep + o] [1] «*rats/mice*» roer*; «*moths*» picar*, comerse; **inflation is ∼ing away at business confidence/at people's savings** la inflación está minando la confianza de los empresarios/se está comiendo los ahorros de la gente [2] «*acid*» corroer* [3] «*sea*» desgastar
- **eat into** [v + prep + o] [1] «*acid/rust*» corroer* [2] ‹*profits/savings*› comerse
- **eat up**
A [v + o + adv, v + adv + o] (finish) ‹*meal/food*› comerse; **∼ it all up now!** ¡cómetelo todo!; **she was ∼ing him up with her eyes** se lo comía con los ojos
B [v + adv] (finish meal) terminar (de comer)
C [v + adv + o] (consume) ‹*fuel/electricity*› consumir, gastar; **these big cars really ∼ up gas** estos coches grandes sí que tragan gasolina (fam)
D [v + o + adv] (consume) «*curiosity/ambition*» consumir; **she's ∼en up with envy** la envidia la carcome, la consume la envidia; **jealousy is ∼ing him up** lo consumen *or* (fam) se lo comen los celos

eatable /ˈiːtəbəl/ *adj* pasable, comible
eat-by date /ˈiːtbaɪ/ *n* (BrE) fecha *f* de caducidad
eaten /ˈiːtn/ *past p of* **eat**
eater /ˈiːtər || ˈiːtə(r)/ *n*: **I'm a big ∼** como mucho; **she's a big ∼** es muy comilona *or* comelona, come mucho; **we're big meat ∼s** comemos mucha carne, somos muy carnívoros (hum); **I'm a fussy ∼** soy muy maniático *or* remilgoso *or* (AmL tb) mañoso para comer
eatery /ˈiːtəri/ *n* (*pl* **-ries**) (AmE colloq) restaurante *m*
eating /ˈiːtɪŋ/ *n* [u] (el) comer; **it is/makes very good ∼** es muy sabroso; (*before n*) ‹*apple*› de mesa; **∼ place** sitio *m* para comer
eating disorder *n* trastorno *m* alimentario, desorden *m* alimenticio *or* alimentario
eating irons *pl n* (hum) cubiertos *mpl*
eats /iːts/ *pl n* (colloq) comida *f*, manduca *f* (fam), morfe *m* (CS arg)
eau de Cologne /ˌəʊdəkəˈləʊn/ *n* [u] agua *f*‡ de colonia, colonia *f*
eau-de-vie /ˌəʊdəˈviː/ *n* [c u] (*pl* **eaux-de-vie** /ˈəʊ-/) aguardiente *m*
eaves /iːvz/ *pl n* alero *m*
eavesdrop /ˈiːvzdrɑːp || ˈiːvzdrɒp/ *vi* **-pp- to ∼ (ON sth/sb)** escuchar (algo/a algn) a escondidas
eavesdropper /ˈiːvzˌdrɑːpər || ˈiːvzˌdrɒpə(r)/ *n: persona que escucha las conversaciones de otros*
eavestrough /ˈiːvztrɔːf || ˈiːvztrɒf/ *n* (Can) (Archit) canaleta *f*, canalón *m* (Esp)
ebb¹ /eb/ *n* reflujo *m*; **the ∼ and flow of the tide** el flujo y reflujo (de la marea); **the tide was on the ∼** la marea estaba bajando; ***to be at a low ∼***: **their fortunes were at a low ∼** estaban de capa caída; **relations between the two countries are at a low ∼** las relaciones entre ambos países están en un punto bajo
ebb² *vi* [1] «*tide*» bajar, retroceder; **to ∼ and flow** fluir* y refluir*, ir* y venir* [2] (dwindle) decaer*, disminuir*

Phrasal verb

- **ebb away** [v + adv]: **his life was ∼ing away** se consumía poco a poco; **I felt my strength/courage ∼ing away** sentí que me abandonaban las fuerzas/que iba perdiendo el valor

ebb tide *n* reflujo *m*
EBCDIC *n* (= **Extended Binary Coded Decimal Interchange Code**) EBCDIC *m*
EBD *n* = **emotional and behavioral difficulties**
ebitda *n* (= **earnings before interest, taxes, depreciation and amortization**) ebitda *m*
Ebonics /eˈbɑːnɪks || eˈbɒnɪks/ *n* (+ *sing vb*) *variante del inglés hablada por la población negra norteamericana*

> **Ebonics**
>
> Es una especie de inglés que hablan muchos afroamericanos. Su nombre oficial es *African American Vernacular English* (*AAVE*). En 1996 en Oakland, California, fue reconocido como una lengua especial y fue aceptado en los trabajos escritos de los estudiantes. Lo mismo hicieron otros colegios, hasta que en 1998 se abandonó esta práctica ante la insistencia en que los estudiantes hablaran el inglés estándar, con el fin de conseguir mejores empleos.

ebony /ˈebəni/ *n* [1] (wood) ébano *m* [2] (tree) ébano *m* [3] ▸ℹ **p.1036** (color) color *m* (de) ébano; (*before n*) ‹*hair/skin*› negro como el ébano
e-book /ˈiːˌbʊk/ *n* libro *m* electrónico
EBU *n* (= **European Broadcasting Union**) UER *f*
ebullience /ɪˈbʊljəns || ɪˈbʌljəns, ɪˈbʊljəns/ *n* [u] (frml) vivacidad *f*, efervescencia *f*
ebullient /ɪˈbʊljənt || ɪˈbʌljənt, ɪˈbʊljənt/ *adj* ‹*person*› vivaz, efervescente, lleno de vida; **he was in an ∼ mood** estaba efervescente
e-business /ˈiːˌbɪznəs || ˈiːˌbɪznɪs/ *n* [1] [u] (world of electronic commerce) e-business *m*, negocios *mpl* electrónicos [2] [c] (firm) e-business *m*
EC *n*
A (= **European Commission**) CE *f*
B (= **European Community**) CE *f*
e-cash /ˈiːˌkæʃ/ *n* [u] dinero *m* electrónico
ECB *n* (= **European Central Bank**) BCE *m*
eccentric¹ /ekˈsentrɪk || ɪkˈsentrɪk/ *adj*
A ‹*clothes/manners*› excéntrico, extravagante; ‹*person*› excéntrico
B (Astron, Tech) excéntrico
eccentric² *n* excéntrico, -ca *m,f*
eccentrically /ekˈsentrɪkli || ɪkˈsentrɪkli/ *adv*
A ‹*behave*› de manera excéntrica *or* extravagante
B ‹*spin*› de manera excéntrica
eccentricity /ˌeksenˈtrɪsəti/ *n* (*pl* **-ties**)
A [1] [u] (of conduct) excentricidad *f*, extravagancia *f*; (of person) excentricidad *f* [2] [c] (idea, action) excentricidad *f*, extravagancia *f*
B [c u] (Astron, Tech) excentricidad *f*
Ecclesiastes /ɪˌkliːziˈæstiːz/ *n* el Eclesiastés
ecclesiastic /ɪˌkliːziˈæstɪk/, **-ical** /-ɪkəl/ *adj* eclesiástico
ECG *n* = **electrocardiogram**
echelon /ˈeʃəlɑːn || ˈeʃəlɒn/ *n*
A [c u] (Mil) escalón *m*
B [c] **echelons** *pl* (levels): **the upper ∼s of the civil service** los niveles más altos *or* las altas esferas del funcionariado (público); **the top ∼s of the armed forces** los altos mandos de las fuerzas armadas; **the higher ∼s of society** las capas más altas *or* los estratos más altos de la sociedad
echinoderm /ɪˈkaɪnədɜːrm || ɪˈkaɪnədɜːm, ˈekɪn-/ *n* equinodermo *m*
echo¹ /ˈekəʊ/ *n* (*pl* **-oes**) [1] (repeated sound) eco *m*; **the ∼ of footsteps** el eco de pasos [2] (sympathetic response) eco *m*; **to find ∼** tener* *or* encontrar* eco
echo² *vi* «*footsteps/voices*» hacer* eco, resonar*; **to ∼ WITH** *o* **TO sth**: **the room ∼ed with** *o* **to the sound of laughter** la sala resonaba *or* retumbaba con risas
■ **echo** *vt* [1] (repeat): **the mountain ∼ed (back) his shouts** la montaña le devolvía el eco de sus gritos; **do it now — now?, she ∼ed** hazlo ahora — ¿ahora? — repitió [2] (express agreement with) ‹*opinion/criticism*› hacerse* eco de [3] (recall): **their style ∼es (that of) Renaissance artists** su estilo tiene ecos renacentistas, su estilo recuerda el de los renacentistas
echo chamber *n* cámara *f* de ecos
echolocation /ˈekəʊlə(ʊ)keɪʃən/ *n* [u] ecolocación *f*
echo sounder /ˈsaʊndər || ˈsaʊndə(r)/ *n* sonda *f* acústica *or* por eco
ECJ *n* (EU) ▸**European Court of Justice**
eclair /eɪˈkler, ɪˈkler || eɪˈkleə(r), ɪˈkleə(r)/ *n: pastel individual relleno de crema,* palo *m* de nata (Esp), bomba *f* (RPl)
eclampsia /ɪˈklæmpsiə/ *n* [u] eclampsia *f*
éclat /eɪˈklɑː/ *n* esplendor *m*; **the ∼ of his debut** el éxito clamoroso de su debut
eclectic /eˈklektɪk || ɪˈklektɪk/ *adj* ecléctico
eclecticism /eˈklektəsɪzəm || ɪˈklektɪsɪzəm/ *n* [u] eclecticismo *m*
eclipse¹ /ɪˈklɪps/ *n* [1] (Astron) eclipse *m*; **total/partial ∼** eclipse total/parcial; **the sun is in ∼** el sol está eclipsado; **the sun is going into ∼** el sol está entrando en eclipse [2] (of person, institution) eclipse *m*; **to be in ∼** estar* eclipsado
eclipse² *vt* [1] (Astron) eclipsar [2] (overshadow) eclipsar
ecliptic¹ *adj* eclíptico
ecliptic² /ɪˈklɪptɪk/ *n* eclíptica *f*
eclogue /ˈeklɑːg || ˈeklɒg/ *n* égloga *f*
ecocatastrophe /ˈiːkəʊkəˌtæstrəfi/ *n* [u c] catástrofe *f* ecológica, ecocatástrofe *f*
ecoclimate /ˈiːkəʊˌklaɪmət/ *n* ecoclima *m*
eco-conscious /ˈiːkəʊˌkɑːnʃəs || ˈiːkəʊˌkɒnʃəs/ *adj* ecológicamente concientizado *or* (Esp) concienciado
Ecofin *n* (EU) (= **Economic and Financial Affairs Council**) Consejo *m* de Economía y Finanzas, Consejo *m* Ecofin
eco-friendly /ˌiːkəʊˈfrendli/ *adj* ecológico
eco-label /ˈiːkəʊˌleɪbəl/ *n* etiqueta *f* ecológica, eco(-)etiqueta *f*
eco-labeling, (BrE) **eco-labelling** /ˈiːkəʊˌleɪbəlɪŋ/ *n* [u] etiquetado *m* ecológico, eco(-)etiquetado *m*
E. Coli /iːˈkəʊlaɪ/ *n* [u] E. Coli *f*
ecological /ˌiːkəˈlɑːdʒəkəl || ˌiːkəˈlɒdʒɪkəl/ *adj* ecológico
ecological footprint *n* (Ecol) huella *f* ecológica
ecologically /ˌiːkəˈlɑːdʒɪkli || ˌiːkəˈlɒdʒɪkli/ *adv* ecológicamente; **∼, the new factories will be a disaster** (*indep*) desde el punto de vista ecológico, *or* ecológicamente hablando, las nuevas fábricas serán un desastre
ecologist /ɪˈkɑːlədʒəst || iːˈkɒlədʒɪst/ *n* [1] (student of ecology) ecólogo, -ga *m,f* [2] (conservationist) ecologista *mf*
ecology /ɪˈkɑːlədʒi || iːˈkɒlədʒi/ *n* [u] ecología *f*
ecology movement *n* movimiento *m* ecologista
e-commerce /iːˈkɑːmərs || iːˈkɒmɜːs/ *n* comercio *m* electrónico, e-comercio *m*
econometrician /ɪˌkɑːnəməˈtrɪʃən || ɪˌkɒnəməˈtrɪʃən/ *n* especialista *mf* en econometría
econometrics /ɪˌkɑːnəˈmetrɪks || ɪˌkɒnəˈmetrɪks/ *n* (+ *sing vb*) econometría *f*
economic /ˌekəˈnɑːmɪk, ˌiːk- || ˌiːkəˈnɒmɪk, ˌek-/ *adj* [1] ‹*development/growth/policy*› económico; **key ∼ indicators** los indicadores económicos claves; **∼ aid** ayuda *f* económica; **∼ forecast** previsiones *fpl* económicas; **∼ geography** geografía *f* económica; **∼ migrant** emigrante económico, -ca *m,f*; **an ∼ miracle** un milagro económico; **∼ refugee** inmigrante económico, -ca *m,f*; **∼ sanctions** sanciones *fpl* económicas; **∼ warfare** guerra *f* económica [2] (profitable) (BrE) rentable; **to charge an ∼ rent** cobrar un alquiler rentable
economical /ˌekəˈnɑːmɪkəl, ˌiːk- || ˌiːkəˈnɒmɪkəl, ˌek-/ *adj* ‹*method/appliance/style*› económico; **this car is very ∼** este coche es muy

e

e

económico; **he was being ~ with the truth** estaba diciendo verdades a medias; **try to be ~ in your use of time** trata de economizar tiempo

economically /ˌekəˈnɑːmɪkli, ˌiːk- || ˌiːkəˈnɒmɪkli, ˌek-/ *adv* 1 ‹*sound/secure*› económicamente; **~, the idea makes no sense** (*indep*) económicamente hablando *or* desde el punto de vista económico, la idea no tiene sentido 2 (thriftily) ‹*use*› de manera económica; **it is very ~ priced** tiene un precio módico *or* muy económico

Economic and Finance Committee *n* (EU) Comité *m* Económico y Financiero

Economic and Monetary Union *n* (EU) Unión *f* Económica y Monetaria

economic history *n* [u c] historia *f* económica

economics /ˌekəˈnɑːmɪks, ˌiːk- || ˌiːkəˈnɒmɪks, ˌek-/ *n* 1 (+ *sing vb*) economía *f*; **political ~** economía política 2 (financial aspect) (+ *pl vb*) aspecto *m* económico

economist /ɪˈkɑːnəməst || ɪˈkɒnəmɪst/ *n* economista *mf*

economize /ɪˈkɑːnəmaɪz || ɪˈkɒnəmaɪz/ *vi* economizar*; **to ~ ON sth** economizar* *or* ahorrar algo

■ **economize** *vt* economizar*, ahorrar

economy /ɪˈkɑːnəmi || ɪˈkɒnəmi/ *n* (*pl* **-mies**)

A [c] 1 (economic state of country) economía *f*; **the ~ is picking up** la economía se está recuperando; **the state of the ~** la situación económica 2 (economic system) economía *f*; **a mixed/market ~** una economía mixta/de mercado

B 1 [c] (saving): **to make economies** ahorrar, hacer* economía(s); **economies of scale** economías *fpl* de escala 2 [u] (thrift) economía *f*; **a model noted for its fuel ~** un modelo que (se) destaca por su bajo consumo de gasolina; **~ of language/effort** economía de lenguaje/esfuerzo; (*before n*) ‹*size*› familiar; **to fly ~ class** volar* en clase turista; **we're on an ~ drive** *o* (colloq) **kick** estamos tratando de ahorrar; **~ pack** envase *m* económico *or* familiar

economy-class syndrome /ɪˈkɑːnəmiˌklæs || ɪˈkɒnəmiˌklɑːs/ *n* [u] síndrome *m* de la clase turista

economy-size /ɪˈkɑːnəmiˌsaɪz || ɪˈkɒnəmiˌsaɪz/, **economy-sized** /-ˌsaɪzd || -ˌsaɪzd/ *adj* (de) tamaño familiar, (de) tamaño económico

ecosphere /ˈiːkəʊsfɪr || ˈiːkəʊsfɪə(r)/ *n* ecoesfera *f*

ecosystem /ˈiːkəʊˌsɪstəm/ *n* ecosistema *m*

ecoterrorism /ˈiːkəʊˌterərɪzəm/ [u] ecoterrorismo m, terrorismo *m* ecológico

ecotourism /ˈiːkəʊˌtʊrɪzəm || ˈiːkəʊˌtʊərɪzəm, -ˌtɔːr-/ *n* ecoturismo *m*, turismo *m* ecológico

ecotourist /ˈiːkəʊˌtʊrəst || ˈiːkəʊˌtʊərɪst, -ˌtɔːr-/ *n* ecoturista *mf*

eco-warrior /ˈiːkəʊˌwɔːrjər || ˈiːkəʊˌwɒrɪə(r)/ *n* activista ecológico, -ca *m,f*, ecologista *mf* militante

ecru /ˈeɪkruː/ ▸ⓘ **p.1036** *n* [u] color *m* crudo; (*before n*) color crudo *adj inv*; **~ lace** encaje color crudo

ecstasy /ˈekstəsi/ *n* [c u] (*pl* **-sies**) 1 (state) éxtasis *m*; **he was in an ~ of joy** se hallaba transportado de alegría; **she was in ~** *o* (BrE also) **ecstasies over Jane's new baby** estaba embelesada con el bebé de Jane; **he goes into ~** *o* (BrE also) **ecstasies over her poetry** se extasía cuando se pone a hablar de su poesía 2 (drug) éxtasis *m*

ecstatic /ɪkˈstætɪk/ *adj* ‹*look/expression*› extasiado, extático; ‹*applause*› clamoroso, frenético; **the team was in an ~ mood** el equipo estaba eufórico; **she's ~ about the new house** está contentísima con la nueva casa

ecstatically /ɪkˈstætɪkli/ *adv* ‹*applaud*› con gran entusiasmo; **he talked ~ about his trip** hablaba extasiado de su viaje

ECT *n* = **electroconvulsive therapy**

ectomorph /ˈektəmɔːrf || ˈektəmɔːf/ *n* ectomorfo, -fa *m,f*

ectopic pregnancy /ekˈtɑːpɪk || ekˈtɒpɪk/ *n* embarazo *m* ectópico *or* extrauterino

ectoplasm /ˈektəplæzəm/ *n* [u] ectoplasma *m*

ECU, ecu /ˈiːkjuː/ *n* (*pl* **ECUs** *or* **ecus**) (Hist) ecu *m*

Ecuador /ˈekwədɔːr || ˈekwədɔː(r)/ *n* Ecuador *m*

Ecuadorean[1] /ˌekwəˈdɔːriən/ *adj* ecuatoriano

Ecuadorean[2] *n* ecuatoriano, -na *m,f*

ecumenical /ˌekjəˈmenɪkəl || ˌiːkjuːˈmenɪkəl, ˌekjʊ-/ *adj* ecuménico

ecumenism /eˈkjuːmənɪzəm || iːˈkjuːmənɪzəm/ *n* [u] ecumenismo *m*

eczema /ɪgˈziːmə, ˈekzəmə || ˈeksɪmə/ *n* [u] eczema *m*

ed /ed/ 1 = **editor/edited by** 2 (= **edition**) Ed.

Edam /ˈiːdæm/ *n* queso *m* de bola (*holandés*)

eddy[1] /ˈedi/ *n* (*pl* **eddies**) remolino *m*, torbellino *m*

eddy[2] *vi* **eddies, eddying, eddied** «*water*» formar remolinos; «*smoke/dust*» arremolinarse

edelweiss /ˈeɪdlvaɪs/ *n* (*pl* ~) edelweiss *m*

edema, (BrE) **oedema** /ɪˈdiːmə/ *n* (*pl* **-mata** /-mətə/) edema *m*

Eden /ˈiːdn/ *n* Edén *m*; **the Garden of ~** el Paraíso Terrenal, el (jardín del) Edén

EDF *n* (= **European Development Fund**) FED *m*

edge[1] /edʒ/ *n*

A 1 [c] (cutting part) filo *m*; **to put an ~ on sth** afilar algo; **companies on the leading ~ of information technology** compañías a la vanguardia de la informática; **he'll get the rough ~ of my tongue** (colloq) me va a oír, se las voy a cantar bien claras (fam); ***to be on ~*** estar* nervioso, tener* los nervios de punta *or* a flor de piel (fam); ***to take the ~ off sth***: **her smile took the ~ off her critical remarks** su sonrisa suavizó *or* hizo menos duras sus críticas; **this will take the ~ off your appetite** esto te calmará un poco el hambre *or* (fam) te engañará el estómago 2 [u] (sharpness): **his voice had a menacing ~ to it** su voz tenía un tono amenazante; **the article lacks critical ~** el artículo no es lo suficientemente incisivo

B (advantage) ventaja *f*; **it would give us the ~ over our competitors** nos colocaría en una posición de ventaja con respecto a nuestros competidores; **he has a definite ~ over his rivals** tiene una clara ventaja sobre sus rivales; **we no longer have the ~ in quality or price** ya no tenemos la delantera ni en calidad ni en precio

C [c] 1 (border, brink) (*no pl*) borde *m*, orilla *f*; **at the water's ~** a la orilla del agua; **the car rolled over the ~** el coche se despeñó *or* se desbarrancó; **it kept us on the ~ of our seats till the end** nos tuvo en vilo *or* en tensión hasta el final 2 (of object): **the cloth had frayed at the ~s** el paño se había deshilachado en los bordes; **I laid the planks ~ to ~** coloqué las tablas lado con lado; **the coin landed on its ~** la moneda cayó de canto

edge[2] *vt*

A 1 (border): **the collar was ~d with fur** el cuello estaba ribeteado de piel; **the paper was ~d in black** el papel tenía un borde negro; **the palm trees that ~d the beach** las palmeras que bordeaban la playa 2 ‹*lawn/grass*› recortar los bordes de

B (move cautiously): **he ~d his chair closer to hers** fue acercando su silla a la de ella; **I tried to ~ her toward the door** traté de llevarla poco a poco hacia la puerta; **she ~d her way along the ledge** fue avanzando poco a poco por la cornisa; **I ~d my way along the packed corridor** me fui abriendo paso por el pasillo abarrotado de gente

C (sharpen) afilar; **a voice ~d with fear** una voz que dejaba traslucir cierto temor

D (AmE) ▸**edge out**

■ **edge** *vi* (+ *adv compl*): **to ~ forward/closer/away** ir* avanzando/acercándose/alejándose (poco a poco); **the child ~d closer to his mother** el niño se fue arrimando a su madre; **they are edging toward an agreement** poco a poco se están acercando a un acuerdo; **the pound ~d up half a cent against the dollar** la libra logró subir medio centavo con respecto al dólar

Phrasal verb

- **edge out** [v + o + adv, v + adv + o] ‹*rival/opponent*› ganarle por mano a *or* (RPl) ganarle de mano a (Chi) *or* ganarle la mano a; **they ~d the nationalists out of second place** lograron quitarles el segundo lugar a los nacionalistas

edger /ˈedʒər || ˈedʒə(r)/ *n* cortabordes *m*

edgeways /ˈedʒweɪz/ (esp AmE) **edgewise** /ˈedʒwaɪz/ *adv* de lado

edgily /ˈedʒəli || ˈedʒɪli/ *adv*: **bring it here, he said ~** —traémelo aquí —dijo con tensión en la voz

edginess /ˈedʒinəs || ˈedʒinɪs/ *n* [u] estado *m* de tensión nerviosa

edging /ˈedʒɪŋ/ *n* borde *m*; **a steel ~** un borde de acero; **the collar had an ~ of lace/ribbon** el cuello tenía puntilla alrededor/estaba ribeteado con una cinta

edging shears *pl n* tijeras *fpl* bordeadoras de césped

edgy /ˈedʒi/ *adj* tenso, con los nervios de punta *or* a flor de piel (fam)

EDI *n* = **electronic data interchange**

edible /ˈedəbəl/ *adj* 1 (safe to eat) comestible 2 (eatable) pasable, comible

edict /ˈiːdɪkt/ *n* 1 (Hist) edicto *m* 2 (order) mandato *m*, orden *f*

edification /ˌedəfəˈkeɪʃən || ˌedɪfɪˈkeɪʃən/ *n* [u] (frml) edificación *f* del espíritu (frml); **here's a copy of the boss's memo for your ~** (iro) aquí tienes una copia del memorándum del jefe para que te instruyas (iró)

edifice /ˈedəfəs || ˈedɪfɪs/ *n* (frml) edificio *m*

edify /ˈedəfaɪ || ˈedɪfaɪ/ *vt* **-fies, -fying, -fied** (frml) edificar*

edifying /ˈedəfaɪɪŋ || ˈedɪfaɪɪŋ/ *adj* edificante

Edinburgh /ˈednˌbɜːrə, -ˌbərəʊ || ˈedɪnˌbərə, -ˌbrə/ *n* Edimburgo *m*

Edinburgh Festival

Un festival internacional de tres semanas de música, teatro, danza etc., que se viene celebrando cada agosto en Edimburgo desde 1947. Muchos turistas vienen a ver las actuaciones y los conciertos, incluida la gran cantidad que no forma parte oficial del festival y que se conoce como *Edinburgh Fringe* . En la actualidad, éste se considera tan importante como el festival mismo por la originalidad y nivel de su contenido.

edit[1] /ˈedət || ˈedɪt/ *vt*

A 1 (correct) ‹*manuscript/novel*› corregir*, preparar la edición de, editar 2 (cut) recortar, cortar, editar

B ‹*movie/tape*› editar

C (manage) ‹*newspaper/magazine*› dirigir*

Phrasal verb

- **edit out** [v + o + adv, v + adv + o] suprimir, eliminar

edit[2] *n*

A (Publ) 1 (correction) revisión *f* 2 (cutting) recorte *m*

B (Audio, Cin, TV) edición *f*

editing /ˈedətɪŋ || ˈedɪtɪŋ/ *n* [u]

A (Publ) 1 (managing) redacción *f*, dirección *f* 2 (correction) corrección *f*, revisión *f*, edición *f*; (*before n*): **in the ~ stage** en la etapa de revisión *or* de preparación de la edición 3 (cutting) recorte *m*

B (Cin, TV, Audio) edición *f*

edition /ɪˈdɪʃən/ *n* 1 (book) edición *f*; **a hardback/paperback ~** una edición de pasta dura/blanda 2 (printing) edición *f*; **a revised ~** una edición corregida 3 (of newspaper) edición *f*; **the morning ~** la edición de la mañana 4 (of print, etching) edición *f*

editor /ˈedətər || ˈedɪtə(r)/ *n*

A 1 (of text) corrector, -tora *m,f* (de estilo), redactor, -tora *m,f*, editor, -tora *m,f*; (of collected works, series) editor, -tora *m,f* 2 (of newspaper, magazine) director, -tora *m,f*, redactor, -tora *m,f* responsable; **~-in-chief** redactor, -tora *m,f* jefe 3 (of movie, radio show) editor, -tora *m,f*

B (Comput) editor *m*

editorial[1] /ˌedəˈtɔːriəl || ˌedɪˈtɔːriəl/ *adj* 1 (Publ) ‹*assistant/director*› de redacción; **~ experience** experiencia *f* de corrección *or* edición de textos 2 (Journ) ‹*comment/decision/freedom*› editorial

editorial[2] *n* editorial *m*

editorialist /ˌedəˈtɔːriələst || ˌedɪˈtɔːriəlɪst/ *n* editorialista *mf*

editorialize /ˌedəˈtɔːriəlaɪz || ˌedɪˈtɔːriəlaɪz/ *vi* (AmE) editorializar*

editorially /ˌedəˈtɔːriəli || ˌedɪˈtɔːriəli/ *adv* (*indep*) desde el punto de vista editorial

editorial staff *n* (+ *sing or pl vb*) departamento *m* editorial

editorship /ˈedətərʃɪp || ˈedɪtəʃɪp/ *n* dirección *f*; **under his ~** bajo su dirección

edit suite *n* sala *f* de edición

EDP *n* (= **electronic data processing**) PED *m*

EDT (in US) = **Eastern Daylight Time**

educable /ˈedʒəkəbəl || ˈedjʊkəbəl/ *adj* educable

educate /ˈedʒəkeɪt || ˈedjʊkeɪt/ *vt* **1** (teach, school) ‹*child/pupil*› educar*; **she was ~d in France** se educó en Francia **2** (make aware) concientizar* *or* (Esp) concienciar **3** (cultivate) ‹*ear/palate*› educar*

■ **educate** *vi* educar*

educated /ˈedʒəkeɪtəd || ˈedjʊkeɪtɪd/ *adj* ‹*person/circles*› culto; ‹*ear/palate*› educado; **it was just an ~ guess** fue una conjetura hecha con cierta base; **to make an ~ guess: making an ~ guess, I'd say that ...** considerando la información de que disponemos, me atrevería a decir que ...; **in ~ speech** en el habla culta

education /ˌedʒəˈkeɪʃən || ˌedjʊˈkeɪʃən/ *n*

A (schooling, instruction) educación *f*; **primary/higher ~** enseñanza *f* primaria/superior; **their ~ was interrupted by the war** la guerra interrumpió sus estudios *or* su educación; **a liberal/technical ~** una formación liberal/técnica; **he didn't have a university ~** no tuvo *or* (frml) no cursó estudios universitarios; **meeting so many different people was an ~ in itself** conocer a tanta gente distinta fue muy instructivo de por sí; **sex ~** educación sexual; **health ~** clases *fpl* de higiene; (*before n*) ‹*system/policy*› educativo; **~ authority** (BrE) *distrito escolar y autoridades correspondientes*

B (academic subject) pedagogía *f*, (teoría *f* de la) educación *f*

C (knowledge, culture) cultura *f*; **a man of considerable/little ~** un hombre muy/poco culto

education

En EEUU la educación primaria y secundaria es proporcionada gratis por el gobierno federal nacional. Los niños empiezan formalmente el colegio a los cinco años, en un kindergarten. Éste conjuntamente con los próximos cinco o seis años de educación se conoce como ▸**elementary school**. Le siguen ya sea dos años en un junior high school, o tres años en un middle school, y luego los últimos años de educación en un ▸**high school**, hasta que se cumple 18 años. Después de esta edad la educación no es gratuita, aunque los gobiernos de cada estado subsidian la educación de las personas que viven en ellos. Alrededor del 45% de los norteamericanos sigue alguna clase de educación después de la secundaria y más del 20% se gradúa de algún instituto o universidad. En el Reino Unido, el colegio es obligatorio para los niños entre las edades de cinco y dieciséis años. La educación primaria se obtiene en un ▸**infant school** seguida de un ▸**primary school**. Después de los 11 años se empieza la educación secundaria, normalmente en un ▸**comprehensive school**. Un número más reducido asiste a los grammar schools ▸**grammar school** selectivos. Después de los 16 años, algunos estudiantes dejan el colegio, otros prosiguen hacia la ▸**further education** y otros continúan en el colegio para preparar los A levels ▸**A level - Advanced level**. Si desean acceder a la educación superior, necesitan costearse tanto los gastos de su propio mantenimiento como los de matrícula, para lo cual un gran número solicita préstamos. La mayoría de los alumnos asiste a un colegio estatal y unos pocos a los independent schools ▸**independent school**, que son de pago.

educational /ˌedʒəˈkeɪʃnəl || ˌedjʊˈkeɪʃənl/ *adj* **1** ‹*establishment*› docente, de enseñanza **2** ‹*toy*› educativo, instructivo; ‹*method*› pedagógico **3** ‹*publisher*› de libros de texto **4** (instructive) instructivo

educationalist /ˌedʒəˈkeɪʃnələst || ˌedjʊˈkeɪʃnəlɪst/ *n* pedagogo, -ga *m,f*

educationally /ˌedʒəˈkeɪʃnəli || ˌedjʊˈkeɪʃnəli/ *adv*: **such methods are ~ unsound** tales métodos carecen de una sólida base pedagógica; **an ~ subnormal child** un niño con dificultades de aprendizaje; **an ~ deprived background** un ambiente con grandes carencias educativas; **~, it makes no sense** (*indep*) desde un punto de vista pedagógico, no tiene sentido

educational psychologist *n* psicólogo, -ga *m,f* de la educación

educational psychology *n* [u] psicología *f* educativa *or* de la educación

educationist /ˌedʒəˈkeɪʃənəst || ˌedjʊˈkeɪʃənɪst/ *n* ▸**educationalist**

educative /ˈedʒəkeɪtɪv || ˈedjʊkətɪv/ *adj* educativo

educator /ˈedʒəkeɪtər || ˈedjʊkeɪtə(r)/ *n* educador, -dora *m,f*

edutainment /ˌedʒəˈteɪnmənt || ˌedjʊˈteɪnmənt/ *n* [u] *programas educativos a través de juegos*, edutainment *m*

Edwardian[1] /edˈwɔːrdiən || edˈwɔːdiən/ *adj* eduardiano

Edwardian[2] *n* eduardiano, -na *m,f*

EEA *n* (EU)

A (= **European Economic Area**) AEE *f*

B (= **European Environment Agency**) AEMA *f*

EEC *n* (= **European Economic Community**) CEE *f*

EEG *n* = **electroencephalogram**

eel /iːl/ *n* anguila *f*; ***as slippery as an ~*** escurridizo como una anguila

e'en /iːn/ *adv* (poet & arch) ▸**even**[1]

e'er /er || ˈeə(r)/ *adv* (poet & arch) ▸**ever**

eerie /ˈɪri || ˈɪəri/ *adj* **eerier, eeriest** ‹*atmosphere/silence*› extraño e inquietante; ‹*glow/house*› fantasmagórico, misterioso; ‹*cry*› sobrecogedor, estremecedor; ‹*resemblance/coincidence*› misterioso; **an ~ tale of ghosts** una historia espeluznante de fantasmas

eerily /ˈɪrəli || ˈɪərɪli/ *adv* de manera extraña e inquietante

eff /ef/ *vi*: ***to ~ and blind*** (BrE sl) decir* palabrotas, soltar* tacos (Esp fam)

efface /ɪˈfeɪs/ *vt* (frml) borrar; **to ~ sth FROM sth** borrar algo DE algo

■ *v refl*: **to ~ oneself** (frml) tratar de pasar inadvertido

effect[1] /ɪˈfekt/ *n*

A **1** (consequence) efecto *m*; **to have the desired ~** producir* el efecto deseado; **to take ~** surtir efecto; **did the treatment have any ~?** ¿surtió efecto el tratamiento?; **she's still feeling the ~s of her illness** todavía se resiente de su enfermedad; **the ~s of the recession** los efectos *or* las consecuencias de la recesión; **it has had a disastrous ~ on exports** ha tenido nefastas consecuencias para las exportaciones; **the warnings had no ~ on him at all** las advertencias no hicieron mella en él; **this will have an ~ on prices** esto afectará (a) los precios; **it had the ~ of increasing output** tuvo como resultado un aumento de la producción; **to be of little/no ~** (frml) dar* poco/no dar* resultado; **I spoke to her repeatedly about it but to no useful ~** le hablé repetidas veces del tema pero sin ningún resultado *or* sin conseguir nada **2** **in effect** de hecho, realmente **3** (phenomenon) efecto *m*; **the Doppler ~** el efecto de Doppler

B (impression) impresión *f*; **the overall ~ is one of absolute chaos** la impresión general es de un caos total; **she wore red to great ~** causó sensación vestida de rojo; **he only did it for ~** lo hizo sólo para llamar la atención

C (applicability, operation): **to remain in ~** permanecer* vigente *or* en vigor *or* en vigencia; **to come into ~, to take ~** entrar en vigor *or* en vigencia; **with ~ from June 15, it will be compulsory** a partir del 15 de junio será obligatorio; **I wish to cancel my subscription with immediate ~** quiero cancelar mi suscripción con efecto inmediato; **to give ~ to sth** (frml) hacer* efectivo algo; **to put sth into ~** poner* en práctica algo

D (meaning): **a statement was issued to the ~ that the talks had broken down** (frml) se hizo público un comunicado en el que se daba a conocer la ruptura de las negociaciones; **he disagreed and wrote me a letter to that ~** (frml) no estaba de acuerdo y me escribió para manifestármelo; **he said it wasn't true, or words to that ~** dijo que no era verdad o algo de ese tenor

E **effects** *pl* **1** (*special ~s*) (Cin, TV) efectos *mpl* especiales **2** (belongings) (frml) efectos *mpl* (frml); **personal ~s** efectos personales

effect[2] *vt* (frml) **1** ‹*reconciliation/cure*› lograr **2** ‹*plan/escape*› llevar a cabo **3** ‹*repairs*› efectuar* (frml), hacer* **4** ‹*payment/withdrawal*› efectuar* (frml), hacer*

effective /ɪˈfektɪv/ *adj* **1** (producing the desired result) ‹*method/treatment*› eficaz, efectivo; **the ~ life of sth** la vida útil de algo **2** (striking) ‹*design/contrast*› de mucho *or* gran efecto; **as a speaker, she's extremely ~** tiene grandes dotes de oradora **3** (applicable) (*pred*): **the new law becomes ~ as from December 15** la nueva ley entrará en vigor *or* en vigencia a partir del 15 de diciembre **4** (real) (*before n*) ‹*control/leader*› efectivo, real; **~ demand** demanda *f* efectiva

effectively /ɪˈfektɪvli/ *adv* **1** ‹*manage/spend*› con eficacia, eficazmente; **the cure worked extremely ~** el tratamiento surtió un efecto muy positivo *or* logró muy buenos resultados **2** ‹*contrast/decorate*› con mucho *or* gran efecto; ‹*speak*› convincentemente **3** (in effect) (*indep*) de hecho, realmente; **~, what he's saying is that ...** de hecho, lo que está diciendo es que ...

effectiveness /ɪˈfektɪvnəs || ɪˈfektɪvnɪs/ *n* [u] **1** (of plan) eficacia *f*; (of cure, treatment) eficacia *f*, efectividad *f* **2** (of color scheme, display) gran efecto *m*

effectives /ɪˈfektɪvz/ *pl n* efectivos *mpl*

effectual /ɪˈfektʃuəl/ *adj* (frml) **1** (effective) eficaz, efectivo **2** ‹*agreement/document*› válido

effectually /ɪˈfektʃuəli/ *adv* (frml) con eficacia, eficazmente

effectuate /ɪˈfektʃueɪt/ *vt* (frml) llevar a cabo, efectuar* (frml)

effeminacy /əˈfemənəsi || ɪˈfemɪnəsi/ *n* [u] afeminamiento *m*

effeminate /əˈfemənət || ɪˈfemɪnət/ *adj* afeminado

effeminately /əˈfemənətli || ɪˈfemɪnətli/ *adv* de manera afeminada

effervesce /ˌefərˈves || ˌefəˈves/ *vi* **1** (bubble) estar* en efervescencia, burbujear; (begin to bubble) entrar en efervescencia **2** «*person*» estar* eufórico

effervescence /ˌefərˈvesəns || ˌefəˈvesəns/ *n* [u] (of liquid, person) efervescencia *f*

effervescent /ˌefərˈvesənt || ˌefəˈvesənt/ *adj* **1** ‹*liquid/drink*› efervescente **2** ‹*personality*› efervescente; **to be ~** «*person*» estar* eufórico

effete /ɪˈfiːt/ *adj* **1** ‹*manners/person*› amanerado, afectado **2** ‹*civilization/institution*› decadente

efficacious /ˌefəˈkeɪʃəs || ˌefɪˈkeɪʃəs/ *adj* (frml) eficaz, efectivo

efficacy /ˈefɪkəsi/ *n* [u] (frml) eficacia *f*

efficiency /ɪˈfɪʃənsi/ *n* (*pl* **-cies**)

A [u] **1** (of person, system) eficiencia *f*; **greater energy ~** un mejor aprovechamiento de la energía; (*before n*) ‹*study/bonus*› de rendimiento **2** (Mech Eng, Phys) rendimiento *m*

B [c] **~ (apartment)** (AmE) apartamento *m* pequeño (*gen amueblado*)

efficient /ɪˈfɪʃənt/ *adj* ‹*person/system*› eficiente; ‹*machine/engine*› de buen rendimiento; **the**

e

least ~ mines las minas menos rentables

efficiently /ɪ'fɪʃəntli/ *adv* eficientemente, de manera eficiente; **they run more ~ on high-octane fuels** se logra un mejor rendimiento utilizando combustibles de alto octanaje

effigy /'efədʒi || 'efɪdʒi/ *n* (*pl* **-gies**) (statue) efigie *f*; (dummy) muñeco *m*, monigote *m*

effing[1] /'efɪŋ/ *adj* (BrE sl & euph) (*before n*): **this ~ dog** este perro de miércoles (fam & euf); **it's an ~ nuisance** es una joda (AmL) (fam *o* vulg), es un coñazo (Esp fam)

effing[2] *adv* (BrE sl & euph): **don't be so ~ stubborn** ¡no seas tan terco, caray! (fam & euf)

efflorescence /ˌeflə'resəns/ *n* [u] **1** (Bot) floración *f* **2** (flourishing state) (liter) florecimiento *m*; **a period of artistic ~** un período de florecimiento artístico **3** (Chem) eflorescencia *f*

effluent /'efluənt/ *n*

A [u c] (liquid waste) vertidos *mpl*; (sewage) aguas *fpl* residuales; **radioactive ~** vertidos radioactivos

B [c] (stream flowing from lake) (Geog) *arroyo que desagua un lago*

effort /'efərt || 'efət/ *n*

A **1** [c u] (attempt) esfuerzo *m*; **to make an ~** hacer* un esfuerzo, esforzarse*; **she made a tremendous ~ to give up smoking** hizo un gran esfuerzo *or* se esforzó mucho para dejar de fumar; **please make an ~ to get here before ten** por favor traten de *or* intenten llegar antes de las diez; **repeated ~s were made to contact him** se intentó repetidamente localizarlo; **she made little/no ~ to hide her displeasure** hizo pocos esfuerzos/no hizo ningún esfuerzo por disimular su descontento; **he simply makes no ~** el caso es que no se esfuerza en absoluto; **she couldn't even make the ~ to telephone** ni siquiera se molestó en llamar **2** [u] (exertion, strain) esfuerzo *m*; **he passed his exams without any ~** aprobó sus exámenes sin ningún esfuerzo *or* sin esforzarse; **they've put a lot of ~ into it** han trabajado *or* se han esforzado mucho en ello; **it took (a) considerable ~ to keep quiet** me resultó muy difícil callarme, tuve que hacer un gran esfuerzo para quedarme callada; **it doesn't take much ~** *o* **much of an ~ to say thank you** no cuesta tanto decir gracias; **it requires an enormous ~ of will** exige una gran fuerza de voluntad; **it's an ~ for me climb the stairs** me cuesta mucho (esfuerzo) subir la escalera; **I'd like you to help me, if it's not too much of an ~** (iro) quisiera que me ayudaras, si no es mucho pedir (iró); **it's not worth the ~** no merece *or* vale la pena

B **1** (*no pl*) (campaign, operation) campaña *f*; **the war ~** *campaña solidaria de la población civil durante una guerra* **2** [c] (achievement): **a literary/an artistic ~** una obra *or* creación literaria/artística; **what do you think of my latest ~?** (colloq) ¿qué te parece mi última obra *or* creación?; **for an amateur, that's not a bad ~** (colloq) para un aficionado, no está nada mal **3** [c u] (Phys) esfuerzo *m*

effortless /'efərtləs || 'efətlɪs/ *adj* ‹*grace*› natural; ‹*prose/style*› fluido; **an apparently ~ movement** un movimiento realizado sin esfuerzo aparente

effortlessly /'efərtləsli || 'efətlɪsli/ *adv* ‹*move/accomplish*› sin esfuerzo; (gracefully) con gracia *or* donaire

effrontery /ɪ'frʌntəri/ *n* [u] (frml) desfachatez *f*, descaro *m*; **how can she have the ~ to ask me for another loan?** ¿cómo puede tener la desfachatez de pedirme otro préstamo?

effusion /ɪ'fju:ʒən/ *n* [c u] **1** (outpouring) efusión *f* **2** (of blood, gas) efusión *f*

effusive /ɪ'fju:sɪv/ *adj* ‹*person/manner/praise*› efusivo; **she was ~ in her apologies** pidió disculpas muy efusivamente

effusively /ɪ'fju:sɪvli/ *adv* efusivamente

effusiveness /ɪ'fju:sɪvnəs || ɪ'fju:sɪvnɪs/ *n* [u] efusividad *f*

EFL *n* [u] (= **English as a foreign language**) inglés *m* para extranjeros

EFT *n* = **electronic funds transfer**

EFTA /'eftə/ *n* (*no art*) (= **European Free Trade Association**) la EFTA

EFTPOS /'eftpɑ:z || 'eftpɒz/ *n* = **electronic funds transfer point of sale**

e.g., eg (for example) p. ej. *or* vg. *or* e.g.; (in speech) por ejemplo

egad /ɪ'gæd/ *interj* (arch *or* hum) ¡pardiez! (arc)

egalitarian[1] /ɪˌgælə'teriən || ɪˌgælɪ'teəriən/ *adj* igualitario

egalitarian[2] *n* igualitario, -ria *m,f*

egalitarianism /ɪˌgælə'teriənɪzəm || ɪˌgælɪ'teəriənɪzəm/ *n* [u] igualitarismo *m*

egg /eg/ *n* huevo *m*; **a fried/boiled ~** un huevo frito *or* (Méx) estrellado/pasado por agua; **scrambled ~s** huevos revueltos *or* (Col) pericos; **poached ~s** huevos escalfados *or* (RPl) pochés; **~ beater** *n* (Culin) batidor *m* (helicopter) (AmE colloq), helicóptero *m*; **~ box** *n* huevera *f*; **~ donor** *n* donante *f* de óvulos; ***a bad ~*** (lit) un huevo podrido; (dishonest person) (colloq & dated) una mala persona; ***a good ~*** (colloq & dated) un tipo bien (fam); **he's a good ~** es buena gente (AmL), es un tipo bien (fam); ***as sure as ~s is*** *o* ***are ~s*** (BrE) como que dos y dos son cuatro; ***to have ~ on one's face*** quedar mal; ***to lay an ~*** «*hen/insect*» poner* un huevo; (make blunder) (colloq & dated) meter la pata (fam); ***to put all one's ~s in one basket*** jugárselo* todo a una carta

Phrasal verb

• **egg on** [v + o + adv, v + adv + o] incitar, azuzar*; **to ~ sb on to + INF** incitar a algn A + INF, azuzar* a algn PARA QUE + SUBJ

eggcup /'egkʌp/ *n* huevera *f*

egg custard *n* [u c] natillas *fpl*; (thicker) crema *f* pastelera; (baked) ≈ flan *m* (*sin caramelo*)

egg flip *n* [u c] ▸**eggnog**

egg foo yong /ˌfu:'jɔ:ŋ || ˌfu:'jɒŋ/ *n* egg foo yong *m*

egg fried rice *n* [u] arroz *m* frito con huevo

egghead /'eghed/ *n* (colloq) cerebro *m* (fam)

eggnog /'egnɑ:g || 'egnɒg/ *n* [u c] ponche *m* de huevo, rompón *m* *or* rompope *m* (AmC, Méx), candeal *m* (RPl), cola *f* de mono (Chi)

eggplant /'egplænt || 'egplɑ:nt/ *n* [c u] (AmE) berenjena *f*

egg roll *n* (AmE) rollito *m* (de) primavera

eggs Benedict /'benədɪkt/ *pl n* huevos *mpl* benedictinos

eggshell /'egʃel/ *n* [c u] cáscara *f* de huevo; (*before n*) ‹*paint/finish*› semimate; **~ china** *porcelana muy fina*

egg timer *n* **1** (with sand) reloj *m* de arena (*de tres minutos*) **2** (clockwork) avisador *m*

egg white *n* [c u] clara *f* de huevo

egg yolk *n* [c u] yema *f* de huevo

egis /'i:dʒəs || 'i:dʒɪs/ *n* (AmE) ▸**aegis**

eglantine /'egləntaɪn/ *n* [c u] eglantina *f*

EGM *n* = **extraordinary general meeting**

ego /'i:gəʊ 'egəʊ/ *n* (*pl* **egos**) **1** (Psych): **the ~** el yo, el ego **2** (self-regard) amor *m* propio, ego *m*; **to damage sb's ~** herir* a algn en su amor propio; **to deflate sb's ~** bajarle los humos a algn; **to boost sb's ~** alimentar el ego de algn

egocentric /ˌi:gəʊ'sentrɪk ˌeg-/ *adj* egocéntrico

egocentricity /ˌi:gəʊsen'trɪsəti ˌeg-/ *n* [u] egocentrismo *m*

egoism /'i:gəʊɪzəm 'eg-/ *n* [u] **1** (selfishness) egoísmo *m* **2** (Phil) egoísmo *m* **3** ▸**egotism 1**

egoist /'i:gəʊəst 'eg-/ *n* **1** (selfish person) egoísta *mf* **2** ▸**egotist 1**

egoistic /ˌi:gəʊ'ɪstɪk ˌeg-/, **-tical** /-tɪkəl/ *adj* **1** (selfish) egoísta **2** ▸**egotistic 1**

egomaniac /ˌi:gəʊ'meɪniæk/ *n* ególatra *mf*

egotism /'i:gətɪzəm 'eg-/ *n* [u] **1** (exaggerated feeling of self-importance) egotismo *m* **2** ▸**egoism 1**

egotist /'i:gətəst 'eg-/ *n* **1** (self-important person) egotista *mf* **2** ▸**egoist 1**

egotistic /ˌi:gə'tɪstɪk ˌegə-/, **-tical** /-tɪkəl/ *adj* **1** (self-important) egotista **2** ▸**egoistic 1**

ego-trip /'i:gəʊtrɪp 'eg-/ *vi* **-pp-** (colloq) **1** **he's ~ping again** ya se le ha vuelto a subir el ego a la cabeza (fam) **2** **ego-tripping** *pres p* ‹*pop star/speech*› ególatra

ego trip *n* (colloq): **her autobiography is simply an ~ ~** su autobiografía es un regodeo ególatra; **charity work is nothing but a big ~ ~ for her** hace obras benéficas sólo para sentirse superior

egregious /ɪ'gri:dʒəs/ *adj* (frml) mayúsculo, atroz

egress /'i:gres/ *n*

A (way out) (frml) salida *f*

B (Astron) egresión *f*

egret /'i:gret || 'i:grɪt/ *n* garceta *f*

Egypt /'i:dʒəpt || 'i:dʒɪpt/ *n* Egipto *m*

Egyptian[1] /ɪ'dʒɪpʃən/ *adj* egipcio

Egyptian[2] *n* egipcio, -cia *m,f*

Egyptologist /ˌi:dʒɪp'tɑ:lədʒəst || ˌi:dʒɪp'tɒlədʒɪst/ *n* egiptólogo, -ga *m,f*

Egyptology /ˌi:dʒɪp'tɑ:lədʒi || ˌi:dʒɪp'tɒlədʒi/ *n* egiptología *f*

eh /eɪ/ *interj* **1** (expressing interest): **so you went to Paris, ~?** así que fuiste a París ¿no?; **so you want to marry my daughter, ~?** así que se quiere casar con mi hija ¿eh? **2** (inviting agreement) ¿eh?, ¿no?; **it's not bad, ~, this paella?** no está mal esta paella ¿eh? **3** (inviting repetition) ¿eh?, ¿qué?, ¿cómo? **4** (expressing incredulity) ¿qué?

EHIC *n* (EU, Med) (= **European Health Insurance Certificate**) TSE *f*

EHO *n* = **environmental health officer**

EIB *n* = **European Investment Bank**

eider (duck) /'aɪdər || 'aɪdə(r)/ *n* eider *m*

eiderdown /'aɪdərdaʊn || 'aɪdədaʊn/ *n* **1** [c] (on bed) edredón *m* **2** [u] (feathers) plumón *m*

eight[1] /eɪt/ *n* **1** ▸ p.888, ▸ p.1465, ▸ p.1798 (number) ocho *m*; ***to have had one over the ~*** (colloq) haber* bebido de más, estar* alegre (euf); *see also* **four**[1] **2** (Sport) equipo *m*, ocho *m* (period)

eight[2] ▸ p.888, ▸ p.1465, ▸ p.1798 *adj* ocho *adj inv*; *see also* **four**[2]

eight ball *n* (in pool) bola *f* negra (*marcada con un ocho*); ***to be behind the ~ ~*** (AmE) estar* en un apuro

eighteen /eɪ'ti:n/ ▸ p.888, ▸ p.1465, ▸ p.1798 *adj/n* dieciocho *adj inv/m*

eighteenth[1] /eɪ'ti:nθ/ ▸ p.1085, ▸ p.1465 *adj* decimoctavo; *see also* **fifth**[1]

eighteenth[2] *adv* en decimoctavo lugar; *see also* **fifth**[2]

eighteenth[3] ▸ p.1085, ▸ p.1091, ▸ p.1465 *n* **1** (Math) dieciochoavo *m* **2** (part) dieciochoava parte *f* **3** (birthday): **it's her ~ today** hoy cumple dieciocho años

eightfold /'eɪtfəʊld/ *adj/adv see* **-fold**

eighth[1] /eɪtθ/ ▸ p.1085, ▸ p.1465 *adj* octavo; *see also* **fifth**[1]

eighth[2] *adv* en octavo lugar; *see also* **fifth**[2]

eighth[3] ▸ p.1085, ▸ p.1091, ▸ p.1465 *n* **1** (Math) octavo *m* **2** (part) octava parte *f*

eighth note *n* (AmE) corchea *f*

eight hundred number *n* (AmE) (Telec) *número de teléfono de llamada gratuita*

eightieth[1] /'eɪtiəθ/ ▸ p.1465 *adj* octagésimo; *see also* **fifth**[1]

eightieth[2] *adv* en octagésimo lugar; *see also* **fifth**[2]

eightieth[3] ▸ p.1091, ▸ p.1465 *n* **1** (Math) ochentavo *m* **2** (part) ochentava *or* octagésima parte *f*

eightsome reel /'eɪtsəm/ *n*: *baile popular escocés para ocho bailarines*

eighty /'eɪti/ ▸ p.888, ▸ p.1465 *adj/n* ochenta *adj inv/m*; *see also* **seventy**

eina /'aɪnə/ *interj* (SAfr colloq) ¡ay!

Eire /'erə || 'eərə/ *n* Eire *m*, Irlanda *f*

eisteddfod /aɪ'steðvɔ:d || aɪ'stedfəd, aɪ'steðvɒd, aɪ'stedfəd/ *n*: *festival galés de música y poesía*

Eisteddfod

Los *eisteddfodau* son festivales tradicionales en Gales de uno o dos días de duración, durante los cuales individuos y grupos ▸▸▸

▸▸▸
en representación de aldeas, iglesias, colegios o condados rivales compiten entre sí en la composición e interpretación de poesía, prosa y piezas musicales. El primer eisteddfod a nivel nacional se celebró en el castillo de Aberteifi-Cardigan en el año 1176. Desde 1880 el *National Eisteddfod of Wales* que dura más de una semana viene celebrándose cada agosto en una localidad distinta de Gales. Todos los eventos se celebran en galés ▸**Welsh**.

either[1] /ˈiːðər, ˈaɪðər || ˈaɪðə(r), ˈiːðə(r)/ *conj* ▸❶ **p.1451**

⚠ In the usual translation of *either ... or*, *o ... o*, *o* becomes *u* when it precedes a word beginning with *o* or *ho* .

: **either ... or ...** o ... o ...; **you can have ~ tea or coffee** puedes tomar (o) té o café; **he can't speak ~ Spanish or Italian** no sabe hablar (ni) español ni italiano; **she's ~ incredibly naive or very stupid** o (bien) es increíblemente ingenua o es estúpida; **~ your work improves or you're fired!** ¡o mejora tu trabajo o estás despedido!

either[2] *adj* 1▸ (one or the other): **you can take ~ route** puedes tomar cualquiera de las dos rutas; **the key wasn't in ~ drawer** la llave no estaba en ninguno de los dos cajones; **we don't need ~ one** no necesitamos ninguno de los dos 2▸ (each): **on ~ side of the path** a ambos lados *or* a cada lado del camino; **I have nothing in ~ box** no tengo nada en ninguna de las dos cajas

either[3] ▸❶ **p.1451** *pron* (esp BrE) cualquiera; (*with neg*) ninguno, -na; (*in questions*) alguno, -na; **~ (one) would be suitable** cualquiera (de los dos) serviría; **take ~ of the two, but not both** toma cualquiera de los dos, pero no ambos; **I couldn't wear ~ of those dresses** no podría ponerme ninguno de esos vestidos; **he doesn't get on with ~ of his parents** no se lleva bien ni con su padre ni con su madre; **does** *o* (colloq) **do ~ of you have children?** ¿alguno de ustedes (dos) tiene hijos?

either[4] *adv* (*with neg*) 1▸ tampoco; **she can't cook and he can't ~** ella no sabe cocinar y él tampoco; **he's not clever but he's not stupid ~** no es inteligente, pero tampoco es tonto 2▸ (moreover, at that): **they found a campsite, and not such a bad one ~** encontraron un camping, y no tan malo, por cierto; **and I don't have to pay a penny ~** y ni siquiera tengo que pagar nada

either-or /ˈaɪðər,ɔːr || ˈaɪðə(r),ɔː(r)/ *adj*: **it's an ~ situation** es una situación en la que hay elegir, es una situación en la que se debe tomar una decisión

ejaculate /ɪˈdʒækjəleɪt || ɪˈdʒækjʊleɪt/ *vi* (Physiol) eyacular

■ **ejaculate** *vt*

A ‹*semen*› eyacular

B (cry out) (frml) exclamar

ejaculation /ɪ,dʒækjəˈleɪʃən || ɪ,dʒækjʊˈleɪʃən/ *n*

A [u c] (Physiol) eyaculación *f*

B [c] (exclamation) (frml) exclamación *f*

eject /ɪˈdʒekt/ *vt* 1▸ ‹*customer/troublemaker*› expulsar, echar 2▸ ‹*cassette/cartridge*› expulsar 3▸ ‹*liquid/gas*› expeler

■ **eject** *vi* 1▸ (Aviat) eyectarse 2▸ «*cassette*» saltar

eject button *n* botón *m* de ejección

ejection /ɪˈdʒekʃən/ *n* [u] 1▸ (of troublemaker) expulsión *f* 2▸ (by pilot) eyección *f* 3▸ (of cassette, cartridge) expulsión *f*

ejection seat, (BrE) **ejector seat** /ɪˈdʒektər || ɪˈdʒektə(r)/ *n* asiento *m* de eyección

eke out /iːk/; [v + adv + o, v + o + adv] 1▸ (make last) ‹*resources/funds*› estirar, hacer* alcanzar 2▸ (barely obtain): **they ~ out a living from the land** a duras penas se ganan la vida trabajando la tierra

EKG *n* (AmE) ▸**ECG**

el /el/ *n* [u c] (AmE colloq) **= elevated railroad**

elaborate[1] /ɪˈlæbərət/ *adj* 1▸ ‹*decoration/design/hairstyle*› complicado, intrincado, muy elaborado 2▸ ‹*plan/arrangements*› minucioso, detallado; **in ~ detail** con todo detalle, muy minuciosamente 3▸ ‹*meal*› de mucho trabajo 4▸ ‹*joke/excuse*› rebuscado

elaborate[2] /ɪˈlæbəreɪt/ *vt* ‹*theory/plan*› elaborar, idear

■ **elaborate** *vi* dar* (más) detalles, entrar en detalles *or* explicaciones; **to ~ ON *o* UPON sth** ampliar* algo, explicar* algo en mayor detalle

elaborately /ɪˈlæbərətli/ *adv* 1▸ ‹*bow/gesticulate*› exageradamente, ampulosamente 2▸ ‹*planned*› minuciosamente, detalladamente 3▸ ‹*decorated*› muy elaboradamente; ‹*embroidered*› primorosamente

elaboration /ɪ,læbəˈreɪʃən/ *n* [u] 1▸ (of a theory, plan) elaboración *f* 2▸ (amplification): **without any ~s** sin entrar en demasiados detalles innecesarios

élan /eɪˈlɑːn/ *n* [u] (liter) ímpetu *m*, brío *m*, elán *m* (liter)

elapse /ɪˈlæps/ *vi* transcurrir, pasar

elapsed time /ɪˈlæpst/ *n* [u] tiempo *m* transcurrido

elastane /ɪˈlæsteɪn/ *n* [u] elastane *m*

elastic[1] /ɪˈlæstɪk/ *n* 1▸ [u] (Tex) elástico *m* 2▸ [c] (garter) (AmE) liga *f* 3▸ [c] (AmE) ▸**elastic band**

elastic[2] *adj* 1▸ ‹*waistband/garter*› de elástico, elástico; ‹*stocking*› elastizado, elástico 2▸ ‹*fiber/properties*› elástico 3▸ ‹*rule/definition*› elástico 4▸ ‹*demand/supply*› elástico

elasticated /ɪˈlæstəkeɪtəd || ɪˈlæstɪkeɪtɪd/ *adj* (BrE) con elástico

elastic band *n* (BrE) goma *f* (elástica), gomita *f* (RPl), liga *f* (Méx), caucho *m* (Col), elástico *m* (Chi), banda *f* elástica (Ven)

elasticity /,ɪlæsˈtɪsəti/ *n* [u] 1▸ (of fiber, substance) elasticidad *f* 2▸ (of rule, definition) flexibilidad *f*, elasticidad *f* 3▸ (of demand, supply) elasticidad *f*

elasticized /ɪˈlæstəsaɪzd || ɪˈlæstɪsaɪzd/ *adj* (AmE) elastizado

Elastoplast® /ɪˈlæstəplæst/ *n* [u] vendaje *m* elástico adhesivo

elated /ɪˈleɪtəd ɪˈleɪtɪd/ *adj* eufórico; **to be ~ AT sth** estar* eufórico POR algo; **they were in (an) ~ mood** estaban eufóricos

elation /ɪˈleɪʃən/ *n* [u] euforia *f*, júbilo *m* (liter)

Elba /ˈelbə/ *n* (la isla de) Elba *f*

Elbe /elb/ *n*: **the ~ (River)** el Elba

elbow[1] /ˈelbəʊ/ *n* 1▸ ▸❶ **p.965** (of person) codo *m*; **don't put your ~s on the table!** no pongas los codos sobre la mesa; **my sweater is going at the ~s** se me están gastando los codos del suéter; ***to give sb the ~*** (BrE colloq) deshacerse* de algn 2▸ (on river, road) recodo *m*; (in pipe) codo *m*

elbow[2] *vt* darle* un codazo a; **they were ~ing each other** se daban codazos; **I ~ed him in the face/stomach** le di un codazo en la cara/el estómago; **they ~ed us out of the way** nos apartaron a empujones; **they ~ed their way through** se abrieron paso (a codazos)

elbow grease *n* [u] (colloq): **put some ~ ~ into it!** ¡dale con más fuerza! (fam); **this place needs a bit of ~ ~** lo que hace falta aquí es una buena limpieza

elbow joint *n*

A (Anat) articulación *f* del codo

B (Tech) (in pipework) codo *m*; (joining moving parts) juntura *f* del codo

elbow pad *n* 1▸ (Clothing) (for sleeves) codera *f* 2▸ (Sport) (for protection) codera *f*, protector *m* del codo

elbow room *n* [u] espacio *m*, sitio *m*, lugar *m*; **stand back and give me some ~ ~** retírate para dejarme espacio *or* lugar *or* sitio

elbow wrestling *n* [u] ▸**arm wrestling**

elder[1] /ˈeldər || ˈeldə(r)/ *adj* 1▸ (*before n*) ‹*brother/sister*› mayor; **the ~ Miss Smith** la mayor de las señoritas Smith; **which of them is the ~?** (*as pron*) ¿cuál es el/la mayor? 2▸ (parent, ancestor): **Brueghel/Pliny the E~** Brueghel/Plinio el Viejo

elder[2] *n*

A 1▸ (older person): **she's my ~ by two years** me lleva dos años, es dos años mayor que yo; **your ~s and betters** tus mayores 2▸ (senior person): **the village/tribal ~s** los ancianos del pueblo/de la tribu; **an ~ of the literary world** un patriarca del mundo literario 3▸ (Relig) miembro *m* del consejo

B (Bot) saúco *m*

elderberry /ˈeldər,beri || ˈeldəbəri/ *n* (*pl* **-ries**) 1▸ (berry) baya *f* del saúco 2▸ **~ (tree)** saúco *m*

elderly[1] /ˈeldərli || ˈeldəli/ *adj* mayor, de edad, anciano; **an ~ lady** una señora mayor *or* de edad, una anciana; **many of the residents are ~** muchos de los residentes son mayores *or* ancianos *or* de edad

elderly[2] *pl n*: **the ~** los ancianos

elder statesman *n* veterano *m* de la política, respetada figura *f* de la política

eldest /ˈeldəst || ˈeldɪst/ *adj* (*before n*) ‹*son/sister/child*› mayor; ‹*member/employee*› de más edad; **the ~** (*as pron*) el/la mayor, el/la de más edad; **my ~ helps me with the housework** (colloq) el mayor *or* mi hijo mayor me ayuda en casa

elect[1] /ɪˈlekt/ *vt*

A (Adm, Govt) 1▸ elegir*; **if ~ed, I promise to ...** si salgo elegido, prometo ...; **he was ~ed president** lo eligieron *or* fue elegido presidente; **to ~ sb TO sth** elegir* a algn PARA algo 2▸ **elected** *past p* ‹*representative/government*› elegido (por el pueblo)

B (choose) (frml) **to ~ to + INF** optar POR + INF, decidir + INF; **they ~ed to stay in their own country** optaron por *or* decidieron quedarse en su propio país

elect[2] *adj* (*after n*): **the president ~** el presidente electo, la presidenta electa

elect[3] *pl n*: **the ~** los elegidos

electable /ɪˈlektəbəl/ *adj* elegible

election /ɪˈlekʃən/ *n* (Pol) 1▸ [c] (event) elecciones *fpl*; **the presidential/gubernatorial ~(s)** las elecciones presidenciales/para gobernador; **the ~ for general secretary** las elecciones para el cargo de secretario general; **to call/hold an ~** convocar*/celebrar elecciones; (*before n*) ‹*campaign/speech*› electoral; ‹*day/results*› de las elecciones 2▸ [u] (act) elección *f*; **the annual ~ of representatives** la elección anual de representantes

elections

En EEUU se celebran elecciones para ocupar el cargo de Presidente ▸**President**, para llenar ambas cámaras del Congreso ▸**Congress** y cargos a nivel local y estatal. Los candidatos se presentan ya sea con el apoyo del Partido Republicano ▸**Republican Party** o del Partido Demócrata ▸**Democratic Party.** El que desee presentarse como independiente, puede hacerlo elevando una petición con firmas que la apoyen. La campaña electoral es extremadamente costosa por lo que los candidatos adinerados poseen una gran ventaja. Las elecciones presidenciales se celebran cada cuatro años. A principios del año en que hay elecciones, los partidos preseleccionan a sus candidatos mediante una serie de primarias ▸**primary - primary election** celebradas en cada estado. La selección final de los candidatos para Presidente y Vicepresidente se efectúa en la convención o congreso que cada partido (*party convention*) celebra en los meses de julio y agosto. El Presidente es elegido en noviembre mediante el sistema de colegios electorales ▸**Electoral College.** Menos del 50% de norteamericanos mayores de 18 años acude a votar en las elecciones presidenciales, y un porcentaje aún menor en otras elecciones.

En el Reino Unido, las elecciones generales deben celebrarse por ley, cada cinco años. Sin embargo el Primer Ministro (*prime minister*) puede convocar a elecciones anticipadas si parece que tiene buenas posibilidades de triunfar. Siempre tienen lugar un jueves. En el Reino Unido hay 659 circunscripciones electorales (*constituencies*), cada una de las cuales elige un parlamentario ▸**MP - Member of Parliament.** El sistema electoral que se aplica es el first-past-the-post system, es decir que se ▸▸▸

▸▸▸
resulta elegido por mayoría relativa. El líder del partido que obtiene el mayor número de escaños, pasa a ser el Primer Ministro y forma el nuevo gobierno. Muchos se oponen a este sistema y sostienen que Gran Bretaña debería adoptar el de representación proporcional (*proportional representation*), como ya se ha hecho, con algunas modificaciones, para las elecciones del Parlamento Europeo y de las asambleas descentralizadas ▸**devolution**.

e

electioneer /ɪˌlekʃəˈnɪr || ɪˌlekʃəˈnɪə(r)/ *vi* hacer* campaña *or* propaganda electoral

electioneering /ɪˌlekʃəˈnɪrɪŋ || ɪˌlekʃəˈnɪərɪŋ/ *n* [u] campaña *f* electoral; **they won't keep their promises, it's just ~** no van a cumplir, éstas son sólo promesas electoralistas

elective¹ /ɪˈlektɪv/ *adj*
A **1** ‹*post/assembly*› electivo **2** ‹*powers/body*› electoral
B (optional) ‹*course/subject*› optativo

elective² *n* optativa *f*

elector /ɪˈlektər || ɪˈlektə(r)/ *n*
A (Govt) **1** (voter) elector, -tora *m,f* **2** (member of electoral college) miembro *mf* de un colegio electoral, compromisario, -ria *m,f*
B (Hist) elector *m*

electoral /ɪˈlektərəl/ *adj* (*usu before n*) ‹*system/reform*› electoral; **~ register** *o* **roll** padrón *m* (AmL) *or* (Esp) censo *m or* (Chi, Ven) registro *m or* (Col) planilla *f* electoral

electoral college *n* colegio *m* electoral

Electoral College

Es el sistema adoptado por los EEUU para elegir Presidente y Vicepresidente, mediante el cual los votantes de cada estado eligen a compromisarios (*electors*) que conforman los colegios electorales, los que a su vez se comprometen a votar por un determinado candidato. Todos los votos de un estado van a un candidato. Sólo 270 votos (*electoral college votes*) se necesitan para obtener la victoria, todo lo cual significa que el Presidente puede ser elegido sin obtener la mayoría del voto popular.

electorally /ɪˈlektərəli/ *adv* ‹*damaging/advantageous*› desde un punto de vista electoral; **~, it would be disastrous** (*indep*) en términos electorales, sería desastroso

electorate /ɪˈlektərət/ *n* (+ *sing or pl vb*) electorado *m*

electric /ɪˈlektrɪk/ *adj*
A ‹*current/motor/shaver*› eléctrico; ‹*fence*› electrificado; ‹*guitar/piano*› eléctrico; **is the heating gas or ~?** ¿la calefacción es eléctrica o a gas?; **~ bill** (AmE) cuenta *f or* recibo *m* de la electricidad *or* (fam) de (la) luz; **~ circuit** circuito *m* eléctrico; **~ fire** (BrE) estufa *f* eléctrica, calentador *m* eléctrico; **~ kettle** hervidor *m* (de agua) eléctrico, pava *f* eléctrica (esp RPl), tetera *f* eléctrica (Andes), caldera *f* eléctrica (Ur); **it has ~ windows** tiene elevalunas eléctrico
B ‹*performance/personality*› electrizante; **the atmosphere was ~** el ambiente era electrizante *or* estaba cargado de electricidad

electrical /ɪˈlektrɪkəl/ *adj* eléctrico; **~ failure** falla *f* eléctrica *or* (Esp) fallo *m* eléctrico; **~ tape** cinta *f* aislante *or* (RPl) aisladora, huincha *f* aisladora (Chi); **~ wiring** instalación *f* eléctrica

electrical engineer *n* técnico, -ca *m,f* electricista; (with university degree) ingeniero electrotécnico, ingeniera electrotécnica *m,f*, ingeniero eléctrico, ingeniera eléctrica *m,f*

electrical engineering *n* [u] electrotecnia *f*; (at university) ingeniería *f* eléctrica

electrically /ɪˈlektrɪk(ə)li/ *adv* eléctricamente, con electricidad; **it's ~ operated** funciona eléctricamente *or* con electricidad; **~ charged clouds/particles** nubes *fpl* /partículas *fpl* cargadas de electricidad

electrical storm *n* tormenta *f* eléctrica

electric blanket *n* manta *f or* (AmL exc CS) cobija *f or* (CS) frazada *f* eléctrica

electric-blue /ɪˌlektrɪkˈbluː/ ▸**i** **p.1036** *adj* (*pred* **electric blue**) azul eléctrico *adj inv*

electric blue ▸**i** **p.1036** *n* [u] azul *m* eléctrico

electric chair *n* silla *f* eléctrica

electric eel *n* anguila *f* eléctrica

electric eye *n* célula *f* fotoeléctrica

electrician /ˌɪlekˈtrɪʃən/ *n* electricista *mf*

electricity /ɪˌlekˈtrɪsəti/ *n* [u]
A (Phys) electricidad *f*; **it runs on ~** funciona con *or* (AmL) a electricidad; **is the ~ turned off/on?** ¿está desconectada/conectada la corriente?; (*before n*): **~ bill** (BrE) cuenta *f or* recibo *m* de la electricidad *or* (fam) de (la) luz; **~ supply** suministro *m* eléctrico
B (emotional excitement) electricidad *f*

electric ray *n* torpedo *m*

electrics /ɪˈlektrɪks/ *pl n* (BrE) (of car, washing machine) sistema *m* eléctrico; (of house) instalación *f* eléctrica

electric shock *n* [c u] descarga *f* eléctrica; **I got an ~ ~** recibí *or* me dio una descarga eléctrica; (*before n*): **~ ~ treatment** (tratamiento *m* de) electrochoque *m or* electroshock *m*

electric storm *n* (BrE) ▸**electrical storm**

electrification /ɪˌlektrəfəˈkeɪʃən || ɪˌlektrɪfɪˈkeɪʃən/ *n* [u] electrificación *f*

electrify /ɪˈlektrəfaɪ || ɪˈlektrɪfaɪ/ *vt* **-fies, -fying, -fied**
A **1** ‹*wire/circuit*› electrificar* **2** (Rail) electrificar*
B (excite, thrill) electrizar*

electrifying /ɪˈlektrəfaɪɪŋ || ɪˈlektrɪfaɪɪŋ/ *adj* electrizante

electrocardiogram /ɪˌlektrəʊˈkɑːrdiəɡræm || ɪˌlektrəʊˈkɑːdiəɡræm/ *n* electrocardiograma *m*

electrocardiograph /ɪˌlektrəʊˈkɑːrdiəɡræf || ɪˌlektrəʊˈkɑːdiəɡrɑːf/ *n* electrocardiógrafo *m*

electrochemistry /ɪˈlektrəʊˌkemɪstri/ *n* [u] electroquímica *f*

electroconvulsive /ɪˌlektrəʊkənˈvʌlsɪv/ *adj*: **~ therapy** terapia *f* de electroshock *or* electrochoque, electroshock *m*, electrochoque *m*

electrocute /ɪˈlektrəkjuːt/ *vt* **1** (accidentally) electrocutar; **be careful! you'll ~ yourself!** ¡cuidado! ¡te vas a electrocutar! **2** ‹*criminal*› ejecutar en la silla eléctrica

electrocution /ɪˌlektrəˈkjuːʃən/ *n* [u c] electrocución *f*; **he was sentenced to death by ~** lo condenaron a (morir en) la silla eléctrica

electrode /ɪˈlektrəʊd/ *n* electrodo *m*

electroencephalogram /ɪˌlektrəʊɪnˈsefələɡræm/ *n* electroencefalograma *m*

electroencephalograph /ɪˌlektrəʊɪnˈsefələɡræf || ɪˌlektrəʊɪnˈsefələɡrɑːf/ *n* electroencefalógrafo *m*

electrolysis /ɪˌlekˈtrɑːləsɪs || ˌɪlekˈtrɒləsɪs/ *n* [u] electrólisis *f*

electrolyte /ɪˈlektrəlaɪt/ *n* [c u] electrolito *m*

electrolyze /ɪˈlektrəlaɪz/ *vt* electrolizar*

electromagnet /ɪˌlektrəʊˈmæɡnət || ɪˌlektrəʊˈmæɡnɪt/ *n* electroimán *m*

electromagnetic /ɪˌlektrəʊmæɡˈnetɪk/ *adj* electromagnético

electromechanical /ɪˌlektrəʊməˈkænɪkəl || ɪˌlektrəʊmɪˈkænɪkəl/ *adj* electromecánico

electrometer /ɪˌlekˈtrɑːmətər || ɪˌlekˈtrɒmɪtə(r)/ *n* electrómetro *m*

electromotive force /ɪˌlektrəʊˈməʊtɪv/ *n* [u] fuerza *f* electromotriz

electron /ɪˈlektrɑːn || ɪˈlektrɒn/ *n* electrón *m*

electron beam *n* haz *m* de electrones

electron gun *n* cañón *m* de electrones

electronic /ɪˌlekˈtrɑːnɪk || ˌɪlekˈtrɒnɪk/ *adj* ‹*circuit/equipment/music*› electrónico; **~ counter measures** sistema *m* de contramedidas electrónicas; **~ data processing** procesamiento *m* electrónico de datos; **~ fund transfer** transferencia *f* electrónica de fondos; **~ media** medios *mpl* de comunicación electrónicos; **~ money** dinero *m* electrónico; **~ office** oficina *f* computerizada *o* electrónica; **~ publishing** edición *f* electrónica; **~ surveillance** vigilancia *f* por medios electrónicos; **~ tag** etiqueta *f* de control electrónico; **~ tagging** (for merchandise) etiquetado *m* electrónico; (for people) monitoreo *m* electrónico a distancia (*mediante pulsera magnética o brazalete electrónico*); (for animals, birds) marcación *f* electrónica

electronically /ɪˌlekˈtrɑːnɪkli || ˌɪlekˈtrɒnɪkli/ *adv* electrónicamente

electronic cash *n* [u] dinero *m* electrónico

electronic engineer *n* ingeniero electrónico, ingeniera electrónica *m,f*

electronic engineering *n* [u] ingeniería *f* electrónica

electronic eye *n* ojo *m* electrónico

electronic mail *n* [u] correo *m* electrónico

electronic organizer *n* agenda *f* electrónica

electronic pointer *n* puntero *m* electrónico

electronics /ɪˌlekˈtrɑːnɪks || ˌɪlekˈtrɒnɪks/ *n* **1** (subject) (+ *sing vb*) electrónica *f*; (*before n*) ‹*industry*› electrónico; ‹*manufacturer*› de productos electrónicos **2** (circuitry) (+ *sing or pl vb*) sistema *m* electrónico

electronic tag *also*, **electronic monitoring tag** *n* (Law) (on wrist) pulsera *f* telemática; (on ankle) tobillera *f* telemática

electron microscope *n* microscopio *m* electrónico

electron volt *n* electronvoltio *m*

electroplate /ɪˈlektrəpleɪt/ *vt* (with silver) galvanoplatear, platear mediante electrólisis; (with gold) electrodorar, dorar mediante electrólisis

electroshock therapy /ɪˈlektrəʊʃɑːk || ɪˈlektrəʊʃɒk/ *n* [c u] (*pl* **-pies**) terapia *f* de electroshock *or* electrochoque, electroshock *m*, electrochoque *m*

electrostatic /ɪˌlektrəʊˈstætɪk/ *adj* (*before n*) electrostático

electrotherapy /ɪˌlektrəʊˈθerəpi/ *n* [c u] (*pl* **-pies**) electroterapia *f*

elegance /ˈelɪɡəns/ *n* [u] elegancia *f*

elegant /ˈelɪɡənt/ *adj* ‹*person/clothes*› elegante; **you're looking very ~** estás muy elegante

elegantly /ˈelɪɡəntli/ *adv* ‹*dress/move/speak*› con elegancia, elegantemente; **an ~ proportioned apartment** un apartamento de elegantes proporciones

elegiac /ˌeləˈdʒaɪək || ˌelɪˈdʒaɪək/ *adj* **1** (Lit) elegíaco **2** (nostalgic) (liter) elegíaco (liter)

elegiacs /ˌeləˈdʒaɪəks || ˌelɪˈdʒaɪəks/ *pl n* versos *mpl* elegíacos

elegy /ˈelədʒi/ *n* (*pl* **-gies**) elegía *f*

element /ˈeləmənt || ˈelɪmənt/ *n*
A **1** (component part) elemento *m*; **it may be an ~ in her decision** puede que haya sido un elemento *or* factor que influyera en su decisión; **the ~ of surprise** el factor sorpresa **2** (small amount): **an ~ of chance/doubt/sarcasm** algo de suerte/duda/sarcasmo; **there's an ~ of truth in what he says** hay algo de verdad en lo que dice **3** (distinct group of people) elemento *m*, grupo *m*; **lawless/extremist ~s in society** elementos *mpl* rebeldes/extremistas de la sociedad **4** **elements** *pl* (rudiments): **the basic ~s of self-defense** los principios elementales de la defensa personal; **we have the ~s of an agreement/a solution** tenemos las bases de un acuerdo/una solución
B **1** (Chem) elemento *m* **2** (earth, air, fire, water) elemento *m*; **the four ~s** los cuatro elementos
C **elements** *pl* (weather) (liter): **the ~s** los elementos; **to brave the ~s** enfrentarse a (la furia de) los elementos
D (preferred environment) elemento *m*; **politics/the outdoors is her natural ~** la política/la vida al aire libre es lo suyo *or* es su elemento; **to be in one's ~** estar* en su (*or* mi *etc*) elemento, estar* como pez en el agua
E (of kettle, heater) resistencia *f*, elemento *m* (CS)
F **elements** *pl* (Relig): **the ~s** las especies euca-

rísticas *or* sacramentales

elemental /ˌeləˈmentl || ˌelɪˈmentl/ *adj* (*usu before n*)
A (violent, primitive) ‹*forces*› de la naturaleza; ‹*feelings/fears*› primario
B (Chem) elemental

elementary /ˌeləˈmentəri || ˌelɪˈmentri/ *adj* **1** ‹*arithmetic/exercises/course*› elemental, básico; ~ **education** enseñanza *f* primaria; ~ **teacher** (in US) maestro, -tra *m,f* de enseñanza primaria **2** (basic) ‹*rules/principles/knowledge*› elemental, básico, fundamental; **it would only be ~ good manners** sería de elemental cortesía; **~, my dear Watson** (set phrase) elemental, mi querido Watson (fr hecha)

elementary particle *n* partícula *f* elemental

elementary school *n* (AmE) escuela *f* (de enseñanza) primaria

> **elementary school**
> También grade school. En EEUU, un colegio de enseñanza primaria dirigido a niños de edades comprendidas entre seis y doce o trece años.

elephant /ˈeləfənt || ˈelɪfənt/ *n* **1** elefante, -ta *m,f*; **a baby ~** una cría de elefante, un elefantito (fam); **a bull ~** un elefante macho; **a cow ~** un elefante hembra, una elefanta; **she's like an ~, she never forgets** tiene una memoria de elefante; **to hunt ~** cazar* elefantes; ***to see pink ~s*** (colloq & dated) ver* doble (fam), ver* diablos azules (Andes fam) **2** (in US) (Pol): **the ~** *símbolo del partido republicano de los EEUU*

elephantiasis /ˌeləfənˈtaɪəsəs || ˌelɪfənˈtaɪəsɪs/ *n* [u] elefantiasis *f*

elephantine /ˌeləˈfæntiːn || ˌelɪˈfæntaɪn/ *adj* **1** (clumsy) ‹*movements/step*› torpe, de paquidermo, de elefante **2** (huge) mastodóntico

elephant seal *n* elefante *m* marino

elevate /ˈeləveɪt || ˈelɪveɪt/ *vt* **1** (promote) **to ~ sth/sb TO sth: to ~ sb to the peerage** conceder a algn el título de lord/lady; **the archbishop was ~d to cardinal** el arzobispo fue elevado a la dignidad de cardenal; **he's been ~d to the position of manager** (hum) lo han ascendido a director **2** (improve, uplift) (frml) ‹*spirit*› elevar; **to ~ the mind** ser* edificante **3** (raise) ‹*load/platform*› elevar (frml), subir

elevated[1] /ˈeləveɪtəd || ˈelɪveɪtɪd/ *adj*
A **1** ‹*thoughts/language/style*› elevado **2** ‹*position/status*› elevado
B ‹*platform/highway*› elevado

elevated[2] *n* [u c] (AmE colloq) ▸**elevated railroad**

elevated railroad *n* [u c] (AmE) ferrocarril *m* elevado

elevation /ˌeləˈveɪʃən || ˌelɪˈveɪʃən/ *n*
A [u] (promotion) ascenso *m*; **his ~ to the peerage surprised many people** el hecho de que le concedieran el título de lord sorprendió a mucha gente
B [c] (angle) elevación *f*; **the angle of ~** el ángulo de elevación
C [c] **1** (altitude) altura *f*, altitud *f*; **at an ~ of 400m above sea level** a 400m de altura *or* de altitud sobre el nivel del mar **2** (high place, hill) (frml) elevación *f* (del terreno)
D [c] (scale drawing) alzado *m*; **the front ~ of the house** la fachada de la casa
E [u] (of thought, style) lo elevado
F (Relig) elevación *f*; **the ~ of the Host** la elevación del Santísimo Sacramento

elevator /ˈeləveɪtər || ˈelɪveɪtə(r)/ *n*
A **1** (for passengers) (AmE) ascensor *m*, elevador *m* (Méx); **to take the ~** tomar el ascensor *or* (Méx) el elevador **2** (for goods) elevador *m*, montacargas *m*
B (granary) elevador *m* de granos
C (Aviat) timón *m* de profundidad

elevator shoes *pl n* zapatos *mpl* con plataforma

eleven[1] /ɪˈlevən/ *n* **1** ▸❶ **p.888**, ▸❶ **p.1465**, ▸❶ **p.1798** (number) once *m* **2** (in soccer, field hockey) equipo *m*, once *m* (period)

eleven[2] ▸❶ **p.888**, ▸❶ **p.1465**, ▸❶ **p.1798** *adj* once *adj inv*

eleven-plus /ɪˌlevənˈplʌs/ *n* (formerly, in UK) *examen de ingreso para acceder a un,* ▸**grammar school 2**

elevenses /ɪˈlevənzəz || ɪˈlevənzɪz/ *n* [u] (BrE colloq) (+ *sing or pl vb*) *tentempié de media mañana*, medias nueves *fpl* (Col), almuerzo *m* (Esp, Méx)

eleventh[1] /ɪˈlevənθ/ ▸❶ **p.1085**, ▸❶ **p.1465** *adj* undécimo; *see also* **fifth**[1]

eleventh[2] *adv* en undécimo lugar; *see also* **fifth**[2]

eleventh[3] ▸❶ **p.1085**, ▸❶ **p.1091**, ▸❶ **p.1465** *n* **1** (Math) onceavo *m* **2** (part) onceava parte *f*

eleventh hour *n*: **at the ~ ~** en el *or* a último momento; (*before n*): **eleventh-hour attempt** intento *m* de última hora *or* de último momento

elf /elf/ *n* (*pl* **elves**) geniecillo *m*, elfo *m*

elfin /ˈelfən || ˈelfɪn/ *adj* menudo y delicado

Elgin Marbles /ˈelgɪn/ *pl n*: **the ~ ~** los mármoles del Partenón

elicit /ɪˈlɪsət || ɪˈlɪsɪt/ *vt* ‹*laughter/smile*› provocar*; **to ~ sth (FROM sb)** ‹*explanation/information/reply*› obtener* algo (DE algn); **the speech ~ed a hostile response from the audience** el discurso provocó *or* suscitó una reacción hostil por parte del público

elide /ɪˈlaɪd/ *vt* ‹*vowel/ending*› elidir

eligibility /ˌelədʒəˈbɪləti || ˌelɪdʒəˈbɪləti/ *n* [u] **1** (right, qualification): **the rules governing ~ for benefits** el reglamento que establece los requisitos necesarios para tener derecho a las prestaciones; **they challenged his ~ to stand for election** cuestionaron si reunía los requisitos para presentarse a las elecciones **2** (suitability for job, rank) idoneidad *f* **3** (in US football) *derecho a recibir un pase adelantado*

eligible /ˈelədʒəbəl || ˈelɪdʒəbəl/ *adj* **1** ‹*applicant/candidate*› que reúne los requisitos necesarios; **to be ~ FOR sth: he's ~ for a grant** tiene derecho a solicitar una beca; **retired employees remain ~ for ...** los empleados jubilados siguen teniendo derecho a ...; **he's now legally ~ for US citizenship** ahora cumple con *or* reúne los requisitos legales para solicitar la ciudadanía americana; **~ to + INF: you will become ~ to join the club on reaching the age of 18** al cumplir 18 años podrás hacerte socio del club; **employees are not ~ to enter the competition** los empleados no pueden participar en el concurso **2** (suitable) idóneo; **an ~ bachelor** un buen partido; **Hollywood's most ~ bachelor** el soltero más cotizado de Hollywood; **to be ~ FOR sth: she's eminently ~ for promotion** es firme candidata a un ascenso

eliminate /ɪˈlɪmənert || ɪˈlɪmɪneɪt/ *vt*
A **1** ‹*problem/danger/need*› eliminar; **to ~ sth FROM sth** eliminar algo DE algo **2** ‹*possibility/alternative/suspect*› descartar
B **1** ‹*team/competitor*› eliminar **2** (Math) eliminar **3** (Physiol) ‹*waste/poisons*› eliminar
C (kill) (euph) eliminar (euf)

elimination /ɪˌlɪməˈneɪʃən || ɪˌlɪmɪˈneɪʃən/ *n* [u]
A **1** (getting rid of) eliminación *f* **2** (ruling out) descarte *m*; **by a process of ~** por (un proceso de) eliminación *or* descarte
B **1** (Sport) eliminación *f*; (*before n*) ‹*round/contest*› eliminatorio **2** (Math) eliminación *f* **3** (Physiol) eliminación *f*

eliminator /ɪˈlɪməneɪtər || ɪˈlɪmɪneɪtə(r)/ *n* (BrE) eliminatoria *f*

elision /ɪˈlɪʒən/ *n* [u c] (Ling) elisión *f*

elite[1] /eɪˈliːt ɪ-/ *n* (+ *sing or pl vb*) elite *f*, élite *f*

elite[2] *adj* (*before n*) ‹*group/team*› selecto, de elite *or* élite

elitism /eɪˈliːtɪzəm ɪ-/ *n* [u] elitismo *m*

elitist[1] /eɪˈliːtəst, ɪ- || eɪˈliːtɪst, ɪ-/ *adj* elitista

elitist[2] *n* elitista *mf*

elixir /ɪˈlɪksər || ɪˈlɪksɪə(r)/ *n* elixir *m*

Elizabethan /ɪˌlɪzəˈbiːθən/ *adj* isabelino

elk /elk/ *n* (*pl* **~s** *or* **~**) **1** (European animal) alce *m* **2** (American animal) uapití *m*

ellipse /ɪˈlɪps/ *n* (Math) elipse *f*

ellipsis /ɪˈlɪpsəs || ɪˈlɪpsɪs/ *n* (*pl* **-ses** /-siːz/) **1** [u c] (Ling) (omission) elipsis *f* **2** [c] (in punctuation) puntos *mpl* suspensivos

ellipsoid /ɪˈlɪpsɔɪd/ *n* elipsoide *m*

elliptical /ɪˈlɪptɪkəl/ *adj*
A (Math) elíptico
B ‹*style/answer/remark*› elíptico

> **Ellis Island**
> Una pequeña isla en la bahía de Nueva York. Fue el lugar de entrada oficial a EEUU para la mayoría de los inmigrantes entre 1891 y 1943. Alrededor de 20 millones de personas ingresaron por allí

elm /elm/ *n* **1** [c] **~ (tree)** olmo *m* **2** [u] (wood) (madera *f* de) olmo *m*

elocution /ˌeləˈkjuːʃən/ *n* [u] dicción *f*, elocución *f*

elongate /iːˈlɔːŋgeɪt || ˈiːlɒŋgeɪt/ *vt* alargar*

elongated /iːˈlɔːŋgeɪtəd || ˈiːlɒŋgeɪtɪd/ *adj* alargado

elongation /iːˌlɔːŋˈgeɪʃən || ˌiːlɒŋˈgeɪʃən/ *n* [u c] alargamiento *m*

elope /ɪˈləʊp/ *vi* fugarse* (*con un amante, novio para casarse*)

elopement /ɪˈləʊpmənt/ *n* [u] fuga *f* (*con un amante, novio para casarse*)

eloquence /ˈeləkwəns/ *n* [u] elocuencia *f*

eloquent /ˈeləkwənt/ *adj* **1** ‹*speaker/speech*› elocuente **2** ‹*proof/look*› elocuente

eloquently /ˈeləkwəntli/ *adv* ‹*speak/describe*› con elocuencia, elocuentemente; **she sighed ~** suspiró de manera elocuente

El Salvador /ˌelˈsælvədɔːr || ˌelˈsælvədɔː(r)/ *n* El Salvador

else /els/ *adv*
A (*after pron*): **all ~** todo lo demás; **if all ~ fails** si todo lo demás falla, como último recurso; **was there anybody ~ there?** ¿estaba alguien más?; **anybody ~ would have just paid and left** cualquier otra persona habría pagado y se habría ido; **I never drink anything ~** nunca bebo otra cosa; **I can't think of anything ~** no se me ocurre nada más; **will there be anything ~, madam?** ¿algo más *or* alguna otra cosa, señora?; **anywhere ~ would be a comedown after Paris** cualquier otro lugar sería un bajón tremendo después de París; **is there anywhere ~ you might have left it?** ¿podrías haberlo dejado en otro sitio?; **why can't you be like everybody ~?** ¿por qué no puedes ser como los demás *or* como todo el mundo?; **everybody ~ knew the answer** todos los demás sabían la respuesta; **everything ~** todo lo demás; **I've looked everywhere ~** he buscado en todos los demás sitios *or* en todas partes menos aquí/allí; **there's little ~** *o* **not much ~ we can do** no podemos hacer mucho más; **nobody ~** *o* **no one ~** nadie más; **I have nothing ~ to say** no tengo nada más que decir; **they do nothing ~ besides watch television** no hacen más que ver la televisión, aparte de ver la televisión, no hacen otra cosa; **if nothing ~, he keeps the children amused** aunque no haga otra cosa, mantiene entretenidos a los niños; **they have nowhere ~ to go** no tienen ningún otro sitio *or* lugar adonde ir; **somebody** *o* **someone ~** otro, otra persona; **something ~** otra cosa; **let's go somewhere ~** vamos a otro sitio *or* lugar *or* lado; **whoever ~ you invite, you mustn't forget Susan** invites a quien invites, no te vayas a olvidar de Susan
B (with interrog): **what ~ did he say?** ¿qué más dijo?; **what ~ can you expect from her?** ¿qué otra cosa se puede esperar de ella?; **when ~ could you come?** ¿qué otro día/a qué otra hora podrías venir?; **who ~ knows?** ¿quién más lo sabe?; **who ~ but a mother would have done it?** ¿quién sino una madre lo habría hecho?; **why ~ do you think he lent you the money?** ¿por qué otro motivo *or* por qué si no te crees que te prestó el dinero?
C **or else** (*as conj*) si no, de lo contrario; **do**

e

something about it, or ~ stop complaining haz algo, o si no *or* o de lo contrario, deja de quejarte; **do as I tell you or ~ ... !** ¡haz lo que te digo o vas a ver *or* o ya verás!, ¡haz lo que te digo porque si no ... !

elsewhere /'elshwer || 'elswea(r)/ *adv*: **to go/look ~** ir* a/mirar en otro sitio *or* lugar; **~ in the book** en otra parte del libro; **~ in Europe** en otras partes *or* otros lugares de Europa; **sorry, my mind was ~** perdone, estaba distraído *or* no estaba prestando atención

elucidate /ɪ'lu:sədeɪt || ɪ'lu:sɪdeɪt/ *vt* ‹*theory/point*› dilucidar, aclarar; ‹*mystery/incident*› esclarecer*

■ **elucidate** *vi*: **allow me to ~** permítame aclararlo

elucidation /ɪˌlu:sə'deɪʃən || ɪˌlu:sɪ'deɪʃən/ *n* [u] 1 (of text, theory) dilucidación *f*, aclaración *f* 2 (of mystery) esclarecimiento *m*

elude /i:'lu:d || ɪ'lu:d/ *vt* ‹*enemy/journalists/creditors*› (avoid) eludir; (escape from) escaparse de; **success ~d him** el éxito le era esquivo; **it ~s me** *o* **it ~s my comprehension how they get away with it** no acierto a comprender cómo logran salirse con la suya; **the title ~s me for the moment** en este momento no puedo recordar el título; **his style ~s categorization** su estilo escapa a toda clasificación

elusive /i:'lu:sɪv || ɪ'lu:sɪv/ *adj* 1 ‹*enemy/prey*› escurridizo, difícil de aprehender 2 ‹*personality/person*› esquivo 3 ‹*goal/agreement*› difícil de alcanzar 4 ‹*memory*› fugaz

elusively /i:'lu:sɪvli || ɪ'lu:sɪvli/ *adv* de manera esquiva

elusiveness /i:'lu:sɪvnəs || ɪ'lu:sɪvnɪs/ *n* [u] 1 (of criminal, prey) lo escurridizo 2 (of happiness) lo esquivo; (of goal) lo difícil de alcanzar 3 (of memory) fugacidad *f* 4 (of concept, meaning) dificultad *f*

elver /'elvər || 'elvə(r)/ *n* angula *f*

elves /elvz/ *pl of* **elf**

Elysian Fields /ɪ'lɪziən/ *pl n*: **the ~ ~** los Campos Elíseos

Elysium /ɪ'lɪziəm/ *n* (*no art*) el Elíseo

emaciated /ɪ'meɪʃieɪtəd || ɪ'meɪsieɪtɪd, ɪ 'meɪʃi-/ *adj* ‹*person/animal*› escuálido; ‹*body/face*› consumido, descarnado

emaciation /ɪˌmeɪʃi'eɪʃən || ɪˌmeɪsi'eɪʃən, ɪ ˌmeɪʃi-/ *n* [u] extrema delgadez *f*, escualidez *f*

e-mail¹ /'i:meɪl/ *n* 1 [u] (system) correo *m* electrónico, email *m*; **to be on/have ~** tener* correo electrónico, tener* email; (*before n*): **~ address** dirección *f* de correo electrónico *or* de email 2 [c] (message) correo *m* electrónico, email *m*, emilio *m* (fam)

e-mail² *vt* 1 ‹*message*› enviar por correo electrónico, emailear (fam); **I'll ~ it to you** te lo mandaré por correo electrónico, te lo emailearé (fam) 2 ‹*person*› **I'll ~ him right away** le mandaré un correo electrónico *or* un email *or* (hum) emilio enseguida, lo emailearé enseguida (fam)

emanate /'emәneɪt/ *vi* **to ~ FROM sth** «*gas/light/sound*» emanar DE algo; «*ideas/suggestions*» provenir* *or* proceder DE algo

■ **emanate** *vt* ‹*charm/hostility*› emanar

emanation /ˌemә'neɪʃən/ *n* 1 (gas, light) (frml) emanación *f* 2 (manifestation) (liter) efluvio *m* (liter)

emancipate /ɪ'mænsәpeɪt || ɪ'mænsɪpeɪt/ *vt* (frml) **to ~ sb (FROM sth)** emancipar a algn (DE algo)

emancipated /ɪ'mænsәpeɪtәd || ɪ 'mænsɪpeɪtɪd/ *adj* 1 (Law) (frml) emancipado; **to become ~** emanciparse 2 (liberated, enlightened) ‹*woman/husband*› emancipado, liberado; ‹*viewpoint/lifestyle*› independiente y progresista

emancipation /ɪˌmænsә'peɪʃәn || ɪˌmænsɪ 'peɪʃәn/ *n* [u] (frml) emancipación *f*; **female ~, the ~ of women** la emancipación femenina *or* de la mujer; **~ FROM sth** emancipación DE algo

emasculate /ɪ'mæskjәleɪt || ɪ'mæskjʊleɪt/ *vt* 1 (castrate) (frml) castrar, emascular (frml) 2 ‹*movie/legislation*› mutilar

emasculation /ɪˌmæskjә'leɪʃәn || ɪˌmæskjʊ 'leɪʃәn/ *n* [u] 1 (castration) (frml) castración *f*, emasculación *f* (frml) 2 (of plan, language) mutilación *f*

embalm /ɪm'bɑ:m/ *vt* embalsamar

embalmer /ɪm'bɑ:mәr || ɪm'bɑ:mә(r)/ *n* embalsamador, -dora *m,f*

embalming fluid /ɪm'bɑ:mɪŋ/ *n* [u] líquido *m* para *or* de embalsamar

embankment /ɪm'bæŋkmәnt/ *n* 1 (for road, railroad) terraplén *m* 2 (as protection) muro *m* de contención

embargo¹ /ɪm'bɑ:rgәʊ || ɪm'bɑ:gәʊ/ *n* (*pl* **-goes**) 1 (trade sanctions) embargo *m*, prohibición *f*; **how effective was the ~ against these products?** ¿cuán efectiva fue la prohibición de importar estos productos?; **~ ON sth** embargo *or* prohibición DE algo; **the arms ~, the ~ on the sale of arms** el embargo de armas, la prohibición de venta de armas; **a trade ~** un embargo comercial; **to lay** *o* **place sth under an ~, to lay** *o* **place** *o* **put an ~ on sth** imponer* un embargo sobre algo; **to lift** *o* **raise** *o* **remove an ~** levantar un embargo 2 (prohibition) **~ ON sth** prohibición *f* DE algo; **to put an ~ on sth** prohibir* algo 3 (Journ): **it carries an ~ until Monday** no puede divulgarse hasta el lunes

embargo² *vt* **-goes, -going, -goed** 1 ‹*weapons/oil*› imponer* un embargo sobre 2 ‹*news/story*› retener*, prohibir* la divulgación de

embark /ɪm'bɑ:rk || ɪm'bɑ:k/ *vi* 1 (on ship, plane) embarcar(se)* 2 (start) **to ~ ON** *o* **UPON sth** ‹*on career/new life*› emprender algo; ‹*on adventure/undertaking*› embarcarse* EN algo; **I wish I had never ~ed on this course of action** ojalá no me hubiese embarcado en esto

■ **embark** *vt* ‹*passengers/cargo*› embarcar*

embarkation /ˌembɑ:r'keɪʃәn || ˌembɑ: 'keɪʃәn/ *n* [u] embarque *m*

embarrass /ɪm'bærәs/ *vt* ‹*husband/wife/friend*› hacerle* pasar vergüenza a, avergonzar*; ‹*politician/leader*› poner* en una situación embarazosa; **he takes pleasure in ~ing her in public** disfruta avergonzándola delante de la gente; **how could you ~ me like that** ¿cómo pudiste hacerme pasar esa vergüenza?, ¿cómo pudiste ponerme en evidencia de esa manera?; **I was ~ed by his generosity** su generosidad me hizo sentir incómodo *or* violento

embarrassed /ɪm'bærәst/ *adj*: **an ~ silence** un silencio violento *or* embarazoso; **he gave an ~ cough** soltó una tosecilla nerviosa; **I'm ~** me da vergüenza, me da pena (AmL exc CS), me da corte (Esp fam); **to be ~ ABOUT -ING: she felt ~ about telling me** le daba vergüenza *or* (AmL exc CS) pena *or* (Esp fam) corte contármelo (fam); **to be ~ to + INF: I was ~ to ask any more questions** me dio vergüenza *or* apuro seguir preguntando, me dio no sé qué *or* (Esp tb) me dio corte seguir preguntando (fam); **to be financially ~** estar* pasando por un mal momento económico, tener* dificultades económicas

embarrassing /ɪm'bærәsɪŋ/ *adj* ‹*mistake/experience/remark*› embarazoso; ‹*situation*› embarazoso, violento; ‹*attempt/performance*› penoso, lamentable; **I found the whole incident acutely ~** todo el asunto me hizo sentir muy violento *or* incómodo; **the revelations could be highly ~ for him** las revelaciones podrían ponerlo en una situación muy embarazosa; **it was the most ~ moment of my whole life** en mi vida había pasado tanta vergüenza, fue el momento más penoso de mi vida (AmL exc CS); **the singing was so bad it was ~** cantaban tan mal, que daba vergüenza ajena *or* (AmL exc CS) que daba pena ajena

embarrassingly /ɪm'bærәsɪŋli/ *adv*: **she was ~ close to tears** estaba a punto de llorar, lo cual era muy violento; **an ~ inept performance** una actuación en verdad lamentable

embarrassment /ɪm'bærәsmәnt/ *n* 1 [u c] (shame) bochorno *m*, vergüenza *f*, pena *f* (AmL exc CS); **he suffered the ~ of having to admit that ...** sufrió el bochorno de tener que reconocer que ..., pasó la vergüenza de tener que reconocer que ...; **to avoid ~, please do not ask for credit** para evitar situaciones violentas *or* embarazosas, por favor no pida fiado 2 [u c] (cause of shame): **this room/meal is an ~!** ¡esta pieza/comida es una vergüenza!; **he's an ~ to his friends** les hace pasar vergüenza a sus amigos; **financial ~** dificultades *fpl* económicas 3 [u] (overabundance) (*no pl*): **with so many good candidates you have an ~ of riches** con tantos buenos candidatos tienen más que de sobra para elegir

embassy /'embәsi/ *n* (*pl* **-sies**) embajada *f*

embattled /ɪm'bætld/ *adj* 1 ‹*city/garrison*› asediado; ‹*army/troops*› en combate 2 ‹*citizens/politician*› acuciado por problemas

embed /ɪm'bed/ **-dd-** *vt* 1 (in rock, wood) enterrar*, incrustar; **the incident is firmly ~ded in my memory** el incidente está firmemente grabado en mi memoria; **an idea ~ded in the public mind** una idea muy arraigada entre la gente; ‹*journalist*› insertar; **journalists ~ded with US forces** periodistas insertados en las fuerzas armadas de EEUU 2 (Ling) ‹*clause*› insertar

■ *v refl*: **to ~ itself** 1 «*arrow/bullet*» incrustarse 2 «*idea/expectation*» arraigarse*

embellish /ɪm'belɪʃ/ *vt* 1 ‹*design/garment*› adornar 2 ‹*story*› adornar

embellishment /ɪm'belɪʃmәnt/ *n* [c u] 1 (decoration) adorno *m*; **they are merely ~s** tienen una función puramente ornamental 2 (Mus) floritura *f* 3 (added detail) adorno *m*, aderezo *m*; **the plain truth, without ~** la pura verdad, sin adornos *or* aderezos

ember /'embәr || 'embә(r)/ *n* brasa *f*, ascua *f*; **the dying ~s** el rescoldo

embezzle /ɪm'bezәl/ *vt* desfalcar*, malversar

embezzlement /ɪm'bezәlmәnt/ *n* [u] desfalco *m*; **~ of funds** malversación *f* de fondos

embezzler /ɪm'bezlәr || ɪm'bezlә(r)/ *n* desfalcador, -dora *m,f*

embitter /ɪm'bɪtәr || ɪm'bɪtә(r)/ *vt* ‹*person*› amargar*; ‹*relations*› agriar*

embittered /ɪm'bɪtәrd || ɪm'bɪtәd/ *adj* ‹*atmosphere*› de rencor; ‹*speech/retort*› amargo, lleno de amargura; **an ~ old man** un viejo amargado

emblazon /ɪm'bleɪzn/ *vt* (*usu pass*) 1 (display conspicuously) ‹*name/logo/design*› estampar; **his private life was ~ed all over the papers** detalles de su vida privada aparecieron a toda plana en los diarios 2 (in heraldry) ‹*shield*› blasonar; **the cutlery is ~ed with the family crest** los cubiertos llevan grabado el escudo de la familia

emblem /'emblәm/ *n* emblema *m*, símbolo *m*

emblematic /ˌemblә'mætɪk/ *adj* emblemático; **the lion is traditionally ~ of courage** tradicionalmente el león es el símbolo *or* emblema del valor

embodiment /ɪm'bɑ:dɪmәnt || ɪm'bɒdɪmәnt/ *n* 1 [c] (personification, expression) encarnación *f*, personificación *f* 2 [u] (inclusion) incorporación *f*

embody /ɪm'bɑ:di || ɪm'bɒdi/ *vt* **-dies, -dying, -died** 1 (personify) encarnar, personificar* 2 (express) ‹*thought/idea*› plasmar, expresar 3 (include) incorporar

embolden /ɪm'bәʊldn/ *vt* (liter) envalentonar; **~ed by success** envalentonado por el éxito; **to ~ sb to + INF: her glance ~ed him to approach her** su mirada le dió ánimo *or* valor para acercársele

embolism /'embәlɪzәm/ *n* embolia *f*

emboss /ɪm'bɑ:s, ɪm'bɔ:s || ɪm'bɒs/ *vt* 1 ‹*leather/metal*› repujar; ‹*initials*› grabar (en relieve) 2 **embossed** *past p* ‹*stationery*› con membrete en relieve; ‹*wallpaper*› estampado en relieve

embrace¹ /ɪm'breɪs/ *vt* 1 (hug) abrazar*; **I ran to ~ her** corrí a estrecharla en *or* entre mis brazos *or* a abrazarla 2 ‹*offer/opportunity/proposal*› aceptar; ‹*idea/principle*› abrazar*; ‹*lifestyle/religion*› adoptar, abrazar* 3 (include) ‹*range/elements*› abarcar*, comprender; **a coalition embracing members of six parties** una coalición integrada por miembros de seis partidos políticos

■ **embrace** *vi* «*couple*» abrazarse*

embrace² *n* abrazo *m*; **they held each other in a warm/fond/passionate ~** se estrecharon *or* se fundieron en un cálido/cariñoso/apasionado abrazo

embrasure /ɪm'breɪʒər || ɪm'breɪʒə(r)/ *n* **1** (recess) jamba *f* (*de una ventana o puerta*) **2** (for gun) tronera *f*, cañonera *f*

embrocation /ˌembrə'keɪʃən/ *n* [u c] linimento *m*, embrocación *f* (ant)

embroider /ɪm'brɔɪdər || ɪm'brɔɪdə(r)/ *vt* **1** ‹*cloth/design/initials*› bordar; **~ed in gold thread** bordado con hilos de oro **2** ‹*story*› adornar **3** **embroidered** *past p* ‹*sheet/dress*› bordado

■ **embroider** *vi* bordar

embroidery /ɪm'brɔɪdəri/ *n* [u c] (*pl* **-ries**) **1** (Tex) bordado *m*; (*before n*): **~ frame** bastidor *m*, tambor *m* de bordar **2** (imaginary details) florituras *fpl*

embroil /ɪm'brɔɪl/ *vt* **to ~ sb IN sth** envolver* *or* mezclar *or* embrollar a algn EN algo; **to be/become ~ed in a conflict/scandal** estar*/verse* envuelto *or* mezclado en un conflicto/escándalo

embroilment /ɪm'brɔɪlmənt/ *n* [u] (frml): **his ~ in such affairs** el verse mezclado *or* envuelto en asuntos de ese tipo

embryo /'embriəʊ/ *n* (*pl* **-os**) **1** (Biol, Bot) embrión *m* **2** (rudiments, beginnings) germen *m*, embrión *m*; **at the ~ stage** en estado embrionario

embryologist /ˌembri'ɑːlədʒəst || ˌembri'ɒlədʒɪst/ *n* embriólogo, -ga *m,f*

embryology /ˌembri'ɑːlədʒi || ˌembri'ɒlədʒi/ *n* embriología *f*

embryonic /ˌembri'ɑːnɪk || ˌembri'ɒnɪk/ *adj* **1** (Biol) embrionario **2** ‹*plan/policy*› en estado embrionario

emcee¹ /'em'siː/ *n* (AmE colloq) (of program) presentador, -dora *m,f*; (of function) maestro, -tra *m,f* de ceremonias

emcee² **emcees, emceeing, emceed** (AmE colloq) *vt* ‹*event/function/show*› presentar

■ **emcee** *vi* ser* el *or* hacer* de maestro de ceremonias

emend /iː'mend || ɪ'mend/ *vt* (frml) enmendar*, corregir*

emendation /ˌiːmen'deɪʃən/ *n* [u c] (frml) enmienda *f*

emerald /'emərəld/ *n* [c u] **1** [c u] (gem) esmeralda *f* **2** ▸**i** **p.1036** [u] (color) verde *m* esmeralda; (*before n*) verde esmeralda *adj inv*; **her ~ eyes** sus ojos verde esmeralda; **the E~ Isle** la verde Erin *or* Irlanda

emerald-green /ˌemərəld'griːn/ ▸**i** **p.1036** *adj* (*pred* **emerald green**) verde esmeralda *adj inv*

emerald green ▸**i** **p.1036** *n* [u] verde *m* esmeralda

emerge /ɪ'mɜːrdʒ || ɪ'mɜːdʒ/ *vi*

A **1** (come out) salir*, aparecer*; **to ~ FROM sth** salir* DE algo; **he finally ~d from his room** por fin salió de su habitación; **she ~d from obscurity in 1981** salió de la oscuridad en 1981; **they ~d clear winners of the contest** resultaron los ganadores del concurso por un amplio margen **2** (become evident, known) «*problem*» surgir*, aparecer*; «*truth*» revelarse; **when the facts began to ~** cuando los hechos empezaron a salir a la luz *or* (period) empezaron a trascender; **his true character does not ~ at all from this biography** su verdadero carácter no se desprende *or* no surge para nada de esta biografía; **she ~s as a very likable figure** uno se forma una imagen de una persona muy agradable; **it has now ~d that this was not true** ahora se ha revelado *or* (period) ahora ha trascendido que esto no era cierto; **it ~d from the interview that he already knew** en la entrevista salió a relucir *or* se reveló que ya lo sabía

B **1** (come into being, evolve) «*idea/system*» surgir*; **no agreement has ~d from the discussions** no ha surgido ningún acuerdo de las discusiones **2** **emerging** *pres p* ‹*nation*› emergente, joven; ‹*industries*› naciente, incipiente

emergence /ɪ'mɜːrdʒəns || ɪ'mɜːdʒəns/ *n* **1** (coming out) salida *f*, aparición *f*; **the ~ of these facts** la revelación de estos hechos **2** (of movement, trend) aparición *f*, surgimiento *m*

emergency /ɪ'mɜːrdʒənsi || ɪ'mɜːdʒənsi/ *n* [c u] (*pl* **-cies**) **1** (serious situation) emergencia *f*; **it's an ~** es una situación de emergencia; **in an ~** *o* **in case of ~** en una emergencia *or* en caso de emergencia; (*before n*) ‹*brake/services/measures*› de emergencia; **~ landing** aterrizaje *m* forzoso; **~ rations** raciones *fpl* de reserva **2** (Med) urgencia *f*; **the ambulance rushed him to ~** la ambulancia lo llevó a urgencias *or* a la sala de guardia; (*before n*) ‹*case/operation*› de urgencia; **~ center** *o* **centre** (BrE) servicio *m* de urgencias; **~ room** (AmE) sala *f* de urgencias *or* de guardia; **~ ward** pabellón *m* de urgencias **3** (Govt): **a state of ~ was declared** se declaró el estado de excepción; (*before n*): **~ powers** poderes *mpl* extraordinarios

emergency cord *n* cordón *m* de seguridad

emergency exit *n* salida *f* de emergencia

emergency medical service *n* servicio *m* médico de urgencias

emergency stop *n* parada *f* de emergencia

emergent /ɪ'mɜːrdʒənt || ɪ'mɜːdʒənt/ *adj* (*usu before n*) ‹*nation*› joven, emergente; (developing) en vías de desarrollo; ‹*subculture/technology*› incipiente, emergente

emerging markets *pl n* (Econ) mercados *mpl* emergentes

emeritus /ɪ'merətəs || ɪ'merɪtəs/ *adj* emérito; **professor ~** *o* **~ professor** profesor emérito, profesora emérita *m,f*

emery /'eməri/ *n* [u] esmeril *m*; (*before n*): **~ board** lima *f* de esmeril; **~ paper** papel *m* de lija

emetic¹ /ɪ'metɪk/ *n* vomitivo *m*, emético *m*

emetic² *adj* vomitivo, emético

emf *n* = **electromotive force**

Emf *n* = **electromagnetic field(s)**

EMF *n* = **European Monetary Fund** Emf

emigrant /'eməgrənt || 'emɪgrənt/ *n* emigrante *mf*

emigrate /'eməgreɪt || 'emɪgreɪt/ *vi* emigrar

emigration /ˌemə'greɪʃən || ˌemɪ'greɪʃən/ *n* [u c] emigración *f*

émigré /'emɪgreɪ/ *n* (*f also* **-grée**) exiliado, -da *m,f*

eminence /'emənəns || 'emɪnəns/ *n*

A [u] (fame) prestigio *m*, renombre *m*, eminencia *f*

B ▸**i** **p.1213** [c] **Eminence** (title of cardinal) Eminencia; **His E~ Cardinal Roncalli** Su Eminencia el cardenal Roncalli; **Your E~** Su *or* Vuestra Eminencia

C [c] (hill) (frml) promontorio *m*

éminence grise /ˌemɪnɑːns'griːz || ˌeɪmɪnɒns'griːz/ *n* eminencia *f* gris

eminent /'emənənt || 'emɪnənt/ *adj* **1** (famous, respected) ‹*doctor/writer*› eminente, ilustre; **our ~ guest** nuestro ilustre invitado; **she is ~ in the field of molecular biology** es una eminencia *or* se destaca en el campo de la biología molecular **2** (indisputable) ‹*goodness/suitability*› innegable

eminent domain *n* [u] (AmE) (Law) derecho *m* a expropiar (*por causa de utilidad pública*)

eminently /'emənəntli || 'emɪnəntli/ *adv* (*as intensifier*) sumamente

emir /ə'mɪr || e'mɪə(r)/ *n* emir *m*

emirate /'emərət || 'emɪrət/ *n* emirato *m*

emissary /'eməseri || 'emɪsəri/ *n* (*pl* **-ries**) emisario, -ria *m,f*

emission /iː'mɪʃən || ɪ'mɪʃən/ *n* [u c] emisión *f*; **nocturnal ~(s)** polución *f* nocturna

emission spectrum *n* espectro *m* de emisión

emit /iː'mɪt || ɪ'mɪt/ *vt* **-tt-** **1** ‹*gas/smell/vapor*› despedir* **2** ‹*heat/light/radiation*› emitir **3** ‹*sound/groan*› emitir

> **Emmy**
>
> Los Emmies son el equivalente televisivo de los *Academy Awards* ▸**Oscar awards**, otorgados anualmente en Los Ángeles por la *National Academy of Television Arts and Sciences* a programas de televisión y sus realizadores en varias categorías.

emollient¹ /ɪ'mɑːljənt || ɪ'mɒliənt/ *n* [u c] emoliente *m*

emollient² *adj* **1** ‹*cream/lotion*› emoliente **2** (appeasing) conciliatorio

emoluments /ɪ'mɑːljəmənts || ɪ'mɒljʊmənts/ *pl n* (frml) emolumentos *mpl* (frml), honorarios *mpl*

emote /ɪ'məʊt/ *vi* exteriorizar* los sentimientos *or* las emociones

emoticon /ɪ'məʊtəkɑːn || ɪ'mɒtɪkɒn/ ➡📖 *n* emoticono *m*

emotion /ɪ'məʊʃən/ *n* **1** [c] (feeling) sentimiento *m*; **I was torn by conflicting ~s** me debatía entre sentimientos contradictorios **2** [u] (strength of feeling) emoción *f*; **her voice trembled with ~** la voz le temblaba de emoción; **he said it with no apparent ~** lo dijo sin demostrar ninguna emoción; **scenes of great ~** escenas de gran emotividad

emotional /ɪ'məʊʃənl/ *adj* **1** ‹*disorder/block*› emocional, afectivo; ‹*involvement/link*› afectivo **2** (sensitive) ‹*person/nature*› emotivo **3** (upset) emocionado; **he came to me in a very ~ state** vino a verme muy emocionado *or* exaltado; **to get ~** emocionarse; **it was a purely ~ decision** fue una decisión totalmente impulsiva **4** (moving) ‹*speech/experience*› emotivo, conmovedor

emotionalism /ɪ'məʊʃnəlɪzəm/ *n* emotividad *f*, sentimentalismo *m*

emotionality /ɪˌməʊʃə'næləti/ *n* [u] emotividad *f*

emotionally /ɪ'məʊʃnəli/ *adv* **1** (Psych) ‹*mature*› emocionalmente; **~ deprived** con carencias afectivas *or* emocionales; **~, he's still a child** (*indep*) desde el punto de vista afectivo *or* emocional, todavía es un niño **2** (with emotion) ‹*behave/react/speak*› con gran emotividad; **in an ~ charged atmosphere** en un ambiente cargado de emotividad **3** ‹*attached*› sentimentalmente; **they were ~ involved** tenían una relación sentimental

emotionless /ɪ'məʊʃənləs || ɪ'məʊʃənlɪs/ *adj* impasible

emotive /ɪ'məʊtɪv/ *adj* emotivo, cargado de emotividad

empanel /ɪm'pænl/ *vt* BrE **-ll-** ‹*committee*› formar; **to ~ a jury** confeccionar la lista de un jurado; **he was ~ed for the trial** lo inscribieron para formar parte del jurado del caso

empathetic /ˌempə'θetɪk/, **empathic** /em'pæθɪk/ *adj* empático

empathize /'empəθaɪz/ *vi* **to ~ WITH sb** establecer* lazos de empatía CON algn, identificarse* CON algn

empathy /'empəθi/ *n* [u] empatía *f*; **they're in perfect ~ with each other** están perfectamente compenetrados

emperor /'empərər || 'empərə(r)/ *n* emperador *m*

emperor penguin *n* pingüino *m* emperador *or* real

emphasis /'emfəsəs || 'emfəsɪs/ *n* (*pl* **-ses** /-siːz/)

A **1** (intensity of expression) énfasis *m*; **she repeated her words for ~** repitió las palabras para darles mayor énfasis **2** (accentuation): **the ~ is on the second syllable** lleva el acento en la segunda sílaba, el acento recae en la segunda sílaba; **he put special ~ on the word 'never'** puso especial énfasis en *or* enfatizó la palabra 'nunca'

➡📖 *see* SMS (electronic text messaging)

B (importance, insistence): **to lay** *o* **place** *o* **put ~ on sth** hacer* hincapié *or* poner* énfasis en la importancia de algo; **we lay particular ~ on punctuality** hacemos especial hincapié en la puntualidad, concedemos particular importancia a la puntualidad; **the ~ this year is on simplicity** este año se pone el acento en la sencillez; **the new policy reflects a change of ~** la nueva política refleja un cambio en el orden de prioridades

emphasize /ˈemfəsaɪz/ *vt* 1 ‹*phrase/word*› enfatizar*, poner* énfasis en 2 ‹*fact/point/warning*› recalcar*, hacer* hincapié en, enfatizar*; **it cannot be too strongly ~d that ...** no puede repetirse bastante que ... 3 (highlight, bring out) ‹*fault/value*› poner* de relieve; ‹*shape/feature*› resaltar, hacer* resaltar

emphatic /ɪmˈfætɪk/ *adj* ‹*gesture/tone*› enérgico, enfático; ‹*assertion/refusal*› categórico; **he was most ~** puso gran énfasis en ello; **an ~ 'no'** un 'no' rotundo *or* categórico; **she was ~ about the need for further improvements** hizo hincapié en la necesidad de nuevas mejoras

emphatically /ɪmˈfætɪkli/ *adv* ‹*say/declare*› enérgicamente; ‹*deny*› categóricamente, rotundamente

emphysema /ˌemfəˈziːmə, -ˈsiːmə || ˌemfɪˈsiːmə/ *n* [u] enfisema *m*

empire¹ /ˈempaɪr || ˈempaɪə(r)/ *n* [u c] imperio *m*; **the Roman/British E~** el Imperio Romano/Británico; (*before n*): **~ builder** *persona que trata de extender su esfera de influencia dentro de una organización*; **~ building** *extensión de la esfera de influencia dentro de una organización por medio de un mayor control sobre secciones o departamentos de la misma*

empire², Empire *adj* (*before n*): **~ style** estilo *m* imperio; **~ furniture** muebles *mpl* estilo imperio

empirical /emˈpɪrɪkəl ɪm-/ *adj* empírico

empirically /emˈpɪrɪkli ɪm-/ *adv* empíricamente

empiricism /emˈpɪrəsɪzəm, ɪm- || emˈpɪrɪsɪzəm, ɪm-/ *n* [u] empirismo *m*

emplacement /ɪmˈpleɪsmənt/ *n* emplazamiento *m*; **a gun ~** un emplazamiento de artillería

employ¹ /ɪmˈplɔɪ/ *vt* 1 (take on, hire) ‹*person*› contratar, emplear; **we cannot ~ him without a work permit** no podemos contratarlo si no tiene permiso de trabajo 2 (have working) emplear; **the company ~s hundreds of workers** la compañía emplea a *or* da empleo a cientos de trabajadores; **he's ~ed as a nightwatchman** trabaja de vigilante nocturno 3 ‹*method/technique/tactics*› emplear, valerse* de; **his time would be better ~ed studying** emplearía mejor el tiempo estudiando

employ² *n* (frml): **to be in sb's ~** *o* **in the ~ of sb** trabajar para algn; **to take sb into one's ~** contratar a algn

employable /ɪmˈplɔɪəbəl/ *adj*: **at my age you cease to be ~** a mi edad ya nadie te quiere emplear; **a second language would make you more ~** si pudieras hablar otro idioma, tendrías más posibilidades de conseguir trabajo

employe *n* (AmE) ▸**employee**

employed /ɪmˈplɔɪd/ *adj* 1 (in work) empleado; **~ spouses are not eligible** los cónyuges asalariados *or* con empleo retribuido no tienen derecho; **how long were you ~ with them?** ¿cuánto tiempo estuvo empleado *or* trabajó allí? 2 (busy) ocupado; **to be ~ IN sth: they've been ~ in preparations for the party all morning** han estado toda la mañana ocupados con los preparativos de la fiesta; **she's currently ~ in research** en este momento se dedica a la investigación

employee, (AmE also) **employe** /ɪmˌplɔɪˈiː ɪmˈplɔɪiː/ *n* empleado, -da *m,f*; **she's an ~ in an insurance company** está empleada *or* trabaja en una compañía de seguros; **management and ~s reached an agreement** la dirección y los trabajadores *or* empleados llegaron a un acuerdo; (*before n*): **~ buyout** compra *f* de una compañía por parte de los empleados

employer /ɪmˈplɔɪər || ɪmˈplɔɪə(r)/ *n* 1 (manager, boss) empleador, -dora *m,f*; (of domestic worker etc) patrón, -trona *m,f*; **she's a fair ~** es justa con sus empleados; **unions and ~s** los sindicatos y la patronal *or* los empresarios 2 (business, organization): **one of the biggest ~s in the country** uno de los mayores empleadores del país, una de las empresas/uno de los organismos que más trabajadores tiene en el país; **list your three most recent ~s** indique las tres últimas empresas para las que ha trabajado; **~'s contributions** aportes *mpl* del empleador *or* de la empresa (AmL), cotizaciones *fpl* por parte de la empresa (Esp)

employment /ɪmˈplɔɪmənt/ *n*

A [u] 1 (work) trabajo *m*; **he is not in regular ~** no tiene (un) trabajo fijo; **to seek ~** buscar* empleo *or* trabajo; **when would you be available to take up ~?** (esp BrE frml) ¿cuándo podría empezar a trabajar?; **the conditions/place of ~** las condiciones/el lugar de trabajo; (*before n*): **~ agency** agencia *f* de trabajo *or* colocación 2 (availability of work) empleo *m*; **full ~** pleno empleo *m*; **the Department of E~** (in UK) ≈ el Ministerio/la Secretaría de Trabajo; (*before n*) ‹*legislation*› laboral; **~ opportunities** oportunidades *fpl* de empleo; **~ statistics** estadísticas *fpl* del desempleo 3 (hiring, taking on) contratación *f*

B [u] (use) utilización *f*, empleo *m*

C [c] (pastime) (frml) pasatiempo *m*

emporium /emˈpɔːriəm || ɪmˈpɔːriəm/ *n* (*pl* **-riums** *or* **-ria** /-riə/) emporio *m* (comercial)

empower /ɪmˈpaʊər || ɪmˈpaʊə(r)/ *vt* 1 (authorize) conferirle* *or* otorgarle* poderes a, empoderar (AmL); **she is ~ed to sign the contract on my behalf** está autorizada a *or* para firmar el contrato en mi nombre 2 (Pol, Sociol): **to ~ sb/oneself** investir* de poder a algn/investirse* de poder

empowering /ɪmˈpaʊərɪŋ/ *adj* que atribuye *or* otorga poderes, empoderador (AmL)

empowerment /ɪmˈpaʊərmənt || ɪmˈpaʊəmənt/ *n* [u] atribución *f or* otorgamiento *m* de poderes, empoderamiento (AmL)

empress /ˈemprəs || ˈemprɪs/ *n* emperatriz *f*

emptiness /ˈemptinəs || ˈemptɪnɪs/ *n* [u] 1 (of landscape, region) desolación *f*; **the vast ~ of space** el inmenso vacío del espacio 2 (meaninglessness) lo vacío, vacuidad *f* (frml); **a feeling of ~** una sensación de vacío

empty¹ /ˈempti/ *adj* **-tier, -tiest**

A 1 ‹*bottle/box/nest*› vacío; ‹*revolver*› descargado; **you can't work on an ~ stomach** no se puede trabajar con el estómago vacío 2 ‹*restaurant/room/street*› vacío; ‹*seat/table/place*› libre, desocupado; **the office seems ~ since she left** desde que se fue se nota un vacío en la oficina; **the jails are now ~ of political prisoners** en las cárceles ya no quedan presos políticos

B 1 ‹*words/gesture*› vacío, hueco, vacío de significado; ‹*threat/promise*› vano; ‹*pleasures/pursuits*› vano; **it was an ~ boast** no fue más que una fanfarronada 2 (devoid of emotion, interest) ‹*life*› vacío; **I have an ~ feeling inside** tengo una sensación de vacío *or* me siento vacío; **she felt ~** se sentía vacía

empty² *vt* **-ties, -tying, -tied** 1 ‹*container/tank/warehouse*› vaciar*; **he was told to ~ his pockets** le ordenaron que vaciara los bolsillos; **she emptied the saucepan over his head** le vació la cacerola en la cabeza; **to ~ sth OF sth: the thieves emptied the house of its entire contents** los ladrones vaciaron la casa *or* (fam) dejaron la casa limpia; **first ~ your mind of all preconceptions** primero olvida todas tus ideas preconcebidas 2 (eat or drink contents of) ‹*cup/glass*› vaciar*; ‹*plate*› dejar limpio 3 (take or pour out): **he emptied the ash from his pipe into the ashtray** vació la pipa en el cenicero; **she emptied the water down the sink** tiró el agua por el fregadero; **she emptied the contents all over the floor** vació la caja (*or* el bolso *etc*) en el suelo

■ **empty** *vi* 1 «*room/street*» vaciarse*; «*bath/tank*» vaciarse*; **to ~ OF sth: the streets emptied of people** las calles se quedaron desiertas *or* se vaciaron 2 «*river/stream*»: **to ~ INTO sth** desaguar* EN algo, verter* sus aguas EN algo (liter)

Phrasal verb

• **empty out** [v + o + adv, v + adv + o] 1 ‹*bag/drawer/pockets*› vaciar* 2 ‹*garbage*› tirar, botar (AmL exc RPl); **I emptied the dirty laundry out onto the floor** vacié la canasta de la ropa sucia en el suelo; **don't ~ the water out** no vacíes la bañera (*or* el lavabo *etc*)

empty³ *n* (*pl* **-ties**) (colloq) (bottle) envase *m* (vacío), casco *m* (Esp, Méx); ***to run on ~*** (with little fuel) tener* el tanque vacío; (with little energy) estar* sin fuerzas

empty-handed /ˌemptiˈhændəd || ˌemptiˈhændɪd/ *adv* con las manos vacías

empty-headed /ˌemptiˈhedəd || ˌemptiˈhedɪd/ *adj*: **what an ~ creature!** ¡pero qué cabeza hueca!

empty nester /ˈnestər || ˈnestə(r)/ *n* (colloq) *persona casada cuyos hijos han abandonado el hogar*

empyrean¹ /ˌempaɪˈriːən ˈempɪ-/ *n* (liter): **the ~** el empíreo (liter)

empyrean² *adj* (liter) (*usu before n*) empíreo (liter)

EMS *n* (**= European Monetary System**) SME *m*

EMT *n* (AmE) **= emergency medical technician**

emu /ˈiːmjuː/ *n* emú *m*

EMU *n*

A (**= European Monetary Union**) UME *f*, UEM *f*

B (**= Economic and Monetary Union**) UEM *f*

emulate /ˈemjəleɪt || ˈemjʊleɪt/ *vt* 1 ‹*person/success*› emular; **he strove to ~ his father's achievements** se esforzó por emular los logros de su padre 2 (Comput) emular

emulation /ˌemjəˈleɪʃən || ˌemjʊˈleɪʃən/ *n* 1 [u] emulación *f*; **in ~ of her father** emulando a su padre 2 [u c] (Comput) emulación *f*; (*before n*) ‹*facility*› de emulación

emulsifier /ɪˈmʌlsəfaɪər || ɪˈmʌlsɪfaɪə(r)/ *n* [u c] emulsionante *m*, emulsivo *m*

emulsify /ɪˈmʌlsəfaɪ || ɪˈmʌlsɪfaɪ/ *vt* **-fies, -fying, -fied** emulsionar; **an ~ing agent** un emulsionante

emulsion /ɪˈmʌlʃən/ *n* 1 [u] **~ (paint)** pintura *f* al agua 2 [u] (Phot) emulsión *f* 3 [c u] (Chem) emulsión *f*

enable /ɪnˈeɪbəl/ *vt* 1 (provide means for) **to ~ sb to + INF** permitir(le) A algn + INF; **their generosity ~d us to make the trip** nos fue posible hacer el viaje gracias a su generosidad, su generosidad nos permitió hacer el viaje 2 (make possible) posibilitar, permitir; **new technology will ~ better communications** la nueva tecnología posibilitará *or* permitirá mejores comunicaciones 3 **enabling** *pres p* ‹*legislation*› habilitante; **enabling act** ley *f* de autorización; **enabling technologies** tecnologías *fpl* instrumentales

enact /ɪnˈækt/ *vt*

A (Govt, Law) ‹*law*› promulgar*; ‹*bill*› aprobar*

B 1 (play out) representar 2 (perform) (frml) ‹*play/role*› representar

enactment /ɪnˈæktmənt/ *n* 1 [c] (law) ley *f* 2 [u] (making a law) promulgación *f*

enamel¹ /ɪˈnæməl/ *n* [u]

A 1 (vitreous) esmalte *m*; (*before n*): **~ brooch** prendedor *m* esmaltado *or* de esmalte; **~ saucepan** cacerola *f* esmaltada *or* (CS tb) enlozada 2 **~ (paint)** esmalte *m* 3 (nail polish) esmalte *m* de uñas

B (Dent) esmalte *m*

enamel² *vt* BrE **-ll-** 1 ‹*brooch/pottery/saucepan*› esmaltar 2 ‹*woodwork/furniture*› lacar*, esmaltar 3 ‹*fingernails*› pintar

enameling, (BrE) **enamelling** /ɪˈnæməlɪŋ/ *n* [u] 1 (craft) esmaltado *m* 2 (finish) esmalte *m*, esmaltado *m*

enamelware /ɪˈnæməlwer || ɪˈnæməlweə(r)/ *n* [u] vajilla *f* esmaltada *or* (CS tb) enlozada

enamored, (BrE) **enamoured** /ɪn'æmərd || ɪn'æməd/ *adj* (frml) **to be ~ OF sb** estar* enamorado *or* (frml *o* hum) prendado DE algn; **to be ~ OF *o* WITH sth**: **you don't seem greatly ~ of *o* with the plan/idea** no pareces estar muy entusiasmado con el plan/la idea

en bloc /ˌɑːn'blɑːk || ˌɒn'blɒk/ *adv* en bloque

enc (= enclosed) anexo

encamp /ɪn'kæmp/ *vi* acampar

encampment /ɪn'kæmpmənt/ *n* campamento *m*

encapsulate /ɪn'kæpsəleɪt || ɪn'kæpsjʊleɪt/ *vt*
A ‹*story/problem*› condensar, compendiar
B **1** (Pharm) ‹*drug*› encapsular **2** (surround) envolver*, rodear

encase /ɪn'keɪs/ *vt* revestir*, recubrir*; **wires ~d in rubber** cables revestidos *or* recubiertos de goma

encash /ɪn'kæʃ/ *vt* (BrE frml) hacer* efectivo (frml), cobrar

encashment /ɪn'kæʃmənt/ *n* [u] (BrE frml) cobro *m*

encephalitis /ɪnˌsefə'laɪtəs || enˌsefə'laɪtɪs, enˌkef-/ *n* [u] encefalitis *f*

encephalomyelitis /ɪnˌsefələʊˌmaɪə'laɪtəs || enˌsefələʊˌmaɪə'laɪtɪs, enˌkef-/ *n* encefalomielitis *f*

enchant /ɪn'tʃænt || ɪn'tʃɑːnt/ *vt* **1** (delight, charm) cautivar; **her performance ~ed the audience** el público quedó encantado con su actuación, su actuación cautivó al público **2** (Occult) hechizar*, encantar

enchanted /ɪn'tʃæntəd || ɪn'tʃɑːntɪd/ *adj* **1** (under a spell) ‹*forest/land/castle*› encantado; **some ~ evening** una noche de embrujo **2** (delighted, pleased) **~ WITH/AT sth** encantado CON algo

enchanter /ɪn'tʃæntər || ɪn'tʃɑːntə(r)/ *n* mago, -ga *m,f*; **the ~ Merlin** el mago Merlín, Merlín el encantador

enchanting /ɪn'tʃæntɪŋ || ɪn'tʃɑːntɪŋ/ *adj* encantador

enchantingly /ɪn'tʃæntɪŋli || ɪn'tʃɑːntɪŋli/ *adv* de un modo encantador, con mucho encanto

enchantment /ɪn'tʃæntmənt || ɪn'tʃɑːntmənt/ *n* **1** [c u] (charm) encanto *m*, hechizo *m* (liter) **2** [u] (delight) embeleso *m* **3** [c] (spell) encantamiento *m*, hechizo *m*

enchantress /ɪn'tʃæntrəs || ɪn'tʃɑːntrɪs/ *n* **1** (Occult) maga *f*, hechicera *f* **2** (seductive woman) mujer *f* hechicera *or* cautivadora

encircle /ɪn'sɜːrkəl || ɪn'sɜːkəl/ *vt* **1** ‹*camp/house*› rodear; ‹*waist/wrist*› ceñir* **2** **encircling** *pres p* ‹*wall/fence*› circundante; **an encircling movement** (Mil) una maniobra envolvente

encirclement /ɪn'sɜːrkəlmənt || ɪn'sɜːkəlmənt/ *n* [c u] cerco *m*

enclave /'enkleɪv/ *n* (Geog) enclave *m*; **a male ~ in a profession dominated by women** un coto masculino en una profesión donde dominan las mujeres

enclose /ɪn'kləʊz/ *vt*
A **1** (surround) encerrar*; (fence in) cercar*; **a valley ~d by high mountains** un valle circundado *or* rodeado de altas montañas **2** **enclosed** *past p* ‹*area/space*› cerrado; **an ~d order** (Relig) una orden de clausura
B (in letter) adjuntar, acompañar; **please find ~d a copy of the original order** se adjunta *or* se acompaña copia del pedido original; **I ~ a check for $500** adjunto *or* acompaño un cheque por $500; **some samples were ~d with the letter** junto con la carta iban/venían unas muestras

enclosure /ɪn'kləʊʒər || ɪn'kləʊʒə(r)/ *n*
A [c] **1** (enclosed space) recinto *m*; **a fenced ~** un cercado **2** (for spectators) (BrE) (Sport) recinto *m*; **a members' ~** un recinto para socios; **the stewards' ~** recinto oficial (*reservado a invitados especiales*)
B [u] (of land) cercamiento *m*
C [c] (thing enclosed) *información, documentos etc anexos a una carta*

encode /ɪn'kəʊd en-/ *vt* codificar*, cifrar
■ **encode** *vi* cifrar mensajes

encoder /ɪn'kəʊdər, en- || ɪn'kəʊdə(r), en-/ *n* codificador *m*, codificadora *f*

encoding /ɪn'kəʊdɪŋ, en- || ɪn'kəʊdɪŋ, en-/ *n* [u] codificación *f*

encomium /en'kəʊmiəm/ *n* (*pl* **-miums** *or* **-mia** /-miə/) (frml) encomio *m* (frml), elogio *m*

encompass /ɪn'kʌmpəs/ *vt*
A **1** (include) (frml) abarcar*, englobar **2** (surround) (liter) rodear, circundar
B (bring about) (liter) ocasionar (frml), provocar*

encore[1] /'ɑːnkɔːr || 'ɒŋkɔː(r)/ *n* bis *m*; **to play/sing an ~** tocar*/cantar un bis; (*as interj*) ¡otra!

encore[2] *vt* pedir* la repetición de

encounter[1] /ɪn'kaʊntər || ɪn'kaʊntə(r)/ *vt* **1** (be faced with) ‹*danger/difficulty/opposition*› encontrar*, encontrarse* con **2** (come across) tropezar* *or* toparse con

encounter[2] *n* **1** (meeting) encuentro *m*; **a chance ~** un encuentro casual *or* fortuito; **casual sexual ~s** relaciones *fpl* sexuales fuera de una pareja estable; **his first ~ with the law** su primer tropiezo con la ley; **my first ~ with the works of Tennyson** mi primera toma de contacto con la obra de Tennyson; (*before n*): **~ group** (Psych) grupo *m* de encuentro *or* relacional **2** (hostile) encuentro *m*, encontronazo *m*

encourage /ɪn'kɜːrɪdʒ || ɪn'kʌrɪdʒ/ *vt* **1** (give hope, courage to) animar, alentar*; **we have been ~d by the response so far** la respuesta que hemos recibido hasta el momento es muy alentadora **2** (give encouragement to) **to ~ sb to + INF**: **she ~d me to carry on/try again** me alentó a seguir adelante/para que volviera a intentarlo; **if you're too lenient you simply ~ them to misbehave** si los consientes demasiado les estás dando alas para que se porten mal; **to ~ sb IN sth**: **it ~d me in the hope that their views might change** me dio esperanzas de que cambiarían de opinión; **don't ~ him in bad habits** no le fomentes las malas costumbres **3** ‹*industry/competition/laziness*› fomentar; ‹*growth*› fomentar, estimular; ‹*speculation*› intensificar*

encouragement /ɪn'kɜːrɪdʒmənt || ɪn'kʌrɪdʒmənt/ *n* [u c] **1** (heartening) ánimo *m*; **cries of ~** gritos *mpl* de ánimo *or* aliento; **his teachers gave him little ~** sus profesores no le dieron mucho ánimo **2** (stimulating): **the ~ of trade** el fomento del comercio; **she doesn't need any ~** no (le) hace falta que la animen a hacerlo

encouraging /ɪn'kɜːrɪdʒɪŋ || ɪn'kʌrɪdʒɪŋ/ *adj* ‹*news/progress*› alentador, esperanzador; **she's always been very ~** siempre me (*or* nos *etc*) ha alentado mucho; **you might sound a bit more ~!** ¡hay que ver qué ánimos me das! (iró)

encouragingly /ɪn'kɜːrɪdʒɪŋli || ɪn'kʌrɪdʒɪŋli/ *adv* ‹*perform/improve/rise*› de un modo alentador *or* esperanzador; **these figures are ~ high** estas cifras son bastante altas, lo cual resulta alentador

encroach /ɪn'krəʊtʃ/ *vi* **to ~ ON *o* UPON sth** ‹*on land*› invadir algo; ‹*on rights*› cercenar algo; **I don't wish to ~ on your time** no quisiera robarle tiempo

encroachment /ɪn'krəʊtʃmənt/ *n* [u c] (on land) invasión *f*; (on rights) cercenamiento *m* (frml); (on time) abuso *m*

encrust /ɪn'krʌst/ *vt* recubrir*, encostrar; **~ed WITH sth**: **boots ~ed with mud** botas *fpl* con una costra de barro; **a gown ~ed with jewels** un traje incrustado *or* con incrustaciones de pedrería

encrustation /ˌɪnkrʌs'teɪʃən/ *n* [u c] (frml) costra *f*

encrypt /ɪn'krɪpt/ *vt* cifrar, codificar*

encryption /ɪn'krɪpʃən/ *n* [u] cifrado *m*, codificación *f*

encumber /ɪn'kʌmbər || ɪn'kʌmbə(r)/ *vt* **1** (burden) cargar*; **to be ~ed WITH sth** ‹*with debt/responsibility*› estar* cargado *or* agobiado DE algo; **she is ~ed with a large family** tiene la carga de una familia numerosa **2** (hamper) estorbar; (block) obstruir* **3** (Law) ‹*title/deeds*› gravar; **an estate ~ed with a large mortgage** una finca gravada con una fuerte hipoteca

encumbrance /ɪn'kʌmbrəns/ *n* **1** (burden, hindrance) estorbo *m*; **an ~ TO sb** un estorbo PARA algn **2** (Law) gravamen *m*

encyclical (letter) /en'sɪklɪkəl/ *n* encíclica *f*

encyclopedia, (BrE also) **encyclopaedia** /ɪnˌsaɪklə'piːdiə/ *n* enciclopedia *f*; **a walking ~** (hum) una enciclopedia ambulante (hum)

encyclopedic, (BrE also) **encyclopaedic** /ɪnˌsaɪklə'piːdɪk/ *adj* enciclopédico

end[1] /end/ *n*
A **1** (extremity — of rope, stick) extremo *m*, punta *f*; (— of nose) punta *f*; (— of street) final *m*; **at the other/far ~ of the garden** al otro extremo/al fondo del jardín; **from one ~ of the country to the other** de punta a punta *or* de un extremo a otro del país; **at the top ~ of the market** en el mercado de calidad; **the top ~ of the range** lo mejor de la gama; **to stand sth on (its) ~** poner* algo vertical, parar algo (AmL); **that experience stood my previous ideas on ~** esa experiencia me rompió los esquemas; **for weeks on ~** durante semanas y semanas, durante semanas enteras; **we put the tables ~ to ~** juntamos las mesas por los extremos; **it measured five feet (from) ~ to ~** medía cinco pies de un lado al otro *or* de punta a punta; **I went ~ over ~ down the slope** (AmE) caí rodando por la pendiente; ***not to know/be able to tell one ~ of sth from the other*** no tener* ni idea de algo (fam); **he doesn't know one ~ of an engine from the other** no tiene ni idea de motores (fam); ***to be at the ~ of one's rope*** *o* (BrE) ***tether***: **I'm at the ~ of my rope** ya no puedo más *or* ya no aguanto más; ***to get*** *o* ***have one's ~ away*** (BrE sl) echarse un polvo (arg); ***to go off at the deep ~*** (colloq) ponerse* como una fiera; ***to make ~s meet*** llegar* a fin de mes; (*before n*): **the ~ house** la casa del final *or* la última casa; **I'm always ~ man when it comes to promotion** (AmE) cuando se trata de ascensos siempre soy el último mono (fam); *see also* **deep end** **2** (part, side) (colloq) parte *f* (fam); **the advertising ~ of the business** la parte de publicidad del negocio; **are there any problems at your ~?** ¿hay algún problema por tu lado?; ***to keep one's ~ up*** (hold one's own) defenderse*; (stay cheerful) (BrE) seguir* animado *or* con ánimos **3** (remaining part) final *m*, resto *m*; **candle ~s** cabos *mpl* de vela
B **1** (finish, close) fin *m*, final *m*; Ⓢ **the end** fin; **at/toward the ~ of the summer** a/hacia finales del verano, al/hacia el fin del verano; **I've no money left at the ~ of the month** a fin de mes no me queda dinero; **it will be ready by the ~ of the week** estará listo para el fin de semana; **she read it to the very ~** lo leyó hasta el fin *or* final; **their food was at an ~** se les había acabado la comida; **I'm at the ~ of my strength** estoy al límite *or* al borde de mis fuerzas; **just give him the money and let that be an ~ of *o* to it** dale el dinero y que no se hable más; **that was the ~ of the story** ahí (se) acabó *or* terminó la historia; **that's the ~ of that!** ¡se acabó *or* sanseacabó! (fam); **he stood her up once and that was the ~ of him** una vez la dejó plantada y ella no quiso saber más de él; **we'll never hear the ~ of this** nunca nos va a dejar olvidar esto; **in the ~** al final; **to put an ~ to sth** poner* fin *or* poner* punto final a algo; ***at the ~ of the day*** (finally) al fin y al cabo, a fin de cuentas, al final; (lit) al acabar *or* terminar el día **2** (death, destruction) final *m*, fin *m*; **they met a violent ~** tuvieron un final *or* fin violento; **to come to a sticky ~** (BrE) acabar *or* terminar mal; **I was with him at the ~** estuve con él en sus últimos momentos; **don't cry, it's not the ~ of the world** no llores, no es la muerte de nadie *or* no es para tanto **3** (outcome) final *m* **4** (colloq): **he's/it's the ~** (awful) es lo último, es el colmo, es de lo que no hay (fam); (funny) es divertidísimo, es la caraba *or* la repanocha (Esp fam), es un plato (CS

fam); ***no*** **~** (BrE): **there were no ~ of people there** había la mar *or* la tira de gente (fam); **we enjoyed ourselves no ~** nos divertimos a más no poder *or* hasta decir basta (fam)

C (purpose) fin *m*; **does the ~ justify the means?** ¿el fin justifica los medios?; **an ~ in itself** un fin en sí mismo; **to use sth for one's own ~s** usar algo para sus (*or* mis *etc*) propios fines; **for political ~s** con fines políticos; **to this ~** (frml) con *or* a este fin (frml)

D [1] (in football, tennis, netball): **to change ~s** cambiar de lado; **at the Saints' ~** en el área que defienden los Saints [2] (in US football) extremo *m*; **defensive/tight ~** extremo defensivo/cerrado

end² *vt* [1] (stop) ‹*argument/discussion/fight*› terminar, dar* *or* poner* fin a; ‹*gossip/speculation*› acabar *or* terminar con; **he ~ed his own life** puso fin a su vida [2] (conclude) terminar, concluir* (frml); **how about a cup of coffee to ~ the meal?** ¿qué tal un café para terminar la comida?; **the scene which ~s the movie** la escena con (la) que acaba *or* termina la película; **to ~ one's days** terminar sus días

■ **end** *vi* acabar, terminar, concluir* (frml); **the concert ~s at eleven** el concierto acaba *or* termina a las once; **his career/life ~ed tragically** su carrera/vida terminó de un modo trágico; **it will all ~ in tears** va a acabar *or* terminar mal; **a word ~ing in 'x'** una palabra que termina con 'x'; **it always ~s with me apologizing** al final siempre soy yo el que pide perdón

(Phrasal verbs)

• **end off**

A [v + o + adv, v + adv + o] ‹*speech/article*› poner* fin a, concluir* (frml)

B [v + adv] (finish) terminar, concluir* (frml)

• **end up** [v + adv] terminar, acabar; **we ~ed up in Boston** terminamos *or* acabamos en Boston; **that boy will ~ up in serious trouble** ese chico va a terminar *or* acabar muy mal; **I ~ed up doing it myself** terminé *or* acabé haciéndolo yo mismo; **who would have thought he would ~ up (as) President?** ¿quién hubiera pensado que iba a terminar *or* acabar siendo presidente?

endanger /ɪn'deɪndʒər || ɪn'deɪndʒə(r)/ *vt* [1] ‹*life/chances/reputation*› poner* en peligro, hacer* peligrar [2] **endangered** *past p* ‹*species/wildlife*› en peligro *or* en vías de extinción

endear /ɪn'dɪr || ɪn'dɪə(r)/ *vt* **to ~ oneself TO sb** granjearse el cariño de algn; **this ~ed her to everyone** esto le granjeó el cariño de todos *or* la hizo muy querida; **she doesn't ~ herself to people** no es una persona que se haga querer

endearing /ɪn'dɪrɪŋ || ɪn'dɪərɪŋ/ *adj* ‹*smile/feature*› atractivo, simpático; ‹*child/character*› atractivo, atrayente

endearment /ɪn'dɪrmənt || ɪn'dɪəmənt/ *n* [c u] expresión *f* de cariño; **he whispered ~s in her ear** le susurraba ternezas al oído; **terms/words of ~** palabras *fpl* cariñosas *or* de cariño

endeavor¹, (BrE) **endeavour** /ɪn'devər || ɪn'devə(r)/ *n* (frml) [1] [c] (attempt) esfuerzo *m*, intento *m*; **he made every ~ to help** se esforzó al máximo por ayudar, intentó ayudar por todos los medios [2] [u] (striving) empeño *m*; **a milestone in the field of human ~** un hito en el campo del empeño humano

endeavor², (BrE) **endeavour** *vt* (frml) **to ~ to + INF** intentar por todos los medios + INF, esforzarse* POR + INF

endemic /en'demɪk/ *adj* ‹*disease/condition*› endémico; **social unrest is ~ in these areas** el malestar social es endémico en estas zonas

endgame /'endgeɪm/ *n* final *m*

ending /'endɪŋ/ *n* [1] (conclusion) final *m*, desenlace *m*; **I prefer stories/films with happy ~s** prefiero las historias/películas con final feliz *or* que acaban bien [2] (Ling) desinencia *f*, terminación *f*; **verb ~s** desinencias verbales

endive /'endaɪv -dɪv/ *n* [1] (AmE) endivia *f*, endibia *f* [2] (BrE) escarola *f*

endless /'endləs || 'endlɪs/ *adj*

A [1] ‹*journey/meeting*› interminable; ‹*plain/patience*› sin límites, infinito; ‹*resources*› inagotable, sin límites; ‹*chatter/complaining*› continuo, incesante; **the days seemed ~ to me** los días se me hacían eternos *or* interminables [2] (innumerable) innumerable; **~ attempts** innumerables intentos *mpl*, (una) infinidad *or* un sinnúmero *or* un sinfín de intentos; **the possibilities are ~** las posibilidades son infinitas, hay (una) infinidad de posibilidades

B (Tech) ‹*chain/belt/cable*› sin fin *adj inv*

endlessly /'endləsli || 'endlɪsli/ *adv* [1] (infinitely): **the plain/road stretched out ~ before us** la llanura/carretera se extendía, interminable, ante nosotros [2] (incessantly) ‹*talk/chatter*› constantemente, incesantemente, sin parar; **he goes on ~ about his wife** no para de hablar de su mujer [3] (time and time again) ‹*try/argue*› hasta la saciedad

end matter *n* [u] adenda *f*

endocrine /'endəkrən || 'endəkraɪn, -krɪn/ *adj* endocrino

end-of-term /'endəv,tɜːrm || ,endəv'tɜːm/ *adj* (BrE) (*before n*) de final de curso

end-of-terrace /'endəv,terəs || ,endəv'terɪs/ *adj* (BrE) (*before n*): **~ house** *vivienda al final de una hilera de casas adosadas*

endomorph /'endəmɔːrf || 'endəʊmɔːf/ *n* endomorfo, -fa *m,f*

endorse /ɪn'dɔːrs || ɪn'dɔːs/ *vt*

A [1] (approve) ‹*statement/decision*› aprobar*, refrendar; **I fully ~ that opinion** estoy totalmente de acuerdo con esa opinión, comparto totalmente esa opinión [2] (Pol) refrendar; **she has been ~d by the mayor** ha obtenido el refrendo del alcalde [3] ‹*product*› promocionar

B (sign) ‹*check/bill*› endosar

C (BrE) (Auto, Law) *anotar los detalles de una infracción de tráfico en el permiso de conducir*

endorsement /ɪn'dɔːrsmənt || ɪn'dɔːsmənt/ *n* [c u]

A [1] (approval) aval *m*, aprobación *f* [2] (Pol) refrendo *m* [3] (Marketing) promoción *f*

B (signature) endoso *m*

C (on driving licence) (BrE) anotación *f* (*de una infracción de tráfico*)

endow /ɪn'daʊ/ *vt* [1] (provide) (*usu pass*) **~ed WITH sth** dotado DE algo; **a very well ~ed girl/boy** (colloq & hum) una chica muy bien dotada/un chico muy bien dotado (fam & hum) [2] (provide income for) ‹*college/school/hospital*› dotar (de fondos) a

endowment /ɪn'daʊmənt/ *n*

A [c u] (Fin) donación *f*, legado *m*; (*before n*): **~ insurance** seguro-ahorro *m*; **~ mortgage** (BrE) hipoteca *f* de inversión; **~ policy** póliza *f* de seguro total

B (attribute) (frml) atributo *m* (frml), dote *f*

endpaper /'end,peɪpər || 'end,peɪpə(r)/ *n* guarda *f*

end product *n* producto *m* final

end result *n* resultado *m* final

end run *n*

A (in US football) *carrera rodeando la línea de defensa del contrario para acercarse a su línea de gol*

B (AmE) (evasive tactic) táctica *f* evasiva (*para eludir a la oposición*)

endurable /ɪn'dʊrəbəl || ɪn'djʊərəbəl/ *adj* (*usu neg*) soportable, tolerable; **the noise/pain was no longer ~** el ruido/dolor ya era insoportable *or* intolerable

endurance /ɪn'dʊrəns || ɪn'djʊərəns/ *n* [u] (physical) resistencia *f*, aguante *m*; (mental) entereza *f*, fortaleza *f*; **powers of ~** capacidad *f* de aguante; **a feat of ~** una proeza de resistencia; **beyond** *o* **past ~** intolerable; **he made them suffer beyond ~** los hizo sufrir hasta que no podían más; (*before n*): **~ test** prueba *f* de resistencia; **~ record** récord *m* de resistencia

endure /ɪn'dʊr || ɪn'djʊə(r)/ *vt* [1] ‹*hardship/pain*› soportar, aguantar [2] (tolerate) soportar, tolerar; **I will not ~ this treatment any longer** no voy a seguir consintiendo *or* tolerando que se me trate así

■ **endure** *vi* «*fame/friendship/memories*» perdurar; «*system*» sostenerse*

enduring /ɪn'dʊrɪŋ || ɪn'djʊərɪŋ/ *adj* ‹*fame/memory*› imperecedero, perdurable; ‹*peace/change*› duradero

end user *n* destinatario *m* final, usuario *m*

endways /'endweɪz/ (AmE also) **endwise** /-waɪz/ *adv* [1] (with end forward) de canto, de lado [2] (end to end) a lo largo

end zone /'endzəʊn/ *n* diagonal *f*

ENE (= **east-northeast**) ENE

enema /'enəmə/ *n* enema *m*

enemy /'enəmi/ *n* (*pl* **-mies**) [1] (adversary) enemigo, -ga *m,f*; **they are deadly enemies** son enemigos mortales *or* a muerte; **try not to make an ~ of him** trata de no echártelo encima como enemigo; **I wouldn't wish it on my worst ~** no se lo deseo a mi peor enemigo; **she's her own worst ~** su peor enemigo es ella misma [2] (opponent in war) (+ *sing o pl vb*): **the ~** el enemigo; **the ~ was** *o* **were forced back** el enemigo se vio obligado a retroceder; **~-occupied territory** territorio *m* ocupado por el enemigo; (*before n*) ‹*action/forces/territory*› enemigo

energetic /,enər'dʒetɪk || ,enə'dʒetɪk/ *adj* [1] (full of energy) ‹*person*› lleno de energía; **she's an ~ worker** trabaja con mucha energía; **I don't feel very ~ right now** ahora mismo no me siento con muchas energías [2] (requiring energy) ‹*exercise*› enérgico; ‹*vacation/day*› muy activo; **squash is too ~ for me** el squash es demasiado duro *or* fuerte para mí [3] (forceful) ‹*denial/protest*› enérgico

energetically /,enər'dʒetɪkli || ,enə'dʒetɪkli/ *adv* [1] ‹*work/dance*› con energía [2] ‹*argue/deny*› enérgicamente

energize /'enərdʒaɪz || 'enədʒaɪz/ *vt* [1] ‹*antenna/circuit*› activar [2] ‹*spirit/will*› vigorizar*; ‹*person*› infundirle vigor a

energy /'enərdʒi || 'enədʒi/ *n* [u]

A [1] (vitality) energía *f*; **a woman of great intellectual ~** una mujer con un gran vigor intelectual; **to work off surplus ~** quemar energías [2] (power, effort) energías *fpl*; **to focus one's ~** *o* **energies on sth** centrar todas mis (*or* sus *etc*) energías en algo; **she devoted all her energies to getting him out of prison** se entregó en cuerpo y alma a la tarea de sacarlo de la cárcel [3] (forcefulness) energía *f*

B (Phys) energía *f*; **electrical/atomic ~** energía eléctrica/atómica; **new sources of ~** nuevas fuentes de energía; (*before n*) ‹*source/supply*› de energía; **~ conservation** conservación *f* de la energía; **~ consumption** consumo *m* de energía; **~ crisis** crisis *f* energética

energy audit *n* auditoría *f* energética

energy-efficient /,enərdʒiɪ'fɪʃənt || ,enədʒiɪ'fɪʃənt/ *adj* energéticamente eficiente

energy level *n* nivel *m* de energía, nivel *m* energético

energy policy *n* [u c] política *f* energética

energy-saving /'enərdʒi,seɪvɪŋ || 'enədʒi,seɪvɪŋ/ *adj* de ahorro energético

enervate /'enərveɪt || 'enəveɪt/ *vt* (frml) debilitar; **~d by the heat** debilitado *or* agobiado por el calor

enervating /'enərveɪtɪŋ || 'enəveɪtɪŋ/ *adj* (frml) debilitante

en famille /,ɑːnfæ'miː || ,ɒnfæ'miː/ *adv* en familia

enfant terrible /,ɑːnfɑːn te'riːblə || ,ɒnfɒn te'riːblə/ *n* (*pl* **enfants terribles** /,ɑːnfɑːn te'riːblə || ,ɒnfɒn te'riːblə/) enfant terrible *mf*

enfeeble /ɪn'fiːbəl/ *vt* (frml) (*often pass*) debilitar

enfeeblement /ɪn'fiːbəlmənt/ *n* [u] (frml) debilitamiento *m*

enfold /ɪn'fəʊld/ *vt* (liter) envolver*; **he ~ed her in his arms** la envolvió en un abrazo (liter)

enforce /ɪn'fɔːrs || ɪn'fɔːs/ *vt* [1] ‹*law/regulation*› hacer* respetar *or* cumplir *or* obedecer; ‹*cease-fire*› hacer* respetar; ‹*claim/right*› hacer* valer; **to ~ one's will** imponer* su voluntad [2] **enforced** *past p* ‹*leisure/silence*› forzoso, impuesto

enforceable /ɪn'fɔːrsəbəl || ɪn'fɔːsəbəl/ *adj* ejecutable; **the rule is not ~** se puede cumplir la norma

e

enforcement /ɪn'fɔːrsmənt || ɪn'fɔːsmənt/ *n* [u]: **they are responsible for the ~ of the law** son responsables de hacer cumplir *or* respetar la ley; (*before n*): **~ agencies** (AmE) departamentos *mpl* de seguridad del estado; **~ officers** (AmE) agentes *mfpl* de la ley

enfranchise /ɪn'fræntʃaɪz/ *vt* conceder el (derecho al) voto a

enfranchisement /ɪn'fræntʃəzmənt || ɪn 'fræntʃaɪzmənt/ *n* [u] concesión *f* del derecho al voto

ENG *n* = **electronic news-gathering**

Eng. 1 = **England** 2 = **English**

engage /ɪn'geɪdʒ/ *vt*
A 1 ‹*attention/interest*› captar, atraer*; **to ~ sb in conversation** entablar *or* trabar conversación con algn 2 (frml) ‹*enemy*› entablar combate con (frml)
B 1 ‹*cog/wheel*› engranar con 2 (operate) ‹*gear*› engranar, meter (fam); **to ~ the clutch** embragar*, apretar* el embrague
C (hire) ‹*staff/performer*› contratar
■ **engage** *vi*
A (take part) **to ~ IN sth: to ~ in politics** dedicarse* a la política; **to ~ in arguments** entrar en discusiones
B «*cog/wheel*» engranar
C (Mil) entablar combate (frml)

engagé /,ɑːŋgɑː'ʒeɪ || ɒŋ'gæʒeɪ/ *adj* (*pred*) comprometido

engaged /ɪn'geɪdʒd/ *adj*
A (betrothed) prometido, comprometido (AmL); **to be ~ TO sb** estar* prometido A algn, estar* comprometido CON algn (AmL); **to become** *o* **get ~** prometerse, comprometerse (AmL); **the ~ couple** los prometidos, los novios
B (*pred*) 1 (occupied) (frml) ocupado; **I'm otherwise ~** tengo otro compromiso; **~ IN** *o* **ON: they are ~ in a new business venture** tienen un nuevo negocio entre manos; **the work we are ~ on at the moment** el trabajo que nos ocupa en este momento 2 (BrE) ocupado 3 (BrE) (Telec) ocupado, comunicando (Esp); **the number is ~** está ocupado *or* (Esp) comunicando; **the ~ tone** *o* **signal** la señal de ocupado *or* (Esp) de comunicando
C (committed) (*pred*) comprometido

engagement /ɪn'geɪdʒmənt/ *n*
A [c] (pledge) compromiso *m*; (period) noviazgo *m*; **they have broken off their ~** han roto su compromiso; (*before n*): **~ party** fiesta *f* de compromiso *or* de petición de mano; **~ ring** anillo *m* de compromiso *or* (Esp tb) de pedida
B 1 [c] (appointment) compromiso *m*; **a prior** *o* **previous ~** un compromiso previo; **public ~** compromiso oficial; **I have a dinner ~ on Friday** (frml) el viernes tengo una cena; (*before n*): **~ diary** agenda *f* 2 [c u] (employment) contrato *m*, empleo *m*
C [c] (battle) (frml) combate *m*
D [u] (Tech) engranaje *m*

engaging /ɪn'geɪdʒɪŋ/ *adj* ‹*smile/personality*› atractivo, encantador; ‹*book/play*› interesante; **she's very ~** es muy simpática

engagingly /ɪn'geɪdʒɪŋli/ *adv* ‹*laugh/say*› con mucha gracia, con mucho encanto; **he's ~ modest** es de una modestia que cae muy en gracia

engender /ɪn'dʒendər || ɪn'dʒendə(r)/ *vt* (frml) engendrar (frml)

engine /'endʒən || 'endʒɪn/ *n* 1 (motor) motor *m*; **the ship's ~s** las máquinas del barco; (*before n*) ‹*block/bearing/mounting*› del motor; **~ failure** falla *f* mecánica *or* (Esp) fallo *m* mecánico; **to have ~ trouble** tener* problemas con el motor 2 (locomotive) locomotora *f*, máquina *f* 3 (*siege ~*) máquina *f* de guerra 4 (instrument) (liter) instrumento *m*

engine driver *n* (BrE) maquinista *mf*

engineer[1] /,endʒə'nɪr || ,endʒɪ'nɪə(r)/ *n*
A 1 (graduate) ingeniero, -ra *m,f* 2 (in factory) (BrE) oficial, -ciala *m,f* 3 (for maintenance) (BrE) técnico *mf*, ingeniero, -ra *m,f* (Méx) 4 (Naut) maquinista *mf* naval; **chief ~** jefe, -fa *m,f* de máquinas 5 (Mil): **the E~s** el cuerpo de ingenieros
B (AmE) (Rail) maquinista *mf*

engineer[2] *vt*
A (contrive, bring about) ‹*plan*› urdir, tramar; ‹*defeat/downfall*› fraguar*; **she ~ed a truce between the two factions** logró *or* consiguió una tregua entre las dos facciones; **he ~ed the company's recovery** fue el artífice de la recuperación de la empresa
B **engineered** *past p* **a beautifully ~ed bridge/road** un puente/una carretera de magnífica ingeniería; **genetically ~ed bacteria** bacterias *fpl* creadas por ingeniería genética

engineering /,endʒə'nɪrɪŋ || ,endʒɪ'nɪərɪŋ/ *n* [u] 1 (subject) ingeniería *f*; (*before n*) ‹*research/industry/works*› de ingeniería 2 (design and construction) ingeniería *f*; **an impressive piece of ~** una magnífica obra de ingeniería

engine house *n* (AmE) 1 (Rail) depósito *m* de locomotoras 2 (for fire engine) parque *m* de bomberos, cuartel *m* de bomberos (RPl), bomba *f* (Chi)

engineman /'endʒənmæn || 'endʒɪnmæn/ *n* (*pl* **-men** /-men/) (AmE dated) maquinista *m*

engine room *n* (Naut) cuarto *m or* sala *f* de máquinas

engine shed *n* (BrE) (Rail) ▸**engine house 1**

England /'ɪŋglənd/ ▸**United Kingdom** *n* 1 Inglaterra *f*; (*before n*) ‹*squad/team/player*› (BrE) inglés 2 (Great Britain) (crit) Inglaterra *f* (crit)

> **England**
> ▸United Kingdom.

English[1] /'ɪŋglɪʃ/ *adj* 1 inglés 2 (British) (crit) inglés (crit)

English[2] *n* 1 [u] (language) inglés *m*; **British/American ~** inglés británico/americano; *see also* **plain**[1] **A1**; (*before n*) ‹*lesson/teacher*› de inglés 2 (people) (+ *pl vb*): **the ~** los ingleses

English breakfast *n* desayuno *m* inglés (*con huevos, salchichas, tocino, etc*)

English Heritage *n* (in UK) *organismo que tiene como objetivo la conservación del patrimonio histórico y arquitectónico nacional y de los espacios naturales de especial interés*

English horn *n* corno *m* inglés

Englishman /'ɪŋglɪʃmən/ *n* (*pl* **-men** /-mən/) inglés *m*; ***an ~'s home is his castle*** *frase que señala la importancia que el inglés atribuye a la privacidad del hogar*

English-speaking /'ɪŋglɪʃ,spiːkɪŋ/ *adj* de habla inglesa

Englishwoman /'ɪŋglɪʃ,wʊmən/ *n* (*pl* **-women**) inglesa *f*

engraft /ɪn'græft || ɪn'grɑːft/ *vt* **to ~ sth ONTO sth** injertar algo EN algo

engrave /ɪn'greɪv/ *vt* ‹*glass/metal/design/name*› grabar; **to ~ sth WITH sth: he had the bracelet ~d with her name** hizo grabar su nombre en la pulsera; **to ~ sth ON sth** grabar algo EN algo; **the name ~d on the tombstone** el nombre grabado en la lápida; **the words were ~d on his memory** tenía las palabras grabadas en la memoria

engraver /ɪn'greɪvər || ɪn'greɪvə(r)/ *n* grabador, -dora *m,f*

engraving /ɪn'greɪvɪŋ/ *n*
A [u] (process, work) grabado *m*
B [c] (Print) 1 (block) plancha *f* 2 (copy) grabado *m*

engross /ɪn'grəʊs/ *vt*
A (hold attention) absorber*; **to be ~ed IN sth** estar* absorto *or* enfrascado EN algo
B (Law) pasar a *or* (AmL) en limpio

engrossing /ɪn'grəʊsɪŋ/ *adj* fascinante, apasionante

engulf /ɪn'gʌlf/ *vt* «*flames/fire/waves*» envolver*; «*lava*» sepultar; «*feeling*» asaltar; **war ~ed the country** el país se sumió en la guerra

enhance /ɪn'hæns || ɪn'hɑːns/ *vt* 1 ‹*beauty/taste*› realzar*, dar* realce a 2 ‹*value*› aumentar 3 ‹*reputation/performance*› mejorar 4 ‹*capacity*› ampliar*, aumentar 5 (Comput) ‹*image*› procesar

enhanced /ɪn'hænst || ɪn'hɑːnst/ *adj* 1 ‹*performance*› mejorado 2 (Comput) ‹*image*› procesado

enhancement /ɪn'hænsmənt || ɪn'hɑːnsmənt/ *n* [u] 1 (of quality, performance) mejora *f* 2 (of flavor, beauty) realce *m* 3 (of value) aumento *m* 4 (of capacity) ampliación *f*

enigma /ɪ'nɪgmə/ *n* (*pl* **-mas**) enigma *m*; **she's an ~ to me** para mí, es un enigma

enigmatic /,enɪg'mætɪk/ *adj* enigmático

enigmatically /,enɪg'mætɪkli/ *adv* enigmáticamente

enjambment /ɪn'dʒæmbmənt/, **enjambement** /ɑːn'ʒɑːmbəmɑːn ɪn'dʒæmmənt/ *n* [u c] encabalgamiento *m*

enjoin /ɪn'dʒɔɪn/ *vt* (frml)
A 1 (strongly urge) **to ~ sth ON sb** encarecerle* algo a algn; **to ~ sb to + INF** encarecerle* a algn QUE + SUBJ 2 (order, impose) imponer*
B (prohibit) (AmE) (Law) **to ~ sb FROM -ING** prohibirle* a algn QUE + SUBJ

enjoy /ɪn'dʒɔɪ/ *vt*
A (like): **I ~ed the book** me gustó mucho el libro, disfruté mucho el *or* del libro; **I ~ wine/music** me gusta el vino/la música; **I ~ed the party/my time at college** lo pasé bien en la fiesta/universidad; **just relax and ~ life** relájate y disfruta (de) la vida; **to ~ each moment to the full** disfrutar al máximo de cada momento; **you must meet Peter, I think you'll ~ him** (AmE) tienes que conocer a Peter, creo que te va a caer bien *or* te va a gustar; **to ~ -ING: I ~ traveling/reading** me gusta viajar/leer, disfruto viajando/leyendo
B (have, experience) disfrutar de, gozar* de; **she ~s good health/a high standard of living** disfruta *or* goza de buena salud/de un nivel de vida alto
■ **enjoy** *vi* (on serving food): **~!** ¡que aproveche! *or* ¡buen provecho!
■ *v refl*: **to ~ oneself** divertirse*, pasarlo bien

enjoyable /ɪn'dʒɔɪəbəl/ *adj* ‹*day/meal/holiday*› agradable, placentero (frml); **it's a very ~ book** es un libro de lectura muy amena

enjoyably /ɪn'dʒɔɪəbli/ *adv* agradablemente

enjoyment /ɪn'dʒɔɪmənt/ *n*
A [u c] (pleasure) placer *m*; **I don't do it for ~** no lo hago por placer; **she gets a lot of ~ from** *o* **out of reading** disfruta mucho leyendo, le encanta leer; **it spoils your ~** te impide disfrutarlo al máximo
B [u] (possession, use) (Law) goce *m*, disfrute *m*; **the use and ~ of an asset** el uso y disfrute de un bien

enlarge /ɪn'lɑːrdʒ || ɪn'lɑːdʒ/ *vt* 1 (make bigger) ‹*hole/area*› agrandar; ‹*pore/gland/heart*› dilatar 2 ‹*room/office*› ampliar* 3 ‹*membership*› aumentar; **the ~d edition** la edición aumentada *or* ampliada 4 ‹*print/photograph*› ampliar*
■ **enlarge** *vi*
A (become larger) «*cell*» agrandarse, aumentar de tamaño; «*pore/vein*» dilatarse
B (add detail) (frml) **to ~ (ON** *o* **UPON sth)** extenderse* (SOBRE algo); **he had no time to ~ upon the subject** no tuvo tiempo para extenderse sobre el tema *or* para ampliar la información

enlargement /ɪn'lɑːrdʒmənt || ɪn'lɑːdʒmənt/ *n* 1 [u] (of pore, gland, heart) dilatación *f* 2 [u] (of house) ampliación *f* 3 [u] (of membership) aumento *m* 4 [u c] (Phot) ampliación *f*

enlarger /ɪn'lɑːrdʒər || ɪn'lɑːdʒə(r)/ *n* ampliadora *f*

enlighten /ɪn'laɪtn/ *vt* ‹*people/population*› ilustrar (frml); (Relig) iluminar; **would you care to ~ me?** ¿te importaría explicarme?; **I tried to ~ him as to the true state of affairs** traté de explicarle cuál era realmente la situación

enlightened /ɪn'laɪtnd/ *adj* ‹*person/view*› progresista; ‹*decision*› inteligente; **~ despotism** despotismo *m* ilustrado; **in these ~ times** *o* **in this ~ age** en esta época de progresos *or* adelantos; **Buddha, the ~ one** Buda, el iluminado

enlightening /ɪn'laɪtnɪŋ/ *adj* esclarecedor, instructivo

enlightenment /ɪn'laɪtnmənt/ *n* [u] 1 (explanation): **I turned to her for ~** recurrí a

e

e

ella en busca de una explicación *or* de una aclaración [2] (liberalism) progresismo *m*, tolerancia *f* [3] (Hist): **the (Age of) E~** la Ilustración, el Siglo de las Luces

enlist /ɪn'lɪst/ *vi* alistarse; **to ~ IN sth** alistarse EN algo

■ **enlist** *vt* [1] ‹*soldiers/helpers/members*› reclutar, alistar; ‹*sailors*› enrolar; **to ~ sb IN sth** conseguir* el apoyo de algn EN algo [2] ‹*support/aid*› conseguir*

enlisted man /ɪn'lɪstəd || ɪn'lɪstɪd/ *n* (AmE) soldado *m* raso

enlistment /ɪn'lɪstmənt/ *n* [u] [1] (Mil) alistamiento *m*, reclutamiento *m* [2] (of help) obtención *f*

enliven /ɪn'laɪvən/ *vt* ‹*conversation/person*› animar; ‹*room/place*› darle* vida *or* alegría a, alegrar

en masse /ˌɑːn'mæs || ˌɒn'mæs/ *adv* en masa *or* bloque

enmesh /ɪn'meʃ/ *vt* **to be ~ed IN sth** estar* enredado EN algo

enmity /'enməti/ *n* [u c] (*pl* **-ties**) (frml) animadversión *f* (frml), enemistad *f*

enneagram /ˌiːnyə'græm/ *n* (Relig) eneagrama *f*

ennoble /ɪ'nəʊbəl/ *vt* [1] (give title to) ennoblecer* [2] (elevate) (frml) ‹*person/character/mind*› ennoblecer*, enaltecer*

ennui /ɑː'nwiː/ *n* [u] (liter) hastío *m*

enologist, (BrE) **oenologist** /iː'nɑːlədʒəst || iː'nɒlədʒɪst/ *n* enólogo, -ga *m,f*

enology, (BrE) **oenology** /iː'nɑːlədʒi || iː'nɒlədʒɪ/ *n* enología *f*

enormity /ɪ'nɔːrməti || ɪ'nɔːməti/ *n* (*pl* **-ties**)
A [1] [u] (wickedness) enormidad *f* [2] [c] (crime) atrocidad *f*, barbaridad *f*
B [u] (great size) enormidad *f*

enormous /ɪ'nɔːrməs || ɪ'nɔːməs/ *adj* ‹*house/garden/dog*› enorme, inmenso; ‹*strength/courage*› enorme, descomunal; **he has an ~ appetite** tiene un apetito voraz; **an ~ number of people** una cantidad enorme de gente; **it makes an ~ difference** cambia enormemente las cosas

enormously /ɪ'nɔːrməsli || ɪ'nɔːməsli/ *adv* ‹*enjoy/benefit*› enormemente; **he's ~ fat/rich** es gordísimo/riquísimo; **I like him ~** me gusta muchísimo

enough¹ /ɪ'nʌf/ *adj*

> ⚠ Where the meaning ... *enough to* ... is being translated, the translation uses the structure *lo bastante* or *lo suficiente* ... *como para* ... : **you aren't eating enough (to stay healthy)** no estás comiendo lo suficiente *or* lo bastante (como para mantenerte saludable).

bastante, suficiente; (*pl*) bastantes, suficientes; **do we have ~ glasses?** ¿tenemos bastantes/suficientes vasos?, ¿tenemos vasos suficientes?; **is there ~ coffee left?** ¿queda bastante *or* suficiente café?; **I don't have ~ money to buy it** no me alcanza el dinero para comprarlo; **I didn't get ~ sleep** no dormí bastante *or* lo suficiente; **that's ~ noise!** ¡basta de ruido!; **you've made ~ food to feed an army** has hecho comida como para un batallón; **there was more than ~ food to go round** había comida más que suficiente para todos; **they had more than ~ time** tuvieron tiempo de sobra; **there'll be time ~ for talking later** ya habrá tiempo suficiente para hablar más adelante; **I have reason ~** tengo motivos suficientes

enough² *pron*: **do you need any more chairs? — no, I have ~** ¿necesitas más sillas? — no, tengo suficientes *or* bastantes; **do you need any more paper? — no, I have ~** ¿necesitas más papel? — no, tengo suficiente *or* bastante; **I'll never go skiing again: one broken leg is ~!** no voy a esquiar nunca más, con una pierna rota me basta *or* me alcanza (y sobra); **they don't pay us ~** no nos pagan bastante *or* lo suficiente; **that's ~ for me, thank you** (es) suficiente, gracias; **you've had more than ~ to drink** ya has bebido más que suficiente; **this cheese is delicious: I can't eat ~ of it** este queso es tan rico que no me canso de comerlo; **~ of this foolishness/idle chatter!** ¡basta de tonterías/de charla!; **~ is ~!** ¡ya basta!; **I've had ~!** ¡ya estoy harto!

enough³ *adv*
A (sufficiently): **you don't go out ~** no sales lo suficiente; **make sure it's big/heavy ~** asegúrate de que sea lo suficientemente grande/fuerte/pesado; **what's good ~ for my father is good ~ for me** si está bien para mi padre, está bien para mí; **that's not good ~** eso no me vale; **it's difficult ~ with one, let alone two** ya es difícil con uno, cuanto más con dos; **I was foolish ~ to give him my phone number** fui tan idiota, que le di el número de teléfono; **their house is more than big ~ for three people** su casa basta y sobra para tres personas; **would you be kind ~ to open the window?** ¿sería tan amable de abrir la ventana?
B [1] (*as intensifier*): **you know well ~ what he wants** sabes muy bien lo que quiere; **the threat was plain ~** la amenaza fue muy clara; **curiously ~** curiosamente *or* aunque parezca curioso [2] (quite, very): **it's natural ~ that he should want to see her** es muy normal que la quiera ver; **he seemed willing ~ to help** parecía muy dispuesto a ayudar [3] (tolerably, passably): **he's interesting ~ to talk to** para conversar es una persona bastante interesante; **I like my job well ~ but ...** mi trabajo me gusta pero ...; **it's a nice ~ city** como ciudad no está mal

en passant /ˌɑːnpæ'sɑːn || ˌɒnpæ'sɒn/ *adv*
A (in passing) ‹*say/mention*› de pasada
B (in chess) al paso

enquire /ɪn'kwaɪr || ɪn'kwaɪə(r)/ *vt/vi* ▸**inquire**

enquiring /ɪn'kwaɪrɪŋ || ɪn'kwaɪərɪŋ/ *adj* ▸**inquiring**

enquiringly /ɪn'kwaɪrɪŋli || ɪn'kwaɪərɪŋli/ *adv* ▸**inquiringly**

enquiry /'ɪnkwəri, 'ɪnkwəri || ɪn'kwaɪəri/ *n* ▸**inquiry**

enrage /ɪn'reɪdʒ/ *vt* enfurecer*, encolerizar*

enraged /ɪn'reɪdʒd/ *adj* enfurecido; **the ~ animal** el animal enfurecido; **he was ~ when he found out** cuando se enteró se puso furioso *or* se enfureció

enrapture /ɪn'ræptʃər || ɪn'ræptʃə(r)/ *vt* cautivar, embelesar, arrobar (liter)

enrich /ɪn'rɪtʃ/ *vt* [1] ‹*person/nation*› enriquecer* [2] ‹*language/culture/soil*› enriquecer* [3] **enriched** *past p* ‹*uranium/nuclear fuel*› enriquecido; **vitamin-~ed food** alimentos *mpl* enriquecidos con vitaminas

enrichment /ɪn'rɪtʃmənt/ *n* [u] [1] (of person, country) enriquecimiento *m* [2] (of language, culture etc) enriquecimiento *m*

enroll, (BrE) **enrol, -ll-** /ɪn'rəʊl/ *vi* matricularse, inscribirse*; **they ~ed for a French course** se matricularon *or* se inscribieron en un curso de francés; **I ~ed in the drama club** me hice socia del club de teatro

■ **enroll** *vt* [1] «*parents*» matricular, inscribir* [2] «*organization*» inscribir*; **the school is not ~ing any more students** ya no aceptan más alumnos en la escuela; **the club ~ed 20 new members last year** el año pasado 20 personas se hicieron socias del club

enrollment, (BrE) **enrolment** /ɪn'rəʊlmənt/ *n* [1] [u c] (enrolling) inscripción *f*, matrícula *f*; (*before n*) ‹*session*› de inscripción; **the ~ fee for the course** la tasa de inscripción *or* la matrícula del curso [2] (number of members) número *m* de socios *or* afiliados

en route /ˌɑːn'ruːt || ˌɒn'ruːt/ *adv* por el camino, de camino; **we were ~ ~ to** *o* **for Cambridge** íbamos camino a Cambridge

ensconce /ɪn'skɑːns || ɪn'skɒns/ *vt*: **I was comfortably ~d in a large armchair** estaba cómodamente arrellanado *or* instalado en un gran sillón; **he was ~d in the bar for most of the crossing** pasó la mayor parte de la travesía instalado en el bar

■ *v refl*: **to ~ oneself** instalarse

ensemble /ɑːn'sɑːmbəl || ɒn'sɒmbəl/ *n*
A (group of performers) conjunto *m*; **a string/wind ~** un conjunto de cuerda(s)/de viento(s); **a choral ~** un grupo coral, una coral
B (Clothing) conjunto *m*
C (whole) conjunto *m*; **seen as an ~** visto en su conjunto, en conjunto

enshrine /ɪn'ʃraɪn/ *vt* [1] (preserve) consagrar; **these principles are ~d in the treaty** el tratado consagra estos principios [2] ‹*relic*› conservar; ‹*memory*› (liter) atesorar (liter)

ensign /'ensaɪn 'ensn/ *n*
A (flag) enseña *f*, pabellón *m*
B (officer) [1] (in US navy) alférez *mf* [2] (in UK army) (Hist) abanderado *m*

enslave /ɪn'sleɪv/ *vt* esclavizar*

enslavement /ɪn'sleɪvmənt/ *n* [u] esclavización *f*

ensnare /ɪn'sner || ɪn'sneə(r)/ *vt* atrapar

ensue /ɪn'suː || ɪn'sjuː/ *vi* [1] (follow) seguir*; **in the debate/struggle that ~d** en el debate/el forcejeo que siguió *or* que tuvo lugar a continuación [2] **ensuing** *pres p* **in the ensuing days** en los días subsiguientes (frml), en los días que siguieron; **in the ensuing fight** en la pelea que tuvo lugar a continuación

en suite /ˌɑːn'swiːt || ˌɒn'swiːt/ *adj* adjunto, en suite

ensure /ɪn'ʃʊr || ɪn'ʃʊə(r), ɪn'ʃɔː(r)/ *vt* asegurar, garantizar*; **my recommendation will ~ you an interview** con mi recomendación tienes una entrevista asegurada; **please ~ that ...** por favor asegúrese de que ...

ENT *n* = **ear, nose and throat**

entablature /ɪn'tæblətʃər || ɪn'tæblətʃə(r)/ *n* entablamiento *m*

entail /ɪn'teɪl/ *vt*
A ‹*risk*› implicar*, suponer*, conllevar; ‹*expense*› acarrear, implicar*, suponer*; **taking the job ~s our moving to Detroit** aceptar el trabajo implica *or* significa que nos tenemos que trasladar a Detroit
B (Law) **to ~ sth ON sb** vincular algo a algn

entangle /ɪn'tæŋgəl/ *vt* [1] (twist, catch) enredar; **to become ~d in sth** enredarse en algo; **his feet got ~d in the net** se le enredaron los pies en la red [2] (in scheme, lie): **to become ~d in sth** verse* envuelto *or* involucrado en algo; **don't get ~d with them** no te metas en enredos con ellos

entanglement /ɪn'tæŋgəlmənt/ *n* [1] [c u] (in affair, trouble) enredo *m*; **she tried to avoid any ~ in his schemes** trató de no verse envuelta en sus enredos *or* manejos; **his ~s with women** sus enredos (amorosos) con las mujeres [2] [c] (of barbed wire) alambrada *f*

entente /ɑːn'tɑːnt || ɒn'tɒnt/ *n* (*no pl*) entente *f*

enter¹ /'entər || 'entə(r)/ *vt*
A [1] ‹*room/house/country*› entrar en, entrar a (esp AmL); **the ship will ~ port at 6 o'clock** el buque entrará a puerto *or* tomará puerto a las seis en punto; **the sewage ~s the sea untreated** las aguas residuales llegan al mar *or* van a dar al mar sin haber sido tratadas; **it never ~ed my head** ni se me ocurrió, ni se me pasó por la mente *or* la cabeza [2] (penetrate) entrar en
B (begin) ‹*period/phase*› entrar en; ‹*job/course*› comenzar*, iniciar (frml); **the strike is ~ing its third week** la huelga está entrando en su tercera semana
C [1] (join) ‹*army*› alistarse en, entrar en; ‹*firm/organization*› entrar en, incorporarse a; **she ~ed politics at an early age** inició su carrera *or* andadura política siendo aún muy joven; **to ~ the priesthood** hacerse* sacerdote [2] (begin to take part in) ‹*war/negotiations*› entrar en; ‹*market*› introducirse* en; ‹*debate/dispute*› sumarse a [3] ‹*student/candidate*› presentar; **she ~ed herself/three students for the examination** se presentó/presentó a tres estudiantes al examen; **12 horses have been ~ed in the race** se han inscrito 12 caballos para tomar parte en la carrera [4] ‹*race*› inscribirse* (para tomar parte) en; **are you going to ~ the competition?** ¿te vas a presentar al concurso?

D **1** (record — in register) inscribir*; (— in ledger, book) anotar, dar* entrada a; **to ~ one's name on a list** inscribirse* en una lista; **words are ~ed in alphabetical order** se da entrada a las palabras por orden alfabético; **she ~ed a cross against my name** puso una cruz junto a mi nombre **2** (Comput) ‹*data*› dar* entrada a, introducir*

E **1** (Law): **to ~ an appeal** interponer* un recurso de apelación, apelar; **to ~ a writ of habeas corpus** presentar un recurso de hábeas corpus; **to ~ a plea of not guilty** declararse inocente **2** (frml) ‹*protest*› elevar (frml), formular (frml); ‹*complaint*› presentar

■ **enter** *vi*

A **1** (come, go in) entrar; **~!** ¡adelante! *or* ¡pase! **2** «*actor/character*» entrar; **~ Melissa** entra Melissa; **to ~ stage right** salir* a escena *or* entrar en escena por la derecha

B **to ~ (FOR sth)** ‹*for competition/race*› inscribirse* (EN algo); ‹*for examination*› presentarse (A algo)

Phrasal verb

• **enter up** [v + o + adv, v + adv + o] (BrE) ‹*transaction*› anotar, registrar, dar* entrada a; ‹*account/ledger*› poner* al día

enter[2] *n* (Comput) intro *m*

enteric fever /en'terɪk/ *n* [u] fiebre *f* entérica *or* tifoidea

enteritis /ˌentə'raɪtəs || ˌentə'raɪtɪs/ *n* [u] enteritis *f*

enterovirus /'entərəʊˌvaɪrəs/ *n* enterovirus *m*

enterprise /'entərpraɪz || 'entəpraɪz/ *n*

A **1** [c] (project) empresa *f* **2** [u] (initiative, daring) empuje *m*, iniciativa *f*; **men of great ~** hombres de gran empuje *or* iniciativa; **the spirit of ~** el espíritu emprendedor

B **1** [c] (company) empresa *f* **2** [u] (business activity): **free ~** la libre empresa; **private ~** la iniciativa privada; (sector) el sector privado

enterprise culture [u c] cultura *f* empresarial

enterprise zone *n* zona *f* de fomento de la actividad empresarial

enterprising /'entərpraɪzɪŋ || 'entəpraɪzɪŋ/ *adj* ‹*person*› emprendedor, con iniciativa; ‹*plan/venture*› que demuestra iniciativa; **it was very ~ of her to write to the chairman** demostró mucha iniciativa al escribirle al presidente

entertain /ˌentər'teɪn || ˌentə'teɪn/ *vt*

A (amuse) ‹*audience*› entretener*; **to keep sb ~ed** entretener* *or* tener* entretenido a algn; **she went to ~ the troops** fue a actuar ante las tropas

B (give hospitality to): **we enjoy ~ing friends** nos gusta recibir (a los amigos) en casa *or* invitar a los amigos; **the minister ~ed the diplomats** el ministro agasajó a los diplomáticos; **we ~ed twenty people to dinner last Saturday** (BrE) el sábado pasado tuvimos veinte invitados a cenar; **England will ~ Spain at Wembley** (journ) Inglaterra se enfrentará a España en el estadio de Wembley

C (frml) **1** ‹*idea/suggestion*› contemplar, considerar **2** ‹*doubt/suspicions*› abrigar* (frml), albergar* (frml)

■ **entertain** *vi*

A (provide entertainment) entretener*

B (have guests) recibir; **they ~ a lot** reciben mucho *or* a menudo

entertainer /ˌentər'teɪnər || ˌentə'teɪnə(r)/ *n* artista *mf* (*del mundo del espectáculo*); (presenter of program) (Rad, TV) animador, -dora *m,f*; **he/she is a popular radio ~** es un/una popular artista de la radio

entertaining[1] /ˌentər'teɪnɪŋ || ˌentə'teɪnɪŋ/ *adj* **1** ‹*book/movie/anecdote*› entretenido, ameno **2** ‹*person*› divertido

entertaining[2] *n*: **they do a lot of ~** reciben mucho *or* a menudo

entertainingly /ˌentər'teɪnɪŋli || ˌentə'teɪnɪŋli/ *adv* de un modo ameno

entertainment /ˌentər'teɪnmənt || ˌentə'teɪnmənt/ *n*

A **1** [u] (amusement) entretenimiento *m*; **I only play for my own ~** sólo toco para entretenerme; (*before n*): **~ guide** guía *f* del ocio *or* del entretenimiento, guía *f* de entretención (Chi); **~ industry** industria *f* del ocio *or* del entretenimiento, industria *f* de la entretención (Chi); **it doesn't have much ~ value** no es muy entretenido *or* ameno **2** [c] (show) espectáculo *m*; (at funfair) atracción *f*

B [u] (hospitality): **she devoted herself to the ~ of her guests** se dedicó a atender a sus invitados; (*before n*) ‹*allowance/expenses*› de representación

enthrall, (BrE) **enthral** /ɪn'θrɔːl/ *vt* **-ll-** cautivar, embelesar

enthralling /ɪn'θrɔːlɪŋ/ *adj* fascinante, apasionante

enthrone /ɪn'θrəʊn/ *vt* ‹*king/queen*› entronizar*, exaltar al trono; ‹*pope/bishop*› ungir*

enthuse /ɪn'θuːz || ɪn'θjuːz/ *vi* **to ~ ABOUT/OVER sth** mostrarse* muy entusiasmado CON algo; **they all ~d over the idea** todos se mostraron muy entusiasmados con la idea; **he ~d at length about his job** habló mucho y con gran entusiasmo de su trabajo

■ **enthuse** *vt* (colloq) entusiasmar

enthusiasm /ɪn'θuːziæzəm || ɪn'θjuːziæzəm/ *n* [u c] entusiasmo *m*; **I can't work up any ~ for the idea** no consigo entusiasmarme con la idea *or* que la idea me entusiasme

enthusiast /ɪn'θuːziæst || ɪn'θjuːziæst/ *n* entusiasta *mf*

enthusiastic /ɪnˌθuːzi'æstɪk || ɪnˌθjuːzi'æstɪk/ *adj* ‹*admirer/support/welcome*› entusiasta; **you don't sound very ~ about my idea** no pareces muy entusiasmado con mi idea; **did she seem ~?** ¿mostró algún entusiasmo?, ¿pareció estar entusiasmada?

enthusiastically /ɪnˌθuːzi'æstɪkli || ɪnˌθjuːzi'æstɪkli/ *adv* ‹*agree/clap/work*› con entusiasmo; **the play was greeted ~ by the critics** los críticos acogieron la obra con entusiasmo

entice /ɪn'taɪs/ *vt* atraer*; **to ~ people into the shops** para atraer a la gente a las tiendas; **she was ~d into marriage** la engatusó para que se casara con él; **they ~d him away with the offer of a higher salary** se lo llevaron prometiéndole un sueldo más alto; **nothing could ~ him (away) from his studies** nada podría tentarlo a dejar sus estudios

enticement /ɪn'taɪsmənt/ *n* **1** [u] (act of enticing) incentivación *f* **2** [c] (thing that entices) señuelo *m*, incentivo *m*

enticing /ɪn'taɪsɪŋ/ *adj* tentador, apetecible, atractivo

entire /ɪn'taɪr || ɪn'taɪə(r)/ *adj* **1** (whole) (*before n*) entero; **an ~ year** todo un año, un año entero; **the ~ village went to the dance** todo el pueblo *or* el pueblo entero fue al baile; **the ~ proceeds will go to charity** lo recaudado se destinará íntegramente *or* en su totalidad a obras de caridad, todo lo recaudado será destinado a obras de caridad **2** (*before n*) ‹*confidence*› absoluto, total **3** (intact) (*pred*) intacto

entirely /ɪn'taɪrli || ɪn'taɪəli/ *adv* ‹*different/correct/wrong*› totalmente, completamente; ‹*change/rework/restore*› completamente, totalmente; **I agree ~** *o* **I ~ agree** estoy totalmente de acuerdo; **I'm not ~ surprised** no me sorprende del todo; **it's ~ up to you** como tú quieras; **he did it ~ for the money** lo hizo únicamente por el dinero; **it wasn't ~ his fault** no fue únicamente *or* exclusivamente culpa suya

entirety /ɪn'taɪrəti || ɪn'taɪərəti/ *n* [u]: **in its ~** íntegramente, en su totalidad

entitle /ɪn'taɪtl/ *vt*

A (give right) **to ~ sb TO sth** darle* a algn derecho A algo; **it ~s you to free admission** te da derecho a entrar gratis; **that doesn't ~ him to be so rude** eso no le da derecho a ser tan grosero; **to be ~d TO sth** tener* derecho A algo; **to be ~d to compensation** tener* derecho a indemnización; **I think she's ~d to a little respect** me parece que se merece *or* que se le debe un poco de respeto

B (name) (frml) ‹*book/painting/film*› (*often pass*) titular, poner* por título, darle* el título de; **a poem ~d 'Laura'** un poema titulado *or* que lleva por título 'Laura', un poema intitulado 'Laura' (frml); **he ~d it 'X'** le puso por título 'X', le dio el título de 'X'

entitlement /ɪn'taɪtlmənt/ *n* [u c] **~ (TO sth)** derecho (A algo); (*before n*) ‹*program*› (AmE) de ayuda social

entity /'entəti/ *n* (*pl* **-ties**) entidad *f*; **a legal ~** una persona jurídica

entomb /ɪn'tuːm/ *vt* (liter) sepultar

entomologist /ˌentə'mɑːlədʒəst || ˌentə'mɒlədʒɪst/ *n* entomólogo, -ga *m,f*

entomology /ˌentə'mɑːlədʒi || ˌentə'mɒlədʒi/ *n* [u] entomología *f*

entourage /ˌɑːntʊ'rɑːʒ || ˌɒntʊ'rɑːʒ/ *n* séquito *m*

entr'acte /'ɑːntrækt || 'ɒntrækt/ *n* intermedio *m*

entrails /'entreɪlz/ *pl n* **1** (innards) entrañas *fpl* **2** (Culin) (of mammal) vísceras *fpl*, asaduras *fpl* (Esp), achuras *fpl* (RPl); (of poultry) menudos *mpl*, menudencias *fpl* (AmL)

entrain /ɪn'treɪn/ *vt*

A ‹*soldiers/troops*› embarcar* (*en un tren*)

B ‹*particles/droplets*› arrastrar

■ **entrain** *vi* (AmE) tomar *or* (esp Esp) coger* el tren

entrance[1] /'entrəns/ *n*

A **1** [c] (way in) entrada *f*; **wait for me at the ~ to the building/park** espérame en *or* a la entrada del edificio/parque; **the tradesman's ~** la entrada de servicio **2** [c] (foyer) hall *m*; (*before n*): **~ hall** hall *m*, vestíbulo *m* **3** [u] (access) (frml) entrada *f*; **to gain ~** entrar

B [u] (admission — to club, museum) entrada *f*; (— to school, university) ingreso *m*; **they were refused ~** no se les permitió la entrada, se les negó la admisión; (*before n*): **there is an ~ charge** se cobra la entrada; **~ examination** examen *m* de ingreso; **~ fee** (for entry) entrada *f*; (to join club) cuota *f* de ingreso *or* inscripción; (for exam, competition) cuota *f* *or* tasa *f* de inscripción; **~ form** solicitud *f* de ingreso, forma *f* de ingreso (Méx); **~ qualifications** nota *f* mínima de ingreso; **~ requirements** requisitos *mpl* de ingreso

C [c] **1** (act of entering) entrada *f*; **to make one's ~** hacer* su (*or* mi *etc*) entrada **2** (Theat) entrada *f* en escena

entrance[2] /ɪn'træns || ɪn'trɑːns/ *vt* embelesar, extasiar*

entrance wound *n* ▸ **entry wound**

entrancing /ɪn'trænsɪŋ || ɪn'trɑːnsɪŋ/ *adj* fascinante

entrant /'entrənt/ *n* **1** (in competition) participante *mf*; (for exam) candidato, -ta *m,f* **2** (to profession, university): **the number of ~s to the medical profession** el número de nuevos médicos; **university ~s** los estudiantes que ingresan a la universidad

entrap /ɪn'træp/ *vt* **-pp-**

A (frml *or* liter) **1** (trap) atrapar **2** (trick deceive) hacer* caer en la trampa

B (Law) incitar a la comisión de un delito

entrapment /ɪn'træpmənt/ *n* [u] (Law) incitación *f* por agentes de la ley a la comisión de un delito *f*

entreat /ɪn'triːt/ *vt* (liter) suplicar*, rogar*; **to ~ sb to + INF** suplicarle* *or* rogarle* a algn QUE + SUBJ; **she ~ed him to have mercy** le suplicó *or* rogó que tuviera misericordia

entreaty /ɪn'triːti/ *n* (*pl* **-ties**) (liter) súplica *f*, ruego *m*; **he was deaf to her entreaties** hizo oídos sordos a sus súplicas *or* ruegos

entrecote (steak) /'ɑːntrəkəʊt || 'ɒntrəkəʊt/ *n* entrecot *m*

entrée, entree /'ɑːntreɪ || 'ɒntreɪ/ *n*

A [c] **1** (main dish) plato *m* fuerte *or* principal, segundo plato *m* **2** (first course) (BrE) entrada *f*, entrante *m* (Esp)

B (easy access) (*no pl*): **he has an** *o* **the ~ into the most influential circles** tiene contactos en los círculos más influyentes; **her wealth gives her (an) immediate ~ into their world** su fortuna automáticamente le da acceso a su mundo

entrench /ɪn'trentʃ/ *vt* **1** (establish firmly) afianzar*, consolidar; **he ~ed himself as chairman**

e

se afianzó en su puesto de presidente 2 (Mil) atrincherarse

entrenched /ɪn'trentʃt/ *adj* ‹*position*› afianzado; **deeply ~ prejudices** prejuicios *mpl* muy arraigados

entrenchment /ɪn'trentʃmənt/ *n*
A [u] (of views, attitudes) afianzamiento *m*
B [c] (Mil) (act) atrincheramiento *m*; (system of trenches) trincheras *fpl*

entrepot, entrepôt /'ɑ:ntrəpəʊ || 'ɒntrəpəʊ/ *n* 1 (warehouse) depósito *m* 2 (port, town) centro *m* de almacenaje y distribución

entrepreneur /ˌɑ:ntrəprə'nɜ:r || ˌɒntrəprə'nɜ:(r)/ *n* (Busn) empresario, -ria *m,f*

entrepreneurial /ˌɑ:ntrəprə'nɜ:riəl || ˌɒntrəprə'nɜ:riəl/ *adj* (*usu before n*) ‹*spirit*› emprendedor (*en los negocios*); ‹*initiative*› empresarial; ‹*abilities/talents*› para los negocios

entropy /'entrəpi/ *n* [u] entropía *f*

entrust /ɪn'trʌst/ *vt* **to ~ sth TO sb** encomendarle* *or* confiarle* algo A algn; **I ~ my son to your care** te encomiendo a mi hijo, te confío el cuidado de mi hijo; **he ~ed the task to an assistant** le confió la tarea a un asistente; **to ~ sb WITH sth** confiarle* algo A algn

entry /'entri/ *n* (*pl* **entries**)
A 1 [c u] (coming, going in) entrada *f*; **~ INTO sth** entrada EN *or* (esp AmL) A algo; **she made her ~ by a side door** hizo su entrada *or* entró por una puerta lateral; **on ~ into the military zone** al entrar en la zona militar; **point of ~** (of bullet) orificio *m* de entrada 2 [u] (into an organization) **~ INTO sth** entrada *f* EN *or* (esp AmL) A algo; **our ~ into the Common Market** nuestra entrada en el Mercado Común 3 [c] (Mus) entrada *f*
B [u] (access, admittance) entrada *f*, acceso *m*; ⊗ **no entry** (on door) prohibida la entrada; (on road sign) prohibido el paso; **to refuse sb ~** negarle* la entrada *or* la admisión a algn; **he gained ~ to the premises by force** consiguió entrar al local por la fuerza; (*before n*): **~ pass** pase *m* (de entrada)
C [c u] 1 (in accounts) entrada *f*, asiento *m* 2 (in diary) anotación *f*, entrada *f* 3 (in dictionary — headword) entrada *f*; (— article) artículo *m*
D [c] (in contest) 1 (person entered) participante *mf*; (thing entered): **the winning ~ at the cattle show** el ejemplar ganador de la exposición; **there were 20 entries** hubo 20 inscripciones 2 (field of entrants) número *m* de participantes; (*before n*): **~ fee** cuota *f* de inscripción; **~ form** hoja *f* de inscripción; **~ requirements** requisitos *mpl* de entrada
E [c] (door, gate) (AmE) entrada *f*

entryism /'entriɪzəm/ *n* [u] (BrE) infiltracionismo *m*

entry-level /'entrilevəl/ *adj*
A 1 (suitable for beginners) ‹*computing/course*› para principiantes 2 (basic) ‹*computer*› básico
B (AmE) de la categoría más baja

entry level *n* nivel *m* de acceso

entryphone /'entrifəʊn/ *n* (BrE) portero *m* eléctrico *or* (Esp) automático, interfón *m* (Méx), intercomunicador *m* (Ven)

entryway /'entriweɪ/ *n* (AmE) entrada *f*; ⊗ **do not block entryway** no obstruir el paso

entry wound *n* orificio *m* de entrada

entwine /ɪn'twaɪn/ *vt* (liter) 1 (twist together) entrelazar* 2 (twist around) ‹‹*plant*›› enroscarse* alrededor de
■ **entwine** *vi* (liter) entrelazarse* (liter)

E-number /'i:ˌnʌmbər || 'i:ˌnʌmbə(r)/ número *m* E (*aditivo alimentario*)

enumerate /ɪ'nu:məreɪt || ɪ'nju:məreɪt/ *vt* enumerar

enumeration /ɪˌnu:mə'reɪʃən || ɪˌnju:mə'reɪʃən/ *n* [u c] enumeración *f*

enunciate /ɪ'nʌnsieɪt/ *vt* (frml) 1 (pronounce) ‹*syllable/word*› articular 2 (state) ‹*idea/theory*› enunciar
■ **enunciate** *vi* (frml) vocalizar*

enunciation /ɪˌnʌnsi'eɪʃən/ *n* [u] (frml) (of syllable, word) articulación *f*; **the actor's ~ was very clear** la dicción del actor era muy clara

envelop /ɪn'veləp/ *vt* 1 envolver*; **~ed IN sth** envuelto EN algo; **the city was ~ed in fog** la ciudad estaba envuelta en niebla 2 **enveloping** *pres p* ‹*mist/movement*› envolvente

envelope /'envələʊp/ *n* 1 (for letter) sobre *m*; **a sealed ~** un sobre cerrado *or* sellado; ***to push the ~*** ir* más allá de los límites 2 (covering) envoltura *f* 3 (Biol) envoltura *f*

enviable /'enviəbəl/ *adj* envidiable

envious /'enviəs/ *adj* ‹*person*› envidioso; ‹*expression*› (lleno) de envidia; **I must say I'm ~** la verdad es que te envidio; **it makes me so ~ when I think about it!** ¡me da una envidia pensarlo!; **to be ~ OF sth/sb** envidiar algo/a algn; **he was ~ of his brother's good luck** envidiaba la suerte de su hermano

enviously /'enviəsli/ *adv* con envidia, envidiosamente

enviro /en'vaɪrəʊ || en'vaɪərəʊ/ *n* (colloq) ecologista *mf*

environment /ɪn'vaɪrənmənt || ɪn'vaɪərənmənt/ *n* 1 (Ecol): **the ~** el medio ambiente; **the Department of the E~** (in UK) el Ministerio del Medio Ambiente, ≈ la Secretaría de Desarrollo Urbano y Ecología (*en Méx*) 2 (surroundings): **a hostile ~ for man** un medio hostil al hombre; **she's studying rabbits in their natural ~** estudia a los conejos en su entorno *or* hábitat natural; **wild animals suffer in a zoo ~** los animales salvajes sufren en el ambiente de un zoológico; **children need a stable home ~** los niños necesitan un hogar estable

environmental /ɪnˌvaɪrən'mentl || ɪnˌvaɪərən'mentl/ *adj* 1 (Ecol) ‹*factor*› ambiental, medioambiental; ‹*expert*› en ecología, en medio ambiente; ‹*damage*› al medio ambiente, medioambiental; **~ education** educación *f* medioambiental *or* del medio ambiente, educación *f* ecológica; **~ groups** grupos *mpl* ecologistas; **the ~ impact** el impacto medio ambiental *or* sobre el medio ambiente 2 (of surroundings) ‹*factor*› ambiental; ‹*influence*› del ambiente *or* entorno *or* medio

environmental audit *n* auditoría *f* medioambiental

environmental health *n* [u] salud *f* medioambiental, salud *f* del medio ambiente

Environmental Health Officer *n: funcionario municipal encargado del control de sanidad de los alimentos y defensa del medio ambiente,* concejal, -jala *m,f* de sanidad y de medio ambiente (Esp)

environmentalism /ɪnˌvaɪrən'mentlɪzəm || ɪnˌvaɪərən'mentlɪzəm/ *n* [u] ecologismo *m*

environmentalist /ɪnˌvaɪrən'mentləst || ɪnˌvaɪərən'mentəlɪst/ *n* ecologista *mf*; (*before n*) ‹*group/movement*› ecologista

environmentally /ɪnˌvaɪrən'mentli || ɪnˌvaɪərən'mentəli/ *adv*: **~-friendly products** productos *mpl* ecológicos, productos *mpl* que no dañan al medio ambiente; (*indep*) desde el punto de vista ecológico, en lo que concierne al medio ambiente

Environmental Protection Agency *n* (in US) *organismo para la protección del medio ambiente,* ≈ Oficina de Protección del Medio Ambiente (*en Esp*)

environs /ɪn'vaɪrənz || ɪn'vaɪərənz/ *pl n* alrededores *mpl*, entorno *m*

envisage /ɪn'vɪzɪdʒ/ *vt* 1 (foresee) ‹*problem/delay*› prever*; **to ~ -ING: we don't ~ staying for long** no tenemos pensado quedarnos mucho tiempo 2 (imagine) imaginarse, concebir*; **the novel ~s a post-holocaust situation** la novela plantea una hipotética situación post-nuclear

envision /ɪn'vɪʒən/ *vt* (AmE) prever*

envoy /'envɔɪ/ *n* enviado, -da *m,f*

envy[1] /'envi/ *n* [u] envidia *f*; **I was filled with ~ at his success** su éxito me llenó de envidia; **eaten up with ~** carcomido *or* corroído por la envidia; **her beauty excited the ~ of the other women** las otras envidiaban su belleza; **you'll be the ~ of the whole school** serás la envidia de toda la escuela

envy[2] *vt* **envies, envying, envied** envidiar; **I ~ her** le tengo *or* me da envidia, la envidio; **to ~ sb sth** envidiarle algo a algn; **I ~ you your good fortune** te envidio la suerte que tienes; **I don't ~ him the responsibility** no le envidio la responsabilidad

enzyme /'enzaɪm/ *n* enzima *f*

> **EOC - Equal Opportunities Commission**
>
> Un organismo del gobierno británico, fundado en 1975 y que fomenta la igualdad de oportunidades laborales y educacionales para ambos sexos. También tiene como objetivo asegurar que éstos reciban igual salario por un mismo trabajo. Tiene autoridad para hacer cumplir la *Sex Discrimination Act* y la *Equal Pay Act* .

eon /'i:ɑ:n, 'i:ən || 'i:ɒn, 'i:ən/ *n* (Geol) eón *m*; **many ~s ago** (liter) hace millones de años

EP *n*
A (Govt) = **European Parliament** PE *m*
B (Audio, Mús) = **extended play** (disco *m*) EP *m*

EPA *n* (in US) = **Environmental Protection Agency**

epaulette, (AmE also) **epaulet** /'epəlet/ *n* 1 (on dress uniform) charretera *f* 2 (on trenchcoat) trabilla *f*

epee, épée /'epeɪ 'eɪpeɪ/ *n* espada *f* (*de esgrima*)

ephemera /ɪ'femərə/ *pl n: objetos coleccionables que no tienen valor intrínseco, como programas de teatro, entradas etc*

ephemeral /ɪ'femərəl/ *adj* 1 ‹*fame/pleasure*› efímero, fugaz 2 (Biol) ‹*flower*› efímero; ‹*insect*› de vida efímera

epic[1] /'epɪk/ *adj* (*usu before n*) 1 ‹*poem/poetry/film*› épico 2 ‹*achievement/struggle*› colosal, de epopeya; **it was an ~ journey** el viaje fue toda una epopeya; **on an ~ scale** a *or* en gran escala

epic[2] *n* 1 (poem) poema *m* épico 2 (film) superproducción *f*; (novel) epopeya *f* 3 (momentous series of events) epopeya *f*

epicene /'epəsi:n || 'epɪsi:n/ *adj* 1 (Ling) epiceno 2 (effeminate) (liter) afeminado

epicenter, (BrE) **epicentre** /'epəsentər || 'epɪsentə(r)/ *n* 1 (Geol) epicentro *m* 2 (of revolt) foco *m*

epicicloidal /ˌepɪsaɪ'klɔɪdəl/ *adj* epicicloide; **~ gear assembly** o **gears** engranaje *m* epicicloide

epicure /'epəkjʊr || 'epɪkjʊə(r)/ *n* (frml) sibarita *mf*

epicurean /ˌepɪkjʊ'ri:ən || ˌepɪkjʊə'ri:ən/ *adj* 1 (frml) ‹*tastes/pleasures*› (de) sibarita, epicúreo (frml) 2 **Epicurean** (Phil) epicúreo

epidemic[1] /ˌepə'demɪk || ˌepɪ'demɪk/ *n* epidemia *f*

epidemic[2] *adj* epidémico; **the crisis has reached ~ proportions** la crisis afecta ya a toda la región (*or* el país *etc*)

epidemiology /ˌepɪdi:mi'ɑ:lədʒi || ˌepɪdi:mi'ɒlədʒi/ *n* [u] epidemiología *f*

epidermis /ˌepə'dɜ:rməs || ˌepɪ'dɜ:mɪs/ *n* [u] epidermis *f*

epidural /ˌepɪ'dʊrəl || ˌepɪ'djʊərəl/ *n* anestesia *f* epidural *or* peridural

epigenetics /ˌepədʒə'netɪks || ˌepɪdʒə'netɪks/ *n* (Biol) epigenética *f*

epiglottis /ˌepə'glɑ:təs || ˌepɪ'glɒtɪs/ *n* epiglotis *f*

epigram /'epəgræm || 'epɪgræm/ *n* (witty saying, poem) epigrama *m*

epigrammatic /ˌepəgrə'mætɪk || ˌepɪgrə'mætɪk/ *adj* epigramático

epigraph /'epəgræf || 'epɪgrɑ:f/ *n* epígrafe *m*

epilepsy /'epəlepsi || 'epɪlepsi/ *n* [u] epilepsia *f*

epileptic[1] /ˌepə'leptɪk || ˌepɪ'leptɪk/ *adj* ‹*fit/attack*› epiléptico, de epilepsia; **she's ~** es epiléptica

epileptic[2] *n* epiléptico, -ca *m,f*

epilogue, (AmE also) **epilog** /ˈepəlɔːg || ˈepɪlɒg/ *n* **1** (Lit, Theat) epílogo *m* **2** (of an incident, a story) epílogo *m*, final *m*

epinephrine /ˌepəˈnefrən || eˈpɪnəfrɪn/ *n* (AmE) epinefrina *f*

Epiphany /ɪˈpɪfəni/ *n* **1** (Relig) (event): **the ~** la Epifanía (del Señor) **2** (festival) (*no art*) Epifanía *f*, el día de (la adoración de los) Reyes

episcopal /ɪˈpɪskəpəl/ *adj* ‹*cope/office*› episcopal; **the E~ Church** (in Scotland and US) la Iglesia Episcopaliana *or* Episcopal

Episcopalian¹ /ɪˌpɪskəˈpeɪliən/ *adj* episcopaliano

Episcopalian² *n* miembro *m* de la Iglesia Episcopaliana *or* Episcopal

episiotomy /ɪˌpiːziˈɑːtəmi || ɪˌpiːziˈɒtəmi/ *n* episiotomía *f*

episode /ˈepəsəʊd || ˈepɪsəʊd/ *n* **1** (of story, TV serial) episodio *m*, capítulo *m* **2** (event) episodio *m*; **he denied the whole ~** negó toda la historia **3** (Lit) episodio *m* **4** (Mus) pasaje *m*

episodic /ˌepəˈsɑːdɪk || ˌepɪˈsɒdɪk/ *adj* **1** (made up of episodes) en episodios **2** (intermittent) episódico

epistaxis /ˌepəˈstæksəs || ˌepɪˈstæksɪs/ *n* (frml) epistaxis *f* (frml)

epistemology /ɪˌpɪstəˈmɑːlədʒi || ɪˌpɪstəˈmɒlədʒi/ *n* [u] epistemología *f*

epistle /ɪˈpɪsəl/ *n* **1** **Epistle** (Relig): **the E~s** las Epístolas; **St Paul's E~ to Timothy** la epístola de San Pablo a Timoteo **2** (letter) (hum) epístola *f* (hum)

epistolary /ɪˈpɪstəleri || ɪˈpɪstələri/ *adj* (frml) epistolar (frml)

epitaph /ˈepətæf || ˈepɪtɑːf/ *n* epitafio *m*

epithelium /ˌepəˈθiːliəm || ˌepɪˈθiːliəm/ *n* epitelio *m*

epithet /ˈepəθet || ˈepɪθet/ *n* **1** (descriptive word, phrase) epíteto *m*; **transferred ~** epíteto transferido **2** (descriptive title) apelativo *m*, sobrenombre *m*

epitome /ɪˈpɪtəmi/ *n* (embodiment) personificación *f*; (typical example) arquetipo *m*; **she is the ~ of kindness** es la bondad personificada *or* la personificación de la bondad; **hers is the ~ of a healthy lifestyle** la suya es el arquetipo de la vida sana; **he is the ~ of a gentleman** es el perfecto caballero

epitomize /ɪˈpɪtəmaɪz/ *vt* ‹*good taste/laziness*› ser* la personificación de; **her situation ~s that of so many other women** su situación tipifica la de tantas otras mujeres

epoch /ˈepək || ˈiːpɒk/ *n* era *f*, época *f*; **the discovery marked a new ~ in medicine** el descubrimiento marcó un hito en la historia de la medicina

epochal /ˈepəkəl/ *adj* (frml) ▸**epoch-making**

epoch-making /ˈepəkˌmeɪkɪŋ || ˈiːpɒkˌmeɪkɪŋ/ *adj* (*before n*) ‹*event/discovery*› que hace época, que marca un hito

eponymous /ɪˈpɑːnəməs || ɪˈpɒnɪməs/ *adj* epónimo

EPOS /ˈiːpɑːs || ˈiːpɒs/ (**= electronic point of sale**) terminal *m* punto de venta

epoxy resin /ɪˈpɑːksi || ɪˈpɒksi/ *n* resina *f* epoxídica

eps *n* **= earnings per share**

Epsom salts /ˈepsəm/ *pl n* sulfato *m* de magnesia (*usado como purgante*)

equable /ˈekwəbəl/ *adj* **1** ‹*character*› sereno, ecuánime **2** ‹*temperature*› estable; ‹*climate*› constante

equably /ˈekwəbli/ *adv* con serenidad *or* ecuanimidad

equal¹ /ˈiːkwəl/ *adj*

A **1** (in size, amount, ability) igual; **we got an ~ amount of money** recibimos igual *or* idéntica *or* la misma cantidad de dinero; **divided into two ~ groups** divididos en dos grupos iguales; **she passed all her exams with ~ ease** aprobó todos los exámenes con igual *or* con la misma facilidad; **that makes us ~** ya estamos iguales; **~ TO sth** igual A algo; **twelve inches is ~ to one foot** doce pulgadas equivalen *or* son iguales a un pie; **my salary is ~ to his** mi sueldo es igual al suyo; **~ (TO sb/sth) IN sth**: **the windows are ~ in size** las ventanas son de igual tamaño *or* son iguales de tamaño; **he's ~ to his brother in ability** tiene la misma capacidad que su hermano; **all (other) things being ~** si no intervienen otros factores **2** (in privilege, status) igual; **everyone is ~ before the law** todos somos iguales ante la ley; **to be on an ~ footing** *o* **on ~ terms with sb** estar* en igualdad de condiciones con algn **3** (uniformly applicable) ‹*distribution*› equitativo, igualitario; **~ opportunities** igualdad *f* de oportunidades; **we are an ~ opportunities** *o* **opportunity employer** practicamos una política de igualdad de oportunidades (*sin distinción de raza, credo ni orientación sexual*); **~ pay** igualdad *f* de retribución, igualdad *f* de salario *or* pago; **~ rights** igualdad *f* de derechos; **everyone has an ~ right to education** todo el mundo tiene igual *or* el mismo derecho a la enseñanza **4** ‹*contest*› equilibrado

B (capable, adequate) **~ TO sth**: **I don't feel ~ to the situation** no me siento a la altura de las circunstancias; **I don't think he's ~ to the task** no lo creo capaz de hacerlo; **they were provided with funds ~ to their needs** les concedieron fondos adecuados a sus necesidades

equal² *n* igual *mf*; **my boss treats me as an ~** mi jefe me trata como a su igual *or* como a un igual *or* de igual a igual; **I am her ~ in experience and talent** tengo tanta experiencia y talento como ella

Phrasal verb

- **equal out** (esp AmE) (colloq) ▸**even out**

equal³ *vt* BrE **-ll-**

A (Math) ser* igual a; **three times three ~s nine** tres por tres son nueve *or* es igual a nueve; **let x ~ 4** supongamos que x es igual a 4; **no work ~s no money** si no trabajan, no cobran

B ‹*record/time*› igualar; **no other tenor can ~ him** es un tenor sin igual, no hay tenor que lo iguale

Equal Employment Opportunities Commission - EEOC

Un organismo del gobierno de EEUU (establecido en 1964) que investiga las prácticas discriminatorias en el trabajo. Se basa en leyes que prohíben los prejuicios por parte de la patronal, en razón de la raza de una persona, su sexo, edad, religión o país de origen.

equality /ɪˈkwɑːləti || ɪˈkwɒləti/ *n* [u] igualdad *f*

Equality and Human Rights Commission *n* (in UK) Comisión *f* para la igualdad de oportunidades y derechos humanos

equalize /ˈiːkwəlaɪz/ *vt* **1** ‹*pressure/weight*› igualar **2** ‹*incomes/opportunity*› equiparar

■ **equalize** *vi* (Sport) empatar, igualar el marcador

equalizer /ˈiːkwəlaɪzər || ˈiːkwəlaɪzə(r)/ *n*

A (Sport) gol *m* de la igualada *or* del empate; **to score the ~** marcar* el gol de la igualada *or* del empate

B (pistol) (AmE sl) fusca *f* (arg), pistola *f*

equally /ˈiːkwəli/ *adv*

A **1** (in equal amounts) ‹*divide/distribute*› por igual, equitativamente **2** (without bias) ‹*treat/consider*› de la misma manera *or* forma, (por) igual, equitativamente

B (to an equal degree) igualmente; **they are ~ valid/guilty** son igualmente válidos/culpables; **~ easily/comfortably** con igual *or* con la misma facilidad/comodidad; **she is liked ~ by young and old** gusta a los jóvenes y a los mayores por igual, gusta tanto a los jóvenes como a los mayores

C (*indep*) **1** (just as possibly): **~ (well)** de igual modo **2** (at the same time) (*as linker*) al mismo tiempo

equal sign, (BrE) **equals sign** *n* igual *m*, signo *m* de igual

equanimity /ˌekwəˈnɪməti/ *n* [u] (frml) ecuanimidad *f*; **with ~** con ecuanimidad, serenamente

equate /ɪˈkweɪt/ *vt* (compare) equiparar; (identify) identificar*; **to ~ sth WITH sth** equiparar/identificar* algo CON algo

■ **equate** *vi* **to ~ WITH sth** corresponder A algo; **he ~s well with the popular concept of an absentminded professor** corresponde muy bien a la idea que se tiene del profesor distraído

equation /ɪˈkweɪʒən/ *n*

A [c] (Math) ecuación *f*; **a simple/quadratic/cubic ~** una ecuación de primer/segundo/tercer grado

B [u] (identification) identificación *f*

equator /ɪˈkweɪtər || ɪˈkweɪtə(r)/ *n*: **the ~** *o* **E~** el ecuador; **to cross the ~** *o* **E~** cruzar* el ecuador *or* la línea del ecuador

equatorial /ˌekwəˈtɔːriəl/ *adj* ecuatorial

equerry /ˈekwəri/ *n* (*pl* **-ries**) secretario *m* privado (*de un rey o príncipe*)

equestrian¹ /ɪˈkwestriən/ *adj* ‹*skills*› ecuestre; ‹*sports*› hípico, ecuestre

equestrian² *n* (frml) (horseman) jinete *m*; (horsewoman) amazona *f*

equestrianism /ɪˈkwestriənɪzəm/ *n* [u] hípica *f*; (riding) equitación *f*

equidistant /ˌiːkwəˈdɪstənt || ˌiːkwɪˈdɪstənt/ *adj* ‹*points/towns*› equidistante; **to be ~ FROM sth** equidistar *or* ser* equidistante DE algo

equilateral triangle /ˌiːkwəˈlætərəl || ˌiːkwɪˈlætərəl/ *n* triángulo *m* equilátero

equilibrium /ˌiːkwəˈlɪbriəm || ˌiːkwɪˈlɪbriəm/ *n* [u] (*pl* **-riums** *or* **-ria** /-riə/) **1** (balance) equilibrio *m*; **to be in ~** estar* en equilibrio **2** (poise) calma *f*

equine /ˈekwaɪn/ *adj* (frml) equino

equinox /ˈiːkwənɑːks, ˈek- || ˈiːkwɪnɒks, ˈek-/ *n* equinoccio *m*; **the vernal/autumnal ~** el equinoccio de primavera/otoño

equip /ɪˈkwɪp/ *vt* **-pp-** **1** (furnish, supply) ‹*troops/laboratory*› equipar; **a modern, well-~ped office** una oficina moderna, bien equipada; **to ~ sth/sb WITH sth** proveer* algo/a algn DE algo; **the ship was not ~ped with radar** el barco no estaba provisto de *or* equipado con radar **2** (prepare, make capable) preparar; **I was ill ~ped for such a task** no estaba bien preparado para una tarea así; **to ~ sb TO + INF** preparar a algn PARA + INF; **my training had not ~ped me to handle such a situation** mi entrenamiento no me había preparado para enfrentarme a una situación como ésa

equipment /ɪˈkwɪpmənt/ *n* [u] **1** (apparatus) equipo *m*; **office ~** *mobiliario, máquinas y material de oficina*; **sports ~** artículos *mpl* deportivos **2** (act of equipping) equipamiento *m*

equitable /ˈekwətəbəl || ˈekwɪtəbəl/ *adj* (frml) equitativo

equitably /ˈekwətəbli || ˈekwɪtəbli/ *adv* (frml) equitativamente

equity /ˈekwəti/ *n*

A [u] (fairness) (frml) equidad *f* (frml)

B (Busn, Fin) **1** [u] (shareholders' interest in company) patrimonio *m* neto; (*before n*): **~ capital** capital *m* propio **2** [u] (residual worth) participación *f* en el capital **3** **equities** *pl* (shares) valores *mpl* de renta variable; (*before n*): **the equities market** el mercado de valores

C **Equity** (in UK) *sindicato de actores*

equiv = equivalent

equivalence /ɪˈkwɪvələns/ *n* [u] equivalencia *f*

equivalent¹ /ɪˈkwɪvələnt/ *adj* **1** (equal) ‹*size/value*› equivalente; **to be ~ TO sth** equivaler A algo; **$100 US was roughly ~ to £50 sterling** 100 dólares americanos equivalían *or* eran equivalentes a unas 50 libras esterlinas; **his request was ~ to a demand** su petición era poco menos que una exigencia; **to be ~ TO -ING** equivaler A + INF; **it is ~ to increasing our prices by 7%** equivale a aumentar nuestros precios en un 7% **2** (corresponding) ‹*position/term*› equivalente; **to be ~ TO sth** ser* el equivalente DE algo

equivalent[2] *n* equivalente *m*; **there isn't an exact English ~ for that word** en inglés no hay (un) equivalente exacto de esa palabra

equivocal /ɪ'kwɪvəkəl/ *adj* 1 (ambiguous) ‹*reply/result*› equívoco, ambiguo; ‹*attitude*› ambiguo 2 (suspicious, questionable) ‹*conduct*› equívoco, sospechoso

equivocally /ɪ'kwɪvəkli/ *adv* 1 (ambiguously) ‹*answer/speak*› de modo equívoco *or* ambiguo 2 (questionably) ‹*behave/act*› sospechosamente, de modo equívoco

equivocate /ɪ'kwɪvəkeɪt/ *vi* hablar con evasivas *or* subterfugio, usar equívocos

equivocation /ɪ,kwɪvə'keɪʃən/ *n* [c u] evasiva *f*, subterfugio *m*

er /ɜ:r || ɜ:(r)/ *interj* este, esto (Esp)

ER *n* (AmE) = **emergency room**

era /'ɪrə, 'erə || 'ɪərə/ *n* era *f*, época *f*; **the Napoleonic ~** la era napoleónica; **this would mark a new ~ in medicine** esto haría época *or* marcaría un hito en la historia de la medicina; **the Christian E~** la Era Cristiana

ERA
A (in US) (Law) = **Equal Rights Amendment**
B (in baseball) = **Earned Run Average**

eradicable /ɪ'rædəkəbəl || ɪ'rædɪkəbəl/ *adj* erradicable, que se puede erradicar

eradicate /ɪ'rædəkeɪt || ɪ'rædɪkeɪt/ *vt* ‹*corruption/disease*› erradicar*; (uproot) desarraigar*

eradication /ɪ,rædə'keɪʃən || ɪ,rædɪ'keɪʃən/ *n* [u] erradicación *f*

erase /ɪ'reɪs || ɪ'reɪz/ *vt* 1 (rub out) ‹*pencil mark/error*› borrar; **the teacher ~d the blackboard** (AmE) la profesora borró el pizarrón 2 (Audio, Comput) borrar 3 (liter) ‹*emotion*› borrar (liter); **she tried to ~ the dreadful scenes from her mind** trató de borrar *or* apartar las terribles escenas de su pensamiento (liter)

eraser /ɪ'reɪsər || ɪ'reɪzə(r)/ *n* goma *f* (de borrar); **a blackboard ~** un borrador

Erasmus /ɪ'ræzməs/ *n* Erasmo

erasure /ɪ'reɪʃər, ɪ'reɪʒər || ɪ'reɪʒə(r)/ *n* 1 [u] (act of erasing) borrado *m* 2 [c] (erased letter, word) tachadura *f*, borrón *m*

ERDF *n* (EU) (= **European Regional Development Fund**) FEDER *m*

ere[1] /er || eə(r)/ *prep* (arch *or* poet) antes de; **~ long** dentro de poco

ere[2] *conj* (arch *or* poet) antes de que; **I will die ~ I stoop so low** antes la muerte que caer tan bajo (liter)

erect[1] /ɪ'rekt/ *adj*
A (upright) ‹*bearing/posture*› erguido, derecho; **with head ~** con la cabeza erguida *or* muy alta; **with ears ~** con las orejas levantadas *or* tiesas *or* (AmL tb) paradas
B (Physiol) erecto

erect[2] *vt* 1 ‹*altar/monument*› erigir* (frml), levantar; ‹*barricade/wall*› levantar; **they ~ed a monument to the fallen** levantaron *or* (frml) erigieron un monumento a los caídos 2 ‹*mast/scaffolding*› levantar 3 ‹*tent*› armar, montar, levantar

erectile /ɪ'rektl || ɪ'rektaɪl/ *adj* eréctil

erection /ɪ'rekʃən/ *n*
A 1 [u] (of building, monument) construcción *f*; (of barricade, scaffolding) levantamiento *m*; **the ~ of tariff barriers** la imposición de barreras arancelarias 2 [c] (building) construcción *f*
B [c] (Physiol) erección *f*

erg /ɜ:rg || ɜ:g/ *n* ergio *m*

ergo /'ergəʊ || 'ɜ:gəʊ/ *conj* (frml or hum) ergo (frml & hum)

ergonomic /,ɜ:rgə'nɑ:mɪk || ,ɜ:gə'nɒmɪk/ *adj* ergonómico

ergonomically /,ɜ:rgə'nɑ:mɪkli || ,ɜ:gə'nɒmɪkli/ *adv* siguiendo criterios ergonómicos

ergonomics /,ɜ:rgə'nɑ:mɪks || ,ɜ:gə'nɒmɪks/ *n* 1 (field of study) (+ *sing vb*) ergonomía *f* 2 (design) (+ *pl vb*) ergonomía *f*

Erin /'erɪn/ *n* (poet) Erín *f* (liter) (*nombre dado a la isla de Irlanda*)

Eritrea /,erə'treɪə || ,erɪ'treɪə/ *n* Eritrea *f*

ERM *n* = **Exchange Rate Mechanism**

ermine /'ɜ:rmən || 'ɜ:mɪn/ *n* [u c] armiño *m*

ERNIE /'ɜ:rni || 'ɜ:ni/ *n* (= **Electronic Random Number Indicator Equipment**) (BrE) computadora *f* (*que selecciona los números premiados de los Premium Bonds*), ▸**Premium Bond**

erode /ɪ'rəʊd/ *vt* 1 (wear away) «*water/wind/waves*» erosionar; «*acid*» corroer* 2 ‹*confidence/faith*› minar, socavar; ‹*standards*› afectar a; ‹*differences*› limar; ‹*freedom*› menoscabar; **wages have been ~d by inflation** la inflación ha reducido el poder adquisitivo de los salarios; **their position is being ~d by tough competition** la fuerte competencia está debilitando su posición
■ **erode** *vi* 1 «*land/rock/coast*» erosionarse 2 «*faith/confidence*» debilitarse

erogenous zone /ɪ'rɑ:dʒənəs || ɪ'rɒdʒənəs/ *n* zona *f* erógena

Eros /'erɑ:s || 'ɪərɒs/ *n* Eros

erosion /ɪ'rəʊʒən/ *n* [u] 1 (wearing — by ice, wind, waves) erosión *f*; (— by acid) corrosión *f*; **soil ~** erosión del suelo; **wind ~** erosión eólica 2 (of confidence, power, rights) menoscabo *m*, deterioro *m*

erosive /ɪ'rəʊsɪv/ *adj* ‹*effect*› (of water) erosivo; (of acid, rust) corrosivo

erotic /ɪ'rɑ:tɪk || ɪ'rɒtɪk/ *adj* erótico

erotica /ɪ'rɑ:tɪkə || ɪ'rɒtɪkə/ *n* (+ *sing or pl vb*) (literature) literatura *f* erótica; (art) arte *m* erótico

eroticism /ɪ'rɑ:təsɪzəm || ɪ'rɒtɪsɪzəm/ *n* [u] erotismo *m*

eroticize /ɪ'rɑ:təsaɪz || ɪ'rɒtɪsaɪz/ *vt* erotizar*

erotomania /e,rɑ:tə'meɪniə || ɪ,rɒtəʊ'meɪniə/ *n* erotomanía *f*

err /er || ɜ:(r)/ *vi* (frml) 1 (be mistaken) **to ~ IN sth/-ING** equivocarse* *or* errar* EN algo/AL + INF; **I prefer to ~ on the side of caution** prefiero pecar de cauteloso *or* por exceso de precaución 2 (stray) incurrir en falta; **to ~ from the path of righteousness** apartarse del camino del bien; ***to ~ is human, to forgive divine*** (el) errar es humano, (el) perdonar, divino

errand /'erənd/ *n* 1 (short mission) mandado *m* (esp AmL), recado *m* (Esp); **I have to go on an ~** *o* **run an ~ for my mother** tengo que hacerle un mandado *or* (Esp) recado a mi madre; (*before n*): **~ boy** mandadero *m*, chico *m* de los mandados *or* (Esp) recados 2 (task) (liter) misión *f*; **an ~ of mercy** una misión de caridad *or* auxilio

errant /'erənt/ *adj* 1 (liter) ‹*child*› descarriado; ‹*husband*› infiel 2 (wandering) errante 3 (inaccurate) ‹*throw*› errado

errata /e'rɑ:tə/ *pl of* **erratum**

erratic /ɪ'rætɪk/ *adj* 1 ‹*performance/work*› desigual, irregular; **the stock market has been ~** la bolsa ha sufrido muchos altibajos 2 ‹*person/moods*› imprevisible 3 ‹*course*› errático 4 ‹*respiration/pulse*› irregular

erratically /ɪ'rætɪkli/ *adv* 1 (inconsistently) de manera irregular 2 ‹*wander*› sin rumbo fijo; ‹*steer*› erráticamente

erratum /e'rɑ:təm/ *n* (*pl* **-ta**) errata *f*; Ⓢ **errata** fe *f* de erratas

erroneous /ɪ'rəʊniəs/ *adj* erróneo

erroneously /ɪ'rəʊniəsli/ *adv* erróneamente

error /'erər || 'erə(r)/ *n* 1 [c] (mistake) error *m*; **a clerical/printing/spelling ~** un error administrativo/de imprenta/ortográfico; **to make an ~** cometer un error; **a tactical ~** un error táctico 2 [u] (being wrong) error *m*; **in ~** por equivocación, por error; **to be in ~** estar* en un error; **no allowance was made for statistical ~** no se tuvo en cuenta el margen de error; **owing to human ~** debido a un error *or* (Esp tb) un fallo humano; ***to see the ~ of one's ways*** darse* cuenta de que se ha actuado mal

error message *n* (Comput) mensaje *m* de error

ersatz /'ersɑ:ts || 'ɜ:zæts, 'eə-/ *adj* (*before n*) (pej): **~ fur** imitación *f* piel, piel *f* sintética *or* artificial; **~ coffee** sucedáneo *m or* sustituto *m* del café

erstwhile[1] /'ɜ:rsthwaɪl || 'ɜ:stwaɪl/ *adj* (liter) (*before n*) ‹*companions/foe*› antiguo

erstwhile[2] *adv* (liter) otrora (liter), antiguamente

erudite /'erjədaɪt || 'erʊdaɪt/ *adj* (frml) erudito

erudition /,erjə'dɪʃən || ,erʊ'dɪʃən/ *n* [u] (frml) erudición *f*

erupt /ɪ'rʌpt/ *vi* 1 «*volcano/geyser*» entrar en erupción, hacer* erupción 2 «*water*» salir* *or* manar a chorros; **the flames ~ed through the roof** de repente empezaron a salir llamaradas por el tejado; **suddenly the fire ~ed** de pronto hubo una erupción de llamas 3 (break out) «*violence/fighting*» estallar; **he ~ed with anger at the news** estalló en cólera al oír la noticia; **when she came on, the crowd ~ed** cuando apareció en escena, la multitud estalló en aplausos (*or* vítores *etc*) 4 «*spot/rash*» salir*, aparecer*
■ **erupt** *vt* ‹*lava/water/flames*› arrojar, escupir

eruption /ɪ'rʌpʃən/ *n* [c u] 1 (of volcano) erupción *f* 2 (of violence) brote *m*; (of anger) estallido *m*; (of new force, party) irrupción *f* 3 (of spots, rash) erupción *f* (cutánea), sarpullido *m*

erysipelas /,erə'sɪpələs || ,erɪ'sɪpɪləs/ *n* [u] erisipela *f*

erythema /,erə'θi:mə || ,erɪ'θi:mə/ *n* eritema *m*

erythrocyte /ɪ'rɪθrəsaɪt || ɪ'rɪθrəʊsaɪt/ *n* hematíe *m*, eritrocito *m*

ESA *n* (EU) (= **European Space Agency**) AEE *f*

escalate /'eskəleɪt/ *vi* 1 «*fighting/violence/dispute*» intensificarse*; **to ~ INTO/TO sth**: **the scuffles ~d into a riot** las refriegas terminaron en serios disturbios callejeros; **pollution has ~d to disastrous levels** la contaminación ha alcanzado niveles de extrema gravedad 2 «*costs/claims*» aumentar 3 **escalating** *pres p* ‹*dispute/tension*› creciente; **escalating wages/prices** sueldos/precios que van en escalada *or* en continuo aumento
■ **escalate** *vt* 1 ‹*fighting/tension*› intensificar* 2 ‹*demands*› aumentar

escalation /,eskə'leɪʃən/ *n* [u c] 1 (of war, violence) escalada *f*; (of dispute) intensificación *f* 2 (of costs) aumento *m*, escalada *f*

escalator /'eskəleɪtər || 'eskəleɪtə(r)/ *n* escalera *f* mecánica

escalator clause *n* (for cost increases) cláusula *f* de revisión de precios; (for wage increases) cláusula *f* de escala móvil

escalope /'eskəlɑ:p || 'eskəlɒp/ *n* (BrE) escalope *m*, filete *m*; (breaded) milanesa *f*

escapade /'eskəpeɪd/ *n* aventura *f*

escape[1] /ɪ'skeɪp/ *vi*
A 1 (flee) escaparse; «*prisoner*» fugarse*, escapar(se); **to ~ FROM sth** ‹*from prison*› fugarse* *or* escapar(se) DE algo; ‹*from cage/zoo*› escaparse DE algo; ‹*from danger/routine*› escapar DE algo; **he was unable to ~ from her** no pudo zafarse *or* librarse de ella; **I'd love to ~ to some tropical island** cómo me gustaría escapar(me) *or* huir a una isla tropical 2 **escaped** *past p* ‹*animal*› escapado; **they are looking for an ~d convict** están buscando a un preso que se ha fugado de la cárcel 3 «*air/gas/water*» escaparse
B (from accident, danger) salvarse; **he ~d unscathed** escapó *or* salió ileso; **he ~d with a warning** sólo recibió una reprimenda; **she ~d with minor injuries** sólo sufrió heridas leves
■ **escape** *vt*
A (elude, get away from) ‹*pursuer/police*› escaparse *or* librarse de
B 1 (avoid) ‹*capture*› salvarse de, escapar a; ‹*responsibilities/consequences*› librarse de; **they ~d punishment/prosecution** se libraron de ser castigados/juzgados; **we narrowly ~d death** nos salvamos de la muerte por muy poco, no morimos por muy poco; **there's no escaping the fact that ...** no se puede negar (el hecho de) que ..., no se puede menos que reconocer que ... 2 (be unnoticed by): **that detail had ~d my notice** se me había escapado ese detalle, ese detalle me había pasado inadvertido; **nothing ~s his eagle eye** es un

lince, no se le escapa nada; **the name/word ~s me** se me ha ido el nombre/la palabra, no puedo recordar el nombre/la palabra 3 (slip out): **a sigh ~d her** dejó escapar un suspiro; **a groan ~d his lips** de sus labios escapó un quejido

escape[2] *n* 1 [c u] (from prison) fuga *f*, huida *f*; **an attempted ~** un intento de fuga; **there is no ~ from our creditors** no tenemos ninguna posibilidad de escapar a nuestros acreedores; **to make one's ~** escaparse; (*before n*): **~ attempt** intento *m* de fuga; **the ~ plan was simple** el plan para la fuga era sencillo; **our ~ route was blocked** el camino por donde pensábamos fugarnos estaba cortado 2 [c u] (from accident, danger): **to have a narrow/miraculous ~** salvarse *or* escaparse por muy poco/ milagrosamente; **there's no ~** no hay escapatoria posible; **there seems to be no ~ from suffering** no parece que pueda uno escapar al sufrimiento 3 [c] (of gas, air, water) escape *m*, fuga *f*; (*before n*) ‹*pipe/valve*› de escape 4 [c u] (from reality) evasión *f* 5 [c u] (Comput): **press ~** pulse la tecla de escape; (*before n*) ‹*key/routine*› de escape

escape artist *n* escapista *mf*

escape clause *n* cláusula *f* de escape *or* de evasión

escapee /ˌɪskeɪˈpiː/ *n* fugitivo, -va *m,f*

escape hatch *n* escotilla *f* de salvamento

escapement /ɪˈskeɪpmənt/ *n* escape *m*

escape velocity *n* [u c] velocidad *f* de escape *or* de liberación

escapism /ɪˈskeɪpɪzəm/ *n* [u] escapismo *m*

escapist[1] /ɪˈskeɪpəst || ɪˈskeɪpɪst/ *n* escapista *mf*

escapist[2] *adj* escapista

escapologist /ɪsˌkeɪˈpɑːlədʒəst || ˌeskəˈpɒlədʒɪst/ *n* escapista *mf*

escapology /ɪsˌkeɪˈpɑːlədʒi || ˌeskəˈpɒlədʒi/ *n* [u] arte *m* de la evasión

escarpment /ɪˈskɑːrpmənt || ɪˈskɑːpmənt/ *n* escarpa *f*, escarpadura *f*

eschatological /ˌeskətlˈɑːdʒɪkəl || ˌeskətəˈlɒdʒɪkəl/ *adj* escatológico

eschatology /ˌeskəˈtɑːlədʒi || ˌeskəˈtɒlədʒi/ *n* escatología *f*

eschew /ɪsˈtʃuː/ *vt* (frml) evitar, abstenerse* de (frml)

escort[1] /ˈeskɔːrt || ˈeskɔːt/ *n*

A 1 (accompanying group, guard) escolta *f*; **armed ~** escolta armada; **under police ~** escoltado por la policía, con escolta policial 2 (ships, planes) escolta *f*; **under naval ~** escoltado por la armada; (*before n*) ‹*vessel/carrier/fighter*› de escolta

B 1 (companion) acompañante *mf* 2 (male companion) (frml) acompañante *m*, caballero *m* 3 (hired companion — woman) señorita *f* de compañía; (— man) acompañante *m*; (*before n*): **~ agency** agencia *f* de acompañantes, agencia *f* de edecanes (Méx)

escort[2] /ɪˈskɔːrt || ɪˈskɔːt/ *vt* 1 (accompany) acompañar 2 (for protection) ‹*politician/procession/ship*› escoltar 3 (conduct, guide): **he ~ed them to their seats** los acompañó *or* llevó a sus asientos; **she ~ed me around the museum** fue mi guía en mi visita al museo 4 (conduct forcibly) ‹*prisoner/intruder*› llevar, conducir*

escritoire /ˈeskrətwɑːr || ˌeskrɪˈtwɑː(r)/ *n* buró *m*, escritorio *m*

escrow /ˈeskrəʊ eˈskrəʊ/ *n* [c u] fideicomiso *m*; **to be in ~** estar* en depósito *or* bajo la custodia de un tercero

escudo /ɪˈskuːdəʊ || eˈskjuːdəʊ/ *n* (*pl* **-dos**) escudo *m*

escutcheon /ɪˈskʌtʃən/ *n* 1 (shield) blasón *m* 2 (of lock): **~ (plate)** escudete *m*

ESE (= **east southeast**) ESE

ESF *n* (EU) (= **European Social Fund**) FSE *m*

e-shopping /ˈiːˌʃɑːpɪŋ || ˈiːˌʃɒpɪŋ/ *n* compra *f* electrónica, compra *f* por Internet

Eskimo[1] /ˈeskəməʊ || ˈeskɪməʊ/ *adj* esquimal

Eskimo[2] *n* (*pl* **-mos**) 1 [c] (person) esquimal *mf* 2 [u] (Ling) (aleuto)esquimal *m*

ESL *n* [u] (= **English as a second language**) inglés *m* como segundo idioma

ESOL /ˈiːsɑːl || ˈiːsɒl/ *n* = **English for speakers of other languages**

esophagus, (BrE) **oesophagus** /ɪˈsɑːfəgəs || iːˈsɒfəgəs/ *n* esófago *m*

esoteric /ˌesəˈterɪk || ˌiːsəˈterɪk, ˌesə-/ *adj* esotérico

ESP *n* [u] = **extrasensory perception**

esp. = **especially**

espadrille /ˌespəˈdrɪl/ *n* alpargata *f*

espalier /ɪˈspæljər || ɪˈspælɪə(r)/ *n* (Hort) espaldera *f*

especial /ɪˈspeʃəl/ *adj* (*before n*) especial, particular

especially /ɪˈspeʃli/ *adv* 1 (particularly) ‹*difficult/satisfying*› especialmente, particularmente; **I didn't ~ like the book** el libro no me pareció nada especial; **why did you choose that one ~?** ¿por qué escogió ése precisamente *or* en particular? 2 (above all, in particular) especialmente; **everyone was bored, ~ me** estaba todo el mundo aburrido, sobre todo *or* especialmente *or* en especial yo; **I bought it ~ for him** lo compré expresamente *or* especialmente para él

Esperanto /ˌespəˈræntəʊ/ *n* [u] esperanto *m*

espionage /ˈespiənɑːʒ/ *n* [u] espionaje *m*; **industrial ~** espionaje industrial

esplanade /ˈesplənɑːd ˌespləˈneɪd/ *n* paseo *m* marítimo, malecón *m* (AmL), costanera *f* (CS)

espousal /ɪˈspaʊzəl/ *n* [u] (frml) **~ OF sth** adhesión *f* A algo (frml)

espouse /ɪˈspaʊz/ *vt* apoyar, propugnar, defender*

espresso /eˈspresəʊ/ *n* (*pl* **-sos**) café *m* exprés, expreso *m* (CS); (*before n*): **~ bar** café *m* (*en el que se sirve café exprés*)

esprit de corps /ɪˌspriːdəˈkɔːr || eˈspriːdəˈkɔː(r)/ *n* [u] (frml *or* liter) espíritu *m* de compañerismo, esprit *m* de corps (period *o* liter)

espy /ɪˈspaɪ/ *vt* **espies, espying, espied** (liter) atisbar (liter)

Esq (title) (esp BrE) = **Esquire**

Esquire /ɪˈskwaɪr || ɪˈskwaɪə(r)/ *n* (as title): **Frederick Saunders, ~** Sr. Frederick Saunders, Sr Don Frederick Saunders (esp Esp)

essay[1] /ˈeseɪ/ *n*

A 1 (literary composition) ensayo *m* 2 (academic composition) trabajo *m*, ensayo *m*; (language exercise) composición *f*, redacción *f*

B (attempt) (frml) incursión *f* (frml)

essay[2] /eˈseɪ/ *vt* (liter) ‹*task*› intentar realizar; ‹*method*› probar*

essayist /ˈeseɪəst || ˈeseɪɪst/ *n* ensayista *mf*

essence /ˈesns/ *n*

A [u] 1 (central feature, quality) esencia *f*; **in ~** en esencia; **of the ~** de fundamental importancia 2 (personification) personificación *f*; **he's the very ~ of a diplomat** es la diplomacia personificada, es la personificación de la diplomacia

B [c u] (Culin): **vanilla ~** *o* **~ of vanilla** esencia *f* de vainilla

essential[1] /ɪˈsentʃəl || ɪˈsenʃəl/ *adj* 1 (indispensable) esencial; **the ~ thing** lo esencial; **to be ~ TO sth/sb** ser* esencial *or* imprescindible PARA algo/algn; **it is ~ for children to learn to share** es esencial que los niños aprendan a compartir; **she's become ~ to me** se me ha hecho imprescindible; ⓢ **previous experience essential** imprescindible tener experiencia previa; **it's ~ reading** es de lectura obligada 2 (fundamental) ‹*quality/difference*› esencial, fundamental

essential[2] *n* 1 (sth indispensable) imperativo *m*, elemento *m* esencial; **she brought only the bare ~s** trajo sólo lo imprescindible; **one of the ~s in this job is patience** la paciencia es uno de los requisitos imprescindibles para este trabajo 2 **essentials** *pl* (fundamental features) puntos *mpl* esenciales *or* fundamentales

essentially /ɪˈsentʃəli || ɪˈsenʃəlɪ/ *adv* 1 (basically) esencialmente, fundamentalmente; **we're ~ in agreement** en lo fundamental *or* esencial estamos de acuerdo 2 (*indep*) en lo esencial, esencialmente

essential oil *n* [c u] aceite *m* esencial

est (= **estimated**) est.

EST (in US) = **Eastern Standard Time**

establish /ɪˈstæblɪʃ/ *vt*

A 1 ‹*colony/community/company*› fundar; ‹*dictatorship/regime*› instaurar, establecer*; ‹*committee/fund*› instituir*, crear; ‹*bridgehead*› establecer*; **his father ~ed him in business** su padre lo ayudó a establecerse en los negocios 2 ‹*criteria/procedure*› establecer*; **to ~ a precedent** sentar* (un) precedente; **to ~ diplomatic relations** establecer* relaciones diplomáticas; **the army was sent to ~ order** se enviaron efectivos del ejército para imponer el orden

B 1 (cause people to accept): **she saw it as a way of ~ing her authority** lo veía como una manera de dejar sentado que era ella quien mandaba; **he soon ~ed a reputation as a womanizer** pronto se ganó la fama de ser un donjuán 2 (prove) ‹*guilt/innocence*› establecer*, demostrar* 3 (ascertain) ‹*motive/fact/identity*› establecer*; **we're trying to ~ where/what/how ...** estamos tratando de establecer *or* de determinar dónde/qué/cómo ...

■ *v refl* **to ~ oneself** 1 (become successful, secure) establecerse*; **he ~ed himself in the legal profession** se hizo un nombre *or* se estableció en el mundo jurídico; **he quickly ~ed himself as the office clown** pronto se ganó la fama de ser el bufón de la oficina; **she's ~ed herself in our house** se ha instalado en nuestra casa 2 ‹‹*idea/tendency*›› imponerse*, arraigarse*

established /ɪˈstæblɪʃt/ *adj*

A 1 ‹*expert/company*› de reconocido prestigio; ‹*star*› de renombre; ‹*reputation*› sólido; **inflation is now ~ as a permanent feature of the economy** la inflación se ha convertido en un factor permanentemente presente en la economía 2 (customary, accepted) ‹*practice*› establecido; **a long-~ tradition** una tradición de mucho arraigo 3 (proven) ‹*fact*› comprobado; **it is now ~ beyond all doubt that ...** está comprobado *or* se ha establecido fuera de toda duda que ...

B ‹*church/religion*› oficial

establishment /ɪˈstæblɪʃmənt/ *n*

A [u] 1 (of colony, business) fundación *f*; (of regime) instauración *f*, establecimiento *m*; (of position, bridgehead) establecimiento *m*; (of committee) creación *f* 2 (of criteria, relations) establecimiento *m*

B [c] (club, hotel, shop) establecimiento *m*; **military ~s** instalaciones *fpl* militares; **research ~** centro *m* de investigación

C 1 **the Establishment** (people who preserve the accepted order) la clase dirigente, el establishment; (*before n*): **E~ attitudes/values** las actitudes/los valores de la clase dirigente 2 (ruling group): **the literary ~** las figuras consagradas del mundo literario; **the medical ~** el establishment dentro de la profesión médica

estate /ɪˈsteɪt/ *n*

A 1 (land, property) finca *f*, propiedad *f*; (*before n*): **~ management** administración *f* de fincas 2 (group of buildings): **a private ~** un complejo habitacional, una urbanización (Esp), un fraccionamiento (Méx); **an industrial ~** (BrE) una zona *or* un parque *or* (Esp tb) un polígono industrial; **(council) ~** (BrE) *see* **council A2**

B (Law) patrimonio *m*; (of deceased person) sucesión *f*

C (political, social class) estado *m*; **the three ~s** los tres estados *or* estamentos; **the first/second/third ~** el primer/segundo/tercer estado; **the fourth ~** (journ) la prensa

D **~ (car)** (BrE) ▸**station wagon**

estate agency ➡📖 *n* (BrE) 1 [c] (company) (agencia *f*) inmobiliaria *f*, agencia *f* de la propiedad inmobiliaria 2 [u] (profession) negocios *mpl* inmobiliarios

estate agent ➡📖 *n* (BrE) agente *mf* inmobiliario *or* de la propiedad inmobiliaria, corredor, -dora *m,f* de fincas (Esp), corredor, -dora *m,f* de propiedades (Chi)

➡📖 *see* Living in a Spanish-speaking country; *ver* Vivir en un país anglófono

e

estate duty *n* [u] (BrE) (Hist) impuesto *m* sobre sucesiones

esteem¹ /ɪ'sti:m/ *n* [u] estima *f*, aprecio *m*; **I hold him in high ~** lo estimo *or* aprecio mucho, lo tengo en gran estima; **to raise oneself in sb's ~** ganarse la estima de algn; **he's gone down in my ~ since that incident** desde que pasó aquello no le tengo la misma estima

esteem² *vt* (frml) **1** (regard highly) ‹*person*› tener* en gran estima (frml), estimar, apreciar; ‹*quality*› valorar, estimar **2** (consider) estimar (frml), considerar

esteemed /ɪ'sti:md/ *adj* (frml *or* hum) estimado (frml)

ester /'estər || 'estə(r)/ *n* éster *m*

esthete /'esθi:t || 'i:sθi:t/ *etc see* **aesthete** *etc*

estimable /'estəməbəl || 'estɪməbəl/ *adj* (frml) (worthy of regard) estimable (frml), digno de estima

estimate¹ /'estəmeɪt || 'estɪmeit/ *vt* **1** (calculate approximately) ‹*price/number/age*› calcular; **to ~ sth AT sth**: **the company ~s its losses at 7 million** la compañía calcula que ha sufrido pérdidas del orden de 7 millones; **his estate has been ~d at $400 million** se le calcula un patrimonio de 400 millones de dólares **2** **estimated** *past p* ‹*cost/speed*› aproximado; **~d time of arrival** hora de llegada prevista **3** (form judgment of) ‹*outcome/ability*› juzgar*, valorar; **what do you ~ his chances to be?** ¿qué posibilidades crees que tiene?

estimate² /'estəmət || 'estɪmət/ *n* **1** (rough calculation) cálculo *m* aproximado; **at a rough ~** haciendo un cálculo aproximado; **to make an ~** hacer* un cálculo **2** (of costs) (Busn) presupuesto *m* **3** (assessment) (frml) valoración *f* (frml), juicio *m*

estimation /,estə'meɪʃən || ,estɪ'meɪʃən/ *n* **1** [c] (judgment, opinion) juicio *m*, valoración *f*; **in my ~** a mi juicio **2** [u] (esteem): **to go up/down in sb's ~** ganarse/perder* la estima de algn

Estonia /es'təʊniə/ *n* Estonia *f*

Estonian¹ /es'təʊniən/ *adj* estonio

Estonian² *n* **1** [c] (person) estonio, -nia *m,f* **2** [u] (language) estonio *m*

estrange /ɪ'streɪndʒ/ *vt* **1** **to ~ sb FROM sb/sth** alejar *or* distanciar a algn DE algn/algo; **she is ~d from her husband** vive *or* está separada de su marido **2** **estranged** *past p* **his ~d wife** su mujer, de quien está separado; **they're ~d now** ahora están separados

estrangement /ɪ'streɪndʒmənt/ *n* [u c] alejamiento *m*, distanciamiento *m*

estrogen, (BrE) **oestrogen** /'estrədʒən || 'i:strədʒən/ *n* [u] estrógeno *m*

estrus /'estrəs || 'i:strəs/ *n* [u] celo *m*, estro *m*

estuary /'estʃueri || 'estjʊəri/ *n* (*pl* **-ries**) estuario *m*; (in Galicia) ría *f*

> **Estuary English**
>
> Un tipo de inglés, criticado como feo y descuidado, que habla sobre todo la gente joven de Inglaterra. Mezcla la ▸**Received Pronunciation - RP** con el acento cockney. Se originó en el área alrededor del estuario del Río Támesis, pero se ha extendido ya a otras regiones.

ET *n* (in US) = **Eastern time**

ETA *n* **1** (Basque separatist organization) /'etə/ ETA *f* **2** (Transp) = **estimated time of arrival**

e-tailer /'i:,teɪlər || 'i:,teɪlə(r)/ *n*: *comerciante minorista que realiza sus transacciones por Internet*

e-tailing /'i:,teɪlɪŋ/ *n* [u] comercio *m* electrónico minorista

et al /et'æl/ (and others) et al.

etc (= **et cetera**) etc.

et cetera /ɪt'setrə/ *adv* etcétera

etch /etʃ/ *vt* **1** (Art, Print) ‹*copper/glass*› grabar; ‹*design/outline*› grabar **2** (imprint strongly) (liter) (*usu pass*) grabar; **the pain/incident is ~ed forever on my mind** tengo el dolor/incidente grabado para siempre en la memoria

etching /'etʃɪŋ/ *n* **1** [u] (process) grabado *m* **2** [c] (picture, design) grabado *m*, aguafuerte *m*; **come up and see my ~s** (set phrase) ≈ sube a ver mi colección de sellos

ETD *n* = **estimated time of departure**

eternal /ɪ'tɜ:rnl || ɪ'tɜ:nl/ *adj* **1** (lasting forever) ‹*life/salvation/damnation*› eterno; **a prayer for her ~ rest** una oración por su eterno descanso; **the E~ city** la Ciudad Eterna **2** ‹*problem/question*› eterno, sempiterno **3** (colloq) ‹*noise/complaints*› constante

eternally /ɪ'tɜ:rnli || ɪ'tɜ:nəli/ *adv* **1** (forever) ‹*damned/true*› para siempre, eternamente; **we are ~ in your debt** le quedamos eternamente agradecidos; **~ yours, Jessica** (Corresp) siempre tuya, Jessica **2** (continually) ‹*complain*› permanentemente, constantemente; ‹*discontented/occupied*› perpetuamente

eternity /ɪ'tɜ:rnəti || ɪ'tɜ:nəti/ *n* (*pl* **-ties**) **1** [u] (time without end) eternidad *f*; **we shall meet again in ~** volveremos a encontrarnos en la otra vida **2** [c] (long time) eternidad *f*

eternity ring *n* anillo *m or* aro *m* de brillantes (*como símbolo de amor eterno*)

ETF *n* (Fin) (= **Exchange Traded Fund**) ETF *m* (*fondo cotizado en bolsa*)

ethane /'eθeɪn || 'i:θeɪn/ *n* [u] etano *m*

ethanol /'eθənɔ:l || 'eθənɒl/ *n* [u] etanol *m*

ether /'i:θər || 'i:θə(r)/ *n* [u]
A (Chem) éter *m*
B (upper air) (liter): **the ~** el éter (liter), las capas celestiales (liter)

ethereal /ɪ'θɪriəl || ɪ'θɪəriəl/ *adj* (liter) etéreo (liter)

ethic /'eθɪk/ *n* ética *f*; **the Protestant work ~** la ética protestante (*en la cual el trabajo constituye un valor fundamental*)

ethical /'eθɪkəl/ *adj* ‹*question/dilemma/values*› ético; ‹*code/rules*› de conducta

ethical bank *n* (Fin) banco *m* ético

ethical banking *n* [u] (Fin) banca *f* ética

ethical investment *n* [u c] inversión *f* ética

ethically /'eθɪkli/ *adv* éticamente

ethics /'eθɪks/ *n*
A (Phil) (+ *sing vb*) ética *f*
B (+ *pl vb*) (morality) ética *f*; **medical/professional ~** ética *f* médica/profesional

Ethiopia /,i:θi'əʊpiə/ *n* Etiopía *f*

Ethiopian¹ /,i:θi'əʊpiən/ *adj* etíope

Ethiopian² *n* etíope *mf*

ethnic /'eθnɪk/ *adj* **1** (concerning race) ‹*origin/group/makeup*› étnico; **an ~ minority** una minoría étnica; **the conflicts are ~ in origin** los conflictos son de origen racial; **~ cleansing** limpieza *f* étnica **2** (belonging to racial minority) ‹*culture/art/vote*› de las minorías étnicas; ‹*restaurant*› exótico; **they were dressed in traditional ~ styles** vestían a la manera típica de su país

ethnically /'eθnɪkli/ *adv* **1** ‹*similar/divided*› étnicamente **2** (*indep*) desde el punto de vista étnico

ethnicity /eθ'nɪsəti/ *n* [u c] (*pl* **-ties**) (origin) origen *m* étnico; (identity) identidad *f* étnica

ethnocentric /,eθnəʊ'sentrɪk/ *adj* etnocéntrico

ethnographer /eθ'nɑ:grəfər || eθ'nɒgrəfə(r)/ *n* etnógrafo, -fa *m,f*

ethnography /eθ'nɑ:grəfi || eθ'nɒgrəfi/ *n* [u] etnografía *f*

ethnologist /eθ'nɑ:lədʒəst || eθ'nɒlədʒɪst/ *n* etnólogo, -ga *m,f*

ethnology /eθ'nɑ:lədʒi || eθ'nɒlədʒi/ *n* [u] etnología *f*

ethology /i:'θɑ:lədʒi || i:'θɒlədʒi/ *n* [u] etología

ethos /'i:θɑ:s || 'i:θɒs/ *n*: **the middle class ~** los valores y las actitudes de la clase media; **the ~ of free enterprise** el espíritu de la libre empresa

ethyl¹ /'eθəl || 'i:θaɪl, 'eθɪl/ *adj* etílico; **the ~ group/radical** el grupo/radical etílico

ethyl² *n* [u] (AmE) (Auto) etilo *m*

ethyl alcohol *n* [u] alcohol *m* etílico

ethylene /'eθəli:n || 'eθɪli:n/ *n* [u] etileno *m*

etiolated /'i:tiəleɪtəd || 'i:tiəleɪtɪd/ *adj* **1** (Bot) decolorado **2** (effete) (liter) ‹*person/poetry*› lánguido (liter)

etiological /,i:tiə'lɑ:dʒɪkəl || ,i:tiə'lɒdʒɪkəl/ *adj* (*usu before n*) (AmE) etiológico

etiology /,i:ti'ɑ:lədʒi || ,i:ti'ɒlədʒi/ *n* [u] (AmE) etiología *f*

etiquette /'etɪket/ *n* [u] **1** (in general) etiqueta *f*, protocolo *m* **2** (in profession, activity): **it is medical/professional ~** es de protocolo *or* es lo acostumbrado entre los médicos/en la profesión

Etruscan¹ /ɪ'trʌskən/ *adj* etrusco

Etruscan² *n* **1** [u] (language) etrusco *m* **2** [c] (person) etrusco, -ca *m,f*

etymological /,etəmə'lɑ:dʒɪkəl || ,etɪmə'lɒdʒɪkəl/ *adj* etimológico

etymologist /,etə'mɑ:lədʒəst || ,etɪ'mɒlədʒɪst/ *n* etimólogo, -ga *m,f*, etimologista *mf*

etymology /,etə'mɑ:lədʒi || ,etɪ'mɒlədʒi/ *n* [u c] (*pl* **-gies**) etimología *f*; **folk** *o* **popular ~** etimología popular

EU *n* = **European Union** UE *f*

eucalyptus /,ju:kə'lɪptəs/ *n* (*pl* **-tuses**) **1** [c] (tree) eucalipto *m* **2** [u] **~ (oil)** (bálsamo *m* de) eucalipto *m*

Eucharist /'ju:kərəst || 'ju:kərɪst/ *n* Eucaristía *f*

Euclid /'ju:kləd || 'ju:klɪd/ *n* Euclides

Euclidean /ju:'klɪdiən/ *adj* euclidiano

eugenic /ju:'dʒenɪk/ *adj* eugenésico

eugenics /ju:'dʒenɪks/ *n* (+ *sing vb*) eugenesia *f*

eulogist /'ju:lədʒəst || 'ju:lədʒɪst/ *n* (AmE) panegirista *mf*, persona *f* que lee el panegírico

eulogistic /,ju:lə'dʒɪstɪk/ *adj* laudatorio, encomioso

eulogize /'ju:lədʒaɪz/ *vt* **1** (praise highly) elogiar, ensalzar* **2** (at funeral) (AmE) hacer* el panegírico de

eulogy /'ju:lədʒi/ *n* (*pl* **-gies**) **1** (praise) (liter) elogio *m*, loa *f* (liter) **2** (at funeral) (AmE) panegírico *m*

eunuch /'ju:nək/ *n* eunuco *m*

euphemism /'ju:fəmɪzəm/ *n* [c u] eufemismo *m*; **'pass away' is a ~ for 'die'** 'pasar a mejor vida' es un eufemismo de 'morir'

euphemistic /,ju:fə'mɪstɪk/ *adj* eufemístico

euphemistically /,ju:fə'mɪstɪkli/ *adv* eufemísticamente, de manera eufemística

euphonious /ju:'fəʊniəs/ *adj* eufónico

euphonium /ju:'fəʊniəm/ *n* (*pl* **-s**) bombardino *m*

euphony /'ju:fəni/ *n* [u] eufonía *f*

euphoria /ju:'fɔ:riə/ *n* [u] euforia *f*

euphoric /ju:'fɔ:rɪk || ju:'fɒrɪk/ *adj* eufórico

Euphrates /ju:'freɪti:z/ *n*: **the ~** el Éufrates

Eurasia /jʊ'reɪʒə, -ʃə || jʊə'reɪʒə, -ʃə/ *n* Eurasia *f*

Eurasian /jʊ'reɪʒən, -ʃən || jʊə'reɪʒən, -ʃən/ *adj* eurasiático

eureka /jʊ'ri:kə || jʊə'ri:kə/ *interj* ¡eureka!, ¡bingo!

eurhythmics /ju:'rɪðmɪks/ *n* gimnasia *f* rítmica

Euripides /jʊ'rɪpədi:z/ *n* Eurípides

euro /'jʊrəʊ || 'jʊərəʊ/ *n* euro *m*

Euro- /'jʊrəʊ || 'jʊərəʊ/ *pref* euro-; **~summit** cumbre *f* europea

eurobond /'jʊrəʊbɑ:nd || 'jʊərəʊbɒnd/ *n* eurobono *m*

Eurocentric /,jʊrəʊ'sentrɪk || ,jʊərəʊ'sentrɪk/ *adj* eurocéntrico

Eurocentrism /,jʊrəʊ'sentrɪzəm || ,jʊərəʊ'sentrɪzəm/ *n* [u] eurocentrismo *m*

eurocheque /'jʊrəʊtʃek || 'jʊərəʊtʃek/ *n* eurocheque *m*

Eurocommunism /,jʊrəʊ'kɑ:mjənɪzəm || ,jʊərəʊ'kɒmjʊnɪzəm/ *n* [u] eurocomunismo *m*

Eurocrat /'jʊrəkræt || 'jʊərəʊkræt/ *n* eurócrata *mf* (*burócrata de la CE*)

Eurocurrency /'jʊrəʊkɜ:rənsi || 'jʊərəʊkʌrənsi/ *n* eurodivisas *fpl*

Eurodollar /ˈjʊrəʊˌdɑːlər || ˈjʊərəʊˌdɒlə(r)/ *n* eurodólar *m*

Euro-election /ˌjʊrəʊɪˈlekʃən || ˌjʊərəʊɪˈlekʃən/ *n* elecciones *fpl* al Parlamento Europeo

Euroland /ˈjʊrəʊlænd || ˈjʊərəʊlænd/ *n* Zona *f* Euro, Eurolandia *f*

Euromarket /ˈjʊrəʊmɑːrk || ˈjʊərəʊmɑːk/ *n* 1 (for eurocurrencies) euromercado *m* 2 (single market) mercado *m* europeo, mercado *m* único europeo

euro-MP /ˈjʊrəʊemˌpiː || ˈjʊərəʊemˌpiː/ *n* eurodiputado, -da *m,f*

Europe /ˈjʊrəp || ˈjʊərəp/ *n* 1 (Geog) Europa *f*; **Western/Eastern ~** Europa Occidental/Oriental; **Central ~** Europa Central, Centroeuropa *f* 2 (Pol) (the EU) (BrE) Europa *f*

European[1] /ˌjʊrəˈpiːən || ˌjʊərəˈpiən/ *adj* europeo

European[2] *n* 1 (Geog) europeo, -pea *m,f* 2 (Pol) (pro EU) (BrE) europeísta *mf*

European (Economic) Community *n* Comunidad *f* (Económica) Europea

European Agricultural Guidance and Guarantee Fund *n* (EU) Fondo *m* Europeo de Orientación y de Garantía Agrícola

European Central Bank *n* Banco *m* Central Europeo

European Coal and Steel Community *n* (EU) Comunidad *f* Europea del Carbón y del Acero

European Commission *n* Comisión *f* Europea, Comisión *f* de las Comunidades Europeas

European Council *n* (EU) Consejo *m* Europeo

European Court of Human Rights *n* Tribunal *m* Europeo de Derechos Humanos

European Court of Justice *n* Tribunal *m* de Justicia Europeo, Corte *f* de Justicia Europea (AmL)

European Cup *n* Copa *f* de Europa

European Currency Unit *n* unidad *f* monetaria europea, ECU *m*

European Development Fund *n* (EU) Fondo *m* Europeo de Desarrollo

European Economic Area *n* (EU) Área *f* Económica Europea

European Environment Agency *n* (EU) Agencia *f* Europea de Medio Ambiente

European Free Trade Association *n* (Hist) Asociación *f* Europea de Libre Comercio

European Health Insurance Certificate ➡ *n* (EU, Med) tarjeta *f* sanitaria europea

European Interbank Offer Rate *n* (Fin) Euribor *m*

European Investment Bank *n* Banco *m* Europeo de Inversiones

Europeanization /ˌjʊrəˌpiːənəˈzeɪʃən || ˌjʊrəʊpiːənaɪˈzeɪʃən/ [u] europeización *f*

Europeanize /ˌjʊrəˈpiːənaɪz || ˌjʊərəˈpiːənaɪz/ *vt* 1 (make European) europeizar* 2 (integrate into the European Union) integrar en la Unión Europea

European Monetary System *n* Sistema *m* Monetario Europeo

European Monetary Union *n* Unión *f* Monetaria Europea

European Parliament *n* Parlamento *m* Europeo

European plan *n* (AmE); *tarifa hotelera de habitación sin comidas*

European Regional Development Fund *n* (EU) Fondo *m* Europeo de Desarrollo Regional

European Social Fund *n* (EU) Fondo *m* Social Europeo

European Space Agency *n* (EU) Agencia *f* Espacial Europea

European Standard *n* norma *f* europea, normativa *f* europea

European Union *n* Unión *f* Europea

Europhile[1] /ˈjʊrəfaɪl || ˈjʊərəfaɪl/ *adj* europeísta

Europhile[2] *n* europeísta *mf*

Europhobe /ˈjʊrəfəʊb || ˈjʊərəfəʊb/ *n* eurófobo, -ba *m,f*

Euroskeptic[1], (BrE) **Eurosceptic** /ˈjʊrəʊˌskeptɪk || ˈjʊərəʊˌskeptɪk/ *adj* euroescéptico

Euroskeptic[2], (BrE) **Eurosceptic** *n* euroescéptico, -ca, m,f

Euroskepticism, (BrE) **Euroscepticism** /ˌjʊrə(ʊ)ˈskeptɪsɪzəm || ˌjʊərə(ʊ)ˈskeptɪsɪzəm/ *n* [u] euroescepticismo *m*

Eurospeak /ˈjʊrəʊspiːk || ˈjʊərəʊspiːk/ *n* [u] (colloq) jerga *f* comunitaria

Eurostar® /ˈjʊrəʊstɑːr || ˈjʊərəʊstɑː(r)/ *n* Eurostar® *m*

Eurotunnel /ˈjʊrəʊtʌnl || ˈjʊərəʊtʌnl/ *n* eurotúnel *m*

Eurovision /ˈjʊrəʊvɪʒən || ˈjʊərəʊvɪʒən/ *n* [u] Eurovisión *f*; (*before n*) ‹*network/satellite*› eurovisivo, de Eurovisión; **the ~ Song Contest** el Festival de Eurovisión

eurozone /ˈjʊrəʊzəʊn || ˈjʊərəʊzəʊn/ *n* (Fin) eurozona *f*; zona *f* euro

Eurydice /jʊˈrɪdəsi || jʊˈrɪdɪsi/ *n* Eurídice

eurythmics /jʊˈrɪðmɪks || ˌjʊəˈrɪðmɪks/ *n* ▸ **eurhythmics**

Eustachian tube /juːˈsteɪʃən/ *n* trompa *f* de Eustaquio

euthanasia /ˌjuːθəˈneɪʒə || ˌjuːθəˈneɪzɪə/ *n* [u] eutanasia *f*

evacuate /ɪˈvækjueɪt/ *vt*
A 1 (leave) ‹*building/village*› evacuar*, desalojar 2 (make people leave) ‹*building/area*› evacuar*, desalojar 3 ‹*residents/population*› evacuar*; **they were ~d to the countryside/from the area** fueron evacuados al campo/de la zona
B ‹*bowels*› evacuar*

evacuation /ɪˌvækjuˈeɪʃən/ *n* [u c]
A (of building, residents) evacuación *f*, desalojo *m*
B (of bowels) evacuación *f*

evacuee /ɪˌvækjuˈiː/ *n* evacuado, -da *m,f*

evade /ɪˈveɪd/ *vt* 1 ‹*arrest/enemy/glance*› eludir, evadir; ‹*question/issue*› eludir 2 (shirk, dodge) ‹*obligation/responsibility*› eludir, evadir; ‹*regulations/military service*› eludir; ‹*taxes*› evadir

evaluate /ɪˈvæljueɪt/ *vt* 1 ‹*ability/data/results*› evaluar* 2 (value) (AmE) ‹*object/property*› valorar, tasar, avaluar* (AmL)

evaluation /ɪˌvæljuˈeɪʃən/ *n* [u c] 1 (of data, results) evaluación *f* 2 (of monetary value) (AmE) tasación *f*, valoración *f*

evaluative /ɪˈvæljueɪtɪv || ɪˈvæljʊətɪv/ *adj* (frml) (*usu before n*) de evaluación

evanescence /ˌevəˈnesns || ˌiːvəˈnesns, ˌev-/ *n* [u] (liter) evanescencia *f* (liter), fugacidad *f* (liter)

evanescent /ˌevəˈnesnt || ˌiːvəˈnesnt, ˌev-/ *adj* (liter) evanescente (liter), fugaz (liter)

evangelical /ˌiːvænˈdʒelɪkəl/ *adj* 1 (Relig) evangélico; **the E~ Church** la Iglesia Evangélica 2 (zealous) evangélico

evangelism /ɪˈvændʒəlɪzəm/ *n* [u] evangelismo *m*

evangelist /ɪˈvændʒələst || ɪˈvændʒəlɪst/ *n*
A 1 (preacher) predicador, -dora *m,f* 2 (member of an evangelical church) evangelista *mf*
B (Bib): **the four E~s** los cuatro evangelistas

evangelize /ɪˈvændʒəlaɪz/ *vi* evangelizar*, predicar* el Evangelio

evaporate /ɪˈvæpəreɪt/ *vi* 1 (change into vapor) evaporarse 2 (disappear) «*hope/fear*» desvanecerse*; «*support/opposition*» evaporarse, esfumarse

■ **evaporate** *vt* hacer* evaporar, evaporar

evaporated milk /ɪˈvæpəreɪtəd || ɪˈvæpəreɪtɪd/ *n* [u] leche *f* evaporada, leche *f* condensada (*sin azúcar*)

evaporation /ɪˌvæpəˈreɪʃən/ *n* [u] 1 (Phys) evaporación *f* 2 (of support, confidence) desaparición *f*, desvanecimiento *m*

evasion /ɪˈveɪʒən/ *n* 1 [u] (of responsibility) evasión *f*; **tax ~** evasión fiscal *or* de impuestos, fraude *m* fiscal 2 [c] (evasive act, trick) estratagema *f*; (evasive statement) evasiva *f*

evasive /ɪˈveɪsɪv/ *adj* 1 (not direct, equivocal) ‹*reply*› evasivo; **when pressed for details, they became ~** cuando les exigieron detalles, empezaron a contestar con evasivas 2 (avoiding): **to take ~ action** (Mil) realizar*, maniobras para eludir un ataque

evasively /ɪˈveɪsɪvli/ *adv* con evasivas

evasiveness /ɪˈveɪsɪvnəs || ɪˈveɪsɪvnɪs/ *n* [u] carácter *m* evasivo

eve /iːv/ *n* 1 (day, period before) (liter *or* journ) víspera *f*; **on the ~ of the battle** la víspera de la batalla; **on the ~ of the French Revolution** en vísperas de la revolución Francesa 2 (evening) (arch *or* poet) crepúsculo *m* (liter)

Eve /iːv/ *n* Eva

even[1] /ˈiːvən/ *adv*
A 1 hasta, incluso; **it's warm there ~ in December** allí hace calor hasta *or* incluso en diciembre; **~ a child could do it** hasta un niño lo podría hacer; **~ now, five years later** incluso ahora, cuando ya han pasado cinco años; **it would be madness ~ to attempt it** intentarlo ya sería una locura 2 (*with neg*): **he can't ~ sew a button on** no sabe ni pegar un botón; **you're not ~ trying** ni siquiera lo estás intentando; **don't ~ think about it** ¡ni se te ocurra! 3 (*with comparative*) aún, todavía; **the next day was ~ colder** al día siguiente hizo aún *or* todavía más frío 4 (introducing stronger expression) hasta, incluso; **it'll be difficult, ~ dangerous** será difícil, hasta *or* incluso peligroso
B (*in phrases*): **even as**: **~ as I speak** en este mismo momento; **~ as he had predicted** (liter) exactamente como había predicho; **even if** aunque (+ *subj*); **we'll do it ~ if it takes months** lo haremos aunque lleve meses; **~ if I knew, I wouldn't tell you** aunque lo supiera, no te lo diría; **even so** aun así; **he's only 12 — yes, but ~ so ...** tiene apenas 12 años — sí, pero aun así ...; **even then** aun así; **I explained it twice, but ~ then they had difficulty** lo expliqué dos veces pero aun así tuvieron problemas; **even though** aun cuando, a pesar de que; **she told him ~ though I asked her not to** se lo dijo aun cuando *or* a pesar de que le pedí que no lo hiciera; **~ though I don't agree with you** aun cuando *or* a pesar de que *or* aunque no estoy de acuerdo con usted

even[2] *adj*
A 1 (flat, smooth) ‹*ground/surface*› plano; ‹*coat of paint*› uniforme; **the floor isn't ~** el suelo no está nivelado; **plane the boards down to make them ~** cepilla las tablas para igualarlas 2 (regular, uniform) ‹*color/lighting*› uniforme, parejo (AmL); ‹*features*› regular; ‹*work/progress*› constante, regular; ‹*breathing/motion*› acompasado, regular; ‹*temperature*› constante 3 (calm) ecuánime; **he kept his voice ~** no alteró la voz
B (equal) ‹*distribution*› equitativo, igual; **an ~ game** un partido igualado *or* equilibrado *or* (AmL tb) parejo; **after four rounds they're ~** tras cuatro vueltas están *or* van igualados *or* empatados; **he stands an ~ chance of winning** tanto puede ganar como perder, tiene una posibilidad entre dos de ganar; **so now we're ~** *o* **so that makes us ~** así que estamos en paz *or* (AmL tb) a mano; **to break ~** recuperar los gastos, no tener* ni pérdidas ni beneficios; **~ *money*: it's ~ money they won't turn up** es muy probable que no aparezcan, hay un cincuenta por ciento de probabilidades de que no aparezcan; **~ *Stephen(s)*** (colloq): **we're ~ Stephen(s)** estamos en paz *or* (AmL tb) a mano; ***to get ~ with sb***: **he's just itching for a chance to get ~** está buscando la oportunidad para desquitarse *or* vengarse; **I'll get ~ with her one day** ya me las pagará algún día
C (divisible by two) ‹*number/page*› par
D (exact in amount, number) exacto, justo; **three dollars ~** tres dólares justos *or* exactos

even[3] *vt*
A (level) ‹*surface*› allanar, nivelar

➡ *see* Living in a Spanish-speaking country

B (make equal) ‹*score*› igualar; ‹*contest/situation*› equilibrar

Phrasal verbs

• **even out**

A [v + o + adv, v + adv + o] (cancel out) ‹*discrepancies/imbalances*› compensar, nivelar; **if you pay for my ticket, then that will ~ things out between us** si me pagas la entrada, quedamos en paz *or* (AmL tb) a mano

B [v + adv] (cancel out) ‹‹*variations/imbalances*›› compensarse, nivelarse

• **even up**

A [v + o + adv, v + adv + o] (balance) ‹*numbers/amounts*› equilibrar; **you pay for the taxi: that'll ~ things up** tú paga el taxi y quedamos en paz *or* (AmL tb) a mano; **he did it to ~ up the score** lo hizo para desquitarse *or* vengarse

B [v + adv] (repay) (AmE colloq) **to ~ up WITH sb** arreglar cuentas CON algn

even[4] *n* (arch & poet) crepúsculo *m* (liter)

even-handed /ˌiːvənˈhændəd ‖ ˌiːvən ˈhændɪd/ *adj* ecuánime, imparcial

evening /ˈiːvnɪŋ/ ▸❶ p.1798 *n*

A 1 noche *f*; (before dark) tarde *f*; **at 10 in the ~** a las 10 de la noche; **at 6 in the ~** a las 6 de la tarde; **he came in the ~** (before dark) vino por la tarde, vino en la tarde (AmL), vino a la tarde *or* de tarde (RPl); (after dark) vino por la noche, vino de noche, vino en la noche (AmL); **every Tuesday ~** todos los martes por la tarde/noche (*or* en la tarde *etc*); **let's have an ~ out tonight** ¿por qué no salimos esta noche?; **good ~** (early on) buenas tardes; (later) buenas noches; (*before n*): **~ meal** cena *f*; **~ paper** periódico *m* de la tarde, vespertino *m* (period); **~ performance** función *f* de tarde; **the ~ star** el lucero de la tarde, la estrella de Venus 2 (period of entertainment) velada *f* (frml), noche *f*; **we felt like an ~ of bridge** teníamos ganas de pasar una noche jugando al bridge; **one of their famous musical ~s** una de sus famosas veladas musicales 3 (concluding period) (liter) crepúsculo *m* (liter)

B **evenings** (*as adv*) (before dark) por la tarde, en la tarde (AmL), a la tarde *or* de tarde (RPl); (after dark) por la noche, de noche, en la noche (AmL)

evening class *n* clase *f* nocturna *or* vespertina

evening dress *n* 1 [c] (for woman) traje *m* de noche 2 [u] (formal wear) traje *m* de etiqueta

evenly /ˈiːvənli/ *adv*

A 1 ‹*spread*› uniformemente; ‹*progress*› de manera *or* modo constante; ‹*breathe/move*› acompasadamente, regularmente 2 (calmly) ‹*say/speak*› sin alterarse

B (equally) ‹*distribute/divide*› equitativamente, en *or* a partes iguales; **the two teams are ~ matched** los dos equipos están muy igualados, son dos equipos muy parejos (AmL)

evenness /ˈiːvənnəs ‖ ˈiːvənnɪs/ *n* [u] 1 (of surface) lo nivelado *or* llano 2 (of breathing, pulse) regularidad *f* 3 (of progress, movement) regularidad *f* 4 (of temper) serenidad *f*

evens /ˈiːvənz/ *adj* ‹*favorite/bet*› *que paga la misma cantidad que se apuesta*

evensong /ˈiːvənsɔːŋ ‖ ˈiːvənsɒŋ/ *n* [u] (BrE) oficio *m* de vísperas *or* de la tarde (*en la iglesia anglicana*)

event /ɪˈvent/ *n*

A 1 (happening, incident) acontecimiento *m*; **~s proved us right** el desarrollo de los acontecimientos demostró que estábamos en lo cierto; **the ~s of that night** los acontecimientos *or* los sucesos de aquella noche; **they were overtaken by ~s** los acontecimientos les tomaron la delantera; **in the normal course of ~s** en circunstancias normales; **theatrical ~** espectáculo *m* teatral; **a charitable ~** un espectáculo (*or* certamen *etc*) con fines benéficos; **it was the sporting ~ of 1993** fue el gran acontecimiento *or* (AmL tb) evento deportivo de 1993 2 (Sport) prueba *f*

B (*in phrases*): **in the event**: **she was afraid he might be rude, but in the ~ ...** tenía miedo de que se portara groseramente, pero llegado el momento ...; **in the ~ it was the boss herself who answered the phone** resultó ser la jefa misma quien contestó el teléfono; **in the ~ of the reactor becoming overheated** en caso de que el reactor se recalentara; **in the ~ that your wife predeceases you** (frml) en el caso eventual *or* en el supuesto caso de que su mujer falleciera antes que usted; **in that event** (*as linker*) en ese caso; **in any/either ~** en todo/cualquier caso; **at all events** de cualquier modo; **after the ~** a posteriori; **it's easy to be wise after the ~** es muy fácil hablar (*or* criticar *etc*) a posteriori

even-tempered /ˌiːvənˈtempərd ‖ ˌiːvən ˈtempəd/ *adj* ecuánime, sereno

eventful /ɪˈventfəl/ *adj* 1 (exciting) ‹*journey*› lleno de incidentes; **this has been an ~ week** han pasado muchas cosas esta semana, ésta ha sido una semana llena de acontecimientos; **she had an ~ life** tuvo una vida rica en experiencias 2 (momentous) (AmE) crucial

eventide /ˈiːvəntaɪd/ *n* (poet) manto *m* de la noche (liter)

eventing /ɪˈventɪŋ/ *n* [u] (esp BrE) ▸**three-day eventing**

eventual /ɪˈventʃuəl/ *adj* (*before n*) 1 (later, resulting): **the ~ outcome was ...** lo que sucedió finalmente fue ...; **his ~ death came as a relief to the family** para la familia fue un alivio que finalmente le llegara la muerte; **the reduction in services and ~ closure of the hospital** la reducción de los servicios y el posterior cierre del hospital; **the ~ winners** el equipo que acabó alzándose con la victoria 2 (possibly resulting) eventual

eventuality /ɪˌventʃuˈæləti/ *n* (*pl* **-ties**) eventualidad *f*; **we must be prepared for every ~** debemos estar preparados para cualquier eventualidad

eventually /ɪˈventʃuəli/ *adv* finalmente, al final; **~ people became used to the idea** con el tiempo, la gente se acostumbró a la idea

eventuate /ɪˈventʃueɪt/ *vi* (frml) 1 (result) **to ~ IN sth** concluir* EN algo 2 (come about) producirse*; **to ~ FROM sth** surgir* DE algo

ever /ˈevər ‖ ˈevə(r)/ ▸❶ p.1451 *adv*

A 1 (at any time): **have you ~ visited London?** ¿has estado en Londres (alguna vez)?; **did you ~ meet him?** ¿llegaste a conocerlo?; **will we ~ get there?** ¿llegaremos algún día?; **don't you ~ listen?** ¿es que nunca escuchas?; **do your neighbors ~ sleep?** ¿tus vecinos nunca duermen?; **they never ~ have a proper meal** nunca, pero nunca, comen como es debido; **nobody ~ comes to see me** nunca viene nadie a verme; **we hardly ~ go out** casi nunca salimos; **I seldom, if ~, eat meat** muy rara vez como carne; **if you ~ need me, I'll be here** si (alguna vez) me necesitas, aquí estoy; **he's a fool if ~ there was one** es un tonto como no hay otro, es tonto como él solo 2 (expressing incredulity, indignation): **did you ~ see such a thing!** ¡habráse visto cosa igual!; **well, did you ~!** ¡pero bueno, habráse visto!; **as if he'd ~ do such a terrible thing!** ¡como si fuera capaz de hacer semejante cosa!

B (*after comp or superl*): **these are our worst ~ results** éstos son los peores resultados que hemos tenido hasta ahora *or* que hayamos tenido nunca; **the situation is worse than ~** la situación está peor que nunca; **now more than ~ (before) we must exercise caution** ahora más que nunca tenemos que actuar con cautela

C (always, constantly) 1 (*in phrases*): **as ever** como siempre; **they lived happily ~ after** (in fairy tales) vivieron felices y comieron perdices; **ever since**: **~ since we first saw her** desde que la vimos por primera vez; **I moved to Brighton 20 years ago and I've lived here ~ since** me mudé a Brighton hace 20 años y desde entonces vivo aquí; **we've been friends ~ since then** somos amigos desde entonces; **for ever** para siempre; **for ~ and ~** por siempre jamás (liter); **for ~ and ~, amen** (Relig) por los siglos de los siglos, amén; **for ~ and a day** por siempre jamás (liter) 2 (*before pres p or adj*): **the ~ growing threat of war** la creciente amenaza de la guerra; **~ worsening unemployment** un problema de desempleo cada vez peor; **~ helpful, he offered to drive me there** gentil como siempre, se ofreció a llevarme en coche; **the danger is ~ present** el peligro está siempre presente; **an ~-present danger** un peligro constante *or* siempre presente; **his ~-expanding waistline** su cada vez mayor circunferencia 3 (*with comp*) cada vez; **it has become ~ more apparent** se ha hecho cada vez más evidente; **the situation is growing ~ more dangerous** la situación se vuelve cada vez *or* cada día más peligrosa 4 (liter) (always) siempre, eternamente (liter)

D (*as intensifier*) 1 (*in wh- questions*): **when will you ~ learn?** ¿cuándo vas a aprender?; **why ~ did you tell him?** ¿por qué diablos se lo dijiste? (fam); **what ~ can have happened?** ¿qué podrá haber pasado?; **who ~ would have guessed?, who would ~ have guessed?** ¿quién lo hubiera imaginado? 2 (esp BrE colloq): **thanks ~ so** *o* **~ so much** *o* **~ such a lot** muchísimas gracias; **it's ~ so cold in here** hace muchísimo frío aquí; **they're ~ such a close family** son una familia tan unida; **he's ~ so fat** es gordísimo; **I ran as fast as ~ I could** corrí tan rápido como pude 3 (certainly, without doubt) (colloq): **can she ~ dance!** ¡qué bien baila!; **are you having fun? — am I ~!** ¿te estás divirtiendo? — ¡y cómo! (fam)

ever-changing /ˌevərˈtʃeɪndʒɪŋ ‖ ˌevə ˈtʃeɪndʒɪŋ/ *adj* cambiante, en constante cambio

evergreen[1] /ˈevərgriːn ‖ ˈevəgriːn/ *adj* 1 ‹*tree/shrub*› de hoja perenne; **are acacias ~?** ¿las acacias son de hoja perenne? 2 (*before n*) ‹*story/song*› favorito; ‹*entertainer*› siempre joven; ‹*subject of conversation*› eterno, perenne

evergreen[2] *n* (plant) planta *f* de hoja perenne; (tree) árbol *m* de hoja perenne

ever-increasing /ˌevərɪnˈkriːsɪŋ/ *adj* (*before n*) ‹*number/demand/population*› creciente, cada vez mayor; ‹*cost of living*› creciente, cada vez más alto

everlasting /ˌevərˈlæstɪŋ ‖ ˌevəˈlɑːstɪŋ/ *adj* 1 (eternal) ‹*peace/love/gratitude*› eterno; ‹*fame/glory*› imperecedero (liter); ‹*snow/laws*› eterno (liter); **a promise of life ~** una promesa de vida eterna 2 (constant) (colloq) ‹*complaints/propaganda*› continuo, eterno 3 (lasting a long time) (BrE) duradero; **~ flower** siempreviva *f*

everlastingly /ˌevərˈlæstɪŋli ‖ ˌevəˈlɑːstɪŋli/ *adv* 1 ‹*patient*› infinitamente 2 ‹*complain*› continuamente, perennemente

evermore /ˌevərˈmɔːr ‖ ˌevəˈmɔː(r)/ *adv* (liter) eternamente (liter); **for ~** por siempre jamás (liter)

ever-present /ˌevərˈprezənt ‖ ˌevəˈprezənt/ *adj* siempre presente

every /ˈevri/ *adj*

A (each): **~ room was searched** se registraron todas las habitaciones, se registró cada una de las habitaciones; **~ writer needs a good dictionary** todo escritor necesita un buen diccionario; **she wins ~ time** siempre gana; **~ day/minute is precious** cada día/minuto es precioso; **she comes ~ month** viene todos los meses; **it was expensive, but worth ~ penny** salió caro, pero valió la pena; **she's written six novels and I've read ~ one** ha escrito seis novelas y las he leído todas; **they gave ~ one of their employees a watch** le regalaron un reloj a cada uno de los empleados; **~ one of you** todos y cada uno de ustedes; **~ single one of them was broken** estaban todos rotos, sin excepción; **they do it ~ time** siempre hacen lo mismo; **~ other boy in the class has one** todos los demás niños de la clase tienen uno; **he pandered to her ~ whim** le consentía todos los caprichos; **hanging on her ~ word** pendiente de cada cosa que decía; **they watch your ~ move** están continuamente vigilándote

B (indicating recurrence) cada; **~ ten miles** cada diez millas; **~ three days, ~ third day** cada tres días; **he comes ~ other day** viene un día sí, otro no *or* (CS, Per) viene día por medio; **~ other** *o* **~ second house has a garden** una casa sí y otra no tiene jardín; **leave ~ other**

page blank deja en blanco una página sí y otra no; **~ other person I spoke to** casi toda la gente con quien hablé; **~ now and then** *o* **again** de tanto en tanto; **~ once in a while** alguna que otra vez, de vez en cuando; **~ so often** cada tanto, de vez en cuando

C (very great, all possible): **they have ~ confidence in us** confían plenamente *or* tienen plena confianza en nosotros; **I wished them ~ happiness** les deseé toda la felicidad del mundo; **we've ~ reason to doubt her word** tenemos razones de peso *or* de sobra para dudar de su palabra; **she made ~ effort to satisfy him** hizo lo indecible *or* todo lo posible por satisfacerlo; **there is ~ prospect of a reconciliation** hay muchas posibilidades de que se reconcilien; **you had ~ chance** tuviste todo tipo de oportunidades

everybody /ˈevri,bɑːdi || ˈevri,bɒdi/ *pron* todos; **is ~ agreed?** ¿están todos de acuerdo?, ¿está todo el mundo de acuerdo?; **is that ~?** ¿están todos?, ¿está todo el mundo?; **~ thinks they're** *o* **he's worse off than ~ else** todos piensan que están peor que todos los demás; **~ has his or her own particular way of doing things** cada uno tiene su forma de hacer las cosas; **~ else had gone** todos los demás se habían ido; **~ who** *o* **that was present** todos los (que estaban) presentes; **~ in the hall stood up** la sala entera se puso de pie; **not ~ gets an opportunity like this** no todo el mundo tiene una oportunidad así

everyday /ˈevrideɪ/ *adj* (*before n*) ‹*occurrence/problems/activities*› de todos los días, cotidiano; ‹*suit/clothes*› de diario; ‹*story/characters*› (común y) corriente; ‹*expression*› corriente, de todos los días; **~ life** la vida diaria *or* cotidiana; **items in ~ use** cosas *fpl or* objetos *mpl* de uso diario *or* corriente

Everyman /ˈevrimæn/ *n* hombre *m* de la calle, hombre *m* de a pie, hombre *m* cualquiera

everyone /ˈevriwʌn/ *pron* ▸ **everybody**

everyplace /ˈevripleɪs/ *adv* (AmE) ▸ **everywhere¹**

everything /ˈevriθɪŋ/ *pron* todo; **I'm always losing ~** siempre ando perdiéndolo todo; **they sell ~ from vegetables to paintbrushes** venden de todo, desde verduras a brochas; **~ else** todo lo demás; **~ possible has been done** se ha hecho todo lo posible; **she's ~ to me** (ella) lo es todo para mí; **money isn't ~** el dinero no lo es todo

everywhere¹ /ˈevrihwer || ˈevriweə(r)/ *adv*: **I've looked ~ for it** lo he buscado por todas partes *or* por todos lados; **they go ~ by car** van a todos lados *or* a todas partes en coche; **~ along the coast** por toda la costa; **~ you go you see poverty** dondequiera que vas, ves pobreza

everywhere² *pron*: **~'s shut already** ya está todo cerrado; **~ in the city was terribly crowded** todos los bares (*or* hoteles *etc*) de la ciudad estaban abarrotados de gente; **~'s the same really** en realidad en todas partes *or* en todos lados pasa lo mismo

Everywoman /ˈevriwʊmən/ *n* mujer *f* de a pie, mujer *f* cualquiera

evict /ɪˈvɪkt/ *vt* **1** ‹*tenant/squatter*› desahuciar, desalojar **2** ‹*demonstrators*› desalojar

eviction /ɪˈvɪkʃən/ *n* [u c] **1** (of tenant, squatter) desalojo *m*, desahucio *m*; (by force) lanzamiento *m*; (*before n*): **~ notice** apercibimiento *m* de desahucio *or* desalojo; **~ order** orden *f* de desalojo **2** (of demonstrators) desalojo *m*

evidence¹ /ˈevədəns || ˈevɪdəns/ *n* [u]

A (Law) **1** (proof) pruebas *fpl*; **circumstantial ~** pruebas indirectas **2** (statements): **the ~ for the defense/prosecution** el descargo de la defensa/el capítulo de cargos; **anything you say may be taken down and used in ~ against you** (BrE set phrase) cualquier cosa que diga podrá utilizarse como prueba en su contra; **to give ~ for/against sb** declarar *or* prestar declaración a favor/en contra de algn; ***to turn state's ~*** *o* (BrE) ***Queen's/King's ~*** declarar como testigo de la acusación (*con el propósito de obtener una reducción de la propia pena*) **3** (objects) pruebas *fpl*; **to destroy the ~** destruir* las pruebas; **the revolver was produced as ~** el revólver fue presentado como prueba

B **1** (grounds, supporting data) pruebas *fpl*; **what is the ~ that God exists?** ¿qué prueba(s) hay de que Dios exista?; **some of the ~ suggests a conspiracy** hay indicios que apuntan a una conspiración **2** (testimony) testimonio *m*; **on the ~ of those present** según (el testimonio *or* las declaraciones de) los que estuvieron presentes; **the ~ of the senses** el testimonio de los sentidos **3** (sign, indication) indicio *m*, señal *f*; **the house showed ~ of neglect** la casa se veía descuidada; ***much in ~***: **he isn't much in ~ these days** últimamente no se lo ve mucho; **poverty is very much in ~ in rural areas** la pobreza de las zonas rurales es manifiesta

evidence² *vt* evidenciar, demostrar*

evident /ˈevədənt || ˈevɪdənt/ *adj* evidente, manifiesto; **she dresses with ~ care** se nota que pone un gran cuidado en el vestir; **it was all too ~ that he was lying** era evidente *or* se notaba *or* estaba claro que estaba mintiendo

evidently /ˈevədəntli || ˈevɪdəntli/ *adv* **1** ‹*embarrassed/unsuitable*› claramente, obviamente; **they had ~ said they would support him** aparentemente *or* según parece, habían dicho que lo apoyarían **2** (*indep*) aparentemente, según parece; **is she coming too? — evidently** ¿ella también viene? — eso parece *or* según parece

evil¹ /ˈiːvəl/ *adj* **1** (wicked) ‹*demon/wizard*› malvado, maligno; ‹*deeds/thoughts/character*› de gran maldad; ‹*influence*› maléfico, funesto; ‹*plan/suggestion*› diabólico, maléfico; **an ~ spirit** un espíritu maligno *or* maléfico; **an ~ tongue** una lengua viperina *or* malévola; **~ spell** maleficio *m*; **an ~ killer** un malvado asesino **2** (unpleasant) ‹*smell*› asqueroso; **he has an ~ temper** tiene muy mal genio; **to put off the ~ day/hour** retrasar *or* posponer* el día/momento fatídico *or* funesto

evil² *n* **1** [u] (sin, wrong-doing) mal *m*; **there is no ~ in her** no tiene ninguna maldad; **the struggle of good against ~** la lucha del bien y del mal **2** [c] (sth harmful) mal *m*; **a necessary ~** un mal necesario; **the lesser of two ~s** el menor de dos males

evil- /ˈiːvəl/ *pref*: **~smelling** hediondo; **~tempered** con un humor de perros

evildoer /,iːvəlˈduːər || ˈiːvəl,duːə(r)/ *n* malhechor, -chora *m,f*

evildoing /,iːvəlˈduːɪŋ || ˈiːvəl,duːɪŋ/ *n* [u] maldad *f*

evil eye *n*: **the ~ ~** el mal de ojo; **to put the ~ ~ on sb** echarle el *or* (RPl) hacerle* mal de ojo a algn

evilly /ˈiːvəli/ *adv* malvadamente

evil-minded /,iːvəlˈmaɪndəd || ,iːvəlˈmaɪndɪd/ *adj* malévolo

evil-mindedness /,iːvəlˈmaɪndədnəs || ,iːvəlˈmaɪndɪdnɪs/ *n* [u] malevolencia *f*

evil-smelling /ˈiːvəl,smelɪŋ/ *adj* maloliente, fétido, hediondo

evince /ɪˈvɪns/ *vt* (frml) **1** ‹*desire/astonishment*› mostrar*, manifestar* **2** ‹*talent/qualities*› dar* prueba de, poner* de manifiesto

eviscerate /ɪˈvɪsəreɪt/ *vt* (frml) eviscerar (frml)

evocation /,iːvəʊˈkeɪʃən || ,evəˈkeɪʃən/ *n* [c u] evocación *f*

evocative /ɪˈvɑːkətɪv || ɪˈvɒkətɪv/ *adj* evocador; **to be ~ of sth** evocar* algo

evoke /ɪˈvəʊk/ *vt* **1** ‹*response/admiration/sympathy*› provocar*, suscitar (frml) **2** ‹*memories/associations*› evocar*

evolution /,evəˈluːʃən || ,iːvəˈluːʃən/ *n*

A [u] (gradual change) evolución *f*, desarrollo *m*; **the theory of ~** la teoría de la evolución (de las especies), el evolucionismo

B [c] (planned movement) (frml) evolución *f* (frml)

evolutionary /,evəˈluːʃəneri || ,iːvəˈluːʃənəri/ *adj* **1** ‹*theory*› evolucionista **2** ‹*development/process/path*› evolutivo

evolutionism /,evəˈluːʃənɪzəm || ,iːvəˈluːʃənɪzəm/ *n* [u] evolucionismo *m*

evolve /ɪˈvɑːlv || ɪˈvɒlv/ *vi* **1** (Biol) evolucionar **2** «*idea/system*» evolucionar, desarrollarse

■ **evolve** *vt* ‹*system/theory*› desarrollar

ewe /juː/ *n* oveja *f* (*hembra*)

ewer /ˈjuːər || ˈjuːə(r)/ *n* aguamanil *m*

ex /eks/ *n* (colloq) ex *mf* (fam); **his/my ~** su/mi ex (fam)

ex- /eks/ *pref* ex(-); **~-husband** ex marido *m*, ex *m* (fam); **~wife** ex(-)esposa

exacerbate /ɪgˈzæsərbeɪt || ɪgˈzæsəbeɪt/ *vt* exacerbar (frml), agravar

exact¹ /ɪgˈzækt/ *adj* **1** (precise) ‹*number/size/time/date*› exacto; **23, to be ~** 23, para ser exactos *or* 23, concretamente; **this is the ~ spot** éste es el sitio exacto *or* el lugar preciso; **those were her ~ words** ésas fueron sus palabras textuales **2** (accurate) ‹*description/definition*› preciso; **an ~ science** una ciencia exacta; **she has a very ~ memory for detail** tiene muy buena memoria para los detalles

exact² *adv*: **the ~ same dress/place** (crit) (*as intensifier*) el mismísimo vestido/lugar

exact³ *vt* **1** (obtain) ‹*promise*› arrancar*; **the price they ~ed from us** el precio que nos hicieron pagar; **he ~ed his revenge** se vengó **2** (demand) ‹*allegiance*› exigir*

exacting /ɪgˈzæktɪŋ/ *adj* ‹*work/job*› que exige mucho; ‹*supervisor/employer*› exigente; ‹*standards/conditions*› riguroso

exaction /ɪgˈzækʃən/ *n* [c u] (frml) exacción *f* (frml)

exactitude /ɪgˈzæktətuːd || ɪgˈzæktɪtjuːd/ *n* [u] (frml) exactitud *f*, precisión *f*

exactly /ɪgˈzæktli/ *adv* ‹*measure/calculate*› exactamente, con precisión; **she arrived at six-thirty ~** *o* **at ~ six-thirty** llegó a las seis y media en punto; **~ how/where did you do it?** ¿cómo/dónde lo hizo exactamente?; **he told me ~ the same story** me dijo exactamente lo mismo; **that's ~ what I was going to say** es precisamente *or* exactamente lo que iba a decir; **they weren't ~ pleased to see us** (iro) no es que estuvieran precisamente encantados de vernos (iró); **it needs a coat of paint — exactly!** necesita una mano de pintura — ¡exacto! *or* ¡así es! *or* ¡efectivamente!; **so she's a friend of yours? — not ~, but ...** ¿así que es amiga tuya? — lo que se dice amiga no, pero ...

exactness /ɪgˈzæktnəs || ɪgˈzæktnɪs/ *n* [u] exactitud *f*, precisión *f*

exaggerate /ɪgˈzædʒəreɪt/ *vi* exagerar

■ **exaggerate** *vt* **1** (overstate) exagerar **2** (emphasize) ‹*effect/contrast*› acentuar*

exaggerated /ɪgˈzædʒəreɪtəd || ɪgˈzædʒəreɪtɪd/ *adj* **1** (overstated) ‹*report*› exagerado **2** ‹*gesture/effect*› exagerado, desmesurado

exaggeration /ɪg,zædʒəˈreɪʃən/ *n* [c u] **1** (overstatement) exageración *f*; **it would be no ~ to say that ...** no sería exagerado *or* no sería una exageración decir que ... **2** (overstating) exageración *f*

exalt /ɪgˈzɔːlt/ *vt* (frml) **1** (elevate) exaltar (frml), elevar **2** (praise) ensalzar*, exaltar (frml)

exaltation /,egzɔːlˈteɪʃən/ *n* [u] **1** (great joy) (liter) júbilo *m* (liter) **2** (praising) ensalzamiento *m*, exaltación *f*

exalted /ɪgˈzɔːltəd || ɪgˈzɔːltɪd/ *adj*

A (elevated) ‹*position/person*› elevado, exaltado (frml)

B (rapturous) (liter) exaltado

exam /ɪgˈzæm/ *n* **1** (Educ) examen *m*; (*before n*): **I've got ~ nerves** estoy nerviosa por el examen **2** (Med) (AmE) reconocimiento *m*, examen *m*, revisación *f* (RPl); **a routine medical ~** un reconocimiento *or* examen médico de rutina, una revisación médica de rutina (RPL) *for examples see* **examination A**

examination /ɪg,zæməˈneɪʃən || ɪg,zæmɪˈneɪʃən/ *n*

A [c] (frml) (Educ) examen *m*; **to take** *o* (BrE also) **sit an ~** dar* *or* hacer* *or* (CS) rendir* *or* (Méx) tomar un examen, examinarse (Esp); **to pass an ~** aprobar* *or* pasar *or* (Ur tb) salvar un examen; **to fail an ~** reprobar* *or* (Esp) suspender *or* (Ur)

perder* un examen; **a history ~** un examen de historia; (*before n*): **~ board** tribunal *m*, comisión *f* examinadora (AmL)
B [c u] **1** (inspection — of accounts) revisión *f*, inspección *f*; (— of building) inspección *f*; (— of passports) control *m*; (— by doctor) reconocimiento *m*, examen *m*, revisación *f* (RPl) **2** (study, investigation) examen *m*; **it requires close ~** requiere un examen riguroso *or* minucioso; **on closer ~ we discovered this mark** al examinarlo más de cerca descubrimos esta marca
C [c u] (of witness) interrogatorio *m*

examination paper *n* **1** (printed questions) hoja *f* de examen, examen *m* **2** (written answers) examen *m*

examine /ɪg'zæmən || ɪg'zæmɪn/ *vt*
A **1** (inspect) ‹*accounts*› inspeccionar, revisar; ‹*baggage*› registrar, revisar (AmL); ‹*document/dossier*› examinar, estudiar **2** ‹*patient*› reconocer*, examinar, revisar (AmL); ‹*eyes/teeth*› examinar, revisar (AmL) **3** (study, investigate) examinar, estudiar; **we must ~ whether the benefits outweigh the disadvantages** debemos considerar si los beneficios son mayores que las desventajas; **to ~ sth/sb FOR sth**: **they ~ the garment for flaws** examinan la prenda en busca de imperfecciones; **I ~d her face for signs of exhaustion** busqué en su rostro señales de agotamiento
B **1** (Educ) ‹*candidates/pupils*› examinar; **to ~ sb ON sth** examinar a algn SOBRE *or* DE algo; **to ~ sb IN sth** (esp BrE) examinar a algn DE algo **2** ‹*witness/accused*› interrogar*

examinee /ɪg,zæmə'ni: || ɪg,zæmɪ'ni:/ *n* **1** (at school, university) examinando, -da *m,f* (frml), alumno, -na *m,f* **2** (for professional exam) candidato, -ta *m,f*, aspirante *mf*

examiner /ɪg'zæmənər || ɪg'zæmɪnə(r)/ *n* examinador, -dora *m,f*

example /ɪg'zæmpəl || ɪg'zɑ:mpəl/ *n*
A (specimen, sample) ejemplo *m*; **an ~ of her work** una muestra de su trabajo; **for ~** por ejemplo; **he cited the ~ of Roosevelt** puso a Roosevelt como ejemplo; **he cited the ~ of penicillin** puso como ejemplo el caso de la penicilina
B **1** (model) ejemplo *m*; **to set sb an ~, to set an ~ for** *o* (BrE also) **to sb** darle* (el) ejemplo a algn; **to follow sb's ~** seguir* el ejemplo de algn; **her courage is an ~ to us all** su valor es un ejemplo para todos nosotros **2** (warning): **to make an ~ of sb** darle* un castigo ejemplar a algn; **let this be an ~ to the rest of the class** que esto le sirva de escarmiento al resto de la clase

exasperate /ɪg'zæspəreɪt/ *vt* exasperar, sacar* de quicio

exasperated /ɪg'zæspəreɪtəd || ɪg 'zæspəreɪtɪd/ *adj* exasperado; **~ WITH** *o* **AT sb/sth** exasperado CON algn/algo; **to get** *o* **become ~** exasperarse

exasperating /ɪg'zæspəreɪtɪŋ/ *adj* ‹*problem*› exasperante; **she can be so ~!** ¡a veces lo saca a uno de quicio!

exasperatingly /ɪg'zæspəreɪtɪŋli/ *adv*: **he's ~ stubborn** es tan tozudo que te exaspera *or* te saca de quicio

exasperation /ɪg,zæspə'reɪʃən/ *n* [u] exasperación *f*; **leave me alone! she cried in ~** —¡déjame en paz! —gritó exasperada

excavate /'ekskəveɪt/ *vt/vi* excavar

excavation /,ekskə'veɪʃən/ *n* [u c] excavación *f*

excavator /'ekskəveɪtər || 'ekskəveɪtə(r)/ *n* **1** (machine) excavadora *f* **2** (person) excavador, -dora *m,f*

exceed /ɪk'si:d/ *vt* **1** (be greater than) exceder de, sobrepasar; **not ~ing 30 days** que no exceda los 30 días, que no exceda de 30 días **2** (go beyond) ‹*limit/minimum*› rebasar, sobrepasar; ‹*expectations/fears/hopes*› superar; ‹*powers*› (frml) excederse en, abusar de

exceedingly /ɪk'si:dɪŋli/ *adv* (frml) (*as intensifier*) sumamente, extremadamente; **~ difficult** sumamente *or* extremadamente difícil, dificilísimo; **in ~ bad taste** de pésimo gusto; **it distressed them ~ to realize that …** los angustió sobremanera darse cuenta de que …

excel /ɪk'sel/ **-ll-** *vi* **to ~ AT/IN sth** destacar* EN algo
■ **excel** *vt* (frml) **to ~ sb AT/IN sth** superar *or* aventajar a algn EN algo; **he ~led them all at swimming** los superó *or* aventajó a todos en natación
■ *v refl*: **to ~ oneself** lucirse*

excellence /'eksələns/ *n* [u] excelencia *f*; **a wine of surpassing ~** un vino de excelente calidad

Excellency /'eksələnsi/ ▸ℹ **p.1213** *n* (*pl* **-cies**): **His/Her ~** Su Excelencia; (*as form of address*): **(Your) ~** (Vuestra *or* Su) Excelencia

excellent /'eksələnt/ *adj* **1** ‹*idea/person/work*› excelente **2** (Educ) sobresaliente **3** (*as interj*) ¡estupendo!, ¡excelente!

excellently /'eksələntli/ *adv* magníficamente, excelentemente

except[1] /ɪk'sept/ *prep* **1** (apart from): **~ (for)** menos, excepto, salvo; **everyone was invited ~ (for) me** todos estaban invitados menos *or* excepto *or* salvo yo; **I'd do anything for you, ~ give up my job** haría cualquier cosa por ti, menos *or* excepto *or* salvo dejar mi trabajo; **I hardly see her these days ~ at work** salvo *or* excepto en el trabajo, apenas la veo últimamente **2** **~ for** (if it weren't for) si no fuera por; **I'd tell you, ~ for the fact that …** te lo diría, si no fuera por el hecho de que …

except[2] *conj* **1** (unless) (arch) a menos que (+ *subj*) **2** **~ that** *o* (colloq) **~** (if it weren't that) pero; **I'd stay longer, ~ (that) I have to be up early tomorrow** me quedaría un rato más, pero *or* si no fuera porque mañana me tengo que levantar temprano

except[3] *vt* **1** (exclude) (frml) **to ~ sth/sb FROM sth** exceptuar* algo/a algn DE algo (frml) **2** **excepted** *past p*, (*after n: as prep*) excepto, con *or* a excepción de, exceptuando a; **Fred ~ed, everyone seemed happy** con *or* a excepción de Fred *or* exceptuando a Fred, todos parecían contentos

excepting /ɪk'septɪŋ/ *prep* **1** (except) excepto, salvo, a excepción de **2** (excluding): **there were five of us, ~ Mr Lane** éramos cinco, sin contar al señor Lane *or* aparte del señor Lane; **we must invite everyone, not ~ Sam** tenemos que invitarlos a todos, incluso a Sam

exception /ɪk'sepʃən/ *n*
A **1** [c] (sth different, unusual) excepción *f*; ***the ~ proves the rule*** la excepción confirma la regla **2** [u c] (exclusion) excepción *f*; **with the ~ of sth/sb** con *or* a excepción de algo/algn; **without ~** sin excepción; **to make an ~** hacer* una excepción
B (offense): **to take ~ to sth** ofenderse por algo; **I take ~ to that remark** ese comentario me parece ofensivo

exceptional /ɪk'sepʃnəl/ *adj* **1** ‹*case/circumstances*› excepcional, extraordinario **2** ‹*hardship/depravity*› extremo; ‹*skill/talent*› excepcional **3** ‹*performance/achievement*› excepcional

exceptionally /ɪk'sepʃnəli/ *adv* excepcionalmente

excerpt[1] /'eksɜ:rpt || 'eksɜ:pt/ *n* pasaje *m*

excerpt[2] /ek'sɜ:rpt || ek'sɜ:pt/ *vt* **1** ‹*passage/scene*› escoger* **2** ‹*book/play*› seleccionar pasajes de

excess[1] /ɪk'ses/ *n*
A **1** (immoderate degree) (*no pl*) exceso *m*; **an ~ of caution/optimism** un exceso de precaución/optimismo **2** [u] (immoderation) exceso *m*; **to eat and drink to ~** comer y beber en exceso; **to carry sth to ~** llevar algo a la exageración **3** **excesses** *pl* excesos *mpl*, desafueros *mpl*
B [u] (surplus) excedente *m*; **in ~ of** superior a, por encima de; **a sum in ~ of $2,000** una suma superior a *or* por encima de los 2.000 dólares
C [c] (on insurance policy) (BrE) franquicia *f*

excess[2] /ɪk'ses 'ekses/ *adj*: **~ weight** exceso *m* de peso; **trim the ~ fat off the meat** quítele el exceso de grasa a la carne; **~ supply/demand** exceso de oferta/demanda; **~ profits** exceso de beneficios

excess baggage *n* [u] exceso *m* de equipaje

excess fare *n* (BrE) suplemento *m* (*pagado en el transporte público*)

excessive /ɪk'sesɪv/ *adj* **1** ‹*price/charges*› excesivo, abusivo **2** ‹*demands/pressure*› exagerado; ‹*interest/ambition/praise*› exagerado, desmesurado

excessively /ɪk'sesɪvli/ *adv* **1** (to excess) ‹*worry/praise*› en exceso, demasiado; ‹*concerned/severe/optimistic*› excesivamente, exageradamente **2** (extremely) ‹*ugly/unhelpful*› extremadamente

excess postage *n* [u] (esp BrE) franqueo *m* suplementario, recargo *m* por franqueo insuficiente

exchange[1] /ɪks'tʃeɪndʒ/ *n*
A **1** [c u] (of information, greetings, insults) intercambio *m*; (of prisoners) intercambio *m*, canje *m*; **there was an ~ of shots** hubo un tiroteo; **S no exchanges on sale goods** no se cambian los artículos rebajados; **a fair ~** un cambio justo *or* equitativo; **in ~ for sth** a cambio de algo; **to give/take sth in ~ for sth** dar*/tomar algo a cambio de algo; **to gain/lose on** *o* **by the ~** salir* ganando/perdiendo con el cambio **2** [c] (of students) intercambio *m*; **to do an ~** (BrE) hacer* un intercambio; (*before n*): **~ student** *estudiante que hace un intercambio* **3** [c] (dialogue) intercambio *m* de palabras; **a heated ~** un acalorado intercambio de palabras **4** [c] (Mil, Sport) contacto *m*; **in the opening ~s** en los contactos iniciales **5** [u] (of currency) cambio *m*; (*before n*) ‹*booth/facilities*› de cambio
B [c] (Telec) (*telephone ~*) central *f* telefónica

exchange[2] *vt* **1** (give in place of) **to ~ sth FOR sth** cambiar algo POR algo; **can I ~ this for a larger size?** ¿puedo cambiar esto por una talla más grande?; **where can we ~ dollars for pesos?** ¿dónde podemos cambiar dólares a *or* (Esp) en pesos? **2** ‹*prisoners*› canjear, hacer* un intercambio *or* canje de; ‹*information/addresses*› intercambiar(se); ‹*blows*› darse*; ‹*insults*› intercambiar; **we ~d a few words** cruzamos unas palabras; **they ~d words about it** tuvieron una discusión al respecto; **we ~d glances when we saw him arrive** nos miramos cuando lo vimos llegar; **to ~ sth WITH sb**: **I ~d seats with him** cambié de asiento con él, le cambié el asiento; **we ~d greetings with them** nos saludamos; **to ~ contracts** (in UK) suscribir* el contrato de compraventa

exchangeable /ɪks'tʃeɪndʒəbəl/ *adj* **~ (FOR** *o* **AGAINST sth)** canjeable (POR algo)

exchange control *n* [u] (Fin) control *m* de divisas; (*before n*) ‹*regulations*› del control de divisas

exchange rate *n* tipo *m or* tasa *f* de cambio, paridad *f*

Exchange Rate Mechanism *n* mecanismo *m* de paridades *or* de cambio

exchange value *n* [u] valor *m* de cambio

Exchequer /'ekstʃekər || ɪks'tʃekə(r)/ *n* (in UK): **the ~** el tesoro público, el erario público; *see also* **chancellor 1**

excise[1] /ɪk'saɪz/ *vt* (frml) **1** (Med) extirpar **2** (delete) suprimir, eliminar

excise[2] /'eksaɪz/ *n* impuestos *mpl* internos; **Customs and Excise** (in UK) el servicio de aduanas

excise duty /'eksaɪz/ *n* [u] impuesto *m* interno *or* de consumo

exciseman /'eksaɪzmæn/ *n* (*pl* **-men** /-men/) (BrE) recaudador *m* de impuestos

excision /ɪk'sɪʒən/ *n* (frml) **1** [u] (Med) extirpación *f*, excisión *f* (frml) **2** [u c] (deletion) eliminación *f*, supresión *f*

excitability /ɪk,saɪtə'bɪləti/ *n* [u] excitabilidad *f*, nerviosismo *m*

excitable /ɪk'saɪtəbəl/ *adj* excitable, nervioso

excite /ɪk'saɪt/ *vt*
A **1** (make happy, enthusiastic) entusiasmar, excitar; (make impatient, boisterous) ‹*children*› excitar, alborotar; **you mustn't ~ yourself** no debe agitarse *or* excitarse **2** (sexually) excitar
B **1** ‹*interest/admiration*› despertar*, suscitar; ‹*envy*› provocar*; ‹*curiosity*› despertar*, provocar* **2** ‹*molecules/tissue*› excitar

excited /ɪk'saɪtəd || ɪk'saɪtɪd/ *adj*
A **1** (happy, enthusiastic) ‹*person*› entusiasmado, excitado; ‹*shouts*› de excitación *or* entusiasmo; **I'm so ~ about the trip** estoy tan entusiasmado con el viaje, el viaje me hace tanta ilusión (Esp); **to get ~** entusiasmarse; **don't get too ~** no te entusiasmes demasiado, no te hagas demasiadas ilusiones **2** (nervous, worried) ‹*person*› excitado, agitado; ‹*voice/gesture*› vehemente, ansioso, nervioso; **don't get ~** no te agites, no te pongas nervioso **3** (impatient, boisterous) ‹*children*› excitado, alborotado, revolucionado **4** (sexually) excitado
B ‹*atom/molecule/state*› excitado

excitedly /ɪk'saɪtədli || ɪk'saɪtɪdli/ *adv* ‹*gesture/laugh/shout*› con excitación; **they were ~ awaiting her arrival** esperaban impacientes su llegada

excitement /ɪk'saɪtmənt/ *n* [u] **1** (enthusiasm, happiness) excitación *f*, entusiasmo *m*; (agitation) agitación *f*, alboroto *m*; **the news caused great ~ in political circles** la noticia causó gran conmoción en círculos políticos; **the doctor advised me to avoid any ~** el doctor me aconsejó que no me excitara **2** (sexual) excitación *f*

exciting /ɪk'saɪtɪŋ/ *adj* **1** (thrilling) ‹*events/experience*› emocionante; ‹*film/book/story*› apasionante, emocionante, excitante; ‹*performer*› fascinante; **it's not exactly an ~ prospect** la perspectiva no me llena de entusiasmo, que digamos **2** (sexually) excitante

excl[1] *prep* (**= excluding** *o* **= exclusive of**) **$80, ~ postage** 80 dólares, franqueo no incluido

excl[2] *adj* (**= exclusive**) **the rent is $100 ~** el alquiler es de 100 dólares, servicios aparte

exclaim /ɪk'skleɪm/ *vi* exclamar; **to ~ AT sth** (frml) (indignantly) manifestar* su (*or* mi *etc*) indignación POR algo; (admiringly) prorrumpir en exclamaciones de admiración ANTE algo (frml)
■ **exclaim** *vt* exclamar

exclamation /,ekskləˈmeɪʃən/ *n* exclamación *f*

exclamation point, (BrE) **exclamation mark** *n* signo *m* de admiración

exclamatory /ɪk'sklæmətɔːri || ɪk'sklæmətri/ *adj* exclamativo

exclude /ɪk'skluːd/ *vt* **1** (leave out) excluir*; **if you ~ the spelling mistakes, it's a good piece of work** exceptuando las faltas de ortografía, es un buen trabajo; **we can ~ the possibility of an invasion** podemos descartar la posibilidad de una invasión; **I felt ~d** me pareció que me dejaban *or* (Esp) me daban de lado; **to ~ sth/sb FROM sth** excluir* algo/a algn DE algo; **we ~d her from the team** la excluimos del equipo **2** (debar) **to ~ sb FROM sth**: **women were ~d from membership** a las mujeres no se las admitía como socias; **I was ~d from participating in the election** no se me permitió participar en la elección **3** ‹*sunlight/air*› no dejar entrar

excluding /ɪk'skluːdɪŋ/ *prep* sin incluir, excluyendo

exclusion /ɪk'skluːʒən/ *n* **1** [u] (omission) exclusión *f*; **she concentrated on tennis to the ~ of everything else** se concentró exclusivamente en el tenis, se concentró en el tenis, excluyendo todo lo demás **2** [u] (debarment) exclusión *f*; (*before n*): **~ zone** (Mil) zona *f* de exclusión **3** [c] (in contract, insurance policy) apartado *m* excluyente; (*before n*): **~ clause** claúsula *f* excluyente *or* de exoneración de culpa

exclusion order *n* (in UK) orden *f* de exclusión

exclusive[1] /ɪk'skluːsɪv/ *adj*
A ‹*rights/ownership/privileges*› exclusivo; ‹*story/interview*› en exclusiva; **for his ~ use** para su uso exclusivo; **to be ~ TO sth/sb**: **this style is ~ to our store** éste es un estilo exclusivo de nuestra tienda, este estilo es una exclusiva nuestra; **a feature ~ to the English language** una característica peculiar del inglés; **it is ~ to these islands** se da exclusivamente en estas islas
B (of high society) ‹*club/gathering*› selecto, exclusivo
C (sole) único
D (excluding): **the two proposals are mutually ~** las dos propuestas se excluyen mutuamente; **~ OF sth** sin incluir algo, excluyendo algo; **£25 ~ of postage and packing** 25 libras sin incluir *or* excluyendo el franqueo y embalaje

exclusive[2] *n* **1** (Journ) exclusiva *f* **2** (special product) exclusiva *f*, modelo *m* (*or* producto *etc*) exclusivo

exclusively /ɪk'skluːsɪvli/ *adv* exclusivamente, únicamente; **~ for members** exclusivamente *or* únicamente para socios

exclusivity /,eksklu:ˈsɪvəti/ *n* [u] exclusividad *f*; (*before n*): **~ clause** cláusula *f* de exclusividad

excommunicate /,ekskəˈmjuːnəkeɪt || ,ekskəˈmjuːnɪkeɪt/ *vt* excomulgar*

excommunication /,ekskə,mjuːnəˈkeɪʃən || ,ekskə,mjuːnɪˈkeɪʃən/ *n* [u c] excomunión *f*

ex-con /ˈeksˈkɑːn || ˈeksˈkɒn/ *n* (colloq) ▸**ex-convict**

ex-convict /,eksˈkɑːnvɪkt || ,eksˈkɒnvɪkt/ *n* ex presidiario, -ria *m,f*, ex convicto, -ta *m,f* (frml)

excoriate /ekˈskɔːrieɪt/ *vt* (frml) **1** ‹*book/performance/person*› vilipendiar (frml) **2** (remove skin of) excoriar (frml)

excrement /ˈekskrəmənt || ˈekskrɪmənt/ *n* [u] (frml) excremento *m* (frml)

excrescence /ɪkˈskresns/ *n* (frml) excrecencia *f* (frml)

excreta /ɪkˈskriːtə/ *pl n* (frml) excrementos *mpl* (frml)

excrete /ɪkˈskriːt/ *vt* (frml) excretar (frml)

excretion /ɪkˈskriːʃən/ *n* (frml) **1** [u] (act) excreción *f* (frml) **2** [c] (sth excreted) excreción *f* (frml)

excretory /ɪkˈskriːtəri/ *adj* excretor, excretorio

excruciating /ɪkˈskruːʃieɪtɪŋ/ *adj* **1** ‹*pain/headache*› atroz, insoportable, terrible **2** (awful) ‹*boredom/embarrassment*› espantoso, terrible

excruciatingly /ɪkˈskruːʃieɪtɪŋli/ *adv* **1** (agonizingly) terriblemente; **it's ~ painful** es terriblemente doloroso, es dolorosísimo **2** (awfully) ‹*boring/dull*› espantosamente, terriblemente; **~ funny** para morirse de risa

exculpate /ˈekskʌlpeɪt/ *vt* (frml) ‹*person*› exculpar (frml); **to ~ sb/oneself FROM sth** exculpar a algn/exculparse DE algo (frml)

excursion /ɪkˈskɜːrʒən || ɪkˈskɜːʃən/ *n*
A (outing) excursión *f*; **to go on an ~** ir* de excursión; **to make an ~** hacer* una excursión; (*before n*): **~ ticket** (for bus, train) boleto *m or* (Esp), billete *m* de excursión; (by train) pasaje *m or* (Esp), billete *m or* (Méx), boleto *m* de excursión
B (digression) **~ INTO sth** incursión *f* EN algo

excusable /ɪkˈskjuːzəbəl/ *adj* perdonable, disculpable

excuse[1] /ɪkˈskjuːz/ *vt*
A **1** (forgive) ‹*mistake/misconduct*› disculpar, perdonar; **please ~ the bad handwriting/long delay in replying** disculpe *or* perdone la mala letra/la tardanza en contestar; **~ my interrupting** *o* **~ me for interrupting, but ...** perdóneme la interrupción, pero ..., perdone que le interrumpa, pero ...; **~ me!** (attracting attention) ¡perdón!, ¡perdone (usted)! (frml); (apologizing) perdón, perdóneme (*or* perdóname *etc*); **~ me, can I get past?** (con) permiso, por favor, ¿me permite, por favor? **2** (justify) ‹*conduct/rudeness*› excusar, justificar*
B (release from obligation) disculpar; **they asked to be ~d** pidieron que los disculparan; **please may I be ~d?** (used by schoolchildren) señorita (*or* profesor *etc*) ¿puedo ir al baño *or* (Esp) al servicio?; **to ~ sb (FROM) sth** dispensar *or* eximir a algn DE algo
■ *v refl* **to ~ oneself** **1** (on leaving) excusarse; **she ~d herself and left** se excusó y se fue **2** (offer excuse) excusarse, disculparse

excuse[2] /ɪkˈskjuːs/ *n* **1** (justification) excusa *f*; **there's no ~ for rudeness** la mala educación no tiene excusa; **to offer an ~** disculparse, pedir* disculpas, pedir* perdón; **I refuse to make ~s for you any longer** no pienso seguir tratando de justificarte **2** (pretext) excusa *f*, pretexto *m*; **that's just an ~** eso no es más que una excusa *or* un pretexto; **a good ~** una buena excusa; **a lame ~** una excusa poco convincente; **to make ~s** poner* excusas, buscar* pretextos; **a birthday is a good ~ for a party** un cumpleaños es una buena excusa para una fiesta; **he's a pathetic ~ for a man** no merece llamarse hombre **3** **excuses** *pl* excusas *fpl*; **to make one's ~s** excusarse

excuse-me /ɪkˈskjuːzmi/ *n* ≈ baile *m* de la escoba

ex-directory /,eksdaɪˈrektəri, -də- || ,eksdaɪˈrektəri, -dɪ-/ *adj* (BrE) (Telec) que no figura en la guía telefónica, privado (Méx); **she went ~** pidió que su número no figurara en la guía

exec /ɪgˈzek/ *n* (colloq) ejecutivo, -va *m,f*

execrable /ˈeksɪkrəbəl/ *adj* (frml) execrable (frml), deplorable

execrate /ˈeksəkreɪt || ˈeksɪkreɪt/ *vt* (frml) execrar (frml), deplorar

execration /,eksəˈkreɪʃən || ,eksɪˈkreɪʃən/ *n* (frml) execración *f* (frml), imprecación *f* (frml)

executable file /ˈeksɪkjuːtəbəl/ *n* archivo *m* ejecutable, fichero *m* ejecutable

executant /ɪgˈzekjətənt || ɪgˈzekjʊtənt/ *n* (frml) ejecutante *mf* (frml)

execute /ˈeksɪkjuːt/ *vt*
A **1** (carry out) ‹*plan*› ejecutar, llevar a cabo; ‹*duties*› desempeñar, ejercer*; ‹*orders*› ejecutar, cumplir; (Comput) ejecutar **2** (perform) ‹*turn/movement/dance*› ejecutar; ‹*passage*› (Mus) interpretar
B (put to death) ‹*criminal/murderer*› ejecutar
C (Law) **1** (sign, seal) ‹*legal document/contract/will*› cumplir con las formalidades de **2** (give effect to) ‹*will*› ejecutar

execution /,eksɪˈkjuːʃən/ *n*
A [u] (of order) ejecución *f*, cumplimiento *m*; (of plan) ejecución *m*; (of duties) desempeño *m*; **to put sth into ~** llevar algo a cabo
B [u c] (putting to death) ejecución *f*
C [u] (Law) **1** (signing) firma *f* **2** (implementation) cumplimiento *m*

executioner /,eksɪˈkjuːʃnər || ,eksɪˈkjuːʃənə(r)/ *n* verdugo *m*

executive[1] /ɪgˈzekjətɪv || ɪgˈzekjʊtɪv/ *adj*
A (Adm, Busn) **1** (managerial) ‹*duties/position*› ejecutivo; ‹*editor/producer/director*› ejecutivo; **~ president** presidente ejecutivo, presidenta ejecutiva *m,f*; **~ secretary** secretario ejecutivo, secretaria ejecutiva *m,f* **2** (for executives) ‹*washroom/suite/jet*› para ejecutivos; **an ~ car/briefcase** un coche/un maletín de ejecutivo
B (Govt) ‹*powers/branch*› ejecutivo; **~ privilege** (in US) *inmunidad de los miembros del ejecutivo*

executive[2] *n*
A (manager) ejecutivo, -va *m,f*
B **1** (branch of government): **the ~** el (poder) ejecutivo **2** (person) autoridad *f* suprema **3** (committee) (esp BrE) comisión *f* directiva, comité *m* ejecutivo; **the trade union ~** la ejecutiva del sindicato; **to be on the ~** formar parte del comité ejecutivo

> **executive privilege**
>
> El derecho del Presidente de EEUU de no revelar al Congreso ▸**Congress** información oficial o que se está llevando a cabo alguna investigación especial. Suele basarse en motivos de interés público o de seguridad nacional. El Presidente Nixon intentó acogerse a este derecho durante el escándalo de ▸**Watergate.**

executive committee *n* comisión *f* directiva, comité *m* ejecutivo

executive officer *n* ≈ segundo comandante *m*

executive session *n* (AmE) sesión *f* a puerta cerrada

executor /ɪgˈzekjətər || ɪgˈzekjʊtə(r)/ *n* albacea *m*, testamentario *m*

executrix /ɪgˈzekjətrɪks || ɪgˈzekjʊtrɪks/ *n* albacea *f*, testamentaria *f*

exegesis /,eksəˈdʒiːsəs || ,eksɪˈdʒiːsɪs/ *n* [u c] (*pl* **-ses** /-siːz/) (frml) exégesis *f* (frml)

e

exemplar /ɪg'zemplɑːr, -plər || ɪg'zemplə(r), -plɑː(r)/ *n* modelo *m*, ejemplo *m*

exemplary /ɪg'zempləri/ *adj* 1 (deserving imitation) ‹*conduct/courage*› ejemplar; **he was an ~ student** era un estudiante ejemplar 2 (as a warning) (frml) ‹*punishment/sentence*› ejemplar

exemplify /ɪg'zempləfaɪ || ɪg'zemplɪfaɪ/ *vt* **-fies, -fying, -fied** 1 (give example of) ejemplificar*, ilustrar 2 (be example of) demostrar*

exempt[1] /ɪg'zempt/ *vt* **to ~ sb FROM sth** eximir *or* exonerar a algn DE algo

exempt[2] *adj* **to be ~ FROM sth** estar* exento DE algo; **to be ~ FROM -ING** estar* eximido DE + INF; **~ from tax** exento *or* libre de impuestos

exemption /ɪg'zempʃən/ *n* 1 [u c] **~ FROM sth** exención *f or* exoneración *f* DE algo; **we were granted ~ from paying** nos eximieron de pagar 2 [c] (AmE) ▸**tax exemption**

exercise[1] /'eksərsaɪz || 'eksəsaɪz/ *n*
A [u] (physical) ejercicio *m*; **swimming is good ~** nadar es un buen ejercicio; **to take ~** hacer* ejercicio; **you don't take much/any ~** no haces mucho/ningún ejercicio; **I play tennis for ~** juego al tenis para hacer ejercicio
B [c] 1 (drill) ejercicio *m*; **to do an ~** hacer* un ejercicio; **breathing/vocal ~s** ejercicios respiratorios/vocales; (*before n*): **~ bicycle** bicicleta *f* estática *or* de ejercicio; **~ yard** patio *m* de ejercicio 2 (set of questions) (Educ) ejercicio *m* 3 (Mil) ejercicios *mpl*, maniobras *fpl*; **to go on ~(s)** ir* de maniobras
C [c] (undertaking): **a public relations/cost-cutting ~** una operación de relaciones públicas/recorte de gastos; **the object of the ~ is to reduce losses** lo que se persigue con esto es reducir las pérdidas; **the whole point of the ~ is to show up the inadequacies of the system** se trata precisamente de demostrar las fallas del sistema
D [u] (use — of rights, power) (frml) ejercicio *m*; (— of caution, patience) uso *m*; **in the ~ of his authority** en el ejercicio de su autoridad
E **exercises** *pl* (ceremony) (AmE) ceremonia *f*

exercise[2] *vt*
A 1 (give exercise to) ‹*body*› ejercitar; ‹*dog*› pasear; ‹*horse*› ejercitar, trabajar; ‹*troops/recruits*› (hacer*) ejercitar 2 (preoccupy) (frml) ‹*mind/conscience*› preocupar, inquietar; **to be much/greatly ~d by** *o* **about sth** (liter) estar* muy/enormemente preocupado por algo
B 1 (use) ‹*power/control/right*› ejercer*; ‹*patience/tact*› hacer* uso de; **to ~ restraint** obrar con moderación; **to ~ great care** proceder con sumo cuidado; **the examiner will ~ his discretion in such cases** tales casos quedan a criterio del examinador 2 (exert) ‹*influence/action*› ejercer*
■ **exercise** *vi* hacer* ejercicio

exercise book *n* cuaderno *m*

exert /ɪg'zɜːrt || ɪg'zɜːt/ *vt* ‹*pressure/influence/authority*› ejercer*; ‹*force*› emplear
■ *v refl*: **to ~ oneself** hacer* un (gran) esfuerzo; **don't ~ yourself!** (iro) ¡cuidado, no te vayas a herniar! (iró)

exertion /ɪg'zɜːrʃən || ɪg'zɜːʃən/ *n* [u]
A (effort) (*often pl*) esfuerzo *m*
B (of authority, influence) ejercicio *m*; (of force, strength) empleo *m*

exeunt /'eksiʊnt -ənt/ salen, mutis; **~ king and courtiers** salen el rey y los cortesanos

exfoliant /ɪk'sfəʊliənt/ *n* (Pharm) exfoliante *m*, exfoliador *m*

exfoliate /ɪk'sfəʊlieɪt/ *vt* (Pharm) exfoliar
■ **exfoliate** *vi* exfoliarse

exfoliator /ɪk'sfəʊlieɪtər || ɪk'sfəʊlieɪtə(r)/ *n* (Pharm) exfoliante *m*, exfoliador *m*

ex-gratia /,eks'greɪʃə/ *adj* (frml): **an ~ payment** un pago discrecional

exhalation /,ekshə'leɪʃən/ *n* 1 [u c] (exhaling) espiración *f* 2 [c] (sth exhaled) (liter) exhalación *f*

exhale /eks'heɪl/ *vt* 1 (breathe out) ‹*air/smoke*› espirar, exhalar 2 (emit) ‹*smoke/gas/vapor*› exhalar (liter), despedir*
■ **exhale** *vi* espirar; **breathe in deeply and then ~** inspire profundamente y después espire

exhaust[1] /ɪg'zɔːst/ *n* 1 [c] (pipe) tubo *m or* (RPl) caño *m* de escape, exhosto *m* (Col), mofle *m* (AmC) 2 [c] (system) escape *m*, exhosto *m* (Col) 3 [u] (fumes) gases *mpl* del tubo de escape; (*before n*): **~ emissions** emisión *f* de gases; **~ manifold** colector *m* de escape; **~ pipe** ▸**exhaust**[1] **1**

exhaust[2] *vt*
A (tire) agotar; **to ~ oneself** agotarse
B 1 (use up) ‹*supplies/funds/patience/strength*› agotar 2 (cover thoroughly) ‹*subject/topic*› agotar

exhausted /ɪg'zɔːstəd || ɪg'zɔːstɪd/ *adj* agotado, exhausto; **to be ~** estar* agotado *or* exhausto; **you look ~** tienes cara de estar agotado

exhaustible /ɪg'zɔːstəbəl/ *adj* limitado

exhausting /ɪg'zɔːstɪŋ/ *adj* agotador

exhaustion /ɪg'zɔːstʃən/ *n* [u]
A (tiredness) agotamiento *m*; **to suffer from ~** sufrir de agotamiento
B (of supplies, energy) agotamiento *m*

exhaustive /ɪg'zɔːstɪv/ *adj* (frml) exhaustivo

exhaustively /ɪg'zɔːstɪvli/ *adv* exhaustivamente

exhibit[1] /ɪg'zɪbət || ɪg'zɪbɪt/ *vt*
A ‹*goods/paintings*› exponer*
B (frml) ‹*skill/dexterity*› demostrar*, poner* de manifiesto; ‹*fear/courage*› mostrar*; ‹*symptoms*› presentar; **to ~ signs of interest** dar* muestras de interés
■ **exhibit** *vi* exponer*

exhibit[2] *n* 1 (in gallery, museum) *objeto en exposición*; **the prize ~** la joya *or* la mejor pieza de la exposición; **the museum houses several hundred ~s** el museo alberga una colección de varios centenares de piezas (*or* obras *etc*); **the paintings on ~** las pinturas expuestas; Ⓢ **do not touch the exhibits** se ruega no tocar los objetos expuestos 2 (Law) *documento u objeto que se exhibe en un juicio como prueba* 3 (exhibition) (AmE) exposición *f*

exhibition /,eksə'bɪʃən || ,eksɪ'bɪʃən/ *n* [c u]
A (of paintings, goods) exposición *f*; **her work is on ~ in this gallery** sus obras están expuestas en esta galería; (*before n*): **~ center** *o* (BrE) **centre** centro *m* de exposiciones; **~ hall** sala *f or* salón *m* de exposiciones
B (of trait, quality) muestra *f*; **an ~ of bad manners/courage** una muestra de mala educación/valor; **to make an ~ of oneself** dar* un espectáculo, hacer* el ridículo; (*before n*): **~ match** (Sport) partido *m* de exhibición

exhibitionism /,eksə'bɪʃənɪzəm || ,eksɪ'bɪʃənɪzəm/ *n* [u] exhibicionismo *m*

exhibitionist[1] /,eksə'bɪʃənəst || ,eksɪ'bɪʃənɪst/ *n* exhibicionista *mf*

exhibitionist[2] *adj* exhibicionista

exhibitor /ɪg'zɪbətər || ɪg'zɪbɪtə(r)/ *n* 1 (Art, Busn) expositor, -tora *m,f* 2 (Cin) exhibidor, -dora *m,f*

exhilarate /ɪg'zɪləreɪt/ *vt* 1 (make happy) llenar de júbilo; **we were ~d by our success** el éxito nos llenó de júbilo 2 (stimulate) tonificar*, estimular; **the walk ~d us** la caminata nos tonificó

exhilarating /ɪg'zɪləreɪtɪŋ/ *adj* ‹*experience/adventure*› excitante; ‹*climate/air*› tonificante, estimulante

exhilaration /ɪg,zɪlə'reɪʃən/ *n* [u] (excitement) euforia *f*, excitación *f*; (joy) júbilo *m*; **the news filled me with a sense of ~** me puse eufórico con la noticia

exhort /ɪg'zɔːrt || ɪg'zɔːt/ *vt* (frml) **to ~ sb to + INF** exhortar a algn A + INF, exhortar a algn A QUE + SUBJ; **he ~ed the men to fight** exhortó a los hombres a pelear *or* a que peleasen; **they ~ed them to rebellion** los incitaron a la rebelión

exhortation /,egzɔːr'teɪʃən || ,egzɔː'teɪʃən/ *n* [c u] (frml) exhortación *f* (frml)

exhumation /,ekshjuː'meɪʃən/ *n* [c u] (frml) exhumación *f* (frml)

exhume /ɪg'zuːm || eks'hjuːm/ *vt* (frml) exhumar (frml), desenterrar*

exigency /'eksədʒənsi || 'eksɪdʒənsi/ *n* (frml) **exigencies** *pl* 1 (demands) exigencias *fpl* 2 [u c] (emergency) emergencia *f*

exigent /'eksədʒənt || 'eksɪdʒənt/ *adj* (frml) 1 (exacting) ‹*parent/criteria*› exigente 2 (urgent) ‹*crisis*› que exige acción inmediata; ‹*situation*› apremiante

exiguous /ɪg'zɪgjuəs || eg'zɪgjʊəs/ *adj* (frml) exiguo; **their ~ resources** sus exiguos recursos

exile[1] /'eksaɪl/ *n* 1 [c] (person — voluntary) exiliado, -da *m,f*, exilado, -da *m,f*; (— expelled) desterrado, -da *m,f*, exiliado, -da *m,f*, exilado, -da *m,f* 2 [u] (state) exilio *m*, destierro *m*; **to be in ~** estar* exiliado *or* en el exilio; **to go into ~** exiliarse, exilarse; **to be sent into ~** ser* desterrado *or* enviado al exilio; **to die in ~** morir* en el exilio *or* en el destierro

exile[2] *vt* desterrar*, exiliar, exilar

exist /ɪg'zɪst/ *vi*
A (be real, actual) existir; **to cease to ~** dejar de existir; **to continue to ~** seguir* existiendo; **that ~s only in your mind** *o* **imagination** sólo son imaginaciones tuyas; **a vacancy ~s for a journalist** hay una plaza vacante de periodista
B (survive) subsistir, vivir; **I'm not living, just ~ing** yo no vivo, vegeto; **to ~ ON sth: we ~ed on bread and butter** subsistíamos a base de pan y mantequilla; **we can just about ~ on my wages** apenas subsistimos con mi sueldo

existence /ɪg'zɪstəns/ *n*
A [u] (being) existencia *f*; **this is the only copy still in ~** éste es el único ejemplar existente; **how long has the company been in ~?** ¿cuánto tiempo hace que se fundó la compañía?; **to come into ~** ‹‹*republic/country*›› nacer*; ‹‹*organization/party*›› crearse, fundarse; **to go out of ~** dejar de existir, desaparecer*
B [c] (life) vida *f*, existencia *f*; **what an ~!** ¡qué vida!

existent /ɪg'zɪstənt/ *adj* (frml) existente

existential /,egzɪs'tentʃəl || ,egzɪs'tenʃəl/ *adj* existencial

existentialism /,egzɪs'tentʃəlɪzəm || ,egzɪs'tenʃəlɪzəm/ *n* [u] existencialismo *m*

existentialist[1] /,egzɪs'tentʃələst || ,egzɪs'tenʃəlɪst/ *adj* existencialista

existentialist[2] *n* existencialista *mf*

existing /ɪg'zɪstɪŋ/ *adj* existente, actual

exit[1] /'egzət || 'eksɪt/ *n*
A (way out — from building, aircraft, motorway) salida *f*; **the rear ~** la salida de atrás
B [c] (departure — from stage) salida *f*, mutis *m*; (— from room, building) salida *f*; **to make one's ~** salir*, irse*, retirarse; **there was no means of ~** no había por donde salir; (*before n*) ‹*visa/permit*› de salida; **~ point** salida *f*; **~ sign** señal *f* de salida

exit[2] *vi* 1 (Theat) salir*, hacer* mutis; **~ left** salga *or* salir por la izquierda; **~ Hamlet** sale Hamlet 2 (from room, building) salir* 3 ‹‹*tunnel/shaft*›› desembocar* 4 (Comput) salir*
■ **exit** *vt* 1 (Theat) salir* de 2 ‹*room/building*› salir* de

exit line *n* 1 (in acting) mutis *m* 2 (remark) salida *f*

exit poll *n*: *encuesta que se efectúa a la salida de los lugares de votación*; encuesta *f* a *or* en boca de urna (AmL), encuesta *f* de salida (AmC, Méx), sondeo *m* a pie de urna (Esp)

exit ramp *n* (AmE) vía *f* de salida

exit wound *n* orificio *m* de salida

exocrine /'eksəkrən || 'eksəʊkraɪn, -krɪn/ *adj* exocrino

exodus /'eksədəs/ *n* (*no pl*) 1 (leaving) éxodo *m* 2 **Exodus** (Bib) Éxodo *m*

ex officio /,eksə'fɪʃiəʊ/ *adj* (*before n*) ex oficio, en virtud del cargo

exonerate /ɪg'zɑːnəreɪt || ɪg'zɒnəreɪt/ *vt* (frml) **to ~ sb (FROM sth)** exonerar a algn (DE algo) (frml); **he was ~d from all blame** fue exonerado de toda culpa (frml)

exoneration /ɪg,zɑːnə'reɪʃən || ɪg,zɒnə'reɪʃən/ *n* [u] (frml) exoneración *f* (frml)

exoplanet /'eksəʊplænət || 'eksəʊplænɪt/ *n* (Astron) exoplaneta *m*

exorbitance /ɪg'zɔːrbətəns || ɪg'zɔːbɪtəns/ *n* [u] exorbitancia *f*

exorbitant /ɪg'zɔːrbətənt || ɪg'zɔːbɪtənt/ *adj* (frml) ‹*price/fee/rent*› exorbitante, desorbitado;

⟨*ambition/demands*⟩ excesivo, desorbitado

exorcism /'eksɔ:rsɪzəm || 'eksɔ:sɪzəm/ *n* [u c] exorcismo *m*

exorcist /'eksɔ:rsəst || 'eksɔ:sɪst/ *n* exorcista *mf*

exorcize /'eksɔ:rsaɪz || 'eksɔ:saɪz/ *vt* **1** (Relig) exorcizar* **2** ⟨*memory*⟩ borrar, conjurar

exoskeleton /'eksəʊ,skelətən/ *n* exoesqueleto *m*

exotic¹ /ɪg'zɑ:tɪk || ɪg'zɒtɪk/ *adj* **1** (unusual) ⟨*food/place/person*⟩ exótico **2** (Bot, Zool) exótico

exotic² *n* flor *f* exótica

exotica /ɪg'zɑ:tɪkə || ɪg'zɒtɪkə/ *pl n* objetos *mpl* exóticos

expand /ɪk'spænd/ *vt*

A (enlarge) ⟨*metal*⟩ expandir, dilatar; ⟨*gas/fluid*⟩ expandir; ⟨*lungs*⟩ ensanchar, dilatar; ⟨*chest*⟩ desarrollar; ⟨*company/trade*⟩ expandir, expansionar; ⟨*memory*⟩ (Comput) expandir; ⟨*awareness*⟩ aumentar; ⟨*horizons*⟩ ampliar*, ensanchar; ⟨*influence/role*⟩ extender*

B (write in full) ⟨*story/summary*⟩ ampliar*; ⟨*formula/equation*⟩ (Math) desarrollar; **to ~ sth INTO sth**: **I ~ed my notes into an article** escribí un artículo ampliando mis notas, utilicé mis notas como base para un artículo

■ **expand** *vi*

A **1** ⟨⟨*metal*⟩⟩ expandirse, dilatarse; ⟨⟨*gas*⟩⟩ expandirse; ⟨⟨*elastic/rubber band*⟩⟩ estirarse; ⟨⟨*business*⟩⟩ expandirse, crecer*; ⟨⟨*market*⟩⟩ expandirse, extenderse*; **to ~ into textiles/overseas** extenderse* al sector textil/extranjero **2** **expanding** *pres p* ⟨*suitcase*⟩ con fuelle; ⟨*file*⟩ de acordeón; ⟨*industry/market*⟩ en expansión

B (give further information) extenderse*, explayarse; **to ~ ON sth** extenderse* SOBRE *or* EN algo, explayarse EN algo

expanse /ɪk'spæns/ *n* [c u] extensión *f*; **a large ~ of land** una gran extensión de terreno; **the vast ~ of his knowledge** la enorme amplitud de sus conocimientos

expansion /ɪk'spæntʃən || ɪk'spænʃən/ *n* **1** [u] (in volume, extent — of metal) expansión *f*, dilatación *f*; (— of gas) expansión *f*; (— of trade, market) expansión *f*; **economic/industrial/territorial ~** expansión económica/industrial/territorial; (*before n*): **~ board** (Comput) placa *f* de expansión; **~ card** (Comput) tarjeta *f* de expansión *or* de ampliación; **~ slot** (Comput) ranura *f* de expansión **2** [c] (of summary) ampliación *f*; (Math) desarrollo *m*

expansionary /ɪk'spæntʃəneri || ɪk'spænʃəŋ(ə)ri/ *adj* expansionista

expansionism /ɪk'spæntʃənɪzəm || ɪk'spænʃənɪzəm/ *n* [u] expansionismo *m*

expansion tank *n* depósito *m or* tanque *m* de expansión

expansive /ɪk'spænsɪv/ *adj*

A (relaxed) ⟨*person/mood*⟩ expansivo, comunicativo

B (Phys) ⟨*material/capacity*⟩ expansivo

expansively /ɪk'spænsɪvli/ *adv*: **to talk ~** explayarse

expat /eks'pæt/ *n* (BrE colloq) expatriado, -da *m,f*

expatiate /ek'speɪʃieɪt/ *vi* (frml) extenderse*, explayarse; **to ~ ON *o* UPON sth** hablar extensamente SOBRE algo

expatriate¹ /eks'peɪtriət || eks'pætriət, -'peɪ-/ *n* expatriado, -da *m,f*

expatriate² *adj* expatriado

expect /ɪk'spekt/ *vt*

A (anticipate) esperar; **I ~ed as much** ya me lo esperaba; **I hadn't been there before and I didn't know quite what to ~** nunca había estado allí y no sabía bien con qué me iba a encontrar; **as one might ~, as might be ~ed** como era de esperar; **is he coming tonight? — I ~ so** ¿va a venir esta noche? — supongo que sí; **it's not quite what I ~ed** no es exactamente lo que yo esperaba; **we're not ~ing any trouble** no creemos que vaya a haber problemas; **I'll do my best, but don't ~ miracles** haré lo que pueda, pero no esperes milagros; **to ~ to + INF**: **she ~s to win the match** espera ganar el partido; **you can ~ to pay £20 a head** calcule que le va a costar unas 20 libras por persona; **to ~ sb/sth to + INF**: **don't ~ me to change my mind** no esperes que cambie de idea; **I ~ed her to complain** pensé *or* creí que iba a protestar; **now at least we know what to ~** ahora por lo menos sabemos a qué atenernos

B (imagine) suponer*, imaginarse; **I ~ (that) you're tired** supongo *or* me imagino que estarás cansado

C (await) esperar; **I'll ~ you at eight** te espero a las ocho; **~ me when you see me** no me esperes: si vengo, vengo; **I've been ~ing you** te estaba esperando; **to be ~ing a baby/twins** esperar un bebé/mellizos

D (require) **to ~ sb to + INF**: **I'm ~ed to do it without help** (se supone que) lo tengo que hacer solo; **I ~ you to be there** espero que *or* cuento con que estés allí; **he ~ed me to pay** esperaba *or* pretendía que yo pagara; **you can hardly be ~ed to apologize** no tienes por qué disculparte; **what do you ~ me to do about it?** ¿qué quieres que haga yo?; **to ~ sth (FROM sb)**: **do they ~ payment/a tip (from us)?** ¿tenemos que pagarles/dejarles propina?; **that's the least you'd ~** es lo menos que se puede esperar; **to ~ sth OF sb** esperar algo DE algn; **don't ~ too much of her: she's only a child** no esperes mucho de ella, es sólo una niña

■ **expect** *vi* (colloq): **she's ~ing** está esperando (familia), está en estado

expectancy /ɪk'spektənsi/ *n* [u] expectación *f*; **a look/an air of ~** una mirada/un aire expectante *or* de expectación; **life ~** esperanza *f or* expectativas *fpl* de vida

expectant /ɪk'spektənt/ *adj* **1** ⟨*air/crowd*⟩ expectante **2** (expecting a baby): **~ mother** futura mamá *f*; **~ parents *o* couple** futuros padres *mpl*

expectantly /ɪk'spektəntli/ *adv* ⟨*listen/watch*⟩ con expectación

expectation /,ekspek'teɪʃən/ *n*

A **1** [u] (anticipation): **in ~ of victory** previendo la victoria; **in the ~ of reforming him** con la esperanza de reformarlo; **to have every/little ~ of sth** tener* muchas/pocas esperanzas de algo; **there was an atmosphere of great ~** había un ambiente de gran expectación **2** [u c] (preconceived idea) (*often pl*) expectativa *f*; **the plan succeeded beyond all ~(s)** el éxito del plan superó con creces todas las expectativas; **contrary to all ~s** contrariamente a lo que se esperaba, contra todo pronóstico; **the performance came up to/fell short of our ~(s)** la actuación estuvo/no estuvo a la altura de lo que esperábamos; **the general ~ is that he'll resign** se cree que va a dimitir; **she didn't live up to her father's ~s** defraudó las esperanzas *or* expectativas de su padre; **her bourgeois ~s** sus aspiraciones burguesas

B **expectations** *pl* (of inheritance) expectativas *fpl* (*de heredar*); (of promotion) expectativas *fpl* (*de ascenso*)

expectorant /ek'spektərənt/ *n* [u c] expectorante *m*

expectorate /ek'spektəreɪt/ *vi* (frml *or* euph) expectorar (frml)

■ **expectorate** *vt* expectorar (frml)

expediency /ɪk'spi:diənsi/, **expedience** /-əns/ *n* [u] **1** (self-interest) conveniencia *f*, interés *m* personal; **his life was guided by the principle of ~** el oportunismo dirigía su vida **2** (advisability) (frml) conveniencia *f*

expedient¹ /ɪk'spi:diənt/ *adj* (frml) (*usu pred*) conveniente, oportuno

expedient² *n* (frml) recurso *m*, expediente *m* (frml)

expedite /'ekspədaɪt/ *vt* (frml) ⟨*process/action/delivery*⟩ acelerar

expedition /,ekspə'dɪʃən/ *n* expedición *f*; **to go/set out on an ~** ir*/salir* de expedición; **we went on a shopping ~** nos fuimos de expedición a las tiendas (hum), salimos de compras

expeditionary force /,ekspə'dɪʃəneri || ,ekspə'dɪʃənəri/ *n* cuerpo *m* expedicionario

expeditious /,ekspə'dɪʃəs/ *adj* (frml) rápido, pronto; **an ~ settlement of the dispute** una rápida *or* pronta resolución del conflicto

expel /ɪk'spel/ *vt* **-ll-** **1** (force to leave) ⟨*person*⟩ expulsar; **he was ~led from the party** fue expulsado del partido **2** (remove) ⟨*air/liquid/smoke*⟩ expulsar, expeler (frml)

expend /ɪk'spend/ *vt* (frml) **1** (spend) **to ~ sth ON sth/sb** ⟨*money*⟩ gastar algo EN algo/algn; **I've ~ed a good deal of time on her/the project** le he dedicado mucho tiempo a ella/al proyecto **2** (use up, exhaust) ⟨*resources/supplies*⟩ consumir, agotar

expendable /ɪk'spendəbəl/ *adj* **1** (dispensable) prescindible; **he became ~** dejó de ser imprescindible; **an ~ luxury** un lujo del que se puede prescindir **2** (not reusable) ⟨*supplies/equipment*⟩ fungible

expenditure /ɪk'spendɪtʃər || ɪk'spendɪtʃə(r)/ *n* [u] **1** (spending) gasto *m*; **reductions in public ~** reducciones en el gasto público; **the ~ of an additional five billion dollars** un desembolso adicional de cinco mil millones de dólares; **the ~ of time on the project** el tiempo dedicado al proyecto **2** (amount) gastos *mpl*

expense /ɪk'spens/ *n*

A [u] (cost, outlay) gasto *m*; **it's well worth the ~** vale la pena hacer el gasto; **hang the ~!** (colloq) ¡olvídate del dinero!; **no ~ was spared** no se reparó en gastos; **I don't want to go to the ~ of buying it** no quiero meterme en el gasto de comprarlo; **we don't want to put you to any ~** no queremos ocasionarte ningún gasto; **at very little ~** por muy poco dinero; **it was done at great/considerable ~** se hizo gastando mucho dinero/una suma importante de dinero; **at other people's ~** a costa de los demás; **I had the book published at my own ~** la publicación del libro corrió por mi cuenta; **I bought it at my own ~** lo compré con dinero de mi propio bolsillo; **at the company's ~** a cargo *or* a cuenta de la compañía; **they had a good laugh at my ~** se partieron de risa a costa mía *or* a mi costa; **at the ~ of sth/sb** (with the loss of) a expensas de algo/algn; **he became successful at the ~ of his ideals** triunfó a expensas de sus ideales

B **expenses** *pl* (Busn) (incidental costs) gastos *mpl*; **to pay sb's ~s** pagar* los gastos de algn; **all ~s paid** con todos los gastos pagados; **entertainment/clothing ~s** gastos de representación/vestuario; **$40 plus ~s** 40 dólares más los gastos; **to put sth on ~s** cargar* algo a la cuenta de la compañía; **the meal was on ~s** la comida corrió a cargo de la compañía

expense account *n* cuenta *f* de gastos de representación; (*before n*): **expense-account lunch** *comida que corre a cargo de la compañía*

expensive /ɪk'spensɪv/ *adj* ⟨*dress/shop/city*⟩ caro; **those shoes must have been ~** esos zapatos deben de haber costado caros; **an ~-looking watch** un reloj con aspecto de (ser) caro; **an ~ lifestyle** un tren de vida muy alto; **she has very ~ tastes** tiene gustos muy caros; **an error like that could prove ~** un error así podría costar *or* salir caro

expensively /ɪk'spensɪvli/ *adv* ⟨*dine/live*⟩ sin reparar en gastos, por todo lo alto; ⟨*dress*⟩ con ropa muy cara

expensiveness /ɪk'spensɪvnəs || ɪk'spensɪvnɪs/ *n* [u] lo caro

experience¹ /ɪk'spɪriəns || ɪk'spɪəriəns/ *n*

A [u] (knowledge gained) experiencia *f*; **to know sth by *o* from ~** saber* algo por experiencia; **I know from my own ~** lo sé por experiencia propia; **I can only speak from my own ~** yo sólo puedo juzgar basándome en mi propia experiencia; **a bitter ~** una amarga experiencia; **that hasn't been my ~** ése no ha sido mi caso; **~ of life** experiencia de la vida; **that week was the worst in her ~** aquélla fue la peor semana de su vida

B [u] (professional, practical) experiencia *f*; **no previous ~ required** no se requiere experiencia previa; **have you (had) any teaching ~?** ¿tiene experiencia docente *or* en la enseñanza?; **~ of computers an advantage** se valorará experiencia en informática

C [c] (sth experienced) experiencia *f*; **a whole new**

~ **for me** una experiencia completamente nueva para mí; **a religious/spiritual** ~ una experiencia religiosa/espiritual; **a real gastronomic** ~ toda una aventura gastronómica

experience² *vt*
A (live through, undergo) ‹*loss/setback/delays*› sufrir; ‹*difficulty*› tener*, encontrarse* con; ‹*change/improvement*› experimentar; **to** ~ **hardship** pasar penurias
B (feel) ‹*pleasure/pain/relief*› experimentar, sentir*

experienced /ɪk'spɪriənst || ɪk'spɪəriənst/ *adj* (Busn) ‹*secretary/chef*› con experiencia; ‹*driver*› experimentado; **he ran an** ~ **eye over the horse** miró el caballo con ojo experto; **you're not** ~ **enough for this job** no tienes experiencia suficiente para este trabajo; ~ **IN sth** con experiencia EN algo; **they're looking for people** ~ **in selling** están buscando gente con experiencia en ventas

experiential /ɪk,speri'enʃəl/ *adj* experiencial

experiment¹ /ɪk'sperəmənt || ɪk'sperɪmənt/ *n* experimento *m*; **an** ~ **in communal living** un experimento de vida en común *or* comunidad; **as an** ~, **by way of** ~ como experimento; **to learn by** ~ aprender experimentando

experiment² *vi* **to** ~ **ON sth/sb** experimentar *or* hacer* experimentos CON algo/algn; **to** ~ **WITH sth** experimentar *or* hacer* experimentos CON algo

experimental /ɪk,sperə'mentl || ɪk,sperɪ'mentl/ *adj* experimental; ~ **psychology** psicología *f* experimental; **in the** ~ **stages** en la fase experimental

experimentally /ɪk,sperə'mentli || ɪk,sperɪ'mentli/ *adv* experimentalmente

experimentation /ɪk,sperəmən'teɪʃən || ɪk,sperɪmen'teɪʃən/ *n* [u] experimentación *f*

expert¹ /'ekspɜ:rt || 'ekspɜ:t/ *n* experto, -ta *m,f*; **a scientific/medical/financial** ~ un experto en ciencia/medicina/finanzas; ~ **AT sth/-ING** experto EN algo/+ INF; ~ **ON/IN sth** experto EN algo; **he's an** ~ **on the subject** es un experto *or* un perito en la materia; **ask him, he's the** ~ pregúntale a él que es el experto; **I'm no** ~ no soy ningún experto

expert² *adj* ‹*person/professional*› experto; ‹*evidence*› (Law) pericial, de peritos; **you'd better seek** ~ **advice** te conviene asesorarte con un experto; ~ **knowledge** conocimientos *mpl* de experto; **she's an** ~ **gardener** es una experta jardinera; ~ **witness** (Law) perito, -ta *m,f*; ~ **AT sth/-ING** experto EN algo/+ INF

expertise¹ /,ekspɜ:r'ti:z || ,ekspɜ:'ti:z/ *n* [u] pericia *f*; **his marketing** ~ su pericia en el campo del marketing; **you need a bank with** ~ necesita un banco competente

expertise², expertize /'ekspərtaɪz || 'ekspɜ:taɪz/ *vt* expertizar*

expertly /'ekspɜ:rtli || 'ekspɜ:tli/ *adv* expertamente; **he cooks** ~ es un experto cocinero

expert system *n* (Comput) sistema *m* experto

expiate /'ekspieɪt/ *vt* (liter) ‹*sin/crime*› expiar* (liter)

expiation /,ekspi'eɪʃən/ *n* [u] (liter) expiación *f* (liter); **in** ~ **of his sins** en expiación de sus pecados

expiration /,ekspə'reɪʃən || ,ekspɪ'reɪʃən/ *n*
A [u c] (Physiol) espiración *f*
B [u] ▸ **expiry**

expire /ɪk'spaɪr || ɪk'spaɪə(r)/ *vi*
A (run out) ‹‹*visa/permit/passport/ticket*›› caducar*, vencer*; ‹‹*lease/contract*›› vencer*; ‹‹*term of office/treaty*›› finalizar*
B (die) (liter) expirar (liter)
C (Physiol) espirar

expiry /ɪk'spaɪri || ɪk'spaɪəri/ *n* [u] vencimiento *m*, caducidad *f*; (*before n*): ~ **date** fecha *f* de vencimiento *or* de caducidad

explain /ɪk'spleɪn/ *vt* **1** (make understandable) explicar*; **to** ~ **sth TO sb** explicarle* algo A algn; **she** ~**ed it to me** no lo explicó; **she** ~**ed to us how it had happened/why she had done it** nos explicó cómo había pasado/por qué lo había hecho **2** (account for) ‹*actions/absence/disappearance*› explicar*; **how do you** ~ **the fact that ... ?** ¿cómo explica el hecho de que ... ?; **that** ~**s everything!** eso lo explica *or* aclara todo; **I** ~**ed that I'd been delayed** les expliqué que me había retrasado
■ *v refl*: **to** ~ **oneself** explicarse*; **please** ~ **yourself more clearly** por favor explíquese más claramente; **you're late,** ~ **yourself!** explique por qué llega tarde
■ **explain** *vi*: **will you** ~? ¿me lo explicas?; **if you'd just let me** ~ al menos déjame que te explique; **he's got some** ~**ing to do** nos debe una explicación

Phrasal verb
• **explain away** [v + o + adv, v + adv + o] ‹*fact/result*› encontrar* una explicación convincente para; **how are you going to** ~ **that away?** ¿cómo te las vas a arreglar para explicar eso?, ¿cómo vas a encontrar una explicación convincente para eso?

explainable /ɪk'spleɪnəbəl/ *adj* explicable

explanation /,ekspla'neɪʃən/ *n* [c u] explicación *f*; **the** ~ **of the mystery** la explicación *or* aclaración del misterio; **by way of** ~ como explicación *or* aclaración; **I demand an** ~ exijo que se me dé una explicación; **what have you to say in** ~ **of your conduct?** ¿qué nos puede decir para explicar *or* justificar su comportamiento?; ~ **FOR sth**: **she offered no** ~ **for her absence** no dio explicaciones por su ausencia; **there must be an** ~ **for this** esto tiene que tener una explicación

explanatory /ɪk'splænətɔ:ri || ɪk'splænətri/ *adj* explicativo

expletive¹ /'eksplətɪv || ɪks'pli:tɪv/ *n* **1** (exclamation) (frml) improperio *m*, palabrota *f* **2** (Ling) palabra *f* expletiva

expletive² *adj* expletivo

explicable /ɪk'splɪkəbəl/ *adj* (frml) explicable

explicate /'eksplәkeɪt || 'eksplɪkeɪt/ *vt* (frml) explicar*

explicit /ɪk'splɪsət || ɪk'splɪsɪt/ *adj* ‹*instructions/statement*› explícito; ‹*denial/refutation*› categórico, rotundo; **sexually** ~ sexualmente explícito; **she was quite** ~ **on this point** fue muy explícita *or* categórica en cuanto a ese punto; **he described it in** ~ **detail** lo describió muy gráficamente

explicitly /ɪk'splɪsətli || ɪk'splɪsɪtli/ *adv* ‹*state/indicate*› explícitamente; ‹*deny/order/forbid*› categóricamente

explicitness /ɪk'splɪsətnəs || ɪk'splɪsɪtnɪs/ *n* carácter *m* explícito

explode /ɪk'spləʊd/ *vi*
A **1** ‹‹*gunpowder/bomb*›› estallar, hacer* explosión, explotar; ‹‹*vehicle*›› hacer* explosión; **the whole situation could** ~ **in your face** te puede salir el tiro por la culata **2** (with emotion) explotar, estallar; **he** ~**d with anger** estalló de rabia, montó en cólera; **I lost my patience and** ~**d** perdí la paciencia y exploté; **I** ~**d with laughter** me eché a reír a carcajadas
B (increase suddenly) ‹‹*population/costs*›› dispararse
■ **explode** *vt*
A ‹*bomb/dynamite*› explosionar, hacer* explotar *or* estallar
B (discredit) ‹*theory*› rebatir, refutar; ‹*rumor*› desmentir*; ‹*myth*› destruir*

exploit¹ /ɪk'splɔɪt/ *vt* **1** (use) explotar **2** (use unfairly) ‹*workers/women*› explotar; ‹*situation/relationship*› aprovecharse de, explotar

exploit² /'eksplɔɪt/ *n* hazaña *f*, proeza *f*

exploitable /ɪk'splɔɪtəbəl/ *adj* explotable

exploitation /,eksplɔɪ'teɪʃən/ *n* [u] (of resources, people) explotación *f*

exploitative /ɪk'splɔɪtətɪv/ *adj* ‹*person*› explotador; ‹*system/company*› que explota

exploiter /ɪk'splɔɪtər || ɪk'splɔɪtə(r)/ *n* explotador, -dora *m,f*

exploration /,eksplə'reɪʃən/ *n*
A [u c] **1** (of country, area, town) exploración *f*; **a voyage of** ~ un viaje de exploración; **we set off on an** ~ **of the village** salimos a explorar el pueblo **2** (of subject) estudio *m*, análisis *m*
B [u] (Med) exploración *f*

exploratory /ɪk'splɔ:rətɔ:ri || ɪk'splɒrətəri/ *adj* ‹*voyage*› de exploración; ‹*talks/discussion*› preliminar, preparatorio; ‹*operation/surgery*› exploratorio; ‹*drilling*› de sondeo *or* exploración

explore /ɪk'splɔ:r || ɪk'splɔ:(r)/ *vt*
A **1** (travel through) ‹*territory/town/jungle*› explorar **2** (investigate) ‹*topic/problem/possibility*› investigar*, examinar
B (Med) explorar
■ **explore** *vi* explorar; **what's over there? let's go and** ~ ¿qué hay allí? vamos a investigar

explorer /ɪk'splɔ:rər || ɪk'splɔ:rə(r)/ *n* **1** (traveler) explorador, -dora *m,f* **2** **Explorer** (in US) boy scout *m* (*mayor de 14 años*)

explosion /ɪk'spləʊʒən/ *n* **1** (of bomb, gas) explosión *f*, estallido *m*; **a loud** ~ una fuerte explosión **2** (of anger) estallido *m*, explosión *f* **3** (increase): **a population** ~ una explosión demográfica; **there has been a price** ~ los precios se han disparado

explosive¹ /ɪk'spləʊsɪv/ *adj*
A **1** ‹*gas/mixture/change*› explosivo; **an** ~ **device** un artefacto explosivo **2** (likely to erupt) ‹*issue/situation*› explosivo, delicado; ‹*combination*› explosivo
B **1** (volatile) ‹*temper*› explosivo **2** (dramatic) fulminante

explosive² *n* [c u] explosivo *m*

expo /'ekspəʊ/ *n* (= **exposition**) expo *f*

exponent /ɪk'spəʊnənt/ *n*
A (of idea, theory) defensor, -sora *m,f*, partidario, -ria *m,f*; (of art style) exponente *mf*
B (Math) exponente *m*

exponential /,ekspə'nentʃəl || ,ekspə'nenʃəl/ *adj* exponencial

exponentially /,ekspə'nentʃəli || ,ekspə'nenʃəli/ *adv* de manera exponencial

export¹ /ek'spɔ:rt || ek'spɔ:t/ *vt*
A ‹*goods/commodities*› exportar; **oil-**~**ing countries** países *mpl* exportadores de petróleo
B (Comput) ‹*data*› exportar

export² /'ekspɔ:rt || 'ekspɔ:t/ *n* **1** [c] (item exported) artículo *m or* producto *m* de exportación; **invisible** ~**s** exportaciones *fpl* invisibles; ~**s exceeded imports** las exportaciones sobrepasaron las importaciones **2** [u] (act of exporting) exportación *f*; **for** ~ **only** reservado para exportación; (*before n*): ~ **beer** cerveza *f* de exportación; **an** ~ **drive** una campaña de fomento a la exportación; ~ **duties** aranceles *mpl* de exportación; ~ **earnings** ingresos *mpl* por exportación; ~ **finance** financiación *f* de la exportación; ~ **manager** director, -tora *m,f* de exportación, gerente *mf* de exportación; ~ **market** mercado *m* de exportación; ~ **sales** exportaciones *fpl*, ventas *fpl* de exportación; ~ **tax** impuesto *m* sobre la exportación *or* a las exportaciones; **the** ~ **trade** el comercio exportador *or* de exportación

exportable /ek'spɔ:rtəbəl || ek'spɔ:təbəl/ *adj* exportable

exportation /,ekspɔ:r'teɪʃən || ,ekspɔ:'teɪʃən/ *n* [u] exportación *f*

export credit *n* crédito *m* a la exportación

export deficit *n* déficit *m* de exportación

exporter /ek'spɔ:rtər || ek'spɔ:tə(r)/ *n* exportador, -dora *m,f*

export license, (BrE) **export licence** *n* permiso *m* de exportación, licencia *f* de exportación

export-oriented /,ekspɔ:rt'ɔ:rientəd || ,ekspɔ:t'ɔ:rientɪd/ (BrE) **export-orientated** /,ekspɔ:rt'ɔ:rienteɪtəd || ,ekspɔ:t'ɔ:rienteɪtɪd/ *adj* dedicado a la exportación, orientado a la exportación

export surplus *n* excedente *m* de exportación

expose /ɪk'spəʊz/ *vt*
A **1** ‹*nerve/wire/wound*› exponer*; **to** ~ **sth TO sth** exponer* algo A algo **2** (subject) **to** ~ **sth/sb (TO sth)** exponer* a algo/algn (A algo); **the soldiers were** ~**d to danger** los soldados se vieron expuestos al peligro; **to** ~ **oneself to criticism/ridicule/danger** exponerse* a las críticas/al ridículo/al peligro
B **1** ‹*secret/scandal/crime*› poner* al descubierto, sacar* a la luz; ‹*inefficiency/weaknesses*› poner*

en evidencia 2 ‹*criminal/swindler*› desenmascarar
C (Phot) exponer*
D (exhibit) ‹*goods/pictures*› exponer*
■ *v refl*: **to ~ oneself** hacer* exhibicionismo

exposé /ˌekspəʊˈzeɪ ‖ ekˈspəʊzeɪ/ *n* 1 (revelation) revelación *f* 2 (exposition) exposición *f*

exposed /ɪkˈspəʊzd/ *adj* 1 ‹*nerve/wire*› expuesto; **the ~ parts of the machine** las partes de la máquina que están al descubierto; **~ beams** vigas *fpl* al descubierto *or* a la vista 2 ‹*hillside/plateau*› expuesto, desprotegido 3 (Mil) ‹*terrain/flank*› expuesto al fuego enemigo; **he's in a very ~ position** está en una situación muy expuesta

exposition /ˌekspəˈzɪʃən/ *n*
A [u c] 1 (of facts) exposición *f*; **to give an ~** hacer* una exposición 2 (Lit) presentación *f* (*de los personajes o del argumento de una obra*) 3 (Mus) exposición *f*
B [c] (exhibition) exposición *f*

expostulate /ɪkˈspɑːstʃəleɪt ‖ ɪkˈspɒstjʊleɪt/ *vi* (frml) objetar, protestar, reconvenir*; **to ~ WITH sb ABOUT/ON sth** reconvenir* a algn SOBRE algo (frml)
■ **expostulate** *vt* (frml) protestar

expostulations /ɪkˌspɑːstʃəˈleɪʃənz ‖ ɪkˌspɒstjʊˈleɪʃənz/ *pl n* (frml) objeciones *fpl*

exposure /ɪkˈspəʊʒər ‖ ɪkˈspəʊʒə(r)/ *n*
A [u] 1 (contact) **~ TO sth** exposición *f* A algo; **~ to the weather** exposición a las inclemencias del tiempo; **he benefited from ~ to other cultures** el contacto con otras culturas le resultó positivo; **they've had minimal ~ to computers** han tenido poquísima experiencia con computadoras 2 (to view): **he objected to the ~ of so much bare flesh** estaba en contra de que se exhibiera tanta desnudez; **the ~ of earlier strata** el descubrimiento de estratos anteriores; **indecent ~** exhibicionismo *m* 3 (Med) congelación *f*; **to be suffering from ~** tener* síntomas de congelación; **to die from ~** morir* de frío
B [u] 1 (unmasking): **she was threatened with public ~** amenazaron con ponerla al descubierto; **his ~ as a drug dealer ruined his career** su carrera se vio arruinada al revelarse que era un traficante de drogas 2 (publicity) publicidad *f*; **he has not had the ~ he deserves** no ha recibido la atención pública que merece
C (Phot) 1 [c] (camera setting) exposición *f* 2 [c] (frame) fotografía *f*, exposición *f*; **double ~** doble exposición *f*, superimposición *f*
D (aspect) orientación *f*; **a house with a southern ~** una casa orientada al sur

exposure meter *n* exposímetro *m*

expound /ɪkˈspaʊnd/ *vt* (frml) exponer*
■ **expound** *vi* (frml) hablar; **to ~ at length on** *o* **about sth** hablar largo y tendido sobre algo

ex-president /ˈeksˌpresɪdənt/ *n* ex presidente, -ta *m,f*, ex presidente *mf*

express[1] /ɪkˈspres/ *vt*
A 1 (in words) ‹*view/surprise*› expresar; **words cannot ~ what I felt** no puedo expresar con palabras lo que sentí 2 (without words) expresar; **her face ~ed blank amazement** su rostro expresó estupor 3 (Math) expresar
B (squeeze out) (frml) ‹*juice*› exprimir; ‹*milk*› ‹‹*nursing mother*›› sacarse*
C (Post) ‹*mail/package*› mandar *or* enviar* por correo exprés *or* expreso
■ *v refl*: **to ~ oneself** expresarse

express[2] *n* 1 **~ (train)** expreso *m*, rápido *m* 2 **~ (bus** *o* (BrE also) **coach)** directo *m*

express[3] *adj*
A (fast) 1 ‹*train*› expreso, rápido 2 ‹*bus*› directo
B ‹*delivery/letter*› exprés *adj inv*, urgente
C (specific) (frml) ‹*intention/wish*› expreso, explícito

express[4] *adv* por correo exprés *or* expreso

> **The Express**
> ► Newspapers.

expression /ɪkˈspreʃən/ *n*
A 1 (of feelings) expresión *f*; **to give ~ to sth** dar* expresión a algo, expresar algo; **to find ~ in sth** expresarse a través de algo; **freedom of ~** libertad *f* de expresión; **as an ~ of our thanks** como muestra de nuestro agradecimiento 2 [c] (of face) expresión *f*; **his ~ altered** le cambió la expresión *or* la cara, le mudó el semblante (liter)
B [c] 1 (Ling) expresión *f*; **if you'll pardon the ~** si me perdonan el lenguaje 2 (Math) expresión *f*
C [u] (feeling) expresión *f*; **you need to get more ~ into your voice** tienes que darle más expresión a la voz

expressionism /ɪkˈspreʃənɪzəm/ *n* [u] expresionismo *m*

expressionist[1] /ɪkˈspreʃənəst ‖ ɪkˈspreʃənɪst/ *adj* expresionista

expressionist[2] *n* expresionista *mf*

expressionless /ɪkˈspreʃənləs ‖ ɪkˈspreʃənlɪs/ *adj* inexpresivo

expressive /ɪkˈspresɪv/ *adj* expresivo; **to be ~ OF sth** (frml) expresar algo

expressiveness /ɪkˈspresɪvnəs ‖ ɪkˈspresɪvnɪs/ *n* [u] expresividad *f*

expressly /ɪkˈspresli/ *adv* (frml) 1 (explicitly) ‹*order/request/prohibit*› expresamente, explícitamente 2 (especially) ‹*make/use*› expresamente, especialmente

expressway /ɪkˈspresweɪ/ *n* (AmE) autopista *f*; (urban) vía *f* rápida

expropriate /eksˈprəʊprieɪt/ *vt* expropiar

expropriation /eksˌprəʊpriˈeɪʃən/ *n* [u c] expropiación *f*

expulsion /ɪkˈspʌlʃən/ *n*
A [u c] (from school, union, country) expulsión *f*; **he threatened him with ~** lo amenazó con expulsarlo; (*before n*): **~ order** (in UK) orden *f* de expulsión
B [u] (Tech) expulsión *f*

expunge /ɪkˈspʌndʒ/ *vt* (frml) suprimir, eliminar

expurgate /ˈekspərgeɪt ‖ ˈekspəgeɪt/ *vt* expurgar*; **an ~d edition** una edición expurgada

exquisite /ekˈskwɪzət ‖ ekˈskwɪzɪt/ *adj* 1 ‹*dress/meal*› exquisito; ‹*carving/brooch*› de exquisita factura; ‹*work/workmanship*› intrincado; **she looked ~** estaba bellísima 2 ‹*taste/manners*› exquisito 3 (acute) ‹*pain*› intensísimo; ‹*pleasure*› infinito

exquisitely /ekˈskwɪzətli ‖ ekˈskwɪzɪtli/ *adv* 1 (superbly) ‹*made*› de manera exquisita, exquisitamente; ‹*dressed*› con un gusto exquisito 2 (*as intensifier*) ‹*polite/painful*› sumamente; **she was ~ courteous** era de una cortesía exquisita

ex-service /ˌeksˈsɜːrvəs ‖ ˌeksˈsɜːvɪs/ *adj* (BrE) retirado de las fuerzas armadas; ‹*organizations/community*› de antiguos miembros de las fuerzas armadas

ex-serviceman /ˌeksˈsɜːrvəsmən ‖ ˌeksˈsɜːvɪsmən/ *n* (*pl* **-men** /-mən/) soldado (*or* marinero *etc*) *m* retirado

ex-servicewoman /ˌeksˈsɜːrvəsˌwʊmən ‖ ˌeksˈsɜːvɪsˌwʊmən/ *n* (*pl* **-women**) soldado (*or* marinero *etc*) *f* retirada

ex-smoker /ˌeksˈsməʊkər ‖ ˌeksˈsməʊkə(r)/ *n* ex fumador, -dora *m,f*

ext (= **extension**) Ext., extensión *f*, interno *m* (RPl), anexo *m* (Chi)

extant /ekˈstænt/ *adj* (frml) existente

extemporaneous /ekˌstempəˈreɪniəs/, **extemporary** /ɪkˈstempəreri ‖ ɪkˈstempərəri/ *adj* (frml) improvisado

extempore[1] /ɪkˈstempəri/ *adv* de manera improvisada

extempore[2] *adj* improvisado

extemporize /ɪkˈstempəraɪz/ *vt/vi* (frml) improvisar

extend /ɪkˈstend/ *vt*
A 1 (stretch out) ‹*limbs/wings/telescope*› extender*; ‹*rope/wire*› tender*; **she ~ed her hand to greet him** le tendió *or* extendió la mano para saludarlo 2 (lengthen) ‹*road/line/visit*› prolongar*; ‹*lease/contract*› prorrogar*; **the service has been ~ed to the suburbs** el servicio se ha ampliado *or* extendido a los barrios de las afueras; **the deadline has been ~ed** se ha extendido *or* prorrogado el plazo 3 (enlarge) ‹*house/room*› ampliar*; ‹*empire*› extender*; ‹*range/scope/influence*› extender*, ampliar*; **to ~ sth TO sth** extender* algo A algo
B (offer) (frml): **to ~ an invitation to sb** invitar a algn; (of written invitations) cursarle invitación a algn (frml); **to ~ a warm welcome to sb** darle* una calurosa bienvenida a algn; **we are unable to ~ further credit to you** nos es imposible facilitarle *or* extenderle más crédito
C (stretch mentally): **this job does not ~ me** este trabajo no me exige lo que podría rendir; **we need exercises that will ~ our pupils** necesitamos ejercicios que exijan el máximo rendimiento de nuestros alumnos
■ **extend** *vi* 1 (stretch) ‹‹*fence/property/line*›› extenderse*; ‹‹*jurisdiction/influence*›› extenderse*; **their empire ~ed over the whole of the Mediterranean** su imperio se extendía por todo el Mediterráneo, su imperio abarcaba todo el Mediterráneo 2 (in time) ‹‹*talks/negotiations*›› prolongarse*; **his reign ~ed over 72 years** su reino se prolongó durante 72 años, su reino abarcó 72 años 3 (become extended) ‹‹*ladder/rod/antenna*›› extenderse*; **the telescope ~s to 10ft** el telescopio se extiende hasta 10 pies de largo 4 **extending** *pres p* ‹*table/leg/ladder*› extensible

extended /ɪkˈstendəd ‖ ɪkˈstendɪd/ *adj* 1 ‹*warranty/guarantee*› extendido; ‹*period/stay*› prolongado, largo; ‹*range*› extenso; ‹*version*› ampliado, más extenso; **the ~ family** el clan familiar, la familia extensa; **~ forecast** (AmE) pronóstico *m* a largo plazo 2 (stretched out) extendido; **with arms ~** con los brazos extendidos

extended-play /ɪkˌstendədˈpleɪ ‖ ɪkˌstendɪdˈpleɪ/ *adj* ‹*record*› EP *adj inv*

extended play *n* (disco *m*) EP *m*

extension /ɪkˈstentʃən ‖ ɪkˈstenʃən/ *n*
A 1 [u] (of power, meaning) extensión *f*, ampliación *f*; **by ~** por extensión 2 [u c] (lengthening — of line, road) prolongación *f*; (— of period, visit) prolongación *f*, extensión *f*; **the ~ of the deadline** la prórroga *or* extensión del plazo 3 [c] (appendage): **the brush seemed like an ~ of his hand** el pincel parecía una prolongación de su mano; **women were considered mere ~s of their husbands** se consideraba a las mujeres un mero apéndice de sus maridos
B [c] (to building) ampliación *f*; **they are having an ~ built** (to house) están haciendo ampliaciones; (to museum, hospital) están construyendo un anexo (*or* un nuevo pabellón *etc*)
C [c] (Telec) 1 (line) extensión *f*, interno *m* (RPl), anexo *m* (Chi); **~ 14, please** con la extensión 14 por favor, con el interno (RPl) *or* (Chi) el anexo 14, por favor 2 (telephone) supletorio *m*
D [u] (Educ): **university ~** extensión *f* universitaria; (*before n*) ‹*course/lectures*› de extensión universitaria
E [c] (Comput) (for document) extensión *f*

extension cable *n* ► **extension cord**

extension cord, (BrE) **extension lead** *n* extensión *f*, alargador *m*, alargadera *f*, alargue *m* (RPl)

extension ladder *n* escalera *f* extensible

extensive /ɪkˈstensɪv/ *adj* 1 ‹*area/estate/field*› extenso; **an ~ circle of friends** un amplio círculo de amistades; **~ farming** agricultura *f* extensiva 2 ‹*knowledge*› vasto, extenso, amplio; ‹*experience/coverage*› amplio; ‹*search/inquiries*› exhaustivo 3 ‹*damage/repairs*› de consideración, importante, de envergadura; **to make ~ use of sth** hacer* abundante uso de algo

extensively /ɪkˈstensɪvli/ *adv* 1 (widely): **he's traveled ~** ha viajado por todas partes, ha viajado mucho; **this technique is used ~** esta técnica es de uso extendido 2 (thoroughly, at length) ‹*research/investigate*› exhaustivamente; **she has written ~ on the subject** ha escrito mucho sobre el tema; **we covered the story ~** dimos amplia cobertura al tema

extensor (muscle) /ɪkˈstensər ‖ ɪkˈstensə(r)/ *n* (músculo *m*) extensor *m*

extent /ɪk'stent/ *n* [u]
A (size, area) extensión *f*; **it's 200km² in ~** es de 200km² de extensión; **to its fullest ~** en toda su extensión
B **1** (range, degree — of knowledge) amplitud *f*, vastedad *f*; (— of problem) alcance *m*; **the ~ of the damage** la importancia *or* el alcance de los daños; (in monetary terms) la cuantía de los daños; **I then realized the full ~ of his involvement** entonces me di cuenta de hasta qué punto estaba involucrado **2** (*in phrases*): **to some extent, to a certain extent** hasta cierto punto, en cierta medida; **to a large extent** en gran parte, en buena medida; **to a greater/lesser extent** en mayor/menor medida, en mayor/menor grado; **it irritated me to such an ~ that I left** me molestó hasta tal punto que me fui; **to the extent of**: **it hurt to the ~ of making me cry** me dolió tanto *or* hasta tal punto que me eché a llorar; **I can't go to the ~ of actually firing her** no puedo llegar al extremo de despedirla; **to that extent** hasta ese punto; **to what extent** en qué medida, hasta qué punto; **I don't know to what ~ he's involved** no sé en qué medida *or* hasta qué punto está involucrado

extenuate /ɪk'stenjueɪt/ *vt* (frml) ‹*crime/fault*› atenuar*; **extenuating circumstances** circunstancias *fpl* atenuantes, atenuantes *mpl or fpl*

extenuation /ɪk,stenju'eɪʃən/ *n* [u] (frml): **in ~** como atenuante

exterior¹ /ek'stɪriər || ɪk'stɪəriə(r)/ *adj* **1** (external) ‹*wall/surface*› exterior; ‹*calm*› exterior, aparente; **~ angle** (Math) ángulo *m* externo **2** (Cin) ‹*shot/scene*› de exteriores **3** (for use outside) ‹*paint/plaster*› para exteriores

exterior² *n* **1** (of house, object) exterior *m*; **to judge from her ~** a juzgar por su aspecto exterior *or* su apariencia **2** (Cin) exterior *m*; **they shot the ~s in Spain** filmaron los exteriores en España **3** (Art) vista *f* exterior, exterior *m*; (landscape) paisaje *m*

exteriorize /ek'stɪriəraɪz || ek'stɪəriəraɪz/ *vt* (frml) **1** (Psych) exteriorizar* **2** ‹*organ*› extraer* del cuerpo (*durante una operación*)

exterminate /ɪk'stɜːrməneɪt || ɪk'stɜːmɪneɪt/ *vt* exterminar

extermination /ɪk,stɜːrmə'neɪʃən || ɪk,stɜːmɪ'neɪʃən/ *n* [u] (of pests) exterminación *f*; (of people) exterminio *m*; (*before n*): **~ camp** campo *m* de exterminio

external /ek'stɜːrnl || ɪk'stɜːnl/ *adj* **1** (exterior) ‹*appearance/sign*› externo, exterior; ‹*wall*› exterior; ‹*wound/treatment*› externo; ⓢ **for external use only** uso tópico, de uso externo **2** ‹*aid/influence*› del exterior; ‹*pressure/evidence*› externo; ‹*accountant/opinion*› independiente; **to be ~ TO sth** ser* ajeno A algo **3** (foreign) ‹*affairs/trade/policy*› exterior; ‹*debt*› externo **4** (Educ) ‹*examiner*› de otra institución académica; ‹*student*› libre

external audit *n* [u c] auditoría *f* externa

external examination *n* examen *m* externo

externalize /ek'stɜːrnlaɪz || ɪk'stɜːnəlaɪz/ *vt* exteriorizar*

externally /ek'stɜːrnli || ɪk'stɜːnəli/ *adv*
A **1** (on the outside) exteriormente, por fuera; **she examined the patient ~** hizo un reconocimiento externo del paciente **2** (*indep*) en apariencia
B (by outside agency) ‹*vetted/verified*› independientemente, por un tercero; ‹*examined*› como alumno libre, por libre (Esp); **a lot of our work is done ~** gran parte del trabajo lo mandamos a hacer fuera

externals /ek'stɜːrnlz || ɪk'stɜːnlz/ *pl n* (of people) apariencias *fpl*; (of things) aspecto *m* externo

extinct /ɪk'stɪŋkt/ *adj* ‹*animal/species*› extinto, desaparecido; ‹*volcano*› extinto, apagado; **to become ~** extinguirse*

extinction /ɪk'stɪŋkʃən/ *n* [u] extinción *f*

extinguish /ɪk'stɪŋgwɪʃ/ *vt* **1** ‹*fire*› extinguir*; ‹*candle/cigar*› apagar* **2** (liter) ‹*hope/memory*› apagar* (liter); ‹*passion/life*› extinguir* (liter) **3** ‹*debt*› cancelar; ‹*obligation*› cumplir con

extinguisher /ɪk'stɪŋgwɪʃər || ɪk'stɪŋgwɪʃə(r)/ *n* **1** (*fire ~*) extinguidor *m* (AmL), extintor *m* (Esp) **2** (for candle) apagavelas *m*, apagador *m*

extirpate /'ekstərpeɪt || 'ekstəpeɪt/ *vt* (frml) extirpar

extirpation /,ekstər'peɪʃən || ,ekstə'peɪʃən/ *n* [u] (frml) extirpación *f*

extol, (AmE also) **extoll** /ɪk'stəʊl/ *vt* **-ll-** (frml) encomiar (frml), ensalzar* (frml)

extort /ɪk'stɔːrt || ɪk'stɔːt/ *vt*: **to ~ money from sb** extorsionar a algn; **to ~ a confession/promise from sb** arrancarle* a algn *or* obtener* de algn una confesión/promesa

extortion /ɪk'stɔːrʃən || ɪk'stɔːʃən/ *n* [u] (Law) extorsión *f*; **that's sheer ~!** ¡eso es un robo!

extortionate /ɪk'stɔːrʃənət || ɪk'stɔːʃənət/ *adj* ‹*fee/price*› abusivo, exorbitante; ‹*demand*› excesivo, desmesurado

extortioner /ɪk'stɔːrʃənər || ɪk'stɔːʃənə(r)/ *n* ▸**extortionist**

extortionist /ɪk'stɔːrʃənəst || ɪk'stɔːʃənɪst/ *n* extorsionador, dora *m,f*, extorsionista *mf* (AmL)

extra¹ /'ekstrə/ *adj* **1** (additional) (*before n*) de más; **do some ~ copies** haz unas copias de más; **we need ~ sheets/staff** necesitamos más sábanas/personal; **it costs an ~ $15** cuesta 15 dólares más; **we install it at no ~ charge** la instalación está incluida en el precio; **they laid on three ~ flights** organizaron tres vuelos adicionales; **I've brought an ~ pair of socks** he traído un par de calcetines de más *or* de repuesto; **~ time** (in soccer) prórroga *f*, tiempo *m* suplementario, tiempos *mpl* extra (Méx); **they're playing ~ time** están jugando la prórroga **2** (especial) (*before n*) ‹*care/caution*› especial; **that little ~ something** ese algo especial **3** (subject to additional charge) (*after n*): **a shower is $2 ~** con ducha cuesta dos dólares más; **postage and packaging ~** gastos de envío no incluidos; **the bread is ~** el pan no está incluido en el precio **4** (spare) (colloq): **those copies are ~** esas copias sobran

extra² *adv* **1** (*as intensifier*): **~ fine** extrafino; **~ long** extralargo; **I worked ~ hard** trabajé más que nunca **2** (more): **to charge ~ for sth** cobrar algo aparte; **you have to pay a little ~ for that** para eso hay que pagar un poco más

extra³ *n*
A **1** (additional payment, allowance) extra *m*; **optional ~s** (Auto) equipamiento *m* opcional, extras *mpl* **2** (additional expense) extra *m*
B (Cin) extra *mf*
C (Journ) número *m* extra; **~, ~, read all about it!** ¡extra, extra! ¡últimas noticias!

extract¹ /ɪk'strækt/ *vt*
A ‹*tooth/juice*› extraer*; ‹*iron/gold*› extraer*; **to ~ sth FROM sth** extraer* algo DE algo
B **1** (obtain) ‹*information*› extraer*, sacar*; **to ~ a confession/promise from sb** arrancarle* una confesión/promesa a algn, obtener* una confesión/promesa de algn **2** ‹*passage/quotation*› extraer*, sacar* **3** ‹*square root*› extraer*, sacar*

extract² /'ekstrækt/ *n*
A [c] (excerpt) fragmento *m*, trozo *m*
B [u c] (concentrate) extracto *m*; **beef/yeast ~** extracto de carne/levadura

extraction /ɪk'strækʃən/ *n*
A **1** [c u] (Dent) extracción *f* **2** [u] (of mineral, juice) extracción *f*
B [u] (ancestry) extracción *f*; **of Polish ~** de extracción polaca

extractor /ɪk'stræktər || ɪk'stræktə(r)/ *n* **1** (for juice) extractor *m* **2** (in laundry) centrifugadora *f* **3** (in gun) expulsor *m*

extractor fan *n* (BrE) extractor *m* (de aire)

extracurricular /,ekstrəkə'rɪkjələr || ,ekstrəkə'rɪkjʊlə(r)/ *adj* extracurricular, extraacadémico

extraditable /'ekstrədaɪtəbəl/ *adj* extraditable

extradite /'ekstrədaɪt/ *vt* extraditar

extradition /,ekstrə'dɪʃən/ *n* [u] extradición *f*; (*before n*) ‹*order/treaty*› de extradición

extrajudicial /,ekstrədʒuː'dɪʃəl/ *adj* extrajudicial; **~ executions** ejecuciones *fpl* extrajudiciales

extra-large /'ekstrə'lɑːrdʒ || 'ekstrə'lɑːdʒ/ *adj* extra grande

extramarital /,ekstrə'mærətl || ,ekstrə'mærɪtl/ *adj* extramatrimonial, extraconyugal

extramural /,ekstrə'mjʊrəl || ,ekstrə'mjʊərəl/ *adj* **1** ‹*athletics/football game*› entre equipos de distintos colegios **2** (Educ) ‹*course*› de extensión; ‹*student*› externo, libre **3** (outside institution) (AmE): **~ medical care** *asistencia sanitaria que se presta fuera de la consulta, el hospital etc*

extraneous /ek'streɪniəs/ *adj* (frml) **1** (unrelated) ‹*argument/detail/decoration*› superfluo; **~ matter** materia extraña; **to be ~ TO sth** no tener* relación CON algo, ser* extrínseco A algo (frml) **2** ‹*influence/origin*› externo

extranet /'ekstrənet/ *n* extranet *f*

extraordinarily /ɪk,strɔːrdn'erəli || ɪk'strɔːdnrəli/ *adv* **1** (*as intensifier*) ‹*kind/handsome*› extraordinariamente **2** (very strangely) extrañamente

extraordinary /ɪk'strɔːrdneri || ɪk'strɔːdnri/ *adj*
A **1** (exceptional) ‹*beauty/amount/person*› extraordinario; ‹*stupidity/difficulty*› extraordinario, asombroso; **there's nothing very ~ in that** no tiene nada de extraordinario **2** (very odd) ‹*sight/appearance*› insólito; (incredible) increíble, insólito; **it's ~ that the mistake wasn't spotted** es extraordinario *or* increíble que no se detectara el error; **I find it ~ that no-one bothered to inform me** me parece increíble *or* insólito que nadie se haya molestado en avisarme; **how ~!** ¡qué increíble!
B **1** (frml) (Adm, Govt) ‹*powers/meeting*› extraordinario **2** (in titles of persons) (*after n*) extraordinario; **ambassador ~** embajador extraordinario, embajadora extraordinaria *m,f*

extraordinary rendition *n* (Pol) entrega *f* extraordinaria (*traslado clandestino de prisioneros utilizando aeropuertos o espacio aéreo europeo para entregarlos a terceros países donde pueden ser torturados*)

extrapolate /ɪk'stræpəleɪt/ *vt* (frml) **1** (project) extrapolar **2** (Math) extrapolar
■ **extrapolate** *vi* (frml) **to ~ FROM sth** hacer* una extrapolación DE algo

extrapolation /ɪk,stræpə'leɪʃən/ *n* [c u] (frml) extrapolación *f*

extrasensory /,ekstrə'sensəri/ *adj* extrasensorial; **~ perception** percepción *f* extrasensorial

extrasolar /,ekstrə'səʊlər || ,ekstrə'səʊlə(r)/ *adj* (Astron) extrasolar; **~ planet** planeta *m* extrasolar

extraterrestrial /,ekstrətə'restriəl/ *adj* ‹*life*› extraterrestre; ‹*exploration*› del espacio

extraterritorial /,ekstrə,terə'tɔːriəl || ,ekstrə,terɪ'tɔːriəl/ *adj* **1** ‹*privilege/rights*› de extraterritorialidad **2** ‹*limits/problem*› extraterritorial

extravagance /ɪk'strævəgəns/ *n*
A **1** [u] (lavishness, wastefulness) despilfarro *m*, derroche *m*; **champagne! such ~!** ¡champán! ¡qué lujo! **2** [c] (luxury) lujo *m*; **French perfume is my one ~** el perfume francés es el único lujo que me permito
B **1** [u] (of gestures, dress) extravagancia *f*; (of claim, story) lo insólito **2** [c] (excess) (liter) exceso *m*

extravagant /ɪk'strævəgənt/ *adj* **1** (lavish, wasteful) ‹*person*› derrochador, despilfarrador; ‹*lifestyle*› de lujo; **it seems very ~ to have three cars** parece un lujo excesivo tener tres coches; **she paid an ~ price for it** le costó un disparate; **let's be ~** démonos el lujo **2** ‹*claim/notions*› insólito; ‹*praise/compliments*› exagerado, desmesurado; ‹*behavior/dress/gesture*› extravagante

extravagantly /ɪk'strævəgəntli/ *adv* **1** (lavishly, wastefully) ‹*live/celebrate*› a lo grande;

to spend ~ derrochar (el dinero); to use sth ~ despilfarrar *or* derrochar algo 2 (immoderately, wildly) ‹*dress/behave*› de manera extravagante; ‹*praise/boast*› exageradamente, desmesuradamente

extravaganza /ɪkˌstrævəˈgænzə/ *n* 1 (Cin, Theat) gran espectáculo *m* (*realizado con alarde de color, fantasía y dinero*); it was a public relations ~ fue un alarde publicitario por parte de la empresa (*or* la organización *etc*) 2 (Lit, Mus) fantasía *f*

extravehicular /ˌekstrəviːˈhɪkjələr || ˌekstrəviːˈhɪkjələ(r)/ *adj* extravehicular

extravert /ˈekstrəvɜːrt || ˈekstrəvɜːt/ *adj/n* ▸extrovert¹, extrovert²

extreme¹ /ɪkˈstriːm/ *adj* 1 (very great) ‹*poverty/caution/urgency*› extremo; ‹*annoyance/relief*› enorme; ‹*heat*› extremado, intensísimo; with ~ care con sumo cuidado; a matter of ~ importance un asunto de suma importancia; an ~ case un caso extremo 2 (not moderate) ‹*action/measure*› extremo, extremado; ‹*opinion*› extremista; to be ~ in one's views/opinions ser* extremista, tener* ideas/opiniones extremistas; the ~ left/right (Pol) la extrema izquierda/derecha 3 (outermost) (*before n*): in the ~ north/south en la zona más septentrional/meridional; we're at the ~ limit of our resources hemos llegado al límite de nuestros recursos

extreme² *n* extremo *m*; a country of ~s un país de extremos *or* de grandes contrastes; a man of ~s un hombre de extremos, un extremista; ~s of temperature temperaturas *fpl* extremas; to go from one ~ to the other ir* de un extremo al *or* a otro; there is no need to go to such ~s no hay por qué llegar a esos extremos; she carries things to ~s es una extremista *or* una exagerada; he was rude in the ~ fue sumamente grosero

extremely /ɪkˈstriːmli/ *adv* (*as intensifier*) sumamente; it's ~ interesting/difficult/important es interesantísimo/dificilísimo/importantísimo, es sumamente interesante/difícil/importante; I'm ~ sorry lo siento muchísimo; they're ~ unlikely to help us es muy poco probable que nos ayuden

extreme sport *n* deporte *m* extremo *or* de alto riesgo

extreme unction *n* [u] (Relig) extremaunción *f*

extremism /ɪkˈstriːmɪzəm/ *n* [u] extremismo *m*

extremist¹ /ɪkˈstriːməst || ɪkˈstriːmɪst/ *adj* extremista

extremist² *n* extremista *mf*

extremity /ɪkˈstreməti/ *n* (*pl* **-ties**)
A 1 [c] (farthest point) extremo *m* 2 extremities *pl* (Anat) extremidades *fpl*
B [u c] (critical degree, situation) (frml) extremo *m*; things had reached such an ~ that ... las cosas habían llegado a tal extremo que ...; they were driven to the ~ of selling the house tuvieron que llegar al extremo de vender la casa; a study of human values in ~ un estudio de los valores humanos en situaciones extremas *or* situaciones límite; they helped me in my ~ (liter) me ayudaron cuando estaba realmente necesitado

extricate /ˈekstrəkeɪt || ˈekstrɪkeɪt/ *vt* to ~ sth/sb FROM sth sacar* algo/a algn DE algo (*con dificultad*); they ~d the pilot from the wreckage sacaron al piloto de los restos del avión siniestrado; I ~d myself from her embrace/the party conseguí soltarme de su abrazo/escaparme de la fiesta

extrinsic /ekˈstrɪnsɪk/ *adj* (frml) extrínseco (frml)

extrovert¹ /ˈekstrəvɜːrt || ˈekstrəvɜːt/ *adj* extrovertido

extrovert² *n* extrovertido, -da *m,f*

extrude /ɪkˈstruːd/ *vt* extrudir

extrusion /ɪkˈstruːʒən/ *n* [u c] extrusión *f*

exuberance /ɪgˈzuːbərəns || ɪgˈzjuːbərəns/ *n* [u] 1 (vigor, profuseness) exuberancia *f* 2 (high spirits) euforia *f*, exaltación *f*

exuberant /ɪgˈzuːbərənt || ɪgˈzjuːbərənt/ *adj* 1 (vigorous, profuse) ‹*style/foliage*› exuberante 2 (lively) ‹*person/character*› desbordante de vida y entusiasmo; she was in ~ high spirits estaba eufórica

exude /ɪgˈzuːd || ɪgˈzjuːd/ *vi* ‹‹*resin*›› rezumar; pus ~d from the sore la herida supuraba
■ **exude** *vt* 1 ‹*resin*› exudar; to ~ pus supurar; to ~ sweat transpirar 2 ‹*charm/confidence*› emanar, irradiar

exult /ɪgˈzʌlt/ *vi* (frml) exultar (frml), regocijarse; to ~ IN sth regocijarse CON algo

exultant /ɪgˈzʌltnt/ *adj* (frml) ‹*person/crowd*› jubiloso, exultante (de alegría) (frml); ‹*cry/shout*› de júbilo

exultation /ˌegzʌlˈteɪʃən/ *n* [u] (frml) exultación *f* (frml), júbilo *m* (liter)

exurb /eksˈɜːrb || eksˈɜːb/ *n* (AmE); *zona próspera en las afueras de una ciudad*

ex-works¹ /ˈeksˈwɜːrks || ˈeksˈwɜːks/ *adj* franco fábrica, de fábrica, ex fábrica (AmL)

ex-works² *adv* en fábrica, franco fábrica

eye¹ /aɪ/ *n*
A 1 ▸❶ p.965, ▸❶ p.1036 (Anat) ojo *m*; he has blue/sad ~s tiene los ojos azules/tristes; to have good ~s tener* buena vista; to have sharp ~s tener* (una) vista de lince, tener* ojo de águila; a glass ~ un ojo de vidrio *or* (Esp) de cristal; ~s front/right! ¡vista al frente/a la derecha!; as far as the ~ can/could see hasta donde alcanza/alcanzaba la vista; in the twinkling of an ~ en un abrir y cerrar de ojos; to give sb a black ~ ponerle* a algn el ojo morado *or* (Esp tb) a la funerala *or* (CS tb) en compota *or* en tinta (fam); visible to the naked ~ que se puede ver a simple vista; do not look at the sun with the naked ~ no mire el sol sin protección; an ~ for an ~ (Bib) ojo por ojo; I can't believe my ~s si no lo veo, no lo creo, no doy crédito a mis ojos; I couldn't believe my ~s when I saw her me quedé helada *or* no daba crédito a mis ojos cuando la vi; ***to be all ~s*** mirar lleno de curiosidad; ***to be one in the ~ for sb*** (esp BrE colloq): that was one in the ~ for the competition con eso le dieron por las narices a la competencia (fam); ***to be sb's ~s and ears***: our reps are our ~s and ears in the market nuestros representantes son los que nos tienen al tanto de lo que pasa en el mercado; ***to close*** o ***shut one's ~s to sth*** cerrar* los ojos a algo; ***to cry one's ~s out*** llorar a lágrima viva *or* a mares; ***to feast one's ~s on sth*** regalarse la vista con algo, deleitarse *or* recrearse mirando algo; ***to go into sth with one's ~s closed*** meterse en algo a ciegas; I went into it with my ~s wide open me metí sabiendo muy bien lo que hacía; ***to have a roving ~*** ser* muy mujeriego; he has a roving ~ se le van los ojos detrás de las chicas, es muy mujeriego; ***to have ~s in the back of one's head*** tener* ojos en la nuca; ***to keep one's ~s open*** (to avoid danger, problems) andarse* *or* ir* con cuidado; (looking for sth): keep your ~s open for a restaurant vete mirando *or* fíjate bien a ver si ves un restaurante; ***to keep one's ~s peeled*** o ***skinned*** (colloq) (to avoid danger, problems) andarse* *or* ir* con mucho ojo (fam); (looking for sth) estar(se)* ojo avizor (fam); ***to make ~s at sb*** hacerle* ojitos a algn; ***to open sb's ~s*** abrirle* los ojos a algn; ***to open sb's ~s to sth*** hacerle* ver algo a algn; this opened my ~s to her true nature esto me hizo ver cómo era realmente; ***to see ~ to ~ with sb*** (*usu with neg*) estar* de acuerdo con algn, coincidir (con algn); ***with one's ~s shut*** o ***closed*** con los ojos cerrados; I can do it with my ~s closed lo puedo hacer con los ojos cerrados; ***to be up to one's eyes in sth*** estar* hasta aquí de algo (fam); I'm up to my ~s in work estoy agobiada *or* (fam) hasta aquí de trabajo; we're up to our ~s in debt estamos cargados de deudas, debemos hasta la camisa (fam); (*before n*): ~ contact: to make/avoid ~ contact with sb mirar/evitar mirar a algn a los ojos; at ~ level a la altura de la vista; ~ level oven horno *m* alto 2 (look, gaze) mirada *f*; his ~s turned toward her volvió la mirada *or* la vista hacia ella; under the watchful ~(s) of the teacher bajo la atenta mirada del profesor; to cast o run one's ~ over sth recorrer algo con la vista; all ~s were on her todas las miradas estaban puestas en ella; before my very ~s ante mis propios ojos; and now, before your very ~s, ... y ahora, a la vista de todos, ...; to catch sb's ~: the carpet caught my ~ la alfombra me llamó la atención; he caught my ~ at the party me fijé en él en la fiesta; nothing caught my ~ in the store no vi nada que me llamara la atención en la tienda; I tried to catch his ~ intenté llamar su atención; can you catch his ~? hazle una seña a ver si te ve; these colors really catch the ~ estos colores son verdaderamente llamativos; to have one's ~s on sb/sth no quitarle los ojos de encima a algn/algo; in one's ~s para él (*or* mí *etc*), a sus (*or* mis *etc*) ojos; in Mary's ~s he's perfect para Mary *or* a ojos de Mary es perfecto, Mary lo encuentra perfecto; in the ~s of the Law ante la ley; to keep one's ~(s) on sth/sb: keep your ~s on the road! ¡no apartes la vista de la carretera!; keep your ~s on him no lo pierdas de vista; to look sb straight in the ~ mirar a algn directamente a los ojos; she won't look me in the ~ no se atreve a mirarme a la cara; I was too ashamed to meet her ~s me daba vergüenza mirarla a los ojos *or* la cara; their ~s met sus miradas se encontraron; he has ~s only for her no tiene ojos más que para ella; he couldn't take his ~s off her no podía quitarle los ojos de encima; I took my ~s off the case for a second and it was gone me distraje *or* me despisté un momento y la maleta voló; a story seen through a child's ~s una historia vista a través de los ojos de un niño; seen through her ~s ... tal como ella lo ve/veía ..., desde su perspectiva ...; through Christian ~s desde una perspectiva cristiana; ***easy on the ~*** (colloq) agradable a la vista; ***to give sb the ~*** o (dated) ***the glad ~*** (colloq) hacerle* ojitos a algn (fam); ***to hit sb in the ~*** (be eye-catching) llamarle la atención a algn; (lit: strike) darle* a algn en el ojo; ***to keep an ~ on sth/sb*** vigilar *or* cuidar algo/a algn; keep an ~ on those two no pierdas de vista a esos dos, vigila a esos dos; ***to lay*** o ***set*** o (colloq) ***clap ~s on sb/sth***: from the moment I laid o set o (colloq) clapped ~s on it desde el primer momento que lo vi; I was 13 when I first set ~s on her tenía 13 años cuando la vi por primera vez; ***to turn a blind ~*** hacer* la vista gorda; to turn a blind ~ to sth hacer* la vista gorda frente a *or* ante algo 3 (attention): the ~s of the world will be on her todo el mundo tendrá la vista puesta en ella; the company has been in the public ~ a lot recently últimamente se ha hablado mucho de la compañía; to keep out of the public ~ mantenerse* alejado de la mirada del público; ***to have one's ~ on sb/sth***: she has her ~ on a house in that street le ha echado el ojo a una casa de esa calle (fam); I've had my ~ on him for some time hace tiempo que lo vengo vigilando; with an ~ to sth con miras a algo; with an ~ to selling it, they had the house painted hicieron pintar la casa con miras a venderla 4 (ability to judge) ojo *m*; to have an ~ for design tener* ojo *or* idea para el diseño; he has an ~ for the girls le gustan las chicas; to have a good ~ (in shooting) tener* buena puntería; (in tennis) tener* buen ojo; to have an ~ for detail ser* detallista
B 1 (of needle) ojo *m* 2 (of hurricane, storm) ojo *m* 3 (in potato) ojo *m*

eye² *vt* (*pres p* **eying** *or* BrE **eyeing**) 1 (observe) mirar, observar; to ~ sb up and down mirar a algn de arriba abajo; to ~ sth suspiciously observar algo con sospecha 2 (ogle) mirar, pasarle revista a (fam), relojear (RPl fam)

Phrasal verb
• **eye up** [v + o + adv, v + adv + o] (esp BrE) (colloq) ‹*person/possibility*› estudiar, considerar; he was ~ing up the girls (BrE) estaba mirando *or* (RPl fam) relojeando a las chicas

eyeball¹ /ˈaɪbɔːl/ *n* (Anat) globo *m* ocular; ***to meet ~ to ~ with sb*** (colloq) enfrentarse cara a cara con algn; ***to be up to one's ~s in sth*** estar* hasta aquí de algo (fam); I'm up to my ~s in work estoy agobiada *or* hasta aquí de trabajo; (*before n*): an eyeball-to-eyeball confrontation un cara a cara

e

eyeball² *vt* (AmE) mirar de arriba a abajo
eye bank *n* banco *m* de ojos
eyebath /'aɪbæθ || 'aɪbɑːθ/ *n* (BrE) 1 (cup) lavaojos *m* 2 (procedure) baño *m* ocular *or* de ojos
eyebrow /'aɪbraʊ/ *n* ceja *f*; **to raise one's ~s** arquear *or* enarcar* las cejas; ***to raise one's ~s at sth*** asombrarse ante algo; **she never raised an ~ at the news** ni se inmutó con la noticia; (*before n*): **~ pencil** lápiz *m* de cejas; **~ tweezers** pinzas *fpl* de cejas
eye-catching /'aɪˌkætʃɪŋ/ *adj* llamativo, vistoso
eye cup *n* (AmE) lavaojos *m*
-eyed /aɪd/ *suff*: **green~/large~/almond~** de ojos verdes/grandes/almendrados
eyedrops /'aɪdrɑːps || 'aɪdrɒps/ *pl n* colirio *m*, gotas *fpl* para los ojos
eyeful /'aɪfʊl/ *n*: **I got an ~ of dust** se me llenó el ojo de polvo; **quick, get an ~ of this** (colloq) ven a ver esto, no te lo pierdas; **he's quite an ~** (colloq) está para comérselo (fam)
eyeglass /'aɪglæs || 'aɪglɑːs/ *n* 1 (monocle) monóculo *m* 2 **eyeglasses** *pl* (AmE) gafas *fpl*, anteojos *mpl* (esp AmL), lentes *mpl* (esp AmL)
eye hospital *n* clínica *f* oftalmológica, hospital *m* oftalmológico
eyelash /'aɪlæʃ/ *n* pestaña *f*; **a pair of false ~es** unas pestañas postizas
eyelet /'aɪlət || 'aɪlɪt/ *n* ojete *m*
eyelid /'aɪlɪd/ *n* párpado *m*
eyeliner /'aɪˌlaɪnər || 'aɪˌlaɪnə(r)/ *n* [u] delineador *m* (de ojos)
eye makeup *n* maquillaje *m* de ojos; (*before n*): **~ ~ remover** desmaquillante *m* *or* desmaquillador *m* de ojos
eye-opener /'aɪˌəʊpnər || 'aɪˌəʊpnə(r)/ *n* (colloq)
A (sth startling) (*no pl*) revelación *f*; **it was a real ~** me (*or nos etc*) hizo abrir los ojos
B (drink) (AmE) *bebida alcohólica tomada al levantarse*
eyepatch /'aɪpætʃ/ *n* parche *m*; **he wore an ~** llevaba un parche en el ojo
eyepiece /'aɪpiːs/ *n* ocular *m*
eyeshade /'aɪʃeɪd/ *n* visera *f*
eye shadow *n* [u c] sombra *f* de ojos
eyesight /'aɪsaɪt/ *n* [u] vista *f*; **to have good/poor ~** tener* buena/mala vista; **my ~ is failing** mi vista ya no es lo que era
eye socket *n* cuenca *f*, órbita *f*
eyesore /'aɪsɔːr || 'aɪsɔː(r)/ *n* monstruosidad *f*, adefesio *m*
eyestrain /'aɪstreɪn/ *n* [u] fatiga *f* visual, vista *f* cansada; **too much reading causes ~** leer mucho cansa la vista
eye test *n* examen *m* de la vista
eyetie /'aɪtaɪ/ *n* (BrE sl & offensive) italiano, -na *m,f*, bachicha *mf* (CS fam), tano, -na *m,f* (RPl fam, a veces pey)
eyetooth /'aɪtuːθ/ *n* (*pl* **-teeth** /-'tiːθ/) colmillo *m*; ***to give one's eyeteeth for sth*: I'd give my eyeteeth for that ring/to go** no sé qué daría *or* daría cualquier cosa por ese anillo/por ir
eyewash /'aɪwɔːʃ || 'aɪwɒʃ/ *n* [u]
A colirio *m*, solución *f* oftálmica
B (nonsense) (colloq): **it's a lot of ~** es un cuento chino (fam)
eyewitness /'aɪˌwɪtnəs || 'aɪˌwɪtnɪs/ *n* testigo *mf* ocular *or* presencial
eyrie /'aɪri, ɪəri || 'aɪəri, 'ɪəri/ *n* ▸**aerie**
Ezekiel /ɪ'ziːkiəl/ *n* Ezequiel
e-zine /'iːziːn/ *n* revista *f* electrónica, e-zine *f*

f, F /ef/ *n* 1 (letter) f, F *f* 2 (Mus) fa *m*; *see also* **a A2** 3 (Mus) **= forte** 4 (Ling) (**= feminine**) f 5 (**= female**) de sexo femenino; **2nd f. to share house** (BrE) se busca otra chica para compartir casa 6 (**= Fahrenheit**) F; **70°F** 70°F 7 (grade) (Educ) *calificación que indica insuficiencia en un trabajo o examen* 8 (**= (and the) following**) ss.

fa /fɑː/ *n* (Mus) (in fixed system) fa *m*; (in movable system) *cuarto grado de una escala mayor*

FA *n* 1 (in UK) **= Football Association** 2 (BrE colloq) ▸ **Fanny Adams**

fab /fæb/ *adj* (colloq & dated) fabuloso, bárbaro (fam)

fable /ˈfeɪbəl/ *n* [c u] fábula *f*

fabled /ˈfeɪbəld/ *adj* (liter *or* journ) legendario, fabuloso

fabric /ˈfæbrɪk/ *n*

A [u c] (Tex) tela *f*, tejido *m*, género *m*; **the walls were covered in ~** las paredes estaban tapizadas de tela *or* estaban enteladas

B [u] 1 (of building) estructura *f*; **the upkeep of the ~ of the church** el mantenimiento de la iglesia 2 (of society) estructura *f*

fabricate /ˈfæbrɪkeɪt/ *vt* 1 (invent) ‹*story*/*excuse*› inventar(se) 2 (manufacture) (Tech) fabricar*

fabrication /ˌfæbrɪˈkeɪʃən/ *n* 1 [c u] (lie, invention) invención *f*, mentira *f*; **this story is (a) complete ~** esto es pura mentira 2 [u] (manufacture) (Tech) fabricación *f*

fabric conditioner *n* [u c] suavizante *m* para la ropa

fabulous /ˈfæbjələs || ˈfæbjʊləs/ *adj* 1 (enormous) ‹*sum*/*price*› astronómico, exorbitante; ‹*wealth*› fabuloso 2 (wonderful) (colloq) magnífico, fabuloso; **you look absolutely ~!** ¡estás fantástica *or* fenomenal! 3 (imaginary) fabuloso

fabulously /ˈfæbjələsli || ˈfæbjʊləsli/ *adv* (*as intensifier*) fabulosamente

facade, façade /fəˈsɑːd/ *n* 1 (Archit) fachada *f* 2 (false appearance) fachada *f*

face¹ /feɪs/ *n*

A ▸ ❶ **p.965** [c] 1 (of person, animal) cara *f*, rostro *m*; **his ~ was badly scarred** tenía la cara llena de cicatrices; **she has a thin/oval ~** tiene la *or* una cara delgada/ovalada; **her whole ~ lit up** se le iluminó la cara *or* el rostro *or* el semblante; **if your ~ doesn't fit ...** si no le/les caes bien ...; **~ down(ward)/up(ward)** boca abajo/arriba; **I'm not just a pretty ~, you know!** (set phrase) no te creas que soy tan tonta; **there were a few red ~s about it** más de uno se puso colorado por eso, a más de uno se le cayó la cara de vergüenza por eso; **I must put my ~ on** *o* **do my ~** (hum) tengo que maquillarme *or* pintarme; **she put on a brave ~ for the funeral** se mantuvo compuesta para el funeral; **to feed** *o* **stuff one's ~** (colloq) atiborrarse de comida, ponerse* morado (Esp fam); **to slap sb in the ~** darle* una bofetada *or* (AmL) cachetada a algn, cruzarle* la cara a algn; ***in the ~ of sth***: **in the ~ of stiff opposition** en medio de *or* ante una fuerte oposición; **it's hard to maintain standards in the ~ of rising costs** es difícil mantener los niveles de calidad con los costos en aumento; ***to blow up in sb's ~*** salir* mal; ***to fall flat on one's ~*** caerse* de bruces; (blunder) darse* de narices; ***to fly in the ~ of sth*** hacer* caso omiso de algo; ***to laugh on the other side of one's ~***: **you'll laugh on the other side of your ~ when you're fired!** ¡se te van a acabar las ganas de reír(te) cuando te despidan!; ***to sb's ~*** a *or* en la cara; **I told him to his ~** se lo dije a *or* en la cara; ***to set one's ~ against sb/sth*** oponerse* decididamente a algn/algo; ***to show one's ~*** aparecer*; **she never showed her ~ all evening** no le vimos el pelo *or* no apareció en toda la noche; **he'll never dare show his ~ here again** no va a atreverse a aparecer por aquí; ***to stare sb in the ~***: **the book/solution was staring me in the ~** tenía el libro/la solución delante de las narices; **ruin was staring him in the ~** estaba a un paso de la ruina; ***to talk/argue/shout until one/sb is blue in the ~*** hablar/discutir/gritar hasta cansarse 2 (person): **a new ~** una cara nueva; **always the same (old) ~s!** ¡siempre las mismas caras (conocidas)!; **a familiar ~** una cara conocida; **I'd know that ~ anywhere!** esa cara la reconocería en cualquier sitio; **I know that ~ from somewhere** me parece cara conocida; **I never forget a ~** no se me borra una cara, nunca olvido una cara 3 (expression) cara *f*; **you should have seen her ~** tendrías que haber visto la cara que puso; ***a ~ as long as a fiddle*** cara larga; **he had a ~ as long as a fiddle** andaba con cara larga; ***to have a ~ like a funeral*** tener* cara de entierro *or* de velorio; ***to keep a straight ~***: **I could hardly keep a straight ~** casi no podía aguantarme (de) la risa; ***to make*** *o* (BrE also) ***pull a ~*** poner* mala cara; **the children were making ~s at each other** los niños se hacían muecas; **she pulled a long ~** puso (la) cara larga; ***to put a brave*** *o* ***bold ~ on sth***: **she put a brave** *o* **bold ~ on it** (le) puso al mal tiempo buena cara; ***to put the best ~ on sth***: **they decided to put the best ~ on her misdemeanors** le restaron importancia a su mal comportamiento

B 1 (appearance, nature) (*no pl*) fisonomía *f*; **the changing ~ of America/society** la cambiante fisonomía de América/la sociedad; ***on the ~ of it*** aparentemente 2 [c] (aspect) aspecto *m*; **the many ~s of industry** las muchas caras de la industria; **socialism with a human ~** socialismo de rostro humano 3 [u] (dignity): **to lose ~** desprestigiarse, quedar mal; **to save ~** guardar las apariencias; **loss of ~** desprestigio *m* 4 [u] (insolence) (dated) **to have the ~ to + INF** tener* la desfachatez de + INF

C [c] (in geometry) cara *f*

D [c] 1 (of coin, medal) cara *f* 2 (of clock, watch) esfera *f*, carátula *f* (Méx) 3 (of building) fachada *f*

E [c] 1 (of mountainside, cliff) pared *f* 2 ▸ **coal-face**

F (surface): **the ~ of the moon** la cara de la luna; ***to disappear off the ~ of the earth*** desaparecer* de la faz de la tierra

face² *vt*

A (be opposite): **she turned to ~ him/the wall** se volvió hacia él/la pared; **he was sitting facing the wall** estaba sentado en frente de la pared; **the children lined up facing each other** los niños formaron dos filas frente a frente; **the illustration facing page nine** la ilustración que está frente a la página nueve; **this wall ~s the square** esta pared da a la plaza; **the hotel ~s the sea** el hotel está frente al mar

B (confront) ‹*opponent*/*rival*/*superior*› enfrentarse a; **the two teams will ~ each other in June** los dos equipos se enfrentarán en junio; **I don't know how I'll ~ him when he finds out** no sé cómo le podré dar la cara cuando se entere; **to be ~d with sth** estar* *or* verse* frente a *or* ante algo; **we are ~d with a serious problem** estamos *or* nos vemos frente a *or* ante un grave problema, se nos plantea un grave problema; **let's ~ it, we have no alternative** seamos realistas, no nos queda otra alternativa; **they're right, let's ~ it** tienen razón, hay que reconocerlo

C 1 (be presented with) enfrentarse *or* hacer* frente a; **I ~ that problem every day** todos los días me encuentro con *or* me enfrento a un problema así; **we ~ heavy increases next year** el año que viene tendremos que hacer frente a fuertes gastos 2 (contemplate willingly): **I can't ~ going through all that again** no podría volver a pasar por todo eso; **I don't think I could ~ another bowl of rice** creo que si me dan otro plato de arroz me muero; **he couldn't ~ a future without her** no se sentía capaz de enfrentar el futuro sin ella 3 (lie ahead of): **several problems ~ us** se nos presentan *or* se nos plantean varios problemas; **defeat ~s us unless we act at once** si no actuamos inmediatamente nos espera la derrota

D 1 (Const) ‹*wall*/*surface*› recubrir*; **the front of the house is ~d in/with stone** el frente de la casa está recubierto de piedra 2 (Clothing) ‹*sleeve*/*collar*› forrar (*por fuera*); **the cuffs were ~d with velvet** los puños eran de terciopelo

■ **face** *vi*: **the house ~s north(ward)/east(ward)** la casa está orientada *or* da al norte/este; **the balcony ~s out over the square** el balcón da *or* mira a la plaza; **she walked facing into the wind** caminaba contra el viento; **I was facing the other way** miraba para el otro lado; **about ~!** ¡media vuelta!; **right ~/left ~!** ¡a la derecha/izquierda!

Phrasal verbs

- **face about** (BrE)

A [v + adv] (turn) «*soldiers*» dar* media vuelta

B [v + o + adv] (cause to turn) ‹*troops*› mandar dar media vuelta a

- **face down** [v + o + adv, v + adv + o] hacerle* frente a
- **face out** [v + o + adv, v + adv + o] afrontar, hacer* frente a
- **face up to** [v + adv + prep + o] ‹*reality*/*responsibility*› afrontar, hacer* frente a, enfrentar; **we have to ~ up to the fact that ...** tenemos que aceptar *or* reconocer que ...

facebook¹ /ˈfeɪsbʊk/ *n* (Comput) facebook *m* (*sitio web de redes sociales*)

facebook² *vt* (Comput) buscar en un facebook

face card *n* (AmE) figura *f*

facecloth /ˈfeɪsklɔːθ || ˈfeɪsklɒθ/ (BrE also) **face flannel** *n* toallita *f* (*para lavarse*), ≈ manopla *f*

face cream *n* [u c] crema *f* para la cara

-faced /feɪst/ *suff*: **chubby~** de cara regordeta

faceless /ˈfeɪsləs || ˈfeɪslɪs/ *adj* (pej) ‹*bureaucrat*› anónimo; ‹*society*› despersonalizado

face-lift /ˈfeɪslɪft/ *vt* remozar*

face lift *n* 1 (operation) lifting *m*, estiramiento *m* (facial) 2 (reconditioning, renovation): **the building was given a ~** remozaron el edificio

face mask *n* 1 (for diving) máscara *f* 2 (for protection) mascarilla *f* de protección respiratoria 3 (in US football — piece of equipment) barra *f* del casco; (— foul) barra *f* **4** (as beauty treatment) mascarilla *f* (de belleza)

face-off /ˈfeɪsɔːf || ˈfeɪsɒf/ *n*
A (in ice hockey) salida *f*, saque *m*
B (showdown) (AmE) confrontación *f*

face pack *n* mascarilla *f* (*de belleza*)

face paint *n* [u] pintura *f* para la cara

face powder *n* [u] polvos *mpl* para la cara

facer /ˈfeɪsər || ˈfeɪsə(r)/ *n* (BrE colloq & dated) problema *m*, dificultad *f*

face-saver /ˈfeɪsˌseɪvər || ˈfeɪsˌseɪvə(r)/ *n* salida *f* para salvar la dignidad *or* para quedar bien

face-saving /ˈfeɪsˌseɪvɪŋ/ *adj* (*before n*) para guardar *or* cubrir las apariencias

facet /ˈfæsət || ˈfæsɪt/ *n* faceta *f*

facetious /fəˈsiːʃəs/ *adj* burlón, gracioso (iró); **I was only being ~!** lo decía en broma

facetiously /fəˈsiːʃəsli/ *adv* ‹*talk/write*› en tono de burla

face-to-face /ˌfeɪstəˈfeɪs/ *adj* cara a cara, frente a frente

face to face *adv* cara a cara, frente a frente; **we finally came** *o* **met ~ ~ ~** finalmente nos encontramos cara a cara, finalmente estuvimos frente a frente; **I'd rather discuss it ~ ~ ~** preferiría discutirlo cara a cara *or* frente a frente; **I found myself standing ~ ~ ~ with my worst enemy** de repente me encontré cara a cara *or* frente a frente con mi peor enemigo; **we were brought ~ ~ ~ with reality** tuvimos que enfrentarnos a la realidad

face value *n* [u] (of money, bonds) valor *m* nominal; ***to take sth/sb at ~ ~***: **I took what she said at ~ ~: why should she lie?** yo me creí lo que dijo: ¿por qué iba a mentir?; **I'd be wary of taking him at ~ ~** yo no me fiaría de él

facial[1] /ˈfeɪʃəl/ *adj* facial, de la cara; **~ hair** vello *m* facial

facial[2] *n* limpieza *f* de cutis

facial profiling *n* (Law) biometría *f* facial, reconocimiento *m* facial *or* de rostro

facile /ˈfæsəl || ˈfæsaɪl/ *adj* superficial, simplista

facilitate /fəˈsɪləteɪt || fəˈsɪlɪteɪt/ *vt* (frml) facilitar

facilitator /fəˈsɪləteɪtər || fəˈsɪlɪteɪtə(r)/ *n* facilitador, -dora *m,f*

facilities management gestión *f* de instalaciones y servicios

facility /fəˈsɪləti/ *n* (*pl* **-ties**)
A [c] **1** (amenity): **the village lacks certain basic facilities** al pueblo le faltan ciertos servicios básicos; **cooking facilities in all rooms** se puede cocinar en todas las habitaciones; **facilities for the disabled** instalaciones *fpl* para minusválidos; **sports facilities** instalaciones *fpl* deportivas; **the hotel has conference facilities** el hotel dispone de sala(s) de conferencia **2** (Fin): **credit facilities** crédito *m*, facilidades *fpl* de pago; **overdraft facilities** autorización *f* de girar en descubierto, crédito *m* en cuenta corriente **3** (feature) prestación *f*; **this computer offers a wide range of facilities** esta computadora ofrece una amplia gama de prestaciones
B [c] (building, complex) (AmE) complejo *m*, centro *m*
C [u] (ability, ease) (frml) facilidad *f*

facing /ˈfeɪsɪŋ/ *n*
A (Clothing) **1** [c u] (lining) entretela *f* **2** **facings** *pl* (of uniform) vueltas *fpl*, vistas *fpl*
B [c u] (Const) revestimiento *m*

-facing /ˈfeɪsɪŋ/ *suff*: **north/south~** que da al norte/sur

facsimile /fækˈsɪməli/ *n* **1** (copy) facsímil *m*, facsímile *m*; **it's/he's a reasonable ~** (AmE) es una buena imitación; (*before n*) ‹*edition/copy*› facsimilar **2** (Telec) facsímil(e) *m*

fact /fækt/ *n*
A [c] (sth true) hecho *m*; **the ~ that she didn't mention it** el hecho de que no lo mencionara; **the ~ of her coming here shows ...** el (hecho de) que haya venido demuestra ...; **the ~ is that she is a great writer** el hecho *or* lo cierto es que es una gran escritora; **if it wasn't for the ~ that he's my son ...** si no fuera porque es mi hijo ...; **I know for a ~ that ...** sé a ciencia cierta que ...; **it's a well-known ~** todo el mundo lo sabe; **it cost $5,000 — is that a ~?** costó 5.000 dólares —¡no me diga!; **our magazine gives you all the ~s and figures on sport** en nuestra revista encontrará la información deportiva más completa; **she got her ~s right/wrong** su información era correcta/incorrecta; **what are the ~s of the case?** ¿qué se sabe en concreto sobre el caso?; **I want hard ~s** quiero datos concretos; **the ~s about Hollywood are as fascinating as the legends** la verdad *or* realidad de Hollywood es tan fascinante como la leyenda; ***to face (the) ~s*** aceptar la realidad
B **1** [u] (truth, reality): **this novel is based on ~** esta novela está basada en hechos reales; **~ or fiction?** ¿realidad o ficción?; **in ~** de hecho, en realidad; **she wasn't pleased; in ~ she was extremely angry** no le hizo mucha gracia; de hecho *or* en realidad se puso furiosa; **as a matter of ~: I do know her, as a matter of ~ she's one of my best friends** sí que la conozco, (de hecho) es muy amiga mía; **I don't suppose you have it — as a matter of ~ I do** me imagino que no lo tendrás — pues sí lo tengo; **in point of ~** de hecho; **the ~ of the matter is (that) ...** el hecho es que ... **2** [c] (criminal event) (Law): **before/after the ~** antes/después de los hechos

fact-based /ˈfæktbeɪst/ *adj* basado en hechos reales

factfinder /ˈfæktˌfaɪndər || ˈfæktˌfaɪndə(r)/ *n* **1** (person) compilador, -dora *m,f* de datos **2** (book) libro *m* de consulta

fact-finding /ˈfæktˌfaɪndɪŋ/ *adj* (*before n*) ‹*mission/delegation*› de investigación, investigador

faction /ˈfækʃən/ *n* **1** [c] (group) facción *f*; **warring ~s** facciones antagónicas **2** [u] (strife) (frml) discusión *f*

factional /ˈfækʃnəl/ *adj* de/entre facciones

factionalism /ˈfækʃnəlɪzəm/ *n* [u] faccionalismo *m*

factious /ˈfækʃəs/ *adj* (liter) ‹*groups*› faccioso; ‹*debate/argument*› contencioso

factitious /fækˈtɪʃəs/ *adj* (frml) artificial, facticio (frml)

fact of life *n*
A (unpleasant truth) (triste *or* dura) realidad *f* (de la vida)
B (human sexuality) (euph): **his father told him the ~s ~ ~** su padre le explicó cómo se reproducen los seres humanos

factoid /ˈfæktɔɪd/ *n* factoide *m*

factor[1] /ˈfæktər || ˈfæktə(r)/ *n*
A (consideration, fact) factor *m*; **the time ~** el factor tiempo; **the nuclear/unemployment ~** la cuestión nuclear/del desempleo
B (Math) factor *m*; **accidents have increased by a ~ of ten** el número de accidentes se ha multiplicado por diez
C (for debts) factor, -tora *m,f*
D (Biol) factor *m*
E (measure of protection) (Pharm) factor *m*; **sun-protection ~ 30** protección *f* solar factor 30

factor[2] *vt* (Busn) hacer* factoring de

Phrasal verbs

- **factor in** [v + o + adv, v + adv + o] ‹*prices/costs*› tener* *or* tomar en consideración, tener* en cuenta
- **factor out** [v + o + adv, v + adv + o] ‹*prices/costs*› no tener* *or* tomar en consideración, no tener en cuenta

factorial /fækˈtɔːriəl/ *adj* (*before n*): **~ six** factorial *m or f* de seis

factorization /ˌfæktərəˈzeɪʃən || ˌfæktəraɪˈzeɪʃən/ *n* [u] factoreo *m*, factorización *f*, descomposición *f* en factores

factorize /ˈfæktəraɪz/ *vt* (Math) factorear, factorizar*, descomponer* en factores

factory /ˈfæktri -təri/ *n* (*pl* **-ries**) (Busn) fábrica *f*; **a bomb ~** (illegal) una fábrica clandestina de bombas; (*before n*) ‹*inspector*› industrial; **~ prices** (BrE) precios *mpl* de fábrica, precios *mpl* franco fábrica; **~ worker** obrero, -ra *m,f* (*de fábrica*)

factory farm *n* (BrE) granja *f* de cría intensiva

factory farming *n* [u] (BrE) cría *f* intensiva

factory floor *n* trabajadores *mpl* de la empresa

factory gate *n* salida *f* de la fábrica; (*before n*): **factory-gate prices** precios *mpl* de fábrica

factory-made /ˈfæktrimeɪd, ˈfæktəri-/ *adj* manufacturado

factory outlet *n* tienda *f* de fábrica

factory ship *n* buque *m* factoría

factory shop *n* tienda *f* de fábrica

factory system *n* sistema *m* de producción industrial

factotum /fækˈtəʊtəm/ *n* (frml *or* hum) factótum *m* (frml *o* hum)

fact sheet *n* hoja *f* informativa

factual /ˈfæktʃuəl/ *adj* ‹*account/report*› que se atiene a los hechos, objetivo; **a ~ error** un error de hecho

factually /ˈfæktʃuəli/ *adv* en cuanto a los hechos

faculty /ˈfækəlti/ *n* (*pl* **-ties**)
A (sense, ability) facultad *f*; **the ~ of sight/hearing** (el sentido de) la vista/(d)el oído, las facultades visuales/auditivas; **to be in (full) possession of one's faculties** estar* en (pleno) uso de sus (*or* mis *etc*) facultades; **to have a ~ for sth/-ING** tener* aptitud *or* facilidad para algo/+ INF
B (Educ) **1** (division of university, college) facultad *f*; **the medical/arts ~** la facultad de Medicina/Filosofía y Letras **2** (academic personnel) (AmE) cuerpo *m* docente, profesorado *m* (*de una facultad etc*)

fad /fæd/ *n* (trend) moda *f* pasajera; (personal) manía *f*, maña *f* (AmL)

faddish /ˈfædɪʃ/, **faddy** /ˈfædi/ *adj* **1** (fussy, choosy) maniático, mañoso (AmL) **2** (too trendy) (AmE): **those shoes are really ~** estos zapatos van a pasarse de moda rápido

fade[1] /feɪd/ *vi*
A «*color/star*» apagarse*, perder* intensidad; «*fabric/paper*» perder* color, desteñirse*; **the light was beginning to ~** empezaba a oscurecer *or* a irse la luz
B **1** (disappear) «*feeling/memories*» desvanecerse*; «*strength/sight*» debilitarse; «*beauty*» marchitarse; «*interest/enthusiasm*» decaer*; «*hope/optimism*» desvanecerse*; **his smile ~d** se le desvaneció la sonrisa; **the novelty soon ~d** se pasó pronto la novedad **2** (lose freshness, vigor) «*flower/plant*» ajarse; **she's fading fast** se está apagando *or* consumiendo rápidamente **3** (fall away) «*competitor/team*» decaer*, quedarse atrás, perder* terreno
C **1** «*sound/signal/music*» debilitarse, perderse*; **the theme music ~s in** poco a poco se empieza a oír el tema musical; **to ~ out** desaparecer* **2** (Rad, TV) «*signal*» oscilar **3** (Auto) «*brakes/engine*» no responder
D (Cin, TV) «*image/scene/speech*» fundirse; **the scene ~s to the same room twenty years later** hay un fundido a la misma habitación veinte años después
E (Sport) **1** (veer) «*baseball/golfball*» desviarse*; **~ to the left/right** desviarse* a la izquierda/derecha **2** (in US football) retroceder

■ **fade** *vt*
A (make lose color) ‹*fabric/clothes/furnishings*› desteñir*, hacer* perder el color a; ‹*color*› apagar*
B (Cin, Rad, TV) fundir; **~ the applause into the next song** funda los aplausos con *or* y la siguiente canción; **she ~d the music down** bajó gradualmente el volumen de la música

Phrasal verb

- **fade away** [v + adv] «*love/grief*» irse* apagando; «*chances/hopes/memory*» desvanecerse*; **the sound slowly ~d away** el sonido se fue apagando poco a poco *or* gradualmente; **he ~d away into obscurity** fue cayendo poco a poco en el olvido; **you must eat something or you'll ~ away** si no comes algo te vas a consumir

fade[2] *n*
A [c] (Cin, Rad, TV) fundido *m*, disuelto *m*; **slow ~** fundido *m* encadenado

B [u] (*brake* ~) (Auto) frenos *mpl* con una gran resistencia a la fatiga, fading *m*

faded /ˈfeɪdəd ‖ ˈfeɪdɪd/ *adj* ‹*color*› apagado, desvaído; ‹*fabric/jeans*› que ha perdido el color, desteñido; ‹*photograph/writing*› descolorido, desvaído

fade-in /ˈfeɪdɪn/ *n* fundido *m*, entrada *f* disuelta

fade-out /ˈfeɪdaʊt/ *n* fundido *m*, salida *f* disuelta

faecal /ˈfiːkəl/ *adj* (BrE frml) fecal; **~ matter** materia *f* fecal (frml)

faeces /ˈfiːsiːz/ *pl n* (BrE frml) heces *fpl* (frml), excrementos *mpl* (frml)

Faeroes /ˈferəʊz ‖ ˈfeərəʊz/, **Faeroe Islands** /ˈferəʊ ‖ ˈfeərəʊ/ *pl n*: **the ~** las Islas Feroe

faff about, faff around /fæf/ [v + *adv*] (BrE colloq) dar* vueltas (perdiendo el tiempo)

fag[1] /fæg/ *n*

A (male homosexual) (AmE sl & pej) maricón *m* (fam & pey)

B (chore) (*no pl*) (BrE colloq): **to be a ~** ser* una pesadez *or* una lata (fam), ser* una joda (AmL) *or* (Esp) un coñazo (fam *o* vulg)

C (cigarette) (BrE colloq) cigarrillo *m*, pitillo *m* (fam), pucho *m* (CS fam)

D (schoolboy) (BrE) *alumno que está al servicio de un alumno mayor*

fag[2] **-gg-** *vt* (AmE sl) dejar reventado *or* hecho polvo *or* (Col, CS tb) fundido (fam)

■ **fag** *vi* (BrE) *hacer trabajitos para un alumno mayor, novatear*

(Phrasal verb)

• **fag out** [v + o + adv] (colloq) dejar reventado *or* hecho polvo *or* (Col, CS tb) fundido (fam); **to ~ oneself out** reventarse* (fam); **to be ~ged out** estar* reventado *or* hecho polvo *or* (Col, CS tb) fundido (fam)

fag end *n* (esp BrE colloq) **1** (of cigarette) colilla *f*, pucho *m* (CS fam) **2** (of conversation): **don't pick up ~ ~s** no sabes de qué estamos hablando; **she's always picking up ~ ~s** siempre está metiendo su cuchara sin saber de qué se está hablando (fam) **3** (remnant) restos *mpl*; **the ~ ~ of the day/game** el final del día/partido

fagged /fægd/ *adj* (colloq) (*pred*) **1** (bothered) (BrE): **he couldn't be ~ to cook** no quiso molestarse en cocinar; **I can't be ~** me da pereza **2** (exhausted): **I'm ~** estoy reventado *or* hecho polvo *or* (Col, CS tb) fundido

fagged out *adj* (BrE) ► **fagged 2**

faggot /ˈfægət/ *n*

A (AmE also): **fagot** (bundle of sticks) (liter) haz *m* de leña

B (pej) **1** (male homosexual) (AmE sl) maricón *m* (fam & pey) **2** (woman) (BrE colloq): **the silly old ~!** ¡la muy estúpida!

C (meatball) (BrE) albóndiga *f*

faggoting, (AmE also) **fagoting** /ˈfægətɪŋ/ *n* [u] deshilado *m*, trabajo *m* de vainicas *or* (RPl) vainillas

fah /fɑː/ *n* (BrE) (Mus) ► **fa**

Fahr. (= **Fahrenheit**) F

Fahrenheit /ˈfærənhaɪt/ ► ❶ **p.796** *adj* Fahrenheit *adj inv*; **84 degrees ~** 84 grados Fahrenheit

faience /faɪˈɑːns/ *n* [u] cerámica *f* vidriada y decorada

fail[1] /feɪl/ *vi*

A **1** (not do) **to ~ to + INF: he ~ed to live up to our expectations** no dio todo lo que se esperaba de él; **the engine ~ed to start first time** el motor no arrancó de entrada; **both teams ~ed to score** ninguno de los (dos) equipos marcó un gol; **you ~ed to mention the crucial point** no mencionaste el punto esencial; **she ~ed to keep her word** faltó a su palabra, no cumplió con su palabra; **it never ~s to amaze me how many people ...** nunca deja de sorprenderme *or* de asombrarme cuánta gente ...; **I ~ to see what business it is of yours** no veo por qué razón te tienes que meter **2** (not succeed) «*marriage/business*» fracasar; «*idea/plan*» fallar, fracasar; **she ~ed in her attempt to ...** falló *or* fracasó en su intento de ...; **he ~ed in his application for the post** no consiguió que le dieran el puesto; **this method never ~s** este método no falla nunca; **if all else ~s** como último recurso, si no hay otra solución **3** **failed** *past p* ‹*businessman/actor/writer*› fracasado **4** (be inadequate, fall short) fallar; **to ~ in one's duty/obligations** faltar a *or* no cumplir con su (*or* mi *etc*) deber/sus (*or* mis *etc*) obligaciones

B **1** «*brakes/battery/lights*» fallar **2** «*crop/harvest*» perderse*, malograrse **3** (weaken): **my eyesight/memory is ~ing** me está fallando la vista/memoria; **the light was ~ing** estaba oscureciendo **4** **failing** *pres p* **he could no longer read because of his ~ing eyesight** la vista se le había deteriorado tanto que ya no podía leer; **he retired because of ~ing health** se retiró debido a problemas de salud

C (in exam, test) «*student/applicant*» ser* reprobado (AmL), suspender (Esp)

■ **fail** *vt*

A (Educ) **1** ‹*exam*› no pasar, ser* reprobado en (AmL), suspender (Esp), reprobar* (Méx), perder* (Col, Ur), salir* mal en (Chi) **2** ‹*student/applicant*› reprobar* *or* (Esp) suspender

B (let down): **his courage/memory ~ed him** le faltó valor/le falló la memoria; **he promised help but ~ed me in the end** me prometió ayudar pero al final me falló; **you have ~ed him** le has fallado, lo has decepcionado; **words ~ me!** ¡no puedo creerlo!; **in describing Mozart's genius, words ~ me** no encuentro palabras *or* me faltan las palabras para describir el genio de Mozart

fail[2] *n*

A (in exam, test) (BrE) aplazado *m or* reprobado *m or* (Esp) suspenso *m or* (Arg) aplazo *m*

B **without ~** sin falta

failing[1] /ˈfeɪlɪŋ/ *n* defecto *m*

failing[2] *prep*: **~ that, try with bleach** si eso no resulta, prueba con lejía; **~ orders to the contrary, they will embark tomorrow** salvo que *or* a no ser que *or* a menos que haya una contraorden, se embarcarán mañana; **~ all else, they can stay here** a falta de otra alternativa, se pueden quedar aquí

fail-safe /ˈfeɪlseɪf/ *adj* **1** ‹*device/mechanism/circuit*› de seguridad **2** (infallible) ‹*system/process/machine*› infalible, a toda prueba

failure /ˈfeɪljər ‖ ˈfeɪljə(r)/ *n*

A **1** [u] (of business, marriage, talks) fracaso *m*; **the plan is doomed to end in ~** el plan está condenado al fracaso **2** [c] (unsuccessful thing, attempt) fracaso *m*; (insolvency) quiebra *f*; (*before n*): **~ rate** (Busn) proporción *f* de quiebras; (Educ) índice *m* de fracaso escolar **3** [c] (person) fracaso *m*; **I feel such a ~** me siento fracasado, soy un fracaso **4** [c u] (breakdown): **engine ~** falla *f* mecánica *or* (Esp) fallo *m* mecánico; **power ~** apagón *m*, corte *m* de luz, corte *m* en el suministro eléctrico; **structural ~** defecto *m* estructural; **crop ~** pérdida *f* de la cosecha; **heart/kidney/respiratory ~** insuficiencia *f* cardíaca/renal/respiratoria; **the progressive ~ of her faculties** el deterioro progresivo de sus facultades

B (*expressing negation*) **~ to + INF: ~ to carry out the instructions** el incumplimiento de las órdenes; **her ~ to understand ...** el (hecho de) que no entendiera/entienda ...; **they were criticized for their ~ to protect their clients' interests** se los criticó por no haber protegido los intereses de sus clientes

fain /feɪn/ *adv* (arch *or* poet) de buen grado

faint[1] /feɪnt/ *adj* **-er, -est**

A **1** (barely perceptible) ‹*line/mark*› apenas visible; ‹*light/gleam/glow*› débil, tenue; ‹*noise/echo/voice*› apenas perceptible, débil; ‹*smell/aroma/breeze*› ligero, leve **2** (slight) ‹*hope/suspicion/smile*› ligero, leve; ‹*recollection*› vago; ‹*resemblance*› vago, ligero; **what's going on? — I haven't the ~est (idea)** (colloq) ¿qué pasa? — no tengo ni (la menor *or* la más mínima *or* la más remota) idea

B (weak) (*pred*): **he was ~ with hunger** estaba desfallecido de hambre; **I feel ~** estoy mareado

faint[2] *vi* desmayarse; **I nearly ~ed!** por poco me desmayo, casi me da un síncope (fam)

faint[3] *n* desmayo *m*; **she collapsed in a dead ~** cayó desvanecida, se desmayó

faint-hearted[1] /ˈfeɪnt,hɑːrtəd ‖ ˌfeɪntˈhɑːtɪd/ *adj* ‹*lover/leader*› pusilánime, timorato; ‹*attempt*› tímido

faint-hearted[2] *pl n*: **the ~** los pusilánimes

fainting fit /ˈfeɪntɪŋ/ *n* desmayo *m*

faintly /ˈfeɪntli/ *adv* **1** (barely perceptibly) ‹*see/hear*› apenas; ‹*shine/sound/speak*› débilmente; ‹*smile/laugh*› levemente, ligeramente; **the drink tasted ~ bitter** la bebida sabía ligeramente amarga; **it tasted ~ of aniseed** tenía un ligero sabor a anís **2** (slightly) ‹*interested/amused/surprised*› ligeramente; ‹*amusing/surprising*› algo; **I felt ~ ridiculous** me sentía algo *or* un poco ridículo; **her face ~ resembles her grandfather's** de cara se parece un poco al abuelo, tiene un vago parecido al abuelo

faintness /ˈfeɪntnəs ‖ ˈfeɪntnɪs/ *n* [u] **1** (of light) lo débil, lo tenue; (of sound) lo débil, lo bajo **2** (weakness): **a feeling of ~ overcame him** se sintió desfallecer, sintió *or* le dio un vahído

fair[1] /fer ‖ feə(r)/ *adj* **-er, -est**

A (just) ‹*person/decision*› justo, imparcial; ‹*fight/contest/election*› limpio; **she was never given a ~ chance** nunca le dieron una oportunidad como es debido; **come on, now: ~'s ~** vamos, seamos justos *or* lo justo es justo; **it's not ~!** ¡no hay derecho!, ¡no es justo!; **I feel it's only ~ to warn you** me parece justo advertirte; **by ~ means or foul** por las buenas o por las malas; **~ enough** bueno, está bien; **he's come in for more than his ~ share of criticism** le ha tocado recibir muchas críticas; **I've had my ~ share of problems recently** ya he tenido bastantes problemas últimamente; **to be ~ ON** *o* **TO sb**: **it's not ~ to her to expect her to do it** no es justo pretender que lo haga ella; **that wouldn't be ~ on the others** eso no sería justo (para) con los demás, esto afectaría injustamente a los demás; **but to be ~ one has to recognize that ...** pero en honor a la verdad uno tiene que reconocer que ...; **be ~ (to him)** no seas injusto (con él); **~ *and square*: he won ~ and square** ganó en buena ley *or* con todas las de la ley; **I hit him ~ and square on the nose** le di de lleno en la nariz; ***all's ~ in love and war*** en el amor y en la guerra todo vale

B ► ❶ **p.1036** **1** (blonde) ‹*hair/person*› rubio, güero (Méx), mono (Col), catire (Ven) **2** (of skin) ‹*complexion/person*› blanco

C (beautiful) (liter) ‹*maiden/lady*› hermoso, bello; **the ~ sex** (hum) el sexo débil (hum); **I made it with my own ~ hands** (hum) lo hice con estas dos manitas, lo hice yo solito

D **1** (quite good): **we have a ~ chance of winning** tenemos bastantes posibilidades de ganar; **I don't know for sure, but I can give you a ~ idea** no estoy seguro pero te puedo dar una idea bastante aproximada; **his work is ~** su trabajo es pasable *or* aceptable; **she made a ~ attempt at the last question** hizo un esfuerzo bastante razonable en la última pregunta; **doctors say her condition is ~** los médicos opinan que su estado es satisfactorio; **~ *to middling*** (colloq & hum): **how are you? — ~ to middling** ¿qué tal estás? — voy tirando *or* (Méx) ahí la llevo *or* (Col, Ven) ahí, llevandola (fam) **2** (considerable) (colloq) (*before n*) ‹*number/amount/speed*› bueno; **it's still a ~ climb to the top** todavía nos queda una buena subida hasta la cima; **it's a ~ journey** hay un buen trecho

E (Meteo) ► ❶ **p.1878** **1** (of weather): **we'll go if it's ~** iremos si hace buen tiempo **2** (favorable) ‹*wind/tide*› a favor; ***to be set ~ to win*** tener* todas las de ganar

fair[2] *adv* **1** (impartially) ‹*play/deal*› limpio, limpiamente **2** (quite) (colloq *or* dial) realmente

fair[3] *n*

A **1** (market) feria *f*; **county ~** feria *f or* exposición *f* rural (*a nivel provincial*) **2** (*trade* ~) feria *f or* exposición *f* industrial/comercial, feria *f* de muestras (Esp); **book ~** feria *f* del libro **3** (bazaar) feria *f* (*con fines benéficos*), kermés *f* (CS, Méx), bazar *m* (Col)

B (funfair) (BrE) feria *f*

fair copy *n* copia *f* en limpio; **please make a ~ ~ of this** por favor pasa esto en *or* (Esp) a limpio

fairground /ˈfergraʊnd || ˈfeəgraʊnd/ *n* **1** (funfair) (BrE) feria *f*; (permanent) parque *m* de diversiones *or* (Esp) atracciones **2** **fairgrounds** *pl* (site of county, state fair) (AmE) recinto *m* ferial, real *m* (de la feria)

fair-haired /ˈferˈherd || ˌfeəˈheəd/ *adj*: **she's ~** (BrE) es rubia *or* (Méx) güera *or* (Col) mona *or* (Ven) catira; **the boss's ~ boy** (AmE colloq) el niño mimado *or* el favorito del jefe

fairing /ˈferɪŋ || ˈfeərɪŋ/ *n* (Auto, Aviat) carenado *m*

fairly /ˈferli || ˈfeəli/ *adv*
A (justly, honestly) ‹*play*› limpio; ‹*judge/assess*› con imparcialidad; ‹*divide*› equitativamente; ‹*obtain*› limpiamente, en buena lid *or* ley; **the judge dealt ~ with him** el juez fue justo con él, el juez lo trató con justicia; **~ *and squarely*** de lleno; **she put the blame ~ and squarely on her husband** le echó abiertamente la culpa al marido
B **1** (moderately) ‹*large/small/old*› bastante; **I'm ~ sure** estoy casi segura **2** (really) (colloq) realmente

fair-minded /ˈferˈmaɪndəd || ˌfeəˈmaɪndɪd/ *adj* justo, imparcial

fairness /ˈfernəs || ˈfeənɪs/ *n* [u]
A (impartiality) imparcialidad *f*, justicia *f*; **in (all) ~ to her, she did at least try** (para ser justos con ella) hay que reconocer que por lo menos lo intentó; **in all ~** sinceramente, francamente
B (of skin) blancura *f*; (of hair) lo rubio *or* (Méx) güero *or* (Col) mono *or* (Ven) catire
C (beauty) (arch) hermosura *f*

fair play *n* [u] juego *m* limpio

fair-sized /ˈferˈsaɪzd || ˌfeəˈsaɪzd/ *adj* (*before n*) ‹*portion*› bastante grande; **there was a ~ audience** había bastante público

fair-skinned /ˈferskɪnd || ˈfeəskɪnd/ *adj* de piel blanca

fair-trade /ˈferˈtreɪd || ˌfeəˈtreɪd/ *vt* (AmE) (Busn) *establecer el precio mínimo de venta al público de un producto*

fair trade *n* [u] (Busn) comercio *m* justo

fair-trade agreement *n* (in US) *convenio sobre los precios mínimos de venta al público*

fairway /ˈferweɪ || ˈfeəweɪ/ *n*
A (in golf) calle *f*, fairway *m*
B (Naut) canal *m* navegable (*de un puerto o río*)

fair-weather friend /ˈferˌweðər || ˈfeə ˌweðə(r)/ *n* amigo, -ga *m,f* sólo cuando las cosas marchan bien *or* (CS) sólo en las buenas

fairy /ˈferi || ˈfeəri/ *n* (*pl* **-ries**)
A (Myth) hada *f*‡
B (male homosexual) (colloq: pej & dated) mariquita *m* (fam & pey)

fairy godmother *n* hada *f*‡ madrina

fairyland /ˈferilænd || ˈfeərilænd/ *n* el país de las hadas

fairy lights *pl n* (BrE) luces *fpl or* bombillas *fpl* de colores

fairy story, fairy tale *n* **1** (Lit) cuento *m* de hadas **2** (fabricated story) (pej) cuento *m* (chino) (pey)

fairytale /ˈferiteɪl || ˈfeəriteɪl/ *adj* (*before n*) ‹*romance/wedding*› de cuento; ‹*princess*› de cuento de hadas; ‹*mansion*› de ensueño, de película

fait accompli /ˈfeɪtəˌkɑːmˈpliː || ˌfeɪtəˈkɒmpliː/ *n* (*pl* **~s ~s**) hecho *m* consumado; **to present sb with a ~ ~** presentarle a algn un hecho consumado

faith /feɪθ/ *n*
A [u] (trust) **~** (**IN sb/sth**) confianza *f or* fe *f* (EN algn/algo); **to have ~ in sb/sth** tener* confianza *or* fe en algn/algo, tenerle* a algn/algo confianza *or* fe; **to put one's ~ in sb/sth** confiar* en algn/algo; ***to act in good/bad ~*** (Busn) actuar* de buena/mala fe; ***to keep/break ~ with sb***: **they promised to help and they kept ~ with me** prometieron ayudarme y cumplieron con su palabra; **in disclosing information to our rivals you broke ~ with the company** has sido desleal con la compañía al dar a conocer información a la competencia
B (Relig) **1** [u] (belief) fe *f* **2** [c] (religion) fe *f*; **the Christian/Islamic ~** la fe cristiana/musulmana

faith crime *n* (Law, Sociol) delito *m* contra una persona por su religión

faithful[1] /ˈfeɪθfəl/ *adj*
A (loyal) ‹*friend/follower/dog*› fiel; **to be ~ TO sb** serle* fiel A algn; **to be ~ to one's promise** ser* fiel a su (*or* mi *etc*) promesa
B (accurate) ‹*account/report/copy*› fiel

faithful[2] *pl n* **the ~** **1** (Relig) los fieles **2** (loyal followers): **the party ~** los incondicionales, los seguidores más fieles

faithfully /ˈfeɪθfəli/ *adv*
A **1** (sincerely): **I swear ~** juro por mi honor; **I promised ~ to come** di mi palabra de que iría; **yours ~** (esp BrE) (le saluda) atentamente **2** (loyally) ‹*follow/serve*› fielmente **3** (regularly) ‹*attend/visit*› religiosamente
B (exactly) ‹*record/translate/copy*› fielmente

faithfulness /ˈfeɪθfəlnəs || ˈfeɪθfəlnɪs/ *n* [u] fidelidad *f*

faith healer *n* curandero, -ra *m,f*, santero, -ra *m,f*

faith healing *n* [u]: *curación a través de la oración y la fe*

faithless /ˈfeɪθləs || ˈfeɪθlɪs/ *adj* (liter) **1** (disloyal) desleal **2** (Relig) infiel

faithlessness /ˈfeɪθləsnəs || ˈfeɪθlɪsnɪs/ *n* [u] (liter) **1** (disloyalty) deslealtad *f* **2** (Relig) falta *f* de fe

fake[1] /feɪk/ *n* **1** (object) falsificación *f*, imitación *f*; **this passport is a ~** este pasaporte es falso; **his limp was a ~** su cojera era una farsa; **the whole story was a complete ~** toda la historia era puro cuento **2** (person) farsante *mf*, impostor, -tora *m,f* **3** (AmE) (Sport) amago *m*, finta *f*; (in US football) engaño *m*

fake[2] *adj* ‹*jewel/document*› falso; **a ~ fur coat** un abrigo de piel sintética

fake[3] *vt* **1** (forge, contrive) ‹*document/signature*› falsificar*; ‹*results/evidence*› falsear, amañar; **the kidnap was ~d** el secuestro fue una farsa **2** (AmE) (Sport) amagar*, fintar, fintear (AmL) **3** (feign) ‹*illness/injury/enthusiasm*› fingir*
■ **fake** *vi* **1** (pretend) fingir* **2** (in US football) hacer* un engaño

fakir /fəˈkɪr || ˈfeɪkɪə(r)/ *n* faquir *m*

falafel /fəˈlæfəl/ *n* falafel *m*

falcon /ˈfælkən || ˈfɔːlkən/ *n* halcón *m*

falconer /ˈfælkənər || ˈfɔːlkənə(r)/ *n* halconero, -ra *m,f*

falconry /ˈfælkənri || ˈfɔːlkənri/ *n* [u] cetrería *f*

Falklander /ˈfɔːlkləndər || ˈfɔːlkləndə(r)/, **Falkland Islander** /ˈfɔːlklənd/ *n* malvinense *mf*

Falkland Islands, Falklands /ˈfɔːlkləndz/ *pl n*: **the ~ ~** las (Islas) Malvinas

fall[1] /fɔːl/ *n*
A [c] **1** (tumble) caída *f*; **to take a ~** sufrir una caída, caerse*; **I broke my leg in the ~** me rompí la pierna al caerme; ***to head*** *o* (esp AmE) ***ride for a ~*** ir* camino al desastre **2** (in wrestling) caída *f* **3** (descent) caída *f*; **the tree broke my ~** el árbol frenó mi caída
B [c] (autumn) (AmE) otoño *m*
C [c] (decrease): **a ~ in sth**: **a ~ in temperature** un descenso de temperaturas *or* de la temperatura; **a ~ in prices** una bajada *or* caída de precios; **a ~ in demand/output** una disminución *or* caída de la demanda/producción
D [c] **1** (loss of status) caída *f*; **the F~ (of Man)** (Bib) la caída (de Adán) **2** (defeat, capture) caída *f*; **the ~ of the dictator** la caída del dictador
E [c] (of snow) nevada *f*; (of rocks) desprendimiento *m*, derrumbe *m*
F **falls** *pl n* (waterfall) cascada *f*, caída *f* de agua; (higher) catarata *f*; **the Niagara F~s** las cataratas del Niágara

fall[2] (*past* **fell**; *past p* **fallen**) *vi*
A **1** (tumble) «*person/animal*» caerse*; **I fell in the river** me caí al río; **he fell into bed/a chair** se dejó caer en la cama/en una silla; **she fell into his arms** se echó en sus brazos; **to ~ downstairs** caerse* por la escalera; **I fell out of bed last night** anoche me caí de la cama; **he fell to his knees** cayó de rodillas; **he fell back into the chair** se echó hacia atrás en la silla; **she fell under a bus/train** la atropelló un autobús/tren; **I fell over a piece of wood** tropecé con un trozo de madera; **the house is so small, we are ~ing over each other** la casa es tan pequeña que estamos unos encima de otros; ***to ~ foul of sb/sth***: **he fell foul of the law** tuvo problemas con la ley; **you'd better not ~ foul of her** mejor no te la pongas en contra; **the plan has ~en foul of the new rules on ...** el plan se ha visto obstaculizado por la nueva normativa sobre ...; ***to ~ over oneself to*** + INF desvivirse *or* (fam) matarse POR + INF **2** (from height) caerse*; **a tree has ~en across the road** se ha caído un árbol en medio de la carretera; **the knife fell from her hand** el cuchillo se le cayó de la mano; **tears fell from his eyes** le caían lágrimas de los ojos; **to let sth ~** dejar caer algo; **to let ~ a comment/remark** dejar caer un comentario/una observación; **he fell down the well** se cayó al pozo; **he fell off his horse** se cayó del caballo **3** «*dress/drapes*» (hang down) caer*; **a stray lock of hair fell over her forehead** un mechón le caía sobre la frente **4** (descend) «*night/rain*» caer*; **a sudden hush fell over the crowd** de repente se hizo el silencio entre la multitud; **her eye fell on the book** su mirada se detuvo en el libro
B (decrease) «*temperature*» bajar, descender* (frml); «*price*» bajar, caer*; «*wind*» amainar; **the barometer is ~ing** el barómetro está bajando; **sterling fell sharply against the dollar** la libra esterlina sufrió un fuerte descenso con respecto al dólar; **to ~ in sb's estimation** *o* **esteem** caer* en la estima de algn; **his face fell** puso cara larga
C (be captured, defeated) **to ~ (TO sb)** «*city/country/government*» caer* (en manos *or* en poder de algn); **the capital has ~en to the rebels** la capital ha caído en manos *or* en poder de los rebeldes
D **1** (pass into specified state): **to ~ ill** *o* (esp AmE) **sick** caer* *or* (Esp tb) ponerse* enfermo, enfermarse (AmL); **to ~ silent** callarse, quedarse callado; **to ~ vacant** quedar libre; **to ~ into decay** irse* deteriorando; **to ~ into disrepute** desprestigiarse; **to ~ into disuse** caer* en desuso; **she fell on hard times** las cosas le empezaron a ir mal; **to ~ into enemy hands** caer* en poder *or* en manos del enemigo; **to ~ among thieves** meterse en una cueva de ladrones; **to ~ from** *o* **out of favor**: **that idea has ~en out of favor with educationalists** esa idea ha perdido popularidad entre los pedagogos; **she's ~en from favor with his family** ha caído en desgracia con su familia; **to ~ out of fashion** pasarse de moda **2** (enter): **to ~ into a trance/coma** entrar en trance/coma; **to ~ into a trap** caer* en una trampa; **she fell into a deep sleep** se durmió profundamente; *see also* **prey 2**, **victim**
E **1** (land): **the stress ~s on the first syllable** el acento cae *or* recae sobre la primera sílaba; **Christmas ~s on a Thursday this year** este año Navidad cae en (un) jueves; **the burden will ~ on the poor** los pobres serán los que sufrirán la carga; **which heading does it ~ under?** ¿bajo qué acápite va?; **it ~s within/outside the boundaries** cae dentro/fuera de los límites **2** (into category): **the problems ~ into three categories** los problemas se pueden clasificar en tres tipos diferentes
F (be slain) (frml) caer* (frml)

Phrasal verbs

- **fall about, fall around** [v + adv] (laugh uproariously) (BrE colloq) morirse* de risa (fam); **he had us all ~ing about (laughing) with his jokes** nos tenía a todos muertos de risa con sus chistes (fam)
- **fall apart** [v + adv] «*clothing*» deshacerse*; «*system*» venirse* abajo, desmoronarse; «*relationship*» irse* a pique, fracasar; **the vase fell apart in my hands** el jarrón se me deshizo *or* se me rompió en las manos; **they're letting the house ~ apart** están dejando que la casa se venga abajo; **he just fell apart after her death** quedó deshecho cuando ella murió
- **fall away** [v + adv] **1** (slope down) «*ground*»

caer* en declive 2 (break off) desprenderse 3 (decline, decrease) «*attendance/production*» decaer*; **to ~ away sharply** irse* a pique 4 (disappear) «*doubt/anxiety*» disiparse, desvanecerse*

- **fall back** [v + adv] 1 (retreat) «*troops*» replegarse* 2 (lose position): **the British runner has ~en back** el corredor británico ha perdido terreno *or* se ha quedado atrás; **the share index has ~en back several points** el índice bursátil ha bajado varios enteros
- **fall back on** [v + adv + prep + o] ‹*help*› recurrir a; ‹*resources*› echar mano de; **she had her parents to ~ back on** podía recurrir a sus padres; **these savings will be something to ~ back on in the future** con estos ahorros tendré de qué echar mano en el futuro
- **fall behind** [v + adv], [v + prep + o] rezagarse*, quedarse atrás; **he's ~en behind the rest of the class** se ha (quedado) rezagado con respecto al resto de la clase; **to ~ behind WITH sth: we'd ~en behind with the payments** nos habíamos atrasado en los pagos; **I'm ~ing behind with the correspondence** se me está acumulando correspondencia atrasada
- **fall down** [v + adv] 1 (to the ground) «*person/tree/picture*» caerse*; «*house/wall*» venirse* abajo, derrumbarse; **I fell down the stairs** me caí por la escalera; **he fell down on his knees and prayed** se arrodilló y se puso a rezar 2 (fail) «*plan*» fracasar, fallar; **where the book ~s down is in ...** donde el libro falla es en ...; **to ~ down ON sth** (BrE) fallar EN algo; **I tend to ~ down on my biology** donde suelo fallar *or* donde no estoy muy fuerte es en biología
- **fall for** [v + prep + o] 1 (be attracted to) ‹*man/woman*› enamorarse de, quedar prendado de; **Gus fell for Hilda in a big way** Gus se enamoró de Hilda de verdad 2 (be deceived by) ‹*trick/ruse*› tragarse* (fam); **surely you didn't ~ for that old ploy!** ¡no te habrás tragado semejante cuento! (fam); **the poor girl fell for it** la pobre picó *or* se lo tragó (fam)
- **fall in** [v + adv] 1 (tumble in) caerse* (*a un pozo, al agua etc*) 2 (collapse) «*roof*» venirse* abajo, hundirse 3 (form ranks) (Mil) formar filas
- **fall in with** [v + adv + prep + o] 1 (meet and join) juntarse con; **she's ~en in with rather a bad crowd** anda en malas compañías 2 (agree with) ‹*plan/proposal*› aceptar; **I'm happy to ~ in with whatever you want to do** yo estoy dispuesta a hacer lo que ustedes quieran
- **fall off** [v + adv] 1 (tumble down from) «*cyclist/rider*» caerse* (*de una bicicleta, un caballo etc*) 2 (break off) «*button*» caerse*; «*handle/knob*» caerse*, soltarse* 3 (become less) «*production/interest/attendance*» decaer* 4 (worsen) «*quality/service*» empeorar, decaer*; **to ~ off dramatically** dar* *or* tener* *or* (fam) pegar* un gran bajón
- **fall on** [v + prep + o] 1 (attack) ‹*enemy/victim*› caer* sobre; **he fell on the food as if he hadn't eaten for a week** se abalanzó sobre la comida como si hiciera una semana que no comía 2 ▸**fall to B2**
- **fall out** [v + adv] 1 (drop out) «*hair/tooth*» caerse*; **it must have ~en out when you opened the bag** se te debe (de) haber caído cuando abriste la bolsa 2 (break ranks) (Mil) romper* filas; **~ out!** ¡rompan filas! 3 (quarrel) pelearse, reñir*; **she had ~en out with her boyfriend** se había peleado con su novio, había reñido con su novio 4 (happen) salir*, resultar; **if I had known how things would ~ out** si hubiera sabido cómo iban a salir *or* a resultar las cosas
- **fall over** [v + adv] «*person/lamp/stool*» caerse*; ***to ~ over oneself/each other to do sth***: **they were ~ing over themselves to help** se desvivían por ayudar; **they are ~ing over each other to get the contract** están desesperados por conseguir el contrato
- **fall through** [v + adv] (fail): **the trip to Spain has ~en through** el viaje a España ha quedado en la nada; **if the sale ~s through** si no se concreta la venta
- **fall to**

A [v + adv] (begin enthusiastically): **the food arrived and we fell to with a will** llegó la comida y todos atacamos con ganas (fam); **they all fell to and finished the work in an hour** todos (se) pusieron manos a la obra y terminaron el trabajo en una hora

B [v + prep + o] 1 (begin) **to ~TO -ING** ponerse* *or* empezar* A + INF; **I fell to thinking about old times** empecé *or* me puse a pensar en los viejos tiempos 2 (be sb's responsibility) «*task/duty*» corresponderle a; **it ~s to me to see that ...** me corresponde a mí asegurarme de que ...; **the task fell to Mr Lennox** le tocó *or* le correspondió al señor Lennox hacerlo

- **fall upon** ▸**fall on**

fallacious /fəˈleɪʃəs/ *adj* (frml) 1 (illogical) ‹*reasoning/logic/argument*› erróneo, falaz 2 (misleading) ‹*claim/statement/evidence*› engañoso, falaz

fallacy /ˈfæləsi/ *n* [c u] (*pl* **-cies**) falacia *f*

fallback /ˈfɔːlbæk/ *n*: **I've always got my secretarial skills as a ~** siempre puedo trabajar como secretaria si fuera necesario; **the fund will be a useful ~ if profits are down** este fondo nos servirá de colchón si bajan las ganancias; (*before n*): **we want a 5% increase, but 4% is our ~ position** queremos el 5% de aumento, pero podríamos llegar a transigir* *or* (AmL) a transar por el 4%

fallen[1] /ˈfɔːlən/ *adj*: **~ arches** pies *mpl* planos; **a ~ woman** (arch & euph) una mujer perdida (arc & euf)

fallen[2] *past p of* **fall**[2]

fallen[3] *pl n*: **the ~** los caídos

fall guy *n* (colloq) cabeza *f* de turco, chivo *m* expiatorio *or* emisario; **Jim was the ~ ~** Jim fue el que pagó el pato *or* los platos rotos (fam)

fallibility /ˌfæləˈbɪləti/ *n* [u] falibilidad *f*

fallible /ˈfæləbəl/ *adj* falible; **we are all ~** cualquiera se puede equivocar, errar* es humano

falling /ˈfɔːlɪŋ/ *adj*: **the ~ price of tin** la caída *or* baja en el precio del estaño; **~ demand led to ...** una demanda cada vez menor llevó a ...; Ⓢ **falling rocks** desprendimiento de rocas (Esp), derrumbes (AmL)

falling-off /ˌfɔːlɪŋˈɔːf || ˌfɔːlɪŋˈɒf/ *n* ▸**falloff**

falling-out /ˌfɔːlɪŋˈaʊt/ *n* (AmE) pelea *f*; **they've had a ~** se han peleado

falloff /ˈfɔːlɔːf || ˈfɔːlɒf/ *n* (*no pl*) (in speed) disminución *f*, reducción *f*; **there has been a ~ in interest/demand** ha decaído el interés/la demanda

Fallopian tube /fəˈləʊpiən/ *n* trompa *f* de Falopio

fallout /ˈfɔːlaʊt/ *n* 1 [u] (Nucl Phys) lluvia *f* *or* precipitación *f* radiactiva; (*before n*): **~ shelter** refugio *m* antinuclear *or* antiatómico 2 [u c] (side effect) secuela *f*

fallow /ˈfæləʊ/ *adj* ‹*land/field*› en barbecho; **to lie ~** estar* en barbecho

fallow deer *n* gamo *m*

false[1] /fɔːls/ *adj*

A 1 (untrue) ‹*statement/rumor/accusation*› falso; **he acquired the title under ~ pretenses** obtuvo el título por medios fraudulentos *or* con engaños; **I'm here under** *o* **on ~ pretenses: I told them I was a club member** estoy aquí de contrabando, les dije que era socia del club; **to bear ~ witness against sb** (arch) levantar falso testimonio contra algn (arc) 2 (incorrect) ‹*belief/idea*› equivocado, erróneo; **to put a ~ interpretation on sth** hacer* una interpretación errónea de algo; **to sing a ~ note** dar* una nota falsa; **true or ~?** ¿verdadero o falso?, ¿verdad o mentira?; **one ~ move and you're dead!** ¡un movimiento en falso y te mato!; **a ~ step** un paso en falso 3 (misplaced) ‹*modesty/pride*› falso; **a ~ sense of security** una falsa sensación de seguridad; **to put sb in a ~ position** poner* a algn en una situación comprometida

B 1 (not genuine) ‹*eyelashes/fingernails/beard*› postizo; ‹*pearls/passport/name*› falso; **~ bottom** doble fondo *m*; **~ ceiling** cieloraso *m* suspendido 2 (unnatural, forced) ‹*smile/laugh*› falso

C (disloyal) (arch *or* liter) ‹*friend/spouse*› infiel

false[2] *adv see* **play**[2] **Sense IE**, **ring**[2] **C1**

false alarm *n* falsa alarma *f*

false arrest *n* [u c] arresto *m* ilegal

false dawn *n* inicio *m* prematuro

false economy *n* [u c] falso ahorro *m*

false friend *n* (Ling) falso amigo *m*

false hem *n* dobladillo *m* falso

falsehood /ˈfɔːlshʊd/ *n* [c u] (frml) (lie, falseness) falsedad *f*

false imprisonment *n* [u] (Law) detención *f* ilegal

falsely /ˈfɔːlsli/ *adv* 1 (wrongly) ‹*accuse*› falsamente; ‹*interpret*› mal; **they believed, ~ (as it turned out), that she had betrayed them** creyeron, equivocadamente, que los había traicionado 2 (deceitfully) ‹*polite/humble*› falsamente; ‹*declare/smile*› con falsedad

false negative *n* falso negativo *m*

falseness /ˈfɔːlsnəs || ˈfɔːlsnɪs/ *n* [u]

A 1 (of statement, accusation, claim) falsedad *f* 2 (of idea, assumption, argument) inexactitud *f*

B (of manner, smile) falsedad *f*, lo falso

C (of friend, lover) (arch *or* liter) infidelidad *f*

false pregnancy *n* embarazo *m* psicológico *or* fantasma

false rib *n* costilla *f* falsa

false start *n* 1 (Sport) salida *f* nula *or* en falso 2 (to career, speech) intento *m* fallido

false teeth *pl n* dentadura *f* postiza, caja *f* de dientes (Col), plancha *f* (Chi)

falsetto[1] /fɔːlˈsetəʊ/ *n* (*pl* **-tos**) falsete *m*

falsetto[2] *adv* en falsete

falsies /ˈfɔːlsiz/ *pl n* (colloq) rellenos *mpl* (*para sostén*)

falsification /ˌfɔːlsəfəˈkeɪʃən || ˌfɔːlsɪfɪˈkeɪʃən/ *n* 1 [u] (of document, accounts) falsificación *f* 2 [c u] (misrepresentation) falseamiento *m*

falsify /ˈfɔːlsəfaɪ || ˈfɔːlsɪfai/ *vt* **-fies, -fying, -fied** 1 ‹*document/accounts/evidence*› falsificar* 2 ‹*truth/situation*› falsear

falsity /ˈfɔːlsəti/ *n* [u] ▸**falseness A**, **falseness B**

falter /ˈfɔːltər || ˈfɔːltə(r)/ *vi* 1 (speak hesitantly) «*person*» titubear, balbucear; **his voice ~ed** se le entrecortó la voz 2 «*engine/heart*» fallar; «*business/economy*» tambalearse; «*enthusiasm/interest*» decaer*; «*courage/resolve*» flaquear 3 (move unsteadily) «*person*» tambalearse 4 **faltering** *pres p* ‹*voice/words*› titubeante; ‹*step/movement/economy*› tambaleante

fame /feɪm/ *n* [u] fama *f*; **to rise to ~** hacerse* famoso; **~ and fortune** fama y fortuna; **Arthur C. Clarke of** *2001* **~** Arthur C. Clarke, famoso por *2001*

famed /feɪmd/ *adj* célebre, afamado, famoso; **to be ~ FOR sth** ser* famoso POR algo

familial /fəˈmɪljəl || fəˈmɪliəl/ *adj* (frml) familiar

familiar[1] /fəˈmɪljər || fəˈmɪliə(r)/ *adj*

A (well-known) ‹*sound/face*› familiar, conocido; ‹*excuse*› consabido; **he was a ~ sight around the bars of the district** se lo solía ver por los bares de la zona; **that face looks ~!** esa cara me resulta familiar; **the name sounds ~** el nombre me suena; **these violent scenes are becoming all too ~** nos estamos acostumbrando demasiado a estas escenas violentas; **to be ~ TO sb** serle* familiar A algn

B (having knowledge of) (*pred*) **to be ~ WITH sth/sb** estar* familiarizado CON algo/algn

C 1 (informal) ‹*tone*› de familiaridad; ‹*atmosphere*› familiar, informal 2 (too informal) que se toma demasiadas confianzas *or* libertades, confianzudo (esp AmL); **don't be so ~** no te tomes tantas confianzas *or* libertades, no seas tan confianzudo (esp AmL); **don't get too ~ with the students** no les des demasiada confianza a los alumnos; **he was too ~ with her and got his face slapped** se propasó con ella y le cayó una bofetada

familiar[2] *n*

A (Occult) *espíritu con forma animal que supuestamente ayuda a magos y brujos*

B **familiars** *pl n* (close associates) (frml) allegados *mpl* (frml)

familiarity /fəˌmɪliˈærəti/ *n* (*pl* **-ties**)

A [u] 1 (knowledge) **~ WITH sth: she claimed**

f

extensive ~ with the method/problem dijo estar muy familiarizada con el método/problema; **~ with computers would be an asset** se valorará la experiencia previa con computadoras **2** (of person, book, landscape) familiaridad *f*; **~ *breeds contempt*** lo que se tiene no se aprecia

B **1** [u] (informality) confianza *f*; **the ~ of their manner** la confianza con que se (*or* la *etc*) trataban **2** [c u] (overintimacy) exceso *m* de confianza; **I don't tolerate such familiarities from subordinates** no tolero que mis subordinados se tomen semejantes confianzas

familiarization /fəˌmɪljərəˈzeɪʃən || fəˌmɪliəraɪˈzeɪʃən/ *n* [u] familiarización *f*; (*before n*) ‹*process/technique*› de familiarización

familiarize /fəˈmɪljəraɪz || fəˈmɪliəraɪz/ *vt* **to ~ sb/oneself WITH sth** familiarizar* a algn/familiarizarse* CON algo

familiarly /fəˈmɪljərli || fəˈmɪliəli/ *adv* **1** (usually) comúnmente **2** (informally) ‹*speak/treat*› sin ceremonias **3** (too intimately) con demasiada confianza, confianzudamente (esp AmL)

family /ˈfæmli, ˈfæməli || ˈfæmɪli, ˈfæmli/ *n* (*pl* **-lies**)

A [c u] **1** (relatives) familia *f*; **my son and his ~** mi hijo y su familia; **the Smith ~** la familia Smith; **a friend of the ~** un amigo de la familia; **he's just like one of the ~** es como de la familia; **they have ~ in California** tienen parientes *or* familiares *or* familia en California; **immediate ~** parientes *mpl* cercanos; **we are a very close ~** somos una familia muy unida; **she's mad! — it runs in the ~** ¡está loca! — es cosa de familia *or* le viene de familia; **she comes from a good ~** es de buena familia; **her ~ goes back a long way** es de una familia muy antigua; **keep it in the ~** que no salga de la familia; (*before n*) ‹*doctor*› de cabecera; ‹*Bible*› familiar; ‹*business/gathering/car*› familiar; ‹*jewels/fortune*› de la familia; **this is a ~ affair** éste es un asunto de familia; **the ~ home** la casa paterna; **you can see the ~ likeness** se le ve el aire de familia; **this is a ~ show** éste es un espectáculo para familias **2** (children) hijos *mpl*; **to start a ~** tener* hijos; ***to be in the ~ way*** (colloq & euph) estar* esperando (familia) *or* (euf) en estado

B [c] **1** (group of people): **the ~ of man** la gran familia humana; **the university ~** (AmE) la comunidad universitaria **2** (Biol) familia *f* **3** (set of related items, products) familia *f*; **the violin ~** la familia del violín

family allowance *n* [u] (BrE) ▸**child benefit**, *see* **child**

family benefit *n* [u c] *prestación por parte del Estado o los empleadores a los padres por cada hijo y a los tutores por cada menor a su cargo*, ≈ ayudas *mpl* familiares por hijos (*en Esp*), ≈ asignación *f* familiar (*en CS*)

Family Division *n* (in UK): **the ~ ~** *sección del* ▸**High Court** *que conoce de causas de derecho de familia*

family entertainment *n* [u] entretenimiento *m* para la familia

family friend *n* amigo, -ga *m,f* de la familia

family-friendly /ˌfæmliˈfrendli || ˌfæməliˈfrendli/ *adj* pensado para familias

family life *n* [u c] vida *f* familiar

family man *n* padre *m* de familia

family name *n* apellido *m*

family planning *n* [u] planificación *f* familiar

Family Planning Association *n* (in UK) *organización benéfica de planificación familiar*

family-planning clinic /ˌfæmliˈplænɪŋ, ˈfæməli- || ˌfæmɪliˈplænɪŋ, ˈfæmli-/ *n* centro *m* de planificación familiar

family practice *n* (AmE) **1** [u] (general medicine) medicina *f* general **2** [c] (medical practice) consultorio *m*, consulta *f*

family room *n*

A (in house) sala *f* de estar

B (in hotel) habitación *f* familiar

family-size(d) /ˈfæmlisaɪz(d) || ˈfæməlisaɪz(d)/ *adj* de tamaño familiar

family tree *n* árbol *m* genealógico

famine /ˈfæmən || ˈfæmɪn/ *n* [c u] hambruna *f*, hambre *f‡*; **there's a ~ of good novels this year** hay una verdadera escasez de buenas novelas este año; (*before n*): **~ relief** asistencia *f* a las víctimas de la hambruna *or* del hambre

famished /ˈfæmɪʃt/ *adj* famélico, hambriento; **I'm ~!** (colloq) ¡estoy famélico *or* muerto de hambre! (fam)

famous /ˈfeɪməs/ *adj* famoso; **a ~ victory** una victoria memorable; **so where's this ~ girlfriend of yours?** ¿dónde está tu tan mentada novia?

famously /ˈfeɪməsli/ *adv* (BrE) a las mil maravillas, divinamente; **they got on ~** se llevaron divinamente *or* a las mil maravillas

fan[1] /fæn/ *n*

A **1** (hand-held) abanico *m* **2** (mechanical) ventilador *m* **3** (shape) abanico *m*

B (devotee): **a jazz ~** un aficionado al jazz, un entusiasta del jazz; **a ~ of the Beatles, a Beatles ~** un fan *or* admirador de los Beatles; **a soccer/an England ~** un hincha de fútbol/Inglaterra; **I'm his biggest ~** soy su más grande admiradora; (*before n*): **~ letter** carta *f* de un admirador *or* una admiradora, carta *f* de un fan *or* una fan; **~ mail** cartas *fpl* de admiradores *or* de fans

fan[2] **-nn-** *vt*

A **1** (direct air at): **to ~ sb/oneself** abanicar* a algn/abanicarse* **2** (to blow on) «*wind/breeze*» soplar sobre, acariciar (liter) **3** (stimulate) ‹*interest/passion/curiosity*› avivar; ***to ~ the flames*** (of controversy, dispute) echar leña al fuego; (lit: of fire) avivar el fuego

B (in baseball) ‹*hitter*› ponchar; ‹*pitch*› abanicar*

■ **fan** *vi* poncharse

(Phrasal verb)

• **fan out**

A [v + adv] «*searchers/police*» abrirse* en abanico

B [v + o + adv, v + adv + o] ‹*cards*› abrir* en abanico

fanatic[1] /fəˈnætɪk/ *n* fanático, -ca *m,f*

fanatic[2] *adj* ▸**fanatical**

fanatical /fəˈnætɪkəl/ *adj* ‹*supporter/believer*› fanático; ‹*belief/loyalty/devotion*› ciego

fanatically /fəˈnætɪkli/ *adv* fanáticamente; **he is ~ obsessed with religion** su obsesión por la religión raya en el fanatismo

fanaticism /fəˈnætəsɪzəm || fəˈnætɪsɪzəm/ *n* [u] fanatismo *m*

fan belt *n* correa *f or* (Méx) banda *f* del ventilador

fanciable /ˈfænsiəbəl/ *adj* (colloq) apetecible, buenón (colloq)

fancier /ˈfænsiər || ˈfænsiə(r)/ *n* criador, -dora *m,f*

fanciful /ˈfænsɪfəl/ *adj* **1** (impractical) ‹*idea/suggestion/plan*› extravagante, descabellado **2** (imaginative) imaginativo

fan club *n* club *m* de fans *or* de admiradores

fancy[1] /ˈfænsi/ **fancies, fancying, fancied** *vt* (esp BrE)

A (imagine) (*in interj*): **just ~!** ¡imagínate!; **just ~ that!** ¡pues mira tú!; **~ spending all that money on a car!** ¡qué barbaridad, gastar ese dineral en un coche!; **~ saying a thing like that!** ¡cómo se te (*or* le *etc*) ocurre decir una cosa así!; **~ meeting them here!** ¡qué casualidad encontrarnos con ellos aquí!; **~ you being chosen!** ¡quién iba a decir que te elegirían a tí!; **~ you believing that story!** ¡mira que creerte ese cuento!

B **1** (feel urge, desire for) (colloq) **to ~ sth/-ING**: **I really ~ an ice-cream** ¡qué ganas de tomarme un helado!; **do you ~ going to see a movie?** ¿tienes ganas de *or* te gustaría *or* (esp Esp) te apetece ir al cine?; **I rather ~ the idea** la idea me atrae bastante; **I wouldn't ~ living there** no me gustaría vivir allí **2** (be physically attracted to) (colloq) **to ~ sb**: **I ~ her/him like mad** me gusta cantidad *or* (Méx) un chorro *or* (RPl) pilas *or* (Chi) montones (fam) **3** (rate highly): **I don't ~ his chances** no creo que tenga muchas posibilidades; **this horse is fancied to win** se cree que este caballo va a ganar

C (think, imagine) (frml) **to ~ (THAT)**: **she fancied she saw his face in the crowd** creyó ver su cara entre la multitud; **I rather ~ that he's got other plans in mind** tengo la impresión de que sus planes son otros

■ *v refl*: **to ~ oneself** (colloq) ser* (un) creído; **he fancies himself too much** es muy creído, se lo tiene muy creído (Esp fam); **to ~ oneself AS sth**: **she quite fancies herself as a designer** tiene veleidades de diseñadora; **he fancies himself as an actor** se las da de actor

fancy[2] *adj* **-cier, -ciest** **1** (elaborate) ‹*hairdo/pattern/stitching*› elaborado; **cut out the ~ stuff and concentrate on scoring goals** basta de filigranas *or* florituras y a concentrarse en meter goles **2** (superior) (pej) ‹*school/hotel*› de campanillas; ‹*car*› lujoso; ‹*ideas*› extravagante, estrambótico; ‹*price*› exorbitante; **they gave us some ~ foreign dish** nos sirvieron un plato de ésos; **it was all terribly ~** todo era super elegante *or* muy chic **3** (of foodstuffs) (AmE): **US Grade F~** ≈ extra, ≈ de primera calidad

fancy[3] *n* (*pl* **-cies**)

A **1** (liking) (*no pl*): **to take a ~ to sb**: **they took a real ~ to each other** quedaron prendados el uno del otro; **to take** *o* **catch sb's ~**: **the ring/actor quite took** *o* **caught my ~** el anillo/actor me encantó *or* me dejó fascinada; ***to tickle sb's ~***: **the idea rather tickled my ~** la idea me resultó atractiva **2** [c] (whim) capricho *m*, antojo *m*; **a passing ~** un capricho pasajero; **whenever the ~ takes me** cuando se me antoja, cuando se me da la gana

B [c u] **1** (unfounded idea) (liter) fantasía *f*; **mere ~** pura fantasía **2** (imagination) imaginación *f*, fantasía *f*; **he is prone to flights of ~** tiende a dejar volar la imaginación

fancy dress *n* [u] (BrE) disfraz *m*; (*before n*): **fancy-dress party/ball** fiesta *f* /baile *m* de disfraces

fancy footwork *n* [u] **1** (in dancing) juego *m* de pies de gran agilidad **2** (cleverness) (colloq) habilidad *f*

fancy-free /ˌfænsiˈfriː/ *adj see* **footloose**

fancy goods *pl n* (Busn) artículos *mpl* para regalo

fancy man *n* (colloq & pej) amiguito *m* (fam & pey), querido *m* (hum)

fancy woman *n* (colloq & pej) **1** (lover) (esp BrE) amiguita *f* (fam & pey), querida *f* **2** (prostitute) (AmE) puta *f* (vulg)

fancywork /ˈfænsiwɜːrk || ˈfænsiwɜːk/ *n* [u] bordado *m*

fanfare /ˈfænfer || ˈfænfeə(r)/ *n* fanfarria *f*; **it was announced with great ~** lo anunciaron con bombos y platillos *or* (Esp) a bombo y platillo

fang /fæŋ/ *n* (of dog, wolf) colmillo *m*; (of snake) diente *m*; (of human) colmillo *m*, canino *m*

fan heater *n* electroconvector *m*, ventiloconvector *m*

fanlight /ˈfænlaɪt/ *n* **1** (decorative) montante *m* (*en forma de abanico*) **2** (small, top window) tragaluz *m*

fanny /ˈfæni/ *n* (*pl* **-nies**)

A (buttocks) (AmE sl) culo *m* (fam: en algunas regiones vulg), traste *m* (CS fam), poto *m* (Chi, Per fam)

B (female sexual organs) (BrE sl) ▸**pussy 2**

Fanny Adams /ˌfæniˈædəmz/ *n* (BrE sl): **sweet ~ ~** nada, pero lo que es nada

fanny pack *n* (AmE) riñonera *f*

fantail /ˈfænteɪl/ *n* **1** (pigeon) paloma *f* colipava **2** (goldfish) *variedad de carpa dorada*

fantasia /fænˈteɪʒə || fænˈteɪziə/ *n* fantasía *f*

fantasist /ˈfæntəsəst || ˈfæntəsɪst/ *n* **1** (person who fantasizes) fantasioso, -sa *m,f* **2** (writer of fantasies) escritor, -ra *m,f* de literatura fantástica

fantasize /ˈfæntəsaɪz/ *vi* fantasear; **to ~ ABOUT sth** soñar* CON algo

fantastic /fænˈtæstɪk/ *adj*

A **1** (wonderful) (colloq) ‹*car/person/meal*› fantástico, estupendo; **~!** ¡fantástico!, ¡estupendo! **2** (enormous) ‹*salary/reductions*› fabuloso, fantástico

B **1** (incredible, preposterous) ‹*story/accusation*›

absurdo, increíble **2** (unrealistic) ‹*plan/idea*› descabellado **3** (bizarre, strange) ‹*clothing/appearance/dream*› estrafalario; ***to trip the light*** **~** (hum) bailar, mover* el esqueleto *or* (Méx) el tambo (fam & hum)

fantastical /fæn'tæstɪkəl/ *adj* ▸**fantastic B**

fantastically /fæn'tæstɪkli/ *adv* (*as intensifier*) ‹*cheap/lucky/old*› increíblemente; ‹*rich*› fabulosamente; **prices have risen ~** los precios se han disparado; **we all get on ~ (well)** nos llevamos todos a las mil maravillas

fantasy /'fæntəsi/ *n* (*pl* **-sies**)

A **1** [u] (unreality) fantasía *f*; (*before n*): **~ football/baseball** fútbol m/béisbol *m* virtual; **he lives in a ~ world** vive en las nubes **2** [c] (daydream) sueño *m*

B [c u] (Lit) literatura *f* fantástica

fanzine /'fænzi:n/ *n* fanzine *m* (*revista para fans*)

FAO[1] *n* (international organization) (= **Food and Agriculture Organization**) FAO *f*

FAO[2] (Corresp) = **for the attention of**

FAQ *n* = **frequently asked questions**

far[1] /fɑ:r || fɑ:(r)/ *adv* (*comp* **further** *or* **farther** *superl* **furthest** *or* **farthest**)

A **1** (in distance) lejos; **is it ~ into town?** ¿estamos lejos del centro?, ¿el centro queda lejos?; **how ~ can you swim?** ¿qué distancia puedes hacer a nado?; **how ~ are we from Houston?** ¿qué distancia hay hasta Houston?, ¿a qué distancia estamos de Houston?, ¿qué tan lejos estamos de Houston? (AmL); **it's not ~ to go now** ya falta *or* queda poco; **we hadn't gone ~ when it started raining** al ratito de salir empezó a llover; **you won't get ~ without money** sin dinero no llegarás muy lejos; **I'll race you as ~ as that tree** te echo *or* (RPl) te juego una carrera hasta ese árbol; **~ away in the distance** a lo lejos; **your name came quite ~ down the list** tu nombre estaba hacia el final de la lista; **the line of people stretched ~ into the distance** la fila de gente se perdía a lo lejos; **you could hear the noise from ~ off** se podía oír el ruido desde muy lejos; **he swam ~ out to sea** se adentró nadando en el mar **2** (in progress): **the plans are now quite ~ advanced** los planes están ya muy avanzados; **the situation has deteriorated so ~ that ...** la situación se ha deteriorado hasta tal punto, que ...; **they've taken this stupid rivalry too ~** han llevado demasiado lejos esta estúpida rivalidad; **you don't get ~ these days without languages** hoy en día sin idiomas no se llega a ninguna parte; **that girl will go ~** esa chica va a llegar lejos; **£20 doesn't go ~ these days** hoy no se hace nada con 20 libras; **you were too ~ gone to notice anything** estabas demasiado ido para darte cuenta de nada **3** (in time): **Christmas isn't ~ away** *o* **off now** ya falta *or* queda poco para Navidad; **I can't remember that ~ back** no recuerdo cosas tan lejanas; **I haven't planned that ~ ahead** no he hecho planes tan a largo plazo; **how ~ in advance do you have to book?** ¿con cuánta antelación hay que hacer la reserva?; **we talked ~ into the night** estuvimos hablando hasta altas horas de la noche **4** (in extent, degree): **will one packet go ~ enough to feed six?** ¿alcanzará *or* bastará con un paquete para seis personas?; **the new legislation doesn't go ~ enough** la nueva legislación no tiene el alcance necesario; **this has gone ~ enough!** esto ya pasa de castaño oscuro; **how ~ would you agree with that statement?** ¿hasta qué punto está usted de acuerdo con esa afirmación?; **I wouldn't go so ~ as to say that** yo no diría tanto como eso; **it's a working relationship and that's as ~ as it goes** es una relación de trabajo y nada más; **how ~ are they prepared to go with their demands?** ¿hasta dónde están dispuestos a llegar con sus demandas?; **she can't be ~ off 70** debe andar cerca de *or* alrededor de los 70; **our estimates weren't too ~ out** no nos equivocamos mucho en los cálculos; **his jokes went a bit too ~** se pasó un poco con esos chistes; **~ removed from the original idea** muy alejado de la idea original

B (very much): **~ superior/different** muy superior/distinto; **~ better/worse/more** mucho mejor/peor/más; **the advantages ~ outweigh the disadvantages** las ventajas superan ampliamente *or* con mucho las desventajas; **she ~ outshines the rest of the class** deja al resto de la clase muy atrás; **you've taken ~ too much** te has servido demasiado

C (*in phrases*): **as** *o* **so far as**: **as** *o* **so ~ as I know** que yo sepa; **as** *o* **so ~ as I'm concerned, she can do what she likes** en lo que a mí respecta *or* por mí, que haga lo que quiera; **she'll help as** *o* **so ~ as she can** ayudará en (todo) lo que pueda; **by far**: **she's better than the rest by ~** es muchísimo mejor que el resto; **their team was by ~ the worst** *o* **the worst by ~** su equipo fue con mucho el peor, su equipo fue (de) lejos el peor (AmL fam); **far and away**: **he's ~ and away the best player** es sin lugar a dudas *or* con mucho el mejor jugador, es (de) lejos el mejor jugador (AmL fam); **far and near** *o* **wide** (liter): **they searched ~ and near** *o* **wide** buscaron por todas partes; **people came from ~ and near** *o* **wide** la gente venía de todas partes; **far from**: **the matter is ~ from over** el asunto no está terminado ni mucho menos *or* ni nada que se le parezca; **it is ~ from satisfactory** dista mucho de ser satisfactorio, no es satisfactorio ni mucho menos *or* ni nada que se le parezca; **~ from welcoming us, she was cold and distant** lejos de darnos la bienvenida, se mostró fría y distante; **I'm not joking: ~ from it!** no estoy bromeando ¡todo lo contrario!; **~ be it from me to interfere, but ...** no es que yo quiera entrometerme ni mucho menos, pero ...; **so far**: **so ~, everything has gone according to plan** hasta ahora *or* hasta este momento todo ha salido de acuerdo a lo planeado; **we've already had two burglaries so ~ this week** ya hemos tenido dos robos en lo que va de la semana; **is the plan working? — yes, so ~, so good** ¿funciona el plan? — por el momento, sí; **you can only help so ~** uno puede ayudar sólo hasta cierto punto

far[2] *adj* **1** (distant) lejano; **in the ~ distance** a lo lejos; **in a ~ country** (liter) en un país lejano **2** (most distant) (*before n, no comp*): **at the ~ end of the room** en el otro extremo de la habitación; **on the ~ bank of the river** al otro lado *or* en la otra orilla del río **3** (extreme) (*before n, no comp*): **she's on the ~ right of the party** está en la extrema derecha del partido; **she lives in the ~ north of the country** vive en el extremo norte del país, vive bien al norte del país

farad /'færəd/ *n* farad *m*, faradio *m*

faraway /'fɑ:rəweɪ/ *adj* (*before n*) **1** (distant) ‹*lands/country/city*› lejano, remoto **2** (dreamy) ‹*look/smile/voice*› ausente, perdido

farce /fɑ:rs || fɑ:s/ *n* **1** [c u] (Lit, Theat) farsa *f* **2** (fiasco) (*no pl*) farsa *f*

farcical /'fɑ:rsɪkəl || 'fɑ:sɪkəl/ *adj* ridículo, absurdo

far-distant /'fɑ:r,dɪstənt || 'fɑ:,dɪstənt/ *adj* **1** (in space) ‹*hills/trees*› lejano **2** (in time) ‹*past/future*› remoto, lejano

fare[1] /fer || feə(r)/ *n*

A **1** [c] (cost of travel — by air) pasaje *m or* (Esp) billete *m*; (— by bus) boleto *m or* (esp Esp) billete *m*; **how much** *o* **what is the ~ to Athens?** ¿cuánto cuesta el boleto *or* (Esp) el billete a Atenas?; **what's the taxi ~?** ¿cuánto sale ir en taxi?; **she'd lost her bus ~** había perdido el dinero para el autobús; **taxi ~s are going up** las tarifas de los taxis van a subir *or* aumentar; **low ~s** pasajes *or* (Esp) billetes baratos; **you travel half ~** tú pagas medio pasaje (*or* billete *etc*); **S exact fare only** no se da cambio **2** [c] (passenger) pasajero, -ra *m,f*

B [u] (food and drink) comida *f*, platos *mpl*; **the restaurant serves traditional ~** el restaurante tiene una carta tradicional

fare[2] *vi* (liter *or* journ): **how did she ~ in her exams?** ¿cómo le fue en los exámenes?; **the poor have ~d badly under this government** los pobres han salido mal parados bajo este gobierno; **~ thee well** (arch) ve con Dios (ant), que te vaya bien

Far East *n*: **the ~ ~** el Lejano *or* Extremo Oriente

fare-paying passenger /'fer,peɪɪŋ || 'feə,peɪɪŋ/ *n* pasajero, -ra *m,f* con boleto *or* (Esp) billete

fare stage *n* (BrE) (Transp) *parada de autobús de cambio de zona*

farewell[1] /fer'wel || feə'wel/ *n* despedida *f*; **to make one's ~s** despedirse*; **to say ~ to sb/sth** despedirse* de algn/algo, decirle* adiós a algn/algo; **to bid sb a sad/fond ~** despedirse* de algn con tristeza/cariño; (*before n*) ‹*party/speech/letter*› de despedida

farewell[2] *interj* (liter) vaya con Dios (ant), adiós

fare zone *n* zona *f* de tarifa única *or* fija

far-fetched /'fɑ:r'fetʃt || ,fɑ:'fetʃt/ *adj* exagerado, rocambolesco

far-flung /'fɑ:r'flʌŋ || ,fɑ:'flʌŋ/ *adj* **1** (distant) (liter *or* journ) remoto, lejano **2** (widespread) extendido

farm[1] /fɑ:rm || fɑ:m/ *n* (small) granja *f*, chacra *f* (CS, Per); (large) hacienda *f*, cortijo *m* (Esp), rancho *m* (Méx), estancia *f* (RPl), fundo *m* (Chi); **a dairy ~** un establecimiento de ganado lechero, un tambo (RPl); **a fish ~** una piscifactoría; **a mink ~** un criadero de visones; (*before n*) ‹*machinery/produce/worker*› agrícola

farm[2] *vi* ser* agricultor (*or* ganadero)

■ **farm** *vt* ‹*land*› cultivar, labrar, trabajar; ‹*cattle*› criar*

Phrasal verb

• **farm out** [v + o + adv, v + adv + o] **1** (contract out, delegate) ‹*work*› encargar* (*a terceros*); **they ~ the work out to other firms** encargan el trabajo a otras empresas, subcontratan a otras empresas para hacer el trabajo **2** ‹*children*› **they had to ~ the children out to friends** tenían que pedirle a algún amigo que les cuidara a los niños

farmer /'fɑ:rmər || 'fɑ:mə(r)/ *n* agricultor, -tora *m,f*, granjero, -ra *m,f*, chacarero, -ra *m,f* (CS, Per); (owner of large farm) hacendado, -da *m,f*, ranchero, -ra *m,f* (Méx), estanciero, -ra *m,f* (RPl), dueño, -ña *m,f* de fundo (Chi); **cattle ~** ganadero, -ra *m,f*

farmers' market *n* (Agr, Busn) mercado *m* de los agricultores locales

farm gate *n* salida *f* de la granja; (*before n*): **farm-gate prices** precios *mpl* de productor

farmhand /'fɑ:rmhænd || 'fɑ:mhænd/ *n* peón *m or* (Esp) mozo *m* de labranza

farmhouse /'fɑ:rmhaʊs || 'fɑ:mhaʊs/ *n*: *vivienda del granjero*, casa *f* de labranza, alquería *f* (*en Esp*), ≈ casco *m* de la estancia (*en RPl*); (*before n*) ‹*cider/cheese/loaf*› de fabricación artesanal, de granja

farming /'fɑ:rmɪŋ || 'fɑ:mɪŋ/ *n* [u] (of land) labranza *f*, cultivo *m*; (of animals) crianza *f*, cría *f*; **mixed ~** agricultura *f* mixta; **to go into ~** dedicarse* a la agricultura; (*before n*) ‹*community*› agrícola; ‹*methods*› de labranza, de cultivo

farm laborer, (BrE) **farm labourer** *n* trabajador, -dora *m,f or* obrero, -ra *m,f or*, jornalero, -ra *m,f* agrícola, peón *m* agrícola (esp AmL)

farmland /'fɑ:rmlænd || 'fɑ:mlænd/ *n* [u] tierras *fpl* de labranza

farm management *n* [u] gestión *f* agrícola, administración *f* agrícola

farmstead /'fɑ:rmsted || 'fɑ:msted/ *n*: *vivienda del granjero y edificios que la rodean*, ≈ casco *m* de la estancia (*en RPl*)

farmwork /'fɑ:rmwɜ:rk || 'fɑ:mwɜ:k/ *n* encofrado *m*

farmyard /'fɑ:rmjɑ:rd || 'fɑ:mjɑ:d/ *n* corral *m*; (*before n*) ‹*animals*› de corral

Faroe Islands /'ferəʊ || 'feərəʊ/, **Faroes** /'ferəʊz || 'feərəʊz/ *pl n*: **the ~ ~** las islas Feroe

far-off /'fɑ:rɔ:f || 'fɑ:rɒf/ *adj* (*pred* **far off**) (in space) remoto, lejano; (in time) distante

far-out /'fɑ:r'aʊt/ *adj* (*pred* **far out**) (sl & dated) **1** (unconventional) ‹*clothes/people/ideas*› extravagante **2** (wonderful) genial, bárbaro (fam), de alucine (Esp arg)

farrago /fə'rɑ:gəʊ/ *n* (*pl* **-goes**) fárrago *m*

far-reaching /'fɑ:r,ri:tʃɪŋ || ,fɑ:'ri:tʃɪŋ/ *adj* de gran alcance, trascendental

farrier /'færiər || 'færiə(r)/ *n* (esp BrE) (blacksmith) herrador *m*, herrero *m*; (horse-doctor) veterinario, -ria *m,f* de caballos

f

farrow[1] /ˈfærəʊ/ *vi* parir (*la cerda*)
farrow[2] *n* camada *f* or cría *f* de cerdos
far-seeing /ˈfɑːrˌsiːŋ || ˌfɑːˈsiːŋ/ *adj* ▸**far-sighted A**
far-sighted /ˈfɑːrˌsaɪtəd || ˌfɑːˈsaɪtɪd/ *adj*
A (showing foresight) ‹*person*› con visión de futuro, clarividente; ‹*decision/measures*› con visión de futuro
B (AmE) (Med) hipermétrope
far-sightedness /ˈfɑːrˈsaɪtədnəs || ˌfɑːˈsaɪtɪdnɪs/ *n* [u]
A (foresight) visión *f* de futuro
B (AmE) (Opt) hipermetropía *f*
fart[1] /fɑːrt || fɑːt/ *n* **1** (gas) (vulg) pedo *m* (fam) **2** (person) (sl): **a boring old ~** un pesado de mierda (vulg)
fart[2] *vi* (vulg) tirarse *or* echarse un pedo (fam), pedorrearse (fam)
(Phrasal verb)
• **fart around** (esp BrE), **fart about** [v + adv] (sl) perder* el tiempo
farther[1] /ˈfɑːrðər || ˈfɑːðə(r)/ *adv* ▸**further**[1] **A**
farther[2] *adj* ▸**far**[2] **2**
farthest[1] /ˈfɑːrðəst || ˈfɑːðɪst/ *adv superl of* **far**[1] **A**
farthest[2] *adj*: **they went to the ~ corner of the Earth in search of him** fueron a los rincones más apartados de la tierra en su búsqueda; **the ~ distance I have ever walked is 15 miles** la distancia más larga que he caminado es 15 millas, lo más que he caminado es 15 millas; **walk to the ~ tree and wait** camina hasta el árbol que está más lejos y espera
farthing /ˈfɑːrðɪŋ || ˈfɑːðɪŋ/ *n* (formerly in UK) cuarto *m* de penique; ***not to have/be worth a brass ~*** (dated) no tener*/no valer* un céntimo *or* un centavo; ▸**rub**[1] **1**
fasces /ˈfæsiːz/ *n* (+ *sing vb*) fasces *fpl*
fascia /ˈfeɪʃə/ *n* **1** ~ **(board)** (above shop) letrero *m* **2** (between roof and wall) imposta *f* **3** (dashboard) (BrE) tablero *m* (de instrumentos), salpicadero *m* (Esp)
fascicle /ˈfæsɪkəl/ *n* fascículo *m*
fascinate /ˈfæsneɪt || ˈfæsɪneɪt/ *vt* fascinar
fascinated /ˈfæsneɪtəd || ˈfæsɪneɪtɪd/ *adj* (*usu pred*) fascinado; **~ WITH sth** fascinado CON algo; **he was ~ with the toy** el juguete lo tenía fascinado, estaba fascinado con el juguete
fascinating /ˈfæsneɪtɪŋ || ˈfæsɪneɪtɪŋ/ *adj* fascinante
fascinatingly /ˈfæsneɪtɪŋli || ˈfæsɪneɪtɪŋli/ *adv* ‹*talk/write/speak*› de manera fascinante; (*as intensifier*): **she's ~ beautiful** es de una belleza fascinante
fascination /ˌfæsnˈeɪʃən || ˌfæsɪˈneɪʃən/ *n* [u] **1** (ability to fascinate) fascinación *f* **2** (being fascinated) **~ WITH sth** fascinación *f* POR algo; **we watched/listened with** *o* **in ~** miramos/escuchamos fascinados
fascism /ˈfæʃɪzəm/ *n* [u] fascismo *m*
fascist[1] /ˈfæʃəst || ˈfæʃɪst/ *n* fascista *mf*, facho, -cha *m,f* (AmL fam & pey), facha *mf* (Esp fam & pey)
fascist[2] *adj* fascista, facho (AmL fam & pey), facha (Esp fam & pey)
fashion[1] /ˈfæʃən/ *n*
A **1** [c u] (vogue) moda *f*; **the latest ~ in hats** la última moda en sombreros; **to be in ~** estar* de moda; **to be out of ~** estar* fuera de moda, estar* pasado de moda; **to come into/go out of ~** ponerse*/pasar de moda; **he was spending money like it was going out of ~** gastaba dinero como si fuera agua; **to set a ~** imponer* una moda; **divorce seems to be all the ~ at the moment** parece que el divorcio está ahora muy de moda; **a leader of ~** un árbitro de la moda **2** [c u] (Clothing) moda *f*; **high ~** alta costura *f*; (*before n*): **~ accessories** accesorios *mpl*; **~ buyer** comprador, -dora *m,f* de modas; **~ designer** diseñador, -dora *m,f* de modas; **~ editor** director, -tora *m,f* de revista de modas; **~ house** casa *f* de modas; **~ magazine** revista *f* de modas; **~ page** sección *f* de modas (*de un periódico*); **~ victim** esclavo, -va *m,f* de la moda
B [u] (custom) costumbre *f*; **as was my ~** como era mi costumbre
C [u] (manner) manera *f*, modo *m*; **he replied in typically witty ~** respondió con el ingenio que lo caracterizaba; **in her own inimitable ~** como sólo ella puede hacerlo; **in the French ~** a la francesa; **in this ~** de esta manera; **after the ~ of Cézanne** al estilo de Cézanne; ***after a ~***: **can you swim? — well, after a ~** ¿sabes nadar? — bueno, a mi manera *or* si se le puede llamar nadar …
fashion[2] *vt* ‹*object*› crear; ‹*character*› formar
-fashion /ˈfæʃən/ *suff*: **cowboy~** a la manera *or* al estilo de los vaqueros; **Garbo~** a la manera *or* al estilo de la Garbo
fashionable /ˈfæʃnəbəl/ *adj* ‹*home/clothes/designs*› a la moda, moderno; ‹*cafe/people/idea/resort*› de moda
fashionably /ˈfæʃnəbli/ *adv* a la moda; **they're ~ dressed** van vestidos a la moda
fashion-conscious /ˈfæʃnˌkɑːnʃəs || ˈfæʃnˌkɒnʃəs/ *adj* pendiente de la moda, que sigue la moda; **she's very ~** está muy pendiente de la moda, sigue mucho la moda
fashionista /ˌfæʃnˈɪstə/ *n* (colloq)
A (designer) diseñador, dora *m,f* de ropa de alta costura
B (consumer) consumidor, -dora *m,f* de ropa de alta costura
fashion model *n* modelo *mf*, maniquí *mf*
fashion parade *n* (BrE) desfile *m* de modas *or* de modelos
fashion plate *n* figurín *m*
fashion show *n* desfile *m* de modas *or* de modelos
fast[1] /fæst || fɑːst/ *adj* **-er, -est**
A **1** (speedy) ‹*car/runner/pace*› rápido, veloz; ‹*ball/service*› rápido; **it's her ~est time over this distance** es su mejor tiempo en esta distancia; **~ train** tren *m* rápido; **she's a ~ driver/learner** maneja *or* (Esp) conduce/aprende muy rápido; ***to pull a ~ one on sb*** (colloq) jugarle* una mala pasada a algn, hacerle* una jugarreta a algn **2** ‹*track/surface*› rápido **3** (*pred*): **my watch is five minutes ~** mi reloj (se) adelanta cinco minutos, tengo el reloj cinco minutos adelantado **4** (Phot) ‹*film*› sensible; ‹*shutter*› rápido
B (tight) (*pred*): **he made ~ to the jetty** amarró (el barco) al desembarcadero
C (permanent) ‹*color*› inalterable, sólido, que no destiñe
D (dissolute) (dated) libertino
fast[2] *adv*
A **1** (quickly) ‹*move/work/drive*› rápidamente, rápido, deprisa; **not so ~!** ¡más despacio!; **the day is ~ approaching when …** se está acercando rápidamente el día en que …; **how ~ were you going?** ¿a qué velocidad ibas?; ***~ and furious***: **the questions came ~ and furious** lo (*or* los *etc*) ametrallaron a preguntas; **play has been ~ and furious** el partido ha sido rápido y dinámico **2** (ahead of schedule): **it's running six minutes ~** va seis minutos adelantado
B (firmly): **to hold ~ to sth** agarrarse fuerte a *or* de algo; **he held ~ to the idea** se aferró a la idea; **stand ~ if they try to change your mind** manténte firme si te quieren hacer cambiar de idea; **the car was stuck ~ in the mud** el coche estaba atascado en el barro
C (soundly): **to be ~ asleep** estar* profundamente dormido
fast[3] *vi* ayunar
fast[4] *n* ayuno *m*; **to break one's ~** interrumpir el ayuno
fast- /fæst || fɑːst/ *pref*: **~growing** de crecimiento rápido; **~moving stock** estoc *m* de mucha salida
fast breeder (reactor) *n* (reactor *m*) reproductor *m* rápido
fasten /ˈfæsn || ˈfɑːsn/ *vt*
A **1** (attach) sujetar; (tie) atar; (stick) pegar*; **to ~ on a button/label** pegar* un botón/una etiqueta **2** (do up, close) ‹*case*› cerrar*; ‹*coat*› abrochar; ‹*laces*› atar, amarrar (AmL exc RPl); **~ your belt** abróchate el cinturón; **~ the door/window** échale el cerrojo a la puerta/ventana
B (fix) ‹*eyes/gaze*› clavar, fijar; **to ~ the blame on sb** echarle *or* endilgarle* la culpa a algn
■ **fasten** *vi* «*door/case*» cerrar*; **this belt won't ~** este cinturón no abrocha
(Phrasal verbs)
• **fasten down** [v + adv + o, v + o + adv] ‹*hatch/hood*› asegurar, cerrar*
• **fasten on, fasten onto** [v + prep + o]: **they ~ed onto the idea straight away** enseguida entendieron la idea; **he had ~ed on(to) poor Anna** se le había pegado a la pobre Anna (fam); **the press ~ed onto that one statement** la prensa se centró exclusivamente en esa afirmación; **once he ~s on(to) a plan, there's no changing his mind** cuando se le mete un plan en la cabeza, no hay quien lo haga cambiar de opinión
fastener /ˈfæsnər || ˈfɑːsnə(r)/, **fastening** /ˈfæsnɪŋ || ˈfɑːsnɪŋ/ *n* cierre *m*
fast food *n* [c u] comida *f* rápida
fast-food restaurant /ˈfæstfuːd || ˈfɑːstfuːd/ *n* restaurante *m* de comida rápida
fast-forward /ˈfæstˈfɔːrwərd || ˌfɑːstˈfɔːwəd/ *vt/vi* avanzar*
fast forward (button) *n* botón *m* de avance rápido
fastidious /fæsˈtɪdiəs/ *adj* ‹*person*› muy exigente; (too fussy) maniático, mañoso (AmL); **chosen with ~ care** elegido con sumo cuidado; **~ ABOUT sth**: **I'm ~ about cleanliness** soy muy exigente en lo que se refiere a la limpieza
fast-moving /ˈfæstˌmuːvɪŋ || ˈfɑːstˌmuːvɪŋ/ *adj* **1** (quick-moving) de movimientos rápidos **2** (fast-selling) de venta rápida
fastness /ˈfæstnəs || ˈfɑːstnɪs/ *n*
A [c] (stronghold) (liter) refugio *m*
B [u] (of color, dye) inalterabilidad *f*
fast-paced /ˈfæstˈpeɪst || ˈfɑːstˈpeɪst/ *adj* ‹*plot/drama*› de mucha acción; ‹*life/lifestyle*› acelerado
fast reactor *n* reactor *m* rápido
fast-talk /ˈfæstˈtɔːk || ˈfɑːstˈtɔːk/ *vt* (colloq) **to ~ sb (INTO/OUT OF sth)**: **she ~ed him into buying it** lo engatusó *or* lo embaucó para que lo comprara; **he ~ed her out of her savings** la engatusó *or* la embaucó y le sacó los ahorros
fast-talking /ˈfæstˌtɔːkɪŋ || ˈfɑːstˌtɔːkɪŋ/ *adj* ‹*actor*› que habla rápido; ‹*part*› donde se habla rápido; ‹*salesman*› (pej) que usa su labia para engatusar
fast track *n* [u] vía *f* rápida; (*before n*): **fast-track executive** ejecutivo, -va *m,f* que llegará lejos
fast train *n* (tren m) rápido *m*
fat[1] /fæt/ *adj* **-tt-**
A **1** (obese) ‹*person/animal/stomach*› gordo; **to get/grow ~** engordar; ***to grow ~ on sth*** enriquecerse* con algo; ***it ain't (all) over till the ~ lady sings*** el partido no se acaba hasta el silbato final **2** (BrE) que tiene mucha grasa **3** (fattened) ‹*cattle/pigs*› de engorde **4** (thick) ‹*book/cigar*› grueso, gordo; **a ~ wad of dollar bills** un grueso fajo de dólares
B **1** (lucrative) ‹*contract/deal*› lucrativo, jugoso (fam); **the ~ years** los años de las vacas gordas **2** (large) ‹*salary*› muy alto; **a ~ check** un cheque por mucho dinero; **they made a ~ profit** sacaron pingües ganancias, hicieron mucho dinero **3** (very little) (colloq & iro): **a ~ chance you've got of winning!** ¡muchas posibilidades tienes tú de ganar! (iró); **a ~ lot of good that'll do!** ¡para lo que va a servir!; **a ~ lot you know about it!** ¡no tienes la más mínima idea!
fat[2] *n* **1** [u c] grasa *f*; **animal/vegetable ~** grasa animal/vegetal; **this cheese contains 30% ~** este queso contiene un 30% de materia grasa; **a ~ free diet** una dieta sin grasas; ***the ~ is in the fire*** se va a armar la gorda (fam), la cosa está que arde (fam); ***to chew the ~*** (colloq) cotorrear (fam), estar* de palique (Esp fam); ***to live off the ~ of the land*** (pej) vivir de (las) rentas **2** [u] (on person) grasa *f*; **to run to ~** echar carnes (fam)
fatal /ˈfeɪtl/ *adj* **1** (causing death) ‹*accident/injury/illness*› mortal; **it is not known who fired the**

~ **shot** no se sabe quién disparó el tiro que le causó la muerte **2** (disastrous) ‹*decision/mistake*› fatídico, de funestas consecuencias; ~ **TO sth**: **the delay was ~ to the project** el retraso tuvo consecuencias funestas para el proyecto; **it would be ~ to assume that ...** sería funesto *or* tendría funestas consecuencias asumir que ... **3** (important) fatal; **the ~ day/hour** el día/la hora fatal

fatalism /'feɪtlɪzəm/ *n* [u] fatalismo *m*

fatalist /'feɪtləst || 'feɪtlɪst/ *n* fatalista *mf*

fatalistic /,feɪtl'ɪstɪk/ *adj* fatalista

fatality /feɪ'tæləti || fə'tæləti/ *n* (*pl* **-ties**)
A [c] (death) muerto *m*, víctima *f* mortal; **there were no fatalities** no hubo muertos, no hubo que lamentar víctimas mortales (period)
B [u] (inevitability) fatalidad *f*

fatally /'feɪtli || 'feɪtəli/ *adv* ‹*ill/wounded*› mortalmente, de muerte; **they erred ~ in not checking the map** cometieron un error de funestas consecuencias al no consultar el mapa

fatback /'fætbæk/ *n* (AmE) tocino *m* salado

fat cat *n* (colloq) potentado, -da *m,f*; (*before n*): **fat-cat salary** sueldo *m* de potentados; **fat-cat profits** pingües beneficios *mpl or* ganancias *fpl*

fat content *n* [u c] contenido *m* graso

fate /feɪt/ *n* **1** [u] (destiny) destino *m*; **I wonder what ~ has in store for us now** me pregunto qué nos deparará el destino; **~ meant us to meet** el destino quiso que nos conociéramos, estaba escrito que teníamos que conocernos; **as ~ would have it** como lo quiso el destino; **▸tempt 1** **2** [c] (one's lot, end) suerte *f*; **to decide sb's ~** decidir la suerte que ha de correr algn; **to leave/abandon sb to his/her ~** dejar/abandonar a algn a su suerte; **it was my ~ to have to talk to her** tuvo que tocarme a mí hablar con ella; **to meet one's ~** (liter & euph) encontrar* la muerte; ***a ~ worse than death*** (hum): **having to move to the country would be a ~ worse than death to me** preferiría morirme *or* (fam) pegarme un tiro antes que tener que mudarme al campo **3** **Fates** (Myth): **the F~s** las Parcas

fated /'feɪtəd || 'feɪtɪd/ *adj* **1** (destined) **~ to + INF** (liter) predestinado A + INF; **they were ~ to become lovers** estaban predestinados a ser amantes; **that was ~d to be his last night on earth** estaba escrito que ésa sería su última noche en este mundo **2** (doomed) condenado

fateful /'feɪtfəl/ *adj* **1** (momentous) ‹*day/decision*› fatídico, aciago, funesto; **and so the ~ day arrived** (hum) y llegó el día fatídico (hum) **2** (prophetic) ‹*words/remark*› profético

fat farm *n* (AmE colloq) clínica *f* de adelgazamiento

fat-free /'fæt'friː/ *adj* ‹*food*› sin grasa; ‹*diet*› sin grasas

fathead /'fæthed/ *n* (colloq) imbécil *mf*, estúpido, -da *m,f*

fatheaded /'fæt'hedəd || ,fæt'hedɪd/ *adj* (colloq) imbécil, estúpido

father[1] /'fɑːðər || 'fɑːðə(r)/ *n*
A **1** (parent) padre *m*; **handed down from ~ to son** pasado de padre a hijo *or* de generación en generación; **he's been like a ~ to me** ha sido como un padre para mí; **his mother and ~** sus padres; **(old) F~ Time** el Tiempo; **F~ Thames** el Támesis; ***the ~ and mother of a row/headache*** (colloq) una pelea/un dolor de cabeza de padre y (muy) señor mío (fam); ***like ~, like son*** de tal palo tal astilla, hijo de tigre ... (AmL) **2** **fathers** *pl* (forefathers) (liter) padres *mpl*, progenitores *mpl* (frml); ***to be gathered to one's ~s*** (dated & euph) ser* llamado por el Señor (euf)
B **1** (originator) padre *m*; **the F~s (of the Church)** los Padres de la Iglesia **2** (leader, elder) padre *m*; **F~ of his/our country** (AmE) Padre de la Patria
C (Relig) **1** **Father** (God) Padre *m*; **in the name of the F~, the Son and the Holy Ghost** en el nombre del Padre, del Hijo y del Espíritu Santo **2** (priest) padre *m*; **F~ Brown** el padre Brown

father[2] *vt*
A **1** ‹*child*› engendrar, tener* **2** (invent) ‹*plan/invention/movement*› ser* el creador de
B (foist) **to ~ sth ON sb/sth** atribuirle* algo A algn/algo

Father Christmas *n* (BrE) Papá *m* Noel, viejo *m* Pascuero (Chi)

father confessor *n* confesor *m*, director *m* espiritual

father figure *n* figura *f or* imagen *f* paterna

fatherhood /'fɑːðərhʊd || 'fɑːðəhʊd/ *n* [u] paternidad *f*

father-in-law /'fɑːðərɪnlɔː/ *n* (*pl* **fathers-in-law**) suegro *m*

fatherland /'fɑːðərlænd || 'fɑːðəlænd/ *n* patria *f*

fatherless /'fɑːðərləs || 'fɑːðəlɪs/ *adj* huérfano de padre, sin padre; **to be ~** ser* huérfano de padre, no tener* padre

fatherly /'fɑːðərli || 'fɑːðəli/ *adj* paternal; **he gave him some ~ advice** lo aconsejó como un padre

Father's Day *n* el día del Padre (*en EEUU y GB el tercer domingo de junio*)

fathom[1] /'fæðəm/ *n* braza *f*; **in 20 ~s of water** *o* **water 20 ~s deep** a 20 brazas de profundidad

fathom[2] *vt* **1** **~ (out)** (understand) entender*, comprender **2** (Naut) sondar, sondear

fatigue[1] /fə'tiːg/ *n*
A [u] **1** (tiredness, strain) fatiga *f*, cansancio *m*; **physical/mental ~** fatiga física/mental, cansancio físico/mental **2** (Metall) fatiga *f*
B [c] (Mil) **1** (menial work) (*usu pl*) faena *f*, fajina *f* (RPl); **to be on ~s** hacer* faenas, estar* de fajina (RPl); (*before n*): **~ dress ▸fatigue**[1] **B2** **2** **fatigues** *pl* (clothing) ropa *f or* uniforme *m* de faena *or* (RPl) de fajina *or* (Col) de fatiga

fatigue[2] *vt* **1** (tire) fatigar*, cansar **2** (Metall) producir* la fatiga de

fatiguing /fə'tiːgɪŋ/ *adj* fatigoso

fatless /'fætləs || 'fætlɪs/ *adj* sin grasa

fatness /'fætnəs || 'fætnɪs/ *n* [u]
A **1** (of person, animal) gordura *f* **2** (of wad, book) grosor *m*
B (of meat etc) grasa *f*

fatso /'fætsəʊ/ *n* (sl) gordo, -da *m,f*, guatón, -tona *m,f* (Chi, Per fam)

fatstock /'fætstɑːk || 'fætstɒk/ *n* [u] (BrE) ganado *m* gordo

fatten /'fætn/ *vt* **1** **~ (up)** (make fatter) ‹*animal*› cebar, engordar; ‹*person*› (colloq & hum) engordar, cebar (fam & hum); **she needs ~ing up a bit** tiene que engordar un poco **2** (increase) (AmE colloq): **to ~ the pot** (in poker) engrosar *or* hacer* crecer el pozo; **to ~ the take** (in poker) subir la apuesta

■ **fatten** *vi* «*animal*» engordar

fattening /'fætnɪŋ/ *adj* que engorda; **cakes are extremely ~** los pasteles engordan muchísimo *or* son muy engordantes

fattiness /'fætinəs || 'fætinɪs/ *n* [u] grasa *f*

fattism /'fætɪzəm/ *n* [u] discriminación *f* contra la gente obesa

fatty[1] /'fæti/ *adj* **-tier, -tiest** **1** (containing fat) ‹*food/substance*› graso, grasoso (AmL) **2** (Physiol) ‹*tissue*› adiposo

fatty[2] *n* (*pl* **-ties**) (colloq) gordito, -ta *m,f* (fam); (*as form of address*) gordi (fam), gordis (Méx fam)

fatty acid *n* ácido *m* graso

fatuity /fə'tuːəti || fə'tjuːəti/ *n* [u c] (frml) necedad *f*

fatuous /'fætʃuəs || 'fætjʊəs/ *adj* necio

fatuously /'fætʃuəsli || 'fætjʊəsli/ *adv* neciamente

fatuousness /'fætʃuəsnəs || 'fætjʊəsnɪs/ *n* [u] (frml) necedad *f*

fatwa /'fætwɑː/ *n* fatwa *f*; **to issue a ~ against sb** emitir *or* dictar una fatwa contra algn

faucet /'fɔːsət || 'fɔːsɪt/ *n* (AmE) llave *f or* (Esp) grifo *m or* (RPl) canilla *f or* (Per) caño *m or* (AmC, Ven) chorro *m or* (AmC) paja *f*; **to turn the ~ on/off** abrir*/cerrar* la llave (*or* el grifo *etc*); **to leave the ~s running** dejar las llaves abiertas (*or* los grifos abiertos *etc*)

fault[1] /fɔːlt/ *n*
A [u] (responsibility, blame) culpa *f*; **whose ~ is it?** ¿quién tiene la culpa?, ¿de quién es la culpa?; **it's your ~** tú tienes la culpa, la culpa es tuya; **it's not my ~** yo no tengo la culpa, no es culpa mía; **to be at ~** ser* culpable; **they were at ~ in not reporting the theft** hicieron *or* obraron mal al no denunciar el robo; **my memory could be at ~ here** en esto me podría estar fallando la memoria; **they're always finding ~ with me** todo lo que hago les parece mal, siempre me están criticando
B [c] **1** (failing, flaw) defecto *m*, falta *f*; **for** *o* **in spite of all his ~s** a pesar de todos sus defectos; **she is generous to a ~** peca de excesivamente generosa, es generosa en extremo **2** (in machine) avería *f*; (in goods) defecto *m*, falla *f*; **there's a ~ on the line** hay una avería en la línea; **a ~ in design** un defecto *or* una falla *or* (Esp tb) un fallo de diseño **3** (error, misdeed) error *m*, falta *f*; **there's a ~ in the adding up** hay un error en la adición
C [c] (Geol) falla *f*
D [c] (in tennis, show jumping) falta *f*

fault[2] *vt* ‹*person/performance/argument*› encontrarle* defectos a; **his behavior cannot be ~ed** su comportamiento es intachable *or* impecable

faultfinder /'fɔːlt,faɪndər || 'fɔːlt,faɪndə(r)/ *n* criticón, -ona *m,f*, sacafaltas *mf* (Esp fam)

faultfinding[1] /'fɔːlt,faɪndɪŋ/ *n* [u]: **I'm tired of his ~** estoy harta de que a todo le encuentre defectos

faultfinding[2] *adj* (*before n*) criticón (fam)

faultily /'fɔːltəli || 'fɔːltɪli/ *adv* de manera defectuosa, defectuosamente

faultless /'fɔːltləs || 'fɔːltlɪs/ *adj* impecable, perfecto, sin tacha

faultlessly /'fɔːltləsli || 'fɔːltlɪsli/ *adv* impecablemente, perfectamente

fault line *n* línea *f* de falla (geológica)

faulty /'fɔːlti/ *adj* **-tier, -tiest** **1** ‹*goods/brakes/design*› defectuoso; ‹*machine/motor*› defectuoso, que falla; ‹*workmanship*› imperfecto **2** ‹*grammar/logic/reasoning*› incorrecto

faun /fɔːn/ *n* fauno *m*

fauna /'fɔːnə/ *n* (*pl* **-nas** *or* **-nae** /-niː/) fauna *f*

Faust /faʊst/ *n* Fausto

Faustian /'faʊstiən/ *adj* de Fausto

faux pas /'fəʊ,pɑː/ *n* (*pl* ~ ~ /-z/) metedura *f or* (AmL tb) metida *f* de pata (fam); **to make a ~ ~** meter la pata (fam), tirarse una plancha (Esp fam)

fava bean /'fɑːvə/ *n* (AmE) haba *f*‡

favor[1], (BrE) **favour** /'feɪvər || 'feɪvə(r)/ *n*
A [u] **1** (approval): **the king's ~** el favor del rey; **to find ~ with sb** (frml) ser* bien recibido por algn, tener* buena acogida por parte de algn (frml); **to gain/lose ~** ganar/perder* aceptación; **to come back into ~** volver* a tener aceptación; **he isn't in ~ with the boss now** ya no cuenta con el apoyo del jefe; **he fell out of ~ with the party** cayó en desgracia en el partido; **to look with ~ on sth/sb** (frml) mirar algo/a algn con benevolencia; ***to curry ~ with sb*** tratar de congraciarse con algn, tratar de ganarse el favor de algn **2** (partiality) favoritismo *m*; **to show ~ to sb** favorecer* a algn
B **in ~** a favor; **66% in ~, 34% against** 66% a favor, 34% en contra; **to be/speak in ~ of sb** *o* **in sb's ~** estar*/hablar a *or* en favor de algn; **to be/speak in ~ of sth/-ING** estar*/hablar a favor de algo/+ INF; **she spoke in ~ of the candidate** habló a *or* en favor del candidato; **I'm all in ~ of a pay increase** estoy totalmente a favor de un aumento de sueldo; **they're in ~ of renewing the contract** están a favor de renovar el contrato; **the balance in your ~ is $5,000** el saldo a su favor es de 5.000 dólares; **the judge found in the plaintiff's ~** el juez se pronunció a *or* en favor del demandante; **the check was made out in his ~/in ~ of the club** el cheque fue extendido a su nombre/en nombre del club; **the wind is in our ~** llevamos *or* tenemos el viento a nuestro favor
C [c] (act of kindness) favor *m*; **can I ask you a ~** *o* **ask a ~ of you?** ¿puedo pedirte un favor?; **don't expect any ~s from him** no esperes favores de él; **as a ~ (to sb)** como un favor (a

f

algn); **to do sb a ~** hacerle* un favor a algn; **just do me a ~ and keep quiet** haz(me) el favor de callarte; **would you do me the ~ of moving your car?** ¿me haría el favor de mover el coche?; **do me a ~!** (BrE) ¡hazme el favor!, ¡déjate de historias!

D **favors** *pl* (sexual intimacy) (frml & euph) favores *mpl* (euf & hum)

E 1 (token) (Hist) favor *m* (arc), prenda *f* 2 (party gift) sorpresa *f*, regalito *m* 3 (on wedding cake) adorno *m*

favor², (BrE) **favour** *vt*

A 1 (be in favor of) ‹*plan/proposal/idea*› estar* a favor de, ser* partidario de, apoyar; **a spot ~ed by anglers** un lugar que goza de popularidad entre los pescadores 2 (be favorable to) favorecer* 3 (treat preferentially) favorecer*, tratar con favoritismo 4 **favored** *past p* **most ~ed nation** nación *f* más favorecida; **a secret known only to the** *o* **a ~ed few** un secreto que sólo conoce una minoría selecta

B (oblige) (frml) **to ~ sb WITH sth**: **he ~ed us with an interview** nos honró concediéndonos una entrevista (iró), se dignó a concedernos una entrevista; **will you ~ us with your presence?** ¿nos honraría con su presencia?

C (resemble) salir* a

D (spare, treat gently) no forzar*

favorable, (BrE) **favourable** /ˈfeɪvrəbəl/ *adj* 1 (positive) ‹*report/assessment/answer*› favorable 2 (advantageous) ‹*weather/wind*› favorable; ‹*deal/exchange rate*› favorable, ventajoso; **the deal was struck on terms very ~ to us** el trato se cerró en términos que nos eran muy favorables *or* ventajosos; **economic conditions ~ to expansion** condiciones económicas que favorecen la expansión, condiciones económicas propicias para la expansión

favorably, (BrE) **favourably** /ˈfeɪvrəbli/ *adv* favorablemente; **he spoke very ~ of her** habló muy bien de ella; **we were very ~ impressed** nos causó muy buena impresión; **to be ~ disposed/inclined to(ward) sb/sth** estar* bien dispuesto hacia algn/algo

favorite¹, (BrE) **favourite** /ˈfeɪvrət || ˈfeɪvrɪt/ *adj* ‹*book/writer/color*› preferido, favorito, predilecto; ‹*daughter/son*› predilecto, preferido

favorite², (BrE) **favourite** *n*

A 1 (person, thing) preferido, -da *m,f*, favorito, -ta *m,f*; **she's her father's ~** es la preferida de su padre; **he's a great ~ with the public** es uno de los grandes favoritos del público; **this song's a great ~ with our listeners** esta canción es una de las favoritas de nuestros oyentes; **that dress is a ~ of mine** este vestido es uno de mis preferidos *or* favoritos; **chocolate ice cream! my ~!** ¡helado de chocolate! ¡lo que más me gusta! 2 (of teacher, ruler) favorito, -ta *m,f*; (Hist) valido *m*

B (Sport) favorito, -ta *m,f*; **she's second ~ to win** está en el segundo puesto entre los favoritos para ganar

favorite son, (BrE) **favourite son** *n* 1 (local hero) hijo *m* predilecto 2 (AmE) (Pol) *político apoyado por los delegados de su estado en la convención nacional que elige al candidato presidencial*

favoritism, (BrE) **favouritism** /ˈfeɪvrətɪzəm || ˈfeɪvrɪtɪzəm/ *n* [u] favoritismo *m*

favourable *adj* (BrE) ▸ **favorable**

favourite *n/adj* (BrE) ▸ **favorite¹**, **favorite²**

fawn¹ /fɔːn/ *n*

A [c] (young deer) cervato *m*

B ▸ **i p.1036** [u] (color) beige *m*, beis *m* (Esp); (*before n*) ‹*sweater/coat*› beige *adj inv*, beis *adj inv* (Esp)

fawn² *vi* 1 (flatter) **to ~ ON sb** «*person*» (pej) adular *or* lisonjear a algn; «*dog*» hacerle* fiestas a algn 2 **fawning** *pres p* adulador

fax¹ /fæks/ *n* fax *m*, telefax *m*; **to send sb a ~** mandarle *or* enviarle* un fax a algn; (*before n*): **~ machine/message** fax *m*; **~ number** número *m* de fax

fax² *vt* faxear; **I'll ~ it (through) to you** se lo enviaré *or* mandaré por fax, se lo faxearé

fay /feɪ/ *n* (poet) hada *f*‡

faze /feɪz/ *vt* (*usu neg*) (colloq) perturbar, desconcertar*; **he wasn't at all ~d by the question** ni se inmutó cuando le hicieron la pregunta

FBI *n* (in US) (= **Federal Bureau of Investigation**) FBI *m*

FC *n* = **Football Club**

FCA *n* (in UK) = **Fellow of the Institute of Chartered Accountants**

FCC *n* (in US) = **Federal Communications Commission**

FD *n* (in US) = **Fire Department**

> **FDA - Food and Drug Administration**
>
> Un organismo del gobierno de EEUU que establece los niveles de calidad para los alimentos y las medicinas y verifica que se puedan ingerir sin peligro.

FDI *n* (Fin) (= **foreign direct investment**) IED *f*

FDIC *n* (in US) = **Federal Deposit Insurance Corporation**

FE *n* [u] (in UK) = **Further Education**

fealty /ˈfiːəlti/ *n* (*pl* **-ties**) fidelidad *f*, lealtad *f*; **to swear ~ to the king** jurar fidelidad al rey

fear¹ /fɪr || fɪə(r)/ *n*

A [u c] (apprehension) miedo *m*, temor *m*; **she knows no ~** no sabe lo que es el miedo; **~ of death/heights** miedo a la muerte/las alturas; **~ of falling/flying** miedo de *or* a caerse/volar; **her ~s proved to be unfounded** sus temores resultaron ser infundados; **plagued by doubt(s) and ~(s)** lleno de dudas y temores; **my worst ~s came true** pasó lo que más me temía; **~ FOR sb/sth**: **her ~s for her children/safety were understandable** era comprensible que tuviera miedo por sus hijos/su seguridad; **~s for the missing climbers are growing** se teme cada vez más por la vida de los montañistas desaparecidos; **to go** *o* **be in ~ of sb/sth** (frml) vivir atemorizado por algn/algo; **to go** *o* **be in ~ of one's life** temer por su (*or* mi *etc*) vida; **in ~ and trembling** (liter) atemorizado, lleno de miedo; **she wouldn't touch it for ~ of breaking it** no quería tocarlo por miedo *or* temor de *or* a romperlo; **she refused for ~ (that) she might be found out** se negó por miedo a que la descubrieran; **have no ~** (arch *or* hum) pierde (*or* pierda *etc*) cuidado; **without ~ or favor** (frml) con imparcialidad

B [u] (risk, chance, likelihood): **there's little ~ of me getting caught** hay muy pocas posibilidades de que me agarren *or* (esp Esp) de que me cojan; **there's no ~ of that happening** no hay peligro de que eso ocurra; **no ~!** (*as interj*) (colloq): **want to try parachuting? — no ~!** ¿quieres probar a hacer paracaidismo? — ¡ni loco! *or* ¡ni muerto!

C (awe) temor *m*; **the ~ of God** el temor de Dios; ***to put the ~ of God into sb*** asustar muchísimo a algn

fear² *vt*

A 1 (be afraid of, dread) ‹*consequences/death/person*› temer, tenerle* miedo a; **to ~ the worst** temer(se) lo peor; **we ~ that she might be seriously hurt** tememos que esté gravemente herida; **he was ~ed dead** se temía que hubiera muerto; **you have/there is nothing to ~** no tienes/no hay nada que temer 2 (think, suspect) **to ~ (THAT)** temerse QUE; **I ~ we've lost our way** (mucho) me temo que nos hemos perdido; **it's ~ed he may have been murdered** se teme que lo hayan asesinado; **I ~ so/not** me temo que sí/no

B (revere) (arch) ‹*God*› temer

■ **fear** *vi* temer; **never ~** no temas, pierde cuidado; **to ~ FOR sb/sth** temer POR algn/algo; **he ~s for his children/life** teme por sus hijos/su vida

fearful /ˈfɪrfəl || ˈfɪəfəl/ *adj*

A 1 (frightening) ‹*monster/apparition*› aterrador 2 (dreadful) (colloq) ‹*cold/mess*› espantoso, horrible; ‹*liar*› tremendo, terrible, de miedo (fam)

B (timid) ‹*person*› miedoso, temeroso; **there's no need to be ~, he won't eat you** no seas miedoso *or* no hay por qué tener miedo, no te va a comer; **to be ~ of -ING** temer + INF; **~ of causing offense, she said nothing** temiendo ofender, no dijo nada

fearfully /ˈfɪrfəlɪ || ˈfɪəfəli/ *adv*

A (extremely) terriblemente; **it was ~ hot** hacía un calor espantoso *or* terrible

B (in, with fear) con temor

fearless /ˈfɪrləs || ˈfɪəlɪs/ *adj* intrépido, audaz; **he is utterly ~** no le tiene miedo a nada; **~ OF sth**: **~ of the consequences** sin temor a las consecuencias

fearlessly /ˈfɪrləsli || ˈfɪəlɪsli/ *adv* sin temor *or* miedo

fearlessness /ˈfɪrləsnəs || ˈfɪəlɪsnɪs/ *n* [u] audacia *f*, intrepidez *f*

fearsome /ˈfɪrsəm || ˈfɪəsəm/ *adj* 1 (terrifying) aterrador; **he's rather ~** es de temer 2 (daunting) ‹*difficulty/task*› tremendo

fearsomely /ˈfɪrsəmli || ˈfɪəsəmli/ *adv* tremendamente

feasibility /ˌfiːzəˈbɪləti/ *n* [u] 1 (of a plan, suggestion) viabilidad *f*; **the ~ OF -ING** la factibilidad *or* posiblidad DE + INF; (*before n*): **~ study** estudio *m* de viabilidad 2 (of a story, excuse) (crit) verosimilitud *f*

feasible /ˈfiːzəbəl/ *adj* 1 (practicable) ‹*plan/proposal*› viable; (possible) posible, factible; **it's quite ~ to alter the clause** se podría perfectamente cambiar la cláusula 2 (likely) (crit) ‹*story/excuse*› verosímil

feasibly /ˈfiːzəbli/ *adv* 1 (realistically) de forma realista 2 (plausibly) (crit) de forma verosímil

feast¹ /fiːst/ *n*

A 1 (banquet) banquete *m*, festín *m* 2 (abundance): **a ~ of colors** un derroche de color(es); **a ~ of entertainment** un sinfín de diversiones; **it's either ~ or famine** no hay término medio, las cosas van de un extremo al otro

B (Relig) fiesta *f*; **the F~ of Corpus Christi** el día de Corpus (Christi)

feast² *vi* festejar; **to ~ ON sth** darse* un festín DE algo

■ **feast** *vt* agasajar; **to ~ oneself ON sth** darse* un festín DE algo; **to ~ one's eyes (ON sth)** regalarse los ojos *or* la vista (CON algo)

feast day *n* (Relig) (día *m* de) fiesta *f*, (día *m*) festivo *m*

feat /fiːt/ *n* hazaña *f*, proeza *f*; **getting them to pay up was quite a ~** conseguir que pagaran fue toda una hazaña

feather¹ /ˈfeðər || ˈfeðə(r)/ *n* (on bird) pluma *f*; (on arrow, dart) pluma *f*; ***a ~ in one's cap*** un triunfo personal; ***as light as a ~*** ligero *or* (esp AmL) liviano como una pluma; ***to ruffle sb's ~s*** hacer* enojar *or* (esp Esp) enfadar a algn; ***to show the white ~*** (dated) mostrarse* cobarde; ***to smooth sb's (ruffled) ~s*** calmar a algn; ***you could have knocked me down*** *o* ***over with a ~*** (colloq) casi me caigo de espaldas; (*before n*): **~ bed** colchón *m* de plumas; **~ boa** boa *f*; **~ duster** plumero *m*

feather² *vt*

A 1 ‹*arrow/dart*› emplumar, ponerle* plumas a 2 **feathered** *past p* con plumas, emplumado; **our ~ed friends** nuestras amigas las aves; ▸ **nest¹ A**

B (in rowing) ‹*blade/oar*› poner* horizontal

featherbed /ˈfeðərbed || ˌfeðəˈbed/ *vt/vi* **-dd-** *practicar o imponer*, ▸ **featherbedding**

featherbedding /ˈfeðərˌbedɪŋ || ˌfeðəˈbedɪŋ/ *n* [u]: *práctica de limitar el rendimiento de los trabajadores, duplicar el trabajo etc, a fin de evitar despidos o crear puestos de trabajo*

featherbrain /ˈfeðərbreɪn || ˈfeðəbreɪn/ *n* cabeza *mf* de chorlito (fam), cabeza *mf* hueca (fam)

featherbrained /ˈfeðərbreɪnd || ˈfeðəbreɪnd/ *adj*: **she's so ~** es tan cabeza de chorlito *or* tan cabeza hueca; **a ~ idea** una idea disparatada

feather-light /ˈfeðərˈlaɪt || ˈfeðəˈlaɪt/ *adj* ‹*fabric/pastry*› muy ligero; ‹*touch/kiss*› muy suave

featherweight /ˈfeðərweɪt || ˈfeðəweɪt/ *n* peso *m* pluma; (*before n*): **~ champion** campeón, -peona *m,f* de peso pluma

feathery /ˈfeðəri/ *adj* **-rier, -riest** 1 (wispy) como pluma 2 (light, fluffy) ‹*texture/pastry*› muy ligero *or* (esp AmL) liviano

feature[1] /ˈfiːtʃər || ˈfiːtʃə(r)/ *n*
A **1** (of face) rasgo *m*; **~s** rasgos, facciones *fpl*; **delicate ~s** rasgos delicados, facciones delicadas; **a smile lit up his ~s** una sonrisa le iluminó el rostro **2** (of character, landscape, style) característica *f*, rasgo *m* (distintivo); **the house has many original ~s** la casa conserva muchos detalles arquitectónicos de época; **his legs are his best ~** lo mejor que tiene son las piernas; **to make a ~ of sth** destacar* algo, hacer* resaltar algo **3** (of machine, appliance, book) característica *f*
B **1** ~ **(film)** película *f*; **full-length ~** largometraje *m*; **main/second ~** película principal/complementaria **2** (Journ) artículo *m*; **his column was a regular ~ in the paper** su columna era uno de los artículos regulares del periódico **3** (Rad, TV) documental *m*
C (incentive to buy) (AmE) oferta *f*

feature[2] *vt*
A **1** (Journ): **he was ~d in 'The Globe' recently** 'The Globe' publicó un artículo sobre él hace poco; **the paper ~s an article on feminism** el periódico trae un artículo sobre el feminismo; **the state visit was ~d on the television news** se destacó la visita de estado en las noticias de la televisión **2** (Cin): **the film ~s her as ...** en la película aparece en el papel de ...; **featuring John Ball** con la actuación de John Ball **3** (Busn) tener* en oferta
B **1** (have as feature) ofrecer* **2** (depict) mostrar*
■ **feature** *vi* **1** (appear) figurar; **to ~ on a list** figurar en una lista; **rice ~s prominently in their diet** el arroz ocupa un lugar importante en su alimentación; **the problem does not ~ in this report** en este informe no se pone de relieve el problema **2** (Cin) aparecer*, actuar*

feature article *n* artículo *m* de fondo

feature-length /ˈfiːtʃərleŋθ || ˈfiːtʃəleŋθ/ *adj* **1** (Cin) de largometraje **2** (Journ) ‹*article*› especial

featureless /ˈfiːtʃərləs || ˈfiːtʃəlɪs/ *adj* monótono, sin ninguna característica especial

feature writer *n* articulista *mf*

Feb ▸ⓘ **p.1085 (= February)** feb

febrile /ˈfebraɪl || ˈfiːbraɪl/ *adj* (liter) febril

February /ˈfebrueri || ˈfebrʊəri/ ▸ⓘ **p.1085** *n* febrero *m*; *see also* **January**

fecal, (BrE) **faecal** /ˈfiːkəl/ *adj* (frml) fecal; **~ matter** materia *f* fecal (frml)

feces, (BrE) **faeces** /ˈfiːsiːz/ *pl n* (frml) heces *fpl* (frml), excrementos *mpl* (frml)

feckless /ˈfekləs || ˈfeklɪs/ *adj* (irresponsible) irresponsable; (lacking purpose) sin objetivos

fecund /ˈfekənd ˈfiːkənd/ *adj* (liter) fecundo

fecundity /fɪˈkʌndəti/ *n* [u] (liter) fecundidad *f*

fed[1] /fed/ *past & past p of* **feed**[1]

fed[2] *n* (AmE colloq) **feds** *pl* **1** (Law): **the ~s** *los agentes del FBI u otro organismo estatal de los EEUU* **2** **the F~ = Federal Reserve Board**

federal /ˈfedərəl/ *adj* **1** (of a federation) ‹*republic/government*› federal **2** (of central government) ‹*taxes/law*› nacional, federal **3** **Federal** (in US history) federal, nordista

Federal /ˈfedərəl/ *n* (in US history) federal *mf*, nordista *mf*

Federal Bureau of Investigation *n* (in US) Oficina *f* Federal de Investigación, FBI *m*

federalism /ˈfedərəlɪzəm/ *n* [u] federalismo *m*

federalist[1] /ˈfedərələst || ˈfedərəlɪst/ *adj* federalista, partidario del federalismo

federalist[2] *n* **1** (Pol) federalista *mf* **2** **Federalist** (US history) federalista *mf*, federal *mf*, nordista *mf*

federal officer *n* (AmE) funcionario, -ria *m,f* (del gobierno) federal

Federal Republic of Germany *n*: **the ~ ~ ~ ~** la República Federal de Alemania

Federal Reserve Board *n* (in US) la Junta de Gobernadores de la Reserva Federal

> **Federal Reserve System**
>
> También llamado the Fed, es la autoridad bancaria estadounidense que desempeña las funciones de un banco central y que controla el volumen de la masa monetaria en circulación, poniendo a disposición de los bancos un sistema nacional de canje.

Federal Trade Commission *n* (in US) Comisión *f* Federal de Comercio

federate[1] /ˈfedəreɪt/ *vt* federar
■ **federate** *vi* federarse

federate[2] /ˈfedərət/ *adj* federado

federation /ˌfedəˈreɪʃən/ *n* **1** [c] (association) federación *f* **2** [u] (joining) federación *f*

fedora /fɪˈdɔːrə/ *n*: *sombrero ligero de fieltro con ala curva*

fed up *adj* (colloq) (*usu pred*) **1** (exasperated) **~ ~ (WITH sb/sth/-ING)** harto (DE algn/algo/+ INF); **I'm ~ ~ (with) hearing the same old excuses** estoy harta de oír siempre las mismas excusas; **to get ~ ~** hartarse **2** (displeased, despondent) (BrE): **she didn't win and she's very ~ ~ about it** no ganó y está muy disgustada; **I'm (feeling) generally ~ ~ today** hoy estoy algo deprimido *or* alicaído

fee /fiː/ *n*
A **1** (payment — to doctor, lawyer, architect) honorarios *mpl*; (— to actor, singer) caché *m*, cachet *m*; **what are your ~s?** ¿cuáles son sus honorarios? (frml), ¿cuánto cobra? **2** (charge) (*often pl*): **on payment of a small ~** pagando una pequeña suma *or* cantidad, por una módica suma; **entrance ~** (precio *m* de) entrada *f*; **examination ~(s)** derecho(s) *m(pl)* de examen; **membership ~(s)** cuota *f* (de socio); **registration/course ~(s)** matrícula *f*, inscripción *f*; **all his salary goes in school ~s** todo el salario se le va en pagar el colegio
B (Law) (of land): **~ simple** plena propiedad *f*, pleno dominio *m*

feeb /fiːb/ *n* (AmE colloq) bobo, -ba *m,f* (fam), zonso, -sa *m,f* (AmL fam)

feeble /ˈfiːbəl/ *adj* **-bler** /-blər || -blə(r)/ **-blest** /-bləst/ **1** (weak) ‹*cry/pulse/light*› débil; **by then he'd become very ~** ya para entonces estaba muy débil **2** (poor, inadequate) ‹*joke*› flojo, malo; ‹*excuse*› pobre, poco convincente

feeble-minded /ˌfiːbəlˈmaɪndəd || ˌfiːbəl ˈmaɪndɪd/ *adj* **1** (foolish) imbécil, tonto **2** (mentally deficient) (dated) débil mental

feebleness /ˈfiːbəlnəs || ˈfiːbəlnɪs/ *n* [u] **1** (of person, voice) debilidad *f* **2** (of excuse) lo flojo, lo poco convincente

feebly /ˈfiːbli/ *adv* **1** (weakly) ‹*smile/speak*› débilmente **2** (unconvincingly) ‹*protest*› sin energía

feed[1] /fiːd/ (*past & past p* **fed**) *vt*
A **1** (give food to) dar* de comer a; **has the dog been fed?** ¿le han dado de comer al perro?; **the bird had to be fed by hand** había que darle de comer al pájaro con la mano; **my little boy can ~ himself now** mi niño ya sabe comer solo; **the patient had to be fed intravenously** hubo que alimentar al paciente por vía intravenosa; Ⓢ **do not feed the animals** prohibido dar de comer a los animales; **to ~ sb ON sth** darle* de comer algo a algn; **what do you ~ your cat on?** ¿qué le das de comer al gato? **2** ‹*baby*› (breastfeed, suckle) amamantar, darle* el pecho a, darle* de mamar a; (with a bottle) darle* el biberón *or* (CS, Per) la mamadera *or* (Col) el tetero a **3** (provide food for) alimentar; **there's enough here to ~ an army!** ¡con esto se puede dar de comer a un batallón!; **parents with four hungry mouths to ~** padres con cuatro bocas que alimentar; **this stew will ~ ten** con este guiso comen diez **4** (give as food) **to ~ sth TO sb**: **we fed the leftovers to the dog** le dimos las sobras al perro; **he was fed a diet of bread and water** lo tenían a pan y agua; **~ them to the lions!** ¡a los leones!
B **1** (supply): **two small streams ~ the river** dos riachuelos vierten sus aguas en el río; **to ~ the meter** echarle más monedas al parquímetro; **to ~ sth TO sth/sb** pasarle algo A algo/algn; **the spy was ~ing information to his contact** el espía le pasaba información a su contacto; **the signal is fed to the relay station** la señal se transmite *or* se pasa a la repetidora; **they had to ~ him his lines** le tuvieron que apuntar lo que tenía que decir; **to ~ sth/sb WITH sth**: **it ~s the industry with raw material** provee *or* alimenta a la industria de materia prima; **blood ~s the brain cells with oxygen** la sangre lleva oxígeno a las neuronas; **I fed him with his cue** le apunté lo que tenía que decir; **they were fed (with) false information** les pasaron información falsa **2** (insert, pass) **to ~ sth INTO sth** introducir* algo EN algo; **~ the card into the slot** introduzca la tarjeta en la ranura; **to ~ data into the computer** introducir* datos en la computadora
C (sustain) ‹*imagination/curiosity/rumor*› avivar; ‹*hope/ego*› alimentar; ‹*fire*› alimentar
■ **feed** *vi* comer, alimentarse; **to ~ ON sth** alimentarse DE algo, comer algo; **they ~ mainly on fish** se alimentan principalmente de pescado, el pescado es su principal sustento; **fear ~s on ignorance** el miedo se ceba en la ignorancia

(Phrasal verbs)
- **feed off** [v + prep + o] **1** (use as food) alimentarse de **2** (prey on) cebarse en **3** (use as plate) comer en
- **feed up** [v + o + adv, v + adv + o] (BrE) (fatten) ‹*animal*› engordar, cebar

feed[2] *n*
A **1** [c] (act of feeding): **it's time for the baby's ~** es hora de darle de comer al niño; **give him three ~s a day** (BrE) déle de comer tres veces al día **2** [u] (food) alimento *m*; (for cattle) pienso *m*; **to be off one's ~** (AmE sl) estar* desganado *or* inapetente
B [c] (on machine) alimentador *m*
C [c] (AmE) (Rad, TV) material *m* (*de programación*)

feedback /ˈfiːdbæk/ *n* [u] **1** (reaction) reacción *f*; **the company would welcome ~ from staff on ...** la compañía tendría interés en conocer la reacción del personal frente a ...; **there was negative/positive ~ from customers** hubo una reacción *or* respuesta desfavorable/favorable por parte de los clientes **2** (Audio, Electron) retroalimentación *f* **3** (Psych) retroalimentación *f*

feedbag /ˈfiːdbæg/ *n* (AmE) morral *m*; **to put on the ~** (hum & dated) comer

feeder /ˈfiːdər || ˈfiːdə(r)/ *n*
A **1** (eater): **he's/it's a good/heavy/slow ~** come bien/mucho/despacio **2** (animal for fattening) (AmE) animal *m* de engorde *or* (Chi, Méx) de engorda
B **1** (on machine) alimentador *m*; (*before n*) ‹*pipe*› de alimentación **2** (for livestock, chickens) comedero *m*
C (Rad, TV) alimentador *m*, línea *f* de alimentación
D (link): **this stream is a ~ flowing into the river** este riachuelo es un afluente del río; **this is a ~ to the main road** esta carretera *or* este ramal desemboca en la carretera principal

feed gauge *n* indicador *m* de alimentación

feeding bottle /ˈfiːdɪŋ/ *n* (BrE) biberón *m*, mamadera *f* (CS, Per), tetero *m* (Col, Ven)

feeding frenzy *n* **1** (of sharks, piranhas) frenético festín *m* **2** (involving media) frenesí *m* de los medios de comunicación

feeding ground *n* zona *f* de alimentación, lugar *m* de alimentación

feeding time *n* [c u] hora *f* de comer *or* de la comida

feed pipe *n* tubo *m* alimentador

feedstuff /ˈfiːdstʌf/ *n* alimento *m*, pienso *m*

feel[1] /fiːl/ (*past & past p* **felt**) *vi*
A (physically) **1** ‹‹*person*›› sentirse*, encontrarse*; **how do you ~** *o* **how are you ~ing?** ¿cómo *or* qué tal te encuentras *or* te sientes?; **I ~ ill/fine** me encuentro *or* estoy *or* me siento mal/bien; **you'll ~ all the better for a hot bath** ya verás cómo te sientes *or* te encuentras mucho mejor después de un baño caliente; **to ~ hot/cold/hungry/thirsty** tener* calor/frío/hambre/sed; **he began to ~ hot/cold** empezó a sentir calor/frío; **to ~ tired** estar* *or* encontrarse* *or* sentirse* cansado; **I ~ as if** *o* **as though I'm going to faint** siento como si me fuera a desmayar; ***to ~ oneself***: **I wasn't ~ing quite myself** no me sentía del todo bien, no sé qué me pasó; **we'll discuss it again when you're ~ing more yourself** lo volveremos a hablar

f

cuando estés mejor **2** ‹‹*part of body*››: **my arm ~s stiff** tengo el brazo entumecido; **my eyes ~ itchy** me pican los ojos; **my legs felt like jelly** me temblaban las piernas

B (emotionally, mentally, morally) sentirse*; **to ~ sad/nervous** sentirse* *or* estar* triste/nervioso; **she ~s old** se siente vieja; **I don't ~ any different/older** no me siento diferente/más viejo; **I ~ (like) a complete idiot** me siento como un perfecto imbécil; **I felt (like) a new man/woman after my vacation** me sentí como nuevo/nueva después de mis vacaciones; **I ~ as if** *o* **as though** *o* (colloq) **like I've been away for ages** tengo la sensación de haber estado fuera mil años, es como si hubiera estado fuera siglos; **we ~ very pleased that she is back** estamos muy contentos de que haya vuelto; **~ free to call at any time** no deje de llamar cuando quiera; **imagine how I felt!** imagínate cómo me sentí; **how do you ~ about your parents' divorce?** ¿cómo has tomado el divorcio de tus padres?; **how would you ~ about Smith as president?** ¿qué te parecería que Smith fuera el presidente?; **it ~s wonderful to be back** es maravilloso estar de vuelta; **if it ~s good, do it** (colloq) si te gusta *or* (esp Esp) si te apetece, hazlo; **I ~ bad about not having asked her** me da no sé qué no haberla invitado; **how does it ~?, what does it ~ like?** ¿qué se siente?

C (have opinion): **I ~ that ...** me parece que ..., opino *or* creo que ...; **it's something I ~ strongly about** es algo que me parece muy importante; **how do you ~ about going to Rome this summer?** ¿qué te parecería si fuéramos a Roma este verano?; **how do you ~ about these changes?** ¿qué opinas de *or* qué te parecen estos cambios?; **I won't ~ any differently** no voy a cambiar de opinión *or* de parecer

D **to feel like sth** (to be in the mood for, fancy): **I ~ like a cup of tea** me apetece una taza de té (esp Esp), tengo ganas de tomar una taza de té; **to ~ like -ING** tener* ganas DE + INF; **I ~ like watching TV** tengo ganas de ver la televisión, me apetece ver la televisión (esp Esp); **you'll ~ more like working when you've had a rest** tendrás más ganas de trabajar cuando hayas descansado; **come tomorrow if you ~ like it** ven mañana si tienes ganas *or* (esp Esp) si te apetece

E (seem, give impression of being): **her skin felt very smooth** tenía la piel muy suave al tacto; **your hands ~ cold** tienes las manos frías; **the water ~s very chilly at first** el agua parece muy fría al principio; **it ~s cold outside** hace frío afuera; **it ~s like silk** parece seda al tacto *or* al tocarlo; **how does that ~? — it's still too tight** ¿cómo lo sientes? — todavía me queda apretado; **the patient's pulse felt normal** el pulso del paciente parecía normal; **it ~s as if** *o* **as though** *o* (colloq) **like it's going to rain** parece que fuera a llover *or* (fam) como que quiere llover; **it ~s like rain** parece que va a llover; **it ~s like spring** parece que estuviéramos en primavera

F (search, grope) **to ~ FOR sth: he felt for the alarm clock** buscó a tientas el despertador; **he felt in his pocket for his lighter** se llevó la mano al bolsillo buscando el mechero; **she felt (about** *o* **around) in her bag for her keys** rebuscó las llaves en el bolso

■ **feel** *vt*

A (touch) ‹*surface/body*› tocar*, palpar; **~ my forehead: it's burning** tócame la frente: la tengo ardiendo; ***to ~ one's way*** ir* a tientas; **the blind man felt his way to the exit** el ciego fue a tientas hasta la salida; **they're still ~ing their way toward a solution** siguen tratando de encontrar una solución; **I'm still ~ing my way around in the job** todavía me estoy familiarizando con el trabajo

B (perceive) ‹*sensation/movement/force*› sentir*; **I couldn't ~ my fingers** no sentía los dedos; **he felt the bed move** sintió moverse la cama *or* que la cama se movía; **I can ~ my heart beating** siento como me late el corazón

C (experience) ‹*indignation/shame*› sentir*; **I felt the anger rise up in me** sentí que me hervía la sangre; **do you ~ anything for her?** ¿sientes algo por ella?

D (be affected by) sentir*; **old people ~ the cold more than we do** los ancianos sienten más el frío que nosotros, a los ancianos el frío les afecta más que a nosotros; **she really felt her mother's death** la muerte de su madre la afectó profundamente; **the consequences will be felt for a long time to come** las consecuencias se sentirán *or* se notarán durante mucho tiempo

E (consider) **to ~ sb/sth to + INF: he felt himself to be a burden on his family** se sentía una carga para su familia; **I ~ it important to warn you** creo *or* considero que es importante advertirte; **it was felt necessary to introduce new legislation** se creyó *or* se consideró necesario introducir nueva legislación; **she ~s (that) the financial aspects are being neglected** considera *or* cree que se están descuidando los aspectos financieros; **she ~s very strongly that ...** está absolutamente convencida de que ...; **it is felt by many that ...** mucha gente considera que *or* es de la opinión de que ...; **the exam was unfair — that's just what I ~** el examen fue injusto — lo mismo pienso yo

(Phrasal verbs)

- **feel for** [v + prep + o]: **I felt for her when I heard** me dio mucha lástima *or* pena cuando me enteré; **I really ~ for you, having to work for her ...** de verdad te compadezco, tener que trabajar para ella ...; *see also* **feel¹ F**
- **feel out** [v + o + adv, v + adv + o] (colloq) ‹*person/situation/opinion*› tantear; **I'll ~ her out** yo la tantearé, tantearé el terreno
- **feel up** [v + o + adv, v + adv + o] (colloq) meterle mano a (fam), manosear, magrear (Esp fam)
- **feel up to** [v + adv + prep + o]: **I don't ~ up to going out this evening** no me siento con ánimo como para salir esta noche; **it'll be a while before she ~s up to work again** va a pasar un tiempo antes de que se sienta con fuerzas como para trabajar

feel² *n* [u] (*no pl*)

A **1** (sensation) sensación *f*; **judging by the ~ of it ...** a juzgar por la sensación que da al tocarlo ...; **I love the ~ of the wind on my face** me encanta sentir el viento en la cara; **this cotton has a smooth ~ (to it)** este algodón es muy suave al tacto *or* tiene un tacto muy suave **2** (act): **to have a ~ of sth** tocar* algo

B **1** (atmosphere, style — of house, room) ambiente *m*; **try to render the ~ of the poem** trata de transmitir el estilo del poema; **this music has a baroque ~ to it** esta música tiene un aire barroco **2** (instinct, sympathy) sensibilidad *f*; **to have a ~ for sth** tener* sensibilidad para algo **3** (familiarity): **to get the ~ of sth** acostumbrarse a algo, familiarizarse* con algo; **she still has not got the ~ of the keyboard** todavía no se ha acostumbrado al teclado *or* no se ha familiarizado con el teclado

feeler /'fi:lər || 'fi:lə(r)/ *n* **1** (Zool) (antenna) antena *f*; (tentacle) tentáculo *m* **2** (tentative approach): **to put out a ~** *o* **~s** tantear el terreno; **I'll put out my ~s and see what I can do** voy a tantear el terreno para ver lo que puedo hacer

feelgood /'fi:lgʊd/ *adj* ‹*movie/experience*› que hace sentir bien; **the ~ factor** la sensación de bienestar

feeling¹ /'fi:lɪŋ/ *n*

A **1** [u] (physical sensitivity) sensibilidad *f*; **I have no ~ in my fingers** no tengo sensibilidad en los dedos **2** [c] (physical sensation) sensación *f*; **a ~ of tiredness/nausea** una sensación de cansancio/náusea

B **1** [u] (sincere emotion) sentimiento *m*; **she played the piece with real ~** interpretó la pieza con mucho sentimiento; **once more, with ~** (hum) a ver, otra vez, pero con más entusiasmo **2** [c] (emotional sensation) sensación *f*; **a ~ of joy/isolation** una sensación de alegría/aislamiento **3** [u] (affection) (*usu pl*) sentimiento *m*; **the only ~ I have for you is one of pity** lo único que siento por ti *or* lo único que me inspiras es lástima **4** **feelings** *pl* (sensitivity) sentimientos *mpl*; **it appeals to man's higher ~s** apela a los sentimientos más elevados del hombre; **I won't spare your ~s** voy a serte franco, no voy a andar con rodeos; **to hurt sb's ~s** herir* los sentimientos de algn; **don't say that, you'll hurt her ~s** no digas eso, la vas a herir *or* le va a doler; ***no hard ~s***: **one of us had to win; no hard ~s, eh?** uno de los dos tenía que ganar; no nos guardemos rencor ¿eh?; **she had no hard ~s about him telling the boss** no le guardaba rencor por habérselo contado al jefe

C **1** [u c] (sentiment) sentir *m*; **bad** *o* **ill ~** resentimiento *m* **2** [c u] (opinion) opinión *f*; **what are your ~s on the matter?** ¿tú que opinas del asunto?

D (*no pl*) **1** (sensitivity, appreciation): **(to have) a ~ for sth** tener* sensibilidad para algo, saber* apreciar algo; **you've no ~ for art** no tienes sensibilidad para lo artístico, no sabes apreciar el arte **2** (intuition, impression) sensación *f*, impresión *f*; **I've a ~ that he knows already** tengo *or* me da la sensación *or* la impresión de que ya lo sabe

feeling² *adj* (*usu before n*) sensible, emotivo

feelingly /'fi:lɪŋli/ *adv* con profunda emoción

fee-paying /'fi:,peɪɪŋ/ *adj* (esp BrE) que paga cuotas *or* (Méx) colegiatura; **~ school** colegio *m* particular, colegio *m* de pago (Esp)

feet /fi:t/ *n pl of* **foot¹**

feign /feɪn/ *vt* **1** (fake) ‹*ignorance/enthusiasm*› fingir*, simular; **he ~ed illness/death** fingió estar enfermo/muerto, se hizo el enfermo/muerto; **he ~ed affection for her** fingió que le tenía cariño **2** (invent) ‹*excuse/alibi*› inventar, inventarse **3** **feigned** *past p* fingido

feint¹ /feɪnt/ *n*

A [c] **1** (Sport) finta *f*; **to make a ~** hacer* una finta, fintar, fintear (AmL) **2** (Mil) amago *m* (*de ataque, maniobra*); **to make a ~** amagar*, hacer* un amago

B [u] (on paper): **narrow ~** renglones *mpl* estrechos; **~-ruled paper** papel *m* rayado *or* pautado *or* con renglones

feint² *vi* **1** (Sport) fintar, fintear (AmL) **2** (Mil) amagar*

feisty /'faɪsti/ *adj* **-stier, -stiest** (colloq) batallador

feldspar /'feldspɑ:r || 'feldspɑ:(r)/ *n* [u] feldespato *m*

felicitations /fɪ,lɪsə'teɪʃənz || fə,lɪsɪ'teɪʃənz/ *pl n* (frml *or* hum) congratulaciones *fpl* (frml *o* hum), enhorabuena *f*, felicitaciones *fpl*

felicitous /fɪ'lɪsətəs || fə'lɪsɪtəs/ *adj* (frml) oportuno, acertado, feliz

felicitously /fɪ'lɪsətəsli || fə'lɪsɪtəsli/ *adv* (frml) acertadamente

felicity /fɪ'lɪsəti || fə'lɪsəti/ *n* (*pl* **-ties**) **1** [u] (happiness) (liter) júbilo *m* (liter), dicha *f*, felicidad *f* **2** [c u] (of style, expression) (frml) acierto *m*

feline¹ /'fi:laɪn/ *adj* **1** (Zool) felino; **our ~ friends** nuestros amigos los gatos **2** (cat-like) ‹*stealth/grace/cunning*› felino

feline² *n* felino *m*

fell¹ /fel/ *past of* **fall²**

fell² *vt*

A **1** (cut down) ‹*tree/forest*› talar **2** (knock down) ‹*person/boxer*› derribar

B (in sewing) ‹*seam*› sobrecoser, sobrecargar*

fell³ *adj* (arch *or* liter) maligno, cruel

fell⁴ *n* (in Northern England) (*usu pl*) páramo *m* alto

fella, (AmE also) **fellah** /'felə/ *n* (colloq) tipo *m* (fam), tío *m* (Esp fam), cuate *m* (Méx fam), gallo *m* (Chi fam); **hi, ~s** ¿qué tal muchachos *or* (Esp tb) tíos *or* (Méx tb) cuates *or* (Chi tb) gallos? (fam)

fellatio /fe'leɪʃiəʊ fə'lɑ:tiəʊ/ *n* [u] felación *f*

feller /'felər || 'felə(r)/ *n* (colloq) ▸**fella**

fellow¹ /'feləʊ/ *n*

A **1** (man) tipo *m* (fam), hombre *m*, sujeto *m*; **that ~ in the green suit** ese hombre *or* (fam) tipo de traje verde; **a clever ~** un tipo listo; **he's a real nice ~** (AmE) es un tipo realmente simpático (fam); (*as term of address*): **hello, old ~** hola, viejo (fam); **my dear ~** amigo mío, mi buen *or* querido amigo; **now listen to me, young ~** óigame bien, jovencito; **give a ~ a chance!** ¡no me atosigues!, ¡con calma! **2** (boyfriend) (colloq) novio *m*, pololo *m* (Chi fam)

B (member — of college) *miembro del cuerpo docente y*

de la junta rectora de una universidad; (— of learned society) miembro *mf* de número
C (companion) (frml) compañero, -ra *m,f*; **~s in adversity** compañeros en la adversidad *or* en el infortunio

fellow² *adj* (*before n*): **~ student/worker** compañero, -ra *m,f* de estudios/trabajo; **~ sufferer** compañero, -ra *m,f* en la desgracia *or* de infortunio; **~ citizen** conciudadano, -na *m,f*; **~ countryman** compatriota *mf*; **his ~ Democrats/Socialists** sus correligionarios; **he has no love for his ~ men** no le tiene amor al prójimo

fellow feeling *n* [u] camaradería *f*, compañerismo *m*

fellowship /ˈfeləʊʃɪp/ *n*
A [c] (Educ) **1** (at university) título *m* de ▸**fellow¹ B** **2** (endowment) beca *f* de investigación
B [u] **1** (companionship) (liter) hermandad *f* (liter), compañerismo *m* **2** (Relig) comunión *f*
C [u] (fraternity, association) fraternidad *f*

fellow traveler, (BrE) **fellow traveller** *n* **1** (on journey) compañero, -ra *m,f* de viaje **2** (Pol) compañero, -ra *m,f* de viaje, simpatizante *mf* (*del partido comunista*)

felon /ˈfelən/ *n* (in US law) delincuente *mf* (*que ha cometido un delito grave*)

felonious /fəˈləʊniəs/ *adj* (arch *or* frml) criminal

felony /ˈfeləni/ *n* [c u] (*pl* **-nies**) (in US Law) delito *m* grave

felspar /ˈfelspɑːr || ˈfelspɑː(r)/ *n* feldespato *m*

felt¹ /felt/ *n* [u] **1** (Tex) fieltro *m*, pañolenci *m* (CS) **2** (Const) fieltro *m*

felt² *past & past p of* **feel¹**

felt pen, felt-tip (pen) /ˈfelttɪp/ *n* rotulador *m*, marcador *m* (AmL)

female¹ /ˈfiːmeɪl/ *adj*
A **1** (Biol, Bot, Zool) ‹*organ/hormone*› femenino; **a ~ elephant/ant** un elefante/una hormiga hembra, una hembra de elefante/hormiga **2** (of humans) ‹*population/suffrage*› femenino; ‹*victim*› del sexo femenino; ‹*ward*› de mujeres; **~ heir** heredera *f*; **~ prisoner** presa *f*, prisionera *f*; **~ graduates** licenciadas *fpl*; **that's a typically ~ reaction** (pej) ésa es una típica reacción femenina *or* de mujer
B (Tech) ‹*thread/socket/coupling*› hembra *adj inv*

female² *n*
A (Bot, Zool) hembra *f*
B (woman, girl) **1** (in official reports) mujer *f*; **a ~ aged 32** una mujer de 32 años **2** (pej) mujer *f*

female condom *n* condón *m* femenino

female impersonator *n* imitador *m* de mujeres

feminine¹ /ˈfemənən || ˈfemɪnɪn/ *adj*
A (of or like a woman) femenino; ‹*hygiene/protection*› (euph) íntimo (euf)
B (Ling) ‹*noun/suffix/article*› femenino

feminine² *n* **1** [c] (noun etc) femenino *m* **2** (gender): **(in) the ~** (en) el femenino

femininity /ˌfeməˈnɪnəti || ˌfemɪˈnɪnəti/ *n* [u] femineidad *f*, feminidad *f*

feminism /ˈfemənəzəm || ˈfemɪnɪzəm/ *n* [u] feminismo *m*

feminist¹ /ˈfemənəst || ˈfemɪnɪst/ *n* feminista *mf*

feminist² *adj* feminista; **the ~ movement** el feminismo

feminization /ˌfemənəˈzeɪʃən || ˌfemɪnaɪˈzeɪʃən/ *n* [u] feminización *f*

feminize /ˈfemənaɪz || ˈfemɪnaɪz/ *vt* feminizar*

femme fatale /ˌfæmfəˈtæl || ˌfæmfæˈtɑːl/ *n* (*pl* **~s ~s** /-fəˈtælz || -fæˈtɑːlz/) mujer *f* fatal

femoral /ˈfemərəl/ *adj* femoral

femur /ˈfiːmər || ˈfiːmə(r)/ *n* (*pl* **femurs** *or* **femora** /ˈfemərə/) fémur *m*

fen /fen/ *n* terreno *m* pantanoso, pantano *m*

fence¹ /fens/ *n*
A **1** (barrier) cerca *f*, valla *f*, cerco *m* (AmL); **wire ~** alambrada *f*, alambrado *m* (AmL); ***to mend (one's) ~s*** limar asperezas, mejorar las relaciones; ***to sit on the ~*** mirar los toros desde la barrera, nadar entre dos aguas, no definirse; **it's time you came down off the ~** ya va siendo hora de que te definas *or* de que dejes de mirar los toros desde la barrera **2** (in showjumping) valla *f* **3** (on machine) protector *m*
B (receiver of stolen goods) (colloq) *persona que comercia con objetos robados*, reducidor, -dora *m,f* (AmS), perista *mf* (Esp fam)

fence² *vt*
A ‹*garden/field*› cercar*, vallar; **the field was ~d with wire** el campo fue alambrado *or* cercado con alambre
B (colloq) ‹*stolen goods*› comerciar con, reducir* (AmS fam)
■ **fence** *vi*
A **1** (Sport) practicar* la esgrima, hacer* esgrima; **she ~s for her country** representa a su país en esgrima **2** (be evasive in argument) contestar con evasivas; (score points) contestar con respuestas incisivas
B (deal in stolen goods) (colloq) comerciar con objetos robados

Phrasal verbs
- **fence in** [v + adv + o, v + o + adv] cercar*, vallar
- **fence off** [v + adv + o, v + o + adv] separar con una cerca

fencepost /ˈfenspəʊst/ *n* poste *m*

fencer /ˈfensər || ˈfensə(r)/ *n* esgrimista *mf*, esgrimidor, -dora *m,f*

fencing /ˈfensɪŋ/ *n* [u]
A **1** (Sport) esgrima *f* **2** (in argument, confrontation) evasivas *fpl*
B **1** (material) *materiales para cercos o vallas* **2** (fence) cerca *f*, cerco *m*, valla *f*; **wire ~** alambrada *f*, alambrado *m* (AmL)

fend /fend/ *vi*: **to ~ for oneself** valerse* por sí mismo, arreglárselas solo

Phrasal verb
- **fend off** [v + o + adv, v + adv + o] ‹*attack/enemy*› rechazar*; ‹*blow*› esquivar, desviar*; ‹*questions*› eludir, esquivar

fender /ˈfendər || ˈfendə(r)/ *n*
A (around fireplace) guardafuegos *m*
B **1** (on boat) defensa *f* **2** (on car) (AmE) guardabarros *m or* (Méx) salpicadera *f or* (Chi, Per) tapabarro(s) *m* **3** (on bicycle) guardabarros *m or* (Méx) salpicadera *f or* (Chi, Per) tapabarro(s) *m* **4** (on train, street car) quitapiedras *m*

fender-bender /ˈfendərˌbendər || ˈfendəˌbendə(r)/ *n* (AmE colloq & hum) topetón *m* (fam), topetazo *m* (fam)

fenestration /ˌfenəˈstreɪʃən/ *n* **1** [u] (Archit) cerramiento *m* **2** [c] (Med) fenestración *f*

fennel /ˈfenl/ *n* [u] hinojo *m*

fenugreek /ˈfenjəgriːk || ˈfenjʊgriːk/ *n* [c] fenogreco *m*, alholva *f*

feral /ˈferəl/ *adj* **1** (once domesticated) ‹*pigeon/cat*› asilvestrado **2** (wild) (frml) ‹*child*› salvaje

ferment¹ /fərˈment || fəˈment/ *vt* **1** (Chem, Culin) (hacer*) fermentar **2** (stir up) ‹*trouble/unrest*› fomentar
■ **ferment** *vi* ‹‹*wine/beer*›› fermentar

ferment² /ˈfɜːrment/ *n*
A [u] (turmoil) agitación *f*; **to be in ~** estar* agitado *or* conmocionado
B **1** [u c] (substance) fermento *m* **2** [u] (process) fermentado *m*

fermentation /ˌfɜːrmenˈteɪʃən || ˌfɜːmenˈteɪʃən/ *n* [u] fermentación *f*

fermium /ˈfermiːəm || ˈfɜːmiəm/ *n* fermio *m*

fern /fɜːrn || fɜːn/ *n* [c u] helecho *m*; **covered in ~(s)** cubierto de helechos

ferocious /fəˈrəʊʃəs/ *adj* **1** (savage, cruel) ‹*animal*› feroz, fiero; ‹*appearance*› feroz; **a ~ attack** un ataque violento **2** (intense) ‹*competition/criticism*› feroz, despiadado; ‹*argument*› violento; ‹*heat*› atroz

ferociously /fəˈrəʊʃəsli/ *adv* **1** (like a wild beast) ‹*snarl/glare/tear*› con ferocidad **2** (intensely) ‹*quarrel*› violentamente, ferozmente; ‹*resist*› como una fiera, ferozmente; **the sun beat down ~** el sol caía a plomo

ferocity /fəˈrɑːsəti || fəˈrɒsəti/, **ferociousness** /fəˈrəʊʃəsnəs || fəˈrəʊʃəsnɪs/ *n* [u] **1** (savagery) ferocidad *f* **2** (intensity — of wind, sea) furia *f*; (— of temper, anger, debate) ferocidad *f*, violencia *f*

ferret¹ /ˈferət || ˈferɪt/ *n* hurón *m*

ferret² *vi* **1** (search) husmear, hurgar* **2** (Sport): **to go ~ing** huronear, cazar* con hurones

Phrasal verbs
- **ferret around, ferret about** [v + adv] husmear, hurgar*
- **ferret out** [v + o + adv, v + adv + o] (colloq) ‹*secret*› descubrir*; **to ~ sth out OF sb** sonsacarle* algo a algn; **I couldn't ~ the truth out of him** no le pude sonsacar la verdad

ferric /ˈferɪk/ *adj* férrico

Ferris wheel /ˈferəs || ˈferɪs/ *n* ▸**big wheel 2**

ferroconcrete /ˌferəʊˈkɑːnkriːt || ˌferəʊˈkɒnkriːt/ *n* hormigón *m* armado

ferromagnetic /ˌferəʊmægˈnetɪk/ *adj* ferromagnético

ferrous /ˈferəs/ *adj* ferroso

ferrule /ˈferəl || ˈferuːl/ *n* regatón *m*, contera *f*

ferry¹ /ˈferi/ *n* (*pl* **-ries**) (boat) transbordador *m*, ferry *m*; (smaller) balsa *f*, barca *f*

ferry² *vt* **-ries, -rying, -ried** **1** (by boat) llevar, transportar; **to ~ sth/sb across** *o* **over a river** llevar algo/a algn al otro lado de un río **2** (by car, train plane) llevar, transportar; **we ~ the children to and from school in the car** llevamos a los niños al colegio y los vamos a buscar en coche **3** (deliver) ‹*plane*› entregar*

ferryboat /ˈferibəʊt/ *n* ▸**ferry¹**

ferryman /ˈferimæn/ (*pl* **-men** /-mən/) *n* barquero *m*

fertile /ˈfɜːrtl || ˈfɜːtaɪl/ *adj* **1** (fruitful) ‹*soil/valley*› fértil; **~ ground for new ideas** terreno fértil para nuevas ideas **2** (capable of reproducing) ‹*woman/animal/plant*› fértil; ‹*seed/egg*› fecundado **3** (prolific) ‹*animal/plant*› fecundo **4** (inventive) ‹*imagination*› fértil, fecundo; **he has a very ~ imagination** (iro) tiene demasiada imaginación; **a ~ mind** un ingenio fértil

Fertile Crescent *n*: **the ~ ~** la Media Luna de las tierras fértiles

fertility /fərˈtɪləti || fəˈtɪləti/ *n* [u] **1** (of woman, animal, plant) fertilidad *f* (*before n*) ‹*drug/clinic*› (Med) para el tratamiento de la infertilidad; **~ symbol** (Myth) símbolo *m* de fertilidad **2** (of soil) fertilidad *f* **3** (of mind, imagination) fertilidad *f*, fecundidad *f*

fertility treatment *n* [u c] tratamiento *m* de fertilidad

fertilization /ˌfɜːrtləˈzeɪʃən || ˌfɜːtɪlaɪˈzeɪʃən/ *n* [u] **1** (of egg) fecundación *f* **2** (of soil) fertilización *f*

fertilize /ˈfɜːrtlaɪz || ˈfɜːtɪlaɪz/ *vt* **1** (Biol) ‹*egg/plant/cell*› fecundar **2** (Agr, Hort) ‹*field/soil/crop*› abonar, fertilizar*

fertilizer /ˈfɜːrtlaɪzər || ˈfɜːtɪlaɪzə(r)/ *n* [u c] fertilizante *m*, abono *m*; **chemical/organic ~** fertilizante *or* abono químico/orgánico

fervency /ˈfɜːrvənsi || ˈfɜːvənsi/ *n* [u] (frml) fervor *m*, ardor *m*

fervent /ˈfɜːrvənt || ˈfɜːvənt/ *adj* ‹*prayer/plea*› ferviente; ‹*love/hope*› ferviente; ‹*desire*› ardiente, ferviente; ‹*believer/patriot*› ferviente, fervoroso

fervently /ˈfɜːrvəntli || ˈfɜːvəntli/ *adv* ‹*desire/hope*› fervientemente; ‹*speak/plead*› con fervor; **she's ~ committed to the cause** trabaja con ardor *or* fervor por la causa

fervor, (BrE) **fervour** /ˈfɜːrvər || ˈfɜːvə(r)/ *n* [u] fervor *m*, ardor *m*

fest /fest/ *n* ▸**festival**

fester /ˈfestər || ˈfestə(r)/ *vi* **1** ‹‹*wound*›› enconarse; **a ~ing sore** una llaga purulenta **2** ‹‹*feeling*›› enconarse; **anger ~ed into a deep resentment** la ira degeneró en un profundo resentimiento

festival /ˈfestəvəl || ˈfestɪvəl/ *n* **1** (Relig) fiesta *f*, festividad *f* **2** (Cin, Mus, Theat) festival *m*; **a pop ~** un festival de música pop **3** (celebration) fiesta *f*; (*before n*) ‹*atmosphere*› festivo, de fiesta

festive /ˈfestɪv/ *adj* festivo, alegre; **the ~ season** (set phrase) las Navidades, las fiestas (de fin de año); **we were in a ~ mood** estábamos muy alegres

festivity /fes'tɪvəti/ *n* **1** [c] (celebration) (*usu pl*) celebración *f*, festividad *f* **2** [u] (merriment) fiesta *f*

festoon¹ /fe'stu:n/ *vt* **to ~ sth/sb (WITH sth)** adornar *or* engalanar algo/a algn (CON algo)

festoon² *n* **1** (garland) guirnalda *f* **2** (Archit, Art) festón *m*

feta, fetta /'fetə/ *n* [u] queso *m* feta

fetal, (BrE also) **foetal** /'fi:tl/ *adj* fetal; **~ distress** sufrimiento *m* fetal; **in a/the ~ position** en posición fetal

fetch /fetʃ/ *vt*

A **1** (bring) ‹*person/thing*› traer*, ir* a buscar, ir* a por (Esp); **~ me my cigarettes please, ~ my cigarettes for me please** tráeme *or* ve a buscarme los cigarrillos, por favor *or* (Esp tb) ve a por mis cigarrillos, por favor; **go and ~ help!** ¡ve a buscar ayuda!; **~ (it)!** (to dog) ¡busca, busca!; **I ~ed the rug from the car** fui al coche a buscar la manta *or* (Esp tb) a por la manta; **she ~ed out a card from the bottom of her handbag** sacó una tarjeta del fondo de su bolso; **the noise ~ed him out of his room/down from the loft** el barullo lo hizo salir de su cuarto/bajar del desván; **~ that box down from upstairs** trae esa caja de arriba, ve a buscar esa caja arriba; **you'd better ~ the washing in** va a ser mejor que entres la ropa **2** (collect) ‹*person/thing*› recoger*; **they ~ed him from the station in the car** lo recogieron de la estación *or* lo fueron a buscar a la estación en el coche

B (sell for) (colloq): **the car ~ed $4,000** el coche se vendió en 4.000 dólares, sacaron 4.000 dólares por el coche; **it'll ~ a tidy sum** sacarán una buena suma por él

C (colloq) (deal): **to ~ sb a blow** darle* *or* asestarle un golpe a algn; **to ~ sb a kick** darle* una patada a algn

D (liter) **1** (utter) ‹*sigh/groan*› exhalar (liter) **2** (draw): **to ~ a deep breath** respirar hondo

E (Naut) ‹*mark/buoy*› alcanzar*, arribar a

■ **fetch** *vi*

A ***to ~ and carry*** ser* el recadero/la recadera *or* (AmL tb) el mandadero/la mandadera; **I'm sick of ~ing and carrying for you** estoy harta de ser tu recadero *or* (AmL tb) tu mandadero

B (Naut) ganar el barlovento

(Phrasal verb)

• **fetch up** (BrE) (colloq) [v + adv] acabar, ir* a parar; **you'll ~ up in prison** vas a acabar en la cárcel, vas a ir* a parar a la cárcel

fetching /'fetʃɪŋ/ *adj* ‹*smile*› atractivo; ‹*dress/hat*› sentador, que sienta bien (Esp); **you look very ~ in that hat** estás guapísima *or* muy atractiva con ese sombrero, ese sombrero te queda muy bien

fete¹, fête /feɪt/ *n* **1** (fund-raising event) (BrE) feria *f* (*benéfica*), kermesse *f* (CS, Méx), bazar *m* (Col) **2** (party) (AmE) fiesta *f* (*en un jardín*)

fete², fête *vt* ‹*person*› agasajar; ‹*book/work*› celebrar

fetid /'fetəd || 'fetɪd/ *adj* (frml) fétido

fetish /'fetɪʃ/ *n* fetiche *m*; **she has a ~ about cleanliness** tiene la manía de la limpieza

fetishism /'fetɪʃɪzəm/ *n* [u] fetichismo *m*

fetishist /'fetɪʃəst || 'fetɪʃɪst/ *n* fetichista *mf*

fetlock /'fetlɑ:k || 'fetlɒk/ *n* (Equ) (protuberance) espolón *m*; (joint) menudillo *m*, tobillo *m*; (hair) cerneja *f*

fetter /'fetər || 'fetə(r)/ *vt* (liter) ‹*prisoner/slave*› encadenar, ponerle* grillos a; **he felt ~ed by convention** se sentía prisionero de *or* coartado por los convencionalismos

fetters /'fetərz || 'fetəz/ *pl n* (liter) grillos *mpl*; **the ~ of marriage** las cadenas del matrimonio

fettle /'fetl/ *n*: ***to be in fine/good ~*** estar* en (buena/plena) forma

fettucine /,fetu'tʃi:ni/ *n* (+ *sing or pl vb*) tallarines *mpl* finos

fetus, (BrE) **foetus** /'fi:təs/ *n* feto *m*

feud¹ /fju:d/ *n* contienda *f* (frml), enemistad *f*

feud² *vi* contender* (frml), pelear

feudal /'fju:dl/ *adj* feudal

feudalism /'fju:dlɪzəm/ *n* [u] feudalismo *m*

feudalistic /,fju:dl'ɪstɪk/ *adj* ‹*law/system*› feudal

feudal system *n* sistema *m* feudal

feu duty /fju:/ *n* (Scot) (Law) impuesto *m* predial

fever /'fi:vər || 'fi:və(r)/ *n*

A (Med) **1** [c u] (temperature) fiebre *f*, calentura *f*; **to have a high ~** tener* mucha fiebre *or* una fiebre muy alta; **she has a ~ of 102** ≈ tiene 39 de fiebre; **to run a ~** tener* fiebre *or* calentura **2** [u] (disease): **scarlet ~** escarlatina *f*; **yellow ~** fiebre *f* amarilla

B (agitated state) (*no pl*): **the town was in a ~ over the visit** la ciudad estaba revolucionada con la visita; **election/gold ~** fiebre *f* electoral/del oro; **war ~ gripped the country** el fervor bélico se había adueñado del país

fever blister *n* (AmE) ▸ **cold sore**

feverfew /'fi:vərfju: || 'fi:vəfju:/ *n* [u] matricaria *f*, botón *m* de plata (Esp), santa maría *f* (Méx)

feverish /'fi:vərɪʃ/ *adj*

A (Med) con fiebre, afiebrado; **to be ~** estar* afiebrado, tener* fiebre *or* calentura

B (frantic) ‹*activity/excitement*› febril

feverishly /'fi:vərɪʃli/ *adv* ‹*work/rush*› febrilmente

feverishness /'fi:vərɪʃ/ *n* [u] estado *m* febril

fever pitch *n*: ***to be at ~ ~*** estar* al rojo vivo; **excitement was running at ~ ~** la emoción era febril *or* estaba al rojo vivo; ***to rise to*** *o* ***reach ~ ~*** llegar* al paroxismo

few¹ /fju:/ *adj* **-er, -est** **1** (not many) pocos, -cas; **~ people know about this** lo sabe poca gente, lo saben pocos; **she's one of the ~ people who admire him** es una de las pocas personas que lo admiran; **the** *o* **what ~ chances I had** las pocas posibilidades que tenía; **with very ~ exceptions** con muy pocas excepciones; **some ~ trivial errors excepted** exceptuando alguno que otro error sin importancia; **there were far too ~ chairs** había poquísimas sillas; **six books too ~ were delivered** entregaron seis libros de menos; **every ~ days** cada pocos días; **the last ~ days have been difficult** estos últimos días han sido difíciles; **there were ~er people than usual** había menos gente que de costumbre; **I had one card ~er than the others** tenía una carta menos que los demás; **~er and ~er trains stop here** cada vez paran menos trenes aquí; **the ~est possible alterations** el menor número posible de cambios **2** **a few** (some): **a ~ people complained** algunos se quejaron, hubo gente que se quejó; **we'll stay a ~ weeks longer** nos vamos a quedar unas *or* algunas semanas más; **I've been there a ~ times** he estado allí unas cuantas veces; **there are quite a ~ mistakes** hay bastantes faltas; **a good ~ managers have resigned** han renunciado varios *or* unos cuantos directores

few² *pron* **-er, -est** **1** (not many) pocos, -cas; **~ were willing to help** pocos estaban dispuestos a ayudar; **the ~ who did come refused to dance** los pocos que vinieron no quisieron bailar; **we have too ~ to go around** no tenemos suficientes para todos; **only the ~ will appreciate these subtleties** sólo una minoría apreciará estas sutilezas; **the privileged ~** la minoría privilegiada; **as ~ as 30% pass first time** tan sólo un 30% aprueba a la primera; **such exceptions are ~ (in number)** esas excepciones son raras; **~er than 200 tickets have been sold** se han vendido menos de 200 entradas; **~ attempt to escape and even ~er succeed** muy pocos intentan escapar y son aún menos los que lo logran; **she received no ~er than ten presents** recibió nada menos que diez regalos; **~ of his stories are true** muy pocas de sus historias son ciertas; **there are ~er of us/them than last time** somos/son menos que la última vez; ***to be ~ and far between***: **good beaches are ~ and far between** las playas buenas son contadísimas, hay muy pocas playas buenas; **his visits to her grew ~er and further between** cada vez la visitaba menos **2** **a few** (some): **a ~ objected** algunos se opusieron; **all but a ~** casi todos; **a good ~** *o* **quite a ~ already know** ya lo saben bastantes; **there are still quite a ~ left** todavía quedan unos cuantos; **there are hundreds of applicants, but no more than a ~ are accepted** se presentan cientos, pero aceptan sólo a unos pocos; **not a ~ were taken aback by the news** (frml) la noticia sorprendió a un buen número de personas; **he's had a ~ (too many)** (colloq) se ha tomado unas cuantas; **a ~ of us complained** algunos (de nosotros) nos quejamos; **a good ~ of the cases have been solved** bastantes de los casos han sido resueltos; **more than a ~ of us are dissatisfied** más de uno de nosotros está descontento; **not a ~ of them have criminal records** (frml) un buen número de ellos tiene antecedentes penales

fey /feɪ/ *adj* **-er, -est** (esp BrE) **1** (clairvoyant) vidente **2** (whimsical) fantasioso

fez /fez/ *n* fez *m*

ff

A (= **fortissimo**) ff.

B (= **and (those) following**) y sig.

FHA *n* (in US) = **Federal Housing Administration**

FHSA *n* (in UK) = **Family Health Services Authority**

fiancé /,fi:ɑ:n'seɪ, fi:'ɑ:nseɪ || fi'ɒnseɪ/ *n* prometido *m*, novio *m*

fiancée /,fi:ɑ:n'seɪ, fi'ɑ:nseɪ || fi'ɒnseɪ/ *n* prometida *f*, novia *f*

fiasco /fi'æskəʊ/ *n* (*pl* **-cos** *or* **-coes**) fracaso *m*, fiasco *m*

fiat /'fi:æt 'faɪæt/ *n* (frml) orden *m* (*oficial*), decreto *m*; **it was done upon the governor's ~** se hizo por orden del gobernador

fib¹ /fɪb/ *n* (colloq: usu used by and to children or playfully) mentirilla *f*, bola *f* (fam); **to tell ~s** decir* mentirillas *or* (fam) bolas

fib² *vi* **-bb-** (colloq: usu used to and by children or playfully) mentir*, decir* mentirillas *or* (fam) bolas

fibber /'fɪbər || 'fɪbə(r)/ *n* (colloq: usu used by and to children or playfully) mentirosillo, -lla *m,f*, cuentista *mf*, cuentero, -ra *m,f* (Méx, RPl), mojonero, -ra *m,f* (Ven fam)

fiber, (BrE) **fibre** /'faɪbər || 'faɪbə(r)/ *n*

A **1** [c] (thread) fibra *f* **2** [c] (cloth) fibra *f* (textil); **man-made** *o* **synthetic ~** fibra sintética

B **1** [c] (Anat) fibra *f*; **muscle/nerve ~** fibra muscular/nerviosa; **with every ~ of her being** (liter) con todo su ser **2** [u] (firmness) fibra *f*, carácter *m*; **he has no (moral) ~** no tiene fibra *or* carácter

C [u] **1** (Bot) fibra *f*; **wood ~** fibra de madera **2** (in food) fibra *f*; **dietary ~** fibra *f*; **a high ~ diet** una dieta rica en fibra

fiberboard, (BrE) **fibreboard** /'faɪbərbɔ:rd || 'faɪbəbɔ:d/ *n* [u] cartón *m* madera

fiberglass, (BrE) **fibreglass** /'faɪbərglæs || 'faɪbəglɑ:s/ *n* [u] fibra *f* de vidrio

fiber-optic, (BrE) **fibre-optic** /'faɪbər,ɑ:ptɪk || ,faɪbər'ɒptɪk/ *adj* de fibra óptica

fiber optics, (BrE) **fibreoptics** *n* [u] (+ *sing vb*) transmisión *f* por fibra óptica

fiber tip, (BrE) **fibre tip** *n* rotulador *m*, marcador *m* (AmL), plumón *m* (Chi)

fibroid¹ /'faɪbrɔɪd/ *adj* fibrilar

fibroid² *n* fibroma *f*

fibromyalgia /,faɪbrəʊmaɪ'ældʒiə/ *n* [u] (Med) fribromialgia *f*

fibrositis /,faɪbrə'saɪtəs || ,faɪbrə'saɪtɪs/ *n* [u] fibrositis *f*

fibrous /'faɪbrəs/ *adj* fibroso

fibula /'fɪbjələ || 'fɪbjʊlə/ *n* (*pl* **-las** *or* **-lae** /-li:/) peroné *m*

FICA *n*

A (in US) = **Federal Insurance Contribution Act**

B (in UK) = **Fellow of the Institute of Chartered Accountants**

fiche /fi:ʃ/ *n* microficha *f*

fickle /'fɪkəl/ *adj* ‹*person*› veleidoso, inconstante, voluble; **the ~ finger of fate** (AmE set phrase) el caprichoso dedo del destino

fickleness /'fɪkəlnəs || 'fɪkəlnɪs/ *n* [u] veleidad *f*, inconstancia *f*, volubilidad *f*; **the ~ of fashion** los caprichos de la moda

fiction /ˈfɪkʃən/ *n* [1] [u] (Lit) ficción *f*, narrativa *f*; **a work of ~** una obra de ficción, una obra narrativa [2] [u c] (invention) ficción *f*; **fact or ~?** ¿realidad o ficción?; **that's pure ~** no es más que pura imaginación *or* ficción

fictional /ˈfɪkʃnəl/ *adj* ficticio, imaginario

fictionalize /ˈfɪkʃnəlaɪz/ *vt* llevar a la ficción, novelar

fictitious /fɪkˈtɪʃəs/ *adj* [1] (false) ‹*name/address*› ficticio, falso [2] (imaginary) imaginario, ficticio

fiddle[1] /ˈfɪdl/ *n*

A (violin) violín *m*; ***as fit as a ~*** rebosante de salud; **he's 78 and still as fit as a ~** tiene 78 años y sigue rebosante de salud; ***to play second ~*** desempeñar un papel secundario; **she grew up playing second ~ to her sister** creció a la sombra de *or* eclipsada por su hermana

B (cheat) (BrE colloq) chanchullo *m* (fam); **a tax ~** una evasión fiscal, un chanchullo con los impuestos (fam); **they've worked a ~ on their expenses** han amañado los gastos (fam); **she's on the ~** está metida en un chanchullo (fam)

C (tricky operation): **it's a ~ to get this in** meter esto tiene sus vueltas *or* su intríngulis *or* (Méx) su chiste

fiddle[2] *vt*

A (falsify) (BrE colloq) hacer* chanchullos con (fam); ‹*result/election*› amañar (fam); **can you ~ it so that it goes on expenses?** ¿puedes arreglar las cosas para que figure como gastos de representación?

B ‹*tune*› tocar*

▪ **fiddle** *vi*

A (fidget): **don't ~!** ¡deja eso!; **to ~ WITH sth**: **stop fiddling with the typewriter!** deja de jugar con *or* de toquetear la máquina de escribir; **he ~d nervously with his tie** jugueteaba nerviosamente con la corbata

B (cheat) (BrE colloq) hacer* chanchullos (fam)

C (play the violin) tocar* el violín

(Phrasal verb)

• **fiddle around** (BrE), **fiddle about** [v + adv]

A (touch) **to ~ around WITH sth** ‹*with pencil/ruler*› juguetear CON algo; **I don't want you fiddling around with my things** no quiero que andes toqueteando mis cosas (fam)

B (do little jobs) hacer* un poco de esto y un poco de aquello

fiddle-faddle /ˈfɪdl,fædl/ *n* (colloq & dated) tonterías *fpl*

fiddler /ˈfɪdlər || ˈfɪdlə(r)/ *n*

A (violinist) violinista *mf*

B (cheat) (BrE colloq) tramposo, -sa *m,f*, chanchullero, -ra *m,f* (fam)

fiddling[1] /ˈfɪdlɪŋ/ *adj* (colloq) tonto (fam), trivial

fiddling[2] *n* [u] (BrE colloq) chanchullos *mpl* (fam)

fiddly /ˈfɪdli/ *adj* **-dlier, -dliest** (BrE colloq) complicado, difícil; ‹*object/apparatus*› complicado *or* difícil de usar

fidelity /fəˈdeləti || fɪˈdeləti/ *n* [u]

A (to cause, in marriage) fidelidad *f*

B (accuracy) fidelidad *f*

fidget[1] /ˈfɪdʒət || ˈfɪdʒɪt/ *vi*: **stop ~ing** ¡estáte quieto!; **she ~ed (around) in her chair** no se estaba quieta en la silla, se movía inquieta en la silla; **to ~ WITH sth** juguetear CON algo

fidget[2] *n* [1] (person) persona *f* inquieta; **don't be such a ~** no seas tan inquieto [2] **fidgets** *pl* **to get the ~s** ponerse* inquieto; **the child opposite had the ~s** el niño de enfrente no se estaba quieto un momento

fidgety /ˈfɪdʒəti || ˈfɪdʒɪti/ *adj* ‹*person/mood*› inquieto; **to get ~** ponerse* inquieto

fiduciary /fɪˈduːʃəri || fɪˈdjuːʃəri/ *adj* fiduciario

fie /faɪ/ *interj* (arch *or* hum): **~ upon you, sir** vergüenza debiera darle, señor

fief /fiːf/, **fiefdom** /ˈfiːfdəm/ *n* feudo *m*

field[1] /fiːld/ *n*

A (Agr) (for crops) campo *m*; (for grazing) campo *m*, prado *m*, potrero *m* (AmL); **a ~ of corn/wheat** un maizal/trigal; **there are two ~s under oats and one fallow** hay dos campos sembrados de avena y uno en barbecho; **the flowers of the ~** las flores del campo; ▸**pasture**[1] **2**

B (Sport) [1] (area of play) campo *m*, cancha *f* (AmL); **football/baseball ~** campo *or* (AmL tb) cancha de fútbol *or* (AmC, Méx) futbol/béisbol; **a true sportsman on and off the ~** todo un caballero dentro y fuera del terreno de juego; **to take the ~** salir* al campo *or* (AmL tb) a la cancha [2] (competitors) (+ *sing o pl vb*): **Brown was leading the ~** Brown iba a la cabeza de los participantes (*or* corredores *etc*), Brown llevaba la delantera; **the whole ~ set off after the fox** toda la partida salió tras el zorro; **our products lead the ~** nuestros productos son los líderes del mercado; **there's a strong ~ of applicants for the job** hay una buena selección de candidatos para el puesto; ***to play the ~*** (colloq) tantear el terreno (fam)

C (Mil) *also* **~ of battle** campo *m* de batalla; **the ~ of honor** (liter) el campo del honor (liter)

D (of study, work) campo *m*; (of activities) esfera *f*; **she's an expert in her ~** es una experta en su campo; **my ~ is 20th century poetry** mi especialidad es la poesía del siglo XX; **what ~ is he in?** ¿cuál es su campo *or* especialidad?; **to be first in the ~** (Busn) ser* el líder del mercado

E (of practical operations) campo *m*; **workers in the ~** personal *m* de campo *or* sobre el terreno; **it has been tested in the ~** se ha probado sobre el terreno; (*before n*) ‹*research/survey*› de campo

F (*coal ~, oil ~ etc*) [1] yacimiento *m* [2] (*snow ~, ice ~*) campo *m*

G (Opt, Phot, Phys) campo *m*; **~ of vision** campo visual; **~ of fire** ángulo *m* de tiro; **~ of force** campo de fuerzas; **electric/magnetic ~** campo eléctrico/magnético

H (Comput) campo *m*

I (in heraldry) campo *m*

field[2] *vt*

A [1] (Sport) ‹*ball*› fildear, interceptar y devolver* [2] ‹*question/jibe*› sortear

B [1] (Sport) ‹*team*› alinear [2] ‹*candidates*› presentar

▪ **field** *vi* (in baseball, cricket) fildear, interceptar y devolver* la pelota

field artillery *n* [u] artillería *f* de campaña

field corn *n* (AmE) maíz *m* forrajero

field day *n* (Mil) día *m* de maniobras; ***to have a ~ ~***: **pickpockets had a ~ ~** los carteristas hicieron su agosto; **the press have had a ~ ~ with the scandal** el escándalo ha sido un verdadero festín para la prensa

fielder /ˈfiːldər || ˈfiːldə(r)/ *n* (in cricket, baseball) fildeador, -dora *m,f*

field event *n* prueba *f* de atletismo

field exercise *n* ejercicio *m* de campaña

fieldfare /ˈfiːldfer || ˈfiːldfeə(r)/ *n* tordella *f*

field glasses *pl n* gemelos *mpl*, prismáticos *mpl*, binoculares *mpl*, largavistas *m*

field goal *n* [1] (in basketball) canasta *f* (*de dos puntos*) [2] (in US football) gol *m* de campo

field gun *n* cañón *m* de campaña

field hockey *n* [u] (AmE) hockey *m* (sobre hierba)

field hospital *n* hospital *m* de campaña

field house *n* (AmE) [1] (at sportsground) caseta *f* (*donde están los vestuarios y se guarda el equipo*) [2] (hall for sports) complejo *m* deportivo

fielding /ˈfiːldɪŋ/ *n* [u] fildeo *m*

field kitchen *n* cocina *f* de campaña

field marshal *n* mariscal *m* de campo

fieldmouse /ˈfiːldmaʊs/ *n* (*pl* **-mice** /-maɪs/) [1] (in Europe) ratón *m* silvestre *or* de campo [2] (in US) campañol *m*

field mushroom *n* champiñón *m*

field officer *n* oficial *m* superior

fieldsman /ˈfiːldzmən/ *n* (*pl* **-men** /-mən/) (BrE) fildeador *m* (*jugador que no batea*)

field sports *pl n*: *la caza y la pesca*

field study *n* estudio *m* de campo

field-test /ˈfiːldtest/ *vt* probar* sobre el terreno

field test *n* ▸**field trial**

field trial *n* prueba *f* sobre el terreno

field trip *n* viaje *m* de estudio

fieldwork /ˈfiːldwɜːrk || ˈfiːldwɜːk/ *n*

A [u] (research) trabajo *m* de campo

B [u] (Mil) obras *fpl* de campaña

fieldworker /ˈfiːld,wɜːrkər || ˈfiːld,wɜːkə(r)/ *n* (Archeol, Geog, Geol, Sociol) trabajador, -dora *m,f* (*or* investigador, -dora *m,f*) de campo

fiend /fiːnd/ *n*

A [1] (demon) demonio *m*; **the F~** (Relig) el Maligno [2] (person) (journ *or* hum) desalmado, -da *m,f*; **sex ~** maníaco *m* sexual; **that child is a little ~** ese niño es un diablillo *or* un demonio

B [1] (fan) (colloq & hum): **he's a golf ~** es un fanático del golf [2] (addict) (colloq & dated): **drug** *o* **dope ~** drogadicto, -ta *m,f*

fiendish /ˈfiːndɪʃ/ *adj* [1] (wicked) ‹*person/plan/cruelty*› diabólico; **to take a ~ delight in sth** regodearse *or* refocilarse con algo [2] (very difficult) (colloq) ‹*task/problem*› endemoniado (fam), endiablado (fam) [3] (very bad, arduous) (colloq) ‹*weather*› endemoniado (fam), de perros (fam)

fiendishly /ˈfiːndɪʃli/ *adv* [1] ‹*cruel/wicked*› diabólicamente [2] (colloq) ‹*clever/difficult/hot*› endemoniadamente (fam), endiabladamente (fam)

fierce /fɪrs || fɪəs/ *adj* **fiercer, fiercest** [1] ‹*dog/lion*› fiero, feroz; ‹*glance/tone*› feroz, furibundo; ‹*temper*› feroz, temible [2] ‹*hatred/love*› intenso, violento; ‹*fighting/battle*› encarnizado; ‹*criticism/opposition/attack*› violento, virulento; ‹*defender/opponent*› acérrimo; **they are ~ enemies** son enemigos encarnizados [3] ‹*storm*› violento; ‹*wind*› fortísimo; **the ~ tropical sun beat down** el implacable sol del trópico caía a plomo

fiercely /ˈfɪrsli || ˈfɪəsli/ *adv* [1] ‹*growl/scowl*› con ferocidad, ferozmente [2] ‹*fight/resist*› con fiereza; ‹*criticize*› duramente, virulentamente; ‹*competitive/independent*› extremadamente; **she was ~ protective of them** los protegía con uñas y dientes [3] ‹*burn/blow*› violentamente; **the sun shone ~ down** el sol caía implacable

fierceness /ˈfɪrsnəs || ˈfɪəsnɪs/ *n* [u] [1] (of animal, person, look) fiereza *f*, ferocidad *f* [2] (of emotion) intensidad *f*; (of fighting) lo encarnizado; (of competition, opposition) dureza *f*; (of criticism) virulencia *f* [3] (of storm) violencia *f*; **the ~ of the arctic winter** la dureza implacable del invierno polar

fiery /ˈfaɪri || ˈfaɪəri/ *adj* **-rier, -riest** [1] ‹*glow*› ardiente; ‹*red/orange*› encendido; **against the ~ sunset** contra el cielo teñido de rojo [2] ‹*heat/sun*› abrasador; ‹*curry*› muy picante *or* (Méx) picoso; ‹*liquor*› muy fuerte [3] ‹*temper*› exaltado; ‹*person/speech*› fogoso

fiesta /fiˈestə/ *n* (*pl* **-tas**) fiesta *f*

FIFA /ˈfiːfə/ *n* (*no art*) la FIFA

fife /faɪf/ *n* (Mil, Mus) pífano *m*

fifteen[1] /fɪfˈtiːn/ *n* [1] ▸❶ **p.888**, ▸❶ **p.1465**, ▸❶ **p.1798** (number) quince *m* [2] (in rugby) equipo *m*

fifteen[2] *adj* ▸❶ **p.888**, ▸❶ **p.1465**, ▸❶ **p.1798**; quince *adj inv*

fifteenth[1] /fɪfˈtiːnθ/ ▸❶ **p.1085**, ▸❶ **p.1465** *adj* decimoquinto; *see also* **fifth**[1]

fifteenth[2] *adv* en decimoquinto lugar; *see also* **fifth**[2]

fifteenth[3] *n* ▸❶ **p.1085**, ▸❶ **p.1091**, ▸❶ **p.1465** [1] (Math) quinceavo *m* [2] (part) quinceava parte *f*

fifth[1] /fɪfθ/ ▸❶ **p.1085**, ▸❶ **p.1465** *adj*

A [1] quinto; **you're the ~ person to ask me that** eres la quinta persona que me pregunta eso; **Henry V** (*léase: Henry the Fifth*) Enrique V (*read as: Enrique quinto*); **it's his ~ birthday** cumple cinco años; **it's their ~ wedding anniversary** cumplen cinco años de casados, es su quinto aniversario de boda; **that's the ~ time he's done that** es la quinta vez que hace eso; **I was ~ on the list** yo era el quinto/la quinta de la lista; **~ part/share** quinta parte *f*, quinto *m* [2] (in seniority, standing) quinto

B (elliptical use): **Paradise Boy fell at the ~** Paradise Boy cayó en la quinta valla (*or* el quinto obstáculo *etc*); **he'll be arriving on the ~ (of the month)** llegará el (día) cinco; **Uncle Ben is the**

~ **from the right** el tío Ben es el quinto de derecha a izquierda; **we'll arrive (on) May ~** *o* (BrE) **May the ~** llegaremos el cinco de mayo; **the ~ of May** el cinco de mayo

fifth² *adv* **1** (in position, time, order) en quinto lugar; **Goodwill finished ~** Goodwill llegó el quinto *or* en quinto lugar **2** (with superl): **the ~ highest mountain in the world** la montaña que ocupa el quinto lugar entre las más altas del mundo

fifth³ ▸ℹ **p.1085**, ▸ℹ **p.1091**, ▸ℹ **p.1465** *n*
A **1** (Math) quinto *m*; **three ~s** tres quintos; **one ~ of ten is two** un quinto *or* la quinta parte de diez es dos **2** (part) quinta parte *f*, quinto *m* **3** (Mus) quinta *f* **4** (measure) (AmE) *medida equivalente a 0,757 litros* **5** (in competition): **he finished a disappointing ~** llegó en un deslucido quinto lugar *or* puesto
B ~ **(gear)** (*no art*) quinta *f*

> **Fifth Amendment**
> ▸ **Bill of Rights.**

fifth column *n* (*no pl*) quinta columna *f*

fifth wheel *n* (colloq) rueda *f* de repuesto *or* (Esp tb) de recambio, llanta *f* de repuesto (Col) *or* (Méx) de refacción, auxiliar *f* (RPl); ***to feel like a ~ ~*** sentirse* de más *or* (Esp fam) de carabina

fiftieth¹ /ˈfɪftiəθ/ ▸ℹ **p.1465** *adj* quincuagésimo; *see also* **fifth¹**

fiftieth² *adv* en quincuagésimo lugar; *see also* **fifth²**

fiftieth³ ▸ℹ **p.1091**, ▸ℹ **p.1465** *n* **1** (Math) cincuentavo *m* **2** (part) cincuentava *or* quincuagésima parte *f*

fifty /ˈfɪfti/ ▸ℹ **p.888**, ▸ℹ **p.1465** *adj/n* cincuenta *adj inv/m*; *see also* **seventy**

fifty-fifty¹ /ˌfɪftiˈfɪfti/ *adv* (colloq) a medias; **to go ~ with sb/on sth** ir* a medias con algn/en algo; **we split the takings ~** nos repartimos lo recaudado mitad y mitad *or* por partes iguales

fifty-fifty² *adj* (colloq): **a ~ chance** un 50% de posibilidades; **on a ~ basis** a medias, por partes iguales

fig /fɪɡ/ *n*
A higo *m*; ***it's not worth a ~*** no vale nada; **I don't care a ~!** ¡me importa un bledo *or* un pepino *or* un comino! (fam); (*before n*): **~ tree** higuera *f*
B (colloq & dated) (finery): **the judge entered in full ~** el juez entró luciendo todas sus galas

fig. = **figure**

fight¹ /faɪt/ (*past & past p* **fought**) *vi* **1** ⟨⟨*army/country*⟩⟩ luchar, combatir; ⟨⟨*person*⟩⟩ pelear, luchar; ⟨⟨*animal*⟩⟩ luchar; **he fought in the First World War** combatió *or* luchó en la primera guerra mundial; **to ~ to the death** pelear *or* luchar a muerte; **to ~ AGAINST sb** luchar (*or* combatir *etc*) CONTRA algn; **to ~ AGAINST sth** luchar CONTRA algo; **to ~ FOR sb/sth** ⟨*for king/country/cause*⟩ luchar POR algn/algo; ⟨*for aim/policy*⟩ luchar por conseguir *or* lograr algo; **he ~s for a living** se gana la vida boxeando; **she was ~ing for her life** se debatía entre la vida y la muerte; **he had to ~ for breath** le costaba muchísimo respirar; **to go down ~ing** luchar hasta el final; ***to ~ shy of sth/-ING***: **he tends to ~ shy of emotional commitments** tiende a eludir *or* evitar los compromisos afectivos; **he always ~s shy of meeting the press** siempre procura esquivar *or* eludir a los periodistas **2** (quarrel) **to ~ OVER/ABOUT sth** ⟨⟨*couple/brothers/friends*⟩⟩ pelearse POR algo **3** **fighting** *pres p* ⟨*troops/units*⟩ de combate; **2,000 ~ing men were sent to the front** enviaron 2.000 combatientes *or* soldados al frente

■ **fight** *vt*
A **1** ⟨*army/country*⟩ luchar *or* combatir contra; **if you want it, you'll have to ~ me for it** si lo quieres vas a tener que vértelas conmigo; **Frazier fought Ali for the world title** (in boxing) Frazier peleó contra Ali *or* se enfrentó a Ali por el título mundial; ***to ~ one's way*** abrirse* camino *or* paso a la fuerza; **I had to ~ my way into the hall** tuve que abrirme camino *or* paso a la fuerza para entrar en la sala **2** (oppose) ⟨*fire/disease*⟩ combatir; ⟨*measure/proposal*⟩ combatir, oponerse* a, luchar contra; **I want to go so don't ~ me on this** quiero ir, así que no te me opongas; **we'll ~ them all the way** no les vamos a dar cuartel
B **1** (wage, conduct): **to ~ a duel** batirse en *or* a duelo; **to ~ a battle** librar una batalla; **they fought a long war against the rebels** lucharon contra los rebeldes *or* combatieron a los rebeldes durante largo tiempo **2** (contest) ⟨*election*⟩ presentarse a; **we intend to ~ the case** (Law) pensamos llevar el caso a los tribunales (*or* defendernos *etc*); **to ~ a seat** (BrE) (Pol) presentarse como candidato para conseguir un escaño

(Phrasal verbs)

- **fight back**
A [v + adv] defenderse*; **to ~ back AGAINST sb/sth** luchar CONTRA algn/algo
B [v + o + adv, v + adv + o] (suppress) ⟨*tears*⟩ contener*; ⟨*anger*⟩ reprimir; **she fought back the impulse to laugh** trató de aguantar la risa
- **fight down** [v + o + adv, v + adv + o] (suppress) ⟨*fear*⟩ vencer*; ⟨*anger*⟩ reprimir; ⟨*tears*⟩ contener*
- **fight off** [v + o + adv, v + adv + o] ⟨*attack/enemy*⟩ rechazar*; ⟨*cold*⟩ combatir; **she struggled to ~ off sleep** trató de que no la venciera el sueño
- **fight on** [v + adv] seguir* luchando
- **fight out** [v + o + adv]: **they are now ~ing it out for second place** ahora están compitiendo por el segundo puesto; **you'll have to ~ it out among yourselves** tendrán que resolverlo *or* (frml) dirimirlo entre ustedes

fight² *n*
A [c] **1** (between persons) pelea *f*; (brawl) pelea *f*, riña *f*; (between armies, companies) lucha *f*, contienda *f*; **to put up a good ~** ofrecer* *or* oponer* resistencia; **if you want a ~ then I'm ready** si quieres pelea *or* si quieres pelear, aquí estoy; **I'll give him a ~ if he wants one** le voy a hacer frente si me provoca; **they're looking for a ~** están buscando camorra *or* bronca; **in a fair ~** en buena lid **2** (boxing match) pelea *f*, combate *m*
B [c] **1** (struggle) lucha *f*; **the ~ against poverty/for freedom** la lucha contra la pobreza/por la libertad; **the ~ to survive** la lucha por la supervivencia *or* para sobrevivir **2** (quarrel) pelea *f*, pleito *m* (Méx); **to pick a ~ with sb** meterse con algn
C [u] (fighting spirit) espíritu *m* de lucha, combatividad *f*; **he was still full of ~** aún seguía con ganas de pelear; **there's no ~ left in him** no le quedan ánimos para luchar

fightback /ˈfaɪtbæk/ *n* lucha *f*

fighter /ˈfaɪtər || ˈfaɪtə(r)/ *n*
A (person) luchador, -dora *m,f*; (boxer) boxeador *m*, púgil *m*, pugilista *m*; **she's a born ~** es una luchadora nata
B (plane) (Aviat, Mil) caza *m*, avión *m* de combate; (*before n*): **~ pilot** piloto *m* de caza

fighter-bomber /ˈfaɪtərˌbɑːmər || ˈfaɪtəˌbɒmə(r)/ *n* cazabombardero *m*

fighting /ˈfaɪtɪŋ/ *n* [u] **1** (Mil) enfrentamientos *mpl*; (brawling) peleas *fpl* **2** (arguing) peleas *fpl*, pleitos *mpl* (Méx) **3** (boxing) (colloq) boxeo *m*

fighting chance *n*: ***to be in with*** *o* ***have a ~ ~*** tener* posibilidades de ganar; ***to give sb a ~ ~*** darle* a algn una oportunidad

fighting cock *n* gallo *m* de pelea *or* (AmS) de riña

fighting fit *adj* (*pred*) (colloq) en plena forma

fighting spirit *n* [u c] espíritu *m* de lucha

fighting strength *n* (Mil) capacidad *f* ofensiva

fighting talk *n* (BrE colloq): **that's ~ ~!** ¡así se habla!

fighting weight *n* peso *m* de pelea

fig leaf *n* (Bot) hoja *f* de higuera; (Art) hoja *f* de parra

figment /ˈfɪɡmənt/ *n*: **a ~ of the imagination** (un) producto de la imaginación; **that boyfriend is just a ~ of her imagination** ese novio no existe más que en su imaginación *or* no es más que una fantasía

figurative /ˈfɪɡjərətɪv || ˈfɪɡərətɪv/ *adj* **1** (not literal) ⟨*meaning/language*⟩ figurado, metafórico **2** (Art) ⟨*painting/sculpture*⟩ figurativo

figuratively /ˈfɪɡjərətɪvli || ˈfɪɡərətɪvli/ *adv* **1** (not literally) ⟨*speak/write*⟩ de manera figurada *or* metafórica; **I mean it ~** lo digo en sentido figurado; **~ speaking** metafóricamente hablando **2** (Art) ⟨*paint/sculpt*⟩ con *or* en un estilo figurativo

figure¹ /ˈfɪɡjər || ˈfɪɡə(r)/ *n*
A **1** (digit) cifra *f*, guarismo *m* (frml), número *m*; **a three-~ number** un número de tres cifras; **add together this column of ~s** suma esta columna de números; **inflation is now into double ~s** la inflación pasa del 10%; **her salary is well into six ~s** gana bastante más de 100.000 (dólares) **2** (amount, price) cifra *f*; **I had a rather higher ~ in mind** yo había pensado en una cifra *or* cantidad algo mayor; **they were unable to put a ~ on the number of wounded** no pudieron dar el número exacto de heridos; **I wouldn't like to put a ~ on it** no quisiera darle una cifra exacta; **she's good at ~s** es buena para las matemáticas, se le dan bien los números; **recent ~s show that ...** estadísticas *or* datos recientes muestran que ...
B **1** (person) figura *f*; **a public ~** un personaje público; **he's looking for a mother ~** está buscando una figura materna; **he's become a ~ of fun** se ha convertido en un hazmerreír **2** (human shape, outline) figura *f*; **he cuts an imposing ~** tiene mucha presencia; **she's a fine ~ of a woman** es una mujer de buena planta **3** (body shape) figura *f*, tipo *m*; **she's got a very good ~** tiene una figura estupenda *or* un tipo estupendo; **they sell clothes for the fuller ~** (euph) venden ropa en tallas *or* (RPl) talles grandes; **to keep/lose/watch one's ~** guardar/perder*/cuidar la línea; **she's lost her ~** ha perdido la línea, se le ha estropeado la figura
C (Art, Mus) figura *f*; (Math) figura *f*; (solid) cuerpo *m*
D (diagram, illustration) figura *f*

figure² *vi*
A (feature) figurar; **his name doesn't ~ on this list** su nombre no figura en esta lista; **to ~ prominently** destacarse*; **this theme ~s largely in her work** este tema ocupa un lugar prominente en su obra
B (make sense) (colloq): **it just doesn't ~** no me lo explico; **they're getting divorced — that ~s!** se van a divorciar — ¡no me extraña nada!

■ **figure** *vt* (reckon) (AmE colloq) figurarse, calcular; **I ~ it'll take us two hours** me figuro que *or* digo yo *or* calculo que tardaremos dos horas; **she ~d it was her only chance** calculó que era su única oportunidad

(Phrasal verbs)

- **figure in** [v + adv + o] (AmE) incluir* (*en los cálculos*), contar*
- **figure on** [v + prep + o] (AmE) (colloq) contar* con; **to ~ on -ING**: **she ~s on entering the Senate next time around** piensa que la próxima vez saldrá elegida senadora; **they hadn't ~d on our finding their hideout** no contaban con que encontraríamos su escondite, nunca pensaron que encontraríamos su escondite
- **figure out** [v + o + adv, v + adv + o] **1** (understand, work out) ⟨*person/action/idea*⟩ entender*; **I think I've ~d out how it works** me parece que he entendido cómo funciona; **I can't ~ out why he did it** no entiendo *or* no me explico por qué lo hizo **2** (calculate) ⟨*result*⟩ calcular; ⟨*problem*⟩ resolver*
- **figure up** [v + adv + o] (AmE) sumar

figure-conscious /ˈfɪɡjərˌkɑːnʃəs || ˈfɪɡəˌkɒnʃəs/ *adj* preocupado por la figura

figurehead /ˈfɪɡjərhed || ˈfɪɡəhed/ *n* (Naut) mascarón *m* de proa; **he's merely a ~** no es más que una figura decorativa

figure-hugging /ˈfɪɡjərˌhʌɡɪŋ || ˈfɪɡəˌhʌɡɪŋ/ *adj* ceñido al cuerpo, ajustado al cuerpo

figure of eight, (AmE also) **figure eight** *n* ocho *m*

figure of speech *n* (Ling, Lit) figura *f* retórica; (metaphor) metáfora *f*; **it's just a ~ ~ ~** es (sólo) un decir *or* una forma de hablar

figure-skate /ˈfɪgjər,skeɪt || ˈfɪgə,skeɪt/ *vi* hacer* patinaje artístico

figure skating *n* [u] patinaje *m* artístico

figurine /,fɪgjəˈriːn || ,fɪgəˈriːn/ *n* figura *f*, estatuilla *f*

Fiji /ˈfiːdʒiː/ *n* Fiji

Fijian /fiːˈdʒiːən/ *adj* de (las islas) Fiji

filament /ˈfɪləmənt/ *n* (Bot, Elec, Tex, Zool) filamento *m*

filbert /ˈfɪlbərt || ˈfɪlbət/ *n* avellana *f*

filch /fɪltʃ/ *vt* (colloq) birlar (fam), afanar (arg)

file[1] /faɪl/ *n*

A (tool) lima *f*

B **1** (folder) carpeta *f*; (*box* ~) clasificador *m*, archivador *m*; (for card index) fichero *m* **2** (collection of documents) archivo *m*; (of a particular case) expediente *m*, dossier *m*; **he discovered that they were keeping a ~ on him** descubrió que lo tenían fichado; **to put sth on ~** archivar algo; **the information is all on ~** toda la información está archivada; **that ~'s been closed for years** ese caso se cerró hace ya muchos años **3** (Comput) archivo *m*, fichero *m*; (*before n*) de archivo *or* fichero; **~ server** servidor *m* de archivos *or* ficheros;

C (line) fila *f*; **in single** *o* **Indian ~** en fila india

file[2] *vt*

A (sort) ‹*letters/papers/index cards*› archivar; **~ this under "pending"** archiva esto en "pendiente"; **~ these letters away** archiva estas cartas

B (submit) ‹*application*› presentar; ‹*charges/complaint/tax return*› presentar; **to ~ a suit** presentar *or* entablar una demanda

C (Journ) ‹*story/copy*› entregar*

D (Tech) ‹*metal/bar/corner*› limar; **to ~ one's nails** limarse las uñas

■ **file** *vi*

A (walk in line) (+ *adv compl*): **they ~d out of/into the room** salieron de/entraron en la habitación en fila; **the crowd ~d past the tomb** la multitud desfiló ante la tumba

B (Law): **to ~ for divorce/damages** presentar una demanda de divorcio/por daños y perjuicios

C «*secretary/clerk*» archivar

D (Tech): **he ~d through the bars of his cell** limó los barrotes de la celda

file cabinet *n* (in US) archivador *m*, kárdex *m*, archivero *m* (Méx)

file card *n* (AmE) ficha *f*

file clerk *n* (AmE) administrativo, -va *m,f* (*encargado de archivar*), archivero, -ra *m,f* (ant)

file-sharing /ˈfaɪl,ʃerɪŋ || ˈfaɪl,ʃeərɪŋ/ *n* [u] (Comput) intercambio *m* de archivos

filet mignon /,fɪleɪmiːnˈjəʊn || ,fɪleɪˈmiːnjɒn/ *n* (esp AmE) filete *m*, solomillo *m* (de ternera) (Esp), lomo *m* (AmS)

filial /ˈfɪliəl/ *adj* (liter) filial

filibuster[1] /ˈfɪləbʌstər || ˈfɪlɪbʌstə(r)/ *vi* practicar* el obstruccionismo; **~ing tactics** maniobras *fpl* dilatorias

■ **filibuster** *vt* obstaculizar*

filibuster[2] *n*: *intervención parlamentaria hecha con el propósito de impedir que un asunto se someta a votación*

filigree /ˈfɪləgriː || ˈfɪlɪgriː/ *n* [u] filigrana *f*; (*before n*) ‹*work/brooch*› de filigrana; ‹*decoration*› afiligranado

filing /ˈfaɪlɪŋ/ *n*: **there's a lot of ~ to do** hay mucho que archivar

filing cabinet *n* archivador *m*, kárdex *m*, archivero *m* (Méx)

filing clerk *n* (BrE) ▸**file clerk**

filings /ˈfaɪlɪŋz/ *pl n* limaduras *fpl*; **iron ~** limaduras de hierro

Filipino[1] /,fɪləˈpiːnəʊ || ,fɪlɪˈpiːnəʊ/ *adj* filipino

Filipino[2] *n* (*pl* **-nos**) filipino, -na *m,f*

fill[1] /fɪl/ *vt*

A **1** (make full) **to ~ sth (WITH sth)** ‹*bottle/glass/room*› llenar algo (DE algo); ‹*cake/sandwich*› rellenar algo (DE algo); **he ~ed the tank with water** *o* **he ~ed the tank full of water** llenó el tanque de agua; **he ~ed her head full of nonsense** le llenó la cabeza de tonterías; **don't ~ the cup right up to the top** no llenes la taza hasta el borde; **the wind ~ed the sails** el viento hinchaba las velas; **he can still ~ a large concert hall** todavía es capaz de llenar una sala de conciertos grande; **cakes ~ed with cream** pasteles rellenos de crema *or* (Esp) nata; **~ your lungs with air** llénate los pulmones de aire; **a smoke-~ed room** una habitación llena de humo; **gladness ~ed his heart** *o* **his heart was ~ed with gladness** tenía el corazón lleno *or* (liter) henchido de alegría, su corazón rebosaba de alegría; **the news ~ed us with anger** la noticia nos llenó de ira; **I was ~ed with jealousy** me consumían los celos **2** ‹*space/area*› ocupar, llenar; **most of the seats were ~ed by the time the curtain rose** cuando se levantó el telón, la mayor parte de los asientos estaban ocupados **3** (plug, stop) ‹*hole/crack*› rellenar, tapar; ‹*tooth/cavity*› empastar, tapar (Andes), emplomar (RPl), calzar* (Col); **to ~ a pipe with tobacco** cargar* una pipa (de tabaco); **this book ~s a gap in the market** este libro llena un hueco que había en el mercado

B (fulfill) ‹*need*› satisfacer*; **he doesn't ~ the requirements** no cumple con *or* no llena *or* no reúne los requisitos

C (Busn) ‹*vacancy*› llenar; **thank you for inquiring, but the job's already been ~ed** gracias por interesarse pero ya hemos llenado la vacante *or* cubierto el puesto; **is she the right person to ~ the post?** ¿es ella la persona idónea para ocupar el puesto?

■ **fill** *vi* «*sails*» hincharse; «*bath/basin/auditorium*»: **to ~ (WITH sth)** llenarse (DE algo); **her eyes ~ed with tears** se le llenaron los ojos de lágrimas; **his heart ~ed with emotion** lo embargó la emoción

(Phrasal verbs)

• **fill in**

A [v + o + adv, v + adv + o] **1** ‹*hole*› rellenar **2** ‹*outline*› rellenar; **each square was ~ed in in a different color** cada cuadrado estaba pintado de un color diferente **3** (complete) ‹*form*› rellenar, llenar **4** (write in) ‹*name/age*› poner*

B [v + o + adv] (inform) (colloq) poner* al corriente; **to ~ sb in ON sth** poner* a algn al corriente DE algo; **he will ~ you in on the political situation** él te pondrá al corriente de la situación política

C [v + adv + o] (occupy): **I ~ed in the morning writing letters** ocupé la mañana escribiendo cartas; **we've got an hour to ~ in before the movie** tenemos una hora antes de la película

D [v + adv] (deputize) **to ~ in FOR sb** sustituir* *or* reemplazar* a algn; **I'm ~ing in while the secretary is away** estoy de suplente de la secretaria mientras ella no está

• **fill out**

A [v + o + adv, v + adv + o] **1** (complete) ‹*form*› rellenar, llenar **2** (pad out) ‹*article/story*› rellenar

B [v + adv] **1** (become bulkier) «*person*» engordar; **her face has ~ed out** se le ha llenado la cara, tiene la cara más llenita **2** (swell) «*sail*» hincharse

• **fill up**

A [v + o + adv, v + adv + o] (make full) ‹*bottle/bag*› llenar; **they give us bread to ~ us up** nos dan pan para llenarnos; **~ her up!** (Auto) ¡llénelo!, lleno, por favor; **to ~ sth up WITH sth** llenar algo DE algo

B [v + adv] **1** (become full) «*hall/street*» llenarse **2** (buy fuel) echar *or* poner* gasolina, cargar* nafta (RPl)

fill[2] *n*

A **to eat/drink one's ~ of sth** (liter) comer/beber algo hasta saciarse; **to have had one's ~ of sth** haberse* hartado de algo; **I've had my ~ of your whining** me he hartado *or* estoy harto de tus quejas

B [u] (for filling holes) relleno *m*

fill dirt *n* [u] (AmE) relleno *m*

filler /ˈfɪlər || ˈfɪlə(r)/ *n*

A [u c] **1** (to add bulk) relleno *m* **2** (for cracks) masilla *f*

B [c] **1** (Journ) artículo *m* de relleno **2** (Rad, TV) (colloq) programa *m* de relleno

filler cap *n* (BrE) tapa *f* del depósito de la gasolina *or* (RPl) del tanque de nafta

fillet[1] /ˈfɪlət || ˈfɪlɪt/ *n*

A [u c] (Culin) **1** (of beef) filete *m*, solomillo *m* (Esp), lomo *m* (AmS); (of pork) lomo *m*; (*before n*): **a ~ steak** un filete, un solomillo de ternera (Esp), un bife de lomo (RPl) **2** (of fish) filete *m*; **a ~ of sole** un filete de lenguado

B [c] (Clothing) cinta *f*

fillet[2] *vt* ‹*fish/meat*› cortar en filetes

fill-in /ˈfɪlɪn/ *n* (colloq)

A (substitute) suplente *mf*

B (report) (AmE) informe *m*; (summary) resumen *m*; **I've had only a brief ~** sólo me lo han explicado en líneas generales

filling[1] /ˈfɪlɪŋ/ *n*

A [c] (Dent) empaste *m*, tapadura *f* (Chi, Méx), emplomadura *f* (RPl), calza *f* (Col)

B [u c] (Culin) relleno *m*

filling[2] *adj*: **pasta's very ~** la pasta llena mucho, la pasta es muy llenadora (CS)

filling station *n* ▸**gas station**

fillip /ˈfɪləp || ˈfɪlɪp/ *n* (*no pl*) estímulo *m*; **to give sth/sb a ~** estimular algo/a algn

filly /ˈfɪli/ *n* (*pl* **-lies**) potra *f*; (under three years) potranca *f*

film[1] /fɪlm/ *n*

A **1** [c u] (Phot) película *f* (fotográfica); **a (roll of) ~** un rollo *or* un carrete (de fotos), una película; **fast ~** película rápida **2** [c] (movie) película *f*, film(e) *m* (period); **who's in the ~?** ¿quién trabaja *or* actúa en la película?; **she's made a successful career in ~s** ha hecho carrera en el cine; (*before n*) ‹*critic/producer*› cinematográfico *or* de cine; **~ buff** cinéfilo, -la *m,f*; **~ crew** equipo *m* de rodaje *or* filmación; **~ festival** festival *m* cinematográfico *or* de cine; **the ~ industry** la industria cinematográfica; **~ library** cinemateca *f*; **~ music** música *f* cinematográfica *or* de cine *or* de películas; **~ première** *o* **premiere** estreno *m* cinematográfico, premiere *m* (period); **~ production** producción *f* cinematográfica *or* de películas; **~ rights** derechos *mpl* de adaptación cinematográfica *or* de adaptación al cine; **~ script** guión *m* (cinematográfico *or* de la película); **~ star** estrella *f* de cine; **~ studio** estudio *m* cinematográfico *or* de cine; **~ version** versión *f* cinematográfica **3** [u] (cinematic art) cine *m*

B **1** [c] (thin covering) película *f*; **a ~ of dust** una película *or* capa de polvo **2** [u] (wrap) film *m* *or* envoltura *f* transparente

film[2] *vt* ‹*scene/event/activity*› filmar; ‹*novel/play/story*› llevar al cine

■ **film** *vi* rodar*, filmar; **~ing starts tomorrow** el rodaje *or* la filmación empieza mañana; **opera ~s badly** la opera no se presta para ser llevada al cine

(Phrasal verb)

• **film over** [v + adv] «*eyes*» nublarse, empañarse; **his eyes ~ed over** se le nublaron *or* se le empañaron los ojos

film clip *n* fragmento *m*, clip *m*

film laboratory *n* laboratorio *m* cinematográfico

film noir /ˈfɪlm ˈnwɑːr || ˈfɪlm ˈnwɑː(r)/ **1** [u] (genre) cine *m* negro **2** [c] (film) película *f* de cine negro

film rating (US), film certificate (UK)

Una calificación que se otorga a las películas y videos. Establece la clase de público autorizado para verlos. En EEUU, pueden tener seis calificaciones: G (*general audiences*) para todos los públicos; PG (*parental guidance*) es decir que los padres deciden si sus hijos pueden verlos; PG-13 (*parental guidance for children under 13*); R (*restricted*) es decir que los menores de 17 años sólo pueden verlos si están acompañados de uno de los padres o de su tutor; NC-17 (*no children-17*) que están prohibidos para menores de 17 años; X que sólo los pueden ver los mayores de 17 años. En Gran Bretaña las películas y los videos pueden tener 5 calificaciones: U, para todo público; PG, pueden verlos los niños si están acompañados de un adulto; 12, sólo para mayores de 12 años; 15, sólo para mayores de 15 años; 18, sólo para mayores de 18 años.

filmstrip /ˈfɪlmstrɪp/ *n: película o serie de filminas para proyección fija*

filmy /ˈfɪlmi/ *adj* **-mier, -miest** ‹*fabric/garment*› vaporoso; ‹*layer/membrane*› pelicular

Filofax® /ˈfaɪləfæks/ *n* filofax® *m*

filter¹ /ˈfɪltər || ˈfɪltə(r)/ *n*
A (Audio, Electron, Opt, Tech) filtro *m*; **a coffee ~** un filtro para el *or* de café
B (BrE) (Transp) (in traffic lights) flecha *f* (*que autoriza el giro a derecha o izquierda en algunos semáforos*); (*before n*): **~ lane** carril *m* de giro

filter² *vt* **1** ‹*oil/water/gas/air/light*› filtrar; **the system ~s out the dust** el sistema elimina el polvo por un proceso de filtrado **2** (Comput) filtrar
■ **filter** *vi*
A **1** (penetrate) «*liquid/gas/light/sound*» filtrarse; **light ~ed in through the shutters** la luz se filtraba por entre las persianas; **it took weeks for the news to ~ through to us** pasaron semanas antes de que nos llegara la noticia **2** (move): **guests were ~ing in/out** los invitados iban llegando/yéndose poco a poco; **the refugees ~ed back into the country** los refugiados fueron regresando poco a poco al país
B (BrE) (Transp): **to ~ to the left/right** girar *or* torcer* *or* doblar a la izquierda/derecha

filter coffee *n* [u c] café *m* de filtro

filter paper *n* [c u] papel *m* de filtro

filter-tipped /ˌfɪltərˈtɪpt || ˌfɪltəˈtɪpt/ *adj* con filtro

filth /fɪlθ/ *n* [u]
A **1** (dirt) mugre *f*, roña *f*; **to live in ~** vivir en la mugre *or* la inmundicia **2** (obscene language, literature): **I've never heard/seen such ~!** ¡nunca he oído/visto una porquería *or* indecencia igual!
B (police) (BrE sl): **the ~** la policía, la bofia (Esp arg), la chota (Méx arg), la cana (RPl arg), los pacos (Chi fam)

filthy¹ /ˈfɪlθi/ *adj* **-thier, -thiest** **1** (dirty) mugriento, roñoso, guarrísimo (Esp fam), mugroso (Chi, Méx fam); **the kitchen is ~** la cocina está mugrienta *or* roñosa, la cocina está asquerosa *or* hecha un asco (fam) **2** (obscene) ‹*books*› indecente, guarro (Esp fam); ‹*joke*› verde *or* picante *or* (Méx) colorado; **don't use such ~ language!** ¡no uses esas palabrotas!; **he has a ~ mind** tiene una mente de cloaca **3** (unpleasant) (BrE colloq) asqueroso (fam); **a ~ look** una mirada asesina (fam); **she's in a ~ temper** *o* **mood** está con un humor de perros (fam)

filthy² *adv* (colloq) (*as intensifier*): **he's ~ rich** está forrado (de dinero) (fam), está podrido en plata *or* (Esp) podrido de dinero (fam); **it's ~ dirty** está mugriento *or* roñoso, está asqueroso *or* hecho un asco (fam)

filtrate /ˈfɪltreɪt/ *n* [u c] líquido *m* filtrado

filtration /fɪlˈtreɪʃən/ *n* [u] filtración *f*

fin /fɪn/ *n* (Aerosp, Sport, Tech, Zool) aleta *f*; (Auto) alerón *m*

finagle /fɪˈneɪgəl/ *vt* (AmE colloq) arreglárselas para conseguir (fam); **he bluffed and ~d his way into the club** con engaños se las arregló para que lo dejaran entrar en el club

final¹ /ˈfaɪnl/ *adj*
A (last) (*before n*) último; **the ~ day/attempt** el último día/intento; **the ~ scene** la última escena, la escena final; **~ exam** examen *m* final; **a ~ demand for payment** (Busn) un último aviso de pago; **I'd like to make one ~ point: ...** por último quisiera señalar que ...
B (definitive) ‹*result/score*› final; **and that's my ~ word on the subject** y no se hable más del asunto; **that's my ~ offer** es mi última oferta; **you can't go and that's ~** no puedes ir y no hay más que hablar *or* (fam) y sanseacabó; **the judges' decision is ~** (frml) la decisión del jurado es inapelable
C (ultimate) ‹*aim/destination*› final; **~ cause** (Phil) causa *f* final

final² *n*
A (Games, Sport) (*often pl*) final *f*; **to go through to the ~s** pasar a la(s) final(es)
B **finals** *pl* (Educ) exámenes *mpl* finales
C **~ (edition)** (Journ) última edición *f*; **the late-night ~** la edición de última hora

final demand *n* último aviso *m* de pago, última notificación *f* de pago

finale /fəˈnæli || fɪˈnɑːli/ *n* **1** (Mus) final *m* **2** (Theat) apoteosis *f* **3** (grand finish) apoteosis *f*, final *m* triunfal

finalist /ˈfaɪnləst || ˈfaɪnəlɪst/ *n* (Games, Sport) finalista *mf*

finality /faɪˈnæləti/ *n* [u] (of decision) irrevocabilidad *f*, carácter *m* definitivo; **out of the question, she said with ~** —ni pensarlo —dijo de modo tajante *or* terminante

finalization /ˌfaɪnləˈzeɪʃən || ˌfaɪnəlaɪˈzeɪʃən/ *n* ultimación *f*

finalize /ˈfaɪnlaɪz || ˈfaɪnəlaɪz/ *vt* ‹*arrangements/plans*› ultimar, concluir*; ‹*date*› fijar, concretar; **nothing's been ~d yet** aún no se ha concretado nada

finally /ˈfaɪnli || ˈfaɪnəli/ *adv* **1** (lastly) (*indep*) por último, para finalizar, finalmente **2** (at last) ‹*succeed/finish/arrive*› por fin, finalmente; **he's ~ been arrested** por fin lo han detenido, finalmente ha sido detenido

final salary pension scheme *n* (Fin) plan *m* de pensiones de beneficios definidos

finance¹ /fəˈnæns, faɪ- || ˈfaɪnæns, faɪˈnæns/ *n* **1** [u] (banking, business) finanzas *fpl*; **the world of high ~** el mundo de las altas finanzas **2** **finances** *pl* recursos *mpl* financieros, situación *f* financiera *or* económica; **my ~s won't run to a trip to Egypt** el estado de mis finanzas no me da para ir a Egipto **3** [u] (funding) financiación *f*, financiamiento *m* (esp AmL); (*before n*) ‹*department*› de financiación; **F~ Bill** (Govt) proyecto *m* de ley presupuestaria

finance² *vt* ‹*project/industry/expansion*› financiar; **how are you going to ~ the trip?** ¿cómo vas a financiar *or* a costearte el viaje?; **I'm not going to ~ your drinking!** ¡no pienso costearte el vicio!

finance company, (BrE also) **finance house** *n* compañía *f* de crédito comercial, (sociedad *f or* casa *f*) financiera *f*

financial /fəˈnæntʃəl || faɪˈnænʃəl/ *adj* ‹*system/backing/success/risk*› financiero; ‹*crisis/difficulties/independence*› económico; ‹*news/page*› (Journ) de economía, de negocios; **~ institution** entidad *f* financiera; **~ management** gestión *f* financiera; **a ~ wizard** un mago de las finanzas

financial advice *n* [u] asesoría *f* financiera

financial adviser *n* asesor *m* financiero, asesora *f* financiera

financial controller *n* controller *mf*

financially /fəˈnæntʃəli || faɪˈnænʃəli/ *adv* ‹*sound/viable/involved*› económicamente; **~ independent** económicamente independiente; **~ (speaking), it was a disaster** (*indep*) desde el punto de vista económico *or* económicamente hablando, fue un desastre

financial planner *n* **1** (financial advisor) asesor financiero, asesora finaciera *m,f* **2** (in diary) planificador *m* financiero

financial statement *n* estado *m* contable, estado *m* finaciero

> **The Financial Times**
>
> Es el periódico de los negocios más importante de Gran Bretaña. Se publica todos los días excepto los domingos. En su mayor parte contiene noticias relacionadas con empresas, acciones y valores. Se imprime en papel rosado.

> **Financial Times Indices**
>
> Son listas que se publican diariamente en el Financial Times ▸**financial** y que contienen los índices de los precios de las acciones en la Bolsa de Valores de Londres (*London Stock Exchange*). Sirven para mostrar la tendencia general de los mercados financieros de Gran Bretaña. El más conocido es el FTSE 100 Share Index y se calcula tomando como base el valor de las acciones de las 100 empresas más grandes de Gran Bretaña.

financial year *n* (BrE) (of company, partnership) ejercicio *m*; (of government) año *m* fiscal; **in the previous ~ ~** en el ejercicio/año fiscal anterior

financier /ˌfɪnənˈsɪr || faɪˈnænsɪə(r)/ *n* financiero, -ra *m,f*

financing /fəˈnænsɪŋ || faɪˈnænsɪŋ/ *n* financiación *f*

finback /ˈfɪnbæk/ *n* rorcual *m* blanco

finch /fɪntʃ/ *n* pinzón *m*

find¹ /faɪnd/ (*past & past p* **found**) *vt*
A (sth lost or hidden) encontrar*; **look what I've found!** ¡mira lo que he encontrado!; **I can't ~ it anywhere** no lo encuentro por ninguna parte; ***to ~ one's way***: **it's difficult to ~ one's way around this town** es difícil orientarse *or* no perderse en esta ciudad; **you'll soon ~ your way around the office/system** en poco tiempo te familiarizarás con la oficina/el sistema; **how did the cat manage to ~ its way in here?** ¿cómo se las habrá ingeniado *or* arreglado el gato para meterse aquí?; **can you ~ your way there by yourself?** ¿sabes ir solo?; **I'll ~ my own way home/out** no te molestes en acompañarme (a casa/a la puerta)
B (come across, come upon) encontrar*; **I found the door wide open** encontré la puerta abierta de par en par; **I woke up to ~ him gone** cuando me desperté, me encontré con que se había ido; **she found him in** lo encontró en su casa (*or* en la oficina *etc*); **there wasn't a soul to be found** no había un alma; **I wanted to buy some cherries but there were none to be found** quería comprar cerezas pero no había por ninguna parte; **you do occasionally ~ the odd exception** de vez en cuando te encuentras (con) una excepción a la regla; **I hope this letter ~s you well** espero que al recibir esta carta te encuentres bien; **this species is found all over Europe** esta especie se encuentra en toda Europa
C **1** (ascertain, discover) ‹*solution/cause/answer*› encontrar*; **she was found to be dead on arrival** falleció antes de llegar al hospital, ingresó cadáver (Esp); **he was found to have Aids** descubrieron que tenía el sida; **I found (that) it was easier to do it this way** descubrí que era más fácil hacerlo así; **I think you'll ~ (that) I'm right** ya verás como tengo razón; **I think you'll ~ (that) it's too far to walk** mire que queda demasiado lejos como para ir a pie **2** (Law): **to ~ sb guilty/not guilty** declarar *or* hallar a algn culpable/inocente; **how do you ~ the accused?** ¿cuál es su veredicto?; **the tribunal found that ...** el tribunal declaró *or* falló que ...
D (experience as) encontrar*; **she ~s him attractive** lo encuentra *or* le resulta *or* le parece atractivo; **he found her a great comfort** encontró *or* halló en ella un gran consuelo; **he found her a bore** le resultaba *or* le parecía aburridísima, la encontraba aburridísima; **I ~ it difficult to concentrate** me es *or* me resulta difícil concentrarme; **I ~ it easier to do it like this** me es *or* me resulta más fácil hacerlo así; **I ~ that hard to believe!** ¡me cuesta creerlo!; **I ~ it very strange that nobody turned up** me parece muy raro que no haya venido nadie
E **1** (obtain, acquire) ‹*room/house/replacement*› encontrar*; **how can we ~ $20,000 by tomorrow?** ¿cómo vamos a conseguir *or* de dónde vamos a sacar 20.000 dólares antes de mañana?; **you'll have to ~ a better excuse** te vas a tener que buscar una excusa mejor; **I couldn't ~ it in my heart to refuse** no tuve el valor *or* no fui capaz de negarme; **she still ~s (the) time to study** todavía saca *or* encuentra tiempo para estudiar; **to ~ happiness/God** encontrar* la felicidad/a Dios; **I found great pleasure in music** la música me proporcionaba un gran placer; **she found in him a willing listener** encontró en él a alguien dispuesto a escuchar **2** (provide with): **to ~ sb sth** encontrarle* A algn; **he found us a room** nos encontró una habitación
F (reach) (liter) ‹*target/goal*› alcanzar*
■ *v refl* **to ~ oneself** **1** (discover) (+ *adv compl*) encontrarse*; **he found himself in a strange**

bedroom se encontró en una habitación desconocida; **I now ~ myself in a position to ...** ahora me encuentro en circunstancias de ...; **I found myself unable to answer their questions** fui *or* me vi incapaz de responder a sus preguntas; **I found myself trembling** me di cuenta de que estaba temblando; **if you're not careful, you'll ~ yourself in trouble** si no tienes cuidado te vas a ver en problemas **2** (discover identity, vocation) encontrarse* a sí (*or mí etc*) mismo

■ **find** *vi* (Law) **to ~ FOR/AGAINST sb** fallar A FAVOR DE/CONTRA algn

Phrasal verb

• **find out**

A [v + o + adv, v + adv + o] **1** (discover) ‹*secret/truth*› descubrir*; ‹*address/name*› (by making enquiries) averiguar*; **they found out (that) he'd been cheating them** se enteraron de que *or* descubrieron que los había estado engañando; **he's gone to ~ out when the flight is due in** ha ido a averiguar a qué hora llega el vuelo; **~ out more by phoning our information service** infórmese llamando a nuestro servicio de información; **to ~ sth out FROM sb**: **we're hoping to ~ out more from Robert** esperamos enterarnos de más por intermedio de Robert, esperamos que Robert nos dé más información **2** (detect) (*usu pass*): **I was afraid of being found out** tenía miedo de que me descubrieran; **the conspiracy was soon found out** pronto se descubrió el complot

B [v + adv] **1** (learn) enterarse; **you'll ~ out soon enough** ya te enterarás; **I didn't ~ out till yesterday** no me enteré *or* no supe hasta ayer; **to ~ out ABOUT sth** enterarse DE algo; **my parents found out about my missing school** mis padres se enteraron de que *or* descubrieron que había faltado al colegio **2** (make inquiries) averiguar*; **you'll have to ~ out for yourself** tendrás que averiguarlo por tus propios medios; **to ~ out ABOUT sth**: **I phoned to ~ out about flights to New York** llamé para preguntar *or* informarme sobre vuelos a Nueva York

find² *n* hallazgo *m*; **to be a real ~** ser* todo un hallazgo

finder /ˈfaɪndər || ˈfaɪndə(r)/ *n*

A (of treasure) descubridor, -dora *m,f*; **will the ~ of this dog please return him to ...** quien encuentre este perro por favor devuélvalo a ...; **~s keepers: found it, it's mine! ~s keepers! (losers weepers)** yo me lo encontré, así que me lo quedo; **~'s fee** (AmE) comisión *f*

B (telescope) lente *f* rastreadora

findings /ˈfaɪndɪŋz/ *pl n* conclusiones *fpl*

fine¹ /faɪn/ *adj* **finer, finest**

A (*usu before n*) **1** (excellent, superior) ‹*house/speech/opportunity/worker/example*› magnífico, excelente; ‹*crystal/china*› fino; ‹*wine/ingredients*› de primera calidad, selecto; **goods of the ~st quality** artículos de la mejor calidad; **the country's ~st minds** los cerebros más brillantes del país; **~ words, but will they do it?** todo eso suena muy bien pero ¿lo harán?; **a ~-looking man** un hombre bien parecido; **it's a ~ thing you're doing** es algo admirable lo que estás haciendo **2** (iro): **we had a ~ time (of it)** lo pasamos de bien ... (iró); **a ~ friend you are!** ¡menudo *or* valiente amigo eres tú! (iró); **you've picked a ~ time to tell me!** ¡en buen momento me lo dices! (iró); **you're a ~ one to talk!** ¡mira quién habla! **3** (fair) ‹*weather/day*› bueno; **I hope it stays** *o* **keeps ~** espero que siga haciendo buen tiempo; **they say it'll be ~ tomorrow** dicen que mañana hará buen tiempo **4** (elegant) ‹*manners/gentleman/lady*› fino, refinado; **she gives herself such ~ airs** ¡se da unos aires de grandeza!

B (colloq) (*pred*) **1** (in good health) muy bien; **how are you? — (I'm) ~, thanks** ¿qué tal estás? — muy bien, gracias **2** (OK, all right) bien; (perfect) perfecto; **how was your day? — ~** ¿qué tal el día? — bien; **this size is ~ for six** este tamaño es perfecto para seis; **more wine? — no thanks; I'm ~** ¿más vino? — no, gracias, tengo suficiente; **that's ~ by me** por mí no hay problema; **he tried to make out everything was ~ and dandy** trató de dar la impresión de que todo marchaba a las mil maravillas

C **1** (thin) ‹*hair/thread/fabric*› fino, delgado **2** (sharp) ‹*point/nib/blade*› fino; **sharpen the pencil to a ~ point** afila bien el lápiz **3** (not coarse) ‹*dust/rain/particles*› fino; ***to cut it/things ~*** no dejarse ningún margen de tiempo; **hasn't she gone yet? she's cutting it very ~!** ¿todavía no se ha ido? ¡no se está dejando ningún margen de tiempo! **4** (detailed, accurate) ‹*engraving/embroidery/workmanship*› fino, delicado; ‹*adjustment*› preciso

D **1** (subtle) ‹*distinction/nuance*› sutil; ‹*judgment*› certero; ‹*balance*› delicado; **the ~r points of poetry are often lost in translation** los matices más sutiles de la poesía a menudo se pierden en la traducción; **there's a very ~ line between eccentricity and madness** la línea divisoria entre la excentricidad y la locura es muy tenue *or* sutil **2** (discriminating, refined): **only the ~st of palates will appreciate ...** sólo los paladares más refinados *or* delicados apreciarán ...; **she has a ~ eye for detail** es muy observadora y detallista

E (Min) ‹*gold/silver*› puro; **this gold is 98% ~** este oro tiene una pureza del 98%

fine² *adv* (adequately) bien; (very well) muy bien; **it works ~** funciona bien/muy bien; **things are going ~** las cosas van bien/muy bien

fine³ *n* multa *f*; **she was given a ~ of $100** *o* **a $100 ~** le pusieron una multa de 100 dólares

fine⁴ *vt* multar, ponerle* *or* aplicarle* una multa a; **she was ~d for speeding** la multaron *or* le pusieron *or* le aplicaron una multa por exceso de velocidad

fine- /faɪn/ *pref*: **~tipped** de punta fina

fine art *n* [u c] arte *m*; **the ~ ~s** las bellas artes; ***to have (got) sth down to a ~ ~***: **he's got making omelettes down to a ~ ~** se ha convertido en un experto en hacer tortillas; **I can do it in an hour; I've got it down to a ~ ~** he desarrollado una técnica que me permite hacerlo en una hora

finely /ˈfaɪnli/ *adv* **1** (in small pieces): **to chop/dice sth ~** picar*/cortar algo muy fino *or* menudo **2** (subtly) ‹*adjust/tune*› con precisión; **~ wrought** delicadamente trabajado **3** (elegantly) elegantemente

fineness /ˈfaɪnnəs || ˈfaɪnnɪs/ *n* [u]

A **1** (excellence) excelente calidad *f*; **the ~ of this wine** la excelente calidad de este vino **2** (elegance) elegancia *f*, refinamiento *m*

B **1** (thinness, delicacy) lo fino **2** (detail) lo delicado; (accuracy) precisión *f* **3** (subtlety) sutileza *f*, pureza *f*

fine print *n* (AmE): **the ~ ~** la letra pequeña *or* menuda, la letra chica (AmL)

finery /ˈfaɪnəri/ *n* [u]: **in all their ~, in their full ~** con sus mejores galas

finesse¹ /fəˈnes || fɪˈnes/ *n*

A [u] **1** (polish, refinement) finura *f*, refinamiento *m* **2** (tact) diplomacia *f* **3** (cunning) astucia *f*

B [u] (AmE) (Sport): **to put ~ on the ball** darle* a la pelota con suavidad

C [c] (in bridge) impasse *m*

finesse² *vt* (AmE): **she ~d her way to a seat on the board** se las ingenió para lograr un puesto en la junta

finest /ˈfaɪnəst || ˈfaɪnɪst/ *pl n* (AmE colloq): **New York's/the city's ~** la fuerza pública de Nueva York/la ciudad

fine-tooth(ed) comb /ˈfaɪntuːθ(t)/ *n* peine *m* de dientes finos *or* púas finas; ***to go over** o **through sth with a ~ ~*** mirar algo con lupa

fine-tune /ˌfaɪnˈtuːn || ˌfaɪnˈtjuːn/ *vt* ‹*engine*› ajustar, poner* a punto; ‹*receiver*› ajustar; ‹*plan/idea*› afinar, poner* a punto

fine tuner *n* ajuste *m*

fine tuning *n* [u] ajuste *m*

finger¹ /ˈfɪŋgər || ˈfɪŋgə(r)/ *n*

A ▸ ❶ **p.965** (of hand) dedo *m*; **first** *o* **index ~** (dedo) índice *m*; **middle ~** (dedo) corazón *m or* medio *m*; **third** *o* **ring ~** (dedo) anular *m*; **little** *o* **fourth ~** (dedo) meñique *m*; **you can count on the ~s of one hand the number of times ...** se pueden contar con los dedos de una mano las veces ...; ***not to lift** o **raise a ~*** no mover* un dedo; **she never raised a ~ to help** no movió ni un dedo para ayudar; ***to be all ~s and thumbs*** (esp BrE) ser* torpe; **I'm all ~s and thumbs today!** ¡hoy estoy tan torpe!; ***to burn one's ~s** o **get one's ~s burned*** pillarse los dedos; ***to cross one's ~s***: **I'll keep my ~s crossed for you** ojalá (que) tengas suerte; **keep your ~s crossed for me!** ¡reza por mí!, ¡deséame suerte!; **well, here goes: ~s crossed!** bueno, ahí va ¡a ver si hay suerte!; ***to give sb the ~*** (AmE) *hacer un gesto grosero levantando el dedo medio,* ≈ hacerle* un corte de mangas a algn; ***to have a ~ in every pie*** estar* metido en todo; ***to have** o **keep one's ~ on the pulse*** estar* *or* mantenerse* al día; ***to have sticky ~s*** tener* la mano larga; ***to lay a ~ on sb*** ponerle* a algn la mano encima; **if you so much as lay a ~ on her ...** si le llegas a poner la mano encima ...; ***to point the ~ at sb*** culpar a algn; ***to pull** o **get one's ~ out*** (BrE sl) (d)espabilarse (fam); **it's about time he pulled his ~ out** ya es hora de que se (d)espabile; ***to put one's ~ on sth***: **there's something about him, I can't quite put my ~ on it** tiene algo, no sabría decir concretamente qué es; **you've put your ~ on it** has dado en el clavo; ***to put the ~ on sb*** (sl) delatar a algn; ***to put two ~s up at sb*** (BrE) *hacer un gesto grosero levantando los dedos índice y medio,* ≈ hacerle* un corte de mangas a algn; ***to slip through sb's ~s*** escapársele a algn de las manos; **he let it slip through his ~s** dejó que se le escapara de las manos; ***to snap one's ~s*** chasquear *or* (Méx) tronar* los dedos; **she only has to snap her ~s and ...** no tiene más que hacer así y ...; **he snaps his ~s at convention** pasa de las convenciones; ***to work one's ~s to the bone*** deslomarse trabajando

B **1** (of glove) dedo *m* **2** (as measure) (colloq) dedo *m*; **give me two ~s of Scotch** sírveme dos dedos de whisky **3** (of land) lengua *f* **4** (pointer on scale) (Tech) aguja *f*, fiel *m* **5** (Aviat) finger *m*, pasarela *f* telescópica

C (AmE sl) soplón, -plona *m,f* (fam)

finger² *vt*

A (handle) toquetear, tentalear (Méx)

B (Mus) **1** (play) tocar* **2** (number) ‹*piece/note*› marcar* la digitación de

C (sl) (inform on) acusar, delatar

fingerboard /ˈfɪŋgərbɔːrd || ˈfɪŋgəbɔːd/ *n* diapasón *m*

finger bowl *n* lavafrutas *m*, aguamanil *m*

-fingered /ˈfɪŋgərd || ˈfɪŋgəd/ *suff*: **nimble~/slender~** de dedos ágiles/delgados

finger food *n* [u] bocaditos *mpl*, botanas *fpl* (Méx), pasapalos *mpl* (Ven)

fingering /ˈfɪŋgərɪŋ/ *n* [u] (Mus) digitación *f*

finger-licking /ˈfɪŋgərˌlɪkɪŋ || ˈfɪŋgəˌlɪkɪŋ/ *adj* (esp AmE) para chuparse los dedos (fam)

fingermark /ˈfɪŋgərmɑːrk || ˈfɪŋgəmɑːk/ *n* marca *f*, huella *f*

fingernail /ˈfɪŋgərneɪl || ˈfɪŋgəneɪl/ *n* uña *f*

finger-paint /ˈfɪŋgərpeɪnt || ˈfɪŋgəpeɪnt/ *vi* pintar con los dedos

finger paint *n* pintura *f* (*para pintar con los dedos*)

fingerprint¹ /ˈfɪŋgərprɪnt || ˈfɪŋgəprɪnt/ *n* huella *f* digital *or* dactilar, impresión *f* digital; **to take sb's ~s** tomarle las huellas digitales *or* dactilares *or* las impresiones digitales a algn

fingerprint² *vt* tomarle las huellas digitales *or* dactilares *or* las impresiones digitales a

fingerstall /ˈfɪŋgərstɔːl || ˈfɪŋgəstɔːl/ *n* (BrE) dedil *m*

fingertip /ˈfɪŋgərtɪp || ˈfɪŋgətɪp/ *n* yema *f* del dedo; ***to have sth at one's ~s, to know sth to one's ~*** saberse* algo al dedillo

finicky /ˈfɪnɪki/ *adj* (colloq) **1** (choosy) remilgado, melindroso, maniático, mañoso (AmL) **2** (overelaborate) ‹*detail/embellishments*› recargado

finish¹ /ˈfɪnɪʃ/ *vt*

A **1** (complete) ‹*task/meal/building*› terminar, acabar; **she ~es high school in two years' time** acabará *or* terminará el bachillerato dentro de dos años; **we ~ school/work at four o'clock today** hoy salimos a las cuatro; **let her ~ what she's doing/saying** déjala terminar *or* acabar lo que está haciendo/de

f

hablar; **to ~ -ING** terminar *or* acabar DE + INF; **he hasn't ~ed painting it yet** todavía no ha terminado *or* acabado de pintarlo **2** (consume) ‹*drink/loaf/rations*› terminar, acabar; **we've ~ed our stock of coal** se nos ha terminado *or* acabado el carbón

B **1** (create surface texture on) ‹*cloth/porcelain*› terminar; ‹*wood*› pulir **2** (add final touches to) ‹*product/clothes*› terminar, acabar

C (destroy) (colloq) ‹*person/career/project*› acabar con; **the scandal ~ed him as a politician** el escándalo acabó con su carrera política; **the last few laps ~ed her** las últimas vueltas acabaron con ella

■ **finish** *vi*

A (come to end) ‹‹*course/performance/work*›› terminar, acabar; **the reading ~ed with a poem by Keats** el recital terminó con un poema de Keats; **she ~ed by summarizing the main points again** concluyó resumiendo de nuevo los puntos principales

B (complete activity) terminar, acabar; **I've ~ed; may I leave the table?** ya he terminado *or* acabado ¿me puedo levantar de la mesa?; **if you've quite ~ed, may I get a word in?** (iro) si has acabado ya ¿me dejas meter baza? (iró)

C (Sport): **to ~ first/second/last** terminar en primer/segundo/último lugar; **to ~ well/badly** acabar bien/mal

Phrasal verbs

• **finish off**

A [v + o + adv, v + adv + o] **1** (complete) ‹*task*› terminar, acabar; **let me just ~ off this letter** déjame terminar *or* acabar esta carta **2** (exhaust) dejar agotado *or* (fam) hecho polvo **3** (consume) ‹*food/bottle*› terminar, acabar

B [v + o + adv] (kill) matar, acabar con, liquidar (fam); **that bout of flu nearly ~ed her off** aquella gripe casi acaba con ella

C [v + adv] (conclude) terminar, acabar, concluir* (frml); **I'd like to ~ off by saying that ...** quisiera terminar *or* (frml) concluir diciendo que ...

• **finish out** [v + o + adv, v + adv + o] (AmE) completar

• **finish up**

A [v + o + adv, v + adv + o] ‹*dinner/food/paint*› terminar; **~ up your carrots** termina las zanahorias, cómete todas las zanahorias

B [v + adv] (end up, find oneself) acabar; **we ~ed up in a village called Burfield** acabamos en *or* fuimos a parar a un pueblo llamado Burfield; **I knew he'd ~ up crying** yo sabía que iba a terminar *or* acabar llorando

finish[2] *n*

A (*no pl*) **1** (end) fin *m*, final *m*; **from start to ~** del principio al fin *or* al final; **to be in at the ~** presenciar el final; **to fight to the ~** luchar hasta el final *or* el fin; **a fight to the ~** una lucha a muerte **2** (of race) llegada *f*; **it was a very close ~** llegaron a la meta casi a la par **3** (ruin): **the ~** el fin *or* el final, el golpe de gracia

B **1** [u] (refinement) refinamiento *m* **2** [u] (appearance of quality) acabado *m*, terminación *f*; **the cheaper models lack the ~ of the expensive ones** los modelos más económicos no tienen el acabado de los caros **3** (surface texture) (*no pl*) acabado *m*; **a matt/glossy ~** un acabado mate/brillante; **with a rough ~** sin pulir

finished /ˈfɪnɪʃt/ *adj*

A (*pred*) **1** (complete, achieved, over): **to get sth ~** terminar *or* acabar algo; **it's all ~ between us** todo se ha acabado entre nosotros; **will you be ~ in time?** ¿terminarás *or* acabarás a tiempo?; **to be ~ WITH sth/sb**: **I'm ~ with you!** tú y yo hemos acabado; **I'm ~ with the scissors** no necesito más la tijera; **I'm ~ with smoking for ever** he dejado de fumar para siempre **2** (used up): **the food is ~** se ha terminado *or* acabado la comida **3** (ruined) (colloq) acabado; **you're ~ as a musician** como músico estás acabado **4** (exhausted) (colloq) muerto (fam)

B **1** ‹*article/product*› terminado; **~ in mahogany** (stained) teñido de color caoba; (veneered) (en)chapado en caoba; **these clothes are very badly ~** esta ropa está muy mal terminada *or* acabada **2** ‹*performance/presentation*› esmerado, pulido; ‹*appearance/manners*› refinado

finishing /ˈfɪnɪʃɪŋ/ *n* [u] (esp BrE) (Sport) actuación *f*

finishing line *n* (BrE) ▸**finish line**

finishing school *n: colegio privado para señoritas donde se aprende a comportarse en sociedad*

finishing touch *n* toque *m* final; **to add/put the ~ ~(es) to sth** darle* los últimos toques a algo

finish line, (BrE) **finishing line** *n* meta *f*, línea *f* de llegada

finite /ˈfaɪnaɪt/ *adj*

A ‹*number/speed/distance*› finito; **our resources are ~** nuestros recursos son limitados; **my patience is ~** mi paciencia tiene un límite

B (Ling) ‹*verb/form*› conjugado

fink[1] /fɪŋk/ *n* (AmE sl) **1** (contemptible person) mequetrefe *mf* (fam) **2** (informer) soplón, -plona *m,f* (fam) **3** (strike breaker) (pej) rompehuelgas *mf* (pey), esquirol, -rola *m,f* (Esp fam & pey), carnero, -ra (RPl fam & pey)

fink[2] *vi* (inform) (AmE sl) **to ~ ON sb** delatar a algn, ir* con el soplo *or* (Esp) dar el chivatazo sobre algn (fam)

Phrasal verb

• **fink out** [v + adv] (AmE) (sl) rajarse (arg), echarse atrás

Finland /ˈfɪnlənd/ *n* Finlandia *f*

Finn /fɪn/ *n* finlandés, -desa *m,f*, finés, -nesa *m,f*

Finnish[1] /ˈfɪnɪʃ/ *adj* finlandés, finés

Finnish[2] *n* [u] finlandés *m*

fiord /fiˈɔːrd || fiˈɔːd/ *n* fiordo *m*

fir /fɜːr || fɜː(r)/ *n* **1** [c] (tree) abeto *m*; (*before n*): **~ cone** (BrE) piña *f* **2** [u] (wood) abeto *m*

fire[1] /faɪr || faɪə(r)/ *n*

A **1** [u] fuego *m*; **to be on ~** estar* en llamas, estar* ardiendo; **to set sth on ~** *o* **to set ~ to sth** prenderle fuego a algo; **to catch ~** prender fuego; ‹‹*twigs*›› prender; **~ and brimstone** el fuego eterno, los tormentos del infierno; **a fire-and-brimstone sermon** un sermón apocalíptico; ***to fight ~ with ~*** pagar* con la misma moneda; ***to go through ~ and water*** hacerle* frente a todo; **I'd go through ~ and water for her sake** por ella iría hasta el fin del mundo; ***to play with ~*** jugar* con fuego; ***to set the world*** *o* (BrE also) ***the Thames on ~*** comerse el mundo; **he hopes to set the New York art world on ~** espera revolucionar el mundo artístico neoyorquino **2** [c] (outdoors) hoguera *f*, fogata *f*; **wood/charcoal ~** fuego *m* de leña/carbón **3** [c] (in hearth) fuego *m*, lumbre *f* (liter); **a coal/log ~** un fuego de carbón/leña; **to lay/light the ~** preparar/encender* el fuego; **we must keep the home ~s burning** tenemos que luchar por mantener la normalidad

B [c] (accident) incendio *m*; **there was a ~ at the factory** hubo un incendio en la fábrica; **forest ~** incendio forestal; **the ~ was quickly brought under control** lograron controlar las llamas rápidamente; (*as interj*): **~!** ¡fuego!; (*before n*): **~ curtain** telón *m* contra incendios; **this is a ~ hazard** (cause of fire) esto podría causar un incendio; (danger in a fire) esto sería un peligro en caso de un incendio; **~ prevention** prevención *f* de incendios; **~ protection** protección *f* contra incendios; **~ regulations** normativa *f* contra incendios

C [c] (heater) (BrE) estufa *f*, calentador *m*

D [u] (passion) ardor *m*

E [u] (of guns) fuego *m*; **to open ~ on sb/sth** abrir* fuego sobre algn/algo; **to hold one's ~** hacer* alto el fuego; **a burst of ~** una ráfaga de disparos; **to draw sb's ~** distraer* la atención de algn; **to exchange ~** tirotearse; **to come under ~** entrar en la línea de fuego; **we were under ~** estaban disparando sobre nosotros; **he is under ~ from both left and right** está siendo atacado desde la derecha y desde la izquierda, es el blanco de las críticas tanto de la derecha como de la izquierda; ***to hang ~***: **we'd better hang ~** va a ser mejor que esperemos; **we are hanging ~ over our expansion plans** de momento hemos dejado en suspenso *or* de lado nuestros planes de expansión

fire[2] *vt*

A **1** ‹*gun/shot/missile*› disparar; ‹*rocket*› lanzar*; **to ~ a gun at sb** dispararle a algn; **to ~ a shot at sb** dispararle un tiro a algn **2** (direct): **to ~ questions at sb** hacerle* *or* lanzarle* preguntas a algn

B (dismiss) (colloq) echar, despedir*; **she was ~d** la echaron, la despidieron; **you're ~d!** ¡queda usted despedido!

C **1** (activate) ‹*boiler/furnace*› encender* **2** (stimulate) ‹*imagination/enthusiasm*› avivar; ‹*passion*› enardecer*, inflamar; **to ~ sb with enthusiasm** llenar de entusiasmo a algn **3** (set fire to) (liter) prenderle* fuego a

D ‹*pottery*› cocer*

■ **fire** *vi*

A (shoot) disparar, hacer* fuego; **to ~ AT sb/sth** disparar CONTRA algn/algo, dispararle A algn/algo; **to ~ ON sb** disparar SOBRE algn; **the police ~d on the demonstrators** la policía disparó sobre los manifestantes; **ready, aim** *o* (BrE) **take aim, ~!** apunten ¡fuego!

B ‹‹*engine*›› encenderse*

Phrasal verbs

• **fire away** [v + adv] (colloq) (*usu in imperative*): **there are some questions I'd like to ask you — ~ away!** quisiera hacerte unas preguntas — ¡adelante! *or* (AmL tb) ¡pregunta nomás!

• **fire off** [v + o + adv, v + adv + o] ‹*blank/round*› disparar; ‹*questions*› lanzar*

• **fire up** [v + o + adv, v + adv + o] infundirle entusiasmo a; **to get (all) ~d up** entusiasmarse

fire-alarm /ˈfaɪrə,lɑːrm || ˈfaɪərə,lɑːm/ *adj* (AmE colloq) violento; ‹*food*› muy picante

fire alarm *n* (apparatus) alarma *f* contra incendios; (signal) alarma *f*

firearm /ˈfaɪrɑːrm || ˈfaɪərɑːm/ *n* arma *f*‡ de fuego

fireball /ˈfaɪrbɔːl || ˈfaɪəbɔːl/ *n*

A **1** (in nuclear explosion) bola *f* de fuego **2** (Astron) bólido *m*

B (energetic person) (colloq): **she's a real ~** tiene un dinamismo increíble

fire blanket *n* manta *f* apagafuegos, manta *f* ignífuga

fireboat /ˈfaɪrbəʊt || ˈfaɪəbəʊt/ *n: barco equipado para combatir incendios*

firebomb[1] /ˈfaɪrbɑːm || ˈfaɪəbɒm/ *n* bomba *f* incendiaria

firebomb[2] *vt* bombardear (*con bombas incendiarias*)

firebrand /ˈfaɪrbrænd || ˈfaɪəbrænd/ *n* **1** (person) activista *mf*, agitador, -dora *m,f* **2** (flaming torch) tea *f*

firebreak /ˈfaɪrbreɪk || ˈfaɪəbreɪk/ *n* cortafuegos *m*

firebrick /ˈfaɪrbrɪk || ˈfaɪəbrɪk/ *n* [c u] ladrillo *m* refractario

fire brigade *n* (esp BrE) cuerpo *m* de bomberos; **call the ~!** ¡llama a los bomberos!

firebug /ˈfaɪrbʌg || ˈfaɪəbʌg/ *n* (colloq) incendiario, -ria *m,f*, pirómano, -na *m,f*

fire chief *n* (AmE) jefe, -fa *m,f* de bomberos

fireclay /ˈfaɪrkleɪ || ˈfaɪəkleɪ/ *n* [u] arcilla *f* refractaria, barro *m* refractario

fire company *n* (AmE) equipo *m or* (Esp) retén *m or* (Chi) compañía *f* de bomberos

firecracker /ˈfaɪr,krækər || ˈfaɪə,krækə(r)/ *n* **1** (firework) petardo *m* **2** (person) polvorita *mf*; **she's a real ~** es una polvorita *or* un barril de pólvora

-fired /faɪrd || faɪəd/ *suff*: **oil~/coal~ heating** calefacción *f* a gas-oil/carbón; **gas~ central heating** calefacción *f* central a gas

firedamp /ˈfaɪrdæmp || ˈfaɪədæmp/ *n* [u] grisú *m*

fire department *n* (AmE) cuerpo *m* de bomberos

fire dog *n* morillo *m*

fire door *n* puerta *f* contra incendios, puerta *f* cortafuegos

fire drill *n* simulacro *m* de incendio

fire-eater /ˈfaɪr,iːtər || ˈfaɪər,iːtə(r)/ *n* **1** (in circus) tragafuegos *m* **2** (belligerent person) ogro *m*

fire engine *n* (BrE) ▸**fire truck**

fire escape *n* escalera *f* de incendios

fire exit *n* salida *f* de incendios

fire extinguisher *n* extinguidor *m* (de incendios) (AmL), extintor *m* (Esp)

firefight /ˈfaɪrfaɪt || ˈfaɪəfaɪt/ *n* (Mil) tiroteo *m*

firefighter /ˈfaɪr,faɪtər || ˈfaɪə,faɪtə(r)/ *n* bombero *mf*; (not professional) *persona que combate un incendio*

firefighting /ˈfaɪr,faɪtɪŋ || ˈfaɪə,faɪtɪŋ/ *n* [u] tareas *fpl* de extinción (*de un incendio*); (*before n*): **~ equipment** equipo *m* contra incendios

firefly /ˈfaɪrflaɪ || ˈfaɪəflaɪ/ *n* (glowworm) luciérnaga *f*, bicho *m* de luz (RPl); (click beetle) cocuyo *m*

fire guard *n* pantalla *f* (*de chimenea*)

fire house *n* (AmE) ▸**fire station**

fire hydrant *n* boca *f* de incendios *or* (Esp) de riego, toma *f* de agua, hidrante *m* de incendios (AmC, Col), grifo *m* (Chi)

fire irons *pl n* accesorios *mpl* para la chimenea

firelight /ˈfaɪrlaɪt || ˈfaɪəlaɪt/ *n* [u] luz *f* de la lumbre *or* del hogar

firelighter /ˈfaɪr,laɪtər || ˈfaɪə,laɪtə(r)/ *n: líquido o pastilla utilizados para facilitar el encendido del fuego de leña o carbón*

fire line *n* (AmE) cortafuego(s) *m(pl)*

fireman /ˈfaɪrmən || ˈfaɪəmən/ *n* (*pl* **-men** /-mən/)

A (firefighter) bombero *m*

B (Rail) fogonero *m*

C (AmE) (Mil) oficial *m* de máquinas

fireman's lift *n: modo de llevar a alguien sobre un hombro, dejando libre el otro brazo*

fire marshal *n* **1** (chief of fire department) jefe, -fa de bomberos **2** (for evacuation procedures) encargado, -da *m,f* de la evacuación en caso de incendios

fireplace /ˈfaɪrpleɪs || ˈfaɪəpleɪs/ *n* chimenea *f*, hogar *m*

fireplug /ˈfaɪrplʌg || ˈfaɪəplʌg/ *n* (AmE) ▸**fire hydrant**

firepower /ˈfaɪr,paʊər || ˈfaɪə,paʊə(r)/ *n* [u] potencia *f* de fuego

fireproof¹ /ˈfaɪrpruːf || ˈfaɪəpruːf/ *adj* ‹*material*› ignífugo, incombustible; ‹*dish*› refractario

fireproof² *vt* ignifugar*

fireproofing /ˈfaɪr,pruːfɪŋ || ˈfaɪə,pruːfɪŋ/ *n* [u] **1** (action) tratamiento *m* ignífugo **2** (material) material *m* ignífugo *or* incombustible

fireraiser /ˈfaɪr,reɪzər || ˈfaɪə,reɪzə(r)/ *n* (BrE) incendiario, -ria *m,f*, pirómano, -na *m,f*

fire-resistant /ˈfaɪrrɪ,zɪstənt || ˈfaɪərɪ,zɪstənt/ *adj* incombustible, ignífugo

fire-retardant¹ /ˈfaɪrrɪ,tɑːrdənt || ˈfaɪərɪ,tɑːdənt/ *adj* retardante de la llama, retardante *m* ignífugo

fire-retardant² *n* retardante *m* de la llama, retardante, m ignífugo

fire sale *n*

A (as a result of a fire) liquidación *f* total por incendio

B (liquidation of assets) liquidación *f* de activos no programada (*para afrontar crisis de liquidez*)

fire screen *n* pantalla *f* (*de chimenea*)

fire service *n* (servicio *m* de) bomberos *mpl*

fire ship *n* brulote *m*

fireside /ˈfaɪrsaɪd || ˈfaɪəsaɪd/ *n* [u] hogar *m*; **we sat by the ~** nos sentamos al calor del fuego, nos sentamos junto a la chimenea *or* junto al hogar; (*before n*): **~ chair** sillón *m*; **~ chat** charla *f* informal

fire starter *n* (AmE); *pastilla que facilita el encendido del fuego de leña o carbón*

fire station *n* estación *f or* (Esp) parque *m or* (RPl) cuartel *m* de bomberos, bomba *f* (Chi)

fire tower *n* torre *f* de vigilancia (*para prevenir incendios forestales*)

firetrap /ˈfaɪrtræp || ˈfaɪətræp/ *n: edificio peligroso en caso de incendio*

fire truck *n* (AmE) carro *m or* (Esp) coche *m* de bomberos, autobomba *m* (RPl), bomba *f* (Chi)

firewall /ˈfaɪrwɔːl || ˈfaɪəwɔːl/ *n*

A (in building) muro *m* cortafuego(s)

B (Comput) fire wall *f barrera de control de accesos*

fire warden *n* (AmE) encargado, -da *m,f* de la vigilancia contra incendios

firewater /ˈfaɪr,wɔːtər || ˈfaɪə,wɔːtə(r)/ *n* [u] (colloq & hum) aguardiente *m*

Firewire® /ˈfaɪrwaɪr || ˈfaɪəwaɪə(r)/ *n* [u] (Comput) Firewire® *m*; (*before n*) ‹*drive/port/connection*› Firewire® *m*

firewood /ˈfaɪrwʊd || ˈfaɪəwʊd/ *n* [u] leña *f*

firework /ˈfaɪrwɜːrk || ˈfaɪəwɜːk/ *n*

A dispositivo *m* pirotécnico (frml); **he threw a ~ at me** me tiró un buscapié (*or* cohete *etc*); **~s** fuegos *mpl* artificiales *or* de artificio; **to watch the ~s** mirar los fuegos artificiales *or* de artificio; (*before n*): **~(s) display** fuegos *mpl* artificiales *or* de artificio

B fireworks *pl* **1** (noisy scene) trifulca *f* (fam); **there will be ~s if her husband comes home drunk** se va a armar la gorda si el marido vuelve borracho (fam) **2** (virtuosity) virtuosismo *m*

firing /ˈfaɪrɪŋ || ˈfaɪərɪŋ/ *n*

A [u] (shots) disparos *mpl*

B [u c] (of pottery) cocción *f*

firing line *n*: ***to be on*** *o* (BrE) ***in the ~ ~*** (exposed to criticism) estar* expuesto a las críticas; (Mil) estar* en la línea de combate *or* de fuego

firing pin *n* percutor *m*

firing squad *n* pelotón *m* de fusilamiento

firkin /ˈfɜːrkən || ˈfɜːkɪn/ *n* **1** (measure) (in UK) *9 galones o 41,9 litros* **2** (small barrel) barril *m* pequeño

firm¹ /fɜːrm || fɜːm/ *adj*

A **1** (secure) ‹*hold/grasp*› firme; **he has a ~ handshake** da la mano con fuerza **2** (not yielding) ‹*surface/muscles*› firme; ‹*mattress*› duro; ‹*foundation*› sólido; **a ~ basis for negotiations** una base sólida para las negociaciones; **the going is ~** el terreno está firme **3** (not declining) ‹*currency/market*› firme, fuerte; **the dollar remained ~ against other currencies** el dólar se mantuvo frente a otras monedas

B **1** (steadfast) ‹*friendship*› sólido; ‹*support*› firme; **she is ~ in her convictions** se mantiene firme en sus convicciones; **he is ~ favorite to win the race** es el gran favorito de la carrera; **to be ~ on an issue** mantenerse* firme en una postura **2** (strict) estricto, firme; **that child needs a ~ hand** a ese niño le hace falta mano dura; **to take a ~ line** *o* **stand ~ on sth** ponerse* firme sobre algo

C (definite) ‹*offer/date/contract*› en firme

firm² *n* empresa *f*, firma *f*, compañía *f*; **a ~ of architects** un estudio de arquitectos; **a law ~** un bufete de abogados, un estudio jurídico (AmL)

firm³ *vt* **~ (up)** ‹*muscles/stomach*› endurecer*

■ **firm** *vi* «*prices*» recuperarse

Phrasal verbs

- **firm down** [v + o + adv, v + adv + o] ‹*soil*› apisonar
- **firm up**

A [v + adv + o] (fix) ‹*price/date/deal*› concretar, confirmar

B [v + adv] (Fin) «*prices*» recuperarse

firmament /ˈfɜːrməmənt || ˈfɜːməmənt/ *n* (liter) firmamento *m* (liter)

firmly /ˈfɜːrmli || ˈfɜːmli/ *adv*

A (securely) ‹*hold/grasp*› con firmeza, firmemente; ‹*bolted/fixed/supported*› firmemente

B **1** (steadfastly) ‹*committed/convinced*› firmemente; ‹*deny/believe/support*› firmemente, con firmeza; **we are ~ behind you on this** tienes todo nuestro apoyo **2** (strictly) con firmeza

firmware /ˈfɜːrmwer || ˈfɜːmweə(r)/ *n* [u] firmware *m*

first¹ /fɜːrst || fɜːst/ *adj* ▸**ⓘ p.1085**, ▸**ⓘ p.1465**

> ⚠ The usual translation of *first*, *primero*, becomes *primer* when it precedes a masculine singular noun.

A **1** (initial) primero; **the ~ president of the USA** el primer presidente de los EE UU; **Henry I** (*léase: Henry the First*) Enrique I (*read as: Enrique primero*); **the ~ time I saw you** la primera vez que te vi; **the ~ three chapters** los tres primeros capítulos; **who's going to be ~?** ¿quién va a ser el primero?; **our horse was ~** nuestro caballo llegó en primer lugar *or* el primero; **~ things ~** primero lo más importante **2** (in seniority, standing) primero; **the ~ eleven/fifteen** (BrE) el equipo titular; **~ tenor** tenor *m* principal; **~ violins** primeros violines *mpl*; **she's ~ in line to the throne** está primera *or* es la primera en la línea de sucesión al trono

B (elliptical use): **he'll be arriving on the ~ (of the month)** llegará el primero *or* (Esp tb) el uno (del mes); **he fell at the ~** cayó en la primera valla (*or* el primer obstáculo *etc*); **he/she was the ~ to arrive** fue el primero/la primera en llegar; **he came in an easy ~** ganó fácilmente; **the ~ she knew about it was when ...** la primera noticia que tuvo de ello fue cuando ...

C (*in phrases*): **at first** al principio; **I didn't recognize him at ~** al principio no lo reconocí; **from the first** desde el principio, desde el primer momento; **from first to last** de(l) principio a(l) fin

first² *adv*

A **1** (ahead of others) primero; **he hit me ~** el me pegó primero; **he came ~ in the exam** sacó la mejor nota en el examen; **which comes ~, your family or your career?** ¿para ti qué está primero, tu familia o tu carrera?; **I always put my children ~** para mí antes que nada *or* primero están mis hijos; **the only way you're leaving this prison is feet ~** de esta cárcel sólo saldrás con los pies por *or* para delante (fam & euf); **women and children ~** las mujeres y los niños primero; **ladies ~** primero las damas; **~ *come*, ~ *served***: **tickets will be available on a ~ come, ~ served basis** se adjudicará(n) las entradas por riguroso orden de solicitud (*or* llegada *etc*); **you should have come earlier, it's ~ come, ~ served** debería haber venido más temprano, el que llega primero tiene prioridad **2** (before other actions, events) primero, en primer lugar; **~, I want to thank everyone for coming** en primer lugar *or* primero quiero agradecerles a todos que hayan venido; **~ off** (AmE colloq) primero que nada, en primer lugar **3** (beforehand) antes, primero **4** (for the first time) por primera vez; **I ~ saw her in May** la vi por primera vez en mayo, la primera vez que la vi fue en mayo; **when I ~ met him** cuando lo conocí; **when we ~ learned that ...** cuando nos enteramos de que ... **5** (rather) antes; **form a coalition? I'd resign ~** ¿formar una coalición? ¡antes (que eso) renuncio!

B (*in phrases*): **first and foremost** ante todo; **first and last** por encima de todo; **first of all** en primer lugar, antes que nada

first³ ▸**ⓘ p.1085**, ▸**ⓘ p.1465** *n* **1** **~ (gear)** (Auto) (*no art*) primera *f* **2** (original idea, accomplishment) primicia *f*; **another ~ for Acme Corp** otra primicia de Acme Corp **3** (BrE) (Educ) *nota más alta de la escala de calificaciones de un título universitario*

first aid *n* [u] primeros auxilios *mpl*; **to give ~ ~** prestar los primeros auxilios; (*before n*): **first-aid kit** botiquín *m* (de primeros auxilios); **first-aid station** *o* (BrE) **post** puesto *m* de primeros auxilios

first aider /ˈeɪdər || ˈeɪdə(r)/ *n* encargado, -da *m,f* de prestar los primeros auxilios

first base *n* [u] (AmE) (Sport) primera base *f*, inicial *f*; ***not to reach*** *o* ***get to ~ ~*** (colloq) quedar(se) en agua de borrajas *or* en nada; **our plan won't even get to ~ ~** nuestro plan va a quedar en nada

first baseman /ˈbeɪsmən/ *n* (*pl* **-men** /-mən/) (AmE) primera base *m*, inicialista *m*

first-born¹ /ˈfɜːrstbɔːrn || ˈfɜːstbɔːn/ *adj* (frml) (*before n*) ‹*child/son/daughter*› primogénito

first-born² *n* (*pl* **first born**) (frml) primogénito, -ta *m,f*

first-class /ˈfɜːrstˈklæs || ,fɜːstˈklɑːs/ *adj* (*pred* **first class**)

A (of highest grade) ‹*hotel/ticket*› de primera clase; ‹*travel*› en primera (clase); **she has a ~ degree** (BrE) ≈ se recibió con la nota más alta (*en AmL*), ≈ sacó la carrera con matrícula de honor (*en Esp*)

f

B 1 (excellent) ‹*performance/book/athlete*› de primera, de primer orden; ‹*bore/idiot*› de marca mayor 2 (full-blown) (*before n*) ‹*scandal/row/foul-up*› de primera magnitud
C (BrE) (Corresp): **~ mail** *correspondencia enviada a una tarifa superior, que garantiza una rápida entrega*
D (AmE) (Mil) (*after n*): **private ~ ~** cabo *m* primero; **sergeant ~ ~** brigada *m*

first class *adv* ‹*travel/fly*› en primera (clase)

first cost *n* costo *m* or (Esp), coste *m* neto de producción, costo *m* or (Esp), costo *m* primario

first-day cover /ˈfɜːrstdeɪ || ˈfɜːstdeɪ/ *n* sobre *m* del primer día

first-division /ˌfɜːrstdɪˈvɪʒən || ˌfɜːstdɪˈvɪʒən/ *adj* (*before n*)
A (Govt) ‹*civil servant/grades/salaries*› de primera categoría
B (top-notch) de primer orden; **the ~ nations of the world** las primeras potencias mundiales

first edition *n* [u c] (issue, book) primera edición *f*, edición *f* príncipe

first-ever /ˈfɜːrstˈevər || ˈfɜːstˈevə(r)/ *adj* primero; **the ~ ascent of Everest** la primera ascensión al Everest

first-foot /ˈfɜːrstˈfʊt || ˈfɜːstˈfʊt/ *vi*: **to go ~ing** *salir a visitar amigos en las primeras horas del Año nuevo*
■ **first-foot** *vt*: **to ~ sb** ser* el primero en visitar a algn (*en las primeras horas del Año nuevo*)

first foot (*no pl*) *el primer visitante en Año Nuevo*

first form *n* (BrE) (Educ) primer año *m* (*del colegio secundario*), ≈ sexto *m* de EGB (*en Esp*)

first-former /ˈfɜːrstˌfɔːrmər || ˈfɜːstˌfɔːmə(r)/ *n* (BrE) alumno, -na *m,f* de primer año (*del colegio secundario*), ≈ alumno, -na *m,f* de sexto de EGB (*en Esp*)

first fruits *pl n*: **the ~ ~ of our efforts** los primeros frutos de nuestros esfuerzos

first grade *n* (AmE) primer año (*de la escuela primaria*), ≈ primero *m* de EGB (*en Esp*)

first grader *n* (AmE) alumno, -na *m,f* de primer año (*de la escuela primaria*), ≈ alumno, -na *m,f* de primero de EGB (*en Esp*)

first-hand[1] /ˈfɜːrstˈhænd || ˌfɜːstˈhænd/ *adj* ‹*news/report/information*› de primera mano

first-hand[2] *adv* directamente

first lady *n* 1 (in US) (wife of president, governor) primera dama *f* 2 (leading woman in her field) primera dama *f*

first language *n* primer idioma *m*

first lieutenant *n* 1 (in US) teniente *m*, teniente primero (*en RPl*), teniente capitán (*en Col*) 2 (in UK) (Naut) teniente *m* de navío

first light *n* madrugada *f*; **at ~ ~** al alba, de madrugada

firstly /ˈfɜːrstli || ˈfɜːstli/ *adv* (*as linker*) en primer lugar, primeramente

first mate *n* primer, -mera oficial *m,f*, segundo, -da de a bordo *m,f*

first name *n* nombre *m* de pila; (*before n*): **to be on first-name terms (with sb)** ≈ tutearse or tratarse de tú con algn; **we've known each other long enough to be on a first-name basis** nos conocemos hace bastante tiempo como para tratarnos de tú

First Nation *n* [u] (Can) (Sociol) *pueblos indígenas del Canadá*

first night *n* noche *f* del estreno, estreno *m*

first off *adv* (colloq) (*as linker*) primero, para empezar

first offender *n*: *persona declarada culpable de un delito por primera vez*

first officer *n* ▸**first mate**

first papers *pl n* (in US) *solicitud inicial del trámite para obtener la ciudadanía estadounidense*

first-past-the-post /ˌfɜːrstˌpæstðəˈpəʊst || ˌfɜːstˌpɑːstðəˈpəʊst/ *adj*: **~ system** *sistema electoral en el que se resulta elegido por mayoría relativa*

first person *n*: **the ~ ~ singular/plural** la primera persona del singular/plural; **a novel written in the ~ ~** una novela escrita en primera persona

first-rate /ˈfɜːrstˈreɪt || ˈfɜːstˈreɪt/ *adj* ‹*book/performance/athlete*› de primera, de primer orden; ‹*bore/idiot*› de marca mayor

first school *n* (in UK) *escuela de primera enseñanza para niños de entre 5 y 9 años*

first strike *n* (*no pl*): **to make a pre-emptive ~ ~** atacar* primero (*para destruir el arsenal nuclear enemigo*)

first-time /ˈfɜːrstˈtaɪm || ˈfɜːstˈtaɪm/ *adj* (*before n*) ‹*author/filmmaker*› primerizo, novato; **~ buyer** *persona que compra algo, gen una vivienda, por primera vez*; **~ callers to the radio station** los que llaman por primera vez a la emisora

first-timer /ˌfɜːrstˈtaɪmər || ˌfɜːstˈtaɪmə(r)/ *n* primerizo, -za *m,f*, novato, -ta *m,f*

firth /fɜːrθ || fɜːθ/ *n* (in Scotland) estuario *m*

fiscal /ˈfɪskəl/ *adj* ‹*policy*› fiscal; ‹*restraint*› monetario; **in ~ 1987** (AmE) en el año fiscal de 1987

fiscal year *n* (AmE) año *m* fiscal

fish[1] /fɪʃ/ *n* (*pl* **fish** *or* **fishes**) 1 [c] (Zool) pez *m*; ***like a ~ out of water*** (in unusual situation) como gallina en corral ajeno (fam), como sapo de otro pozo (RPl fam); ***there are plenty more ~ in the sea*** hay mucho más donde elegir; ***to be a big ~ in a little pond*** ser* un pez gordo (*en un lugar pequeño*); ***to be a little ~ in a big pond*** (BrE) ser* uno de tantos; ***to cry stinking ~*** (BrE) echar tierra a *or* sobre algo; ***to drink like a ~*** beber como un cosaco (fam), chupar como una esponja (fam); ***to have other ~ to fry*** tener* cosas mejores *or* más importantes que hacer; ***to swim like a ~*** nadar como un pez; (*before n*): **~ market** mercado *m* de pescado; **~ pond** estanque *m*; **~ tank** (in home) pecera *f* (rectangular); (in aquarium) acuario *m* 2 [u] (Culin) pescado *m*; **white/smoked ~** pescado *m* blanco/ahumado; **wet ~** (BrE) pescado *m* fresco; **~ and chips** (esp BrE) pescado *m* frito con papas *or* (Esp) patatas fritas; ***neither ~, flesh, nor fowl*** ni chicha ni limonada *or* limoná (fam); (*before n*) ‹*soup/knife/course*› de pescado; **~ kettle** besuguera *f*, cacerola *f* (*de forma alargada para cocer el pescado entero*) 3 (person) (colloq): **he's a queer** *o* **odd ~** es un tipo raro; **he's rather a cold ~** es un tipo seco; **that poor ~** (AmE) aquel pobre infeliz

fish[2] *vi* 1 pescar*; **to go ~ing** ir* de pesca, ir* a pescar; **to ~ FOR sth** pescar* algo 2 (try to obtain) **to ~ FOR sth** (*for compliments/information*) andar* a la caza de algo 3 (search) rebuscar*; **to ~ (around) in one's pockets/bag** rebuscar* en los bolsillos/la bolsa
■ **fish** *vt* 1 ‹*cod/mackerel*› pescar*; **this river is good for ~ing salmon** éste es un buen río para la pesca del salmón 2 ‹*river/lake*› pescar* en

(Phrasal verbs)

- **fish out** [v + o + adv, v + adv + o] sacar*; **to ~ sth out OF sth** sacar* algo DE algo; **she ~ed a mirror out of the drawer** sacó un espejo del cajón
- **fish up** [v + o + adv, v + adv + o]: **I wonder where she ~ed it up** ¡de dónde lo habrá sacado!

fishbone /ˈfɪʃbəʊn/ *n* espina *f* (*de pez*)

fishcake /ˈfɪʃkeɪk/ *n* ≈ croqueta *f* (*de pescado y papas*)

fisherman /ˈfɪʃərmən || ˈfɪʃəmən/ *n* (*pl* **-men** /-mən/) 1 (professional) pescador, -dora *m,f* 2 (amateur) pescador, -dora *m,f*

fishery /ˈfɪʃəri/ *n* (*pl* **-eries**)
A ▸**fish farm**
B **fisheries** *pl* 1 (industry) industria *f* pesquera, pesca *f*; **the Ministry of Agriculture, Fisheries and Food** (in UK) el Ministerio de Agricultura, Pesca y Alimentación 2 (area) pesquería *f*

fish-eye lens /ˈfɪʃaɪ/ *n* (Phot) objetivo *m* de ojo de pez

fishface /ˈfɪʃfeɪs/ *n* (colloq) besugo *m*, feo, fea *m,f* (fam)

fish farm *n* piscifactoría *f*

fish farming *n* [u] piscicultura *f*

fish finger *n* (BrE) ▸**fish stick**

fishhook /ˈfɪʃhʊk/ *n* anzuelo *m*

fishing /ˈfɪʃɪŋ/ *n* [u] 1 (professional) pesca *f*; (*before n*) ‹*industry/port/vessel/fleet*› pesquero; **~ grounds** zonas *fpl* pesqueras, pesquerías *fpl* (CS, Per) 2 (amateur) pesca *f*; **the ~'s better further downstream** la pesca es mejor río abajo; ⊘ **no fishing** prohibido pescar; (*before n*) ‹*club/trip/season*› de pesca; **~ tackle** aparejos *mpl* de pesca; ***to be on a ~ expedition*** (search for information) (esp AmE) tantear el terreno; (Leisure): **to go on a ~ expedition** ir* de pesca

fishing boat *n* lancha *f* or, barca *f* pesquera *or* de pesca, bote *m* pesquero *or* de pesca

fishing license, (BrE) **fishing licence, fishing permit** *n* permiso *m* de pesca, licencia *f* de pesca

fishing line *n* [c u] sedal *m*

fishing net *n* red *f* de pesca

fishing pole *n* (AmE) caña *f* de pescar

fishing rod *n* caña *f* de pescar

fishing village *n* pueblo *m* pesquero *or* de pescadores

fish ladder *n* escala *f* de peces (*en presas, cascadas etc*)

fish market *n* 1 (retail) puestos *mpl* del pescado 2 (wholesale, at harbor) mercado *m* de pescado

fish meal *n* [u] harina *f* de pescado

fishmonger /ˈfɪʃˌmɑːŋgər || ˈfɪʃˌmʌŋgə(r)/ *n* (BrE) pescadero, -ra *m,f*; **at the ~('s)** en la pescadería

fishnet /ˈfɪʃnet/ *n* 1 [c] (AmE) ▸**fishing net** 2 [u] (Tex) red *f*; (*before n*) ‹*stockings/tights*› de malla gruesa *or* de red

fish oil *n* [u c] aceite *m* de pescado

fishpaste /ˈfɪʃpeɪst/ *n* [u] (esp BrE) paté *m* de pescado

fishplate /ˈfɪʃpleɪt/ *n* eclisa *f*

fish restaurant *n* restaurante *m* de pescados, restaurante *m* especializado en pescados

fish sauce *n* [u] (Culin) salsa *f* de pescado

fish seller *n* pescadero, -ra *m,f*

fish slice *n* (BrE) espumadera *f*, espátula *f* (*para fritos*)

fish stick *n* (AmE) palito *m* de bacalao (*or merluza etc*) (*trozo de pescado rebozado y frito*)

fish story *n* (AmE colloq) patraña *f*

fish supper *n* (Scot); *comida consistente en pescado frito con papas fritas*

fishtail /ˈfɪʃteɪl/ *vi* (AmE) ‹‹*vehicle*›› colear

fishwife /ˈfɪʃwaɪf/ *n* (*pl* **-wives**) (colloq & pej) verdulera *f* (fam & pey)

fishy /ˈfɪʃi/ *adj* **-fishier, -fishiest**
A (of fish) ‹*smell/taste*› a pescado
B (suspicious) (colloq) ‹*story/excuse/character*› sospechoso; **that sounds ~ to me** eso me huele mal *or* (Esp) me huele a chamusquina (fam), para mí que ahí hay gato encerrado (fam)

fissile /ˈfɪsəl || ˈfɪsaɪl/ *adj* ‹*wood/crystals*› físil

fission /ˈfɪʃən/ *n* [u] fisión *f*; **molecular/atomic/nuclear ~** fisión molecular/atómica/nuclear

fissionable /ˈfɪʃnəbəl/ *adj* fisionable

fission bomb *n* bomba *f* atómica, bomba *f* de fisión (nuclear)

fissure /ˈfɪʃər || ˈfɪʃə(r)/ *n* (frml) 1 (in rock) fisura *f* 2 (in organ) cisura *f*; (in skin) grieta *f*; (in anus) fisura *f*

fist /fɪst/ *n* puño *m*; **to make a ~** *o* **to clench one's ~** cerrar* el puño; **to shake one's ~ at sb** amenazar* a algn con el puño; **she made a reasonable ~ of repairing the car** (BrE) arregló el coche bastante bien

fistfight /ˈfɪstfaɪt/ *n* pelea *f* (*a puñetazos*)

fistful /ˈfɪstfʊl/ *n* puñado *m*

fistic /ˈfɪstɪk/ *adj* (AmE) pugilístico

fisticuffs /ˈfɪstɪkʌfs/ *n* [u] (dated) (+ *sing o pl vb*) puñetazos *mpl* (fam), tortazos *mpl* (fam)

fit[1] /fɪt/ *adj* **-tt-**
A 1 (healthy) en forma, sano; **to get/keep ~** ponerse*/mantenerse* en forma; **to be ~ FOR sth: the soldiers were passed ~ for duty** los soldados fueron declarados aptos (para el servicio); **I feel ~ for anything today** hoy me siento capaz de cualquier cosa; **to be ~ to + INF** estar* en condiciones DE + INF; **the doctor declared him ~ to play/travel** el médico estableció que estaba en condiciones de jugar/

viajar 2 (colloq) (good-looking) guapo, de buena pinta, buen mozo (esp AmL)

B 1 (suitable) ‹*person/conduct*› adecuado, apropiado; **to be ~ FOR sth/sb** ser* apropiado *or* apto PARA algo/algn; **this book is not ~ for children** este libro no es apto *or* apropiado para niños; **this car is only ~ for the scrapheap** este coche es pura chatarra; **a feast ~ for a king** un banquete digno de reyes; **~ for human consumption** apto para el consumo humano; **to be ~ to + INF: this isn't ~ to eat** (harmful) esto no está en buenas condiciones; (unappetizing) esto está incomible; **he's not ~ to be a father** no es digno de ser padre; **you're not ~ to be seen** estás impresentable 2 (right, proper) (*pred*) **to see ~ to + INF: he did not see ~ to reply to our letter** ni se dignó contestar a nuestra carta; **to think ~ TO + INF** estimar conveniente + INF, creer* apropiado + INF; **do as you think ~** haz lo que estimes conveniente *or* creas apropiado

C (ready) **to be ~ to + INF: I felt ~ to drop** me sentía a punto de caer* agotada; **we laughed ~ to burst** *o* **bust** nos tronchamos *or* desternillamos de risa; ▸**tie² A2**

fit² **-tt-** *vt*

A 1 (Clothing): **the dress/hat ~s you perfectly** el vestido/sombrero te queda perfecto; **the jacket doesn't ~ me** la chaqueta no me queda bien 2 (be right size, shape for) ‹*hole/socket*› encajar en; **the key doesn't ~ the lock** la llave no encaja en la cerradura 3 (correspond to): **the reality doesn't ~ your story** tu historia no concuerda *or* no se corresponde con la realidad; **the punishment must ~ the crime** el castigo debe ser acorde con el delito

B (install) (esp BrE) ‹*shelf/lock/handle*› poner*, colocar*; ‹*glazing*› instalar; ‹*carpet*› colocar*; ‹*exhaust pipe/fanbelt*› poner*, colocar*; **he ~ted the glass into the window frame** colocó el cristal en el marco de la ventana; **I can't ~ this lid on** no puedo colocar esta tapa; **he ~ted the two halves together** unió *or* encajó las dos mitades; **to ~ sth WITH sth** equipar algo CON algo; **a kitchen ~ed with the latest appliances** una cocina equipada con los últimos electrodomésticos; **the car is ~ted with leather upholstery** el coche está tapizado en cuero; **he's been ~ted with a pacemaker** le han colocado *or* puesto un marcapasos

C 1 (accommodate) **to ~ sth INTO sth** meter algo EN algo; **we can't ~ everybody into one small room** no podemos meter a todo el mundo en una habitación pequeña 2 (adjust) **to ~ sth TO sth** adecuar* algo A algo; **we must ~ our policies to changed circumstances** debemos adecuar nuestros procedimientos a las nuevas circunstancias 3 (make suitable) **to ~ sb FOR sth/-ING** capacitar a algn PARA algo/+ INF; **her experience ~s her for this job** su experiencia la capacita *or* la hace idónea para este trabajo

D (Clothing) ‹*dress/suit*› **the dressmaker will ~ your dress** la modista te probará el vestido; **to ~ sb FOR sth** tomarle medidas a algn PARA algo

■ **fit** *vi* 1 (Clothing): **these shoes don't ~** estos zapatos no me quedan bien; **to make sth ~** ajustar algo; ***if the shoe*** *o* (BrE) ***cap ~s wear it*** al que le caiga *or* venga el sayo que se lo ponga (AmL), quien se pica ajos come (Esp) 2 (be right size, shape) «*lid/top*» ajustar; «*key/peg*» encajar; **to make sth ~** hacer* ajustar/encajar algo 3 (correspond) «*facts/description*» encajar, cuadrar; **those scruffy jeans don't ~ with your smart image** esos vaqueros asquerosos no van con tu imagen de hombre elegante; **it all ~s** todo encaja 4 (be attached) encajar 5 (Med): **she suddenly started to ~** de repente le empezó a dar un ataque

Phrasal verbs

• **fit in**

A [v + adv] 1 (have enough room) caber* 2 (go) ir*; **the battery ~s in there** la pila va allí 3 (accord) «*detail/event*» concordar*, cuadrar; **to ~ in WITH sth** concordar* *or* cuadrar *or* corresponderse CON algo; **his theory ~s in with the statistical evidence** su teoría concuerda *or* cuadra *or* se corresponde con el resultado de la estadística 4 (belong): **she doesn't ~ in here** esto no es para ella, no encaja aquí; **I lived there for six years, but I never felt as if I ~ted in** viví seis años allí pero nunca me sentí integrada; **he didn't ~ in with the rest of the team** no encajó bien en el equipo, no congenió con el resto del equipo 5 (adjust, conform to) **to ~ in WITH sth: he'll have to ~ in with our plans** tendrá que amoldarse a nuestros planes

B [v + o + adv, v + adv + o] 1 (find space for) acomodar 2 (fix in place) colocar* 3 (find time for): **I can ~ you in at ten o'clock** puedo atenderla *or* hacerle un hueco a las diez; **she hoped to ~ in some sightseeing** esperaba tener un poco de tiempo para salir a conocer el lugar; **I don't know how you ~ it all in** no sé cómo te las arreglas para encontrar tiempo para todo

• **fit out** [v + o + adv, v + adv + o] equipar; **to ~ sb out WITH sth: we were ~ted out with everything we needed** nos equiparon con *or* de todo lo necesario; **they'll ~ you out with a new uniform** lo proveerán de uniforme nuevo

• **fit up** [v + o + adv, v + adv + o] 1 (equip) (BrE) **to ~ sb up WITH sth** proveer* a algn DE algo; **to ~ sth up AS sth: we can ~ the garage up as a studio** podemos acondicionar el garaje para usarlo como estudio 2 ‹*aerial*› (BrE) instalar 3 (frame, incriminate) (BrE sl): **I've been ~ted up!** me han hecho aparecer como el culpable

fit³ *n*

A 1 (attack) ataque *m*; **epileptic ~** ataque epiléptico; **fainting ~** síncope *m*; ***to give sb a ~*** (colloq) darle* a algn un soponcio (fam); ***to have*** *o* ***throw a ~*** (colloq) darle* a algn un ataque *or* un síncope (fam); **I nearly had a ~** casi me da un ataque *or* un síncope (fam) 2 (short burst): **a ~ of coughing** un acceso de tos; **a ~ of laughter** un ataque de risa; **a ~ of jealousy/rage** un acceso *or* arrebato *or* arranque de celos/ira; ***by*** *o* ***in ~s and starts*** a los tropezones, a trancas y barrancas; ***to have sb in ~s*** (colloq) hacer* partirse de risa a algn (fam); **we were in ~s** nos estábamos muriendo de risa

B (of size, shape) (*no pl*): **my new jacket is a good/bad ~** la chaqueta nueva me queda bien/mal; **I prefer a looser ~** prefiero la ropa más holgada; **it's a tight ~** (clothes) es muy entallado; (in confined space): **can we all get in? — it'll be a tight ~** ¿cabemos todos? — vamos a estar muy apretados; (in time): **we can still make our plane, but it'll be a tight ~** aún podemos agarrar *or* (esp Esp) coger el avión, pero va a ser con el tiempo justo

fitful /ˈfɪtfəl/ *adj* ‹*bursts/progress/sunshine*› intermitente, irregular; ‹*sleep*› irregular

fitfully /ˈfɪtfəli/ *adv* ‹*sleep/work/proceed*› de manera irregular

fitment /ˈfɪtmənt/ *n* 1 (esp BrE) (Const) *elemento del mobiliario o instalaciones* 2 (fitting) accesorio *m*

fitness /ˈfɪtnəs || ˈfɪtnɪs/ *n* [u]

A (healthiness) salud *f*; **(physical) ~** (buena) forma *f* física, (buen) estado *m* físico; (*before n*) ‹*test*› de estado físico; **~ training** entrenamiento *m*

B (suitability) aptitud *f*, capacidad *f*

fitness test *n* prueba *f* de estado físico

fitness walking *n* [u] caminata *f* para el mantenimiento del estado físico, caminata *f* aeróbica (AmL)

fitted /ˈfɪtəd || ˈfɪtɪd/ *adj*

A 1 ‹*cupboard*› empotrado; ‹*shelves*› hecho a medida; ‹*sheet*› ajustable, de cuatro picos, de cajón (Méx); **~ carpet** (esp BrE) alfombra *f* de pared a pared, moqueta *f* (Esp), moquette *f* (RPl) 2 ‹*kitchen*› integral, con armarios empotrados 3 (Clothing) ‹*jacket/waist*› entallado

B (suited, qualified) (*pred*) **to be ~ FOR sth** estar* capacitado PARA algo; **she is well ~ for this job** está capacitada para este trabajo, reúne las cualidades necesarias para este trabajo; **to be ~ to + INF** ser* el más adecuado PARA + INF; **I'm not really ~ to criticize** en realidad yo no soy quién para criticar

fitter /ˈfɪtər || ˈfɪtə(r)/ *n*

A (Clothing) probador, -dora *m,f*

B (Tech) (mechanic — in garage) mecánico, -ca *m,f*; (— in car industry, shipbuilding) operario, -ria *m,f*; (plumber) plomero, -ra *m,f* (AmL), fontanero, -ra *m,f* (Esp), gásfiter *mf* (Chi), gasfitero, -ra *m,f* (Per); (not specialized) (esp BrE) obrero, -ra *m,f*

fitting¹ /ˈfɪtɪŋ/ *adj* ‹*conclusion/testimony*› adecuado; ‹*tribute*› digno; **it is ~ that he should be buried there** lo que corresponde es que se lo entierre allí

fitting² *n*

A (Clothing) 1 (trying on) prueba *f* 2 (BrE) (size — of clothes) medida *f*; (— of shoe) horma *f*

B 1 (accessory) accesorio *m* 2 **fittings** *pl* (esp BrE) (Const) accesorios *mpl*; **electrical ~s** instalaciones *fpl* eléctricas; **bathroom ~s** grifería *f* y accesorios *mpl* de baño

fittingly /ˈfɪtɪŋli/ *adv* 1 ‹*dress/behave*› como es debido, adecuadamente 2 (*indep*) como corresponde

fitting room *n* probador *m*

five¹ /faɪv/ ▸❶ **p.888**, ▸❶ **p.1465**, ▸❶ **p.1798** *n* cinco *m*; *see also* **four¹**

five² ▸❶ **p.888**, ▸❶ **p.1465**, ▸❶ **p.1798** *adj* cinco *adj inv*; *see also* **four²**

five-and-dime /ˌfaɪvənˈdaɪm/, **five-and-ten** /-ˈten/ *n* (AmE) baratillo *m*

five-a-side /ˌfaɪvəˈsaɪd/ *n* [u] (Sport) *also* **~ football** (BrE) fútbol *m* sala, futbito *m* (Esp), microfútbol *m* (Arg), futbolito *m* (Chi, Col)

five-figure /ˈfaɪvfɪgjər || ˈfaɪvfɪgə(r)/ *adj* de cinco cifras; **a ~ sum** una cantidad de cinco cifras

fivefold /ˈfaɪvfəʊld/ *adj/adv see* **-fold**

five-o'clock shadow /ˌfaɪvəˈklɑːk || ˌfaɪvəˈklɒk/ *n* (colloq) barba *f* crecida

fiver /ˈfaɪvər || ˈfaɪvə(r)/ *n* 1 ($5) (AmE sl) cinco dólares *mpl* *or* (AmL fam) verdes *mpl* 2 (£5) (BrE colloq) cinco libras *fpl*

Five-Year Plan /ˈfaɪvˈjɪr || ˈfaɪvˈjɪə/ *n* plan *m* quinquenal

fix¹ /fɪks/ *vt*

Sense I

A 1 (secure) sujetar, asegurar; **the planks were ~ed together with two screws** las tablas estaban sujetas con dos tornillos; **we ~ed the pole in the ground** clavamos *or* fijamos el poste en el suelo; **to ~ sth TO sth** sujetar algo A algo; **~ bayonets!** (Mil) ¡calar bayonetas! 2 (implant): **to ~ sth in one's memory** grabar algo en la memoria; **you've just got it ~ed in your mind that she's jealous** se te ha metido en la cabeza que es celosa; **the belief had been ~ed in him from an early age** le habían inculcado la creencia desde temprana edad 3 (pin): **to ~ the blame on sb/sth** echarle *or* achacarle* la culpa a algn/algo

B 1 (direct steadily): **he ~ed his gaze** *o* **eyes on her** la miró fijamente; **his eyes were ~ed on the road ahead** tenía la mirada fija en la carretera; **everybody's attention was ~ed on her** la atención de todos estaba fija *or* centrada en ella; **all their hopes were ~ed on a truce** habían cifrado todas sus esperanzas en una tregua 2 (look at): **he ~ed her with a stony gaze** clavó en ella una mirada glacial

C 1 (make permanent) ‹*film/drawing/colors*› fijar 2 ‹*nitrogen*› fijar

Sense II

A 1 (establish) ‹*date/time/price*› fijar; ‹*details*› concretar; **her arrival has been ~ed at 3 pm** su llegada está fijada para las 3 de la tarde 2 (organize) arreglar; **I've ~ed it so we'll be in the same hotel** lo he arreglado para que estemos en el mismo hotel; **how are you ~ed for next weekend?** ¿qué planes tienes para el fin de semana?

B (repair) (colloq) ‹*car/household appliance*› arreglar; **I must take this watch in to be ~ed** tengo que llevar este reloj a arreglar

C (esp AmE) 1 (prepare) (colloq) preparar; **I'll ~ you some food** te preparo algo de comer; **what are you ~ing for dinner?** ¿qué estás haciendo *or* preparando de cena? 2 (make presentable): **to ~ one's hair** arreglarse el pelo; **we'll go as soon as I've ~ed my face** nos vamos en cuanto me pinte

D (sl) 1 (deal with) arreglar (fam); **I'll soon ~ her!** ¡ya la voy a arreglar yo! (fam) 2 (kill) liquidar (fam)

E (influence fraudulently) (colloq) ‹*election/contest*›

f

amañar (fam), arreglar (fam); ‹*jury*› comprar (fam)
F (determine position of) (Aviat, Naut) establecer* la posición de
G (neuter) (AmE colloq & euph) capar, operar (fam & euf)
■ **fix** *vi* (make plans, intend) (AmE): **we're ~ing to go fishing on Sunday** estamos planeando ir de pesca el domingo; **we've ~ed to meet them at one** hemos quedado (en encontrarnos) con ellos a la una

Phrasal verbs
• **fix on** [v + prep + o] decidirse por
• **fix up**
A [v + o + adv, v + adv + o] **1** (provide for): **I need somewhere to stay: can you ~ me up?** necesito alojamiento ¿me lo puedes arreglar?; **she ~ed me up with a job** me encontró *or* consiguió un trabajo; **we are trying to get her ~ed up** (colloq) estamos tratando de conseguirle un novio **2** (organize, arrange) ‹*trip*› organizar*; **I'll ~ things up with her** lo arreglaré con ella **3** (repair, restore) ‹*house/room*› (AmE) arreglar
B [v + adv] (make arrangements) (BrE colloq) arreglar; **did you ~ up with John about the tickets?** ¿arreglaste lo de las entradas con John?
• **fix upon** ▸**fix on**

fix² *n*
A (predicament) (colloq): **to be in a ~** estar* en un aprieto *or* apuro; **to get (oneself) into/out of a ~** meterse en/salir* de un aprieto *or* apuro
B (of drug) (sl) dosis *f*; (shot) pinchazo *m*, chute *m* (Esp arg); **to give oneself a ~** pincharse (fam); **I need my daily ~ of chocolate** no puedo pasarme sin mi dosis diaria de chocolate
C (Aviat, Naut) posición *f*; **to get a ~ on sth** «*sailor/airman*» establecer* la posición de algo; **we're trying to get a ~ on the likely consequences** estamos intentando estimar *or* calibrar las posibles consecuencias
D (put-up job) (colloq) tongo *m* (fam), arreglo *m* (fam); **for the fight, the ~ was on** *o* **in** (AmE) en la pelea hubo tongo (fam), la pelea estaba arreglada *or* amañada (fam)
E (solution) arreglo *m*; **there are no quick ~es for these problems** estos problemas no se arreglan así como así

fixate /ˈfɪkseɪt || fɪkˈseɪt/ *vt* ‹*point/object*› fijar la atención en
■ **fixate** *vi* **to ~ ON sth/sb** obsesionarse CON algo/algn

fixated /ˈfɪkseɪtəd || fɪkˈseɪtɪd/ *adj* **1** (obsessed) **to be ~ ON sth/sb** tener* una fijación *or* estar* obsesionado CON algo/algn **2** (Psych): **~ at** *o* **in the Oedipal stage** con desarrollo detenido en la etapa edípica

fixation /fɪkˈseɪʃən/ *n*
A [c] (obsession) obsesión *f*, fijación *f*; **mother ~** fijación materna
B [u] (of nitrogen) (Bot, Chem) fijación *f*

fixative /ˈfɪksətɪv/ *n* [u c] **1** (adhesive) adhesivo *m* **2** (varnish) (BrE) fijador *m* **3** (in perfume) fijador *m*

fixed /fɪkst/ *adj*
A **1** (unchanging) ‹*price/rate/premium*› fijo; ‹*principles/position/view*› rígido; **a man of ~ ideas** un hombre de ideas fijas; **of no ~ abode** (Law) sin domicilio fijo **2** (prearranged) ‹*date/time*› fijado; **a ~-term contract** un contrato a plazo fijo; **a ~-price contract** un contrato a tanto alzado
B (steady, unmoving) ‹*gaze/attention*› fijo; ‹*smile/expression*› petrificado
C (provided with) (colloq): **how are you ~ for money/time/food?** ¿qué tal andas *or* estás de dinero/tiempo/comida? (fam); **my husband left me comfortably ~ for money** mi marido me dejó en posición acomodada

fixed assets *pl n* activo *m* fijo
fixed capital *n* capital *m* fijo *or* permanente
fixed charge *n* cargo *m* fijo
fixed costs *pl n* costos *mpl or* (Esp) costes *mpl* fijos
fixed income *n* renta *f* fija; (*before n*): **~ securities** valores *mpl* de renta fija
fixed-interest /ˈfɪkstˈɪntrəst/ *adj* a interés fijo
fixed liability *n* [u] pasivo *m* fijo
fixedly /ˈfɪksədli || ˈfɪksɪdli/ *adv* fijamente
fixed-rate /ˈfɪkstˈreɪt/ *adj* a una tasa de interés fija *or* (esp Esp) a tipo de interés fijo

fixer /ˈfɪksər || ˈfɪksə(r)/ *n*
A [u c] (Phot) fijador *m*
B [c] (person) (sl) amañador, -dora *m,f*, coyote *mf* (Méx fam)

fixing bath /ˈfɪksɪŋ/ *n* (baño *m* de) fijado *m*
fixings /ˈfɪksɪŋz/ *pl n* (AmE colloq) guarnición *f*, acompañamiento *m*
fixity /ˈfɪksəti/ *n* [u] (frml) fijeza *f*

fixture /ˈfɪkstʃər || ˈfɪkstʃə(r)/ *n*
A **1** (in building) *elemento de la instalación, como los artefactos del baño, cocina etc* **2** (permanent feature) parte *f* integrante; **she's become a permanent ~ here** (hum) ya forma parte del mobiliario (hum)
B (BrE) (Sport) encuentro *m*; **the concert became an annual ~** el concierto se convirtió en un acontecimiento anual; (*before n*): **~ list** programa *m* de encuentros

fizz¹ /fɪz/ *vi* **1** (hiss) silbar **2** «*champagne/cola*» burbujear, hacer* burbujas

fizz² *n*
A [u] **1** (of champagne, soda water) burbujeo *m*, efervescencia *f* **2** (liveliness) chispa *f*
B [c] (colloq) **1** (fizzy drink) refresco *m*; **a gin ~** un gin-fizz **2** (champagne) (BrE) champán *m*, champaña *f*

fizzle /ˈfɪzəl/ *vi* **1** (make hissing sound) silbar **2** (fail) (AmE) fracasar

Phrasal verb
• **fizzle out** [v + adv] «*fire/firework*» apagarse*; «*excitement/interest*» esfumarse, quedar en nada

fizzy /ˈfɪzi/ *adj* **-zier, -ziest** gaseoso, efervescente, con gas; **~ water** (colloq) agua *f‡* mineral con gas
fjord /fiˈɔːrd || fiˈɔːd/ *n* fiordo *m*
FL, Fla = **Florida**
flab /flæb/ *n* [u] (colloq) gordura *f* (*fofa*); **to fight the ~** cuidar la línea
flabbergasted /ˈflæbər,gæstəd || ˈflæbə,gɑːstɪd/ *adj* estupefacto, atónito, pasmado (fam)

flabby /ˈflæbi/ *adj* **-bier, -biest**
A ‹*body/stomach*› fofo, bofo (Méx fam); ‹*muscle*› flojo, blando; **she's very ~** está muy fofa
B ‹*prose/argument*› endeble, flojo

flaccid /ˈflæsəd, ˈflæksəd || ˈflæsɪd, ˈflæksɪd/ *adj* (frml) ‹*muscles/flesh*› fláccido; ‹*will/regime*› débil; ‹*writing*› flojo
flack /flæk/ *n* **1** [c] (publicist) (AmE colloq) publicista *mf* **2** [u] ▸**flak**

flag¹ /flæg/ *n*
A **1** (of nation, movement, organization) bandera *f*, pabellón *m* (frml); (pennant) banderín *m*; **to salute** *o* **honor the ~** (in US) saludar (a) la bandera; **to sail under the Panamanian ~** navegar* con bandera panameña *or* (frml) con pabellón panameño; ***to go down with all ~s flying*** caer* con las botas puestas, luchar valientemente hasta el final; ***to keep the ~ flying*** (maintain traditions) mantener* las tradiciones de la patria; **there's one team left to keep the ~ flying** queda un equipo defendiendo los colores nacionales; ***to put the ~s out*** celebrar algo por todo lo alto; ***to show*** *o* ***fly the ~*** hacer* patria, dejar bien puesta la bandera; **I'll go along to show the ~** (colloq) iré para hacer acto de presencia **2** (as marker, signal) bandera *f*; **to fly** *o* **wave the white ~** enarbolar la bandera blanca
B (on map, chart) banderita *f*
C (Comput) indicador *m*, bandera *f*
D (AmE) **1** (in taxi) bandera *f* **2** (on mailbox) *banderita metálica que indica que hay correo para recoger*
E (masthead) (Journ) cabecera *f*, nombre *m*
F (Bot) lirio *m*
G **~(stone)** (on pavement) losa *f*, piedra *f*

flag² **-gg-** *vi* **1** «*person/animal*» desfallecer*, flaquear **2** «*interest/conversation/spirits*» decaer*; «*attendance*» disminuir*, bajar; **their strength ~ged** les fallaron *or* les flaquearon las fuerzas; **the movement has begun to ~** el movimiento ha empezado a perder vigor *or* fuerza **3** **flagging** *pres p* ‹*enthusiasm/interest/confidence*› cada vez menor; **he tried to revive their ~ging spirits** intentó levantarles el ánimo, intentó reanimarlos
■ **flag** *vt*
A **1** (mark with flags) marcar* *or* señalar con banderas **2** (mark for special attention) marcar* **3** (Comput) señalar (*con un indicador o una bandera*)
B (stop) ▸**flag down**

Phrasal verb
• **flag down** [v + o + adv, v + adv + o] ‹*car/motorist*› parar (*haciendo señas*)

flag day *n* **1** **Flag Day** (AmE) (el) Día de la Bandera **2** (BrE) *día en que se lleva a cabo una colecta callejera para una obra benéfica*

Flag Day
Es el día de la bandera en EEUU. Se celebra el 14 de junio para conmemorar el día en 1777 en que ▸**Stars and Stripes** pasó a ser el emblema oficial del país.

flagellant /ˈflædʒələnt/ *n* flagelante *mf*
flagellate /ˈflædʒəleɪt/ *vt* flagelar
flagellation /ˌflædʒəˈleɪʃən/ *n* [u] flagelación *f*

flageolet *n*
A /ˌflædʒəˈlet -ˈleɪ/ (Mus) flageolet *m*, flauta *f* dulce (*de seis agujeros*)
B /ˈflædʒəleɪ -let/ (Culin) *tipo de frijol de color verde claro*

flagman /ˈflægmən/ *n* (*pl* **-men** /-mən/) (AmE) (Transp) *persona que con una bandera regula el tráfico en un tramo de carretera en obra*
flag of convenience *n* pabellón *m or* bandera *f* de conveniencia
flag officer *n*: *alto oficial de la marina*
flagon /ˈflægən/ *n* **1** (large jug) jarra *f* **2** (large bottle) botellón *m*
flagpole /ˈflægpəʊl/ *n* asta *f‡* de (la) bandera, mástil *m*, astabandera *m* (Méx)
flagrant /ˈfleɪgrənt/ *adj* ‹*error/injustice/disregard*› flagrante; **in ~ breach of the regulations** en flagrante contravención del reglamento
flagrantly /ˈfleɪgrəntli/ *adv* de manera flagrante, flagrantemente
flagship /ˈflægʃɪp/ *n* **1** (Naut) buque *m* insignia **2** (showpiece) producto *m* (*or* programa *m etc*) bandera; (*before n*) ‹*store/product/publication*› bandera *adj inv*
flagstaff /ˈflægstæf || ˈflægstɑːf/ *n* ▸**flagpole**
flagstone /ˈflægstəʊn/ *n* losa *f*, piedra *f*
flag stop *n* (AmE) (for bus) parada *f* opcional *or* no obligatoria; (for train) apeadero *m*
flail¹ /fleɪl/ *n* mayal *m*
flail² *vi*: **with legs ~ing** sacudiendo *or* agitando las piernas; **with arms ~ing** con los brazos como aspas de molino; **she ~ed about on the ice, unable to get up** se debatía en el hielo sin conseguir levantarse
■ **flail** *vt* **1** ‹*arms/legs*› sacudir, agitar **2** ‹*grain/corn*› trillar (*a mano*)

flair /fler || fleə(r)/ *n* **1** (natural aptitude) (*no pl*): **she has a ~ for languages** tiene facilidad para los idiomas; **he showed a ~ for music at an early age** desde muy pequeño demostró aptitudes musicales *or* talento musical; **he has a ~ for knowing what to say on such occasions** tiene el don de saber qué decir en este tipo de ocasiones; **she has a ~ for business** tiene olfato para los negocios **2** [u] (stylishness) estilo *m*; **she dresses with ~** tiene estilo *or* arte para vestirse

flak /flæk/ *n* [u] **1** (Aviat, Mil) fuego *m* antiaéreo **2** (criticism) críticas *fpl*; **to come in for** *o* **take a lot of ~** ser* muy criticado

flake¹ /fleɪk/ *n*
A (of snow, cereals) copo *m*; (of paint, rust) escama *f*, laminilla *f*; (of wood, bone) astilla *f*; (of skin) escama *f*, pellejo *m* (fam); **soap ~s** jabón *m* en escamas
B (eccentric person) (AmE sl & pej) bicho *m* raro (fam)

flake² *vi*
A «*paint/varnish/plaster*» descascarillarse, pelarse, descascararse (AmL); «*fish*» desmenuzarse*; «*skin*» pelarse, escamarse

B (BrE colloq) (fall asleep) dormirse*; (pass out) perder* el conocimiento, desplomarse

■ **flake** *vt* (Culin) ‹*fish*› desmenuzar*; **~d almonds** almendras *fpl* fileteadas

Phrasal verb

• **flake out** (BrE colloq)

A [v + adv] (slump) desplomarse, caer* redondo *or* rendido

B (*v + o + adv*) (exhaust) dejar deshecho *or* (fam) hecho polvo; **we were absolutely ~d out** estábamos deshechos

flakey *adj* ▸ **flaky**

flak jacket, (AmE also) **flak vest** *n* chaleco *m* antibala(s); (Sport) chaleco *m* protector

flaky, flakey /ˈfleɪki/ *adj* **-kier, -kiest**

A ‹*piecrust*› hojaldrado; **~ pastry** *masa tipo hojaldre*

B (eccentric) (AmE sl & pej) raro

flambé /ˈflæmbeɪ || ˈflɒmbeɪ/ *vt* flamear

flamboyance /flæmˈbɔɪəns/ *n* [u] (of behavior) exuberancia *f*, extravagancia *f*; (of color, dress) vistosidad *f*, lo llamativo

flamboyant /flæmˈbɔɪənt/ *adj* **1** (dashing) ‹*style/person*› exuberante, extravagante; ‹*gesture*› ampuloso; ‹*lifestyle*› extravagante; **he made his usual ~ entrance** hizo su aparatosa entrada de costumbre **2** (brilliant) ‹*color/plumage*› vistoso; ‹*hat/dress*› llamativo **3** (Archit) flamígero

flame¹ /fleɪm/ *n* [c u] **1** llama *f*; **to be in ~s** estar* (envuelto) en llamas; **to go up in ~s** incendiarse; **a wall of ~** una barrera de fuego *or* llamas; ***to be shot down in ~s***: **he/his plan was shot down in ~s by his boss** su jefe lo demolió/demolió su plan; **the plane/pilot was shot down in ~s** el avión/piloto cayó envuelto en llamas **2** (passion) llama *f*; **the ~(s) of love/jealousy** la llama del amor/de los celos; **he's an old ~ of mine** es un antiguo enamorado mío **3** (colloq) (Comput) (abusive email, posting) flame *m* (*cualquier mensaje ofensivo que llega por Internet en respuesta rápida a otro mensaje*)

flame² *vi* **1** (blaze) «*light/jewel*» refulgir*; «*fire*» arder; **her anger ~d (up) again as she reread the letter** volvió a montar *or* a arder en cólera al releer la carta **2** (glow) «*sun*» encenderse*, enrojecer*; **her cheeks ~d with anger/embarrassment** se le encendieron las mejillas de (la) ira/vergüenza **3** (colloq) (Comput) publicar* un flame

■ **flame** *vt* (colloq) (Comput) ‹*person*›; **to ~ sb** mandarle un flame a algn

flamenco /fləˈmeŋkəʊ/ *n* [u c] (*pl* **-cos**) flamenco *m*; (*before n*): **~ dancer** bailarín, -rina *m,f* de flamenco, bailaor, -ora *m,f*; **~ music** flamenco *m*, música *f* flamenca

flameout /ˈfleɪmaʊt/ *n* **1** (of engine) pérdida *f* total de combustión **2** (failure) (AmE colloq) fracaso *m*

flameproof /ˈfleɪmpruːf/ *adj* ‹*gloves/fabric*› ininflamable; ‹*dish/casserole*› resistente al fuego

flame-red /ˈfleɪmˈred/ ▸ⓘ **p.1036** *adj* (*pred* **flame red**) ‹*dress/paint*› rojo fuego *adj inv*

flame red ▸ⓘ **p.1036** *n* [u] rojo *m* fuego

flame-resistant /ˈfleɪmrɪˌzɪstənt/ *adj* ignífugo

flame-retardant /ˈfleɪmrɪˌtɑːrdənt || ˈfleɪmrɪˌtɑːdənt/ *adj* de combustión lenta

flame retardant *n* **1** [u c] (chemical) ignífugo *m* **2** (device, construction) barrera *f* contra las llamas

flamethrower /ˈfleɪmˌθrəʊər || ˈfleɪmˌθrəʊə(r)/ *n* lanzallamas *m*

flaming¹ /ˈfleɪmɪŋ/ *adj*

A **1** ‹*logs/coals*› llameante **2** (brilliant) ‹*red/orange*› encendido

B (furious) ‹*quarrel/passion*› violento; **she was in a ~ temper** *o* **rage** estaba furibunda, estaba hecha una furia

C (BrE colloq) (*as intensifier*) maldito (fam), condenado (fam); **take the ~ car!** ¡llévate el maldito *or* condenado coche! (fam); **you ~ idiot!** ¡pedazo de idiota! (fam); **what a ~ cheek!** ¡qué cara más dura! (fam)

flaming² *adv* (BrE colloq) (*as intensifier*): **it's ~ ridiculous!** ¡qué ridiculez!; **I was ~ mad** estaba que trinaba (fam)

flaming³ *n* [u] (colloq) (Comput) flameo *m*, intercambio *m* de flames

flamingo /fləˈmɪŋgəʊ/ *n* (*pl* **-gos** *or* **-goes**) flamenco *m*

flammable /ˈflæməbəl/ *adj* inflamable, flamable (Méx)

flan /flæn/ *n* [c u] tarta *f*, kuchen *m* (Chi); (individual) tartaleta *f*, tarteleta *f* (RPl)

Flanders /ˈflændərz || ˈflɑːndəz/ *n* Flandes *m*

flange /flændʒ/ *n* **1** (Rail) (on wheel) pestaña *f*; (on rail) cabeza *f* **2** (Const, Tech) (on pipe) reborde *m*; (on girder) ala *f*‡

flanged /flændʒd/ *adj* ‹*wheel/rim*› de pestaña; ‹*joint/coupling*› rebordeado

flank¹ /flæŋk/ *n* **1** (of animal) ijada *f*, ijar *m*; (of person) costado *m*; (*before n*): **~ steak** (AmE) falda *f*, matambre *m* (RPl), malaya *f* (Chi), sobrebarriga *f* (Col) **2** (of hill) (liter) falda *f* **3** (Mil) flanco *m* **4** (Sport) flanco *m*, ala *f*‡

flank² *vt* **1** (be at either side of) (*often pass*) flanquear **2** (Mil) flanquear **3** **flanking** *pres p* (Mil) ‹*movement/fire*› de flanqueo

flanker /ˈflæŋkər || ˈflæŋkə(r)/ *n* **1** (in US football) corredor *m* de bola (*situado a un lado del mariscal de campo o corebac*) **2** (in rugby) ala *m*

flannel¹ /ˈflænl/ *n*

A **1** [u] (fabric) franela *f*; (*before n*) ‹*shirt/nightgown*› de franela **2** **flannels** *pl* (trousers) pantalón *m* de franela; **a pair of ~s** unos pantalones de franela

B [c] (*face ~*) (BrE) toallita *f* (*para lavarse*), ≈ manopla *f*

C [u] (evasive talk) (BrE colloq) cuentos *mpl*; **he gave me the usual ~** me salió con los cuentos de siempre (fam)

flannel² *vi* **-ll-** (BrE colloq) meter paja (fam), payar (RPl fam), chamullar (Chi fam)

flannelette /ˌflænlˈet || ˌflænəˈlet/ *n* [u] franela *f* (de algodón), bombasí *m* (RPl)

flap¹ /flæp/ *n*

A **1** (cover) tapa *f*; (of pocket, envelope, dust jacket) solapa *f*; (of table) hoja *f*; (of jacket, coat) faldón *m*; (of tent) portezuela *f*; (*ear ~*) orejera *f*; **a cat ~** una gatera **2** (Aviat) alerón *m*

B (motion) aletazo *m*; **the eagle flew off with a ~ of its wings** el águila echó a volar con un batir de alas, el águila echó a volar dando un aletazo; **the ~ of the sails in the wind** el batir *or* el golpeteo de las velas con el viento

C (commotion, agitation) (colloq): **to be in/get into a ~** estar*/ponerse* como loco (fam); **there's a big ~ (on) at the office** se ha armado tremendo lío en la oficina (fam)

D (Ling) flap *m* (*el sonido como el de la r española en "pera"*)

flap² **-pp-** *vi*

A «*sail/curtain*» agitarse, sacudirse; «*flag*» ondear, agitarse; «*door/window/shutter*» dar* golpes, golpearse (AmL); **the bird ~ped off** el pájaro echó a volar batiendo las alas; ***her ears were ~ping*** (BrE colloq) tenía las antenas conectadas *or* (AmL tb) paradas (fam)

B (panic) (BrE colloq) agitarse, ponerse* como loco (fam); **don't ~!** ¡tranquila, mujer!

■ **flap** *vt*

A ‹*wings*› batir; ‹*arms*› agitar

B (Ling): **a ~ped r** una r simple (*como la de la r española en "pera"*)

flapjack /ˈflæpdʒæk/ *n* **1** (pancake) (esp AmE) *crepe o panqueque más pequeño y grueso que los habituales* **2** (oatcake) (BrE) *tipo de galleta dulce de avena*

flapper /ˈflæpər || ˈflæpə(r)/ *n* chica *f* a la moda (*en los años 20*)

flare¹ /fler || fleə(r)/ *n*

A **1** (signal, marker light) bengala *f*; (on runway, road) baliza *f*; **safety ~s** (AmE) (Auto) luces *fpl* de emergencia **2** (sudden light) destello *m*; (flame) llamarada *f* **3** (*solar ~*) (Astron) erupción *f* solar

B (Clothing): **a jacket with a ~** una chaqueta con vuelo; **a pair of ~s** unos pantalones acampanados

flare² *vi*

A **1** «*candle/fire*» llamear; «*torch/light*» brillar **2** (break out) «*conflict/violence*» estallar; **her temper** *o* **anger ~d when ...** explotó *or* montó en cólera *or* se encolerizó cuando ...; **tempers ~d** los ánimos se enardecieron

B «*skirt/trousers*» ensancharse

■ **flare** *vt* ‹*pipe/fitting*› ensanchar; **he ~d his nostrils angrily** bufó *or* resopló enfadado

Phrasal verbs

• **flare out** ▸ **flare up 3**

• **flare up** [v + adv] **1** «*fire*» llamear; «*fighting/protests*» estallar **2** «*infection/disease*» recrudecer*, empeorar **3** (lose temper) explotar, montar en cólera, saltar (fam); **to ~ up AT sb** ponerse* furioso CON algn

flared /flerd || fleəd/ *adj* ‹*skirt*› con mucho vuelo, evasé (RPl); (wider) acampanado; ‹*trousers*› acampanado

flarepath /ˈflerpæθ || ˈfleəpɑːθ/ *n* (Aviat) pista *f* iluminada *or* balizada

flare-up /ˈflerʌp || ˈfleərʌp/ *n*

A **1** (of violence) brote *m*, estallido *m* **2** (intensification) recrudecimiento *m* **3** (clash) enfrentamiento *m*; (quarrel) altercado *m*

B (burst of fire) llamarada *f*

flash¹ /flæʃ/ *n*

A [c] **1** (of light) destello *m*; (from gun, explosion) fogonazo *m*; **a ~ of lightning** un relámpago; **the ~ of her diamond ring** el brillo *or* los destellos de su anillo de brillantes; ***a ~ in the pan*** flor *f* de un día; **his success turned out to be a ~ in the pan** su éxito resultó ser flor de un día; **(as) *quick as a ~*** como un rayo; ***in a ~***: **it came to me in a ~** de repente lo vi claro; **it was all over in a ~** todo pasó en un momento *or* en un abrir y cerrar de ojos; **I'll be back/I was out in a ~** vuelvo/salí volando **2** (burst): **a ~ of inspiration** un ramalazo de inspiración; **a ~ of hope** un rayo de esperanza; **a ~ of understanding** un fugaz momento de comprensión **3** (Phot) flash *m*; **with built-in ~** con flash integral

B [c] (*news ~*) avance *m* informativo, flash *m*

C [c] **1** (marking on horse) mancha *f* **2** (insignia) (BrE) (Mil) distintivo *m*

flash² *vt*

A **1** (direct): **they ~ed a light in my face** me enfocaron la cara con una luz, me dieron con una luz en la cara; **he ~ed his torch around the room** (BrE) recorrió la habitación con la linterna; **he used his mirror to ~ a signal/message to the ship** con el espejo le hizo una señal/mandó un mensaje al barco; **to ~ one's headlights at sb** hacerle* una señal con los faros a algn; **the car behind was ~ing me** el coche de atrás me estaba haciendo señales con los faros; **to ~ sb a smile** sonreírle a algn; **she ~ed him a look of contempt** le lanzó una mirada de desprecio **2** (communicate quickly) ‹*news/report/communiqué*› transmitir rápidamente; **a message was ~ed on the television screen** apareció un mensaje en pantalla

B **1** (show, display) ‹*money/wallet/card*› mostrar*, enseñar (esp Esp); **she loves ~ing her money around** le encanta ir por ahí exhibiendo su dinero *or* haciendo ostentación de su dinero **2** (expose onself to) (sl): **a man ~ed her in the park** un hombre se le exhibió en el parque

■ **flash** *vi*

A **1** (emit sudden light) «*light/star/gem/metal*» destellar, brillar; **the lightning ~ed** relampagueó, hubo un relámpago; **her eyes ~ed like fire** los ojos le relampagueaban *or* centelleaban **2** (Auto) hacer* una señal con los faros **3** **flashing** *pres p* ‹*sign/light*› intermitente, que se enciende y se apaga; ‹*eyes/smile*› brillante

B (expose oneself) (sl) exhibirse en público

C (move fast) (+ *adv compl*): **a message ~ed across the screen** un mensaje apareció fugazmente en la pantalla; **it ~ed through my mind that ...** se me ocurrió de repente que ...; **my life ~ed before me** reviví toda mi vida en un instante; **to ~ by** *o* **past** «*train/car/person*» pasar como una bala *or* un rayo *or* un bólido; **to ~ by** «*time/vacation*» pasar volando, volar*

Phrasal verb

• **flash back** [v + adv] (Cin, Lit) retroceder, volver*

flash³ *adj*

A (*before n*) **1** (sudden) ‹*fire/storm*› repentino; **~ flood** riada *f* **2** (very rapid) ‹*drying/freezing*› rápido; **~-fry steak** *bistec delgado para freír vuelta y vuelta*

f

B (ostentatious) (BrE colloq) ostentoso, fardón (Esp fam)

flashback /ˈflæʃbæk/ *n* (Cin, Lit) flashback *m*, escena *f* retrospectiva, analepsis *f* (frml)

flashbulb /ˈflæʃbʌlb/ *n* (Phot) lámpara *f or* bombilla *f* de flash

flash card *n* tarjeta *f* (*de ayuda pedagógica*)

flashcube /ˈflæʃkjuːb/ *n* (Phot) cubo *m* (de) flash, flash *m* desechable

flash drive *n* (Comput) memoria *f* flash

flasher /ˈflæʃər || ˈflæʃə(r)/ *n*

A (Auto) **1** (indicator) (BrE colloq) intermitente *m*, direccional *f* (Col, Méx), señalizador *m* (de viraje) (Chi) **2** (*headlight* ~) conmutador *m* de los faros

B (man who exposes himself) (sl) exhibicionista *m*

flash-freeze /ˈflæʃfriːz/ *vt* ultracongelar

flash gun *n* flash *m* electrónico

flashing /ˈflæʃɪŋ/ *n* [u] (Const) tapajuntas *m*

flash lamp *n* lámpara *f* flash

flashlight /ˈflæʃlaɪt/ *n* (AmE) linterna *f*

flash memory *n* [u] (Comput) memoria *f* flash

flash mob *n* (Comput) flash *m* mob (*movilización popular repentina de personas que no se conocen entre sí, organizada por Internet*)

flashover /ˈflæʃəʊvər || ˈflæʃəʊvə(r)/ *n* [u c] **1** (Elec) descarga *f* disruptiva (*entre conductores*) **2** (of fire) deflagración *f*, ignición *f* generalizada

flash photography *n* [u] fotografía *f* con flash

flash point *n* **1** (Chem) punto *m* de inflamación **2** (critical point) punto *m* álgido

flash stick *n* (Comput) tarjeta *f* de memoria

flashy /ˈflæʃi/ *adj* **-shier, -shiest** ‹*clothes/car/ring*› llamativo, ostentoso; ‹*color*› chillón; (in bad taste) charro (fam), hortera (Esp fam)

flask /flæsk || flɑːsk/ *n* (bottle) frasco *m*; (in laboratory) matraz *m*, redoma *f*; (*hip* ~) petaca *f*, nalguera *f* (Méx); (*vacuum* ~) (BrE) termo *m*

flat¹ /flæt/ *adj* **-tt-**

A **1** ‹*surface*› plano; ‹*countryside*› llano; ‹*nose*› chato; ~ **ground** terreno *m* llano; **they thought the earth was** ~ creían que la tierra era plana; ~ **feet** pies *mpl* planos; **houses with** ~ **roofs** casas *fpl* con techos planos *or* con azoteas; **I was** ~ **on my back for two months** (me) pasé dos meses en cama; **I found him** ~ **on the floor** lo encontré tirado en el suelo; **to fold sth** ~ doblar bien algo; **he laid the map down** ~ **on the table** extendió el mapa sobre la mesa; **the hurricane laid the whole town** ~ el huracán arrasó la ciudad; **I lay down** ~ **and tried to relax** me tumbé *or* me tendí e intenté relajarme; **he pressed** ~ **against the wall as the police went by** al pasar la policía se pegó bien a la pared; ***to leave sb*** ~ dejar a algn tirado; ▸**face¹ A1** **2** ‹*heels/tray*› bajo; ‹*dish*› llano, bajo (Chi), playo (RPl); ~ **shoes** zapatos *mpl* bajos, zapatillas *fpl* de piso (Méx); ~ **cap** *o* **hat** (BrE) gorra *f* (*de lana con visera*) **3** (deflated) ‹*ball*› desinflado, ponchado (Méx); **you have a** ~ **tire** *o* (BrE) **tyre** tienes un neumático desinflado *or* una rueda desinflada *or* (Méx) una llanta ponchada; **we had a** ~ **tire** *o* (BrE) **tyre on the way** pinchamos en el camino, se nos pinchó una rueda *or* un neumático en el camino, se nos ponchó una llanta en el camino (Méx); **the ball/tire went** ~ la pelota/rueda se desinfló *or* (Méx) se ponchó

B **1** ‹*lemonade/beer/champagne*› sin efervescencia, sin gas **2** ‹*battery*› descargado; **switch off or you'll get a** ~ **battery** apaga o se te va a descargar la batería

C **1** (dull, uninteresting) ‹*conversation/party*› soso (fam); ‹*joke*› sin gracia; ‹*voice*› monótono; **things are rather** ~ **at the office** en la oficina todo anda un poco muerto; **she felt a bit** ~ estaba un tanto alicaída *or* baja de moral; ***to fall*** ~ «*play/project*» fracasar*, no ser* bien recibido; **the joke fell very** ~ el chiste no hizo ni pizca de gracia **2** (sluggish) (*pred*): **sales were** ~ **during the last quarter** no hubo mucho movimiento en las ventas durante el último trimestre; **trading was** ~ hubo poca actividad **3** (without contrast) ‹*picture/photograph*› sin contraste

D (total, firm) ‹*denial/rejection/refusal*› rotundo, categórico, terminante; **the answer was a** ~ **no** la respuesta fue un no rotundo; ***that's*** ~**!** ¡y no hay más que hablar!, ¡y sanseacabó! (fam), ¡y no hay vuelta de hoja! (fam); **they've said they won't do it and that's** ~ han dicho que no lo harán y no hay vuelta de hoja (fam)

E (Mus) **1** (referring to key) bemol; **A** ~ la *m* bemol **2** (too low): **you're** ~ estás desafinando (*por cantar or tocar demasiado bajo*)

F (fixed) (*before n*) ‹*charge/rate/price*› fijo, uniforme

G (BrE) (Sport) (*before n*) de carreras de caballos sin obstáculos; **200m** ~ 200m planos *or* (Esp) lisos *or* (RPl) llanos

H ‹*vowel*› *articulada con poca tensión muscular, característica de ciertos dialectos regionales*

I (broke) (AmE colloq) (*pred*): **to be** ~ estar* pelado (fam)

J (matte) (AmE) mate

flat² *adv*

A **1** (categorically) ‹*refuse/turn down*› de plano, categóricamente; **I told him** ~ **that I would not go** le dije de plano *or* sin más que no iba a ir **2** (exactly): **it took him two hours** ~ tardó dos horas justas *or* exactas **3** (AmE colloq) (*as intensifier*) completamente; *see also* **broke²**

B (Mus) ‹*sing/play*› demasiado bajo

flat³ ➡▯ *n*

A (apartment) (BrE) apartamento *m*, departamento *m* (AmL), piso *m* (Esp)

B **1** (surface — of sword) cara *f* de la hoja; (— of hand) palma *f*; **you'll get the** ~ **of my hand!** ¡te vas a llevar una bofetada! **2** (level ground) llano *m*, terreno *m* llano

C (Mus) bemol *m*

D (Theat) bastidor *m*

E (esp BrE) (Sport): **the** ~ (racing) las carreras de caballos sin obstáculos; (season) temporada *f* hípica de carreras sin obstáculos

F (puncture) pinchazo *m*; **to get a** ~ pinchar

G **flats** *pl* **1** (low-lying ground) llano *m*; (sandbanks) bancos *mpl* de arena; **mud** ~**s** marismas *fpl* **2** (shoes) (esp AmE) zapatos *mpl* bajos, zapatos de taco bajo (CS), zapatos de piso (Méx)

flat⁴ *vt* (AmE) (Mus) bajar de tono

flat-bed /ˈflætbed/ *n* (AmE) camión *m* de plataforma

flat-bottomed /ˈflæt,bɑːtəmd || ˈflæt,bɒtəmd/ *adj* de fondo plano

flatcar /ˈflætkɑːr || ˈflætkɑː(r)/ *n* (AmE) vagón *m* abierto

flat-chested /ˈflæt,tʃestəd || ,flætˈtʃestɪd/ *adj*: **she's very** ~ no tiene nada de busto, es una tabla (fam)

flat file *n* archivo *m or* fichero *m* plano

flatfish /ˈflætfɪʃ/ *n* (*pl* ~ *or* ~**es**) pez *m* plano

flatfoot /ˈflætfʊt/ *n* (*pl* **-foots** *or* **-feet** /-fiːt/) (sl & dated) polizonte *mf* (fam), policía *mf*

flat-footed /ˈflæt,fʊtəd || ,flætˈfʊtɪd/ *adj* **1** (with flat feet): **he's** ~ tiene (los) pies planos; ***to catch sb*** ~ (colloq) agarrar *or* (Esp) coger* a algn desprevenido **2** (clumsy) (BrE colloq) torpe

flatiron /ˈflætaɪərn || ˈflætaɪən/ *n* plancha *f* de hierro

flatlet /ˈflætlət || ˈflætlɪt/ *n* (BrE) apartamento *m* pequeño

flatline¹ /ˈflætlaɪn/ *adj* (colloq) muerto

flatline² *n*

A (in fishing) palangre *m*

B (on heart, brain monitor) línea *f* plana

flatline³ *vi* (die) (colloq) morirse*

■ **flatline** *vt* (AmE) ‹*costs/expenditure*› congelar

flatly /ˈflætli/ *adv*

A (utterly) ‹*refuse/oppose/reject*› de plano, rotundamente

B (dully) ‹*say/reply*› cansinamente

flatmate /ˈflætmeɪt/ *n* (BrE) compañero, -ra *m,f* de apartamento *or* (Esp) de piso

flatness /ˈflætnəs || ˈflætnɪs/ *n* [u]

A (of ground, countryside) lo llano; (of surface, object) lo plano

B **1** (of photograph, painting) (pej) falta *f* de contraste **2** (of conversation, party) lo soso (fam); (of voice, tone) monotonía *f*; **she felt a sense of** ~ se sentía alicaída *or* abatida

C (of reply, refusal) lo rotundo

flat out¹ *adj*

A (colloq) (*pred*) **1** (prostrate) tirado **2** (exhausted) (BrE): **to be** ~ ~ estar* hecho polvo (fam)

B (full-speed) (*before n*) ‹*attempt/effort*› frenético

C (AmE) rotundo, categórico

flat out² *adv* (at full speed) (colloq) a toda máquina; **it does 120mph** ~ ~ a toda máquina *or* (fam) a todo lo que da hace 120 millas por hora; **we'll have to go** ~ ~ **to get there on time** tendremos que ir a toda máquina para llegar a tiempo (fam); **to work** ~ ~ trabajar a todo vapor *or* a toda máquina; **to go** ~ ~ **for sth** intentar algo por todos los medios

flat-pack /ˈflætpæk/ *n* paquete *m* plano; (*before n*): ~ **furniture** mueble *m* embalado en paquete plano

flat race *n* (Equ) carrera *f* sin obstáculos

flat racing *n* [u] (Equ) carreras *fpl* sin obstáculos

flat-rate /ˈflætˈreɪt/ *adj* (BrE) a una tasa de interés fija *or* (esp Esp) a tipo de interés fijo

flat-screen /ˈflætˈskriːn/ *adj* de pantalla plana

flat screen *n* **1** (TV) pantalla *f* plana **2** (Comput) monitor *m* plano

flat season *n* (Equ) temporada *f* de carreras sin obstáculos

flatten /ˈflætn/ *vt* **1** (make flat) ‹*surface/metal*› aplanar; ‹*path/lawn*› allanar, aplanar; ‹*hat*› achatar, aplastar; **he** ~**ed himself against the wall** se pegó bien a la pared **2** (knock down) ‹*trees*› tumbar, echar *or* tirar abajo; ‹*city*› arrasar; **he** ~**ed his opponent with a single blow** tumbó a su contrincante de un solo golpe **3** (esp BrE) (Mus) bajar de tono

■ **flatten** *vi* «*countryside/landscape*» allanarse, volverse* más llano; «*voice*» volverse* más monótono

flatter /ˈflætər || ˈflætə(r)/ *vt* **1** (gratify) halagar*; **she was** ~**ed by their invitation** la halagó que la invitaran, se sintió halagada por su invitación **2** (overpraise) adular **3** (show to advantage) favorecer*; **the photo doesn't** ~ **her** no ha salido favorecida *or* bien en la foto; **this dress** ~**s her figure** este vestido la favorece, este vestido realza su figura; **Rembrandt never** ~**ed his sitters** Rembrandt nunca embellecía *or* idealizaba a sus modelos

■ *v refl* **to** ~ **oneself** **1** (like to think): **I** ~ **myself on being a good singer** me considero un buen cantante, considero que canto bien; **they** ~ **themselves that their deliveries always arrive on time** se precian *or* se enorgullecen de cumplir siempre con la fecha de entrega **2** (delude oneself): **don't** ~ **yourself that you're indispensable** no te creas que eres imprescindible, no te hagas ilusiones: no eres imprescindible

flatterer /ˈflætərər || ˈflætərə(r)/ *n* adulador, -dora *m,f*

flattering /ˈflætərɪŋ/ *adj* **1** ‹*words/speech*› halagador, halagüeño; (sycophantic) adulador; **it's a** ~ **portrait of him** es un retrato en el que sale mejor *or* más atractivo de lo que en realidad es; **the book wasn't exactly** ~ **about her** el libro no presentaba una imagen muy halagüeña de ella que digamos; **I find it** ~ **that you should have thought of me** me siento halagado que hayan pensado en mí, para mí es un halago que hayan pensado en mí **2** ‹*clothes/hairstyle*› favorecedor; **blue is very** ~ **for blondes** el azul favorece a las rubias

flattery /ˈflætəri/ *n* [u] halagos *mpl*; (sycophantic) adulación *f*; ~ **will get you nowhere** con halagos no vas a conseguir nada; ▸**imitation¹ 1**

flat-top /ˈflæt,tɑːp || ˈflæt,tɒp/ *n* corte *m* (de pelo) a lo cepillo *or* de cepillo

flatulence /ˈflætʃələns || ˈflætjʊləns/ *n* [u] flatulencia *f*, gases *mpl*

flatulent /ˈflætʃələnt || ˈflætjʊlənt/ *adj* **1** (Med) flatulento **2** ‹*speech/prose/style*› rimbombante, ampuloso

flatware /ˈflætwer || ˈflætweə(r)/ *n* (AmE) cubertería *f*

➡▯ *see* Living in a Spanish-speaking country

flatworm /ˈflætwɜːrm || ˈflætwɜːm/ *n* gusano *m* platelminto

flaunt /flɔːnt/ *vt* ‹*money/possessions*› hacer* ostentación *or* alarde de; ‹*knowledge*› alardear de, hacer* alarde de; **to ~ oneself** exhibirse

flautist /ˈflɔːtəst || ˈflɔːtɪst/ *n* (BrE) flautista *mf*

flavor¹, (BrE) **flavour** /ˈfleɪvər || ˈfleɪvə(r)/ *n* [c u] sabor *m*, gusto *m*; **a strong/meaty ~** un sabor fuerte/a carne; **chocolate-~** con sabor *or* gusto a chocolate; **ice cream in many ~s** helados *mpl* de varios sabores; **a novel with a romantic ~** una novela de sabor romántico; ***~ of the month*** (colloq) el hombre (*or* la película *etc*) del momento; (*before n*): **~ enhancer** potenciador *m* del sabor

flavor², (BrE) **flavour** *vt* ‹*food/drink*› sazonar; **I'll ~ it with nutmeg** le pondré nuez moscada para darle sabor, lo sazonaré con nuez moscada; **the cake was ~ed with coffee** el pastel era de café

flavoring, (BrE) **flavouring** /ˈfleɪvərɪŋ/ *n* [c u] (Culin) condimento *m*, sazón *f*; (in industry) aromatizante *m*; (essence) esencia *f*; **natural/artificial ~** aromatizante natural/artificial; **almond/peppermint ~** esencia de almendra/menta

flavorless, (BrE) **flavourless** /ˈfleɪvərləs || ˈfleɪvəlɪs/ *adj* desabrido, insípido, soso

flavorsome, (BrE) **flavoursome** /ˈfleɪvərsəm || ˈfleɪvəsəm/ *adj* con mucho sabor

flaw /flɔː/ *n* 1 (in material, glass) defecto *m*, imperfección *f*, falla *f*, fallo *m* (Esp) 2 (in argument) error *m*; (in character) defecto *m*

flawed /flɔːd/ *adj* ‹*china/glass*› con imperfecciones; ‹*argument/logic*› viciado; **the proposal is fundamentally ~** la propuesta falla por su base

flawless /ˈflɔːləs || ˈflɔːlɪs/ *adj* ‹*performance/logic/argument*› impecable; ‹*conduct*› intachable, impecable; ‹*complexion/features/gem*› perfecto; ‹*plan*› perfecto; **she speaks ~ German** habla alemán perfectamente *or* a la perfección

flawlessly /ˈflɔːləsli || ˈflɔːlɪsli/ *adv* impecablemente, perfectamente

flax /flæks/ *n* [u] (Bot, Tex) lino *m*

flaxen /ˈflæksən/ ▸ℹ **p.1036** *adj* (liter) blondo (liter), rubísimo; **a ~-haired girl** una chica rubísima

flay /fleɪ/ *vt* 1 (remove skin) desollar*, despellejar 2 (beat) (colloq): **I'll ~ him (alive)** ¡lo voy a desollar vivo! (fam), ¡le voy a arrancar la piel a tiras! (fam) 3 (criticize): **the critics really ~ed the movie** los críticos hicieron trizas la película

flea /fliː/ *n* pulga *f*; ***to send sb away** o **off with a ~ in her/his ear*** echar a algn con cajas destempladas, mandar a algn a paseo (fam); **he went off with a ~ in his ear** salió con las orejas gachas; (*before n*) ‹*collar/powder*› antipulgas *adj inv*

fleabag /ˈfliːbæg/ *n* (sl)
A (cheap hotel) (AmE) hotel *m* de mala muerte
B (dirty person) (BrE) piojoso, -sa *m,f* (fam & pey), piojento, -ta *m,f* (fam & pey)

fleabite /ˈfliːbaɪt/ *n* 1 picadura *f or* (Méx) piquete *m* de pulga 2 (slight annoyance) nimiedad *f*

flea-bitten /ˈfliːˌbɪtn/ *adj* 1 ‹*cat/dog*› pulgoso, pulguiento (CS) 2 (squalid) (colloq) ‹*café/hotel*› cochambroso (fam), de mala muerte; ‹*garment*› mugriento

flea market *n* mercado *m* de las pulgas *or* (CS) de pulgas, rastro *m* (Esp)

fleapit /ˈfliːpɪt/ *n* (BrE colloq) (cinema) cine *m* de mala muerte; (theater) teatrucho *m* (fam)

fleck¹ /flek/ *n* (of dust) mota *f*; (of paint, mud) salpicadura *f*; **the fabric was blue with a green ~** *o* **~s of green** la tela era azul moteada de verde *or* con motas verdes; **a ~ of dandruff** una partícula de caspa

fleck² *vt* 1 salpicar*; **her skirt was ~ed with mud** tenía la falda salpicada de barro; **beige ~ed with brown** beige moteado de marrón 2 **flecked** *past p* ‹*fabric/yarn*› moteado, jaspeado

fled /fled/ *past & past p of* **flee**

fledged /fledʒd/ *adj* plumado, con plumas; *see also* **full-fledged A**

fledgling, fledgeling /ˈfledʒlɪŋ/ *n* 1 (bird) polluelo *m*, volantón *m* (téc) 2 (person) novato, -ta *m,f*; (*before n*): **~ poet** novel poeta *m*; **the ~ republic** la joven república; **a ~ democracy** una democracia en ciernes

flee /fliː/ (*past & past p* **fled**) *vi* huir*, escapar, darse* a la fuga; **to ~ FROM sb/sth** huir* *or* escapar DE algn/algo; **to ~ TO sth/sb: they fled to safety/shelter** corrieron a ponerse a salvo/a refugiarse; **the little girl fled to her mother** la niña corrió hacia su madre
■ **flee** *vt* ‹*place/person/danger*› huir* de; **to ~ the country** huir* del país

fleece¹ /fliːs/ *n* 1 [c u] (on sheep) lana *f* 2 [c u] (from sheep) vellón *m*; **the jacket is lined with ~** la chaqueta está forrada con corderito *or* (Esp) borreguillo; **the Golden F~** el vellocino de oro 3 [c u] (artificial) corderito *m or* (Esp) borreguillo *m* sintético 4 [c] (Clothing) forro *m* polar

fleece² *vt*
A (defraud) (colloq) ‹*person*› desplumar (fam), fajar (RPl fam)
B (shear) ‹*sheep*› esquilar, trasquilar

fleecy /ˈfliːsi/ *adj* **-cier, -ciest** 1 ‹*jacket/lining/blanket*› afelpado 2 ‹*clouds*› algodonoso, aborregado

fleet¹ /fliːt/ *n*
A 1 (naval unit) flota *f* 2 (navy) armada *f* 3 (body of shipping) flota *f*; **the merchant/whaling ~** la flota mercante/ballenera
B (Transp) parque *m* móvil, flota *f*

fleet² *adj* (liter) veloz, raudo (liter); **~ of foot** de pies ligeros (liter)

fleet admiral *n* almirante *mf*

fleet-footed /ˈfliːtˌfʊtəd || ˌfliːtˈfʊtɪd/ *adj* veloz, raudo (liter), de pies ligeros (liter)

fleeting /ˈfliːtɪŋ/ *adj* (*usu before n*) ‹*moment/interlude*› fugaz, breve; **we caught a ~ glimpse of the sea** divisamos fugazmente el mar; **happiness is ~** la felicidad es efímera

fleetingly /ˈfliːtɪŋli/ *adv* fugazmente, momentáneamente

Fleet Street /fliːt/ *n* (in UK) Fleet Street (*calle londinense donde solían tener sus oficinas muchos periódicos británicos*)

Fleming /ˈflemɪŋ/ *n* flamenco, -ca *m,f*

Flemish¹ /ˈflemɪʃ/ *adj* flamenco

Flemish² *n* 1 [u] (language) flamenco *m* 2 (people) (+ *pl vb*): **the ~** los flamencos

flesh /fleʃ/ *n* [u]
A 1 (human, animal) carne *f*; **I like the outline, but you have to put some ~ on it** me gusta el esquema, pero tienes que darle más cuerpo; **in the ~** en persona, en carne y hueso; ***~ and blood***: **a creature of ~ and blood** un ser de carne y hueso; **I'm only ~ and blood after all** después de todo soy de carne y hueso *or* soy humano; **it's more than ~ and blood can stand** *o* **bear** es más de lo que humanamente se puede aguantar; **how can I do it? they're my own ~ and blood!** ¿cómo puedo hacerlo? ¡son de mi propia sangre!; ***to make sb's ~ creep** o **crawl*** ponerle* los pelos de punta *or* la piel de gallina a algn; ***to press the ~*** (colloq) ir* por ahí estrechando manos; (*before n*) ‹*wound*› superficial; **these are flesh-and-blood people we are talking about** estamos hablando de gente de carne y hueso; **a flesh-and-blood princess** una princesa de verdad *or* de carne y hueso 2 (of fruit) pulpa *f*
B (Relig): **the ~** la carne; **sins/pleasures of the ~** los pecados/los placeres de la carne; ***to go the way of all ~*** (euph) pasar a mejor vida (euf)

Phrasal verb
• **flesh out** [v + o + adv, v + adv + o] (add detail to) ‹*story/argument*› desarrollar; ‹*character*› darle* cuerpo a

flesh-colored, (BrE) **flesh-coloured** /ˈfleʃkʌlərd || ˈfleʃkʌləd/ *adj* de color carne

flesh-eating /ˈfleʃˌiːtɪŋ/ *adj* carnívoro

fleshly /ˈfleʃli/ *adj* (liter) carnal, de la carne

fleshpots /ˈfleʃpɑːts || ˈfleʃpɒts/ *pl n* (hum) antros *mpl* de perdición

flesh wound *n* herida *f* superficial

fleshy /ˈfleʃi/ *adj* **-shier, -shiest** 1 ‹*arms/person*› rollizo, gordo; **with ~ cheeks** mofletudo 2 ‹*plant/leaf/stem*› carnoso

fleur-de-lis, fleur-de-lys /ˌflɜːrdlˈiː || ˌflɜːdəˈliː/ *n* (*pl* **fleurs-de-lis** *or* **-lys**) flor *f* de lis

flew /fluː/ *past of* **fly²**

flex¹ /fleks/ *vt* ‹*arm/knees/body*› doblar, flexionar; **to ~ one's muscles** (to warm up) hacer* ejercicios de calentamiento; (in body building) mostrar* *or* sacar* los músculos; **the regime began to ~ its military muscle** el régimen empezó a mostrar su poderío militar

flex² *n* [u c] (BrE) cable *m* (eléctrico)

flexibility /ˌfleksəˈbɪləti || ˌfleksɪˈbɪləti/ *n* [u] 1 (of wire, material) flexibilidad *f* 2 (of arrangements, schedule, attitude) flexibilidad *f*

flexible /ˈfleksəbəl || ˈfleksɪbəl/ *adj* 1 ‹*wire/metal/plastic*› flexible 2 ‹*arrangements/system/approach*› flexible; **to work ~ hours** tener* horario flexible; **you have to be more ~** tienes que ser más flexible

flexor /ˈfleksər || ˈfleksə(r)/ *n*: **~ (muscle)** (músculo *m*) flexor *m*

flextime /ˈflekstaɪm/ (BrE) **flexitime** /ˈfleksɪtaɪm/ *n* [u] horario *m* flexible; **to be on** *o* **work ~** tener* horario flexible

flexure /ˈflekʃər || ˈflekʃə(r)/ *n* 1 [u] (Anat, Geol) flexión *f* 2 [c] (curve, bent part) flexión *f*

flibbertigibbet /ˌflɪbərtiˈdʒɪbət || ˌflɪbətiˈdʒɪbɪt/ *n* (colloq & dated) cabeza *mf* hueca

flick¹ /flɪk/ *vt* 1 (strike lightly): **the cow ~ed its side with its tail** la vaca se dio un coletazo; **she ~ed him across the face with her towel** le dio con la toalla en la cara; **she ~ed the light on/off** le dio al interruptor; **he ~ed over the pages** pasó las páginas (rápidamente); **to ~ a duster round a room** (colloq) pasarles un trapo por encima a los muebles; **to ~ one's fingers** chasquear los dedos 2 (remove): **he ~ed the ash off his lapel** se sacudió la ceniza de la solapa; **to ~ the hair out of one's eyes** apartarse *or* quitarse el pelo de los ojos; **the bull ~ed the flies away with its tail** el toro espantaba las moscas con el rabo; **she ~ed a piece of bread at me** me tiró *or* lanzó un trocito de pan
■ **flick** *vi*: **the lizard's tongue ~ed in and out** el lagarto sacaba y metía la lengua; **she ~ed idly at the crumbs** jugueteaba con las migas de pan

Phrasal verb
• **flick through** [v + prep + o] ‹*book*› hojear; ‹*pages*› pasar; (read superficially) leer* por encima

flick² *n*
A (of tail) coletazo *m*; (of wrist) giro *m*; **a ~ of the reins and the cart moved off** un tironcito *or* una sacudida a las riendas y el carro echó a andar; **the horse moved off with a ~ of its tail** el caballo echó a andar sacudiendo la cola *or* dando un coletazo; **she gave the furniture a quick ~ with a duster** les dio una pasada rápida a los muebles con el trapo; **at the ~ of a switch** con sólo tocar *or* apretar un botón
B (colloq & dated) **flicks** *pl* 1 **the ~s** el cine 2 (film) película *f*

flicker¹ /ˈflɪkər || ˈflɪkə(r)/ *vi* 1 «*candle/flame/TV picture*» parpadear; «*light*» parpadear, titilar; «*needle on dial*» oscilar; **his eyelids ~ed** parpadeó; **a smile ~ed across her face** esbozó una sonrisa; **the shadows ~ed on the wall** las sombras bailaban en la pared 2 **flickering** *pres p* ‹*light*› parpadeante, titilante; **we watched the ~ing shadows/flames** mirábamos bailar las sombras/llamas

flicker² *n*
A [u c] 1 (of flame) parpadeo *m*; (of light) parpadeo *m*, titileo *m*; **the ~ on the TV screen** el parpadeo de la imagen 2 (of eyelids) parpadeo *m*; (of needle on dial) oscilación *f*; **the ~ of a smile passed across her face** esbozó una sonrisa; **without a ~ of recognition** sin la más mínima señal de reconocerlo 3 (faint sensation): **a ~ of encouragement/life** una chispa de aliento/vida; **a ~ of hope** un rayo de esperanza
B [c] (Zool) carpintero *m* dorado

flick knife *n* (BrE) navaja *f* automática, navaja *f* de resorte (Méx)

flier /ˈflaɪər || ˈflaɪə(r)/ *n*
A 1 (pilot) aviador, -dora *m,f* 2 (passenger): **I'm not a good ~** no me gusta nada volar; *see also* **highflier**
B (colloq) (*no pl*) 1 (risky speculation) inversión *f*

f

(*arriesgada*); **to take** *o* **try a ~** arriesgarse* **2** (BrE) ▸**flying start 3** (leap) (BrE): **he took a ~ across the stream** tomó impulso y saltó el arroyo

C (handbill) folleto *m* (publicitario), volante *m* (AmL)

D (AmE) (Transp) (dated) rápido *m*

flight /flaɪt/ *n*

A 1 [u] (of bird, aircraft) vuelo *m*; (of ball, projectile) trayectoria *f*; **the history of ~** la historia de la aviación *or* de la navegación aérea; **in ~** en vuelo, volando; **the speaker was in full ~ when ...** el orador estaba en pleno discurso cuando ...; (*before n*): **~ feather** (of wing) pluma *f* remera; (of tail) pluma *f* timonera **2** [c] (air journey) vuelo *m*; **we had a good/bad ~** tuvimos un buen/mal vuelo; **F~ YZ321 to/from Paris** el vuelo YZ321 con destino a/procedente de París; (*before n*): **~ path** ruta *f*; **~ plan** plan *m* de vuelo; **~ recorder** caja *f* negra; **~ simulator** simulador *m* de vuelo **3** [c] (mental): **it was just a ~ of fancy** no fue más que una fantasía

B [c] (group — of birds) bandada *f*; (— of aircraft) escuadrilla *f*; **he is in the top ~ of physicists** está entre los físicos más destacados *or* prominentes

C [c] (of stairs) tramo *m*

D [u] **1** (act of fleeing) huida *f*; **to put sb to ~** poner* a algn en fuga, hacer* huir a algn; **to take ~** darse* a la fuga **2** (Fin) fuga *f*; **the ~ of capital abroad** la fuga de capitales al extranjero

E (on dart, arrow) aleta *f*, pluma *f*

flight attendant *n* auxiliar *mf* de vuelo, sobrecargo *mf*

flight bag *n* bolso *f* de mano

flight control system *n* sistema *m* de control aéreo

flight crew *n* (+ *sing or pl vb*) tripulación *f* (de vuelo)

flight deck *n* **1** (on plane) cabina *f* de mando **2** (on aircraft carrier) cubierta *f* de vuelo

flight engineer *n* mecánico, -ca *m,f* de vuelo *or* de a bordo

flightless /ˈflaɪtləs || ˈflaɪtlɪs/ *adj* no volador

flight lieutenant *n* (in UK) capitán, -tana *m,f* de la Fuerza Aérea

flight number *n* número *m* de vuelo

flight-test /ˈflaɪttest/ *vt* probar* en vuelo

flight test *n* vuelo *m* de prueba

flighty /ˈflaɪti/ *adj* **-tier, -tiest** ‹*remark*› frívolo, superficial; ‹*girl*› veleidoso, inconstante

flimsily /ˈflɪmzəli || ˈflɪmzɪli/ *adv* con poca solidez

flimsiness /ˈflɪmzinəs || ˈflɪmzinɪs/ *n* [u] **1** (of object, construction) lo endeble, la poca solidez **2** (of argument) lo poco sólido, lo endeble; (of excuse) lo pobre **3** (of dress, material) ligereza *f*, lo delgado *or* fino

flimsy¹ /ˈflɪmzi/ *adj* **-sier, -siest 1** ‹*material/garment*› ligerísimo, muy delgado *or* fino **2** ‹*construction/object*› endeble, poco sólido **3** ‹*excuse*› pobre; ‹*argument*› poco sólido, endeble; ‹*evidence*› poco sólido

flimsy² *n* (*pl* **-sies**) (BrE) **1** (sheet of paper) papel *m* de copia **2** (copy) copia *f*

flinch /flɪntʃ/ *vi* **1** (wince) estremecerse*; **she bore the pain without ~ing** aguantó el dolor sin (re)chistar **2** (recoil) **to ~ FROM -ING** resistirse A + INF; **to ~ FROM sth**: **he never ~ed from his duty** nunca dejó de cumplir con su obligación por desagradable que fuera

fling¹ /flɪŋ/ (*past & past p* **flung**) *vt* **1** (throw violently) ‹*stick/ball/stone*› lanzar*, tirar, arrojar, aventar* (Col, Méx, Per); **he flung the window open/shut** abrió/cerró la ventana de un golpe; **she flung a jacket around her shoulders** se echó una chaqueta en los hombros; **she likes to ~ her money about** le gusta tirar *or* despilfarrar el dinero; **she flung the book aside** apartó el libro; **the chance of a lifetime and you ~ it away** una oportunidad única y la tiras por la ventana *or* y la desperdicias; **she flung back the curtains** corrió *or* abrió las cortinas; **he flung down a challenge to them** les lanzó un reto; **we flung ourselves (down) on the ground** nos tiramos *or* echamos al suelo; **she flung off her coat** se quitó el abrigo rápidamente; **he flung his arms around her neck** le echó los brazos al cuello; **the protesters were flung into a cell** echaron a los manifestantes en una celda; **she flung herself into the task** se metió de lleno en la tarea; **he flung himself down into an armchair** se dejó caer en un sillón; **she flung herself at the first man who came along** se echó en brazos del primer hombre que se le cruzó en el camino **2** ‹*glance/insult*› lanzar*; **she flung him a look of hatred** le lanzó una mirada de odio; **to ~ sth in sb's face** echarle algo en cara a algn

■ **fling** *vi*: **she flung out of the house/room** salió furibunda de la casa/de la habitación

(Phrasal verbs)

- **fling out** [v + o + adv, v + adv + o] **1** (throw away) ‹*object/possession*› tirar, botar (AmS exc RPl) **2** (extend) ‹*arms*› abrir*, extender*
- **fling up** [v + o + adv, v + adv + o] **1** (throw upward) tirar *or* lanzar* al aire, aventar* (Col, Méx, Per) **2** (raise) ‹*arms*› levantar; **she flung up her hands in horror** se horrorizó

fling² *n*

A (colloq) **1** (love affair) aventura *f* **2** (wild time) juerga *f* (fam); **to have a ~** irse* de juerga; **he decided to have one last ~ before settling down** decidió echarse una cana al aire antes de sentar cabeza **3** (try): **to have a ~ at sth** intentar algo; **we all had a ~ at it** todos lo intentamos

B (throw) lanzamiento *m*

C (*Highland* ~) *baile escocés*

flint /flɪnt/ *n* **1** [u c] (Geol) sílex *m*, pedernal *m*; (piece of stone) pedernal *m*; (*before n*) ‹*ax/arrowhead*› de sílex **2** [c] (implement) sílex *m* **3** [c] (for cigarette lighter) piedra *f*

flintlock /ˈflɪntlɑːk || ˈflɪntlɒk/ *n* **1** (lock) llave *f* de chispa **2** (gun) fusil *m or* trabuco *m* de chispa

flinty /ˈflɪnti/ *adj* **1** ‹*rock*› silíceo, de pedernal; ‹*soil*› silíceo **2** ‹*stare/reply*› despiadado; ‹*heart*› duro como el pedernal, de piedra

flip¹ /flɪp/ **-pp-** *vt* tirar, aventar* (Méx); **I ~ped her a piece of chocolate** le tiré un trozo de chocolate; **we'll ~ a coin to decide** vamos a echarlo a cara o cruz *or* (Andes, Ven) a cara o sello *or* (Arg) a cara o ceca, vamos a echar un volado (Méx); **to ~ one's lid** *o* **top** (sl) perder* los estribos (fam)

■ **flip** *vi* (sl) **1 ~ (out)** (lose self-control) perder* la chaveta (fam), ponerse* majara (Esp arg) **2** (rave, be enthusiastic) (dated) volverse* loco

(Phrasal verbs)

- **flip up**

A [v + o + adv] «*lid/switch*» darle* hacia arriba a

B [v + adv] levantarse

- **flip over**

A [v + o + adv] ‹*record/pancake/page*› darle* la vuelta a, voltear (AmL exc CS), dar* vuelta (CS)

B [v + adv] «*car*» volcar*, volcarse*, voltearse (Méx), darse* vuelta (CS)

- **flip through** [v + prep + o] hojear

flip² *n*

A (blow) golpecito *m*

B (somersault) salto *m* mortal, voltereta *f* (en el aire)

flip³ *adj* **-pp-** (colloq) burlón

flip⁴ *interj* (BrE colloq) ¡caray! (fam)

flip chart *n* flip-chart *f*, rotafolios *m*, girafolios *m*, papelógrafo *m*

flip-flop¹ /ˈflɪpflɑːp || ˈflɪpflɒp/ *n*

A (noise) chancleteo *m*

B (in gymnastics) voltereta *f* hacia atrás

C (reversal of policy) (AmE colloq) giro *m or* viraje *m* de 180 grados; **to do a ~** dar* un giro *or* viraje de 180 grados

D (Comput, Electron) flip-flop *m*

E (BrE) ▸**thong 3**

flip-flop² *vi* **-pp-**

A (make noise) chancletear

B (in gymnastics) dar* una voltereta hacia atrás

C (reverse policy) (AmE colloq) dar* un viraje de 180 grados

flippancy /ˈflɪpənsi/ *n* [u] (of remarks) poca seriedad *f*, ligereza *f*; (of attitude) displicencia *f*, indiferencia *f*

flippant /ˈflɪpənt/ *adj* ‹*remark*› frívolo, poco serio; ‹*attitude*› displicente, indiferente; **he was very ~ about his mother's illness/losing his job** se tomaba la enfermedad de su madre/lo de perder el trabajo muy a la ligera

flippantly /ˈflɪpəntli/ *adv* ‹*talk*› con ligereza; ‹*behave*› displicentemente

flipper /ˈflɪpər || ˈflɪpə(r)/ *n* **1** (of seal, penguin) aleta *f* **2** (swimming aid) aleta *f* **3** (in pinball machine) flipper *m*

flipping¹ /ˈflɪpɪŋ/ *adj* (BrE colloq) (*before n*) maldito (fam), condenado (fam); **where's the ~ key?** ¿dónde está la maldita *or* condenada llave? (fam); **what's the ~ matter now?** ¿y ahora qué diablos pasa? (fam); **~ heck!** ¡demonios! (fam)

flipping² *adv* (BrE sl) (*as intensifier*) condenadamente

flip side *n* **the ~ 1** (Audio) la cara B **2** (colloq) la otra cara de la moneda (fam)

flip-top /ˈflɪptɑːp || ˈflɪptɒp/ *adj* (*before n*) ‹*table*› (de hoja) abatible; **~ pack** cajetilla *f* (de cigarrillos) dura

flirt¹ /flɜːrt || flɜːt/ *vi* **to ~ (WITH sb)** flirtear *or* coquetear (CON algn); **I've been ~ing with the idea of ...** le he estado dando vueltas a la idea de ...; **she ~ed with the new left in the 30s** coqueteó con la nueva izquierda en los años 30

flirt² *n*: **he/she is a terrible ~** le encanta flirtear *or* coquetear

flirtation /flɜːrˈteɪʃən || flɜːˈteɪʃən/ *n* **1** [c] (relationship) flirt *m*, devaneo *m*, ligue *m* (Esp fam); **after a brief ~ with politics, she ...** tras un breve coqueteo *or* devaneo con la política, ... **2** [u] (coquetry) flirteo *m*, coqueteo *m*

flirtatious /flɜːrˈteɪʃəs || flɜːˈteɪʃəs/ *adj* ‹*glance/remark*› insinuante; **a ~ girl** una chica coqueta

flirty /ˈflɜːrti || ˈflɜːti/ *adj* (colloq) coqueto, ligón (Esp fam)

flit¹ /flɪt/ *vi* **-tt-** «*bird/butterfly/bat*» revolotear; **she ~ted from room to room** iba y venía de una habitación a otra; **he continually ~s from one topic to the next** salta continuamente de un tema a otro; **the idea/image ~ted through my mind** la idea/imagen me pasó fugazmente por la cabeza

flit² *n* (BrE): **to do a (moonlight) ~** (colloq) largarse* a la chita callando (fam), tomarse los vientos (RPl fam), mandarse a cambiar (Chi fam)

flitch /flɪtʃ/ *n* pieza *f*

float¹ /fləʊt/ *vi*

A 1 (on water) flotar; **oil ~s on water** el aceite flota en el agua; **debris had ~ed up (to the surface) from the wreck** habían salido a flote restos del naufragio; **the logs ~ed downstream** los maderos bajaban flotando por el río; **he taught me to ~ (on my back)** me enseñó a hacer la plancha; **the canoe ~ed away on the tide** la marea se llevó la canoa **2** «*cloud/smoke*» flotar en el aire; **a feather ~ed past on the breeze** una pluma pasó flotando en la brisa **3** (move lightly) «*idea/image*» vagar*; **I felt I was ~ing on air** me sentí en el séptimo cielo *or* (como flotando) en las nubes

B (Fin) «*currency*» flotar

■ **float** *vt*

A 1 ‹*ship/boat*› poner* *or* sacar* a flote **2** ‹*raft/logs*› llevar, arrastrar; **the waves ~ed the seaweed ashore** las olas llevaron *or* arrastraron las algas hasta la orilla

B (Fin) **1** (establish): **to ~ a company** introducir* una compañía en Bolsa, lanzar* una compañía a Bolsa; **a week after the company had been ~ed ...** una semana después de que la compañía se cotizara por primera vez en bolsa ..., una semana después de que la compañía fuera lanzada a bolsa ... **2** (offer for sale) ‹*shares/stock/bonds*› emitir **3** (allow to fluctuate) ‹*currency*› dejar flotar

C (circulate) ‹*rumor*› hacer* correr; ‹*idea/proposal*› presentar; **a figure of $3m was ~ed** se sugirió una cifra de 3 millones de dólares

(Phrasal verb)

- **float around** (esp BrE), **float about** [v + adv]: **have you seen my keys? they must be ~ing around somewhere** ¿has visto mis llaves?

deben andar por ahí; **there's a rumor ~ing around that ...** corre la voz de que ...

float² *n*
A **1** (for fishing) flotador *m* **2** (in cistern, carburetor) flotador *m*, boya *f* **3** (raft, platform) plataforma *f* (flotante) **4** (for buoyancy) flotador *m*
B **1** (in parade) carroza *f*, carro *m* alegórico (CS, Méx) **2** (*milk* ~) (BrE) furgoneta *f* (*del reparto de leche*)
C (ready cash) caja *f* chica; (Busn, Fin) fondo *m* fijo; (to provide change): **a ~ of £20** 20 libras en cambio *or* en monedas
D (AmE) *refresco o batido con helado*
E (for plastering) llana *f*, fratás *m*, fratacho *m* (RPl)

floater /ˈfləʊtər || ˈfləʊtə(r)/ *n*
A (AmE colloq) (employee) trabajador, -dora *m,f* eventual
B (AmE) (multiple voter) votante *mf* múltiple
C (undecided voter) (BrE) votante *mf* indeciso
D (drifter) (AmE colloq) vagabundo, -da *m,f*
E (in eyeball) partícula *f* flotante
F (insurance policy) (AmE) póliza *f* flotante
G (in fishing) flotador *m*

floating /ˈfləʊtɪŋ/ *adj* (*before n*)
A ‹*dock/harbor/restaurant*› flotante
B (Fin) **1** ‹*currency/exchange rate*› flotante **2** ‹*assets*› circulante; ‹*debt*› flotante, a corto plazo; **~ capital** activo *m* circulante
C ‹*population*› flotante; ‹*voter/vote*› (BrE) indeciso; ‹*kidney/rib*› (Med) flotante; **~ (decimal) point** punto *m or* coma *f* flotante

floating window *n* (Comput) ventana *f* flotante

flock¹ /flɑːk || flɒk/ *n*
A [c] (+ *sing or pl vb*) **1** (of sheep) rebaño *m*; (of birds) bandada *f* **2** (of people) (*often pl*) tropel *m*, multitud *f*; **they came in ~s** vinieron en tropel *or* en masa **3** (Relig) feligreses *mpl*, grey *f*
B [u] (wool, cotton — as stuffing) borra *f*; (— as decoration) flocado *m*; (*before n*) ‹*mattress*› de borra; **~ (wall)paper** *papel pintado con relieve de terciopelo*

flock² *vi* acudir (*en gran número, en masa*); **everyone ~ed to hear the mayor** todo el mundo acudió a escuchar al alcalde; **people came ~ing into town for the carnival** muchísima gente vino *or* acudió a la ciudad para los carnavales; **to ~ together** congregarse*, reunirse; **fans ~ed around their idol** los fans rodearon a su ídolo; **customers have been ~ing in** ha venido un gran número de clientes

floe /fləʊ/ *n* témpano *m* de hielo

flog /flɑːg || flɒg/ *vt* **-gg-**
A (beat) azotar; ***to ~ sth to death*** (BrE colloq) repetir* algo hasta la saciedad
B (sell) (BrE sl) vender

flogging /ˈflɑːgɪŋ || ˈflɒgɪŋ/ *n* [c u]: **to give sb a ~** azotar a algn; **Islamic law prescribes ~** la ley islámica prescribe los azotes *or* la flagelación como castigo

flood¹ /flʌd/ *n*
A **1** (of water) (*often pl*) inundación *f*; (caused by river) inundación *f*, riada *f*; **we had a ~ in the bathroom** se nos inundó el cuarto de baño; **the F~** (Bib) el Diluvio (Universal); **the river was in ~** el río estaba crecido; **to be in full ~** «*river*» estar* desbordado; «*speaker*» estar* en pleno discurso *or* (pey) en plena perorata; (*before n*): **the ~ damage** los daños causados por las inundaciones; **the ~ victims** los damnificados por las inundaciones **2** ▸**flood tide** **3** (of complaints, calls, letters) avalancha *f*, diluvio *m*; (of words, light, energy) torrente *m*; (of people) avalancha *f*, riada *f*; **she was in ~s of tears** estaba hecha un mar de lágrimas
B (floodlight) reflector *m*, foco *m*

flood² *vt* **1** ‹*field/town*› inundar, anegar*; **the kitchen was ~ed** se inundó la cocina **2** (Auto) ‹*engine*› ahogar* **3** (overwhelm) inundar; **we've been ~ed with applications** nos han inundado de solicitudes, nos han llovido las solicitudes; **the stage was ~ed with light** el escenario estaba inundado de luz; **to ~ the market with imports** (Busn) inundar *or* saturar el mercado de productos importados

■ **flood** *vi* **1** «*river/stream/sewers*» desbordarse; «*mine/basement*» inundarse; **the bathtub/washing machine is ~ing** el agua se está saliendo de la bañera/lavadora **2** (Auto) ahogarse* **3** (+ *adv compl*) «*people/crowd*»: **the crowd ~ed out of/into the stadium** la multitud salió en tropel del estadio/entró en tropel al estadio; **the news brought people ~ing into the streets** la noticia hizo que la gente se echara *or* se lanzara a las calles; **to ~ in** «*sunshine/light*» entrar a raudales; **donations came ~ing in** llovieron los donativos **4** «*emotion*»: **sadness ~ed through him** lo invadió *or* lo inundó la tristeza; **relief ~ed through her** sintió un gran alivio; **memories came ~ing back** los recuerdos se agolparon en su (*or* mi *etc*) memoria

Phrasal verb

• **flood out**
A [v + adv] (pour out) «*water*» salir* a raudales; «*people*» salir* en tropel
B [v + o + adv, v + adv + o] **1** (inundate) ‹*building*› inundar **2** ‹*people*› **thousands have been ~ed out** las inundaciones han obligado a miles de personas a evacuar sus casas

floodgate /ˈflʌdgeɪt/ *n* compuerta *f*, esclusa *f*; ***to open the ~s to sth*** abrirle* las puertas a algo

flooding /ˈflʌdɪŋ/ *n* [u] inundación *f*

floodlight¹ /ˈflʌdlaɪt/ *n* [c u] reflector *m*, foco *m*; **under ~s, by ~** con luz artificial

floodlight² *vt* (*past & past p* **floodlit** /ˈflʌdlɪt/) **1** iluminar (*con reflectores o focos*) **2** **floodlit** *past p* ‹*arena/building*› iluminado; ‹*game*› que se juega con luz artificial

floodlighting /ˈflʌdlaɪtɪŋ/ *n* [u] iluminación *f* (*con reflectores o focos*)

floodplain /ˈflʌdpleɪn/ *n*: *tierras que quedan inundadas durante la crecida de un río*

flood tide *n* pleamar *f*

floodwall /ˈflʌdwɔːl/ *n* muro *m* de contención

floodwater /ˈflʌd,wɔːtər || ˈflʌd,wɔːtə(r)/ *n* [u] (*often pl*) crecida *f*

floor¹ /flɔːr || flɔː(r)/ *n*
A **1** (of room, vehicle) suelo *m*, piso *m* (AmL); **from ~ to ceiling** desde el suelo *or* (AmL tb) piso hasta el techo; ***to wipe up*** o (BrE) ***wipe the ~ with sb*** hacer* trizas a algn **2** (for dancing) pista *f* (de baile); **to take the ~** salir* a bailar *or* a la pista **3** (of ocean, valley, forest) fondo *m*
B (storey) piso *m*; **we live on the first/second ~** (AmE) vivimos en la planta baja/el primer piso *or* (Chi) en el primer/segundo piso; (BrE) vivimos en el primer/segundo piso *or* (Chi) en el segundo/tercer piso
C **the ~** **1** (of debating chamber, parliament) el hemiciclo, la sala; **to cross the ~** cambiar de partido *or* bando; **to gain/have the ~** obtener*/tener* (el uso de) la palabra **2** (audience at debate) la asamblea, los asistentes; **a question from the ~** una pregunta de la asamblea *or* de uno de los asistentes; **to throw the meeting open to the ~** dar* la palabra a los asistentes **3** (of stock exchange) el parqué *or* parquet
D (for wages, prices) (Econ) mínimo *m*; **the price of coffee has fallen through the ~** el precio del café ha caído en picada *or* (Esp) picado

floor² *vt*
A (Const): **the room is ~ed with parquet** el suelo de la habitación es de *or* está recubierto de parquet
B **1** (knock down) derribar, tirar al suelo **2** (nonplus) (colloq) «*news/announcement*» dejar helado *or* de una pieza (fam); **I was completely ~ed by their questions** sus preguntas me dejaron sin saber qué decir
C (push, force toward the floor) (AmE colloq) pisar *or* apretar a fondo

floorboard /ˈflɔːrbɔːrd || ˈflɔːbɔːd/ *n* **1** (Const) tabla *f* del suelo, duela *f* (Méx) **2** (AmE) (Auto) suelo *m*, piso *m* (AmL); **to have the accelerator down to the ~s** tener* pisado el acelerador a fondo

floorcloth /ˈflɔːrklɔːθ || ˈflɔːklɒθ/ *n* trapero *m* (AmL), bayeta *f* (Esp), jerga *f* (Méx), trapo *m* de piso (RPl)

floor exercise *n* (Sport) ejercicio *m* de suelo

flooring /ˈflɔːrɪŋ/ *n* [u] revestimiento *m* para suelos

floor lamp *n* lámpara *f* de pie

floor leader *n* (AmE) (Pol) *diputado o senador encargado de mantener la disciplina de partido*

floor-length /ˈflɔːrleŋθ || ˈflɔːleŋθ/ *adj* ‹*curtain*› hasta el suelo; ‹*dress*› largo (hasta los pies)

floor manager *n* **1** (Cin, TV) regidor, -dora *m,f* **2** (in department store) jefe, -fa *m,f* de planta **3** (AmE) (Pol) secretario, -ria *m,f* de organización

floor plan *n* plano *m*, planta *f*

floor polish *n* [u] (esp BrE) abrillantador *m* para el suelo *or* (AmL tb) el piso

floor polisher *n* enceradora *f*

floor show *n* espectáculo *m* (*de cabaret*)

floor space *n* [u] espacio *m*

floorwalker /ˈflɔːr,wɔːkər || ˈflɔːr,wɔːkə(r)/ *n* jefe, -fa *m,f* de vendedores

floor wax *n* [u] cera *f* para el suelo *or* (AmL tb) para el piso

floozy, floozie /ˈfluːzi/ *n* (*pl* **-zies**) (colloq & pej) fulana *f* (fam)

flop¹ /flɑːp || flɒp/ *vi* **-pp-**
A **1** (fall, move slackly) (+ *adv compl*): **she ~ped down into a chair** se dejó caer en un sillón; **he ~ped down exhausted onto the bed** se desplomó en la cama muerto de cansancio; **her head ~ped forward as she fell asleep** dio una cabezada al quedarse dormida; **the fish was ~ping about** el pez daba coletazos **2** (sleep) (AmE colloq) dormir*, apolillar (RPl fam)
B (fail) (colloq) «*play/film/show*» fracasar estrepitosamente

flop² *n*
A (sound, movement) (*no pl*) golpetazo *m*, golpe *m* seco
B (failure) (colloq) fracaso *m*

flop³ *adv*: **the book fell ~ on the floor** el libro dio un golpetazo *or* golpe seco al caer al suelo; **to go ~** «*project/campaign*» (colloq) fracasar, malograrse

flophouse /ˈflɑːphaʊs || ˈflɒphaʊs/ *n* (AmE sl) albergue *m* para vagabundos

floppy¹ /ˈflɑːpi || ˈflɒpi/ *adj* ‹*hat/bag*› flexible, blando; ‹*ears/tail*› caído; ‹*doll*› de trapo; ‹*body*› desmadejado

floppy² *n* (*pl* **-pies**) (colloq) ▸**floppy disk**

floppy disk *n* disquete *m*, floppy (disk) *m*, disco *m* flexible *or* blando

flora /ˈflɔːrə/ *n* (Bot) flora *f*

floral /ˈflɔːrəl/ *adj* ‹*pattern/fabric/dress*› floreado; **a ~ print** un estampado de flores; **~ tribute** (frml) ofrenda *f* floral (frml), corona *f* de flores

Florence /ˈflɔːrəns || ˈflɒrəns/ *n* Florencia *f*

florentine /ˈflɑːrəntiːn || ˈflɒrəntiːn/ *n*: *galleta de frutos secos cubierta de chocolate*

Florentine /ˈflɔːrəntiːn || ˈflɒrəntaɪn/ *adj* florentino

floret /ˈflɔːrət || ˈflɒrɪt/ *n* **1** (small flower) flósculo *m* **2** (of cauliflower) cabezuela *f*, cogollito *m*

florid /ˈflɔːrəd || ˈflɒrɪd/ *adj* **1** (red) ‹*complexion/cheeks*› rubicundo **2** (ornate) ‹*decoration/style*› recargado; ‹*language*› florido

Florida /ˈflɔːrədə || ˈflɒrɪdə/ *n* Florida *f*

florin /ˈflɔːrən || ˈflɒrɪn/ *n* **1** (in UK) florín *m* **2** (in Netherlands) (dated) florín *m*

florist /ˈflɔːrəst || ˈflɒrɪst/ *n* (person) florista *mf*; **is there a ~'s near here?** ¿hay una floristería *or* (AmL tb) florería cerca de aquí?

floss¹ /flɑːs || flɒs/ *n* [u] **1** (fibrous mass) pelusa *f*, cadarzo *m* **2** (for embroidery) hilo *m* de seda (de bordar) **3** (pretentious display) (AmE colloq) ostentación *f* **4** (*dental* ~) hilo *m or* seda *f* dental

floss² *vi* limpiarse los dientes con hilo *or* seda dental
■ **floss** *vt* limpiar con hilo *or* seda dental

flossy /ˈflɑːsi || ˈflɒsi/ *adj* **-sier, -siest** **1** (glamorous) (AmE colloq) vistoso, llamativo **2** (like floss) ‹*substance/cloud*› algodonoso

flotation /fləʊˈteɪʃən/ *n*
A [c] (of company) salida *f* a Bolsa, admisión *f* a cotización en Bolsa; (of shares) emisión *f*
B [u] (Naut) flotación *f*; (*before n*): **~ bag/device** flotador *m*; **~ collar** (Aerosp) flotador *m* de la cápsula espacial

flotilla /fləʊˈtɪlə || fləˈtɪlə/ *n* flotilla *f*

flotsam /ˈflɑːtsəm ‖ ˈflɒtsəm/ *n* [u] restos *mpl* flotantes (*de un naufragio*); **~ and jetsam** (things) desechos *mpl*, restos *mpl*; **the ~ and jetsam of the consumer society** los marginados por la sociedad de consumo

flounce[1] /flaʊns/ *vi* (+ *adv compl*): **to ~ in/out** entrar/salir* indignado (*or* airado *etc*); **to ~ around the room** moverse* por la habitación haciendo aspavientos

flounce[2] *n*
A (ruffle) volante *m*, volado *m* (RPl), vuelo *m* (Chi)
B (impatient movement) aspaviento *m*

flounced /flaʊnst/ *adj* ‹*skirt/petticoat*› con *or* de volantes *or* (RPl) volados, con vuelos (Chi)

flounder[1] /ˈflaʊndər ‖ ˈflaʊndə(r)/ *vi* 1 (physically): **she was ~ing in the water** luchaba por mantenerse a flote en el agua; **it was funny to see him ~ around on the ice** hacía gracia verlo tambalearse por el hielo; **the oxen ~ed through the mud** los bueyes avanzaban dando resbalones en el barro 2 «*speaker*» quedarse sin saber qué decir; **he was ~ing after two questions** a la tercera pregunta empezó a fallar *or* a perder pie; **the economy is ~ing** la economía está dando trompicones; **he ~ed on in his execrable Spanish** siguió a trancas y barrancas en su espantoso español

flounder[2] *n* platija *f*

flour[1] /flaʊr ‖ ˈflaʊə(r)/ *n* [u] harina *f*

flour[2] *vt* enharinar

flourish[1] /ˈflɜːrɪʃ ‖ ˈflʌrɪʃ/ *vi* «*arts/trade*» florecer*; «*business*» prosperar; «*plant*» darse* *or* crecer* bien; **the children are ~ing** los niños están creciendo sanos y saludables
■ **flourish** *vt* ‹*stick/letter*› blandir, agitar

flourish[2] *n* 1 (showy gesture) floreo *m*, floritura *f*; **with a ~** haciendo un floreo *or* una floritura; **with an elegant ~** con un gesto *or* ademán elegante 2 (embellishment) floritura *f*, firulete *m* (AmL); (in signature) rúbrica *f* 3 (Mus) (fanfare) fanfarria *f*; (ornament) floritura *f*

flourishing /ˈflɜːrɪʃɪŋ ‖ ˈflʌrɪʃɪŋ/ *adj* 1 ‹*business*› próspero, floreciente; **she's/they're ~** está/están estupendamente, le/les va de maravilla 2 ‹*variety*› (Bot) que da flores

flour mill *n* molino *m* de harina

floury /ˈflaʊri ‖ ˈflaʊəri/ *adj* 1 (flour-coated) ‹*hands/face/clothes*› lleno de harina, enharinado; ‹*loaf/roll*› cubierto de harina 2 (in texture) ‹*potatoes*› harinoso; **the sauce tasted ~** la salsa sabía a harina

flout /flaʊt/ *vt* desobedecer* *or* desacatar abiertamente

flow[1] /fləʊ/ *vi*
A 1 «*liquid/electric current*» fluir*; «*tide*» subir, crecer*; «*blood*» correr; (from wound) manar, salir*; **the Seine ~s through Paris** el Sena pasa por *or* atraviesa París; **the river ~s into the sea** el río desemboca *or* desagua en el mar; **the current was ~ing strongly** la corriente era muy fuerte; **tears ~ed down her cheeks** las lágrimas le corrían por las mejillas; **Irish blood ~ed through his veins** sangre irlandesa corría por sus venas 2 (run smoothly, continuously) «*traffic*» circular con fluidez; «*music/words*» fluir*; **the aim is to keep the traffic ~ing** lo que se pretende es que el tráfico sea fluido *or* que circule con fluidez; **work is ~ing (along) nicely** el trabajo marcha muy bien; **capital has been ~ing out of the industry at an alarming rate** la industria se ha descapitalizado a un ritmo vertiginoso; **the ideas that ~ed from her pen** las ideas que manaban de su pluma (liter); **complaints/congratulations have been ~ing in** (nos) han llovido las quejas/felicitaciones 3 (fall loosely) «*hair/dress*» caer*
B (be plentiful) correr como agua; **the wine was ~ing when we arrived** cuando llegamos el vino corría como agua; **a land ~ing with milk and honey** (Bib) una tierra que mana (en) leche y miel
C (derive, follow) (frml) **to ~ FROM sth** derivarse DE algo

Phrasal verb
• **flow over** [v + adv] (extend) **to ~ over (INTO sth)** extenderse* (A algo)

flow[2] *n*
A [u] 1 (of liquid, current) flujo *m*, circulación *f*; **to prevent the ~ of blood from a wound** impedir* que mane *or* salga la sangre de una herida; **rate of ~** caudal *m*; **a free ~ of air is vital** es indispensable una buena ventilación *or* que circule bien el aire 2 (of traffic) circulación *f*; (of information, knowledge) circulación *f*; **the recession halted the ~ of capital** la recesión frenó el movimiento de capital; **he was interrupted in full ~** lo interrumpieron en pleno discurso; **it interrupted her ~ of thought** interrumpió el hilo de sus ideas; ***to go with the ~*** (colloq) dejarse arrastrar *or* llevar por la corriente; **he just went with the ~ of the music** se dejó llevar por la música
B 1 [c] (stream — of water, lava) corriente *f*; (— of abuse) torrente *m* 2 [u] (menstrual) flujo *m* 3 [u] (of tide) flujo *m*, subida *f*; **the ebb and ~ of the tide** el flujo y reflujo (de la marea)
C [u] (of narrative, music) fluidez *f*; (of material, fabric) caída *f*

flow chart, flow diagram *n* organigrama *m*; (Comput) diagrama *m* de flujo, ordinograma *m*

flower[1] /flaʊr ‖ ˈflaʊə(r)/ *n*
A [c] 1 (blossom) flor *f*; **no ~s by request** se ruega no enviar ofrendas florales; **to be in ~** [u] estar* en flor; (*before n*): **~ arrangement** arreglo *m* floral; **~ power** ≈ el poder de la paz y el amor; **~ shop** floristería *f*, florería *f* (AmL) 2 (plant) flor *f*; (*before n*): **~ garden** jardín *m* (de flores); **~ show** exposición *f* de flores
B [u] (finest part) (liter): **the ~ of the nation/army** la flor y nata del país/ejército; **he died in the ~ of his youth** murió en la flor de la edad *or* de la juventud *or* de la vida

flower[2] *vi* 1 (Bot) florecer*, florear (Chi, Méx) 2 **flowering** *pres p* ‹*plant/shrub/tree*› que da flores; **a summer-/spring-~ing plant** una planta que florece en verano/primavera; **~ing maple** abutilón *m* 3 (reach maturity) alcanzar* la plenitud (frml)

flower arranging /əˈreɪndʒɪŋ/ *n* [u] arreglos *mpl* florales

flowerbed /ˈflaʊrbed ‖ ˈflaʊəbed/ *n* arriate *m* (Esp, Méx), parterre *m* (Esp), cantero *m* (Cu, RPl)

flower child *n* (Hist) hippy *mf*

flowered /flaʊrd ‖ ˈflaʊəd/ *adj* floreado

flower girl *n* damita *f* de honor (*que esparce pétalos delante de la novia camino al altar*)

flower head *n* cabezuela *f*

flowering /ˈflaʊrɪŋ ‖ ˈflaʊərɪŋ/ *n* [u c] 1 (of plant) floración *f* 2 (of culture, art) florecimiento *m*

flowering cherry *n* cerezo *m* ornamental

flower people *pl n* (Hist) hippies *mpl*

flowerpot /ˈflaʊrpɑːt ‖ ˈflaʊəpɒt/ *n* maceta *f*, tiesto *m* (Esp), macetero *m* (AmS)

flowery /ˈflaʊri ‖ ˈflaʊəri/ *adj*
A 1 ‹*fabric/pattern/dress*› floreado, de flores 2 ‹*perfume/scent*› floral 3 ‹*meadow/hillside*› florido
B ‹*style/prose/compliment*› florido

flowing /ˈfləʊɪŋ/ *adj* 1 ‹*beard/robe/hair*› largo y suelto 2 ‹*style/handwriting/movement*› fluido

flowmeter /ˈfləʊmiːtər ‖ ˈfləʊmiːtə(r)/ *n* medidor *m* de flujo

flown /fləʊn/ *past p of* **fly[2]**

flowsheet /ˈfləʊʃiːt/ *n* ▸ **flow chart**

fl oz ▸ ❶ **p.998 = fluid ounce(s)**

flu /fluː/ *n* [u] gripe *f*, gripa *f* (Col, Méx); **he's got (the) ~** tiene gripe *or* (Col, Méx) gripa; (*before n*) ‹*symptoms/epidemic*› de gripe *or* (Col, Méx) gripa

flub[1] /flʌb/ **-bb-** *vt* (AmE colloq) fallar; ‹*chance*› echar a perder; **I ~bed the exam** la pifié en el examen (fam), troné el examen (Méx)
■ **flub** *vi* (AmE colloq) meter la pata (fam), embarrarla (AmS fam)

flub[2] *n* (AmE colloq) metedura *f or* (AmL tb) metida *f* de pata (fam), embarrada *f* (AmS fam)

fluctuate /ˈflʌktʃueɪt ‖ ˈflʌktjueɪt/ *vi* 1 «*price/temperature/figure*» fluctuar*, oscilar 2 «*opinion/mood*» fluctuar*; **she ~d between ...** oscilaba entre ...

fluctuation /ˌflʌktʃuˈeɪʃən ‖ ˌflʌktjuˈeɪʃən/ *n* 1 [u] (variability) fluctuación *f*, oscilación *f* 2 [c] (variation) fluctuación *f*, variación *f*

flue /fluː/ *n* (of chimney) tiro *m*; (of stove, boiler) tiro *m*, salida *f* de humos

fluency /ˈfluːənsi/ *n* [u] 1 (in speech, writing) fluidez *f*, soltura *f*; **she speaks French with great ~** habla francés con mucha fluidez *or* soltura; **~ in Basic/French is mandatory** es imprescindible poseer dominio de Basic/del francés 2 (in movement) soltura *f*, fluidez *f*

fluent /ˈfluːənt/ *adj* 1 (in languages): **to be ~ in Italian** hablar italiano con fluidez *or* soltura; **~ Cobol programmers required** se necesitan programadores con dominio de Cobol; **she spoke in ~ Urdu** habló con fluidez en urdu 2 ‹*style/delivery*› fluido; ‹*speaker*› desenvuelto 3 ‹*movement/rhythm*› fluido

fluently /ˈfluːəntli/ *adv* 1 ‹*write/express oneself*› con fluidez *or* soltura 2 ‹*move/dance*› con soltura *or* fluidez

fluey /ˈfluːi/ *adj* (BrE colloq) griposo (fam), agripado (Andes), engripado (CS)

fluff[1] /flʌf/ *n*
A [u] 1 (from fabric, carpet) pelusa *f* 2 (down, fur) pelusa *f*; ***a bit of ~*** (colloq & dated) un bombón (fam)
B [c] (blunder) (colloq) pifia *f* (fam), pifiada *f* (fam)

fluff[2] *vt*
A (bungle) (colloq) ‹*exam*› pifiarla en (fam); ‹*chance*› echar a perder; **she ~ed her lines** se equivocó en su parlamento
B **~ (up)** ‹*feathers*› ahuecar*; ‹*cushion*› mullir*

fluffy /ˈflʌfi/ *adj* **-fier, -fiest** 1 ‹*fabric/garment*› suave y esponjoso; **a ~ toy** (BrE) un juguete de peluche 2 ‹*feathers/fur/hair*› suave y sedoso 3 (light, airy) ‹*cake*› esponjoso

fluid[1] /ˈfluːəd ‖ ˈfluːɪd/ *n* [u c] 1 (Phys, Tech) fluido *m*; **hydraulic/brake ~** líquido *m* hidráulico/de frenos 2 (in body) líquido *m*, fluido *m* 3 (liquid nourishment) líquido *m*; **he's on ~s** está tomando sólo líquidos

fluid[2] *adj*
A 1 ‹*substance/consistency*› fluido 2 ‹*movement/style*› fluido
B (not stable or fixed): **our plans are still very ~** aún no hemos concretado nuestros planes; **the political situation is ~** la situación política es muy incierta
C (AmE) (Fin) líquido, disponible

fluidity /fluˈɪdəti/ *n* [u]
A (of paint, oil) fluidez *f*
B 1 (of movements) fluidez *f*, soltura *f* 2 (of situation) incertidumbre *f*
C (AmE) (Fin) liquidez *f*

fluid ounce ▸ ❶ **p.998** *n* (in US) *unidad de capacidad equivalente a 29,57 mililitros*; (in UK) *unidad de capacidad equivalente a 28,42 mililitros*

fluke /fluːk/ *n*
A (stroke of luck) (colloq) chiripa *f* (fam), casualidad *f*; **by a ~** de *or* por chiripa, por (una) casualidad (fam)
B 1 (of anchor) uña *f* 2 (of whale's tail) aleta *f*
C (flatworm) trematodo *m*

fluky /ˈfluːki/ *adj* **-kier, -kiest** (colloq) 1 ‹*shot/hit*› que acierta de *or* por chiripa; **she had this totally ~ break** tuvo una suerte loca (fam) 2 ‹*weather/situation*› variable

flume /fluːm/ *n* tubo *m*

flummox /ˈflʌməks/ *vt* (colloq) desconcertar*, dejar cortado (fam)

flung /flʌŋ/ *past & past p of* **fling[1]**

flunk /flʌŋk/ *vt* (AmE colloq) reprobar*, rajar (Andes fam), catear (Esp arg), tronar* (Méx fam), bochar (RPl fam), jalar (Per arg); **I was ~ed in French** *o* (BrE also) **I ~ed French** me reprobaron en francés, me rajaron (Andes fam) *or* (Esp arg) me catearon *or* (Méx fam) me tronaron *or* (RPl fam) me bocharon *or* (Per arg) me jalaron en francés
■ **flunk** *vi* **~ (out)** (colloq) (AmE) salir* reprobado *or* (Esp) suspendido

flunkey /ˈflʌŋki/ *n* (*pl* **-keys** *or* **-kies**) 1 (footman) (pej) lacayo *m* 2 (henchman) (pej) esbirro *m* (pey)

flunky /ˈflʌŋki/ *n* (*pl* **-kies**) ▸ **flunkey**

fluorescence /flʊˈresəns ‖ flʊəˈresəns, flɔː-/ *n* [u] fluorescencia *f*

fluorescent /flʊˈresənt ‖ flʊəˈresənt, flɔː-/ *adj* ‹*substance/green/glow*› fluorescente; **~ light** *o*

tube tubo *m* fluorescente, tubolux® *m* (RPl)

fluoridation /ˌflʊrəˈdeɪʃən || ˌflʊərɪˈdeɪʃən, ˌflɔː-/ *n* [u] fluoración *f*, fluorización *f*

fluoride /ˈflʊraɪd || ˈflʊəraɪd, ˈflɔː-/ *n* [c u] (Chem) fluoruro *m*; (Dent) flúor *m*; (*before n*): **~ toothpaste** dentífrico *m* con flúor

fluorine /ˈflʊriːn || ˈflʊəriːn, ˈflɔː-/ *n* [u] flúor *m*

fluorocarbon /ˈflʊrəˌkɑːrbən || ˈflʊərəʊˌkɑːbən/ *n* fluorocarbono *m*

flurried /ˈflɜːrid || ˈflʌrid/ *adj* (*pred*) nervioso, aturullado; **to get ~** ponerse* nervioso, aturullarse

flurry /ˈflɜːri || ˈflʌri/ *n* (*pl* **-ries**)
A (of snow, wind) ráfaga *f*; (of rain) chaparrón *m*
B **1** (sudden burst): **a ~ of excitement ran through the crowd** una oleada de emoción recorrió a la multitud; **a ~ of proposals/objections** un aluvión de propuestas/objeciones; **there was a ~ of trading at the close of business** el parqué se animó al cierre; **there was a ~ of activity when she arrived** hubo mucho trajín cuando ella llegó **2** (agitated state): **to be in a ~** ponerse* nervioso, aturullarse

flush¹ /flʌʃ/ *n*
A **1** (blush): **a ~ of anger brightened her cheeks** se puso roja de ira; **their words brought an embarrassed ~ to his cheeks** sus palabras lo hicieron ruborizarse *or* sonrojarse (de vergüenza); **the child had a feverish ~** el niño estaba colorado *or* rojo por la fiebre; **the first pink ~ of dawn in the sky** (liter) el primer arrebol del alba en el cielo (liter) **2** (of anger, passion) arrebato *m*; **in the first ~ of success** con la euforia del triunfo; **in the first ~ of youth** en la flor de la juventud; **hot ~es** (BrE) (Med) sofocos *mpl*, bochornos *mpl*, calores *mpl* (RPl)
B **1** (toilet mechanism) cisterna *f* **2** (action): **we gave the pipe a ~ with some boiling water** purgamos la cañería con agua caliente; **give the toilet another ~** tira otra vez de la cadena, jálale (a la cadena) otra vez (AmL exc CS)
C (in cards) flor *f*; **royal/straight ~** escalera *f* real/de color

flush² *vt*
A **1** **to ~ the toilet** tirar de la cadena, jalarle (a la cadena) (AmL exc CS); **to ~ sth down the toilet** *o* **away** tirar algo al *or* echar algo por el wáter **2** **~ (out)** ‹*drain/pipe*› purgar*
B (drive out) **~ (out)** ‹*person/criminal*› hacer* salir; ‹*game*› (in hunting) levantar
C (redden): **the effort had ~ed his cheeks** tenía las mejillas coloradas *or* estaba rojo por el esfuerzo; **the evening sun ~ed the sky a delicate pink** el sol del atardecer tiñó el cielo de un rosa pálido

■ **flush** *vi*
A «*toilet*» funcionar; **the toilet won't ~** la cisterna no funciona
B (blush) «*person/face*» (with anger) enrojecer*, ponerse* rojo; (with embarrassment) ruborizarse*, sonrojarse, ponerse* colorado; **her cheeks ~ed crimson** sus mejillas se encendieron

flush³ *adj*
A (level) ‹*column/margin*› alineado; **a ~ door** una puerta lisa; **the table is ~ with the cabinet** la mesa está alineada con el armario; **the mirror is fitted so as to be ~ with the wall** el espejo está empotrado para que no sobresalga de la pared; **~ against the wall** pegado a la pared
B (having money) (colloq): **to be ~** andar* bien de dinero

flushed /flʌʃt/ *adj* ‹*face/cheeks*› colorado, rojo; **~ with fever/anger** rojo por la fiebre/de ira; **~ with success/joy** exaltado por el éxito/la alegría

flush toilet *n* WC *m*, wáter *m* con cisterna

fluster¹ /ˈflʌstər || ˈflʌstə(r)/ *vt* poner* nervioso, aturullar; **to get ~ed** ponerse* nervioso, aturullarse

fluster² *n* (*no pl*): **to be/get in a ~** estar*/ponerse* nervioso; **he got in a terrible ~** se puso nerviosísimo; **there was a terrible ~ in the office when ...** hubo gran agitación *or* conmoción en la oficina cuando ...

flute¹ /fluːt/ *n*
A (Mus) (instrument, organ stop) flauta *f*
B (glass) copa *f* (larga) de champán

flute² *vt* **1** (make wavy) ondular **2** ‹*pillar/column*› (Archit) estriar*, acanalar

fluted /ˈfluːtəd || ˈfluːtɪd/ *adj* **1** ‹*pillar/column*› (Archit) estriado, acanalado **2** ‹*border/edge*› ondulado

fluting /ˈfluːtɪŋ/ *n* [u] **1** (grooves) estrías *fpl*, acanaladura *f* **2** (wavy edge) ondulación *f*

flutist /ˈfluːtəst || ˈfluːtɪst/ *n* (AmE) flautista *mf*

flutter¹ /ˈflʌtər || ˈflʌtə(r)/ *vi* **1** «*bird/butterfly*» revolotear; **the bird ~ed away** el pájaro se alejó aleteando **2** «*flag*» ondear, agitarse; «*foliage*» agitarse; **the papers/leaves ~ed to the floor** los papeles/las hojas cayeron revoloteando al suelo **3** «*person*» dar* vueltas, ir* y venir*, revolotear **4** «*heart*» latir *or* palpitar con fuerza

■ **flutter** *vt* ‹*wings*› batir, sacudir; ‹*handkerchief*› agitar; **to ~ one's eyelashes at sb** hacerle* ojitos *or* caídas de ojo a algn

flutter² *n*
A **~ (of wings)** (*no pl*) aleteo *m*, revoloteo *m* (de alas)
B (thrill) (*no pl*) revuelo *m*; **her remarks caused a ~ among the guests** sus comentarios causaron un revuelo entre los invitados; **there was a ~ of excitement in the audience as the star came on** hubo un revuelo entre el público cuando apareció la estrella; **I was (all) in a ~ when I heard the news** cuando oí la noticia me puse nerviosa; **to put sb in a ~** poner* nervioso a algn
C (bet) (BrE colloq) (*usu sing*) pequeña apuesta *f*; **to have a ~ on the horses** probar* suerte en las carreras (de caballos)
D [c] (Med) palpitación *f*
E [u] **1** (Aviat) vibración *f* **2** (Audio, Electron) oscilación *f*

fluvial /ˈfluːviəl/ *adj* fluvial

flux /flʌks/ *n* [u]
A (constant change): **to be in (a state of) ~** estar* en un estado de cambio, fluctuar* *or* cambiar continuamente
B (Metall) fundente *m*
C (Phys, Med) flujo *m*

fly¹ /flaɪ/ *n* (*pl* **flies**)
A **1** (insect) mosca *f*; ***he/she wouldn't hurt a ~*** es incapaz de matar una mosca; ***the ~ in the ointment*** el único problema, la única pega (Esp fam); ***there are no flies on her/him*** no tiene un pelo de tonta/tonto; ***to be a ~ on the wall*: I'd like to have been a ~ on the wall when he told her** me habría gustado estar allí *or* ver su reacción cuando se lo dijo; ***to die/drop like flies*** morir*/caer* como moscas **2** (in angling) mosca *f*; (*before n*): **~ fisherman** pescador *m* con mosca; **~ fishing** pesca *f* con mosca
B **~ (ball)** (in baseball) (AmE) globo *m*, fly *m*; ***on the ~*** (AmE) (hurriedly) a las carreras; (lit: without bouncing) por el aire
C (on trousers) (*often pl in BrE*) bragueta *f*, marrueco *m* (Chi); **your ~ is** *o* (BrE also) **flies are undone** llevas la bragueta abierta *or* desabrochada, tienes el marrueco abierto *or* desabrochado (Chi)
D (on tent) **1** (flap) puerta *f* **2** **~ (sheet)** toldo *m* impermeable (*de tienda de campaña*)
E **flies** *pl* (Theat) bambalinas *fpl*

fly² (*3rd pers sing pres* **flies**; *pres p* **flying**; *past* **flew**; *past p* **flown**) *vi*
A **1** «*bird/bee*» volar*; **to ~ away/in/out** irse*/entrar/salir* volando; **the bird flew out of its cage** el pájaro se escapó (volando) de la jaula **2** «*plane/pilot*» volar*; «*passenger*» ir* en avión; **we are ~ing at 8,000m** volamos a 8.000m; **we'll be ~ing over Rome** volaremos sobre *or* sobrevolaremos Roma; **she's learning to ~** está aprendiendo a volar *or* a pilotar aviones; **I'm going to Boston — are you ~ing?** me voy a Boston — ¿vas en avión?; **to ~ in** llegar* (*en avión*); **the ambassador is ~ing in tomorrow** el embajador llegará mañana; **we will be ~ing into Orly** aterrizaremos en Orly; **to ~ out** salir* (*en avión*); **he flew (out) from London this morning** salió de Londres en avión esta mañana; **we ~ on to Denver tomorrow** mañana volamos a *or* salimos en avión para Denver; **the jets flew past in formation** los jets pasaron volando en formación; **a nice concept, but will it ~?** (AmE colloq) una idea buena pero ¿funcionará?; ***to be ~ing high*** estar* volando alto; ***to ~ blind*** ir* a ciegas; (Aviat) volar* guiándose por los instrumentos **3** (float in air) «*flag*» ondear, flamear; **with her hair/coat ~ing in the wind** con el pelo/abrigo ondeando al viento
B **1** (rush) «*person*» correr, ir* (*or* salir* *etc*) volando; **they went ~ing around the corner/up the steps** doblaron la esquina/subieron las escaleras volando; **I must ~!** (colloq) ¡tengo que salir *or* irme volando!; **to ~ to sb's rescue/side** correr en auxilio/al lado de algn **2** **to ~ AT sb** lanzarse* SOBRE algn; **the dog flew at the intruder's throat** el perro se tiró *or* se lanzó al cuello del intruso; **to ~ into a temper** *o* **rage** ponerse* hecho una furia *or* un basilisco, montar en cólera **3** (move, be thrown) volar*; **papers were ~ing in the wind** había papeles volando por el aire; **my hat flew off** se me voló el sombrero; **the ball/stone flew past me** la pelota/piedra pasó volando por mi lado; **the window flew open** la ventana se abrió de golpe; **the car flew up into the air** el coche saltó por los aires; **insults flew between them** se lanzaron una sarta de insultos; **I tripped and went ~ing** tropecé y salí volando *or* disparado; **it sent the poor cyclist ~ing** el pobre ciclista salió disparado por los aires; ***to let ~ at sb*** emprenderla *or* arremeter contra algn; **he grabbed a bottle and let ~ at her** agarró una botella y arremetió *or* la emprendió contra ella; **he let ~ with a stream of abuse** soltó una sarta de insultos; ***to make the feathers*** *o* ***fur*** *o* ***sparks ~*** armar un gran lío (fam); **and then the feathers really began to ~** y entonces sí que se armó la gorda *or* la de San Quintín (fam) **4** (pass quickly) «*time*» pasar volando, volar*; **the days/weeks have just flown (by)** los días/las semanas han pasado volando; **how time flies!** ¡cómo pasa el tiempo!, ¡el tiempo vuela *or* pasa volando! **5** (flee) (arch) escapar, huir*; **~, ~, my lord!** ¡escapad, escapad mi señor! (arc)
C *past & past p* **flied** (in baseball) lanzar* un globo *or* un fly

■ **fly** *vt*
A **1** (control) ‹*plane/glider/balloon*› pilotar; ‹*kite*› hacer* volar *or* encumbrar (Andes), remontar (RPl) **2** (carry) ‹*cargo*› transportar (*en avión*); **he was flown to Dallas in a private jet** lo llevaron a Dallas en avión privado; **the wounded were flown out by helicopter** los heridos fueron evacuados en helicóptero; **they had the equipment flown in** les mandaron el equipo por avión **3** (travel over) ‹*distance*› recorrer (*en avión*); **they ~ this route daily** tienen vuelos diarios en esta ruta; **Blériot was the first man to ~ the Channel** Blériot fue el primer piloto que cruzó el canal de la Mancha en avión **4** (travel by) ‹*airline*› volar* con **5** (operate, use): **we ~ 737s on that route** esa ruta la cubren aviones 737; **some businessmen ~ private aircraft** algunos hombres de negocios vuelan en avión privado
B ‹*flag*› izar*, enarbolar; **the ship was ~ing the Panamanian flag** el barco llevaba bandera panameña *or* pabellón panameño

fly³ *adj* **1** (AmE colloq) (stylish, fashionable) en la onda (fam), enrollado (Esp fam); ‹*clothes*› a la moda, moderno **2** (BrE colloq) (crafty) vivo (fam), espabilado

flyaway /ˈflaɪəweɪ/ *adj* suelto

fly ball *n* (in baseball) fly *m*, globo *m*

flyblown /ˈflaɪbləʊn/ *adj* **1** ‹*meat*› lleno de huevos de mosca **2** ‹*window/shelf/glass*› ensuciado por las moscas **3** (shabby, old) ‹*café/hotel*› de mala muerte, pulgoso, pulguiento (CS)

flyby /ˈflaɪbaɪ/ *n* (AmE) **1** (Aerosp) acercamiento *m* **2** (Aviat) desfile *m* aéreo

fly-by-night¹ /ˈflaɪbənaɪt || ˈflaɪbaɪnaɪt/ *adj* ‹*dealer/firm*› pirata, que no inspira confianza

fly-by-night² *n* pirata *m* (fam)

fly-by-wire /ˌflaɪbarˈwaɪr || ˌflaɪbaɪˈwaɪə(r)/ *n*: *sistema de control de vuelo por cables eléctricos*

flycatcher /ˈflaɪˌkætʃər || ˈflaɪˌkætʃə(r)/ *n* papamoscas *m*

fly-drive package /ˈflaɪˈdraɪv/ *n* paquete *m* de vuelo y alquiler de vehículo incluido

flyer /ˈflaɪər || ˈflaɪə(r)/ n ▸**flier**

fly front n pestaña f

fly half n medio m apertura

flying[1] /ˈflaɪɪŋ/ adj (before n) 1 (hurried): **a ~ visit** una visita relámpago 2 ‹glass/debris› que vuela (por los aires); **she took a ~ leap and crossed it** tomó impulso y lo cruzó de un salto; **a ~ tackle** (Sport) un placaje en el aire

flying[2] n [u] 1 (as pilot) pilotaje m; **the history of ~** la historia de la aviación; (before n) ‹time/hours/lesson› de vuelo; ‹helmet/jacket› de piloto; **~ club** aeroclub m, club m de vuelo 2 (as passenger): **I like/hate ~** me gusta/odio viajar en avión; **fear of ~** miedo m a volar or a viajar en avión

flying boat n hidroavión m

flying bomb n bomba f volante

flying buttress n arbotante m

flying doctor n médico, -ca m,f (que se desplaza en avión)

flying fish n pez m volador

flying fox n murciélago m (de Australasia), panique m

flying officer n (in UK) oficial mf de vuelo

flying picket n piquete m móvil or volante

flying saucer n platillo m volador or (Esp) volante

flying squad n (of UK police) brigada f móvil or volante

flying squirrel n ardilla f voladora

flying start n salida f lanzada; ***to get off to a ~ ~*** «person/business» empezar* con muy buen pie or con el pie derecho; «athlete» hacer* una buena salida, arrancar* bien

flyleaf /ˈflaɪliːf/ n (pl **-leaves**) guarda f

fly-on-the-wall /ˌflaɪɑːnðəˈwɔːl || ˌflaɪɒnðəˈwɔːl/ adj (TV) en que las cámaras capturan fielmente la realidad con intervención mínima del director

flyover /ˈflaɪˌəʊvər || ˈflaɪˌəʊvə(r)/ n

A (BrE) (Transp) paso m elevado, paso m a desnivel (Méx)

B (AmE) (Aviat) desfile m aéreo

flyover hint n (Comput) globo m de ayuda

flyover states pl n (Geog, Pol) estados del interior de EEUU, esencialmente republicanos conservadores y que los aviones sobrevuelan para llegar a otros de las costas

flypaper /ˈflaɪˌpeɪpər || ˈflaɪˌpeɪpə(r)/ n [u c] tira f matamoscas

flypast /ˈflaɪpæst || ˈflaɪpɑːst/ n (BrE) desfile m aéreo

fly-posting /ˈflaɪˌpəʊstɪŋ/ n [u] (BrE) pegada f de carteles en lugares no autorizados

flysheet /ˈflaɪʃiːt/ n (BrE) toldo m impermeable (de una tienda de campaña)

fly-speck /ˈflaɪspek/ n (AmE) 1 (fly excrement) cagadita f de mosca (fam) 2 (tiny spot) (colloq) motita f (fam)

fly spray n [u c] insecticida m (en aerosol)

flyswat /ˈflaɪswɑːt || ˈflaɪswɒt/, **flyswatter** /ˈflaɪˌswɑːtər || ˈflaɪˌswɒtə(r)/ n matamoscas m

fly-tipping /ˈflaɪtɪpɪŋ/ n [u] (BrE); arrojo de escombros en lugares no autorizados

flytrap /ˈflaɪtræp/ n atrapamoscas m, dionea f

flyweight /ˈflaɪweɪt/ n peso m mosca

flywheel /ˈflaɪhwiːl || ˈflaɪwiːl/ n volante m

FM n (= **frequency modulation**) FM f

FMCG n = **fast-moving consumer goods**

f-number /ˈefˌnʌmbər || ˈefˌnʌmbə(r)/ n número m f

FO (in UK) = **Foreign Office**

FOAF n (= **friend of a friend**) ADUA m

foal[1] /fəʊl/ n (male) potro m, potrillo m; (female) potranca f, potra f; **to be in** o **with ~** estar* preñada

foal[2] vi parir

foam[1] /fəʊm/ n 1 [u] (natural) espuma f 2 [u c] (detergent, chemical) espuma f; **contraceptive/shaving ~** espuma espermicida/de afeitar; (before n): **~ bath** espuma f de baño; **~ insulation** espuma f aislante 3 [u] (padding) espuma f

foam[2] vi «sea/waves» hacer* espuma; **to ~ at the mouth** «animal» echar espuma por la boca; **she was ~ing at the mouth** estaba que rabiaba

foam rubber n [u] goma espuma f, hule m espuma (Méx)

foamy /ˈfəʊmi/ adj **-mier, -miest** espumoso

fob[1] /fɑːb || fɒb/ n 1 (watchchain) leontina f; (before n): **~ watch** reloj m de bolsillo 2 **~ (pocket)** (Clothing) bolsillito m del chaleco

Phrasal verb

• **fob off** [v + o + adv] 1 (placate) **to ~ sb off (WITH sth)** engatusar a algn (CON algo) 2 (dispose of) **to ~ sth off ONTO sb** encajarle or (AmL tb) enjaretarle algo a algn (fam); **he ~bed the job onto me** me encajó or (AmL tb) me enjaretó el trabajo a mí

fob[2] (= **free on board**) f.a.b.

focal /ˈfəʊkəl/ adj (before n) 1 (Opt) ‹length/ratio› focal 2 ‹issue/topic› central

focal point n 1 (Opt) foco m 2 (center of attention, activity) centro m, foco m

foci /ˈfəʊsaɪ/ pl of **focus**[1]

fo'c'sle /ˈfəʊksəl/ n ▸**forecastle**

focus[1] /ˈfəʊkəs/ n (pl **-cuses** or **foci** /ˈfəʊsaɪ/)

A [u] 1 (Opt, Phot) foco m; **to be in ~** estar* enfocado; **to be out of ~** estar* desenfocado, estar* fuera de foco (AmL); **to bring** o **get sth into ~** enfocar* algo; **let's get our intentions into ~** definamos or precisemos claramente nuestras intenciones; **to come into ~** «picture» entrar en foco; **my true feelings are gradually coming into ~** empiezo a ver con claridad lo que realmente siento; **his life lacks ~** no tiene un norte en su vida 2 (attention) atención f; **media ~ has been on ...** la atención de la prensa se ha centrado en ...

B [c] 1 (central point) centro m; **to be the ~ of attention** ser* el centro de atención; **to become a ~ for resentment** convertirse* en un foco de resentimiento 2 (of storm) centro m; (of earthquake) epicentro m 3 (of disease) foco m

C [c] (Phys, Math) foco m

focus[2] **-s-** or **-ss-** vt 1 (Opt, Phot) ‹camera/telescope› enfocar*; **to ~ sth ON sth/sb**: **she ~ed her binoculars on the yacht** enfocó el yate con los prismáticos 2 (concentrate) **to ~ sth (ON sth)** ‹light/radiation› concentrar algo (EN algo); **I can't ~ my mind on my work** no me puedo concentrar en el trabajo; **I ~ed attention on the economic problems** centré la atención en los problemas económicos; **all eyes were ~ed on her** todas las miradas estaban puestas en ella

■ **focus** vi 1 «camera/instrument/eyes» enfocar*; **to ~ ON sth/sb**: **his eyes were unable to ~ on the small print** no podía fijar la vista en la letra pequeña; **the spotlight ~ed on the singer** el reflector enfocó al cantante 2 «lecturer/chapter/attention»: **to ~ ON sth/sb** centrarse EN algo/algn

focus group n grupo m de sondeo, focus group m

fodder /ˈfɑːdər || ˈfɒdə(r)/ n [u] forraje m, pienso m; **it's ~ for the critics** es pasto para los críticos; see also **cannon**[1]

foe /fəʊ/ n (liter) enemigo, -ga m,f

foetal /ˈfiːtl/ adj (BrE) ▸**fetal**

foetus /ˈfiːtəs/ n (BrE) feto m

fog[1] /fɔːg || fɒg/ n [u c] 1 ▸❶ **p.1878** (Meteo) niebla f; ***to be in a ~***: **I'm still in a ~ about what he meant** sigo sin entender lo que quiso decir; **since he was fired, he's been walking around in a ~** (AmE) desde que lo despidieron anda como un zombi or como atontado 2 (Phot) velo m

fog[2] **-gg-** vt 1 (mist over) ‹mirror/glass/window› empañar 2 (Phot) ‹film/print› velar

■ **fog** vi 1 **~ (up** o **over)** «glasses/mirror» empañarse 2 «print/film» velarse

fog bank n banco m de niebla

fogbound /ˈfɔːgbaʊnd || ˈfɒgbaʊnd/ adj ‹airport/road› afectado por la niebla; ‹plane/ferry› retenido a causa de la niebla

fogey n (pl **fogeys**) ▸**fogy**

foggy /ˈfɔːgi || ˈfɒgi/ adj **-gier, -giest** 1 ▸❶ **p.1878**; ‹day› de niebla; ‹weather› nebuloso; **it's ~** hay niebla 2 (confused) confuso; ***not to have the foggiest (idea)*** no tener* ni la más remota or ni la más mínima idea

foghorn /ˈfɔːghɔːrn || ˈfɒghɔːn/ n sirena f (de niebla); **to have a voice like a ~** tener* un vozarrón (fam)

fog lamp, (BrE) **fog light** n faro m antiniebla, exploradora f (Col)

fog signal n señal f de niebla

fogy /ˈfəʊgi/ n (pl **fogies**) (colloq & pej)

A (old person): **an old ~** un/una carca (fam & pey), un/una carroza (Esp fam & pey)

B (young person) (hum): **a young ~** un joven chapado a la antigua, un tío carroza (Esp fam)

foible /ˈfɔɪbəl/ n debilidad f, flaqueza f (liter)

foil[1] /fɔɪl/ n

A [u] 1 (metal sheet) lámina f de metal 2 (Culin) (kitchen ~) papel m de aluminio or de plata, papel m Albal® (Esp)

B [c] (contrast) **to be a ~ FOR/TO sth/sb**: **the perfect ~ for pork** el complemento ideal para la carne de cerdo; **the black background was a good ~ to their bright costumes** el fondo negro hacía resaltar el brillante colorido de los trajes; **they are the perfect ~ for each other** se complementan perfectamente

C (Sport) 1 [c] (sword) florete m 2 [u] (event) esgrima f

foil[2] vt ‹plan/attempt› frustrar; **~ed again!** (hum) ¡otro intento frustrado!

foist /fɔɪst/ vt **to ~ sth (OFF) ON** o **ONTO sb** ‹shoddy goods/responsibility› endilgarle* algo a algn, encajarle or (AmL tb) enjaretarle algo a algn (fam); **to ~ oneself on sb** pegársele* a algn (fam)

fold[1] /fəʊld/ vt

A 1 (bend over) ‹paper/sheet› doblar; **to ~ sth in half** o **in two** doblar algo por la mitad 2 (bring together): **the butterfly ~ed its wings** la mariposa plegó las alas; **to ~ one's arms** cruzar* los brazos; (in idle, defiant attitude) cruzarse* de brazos; **he sat there, arms ~ed** estaba sentado con los brazos cruzados; **to ~ one's hands** juntar las manos; **he ~ed her in his arms** la estrechó entre sus brazos

B (mix) (Culin) **to ~ sth INTO sth** incorporar algo A algo; **~ the egg whites into the yolk mixture** incorpore las claras a la mezcla de las yemas (con movimiento suave)

■ **fold** vi

A 1 «chair/table» plegarse*; «map/poster» doblarse, plegarse* 2 **folding** pres p ‹chair/table› plegable, abatible, de tijera, plegadizo (Méx); **~ing doors** puertas fpl plegables or plegadizas; **~ing money** (AmE colloq) billetes mpl; **~ing ruler** regla f de carpintero

B (fail, collapse) «project/campaign» venirse* abajo, fracasar; «play» bajar de cartel; «business/shop» cerrar* (sus puertas), quebrar*

Phrasal verbs

• **fold away**

A [v + o + adv, v + adv + o] ‹clothes› doblar y guardar; ‹chairs› plegar* y guardar

B [v + adv]: **the chairs ~ away neatly when not in use** las sillas se pueden plegar y guardar cómodamente cuando no se necesitan

• **fold back** [v + adv + o, v + o + adv] ‹chair/door/leaf› plegar*

• **fold down**

A [v + o + adv, v + adv + o] ‹chair/seat› plegar*

B [v + adv] «seat» doblarse hacia adelante; «screen» plegarse*

• **fold up**

A [v + o + adv, v + adv + o] ‹sheet/newspaper› doblar; ‹chair/table› plegar*

B [v + adv] 1 «map» doblarse, plegarse*; «chair» plegarse* 2 (cease trading) «company» cerrar* (sus puertas), quebrar*

fold[2] n

A 1 (crease) doblez m, pliegue m 2 (pleat) pliegue m 3 (Geol) pliegue m

B (sheep pen) redil m, aprisco m; ***to return to the ~*** volver* al redil

-fold /fəʊld/ suff: **his income increased five~** sus ingresos se multiplicaron por cinco or se quintuplicaron; **there has been a two~/four~ increase in prices** los precios se han duplicado/cuadruplicado; **the problem is three~** el problema tiene tres aspectos

foldaway /ˈfəʊldəweɪ/ *adj* (*before n*) plegable, plegadizo (Méx)

folder /ˈfəʊldər || ˈfəʊldə(r)/ *n* **1** (for paper documents) carpeta *f* **2** (Comput) carpeta *f*

foldout /ˈfəʊldaʊt/ *n* (AmE) ▸**gatefold**

foliage /ˈfəʊliɪdʒ/ *n* [u] follaje *m*; (*before n*): **a ~ plant** (AmE) una planta decorativa

foliation /ˌfəʊliˈeɪʃən/ *n* [u]
A **1** (Bot) foliación *f* **2** (Archit) follaje *m*
B (Print) foliación *f*

folio /ˈfəʊliəʊ/ *n* (*pl* **folios**) **1** (sheet) pliego *m* **2** (numbered leaf) folio *m* **3** (volume) libro *m* en folio, infolio *m*

folk /fəʊk/ *n*
A *also* **folks** *pl* **1** (people) (colloq) gente *f*; **some ~(s) are never satisfied** hay gente que nunca se queda conforme; **young/city ~(s)** gente joven/de la ciudad; **it was full of old ~(s)** estaba lleno de viejos; **you ~s** ustedes, vosotros (Esp); **hi ~s!** hola ¿qué tal? (fam) **2** **folks** *pl* (esp AmE colloq) (relatives) familia *f*; (parents) padres *mpl*, viejos *mpl* (fam)
B (+ *pl vb*) **1** (specific group, profession): **fisher ~** pescadores *mpl*; **media ~** gente *f* de los medios de comunicación **2** (Anthrop) pueblo *m*; (*before n*) ‹*art/medicine/legend*› popular; ‹*dancing*› folklórico, tradicional; **~ museum** museo *m* de tradiciones locales
C [u] (Mus) folk *m*

folk club *n* club *m* de música folk

folk hero *n* héroe *m* popular

folklore /ˈfəʊklɔːr || ˈfəʊklɔː(r)/ *n* [u] folklore *m*; (*before n*) ‹*remedy/medicine*› popular

folk music *n* [u] **1** (traditional) música *f* folklórica **2** (modern) música *f* folk

folk musician *n* intérprete *mf* de música folk

folk rock *n* [u] folk-rock *m*

folk singer *n* **1** (traditional) cantante *mf* de música folklórica **2** (modern) cantante *mf* (de música) folk

folk song *n* [c u] **1** (traditional) canción *f* popular *or* tradicional **2** (modern) canción *f* folk

folk story, folk tale *n* cuento *m* popular, cuento *m* folklórico *or* del folklore

folksy /ˈfəʊksi/ *adj* **-sier, -siest** ‹*manner*› campechano, sencillo; (pej) de afectada sencillez; ‹*outfit*› de estilo campesino

folkways /ˈfəʊkweɪz/ *pl n* (AmE) cultura *f* popular

folk wisdom *n* [u] sabiduría *f* popular

follicle /ˈfɑːlɪkəl || ˈfɒlɪkəl/ *n* (*hair* ~) folículo *m* (piloso)

follow /ˈfɑːləʊ || ˈfɒləʊ/ *vt*
A **1** (go, come after) seguir*; **~ that cab!** ¡siga (a) ese taxi!; **he ~s me about** *o* **around wherever I go** me sigue a todas partes; **the King entered, ~ed by the Queen** el rey entró, seguido por *or* de la reina; **she ~ed him into/out of the library** entró en/salió de la biblioteca tras él; **she ~ed her sister into the business** siguiéndole los pasos a su hermana, se metió en el negocio **2** (shadow, pursue) ‹*suspect/prey*› seguir*; **I think we're being ~ed** me parece que nos siguen **3** (succeed, happen after): **July ~s June** después de junio viene julio; **Edward VII ~ed Queen Victoria on the throne** Eduardo VII sucedió a la Reina Victoria en el trono; **the lecture was ~ed by a discussion** después de la conferencia hubo un debate **4** (repeat, improve on) ‹*success/achievement*› igualar; **now ~ that!** ¡trata de estar a la altura de eso!
B **1** (keep to) ‹*road/path*› seguir* (por); ‹*trail/footprints*› seguir*; **~ your nose** (colloq) sigue todo recto; **the footpath ~s the river** el camino sigue el curso del río **2** (obey) ‹*instructions/advice*› seguir*; ‹*order*› cumplir; **~ your conscience/heart** haz lo que te diga la conciencia/el corazón **3** (conform to, imitate) ‹*fashion*› seguir*; **~ her example** sigue su ejemplo, haz como ella; **the translation ~s the original very closely** la traducción es muy fiel al original **4** (engage in) ‹*trade*› trabajar en
C **1** (pay close attention to) ‹*movement/progress*› seguir* de cerca; **the deaf man ~ed my lips** el sordo seguía atentamente el movimiento de mis labios; **to ~ sth/sb with one's eyes** seguir* algo/a algn con la mirada **2** (take interest in) ‹*events/news*› mantenerse* al tanto de; ‹*TV serial*› seguir*; **he ~s the horses** es aficionado a la hípica; **which team do you ~?** ¿de qué equipo eres (hincha)?
D (understand) ‹*argument/reasoning/speech*› entender*; **do you ~ me?** ¿(me) entiendes?

■ **follow** *vi*
A (come after): **you go first, and I'll ~** tú ve delante que yo te sigo; **a news bulletin ~s in five minutes** dentro de cinco minutos habrá un boletín de noticias; **we'll start with the soup, and have chicken to ~** para empezar tomaremos sopa y después pollo; **I'm still hungry; is there anything to ~?** me he quedado con hambre ¿hay algo más?; **what ~s is a summary of ...** a continuación hay (*or* se oirá *etc*) un resumen de ...; **the winners were as ~s ...** los ganadores fueron ...; **the letter read as ~s ...** la carta dice así ...
B (be logical consequence) deducirse*, seguirse*; **that doesn't ~ from our premise** no se puede deducir eso de nuestra premisa, eso no se sigue de nuestra premisa; **that doesn't necessarily ~** una cosa no implica la otra; **it ~s, therefore, that ...** de lo que se deduce *or* se sigue que ...; **it doesn't ~ that he's stupid, just because he didn't pass** que no haya aprobado no quiere decir que sea tonto
C (understand) entender*; **he spoke slowly so that we could ~** habló lentamente para que entendiéramos *or* para que lo pudiéramos seguir

Phrasal verbs

- **follow on** [v + adv] **to ~ on FROM sth**: **this ~s on from what we said yesterday** esto tiene relación con lo que decíamos ayer
- **follow out** [v + adv + o, v + o + adv] ▸**carry out**
- **follow through**

A [v + o + adv, v + adv + o] (pursue): **they lack the finance to ~ the program through** no disponen de recursos para seguir adelante con el programa; **if you ~ that line of argument through ...** con esa lógica ...
B [v + adv] **1** (Sport) acompañar el golpe **2** (plan, proposal) **to ~ through ON sth** (AmE) continuar* *or* seguir* CON algo

- **follow up** [v + o + adv, v + adv + o] ‹*case*› seguir*, darle* seguimiento a; **Mr Simpson promised to ~ the matter up** el señor Simpson me prometió que investigaría el asunto; **I have an idea for an article that you may like to ~ up** tengo una idea para un artículo que quizás quieras desarrollar

follower /ˈfɑːləʊər || ˈfɒləʊə(r)/ *n* **1** (adherent) seguidor, -dora *m,f*; **Jung and his ~s** Jung y sus discípulos *or* seguidores; **my son is an avid football ~** mi hijo es un apasionado del fútbol **2** (courtier, servant) (arch) vasallo, -lla *m,f*

following[1] /ˈfɑːləʊɪŋ || ˈfɒləʊɪŋ/ *adj* (*before n*)
A (next, about to be mentioned) siguiente; **(on) the ~ day** al día siguiente; **the ~ pupils** los siguientes alumnos
B (Naut) ‹*wind*› en popa

following[2] *n*
A (followers) seguidores *mpl*; (admirers) admiradores *mpl*; **he has a large ~ among the young** tiene muchos seguidores entre los jóvenes
B (what, who comes next): **the ~: the ~ are to play in tomorrow's game ...** los siguientes jugarán en el partido de mañana ...; **the letter said the ~ ...** la carta decía lo siguiente ...

follow-my-leader /ˌfɑːləʊmaɪˈliːdər || ˌfɒləʊmaɪˈliːdə(r)/ *n* [u] (BrE) ▸**follow-the-leader**

follow-on /ˈfɑːləʊˌɑːn || ˈfɒləʊˌɒn/ *n* (BrE) continuación *f*; **by way of a ~** para continuar

follow-the-leader /ˌfɑːləʊðəˈliːdər || ˌfɒləʊðəˈliːdə(r)/ *n* [u]: **to play ~** jugar* a lo que haga el rey, jugar* a lo que hace la mano, hace la tras (Méx), jugar* al mono mayor (Chi)

follow-through /ˈfɑːləʊˌθruː || ˈfɒləʊˌθruː/ *n* **1** (Sport) continuación *f* **2** (of action): **there was no ~ on my suggestions** mis sugerencias no tuvieron eco

follow-up /ˈfɑːləʊˌʌp || ˈfɒləʊˌʌp/ ➡📖 *n* **1** [c] (sequel) continuación *f*; **he was urged to write a ~ to his novel** le instaron a escribir una continuación de su novela; (*before n*): **she sent a ~ letter** mandó una segunda (*or* tercera *etc*) carta **2** [u] (further treatment, action) seguimiento *m*; (*before n*): **~ care** atención *f* postoperatoria (*or* durante la convalecencia *etc*); **~ study** estudio *m* complementario

folly /ˈfɑːli || ˈfɒli/ *n* (*pl* **-lies**)
A [u c] (foolishness, recklessness) locura *f*; **it was sheer ~** fue una auténtica locura; **an act of reckless ~** una temeridad absurda; **the follies of her youth** las locuras *or* insensateces de su juventud
B (BrE) (Archit) capricho *m*
C **follies** *pl* (revue) revista *f*

foment /fəʊˈment/ *vt* (frml) fomentar, instigar* a

fomentation /ˌfəʊmenˈteɪʃən/ *n* [u] (frml) instigación *f*

fond /fɑːnd || fɒnd/ *adj* **-er, -est**
A (*pred*) **~ OF sb/sth/-ING**: **she's very ~ of Sue** le tiene mucho cariño a Sue, quiere mucho a Sue; **he was ~ of chocolate** le gustaba el chocolate; **he's a bit too ~ of criticizing other people** es demasiado aficionado a criticar a los demás; **to grow ~ of sb** tomarle cariño a algn, encariñarse con algn
B (*before n*) **1** (loving) ‹*gesture/look*› cariñoso; **they were locked in a ~ embrace** estaban tiernamente abrazados; **with ~est regards** con mi más sincero afecto **2** (indulgent) ‹*parent/husband*› demasiado complaciente **3** (delusive, vain) ‹*hope/illusion*› vano

fondant /ˈfɑːndənt || ˈfɒndənt/ *n* fondant *m*

fondle /ˈfɑːndl || ˈfɒndl/ *vt* acariciar

fondly /ˈfɑːndli || ˈfɒndli/ *adv* **1** (lovingly) ‹*greet*› cariñosamente; ‹*remember*› con cariño **2** (foolishly, vainly) ‹*believe/imagine/assume*› ingenuamente

fondness /ˈfɑːndnəs || ˈfɒndnɪs/ *n* [u] (love) cariño *m*; (liking) afición *f*; **~ FOR sb/sth**: **their ~ for one another was obvious** era obvio el cariño que se tenían *or* cómo se querían; **I've acquired a ~ for opera** me he aficionado a la ópera

fondue /fɑːnˈduː || ˈfɒnduː/ *n* [c u] fondue *f*

font /fɑːnt || fɒnt/ *n*
A (baptismal) pila *f* bautismal
B (Print) fuente *f*

food /fuːd/ *n* **1** [u] (in general) comida *f*; **there isn't enough ~ to go round** no hay comida para todos; **the ~'s not very good in this hotel** la comida no es muy buena *or* no se come muy bien en este hotel; **dog ~** comida *f* para perros; **Britain imports much of its ~** Gran Bretaña importa gran parte de los alimentos que consume; **she can only take ~ intravenously** se la puede alimentar sólo por vía intravenosa; **we gave him some ~** le dimos algo de comer; **to be off one's ~** estar* desganado *or* inapetente; **to go off one's ~** perder* el apetito; **that has put me right off my ~** me ha quitado las ganas de comer; **~ *for thought***: **his father's words gave him ~ for thought** las palabras de su padre lo hicieron reflexionar; (*before n*) ‹*shortage/exports*› de alimentos **2** [c] (specific kind) alimento *m*

food additive *n* aditivo *m* alimentario *or* alimenticio

food bank *n* (Sociol) banco *m* de alimentos

food chain *n* cadena *f* alimenticia *or* trófica

food coloring, (BrE) **colouring** *n* colorante *m* alimenticio

food counter *n* mostrador *m* de comida

food hygiene *n* [u] higiene *f* de los alimentos

foodie /ˈfuːdi/ *n* (BrE colloq) gourmet *mf*, sibarita *mf*

food miles *pl n* (Agr, Marketing) *millas que recorren los alimentos hasta ser consumidos*

food parcel *n* paquete *m* de alimentos, paquete *m* de comida

food poisoning *n* [u] intoxicación *f* (*por alimentos*)

food processor *n* robot *m* de cocina, multiusos *m*, procesador *m* de alimentos

food science *n* [u c] ciencia *f* de la alimentación y nutrición

➡📖 *see* Effective Spanish

f

food stamp ▸**food stamps** *n* (in US) *vale canjeable por alimentos que se da a personas de bajos ingresos*

> **food stamps**
> Son pequeños trozos de papel impreso que se pueden cambiar por comida en las tiendas. El gobierno de EEUU los reparte entre los desempleados y los indigentes.

foodstuffs /ˈfu:dstʌfs/ *pl n* productos *mpl* alimenticios, comestibles *mpl*

foody /ˈfu:di/ *n* (*pl* **-dies**) ▸**foodie**

fool¹ /fu:l/ *n*

A [c] **1** (stupid person) idiota *mf*, tonto, -ta *m,f*; **what a stupid ~ he is!** ¡qué idiota *or* imbécil es!; **I was ~ enough to believe him** fui tan tonto *or* idiota que le creí; **to make a ~ of oneself** hacer* el ridículo; **to make sb look a ~** dejar a algn en ridículo; **she made herself look an utter** *o* **absolute ~** hizo un ridículo espantoso; **if you don't believe me, then more ~ you** si no me crees, peor para ti; ***he's no*** *o* ***nobody's ~*** no tiene un pelo de tonto, nadie le toma el pelo; ***not to suffer ~s gladly*** tener* muy poca paciencia con las estupideces de la gente; ***to act*** *o* ***play the ~*** hacer* payasadas, hacer* el payaso (Esp); ***to live in a ~'s paradise*** vivir engañado; ***to send sb on a ~'s errand*** mandar a algn a dar un paseíto, mandar a algn a ver si llueve (AmL hum); ***a ~ and his money are soon parted*** a los tontos no les dura el dinero; ***there's no ~ like an old ~*** no hay peor tonto que un viejo tonto; ***~s rush in*** **(*where angels fear to tread*)** el necio es atrevido y el sabio comedido **2** (jester) bufón *m*

B [c u] (esp BrE) (Culin) *postre a base de puré de frutas y crema*

fool² *vt* engañar; **who are you trying to ~?** ¿a quién te crees que estás engañando?; **you had me completely ~ed** me tenías absolutamente convencida; **to ~ sb INTO sth/-ING**: **I ~ed him into thinking that ...** le hice creer que ...; **she was ~ed into giving us the key** conseguimos engañarla para que nos diera la llave

■ **fool** *vi* **1** ▸**fool around** **2** (joke) bromear; **I was only ~ing** estaba bromeando, lo dije (*or* hice *etc*) en broma

(Phrasal verbs)

- **fool about** (esp BrE) ▸**fool around 1**
- **fool around** [v + adv] **1** (act foolishly) hacer* payasadas, hacer* el tonto (Esp), hacerse* guaje (Méx); **children shouldn't ~ around with electricity** los niños no deben jugar con la electricidad **2** (be sexually involved): **girls who ~ around** las chicas que andan con uno y con otro; **he was ~ing around with other women** tenía enredos *or* andaba con otras

fool³ *adj* (*before n*) (AmE) tonto

foolery /ˈfu:ləri/ *n* [u]: **stop your ~ and be sensible!** ¡deja de hacer payasadas y compórtate!

foolhardiness /ˈfu:lˌhɑ:rdinəs || ˈfu:lˌhɑ:dinɪs/ *n* [u] imprudencia *f*, insensatez *f*

foolhardy /ˈfu:lˌhɑ:rdi || ˈfu:lˌhɑ:di/ *adj* imprudente, insensato

foolish /ˈfu:lɪʃ/ *adj* **1** (silly, ridiculous) ‹*person/prank*› tonto, idiota; ‹*look/grin*› de tonto *or* idiota; **~ remarks** tonterías *fpl*; **don't be so ~!** ¡no seas tonto!; **she was afraid of looking ~ in front of her friends** temía hacer el ridículo delante de sus amigos; **I felt very ~** me sentí como un idiota, me dio mucha vergüenza **2** (unwise) ‹*decision/plan/risk*› insensato, estúpido; **it was ~ of me to accept the invitation** cometí una estupidez al aceptar la invitación; **I know it was ~** ya sé que fue una estupidez

foolishly /ˈfu:lɪʃli/ *adv* tontamente, como un tonto/una tonta; **~, I believed him** como un tonto, le creí

foolishness /ˈfu:lɪʃnəs || ˈfu:lɪʃnɪs/ *n* [u] insensatez *f*, estupidez *f*; **let's stop this ~** vamos a dejarnos de tonterías

foolproof /ˈfu:lpru:f/ *adj* ‹*idea/plan/method*› infalible; ‹*machine/controls*› sencillo de manejar

foolscap /ˈfu:lskæp/ *n* [u]: *pliego de aprox 43 x 35 cm*

fool's gold *n* [u] pirita *f* de hierro

foot¹ /fʊt/ *n* (*pl* **feet**)

A ▸ⓘ **p.965** [c] (of person) pie *m*; (of animal) pata *f*; (on sewing machine) pie *m*; **to be on one's feet** estar* de pie, estar* parado (AmL); **it was a long time before she was on her feet again** tardó mucho en recuperarse; **they got the company back on its feet** volvieron a levantar la compañía; **to get** *o* **rise to one's feet** ponerse* de pie, levantarse, pararse (AmL); **to keep one's feet** mantenerse* en pie; **go home and put your feet up** vete a casa a descansar; **to sit/kneel at sb's feet** sentarse*/arrodillarse a los pies de algn; **he had never set ~ in a church before** nunca había pisado una iglesia *or* entrado en una iglesia antes; **to go/come on ~** ir*/venir* a pie *or* caminando *or* andando; ***a ~ in the door***: **it's a way of getting your ~ in the door** es una manera de introducirte *or* de meterte en la empresa (*or* la profesión *etc*); **once they have their ~ in the door, you can't get rid of them** si les abres la puerta, ya no te los sacas de encima; ***my ~!*** (colloq): **impossible my ~, a child could have done it!** ¡qué imposible ni que niño muerto *or* ni que ocho cuartos! ¡hasta un niño lo podría haber hecho! (fam); **delicate condition my ~!** ¡estado delicado mi *or* tu abuela! (fam); ***not to put a ~ wrong*** no dar* un paso en falso, no cometer ni un error; ***the shoe's*** *o* (BrE) ***boot's on the other ~*** se ha dado vuelta la tortilla; ***to be able to think on one's feet*** ser* capaz de pensar con rapidez; ***to be dead*** *o* ***asleep on one's feet*** no poder* tenerse en pie; ***to be on the back ~*** estar* a la defensiva; ***to be out on one's feet*** no poder* tenerse en pie; ***to be rushed*** *o* ***run off one's feet*** estar* agobiado de trabajo; ***to fall*** *o* ***land on one's feet***: **she always seems to land on her feet** siempre le sale todo redondo; ***to find one's feet***: **it didn't take him long to find his feet in his new school** no tardó en habituarse a la nueva escuela; ***to get cold feet*** **(*about sth*)**: **she got cold feet** le entró miedo y se echó atrás; ***to get off on the wrong ~*** empezar* con el pie izquierdo *or* con mal pie; ***to have a ~ in both camps*** nadar entre dos aguas; ***to have feet of clay*** (liter) tener* pies de barro; ***to have itchy*** *o* ***itching feet*** ser* inquieto; **after too long in the same job I start to get itchy feet** si estoy demasiado tiempo en el mismo trabajo me entran ganas de cambiar de aires; ***to have one ~ in the grave*** (colloq) estar* con un pie en la sepultura; ***to have one's feet on the ground*** tener* los pies sobre la tierra; **I hope he keeps his feet on the ground now he's been promoted** espero que no se le suba el ascenso a la cabeza; ***to put one's best ~ forward*** (hurry) apretar* el paso; (do one's best) esmerarse para causar la mejor impresión; ***to put one's ~ down*** (be firm) imponerse*, no ceder; (accelerate vehicle) (colloq) apretar* el acelerador, meterle (AmL fam); ***to put one's ~ in it*** (colloq) meter la pata (fam); ***to put one's ~ in one's mouth*** (colloq) meter la pata (fam), cometer una gaffe; ***to stand on one's own two feet*** valerse* por sí (*or* mí *etc*) mismo; ***to sweep sb off her/his feet***: **she was swept off her feet by an older man** se enamoró perdidamente de un hombre mayor que ella; ***under sb's feet***: **the cat keeps getting under my feet** el gato siempre me anda alrededor *or* siempre se me está atravesando; ▸**hand¹ B**

B (bottom, lower end) (*no pl*) pie *m*; **the ~ of the hill** el pie de la montaña; **at the ~ of the page** a pie de página; **the ~ of the bed** los pies de la cama

C ▸ⓘ **p.1376** [c] (measure) (*pl* **foot** *or* **feet**) pie *m*; **he is six ~** *o* **feet tall** mide seis pies

D [u] (esp BrE dated) (infantry) infantería *f*; **an army of 5000 ~** un ejército de 5.000 hombres a pie; (*before n*): **~ soldier** soldado *mf* de infantería *or* de a pie

E [c] (in poetry) pie *m*

foot² *vt*: **it's always Paul who ~s the bill** siempre es Paul quien paga; **the company is ~ing the bill for all the expenses** la compañía corre con *or* se hace cargo de todos los gastos; ***to ~ it*** ir* a pie *or* (fam) a pata

footage /ˈfʊtɪdʒ/ *n* [u] (length) *medida en pies*, ≈ metraje *m*; (material) (Cin) secuencias *fpl* (filmadas)

foot-and-mouth (disease) /ˌfʊtnˈmaʊθ/ *n* [u] fiebre *f* aftosa, glosopeda *f*

football /ˈfʊtbɔ:l/ *n*

A [u] (*American ~*) **1** (AmE) fútbol *m or* (Méx) futbol *m* americano **2** (BrE) (soccer) fútbol *m or* (Méx) futbol *m*; (*before n*): **~ match** partido *m* de fútbol *or* (Méx) futbol; **~ player** ▸**footballer**

B [c] (ball) balón *m or* (esp AmL) pelota *f* de fútbol *or* (Méx) futbol; **a political ~** un tema muy manido

> **football**
> Es el deporte más popular de Gran Bretaña. Por lo general los clubes del fútbol (o soccer) profesional representan a grandes ciudades, especialmente en el norte de Inglaterra. En 1992, el fútbol fue reorganizado de manera que los 22 mejores equipos de Gales e Inglaterra jueguen en la *Premier League*, mientras que el resto juegue en tres divisions. Al final de cada temporada, los mejores equipos de cada división son ascendidos (*promoted*) y los que están al último son relegados (*relegated*). La afición inglesa tiene muy mala fama en el extranjero.

footballer /ˈfʊtbɔ:lər || ˈfʊtbɔ:lə(r)/ *n* (BrE) futbolista *mf*, jugador, -dora *m,f* de fútbol *or* (AmC, Méx) futbol

football hooligan *n* hooligan *mf*, barra brava *mf* (CS)

football hooliganism *n* [u] violencia *f* en los estadios (de fútbol), hooliganismo *m*

footballing /ˈfʊtbɔ:lɪŋ/ *adj* (BrE) (*before n*) futbolístico

football league *n* liga *f* de fútbol *or* (Méx), futbol

football pool *n* (AmE) apuesta *f* colectiva, polla *f* (AmL)

football pools *pl n* (BrE): **the ~ ~** *juego de apuestas consistente en tratar de acertar los resultados de los partidos de la liga de fútbol*, ≈ el pronóstico deportivo (*en Méx*), ≈ las quinielas (*en Esp*), ≈ el prode (*en Arg*), ≈ el totogol (*en Col*), ≈ la polla-gol (*en Chi*), ≈ la polla (*en Per*)

football season *n* (in soccer) temporada *f* de fútbol *or* (Méx) futbol; (in US football) temporada *f* de fútbol *or* (Méx) futbol americano

footbath /ˈfʊtbæθ || ˈfʊtbɑ:θ/ *n* baño *m* de pies

footboard /ˈfʊtbɔ:rd || ˈfʊtbɔ:d/ *n*: **the ~ of the bed** los pies de la cama

footbrake /ˈfʊtbreɪk/ *n* **1** (Auto) freno *m* (de pie) **2** (on bicycle) freno *m* de pedal

footbridge /ˈfʊtbrɪdʒ/ *n* pasarela *f*, puente *m* peatonal

-footed /ˈfʊtəd || ˈfʊtɪd/ *suff*: **big~** de pies/patas grandes; **four~** de cuatro patas; **light~** ligero de pies

footer /ˈfʊtər || ˈfʊtə(r)/ *n* **1** [c] (kick) patada *f* al balón, disparo *m*; **to score with a left-/right-~** marcar* con un disparo con la *or* de izquierda/derecha **2** [u] *also* **footy** (game) (colloq) fútbol *m*, futbol *m* (Méx); **let's play ~** juguemos un partidito *or* (Esp), partidillo *or* (Chi), una pichanga (fam) **3** [c] (Print) pie *m* de página

footfall /ˈfʊtfɔ:l/ *n*

A (liter) (in walking) pisada *f*

B (Marketing) afluencia *f* de público

footfault /ˈfʊtfɔ:lt/ *vi* cometer una falta de pie

foot fault *n* falta *f* de pie

footgear /ˈfʊtgɪr || ˈfʊtgɪə(r)/ *n* [u] calzado *m*

foothills /ˈfʊthɪlz/ *pl n* estribaciones *fpl*

foothold /ˈfʊthəʊld/ *n* punto *m* de apoyo (*para el pie*); **the climber lost his ~** al escalador se le fue el pie; **to get a ~** «*climber*» afirmar el pie en un punto de apoyo; **to get** *o* **gain a ~** «*ideology*» prender*, afianzarse*; **it's difficult to get** *o* **gain a ~ in the Japanese market** es difícil introducirse en el mercado japonés; **the greens gained a ~ in the electoral system** los verdes se hicieron con un espacio en el sistema electoral

footing /ˈfʊtɪŋ/ *n* (*no pl*)

A (balance) equilibrio *m*; **to lose** *o* **miss one's ~** resbalar, perder* el equilibrio; **it was difficult to get much of a ~ on the icy slope** era difícil

ℹ For

In expressions of time

There are various ways of translating *for* when it expresses completed periods of time:

■ *for* is not translated:

I was/I worked in France for six months
= estuve/trabajé seis meses en Francia

■ *for* is translated by *durante*, in which case the word order in Spanish is often slightly different from that in English:

I worked as a teacher for five years
= trabajé cinco años de profesor
or trabajé de profesor durante cinco años

he lived in Poland for twenty years
= vivió veinte años en Polonia
or vivió en Polonia durante veinte años

To translate *for* when it expresses the duration of events which began in the past and are still going on, Spanish uses:

■ desde hace

Where English uses the present perfect tense, Spanish uses the present tense:

I've known him for years
= lo conozco desde hace años

Where English uses the pluperfect tense, Spanish uses *desde hacía + the pluperfect tense*:

he had lived there for 50 years
= había vivido allí desde hacía 50 años

In some contexts, it uses *desde hacía + the imperfect tense*:

he had lived there for years
= vivía allí desde hacía años

■ (desde) hace ... que

The pattern of tenses here is the same as with *desde hace*:

he's been studying for years
= (desde) hace años que estudia

(for) how long have you been waiting?
= ¿cuánto tiempo hace que estás esperando?

I hadn't had such a good meal for ages
= desde hacía mucho que no comía tan bien

■ the verb *llevar*

Where English uses the present perfect tense, Spanish uses the present tense of *llevar*:

I've been in Spain for two years
= llevo dos años en España

she hasn't seen him for months
= lleva meses sin verlo

Where English uses the pluperfect tense, Spanish uses the imperfect:

she hadn't seen him for months
= llevaba meses sin verlo

There are various ways of translating *for* when it expresses a period of time in the future:

■ *for* is not translated:

I'll be away for a week
= voy a estar fuera una semana

■ the preposition *por*

I'm going away for a couple of days
= voy por un par de días

how long are you going for?
= ¿por cuánto tiempo vas?

■ the preposition *durante*

I'll be away for a week
= voy a estar fuera durante una semana

For more examples and particular usages, see the entry **for¹**

mantener el equilibrio en la cuesta helada; **to gain a ~** *see* **foothold**
B **1▸** (basis): **the company finances are on a shaky ~** la economía de la compañía no tiene una base sólida; **to put sth on a regular ~** regularizar* algo; **on a war ~** en pie de guerra; **on an emergency ~** en situación de emergencia; **on an equal ~** en igualdad de condiciones, en situación equiparable **2▸** (relationship): **to be on a friendly ~ with sb** mantener* buenas relaciones con algn

footle around, (BrE also) **footle about** /ˈfuːtəl/ *vi* (colloq) perder* el tiempo

footlights /ˈfʊtlaɪts/ *pl n* candilejas *fpl*

footling /ˈfuːtlɪŋ/ *adj* (BrE pej) (*before n*) baladí, insignificante

footloose /ˈfʊtluːs/ *adj* libre y sin compromiso; **~ and fancy-free** libre como el viento

footman /ˈfʊtmən/ *n* (*pl* **-men** /-mən/) lacayo *m*

footmark /ˈfʊtmɑːrk || ˈfʊtmɑːk/ *n* pisada *f*

footnote /ˈfʊtnəʊt/ *n* nota *f* a pie de página; **he added, by way of a ~, that ...** añadió, como comentario al margen que ...

footpad /ˈfʊtpæd/ *n* asaltante *m* de caminos

foot passenger *n* pasajero, -ra *m,f* de a pie *or* sin coche

footpath /ˈfʊtpæθ || ˈfʊtpɑːθ/ *n* **1▸** (path) sendero *m* **2▸** (pavement) (BrE) acera *f*, banqueta *f* (Méx), vereda *f* (CS, Per)

footplate /ˈfʊtpleɪt/ *n* (BrE) plataforma *f* del maquinista

footplateman /ˈfʊtpleɪtmən/ *n* (*pl* **-men** /-mən/) (BrE) maquinista *m*

footprint /ˈfʊtprɪnt/ *n* **1▸** (of foot) huella *f* **2▸** (area covered, space occupied) perfil *m*, espacio *m* de utilización **3▸** (effect) impacto *m*, huella *f*; **social ~** impacto *or* huella social

footpump /ˈfʊtpʌmp/ *n* bomba *f* de pie

footrest /ˈfʊtrest/ *n* apoyapiés *m*, reposapiés *m*

footsie /ˈfʊtsi/ *n*: **they were playing ~ under the table** flirteaban jugueteando con los pies por debajo de la mesa

Footsie® /ˈfʊtsi/ *n* (in UK) índice *m* FTSE *or* Footsie

footslog /ˈfʊtslɑːg || ˈfʊtslɒg/ *vi* **-gg-** (colloq) ir* a marchas forzadas

footsore /ˈfʊtsɔːr || ˈfʊtsɔː(r)/ *adj*: **to be ~** tener* los pies doloridos

footstep /ˈfʊtstep/ *n* paso *m*; ***to follow in sb's ~s*** seguirle* los pasos a algn

footstool /ˈfʊtstuːl/ *n* escabel *m*, banqueta *f* *or* (Méx) banquito *m* para los pies

footway /ˈfʊtweɪ/ *n* (BrE) (pavement) acera *f*, banqueta *f* (Méx), andén *m* (AmC, Col), vereda *f* (CS, Per); (path) camino *m*, sendero *m*

footwear /ˈfʊtwer || ˈfʊtweə(r)/ *n* [u] calzado *m*

footwell /ˈfʊtwel/ *n* espacio *m* para las piernas

footwork /ˈfʊtwɜːrk || ˈfʊtwɜːk/ *n* [u] juego *m* de piernas *or* de pies; **he evaded the question with some pretty fancy ~** esquivó la pregunta con gran habilidad

footy /ˈfʊti/ *n* [u] (BrE colloq) ▸**footer 2**

fop /fɑːp || fɒp/ *n* (dated) petimetre *m* (ant), lechuguino *m* (ant)

foppish /ˈfɑːpɪʃ || ˈfɒpɪʃ/ *adj* (dated) de petimetre (ant)

for¹ /fɔːr || fɔː(r) *weak form* /fər, fə(r)/ *prep*

Sense I

A **1▸** (intended for) para; **it's a present ~ my son** es un regalo para mi hijo; **is there a letter ~ me?** ¿hay carta para mí?; **the wine's ~ tomorrow** el vino es para mañana; **we saved some cake ~ you** te guardamos un poco de pastel; **she put it on one side ~ me** me lo apartó; **my love ~ her** mi amor por ella; **my feelings ~ her** lo que siento por ella, mis sentimientos hacia ella; **clothes ~ men/women** ropa de hombre/mujer; **a table ~ two, please** una mesa para dos, por favor; **is it ~ sale?** ¿está en venta?, ¿se vende? **2▸** (on behalf of) por; **I did it ~ you** lo hice por ti; **I'm very happy ~ them** me alegro mucho por ellos; **he plays ~ England** es miembro de la selección inglesa; **they are agents ~ Ford** son concesionarios (de) Ford; **could you call him ~ me?** ¿podrías llamarlo tú?, ¿me harías el favor de llamarlo? **3▸** (in favor of) a favor de; **are you ~ or against?** ¿estás a favor o en contra?; **we're ~ moving out** nosotros votamos por irnos; **to find ~ the defendant/plaintiff** fallar a favor del demandante/demandado; **who's ~ tennis?** ¿quién quiere jugar tenis *or* (Esp, RPl) al tenis?
B (indicating purpose): **what's that ~?** ¿para qué es eso?, ¿eso para qué sirve?; **it's ~ trimming hedges/peeling oranges** es *or* sirve para recortar setos/pelar naranjas; **it's ~ decoration** es de adorno; **I run ~ fun** yo corro por diversión; **I ran ~ cover** corrí a guarecerme; **you have to work ~ your living** tienes que trabajar para ganarte la vida; **an operation ~ a stomach ulcer** una operación de úlcera de estómago; **it's ~ your own good!** ¡es por tu (propio) bien!; **to go ~ a walk** ir* a dar un paseo; **to go out ~ a meal** salir* a comer fuera; **I'm not dressed ~ a party** no estoy vestida como para una fiesta; **I've come ~ my son** vengo a buscar a mi hijo; **she reached ~ the knife** trató de alcanzar el cuchillo; **she examined him ~ internal injuries** lo reconoció para ver si tenía heridas internas; ***to be ~ it*** (colloq): **here comes Dad, we're ~ it now!** ahí viene papá ¡ahora sí que estamos listos *or* (Col tb) hechos *or* (CS tb) fritos! (fam); **she'll be ~ it when teacher finds out** se va a llevar una buena cuando la maestra se entere (fam)
C **1▸** (as): **we're having chicken ~ dinner** vamos a cenar pollo, hay pollo para cenar; **what's ~ dessert?** ¿qué hay de postre?; **with only thin gloves ~ protection** con unos guantes finos como toda protección; **I'm sewing this ~ something to do** estoy cosiendo esto por hacer algo; **I can now see him ~ what he is** ahora me doy cuenta de cómo es en realidad **2▸** (representing) por; **you can/can't sign ~ your wife** puedes/no puedes firmar por tu mujer; **I'm speaking ~ all of us, when I say ...** cuando digo ... hablo por todos nosotros; **D ~ David** D de David; **S stands ~ Susan** la S es de Susana; **what's (the) German ~ "ice cream"?** ¿cómo se dice "helado" en alemán?
D (giving reason) por; **~ that reason** por esa razón; **the reason ~ doing it** la razón por la cual se hizo (*or* se hace *etc*); **we chose the house ~ its location** elegimos la casa por su situación; **I felt better ~ having spoken out** me sentí mejor por haber dicho lo que pensaba; **if it weren't ~ Joe ...** si no fuera por Joe ...; **had it not been ~ the traffic, we'd have been on time** si no hubiera sido por el tráfico, habríamos llegado a tiempo; **~ one thing it's too costly and ~ another we don't need it** para empezar es muy caro y además no lo necesitamos; **you could hardly move ~ the books everywhere** casi no te podías mover de tantos libros que había por todos lados
E **1▸** (in exchange for) por; **I bought/sold the book ~ $10** compré/vendí el libro por 10 dólares; **how much do you want ~ the painting?** ¿cuánto quieres por el cuadro?; **OK, my belt ~ your hat** bueno, te cambio el cinturón por el sombrero; **not ~ anything in the world** por

nada del mundo; **she left him ~ somebody else** lo dejó por otro **2** (indicating proportion) por; **~ every one we find, there are 20 that get away** por cada uno que encontramos, se nos escapan 20

F **1** (considering) para; **she's tall/small ~ her age** es alta/baja para su edad; **it's not bad ~ a beginner** no está mal para un principiante; **~ all the money we make out of it, we might as well not bother** para el dinero que sacamos, ni vale la pena que nos molestemos **2** (as concerns) para; **~ her, it was a question of principle** para ella, era cuestión de principios; **it's too cold ~ me here** aquí hace demasiado frío para mí; **I, ~ one, agree with you** yo, sin ir más lejos, estoy de acuerdo contigo; **that's men ~ you!** ¡todos los hombres son iguales! **3** (expressing appropriateness): **it's not ~ me to decide** no me corresponde a mí decidir; **it's ~ them to make the first move** son ellos los que tienen que dar el primer paso, les corresponde a ellos dar el primer paso; **I decided that teaching was not ~ me** decidí que la enseñanza no era para mí

G **1** (in spite of): **~ all her faults, she's been very kind to us** tendrá sus defectos, pero con nosotros ha sido muy buena; **~ all his talk he hasn't achieved very much** habla mucho, pero no ha logrado gran cosa **2** (*with infinitive clause*): **it's unusual ~ me to forget a name** es raro que se me olvide un nombre; **~ a minister to use such language ...** que un ministro use ese vocabulario ...; **~ this to work, we'll need everyone's co-operation** para que esto salga bien, necesitaremos la cooperación de todos; **is there time ~ us to have a cup of coffee?** ¿tenemos tiempo de tomar un café?; **it's difficult ~ me to be here at nine** me es *or* me resulta difícil llegar a las nueve; **would it be possible ~ you to advise us?** ¿le sería posible asesorarnos?; **there's still time ~ you to apply** todavía tienes tiempo de solicitarlo; **what I want is ~ them/her/you to be happy** lo que quiero es que sea/seas feliz

H (in exclamations): **oh, ~ some peace and quiet** ¡qué (no) daría yo por un poco de paz y tranquilidad!

Sense II

A (in the direction of) para; **the plane/bus ~ New York** el avión/autobús para *or* de Nueva York; **I leave ~ France tomorrow** salgo para Francia mañana; **the ship was bound ~ Naples** el barco se dirigía a Nápoles *or* iba rumbo a Nápoles

B **1** ▸❶ p.1209; (indicating duration): **can't you be quiet ~ five minutes?** ¿no puedes estar cinco minutos callado?; **he spoke ~ half an hour** habló (durante) media hora; **nobody spoke ~ five minutes** nadie habló durante cinco minutos; **I've known him ~ years** lo conozco desde hace años, hace años que lo conozco; **I've only been here ~ a day/year** sólo llevo un día/año aquí, hace sólo un día/año que estoy aquí; **I'll be away ~ a week** voy a estar fuera una semana; **how long are you going ~?** ¿por cuánto tiempo vas?, ¿cuánto tiempo te vas a quedar?; **that's enough ~ now** basta por ahora; **we've enough food ~ six weeks** tenemos comida suficiente para seis semanas **2** (on the occasion of) para; **he gave it to me ~ my birthday** me lo regaló para *or* (Esp tb) por mi cumpleaños; **we went to Tom's ~ Christmas** para Navidad fuimos a casa de Tom, pasamos la Navidad en casa de Tom **3** (by, before) para; **when do you want it ~?** ¿para cuándo lo quieres?; **it has to be ready ~ Tuesday** tiene que estar listo para el martes

C (indicating distance): **we drove ~ 20 miles** hicimos 20 millas; **we could see ~ miles** se podía ver hasta muy lejos; **~ the first two miles there was no traffic** las dos primeras millas no había tráfico

for² *conj* (liter) pues (liter), puesto que (frml), porque

forage¹ /ˈfɔːrɪdʒ || ˈfɒrɪdʒ/ *n*

A [u] (feed) forraje *m*

B [c] **1** (search): **we had a ~ in the cupboard for something to eat** revolvimos *or* hurgamos en el armario para ver si encontrábamos algo de comer **2** (raid) (Mil) incursión *f*

forage² *vi* **1** «*animal*» forrajear **2** (for supplies) **to ~ FOR sth** buscar* algo **3** (rummage) revolver*, hurgar*

foray /ˈfɔːreɪ || ˈfɒreɪ/ *n* **1** (raid) (Mil) incursión *f*; **they made a ~ into enemy territory** hicieron una incursión en territorio enemigo **2** (exploratory involvement): **after a brief ~ into politics** después de una breve incursión en *or* un breve coqueteo con la política

forbad(e) /fərˈbæd, fərˈbeɪd || fəˈbæd, fəˈbeɪd/ *past of* **forbid**

forbear¹ /fɔːrˈber || fɔːˈbeə(r)/ *vi* (*past* **forbore**; *past p* **forborne**) (frml) abstenerse*; **to ~ to + INF** abstenerse DE + INF; **she wisely forbore to comment** prudentemente, se abstuvo de hacer ningún comentario; **to ~ -ING** abstenerse* DE + INF

forbear² /ˈfɔːrber || ˈfɔːbeə(r)/ *n* (frml) antepasado, -da *m,f*

forbearance /fɔːrˈberəns || fɔːˈbeərəns/ *n* [u] paciencia *f*, tolerancia *f*

forbearing /fɔːrˈberɪŋ || fɔːˈbeərɪŋ/ *adj* paciente, tolerante

forbid /fərˈbɪd || fəˈbɪd/ *vt* (*past* **forbad(e)**; *past p* **forbidden**)

A (not allow) prohibir*; **taking photographs is strictly forbidden** está terminantemente prohibido tomar fotografías; **to ~ sb to + INF** prohibirle* A algn + INF, prohibirle* A algn QUE + SUBJ; **I've ~den them to use the car** les he prohibido usar *or* que usen el coche; ⓢ **visitors are forbidden to light fires** se prohíbe a los visitantes hacer fuego; **to ~ sb sth** prohibirle* algo A algn

B (prevent) impedir*; **modesty ~s me mentioning it** la modestia me impide mencionarlo; **God/heaven ~!** ¡Dios nos libre!; **God/heaven ~ that ...** Dios quiera que no ...

forbidden¹ /fərˈbɪdn || fəˈbɪdn/ *past p of* **forbid**

forbidden² *adj* ‹*ground/territory*› prohibido, vedado; ‹*topic*› tabú *adj inv*; **this place is ~ to foreigners** los extranjeros no pueden entrar aquí, este sitio les está vedado a los extranjeros; **the ~ fruit** el fruto prohibido

forbidding /fərˈbɪdɪŋ || fəˈbɪdɪŋ/ *adj* ‹*person/look*› adusto, severo, que intimida; ‹*landscape/cliff*› imponente; ‹*task*› de gran dificultad

forbore /fɔːrˈbɔːr || fɔːˈbɔː(r)/ *past of* **forbear¹**

forborne /fɔːrˈbɔːrn || fɔːˈbɔːn/ *past p of* **forbear¹**

force¹ /fɔːrs || fɔːs/ *n*

A [u] **1** (strength, violence) fuerza *f*; **winds of hurricane ~** vientos de fuerza huracanada; **a ~ eight gale** vientos de fuerza ocho; **he took the full ~ of the blow** recibió toda la fuerza *or* el impacto del golpe; **the police were out in ~** había una gran presencia policial; **through ~ of circumstances the plans had to be changed** razones de fuerza mayor nos hicieron cambiar de planes; **~ of habit** la fuerza de la costumbre; **~ of numbers guaranteed their victory** su superioridad numérica les garantizó la victoria; **sheer ~ of numbers necessitated a change of venue** el gran número de asistentes (*or* inscripciones *etc*) hizo necesario un cambio de local **2** (coercion) fuerza *f*; **to take sth by ~** apoderarse de algo por la fuerza; **to use/resort to ~** hacer* uso de/recurrir a la fuerza; **by ~ of arms** (liter) por la fuerza de las armas

B **1** [c u] (Phys) fuerza *f*; **the ~ of gravity** la fuerza de (la) gravedad, la gravedad **2** [c] (influential thing, person) fuerza *f*; **social/political ~s** fuerzas sociales/políticas; **the ~s of conservatism/liberalism/evil** las fuerzas del conservadurismo/liberalismo/mal; **he is a major ~ in the Church** es una figura de mucho peso en la Iglesia; **she's a ~ to be reckoned with** no se puede menos que tenerla en cuenta; **to join ~s with sb** unirse a algn, hacer* causa común con algn

C [u] (of argument, personality) fuerza *f*

D [c] (group of people) fuerza *f*; **the (armed) ~s** las fuerzas armadas; **the (police) ~** la policía; **our sales ~** nuestro personal de ventas, nuestro equipo de vendedores

E [u] (validity) fuerza *f*; **it has the ~ of law** tiene fuerza de ley; **to come into ~** entrar en vigor *or* vigencia; **to be in ~** estar* en vigor *or* vigencia

force² *vt*

A (compel) **to ~ sb to + INF** obligar* *or* forzar* a algn A + INF; **I had to ~ myself to eat** tuve que obligarme a comer; **to ~ sb INTO -ING**: **he ~d her into accepting his terms** la obligó *or* forzó a aceptar sus condiciones; **they were ~d to sell/into selling** se vieron obligados *or* forzados a vender; **I am ~d to admit that ...** me veo obligado a admitir que ...

B **1** (bring about, obtain) ‹*action/change*› provocar*; **to ~ a vote on sth** hacer* que algo se someta a votación **2** (extort) **to ~ sth OUT OF** *o* **FROM sb**: **they had to ~ the secret out of him** *o* **from him** le tuvieron que arrancar el secreto a la fuerza

C (impose) **to ~ sth ON sb**: **the decision was ~d on us by events** los acontecimientos nos obligaron a tomar esa decisión; **I didn't want to take the money, but she ~d it on me** yo no quería el dinero pero me obligó a aceptarlo; **it's been ~d on us by management** la dirección nos lo ha impuesto; **I don't want to ~ myself on you if you're busy** no lo quiero molestar *or* (frml) no quiero imponerle mi presencia si está ocupado

D **1** (exert pressure, push, drive) ‹*knob/handle*› forzar*; **if it won't go in, don't try to ~ it** si no entra, no lo fuerces; **to ~ a door open** forzar* una puerta; **she could ~ back her tears no longer** ya no podía contener el llanto; **she was ~d out of the race by engine trouble** se vio obligada a retirarse de la carrera por problemas de motor; **he ~d the lid off** le sacó la tapa a la fuerza; **to ~ a bill through Congress** hacer* que se apruebe un proyecto de ley; **they ~d their way in** entraron por la fuerza **2** (break open) ‹*door/lock*› forzar*; **to ~ an entry** entrar por la fuerza

E (produce with difficulty): **he ~d out a shaky laugh** soltó una risita forzada; **he has to ~ the high notes** tiene que forzar las notas altas; **it's forcing it to call him a genius** calificarlo de genio es decir demasiado

F (speed up) ‹*plant*› acelerar el crecimiento de; **to ~ the pace** forzar* la marcha

Phrasal verbs

- **force down** [v + o + adv, v + adv + o] **1** (oblige to land) ‹*aircraft/pilot*› obligar* a aterrizar **2** ‹*food*› tragar* (*a duras penas*) **3** ‹*prices*› hacer* bajar
- **force up** [v + o + adv, v + adv + o] ‹*prices*› hacer* subir

forced /fɔːrst || fɔːst/ *adj*

A (*before n*) **1** (compulsory) ‹*labor*› forzado; ‹*attendance*› obligatorio **2** (due to necessity) ‹*landing/stopover*› forzoso

B (unnatural, false) ‹*smile/gesture*› forzado

forced entry *n* [u c] escalamiento *m*, allanamiento *m* de morada (Esp)

forced march *n* marcha *f* forzada

force-feed /ˈfɔːrsˈfiːd || ˌfɔːsˈfiːd/ *vt* (*past & past p* **-fed**) alimentar por la fuerza

forceful /ˈfɔːrsfəl || ˈfɔːsfəl/ *adj* **1** (vigorous) ‹*person*› con carácter; ‹*personality*› fuerte; ‹*speech/gesture*› contundente; ‹*manner*› enérgico **2** (persuasive) ‹*words/argument*› convincente, contundente

forcefully /ˈfɔːrsfəli || ˈfɔːsfəli/ *adv* **1** ‹*speak/write*› convincentemente **2** ‹*act/respond*› con energía

forcefulness /ˈfɔːrsfəlnəs || ˈfɔːsfəlnɪs/ *n* [u] **1** (of personality) fuerza *f* **2** (of argument) contundencia *f*

force majeure /ˌfɔːrsmɑːˈʒɜːr || ˌfɔːsmæˈʒɜː(r)/ *n* [u] fuerza *f* mayor

forcemeat /ˈfɔːrsmiːt || ˈfɔːsmiːt/ *n* [u] relleno *m* (*de carne*)

forceps /ˈfɔːrsəps || ˈfɔːseps/ *pl n* fórceps *m*; (*before n*): **~ delivery** parto *m* con fórceps

forcible /ˈfɔːrsəbəl || ˈfɔːsəbəl/ *adj* **1** (using force) forzoso; **~ entry** (Law) allanamiento *m* de morada **2** (convincing) ‹*argument/objection*› contundente, convincente

forcibly /ˈfɔːrsəbli || ˈfɔːsəbli/ *adv* **1** (by force) ‹*enter/detain*› por la fuerza **2** (convincingly) ‹*argue/reason*› convincentemente

ford[1] /fɔːrd || fɔːd/ *n* vado *m*

ford[2] *vt* vadear

fore[1] /fɔːr || fɔː(r)/ *n*: **to come to the ~** ‹‹*issue*›› saltar a primera plana; **he came to the ~ in the twenties** empezó a destacar(se) durante los años veinte; **she's always well to the ~ in any discussion of the subject** siempre ocupa un lugar preponderante en cualquier debate sobre el tema

fore[2] *adj* (*before n*) de proa; **the ~ part of the ship** la proa del barco

fore[3] *interj* ¡fore!

forearm /'fɔːrɑːrm || 'fɔːrɑːm/ *n* antebrazo *m*

forebear /'fɔːrber || 'fɔːbeə(r)/ *n* (frml) antepasado, -da *m,f*

forebode /fɔːr'bəʊd || fɔː'bəʊd/ *vt* (liter) augurar, presagiar

foreboding /fɔːr'bəʊdɪŋ || fɔː'bəʊdɪŋ/ *n* **1** [u] (apprehension) aprensión *f*; **with a sense of ~** con aprensión, con mal presentimiento **2** [c] (presentiment) premonición *f*

forebrain /'fɔːrbreɪn || 'fɔːbreɪn/ *n* cerebro *m* anterior

forecast[1] /'fɔːrkæst || 'fɔːkɑːst/ *n* (*weather ~*) **1** pronóstico *m* del tiempo, parte *m* meteorológico **2** (prediction) previsión *f*; **a sales ~** una previsión de ventas

forecast[2] *vt* (*past & past p* **forecast** *or* **forecasted**) **1** ‹*weather*› pronosticar*; **rain is ~(ed) for the South** se pronostican *or* se prevén lluvias en el sur **2** ‹*result/trend*› prever*

forecaster /'fɔːrkæstər || 'fɔːkɑːstə(r)/ *n* (*weather ~*) **1** meteorólogo, -ga *m,f* **2** (of future events) analista *mf*, vaticinador, -dora *m,f*

forecastle /'fəʊksəl/ *n* castillo *m* de proa

foreclose /fɔːr'kləʊz || fɔː'kləʊz/ *vt* ‹*loan/mortgage*› ejecutar

■ **foreclose** *vi* **to ~ (ON sth)** ‹*on loan/mortgage*› ejecutar algo

foreclosure /fɔːr'kləʊʒər || fɔː'kləʊʒə(r)/ *n* ejecución *f*

forecourt /'fɔːrkɔːrt || 'fɔːkɔːt/ *n*

A (of garage, hotel) patio *m* delantero

B (Sport): **the ~** el cuadro *m* de saque

foredeck /'fɔːrdek || 'fɔːdek/ *n* cubierta *f* de proa

forefathers /'fɔːr,fɑːðərz || 'fɔː,fɑːðəz/ *pl n* (liter) antepasados *mpl*

forefinger /'fɔːr,fɪŋgər || 'fɔː,fɪŋgə(r)/ *n* índice *m*

forefoot /'fɔːrfʊt || 'fɔːfʊt/ *n* (*pl* **-feet** /-fiːt/) pata *f* delantera

forefront /'fɔːrfrʌnt || 'fɔːfrʌnt/ *n*: **in** *o* **at the ~ of sth** al frente de algo; (in the vanguard) a la vanguardia de algo; **these matters have been at the ~ of our minds** hemos tenido muy presentes estos temas

forego /fɔːr'gəʊ || fɔː'gəʊ/ *vt* (*3rd pers sing pres* **-goes** *pres p* **-going** *past* **-went** *past p* **-gone**)

A (precede) (frml) preceder

B ▸**forgo**

foregoing[1] /fɔːr'gəʊɪŋ || 'fɔːgəʊɪŋ/ *adj* (frml) (*before n*) precedente, anterior

foregoing[2] *n*: **the ~** lo anterior

foregone[1] /fɔːr'gɑːn || fɔː'gɒn/ *past p of* **forego**

foregone[2] /'fɔːrgɑːn || 'fɔːgɒn/ *adj*: **the result was a ~ conclusion** el resultado era de prever *or* (fam) estaba cantado

foreground /'fɔːrgraʊnd || 'fɔːgraʊnd/ *n*: **the ~** el primer plano; **in the ~** en primer plano

forehand /'fɔːrhænd || 'fɔːhænd/ *n* golpe *m* de derecho; **to play a ~** dar un golpe de derecho

forehead /'fɔːrhed || 'fɒrɪd, 'fɔːhəd/ *n* frente *f*

foreign /'fɔːrən, 'fɑː- || 'fɒrən/ *adj*

A **1** ‹*custom/country/language*› extranjero; **~ currency** moneda *f* extranjera; **~ labor** mano *f* de obra del exterior; **he looks ~** tiene pinta de extranjero; **I hear you're off to ~ parts** me han dicho que te vas al extranjero; **~-born** nacido en el extranjero **2** ‹*policy/trade/relations/aid*› exterior; **~ debt** deuda *f* externa

B (alien) **to be ~ TO sth/sb** ser* ajeno A algo/algn; **that's ~ to her nature** eso es ajeno a su carácter; **the idea was completely ~ to him** la idea le era completamente ajena

C (Med) ‹*substance*› extraño; **a ~ body** un cuerpo extraño

foreign affairs *pl n* relaciones *fpl or* (Esp) asuntos *mpl* exteriores

foreign agent *n* **1** (Med) agente *m* externo **2** (representative) representante *mf* en el extranjero

foreign correspondent *n* corresponsal extranjero, -ra *m,f*

foreign debt *n* deuda *f* externa *or* exterior

foreigner /'fɔːrənər, 'fɑː- || 'fɒrənə(r)/ *n* extranjero, -ra *m,f*

foreign exchange *n* [u] divisas *fpl*; (*before n*): **~ ~ dealer** *o* **broker** agente *mf or* corredor, -dora *m,f* de cambio; **~ ~ market** mercado *m* de divisas; **~ ~ reserves** reservas *fpl* de divisas

Foreign Legion *n*: **the ~ ~** la Legión Extranjera

foreign minister *n* ministro, -tra *or* (Méx) secretario, -ria *m,f* de relaciones *or* (Esp) asuntos exteriores, canciller *mf* (AmS)

foreign ministry *n* Ministerio *m* de Relaciones *or* (esp Esp) de Asuntos Exteriores, Secretaría *f* de Relaciones Exteriores (Hon, Méx)

Foreign Office *n* (in UK): **the ~ ~** el Foreign Office, el ministerio de relaciones exteriores de Gran Bretaña

foreign policy *n* [u c] política *f* exterior

Foreign Secretary *n* (in UK) ▸**foreign minister**

foreign service *n*: **the ~ ~** el servicio exterior *or* diplomático

foreknowledge /fɔːr'nɑːlɪdʒ || fɔː'nɒlɪdʒ/ *n* [u] conocimiento *m* previo; **to have ~ of sth** tener* conocimiento previo de algo

forelady /'fɔːrleɪdi || 'fɔːleɪdi/ *n* (*pl* **-ladies**) (AmE) capataz *f*, capataza *f* (AmL)

foreleg /'fɔːrleg || 'fɔːleg/ *n* pata *f* delantera

forelock /'fɔːrlɑːk || 'fɔːlɒk/ *n*: ***to touch*** *o* ***tug one's ~ to sb*** saludar a algn con una reverencia, inclinarse ante algn

foreman /'fɔːrmən || 'fɔːmən/ *n* (*pl* **-men** /-mən/)

A (supervisor) capataz *m*

B (of jury) presidente *m* del jurado

foremast /'fɔːrmæst || 'fɔːmɑːst/ *n* trinquete *m*

foremost[1] /'fɔːrməʊst || 'fɔːməʊst/ *adj*

A (preeminent) ‹*figure/opponent*› más importante *or* destacado; **one of the ~ critics of his time** uno de los críticos más importantes *or* destacados de su época; **the welfare of her family was ~ in her mind** el bienestar de su familia era su mayor preocupación

B (first) primero

foremost[2] *adv* en primer lugar

forename /'fɔːrneɪm || 'fɔːneɪm/ *n* nombre *m* (de pila)

forensic /fə'rensɪk/ *adj* (*before n*) ‹*expert*› forense; **~ medicine** medicina *f* legal *or* forense; **the ~ report** el informe del (médico) forense

forepaw /'fɔːrpɔː || 'fɔːpɔː/ *n* **1** (of dog, cat) pata *f* delantera **2** (of lion, tiger) zarpa *f*, delantera

foreplay /'fɔːrpleɪ || 'fɔːpleɪ/ *n* [u]: *estimulación erótica previa al acto sexual*

forequarters /'fɔːr,kwɔːrtərz || 'fɔː,kwɔːtəz/ *pl n* cuartos *mpl* delanteros

forerunner /'fɔːr,rʌnər || 'fɔː,rʌnə(r)/ *n* precursor, -sora *m,f*

foresee /fɔːr'siː || fɔː'siː/ *vt* (*past* **foresaw**; *past p* **foreseen**) prever*

foreseeable /fɔːr'siːəbəl || fɔː'siːəbəl/ *adj* previsible; **in the ~ future** en el futuro inmediato

foreshadow /fɔːr'ʃædəʊ || fɔː'ʃædəʊ/ *vt* prefigurar, anunciar

foreshore /'fɔːrʃɔːr || 'fɔːʃɔː(r)/ *n*: *parte de la playa entre la pleamar y la bajamar*

foreshorten /fɔːr'ʃɔːrtn || fɔː'ʃɔːtn/ *vt* escorzar*

foresight /'fɔːrsaɪt || 'fɔːsaɪt/ *n* [u] previsión *f*; **with total lack of ~** con total imprevisión

foresighted /fɔːr'saɪtəd || fɔː'saɪtɪd/ *adj* previsor

foreskin /'fɔːrskɪn || 'fɔːskɪn/ *n* prepucio *m*

forest /'fɔːrəst || 'fɒrɪst/ *n* [u c] (wood) bosque *m*; (tropical) selva *f*; **the Amazon ~** la selva amazónica; **a ~ of chimneys** una profusión de chimeneas; (*before n*) forestal; **~ fire** incendio *m* forestal

forestall /fɔːr'stɔːl || fɔː'stɔːl/ *vt* **1** (prevent) ‹*attempt/accident/crime*› prevenir*, impedir* **2** (preempt) ‹*question/objection*› adelantarse *or* anticiparse a

forestation /,fɔːrə'steɪʃən || ,fɒrɪ'steɪʃən/ *n* [u] forestación *f*

forested /'fɔːrəstəd || 'fɒrɪstɪd/ *adj* arbolado; **densely ~** densamente arbolado

forester /'fɔːrəstər || 'fɒrɪstə(r)/ *n* (forestry expert) silvicultor, -tora *m,f*; (ranger) guarda *mf* forestal

forest ranger *n* (esp AmE) guardabosque(s) *mf*

forestry /'fɔːrəstri || 'fɒrɪstri/ *n* [u] silvicultura *f*, ingeniería *f* forestal

foretaste /'fɔːrteɪst || 'fɔːteɪst/ *n* anticipo *m*

foretell /fɔːr'tel || fɔː'tel/ *vt* (*past & past p* **foretold**) predecir*, pronosticar*

forethought /'fɔːrθɔːt || 'fɔːθɔːt/ *n* [u] previsión *f*, reflexión *f* previa

forever /fə'revər || fə'revə(r)/ *adv* **1** (for all time): **those days are gone ~** esos días no volverán; **nothing lasts ~** nada dura eternamente; **his name will live ~ in our memories** su nombre vivirá siempre en nuestro recuerdo; **Scotland ~!** ¡viva Escocia! **2** (a long time): **to take ~** tardar una eternidad *or* un siglo; **we can't wait here ~** no podemos esperar aquí eternamente *or* per sécula seculórum **3** (continually) siempre, constantemente; **I'm ~ having to remind him** siempre tengo que estar recordándoselo, tengo que estar constantemente recordándoselo

forevermore /fə,revər'mɔːr || fə,revə'mɔː(r)/ *adv* (liter) por siempre jamás (liter)

forewarn /fɔːr'wɔːrn || fɔː'wɔːn/ *vt* **to ~ sb OF sth** advertir* A algn DE algo; ***~ed is forearmed*** hombre prevenido vale por dos

forewent *past of* **forego**

forewoman /'fɔːr,wʊmən || 'fɔː,wʊmən/ *n* (*pl* **-women**) (BrE)

A (supervisor) capataz *f*, capataza *f*

B (of jury) presidenta *f* del jurado

foreword /'fɔːrwɜːrd || 'fɔːwɜːd/ *n* prólogo *m*

forfeit[1] /'fɔːrfət || 'fɔːfɪt/ *vt* ‹*property*› perder* el derecho a; ‹*rights/chance/respect/honor*› perder*; ‹*game*› perder*

forfeit[2] *n* **1** (penalty) multa *f*; **to pay a ~** pagar* una multa; **her marriage was the ~ she had to pay for her success** el éxito le costó su matrimonio **2** (Games) prenda *f* **3** **forfeits** *pl* (Games): **to play ~s** jugar* a las prendas

forfeit[3] *adj* (*pred*): **his possessions were ~ to the State** (Law) (they were confiscated) le fueron confiscados los bienes; (they were liable to be confiscated) sus bienes quedaron a la disposición del estado; **she knew that if she stayed abroad her job would be ~** sabía que quedarse en el extranjero le costaría el trabajo

forfeiture /'fɔːrfətʃʊr || 'fɔːfɪtʃə(r)/ *n* [u] (loss) pérdida *f*; (confiscation) confiscación *m*

forgave /fər'geɪv || fə'geɪv/ *past of* **forgive**

forge[1] /fɔːrdʒ || fɔːdʒ/ *vt*

A **1** (Metall) forjar **2** (create) ‹*bond/alliance*› forjar; ‹*plan*› fraguar*

B (counterfeit) ‹*banknote/signature/painting*› falsificar*

■ **forge** *vi*: **the tanks ~d on** los tanques seguían avanzando; **we're just going to ~ on regardless** vamos a seguir adelante pase lo que pase; **she ~d into the lead** se colocó en cabeza

Phrasal verb

• **forge ahead** [v + adv] **1** (surpass rivals) escalar posiciones; **to ~ ahead OF sb** tomarle la delantera a algn **2** (make progress) seguir* adelante; **they are forging ahead with plans to open a new factory** siguen adelante con el proyecto de abrir una nueva fábrica

f

forge[2] *n* 1 (smithy) forja *f* 2 (furnace) fragua *f*, forja *f*

forger /'fɔːrdʒər || 'fɔːdʒə(r)/ *n* falsificador, -dora *m,f*

forgery /'fɔːrdʒəri || 'fɔːdʒəri/ *n* (*pl* **-ries**) 1 [u] (act) falsificación *f* 2 [c] (object) falsificación *f*

forget /fər'get || fə'get/ (*pres p* **forgetting**; *past* **forgot**; *past p* **forgotten**) *vt*

A 1 (fail to remember) ‹*name/fact/person*› olvidarse de, olvidar; **I hope I haven't forgotten anything** espero no haberme olvidado de nada *or* no haber olvidado nada *or* que no se me haya olvidado nada; **I've forgotten what you said** se me ha olvidado lo que dijiste, me he olvidado de lo que dijiste; **I was ~ting (that) you don't speak German** se me olvidaba que *or* me olvidaba de que no hablas alemán; **it was a day never to be forgotten** *o* **a never-to-be-forgotten day** fue un día inolvidable; **I never ~ a face** nunca me olvido de una cara, nunca se me olvida una cara, soy buen fisonomista; **I ~ his name** no recuerdo cómo se llama; **have you forgotten your manners?** ¿qué modales son ésos?; **we mustn't ~ those less fortunate than ourselves** no debemos olvidar a *or* olvidarnos de quienes tienen menos que nosotros; **she forgot me in her will** se olvidó de mí en su testamento; **she never lets you ~ (that) her son is a professor** está siempre recordándote que su hijo es catedrático; **I'm your father and don't you ~ it!** ¡soy tu padre, que no se te olvide!; **to ~ to + INF**: **don't ~ to phone/write** no te olvides de llamar/escribir, que no se te olvide llamar/escribir; **surely you didn't ~ to send her a card!** ¡no te habrás olvidado de *or* no se te habrá olvidado mandarle una postal!; **everyone received a gift, not ~ting the dog** todos recibieron un regalo, el perro incluido 2 (put out of one's mind) ‹*person/disappointment/differences*› olvidar, olvidarse de; **if my wife asks you, ~ I was here** si mi mujer te pregunta, tú no me has visto; **~ who told you this, but ...** yo no te he dicho nada ¿eh?, pero ...; **I owe you for the meal — ~ it!** te debo la comida — ¡deja, deja!; **I'm sorry — ~ it!** perdóname — no es nada *or* no te preocupes; **if it's money you want, (you can) ~ it!** si es dinero lo que quieres, ya te puedes ir despidiendo de la idea; **the play's abysmal: you can ~ it!** la obra es pésima, ni te molestes (en ir) 3 **forgotten** *past p* ‹*land/tribe/masterpiece*› olvidado

B (leave by mistake) olvidarse de, olvidar; **I forgot my passport** me olvidé del pasaporte, olvidé *or* se me olvidó el pasaporte

■ **forget** *vi*: **where does she live? — I ~** ¿dónde vive? — no me acuerdo *or* se me ha olvidado; **to ~ ABOUT sth** olvidarse *or* no acordarse* DE algo; **you'd forgotten about the meeting, hadn't you?** te habías olvidado *or* no te habías acordado de la reunión ¿no?; **I'd ~ about it if I were you** yo que tú lo olvidaría *or* me olvidaría de ello

■ *v refl*: **to ~ oneself** perder* el control

forgetful /fər'getfəl || fə'getfəl/ *adj* 1 (absent-minded) olvidadizo, desmemoriado 2 (neglectful) **~ OF sth**: **he was becoming ~ of his duties** cada vez descuidaba más sus deberes

forgetfulness /fər'getfəlnəs || fə'getfəlnɪs/ *n* [u] mala memoria *f*; **she is inclined to ~** es muy olvidadiza

forget-me-not /fər'getminɑːt || fə'getminɒt/ *n* nomeolvides *f*

forgettable /fər'getəbəl || fə'getəbəl/ *adj* (pej) poco memorable; **an instantly ~ film** una película de las que inmediatamente se relegan al olvido

forgivable /fər'gɪvəbəl || fə'gɪvəbəl/ *adj* perdonable

forgive /fər'gɪv || fə'gɪv/ *vt* (*past* **forgave**; *past p* **forgiven**) ‹*person/insult*› perdonar; **~ her** perdónala; **he forgave her the wrong she'd done him** le perdonó el mal que le había hecho; **to ~ sb FOR sth** perdonarle algo a algn; **I'll never ~ you for that remark/for what you did** nunca te perdonaré lo que dijiste/hiciste; **to ~ sb FOR -ING**: **~ me for interrupting/asking but ...** perdona que interrumpa/pregunte pero ...; **~ me, but ...** perdone *or* disculpe, pero ...; **if you'll ~ my saying so, that's quite untrue** perdone usted, pero eso no es cierto; **one could be ~n for thinking that ...** no sería disparatado deducir que ...

forgiveness /fər'gɪvnəs || fə'gɪvnɪs/ *n* [u] perdón *m*; **to ask/beg sb's ~ for sth** pedirle*/implorarle perdón a algn por algo

forgiving /fər'gɪvɪŋ || fə'gɪvɪŋ/ *adj* indulgente, comprensivo

forgo /fɔːr'gəʊ || fɔː'gəʊ/ *vt* (*3rd pers sing pres* **-goes**; *pres p* **-going**; *past* **-went**; *past p* **-gone**) (frml) privarse de, renunciar a

forgot /fər'gɑːt || fə'gɒt/ *past of* **forget**

forgotten /fər'gɑːtn || fə'gɒtn/ *past p of* **forget**

forint /'fɔːrənt || 'fɒrɪnt/ *n* (*pl* **~s** *or* **~**) florín *m* húngaro

fork[1] /fɔːrk || fɔːk/ *n*

A 1 (Culin) tenedor *m* 2 (for gardening) horca *f*, bieldo *m*, horqueta *f*

B 1 (in road, river) bifurcación *f*; **to take the left/right ~** tomar el desvío a la izquierda/derecha 2 (in tree) horqueta *f* 3 (on bicycle) horquilla *f*

fork[2] *vi* 1 (split) ‹‹*branch/road/river*›› bifurcarse* 2 (turn): **to ~ (to the) right/left** desviarse* a la derecha/izquierda

■ **fork** *vt* ‹*food*› levantar con el tenedor

Phrasal verb

- **fork out** [v + adv + o] (colloq) desembolsar, aflojar (fam); **how much did you have to ~ out for that?** ¿cuánto te tuviste que gastar en eso?, ¿cuánto tuviste que desembolsar *or* (fam) aflojar por eso?

forked /fɔːrkt || fɔːkt/ *adj* ‹*stick/branch*› ahorquillado; ‹*tongue*› bífido; ‹*lightning*› en zigzag

forklift (truck) /'fɔːrklɪft || 'fɔːklɪft/ *n* carretilla *f* elevadora (*de horquilla*)

forlorn /fər'lɔːrn || fə'lɔːn/ *adj* 1 (wretched) ‹*glance/smile/sigh*› triste; ‹*appearance*› (of person) de tristeza y desamparo; (of house, place) de abandono 2 (desperate) ‹*attempt/effort*› desesperado; **in the ~ hope of ...** con la vana esperanza de ...

forlornly /fər'lɔːrnli || fə'lɔːnli/ *adv* 1 (miserably) con tristeza 2 (half-heartedly) ‹*try/hope*› sin demasiado entusiasmo

form[1] /fɔːrm || fɔːm/ *n*

A [c u] 1 (shape) forma *f*; **a monster in human ~** un monstruo con forma humana; **to take ~** ‹‹*object/idea*›› tomar forma; **the female ~** la figura femenina 2 (manner, guise) forma *f*; **in tablet ~** en forma de tabletas; **the invitation came in the ~ of a letter** nos (*or* me *etc*) invitó por carta; **the recipe requires fat in some ~ or other** algún tipo de grasa hay que usar en la receta; **adolescent rebellion can take many ~s** la rebelión adolescente puede adoptar diversas formas; **what ~ should our protest take?** ¿cómo deberíamos manifestar nuestra protesta?

B 1 [c u] (type, kind) tipo *m*; **they require some ~ of explanation** necesitan algún tipo de explicación; **other ~s of life** otras formas de vida; **birds are a higher ~ of life than insects** las aves son una especie superior a los insectos 2 [c] (Ling) forma *f* 3 [c u] (style) forma *f*; **~ and content** forma y contenido *or* fondo 4 [c u] (Phil) forma *f*

C [u] 1 (fitness, ability) forma *f*; **to be in good/poor ~** ‹‹*athlete*›› estar* en buena/baja forma *or* en buen/mal estado físico; **he is off ~ because of flu** está en baja forma por la gripe; **he's on ~ tonight** está en forma *or* en vena esta noche; **to study (the) ~** (in horseracing, football pools) estudiar el panorama; **on past ~ it seems unlikely that ...** conociendo su historial, no parece probable que ... 2 (criminal record) (BrE sl): **to have ~** tener* antecedentes

D [u] (etiquette): **as a matter of ~** por educación *or* cortesía; **to be bad/good ~** (esp BrE) ser* de mala/buena educación; **what's the ~?** (BrE) ¿cuál es el procedimiento a seguir?

E [c] (document) formulario *m*, impreso *m*, forma *f* (Méx); **to fill in** *o* **out a ~** rellenar *or* llenar un formulario *or* un impreso *or* (Méx tb) una forma

F [c] (bench) (esp BrE) banco *m*

G [c] (BrE) (Educ) (class) clase *f*; (year) curso *m*, año *m*

H [c] (hare's shelter) madriguera *f*

I [c] (mold) molde *m*

J [c] (dummy) (AmE) maniquí *m*

form[2] *vt*

A 1 (shape, mold) formar; ‹*character*› formar, moldear; **how do you ~ the future tense?** ¿cómo se forma el futuro? 2 (take shape of) ‹*line/circle/shape*› formar

B (develop) ‹*opinion/idea*› formarse; ‹*habit*› adquirir*

C (constitute) ‹*basis/part*› formar, constituir*

D (set up, establish) ‹*committee/government/company*› formar

■ **form** *vi*

A 1 (develop) ‹‹*idea/plan/suspicion*›› tomar forma; **a scheme to make money ~ed in my head** un plan para hacer dinero fue tomando forma en mi mente 2 (be made) ‹‹*ice/steam/fog*›› formarse; **ice ~s on water** se forma hielo en el agua

B **~ (up)** (take shape): **to ~ into a line** formar fila; **we ~ed (up) into groups** formamos varios grupos, nos dividimos en grupos

formal /'fɔːrməl || 'fɔːməl/ *adj*

A (ceremonial) ‹*reception/dinner*› formal; **~ dress** traje *m* de etiqueta; **they paid a ~ call on the new Ambassador** hicieron una visita oficial *or* de protocolo al nuevo embajador

B (official, conventional) ‹*letter/meeting/invitation*› formal; ‹*reprimand/request*› formal; **he hasn't any ~ education** no tiene formación académica

C 1 (stiff, not familiar) ‹*manner/person*› ceremonioso; ‹*style/language*› formal 2 (regular, symmetrical) ‹*garden*› de diseño formal

D (of form) ‹*aspect/analysis*› formal, de forma

formaldehyde /fɔːr'mældəhaɪd || fɔː'mældɪhaɪd/ *n* [u] formaldehído *m*

formalin /'fɔːrmələn || 'fɔːməlɪn/ *n* [u] formalina *f*

formality /fɔːr'mæləti || fɔː'mæləti/ *n* (*pl* **-ties**)

A [u] (formal quality) ceremonia *f*, formalidad *f*

B [c] (convention) formalidad *f*; **it's a mere ~** *o* **merely** *o* **purely a ~** es simplemente una formalidad *or* un formulismo

formalize /'fɔːrməlaɪz || 'fɔːməlaɪz/ *vt* 1 (make official) ‹*agreement/plan/rules*› formalizar*, dar* carácter oficial a 2 (introduce formality) ‹*occasion/event*› dar* carácter formal a

formally /'fɔːrməli || 'fɔːməli/ *adv* 1 (with ceremony) ceremoniosamente 2 (officially) ‹*invite/request/reprimand*› formalmente; **he had not been ~ educated** no había tenido una formación académica

format[1] /'fɔːrmæt || 'fɔːmæt/ *n* [c u]

A (Comput, Print) formato *m*; **the book was published in paperback ~** el libro se publicó en rústica

B (style, arrangement) formato *m*, presentación *f*; **a ~ for the debate has not yet been decided** aún no se ha decidido qué forma va a tener *or* cómo se va a estructurar el debate

format[2] *vt* **-tt-** formatear; **~ted diskette** diskette *m* formateado

formation /fɔːr'meɪʃən || fɔː'meɪʃən/ *n*

A [u] (forming) formación *f*

B [u c] (formal pattern) formación *f*; **to fly in ~** volar* en formación; **in battle ~** en formación de combate

C [c] (Geol, Ling) formación *f*

formative /'fɔːrmətɪv || 'fɔːmətɪv/ *adj*

A ‹*process/years*› de formación; ‹*experience/influence*› formativo

B (Ling) formativo

formatting /'fɔːrmætɪŋ || 'fɔːmætɪŋ/ *n* [u] formateo *m*

former[1] /'fɔːrmər || 'fɔːmə(r)/ *adj*

A (earlier, previous) ‹*Prime Minister/champion*› antiguo; **my ~ wife/husband** mi ex-esposa/ex-esposo; **in ~ days** *o* **times** antes, en otros tiempos, antiguamente; **a ~ member of the team** un antiguo miembro *or* un ex-miembro del equipo

B (first-mentioned) primero; **the ~ case/problem** el primer caso/problema

former[2] *n*: **the ~** el primero, la primera; (*pl*) los primeros, las primeras

formerly /'fɔːrmərli || 'fɔːməli/ *adv* antes, anteriormente; **our ~ happy home** nuestro otrora feliz hogar (liter)

ℹ Forms of address

For ways of saying *you*, see separate box **You[1]**

Señor/señora/señorita

Forms of address used with surnames are *señor* (for a man), *señora* (for a married or older woman), and *señorita* (for an unmarried woman):

- buenos días, señor Gómez
- pase por favor, señora Lozano
- señorita Abreu, la esperan en recepción

When talking about someone, these forms are preceded by the definite article and the first name may also be included:

hará uso de la palabra el señor Antonio Gómez permítame presentarle a la señorita Lucía Jiménez

Señorita is also used with the first name when talking to or about a teacher:

- ¿puedo salir un momento, señorita Raquel?
- me lo dijo la señorita Ana

Señor, *señora* and *señorita* are also used without a name, for example, to address a stranger:

- buenos días, señorita
- pase, señora
- ¿esto es suyo, señor?

In restaurants, stores, etc. they are heard more frequently than the English *Sir*, *Madam*, or *Miss*:

- ¿la atienden, señora?
- ¿me permite su abrigo, señor?

The customer is sometimes addressed in the third person:

- ¿qué desea la señora?
- ¿qué va a beber el señor?

Don/doña

The forms *don* (for a man) and *doña* (for a woman) are used as a sign of respect, particularly to older people with a certain social status. They are commonly heard when addressing doctors, priests, teachers, etc. They are used with first names:

- buenas tardes, Don Carlos
- ¿cómo está, Doña Susana?

When talking about someone the surname may also be included:

- Don Carlos Valenzuela
- Doña Susana Salvador

However, *don* and *doña* cannot be used with surnames only.

Addressing people and referring to them by their professions or titles

Titles like *doctor*, *profesor*, *ingeniero*, etc, and their feminine forms, are used with the surname:

- doctora Bonino
- ingeniero Soto

Padre can be used with a priest's surname or with his first name:

- Padre Martín
- Padre Garese

Nuns are addressed by using *hermana*, *madre* or *sor* with their Christian name:

- hermana Angélica

Some titles, like *doctor*, *profesor*, *padre*, and *hermana*, are often heard without the surname:

- ¿puedo salir, profesor?
- ¿qué me recomienda, doctor?

Ingeniero, *licenciado*, and their feminine forms, are also used in this way, but mainly in certain Latin American countries:

- a sus órdenes, licenciado
- como usted diga, ingeniero

To refer to someone by their profession or title requires the use of the definite article:

- el príncipe Felipe
- el doctor Tercedor
- el catedrático Jiménez López

As a mark of respect people can be referred to in the following way:

- el señor doctor
- la señora abogada
- el señor alcalde

Formica® /fɔːrˈmaɪkə || fɔːˈmaɪkə/ *n* [u] formica® *f*, fórmica® *f* (AmS), cármica® *f* (Ur)

formic acid /ˈfɔːrmɪk || ˈfɔːmɪk/ *n* [u] ácido *m* fórmico

formidable /ˈfɔːrmədəbəl, fɔːrˈmɪdəbəl || ˈfɔːmɪdəbəl, fɔːˈmɪdəbəl/ *adj* ‹*task/rock-face*› imponente; ‹*problem/obstacle*› tremendo; ‹*achievement/courage*› extraordinario, monumental, formidable; ‹*opponent/enemy*› temible; **she's a ~ lady** es una mujer que impone; **she has a ~ temper** tiene un genio tremendo *or* impresionante

formidably /ˈfɔːrmədəbli, fɔːrˈmɪdəbli || ˈfɔːmɪdəbli, fɔːˈmɪdəbli/ *adv* tremendamente

formless /ˈfɔːrmləs || ˈfɔːmlɪs/ *adj* (liter) amorfo, informe

formula /ˈfɔːrmjələ || ˈfɔːmjʊlə/ *n pl* **-las** *or* (frml) **-lae** /-liː/

A (Chem, Math, Phys) fórmula *f*

B (recipe, plan) fórmula *f*; **a sure ~ for success** una receta infalible para tener éxito; (*before n*) ‹*comedy/drama/painting*› (AmE) sin originalidad, adocenado

C **1** (set procedure) fórmula *f* **2** (form of words) fórmula *f*; **a polite ~** una fórmula de cortesía

D (motor racing) (*before n*) fórmula *f*; **~ one/four** fórmula uno/cuatro

E (for baby) preparado *m* para biberón *or* para lactantes

formulaic /ˌfɔːrmjəˈleɪɪk || ˌfɔːmjʊˈleɪɪk/ *adj* formulaico

formulate /ˈfɔːrmjəleɪt || ˈfɔːmjʊleɪt/ *vt* formular

formulation /ˌfɔːrmjəˈleɪʃən || ˌfɔːmjʊˈleɪʃən/ *n* [c u] formulación *f*

fornicate /ˈfɔːrnəkeɪt || ˈfɔːnɪkeɪt/ *vi* (frml) fornicar* (frml)

fornication /ˌfɔːrnəˈkeɪʃən || ˌfɔːnɪˈkeɪʃən/ *n* [u] (frml) fornicación *f* (frml)

fornicator /ˈfɔːrnəkeɪtər || ˈfɔːnɪkeɪtə(r)/ *n* (frml) fornicador, -dora *m,f* (frml)

for-profit /fərˈprɑːfət || fəˈprɒfɪt/ *adj* comercial, con fines de lucro

forsake /fərˈseɪk || fəˈseɪk/ *vt* (*past* **forsook**; *past p* **forsaken**) (liter) **1** (abandon) abandonar **2** (relinquish) ‹*pleasure/habits*› renunciar a

forsaken /fərˈseɪkən || fəˈseɪkən/ *adj* abandonado, desolado, desierto

forsook /fərˈsʊk || fəˈsʊk/ *past of* **forsake**

forsooth /fərˈsuːθ || fəˈsuːθ/ *interj* (arch) en verdad

forswear /fɔːrˈswer || fɔːˈsweə(r)/ (*past* **forswore** /fɔːrˈswɔːr || fɔːˈswɔː(r)/; *past p* **forsworn** /fɔːrˈswɔːrn || fɔːˈswɔːn/) (liter) *vt* ‹*pleasure/claim*› renunciar a

■ *v refl*: **to ~ oneself** perjurar, jurar en falso

forsythia /fərˈsɪθiə || fɔːˈsaɪθiə/ *n* [u] forsitia *f*

fort /fɔːrt || fɔːt/ *n* fuerte *m*; (small) fortín *m*; ***to hold the ~*: will you hold the ~ while I go to the bank?** ¿te puedes hacer cargo *or* quedar de guardia mientras voy al banco?

forte[1] /ˈfɔːrteɪ || ˈfɔːteɪ/ *n*

A (strong point) fuerte *m*

B (Mus) forte *m*

forte[2] *adj* forte

forte[3] *adv* forte

forth /fɔːrθ || fɔːθ/ *adv* (liter) **1** (out): **~ he went to battle with his enemy** marchó *or* salió a luchar con su enemigo; *see also* ▸**bring forth**, **go forth** *etc* **2** (in time): **from this day ~** de hoy *or* ahora en adelante; **from that time ~** a partir de ese momento; ***and (so on and) so ~*** etcétera, etcétera

forthcoming /fɔːrθˈkʌmɪŋ || fɔːθˈkʌmɪŋ, ˈfɔːθkʌmɪŋ/ *adj*

A **1** (approaching) (*usu before n*) ‹*event*› próximo; **his daughter's ~ wedding** la boda de su hija, que tendrá (*or* tendría *etc*) lugar pronto *or* dentro de poco tiempo **2** (about to appear) ‹*article/record*› de próxima aparición; ‹*film*› a estrenarse próximamente; **~ books** ediciones en preparación

B (available) (*pred*): **no explanation was ~** no dieron (*or* dio *etc*) ninguna explicación; **there is no help ~ from that source** por ese lado no cabe esperar ninguna ayuda

C (open, helpful): **he was not very ~** no estuvo muy comunicativo; **she was not a ~ witness** no fue de mucha ayuda como testigo

forthright /ˈfɔːrθraɪt || ˈfɔːθraɪt/ *adj* directo, franco

forthwith /fɔːrθˈwɪθ || fɔːθˈwɪð/ *adv* (frml *or* liter) inmediatamente

fortieth[1] /ˈfɔːrtiəθ || ˈfɔːtiəθ/ ▸ℹ **p.1465** *adj* cuadragésimo; *see also* **fifth[1]**

fortieth[2] *adv* en cuadragésimo lugar; *see also* **fifth[2]**

fortieth[3] ▸ℹ **p.1091**, ▸ℹ **p.1465** *n* **1** (Math) cuarentavo *m* **2** (part) cuarentava *or* cuadragésima parte *f*

fortification /ˌfɔːrtəfəˈkeɪʃən || ˌfɔːtɪfɪˈkeɪʃən/ *n*

A [c] (defensive works) (Mil) (*often pl*) fortificación *f*

B [u] (act of fortifying) (Mil) fortificación *f*; **I could do with a little ~** (hum) no me vendría mal un reconstituyente (hum)

fortify /ˈfɔːrtəfaɪ || ˈfɔːtɪfaɪ/ *vt* **-fies, -fying, -fied**

A (Mil) ‹*town/building*› fortificar*

B (strengthen) ‹*person/determination*› fortalecer*, fortificar*; ‹*argument*› reforzar*; **she had a snack to ~ her** comió algo para recuperar fuerzas

C **1** ‹*wine*› fortificar*, encabezar*; **fortified wine** vino *m* fortificado **2** ‹*food/drink*› enriquecer*; **fortified with vitamins** enriquecido con vitaminas

fortissimo[1] /fɔːrˈtɪsɪməʊ || fɔːˈtɪsɪməʊ/ *adj/adv* (Mus) fortissimo

fortissimo[2] *n* (Mus) fortissimo *m*

fortitude /ˈfɔːrtətuːd || ˈfɔːtɪtjuːd/ *n* [u] fortaleza *f*

Fort Knox /nɑːks || nɒks/ *n*: *edificio que alberga las reservas de oro estadounidenses*; **their house is**

like ~ ~ su casa es una auténtica fortaleza

fortnight /ˈfɔːrtnaɪt || ˈfɔːtnaɪt/ *n* (esp BrE) quince días, dos semanas; (Busn) quincena *f*; **Friday ~, a ~ on Friday** en quince días a partir del viernes

fortnightly¹ /ˈfɔːrtnaɪtli || ˈfɔːtnaɪtli/ *adv* (esp BrE) cada dos semanas, quincenalmente (frml)

fortnightly² *adj* (esp BrE) quincenal

fortnightly³ *n* publicación *f* quincenal

fortress /ˈfɔːrtrəs || ˈfɔːtrɪs/ *n* fortaleza *f*

fortuitous /fɔːrˈtuːɪtəs || fɔːˈtjuːɪtəs/ *adj* ‹*occurrence/encounter*› fortuito, casual

fortuitously /fɔːrˈtuːɪtəsli || fɔːˈtjuːɪtəsli/ *adv* fortuitamente, por casualidad

fortuitousness /fɔːrˈtuːɪtəsnəs || fɔːˈtjuːɪtəsnɪs/, **fortuity** /fɔːrˈtuːəti || fɔːˈtjuːɪti/ *n* [u] casualidad *f*

fortunate /ˈfɔːrtʃnət || ˈfɔːtʃənət/ *adj* ‹*occurrence/coincidence*› afortunado, feliz; **he's a ~ person** es una persona afortunada *or* con suerte; **he was very ~ to find a job** tuvo mucha suerte al encontrar trabajo; **you are ~ in having no financial worries** tienes suerte de no tener problemas económicos; **it was ~ that he came** fue una suerte que viniera; **how ~!** ¡qué suerte!

fortunately /ˈfɔːrtʃnətli || ˈfɔːtʃənətli/ *adv* (*indep*) afortunadamente, por suerte

fortune /ˈfɔːrtʃən || ˈfɔːtʃən, ˈfɔːtʃuːn/ *n*
A [c] **1** (money, prosperity) fortuna *f*; **to marry a ~** casarse con algn de dinero; **he left to seek his ~** se fue a buscar fortuna **2** (a lot of money) (colloq) (*no pl*) dineral *m*, platal *m* (AmS fam), pastón *m* (Esp fam)
B **1** [c] (fate): **I followed his ~(s) with interest** seguí su trayectoria *or* sus peripecias con interés; **to tell/read sb's ~** decirle*/leerle la buenaventura a algn; **the ~s of war** las vicisitudes de la guerra **2** [u] (destiny) destino *m*, sino *m* (liter)
C [u] (luck): **good ~** suerte *f*, fortuna *f*; **it was my good ~ to ...** tuve la suerte *or* la fortuna de ...; **it was sheer good ~ that we arrived at the same time** fue pura suerte que llegáramos al mismo tiempo

Fortune 500® *n* (in US) *palmarés anual de las 500 empresas con mayores beneficios en EEUU*

fortune cookie *n* (AmE) *galletita china que contiene una predicción del porvenir*

fortune hunter *n* (colloq & pej) cazafortunas *mf*

fortune-teller /ˈfɔːrtʃənˌtelər || ˈfɔːtʃənˌtelə(r), ˈfɔːtʃuːn-/ *n* adivino, -na *m,f*

fortune-telling /ˈfɔːrtʃənˌtelɪŋ || ˈfɔːtʃənˌtelɪŋ, -tʃuːn-/ *n* la adivinación del futuro

forty ▸❶ p.888, ▸❶ p.1465 /ˈfɔːrti || ˈfɔːti/ *adj/n* cuarenta *adj inv/m*; *see also* **seventy**

forty-five /ˌfɔːrtiˈfaɪv || ˌfɔːtiˈfaɪv/ *n* **1** (Audio) disco *m* de 45 revoluciones, cuarenta y cinco *m* **2** (pistol) (esp AmE) pistola *f* de calibre 45 **3** (in UK history): **the Forty-five** la rebelión jacobita

forum /ˈfɔːrəm/ *n* **1** (Hist) foro *m* **2** (platform for discussion) foro *m*

forward¹ /ˈfɔːrwərd || ˈfɔːwəd/ (esp BrE) **forwards** /-z/ *adv* **1** (toward the front) ‹*bend/slope/lean*› hacia adelante; **she rushed ~ to greet him** corrió a saludarlo; **let's sit further ~** sentémonos más adelante; **a great leap/step ~** un gran salto/paso (hacia) adelante; *see also* **come forward, step forward** **2** (Naut) /ˈfɔːrərd/ hacia la proa **3** (in time) (frml) en adelante; **from this day ~** desde hoy en adelante; *see also* **bring, carry**

forward² *adj*
A (*before n*) **1** (in direction) ‹*movement/motion*› hacia adelante; **~ pass** (Sport) pase *m* adelantado; **to buy dollars ~** (Busn) comprar dólares a plazo *or* a término **2** ‹*positions*› (Mil) de vanguardia; **~ line** (Sport) línea *f* delantera **3** (Naut) de proa
B (advance) ‹*prices/buying*› (Busn) a plazo, a término; **~ planning** planificación *f*
C (assertive, pushy) atrevido, descarado; **I don't wish to appear ~, but ...** no quisiera parecer atrevida, pero ...

forward³ *vt*
A **1** (to a different address) ‹*mail/baggage*› enviar*, mandar; **Ⓢ please forward** hacer* seguir **2** (send) (Busn) enviar, remitir; **please ~ your price list** le agradeceríamos nos enviara *or* remitiera su lista de precios (frml)
B (advance) (frml) ‹*plan/career/interests*› promover*

forward⁴ *n* delantero *mf*

forwarder /ˈfɔːrwərdər || ˈfɔːwədə(r)/ *n* agencia *f* de transportes

forwarding /ˈfɔːrwərdɪŋ || ˈfɔːwədɪŋ/ *n* [u] **1** (to a different address) envío *m*; (*before n*): **~ address** dirección *f* (*a la cual ha de remitirse la correspondencia que se recibe para algn*) **2** (*freight ~*) transporte *m* or (AmL tb) flete *m* de mercancías

forward-looking /ˈfɔːrwərdˌlʊkɪŋ || ˈfɔːwədˌlʊkɪŋ/ *adj* progresista, de amplias miras

forwardness /ˈfɔːrwərdnəs || ˈfɔːwədnɪs/ *n* [u] desparpajo *m*, atrevimiento *m*

forward pass *n* **1** (in US football) pase *m* hacia adelante **2** (in rugby) pase *m* adelantado

forward roll *n* voltereta *f* (*hacia adelante*), maroma *f* (Méx); **to do a ~ ~** dar* una voltereta (*hacia adelante*)

forwards /ˈfɔːrwərdz || ˈfɔːwədz/ *adv* ▸**forward¹**

forward slash *n* barra *f* (oblicua)

forward-thinking /ˌfɔːrwərdˈθɪŋkɪŋ || ˌfɔːwədˈθɪŋkɪŋ/ *adj* progresista, innovador, con visión de futuro

forwent /fɔːrˈwent || fɔːˈwent/ *past of* **forgo**

fossil /ˈfɑːsəl || ˈfɒsəl/ *n* **1** (Geol) fósil *m*; (*before n*) ‹*shell/leaf*› fosilizado **2** (colloq) (sb outdated) vejestorio *m* (fam), fósil *m* (fam); (sth outdated) antigualla *f* (fam)

fossil fuel *n* [c u] combustible *m* fósil

fossilized /ˈfɑːsəlaɪzd || ˈfɒsəlaɪzd/ *adj*
A (Geol) fosilizado, fósil
B ‹*views/attitude*› anquilosado, fosilizado; ‹*customs/procedures*› trasnochado, desfasado, fosilizado; **a ~ form** (Ling) un sintagma fosilizado *or* fósil

foster¹ /ˈfɔːstər || ˈfɒstə(r)/ *vt*
A **1** (look after) ‹*child*› (BrE) *acoger en el hogar sin adoptarlo legalmente* **2** (place in care of foster parents) colocar* con una familia de acogida
B **1** (promote) ‹*suspicion/talent*› fomentar; ‹*reconciliation/understanding*› promover* **2** (retain) ‹*hatred*› alimentar; ‹*respect*› sentir*; ‹*hope*› abrigar*

Phrasal verb
- **foster out** [v + o + adv, v + adv + o] (BrE) colocar* con una familia de acogida

foster² *adj* ‹*child*› ≈ adoptivo; **~ family** familia *f* de acogida

foster care *n* [u] *acogida de un niño en un hogar sin adoptarlo legalmente*

foster home *n* casa *f* de acogida

fostering /ˈfɔːstərɪŋ || ˈfɒstərɪŋ/, **fosterage** /ˈfɔːstərɪdʒ || ˈfɒstərɪdʒ/ *n* (BrE) acogimiento *m* familiar

fought /fɔːt/ *past & past p of* **fight¹**

foul¹ /faʊl/ *adj* **-er, -est**
A (offensive) ‹*smell*› nauseabundo, fétido, hediondo; ‹*taste*› repugnante, asqueroso, inmundo; ‹*air*› viciado; ‹*water*› infecto
B **1** (horrible) (esp BrE colloq) asqueroso (fam); ‹*weather*› pésimo; **I've got a ~ headache** tengo un dolor de cabeza horroroso (fam); **she was absolutely ~ to him** estuvo repugnante con él; **she's in a ~ mood** está de un humor de perros (fam); **he has a ~ temper** tiene un genio de mil demonios (fam) **2** (unfavourable) ‹*weather*› malo, de mil demonios (fam); **it's a ~ night out** hace una noche de perros (fam); **~ wind** viento *m* en contra; **~ weather gear** impermeables *mpl* **3** (wicked) (liter) ‹*deed/crime*› vil (liter), abyecto
C (obscene) ‹*language/gesture*› ordinario, grosero; **to have a ~ mouth** ser* muy mal hablado, decir* palabrotas, ser muy boca sucia (RPl fam)
D (Sport) **1** (invalid) ‹*shot/serve/ball*› nulo **2** (unfair) ‹*blow/punch*› bajo, sucio; ‹*kick*› antirreglamentario
E **1** (blocked) ‹*drain/pipe/chimney*› obstruido, atascado **2** (entangled) ‹*anchor/chain/rope*› enredado

foul² *n* falta *f*, faul *m* or foul *m* (AmL)

foul³ *vt*
A (pollute) ‹*water/air*› contaminar; **Ⓢ please do not allow your dog to foul the pavement** (BrE) no deje que su perro ensucie la acera
B **1** (block) ‹*drain/chimney*› obstruir* **2** (entangle) ‹*rope/chain/fishing line*› enredar; **seaweed has ~ed the propeller** las algas se han enredado en la hélice **3** (collide with) (Naut) chocar* contra
C (Sport) cometer una falta *or* (AmL tb) un foul *or* faul contra, faulear (AmL)

■ **foul** *vi*
A (Sport) cometer* faltas *or* (AmL tb) fauls *or* fouls, faulear (AmL)
B (become entangled) «*rope/line/chain*» enredarse

Phrasal verb
- **foul up** [v + o + adv, v + adv + o]
A **1** (spoil) ‹*plan*› estropear, arruinar **2** (bungle) (colloq) fastidiar (fam)
B [v + adv] (bungle) (AmE colloq) meter la pata (fam)

foul- /faʊl/ *pref*: **~smelling** hediondo; **~tempered** con un humor de perros (fam)

foul-mouthed /ˈfaʊlˌmaʊðd || ˌfaʊlˈmaʊðd/ *adj* malhablado, boca sucia (RPl fam)

foulness /ˈfaʊlnəs || ˈfaʊlnɪs/ *n* [u]
A (of air) lo viciado; (of water) suciedad *f*; (of weather) inclemencia *f*; **the ~ of his temper** su mal carácter
B (obscenity) grosería *f*, ordinariez *f*

foul play *n* [u] **1** (Law) actos *mpl* delictivos; **they suspect ~ ~** sospechan que se trata de una estafa (*or* un crimen *etc*) **2** (unfair action) (esp BrE) (Sport) juego *m* sucio

foul-up /ˈfaʊlʌp/ *n* (colloq) desastre *m*, cagada *f* (vulg)

found¹ /faʊnd/ *past & past p of* **find¹**

found² *vt*
A **1** (establish) ‹*society/company*› fundar **2** **founding** *pres p* fundador; **~ing member** (socio *m*) fundador, (socia *f*) fundadora **3** (construct) ‹*town/settlement*› fundar **4** (endow) ‹*hospital/school/church*› fundar
B (base) **to ~ sth ON sth** fundar algo EN algo; **his suspicions were well-/ill-~ed** sus sospechas estaban bien fundadas/eran infundadas
C (Metall, Tech) ‹*metal/glass*› fundir

foundation /faʊnˈdeɪʃən/ *n*
A **1** [u] (establishing) fundación *f* **2** [c] (institution) fundación *f*; (*before n*): **~ scholar** becario, -ria *m,f*
B [c] (*often pl*) **1** (Const) cimientos *mpl*; **to lay the ~** poner* *or* echar los cimientos **2** (groundwork, basis) fundamentos *mpl*, base *f*; **he laid the ~s of the venture's success by careful planning** su cuidadosa planificación cimentó el éxito de la empresa; (*before n*): **~ course** curso *m* preparatorio
C [u] (grounds) fundamento *m*; **the suspicion is without ~** la sospecha es infundada *or* carece de fundamento
D [c u] **1** (cosmetic) base *f* de maquillaje **2** **~ (cream)** (crema *f*) base *f*
E (base, first layer) **1** (of cosmetics) base *f* **2** (of painting) base *f*, apresto *m*
F **foundations** *pl* (undergarments) (AmE) corsetería *f*

foundation course *n* (BrE) curso *m* preparatorio

foundation garment *n* (esp AmE) prenda *f* de corsetería

foundation stone *n* piedra *f* fundamental

founder¹ /ˈfaʊndər || ˈfaʊndə(r)/ *n* fundador, -dora *m,f*; (*before n*): **~ member** (BrE) (socio *m*) fundador *m*, (socia *f*) fundadora *f*

founder² *vi*
A **1** (sink) «*ship*» hundirse, zozobrar, irse* a pique **2** (fail) «*plan/project*» irse* a pique, zozobrar
B «*horse*» dar* un traspié

founding father /ˈfaʊndɪŋ/ *n* fundador *m*; **the F~ F~s** (in US history) los fundadores de la nación americana (*que redactaron la constitución en 1787*)

Founding Fathers - The Founding Fathers

Aquellos norteamericanos que sentaron las bases del gobierno de EEUU en la *Federal Constitution Convention* en 1787, ocasión en que se redactó y firmó la Constitución ▸**Constitution.** Los más conocidos son George Washington, Thomas Jefferson, Benjamin Franklin, Alexander Hamilton, John Adams y James Madison.

foundling /ˈfaʊndlɪŋ/ *n* (liter) expósito, -ta *m,f*; *(before)*: ~ **home** (Hist) inclusa *f*

foundry /ˈfaʊndri/ *n* (*pl* **-ries**) fundición *f*

fount /faʊnt/ *n*
A [1] (fountain) (poet) fuente *f* [2] (source) (liter) fuente *f*, manantial *m* (liter)
B (BrE) (Print) fundición *f*

fountain /ˈfaʊntn || ˈfaʊntɪn/ *n*
A [1] (ornamental) fuente *f*; **the F~ of Youth** la fuente de la juventud [2] (spray, jet) chorro *m*; **a ~ of water** un surtidor [3] ⟨*drinking* ~⟩ fuente *f*, bebedero *m* (CS, Méx)
B (source) (liter) manantial *m* (liter), fuente *f*
C (AmE) ▸**soda fountain**

fountainhead /ˈfaʊntnhed || ˈfaʊntɪnhed/ *n* [1] (of stream) manantial *m* [2] (source) (liter) fuente *f*

fountain pen *n* pluma *f* estilográfica, pluma *f* fuente (AmL), estilográfica *f*, lapicera *f* fuente (CS)

four[1] /fɔːr || fɔː(r)/ ▸❶ **p.888**, ▸❶ **p.1465**, ▸❶ **p.1798** *n* cuatro *m*; **six from ten leaves ~** diez menos seis es igual a cuatro; **three ~s are twelve** tres por cuatro (son) doce; **to count in ~s** contar* de cuatro en cuatro; **a five followed by two ~s** un cinco seguido de dos cuatros; **on page ~** en la página cuatro; **he's nearly ~** tiene casi cuatro años; **at the age of ~** a los cuatro años (de edad); **it's nearly ~** son casi las cuatro; **they are sold in ~s** los venden de a cuatro *or* (Esp) de cuatro en cuatro; **the ~ of us/them** nosotros/ellos cuatro; **there were ~ of us/them** éramos/eran cuatro; **divide it into ~** divídelo en cuatro; ***on all* ~s** en *or* a cuatro patas, a gatas

four[2] ▸❶ **p.888**, ▸❶ **p.1465**, ▸❶ **p.1798** *adj* cuatro *adj inv*; **it comes to ~ dollars exactly** son cuatro dólares justos; **one tablet ~ times a day** una pastilla cuatro veces al día

four-by-four /ˌfɔːrbaɪˈfɔːr || ˌfɔːbaɪˈfɔː(r)/ *n* (vehículo *m*) cuatro por cuatro *m*, vehículo *m* con tracción integral *or* en las cuatro ruedas

four-color, (BrE) **four-colour** /ˈfɔːrˌkʌlər || ˈfɔːˌkʌlə(r)/ *adj (before n)* a cuatro colores

four-cycle /ˈfɔːrˌsaɪkəl || ˈfɔːˌsaɪkəl/ *adj* (AmE) de cuatro tiempos

four-door /ˈfɔːrdɔːr || ˈfɔːdɔː(r)/ *adj (before n)* de cuatro puertas

four-engined /ˈfɔːrˌendʒənd || ˈfɔːrˌendʒɪnd/ *adj* cuatrimotor

four-eyes /ˈfɔːraɪz/ *n* (colloq) (+ *sing vb*) cuatro ojos *mf* (fam), anteojitos *mf* (fam)

four-flusher /ˌfɔːrˈflʌʃər || ˌfɔːˈflʌʃə(r)/ *n* (AmE sl) embustero, -ra *m,f*

fourfold /ˈfɔːrfəʊld || ˈfɔːfəʊld/ *adj/adv see* **-fold**

four-handed /ˈfɔːrˈhændəd || ˌfɔːˈhændɪd/ *adj (before n)* [1] (Mus) para cuatro manos [2] (in cards) para cuatro jugadores

Four Hundred *pl n* (AmE): **the ~ ~** la flor y nata, la crema (fam)

four-in-hand /ˈfɔːrɪnˌhænd/ *n* coche *m* tirado por cuatro caballos

four-leaf clover /ˈfɔːrliːf || ˈfɔːliːf/, **four-leaved clover** /-liːvd/ *n* trébol *m* de cuatro hojas

four-letter word /ˈfɔːrˌletər || ˈfɔːˌletə/ *n* palabrota *f* (fam), taco *m* (Esp fam)

four-ply[1] /ˈfɔːrplaɪ || ˈfɔːplaɪ/ *adj (before n)* ⟨*yarn*⟩ de cuatro hebras

four-ply[2] *n* (yarn) lana *f* /hilo *m* de cuatro hebras

four-poster (bed) /ˌfɔːrˈpəʊstər || ˌfɔːˈpəʊstə(r)/ *n: cama con cuatro columnas, gen con dosel*

fourscore /ˈfɔːrskɔːr || ˈfɔːskɔː(r)/ *adj/n* (arch) ochenta *adj inv/m*

four-seater /ˌfɔːrˈsiːtər || ˈfɔːˌsiːtə(r)/ *n* coche *m* /avión *m* de cuatro plazas

foursome /ˈfɔːrsəm || ˈfɔːsəm/ *n* [1] (group) *grupo de cuatro personas*; **we used to go out a lot as a ~** salíamos mucho los cuatro/las dos parejas [2] (in golf) foursome *m* [3] (in cards) *juego para dos parejas*

foursquare[1] /ˈfɔːrˈskwer || ˌfɔːˈskweə(r)/ *adj* [1] (square) ⟨*building/structure*⟩ cuadrado [2] (firm) ⟨*approach/position/decision*⟩ firme, inequívoco [3] (forthright) ⟨*person/account*⟩ franco, sincero

foursquare[2] *adv* [1] (squarely) firmemente [2] (resolutely) decididamente

four-stroke /ˈfɔːrstrəʊk || ˈfɔːstrəʊk/ *adj* (BrE) de cuatro tiempos

fourteen /fɔːrˈtiːn || fɔːˈtiːn/ ▸❶ **p.888**, ▸❶ **p.1465**, ▸❶ **p.1798** *adj/n* catorce *adj inv/m*

fourteenth[1] /fɔːrˈtiːnθ || fɔːˈtiːnθ/ ▸❶ **p.1085**, ▸❶ **p.1465** *adj* decimocuarto; *see also* **fifth[1]**

fourteenth[2] *adv* en decimocuarto lugar; *see also* **fifth[2]**

fourteenth[3] ▸❶ **p.1085**, ▸❶ **p.1091**, ▸❶ **p.1465** *n* [1] (Math) catorceavo *m* [2] (part) catorceava parte *f*

fourth[1] /fɔːrθ || fɔːθ/ ▸❶ **p.1085**, ▸❶ **p.1465** *adj* cuarto; *see also* **fifth[1]**

fourth[2] *adv* [1] (in position, time, order) en cuarto lugar [2] (fourthly) en cuarto lugar; *see also* **fifth[2]**

fourth[3] ▸❶ **p.1085**, ▸❶ **p.1091**, ▸❶ **p.1465** *n*
A [1] (part) cuarto *m* [2] (Mus) cuarta *f*
B ~ **(gear)** (Auto) (*no art*) cuarta *f*

fourth estate *n*: **the ~ ~** el cuarto poder

fourthly /ˈfɔːrθli || ˈfɔːθli/ *adv (indep)* en cuarto lugar

four-way /ˈfɔːrˈweɪ || ˈfɔːˈweɪ/ *adj (before n)* cuádruple

four-wheel drive /ˈfɔːrˌhwiːl || ˈfɔːˌwiːl/ *n* [u] tracción *f* integral, tracción *f* a cuatro ruedas

fowl /faʊl/ *n* (*pl* **~s** *or collect* ~)
A [1] [c] (farmyard bird) ave *f*‡ (de corral) [2] [u] (meat) ave *f*‡
B (bird) (arch) ave *f*‡; **the ~ of the air** (Bib) las aves del cielo

fox[1] /fɑːks || fɒks/ *n*
A (animal) zorro *m*; **he's a sly old ~** es un viejo zorro; *(before n)*: **~ cub** cachorro *m* de zorro
B [1] [u] (fur) zorro *m*; **red/silver ~** zorro rojizo/plateado; *(before n)* ⟨*jacket/collar*⟩ de zorro [2] [c] (garment) zorros *mpl*

fox[2] *vt*
A [1] (perplex) (colloq) confundir, dejar perplejo; **the problem had him ~ed** el problema lo tenía perplejo [2] (trick) engañar
B (stain) ⟨*paper*⟩ manchar
■ **fox** *vi* ⟨⟨*paper*⟩⟩ mancharse

foxglove /ˈfɑːksglʌv || ˈfɒksglʌv/ *n* [c u] dedalera *f*, digital *f*

foxhole /ˈfɑːkshəʊl || ˈfɒkshəʊl/ *n* [1] (Zool) zorrera *f*, raposera *f*, madriguera *f* [2] (Mil) hoyo *m* para atrincherarse

foxhound /ˈfɑːkshaʊnd || ˈfɒkshaʊnd/ *n* perro *m* raposero

fox hunt *n* (event) cacería *f* de zorros; (association) club *m* de caza del zorro

fox-hunting /ˈfɑːksˌhʌntɪŋ || ˈfɒksˌhʌntɪŋ/ *n* [u] caza *f* del zorro; **to go ~** ir* a cazar zorros

fox terrier *n* fox terrier *mf*

foxtrot /ˈfɑːkstrɑːt || ˈfɒkstrɒt/ *n* foxtrot *m*

foxy /ˈfɑːksi || ˈfɒksi/ *adj* **foxier, foxiest**
A (like fox) ⟨*smell*⟩ zorruno; ⟨*color*⟩ marrón rojizo
B (crafty) ⟨*person/play*⟩ astuto
C (sexy) (AmE colloq) sexy *adj inv*

foyer /ˈfɔɪər/ *n* (of theatre) foyer *m*, vestíbulo *m*; (of hotel) vestíbulo *m*

FPA *n* (in UK) = **Family Planning Association**

fps
A (measure of speed) = **feet per second**
B (Phot) (= **frames per second**) fts *mpl*

Fr (title) (Relig) (= **Father**) P.

fracas /ˈfreɪkəs, ˈfrækəs || ˈfrækɑː/ *n* (*pl* **fracases** *or* BrE **fracas** /-z/) (liter) altercado *m*

fractal[1] /ˈfræktl/ *adj* fractal

fractal[2] *n* fractal *m*

fraction /ˈfrækʃən/ *n*
A ▸❶ **p.1091** (Math) fracción *f*, quebrado *m*
B (small amount) (*no pl*): **a ~ of the budget** una mínima parte del presupuesto; **we achieved the same results at a ~ of the cost** obtuvimos los mismos resultados por un porcentaje mínimo del costo; **a ~ of a second** un instante, una fracción de segundo; **the car missed him by a ~** no faltó nada para que el coche le diera, el coche no le dio por un pelo (fam); **his eyebrows lifted a ~** levantó ligeramente las cejas; **the door opened a ~** la puerta se abrió ligeramente; **a ~ higher/lower** ligeramente superior/inferior
C (Chem) fracción *f*

fractional /ˈfrækʃnəl/ *adj*
A (Math) fraccionario
B (very small) ⟨*difference/amount*⟩ mínimo
C (Chem) ⟨*distillation/crystallization*⟩ fraccionario

fractionally /ˈfrækʃnəli/ *adv* levemente

fractious /ˈfrækʃəs/ *adj* [1] (irritable) ⟨*child*⟩ quisquilloso; ⟨*old man*⟩ cascarrabias *adj inv* (fam); ⟨*invalid*⟩ quejumbroso [2] (unruly) rebelde

fractiousness /ˈfrækʃəsnəs || ˈfrækʃəsnɪs/ *n* [u] (frml) irritabilidad *f*

fracture[1] /ˈfræktʃər || ˈfræktʃə(r)/ *n* [1] (Med) fractura *f* [2] (crack) fisura *f*, grieta *f*

fracture[2] *vt*
A (Med) ⟨*bone/arm/shoulder*⟩ fracturar; **she ~d her arm** se fracturó el brazo
B (make laugh) (AmE sl & dated) darle* muchísima risa a
■ **fracture** *vi* [1] (Med) ⟨⟨*bone/arm/leg*⟩⟩ fracturarse [2] (crack) agrietarse

fragile /ˈfrædʒəl || ˈfrædʒaɪl/ *adj* [1] (easily broken) ⟨*object/china/glass*⟩ frágil; Ⓢ **fragile, handle with care** cuidado, frágil [2] (easily destroyed) ⟨*relationship/link/agreement*⟩ precario, frágil [3] (delicate) ⟨*person*⟩ débil; ⟨*health*⟩ delicado, precario

fragility /frəˈdʒɪləti/ *n* [u] [1] (of object, material) fragilidad *f* [2] (of happiness, link) fragilidad *f*, precariedad *f* [3] (of person) debilidad *f*; (of health) precariedad *f*, lo delicado

fragment[1] /ˈfrægmənt/ *n* [1] (broken piece) fragmento *m*, trozo *m* [2] (small part) fragmento *m*

fragment[2] /ˈfrægment, frægˈment || frægˈment/ *vi* ⟨⟨*glass/china/rock*⟩⟩ hacerse* añicos *or* pedazos, romperse*; ⟨⟨*society/group/political party*⟩⟩ fragmentarse
■ **fragment** *vt* ⟨*glass/china/rock*⟩ hacer* añicos *or* pedazos; ⟨*society/political party*⟩ fragmentar

fragmentary /ˈfrægmənteri || ˈfrægməntəri/ *adj* fragmentario, incompleto

fragmentation /ˌfrægmənˈteɪʃən/ *n* [u] [1] (of substance) fragmentación *f*; *(before n)*: **~ bomb/grenade** bomba *f* /granada *f* de fragmentación [2] (of group) fragmentación *f*

fragmented /ˈfrægmentəd || frægˈmentɪd/ *adj* [1] (broken) hecho añicos *or* pedazos [2] (disjointed, disunited) fragmentado; **all we heard was a ~ conversation** todo lo que oímos fueron fragmentos de una conversación

fragrance /ˈfreɪgrəns/ *n* [1] [c] (scent, smell) fragancia *f*, aroma *m* [2] [c] (perfume) perfume *m*, fragancia *f* [3] [u] (freshness) (liter) frescura *f*

fragrant /ˈfreɪgrənt/ *adj* fragante, aromático

frail /freɪl/ *adj* **-er, -est** [1] (physically delicate) ⟨*person*⟩ débil, delicado; ⟨*health*⟩ delicado [2] (morally weak) ⟨*spirit/flesh/mortals*⟩ débil [3] (fragile) ⟨*table/boat*⟩ precario, endeble; ⟨*petal*⟩ frágil [4] (faint, unlikely) ⟨*hope/chance*⟩ vago, remoto

frailty /ˈfreɪlti/ *n* (*pl* **-ties**) [1] [u] (of construction) precariedad *f*, endeblez *f* [2] [u] (of person) debilidad *f*; (of health) lo delicado [3] [u c] (of character) debilidad *f*, flaqueza *f*; **human ~** la flaqueza humana

frame[1] /freɪm/ *n*
A [1] (structure — of building, ship, plane) armazón *m or f*; (— of car, motorcycle) bastidor *m*; (— of bicycle) cuadro *m*, marco *m* (Chi, Col); (— of bed, door) bastidor *m*; *(before n)*: **~ aerial** antena *f* de cuadro; **~ rucksack** mochila *f or* (Col, Ven) morral *m* de *or* con armazón [2] (edge — of picture) marco *m*; (— of window, door) marco *m*; (— of racket) armazón *m or f*, marco *m*; **embroidery ~** bastidor *m*, tambor *m* (*de bordar*) [3] **frames** *pl* (for spectacles) montura *f*, armazón *m or f*
B (body) cuerpo *m*
C [1] (Cin) fotograma *m*; (Phot) fotografía *f* [2] (TV) cuadro *m*

D (Sport) [1] (unit of play — in snooker) set *m*, chico *m* (Col); (— in ten-pin bowling) juego *m* [2] (wooden triangle for snooker) (BrE) triángulo *m* [3] (winning places) (colloq): **to be in the ~** estar* entre los contendientes
E (*cold* ~) (Hort) cama *f*
F (AmE) ▸**frame-up**
G *also* **Frame** (Comput) marco *m*, frame *m*

frame² *vt*
A [1] ‹*picture/photograph*› enmarcar* [2] ‹*face/scene*› enmarcar*, encuadrar
B [1] (compose, draft) ‹*plan/agreement/policy*› formular, elaborar; ‹*question/reply/excuse*› formular [2] (mouth) ‹*words*› formar
C (incriminate unjustly) (colloq): **I was ~d** me tendieron una trampa para incriminarme

frame house *n* casa *f* de madera

frame of mind *n* (*pl* **~s ~ ~**) estado *m* de ánimo; **to be in the right/wrong ~ ~ ~ for sth** estar*/no estar* de humor para algo; **I got myself in the right ~ ~ ~ for the test** me mentalicé *or* me preparé mentalmente para el examen

frame of reference *n* (*pl* **~s ~ ~**) [1] parámetros *mpl*, marco *m* de referencia [2] (Math, Phys) sistema *m* de coordenadas

framer /'freɪmər || 'freɪmə(r)/ *n* (of laws, constitution) artífice *mf*

frame tent *n* (esp BrE) tienda *f or* (AmL tb) carpa *m* bungalow

frame-up /'freɪmʌp/ *n* (colloq) montaje *m*

framework /'freɪmwɜːrk || 'freɪmwɜːk/ *n* [1] (basis) marco *m*; **they tried to create a ~ for negotiations** trataron de establecer un marco para las negociaciones; **we have to operate within the ~ of the law** debemos operar dentro del marco de la ley [2] (plan) esquema *m*; **to draw up a ~ for an essay** elaborar un esquema para un trabajo [3] ▸**frame of reference 1** [4] (Eng) armazón *m or f*

franc /fræŋk/ *n* franco *m*; **French/Swiss/Belgian ~** franco francés/suizo/belga

France /fræns || frɑːns/ *n* Francia *f*

franchise¹ /'fræntʃaɪz/ *n*
A (Busn) [1] [u c] (right — to operate retail outlet) franquicia *f*, licencia *f*; (— to market product, service) concesión *f*; (— to operate cable TV) licencia *f* [2] [c] (retail outlet) franquicia *f*, tienda *f* bajo licencia
B (Pol) (frml): **the ~** el derecho de *or* al voto, el sufragio

franchise² *vt* ‹*retail outlet*› conceder en franquicia; ‹*product/service*› adjudicar* *or* dar* la concesión de

franchisee /ˌfræntʃaɪ'ziː/ *n* franquiciado, -da *m,f*

franchiser, franchisor /'fræntʃaɪzər || 'fræntʃaɪzə(r)/ *n* franquiciador, -dora *m,f*

franchising /'fræntʃaɪzɪŋ/ *n* [u] concesión *f* de franquicias, franchising *m*

Franciscan¹ /fræn'sɪskən/ *n* franciscano, -na *m,f*

Franciscan² *adj* franciscano

Franco- /'fræŋkəʊ/ *pref* franco-; **~German** franco-alemán

Francoism /'fræŋkəʊɪzəm/ *n* [u] franquismo *m*

Francoist¹ /'fræŋkəʊəst || 'fræŋkəʊɪst/ *n* franquista *mf*

Francoist² *adj* franquista

francophile, Francophile /'fræŋkəfaɪl/ *n* francófilo, -la *m,f*

francophobe, Francophobe /'fræŋkəfəʊb/ *n* francófobo, -ba *m,f*

frangipane /'frændʒəpeɪn || 'frændʒɪpeɪn/ *n* (Culin) *crema o pastel con almendras*

frangipani /ˌfrændʒə'pæni, -'pɑːni || ˌfrændʒɪ'pɑːni, -'pæni/ *n* (*pl* **-ni** *or* **-nis**) [1] [c u] franchipaniero *m* [2] [u] (scent) franchipán *m*

franglais, Franglais /frɑːn'gleɪ || 'frɒŋgleɪ/ *n* [u] (hum) franglés *m* (hum)

frank¹ /fræŋk/ *adj* **-er, -est** [1] (honest, candid) ‹*opinion/reply*› sincero, franco; **he was very ~ with me** fue muy sincero *or* franco conmigo; **to be perfectly ~, I don't like it** sinceramente *or* francamente *or* para serte franco, no me gusta [2] (direct, outspoken) ‹*discussion/approach*› franco [3] (undisguised) ‹*desire/dislike*› manifiesto

frank² *vt* [1] ‹*letter/parcel/envelope*› franquear [2] (postmark) ‹*stamp/letter*› matasellar, timbrar

frank³ *n*
A (AmE colloq) ▸**frankfurter**
B (esp BrE) (Post) franqueo *m*

Frank /fræŋk/ *n* franco, -ca *m,f*; **the ~s** los francos

Frankfurt /'fræŋkfɜːrt || 'fræŋkfɜːt/ *n*: **~ (am Main/an der Oder)** Francfort (del Main *or* del Meno/del Oder)

frankfurter /'fræŋkˌfɜːrtər || 'fræŋkˌfɜːtə(r)/ *n* salchicha *f* de Frankfurt *or* de Viena, frankfurter *m* (Ur), vienesa *f* (Chi), salchicha *f* alemana (Ven)

frankincense /'fræŋkənsens || 'fræŋkɪnsens/ *n* [u] incienso *m*

franking machine /'fræŋkɪŋ/ *n* (BrE) máquina *f* franqueadora, estampilladora *f* (AmL)

Frankish /'fræŋkɪʃ/ *adj* franco

frankly /'fræŋkli/ *adv* [1] (honestly) ‹*speak/answer*› francamente, con toda sinceridad *or* franqueza [2] (*indep*) francamente, sinceramente, para serte (*or* serle *etc*) franco

frankness /'fræŋknəs || 'fræŋknɪs/ *n* [u] franqueza *f*

frantic /'fræntɪk/ *adj* [1] (very worried) desesperado; **they were ~ with worry** estaban desesperados de la preocupación [2] (desperate) ‹*effort/struggle/search*› desesperado [3] (frenzied, hectic) ‹*activity*› frenético; **to drive sb ~** poner* frenético a algn, sacar* de quicio a algn

frantically /'fræntɪkli/ *adv* [1] ‹*try/search*› desesperadamente; ‹*dash/run*› frenéticamente [2] (*as intensifier*): **I'm ~ busy** estoy agobiado de trabajo

frappé /fræ'peɪ || 'fræpeɪ/ *adj* (*pred*) frappé *adj inv*

frat /fræt/ *n* (AmE colloq)
A (building) ≈ residencia *f* universitaria, ≈ colegio *m* mayor (Esp)
B (student) ≈ residente *m* de colegio mayor, ≈ colegial *m* (Esp)

fraternal /frə'tɜːrnl || frə'tɜːnl/ *adj* [1] (friendly) ‹*visit*› de camaradería, cordial; ‹*greeting*› cordial [2] (of brothers) ‹*love*› fraternal, fraterno; ‹*jealousy*› entre hermanos; **~ twins** (Med) gemelos *mpl* bivitelinos *or* falsos

fraternity /frə'tɜːrnəti || frə'tɜːnəti/ *n* (*pl* **-ties**)
A [u] (virtue of brotherhood) fraternidad *f*
B [c] [1] (Relig) hermandad *f*, cofradía *f* [2] (university club) asociación *f* estudiantil [3] (community): **the criminal ~** el (mundo del) hampa; **the legal ~** los abogados; **the medical ~** los médicos; **the teaching ~** el profesorado

> **fraternity**
>
> Una hermandad de varones en muchos establecimientos de la enseñanza superior en EEUU. Por lo general, sus miembros viven juntos en una fraternity house. Cada *fraternity* lleva como nombre el de dos o tres letras griegas, como por ejemplo "Lambda Delta Chi". Hacen obras de caridad y a algunas de ellas les interesa el éxito académico. Han recibido críticas de elitistas y discriminatorias, pero en la actualidad vuelven a tener aceptación ya que su sistema comunitario reduce el costo de la vida para los estudiantes, en una época en que la educación es cada vez más cara. *Ver tb* ▸**sorority.**

fraternization /ˌfrætərnə'zeɪʃən || ˌfrætənaɪ'zeɪʃən/ *n* [u] confraternización *f*

fraternize /'frætərnaɪz || 'frætənaɪz/ *vi* confraternizar*, fraternizar*; **to ~ with the enemy** confraternizar* con el enemigo

fratricide /'frætrəsaɪd || 'frætrɪsaɪd/ *n* [1] [u c] (crime) fratricidio *m* [2] [c] (person) fratricida *mf*

fraud /frɔːd/ *n*
A [u c] (deception) fraude *m*, estafa *f*; **by ~** fraudulentamente, por medios fraudulentos
B [c] [1] (person) farsante *mf*, impostor, -tora *m,f* [2] (fraudulent thing) engaño *m*

fraud squad *n* (+ *sing or pl vb*) (BrE) brigada *f* de delitos económicos, brigada, m antifraude

fraudster /'frɔːdstər || 'frɔːdstə(r)/ *n* autor, -tora *m,f* de fraude, defraudador, -dora *m,f*

fraudulence /'frɔːdʒələns || 'frɔːdjʊləns/ *n* [u] (frml) fraudulencia *f*

fraudulent /'frɔːdʒələnt || 'frɔːdjʊlənt/ *adj* fraudulento

fraught /frɔːt/ *adj* [1] (*pred*) **to be ~ WITH sth**: **the operation was ~ with danger** la operación fue muy peligrosa; **this plan is ~ with problems** este plan está lleno *or* erizado de problemas; **the atmosphere was ~ with tension** el ambiente estaba cargado de tensión [2] (tense) ‹*situation/atmosphere/relationship*› tirante, tenso

fray¹ /freɪ/ *vi* [1] «*cloth/collar/rope*» deshilacharse; «*wire*» pelarse [2] (become strained): **tempers were ~ing** la gente estaba perdiendo la paciencia, se estaban exaltando los ánimos; **his nerves are beginning to ~** se está empezando a enervar
■ **fray** *vt* [1] ‹*rope/wire*› desgastar; ‹*cloth*› (through use) desgastar, raer*; (deliberately) deshilachar [2] ‹*nerves*› crispar

fray² *n* refriega *f*, lucha *f*; **he's ready for the ~** está listo para entrar en la refriega; **she returned to the ~ with renewed enthusiasm** volvió al ataque con renovado entusiasmo; **she joined the ~ and gave a brilliant speech** salió a la palestra y pronunció un brillante discurso; **I miss work, but I'm glad to be out of the ~** echo de menos el trabajo, pero me alegro de no estar en la brecha

frayed /freɪd/ *adj* [1] ‹*collar/cloth*› deshilachado, raído; ‹*rope/wire*› desgastado, pelado; **their policies are looking somewhat ~ at the edges** sus políticas ya están un poco ajadas [2] ‹*nerves*› crispado; **he looked very ~ when he came out of the meeting** parecía muy tenso al salir de la reunión

frazzle¹ /'fræzəl/ *n* (colloq) (*no pl*): **to be burned to a ~** quedar carbonizado; **I was worn to a ~** quedé reventada *or* hecha polvo (fam)

frazzle² *vi* (AmE colloq): **in this kind of heat, tempers can easily ~** con este calor la gente anda muy irritable *or* con los nervios de punta

frazzled /'fræzəld/ *adj* (colloq) reventado (fam), hecho polvo (fam), rendido

FRCS *n* (in UK) **= Fellow of the Royal College of Surgeons**

freak¹ /friːk/ *n*
A [1] (abnormal specimen) fenómeno *m*, ejemplar *m* anormal; (monster) monstruo *m*; **circus ~** fenómeno *m* de circo *or* de feria [2] (unnatural event) fenómeno *m*, hecho *m* insólito [3] (peculiar person) (colloq) bicho *m* raro (fam)
B (hippy) (sl & dated) hippie *mf*
C (fanatic) (colloq): **jazz/tennis ~** fanático, -ca *m,f* del jazz/tenis (fam)

freak² *adj* (*before n*) ‹*weather*› inusitado; ‹*happening/result/victory*› inesperado, insólito

freak³ *vi* (sl & dated): **she will ~ when I tell her** le va a dar un ataque cuando se lo diga (fam)
■ **freak** *vt* (sl & dated) asustar

Phrasal verb

• **freak out** (sl)
A [v + adv] flipar (arg), friquear(se) (Méx arg); **she'll ~ out when I tell her** le va a dar un ataque cuando se lo diga
B [v + o + adv] alucinar (fam), friquear (Méx arg)

freaking /'friːkɪŋ/ *adj/adv* (AmE sl & euph) ▸**frigging¹, frigging²**

freakish /'friːkɪʃ/ *adj* [1] (unpredictable, unusual) extraño, imprevisible [2] (weird) extraño, raro, estrafalario

freakout /'friːkaʊt/ *n* (sl & dated) juerga *f* (fam), desmadre *m* (fam)

freak show *n* espectáculo *m* de fenómenos de feria *or* circo

freaky /'friːki/ *adj* **-kier, -kiest** (sl & dated) muy extraño, muy raro

freckle /'frekəl/ *n* peca *f*; **he has ~s** tiene pecas, es pecoso

freckled /'frekəld/ *adj* [1] ‹*skin/face*› pecoso, lleno de pecas [2] ‹*surface/egg*› moteado, con pintas *or* motas

free¹ /friː/ *adj* **freer** /'friːər || 'friːə(r)/ **freest** /'friːəst || 'friːɪst/
A [1] (at liberty) (*usu pred*) libre; **to be ~** ser* libre; **I am not ~ (to marry)** no soy libre; **to set sb ~** dejar *or* poner* a algn en libertad, soltar* a algn;

divorce set me ~ from a life of drudgery el divorcio me liberó de una vida de esclavitud; **to get ~** escaparse; **to go ~**: **he went ~ for years because of lack of witnesses** durante años no se lo pudo inculpar por falta de testigos; **they let him go ~ for lack of evidence** lo dejaron en libertad *or* lo soltaron por falta de pruebas; **~ to + INF**: **you're ~ to do what you think best** eres dueño *or* libre de hacer lo que te parezca; **you're ~ to leave whenever you want** puede irse cuando quiera, es libre de irse cuando quiera; **having a nanny leaves me ~ to go out more often** el tener una niñera me permite salir más a menudo; **please feel ~ to help yourself** sírvete con confianza, sírvete nomás (AmL); **may I use the telephone? — feel ~!** ¿puedo hacer una llamada? — ¡no faltaba más! *or* ¡por supuesto! [2] ‹*country/people/press*› libre; ‹*translation/interpretation*› libre; **the right of ~ speech** la libertad de expresión; **you've got a ~ choice in this matter** tienes plena libertad en este asunto; **I gave ~ rein to my imagination** di rienda suelta a *or* dejé volar mi imaginación; **I had ~ access to the archive** podía usar el archivo con toda libertad [3] (loose) suelto; **to come/work ~** soltarse*; **he left/kept one end ~** dejó suelto/no ató uno de los extremos; **the boat floated ~ of the sandbank** el bote se desencalló del banco de arena; **to break ~** (escape) soltarse*; (break ties) liberarse

B (*pred*) [1] (without, rid of) **~ FROM** *o* **OF sth** libre DE algo; **at last I was ~ from pain/financial worries** por fin me vi libre del dolor/de las preocupaciones económicas; **the book is ~ from any political bias** el libro está libre de todo sesgo político; **at last we're ~ of her** por fin nos hemos librado de ella, por fin nos la hemos quitado de encima; **~ of** *o* **from additives/preservatives** sin aditivos/conservantes; **keep the mechanism ~ of** *o* **from dirt/dust** mantenga limpio/libre de polvo el mecanismo [2] (exempt): **~ of tax** libre de impuestos; **~ of charge** gratis

C (costing nothing) ‹*ticket/food/sample/offer*› gratis *adj inv*, gratuito; ‹*schooling/health care/bus service*› gratuito; **you get a ~ gift with every purchase** te regalan algo con cada compra; Ⓢ **admission free** entrada gratuita *or* libre; **~ delivery** (Busn) entrega *m* gratuita a domicilio; **~ gift** obsequio *m* (gratuito *or* gratis); **~ pass** pase *m* libre; **~ on board** (Busn) franco a bordo; **you have ~ use of the pool** puede usar la piscina sin pagar

D [1] (vacant) libre, desocupado; **is this table ~?** ¿está libre esta mesa? [2] (unobstructed) ‹*passage/exit/view*› libre, despejado [3] (not occupied) ‹*time/hands*› libre; **I have no ~ time at all** no tengo ni un momento libre, no tengo nada de tiempo libre; **are you ~ tomorrow?** ¿estás libre mañana?, ¿tienes algún compromiso mañana?; **I'm not ~ this evening** tengo un compromiso esta noche; **keep this date ~** no te comprometas para esta fecha; **Mrs Styles is ~ to see you now** la señora Styles lo puede atender ahora

E [1] (lavish) generoso; **to be ~ WITH sth** ser* generoso CON algo; **they were very ~ with the drink** fueron muy generosos con la bebida; **she's too ~ with her advice** reparte consejos a diestra y siniestra *or* (Esp) a diestro y siniestro; ***to make ~ with sth***: **they made ~ with the wine while we were away** se sirvieron vino a discreción mientras no estábamos; **she makes ~ with words like 'idiot' and 'cretin'** usa y abusa de palabras como 'idiota' y 'cretino' [2] (familiar) atrevido, confianzudo (esp AmL fam); **he's very ~ with his boss** se toma muchas libertades con su jefe

free[2] *adv* [1] (without payment) ‹*travel/repair/service*› gratuitamente, gratis; **you get one ~** *o* (colloq) **for ~ with every packet** con cada paquete te regalan uno *or* te dan uno gratis; **I got in for ~** (colloq) entré gratis *or* sin pagar *or* de balde [2] (without restriction) ‹*roam/wander/run*› a su (*or* mi *etc*) antojo

free[3] *vt*

A [1] (liberate) ‹*prisoner/hostage*› poner* *or* dejar en libertad, soltar*; ‹*animal*› soltar*; ‹*nation/people/slave*› liberar; **to ~ sb FROM sth** liberar a algn DE algo; **he ~d the country from tyranny** liberó al país de la tiranía; **she ~d herself from her mother's influence** se liberó de la influencia de su madre; **a credit card ~s you from financial worries when traveling** una tarjeta de crédito le evita preocupaciones de dinero cuando está de viaje; **to ~ sb to + INF** permitirle A algn + INF; **this ~s me to concentrate on my work** esto me permite concentrarme en mi trabajo [2] (relieve, rid) **to ~ sth OF sth**: **he promised to ~ the country of corruption** prometió acabar *or* terminar con la corrupción en el país; **they had ~d the road of all obstacles** habían quitado *or* eliminado todos los obstáculos de la carretera

B [1] (untie, release) ‹*bound person*› soltar*, dejar libre; ‹*trapped person*› rescatar [2] (loose, clear) ‹*sth stuck or caught*› desenganchar, soltar*

Phrasal verb

- **free up** [v + adv + o] (AmE) ‹*resources*› liberar; ‹*time*› dejar libre; ‹*knot*› deshacer*; ‹*cords*› desenredar; ‹*drain*› desatascar*, destapar (AmL)

-free /fri:/ *suff*: **salt~** sin sal; **trouble~** sin problemas; **tax~** libre de impuestos; **maintenance~** que no necesita mantenimiento; **nuclear~ zone** zona *f* desnuclearizada

free agent *n*: **you're a ~ ~** eres muy libre *or* dueño de hacer lo que quieras

free-and-easy /ˌfri:ən'i:zi/ *adj* (*pred* **free and easy**) (tolerant) tolerante; (unworried) despreocupado, desenfadado

free association *n* [u] (Psych) asociación *f* libre

freebase[1] /'fri:beɪs/ *n* [u] (colloq) crack *m* (fam), pasta *f* base

freebase[2] *vi* fumar crack (fam), fumar pasta base

freebie /'fri:bi/ *n* (sl) regalo *m*

freebooter /'fri:ˌbu:tər || 'fri:ˌbu:tə(r)/ *n* [1] (arch) (pirate) filibustero *m* (arc) [2] ▸ **freeloader**

freeborn /'fri:bɔ:rn || 'fri:bɔ:n/ *adj* nacido libre

free collective bargaining *n* [u] (BrE) negociación *f* colectiva (*entre los trabajadores y la patronal*)

freedman /'fri:dmən/ *n* (*pl* **-men** /-mən/) liberto *m*

freedom /'fri:dəm/ *n*

A [1] [u c] (liberty) libertad *f*; **~ of speech/religion/the press** libertad de expresión/culto(s)/prensa; **~ of action/movement** libertad de acción/movimientos; **~ of movement of labour** libertad de movimiento del trabajo; **~ of conscience** libertad de conciencia [2] [u] (independence, scope) libertad *f*; **I like the ~ of having a car** me gusta la libertad que te da (tener) un coche; **journalists had complete editorial ~** los periodistas tenían carta blanca en materia editorial; **the ~ of her prose** lo libre de su prosa [3] [u] **~ FROM sth**: **the plan guarantees ~ from financial worries** el plan le garantiza un futuro libre de preocupaciones económicas; **its ~ from side effects is unproven** no se ha demostrado si tiene o no tiene efectos secundarios

B [1] [u] (frankness) libertad *f*, desenvoltura *f*; **to speak with complete ~** hablar con toda *or* plena libertad [2] [u c] (familiarity) familiaridad *f*; **he behaved with too much ~ towards his superiors** trataba a sus superiores con demasiada familiaridad, se tomaba demasiadas libertades con sus superiores

C [u] (rights of use or access): **the ~ of the seas** la libertad de los mares; **~ of information** *libre acceso del ciudadano a la información contenida en los archivos gubernamentales*; **he was given the ~ of the city** le entregaron las llaves de la ciudad; **they gave her the ~ of their house** pusieron la casa a su entera disposición

> **Freedom of Information Act - FOIA**
>
> En EEUU es la ley que permite el libre acceso a información que el gobierno posea sobre una persona u organización, lo que suele ser de gran utilidad para los periodistas. Para obtenerlo se debe presentar una solicitud en la que se especifiquen los documentos que se desean ver. Se excluyen algunos archivos e información relacionados con la seguridad nacional, la vida privada de los ciudadanos o que su revelación contravenga el secreto comercial.

Freedom Charter *n* (SAfr) (Pol) Carta *f* de la Libertad

freedom fighter *n* guerrillero, -ra *m,f*

free enterprise *n* [u] libre empresa *f*

free-fall /'fri:'fɔ:l/ *vi* caer* en caída libre

free fall *n* [u c] caída *f* libre

free flight *n* [u] (Aviat) vuelo *m* sin motor; (Dep) vuelo *m* libre

Freefone®, Freephone® /'fri:fəʊn/ *n* [u] (BrE) llamada *f* gratuita

free-for-all /'fri:fər,ɔ:l/ *n* gresca *f*, pelea *f*; **the first day of the sales is a ~** el primer día de las rebajas es una auténtica batalla campal

free-form /'fri:fɔ:rm || 'fri:fɔ:m/ *adj* [1] (unstructured) ‹*music/dance*› de estructura libre, sin estructura determinada [2] (irregular) irregular

freehand /'fri:hænd/ *adj/adv* a mano alzada *or* libre

free-handed /'fri:'hændəd || ˌfri:'hændɪd/ *adj* generoso, dadivoso

free hit *n* golpe *m* franco, tiro *m* libre

freehold[1] /'fri:həʊld/ *adj* (esp BrE): **~ property** bien *m* raíz (*que se compra o vende en plena propiedad junto con el suelo sobre el que está edificado*)

freehold[2] *n* (esp BrE) plena propiedad *f* (*de un bien raíz y del suelo*); **the company bought the ~** la compañía adquirió la plena propiedad

freeholder /'fri:həʊldər || 'fri:həʊldə(r)/ *n* (BrE) titular *mf* de la plena propiedad

free house *n* (in UK) *pub que no está vinculado a ninguna cervecería y por lo tanto puede vender cualquier marca de cerveza*

free kick *n* (Sport) [1] (in soccer) tiro *m* libre; **direct/indirect ~ ~** tiro *m* libre directo/indirecto [2] (in rugby) patada *f* libre

freelance[1] /'fri:læns || 'fri:lɑ:ns/ *adj* por cuenta propia, freelance *adj inv*, por libre (Esp)

freelance[2] *adv* por cuenta propia, freelance, por libre (Esp)

freelance[3] *n* ▸ **freelancer**

freelance[4] *vi* trabajar por cuenta propia, trabajar freelance *or* (Esp tb) por libre

freelancer /'fri:lænsər || 'fri:lɑ:nsə(r)/ *n* trabajador, -dora *m,f* que trabaja por cuenta propia *or* (Esp tb) por libre, freelance *mf*

free-living /'fri:'lɪvɪŋ/ *adj* de vida libre

freeload /'fri:ləʊd/ *vi* (colloq) gorronear *or* gorrear *or* (RPl) garronear *or* (Chi) bolsear (fam); **to ~ ON sb/sth** vivir a costa DE algn/algo

freeloader /'fri:ləʊdər || 'fri:ləʊdə(r)/ *n* (colloq) gorrón, -rrona *m,f or* (AmL) gorrero, -ra *m,f or* (RPl) garronero, -ra *m,f or* (Chi) bolsero, -ra *m,f* (fam)

free love *n* [u] (dated) amor *m* libre

freely /'fri:li/ *adv*

A [1] (without restriction) libremente; **I traveled ~ around the country** viajé libremente *or* sin trabas *or* cortapisas por el país; **the wheel should turn ~ on the axle** la rueda debe girar libremente sobre su eje; **the animals roam ~ in the park** los animales andan sueltos por el parque; **the hooks slide ~ along the rail** los ganchos corren con facilidad a lo largo del riel [2] (openly) ‹*speak/write*› con libertad *or* franqueza [3] (willingly) ‹*sacrifice*› voluntariamente; ‹*offer*› de buen grado; **I ~ admit I'm jealous** no tengo reparos en reconocer que estoy celoso

B [1] (generously) ‹*spend/give/donate*› a manos llenas [2] (copiously) ‹*flow/pour*› profusamente, copiosamente

C (loosely): **to translate/interpret/adapt ~** hacer* una traducción/interpretación/adaptación libre

freeman /'fri:mən/ *n* (*pl* **-men** /-mən/) [1] (not slave) hombre *m* libre [2] (citizen) ciudadano *m* [3] (of city) ciudadano *m* de honor

free market *n* mercado *m* libre; (*before n*): **free-market economy** economía *f* de (libre) mercado

free marketeer /ˌmɑ:rkə'tɪr || ˌmɑ:kɪ'tɪə(r)/ *n* partidario, -ria *m,f* de la economía de (libre) mercado

Freemason /'fri:ˌmeɪsən || 'fri:ˌmeɪsən/ *n* masón *m*, francmasón *m*

f

freemasonry /ˈfriːˌmeɪsənri/ *n* [u] **1** **Freemasonry** masonería *f*, francmasonería *f* **2** (shared attitudes) (con)fraternidad *f*, hermandad *f*

free pardon *n* indulto *m*; **to receive/grant a ~ ~** recibir/conceder el indulto

Freephone® /ˈfriːfəʊn/ *n* ▸ **Freefone**

free port *n* puerto *m* franco *or* libre

Freepost /ˈfriːpəʊst/ *n* [u] (BrE) franqueo *m* pagado por el destinatario

free radical *n* radical *m* libre

free-range /ˈfriːreɪndʒ/ *adj* ‹*chicken/eggs*› de granja

free safety *n* cierre *m* de la defensa

freesheet /ˈfriːʃiːt/ *n* (BrE) periódico *m* gratuito

free shot *n* tiro *m* libre

freesia /ˈfriːziə ˈfriːʒə/ *n* [u c] fresia *f*

free spirit *n* (persona *f* de) espíritu *m* libre

freestanding /ˈfriːˈstændɪŋ || ˌfriːˈstændɪŋ/ *adj* ‹*cupboard/stove*› no empotrado; ‹*clothes rack/towel rail*› de pie

freestyle /ˈfriːstaɪl/ *n* estilo *m* libre; **the 100m ~** los 100m libres *or* estilo libre; (*before n*): **~ wrestling** lucha *f* libre

freethinker /ˈfriːˈθɪŋkər || ˌfriːˈθɪŋkə(r)/ *n* librepensador, -dora *m,f*

freethinking /ˈfriːˈθɪŋkɪŋ || ˈfriːˌθɪŋkɪŋ/ *adj* librepensador

free throw *n* tiro *m* libre

free-to-air /ˌfriːtəˈer || ˌfriːtəˈeə(r)/ *adj* (TV) ‹*channel/digital TV*› emitido en abierto

free trade *n* [u] libre comercio *m*, librecambio *m*; (*before n*): **free-trade system/association** sistema *m* /asociación *f* de libre comercio

free verse *n* [u] verso *m* libre

freeware /ˈfriːwer || ˈfriːweə(r)/ *n* [u] software *m* gratuito

freeway /ˈfriːweɪ/ *n* [c u] (AmE) autopista *f* (*sin peaje*)

freewheel[1] /ˈfriːˈhwiːl || ˌfriːˈwiːl/ *vi*: **he ~ed down the hill** (on bike) bajó la cuesta sin pedalear; (in car) bajó la cuesta en punto muerto; **he just ~s through life** va rodando por la vida

freewheel[2] *n* piñón *m* libre

freewheeling /ˈfriːˈhwiːlɪŋ || ˌfriːˈwiːlɪŋ/ *adj* (colloq) **1** (adventurous, irresponsible) (AmE) irresponsable, alocado; **a risky, ~ style of play** un estilo de juego arriesgado y audaz **2** (carefree) (BrE) despreocupado

free will *n* [u] **1** (Phil, Relig) libre albedrío *m* **2** (volition): **of one's own ~ ~** por su (*or* mi *etc*) propia voluntad, (de) motu proprio

free world, Free World *n*: **the ~ ~** el mundo libre

freeze[1] /friːz/ (*past* **froze**; *past p* **frozen**) *vi*

A **1** (turn to ice) helarse*, congelarse; **to ~ solid** *o* **hard** congelarse *or* helarse* (por completo *or* completamente) **2** (ice up) «*pipe/lock/ground*» helarse*, congelarse; **the windshield had frozen** el parabrisas estaba cubierto de hielo **3** «*person*» helarse*, congelarse; **to ~ to death** morir* congelado; **I'm freezing!** ¡estoy helado!, ¡me estoy muriendo de frío!; **my blood froze** se me heló la sangre en las venas

B **1** (stand still) quedarse inmóvil, paralizarse*; **¡~!** ¡alto *or* quieto ahí!; **to ~ in one's tracks** quedarse inmóvil *or* paralizado **2** «*smile/grimace*»: **the smile froze on her face** se le heló la sonrisa en los labios; **the remark/words froze on his lips** se quedó con el comentario/la palabra en la boca

C (Culin): **some fruits don't ~ well** algunas frutas no se prestan para ser congeladas

D (Comput) colgar*

■ **freeze** *vt*

A **1** (turn to ice) ‹*water/stream*› helar*, congelar; **she froze him with an icy stare** lo fulminó con una mirada glacial; **his story froze my blood** su relato hizo que se me helara la sangre en las venas **2** (ice up) ‹*pipe/mechanism*› helar*

B **1** (preserve) ‹*food/organ/embryo*› congelar **2** (anesthetize) anestesiar

C **1** (block) ‹*assets/account*› congelar **2** (fix) ‹*prices/incomes*› congelar **3** (stop) ‹*production/development*› suspender

D (Cin, TV) ‹*frame/shot*› congelar

■ *v impers* ▸ ⓘ **p.1878**; helar*, haber* helada

(Phrasal verbs)

- **freeze out** [v + o + adv, v + adv + o] (colloq) excluir*, dejar fuera
- **freeze over** [v + adv] helarse*, congelarse
- **freeze up** [v + adv] **1** (get blocked) «*river/pipes/lock*» helarse*, congelarse **2** (by fright, anxiety) quedarse paralizado (*or* sin habla *etc*) **3** (become secretive) cerrarse*

freeze[2] *n*

A (limitation, stoppage) congelación *f*; **a wage/price ~** una congelación salarial/de precios; **they proposed a total ~ on nuclear research** propusieron una suspensión total de las investigaciones nucleares

B (cold spell) helada *f*

freeze-dry /ˈfriːzˈdraɪ || ˈfriːzˈdraɪ/ *vt* **-dries, -drying, -dried** **1** liofilizar* **2** **freeze-dried** *past p* liofilizado

freeze-frame /ˈfriːzˈfreɪm || ˈfriːzˌfreɪm/ *n* congelado *m* de imagen

freezer /ˈfriːzər || ˈfriːzə(r)/ *n* **1** (deep freeze) freezer *m*, congelador *m* **2** (freezing compartment) congelador *m*

freeze-up /ˈfriːzˈʌp/ *n* (AmE) período *m* de temperaturas bajo cero, ola *f* de grandes fríos

freezing[1] /ˈfriːzɪŋ/ ▸ ⓘ **p.1878** *adj* ‹*temperatures*› bajo cero; ‹*weather*› con temperaturas bajo cero; ‹*hands/feet*› helado, congelado; **~ fog** niebla *f* helada; **it's ~ (cold) in here** aquí hace un frío que pela (fam)

freezing[2] *n* [u]

A ▸ ⓘ **p.796**; **~ (point)** punto *m* de congelación; **three degrees above/below ~** tres grados sobre/bajo cero

B (process) congelación *f*; Ⓢ **suitable for freezing** se puede congelar

freight[1] /freɪt/ *n* **1** [u] (goods transported) carga *f*, mercancías *fpl*, mercaderías *fpl* **2** [u] (transportation) transporte *m*, porte *m*, flete *m* (AmL); **~ free** franco de porte; **~ paid** porte pagado; **~ collect** portes debidos, flete a cobrar (AmL); (*before n*): **~ charges** gastos *mpl* de transporte, flete *m* (AmL) **3** [c] (train) (AmE colloq) tren *m* de carga

freight[2] *vt* (esp AmE) enviar* *or* mandar como carga

freightage /ˈfreɪtɪdʒ/ *n* ▸ **freight**[1] **2**

freight agent *n* agencia *f* de transporte de mercancías

freight car *n* (AmE) vagón *m* de carga

freighter /ˈfreɪtər || ˈfreɪtə(r)/ *n* (Naut) buque *m* de carga, carguero *m*

freight plane *n* avión *m* de carga

freight terminal *n* terminal *f* (*en algunas regiones m*) de carga, terminal *f* de mercancías (Esp)

freight train *n* tren *m* de carga

freight yard *n* zona *f* de carga

french /frentʃ/ *vt* (AmE) ▸ **french-kiss**

French[1] /frentʃ/ *adj* francés

French[2] *n* **1** [u] (language) francés *m* **2** (people) (+ *pl vb*): **the ~** los franceses

French bean *pl n* (BrE) ▸ **green bean**

French bread *n* [u] pan *m* francés

French-Canadian[1] /ˈfrentʃkəˈneɪdiən/ *adj* francocanadiense

French Canadian[2] *n* francocanadiense *mf*, canadiense *mf* francófono

French chalk *n* [u] jaboncillo *m*, jabón *m* *or* tiza *f* de sastre

French doors *pl n* (AmE) ▸ **French windows**

French dressing *n* [u]: *aliño para ensaladas a base de aceite, vinagre y mostaza*; (AmE) *aderezo (para ensaladas) a base de aceite, vinagre y tomate*

French fried potatoes *pl n* (frml) ▸ **French fries**

French fries *pl n* papas *fpl* *or* (Esp) patatas *fpl* fritas, papas *fpl* a la francesa (Col, Méx)

French Guiana /giːˈænə || gaɪˈænə, giˈɑːnə/ *n* Guayana *f* (Francesa)

French horn *n* trompa *f* (de pistones)

frenchify /ˈfrentʃəfaɪ || ˈfrentʃɪfaɪ/ *vt* **-fies, -fying, -fied** (hum, pej & dated) **1** afrancesar **2** **frenchified** *past p* ‹*ways/manners*› afrancesado

french-kiss /ˈfrentʃˈkɪs/ *vt/vi* besar en la boca (*con la lengua*)

French kiss *n* beso *m* en la boca (*con la lengua*)

French leave *n* [u] (BrE): **to take ~ ~** (from party) despedirse* a la francesa, irse* sin despedirse; (from work) ausentarse sin autorización

French letter *n* (BrE colloq & dated) condón *m*, paracaídas *m* (fam), globo *m* (fam), goma *f* (Esp), forro *m* (RPl fam)

French loaf *n* (esp BrE) barra *f* de pan (francés), flauta *f* (CS)

Frenchman /ˈfrentʃmən/ *n* (*pl* **-men** /-mən/) francés *m*

french-polish /ˌfrentʃˈpɑːlɪʃ || ˌfrentʃˈpɒlɪʃ/ *vt* barnizar* con muñeca *or* muñequilla

French polish *n* [u] barniz *m* copal *or* de muñeca

French-speaking /ˈfrentʃˌspiːkɪŋ/ *adj* de habla francesa, francoparlante

French stick *n* (BrE) ▸ **French loaf**

French toast *n* [u] **1** (fried) torrija *f* *or* (AmL tb) torreja *f* **2** (BrE) (in packets) *tostada que se vende en paquetes*, biscote *m* (Esp)

French windows *pl n* puerta *f* ventana, cristalera *f* (Esp)

Frenchwoman /ˈfrentʃˌwʊmən/ *n* (*pl* **-women**) francesa *f*

frenetic /frəˈnetɪk/ *adj* ‹*activity*› frenético; ‹*attempt*› desesperado; **at a ~ pace** a un ritmo frenético *or* vertiginoso

frenetically /frəˈnetɪkli/ *adv* frenéticamente

frenzied /ˈfrenzid/ *adj* (*usu before n*) frenético, desenfrenado

frenzy /ˈfrenzi/ *n* (*no pl*) frenesí *m*; **he dashed about in a ~** iba de un lado a otro como histérico; **a ~ of rage/despair** un arrebato de furia/desesperación; **a ~ of activity** una actividad febril; **to work oneself up into a ~** ponerse* frenético; **the actor whipped the audience into a ~** el actor exaltó los ánimos del público

frequency /ˈfriːkwənsi/ *n* (*pl* **-cies**) **1** [u] (of visits, events) frecuencia *f* **2** [u c] (Phys, Rad, TV) frecuencia *f*; **high/low ~** alta/baja frecuencia; (*before n*): **~ band** (banda *f* de) frecuencia *f*; **~ modulation** frecuencia *f* modulada **3** [u c] (in statistics) frecuencia *f*

frequent[1] /ˈfriːkwənt/ *adj* ‹*attempts/journeys/criticism*› frecuente; ‹*visitor*› asiduo; **this is quite a ~ occurrence** esto sucede con bastante frecuencia

frequent[2] /friːˈkwent/ *vt* frecuentar

frequent flyer *n* (Aviat, Marketing) viajero, -ra *m,f* frecuente (*persona que regularmente viaja en avión y que recibe prestaciones en función de las distancias que recorre*); (*before n*) ‹*program/scheme*› de viajero frecuente

frequently /ˈfriːkwəntli/ *adv* con frecuencia, a menudo, frecuentemente

fresco /ˈfreskəʊ/ *n* [c] (*pl* **-cos** *or* **-coes**) fresco *m*; **painted in ~** pintado al fresco

fresh[1] /freʃ/ *adj* **-er, -est**

A **1** (not stale, frozen or canned) fresco; **~ vegetables** verduras frescas; **the fish was caught ~ this morning** el pescado es fresco de esta mañana; **we went out for a breath of ~ air** salimos a tomar un poco de aire (fresco) **2** (untired, vigorous) ‹*complexion/face/appearance*› fresco, lozano; **do it when you're ~** hazlo cuando estés descansado *or* más fresco; **she comes ~ to television** ésta es su primera experiencia en televisión; **it was still ~ in his memory** *o* **mind** lo tenía fresco en la memoria **3** (newly arrived, produced) (*pred*): **~ off the press/production line** recién salido de la imprenta/la línea de montaje; **~ from school** recién salido del colegio; **~ from the cow** recién ordeñado; **~ from the oven** recién salido del horno, recién horneado

B (not salty): ~ **water** agua *f*‡ dulce
C **1** (new, clean) ‹*clothes/linen*› limpio; **it needs a ~ coat of paint** necesita una nueva mano de pintura **2** (new, additional) ‹*supplies/stocks*› nuevo; ‹*initiative/evidence*› nuevo; **he made a ~ attempt** hizo un nuevo intento *or* otro intento, volvió a intentarlo; **they took ~ heart/courage from the news** la noticia los reanimó/les dio nuevos ánimos; **to make a ~ start** volver* a empezar, empezar* de nuevo
D **1** ‹*winds*› fuerte **2** (cool) fresco; **it feels a bit ~** hace un poco de fresco
E **1** (taking liberties) (colloq & dated) fresco; **to get ~ with sb** propasarse con algn **2** (cheeky) (AmE) descarado, impertinente; **a ~ remark** una impertinencia, un comentario impertinente; **she was ~ to her grandfather** se insolentó con el abuelo

fresh² *adv*: **I've just baked them ~** los acabo de sacar del horno, están recién salidos del horno; **~ ground coffee** café *m* recién molido; **sorry, we're ~ out of tomatoes** (esp AmE colloq) lo siento, acabamos de vender los últimos tomates

fresh- /freʃ/ *pref* recién; **~laid/~baked** recién puesto/horneado

fresh-air fiend /ˌfreʃ'er || ˌfreʃ'eə(r)/ *n* (hum) amante *mf* del aire libre

freshen /'freʃən/ *vt* **1** (refresh) refrescar* **2** (AmE) (top up): **let me ~ your drink** dame que te sirvo (un poco) más

■ **freshen** *vi* ‹‹*wind/breeze*›› soplar más fuerte

Phrasal verb

• **freshen up** **1** [v + adv] (wash) lavarse, arreglarse **2** [v + o + adv, v + adv + o] (refill glass): **let me ~ that up for you** deja que te sirva otro

fresher /'freʃər || 'freʃə(r)/ *n* (BrE colloq: used by students) estudiante *mf* de primer año, mechón, -chona *m,f* (Chi fam), primíparo, -ra *m,f* (Col fam)

fresh-faced /'freʃfeɪst/ *adj* **1** (youthful) ‹*graduate/youth*› sin experiencia **2** (healthy) saludable, lozano

freshly /'freʃli/ *adv* recién; **a ~ painted door** una puerta recién pintada; **~ cut flowers** flores recién cortadas

freshman /'freʃmən/ *n* (*pl* **-men** /-mən/) **1** (Educ) estudiante *mf* de primer año, mechón, -chona *m,f* (Chi fam), primíparo, -ra *m,f* (Col fam) **2** (newcomer) (AmE) novato, -ta *m,f*; (*before n*) ‹*senator/quarterback/manager*› novel, nuevo, bisoño

freshness /'freʃnəs || 'freʃnɪs/ *n* [u]
A **1** (of food) frescura *f* **2** (of taste) frescor *m*
B (of complexion, face) lozanía *f*, frescura *f*
C (newness, spontaneity) frescura *f*, originalidad *f*
D (coolness) frescor *m*, frescura *f*

freshwater /'freʃˌwɔːtər || 'freʃˌwɔːtə(r)/ *adj* (*before n*) de agua dulce

fret¹ /fret/ *vi* **-tt-** **1** (worry) preocuparse, inquietarse **2** (become restless, agitated) **to ~ FOR sb/sth** inquietarse POR algn/algo; **don't ~!** ¡tranquilízate!

fret² *n*
A (agitated state) (colloq) (*no pl*): **to get/be in a ~ (over/about sth)** ponerse*/estar* neura (por algo) (fam)
B (Mus) traste *m*

fretboard /'fretbɔːrd || 'fretbɔːd/ *n* diapasón *m* con trastes

fretful /'fretfəl/ *adj* **1** (querulous) ‹*child/tone*› quejoso, fastidioso **2** (anxious) ‹*person*› inquieto, preocupado

fretfully /'fretfəli/ *adv* **1** ‹*complain/moan*› fastidiosamente **2** ‹*look/gaze*› con ansiedad

fretfulness /'fretfəlnəs || 'fretfəlnɪs/ *n* [u] inquietud *f*; (of baby) irritabilidad *f*

fretsaw /'fretsɔː/ *n* sierra *f* de calar

fretwork /'fretwɜːrk || 'fretwɜːk/ *n* [u] calado *m*

Freudian /'frɔɪdiən/ *adj* freudiano

Freudian slip *n* lapsus *m* linguae

FRG *n* (= **Federal Republic of Germany**) RFA *f*

Fri ▸❶ **p.1085** (= **Friday**) viern.

friable /'fraɪəbəl/ *adj* que se desmenuza fácilmente, friable

friar /'fraɪər || 'fraɪə(r)/ *n* fraile *m*; **F~ Tuck** Fray Tuck; **the Augustinian/Black/Grey/White F~s** los agustinos/dominicos *or* domínicos /franciscanos/carmelitas

friary /'fraɪəri/ *n* (*pl* **-ries**) monasterio *m*

fricassee /'frɪkəsiː/ *n* [c u] fricasé *m*, fricandó *m*

fricative¹ /'frɪkətɪv/ *n* fricativa *f*

fricative² *adj* fricativo

friction /'frɪkʃən/ *n* [u]
A (Phys, Tech) rozamiento *m*, fricción *f*; **they tried to produce fire by ~** intentaron hacer fuego frotando dos palos (*or* piedras *etc*); (*before n*) ‹*clutch*› de fricción
B (discord) tirantez *f*, roces *mpl*; **domestic ~** roces *mpl* or desavenencias *fpl* familiares; **that is bound to lead to ~** sin duda eso va a provocar tirantez *or* roces

frictionless /'frɪkʃənləs || 'frɪkʃənlɪs/ *adj* **1** (movement/surface) sin fricción, sin rozamiento **2** ‹*process/economy*› en armonía

friction tape *n* [u] (AmE) cinta *f* aislante *or* aisladora

Friday /'fraɪdeɪ, -di/ ▸❶ **p.1085** *n* viernes *m*; **girl ~** chica *f* para todo (*en una oficina*); *see also* **Monday**

fridge /frɪdʒ/ *n* (colloq) refrigerador *m*, nevera *f*, frigorífico *m* (Esp), frigo *m* (Esp fam), heladera *f* (RPl), refrigeradora *f* (Col, Per)

fridge-freezer /ˌfrɪdʒ'friːzər || ˌfrɪdʒ'friːzə(r)/ *n* (BrE) refrigerador-congelador *m*, nevera-congelador *f*, combi *m* (Esp fam), refrigeradora-congelador (Col, Per), heladera-congelador *f* (Rpl)

fried /fraɪd/ *adj*
A (Culin) frito; **a ~ egg** un huevo frito *or* (Méx) estrellado; **~ foods** frituras *fpl*
B (exhausted) (AmE colloq) hecho polvo (fam), reventado (fam), frito (fam)

friend /frend/ *n*
A **1** (close acquaintance) amigo, -ga *m,f*; **a ~ of ours/my father('s)/the family** un amigo nuestro/de mi padre/de la familia; **she's no ~ of mine** amiga mía no es; **he felt he was among ~s** se sentía entre amigos; **they're staying with ~s** están en casa de unos amigos; **her many ~s** sus muchas amistades, sus muchos amigos; **they've been ~s for years** hace años que son amigos; **they're very close ~s** son íntimos amigos; **they're the best of ~s again** están de lo más amigos otra vez; **I'm not ~s with you any more!** (said by children) ya no juego *or* no me junto más contigo; **he doesn't make ~s easily** le cuesta hacer amigos; **he soon made ~s with her/the other boys** en poco tiempo se hizo amigo suyo/de los otros niños; **they shook hands and made ~s** se dieron la mano e hicieron las paces; **to make a ~ of sb** ganarse la amistad de algn; **we're just good ~s** sólo somos amigos; **with ~s like that, who needs enemies?** (set phrase) con amigos así ¿quién necesita enemigos? (fr hecha); **that's what ~s are for** para eso están los amigos; **any ~ of yours is a ~ of mine** tus amigos son mis amigos; **who goes there: ~ or foe?** ¿quién vive?; **the dog is man's best ~** (set phrase) el perro es el mejor amigo del hombre (fr hecha); **my (right) honourable ~** (BrE) mi respetable colega; ***a ~ in need is a ~ indeed*** en las malas se conoce a los amigos **2** (supporter) amigo, -ga *m,f*; **the F~s of Kingston Hospital** la Asociación de Amigos del Hospital de Kingston **3** (lover) (euph) amigo, -ga *m,f* (euf)
B (Relig): **Friend** cuáquero, -ra *m,f*; **the Society of F~s** la Sociedad de los Amigos

friendless /'frendləs || 'frendlɪs/ *adj* sin amigos

friendliness /'frendlinəs || 'frendlɪnɪs/ *n* [u] simpatía *f*

friendly¹ /'frendli/ *adj* **-lier, -liest** **1** ‹*person/pet*› simpático; ‹*place/atmosphere*› agradable; ‹*welcome*› cordial; **I'll give you some ~ advice** te voy a dar un consejo de amigo; **he gave her a ~ wave** la saludó amablemente con la mano; **there's a ~ little café nearby** hay un barcito cerca que es muy simpático *or* agradable; **to be ~ TO/WITH sb: he wasn't very ~ to her** no estuvo demasiado simpático *or* amable con ella; **she's ~ with Tessa** es amiga de Tessa; **I'm quite ~ with him now** ahora somos bastante amigos; **to be on ~ terms with sb** llevarse bien con algn; **environmentally ~ products** productos *mpl* inocuos para el medio ambiente **2** (good-natured) ‹*argument/rivalry/competition*› amistoso, amigable; ‹*game/match*› amistoso **3** (of one's own side) ‹*ship/aircraft/troops*› amigo; **~ fire** fuego amigo

friendly² *n* (*pl* **-lies**) (BrE) partido *m* amistoso

friendly society *n* (BrE) mutualidad *f*, sociedad *f* de socorros mutuos

friendship /'frendʃɪp/ *n* [u c] amistad *f*; **he did it out of ~ for her** lo hizo por la amistad que lo unía a ella; (*before n*): **~ bracelet** pulsera *f* de la amistad

frier /'fraɪər || 'fraɪə(r)/ *n* ▸ **fryer**

Friesian /'friːʒən/ *n* **1** **~ (cow)** (BrE) vaca *f* holandesa **2** ▸ **Frisian²**

frieze /friːz/ *n* (on building, wall) friso *m*; (on wallpaper) greca *f*, guarda *f* (*de papel pintado*)

frig /frɪg/ *vi* (vulg): **~ about** *o* **around** hacer* pendejadas *or* (Esp) gilipolleces (vulg), hacer huevadas (Andes vulg), hacer* boludeces (RPl vulg)

frigate /'frɪgət || 'frɪgɪt/ *n* fragata *f*

frigate bird *n* (ave *m*) fragata *f*

frigging¹ /'frɪgɪŋ/ *adj* (vulg) puto (vulg); **I can't get the ~ lid off** no le puedo quitar la puta tapa (vulg)

frigging² *adv* (vulg): **the play was ~ awful** la obra era una mierda (vulg); **he's so ~ stupid!** ¡es un imbécil de mierda! (vulg)

fright /fraɪt/ *n*
A **1** [u] (fear) miedo *m*, susto *m*; **I nearly died of ~** casi me muero de miedo *or* del susto; **to take ~ at sth** asustarse por algo **2** [c] (shock) susto *m*; **to get a ~** darse* *or* pegarse* un susto; **she had the ~ of her life** se llevó un susto de muerte; **to give sb a ~** darle* *or* pegarle* un susto a algn; **you gave me a terrible ~!** ¡me diste *or* pegaste un susto tremendo!, ¡qué susto me diste!
B [c] (person, dress) (colloq) adefesio *m* (fam), espantajo *m*

frighten /'fraɪtn/ *vt* **1** (scare) asustar **2** (intimidate) asustar, amedrentar; **to ~ sb INTO/OUT OF -ING: it was an attempt to ~ me into signing the contract** fue un intento de asustarme para que firmara el contrato; **he was ~ed out of pursuing the matter** lo asustaron para que desistiera de seguir adelante con el asunto

■ **frighten** *vi* asustarse

Phrasal verb

• **frighten away, frighten off** [v + o + adv, v + adv + o] espantar, ahuyentar

frightened /'fraɪtnd/ *adj* ‹*person/animal*› asustado; **to be ~ OF sb/sth** tenerle* miedo A algn/algo, temerle* A algn/algo (liter); **he was ~ of his father/the dark** le tenía miedo *or* (liter) le temía a su padre/a la oscuridad; **to be ~ OF -ING/to + INF: he was ~ of crossing the road** le daba miedo cruzar la calle; **I was ~ to tell him** tenía miedo de decírselo, me daba miedo decírselo; **to be ~ (THAT): she was ~ (that) she would miss her train** tenía miedo de perder el tren; **to be ~ to death/out of one's wits** estar* muerto de miedo/temblando de miedo; **don't be ~** no tengas miedo, no te asustes

frightener /'fraɪtnər || 'fraɪtnə(r)/ *n*: **to put the ~s on sb** (BrE colloq) meterle el miedo en el cuerpo a algn

frightening /'fraɪtnɪŋ/ *adj* ‹*experience/nightmare*› espantoso; (stronger) aterrador; ‹*increase/delay*› alarmante

frighteningly /'fraɪtnɪŋli/ *adv* (*as intensifier*) terriblemente; **he's ~ clever** es inteligente que da miedo (fam), es terriblemente inteligente

frightful /'fraɪtfəl/ *adj*
A (BrE colloq) **1** (very unpleasant) ‹*weather/person*› horroroso, horrendo **2** (*as intensifier*) ‹*thirst/mess*› espantoso; **it's a ~ nuisance** es un latazo (fam); **she's a ~ bore** es aburridísima, es un plomo (fam)
B (horrific) aterrador

frightfully /'fraɪtfəli/ *adv* (BrE) (*as intensifier*) terriblemente, tremendamente; **I'm ~ sorry** lo siento muchísimo *or* en el alma

frigid /ˈfrɪdʒəd || ˈfrɪdʒɪd/ *adj*
A **1** (sexually) frígido **2** (unfriendly) ‹*welcome/greeting/smile*› frío, glacial
B (cold) (liter) gélido (liter), glacial

frigidity /frɪˈdʒɪdəti/ *n* [u] **1** (sexual) frigidez *f* **2** (unfriendliness) frialdad *f*

frill /frɪl/ *n*
A **1** (of fabric) volante *m or* (RPl) volado *m or* (Méx) olán *m or* (Chi) vuelo *m* **2** (of paper) fleco *m*
B (colloq) **1** (pretension) floritura *f*; **a ceremony with no ∼s** una ceremonia sencilla **2** (refinement) detalle *m*

frilly /ˈfrɪli/ *adj* **-lier, -liest** **1** ‹*dress/petticoat*› de volantes *or* (RPl) de volados *or* (Méx) de olanes *or* (Chi) de vuelos **2** (ornamented) (pej) ‹*style*› recargado; **the bedroom was too ∼ for my taste** el dormitorio me pareció muy rococó

f

fringe[1] /frɪndʒ/ *n*
A **1** (on shawl, carpet, tablecloth) fleco *m* **2** (of trees, houses) hilera *f*
B (of hair) (BrE) flequillo *m*, cerquillo *m* (AmL), fleco *m* (Méx), chasquilla *f* (Chi), capul *m* (Col), pollina *f* (Ven)
C (periphery) (*often pl*): **on the ∼(s) of the town** en la periferia de la ciudad; **to live on the ∼(s) of society** vivir al margen de la sociedad; **the extremist ∼ of the party** el sector extremista del partido; (*before n*) ‹*area/group*› marginal; ‹*music/medicine*› alternativo; **∼ theatre** (BrE) teatro *m* alternativo *or* experimental
D (AmE) ▸**fringe benefit**

fringe[2] *vt* **1** (decorate with fringe) ‹*scarf/rug*› ponerle* un fleco a **2** (border) bordear; **∼d with fur** con una orla de piel

fringe benefit *n* **1** (Lab Rel) incentivo *m*, complemento *m*, extra *m* **2** (incidental advantage) ventaja *f* adicional

frippery /ˈfrɪpəri/ *n* (*pl* **-ries**) fruslería *f*

Frisbee® /ˈfrɪzbi/ *n* Frisbee® *m*

Frisco /ˈfrɪskəʊ/ *n* (AmE colloq) San Francisco (*m*)

Frisian[1] /ˈfriːʒən/ *adj* frisón

Frisian[2] *n* **1** [u] (language) frisón *m* **2** [c] (person) frisón, -sona *m,f*

Frisian Islands *pl n*: **the ∼ ∼** las Islas Frisonas

frisk /frɪsk/ *vi* retozar*, juguetear
■ **frisk** *vt* cachear, registrar, catear (Méx)

friskiness /ˈfrɪskinəs || ˈfrɪskɪnɪs/ *n* [u] vivacidad *f*

frisky /ˈfrɪski/ *adj* **-kier, -kiest** retozón, juguetón

frisson /friːˈsəʊn || ˈfriːsɒn/ *n* escalofrío *m*

fritter /ˈfrɪtər || ˈfrɪtə(r)/ *n* buñuelo *m*, fruta *f* de sartén (Esp)

Phrasal verb
• **fritter away** [v + o + adv, v + adv + o] ‹*money*› malgastar, derrochar; ‹*fortune*› dilapidar; ‹*time*› desperdiciar; **they ∼ money away on wine and women** derrochan *or* malgastan dinero en vino y mujeres

fritz /frɪts/ *n*: ***to be on the* ∼** (AmE colloq & dated) estar* estropeado *or* (fam) caput

frivolity /frɪˈvɑːləti || frɪˈvɒləti/ *n* (*pl* **-ties**) (pej) **1** [u] (lack of seriousness) frivolidad *f*, ligereza *f* **2** [c] (sth frivolous) frivolidad *f*

frivolous /ˈfrɪvələs/ *adj* ‹*person/conduct/remark*› frívolo; ‹*detail/problem*› nimio

frivolously /ˈfrɪvələsli/ *adv* frívolamente

frizz[1] /frɪz/ *vt* (colloq) ‹*hair*› rizar* (*con rizos muy apretados*)
■ **frizz** *vi* (colloq) encresparse, ponerse* chino (Méx), ponerse* como mota (CS)

frizz[2] *n* rizos *mpl* muy apretados

frizziness /ˈfrɪzinəs || ˈfrɪzinɪs/ *n* [u] lo crespo

frizzle up /ˈfrɪzəl/
A [v + adv] ‹‹*meat*›› achicharrarse
B [v + o + adv] ‹*meat*› achicharrar

frizzy /ˈfrɪzi/ *adj* **-zier, -ziest** crespo, chino (Méx), como mota (CS)

frock /frɑːk || frɒk/ *n* **1** (woman's) vestido *m* **2** (monk's) hábito *m*

frock coat *n* levita *f*

frog /frɔːg || frɒg/ *n*
A (Zool) rana *f*; **∼s' legs** ancas *fpl* de rana; ***(to have) a* ∼ *in the* o *one's throat*** tener* carraspera
B (∼ *fastening*) (Clothing) alamar *m*
C (Equ) ranilla *f*
D (French person) (sl & offensive) franchute *mf* (fam, a veces pey), gabacho, -cha *m,f* (Chi, Esp fam & pey)

frogman /ˈfrɔːgmən || ˈfrɒgmən/ *n* (*pl* **-men** /-mən/) hombre *m* rana, submarinista *m*

frogmarch /ˈfrɔːgmɑːrtʃ || ˈfrɒgmɑːtʃ/ *vt* (BrE): **they ∼ed him out/in** lo hicieron salir/entrar por la fuerza (*sujetándole los brazos*)

frogspawn /ˈfrɔːgspɔːn || ˈfrɒgspɔːn/ *n* [u] (BrE) huevos *mpl* de rana

frolic[1] /ˈfrɑːlɪk || ˈfrɒlɪk/ *vi* **-ck-** retozar*, juguetear

frolic[2] *n*: **I know all about your little ∼s** estoy enterada de tus aventurillas; **that's enough fun and ∼s!** ¡ya basta de juerga! (fam)

from /frɑːm *weak form* /frəm || frɒm *weak form* /frəm/ *prep*
A **1** (indicating starting point) desde; (indicating origin) de; **∼ the beginning** desde el principio; **a call ∼ New York** una llamada de Nueva York; **the arrival of the flight ∼ Madrid** la llegada del vuelo procedente de Madrid; **I'm ∼ Texas** soy de Texas; **the bus leaves ∼ the marketplace** el autobús sale del mercado; **∼ here you can see the river** desde aquí se puede ver el río; **T-shirts ∼ $15** camisetas desde *or* a partir de $15 **2** (indicating distance): **2cm ∼ the edge** a 2cm del borde; **15km ∼ the coast** a 15km de la costa; **we're still three hours ∼ Tulsa** todavía faltan tres horas para llegar a Tulsa
B **1** (after): **∼ today** a partir de hoy, desde hoy; **∼ the moment we met/the age of 12** desde el momento en que nos conocimos/los 12 años; **50 years/an hour ∼ now** dentro de 50 años/una hora **2** (before): **we are only minutes ∼ takeoff!** ¡estamos a pocos minutos del despegue!; **we're still years ∼ a cure** van a pasar años antes de que se encuentre una cura
C (indicating source) de; **a letter ∼ my lawyer** una carta de mi abogado; **a friend ∼ school** un amigo del colegio; **she drank straight ∼ the bottle** bebió directamente de la botella; **I was surprised to hear that ∼ her** me sorprendió escuchar eso de boca de ella; **that's enough ∼ you!** ¡basta!, ¡cállate!; **you can tell him that ∼ me!** ¡puedes decírselo de mi parte!; **have you heard ∼ her?** ¿has tenido noticias suyas?; **we heard ∼ Sam that ...** nos enteramos por Sam de que ...; **a quotation ∼ the Bible** una cita (tomada) de la Biblia; **a drawing ∼ life** un dibujo del natural; **the movie is adapted ∼ the novel by Horace Greenbaum** la película es una adaptación de la novela de Horace Greenbaum
D **from ... to ...** **1** (in place): **they flew ∼ New York to Lima** volaron de Nueva York a Lima; **they stretch ∼ Derbyshire to the borders of Scotland** se extienden desde el condado de Derbyshire hasta el sur de Escocia; **∼ house to house** de casa en casa; **∼ door to door** de puerta en puerta **2** (in time): **we work ∼ nine to five** trabajamos de nueve a cinco; **I'll be in Europe ∼ June 20 to 29** voy a estar en Europa desde el 20 hasta el 29 de junio **3** (indicating source): **with love, ∼ Sue to Jane** para Jane. Cariñosamente, Sue; **∼ generation to generation** de generación en generación **4** (indicating range): **∼ $50 to $100** entre 50 y 100 dólares; **the shades range ∼ deep blue to very pale yellow** los colores van desde un azul oscuro hasta un amarillo muy claro
E **1** (as a result of) de; **his eyes were red ∼ crying** tenía los ojos rojos de tanto llorar; **he suffers ∼ insomnia** sufre de insomnio; **this comes ∼ being careless with money** esto es lo que pasa cuando no se tiene cuidado con el dinero **2** (on the basis of): **∼ experience/observation I would say that ...** según mi experiencia/por lo que he visto, diría que ...
F **1** (out of, off) de; **∼ the cupboard/shelf** del armario/estante **2** (Math): **5 ∼ 10 is 5** 10 menos 5 es 5; **if you take 5 ∼ 10** si le restas 5 a 10
G (with preps & advs): **∼ above/below** desde arriba/abajo; **blessings ∼ above** bendiciones del cielo; **the lady ∼ across the street** la señora de enfrente; **he crawled out ∼ under the table** salió gateando de debajo de la mesa

frond /frɑːnd || frɒnd/ *n* (of fern) fronda *f*; (of palm etc) hoja *f*

front[1] /frʌnt/ *n*
A **1** (of building) frente *m*, fachada *f*; (of dress) delantera *f*; **the skirt fastens at the ∼** la falda se abrocha por delante *or* (esp AmL) por adelante **2** (forward part) frente *m*, parte *f* delantera *or* de delante *or* (esp AmL) de adelante; **you sit in the ∼** tú siéntate delante *or* (esp AmL) adelante; **he was called to the ∼ of the class** lo hicieron pasar al frente de la clase; **∼ and center** (AmE) (Mil) ¡al frente!
B (*in phrases*): **in front** (*as adv*) delante, adelante (esp AmL); **Midnight Orchid is out in ∼** Midnight Orchid va en cabeza *or* lleva la delantera; **in front of sb/sth** delante *or* (esp AmL) adelante de algn/algo; (facing) enfrente de algn/algo; **he sat right in ∼ of her** se sentó delante *or* (esp AmL) adelante de ella; **it's right in ∼ of your nose!** ¡lo tienes delante de las narices!; **we've got a big task in ∼ of us** tenemos una gran tarea por delante; **out front**: **the people out ∼** la gente de delante *or* (esp AmL) de adelante; **she was out ∼ from the start** (AmE) (Sport) llevó la delantera *or* fue en cabeza desde el principio
C **1** (Mil) frente *m*; **the Western ∼** el frente occidental; **they were attacked on all ∼s** los atacaron por todos los frentes; **progress was made on all ∼s** hubo avances en todos los frentes; **there is good news on the job ∼** hay noticias alentadoras en el plano laboral **2** (Pol) frente *m*; **popular ∼** frente popular
D **1** (outward show) fachada *f*; **his friendliness is just a ∼** su simpatía no es más que una fachada **2** (for illegal activity) pantalla *f* **3** (nominal leader) (AmE): **he was just the ∼ of the organization** era sólo la cabeza visible de la organización
E (Meteo) frente *m*; **a cold/warm ∼** un frente frío/cálido
F (overlooking sea) paseo *m* marítimo, malecón *m* (AmL), rambla *f* (RPl)

front[2] *adj*
A (at front) ‹*seat/wheel/leg*› delantero, de delante *or* (esp AmL) de adelante; **the ∼ cover** la portada; **the ∼ door** la puerta de (la) calle; **the ∼ yard** *o* (BrE) **garden** el jardín del frente; **a seat in the ∼ row, a ∼-row seat** un asiento en primera fila; *see also* **front bench**, **front page** *etc*
B (Ling) ‹*vowel*› frontal

front[3] *vt*
A (present, head) ‹*campaign*› dirigir*; ‹*group*› liderar; ‹*show*› presentar
B (Const) ‹*wall*› revestir*; ‹*building*› revestir* la fachada de
■ **front** *vi*
A (face) ‹‹*building/window/room*›› dar* a; **the room ∼s south/onto the street** la habitación da al sur *or* está orientada al sur/da a la calle
B (act as cover) servir* de pantalla

frontage /ˈfrʌntɪdʒ/ *n* **1** (façade) fachada *f*, frente *m* **2** (along street, river) frente *m*; **a river ∼** un frente que da al río

frontal /ˈfrʌntl/ *adj*
A (from, at front) ‹*collision/attack*› frontal, de frente
B (Meteo) ‹*system*› frontal

front bench *n* (BrE) (Govt) *escaños ocupados por ministros del gobierno o jefes de la oposición*

frontbencher /ˌfrʌntˈbentʃər || ˌfrʌntˈbentʃə(r)/ *n* (BrE) *diputado con cargo ministerial en el gobierno o en el gabinete fantasma*

> **frontbencher**
>
> En el Parlamento Británico, un miembro del gabinete ▸**Cabinet** o del gabinete a la sombra (*Shadow Cabinet*) que ocupa uno de los escaños situados en la primera fila (*front bench*) a ambos lados del Presidente ▸**Speaker**, en la Cámara de los Comunes ▸**House of Commons**.

front company *n* compañía *f* de fachada, compañía *f* de testaferro; **a CIA ∼ ∼** una compañía de fachada *or* de testaferro de la CIA

front desk *n* (AmE) mostrador *m* de recepción

front-end /ˈfrʌntˈend/ *adj* **1** (in purchases) ‹*charge/fee*› inicial **2** (Comput) ‹*device/program*› frontal, front-end *adj inv*

frontier /frʌn'tɪr || 'frʌntɪə(r)/ *n*
A **1** (between countries) frontera *f*; (*before n*) ‹*guard/zone*› fronterizo; **~ post** puesto *m* fronterizo **2** (in US history): **the F~** la frontera (del oeste) (*el límite de los territorios colonizados*); (*before n*): **the ~ spirit** el espíritu pionero y emprendedor de los hombres de la frontera; **~ law** (AmE) la ley del oeste (*americano*)
B (of knowledge) frontera *f*; (*before n*): **~ technology** tecnología *f* aplicable a diversos campos

frontiersman /frʌn'tɪrzmən || 'frʌntɪəzmən, frʌn'tɪəzmən/ *n* (*pl* **-men** /-mən/) hombre *m* de la frontera

frontispiece /'frʌntɪspi:s/ *n* frontispicio *m*

front line *n* **1** (Mil) primera línea *f*; (*before n*) ‹*troops*› de primera línea **2** (prominent position) primera línea *f*

front-loader /'frʌnt'ləʊdər || ˌfrʌnt'ləʊdə(r)/ *n* lavadora *f* de carga frontal

front-loading /ˌfrʌnt'ləʊdɪŋ/ *adj* de carga frontal

front man *n* **1** (for dubious activity) testaferro *m* **2** (TV) presentador *m*

front matter *n* [u] preliminares *mpl*

front page *n* (Journ) primera plana *f*; **to hit** *o* **make the ~ ~** salir* en primera plana; **hold the ~ ~!** ¡paren las prensas!; (*before n*): **front-page news** noticia de primera plana

front room *n* salón *m*, living *m* (esp AmL)

front-runner /'frʌnt'rʌnər || ˌfrʌnt'rʌnə(r)/ *n* **1** (in race) (Sport) puntero, -ra *m,f* **2** (in contest): **he emerged as the ~ in the opinion polls** surgió como el favorito en los sondeos de opinión; **the company is a ~ in cancer research** la compañía es una de las que van en cabeza *or* a la vanguardia en investigación sobre cáncer

front tooth *n* (*pl* **~ teeth**) diente *m* delantero, (diente *m*) incisivo *m* (frml)

front-wheel drive /'frʌnthwi:l || 'frʌntwi:l/ *n* [u] tracción *f* delantera

frosh /frɑ:ʃ || frɒʃ/ *n* (*pl* **~**) (AmE sl & dated) ▸**freshman 1**

frost¹ /frɔ:st || frɒst/ ▸**❶ p.1878** *n* **1** [u c] (subzero temperature) helada *f*; **four degrees of ~** (BrE) cuatro grados bajo cero **2** [u] (frozen dew) escarcha *f*

frost² *vt*
A (Meteo) helar*; ‹*plant*› quemar
B (Culin) **1** ‹*cake*› (AmE) bañar **2** (cover with sugar) escarchar

Phrasal verb
- **frost over, frost up** [v + adv] «*window*» helarse*, cubrirse* de escarcha

frostbite /'frɔ:stbaɪt || 'frɒstbaɪt/ *n* [u] congelación *f*

frostbitten /'frɔstbɪtn || 'frɒstbɪtn/ *adj* **1** (Med) congelado **2** (Bot) quemado

frosted glass /'frɔ:stəd || 'frɒstɪd/ *n* [u] vidrio *m or* cristal *m* esmerilado

frost-free /'frɔ:stfri: || 'frɒstfri:/ *adj* ‹*refrigerator*› (con sistema) antiescarcha; ‹*climate/region*› libre de heladas, sin heladas

frostily /'frɔ:stəli || 'frɒstɪli/ *adv* con frialdad

frosting /'frɔ:stɪŋ || 'frɒstɪŋ/ *n* [u]
A (Culin) **1** (on cake) (AmE) baño *m*; ▸**cake¹ A** **2** (of sugar) (BrE) glaseado *m*
B (Tech) esmerilado *m*

frosty /'frɔ:sti || 'frɒsti/ *adj* **-tier, -tiest** **1** ▸**❶ p.1878** (Meteo) ‹*weather/air*› helado; ‹*night*› de helada **2** (unfriendly, cool) ‹*manner/reception*› glacial, frío

froth¹ /frɔ:θ || frɒθ/ *n* [u] **1** (foam) espuma *f* **2** (frivolity) banalidad *f*

froth² *vi* «*liquid*» hacer* espuma; **to ~ at the mouth** echar espuma por la boca; (with anger) echar humo (fam), echar chispas (fam), bufar (fam)

frothy /'frɔ:θi || 'frɒθi/ *adj* **frothier, frothiest** **1** ‹*liquid*› espumoso **2** ‹*talk/writing*› banal

frown¹ /fraʊn/ *vi* fruncir* el ceño *or* el entrecejo; **to ~ AT sb** ponerle* cara de pocos amigos a algn, mirar a algn con el ceño fruncido; **to ~ AT sth** torcer* el gesto por algo

Phrasal verb
- **frown on, frown upon** [v + prep + o]: **that sort of thing is ~ed upon** eso está muy mal visto; **their relationship was ~ed on by her parents** sus padres no veían la relación con buenos ojos; **her superiors ~ed on her methods** sus métodos no contaban con la aprobación de sus superiores

frown² *n* ceño *m* fruncido; **..., she said, with a ~** ... —dijo, frunciendo el ceño *or* el entrecejo; **he wore a ~** (liter) tenía el ceño fruncido

frowsy /'fraʊzi/ *adj* **-sier, -siest** **1** (shabby) ‹*appearance/person/clothes*› desastrado, desaliñado **2** (musty) ‹*air*› viciado, cargado; **a ~ smell** olor a encerrado

frowzy /'fraʊzi/ *adj* **-zier, -ziest** ▸**frowsy**

froze /frəʊz/ *past of* **freeze¹**

frozen¹ /'frəʊzn/ *past p of* **freeze¹**

frozen² *adj*
A **1** (solid) ‹*water/pipe/lock*› congelado **2** (of region) helado **3** (extremely cold) (colloq): **my feet are ~** tengo los pies helados *or* congelados; **I was ~ stiff** estaba congelado *or* como un témpano **4** (Culin) ‹*vegetables/meat*› congelado **5** (motionless): **I stood there ~ (to the spot) with horror** me quedé allí clavado, paralizado por el terror
B (Fin) **1** (fixed) ‹*prices/incomes*› congelado **2** (blocked) ‹*capital/credits*› bloqueado; **~ assets** activo *m* congelado

frozen shoulder *n* [u] hombro *m* congelado, capsulitis *f* adhesiva *or* retráctil (téc)

FRS *n* (in UK) **= Fellow of the Royal Society**

fructose /'frʌktəʊs -təʊz/ *n* [u] fructosa *f*

frugal /'fru:gəl/ *adj* frugal

frugality /fru:'gæləti/ *n* [u] frugalidad *f*

frugally /'fru:gəli/ *adv* frugalmente, con frugalidad

fruit¹ /fru:t/ *n*
A **1** [u] (collectively) fruta *f*; **I don't like ~** no me gusta la fruta; **different types of ~** distintas frutas, distintos tipos de fruta; **a piece of ~** una (pieza de) fruta; **dried ~** (BrE) fruta *f* seca; (*before n*): **~ bowl** frutero *m*, frutera *f* (CS); **~ grower** fruticultor, -tora *m,f*; **~ juice** jugo *m or* (Esp) zumo *m* de frutas; **~ knife** cuchillo *m* de fruta; **~ tree** árbol *m* frutal **2** [c] (type — as food) fruta *f*; (Bot) fruto *m*
B [u c] (product) fruto *m*; **the ~s of the earth** los frutos de la tierra; **the ~(s) of his labors/of two years' research** el fruto de su trabajo/de dos años de investigación; ***to bear ~*** dar* (su) fruto
C (as form of address) (BrE colloq & dated): **old ~** compadre (fam)
D (homosexual) (esp AmE sl & pej) maricón *m* (fam & pey), mariposa *m* (fam & pey), lilo *m* (Méx fam & pey)

fruit² *vi* dar* fruto

fruit bat *n* murciélago *m* frugívoro

fruitcake /'fru:tkeɪk/ *n* [u c] plum-cake *m*, ponqué *m* de frutas (Col), fruit cake *m* (Méx), budín *m* inglés (RPl); ***as nutty as a ~*** (colloq & hum) más loco que una cabra (fam), chiflado (fam)

fruit cocktail *n* [u c] **1** (dish) ensalada *f or* macedonia *f or* cóctel *m* de frutas **2** (drink) (BrE) *mezcla de jugos de fruta*

fruit cup *n* [u c] **1** (AmE) ▸**fruit cocktail 1** **2** (drink) (BrE) ≈ sangría *f*, ≈ clericó *m*

fruiterer /'fru:tərər || 'fru:tərə(r)/ *n* (BrE): **the ~'s** la frutería

fruit fly *n* mosca *f* de la fruta

fruitful /'fru:tfəl/ *adj* provechoso, fructífero

fruitfully /'fru:tfəli/ *adv* provechosamente, fructíferamente

fruit gum *n* (BrE) caramelo *m* de goma, gomita *f* (Chi)

fruition /fru'ɪʃən/ *n* [u] (frml): **to bring sth to ~** llevar algo a buen término; **their plan never came to** *o* **reached ~** su plan nunca cristalizó *or* se concretó

fruitless /'fru:tləs || 'fru:tlɪs/ *adj* infructuoso, inútil

fruitlessly /'fru:tləsli || 'fru:tlɪsli/ *adv* infructuosamente, en vano, inútilmente

fruit loaf *n* [c u] (BrE) pan *m* de frutas

fruit machine *n* (BrE) máquina *f* tragamonedas *or* (Esp tb) tragaperras

fruit salad *n* [u c] **1** (AmE) *ensalada de frutas, gen en gelatina* **2** (BrE) ▸**fruit cocktail 1**

fruity /'fru:ti/ *adj* **-tier, -tiest**
A (like fruit) ‹*taste/smell*› a fruta(s); ‹*wine/bouquet*› afrutado
B (deep, rich) ‹*voice/chuckle*› sonoro
C (BrE colloq) picante (fam)
D (homosexual) (AmE sl & pej) maricón (fam & pey), mariposa (fam & pey)

frump /frʌmp/ *n* (colloq) antigualla *f* (fam & pey)

frumpish /'frʌmpɪʃ/ *adj* anticuado y sin gracia

frumpy /'frʌmpi/ **-pier, -piest** ▸**frumpish**

frustrate /'frʌstreɪt || frʌs'treɪt/ *vt* **1** (thwart) ‹*plan/desires/hopes*› frustrar; **I was ~d in my attempts to obtain justice** mis intentos de lograr que se hiciera justicia se vieron frustrados **2** (exasperate) frustrar

frustrated /'frʌstreɪtəd || frʌs'treɪtɪd/ *adj* **1** (thwarted) frustrado; **critics are often ~ writers** muchos críticos son escritores frustrados **2** (dissatisfied) descontento; **(sexually) ~** sexualmente frustrado

frustrating /'frʌstreɪtɪŋ || frʌs'treɪtɪŋ/ *adj* frustrante

frustration /frʌs'treɪʃən/ *n* **1** [u c] (vexation, anxiety) frustración *f* **2** [u] (of plans, hopes) frustración *f* **3** [c] (problem) contrariedad *f*

fry¹ /fraɪ/ *vt* **fries, frying, fried** **1** (cook) ‹*meat/fish/vegetable/egg*› freír* **2** (electrocute) (AmE sl & dated) electrocutar
■ **fry** *vi* freírse*

Phrasal verb
- **fry up** [v + o + adv, v + adv + o] freír*

fry² *n* (*pl* **fries**)
A **1** [c] (cookout) (AmE) *comida al aire libre* **2** **fries** *pl* (French fries) papas *or* (Esp) patatas fritas, papas *fpl* a la francesa (Col, Méx) **3** [u c] (fried dish) *plato frito*
B [u] **1** (+ *pl vb*) (Zool) alevines *mpl*, majuga *f* (Ur) **2** (people): **don't bother with the small ~, go to the top** no pierdas tiempo con los indios, vete derecho al jefe; **they're not interested in small ~ like us** no les interesa la gente de poca monta como nosotros; **the police are looking for bigger ~** son peces más gordos los que busca la policía

fryer /'fraɪər || 'fraɪə(r)/ *n* **1** (pan) sartén *f*, sartén *m or f* (AmL); **deep (fat) ~** freidora *f* **2** (young chicken) (AmE) pollo *m* (*joven y adecuado para freír*)

frying pan /'fraɪɪŋ/ (AmE also) **fry pan** *n* sartén *f*, sartén *m or f* (AmL); ***out of the ~ ~ into the fire***: **he jumped out of the ~ ~ into the fire** salió de Guatemala para meterse en Guatepeor (fam & hum)

fry-up /'fraɪʌp/ *n* (BrE colloq) fritada *f*, fritanga *f*

FSA *n* (BrE)
A **= Food Standards Agency**
B **= Financial Services Authority**

ft = foot/feet

Ft = Fort

FTA *n* **= Free Trade Agreement**

FTC *n* (in US) **= Federal Trade Commission**

FT index /ˌef'ti:/ *n* (BrE) índice *m* FTSE

FTP *n* (**= file transfer protocol**) FTP *m*

FTSE 100-Share Index
▸**Financial Times Indices**

fuchsia /'fju:ʃə/ *n* **1** [c u] (Bot) fucsia *f*, aljaba *f* (RPl) **2** ▸**❶ p.1036** [u] (color) fucsia *m*; (*before n*) fucsia *adj inv*

fuck¹ /fʌk/ *vt* (vulg)
A (copulate with) joder (vulg), tirarse (vulg), follarse (Esp vulg), coger* (Méx, RPl, Ven vulg)
B (*in interj phrases*) **1** (expressing annoyance): **~ you!** *o* **you can get ~ed!** ¡vete a la mierda! (vulg), ¡vete a la chingada! (Méx vulg), ¡andá a cagar! (RPl vulg); **~ this** *o* (AmE also) **this shit!** ¡a la mierda con esto! (vulg), ¡que le den por culo! (Esp vulg) **2** (expressing surprise): **~ me!** ¡me cago en la mar! (vulg), ¡carajo! (vulg)

C (cheat) (AmE sl) joder (vulg), chingar* (Méx vulg)

■ **fuck** *vi* (vulg) joder (vulg), tirar (vulg), coger* (Méx, RPl, Ven vulg), follar (Esp vulg), cachar (Chi, Per vulg)

Phrasal verbs

• **fuck around** (esp BrE), **about**(vulg)

A [v + adv] 1 (play the fool) joder (vulg), hacer* gilipolleces (Esp) *or* (Méx) mamadas (vulg) 2 (fiddle, tinker) joder (vulg) 3 ▸**screw around**

B [v + o + adv] (treat badly) (BrE) joder (vulg), chingar* (Méx vulg)

• **fuck off** [v + adv] (vulg): **~ off!** ¡vete a la mierda! (vulg), ¡vete a tomar por (el) culo! (Esp vulg), ¡vete a la chingada! (Méx vulg), ¡andá a cagar! (RPl vulg)

• **fuck over** [v + o + adv] (AmE) (sl) tratar como a un perro (fam)

• **fuck up** (vulg)

A [v + o + adv, v + adv + o] 1 (spoil) ‹*plan/equipment*› joder (vulg), chingar* (Méx vulg) 2 (bungle) cagar* (vulg)

B [v + adv] (bungle) cagarla* (vulg); **he ~ed up again** la cagó otra vez (vulg)

fuck[2] *n* (vulg)

A 1 (act) polvo *m* (arg), cogida *f* (Méx, RPl, Ven vulg); **to have a ~** echar(se) un polvo (fam) 2 (person): **she/he's a good ~** ¡tiene un polvo ...! (arg), coge rico (Méx, RPl, Ven vulg)

B (*as intensifier*): **what/who/where the ~ ...?** ¿qué/quién/dónde carajo *or* coño *or* (Méx) chingados ...? (vulg); **okay, do it your way, what the ~!** bueno, hazlo como quieras; ¡qué mierda importa! (vulg); **do the scene again? what the ~!** (AmE) ¿repetir la escena? ¡me cago en la mar! (vulg); ***not to give a ~*: I don't give a ~** me importa un carajo (vulg), me vale madres (Méx vulg)

fuck[3] *interj* (vulg) ¡carajo! (vulg), ¡coño! (vulg), ¡chingada! (Méx vulg)

fuck-all /ˈfʌkˈɔːl/ *n* (BrE vulg): **he knows ~ about it** no tiene ni puta idea (vulg), no sabe una chingada (Méx vulg); **you've done ~!** ¡no has hecho un carajo! (vulg)

fucked /fʌkt/ *adj* (BrE vulg) (*pred*) jodido (vulg), chingado (Méx vulg)

fucker /ˈfʌkər || ˈfʌkə(r)/ *n* (vulg) 1 (person) hijo, -ja *m,f* de puta (vulg), cabrón, -brona *m,f* (vulg); **you lazy ~!** ¡vago de mierda! (vulg); **I feel sorry for the poor ~** me da pena el pobre cabrón (vulg) 2 (thing): **the ~ won't start!** ¡el puto coche (*or* la puta moto *etc*) no quiere arrancar! (vulg)

fucking[1] /ˈfʌkɪŋ/ *adj* (vulg) (*before n*): **this ~ car/hammer** este coche/martillo de mierda (vulg); **you ~ idiot!** ¡idiota de mierda! (vulg), ¡gilipollas! (Esp vulg); **~ hell/shit!** ¡puta madre! (vulg), ¡coño! (vulg), ¡carajo! (vulg)

fucking[2] *adv* (vulg): **it's ~ useless** no sirve para un carajo (vulg); **you're too ~ right!** ¡si tendrás razón, coño *or* carajo! (vulg), ¡si tendrás razón chingada madre! (Méx vulg); **the play's ~ awful** la obra es una mierda (vulg)

fuck-up /ˈfʌkˈʌp/ *n* (vulg) 1 (disaster) cagada *f* (vulg) 2 (incompetent person) (AmE) pendejo, -ja *m,f* *or* (Esp) capullo, -lla *m,f* *or* (CS) pelotudo, -da *m,f* (fam)

fuddled /ˈfʌdld/ *adj* ‹*mind/thoughts*› confuso, embotado; **to get ~** confundirse

fuddy-duddy[1] /ˈfʌdiˌdʌdi/ *adj* (colloq) (*no comp*) anticuado, carca (fam), ruco (Méx fam)

fuddy-duddy[2] *n* (*pl* **-dies**) (colloq) antigualla *mf* (fam), carca *mf* (fam), ruco, -ca (Méx fam)

fudge[1] /fʌdʒ/ *n* [u] (Culin) *especie de caramelo de dulce de leche*

fudge[2] *vt* (colloq) 1 (falsify) ‹*figures/accounts*› amañar 2 (concoct) ‹*excuse/alibi*› fabricar* 3 (evade) ‹*issue*› esquivar

■ **fudge** *vi* (colloq): **stop fudging and get to the point** deja de dar rodeos y ve al grano; **they tend to ~ on sensitive issues** no se definen *or* se van por la tangente cuando se trata de asuntos delicados

fudge[3] *interj* (colloq & euph) ¡caray! (fam & euf)

fuel[1] /ˈfjuːəl/ *n* 1 [u c] (for heating, lighting) combustible *m*; (for engines) combustible *m*, carburante *m*; ***to add ~ to the flames*** *o* ***fire*** echar leña al fuego; (*before n*): **~ crisis** crisis *f* energética; **~ policy** política *f* energética 2 [u] (stimulus) acicate *m*

fuel[2], (BrE) **-ll-** *vt*

A (provide fuel for) ‹*ship/plane*› abastecer* de combustible; ‹*stove/furnace*› alimentar

B (stimulate) ‹*hope/passion*› alimentar; ‹*debate*› avivar; ‹*fear*› exacerbar

■ **fuel** *vi* repostar

Phrasal verb

• **fuel up** [v + adv] (BrE) echar *or* (AmL tb) cargar* gasolina, cargar* nafta (RPl)

fuel cap *n* tapa *f* del depósito *or* tanque de gasolina

fuel-efficient /ˌfjuːəlɪˈfɪʃənt/ *adj* que obtiene un mayor rendimiento del combustible

fueling, (BrE) **fuelling** /ˈfjuːəlɪŋ/ *n* [u]: **it needed ~** necesitaba repostar; (*before n*): **~ stop** escala *f* técnica

fuel injection *n* [u] inyección *f*; (*before n*): **fuel-injection engine** motor de inyección

fuel oil *n* [u] fuel *m*; fuel-oil *m*

fuel pump *n* bomba *f* de combustible

fuel rod *n* barra *f* de combustible

fug /fʌg/ *n* (esp BrE colloq) (*no pl*) atmósfera *f* viciada

fuggy /ˈfʌgi/ *adj* **-gier, -giest** (esp BrE colloq) viciado; ‹*room*› con aire viciado

fugitive[1] /ˈfjuːdʒətɪv || ˈfjuːdʒɪtɪv/ *n* fugitivo, -va *m,f*; **a ~ from justice** (liter) un prófugo de la justicia

fugitive[2] *adj* (*before n*) 1 (runaway) ‹*slave/dissident*› fugitivo 2 (fleeting) (liter) ‹*idea/memory/success*› fugaz (liter), efímero 3 (not fast) ‹*dye/color*› no sólido

fugue /fjuːg/ *n* fuga *f*

Fuji /ˈfuːdʒi/, **Fujiyama** /-ˈjɑːmə/ *n*: **Mount ~** el Fujiyama

> **Fulbright Scholarships**
>
> Las Becas Fulbright, otorgadas por el gobierno de EEUU, permiten a individuos norteamericanos ir al extranjero y a ciudadanos de otros países viajar a EEUU para estudiar, enseñar y realizar investigaciones académicas. Más de 114 mil extranjeros y 61 mil estadounidenses han aprovechado la oportunidad que ofrece el Programa Fulbright desde su fundación por el senador Democrático William Fulbright en 1946.

fulcrum /ˈfʊlkrəm/ *n* (*pl* **-crums** *or* **-cra** /-krə/) fulcro *m*

fulfill, (BrE) **fulfil** /fʊlˈfɪl/ **-ll-** *vt*

A 1 (carry out) ‹*duty*› cumplir con; ‹*task*› llevar a cabo, realizar* 2 (obey) ‹*order/command*› cumplir 3 (keep) ‹*promise/contract*› cumplir 4 (serve) ‹*need*› satisfacer* 5 (meet) ‹*condition/requirements*› satisfacer*, llenar; ‹*norm*› cumplir con

B (realize) ‹*ambition*› hacer* realidad; ‹*potential*› alcanzar*

C (make content) ‹*person*› satisfacer*; **her job did not ~ her** su trabajo no la satisfacía, no se sentía realizada con su trabajo

■ *v refl*: **to ~ oneself** realizarse*

fulfilled /fʊlˈfɪld/ *adj* (*usu pred*) realizado; **to feel ~** sentirse* realizado

fulfilling /fʊlˈfɪlɪŋ/ *adj* ‹*life*› pleno; **I don't find my work ~** mi trabajo no me satisface *or* no me hace sentirme realizado

fulfillment, (BrE) **fulfilment** /fʊlˈfɪlmənt/ *n* [u] 1 (of duty, promise) cumplimiento *m* 2 (realization) cumplimiento *m*; **to bring sth to ~** llevar algo a cabo; **this represented the ~ of one of her ambitions** para ella esto significaba la realización de una de sus ambiciones 3 (satisfaction): **her family gave her a sense of ~** su familia la hacía sentirse realizada

full[1] /fʊl/ *adj* **-er, -est**

A 1 (filled) ‹*container/vessel*› lleno; **don't speak with your mouth ~** no hables con la boca llena; **my heart was too ~** (liter) me embargaba la emoción (liter); **~ OF sth** lleno DE algo; **it's ~ of holes** está lleno de agujeros; **a book crammed** *o* **packed ~ of useful information** un libro lleno de datos útiles; **she's ~ of fun** es muy divertida; **they were ~ of praise for your work** elogiaron mucho tu trabajo; ***to be ~ of it*** (AmE colloq & euph): **don't listen to him: he's ~ of it** no le hagas caso, dice puras tonterías *or* sandeces 2 (crowded) ‹*room/train*› lleno; ‹*hotel*› lleno, completo; **you've got a very ~ day ahead of you** tienes un día muy ocupado por delante 3 (well fed) lleno; **I'm ~ (up)** estoy lleno

B 1 (complete) ‹*report/description*› detallado; ‹*name/answer/meal*› completo; **to pay the ~ price/amount** pagar* el precio íntegro/la totalidad de la suma; **you have my ~ support** tienes todo mi apoyo; **in ~ control of his faculties** en plena posesión de sus facultades; **in ~ bloom** en plena floración; **in ~ uniform** vistiendo el uniforme completo; **to lead a very ~ life** llevar una vida muy activa; **a ~ week's holiday** una semana entera de vacaciones; **~ sister/brother** hermana/hermano carnal; **give ~ details of previous illnesses** haga una relación detallada de las enfermedades que haya tenido 2 (maximum): **at ~ speed** a toda velocidad; **it took the ~ force of the impact** recibió toda la fuerza del impacto; **~ employment** (Econ) pleno empleo *m* 3 (with all rights) ‹*member*› de pleno derecho

C 1 (rounded) ‹*figure*› regordete, llenito (fam); **clothes for the ~er figure** (euph) tallas *or* (RPl) talles grandes; **~ in the face** de cara redonda 2 (Clothing) ‹*skirt/sleeve*› amplio 3 (billowing) ‹*sail/canvas*› desplegado

D (deep, rich) ‹*taste/aroma*› pronunciado

E (absorbed) **~ OF sth: they were ~ of the latest scandal** no hacían más que hablar del último escándalo; ***to be ~ of oneself*** *o* ***of one's own importance*** ser* muy engreído *or* (fam) creído, tenérselo muy creído (fam)

full[2] *adv*

A (*as intensifier*): **~ well** muy bien; **I can see ~ well that ...** me doy perfecta cuenta de que ...; **you know ~ well that ...** sabes perfectamente *or* muy bien que ...

B (directly): **the sun shone ~ in my face** el sol me daba de lleno en la cara; **I looked him ~ in the face** lo miré directamente a la cara

C (*in phrases*): **full on: the car's headlights were ~ on** el coche llevaba las luces largas; **the heating is ~ on** la calefacción está al máximo *or* (fam) a tope; **she met the problem ~ on** le hizo frente al problema; **full out** a toda máquina; **in full: write your name in ~** escriba su nombre completo; **it will be paid in ~** será pagado en su totalidad; **to the full** al máximo; **to enjoy life to the ~** disfrutar de la vida al máximo

fullback /ˈfʊlbæk/ *n* (in US football) fulbac *mf*, corredor, -dora *m,f* de poder; (in rugby) zaguero, -ra *m,f*; (in soccer) defensa *mf*, zaguero, -ra

full-blooded /ˈfʊlˈblʌdəd || ˌfʊlˈblʌdɪd/ *adj* 1 (pure-bred) ‹*stallion*› de pura sangre; **she's a ~ feminist** es una feminista de pura cepa 2 (lusty) apasionado 3 (forceful) ‹*argument/prose/style*› vehemente

full-blown /ˈfʊlˈbləʊn/ *adj* (*before n*) ‹*riot/scandal*› verdadero, auténtico; **a ~ artist** un artista en toda la extensión de la palabra

full-bodied /ˈfʊlˈbɑːdid || ˌfʊlˈbɒdid/ *adj* ‹*taste/aroma*› intenso; ‹*wine/port*› con cuerpo

full color, (BrE) **full colour** *n* [u]: **in ~ ~** a todo color; (*before n*): **full-color printing** impresión a todo color

full-cream milk /ˈfʊlˈkriːm/ *n* [u] (BrE) leche *f* entera

full dress *n* [u] traje *m* de gala *or* etiqueta; (*before n*): **full-dress uniform** (Mil) uniforme de gala

fuller's earth /ˈfʊlərz || ˈfʊləz/ *n* [u] tierra *f* de batán

full-fashioned /ˈfʊlˈfæʃnd/ *adj* (AmE) con costura menguada

full-fledged /ˈfʊlˈfledʒd/ *adj* (AmE)

A (with all feathers) ‹*nestling/chick*› capaz de volar

B (experienced) ‹*lawyer/nurse*› hecho y derecho; **a ~ democracy** una democracia con todas las de la ley

full-frontal /ˈfʊlˈfrʌntl/ *adj* (*before n*): **~ nudity** desnudo *m* integral

full-grown /ˈfʊlˈgrəʊn/ *adj (before n)* totalmente desarrollado, adulto

full house *n*
A (Cin, Theat) lleno *m*
B 1 (in poker) full *m* 2 (in bingo) cartón *m*

full-length¹ /ˈfʊlˈleŋθ/ *adj* ‹*portrait/photograph/mirror*› de cuerpo entero; ‹*dress/skirt*› largo; **a ~ feature film** un largometraje

full-length² *adv*: **he lay ~ on the floor** estaba tendido en el piso cuan largo era

full moon *n* [c u] luna *f* llena

fullness /ˈfʊlnəs || ˈfʊlnɪs/ *n* [u]
A 1 (being filled, crowded) lo lleno 2 (repletion) plenitud *f*
B (completeness) lo completo; ***in the ~ of time*** con el tiempo; **all will be revealed in the ~ of time** ya llegará el momento en que se revele todo, todo se revelará con el tiempo
C 1 (of figure, face) lo regordete, lo llenito (fam) 2 (of garment) lo amplio

full-page /ˈfʊlˈpeɪdʒ/ *adj* a toda página; **a ~ advert** un anuncio a toda página

full point *n* punto *m*

full-scale /ˈfʊlˈskeɪl/ *adj*
A (actual size) ‹*model/drawing/plan*› a escala natural
B (major) ‹*work*› de envergadura, importante; ‹*investigation*› a fondo; ‹*test*› a escala real; ‹*war*› declarado

full-size /ˈfʊlˈsaɪz/, **full-sized** /-d/ *adj* 1 (life-size) ‹*model/drawing*› de tamaño natural 2 (of adult size) ‹*bicycle/bed*› de adulto

full stop *n* (BrE) punto *m*; **I won't do it, ~ ~** no pienso hacerlo y punto *or* y se acabó; ***to come to a ~ ~*** (also AmE) estancarse*, quedar paralizado

full term *n* [u]
A (allotted time): **the government's mandate is unlikely to last its ~ ~** es poco probable que el gobierno complete su mandato; **the pregnancy reached ~ ~** fue un embarazo a término
B (at universities) período *m* lectivo del cuatrimestre

full-time¹ /ˈfʊltaɪm/ *adj* ‹*student/soldier*› de tiempo completo; ‹*employment/post*› de jornada completa, de tiempo completo; **it's a ~ job looking after three children** cuidar a tres niños es un trabajo de jornada completa *or* de dedicación exclusiva

full-time² /ˈfʊlˈtaɪm/ *adv* a tiempo completo; **to work ~ ~** trabajar a tiempo completo, trabajar una jornada completa

full time *n* (BrE) (Sport) final *m* del partido *or* del tiempo reglamentario

full-timer /ˈfʊlˈtaɪmər || ˌfʊlˈtaɪmə(r)/ *n* trabajador, -dora *m,f* de tiempo completo

fully /ˈfʊli/ *adv*
A 1 (completely): **I don't ~ understand** no entiendo del todo, no acabo de entender; **are you ~ satisfied?** ¿estás totalmente satisfecho?; **she's not ~ convinced** no está convencida del todo; **she's a ~ trained nurse** es una enfermera diplomada; **~ comprehensive insurance** (Fin) seguro contra todo riesgo 2 (in full) enteramente 3 (in detail) en detalle
B (at least) por lo menos, como poco

fully-fashioned /ˈfʊliˈfæʃnd/ *adj* que se adapta al cuerpo

fully-fledged /ˈfʊliˈfledʒd/ *adj* (BrE) ▸ **full-fledged**

fulmar /ˈfʊlmər || ˈfʊlmə(r)/ *n* fulmar *m*

fulminate /ˈfʊlmənert || ˈfʊlmɪneɪt, ˈfʌl-/ *vi* (frml) despotricar*; **to ~ AGAINST sth** despotricar* CONTRA algo

fulmination /ˌfʊlməˈneɪʃən || ˌfʊlmɪˈneɪʃən, ˌfʌl-/ *n* [u c] (frml) diatriba *f*

fulsome /ˈfʊlsəm/ *adj* ‹*praise*› empalagoso, exagerado; ‹*manner/gratitude*› excesivamente efusivo

fulsomely /ˈfʊlsəmli/ *adv* empalagosamente, con exagerada efusión

fulsomeness /ˈfʊlsəmnəs || ˈfʊlsəmnɪs/ *n* [u] lo empalagoso *or* exagerado

fumble¹ /ˈfʌmbəl/ *vi* 1 (grope): **he was fumbling (around** *o* **about) in the dark** buscaba algo a tientas y a ciegas en la oscuridad; **she ~d in her pockets** revolvió *or* hurgó en sus bolsillos; **to ~ FOR sth**: **she ~d for the keyhole** buscó a tientas la cerradura; **he ~d for the right words** tartamudeó, tratando de encontrar las palabras adecuadas; **to ~ WITH sth**: **she ~d with her buttons** intentó torpemente abrocharse/desabrocharse 2 (in US football) fumblear
■ **fumble** *vt* ‹*ball*› dejar caer; (in US football) fumblear; ***to ~ one's way***: **she ~d her way across the unlit room** cruzó a tientas la oscura habitación

fumble² *n* (AmE colloq) metedura *f* de pata (fam); (in US football) fumble *m*

fumbling /ˈfʌmblɪŋ/ *adj* (*usu before n*) ‹*apology*› titubeante; ‹*attempt/effort*› torpe

fume /fjuːm/ *vi*
A (smoke) (Chem) despedir* gases
B (be angry) (colloq): **she was absolutely fuming** estaba que echaba humo *or* chispas *or* que bufaba (fam)

fumes /fjuːmz/ *pl n* gases *mpl*; **to give off ~** despedir* gases

fumigate /ˈfjuːməgeɪt || ˈfjuːmɪgeɪt/ *vt* fumigar*

fumigation /ˌfjuːməˈgeɪʃən || ˌfjuːmɪˈgeɪʃən/ *n* fumigación *f*

fun¹ /fʌn/ *n* [u] diversión *f*; **the ~ ended when ...** la diversión se acabó cuando ...; **this is ~!** ¡qué divertido (es esto)!; **to have ~** divertirse*, pasarlo *or* pasársela bien; **what ~ we used to have!** ¡qué bien nos la pasábamos!, ¡cómo nos divertíamos!; **goodbye, have ~** adiós, que lo pases bien *or* que te diviertas; **cooking can be great ~** cocinar puede ser de lo más divertido; **it's not much ~ just sitting here** no te creas que es muy divertido estar aquí sentado; **it's not my idea of ~** no es lo que yo entiendo por pasarlo *or* pasarla bien; **it's all good, clean ~** es una diversión sana; **he's good ~** es muy divertido; **to do sth for ~** *o* **for the ~ of it** hacer* algo por gusto; **to do/say sth in ~** hacer*/decir* algo en broma; ***all the ~ of the fair*** todas las diversiones habidas y por haber; (iro) todo lo peor que te puedas imaginar; ***~ and games***: **we had some ~ and games with the baby last night** ayer pasamos una noche de perros con el bebé; **we had some ~ and games putting it together again** fue toda una odisea volver a armarlo; ***like ~*** (AmE): **my best friend? like ~ he is** ¿mi mejor amigo? ¡ni hablar! *or* ¡de eso nada!; ***to make ~ of sb/sth*** reírse* de algn/algo; ***to poke ~ at sb/sth*** burlarse de algn/algo

fun² *adj* (*before n*) ‹*sport*› divertido, entretenido; ‹*party*› (colloq) divertido, chévere (AmL exc CS fam), guay (Esp fam), piola (RPl fam), padre (Méx fam); **he's a ~ person** es un tipo divertido; **~ run** maratón *m or f* popular (*gen con fines benéficos*)

function¹ /ˈfʌŋkʃən/ *n*
A 1 (of tool, machine, organ) función *f*; **to carry out/perform a ~** cumplir/desempeñar una función 2 (role, duty) función *f*; **it's not part of my ~ to do that** eso no está dentro de mis funciones; **that seems to be my ~ in life** ésa parece ser mi misión en la vida; **it's his only useful ~** es para lo único que sirve
B (reception, party) recepción *f*, reunión *f* social; (show) función *f*; (ceremony) acto *m*, ceremonia *f*; (*before n*): **~ room** salón *m* de alquiler para fiestas
C (Math) función *f*; **profit is a ~ of sales** las ganancias están en función de las ventas
D (Comput) función *f*; (*before n*): **~ key** tecla *f* de función

function² *vi* 1 (operate) ‹‹*machine/organ*›› funcionar; **the tribunal ~s through two sub-committees** el tribunal desempeña sus funciones a través de dos subcomisiones 2 (serve) **to ~ AS sth** ‹‹*object/building*›› hacer* (las veces) DE algo; ‹‹*word*›› cumplir la función DE algo

functional /ˈfʌŋkʃnəl || ˈfʌŋkʃənl/ *adj* 1 (functioning) ‹*machine/weapon/part*› en buen estado (de funcionamiento); ‹*law/rule/principle*› vigente 2 (practical) ‹*furniture/design*› funcional 3 (Med) ‹*disease/disorder*› funcional 4 ‹*illiterate*› funcional

functionalism /ˈfʌŋkʃnəlɪzəm || ˈfʌŋkʃənəlɪzəm/ *n* [u] funcionalismo *m*

functionality /ˌfʌŋkʃəˈnæləti/ *n* [u] funcionalidad *f*

functionary /ˈfʌŋkʃəneri || ˈfʌŋkʃənəri/ *n* (*pl* **-ries**) funcionario, -ria *m,f*

function word *n* palabra *f* funcional, palabra *f* vacía

fund¹ /fʌnd/ *n* 1 (money reserve) fondo *m*; **research/charitable ~** fondo para la investigación/de beneficencia; **to set up** *o* **start a ~** crear un fondo 2 (store, supply) caudal *m*, cúmulo *m*; **an inexhaustible ~ of patience/wisdom** un caudal *or* cúmulo inagotable de paciencia/sabiduría; **an endless ~ of jokes** un arsenal *or* una colección inagotable de chistes 3 **funds** *pl* (resources, money) fondos *mpl*; **government/public/party ~s** fondos gubernamentales/públicos/del partido; **to raise ~s** recaudar *or* reunir* fondos; **I'm a bit low on ~s** ando mal de fondos; **to be in ~s** tener* fondos *or* dinero

fund² *vt* 1 (finance) ‹*research/organization*› financiar 2 (Fin) ‹*debt*› consolidar

fundamental /ˌfʌndəˈmentl/ *adj* 1 (basic) ‹*principle/error/concept*› fundamental, básico; **their ~ needs are not being met** no se les satisfacen las necesidades fundamentales *or* básicas; **to be ~ TO sth/-ING** ser* fundamental *or* básico para algo/+ INF 2 (essential) ‹*skill/constituent*› esencial; **a qualification in computer studies is a ~ requirement** es requisito esencial *or* indispensable tener estudios de informática 3 (intrinsic, innate) ‹*absurdity/truth*› intrínseco; ‹*optimism*› innato

fundamentalism /ˌfʌndəˈmentlɪzəm/ *n* [u] integrismo *m*, fundamentalismo *m*

fundamentalist¹ /ˌfʌndəˈmentləst || ˌfʌndəˈmentəlɪst/ *n* integrista *mf*, fundamentalista *mf*

fundamentalist² *adj* integrista, fundamentalista

fundamentally /ˌfʌndəˈmentli/ *adv* 1 (radically) ‹*different/unsuited/mistaken*› fundamentalmente; **the situation has changed ~** la situación ha cambiado fundamentalmente *or* radicalmente; **the issue was ~ important to our future** el tema era de fundamental importancia para nuestro futuro 2 (in essence) ‹*correct/accurate/justified*› esencialmente, básicamente

fundamental particle *n* partícula *f* elemental

fundamentals /ˌfʌndəˈmentlz/ *pl n* (of a subject, science) fundamentos *mpl*; **we learnt the ~ of cooking at school** aprendimos los rudimentos *or* las reglas básicas de cocina en el colegio

fundi /ˈfʌndi/ *n* (SAfr colloq) aficionado, -da *m,f*

funding /ˈfʌndɪŋ/ *n* [u] (act) financiación *f*, financiamiento *m*; (resources) fondos *mpl*, recursos *mpl*; **their ~ comes from industry** sus recursos *or* fondos provienen de la industria

fund management *n* [u] gestión *m* de fondos, administración *f* de fondos

fund manager *n* gestor, -tora *m,f* de fondos, administrador, -dora *m,f* de fondos

fund of funds *n* (Fin) fondo *m* de fondos

fund-raise /ˈfʌndreɪz/ *vi* recaudar fondos

fund-raiser /ˈfʌndˌreɪzər || ˈfʌndˌreɪzə(r)/ *n* 1 (person) recaudador, -dora *m,f* de fondos 2 (event) *función, comida etc para recaudar fondos*

fund-raising /ˈfʌndˌreɪzɪŋ || ˈfʌndˌreɪzɪŋ/ *n* [u] recaudación *f* de fondos

funeral /ˈfjuːnərəl/ *n* funerales *mpl*, funeral *m*; (burial) entierro *m*; ***that's your*** (*o* ***his*** *etc*) **~** (colloq) allá tú (*or* él *etc*) (fam), con tu pan te lo comas (*or* se lo coma *etc*) (fam); (*before n*) ‹*pyre/customs*› funerario; **~ march** marcha *f* fúnebre; **~ procession** cortejo *m* fúnebre; **~ service** funeral *f*, exequias *fpl* (frml)

funeral director *n* (frml) director, -tora *m,f* de una funeraria *or* de pompas fúnebres; Ⓢ **Webster and Sons, Funeral Directors** Funeraria Webster e Hijos, Webster e Hijos, Pompas Fúnebres, Cochería Webster e Hijos (RPl)

funeral home *n* (AmE) funeraria *f*, casa *f* de pompas fúnebres

f

funeral parlour *n* (BrE) ▸**funeral home**

funereal /fjuːˈnɪriəl || fjuːˈnɪəriəl/ *adj* fúnebre

funfair /ˈfʌnfer || ˈfʌnfeə(r)/ *n* (BrE) (traveling) feria *f*; (permanent) parque *m* de diversiones *or* (Esp) de atracciones

fungal /ˈfʌŋgəl/ *adj* de hongos; (Med) micótico

fungi /ˈfʌŋgaɪ/ *pl of* **fungus**

fungicidal /ˌfʌndʒəˈsaɪdl || ˌfʌndzɪˈsaɪdl/ *adj* fungicida

fungicide /ˈfʌndʒəsaɪd || ˈfʌndʒɪsaɪd/ *n* [u c] fungicida *m*

fungus /ˈfʌŋgəs/ *n* [c u] (*pl* **fungi**) hongo *m*

funicular (railway) /fjʊˈnɪkjələr || fjʊˈnɪkjʊlə(r)/ *n* funicular *m*

funk¹ /fʌŋk/ *n* [u]

A (Mus) música *f* funk

B (esp BrE colloq) **1** (fear) miedo *m*, mieditis *f* (fam), julepe *m* (AmS fam), canguelo *m* (Esp fam); ***to be in a (blue) ~ over sth*** (BrE colloq) estar* muerto *or* (vulg) cagado de miedo por algo **2** (person) gallina *mf* (fam)

funk² *vt* (esp BrE colloq & dated): **we ~ed telling her the truth** no le dijimos la verdad por miedo, se nos hizo decirle la verdad (Chi fam)

funky /ˈfʌŋki/ *adj* **-kier, -kiest** (colloq) **1** (Mus) funky *adj inv* **2** (stylish) (esp AmE) en la onda (fam), enrollado (Esp fam); ‹*style*› original

fun-loving /ˈfʌnˌlʌvɪŋ/ *adj* amante de las diversiones, gozador (Chi), gozón (Col fam)

funnel¹ /ˈfʌnl/ *n*

A (for pouring) embudo *m*

B 1 (on steamship, steam engine) (BrE) chimenea *f* **2** (ventilation shaft) (AmE) conducto *m* de ventilación

funnel² *vt* BrE **-ll-** **1** (pour) echar con un embudo; **she ~ed the oil/sand into the bottle** echó el aceite/la arena en la botella con un embudo **2** (channel) ‹*investment/resources*› canalizar*; ‹*efforts/energies*› encauzar*, canalizar*; ‹*imagination/enthusiasm*› canalizar*; **they ~ed the crowd through the main gates** hicieron salir/entrar al gentío por la puerta principal

funnily /ˈfʌnli || ˈfʌnɪli/ *adv* **1** (strangely) (esp BrE) de modo extraño *or* raro **2** **~ enough** (*indep*) casualmente; **~ enough, I've just bought one** pues da la casualidad de que acabo de comprar uno, pues casualmente acabo de comprar uno

funny¹ /ˈfʌni/ *adj* **-nier, -niest**

A (amusing) ‹*joke*› gracioso, cómico; ‹*person*› divertido, gracioso; **it was so ~!** ¡fue tan divertido *or* gracioso!; **~ antics** monerías *fpl*; **~ faces** morisquetas *fpl*; **don't get ~ with me!** ¡conmigo no te hagas el gracioso!; **it's not ~, you know!** ¡te advierto que no me hace ninguna gracia!

B 1 (strange) raro, extraño; **the ~ thing is that ...** lo extraño *or* curioso del caso es que ...; **(it's) ~ (that) you should mention it** es curioso que lo menciones; **that's ~! I could have sworn ...** ¡qué raro! hubiera jurado que ...; **to taste/smell ~** saber*/oler* raro; **there's something ~ about all this** hay algo raro en todo esto; **there's some ~ business going on here** aquí hay gato encerrado **2** (deceitful) (colloq): **don't try anything ~!** nada de trucos ¿eh?; **he's up to something ~** algo se está tramando

C (colloq) **1** (unwell): **I felt a bit ~ on the journey** me sentí medio mal *or* (Esp fam) chungo *or* (Col fam) maluco *or* (Chi fam) malón durante el viaje; **the smell of paint made his stomach go ~** el olor a pintura le revolvió el estómago **2** (slightly mad) tocado (fam), rayado (AmS fam); **he's a bit ~ in the head** está medio tocado (del ala) (fam)

funny² *n* (*pl* **-nies**) **1** **funnies** *pl* (comic strips) (AmE colloq) tiras *fpl* cómicas, sección *f* de historietas *or* (Chi, Col fam) de monitos **2** (joke) (colloq) chiste *m*

funny³ *adv* (colloq) raro (fam); **he talks ~** habla raro (fam)

funny bone *n* (colloq) hueso *m* del codo

funny farm *n* (colloq & hum) loquero *m* (fam), casa *f* de orates

funny ha-ha *adj* divertido, gracioso

funny man *n* cómico *m*

funny money *n* [u] (colloq) dinero *m* que no vale nada

funny papers *pl n* (AmE) ▸**funny² 1**

fur¹ /fɜːr || fɜː(r)/ *n* **1** [u] (of animal) (Zool) pelo *m*, pelaje *m*; (Clothing) piel *f*; **~-lined leather gloves** guantes de cuero forrados de piel; **fake** *o* **fun ~** piel *f* sintética; (*before n*): **~ coat** abrigo *m* de piel *or* (Esp tb) de pieles **2** [c] (pelt) piel *f* **3** [c] (garment) prenda *f* de piel *or* (Esp tb) de pieles **4** [u] (on tongue) saburra *f*; **I woke up with ~ on my tongue** me desperté con la lengua sucia *or* pastosa **5** [u] (limescale) (esp BrE) sarro *m*

fur² *vt* **~ (up)** (BrE): **hard water can ~ the pipes** el agua dura hace que se forme sarro en las tuberías

Phrasal verb

• **fur up** [v + adv] (BrE) cubrirse* de sarro

fur ball *n* bola *f* de pelo(s)

furbish /ˈfɜːrbɪʃ || ˈfɜːbɪʃ/ *vt* **1** (polish) limpiar **2** **~ (up)** ▸**refurbish**

furious /ˈfjʊriəs || ˈfjʊəriəs/ *adj* **1** (angry) furioso; **he was ~ with me** estaba furioso conmigo; **he has a ~ temper** tiene muy mal genio, tiene un genio del demonio (fam); **she'll be ~ if we're late** se va a poner furiosa *or* se va a enfurecer si llegamos tarde **2** (violent, intense) ‹*struggle*› feroz; ‹*speed*› vertiginoso; ‹*storm*› violento; ‹*activity*› febril, frenético

furiously /ˈfjʊriəsli || ˈfjʊəriəsli/ *adv* **1** (angrily) con furia, furiosamente **2** (violently, intensely) ‹*work/drive*› frenéticamente

furl /fɜːrl || fɜːl/ *vt* ‹*sail/flag*› recoger* y plegar*; ‹*umbrella*› plegar*

furlong /ˈfɜːrlɔːŋ || ˈfɜːlɒŋ/ ▸ⓘ **p.1376** *n* estadio *m* (*medida de longitud equivalente a 201,2m*); **the final ~** la recta final

furlough /ˈfɜːrləʊ || ˈfɜːləʊ/ *n* [u c] (AmE) permiso *m*, licencia *f*; **on ~** de permiso, con licencia

furnace /ˈfɜːrnəs || ˈfɜːnɪs/ *n* (in industry) horno *m*; (for heating) caldera *f*; **it's like a ~ in this room** esta habitación es un horno

furnish /ˈfɜːrnɪʃ || ˈfɜːnɪʃ/ *vt*

A 1 ‹*house/room*› amueblar, amoblar* (AmL) **2** **furnished** *past p* ‹*room/apartment*› amueblado, amoblado (AmL); **the house is being let fully ~ed** la casa se alquila con mobiliario completo

B (supply) (frml) proporcionar; **to ~ sb WITH sth** ‹*with information/details*› proporcionarle *or* facilitarle algo a algn; ‹*with food/weapons*› proveer* a algn DE algo, suministrarle algo a algn; **we ~ed them with the necessary information** les proporcionamos *or* les facilitamos la información necesaria

furnishings /ˈfɜːrnɪʃɪŋz || ˈfɜːnɪʃɪŋz/ *pl n*: *mobiliario, cortinas, alfombras, etc*

furniture /ˈfɜːrnɪtʃər || ˈfɜːnɪtʃə(r)/ *n* [u] **1** (in home, office) muebles *mpl*, mobiliario *m*; **a piece of ~** un mueble; **we need to rearrange the ~** tenemos que cambiar los muebles de lugar; **bedroom/garden/office ~** muebles *or* mobiliario de dormitorio/jardín/oficina; ***to be/become part of the ~*** formar/pasar a formar parte del decorado; **he's worked in this office so long, he's become part of the ~** hace tanto tiempo que trabaja en la oficina, que ya forma parte del decorado; (*before n*): **~ mover** *o* (BrE) **remover** empresa *f* de mudanzas; **~ polish** cera *f* para muebles, lustramuebles *m* (CS); **~ store** *o* (BrE) **shop** mueblería *f*; **~ van** (BrE) camión *m* de mudanzas *or* (Col) de trasteos; **~ warehouse** *o* (BrE) **store** depósito *m* de muebles, guardamuebles *m*, bodega *f* (Méx) **2** (fittings): **desk ~** artículos *mpl* de escritorio; **door ~** herrajes *mpl*

furniture beetle *n* carcoma *f* de los muebles

furor /ˈfjʊrɔːr || ˈfjʊərɔː(r)/ (BrE) **furore** /fjʊˈrɔːri || ˌfjʊəˈrɔːri/ *n* **1** (sensation, craze) furor *m*; **to cause a ~** hacer* furor, causar sensación; **the new star is causing a ~** la nueva estrella está haciendo furor *or* causando sensación **2** (uproar) escándalo *m*; **to cause a ~** provocar* un escándalo

furred /fɜːrd || fɜːd/ *adj* ‹*tongue*› sucio, pastoso; ‹*pipe/kettle*› (BrE) con sarro

furrier /ˈfɜːriər || ˈfʌriə(r)/ *n* peletero, -ra *m,f*

furrow¹ /ˈfɜːrəʊ || ˈfʌrəʊ/ *n*

A (Agr) surco *m*; ***to plough a lonely ~*** andar* *or* seguir* el camino solitario

B (wrinkle) surco *m*, arruga *f*

furrow² *vt*

A (Agr) surcar*

B ‹*skin*› surcar* (liter); **deep lines ~ed her forehead** profundas arrugas surcaban su frente (liter); **she ~ed her brow in disapproval** frunció el ceño en señal de desaprobación; **with ~ed brow** con el ceño fruncido

furry /ˈfɜːri/ *adj* **-rier, -riest** **1** ‹*animal*› peludo; ‹*toy*› de peluche; ‹*covering/lining*› afelpado **2** ▸**furred**

fur seal *n* oso *m* marino

further¹ /ˈfɜːrðər || ˈfɜːðə(r)/ *adv*

A *comp of* **far¹ A** **1** (in distance): **they live even ~ away** ellos viven aún más lejos; **how much ~ is it?** ¿cuánto camino nos queda por hacer?; **we went a little ~ and came to a bridge** avanzamos un poco más *or* seguimos adelante y llegamos a un puente; **we're getting ~ away from the city all the time** nos estamos alejando cada vez más de la ciudad; **let's sit a little ~ back** sentémonos un poco más atrás; **the last service station was nine miles ~ back** la última gasolinera estaba nueve millas atrás; **you'll need to push it ~ in** tendrás que meterlo más adentro; **~ on, there's another set of traffic lights** más adelante, hay otro semáforo; **could you please move ~ down the bus?** ¿podrían hacer el favor de correrse hacia el fondo del autobús?; **(you need) look no ~!** ¡no busques más!; **try and see ~ than your own interest** trata de ver más allá de tu propio interés; **what I say must go no ~ than these four walls** lo que diga no debe salir de estas cuatro paredes **2** (in progress): **the legislation should have gone ~** la legislación debería haber ido más lejos; **we're ~ from an agreement than when we started** estamos más lejos de llegar a un acuerdo que cuando empezamos; **we're no ~ ahead than we were last week** no hemos avanzado nada desde la semana pasada; **have you got any ~ with that essay?** ¿has adelantado ese trabajo?; **we can't go any ~ until we receive their reply** no podemos hacer nada más hasta que recibamos su respuesta **3** (in time): **we must look back even ~** tenemos que retroceder aún más en el tiempo; **this vase dates back even ~** este jarrón es aún más antiguo *or* data de una época aún anterior **4** (in extent, degree): **I'll look ~ into that possibility** voy a estudiar esa posibilidad más a fondo; **please consider the matter ~** por favor estudie el asunto más detenidamente; **the situation is ~ complicated by her absence** el hecho de que ella no esté complica aún más la situación

B **further to** (Corresp) (*as prep*): **~ to your letter of June 6, ...** con relación a *or* en relación con su carta del 6 de junio, ...

C (furthermore) (*as linker*) además

further² *adj* más; **have you any ~ questions?** ¿tienen más preguntas *or* alguna otra pregunta?; **I have no ~ use for the car** ya no necesito (más) el coche; **please send me ~ details** le ruego (que) me envíe más información; **I have nothing ~ to say** no tengo nada que agregar; **on ~ acquaintance, I began to like them** al conocerlos un poco más, empezaron a gustarme; **there'll be a ~ meeting next week** habrá una nueva reunión *or* otra reunión la semana que viene; **they wasted a ~ three weeks** perdieron otras tres semanas; **until ~ notice** hasta nuevo aviso

further³ *vt* ‹*cause/aims*› promover*, fomentar; ‹*career/interests*› favorecer*

furtherance /ˈfɜːrðərəns || ˈfɜːðərəns/ *n* [u] (frml) promoción *f*, fomento *m*; **in ~ of his claim** en apoyo *or* respaldo de su demanda

further education *n* [u] (BrE) *programa de cursos de extensión cultural para adultos*

> **further education**
>
> En Gran Bretaña, el término *further education* se utiliza normalmente para referirse a cualquier tipo de enseñanza dirigida a personas que tengan más de 16 años, edad mínima en que se puede dejar la escolaridad obligatoria, y que no estén en la universidad, en cuyo caso se habla de higher education. Sin embargo, en los Estados Unidos, el término *further education* también se utiliza para referirse a la educación universitaria.

furthermore /ˈfɜːrðərmɔːr || ˌfɜːðəˈmɔː(r)/ *adv* además; **~, we need to consider his motives** además, *or* es más, tenemos que considerar sus móviles

furthermost /ˈfɜːrðərməʊst || ˈfɜːðəməʊst/ *adj* más lejano *or* distante

furthest /ˈfɜːrðəst || ˈfɜːðɪst/ *adv superl of* **far**[1] **A**

furtive /ˈfɜːrtɪv || ˈfɜːtɪv/ *adj* 1 (stealthy) ‹*movement/look*› furtivo; ‹*persona*› solapado; **she stole a ~ glance at the clock** miró disimuladamente el reloj 2 (suspicious, shifty) ‹*appearance*› sospechoso; ‹*manner*› solapado

furtively /ˈfɜːrtɪvli || ˈfɜːtɪvli/ *adv* ‹*creep/slink*› sigilosamente, furtivamente; ‹*peep/listen*› a hurtadillas; **he winked ~ at the girl** con disimulo le guiñó el ojo a la niña

furtiveness /ˈfɜːrtɪvnəs || ˈfɜːtɪvnɪs/ *n* [u] 1 (stealthiness, secretiveness) secreto *m*, sigilo *m* 2 (shiftiness, suspiciousness) lo sospechoso

fury /ˈfjʊri || ˈfjʊəri/ *n* (*pl* **furies**)
A 1 [u c] (rage) ira *f*, furia *f*; **she was speechless with ~** estaba muda de ira *or* de rabia; **she came home in a ~** volvió a casa furiosa *or* hecha una furia; **to fly into a ~** montar en cólera, ponerse* hecho una furia *or* una fiera; **they worked/ran/struggled like ~** trabajaron/corrieron/lucharon como locos 2 [u] (violence) furor *m*, ferocidad *f*; **in the ~ of (the) battle** en el fragor de la batalla
B **Fury** (Myth) Furia *f*; **the Furies** las Furias

furze /fɜːrz || fɜːz/ *n* [u] tojo *m*, aulaga *f*

fuse[1] /fjuːz/ *n*
A (Elec) fusible *m*, plomo *m* (Esp), tapón *m* (CS); **you'll blow the ~** vas a hacer saltar el fusible *or* (CS tb) el tapón, vas a fundir el plomo (Esp); **the ~s blew** *o* **went** saltaron los fusibles *or* (CS) los tapones, se fundieron los plomos (Esp); ***to blow a ~*** «*person*» (hum) explotar (fam), estallar
B (for explosives) 1 (of powder) mecha *f*; (detonator) espoleta *f* 2 (wick) mecha *f*; ***to have a short ~*** tener pocas *or* malas pulgas, ser* una polvorilla

fuse[2] *vt*
A (Elec) 1 (short-circuit) (BrE): **to ~ the lights** hacer* saltar los fusibles *or* (CS tb) los tapones, fundir los plomos (Esp); **you're going to ~ the circuit** vas a provocar un corto (circuito) 2 (equip with fuse) ponerle* un fusible a 3 **fused** *past p* ‹*plug/apparatus*› con fusible
B 1 (melt together) alear, fundir 2 (merge) fusionar; **the fusing of several races** la amalgama de varias razas
■ **fuse** *vi*
A (BrE) (Elec) fundirse; **the lights have ~d** se han fundido los fusibles *or* (Esp tb) los plomos, han saltado los fusibles *or* (CS tb) los tapones
B 1 «*metals*» fundirse; «*atoms*» fusionarse 2 (unite) fusionarse, amalgamarse

fuse box *n* caja *f* de fusibles *or* (Esp tb) de plomos *or* (CS tb) de tapones

fuselage /ˈfjuːzəlɑːʒ/ *n* fuselaje *m*

fuse wire *n* (in UK) alambre *m* de fusible

fusilier /ˌfjuːzəˈlɪr || ˌfjuːzəˈlɪə(r)/ *n* (BrE) fusilero *m*

fusillade /ˈfjuːsəleɪd || ˌfjuːzəˈleɪd/ *n* descarga *f* cerrada *or* de fusilería

fusion[1] /ˈfjuːʒən/ *n* [u c] 1 (Metall) fundición *f*, fusión *f* 2 (Nucl Phys) fusión *f* 3 (merger) fusión *f*

fusion[2] *adj* (*before n*) (Culin) de fusión; **~ food** comida de fusión

fusion bomb *n* bomba *f* de fusión (nuclear)

fuss[1] /fʌs/ *n* [u] alboroto *m*, escándalo *m*; **there was a big ~ when the increase was announced** hubo un gran alboroto cuando anunciaron el aumento; **all this ~ over a lost dog!** ¡tanto alboroto *or* escándalo por un perro perdido!; **what's all the ~ about?** ¿a qué viene tanto alboroto *or* escándalo?; **it was a lot of ~ about nothing** fue mucho ruido y pocas nueces, fue una tormenta en un vaso de agua; **it was done with the minimum of ~** se hizo con el mínimo de alboroto; ***to kick up a ~*** armar un lío *or* un escándalo, montar un número (Esp fam); ***to make a ~ of*** *o* (AmE also) ***over sb*** mimar *or* consentir* a algn; **she loves being made a ~ of** le encanta que la mimen *or* que la consientan; ***to make*** *o* (AmE also) ***raise a ~*** hacer* un escándalo; **don't make such a ~, it's only a spider** no hagas tanto escándalo *or* tantos aspavientos, es sólo una araña

fuss[2] *vi* 1 (be agitated, worry) preocuparse, inquietarse; **don't ~: we're going to be on time** no te preocupes, vamos a llegar a tiempo; **to ~ ABOUT** *o* **OVER sth** preocuparse *or* inquietarse POR *or* CON algo 2 (fiddle) **to ~ WITH sth: stop ~ing with your hair** deja de toquetearte el pelo; **don't ~ with the typewriter** no juguetees con la máquina de escribir

Phrasal verbs
- **fuss around, fuss about** [v + adv] estar* de aquí para allá
- **fuss over** [v + prep + o] ‹*invalid/pet*› mimar

fussbudget /ˈfʌsˌbʌdʒɪt/ *n* (AmE) 1 (nag) rezongón, -gona *m,f* 2 (worrier) maniático, -ca *m,f*, mañoso, -sa *m,f* (AmL); **don't be such a ~** no te preocupes tanto por todo

fussed /fʌst/ *adj* (*pred*): **to be/look ~** estar*/parecer* nervioso y agitado; **which do you prefer? — I'm not ~** (colloq) ¿cuál prefieres? — me da igual

fussily /ˈfʌsəli || ˈfʌsɪli/ *adv* 1 (fastidiously) remilgadamente, melindrosamente 2 (elaborately) ‹*furnished/dressed*› de manera recargada 3 (busily, excitably) nerviosamente

fussiness /ˈfʌsinəs || ˈfʌsinɪs/ *n* [u] 1 (fastidiousness) meticulosidad *f* 2 (elaborateness) lo recargado 3 (busyness, excitability) (BrE) nerviosismo *m*

fusspot /ˈfʌspɑːt || ˈfʌspɒt/ *n* (esp BrE) ▸ **fussbudget**

fussy /ˈfʌsi/ *adj* **-sier, -siest** 1 (fastidious) exigente, quisquilloso; **they're ~ eaters** son muy maniáticos *or* (AmL tb) mañosos para comer, son unos tiquismiquis para la comida (fam); **to be ~ ABOUT sth** ser* exigente *or* quisquilloso CON algo; **what would you like to drink? — I'm not ~** (colloq) ¿qué quieres tomar? — cualquier cosa *or* me da lo mismo 2 (elaborate) ‹*detail/pattern*› recargado 3 ‹*movement*› nervioso

fustian /ˈfʌstʃən || ˈfʌstiən/ *n* [u] 1 (Tex) fustán *m*, bombasí *m* 2 (pomposity) (liter) rimbombancia *f*, prosopopeya *f*

fusty /ˈfʌsti/ *adj* 1 ‹*room*› que huele a cerrado; ‹*old clothes*› que huele a húmedo 2 (old-fashioned) ‹*ideas/views*› desfasado, trasnochado

futile /ˈfjuːtl || ˈfjuːtaɪl/ *adj* ‹*attempt/effort*› inútil, vano; ‹*suggestion/question*› trivial, fútil; **asking/trying is ~** es en vano *or* es inútil preguntar/intentarlo

futility /fjʊˈtɪləti/ *n* [u] inutilidad *f*, lo inútil

futon /ˈfuːtɑːn || ˈfuːtɒn/ *n* futón *m*

future[1] /ˈfjuːtʃər || ˈfjuːtʃə(r)/ *n*
A [u] (time ahead): **the ~** el futuro; **the technologists/consumers of the ~** los tecnólogos/consumidores del futuro; **in the ~** en el futuro; **in the near ~** en un futuro próximo; **that is all still (very much) in the ~** eso está todavía por verse; **in the distant ~** en un futuro lejano; **in the not too distant ~** en un futuro no muy lejano; **in ~** de ahora en adelante
B [c u] (prospects) futuro *m*, porvenir *m*; **a job/an industry with a ~** un trabajo/una industria con futuro; **he has a bright ~ ahead of him** tiene un brillante porvenir *or* futuro por delante; **there is no ~ for me in this job** no tengo futuro en este trabajo; **who knows what the ~ has in store for us!** ¡quién sabe qué nos depara el porvenir!; **to build a ~ for oneself** labrarse un porvenir; **the ~ lies in energy conservation** la clave del futuro está en la conservación de la energía
C [u] (Ling) futuro *m*; **in the ~** en (el) futuro
D **futures** *pl* (Fin) futuros *mpl*; **~s contract** contrato *m* de futuros; **~s market** mercado *m* de futuros; **~s options** opciones *fpl* de futuros; **~s trader** agente *mf* de futuros

future[2] *adj* (*before n*) 1 ‹*husband/home*› futuro; **at some ~ time** en un futuro 2 (Ling): **the ~ tense** el futuro

future-proof /ˈfjuːtʃərpruːf || ˈfjuːtʃəpruːf/ *adj* con garantía de futuro

futurism /ˈfjuːtʃərɪzəm/ *n* futurismo *m*

futurist[1] /ˈfjuːtʃərəst || ˈfjuːtʃərɪst/ *n* futurista *mf*

futurist[2] *adj* futurista

futuristic /ˌfjuːtʃəˈrɪstɪk/ *adj* futurista

futurologist /ˌfjuːtʃəˈrɑːlədʒəst || ˌfjuːtʃəˈrɒlədʒɪst/ *n* futurólogo, -ga *m,f*

futurology /ˌfjuːtʃəˈrɑːlədʒi || ˌfjuːtʃəˈrɒlədʒi/ *n* [u] futurología *f*

fuze /fjuːz/ *n* (AmE) ▸ **fuse**[1] **B1**

fuzz /fʌz/ *n*
A [u] (*no pl*) 1 (fine hair) pelusa *f*; **his chin was lightly covered with ~** una pelusilla *or* un vello fino le cubría la barbilla 2 (frizzy hair) pelo *m* crespo *or* muy rizado
B (sl) 1 [c] (policeman) polizonte, -ta *m,f* (fam), poli *mf* (fam), tira *mf* (Chi, Méx arg), cana *mf* (RPl arg), paco, -ca *m,f* (Chi fam) 2 (police) (+ *pl vb*): **the ~** la pasma (Esp arg), la tomba (Col fam), la tira (Méx arg), la cana (RPl arg), los pacos (Chi fam)

fuzzbox /ˈfʌzbɑːks || ˈfʌzbɒks/ *n* caja *f* de distorsión

fuzzily /ˈfʌzəli || ˈfʌzɪli/ *adv* ‹*see*› de modo borroso; ‹*hear*› de modo confuso; ‹*think/write*› de modo confuso, sin claridad

fuzziness /ˈfʌzinəs || ˈfʌzinɪs/ *n* [u]
A 1 (downiness) vellosidad *f* 2 (frizziness) lo rizado *or* crespo
B (of image) falta *f* de nitidez; (of sound) falta *f* de claridad

fuzzy /ˈfʌzi/ *adj* **-zier, -ziest**
A 1 (frizzy) ‹*hair*› muy rizado, crespo; ‹*beard*› enmarañado 2 (downy) ‹*skin/cheek*› velloso, velludo 3 (fluffy, furry) (AmE) peludo
B (blurred) ‹*sound*› confuso; ‹*picture/outline*› borroso; **she's still feeling a bit ~** todavía se siente un poco confusa *or* atontada
C (Comput, Logic) difuso

fwd (= **forward**) **please ~** se ruega hacer llegar

F-word /ˈefwɜːrd || ˈefwɜːd/ *n* (colloq) *eufemismo de* ▸ **fuck**[3], miércoles (euf), joroba *f* (euf)

FY *n* 1 (AmE) **= fiscal year** 2 (BrE) **= financial year**

FYI = for your information

G, g /dʒiː/ *n*
A **1** (letter) g, G *f* **2** (Mus) sol *m*; *see also* **a A2**
3 ▸ⓘ **p.630 (= gram(s))** g., gr.
B **1** (= **gravity/gravities**) G **2** (thousand dollars) (AmE sl) mil dólares *mpl* **3** (in US) (Cin) (= **general**) apta para todo público *or* para todos los públicos

G8 /dʒiː'eɪt/ *n* (Pol) (= **Group of Eight**) G8 *m*

GA, Ga = Georgia

gab[1] /gæb/ *vi* **-bb-** (colloq) charlar (fam), cotorrear (fam)

gab[2] *n* [u c] (colloq): **~, ~, ~, that's all I ever hear!** ¡bla, bla, bla! ¡es que no oigo otra cosa!; **we've had some good ~s, Lou and I** Lou y yo nos hemos echado nuestras buenas parrafadas (fam)

gabardine, gaberdine /'gæbərdiːn || 'gæbədiːn/ *n* **1** [u] (Tex) gabardina *f* **2** [c] (garment) gabardina *f*

gabble[1] /'gæbəl/ *vi* **1** ⟨⟨*geese*⟩⟩ graznar **2** ⟨⟨*person*⟩⟩ (out of nervousness, fear etc) hablar atropelladamente *or* confusamente, farfullar; **he ~d (on) about his operation for hours** estuvo horas hablando de su operación; **they ~d away in Italian** parlotearon en italiano (fam)
■ **gabble** *vt* farfullar; **they ~d (out) a quick explanation** farfullaron una explicación apresurada; **don't ~ your words** no te comas las palabras

gabble[2] *n* [u] (incomprehensible speech) galimatías *m*; (noise) barullo *m*; **a ~ of voices** un barullo de voces

gabby /'gæbi/ *adj* **-bier, -biest** (colloq) charlatán (fam)

gaberdine *n* [u c] ▸**gabardine**

gable /'geɪbəl/ *n* aguilón *m*, gablete *m*, hastial *m*; (*before n*): **~ roof** tejado *m or* (AmL tb) techo *m* a *or* de dos aguas; **~ (end)** hastial *m*

gabled /'geɪbəld/ *adj* con el tejado *or* (AmL tb) techo de *or* a dos aguas

Gabon /gæ'bəʊn || gə'bɒn/ *n* Gabón *m*

gad[1] /gæd/ *vi* **-dd-** (colloq): **to ~ about** *o* **around** callejear (fam), dar* vueltas por ahí (fam); **they're forever ~ding off to foreign parts** (cada) dos por tres se van de viaje al extranjero

gad[2] *interj* (arch *or* hum): **(by) ~!** ¡pardiez! (arc *o* hum)

gadabout /'gædəbaʊt/ *n* (colloq) callejero, -ra *m,f*

gadfly /'gædflaɪ/ *n* (*pl* **-flies**) **1** (Zool) tábano *m* **2** (person) criticón, -cona *m,f* (fam)

gadget /'gædʒət || 'gædʒɪt/ *n* (colloq) aparato *m*, artilugio *m*, chisme *m* (Esp fam)

gadgetry /'gædʒətri || 'gædʒɪtri/ *n* [u] (colloq) aparatos *mpl*, artilugios *mpl*

Gael /geɪl/ *n*: *persona que habla gaélico*

Gaelic /'geɪlɪk/ *n* [u] gaélico *m*

> **Gaelic**
> Así se denominan varias lenguas de origen celta habladas en distintas regiones de las Islas Británicas. El Scots Gaelic es hablado por unas 50.000 personas que viven en las Highlands y en las islas del oeste de Escocia. En cuanto al Irish o Irish Gaelic, aunque casi 1,5 millones de personas afirman ▸▸▸
>
> ▸▸▸ dominarlo, se calcula que apenas la mitad lo habla diariamente. En la Isla autónoma de Man, varios centenares de personas hablan hoy el Manx Gaelic.

Gaelic coffee *n* [u c] (BrE) café *m* irlandés

gaff /gæf/ *n*
A (in fishing) arpón *m*, garfio *m*; ***to blow the ~*** (BrE colloq) descubrir* el pastel (fam), levantar la liebre *or* (RPl) la perdiz (fam); ***to stand the ~*** (AmE colloq) aguantar (mecha) (fam)
B (BrE colloq) (home) casa *f*, queli *f* (Esp colloq)

gaffe /gæf/ *n* gaffe *f or m*, metedura *f or* (AmL tb) metida *f* de pata (fam), plancha *f* (fam), pifia *f* (fam); **to make** *o* **commit a ~** meter la pata (fam), pifiarla (fam), cometer una *or* un gaffe

gaffer /'gæfər || 'gæfə(r)/ *n*
A (Cin, TV) electricista *mf*
B **1** (BrE colloq) (boss) patrón *m*, jefe *m*; (foreman) capataz *m*; **you're the ~** tú mandas **2** (old man) (colloq) vejete *m* (fam)

gaffer tape *n* cinta *f* americana

gag[1] /gæg/ *n*
A **1** (for mouth) mordaza *f* **2** (check, restraint) mordaza *f*; **to put a ~ on sb** amordazar* a algn
B (joke) (colloq) chiste *m*, gag *m*; **he did it just for a ~** lo hizo en chiste *or* en broma

gag[2] *vt* **-gg-**
A **1** ⟨*person*⟩ amordazar* **2** (silence) silenciar, amordazar*
B (nauseate) (AmE) producirle* náuseas a
■ **gag** *vi* hacer* arcadas; **to ~ AT sth** sentir* náuseas POR *or* ANTE algo; **to ~ ON sth** atragantarse CON algo

gaga /'gɑːgɑː/ *adj* (*pred*) **1** (senile) (colloq) chocho (fam), gagá (fam); **to go ~** empezar* a chochear, volverse* gagá **2** (crazy) (colloq) chiflado (fam)

gage /geɪdʒ/ *vt/n* (AmE) ▸**gauge**[1], **gauge**[2]

gaggle /'gægəl/ *n* **1** (of geese) bandada *f* **2** (of people) grupo *m*, pandilla *f*

gag rule *n* (AmE) *norma que establece un límite de tiempo para un debate*

Gaia /'gaɪə/ *n* Gaia *f*

gaiety /'geɪəti/ *n* [u] **1** (cheerfulness) alegría *f*, regocijo *m* **2** (of dress) colorido *m*, vistosidad *f*; (of colors) lo alegre

gaily /'geɪli/ *adv*
A (cheerfully) ⟨*laugh/wave/dance*⟩ alegremente; **she was ~ dressed** llevaba una ropa muy alegre
B (unconcernedly, blithely) ⟨*admit/concede*⟩ como si tal (cosa); **she ~ went on doing it** siguió haciéndolo como si tal (cosa), siguió haciéndolo tan contenta *or* (fam) tan olímpica

gain[1] /geɪn/ *vt*
A (acquire, achieve) ⟨*independence/control*⟩ conseguir*, obtener*; ⟨*experience/self-confidence*⟩ adquirir*; ⟨*recognition*⟩ obtener*, ganarse; ⟨*friends*⟩ hacerse*; ⟨*qualifications/degree*⟩ (BrE) obtener*; **he gradually ~ed her confidence/respect** poco a poco (se) fue ganando su confianza/respeto; **I succeeded in ~ing their attention** logré atraer *or* captar su atención; **to ~ access to a building** lograr entrar a *or* obtener* acceso a un edificio; **we're not losing a daughter; we're ~ing a son** no perdemos una hija, ganamos un hijo; **the ship ~ed port** (Naut) el barco llegó *or* arribó a puerto; **Smith had ~ed five yards over Jones** Smith le había sacado cinco yardas de ventaja a Jones; **they ~ed the finals/the third round** (AmE) pasaron a la final/a la tercera ronda; **the offensive ~ed two miles** (Mil) la ofensiva avanzó dos millas; **there's a lot to be ~ed from this** esto ofrece muchas ventajas; **the Democrats have ~ed 15 house seats from the Republicans** los Demócratas han obtenido 15 escaños que antes ocupaban los Republicanos
B (increase) ⟨*strength/speed*⟩ ganar, cobrar; **to ~ weight** aumentar de peso, engordar; **the shares ~ed 5 points** las acciones subieron 5 enteros
C ⟨*time*⟩ ganar; **my watch is ~ing ten minutes a day** mi reloj (se) adelanta diez minutos por día
■ **gain** *vi*
A **1** (improve) **to ~ IN sth**: **the shares have ~ed in value** las acciones han subido *or* aumentado de valor; **she has ~ed enormously in prestige** su prestigio ha aumentado enormemente; **he's ~ing in fitness** su estado físico es cada vez mejor; **she's gradually ~ing in confidence** poco a poco va adquiriendo confianza en sí misma **2** (benefit, profit) beneficiarse, sacar* provecho
B **1** (go fast) ⟨⟨*clock/watch*⟩⟩ adelantar(se) **2** (move nearer) **to ~ ON** *or* **UPON sb/sth** acortar las distancias con respecto a algn/algo

gain[2] *n*
A [u c] (profit) (Busn) ganancia *f*, beneficio *m*
B [c u] **1** (increase) aumento *m*; **a ~ of 40%** un aumento del 40%; **weight ~** aumento *m* de peso **2** (improvement): **the ~ in efficiency** el aumento de eficiencia; **the ~ in time** la economía de tiempo; **their loss is our ~** nosotros nos beneficiamos *or* salimos ganando con su pérdida
C [c] (Pol) triunfo *m*, victoria *f*

gainer /'geɪnər || 'geɪnə(r)/ *n*: **we're all ~s if we adopt this plan** salimos todos ganando *or* beneficiados si adoptamos este plan; **the biggest ~ was France** la gran beneficiada fue Francia

gainful /'geɪnfəl/ *adj* retribuido, remunerado

gainfully /'geɪnfəli/ *adv*: **to be ~ employed** tener* un trabajo retribuido *or* remunerado; **to be ~ occupied** estar* haciendo algo útil

gainsay /geɪn'seɪ/ *vt* (*past & past p* **gainsaid** /geɪn'seɪd geɪn'sed/) (frml) (*usu neg*) ⟨*argument/assertion*⟩ refutar (frml); **there is no ~ing the fact that he lied** es innegable que mintió; **there is no ~ing her talent** es innegable *or* indiscutible que tiene talento

gait /geɪt/ *n* (*no pl*) modo *m* de andar; **she had a curious ~** tenía un modo de andar curioso; **he walked with an unsteady ~** caminaba con paso vacilante

gaiters /'geɪtərz || 'geɪtəz/ *pl n* polainas *fpl*; **a pair of ~** unas polainas

gal[1] /gæl/ *n* (colloq) chica *f*, muchacha *f*; **guys and ~s** chicos y chicas

gal[2] ▸ⓘ **p.998 = gallon**

gala /'gælə, 'geɪlə || 'gɑːlə/ *n* **1** (festival) fiesta *f*; (*before n*): **~ performance** (función *f* de) gala *f* **2** (*swimming ~*) (BrE) festival *m* de natación

galactic /gə'læktɪk/ *adj* galáctico

Galapagos Islands /gə'lɑːpəgəs || gə'læpəgəs/ *pl n*: **the ~ ~** las Islas Galápagos

galaxy /'gæləksi/ *n* (*pl* **-xies**) **1** (Astron) galaxia *f* **2** (of celebrities) constelación *f*, pléyade *f*

gale /geɪl/ *n* [1] ▸ⓘ **p.1878** (Meteo) (wind) vendaval *m*, viento *m* fuerte; (storm) temporal *m*, tormenta *f*; **a force nine ~** vientos de fuerza nueve; **it's blowing a ~ outside** (colloq) hay un viento afuera que te vuelas; (*before n*): **~-force winds** vientos *mpl* huracanados (*con una velocidad de entre cincuenta y ciento dos kilómetros por hora*); **~ warning** aviso *m* de temporal [2] (outburst) estallido *m*; **~s of laughter** estallidos *mpl* de risa

Galicia /gəˈlɪʃiə, gəˈlɪsiə/ *n* [1] (in Spain) Galicia *f* [2] (in Poland, Ukraine) Galitzia *f*, Galicia *f*

Galician[1] /gəˈlɪʃiən, gəˈlɪsiən/ *n* [1] (person) gallego, -ga *m,f* [2] (language) gallego *m*

Galician[2] *adj* gallego

Galilee /ˈgæləli: || ˈgælɪli:/ *n* Galilea *f*; **the Sea of ~** el lago Tiberíades, el mar de Galilea

gall[1] /gɔ:l/ *n*

A [u] (effrontery) (colloq) **to have the ~ to + INF** tener* el descaro *or* la desfachatez DE + INF (fam)

B [u] [1] (bitterness) (liter) hiel *f* (liter); **the bitter ~ of defeat** la amarga hiel de la derrota (liter); **she writes with a pen dipped in ~** lo que escribe destila hiel (liter) [2] (Physiol) (arch) hiel *f*, bilis *f*

C [c] (Bot) agalla *f*

gall[2] *vt* irritar, darle* rabia a; **what ~s me is the way he never arrives on time** lo que me irrita *or* me da rabia es que nunca llega a la hora

gall[3] (*pl* **~ or ~s**) *n* = **gallon(s)**

gallant[1] *adj* [1] /ˈgælənt/ (brave) (liter) aguerrido (liter), gallardo (liter); ‹*action/deed*› valiente; ‹*steed*› noble [2] /gəˈlænt/ (chivalrous) galante, cortés

gallant[2] /ˈgælənt, gəˈlænt/ *n* (arch *or* hum) [1] (suitor) galán *m* (ant *o* hum) [2] (chivalrous man) galanteador *m* (ant o hum)

gallantly /ˈgæləntli/ *adv* [1] (bravely) valerosamente, con gallardía [2] (graciously) galantemente [3] (chivalrously) galantemente, cortésmente

gallantry /ˈgæləntri/ *n* (*pl* **-ries**) [1] [u] (bravery) valor *m*, gallardía *f* (liter) [2] [u c] (chivalry) galantería *f*, cortesía *f*; (courting) galanteo *m*

gall bladder /gɔ:l/ *n* vesícula *f* (biliar)

galleon /ˈgæliən/ *n* galeón *m*

gallery /ˈgæləri/ *n* (*pl* **-ries**)

A (Art) [1] (museum) museo *m* (de Bellas Artes) [2] (commercial show case) galería *f* (de arte)

B (Archit) [1] (balcony) galería *f*; (for press, spectators) tribuna *f*; (BrE) (Theat) galería *f*, gallinero *m* (fam); ***to play to the ~*** actuar* para la galería [2] (colonnade) galería *f*

C (*shooting* ~) tiro *m* al blanco

D (Geog, Min) galería *f*

E (golf spectators) (AmE) público *m*

galley /ˈgæli/ *n*

A (kitchen) cocina *f*

B (ship) galera *f*

C **~ (proof)** (Print) galerada *f*

galley kitchen *n* (BrE) *cocina larga y estrecha*

galley slave *n* [1] (on ship) galeote *m* [2] (drudge) (hum) esclavo, -va *m,f*

Gallic /ˈgælɪk/ *adj* ‹*charm/wit*› galo, (típicamente) francés

Gallicism, gallicism /ˈgæləsɪzəm || ˈgælɪsɪzəm/ *n* [1] (word, phrase) galicismo *m* [2] (custom) afrancesamiento *m*

galling /ˈgɔ:lɪŋ/ *adj* mortificante

gallium /ˈgæliəm/ *n* [u] galio *m*

gallivant /ˈgæləvænt || ˈgælɪvænt/ *vi* dar* vueltas, callejear (fam)

gallon /ˈgælən/ ▸ⓘ **p.998** *n* galón *m* (*EEUU: 3,78 litros, RU: 4,55 litros*)

gallop[1] /ˈgæləp/ *n* galope *m*; **to break into a ~** echarse a galopar; **at a ~** al galope; **at full ~** a galope tendido, a todo galope; **the long ~ exhausted the horse** la larga galopada agotó al caballo; **we went for a ~** salimos a galopar; **we ate our meal at a ~** (colloq) comimos al galope *or* a todo galope

gallop[2] *vi* [1] (Equ) «*horse/rider*» galopar; **we ~ed across the field** cruzamos el campo al galope [2] (rush): **we ~ed through the prayers** rezamos las oraciones a toda velocidad; **public spending is ~ing out of control** el gasto público se está disparando *or* desbocando

■ **gallop** *vt* ‹*horse*› hacer* galopar a

galloping /ˈgæləpɪŋ/ *adj* (*before n*) ‹*inflation/commercialism*› galopante; **~ consumption** (arch) tisis *f* galopante

gallows /ˈgæləʊz/ *n* (*pl* ~ (+ *sing o pl vb*)) horca *f*; **he was sent** *o* **sentenced to the ~** lo condenaron a la horca

gallows humor, (BrE) **humour** *n* [u] humor *m* negro

gallstone /ˈgɔ:lstəʊn/ *n* cálculo *m* biliar

Gallup poll® /ˈgæləp/ *n* encuesta *f* Gallup, sondeo *m* Gallup

galore /gəˈlɔ:r || gəˈlɔ:(r)/ *adj* (*after n*) en abundancia; **apples ~** muchísimas manzanas, manzanas en abundancia; **he has had opportunities ~** ha tenido infinidad *or* un sinfín de oportunidades

galosh /gəˈlɑ:ʃ || gəˈlɒʃ/ *n* (*pl* **~es**) chanclo *m* (de goma), galocha *f*

galumph /gəˈlʌmf/ *vi* (colloq) moverse* con la gracia de un elefante (iró)

galvanization /ˌgælvənəˈzeɪʃən || ˌgælvənaɪˈzeɪʃən/ *n* galvanización *f*

galvanize /ˈgælvənaɪz/ *vt*

A [1] (rouse) **to ~ sb (INTO sth/-ING)** impulsar a algn (A algo/+ INF); **her threats ~d him into action** sus amenazas lo impulsaron a hacer algo [2] (enthrall) electrizar* [3] **galvanizing** *pres p* ‹*effect/performance*› electrizante

B [1] (Metall) galvanizar* [2] **galvanized** *past p* ‹*iron/steel*› galvanizado

galvanometer /ˌgælvəˈnɑ:mətər || ˌgælvəˈnɒmɪtə(r)/ *n* galvanómetro *m*

Gambia /ˈgæmbiə/ *n*: **(the) ~** Gambia *f*

gambit /ˈgæmbət || ˈgæmbɪt/ *n* [1] (stratagem) táctica *f*; **a conversational** *o* **opening ~** una táctica para entablar conversación [2] (in chess) gambito *m*

gamble[1] /ˈgæmbəl/ *vi* [1] (lay wager) jugar*; **to ~ ON sth: to ~ on a horse** apostarle* *or* jugarle* a un caballo; **will he come? — I wouldn't ~ on it** ¿vendrá? — yo no me confiaría [2] (take risk) jugar*; **to ~ on the Stock Exchange** especular en la Bolsa, jugar* a la Bolsa; **he's gambling with people's lives** está jugando con la vida de otras personas; **to ~ ON sth: I ~d on her not being in** decidí correr el riesgo de que no estuviera en casa

■ **gamble** *vt* jugarse*; **I'm prepared to ~ my reputation** estoy dispuesto a jugarme la reputación

Phrasal verb

• **gamble away** [v + adv + o] perder* jugando

gamble[2] *n* (*no pl*) [1] (bet) apuesta *f* [2] (risk): **to take a ~** arriesgarse*; **marriage is a big ~** el matrimonio es una lotería *or* una tómbola; **it's something of a ~** es un poco arriesgado; **the ~ paid off** valió la pena arriesgarse

gambler /ˈgæmblər || ˈgæmblə(r)/ *n* jugador, -dora *m,f*; **a compulsive ~** un jugador empedernido

gambling /ˈgæmblɪŋ/ *n* [u] juego *m*; **she disapproves of all forms of ~** está en contra de todo tipo de juegos de azar; (*before n*): **~ debts** deudas *fpl* de juego

gambling den *n* garito *m*

gambol, (BrE) **-ll-** /ˈgæmbəl/ *vi* retozar*

game[1] /geɪm/ *n*

A [c] [1] (amusement) juego *m*; **~s of chance and skill** juegos de azar y habilidad *or* destreza; ***it's all in the ~*** todo es parte del juego; ***to play the ~*** jugar* limpio; ***to play the ~ according to the rules*** seguir* las reglas del juego [2] (type of sport) deporte *m*; **the fight ~** (AmE) el (deporte del) boxeo; **tennis isn't really my ~** el tenis no es mi fuerte [3] (way of playing): **to be on one's ~** estar* en forma; **she's off her ~** no está en forma, no está jugando tan bien como siempre; **I played my normal ~** jugué como de costumbre

B [c] [1] (complete match) (Sport) partido *m*; (in board games, cards) partida *f*; **to have a ~ of chess/cards** jugar* una partida de ajedrez/naipes [2] **games** *pl* (competition) juegos *mpl*; **the Olympic G~s** los Juegos Olímpicos, las Olimpíadas *or* Olimpiadas; **the school ~s** los campeonatos del colegio [3] **games** (BrE) (Educ) (+ *sing vb*) deportes *mpl*, ≈ educación *f* física; **~s master** profesor *m* de deportes, ≈ profesor *m* de educación física; **~s mistress** profesora *f* de deportes, ≈ profesora *f* de educación física

C [c] (part — of tennis, squash match) juego *m*; (— of bridge rubber) manga *f*; **Smith leads by two ~s to one** Smith gana por dos juegos a uno; **they were one ~ all** iban empatados *or* iguales a un juego

D [c] (equipment) juego *m*

E [c] (underhand scheme, ploy) juego *m*; **don't play ~s with me** no me vengas con juegecitos; **the ~'s up** se acabó el juego; **what's your ~?** ¿qué es lo que pretendes?; **I wonder what their ~ is** me pregunto qué estarán tramando *or* qué se traerán entre manos; **I know your little ~!** ¡te conozco el jueguito!; ***to be ahead of the ~*** llevar la delantera; ***to beat sb at her/his own ~*** ganarle *or* vencer* a algn con sus propias armas; ***to give the ~ away*** «*person*» descubrir* el pastel (fam); **she tried to deny it, but her blushes gave the ~ away** trató de negarlo, pero el sonrojarse la delató; ***two can play at that ~*** donde las dan las toman

F (business, trade) (colloq): **I'm in the publishing/antiques ~** estoy metido en el mundo editorial/en el negocio de las antigüedades; ***to be on the ~*** (BrE sl) ser* prostituta, hacer* la calle (fam)

G [u] (in hunting) caza *f*; **big ~** caza mayor; ***to be fair ~*** ser* blanco legítimo; (*before n*): **~ birds** aves *fpl* de caza; **~ fishing** pesca *f* deportiva (*de grandes especies*)

H [u] (Culin) caza *f*

game[2] *adj* ‹*attempt/person*› animoso; **to be ~ (FOR sth/to + INF): we're going swimming, are you ~?** vamos a nadar ¿te apuntas?; **I'm ~ if you are** si tú te animas, yo también; **she's ~ for anything** se apunta a todo, es pierna para todo (RPl fam), va a todas las paradas (Chi fam); **they could win if they were ~ for a fight** podrían ganar si estuvieran dispuestos a luchar; **I'm ~ to try anything once** yo estoy dispuesto a probarlo todo

game[3] *vi* (in gambling, in video games) jugar

■ **game** *vt* (AmE colloq) estafar

Game Boy® *n* Game Boy® *m*

gamecock /ˈgeɪmkɑ:k || ˈgeɪmkɒk/ *n* gallo *m* de pelea *or* (AmS) de riña

gamekeeper /ˈgeɪmˌki:pər || ˈgeɪmˌki:pə(r)/ *n* guardabosque(s) *mf*

gamely /ˈgeɪmli/ *adv* animosamente

game park *n* reserva *f* natural

game plan *n* [1] (Sport) plan *m* de juego [2] (long-term plan) estrategia *f*

gamer /ˈgeɪmər || ˈgeɪmə(r)/ *n*

A (player) videojugador, -dora *m,f*, jugón, -gona *m,f* (Esp colloq)

B (enthusiast) (AmE) aficionado, -da *m,f*

games console *n* consola *f* de videojuegos

game show *n* programa *m* concurso

gamesmanship /ˈgeɪmzmənʃɪp/ *n* [u] (pej) *arte de jugar astutamente*; **a clever piece of ~** un truco ingenioso

games room *n* sala *f* de juegos

games theory *n* (BrE) ▸**game theory**

gamete /ˈgæmi:t/ *n* gameto *m*

game theory *n* (esp AmE) teoría *f* de juegos

game warden *n* guardabosque(s) *mf*

game-winner /ˈgeɪmwɪnər || ˈgeɪmwɪnə(r)/ *n* (AmE) gol *m* or tanto *m* de la victoria

game-winning /ˈgeɪmwɪnɪŋ/ *adj* (AmE) (*before n*) de la victoria

gamey /ˈgeɪmi/ *adj* ▸**gamy**

gamine /gæˈmi:n/ *n*: *chica con aspecto de muchachito*; (*before n*) ‹*features*› de muchachito; ‹*hairstyle*› a la garçon *or* garçonne

gaming /ˈgeɪmɪŋ/ *n* [u] juego *m*, juegos *mpl* de azar; (*before n*): **~ laws** legislación *f* que rige los juegos de azar; **~ machine** máquina *f* tragamonedas *or* (Esp tb) tragaperras; **~ table** mesa *f* de juego

g

gamma globulin /ˈgæmə'glɑːbjələn || ˌgæmə ˈglɒbjʊlɪn/ *n* [u] gammaglobulina *f*

gamma radiation *n* [u] radiación *f* gamma

gamma ray *n* rayo *m* gamma

gammon /ˈgæmən/ *n* [u] (esp BrE) jamón *m* fresco

gammy /ˈgæmi/ *adj* (BrE) (*before n*) (colloq): **~ leg** pata *f* coja (fam)

gamut /ˈgæmət/ *n* gama *f*, espectro *m*; **to run** *o* **range the ~** cubrir* toda la gama *or* el espectro

gamy /ˈgeɪmi/ *adj* (**-mier, -miest**)
A (Culin) ‹*taste*› fuerte
B (scandalous) (AmE) escabroso

gander /ˈgændər || ˈgændə(r)/ *n*
A (Zool) ganso *m* (*macho*)
B (look) (sl) (*no pl*) vistazo *m*, ojeada *f*; **to have** *o* **take a ~ at sth** echarle un vistazo *or* una ojeada a algo

gang /gæŋ/ *n*
A **1** (of criminals) banda *f*, pandilla *f* **2** (of youths) pandilla *f* **3** (of workmen) cuadrilla *f* **4** (of children) pandilla *f*, panda *f* **5** (clique) (colloq) grupo *m*; **the same old ~ running things** el grupito de siempre dirigiendo el cotarro (fam)
B (of tools) juego *m*
C (large number) (AmE colloq) montón *m* (fam), pila *f* (fam)

Phrasal verbs

- **gang together** [v + adv] (join forces) apandillarse; (gather) juntarse en pandillas
- **gang up** [v + adv] (unite in opposition) (colloq) **to ~ up AGAINST** *o* **ON sb**: **the kids in my class are ~ing up on me** los chicos de mi clase la tienen tomada conmigo (fam); **the press seems to have ~ed up against them** la prensa parece estar confabulada contra ellos

gangbang /ˈgæŋbæŋ/ *n* (sl) *violación de una mujer por varios individuos*, capote *m* (Chi fam)

Ganges /ˈgændʒiːz/ *n*: **the ~** el Ganges

gangland /ˈgæŋlænd, -lənd/ *n* (journ) hampa *f*‡; (*before n*): **~ boss** capo *m* del hampa; **~ murder** asesinato *m* del mundo del hampa

gangling /ˈgaŋglɪŋ/ *adj* larguirucho, desgarbado

ganglion /ˈgæŋgliən/ *n* (*pl* **-glia** /-gliə/ *or* **-glions**) ganglio *m*

gangly /ˈgæŋgli/ *adj* **-glier, -gliest** ▸**gangling**

gangmaster /ˈgæŋˌmæstər || ˈgæŋˌmɑːstə(r)/ *n* (Lab Rel) contratista *m,f* de mano de obra (*especialmente indocumentada*)

gangplank /ˈgæŋplæŋk/ *n* plancha *f*

gang-rape /ˈgæŋreɪp/ *vt* violar en grupo, darle* un capote a (Chi fam)

gang rape *n* [u c] violación *f* en grupo, capote *m* (Chi fam)

gangrene /ˈgæŋgriːn/ *n* [u] gangrena *f*

gangrenous /ˈgæŋgrɪnəs/ *adj* ‹*wound/foot*› gangrenoso; **the injury turned ~** la herida se gangrenó

gangsta /ˈgæŋstə/ *n*
A [c] (AmE sl) ▸**gangster**
B [u] (Mus) *also* **~ rap** gansta rap *m*

gangster /ˈgæŋstər || ˈgæŋstə(r)/ *n* gángster *mf*

gangsterish /ˈgæŋstərɪʃ/ *adj* gangsteril

gangsterism /ˈgæŋstər || ˈgæŋstə(r)/ *n* [u] gangsterismo *m*

gangway /ˈgæŋweɪ/ *n*
A (walkway — on ship) pasarela *f*; (— on building site) pasarela *f*; **~!** ¡abran paso!
B (between rows of seats) (BrE) pasillo *m*

ganja /ˈgændʒə/ *n* [u] marihuana *f*

gannet /ˈgænət || ˈgænɪt/ *n* **1** (Zool) alcatraz *m* **2** (person) tragón, -gona *m,f* (fam)

gantlet /ˈgɔːntlət || ˈgɔːntlɪt/ *n* (AmE) ▸**gauntlet**

gantry /ˈgæntri/ *n* (*pl* **-tries**)
A (Transp) castillete *m* de señalización
B (support — for crane) pórtico *m*, puente *m*; (— for space rocket) torre *f* de lanzamiento; (— for barrels) poíno *m*, combo *m*

gaol /dʒeɪl/ *n/vt* (esp BrE) ▸**jail**[1], **jail**[2]

gaoler /ˈdʒeɪlər || ˈdʒeɪlə(r)/ *n* (BrE) ▸**jailer**

gap /gæp/ *n*
A (space) espacio *m*; **leave a ~ between the desks** deja un espacio entre los escritorios; **leave a generous ~ between the bulbs** plante los bulbos bien espaciados, deje bastante espacio entre los bulbos; **look out for a ~ in the traffic** espera a que no pase nada; **the light filtered in through a ~** la luz se filtraba por una rendija; **a ~ in the hedge** un claro *or* un hueco en el seto; **she has a ~ between her front teeth** tiene los dientes de adelante separados
B **1** (in argument, knowledge) laguna *f* **2** (in time) intervalo *m*, interrupción *f*; **in the ~s between mouthfuls** entre bocado y bocado **3** (disparity) distancia *f*, brecha *f*; **the ~ between supply and demand** la distancia *or* la brecha entre la oferta y la demanda; **to bridge the ~** salvar la distancia **4** (void) vacío *m*; **her death left a terrible ~ in my life** su muerte dejó un terrible vacío en mi vida; **to fill** *o* **plug a ~ in the market** llenar un vacío *or* un hueco en el mercado
C (*spark ~*) (Auto, Elec) separación *f* entre los electrodos

gape /geɪp/ *vi*
A «*person*» (react with astonishment) quedarse boquiabierto *or* con la boca abierta; (stare) mirar boquiabierto; **don't just stand there gaping** no te quedes ahí con la boca abierta; **to ~ AT sth**: **she ~d in astonishment at the news** se quedó boquiabierta al oír la noticia
B (be open) estar* abierto; **the curtains ~d open** las cortinas estaban abiertas

gaping /ˈgeɪpɪŋ/ *adj* ‹*wound/mouth*› abierto; ‹*chasm/hole*› enorme

gappy /ˈgæpi/ *adj* (**-pier, -piest**) (colloq) ‹*teeth*› separados; ‹*text*› con huecos; ‹*hedge*› con claros; ‹*knowledge*› con vacíos, incompleto

gap-toothed /ˈgæpˈtuːθt/ *adj* (with gaps between teeth) que tiene los dientes separados; (with missing teeth) desdentado, a quien le faltan dientes

gap year *n* (BrE) ≈ año *m* libre (*antes de entrar a la universidad*)

> **Gap Year**
>
> Así se denomina en Gran Bretaña el período entre el final de los estudios preuniversitarios y el comienzo de la carrera universitaria que toman muchos estudiantes para conseguir experiencia laboral y acumular fondos o para viajar a otros países.

garage[1] /gəˈrɑːʒ || ˈgærɑːdʒ, -ɪdʒ/ *n*
A [c] (for parking) garaje *m*, garage *m* (esp AmL); **bus ~** terminal *f or* (Chi) *m or* estación *f* de autobuses
B [c] **1** (for repairs) taller *m* (mecánico), garaje *m*, garage *m* (esp AmL); (*before n*): **~ mechanic** mecánico, -ca *m,f* **2** (for fuel) (BrE) estación *f* de servicio
C [u] (Mus) (*before n*): **~ band/rock** banda *f*/rock *m* (de) garage

garage[2] *vt* ‹*car*› dejar/meter en el garaje *or* (esp AmL) garage; ‹*plane*› dejar/meter en el hangar

garage sale *n*: *venta de objetos usados en casa de su propietario*, venta *f* de garage (Méx), feria *f* americana (RPl), ventuta *f* (Col)

garaging /ˈgærədʒɪŋ || ˈgærɑːdʒɪŋ, -rɪdʒɪŋ/ *n* [u] plazas *fpl* de garaje, cocheras *fpl* (Esp, Méx)

garam masala /ˌgærəməˈsɑːlə/ *n* [u]: *mezcla de especias utilizada en la cocina india*

garb /gɑːrb || gɑːb/ *n* [u] (liter *or* hum) atuendo *m* (liter *o* hum), vestimenta *f*

garbage /ˈgɑːrbɪdʒ || ˈgɑːbɪdʒ/ *n* [u] **1** (AmE) (refuse) basura *f*; (*before n*): **~ chute** vertedor *m or* (Ur) ducto *m* de la basura; **~ disposal unit** triturador *m* de basura; **~ dump** vertedero *m* (de basuras), basurero *m*, basural *m* (AmL) **2** (worthless things) (colloq): **a load of old ~** un montón de cachivaches *or* de porquerías; **this book is absolute ~** este libro es una auténtica porquería; **they say she's going, but that's ~** dicen que se va, pero son puras estupideces *or* (RPl tb) macanas (fam)

garbage bag *n* (AmE) bolsa *f* de la basura

garbage can *n* (AmE) cubo *m or* (CS) tacho *m or* (Col) caneca *f or* (Cu) latón *m*, *or* (Méx) bote *m or* (Ven) tobo *m* de la basura

garbage collection *n* (AmE) [u] recogida *f* de basura

garbageman /ˈgɑːrbɪdʒmæn || ˈgɑːbɪdʒmæn/ *n* (*pl* **-men** /-men/) (AmE) basurero *m*

garbage sack *n* (AmE) bolsa *f* de la basura

garbage truck *n* (AmE) camión *m* de la basura

garbanzo (bean) /gɑːrˈbænzəʊ || gɑːˈbænzəʊ/ *n* (*pl* **-zos**) (AmE) garbanzo *m*

garble /ˈgɑːrbəl || ˈgɑːbəl/ *vt* **1** (distort) ‹*message/instructions*› tergiversar, embrollar **2** **garbled** *past p* ‹*account/translation*› confuso, embrollado; ‹*message*› incomprensible, indescifrable

garbology /gɑːrˈbɑːlədʒi || gɑːˈbɒlədʒi/ *n* [u] basurología *f*

garden[1] /ˈgɑːrdn || ˈgɑːdn/ *n*
A **1** (for ornamental plants) jardín *m*; **front/back ~** (esp BrE) jardín del frente/de atrás *or* del fondo; **Kent is the ~ of England** Kent es el vergel de Inglaterra; **the G~ of Eden** el Paraíso Terrenal, el (Jardín del) Edén; **G~ of Remembrance** Jardín *m* del recuerdo, Parque *m* del recuerdo (AmL); **rose ~** rosedal *m*, rosaleda *f*; ***everything in the ~ is lovely*** *o* ***rosy*** (BrE) todo marcha a las mil maravillas; (*before n*): **~ chair** silla *f* de jardín; **~ city** (BrE) ciudad *f* jardín; **~ fork** horca *f*, bieldo *m*, horqueta *f* (Chi); **~ furniture** muebles *mpl* de jardín; **~ hose** manguera *f* para regar; **~ seat** banco *m or* (Méx) banca *f* de jardín; **~ shears** tijeras *fpl* de jardín; **~ suburb** (BrE) ciudad *f* jardín; **~ waste** desechos *mpl* de jardín **2** (for vegetables) huerta *f*, huerto *m*; (*before n*): **~ produce** frutas *fpl* y verduras *fpl* de la huerta
B **gardens** *pl* (public, on private estate) jardines *mpl*, parque *m*; **botanical ~s** jardín *m* botánico

garden[2] *vi* trabajar en el jardín, jardinear (Chi fam)

garden apartment *n* (AmE) *apartamento con jardín o terraza privados*

garden center, (BrE) **garden centre** *n* vivero *m*, centro *m* de jardinería, garden center *m* (Esp)

gardener /ˈgɑːrdnər || ˈgɑːdnə(r)/ *n* **1** (as job) jardinero, -ra *m,f* **2** (as hobby) amante *mf* de la jardinería; **she is an enthusiastic ~** es una apasionada de la jardinería

garden flat *n* (BrE) *apartamento en el sótano o planta baja con jardín*

garden-fresh /ˈgɑːrdnfreʃ || ˈgɑːdnfreʃ/ *adj* ‹*peas/vegetables*› de la huerta

gardenia /gɑːrˈdiːnjə || gɑːˈdiːniə/ *n* gardenia *f*, jazmín *m* (del Cabo)

gardening /ˈgɑːrdnɪŋ || ˈgɑːdnɪŋ/ *n* [u] jardinería *f*; (vegetable growing) horticultura *f*; **there is a lot of ~ to do** hay mucho que hacer en el jardín; **he does the ~** él se encarga del jardín

garden party *n* recepción *f* al aire libre

garden path *n* sendero *m* (*en un jardín*); ***to lead sb up the ~ ~*** engañar *or* embaucar* a algn

garden-variety /ˈgɑːrdnvəˌraɪəti || ˌgɑːdnvəˈraɪəti/ *adj*
A (found in gardens) de jardín
B (ordinary, undistinguished) (AmE) (normal y) corriente, común y corriente *or* (AmL tb) silvestre

gargantuan /gɑːrˈgæntʃuən || gɑːˈgæntjʊən/ *adj* ‹*meal/appetite*› pantagruélico; ‹*problem*› gigantesco, descomunal; ‹*effort*› titánico

gargle[1] /ˈgɑːrgəl || ˈgɑːgəl/ *vi* hacer* gárgaras, gargarizar*

gargle[2] *n* **1** (act) gárgaras *fpl*, gargarismos *mpl* **2** (liquid) gargarismo *m*

gargoyle /ˈgɑːrgɔɪl || ˈgɑːgɔɪl/ *n* gárgola *f*

garish /ˈgerɪʃ || ˈgeərɪʃ/ *adj* ‹*color*› chillón, estridente, charro (AmL fam); ‹*garment*› estridente, chabacano, charro (AmL fam); ‹*makeup*› exagerado

garishly /ˈgerɪʃli || ˈgeərɪʃli/ *adv* ‹*painted*› con colores chillones *or* (AmL fam) charros; ‹*decorated*› con gusto chabacano, de manera charra (AmL fam)

garland[1] /ˈgɑːrlənd || ˈgɑːlənd/ *n* guirnalda *f*; **a ~ of laurels** una corona de laureles

garland[2] *vt* engalanar, enguirnaldar

garlic /ˈgɑːrlɪk || ˈgɑːlɪk/ *n* [u] ajo *m*; **a clove of ~** un diente de ajo; (*before n*): **~ bread** pan *m* con mantequilla y ajo; **~ press** triturador *m* de ajos; **~ salt** sal *f* de ajo; **~ sausage** salchichón *m* de ajo

garlicky /ˈgɑːrlɪki || ˈgɑːlɪki/ *adj* ‹*taste/smell*› a ajo; **her breath was very ~** el aliento le olía a ajo

garment /ˈgɑːrmənt || ˈgɑːmənt/ *n* prenda *f* (de ropa); (*before n*): **the ~ industry** (AmE) la industria de la confección *or* del vestido

garner /ˈgɑːrnər || ˈgɑːnə(r)/ *vt* ‹*ideas/information*› recoger*; ‹*praise/plaudits*› cosechar

garnet /ˈgɑːrnət || ˈgɑːnɪt/ *n* [u c] granate *m*

garnish[1] /ˈgɑːrnɪʃ || ˈgɑːnɪʃ/ *vt* adornar, decorar; **the fish comes ~ed with parsley/cucumber slices** el pescado viene decorado con perejil/viene con una guarnición de rodajas de pepino

garnish[2] *n* [c u] adorno *m*, aderezo *m*; (more substantial) guarnición *f*; **with a ~ of fresh vegetables** con una guarnición de verduras frescas

garnishee order /ˌgɑːrnəˈʃiː || ˌgɑːnɪˈʃiː/ *n* orden *m* de embargo

Garonne /gəˈrɑːn || gæˈrɒn/ *n*: **the ~** el Garona

garret /ˈgærət/ *n* buhardilla *f*

garrison[1] /ˈgærəsən || ˈgærɪsən/ *n* 1 (place) plaza *f*; (*before n*): **~ town** plaza *f* fuerte 2 (troops) guarnición *f*

garrison[2] *vt* 1 ‹*troops*› acuartelar 2 ‹*town/city*› guarnecer*

garrote[1], (BrE) **garrotte** /gəˈrɑːt || gəˈrɒt/ *vt* ejecutar con garrote, agarrotar

garrote[2], (BrE) **garrotte** *n* garrote *m*

garrulity /gəˈruːləti || gæˈruːlɪti/ *n* [u] verborrea *f*, verborragia *f*

garrulous /ˈgærələs/ *adj* charlatán, parlanchín

garrulousness /ˈgærələsnəs || ˈgærələsnɪs/ *n* [u] ▸ **garrulity**

garter /ˈgɑːrtər || ˈgɑːtə(r)/ *n*
A 1 (around calf, thigh) liga *f* 2 (on belt, girdle) (AmE) liga *f* 3 (around arm) liga *f*
B (in UK): **the Order/a Knight of the G~** la orden de/un caballero de la orden de la Jarretera

garter belt *n* (AmE) liguero *m*, portaligas *m* (CS)

garter snake *n* culebra *f* de jaretas

garter stitch *n* [u] punto *m* Santa Clara; **knit 5cm of ~ ~** teja 5cm todo al derecho *or* en punto Santa Clara

gas[1] /gæs/ *n* (*pl* **gases** *or* **gasses**)
A [u c] (Phys) gas *m*
B [u] 1 (fuel) gas *m*; **the central heating runs on ~** la calefacción central es de *or* a gas; **to turn the ~ on/off/up/down** encender*/apagar*/subir/bajar el gas; **natural ~** gas natural; **bottled ~** gas de bombona *or* (RPl) de garrafa *or* (Méx) de tanque *or* (Chi) de balón; (*before n*) ‹*ring/stove/lighter/heater*› de *or* a gas; **~ canister** *o* **cylinder** bombona *f* *or* (RPl) garrafa *f* *or* (Méx) tanque *m* *or* (Chi) balón *m* de gas; **~ central heating** calefacción *f* central a *or* de gas; **~ fitter** técnico *m* (del gas), ingeniero, -ra *m,f* (del gas) (Méx); **~ main** tubería *f* *or* cañería *f* principal del gas; **~ poker** atizador *m* de gas 2 (Mil) gas *m* 3 (anesthetic) gas *m*
C [u] (gasoline) (AmE) gasolina *f*, nafta *f* (RPl), bencina *f* (Andes); ***to step on the ~*** (colloq) acelerar, meterle (AmL fam); (*before n*): **~ truck** (AmE) camión *m* cisterna
D [u] (flatulence) (AmE) gases *mpl*, flatulencia *f*; **to pass ~** (euph) eliminar los gases (euf)
E 1 [u] (idle comments) (colloq) cháchara *f* 2 (gossip session) (BrE) (*no pl*) (colloq & dated): **to have a ~** chismear (fam), cotillear (Esp fam)
F (sth fun, funny) (sl & dated): **to be a ~** ser* muy divertido, ser* un plato (AmL fam)

gas[2] **-ss-** *vt* (Mil) gasear; (kill) asfixiar con gas; (in gas chamber) matar en cámara de gas; **he put his head in the oven and ~sed himself** se suicidó metiendo la cabeza en el horno
■ **gas** *vi* (colloq) cotorrear (fam)

Phrasal verb

• **gas up** (refuel) (AmE colloq) 1 [v + adv] llenar el depósito *or* el tanque (*de gasolina*), cargar* nafta (RPl) 2 [v + o + adv, v + adv + o]: **to ~ up the car** echarle gasolina al coche, cargar* nafta (RPl)

gasbag /ˈgæsbæg/ *n* (colloq) cotorra *f* (fam)

gas chamber *n* cámara *f* de gas

Gascon /ˈgæskən/ *adj* gascón

Gascony /ˈgæskəni/ *n* Gascuña *f*

gaseous /ˈgæsiəs/ *adj* gaseoso

gas-fired /ˈgæsˈfaɪrd || ˈgæsˈfaɪəd/ *adj* a *or* de gas

gas guzzler /ˈgʌzlər || ˈgʌzlə(r)/ *n* (sl) esponja *f* (fam) (*coche que consume mucha gasolina*)

gash[1] /gæʃ/ *n* tajo *m*, corte *m* profundo

gash[2] *vt* hacer* un tajo en, cortar (*profundamente*); **I ~ed my hand on a piece of glass** me hice un tajo en la mano con un vidrio

gasify /ˈgæsəfaɪ || ˈgæsɪfaɪ/ *vi* gasificarse*
■ **gasify** *vt* gasificar*

gasket /ˈgæskət || ˈgæskɪt/ *n* junta *f*; ***to blow a ~*** (colloq) (get angry) explotar (fam), ponerse* furioso; (lit: engine) reventar* una junta

gaslight /ˈgæslaɪt/ *n* 1 [c] (light fitting) lámpara *f* de gas 2 [u] (illumination) luz *f* de gas; **to read by ~** leer* a la luz de una lámpara de gas

gasman /ˈgæsmæn/ *n* (*pl* **-men** /-men/) técnico *m* de la compañía del gas

gas mask *n* máscara *f* antigás

gas oil *n* [u] gas-oil *m*, gasóleo *m*

gasoline /ˈgæsəliːn/ *n* [u] (AmE) gasolina *f*, nafta *f* (RPl), bencina *f* (Andes)

gasometer /gæˈsɑːmətər || gæˈsɒmɪtə(r)/ *n* gasómetro *m*

gasp[1] /gæsp || gɑːsp/ *vi* 1 (inhale sharply) dar* un grito ahogado; **he ~ed with amazement** dio un grito ahogado de asombro; **the cold/shock made me ~** el frío/la impresión me cortó la respiración 2 (pant) respirar entrecortadamente, jadear; **she was ~ing for breath** respiraba con dificultad; (agonizing) daba boqueadas 3 (want eagerly) (colloq) **to be ~ing FOR sth** morirse* POR algo (fam); **I was ~ing for a beer/cigarette** me moría por una cerveza/un cigarrillo
■ **gasp** *vt* decir* jadeando; **made it!, he ~ed** —¡lo logré! —dijo jadeando; **she ~ed (out) a few words** dijo algo entrecortadamente

gasp[2] *n* exclamación *f*, grito *m* (*entrecortado o ahogado*); **to be at one's last ~** (dying) estar* dando boqueadas; (exhausted) estar* hecho polvo (fam); **the old heater's at its last ~** la estufa vieja está en las últimas (fam); **to the/one's last ~** hasta el último momento; **they scored at the last ~** marcaron en el último momento

gas pedal *n* acelerador *m*

gas-permeable /ˌgæsˈpɜːrmiəbəl || ˌgæsˈpɜːmiəbəl/ *adj* (Opt) gas permeable, permeable al oxígeno

gas-powered /ˈgæsˌpaʊərd || ˈgæsˌpaʊəd/ *adj* a *or* de gas; **~ central heating** calefacción *f* a *or* de gas

gas pump *n* [c] (AmE) (in service station) surtidor *m*, bomba *f* bencinera (Chi); (in car) bomba *f* de combustible

gas station *n* (AmE) estación *f* de servicio *or* (RPl tb) de nafta, gasolinera *f*, bomba *f* (Andes, Cu, Ven), bencinera *f* (Chi), grifo *m* (Per)

gassy /ˈgæsi/ *adj* **-sier, -siest** (Culin)
A (flatulent) (AmE): **lentils make me ~** las lentejas me producen gases
B (esp BrE) efervescente, con gas

gas tank *n* [c] (AmE) depósito *m* *or* tanque *m* de gasolina *or* (RPl) de nafta *or* (Andes) de bencina

gastric /ˈgæstrɪk/ *adj* gástrico; **~ fever** fiebre *f* tifoidea, fiebre *f* entérica; **~ juice** jugo *m* gástrico; **~ ulcer** úlcera *f* gástrica *or* de estómago

gastric flu *n* [u] (BrE) afección *f* gastrointestinal vírica

gastritis /gæˈstraɪtəs || gæˈstraɪtɪs/ *n* [u] gastritis *f*

gastro-enteric /ˌgæstrəuenˈterɪk/ *adj* gastroentérico

gastroenteritis /ˌgæstrəʊentəˈraɪtəs || ˌgæstrəʊentəˈraɪtɪs/ *n* [u] gastroenteritis *f*

gastroenterology /ˌgæstrəʊentəˈrɑːlədʒi || ˌgæstrəʊentəˈrɒlədʒi/ *n* gastroenterología *f*

gastrointestinal /ˌgæstrəʊɪnˈtestənl || ˌgæstrəʊɪnˈtestɪnl, -ɪntesˈtaɪnl/ *adj* gastrointestinal; **~ tract** tracto *m* gastrointestinal

gastronome /ˈgæstrənəʊm/ *n* gastrónomo, -ma *m,f*, gourmet *mf*

gastronomic /ˌgæstrəˈnɑːmɪk || ˌgæstrəˈnɒmɪk/ *adj* gastronómico

gastronomy /gæsˈtrɑːnəmi || gæsˈtrɒnəmi/ *n* [u] gastronomía *f*

gastropod /ˈgæstrəpɑːd || ˈgæstrəpɒd/ *n* gasterópodo *m*

gastropub /ˈgæstrəpʌb || ˈgæstrəʊpʌb/ *n* (BrE) (Culin) *pub que se especializa en comida de calidad*

gasworks /ˈgæswɜːrks || ˈgæswɜːks/ *n* (*pl* ~) (+ *sing o pl vb*) fábrica *f* de gas

gate[1] /geɪt/ *n*
A 1 (to garden) verja *f*, cancela *f* (Esp), portón *m* (CS); (to field) portón *m*, tranquera *f* (AmL) 2 (to castle, city) (*usu pl*) puerta *f*, portal *m*; **the Pearly G~s** (liter *or* hum) las puertas del paraíso 3 (controlling admission) entrada *f* 4 (at airport) puerta *f* (de embarque) 5 (of lock, sluice) compuerta *f*
B (*starting ~*) (in horse racing) cajón *m* de salida; (in ski competitions) puerta *f* de salida
C 1 (attendance) público *m*, concurrencia *f*, entrada *f* (Esp) 2 **~ (money)** recaudación *f*, taquilla *f*
D (Geog) paso *m*, puerto *m*
E (Comput) puerta *f*

gate[2] *vt* (BrE) (*usu pass*): **he was ~d for a week** le prohibieron salir por una semana

gâteau, gateau /ˈgætəʊ/ *n* [u c] (*pl* **gâteaux** *or* **gateaus** /-z/) (BrE) pastel *m*, torta *f* (AmL), tarta *f* (Esp)

gatecrash /ˈgeɪtkræʃ/ *vt* ‹*party/match/meeting*› colarse* en
■ **gatecrash** *vi* colarse*

gatecrasher /ˈgeɪtˌkræʃər || ˈgeɪtˌkræʃə(r)/ *n* colado, -da *m,f*, paracaidista *mf* (AmL fam); **he must be a ~** debe de haberse colado, debe de ser un colado, debe de ser un paracaidista (AmL fam)

gatefold /ˈgeɪtfəʊld/ *n* página *f* desplegable

gatehouse /ˈgeɪthaʊs/ *n* casa *f* del guarda *or* guardián; (in castle) torre *f* de entrada

gatekeeper /ˈgeɪtˌkiːpər || ˈgeɪtˌkiːpə(r)/ *n* guardián, -diana *m,f*, guarda *mf*

gateleg table /ˈgeɪtleg/ *n* mesa *f* de alas abatibles

gatepost /ˈgeɪtpəʊst/ *n* poste *m*, pilar *m* (*de una verja*); ***between you, me and the ~*** (esp BrE) entre tú y yo, que no salga de estas cuatro paredes

gateway /ˈgeɪtweɪ/ *n*
A 1 (Archit) verja *f*, portalón *m* 2 (means of access) puerta *f*; **Bombay, ~ to India** Bombay, puerta de entrada a la India; **she saw this as the ~ to stardom** pensó que esto le abriría las puertas al estrellato, pensó que esto sería su pasaporte al estrellato
B (Comput) pasarela *f*, puerta *f*, entrada *f*

gateway drug *n* (Med, Sociol) droga *f* de inicio (*del consumo de otras más fuertes*)

gather[1] /ˈgæðər || ˈgæðə(r)/ *vi* «*crowd*» congregarse*, reunirse*, juntarse; **they ~ed round the table** se reunieron *or* se agruparon en torno a la mesa; **the storm clouds were ~ing** se avecinaba la tormenta
■ **gather** *vt*
A 1 (amass) ‹*flowers/mushrooms*› juntar, recoger*; ‹*information*› reunir*, juntar; ‹*people*› reunir*; **to ~ dust** juntar *or* acumular polvo; **the typewriters are just ~ing dust** las máquinas de escribir están ahí sin hacer nada 2 (marshal) ‹*thoughts*› ordenar, poner* en orden; ‹*strength/energy*› juntar, hacer* acopio de 3 (gain gradually) ‹*speed*› ir* adquiriendo
B (conclude) deducir*; **I ~ from what you're saying that you don't agree** deduzco por *or* de

lo que dices que no estás de acuerdo; **you don't agree, I ~** según parece no estás de acuerdo; **I didn't ~ much from the doctor** el médico no me dijo gran cosa; **you will have ~ed who he is by now** ya te habrás dado cuenta de quién es; **she's left her job — so I ~** ha dejado el trabajo — así parece *or* eso tengo entendido

C **1** (wrap): **she ~ed the shawl closer around her shoulders** se envolvió mejor con el chal; **he ~ed the blanket about himself** se arropó con la manta **2** (sweep): **he ~ed the child into his arms** tomó al niño en sus brazos

D (by sewing) fruncir*; **a ~ed skirt** una falda fruncida

■ *v refl* (liter): **to ~ oneself** prepararse, disponer-se*

Phrasal verbs

- **gather in** [v + o + adv, v + adv + o] recoger*
- **gather up** [v + o + adv, v + adv + o] recoger*; **he ~ed the toys up off the floor** recogió los juguetes del suelo; **she wore her hair ~ed up in a chignon** llevaba el pelo recogido en un moño; **she ~ed herself up to her full height** se irguió cuan alta era

gather² *n* fruncido *m*, frunce *m*

gathering¹ /ˈgæðərɪŋ/ *n* (meeting) reunión *f*; (people) concurrencia *f*; **a family ~** una reunión familiar

gathering² *adj* (*before n*) ‹*speed/intensity*› creciente, en aumento; **the ~ storm** la tormenta que se avecina (*or* avecinaba *etc*)

GATT /gæt/ *n* (Hist) (= **General Agreement on Tariffs and Trade**) GATT *m*

gauche /gəʊʃ/ *adj* ‹*person/remark/gesture*› torpe, falto de aplomo

gaucho /ˈgaʊtʃəʊ/ *n* (*pl* **-chos**) gaucho *m*

gaudiness /ˈgɔːdinəs || ˈgɔːdinɪs/ *n* [u] vulgaridad *f*, lo chabacano, lo charro (AmL fam)

gaudy /ˈgɔːdi/ *adj* ‹*clothes/paintwork*› chillón, charro (AmL fam); ‹*scene/spectacle*› chabacano; **her dress was a ~ pink** su vestido era de un rosa chillón

gauge¹, (AmE also) **gage** /geɪdʒ/ *vt* **1** (estimate) ‹*size/distance/amount*› calcular **2** (judge, assess) ‹*character*› juzgar*, evaluar*; ‹*possibilities/effects*› evaluar* **3** (measure) medir*

gauge², (AmE also) **gage** *n*

A (instrument) indicador *m*; **a pressure/temperature/depth ~** un indicador de presión/temperatura/profundidad; **rain ~** pluviómetro *m*; **wind ~** anemómetro *m*; **oil/fuel ~** indicador (del nivel) del aceite/de la gasolina

B **1** (measurement) calibre *m*; (Tex) galga *f* **2** (measure, indication) indicio *m*; **an accurate ~ of popular feeling** un fiel indicio del sentir popular

C (Rail) (width of track) entrevía *f*, ancho *m* de vía (Esp), trocha *f* (CS); **narrow ~** vía *f* estrecha, trocha *f* angosta (CS)

D (of shotgun) (AmE) calibre *m*

Gaul /gɔːl/ *n* **1** (region) Galia *f* **2** (person) galo, -la *m,f*

Gaullism /ˈgɔːlɪzəm/ *n* [u] gaullismo *m*

Gaullist¹ /ˈgɔːləst || ˈgɔːlɪst/ *n* gaullista *mf*

Gaullist² *adj* gaullista

gaunt /gɔːnt/ *adj* **1** ‹*person/face*› descarnado, delgado y adusto; (from illness, tiredness) demacrado **2** (liter) ‹*landscape*› adusto (liter), desolado

gauntlet /ˈgɔːntlət || ˈgɔːntlɪt/ *n* guante *m* (*con el puño largo*); (of suit of armor) guantelete *m*, manopla *f*; ***to pick up the ~*** recoger* el guante, aceptar el reto; ***to run the ~***: **she had to run the ~ of press photographers** tuvo que aguantar el acoso de los fotógrafos; ***to throw down the ~*** arrojar el guante

gauze /gɔːz/ *n* [u] **1** (Tex) gasa *f* **2** (Med) gasa *f* **3** (fine mesh) malla *f*

gave /geɪv/ *past of* **give¹**

gavel /ˈgævəl/ *n* mazo *m or* martillo *m* (*usado por jueces, subastadores etc*); **~-to-~ coverage** (AmE) cobertura *f* informativa completa

gavial /ˈgeɪviəl/ *n* gavial *m*

gavotte /gəˈvɑːt || gəˈvɒt/ *n* gavota *f*

gawk /gɔːk/ *vi* (colloq) papar moscas (fam); **don't just stand there ~ing!** ¡no te quedes ahí papando moscas!; **to ~ AT sth** mirar algo boquiabierto *or* embobado (fam)

gawky /ˈgɔːki/ *adj* **-kier, -kiest** ‹*adolescent/movement*› desgarbado; (socially) torpe, falto de aplomo

gawp /gɔːp/ *vi* (BrE colloq) ▸**gawk**

gay¹ /geɪ/ *adj*

A (homosexual) gay *adj inv*, homosexual; **lesbians and ~ men** lesbianas y gays, hombres y mujeres gay; **~ bar** bar *m* gay, bar *m* del ambiente gay; **~ pride day** día *m* del orgullo gay; **the ~ community/scene** la comunidad/el ambiente gay

B (dated) (merry) alegre

gay² *n* gay *mf*, homosexual *mf*

gay-bashing /ˈgeɪbæʃɪŋ/ *n* [u] ataque *m* a homosexuales

Gaza Strip /ˈgɑːzə/ *n*: **the ~ ~** (la franja *or* la faja *or* el corredor de) Gaza *f*

gaze¹ /geɪz/ *vi* mirar (*larga o fijamente*); **to ~ AT sth/sb** mirar algo/a algn; **he ~d fondly/sternly at her** la miró con cariño/severamente; **she ~d absentmindedly out of the window/into space** miraba distraída por la ventana/al vacío; **he ~d intently into her eyes** la miró fijamente a los ojos

gaze² *n* mirada *f* (*larga o fija*); **he flinched under her contemptuous ~** se encogió ante su mirada despreciativa; **as I looked up she met my ~** al levantar la vista mi mirada se cruzó con la suya

gazebo /gəˈziːbəʊ/ *n* (*pl* **-bos** *or* **-boes**) glorieta *f*, cenador *m*

gazelle /gəˈzel/ *n* (*pl* **~s** *or* **~**) gacela *f*

gazette¹ /gəˈzet/ *n* **1** (in newspaper names) gaceta *f* **2** (official newsletter) (BrE) boletín *m*

gazette² *vt* ‹*law*› *publicar en el Boletín Oficial del Estado*

gazetteer /ˌgæzəˈtɪr || ˌgæzəˈtɪə(r)/ *n* índice *m* geográfico

gazpacho /gəzˈpɑːtʃəʊ || gæsˈpætʃəʊ/ *n* [u c] gazpacho *m*

gazump /gəˈzʌmp/ *vt/vi* (BrE) *vender un inmueble a un mejor postor rompiendo un compromiso previo de venta*; **they were ~ed** se lo vendieron a alguien que ofreció más que ellos

GB = **Great Britain**

GBE = **Knight** *or* **Dame Grand Cross of the British Empire**

GBH *n* [u] (BrE) = **grievous bodily harm**

Gbyte /ˈdʒiːbaɪt/ *n* (= **gigabyte**) Gbyte *m*

GC *n* (in UK) = **George Cross**

GCE *n* [c u] (formerly, in UK) (= **General Certificate of Education**) ≈ bachillerato *m* elemental (*exámenes que se tomaban alrededor de los 16 años que en la actualidad se han remplazado por* ▸**GCSE**

GCSE *n* [c u] (in UK) (= **General Certificate of Secondary Education**) ≈ bachillerato *m* elemental (*exámenes que se toman en diferentes asignaturas alrededor de los 16 años y que constituyen la base para los A levels* ▸**A level - Advanced level** *o sirven de certificado de estudios a quienes no acceden a la enseñanza superior*)

GCSE - General Certificate of Secondary Education

Un examen sobre una materia en particular que tiene lugar, en Inglaterra, Gales e Irlanda del Norte, al final del quinto año de la enseñanza secundaria (*secondary school*). La mayoría lo hace en varias asignaturas. Los exámenes son corregidos por un tribunal independiente, ajeno al centro escolar. Los que deseen seguir estudiando para presentarse más tarde a los exámenes de ▸**A level - Advanced level,** necesitan tener un cierto número de GCSEs . También se pueden presentar a una mezcla de GCSEs y de ▸**GNVQ - General National Vocational Qualification.**

Gdansk /gəˈdɑːnsk/ *n* Gdansk

g'day /gəˈdeɪ/ *interj* (Austral, NZ) (colloq) hola

GDP *n* (= **gross domestic product**) PNB *m*, PBI *m* (RPl)

GDR *n* (Hist) (= **German Democratic Republic**) RDA *f*

gear¹ /gɪr || ˈgɪə(r)/ *n*

A (Mech Eng) engranaje *m*; (Auto) marcha *f*, velocidad *f*, cambio *m*; **to engage first/second ~** poner* *or* meter (la) primera/segunda; **to shift** *o* (BrE) **change ~** cambiar de marcha, cambiar de velocidad, hacer* un cambio; **production must move into a higher ~ to meet demand** habrá que acelerar la producción para poder satisfacer la demanda; **it's in ~/out of ~** está engranado/en punto muerto; **it jumped out of ~** saltó la marcha *or* el cambio; **our schedule was thrown out of ~ when she left** se nos desbarató el plan de trabajo cuando ella se fue; (*before n*): **~ cable** cable *m* del cambio (de marchas)

B [u] **1** (equipment) equipo *m*; (tools) herramientas *fpl*; (*fishing ~*) aparejo *m* de pesca; **landing ~** tren *m* de aterrizaje **2** (miscellaneous items) (colloq) cosas *fpl*, bártulos *mpl* (fam)

C [u] (Clothing) (colloq) ropa *f*; **tennis/riding ~** ropa de tenis/de montar; **she wears all the latest ~** se viste al último grito (fam)

gear² *vt* **1** (orient) orientar; **we are ~ing our business increasingly toward the export market** estamos orientando nuestro negocio cada vez más hacia las exportaciones; **(to be) ~ed TO/TOWARD sth**: **designs ~ed to the younger generation** diseños *mpl* para los más jóvenes; **our policy is ~ed to** *o* **toward achieving this aim** nuestra política está dirigida *or* encaminada a lograr este objetivo; **the course is ~ed to suit their needs** el curso ha sido planeado *or* está pensado teniendo en cuenta sus necesidades particulares **2** (prepare) **to ~ sth/sb FOR sth** preparar algo/a algn PARA algo; **they were ~ed for action** estaban preparados *or* listos para entrar en acción

Phrasal verb

- **gear up**

A [v + adv] (prepare) prepararse; **they are ~ing up for a new offensive** se están preparando para una nueva ofensiva

B [v + o + adv, v + adv + o] preparar; **to ~ oneself up for sth** prepararse para algo

gearbox /ˈgɪrbɑːks || ˈgɪəbɒks/ *n* (Auto) caja *f* de cambios *or* velocidades; (Mech Eng) caja *f* de engranajes

gear change *n* (BrE) **1** (action) cambio *m* de marcha *or* de velocidad **2** ▸**gearshift**

gear lever *n* (BrE) ▸**gearshift**

gearshift /ˈgɪrʃɪft || ˈgɪəʃɪft/ *n* (AmE) palanca *f* de cambio *or* (Méx) de velocidades

gear stick *n* (BrE) ▸**gearshift**

gear wheel *n* rueda *f* dentada, engranaje *m*, piñón *m*

gecko /ˈgekəʊ/ *n* (*pl* **-os** *or* **-oes**) geco *m*

geddit /ˈgedɪt/ *interj* (colloq): **~?** ¿entiendes?, ¿agarras *or* captas *or* (Esp) coges la onda? (fam), ¿lo pillas? (Esp fam), ¿las paras? (Chi, Per fam), ¿cachai? (Chi fam)

gee /dʒiː/ *interj* (AmE colloq): **~, I never knew that** ¡no me digas! yo no sabía; **~, I'm sorry to hear that** oye, lo siento; **~, thanks!** ¡pero ... gracias!

gee-gee /ˈdʒiːdʒi/ *n* (BrE colloq: used by or to children) caballito *m* (fam), tro tro *m* (Esp leng infantil), hico hico *m* (RPl leng infantil)

geek /giːk/ *n* (AmE colloq) **1** (socially inept person) ganso, -sa (fam), pazguato, -ta *m,f* **2** (obsessive enthusiast) obseso, -sa *m,f*; **computer ~** obseso, -sa *m,f* de la informática

geek speak *n* [u] jerga *f* técnica

geese /giːs/ *pl of* **goose¹**

gee-string /ˈdʒiːstrɪŋ/ *n* ▸**G-string**

gee up *interj* ¡arre!

gee-whiz /dʒiːˈhwɪz || dziːˈwɪz/ *adj* (AmE colloq) ingenuo

gee whiz *interj* (AmE colloq & dated) ¡recórcholis! (fam & ant)

geezer /ˈgiːzər || ˈgiːzə(r)/ *n* **1** (old man) (AmE colloq) viejo *m* (fam), vejete *m* (fam), viejales *m*

(Esp fam) 2 (man) (BrE sl) tipo *m* (fam), tío *m* (Esp fam)

Geiger counter /'gaɪgər || 'gaɪgə(r)/ *n* contador *m* Geiger

geisha (girl) /'geɪʃə/ *n* geisha *f*

gel¹ /dʒel/ *n* [u] gel *m*; **hair ~** gel (para el pelo)

gel² *vi* **-ll-** 1 ‹‹*liquid*›› gelificarse* 2 (BrE) ‹‹*plans*›› cuajar

gelatin /'dʒelətn || 'dʒelətɪn/, **gelatine** /-'tiːn/ *n* [u] gelatina *f*

gelatinous /dʒə'lætnəs || dʒə'lætɪnəs/ *adj* gelatinoso

gelcap® /'dʒelkæp/ *n* (AmE) cápsula *f*

geld /geld/ *vt* castrar

gelding /'geldɪŋ/ *n* caballo *m* castrado

gelignite /'dʒelɪgnaɪt/ *n* [u] gelignita *f*

gel pen *n* bolígrafo *m* (de tinta) gel

gem /dʒem/ *n* 1 (stone) gema *f*, piedra *f* preciosa/semipreciosa; (jewel) joya *f*, alhaja *f* 2 (person) (colloq) tesoro *m* (fam), joyita *f* (fam) 3 (wonderful example) joya *f*; **his collection contains some real ~s** en su colección hay verdaderas joyas; **she came out with some real ~s** dijo cosas de antología

geminated /'dʒeməneɪtəd || 'dʒemɪneɪtɪd/ *adj* geminado

Gemini /'dʒemənaɪ || 'dʒemɪnaɪ/ *n* 1 (sign) (*no art*) Géminis 2 [c] (person) Géminis *or* géminis *mf*, geminiano, -na *m,f*; *see also* **Aquarius**

Geminian¹ /ˌdʒemə'naɪən || ˌdʒemɪ'naɪən/ *n* geminiano, -na *m,f*

Geminian² *adj* geminiano, de los (de) Géminis

gemstone /'dʒemstəʊn/ *n* piedra *f* semipreciosa/preciosa, gema *f* (*en bruto*)

gen /dʒen/ *n* [u] (BrE colloq & dated) información *f*; **to give sb the ~ on sth** poner* a algn al corriente *or* al tanto de algo

Phrasal verb

• **gen up -nn-** (BrE colloq & dated)

A [v + adv] (learn) **to ~ up (ABOUT *o* ON sth)** informarse (SOBRE algo)

B [v + o + adv] (inform) **to ~ sb up ABOUT *o* ON sth** poner* a algn al corriente *or* al tanto DE algo

Gen (= **General**) Gral.

gender /'dʒendər || 'dʒendə(r)/ *n* 1 [u c] (Ling) género *m* 2 [u] (sex) sexo *m*; (*before n*) ‹*role/stereotype*› sexual; ‹*crisis*› de identidad sexual; **~ gap** brecha *f* entre los géneros *or* del género

gender-specific /ˌdʒendərspə'sɪfɪk || ˌdʒendəspə'sɪfɪk/ *adj* propio de cada género

gene /dʒiːn/ *n* gen *m*, gene *m*; **he's very stubborn — it's in the ~s** es muy tozudo — es de familia; (*before n*): **~ bank** *n* banco *m* genético; **~ map** mapa *m* génico; **~ mapping** cartografía *f* genética, confección *f* del mapa genético; **~ mutation** mutación *f* genética; **~ pool** *n* banco *m* genético *or* de genes; **~ splicing** acoplamiento *m* de genes; **~ therapy** terapia *f* génica

genealogical /ˌdʒiːniə'lɑːdʒɪkəl || ˌdʒiːniə'lɒdʒɪkəl/ *adj* genealógico

genealogically /ˌdʒiːniə'lɑːdʒɪkli || ˌdʒiːniə'lɒdʒɪkli/ *adv* genealógicamente

genealogical tree *n* árbol *m* genealógico

genealogist /ˌdʒiːni'ælədʒəst || ˌdʒiːni'ælədʒɪst/ *n* genealogista *mf*

genealogy /ˌdʒiːni'ælədʒi/ *n* [u] 1 (subject) genealogía *f* 2 (ancestry) genealogía *f*

gene knockout *n* [u] (Biol) noqueo *m* de genes

gene pool *n* banco *m* genético *or* de genes

genera /'dʒenərə/ *pl of* **genus**

general¹ /'dʒenrəl/ *adj*

A 1 (not detailed or specific) general; **I get the ~ picture** me hago una idea (general); **be more ~** no des tantos detalles; **speaking in ~ terms, you are right** hablando en general *or* en líneas generales, tienes razón; **he threw it in her ~ direction** la lanzó aproximadamente en su dirección; **it's his ~ attitude I object to** lo que me molesta es su actitud en general; **a ~ term** un término genérico *or* general; **in ~** en general; **his work is good in ~** en general *or* por lo general *or* generalmente su trabajo es bueno; **we discussed life in ~** hablamos de la vida en general 2 (not specialized) ‹*information*› general; ‹*clerk/laborer*› no especializado; **a guide book for the ~ reader** una guía para el gran público; **he's been a ~ nuisance all morning** se ha pasado la mañana molestando

B 1 (applicable to all, involving everyone) general; **topics of ~ interest** temas *mpl* de interés general; **the ~ good** el bien general *or* de todos 2 (widespread) generalizado; **there's a ~ tendency to ...** existe una tendencia generalizada a ...; **the rain will become (more) ~** la lluvia irá generalizándose *or* extendiéndose

C (usual) general; **in the ~ way** *o* **as a ~ rule we don't allow it** por lo general *or* por regla general no lo permitimos

D (supreme) ‹*manager/secretary*› general; **G~ Assembly** Asamblea *f* General; **~ headquarters** cuartel *m* general

E (Med) ‹*anesthesia/paralysis*› general

general² *n* (Mil) general *mf*

general anesthetic, (BrE) **general anaesthetic** *n* anestesia *f* general

general delivery *n* [u] (AmE) lista *f* de correos, poste *f* restante (AmL)

general election *n* elecciones *fpl* generales

general hospital *n* centro *m* hospitalario, hospital *m* (*no especializado*)

generalissimo /ˌdʒenrə'lɪsəməʊ || ˌdʒenrə'lɪsɪməʊ/ *n* (*pl* **-mos**) generalísimo *m*

generalist /'dʒenrələst || 'dʒenrəlɪst/ *n*: *persona de cultura general amplia*

generality /ˌdʒenə'ræləti/ *n* (*pl* **-ties**)

A 1 [u] (unspecificness) generalidad *f* 2 [c] (unspecific matter, comment) generalidad *f*

B (majority) (frml): **the ~** la generalidad *or* mayoría

generalization /ˌdʒenrələ'zeɪʃən || ˌdʒenrəlaɪ'zeɪʃən/ *n* generalización *f*

generalize /'dʒenrəlaɪz/ *vi* generalizar*

■ **generalize** *vt* generalizar*

general knowledge *n* [u] cultura *f* general; (*before n*): **general-knowledge question** pregunta *f* de cultura general

generally /'dʒenrəli/ *adv* 1 (usually, as a rule) generalmente, por lo general, en general 2 (broadly) (*indep*): **~ (speaking)** por lo general, en general, por regla general 3 (as a whole) en general; **I meant people ~** me refería a la gente en general 4 (by everyone): **it is ~ admitted that ...** en general se reconoce que ...; **he's ~ admired** es admirado por todos

general medicine *n* [u] medicina *f* general

general pardon *n* indulto *m* general

general practise, (BrE) **general practice** *n* 1 [u] (speciality) medicina *f* general 2 [c] (clinic) consulta *f or* consultorio *m* de medicina general

general practitioner *n* médico, -ca *m,f* de medicina general

general public *n*: **the ~ ~** el público en general, el gran público

general-purpose /ˌdʒenrəl'pɜːrpəs || ˌdʒenrəl'pɜːpəs/ *adj* ‹*tool/cloth*› para todo uso; ‹*dictionary*› de uso general

generalship /'dʒenrəlʃɪp/ *n* 1 [u c] (office, period) (Mil) generalato *m* 2 [u] (skill) don *m* de mando

general staff *n* estado *m* mayor

general store *n* (AmE) tienda *f* (*que vende todo tipo de artículos en una comunidad pequeña*), almacén *m* (CS)

general strike *n* huelga *f* general, paro *m* general (AmL)

general studies *n* (+ *sing vb*) (BrE) *asignatura que cubre temas relacionados con las ciencias sociales*

generate /'dʒenəreɪt/ *vt* 1 ‹*heat/light*› generar; ‹*power/gas/fumes*› producir*, generar 2 (create) ‹*hostility*› provocar*, generar; ‹*interest*› generar, despertar*, suscitar; ‹*jobs/revenue*› generar

generating station /'dʒenəreɪtɪŋ/ *n* ▸**power station**

generation /ˌdʒenə'reɪʃən/ *n*

A [c] 1 (people of similar age) generación *f*; **the postwar ~** la generación de la posguerra; **the older ~** la gente de más edad; **she belongs to a different ~** es de otra generación 2 (in families) generación *f*; **second-/third-~ Americans** estadounidenses de segunda/tercera generación 3 (type) generación *f*; **a new ~ of civil servants/politicians** una nueva generación de funcionarios/políticos; **first-/fifth-~ computers** computadoras *fpl or* (Esp tb) ordenadores *mpl* de primera/quinta generación 4 (length of time) generación *f*

B [u] (act of generating) generación *f*

generation gap *n* brecha *f* generacional

generative /'dʒenəreɪtɪv || 'dʒenərətɪv/ *adj* 1 (Ling) generativo 2 (Biol) generativo

generator /'dʒenəreɪtər || 'dʒenəreɪtə(r)/ *n* 1 (Elec) generador *m*, grupo *m* electrógeno 2 (AmE) (of bicycle, car) dínamo *or* dinamo *m* (AmL), dinamo *or* dínamo *f* (Esp)

generic¹ /dʒə'nerɪk/ *adj* 1 ‹*name/characteristic/term*› genérico 2 ‹*drug/product*› no de marca

generic² *n* producto *m* no de marca

generically /dʒə'nerɪkli/ *adv* genéricamente

generosity /ˌdʒenə'rɑːsəti || ˌdʒenə'rɒsəti/ *n* [u] generosidad *f*; **~ of spirit** generosidad de espíritu

generous /'dʒenrəs 'dʒenərəs/ *adj*

A 1 (open-handed) ‹*person*› generoso, dadivoso, magnánimo; ‹*contribution*› generoso; **he's very ~ to his children** es muy generoso con sus hijos; **he must have been in a ~ mood!** ¡debía sentirse de lo más generoso *or* dadivoso!; **she's ~ to a fault** peca de excesivamente generosa, es generosa en extremo; **your gift was more than ~** tu regalo fue realmente espléndido; **to be ~ WITH sth: she is ~ with her money** es muy generosa *or* desprendida con el dinero; **she's very ~ with her criticism** cuando se trata de criticar, no se queda corta; **he wasn't exactly ~ with the rum** no fue precisamente espléndido con el ron; **for a superb dessert, be ~ with the sherry** si quiere un postre realmente espléndido, no escatime el jerez; **I have been too ~ with the salt** me pasé con la sal, se me fue la mano con la sal 2 (gracious) ‹*nature/person/spirit*› generoso

B (ample, large) ‹*helping/amount*› abundante, generoso; **a ~ cup of flour** una taza bien colmada de harina; **a woman of ~ proportions** (euph) una mujer de generosas *or* amplias proporciones (euf)

generously /'dʒenrəsli 'dʒenərəsli/ *adv* 1 (open-handedly) generosamente, con generosidad; **please give ~** por favor, sean generosos 2 (amply) ‹*pay/reward*› generosamente; **butter it ~** úntalo con bastante mantequilla; **a ~ proportioned room** una habitación de amplias proporciones; **the book is ~ illustrated** el libro está profusamente ilustrado 3 (graciously) con generosidad

genesis /'dʒenəsəs || 'dʒenəsɪs/ *n* (*pl* **-ses** /-siːz/) 1 (origin) (frml) génesis *f* (frml), origen *m* 2 (Bib): **Genesis** Génesis *m*

genetic /dʒə'netɪk/ *adj* genético; **~ code** código *m* genético; **~ manipulation** manipulación *f* genética; **~ pollution** contaminación *f or* polución *f* genética

genetically /dʒə'netɪkli/ *adv* genéticamente; **~ engineered/manipulated** manipulado genéticamente; **~ modified** transgénico, genéticamente modificado; **~ modified foods** alimentos *mpl* transgénicos

genetic engineering *n* [u] ingeniería *f* genética

genetic fingerprint *n* [c] huella *f* genética

genetic fingerprinting *n* [u] identificación *f* genética (*técnica de identificación por medio del análisis del ADN*)

genetic imprinting *n* [u] (Biol, Med) impronta *f* genética

geneticist /dʒə'netəsəst || dʒə'netɪsɪst/ *n* genetista *mf*, especialista *mf* en genética

genetic pollution *n* [u] (Biol) contaminación *f* genética

g

genetic profile *n* perfil *m* genético

genetic profiling *n* [u] elaboración *f* del perfil genético

genetics /dʒə'netɪks/ *n* **1▸** (science) (+ *sing vb*) genética *f* **2▸** (genetic features) (+ *pl vb*) características *fpl* genéticas

Geneva /dʒə'niːvə/ *n* Ginebra *f*; **Lake ~** el Lago Lemán; (*before n*): **the ~ Convention** la Convención de Ginebra

Genghis Khan /'dʒeŋgəs'kɑːn || 'geŋgɪs'kɑːn, 'dʒeŋgɪs-/ *n* Gengis Kan

genial /'dʒiːnjəl || 'dʒiːniəl/ *adj* **1▸** (affable) ‹*person/manner/mood*› simpático, jovial; ‹*welcome/smile*› cordial, amistoso **2▸** (pleasant) ‹*climate*› agradable

geniality /ˌdʒiːni'æləti/ *n* [u] simpatía *f*, jovialidad *f*, cordialidad *f*

genially /'dʒiːnjəli || 'dʒiːniəli/ *adv* ‹*smile/greet/say*› cordialmente, de manera amistosa

genie /'dʒiːni/ *n* genio *m*; **the ~ of the lamp** el genio de la lámpara

Genie *n* (Can) (Cin, TV) Genie *f*

genii /'dʒiːniaɪ/ *pl of* **genius C**

genital /'dʒenətl || 'dʒenɪtl/ *adj* genital; **~ herpes** herpes *m* genital; **~ wart** verruga *f* genital

genitalia /ˌdʒenə'teɪljə || ˌdʒenɪ'teɪliə/ *pl n* (frml) genitales *mpl*

genitals /'dʒenətlz || 'dʒenɪtlz/ *pl n* genitales *mpl*

genitive[1] /'dʒenətɪv || 'dʒenɪtɪv/ *adj* genitivo; **~ case** caso *m* genitivo

genitive[2] *n* genitivo *m*

genitourinary /ˌdʒenɪtəʊ'jʊrəneri || ˌdʒenɪtəʊ'jʊərɪnəri/ *adj* genitourinario

genitourinary tract /ˌdʒenətəʊ'jʊrəneri || ˌdʒenɪtəʊ'jʊərɪnəri/ *n* tracto *m* genitourinario

genius /'dʒiːniəs/ *n*
A [c] (*pl* **geniuses**) **1▸** (clever person) genio *m* **2▸** (powerful influence): **an evil ~** una influencia maligna
B [u] **1▸** (brilliance) genialidad *f*; **a man/work of ~** un hombre/una obra genial **2▸** (gift): **she has a ~ for music** tiene talento para la música; **he has a ~ for saying the right thing** tiene la habilidad *or* el don de decir lo apropiado en toda situación
C [c] (*pl* **genii**) **1▸** (spirit) genio *m* **2▸** (essential nature) (liter) genio *m* (liter), carácter *m*

Genoa /'dʒenəʊə/ *n* Génova *f*

genocide /'dʒenəsaɪd/ *n* [u] genocidio *m*

genome /'dʒiːnəʊm/ *n* genoma *m*

genomics /ˌdʒə'nɑːmɪks || ˌdʒɪ'nɒmɪks/ *n* (Biol) **1▸** (science) (+ *sing vb*) genómica *f* **2▸** (features) (+ *pl vb*) genómica *f*

genotype /'dʒenətaɪp/ *n* genotipo *m*

genre /'ʒɑːnrə/ *n* **1▸** [c] (kind) género *m* **2▸** [u] **~ (painting)** pintura *f* de género

gent /dʒent/ *n* (BrE colloq) caballero *m*; **he's a real ~** es todo un caballero; **ladies and ~s** damas y caballeros; **a ~'s umbrella/watch** un paraguas/reloj de caballero *or* de hombre; Ⓢ **Gents** Caballeros; **where's the G~s?** ¿dónde está el baño *or* (Esp) el servicio de caballeros?

genteel /dʒen'tiːl/ *adj* refinado, elegante; **they live in ~ poverty** viven modesta pero dignamente; **I can't stand her ~ euphemisms** no soporto sus remilgados eufemismos *or* sus eufemismos cursis

gentian /'dʒentʃən || 'dʒenʃən/ *n* genciana *f*

gentian violet *n* [u] violeta *f* de genciana

gentile /'dʒentaɪl/ *n* gentil *mf*

gentility /dʒen'tɪləti/ *n* (*pl* **-ties**) **1▸** [u] (genteelness) refinamiento *m*, elegancia *f* **2▸** [c] (genteel convention) refinamiento *m*

gentle /'dʒentl/ *adj* **gentler** /'dʒentlər || 'dʒentlə(r)/ **gentlest** /'dʒentləst || 'dʒentlɪst/
A (moderate, not violent or harsh) ‹*murmur*› suave; ‹*slope*› poco empinado; ‹*exercise*› moderado; ‹*heat/breeze*› suave, ligero; ‹*shampoo*› suave; ‹*push/prod*› ligero; ‹*reminder/hint*› discreto, diplomático; **he's a very ~ dog** es un perro muy manso; **be ~ with that vase** ten cuidado con ese jarrón; **a ~ tap** un golpecito suave; **the detergent that's ~ on your hands** el detergente que cuida de sus manos; **it is ~ on your stomach** no hace daño al estómago
B (kindly, tender) ‹*manner/face/person*› dulce, delicado; ‹*caress/kiss/smile/voice*› dulce, tierno; **the ~(r) sex** (dated) el bello sexo (ant)
C (noble) (arch) ‹*family*› hidalgo, de alcurnia; **of ~ birth** bien nacido; **~ reader** estimado lector

gentlefolk /'dʒentlfəʊk/, **gentlefolks** /-fəʊks/ *pl n* (arch *or* hum) gente *f* de buena familia

gentleman /'dʒentlmən/ *n* (*pl* **-men** /-mən/)
A **1▸** (man) caballero *m*, señor *m*; **there's a ~ here to see you** hay un caballero *or* un señor que desea verlo; **ladies and gentlemen** (*as term of address*) señoras y señores; Ⓢ **Gentlemen** Caballeros **2▸** (well-bred man) caballero *m*; **he's a perfect ~** es un perfecto caballero *or* es todo un caballero; **a ~'s agreement** un pacto de caballeros
B **1▸** (with private means) señor *m*; **he leads the life of a ~** lleva la vida de un señor **2▸** (nobleman) (BrE arch) gentilhombre *m*

gentleman farmer *n* hacendado *m*

gentlemanly /'dʒentlmənli/ *adj* ‹*conduct/manners*› caballeroso; ‹*appearance/lifestyle*› de señor, de caballero; **he did the ~ thing and paid up** se comportó como un caballero y saldó su deuda

gentleman's gentleman *n* (dated) ayuda *m* de cámara, valet *m*

gentleness /'dʒentlnəs || 'dʒentlnɪs/ *n* [u]
A (of nature, disposition) dulzura *f*; (of animal) mansedumbre *f*
B **1▸** (in handling, touching) cuidado *m*, delicadeza *f*; (tenderness) ternura *f*; **the ~ of his kisses/caresses** la ternura de sus besos/caricias **2▸** (of shampoo, detergent) suavidad *f* **3▸** (of hint) sutileza *f*, lo diplomático

gently /'dʒentli/ *adv* **1▸** (not roughly or violently) ‹*handle/set down*› con cuidado, cuidadosamente; ‹*tap/nudge*› ligeramente, suavemente; ‹*hint*› con tacto *or* discreción; **~ (does it)!** ¡(ten) cuidado!; **cook ~ for 25 mins** deje que se haga a fuego lento durante 25 minutos; **deal ~ with him** no seas duro con él, sé comprensivo con él **2▸** (tenderly) dulcemente, con dulzura; (tactfully, kindly) con delicadeza

gentrification /ˌdʒentrəfə'keɪʃən || ˌdʒentrɪfɪ'keɪʃən/ *n* [u] aburguesamiento *m*

gentrify /'dʒentrəfaɪ || 'dʒentrɪfaɪ/ *vt* ‹*suburb/neighborhood*› aburguesar

gentry /'dʒentri/ *n* (+ *sing o pl vb*) alta burguesía *f*, pequeña nobleza *f*; **the landed ~** la aristocracia terrateniente

genuflect /'dʒenjəflekt || 'dʒenjʊflekt/ *vi* hacer* una genuflexión

genuflection, (BrE also) **genuflexion** /ˌdʒenjə'flekʃən || ˌdʒenjʊ'flekʃən/ *n* [u c] genuflexión *f*

genuine /'dʒenjuən || 'dʒenjʊɪn/ *adj* **1▸** ‹*enthusiasm/interest/amazement*› sincero, genuino, verdadero; ‹*inquiry/application*› serio; **she is a very ~ person** es muy buena persona; Ⓢ **genuine callers only, please** curiosos abstenerse; **it was a ~ misunderstanding** fue realmente un malentendido **2▸** ‹*leather*› legítimo, auténtico; ‹*signature/antique*› auténtico; **a ~ Goya** un Goya auténtico; **this caviar is the ~ article** éste es caviar auténtico *or* genuino *or* de verdad; **my first encounter with a ~ Spanish matador** mi primer encuentro con un verdadero torero español

genuinely /'dʒenjuənli || 'dʒenjʊɪnli/ *adv* **1▸** (sincerely) sinceramente **2▸** (really) realmente; **he's ~ sorry** está realmente arrepentido, está arrepentido de veras *or* de verdad

genuineness /'dʒenjuənnəs || 'dʒenjʊɪnnɪs/ *n* [u] **1▸** (authenticity) autenticidad *f* **2▸** (sincerity) sinceridad *f*

genus /'dʒiːnəs/ *n* (*pl* **genera** *or* **~es**) género *m*

geo- /'dʒiəʊ/ *pref* geo-

geobiology /ˌdʒiəʊbaɪ'ɑːlədʒi || ˌdʒiəʊbaɪ'ɒlədʒi/ *n* [u] geobiología *f*

geocentric /ˌdʒiəʊ'sentrɪk/ *adj* geocéntrico

geochemical /ˌdʒiəʊ'kemɪkəl/ *adj* geoquímico

geochemistry /ˌdʒiəʊ'kemɘstri || ˌdʒiəʊ'kemɪstri/ *n* [u] geoquímica *f*

geodesic /ˌdʒiə(ʊ)'diːsɪk -'desɪk/ *adj* geodésico

geographer /dʒi'ɑːgrəfər || dʒi'ɒgrəfə(r)/ *n* geógrafo, -fa *m,f*

geographical /ˌdʒiə'græfɪkəl/, **geographic** /-'græfɪk/ *adj* geográfico

geographically /ˌdʒiə'græfɪkli/ *adv*: **to divide ~** dividir geográficamente; **a ~-based study** un estudio desde el punto de vista geográfico

geographic information system *n* sistema *m* de información geográfica, SIG *m*

geography /dʒi'ɑːgrəfi || dʒi'ɒgrəfi/ *n* [u] geografía *f*; **I'm still not familiar with the ~ of the town** todavía no me oriento bien en la ciudad

geological /ˌdʒiə'lɑːdʒɪkəl || ˌdʒiə'lɒdʒɪkəl/ *adj* geológico; **~ map** mapa *m* geológico; **~ survey** estudio *m* geológico

geologically /ˌdʒiə'lɑːdʒɪkli || ˌdʒiə'lɒdʒɪkli/ *adv*: **to divide ~** dividir geológicamente; **a ~-based study** un estudio desde el punto de vista geológico

geologist /dʒi'ɑːlədʒəst || dʒi'ɒlədʒɪst/ *n* geólogo, -ga *m,f*

geology /dʒi'ɑːlədʒi || dʒi'ɒlədʒi/ *n* [u] geología *f*

geomatics /ˌdʒiə'mætɪks/ *pl n* (Comput, Geog) geomática *f*

geometric /ˌdʒiə'metrɪk/, **geometrical** /-əl/ *adj* **1▸** (Math) ‹*mean/progression/series*› geométrico **2▸** ‹*shape/pattern*› geométrico

geometrically /ˌdʒiə'metrɪkli/ *adv* ‹*perfect*› geométricamente; ‹*patterned*› de forma geométrica

geometry /dʒi'ɑːmətri || dʒi'ɒmətri/ *n* [u] geometría *f*

geomorphic /ˌdʒiə'mɔːrfɪk || ˌdʒiə'mɔːfɪk/ *adj* geomórfico

geomorphological /ˌdʒiə(ʊ)mɔːrfə'lɑːdʒɪkəl || ˌdʒiə(ʊ)mɔːfə'lɒdʒɪkəl/ *adj* geomorfológico

geomorphology /ˌdʒiə(ʊ)mɔːr'fɑːlədʒi || ˌdʒiə(ʊ)mɔː'fɒlədʒi/ *n* [u] geomorfología *f*

geophysical /ˌdʒiə'fɪzɪkəl/ *adj* geofísico

geophysicist /ˌdʒiə(ʊ)'fɪzəsəst || ˌdʒiə(ʊ)'fɪzɪsɪst/ *n* geofísico, -ca *m,f*

geophysics /ˌdʒiə'fɪzɪks/ *n* (+ *sing vb*) geofísica *f*

geopolitical /ˌdʒiəʊpə'lɪtɪkəl/ *adj* geopolítico

geopolitics /ˌdʒiə(ʊ)'pɑːlətɪks || ˌdʒiə(ʊ)'pɒlɪtɪks/ *n* **1▸** (+ *sing or pl vb*) (international relations) geopolítica *f* **2▸** (+ *sing vb*) (as specialism) geopolítica *f*

Geordie /'dʒɔːrdi || 'dʒɔːdi/ *n* (BrE colloq) *persona oriunda de Tyneside*

George /dʒɔːrdʒ || dʒɔːdʒ/ *n*: **by ~!** (dated) ¡diantre! (ant)

georgette /dʒɔːr'dʒet || dʒɔː'dʒet/ *n* [u] (crêpe *m*) georgette *m*

Georgia /'dʒɔːrdʒə || 'dʒɔːdʒə/ *n* **1▸** (republic in the Caucasus) Georgia *f* **2▸** (US state) Georgia *f*

Georgian[1] /'dʒɔːrdʒən || 'dʒɔːdʒən/ *adj* **1▸** (of Georgia in the Caucasus) georgiano **2▸** (of Georgia in US) georgiano **3▸** (in architecture, UK history) georgiano **4▸** ‹*poetry*› modernista (*de principios del s. XX*)

Georgian[2] *n* **1▸** [c] (from the Caucasus) georgiano, -na *m,f* **2▸** [u] (language) georgiano *m* **3▸** (from USA) georgiano, -na *m,f*

geoscience /'dʒiəʊsaɪəns/ *n* [u] geociencias *fpl*, geociencia *f*

geospatial *adj* (Geog) geoespacial

geostationary /ˌdʒiəʊ'steɪʃəneri || ˌdʒiəʊ'steɪʃənəri/ *adj* geoestacionario

geranium /dʒə'reɪniəm/ *n* **1▸** (popular use) geranio *m*, malvón *m* (Méx, RPl) **2▸** (technical use) geraniácea *f*

gerbil /'dʒɜːrbəl || 'dʒɜːbɪl/ *n* jerbo *m*, gerbo *m*

geriatric¹ /ˌdʒeriˈætrɪk/ *adj* **1** (Med) ‹*patient*› anciano; ‹*ward*› de geriatría; ~ **home** hogar *m* de ancianos; ~ **medicine** geriatría *f* **2** (hum) carcamal (fam); **you're 35? that's positively ~!** ¿tienes 35? ¡qué vejestorio! (hum)

geriatric² *n* (hum) vejestorio *m* (fam), carcamal *m* (fam)

geriatrician /ˌdʒeriəˈtrɪʃən/ *n* geriatra *mf*, especialista *mf* en geriatría

geriatrics /ˌdʒeriˈætrɪks/ *n* (+ *sing vb*) geriatría *f*

germ /dʒɜːrm || dʒɜːm/ *n*
A (Med) microbio *m*, germen *m*; **I don't want your ~s!** no me pases los microbios
B **1** (Biol, Bot) germen *m* **2** (beginning): **the ~ of an idea** el germen de una idea

German¹ /ˈdʒɜːrmən || ˈdʒɜːmən/ *adj* alemán

German² *n* **1** [u] (language) alemán *m* **2** [c] (person) alemán, -mana *m,f*

German Democratic Republic *n* (Hist): **the ~ ~ ~** la República Democrática Alemana

germane /dʒɜːrˈmeɪn || dʒɜːˈmeɪn/ *adj* (frml) **to be ~ TO sth** guardar relación CON algo (frml)

Germanic /dʒɜːrˈmænɪk || dʒɜːˈmænɪk/ *adj* ‹*tribes/folklore*› germánico; ‹*features/temperament*› germano

German measles *n* [u] (+ *sing vb*) rubéola *f*, rubeola *f*

German shepherd (dog) *n* pastor *m or* (CS) ovejero *m* alemán, perro *m* (de) policía, policial *m* (Chi)

Germany /ˈdʒɜːrməni || ˈdʒɜːməni/ *n* Alemania *f*

germ cell *n* célula *f* germen

germfree /ˈdʒɜːrmfriː || ˈdʒɜːmfriː/ *adj* libre de gérmenes

germicidal /ˌdʒɜːrməˈsaɪdl || ˌdʒɜːmɪˈsaɪdl/ *adj* germicida

germicide /ˈdʒɜːrməsaɪd || ˈdʒɜːmɪsaɪd/ *n* [u c] germicida *m*

germinate /ˈdʒɜːrməneɪt || ˈdʒɜːmɪneɪt/ *vi* «*seed*» germinar
■ **germinate** *vt* ‹*seed*› hacer* germinar

germination /ˌdʒɜːrməˈneɪʃən || ˌdʒɜːmɪˈneɪʃən/ *n* [u] germinación *f*

germproof /ˈdʒɜːrmpruːf || ˈdʒɜːmpruːf/ *adj* a prueba de gérmenes

germ warfare *n* [u] guerra *f* bacteriológica

gerontologist /ˌdʒerənˈtɑːlədʒəst || ˌdʒerənˈtɒlədʒɪst/ *n* gerontólogo, -ga *m,f*

gerontology /ˌdʒerənˈtɑːlədʒi || ˌdʒerənˈtɒlədʒi/ *n* [u] gerontología *f*

gerrymander /ˈdʒeriˌmændər || ˈdʒeriˌmændə(r)/ *vt* **1** (Pol) ‹*state/district*› dividir injustamente (*para beneficiar a un partido*) **2** (manipulate unfairly) manipular

gerrymandering /ˈdʒeriˌmændərɪŋ/ *n* [u] manipulaciones *fpl* (pey), maniobras *fpl* (pey)

gerund /ˈdʒerənd/ *n* gerundio *m*

gerundive /dʒəˈrəndɪv || dʒəˈrʌndɪv/ *n* gerundivo *m*

gesso /ˈdʒesəʊ/ *n* [u] yeso *m*

gestalt, Gestalt /gəˈstɑːlt geˈʃtɑːlt/ *n* Gestalt *f*; (*before n*): **G~ therapy** terapéutica *f* gestáltica

Gestapo /geˈstɑːpəʊ/ *n*: **the ~** la Gestapo

gestate /ˈdʒesteɪt || dʒeˈsteɪt/ *vi* **1** (Biol) estar* en período de gestación **2** (develop) (frml) «*idea/project*» gestarse (frml)
■ **gestate** *vt* gestar

gestation /dʒeˈsteɪʃən/ *n* [u] **1** (Biol) gestación *f*; (*before n*): ~ **period** período *m* de gestación **2** (of thought, idea, plan) (frml) gestación *f* (frml)

gesticulate /dʒeˈstɪkjəleɪt || dʒeˈstɪkjʊleɪt/ *vi* gesticular

gesticulation /dʒeˌstɪkjəˈleɪʃən || dʒeˌstɪkjʊˈleɪʃən/ *n* [u c] gesticulación *f*

gesture¹ /ˈdʒestʃər || ˈdʒestʃə(r)/ *n* **1** (of body) gesto *m*, ademán *m*; **a rude ~** un gesto grosero; **to make a ~ of annoyance/impatience** hacer* un gesto de irritación/de impaciencia **2** (token, expression) gesto *m*; **a ~ of defiance** un gesto desafiante; **an empty/symbolic ~** un gesto vacío/simbólico; **the card arrived late, but it was a nice ~** la tarjeta llegó tarde, pero fue todo un detalle; (*before n*): **~ politics** política *f* gestual *or* del gesto

gesture² *vi* hacer* gestos; **she ~d in my direction** me hizo señas; **I ~d to them to be quiet** les hice señas para que se callaran

get¹ /get/ (*pres p* **getting**; *past* **got**; *past p* **got** *or* AmE also **gotten**)

INDEX

■ **get** *verb transitive*

Sense I

A **1** to obtain: money, information etc
2 to buy
3 to achieve, to win: prize, grade etc
4 by calculation
5 when telephoning
B **1** to receive: letter, message etc
2 Radio, TV
3 to be paid
4 to experience: shock etc
5 to suffer
C to find, to have
D to fetch
E **1** to reach
2 to take hold of
3 to catch, to trap
4 to assault, to kill
F to hit: target etc
G with illnesses
H to catch: bus, train
I to prepare: breakfast, dinner
J **1** to irritate
2 to bring out emotions
3 to puzzle
K **1** to understand
2 to hear, to take note of
L to answer: phone
M to have in one's possession

Sense II

A to bring, to move, to put
B to cause to be + adjective
C **1** of an action by the subject
2 of an action by somebody else
D to arrange, to persuade, to force
E to cause to start

■ **get** *verb intransitive*

A to arrive
B **1** to get married, dressed etc
2 to be
C **1** to come to, to reach a state
2 to have the opportunity to
D to start

Phrasal verbs

- **get about**
- **get above**
- **get across**
- **get after**
- **get ahead**
- **get along**
- **get around**
- **get around to**
- **get at**
- **get away**
- **get away with**
- **get back**
- **get back at**
- **get back to**
- **get behind**
- **get by**
- **get down**
- **get down to**
- **get in**
- **get in on**
- **get into**
- **get in with**
- **get off**
- **get off on**
- **get off with**
- **get on**
- **get on at**
- **get on for**
- **get onto**
- **get out**
- **get out of**
- **get over**
- **get past**
- **get round**
- **get through**
- **get to**
- **get together**
- **get up**
- **get up to**

vt

Sense I

A **1** (to obtain) ‹*money/information*› conseguir*, obtener*; ‹*job/staff*› conseguir*; ‹*authorization/loan*› conseguir*, obtener*; ‹*idea*› sacar*; **where did you ~ that beautiful rug?** ¿dónde conseguiste *or* encontraste esa alfombra tan preciosa?; **where did they ~ that compère?** ¿de dónde sacaron a ese maestro de ceremonias?; **these pears are as good as you'll ~, I'm afraid** estas peras son de lo mejorcito que hay (fam); **the public can't ~ enough of her** el público no se cansa de ella; **to ~ sth FROM sb/sth: we ~ our information from official sources** sacamos la información de fuentes oficiales; **you may ~ more up-to-date news from Ken** Ken te podrá dar noticias más frescas **2** (to buy) comprar; **what can I ~ Tom for Christmas?** ¿qué le puedo comprar a Tom para Navidad?; **you can ~ them much cheaper in town** los puedes comprar *or* conseguir más baratos en el centro; **go out and ~ yourself a new suit** ve y cómprate un traje nuevo; **they sell like hotcakes; we can't ~ enough of them** se venden como pan caliente, no hay estoc que alcance; **to ~ sth FROM sb/sth: I ~ my bread from the local baker** le compro el pan al panadero del barrio; **I got this bread from Harrods** este pan lo compré en Harrods **3** (to achieve, to win) ‹*prize/grade*› sacar*, obtener* (frml); ‹*majority*› obtener* (frml), conseguir*; **he ~s results** consigue *or* logra lo que se propone; **I got an A in physics** saqué una A en física; **you're ~ting yourself quite a reputation** ¡te estás haciendo una fama … !; **a French company got the contract** una compañía francesa consiguió el contrato, le dieron *or* le adjudicaron el contrato a una compañía francesa; **he finally got the divorce** finalmente le dieron el divorcio **4** (by calculation): **what did you ~, Tim?** ¿a ti qué *or* cuánto te dio, Tim?; **divide 27 by 3 and you ~ 9** si divides 27 por 3 te dará 9; **got it!** ¡ya sé!; **have you got 21 across yet?** ¿ya has sacado el 21 horizontal? **5** (when telephoning) ‹*number/person*› lograr comunicarse con; **I got the wrong number** me dio equivocado

B **1** (to receive) ‹*letter/message/reward/reprimand*› recibir; **I was ~ting signals from Jenny to be quiet** Jenny me estaba haciendo señas para que me callara; **I know what I'm ~ting for my birthday** ya sé lo que me van a regalar para mi cumpleaños; **do I ~ a kiss, then?** ¿entonces me das un beso?; **she got 12 years for armed robbery** le dieron *or* (fam) le cayeron 12 años por robo a mano armada; **to ~ sth FROM sb: all I ever ~ from you is criticism** lo único que haces es criticarme; **she got a warm reception from the audience** el público le dio una cálida bienvenida; **he ~s the musical talent from his dad** el talento musical lo ha heredado *or* le viene del padre; **I don't know where she ~s it from, it certainly isn't from me** no sé por qué es así, desde luego no ha salido a mí; **I do all the work and she ~s all the credit** yo hago todo el trabajo y ella se lleva la fama; **I seldom ~ the chance** rara vez se me presenta la oportunidad; **the west coast ~s a lot of rain** en la costa oeste llueve mucho; **the kitchen doesn't ~ much sun** en la cocina no da mucho el sol **2** (Radio, TV) ‹*station*› captar, recibir, coger* (esp Esp fam), agarrar (CS fam) **3** (to be paid) ‹*salary/pay*› ganar; **how much were you ~ting in your old job?** ¿cuánto ganabas en tu trabajo anterior?; **if I do overtime I ~ a bit more** si hago horas extras saco un poco más; **what *o* how much do you think I can ~ for the piano?** ¿cuánto crees que puedo sacar *or* que me pueden dar por el piano? **4** (to experience) ‹*shock/surprise*› llevarse; **I got the impression that ...** me dio la impresión de que ...; **I ∼ the feeling that ...** tengo *or* me da la sensación de que ... **5** (to suffer): **how did you ∼ that bump on your head/black eye?** ¿cómo te hiciste ese chichón en la cabeza/te pusiste el ojo morado?; **she got smoke in her eyes** le entró humo en los ojos; **she got a splinter in her finger** se clavó una astilla en el dedo; **he got the full force of the blast** recibió todo el impacto de la explosión

C (to find, to have) (colloq): **you don't ∼ elephants in America** en América no hay elefantes; **you ∼ better weather on the south coast** en la costa sur hace mejor tiempo; **we ∼ mainly students in here** nuestros clientes (*or* visitantes *etc*) son mayormente estudiantes; **I ∼ all sorts of people coming to see me** viene a verme todo tipo de gente

D (to fetch) ‹*hammer/scissors*› traer*, ir* a buscar; ‹*doctor/plumber*› llamar; **go and ∼ your father** ve a llamar a tu padre; **∼ your coat** anda *or* vete a buscar tu abrigo; **can you come and ∼ me in the car?** ¿puedes venir a buscarme con el coche?; **she got herself a cup of coffee** se sirvió (*or* se hizo *etc*) una taza de café; **shall I ∼ you a taxi?** ¿te llamo un taxi?

E **1** (to reach) alcanzar*; **it's too high up for me, can you ∼ it?** está demasiado alto para mí ¿tú lo puedes alcanzar *or* tú alcanzas? **2** (to take hold of) agarrar, coger* (esp Esp); **to ∼ sb by the arm/leg** agarrar *or* (esp Esp) coger* a algn por el brazo/la pierna; **the pain ∼s me right here** me duele justo aquí **3** (to catch, to trap) pillar (fam), agarrar (AmL), coger* (esp Esp); **you've got me there, I haven't a clue** ¡ahí sí que me pillaste *or* (AmL) me agarraste *or* (Esp) me cogiste! no tengo la menor idea (fam) **4** (to assault, to kill) (colloq): **I swear I'll ∼ you!** ¡te juro que me las vas a pagar! (fam); **the sharks must have got him, poor devil** se lo deben de haber comido los tiburones al pobre (fam); **if smoking doesn't ∼ you, pollution will** si no te mata el tabaco, te liquida la contaminación (fam)

F (to hit) ‹*target/person*› darle* a; **to ∼ sb on** *o* **in the arm/leg** darle* a alguien en el brazo/la pierna; ***you'll ∼ yours*** (AmE sl) ¡ya las vas a pagar! (fam)

G (with illnesses) ‹*cold/flu*› agarrar, pescar* (fam), pillar (fam), coger* (esp Esp); **she got chickenpox from her sister** la hermana le contagió *or* (fam) le pegó la varicela

H (to catch) ‹*bus/train*› tomar, coger* (Esp); **she got a bus to Kingston** (BrE) fue en autobús hasta Kingston

I (to prepare) ‹*breakfast/dinner*› preparar, hacer*

J (colloq) **1** (to irritate) fastidiar; **what ∼s me is the way he said it** lo que me fastidia *or* me da rabia es la forma en que lo dijo **2** (to bring out emotions): **it ∼s you right there** (set phrase) te conmueve, te da mucha lástima **3** (to puzzle): **what ∼s me is how ...** lo que no entiendo es cómo ...

K **1** (to understand) (colloq) entender*; **I ∼ it, you want me to tell them that ...** ya entiendo *or* (fam) ya caigo, quieres que les diga que ...; **oh, I ∼ you** ah, ya (te) entiendo; **don't ∼ me wrong** no me malentiendas *or* malinterpretes; **∼ it?** ¿entiendes?, ¿agarras *or* (Esp) coges la onda? (fam) **2** (to hear, to take note of) oír*; **I didn't quite ∼ that: could you repeat it?** no oí *or* entendí bien ¿podrías repetir lo que dijiste?; **I didn't ∼ your name** no entendí tu nombre; **did you ∼ the number?** ¿tomaste nota del número?; **∼ this, Frank's a candidate** (sl) agárrate *or* (Chi) afírmate *or* (Col) téngase de atrás, Frank se presenta como candidato (fam)

L (to answer) (colloq) ‹*phone*› contestar, atender*, coger* (Esp); ‹*door*› abrir*

M (to have in one's possession): **to have got** *see* **have**

Sense **II**

A (to bring, to move, to put) (+ *adv compl*): **we'll ∼ it there by two o'clock** lo tendremos allí antes de las dos; **don't worry, we'll ∼ you to Rome somehow** no te preocupes, encontraremos la manera de que llegues a Roma; **just wait till I ∼ you home!** ¡ya vas a ver cuando lleguemos a casa!; **to ∼ sth downstairs/upstairs** bajar/subir algo; **when can you ∼ the documents to us?** ¿cuándo nos puede hacer llegar los documentos?; **where will it ∼ us?** ¿a dónde nos conduce?; ***to ∼ sb nowhere, not to ∼ sb anywhere***: **this approach is ∼ting us nowhere** de esta manera no estamos logrando nada *or* (fam) no vamos a ninguna parte; **flattery won't ∼ you anywhere with him** no vas a sacar nada con *or* no te va a servir de nada halagarlo; *see also* **get across**, **get in**, **get out** *etc*

B (to cause to be) (+ *adj compl*): **he got the children ready** preparó a los niños; **I can't ∼ the window open/shut** no puedo abrir/cerrar la ventana; **it's hard to ∼ these pans clean** estas cacerolas son difíciles de limpiar; **they got him drunk** lo emborracharon; **let me ∼ one thing clear** (esp BrE) (make it clear) esto que quede bien claro; (receive clarification about it) a ver si entiendo bien esto; **they got their feet wet/dirty** se mojaron/se ensuciaron los pies

C **to ∼ sb/sth + pp** **1** (showing an action carried out by the subject): **I'm going to ∼ the house tidied up** voy a ordenar la casa; **he says he'll ∼ that shelf put up this afternoon** dice que va a colocar ese estante esta tarde; **we must ∼ some work done** tenemos que trabajar un poco; **he got his arm broken** se rompió el brazo; **it's about time they got themselves organized** ya va siendo hora de que se organicen **2** (showing an action carried out by somebody else): **he got the house painted/the carpets cleaned** hizo pintar la casa/limpiar las alfombras; **∼ your hair cut!** ¡vete a cortar el pelo!; **I must ∼ this watch fixed** tengo que llevar a *or* (AmL tb) mandar (a) arreglar este reloj; **you'll ∼ me fired!** ¡vas a hacer que me echen!; **that won't ∼ you promoted** con eso no vas a lograr que te asciendan; **I got that written into the contract** les hice poner eso en el contrato

D (to arrange, to persuade, to force) **to ∼ sb/sth to + INF**: **I'll ∼ him to help you** (order) le diré que te ayude; (ask) le pediré que te ayude; (persuade) lo convenceré de que te ayude; **she could never ∼ him to understand** no podría hacérselo entender; **you'll never ∼ them to agree to that** no vas a lograr que acepten eso; **can I ∼ you to sign this, please?** ¿me firmaría esto, por favor?; **∼ them to line up at the door** que se pongan en fila en la puerta; **he's trying to ∼ the radio to work** está tratando de hacer funcionar la radio

E (to cause to start) **to ∼ sb/sth -ING**: **it's the sort of record that ∼s everybody dancing** es el tipo de disco que hace bailar a todo el mundo *or* que hace que todo el mundo baile; **can you ∼ the pump working?** ¿puedes poner la bomba en funcionamiento?, ¿puedes hacer funcionar la bomba?; **her remark got me thinking** su comentario me hizo pensar

■ **get** *vi*

A (to arrive) (+ *adv compl*) llegar*; **I got here yesterday** llegué ayer; **she got to Boston at 4 o'clock** llegó a Boston a las cuatro; **can you ∼ there by train?** ¿se puede ir en tren?; **how did that stain ∼ there?** ¿esa mancha de dónde salió?; **can anyone remember where we'd got to?** ¿alguien se acuerda de dónde habíamos quedado?; **we got to** *o* **as far as page 21** llegamos hasta la página 21; **I was just ∼ting to that** a eso iba; ***to ∼ nowhere, not to ∼ anywhere*** *see* **nowhere**[1] **A**, **anywhere**[1] **A2**: ***to ∼ somewhere***: **the results indicate they may be ∼ting somewhere** los resultados indican que van por buen camino; **we're ∼ting somewhere at last!** ¡por fin estamos sacando algo en limpio!; ***to ∼ there***: **it's not perfect, but we're ∼ting there** perfecto no es, pero poco a poco ...; **algebra was hard, but she got there in the end** el álgebra le costó pero finalmente logró entenderla

B **1** (to become): **to ∼ married** casarse; **to ∼ dressed** vestirse*; **to ∼ used to sth** acostumbrarse a algo; **to ∼ lost** perderse*; **∼ lost!** (colloq) ¡vete a pasear *or* al diablo! (fam); **your dinner's ∼ting cold** se te está enfriando la cena; **he got very angry** se puso furioso; **they ∼ tired easily** se cansan con facilidad; **he got that way after his wife died** se puso así cuando murió su mujer; **to ∼ tough** ponerse* duro; **let's ∼ started** empecemos, vamos a empezar **2** (to be) (colloq): **she ∼s invited to lots of parties** la invitan a muchas fiestas; **one of their players got injured** uno de sus jugadores se lesionó; **the bike got stolen** se robaron la bicicleta; **you'll have to wait till I ∼ paid** vas a tener que esperar hasta que cobre

C **to ∼ to + INF** **1** (to come to, to reach a state) llegar* a + INF; **he never thought he'd ∼ to be president** nunca pensó que llegaría a ser presidente; **you'll ∼ to like it eventually** vas a ver como termina por gustarte; **I never really got to know him** nunca llegué a conocerlo de verdad **2** (to have the opportunity to): **as a diplomat one ∼s to meet many interesting people** como diplomático uno tiene la oportunidad de conocer a mucha gente interesante; **when do we ∼ to open the presents?** ¿cuándo podemos abrir los regalos?

D (to start) **to ∼ -ING** empezar* a + INF, ponerse* a + INF; **she got talking to them** empezó *or* se puso a hablar con ellos, entabló conversación con ellos; **right, let's ∼ moving!** bueno, ¡pongámonos en acción (*or* en marcha *etc*)!; **to ∼ to -ING** (BrE colloq) ponerse* a + INF; **then I got to thinking** entonces me puse a pensar

Phrasal verbs

- **get about** [v + adv], [v + prep + o] (BrE) ▸ **get around Sense IA**
- **get above** [v + prep + o]: ***to ∼ above oneself*** llenarse de ínfulas
- **get across**

A [v + prep + o], [v + adv] (cross) ‹*river*› atravesar*, cruzar*; ‹*road*› cruzar*; **we'll have to swim, there's no other way to ∼ across (to the other side)** vamos a tener que nadar, no hay otra forma de cruzar al otro lado

B [v + o + adv] (bring, drive across) ‹*passengers/supplies*› cruzar*

C [v + o + adv, v + adv + o] (communicate) ‹*meaning/concept*› hacer* entender

D [v + adv] (be understood) «*teacher/speaker*» hacerse* entender; **the point about handing work in on time seems to be ∼ing across** parece que van captando *or* van entendiendo que hay que entregar el trabajo a tiempo

- **get after** [v + prep + o] reñir*, regañar (esp AmL), retar (CS)
- **get ahead** [v + adv] **1** (get in front) «*horse/runner*» tomar la delantera; «*student/worker*» adelantar **2** (progress, succeed) progresar
- **get along** [v + adv] **1** (be on one's way): **I must be ∼ting along now** me tengo que ir, tengo que ponerme en camino; **∼ along with you!** (off you go) (colloq) ¡vete (*or* váyanse *etc*)!; (you're kidding) ¡anda (ya)! (fam), ¡dale! (fam) **2** (manage, cope): **the firm couldn't ∼ along without her** la compañía no podría funcionar sin ella; **we got along for years without a computer** nos las arreglamos durante años sin computadora **3** (progress) «*work/patient*» marchar, andar*; **he's ∼ting along just fine at school** le va muy bien en el colegio; **to ∼ along WITH sth**: **how are you ∼ting along with the preparations?** ¿qué tal marchan los preparativos? **4** (be on good terms) **to ∼ along (WITH sb)** llevarse bien (CON algn); **we ∼ along fine** nos llevamos bien
- **get around**

Sense **I** [v + adv], [v + prep + o]

A **1** (walk, move about) «*invalid/old person*»: **she finds it hard to ∼ around** le cuesta caminar *or* andar; **having a car enables her to ∼ around a lot better** con el coche se puede desplazar *or* movilizar mucho mejor; **it's the best way to ∼ around the town** es la mejor manera de desplazarse *or* trasladarse en la ciudad **2** (travel): **you certainly ∼ around in your job** tu sí que viajas con tu trabajo; **how do you know that? — oh, I ∼ around** ¿cómo sabes eso? — soy un hombre/una mujer de mundo **3** (circulate): **it soon got around that he was having an affair** pronto corrió el rumor de que estaba teniendo una aventura; **don't let it ∼ around that ...** que no se sepa que ...

B **1** (gather in circle): **we can't all ∼ around this table** no cabemos todos alrededor de esta mesa **2** (complete) ‹*course/circuit*› completar

(Sense II) [v + prep + o]

A (avoid, circumvent) ‹*difficulty/obstacle*› sortear, evitar; ‹*rule/law*› eludir el cumplimiento de; **there's no ~ting around it: it was a terrible mistake** hay que reconocerlo *or* es un hecho insoslayable: fue un error garrafal

B (persuade) ‹*person*› engatusar

(Sense III) [v + o + adv]

A (cause to come, go) ‹*plumber/police*› llamar; **I'll ~ the boxes around to you this evening** te haré llegar las cajas esta noche

B (persuade, win over) convencer*; **I managed to ~ her around to my point of view** pude convencerla de que tenía razón

(Sense IV) [v + adv] (come, go) ir*; **~ around to the hospital as quickly as possible** vayan al hospital lo más pronto posible

• **get around to** [v + adv + prep + o]: **I don't know whether the doctor will ~ around to you this afternoon** no sé si el doctor alcanzará a verlo *or* podrá verlo esta tarde; **I meant to write to you, I just never got around to it** tenía intenciones de escribirte pero nunca me llegó el momento; **to ~ around to -ING: by the time they got around to telling us, everybody knew already** cuando por fin nos lo dijeron, todo el mundo ya lo sabía; **we never got around to discussing the price** nunca llegamos a discutir el precio; **I must ~ around to writing those letters** debo ponerme a escribir esas cartas

• **get at** [v + prep + o]

A **1** (gain access to): **the screw/wire is very hard to ~ at** es difícil llegar al tornillo/cable; **don't let John ~ at the truffles!** ¡no dejes que John se acerque a las trufas!; **he can't ~ at the money until he's 18** no puede disponer del dinero *or* (fam) tocar el dinero hasta que cumpla 18 años **2** (ascertain) ‹*facts/truth*› establecer*

B **1** (work on) ‹‹*rust/damp/woodworm*›› atacar*; **I can't wait to ~ at the new computer** estoy deseando poder usar la computadora nueva; **moths had got at the jacket** las polillas habían picado la chaqueta **2** (influence, bribe) (colloq) ‹*witness/member of jury*› comprar (fam)

C (nag, criticize) (colloq): **you're always ~ting at him** siempre te estás metiendo con él (fam), siempre (te) la estás agarrando con él (AmL fam); **I'm not ~ting at you, I merely said ...** no te estoy criticando, simplemente dije ...; **she's always ~ting at me to buy her a diamond ring** me está siempre dando la lata para que le compre un anillo de brillantes (fam)

D (hint at, mean) (colloq): **what are you ~ting at?** ¿qué quieres decir?

• **get away**

(Sense I) [v + adv]

A (escape) ‹‹*prisoner/suspect*›› escaparse; **don't let him ~ away** no dejes que se escape; **to ~ away FROM sth/sb** escaparse DE algo/algn; **there's no ~ting away from the fact that ...** hay que reconocer *or* es un hecho insoslayable que ...

B **1** (leave) salir* **2** (go on vacation) irse* *or* salir* de vacaciones; ***to ~ away from it all*** alejarse del mundanal ruido

C (expressing incredulity) (BrE colloq): **~ away (with you)!** ¡dale! (fam), ¡anda (ya)! (esp Esp fam)

(Sense II) [v + o + adv]

A (remove, take away): **~ that dog away from my petunias!** ¡quita *or* saca a ese perro de mis petunias!; **anything to ~ the children away from the television set** cualquier cosa con tal de sacar a los niños de enfrente del televisor; **we got the knife away from him** le quitamos el cuchillo

B (put away, conceal) guardar

C (dispatch, send off) ‹*message/signal*› enviar*

• **get away with** [v + adv + prep + o]

A (make off with) ‹*money/jewels*› llevarse, escaparse con

B **1** (go unpunished for): **you won't ~ away with this** esto no va a quedar así; **are you going to let him ~ away with calling you a liar?** ¿vas a dejar que te llame mentiroso y se quede tan fresco?; **don't let them ~ away with it** no dejes que se salgan con la suya; **do you think I could ~ away with wearing the dark blue dress?** ¿te parece que pasaría si me pusiera el vestido azul oscuro?; **you can ~ away with pink hair at your age** a tu edad uno se puede permitir teñirse el pelo de rosa **2** (be let off with) escaparse *or* librarse con; **he got away with a fine** se escapó *or* se libró con sólo una multa

• **get back**

A [v + adv] **1** (return) volver*, regresar; **we were very late ~ting back to Tulsa** volvimos *or* regresamos a Tulsa muy tarde; **how are you ~ting back?** ¿cómo vuelves *or* (AmL tb) te regresas?; **OK, ~ back to work everybody** bueno, todo el mundo a trabajar otra vez; **to ~ back to what I was saying, ...** volviendo a lo que decía, ...; **they've decided to ~ back together again** se han reconciliado; **he let the other runner ~ back in front** dejó que el otro corredor se le volviera a adelantar **2** (retreat, move behind): **~ back!** ¡atrás!, ¡retrocedan!; **~ back behind the barrier** vuelvan a ponerse detrás de la barrera

B [v + o + adv, v + adv + o] (regain possession of) ‹*property/possessions*› recuperar; ‹*strength/health*› recobrar, recuperar; **we never got our money/ball back** nunca nos devolvieron el dinero/la pelota

C [v + o + adv] **1** (return, redeliver) ‹*book/borrowed item*› devolver*; **you must ~ it back to me before Friday** me lo tienes que devolver antes del viernes; **can you ~ the children back here by eleven?** ¿puedes traer a los niños de vuelta antes de las once? **2** (put back, replace): **to ~ sth back in/out** volver* a poner/a sacar algo; **lift up the sofa so I can ~ the carpet back under it** levanta el sofá para que pueda volver a colocar la alfombra debajo

• **get back at** [v + adv + prep + o] vengarse* de, desquitarse con

• **get back to** [v + adv + prep + o]: **I'll ~ back to you when I have the details** volveré a ponerme en contacto con usted (*or* lo llamaré *etc*) cuando tenga los detalles

• **get behind**

A [v + adv] (fall behind) **to ~ behind (WITH sth)** atrasarse (CON algo); **if you miss classes, you'll ~ behind** si faltas a clase, te vas a atrasar

B [v + prep + o] **1** (move to rear of) ponerse* detrás de **2** (lend support to) ‹*campaign/project*› apoyar, respaldar

• **get by**

A [v + adv] **1** (manage) arreglárselas; **we're not well-off, but we ~ by** no somos ricos pero nos las arreglamos *or* (fam) vamos tirando; **to ~ by ON sth** arreglárselas CON algo; **she ~s by on just a few dollars a week** se las arregla con unos pocos dólares a la semana; **I ~ by on the French I learnt at school** me las arreglo *or* me defiendo con el francés que aprendí en el colegio; **I can ~ by on six hours sleep a night** puedo pasar con seis horas de sueño al día; **to ~ by WITH sth** arreglárselas CON algo; **we'll have to ~ by with what we have in stock** nos las tendremos que arreglar con lo que tenemos en existencias **2** (pass muster) pasar, salvarse; **the movie ~s by because of some brilliant camerawork** la película pasa *or* se salva gracias al brillante trabajo del camarógrafo **3** ▸**get past A**

B [v + prep + o **get past B1** , **get past B2**]

C [v + o + prep + o **get past C**]

• **get down**

A [v + adv] **1** (descend) bajar; **~ down from there this minute!** ¡bájate de allí inmediatamente!; **may I ~ down (from the table)?** (BrE) ¿me puedo levantar de la mesa? **2** (crouch) agacharse; **to ~ down on one's knees** arrodillarse, ponerse* de rodillas; **~ down, there's an enemy patrol coming!** ¡agáchate, se acerca una patrulla enemiga! **3** (AmE colloq) (dance energetically) bailar como (un) loco

B [v + o + adv, v + adv + o] **1** (take, lift, bring down) bajar; **would you ~ that case down from up there?** ¿no me bajarías esa maleta de ahí arriba? **2** (write down) ‹*message/details/number*› anotar, tomar nota de; **first ~ it down on paper, then we'll discuss it** primero ponlo por escrito y luego lo discutiremos

C [v + o + adv] **1** (reduce) ‹*costs/inflation*› reducir*; ‹*blood pressure*› bajar; **I got my weight down to under 100 lbs** adelgacé hasta pesar menos de 100 libras **2** (depress) deprimir; **this job/he really ~s me down** este trabajo/él realmente me deprime *or* me deja el ánimo por los suelos **3** (swallow) (colloq) ‹*food/drink/medicine*› tragar* **4** (tackle, bring down) tirar, tumbar **5** (drop) (BrE) ‹*pants/knickers*› bajarse

D [v + prep + o] (descend) ‹*stairs*› bajar; ‹*ladder*› bajarse de; ‹*rope*› bajar por

• **get down to** [v + adv + prep + o] (start work on) ponerse* a; **it's time you got down to writing those letters** es hora de que te pongas a escribir esas cartas; **let's ~ down to business** (let's start working) pongamos manos a la obra; (let's get to the point) vayamos al grano; **when you ~ down to it, there's little to choose between them** si te pones a ver, no hay mucha diferencia entre ellos; ▸**tack¹ A1**

• **get in**

A [v + adv], [v + prep + o] (enter) entrar; **how did he ~ in here?** ¿cómo entró?; **~ in the car** súbete al coche; **I was just ~ting in the bath** justo me estaba metiendo en la bañera; **the air/light ~s in through this hole** el aire/la luz entra por este agujero; **the dust got in my eyes** me entró tierra en los ojos

B [v + adv] **1** (arrive) ‹‹*person/ship/train*›› llegar*; **she had just got in from Israel** acababa de llegar de Israel **2** (gain admission, be selected) entrar, ser* aceptado *or* admitido **3** (be elected) (Pol) ganar, resultar *or* salir* elegido **4** (intervene): **I was about to ... but she got in first** *o* **before me** yo estaba por ... pero ella se me adelantó; **I got in quickly with a counterproposal** inmediatamente presenté una contrapropuesta

C [v + o + adv], [v + o + prep + o] (put in) meter; ‹*seedlings/seeds*› plantar; ‹*advertisement*› poner*; **I can ~ one more pair of shoes in this suitcase** puedo meter otro par de zapatos en esta maleta

D [v + o + adv] **1** (hand in) ‹*essay*› entregar*; ‹*bid*› presentar **2** (cause to be accepted, elected): **I'd like to join, do you think you can ~ me in?** me gustaría hacerme socio ¿te parece que me podrías hacer entrar?; **35% of the vote is not enough to ~ them in** el 35% de los votos no es suficiente para que resulten elegidos

E [v + o + adv, v + adv + o] **1** (bring in, collect up) ‹*washing/tools/chairs*› entrar; ‹*crops/harvest*› recoger* **2** (buy, obtain) (BrE) ‹*wood/coal*› aprovisionarse de; **did you remember to ~ more candles in?** ¿te acordaste de comprar *or* traer más velas? **3** (summon, call out) ‹*doctor/plumber*› llamar **4** (interpose) ‹*blow/kick*› dar*; ‹*remark/reference*› hacer*; **I couldn't ~ a word in** no me dejaron decir ni una palabra

• **get in on** (colloq)

A [v + adv + prep + o] (take part, have share in) ‹*business/activity*› meterse en; **she always has to ~ in on everything** siempre tiene que meterse en todo

B [v + o + adv + prep + o] (involve): **I want to ~ the marketing people in on the project from the start** quiero darle participación en el proyecto a la gente de marketing desde el principio

• **get into**

A [v + prep + o] **1** (enter) ‹*house*› entrar en *or* (AmL tb) a; ‹*car*› subir a; ‹*hole/cranny*› meterse en; **she got into the front seat** se sentó en el asiento delantero **2** (arrive at) ‹*station/office*› llegar* a **3** (be selected, elected) ‹*college/club/Parliament/profession*› entrar en *or* (AmL tb) a **4** (put on) ‹*coat/robe*› ponerse*; **I can't ~ into this dress any more** este vestido ya no me entra *or* no me cabe **5** (put oneself into): **to ~ into a rage** ponerse* furioso; **to ~ into a mess** meterse en un lío; **we should never have got into this in the first place** para empezar no deberíamos habernos metido en esto **6** (become accustomed to) ‹*job/method*› acostumbrarse a; ‹*book/subject*› meterse en **7** (affect): **what's got into her?** ¿qué le pasa?, ¿qué mosca *or* bicho la ha picado? (fam); **I don't know what's got into him lately** no sé qué le pasa últimamente

B [v + o + prep + o] **1** (bring, take, put in) meter; **I want to ~ Diana into the picture as well** quiero que Diana también salga en la foto **2** (cause to be admitted, elected): **she got me into the club** consiguió que me aceptaran *or* admitieran en el club; **the Hispanic vote got him into Congress** salió elegido gracias al voto hispánico **3** (dress): **~ her into her uniform**

g

ponle el uniforme **4** (cause to experience, undergo) meter; **you got me into this** tú me metiste en esto

• **get in with** [v + adv + prep + o] **1** (associate with) hacerse* amigo de; **he got in with the wrong crowd** empezó a andar en malas compañías **2** (ingratiate oneself with) congraciarse con; **she tried to ~ in (good) with the boss** trató de congraciarse con *or* de quedar bien con el jefe

• **get off**

A [v + adv], [v + prep + o] **1** (alight, dismount) bajarse; **to ~ off the train/horse/bicycle** bajarse del tren/del caballo/de la bicicleta; **we ~ off at Memphis** nos bajamos en Memphis **2** (remove oneself from) ‹*furniture*› bajarse de; ‹*flowerbed/lawn*› salir* de; **~ off (me)!** ¡quítateme de encima!; **~ off my back!** (colloq) ¡deja de fastidiarme!, ¡déjame en paz!; ***to tell sb where to ~ off*** (colloq) cantarle las cuarenta a algn (fam); **this is where you ~ off!** ¡se acabó, ya me tienes harto! (fam) **3** (finish) ‹*work/school*› salir* de; **what time do you ~ off today?** ¿a qué hora sales hoy?

B [v + adv] **1** (leave) «*person/letter*» salir* **2** (go to sleep) (BrE) dormirse* **3** (escape unpunished, unscathed): **give me the names I want and I'll make sure you ~ off** dame los nombres que quiero y yo me encargo de que no te pase nada; **to ~ off lightly** *o* (AmE also) **easy**: **if he only charged you $100 you got off lightly** si sólo te cobró $100, te salió barato *or* tuviste suerte; **I consider I got off lightly with just a broken collar bone** creo que tuve suerte al romperme sólo la clavícula; **to ~ off WITH sth: he got off with a fine** se escapó con sólo una multa; **how come she got off without paying?** ¿cómo es posible que se haya librado *or* escapado *or* salvado de tener que pagar? **4** (experience orgasm) venirse* *or* (Esp) correrse *or* (CS) acabar (arg)

C [v + prep + o] **1** (get up from) ‹*floor*› levantarse de **2** (deviate from) ‹*track/tourist routes*› salir* *or* alejarse de; ‹*point*› desviarse* *or* irse* de; **let's ~ off the subject** cambiemos de tema; **~ off it!** (AmE colloq) ¡basta ya! **3** (evade) ‹*task/duty*› librarse *or* salvarse de; **he got off making dinner** se libró *or* salvó de (tener que) hacer la cena

D [v + o + adv], [v + o + prep + o] **1** (remove) ‹*lid/top/stain*› quitar; **I can't ~ the ring/my boots off** no me puedo quitar *or* (AmL tb) sacar* el anillo/las botas; **~ her off (me)!** ¡quítamela de encima!; **~ your hands off me!** ¡quítame las manos de encima!; **we tried to ~ them off our land** intentamos echarlos *or* sacarlos de nuestras tierras **2** (rescue) rescatar **3** (be granted): **he's ~ting five days off (work)** le van a dar cinco días libres

E [v + o + adv] **1** (send, see off): **we got the children off to school** mandamos a los niños a la escuela; **it's time I got myself off to work** es hora de que me vaya a trabajar **2** (to sleep) (BrE) (hacer*) dormir* **3** (save from punishment) salvar

F [v + o + adv, v + adv + o] **1** (dispatch) ‹*package/letter*› mandar, despachar; ‹*radio message/signal*› mandar **2** (fire) ‹*shot/volley*› disparar

G [v + o + prep + o] **1** (obtain from) (colloq): **I got these playing cards off Peter** estas cartas me las dio Peter; **~ his gun off him first** quítale la pistola primero; **I'm sure he got the idea off some famous writer** estoy seguro de que sacó la idea de algún escritor famoso **2** (enable to be excused) librar *or* salvar de **3** (cause to deviate from): **try and ~ him off religion** trata de que deje de hablar de religión, trata de que deje el tema de la religión **4** (wean from): **they're trying to ~ him off drugs** están tratando de que deje la droga

• **get off on** [v + adv + prep + o] (sl): **most women don't ~ off on football** a la mayoría de las mujeres no les entusiasma *or* no les enloquece el fútbol; **he really ~s off on putting people down** disfruta de humillar a la gente

• **get off with** [v + adv + prep + o] (BrE) (colloq) ligar* con (fam), levantarse a (AmS fam)

• **get on**

(Sense I) [v + adv]

A (move on, make progress) seguir* adelante; **I can't stand here talking, I must ~ on** no puedo quedarme aquí de charla, tengo mucho que hacer; **to ~ on TO sth** pasar A algo; **let's ~ on to the next item on the agenda** pasemos al próximo punto del orden del día; *see also* **get onto to ~ on WITH sth: ~ on with what you're doing** sigue con lo que estás haciendo; **I told you what to do, so ~ on with it!** ya te dije lo que tienes que hacer ¡empieza de una vez!; **shouldn't you be ~ting on with your homework?** ¿no deberías estar haciendo los deberes?; **clean the kitchen, that'll do to be ~ting on with** (BrE) limpia la cocina, con eso ya tienes para empezar

B **1** (fare): **how's Joe ~ting on nowadays?** ¿qué tal anda Joe?; **Mary's ~ting on very well at school** a Mary le va muy bien en la escuela; **how did he ~ on in the final/at the interview?** ¿cómo le fue en el examen final/en la entrevista?; **how are you ~ting on with the project?** ¿qué tal te va con el proyecto?, ¿cómo marcha el proyecto?; **we're ~ting on very well without him** nos arreglamos muy bien sin él **2** (succeed) tener* éxito; **his one aim is to ~ on in life** su única meta es tener éxito en la vida

C (be friends, agree) **to ~ on (WITH sb)** llevarse bien (CON algn); **they ~ on very well (with each other *o* together)** se llevan muy bien; **he's very difficult to ~ on with** es muy difícil de tratar

D (*in -ing form*) **1** (in time): **it's ~ting on *o* time is ~ting on** se está haciendo tarde; **it was ~ting on toward eight o'clock** eran cerca de las ocho **2** (in age): **she's ~ting on (in years)** está vieja, ya no es joven; **he must be ~ting on a bit now** ya debe (de) tener sus añitos (fam); *see also* **get on for**

(Sense II) [v + adv], [v + prep + o]

A (climb on, board) subirse; **to ~ on the bus/train** subirse al autobús/tren; **to ~ on a horse** subirse a *or* montarse en un caballo; **we got on at Memphis** nos subimos en Memphis

B (be appointed, elected to) resultar *or* salir* elegido; **to ~ on a committee/board** pasar a formar parte de una comisión/junta

(Sense III) [v + o + adv], [v + o + prep + o]

A (place, fix on): **~ the top on it** ponle la tapa; **I want to ~ another coat of varnish on (this wood)** quiero darle otra mano de barniz (a esta madera)

B (cause to be appointed, elected): **they managed to ~ more women on** lograron que salieran elegidas más mujeres

(Sense IV) [v + o + adv] (put on) ‹*clothes/coat/hat/shoes*› ponerse*; **~ your coats on** pónganse los abrigos; **I can't ~ it on** no me entra *or* no me cabe

• **get on at** [v + adv + prep + o] (BrE) reñir*, regañar (esp AmL), retar (CS)

• **get on for** [v + adv + prep + o] (approach) (BrE) (*usu in -ing form*): **it's ~ting on for six o'clock** van a ser las seis; **he must be ~ting on for 40** debe (de) andar rondando los 40, debe (de) andar cerca de los 40; **it must be ~ting on for two years since ...** debe (de) hacer casi dos años desde que ...; **~ting on for 1,000 homes were destroyed** cerca de 1.000 viviendas *or* casi 1.000 viviendas fueron destruidas

• **get onto**

(Sense I) [v + prep + o]

A **1** (contact) ‹*person/department*› ponerse* en contacto con **2** (start work on) (esp BrE) ocuparse *or* encargarse* de **3** (become aware of, begin to suspect) ‹*racket/fraud*› descubrir*; **we didn't ~ onto her until ...** no empezamos a sospechar de ella hasta que ...; **I only got onto that idea when ...** sólo se me ocurrió esa idea cuando ... **4** (begin discussing) ‹*subject*› empezar* a hablar de

B **1** (mount, board) ‹*table/bus/train*› subirse a; ‹*horse/bicycle*› montarse en, subirse a **2** (be appointed, elected to) ‹*board/committee*› pasar a formar parte de

(Sense II) [v + o + prep + o]

A **1** (send to deal with): **I'll ~ some more people onto this job** pondré *or* mandaré más gente a trabajar en esto **2** (cause to start discussing): **don't ~ him onto morality!** ¡no le des pie para que empiece a hablar de moral! **3** (send to threaten, hit) (BrE colloq): **I'll ~ my big brother onto you** le voy a decir a mi hermano mayor que te ajuste las cuentas

B **1** (place, fix on) ‹*lid/top*› poner* **2** (cause to be appointed, elected): **she got him onto the committee** consiguió que pasara a ser miembro del comité

• **get out**

(Sense I) [v + adv]

A **1** (of car, bus, train) bajar(se); (of hole, trench) salir*; **to ~ out of bed** levantarse (de la cama) **2** (of room, country) salir*; **I have to ~ out of here** tengo que salir de aquí; **~ out!** ¡fuera (de aquí)! **3** (socially, for pleasure) salir*; **Grandma doesn't ~ out much** la abuela no sale mucho **4** (give up, quit): **I'm ~ting out of teaching** voy a dejar la enseñanza; **they got out just before prices went through the floor** vendieron justo antes de que los precios cayeran en picada *or* (Esp) en picado; **are they ~ting out of the German market?** ¿van a abandonar el mercado alemán?

B **1** (escape) «*animal/prisoner*» escaparse **2** (be released, finish work) «*prisoner/worker*» salir*; **what time do you ~ out?** ¿a qué hora sales?

C (become known) «*news/truth*» saberse*, hacerse* público (frml); **if this ever ~s out** si esto llega a saberse

(Sense II) [v + o + adv, v + adv + o]

A (remove, extract) ‹*cork/stopper/nail*› sacar*; ‹*stain*› quitar, sacar* (esp AmL)

B (take out) ‹*car/map/knife*› sacar*; **she got out her credit card** sacó su tarjeta de crédito

C (withdraw) ‹*money*› sacar*

D (borrow from library) ‹*book/record*› sacar*

(Sense III) [v + o + adv, v + adv + o]

A (publish, produce, put on market) ‹*book*› publicar*, sacar*; ‹*product/new model*› sacar*, lanzar*

B (utter) decir*; **don't stammer, boy: ~ it out!** ¡no tartamudees, chico: dilo de una vez!

(Sense IV) [v + o + adv]

A **1** (remove) ‹*tenant*› echar; **~ that dog out of here!** ¡saquen (a) ese perro de aquí! **2** (release): **they couldn't ~ the driver out** no pudieron liberar al conductor (*que había quedado atrapado*); **my lawyer will ~ you out** mi abogado hará que te suelten; **I can't ~ you out of this mess** no te puedo sacar de este lío **3** (send off) ‹*story/message*› mandar, enviar*

B **1** (send for) ‹*doctor/repairman*› llamar **2** (Sport) ‹*batsman/batter*› sacar* del campo

(Sense V) (colloq)

A [v + prep + o] (leave by) salir* por; **I couldn't ~ out the window/door** no pude salir por la ventana/la puerta

B [v + o + prep + o] (take out by) sacar* por; **you'll never ~ the sofa out the door/window** no podrás sacar el sofá por la puerta/la ventana

• **get out of**

A [v + adv + prep + o] **1** (avoid) ‹*task/obligation/punishment*› librarse *or* salvarse de; **he signed the contract so he can't ~ out of it** firmó el contrato, así que no tiene escapatoria; **to ~ out of -ING** librarse *or* salvarse de + INF; **he got out of doing military service** se libró *or* salvó de hacer el servicio militar; **you promised and there's no ~ting out of it** lo prometiste y no te puedes echar atrás **2** (give up): **you must ~ out of that bad habit** tienes que sacarte esa mala costumbre; **I'd got(ten) out of the habit of setting my alarm clock** había perdido la costumbre de poner el despertador; **you soon ~ out of the habit of ~ting up early** uno enseguida se desacostumbra a *or* pierde la costumbre de levantarse temprano

B [v + o + adv + prep + o] **1** (extract) ‹*information/truth*› sonsacar*, sacar*; **the police couldn't ~ anything out of him** la policía no pudo sacarle nada; **we couldn't ~ a word out of him** no le pudimos sacar ni una palabra **2** (derive, gain) ‹*money/profit*› sacar*; **I didn't ~ much out of my lessons** no saqué mucho con mis clases; **he'll ~ the most out of the course** le sacará el mejor partido posible al curso; **she tries to ~ the best out of her pupils** se esfuerza por que sus alumnos den lo mejor de sí; **but what do we ~ out of this deal?** ¿pero nosotros qué ganamos con *or* qué sacamos de este negocio?; **they ~ a lot of fun out of their toys** se divierten mucho con sus juguetes

• **get over**
A [v + prep + o] (cross) ‹*river/chasm*› cruzar*; ‹*wall/fence*› pasar por encima de; ‹*obstacle*› superar; ‹*hill/ridge*› atravesar*
B [v + adv] (come, go): **~ over here at once** ven aquí enseguida; **~ over to John's house** ve(te) *or* (AmL tb) anda a casa de John
C [v + prep + o] **1** (recover from) ‹*loss/tragedy*› superar, consolarse* de; ‹*illness/shock*› reponerse* *or* recuperarse de; **he's very disappointed — he'll ~ over it** ha quedado muy decepcionado — ya se le pasará; **she never really got over him** nunca lo olvidó; **she actually gave him the money! I can't ~ over it!** ¡fue y le prestó el dinero! ¡no lo puedo creer! *or* ¡no salgo de mi asombro! **2** (overcome) ‹*difficulty/problem*› superar
D [v + o + prep + o], [v + o + adv] (bring across): **how are we going to ~ the supplies over the river?** ¿cómo vamos a pasar las provisiones al otro lado del río?; **we helped him to ~ it over (the wall)** le ayudamos a pasarlo al otro lado (del muro)
E [v + o + adv] (cause to come, take): **we must ~ them over for dinner one evening** tenemos que decirles que vengan a cenar una noche; **~ those documents over to Wall Street right away** manda esos documentos a Wall Street enseguida; **we should ~ her over for an interview** deberíamos hacerla venir a una entrevista; ***to ~ sth over with***: **I'd like to ~ it over with as quickly as possible** quisiera salir de eso *or* quitarme eso de encima lo más pronto posible
F [v + o + adv] (communicate): **how can I ~ it over to him that ... ?** ¿cómo puedo hacerle entender que ... ?; **the actors fail to ~ this tension over** los actores no logran comunicar *or* transmitir esta tensión
• **get past**
A [v + adv] (move past) pasar; **I can't ~ past** no puedo pasar
B [v + prep + o] **1** (move past) ‹*vehicle*› pasar, adelantarse a **2** (pass undetected): **how did this ~ past the proofreader?** ¿cómo se le pudo pasar esto al corrector de pruebas?; **it won't ~ past the censors** no va a pasar la censura **3** (get beyond) ‹*obstacle*› superar; ‹*semifinals*› pasar; **he never got past fifth grade** no pasó del quinto año; **you should have got past the stage when ...** deberías haber superado la etapa en que ...
C [v + o + prep + o]: **to ~ sth past the censor** conseguir* que algo pase la censura
• **get round** (esp BrE) ▸**get around**
• **get through**
(Sense I) [v + prep + o], [v + adv]
A (pass through) ‹*gap/hole*› pasar por; **it's a swamp, the tractors will never ~ through** es un pantano, los tractores no van a poder pasar
B ‹*ordeal/difficulties*› superar; ‹*period*› pasar; **once we've got through the winter ...** una vez que hayamos pasado el invierno ...; **it was a very trying time, but we got through thanks to ...** fue una etapa muy difícil, pero la superamos gracias a ...
C (Sport) ‹*heat/qualifying round*› pasar; **to ~ through to the finals** pasar a las finales
D (pass) (BrE) ‹*examination/test*› aprobar*, pasar; **it was a tough exam but somehow she got through** fue un examen difícil pero de alguna manera aprobó *or* pasó
(Sense II) [v + adv]
A **1** (reach destination) ‹‹*supplies/reinforcements/messenger*›› llegar* a destino; ‹‹*news/report*›› llegar* **2** (on the telephone) **to ~ through** (TO sb/sth) comunicarse* (CON algn/algo); **he couldn't ~ through to Tokyo** no se pudo comunicar con Tokyo **3** (make understand) **to ~ through** (TO sb): **am I ~ting through to you?** ¿me entiendes?, ¿me explico?; **I can't ~ through to him** no logro hacerme entender *or* comunicarme con él
B (finish) (AmE) terminar, acabar
(Sense III) [v + prep + o]
A (use up) (BrE) ‹*materials*› gastarse; ‹*materials*› usar; **he got through a pair of shoes in less than a month** destrozó un par de zapatos en menos de un mes; **she got through £100 just on table napkins** se gastó 100 libras sólo en servilletas
B (deal with): **I've only got ten more pages to ~ through** me quedan sólo diez páginas por leer (*or* estudiar *etc*); **I have to ~ through all these applications before 5 o'clock** tengo que leer todas estas solicitudes antes de las cinco
(Sense IV) [v + o + adv], [v + o + prep + o] (bring through) pasar; **to ~ sth through customs** pasar algo por la aduana; **they got the piano through the window** pasaron el piano por la ventana; **the teacher got them all through** (BrE) gracias al profesor aprobaron todos, el profesor los sacó a todos adelante; **it was his will power that got him through** fue su fuerza de voluntad lo que lo salvó (*or* ayudó a superar la crisis *etc*)
(Sense V) [v + o + adv]
A (send) ‹*supplies/convoy/message*› hacer* llegar
B (make understood) hacer* entender; **I can't ~ it through to him that ...** no logro hacerle entender que ...; ***to ~ sth through one's head*** *o* ***skull*** (colloq): **can't you ~ it through your thick head** *o* **skull that ... ?** ¿no puedes meterte en esa cabezota que ... ? (fam)
• **get to** [v + prep + o] (annoy, upset): **don't let their comments ~ to you** no dejes que te afecten sus comentarios, no hagas caso de *or* no te aflijas por lo que dicen; **her behavior's really beginning to ~ to me** su comportamiento me está empezando a molestar
• **get together**
A [v + adv] **1** (meet) reunirse*; **let's all ~ together for a drink sometime** a ver cuándo nos reunimos *or* juntamos para tomar algo; **they got together to discuss the problem** se reunieron para tratar el problema; **to ~ together** WITH **sb** reunirse* con algn **2** (join forces) ‹‹*nations/unions*›› unirse; **why don't we ~ together to buy her a present?** ¿por qué no le regalamos algo juntos? **3** (become couple, team) (colloq) juntarse
B [v + o + adv, v + adv + o] (assemble) ‹*people/documents/money*› reunir*; **we're ~ting a band together** estamos formando un conjunto; **~ your things together, we're going** junta *or* recoge tus cosas que nos vamos
C [v + o + adv] **1** (reconcile) ‹*people/couple*› reconciliar **2** (sort out, make effective) (colloq) ‹*life*› poner* en orden; **if we could ~ our technique together ...** si pudiéramos perfeccionar nuestra técnica ...; **they seem to have got themselves together at last** parece que por fin se han organizado; ***to ~ it together***: **as a journalist, he never managed to ~ it together** nunca llegó a ser un buen periodista; **I can't ~ it together to organize the vacation** no consigo organizarme para arreglar lo de las vacaciones
• **get up**
A [v + prep + o], [v + adv] (climb up) subir; **to ~ up the stairs/a hill** subir las escaleras/una cuesta; **to ~ up ON sth** subir(se) A algo; **she got up on the stage** (se) subió al escenario
B [v + adv] **1** (out of bed) levantarse; **what time do you ~ up?** ¿a qué hora te levantas? **2** (stand up) levantarse, ponerse* de pie, pararse (AmL); **~ up off the floor!** levántate del suelo **3** (mount) (Equ) montarse, subirse; **he got up behind her** se montó *or* se subió detrás de ella **4** (become stronger) ‹‹*wind/storm*›› levantarse; ‹‹*sea*›› embravecerse*
C [v + o + adv] **1** (out of bed) ‹*children*› levantar **2** (raise, lift) ‹*person/carpet*› levantar; **~ 'em up** arriba las manos; ***to ~ it up*** (sl): **he can't ~ it up** no se le levanta (fam), no se le para (AmL fam) **3** (erect, put up) ‹*building*› levantar; ‹*tent*› montar, armar; ‹*scaffolding*› poner*; ‹*curtain*› colgar*, poner* **4** (decorate) ‹*hall/restaurant*› decorar; **I got myself up as a Spanish grandee** me disfracé de grande de España; **it's just a stew got up as some fancy dish** no es más que un guiso disfrazado de *or* con ínfulas de plato exótico; **he got himself up in his full regalia** se atavió con su traje de ceremonia
D [v + o + adv, v + adv + o] **1** (develop, arouse) ‹*appetite/enthusiasm*› despertar*; ‹*speed*› agarrar, coger* (esp Esp); **she didn't want to ~ their hopes up** no quería esperanzarlos *or* que se hicieran ilusiones **2** (organize) ‹*petition/appeal/team*› organizar*
• **get up to** [v + adv + prep + o]
A (reach): **when he got up to them ...** cuando se les acercó ...; **we got up to page 161** llegamos hasta la página 161; **he's quite a good pianist but he'll never ~ up to her standard** es bastante buen pianista, pero nunca alcanzará su nivel
B (be involved in) (colloq) hacer*; **to ~ up to mischief** hacer* travesuras *or* de las suyas; **what have you been ~ting up to lately?** ¿qué has estado haciendo últimamente?

get[2] *n* ▸**git**[1]

getatable /get'ætəbəl/ *adj* (*pred*) (colloq) **1** (easily accesible) accesible, a (la) mano **2** (bribable) sobornable, comprable (fam)

getaway /'getəweɪ/ *n* **1** (quick departure) huida *f*, fuga *f*; **to make one's ~** escaparse, huir*; **the thieves made a quick ~** los ladrones se dieron rápidamente a la fuga *or* huyeron rápidamente del lugar de los hechos; (*before n*): **the ~ car** el coche que usaron (*or* iban a usar *etc*) para la fuga **2** (short vacation, break) (AmE) escapada *f* (fam) **3** (in race) (AmE) salida *f*, arranque *m*

getout /'getaʊt/ *n* (colloq) excusa *f*, pretexto *m*; (*before n*): **~ clause** cláusula *f* de escape

get-rich-quick /ˌgetˌrɪtʃ'kwɪk/ *adj* (pej) ‹*scheme*› para hacerse rico rápidamente; ‹*mentality/ethos*› de hacerse rico rápidamente

get-together /'gettəgeðər || 'gettəgeðə(r)/ *n* (colloq) reunión *f*; **we must have a (little) ~ soon** a ver si nos reunimos un día de éstos

get-tough /'get'tʌf/ *adj* (*before n*) de mano dura; **a ~ policy on crime** una política de mano dura contra el delito

getup /'getʌp/ *n* (colloq) vestimenta *f*, atuendo *m* (frml *o* hum), indumentaria *f* (frml *o* hum)

get-up-and-go /ˌgetʌpən'gəʊ/ *n* [u] (colloq) empuje *m*, iniciativa *f*

get-well card /ˌget'wel/ *n: tarjeta para desear una pronta mejoría*

gewgaw /'gjuːgɔː/ *n* (dated) baratija *f*

geyser /'gaɪzər || 'giːzə(r)/ *n*
A (Geog) géiser *m*
B (water heater) (BrE) calentador *m* de agua

G-force /'dʒiːfɔːrs || 'dʒiːfɔːs/ *n* = **force of gravity**

Ghana /'gɑːnə/ *n* Ghana *f*

Ghanaian[1] /gɑː'neɪən/ *adj* ghanés

Ghanaian[2] *n* ghanés, -nesa *m,f*

ghastly /'gæstli || 'gɑːstli/ *adj* **1** (very bad, awful) (colloq) ‹*situation*› espantoso, horrendo (fam); **I can't stand that ~ woman** no soporto a esa mujer, es repugnante; **you look ~** tienes muy mala cara **2** (horrible, hideous) ‹*accident/tale/crime/wound*› horrible, espantoso **3** (deathly) (liter) ‹*pallor*› cadavérico, mortal; ‹*light*› espectral (liter)

Ghent /gent/ *n* Gante *m*

gherkin /'gɜːrkən || 'gɜːkɪn/ *n* pepinillo *m*

ghetto /'getəʊ/ *n* (*pl* **-tos** *or* **-toes**) **1** (Jewish area) gueto *m* **2** (slum area) gueto *m* **3** (enclave) gueto *m*; **a cultural ~** un gueto cultural; (*before n*): **they have a ~ mentality** ellos mismos se marginan

ghettoblaster /'getəʊˌblæstər || 'getəʊˌblɑːstə(r)/ *n* (colloq) grabadora *f* portátil, gabacha *f* (Méx arg), loro *m* (Esp arg)

ghettoization /ˌgetəʊaɪ'zeɪʃən/ *n* **1** (into a place) guetización *f* **2** (socially) marginación *f*

ghettoize /'getəʊaɪz/ *vt* **1** (into a place) segregar* en ghettos **2** (socially) marginar; **they were ~d throughout the country** vivían segregados en guetos a través del país

ghost[1] /gəʊst/ *n*
A **1** (phantom) fantasma *m*, espíritu *m*; **you look as if you've seen a ~!** ¡parece que hubieras visto un fantasma!; ***to lay the ~ of sth/sb (to rest)*** enterrar el recuerdo de algo/algn; **the reconciliation with my father laid the ~ of my unhappy childhood** la reconciliación con mi padre me libró de la sombra de mi desgraciada niñez; (*before n*): **~ story** historia *f* de fantasmas; **~ ship** buque *m* fantasma; **~ town** pueblo *m* fantasma **2** (hint, trace): **the ~ of a**

g

smile una sonrisa apenas esbozada, un amago de sonrisa; **they do not have the** *o* **a ~ of a chance** no tienen ni la más remota posibilidad **3** (soul) (arch) alma *f*‡; ***to give up the*** ~ (colloq) pasar a mejor vida (fam), sonar* (CS fam); **I think the TV's given up the** ~ (hum) creo que la tele se ha escoñado (fam & hum), creo que la tele sonó (CS fam)
B (on TV, radar screen) fantasma *m*

ghost² *vt*: **to ~ sb's speech/book** escribir* el discurso/libro de algn; **his autobiography was ~ed by a journalist** un periodista le escribió la autobiografía

ghostlike /'gəʊstlaɪk/ *adj* fantasmal

ghostly /'gəʊstli/ *adj* **-lier, -liest** fantasmal, fantasmagórico

ghost site *n* (Comput) sitio *m* fantasma

ghost train *n* (BrE) tren *m* fantasma, tren *m* de la bruja (Esp)

ghostwrite /'gəʊstraɪt/ *vt* (*past* **-wrote** *past p* **-written**): **he ~s footballers' memoirs** hace de negro literario escribiendo memorias de futbolistas; **all her novels were ghostwritten** todas sus novelas fueron escritas por un negro literario
■ **ghostwrite** *vi* **to ~ FOR sb** hacer* de negro literario DE algn

ghostwriter /'gəʊst,raɪtər || 'gəʊst,raɪtə(r)/ *n* negro, -gra *m,f* (period) (*persona que escribe un libro firmado por otro*)

ghoul /gu:l/ *n* **1** (person) morboso, -sa *m,f* **2** (evil spirit) demonio *m* necrófago

ghoulish /'gu:lɪʃ/ *adj* ‹*person/tastes/interest*› morboso; ‹*laugh/smile*› macabro

ghoulishly /'gu:lɪʃli/ *adv* morbosamente

GHQ *n* = **General Headquarters**

GI¹ *adj* (AmE) (Mil) (= **government issue**) reglamentario

GI² *n*
A (colloq) (US soldier) soldado *m* estadounidense
B (Culin) (= **glycemic index**) IC *m*

giant¹ /'dʒaɪənt/ *n* **1** (physical) gigante, -ta *m,f*; **he was a ~ of a man** era un gigantón (fam) **2** (journ) (in importance, influence) gigante *m*; **an intellectual ~** una lumbrera; **a literary ~** un coloso de la literatura; **a publishing ~** un gigante del mundo editorial; **a ~ of the automobile industry** (AmE) un gigante de la industria automotriz

giant² *adj* (*before n*) ‹*object/building/organization*› gigantesco; ‹*animal/insect*› gigante, gigantesco; ‹*hole/stride*› gigantesco, enorme; ‹*profit/saving/discount*› enorme; **S giant sale** gran liquidación, gigantescas *or* colosales rebajas

giant economy size *n* tamaño *m* gigante

giantess /'dʒaɪəntəs || 'dʒaɪəntes/ *n* giganta *f*

giantism /'dʒaɪəntɪzəm/ *n* [u] (esp AmE) ▸**gigantism**

giant-killer /'dʒaɪənt,kɪlər || 'dʒaɪənt,kɪlə(r)/ *n* matagigantes *m*

giant panda *n* panda *mf* gigante

giant-sized /'dʒaɪəntsaɪzd/ (BrE also) **giant-size** /'dʒaɪəntsaɪz/ *adj* ‹*packet/bottle*› (de tamaño) gigante

giant slalom *n* slalom *m* gigante

giant star *n* estrella *f* gigante

giant tortoise *n* tortuga *f* gigante

gibber /'dʒɪbər || 'dʒɪbə(r)/ *vi* farfullar, hablar atropelladamente; **he was ~ing with rage** tartamudeaba de la rabia; **you ~ing idiot!** ¡imbécil!; **I was reduced to a ~ing wreck** ya no sabía ni lo que decía

gibberish /'dʒɪbərɪʃ/ *n* [u]: **how am I expected to understand this ~?** ¿cómo quieres que entienda este galimatías?; **his mind has gone: he only speaks ~** está totalmente ido, dice cosas absolutamente incoherentes; **to talk ~** decir* sandeces (fam)

gibbet /'dʒɪbət || 'dʒɪbɪt/ *n* horca *f*

gibbon /'gɪbən/ *n* gibón *m*

gibe¹ /dʒaɪb/ *n* pulla *f*, burla *f*

gibe² *vi* **to ~ AT sb/sth** burlarse *or* mofarse DE algn/algo

giblets /'dʒɪbləts || 'dʒɪblɪts/ *pl n* menudillos *mpl*, menudos *mpl*, menudencias *fpl* (Chi, Méx)

Gibraltar /dʒə'brɔ:ltər || dʒɪ'brɔ:ltə(r)/ *n* Gibraltar *m*; **the Rock/Strait(s) of ~** el Peñón/el Estrecho de Gibraltar

Gibraltarian /dʒə,brɔ:l'teriən || ,dʒɪbrɔ:l'teəriən/ *n* gibraltareño, -ña *m,f*

giddily /'gɪdəli || 'gɪdɪli/ *adv*
A (dizzily) vertiginosamente
B (frivolously) ‹*act/laugh*› atolondradamente

giddiness /'gɪdinəs || 'gɪdinɪs/ *n* [u]
A (sensation) mareo *m*, vértigo *m*
B (silliness) atolondramiento *m*

giddy /'gɪdi/ *adj* **-dier, -diest**
A **1** ‹*feeling/sensation*› de mareo *or* aturdimiento; **he felt ~** se sentía mareado, la cabeza le daba vueltas; **don't look down, it'll make you ~** no mires hacia abajo que te va a dar vértigo; **all this talk is making me ~** tanta charla me está confundiendo **2** (causing dizziness) ‹*speed*› vertiginoso; **eventually I reached the ~ heights of supervisor** (iro) finalmente me vi encumbrado al puesto de supervisor (iró)
B (silly) ‹*person*› atolondrado, tarambana, alocado; **oh, my ~ aunt!** (BrE colloq & dated) ¡Ángela María! (fam & ant)

giddy up *interj* ¡arre!

gift /gɪft/ *n*
A **1** (present) regalo *m*, obsequio *m* (frml); (Relig) ofrenda *f*; **may I present you with a small ~?** ¿puedo hacerle un pequeño obsequio? (frml); **your ~ could save a child's life** su donación podría salvar la vida de un niño; **the perfect ~ for the woman who has everything** el regalo *or* (frml) el obsequio perfecto para la mujer que lo tiene todo; **a free ~ in every packet** (Busn) un obsequio en cada paquete; **it was a ~** me lo regalaron, es un regalo; **it's a ~ at that price** a ese precio es una ganga *or* un regalo (fam); **the exam was a ~** (colloq) el examen estaba regalado *or* tirado (fam); ***a ~ from the gods*** un regalo del cielo; ***never look a ~ horse in the mouth*** a caballo regalado no le mires el diente *or* no se le miran los dientes **2** (power of bestowal) (frml): **to be in the ~ of sb** estar* en manos de algn; **the appointment to this post is in the ~ of the president** le incumbe al presidente hacer este nombramiento
B (talent) don *m*; **her artistic ~s** su talento artístico, sus dotes artísticas; **to have a ~ for sth/-ING: she has a ~ for poetry** tiene talento para la poesía; **he has a ~ for making people laugh** tiene el don de saber hacer reír a la gente; **he has a ~ for saying the wrong thing** (iro) tiene el don de la inoportunidad (iró); ***the ~ of the gab*** *o* (AmE also) ***the ~ of gab*** (colloq) labia *f* (fam); **he has the ~ of the gab** tiene mucha labia (fam), tiene un pico de oro (fam)

gift certificate *n* (AmE) vale *m* (*canjeable por artículos en una tienda*), cheque *m* regalo

gift coupon *n* vale *m or* cupón *m* de regalo

gifted /'gɪftəd || 'gɪftɪd/ *adj* ‹*person/scientist/playwright*› de talento, talentoso; **a very ~ young woman** una joven de gran talento; **she is ~ with patience** tiene el don de la paciencia; **~ children** (Educ) niños *mpl* superdotados

gift shop, (AmE also) **gift store** *n* tienda *f* de novedades *or* de artículos para regalo

gift tax *n* impuesto *m* sobre donaciones

gift token, gift voucher *n* (BrE) ▸**gift certificate**

gift-wrap /'gɪftræp/ *vt* **-pp-** envolver* para regalo *or* (frml) obsequio

gift wrap, gift wrapping *n* [u c] papel *m* para regalo

gift-wrapped /'gɪft,ræpt/ *adj* envuelto para regalo

gig¹ /gɪg/ *n*
A (jazz, rock concert) (sl) concierto *m*; **to do** *o* **play a ~** dar* un concierto
B (carriage) calesín *m*, calesa *f*

gig² *vi* **-gg-** dar* un concierto

gigabyte /'gɪgəbaɪt/ *n* gigabyte *m*

gigaflop /'gɪgəflɑ:p || 'gɪgəflɒp/ *n* gigaflop *m*

gigantic /,dʒaɪ'gæntɪk/ *adj* ‹*proportions/wave*› gigantesco; ‹*profit/success/appetite*› enorme, colosal; ‹*effort*› titánico, enorme; **tall? he's ~!** ¿alto? ¡es un gigante!

gigantism /,dʒaɪ'gæntɪzəm/ *n* [u] gigantismo *m*

gigawatt /'gɪgəwɑ:t || 'gɪgəwɒt/ *n* gigavatio *m*

giggle¹ /'gɪgəl/ *vi* reírse* tontamente

giggle² *n* **1** [c] risita *f*; **he gave a nervous ~** soltó una risita nerviosa; **suppressed ~s** risitas ahogadas; **they got the ~s** *o* **had a fit of the ~s** se atacaron de risa **2** (fun) (BrE colloq) (*no pl*): **the office party was a real ~** la fiesta de la oficina estuvo muy divertida *or* fue todo un número; **to do sth just for a ~** hacer* algo para reírse un rato *or* en plan de broma

giggly /'gɪgli/ *adj* **-glier, -gliest** dado a reírse tontamente

gigolo /'ʒɪgələʊ/ *n* (*pl* **-los**) gigoló *m*

gild /gɪld/ *vt* ‹*picture frame/statue*› dorar; **~ed youth** (liter) dorada juventud (liter)

gilding /'gɪldɪŋ/ *n* [u] dorado *m*

gilet /dʒɪ'leɪ/ *n* (BrE) chaleco *m*

gill *n*
A /dʒɪl/ ▸ℹ **p.998**; *medida para líquidos equivalente a la cuarta parte de una pinta o 0,142 l*
B /gɪl/ **1** (Zool) agalla *f*, branquia *f*; ***to go green about the ~s*** ponerse* (blanco) como un *or* el papel **2** (of mushroom) laminilla *f*

gillyflower /'gɪliflaʊr || 'gɪliflaʊə(r)/ *n* clavel *m* silvestre

gilt /gɪlt/ *n*
A [u] (finish) dorado *m*; ***to take the ~ off the gingerbread*** (BrE) quitarle la gracia a algo; (*before n*) ‹*finish/frame*› dorado
B **gilts** *pl* (Fin) (BrE) papel *m* del estado

gilt-edged /'gɪlt'edʒd/ *adj*
A (gilded) ‹*book/paper*› de bordes dorados
B (Fin): **a ~ investment** una inversión de bajo riesgo; **~ securities** (AmE) valores *mpl* de primer orden *or* de primera clase; (BrE) papel *m* del estado

gimcrack¹ /'dʒɪmkræk/ *adj* de pacotilla; **a ~ bracelet/ornament** una baratija

gimcrack² *n* baratija *f*

gimlet /'gɪmlət || 'gɪmlɪt/ *n*
A (tool) barrena *f*; (*before n*): **she fixed him with a ~ eye** lo taladró con la mirada
B (cocktail) *cóctel de ginebra o vodka con lima*

gimme /'gɪmi/ (sl) = **give me**

gimmick /'gɪmɪk/ *n* **1** (ingenious idea, device) truco *m*, ardid *m*; **an advertising ~** un ardid publicitario; **their latest sales ~** lo último que se ha inventado para vender más, su última treta para atraer compradores; **the movie is full of ~s** la película hace uso y abuso de recursos puramente efectistas **2** (catch, snag) (AmE) trampa *f* **3** ▸**gadget**

gimmickry /'gɪmɪkri/ *n* [u] (pej) trucos *mpl*, recursos *mpl* efectistas

gimmicky /'gɪmɪki/ *adj* efectista

gin¹ /dʒɪn/ *n*
A [u] (spirit) ginebra *f*, gin *m*; **~ and tonic** gin tonic *m*; **~ and it** (BrE) ginebra con vermut
B [c] (*cotton* ~) limpiadora *f* de algodón
C [c] **~ (trap)** trampa *f*
D [u] (AmE) ▸**gin rummy**

gin² *vt* **-nn-** ‹*cotton*› limpiar

ginger¹ /'dʒɪndʒər || 'dʒɪndʒə(r)/ *n*
A [u] (Culin) jengibre *m*
B **1** ▸ℹ **p.1036** [u] (color) rojo *m* anaranjado **2** [c] (BrE colloq) (*as form of address*) pelirrojo, -ja (fam), colorín, -rina (Chi fam)

ginger² ▸ℹ **p.1036** *adj* ‹*hair*› color zanahoria; ‹*cat*› rojizo; **he has ~ hair** es pelirrojo, es colorín (Chi)

Phrasal verb

- **ginger up** [v + o + adv, v + adv + o] darle* vida a, animar

ginger ale *n* [u c] ginger ale *m*, refresco *m* de jengibre

ginger beer *n* [u c] **1** (BrE) cerveza *f* de jengibre **2** (AmE) refresco *m* de jengibre

gingerbread /'dʒɪndʒərbred || 'dʒɪndʒəbred/ *n* [u] (cake) pan *m* de jengibre; (cookie) galleta *f* de jengibre; (*before n*): **~ man** galleta *f* de jengibre (*en forma de monigote*)

ginger group *n* (BrE) grupo *m* de presión

gingerly[1] /ˈdʒɪndʒərli || ˈdʒɪndʒəli/ *adv* ‹*touch/test/handle*› con cuidado *or* cautela; **he edged ~ across the bridge** cruzó el puente apenas atreviéndose a pisar

gingerly[2] *adj* ‹*manner/push/prod*› delicado, suave

gingersnap /ˈdʒɪndʒərsnæp || ˈdʒɪndʒəsnæp/ (BrE also) **gingernut** /-nʌt/ *n* galleta *f* de jengibre

ginger wine *n* [u c] vino *m* de jengibre

gingery /ˈdʒɪndʒəri/ *adj* 1 (taste) a jengibre 2 ▸ⓘ p.1036 (color) rojizo

gingham /ˈgɪŋəm/ *n* [u]: *tela de algodón a cuadros*

gingivitis /ˌdʒɪndʒəˈvaɪtəs || ˌdʒɪndʒɪˈvaɪtɪs/ *n* [u] gingivitis *f*

gink /gɪŋk/ *n* (AmE colloq) imbécil *mf*, pendejo, -ja *m,f* (AmL exc CS fam), huevón, -vona *m,f* (Andes, Ven) (fam o vulg), gilipollas *mf* (Esp) (fam o vulg)

ginkgo /ˈgɪŋkəʊ/ *n* (*pl* **-gos** *or* **-goes**) ginkgo *m* (biloba)

gin mill *n* (AmE colloq) antro *m* (fam), tugurio *m*

ginormous /dʒaɪˈnɔːrməs || dʒaɪˈnɔːməs/ *adj* (BrE colloq) monumental (fam), gigantesco

gin rummy *n* [u] gin rummy *m*

ginseng /ˈdʒɪnseŋ/ *n* [u] ginseng *m*

gippo /ˈdʒɪpəʊ/ *n* (*pl* **-poes**) (BrE colloq & pej) gitano, -na *m,f*

gippy tummy /ˈdʒɪpi/ *n* [u] (BrE colloq) diarrea *f* del viajero, la venganza de Moctezuma (Méx hum)

gipsy, Gipsy /ˈdʒɪpsi/ *n* ▸**gypsy**

giraffe /dʒəˈræf || dʒɪˈrɑːf, dʒɪˈræf/ *n* jirafa *f*

gird /gɜːrd || gɜːd/ (*past & past p* **girded** *or* **girt**) *vt* (liter or arch) ceñir* (liter); **a country girt by sea** un país rodeado por mar

■ *v refl* **to ~ oneself up** FOR **sth/to + INF** (liter or hum) prepararse PARA algo/+ INF

girder /ˈgɜːrdər || ˈgɜːdə(r)/ *n* viga *f* (*de metal*)

girdle[1] /ˈgɜːrdl || ˈgɜːdl/ *n*

A 1 (undergarment) faja *f* 2 (belt) cinturón *m*; **a ~ of coral reef encircles the island** (liter) un cinturón de arrecifes de coral circunda la isla (liter)

B (Culin) (BrE) ▸**griddle**

girdle[2] *vt* (liter) rodear, circundar (liter)

girl /gɜːrl || gɜːl/ *n*

A 1 (baby, child) niña *f*, nena *f* (esp RPl); **don't cry, you're a big ~ now** no llores, ya eres (una niña) grande; **stand up to him, you're a big ~ now** (hum) hazle frente, ya eres grandecita (hum); **~s' school** colegio *m* de niñas; **don't ever do that again, my ~!** no vuelvas a hacer eso ¿me oyes? 2 (young woman) chica *f*, muchacha *f*; **an English ~** una chica *or* muchacha inglesa

B 1 (daughter) hija *f*, niña *f*; **my eldest/youngest ~** mi hija mayor/menor; **I have two little ~s** tengo dos hijas *or* niñas pequeñas; **the Jones ~s** las chicas *or* hijas de los Jones 2 (girlfriend, sweetheart) (colloq) novia *f*, chica *f* 3 (friend, colleague) amiga *f*; **she's gone out with the ~s** ha salido con las amigas; **the ~s at the office** las chicas de la oficina; (*before n*): **~ talk** conversaciones *fpl* de mujeres 4 (employee) chica *f*, muchacha *f*; **checkout ~** cajera *f*

girl band *n* grupo *m* pop de chicas (*compuesto por chicas adolescentes*)

girl Friday *n* secretaria *f* para todo

girlfriend /ˈgɜːrlfrend || ˈgɜːlfrend/ *n* 1 (of man) novia *f* 2 (of woman) (esp AmE) amiga *f*; (in lesbian couple) compañera *f*

girl guide (BrE) ▸**girl scout**

girlhood /ˈgɜːrlhʊd || ˈgɜːlhʊd/ *n* [u] (childhood) niñez *f*, infancia *f*; (youth) juventud *f*

girlie /ˈgɜːrli || ˈgɜːli/ *adj* (*before n*) ‹*magazine*› sólo para hombres; ‹*movie/show*› (AmE) de desnudos, de destape (Esp)

girlish /ˈgɜːrlɪʃ || ˈgɜːlɪʃ/ *adj* de niña; **with ~ naivety** con la ingenuidad de una niña; **his ~ looks** su aspecto afeminado

girl power *n* [u] poder *m* de las chicas, girl power *m*

girl scout *n* (AmE) guía *f* (*de los scouts*), exploradora *f*

giro /ˈdʒaɪrəʊ/ *n* (*pl* **-ros**) (in UK) (system) transferencia *f*, giro *m*; **bank ~** transferencia bancaria; **to pay by ~** hacer* una transferencia crediticia; (*before n*): **~ cheque** cheque *m*; **~ transfer** giro *m*

girt /gɜːrt || gɜːt/ *past & past p of* **gird**

girth /gɜːrθ || gɜːθ/ *n*

A [c u] (of person, object) circunferencia *f*; **his ample ~** (hum) su contorno voluminoso (hum)

B [c] (Equ) cincha *f*

GIS *n* (= **geographic information system**) SIG *m*

gismo /ˈgɪzməʊ/ *n* ▸**gizmo**

gist /dʒɪst/ *n* lo esencial, lo fundamental; **that was the ~ of it** eso fue fundamentalmente lo que se dijo (*or* se me explicó *etc*); **just give me the ~ of it** cuéntamelo en líneas generales; **to get the ~ of sth** captar *or* comprender lo esencial *or* lo fundamental de algo, captar *or* comprender el quid de una cuestión; **the ~ of what she was saying was ...** en esencia lo que estaba diciendo era que ...

git[1] /gɪt/ *n* (BrE sl) imbécil *m*; **you stupid ~!** ¡imbécil de mierda! (vulg)

git[2] *vi* (AmE colloq) (*only in imperative*) ¡largo (de aquí)!

gîte /ʒiːt/ *n* casa *f* rural (*de alquiler*)

give[1] /gɪv/ (*past* **gave**; *past p* **given**)

INDEX

■ **give** *verb transitive*

Sense I

A 1 to hand
2 to make a gift of
3 to donate
4 to devote: love, affection etc
5 to sacrifice
6 to administer: injection etc
7 to offer: arm, hand

B 1 to grant: protection, shelter etc
2 to allow, to concede

C 1 to cause: pleasure, joy etc
2 to yield: results, warmth etc

D 1 to award: title, degree etc
2 Sport
3 to entrust: task etc

E to pay, to exchange

F to care

Sense II

A 1 to convey: thanks, apologies etc
2 to state: name, address etc

B to make a sound, a movement

C to show, to indicate: speed etc

D 1 to hold: party etc
2 to stage, to perform

E 1 when introducing somebody
2 when making a toast

■ **give** *verb intransitive*

A 1 to yield under pressure
2 to break, to give way

B to be going on

C 1 to surrender
2 to divulge information

D to make a gift

Phrasal verbs

- **give away**
- **give back**
- **give in**
- **give off**
- **give onto**
- **give out**
- **give over**
- **give up**

vt

Sense I

A 1 (to hand) dar*; **~ her/me/them a glass of water** dale/dame/dales un vaso de agua; **he gave her/me/them a glass of water** le/me/les dio un vaso de agua; **~ her something to eat** dale algo de comer; **~ the tickets to Jane, ~ Jane the tickets** dale las entradas a Jane,; **I've already ~n them to her** ya se las he dado 2 (to make a gift of) regalar, obsequiar (frml); **to ~ sb a present** hacerle* un regalo a algn, regalarle algo a algn; **it was ~n to me for my birthday** me lo regalaron para mi cumpleaños; **I wouldn't want it if she gave it to me** no lo quiero ni regalado 3 (to donate) ‹*tip/money/alms*› dar*; ‹*blood/organ*› dar*, donar; **they have ~n $100,000 for/toward a new music room** han dado *or* donado $100.000/han contribuido con $100.000 para una nueva sala de música 4 (to devote) ‹*love/affection*› dar*; ‹*attention*› prestar; **she gave her life to the service of God** dedicó su vida a servir al Señor, consagró su vida al servicio del Señor; **I'll ~ it some thought** lo pensaré; **please ~ serious consideration to our offer** por favor considere seriamente nuestra oferta; **I gave you the best years of my life** te di *or* entregué los mejores años de mi vida; ***to ~ it all one's got*** dar* lo mejor de sí 5 (to sacrifice) ‹*life*› dar*, entregar* 6 (to administer, to serve) ‹*injection/sedative*› dar*, administrar (frml); **what did they ~ you for dinner?** ¿qué te dieron de cenar?, ¿qué te sirvieron de cena? 7 (to offer) ‹*arm/hand*› dar*

B 1 (to grant) ‹*protection/shelter*› dar*; ‹*help/hospitality*› dar*, brindar; ‹*idea*› dar*; **~ her something to do** dale algo que *or* para hacer; **that should ~ him something to think about** eso debería darle en qué pensar; **~ me strength!** ¡Señor, dame fuerzas *or* paciencia!; **~ me Florida /Tolstoy any time!** yo me quedo con Florida/Tolstoy mil veces 2 (to allow, to concede) ‹*opportunity/permission/advantage*› dar*, conceder (frml); **we can easily do the job, ~n time** podemos hacer el trabajo fácilmente, si nos dan tiempo; **~n the choice, I'd ...** si me dieran a elegir, yo ...; **he's a good worker, I'll ~ him that, but ...** es muy trabajador, hay que reconocerlo, pero ...; **I'd ~ their marriage a year at the most** le doy un año a su matrimonio, como mucho; **the doctors only ~ him three months** los médicos le dan sólo tres meses; **it would take us 15 months, ~ or take a week or two** nos llevaría unos 15 meses, semana más, semana menos

C 1 (to cause) ‹*pleasure/joy/shock*› dar*; ‹*pain/cough*› dar*; **don't ~ us your germs/cold!** ¡no nos pegues tus microbios/tu resfriado! (fam) 2 (to yield) ‹*results*› dar*; ‹*warmth/light*› dar*; ‹*fruit/milk*› dar*

D 1 (to award) ‹*title/degree*› dar*, otorgar* (frml), conferir* (frml); ‹*authority/right*› dar*, otorgar* (frml), conceder (frml); ‹*contract*› dar*, adjudicar*; ‹*mark*› dar*, poner*; **the referee has ~n a corner** el árbitro ha señalado córner; **the judge gave her five years** el juez le dio cinco años *or* la condenó a cinco años 2 (Sport) (to adjudge): **the ball was ~n out by the linesman** el juez de línea dijo que la pelota estaba fuera 3 (to entrust) ‹*task/responsibility*› dar*, confiar*, encomendar*; **he was ~n charge of 30 children** pusieron a 30 niños a su cargo; **she's ~n me her car to fix** me ha dejado el coche para que se lo arregle

E (to pay, to exchange) dar*; **what will you ~ me for it?** ¿cuánto me das por él?; **I'd ~ anything for a cigarette** no sé qué daría por un cigarrillo; **I'd ~ a lot to see them happy** ¡qué no daría por verlos felices!

F (to care) (colloq): **not to ~ a damn**: **I don't ~ a damn** me importa un bledo *or* un comino *or* un pepino (fam)

Sense II

A 1 (to convey) ‹*thanks/apologies/message/news*› dar*; **please ~ my regards to your mother** dale recuerdos *or* (AmL tb) cariños a tu madre; **she gave me to understand that ...** me dio a entender que ... 2 (to state) ‹*name/address/information/details/explanation/answer*› dar*; ‹*opinion/advice/order*› dar*; **to ~ evidence** prestar declaración, declarar; **she gave a detailed description of the place** describió el lugar detalladamente; **the answers are ~n on page 23** las soluciones están *or* vienen en la página 23; **the judge has ~n his verdict** el juez ha dictado sentencia; **they gave me no warning** no me advirtieron, no me hicieron ninguna advertencia; **she gave me her word** me dio su palabra; **don't ~ me all that stuff about ...** (colloq) no me vengas con el cuento *or* la historia de que ... (fam)

g

B (to make a sound, a movement) ‹*cry/jump/beating*› dar*, pegar*; ‹*laugh*› soltar*; ‹*kiss*› dar*; **he gave a sigh of relief** suspiró aliviado; **to ~ sb a push/kick** darle* un empujón/una patada a algn; **to ~ sb a wink** hacerle* una guiñada *or* un guiño a algn; **go on, ~ us a smile** (colloq) a ver, una sonrisita (fam); **he gave my hand a squeeze** me apretó la mano; **~ your hands a good wash** lávate bien las manos; **I'll ~ it a quick look** le echaré una miradita; **why not ~ it a try?** ¿por qué no pruebas *or* no lo intentas?; ***to ~ it to sb*** (colloq): **she'll really ~ it to you when she finds out** ¡la que te va a caer encima cuando se entere! (fam); **~ it to me straight** dime la verdad, sé sincero conmigo; **you silly old fool! — I'll ~ you silly old fool!** ¡viejo idiota! — ¡te voy a dar yo viejo idiota! (fam)

C (to show, to indicate) ‹*speed/temperature*› señalar, marcar*; **to ~ the time** dar* la hora; **my watch ~s the time as 7:37** mi reloj marca las 7:37, según mi reloj son las 7:37

D **1** (to hold) ‹*party/dinner*› dar*, ofrecer* (frml) **2** (to stage, to perform) ‹*recital/concert/lecture*› dar*; ‹*speech*› decir*, pronunciar (frml); **~ us a song!** ¡cántanos una canción!

E **1** (when introducing somebody) presentar; **ladies and gentleman, I ~ you tonight's guest ...** señoras y señores, les presento a nuestro invitado de esta noche ... **2** (when making a toast): **I ~ you the Bride and Bridegroom** brindemos por los novios, propongo un brindis por los novios

■ **give** *vi*

A **1** (to yield under pressure) «*leather/plastic*» ceder, dar* de sí; **sooner or later something had to ~** tarde o temprano algo tenía que estallar; **they won't ~ an inch** no cederán un ápice **2** (to break, to give way): **the planks simply gave under the weight** las tablas se rompieron bajo el peso; **my legs gave under me** me fallaron *or* se me doblaron las piernas

B (to be going on): **what ~s?** (slang) ¿qué hay? (fam)

C (AmE) **1** (to surrender) (colloq) darse* por vencido, rendirse*; **I ~, what** *is* **the capital of Albania?** me doy por vencida *or* me rindo ¿cuál es la capital de Albania? **2** (to divulge information) (slang & dated) cantar (arg)

D (to make a gift) dar*; **it is better to ~ than to receive** es mejor dar que recibir; **to ~ to charity** dar* dinero a organizaciones de caridad; **please ~ generously** contribuyan generosamente por favor

(Phrasal verbs)

• **give away** [v + o + adv, v + adv + o]

A **1** (free of charge) regalar, obsequiar (frml); **it's worthless, you can't even ~ it away** no vale nada, nadie lo va a querer ni regalado; **at that price we're practically giving them away!** ¡a ese precio prácticamente los estamos regalando!; **a first class opportunity and she simply gave it away!** ¡una oportunidad de primera y la desperdició! **2** (present) ‹*prizes*› hacer* entrega de **3** (as handicap) (Sport) (*usu in -ing forms*): **Sassy Lassy is giving away six pounds** Sassy Lassy corre con un hándicap de seis libras

B **1** (disclose) ‹*secret/identity*› revelar, descubrir*; **the Secretary of State gave little away** el Secretario de Estado no dijo mucho *or* fue muy circunspecto; **I don't think I'm giving anything away if I say that ...** no creo estar revelando nada que no debiera si digo que ... **2** (betray) delatar, vender (fam); **don't worry, I won't ~ you away** no te preocupes, no te voy a delatar *or* descubrir; **her accent/clothes gave her away** el acento/la ropa la delató *or* (fam) la vendió; **to ~ oneself away** delatarse, descubrirse*, venderse (fam)

C ‹*bride*› entregar* en matrimonio; **she was ~n away by her father** ≈ su padre fue el padrino de la boda

• **give back** [v + o + adv, v + adv + o] ‹*object/property/health/freedom*› devolver*; **she gave him back his ring, she gave him his ring back** le devolvió el anillo

• **give in**

A [v + adv] (surrender, succumb) ceder; **I ~ in, who was the actress?** (in guessing games) me doy por vencido *or* me rindo ¿quién era la actriz?; **to ~ in TO sth/sb: I gave in to temptation** caí en la tentación; **we will not ~ in to terrorist threats** no vamos a ceder frente a amenazas terroristas; **she'll insist, but don't ~ in to her** va a insistir, pero tú no cedas *or* (fam) no le aflojes; **you're always giving in to her** siempre dejas que se salga con la suya

B (hand in) (esp BrE) [v + o + adv, v + adv + o] entregar*; ‹*notice*› presentar; **she decided to ~ in her notice** decidió presentar su renuncia

• **give off** [v + adv + o] (emit, produce) ‹*smell*› despedir*, soltar* (fam), largar* (RPl fam); ‹*radiation*› emitir; **much heat is ~n off during the reaction** durante la reacción se produce mucho calor

• **give onto** [v + prep + o] (overlook, give access to) (esp BrE) «*window/door/entrance*» dar* a; **it ~s onto the sea** da al mar, tiene vista al mar

• **give out**

A [v + o + adv, v + adv + o] **1** (distribute) ‹*objects/leaflets*› repartir, distribuir* **2** (make known) ‹*news*› anunciar, dar* a conocer; **it was ~n out that ...** se anunció *or* se dio a conocer que ...

B [v + adv + o] **1** (let out) ‹*cry/yell*› dar*, pegar* **2** (emit) ‹*heat*› dar*; ‹*signal*› emitir

C [v + adv] **1** (become exhausted) «*strength/patience/supplies*» agotarse, acabarse **2** (cease functioning) (colloq) «*engine*» pararse; **my legs gave out** me fallaron las piernas

• **give over**

A [v + o + adv] **1** (devote) (*usu pass*) dedicar*; **the rest of the afternoon was ~n over to ...** el resto de la tarde se dedicó a ...; **this part of the house is ~n over to ...** esta parte de la casa está destinada a ... **2** (surrender) (liter): **to ~ oneself over to sth** entregarse* a algo

B [v + adv] (desist, refrain) (BrE dial): **oh, ~ over!** (stop misbehaving) ¡ya está bien!; (stop joking) ¡anda ya! (fam), ¡dale! (fam); **~ over moaning!** ¡deja ya de quejarte!

• **give up**

(Sense I) [v + o + adv, v + adv + o]

A **1** (renounce, cease from) ‹*alcohol/gambling*› dejar; ‹*pleasures/title*› renunciar a; ‹*job/project*› dejar, renunciar a; ‹*principle/belief/fight*› abandonar; ‹*boyfriend/girlfriend*› (colloq) dejar, romper* *or* terminar con; **to ~ up hope** perder* las esperanzas; **to ~ up -ING** dejar DE + INF; **I've ~n up smoking/taking those vitamins** he dejado de fumar/tomar esas vitaminas **2** (relinquish, hand over) ‹*territory/position*› ceder, renunciar a; ‹*ticket/keys*› entregar*; **to ~ up one's seat to** *o* **for sb** cederle *or* darle* el asiento a algn; **business was so bad that we had to ~ up the BMW** el negocio iba tan mal que tuvimos que deshacernos del BMW

B **1** (surrender): **to ~ oneself up** entregarse*; **to ~ sb up to the police** entregar* a algn a la policía **2** (disclose) revelar, desvelar, develar (AmL)

C (devote, sacrifice) ‹*time*› dedicar*

(Sense II) [v + adv]

A (cease fighting, trying) «*rebels/terrorists*» rendirse*; **the campaign is in its sixth week, you can't ~ up now!** estamos en la sexta semana de la campaña ¡no vas a abandonar la lucha ahora!; **all right, I ~ up, what's the answer?** (in guessing games etc) está bien, me rindo *or* me doy por vencido ¿cuál es la respuesta?; **to ~ up ON sb: I've ~n up on them, they're hopeless** yo con ellos no insisto más *or* no pierdo más tiempo, son un caso perdido; **don't you ~ up on me, Sarah, I'm counting on you** no me vayas a fallar *or* (fam) dejar plantado, Sarah, cuento contigo; **that goddam pick-up gave up on me in the middle of nowhere** la maldita camioneta me dejó tirado en el medio del campo (fam)

B (stop doing sth) dejar

(Sense III)

A [v + o + adv] (abandon hope for): **to ~ sb up for lost** dar* a algn por desaparecido; **where on earth have you been? we'd ~n you up** ¿dónde diablos has estado? ¡ya creíamos que no venías!; **the doctors had ~n him up** los médicos lo habían desahuciado

B ▸ **give over A**

give[2] *n* [u] elasticidad *f*; **this fabric doesn't have much ~ in it** esta tela no da mucho de sí

give-and-take /ˌgɪvən'teɪk/ *n* [u] concesiones *fpl* mutuas, toma y daca *m*; **there has to be some ~ on both sides** (in negotiations) ambas partes tienen que hacer concesiones, tiene que haber concesiones mutuas

giveaway /'gɪvəweɪ/ *n*

A (evidence): **his reaction was a dead ~** su reacción lo delató; **her accent is a real ~** el acento la delata *or* (fam) la vende

B **1** (free gift) regalo *m*; **the aid program is nothing more than a giant ~** (pej) el programa de ayudas no es más que un despilfarro sin sentido; (*before n*): **a ~ budget** un presupuesto que beneficia al contribuyente (*rebajando impuestos etc*); **at ~ prices** a precio de regalo **2** (sth easily done, obtained): **that last question was a ~** la última pregunta estaba regalada *or* tirada (fam)

given[1] /'gɪvən/ *past p of* **give**[1]

given[2] *adj*

A (specified) ‹*amount/place/time*› determinado, dado; **at a ~ moment** en un momento determinado *or* dado; **at any ~ moment** en cualquier momento; **where the ~ value of x is 6** cuando x es igual a 6

B (disposed) **to be ~ TO sth/-ING** ser* dado A algo/+ INF

given[3] *prep*

A (in view of) dado; **~ their good reputation ...** dada su buena reputación ...; **~ the circumstances, we might make an exception** dadas las circunstancias, podríamos hacer una excepción

B (*as conj*) **~ (THAT)** **1** (assuming it is the case) dado que **2** (since it is the case) dado que; **~ that you're here ...** dado que *or* ya que estás aquí ...

given[4] *n* (Math) dato *m* conocido

given name *n* (AmE) nombre *m* de pila

giver /'gɪvər || 'gɪvə(r)/ *n* (generous person) persona *f* generosa; **she's always been a ~** siempre ha sido una persona generosa; **if you wish to return a present to the ~ ...** si usted quiere devolver un obsequio a quien se lo ha regalado ...; **the Lord and ~ of life** el Señor y Dador de vida

give-way sign /'gɪv'weɪ/ *n* (BrE) señal *f* de ceda el paso

-giving /ˌgɪvɪŋ/ *suff*: **energy~** que da energía; **life~** vivificante

gizmo /'gɪzməʊ/ *n* (*pl* **-mos**) (AmE colloq) aparatito *m* (fam), cuestión *f* (fam)

gizzard /'gɪzərd || 'gɪzəd/ *n* molleja *f*

GLA *n* = **Greater London Authority**

glabrous /'gleɪbrəs/ *adj* **1** ‹*stem/leaf*› glabro, sin pelo **2** (smooth) (liter) ‹*skin*› glabro (liter)

glacé /glæ'seɪ || 'glæseɪ/ *adj* (*before n*) glaseado; **~ fruits** fruta(s) *f(pl)* confitada(s), fruta *f* abrillantada (RPl), frutas *fpl* cristalizadas (Méx); **~ icing** baño *m* de azúcar glaseado

glacial /'gleɪʃəl || 'gleɪʃəl, 'gleɪsiəl/ *adj* **1** (Geol) glacial **2** (very cold) ‹*wind/weather*› glacial; ‹*look/stare/indifference*› glacial

glaciation /ˌgleɪsi'eɪʃən/ *n* [u] glaciación *f*

glacier /'gleɪʃər || 'glæsiə(r), 'gleɪsiə(r)/ *n* glaciar *m*

glad /glæd/ *adj* **-dd-** **1** (happy, pleased) (*pred*) **to be ~ (ABOUT sth)** alegrarse DE algo; **oh good, I'm so ~** ¡qué bien! ¡cuánto me alegro!; **to be ~ (THAT)** alegrarse DE QUE (+ *subj*); **I'm ~ you like it** me alegro de que te guste; **I'm ~ you've told me** me alegro de que me lo hayas dicho; **to be ~ to + INF: I'm so ~ to meet you** encantado de conocerla/conocerlo, mucho gusto; **would you give me a hand? — ~ to** ¿me darías una mano? — con mucho gusto; **I'm only too ~ to help** es un placer poder ser útil; **you'll be ~ to hear that ...** te alegrará saber que ... **2** (grateful) (*pred*) **to be ~ OF sth** (BrE): **I'd be very ~ of your help** agradecería mucho tu ayuda; **I was ~ of his advice** agradecí que me hubiera aconsejado **3** (showing happiness) (*before n*) ‹*smile/expression*› de alegría *or* felicidad **4** (causing happiness) (liter) (*before n*) ‹*occasion*› fausto (liter), feliz; **~ tidings** (arch *or* hum) buenas nuevas *fpl* (liter)

gladden /'glædn/ *vt* (liter) llenar de alegría *or* (liter) de gozo; **to ~ sb's heart** levantarle el

g

ánimo a algn; **to see such faith ~s the heart** (liter) reconforta ver tanta fe

glade /gleɪd/ *n* (liter) claro *m*

glad-hand /ˈglædhænd/ *vt*: **to ~ sb** estrecharle la mano a algn (*para conquistar su voto*)

gladiator /ˈglædieɪtər || ˈglædieɪtə(r)/ *n* gladiador *m*

gladiatorial /ˌglædiəˈtɔːriəl/ *adj* ‹*contest*› de gladiadores, gladiatorio; ‹*politics/style*› épico

gladiolus /ˌglædiˈəʊləs/ *n* (*pl* **-li** /-laɪ/) gladiolo *m*, gladiola *f* (Méx)

gladly /ˈglædli/ *adv* con mucho gusto; **we will ~ refund your money** con mucho gusto *or* (frml) con el mayor agrado le devolveremos el dinero

gladness /ˈglædnəs || ˈglædnɪs/ *n* [u] (liter) alegría *f*, gozo *m* (liter); **~ of heart/spirit** corazón *m* /espíritu *m* alegre

glad rags /ˈglædrægz/ *pl n* (colloq & hum): **she put on her ~ ~** se puso sus mejores galas *or* trapos (hum), se puso de tiros largos (hum)

glam¹ /glæm/ *adj* (colloq)
A (glamorous) glamoroso, glamouroso
B (Mus) glam

glam² *n* [u]
A (glamour) glamour *m*
B (Mus): **~ rock** rock *m* glam

glamor /ˈglæmər || ˈglæmə(r)/ *n* (AmE) ►**glamour**

glamorize /ˈglæməraɪz/ *vt* ‹*war*› exaltar; ‹*job/lifestyle*› pintar de color de rosa; **~ your wardrobe!** dé sofisticación a su guardarropa

glamorous /ˈglæmərəs/ *adj* ‹*person/star*› glamoroso; ‹*dress*› glamoroso, seductor; ‹*lifestyle*› sofisticado; ‹*job*› rodeado de glamour; ‹*occasion/party*› elegante, sofisticado

glamorously /ˈglæmərəsli/ *adv* seductoramente, con glamour

glamour, (AmE also) **glamor** /ˈglæmər || ˈglæmə(r)/ *n* [u] glamour *m*; (*before n*) ‹*photograph*› sexy; ‹*sport/profession*› rodeado de glamour

glamour boy *n* guapo *m* (fam), carita *m* (Méx fam), churro *m* (AmS fam)

glamour girl *n* guapa *f* (fam), belleza *f*, churro *m* (AmS fam)

glance¹ /glæns || glɑːns/ *n* mirada *f*; **at first ~** a primera vista; **I could tell at a ~ that ...** con sólo echar un vistazo me di cuenta de que ...; **without so much as a backward ~** sin siquiera volver la vista atrás; **they exchanged furtive ~s** se miraron disimuladamente; **she shot** *o* **threw me a warning ~** me lanzó una mirada de advertencia; **to take a ~ at sth** echarle *or* darle* un vistazo a algo, echarle una ojeada a algo; **he cast a quick ~ over the headlines** les echó una rápida ojeada a los titulares

glance² *vi* mirar; **she ~d from the one to the other** su mirada iba de uno a otro; **to ~ AT sth** echarle una ojeada A algo, echarle *or* darle* un vistazo A algo; **to ~ AT sb** echarle una mirada A algn; **she ~d up from her book** levantó la vista del libro por un momento; **he ~d over his shoulder** echó un vistazo por encima del hombro; **would you mind just glancing over this report?** ¿le darías un vistazo a este informe?; **she ~d round** miró hacia atrás; **he ~d toward her/in her direction** dirigió la mirada hacia ella/hacia donde ella estaba

(Phrasal verb)
- **glance off** [v + prep + o] rebotar en

glancing /ˈglænsɪŋ || ˈglɑːnsɪŋ/ *adj* (*before n*): **to strike sth/sb a ~ blow** pegarle* a algo/a algn de refilón

gland /glænd/ *n* **1** (organ) glándula *f* **2** (lymph node) ganglio *m*; **my ~s are swollen** tengo los ganglios inflamados

glandular /ˈglændjələr || ˈglændjʊlə(r)/ *adj* glandular

glandular fever *n* [u] mononucleosis *f* (infecciosa)

glare¹ /gler || gleə(r)/ *n*
A [c] (stare) mirada *f* (*hostil, feroz, de odio etc*); **she shot him a ~ of anger/defiance** le lanzó una mirada iracunda/desafiante
B [u] (light) resplandor *m*, luz *f* deslumbradora; **the ~ of publicity** las luces *or* los focos de la publicidad

glare² *vi*
A (stare) **to ~ AT sb** fulminar a algn con la mirada
B (shine) «*headlights/spotlight*» brillar, relumbrar; **the sun ~d (down) relentlessly** el sol caía implacable
■ **glare** *vt*: **to ~ defiance/hate at sb** lanzarle* miradas desafiantes/de odio a algn

glaring /ˈglerɪŋ || ˈgleərɪŋ/ *adj* **1** (dazzling) ‹*light/sun*› deslumbrante, cegador **2** (flagrant) (*before n*) ‹*error*› mayúsculo, que salta a la vista; ‹*injustice/abuses*› palmario, flagrante

glaringly /ˈglerɪŋli || ˈgleərɪŋli/ *adv*: **it's ~ obvious** salta a la vista

glass /glæs || glɑːs/ *n*
A [u] **1** (material) vidrio *m*, cristal *m* (Esp); (crystal) cristal *m*; **a pane of ~** un vidrio, un cristal (Esp); **the burglars broke the ~ to get in** los ladrones rompieron el vidrio *or* (Esp) el cristal para entrar; **broken ~** vidrio roto, cristales rotos (Esp); **to be grown under ~** (Hort) cultivarse en invernadero; (*before n*) ‹*door/roof*› de vidrio, de cristal (Esp); **a ~ case** una vitrina; **a ~ eye** un ojo de vidrio *or* (Esp) de cristal **2** (glassware) cristalería *f*, cristal *m*
B [c] (vessel) vaso *m*; (with stem) copa *f*; **a champagne ~** una copa de champán; **a ~ of champagne** una copa de champán; **a set of crystal ~es** un juego de copas/vasos de cristal; **please raise your ~es to our guest** brindemos por nuestro invitado; **she gets quite talkative when she's had a ~ or two** cuando se ha tomado unas copas le da por hablar
C **glasses** *pl* **1** (spectacles) gafas *fpl*, lentes *mpl* (esp AmL), anteojos *mpl* (esp AmL); **he wears ~es** lleva gafas, usa lentes *or* anteojos (esp AmL) **2** (*field ~es*) prismáticos *mpl*, largavistas *m*
D [c] **1** (*magnifying ~*) lupa *f*, lente *f* de aumento **2** (arch) (telescope) anteojo *m* (arc)
E [c] (barometer): **the ~ is rising/falling** la presión (atmosférica *or* barométrica) está subiendo/bajando
F (mirror) (dated) espejo *m*, cristal *m* (arc)

(Phrasal verb)
- **glass in** [v + o + adv, v + adv + o] acristalar, cerrar* con vidrios *or* (Esp) cristales

glassblower /ˈglæsˌbləʊər || ˈglɑːsˌbləʊə(r)/ *n* soplador, -dora *m,f* de vidrio

glassblowing /ˈglæsˌbləʊɪŋ || ˈglɑːsˌbləʊɪŋ/ *n* [u] soplado *m* del vidrio

glass ceiling *n* techo *m* de cristal, tope *m*; **to help women break through the ~ ~ of promotion** ayudar a las mujeres a romper las barreras que les impiden continuar ascendiendo

glasscutter /ˈglæsˌkʌtər || ˈglɑːsˌkʌtə(r)/ *n* cortavidrios *m*

glassed-in /ˈglæstˈɪn || ˈglɑːstˈɪn/ *adj* aventanado (AmL), acristalado (Esp)

glass fiber, (BrE) **glass fibre** *n* [u] fibra *f* de vidrio

glassful /ˈglæsfʊl || ˈglɑːsfʊl/ *n* vaso *m*; **he was drinking Scotch by the ~** estaba bebiendo vasos llenos de whisky

glasshouse /ˈglæshaʊs || ˈglɑːshaʊs/ *n*
A (greenhouse) (BrE) invernadero *m*
B (BrE) (Mil) (sl): **the ~** el calabozo

glassmaking /ˈglæsmeɪkɪŋ || ˈglɑːsmeɪkɪŋ/ *n* [u] fabricación *f* de vidrio

glasspaper /ˈglæsˌpeɪpər || ˈglɑːsˌpeɪpə(r)/ *n* [u] (BrE) papel *m* de vidrio

glassware /ˈglæswer || ˈglɑːsweə(r)/ *n* [u] cristalería *f*

glass wool *n* [u] lana *f* de vidrio

glassworks /ˈglæswɜːrks || ˈglɑːswɜːks/ *n* (*pl*, **~**) (+ *sing or pl vb*)) fábrica *f* de vidrio, cristalería *f*

glassy /ˈglæsi || ˈglɑːsi/ *adj* **1** (like glass) vítreo **2** (dull, lifeless) ‹*eyes/stare*› vidrioso

glassy-eyed /ˈglæsiˈaɪd || ˌglɑːsiˈaɪd/ *adj* con la mirada vidriosa; **he looked on with ~ indifference** miraba con total frialdad

Glaswegian¹ /glæzˈwiːdʒən/ *adj* de Glasgow

Glaswegian² *n*: *habitante o persona oriunda de Glasgow*; **he's a ~** es de Glasgow

glaucoma /glɔːˈkəʊmə/ *n* [u] glaucoma *m*

glaucous /ˈglɔːkəs/ *adj* **1** (blue-green) (liter) glauco (liter) **2** ‹*fruit/plum/grape*› cubierto de una pelusilla verdosa

glaze¹ /gleɪz/ *n* [c u] **1** (on pottery, brick, tiles) vidriado *m* **2** (on fabric, leather, paper) glaseado *m* **3** (Culin) glaseado *m*

glaze² *vt*
A (fit with glass) ‹*building*› acristalar; **to ~ a window/door** ponerle* vidrio(s) *or* (Esp) cristal(es) a una ventana/puerta
B (make shiny, glossy) **1** ‹*pottery/tiles/brick*› vidriar **2** (Print, Tex) ‹*fabric/leather/paper*› glasear **3** (Culin) ‹*fruit/carrots/ham/pastry*› glasear
■ **glaze** *vi* **~ (over)** «*eyes*» vidriarse

glazed /gleɪzd/ *adj*
A (fitted with glass) ‹*window/door*› con vidrio *or* (Esp) cristal
B **1** (Culin) ‹*carrots/onions/fruit*› glaseado **2** (Print, Tex) ‹*cotton/paper*› glaseado **3** (glassy-eyed) ‹*look*› vidrioso

glazier /ˈgleɪʒər || ˈgleɪziə(r)/ *n* vidriero, -ra *m,f*, cristalero, -ra *m,f*

glazing /ˈgleɪzɪŋ/ *n* [u] **1** (glass) vidrios *mpl*, cristales *mpl* (Esp) **2** (act, job) acristalamiento *m*, acristalación *f*

GLC *n* (Hist) = **Greater London Council**

gleam¹ /gliːm/ *vi* «*metal/blade/shoes*» relucir*, brillar; «*eyes/hair*» brillar

gleam² *n* (on metal, water) reflejo *m*, brillo *m*; **she had an amused ~ in her eye** miraba con una chispa de picardía; **it's still just a ~ in his eye** aún no es más que una idea que lo ilusiona

gleaming /ˈgliːmɪŋ/ *adj* ‹*metal/teeth*› reluciente, brillante; **a ~ new car** un coche flamante

glean /gliːn/ *vt* **1** (Agr) espigar* **2** (collect) ‹*information/knowledge/facts*› recoger*, cosechar; **to ~ sth FROM sth/sb**: **figures ~ed from the official year book** cifras extraídas del anuario oficial; **we can ~ some hope from what he told us** lo que nos dijo es bastante esperanzador; **I ~ed from her that ...** de lo que dijo deduje que ...

gleaner /ˈgliːnər || ˈgliːnə(r)/ *n* (Hist) espigador, -dora *m,f*

gleanings /ˈgliːnɪŋz/ *pl n* **1** (of harvest, crop) rebusca *f* **2** (of information) fragmentos *mpl* (*de información*), datos *mpl*

glee /gliː/ *n*
A [u] (delight) regocijo *m*, júbilo *m* (liter); **to laugh/shout with ~** reírse*/gritar de alegría *or* con regocijo; **he listened with great ~ to their sorry tale** se regodeaba al oír su triste historia
B [c] (Mus) *composición para tres o más voces sin acompañamiento*

glee club *n* (Mus) coral *f*

gleeful /ˈgliːfəl/ *adj* ‹*laugh/shout*› lleno de alegría *or* (liter) júbilo; **privately, I was ~ at his misfortune** en mi fuero interno me alegraba de su desgracia

gleefully /ˈgliːfəli/ *adv* ‹*laugh/shout*› con regocijo, alegremente; **he rubbed his hands ~** se frotó las manos regodeándose (con la idea)

glen /glen/ *n* (in Scotland) cañada *f*

glib /glɪb/ *adj* **-bb-** ‹*solution/generalization/explanation*› simplista, fácil; ‹*remark/answer*› insustancial; ‹*salesman/politician*› con mucha labia; **this probably sounds ~, but ...** te parecerá pura palabrería, pero ...

glibly /ˈglɪbli/ *adv* con mucha labia *or* palabrería

glibness /ˈglɪbnəs || ˈglɪbnɪs/ *n* [u] labia *f*

glide¹ /glaɪd/ *vi*
A (move smoothly) «*person/dancer/door*» deslizarse*; **the skater ~d over the ice** el patinador se deslizaba sobre el hielo; **the duchess ~d into the room** la duquesa entró majestuosamente en la habitación; **the waiters ~d among the tables** los camareros se movían con fluidez por entre las mesas
B **1** «*bird/plane/glider*» planear **2** (pilot a glider) volar* sin motor

g

glide² *n*
A (movement — through air) planeo *m*; (— over ground, ice) deslizamiento *m*
B (AmE) **1** (metal stud) tope *m* de metal **2** (track for drawers, curtains, sliding doors) riel *m*
C (Ling) ligadura *f*
glide path *n* pista *f* de aproximación
glider /ˈglaɪdər || ˈglaɪdə(r)/ *n*
A (Aviat) **1** (plane) planeador *m*; (*before n*): **~ pilot** piloto *mf* de planeador **2** (person) piloto *mf* de vuelo sin motor
B (swinging seat) (AmE) mecedora *f*
gliding /ˈglaɪdɪŋ/ *n* [u] vuelo *m* sin motor
glimmer¹ /ˈglɪmər || ˈglɪmə(r)/ *vi* «*candles/fireflies/lanterns*» brillar con luz trémula; **the stream ~s in the moonlight** la luz de la luna cabrillea en el arroyo (liter)
glimmer² *n* **1** (of candle, light) luz *f* débil *or* tenue y trémula **2** (of understanding) atisbo *m*; **there's a ~ of hope** hay un rayo *or* un rayito de esperanza
glimmerings /ˈglɪmərɪŋz/ *pl n*: **the ~ of an idea** el germen de una idea, una idea incipiente
glimpse¹ /glɪmps/ *n*: **I caught a ~ of her thigh** alcancé a verle el muslo; **he got a fleeting ~ of her as she went in** alcanzó a verla fugazmente cuando entraba; **a ~ of life in rural England** una visión de la vida en la Inglaterra rural; **she never allowed me a ~ of her feelings** nunca ne dejó ni entrever sus sentimientos
glimpse² *vt* alcanzar* a ver, vislumbrar
glint¹ /glɪnt/ *vi* destellar, brillar; **her curls ~ed copper in the sunlight** sus rizos tenían reflejos cobrizos en el sol; **his eyes ~ed when I showed him the money** le brillaron *or* se le encendieron los ojos cuando le mostré el dinero
glint² *n* **1** (gleam — of metal) destello *m*; (— of light) destello *m*, reflejo *m*; (— in eye) (*no pl*) chispa *f*, brillo *m* **2** **glints** *pl* (in hair) reflejos *mpl*
glissando /glɪˈsɑːndəʊ || glɪˈsændəʊ/ *n* (*pl* **-dos** *or* **-di** /-di/) ligadura *f*
glisten /ˈglɪsən/ *vi* «*raindrops/tear*» refulgir*, brillar
glister /ˈglɪstər || ˈglɪstə(r)/ *vi* (arch) refulgir*
glitch /glɪtʃ/ *n* (esp AmE sl) problema *m* técnico
glitter¹ /ˈglɪtər || ˈglɪtə(r)/ *vi* relumbrar, relucir*, brillar, emitir destellos
glitter² *n* **1** (sparkle) (*no pl*) destello *m*, brillo *m* **2** [u] (superficial brilliance) oropel *m* **3** [u] (decoration) purpurina *f*, brillantes *mpl* (Arg), brillantina *f* (Ur, Ven), brillo *m* (Chi)
glitterati /ˌglɪtəˈrɑːti/ *pl n* famosos *mpl*
glittering /ˈglɪtərɪŋ/ *adj* **1** (sparkling) ‹*jewels*› centelleante; ‹*stars*› parpadeante, titilante **2** (brilliant, showy) fastuoso, rutilante
glittery /ˈglɪtəri/ *adj*
A (full of glitter) reluciente, resplandeciente
B ‹*lifestyle/atmosphere*› lujoso
glitz /glɪts/ *n* [u] (AmE colloq) oropel *m*
glitzy /ˈglɪtsi/ *adj* **-zier, -ziest** (AmE colloq) glamoroso, deslumbrante
gloaming /ˈgləʊmɪŋ/ *n* [u] (liter): **the ~** el ocaso (liter)
gloat /gləʊt/ *vi* **to ~ (OVER sth)** regodearse *or* refocilarse (CON algo); **they ~ed over her failure/suffering** se regodeaban *or* se refocilaban con su fracaso/sufrimiento; **he ~s over his success** se deleita *or* se regodea con su éxito
glob /glɑːb || glɒb/ *n* (AmE colloq) pegote *m* (fam)
global /ˈgləʊbəl/ *adj* **1** (worldwide) ‹*warfare/problem*› a escala mundial, global; **the ~ village** la aldea mundial; **~ warming** calentamiento *m* global *or* del planeta **2** (overall, comprehensive) ‹*view/survey*› global **3** (Comput): **~ search** búsqueda *f* global
globalism /ˈgləʊbəlɪzəm/ *n* [u] globalismo *m*
globalization /ˌgləʊbələˈzeɪʃən || ˌgləʊbəlaɪˈzeɪʃən/ *n* [u] globalización *f*, mundialización *f*
globalize /ˈgləʊbəlaɪz/ *vt* globalizar*, mundializar*
globally /ˈgləʊbəli/ *adv* **1** (on a world scale) a escala mundial **2** (on an overall view) globalmente
globe /gləʊb/ *n*
A **1** (world): **the ~** el globo **2** (model) globo *m* terráqueo
B (lampshade) globo *m*; (goldfish bowl) pecera *f* (*esférica*)
globe artichoke *n* alcachofa *f*, alcaucil *m* (esp RPl)
globetrot /ˈgləʊbtrɑːt || ˈgləʊbtrɒt/ *vi* **-tt-** trotar mundos, recorrer mundo
globetrotter /ˈgləʊbˌtrɑːtər || ˈgləʊbˌtrɒtə(r)/ *n* trotamundos *mf*
globetrotting /ˈgləʊbˌtrɑːtɪŋ || ˈgləʊbˌtrɒtɪŋ/ *n* [u]: **aren't you tired of all that ~?** ¿no estás cansado de tanto trotar mundos?
globular /ˈglɑːbjələr || ˈglɒbjʊlə(r)/ *adj* globular
globule /ˈglɑːbjuːl || ˈglɒbjuːl/ *n* glóbulo *m*
globulin /ˈglɑːbjələn || ˈglɒbjʊlɪn/ *n* globulina *f*
glockenspiel /ˈglɑːkənspiːl, ˌʃpiːl || ˈglɒkənspiːl, -ʃpiːl/ *n* carillón *m*
gloom /gluːm/ *n* [u] **1** (darkness) penumbra *f*, oscuridad *f* **2** (melancholy) melancolía *f*; **~ and doom** (hum) pesimismo *m*; **he is always full of ~ and doom** siempre lo ve todo negro
gloomily /ˈgluːməli || ˈgluːmɪli/ *adv* ‹*sigh/stare*› tristemente, con melancolía; ‹*look forward/predict*› con pesimismo
gloomy /ˈgluːmi/ *adj* **-mier, -miest** **1** (dark) ‹*day*› sombrío; ‹*place*› sombrío, lúgubre **2** (dismal) ‹*atmosphere/person/look*› lúgubre, fúnebre; ‹*prospect*› nada halagüeño; **I'm feeling ~ today** hoy estoy bajo de moral **3** (pessimistic) ‹*prediction/forecast*› pesimista, negativo; **she takes a ~ view of everything** todo lo ve negro
Gloria /ˈglɔːriə/ *n* Gloria *m*
glorification /ˌglɔːrəfəˈkeɪʃən || ˌglɔːrɪfɪˈkeɪʃən/ *n* [u c] exaltación *f*, glorificación *f*
glorified /ˈglɔːrəfaɪd || ˈglɔːrɪfaɪd/ *adj* (colloq & hum) (*before n*) con pretensiones (hum); **a vichyssoise is just a ~ leek soup** la vichyssoise no es más que una sopa de puerros con pretensiones
glorify /ˈglɔːrəfaɪ || ˈglɔːrɪfaɪ/ *vt* **-fies, -fying, -fied** **1** (Relig) glorificar* **2** ‹*person*› ensalzar*, glorificar*; ‹*terrorism*› exaltar, enaltecer*; **a film which glorifies war/violence** una película que exalta la guerra/la violencia
glorious /ˈglɔːriəs/ *adj* **1** (wonderful) ‹*sight/view/weather*› maravilloso, espléndido, soberbio; **I had the ~ feeling that ...** tuve la maravillosa sensación de que ...; **some ~ howlers** (iro) unos errores garrafales *or* mayúsculos, unos errores de antología (iró) **2** (deserving glory) ‹*victory/deed*› glorioso; **we are gathered to honor the ~ dead** nos hemos reunido para honrar a los caídos por la patria
gloriously /ˈglɔːriəsli/ *adv* **1** (wonderfully) maravillosamente; **everything came together ~ at the end** al final todo salió divinamente *or* de maravilla **2** (with glory) (liter) con gloria (liter), gloriosamente (liter) **3** (*as intensifier*) maravillosamente, deliciosamente
glory¹ /ˈglɔːri/ *n* (*pl* **-ries**) **1** [u] (fame) gloria *f*; **I mustn't take all the ~, everybody helped** el mérito no es sólo mío, todos me ayudaron; **she deserved more of the ~ than she in fact received** se merecía más honores de los que de hecho recibió; **I'm entitled to bask in a little reflected ~** tengo derecho a disfrutar un poco del triunfo ajeno; ***to cover oneself with*** *o* (BrE also) ***in ~*** cubrirse* de gloria **2** [u c] (beauty, magnificence) esplendor *m*, gloria *f*; **its former ~** su antiguo esplendor, su antigua gloria; **and there in all its ~ was our old Chevrolet** y ahí estaba, en todo su esplendor, nuestro viejo Chevrolet; **the ~ of the system is that ...** lo espléndido *or* lo maravilloso del sistema está en que ... **3** [u] (praise) gloria *f*; **~ to God in the highest** gloria a Dios en las alturas; **~ be!** (*as interj*) (dated) ¡bendito sea (el Señor)! **4** [u] (heaven) gloria *f*; ***to be in one's ~*** estar* en la gloria
glory² *vi* **-ries, -rying, -ried** **to ~ IN sth/-ING** (be proud of) enorgullecerse* DE algo; (in an unpleasant way) vanagloriarse DE algo; (take pleasure in) disfrutar DE algo; (in an unpleasant way) regodearse CON algo; **she gloried in her rival's pain** se regodeaba con el dolor de su rival
glory hole *n* (BrE colloq & hum) trastero *m*, cuarto *m* de los trastos
Glos = **Gloucestershire**
gloss¹ /glɑːs || glɒs/ *n*
A **1** [u] (shine) brillo *m*, lustre *m*; ***to take the ~ off sth*** quitarle la gracia a algo; (*before n*): **~ finish** acabado *m* brillante **2** [u] **~ (paint)** (pintura *f* al *or* de) esmalte *m* **3** (attractive appearance, semblance) (*no pl*) barniz *m*; **a ~ of respectability** un barniz de respetabilidad; **to put a ~ on sth** disimular algo
B [c] (explanatory note) glosa *f*
gloss² *vt* ‹*word/text*› glosar

Phrasal verb

- **gloss over** [v + adv + o] (make light of) quitarle importancia a, minimizar* la importancia de; (ignore) pasar por alto; (cover up) disimular

glossary /ˈglɑːsəri || ˈglɒsəri/ *n* (*pl* **-ries**) glosario *m*
glossy¹ /ˈglɑːsi || ˈglɒsi/ *adj* **-sier, -siest** **1** (shiny) ‹*coat of animal*› brillante, lustroso; ‹*hair*› brillante, brilloso (AmL); ‹*paintwork*› esmaltado; ‹*finish*› brillante **2** (on shiny paper) ‹*photograph/print*› brillante; ‹*paper*› satinado
glossy² *n* (*pl* **-sies**) **1** **~ (magazine)** revista *f* ilustrada (*impresa en papel satinado*) **2** **~ (print)** (Phot) copia *f* brillante
glottal stop /ˈglɑːtl || ˈglɒtl/ *n* oclusión *f* glótica
glottis /ˈglɑːtəs || ˈglɒtɪs/ *n* (*pl* **-tises** *or* **-tides** /-tədiːz/) glotis *f*
glove /glʌv/ *n* guante *m*; **a pair of ~s** un par de guantes; ***the ~s are off*** se acabaron las contemplaciones; **with the ~s off** sin miramientos *or* contemplaciones; ***to fit like a ~*** quedar como un guante; **the dress fits you like a ~** el vestido te queda como un guante; ***to handle*** *o* ***treat sb with kid ~s*** tratar a algn con guantes de seda *or* (CS tb) con guante blanco
glove box *n* (BrE) ▸**glove compartment**
glove compartment *n* guantera *f*
gloved /glʌvd/ *adj* ‹*hand*› enguantado
glove puppet *n* (BrE) títere *m* (*de guante*), polichinela *m*
glow¹ /gləʊ/ *vi* **1** (shine) «*fire*» brillar, resplandecer*; «*metal*» estar* al rojo vivo; **to ~ with health** rebosar (de) *or* irradiar salud **2** (show pleasure): **to be ~ing with happiness** estar* radiante de felicidad; **his son's success made him ~ with pride** el éxito de su hijo lo llenaba de orgullo
glow² *n* (*no pl*) **1** (light) brillo *m*, resplandor *m*; **a pearly ~** un brillo perlado **2** (feeling): **he felt a warm ~ of love/pride** sintió una oleada de cariño/orgullo; **brandy gives you a warm ~** el brandy da una agradable sensación de bienestar
glower¹ /ˈglaʊər || ˈglaʊə(r)/ *vi* tener* el ceño fruncido; **to ~ AT sb** fulminar a algn con la mirada
glower² *n* (*no pl*) ceño *m* fruncido; **he looked at her with an angry ~** le dirigió una mirada fulminante
glowing /ˈgləʊɪŋ/ *adj* **1** (shining) (*before n*) ‹*face/cheeks*› encendido; **the ~ embers** las brasas **2** (expressing praise) ‹*account/report*› elogioso, lleno de alabanzas; **in ~ terms** en términos elogiosos *or* (AmL tb) encomiosos; **he paid her a ~ tribute** le rindió un caluroso homenaje
glowingly /ˈgləʊɪŋli/ *adv* ‹*recommend*› con entusiasmo; ‹*describe*› elogiosamente
glow-in-the-dark /ˈgləʊɪnðədɑːrk || ˈgləʊɪnðədɑːk/ *adj* que brilla en la oscuridad
glowworm /ˈgləʊwɜːrm || ˈgləʊwɜːm/ *n* luciérnaga *f*, bicho *m* de luz (RPl)
glucose /ˈgluːkəʊs -kəʊz/ *n* [u] (Biol, Chem) glucosa *f*
glue¹ /gluː/ *n* [u c] goma *f* de pegar, pegamento *m*; **to sniff ~** inhalar *or* (arg) esnifar pegamento; **wood ~** cola *f* de carpintero; (*before n*):

~ pen lápiz *m* adhesivo, pegamento *m* tipo lápiz; **~ sniffer** esnifador, -dora *m,f* or inhalador, -dora *m,f* de pegamento; **~ sniffing** inhalación *f* de pegamento *or* (Chi) de neoprén; **~ stick** barra *f* de pegamento, pegamento *m* en barra

glue[2] *vt* **glues, glueing, glued** 1 (stick) pegar*; (in carpentry) encolar; **fold the edges and ~ them down** doblar los bordes y pegarlos; **she ~d the pieces together** pegó las piezas 2 (fix): **keep your eyes ~d on the road** no apartes la vista de la carretera; **he was ~d to the television** estaba pegado a la televisión

glue ear *n* [u] (colloq) otitis *f* serosa

gluey /'glu:i/ *adj* pegajoso

glug[1] /glʌg/ *interj*: **(to go) ~ ~** (hacer*) gluglú (fam)

glug[2] *vi* **-gg-** (colloq) hacer* gluglú (fam)

glum /glʌm/ *adj* **-mm-** ‹*person/expression*› cabizbajo, apesadumbrado; **you look very ~ today** hoy te veo muy tristona *or* apagada

glumly /'glʌmli/ *adv* con tristeza *or* pena; **he shrugged his shoulders ~** se encogió de hombros con desánimo

glut[1] /glʌt/ *n* superabundancia *f*; **during the current ~** en estos momentos de superabundancia; **the oil ~** el exceso de oferta de petróleo

glut[2] *vt* **-tt-** saturar; **the market is being ~ted with apples** el mercado se está saturando de manzanas; **the child ~ted himself with** *o* **on chocolate** el niño se atracó *or* se hartó de chocolate

glutamate /'glu:təmeɪt/ *n* [u] 1 (salt of glutamic acid) glutamato *m* 2 (colloq) ▸**monosodium glutamate**

gluten /'glu:tn/ *n* [u] gluten *m*; **a ~-free diet** una dieta sin gluten

gluteus /'glu:tiəs/ *n* (*pl* **glutei** /'glu:tiaɪ/) glúteo *m*

glutinous /'glu:tnəs || 'glu:tɪnəs/ *adj* glutinoso

glutton /'glʌtn/ *n* glotón, -tona *m,f*; ***to be a ~ for punishment*** ser* un masoquista

gluttonous /'glʌtnəs/ *adj* ‹*person*› glotón; ‹*appetite*› voraz, insaciable

gluttonously /'glʌtnəsli/ *adv* con avidez *or* glotonería, ávidamente

gluttony /'glʌtni || 'glʌtəni/ *n* [u] glotonería *f*, gula *f*; (deadly sin) gula *f*

glycemic index /glaɪ'si:mɪk/ *n* (*pl* **indexes**) (Culin) índice *m* glicémico

glycerin /'glɪsərən || 'glɪsərɪn/ *n* [u] glicerina *f*

glycerine /'glɪsərən || 'glɪsəri:n/ *n* [u] glicerina *f*

glycerol /'glɪsərɔ:l || 'glɪsərɒl/ *n* [u] glicerol *m*

glycogen /'glaɪkədʒen/ *n* [u] glucógeno *m*

glyph /glɪf/ *n* 1 (hieroglyph) jeroglífico *m* 2 (carved groove) glifo *m* 3 (Comput) logotipo *m*, glyph *m*, glifo *m*

gm (= **gram(s)**) gr., g.

GM *adj* **= genetically modified**

G-man /'dʒi:mæn/ *n* (*pl* **-men** /-men/) (AmE sl) agente *m* del FBI

GMB *n* (in UK) (= **General and Municipal Boilermakers' Union**) *sindicato general de trabajadores*

GMO *n* (= **genetically modified organism**) OGM *m*

GMT (= **Greenwich Mean Time**) GMT

gnarled /nɑ:rld || nɑ:ld/ *adj* ‹*wood*› nudoso, lleno de nudos; ‹*tree*› retorcido; ‹*hands/fingers*› nudoso

gnash /næʃ/ *vt*: **to ~ one's teeth** hacer* rechinar los dientes; **we left him ~ing his teeth with rage** lo dejamos rechinando los dientes muerto de rabia

gnat /næt/ *n* jején *m*; (general usage) mosquito *m*

gnaw /nɔ:/ *vt* «*animal*» roer*; **the dog was ~ing a bone** el perro roía un hueso; **he was ~ed by doubts** lo atormentaban las dudas

■ **gnaw** *vi* **to ~ AT sth** «*animal*» roer* algo; **he ~ed at his fingernails** se comía las uñas; **her conscience kept ~ing at her** no dejaba de remorderle la conciencia

gnawing /'nɔ:ɪŋ/ *adj* ‹*pain*› lacerante, persistente; ‹*hunger*› persistente; ‹*doubt/anxiety/remorse*› que atormenta, que corroe por dentro

gneiss /naɪs/ *n* [u] gneis *m*

gnocchi /'nəʊki, 'njəʊ-, 'nɑ:- || 'nɒki, 'njɒ-/ *pl n* ñoquis *mpl*

gnome /nəʊm/ *n* (Myth) gnomo *m*; **garden ~** enanito *m*; **the ~s of Zurich** (journ) los banqueros suizos

gnomic /'nəʊmɪk/ *adj* gnómico

gnostic[1] /'nɑ:stɪk || 'nɒstɪk/ *adj* 1 (of knowledge) gnóstico 2 (of Gnosticism): **G~** gnóstico

Gnostic[2] *n* gnóstico, -ca *m,f*

Gnosticism /'nɑ:stəsɪzəm || 'nɒstɪsɪzəm/ *n* [u] gnosticismo *m*

GNP *n* (= **gross national product**) PNB *m*, PBI *m* (RPl), PIB *m* (esp Esp)

gnu /nu:/ *n* (*pl* **~s** *or* **~**) ñu *m*

GNVQ *n* (BrE) **= General National Vocational Qualification**

> **GNVQ - General National Vocational Qualification**
>
> Un examen sobre una materia en particular que tiene lugar en Inglaterra, Gales e Irlanda del Norte, al final del quinto año de la enseñanza secundaria (*secondary school*). Estos exámenes fueron introducidos en 1992, como una alternativa a los GCSEs ▸**GCSE - General Certificate of Secondary Education**, en un número de materias de orientación más práctica o vocacional. Tiene como objeto preparar a los alumnos para el mundo laboral.

go[1] /gəʊ/ (*3rd pers sing pres* **goes**; *past* **went**; *past p* **gone**)

INDEX

■ **go** *verb intransitive*

Sense I

A 1 to move, to travel
2 to start moving, acting
B 1 to travel to
2 to attend
3 to visit the toilet
C to attempt, to make as if to

Sense II

A to leave, to depart
B to let go
C 1 to elapse
2 to wear off, to disappear
3 to be used up
D 1 to be disposed of
2 to be sold
E 1 to cease to function
2 to die
3 remaining, to take away

Sense III

A 1 to lead: paths, tracks
2 to extend: roads etc
B 1 to have a place
2 to be divisible

Sense IV

A 1 to become
2 to be, to remain
B to turn out, to proceed
C 1 to be available
2 to be in general

Sense V

A 1 to function, to work
2 to get going
3 to continue to function
B to continue, to last out
C 1 to sound: bell etc
2 to make a sound, a movement
D 1 to contribute to
2 to be used for
E to be worded
F 1 to be permitted
2 to be obeyed, believed
3 to match, to suit
G to have a turn

■ **go** *verb transitive*

A 1 in cards
2 to bet
B to say
C to go it

■ **go** *auxiliary verb*

1 to express intention
2 to express the near future

Phrasal verbs

- **go about**
- **go after**
- **go against**
- **go ahead**
- **go along**
- **go around**
- **go at**
- **go away**
- **go back**
- **go back on**
- **go before**
- **go below**
- **go beyond**
- **go by**
- **go down**
- **go down on**
- **go down with**
- **go for**
- **go forth**
- **go forward**
- **go in**
- **go in for**
- **go into**
- **go in with**
- **go off**
- **go on**
- **go on for**
- **go out**
- **go out to**
- **go over**
- **go past**
- **go round**
- **go through**
- **go through with**
- **go to**
- **go together**
- **go under**
- **go up**
- **go with**
- **go without**

vi

Sense I

A 1 (to move, to travel) ir*; **there she ~es** allá va; **who ~es there?** (Mil) ¿quién va?; **are you ~ing my way?** ¿vas hacia el mismo sitio que yo?; **we can discuss it as we ~** podemos hablarlo en el camino; **can't you ~ any faster?** ¿no puedes ir más rápido?; **keep ~ing till you come to ...** siga hasta llegar a ...; **we were ~ing at 80 mph** íbamos a 80 millas por hora; **the bus ~es to the airport** el autobús va al aeropuerto; **the clothes ~ around and around in the machine** la ropa da vueltas y vueltas en la máquina; **she knows where she's ~ing** sabe lo que quiere; **where do we ~ from here?** ¿y ahora qué hacemos? 2 (to start moving, acting): **~ when the lights turn green** avanza *or* (fam) dale cuando el semáforo se ponga verde; **ready, (get) set, ~!** preparados *or* en sus marcas, listos ¡ya!; **let's ~!** ¡vamos!; **here ~es!** ¡allá vamos (*or* voy *etc*)!; **hold on tight and away** *o* **off we ~** agárrate fuerte que allá vamos; **here we ~ with the first question** aquí va la primera pregunta; **here we ~ again, what's he complaining about this time?** (colloq) otra vez con la misma historia ¿y ahora de qué se queja?; **there you ~** (colloq) (handing sth over) toma *or* aquí tienes; (sth is ready) ya está *or* listo; **don't ~ telling everybody** (colloq) no vayas a contárselo a todo el mundo; **~ *to* *o* *for it!*** (colloq) ¡manos a la obra!

B (*past p* **gone/been**) 1 (to travel to) ir*; **to ~ to France** ir* a Francia; **she's gone to France** se ha ido a Francia; **she's been to France** ha estado en Francia; **I have never been abroad**

g

no he estado nunca en el extranjero; **where are you ~ing?** ¿adónde vas?; **where has she gone?** ¿adónde se ha ido?; **to ~ by car/bus/plane** ir* en coche/autobús/avión; **to ~ on foot/horseback** ir* a pie/a caballo; **to ~ for a walk/drive** ir* a dar un paseo/una vuelta en coche; **the phone's ringing — I'll ~** está sonando el teléfono — voy yo; **to ~ to the bank/office/dentist** ir* al banco/a la oficina/al dentista; **to ~ to + INF** ir* A + INF; **they've gone to see the exhibition** (se) han ido a ver la exposición; **they've been to see the exhibition** han visitado la exposición, han estado en la exposición; **to ~ AND + INF** ir* A + INF; **~ and see what she wants** anda *or* vete a ver qué quiere; **~ fetch me the hammer** (AmE) anda *or* vete a buscar el martillo **2** (to attend) ir*; **to ~ TO sth** ir* A algo; **to ~ to a lecture/concert/play** ir* a una conferencia/a un concierto/al teatro; **to ~ to work/school/church** ir* a trabajar/a la escuela/a la iglesia; **to ~ on a training course** hacer* un curso de capacitación; **to ~ on a diet** ponerse* a régimen; **to ~ -ING** ir* A + INF; **to ~ swimming/hunting** ir* a nadar/cazar **3** (to visit the toilet) (euph) ir* al baño *or* al lavabo (euf)

C (to attempt, to make as if to) **to ~ to + INF** ir* A + INF; **I went to open the door and ...** fui a abrir la puerta y ...

Sense II

A (to leave, to depart) «*visitor*» irse*, marcharse (esp Esp); «*bus/train*» salir*; **I thought he'd never ~** creí que no se iba a ir nunca; **well, I must be ~ing** bueno, me tengo que ir ya; **the boss will be sorry to see you ~** el jefe va a lamentar que te vayas; **what time does the bus ~?** ¿a qué hora sale el autobús?

B **to let** *o* (colloq) **leave ~** soltar*; **let ~! you're hurting me!** ¡suelta *or* suéltame, que me haces daño!; **to let** *o* (colloq) **leave go of sth/sb** soltar* algo/a algn; **let ~ of my hand** suéltame la mano; **let ~ of me!** ¡suéltame!, ¡déjame!; ***to let sth/sb ~***: **let me ~ or I'll scream!** ¡suéltame o grito!; **my parents wouldn't let me ~ to the party** mis padres no me dejaron ir a la fiesta; **we'll let it ~ this time** por esta vez (que) pase, por esta vez lo pasaremos por alto; **she's really let the garden/her French ~** ha descuidado mucho el jardín/su francés, tiene el jardín/su francés muy abandonado; **Davis Corp has let its entire research department ~** (euph) Davis Corp ha despedido a todo el departamento de investigación; **he's really let himself ~ since his wife died** se ha abandonado totalmente desde que murió su mujer; **we all have to let (ourselves) ~ once in a while** a todo el mundo le hace bien soltarse la melena de vez en cuando (fam)

C **1** (to elapse) «*moment/time/days*» pasar; **the years of plenty have well and truly gone** no cabe duda de que se ha acabado el tiempo de las vacas gordas; **it's just gone nine o'clock** (BrE) son las nueve pasadas **2** (to wear off, to disappear) «*headache/fear*» pasarse *or* irse* ((+ *me/te/le etc*)); «*energy/confidence/determination*» desaparecer*; **has the pain gone?** ¿se te (*or* le *etc*) ha pasado *or* ido el dolor?; **where has respect for one's elders gone?** ¿dónde está el respeto a los mayores?; **my briefcase has gone!** ¡me ha desaparecido el maletín! **3** (to be used up) acabarse; (to be spent) «*money/food*» irse*; **what do you spend it all on? — I don't know, it just ~es** ¿en qué te lo gastas? — no sé, se (me) va como el agua; **the money/cream has all gone** se ha acabado el dinero/la crema; **to ~ ON sth**: **half his salary ~es on drink** la mitad del sueldo se le va en bebida; **$150 a week ~es on food** 150 dólares semanales se van en comida; **all gone!** (used to babies) ¡ya está!

D **1** (to be disposed of): **that sofa will have to ~** nos vamos (*or* se van *etc*) a tener que deshacer de ese sofá; **presumably this partition will ~** supongo que esta mampara va a desaparecer; **either the cats ~ or I ~** o se van los gatos o me voy yo; **if she ~es I ~** si la echan a ella, yo también me voy; **Smith must ~!** ¡fuera Smith! **2** (to be sold) venderse; **the bread has all gone** no queda pan, el pan se ha vendido todo; **the painting went for £1,000** el cuadro se vendió en 1.000 libras; **~ing, ~ing, gone** a la una, a las dos, vendido; **sorry, but the room has gone** lo siento pero la habitación ya está alquilada

E **1** (to cease to function, to wear out) «*bulb/fuse*» fundirse; «*thermostat/fan/exhaust*» estropearse; **her memory/eyesight is ~ing** le está fallando *or* está perdiendo la memoria/la vista; **the brakes went as we ...** los frenos fallaron cuando ...; **the brakes have gone** los frenos no funcionan; **my knee has gone again** ando mal de la rodilla otra vez; **my legs went (from under me)** me fallaron las piernas; **suddenly, the picture went** de repente desapareció la imagen; **these jeans are ~ing at the knees** estos vaqueros tienen las rodillas gastadas **2** (to die) (colloq) pasar a mejor vida; **we've all got to ~ sometime** a todos nos llega la hora **3** **to go** (remaining): **only two weeks to ~ till he comes** sólo faltan dos semanas para que llegue; **I still have 50 pages to ~** todavía me faltan *or* me quedan 50 páginas (to take away) (AmE) llevar; **two burgers to ~** dos hamburguesas para llevar

Sense III

A **1** (to lead) «*paths/tracks*» ir*, llevar **2** (to extend) «*roads/railroad lines*» ir*; **it only ~es as far as Croydon** sólo va *or* llega hasta Croydon; **to ~ from ... to ...** «*prices/ages/period*» ir* de ... a ... *or* desde ... hasta ...; **the first volume ~es from A to K** el primer tomo va *or* abarca de la A a la K; **the belt won't ~ around my waist** el cinturón no me da para la cintura

B **1** (to have a place) ir*; (to fit) caber*; **where does this chair ~?** ¿dónde va esta silla?; **the piano won't ~ through the door** el piano no va a pasar *or* caber por la puerta; *see also* **go in, go into** **2** (to be divisible): **5 into 11 won't** *o* **doesn't ~** 11 no es divisible por 5; **8 into 32 ~es 4 (times)** 32 entre 8 cabe a 4

Sense IV

A **1** (to become): **to ~ blind/deaf** quedarse ciego/sordo; **to ~ crazy** volverse* loco; **to ~ mouldy** (BrE) enmohecerse*; **to ~ sour** agriarse, ponerse* agrio; **to ~ pale** palidecer*, ponerse* pálido; **her face went red** se puso colorada; **the bread's gone hard** el pan está duro; **my sister has gone vegetarian/punk** mi hermana se ha hecho vegetariana/punk; **everything suddenly went quiet** de repente se hizo un silencio total; **the phone suddenly went dead** de repente se cortó la comunicación; **the city has gone Democratic** la ciudad se ha volcado a los demócratas **2** (to be, to remain): **to ~ barefoot/naked/armed** ir* *or* andar* descalzo/desnudo/armado; **they went hungry** pasaron hambre; **it'll ~ unnoticed** va a pasar desapercibido; **it ~es by the name of Surfax** se conoce con el nombre de Surfax

B (to turn out, to proceed, to progress) ir*; **if everything ~es well** si todo va *or* marcha *or* sale bien; **how are things ~ing?** ¿cómo van *or* andan las cosas?; **how did the interview ~?** ¿qué tal estuvo la entrevista?, ¿cómo te (*or* le *etc*) fue en la entrevista?; **how ~es it?** (colloq) ¿qué tal? (fam); **so it ~es** así son las cosas

C **1** (to be available) (*only in -ing form*): **I'll take any job that's ~ing** estoy dispuesto a aceptar el trabajo que sea *or* cualquier trabajo que me ofrezcan; **is there any coffee ~ing?** ¿hay café?; **what will you have? — whatever's ~ing** ¿qué quieres tomar? — lo que haya *or* lo que me ofrezcas; **at the time it was the best treatment ~ing** en ese momento era el mejor tratamiento que había **2** (to be in general): **it's not expensive as dishwashers ~** no es caro, para lo que cuestan los lavavajillas

Sense V

A **1** (to function, to work) «*heater/engine/clock*» funcionar; **the radio was ~ing full blast** la radio estaba puesta a todo volumen; ***to have a lot ~ing for one*** tener* muchos puntos a favor; ***to have sth ~ing***: **he had something ~ing with one of his students** tenía algo con una de sus alumnas; **we've got a good thing ~ing here** esto marcha muy bien **2** **to get going**: **the car's OK once it gets ~ing** el coche marcha bien una vez que arranca; **I find it hard to get ~ing in the mornings** me cuesta mucho entrar en acción por la mañana; **once he gets ~ing on politics, there's no stopping him** cuando se pone a hablar de política, no hay quien lo pare; **it's late, we'd better get ~ing** es tarde, más vale que nos vayamos; **we tried to get a fire ~ing** tratamos de hacer fuego; **we need some music to get the party ~ing** hace falta un poco de música para animar la fiesta; ***to get sb ~ing***: **all this stupid nonsense really gets me ~ing** estas estupideces me sacan de quicio; **a few jokes should get the audience ~ing** con unos cuantos chistes, seguro que el público se anima; **only a black coffee gets me ~ing in the morning** yo necesito un café por la mañana para entrar en acción **3** (to continue to function): **to keep going** aguantar; (to continue without stopping) seguir*; **if we can keep ~ing until December, sales may pick up again** si podemos aguantar hasta diciembre, puede ser que las ventas repunten; **keep ~ing, we're nearly there** sigue, que ya falta poco; **to keep a project ~ing** mantener* a flote un proyecto; **I tried desperately to keep the conversation ~ing** intenté por todos los medios que no decayera la conversación; **it's only your love that keeps me ~ing** es tu amor lo que me da fuerzas para seguir (adelante)

B (to continue, to last out) seguir*; **the noise was still ~ing after four hours** a las cuatro horas, todavía seguía el ruido; **the club's been ~ing for 12 years now** el club lleva 12 años funcionando; **this strike's already been ~ing for too long** esta huelga ha durado ya demasiado; **how long can you ~ before you need a break?** ¿cuánto aguantas sin descansar?; **we can ~ for weeks never seeing a soul** podemos estar *or* pasar semanas enteras sin ver un alma; **camels can ~ for weeks without water** los camellos pueden pasar *or* resistir semanas sin agua

C **1** (to sound) «*bell/siren*» sonar* **2** (to make a sound, a movement) hacer*; **ducks ~ quack** los patos hacen 'cuac, cuac'

D **1** (to contribute to) **to ~ to + INF,**: **everything that ~es to make a good school** todo lo que contribuye a que una escuela sea buena, todo lo que hace que una escuela sea buena; **that just ~es to prove my point** eso confirma lo que yo decía *or* prueba que tengo razón; **it just ~es to show: we can't leave them on their own** está visto que no los podemos dejar solos, esto demuestra que no los podemos dejar solos **2** (to be used) **to ~ TOWARD sth/to + INF,**: **all their savings are ~ing toward the trip** van a gastar todos sus ahorros en el viaje; **the money will ~ to pay the workmen** el dinero se usará para pagar a los obreros

E (to be worded) «*poem/prayer/theorem*» decir*; **... as the old saying ~es** ... como dice *or* reza el refrán; **... or so the story ~es** ... o eso dicen; **their argument ~es as follows ...** ellos argumentan lo siguiente ...; **how does the song ~?** ¿cómo es la (letra/música de la) canción?

F **1** (to be permitted): **anything ~es** todo vale, cualquier cosa está bien **2** (to be obeyed, believed): **what the boss says ~es** lo que dice el jefe, va a misa **3** (to match, to suit) pegar*, ir*; **that shirt and that tie don't really ~** esa camisa no pega *or* no va *or* no queda bien con esa corbata; *see also* **go together, go with**

G (Games) (to have a turn) ir*, jugar*; **you ~ first** tú vas *or* juegas primero, te toca a ti primero

■ **go** *vt*

A **1** (in cards) ir* con; **I'll ~ two hearts** voy con dos corazones **2** (to bet) apostar*

B (to say) (colloq) decir*; **that's enough of that, he ~es** —ya está bueno —dice

C (to work hard) (colloq): ***to go it*** darle* duro (fam); (go fast) (BrE dated) pegarle* fuerte (fam)

■ *v aux* (*only in -ing form*) **1** (expressing intention) **to be ~ing to + INF** ir* A + INF; **I'm ~ing to buy a new shirt** me voy a comprar una camisa nueva; **I was just ~ing to make some coffee** iba a *or* estaba por hacer café; **don't deny it! — I wasn't ~ing to** ¡no lo niegues! — no pensaba hacerlo; **we've been ~ing to buy a new car for years** llevamos años diciendo que nos vamos a comprar un coche nuevo **2** (to express the near future) ir* A + INF; **I'm ~ing to be sick** voy a devolver; **this peace is not ~ing to last** esta paz no va a durar; **there's ~ing to be trouble when he finds out** cuando se entere, se va a armar lío

(Phrasal verbs)

- **go about**

A [v + adv] 1 ▸ **go around Sense IA 2** (Naut) virar

B [v + prep + o] 1 (tackle, deal with) ‹*task*› acometer, emprender; **you'll be able to persuade them if you ~ about it the right way** los vas a poder convencer si encaras las cosas bien; **you're ~ing about it the wrong way: lift this end first** lo estás haciendo mal, levanta esta punta primero; **to ~ about -ING: how would you ~ about solving this equation?** ¿cómo harías para resolver esta ecuación? 2 (occupy oneself with): **to ~ about one's business** ocuparse de sus (*or* mis *etc*) cosas

- **go after** [v + prep + o] 1 (pursue, chase) ‹*criminal/prey*› perseguir*, dar* caza a 2 (compete for) ‹*job/prize*› tratar de conseguir, ir* a por (Esp)
- **go against** [v + prep + o] ‹*instructions/policy*› ‹*person*› oponerse* a, ir* en contra de, ir* contra; **if things ~ against his wishes** si las cosas no salen como él quiere; **the decision went against them** la decisión les fue desfavorable *or* fue en su contra
- **go ahead** [v + adv] 1 (proceed, begin) seguir* adelante; **may I ask you a question? — ~ ahead!** ¿le puedo hacer una pregunta? — por supuesto *or* (AmL tb) pregunte nomás; **to ~ ahead WITH sth** seguir* adelante CON algo 2 (in race, contest) ponerse* en cabeza, tomar la delantera; **Calypso Prince has just gone ahead of the favorite** Calypso Prince acaba de tomarle la delantera *or* acaba de adelantarse al favorito
- **go along** [v + adv] 1 (accompany, be present) ir*; **I might ~ along if the weather's nice** puede ser que vaya, si hace buen tiempo 2 (proceed, progress) ir*; **he whistled as he went along** iba silbando; **we were ~ing along at 100 kph** íbamos a 100 km/h; **the project/patient is ~ing along quite nicely** el proyecto/paciente va *or* marcha bastante bien; **I usually make corrections as I ~ along** normalmente hago correcciones sobre la marcha 3 (cooperate, acquiesce) **to ~ along WITH sth/sb**: **the committee has decided to ~ along with Bobby's proposal** la comisión ha decidido secundar la propuesta de Bobby; **I'll ~ along with that** estoy de acuerdo con eso; **you shouldn't just ~ along with everything he says** no deberías decir amén a todo lo que él diga
- **go around**, (BrE also) **go round**

(*Sense* **I**) [v + adv]

A 1 (move, travel, be outdoors) andar*; **we were advised to ~ around in twos or threes** nos aconsejaron que anduviéramos en grupos de a dos o tres; **he went around to different publishers** fue a ver a varios editores; **she ~es around in a Cadillac** anda por ahí en un Cadillac; **to ~ around WITH sb** andar* CON algn; **he ~es around with some funny characters** anda con gente muy rara; **to ~ around -ING** ir* por ahí + GER; **you can't ~ around saying things like that!** ¡no puedes ir por ahí diciendo esas cosas! 2 (circulate) «*joke/rumor*» correr, circular; **it's a bug that's ~ing around** es un virus que anda (por ahí) 3 (be sufficient for everybody): **there are enough forks to ~ around** hay tenedores (suficientes) para todos; **there aren't enough to ~ round** no alcanzan, no hay suficientes; **she added some water to it to make it ~ around** le agregó agua para que diera *or* alcanzara para todos

B (revolve) «*wheel/world*» dar* vueltas; **I have this idea ~ing around in my head** le estoy dando vueltas a esta idea

C (visit) ir*; **I'll ~ around and see him** iré a verlo; **we went around to Arthur's last night** anoche fuimos a casa de Arthur

(*Sense* **II**) [v + prep + o]

A 1 (turn) ‹*corner*› doblar, dar* la vuelta a, dar* vuelta (CS); ‹*bend*› tomar 2 (avoid, make detour) ‹*obstacle*› rodear, sortear

B (visit, move through) ‹*country/city*› recorrer; **in the afternoon we went around the castle** por la tarde visitamos el castillo; **to ~ around the world** dar* la vuelta al mundo; **he went around the house looking for defects** recorrió la casa buscando defectos; **he went around several companies trying to sell his idea** fue a *or* recorrió varias compañías tratando de vender su idea

- **go at** [v + prep + o]: **he went at it as if his life depended on it** acometió la tarea como si le fuera la vida en ello; **we'll just have to keep ~ing at the problem until we find a solution** tendremos que seguir dándole al problema hasta encontrar una solución; **no, no, you're ~ing at it the wrong way** ¡que no, así no es como hay que hacerlo!
- **go away** [v + adv] 1 (depart, leave) irse*; **tell them to ~ away** diles que se vayan; **I went away from the meeting feeling disappointed** me fui *or* salí decepcionada de la reunión; **he went away with completely the wrong idea** se fue con *or* se llevó una idea totalmente equivocada 2 (from home): **they've gone away to Australia** se han ido *or* (Esp tb) marchado a Australia; **we didn't ~ away last year** el año pasado no salimos *or* no fuimos a ningún lado de vacaciones; Ⓢ **gone away** (BrE) *se escribe en el sobre de una carta que se devuelve al remitente, para indicar que el destinatario se ha mudado*; **a ~ing-away party/present** una fiesta/un regalo de despedida 3 (disappear, fade away) «*smell*» irse*; «*pain*» pasarse *or* irse* ((+ *me/te/le etc*)); **my headache won't ~ away** no se me pasa *or* no se me va el dolor de cabeza; **this problem will not ~ away** el problema no se va a resolver solo
- **go back** [v + adv]

A 1 (return, go home) volver*; **I had to ~ back for my umbrella** tuve que volver *or* (AmL tb) regresarme a buscar el paraguas; **I'd like to ~ back to Germany sometime** me gustaría volver a Alemania alguna vez; **to ~ back to work** volver* al trabajo; **I shall never ~ back to that dentist!** ¡no vuelvo nunca más a ese dentista!; **she won't ~ back to him** no quiere volver con él; **~ back!** ¡vuelve atrás!, ¡retrocede!; **there's no ~ing back now** ya no se puede (*or* no nos podemos *etc*) volver atrás 2 (in lecture, discussion, text) volver*; **to ~ back to what I was saying earlier …** volviendo a lo que decía antes …; **let's ~ back and examine those ideas more closely** volvamos atrás y examinemos más detenidamente esas ideas 3 (be returned): **this dress'll have to ~ back** voy (*or* vas *etc*) a tener que devolver ese vestido

B 1 (date, originate) «*tradition/dynasty*» remontarse; **it ~es back to the beginning of the century** se remonta a principios de siglo; **we ~ back a long way** (colloq) nos conocemos desde hace mucho, lo nuestro viene de muy atrás 2 (return in time, revert) **to ~ back TO sth** volver* A algo; **we decided to ~ back to the old system** decidimos volver al sistema antiguo 3 «*clocks*» atrasarse

C (extend back) extenderse*; **the garden ~es back 40 feet** el jardín tiene 40 pies de largo

- **go back on** [v + adv + prep + o]: **I am not ~ing back on my promise** no voy a dejar de cumplir mi promesa; **you can't ~ back on your word** no puedes faltar a tu palabra
- **go before**

A [v + prep + o] (appear before) ‹*court/committee*› presentarse ante

B [v + adv], [v + prep + o] (happen, live previously) (liter): **everything that had gone before** todo lo que había sucedido antes; **those who have gone before us** aquellos que nos precedieron (liter)

- **go below** [v + adv] (Naut) bajar
- **go beyond** [v + prep + o] ‹*line/boundary*› ir* más allá de; **I don't think I can ~ beyond what Mr Brown has already said** no creo que pueda añadir nada a lo que el señor Brown ha dicho ya
- **go by**

A [v + adv] 1 (move past) pasar 2 (elapse) «*days/years*» pasar, transcurrir (frml); **as time went by …** a medida que pasaba el tiempo …; **tales of days gone by** cuentos de antaño (liter); **in years gone by people used to …** antes *or* antiguamente la gente solía …; **we mustn't let the occasion ~ by without a celebration** no podemos dejar pasar la ocasión sin celebrarlo

B [v + prep + o] 1 (act, judge in accordance with) ‹*instinct*› dejarse llevar por; ‹*rules*› seguir*; **to ~ by appearances** juzgar* por las apariencias; **they used to ~ by the position of the sun** se guiaban por la posición del sol; **I am just ~ing by what I was told** yo simplemente me atengo a lo que se me dijo; **if previous experience is anything to ~ by** a juzgar por lo que ha sucedido en otras ocasiones 2 (be wasted) (AmE): **the opportunity went right by him** perdió *or* dejó pasar la oportunidad

- **go down** [v + adv]

A 1 (descend) «*person*» bajar; «*sun*» ponerse*; «*curtain*» (Theat) caer*, bajar; **~ing down!** (in elevator) ¡baja!; **to ~ down on one's knees/hands and knees** ponerse* de rodillas/a gatas; **I went down through the list** recorrí la lista 2 (fall) «*boxer/horse*» caerse*; «*plane*» caer*, estrellarse 3 (sink) «*ship*» hundirse 4 «*computer*» dejar de funcionar, descomponerse* (AmL) 5 (be defeated) **to ~ down (TO sb)**: **Italy went down 2-1 to Uruguay** Italia perdió 2 a 1 frente a Uruguay; **to ~ down fighting** caer* luchando, morir* con las botas puestas

B 1 (decrease) «*temperature/exchange rate*» bajar; «*population/unemployment*» disminuir*; **to ~ down in price** bajar de precio; **to ~ down in value/weight** perder* valor/peso; **to ~ down TO sth: I'm willing to ~ down to $500** estoy dispuesto a bajar hasta 500 dólares; **I went down to 110 pounds** adelgacé hasta pesar 110 libras; **her voice went down to a whisper** su voz se redujo a un susurro 2 (decline) «*standard/quality*» empeorar; **the street has gone down** la calle ha perdido categoría; **she's gone down in my estimation** ha perdido *or* bajado mucho en mi estima; **she's gone down a lot since you last saw her** ha empeorado (*or* envejecido *etc*) mucho desde la última vez que la viste 3 (abate, subside) «*wind/storm*» amainar; «*floods/swelling*» bajar; **his temperature's gone down** le ha bajado la fiebre; **my knee has gone down** la hinchazón de la rodilla me ha bajado 4 (deflate) «*tire*» perder* aire, desinflarse

C (extend) **to ~ down TO sth: this road ~es down to the beach** este camino baja a *or* hasta la playa; **the skirt ~es down to her ankles** la falda le llega a los tobillos

D 1 (toward the south) ir* (*hacia el sur*); **I'm ~ing down to Atlanta for a few days** voy a ir a pasar unos días a Atlanta 2 (to another place) (BrE) ir*; **I'm ~ing down to the shops** voy a las tiendas 3 (BrE) (from university — at end of term) volver* a casa para las vacaciones (*desde Oxford o Cambridge*); (— after graduating) terminar la carrera, egresar (AmL) 4 (go to prison) (sl): **he went down for five years** le cayeron cinco años (fam)

E 1 (be swallowed): **it just won't ~ down** no me pasa, no lo puedo tragar; **drink some water to help it ~ down** toma un poco de agua para ayudar a pasarlo; **a coffee would ~ down nicely** un café me caería de maravilla; **a crumb has gone down the wrong way** se me ha ido una miga por el otro camino 2 «*present/proposal/remarks*»: **how did the announcement ~ down?** ¿qué tipo de acogida tuvo el anuncio?, ¿cómo recibieron el anuncio?; **the jokes went down well with the audience** al público le gustaron *or* le hicieron gracia los chistes; **that won't ~ down too well with your father** eso no le va a caer muy bien a tu padre

F (be recorded, written): **all these absences will ~ down on your record** va a quedar constancia de estas faltas en tu ficha; **that must ~ down as a wasted opportunity** deberemos recordarlo como una oportunidad desperdiciada; **to ~ down in history** *o* **in the history books as sb/sth** pasar a la historia como algn/algo

- **go down on** [v + adv + prep + o] (vulg) chupársela a (vulg), mamársela a (vulg), hacerle* la miné a (vulg)
- **go down with** [v + adv + prep + o] (BrE): **to ~ down with flu** caer* en cama con gripe; **to ~ down with food poisoning** sufrir una intoxicación; **to ~ down with hepatitis** caer* enfermo de hepatitis

• **go for** [v + prep + o]
A 1 (head toward, reach for): **when she gets home, she ~es straight for the gin** en cuanto llega a casa, se va derechito a la ginebra; **he went for the finish line as if seven devils were after him** se lanzó a la meta *or* (Esp) a por la meta como si lo persiguieran los demonios; **he went for his gun** fue a echar mano de la pistola 2 (attack): **~ for him, boy!** ¡ataca!, ¡a por él! (Esp), ¡chúmbale! (RPl), ¡ucha! (Col); **he went for Bill** se le echó encima a Bill; **in his speech he really went for the Prime Minister** en el discurso arremetió contra *or* le tiró a matar a la Primera Ministra; **they went for each other with all sorts of accusations** se lanzaron todo tipo de acusaciones
B 1 (aim at) ir* tras, ir* a por (Esp); **he's ~ing for gold** va tras la medalla de oro, va a por la medalla de oro (Esp); **~ for it!** ¡haz la tentativa!, ¡a por ello! (Esp) 2 (like, prefer): **I don't really ~ much for Chinese food** a mí no me gusta mucho *or* no me entusiasma la comida china 3 (choose) decidirse *or* optar por; **designers have gone for a romantic look this year** los diseñadores apuestan por *or* se han decantado por un estilo romántico para este año
C (be applicable to): **and that ~es for you too** y eso va también por *or* para ti; **this ~es for all of the halogens** esto es válido para todos los halógenos
• **go forth** [v + adv] (liter *or* arch) 1 (stride onward): **~ forth and preach the gospel** id y predicad el evangelio; **to ~ forth into an uncertain future** avanzar* hacia un futuro incierto 2 (be issued): **a decree went forth** se promulgó un decreto
• **go forward** [v + adv] 1 (progress) ⟨⟨*work/negotiations*⟩⟩ progresar, avanzar*; **the winners ~ forward to the final** los ganadores pasan a la final 2 (proceed, go ahead): **the loan can now ~ forward** ahora se puede efectuar el préstamo; **we are ~ing forward with construction work as planned** vamos a poner en marcha las obras de acuerdo a lo planeado 3 (be proposed, passed on) ⟨⟨*motion*⟩⟩ ser* presentado; **I allowed my name to ~ forward** permití que se me propusiera como candidata
• **go in** [v + adv] 1 (enter) entrar 2 (fit) ⟨⟨*screw/key*⟩⟩ entrar; **the big case will not ~ in** la maleta grande no cabe 3 (be obscured) ⟨⟨*sun/moon*⟩⟩ esconderse 4 (go to work) ir* a trabajar 5 (be learned, accepted) ⟨⟨*idea/lesson/warning*⟩⟩ entrar (en la cabeza) 6 (attack) (Mil) atacar*; **the police went in to break up the demonstration** la policía intervino para dispersar a los manifestantes
• **go in for** [v + adv + prep + o] 1 (enter) ⟨*race/competition*⟩ participar en, tomar parte en; ⟨*exam/test*⟩ presentarse a 2 (take up, practice): **is she ~ing in for arts or sciences?** ¿va a estudiar *or* ha elegido letras o ciencias?; **he'd thought of ~ing in for teaching** había pensado dedicarse a la enseñanza; **I've never gone in for sports much** nunca he practicado mucho deporte; **she ~es in for alternative medicine** es partidaria de la medicina alternativa; **more and more companies are ~ing in for fidelity insurance** cada vez más compañías están optando por el seguro de infidelidad; **we don't ~ in for that sort of thing in this establishment** ese tipo de cosa no tiene cabida en nuestro establecimiento
• **go into** [v + prep + o]
A 1 (enter) ⟨*room/building*⟩ entrar en, entrar a (AmL) 2 (collide with) ⟨*car/wall*⟩ chocar* contra 3 (fit into) entrar en 4 (be divisible into): **5 into 11 doesn't ~** 11 no es divisible por 5
B 1 (start, embark on) ⟨*phase/era*⟩ entrar en, empezar*; **to ~ into an explanation** ponerse* a dar explicaciones 2 (enter certain state) entrar en; **to ~ into a coma/a trance** entrar en coma/en un trance; **he went into hysterics/a fit** le dio un ataque de histeria/un ataque; **she went into a deep sleep** se durmió profundamente, cayó en un profundo sueño 3 (enter profession) ⟨*television/Parliament*⟩ entrar en; **she wants to ~ into publishing** quiere meterse en el mundo editorial; **to ~ into the Church** entrar en religión, hacerse* sacerdote (*or* religioso *etc*)
C 1 (discuss, explain) entrar en; **to ~ into details** entrar en detalles; **I don't want to ~ into that** no quiero entrar en ese tema; **in his article he ~es into the reasons why ...** en el artículo analiza las razones por las cuales ...; **she refused to ~ into why she resigned** se negó a explicar por qué había dimitido 2 (investigate, analyze) ⟨*problem/evidence/motives*⟩ analizar*, estudiar
D (be devoted to): **after all the money/work that has gone into this!** ¡después de todo el dinero/trabajo que se ha metido en esto!; **so much time and energy ~es into keeping the place tidy** lleva mucho tiempo y esfuerzo mantenerlo todo ordenado
• **go in with** [v + adv + prep + o]: **I'll ~ in with you on Dad's present** voy a medias contigo en el regalo de papá
• **go off**
(Sense I) [v + adv]
A 1 (depart) irse*, marcharse (esp Esp); **to ~ off WITH sth** llevarse algo; **she's gone off with my husband** se ha largado con mi marido (fam) 2 (end work, duty) salir* 3 (leave stage, field of play) salir*
B 1 (become sour, rotten) ⟨⟨*milk/meat/fish*⟩⟩ echarse a perder, pasarse 2 (decline in quality) (BrE) ⟨⟨*performer/work*⟩⟩ empeorar; **she used to be very pretty, but she's gone off** antes era muy bonita, pero se ha echado a perder *or* se ha puesto fea
C 1 (make explosion) ⟨⟨*bomb/firework*⟩⟩ estallar; ⟨⟨*gun*⟩⟩ dispararse 2 (make noise) ⟨⟨*alarm*⟩⟩ sonar*
D (turn out) salir*; **the party went off very well** la fiesta salió muy bien
E 1 (stop operating) ⟨⟨*heating/lights*⟩⟩ apagarse* 2 (wear off) (BrE) pasarse ((+ *me/te/le etc*)); **my headache's gone off now** se me ha pasado el dolor de cabeza
F 1 (enter certain state) **to ~ off INTO sth**: **she went off into hysterics** le dio un ataque de histeria; **she went off into a trance** entró en un trance; **he went off into a long story about ...** empezó a contar un largo cuento acerca de ... 2 (go to sleep) dormirse*, quedarse dormido
(Sense II) [v + prep + o] (lose liking for) (BrE): **I've gone off beer** ya no me gusta la cerveza, me ha dejado de gustar la cerveza; **I've gone off him** ya no me gusta, ya no me cae bien; **I've gone off the idea** ya no me atrae la idea; **she's gone off men completely** no quiere saber nada de hombres
• **go on**
(Sense I) [v + adv]
A 1 (go further — without stopping) seguir*; (— after stopping) seguir*, proseguir* (frml); **we're ~ing on to Florence in the morning** por la mañana seguiremos viaje hasta Florencia; **I can't ~ on, I'm too tired** no puedo más, estoy muy cansado 2 (go ahead): **you ~ on, we'll follow** tú vete que nosotros ya iremos; **he went on ahead to look for a hotel** él fue antes *or* delante para buscar hotel
B (last, continue): **the discussion went on for hours** la discusión duró horas; **the festival ~es on until August 21st** el festival dura *or* continúa hasta el 21 de agosto; **the fight ~es on** la lucha continúa; **the meeting just went on and on** la reunión se alargó interminablemente; **we can't ~ on like this** no podemos seguir así; **so it went on** y así siguió la historia (fam); **if you ~ on like this, you'll have no money left** como sigas así, te vas a quedar sin dinero; **to ~ on -ING** seguir* + GER; **I went on reading until 11 o'clock** seguí leyendo hasta las 11; **I don't want to ~ on being exploited** no quiero que me sigan explotando; **to ~ on to + INF**: **he went on to become President** llegó a ser presidente; **she went on to explain why ...** pasó a explicar por qué ...; **to ~ on TO sth**: **he may now ~ on to even greater things** puede que le esperen triunfos aún mayores; **let us ~ on to victory** sigamos hasta triunfar; **I'll ~ on to that subject in my next lecture** pasaré a tratar ese tema en mi próxima charla; **to ~ on WITH sth** seguir* CON algo; **~ on with what you were doing** sigan con lo que estaban haciendo; **that's enough to be ~ing on with** (BrE) eso alcanza por el momento; **~ on!** (encouraging, urging) ¡dale!, ¡vamos!, ¡venga! (Esp); (expressing surprise, incredulity) (colloq) ¡vamos!, ¡dale!, ¡anda!, ¡venga ya! (Esp)
C 1 (continue speaking) seguir*, continuar*, proseguir* (frml); **furthermore, he went on, ...** —además —continuó *or* siguió diciendo *or* (frml) prosiguió ... 2 (talk irritatingly) (pej): **she does ~ on** (BrE) ¡mira que habla ... !, ¡se pone de pesada ... !; **he went on and on** siguió dale que dale *or* (Esp tb) dale que te pego (fam); **to ~ on ABOUT sth** hablar DE algo; **what on earth is she ~ing on about?** ¿de qué diablos está hablando?; **she keeps ~ing on at me to get my hair cut** me está siempre encima *or* siempre me está dando la lata para que me corte el pelo (fam)
D (happen): **what's ~ing on?** ¿qué pasa?; **there's a war ~ing on** hay guerra, están (*or* estamos *etc*) en guerra; **the struggle that is ~ing on for the leadership of the party** la lucha que está teniendo lugar por el liderazgo del partido; **there's an argument ~ing on next door** en la casa de al lado están discutiendo; **is there anything ~ing on between you two?** ¿hay algo entre ustedes *or* (Esp) vosotros dos?; **how long has this been ~ing on?** ¿desde cuándo viene sucediendo esto?; **there's something fishy ~ing on here** aquí hay gato encerrado
E 1 (pass, elapse): **the weather deteriorated as the morning went on** el tiempo empeoró a medida que avanzaba la mañana 2 (progress) marchar; **the work's ~ing on well** el trabajo marcha bien
F 1 (onto stage) salir* a escena; (onto field of play) salir* al campo 2 (fit, be placed): **the lid won't ~ on** no le puedo (*or* podemos *etc*) poner *or* colocar la tapa; **the wheels ~ on last of all** las ruedas se ponen *or* colocan al final; **my gloves wouldn't ~ on** no me entraban los guantes 3 (be switched on) encenderse*, prenderse (AmL)
(Sense II) [v + prep + o]
A (approach) ir*; **he's ~ing on 80** va para los 80; **she's 16 ~ing on 17** tiene 16 para 17, está por cumplir 17; **it's ~ing on 11 o'clock** van a ser las 11, son casi las 11
B (base inquiries on): **we can only ~ on what we know for certain** sólo podemos basarnos en *or* guiarnos por lo que sabemos a ciencia cierta; **all we have to ~ on is a phone number** lo único que tenemos es un número de teléfono; **we don't have much to ~ on** no tenemos muchos datos (*or* muchas pistas *etc*) en que basarnos
• **go on for** [v + adv + prep + o] (approach) (BrE): **she's ~ing on for 65** tiene cerca de 65, anda por *or* ronda *or* anda rondando los 65; **it's ~ing on for 11 o'clock** van a ser las 11, son casi las 11
• **go out** [v + adv]
A 1 (leave, exit) salir*; **I went out for some fresh air** salí a tomar el aire; **nobody is to ~ out of the building** que nadie salga del edificio; **some of the old spirit has gone out of him** ha perdido un poco del empuje que tenía; **to ~ out hunting/shopping** salir* de caza/de compras; **they went out looking for him** salieron a buscarlo; **let's ~ out for a walk** salgamos a dar un paseo; **to ~ out to work** trabajar fuera; **the doctor's gone out on an urgent call** el médico ha salido a hacer una visita urgente 2 (socially, for entertainment) salir*; **I'm ~ing out to a concert tonight** esta noche voy a un concierto; **to ~ out for a meal** salir* a comer fuera 3 (as boyfriend, girlfriend) **to ~ out (WITH sb)** salir* (CON algn); **how long have they been ~ing out (together)?** ¿cuánto hace que salen (juntos)?
B (be issued, broadcast, distributed): **invitations have gone out to several dignitaries** se ha cursado invitación a varios dignatarios; **a warrant has gone out for her arrest** se ha ordenado su detención; **the redundancy notices have gone out** se han despachado las notificaciones de despido; **this program is ~ing out live** este programa se emite en directo
C (be extinguished) ⟨⟨*fire/cigarette*⟩⟩ apagarse*
D (travel abroad) irse* (*al extranjero*)

E ⟨⟨*tide*⟩⟩ bajar

F **1** (be eliminated) ser* eliminado **2** (in card game) cerrar*, irse*

G **1** (become outmoded) ⟨⟨*clothes/style/custom*⟩⟩ pasar de moda **2** (come to an end) terminar; **the year/the week went out in spectacular style** el año/la semana terminó de un modo espectacular

- **go out to** [v + adv + prep + o]: **my heart ~es out to you (in sympathy)** lo lamento muchísimo; (on sb's death) te acompaño en el sentimiento
- **go over**

(Sense I) [v + prep + o]

A **1** (inspect, check) ⟨*text/figures/work*⟩ revisar, examinar; ⟨*car*⟩ revisar; ⟨*house/premises*⟩ inspeccionar **2** (dust, clean): **I'll just ~ over the bedroom with a duster** voy a darle una pasada *or* un repaso al dormitorio con un trapo

B (revise, review) **1** ⟨*notes/chapter*⟩ repasar; **I'd like to ~ over your essay with you** quisiera que viéramos *or* analizáramos tu trabajo juntos; **I went over the incident in my mind** repasé mentalmente el incidente; **I don't want to ~ over all that again** no quiero volver otra vez sobre eso **2** (draw, ink over) ⟨*outline/drawing*⟩ repasar

(Sense II) [v + adv]

A **1** (make one's way, travel) ir*; **I went over to the window** fui hasta la ventana, me acerqué a la ventana; **she went over to Jack and took his hand** se acercó a Jack y le tomó la mano; **I'm ~ing over to the States next week** la semana que viene me voy a Estados Unidos; **we went over by boat/plane** fuimos en barco/avión **2** (Rad, TV) pasar; **we're ~ing over to our New York correspondent** conectamos ahora con nuestro corresponsal en Nueva York

B (change sides) pasarse; **to ~ over to the other side/the enemy/the competition** pasarse al otro bando/al enemigo/a la competencia; **people are ~ing over to their way of thinking** la gente está adoptando su forma de pensar

C (fly overhead) ⟨⟨*plane*⟩⟩ pasar

D (be received): **his jokes didn't ~ over well** sus chistes no cayeron muy bien

- **go past** [v + adv], [v + prep + o] pasar; **the bus went right past (me) without stopping** el autobús pasó de largo; **the 65 ~es right past our house** el 65 pasa por la puerta de casa
- **go round** (BrE) ▸**go around**
- **go through**

(Sense I) [v + prep + o]

A **1** (pass through) ⟨*process/stage*⟩ pasar por; **the phase she's ~ing through** la etapa por la que está pasando *or* que está atravesando; **he went through school without passing a single exam** terminó el colegio sin aprobar ni un examen; **the contract went through five different drafts** hubo cinco borradores distintos del contrato, el contrato pasó por cinco versiones diferentes **2** (undergo) ⟨*test/interview*⟩ pasar, ser* sometido a (frml) **3** (perform): **let's ~ through the procedure once more** repitamos otra vez todos los pasos del procedimiento; **we went through the funeral service without much conviction** cumplimos con las formalidades del funeral sin mucha convicción **4** (endure) ⟨*ordeal/hard times*⟩ pasar por; **it's something we all have to ~ through** es algo por lo que todos tenemos que pasar; **I've gone through a great deal on your behalf** lo he pasado muy mal por tu culpa

B **1** (search) ⟨*attic/drawers/suitcase*⟩ registrar, revisar (AmL); **I've gone through all the files and I still can't find it** he buscado en todos los archivos y no lo puedo encontrar **2** ▸**go over Sense IB**

C (consume, use up): **she went through a month's salary in two days** se gastó *or* (fam) se liquidó el sueldo de un mes en dos días; **he ~es through ten shirts a week** ensucia diez camisas por semana; **she can ~ through a pair of shoes in a month** es capaz de acabar con *or* de destrozar un par de zapatos en un mes

(Sense II) [v + adv]

A **1** (be carried out, approved) ⟨⟨*changes/legislation*⟩⟩ ser* aprobado; **when his divorce ~es through** cuando obtenga el divorcio; **the deal didn't ~ through** el trato no se llevó a cabo *or* no se concretó **2** (Sport): **to ~ through to the final/next round** pasar a la final/a la siguiente etapa; **they need only to draw to ~ through** (BrE) con sólo empatar se clasifican

B (to office, surgery) (BrE) pasar

C (become threadbare): **my sweater has gone through at the elbows** tengo agujeros en los codos del suéter, el suéter se me ha gastado en los codos

- **go through with** [v + adv + prep + o] ⟨*threat*⟩ llevar a cabo, cumplir; ⟨*plans*⟩ llevar a cabo; **we went through with it for appearances' sake** lo hicimos por el qué dirán
- **go to** [v + prep + o]

A (see, consult) ⟨*police*⟩ ir* a; ⟨*courts*⟩ acudir a; **I want to ~ to a specialist** quiero ir a ver a un especialista; **I'm ~ing to the manager about this** yo voy a ir a hablar de esto con el gerente; **to ~ to the people** (Pol) consultar al electorado; **the program enables us to ~ to any file instantly** este programa nos permite acceso inmediato a cualquier archivo

B (be awarded to) ser* para; **... and the prize ~es to ...** ... y el premio se lo lleva ...; **I think the cup will be ~ing to France** creo que Francia se va a llevar la copa

C (incur): **I don't want you to ~ to too much trouble** no quiero que te tomes tantas molestias; **we went to great expense to give her a good send-off** gastamos muchísimo para darle una buena despedida; **they'll ~ to any lengths to prevent publication** harán todo lo que sea necesario para impedir que se publique

- **go together** [v + adv]

A **1** (be compatible) ⟨⟨*colors/patterns*⟩⟩ combinar, pegar* (fam); **lamb and mint sauce ~ well together** el cordero queda muy bien con salsa de menta; **religion and the consumer society do not ~ together** la religión no va con la sociedad de consumo **2** (be normally associated): **love and marriage do not necessarily ~ together** el amor y el matrimonio no van siempre de la mano

B (be romantically attached) (colloq) salir* juntos

- **go under** [v + adv] **1** (submerge, sink) ⟨⟨*ship*⟩⟩ hundirse; ⟨⟨*submarine/diver*⟩⟩ sumergirse* **2** (fail, go bankrupt) hundirse, irse* a pique
- **go up** [v + adv]

A **1** (ascend) ⟨⟨*person*⟩⟩ subir; ⟨⟨*balloon/plane*⟩⟩ subir, ascender* (frml); ⟨⟨*curtain*⟩⟩ (Theat) levantarse; **we went up onto the roof** subimos al tejado; **~ing up!** (in elevator) ¡sube!; **a cloud of dust went up** se levantó una nube de polvo **2** (approach) **to ~ up (TO sb/sth)** acercarse* (A algn/algo) **3** (toward the north) ir* **4** (to another place) (esp BrE) ir*; **I'm ~ing up to London/town** voy a Londres/a la ciudad **5** (BrE) (to university — at beginning of term) ir* a la universidad; (— to begin studying) empezar* la carrera (*en Oxford o Cambridge*)

B **1** (increase) ⟨⟨*temperature/price/cost*⟩⟩ subir, aumentar; ⟨⟨*population/unemployment*⟩⟩ aumentar; **eggs are ~ing up again** vuelven a subir los huevos; **to ~ up in price** subir *or* aumentar de precio; **to ~ up in value** revalorizarse*, valorizarse*; **to ~ up TO sth** subir A algo; **I went up to 140 lbs** engordé hasta llegar a pesar 140 libras **2** (improve) ⟨⟨*standard*⟩⟩ mejorar; **she's gone up in my estimation** ha ganado en mi estima

C (extend) **to ~ up TO sth**: **the socks ~ up to my knees** los calcetines me llegan a las rodillas; **the road only ~es up as far as Brigville** la carretera va *or* llega sólo hasta Brigville

D **1** (be built, erected): **a church has gone up on that site** se ha levantado una iglesia en aquel terreno **2** (be put up): **a notice has gone up in the hall** han puesto un anuncio en el hall

E (burst into flames) prenderse fuego; (explode) estallar; **to ~ up in flames** incendiarse

F **1** (be switched on) ⟨⟨*lights*⟩⟩ encenderse*, prenderse (AmL) **2** (be uttered) ⟨⟨*shout/chant*⟩⟩ alzarse* (frml)

- **go with** [v + prep + o]

A **1** (be compatible with): **this sauce ~es well with hamburgers** esta salsa queda muy bien con hamburguesas; **choose a tie to ~ with your shirt** elija una corbata que quede bien *or* que combine con su camisa **2** (accompany, be associated with): **the house ~es with the job** la casa va con el puesto; **this book should ~ with the novels over there** este libro debería ir ahí con las novelas; **the problems that ~ with owning a car** los problemas que trae tener coche; **Christmas and all that ~es with it** la Navidad y todo lo que conlleva

B (have attachment) (colloq) salir* con; **he's been ~ing with her for quite a while now** hace tiempo que sale con ella

- **go without** **1** [v + prep + o] (do without) pasar sin; **see how long you can ~ without a cigarette** a ver cuánto tiempo puedes pasar *or* estar sin fumar; **the prisoners are continuing to ~ without eating** los presos siguen sin comer; **we can ~ for weeks without seeing a soul** podemos estar *or* pasar semanas sin ver a un alma **2** [v + adv]: **there's no coffee left, you'll just have to ~ without** no queda café, así que tendrás que pasar *or* arreglártelas sin él; **in order to feed her children she herself often went without** para darles de comer a los niños a menudo pasaba privaciones **3** [v + prep + o] (pass without): **this fact cannot ~ without recognition** no podemos (*or* pueden *etc*) dejar de reconocer este hecho

go² *n* (*pl* **goes**)

A [c] **1** (attempt): **he emptied the bottle at** *o* **in one ~** vació la botella de un tirón *or* de una sentada (fam); **she succeeded in lifting it at the third ~** consiguió levantarlo al tercer intento; **the engine started (at the) first ~** el motor arrancó a la primera; **~ AT sth/-ING**: **it's my first ~ at writing for radio** es la primera vez que escribo para la radio; **have a ~** prueba a ver, inténtalo; **I want to have a ~ at learning Arabic** quiero intentar aprender árabe; **here, let me have a ~** trae, déjame que pruebe yo; **I had several ~es at persuading her to stay** intenté varias veces convencerla de que se quedara; **I've had a good ~ at the kitchen** le he dado una buena pasada *or* un buen repaso a la cocina; ***it's no ~*** es imposible; ***to give sth a ~*** (BrE) intentar algo; ***to have a ~ at sb*** (colloq): **she had a ~ at me for not having told her** se la agarró conmigo por no habérselo dicho (fam); **we were itching to have a ~ at the enemy** estábamos deseando enfrentarnos con el enemigo; ***to make a ~ of sth*** sacar* algo adelante; **she's making a ~ of the business** está sacando adelante el negocio **2** (turn): **whose ~ is it?** ¿a quién le toca?; **it's my ~** me toca a mí; **you have to miss two ~es** tienes que estar dos vueltas *or* turnos sin jugar **3** (chance to use): **can I have a ~ on your typewriter?** ¿me dejas probar tu máquina de escribir?

B [u] (energy, drive) empuje *m*, dinamismo *m*; **it was all ~ at the office as usual** aquello era de locos como siempre en la oficina (fam); ***(to be) on the ~***: **I've been on the ~ all morning** no he parado en toda la mañana; **he's got three jobs on the ~** (BrE) está haciendo tres trabajos a la vez; **to keep sb on the ~** tener* a algn en danza (fam)

go³ *adj* (*pred*): **all systems ~** todo listo *or* luz verde para despegar

goad¹ /gəʊd/ *vt* ⟨*person*⟩ acosar; ⟨*animal*⟩ aguijonear; **to ~ sb INTO sth/-ING**: **they tried to ~ her into an argument** la provocaron para que empezara a discutir; **she was ~ed into doing it** tanto la acosaron, que lo hizo

(Phrasal verb)

- **goad on** [v + o + adv] (incite) empujar, incitar

goad² *n* (Agr) aguijada *f*, picana *f* (AmL); (for elephants) focino *m*

go-ahead¹ /'gəʊəhed/ *adj* (colloq) ⟨*person*⟩ emprendedor, decidido, con empuje; ⟨*company*⟩ dinámico; ⟨*attitude*⟩ emprendedor, decidido, positivo

go-ahead² *n*: **to give sb/sth the ~** darle* luz verde *or* el visto bueno a algn/algo; **we got the ~ for our plans** dieron luz verde *or* el visto bueno a nuestros planes

goal /gəʊl/ *n*

A (Sport) **1** (structure) portería *f*, arco *m* (AmL); **to shoot at ~** tirar al arco (AmL) *or* (Esp) a puerta;

to be in *o* play in *o* keep ~ jugar* de guardameta *or* de portero *or* (AmL tb) de arquero *or* (CS tb) de golero; (*before n*): ~ **area** área *f‡* chica *or* de portería *or* de meta; ~ **kick** saque *m* de puerta *or* de portería *or* (CS) de valla; ~ **line** línea *f* de gol; ~ **mouth** boca *f* de gol **2** (point) gol *m*; **to score a** ~ marcar* *or* meter *or* (AmL tb) anotar *or* anotarse un gol; **to save a** ~ salvar un gol, parar *or* detener* *or* (esp AmL) atajar un (disparo a) gol; (*before n*): ~ **average** gol *m* average, promedio *m* de goles; ~ **scorer** goleador, -dora *m,f*

B **1** (aim) meta *f*, objetivo *m*; **to reach** *o* **achieve one's** ~ lograr *or* alcanzar* su (*or* mi *etc*) objetivo; **to set** ~**s for oneself** proponerse* metas *or* objetivos; **I set myself the** ~ **of finishing the job by Friday** me propuse (como meta) acabar el trabajo para el viernes; ~**-directed activities** actividades *fpl* dirigidas a la obtención de un fin **2** (destination) destino *m*, meta *f*

goalie /ˈgəʊli/ *n* (colloq) ▸ **goalkeeper**

goalkeeper /ˈgəʊlˌkiːpər || ˈgəʊlˌkiːpə(r)/ *n* portero, -ra *m,f*, guardameta *mf*, arquero, -ra *m,f* (AmL), golero, -ra *m,f* (CS)

goalless /ˈgəʊlləs || ˈgəʊllɪs/ *adj* ‹*game*› sin goles; **a** ~ **draw** un empate a cero

goalpost /ˈgəʊlpəʊst/ *n* poste *m or* palo *m* de la portería *or* (AmL tb) del arco; ***to move the*** ~***s*** (BrE) (change rules) cambiar las reglas de juego; (change target) cambiar de planes

goaltender /ˈgəʊlˌtendər || ˈgəʊlˌtendə(r)/ *n* (AmE) ▸ **goalkeeper**

goat /gəʊt/ *n* **1** [c] (Zool) cabra *f*; **billy** ~ macho *m* cabrío; **nanny** ~ cabra *f*; ~**'s milk/cheese** leche *f* /queso *m* de cabra; **you silly old** ~**!** (colloq) ¡pedazo de carcamal! (fam); ***to act*** *o* ***play the*** ~ (BrE) hacer* gansadas (fam); ***to get sb's*** ~ exasperar *or* (fam) cabrear a algn, sacar* a algn de quicio **2** [c] (lecher) (colloq): **(old)** ~ viejo *m* verde (fam) **3** [u] (Culin) cabrito *m* **4** [c] (AmE) ▸ **scapegoat**

goatee (beard) /gəʊˈtiː/ *n* barbita *f* de chivo, perilla *f*, chiva *f* (AmL)

goatherd /ˈgəʊthɜːrd || ˈgəʊthɜːd/ *n* cabrero, -ra *m,f*

goatskin /ˈgəʊtskɪn/ *n* [u c] piel *f* de cabra; (as container) odre *m*

goatsucker /ˈgəʊtˌsʌkər || ˈgəʊtˌsʌkə(r)/ *n* chotacabras *m*

gob /gɑːb || gɒb/ *n*

A (sl) **1** (lump) pegote *m* (fam) **2** **gobs** *pl* (large amount) (AmE): **they have** ~**s of money** tienen muchísima lana (AmL fam), tienen dinero a punta (de) pala (Esp fam)

B (sailor) (AmE sl) marinero, -ra *m,f*

C (BrE sl) **1** (mouth) bocaza *f* (fam), jeta *f* (AmL fam); **shut your** ~**!** ¡cállate la boca! (fam), ¡cierra el pico! (fam) **2** (spittle) escupitajo *m* (fam), escupo *m* (Chi fam)

gobbet /ˈgɑːbət || ˈgɒbɪt/ *n* (colloq) (chunk — of food) cacho *m* (fam), pedazo *m*; (— of poetry, prose) trozo *m*

gobble /ˈgɑːbəl || ˈgɒbəl/ *vt* ‹*food/meal*› engullirse*, tragarse* (fam), zamparse (fam); **he** ~**d it all in a few seconds** se lo tragó *or* se lo zampó todo en unos pocos segundos

■ **gobble** *vi* «*turkey*» gluglutear

Phrasal verb

• **gobble up** [v + o + adv, v + adv + o] tragarse*, engullirse*

gobbledegook, gobbledygook /ˈgɑːbəldiguːk || ˈgɒbəldiguːk/ *n* [u] (colloq & pej) jerigonza *f*

gobbler /ˈgɑːblər || ˈgɒblə(r)/ *n* (AmE colloq) pavo *m*, guajolote *m* (Méx), chompipe *m* (AmC)

go-between /ˈgəʊbɪtwiːn/ *n* (intermediary) intermediario, -ria *m,f*, mediador, -dora *m,f*; (messenger) mensajero, -ra *m,f*; (between lovers) alcahuete, -ta *m,f*

goblet /ˈgɑːblət || ˈgɒblɪt/ *n* copa *f*

goblin /ˈgɑːblən || ˈgɒblɪn/ *n* duende *m* travieso, trasgo *m*

gobshite /ˈgɑːbʃaɪt || ˈgɒbʃaɪt/ *n* (IrE vulg) imbécil *mf*, pendejo, -ja *m,f* (AmL exc CS vulg), gilipollas *mf* (Esp vulg), huevón, -vona *m,f* (Andes Ven vulg), pelotudo, -da *m,f* (AmS vulg), boludo, -da *m,f* (Col, RPl, Ven vulg)

gobsmacked /ˈgɑːbsmækt || ˈgɒbsmækt/ *adj* (BrE sl): **I was** ~ me quedé patidifuso *or* patitieso (fam)

gobstopper /ˈgɑːbˌstɑːpər || ˈgɒbˌstɒpə(r)/ *n* (BrE) *caramelo grande*

goby /ˈgəʊbi/ *n* (*pl* **gobies** *or* **goby**) gobio *m*

go-by /ˈgəʊbaɪ/ *n*: **to give sb the** ~ dejar a algn con el saludo en la boca; **I saw her but she gave me the** ~ (colloq) la vi pero me dejó con el saludo en la boca *or* (fam) se hizo la sueca

go-cart /ˈgəʊkɑːrt || ˈgəʊkɑːt/ *n* ▸ **go-kart**

god /gɑːd || gɒd/ ▸ **God Save the Queen** *n*

A **God** **1** Dios *m*; **G**~ **be with you** (arch) vaya (usted) con Dios (ant); **G**~ **bless (you)** que Dios te bendiga; **goodnight, G**~ **bless** hasta mañana si Dios quiere; **G**~ **rest his soul** que en gloria esté, que Dios lo tenga en su gloria; **as G**~ **is my witness ...** Dios es testigo *or* pongo a Dios por testigo de que ...; **G**~ **willing** si Dios quiere, Dios mediante; **he thinks he's G**~**'s gift to women** (colloq) se cree todo un don Juan (fam), se cree que las mujeres se mueren por él; ***G***~ ***helps those who*** *o* ***as help themselves*** a Dios rogando y con el mazo dando, ayúdate que Dios te ayudará (AmL) **2** (*in interj phrases*): **G**~**!** ¡Dios (santo)!; **G**~ **Almighty!** ¡bendito sea Dios!; **G**~**, I was terrified!** ¡Dios *or* Jesús, qué miedo pasé!; **oh, G**~**, *I* don't know!** ¡y yo qué sé!; **by G**~**, I'll make him do it!** ¡como que me llamo Ana (*or* Carlos *etc*) que lo va a hacer!; **dear G**~**!** ¡Dios mío!; **dear G**~**, please let them be all right!** Dios mío, que no les pase nada; **good G**~**, is that the time?** ¡uy Dios!, ¿ya es tan tarde?; **my G**~**, he's got a nerve!** ¡Dios, qué cara tiene!; **G**~ **knows I did my best!** bien sabe Dios que hice todo lo que pude; **what will you do next? — G**~ **knows!** ¿y ahora qué vas a hacer? — ¡ni idea! *or* ¡(y) qué sé yo! *or* ¡sabe Dios!; **G**~ **only knows what they're doing in there!** ¡quién sabe qué estarán haciendo ahí dentro!; **I wish to G**~ **I hadn't come** ojalá no hubiera venido; **I hope to G**~ **it never happens** Dios quiera que nunca suceda; **would to G**~ **that I had never met her** (liter) ¡maldita sea la hora en que la conocí!

B (deity, idol) dios *m*; **ye** ~**s!** (hum & dated) ¡oh dioses! (ant *o* hum); **now he's boss, he's become a little tin** ~ ahora que es director se ha convertido en un pequeño dictador

C **gods** *pl* (Theat) (BrE): **the** ~**s** el gallinero, la galería, la gayola (Méx), el anfiteatro (Chi)

> **God Save the Queen**
>
> Es el himno nacional británico. No se sabe quién escribió la letra o compuso su música, pero en el siglo dieciocho ya era una canción tradicional.

godawful /gɑːdˈɔːfəl || gɒdˈɔːfəl/ *adj* (colloq) espantoso, terrible

godchild /ˈgɑːdtʃaɪld || ˈgɒdtʃaɪld/ *n* (*pl* **-children**) ahijado, -da *m,f*

goddam[1]**, goddamn** /ˈgɑːdæm || ˈgɒdæm/ *adj* (AmE sl) (*before n*) condenado (fam), maldito (fam); **it's no** ~ **fun** maldita la gracia que me hace

goddam[2] *interj* (AmE sl) ¡maldición! (fam), ¡carajo! (vulg), ¡caray! (fam & euf)

goddamned /ˈgɑːdæmd || ˈgɒdæmd/ *adj* ▸ **goddam**[1]

goddaughter /ˈgɑːdˌdɔːtər || ˈgɒdˌdɔːtə(r)/ *n* ahijada *f*

goddess /ˈgɑːdəs || ˈgɒdɪs/ *n* **1** (Myth) diosa *f* **2** (woman) diosa *f*

godfather /ˈgɑːdˌfɑːðər || ˈgɒdˌfɑːðə(r)/ *n* **1** padrino *m* **2** (in Mafia) padrino *m*

godfearing /ˈgɑːdˌfɪrɪŋ || ˈgɒdˌfɪərɪŋ/ *adj* temeroso de Dios

godforsaken /ˈgɑːdfərˌseɪkən || ˈgɒdfəˌseɪkən/ *adj* (colloq) ‹*region/person/people*› dejado de la mano de Dios; ‹*town*› de mala muerte (fam)

god-given /ˈgɑːdˌgɪvən || ˈgɒdˌgɪvən/ *adj* ‹*right*› divino

godhead /ˈgɑːdhed || ˈgɒdhed/ *n* **1** (God) (liter): **the G**~ el Altísimo **2** [u] (divinity) (frml) divinidad *f*

godless /ˈgɑːdləs || ˈgɒdlɪs/ *adj* impío (frml)

godlike /ˈgɑːdlaɪk || ˈgɒdlaɪk/ *adj* **1** ‹*attitude*› endiosado; ‹*indifference*› olímpico **2** ‹*majesty/power*› divino

godliness /ˈgɑːdlinəs || ˈgɒdlinɪs/ *n* [u] devoción *f*, piedad *f*

godly /ˈgɑːdli || ˈgɒdli/ *adj* **-lier, -liest** piadoso, devoto, religioso

godmother /ˈgɑːdˌmʌðər || ˈgɒdˌmʌðə(r)/ *n* madrina *f*

godparent /ˈgɑːdˌperənt || ˈgɒdˌpeərənt/ *n* (man) padrino *m*; (woman) madrina *f*; **my** ~**s** mis padrinos

godsend /ˈgɑːdsend || ˈgɒdsend/ *n* bendición *f* (del cielo); **the check was a** ~ el cheque me (*or* nos *etc*) vino como caído del cielo

god-sent /ˈgɑːdsent || ˈgɒdsent/ *adj* caído del cielo, que es un regalo del cielo

godson /ˈgɑːdsʌn || ˈgɒdsʌn/ *n* ahijado *m*

godspeed /ˈgɑːdˈspiːd || ˌgɒdˈspiːd/ *interj* (arch) ¡que Dios te acompañe!; **to wish sb** ~ desearle buena fortuna a algn

goer /ˈgəʊər || ˈgəʊə(r)/ *n* **1** (fast mover) (colloq): **this horse/car is a lovely little** ~ este caballo/coche tira *or* (AmL exc CS) jala que da gusto (fam) **2** (good idea) (colloq) acierto *m* **3** (woman) (BrE sl): **she's a real** ~**!** es una calentona (fam)

-goer /ˌgəʊər || ˌgəʊə(r)/ *suff*: **opera**~**s the world over** los aficionados a *or* (CS tb) habitués de la ópera de todo el mundo; **the restaurant was full of concert**~**s** el restaurante estaba lleno de gente que venía del concierto/iba al concierto; *see also* **moviegoer, theatergoer**

go-faster stripes /ˈgəʊˌfæstər || ˈgəʊˌfɑːstə(r)/ *pl n* bandas *fpl* decorativas laterales

gofer /ˈgəʊfər || ˈgəʊfə(r)/ *n* (AmE colloq) recadero, -ra *m,f*, mandadero, -ra *m,f* (AmL), milusos *mf* (Méx fam)

go-getter /ˈgəʊˈgetər || ˌgəʊˈgetə(r)/ *n* (colloq): **we need ambitious** ~**s for our firm** necesitamos gente ambiciosa y con empuje para nuestra empresa; **she's a real** ~ es de las que consiguen lo que se proponen

go-getting /ˈgəʊˈgetɪŋ/ *adj* (colloq) ‹*person*› con empuje, que consigue lo que se propone; ‹*attitude*› decidido; ‹*company*› dinámico

gogga /ˈxɔxæ/ *n* (SAfr colloq) bicho *m* (fam)

goggle /ˈgɑːgəl || ˈgɒgəl/ *vi* **1** (stare) (pej) **to** ~ **AT sth/sb** mirar algo/a algn con los ojos desorbitados; **what are you goggling at?** ¿qué miras? **2** (show amazement) abrir* los ojos como platos

goggle-box /ˈgɑːgəlbɑːks || ˈgɒgəlbɒks/ *n* (BrE colloq): **the** ~ la caja tonta (fam), la tele (fam), la caja boba (AmL fam)

goggle-eyed /ˈgɑːgəlˈaɪd || ˌgɒgəlˈaɪd/ *adj* (colloq) ‹*person*› de ojos saltones; **they stood watching** ~ se quedaron mirando con los ojos abiertos como platos (fam)

goggles /ˈgɑːgəlz || ˈgɒgəlz/ *pl n* (Sport) gafas *fpl or* anteojos *mpl* (esp AmL) de esquí (*or* natación *etc*), goggles *mpl* (Méx); (for welders) gafas *fpl* protectoras, anteojos *mpl* protectores (esp AmL)

gogo /ˈgəʊgəʊ/ *n* (SAfr colloq) abuela *f*

go-go[1] /ˈgəʊgəʊ/ *adj* (colloq) (*before n*)

A ‹*bar/dancer*› (a) gogó

B (dynamic) ‹*economy/plan*› que promete rápidos beneficios

go-go[2] *n* [u] música *f* go-gó

go-go dancer /ˈgəʊgəʊ/ *n* (chica *f* a) gogó *f*

go-go dancing *n* [u] baile *m* a gogó; **live** ~ ~ **every night** actuación de gogós todas las noches

going[1] /ˈgəʊɪŋ/ *n* (*no pl*)

A **1** (of ground): **the** ~ **is soft/good** (Equ) la pista está blanda/en buen estado; **once at the top, the** ~ **was easier** una vez en la cima, la marcha fue más fácil **2** (circumstances, situation) situación *f*; **if I were you, I'd buy it/ask him while the** ~ **is good** yo que tú lo compraría/se lo pediría ahora, aprovechando el buen momento; **when the** ~ **got rough** cuando las cosas se pusieron difíciles *or* (fam) feas **3** (progress): **it's slow** ~ la cosa va despacio; **that's pretty good** ~ no está nada mal; **I**

found it was hard ~ keeping up with her me resultaba difícil seguirla; **the novel/play was heavy ~** la novela/obra era pesada

B (departure) partida *f*, marcha *f*

going² *adj* (*before n*) **1** (in operation) en marcha; **a ~ concern** (Busn) un negocio *or* una empresa en marcha **2** (present, current): **to pay above/below the ~ rate** pagar* por encima/debajo de lo normal; **that's the ~ rate** es lo que se suele cobrar/pagar

going-over /ˌgəʊɪŋˈəʊvər || ˌgəʊɪŋˈəʊvə(r)/ *n* (*pl* **goings-over**) **1** (examination, check) revisión *f*; **the police gave the house a thorough ~** la policía registró la casa de arriba a abajo; **the doctor gave him a good ~** el doctor le hizo un buen chequeo **2** (cleaning) limpieza *f*; (superficial) pasada *f* (fam) **3** (beating up) (sl) paliza *f*, repaso *m* (Esp fam)

goings-on /ˌgəʊɪŋzˈɑːn || ˌgəʊɪŋzˈɒn/ *pl n* (colloq) **1** (dubious conduct) tejemanejes *mpl* (fam) **2** (happenings) sucesos *mpl*

goiter, (BrE) **goitre** /ˈgɔɪtər || ˈgɔɪtə(r)/ *n* [u c] bocio *m*, coto *m* (Andes, Ven)

go-kart /ˈgəʊkɑːrt || ˈgəʊkɑːt/ *n* (esp BrE) ▸**kart¹**

go-karting /ˈgəʊkɑːrtɪŋ || ˈgəʊkɑːtɪŋ/ *n* [u] karting *m*

Golan Heights /ˈgəʊlɑːn || ˈgəʊlæn/ *pl n*: **the ~ ~** los Altos del Golán

gold¹ /gəʊld/ *n*

A **1** [u] oro *m*; **solid/pure/24-carat ~** oro macizo/puro/de 24 quilates; **that woman is pure ~** esa mujer vale (su peso en) oro; ***as good as* ~** buenísimo; **they've been as good as ~** se han portado muy bien *or* como unos santos; **the baby slept through it all as good as ~** el bebé durmió como un angelito sin enterarse de nada; ***to strike* ~** dar* con una mina de oro; ***all that glitters*** o ***glisters is not* ~** no es oro todo lo que reluce, no todo lo que brilla es oro; (*before n*) ‹*ring/ingot/reserves*› de oro; **~ bar** lingote *m or* barra *f* de oro; **the ~ market** el mercado del oro; **~ medal** medalla *f* de oro; **~ medalist** medallista *mf* de oro **2** [u] (money) (monedas *fpl* de) oro *m*; **everything she touches turns to ~** todo lo que toca se convierte en oro; **the crock** o **pot of ~ at the end of the rainbow** un imposible **3** [c u] (medal) (colloq) medalla *f* de oro; **to go for ~** tratar de ganar la medalla de oro, ir* a por la de oro (Esp fam)

B ▸ⓘ **p.1036** [u] (color) dorado *m*, color *m* (de) oro, oro *m* (liter)

gold² ▸ⓘ **p.1036** *adj* ‹*dress*› dorado; **~ paint** purpurina *f* (dorada)

goldbrick¹ /ˈgəʊldbrɪk/ *n* (worthless object) (AmE colloq) timo *m* (fam), estafa *f*; **to sell sb a ~** darle* gato por liebre a algn (fam), venderle un buzón a algn (RPl fam)

goldbrick² *vt* (swindle) (AmE colloq) timar (fam), estafar

golddigger /ˈgəʊldˌdɪgər || ˈgəʊldˌdɪgə(r)/ *n* **1** (woman) (colloq & pej) cazafortunas *f* (fam & pey) **2** (Min) buscador, -dora *m,f* de oro

gold dust *n* [u] oro *m* en polvo, oro *m* molido, polvo *m* de oro; ***to be like* ~ ~** (esp BrE) ser* dificilísimo de conseguir

golden /ˈgəʊldən/ *adj*

A **1** (made of gold) ‹*ring/crown/chalice*› de oro; **the G~ Calf/Fleece** el becerro/vellocino de oro **2** ▸ⓘ **p.1036** (in color) dorado

B **1** (happy, prosperous) ‹*years/moments*› dorado **2** (excellent): **a ~ opportunity** una excelente oportunidad

golden age *n* **1** (Myth): **the G~ A~** la Edad de Oro **2** (most flourishing period) época *f* dorada, edad *f* de oro; **the G~ A~ of Spanish literature** el Siglo de Oro **3** (late middle age) (AmE): **the ~ ~** la madurez *f*

golden boy *n* niño *m* mimado

golden eagle *n* águila *f*‡ real

golden girl *n* (colloq) niña *f* mimada; **Hollywood's ~ ~** la niña mimada de Hollywood

golden handshake *n* (BrE) gratificación *f* (*por fin de servicio*)

golden hello *n* (BrE colloq) prima *f* de contratación

golden jubilee *n* cincuentenario *m*, cincuenta aniversario *m*

golden mean *n* **1** (happy medium) (*no pl*) punto *m* medio **2** ▸**golden section**

golden oldie *n* (colloq & hum) viejo éxito *m*

golden parachute *n* contrato *m* blindado

golden retriever *n* golden retriever *m*

golden rod *n* [u c] vara *f* de oro silvestre, solidago *m*

golden rule *n* regla *f* de oro

golden section *n*: **the ~ ~** la sección áurea

golden syrup *n* (BrE) miel *f or* melaza *f* de caña (*usada en repostería*)

Golden Triangle *n*: **the ~ ~** el Triángulo Dorado *or* de Oro

golden wedding (anniversary) *n* bodas *fpl* de oro

goldfield /ˈgəʊldfiːld/ *n* yacimiento *m* de oro

gold-filled /ˈgəʊldˈfɪld/ *adj* (AmE) chapado *or* enchapado *or* bañado en oro, dorado

goldfinch /ˈgəʊldfɪntʃ/ *n* (in Europe) jilguero *m*; (in North America) lugano *m*

goldfish /ˈgəʊldfɪʃ/ *n* (*pl* **-fish** *or* **-fishes**) pececito *m* (rojo); (plural) peces *mpl* de colores

goldfish bowl *n* pecera *f* (*redonda*); **it's like living in a ~ ~** es como vivir en una vitrina *or* (Esp) en un escaparate

Goldilocks /ˈgəʊldɪlɑːks || ˈgəʊldɪlɒks/ *n* Ricitos de Oro *f*

gold leaf *n* [u] oro *m* batido, pan *m* de oro; **the frame was decorated with ~ ~** el marco estaba dorado a la hoja

gold mine *n* **1** (Min) mina *f* de oro **2** (source of profit) (colloq) mina *f* (de oro) (fam)

gold plate *n* [u] **1** (coating) baño *m* de oro **2** (tableware) vajilla *f* de oro

gold-plated /ˈgəʊldˈpleɪtəd || ˌgəʊldˈpleɪtɪd/ *adj* chapado *or* enchapado *or* bañado en oro

gold rush *n* fiebre *f* del oro

goldsmith /ˈgəʊldsmɪθ/ *n* orfebre *mf*

gold standard *n*: **the ~ ~** el patrón oro

golf /gɑːlf || gɒlf/ *n* [u] golf *m*; **to play ~** jugar* golf (AmL exc RPl), jugar* al golf (Esp, RPl)

golf bag *n* bolsa *f* de golf

golf ball *n* **1** (Sport) pelota *f* de golf **2** (on typewriter) (BrE) bola *f or* esfera *f* de impresión; (*before n*): **golf-ball typewriter** máquina *f* de escribir a bola

golf cart *n* **1** (without motor) carrito *m* de golf **2** (motorized) buggie *m*

golf club *n* **1** (stick) palo *m* de golf; **a set of ~ ~s** un juego de palos de golf **2** (place) club *m* de golf

golf course *n* campo *m or* (AmL tb) cancha *f* de golf

golfer /ˈgɑːlfər || ˈgɒlfə(r)/ *n* golfista *mf*

golfing /ˈgɑːlfɪŋ || ˈgɒlfɪŋ/ *adj* (*before n*) del (deporte del) golf; **he made ~ history** hizo historia en los anales del golf

golf links *n* (*pl*, **~ ~** (+ *sing or pl vb*)) campo *m or* (CS, Ven tb) cancha *f* de golf (*esp junto al mar*)

golf tournament *n* torneo *m* de golf

golf umbrella *n* (for sun) sombrilla *f* de golf; (for rain) paraguas *m* de golf

Goliath /gəˈlaɪəθ/ *n* Goliat

golliwog /ˈgɑːliwɑːg || ˈgɒliwɒg/ *n* (BrE) *muñequito negro de trapo*

golly¹ /ˈgɑːli || ˈgɒli/ *interj* (colloq & dated) ¡caray! (fam & euf), ¡recórcholis! (fam & ant); **she said she was going to do it, and by ~ she did!** dijo que lo haría ¡y vaya si lo hizo!

golly² *n* (BrE colloq: used by children) ▸**golliwog**

gonad /ˈgəʊnæd/ *n* gónada *f*

gondola /ˈgɑːndələ || ˈgɒndələ/ *n* **1** (in Venice) góndola *f* **2** (of airship) cabina *f*; (of balloon) barquilla *f*, cesta *f* **3** (cable car) cabina *f* (*de teleférico*) **4** **~ (car)** (AmE) (Rail) batea *f*

gondolier /ˌgɑːndəˈlɪr || ˌgɒndəˈlɪə(r)/ *n* gondolero, -ra *m,f*

gone¹ /gɔːn || gɒn/ *past p of* **go¹**

gone² *adj* (*pred*)

A **1** (not here): **my briefcase is ~!** ¡me ha desaparecido la cartera!; **how long has she been ~?** ¿cuánto hace que se fue?; **by the time we get there, they'll be ~** para cuando nosotros lleguemos, ya se habrán ido **2** (past): **those days are (long) ~** de eso hace ya mucho, ha llovido mucho desde entonces; **~ are the days when one could ...** ya no se puede ... **3** (used up): **the money is all ~** se ha acabado el dinero, no queda nada de dinero **4** **far gone**: **he was too far ~ for us to be able to revive him** era ya demasiado tarde para poder salvarlo; **the bearings are pretty far ~** los cojinetes están muy gastados *or* en muy mal estado; **things are too far ~ to avoid a strike** las cosas han llegado demasiado lejos, no se puede evitar la huelga; **he was pretty far ~** (drunk) (colloq) había bebido bastante más de la cuenta

B **1** (pregnant) (colloq): **she's six months ~** está de seis meses (fam) **2** (dead) (euph): **I think he's ~** me parece que está muerto *or* que se ha muerto

C (fond of) (BrE colloq) **to be ~ ON sth/sb**: **I'm not particularly ~ on golf** a mí no me enloquece el golf; **she's completely ~ on him** está loca *or* chiflada por él (fam)

gone³ ▸ⓘ **p.1798** *prep* (BrE): **they didn't arrive till ~ five o'clock** no llegaron hasta después de las cinco *or* hasta pasadas las cinco; **it's just ~ five** acaban de dar las cinco

goner /ˈgɔːnər || ˈgɒnə(r)/ *n* (sl): **if you move, you're a ~** si te mueves, eres hombre muerto (fam); **the car's a ~** el coche está en las últimas (fam)

gong /gɑːŋ || gɒŋ/ *n*

A gong *m*

B (medal) (BrE sl) medalla *f*, chatarra *f* (fam & pey)

gonna /ˈgənə || ˈgɒnə/ (colloq) (**= going to**) *see* **go¹**

gonorrhea, (BrE) **gonorrhoea** /ˌgɑːnəˈriːə || ˌgɒnəˈrɪə/ *n* [u] gonorrea *f*

goo /guː/ *n* [u] (colloq): **the baby has got ~ all down his front** el niño tiene toda la delantera pringada *or* (esp AmL) chorreada; **all this ~ came out of the pipe** toda esta porquería salió del caño (fam); **the film was romantic ~** la película era de lo más sensiblera

goober (pea) /ˈguːbər || ˈguːbə(r)/ *n* (AmE colloq) maní *m or* (Esp) cacahuete *m or* (Méx) cacahuate *m*

good¹ /gʊd/ *adj*

> ⚠ The usual translation of *good*, *bueno*, becomes *buen* when it precedes a masculine singular noun.

(*comp* **better** *superl* **best**)

Sense **I**

A ‹*food/quality/book/school*› bueno; **a ~ wine** un buen vino, un vino bueno; **a ~ year for Beaujolais/films** un buen año para el Beaujolais/el cine; **the soup was really ~** la sopa estaba buenísima *or* riquísima; **it smells ~** huele bien, tiene rico *or* buen olor (AmL); **it looks ~** tiene buen aspecto; **her French is very ~** habla muy bien (el) francés; **my one ~ tablecloth** el único mantel bueno que tengo; **in ~ condition** en buen estado; **this hotel is as ~ as any you'll find here** este hotel es de los mejores que hay por aquí; **nothing's too ~ for his little girl** su hijita tiene que tener lo mejor de lo mejor, todo es poco para su hijita; ***to come* ~** (BrE colloq): **our team came ~ in the end** al final nuestro equipo salió adelante; **when will that boy come ~?** ¿cuándo sentará cabeza ese chico?; ***to make* ~** tener* éxito; **he's bound to make ~ with his experience** con la experiencia que tiene, seguro que tendrá éxito; ***to make* ~ *sth*: I made ~ the mistakes** corregí los errores; **he undertook to make ~ the damage to the car** se comprometió a hacerse cargo de la reparación del coche; **our losses were made ~ by the company** la compañía nos compensó las pérdidas; **the plasterwork will all be made ~** el revoque se dejará en condiciones; **they made**

~ **their threat/promise** cumplieron (con) su amenaza/promesa; **she can be trusted to make ~ (on) her offer** podemos confiar en que haga efectiva su oferta; **to make ~ one's escape** lograr huir

B (creditable) ‹*work/progress/results*› bueno; **she consistently gets ~ marks in history** siempre saca buenas notas en historia; **they've made a very ~ start in the race** han empezado muy bien la carrera; **he got a very ~ degree** se recibió con muy buena nota (AmL), sacó muy buenas notas en la carrera (Esp); **he came a ~ second** llegó en un muy respetable segundo puesto; **at least he had a ~ try** por lo menos lo intentó

C (opportune, favorable) ‹*moment/day/opportunity*› bueno; **is this a ~ time to phone?** ¿es buena hora para llamar?; **this is as ~ a time as any** es un momento tan bueno como cualquier otro; **it's a ~ chance for you to meet them** es una buena ocasión para que los conozcas; **it's a ~ thing you remembered it** menos mal que te acordaste; **it's a ~ job nobody was listening** (colloq) menos mal que nadie estaba escuchando; **it would be a ~ thing to consult her/if she were consulted** sería bueno *or* no estaría mal consultárselo/que la consultáramos; **things are looking pretty ~ right now** (colloq) (en este momento) las cosas van muy bien; **you're looking ~** (AmE colloq) todo va bien

D (advantageous) ‹*deal/terms/investment/position*› bueno; **I've had a very ~ offer** me han hecho una oferta muy buena; **at a very ~ price** a muy buen precio; **she's a ~ person to have around** es una persona que conviene tener cerca; **a ~ person to avoid** una persona a la que hay que evitar

E (useful, suitable) ‹*advice/suggestion/plan*› bueno; **it's a ~ book for reference** es una buena obra de consulta; **burn it; that's all it's ~ for** quémalo, no sirve para otra cosa; **it's a ~ idea to let them know in advance** convendría *or* no sería mala idea avisarles de antemano; **~ idea!, ~ thinking!** ¡buena idea!; **it seemed like a ~ idea at the time** (set phrase) en aquel momento nos (*or* me *etc*) pareció una buena idea

F (pleasant) bueno; **to be in a ~ mood** estar* de buen humor; **the ~ things in life** las cosas buenas de la vida; **he loves the ~ life** le gusta la buena vida; **we had ~ weather** nos hizo buen tiempo; **I hope you have a ~ time in London** espero que te diviertas *or* que lo pases bien en Londres; **did you have a ~ flight?** ¿qué tal el vuelo?; **a ~ time was had by all** (set phrase) todos disfrutaron muchísimo; **it's ~ to be back home/to see you again** ¡qué alegría estar otra vez en casa/volverte a ver!; **it's ~ to feel the sand between your toes** es un gustazo sentir la arena entre los dedos; **it's too ~ to be true** es demasiado bueno para ser cierto; **I thought it was too ~ to be true** ya decía yo que no podía ser verdad

G (healthy, wholesome) ‹*diet/habit/exercise*› bueno; **he is in ~ health** está bien de salud; **I'm not feeling too ~** (colloq) no me siento *or* no me encuentro muy bien; **spinach is ~ for you** las espinacas son buenas para la salud *or* son muy sanas; **all this sun can't be ~ for your health** tanto sol no puede ser bueno para la salud; **he drinks more than is ~ for him** bebe demasiado *or* más de la cuenta; **she has been ~ for him** ella le ha hecho mucho bien; **marriage seems to be ~ for her** parece que el matrimonio le sienta bien

H (attractive): **she's got ~ looks** es muy bonita *or* guapa; **she's got a ~ figure** tiene buena figura *or* buen tipo; **she's got ~ legs** tiene buenas piernas; **that dress looks so ~ on her** ese vestido le queda *or* le sienta muy bien; **the picture looks ~ on that wall** el cuadro queda bien en esa pared

I **1▸** (in greetings): **~ afternoon** buenas tardes; **~ morning** buenos días, buen día (RPl); **say ~ night to daddy** dale las buenas noches a papá; **she kissed me ~ night** me dio un beso de buenas noches; **how are you? — I'm ~** (colloq) ¿cómo estás? — estoy bien **2▸** (in interj phrases): **~! now to the next question** bien, pasemos ahora a la siguiente pregunta; **~ for you!** bien hecho; **~ God!** ¡Dios mío!; **~ heavens!** ¡Santo Cielo!; **~ grief/gracious!** ¡por favor!; **very ~ sir/madam** (frml) lo que mande el señor/la señora (frml); **very ~, ma'am, I'll have that report for you right away** muy bien señora, ahora mismo le traigo el informe; **that's all, sergeant — very ~, sir!** (BrE) eso es todo sargento— ¡a sus órdenes mi teniente (*or* capitán *etc*)! **3▸** (colloq) (for emphasis): **I'll do it when I'm ~ and ready** lo haré cuando me parezca; **the water's ~ and hot** el agua está bien caliente; **it's ~ and strong** es bien fuerte **4▸** **as good as**: **it's as ~ as new** está como nuevo; **you'll soon feel as ~ as new** pronto estarás *or* te sentirás como nuevo; **he as ~ as admitted it** prácticamente lo admitió; **she as ~ as told him to go away** le dijo poco más o menos que se fuera, prácticamente le dijo que se fuera

Sense **II**

A (skilled, competent) ‹*doctor/singer/sportsman*› bueno; **I've finished — ~ boy/girl!** ya he terminado — ¡así me gusta! *or* ¡muy bien!; **he's not a ~ liar** no sabe mentir; **he's no ~ in emergencies** en situaciones de emergencia no sabe qué hacer; **she's/he's ~ in bed** es muy buena/bueno en la cama; **she's very ~ in the kitchen** cocina muy bien; **they're better in defense than in attack** son mejores en la defensa que en el ataque; **she has a very ~ ear/eye** tiene muy buen oído/buena vista; **to be ~ AT sth/-ING**: **to be ~ at languages** tener* facilidad para los idiomas; **he is very ~ at sewing** cose muy bien; **I'm ~ at crosswords** soy bueno para los crucigramas; **he's ~ at putting his foot in it** es un experto en meter la pata (fam); **he is ~ on old coins** sabe mucho sobre monedas antiguas; **he is ~ with dogs/children** tiene buena mano con *or* sabe cómo tratar a los perros/los niños; **she is ~ with her hands** es muy habilidosa *or* mañosa; **he's very ~ around the house** se da mucha maña para los arreglos de la casa

B (devoted, committed) ‹*wife/husband/parent/friend*› bueno; **a ~ Catholic/socialist** un buen católico/socialista

C **1▸** (virtuous, upright) ‹*man/woman*› bueno; **twelve ~ men and true** doce hombres justos; **the G~ Book** la Santa Biblia **2▸** (well-behaved) ‹*child/dog*› bueno; **be ~** sé bueno, pórtate bien; **be a ~ boy and fetch me my pipe** sé bueno y tráeme la pipa; **don't do it again, that's** o (BrE) **there's a ~ boy!** y no lo vuelvas a hacer ¿eh?; **~ boy!** ¡muy bien!

D (kind) bueno; **to be ~ TO sb**: **she was very ~ to me** fue muy amable conmigo, se portó muy bien conmigo; **the firm has been very ~ to me** la empresa se ha portado muy bien conmigo; **it was very ~ of you to come** muchas gracias por venir; **how ~ of them to take so much trouble!** ¡qué amabilidad de su parte, tomarse tantas molestias!; **would you be so ~ as to help me?** ¿me haría el favor de ayudarme?, ¿tendría la bondad de ayudarme? (frml); **your ~ lady** (BrE dated *or* hum) su señora esposa; **including your ~ self** incluyéndolo a usted; **my ~ man/woman** (dated) mi buen amigo/buena amiga; **~ old Pete** el bueno de Pete

E (decent, acceptable) bueno; **~ manners** buenos modales *mpl*; **children from ~ homes don't do such things** los niños de buena familia no hacen esas cosas; **to have a ~ name/reputation** tener* buen nombre/buena reputación; **to make a ~ marriage** casarse bien, hacer* una buena boda (Esp); **they have a ~ marriage** son un matrimonio feliz; **he simply isn't ~ enough for her** (ella) se merece algo mejor

F (sound) ‹*customer/payer*› bueno; **my credit's still ~** todavía tengo crédito; **he should be ~ for $50,000** debe poder llegar hasta 50.000 dólares; **she's ~ for twenty pounds** seguro que te presta unas veinte libras; **this ticket is ~ for another week** este billete vale para una semana más; **this car's ~ for a few years yet** a este coche todavía le quedan unos cuantos años por delante; **the ball is ~** (Sport) la pelota es buena

G (valid) ‹*argument/excuse*› bueno; **it's not ~ enough to say you can't do it** no alcanza *or* no basta con decir que no puedes hacerlo; **it's simply not ~ enough!** ¡esto no puede ser!, ¡esto es intolerable!; **without ~ reason** sin dar una buena razón *or* una razón de peso; **that's a ~ question!** ¡buena pregunta!; **that's a ~ one!** (iro) ¡ésa sí que es buena! (iró)

Sense **III**

A (substantial, considerable) ‹*meal/salary/distance*› bueno; **it's a ~ way** hay un buen trecho; **it's a ~ four kilometers** está a cuatro kilómetros largos, está a unos buenos cuatro kilómetros; **she's making ~ money** está haciendo mucho dinero; **there's a ~ chance of rain tomorrow** hay bastantes posibilidades de que llueva mañana; **there were a ~ many** o (BrE also) **a ~ few people there** había bastante gente *or* un buen número de personas allí

B (not less than): **it'll take a ~ hour** va a llevar su buena hora *or* una hora larga; **a ~ half of all the people interviewed** más de la mitad de los entrevistados; **it's a ~ mile from here** queda a por lo menos una milla *or* a una milla larga de aquí

C (thorough, intense) ‹*rest/scolding*› bueno; **I'll feel better when I've had a ~ night's sleep** me sentiré mejor cuando haya dormido bien; **I gave her a ~ talking-to** le eché un buen sermón *or* un sermón de los buenos

good[2] *n*

A **1▸** [u] (moral right) bien *m*; **to do ~** hacer* el bien; **the triumph of ~ over evil** el triunfo del bien (sobre el mal); **there is some ~ in everyone** todos tenemos algo bueno; **he may be rude but there is a lot of ~ in him** puede que sea grosero pero tiene muchas otras cosas buenas; **an influence for ~** una influencia beneficiosa; **to be up to no ~** (colloq) estar* tramando algo, traerse* algo entre manos **2▸** (people): **the ~** (+ *pl vb*) los buenos

B [u] **1▸** (benefit) bien *m*; **for the common ~** por el bien común *or* de todos; **for the ~ of sb/sth** por el bien de algn/algo; **it's for your own ~** es por tu (propio) bien; **for ~ or ill** para bien o para mal; **no ~ will come of it** nada bueno saldrá de ello; **it's all to the ~** tanto mejor; **it's all to the ~ that he did marry her** hizo bien casándose con ella; **to do sb/sth ~** hacerle* bien a algn/algo; **lying won't do you any ~ at all** mentir no te llevará a ninguna parte, no ganarás *or* no sacarás nada con mentir; **it did him a lot of ~ politically** lo favoreció políticamente; **much ~ may it do you!** (iro) ¡para lo que te va a servir!; **for all the ~ it has done me ...** para lo que me ha servido ...; ***to be in ~ with sb*** (colloq) estar* a bien con algn **2▸** (use): **this knife is no ~ (at all)** este cuchillo no sirve (para nada); **is this any ~ to you?** ¿te sirve esto?; **what's the ~ of lying?** ¿para qué *or* de qué sirve mentir?, ¿qué se gana *or* se saca con mentir?; **are you any ~ at drawing?** ¿sabes dibujar?; **I'm no ~ at looking after children** yo no sirvo para cuidar niños; **this book is no ~** este libro no vale nada **3▸** (in phrases): **for good** para siempre; **for good and all** de una vez por todas

C **goods** *pl* **1▸** (merchandise) artículos *mpl*, mercancías *fpl*, mercaderías *fpl* (AmS); **manufactured ~s** productos *mpl* manufacturados, manufacturas *fpl*; **knitted ~s** artículos *mpl or* (Esp) géneros *mpl* de punto; **stolen ~s** artículos robados; ***to come up with*** o ***deliver the ~s*** (colloq) cumplir con lo prometido; **the singer really delivered the ~s** la cantante estuvo a la altura de lo que se esperaba de ella; ***to get/have the ~s on sb*** (AmE colloq) obtener*/tener* pruebas contra algn; (*before n*) ‹*train/wagon*› (BrE) de carga; ‹*depot*› de mercancías, de mercaderías (AmS) **2▸** (property) (frml) bienes *mpl*; **all his worldly ~s** todas sus posesiones; **~s and chattels** (BrE) bienes *mpl* muebles

good[3] *adv*

A (*as intensifier*): **a ~ hard slap** un bofetón bien dado, un buen bofetón; **a ~ sharp knife** un cuchillo bien afilado; **it's been a ~ long while since ...** ha pasado su buen tiempo desde ...; **you messed that up ~ and proper, didn't you?** (BrE colloq) metiste bien la pata, ¿no? (fam)

g

B (AmE colloq) **1** (well) bien; **did I do ~, Pop?** ¿lo hice bien, papá? **2** (thoroughly) bien; **go after that guy and fix him but ~** sigue a ese tipo y dale una lección bien dada (fam); **now you listen to me, and you listen ~** ahora escúchame, pero escúchame bien

goodbye¹, (AmE also) **goodby** /gʊd'baɪ/ *interj* ¡adiós!, ¡chao! *or* ¡chau! (esp AmL)

goodbye², (AmE also) **goodby** *n*: **to say ~ to sb** decirle* adiós a algn; **he bade/wished me ~** (frml) se despidió de mí; **they waved us ~** nos hicieron adiós con la mano; **they kissed me ~** me despidieron con un beso; **to say one's ~s** despedirse*; ***to say*** *o* ***kiss ~ to sth*** decirle* adiós a algo, despedirse* de algo; **you'll have to say ~ to your promotion** ya puedes ir diciéndole adiós al ascenso, ya puedes ir despidiéndote del ascenso; (*before n*) ‹*gift/card*› de despedida; **~ party** (fiesta *f* de) despedida *f*

goodfella /'gʊdfelə/ *n* (AmE colloq) (gángster *mf*) mafioso, -sa *m,f*, gángster *mf* de la mafia

good-for-nothing¹ /'gʊdfər,nʌθɪŋ || 'gʊdfə ,nʌθɪŋ/ *n* inútil *mf*, calamidad *f*

good-for-nothing² *adj* que no sirve para nada, inútil

Good Friday *n* Viernes *m* Santo

good-humored, (BrE) **good-humoured** /'gʊd'hju:mərd || ,gʊd'hju:məd/ *adj* ‹*person*› (permanent characteristic) alegre, jovial, de buen carácter; (in good mood) de buen humor; ‹*joke*› sin mala intención; ‹*pat*› amistoso; ‹*discussion*› amistoso

good-humoredly, (BrE) **good-humouredly** /'gʊd'hju:mərdli || ,gʊd'hju:mədli/ *adv* ‹*talk/smile*› jovialmente; **she took the joke ~** se tomó la broma de buen talante *or* con buen humor

goodish /'gʊdɪʃ/ *adj* (BrE colloq) **1** (quite good) bastante bueno **2** (considerable): **there was a ~ number of replies** hubo bastantes respuestas

good-looker /,gʊd'lʊkɪŋ/ *n* (colloq) ▸**looker**

good-looking /'gʊd'lʊkɪŋ/ *adj* **1** (of looks, appearance) ‹*man*› buen mozo (esp AmL), guapo (esp Esp), apuesto (liter); **a ~ woman** una mujer bonita *or* (esp Esp) guapa **2** (appealing) ‹*opportunity/offer*› atractivo

good-luck /'gʊd'lʌk/ *adj*: **~ charm** amuleto *m*, talismán *m* (*de la buena suerte*)

goodly /'gʊdli/ *adj* **-lier, -liest** (liter) **1** (considerable) ‹*amount/size*› importante, considerable **2** (handsome, pleasing) ‹*youth*› apuesto (liter)

good-natured /'gʊd'neɪtʃərd || ,gʊd'neɪtʃəd/ *adj* (as permanent characteristic) bueno, de natural bondadoso; **he was remarkably ~ about it** se lo tomó muy bien

good-naturedly /'gʊd'neɪtʃərdli || ,gʊd 'neɪtʃədli/ *adv*: **he just smiled ~ at their teasing** respondió a sus bromas sonriendo afablemente

goodness /'gʊdnəs || 'gʊdnɪs/ *n* [u]

A **1** (moral worth) bondad *f*; **he did it out of the ~ of his heart** lo hizo de lo bondadoso *or* bueno que es **2** (of food) valor *m* nutritivo; **canned food loses a lot of its ~** los alimentos enlatados pierden gran parte de su valor nutritivo

B (*in interj phrases, as intensifier*): **(my) ~!** ¡Dios (mío)!; **~ me/gracious!** ¡Dios mío!, ¡válgame Dios!; **how long will it take? — ~ (only) knows!** ¿cuánto tiempo tardará? — ¡vaya usted a saber!; **~ knows, I only wanted to help** Dios sabe que sólo quería ayudar; **I hope to ~ he'll be all right** ojalá *or* Dios quiera que no le pase nada; **surely to ~ you're not going like that?** ¡válgame Dios! no irás a ir así ¿no?; ▸**sake¹ 3**

goodnight /gʊd'naɪt/ *n* buenas noches *fpl*; (*before n*): **~ kiss** beso *m* de las buenas noches

good practise, (BrE) **practice** *n* [u] prácticas *fpl* recomendables; **it's ~ ~** es una práctica recomendable

Good Samaritan *n* buen samaritano, buena samaritana *m,f*

good-sized /gʊd'saɪzd/, **good-size** /'gʊd 'saɪz/ *adj* grande, de buen tamaño; **a ~ pile of work waiting to be done** un buen montón de trabajo por hacer

good-tempered /,gʊd'tempərd || ,gʊd 'tempəd/ *adj* ‹*person*› de buen humor, afable; ‹*debate/discussion*› cordial

good-time girl /'gʊdtaɪm/ *n* chica *f* de vida alegre

goodwill /gʊd'wɪl || gʊd'wɪl/ *n* [u]

A (benevolence) buena voluntad *f*; **withdrawal of ~** (Lab Rel) ≈ huelga *f* pasiva, ≈ huelga *f* de celo (*en Esp*), quita *f* de colaboración (RPl); (*before n*) ‹*mission/gesture*› conciliador

B (Busn, Fin) fondo *m* de comercio, llave *f* (CS)

goody¹ /'gʊdi/ *n* (*pl* **-dies**) (colloq) **goodies** *pl*

A (food) cosas *fpl* ricas; **she always came loaded with goodies** siempre traía montones de cosas ricas para comer

B (hero) bueno, -na *m,f* (fam); **the goodies and the baddies** los buenos y los malos

goody² *interj* (used esp by children) ¡viva! (fam), ¡yupi! (fam)

goody-goody¹ /'gʊdi,gʊdi/ *n* (*pl* **goody-goodies**) (colloq & pej) santito, -ta *m,f* (fam y pey)

goody-goody² *adj* (colloq & pej) ‹*behavior*› de santito (fam & pey), modélico

gooey /'gu:i/ *adj* **gooier, gooiest** (colloq) **1** (sticky) pegajoso **2** (sentimental) empalagoso, sensiblero

goof¹ /gu:f/ *n* (sl) **1** (blunder) pifia *f* (fam), embarrada *f* (AmS fam); **I made a ~** la pifié (fam), la embarré (AmS fam), la regué (Méx fam) **2** (idiot) memo, -ma *m,f* (fam)

goof² *vi* (sl) pifiarla (fam), embarrarla (AmS fam), regarla* (Méx fam)

Phrasal verbs

- **goof around** [v + adv] (AmE) (colloq) gansear (fam), hacer* gansadas (fam)
- **goof off** [v + adv] (AmE) (colloq) holgazanear, flojear (fam), racanear (Esp fam), hacerse* buey (Méx fam), hacer* sebo (RPl fam)
- **goof up** [v + o + adv, v + adv + o] (AmE) (colloq) arruinar, fastidiar (Esp fam)

goofball /'gu:fbɔ:l/ *n* (AmE sl) **1** (barbiturate) somnífero *m* **2** (person) memo, -ma *m,f* (fam); (*before n*) ‹*ideas/suggestions*› estúpido

goof-off /'gu:fɔ:f || 'gu:fɒf/ *n* (AmE colloq) haragán, -gana *m,f*, flojo, -ja *m,f* (fam), escaqueador, -dora *m,f* (Esp fam), capeador, -dora *m,f* (Chi fam)

goof-up /'gu:fʌp/ *n* (AmE colloq) metedura *f* or (AmL) metida *f* de pata

goofy /'gu:fi/ *adj* **-fier, -fiest** (sl)

A (AmE) **1** (stupid) ‹*person*› memo (fam), tontorrón (fam); ‹*smile*› bobalicón (fam) **2** (stupefied) atontado

B (BrE) de conejo (fam), salido

Google® /'gu:gəl/ *vt* (colloq) googlear (fam); **I ~d more than fifty universities to find the course I wanted** googleé más de cincuenta universidades para encontrar el curso que quería

■ *vi* **to ~ FOR sth** googlear PARA algo; **he's Googling for information on the solar eclipse** está googleando para obtener información sobre el eclipse solar

goo-goo /'gu:gu:/ *adj* (AmE sl) de cordero degollado (fam)

gook /gu:k/ *n* (AmE)

A [c] (oriental) (sl & offensive) asiático, -ca *m,f*, amarillo, -lla *m,f*

B [u] /gʊk/ (messy substance) (colloq) porquería *f* (fam)

goolies /'gu:liz/ *pl n* (sl) pelotas *fpl* (vulg), huevos *mpl* (vulg)

goon /gu:n/ *n* (colloq)

A (silly person) memo, -ma *m,f* (fam), ganso, -sa *m,f* (fam)

B (thug) (AmE) matón *m*, guarura *m* (Méx); (*before n*): **the ~ squad** (police) la policía, la pasma (Esp arg), la tomba (Col arg), la cana (RPl arg), la tira (Méx fam), los pacos (Chi fam)

goop /gu:p/ *n* (AmE colloq) pegote *m* (fam)

goose¹ /gu:s/ *n* (*pl* **geese**) **1** [c] (Zool) oca *f*, ganso *m*; ***to cook sb's ~***: **that's cooked his ~** eso le servirá de lección; ***to kill the ~ that lays the golden egg(s)*** matar la gallina de los huevos de oro **2** [u] (Culin) ganso *m* **3** [c] (silly girl) (colloq & dated) gansa *f* (fam)

goose² *vt* (sl): **to ~ sb** tocarle* el trasero a algn (fam)

gooseberry /'gu:s,beri || 'gʊzbəri/ *n* (*pl* **-berries**)

A (Bot) **1** (berry) grosella *f* espinosa, uva *f* espina **2** **~ (bush)** grosellero *m* espinoso; **I found him/her under a ~ bush** (BrE euph *or* hum) lo/la trajo la cigüeña (euf *o* hum)

B (unwanted third person) (BrE colloq) carabina *f* (fam), chaperón, -rona *m,f*, violinista *mf* (Chi fam); **to play ~** hacer* de carabina (fam), hacer* de chaperón (Méx fam), tocar* el violín (Chi fam)

goose bumps *pl n* (AmE colloq) ▸**goose pimples**

goose egg *n* (bump) (AmE colloq) chichón *m* (fam)

goosefish /'gu:sfɪʃ/ *n* (AmE) rape *m*

gooseflesh /'gu:sfleʃ/ *n* ▸**goose pimples**

goose pimples *pl n* carne *f* de gallina; **I broke** *o* **came out in ~ ~** se me puso la carne de gallina, se me enchinó el cuero (Méx fam)

goose-step /'gu:sstep/ *vi* **-pp-** marchar a paso de ganso

goose step *n*: **the ~ ~** el paso de ganso

GOP, (AmE colloq) (= **Grand Old Party**) Partido *m* Republicano

gopher /'gəʊfər || 'gəʊfə(r)/ *n*

A (Zool) **1** (rodent) taltuza *f* **2** (ground squirrel) ardilla *f* de tierra **3** **~ (tortoise)** tortuga *f* de tierra

B (AmE) ▸**gofer**

C (Comput) gopher *m*

gorblimey /gɔ:r'blaɪmi || gɔ:'blaɪmi/ *interj* (BrE sl & dated) ¡mecachis! (fam & euf), ¡pucha! (esp AmL fam & euf); (*as adj*) ‹*accent*› *de las clases populares, esp del este de Londres*

Gordian knot /'gɔ:rdiən || 'gɔ:diən/ *n* nudo *m* gordiano; ***to cut the ~ ~*** (liter) cortar el nudo gordiano

Gordon Bennett /'gɔ:rdn'benət || ,gɔ:dn 'benet/ *interj* (BrE colloq): **~ ~!** ¡caray! (fam)

gore¹ /gɔ:r || gɔ:(r)/ *n*

A [u] (blood) sangre *f* (*derramada*); **they laid on the ~ pretty thickly in the final scene** hicieron la escena final bastante sangrienta

B [c] (Clothing) godet *m*, pieza *f*

gore² *vt* cornear; **the matador was severely ~d** el torero sufrió una grave cornada

gorge¹ /gɔ:rdʒ || gɔ:dʒ/ *n*

A (ravine) (Geog) desfiladero *m*, cañón *m*

B (throat) (arch) garganta *f*; ***to make sb's ~ rise*** (liter) producirle* náuseas a algn

gorge² *v refl*: **to ~ oneself** atiborrarse *or* (fam) atracarse* de comida; **to ~ oneself ON** *o* **WITH sth** atiborrarse *or* (fam) atracarse* DE algo, comer algo hasta hartarse, pegarse* un atracón DE algo (fam)

gorgeous /'gɔ:rdʒəs || 'gɔ:dʒəs/ *adj* **1** (lovely) (colloq) ‹*girl/film-star*› precioso, guapísimo; ‹*dress/outfit*› precioso, divino; (*as form of address*): **hello, ~** ¡hola, preciosa *or* guapa! **2** (delightful) (colloq) ‹*day/weather/trip*› espléndido, estupendo, maravilloso **3** (splendid) ‹*color/fabric/sunset*› magnífico

gorgeously /'gɔ:rdʒəsli || 'gɔ:dʒəsli/ *adv* **1** (wonderfully) (esp BrE) maravillosamente; **a ~ sunny day** un día espléndido de sol **2** (sumptuously) ‹*draped/hung/arrayed*› magníficamente, suntuosamente

gorgon /'gɔ:rgən || 'gɔ:gən/ *n* **1** **Gorgon** (Myth) gorgona *f* **2** (fierce woman) arpía *f*

gorilla /gə'rɪlə/ *n* **1** (Zool) gorila *m* **2** (in organized crime) (AmE sl) gorila *m* (fam), matón *m*, guarura *m* (Méx)

gormless /'gɔ:rmləs || 'gɔ:mlɪs/ *adj* (BrE colloq) idiota, corto (de entendederas) (fam)

gorse /gɔ:rs || gɔ:s/ *n* [u] aulaga *f*, tojo *m*

gory /'gɔ:ri/ *adj* **gorier, goriest** **1** (sensational, violent) (colloq) ‹*scene/ending*› sangriento; **I won't go into all the ~ details** no voy a entrar en detalles morbosos **2** (blood-stained) (liter) ensangrentado

gosh /gɑ:ʃ || gɒʃ/ *interj* (colloq) ¡caramba!

goshawk /'gɑ:shɔ:k || 'gɒshɔ:k/ *n* azor *m*

gosling /ˈgɑːzlɪŋ || ˈgɒzlɪŋ/ *n* ansarino *m* (*cría de la oca o ganso*)

go-slow /ˈgəʊsləʊ/ *n* (BrE) huelga *f* pasiva, huelga *f* de celo (Esp), trabajo *m* a reglamento (CS)

gospel /ˈgɑːspəl || ˈgɒspəl/ *n*

A [c] **Gospel** (Bib, Relig) **1** (in New Testament) evangelio *m*; **the four G~s** los cuatro evangelios; **the G~ according to St Mark** el evangelio según San Marcos **2** (reading) evangelio *m*

B **1** (Christian teaching) (*no pl*) Evangelio *m*; **to preach/spread the ~** predicar*/difundir el Evangelio; (*before n*) ‹*temple/minister*› (in US) evangelista **2** [c] (doctrine) doctrina *f*, evangelio *m* **3** [u] ~ **(truth)** (colloq): **he takes everything she says as ~ (truth)** para él, todo lo que dice ella es santa palabra; **it's ~ (truth)** es la pura verdad

C [u] ~ **(music)** (Mus) gospel *m*

gossamer /ˈgɑːsəmər || ˈgɒsəmə(r)/ *n* [u] (liter) telaraña *f*; (*before n*) ‹*wings/threads*› tenue, sutil; **the fabric was ~-light** el tejido era ligero y vaporoso

gossip¹ /ˈgɑːsəp || ˈgɒsɪp/ *n* **1** [u] (speculation, scandal) chismorreo *m* (fam), cotilleo *m* (Esp fam); **she gave me all the latest ~** me puso al día con los chismes (fam); **it's just idle ~** sólo son habladurías; **it gave rise to a lot of ~ in the office** dio mucho que hablar en la oficina; **an interesting piece of ~** un chisme interesante; (*before n*): **~ column** crónica *f* de sociedad; **~ columnist** cronista *mf* de sociedad **2** [c u] (chat): **to have a ~ with sb** chismorrear (fam) *or* (Esp tb) cotillear con algn **3** [c] (person) chismoso, -sa *m,f* (fam), cotilla *mf* (Esp fam)

gossip² *vi* **1** (chatter) chismorrear (fam), chismear (fam), cotillear (Esp fam) **2** (spread tales) contar* chismes

gossiping /ˈgɑːsəpɪŋ || ˈgɒsɪpɪŋ/ *n* [u] chismorreo *m* (fam), cotilleo (Esp fam)

gossipmonger /ˈgɑːsəpˌmɑːŋgər || ˈgɒsɪpˌmʌŋgə(r)/ *n* chismoso, -sa *m,f* (fam), cotilla *mf* (Esp fam)

gossipy /ˈgɑːsəpi || ˈgɒsɪpi/ *adj* **1** ‹*magazine*› de chismografía (fam); **a ~ letter** una carta llena de chismes **2** ‹*person*› chismoso (fam)

got /gɑːt || gɒt/

A *past & past p of* **get¹**

B (crit) *pres of* **have**

gotcha¹ /ˈgɑːtʃə || ˈgɒtʃə/ *interj* (colloq) ¡te pillé!

gotcha² *n* trampa *f*, ardid *m*

Goth /gɑːθ || gɒθ/ *n* godo, -da *m,f*

Gothic¹ /ˈgɑːθɪk || ˈgɒθɪk/ *adj*

A (Archit, Lit) gótico

B (Hist) ‹*language*› gótico; ‹*people*› godo

C (Print) ‹*type/script*› gótico; (sans serif) (AmE) sin patines

Gothic² *n* [u]

A (Archit) gótico *m*; **English/International G~** gótico inglés/internacional

B (Ling) gótico *m*

C (AmE) (Cin, Lit, Theat) obra *f* gótica

D (Print) letra *f* gótica; (sans serif) (AmE) caracteres *mpl* sin patines

gotta /ˈgɑːtə || ˈgɒtə/ (sl) (= **have got to**) **I ~ go** me tengo que ir

gotten /ˈgɑːtn || ˈgɒtn/ (AmE) *past p of* **get¹**

gouache /guˈɑːʃ/ *n* [u c] (paint, technique, painting) gouache *m*, aguada *f*

gouge¹ /gaʊdʒ/ *n* **1** (tool) gubia *f* **2** (groove) boquete *m*

gouge² *vt*

A (cut out) ‹*channel/hole*› abrir*, hacer*

B ‹*person*› (AmE) extorsionar

Phrasal verb

• **gouge out** [v + o + adv, v + adv + o] sacar*, arrancar*; **to ~ sb's eyes out** sacarle* los ojos a algn; **he ~d out a groove in the wood** hizo una ranura en la madera

goulash /ˈguːlɑːʃ || ˈguːlæʃ/ *n* [u c] ≈ estofado *m* (*con pimentón, al estilo húngaro*)

gourd /gʊrd, gɔːrd || gʊəd/ *n* **1** (as drinking vessel) *calabaza seca empleada como vasija*, mate *m* (AmS), jícara *f* (AmC, Col, Méx), guaje *m* (Méx) **2** (Bot) calabaza *f*, jícaro *m* (AmC, Col, Méx)

gourmand /ˈgʊrmɑːnd || ˈgʊəmənd/ *n* (frml) **1** (heavy eater) glotón, -tona *m,f* **2** ▸**gourmet**

gourmet /ˈgʊrmeɪ || ˈgʊəmeɪ/ *n* gourmet *mf*, gastrónomo, -ma *m,f*

gout /gaʊt/ *n* [u] gota *f*

gouty /ˈgaʊti/ *adj* ‹*person*› gotoso; ‹*limb/joint*› afectado de gota

gov /gʌv/ *n* (BrE colloq) (*as form of address*) jefe, patrón

Gov (US title) = **Governor**

govern /ˈgʌvərn || ˈgʌvən/ *vt*

A **1** (rule, administer) gobernar* **2** (determine) determinar; **the laws ~ing trade practices** las leyes que regulan la práctica comercial **3** (restrain) (liter) ‹*temper/passion*› dominar **4** **governing** *pres p* ‹*party*› de gobierno; ‹*principle*› rector; ‹*passion*› dominante; **~ing body** organismo *m* rector; (of school) consejo *m* escolar

B (Ling) ‹*case/mood*› regir*

■ **govern** *vi* gobernar*

governance /ˈgʌvərnəns || ˈgʌvənəns/ *n* [u] (liter) gobierno *m*

governess /ˈgʌvərnəs || ˈgʌvənɪs/ *n* institutriz *f*, gobernanta *f*

government /ˈgʌvərnmənt || ˈgʌvənmənt/ *n* **1** [u] (permanent structure) gobierno *m*, estado *m*; **~ owned** estatal, del Estado, público; **to be in ~** (BrE) estar* en el poder **2** [u c] (administration) gobierno *m*, régimen *m*; **a military/democratic ~** un gobierno *or* un régimen militar/democrático; **to form a ~** formar gobierno; **the scandal caused the ~ to fall** *o* **the fall of the ~** el escándalo provocó la caída del gobierno; **the G~ is** *o* (BrE also) **are determined to ...** el Gobierno está decidido a ...; (*before n*): **~ bonds** bonos *mpl* del Estado; **~ department** ministerio *m or* (Méx) secretaría *f*; **~ grant** beca *f* del gobierno; **~ health warning** advertencia *f* sanitaria del Ministerio de Salud; **~ paper** papel *m* del estado; **~ pension** (AmE) pensión *f* del estado; **~ policy** política *f* gubernamental; **~ stock** títulos *mpl or* valores *mpl* del Estado; **~ surplus** superávit *m* público

governmental /ˌgʌvərnˈmentl || ˌgʌvənˈmentl/ *adj* **1** (of government) ‹*system*› de gobierno **2** (by government) ‹*interference/intervention*› gubernamental, estatal

Government House *n* (in British Commonwealth) *la residencia del Gobernador*

government issue *adj* (esp AmE) de dotación estatal; ‹*stock/bonds*› del Estado, del Tesoro

governor /ˈgʌvənər || ˈgʌvənə(r)/ *n*

A (of state, province, colony) gobernador, -dora *m,f*

B (of institution): **prison ~** (BrE) director, -tora *m,f* (*de una cárcel*); **school ~** (BrE) *miembro de un consejo escolar*; **a board of ~s** un consejo directivo

C (Mech Eng) regulador *m*

D (BrE colloq) (boss) jefe *m*, patrón *m*

Governor General *n* **1** (in British Commonwealth) Gobernador, -dora *m,f* General **2** (chief administrator) (BrE) director, -tora *m,f* general

governorship /ˈgʌvənərʃɪp || ˈgʌvənəʃɪp/ *n* **1** [c u] (office) cargo *m* de gobernador **2** [c] (period) período *m* como gobernador

govt = **government**

gown /gaʊn/ *n*

A **1** (dress) vestido *m*; **evening/wedding ~** traje *m* de fiesta/novia; **baptismal** *o* **christening ~** faldón *m* bautismal **2** (*night~*) (AmE) camisón *m*

B **1** (Educ, Law) toga *f* **2** (Med) bata *f*

GP *n* (= **general practitioner**) médico, -ca *m,f* de medicina general; **my/your/his ~** mi/tu/su médico de cabecera

> **GP - General Practitioner**
>
> Un médico generalista (también llamado *family doctor*), que trata a todo tipo de pacientes dentro de una localidad de Gran Bretaña. Es el equivalente al médico de familia. En un consultorio (*surgery*) suelen atender varios médicos (*group practice*). Cada consultorio tiene financiación directa o indirecta del gobierno.

GPO *n* **1** (in US) = **Government Printing Office** **2** (formerly, in UK) = **General Post Office**

GPS *n* (= **Global Positioning System**) GPS *m*

gr ▸❶ **p.630** (= **gram(s)**) gr., g.

grab¹ /græb/ **-bb-** *vt* **1** (seize) ‹*rope/hand*› agarrar; ‹*chance/opportunity*› aprovechar; **he ~bed me by the arm** me agarró del brazo; **she ~bed the money (away) from me** me arrebató el dinero; **the advertisement ~bed my attention** el anuncio me llamó la atención; **to ~ the headlines** saltar a los titulares **2** (appropriate) ‹*land*› apropiarse de, apoderarse de; ‹*money*› llevarse; **I ~bed the window seat** me agarré *or* (esp Esp) cogí el asiento de la ventanilla **3** (eat, take hurriedly) (colloq): **I'll just ~ a hamburger somewhere** me comeré una hamburguesa en algún sitio por ahí; **~ a seat** agárrate un asiento (AmL fam), coge asiento (Esp) **4** (appeal to) (colloq) ‹‹*idea*›› atraer*; **how does that ~ you?** ¿qué te parece?

■ **grab** *vi*: **don't ~, wait your turn** no arrebates, espera que te toque a ti; **to ~ AT sth**: **she ~bed at the rope** trató de agarrar la cuerda; **he ~bed at the chance** no dejó escapar la oportunidad

grab² *n*

A (snatch): **to make a ~ for sth** tratar de agarrar algo; **I made a ~ at her arm to stop her falling** quise agarrarla del brazo para que no se cayera; **the cat made a ~ for the mouse** el gato se abalanzó sobre el ratón; ***up for ~s*** (colloq): **the job is up for ~s** el puesto está vacante *or* libre; **her room is up for ~s** su habitación ha quedado libre *or* disponible

B (AmE sl) (robbery) atraco *m*

C (Mech Eng) pala *f* (*de una excavadora*)

D (Comput, TV) (still image) captura *f*

grab bag *n* (AmE) bolsa *f* de sorpresas

grab bar *n* barra *f* de baño, agarradera *f*

grab handle *n* asa *f*‡ agarradera *f* (AmL)

grab rail *n* barra *f* (*para agarrarse*)

grace¹ /greɪs/ *n*

A [u] (elegance — of movement) gracia *f*, garbo *m*, gracilidad *f* (liter); (— of expression) elegancia *f*; (— of form) elegancia *f*, armonía *f*

B **1** [u] (courtesy) cortesía *f*, gentileza *f*; **you might at least have the ~ to say you're sorry** podrías por lo menos tener la cortesía *or* la gentileza de disculparte **2** [u] (good nature): **to do sth with (a) good/bad ~** hacer* algo de buen talante/a regañadientes; **in good ~** (AmE) con la conciencia tranquila **3** [c] (good quality): **her saving ~ is her sense of humor** lo que la salva es que tiene sentido del humor; **social ~s** modales *mpl*; **she has no social ~s** no sabe cómo comportarse, no tiene modales *or* roce; ***to be in sb's good ~s*** estar* en buenas relaciones con algn

C [u] (Relig) **1** (mercy) gracia *f*; **by the ~ of God ...** gracias a Dios ...; **there, but for the ~ of God, go I** le podría pasar a cualquiera; **to be in a state of ~** estar* en estado de gracia; ***to fall from ~*** (lose favor) caer* en desgracia; (Relig) perder* la gracia divina **2** (prayer): **to say ~** (before a meal) bendecir* la mesa; (after a meal) dar* las gracias por la comida

D [u] (respite) gracia *f*; **16 days' ~, 16 days of ~** (BrE) (Law) 16 días de gracia

E ▸❶ **p.1213** [c] (as title): **his G~ the Archbishop of York** Su Eminencia el Arzobispo de York; **their G~s the Duke and Duchess** Sus Excelencias, el duque y la duquesa; **Your G~** (to duke etc) Excelencia; (to bishop) Ilustrísima

F [c] (Myth): **the three G~s** las tres Gracias

grace² *vt* (liter) adornar; **she ~d the event with her presence** honró el acto con su presencia; **how kind of you to ~ us with your presence!** (iro) ¡qué amabilidad la tuya en dignarte acompañarnos! (iró)

graceful /ˈgreɪsfəl/ *adj* **1** (of movement, shape) ‹*dancer/antelope/movement*› lleno de gracia, grácil (liter); ‹*style/phrasing*› elegante; **she's very ~** se mueve con mucha gracia *or* mucho garbo **2** (of conduct) ‹*apology/retraction*› digno

gracefully /ˈgreɪsfəli/ *adv* **1** ‹*move/dance*› con gracia *or* garbo, con gracilidad (liter)

2 ‹surrender› con dignidad; ‹apologize› gentilmente

gracefulness /ˈgreɪsfəlnəs || ˈgreɪsfəlnɪs/ *n* [u] 1 (of movement, gesture) gracia *f*, garbo *m*, gracilidad *f* (liter) 2 (of apology) gentileza *f*

graceless /ˈgreɪsləs || ˈgreɪslɪs/ *adj* 1 (ill-mannered) ‹*person/manner*› tosco, descortés 2 (inelegant) desgarbado, poco elegante

gracious[1] /ˈgreɪʃəs/ *adj*
A 1 ‹*smile/act/gesture*› gentil, cortés; **they were ~ enough to apologize** tuvieron la gentileza *or* la cortesía de pedir disculpas; **by the ~ permission of Her Majesty** (frml) por la gracia de Su Majestad 2 (merciful) misericordioso
B (urbane) ‹*surroundings/lifestyle*› refinado, elegante

gracious[2] *interj*: ~ **(me)!** ¡válgame Dios!; **(good** *o* **goodness) ~!** ¡Dios Santo!

graciously /ˈgreɪʃəsli/ *adv*
A 1 ‹*nod/smile/apologize*› gentilmente 2 (generously) (frml): **His Royal Highness has ~ agreed to ...** Su Alteza ha tenido la deferencia de acceder a ...; **she has ~ accepted our invitation** (iro) se ha dignado aceptar nuestra invitación (iró)
B ‹*live*› con elegancia

graciousness /ˈgreɪʃəsnəs || ˈgreɪʃəsnɪs/ *n* [u] 1 (of people, actions) gentileza *f* 2 (of lifestyle, surroundings) refinamiento *m*, elegancia *f*

grad /græd/ *n* (AmE colloq) ▸**graduate**[2]

gradation /greɪˈdeɪʃən || grəˈdeɪʃən/ *n* (frml) 1 [c] (step, stage) gradación *f*; **subtle ~s of meaning** sutiles matices *mpl* de significado 2 [u] (modulation) (Art, Mus) gradación *f*

grade[1] /greɪd/ *n*
A 1 (quality) calidad *f*; (degree, level): **it divides hotels into four ~s** divide a los hoteles en cuatro categorías; **~ A** *o* **~ 1 tomatoes** tomates *mpl* de la mejor calidad *or* de primera; **~ 3 eggs** (BrE) huevos *mpl* del tamaño número 3; **G~ VI piano exam** examen *m* de sexto (año) de piano 2 (in seniority) grado *m* (*del escalafón*); (Mil) rango *m*; **administrative ~s** escalafón *m* administrativo; **salary ~s** escala *f* salarial; **time in ~** antigüedad *f* en en puesto; ***to make the ~*** (colloq): **she's talented enough to make the ~** tiene el talento necesario para triunfar (*or* para lograr lo que se propone *etc*)
B (Educ) 1 (class) (AmE) grado *m*, año *m*, curso *m* 2 (in exam) nota *f*, calificación *f*; **to get good ~s** sacar* buenas notas
C (gradient) (AmE) cuesta *f*

grade[2] *vt*
A 1 (classify) ‹*eggs/wool/fruit*› clasificar* 2 (order in ascending scale) ‹*exercise/questions*› ordenar por grado de dificultad 3 (mark) (AmE) ‹*test/exercise*› corregir* y calificar*; **I've ~d her B** le puse una B; **he tends to ~ students up/down** suele poner notas bastante altas/bajas 4 **graded** *past p* ‹*produce/eggs*› clasificado; ‹*tests/exercises*› (BrE) escalonados por grado de dificultad
B (make more level) (AmE) ‹*surface/soil*› nivelar

grade crossing *n* (AmE) paso *m* a nivel, crucero *m* (Méx)

grader /ˈgreɪdər || ˈgreɪdə(r)/ *n*
A (student) (AmE): **a sixth ~** un alumno de sexto grado *or* año
B (Civil Eng) niveladora *f*

grade school *n* (AmE) escuela *f* primaria

> **grade school**
> ▸**elementary school.**

gradient /ˈgreɪdiənt/ *n* 1 (slope) pendiente *f*, cuesta *f*, gradiente *f* (AmL); **a ~ of 20%** *o* **of one in five** una pendiente del 20% 2 (Math, Phys) gradiente *m*

grading /ˈgreɪdɪŋ/ *n* 1 [c u] (classification) clasificación *f* 2 [u] (AmE) (Educ) calificación *f* 3 (AmE) (Rail) ▸**grade crossing**

gradual /ˈgrædʒuəl/ *adj* ‹*change/improvement/increase*› gradual, paulatino; ‹*slope*› no muy empinado

gradually /ˈgrædʒuəli/ *adv* ‹*change/decline/improve*› gradualmente, paulatinamente, poco a poco; ‹*rise/slope*› suavemente; **you ~ get used to it** uno se va acostumbrando poco a poco

graduate[1] /ˈgrædʒueɪt/ *vi*
A (Educ) 1 (from a college, university) obtener* el título, terminar la carrera, recibirse (AmL), graduarse*; (obtain bachelor's degree) licenciarse; **she ~d from Cambridge in 1974** se licenció en *or* (Esp) por la Universidad de Cambridge en 1974; **he ~d in history** se licenció en historia 2 (from high school) (AmE) terminar el bachillerato, recibirse de bachiller (AmL)
B (progress) **to ~ (FROM sth) TO sth** pasar (DE algo) A algo; **they often ~ from marijuana to heroin** a menudo pasan de la marihuana a la heroína
■ **graduate** *vt*
A (AmE) (Educ) conferirle* el título a
B 1 ‹*flask/test tube*› (frml) graduar* 2 ‹*payments/contributions*› escalonar

graduate[2] /ˈgrædʒuət/ *n* 1 (from higher education) *persona con título universitario*; (with a bachelor's degree) licenciado, -da *m,f*; **a Harvard ~** un licenciado *or* (AmL tb) un egresado de Harvard; (*before n*) ‹*course/student*› de posgrado *or* postgrado; **he was at ~ school** (AmE) estaba haciendo un curso de posgrado 2 (from high school) (AmE) bachiller *mf*

> **graduate school**
> Especialmente en Estados Unidos, departamento de una universidad que ofrece cursos avanzados para los que quieren seguir estudiando e investigando una vez que han obtenido un título, normalmente después de realizar 3 ó 4 años de estudios universitarios.

graduated /ˈgrædʒueɪtəd || ˈgrædʒueɪtɪd/ *adj* 1 (progressive) ‹*scale*› graduado; ‹*payments/contributions*› escalonado 2 (calibrated) ‹*flask/test tube*› graduado

graduation /ˌgrædʒuˈeɪʃən/ *n*
A (Educ) 1 [u] (graduating) graduación *f*; **he doesn't know what he's going to do after ~** no sabe qué va a hacer cuando acabe la carrera *or* (AmL tb) cuando se reciba 2 [u] (ceremony) graduación *f*, ceremonia *f* de graduación *or* de entrega de títulos; (from high school) (AmE) graduación *f* (*ceremonia celebrada al finalizar el bachillerato en EEUU*)
B [u] (progression) paso *m*
C [c] (markings) líneas *fpl* de graduación

graffiti /grəˈfiːti/ *n* (+ *sing o pl vb*) graffiti *mpl*; **~ artist** grafitero, -ra *m,f*

graft[1] /græft || grɑːft/ *vt* 1 (Hort) injertar 2 (Med) injertar
■ **graft** *vi* (work hard) (BrE colloq) reventarse* trabajando (fam), currar (fam), camellar (Col fam), laburar como loco (RPl arg), chambearle duro (Méx fam)

graft[2] *n*
A [c] (Hort, Med) injerto *m*
B [u] (bribery, corruption) (AmE colloq) chanchullos *mpl* (fam)
C [u] (hard work) (BrE colloq): **it's been hard ~** ha sido mucho trabajo, ha habido que currar *or* (Col) camellar un montón (fam), hubo que chambearle duro (Méx fam), fue un laburo bárbaro (RPl arg)

grafter /ˈgræftər || ˈgrɑːftə(r)/ *n*
A (AmE colloq) (crook) chanchullero, -ra *m,f* (fam)
B (hard worker) (BrE colloq) persona *f* trabajadora; **there are a lot of ~s in the team** en el equipo hay muchos que se matan trabajando (fam)

graham cracker /ˈgreɪəm/ *n* (AmE) galleta *f* integral, Granola® *f* (Esp)

graham flour *n* [u] (AmE) harina *f* integral (*no tamizada*)

grail /greɪl/ *n* (*holy ~*) Santo Grial *m*

grain /greɪn/ *n*
A [c] 1 (of cereal, salt, sugar, sand) grano *m*; **there's not a ~ of truth in what he says** no hay ni pizca de verdad en lo que dice; ▸**salt**[1] **A1** 2 (unit of weight) grano *m*
B [u] (Agr) grano *m*, cereal *m*; (*before n*) ‹*harvest/shortage/exports*› de grano, de cereal
C [u] (of wood — pattern) veta *f*, veteado *m*; (— texture) grano *m*; (— direction of fibers) hilo *m*; (— of leather) grano *m*, flor *f*; (of fabric) hilo *m*; (Geol, Phot) grano *m*; ***against the ~*** (in carpentry) contra el hilo; (contrary): **it goes against the ~ for me to support them** apoyarlos va en contra de mis principios; **however much it goes against the ~ we have to admit that ...** por mucho que nos cueste tenemos que reconocer que ...

grainy /ˈgreɪni/ *adj* **-nier, -niest** 1 ‹*surface/wood*› veteado 2 (Phot) ‹*photograph*› en que se nota mucho el grano 3 (granular) ‹*texture/paper*› granulado

gram, (BrE also) **gramme** /græm/ ▸❶ **p.630** *n* gramo *m*

gramma /ˈgræmmə ˈgræmmɑː/ *n* (AmE colloq) abuelita *f* (fam), yaya *f* (fam), nana *f* (fam), nona *f* (RPl fam)

grammar /ˈgræmər || ˈgræmə(r)/ *n* 1 [u] (Ling) gramática *f*; **it's good/bad ~** es gramaticalmente correcto/incorrecto; **his ~ is appalling** habla (*or* redacta *etc*) muy mal, comete muchas incorrecciones al hablar (*or* redactar *etc*); **~ checker** corrector *m* gramatical 2 [c] **~ (book)** gramática *f*

grammarian /grəˈmeriən || grəˈmeəriən/ *n* gramático, -ca *m,f*

grammar school *n* 1 (AmE) ▸**elementary school** 2 (BrE) *selective state secondary school*

> **grammar school**
> En algunas áreas de Inglaterra y Gales, un tipo de colegio de enseñanza secundaria (*secondary school*) que admite a alumnos que han aprobado una prueba de aptitud. Desde 1965, estos colegios han sido reemplazados en su mayor parte por los comprehensive schools ▸**comprehensive school.**

grammatical /grəˈmætɪkəl/ *adj* 1 (of grammar) ‹*rule/mistake*› gramatical 2 (correct) ‹*sentence/English*› gramaticalmente correcto

grammatically /grəˈmætɪkli/ *adv* 1 ‹*accurate/correct*› gramaticalmente 2 (correctly) ‹*speak/write*› correctamente

gramme /græm/ *n* (BrE) ▸**gram**

Grammy /ˈgræmi/ *n* (*pl* **~s** *or* **-mies**) Grammy *m*

gramophone /ˈgræməfəʊn/ *n* (BrE dated) gramófono *m* (ant)

gramps /græmps/ *n* (AmE colloq) abuelo *m*

grampus /ˈgræmpəs/ *n* (*pl* **-puses**) 1 (whale) orca *f* 2 (dolphin) delfín *m*

gran /græn/ *n* (colloq) abuela *f*

granadilla /ˌgrænəˈdɪlə/ *n* granadilla *f*, maracuyá *m*

granary /ˈgreɪnəri, ˈgræ- || ˈgrænəri/ *n* (*pl* **-ries**) 1 (storehouse) granero *m* 2 (grain-producing region) granero *m*

Granary® *adj* ‹*bread/flour*› *con granos de trigo malteado*

granary loaf *n* pan *m* de grano entero

grand[1] /grænd/ *adj* **-er, -est**
A 1 (impressive) ‹*vista/spectacle/mansion*› magnífico, espléndido; **on a ~ scale** en gran escala 2 (ostentatious) ‹*gesture*› grandilocuente; ‹*entrance*› triunfal; **in the ~ manner** a lo grande; **they live in a ~ style** viven a lo grande *or* por todo lo alto 3 (ambitious, lofty) ‹*conception/vision*› grandioso; ‹*ideal*› elevado 4 (overall) (*before n, no comp*) global; **the ~ total** el total 5 (in names, titles) gran
B 1 (formal, ceremonial) ‹*opening/banquet/occasion*› solemne 2 (socially important) (*sing*) gran ((*delante del n*)); (*pl*) grandes ((*delante del n*)); **a ~ lady** una gran dama; **they give themselves such ~ airs** se dan aires de grandeza
C (very good) (colloq) ‹*day/weather*› espléndido, fabuloso; **we had a ~ time** lo pasamos divinamente (fam)

grand[2] *n*
A (piano) piano *m* de cola; **baby ~** piano *m* de media cola
B (*pl* **grand**) (1000 dollars, pounds) (sl): **he paid six ~ for the car** el coche le costó seis mil

grandad /ˈgrændæd/ *n* abuelo *m*

g

grand-aunt /'grænd'ænt || 'grænd'ɑ:nt/ *n* ▸**great-aunt**

Grand Canyon *n*: **the ~ ~** el Cañón del Colorado

grandchild /'græntʃaɪld/ *n* (*pl* **-children**) nieto, -ta *m,f*

granddad /'grænddæd/ *n* abuelo *m*

granddaddy /'græn,dædi/ *n* (*pl* **-dies**) 1 (grandfather) (colloq) abuelito *m* (fam) 2 (first example, exponent) (hum): **the ~ of sth** el padre de algo

granddaughter /'græn,dɔ:tər || 'græn,dɔ:tə(r)/ *n* nieta *f*

grand duchess *n* gran duquesa *f*

grand duchy *n* gran ducado *m*

grand duke *n* gran duque *m*

grandee /græn'di:/ *n* 1 (nobleman) grande *m* 2 (bigwig) (hum) pez *m* gordo (fam), gerifalte *mf*

grandeur /'grændʒər || 'grændʒə(r)/ *n* [u] grandiosidad *f*, esplendor *m*; **delusions of ~** delirios *mpl* de grandeza

grandfather /'græn,fɑ:ðər || 'græn,fɑ:ðə(r)/ *n* abuelo *m*

grandfather clock *n* reloj *m* de pie

grand finale *n* final *m* espectacular; **as a ~ ~** como broche de oro

grandiloquence /græn'dɪləkwəns/ *n* [u] (frml) grandilocuencia *f*

grandiloquent /græn'dɪləkwənt/ *adj* (frml) grandilocuente

grandiloquently /græn'dɪləkwəntli/ *adv* (frml) grandilocuentemente

grandiose /'grændiəʊs/ *adj* 1 (pretentious) ‹*claim/scheme/notion*› fatuo, presuntuoso; ‹*speech*› altisonante, grandilocuente 2 (large-scale, impressive) grandioso, imponente

grand jury *n* (in US) jurado *m* de acusación (*jurado que decide si hay suficientes pruebas para procesar*)

grandly /'grændli/ *adv* 1 (impressively) ‹*conceived/planned*› grandiosamente 2 (self-importantly, pompously) ‹*walk/announce*› presuntuosamente

grandma /'grænmɑ:/ *n* (colloq) abuela *f*

grandmaster /'grænd'mæstər || ,grænd'mɑ:stə(r)/ *n* gran maestro *mf*

grandmother /'græn,mʌðər || 'græn,mʌðə(r)/ *n* abuela *f*; ***to teach one's ~ to suck eggs*** (colloq): **are you trying to teach your ~ to suck eggs?** ¿le estás queriendo enseñar a tu papá a ser hijo? (fam), ¡a mí me lo vas a decir!

grand-nephew /,grænd'nefju: || ,grænd'nevju:/ *n* ▸**great-nephew**

grand-niece /'grænd'ni:s/ *n* ▸**great-niece**

grand old man *n* patriarca *m*

grand opera *n* [u] gran ópera *f*

grandpa /'grænpɑ:/ *n* abuelo *m*

grandparent /'græn,perənt || 'græn,peərənt/ *n* abuelo, -la *m,f*; **my ~s** mis abuelos

grand piano *n* piano *m* de cola

Grand Prix /,grɑ:n'pri: || ,grɒn'pri:/ *n* (*pl* **~ ~** *or* AmE also **~s ~** /-z/) Grand Prix *m*, Gran Premio *m*

grand slam *n* 1 (in bridge, golf, tennis) gran slam *m* 2 (in baseball) ▸**grandslammer**

grandslammer /'grænd'slæmər || ,grænd'slæmə(r)/ *n* jonrón *m* con casa llena, jonrón *m* barrebases

grandson /'grænsʌn/ *n* nieto *m*

grandstand[1] /'grænstænd/ *n* tribuna *f*; (*before n*) ‹*ticket/seat*› de tribuna; **a ~ finish** un final apoteósico; **a ~ view** una vista panorámica

grandstand[2] *vi* (AmE colloq) pavonearse (fam), fardar (Esp fam)

grand tour *n* 1 (sightseeing trip) tour *m* 2 (Hist) viaje *m* de recorrido por Europa

grand-uncle /,grænd'ʌŋkəl/ *n* ▸**great-uncle**

grange /greɪndʒ/ *n* (BrE) *vocablo usado en nombres de casas solariegas*

granite /'grænət || 'grænɪt/ *n* [u] granito *m*

granny, grannie /'græni/ *n* (*pl* **-nies**) 1 (grandmother) abuelita *f* (fam) 2 (old woman) abuela *f*

granny annexe *n* (BrE); *dependencias para una persona mayor junto a la casa de un familiar*

granny flat *n* (BrE) apartamento *m* independiente (*en una casa de familia*)

granny knot *n* nudo *m* corredizo

granola /grə'nəʊlə/ *n* [u]: *cereal para desayuno a base de avena*

grant[1] /grænt || grɑ:nt/ *vt*

A 1 ‹*desire/request/wish*› conceder; **God ~ him eternal peace** (liter) Dios lo tenga en su gloria 2 ‹*interview/asylum/right*› conceder; **he was ~ed permission** se le concedió permiso 3 ‹*land/pension*› otorgar*, conceder

B (admit) **to ~ (sb) THAT**: **I ~ that the plan is a good one** reconozco que es un buen plan; **he has talent, I'll ~ you that** tiene talento, eso no te lo discuto

C granted *past p* 1 (admittedly): **~ed, it's very expensive, but ...** de acuerdo, es muy caro, pero ...; ***to take sth for ~ed*** dar* algo por sentado *or* por descontado; **don't take her support for ~ed** no des por sentado *or* por descontado que te (*or nos etc*) va a apoyar; **he realized he'd taken her for ~ed** se dio cuenta de que no había sabido valorarla 2 (assuming): **~ed that it all goes according to plan ...** suponiendo que todo salga de acuerdo con lo previsto ...; **~ed his cooperation, success seems assured** si contamos con su colaboración, el éxito está asegurado

grant[2] *n* 1 (subsidy — to body, individual) subvención *f*, subsidio *m* (AmL); (— to student) (esp BrE) beca *f* 2 (granting) concesión *f*, otorgamiento *m*

grant-aided /'grænt'eɪdəd || 'grɑ:nt'eɪdɪd/ *adj* subvencionado, subsidiado (AmL)

grant-in-aid /,græntɪn'eɪd || ,grɑ:ntɪn'eɪd/ *n* (*pl* **grants-in-aid**) subvención *f*, subsidio *m* (AmL)

grant-maintained /,græntmeɪn'teɪnd || ,grɑ:ntmeɪn'teɪnd/ *adj* (in UK) ‹*school*› *financiado por la administración central y con plena autonomía*

granular /'grænjələr || 'grænjʊlə(r)/ *adj* 1 (grainy) ‹*texture/surface*› granular 2 (consisting of granules) ‹*consistency*› granular

granularity /,grænjə'lærəti || ,grænjʊ'lærəti/ *n* [u] (Comput) granularidad *f*

granulated /'grænjəleɪtəd || 'grænjʊleɪtɪd/ *adj* ‹*coffee*› en gránulos; **~ sugar** azúcar *f* granulada, azúcar *m* granulado

granule /'grænju:l/ *n* gránulo *m*

grape /greɪp/ *n* (fruit) uva *f*; **a bunch of ~s** un racimo de uvas; **it's sour ~s** (set phrase) las uvas están verdes (fr hecha); (*before n*): **~ juice** jugo *m or* (Esp) zumo *m* de uva, mosto *m*; **the ~ harvest** la vendimia

grapefruit /'greɪpfru:t/ *n* (*pl* **~** *or* **~s**) toronja *f* (AmL exc CS), pomelo *m* (CS, Esp)

grape hyacinth *n* jacinto *m* en racimo

grapeshot /'greɪpʃɑ:t || 'greɪpʃɒt/ *n* [u] metralla *f*; **a whiff of ~** mano *f* dura

grapevine /'greɪpvaɪn/ *n* 1 (Agr, Bot) parra *f* 2 (source of information) (colloq): **I heard it on** *o* **through the ~** me lo dijo un pajarito (fam), lo escuché en radio macuto (Esp fam)

graph /græf || grɑ:f/ *n* gráfico *m*, gráfica *f*; **to plot a ~ of the function $y=x^2$** trazar* la curva de la función $y=x^2$

grapheme /'græfi:m/ *n* grafema *m*

graphic[1] /'græfɪk/ *adj*

A (vivid) ‹*account/description*› muy gráfico, vívido; **in ~ detail** con todo lujo de detalles

B (Art) gráfico; **~ artist** artista gráfico, -ca *m,f*; **the ~ arts** las artes gráficas; **~ design** diseño *m* gráfico; **~ designer** diseñador gráfico, diseñadora gráfica *m,f*

C 1 (in writing, notation) ‹*symbol/device*› gráfico 2 (on a graph) ‹*representation*› gráfico; **in ~ form** gráficamente

graphic[2] *n* gráfico *m*

graphically /'græfɪkli/ *adv*

A (vividly) ‹*describe/demonstrate*› gráficamente

B (in notation, on a graph) ‹*represent/show*› gráficamente

graphical user interface *n* interfaz *m or* interface *m* gráfico de usuario, interfaz *f or* interface *f* gráfica de usuario

graphic display, graphical display *n* visualización *f* de gráficos

graphic equalizer *n* ecualizador *m* gráfico

graphics /'græfɪks/ *pl n*

A (graphic design) (+ *pl vb*) diseño *m* gráfico

B (Comput) gráficos *mpl*; **high-resolution ~** gráficos de alta resolución

graphics accelerator *n* acelerador *m* de gráficos; (*before n*): **~ ~ card** tarjeta *f* aceleradora de gráficos

graphics card *n* tarjeta *f* gráfica

graphics tablet *n* tableta *f* gráfica *or* digitalizadora

graphite /'græfaɪt/ *n* [u] grafito *m*

graphologist /græ'fɑ:lədʒəst || grə'fɒlədʒɪst/ *n* grafólogo, -ga *m,f*

graphology /græ'fɑ:lədʒi || grə'fɒlədʒi/ *n* grafología *f*

graph paper *n* [u] papel *m* milimetrado *or* (Méx) cuadriculado

grapnel /'græpnl/ *n* rezón *m*

grapple[1] /'græpl/ *vi* **to ~ (WITH sb/sth)** (physically) forcejear (CON algn/algo); (mentally) luchar *or* lidiar CON algo; **to ~ with one's conscience** tener* escrúpulos de conciencia

grapple[2] *n* (physical) lucha *f*; (mental) batalla *f*

grappling hook, grappling iron /'græplɪŋ/ *n* garfio *m*

grasp[1] /græsp || grɑ:sp/ *vt*

A 1 (seize) ‹*object/person*› agarrar; ‹*opportunity/offer*› aprovechar 2 (hold tightly) tener* agarrado

B (understand) ‹*idea/concept/distinction*› captar; **I hadn't ~ed the fact that she was leaving** no había caído en la cuenta de que se iba

■ **grasp** *vi* 1 (reach out for) **to ~ AT sth** tratar de agarrar algo 2 (take advantage of): **to ~ at an opportunity** aprovechar una oportunidad; **to ~ at an excuse** valerse* de una excusa

grasp[2] *n* (*no pl*)

A 1 (grip): **his ~ on my arm tightened, he tightened his ~ on my arm** me apretó más el brazo; **she's totally in his ~** la tiene totalmente en sus garras 2 (reach) alcance *m*; **victory is (with)in our ~** la victoria está a nuestro alcance; **beyond their ~** fuera de su alcance; **the prize has eluded her ~** el premio se le ha ido de las manos

B (understanding) comprensión *f*; (knowledge) conocimientos *mpl*; **he has a poor ~ of the problem** no tiene una comprensión cabal del problema; **she has a good ~ of the subject** tiene conocimientos sólidos del tema

grasping /'græspɪŋ || 'grɑ:spɪŋ/ *adj* avaricioso, codicioso

grass[1] /græs || grɑ:s/ *n*

A 1 [u] (as pasture) pasto *m*, zacate *m* (Méx); (lawn) césped *m*, hierba *f*, pasto *m* (AmL), grama *f* (AmC, Ven); ⓢ **please keep off the grass** prohibido pisar el césped; **to cut the ~** cortar el césped *or* la hierba *or* (AmL tb) el pasto *or* (AmC, Ven) la grama; **to play on ~** (Sport) jugar* sobre hierba *or* (AmL tb) sobre césped *or* pasto; ***to allow the ~ to grow under one's feet*** (*usu neg*) quedarse dormido; ***they kicked the problem/issue into the long ~*** le dieron el carpetazo al problema/asunto; ***to put** o **turn sb out to ~*** (BrE hum) jubilar a algn; ***the ~ is always greener on the other side*** nadie está contento con su suerte; (*before n*): **~ court** cancha *f* de pasto (AmL), pista *f* de hierba (Esp); **~ cuttings** recortes *mpl* de césped *or* (AmL) pasto *m or* (AmC, Ven) grama *f*; **~ seed** semilla *f* de gramíneas 2 [c u] (Bot) hierba *f* 3 [u] (dried) paja *f*; (*before n*) ‹*hut/skirt*› de paja

B [u] (marijuana) (sl) maría *f* (arg), hierba *f* (arg), monte *m* (AmC, Col, Ven arg), mota *f* (Méx arg)

C [c] (BrE colloq) (informer) soplón, -plona *m,f* (fam)

grass[2] *vi* (BrE colloq) soplar (fam), chivarse (Esp fam); **to ~ ON sb** delatar a algn

■ **grass** *vt* (turf, plant with grass) plantar césped en; **a ~ed area** una extensión de césped

grassbox /'græsbɑ:ks || 'grɑ:sbɒks/ *n* recogedor *m* de césped *or* (AmL) pasto *m or* (AmC, Ven) grama *f*

grass-green¹ /'græs'gri:n || 'grɑ:s'gri:n/ *adj* verde hierba *adj inv*

grass-green² *n* verde *m* hierba

grasshopper /'græs,hɑ:pər || 'grɑ:s,hɒpə(r)/ *n* saltamontes *m*

grassland /'græslænd || 'grɑ:slənd/ *n* [c u] 1 (Geog) pradera *f* 2 (Agr) pastos *mpl*, pastizales *mpl*

grass roots *pl n* 1 (ordinary members): **the ~ ~** las bases; (*before n*) ‹*support/opinion*› de las bases; **at ~ ~ level** a nivel de las bases 2 (source) raíz *f*; **crime should be combated at the ~ ~** la delincuencia debería atacarse de raíz

grass skiing *n* [u] esquí *m* sobre hierba *or* (AmL) pasto

grass snake *n* culebra *f*

grass widow *n* 1 (wife with absent husband) (colloq & hum) viuda *f* (fam & hum); **she'll be a ~ ~ for three months** se va a quedar viuda tres meses (fam & hum) 2 (divorced) (AmE colloq) divorciada *f*; (separated woman) separada *f*

grass widower *n* (AmE colloq) divorciado *m*; (separated man) separado *m*

grassy /'græsi || 'grɑ:si/ *adj* **-sier, -siest** cubierto de hierba

grate¹ /greɪt/ *vt*

A (Culin) rallar; **~d cheese** queso *m* rallado

B (scrape): **she ~d her nails on the blackboard** rascó la pizarra con las uñas

■ **grate** *vi* 1 (irritate) ser* crispante; **to ~ ON sth: his voice ~s on the ear** su voz hace daño al oído; **his laugh really ~s on my nerves** su risa me crispa los nervios 2 (make harsh noise) chirriar*; **the chalk ~d against the blackboard** la tiza chirrió en la pizarra

grate² *n* 1 (fireplace) chimenea *f* 2 (metal frame) rejilla *f*

grateful /'greɪtfəl/ *adj* agradecido; ‹*smile/glance*› de gratitud *or* agradecimiento, agradecido; **to be ~ (TO sb) (FOR sth/-ING): I'm very ~ to you for your advice** le agradezco mucho sus consejos, le estoy muy agradecido por sus consejos; **I'd be so ~ if you could do it** te agradecería tanto que lo hicieras, te quedaría tan agradecida si lo hicieras; **just be ~ for what you've got!** ¡da gracias (a Dios) por lo que tienes!; **I should be ~ if you would send me ...** (frml) le agradecería (que) me enviara ... (frml)

gratefully /'greɪtfəli/ *adv* ‹*accept/take*› con gratitud; **all contributions will be ~ received** agradecemos cualquier colaboración; **he smiled ~** sonrió agradecido

grater /'greɪtər || 'greɪtə(r)/ *n* rallador *m*

gratification /,grætəfə'keɪʃən || ,grætɪfɪ'keɪʃən/ *n* [u] gratificación *f*, satisfacción *f*; **to my immense ~** para mi gran satisfacción; **I play the piano for my own ~** toco el piano por satisfacción personal *or* por placer

gratified /'grætəfaɪd || 'grætɪfaɪd/ *adj* **to be ~ AT *o* BY sth** estar* satisfecho CON algo; **I was ~ to learn that ...** me produjo una gran satisfacción *or* me fue muy grato enterarme de que ...

gratify /'grætəfaɪ || 'grætɪfaɪ/ *vt* **-fies, -fying, -fied** 1 (fulfill) ‹*whim/lust/aspiration*› satisfacer* 2 (give satisfaction) complacer*

gratifying /'grætəfaɪɪŋ || 'grætɪfaɪɪŋ/ *adj* ‹*sight/experience/feeling*› grato; ‹*task*› gratificante, gratificador (AmL); **it's always ~ to know that ...** siempre es grato saber que ...

gratifyingly /'grætɪfaɪɪŋli/ *adv* 1 (satisfactorily): **the course is ~ challenging to the students** el curso representa un reto gratificante para los estudiantes; **you can still find the wine at ~ affordable prices** todavía se puede encontrar el vino a precios gratamante asequibles 2 (pleasingly) (*indep*): **~, the quality has not changed** es grato comprobar que la calidad no ha cambiado

grating¹ /'greɪtɪŋ/ *adj* 1 (harsh) ‹*noise/sound*› chirriante 2 (irritating) crispante

grating² *n* rejilla *f*

gratis /'grætəs || 'grɑ:tɪs/ *adv* (frml) gratis, gratuitamente

gratitude /'grætətu:d || 'grætɪtju:d/ *n* [u] gratitud *f*, agradecimiento *m*; **to show/express one's ~** demostrar*/expresar su (*or* mi *etc*) gratitud *or* agradecimiento; **as a token of our ~** en prueba *or* como muestra de nuestro agradecimiento; **that's *o* there's ~ for you!** (iro) ¡así te lo agradecen!, ¡cría cuervos ...!; **I felt a deep sense of ~ toward her for her help** me sentí enormemente agradecida por la ayuda que me había prestado

gratuitous /grə'tu:ətəs || grə'tju:ɪtəs/ *adj*

A (pej) 1 (unnecessary) ‹*remark/insult/violence*› gratuito 2 (groundless) ‹*conclusion/supposition*› infundado

B (free) (frml) ‹*sample/estimate*› gratuito

gratuitously /grə'tu:ətəsli || grə'tju:ɪtəsli/ *adv* gratuitamente

gratuity /grə'tu:əti || grə'tju:ɪti/ *n* (*pl* **-ties**) (frml) 1 (tip) propina *f* 2 (payment for long service) (esp BrE) gratificación *f*

grave¹ /greɪv/ *adj* **graver, gravest**

A 1 (serious, momentous) ‹*consequences/error/danger*› grave; **of the ~st importance** de la mayor gravedad; **you do me a ~ injustice** estás cometiendo una grave injusticia conmigo 2 (solemn) ‹*voice/expression/manner*› grave; **he's rather ~** es una persona más bien seria

B /grɑ:v/ (Ling) grave; **a ~ accent** un acento grave

grave² *n* 1 tumba *f*, sepultura *f*; ***as quiet* o *silent as the ~*** como una tumba; **inside, the place was like a ~** dentro había un silencio sepulcral; ***to dig one's own ~*** cavarse su (*or* mi *etc*) propia tumba; ***to turn in one's ~*: your father must be turning in his ~** si tu padre levantara la cabeza ... 2 (death) (liter): **that's a secret she'll take to the ~** ése es un secreto que se llevará a la tumba; **a voice from beyond the ~** una voz de ultratumba; **Waterloo was the ~ of Bonapartist hopes** en Waterloo quedaron enterradas las esperanzas bonapartistas

gravedigger /'greɪv,dɪgər || 'greɪv,dɪgə(r)/ *n* sepulturero, -ra *m,f*, enterrador, -dora *m,f*

gravel¹ /'grævəl/ *n* [u] 1 (stone chips — coarse) grava *f*; (— fine) gravilla *f*; (*before n*): **~ pit** gravera *f* 2 (Med) arenilla *f*

gravel² *vt* BrE **-ll-** 1 ‹*path/surface*› cubrir* de grava/gravilla 2 **graveled** *past p* ‹*path/road*› de grava/gravilla

gravelly /'grævəli/ *adj* ‹*beach*› de grava; ‹*soil*› pedregoso; **a ~ voice** una voz bronca *or* áspera

gravely /'greɪvli/ *adv* 1 (seriously) gravemente; **he was ~ ill** estaba gravemente enfermo, estaba grave; **you are ~ mistaken** estás muy equivocado, cometes un grave error 2 (solemnly) con gravedad

graven /'greɪvən/ *adj* (arch *or* liter) tallado, esculpido; **like a ~ image** como una estatua; **the scene is ~ on my memory** la escena se me ha quedado grabada en la memoria

graveside /'greɪvsaɪd/ *n*: **prayers were read at the ~** se leyeron oraciones junto a la tumba; **friends gathered at the ~** los amigos se reunieron alrededor de su tumba

gravestone /'greɪvstəʊn/ *n* lápida *f*

graveyard /'greɪvjɑ:rd || 'greɪvjɑ:d/ *n* 1 (burial ground) cementerio *m*, panteón *m* (Méx); **an automobile/elephants' ~** un cementerio de automóviles/elefantes; ***to go to the ~*** (euph & dated) pasar a mejor vida (euf) 2 (place of failure): **Hollywood was the ~ of his hopes** en Hollywood quedaron enterradas sus esperanzas

graveyard shift *n* (AmE) turno *m* de noche

gravid /'grævəd || 'grævɪd/ *adj* grávido

gravitate /'grævəteɪt || 'grævɪteɪt/ *vi* 1 (be drawn) **to ~ TOWARD *o* TO sth/sb: young people tend to ~ toward the big cities** las grandes ciudades son un polo de atracción para los jóvenes; **people of similar interests naturally ~ toward each other** uno tiende a acercarse a gente con intereses afines 2 (sink) **to ~ TOWARD *o* TO sth** gravitar HACIA algo

gravitation /,grævə'teɪʃən || ,grævɪ'teɪʃən/ *n* [u] (Phys) gravitación *f*; **the ~ of the rural population toward the cities** la tendencia de la población rural a desplazarse hacia las ciudades

gravitational /,grævə'teɪʃənl || ,grævɪ'teɪʃənl/ *adj* ‹*pull/field/forces*› gravitacional; **the ~ constant** la constante gravitacional

gravity /'grævəti/ *n* [u]

A (Phys) gravedad *f*; **the force of ~** la fuerza de la gravedad

B 1 (seriousness) gravedad *f* 2 (of person, expression) gravedad *f*, circunspección *f*

gravity feed *n* [u c] alimentación *f* por gravedad *or* sin bomba

gravy /'greɪvi/ *n* [u]

A (Culin) *salsa hecha con el jugo de la carne asada*; (*before n*): **~ boat** salsera *f*

B (extra gain) (AmE sl) ganga *f* (fam), chollo *m* (Esp fam)

gravy train *n* (colloq): **to get on the ~ ~** aprovechar la ocasión, aprovecharse del chollo (Esp fam), aprovechar la bolada (RPl fam)

gray¹, (BrE) **grey** /greɪ/ *adj* **-er, -est**

A ▸❶ **p.1036** 1 ‹*suit/paint/day*› gris; ‹*outlook/future*› poco prometedor; **the skies were ~** el cielo estaba gris 2 ‹*beard*› canoso, gris, cano (liter); **a ~ hair** una cana; **she has ~ hair** es canosa, tiene el pelo canoso, tiene canas; **I was ~ at 20** a los 20 años ya tenía el pelo canoso; **she went ~ overnight** le salieron canas *or* se quedó canosa de la noche a la mañana 3 (Equ) ‹*horse*› rucio, gris

B (dull) ‹*life/personality*› gris

gray², (BrE) **grey** *n* 1 ▸❶ **p.1036** [u] (color) gris *m*; **there were patches of ~ in his hair** tenía mechones de canas 2 [c] (horse) (caballo *m*) rucio *m*

gray area, (BrE) **grey area** *n* 1 (unclear, undefined area) zona *f* gris, terreno *m* poco definido 2 (in-between area) zona *f* intermedia

graybeard, (BrE) **greybeard** /'greɪbɪrd || 'greɪbɪəd/ *n* (liter) anciano *m*

gray eminence, (BrE) **grey eminence** *n* eminencia *f* gris

gray-faced, (BrE) **grey-faced** /'greɪ'feɪst/ *adj* ‹*person*› de cara cenicienta; **she was ~ with grief** tenía la cara cenicienta del dolor *or* de la pena

gray-haired, (BrE) **grey-haired** /'greɪ'herd || ,greɪ'heəd/ *adj* canoso

graying, (BrE) **greying** /'greɪɪŋ/ *adj* ‹*hair/beard*› canoso; ‹*man/woman*› canoso

grayish, (BrE) **greyish** /'greɪɪʃ/ *adj* ‹*hair*› canoso; ‹*skin*› ceniciento,, grisáceo; **~ blue** azul grisáceo, gris azulado

grayling /'greɪlɪŋ/ *n* (*pl* **~** *or* **~s**) tímalo *m*, timo *m*

gray matter, (BrE) **grey matter** *n* [u] 1 (Anat) materia *f* gris 2 (intelligence) (hum) materia *f* gris (hum), seso *m* (hum)

gray mullet, (BrE) **grey mullet** *n* lisa *f*, mújol *m*

grayness, (BrE) **greyness** /'greɪnəs || 'greɪnɪs/ *n* [u] 1 (of sky) lo gris; (of hair) lo canoso 2 (of personality, environment) lo gris

gray squirrel, (BrE) **grey squirrel** *n* ardilla *f* gris

graze¹ /greɪz/ *vt*

A 1 (cut, injure) ‹*knee/elbow*› rasguñarse, rasparse; **the driver was only ~d** el conductor sólo sufrió rasguños 2 (touch, brush) rozar*; **the bullet ~d his arm** la bala le rozó el brazo

B (Agr) 1 ‹*sheep/cattle*› pastar, pastorear, apacentar* 2 ‹*field/meadow*› usar para pastoreo

■ **graze** *vi*

A (Agr) ‹‹*sheep/cattle*›› pastar, pacer*

B (brush harshly): **the stone ~d against my skin** la piedra me arañó la piel

graze² *n* rasguño *m*

grazing /'greɪzɪŋ/ *n* [u] pastoreo *m*; (*before n*) ‹*land/rights*› de pastoreo

grease¹ /gri:s/ *n* [u] 1 (Mech Eng) grasa *f*; (*before n*): **~ cup** engrasador *m* de copa 2 (fat) grasa *f*; **the fried eggs lay in a pool of ~** los huevos fritos nadaban en grasa; (*before n*) ‹*mark/stain*› de grasa 3 (secreted by body) grasa *f* 4 (hair oil) brillantina *f*, gomina *f*

g

g

grease² *vt* **1** (lubricate) ‹*machinery/hinge*› engrasar **2** (Culin) ‹*dish/baking tray*› (with butter) enmantequillar, untar con mantequilla, enmantecar* (RPl); (with oil) aceitar **3** (with hair oil): **to ~ one's hair** echarse brillantina *or* gomina en el pelo; **he wore his hair ~d back** llevaba el pelo peinado hacia atrás con brillantina *or* gomina

greaseball /ˈgri:sbɔ:l/ *n* (AmE sl & pej); *extranjero de origen mediterráneo o hispano*

grease gun *n* pistola *f* de engrase

grease monkey *n* (colloq) ayudante *mf* de mecánico

grease nipple *n* engrasador *m*

greasepaint /ˈgri:speɪnt/ *n* [u] maquillaje *m* teatral

greaseproof /ˈgri:spru:f/ *adj*: **~ paper** (BrE) papel *m* encerado *or* de cera *or* (Esp tb) parafinado *or* (RPl) (de) manteca *or* (Chi) (de) mantequilla

greaser /ˈgri:sər || ˈgri:sə(r)/ *n* **1** (biker) (sl & dated) *miembro de una pandilla de motociclistas* **2** (Latin American) (AmE colloq & pej) latino, -na *m,f*, ≈ sudaca *mf* (Esp fam & pey)

greasy /ˈgri:si/ *adj* **-sier, -siest**
A **1** (soiled) ‹*hands*› grasiento; ‹*overalls*› cubierto *or* lleno de grasa **2** (containing grease) ‹*food*› graso; (pej) grasiento **3** (secreting grease) ‹*hair/skin*› graso, grasoso (esp AmL)
B (unctuous) (colloq) ‹*person/smile*› adulador

greasy spoon *n* (colloq) figón *m*, freiduría *f* barata

great¹ /greɪt/ *adj*
A (*before n*) **1** (large in size) (*sing*) gran ((*delante del n*)); (*pl*) grandes ((*delante del n*)); **the G~ Lakes** los Grandes Lagos **2** ‹*number/quantity*› (*sing*) gran ((*delante del n*)); (*pl*) grandes ((*delante del n*)); **a ~ many people** muchísima gente; **a ~ deal of criticism** muchas críticas; **the ~ majority** la gran mayoría; **to fall from a ~ height** caerse* de muy alto; **we discussed it in ~ detail** lo discutimos muy minuciosamente *or* punto por punto; **she lived to a ~ age** vivió hasta una edad muy avanzada; **on an even ~er scale** incluso a mayor escala; **there's a dirty ~ hole in my sock** (BrE colloq) tengo un agujerazo en el calcetín (fam) **3** (profound, intense) ‹*affection/sorrow/attention/advantage*› gran ((*delante del n*)); **with ~ interest/care** con gran interés/cuidado; **~ progress has been made** se han hecho grandes progresos; **~er help is needed** se necesita más ayuda
B (*before n*) **1** (important) ‹*landowner/occasion/problem*› (*sing*) gran ((*delante del n*)); (*pl*) grandes ((*delante del n*)); **the ~ houses of England** las grandes mansiones de Inglaterra; **the ~ American novel** la gran novela americana; **the G~ Fire of London** el gran incendio de Londres; **the G~ Powers** las grandes potencias **2** (outstanding) ‹*man/woman/painter/athlete/author*› gran ((*delante del n*)); (*pl*) grandes ((*delante del n*)); **Catherine the G~** Catalina la Grande; **she was destined for ~ things** estaba predestinada a llegar lejos **3** (genuine, real) ‹*friend/rival*› (*sing*) gran ((*delante del n*)); (*pl*) grandes ((*delante del n*)); **it's a ~ pity you can't come** es una verdadera lástima que no puedas venir; **I'm in no ~ hurry** no tengo mucha prisa, no estoy muy apurado (AmL); **you're a ~ help!** (colloq & iro) ¡valiente ayuda la tuya! (iró); **she's leaving — it's no ~ loss** se va — no se pierde mucho; **she has a ~ eye for detail** tiene muy buen ojo para los detalles; **I'm a ~ fan of yours** soy un gran admirador suyo; **I'm a ~ believer in ...** soy un gran partidario de ...; **she's a ~ one for ginseng** (colloq) es una fanática del ginseng; **he's a ~ one for starting arguments** (colloq) ¡es único para empezar discusiones!, para empezar discusiones es (como) mandado a hacer (CS fam); **you ~ idiot!** ¡pedazo de idiota! (fam)
C (excellent) (colloq) ‹*goal/movie/meal*› sensacional, fabuloso; **we had a really ~ time** lo pasamos fenomenal (fam); **the ~ thing is that you don't need to clean it** lo mejor de todo es que no hay que limpiarlo; **he's a really ~ guy** es un tipo *or* (Esp tb) tío sensacional (fam); **he was just ~ about it** se lo tomó muy bien; **to be ~ AT sth: she's ~ at chess** juega estupendamente al ajedrez; **he's ~ at mending things** se da mucha maña para hacer arreglos; **to be ~ ON sth: he's ~ on pop music** sabe mucho de música pop; (*as interj*): **(that's) ~!** ¡qué bien!, ¡fenomenal!, ¡bárbaro! (fam)

great² *n* **1** (outstanding person) (colloq) estrella *f*, grande *mf* **2** (important people) (+ *pl vb*): **the ~** la gente importante, los grandes; **the ~ and the good** (BrE hum) las vacas sagradas (hum)

great³ *adv* (esp AmE colloq) fenomenal (fam)

great-aunt /ˈgreɪtænt || ˌgreɪtˈɑ:nt/ *n* tía *f* abuela

Great Barrier Reef *n*: **the ~ ~ ~** la Gran Barrera Coralina *or* de Coral, el Gran Arrecife Coralino

Great Bear *n*: **the ~ ~** la Osa Mayor

Great Britain *n* Gran Bretaña *f*

> **Great Britain**
>
> Gran Bretaña es la más grande de la Islas Británicas ▸**British Isles**. Incluye a Inglaterra, Escocia y Gales. A menudo el término "Britain" se emplea erróneamente para hacer referencia al Reino Unido ▸**United Kingdom** o a Inglaterra.

great circle *n* círculo *m* máximo; (*before n*): **~ ~ sailing** navegación *f* ortodrómica

greatcoat /ˈgreɪtkəʊt/ *n* (esp BrE) sobretodo *m*

Great Dane *n* gran danés *m*

greater /ˈgreɪtər || ˈgreɪtə(r)/ *adj* **1** *comp of* **great¹** **2** (in place names): **G~ London** el gran Londres (*Londres incluyendo la periferia*) **3** (in animal and plant names) mayor

greatest /ˈgreɪtəst || ˈgreɪtɪst/ *adj* (*superl of* **great¹**): **I'm the ~est!** ¡soy el mejor!; **with the ~ of difficulty/ease** con suma dificultad/una facilidad asombrosa; **with the ~ of pleasure** con el mayor gusto

great-grandchild /ˈgreɪtˈgræntʃaɪld/ *n* (*pl* **-children**) bisnieto, -ta *m,f*, biznieto, -ta *m,f*

great-granddaughter /ˈgreɪtˈgrænˌdɔ:tər || ˌgreɪtˈgrænˌdɔ:tə(r)/ *n* bisnieta *f*, biznieta *f*

great-grandfather /ˈgreɪtˈgrænˌfɑ:ðər || ˌgreɪtˈgrænˌfɑ:ðə(r)/ *n* bisabuelo *m*

great-grandmother /ˈgreɪtˈgrænˌmʌðər || ˌgreɪtˈgrænˌmʌðə(r)/ *n* bisabuela *f*

great-grandparent /ˌgreɪtˈgrændperənt || ˌgreɪtˈgrændpeərənt/ *n* bisabuelo, -la *m,f*

great-grandson /ˈgreɪtˈgrænsʌn/ *n* bisnieto *m*, biznieto *m*

greatly /ˈgreɪtli/ *adv* (*as intensifier*) ‹*admire/fear/improve/increase*› enormemente, mucho; **~ concerned** profundamente preocupado; **she was ~ influenced by Eliot** estuvo influida en gran medida por Eliot; **the quality is ~ superior** la calidad es muy superior

great-nephew /ˈgreɪtˈnefju:/ *n* sobrino *m* nieto

greatness /ˈgreɪtnəs || ˈgreɪtnɪs/ *n* [u] **1** (of person, achievement, occasion) grandeza *f* **2** (of interest, difficulty, pleasure) enormidad *f*

great-niece /ˈgreɪtˈni:s/ *n* sobrina *f* nieta

great tit *n* herrerillo *m* mayor

great toe *n* dedo *m* gordo (del pie)

great-uncle /ˈgreɪtˈʌŋkəl/ *n* tío *m* abuelo

Great War *n*: **the ~ ~** la Primera Guerra Mundial

great white shark *n* gran tiburón blanco *m*

Great White Way *n* : **the ~ ~ ~** Broadway *m*

grebe /gri:b/ *n* somorgujo *m*

Grecian /ˈgri:ʃən/ *adj* griego

Greece /gri:s/ *n* Grecia *f*

greed /gri:d/ *n* [u] **1** (for food) gula *f*, glotonería *f*, angurria *f* (CS) **2** (for power, money) codicia *f*, avaricia *f*

greedily /ˈgri:dli || ˈgri:dɪli/ *adv* **1** ‹*eat*› con gula *or* glotonería **2** (avariciously) con avaricia

greedy /ˈgri:di/ *adj* **-dier, -diest** **1** (for food, drink) ‹*person/animal*› glotón, angurriento (CS); **you ~ pig!** ¡mira que eres glotón *or* (CS tb) angurriento! **2** (for power, wealth) **to be ~ FOR sth** tener* ansias *or* estar* ávido DE algo; **~ speculators** especuladores *mpl* rapaces

greedy-guts /ˈgri:digʌts/ *n* (BrE colloq: used esp by children) (*no pl*) tragón, -gona *m,f* (fam), angurriento, -ta *m,f* (CS)

Greek¹ /gri:k/ *adj* griego

Greek² *n* **1** [u] (language) griego *m*; ***it's all ~ to me*** (colloq) para mí es chino (fam) **2** [c] (person) griego, -ga *m,f*; ***beware of ~s bearing gifts*** ten cuidado, puede haber gato encerrado

Greek-Cypriot¹ /ˈgri:kˈsɪpriət/ *adj* grecochipriota

Greek-Cypriot² *n* grecochipriota *mf*

green¹ /gri:n/ *adj* **-er, -est**
A ▸ⓘ **p.1036**; ‹*coat/car/paint/eyes/salad*› verde; **he was ~ with envy** se moría de envidia; **Paris is a very ~ city** París es una ciudad muy verde; **~ spaces** zonas *fpl or* espacios *mpl* verdes; **~ vegetables** verdura(s) *f(pl)* de hoja; ***the ~ stuff*** (sl) lana *f* (AmL fam), plata *f* (AmS fam), pasta *f* (Esp fam); ***to have a ~ thumb*** *o* (BrE) ***~ fingers*** tener* mano para las plantas
B **1** (unripe) ‹*tomato/banana*› verde **2** (not cured or dried) ‹*timber*› verde; **~ bacon** (BrE) tocino *m or* (Esp) bacon *m or* (RPl) panceta *f* sin ahumar
C (colloq) (*pred*) **1** (inexperienced) verde (fam); **he's still ~, but he'll learn** todavía está verde pero ya aprenderá (fam) **2** (naive) ingenuo
D (Pol) ‹*politics/revolution*› verde, ecologista; **the G~ Party** los verdes; **the ~ vote** el voto verde

green² *n*
A ▸ⓘ **p.1036** [u] (color) verde *m*; **the lights were at ~** el semáforo estaba (en) verde; **there are large areas of ~ in the city** en la ciudad hay amplias zonas verdes
B [c] **1** (in village, town) prado *m* comunal **2** (*putting ~*) green *m*
C **greens** *pl* (vegetables) verdura *f* (*de hoja verde*); **eat your ~s** cómete la verdura
D [c] **Green** (Pol) verde *mf*, ecologista *mf*

greenback /ˈgri:nbæk/ *n* (AmE colloq) dólar *m*, verde *m* (fam)

green bean *n* habichuela *f or* (Esp) judía *f* verde *or* (Méx) ejote *m or* (RPl) chaucha *f or* (Chi) poroto *m* verde *or* (Ven) vainita *f*

green belt *n* (esp BrE) zona *f* verde

Green Beret *n* (in US) boina *m* verde

green card *n* **1** (in US) permiso *m* de residencia y trabajo **2** (in Europe) (Transp) carta *f* verde (*que asegura un vehículo para viajes al extranjero*)

> **green card**
>
> En EEUU es un documento oficial que cualquier persona que no sea ciudadana americana debe obtener para tener el derecho a residir y trabajar en Estados Unidos. En el Reino Unido es un documento que el conductor o dueño de un automóvil debe conseguir de la compañía de seguros al llevarlo al extranjero para que siga vigente la cobertura de la póliza.

greenery /ˈgri:nəri/ *n* [u]: **the lush ~** la exuberante vegetación; **she likes plenty of ~ around the house** le gusta tener la casa llena de plantas; **I need some ~ to go with these flowers** necesito un poco de verde para poner con estas flores

green-eyed /ˈgri:nˈaid/ *adj* ‹*person/cat*› de ojos verdes; **the ~ monster** los celos

greenfield site /ˈgri:nfi:ld/ *n*: *terreno en zona rural*

greenfinch /ˈgri:nfɪntʃ/ *n* verderón *m*

greenfly /ˈgri:nflaɪ/ *n* (*pl* **-flies** *or* **-fly**) (BrE) **1** (insect) pulgón *m* **2** (infestation) (+ *sing o pl vb*) pulgones *mpl*

greengage /ˈgri:ngeɪdʒ/ *n* **1** (fruit) ciruela *f* claudia **2** (tree) ciruelo *m* claudio

greengrocer /ˈgri:nˌgrəʊsər || ˈgri:nˌgrəʊsə(r)/ *n* (BrE) verdulero, -ra *m,f*; **to go to the ~('s)** ir* a la verdulería

ℹ Greetings and Introductions

Hello** o (colloq) **hi. How are you?
= hola, ¿qué tal (estas)?

very well, thanks
= muy bien, gracias

fine thanks, and you?
= muy bien, gracias ¿y tú?

hi, how are things?** o (AmE) **what's up?
= hola ¿qué hay?

not too bad
= aquí ando, tirando

Other possible replies:

all right** o **OK, thanks
= bien, gracias

so-so
= más o menos

the same as ever
= igual que siempre *or* nada nuevo

what have you been doing?
= ¿qué has estado haciendo?

what have you been up to?
= ¿en qué has andado últimamente?

how are things?** o **what's up?
= ¿qué cuentas (de nuevo)?

Introductions

Jane, this is my brother Tim** o **Tim, this is Jane
= Jane, te presento a mi hermano Tim

Hello** o (fam) **hi. Nice to meet you
= hola ¿qué tal?

In a more formal situation

John, I'd like you to meet Mr Rowland** o **I'd like to introduce you to Mr Rowland** o **meet Mr Rowland
= John, le presento a Mr Rowland *or* permítame presentarle *or* que le presente a Mr Rowland

How do you do? Pleased to meet you
= ¿cómo está? encantado (de conocerlo) *or* mucho gusto

General conversation on meeting people

what's your name?
= ¿cómo te llamas/cómo se llama usted?

John** o **I'm John
= John

where are you from?** o **where do you come from?
= ¿de dónde eres/es usted?

I'm from Newcastle/New Zealand
= soy de Newcastle/Nueva Zelandia

I'm Portuguese
= soy portugués

where do you live?
= ¿dónde vives/vive?

what do you do?
= ¿qué haces/hace usted? *or* ¿en qué trabajas/trabaja?

I'm a teacher/a student
= soy profesor/estudiante

I'm married/single
= soy *or* (esp Esp) estoy casado/soltero

do you have (any) children?
= ¿tienes/tiene usted hijos?

no, I don't
= no

I have three children, two boys and a girl
= tengo tres hijos, dos niños y una niña

greenhorn /ˈgriːnhɔːrn || ˈgriːnhɔːn/ *n* (colloq) novato, -ta *m,f*, pardillo, -lla *m,f* (Esp fam)

greenhouse /ˈgriːnhaʊs/ *n* invernadero *m*; (*before n*): **the ~ effect** (Ecol) el efecto invernadero; **~ gas** gas *m* invernadero

greenish /ˈgriːnɪʃ/ ▸ℹ **p.1036** *adj* verdoso; **a ~ blue** un azul verdoso

greenkeeper /ˈgriːnkiːpər || ˈgriːnkiːpə(r)/ *n* cuidador, -dora *m,f* del campo (de golf)

Greenland /ˈgriːnlənd/ *n* Groenlandia *f*

green-light /ˈgriːnˈlaɪt/ *vt* (AmE) dar* luz verde a, dar* el visto bueno a; **they ~ed our plans** dieron luz verde *or* el visto bueno a nuestros planes

green light *n*
A (traffic light) luz *f* verde
B (authorization) luz *f* verde, visto *m* bueno

greenmail /ˈgriːnmeɪl/ *n* [u]: *táctica de comprar un gran lote de acciones de una empresa y amenazarla con una OPA para lograr revenderle dichas acciones con una fuerte prima*

greenness /ˈgriːnnəs || ˈgriːnnɪs/ *n* [u]
A **1** (of landscape, vegetation) verdor *m* **2** (unripeness) lo verde
B (inexperience) (colloq) inexperiencia *f*, falta *f* de experiencia

green onion *n* (AmE) cebolleta *f*, cebollino *m*, cebolla *f* de verdeo (RPl), cebollín *m* (Chi)

green paper *n* (in UK) libro *m* verde (*documento de consulta que precede a la elaboración de un libro blanco*)

Greenpeace /ˈgriːnpiːs/ *n* (Ecol, Pol) Greenpeace

green pepper *n* **1** (spice) pimienta *f* verde **2** (vegetable) *see* **pepper¹ B**

greenstick fracture /ˈgriːnstɪk/ *n* fractura *f* de tallo verde

greenstuff /ˈgriːnstʌf/ *n* [u] (AmE sl) **1** (vegetables) verdura *f* **2** (money) lana *f* (AmL fam), plata *f* (AmS fam), pasta *f* (Esp fam)

greensward /ˈgriːnswɔːrd || ˈgriːnswɔːd/ *n* (poet) pradera *f*

greenway /ˈgriːnweɪ/ *n* (AmE) zona *f* verde

Greenwich Mean Time /ˈgrenɪdʒ/ *n* [u] hora *f* de Greenwich

Greenwich meridian *n* meridiano *m* de Greenwich

greenwood /ˈgriːnwʊd/ *n* (poet) floresta *f* (liter), bosque *m*

greeny /ˈgriːni/ *adj* ▸**greenish**

greet /griːt/ *vt*
A **1** (welcome, receive) ‹*guest/client*› recibir, darle* la bienvenida a; **she ~ed me with the news that ...** me recibió con la noticia de que ... **2** (say hello to) ‹*friend/acquaintance*› saludar
B (react to) acoger*, recibir; **the proposal was ~ed with enthusiasm** la propuesta fue acogida *or* recibida con entusiasmo
C (meet): **a delicious smell ~ed my nostrils as I opened the door** al abrir la puerta me llegó un olor delicioso; **a horrible sight ~ed us** un espectáculo horroroso se ofreció a nuestra vista; **the sound of violins ~ed her ears** oyó música de violines

greeter /ˈgriːtər || ˈgriːtə(r)/ *n* (in restaurant, hotel) relaciones *mf* públicas

greeting /ˈgriːtɪŋ/ *n* **1** ▸ℹ **p.1257** (spoken) saludo *m*; (*as interj*): **~s!** (arch *or* hum) ¡buenas! (fam) **2** (message) (*usu pl*): **she sends you her ~s** te manda saludos, me dio recuerdos para ti; **birthday/Christmas greetings** feliz cumpleaños/Navidad; **~s from London** recuerdos *mpl* desde Londres; (*before n*): **a ~** o (BrE also) **~s card/telegram** una tarjeta/un telegrama de felicitación

gregarious /grɪˈgeriəs || grɪˈgeəriəs/ *adj* **1** ‹*person/personality*› sociable **2** (Zool) ‹*animal/instinct*› gregario

gregariousness /grɪˈgeriəsnəs || grɪˈgeəriəsnɪs/ *n* [u] sociabilidad *f*

Gregorian /grɪˈgɔːriən/ *adj* (*before n*) gregoriano; **~ chant** canto *m* gregoriano

gremlin /ˈgremlɪn/ *n* (hum) duendecillo *m*, diablillo *m*; **(the) ~s have been at the engine again** este motor está endemoniado

Grenada /grəˈneɪdə/ *n* Granada *f*

grenade /grəˈneɪd/ *n* granada *f*; (*before n*): **~ launcher** lanzagranadas *m*

grenadier /ˌgrenəˈdɪr || ˌgrenəˈdɪə(r)/ *n* granadero *m*

grenadine /ˈgrenədiːn/ *n*
A [u] (syrup) granadina *f*
B [c] (blood orange) naranja *f* sanguina

grew /gruː/ *past of* **grow**

grey *adj/n* (BrE) ▸**gray¹**, **gray²**

greyhound /ˈgreɪhaʊnd/ *n* galgo *m*; (*before n*): **~ racing** carreras *fpl* de galgos; **~ track** canódromo *m*, galgódromo *m* (Méx)

> **Greyhound bus**
>
> Vehículo que pertenece a la mayor compañía de autobuses de los Estados Unidos (*The Greyhound Lines Company*). Circulan entre ciudades y grandes poblaciones a través de toda la geografía estadounidense y son muy usados por la gente joven y los turistas, quienes a menudo recorren grandes distancias en ellos.

grid /grɪd/ *n*
A (grating over opening) rejilla *f*
B **1** (on map) (Geog) cuadriculado *m*; (*before n*): **~ reference** coordenadas *fpl* cartográficas **2** (pattern) cuadrícula *f*
C (network) (Elec) (esp BrE) red *f*; **the national ~** (in UK) la red de suministro de electricidad nacional
D (electrode) (Electron) electrodo *m*
E (Sport) (*starting ~*) **1** parrilla *f* de salida **2** ▸**gridiron B**

gridder /ˈgrɪdər || ˈgrɪdə(r)/ *n* (AmE) jugador, -dora *m,f* de fútbol americano

griddle /ˈgrɪdl/ *n* plancha *f*

griddle cake *n* **1** (AmE) ▸**pancake** **2** (BrE) ▸**drop scone**

gridiron /ˈgrɪdaɪərn || ˈgrɪdaɪən/ *n*
A (Culin) parrilla *f*
B (in US football) campo *m*, cancha *f* (AmL), emparrillado *m* (Méx)
C (Theat) peine *m*

gridlock /ˈgrɪdlɑːk || ˈgrɪdlɒk/ *n* [u] (esp AmE) paralización *f* total del tráfico; **the negotiations have now reached a state of ~** las negociaciones han llegado a un punto muerto

gridlocked /ˈgrɪdlɑːkt || ˈgrɪdlɒkt/ *adj*
A ‹*traffic/street*› colapsado
B ‹*economy*› estancado, paralizado; ‹*negotiations*› en impasse, en punto muerto, paralizado

grief /griːf/ *n* [u] **1** (sorrow) dolor *m*, profunda pena *f*; ***to come to ~*** ‹‹*plans*›› irse* al traste (fam); ‹‹*vehicle*›› sufrir un accidente; **the rider came to ~ in the first round** el jinete se vio en problemas en la primera vuelta; **he'll come to ~ one day** va a acabar mal **2** (*in interj*): **good ~!** ¡Jesús!, ¡por Dios!

grief-stricken /ˈgriːfˌstrɪkən/ *adj* (liter) ‹*person*› consternado (liter), acongojado (liter), desconsolado; ‹*voice/expression*› acongojado (liter), apesadumbrado

grievance /ˈgriːvəns/ *n* **1** [c] (ground for complaint) motivo *m* de queja; **he seemed to have a ~ against his father** parecía estar resentido con su padre por algo; **to air one's ~s** quejarse **2** [u] (injustice): **to be filled with a sense of ~** sentirse* agraviado, sentirse* víctima de una injusticia **3** [c] (Lab Rel) queja *f* formal; *(before n)*: ~ **procedure** procedimiento *m* conciliatorio

grieve /gri:v/ *vi* sufrir; **to ~ FOR sb** llorar a algn, llorar la muerte de algn; **she ~d for her lost youth** lloraba la pérdida de su juventud; **to ~ OVER sth** lamentar algo; **to ~ over sb's death** llorar la muerte de algn; **grieving crowds** una muchedumbre acongojada (liter)

■ **grieve** *vt* apenar, entristecer*; **your attitude ~s me deeply** tu actitud me duele *or* me entristece enormemente; **it ~d him deeply to hear that ...** se apenó mucho al enterarse de que ..., le dolió mucho enterarse de que ...

grievous /'gri:vəs/ *adj* (liter) 1 (grave) ‹*loss*› doloroso; ‹*disappointment*› profundo; ‹*mistake*› grave; ‹*wound/injury*› de extrema gravedad; ~ **bodily harm** (Law) lesiones *fpl* (corporales) graves 2 (burdensome) ‹*responsibility/expense*› gravoso

grievously /'gri:vəsli/ *adv* (liter) ‹*disappoint*› profundamente; ‹*injure*› de gravedad, gravemente; **to be ~ mistaken** estar* en un grave error

griffin /'grɪfən || 'grɪfɪn/ *n* grifo *m*

griffon /'grɪfən/ *n* 1 (Myth) grifo *m* 2 (Zool) grifón *m*

grill¹ /grɪl/ *vt*

A (BrE) (Culin) (in electric, gas grill) hacer* al grill; (over charcoal) hacer* *or* asar a la parrilla *or* a las brasas; **~ed sardines** sardinas *fpl* a la parrilla *or* a las brasas

B (interrogate) interrogar*; **she really ~ed me about what had happened** me acribilló a preguntas sobre lo que había pasado (fam)

grill² *n* 1 (on stove) (esp BrE) grill *m*, gratinador *m* 2 (on barbecue) parrilla *f*; **meat cooked on a charcoal ~** carne *f* a las brasas *or* a la parrilla 3 (dish): **mixed ~** *plato de carne a la parrilla (p. ej. chuletas, hígado) con tomates y champiñones* 4 (restaurant) grill *m*

grille /grɪl/ *n* 1 (partition) reja *f*, enrejado *m* 2 (protective covering) (Tech) rejilla *f*; (Auto) calandra *f*, parrilla *f*

grilling /'grɪlɪŋ/ *n* (colloq) interrogatorio *m*; **to give sb a ~** acribillar a algn a preguntas (fam), someter a algn a un interrogatorio; **I got a good ~ from her** me acribilló a preguntas (fam)

grillpan /'grɪlpæn/ *n* (BrE) bandeja *f* del grill

grillroom /'grɪlru:m -rʊm/ *n* (BrE) grill *m*

grim /grɪm/ *adj* **-mm-** 1 (stern) ‹*person/expression*› adusto 2 (gloomy) ‹*outlook/situation*› nefasto, desalentador; ‹*landscape*› sombrío, lúgubre; ‹*weather*› deprimente; ‹*truth*› crudo; **these are ~ times for industry** corren tiempos muy negros para la industria; **the ~ reality** la cruda *or* dura realidad 3 (unyielding) ‹*struggle*› denodado; **she carried on with ~ determination** siguió adelante, resuelta a no dejarse vencer; **with a ~ smile** sonriendo a pesar de todo 4 (sinister) ‹*tale/joke*› macabro 5 (below par) (colloq) ‹*performance*› penoso, desastroso; **I feel pretty ~** me siento *or* me encuentro fatal (fam)

grimace¹ /'grɪməs grɪ'meɪs/ *n* mueca *f*; **to make a ~ of pain/disgust** hacer* una mueca de dolor/asco

grimace² *vi* hacer* una mueca

grime /graɪm/ *n* [u] mugre *f*, suciedad *f*

grimly /'grɪmli/ *adv* 1 (gravely) ‹*speak*› con gravedad, en tono grave; ‹*laugh/smile*› forzadamente 2 (starkly) ‹*obvious/clear*› tristemente 3 (resolutely) ‹*struggle*› denodadamente, con denuedo; **he held ~ on to the rope** se asió a la cuerda con todas sus fuerzas; **she was ~ determined to succeed** estaba resuelta a lograrlo, costara lo que costara

grimness /'grɪmnəs || 'grɪmnɪs/ *n* [u] 1 (sternness) adustez *f*, severidad *f* 2 (of situation, news) lo funesto; (of landscape) lo sombrío; (of weather) lo deprimente 3 (sinister quality) lo siniestro

grimy /'graɪmi/ *adj* **-mier, -miest** mugriento, sucio

grin¹ /grɪn/ *vi* **-nn-** sonreír* (*abiertamente o burlonamente*); **he ~ned nervously at me** me sonrió nervioso; **she was ~ning from ear to ear** sonreía de oreja a oreja; ***to ~ and bear it*** aguantarse; **we'll just have to ~ and bear it** tendremos que aguantarnos, habrá que aguantarse

grin² *n* sonrisa *f*; (mocking) sonrisa *f* burlona; **and you can take** *o* **wipe that ~ off your face!** ¡y no te rías!; **a horrible ~** una mueca espantosa

grind¹ /graɪnd/ (*past & past p* **ground**) *vt* 1 ‹*pepper/wheat*› moler*; (in mortar) moler*, machacar*, triturar; ‹*meat*› (AmE) moler* *or* (Esp, RPl) picar*; ‹*crystals/ore*› pulverizar* 2 ‹*lens/mirror*› pulir; ‹*knife/blade*› afilar 3 (rub together): **he ~s his teeth in his sleep** le rechinan los dientes cuando duerme; **to ~ sth INTO sth**: **he ground the cigarette end into the carpet** incrustó *or* aplastó la colilla en la alfombra; **to ~ the faces of the poor into the dust** (liter) oprimir a los pobres

■ **grind** *vi*

A (move with friction) rechinar, chirriar*; **the wheels of bureaucracy ~ very slowly** las cosas de palacio van despacio; **the talks ground on for weeks** las conversaciones continuaron a trancas y barrancas durante varias semanas; ***to ~ to a halt*** *o* ***standstill***: **the truck ground to a halt** el camión se detuvo con gran chirrido de frenos; **the negotiations have ground to a halt** las negociaciones se han estancado, las negociaciones han llegado a un punto muerto

B (study hard) (colloq) estudiar mucho, darle* duro al estudio (esp AmL), empollar (Esp fam), tragar* (RPl fam), matearse (Chi fam)

Phrasal verbs

- **grind down** [v + o + adv, v + adv + o] 1 (polish) pulir 2 (oppress) oprimir; **don't let them ~ you down!** ¡no te dejes avasallar!
- **grind out** [v + o + adv, v + adv + o] (pej) tocar* (*mecánicamente*)

grind² *n* 1 (drudgery) (colloq) (*no pl*) trabajo *m* pesado, rollo *m* (fam), paliza *f* (fam); **back to the daily ~!** ¡de vuelta al yugo! 2 (AmE colloq) (overconscientious worker): **she's the office ~** es la niña aplicada de la oficina (iró) 3 (IrE) (Educ) (private classes) clases *fpl* particulares

grinder /'graɪndər || 'graɪndə(r)/ *n*

A 1 (machine) molinillo *m*; **a coffee ~** un molinillo de café 2 (person): **a knife ~** un afilador

B (Dent) muela *f*

grinding /'graɪndɪŋ/ *adj*

A *(before n)*: **~ noise** chirrido *m*; **to come to a ~ halt** *o* **stop** ‹‹*vehicle*›› pararse *or* detenerse* con un chirrido; ‹‹*plan/negotiations*›› estancarse*, llegar* a un punto muerto

B 1 (desperate): **~ poverty** miseria *f* absoluta 2 (strenuous) (AmE colloq) agotador; **it was a ~ race/exam** la carrera/el examen me dejó molido *or* hecho polvo (fam)

grindstone /'graɪnstəʊn 'graɪnd-/ *n* 1 (Tech) muela *f*, piedra *f* de afilar; **back to the ~!** ¡de vuelta al yugo! 2 (millstone) muela *f*, piedra *f or* rueda *f* de molino

gringo /'grɪŋgəʊ/ *n* (*pl* **-gos**) (AmE pej) gringo, -ga *m,f* (pey)

grip¹ /grɪp/ *n*

A 1 (hold): **he has a tight ~** agarra con fuerza; **she held his arm in a strong ~** lo tenía agarrado *or* asido fuertemente del brazo; **he changed his ~** (Sport) cambió la forma en que tomaba *or* (esp Esp) cogía la raqueta (*or* el bate *etc*); **~ ON sth**: **keep a good ~ on the bar** agárrate bien de la barra; **he kept a firm ~ on expenses** llevaba un rígido control de los gastos; **she managed to get a ~ on the match in the third set** consiguió dominar el partido en el tercer set; **he never got a ~ on the job** no pudo con el trabajo; **get a ~ on yourself!** ¡contrólate!; **he lost his ~ on the rope** se le escapó la cuerda; **he has lost his ~ on reality** ha perdido contacto con la realidad; **she's losing her ~ on the situation** está perdiendo el control de la situación; **he tightened his ~ on my neck** me apretó más el cuello; **the company has tightened its ~ on the market** la empresa se ha afianzado en su dominio del mercado; **the region is in the ~ of an epidemic** una epidemia asola la región; **the country was in the ~ of a general strike** una huelga general paralizaba al país; **the blackmailer had me in his ~** el chantajista me tenía en sus garras; ***to come/get to ~s with sth***: **he soon got to ~s with the new system** enseguida aprendió el nuevo sistema; **I never managed to get to ~s with the subject** nunca llegué a entender del todo el tema; **she still hasn't come to ~s with the situation** todavía no ha aceptado *or* asumido la situación 2 (of tires) adherencia *f*, agarre *m*

B (on handle) empuñadura *f*

C (*hair ~*) (BrE) horquilla *f*, pasador *m* (Méx), pinche *m* (Chi)

D (bag) (dated) bolsa *f* de viaje

grip² **-pp-** *vt* 1 (take hold of) ‹*rope/rail/arm*› agarrar; **he ~ped her arm tightly** la agarró fuertemente del brazo 2 (have hold of) ‹*rope/rail/arm*› tener* agarrado, sujetar 3 (adhere to): **these tires ~ the road well** estos neumáticos tienen buena adherencia *or* buen agarre 4 (overwhelm): **he was ~ped by panic** el pánico se apoderó de él, fue presa del pánico 5 (interest): **the play failed to ~ the audience** la obra no captó el interés del público

■ **grip** *vi* adherirse*

gripe¹ /graɪp/ *n*

A (complaint) (colloq) queja *f*

B **gripes** *pl* (stomach pain) retorcijones *mpl or* (Esp) retortijones *mpl*

gripe² *vi* (colloq) refunfuñar (fam), renegar*

■ **gripe** *vt* (AmE colloq): **it ~s me to see the way he eats** me da asco verlo comer

gripping /'grɪpɪŋ/ *adj* apasionante

grisly /'grɪzli/ *adj* **-lier, -liest** truculento, espeluznante

grist /grɪst/ *n* [u] (obs) molienda *f*; ***to be ~ to the mill***: **it's all ~ to the mill** todo ayuda, todo es útil

gristle /'grɪsəl/ *n* [u] cartílago *m*

gristly /'grɪsli/ *adj* **gristlier, gristliest** con mucho cartílago

grit¹ /grɪt/ *n* [u]

A 1 (dirt) polvo *m*; **I got a piece of ~ in my eye** se me metió una basurita (AmL) *or* (Esp) brizna en el ojo 2 (gravel) arenilla *f* 3 (for hens, cage birds) arena *f*

B (courage) (colloq) agallas *fpl* (fam); **she showed true ~** demostró tener agallas (fam)

C **grits** *pl* (*hominy ~s*) (AmE) (Culin) sémola *f* de maíz

grit² *vt* **-tt-** 1 (BrE) ‹*road*› echar arenilla en 2 ▸ **tooth 1**

gritter /'grɪtər || 'grɪtə(r)/ *n* (BrE); *vehículo que suelta una mezcla de arenilla y sal en carreteras en época de heladas*

gritty /'grɪti/ *adj* **-tier, -tiest**

A (with grit in) ‹*flour/powder*› arenoso; ‹*towel/mussels*› lleno de arena

B 1 (resilient) ‹*performance/resistance*› enérgico 2 (uncompromising) descarnado

grizzle /'grɪzəl/ *vi* (esp BrE colloq) lloriquear (fam)

grizzled /'grɪzəld/ *adj* entrecano

grizzly /'grɪzli/ *n* (*pl* **-lies**) (colloq) oso *m* pardo

grizzly bear *n* oso *m* pardo

groan¹ /grəʊn/ *vi*

A 1 (with pain, suffering) quejarse, gemir*; **to ~ with pain** quejarse de dolor; **we are ~ing under the burden of taxation** estamos agobiados por la carga fiscal 2 (with dismay) gruñir* 3 (creak) ‹‹*door/timber*›› crujir

B (grumble) (colloq) refunfuñar (fam), rezongar*

groan² *n* 1 (of pain, suffering) quejido *m*, gemido *m*; **to let out a ~** dejar escapar un quejido *or* gemido 2 (of dismay) gruñido *m* 3 (creak) crujido *m*

groat /grəʊt/ *n*

A (Hist) (coin) moneda *f* de cuatro peniques

B **groats** *pl cereal, esp avena, molido grueso*

grocer /'grəʊsər || 'grəʊsə(r)/ *n* tendero, -ra *m,f*, almacenero, -ra *m,f* (esp CS); **the ~'s** (BrE) la tienda de comestibles *or* de ultramarinos, la bodega (Cu, Per, Ven), la tienda de abarrotes (AmC, Andes, Méx), el almacén (esp CS)

grocery /'grəʊsəri/ *n* (*pl* **-ries**) 1 (shop) tienda *f* de comestibles *or* de ultramarinos, bodega *f* (Cu, Per, Ven), tienda *f* de abarrotes (AmC, Andes, Méx), almacén *m* (esp CS) 2 **groceries** *pl* (provisions) comestibles *mpl*, provisiones *fpl*

grog /grɑ:g || grɒg/ *n* [u] (BrE) grog *m*, ponche *m*

groggily /'grɑ:gəli || 'grɒgɪli/ *adv* (colloq) como grogui (fam)

groggy /ˈgrɑːgi || ˈgrɒgi/ *adj* **-gier, -giest** (colloq) ‹*person/feeling*› grogui (fam)

groin /grɔɪn/ *n*
A ▸ ❶ p.965 (Anat) ingle *f*; **she kneed him in the ~** le dio un rodillazo en la entrepierna
B (Archit) arista *f*; (*before n*): **~ vault** bóveda *f* de arista
C (AmE) (groyne) escollera *f*

grommet /ˈgrɑːmət || ˈgrɒmɪt/ *n* arandela *f*

groom¹ /gruːm/ *vt* **1** ‹*dog*› cepillar; ‹*horse*› cepillar, almohazar* **2** (make neat, attractive) (*usu pass*) arreglar; (excessively) acicalar; **a well ~ed person** una persona bien arreglada **3** (prepare) preparar; **to ~ sb for stardom** preparar a algn para el estrellato

groom² *n*
A (Equ) mozo *m* de cuadra *m*
B (*bride~*) novio *m*; **the bride and ~** los novios

groove /gruːv/ *n* **1** (in screw) muesca *f*, ranura *f*; (for sliding door) guía *f*; (for pulley) garganta *f*, hendidura *f*; (in column) estría *f* **2** (Audio) surco *m*; **his ideas are still stuck in the same ~** sigue estancado en las mismas ideas; ***in the ~***: **when I get in the ~ I can write 20 pages a day** cuando estoy en vena puedo escribir hasta 20 páginas por día; **he's back in the ~** está otra vez en plena forma

groovy /ˈgruːvi/ *adj* **-vier, -viest** (sl & dated) súper (fam), genial (fam), guay (Esp fam), chévere (AmL exc CS fam)

grope¹ /grəʊp/ *vi* andar* a tientas; **to ~ FOR sth** buscar* algo a tientas; **they were groping for** *o* **after a solution** estaban dando palos de ciego, tratando de hallar una solución; **to ~ around** *o* **about** tantear

■ **grope** *vt* **1** ‹*person*› (colloq) manosear, toquetear, meterle mano a (fam), magrear (Esp fam) **2** ***to ~ one's way toward sth*** avanzar* a tientas hacia algo

grope² *n* (colloq & hum): **to have a ~** (BrE) toquetearse, darse* el lote (Esp fam), echar un caldo (Méx fam)

gropingly /ˈgrəʊpɪŋli/ *adv* a tientas

gross¹ /grəʊs/ *adj*
A (extreme, flagrant) (*before n*) ‹*disregard/injustice*› flagrante; ‹*exaggeration*› burdo; **a ~ distortion of the facts** una burda tergiversación de los hechos; **~ ignorance** ignorancia *f* crasa *or* supina; **~ negligence** (Law) culpa *f* grave; **~ indecency** (Law) ultraje *m* contra la moral pública
B (total) ‹*weight/profit/income*› bruto; **I earn £400 a week ~** gano 400 libras brutas por semana; **~ domestic/national product** (Econ) producto *m* interno/nacional bruto
C **1** (fat) obeso, gordísimo **2** (vulgar) ‹*person*› ordinario, grosero, basto; ‹*language/joke*› soez; ‹*spectacle*› burdo; **did he do that? that's ~!** ¿eso hizo? ¡qué asco!

gross² *vt* «*worker/earner*» tener* una entrada bruta de; **their profits ~ed 2 million** tuvieron beneficios brutos *or* (AmL tb) utilidades brutas de 2 millones

Phrasal verbs
- **gross out** [v + o + adv, v + adv + o] (disgust) (AmE sl) asquear, darle* asco a
- **gross up** [v + o + adv, v + adv + o] (BrE) (Fin): **the yield is 5% which, ~ed up, gives 6.7%** produce un 5%, es decir, un 6,7% bruto *or* antes de las retenciones

gross³ *n* (*pl* ~)
A (144) gruesa *f*, doce docenas *fpl*
B (*pl* **grosses**) (gross profit) (AmE) ingresos *mpl* brutos

grossly /ˈgrəʊsli/ *adv* **1** (extremely) ‹*exaggerated/unfair*› terriblemente, extremadamente; **she was ~ overcharged** fue escandaloso lo que le cobraron; **he's ~ overweight** está gordísimo *or* obeso **2** (crudely) ‹*behave/act/speak*› groseramente

grossness /ˈgrəʊsnəs || ˈgrəʊsnɪs/ *n* [u] **1** (vulgarity) ordinariez *f* **2** (obesity) obesidad *f*

gross-out /ˈgrəʊsˌaʊt/ *n* (AmE colloq) **1** (person) asqueroso, -sa *m,f*, guarro, -rra *m,f* (Esp fam) **2** (situation) situación *f* repugnante

grot /grɑːt || grɒt/ *n*
A [c] (person) (AmE colloq) cerdo, -da *m,f* (fam), chancho, -cha *m,f* (AmL fam)
B [u] (rubbish, dirt) (BrE) mugre *f*, suciedad *f*, cochambre *f or m* (fam)

grotesque¹ /grəʊˈtesk/ *adj* **1** ‹*creature/deformity/appearance*› grotesco; **it seems to us ~ that ...** nos parece atroz que ...; **a ~ distortion of the truth** una burda tergiversación de la verdad **2** (Art) ‹*art/style*› grotesco

grotesque² *n*
A (Art) (style): **the ~** el grotesco
B (person) (liter) personaje *m* grotesco, esperpento *m*

grotesquely /grəʊˈteskli/ *adv* de forma grotesca; **~ ugly** monstruoso; **she was ~ dressed** iba hecha un esperpento; **~ inefficient** de una ineficiencia atroz

grotto /ˈgrɑːtəʊ || ˈgrɒtəʊ/ *n* (*pl* **-toes** *or* **-tos**) **1** (cavern) (liter) gruta *f* **2** (artificial cave) gruta *f* (*artificial*); **seafood ~** (AmE) marisquería *f*

grotty /ˈgrɑːti || ˈgrɒti/ *adj* **-tier, -tiest** (BrE colloq) de mala muerte (fam), cutre (Esp fam), rasca (CS fam), chafa (Méx fam); ‹*meal*› asqueroso (fam); **I feel really ~** no me siento nada bien, estoy chungo (Esp fam)

grouch¹ /graʊtʃ/ *n* (colloq) **1** (complaint) queja *f*, protesta *f*; **to have a ~ about sth** rezongar* por algo **2** (person) gruñón, -ñona *m,f* (fam), cascarrabias *mf* (fam)

grouch² *vi* (colloq) refunfuñar (fam), rezongar*

grouchiness /ˈgraʊtʃinəs || ˈgraʊtʃinɪs/ *n* [u] (colloq) malas pulgas *fpl*

grouchy /ˈgraʊtʃi/ **-chier, -chiest** *adj* (colloq) ‹*person*› protestón (fam), cascarrabias (fam), rezongón

ground¹ /graʊnd/ *n*
A [u] (land, terrain) terreno *m*; **marshy ~** terreno pantanoso; **high ~** terreno elevado; **a patch of ~** un área de terreno; ***to be on dangerous*** *o* ***slippery ~*** pisar terreno peligroso; ***to be on one's own ~*** estar* en lo suyo; ***to be on safe*** *o* ***firm*** *o* ***solid ~*** pisar terreno firme; **once he began talking about architecture, he was obviously on firmer ~** se notó que estaba más seguro de lo que decía cuando empezó a hablar de arquitectura; ***to be sure of one's ~*** saber* qué terreno se pisa; ***to change*** *o* ***shift one's ~*** cambiar de postura; ***to fall on stony ~*** caer* en saco roto; ***to gain/lose ~*** ganar/perder* terreno; **the Republicans have managed to regain ~ lost in previous elections** los republicanos han logrado recuperar el terreno perdido en elecciones anteriores; **the treatment is gaining ~ in the medical world** el tratamiento está ganando adeptos entre los médicos; ***to give ~*** (in argument) ceder terreno; (in battle) replegarse*, ceder terreno; ***to make ~*** (Sport) acortar distancias; ***to stand/hold one's ~*** (in argument) mantenerse* firme, no ceder terreno; (in battle) no ceder terreno
B **grounds** *pl* (premises) terreno *m*; (gardens) jardines *mpl*, parque *m*
C [u] (surface of the earth) suelo *m*; (soil) tierra *f*; **we sat on the ~** nos sentamos en el suelo; **the ~ was too hard to dig** la tierra estaba demasiado dura para cavar; **the eagle was soaring high above the ~** el águila volaba a gran altura; **the rail link runs below ~** el enlace ferroviario es subterráneo; **as soon as we got above ~** en cuanto salimos a la superficie; **the ball ran along the ~** la pelota rodó por el suelo; **to fall/drop to the ~** caer* al suelo; **to crash to the ~** estrellarse contra el suelo; **the house burned to the ~** la casa quedó reducida a cenizas; **the village was razed to the ~** el pueblo fue arrasado totalmente; **the pilot was waiting for intructions from the ~** el piloto estaba a la espera de instrucciones de tierra; **I wished the ~ would open up and swallow me** hubiera querido que la tierra me tragara, pensé 'tierra, trágame'; ***from the ~ up*** radicalmente; ***on the ~*** (BrE) sobre el terreno; ***thick/thin on the ~*** (BrE colloq): **celebrities were thick on the ~ at the première** había muchos famosos en el estreno; **orders have been very thin on the ~ recently** últimamente han escaseado mucho los pedidos *or* ha habido muy pocos pedidos; ***to break new*** *o* ***fresh ~*** abrir* nuevos caminos; ***to cut the ~ from under sb/sb's feet***: **his evidence cut the ~ from under the prosecuting lawyer's feet** sus declaraciones echaron por tierra el argumento del fiscal; **his sudden change of mind cut the ~ from under me** su inesperado cambio de opinión echó por tierra todos mis planes; ***to get off the ~*** «*plan/project*» llegar* a concretarse; **it was a long time before the talks got off the ~** pasó mucho tiempo antes de que las conversaciones empezaran a encaminarse; ***to go to ~*** (BrE) «*fugitive*» esconderse; «*fox*» meterse en la madriguera; ***to prepare the ~ for sth*** preparar el terreno para algo; ***to run sb/sth to ~*** dar* con algo/algn; ***to run*** *o* ***work oneself into the ~***: **you're working yourself into the ~** te estás dejando el pellejo en el trabajo (fam); ***to suit sb down to the ~*** (colloq): **she said she wasn't going, which suited me down to the ~** dijo que no iba, lo cual me vino de perillas *or* de perlas (fam); **that hat suits you down to the ~** ese sombrero te queda que ni pintado (fam); ***to worship the ~ sb walks on*** besar la tierra que pisa algn; (*before n*) ‹*conditions*› del terreno; ‹*personnel/support*› de tierra; ‹*attack*› por tierra; **~ frost** helada *f* (*con escarcha sobre el suelo*); **their ~ game is suspect** sus pases bajos son bastante flojos
D [u] (matter, subject): **it is impossible to cover all the ~ in two lectures** es imposible desarrollar todos los aspectos del tema en dos conferencias; **we covered a lot of ~ in our discussions** tratamos muchos puntos en nuestras conversaciones; **we're going over the same ~ again** estamos volviendo sobre lo mismo
E [c] (outdoor site): **football ~** (BrE) campo *m* de fútbol, cancha *f* de fútbol (AmL); **United has not been beaten on its own ~ this season** United no ha perdido en casa esta temporada; **recreation ~** parque *m* (*donde se practican deportes*); **camping ~** zona *f* de acampada; **testing** *o* **proving ~** campo *m or* terreno *m* de pruebas
F [u] (AmE) (Elec) tierra *f*; **a connection to ~** una conexión a tierra; (*before n*) ‹*terminal/wire*› de tierra
G [c] (background) fondo *m*; **on a yellow ~** sobre fondo amarillo
H (justification) (*usu pl*) motivo *m*; **~s for concern** motivos de preocupación; **~s for divorce** causal *m* de divorcio; **on legal/financial ~s** por motivos legales/económicos, por razones legales/económicas; **on ~s of ill health** por motivos de salud; **there are ~s for thinking** *o* **believing he's dead** existen razones para pensar *or* creer que ha muerto; **they refused to do it, on the ~s that ...** se negaron a hacerlo, alegando *or* aduciendo que ...
I **grounds** *pl* (dregs): **coffee ~s** posos *mpl* de café

ground² *vt*
A (*usu pass*) **1** (base) ‹*argument/theory*› fundar, cimentar*; **the events showed our fears to be well ~ed** los acontecimientos revelaron que nuestros temores eran fundados *or* justificados **2** (instruct) **to ~ sb IN sth** dar* a algn buenos conocimientos *or* una buena base de algo; **he is well ~ed in German** tiene una sólida base en alemán
B **1** ‹*plane*› retirar del servicio; **all flights are ~ed on account of fog** debido a la niebla no despegará ningún vuelo; **the captain will be ~ed until after the investigation** el capitán permanecerá apartado de su cargo hasta una vez finalizada la investigación **2** ‹*child/teenager*› (esp AmE colloq): **I can't go out tonight; I'm ~ed** no puedo salir esta noche, estoy castigado *or* no me dejan
C (Naut) ‹*ship*› hacer* encallar
D (Sport) (in US football, rugby) ‹*ball*› poner* en tierra; (in baseball) ‹*ball*› hacer* rodar; **he ~ed the ball to short (stop)** bateó un roletazo *or* (Ven) un rolling al short stop
E (AmE) (Elec) conectar a tierra

■ **ground** *vi* (Naut) encallar, varar

ground³ *past & past p of* **grind¹**

ground⁴ *adj* ‹*coffee/pepper*› molido; **~ beef** (AmE) carne *f* molida *or* (Esp, RPl) picada; **~ rice** (BrE) sémola *f* de arroz

ground attack *n* ataque *m* a tierra; (*before n*): **~ ~ mission/aircraft** misión *f* /avión *m* de ataque a tierra

g

ground bait *n* [u] carnada *f*

ground ball *n* roletazo *m*, rola *f*, rolling *m* (Ven)

ground bass *n* bajo *m* continuo

groundbreaker /'graʊndbreɪkər || 'graʊnd breɪkə(r)/ *n* pionero, -ra *m,f*

ground-breaking /'graʊnd,breɪkɪŋ/ *adj* pionero, innovador

groundcloth /'graʊndklɔːθ || 'graʊndklɒθ/ (BrE) **groundsheet** *n* (in camping) suelo *m* impermeable (*de una tienda de campaña*)

ground control *n* [u] control *m* de tierra

ground cover *n* [u] (Hort) *plantas de poca altura utilizadas para cubrir una extensión de tierra*; (Ecol) cubierta *f* vegetal

ground crew *n* **1** (Aerosp, Aviat) personal *m* de tierra **2** (AmE) (Sport) personal *m* de mantenimiento

grounder /'graʊndər || 'graʊndə(r)/ *n* ▸**ground ball**

ground floor *n* (BrE): **the ~ ~** la planta baja, el primer piso *m* (Chi); ***to get in on the* ~ ~** meterse en algo desde el principio; (*before n*): **a ground-floor apartment** un apartamento *or* (Esp) piso de planta baja, un departamento en el primer piso (Chi)

ground forces *pl n* ejército *m* de tierra

ground glass *n* [u] **1** (powdered) vidrio *m or* cristal *m* molido **2** (frosted) (AmE) vidrio *m or* cristal *m* esmerilado

groundhog /'graʊndhɔːg || 'graʊndhɒg/ *n* marmota *f* de América

> **Groundhog Day**
>
> En muchos lugares de EEUU, la gente está atenta a la aparición de la groundhog (marmota) el 2 de febrero o *Groundhog Day* . Según la tradición, la pequeña marmota sale de su madriguera en este día, después de su hibernación. Si hace sol y ve su propia sombra, el animal se asusta y regresa a su madriguera, por lo que habrá seis semanas más de tiempo invernal. Si no ve su sombra, indica que la primavera comenzará temprano.

grounding /'graʊndɪŋ/ *n* (*no pl*) base *f*; **he gave her a thorough ~ in physics** le dio una sólida base en física

groundkeeper /'graʊnd,kiːpər || 'graʊnd,kiːpə(r)/ *n* encargado, -da *m,f* (*del mantenimiento del campo de juego*)

groundless /'graʊndləs || 'graʊndlɪs/ *adj* ‹*fear/accusation/criticism*› infundado

ground level *n* [u]: **at ~ ~** a ras del suelo; **above ~ ~** sobre el nivel del suelo; **below ~ ~** bajo tierra

groundnut /'graʊndnʌt/ *n* (BrE) maní *m or* (Esp) cacahuete *m or* (Méx) cacahuate *m*; **~ oil** aceite *m* de maní (or cacahuete *etc*)

ground plan *n*
A **1** (Archit) planta *f*, plano *m* de planta **2** (Theat) plano *m* escenográfico
B (basic plan) plan *m* de acción

ground rent *n* [u c] (esp BrE) renta *f* por derecho de superficie (*renta que se paga al propietario del terreno sobre el cual está construida una vivienda*)

ground rule *n*
A (guiding principle) directriz *f*
B (AmE) (Sport) regla *f* de terreno *or* de campo, regla *f* local (Ven); (*before n*): **~ ~ double** doble *m* de terreno *or* de campo, doble *m* por regla (Ven)

groundsel /'graʊnsəl/ *n* [u] hierba *f* cana

groundsheet /'graʊndʃiːt/ *n* (BrE) ▸**groundcloth**

groundskeeper /'graʊndz,kiːpər || 'graʊndz,kiːpə(r)/ *n* (AmE) encargado, -da *m,f* (*de un parque, cementerio, campo de deportes*)

groundsman /'graʊndzmən/ *n* (*pl* **-men** /-mən/) (BrE) encargado *m* (*del mantenimiento del campo de juego*)

ground speed *n* velocidad *f* en tierra

ground squirrel *n*: *nombre genérico dado a varios roedores norteamericanos*

ground staff *n* (BrE) (+ *sing o pl vb*) **1** (Sport) personal *m* de mantenimiento **2** (Aviat) personal *m* de tierra

ground state *n* [c u] estado *m* de reposo

ground stroke *n* golpe *m*

groundswell /'graʊndswel/ *n* **1** (Meteo, Naut) mar *f* de fondo *or* de leva **2** (of opinion, interest) corriente *f*, oleada *f*

groundswoman /'graʊndz,wʊmən/ *n* (*pl* **-women**) (BrE) encargada *f* (*del mantenimiento del campo de juego*)

ground-to-air /,graʊndtə'er || ,graʊndtə'eə(r)/ *adj* (*usu before n*) ‹*missile/rocket/attack*› tierra-aire *adj inv*

ground-to-ground /,graʊndtə'graʊnd/ *adj* de tierra a tierra

groundwater /'graʊndwɔːtər || 'graʊndwɔːtə(r)/ *n* [u] agua *f‡* subterránea, agua *f‡* del subsuelo

groundwork /'graʊndwɜːrk || 'graʊndwɜːk/ *n* [u] trabajo *m* preliminar *or* de base

ground zero *n*
A (in atomic warfare) hipocentro *m*
B (Hist) (in New York): **G~ Z~** zona *f* cero
C (starting point) punto *m* de partida

group[1] /gruːp/ *n*
A (+ *sing o pl vb*) **1** (of people) grupo *m*; **in ~s of three** en grupos de tres; **to form a ~** (physically) agruparse; (found a group) formar un grupo *or* una asociación; **a consumers'/women's ~** una asociación *or* agrupación de consumidores/mujeres; **a feminist/gay ~** un colectivo *or* una agrupación feminista/gay; (*before n*) ‹*discussion/visit*› en grupo; ‹*portrait*› de conjunto; **~ booking** reserva *f* de grupo; **~ dynamics** (Psych) dinámica *f* de grupo; **~ insurance** seguro *m* colectivo; **~ photo** foto *f* de grupo; **~ sex** sexo *m* en grupo; **~ therapy** terapia *f* grupal *or* de grupo **2** (Mus) grupo *m*, conjunto *m*; **a pop/rock ~** un grupo pop/de rock
B (*usu* + *sing vb*) **1** (of things) grupo *m* **2** (class, division) grupo *m*
C **1** (Busn) grupo *m*; (*before n*): **~ company** colateral *f* **2** (Mil) grupo *m*
D (Chem) **1** (of elements) grupo *m* **2** (radical) grupo *m*; **an ethyl ~** un grupo etílico
E (Math) grupo *m*

group[2] *vt* agrupar; **the students ~ed themselves around the table** los estudiantes se agruparon alrededor de la mesa; **these cases can be ~ed together** estos casos pueden ponerse en un mismo grupo
■ **group** *vi* **to ~ AROUND sth/sb** agruparse *or* formar un grupo ALREDEDOR DE *or* EN TORNO A algo/algn

group captain *n* (in RAF) coronel *mf*, comodoro *mf* (*en Arg*)

groupie /'gruːpi/ *n* (colloq) grupi *mf* (arg) (*fan que sigue a un cantante o grupo a todos sus conciertos etc*)

grouping /'gruːpɪŋ/ *n* **1** [u c] (arrangement) colocación *f*, modo *m* de agrupar **2** [c] (association) agrupación *f*

Group of Eight *n* (Pol) Grupo *m* de los Ocho

group practice *n*: *consultorio atendido por un grupo de médicos*

groupthink /'gruːpθɪŋk/ *n* [u] (AmE) pensamiento *m* grupal *or* de grupo

groupware /'gruːpwer || 'gruːpweə(r)/ *n* [u] aplicaciones *fpl* de trabajo en grupo, group ware *m*

group work *n* [u] **1** (in class) (BrE) trabajo *m* en grupo **2** (in therapy) trabajo *m or* terapia *f* de grupo

grouse[1] /graʊs/ *n*
A **1** [c] (*pl* **~**) (bird) urogallo *m*; **red ~** urogallo de Escocia; **black ~** gallo *m* lira; (*before n*): **~ moor** coto *m* de caza (*donde se caza el urogallo*) **2** [u] (meat) urogallo *m*
B [c] (*pl* **~s**) (complaint) (colloq) queja *f*; **to have a ~ about sb/sth** (esp BrE) quejarse de algn/algo

grouse[2] *vi* (colloq) gruñir* (fam), refunfuñar (fam); **to ~ ABOUT sb/sth** quejarse DE algn/algo

grout[1] /graʊt/ *n* [u] **1** (in tiling, mosaics) lechada *f* **2** (plaster) cemento *m* blanco

grout[2] *vt* ‹*tiles*› enlechar; ‹*cracks*› rellenar; ‹*surface*› enfoscar*, enlucir*

grove /grəʊv/ *n* (of trees) bosquecillo *m*, arboleda *f*; **an olive ~** un olivar; **an elm ~** un olmedo; **an orange ~** un naranjal; **the ~s of Academe** el mundo académico

grovel[1] /'grɑːvəl || 'grɒvəl/ *vi* BrE **-ll-** humillarse, postrarse, prosternarse; **to ~ for mercy** implorar piedad; **to ~ before sb** *o* **at sb's feet** prosternarse ante algn *or* a los pies de algn; **you'll have to ~ before he'll give you a pay increase** tendrás que arrastrarte a sus pies para que te dé un aumento

grovel[2] *n* (colloq): **he's in the boss's office having a good ~** está en la oficina del jefe, pidiendo perdón de rodillas (fam); **I'm very sorry, ~, ~** (hum) mil perdones, su señoría (hum)

grow /grəʊ/ (*past* **grew**; *past p* **grown**) *vi*
A ‹‹*plant/crop/flower*›› crecer*; **heather ~s abundantly in Scotland** el brezo crece *or* se da en abundancia en Escocia; **the leaves don't ~ until the spring** las hojas no salen hasta la primavera; **a cherry tree ~s in our garden** tenemos un cerezo en el jardín
B **1** (get bigger, taller) ‹‹*person/animal*›› crecer*; **how you've ~n!** ¡qué grande estás!, ¡cómo has crecido!; **I've ~n (by) an inch, I've ~n an inch taller** he crecido una pulgada; **pythons can ~ (to) more than 20 feet long** *o* **to a length of more than 20 feet** las pitones pueden llegar a medir más de seis metros de largo **2** (develop spiritually, emotionally) madurar **3** (expand, increase) ‹‹*city/company/institution*›› crecer*; ‹‹*quantity/population*›› aumentar; ‹‹*suspicion/influence/optimism*›› crecer*, aumentar; **club membership is still ~ing** el número de socios del club sigue aumentando; **invest with us and watch your money ~** invierta con nosotros y vea crecer su dinero; **output/demand grew by 40%** la producción/demanda aumentó en un 40%; **the economy is ~ing again** la economía vuelve a experimentar un período de crecimiento *or* expansión; **his confidence grew as he became more experienced** su confianza en sí mismo iba aumentando *or* creciendo a medida que adquiría experiencia; **to ~ in popularity/importance/intensity** crecer* *or* aumentar en popularidad/importancia/intensidad
C **1** (become): **to ~ tired** cansarse; **to ~ fatter** engordar; **to ~ careless/contemptuous** volverse* descuidado/desdeñoso; **to ~ indifferent to sth** volverse* indiferente *or* insensible a algo; **to ~ dark** oscurecerse*; (at dusk) oscurecer*, anochecer* ; **to ~ smaller** hacerse* más pequeño; **to ~ old** envejecer*, volverse* viejo; **the signal grew fainter and fainter** la señal se hacía cada vez más débil; **she ~s more beautiful each day** cada día que pasa está más guapa; **the weather grew better/worse towards the end of the month** el tiempo mejoró/empeoró hacia finales de mes; **we've ~n used to having a dishwasher** nos hemos acostumbrado a tener lavavajillas; **he ~s more like his father every day** cada día que pasa se parece más a su padre **2** (get) **to ~ to + INF**: **she grew to love him** llegó a quererlo, se fue enamorando de él; **I grew to hate the routine** llegué a odiar aquella rutina; **she'd grown to expect that of him** se había acostumbrado a esperar eso de él
■ **grow** *vt*
A **1** (cultivate) ‹*flowers/plants/crops*› cultivar **2** **to ~ a beard/mustache** dejarse (crecer) la barba/el bigote; **to ~ one's hair/nails (long)** dejarse crecer el pelo/las uñas; **if deer lose their antlers they can ~ new ones** si un ciervo pierde sus astas le pueden salir nuevas
B (Busn) ‹*company*› desarrollar

Phrasal verbs
- **grow apart** [v + adv] ‹‹*friends*›› distanciarse; ‹‹*couple*››: **they were ~ing apart** su relación se estaba enfriando
- **grow away from** [v + adv + prep + o] distanciarse de
- **grow from** [v + prep + o] ‹‹*idea*›› surgir* de, nacer* de (liter)
- **grow into** [v + prep + o] **1** (become) convertirse* en **2** (grow to fit): **she will soon ~ into these dresses** pronto podrá usar *or* le quedarán bien estos vestidos
- **grow on** [v + prep + o] (colloq): **the song grew on me gradually** la canción poco a poco me

empezó a gustar; **the kind of music that ~s on you** el tipo de música que llega a gustar con el tiempo

- **grow out**

A [v + adv]: **to wait till a perm ~s out** esperar hasta que el pelo crezca y se pueda cortar la permanente

B [v + o + adv, v + adv + o]: **to ~ a perm out** dejarse crecer el pelo hasta poder cortarse la permanente

- **grow out of** [v + adv + prep + o] 1 ‹*habit*› perder*, quitarse (*con el tiempo o la edad*); **isn't it about time you grew out of these tantrums?** ya eres mayorcito para que te den estas rabietas ¿no?; **it's just a phase, she'll ~ out of it** son cosas de la edad, ya se le pasará 2 ‹*clothes*› **she's ~n out of those shoes already** esos zapatos ya le quedan chicos *or* (Esp) le están pequeños 3 ‹‹*idea*›› surgir* de, nacer* de (liter)
- **grow together** [v + adv] hacerse* más amigos, intimar; **since his death, the children have ~n closer together** su muerte ha unido aún más a sus hijos *or* ha reforzado el vínculo entre sus hijos
- **grow up** [v + adv] 1 (spend childhood) criarse*; **she grew up in New York** se crió en Nueva York 2 (become adult) hacerse* mayor; **when I ~ up ...** cuando sea grande *or* mayor ...; **~ up!** ¡no seas infantil!; **to ~ up INTO sth** convertirse* EN algo, llegar* a ser algo; **I want them to ~ up into warm human beings** quiero que se conviertan en *or* que lleguen a ser personas con calor humano; **she grew up to become the first woman to ...** llegó a ser la primera mujer que ... 3 (arise) ‹‹*friendship/custom/feeling*›› surgir*, nacer* (liter); **their business has ~n up out of nothing** su negocio ha surgido de la nada; **a small township grew up around the mine** un pequeño poblado se desarrolló alrededor de la mina

growbag /'grəʊbæg/ *n* (BrE) bolsa *f* de cultivo

grower /'grəʊər || 'grəʊə(r)/ *n*

A (farmer) cultivador, -dora *m,f*; **he's a tulip ~** cultiva tulipanes; **vegetable ~** horticultor, -tora *m,f*

B (plant): **this strain is a slow/fast ~** esta variedad crece lentamente/rápidamente

growing /'grəʊɪŋ/ *adj* (*before n*) 1 (increasing, expanding) ‹*quantity*› cada vez mayor, en aumento; ‹*reputation*› cada vez mayor; ‹*influence*› creciente, cada vez mayor; **~ numbers of people** un número cada vez mayor de personas; **there was a mood of ~ pessimism among farmers** el pesimismo iba creciendo entre los agricultores; **I have a ~ desire to give up my job** cada vez tengo más ganas de dejar el trabajo 2 ‹*child*› en edad de crecimiento; **you need a lot to eat; you're a ~ boy** tienes que comer mucho, estás creciendo 3 (Agr, Hort) ‹*plant/stem/vegetable*› que está creciendo

growing pains *pl n* 1 (Physiol) dolores *mpl* del crecimiento 2 (initial problems) dificultades *fpl* iniciales

growing season *n* período *m* de crecimiento, período *m* vegetativo

growl[1] /graʊl/ *vi* 1 ‹‹*animal*›› gruñir*; **to ~ AT sb** gruñirle* A algn; **the boss has been ~ing at me all day** el jefe me ha estado gruñendo todo el día 2 ‹‹*thunder*›› (liter) bramar (liter)

■ **growl** *vt*: **he ~ed an apology** masculló una disculpa; **where have you been? he ~ed** —¿dónde has estado? —gruñó

growl[2] *n* (of dog, person) gruñido *m*; (of bear) rugido *m*; (of thunder) (liter) bramido *m* (liter)

grown[1] /grəʊn/ *past p of* **grow**

grown[2] *adj*: **he's a ~ man now** ya es un hombre hecho y derecho, ya es un adulto hecho y derecho; **all our children are ~ now** todos nuestros hijos ya son mayores; **it was enough to make a ~ man cry** (hum) era como para echarse a llorar; **when the young are fully ~** (Zool) cuando las crías han alcanzado su pleno desarrollo

grown-up[1] /'grəʊnʌp/ *n* persona *f* mayor; **a party/movie for ~s** una fiesta/película para mayores *or* para personas mayores

grown-up[2] *adj* 1 (adult) ‹*son/daughter*› mayor; **a woman with a ~ family** una mujer con los hijos mayores *or* crecidos 2 (mature) (colloq) ‹*attitude*› maduro, adulto; ‹*child*› maduro

growth /grəʊθ/ *n*

A [u] 1 (of animals, plants, humans) crecimiento *m* 2 (personal development) crecimiento *m* personal

B [u c] 1 (of population, city) crecimiento *m*; (of quantity) aumento *m* 2 (Busn) (of industry, business) crecimiento *m*, desarrollo *m*, expansión *f*; (of profits, demand) aumento *m*; **economic ~** crecimiento *or* desarrollo económico 3 (of influence, affection) aumento *m*; **~ in popularity/importance/status** aumento de popularidad/importancia/prestigio

C 1 [u] (what grows): **prune away the dead branches to make way for the new ~** pode las ramas secas para dejar crecer los brotes nuevos; **several days' ~ of beard** una barba de varios días 2 [c] (Med) bulto *m*, tumor *m*

growth area *n* polo *m* de desarrollo; (of industrial activity) sector *m* en expansión

growth curve *n* curva *f* de crecimiento

growth fund *n* fondo *m* común de inversión orientado al crecimiento

growth hormone *n* hormona *f* de crecimiento

growth industry *n* industria *f* en crecimiento *or* en expansión

growth rate *n* [u c] 1 (of plants, animals) tasa *f* de crecimiento 2 (Econ) tasa *f or* índice *m* de crecimiento

growth ring *n* anillo *m* (anual) de crecimiento

groyne /grɔɪn/ *n* (BrE) escollera *f*

grub[1] /grʌb/ *n*

A [c] (Zool) larva *f*

B [u] (food) (sl) comida *f*, manduca *f* (Esp arg), morfe *m* (CS arg); **~'s up!** (BrE) ¡el rancho está servido! (fam), ¡a comer!

grub[2] *vi* **-bb-** escarbar; **to ~ FOR sth** escarbar en busca de algo

Phrasal verbs

- **grub out** [v + o + adv, v + adv + o] arrancar* (de raíz)
- **grub up** [v + o + adv, v + adv + o] ‹*potatoes*› sacar* (*de la tierra*); ‹*vines*› desarraigar; **the dog had ~bed up a bone** el perro había desenterrado un hueso

grubbiness /'grʌbinəs || 'grʌbinɪs/ *n* [u] lo mugriento

grubby /'grʌbi/ *adj* **-bier, -biest** 1 (dirty) ‹*face/hands/child/clothes*› mugriento, sucio; **they couldn't wait to get their ~ little hands on the money** (pej) estaban que se morían por echarle mano al dinero 2 (base, despicable) repugnante, asqueroso

grubstake /'grʌbsteɪk/ *n* (AmE) 1 (for prospector) *víveres y utensilios entregados a un buscador de oro a cambio de una participación en sus ganancias* 2 (for new business) *préstamo concedido para establecer un negocio a cambio de una participación en las ganancias*

Grub Street *n* (*no art*) (esp BrE colloq) el mundo de los escritores de poca monta; (*before n*): **a ~ hack** un escritor de pacotilla (fam)

grudge[1] /grʌdʒ/ *n* rencilla *f*; **to bear sb a ~, to have** *o* **hold** *o* **bear a ~ against sb** tenerle* *or* guardarle rencor a algn; **she bears me a ~ for having beaten her** no me perdona que le haya ganado; **don't worry; I don't bear ~s** no te preocupes; no soy de los que guardan rencor; (*before n*): **a ~ fight** un ajuste de cuentas; **~ match** partido *m or* enfrentamiento *m* entre rivales encarnizados

grudge[2] *vt* ▸ **begrudge**

grudging /'grʌdʒɪŋ/ *adj* ‹*admission*› hecho a regañadientes; ‹*ways/attitude*› mezquino, poco generoso; **he is ~ in his praise** le cuesta mucho hacer elogios

grudgingly /'grʌdʒɪŋli/ *adv* de mala gana, a regañadientes

gruel /'gru:əl/ *n* [u] gachas *fpl*

grueling, (BrE) **gruelling** /'gru:əlɪŋ/ *adj* ‹*journey/examination*› extenuante, agotador; ‹*experience/ordeal*› penoso, duro

gruesome /'gru:səm/ *adj* ‹*sight/story/details*› truculento, horripilante

gruff /grʌf/ *adj* **-er, -est** ‹*voice*› áspero, bronco; ‹*manner/reply*› brusco

gruffly /'grʌfli/ *adv* ásperamente, con brusquedad

grumble[1] /'grʌmbəl/ *vi* 1 (complain) refunfuñar (fam), rezongar*; **can't** *o* **shouldn't** *o* **mustn't ~** (colloq) no puedo quejarme; **to ~ ABOUT sth/sb** quejarse DE algo/algn 2 (rumble) ‹‹*thunder*›› retumbar; **my stomach's grumbling** las tripas me están haciendo ruido (fam)

grumble[2] *n* queja *f*; **there were a few ~s of discontent** hubo algunas muestras de descontento

grumbler /'grʌmblər || 'grʌmblə(r)/ *n* rezongón, -gona *m,f*, gruñón, -ñona *m,f*

grumbling /'grʌmblɪŋ/ *adj* ‹*voice*› quejoso; ‹*person*› gruñón, refunfuñón

grummet /'grʌmət || 'grʌmɪt/ *n* arandela *f*

grumpily /'grʌmpəli || 'grʌmpɪli/ *adv* malhumoradamente, de mal humor; **how should I know? he snapped ~** —¡yo qué sé! —gruñó

grumpy /'grʌmpi/ *adj* **-pier, -piest** ‹*remark/voice*› malhumorado; **he's always ~ in the mornings** siempre está gruñón *or* de mal humor por la mañana

grunge /'grʌndʒ/ *n*

A [u] (Mus) grunge *m*

B (grot) (AmE) mugre, suciedad; **the hall is full of ~** la entrada está llena de mugre

grungy /'grʌndʒi/ *adj* **-gier, -giest** (AmE colloq) asqueroso

grunion /'grʌnjən/ *n* pez *m* gruñón

grunt[1] /grʌnt/ *vi* 1 ‹‹*pig*›› gruñir* 2 ‹‹*person*›› gruñir*, dar* *or* lanzar* un gruñido; (with effort) resoplar

■ **grunt** *vt* gruñir*; **come here, —he grunted** ven aquí —dijo gruñendo *or* gruñó

grunt[2] *n* 1 (of pig) gruñido *m* 2 (of person) gruñido *m*; (with effort) resoplido *m*

Gruyère /gru:'jer || 'gru:jeə(r)/ Gruyère; **~ (cheese)** (queso *m*) gruyère *m*

gryphon /'grɪfən/ *n* grifo *m*

GSM *n* (= **Global System** *or* **Standard for Mobile**) GSM *m*

GSOH *n* = **good sense of humor**

G-string /'dʒi:strɪŋ/ *n*

A (Mus) cuerda *f* de sol

B (Clothing) tanga *f*, sunga *f* (RPl)

Gt (in place names) (BrE) = **Great**

GT[1] *adj* GT; **~ cars of the 1950s** los GT *or* los grandes turismos de los cincuenta

GT[2] *n* (Auto) (= **gran turismo**) GT *m*

GTi[1] *adj* GTi; **a Peugeot ~** un Peugeot GTi

GTi[2] *n* (= **gran turismo injection**) GTi *m*

guacamole /,gwɑ:kə'məʊli/ *n* [u] guacamole *m*

Guadeloupe /'gwɑ:dlu:p || ,gwɑ:də'lu:p/ *n* Guadalupe *f*

guan /gwɑ:n/ *n* guan *m*; **crested ~** pavón *m or* guan *m* cornudo, pava *f* crestada

guano /'gwɑ:nəʊ/ *n* [u] guano *m*

guarantee[1] /,gærən'ti:/ *n*

A 1 (on consumer goods) garantía *f*; **these irons carry a six-month ~** estas planchas tienen una garantía de seis meses *or* están garantizadas por seis meses; **to be under ~** estar* bajo *or* en garantía; **manufacturer's ~** garantía de fábrica 2 (assurance) garantía *f*; **there's no ~ that he'll come back** no hay ninguna garantía de que vaya a volver; **you have my personal ~ that the damage will be repaired** le garantizo personalmente que los daños serán subsanados

B (Law) 1 (document) garantía *f* 2 (article) garantía *f*, prenda *f* 3 (person) ▸ **guarantor**

guarantee[2] *vt*

A 1 (Comm) garantizar*; **to ~ sth AGAINST sth** garantizar* algo CONTRA algo; **it was supposed to be ~d fireproof** se suponía que tenía garantía de ser antiinflamable 2 (Law) ‹*debt/treaty*› avalar, garantizar*

B (promise, assure of) garantizar*; **can you ~ delivery before the 16th?** ¿me garantiza que me lo entregará antes del 16?; **an extra $2 will ~ you**

a seat por dos dólares más tiene el asiento asegurado; **to ~ (THAT)** garantizar* QUE, dar* seguridad DE QUE; **to ~ to + INF: I can't ~ to have it finished by then** no puedo garantizar que vaya a terminarlo para entonces

guaranteed /ˌgærən'ti:d/ *adj* **1** (Busn) ‹*price/quality/quantity*› garantizado **2** (certain) garantizado, asegurado; **their defeat is almost ~** tienen la derrota casi asegurada

guarantor /ˌgærən'tɔ:r || ˌgærən'tɔ:(r)/ *n* garante *mf*, fiador, -dora *m,f*, garantía *f* (RPl); **to stand ~ for sb** avalar a algn, salir* garante *or* fiador de algn, salirle* de garantía a algn (RPl)

guaranty /'gærənti/ *n* ▸**guarantee¹**, **guarantee²**

guard¹ /gɑ:rd || gɑ:d/ *vt*

A **1** (watch over) ‹*building/vehicle/prisoner*› vigilar, custodiar; ‹*person/reputation*› proteger*; ‹*secret*› guardar; **the door is heavily ~ed** tienen la entrada muy vigilada; **I asked him to ~ the suitcases** le pedí que vigilase las maletas; **to ~ sth/sb AGAINST sth/sb** *o* **FROM sth** proteger* algo/a algn DE *or* CONTRA algn/algo **2** (in chess, cards) ‹*piece/position*› cubrir*, defender*; ‹*card*› reservarse **3** (AmE) (Sport) marcar*

B (control) ‹*tongue/temper*› cuidar, controlar

Phrasal verb

- **guard against** [v + prep + o] ‹*injury/temptation*› evitar; ‹*risks*› protegerse* *or* precaverse contra; ‹*infection*› prevenir*, protegerse* *or* precaverse contra; **we must ~ against that happening** tenemos que impedir que ocurra eso, tenemos que cuidarnos de que ocurra eso

guard² *n*

A **1** [c] (sentry, soldier) guardia *mf*; **the G~s** (in UK) regimiento *m* de la Guardia Real; **bank/security ~** guarda *mf* jurado/de seguridad; **prison ~** (AmE) carcelero, -ra *m,f*, oficial *mf* de prisiones **2** (squad) (*no pl*) guardia *f*; **the changing of the ~** el cambio *or* el relevo de la guardia; **an honor ~** *o* (BrE) **a ~ of honour** una guardia de honor; ***the old ~*** la vieja guardia, la guardia vieja (RPl) **3** [c] (Sport) (in US football) defensa *mf*; (in basketball) escolta *mf* **4** (IrE) (police officer) policía *mf*

B [u] (surveillance) guardia *f*; **to be on ~** estar* de guardia; **they stood ~ over the jewels** montaron *or* hicieron (la) guardia en el recinto donde estaban las joyas; **she ordered that an all-night ~ be mounted outside the embassy** ordenó que se montara guardia durante toda la noche frente a la embajada; (*before n*): **~ duty** guardia *f*, posta *f* (AmC)

C [u] (in boxing, fencing) guardia *f*; **to take left/right ~** cubrirse* con la izquierda/derecha; **on ~!** ¡en guardia!; ***to be on/off (one's) ~*** estar* alerta *or* en guardia/estar* desprevenido; **he caught me off (my) ~** me agarró *or* (Esp) cogió desprevenido, me tomó *or* (Esp) me cogió por sorpresa; **his ~ was up/down** estaba/no estaba en guardia; ***to lower*** *o* ***drop one's ~*** bajar la guardia

D [c] (*fire ~*) **1** guardallama(s) *m* **2** (on machinery) cubierta *f* (*or* dispositivo *m etc*) de seguridad **3** (on sword) guarnición *f*, guardamano *m*; (around trigger) seguro *m*

E [c] (precaution): **a ~ against error/theft/infection** una protección contra los errores/el robo/las infecciones; **as a ~ against mistakes** para prevenir errores

F [c] (BrE) (Rail) jefe, -fa *m,f* de tren

guard chain *n* cadena *f* de seguridad

guard dog *n* perro *m* guardián

guarded /'gɑ:rdəd || 'gɑ:dɪd/ *adj* ‹*reply/admission*› cauteloso; ‹*optimism*› cauto, comedido

guardedly /'gɑ:rdədli || 'gɑ:dɪdli/ *adv* ‹*optimistic/confident*› mesuradamente, cautamente; ‹*comment/reply*› cautelosamente, con cautela

guardedness /'gɑ:rdədnəs || 'gɑ:dɪdnɪs/ *n* [u] cautela *f*, circunspección *f*

guardhouse /'gɑ:rdhaʊs || 'gɑ:dhaʊs/ *n* **1** (guards' quarters) cuartel *m* **2** (prison) cárcel *f* militar

guardian /'gɑ:rdiən || 'gɑ:diən/ *n* **1** (of child) tutor, -tora *m,f* **2** (protector) **~ (OF sth)** defensor, -sora *m,f or* custodio, -dia *m,f* (DE algo)

> **The Guardian**
>
> ▸**Newspapers.**

guardian angel *n* ángel *m* de la guarda, ángel *m* custodio

> **Guardian Angels**
>
> Una organización formada por jóvenes en Estados Unidos y creada para proteger a la población de la delincuencia. Sus miembros llevan gorras rojas y camisas que tienen el eslogan "Dare to Care" (o sea "Atrévete a preocuparte por los demás"). Trabajan en colaboración con la policía y no van armados.

guardianship /'gɑ:rdiənʃɪp || 'gɑ:diənʃɪp/ *n* [u] **1** (of child) tutela *f*, custodia *f* **2** (of values, conscience) (frml) custodia *f* (frml)

guardrail /'gɑ:rdreɪl || 'gɑ:dreɪl/ *n*

A (in staircase) barandilla *f*, barandal *m*; (in roads etc) barrera *f* de seguridad *or* de protección

B (BrE) (Rail) contracarril *m*

guardroom /'gɑ:rdru:m, -rʊm || 'gɑ:dru:m, -rʊm/ *n* **1** (for guards) cuarto *m* de guardia **2** (for prisoners) calabozo *m*

guardsman /'gɑ:rdzmən || 'gɑ:dzmən/ *n* (*pl* **-men** /-mən/) **1** (in US) soldado *m* de la Guardia Nacional **2** (in UK) miembro *m* de la Guardia Real

guard's van *n* (BrE) (Rail) furgón *m* de cola

Guatemala /ˌgwɑ:tə'mɑ:lə/ *n* Guatemala *f*

Guatemalan¹ /ˌgwɑ:tə'mɑ:lən/ *adj* guatemalteco

Guatemalan² *n* guatemalteco, -ca *m,f*

guava /'gwɑ:və/ *n* **1** (fruit) guayaba *f* (Andes), pacay *m*; (*before n*): **~ jelly** jalea *f or* ((Méx) ate *m* de guayaba **2** **~ (tree)** guayabo *m* (Andes), pacay *m*

gubernatorial /ˌgu:bərnə'tɔ:riəl || ˌgju:bənə'tɔ:riəl/ *adj* ‹*candidate/election*› a *or* para gobernador; ‹*speech*› del gobernador

guck /gʌk/ *n* [u] (AmE colloq) porquería *f* (fam)

gudgeon /'gʌdʒən/ *n* **1** (Zool) gobio *m* **2** (Tech) gorrón *m*

Guernsey /'gɜ:rnzi || 'gɜ:nzi/ *n* (*pl* **-seys**) **1** (Geog) Guernesey *m* **2** *also* **guernsey** (cow) vaca *f* de Guernesey **3** **guernsey** (Clothing) suéter *m* de lana estilo marinero

guerrilla, guerilla /gə'rɪlə/ *n* guerrillero, -ra *m,f*; (*before n*) ‹*tactics/leader*› guerrillero; **~ group** guerrilla *f*; **~ war** guerra *f* de guerrillas; **~ warfare** guerrilla *f*

guess¹ /ges/ *n*: **you're allowed three ~es** tienes tres oportunidades de adivinar(lo); **have a ~!** ¡a ver si adivinas!; **my ~ was almost correct** casi acierto con mis cálculos; **it was just a wild ~** fue lo primero que se me vino a la cabeza; **to make a lucky ~** acertar* *or* (Méx) atinar(le) por *or* de casualidad; **our best ~ is that it'll take at least three months** calculamos que llevará por lo menos tres meses; **your ~ is as good as mine** quién sabe, vete tú a saber; **what happens next is anybody's ~** vete tú a saber qué va a pasar

guess² *vt* **1** (conjecture, estimate) ‹*answer/total/name*› adivinar; **~ who she brought with her!** ¡adivina a quién se trajo!; **~ who!** adivina quién soy, ¿a que no sabes quién soy?; **~ what!** ¿sabes qué?; **you'll never ~ what he said** no te puedes imaginar lo que dijo; **I can ~ what's going through your mind** me imagino qué estarás pensando; **I ~ed that he weighed about 150 pounds** calculé que pesaría unas 150 libras; **we're trying to ~ their next move** estamos intentando adivinar qué harán ahora; **I ~ it to be about ten miles** calculo *or* me imagino que serán unas diez millas; **they'd already ~ed who was going to be appointed** ya se imaginaban a quién iban a nombrar **2** (suppose) (esp AmE colloq) suponer*; **I ~ so** supongo (que sí), eso creo; **I ~ not** supongo que no; **she can't have got the message, I ~** no debe haber recibido el recado, digo yo

■ **guess** *vi*: **to ~ right** acertar*, adivinar, atinar(le) (Méx); **to ~ wrong** equivocarse*; **how did you ~?** ¿cómo adivinaste?, ¿cómo lo has adivinado? (Esp); **she likes to keep them ~ing about her age** le gusta hacerse la interesante sobre su edad; **he kept people ~ing about his plans** los tenía a todos en suspenso *or* en la incertidumbre acerca de sus planes; **to ~ AT sth: we can only ~ at her motives** sólo podemos hacer conjeturas sobre cuáles fueron sus motivos

guessing game /'gesɪŋ/ *n* juego *m* de adivinanzas; **to play ~s** jugar* a las adivinanzas

guesstimate¹ /'gestəmət || 'gestɪmət/ *n* (colloq) presupuesto *m or* cálculo *m* aproximado; **at a ~, it'll cost £100** haciendo un cálculo aproximado diría que costará unas 100 libras

guesstimate² /'gestəmeɪt || 'gestɪmeɪt/ *vt* (colloq) calcular aproximadamente

guesswork /'geswɜ:rk || 'geswɜ:k/ *n* [u] conjeturas *fpl*; **all this is pure ~** éstas no son más que conjeturas *or* suposiciones

guest¹ /gest/ *n*

A **1** (visitor) invitado, -da *m,f*; (staying overnight) invitado, -da *m,f*, huésped *mf*, alojado, -da *m,f* (Chi); **we had ~s** teníamos invitados, teníamos visita(s); **paying ~** pensionista *mf*; **~ of honor** invitado de honor; (*before n*): **~ list** lista *f* de invitados **2** (in restaurant, on journey etc) invitado, -da *m,f*; ***be my ~!***: **may I borrow your pen? — be my ~!** ¿me prestas el bolígrafo? — ¡por supuesto! *or* ¡(no) faltaba *or* faltaría más!

B (in hotel) huésped *mf*, cliente, -ta *m,f*

C (non-member) invitado, -da *m,f*; (*before n*): **~ night** *velada en que los socios de un club pueden llevar invitados*; **~ speaker** conferenciante invitado, -da *m,f*, orador invitado, oradora invitada *m,f*

D (Rad, TV) invitado, -da *m,f*; (*before n*): **~ appearance** aparición *f* especial; **~ artist** artista invitado, -da *m,f*; **~ book** libro *m* de huéspedes *or* de visitas; **~ star** estrella *f* invitada

guest² *vi* aparecer* como invitado; **I've been invited to ~ on his show** voy a aparecer como invitado en su show

guesthouse /'gesthaʊs/ *n* **1** (Tourism) (in US) parador *m*; (in UK) casa *f* de huéspedes, pensión *f* **2** (in US, attached to mansion) pabellón *m* de huéspedes

guestimate *n/vt* ▸**guesstimate¹**, **guesstimate²**

guestroom /'gestru:m -rʊm/ *n* cuarto *m* de huéspedes *or* (Chi) de alojados

guest worker *n* trabajador extranjero, trabajadora extranjera *m,f*

guff /gʌf/ *n* [u] (colloq) **1** (nonsense) tonterías *fpl*, paridas *fpl* (Esp fam) **2** (insolent talk) (AmE) impertinencias *fpl*

guffaw¹ /gʌ'fɔ:/ *n* risotada *f*, carcajada *f*; **he gave a loud ~** soltó una gran risotada *or* carcajada; **the suggestion was received with ~s of laughter** la sugerencia fue recibida con risotadas

guffaw² *vi* reírse* a carcajadas, carcajearse (fam)

GUI *n* (**= graphical user interface**) IGU *mf*

guidance /'gaɪdns/ *n* [u] orientación *f*; **vocational/spiritual ~** orientación profesional/espiritual; **the child lacked parental ~** el niño carecía de orientación por parte de los padres; **he needs ~** necesita que lo orienten *or* lo aconsejen; **she sought ~ from the parish priest** le pidió consejo al párroco; (*before n*): **~ counselor** (AmE) orientador, -dora *m,f* vocacional

guidance system *n* sistema *m* de teledirección

guide¹ /gaɪd/ *n*

A (person) **1** (Tourism) guía *mf* **2** (adviser) consejero, -ra *m,f*; **spiritual ~** consejero espiritual; **I let my daughter be my ~** me dejo guiar por mi hija

B **Guide** (BrE) exploradora *f*, guía *f*

C (publication) (Tourism) guía *f*; **a ~ to New York** una guía de Nueva York; **a ~ to healthy living** cómo llevar una vida sana

D (indicator) guía *f*; **to use** *o* **take sth as a ~** guiarse* por algo; **you can use the sun as a rough ~ to your position** te puedes guiar por el sol para tener una idea de dónde estás; **I use the colors as a ~** los colores me sirven de guía; **these figures are a good ~ to profitability** estas cifras dan una buena idea de la rentabilidad

E (groove, rail) riel *m*, guía *f*

g

guide² *vt* 1 ‹*tourist/stranger*› guiar*; **we were ~d to the top** nos guiaron *or* condujeron hasta la cima; **a priest ~d them round the cathedral** un sacerdote les hizo de guía en la catedral, un sacerdote les mostró *or* (Esp) les enseñó la catedral 2 (help, advise) guiar*, aconsejar, orientar; **be ~d by your instinct** déjate guiar por el instinto 3 (steer, manipulate) (+ *adv compl*): **~ the rope through the steel rings** pase la cuerda por los aros de acero; **the captain ~d the ship between the rocks** el capitán condujo *or* guió el barco por entre las rocas; **he ~d the conversation away from personal matters** desvió la conversación apartándola de lo personal; **he ~d the nation through the crisis** el país superó la crisis bajo su conducción 4 **guiding** *pres p* **they need a guiding hand** necesitan una mano que los guíe; **under the guiding hand of her father** de la mano de su padre; **guiding light** norte *m*; **guiding principle** principio *m* rector

guidebook /ˈgaɪdbʊk/ *n* guía *f*

guided missile /ˈgaɪdəd ‖ ˈgaɪdɪd/ *n* misil *m* teledirigido

guide dog *n* perro *m* guía, perro *m* lazarillo

guided tour *n* visita *f* guiada; **we were given a ~ ~ of the ruins/the factory** un guía nos llevó a ver las ruinas/la fábrica; **they gave me a ~ ~ of their new house** me mostraron *or* (Esp) me enseñaron su nueva casa de arriba a abajo

guideline /ˈgaɪdlaɪn/ *n* pauta *f*, directriz *f*; **to serve as a ~** servir* de pauta; **they lack clear ~s on this matter** carecen de pautas *or* directrices en esta materia; **to lay down/issue ~s** establecer* pautas *or* directrices

guild /gɪld/ *n* 1 (of workers) gremio *m*; (Hist) corporación *f*; **the Screen Actors' G~** (in US) el Sindicato de Actores de Cine 2 (club, society) asociación *f*, agrupación *f*

guilder /ˈgɪldər ‖ ˈgɪldə(r)/ *n* ▸**gulden**

guildhall /ˈgɪldhɔːl/ *n* (in UK) *antigua sede de uno o varios gremios que en la actualidad se utiliza como ayuntamiento en algunas ciudades*

guile /gaɪl/ *n* [u] astucia *f*; **he acted without ~ or deceit** actuó sin malicia ni engaño

guileless /ˈgaɪlləs ‖ ˈgaɪllɪs/ *adj* (liter) cándido, sin malicia

guillemot /ˈgɪləmɑːt ‖ ˈgɪlɪmɒt/ *n* arao *m*

guillotine¹ /ˈgɪlətiːn/ *n*
A 1 (for executions) guillotina *f*; **he was sentenced to the ~** lo condenaron a la guillotina 2 (for cutting paper) guillotina *f*
B (BrE) (Govt) *límite de tiempo que se impone a la etapa de debate de un proyecto de ley*

guillotine² *vt*
A ‹*person/paper*› guillotinar
B (BrE) ‹*bill/debate*› poner* un límite de tiempo a

guilt /gɪlt/ *n* [u] 1 (blame) culpa *f*; (Law) culpabilidad *f* 2 (Psych) culpa *f*; (*before n*): **~ complex** complejo *m* de culpa; **~ feelings** sentimiento *m* de culpa *or* de culpabilidad; **~ trip** remordimientos *mpl*

guiltily /ˈgɪltəli ‖ ˈgɪltɪli/ *adv* con aire de culpabilidad

guiltless /ˈgɪltləs ‖ ˈgɪltlɪs/ *adj* (liter) inocente, libre de culpa; **I am ~ of any crime** no he cometido ningún delito

guilty /ˈgɪlti/ *adj* **-tier, -tiest** 1 (Law) (*no comp*) culpable; **how do you plead? — not ~** ¿cómo se declara? — inocente; **he was the ~ party** él era el culpable; **to find sb ~/not ~** declarar a algn culpable/inocente; **to be ~ OF sth** ser* culpable DE algo 2 (ashamed, remorseful) culpable; **to have a ~ conscience** tener* remordimientos de conciencia, tener* la conciencia sucia; **don't feel ~ about that** no te sientas culpable por eso; **I feel ~ about not having warned her** me siento culpable *or* me remuerde la conciencia por no habérselo advertido 3 (shameful) (*before n*) ‹*secret/desires*› vergonzoso

guinea /ˈgɪni/ *n* guinea *f*

guinea fowl *n* (*pl* **~ ~**) gallina *f* de Guinea, pintada *f*

guinea pig *n* 1 (Zool) cobayo *m*, cobaya *f*, conejillo *m* de Indias, cuy *m* (AmS), cuye *m* (Chi), curí *m* (Col) 2 (person) conejillo *m* de Indias

Guinevere /ˈgwɪnəvɪr ‖ ˈgwɪnɪvɪə(r)/ *n* (la reina) Ginebra

guise /gaɪz/ *n*: **in the ~ of a monk/woman** disfrazado de monje/mujer; **in many different ~s** de muchas formas distintas; **in a new/different ~** con aspecto nuevo/distinto; **under the ~ of virtue** bajo capa de virtud (liter)

guitar /gəˈtɑːr ‖ gɪˈtɑː(r)/ *n* guitarra *f*; **she plays (the) classical ~** toca la guitarra clásica

guitarist /gəˈtɑːrəst ‖ gɪˈtɑːrɪst/ *n* guitarrista *mf*

Gujarat, Gujerat /ˌgʊdʒəˈrɑːt/ *n* Gujarat *m*

Gujarati¹, Gujerati /ˌgʊdʒəˈrɑːti/ *adj* gujaratí

Gujarati², Gujerati *n* 1 [u] (language) gujaratí *m*, gujerati *m* 2 [c] (person) gujaratí *mf*

gulch /gʌltʃ/ *n* barranco *m*

gulden /ˈgʊldən/ *n* (*pl* **~**) florín *m* (holandés), guilder *m*, gulden *m*

gulf /gʌlf/ *n* 1 (Geog) golfo *m*; **the G~ of Mexico** el Golfo de México; **the Persian G~** el Golfo Pérsico; (*before n*): **the G~ War** la guerra del Golfo; **G~ War syndrome** síndrome *m* de la guerra del Golfo 2 (gap) abismo *m*; **to bridge the ~** salvar el abismo, cerrar* la brecha

Gulf States *pl n*: **the ~ ~** 1 (in Middle East) los países del Golfo Pérsico *or* del Golfo 2 (in US) (AmE) *los estados que bordean el Golfo de México*

Gulf Stream *n*: **the ~ ~** la corriente del Golfo

gull¹ /gʌl/ *n* 1 (Zool) gaviota *f* 2 (dupe) (arch) papanatas *m*

gull² *vt* (arch) embaucar*, engañar

gullet /ˈgʌlət ‖ ˈgʌlɪt/ *n* garganta *f*, gaznate *m* (fam); ▸**stick² B**

gulley /ˈgʌli/ *n* (*pl* **-leys**) ▸**gully**

gullibility /ˌgʌləˈbɪləti/ *n* [u] credulidad *f*

gullible /ˈgʌləbəl/ *adj* crédulo

gully /ˈgʌli/ *n* (*pl* **-lies**) 1 (small valley) barranco *m* 2 (channel) surco *m*, cauce *m*

gulp¹ /gʌlp/ *vi* tragar* saliva
■ **gulp** *vt* 1 **~ (down)** ‹*food*› engullir*; ‹*drink/medicine*› beberse *or* tomarse de un trago 2 (say) soltar* (fam)

Phrasal verb
- **gulp back** [v + adv + o] tragarse*

gulp² *n* (of liquid) trago *m*; (of air) bocanada *f*; **he finished off the beer in one ~** se terminó la cerveza de un trago; **they took in deep ~s of air** aspiraron profundamente; **he gave a nervous ~** tragó saliva nerviosamente

gum¹ /gʌm/ *n*
A [c] (Anat) encía *f*
B [u] (*chewing ~*) chicle *m*, goma *f* de mascar; **to chew ~** mascar* *or* comer chicle
C 1 [u] (glue) (BrE) goma *f* de pegar 2 [u] (from plant) resina *f* 3 (gumtree) árbol *m* del caucho
D **by ~!** (BrE colloq) ¡caramba!

gum² *vt* **-mm-** pegar*

Phrasal verb
- **gum up** [v + o + adv, v + adv + o] (colloq): **his eyes were ~med up with sleep** no podía abrir los ojos de las lagañas *or* legañas que tenía; **to ~ up the works** jorobarlo todo (fam)

gum arabic *n* [u] goma *f* arábiga

gumball /ˈgʌmbɔːl/ *n* (AmE) chicle *m* en forma de bola

gumbo /ˈgʌmbəʊ/ *n* [u c] (*pl* **-bos**) *sopa de quingombó, mariscos o carne y verduras*

gumboil /ˈgʌmbɔɪl/ *n* flemón *m*

gumboot /ˈgʌmbuːt/ *n* (BrE) bota *f* de goma *or* de agua

gumdrop /ˈgʌmdrɑːp ‖ ˈgʌmdrɒp/ *n* pastilla *f* de goma; **goody(, goody) ~s!** (colloq) ¡viva, viva! (fam), ¡yupi! (fam)

gummed /gʌmd/ *adj* ‹*label/envelope*› engomado

gumption /ˈgʌmpʃən/ *n* [u] (colloq) 1 (common sense) sentido *m* común 2 (initiative, guts) agallas *fpl* (fam)

gumshield /ˈgʌmʃiːld/ *n* (BrE) protector *m* de dientes *or* de dentadura

gumshoe /ˈgʌmʃuː/ *n* (colloq & dated) sabueso *m*, detective *m* privado

gumtree /ˈgʌmtriː/ *n* árbol *m* del caucho; ***to be up a ~*** estar* en un aprieto, estar* metido en un lío (fam)

gun¹ /gʌn/ *n*
A (pistol) pistola *f*, revólver *m*; (shotgun, rifle) escopeta *f*, fusil *m*, rifle *m*; (artillery piece) cañón *m*; **to draw** *o* **pull a ~ on sb** apuntar a algn con una pistola; **to hold a ~ to sb's head** ponerle* a algn una pistola en la sien; ***to be under the ~*** (AmE colloq) estar* muy apremiado; **she's under the ~ to meet the deadline** está muy apremiada por entregar el trabajo dentro del plazo, le están apretando los tornillos para que entregue el trabajo dentro del plazo (fam); ***to go great ~s*** (colloq) ir* viento en popa *or* a las mil maravillas; ***to spike sb's ~s*** (BrE) echar por tierra los planes de algn; ***to stick to one's ~s*** mantenerse* *or* seguir* en sus (*or* mis *etc*) treces, mantenerse* firme
B (*starting ~*) pistola *f* (*que da el disparo de salida*); ***to jump the ~*** (act prematurely) adelantarse a los acontecimientos; (in athletics) salir* en falso *or* antes de tiempo
C (person) pistolero, -ra *m,f*; **a hired ~** un pistolero a sueldo; **the fastest ~ in the West** el pistolero más rápido del Oeste
D (Tech) pistola *f*

gun² *vt* **-nn-** (AmE colloq) acelerar; **they're gaining on us! ~ this thing!** ¡nos están alcanzando! ¡pisa a fondo! (fam)

Phrasal verbs
- **gun down** [v + o + adv, v + adv + o] 1 (shoot) abatir a tiros; **he was ~ned down** (killed) lo mataron a tiros; (injured) lo tumbaron a tiros, lo balearon (AmL) 2 (in baseball) sacar* del juego
- **gun for** [v + prep + o] (colloq) (*only in -ing form*) andar* a la caza de (fam); **they are ~ning for him** le andan a la caza (fam), se la tienen jurada (fam)

gun barrel *n* cañón *m* de fusil

gun battle *n* tiroteo *m*, balacera *f* (AmL)

gunboat /ˈgʌnbəʊt/ *n* (lancha *f*) cañonera *f*; **~ diplomacy** diplomacia *f* de cañonera(s)

gun carriage *n* cureña *f*; (used to carry coffin) armón *m* de artillería, cureña *f*

gun control *n* control *m* de armas

> **gun control**
>
> El control de armas es uno de los temas más polémicos de EEUU. Muchos son de la opinión que se debería prohibir su posesión por parte de ciudadanos comunes, debido al gran número de delitos violentos cometidos con ellas. Otros opinan que tal prohibición contravendría la Constitución, la que establece el derecho a portar armas "right to bear arms". La ▸**National Rifle Association - NRA** se ha opuesto a toda ley relacionada con el tema. Sin embargo en 1993, el congreso aprobó la "Brady Bill" que restringe la venta y uso de cierto tipo de armas.

gundog /ˈgʌndɔːg ‖ ˈgʌndɒg/ *n* perro *m* de caza

gunfight /ˈgʌnfaɪt/ *n* tiroteo *m*, balacera *f* (AmL)

gunfire /ˈgʌnfaɪr ‖ ˈgʌnfaɪə(r)/ *n* [u] disparos *mpl*; (from heavy artillery) cañoneo *m*, cañonazos *mpl*

gunge /gʌndʒ/ *n* [u] (BrE colloq) porquería *f* (fam)

Phrasal verb
- **gunge up** [v + o + adv, v + adv + o] (BrE) (colloq) ‹*pipe*› atascar*, tapar (AmL); **the saucepan's all ~d up** la cacerola está que da asco (fam)

gung-ho /gʌŋˈhəʊ ‖ gʌŋˈhəʊ/ *adj* (colloq & pej) 1 (overenthusiastic) exaltado, fanático 2 (jingoistic) belicoso, jingoísta; **his more ~ advisers** sus asesores más belicosos *or* agresivos

gunk /gʌŋk/ *n* [u] (colloq) porquería *f* (fam)

gun law *n* 1 [u] (lawlessness) la ley del revólver 2 [c] (to control firearms) *legislación para el control de armas*

gun license *n* licencia *f* de armas

gunman /ˈgʌnmən/ *n* (*pl* **-men** /-mən/) pistolero *m*, gatillero *m* (Méx); **terrorist gunmen** terroristas *mpl* armados

gunmetal /ˈgʌnˌmetl/ *n* [u] 1 (Metall) bronce *m* de cañón 2 ▸❶ **p.1036** (color) gris *m* plomo; (*before n*) ‹*sky*› plomizo

gunnel /ˈɡʌnl/ *n* ▸**gunwale**
gunner /ˈɡʌnər || ˈɡʌnə(r)/ *n* artillero, -ra *m,f*; (in UK) soldado *m* de artillería
gunnery /ˈɡʌnəri/ *n* [u] artillería *f*
gunny /ˈɡʌni/ *n* [u] (AmE) arpillera *f*, yute *m*
gunplay /ˈɡʌnpleɪ/ *n* [u] (AmE) tiroteo *m*, balacera *f* (AmL)
gunpoint /ˈɡʌnpɔɪnt/ *n*: **at ~** a punta de pistola
gunpowder /ˈɡʌn,paʊdər || ˈɡʌn,paʊdə(r)/ *n* [u] pólvora *f*; (*before n*): **the G~ Plot** la Conspiración de la Pólvora

Gunpowder Plot
▸**Bonfire Night.**

gunrunner /ˈɡʌn,rʌnər || ˈɡʌn,rʌnə(r)/ *n* traficante *mf* de armas
gunrunning /ˈɡʌn,rʌnɪŋ/ *n* [u] tráfico *m* de armas
gunshot /ˈɡʌnʃɑːt || ˈɡʌnʃɒt/ *n* disparo *m*, tiro *m*; **within ~** a tiro, al alcance de los tiros; (*before n*): **~ wound** herida *f* de bala
gun-shy /ˈɡʌnʃaɪ/ *adj* ‹*dog*› que se asusta con el ruido de las escopetas
gunslinger /ˈɡʌn,slɪŋər || ˈɡʌn,slɪŋə(r)/ *n* pistolero, -ra *m,f*
gunsmith /ˈɡʌnsmɪθ/ *n* armero, -ra *m,f*
gunwale /ˈɡʌnl/ *n* borda *f*; ***filled*** *o* ***full to the ~s*** lleno hasta los topes
guppy /ˈɡʌpi/ *n* (*pl* **-pies**) lebistes *m*, guppy *m*
gurgle¹ /ˈɡɜːrɡəl || ˈɡɜːɡəl/ *vi* «*water/brook*» borbotar, gorgotear; «*baby*» gorjear
gurgle² *n* **1** (of water, liquid) borboteo *m*, gorgoteo *m* **2** (of delight) gorjeo *m* **3** (from choking) grito *m* sofocado *or* ahogado
Gurkha /ˈɡʊrkə || ˈɡɜːkə/ *n* gurkha *mf*; (*before n*): **the ~ Regiment** el regimiento de los gurkhas (*en el ejército británico*)
guru /ˈɡʊruː/ *n* gurú *mf*, guru *mf*
gush¹ /ɡʌʃ/ *vi* **1** «*water/oil/blood*» salir* a borbotones *or* a chorros **2** (be effusive) (pej): **she ~ed with gratitude** se deshizo en agradecimientos; **they ~ed over the baby** se deshicieron en elogios para con el bebé
■ **gush** *vt* chorrear, derramar
gush² *n* **1** (of liquid) borbotón *m*, chorro *m* **2** (of emotion) efusión *f*
gushing /ˈɡʌʃɪŋ/ *adj* (pej) demasiado efusivo
gusset /ˈɡʌsət || ˈɡʌsɪt/ *n*
A **1** (extra layer) refuerzo *m* **2** (for widening — square) cuadradillo *m*; (— triangular) cuchillo *m*
B (Const) escuadra *f*
gust¹ /ɡʌst/ ▸ℹ **p.1878** *n* ráfaga *f*, racha *f*; **a ~ of wind** una ráfaga de viento
gust² ▸ℹ **p.1878** *vi* «*wind*» soplar
gustatory /ˈɡʌstətɔːri || ˈɡʌstətəri/ *adj* (*before n*) **1** (Physiol) (frml) gustativo **2** (gastronomic) (liter) gastronómico
gusto /ˈɡʌstəʊ/ *n* [u] entusiasmo *m*
gusty /ˈɡʌsti/ ▸ℹ **p.1878** *adj* **-tier, -tiest** ‹*wind*› racheado; ‹*weather/day*› ventoso
gut¹ /ɡʌt/ *n* **1** [c] (intestine) intestino *m* **2** [c] (belly) (colloq) barriga *f* (fam), panza *f* (fam), tripa *f* (fam), guata *f* (Chi, Per fam); **beer ~** barriga de bebedor, panza de pulquero (Méx fam); ***to bust a ~*** (laugh a lot) (AmE) desternillarse *or* troncharse *or* (Méx) doblarse de risa (make great effort) (BrE), herniarse (fam), echar los bofes (fam); (*before n*) ‹*reaction*› instintivo; **it's just a ~ feeling** es algo visceral *or* instintivo **3** [u] (material) tripa *f*; *see also* **guts**
gut² *vt* **-tt-** **1** (Culin) ‹*fish*› limpiar, vaciar*; ‹*chicken/rabbit*› limpiar, destripar **2** (destroy inside of) destruir* el interior de; **fire ~ted the building** el fuego destruyó el interior del edificio; **the builders ~ted the whole building** los constructores dejaron sólo el esqueleto del edificio **3** (scour for quotations) ‹*text/book/article*› entresacar* citas de
gutbucket /ˈɡʊtbʌkət || ˈɡʌtbʌkɪt/ *n*
A (glutton) (BrE) glotón, -tona *m,f*, tragón, -gona *m,f* (fam)
B (Mus) (*before n*): **~ blues** blues *m* desgarrado
gutless /ˈɡʌtləs || ˈɡʌtlɪs/ *adj* ‹*person*› cobarde, sin agallas (fam); ‹*betrayal/retreat*› cobarde
gut-rot /ˈɡʌt,rɑːt || ˈɡʌt,rɒt/ *n* [u] (BrE colloq)
A (poor liquor) matarratas *m* (fam & hum)
B (stomach upset) cagalera *f* (vulg), descompostura *f* (de estómago) (AmL), chorrillo *m* (Méx fam), churrias *fpl* (Col fam)
guts /ɡʌts/ *n*
A (+ *pl vb*) (colloq) **1** (bowels) tripas *fpl* (fam); ***to cough one's ~ up*** reventarse* tosiendo; ***to hate sb's ~*** no poder* ver a algn, odiar a algn a muerte; **they hate each other's ~** no se pueden ver, se odian a muerte; ***to have sb's ~ for garters*** (BrE) romperle* la cabeza *or* las costillas a algn, sacarle* las tripas a algn (fam); ***to spill your ~*** (colloq) contar* la vida y milagros; ***she spilled her ~ to a journalist*** (colloq) le contó su vida y milagros a un periodista; ***to work*** *o* ***slog one's ~ out*** echar los bofes (fam), deslomarse (trabajando) (fam) **2** (internal mechanism) tripas *fpl* (fam)
B (+ *sing o pl vb*) (courage) (colloq) agallas *fpl* (fam); **it takes ~** hay que tener agallas (fam); **they've got ~** tienen agallas
C (glutton) (colloq & pej) tragón, -gona *m,f* (fam), glotón, -tona *m,f*, angurriento, -ta *m,f* (CS)
gutsy /ˈɡʌtsi/ *adj* **-sier, -siest** (colloq) **1** ‹*person*› con agallas (fam), agalludo (AmL fam) **2** ‹*prose/rhythm*› vigoroso, desenfadado
gutta-percha /,ɡʌtəˈpɜːrtʃə || ,ɡʌtəˈpɜːtʃə/ *n* [u] gutapercha *f*
gutted /ˈɡʌtɪd/ *adj* (BrE sl): **to be/feel ~** estar* destrozado *or* hecho pedazos
gutter¹ /ˈɡʌtər || ˈɡʌtə(r)/ *n* **1** (on roof) canaleta *f*, canalón *m* (Esp) **2** (in street) alcantarilla *f* **3** (lowest section of society): **the ~** los bajos fondos, el arroyo, la cloaca; **he rose from the ~** tuvo orígenes muy humildes; **the language of the ~** el lenguaje barriobajero *or* de los bajos fondos; **~ journalism** periodismo *m* sensacionalista *or* amarillo *or* amarillista; (*before n*): **the ~ press** la prensa sensacionalista *or* amarilla *or* amarillista
gutter² *vi* «*candle*» arder con luz parpadeante
guttering /ˈɡʌtərɪŋ/ *n* [u] canaletas *fpl*, canalones *mpl* (Esp)
guttersnipe /ˈɡʌtərsnaɪp || ˈɡʌtəsnaɪp/ *n* (dated) granuja *mf* (ant)
guttural /ˈɡʌtərəl/ *adj* **1** (from the throat) ‹*voice/language*› gutural **2** (Ling) velar
gutty /ˈɡʌti/ *adj* **-tier, -tiest** (AmE colloq) **1** (spirited) enérgico **2** (fat) barrigón (fam) **3** (flavorsome) ‹*cheese*› fuerte; ‹*wine*› robusto
gut-wrenching /ˈɡʌt,rentʃɪŋ/ *adj* (colloq) devastador
guv /ɡʌv/ *n* (BrE sl) (*as form of address*) jefe (fam), patrón (CS fam)
guvnor /ˈɡʌvnər || ˈɡʌvnə(r)/ *n* ▸**governor D**
guv'nor /ˈɡʌvnər || ˈɡʌvnə(r)/ *n* (BrE colloq) ▸**governor D**
guy¹ /ɡaɪ/ *n* (colloq)
A **1** (man) tipo *m* (fam), tío *m* (Esp fam), chavo *m* (Méx fam); **he's a nice ~** es un tipo simpático *or* (Esp) un tío majo *or* (Méx) un chavo padre (fam); **a helluva ~** (AmE) un tipo fantástico (fam), un chavo padrísimo (Méx fam), un tío legal (Esp fam); **my/her ~** (boyfriend) mi/su novio, mi/su chavo (Méx fam), mi/su pololo (Chi) **2** **guys** *pl* (people) (AmE) gente *f*; **say hi to all the ~s at work** saluda a toda la gente del trabajo; **do you ~s want breakfast?** ¿quieren *or* (Esp) queréis desayunar?
B (in UK) *efigie de Guy Fawkes que se quema en una hoguera en conmemoración de la Conspiración de la Pólvora*
C ▸**guy rope**
guy² *vt* (dated) ridiculizar*, burlarse de
Guyana /ɡaɪˈænə/ *n* Guyana *f*
Guyanese /,ɡaɪəˈniːz/ *adj* guyanés

Guy Fawkes Night
▸**Bonfire Night.**

guy rope *n* **1** (on tent) cuerda *f* tensora, viento *m* **2** (for steadying load) cable *m*
guzzle /ˈɡʌzəl/ *vt* **1** (drink greedily) chupar (fam); **this car ~s gas** este coche traga gasolina *or* (RPl) nafta *or* (Chi) bencina **2** (eat greedily) (BrE) engullirse*, tragarse*
■ **guzzle** *vi* **1** (drink) chupar (fam) **2** (eat) (BrE) engullir*
guzzler /ˈɡʌzlər || ˈɡʌzlə(r)/ *n* **1** (person) tragón, -gona *m,f* (fam) **2** (appliance) *aparato que consume mucha energía*; **this car is a real ~** este coche traga mucha gasolina *or* (RPL) nafta *or* (Chi) bencina
GWR *n* = **Great Western Railway**
gym /dʒɪm/ *n* **1** [c] (gymnasium) gimnasio *m* **2** [u] (gymnastics) gimnasia *f*
gymkhana /dʒɪmˈkɑːnə/ *n* **1** (Equ) gincana *f* (*competición ecuestre en la que caballos y jinetes demuestran sus habilidades en diversas pruebas*) **2** (in motor racing) (AmE) *competición automovilística que consta de varias pruebas*
gymnasium /dʒɪmˈneɪziəm/ *n* (*pl* **-siums** *or* **-sia** /-ziə/) gimnasio *m*
gymnast /ˈdʒɪmnæst/ *n* gimnasta *mf*
gymnastic /dʒɪmˈnæstɪk/ *adj* gimnástico
gymnastics /dʒɪmˈnæstɪks/ *n* **1** (activity) (+ *sing vb*) gimnasia *f* **2** (exercises) (+ *pl vb*) gimnasia *f*; **verbal/mental ~** acrobacia *f* verbal/mental
gym shoe *n* zapatilla *f* de gimnasia
gymslip /ˈdʒɪmslɪp/ *n* (BrE) jumper *m* *or* (Esp) pichi *m* (*de uniforme colegial*)
gynecological, (BrE) **gynaecological** /,ɡaɪnəkəˈlɑːdʒɪkəl || ,ɡaɪnəkəˈlɒdʒɪkəl/ *adj* ‹*problem*› ginecológico; ‹*specialist*› en ginecología; ‹*ward*› de ginecología
gynecologist, (BrE) **gynaecologist** /,ɡaɪnəˈkɑːlədʒəst || ,ɡaɪnəˈkɒlədʒɪst/ *n* ginecólogo, -ga *m,f*
gynecology, (BrE) **gynaecology** /,ɡaɪnəˈkɑːlədʒi || ,ɡaɪnəˈkɒlədʒi/ *n* [u] ginecología *f*
gyp¹ /dʒɪp/ *n* (colloq)
A [c] (swindle) estafa *f*, timo *m* (fam), afano *m* (RPl arg)
B [u] (pain, trouble) (BrE): **my back's been giving me ~** la espalda me ha estado fastidiando *or* jorobando (fam); **my parents will give me ~ if I don't tidy my room** mis padres me echarán una bronca si no ordeno mi cuarto (fam)
gyp² *vt* **-pp-** (colloq) estafar, timar, transar (Méx fam); **to ~ sb OUT OF sth**: **they ~ped him out of his savings** le birlaron los ahorros (fam), lo embaucaron y le quitaron los ahorros, le transaron sus ahorros (Méx fam)
gypsum /ˈdʒɪpsəm/ *n* [u] yeso *m*
gypsy, Gypsy /ˈdʒɪpsi/ *n* (*pl* **-sies**) gitano, -na *m,f*
gypsy moth *n* lagarta *f*
gyrate /ˈdʒaɪreɪt || dʒaɪˈreɪt/ *vi* girar; **gyrating wildly on the dance floor** bailando desenfrenadamente en la pista
■ **gyrate** *vt* girar, hacer* girar
gyration /dʒaɪˈreɪʃən/ *n* **1** [c u] (rotation) giro *m*, rotación *f* **2** [c] (complex movement) viraje *m*
gyro /ˈdʒaɪrəʊ || ˈdʒaɪərəʊ/ *n*
A **1** ▸**gyrocompass** **2** ▸**gyroscope**
B (sandwich) (AmE); *sándwich de pan árabe con carne especiada y ensalada*
gyrocompass /ˈdʒaɪrəʊ,kʌmpəs/ *n* brújula *f* giroscópica
gyroscope /ˈdʒaɪrəskəʊp/ *n* giroscopio *m*, giróscopo *m*

H, h /eɪtʃ/ *n* h, H *f*
h. (= **hour(s)**) h.
h & c[1] *adj* (= **hot and cold**) ~ ~ ~ **running water in all bedrooms** agua caliente en todas las habitaciones
ha[1] /hɑː/ *interj* ¡ajá!
ha[2] ▸ⓘ **p.1757** (= **hectare**) Ha.
habdabs /ˈhæbdæbz/ *pl n*: **to give sb the (screaming)** ~ ponerle* los pelos de punta a algn; **he got the (screaming)** ~ se puso histérico (fam), le dio un ataque (fam)
habeas corpus /ˌheɪbiəsˈkɔːrpəs || ˌheɪbiəs ˈkɔːpəs/ *n* [u] hábeas corpus *m*; **to apply for** ~ ~ presentar un recurso de hábeas corpus

> **habeas corpus**
>
> Un writ of *habeas corpus* es un mandato judicial mediante el cual toda persona detenida debe ser puesta a disposición de un tribunal a fin de obtener su libertad inmediata si se decide que ha sido detenida ilegalmente.

haberdasher /ˈhæbərˌdæʃər || ˈhæbəˌdæʃə(r)/ *n* 1 (AmE) (selling men's clothing etc) *dueño de una* ▸**haberdashery A** 2 (BrE) (selling thread, buttons, etc) mercero, -ra *m,f*
haberdashery /ˈhæbərˌdæʃəri || ˈhæbəˌdæʃəri/ *n* (*pl* **-ries**)
A [c] 1 (clothes store) (AmE) tienda *f* de ropa y accesorios para caballeros 2 (store selling sewing materials etc) (BrE) mercería *f*
B [u] 1 (clothes) (AmE) ropa *f* y accesorios *mpl* para caballeros 2 (sewing materials) (BrE) (artículos *mpl* de) mercería *f*
habit /ˈhæbət || ˈhæbɪt/ *n*
A 1 [c] (usual piece of behavior) costumbre *f*, hábito *m*; (bad) vicio *m*, mala costumbre *f*, mal hábito *m*; **to have revolting ~s** tener* muy malos modales; **eating ~s** hábitos alimenticios; **as was her ~** como tenía por costumbre; **to fall into bad ~s** adquirir* malas costumbres; **to break** *o* **cure a ~** perder* *or* quitarse una (mala) costumbre; **his ~ of always interrupting** su (mala) costumbre de interrumpir todo el tiempo; **to be in the ~ of -ING** acostumbrar + INF, tener* por costumbre + INF; **to make a ~ of -ING** adoptar la costumbre de + INF; **don't make a ~ of it** que no se repita; **to have a ~ of -ING** tener* la manía de + INF; **to get sb into the ~ of -ING** acostumbrar a algn A + INF; **to get oneself into the ~ of -ING** acostumbrarse a + INF; **to get sb/oneself out of the ~ of -ING** quitarle a algn/quitarse la costumbre de + INF 2 [u] (customary behavior) costumbre *f*; **force of ~** fuerza *f* de la costumbre; **out of sheer ~** por pura costumbre 3 [u] (dependence on nicotine, drugs): **the ~** (colloq) el vicio; **to break** *o* **kick the ~** dejar el vicio; **he now has a $100-a-day ~** ahora el vicio le cuesta 100 dólares diarios; **to be off the ~** (AmE colloq) haber* dejado la droga
B [c] (Clothing) hábito *m*; **a monk's/nun's ~** un hábito de monje/monja
habitable /ˈhæbətəbəl || ˈhæbɪtəbəl/ *adj* habitable
habitat /ˈhæbətæt || ˈhæbɪtæt/ *n* hábitat *m*
habitation /ˌhæbəˈteɪʃən || ˌhæbɪˈteɪʃən/ *n* 1 [u] (occupancy) (frml): **unfit for human ~** inhabitable 2 [c] (dwelling) (liter) morada *f* (liter) 3 [c] (settlement) (Anthrop, Archeol) asentamiento *m*
habit-forming /ˈhæbətˌfɔːrmɪŋ || ˈhæbɪtˌfɔːmɪŋ/ *adj* ‹*drug*› que crea hábito *or* dependencia
habitual /həˈbɪtʃuəl/ *adj* 1 (usual, customary) ‹*smile/laugh/tact/arrogance*› habitual, acostumbrado; **with his ~ pessimism** con su habitual *or* acostumbrado pesimismo, con su pesimismo de costumbre 2 (compulsive) ‹*liar/thief/smoker/gambler*› empedernido 3 (automatic) (*pred*): **her attendance had become purely ~** asistía sólo por costumbre *or* por rutina
habitually /həˈbɪtʃuəli/ *adv* por lo general, habitualmente, normalmente; **he ~ spent his Sundays working in the garden** por lo general se pasaba los domingos trabajando en el jardín, solía pasarse los domingos trabajando en el jardín; **she ~ arrives late** suele llegar tarde
habituate /həˈbɪtʃueɪt/ *vt* 1 (accustom) **to ~ sb/oneself TO sth/-ING** habituar* a algn/habituarse* A algo/+ INF 2 **habituating** *pres p* (AmE) que crea hábito *or* dependencia
habituation /həˌbɪtʃuˈeɪʃən/ *n* [u] ~ (**TO sth**) aclimatación *f* *or* adaptación *f* (A algo); (Med) habituación *f* (A algo)
habitué /həˈbɪtʃueɪ/ *n* (*pl* ~**s**) asiduo, -dua *m,f*, habitué *mf* (CS); **a** *o* **an ~ of chic cafés/the opera** un habitué *or* asiduo de los cafés chic/de la ópera
hacienda /ˌhɑːsiˈendə, ˈhæ- || ˌhæsiˈendə/ *n* (AmE) hacienda *f*
hack[1] /hæk/ *vt*
A 1 (cut roughly) cortar a tajos, tajear (AmL); **he was ~ed to death** lo mataron a hachazos (*or* machetazos *etc*); **to ~ sth to bits** *o* **pieces** hacer* algo trizas, destrozar* algo; **he ~ed off a large chunk of bread** cortó un trozo grande de pan; **they ~ed their way through the jungle** se abrieron camino a machetazos a través de la jungla 2 (Sport) (in soccer) darle* una patada a; (in basketball) golpear en el brazo
B (colloq) (cope with, tolerate) aguantar (fam)
C (colloq) (Comput) ‹*system*› piratear
■ **hack** *vi*
A (cut roughly) hacer* tajos; **to ~ AT sth** darle* (golpes) A algo, despedazar* algo
B (drive taxi) (AmE colloq) trabajar de taxista, currelar de taxista (Esp fam), ruletear (Méx fam)
C (BrE) (Equ) pasear a caballo, cabalgar*
D 1 (cough) toser 2 **hacking** *pres p* ‹*cough*› áspero, perruno (fam)

Phrasal verbs
- **hack around** [v + adv] (fool around) vaguear, flojear (fam)
- **hack into** [v + prep + o] ‹*computer/server*› conseguir* entrar en, piratear, hackear (fam)
- **hack off** [v + o + prep] (BrE colloq) (annoy) molestar, mosquear (Esp colloq)

hack[2] *n*
A 1 (blow — with ax) hachazo *m*; (— with machete) machetazo *m* 2 (Sport) (in soccer) patada *f*; (in basketball) manotazo *m*
B (pej *or* hum) (writer) escritorzuelo, -la *m,f* (pey); (journalist) gacetillero, -ra *m,f* (pey); **he was just another film ~** era otro directorcillo cualquiera; (*before n*) ‹*writer*› de pacotilla; ‹*writing/work*› de poca monta, pedestre; **~ reporter** reportero, -ra *m,f* de bajo calibre *or* de pacotilla
C (Equ) 1 (horse — for riding) caballo *m* de silla; (— for hire) caballo *m* de alquiler 2 (worn-out horse) jaco *m*, jamelgo *m* 3 (ride) (BrE) paseo *m* a caballo
D (AmE colloq) 1 (taxi driver) taxista *mf*, tachero, -ra *m,f* (RPl fam), ruletero, -ra *m,f* (Méx fam) 2 (taxi) taxi *m*, tacho *m* (RPl fam)
hackberry /ˈhækˌberi || ˈhækbəri/ *n* (*pl* **-ries**) (tree) almez *m*, almezo *m*; (fruit) almeza *f*
hacker /ˈhækər || ˈhækə(r)/ *n* (Comput) (colloq) pirata informático, -ca *m,f*, hacker *mf* (fam)
hackette /hæˈket/ *n* (pej & hum) gacetillera *f* (pey)
hacking /ˈhækɪŋ/ *n* (Comput) (colloq) piratería *f* informática
hacking jacket *n* casaca *f*
hackles /ˈhækəlz/ *pl n* (on dogs) *pelo erizado del lomo*; (on birds) collar *m*; ***to have one's ~ up*** ‹‹*person*›› estar* furioso; ‹‹*dog*›› estar* erizado; **what she said really got my ~ up** lo que dijo me puso furioso *or* me dio mucha rabia; **her remark raised ~ at the meeting** su observación cayó muy mal en la reunión; **her/his ~ rose** se enfureció, se indignó
hackney /ˈhækni/ *n* (*pl* **-neys**)
A (Equ) 1 (horse for riding) caballo *m* de silla 2 (breed) jaca *f*
B ~ (**cab**) ▸**hackney carriage 2**
hackney carriage *n* 1 (horse-drawn) coche *m* de alquiler 2 (taxi) (frml) taxi *m*, coche *m* con taxímetro (frml)
hackneyed /ˈhæknid/ *adj* manido, trillado, gastado
hacksaw /ˈhæksɔː/ *n* sierra *f* de arco (*para metales*)
hackwork /ˈhækwɜːrk || ˈhækwɜːk/ *n* [u] (pej) periodismo *m* malo
had /hæd *weak form* /həd, əd/ *past & past p of* **have**
haddock /ˈhædək/ *n* (*pl* ~) 1 [c] (Zool) eglefino *m* 2 [u] (Culin) abadejo *m*; **smoked ~** abadejo ahumado
Hades /ˈheɪdiːz/ *n* el Hades
hadn't /ˈhædnt/ = **had not**
haem- *etc* (BrE) ▸**hematologist**, **hemodialysis** *etc*
haft /hæft || hɑːft/ *n* (of ax, knife) mango *m*; (of sword) empuñadura *f*
hag /hæg/ *n* 1 (ugly old woman) bruja *f*, arpía *f* 2 (witch) (arch) fada *f* (arc), hechicera *f*
haggard /ˈhægərd || ˈhægəd/ *adj* demacrado, ojeroso
haggis /ˈhægəs || ˈhægɪs/ *n* [c u] (*pl* **-gis** *or* **-gises**) *plato escocés hecho con vísceras de cordero y avena*
haggish /ˈhægɪʃ/ *adj* feo, brujil
haggle /ˈhægəl/ *vi* regatear; **I'm not going to ~ over a few dollars** no voy a discutir por unos pocos dólares
haggling /ˈhæglɪŋ/ *n* regateo *m*; **there was a lot of ~ over whom to invite** se discutió mucho a quién había que invitar
hagiography /ˌhægiˈɑːgrəfi || ˌhægiˈɒgrəfi/ *n* (*pl* **-phies**) 1 [u] (writing of saints' lives) hagiografía *f* 2 [c] (book) hagiografía *f*
hag-ridden /ˈhægˌrɪdn/ *adj* angustiado, atormentado
Hague /heɪg/ *n*: **The ~** La Haya
hah /hɑː/ *interj* ¡ajá!
ha-ha /ˌhɑːˈhɑː/ *interj* ¡ja, ja!

h

Haifa /ˈhaɪfə/ *n* Haifa

haiku /ˈhaɪkuː/ *n* haiku *m*, haikai *m*

hail¹ /heɪl/ *n*
A [1] ▸ℹ **p.1878** [u] (Meteo) granizo *m*, pedrisco *m* [2] (*no pl*) (of bullets, insults) lluvia *f*
B [c] (call) (liter) salutación *f* (liter), saludo *m*; **to be within ∼** estar* al alcance de la voz

hail² *v impers* ▸ℹ **p.1878** (Meteo) granizar*
■ *vt*
A (call to) ‹*person*› llamar; ‹*ship*› saludar; ‹*taxi*› hacerle* señas a; **within ∼ing distance** al alcance de la voz
B (acclaim, welcome) ‹*king/leader*› aclamar; **the discovery was ∼ed as a major breakthrough** el descubrimiento fue acogido como un importantísimo avance; **she's been ∼ed as the new Edith Piaf** ha sido aclamada como la nueva Edith Piaf
■ **hail** *vi* **to ∼ FROM** ‹‹*person*›› ser* DE; **I ∼ from Kentucky** soy de Kentucky; **the ship, ∼ing from Liverpool, ...** el barco, con puerto en *or* procedente de Liverpool, ...
Phrasal verb
• **hail down** [v + adv] ‹‹*stones/insults/blows*›› llover*; **bricks and bottles ∼ed down on them** les llovieron ladrillos y botellas

hail³ *interj* (arch *or* poet): **∼ Caesar!** ¡Ave César! (arc); **all ∼!** ¡salve! (arc); **∼ Mary, full of grace** Dios te salve María, llena eres de gracia

hail-fellow-well-met /ˈheɪl,feləʊ,welˈmet/ *adj* jovial, campechano

Hail Mary *n* Avemaría *m*; **say three ∼ ∼s** rece tres Avemarías

hailstone /ˈheɪlstəʊn/ ▸ℹ **p.1878** *n* granizo *m*, piedra *f* (de granizo)

hailstorm /ˈheɪlstɔːrm || ˈheɪlstɔːm/ ▸ℹ **p.1878** *n* granizada *f*

hair /her || heə(r)/ ▸ℹ **p.965**, ▸ℹ **p.1036** *n*
A [u] (on human head) pelo *m*, cabello *m* (frml *o* liter); **to have short/brown ∼** tener* el pelo corto/castaño; **a girl with long ∼** una chica de pelo largo; **a good head of ∼** una buena cabellera, una buena mata de pelo; **to have** *o* **get one's ∼ cut** cortarse el pelo; **get your ∼ cut** ve a cortarte *or* a que te corten el pelo; **to do one's ∼** arreglarse el pelo, peinarse; **to have one's ∼ done** peinarse (*en la peluquería*); **who does your ∼?** ¿quién te peina?, ¿a qué peluquería vas?; **to lose one's ∼** perder* el pelo; **he's losing his ∼** se le está cayendo el pelo, está perdiendo el pelo; **his ∼ is getting very thin** se está quedando calvo; **to have** *o* **wear one's ∼ down/up** llevar el pelo suelto/recogido; ***to get in sb's ∼*** (colloq) molestar a algn; ***to get/keep out of sb's ∼*** (colloq): **take the kids and get them out of my ∼ for a while** llévate a los niños y así me los quitas de encima un rato; **I wish he'd keep out of my ∼** ¿por qué no me dejará en paz?; ***keep your ∼ on!*** (BrE colloq) ¡no te sulfures! (fam); ***to let one's ∼ down*** (relax) soltarse* la melena (fam); (lit) soltarse* el pelo; **go on, let your ∼ down, and come out for a drink!** ¡vamos, suéltate la melena y vente a tomar una copa!; ***to make sb's ∼ curl*** (colloq) ponerle* los pelos de punta a algn (fam); ***to make sb's ∼ stand on end*** (colloq) ponerle* los pelos de punta a algn (fam); ***to tear one's ∼ (out)*** (colloq) subirse por las paredes (fam); (*before n*) ‹*gel/lacquer/oil*› para el pelo; **I have a ∼ appointment** tengo hora en la peluquería; **∼ cream** crema *f* para el pelo; **∼ curler** rizador *m* de pelo, rulo m, bigudí *m*, rulero *m* (RPl), marrón *m* (Col), chino *m* (Méx), tubo *m* (Chi, Méx); **∼ restorer** loción *f* para la calvicie; **∼ transplant** transplante *m* capilar
B [u] [1] (on human body) vello *m*; **a cream to remove unwanted ∼** una crema para eliminar el vello superfluo; (*before n*): **∼ remover** depilatorio *m* [2] (on animal, plant) pelo *m*
C [c] (single strand) pelo *m*; **he arrived with not a ∼ out of place** llegó impecable; ***a*** *o* ***the ∼ of the dog (that bit you)***: **feeling hung over? try a ∼ of the dog** ¿que tienes resaca? pues tómate otra que así se cura; ***not to harm a ∼ of sb's head*** no tocarle* un pelo a algn; **if you harm a ∼ of her head, I'll kill you** como le toques un pelo, te mato; ***not to turn a ∼*** no inmutarse, quedarse como si nada *or* como si tal (fam); ***to put ∼s on sb's chest*** (colloq & hum) dejar a algn como nuevo (fam); **go on, drink it; it'll put ∼s on your chest** anda, bébetelo; verás como te sientes como nuevo (fam); ***to split ∼s*** buscarle* tres *or* cinco pies al gato, hilar demasiado fino; *see also* **hair's breadth**

hairball /ˈherbɔːl || ˈheəbɔːl/ *n* bola *f* de pelo

hair-band /ˈherbænd || ˈheəbænd/ *n* [1] (elastic) cinta *f*, huincha *f* (Bol, Chi, Per), balaca *f* (Col), banda *f* (Méx), vincha *f* (AmS) [2] (rigid) diadema *f*, cintillo *m*, vincha *f* (AmS)

hairbreadth¹ /ˈherbredθ || ˈheəbredθ/ *n* ▸**hair's breadth**

hairbreadth² *adj* (*before n*): **a ∼ escape** una escapada por los pelos *or* por un pelo (fam)

hairbrush /ˈherbrʌʃ || ˈheəbrʌʃ/ *n* cepillo *m* (*del pelo*)

haircare /ˈherker || ˈheəkeə(r)/ *n* [u] cuidado *m* del pelo *or* (frml) *or* (liter) cabello; (*before n*): **∼ product** producto *m* para el cuidado del pelo *or* (frml) *or* (liter) cabello

hairclip /ˈherklɪp || ˈheəklɪp/ *n* (BrE) horquilla *f*, pinche *m* (Chi), pasador *m* (Méx)

haircut /ˈherkʌt || ˈheəkʌt/ *n* [1] (trim) corte *m* de pelo; **to have** *o* **get a ∼** cortarse el pelo [2] (style) corte *m* de pelo, peinado *m*

haircutter /ˈherkʌtər || ˈheəkʌtə(r)/ *n* ▸**hairdresser**

hairdo /ˈherduː || ˈheəduː/ *n* (colloq) peinado *m*; **to have a ∼** peinarse (*en la peluquería*)

hairdresser /ˈher,dresər || ˈheə,dresə(r)/ *n* peluquero, -ra *m,f*; **to go to the ∼'s** ir* a la peluquería

hairdressing /ˈher,dresɪŋ || ˈheə,dresɪŋ/ *n* [u] peluquería *f*

hairdressing salon *n* peluquería *f*

hairdrier, hairdryer /ˈher,draɪər || ˈheə,draɪə(r)/ *n* [1] (hand-held) secador *m* *or* (Méx) secadora *f* (de mano) [2] (hood) secador *m* *or* (Méx) secadora *f* (de pie)

-haired /herd || heəd/ *suff*: **long∼/curly∼** de pelo largo/rizado; **red∼** pelirrojo

hair extension *n* extensión *f* de pelo *or* (frml *o* liter) cabello

hairgrip /ˈhergrɪp || ˈheəgrɪp/ *n* (BrE) horquilla *f*, pinche *m* (Chi), pasador *m* (Méx)

hairiness /ˈherinəs || ˈheərinɪs/ *n* [u] vellosidad *f*

hairless /ˈherləs || ˈheəlɪs/ *adj* ‹*head*› sin pelo, calvo, pelón (AmC, Méx), pelado (CS); ‹*body*› sin vello; (beardless) lampiño

hairline /ˈherlaɪn || ˈheəlaɪn/ *n*
A (where hair begins) nacimiento *m* del pelo; **he has a receding ∼** tiene entradas
B (fine line) línea *f* delgada; (*before n*): **a ∼ fracture/crack** una pequeña fisura/grieta

hairnet /ˈhernet || ˈheənet/ *n* redecilla *f*

hairpiece /ˈherpiːs || ˈheəpiːs/ *n* postizo *m*

hairpin /ˈherpɪn || ˈheəpɪn/ *n* horquilla *f* (de moño); (*before n*): **∼ turn** *o* **curve** (AmE) *o* (BrE) **bend** curva *f* muy cerrada

hair-raising /ˈher,reɪzɪŋ || ˈheə,reɪzɪŋ/ *adj* espeluznante

hair's breadth, hairsbreadth /ˈherz bredθ || ˈheəzbredθ/ *n* (*no pl*): **by a ∼ ∼** por un pelo (fam); **he escaped by a ∼ ∼** se escapó por los pelos *or* por un pelo (fam), se libró de milagro; **she was within a ∼ ∼ of winning the title** estaba a un paso de obtener el título; **we came within a ∼ ∼ of crashing into the wall** por un pelo no nos estrellamos contra la pared (fam)

hair shirt *n* cilicio *m*

hairslide /ˈherslaɪd || ˈheəslaɪd/ *n* (BrE) pasador *m*, hebilla *f* (Arg), broche *m* (Méx, Ur)

hair space *n* (Print) espacio *m* de pelo

hair-splitting¹ /ˈher,splɪtɪŋ || ˈheə,splɪtɪŋ/ *n* [u] sutilezas *fpl*

hair-splitting² *adj* ‹*distinction*› demasiado sutil; ‹*approach*› excesivamente minucioso; **a ∼ argument** una discusión sobre nimiedades

hairspray /ˈherspreɪ || ˈheəspreɪ/ *n* laca *f*, fijador *m* (*para el pelo*)

hairspring /ˈhersprɪŋ || ˈheəsprɪŋ/ *n* espiral *f* (*de un reloj*)

hairstyle /ˈherstaɪl || ˈheəstaɪl/ *n* peinado *m*, corte *m* de pelo

hairstylist /ˈher,staɪləst || ˈheə,staɪlɪst/ *n* peluquero, -ra *m,f*, estilista *mf*, peinador, -dora *m,f* (Méx)

hair trigger *n* gatillo *m*

hairy /ˈheri || ˈheəri/ *adj* **-rier, -riest**
A [1] ‹*legs/chest*› peludo, velludo; ‹*stem*› velloso [2] ‹*texture/material*› peludo, velloso
B (sl) [1] (frightening, dangerous) ‹*experience*› espeluznante, horripilante; **it was pretty ∼ out there with no gun** las pasé negras *or* (Esp tb fam) las pasé canutas allí fuera sin pistola [2] (frenetic) (AmE) febril

Haiti /ˈheɪti/ *n* Haití *m*

Haitian¹ /ˈheɪʃən/ *adj* haitiano

Haitian² *n* haitiano, -na *m,f*

hake /heɪk/ *n* [c u] (*pl* ∼) merluza *f*

halal /hɑːˈlɑːl/ *adj* (Culin) ‹*meat*› de animales faenados *or* (Esp) sacrificados según la ley musulmana

halberd /ˈhælbərd || ˈhælbəd/ *n* alabarda *f*

halcyon /ˈhælsiən/ *adj* (poet) (*before n*) ‹*weather*› paradisíaco (liter); **in those ∼ days** en aquellos idílicos tiempos (liter)

hale¹ /heɪl/ *adj* (liter) saludable, robusto; **∼ and hearty** (fuerte) como un roble, con una salud de hierro

hale² *vt* (AmE) arrastrar; **he was ∼d into her office** lo llevaron a rastras hasta su oficina

half¹ /hæf || hɑːf/ *n* (*pl* **halves**) ▸ℹ **p.1091**
A [1] (part) mitad *f*; **∼ of the sugar** la mitad del azúcar; **the upper ∼ of the body** la parte superior del cuerpo; **to break/divide sth in ∼** romper*/dividir algo por la mitad *or* en dos; **it's interesting to see how the other ∼ lives** es interesante ver cómo viven los demás; ***to do things by halves*** (colloq) hacer* las cosas a medias; ***to go halves*** (colloq) pagar* a medias; **we go halves on the rent** pagamos el alquiler a medias; ***too ... by ∼*** (BrE colloq): **she's too clever by ∼** se pasa de lista (fam) [2] (Math) medio *m* [3] ▸ℹ **p.1798**; (elliptical use): **an hour and a ∼** una hora y media; **I wear a 37 and a ∼** calzo (un) 37 y medio; **you get time and a ∼ on Sundays** te pagan el 50% más los domingos; **it's ∼ past ten** son las diez y media; **the train leaves at ∼ past** el tren sale a y media; **the ∼-past train** el tren de las y media; ***... and a ∼!*** (colloq): **that was a party and a ∼!** ¡eso sí que fue una fiesta!; **that's a dog and a ∼!** ¡menudo perrazo! (fam)
B (Sport) [1] (period) tiempo *m*; **the first/second ∼** el primer/segundo tiempo [2] (of pitch) campo *m* [3] (interval) (AmE) descanso *m*, medio tiempo *m* (AmL)
C (of beer) (BrE colloq) media pinta *f* (*de cerveza*)
D (fare) (BrE): **one and two halves** un adulto y dos niños
E (spouse) (colloq & hum): **my/his better/other ∼** mi/su media naranja (fam & hum)

half² ▸ℹ **p.1091** *pron* la mitad; **I only want ∼** sólo quiero la mitad; **∼ of that money is mine** la mitad de ese dinero es mía; ***the ∼ of it*** (colloq): **you haven't heard the ∼ of it** y eso no es nada

half³ ▸ℹ **p.1091** *adj* medio, -dia; **he won ∼ a million pounds** ganó medio millón de libras; **∼ a pint of milk** media pinta de leche; **one and a ∼ hours** una hora y media; **∼ the school knows about it already** ya lo sabe medio colegio; **∼ the amount has been raised already** ya hemos recaudado la mitad del dinero; **∼ my salary goes on the mortgage** la mitad del sueldo se me va en la hipoteca; **he's ∼ her age** ella le dobla la edad; **the planning is ∼ the fun** los preparativos son casi tan divertidos como la fiesta (*or* el viaje *etc*) en sí; **she isn't ∼ the player/singer she used to be** (colloq) no es ni con mucho la jugadora/cantante que era, no es ni sombra de lo que era (fam); **the shirt had ∼ sleeves** la camisa era de manga corta; **she managed a ∼ smile** apenas logró esbozar una sonrisa; **to have a ∼ share in sth** tener* la mitad de algo

half[4] *adv* medio; **the meat is ~ cooked** la carne está medio cruda *or* a medio cocer; **the work is only ~ done** el trabajo está a medio hacer; **she was ~ asleep** estaba medio dormida *or* semidormida; **the door was ~ closed** la puerta estaba entreabierta; **I ~ expected to find him here** en cierto modo esperaba encontrármelo aquí; **I was only ~ listening** no estaba prestando mucha atención; **she said it ~ jokingly** lo dijo medio en broma; **~ walking, ~ running** medio caminando, medio corriendo; **~ man, ~ horse** mitad hombre, mitad caballo; **she is ~ Italian, ~ Greek** es hija de italianos y griegos; **they are paid ~ as much as we are** les pagan la mitad que a nosotros; **that will cost you ~ as much again** le costará un 50% más; **the movie isn't ~ as good as the book** (colloq) la película no es ni la mitad de buena que el libro; ***not* ~** (BrE colloq) (*as intensifier*): **he isn't ~ clever** es inteligentísimo; **do you like it? — not ~!** ¿te gusta? — no me gusta, me encanta; **it isn't ~ cold today** hoy hace un frío de los demonios (fam)

half- /hæf || hɑːf/ *pref*: **~starved** medio muerto de hambre; **~glimpsed** entrevisto; **~yearly reports** informes *mpl* semestrales

half-a-crown /ˌhæfəˈkraʊn || ˌhɑːfəˈkraʊn/ *n* ▸ **half-crown**

half a dollar *n* (in US) (*no pl*) medio dólar *m*

half a dozen *n* (*no pl*) 1 (six) media docena *f*; **~ ~ ~ eggs** media docena de huevos 2 (several): **~ ~ ~ reasons/countries** unas cuantas razones/unos cuantos países

half-and-half /ˌhæfənˈhæf || ˌhɑːfənˈhɑːf/ *n* [u] 1 (cream and milk) (AmE) *mezcla de crema y leche* 2 (beer and stout) (esp BrE) *mezcla de cerveza rubia y negra*

half an hour ▸ⓘ **p.1798** *n* [u] media hora *f*

half-assed /ˈhæfæst || ˌhɑːfˈɑːst/ *adj* (AmE sl) papanatas (fam), chambón (AmL fam); ‹*attempt*› torpe

halfback /ˈhæfbæk || ˈhɑːfbæk/ *n* (in US football) half back *mf*; (in rugby) medio *m*

half-baked /ˈhæfˈbeɪkt || ˈhɑːfˈbeɪkt/ *adj* (colloq) ‹*plan/scheme/idea*› mal concebido

half birthday *n*: *día seis meses antes o después de la fecha en que cae un cumpleaños*

half-bottle /ˈhæfbɑːtl || ˈhɑːfbɒtl/ *n* media (botella) *f*

half-bound /ˈhæfbaʊnd || ˈhɑːfbaʊnd/ *adj* (Publ) en media pasta

half-breed[1] /ˈhæfbriːd || ˈhɑːfbriːd/ *n* 1 (animal) híbrido *m*, mestizo, -za *m,f* 2 (person) (pej) mestizo, -za *m,f*

half-breed[2] *adj* 1 ‹*animal*› mestizo 2 ‹*person*› (pej) mestizo

half brother *n* hermanastro *m*, medio hermano *m*

half-caste[1] /ˈhæfkæst || ˈhɑːfkɑːst/ *n* (often offensive) mestizo, -za *m,f*

half-caste[2] *adj* (often offensive) mestizo

half-century /ˌhæfˈsentʃəri || ˌhɑːfˈsentʃəri/ *n* 1 (fifty years) medio siglo *m* 2 (in cricket) cincuenta tantos *mpl*

half cock *n*: **at ~ ~** (of gun) con el seguro echado; ***to go off at* ~ ~** (BrE) salir* mal, frustrarse

half-cocked /ˈhæfkɑːkt || ˌhɑːfˈkɒkt/ *adj*: ***to go off* ~** (AmE) hacer* algo a la ligera

half-cousin /ˈhæfkʌzn || ˈhɑːfkʌzn/ *n* primo segundo, prima segunda *m,f*

half-crown /ˌhæfˈkraʊn || ˌhɑːfˈkraʊn/ *n* media corona *f*

half-cup /ˈhæfkʌp || ˈhɑːfkʌp/ *adj* ‹*bra*› de media copa *or* taza

half-cut /ˈhæfkʌt || ˌhɑːfˈkʌt/ *adj* (BrE colloq & dated) achispado (fam)

half-day /ˈhæfˈdeɪ || ˈhɑːfˈdeɪ/ *n* [u] media jornada *f*; (*before n*): **it's ~ closing today** (BrE) hoy cierran por la tarde; **~ holiday** medio día *m* libre

half-dead /ˈhæfded || ˌhɑːfˈded/ *adj* (*no comp*) 1 (exhausted) (colloq) medio muerto (fam), hecho polvo (fam) 2 (dying) medio muerto, más muerto que vivo (fam)

half-dollar /ˌhæfˈdɑːlər || ˈhɑːfˈdɒlə(r)/ *n* (in US) medio dólar *m*

half-dozen[1] /ˌhæfˈdʌzn || ˈhɑːfˈdʌzn/ *n* media docena *f*

half-dozen[2] *adj*: **a ~ eggs** media docena de huevos

half-empty /ˌhæfˈempti || ˌhɑːfˈempti/ *adj* medio vacío

half-fare /ˈhæfˈfer || ˈhɑːfˈfeə(r)/ *n* (by air) medio pasaje *m or* (Esp), billete *m or* (Méx), boleto *m*; (by bus, train) medio boleto *m or* (esp Esp), billete *m*

half-full /ˈhæfˈfʊl || ˈhɑːfˈfʊl/ *adj* ‹*glass/bottle*› medio lleno, mediado; ‹*theater*› lleno a medias

half-gallon /ˌhæfˈgælən || ˈhɑːfˈgælən/ ▸ⓘ **p.998** *n* medio galón *m* (*aproximadamente dos litros*)

half-hardy /ˈhæfˈhɑːrdi || ˌhɑːfˈhɑːdi/ *adj* resistente

halfhearted /ˈhæfˈhɑːrtəd || ˌhɑːfˈhɑːtɪd/ *adj* ‹*applause/welcome*› poco entusiasta; **she went about her work in rather a ~ way** hacía su trabajo con bastante desgana *or* (AmL tb) desgano; **he made a ~ effort to strike up a conversation** hizo un intento desganado de entablar conversación; **they seem very ~ about the plan** no parecen estar muy entusiasmados con el plan

halfheartedly /ˈhæfˈhɑːrtədli || ˌhɑːfˈhɑːtɪdli/ *adv* sin ganas, con poco entusiasmo

halfheartedness /ˈhæfˈhɑːrtədnəs || ˌhɑːfˈhɑːtɪdnɪs/ *n* [u] falta *f* de entusiasmo, desgana *f*, desgano *m* (esp AmL)

half-holiday /ˌhæfˈhɑːlədeɪ || ˌhɑːfˈhɒlɪdeɪ/ *n* (BrE) medio día *m* libre

half-hour /ˈhæfˈaʊr || ˌhɑːfˈaʊə(r)/ ▸ⓘ **p.1798** *n* 1 (30 minutes) media hora *f*; (*before n*) ‹*journey/show*› de media hora; **it's a good ~ walk** queda a una media hora larga andando 2 (30 minutes past hour): **trains leave every hour on the ~** los trenes salen a y media cada hora

half-hourly[1] /ˈhæfˈaʊrli || ˌhɑːfˈaʊəli/ *adj*: **there's a ~ service** hay un tren (*or* autobús *etc*) cada media hora; **at ~ intervals** cada media hora

half-hourly[2] *adv* cada media hora

half-inch[1] /ˌhæfˈɪntʃ || ˌhɑːfˈɪntʃ/ *n* media pulgada *f*

half-inch[2] /ˌhæfˈɪntʃ || ˌhɑːfˈɪntʃ/ *vt* (BrE colloq) ▸ **pinch**[2] **B1**

half-length /ˈhæfˈleŋθ || ˌhɑːfˈleŋθ/ *adj* de medio cuerpo; **a ~ portrait** un retrato de medio cuerpo

half-life /ˈhæflaɪf || ˈhɑːflaɪf/ *n* (Chem, Nucl Phys) media vida *f*

half-light /ˈhæflaɪt || ˈhɑːflaɪt/ *n* [u] penumbra *f*

half-marathon /ˈhæfˌmærəθɑːn, -θən || ˈhɑːfˌmærəθən/ *n* (BrE) *carrera de 13.21 millas*

half-mast /ˈhæfˈmæst || ˌhɑːfˈmɑːst/ *n* [u]: **at ~** a media asta

half measures *pl n* medias tintas *fpl*; **I want no ~ ~** no quiero medias tintas

half-moon /ˈhæfmuːn || ˌhɑːfˈmuːn/ *n* 1 (Astron) media luna *f* 2 (on fingernail) media luna *f*, lúnula *f* (frml)

half-naked /ˈhæfˈneɪkəd || ˌhɑːfˈneɪkɪd/ *adj* 1 ‹*figure/model*› semidesnudo 2 (insufficiently clothed) (colloq) medio desnudo, casi en cueros (fam)

half nelson /ˌhæfˈnelsən || ˌhɑːfˈnelsən/ *n* llave *f* de cuello

half note *n* (AmE) blanca *f*

half-open /ˈhæfˈəʊpən || ˌhɑːfˈəʊpən/ *adj* entreabierto

half pay *n* media paga *f*

halfpenny /ˈheɪpni/ *n* (*pl* **-pennies**) 1 (coin) medio penique *m* 2 (*pl* **-pence** /ˈheɪpəns/) (value) medio penique *m*; **fivepence ~** cinco peniques y medio; ▸ **rub**[1] **1**

halfpennyworth /ˈhæfˈpeniwɜːrθ || ˈheɪpəθ/ *n* (*pl* ~) ▸ **ha'p'orth**

half-pint /ˈhæfpaɪnt || ˈhɑːfpaɪnt/ *n* 1 ▸ⓘ **p.998** (quantity) media pinta *f* 2 (small, insignificant person) (colloq & hum) enano, -na *m,f* (fam)

half price *n* [u] mitad *f* de precio; **to get sth (at** *o* **for) ~ ~** conseguir* algo a mitad de precio; **it's ~ ~** está a mitad de precio; (*before n*): **half-price rugs/furniture** alfombras/muebles a mitad de precio

half sister *n* hermanastra *f*, media hermana *f*

half-size[1] /ˈhæfsaɪz || ˈhɑːfsaɪz/ *n* 1 (intermediate shoe size) medio número *m*, medio punto *m* (RPl) 2 (of woman's dress) (AmE) talla *f or* (RPl) talle *m* especial (*para mujeres gruesas*)

half-size[2], **half-sized** /-d/ *adj* ‹*billiard table/violin*› de mitad de tamaño; ‹*copy*› reducido a la mitad

half-staff /ˈhæfstæf || ˈhɑːfstɑːf/ *n* (AmE) ▸ **half-mast**

half-step /ˈhæfstep || ˈhɑːfstep/ *n* (AmE) semitono *m*

half term *n* (in UK) vacaciones *fpl* de mitad de trimestre; (*before n*): **half-term holiday** vacaciones *fpl* de mitad de trimestre

half-timbered /ˈhæfˈtɪmbərd || ˌhɑːfˈtɪmbəd/ *adj* con entramado de madera

half-time /ˈhæftaɪm || ˌhɑːfˈtaɪm/ *n* [u] **A** (Sport) (stage of game) descanso *m*, medio tiempo *m* (AmL); **the score was 2-0 at ~** a mitad de tiempo iban 2 a 0; (*before n*): **~ score** marcador *m* del descanso *or* (AmL tb) del medio tiempo **B** (Busn, Lab Rel) media jornada *f*; **to be on ~** trabajar media jornada; **they've been put on ~** les han reducido el horario a media jornada

half-title /ˈhæfˌtaɪtl || ˈhɑːfˌtaɪtl/ *n* 1 (title) titulillo *m* 2 (page) portadilla *f*, falsa portada *f*

halftone /ˈhæftəʊn || ˈhɑːftəʊn/ *n* 1 (intermediate tone) media tinta *f* 2 (picture) fotograbado *m* a media tinta

half-track /ˈhæftræk || ˈhɑːftræk/ *n* semioruga *m*

half-truth /ˈhæftruːθ || ˈhɑːftruːθ/ *n* [c u] verdad *f* a medias

half volley *n* media volea *f*, semivolea *f*

half-way[1] /ˈhæfˈweɪ || hɑːfˈweɪ/ *adv* 1 (at, to mid point) a mitad de camino; **we stopped ~ to have a rest** paramos a mitad de camino para descansar; **~ between two points** a mitad de camino entre dos puntos; **it's about ~ between yellow and brown** está entre el amarillo y el marrón; **~ down the path** en medio del camino; **~ into the season** en *or* a mitad de la temporada; **he gave up ~ through the course** dejó el curso en *or* a la mitad; **how far have you got? — I'm about ~ through** ¿cuánto has hecho? — voy por la mitad; **they were already ~ up the street when we saw them** ya iban por mitad de la calle cuando los vimos; **you're ~ there!** ya llevas la mitad del camino recorrido; **to go ~ TO/TOWARD sth**: **these concessions only go ~ toward meeting their demands** estas concesiones sólo satisfacen la mitad de sus reivindicaciones; **it went ~ to remedying their previous mistakes** remedió en parte sus errores anteriores; ***to go* ~ *with sb*** (support partly) estar* de acuerdo con algn en parte; (lit: accompany) acompañar a algn hasta la mitad del camino; ***to meet sb* ~** (compromise) llegar* a una solución intermedia *or* a un compromiso con algn; (lit: on journey) encontrarse* con algn a mitad de camino 2 (reasonably) (colloq) ‹*decent/satisfactory*› medio, semi-

half-way[2] *adj* (*before n*) ‹*point*› medio; **the ~ mark** el punto medio, la mitad; **to reach the ~ stage** llegar* a la etapa intermedia; **a ~ stage between childhood and adulthood** una etapa intermedia entre la niñez y la edad adulta

halfway house /ˈhæfˈweɪ || ˌhɑːfˈweɪ/ *n* 1 (for drug addict, criminal, mental patient) centro *m* de reinserción social 2 (compromise, mid point) término *m* medio

half-wit /ˈhæfwɪt || ˈhɑːfwɪt/ *n* tonto, -ta *m,f*, imbécil *mf*

h

half-witted /ˈhæfˈwɪtəd || ˌhɑːfˈwɪtɪd/ *adj* ‹*person*› imbécil; ‹*plan*› estúpido

half year *n* semestre *m*

half-yearly¹ /ˈhæfjɪrli || ˌhɑːfˈjɪəli/ *adj* semestral

half-yearly² *adv* semestralmente, dos veces al año

half-year results /ˈhæfjɪr || ˈhæfjɪə(r)/ *pl n* resultados *mpl* del primer semestre, resultados *mpl* semestrales

halibut /ˈhæləbət || ˈhælɪbət/ *n* [c u] (*pl* ~ *or* **~s**) hipogloso *m*, halibut *m*

halitosis /ˌhæləˈtəʊsəs || ˌhælɪˈtəʊsɪs/ *n* [u] halitosis *f*

hall /hɔːl/ *n*

A **1** (vestibule) vestíbulo *m*, hall *m*, entrada *f* **2** (corridor) (AmE) pasillo *m*, corredor *m*

B **1** (for gatherings) salón *m*; **the village/school ~** el salón (de actos) del pueblo/del colegio; **the church ~** ≈ el salón parroquial **2** (in castle, mansion) sala *f*

C (BrE) **1** (student residence) (*often pl*) residencia *f* universitaria *or* de estudiantes, colegio *m* mayor (Esp) **2** (college dining room) comedor *m*, casino *m* (Chi)

D (large country house) (BrE) casa *f* solariega

hallelujah /ˌhæləˈluːjə || ˌhælɪˈluːjə/ *interj* ¡aleluya!

halliard /ˈhæljərd || ˈhæljəd/ *n* driza *f*

hallmark¹ /ˈhɔːlmɑːrk || ˈhɔːlmɑːk/ *n*

A (on gold, silver, platinum) contraste *m*, sello *m* (de contraste)

B (distinguishing characteristic) distintivo *m*, sello *m*; **the ~ of a gentleman** el (sello) distintivo de un caballero; **the ~ of quality** el distintivo *or* el sello de calidad; **it bore all the ~s of a crime of passion** tenía todas las características de un crimen pasional

hallmark² *vt* contrastar; **is it ~ed?** ¿tiene el sello de contraste?

hallo /həˈləʊ/ *interj* ► **hello¹**, **hello²**

hall of fame *n* (*pl* **~s of fame**) **1** *also* **Hall of Fame** (room, building) galería *f* de personajes famosos **2** (ranks of famous people): **this feat will ensure her place in athletics' ~ ~ ~** esta hazaña le garantiza un puesto entre las estrellas *or* en los anales del atletismo

hall of residence *n* (*pl* **~s of residence**) (BrE) ► **hall C1**

halloo¹ /həˈluː/ **-loos, -looing, -looed** *vt* ‹*hounds*› azuzar*

■ **halloo** *vi* gritar (*azuzando a los perros*)

halloo² *interj* ¡sus!

hallow /ˈhæləʊ/ *vt* **1** (Relig) santificar*, consagrar; **~ed be Thy name** santificado sea tu nombre; **this expression has been ~ed by usage** esta expresión ha sido consagrada por el uso **2** **hallowed** *past p*, (*before n*) ‹*institution/tradition*› sagrado; **~ed ground** terreno *m* sagrado

Halloween, Hallowe'en /ˌhæləʊˈiːn/ *n* víspera *f* del día de Todos los Santos

> **Halloween**
>
> El 31 de octubre (víspera del día de Todos los Santos), oportunidad en que se mezclaba la religión con antiguas creencias paganas. En las Islas Británicas precristianas se pensaba que era la ocasión en que las almas de los difuntos y otros poderes sobrenaturales se volvían activos. En la actualidad es el momento en que los niños tienen fiestas, se disfrazan de fantasmas, brujas etc., y llevando una calabaza hueca iluminada por dentro con una vela, van de casa en casa diciendo las palabras "trick or treat" lo que significa que harán una broma pesada a menos que se les dé "a treat", es decir caramelos, fruta o dinero.

hall porter *n* portero, -ra *m,f*

hallstand /ˈhɔːlstænd/ *n* perchero *m* (*con espejo*)

hallucinate /həˈluːsneɪt || həˈluːsɪneɪt/ *vi* alucinar

hallucination /həˌluːsnˈeɪʃən || həˌluːsɪˈneɪʃən/ *n* (Med, Psych) **1** [c] (vision) alucinación *f*; **to have ~s** tener* alucinaciones **2** [u] (state) alucinaciones *fpl*

hallucinatory /həˈluːsnətɔːri || həˈluːsɪnətri/ *adj* ‹*state*› de alucinación; ‹*drug*› alucinógeno

hallucinogen /həˈluːsnədʒən || həˈluːsɪnədʒən/ *n* alucinógeno *m*

hallucinogenic¹ /həˌluːsnəˈdʒenɪk || həˌluːsɪnəˈdʒenɪk/ *adj* alucinógeno

hallucinogenic² *n* alucinógeno *m*

hallway /ˈhɔːlweɪ/ *n* ► **hall A**

halo /ˈheɪləʊ/ *n* (*pl* **-los** *or* **-loes**) **1** (Art, Relig) aureola *f*, halo *m*; **your ~'s slipping** (hum) estás perdiendo la aureola (hum) **2** (Astron, Opt) halo *m* **3** (ring) (liter) halo *m* (liter); **a ~ of golden hair** un halo de cabellos dorados (liter)

halogen /ˈhælədʒən/ *n* halógeno *m*; (*before n*) ‹*lamp/headlight*› halógeno

halt¹ /hɔːlt/ *n*

A (stop): **to come to a ~** pararse, detenerse*; **the car came to a sudden ~** el coche se detuvo de repente; **to bring sth to a ~** parar *or* detener* algo; ***to call a ~ to sth*** ponerle* fin a algo; **it's time to call a ~** es hora de decir basta

B (BrE) (Rail) apeadero *m*

halt² *vi* ‹‹*vehicle*›› detenerse* (frml), parar; ‹‹*person/troops*›› detenerse* (frml); **~!** (Mil) ¡alto!

■ **halt** *vt* ‹*vehicle/troops*› detener* (frml); ‹*process*› atajar, detener* (frml); ‹*work/production*› interrumpir

halter /ˈhɔːltər || ˈhɔːltə(r)/ *n* **1** (Equ) cabestro *m*, ronzal *m* **2** (noose) dogal *m*, soga *f*

halter-neck /ˈhɔːltərnek || ˈhɔːltənek/ *n* (garment) vestido *m* (*or* traje *m* de baño *etc*) sin espalda; (*before n*) ‹*dress/top*› sin espalda

halting /ˈhɔːltɪŋ/ *adj* ‹*voice/speech*› titubeante, vacilante; (through emotion) entrecortado

haltingly /ˈhɔːltɪŋli/ *adv* ‹*speak/read*› titubeando; (through emotion) entrecortadamente, con voz entrecortada

halt sign *n* (señal *f* de) stop *m*, señal *f* de alto (Méx), disco *m or* signo *m* pare (Chi)

halve /hæv || hɑːv/ *vt*

A **1** (reduce by half) ‹*expense/time/length*› reducir* a la mitad *or* en un 50%; ‹*number*› dividir por dos **2** (divide into halves) partir por la mitad

B (in golf) ‹*hole*› empatar

■ **halve** *vi* ‹‹*expenses/productivity*›› reducirse* a la mitad *or* en un 50%

halvers /ˈhɑːvərz || ˈhɑːvəz/ *pl n* (AmE, Scot colloq): **to go ~ on sth** ir* a medias en *or* con algo; **we go ~ on all the expenses** vamos a medias en *or* con todos los gastos

halves /hævz || hɑːvz/ *pl of* **half¹**

halyard /ˈhæljərd || ˈhæljəd/ *n* driza *f*

ham¹ /hæm/ *n*

A (Culin) **1** [u] (cured) jamón *m* (crudo), jamón *m* serrano (Esp); (cooked) jamón *m* (cocido), jamón *m* (de) York (Esp); **~ and eggs** huevos *mpl* con jamón; **fresh ~** (AmE) pierna *f* de cerdo, pernil *m* **2** [c] (joint) jamón *m*

B **hams** *pl* (colloq) (thighs and buttocks) ancas *fpl* (fam); **to squat on one's ~s** ponerse* en cuclillas

C **1** [c] **~ (actor)** (Theat) *actor extravagantemente histriónico* (person given to exaggeration) comediante *mf*, pamplinero, -ra *m,f* **2** [u] (overacting) histrionismo *m* exagerado

D (*radio* **~**) radioaficionado, -da *m,f*

ham² -mm- *vi* sobreactuar*, actuar* con exagerado histrionismo

Phrasal verb

• **ham up** [v + o + adv, v + adv + o] ‹*part/scene*› interpretar sobreactuando; ***to ~ it up*** actuar* con afectación *or* amaneramiento

Hamburg /ˈhæmbɜːrg || ˈhæmbɜːg/ *n* Hamburgo *m*

hamburger /ˈhæmbɜːrgər || ˈhæmbɜːgə(r)/ *n* **1** [c] (patty of meat) hamburguesa *f*; (*before n*): **~ chain** cadena *f* de hamburgueserías; **~ joint** (colloq) hamburguesería *f* **2** [u] (ground beef) (AmE) carne *f* molida *or* (Esp, RPl) picada

ham-fisted /ˈhæmˈfɪstəd || ˌhæmˈfɪstɪd/, **ham-handed** /-ˈhændəd || -ˈhændɪd/ *adj* ‹*person*› torpe, patoso (Esp fam); ‹*action*› desmañado, torpe

Hamitic /hæˈmɪtɪk || həˈmɪtɪk/ *adj* camita, camítico

hamlet /ˈhæmlət || ˈhæmlɪt/ *n* aldea *f*, caserío *m*, poblado *m*

hammer¹ /ˈhæmər || ˈhæmə(r)/ *n*

A **1** (tool) martillo *m*; **the ~ and sickle** la hoz y el martillo; ***to go at it ~ and tongs*** (fight) luchar a brazo partido; (argue) discutir acaloradamente; (work) trabajar a toda máquina, darle* duro (fam) **2** (auctioneer's gavel) mazo *m*, martillo *m*; **an important painting is to go under the ~ at next Tuesday's sale** el martes que viene se subastará *or* (AmS tb) se rematará un cuadro importante

B **1** (in piano) macillo *m* **2** (in gun) percusor *m*, percutor *m* **3** (in ear) martillo *m*

C (Sport) martillo *m*; **to throw the ~** lanzar* el martillo; **who won the ~?** ¿quién ganó en martillo?

D (crushing opponent) (liter) azote *m* (liter)

hammer² *vt* **1** ‹*nail*› clavar (*con un martillo*); ‹*metal*› martillar, batir; **she tried to ~ the rules into them** intentó meterles las reglas en la cabeza **2** (hit): **he ~ed the ball into the net** clavó el balón en la red **3** (defeat) (colloq) darle* una paliza a (fam); **they were** *o* **got ~ed in their last game** (colloq) les dieron una paliza en el último partido (fam) **4** (criticize) ‹*novel/policy/person*› triturar, criticar* **5** **hammered** *past p* **to get ~ed** (BrE colloq) emborracharse

■ **hammer** *vi* **1** (strike) dar* golpes; (with hammer) dar* martillazos; **to ~ AT sth** golpear algo, darle* golpes/martillazos A algo; **to ~ ON sth** golpear algo; **to ~ on the door** golpear la puerta; **the rain was ~ing on the roof** la lluvia martilleaba *or* golpeteaba sobre el tejado **2** (throb): **my heart was ~ing** el corazón me latía con fuerza; **my head was ~ing** tenía la cabeza a punto de estallar

Phrasal verbs

• **hammer home** [v + o + adv, v + adv + o] **1** ‹*nail*› remachar **2** ‹*point*› recalcar*, machacar*

• **hammer out** [v + o + adv, v + adv + o] **1** (make smooth) ‹*metal/dent*› alisar a martillazos **2** ‹*compromise/deal*› negociar (*con mucho toma y daca*)

hammer-blow /ˈhæmərbləʊ || ˈhæməbləʊ/ *n* mazazo *m*; (with hammer) martillazo *m*; **the defeat was a ~ from which they never recovered** la derrota fue un mazazo del que nunca se recuperaron

hammer drill *n* (BrE) perforadora *f* de percusión, martillo *m* perforador

hammerhead /ˈhæmərhed || ˈhæməhed/ *n* **1** (Const) cabeza *f* de martillo **2** **~ (shark)** pez *m* martillo

hammering /ˈhæmərɪŋ/ *n*

A [u] (striking) golpeteo *m*, golpes *mpl*, martilleo *m*; (with hammer) martillazos *mpl*

B [c] **1** (colloq) (severe defeat) paliza *f* (fam); **to give sb a ~** darle* una paliza a algn (fam); **they took** *o* **got a ~** les dieron una paliza (fam) **2** (severe criticism) duras críticas *fpl*; **it deserved the ~ it took** *o* **got from the press** se merecía las duras críticas *or* (fam) el palo que le dio la prensa; **to give sb a ~** criticar* duramente *or* (fam) darle* un palo a algn

hammerlock /ˈhæmərlɑːk || ˈhæməlɒk/ *n* (llave *f* de) candado *m*

hammertoe /ˌhæmərˈtəʊ || ˈhæmətəʊ/ *n* dedo *m* en martillo

hammock /ˈhæmək/ *n* hamaca *f*, hamaca *f* paraguaya (RPl); (Naut) coy *m*

hamper¹ /ˈhæmpər || ˈhæmpə(r)/ *vt* dificultar; **we were ~ed by a lack of information** nuestra tarea se vio obstaculizada por la falta de información

hamper² *n* **1** (for food) cesta *f*, canasta *f* **2** (for laundry) cesto *m or* canasto *m* de la ropa

hamster /ˈhæmstər || ˈhæmstə(r)/ *n* hámster *m*

hamstring[1] /ˈhæmstrɪŋ/ *n* (of person) ligamento *m* de la corva; (of horse) tendón *m* del corvejón *or* jarrete

hamstring[2] *vt* (*past & past p* **-strung** /ˈhæmstrʌŋ/) **1▸** (render powerless) (*usu pass*): **I was hamstrung: I couldn't help them** estaba atado de pies y manos: no podía ayudarlos; **the project was hamstrung by lack of funds** el proyecto se vio frustrado por falta de fondos **2▸** ‹*horse*› cortarle el tendón del corvejón *or* jarrete a

hand[1] /hænd/

INDEX

- **A** Anatomy
- **B** in phrases
- **C** **1▸** agency
  - **2▸** assistance
  - **3▸** in phrases
- **D** side
- **E** **1▸** set of cards
  - **2▸** round of card game
  - **3▸** player
- **F** **1▸** worker
  - **2▸** Nautical
  - **3▸** experienced person
- **G** applause
- **H** handwriting
- **I** on a clock
- **J** Equestrianism

n

A ▸**i** **p.965** (Anatomy) mano *f*; **I received it from the king's own ~** lo recibí de manos del rey; **you couldn't see your ~ in front of your face** no se veía nada; **to be good** *o* **clever with one's ~s** ser* hábil con las manos, ser* mañoso; **with one's own ~s** con sus (*or* mis *etc*) propias manos; **he killed it with his bare ~s** lo mató a mano limpia; **to give sb one's ~** darle* la mano a algn; **they were holding ~s when they arrived** llegaron tomados *or* agarrados *or* (esp Esp) cogidos de la mano; **I need somebody to hold my ~** necesito que alguien me dé ánimos; **I took Mary's ~ in mine to take her across the road** le di la mano a Mary para cruzar la calle; **he took me by the ~** me tomó *or* agarró *or* (esp Esp) cogió de la mano; **we were all on our ~s and knees, looking for the ring** estábamos todos a gatas *or* en cuatro patas, buscando el anillo; **he wouldn't give it to me even if I went down on my ~s and knees** no me lo daría ni aunque se lo pidiera de rodillas; **to have/hold sth in one's ~s** tener*/llevar algo en la mano; **to hold on with both ~s** agarrarse *or* sujetarse con las dos manos; **look, no ~s!** mira ¡sin manos!; **to hold out one's ~ to sb** tenderle* la mano a algn; **to join ~s** darse* la(s) mano(s); **we join ~s with your people in deploring the events** nos solidarizamos con vuestro pueblo al expresar nuestra repulsa; **~s off!** ¡quita las manos de ahí!, ¡no toques!; **~s off those watercolors!** ¡no me toques las acuarelas!; **~s off our schools!** ¡dejen en paz nuestros colegios!; **~ on heart, I didn't mean it** de veras, no fue esa mi intención; **can you put (your) ~ on (your) heart and say it isn't true?** ¿puedes decir que no es verdad con la mano en el corazón?; **to put one's ~ up** *o* **to raise one's ~** levantar la mano; **~s up all those in favor** que levanten la mano los que estén a favor; **~s up or I'll shoot!** ¡manos arriba *or* arriba las manos o disparo!; **to raise one's ~ to** *o* **against sb** levantarle la mano a algn; **my father never raised a ~ to me** mi padre nunca me levantó la mano *or* nunca me puso la mano encima; **from ~ to ~** de mano en mano; **she climbed the rope ~ over ~** trepó palmo a palmo por la cuerda; **they were fighting ~ to ~** luchaban cuerpo a cuerpo; **a piece for four ~s** (Mus) una pieza para cuatro manos; **~-sewn** *o* **-stitched** cosido a mano; **~-painted** pintado a mano

B (in phrases): **at hand**: **the day of the opening was at ~** se acercaba el día de la inauguración, el día de la inauguración estaba próximo; **help was at ~** la ayuda estaba en camino; **to learn about sth at first ~** enterarse de algo directamente *or* personalmente, enterarse de algo de primera mano; **to learn about sth at second/third ~** enterarse de algo a través de *or* por terceros; **he heard of her marriage only at second ~ from her brother** se enteró de que se había casado a través de *or* por su hermano; **by hand**: **made/written by ~** hecho/escrito a mano; **it must be washed by ~** hay que lavarlo a mano; **he delivered the letter by ~** entregó la carta en mano *or* personalmente; **S** **by hand** (on envelope) en su mano, en mano (Esp), presente (CS); **hand in hand** de la mano, tomados *or* agarrados *or* (esp Esp) cogidos de la mano; **poverty and disease go ~ in ~** la pobreza y la enfermedad van de la mano; **in hand**: **glass/hat in ~** con el vaso/sombrero en la mano, vaso/sombrero en mano; **sword in ~** espada en mano *or* en ristre; **cash in ~** (in accounting) efectivo *m* en caja; **to pay cash in ~** pagar* en metálico *or* en efectivo; **please concentrate on the task in ~** concéntrate en lo que tienes entre manos; **of the projects we have currently in ~ ...** de los proyectos que tenemos entre manos ...; **let's get back to the matter in** *o* (AmE also) **at ~** volvamos a lo que nos ocupa; **I like to keep a few dollars in ~ for unforeseen eventualities** me gusta tener unos dólares disponibles *or* en reserva para cualquier imprevisto; **we've still got a couple of hours in ~ before we go to the airport** todavía nos queda un par de horas antes de ir al aeropuerto; **to have sth (well) in ~** tener* algo controlado *or* bajo control; **that boy needs taking in ~** a ese chico va a haber que apretarle las clavijas; **on hand**: **we're always on ~ when you need us** si nos necesitas, aquí estamos; **the police were on ~** la policía estaba cerca; **it's useful to have it on ~** es útil tenerlo a mano; **out of hand**: **the boys get out of ~ when their father is away** los chicos se descontrolan cuando el padre no está; **the situation is getting out of ~** la situación se les (*or* nos *etc*) va de las manos; **to reject sth out of ~** rechazar* algo de plano; **to hand** (BrE) (within reach) al alcance de la mano, a (la) mano; (available) disponible; **I don't have your file to ~** no tengo su archivo a (la) mano; **according to the information to ~** según la información disponible; **I can't find it now, but I'm sure it will come to ~** no lo encuentro en este momento, pero ya aparecerá; **she grabbed the first thing that came to ~** agarró lo primero que encontró; ***~ in glove*** *o* (esp AmE) ***~ and glove***: **they're allegedly ~ in glove with their competitors to fix prices** se dice que se han puesto de acuerdo con la competencia para fijar los precios; ***~ over fist*** a manos llenas, a espuertas (esp Esp); ***her/his left ~ doesn't know what her/his right ~ is doing*** su mano izquierda no sabe lo que hace su derecha; ***not to do a ~'s turn*** (colloq) no mover* un dedo (fam), no dar* golpe (Esp, Méx fam); ***to ask for/win sb's ~ (in marriage)*** (frml) pedir*/obtener* la mano de algn (en matrimonio); ***to beat sb/win ~s down*** ganarle a algn/ganar sin problemas *or* sin el menor esfuerzo; ***to bind sb ~ and foot*** atar *or* (AmL exc RPl) amarrar a algn de pies y manos; **we're bound ~ and foot** estamos atados de pies y manos, tenemos las manos atadas; ***to bite the ~ that feeds one*** ser* un desagradecido; **talk about biting the ~ that feeds you!** ¡cría cuervos ... !; ***to dirty*** *o* ***sully one's ~s***: **she wouldn't dirty her ~s with typing** no se rebajaría a hacer de mecanógrafa: se le caerían los anillos; **he's already dirtied his ~s with arms dealing** ya se ha ensuciado las manos comerciando con armas; ***to force sb's ~***: **events forced their ~** los acontecimientos los obligaron a actuar; **I didn't want to, but you forced my ~** no quería hacerlo, pero no me dejaste otra salida; ***to gain/have the upper ~***: **eventually she gained the upper ~ over her rival** finalmente se impuso a su rival; **she's always had the upper ~ in their relationship** siempre ha dominado ella en su relación; ***to get one's ~s on sb/sth***: **just wait till I get my ~s on him!** ¡vas a ver cuando lo agarre!; **she can't wait to get her ~s on the new computer** se muere por usar la computadora nueva; **I've been trying to get my ~s on that book for ages** hace años que ando tras ese libro; ***to give sb/have a free ~*** darle* a algn/tener* carta blanca; ***to give sb one's ~ on sth***: **he gave me his ~ on it and the bargain was sealed** cerramos el trato con un apretón de manos; ***to give sb the glad ~*** (AmE) saludar a algn efusivamente; ***to give with one ~ and take away with the other*** borrar con el codo lo que se escribe con la mano; ***to go hat*** *o* (BrE) ***cap in ~ (to sb)***: **the next day, hat in ~, I apologized to the boss** al día siguiente me tragué el orgullo y le pedí perdón al jefe; **I can't stand the way you have to go hat in ~ to her for the smallest request** no soporto que hasta el menor favor se lo tengas que pedir de rodillas; **we had to go to them hat in ~ asking for more money** tuvimos que ir a mendigarles más dinero; ***to grab*** *o* ***grasp*** *o* ***seize sth with both ~s***: **it was a wonderful opportunity and she grabbed it with both ~s** era una oportunidad fantástica y no dejó que se le escapara de las manos; ***to have one's ~s full***: **she certainly has her ~s full with seven children** por cierto que tiene en qué entretenerse, con siete niños; **at the moment we've got our ~s full with this order** en este momento estamos ocupadísimos con este pedido; ***to have one's ~s tied*** tener* las manos atadas *or* (AmL exc RPl) amarradas; **my/his ~s are tied** tengo/tiene las manos atadas *or* (AmL exc RPl) amarradas; ***to have sb eating out of one's ~*** hacer* con algn lo que se quiere, manejar a algn a su (*or* mi *etc*) antojo; **she had them eating out of her ~** hacía con ellos lo que quería, los manejaba a su antojo; ***to keep one's ~ in*** no perder* la práctica; ***to know a place like the back of one's ~*** conocer* un sitio al dedillo *or* como la palma de la mano; **she knows Paris like the back of her ~** (se) conoce París al dedillo *or* como la palma de la mano; ***to live (from) ~ to mouth*** vivir al día; ***to put*** *o* ***dip one's ~ in one's pocket*** contribuir* con dinero; ***to put*** *o* ***lay one's ~(s) on sth*** dar* con algo; ***to sit on one's ~s*** cruzarse* de brazos, estar* mano sobre mano; ***to stay one's/sb's ~ (from sth)*** (liter): **they begged him to stay his ~** le rogaron que se contuviera; **she managed to stay his ~ from that dreadful act** logró impedir que cometiera semejante barbaridad; ***to try one's ~ (at sth)*** probar* (a hacer algo); ***to turn one's ~ to sth***: **I'm willing to turn my ~ to anything** estoy dispuesto a hacer cualquier tipo de trabajo; **he was a success in everything he turned his ~ to** todo lo que se proponía (hacer) le salía bien; ***to wait on sb ~ and foot*** hacerle* de sirviente/sirvienta a algn; ***to wash one's ~s of sth*** desentenderse* de algo, lavarse las manos de algo; ***many ~s make light work*** el trabajo compartido es más llevadero

C **1▸** (agency) mano *f*; **the ~ of God/Fate** la mano de Dios/del destino; **to die by one's own ~** (frml) quitarse la vida; **to have a ~ in sth** tener* parte en algo; **the town had suffered at the ~s of invaders** la ciudad había sufrido a manos de los invasores; **that child needs a firm ~** ese niño necesita (una) mano firme; **to rule with a heavy/iron ~** mandar/gobernar* con mano dura/de hierro; **with an open ~** con largueza *or* generosidad, generosamente **2▸** (assistance) (colloq): **to give** *o* **lend sb a ~** echarle *or* darle* una mano a algn; **if we all lend a ~, it won't take long** si todos echamos una mano, lo haremos en un momento; **do you need/want a ~ with that?** ¿te echo *or* doy una mano con eso?; **if you need a ~** si necesitas ayuda **3▸** **hands** *pl* (possession, control, care): **to change ~s** cambiar de dueño *or* manos; **a few dollars changed ~s and it was mine** les di unos dólares y era mío; **the contract is now in the ~s of the lawyer** ahora el contrato está en manos del abogado; **your future lies in your own ~s** tú eres dueño de tu futuro, tu futuro depende de ti; **can I leave the matter in your ~s?** ¿puedo dejar el asunto en tus manos?; **in private ~s** en manos (de) particulares; **in good/capable ~s** en buenas manos; **my life is in your ~s** mi vida depende de ti; **how did that vase come into your ~s?** ¿cómo llegó a tus manos ese jarrón?; **he/it fell into the ~s of the enemy** *o* **into enemy ~s** cayó en manos del enemigo; **to put oneself in sb's ~s** ponerse* en manos de algn; **to get sth/sb off one's ~s** (colloq) quitarse algo/a algn de encima (fam); **he offered to take it off my ~s for $500** (colloq) me dijo que me daba 500 dólares por él para quitármelo de encima; **on sb's ~s: she hates having the children on her ~s all day long** detesta tener a los niños a su cuidado todo el día; **I've enough on my ~s just now without that as well** tengo ya bastante entre manos como para meterme también en eso; **to have more time on one's ~s** tener* más tiempo libre; **we've got a problem on our ~s** tenemos *or* se nos presenta un problema; **I think we may have a bestseller on our ~s** creo que estamos frente a un posible bestseller; **out of sb's ~s: the matter is out of my ~s** el asunto no está en mis manos; **the decision has been taken out of his ~s** la decisión ya no está en sus manos; ***to play into sb's ~s*: the strikers are playing into the management's ~s** los huelguistas le están haciendo el juego *or* se lo están poniendo en bandeja a la patronal

D (side): **on sb's right/left ~** a la derecha/izquierda de algn; **on every ~** (frml) por todas partes; **on the one ~ … on the other (~) …** por un lado … por otro (lado) …

E (Games) **1** (set of cards) mano *f*, cartas *fpl*; **a good/poor ~** una buena/mala mano, buenas/malas cartas; ***to overplay one's ~*** jugar* mal sus (*or* mis *etc*) cartas; ***to show*** *o* ***reveal one's ~*** mostrar* *or* enseñar las cartas, mostrar* el juego; ***to strengthen sb's ~*** afianzar* la posición de algn; ***to throw in one's ~*** (to abandon a course of action, plan) tirar la toalla *or* esponja, claudicar*; (lit: in poker) abandonar (las apuestas), irse* al plato (Chi); ***to tip one's ~*** (AmE colloq) dejar ver sus (*or* mis *etc*) intenciones **2** (round of card game) mano *f* **3** (player) jugador, -dora *m,f*

F **1** (worker) obrero, -ra *m,f*; (*farm ~*) peón *m*; **they're taking on new ~s** están contratando más mano de obra *or* más trabajadores **2** (Nautical) marinero *m*; **the ~s gathered on the foredeck** la marinería se congregó en la cubierta de proa; **all ~s on deck** ¡todos a cubierta!; **the ship went down with all ~s** el barco se hundió con toda la tripulación a bordo **3** (experienced person): **an old ~** un veterano, una veterana; **he's an old ~ at negotiating** tiene mucha experiencia en negociaciones

G (applause) (colloq) (*no pl*): **a big ~** un gran aplauso; **let's have a really big ~ for …** un gran aplauso para …

H (handwriting) (liter) letra *f*; **she writes a neat/clear ~** tiene buena letra/una letra muy clara; **the letter was in her own ~** la carta era de su puño y letra

I (on a clock) manecilla *f*, aguja *f*; **the hour ~** la manecilla *or* la aguja de las horas, el puntero (Andes); **the minute ~** el minutero, la manecilla *or* la aguja de los minutos; **the second ~** el segundero, la manecilla *or* la aguja de los segundos

J (Equestrianism) (measurement) palmo *m*

hand² *vt* **to ~ sb sth, to ~ sth TO sb** pasarle algo A algn; **could you ~ me that hammer, please?** ¿me pasas ese martillo, por favor?; **she ~ed the book to her father** le pasó el libro a su padre; **he was ~ed a stiff sentence** (AmE) le impusieron una pena severa; **Smith ~ed Jones an easy victory** (BrE) Smith le regaló la victoria a Jones; ***to ~ it to sb*: you have to ~ it to her; she knows how to deal with them** hay que reconocerlo *or* hay que sacarle el sombrero, sabe cómo manejarlos

(Phrasal verbs)

- **hand around,** (BrE also) **hand round** [v + o + adv, v + adv + o]: **make some photocopies and ~ them around** haga unas fotocopias y repártalas *or* distribúyalas; **he ~ed around a plate of cookies** pasó un plato de galletas; **could you ~ the cakes around?** ¿podrías ofrecer los pasteles?
- **hand back** [v + o + adv, v + adv + o] devolver*; **the documents must be ~ed back to their owner** los documentos deben ser devueltos *or* (frml) restituidos a su dueño
- **hand down** [v + o + adv, v + adv + o] **1** (pass down) ‹*custom/heirloom/story*› transmitir; ‹*clothes*› pasar; **a craft ~ed down from father to son** un arte transmitido de padre a hijo; **all my clothes were ~ed down to my sisters** toda mi ropa pasaba a mis hermanas **2** (AmE) (Law): **to ~ down a ruling** pronunciarse, dictar sentencia
- **hand in** [v + o + adv, v + adv + o] ‹*homework/form/ticket*› entregar*; **to ~ in one's resignation** presentar su (*or* mi *etc*) dimisión *or* renuncia
- **hand off** [v + o + adv, v + adv + o] **1** (in US football) «*quarterback*» ceder **2** (in rugby) ‹*opponent*› rechazar*
- **hand on** [v + o + adv, v + adv + o] ‹*skills/knowledge*› transmitir, pasar; ‹*object/photograph*› pasar; **~ it on to the person on your left** páselo a la persona que esté a tu izquierda
- **hand out** [v + o + adv, v + adv + o] (distribute, give out) ‹*leaflets/food*› repartir, distribuir*; ‹*advice*› dar*; **he ~ed out praise and punishment without fear or favor** premiaba y castigaba sin favoritismos ni temor
- **hand over**

A [v + o + adv, v + adv + o] **1** (relinquish) ‹*money/keys/gun*› entregar*; ‹*prisoner*› entregar* **2** (on telephone) **to hand sb over TO sb** pasarle a algn CON algn; **I'll ~ you over to Ann** te paso con Ann, te doy con Ann (RPl) **3** (transfer) ‹*power/responsibility*› transferir*; **control of the business was ~ed over to …** la dirección del negocio fue puesta en manos de …

B [v + adv]: **when he finally ~s over to his son** cuando finalmente le ceda el puesto a su hijo; **I'm ~ing over to my deputy for a week** voy a dejar todo en manos de mi vice por una semana; **I'll now ~ over to our reporter in Boston** vamos a escuchar ahora a nuestro corresponsal en Boston

- **hand round** (BrE) ▸**hand around**
- **hand up** (AmE) (Law) pronunciarse

handbag¹ /ˈhændbæg/ *n* **1** (used by women) cartera *f* *or* (Esp) bolso *m* *or* (Méx) bolsa *f* **2** (small suitcase) (AmE) maletín *m*

handbag² /ˈhændbæg/ *vt* (BrE colloq) obligar* a bolsazos *or* (AmS), a carterazos (fam & euf)

hand baggage, (BrE) **hand luggage** *n* [u] equipaje *m* de mano

handball /ˈhændbɔːl/ *n*

A **1** [u] (game — in US) frontón *m*, pelota *f*; (— in Europe) balonmano *m*, handball *m* (AmL) **2** (ball — in US) pelota *f* de frontón; (— in Europe) pelota *f* de balonmano *or* (AmL tb) de handball

B [u] (in soccer) mano *f*; **~!** ¡mano!

handbell /ˈhændbel/ *n* campanilla *f*

handbill /ˈhændbɪl/ *n* volante *m*, folleto *m*

handbook /ˈhændbʊk/ *n* manual *m*

handbrake /ˈhændbreɪk/ *n* **1** (on bicycle) (AmE) freno *m* (de pastilla) **2** (BrE) (Auto) freno *m* de mano; **to apply/release the ~** poner*/sacar* *or* soltar* el freno de mano

hand-built /ˈhændˈbɪlt/ *adj* ‹*furniture*› fabricado artesanalmente; ‹*boat/home*› construido artesanalmente

handcar /ˈhændkɑːr || ˈhændkɑː(r)/ *n* (AmE) vagoneta *f*, zorra *f* (RPl), volanda *f* (Chi)

handcart /ˈhændkɑːrt || ˈhændkɑːt/ *n* carretilla *f*

handclap /ˈhændklæp/ *n* palmada *f*; **to give sb a slow ~** darle* a algn palmas de tango

handcraft¹ /ˈhændkræft || ˈhændkrɑːft/ *vt* (*usu pass*) hacer* a mano; **~ed products** productos *mpl* artesanales

handcraft² *n* ▸**handicraft**

hand cream *n* crema *f* de manos *or* para las manos

handcuff /ˈhændkʌf/ *vt* esposar, ponerle* esposas a

handcuffs /ˈhændkʌfs/ *pl n* esposas *fpl*; **a pair of ~** unas esposas

hand drier, hand dryer *n* secador *m* *or* secadora *f* de manos

hand-eye coordination /ˈhændˈaɪ/ *n* [u] coordinación *f* mano-ojo

hand-feed /ˈhændˈfiːd/ *vt* (*past & past p* **-fed**) darle* de comer en la boca a

handful /ˈhændfʊl/ *n* **1** (amount) puñado *m*; **his hair was coming out by the ~** el pelo se le caía a mechones *or* manojos **2** (small number) (+ *sing o pl vb*) puñado *m*; **only a ~ of people were there** había poca gente, sólo había un puñado de personas **3** (troublesome person or people) (*no pl*): **they are a real ~** «*children*» dan mucho trabajo, son muy traviesos; «*adults*» son muy difíciles, son de armas tomar

hand grenade *n* granada *f* (de mano)

handgrip /ˈhændgrɪp/ *n* (of racket, bat etc) empuñadura *f*; (of bicycle) puño *m*

handgun /ˈhændgʌn/ *n* pistola *f*, revólver *m*

hand-held /ˈhændˈheld/ *adj* de mano

handhold /ˈhændhəʊld/ *n*: *lugar de donde asirse*

hand-holding /ˈhændhəʊldɪŋ/ *n* [u] **1** (holding of hands): **they never went beyond ~** nunca fueron más allá de tomarse *or* (esp Esp) cogerse de la mano **2** (support) (colloq) empujoncito *m* (inicial) (fam), empujadita *f* (AmL fam)

hand-hot /ˈhændˈhɑːt || ˈhændˈhɒt/ *adj* a la temperatura de la mano, caliente pero sin quemar

handicap¹ /ˈhændɪkæp/ *n*

A **1** (disability): **physical ~** impedimento *m* físico; **mental ~** retraso *m* mental **2** (disadvantage) desventaja *f*

B (Sport) **1** (in golf, polo) hándicap *m*; (penalty) desventaja *f*; **to win on ~** imponerse* en tiempo corregido **2** (event) hándicap *m*

handicap² *vt* **-pp-**

A (hamper) ‹*person/chances*› perjudicar*; **they were very much ~ped by a lack of training** la falta de capacitación los perjudicaba mucho *or* los colocaba en una situación de clara desventaja

B (Sport) **1** ‹*person/horse*› asignar un hándicap *or* una desventaja a **2** (AmE) ‹*contestant*› evaluar* las posibilidades de

handicapped¹ /ˈhændɪkæpt/ *adj* disminuido, discapacitado, minusválido; **mentally/physically ~** disminuido *or* discapacitado *or* minusválido psíquico/físico; **he's visually ~** su visión es parcial

handicapped² *pl n*: **the ~** los disminuidos *or* discapacitados *or* minusválidos

handicapper /ˈhændɪkæpər || ˈhændɪkæpə(r)/ *n* **1** (in horse racing) *persona que asigna los hándicaps a los caballos de carrera* **2** (tipster) (AmE) pronosticador, -dora *m,f*

handicraft /ˈhændɪkræft || ˈhændɪkrɑːft/ *n* **1** [c u] (activity) artesanía *f*, trabajo *m* artesanal; (at school) trabajos *mpl* manuales **2** [c] (product) artesanía *f*; **an exhibition of local ~s** una exposición de artesanías locales *or* artesanía local **3** [u] (skill) habilidad *f* manual

handily /ˈhændəli || ˈhændɪli/ *adv*

A (conveniently) (colloq) ‹*placed/situated*› convenientemente

B (AmE) **1** (easily) con facilidad, fácilmente **2** (dexterously) con destreza

handiness /ˈhændinəs || ˈhændinɪs/ *n* [u] **1** (usefulness, convenience) practicidad *f* **2** (skill) habilidad *f*, destreza *f* **3** (nearness) (BrE): **we bought the house because of its ~ for the station** compramos la casa porque queda muy cerca de la estación

handiwork /ˈhændiwɜːrk || ˈhændiwɜːk/ *n* [u] **1** (craftsmanship) trabajo *m*; **his superb ~** su estupendo trabajo, su maestría **2** (product) artesanías *fpl*, objetos *mpl* artesanales; **the children's ~ was on display** los trabajos manuales de los niños estaban expuestos **3** (doing) (pej) obra *f*; **it looks like Laura's ~ to me** a mí me parece obra de Laura

handkerchief /ˈhæŋkərtʃəf, -tʃiːf || ˈhæŋkətʃɪf, -tʃiːf/ *n* (*pl* **-chieves** /-tʃiːvz/ *or* **-chiefs**) pañuelo *m*; **a cotton/paper ~** un pañuelo de algodón/papel; **a garden the size of a pocket** ~ un jardín como un pañuelito

hand-knit /'hænd'nɪt/ *n* prenda *f* (de punto) hecha *or* (AmL) tejida a mano

hand-knitted /'hænd'nɪtəd || ˌhænd'nɪtɪd/ *adj* hecho a mano, tejido a mano (AmL)

handle¹ /'hændl/ *n*

A **1** (of cup, jug) asa *f*‡; (of door) picaporte *m*; (knob) pomo *m*; (of drawer) tirador *m*, manija *f*; (of broom, knife, spade) mango *m*; (of bag, basket) asa *f*‡; (of wheelbarrow, stretcher) brazo *m*; (of pump) manivela *f*; ***to fly off the*** ~ perder* los estribos; ***to get a ~ on sth*** encontrarle* el truco a algo, encontrarle* la vuelta a algo (CS fam) **2** (colloq) (opportunity) oportunidad *f*; (pretext) pretexto *m*, excusa *f*

B **1** (title) (colloq): **to have a ~ to one's name** tener* un título **2** (name) (sl) nombre *m*

C (Comput) asidero *m*

handle² *vt*

A **1** (touch): **please do not ~ the goods** se ruega no tocar la mercancía; Ⓢ **handle with care** frágil; **I'd ~ it more gently if I were you, it's very delicate** yo que tú lo trataría con más cuidado, es muy frágil; **Smith ~d the ball** (in soccer) Smith tocó la pelota con la mano **2** (manipulate, manage) ‹*vehicle/weapon*› manejar; **he has no idea how to ~ a saw** no tiene ni idea de cómo se maneja *or* se usa una sierra; **great care is needed in handling these chemicals** se debe tener mucho cuidado al manipular estos productos químicos; ***too hot to*** ~: **the situation was too hot to ~** la situación era demasiado difícil *or* peliaguda

B **1** (deal with) ‹*people*› tratar; ‹*situation/affair*› manejar; **he has no idea how to ~ his staff** no tiene ni idea de cómo tratar a sus empleados; **you have to ~ him right** hay que saber tratarlo; **he complained of being roughly ~d by the police** se quejó de haber sido maltratado por la policía; **to ~ philosophical concepts** manejar conceptos filosóficos; **he ~d the situation very well** manejó *or* supo llevar muy bien la situación; **you ~d the interview very well** te desenvolviste muy bien en la entrevista; **these decisions are best ~d by professionals** estas decisiones es mejor dejárselas a los expertos, de estas decisiones es mejor que se encarguen *or* que se hagan cargo los expertos; **you keep quiet, I'll ~ this** tú no digas nada, yo me encargo de esto **2** (cope with emotionally) (colloq) ‹*stress/tension*› poder* soportar; **he can't ~ the job** no puede con el trabajo; **I can't tell him the truth; he couldn't ~ it** no puedo decirle la verdad; lo destrozaría

C **1** (be responsible for) ‹*business/financial matters*› encargarse* *or* ocuparse de, llevar; **the department handling your case** el departamento que se encarga *or* se ocupa de su caso, el departamento que lleva su caso **2** (do business in) ‹*goods/commodities*› comerciar con; **they were accused of handling stolen goods** se les acusó de comerciar con objetos robados; **we don't ~ their products** no trabajamos sus productos **3** (process): **the dockers refused to ~ the cargo** los estibadores se negaron a tocar el cargamento; **the airport ~s 300 flights a day** el aeropuerto tiene un tráfico de 300 vuelos diarios; **this port can ~ container traffic** este puerto tiene la capacidad para recibir contenedores; **the machine can ~ any thickness of material** la máquina sirve para tela de cualquier grosor; **computers can ~ vast amounts of data** las computadoras pueden procesar enormes cantidades de datos; **the body's ability to ~ certain foods is impaired** la capacidad del organismo para asimilar *or* procesar ciertos alimentos se ve afectada; **there's too much work for two people to ~** hay demasiado trabajo para dos personas

■ **handle** *vi* responder; **this car ~s well/rather awkwardly on bends** este coche responde bien/no responde muy bien en las curvas

■ *v refl*: **to ~ oneself** desenvolverse*

handlebar /'hændlbɑːr || 'hændlbɑː(r)/ *n* (*often pl*): **~(s)** manillar *m*, manubrio *m* (AmL)

handlebar mustache *n* bigote *m* estilo Dalí

handler /'hændlər || 'hændlə(r)/ *n* **1** (animal trainer) *persona que adiestra o está a cargo de animales* **2** (in boxing) cuidador *m* **3** (Comput) manipulador *m*

handline /'hændlaɪn/ *n* línea *f*

handling /'hændlɪŋ/ *n* [u]

A (treatment — of situation) manejo *m*; (— of subject) tratamiento *m*; **the police ~ of the case** la manera en que la policía llevó el caso

B **1** (holding, touching): **it had become worn as a result of constant ~** se había gastado de tanto tocarlo/usarlo; **this packaging will withstand any amount of ~** este tipo de embalaje resiste la manipulación constante **2** (Busn) porte *m*; **~ charge** cargo *m* por manipulación *or* manejo de mercancías **3** (Aviat) handling *m*

C (Auto) manejo *m*

handloom /'hændluːm/ *n* telar *m* (manual)

hand luggage *n* [u] (BrE) equipaje *m* de mano

handmade /'hænd'meɪd/ *adj* hecho a mano

handmaiden /'hændˌmeɪdn/, **handmaid** /'hændmeɪd/ *n* **1** (female servant) (arch) sierva *f* **2** (accessory) (liter): **Mathematics is the ~ of the Sciences** las demás ciencias se valen de las matemáticas

hand-me-down /'hændmidaʊn/ *n*: *prenda usada o heredada*; **she was always dressed in her sister's ~s** siempre iba vestida con ropa heredada de su hermana

handoff /'hændɔːf || 'hændɒf/ *n* **1** (in US football) transferencia *f* (de balón) **2** (in rugby) rechazo *m*

hand-operated /'hænd'ɑːpəreɪtəd || ˌhænd 'ɒpəreɪtɪd/ *adj* manual

handout /'hændaʊt/ *n*

A (of money, food) dádiva *f*; **I don't need ~s: I want a proper job** no quiero limosnas *or* dádivas, lo que quiero es un trabajo como Dios manda; **there will be no ~s in this year's budget** no habrá dádivas *or* regalos en el presupuesto de este año

B **1** (advertising leaflet) folleto *m* **2** (at lecture, in class) notas *fpl* (*que se distribuyen a los asistentes*) **3** (press release) comunicado *m* de prensa

handover /'hændəʊvər || 'hændəʊvə(r)/ *n* (BrE) entrega *f*

handpick /'hænd'pɪk/ *vt* **1** (select carefully) escoger* *or* seleccionar cuidadosamente **2** **hand-picked** *past p* ‹*personnel/materials*› cuidadosamente seleccionado; ‹*fruit*› cosechado a mano

handpump /'hændpʌmp/ *n* bomba *f* de mano

hand puppet *n* marioneta *f* de mano, títere *m* de mano

handrail /'hændreɪl/ *n* **1** (on stairs, slope) pasamanos *m* **2** (on bridge, ship) baranda *f*, barandilla *f*

hand-rear /'hænd'rɪr || ˌhænd'rɪə(r)/ *vt* criar* como animal doméstico

handsaw /'hændsɔː/ *n* serrucho *m*, sierra *f* (*manual*)

handset /'hændset/ *n* auricular *m*, tubo *m* (RPl)

hands-free /'hændz'friː/ *adj* manos libres *adj inv*

handshake /'hændʃeɪk/ *n* **1** (between people) apretón *m* de manos; *see also* **golden handshake** **2** (Comput) protocolo *m* de intercambio

hand signal *n* **1** (Auto) seña *f* (*hecha con la mano*); **to give a ~ ~** hacer* una seña con la mano **2** (by referee, coach) (AmE) señal *f*

hands-off /'hændz'ɔːf || 'hændz'ɒf/ *adj* (*before n*)

A (Pol) ‹*approach/policy*› de no intervención *or* interferencia

B **1** ‹*instruction/experience*› teórico **2** (Comput) ‹*operation/running*› automático

handsome /'hænsəm/ *adj* **handsomer, handsomest**

A **1** (attractive) ‹*man*› apuesto, bien parecido, buen mozo (AmL), guapo (esp Esp, Méx); **she's a ~ woman** es una mujer apuesta, es muy buena moza (AmL); **the horse was a ~ specimen** el caballo era un magnífico ejemplar **2** (impressive) ‹*object/monument/binding*› magnífico, bello

B **1** ‹*gesture*› noble; ***~ is as ~ does*** obras son amores, que no buenas razones **2** ‹*gift/offer*› generoso, espléndido; **they won by a ~ margin** ganaron por un amplio margen; **he got a ~ return on his investment** obtuvo un excelente beneficio de su inversión

C (well rendered) (AmE) muy logrado

handsomely /'hænsəmli/ *adv*

A ‹*illustrated/bound/designed*› magníficamente

B **1** ‹*contribute*› con generosidad *or* esplendidez; ‹*win/lose*› por un amplio margen; **I profited ~ from my modest investment** obtuve un excelente beneficio de mi pequeña inversión **2** (graciously, nobly) noblemente

C (with skill) (AmE) hábilmente

hands-on /'hændz'ɑːn || 'hændzɒn/ *adj* (*before n*) **1** ‹*instruction/experience*› práctico **2** (Comput) ‹*operation/running*› manual

handspring /'hændsprɪŋ/ *n* voltereta *f*, vuelta *f* de manos (Méx)

handstand /'hændstænd/ *n*: **to do a ~** hacer* la vertical *or* (Esp) el pino, pararse de manos (AmL)

hand-to-hand /ˌhændtə'hænd/ *adj* (*before n*) ‹*fighting/combat*› cuerpo a cuerpo

hand-to-mouth /ˌhændtə'maʊθ/ *adj* pobre, precario

hand-wash /'hænd'wɔːʃ || 'hændwɒʃ/ *vt* lavar a mano

handworked /'hændwɜːrkt || 'hændwɜːkt/ *adj* hecho a mano

hand-woven /'hænd'wəʊvən/ *adj* tejido a mano

handwriting /'hændˌraɪtɪŋ/ *n* [u] letra *f*; **he has very poor ~** tiene muy mala letra; (*before n*): **~ analysis** estudio *m* grafológico, análisis *m* de la letra

handwritten /'hændˌrɪtn/ *adj* manuscrito, escrito a mano

handy /'hændi/ *adj* **-dier, -diest** (colloq)

A (*pred*) **1** (readily accessible) a mano; **she always keeps a flashlight ~ in case of power cuts** siempre tiene una linterna a mano por si hay un corte de luz **2** (conveniently situated) cerca, a mano; **the shops are very ~ here** las tiendas nos (*or* les *etc*) quedan muy a mano, las tiendas quedan muy cerca de aquí; **to be ~ FOR sth** estar* *or* quedar cerca DE algo; **you're very ~ for the airport, aren't you?** el aeropuerto te queda muy a mano *or* muy cerca ¿no?

B **1** (convenient) práctico; **it's quite ~ that he can't come after all** después de todo, nos viene bastante bien que no venga **2** (useful) útil, práctico; **to come in ~** venir* muy bien; **the money came in ~** el dinero le (*or* me *etc*) vino muy bien

C ‹*cook/gardener*› hábil, habilidoso; **he's pretty ~ about the house** es muy habilidoso *or* mañoso para los arreglos de la casa; **he's ~ with his fists** enseguida la emprende a puñetazos

handyman /'hændimæn/ *n* (*pl* **-men** /-men/) *hombre habilidoso para trabajos de carpintería, albañilería etc*; **we need a general ~** necesitamos alguien que se ocupe del mantenimiento en general; **I'm not much of a ~** no me doy mucha maña para los trabajos y arreglos de la casa

handywoman /'hændiwʊmən/ *n*: *mujer que se da mucha maña para los trabajos y arreglos de la casa*, manitas *f* (fam)

hang¹ /hæŋ/ *vt* (*past & past p* **hung**)

A **1** (suspend) ‹*dress/coat/picture/curtain*› colgar*; ‹*washing*› tender*; **the play was simply a peg on which to ~ her political message** la obra no era más que un vehículo para su mensaje político; **to ~ sth WITH sth**: **we hung the trees with Chinese lanterns** adornamos *or* decoramos los árboles con farolillos; **the streets were hung with flags** las calles estaban adornadas con banderas **2** (put in position) ‹*door/gate*› colocar*, montar; **to ~ wallpaper** empapelar **3** (Culin) ‹*game*› manir **4** **to**

h

~ **one's head** bajar *or* inclinar la cabeza
B (turn) (AmE colloq): **to ~ a left/right** hacer* un giro a la izquierda/derecha
C (Comput) colgar*, dejar colgado
D (*past & past p* **hanged** *or* **hung**) **1** (kill) ahorcar*, colgar*; **he ~ed himself** se ahorcó **2** (in interj phrases) (esp BrE colloq & dated): **~ it!** ¡caray! (fam & ant); **I'll be ~ed if I'm going to stand for any more nonsense from her!** ¡no pienso aguantarle más tonterías!, ¡que me aspen si le aguanto otra tontería! (fam & ant)

■ **hang** *vi* (*past p* **hung**)
A **1** (be suspended) colgar*, pender (liter), estar* colgado; **the picture had always hung there** el cuadro siempre había estado (colgado) allí; **your coat is ~ing in the hall** tu abrigo está colgado en el vestíbulo; **to ~ BY/FROM/ON sth** colgar* DE algo; **it hung by an iron chain** colgaba de una cadena de hierro; **a splendid chandelier hung from the ceiling** del techo colgaba una espléndida araña; **it's ~ing on a peg** cuelga de un gancho; **it's ~ing on the wall** está colgado en la pared; **they were ~ing on his every word** estaban totalmente pendientes de lo que decía *or* de sus palabras; ~ ***loose!*** (esp AmE sl) ¡tranquilo!; ***to ~ tough on sth*** (AmE) mantenerse* firme en algo; **if he ~s tough they will eventually give in** si se mantiene en sus trece, terminarán cediendo **2** (hover) ‹‹*fog/smoke*›› flotar; ‹‹*bird*›› planear, cernerse*; **to ~ OVER sth: the mist hung over the marshes** la bruma flotaba sobre las marismas; **a question mark ~s over the future of the industry** un interrogante se cierne sobre el futuro de la industria; **I won't be able to enjoy myself if I have that piece of work ~ing over me** no me voy a poder divertir si tengo ese trabajo pendiente; **the question hung in the air unanswered** la pregunta quedó flotando en el aire **3** ‹‹*clothing/fabric*›› caer*; **that skirt ~s very well** esa falda tiene muy buena caída *or* cae muy bien
B (*past & past p* **hanged** *or* **hung**) (be executed): **she thought he would ~ for it** creyó que lo mandarían a la horca *or* lo ahorcarían por ello; ***to go ~***: **she can go ~ for all I care** por mí, que se pudra *or* que se muera (fam)
C (Comput) quedarse colgado

Phrasal verbs

• **hang about** [v + adv] **1** ▸**hang around A** **2** (stop, wait) (BrE colloq) (*only in imperative*): **~ about: that can't be right!** ¡(espera) un momento! ¡no puede ser!
• **hang around** (colloq)
A [v + adv] (stay, wait idly): **there's no point in ~ing around: they're not coming back** no vale la pena esperar, no van a volver; **I hung around to see what would happen** me quedé por ahí para ver qué pasaba; **I've been ~ing around all day waiting for her to call** he estado todo el día aquí plantado, esperando que me llame; **he saw them ~ing around outside** los vio merodeando *or* rondando por allí; **he kept us ~ing around for an hour** nos tuvo esperando una hora; **mostly they just ~ around on street corners** pasan la mayor parte del tiempo en la calle, holgazaneando; **I don't like the people you ~ around with** no me gusta la gente con la que andas; **once he's decided, he won't ~ around** una vez que se decida, no va a andar con vueltas (fam)
B [v + prep + o]: **we hung around the town for a few days** nos quedamos unos días dando vueltas por la ciudad; **he's always ~ing around the bar** siempre anda rondando por el bar
• **hang back** [v + adv]: **he went to the door, but the others hung back** él se acercó a la puerta, pero los demás se quedaron atrás; **she hung back, waiting for the best moment to speak** se contuvo, esperando el mejor momento para hablar; **he hung back from voicing his own opinion** se abstuvo de expresar su opinión
• **hang in** (colloq) seguir* adelante; **the business was losing money, but she hung in doggedly** el negocio estaba perdiendo dinero, pero ella siguió adelante contra viento y marea; **~ in there!** ¡(sigue) adelante!, ¡persevera!
• **hang on**
A [v + adv] **1** (wait) esperar; **can you ~ on? I'll get a pencil** (espera) un momentito, voy a buscar un lápiz; **to keep sb ~ing on** hacer* esperar a algn; **the endings are designed to keep you ~ing on until the next episode** los finales están pensados para tenerte en suspenso hasta el próximo episodio; **where's the toilet? I can't ~ on any longer** ¿dónde está el baño? ¡ya no aguanto más! **2** (keep hold) **to ~ on (TO sth)**: **~ on tight or you'll fall off** agárrate fuerte, que si no te caes; **he hung on to my arm and wouldn't let go** me tenía agarrada del brazo y no me soltaba; **she tried to take the toy away, but he hung on to it** le quiso quitar el juguete pero se aferró a él; **you ~ on to this end of the rope** tú sostén esta punta de la cuerda **3** **to ~ on TO sth** (keep) (colloq): **she only offered me $25 for the pair, so I decided to ~ on to them** me ofreció sólo $25 por los dos, así que decidí quedarme con ellos; **~ on to the receipt** conserva *or* guarda el recibo; **she hung on to her ideals in spite of everything** se mantuvo fiel a sus ideales a pesar de todo **4** (maintain one's position): **she hung on to win the race** siguió adelante y ganó la carrera; **if we can ~ on for another month, we'll be over the worst of it** si podemos aguantar *or* resistir otro mes, ya habrá pasado lo peor
B [v + prep + o] (depend on) ‹‹*outcome/decision*›› depender de
• **hang out**
A [v + o + adv, v + adv + o] ‹*washing*› tender*, colgar*; ‹*flag*› poner*
B [v + adv] **1** (dangle): **with his shirt/tongue ~ing out** con la camisa/la lengua afuera; **all the wires were ~ing out** todos los cables estaban sueltos; **let it all ~ out!** (sl & dated) ¡suéltate la melena! (fam) **2** (colloq) (live) vivir; (spend time) andar*; **I don't ~ out there a lot** no ando mucho por allí; **to ~ out WITH sb** andar* CON algn **3** (pass time) (AmE sl): **what've you been up to? — just ~ing out** ¿qué has estado haciendo? — nada, por ahí con los chicos (*or* mis amigos *etc*)
• **hang together** [v + adv]: **the story/plan doesn't ~ together** al cuento/plan le falta coherencia; **his statement just did not ~ together** su declaración era contradictoria
• **hang up**
A [v + adv] **1** (put down receiver) colgar*, cortar (CS); **to ~ up ON sb** colgarle* *or* (CS tb) cortarle a algn; **she hung up on me** me colgó *or* (CS tb) me cortó **2** (Comput) desconectarse
B [v + o + adv, v + adv + o] (on hook, hanger) ‹*coat*› colgar*; ***to ~ up one's boots*** o (AmE also) ***spikes/sneakers/skates*** retirarse
• **hang upon** ▸**hang on B**

hang² *n* (*no pl*) caída *f*; **I don't like the ~ of that dress** no me gusta la caída que tiene *or* como cae ese vestido; ***not to give a ~ about sth*** (colloq): **I don't give a ~ about the future** (colloq & dated) me importa un bledo *or* un comino el futuro (fam); ***to get the ~ of sth*** (colloq) agarrarle la onda a algo (AmL fam), cogerle* el tranquillo a algo (Esp fam), agarrarle *or* tomarle la mano a algo (CS fam); **I used to ski well, but now I've lost the ~ (of it)** antes esquiaba bien pero he perdido la práctica

hangar¹ /'hæŋər || 'hæŋə(r)/ *n* hangar *m*

hangar² *vt* guardar *or* meter en el hangar

hangdog /'hæŋdɔːg || 'hæŋdɒg/ *adj* (*before n*) (downcast) abatido; (ashamed) avergonzado

hanger /'hæŋər || 'hæŋə(r)/ *n* (*clothes or coat* ~) percha *f*, gancho *m* (para la ropa) (AmL)

hanger-on /'hæŋər,ɑːn || ,hæŋgər'ɒn/ *n* (*pl* **hangers-on**) (colloq & pej) parásito *m*, adlátere *mf*; **with all their hangers-on** con todos sus adláteres, con toda su comitiva *or* todo su séquito

hang-glide /'hæŋglaɪd/ *vi* volar* con ala delta *or* (Méx) en deslizador

hang glider *n* **1** (device) ala *f*‡ delta, deslizador *m* (Méx) **2** (person) piloto *mf* de ala delta *or* (Méx) de deslizador

hang gliding *n* [u] vuelo *m* con ala delta *or* (Méx) en deslizador

hangi /'hæŋi/ *n* (NZ) (Culin) *horno cavado en suelo, comida cocinada en él y reunión donde se come ésta*

hanging¹ /'hæŋɪŋ/ *n*
A **1** [u] (penalty) la horca, la pena de muerte en la horca; (*before n*): **~ matter**: **it's scarcely a ~ matter** apenas tiene importancia,, en realidad no es muy importante; **a ~ offense** o (BrE) **offence** un delito penado con la horca **2** [c] (execution) ejecución *f* (*en la horca*)
B [c] (drapery) (on wall) tapiz *m*; (over windows, doors) colgadura *f*

hanging² *adj* (*before n*) colgante, pendiente; **~ bridge** puente *m* colgante; **I need more ~ space** necesito más espacio para colgar prendas

hanging basket *n*: *cesto colgante para plantas*

hanging committee *n*: *jurado que selecciona las obras que se han de exponer*

hangman /'hæŋmən/ *n* (*pl* **-men** /-mən/) **1** [c] (Law) verdugo *m* **2** (Games) (*no pl*) ahorcado *m*

hangnail /'hæŋneɪl/ *n* padrastro *m*

hangout /'hæŋaʊt/ *n* (colloq): **a popular ~ with young and old** un sitio muy frecuentado por jóvenes y mayores; **we went to all his usual ~s** fuimos a todos los sitios que solía frecuentar

hangover /'hæŋəʊvər || 'hæŋəʊvə(r)/ *n*
A (from drinking) resaca *f*, cruda *f* (AmC, Méx fam), guayabo *m* (Col fam), ratón *m* (Ven fam)
B (survival) vestigio *m*, reliquia *f*; **a ~ from earlier times** un vestigio *or* una reliquia de tiempo pasados

hang-up /'hæŋʌp/ *n* (colloq) complejo *m*, trauma *m*; **she has so many ~s** tiene tantos complejos *or* traumas

hank /hæŋk/ *n* madeja *f*

hanker /'hæŋkər || 'hæŋkə(r)/ *vi* **to ~ AFTER** o **FOR sth** anhelar *or* ansiar* algo

hankering /'hæŋkərɪŋ/ *n* anhelo *m*, ansia *f*‡; **to have a ~ FOR sth/to + INF** anhelar *or* ansiar* algo/+ INF, tener* ansias DE algo/+ INF

hanky, hankie /'hæŋki/ *n* (*pl* **-kies**) (colloq) pañuelo *m*

hanky-panky /,hæŋki'pæŋki/ *n* [u] (colloq & hum) **1** (malpractice) tejemanejes *mpl* (fam) **2** (bad behavior) travesuras *fpl* **3** (sexual play) juegos *mpl* de manos

Hannibal /'hænəbəl || 'hænɪbəl/ *n* Aníbal

Hanover /'hænəʊvər || 'hænəʊvə(r)/ *n* Hanover

Hanoverian¹ /,hænə'vɪriən || ,hænə'vɪəriən/ *adj* de la casa de Hannover

Hanoverian² *n*: **the ~s** la casa de Hannover

hansom (cab) /'hænsəm/ *n* coche *m* de caballos

Hants = Hampshire

Hanukkah, Hanukah /'hɑːnəkə/ *n* Januká, Hanukkah (*fiesta judía de la dedicación del Templo*)

ha'penny /'heɪpni/ *n* BrE (*pl* **-pennies**) **1** ▸**halfpenny 1** **2** (*pl* **-pence**) ▸**halfpenny 2**

haphazard /hæp'hæzərd || hæp'hæzəd/ *adj*: **they promote people in a very ~ way** ascienden a la gente caprichosamente *or* al azar; **his work is very ~** su trabajo es muy irregular; **his approach is very ~** no es coherente en su enfoque

haphazardly /hæp'hæzərdli || hæp'hæzədli/ *adv* ‹*select/choose*› caprichosamente, al azar; **~ arranged** dispuesto, sin orden ni concierto

hapless /'hæpləs || 'hæplɪs/ *adj* (*before n*) (liter *or* journ) desafortunado, desventurado (liter)

ha'p'orth /'heɪpərθ || 'heɪpəθ/ *n* (*pl* ~) (BrE) **1** (amount bought with halfpenny) medio penique *m* **2** (small amount) (colloq & dated) (*no pl*) pizca *f* (fam); **it doesn't make a ~ of difference** no cambia ni pizca las cosas (fam)

happen /'hæpən/ *vi*
A **1** (occur) pasar, suceder, ocurrir, acaecer* (liter); **what's ~ed?** ¿qué ha pasado *or* sucedido *or* ocurrido?; **don't let it ~ again** que no vuelva a

pasar *or* suceder *or* ocurrir; **how did the accident ~?** ¿cómo ocurrió el accidente?; **she acted as though nothing had ~ed** hizo como si nada hubiera pasado; **nothing ever ~s round here** aquí nunca pasa nada; **whatever ~s, we'll stand by you** pase lo que pase, te apoyaremos; **these things ~** son cosas que pasan; **worse things ~ at sea** (BrE set phrase) no es el fin del mundo, más se perdió en la guerra *or* (esp Esp) en Cuba; **it's all ~ing here** la movida es aquí; **hi, what's ~ing?** (AmE colloq) hola ¿qué tal? ¿qué es de tu vida? (fam) 2 (befall, become of) **to ~ TO sb** pasarle A algn; **a strange thing ~ed to me this morning** esta mañana me pasó *or* sucedió *or* ocurrió una cosa extraña; **why does everything ~ to me?** ¿por qué tendrá que pasarme todo a mí?; **if anything ~ed to me, you'd inherit everything** si me pasara *or* me ocurriera algo, lo heredarías todo tú; **he's very late; I hope nothing has ~ed to him** está tardando mucho, espero que no le haya pasado *or* ocurrido nada; **what's ~ed to your leg?** ¿qué te ha pasado en la pierna?; **whatever ~ed to all those bands of the 60s?** ¿qué habrá sido de todos aquellos grupos de los años 60?

B **to ~ to + INF** 1 (do, be by chance): **she ~ed to be there** dio la casualidad de que estaba ahí; **if you ~ to see her, give her my love** si por casualidad la ves, dale recuerdos de mi parte; **you don't ~ to know the time of the next train, do you?** ¿usted no sabrá (por casualidad) a qué hora sale el próximo tren? 2 (do, be actually): **who's that fat guy over there? — he ~s to be my brother** ¿quién es ese gordo de ahí? — pues da la casualidad de que es mi hermano; **it was a wonderful production; I just don't ~ to like opera** fue una puesta excelente; lo que pasa es que a mí no me gusta la ópera

■ *v impers*: **how does it ~ that he gets paid more than me?** ¿cómo puede ser que gane *or* cómo es que gana más que yo?; **it may ~ that you'll get a question like that in the examination** puede ser que en el examen te toque una pregunta como ésa; **it (just) so ~s that I know him** da la casualidad de que lo conozco; **as it ~s, I'm going that way myself** da la casualidad de que yo también voy hacia allí; **well, as it ~s, I already knew that** pues para que sepas, yo ya lo sabía; **as often seems to ~** como suele pasar *or* suceder *or* ocurrir

Phrasal verbs

- **happen along** [v + adv] aparecer*
- **happen on, happen upon** [v + prep + o] ‹*acquaintance*› encontrarse* *or* toparse con; ‹*object*› encontrarse*; **we ~ed on a wonderful restaurant in the port** descubrimos un restaurante maravilloso en el puerto

happening /'hæpənɪŋ/ *n*
A (occurrence) suceso *m*
B (Theat) happening *m* (*espectáculo artístico improvisado en el que participa el público*)

happenstance /'hæpənstæns || 'hæpənstəns/ *n* [u c] (AmE) casualidad *f*; **by ~** por casualidad

happily /'hæpəli || 'hæpɪli/ *adv*
A 1 ‹*smile/laugh*› alegremente; **... and they lived ~ ever after** (set phrase) … y vivieron felices y comieron perdices (fr hecha); **it all ended ~** tuvo un final feliz; **to be ~ married** ser* feliz en el matrimonio; **they were playing quite ~** estaban jugando de lo más contentos *or* tranquilos 2 (willingly, gladly) (*usu before vb*) con mucho gusto; **I'll ~ look after the children** yo te cuido a los niños encantada *or* con mucho gusto 3 (without demur) (*usu before vb*): **he'll quite ~ eat six eggs for breakfast** es muy capaz de comerse seis huevos en el desayuno; **they'll ~ pay vast sums for ...** están dispuestos a pagar sumas exorbitantes por …; **I could ~ have strangled her** la hubiera estrangulado de buena gana
B 1 (felicitously) (frml *or* liter) (*before vb*) ‹*chosen/expressed*› acertadamente 2 (fortunately) (*indep*) por suerte, afortunadamente; **~, there is an easy way out** por suerte *or* afortunadamente, hay una solución fácil

happiness /'hæpines || 'hæpinɪs/ *n* [u] felicidad *f*, dicha *f*; **the secret of ~** el secreto de la felicidad; **she had never known such ~** nunca había sido tan feliz *or* dichosa; **I wish you every ~** que seas muy feliz; **our ~ at the news** nuestra alegría al enterarnos

happy /'hæpi/ *adj* **-pier, -piest**
A (of people) 1 (joyful, content) ‹*person/family/home*› feliz; ‹*smile*› de felicidad, alegre; ‹*disposition*› alegre; **she's not ~ unless she has somebody to shout at** si no tiene a quien gritarle, no está contenta; **I hope you'll both be very ~** que sean *or* (Esp) que seáis muy felices; **to make sb ~** hacer* feliz a algn; **he is ~ in his work** está contento con su trabajo; **I'd be happier if you weren't going alone** me quedaría más tranquilo si no fueras solo; **he'll promise them anything just to keep them ~** con tal de tenerlos contentos, es capaz de prometerles cualquier cosa; ***as ~ as a sandboy/as a lark/as the day (is long)/as Larry*** (esp BrE) como unas pascuas, contentísimo 2 (pleased) (*pred*): **to be ~** alegrarse; **we're so ~ you're back** nos alegramos tanto *or* estamos tan contentos de que hayas vuelto; **I'm so ~ for you** me alegro mucho por ti, ¡cuánto me alegro!; **he was very ~ that you had found a job** se alegró mucho de que hubieras encontrado trabajo; **he was ~ to be back home** estaba contento de estar de vuelta en casa; **she'd be only too ~ to help** ella ayudaría encantada *or* con mucho gusto 3 (satisfied) (*pred*): **to be ~** estar* contento; **she's not entirely ~ with his work** no está del todo contenta con su trabajo; **some people are ~ with anything** algunas personas se contentan con cualquier cosa 4 (tipsy) (BrE colloq) (*pred*): **to be ~** estar* alegre *or* (fam) achispado
B (of events) 1 (giving pleasure) ‹*days/times/occasion*› feliz; **the happiest days of your life** la época más feliz de la vida; **the ~ event** el feliz acontecimiento; **~ birthday** feliz cumpleaños; **H~ New Year** Feliz Año Nuevo; **many ~ returns (of the day)!** ¡felicidades! *or* ¡que cumplas muchos más! 2 (fortunate) (*before n*) ‹*coincidence*› feliz; ‹*position*› privilegiado, afortunado 3 (felicitous) (frml *or* liter) ‹*remark/choice/thought*› afortunado, acertado

happy-go-lucky /,hæpigəʊ'lʌki/ *adj* despreocupado

happy hour *n: horas durante las cuales se reduce el precio de las consumiciones en los bares*

happy hunting ground *n* 1 (Myth) paraíso *m*, tierra *f* prometida 2 (ideal milieu) (colloq & hum) paraíso *m*

hara-kiri /,hærə'kɪri/ *n* [u] haraquiri *m*; **to commit ~** hacerse* el haraquiri

harangue[1] /hə'ræŋ/ *vt* arengar*

harangue[2] *n* arenga *f*

harass /'hærəs hə'ræs/ *vt* 1 (persistently annoy) acosar 2 (Mil) hostigar*

harassed /'hærəst hə'ræst/ *adj* nervioso, tenso, abrumado *or* agobiado por el trabajo (*or* los problemas *etc*)

harassment /'hærəsmənt hə'ræs-/ *n* [u] 1 (pestering) acoso *m*; **racial ~** hostilidad *f* racial; **sexual ~** acoso *m* sexual; **police ~** acoso *m* por parte de la policía 2 (Mil) hostigamiento *m*

harbinger /'hɑːrbəndʒər || 'hɑːbɪndʒə(r)/ *n* (liter) (thing) presagio *m*; (person) precursor *m*, heraldo *m*; **they are ~s of a more prosperous future** son precursores de un futuro más próspero, presagian *or* vaticinan un futuro más próspero; **it's a ~ of doom** es un presagio funesto, es de mal agüero

harbor[1], (BrE) **harbour** /'hɑːrbər || 'hɑːbə(r)/ *n* 1 (Naut) puerto *m*; (*before n*): **~ dues** derechos *mpl* portuarios; **~ wall** malecón *m*, espolón *m* 2 (safe place) refugio *m*

harbor[2], (BrE) **harbour** *vt* 1 (shelter) ‹*fugitive*› albergar*, dar* refugio a 2 (contain, conceal) ‹*animal/person*› esconder; **old rugs ~ a lot of dirt** las alfombras viejas juntan mucha mugre 3 (hold in mind) ‹*desire/suspicion*› albergar* (liter); ‹*hopes*› abrigar* (liter); **to ~ a grudge** guardar rencor

harbor master, (BrE) **harbour master** /'hɑːrbər,mæstər || 'hɑːbə,mɑːstə(r)/ *n* capitán *m* de puerto

hard[1] /hɑːrd || hɑːd/ *adj* **-er, -est**
A 1 (firm, solid) ‹*object/surface*› duro; **to set ~** endurecerse*; **to freeze ~** helarse*; **~ court** cancha *f* *or* (Esp tb) pista *f* (de tenis) dura 2 (forceful) ‹*push/knock*› fuerte
B 1 (difficult) ‹*question/subject*› difícil; ‹*task*› arduo; **our prices are ~ to beat** nuestros precios son imbatibles; **such documents are ~ to come by** esos documentos son difíciles de conseguir; **he's ~ to please** es difícil de complacer, es exigente; **you'll have a ~ time** *o* **job explaining that to her** te costará explicárselo; **it's ~ for them to adapt** les cuesta adaptarse; **I find that ~ to believe** me cuesta creerlo; **to learn sth the ~ way** aprender algo a base de cometer errores 2 (severe) ‹*winter/climate/judge/master*› duro, severo; **times are very ~ for small businessmen** corren muy malos tiempos para los pequeños comerciantes; **he had a ~ time in the army** lo pasó mal en el ejército; **to give sb a ~ time** hacérselas* pasar mal a algn; **to be ~ ON sb/sth**: **don't be too ~ on him** no seas demasiado duro con él; **it's ~ on her to have to walk so far** tener que ir tan lejos a pie es duro para ella; **he's ~ on his shoes** no le duran nada los zapatos, destroza los zapatos enseguida; **~ luck** mala suerte; *see also* **hard-luck story** 3 (tough, cynical) ‹*person/attitude*› duro, insensible
C 1 (concentrated, strenuous): **we need to do some ~ talking to sort this matter out** tenemos que hablar muy seriamente para resolver este asunto; **to take a long ~ look at sth** analizar* seriamente algo; **children are very ~ work at that age** los niños dan mucho trabajo a esa edad; **it's ~ work getting him to do anything** cuesta conseguir que haga algo 2 (energetic): **he's a ~ worker/fighter** es muy trabajador/luchador; **a ~ drinker** un gran bebedor *or* (AmL tb) tomador
D (definite) ‹*evidence*› concluyente; **~ news** noticias *f* concretas
E (sharp, harsh) ‹*outline/angle*› pronunciado; ‹*light/voice*› fuerte; ‹*expression/features*› duro
F 1 (in strongest forms): **~ drugs** drogas *fpl* duras; **~ liquor** bebidas *fpl* (alcohólicas) fuertes; **a drop of the ~ stuff** (colloq & hum) un traguito de algo fuerte; **~ porn** porno *m* duro; **~ rock** rock *m* duro 2 (Fin): **~ cash** dinero *m* contante y sonante, efectivo *m*; **~ currency** divisa *f* *or* moneda *f* fuerte 3 ‹*water*› duro 4 (Ling) ‹*sound/consonant*› fuerte 5 (Phys) ‹*radiation/gamma ray/X ray*› duro
G (Pol): **the ~ left/right** la izquierda/derecha dura

hard[2] *adv* **-er, -est**
A 1 (with force) ‹*pull/push*› con fuerza; **I hit her ~** le pegué fuerte; **you have to slam the door ~** tienes que dar un portazo fuerte; **she kept her foot ~ down on the accelerator** siguió pisando con fuerza el acelerador; **I threw the ball as ~ as I could** tiré la pelota con todas mis fuerzas 2 (strenuously) ‹*work*› mucho, duro, duramente; ‹*run*› mucho; **I was ~ at work** estaba concentrado en mi trabajo; **he works his students very ~** hace trabajar mucho a sus alumnos, les exige mucho a sus alumnos; **we've been saving ~ for the trip** hemos estado ahorrando mucho *or* (fam) como locos para el viaje; **no matter how ~ I try** por más que me esfuerzo; **I think you're trying too ~** creo que te lo tienes que tomar con más calma; **if you wish for it ~ enough, it will come true** si lo deseas con todas tus fuerzas, se hará realidad; **think ~ before you decide** piénsalo muy bien antes de decidir; **I'd think very ~ before committing myself** (me) lo pensaría dos veces antes de comprometerme; ***to be ~ put*** *o* (BrE also) ***pushed to* + INF**: **you'd be ~ put (to it) to find a better doctor** sería difícil encontrar un médico mejor; **I'd be ~ put to remember their names** me pondrías en un aprieto si me preguntaras cómo se

llaman 3 (intently) ‹listen› atentamente, con atención; **we'll have to look ~ at their proposals** tendremos que estudiar seriamente sus propuestas
B (heavily) ‹rain/snow› fuerte, mucho; ‹pant/breathe› pesadamente; **she's been hitting the bottle pretty ~** (colloq) le ha estado dando duro al trago (fam)
C (severely): **the southern states have been ~est hit** los estados del sur han sido los más afectados; **her death hit him very ~** su muerte lo afectó muchísimo *or* fue un duro golpe para él; **to take sth ~** tomarse algo muy mal; ***to be/feel ~ done by***: **she thinks she has been** *o* **she feels ~ done by** piensa que la han tratado injustamente
D 1 (in directions): **~ to port/starboard** completamente a babor/estribor; **to turn ~ left** girar *or* doblar* a la izquierda en un ángulo cerrado 2 (close): **~ by** (arch) muy cerca de aquí

hard-and-fast /ˌhɑːrdn'fæst || ˌhɑːdn'fɑːst/ *adj* (*no comp, usu before n*) absoluto, que se puede aplicar a rajatabla

hardback /'hɑːrdbæk || 'hɑːdbæk/ *n* 1 [c] (book) libro *m* de tapa dura *or* en cartoné 2 [u] (form of cover): **in ~** con tapa dura, en cartoné

hardball[1] /'hɑːrdbɔːl || 'hɑːdbɔːl/ *n* [u] (AmE) béisbol *m*; ***to play ~*** (colloq) ser* implacable *or* despiadado (fam)

hardball[2] *adj* (AmE colloq) 1 (ruthless) despiadado 2 (difficult) peliagudo (fam)

hard-bitten /'hɑːrd'bɪtn || ˌhɑːd'bɪtn/ *adj* endurecido

hardboard /'hɑːrdbɔːrd || 'hɑːdbɔːd/ *n* [u] cartón *m* madera

hard-boiled /'hɑːrd'bɔɪld || ˌhɑːd'bɔɪld/ *adj*
A ‹egg› duro
B (unsentimental) endurecido

hard candy *n* [u c] (AmE) barra *f* de caramelo

hard copy *n* [u] impresión *f*

hard-core /'hɑːrd'kɔːr || ˌhɑːd'kɔː(r)/ *adj* ‹activist› incondicional; ‹rightist/leftist› a ultranza; ‹poverty/unemployment› crónico; **~ pornography** pornografía *f* dura

hard core *n*
A [u] (material) balasto *m*
B (nucleus) (*no pl*) núcleo *m*

hardcover /'hɑːrd'kʌvər || ˌhɑːd'kʌvə(r)/ *n* ▸**hardback 2**

hard disk *n* disco *m* duro

hard-drinking /ˌhɑːrd'drɪŋkɪŋ || ˌhɑːd'drɪŋkɪŋ/ *adj* aficionado al alcohol, gran bebedor de alcohol

hard drive *n* ▸**hard disk**

hard-earned /'hɑːrd'ɜːrnd || ˌhɑːd'ɜːnd/ *adj* (*usu before n*) ‹cash› ganado con el sudor de la frente; ‹rest› bien merecido

harden /'hɑːrdn || 'hɑːdn/ *vt* 1 (make hard) endurecer*; ‹skin› endurecer*, curtir; ‹steel/glass› templar 2 (make tough, unfeeling) ‹person› endurecer*; **to ~ sb TO sth** acostumbrar a algn A algo; **to ~ one's heart**: **you must ~ your heart and tell him to go** tienes que hacerte fuerte y decirle que se vaya 3 (confirm, stiffen) ‹resolve/attitude› afianzar*; **recent events have ~ed political divisions** los últimos acontecimientos han hecho más pronunciadas las divisiones políticas
■ **harden** *vi*
A 1 (become hard, set) «concrete/glue» endurecerse* 2 (become tough, unfeeling) «person/heart» endurecerse*, insensibilizarse* 3 (become rigid, cold) «expression» endurecerse* 4 (become inflexible, fixed) «attitude» volverse* inflexible; **he ~ed in his resolve to …** se afianzó en su decisión de …
B (Fin) 1 (increase in value) «prices/shares» subir 2 (stabilize) «market/prices» consolidarse

Phrasal verb
• **harden off** [v + o + adv, v + adv + o] (Hort) aclimatar

hardened /'hɑːrdnd || 'hɑːdnd/ *adj*
A 1 (seasoned) ‹troops/veterans› curtido (en el combate); **to be ~ TO sth** estar* acostumbrado *or* hecho A algo 2 (inveterate) (*before n*) ‹sinner/drinker› empedernido; ‹criminal› habitual
B (Metall) ‹steel› templado

hardener /'hɑːrdnər || 'hɑːdnə(r)/ *n* endurecedor *m*

hardening /'hɑːrdnɪŋ || 'hɑːdnɪŋ/ *n* [u] 1 (of material) endurecimiento *m*; **~ of the arteries** endurecimiento de las arterias, arteriosclerosis *f* 2 (of attitude, position) radicalización *f* 3 (of prices, markets) consolidación *f*

hard-faced /'hɑːrd'feɪst || ˌhɑːd'feɪst/ *adj* (BrE colloq) caradura (fam)

hard-fought /'hɑːrd'fɔːt || ˌhɑːd'fɔːt/ *adj* muy reñido

hard goods *pl n* (AmE) productos *mpl* no perecederos

hard-hat /'hɑːrdhæt || 'hɑːdhæt/ *adj* (AmE) (*before n*) 1 (reactionary) (pej) ‹mentality/view/union› reaccionario 2 (working class) ‹bar› de obreros; ‹attitude› de clase obrera 3 (Const): **~ area** zona *f* de casco obligatorio

hard hat *n* 1 (Clothing, Const) casco *m* 2 (construction worker) (AmE colloq) albañil *m* 3 (reactionary) (AmE colloq & pej) reaccionario, -ria *m,f* (*de clase obrera*)

hard-headed /'hɑːrd'hedəd || ˌhɑːd'hedɪd/ *adj* 1 (practical, realistic) práctico, realista 2 (stubborn) (AmE) testarudo, cabeza dura (fam), cabezota (fam)

hard-hearted /'hɑːrd'hɑːrtəd || ˌhɑːd'hɑːtɪd/ *adj* duro de corazón, despiadado

hard-heartedness /'hɑːrd'hɑːrtədnəs || ˌhɑːd'hɑːtɪdnɪs/ *n* [u] dureza *f* de corazón

hard-hit /'hɑːrd'hɪt || ˌhɑːd'hɪt/ *adj* muy afectado

hard-hitting /'hɑːrd'hɪtɪŋ || ˌhɑːd'hɪtɪŋ/ *adj* implacable, feroz

hardihood /'hɑːrdihʊd || 'hɑːdihʊd/ *n* [u] (liter) audacia *f*, intrepidez *f* (frml)

hardiness /'hɑːrdinəs || 'hɑːdinɪs/ *n* [u] resistencia *f*, fortaleza *f*

hard labor, (BrE) **hard labour** *n* [u] trabajos *mpl* forzados; **he was sentenced to four years at ~ ~** *o* (BrE) **four years ~ ~** lo condenaron a cuatro años de trabajos forzados

hard landing *n* aterrizaje *m* violento

hard-line /'hɑːrd'laɪn || ˌhɑːd'laɪn/ *adj* de línea dura

hard-liner /'hɑːrd'laɪnər || ˌhɑːd'laɪnə(r)/ *n* partidario, -ria *m,f* de la línea dura

hard-luck story /'hɑːrd'lʌk || ˌhɑːd'lʌk/ *n*: **he came to me with another ~ ~** me vino con otra historia lacrimógena, me vino otra vez con el cuento de sus penurias

hardly /'hɑːrdli || 'hɑːdli/ *adv* 1 (scarcely): **~ anyone/anything** casi nadie/nada; **they ~ ever go there** casi nunca van allí; **~ a day goes by without her paying us a visit** casi no pasa un día en que no nos haga una visita; **she could ~ move her arm** apenas podía mover el brazo, casi no podía mover el brazo; **I could ~ believe my eyes** apenas podía dar crédito a mis ojos, casi no podía dar crédito a mis ojos; **he ~ knew her** apenas la conocía; **it's ~ ten minutes since you came in** no hace ni diez minutos que entraste; **~ had she left when John arrived** se acababa de ir cuando llegó John 2 (surely not): **it's ~ what you'd call a masterpiece** no es precisamente una obra maestra; **will they appoint him? — hardly!** ¿le darán el cargo? — ¡me imagino que no!; **I'm ~ to blame for what happened** mal me puedes culpar a mí de lo que pasó; **I could ~ say no** no me podía negar; **I need ~ remind you that …** ni falta hace que les recuerde que …; **the news could ~ have come at a worse time** la noticia no podía haber llegado en peor momento; **that's ~ surprising!** ¡no es de extrañarse!

hard measles *n* (AmE) ▸**measles 1**

hardness /'hɑːrdnəs || 'hɑːdnɪs/ *n* [u]
A 1 (firmness) dureza *f* 2 (Min) dureza *f* 3 (of blow, slap) fuerza *f*
B 1 (difficulty) dificultad *f*, lo difícil 2 (of winter, frost) rigor *m*; (of person, voice) dureza *f*; **~ of heart** dureza de corazón, insensibilidad *f*
C (of water) dureza *f*

hard-nosed /'hɑːrd'nəʊzd || ˌhɑːd'nəʊzd/ *adj* 1 (tough-minded) duro 2 (stubborn) terco, cerril

hard of hearing *adj* duro de oído, un poco sordo

hard-on /'hɑːrdɑːn || 'hɑːdɒn/ *n* (sl): **to have a ~** tenerla* dura *or* (AmL tb) parada (arg), estar* empalmado (Esp arg)

hard pad *n* [u] endurecimiento *m* (del cojinete plantar

hard palate *n* paladar *m* (duro)

hard-pressed /'hɑːrd'prest || ˌhɑːd'prest/ *adj* (*pred* **hard pressed**) ‹industry/nation/staff› en apuros; **to be hard pressed to + INF** verse* en apuros PARA + INF; **you'd be hard pressed to get there by five o'clock** te verías en apuros para estar allí antes de las cinco

hard sauce *n* (AmE) *mantequilla azucarada con coñac o ron*

hard science *n* [u] ciencia *f* exacta

hard sell *n* (*no pl*): **the ~ ~** la venta agresiva; **to give sth the ~ ~** hacer* una promoción agresiva de algo; **he really gave me the ~ ~** realmente me presionó para que comprara; (*before n*): **~ ~ approach** táctica *f* de venta agresiva

hardship /'hɑːrdʃɪp || 'hɑːdʃɪp/ *n* [u c]: **they experienced** *o* **suffered great ~** pasaron muchos apuros *or* muchas dificultades *or* privaciones; **the ~s of the voyage/their captivity** las penurias del viaje/de su cautiverio; **cases of genuine financial ~** los casos de verdadera penuria (económica); **surely it's no great ~ for you to pay him a visit** no es mucho pedir que vayas a verlo, creo yo; (*before n*): **~ fund** fondo *m* de solidaridad (*para casos de gran penuria económica*); **~ post** *cargo que se desempeña en un lugar donde las condiciones de vida son difíciles*

hard shoulder *n* (BrE) arcén *m*, berma *f* (Andes), acotamiento *m* (Méx), banquina *f* (RPl), hombrillo *m* (Ven)

hardstanding /hɑːrd'stændɪŋ || hɑːd'stændɪŋ/ *n* [u] área *f* asfaltada para estacionar

hardtack /'hɑːrdtæk || 'hɑːdtæk/ *n* [u] galletas *fpl* (*que formaban parte de las provisiones de un barco*)

hardtop /'hɑːrdtɑːp || 'hɑːdtɒp/ *n* (AmE) 1 (car) coche *m* no descapotable 2 (roof) cubierta *f* dura (*de un coche*)

hard up *adj* (colloq) (*pred*) 1 (short of money): **to be ~ ~** estar* mal de dinero, estar* pelado (fam), estar* sin un duro (Esp fam), estar* pato (CS fam), estar* en la olla (Col fam) 2 (poorly provided) **to be ~ ~ FOR sth** andar* escaso DE algo; **they were ~ ~ for ideas/volunteers** andaban escasos de ideas/voluntarios

hardware /'hɑːrdwer || 'hɑːdweə(r)/ *n* [u] 1 (ironmongery) ferretería *f*; (*before n*): **~ dealer** ferretero, -ra *m,f*; **~ store** ferretería *f*, mercería *f* (Chi) 2 (equipment, machinery) equipo *m*, maquinaria *f*; **military ~** armamento *m* 3 (Comput) hardware *m*, soporte *m* físico, equipo *m*

hard-wearing /'hɑːrd'werɪŋ || ˌhɑːd'weərɪŋ/ *adj* (BrE) resistente, duradero

hard-wired /'hɑːrd'waɪrd || ˌhɑːd'waɪəd/ *adj*
A (Electron) integrado
B ‹instinct/individual› mentalmente programado; **to be ~ TO do sth** estar* mentalmente programado PARA hacer algo

hard-won /'hɑːrd'wʌn || ˌhɑːd'wʌn/ *adj* ganado con esfuerzo

hardwood /'hɑːrdwʊd || 'hɑːdwʊd/ *n* [u c] madera *f* dura *or* noble; **~ tree** árbol *m* de madera dura *or* noble

hard-working /'hɑːrd'wɜːrkɪŋ || ˌhɑːd'wɜːkɪŋ/ *adj* trabajador

hardy /'hɑːrdi || 'hɑːdi/ *adj* **-dier, -diest** ‹person/animal› fuerte; ‹plant› resistente (*a las heladas etc*); **~ annual/perennial** planta *f* anual/vivaz *or* perenne resistente a las heladas; **now we turn to that ~ perennial of …** ahora pasamos a la vieja historia *or* el eterno problema de …

hare[1] /her || heə(r)/ *n* liebre *f*; **(as) *mad as a March ~*** más loco que una cabra; ***to raise*** *o*

start a* ~** (BrE) irse* por las ramas; ***to run with the* ~ *and hunt with the hounds (BrE) servir* a Dios y al diablo

hare² *vi* (BrE colloq): **to ~ in/out/up/down** entrar/salir*/subir/bajar a la carrera *or* como un bólido (fam)

harebell /'herbel || 'heəbel/ *n* campánula *f*

harebrained /'herbreɪnd || 'heəbreɪnd/ *adj* descabellado, disparatado

harelip /'herlɪp || 'heəlɪp/ *n* labio *m* leporino

harem /'hɑːrəm, 'herəm || 'hɑːriːm, hɑː'riːm/ *n* harén *m*

haricot (bean) /'hærɪkəʊ/ *n* frijol *m or* (Esp) alubia *f or* judía *f or* (CS) poroto *m* (*de color blanco*)

hark /hɑːrk || hɑːk/ *vi* (listen) (*only in imperative*) **1** (poet) escuchar; **~! I hear a nightingale singing** ¡escucha! oigo cantar un ruiseñor **2** (BrE iro): **~ who's talking!** ¡mira quién habla!; **~ at him!** ¡habráse visto!

Phrasal verb

- **hark back** [v + adv] **to ~ back TO sth: this custom ~s back to the 18th century** esta costumbre tiene su origen en el siglo XVIII; **their manifesto ~s back to populist traditions** su plataforma evoca tradiciones populistas; **he's constantly ~ing back to those days** siempre está rememorando aquellos tiempos

harlequin /'hɑːrlɪkwən || 'hɑːlɪkwɪn/ *n* arlequín *m*

Harley Street /'hɑːrli || 'hɑːli/ *n* (in UK) Harley Street (*calle de Londres donde se concentra el mayor número de consultas de médicos especialistas de prestigio*)

harlot /'hɑːrlət || 'hɑːlət/ *n* (liter) ramera *f*

harm¹ /hɑːrm || hɑːm/ *n* [u] daño *m*; **to do ~** hacer* daño; **the ~'s already been done** el daño ya está hecho; **warning her can't do any ~** una advertencia no le vendrá mal *or* no le hará daño; **to do more ~ than good** hacer* más mal *or* daño que bien; **don't worry, there's no ~ done** no se preocupe, no es nada; **to do ~ to sb/sth** hacerle* daño a algn/algo; **there's no ~ in trying/asking** con probar/preguntar no se pierde nada; **I can't see any ~ in that** no veo que eso tenga nada de malo; **where's/what's the ~ in that?** ¿y qué tiene (eso) de malo?; **not to come to any ~/to come to no ~: he'll come to no ~, no ~ will come to him, he won't come to any ~** no le va a pasar nada; **I didn't mean him any ~** no quería hacerle daño; **I meant no ~ by that remark** no lo dije con mala intención; ***out of ~'s way*** a salvo; **let's get the children out of ~'s way** quitemos a los niños de en medio; **keep** *o* **stay out of ~'s way until we've swept up the broken glass** no se acerquen hasta que hayamos barrido los vidrios *or* (Esp) cristales rotos

harm² *vt* ‹*person/object*› hacerle* daño a; ‹*reputation/career*› perjudicar*; **it won't ~ you to get up early for once** no te va a hacer daño *or* (AmL tb) a hacer mal levantarte temprano una vez

harmful /'hɑːrmfəl || 'hɑːmfəl/ *adj* ‹*substance*› nocivo; ‹*influence*› pernicioso, dañino; ‹*effect*› perjudicial; **these rays may be ~ to the eye/one's health** estos rayos pueden ser perjudiciales *or* dañinos para los ojos/la salud

harmfulness /'hɑːrmfəlnəs || 'hɑːmfəlnɪs/ *n* [u] (of substance) lo nocivo; (of influence) lo pernicioso, lo dañino

harmless /'hɑːrmləs || 'hɑːmlɪs/ *adj* **1** ‹*animal/person*› inofensivo; ‹*substance*› inocuo; **he's ~ enough** no le hace daño a nadie **2** (innocent) ‹*joke/suggestion/fun*› inocente

harmlessly /'hɑːrmləsli || 'hɑːmlɪsli/ *adv* sin hacer *or* causar daño

harmlessness /'hɑːrmləsnəs || 'hɑːmlɪsnɪs/ *n* [u] inocuidad *f*

harmonic¹ /hɑːr'mɑːnɪk || hɑː'mɒnɪk/ *adj* (*usu before n*) **1** (Mus) armónico **2** (Math) ‹*mean/progression/series*› armónico

harmonic² *n* armónico *m*

harmonica /hɑːr'mɑːnɪkə || hɑː'mɒnɪkə/ *n* armónica *f*

harmonically /hɑːr'mɑːnɪkli || hɑː'mɒnɪkli/ *adv* armónicamente

harmonics /hɑːr'mɑːnɪks || hɑː'mɒnɪks/ *n* (+ *sing vb*) armonía *f*

harmonious /hɑːr'məʊniəs || hɑː'məʊniəs/ *adj* **1** ‹*singing/pattern/colors*› armonioso **2** (relationship) armonioso

harmoniously /hɑːr'məʊniəsli || hɑː'məʊniəsli/ *adv* **1** ‹*sing/play/combine*› armoniosamente **2** (without strife) en armonía

harmonium /hɑːr'məʊniəm || hɑː'məʊniəm/ *n* armonio *m*

harmonization /ˌhɑːrmənə'zeɪʃən || ˌhɑːmənaɪ'zeɪʃən/ *n* [c u] **1** (Mus) armonización *f* **2** (of legislation, tariffs) armonización *f*, coordinación *f*

harmonize /'hɑːrmənaɪz || 'hɑːmənaɪz/ *vi* **1** (Mus) cantar en armonía **2** (be in accord) ‹‹*colors/ideas*›› armonizar*

■ **harmonize** *vt* **1** (Mus) ‹*melody/tune*› armonizar* **2** (bring into accord) ‹*policies/plans*› armonizar*, poner* en armonía

harmony /'hɑːrməni || 'hɑːməni/ *n* (*pl* **-nies**) **1** [u c] (Mus) armonía *f*; **to sing/play in ~** cantar/tocar* en armonía **2** [u] (concord) armonía *f*; **racial/social ~** armonía racial/social; **they live together in perfect ~** viven juntos en perfecta armonía; **to live in ~ with nature** vivir en armonía con la naturaleza

harness¹ /'hɑːrnəs || 'hɑːnɪs/ *n* **1** [c u] (for horse) arnés *m*, arreos *mpl*, jaeces *mpl*; ***to die in* ~** morir* con las botas puestas *or* al pie del cañón; ***to get back in* ~** volver* al yugo, volver* a la rutina; ***to work in* ~** trabajar en equipo; (*before n*): **~ racing** carreras *fpl* de trotones **2** [c] (straps — for baby) arnés *m*, correas *fpl*; (— on parachute) arnés *m* **3** [c] (*safety* ~) arnés *m* de seguridad

harness² *vt* **1** (put harness on) ‹*horse*› enjaezar*, ponerle* los arreos *or* el arnés a; **they ~ed the donkey to the cart** engancharon el burro al carro **2** (utilize) ‹*power/energy/resources*› aprovechar, utilizar*

harp /hɑːrp || hɑːp/ *n* arpa *f*‡

Phrasal verb

- **harp on**

A [v + prep + o] insistir sobre; **I wish she'd stop ~ing on the subject** ¿por qué no se dejará de insistir sobre el tema?

B [v + adv] (colloq) **to ~ on ABOUT sth** insistir SOBRE algo; **don't keep ~ing on about it!** ¡no sigas con eso!, ¡déjate de insistir *or* (fam) de machacar sobre eso!

harper /'hɑːrpər || 'hɑːpə(r)/ *n* (poet) ▸**harpist**

harpist /'hɑːrpəst || 'hɑːpɪst/ *n* arpista *mf*

harpoon¹ /hɑːr'puːn || hɑː'puːn/ *n* arpón *m*; (*before n*): **~ gun** cañón *m* lanzaarpones

harpoon² *vt* arponear

harpsichord /'hɑːrpsɪkɔːrd || 'hɑːpsɪkɔːd/ *n* clavicémbalo *m*

harpy /'hɑːrpi || 'hɑːpi/ *n* (*pl* **-pies**) **1** (Myth) arpía *f* **2** (shrewish woman) arpía *f*

harridan /'hærədn || 'hærɪdən/ *n* (liter) vieja *f* bruja

harrier /'hæriər || 'hæriə(r)/ *n*

A **1** (dog) lebrel *m* **2** (bird) aguilucho *m*

B (runner) corredor, -dora *m,f* de cross

harrow¹ /'hærəʊ/ *n* escarificador *m*, rastra *f*

harrow² *vt* escarificar*

harrowing /'hærəʊɪŋ/ *adj* ‹*tale*› desgarrador; ‹*experience*› angustioso, terrible

harry /'hæri/ *vt* **-ries, -rying, -ried** **1** (raid) ‹*enemy*› hostilizar* **2** (pester, bother) hostigar*, acosar **3** **harried** *past p* (harassed) agobiado, atribulado

harsh /hɑːrʃ || hɑːʃ/ *adj* **1** ‹*punishment*› duro, severo; ‹*words/conditions*› duro; **don't be too ~ with him** no seas demasiado duro con él; **the ~ realities of life** la cruel realidad (de la vida) **2** ‹*light*› crudo, fuerte; ‹*climate*› riguroso; ‹*contrast*› violento; ‹*color*› chillón; ‹*sound*› discordante **3** (rough) ‹*tone/texture*› áspero

harshly /'hɑːrʃli || 'hɑːʃli/ *adv* **1** ‹*judge/punish/speak*› severamente, con severidad *or* rigor *or* dureza **2** (starkly): **it stood out ~ against the soft blue of the sky** se recortaba en violento contraste con el pálido azul del cielo **3** (roughly) con aspereza

harshness /'hɑːrʃnəs || 'hɑːʃnɪs/ *n* [u] **1** (severity — of treatment) severidad *f*; (— of words) dureza *f*; (— of climate) rigor *m*, lo riguroso **2** (starkness) lo crudo **3** (roughness — of sound) estridencia *f*; (— of texture) aspereza *f*

hart /hɑːrt || hɑːt/ *n* (liter) venado *m*

harum-scarum¹ /ˌherəm'skerəm || ˌheərəm'skeərəm/ *adv* alocadamente

harum-scarum² *adj* alocado

harvest¹ /'hɑːrvəst || 'hɑːvɪst/ *n* **1** [c u] (of grain) cosecha *f*, siega *f*; (of fruit, vegetables) cosecha *f*, recolección *f*; (of grapes) vendimia *f*; (of sugar cane) cosecha *f*, zafra *f* (esp AmL) **2** [c] (yield) cosecha *f* **3** (results) (*no pl*): **to reap a ~ of hatred** cosechar odios

harvest² *vt* ‹*crop/wheat*› cosechar; ‹*grapes*› vendimiar; ‹*field*› realizar* la cosecha en

harvester /'hɑːrvəstər || 'hɑːvɪstə(r)/ *n* **1** (machine) cosechadora *f* **2** (person harvesting — grain) segador, -dora *m,f*; (— grapes) vendimiador, -dora *m,f*; (— other fruit) recolector, -tora *m,f*

harvest festival *n* (BrE) fiesta *f* de la cosecha

harvest home *n* (Hist) **1** (feast) *cena para celebrar el fin de la cosecha* **2** (end of harvest) fin *m* de la cosecha

harvest moon *n* luna *f* llena *or* de otoño

harvest time *n* época *f* de la cosecha

has /hæz *weak form* /həz əz/ *3rd pers sing pres of* **have**

has-been /'hæzbɪn || 'hæzbiːn/ *n* (colloq & pej) nombre *m* del pasado

hash¹ /hæʃ/ *n*

A **1** [u c] (Culin) *plato de carne y verduras picadas y doradas*; ***to settle sb's* ~** poner* a algn en su lugar **2** [c] (mess) (colloq) lío *m* (fam); **the carpenter made a complete ~ of the job** el carpintero hizo una verdadera chapuza; **she made a ~ of her exam** hizo muy mal el examen

B [u] (drug) (sl) hachís *m*, chocolate *m* (Esp arg)

hash² *vt* numerar

Phrasal verbs

- **hash out** [v + o + adv, v + adv + o] (AmE) (colloq) hablar de, discutir
- **hash over** [v + o + adv, v + adv + o] (AmE) (colloq): **there's no point ~ing over what happened** no tiene sentido darle más vueltas al asunto (fam)
- **hash up** [v + o + adv, v + adv + o] (BrE colloq) **1** ▸**hash² 2** (mess up): **I completely ~ed up the third movement** el tercer movimiento me salió muy mal, eché a perder el tercer movimiento **3** (review) ‹*matter/events*› darle* vueltas a

hash browns *pl n* (AmE colloq) *papas y cebolla doradas en la sartén*

hash code *n: número usado para codificar datos*

hash house *n* (AmE sl) fonda *f*, taguara *f* (Ven)

hashish /'hæʃiːʃ/ *n* [u] hachís *m*

hash key *n* (Comput, Telec) tecla *f* (del signo) de número, tecla *f* numeral, tecla *f* de almohadilla (Esp), tecla *f* gato (Chi, Méx)

hash mark *n*

A (Print) *símbolo similar al del sostenido musical, utilizado delante de un número*

B (service stripe) (AmE sl) galón *m*

C (in US football) *cada una de las marcas que señalan los límites de la banda central del campo de juego*

haslet /'hæzlət || 'hæzlɪt/ *n* [u] (in UK) *fiambre hecho de asaduras de cerdo*

hasn't /'hæznt/ **= has not**

hasp /hæsp || hɑːsp/ *n* (for door) picaporte *m*; (for book cover, purse) cierre *m*, broche *m*

Hassidic /həˈsɪdɪk hæ-/ *adj* hasídico

hassle[1] /ˈhæsəl/ *n* [c u] (colloq) lío *m* (fam), rollo *m* (fam); **it's too much (of a) ~** es mucho lío *or* rollo (fam), es mucha complicación; **we had a lot of ~ with the customs** tuvimos muchos problemas en la aduana; **don't give me any ~** no me fastidies, déjame en paz; **legal ~s** problemas *mpl or* dificultades *fpl* legales; **it's not worth the ~** no vale la pena

hassle[2] *vt* (colloq) fastidiar, jorobar (fam); **she keeps hassling me to work harder** me está todo el tiempo encima para que trabaje más

hassock /ˈhæsək/ *n* [1] (in church) *cojín para arrodillarse* [2] (footstool) (AmE) escabel *m*

hast /hæst *weak form* /(h)æst/ (arch) *2nd pers sing pres of* **have**

haste /heɪst/ *n* [u] prisa *f*, apuro *m* (AmL); **in her/their ~ to get away** en su prisa por irse, en su apuro por irse (AmL); **to do sth in ~** hacer* algo apresuradamente; **to make ~** darse* prisa, apresurarse, apurarse (AmL); **they acted with uncharacteristic ~** actuaron con una presteza *or* prontitud desacostumbrada en ellos; ***more ~, less speed*** *o* (AmE also) **~ *makes waste*** vísteme despacio, que tengo prisa; ***marry in ~, repent at leisure*** antes de que te cases, mira lo que haces

hasten /ˈheɪsn/ *vt* ‹*process*› acelerar; ‹*defeat/death*› adelantar

■ **hasten** *vi* apresurarse, apurarse (AmL); **I ~ed back to the house** me apresuré a regresar a la casa; **to ~ to + INF** apresurarse A + INF; **I paid for it myself, she ~ed to add** —lo pagué yo —se apresuró a decir; **not that I've got anything against her, I ~ to add** no es que tenga nada contra ella, que conste

hastily /ˈheɪstəli || ˈheɪstɪli/ *adv* [1] (quickly) ‹*arranged/built/thought up*› a toda prisa, apresuradamente; **they ~ cleared away the mess** arreglaron el desorden a toda prisa [2] (rashly) ‹*speak/act*› con precipitación, precipitadamente

hastiness /ˈheɪstinəs || ˈheɪstinɪs/ *n* [u] [1] (quickness) prisa *f* [2] (rashness) precipitación *f*

hasty /ˈheɪsti/ *adj* **-tier, -tiest** [1] (quick) ‹*glance/visit/meal*› rápido; **she made a ~ exit** salió apresuradamente *or* a toda prisa [2] (rash) ‹*move/decision/judgment*› precipitado; **I think you're being rather too ~** creo que te precipitas

hat /hæt/ *n* [1] (Clothing) sombrero *m*; **to put on/to take off one's ~** ponerse*/quitarse *or* (esp AmL) sacarse* el sombrero; ***hold*** *o* ***hang on to your ~!*** (colloq) ¡agárrate! (fam); ***I'll eat my ~*** (colloq): **if they finish before Friday, I'll eat my ~** si acaban antes del viernes, yo soy Napoleón (fam), si acaban antes del viernes, me como un chancho crudo (RPl fam); ***my ~!*** (BrE dated) ¡caracoles! (ant); ***to be old ~*** no ser* nada nuevo, no ser* ninguna novedad; ***to hang one's ~*** (AmE colloq) tener* las cosas de uno; ***to keep sth under one's ~***: **keep it under your ~** de esto no digas palabra *or* (fam) ni pío; ***to pass the ~ around*** pasar la gorra; ***to pull sth out of the ~*** sacarse* algo de la manga; ***to raise*** *o* ***take off one's ~ to sb***: **you have to take your ~ off to her** hay que quitarse el sombrero, hay que sacarle *or* quitarle el sombrero (AmL); **he always takes his ~ off to ladies** siempre saluda a las señoras quitándose el sombrero, siempre se descubre ante las damas (frml); ***to talk through one's ~*** hablar por hablar, hablar sin ton ni son; ***to throw*** *o* ***toss one's ~ into the ring*** echarse al ruedo; ▸**ring**[1] **B1** [2] (indicating role, capacity): **he spoke wearing his politician's ~** habló como político, habló en calidad de político

hatband /ˈhætbænd/ *n* cinta *f* del sombrero

hatbox /ˈhætbɑːks || ˈhætbɒks/ *n* sombrerera *f*

hatch[1] /hætʃ/ *vt*

A [1] **~ (out)** (Zool) ‹*egg*› incubar; ‹*chick*› empollar [2] (devise) (pej) ‹*plot/scheme*› tramar, urdir

B (Art) ‹*figure/drawing*› sombrear (*con trazos finos*)

■ **hatch** *vi* **~ (out)** ‹‹*chick*›› salir* del cascarón, nacer*; **have the eggs ~ed (out) yet?** ¿han salido ya los polluelos (*or* las crías *etc*) del cascarón?

hatch[2] *n* [1] (opening, cover) trampilla *f*; (Aviat, Naut) escotilla *f*; ***down the ~!*** (colloq) ¡salud!; ***to batten down the ~es*** prepararse para la tormenta [2] (*serving ~*) pasaplatas *m* [3] ▸**hatchway 2**

hatchback /ˈhætʃbæk/ *n* [1] (car) coche *m* con tres/cinco puertas, coche *m* con puerta trasera [2] (door) puerta *f* trasera

hatcheck /ˈhættʃek/ *adj* (*before n*) (AmE): **~ room** guardarropa *m*; **~ girl** (chica *f* del) guardarropa *f*

hatchery /ˈhætʃəri/ *n* (*pl* **-ries**) criadero *m*

hatchet /ˈhætʃət || ˈhætʃɪt/ *n* hacha *f*‡, hachuela *f*; ***to bury the ~*** enterrar* el hacha de guerra, hacer* las paces

hatchet face *n* cara *f* chupada

hatchet-faced /ˈhætʃətfeɪst || ˈhætʃɪtfeɪst/ *adj* ‹*person*› de cara chupada

hatchet job *n* (colloq) crítica *f* feroz

hatchet man *n* (colloq) [1] (ruthless operator) *persona contratada para ejecutar tareas o tomar decisiones desagradables* [2] (hired killer) (AmE) sicario *m*, asesino *m* a sueldo

hatching /ˈhætʃɪŋ/ *n* [u] sombreado *m* (*con trazos finos*)

hatchling /ˈhætʃlɪŋ/ *n* polluelo *m* recién salido del cascarón

hatchway /ˈhætʃweɪ/ *n* [1] (opening, cover) trampilla *f*; (Aviat, Naut) escotilla *f* [2] (passage) pasadizo *m*

hate[1] /heɪt/ *vt* [1] (loathe) odiar, aborrecer*; **to ~ sb FOR sth/-ING** odiar a algn POR algo/+ INF [2] (greatly dislike) odiar, detestar; **I really ~ it when she talks to me in that tone** odio *or* detesto *or* no soporto que me hable en ese tono; **I ~ people with loud voices** no soporto a la gente que habla a gritos; **to ~ -ING/to + INF**: **I ~ ironing** detesto *or* odio planchar; **I ~ having my hair cut** detesto *or* odio que me corten el pelo; **he ~s being touched** no soporta que lo toquen; **I ~ having to ask you to go, but ...** siento mucho tener que pedirte que te vayas, pero ...; **I ~ to disturb you, but ...** siento mucho tener que molestarte, pero ..., perdona que te moleste, pero ...

hate[2] *n* [1] [u] (hatred) **~ (FOR sb/sth)** odio *m* (A *or* HACIA algn/A algo); (*before n*): **he was subject to a ~ campaign** fue víctima de una campaña orquestada contra él; **~ crime** delito *m* de odio (*delito grave motivado por la raza, orientación sexual etc de la persona agredida*); **she often received ~ mail** a menudo recibía cartas llenas de insultos y amenazas [2] [c] (object of hatred): **ironing is my pet ~** lo que más odio *or* detesto en el mundo es planchar

hated /ˈheɪtəd || ˈheɪtɪd/ *adj* odiado, aborrecido

hateful /ˈheɪtfəl/ *adj* odioso, aborrecible; **the very thought of it was ~ to him** (liter) el mero hecho de pensar en ello le resultaba odioso

hath /hæθ/ (arch) *3rd pers sing pres of* **have**

hatless /ˈhætləs || ˈhætlɪs/ *adj* sin sombrero

hatpin /ˈhætpɪn/ *n* alfiler *m* de sombrero

hatred /ˈheɪtrəd || ˈheɪtrɪd/ *n* [u] **~ (FOR *o* OF sb/sth)** odio *m* (A *or* HACIA algn/A algo)

hat shop *n* sombrerería *f*

hatstand /ˈhætstænd/ *n* colgador *m* para sombreros

hatter /ˈhætər || ˈhætə(r)/ *n* sombrerero, -ra *m,f*; **it's like a mad ~'s tea party in here** esto es un manicomio *or* una casa de locos; ***to be as mad as a ~*** estar* como una cabra (fam)

hat tree *n* (AmE) perchero *m*

hat trick *n*: **to score a ~ ~** marcar* tres goles (*or* tantos *etc*) en un partido; **a ~ ~ of wins** tres victorias consecutivas; **after her ~ ~ of victories ...** tras sus tres victorias consecutivas ...

haughtily /ˈhɔːtli || ˈhɔːtɪli/ *adv* con altivez *or* altanería, altivamente, altaneramente

haughtiness /ˈhɔːtinəs || ˈhɔːtɪnɪs/ *n* altivez *f*, altanería *f*

haughty /ˈhɔːti/ *adj* **-tier, -tiest** altivo, altanero

haul[1] /hɔːl/ *vt* [1] (drag): **the fishermen ~ed in their nets** los pescadores cobraron *or* recogieron las redes; **a tractor ~ed the car out of the ditch** un tractor sacó el coche de la cuneta; **they ~ed up/down the sail** izaron/arriaron la vela; **he was ~ed along to all the parties by his wife** su mujer lo arrastraba a todas las fiestas; **she was ~ed out of bed at midnight** la sacaron de la cama a medianoche [2] (Transp) transportar [3] (Naut) halar, cobrar

■ **haul** *vi* [1] (pull) **to ~ (AT/ON sth)** tirar (DE algo), jalar (DE algo) (AmL exc CS) [2] (Naut) ‹‹*wind*›› soplar por la amura

Phrasal verbs

- **haul off** [v + adv] (AmE) (colloq) armarse de valor
- **haul up** [v + o + adv, v + adv + o] [1] (summon): **I was ~ed up before the court** me llevaron a juicio; **she was ~ed up before her boss** tuvo que ir a rendirle cuentas al jefe; **he was ~ed up on a fraud charge** le entablaron juicio por fraude [2] (reprimand) (BrE) llamarle la atención a; **I ~ed him up about his manners a few times** le llamé varias veces la atención sobre sus modales

haul[2] *n*

A [1] (distance) (Transp) recorrido *m*, trayecto *m*; ***a long ~*** (to success, victory) un camino largo y difícil; (lit: long journey) un trayecto largo; ***in*** *o* ***over the long/short ~*** (AmE) a largo/corto plazo [2] (pull) tirón *m*, jalón *m* (AmL exc CS)

B (catch — of fish) redada *f*; (— of stolen goods) botín *m*; **she got a good ~ of bargains/medals** consiguió unas cuantas gangas/medallas

haulage /ˈhɔːlɪdʒ/ *n* [u] [1] (activity) transporte *m*; (*before n*) ‹*company*› de transportes; **~ contractor** transportista *mf* [2] (charge) (gastos *mpl* de) transporte *m*

hauler /ˈhɔːlər || ˈhɔːlə(r)/ (BrE) **haulier** /ˈhɔːljər || ˈhɔːliə(r)/ *n* [1] (person) transportista *mf* [2] (business) empresa *f* de transportes

haunch /hɔːntʃ/ *n* (*usu pl*) (of animal) anca *f*‡; (of horse) grupa *f*, anca *f*‡; (of person) cadera *f*; **a ~ of venison** una pierna de venado; **to squat down on one's ~es** ponerse* en cuclillas

haunt[1] /hɔːnt/ *vt* [1] ‹‹*ghost*›› rondar; **the ghost of a nun ~s the house** el fantasma de una monja ronda la casa, la casa está habitada por el fantasma de una monja [2] ‹‹*memory/idea*›› perseguir*; **he was ~ed by the fear of death** vivía obsesionado por el miedo a la muerte; **that mistake came back to ~ him** pagó caro ese error [3] (frequent) frecuentar

haunt[2] *n*: **this bar is his usual/favorite ~** éste es el bar al que va siempre/es su bar favorito *or* predilecto; **we went to all her old ~s** fuimos a todos los sitios a los que solía ir *or* los sitios que frecuentaba; **a favorite ~ of artists** un lugar de encuentro de los artistas, un lugar donde se dan cita los artistas; **it's a ~ of thieves and pickpockets** (liter) es una guarida de ladrones

haunted /ˈhɔːntəd || ˈhɔːntɪd/ *adj* [1] (by ghosts) ‹*house/room*› embrujado [2] ‹*look/expression*› angustiado, obsesionado

haunting /ˈhɔːntɪŋ/ *adj* evocador e inquietante

hauntingly /ˈhɔːntɪŋli/ *adv* inquietantemente

haute couture /ˌəʊtkuːˈtʊr || ˌəʊtkuːˈtjʊə(r)/ *n* (*no pl*) alta costura *f*

haute cuisine /ˌəʊtkwɪˈziːn/ *n* [u] alta cocina *f*

hauteur /əʊˈtɜːr || əʊˈtɜː(r)/ *n* [u] (frml) altivez *f*

Havana /həˈvænə/ *n* [1] (Geog) La Habana [2] [c] (cigar) habano *m*

have /hæv *weak forms* /həv əv/ (*past & past p* **had**)

INDEX

■ **have** *verb transitive*

(Sense I)

A 1▸ to possess
2▸ to have: courage/patience etc
3▸ to feel, to show
B to have at one's disposal
C 1▸ to receive
2▸ to obtain, to gain
D to have to eat, drink
E 1▸ to have: accident, meeting
2▸ to suffer from: cancer etc
F to have: visitors, guests
G to give birth to
H 1▸ to catch
2▸ to deceive
I to establish
J in the sexual sense

(Sense II)

A showing cause
B indicating what happens
C 1▸ to allow, to permit + negative
2▸ to accept, to believe
D indicating state, position

■ **have** *auxiliary verb*

(Sense I)

A to form perfect tenses
B 1▸ in question tags
2▸ in elliptical use

(Sense II)

A expressing obligation
B expressing certainty

(Phrasal verbs)

- **have around**
- **have at**
- **have away**
- **have back**
- **have down**
- **have in**
- **have off**
- **have on**
- **have out**
- **have over**
- **have up**

vt

(Sense I)

A 1▸ (to possess) tener*; **we ~** *o* (esp BrE) **we've got 30 hectares** tenemos 30 hectáreas; **I didn't ~** *o* (esp BrE) **hadn't got any money** no tenía dinero; **do you ~ a car? — no, I don't** *o* (esp BrE) **~ you got a car? — no, I ~n't** ¿tienes coche? — no (, no tengo); **~ you a car/any children? — no, I ~n't** ¿tienes coche/hijos? — no (, no tengo); **April has 30 days** abril tiene 30 días; **I've a cousin in Boston** tengo un primo en Boston 2▸ ‹*courage/patience/strength/right*› tener*; **he had the sense to refuse** tuvo el sentido común de negarse; **you've no idea what I've been through!** ¡no tienes (ni) idea de *or* no te puedes imaginar las que he pasado! 3▸ (to feel, to show) tener*; **~ some respect!** ¡ten más respeto!; **he hasn't (got) any consideration for others** no tiene ninguna consideración con los demás; **she has a lot of pain** tiene *or* siente mucho dolor; **I'm beginning to ~ doubts** me están entrando dudas

B (to hold, to have at one's disposal) tener*; **look out, he's got a gun!** ¡cuidado! ¡tiene una pistola *or* está armado!; **how much money do you ~** *o* (esp BrE) **~ you got on you?** ¿cuánto dinero tienes *or* llevas encima?; **I had him by the arm** lo tenía agarrado del brazo; **may I ~ a sheet of paper?** ¿me das una hoja de papel?; **that one doesn't work: ~ this one** (BrE) ése no funciona, toma éste; **may I ~ your name?** ¿me dice su nombre?; **do you ~** *o* (esp BrE) **~ you got her address?** ¿tienes su dirección?; **~ you got a light?** ¿tienes fuego?; **you've had long enough** has tenido tiempo suficiente; **I've got a surprise for you** tengo una sorpresa para ti, te tengo una sorpresa; **could I ~ your Sales Department, please?** (on phone) ¿me comunica *or* (Esp tb) me pone *or* (CS tb) me da con el departamento de ventas, por favor?; **I ~ it!, I've got it!** ¡ya lo tengo!, ¡ya está, ya está!; **all right: ~ it your own way!** ¡está bien! ¡haz lo que quieras!; **what ~ we here?** ¿y esto?; **to ~ sth to + INF** tener* algo QUE + INF; **I've (got) a lot to do** tengo mucho que hacer; **you've (got) a lot to learn** tienes mucho que aprender; **I had nothing to wear that was suitable** no tenía nada que ponerme que fuese apropiado; **I ~** *o* **I've got this photo to remind me** tengo esta foto de recuerdo

C 1▸ (to receive) tener*; **we had a letter from him last week** tuvimos *or* recibimos carta de él la semana pasada; **~ you had any news?** ¿has tenido noticias?; **he has all-party support** cuenta con *or* tiene el apoyo de todos los partidos; **could we ~ some silence, please?** (hagan) silencio, por favor; **could we ~ the next witness?** que pase el siguiente testigo; **I had it from someone who knows the people involved** lo supe *or* me enteré por alguien que conoce a las personas implicadas; **we ~ it on the best authority that ...** sabemos de buena fuente que ...; ***to ~ had it*** (colloq): **don't let her catch you or you've had it** que no te pille o estás arreglado (fam); **I think your umbrella's had it** me parece que tu paraguas no da para más (fam); **I've had it up to here with your complaining** estoy hasta la coronilla *or* hasta las narices de tus quejas (fam); ***to ~ it in for sb*** (colloq) tenerle* manía *or* tirria a algn (fam); ***to let sb ~ it*** (sl) (attack — physically) darle* su merecido a algn, darle* a algn como en bolsa (RPl fam); (— verbally) cantarle las cuarenta a algn (fam), poner* a algn verde *or* a parir (Esp fam) 2▸ (to obtain, to gain) conseguir*; **a room can be had for $30** se puede conseguir una habitación por 30 dólares; **they were the best/only seats to be had** eran los mejores/únicos asientos que había; **red or green, which will you ~?** rojo o verde ¿cuál quieres?; **I'll ~ a kilo of tomatoes, please** ¿me da *or* (Esp) me pone un kilo de tomates, por favor?

D (to consume) ‹*steak/spaghetti*› comer, tomar (Esp); ‹*champagne/beer*› tomar; **to ~ breakfast** desayunar; **to ~ dinner** cenar, comer (AmL); **to ~ lunch** almorzar* *or* (esp Esp, Méx) comer; **to ~ a cigarette** fumarse un cigarrillo; **~ some more sauce** sírvete más salsa; **what are we having for dinner?** ¿qué hay de cena?; **I've had nothing to eat all day** no he comido nada en todo el día; **we had too much to drink** bebimos *or* (AmL tb) tomamos demasiado; **how do you ~ your coffee?** ¿cómo tomas el café?; **what will you ~?** (in restaurant) ¿qué se van a servir?, ¿qué van a tomar? (Esp); **I think I'll ~ the sole** creo que voy a pedir *or* (Esp tb) a tomar el lenguado

E 1▸ (to experience) ‹*accident/meeting*› tener*; **we had a week in Rome** estuvimos *or* pasamos una semana en Roma; **they had a party to celebrate** hicieron una fiesta para celebrarlo; **the project has had a setback** el proyecto ha sufrido un revés; **did you ~ good weather?** ¿te (*or* les *etc*) hizo buen tiempo?; **~ a nice day!** ¡adiós! ¡que le (*or* te *etc*) vaya bien!; **we had a very pleasant evening** pasamos una noche muy agradable; **he's having Spanish lessons** está tomando *or* le están dando clases de español, está dando clases de español (Esp); **I had an injection** me pusieron *or* me dieron una inyección; **he had a heart transplant/an X ray** le hicieron un trasplante de corazón/una radiografía; **she had a heart attack** le dio un ataque al corazón *or* un infarto; **they ~ it easy** lo tienen (todo) muy fácil 2▸ (to suffer from) ‹*cancer/diabetes/flu*› tener*; **he's got a headache/sore throat** le duele la cabeza/la garganta, tiene dolor de cabeza/garganta; **you've got a cold** estás resfriado

F (to look after) tener*; **they ~ visitors/guests** tienen visita/huéspedes; **we had a friend staying with us** teníamos a un amigo en casa; **my mother offered to ~ the children** mi madre se ofreció a cuidar a los niños

G (to give birth to) ‹*baby/twins*› tener*

H (colloq) 1▸ (to catch, to get the better of): **they almost had him, but he managed to escape** casi lo agarran *or* atrapan, pero logró escaparse; **I'll ~ them for that** ya me las pagarán; **the name of the actor? you ~ me there** ¿el nombre del actor? ¡ahí sí que me mataste! (fam) 2▸ (to swindle) timar; (dupe) engañar; **you've been had!** ¡te han timado *or* engañado!, ¡te han tomado el pelo! (fam); **I had you there: you thought I was serious!** te engañé, te creíste que lo decía en serio

I (to establish): **rumor has it that ...** corre el rumor de que ...; **she was not in fact, as popular belief has it, an orphan** no era en realidad huérfana, como se suele creer; **as fate would ~ it, she ...** quiso la suerte que ella ...

J (in the sexual sense) poseer* (liter), acostarse* con

(Sense II)

A (*causative use*): **we'll ~ it clean in no time** enseguida lo limpiamos *or* lo dejamos limpio; **he had them all laughing/in tears** los hizo reír/llorar a todos; **you had me worried** me tenías preocupado; **we'll soon ~ you out of here** pronto te sacaremos de aquí; **to ~ sb + INF**: **she had me retype it** me lo hizo volver a pasar a máquina; **I'll ~ her call you back as soon as she arrives** le diré *or* pediré que lo llame en cuanto llegue; **what else would you ~ them do?** ¿qué más quieres que hagan?; **I'll ~ you know, young man, that I ...** para que sepa, jovencito, yo ...; **to ~ sth + PAST P**: **he had a new palace built** se hizo *or* (AmL tb) se mandó construir un nuevo palacio; **you could ~ it repaired** podrías hacerlo arreglar *or* (AmL tb) mandarlo (a) arreglar; **you've had your hair cut!** ¡te has cortado el pelo!; **~ him seen by the doctor** hazlo ver por el médico

B (indicating what happens):**I ~ people coming for dinner tonight** esta noche tengo gente a cenar; **to have sth + INF/+ PAST P**: **I've had three lambs die this week** se me han muerto tres corderos esta semana; **he had his bicycle stolen** le robaron la bicicleta

C 1▸ (to allow, to permit) (*with negative*) tolerar, consentir*; **I won't ~ it!** ¡no lo consentiré *or* toleraré!; **she refuses to ~ her private life discussed in public** se niega a que discutan su vida privada en público; **I won't ~ him interfering** no pienso tolerar que se inmiscuya; **we can't ~ her getting her hands dirty now, can we?** ¡cómo vamos a permitir que la señora se ensucie las manos! 2▸ (to accept, to believe) aceptar, creer*; **we told her we'd seen him, but she just wouldn't ~ it** le dijimos que lo habíamos visto pero no lo quiso aceptar *or* creer

D (indicating state, position) tener*; **she had her eyes closed** tenía los ojos cerrados; **I had the radio on** tenía la radio puesta; **you ~** *o* (BrE) **you've got your belt twisted** tienes el cinturón torcido; **what color shall we ~ the flowers?** ¿de qué color ponemos (*or* compramos *etc*) las flores?; **let's ~ the sofa over here** pongamos el sofá aquí

■ *v aux*

(Sense I)

A (*used to form the perfect tenses*) haber*; **I ~/had seen her** la he/había visto; **I ~/had just seen her** la acabo/acababa de ver, recién la vi/la había visto (AmL); **~ you been waiting long?** ¿hace mucho que esperas?, ¿llevas mucho rato esperando?; **you** *have* **been busy** ¡cómo has trabajado!; **she'd already gone when we arrived** ya se había ido cuando llegamos; **had I known that** *o* **if I'd known that ...** si hubiera sabido que ..., de haber sabido que ...; **when he had finished, she ...** cuando terminó *or* (liter) cuando hubo terminado, ella ...

B 1▸ (in question tags): **you've been told, ~n't you?** te lo han dicho ¿no? *or* ¿no es cierto? *or* ¿no es verdad?; **they ~ signed, ~n't they?** han firmado ¿no?; **you ~n't lost the key, ~ you?** ¡no habrás perdido la llave ...! 2▸ (in elliptical use): **you may ~ forgiven him, but I ~n't** puede que tú lo hayas perdonado, pero yo no; **the clock has stopped — so it has!** el reloj se ha parado — ¡es verdad! *or* ¡es cierto!; **you've forgotten something — ~ I?** te has olvidado de algo — ¿sí?; **I've told her — you ~n't!** se lo he dicho — ¡no! ¿en serio?

Sense II

A (expressing obligation) ~ **(got) to + INF** tener* QUE + INF; **do you ~ to go?, ~ you got to go?** ¿tienes que ir?; **you don't ~ to come if you don't want to** no tienes que *or* no tienes por qué venir si no quieres; **I ~ o I've got to admit that ...** tengo que reconocer que ...; **you don't ~ to be an expert to realize that** no hay que *or* no se necesita ser un experto para darse cuenta de eso; **don't go out unless you ~ to** no salgas a menos que tengas que hacerlo; **she always has to interfere** siempre tiene que inmiscuirse

B (expressing certainty) ~ **(got) to + INF** tener* QUE + INF; **someone has to o someone's got to lose** alguien tiene que perder; **it had to happen** tenía que ocurrir; **you've got to be kidding!** ¡lo dices en broma *or* en chiste!

Phrasal verbs

- **have around** [v + o + adv] (have at one's disposal): **a useful gadget to ~ around** un aparato útil de tener a mano; **nice to ~ you around, Bill** encantado de tenerte por aquí, Bill; **she's nice to ~ around** su compañía es agradable
- **have at** [v + prep + o] (attack) atacar*; **~ at you!** (in fencing) (arch) ¡en guardia!
- **have away** (BrE) *see* ▸**have off B2**
- **have back**

A [v + o + adv, v + adv + o] (receive back): **can I ~ the ring back?** ¿me devuelves el anillo?

B [v + o + adv] **1** ‹*guests*› (invite again) volver* a invitar; (reciprocate invitation): **it's time we had them back** es hora de que les devolvamos la invitación **2** (allow to return): **I'd like to rejoin the party, if they'll ~ me back** me gustaría volver a ser miembro del partido, si me aceptan; **I still love her and I'd ~ her back** todavía la quiero y la perdonaría si volviese

- **have down** [v + o + adv]

A (dismantle, demolish) ‹*scaffolding/shelves*› quitar; ‹*wall/building*› tirar, echar abajo

B (AmE) ‹*list/poem*› (know by heart) saber* de memoria

C (bring down) (esp BrE) ‹*box/book*› bajar

D (invite) (esp BrE): **I had my sister down from Scotland for a week** mi hermana vino de Escocia a pasar una semana en casa

- **have in** [v + o + adv]

A (put in, install) instalar; **they soon had the new boiler in** enseguida instalaron la nueva caldera; ***to ~ it in for sb*** tenerla* tomada con algn

B **1** ‹*interviewee*› hacer* pasar **2** ‹*workmen*› **we ~ the decorators in at the moment** estamos con los pintores en casa; **I'll have to ~ the carpenter in** voy a tener que llamar al carpintero **3** ‹*guests*› invitar; **we had them in for a drink** los invitamos a casa a tomar una copa; **we are having people in tonight** esta noche tenemos invitados

- **have off** [v + o + adv], [v + o + prep + o]

A (from work, school): **we had a week off (from) school because of the strike** estuvimos una semana sin clase por la huelga; **I'm having two days off next week** (BrE) me voy a tomar dos días libres la semana que viene

B (remove) (esp BrE) **1** ‹*lid/paint*› quitar; **the wind nearly had our roof off** el viento casi se llevó *or* nos arrancó el tejado; **we soon had the old varnish off it** enseguida le quitamos el barniz viejo **2** ***to ~ it off o away*** (BrE sl) echarse un polvo (arg); **to ~ it off o away with sb** tirarse a algn (arg), coger* con algn (Méx, RPl vulg)

- **have on**

A [v + o + adv], [v + o + prep + o] (put on) ‹*cover/roof*› colocar*, poner*; **they soon had all the books on the shelves** pronto colocaron todos los libros en los estantes

B [v + o + adv, v + adv + o] (be wearing) llevar *or* tener* puesto; **what did she ~ on?** ¿qué llevaba *or* tenía puesto?, ¿cómo iba vestida?; **I had nothing on** estaba desnudo; **you ~ your sweater on backwards** o (BrE) **back to front** llevas *or* tienes el suéter puesto al revés

C [v + o + adv] (BrE) **1** (have arranged) tener*; **~ you anything on this evening?** ¿tienes *or* haces algo esta noche?, ¿tienes programa para esta noche? **2** (have in progress): **the municipal gallery has an exhibition on** en la galería municipal hay una exposición; **let's see what they ~ on at the Metro** veamos qué dan *or* (Esp tb) qué echan *or* ponen en el Metro

D [v + o + adv] (tease) (colloq): **to ~ sb on** tomarle el pelo a algn (fam); **you're having me on!** ¡me estás tomando el pelo! (fam)

- **have out** [v + o + adv] **1** (have removed): **I've had a tooth out** me han sacado una muela, me han hecho una extracción; **she had her tonsils out** la operaron de las amígdalas, le extirparon las amígdalas (frml) **2** (discuss forcefully) **to ~ sth out (WITH sb)**: **let's ~ this thing out here and now!** ¡vamos a hablar claro de esto ahora mismo!; **I'll have to ~ it out with Mary about the phone bill** voy a tener que hablar seriamente con Mary sobre la cuenta del teléfono
- **have over,** (BrE also) **have round** [v + o + adv] ‹*guests*› invitar; **let's ~ some friends over to celebrate** invitemos a algunos amigos para celebrarlo; **we had a few friends over last night** anoche vinieron unos amigos
- **have up** [v + o + adv] **1** (put up) ‹*shelves*› colocar*; ‹*flag*› izar*; **they had these houses up in six months** levantaron estas casas en seis meses **2** (bring before court) (BrE colloq) (*often pass*): **he was had up for speeding** lo agarraron por exceso de velocidad (fam) (*y tuvo que comparecer ante el juez*) **3** (invite) (esp BrE): **they had their cousins up from London for a week** sus primos de Londres vinieron a pasar una semana en su casa

haven /ˈheɪvən/ *n* **1** (refuge) refugio *m*; **a ~ of tranquillity** un remanso de paz **2** (port) (liter) puerto *m*

have-nots /ˈhæv,nɑːts || ,hævˈnɒts/ *pl n*: **the ~** los pobres, los desposeídos; *see also* **haves**

haven't /ˈhævənt/ **= have not**

haver /ˈheɪvər || ˈheɪvə(r)/ *vi* **1** (dither) (BrE colloq): **stop ~ing and make up your mind** deja de darle vueltas (a la cosa) y decídete (fam) **2** (babble) (Scot) farfullar

haversack /ˈhævərsæk || ˈhævəsæk/ *n* mochila *f*, morral *m* (Col)

haves /hævz/ *pl n*: **the ~** los ricos; **the ~ and the have-nots** los ricos y los pobres *or* los desposeídos

havoc /ˈhævək/ *n* [u]: **the accident caused ~** el accidente creó gran confusión; **the children created ~** los niños armaron un lío tremendo (fam); **it wrought ~ among the enemy lines** hizo estragos en las líneas enemigas; **these last minute changes are wreaking ~ with the schedules** estos cambios de último momento nos están desbaratando el programa; **to play ~ with sth** trastocar* *or* desbaratar algo

haw /hɔː/ *vt* ▸**hum[1]**

Hawaii /həˈwaiː/ *n* Hawai *m*

Hawaiian[1] /həˈwaɪən/ *adj* hawaiano

Hawaiian[2] *n* hawaiano, -na *m,f*

hawk[1] /hɔːk/ *n* **1** (Zool) halcón *m*; ***to watch sb like a ~*** no quitarle los ojos de encima a algn **2** (Pol) halcón *m*, partidario, -ria *m,f* de la línea dura

hawk[2] *vt*: **he was ~ing his wares in the street** voceaba *or* pregonaba sus mercancías por la calle; **he ~ed his invention around New York** recorrió toda Nueva York tratando de vender su invento

■ **hawk** *vi* carraspear

Phrasal verb

- **hawk up** [v + adv + o] escupir, expectorar (frml)

hawker /ˈhɔːkər || ˈhɔːkə(r)/ *n* (salesman) vendedor, -dora *m,f* ambulante; ⓢ **no hawkers** (BrE) prohibida la venta ambulante

hawk-eyed /ˈhɔːk,aɪd/ *adj* con ojos de lince *or* de águila, con vista de lince *or* de águila; **the ~ supervisor didn't miss anything** al lince *or* al águila del supervisor no se le escapaba una (fam)

hawkish /ˈhɔːkɪʃ/ *adj* de línea dura

hawk-nosed /ˈhɔːknəʊzd/ *adj* de nariz aguileña

hawser /ˈhɔːzər || ˈhɔːzə(r)/ *n* cabo *m* grueso, guindaleza *f*

hawthorn /ˈhɔːθɔːrn || ˈhɔːθɔːn/ *n* [c u] espino *m*

hay /heɪ/ *n* [u] heno *m*; ***to make ~*** (gain advantage) (AmE) sacar* tajada; (lit) segar* y secar* el heno *or* los pastos; ***make ~ while the sun shines*** a la ocasión la pintan calva; ▸**hit[1] A1**

haycock /ˈheɪkɑːk || ˈheɪkɒk/ *n* montón *m* de heno

hay fever *n* [u] fiebre *f* del heno, polinosis *f*, alergia *f* al polen

hayfield /ˈheɪfiːld/ *n* henar *m*, campo *m* de heno

hayfork /ˈheɪfɔːrk || ˈheɪfɔːk/ *n* horca *f*

hayloft /ˈheɪlɔːft || ˈheɪlɒft/ *n* pajar *m*

haymaker /ˈheɪ,meɪkər || ˈheɪ,meɪkə(r)/ *n* **1** (person) campesino, -na *m,f* (*que trabaja en la recogida del heno*) **2** (punch) (sl) directo *m*

haymaking /ˈheɪ,meɪkɪŋ/ *n* [u] siega *f* (y recolección *f*) del heno

hayrack /ˈheɪræk/ *n* comedero *m*, pesebre *m*

hayrick /ˈheɪrɪk/ *n* almiar *m*

hayseed /ˈheɪsiːd/ *n*

A [u] (Agr) tamo *m*

B [c] (AmE sl) ▸**yokel**

haystack /ˈheɪstæk/ *n* almiar *m*

haywire /ˈheɪwaɪr || ˈheɪwaɪə(r)/ *adj* (colloq) (*pred*): **everything's ~ in the office at the moment** en este momento hay un desbarajuste total en la oficina (fam); **to go ~** ‹‹*person*›› perder* la chaveta (fam), volverse* loco; ‹‹*machine*›› estropearse, descomponerse* (AmL fam); ‹‹*plans*›› desbaratarse

hazard[1] /ˈhæzərd || ˈhæzəd/ *n* **1** (danger, risk) peligro *m*, riesgo *m*; **a health ~** un riesgo para la salud; **this is a fire ~** esto puede provocar *or* causar un incendio; **we are at ~** (liter) corremos peligro **2** (in golf, showjumping) obstáculo *m*

hazard[2] *vt* **1** (frml) ‹*remark/observation/question*› aventurar, arriesgar*; **I wouldn't even ~ a guess** ni me atrevería a aventurar una respuesta **2** (risk) (liter) arriesgar*

hazard lights, (BrE also) **hazard warning lights** *pl n* (Auto) luces *fpl* de emergencia

hazardous /ˈhæzərdəs || ˈhæzədəs/ *adj* peligroso, arriesgado; **~ substances** sustancias *fpl* peligrosas; **~ waste** residuos *mpl* peligrosos

haze[1] /heɪz/ *n* (*no pl*) **1** (due to humidity) neblina *f*, bruma *f*; (due to heat) calima *f*; **a ~ of dust/smoke** una nube de polvo/humo **2** (daze): **I was/my mind was in a ~** estaba aturdido; **in her drunken ~, she didn't see me** estaba tan atontada por la borrachera que ni me vio

haze[2] *vt* (AmE) hacerle* novatadas *or* (RPl fam) cargadas a

hazel /ˈheɪzəl/ *n* **1** [c] (plant) avellano *m* **2** [u] (wood) (madera *f* de) avellano *m* **3** ▸❶ **p.1036** (color) color *m* avellana; (*before n*) ‹*eyes*› color avellana *adj inv*

hazelnut /ˈheɪzəlnʌt/ *n* avellana *f*

hazily /ˈheɪzəli || ˈheɪzɪli/ *adv* vagamente

haziness /ˈheɪzinəs || ˈheɪzinɪs/ *n* [u] **1** (Meteo) nebulosidad *f*, lo neblinoso **2** (vagueness) vaguedad *f*

hazing /ˈheɪzɪŋ/ *n* [u] (AmE) novatadas *fpl*, cargadas *fpl* (RPl fam)

hazy /ˈheɪzi/ *adj* **hazier, haziest** **1** ‹*day*› (due to humidity) neblinoso, brumoso; (due to heat) de calima; **it's a bit ~ today** hoy hay algo de neblina/calima/bruma **2** ‹*memory/idea/distinction*› vago, confuso; **I'm a bit ~ about what happened** no estoy muy seguro de lo que pasó, no sé muy bien qué pasó; **the ~ outline of the tower** el perfil borroso de la torre

H-bomb /ˈeɪtʃbɑːm || ˈeɪtʃbɒm/ *n* bomba *f* H *or* de hidrógeno

HDD *n* (**= hard disk drive**) HDD *m*

hdqrs = headquarters

HDTV *n* = **high-definition television**

he[1] /hi: *weak form* /i/ *pron*

> ⚠ Although *él* is given as the main translation of *he*, it is in practice used only for emphasis, or to avoid ambiguity: **he went to the theater** fue al teatro **she went to the theater, he went to the cinema** ella fue al teatro y él fue al cine **he did it** él lo hizo.

él; **~'s a painter/my brother** es pintor/mi hermano; **~ didn't say it, I did** no fue él quien lo dijo, sino yo; **don't ask me, ~'s the expert** no me preguntes a mí, el experto es él; **Ted Post? who's ~?** ¿Ted Post? ¿quién es Ted Post?; **~ who hesitates** (liter) quien vacila …; **could I speak to Steve, please? — this is ~** (AmE) ¿podría hablar con Steve, por favor? — habla con él; **I'm as tall as ~ is** *o* (frml) **as tall as ~** soy tan alto como él

he[2] *n* (colloq): **it's a ~** (of baby) es niño, es varón (esp AmL); (of animal) es macho

head[1] /hed/ ▸❶ p.965

INDEX

- **A** Anatomy
- **B** mind, brain
- **C** **1** of celery, nail, arrow etc
  - **2** top end of bed, table etc
- **D** **1** chief
  - **2** head teacher
- **E** **1** per head
  - **2** of cattle
- **F** to come to a head
- **G** **1** height of water
  - **2** pressure
- **H** **1** magnetic device
  - **2** of a drill
  - **3** cylinder head
- **I** **1** heading
  - **2** Journalism
- **J** Geography
- **K** **1** bow of a ship
  - **2** top of a sail
  - **3** toilet
- **L** addict

n

A (Anatomy) cabeza *f*; **to nod one's ~** asentir* con la cabeza; **to shake one's ~** (meaning no) negar* con la cabeza; (meaning yes) (AmE) asentir* con la cabeza; **my ~ aches/hurts** me duele la cabeza; **a fine ~ of hair** una buena cabellera; **to stand on one's ~** pararse de cabeza (AmL), hacer* el pino (Esp); **I fell asleep as soon as my ~ touched the pillow** me quedé dormido en cuanto puse la cabeza en la almohada; **from ~ to foot** *o* **toe** de pies a cabeza, de arriba (a) abajo; **he's a ~ taller than his brother** le lleva *or* le saca una cabeza a su hermano; **to win/lose by a ~** (Equ) ganar/perder* por una cabeza; ***go and boil your ~!*** (sl & dated) ¡vete a freír espárragos! (fam); **~ *over heels***: **she tripped and went ~ over heels down the steps** tropezó y cayó rodando escaleras abajo; **to be ~ over heels in love** estar* locamente *or* perdidamente enamorado; **he fell ~ over heels in love with her** se enamoró locamente *or* perdidamente de ella; ***~s up!*** (AmE colloq) ¡ojo! (fam), ¡cuidado!; ***~s will roll*** van a rodar cabezas; ***on your/his (own) ~ be it*** la responsabilidad es tuya/suya, allá te las compongas/se las componga (fam); ***they need their ~s knocked together*** (BrE) necesitan que les den una buena lección; ***to bang one's ~ against a (brick) wall*** darse* (con) la cabeza contra la pared, darse* (de) cabezazos contra la pared; ***to be able to do sth standing on one's ~*** poder* hacer algo con los ojos cerrados; ***to bite*** *o* ***snap sb's ~ off*** echarle una bronca a algn (fam); ***to bury one's ~ in the sand*** hacer* como el avestruz; ***to get one's ~ down*** (colloq) (work hard) ponerse* a trabajar en serio; (settle for sleep) (BrE) irse* a dormir; ***to give ~*** (vulg) mamarla (vulg), chuparla (vulg); ***to give sb her/his ~*** darle* rienda suelta a algn; **to give a horse its ~** soltarle* las riendas a un caballo; ***to go over sb's ~*** (bypassing hierarchy) pasar por encima de algn; (exceeding comprehension): **his lecture went straight over my ~** no entendí nada de su conferencia; **my sarcasm went right over his ~** no captó mi sarcasmo; **the discussion was way above my ~** la discusión era muy complicada para mí; ***to go to sb's ~*** subírsele a la cabeza a algn; **the wine's gone to my ~** se me ha subido el vino a la cabeza; **the promotion's gone right to her ~** el ascenso se le ha subido a la cabeza; ***to hang one's ~*** bajar la cabeza; ***to have a big*** *o* ***swelled*** *o* (BrE) ***swollen ~*** ser* un creído, tenérselo* muy creído (Esp); **don't tell him or he'll get a swelled** *o* (BrE) **swollen ~** no se lo digas, que se le van a subir los humos a la cabeza; ***to have one's ~ in the clouds*** tener* la cabeza llena de pájaros; ***to hold one's ~ up*** *o* ***high*** *o* ***up high*** ir* con la cabeza bien alta; **with ~ held high** con la cabeza bien alta; ***to keep one's ~ above water*** mantenerse* a flote; ***to keep one's ~ down*** (avoid attention) mantenerse* al margen; (work hard) no levantar la cabeza; (lit: keep head lowered) no levantar la cabeza; ***to knock sth on the ~*** (colloq) dar* al traste con algo; ***to laugh one's ~ off*** reírse* a mandíbula batiente, desternillarse de (la) risa; ***to scream/shout one's ~ off*** gritar a voz en cuello; ***to lay*** *o* ***put one's ~ on the block for sb*** jugarse* por algn; ***to make ~ or tail*** *o* (AmE also) ***~s or tails of sth***: **I can't make ~ or tail of it** para mí esto no tiene ni pies ni cabeza; **can you make ~ or tail of these figures?** ¿tú entiendes estas cifras?; **I've never been able to make ~ or tail of her** nunca he logrado entenderla; ***to rear one's ugly ~***: **racism/fascism reared its ugly ~ again** volvió a aparecer el fantasma del racismo/fascismo; ***to stand/be ~ and shoulders above sb*** (be superior) darle* cien vueltas a algn, estar* muy por encima de algn; (lit: be taller): **he is a good ~ and shoulders above his elder brother** le lleva más de una cabeza a su hermano mayor; ***to stand*** *o* ***turn sth on its ~*** darle* la vuelta a algo, poner* algo patas arriba (fam), dar* vuelta algo (CS); ***to turn sb's ~***: **the sort of good looks that turn ~s** el tipo de belleza que llama la atención *or* que hace que la gente se vuelva a mirar; **a girl who'd turn any young man's ~** una chica capaz de trastornar *or* de volver loco a cualquier joven; **winning the competition turned her ~** el haber ganado el concurso se le subió a la cabeza; (*before n*): **~ injury/wound** lesión *f* /herida *f* en la cabeza

B (mind, brain) cabeza *f*; **my ~ was reeling** *o* **spinning** la cabeza me daba vueltas; **I said the first thing that came into my ~** dije lo primero que se me ocurrió *or* que me vino a la cabeza; **I've got all the figures in my ~** tengo todos los datos en la cabeza; **she added it up in her ~** hizo la suma mentalmente; **don't worry** *o* **bother your ~ about that** no te calientes la cabeza con eso, no le des más vueltas al asunto; **he needs his ~ examined** está *or* anda mal de la cabeza; **he has an old ~ on young shoulders** es muy maduro para su edad; **she has a good ~ for business/figures** tiene cabeza para los negocios/los números; **I've no ~ for heights** sufro de vértigo; **I need to keep a clear ~ for the interview** tengo que estar despejado para la entrevista; **use your ~!** ¡usa la cabeza!, ¡piensa un poco!; **if we put our ~s together, we'll be able to think of something** si lo pensamos juntos, algo se nos ocurrirá; **it never entered my ~ that …** ni se me pasó por la cabeza *or* jamás pensé que …; **to get sth into sb's ~** meterle* algo en la cabeza a algn; **he's got it into his ~ that …** se le ha metido en la cabeza que …; **me, a Buddhist? what put that (idea) into your ~?** ¿yo budista? ¿de dónde sacaste eso?; **she took it into her ~ to become an actress** se le antojó *or* se le metió en la cabeza que quería ser actriz; ***to be off one's ~*** (colloq) estar* chiflado (fam), estar* *or* andar* mal de la cabeza; ***to be out of one's ~*** (sl) (on drugs) estar* flipado *or* volado *or* (Col) volando *or* (Méx) hasta atrás (arg); (drunk) estar* como una cuba (fam); ***to be soft*** *o* ***weak in the ~*** estar* mal de la cabeza; **are you soft in the ~ or something?** ¿pero tú estás mal de la cabeza?, ¿pero a ti te falta un tornillo? (fam); ***to have one's ~ screwed on (right*** *o* ***the right way)*** (colloq) tener* la cabeza bien puesta; ***to keep/lose one's ~*** mantener*/perder* la calma; ***two ~s are better than one*** cuatro ojos ven más que dos

C **1** (of celery) cabeza *f*; (of nail, tack, pin) cabeza *f*; (of spear, arrow) punta *f*; (of hammer) cotillo *m*, cabeza *f*; (of cane, stick) puño *m*; (of pimple) punta *f*, cabeza *f*; (on beer) espuma *f*; (of river) cabecera *f*; **a ~ of lettuce** una lechuga **2** (top end — of bed, table) cabecera *f*; (— of page, letter) encabezamiento *m*; (— of procession, line) cabeza *f*; **at the ~ of the list** encabezando la lista, a la cabeza de la lista; **Napoleon was advancing at the ~ of 100,000 men** Napoleón avanzaba a la cabeza de 100.000 hombres; **he retired after 20 years at the ~ of the company** se jubiló tras 20 años al frente *or* a la cabeza de la compañía

D **1** (chief) director, -tora *m,f*; **administrative/executive ~** director administrativo/ejecutivo; **section ~** jefe, -fa *m,f* de sección; **~ of state/government** jefe de Estado/de Gobierno; **the ~ of the household** el jefe *or* el cabeza de familia; (*before n*): **~ buyer** jefe, -fa *m,f* de compras; **~ coach** (in US football) primer entrenador, primera entrenadora *m,f*; **~ cook** primer cocinero, primera cocinera *m,f*, jefe, -fa *m,f* de cocina; **~ girl/boy** (BrE) (Educ) *alumno elegido para representar al alumnado de un colegio*; **~ waiter** maître *m*, capitán *m* de meseros (Méx) **2** (~ *teacher*) (esp BrE) director, -tora *m,f* (de colegio)

E **1** (person): **$15 per ~** 15 dólares por cabeza *or* persona; **$500 per ~ of (the) population** 500 dólares por habitante; **to count ~s** contar* cabezas **2** *pl* **head** (Agr): **700 ~ of cattle/sheep** 700 cabezas de ganado vacuno/ovino

F (crisis): **to come to a ~** hacer* crisis, llegar* a un punto crítico; **she brought things to a ~ by issuing an ultimatum** llevó las cosas a un punto crítico al darles un ultimátum; **his arrival brought the conflict to a ~** su llegada hizo estallar el conflicto

G **1** (height of water): **you need a ~ of 4ft for the shower** el tanque de agua tiene que estar 4 pies más alto que la ducha **2** (pressure): **a ~ of steam** presión *f* de vapor

H **1** (Audio, Comput) (magnetic device) cabeza *f*, cabezal *m* **2** (of a drill) cabezal *m* **3** (*cylinder ~*) culata *f*

I **1** (heading) encabezamiento *m*; **under separate ~s** bajo encabezamientos diferentes **2** (Journalism) titular *m*

J (Geography) cabo *m*

K (Nautical) **1** (bow of a ship) proa *f* **2** (top of a sail) gratil *m* **3** (toilet) (*also pl*) letrinas *fpl*

L (addict) (sl): **acid/pot ~** enganchado, -da *m,f* al ácido/a la hierba (fam), metelón, -lona *m,f* de ácido/marihuana (Col arg)

head[2] *vt*

A **1** ‹*march/procession*› encabezar*, ir* a la cabeza de; ‹*list*› encabezar*; **with López still ~ing the field, the runners …** los corredores, con López todavía a la cabeza *or* en cabeza, … **2** ‹*revolt*› acaudillar, ser* el cabecilla de; ‹*team*› capitanear; ‹*expedition/department*› dirigir*, estar* al frente de

B (direct) (+ *adv compl*) ‹*vehicle/ship*› dirigir*; **perhaps you could ~ me toward the nearest bank** ¿me podría indicar dónde queda el banco más próximo?; **which way are you ~ed?** ¿hacia *or* para dónde vas?; **they're ~ed for defeat** van camino de la derrota

C (in soccer) ‹*ball*› cabecear

D **1** ‹*page/chapter*› encabezar* **2** **headed** *past p* (BrE) con membrete, membretado, membreteado (Andes)

■ **head** *vi*: **the car was ~ing west** el coche iba en dirección oeste; **where are you ~ing?** ¿hacia *or* para dónde vas?; **we were ~ing in the direction of Santiago** íbamos camino de Santiago *or* con rumbo a Santiago, nos dirigíamos a Santiago; **I think we're ~ing in the right direction** creo que vamos bien encaminados *or* por buen camino; **it's time we were ~ing back** ya va siendo hora de que volvamos *or* regresemos

h

(Phrasal verbs)

- **head for** [v + prep + o] 1 (go toward): **the car was ~ing straight for me** el coche venía derecho hacia mí; **the ship was ~ing for Barcelona** el barco iba con rumbo a Barcelona; **it's getting late, let's ~ for home** se está haciendo tarde, va a ser mejor que nos pongamos en camino a casa; **he always ~s for the nearest bar** siempre va derecho al bar más próximo; **the audience was ~ing for the exit** el público se dirigía hacia la salida 2 (be in danger of) (*usu in -ing form*): **they are ~ing for bankruptcy** van camino de la bancarrota; **they're ~ing for a confrontation with the police** se están buscando un enfrentamiento con la policía; **to be ~ed for sth** ir* camino de algo
- **head off**

A [v + adv] (set out) salir*

B [v + o + adv, v + adv + o] 1 (get in front of) atajar, cortarle el paso a, interceptar 2 (prevent, forestall) ‹*criticism/threat*› prevenir*; **~ him off if he tries to bring the subject up** atájalo si trata de sacar el tema

- **head up** [v + adv + o] (lead) dirigir*, estar* a la cabeza de

headache /ˈhedeɪk/ *n* 1 ▸❶ **p.965** (Med) dolor *m* de cabeza; **I've got a ~** tengo dolor de cabeza, me duele la cabeza 2 (problem) (colloq) quebradero *m* de cabeza, dolor *m* de cabeza

headband /ˈhedbænd/ *n* cinta *f* del pelo, vincha *f* (AmS), huincha *f* (Bol, Chi, Per)

headbanging /ˈhedbæŋɪŋ/ *n* [u] 1 (Mus) sacudidas *fpl* de cabeza, headbanging *m* 2 (Med) sacudidas *fpl* involuntarias de la cabeza

headboard /ˈhedbɔːrd || ˈhedbɔːd/ *n* cabecera *f*

headbutt¹ /ˈhedbʌt/ *n* cabezazo *m*

headbutt² *vt* darle* un cabezazo a; **he ~ed him and ran off** le dio un cabezazo y salió corriendo

head case *n* (BrE sl) loco, -ca *m,f*, chiflado, -da *m,f* (fam)

head cheese *n* (AmE) queso *m* de cerdo *or* (RPl) de chancho *or* (Méx) de puerco *or* (Chi) de cabeza, cabeza *f* de cerdo *or* (Esp) de jabalí

head cold *n* resfriado *m*; **I have a ~ ~** estoy resfriada y tengo la cabeza embotada

head-count /ˈhedkaʊnt/ *n* recuento *m* (*de personas*)

headdress /ˈheddres/ *n* tocado *m*

-headed /ˈhedəd || ˈhedɪd/ *suff*: **two~** de dos cabezas; **round~** de cabeza redonda

header /ˈhedər || ˈhedə(r)/ *n*

A (in soccer) cabezazo *m*

B (dive, fall) (colloq): **she took a ~ into the pool** se tiró de cabeza a la piscina

C **~ (tank)** (Tech) depósito *m* de igualación *or* compensación

D (Const) tizón *m*

E (in text) cabecera *f*

headfirst /ˈhedˈfɜːrst || ˌhedˈfɜːst/ *adv* 1 (with head foremost) de cabeza; **he fell ~ into the river** se cayó de cabeza al río; **he ran ~ into a tree** se dio de cabeza contra un árbol 2 (over-hastily) precipitadamente

headgear /ˈhedgɪr || ˈhedgɪə(r)/ *n* [u]: **they must wear the correct ~** deben llevar el sombrero (*or* casco *or* gorro *etc*) indicado

headhunt /ˈhedhʌnt/ *vi*: *buscar ejecutivos o personal especializado*

■ **headhunt** *vt* ofrecerle* un puesto a; **he was ~ed by an advertising firm** una empresa publicitaria le ofreció un puesto

headhunter /ˈhedˌhʌntər || ˈhedˌhʌntə(r)/ *n* 1 (Anthrop) cazador *m* de cabezas 2 (Busn) cazatalentos *m*, cazador *m* de cabezas *or* de talentos; **a firm of ~s** una empresa especializada en el reclutamiento de ejecutivos

headhunting /ˈhedˌhʌntɪŋ/ *n* [u]: *búsqueda de ejecutivos y personal especializado*

headiness /ˈhedinəs || ˈhedinɪs/ *n* [u] 1 (of wine, scent) efecto *m* embriagador 2 (of success, elation) lo embriagador

heading /ˈhedɪŋ/ *n* (title) encabezamiento *m*, título *m*, acápite *m* (AmL); (letterhead) membrete *m*

headlamp /ˈhedlæmp/ *n* faro *m*

headland /ˈhedlənd/ *n* cabo *m*

headless /ˈhedləs || ˈhedlɪs/ *adj* ‹*figure*› sin cabeza; ‹*organization*› acéfalo

headlight /ˈhedlaɪt/ *n* faro *m*

headline¹ /ˈhedlaɪn/ *n* titular *m*; **to hit the ~s** aparecer* en primera plana; **to make ~s** ser* noticia; **the (news) ~s** el resumen informativo *or* de noticias; (*before n*): **~ news** noticia *f* de primera plana

headline² *vt* 1 ‹*report/article*› titular 2 ‹*riot/crash*› destacar* 3 (top bill): **the show ~d Judy Garland** Judy Garland encabezaba el reparto del espectáculo

headliner /ˈhedˌlaɪnər || ˈhedˌlaɪnə(r)/ *n* (AmE) primera figura *f*, estrella *f*

headlining /ˈhedlaɪnɪŋ/ *adj* como cabeza de cartel

headlock /ˈhedlɑːk || ˈhedlɒk/ *n* llave *f* de cabeza

headlong¹ /ˈhedlɔːŋ || ˈhedlɒŋ/ *adv* 1 (hastily) precipitadamente; **she rushed ~ into it** se lanzó precipitadamente a hacerlo 2 (with head foremost) de cabeza

headlong² *adj* precipitado

head louse *n* (*pl* **~ lice**) piojo *m* de cabeza

headman /ˈhedmæn/ *n* (*pl* **-men** /-men/) cacique *m*

headmaster /ˈhedˌmæstər || ˌhedˈmɑːstə(r)/ ▸❶ **p.1213** *n* director *m* (de colegio)

headmistress /ˈhedˌmɪstrəs || ˌhedˈmɪstrɪs/ ▸❶ **p.1213** *n* directora *f* (de colegio)

head office *n* (oficina *f*) central *f*, casa *f* matriz

head-on¹ /ˈhedˈɑːn || ˌhedˈɒn/ *adj* ‹*crash/collision*› frontal, de frente; **they tried to avoid a ~ clash with the union** intentaron evitar un choque frontal con el sindicato

head-on² *adv* ‹*crash/collide*› frontalmente, de frente; **the union and the management clashed ~** el sindicato y la dirección tuvieron un choque frontal

headphones /ˈhedfəʊnz/ *pl n* auriculares *mpl*, cascos *mpl*

headpiece /ˈhedpiːs/ *n* 1 (head decoration) prenda *f* de cabeza 2 (in book) viñeta *f* 3 (of bridle) cabezada *f*, cabezal *m*

headquarters /ˈhedˌkwɔːrtərz || ˌhedˈkwɔːtəz/ *n* (*pl*, **~** (+ *sing or pl vb*)) oficina *f* central; (Mil) cuartel *m* general; **police ~** jefatura *f* de policía

headrest /ˈhedrest/ *n* reposacabezas *m*, apoyacabezas *m*

head restraint *n* reposacabezas *m*, apoyacabezas *m*

headroom /ˈhedruːm -rʊm/ *n* [u] altura *f*; **is there enough ~ for the truck?** ¿hay suficiente altura para que pase el camión?; Ⓢ **(max) headroom 12ft 6in** circulación prohibida a vehículos de altura superior a 12 pies 6 pulgadas; **there's not much ~ in the cave** la cueva no es muy alta

heads /hedz/ *adv* (on coin) cara *f*; **~ or tails?** ¿cara o cruz?, ¿águila o sol? (Méx), ¿cara o sello? (Andes, Ven), ¿cara o ceca? (Arg); **~ I win, tails you lose** (hum) o gano yo o pierdes tú (hum)

headscarf /ˈhedskɑːrf || ˈhedskɑːf/ *n* (*pl* **-scarves**) pañuelo *m* (de cabeza)

headset /ˈhedset/ *n* auriculares *mpl*, cascos *mpl*

headship /ˈhedʃɪp/ *n* (BrE) dirección *f* (de un colegio); **this is my first ~** éste es mi primer puesto de director(a)

headshrinker /ˈhedʃrɪŋkər || ˈhedʃrɪŋkə(r)/ *n* (AmE colloq) loquero, -ra *m,f* (fam)

headsquare /ˈhedskwer || ˈhedskweə(r)/ *n* (BrE) pañuelo *m* (de cabeza)

headstand /ˈhedstænd/ *n*: **to do a ~** pararse de cabeza (AmL), hacer* el pino (Esp)

head start *n* ventaja *f*; **to have a ~ ~ (on/over sb)** llevar(le) ventaja (a algn); **she let him have a ~ ~ because he was out of condition** le dio ventaja porque no estaba en forma; (*before n*): **~ ~ program** (in US) (Educ) *programa de enseñanza preescolar para niños carenciados*

headstone /ˈhedstəʊn/ *n* lápida *f*

headstrong /ˈhedstrɔːŋ || ˈhedstrɒŋ/ *adj* ‹*person*› empecinado, testarudo, obstinado; **her ~ refusal to accept advice** su empecinamiento en negarse a aceptar ningún consejo

heads-up¹ /ˈhedzˈʌp/ *adj* (AmE) (*before n*) despierto, espabilado, despabilado

heads-up² *n* [u] (colloq) dato *m*; **to give sb the ~ on sth** poner a algn al corriente *or* al tanto DE algo; **thanks for the ~** gracias por la información

headteacher /ˈhedˌtiːtʃər || ˌhedˈtiːtʃə(r)/ *n* (BrE) director, -tora *m,f* (de colegio)

head-to-head¹ /ˈhedtəˈhed/ *adj* (AmE) cara a cara, frente a frente

head-to-head² *adv* (AmE) cara a cara, frente a frente; **to go ~** enfrentarse; **Smith and Lee go ~ in the quarter finals** Smith y Lee se verán las caras en los cuartos de final

head-up display /ˈhedʌp/ (AmE) *also* **heads-up display** /ˈhedzʌp/ *n* presentador *m* frontal de datos

headwaters /ˈhedˌwɔːtərz || ˈhedˌwɔːtəz/ *pl n* cabecera *f*

headway /ˈhedweɪ/ *n* [u]: **to make ~** hacer* progresos, avanzar*; **to make ~ against the current** avanzar* contra la corriente

headwind /ˈhedwɪnd/ *n* viento *m* contrario *or* en contra; (Naut) viento *m* de proa

headword /ˈhedwɜːrd || ˈhedwɜːd/ *n* vocablo *m* *or* palabra *f* cabeza de artículo, lema *m*

heady /ˈhedi/ *adj* **-dier, -diest** 1 (intoxicating) ‹*scent*› embriagador; ‹*wine*› que se sube a la cabeza 2 ‹*pace*› vertiginoso; **these are ~ days for the country** el país vive momentos emocionantes

heal /hiːl/ *vt* 1 ‹*wound/cut*› curar; **he tried to ~ the rift within the party** intentó cerrar la brecha que había en el partido 2 ‹*person*› (frml) **to ~ sb (OF sth)** curar a algn (DE algo); **she was ~ed of her illness** sanó de su enfermedad

■ **heal** *vi* «*wound/cut*» cicatrizar*, cerrarse*

(Phrasal verbs)

- **heal over** [v + adv] «*wound/cut*» cicatrizar*, cerrarse*; «*rift*» cicatrizar*
- **heal up**

A [v + adv] «*wound*» cicatrizar*, cerrarse*

B [v + o + adv, v + adv + o] ‹*wound/burn*› cicatrizar*

healer /ˈhiːlər || ˈhiːlə(r)/ *n* curandero, -ra *m,f*; **time is a** o **the great ~** el tiempo todo lo cura

healing¹ /ˈhiːlɪŋ/ *adj* (*before n*) (in conventional treatment) curativo; (in alternative treatment) sanador

healing² *n* (in conventional treatment) curación *f*; (in alternative treatment) sanación *f*

health /helθ/ *n* [u] 1 (physical condition) salud *f*; **to be in good/poor ~** estar* bien/mal de salud; **he's worried about his ~** está preocupado por su salud; **on grounds of ill ~** por motivos de salud; **it's good/bad for your ~** es bueno/malo para la salud; **the government's policy on ~** la política sanitaria del gobierno; (*before n*) ‹*reasons/problems*› de salud; ‹*policy/services*› sanitario, de salud pública; ‹*inspector/regulations*› de sanidad; **~ authority** (in UK) autoridad *f* sanitaria; **~ education** educación *f* sanitaria; **~ hazard** riesgo *m* *or* peligro *m* para la salud; **~ worker** trabajador sanitario, trabajadora sanitaria *m,f* 2 (freedom from disease) salud *f*; **to drink (to) sb's ~** brindar por algn, beber a la salud de algn; **your ~!** ¡salud!, ¡a tu (*or* vuestra *etc*) salud!

Health and Safety Executive *n* (in UK) Departamento *m* de Sanidad y Seguridad en el Trabajo

health card *n* (Can) (Med) tarjeta *f* sanitaria, tarjeta *f* de salud

health care ➔▯ *n* [u] (Soc Adm) asistencia *f* sanitaria *or* médica

health centre *n* (BrE) centro *m* médico *or* de salud

health certificate *n* certificado *m* de buena salud

health club *n* gimnasio *m*

health farm *n* clínica *f* de adelgazamiento

health food *n* [u c] alimentos *mpl* naturales; (*before n*): **health-food shop** tienda *f* de alimentos naturales, herbolario *m*

healthful /'helθfəl/ *adj* ▸**healthy A2**

health-giving /'helθgɪvɪŋ/ *adj* (*before n*) que es beneficioso para la salud

healthily /'helθəli || 'helθɪli/ *adv* de forma sana

health insurance *n* [u] seguro *m* de enfermedad

health resort *n* balneario *m*

health service (in UK) ▸**National Health (Service)**

health spa *n* (AmE) club *m* de salud,, spa *m* (AmL)

health visitor *n* (in UK) *enfermera de la Seguridad Social que hace visitas a domicilio para asesorar sobre el cuidado de niños en edad preescolar, ancianos etc*

health warning *n* advertencia *f* sanitaria

healthy /'helθi/ *adj* **-thier, -thiest**

A **1** (in good health) ‹*person/animal*› sano; ‹*skin/complexion*› sano, saludable; **he's looking ~** tiene un aspecto saludable; **she has a ~ appetite** tiene buen apetito **2** (promoting good health) ‹*diet/living/environment/air*› sano, saludable; **it's ~ to swim** nadar es sano *or* saludable **3** (sound) ‹*respect*› sano; ‹*discussion/debate*› abierto y sin trabas

B **1** ‹*society/democracy*› que goza de buena salud; ‹*economy/finances*› próspero **2** ‹*profit/surplus*› sustancial

heap[1] /hi:p/ *n*

A **1** (pile) montón *m*, pila *f*; **to fall** *o* **collapse/lie in a ~** caer*/yacer* desplomado; ***at the bottom of the ~*** (worst) de pésima calidad; (last) al final de la lista **2** (car) (colloq) cacharro *m* (fam)

B (colloq) **1** (a lot): **~s** *o* (AmE also) **a ~ of sth** montones *or* un montón de algo (fam), pilas de algo (AmS fam) **2** (*as intensifier*): **it's ~s** *o* (AmE) **a ~ better/bigger** es muchísimo mejor/más grande *or* (fam) requetemejor/requetemás grande

heap[2] *vt* **1** (make pile) amontonar **2** (supply liberally): **she ~ed food onto his plate** *o* **~ed his plate with food** le llenó el plato de comida; **awards and recognition were ~ed upon her** recibió multitud de galardones; **to ~ praise on sb** colmar a algn de alabanzas; **to ~ blame on sb** echarle todas las culpas a algn **3** **heaping** *pres p* (AmE) (Culin) colmado **4** **heaped** *past p* (BrE) (Culin) colmado

Phrasal verb

• **heap up** [v + o + adv, v + adv + o] **1** (amass) ‹*wealth/riches*› acumular, amasar; **you're only ~ing up problems for yourself** lo que estás haciendo es buscarte un montón de problemas **2** (make into pile) amontonar, apilar

hear /hɪr || hɪə(r)/ (*past & past p* **heard** /hɜ:rd || hɜ:d/) *vt*

A ‹*sound/explosion/music*› oír*; **sorry, I can't ~ a word you're saying** perdona pero no te oigo bien; **I ~d you go/going out** te oí salir/cuando salías; **did I ~ somebody mention coffee?** ¿alguien habló de *or* mencionó café?; **did you ~ what I said?** ¿oíste lo que dije?; **stop it! do you ~?** ¡basta! ¿me oyes?; **now ~ this** (AmE) presten atención; **be quiet! I can't ~ myself think** (colloq) ¡silencio! no puedo pensar con tanto ruido; **to ~ her (talk), you'd think ...** cualquiera que la oyera creería que ...; **I must be ~ing things** (colloq) debo de habérmelo imaginado; **I've ~d it said that ...** he oído decir que ...; **he was ~d to say that ...** se le oyó decir que ...; **let's ~ it for the lucky winners/the President!** (AmE colloq) ¡un aplauso para los afortunados ganadores/el presidente!

B (get to know) oír*; **I ~d it on the radio** lo oí *or* me enteré por la radio; **unless you ~ anything to the contrary, I'll be there** a menos que te avise, estaré allí; **from what I ~, they are coming** según parece, vendrán; **I've ~d so much about you** me han hablado tanto de ti, he oído hablar tanto de ti; **one doesn't ~ much nowadays about ...** hoy en día casi no se oye hablar de ...; **have you ~d the latest?** ¿sabes la última?; **I've ~d it all before** ya conozco la historia; **have you ~d the one about ... ?** ¿conoces el chiste de ... ?; **I ~ that you are leaving** he oído que *or* me he enterado de que te vas; **he's very ill, I ~** me han dicho que está muy enfermo; **I did ~ from someone that ...** alguien me dijo que ...; **I haven't yet ~d whether I've got the job** todavía no me han dicho si me dan el trabajo; ***to ~ tell of sth***: **I have ~d tell of strange goings-on in that department** he oído decir que en ese departamento pasan cosas muy raras

C (listen to) **1** ‹*lecture/broadcast/views*› escuchar, oír*; **I ~ you** (AmE) ya veo, ya te entiendo; **Fr Rolfe will be ~ing confessions today** hoy confesará el padre Rolfe; **to ~ mass** oír* misa; **Lord, ~ our prayer** Señor, escucha nuestra oración, escúchanos, Señor **2** (Law) ‹*case*› ver*; ‹*charge*› oír*

■ **hear** *vi*

A (perceive) oír*; **I couldn't ~ for a while** me quedé un rato sin poder oír; **~, ~!** ¡eso, eso!, ¡bien dicho!

B (get news) tener* noticias; **to ~ ABOUT sth/sb**: **I ~d about it through Doris** me enteré por Doris; **I ~d about the problems they were having** me enteré de los problemas que tenían; **have you ~d about Sally?** te has enterado de lo de Sally?; **to ~ FROM sb**: **I haven't ~d from them for months** hace meses que no sé nada de ellos *or* que no tengo noticias suyas; **we're still waiting to ~ from the States** seguimos esperando noticias de los Estados Unidos; **you'll be ~ing from us in a couple of weeks** dentro de unas semanas nos pondremos en contacto con usted

Phrasal verbs

• **hear of**

A [v + prep + o] **1** (encounter, come to know of): **I've ~d of him** he oído hablar de él; **never ~d of him!** no tengo ni idea de quién es; **if you ~ of anything interesting, let me know** si te enteras de algo interesante, me lo dices; **did you ever ~ of such a thing!** ¡habráse visto cosa igual! **2** (have news of) tener* noticias *or* saber* de; **she hasn't been ~d of since** desde entonces que no se sabe *or* no se tiene noticias de ella; **they were last ~d of in Laos** la última vez que se tuvo noticias *or* se supo de ellos estaban en Laos **3** (allow): **I won't ~ of it!** ¡ni hablar!, ¡ni se te (*or* le *etc*) ocurra!; **I offered to let her stay, but she wouldn't ~ of it** le dije que se podía quedar, pero no quiso aceptar; **my father won't ~ of us giving him any money** mi padre se niega rotundamente a que le demos dinero

B [v + o + prep + o] (have news of): **I've ~d nothing of them since they moved away** no he sabido nada *or* no he tenido noticias de ellos desde que se mudaron; **we'll be ~ing more of this talented young musician** este joven y talentoso músico va a dar que hablar; **that's the first I've ~d of it!** ¡no sabía nada!, ¡recién me entero! (AmL); **I warn you: you haven't ~d the last of this!** ¡te advierto que esto no va a quedar así!

• **hear out** [v + o + adv, v + adv + o] escuchar (*hasta el final*); **I'll explain if you'll just ~ me out** te lo explicaré si estás dispuesta a escucharme; **we ~d their tale out in silence** escuchamos su relato en silencio

hearing[1] /'hɪrɪŋ || 'hɪərɪŋ/ *n*

A [u] **1** (sense) oído *m*; **to have good/poor ~** tener* buen/mal oído; **my ~ is getting worse** cada vez oigo peor; (*before n*): **~ difficulties** problemas *mpl* auditivos *or* de audición **2** (earshot): **she wouldn't dare say it in my ~** no se atrevería a decirlo en mi presencia *or* estando yo delante; **he said it out of their ~** lo dijo donde ellos no podían oírlo

B [c] **1** (consideration) consideración *f*, atención *f*; **to give sth/sb a ~** escuchar algo/a algn; **she didn't get a fair ~** no le permitieron explicarse **2** (trial) vista *f*; **the case never received a fair ~** el caso no recibió un juicio imparcial *or* justo **3** (session) sesión *f*

hearing[2] *adj*: **she is ~** su audición es normal, no es sorda

hearing aid *n* audífono *m*

hearing-impaired[1] /,hɪrɪŋɪm'perd || ,hɪərɪŋɪm'peəd/ *adj* con dificultad de audición, parcialmente sordo

hearing-impaired[2] *pl n*: **the ~** las personas con dificultades de audición *or* parcialmente sordas

hearken /'hɑ:rkən || 'hɑ:kən/ *vi* (arch) **to ~ ((UN)TO sth/sb)** escuchar algo/a algn

hearsay /'hɪrseɪ || 'hɪəseɪ/ *n* [u] habladurías *fpl*, rumores *mpl*; (*before n*): **~ evidence** testimonio *m* de oídas

hearse /hɜ:rs || hɜ:s/ *n* coche *m* fúnebre; (horse-drawn) carroza *f* fúnebre

heart /hɑ:rt || hɑ:t/ *n*

A ▸❶ **p.965** **1** (Anat) corazón *m*; **the Sacred H~ (of Jesus)** el Sagrado Corazón (de Jesús); ***cross my ~ (and hope to die)!*** ¡te lo juro!, ¡que me muera ahora mismo si no es verdad!; **really? cross your ~?** ¿de verdad? ¿me lo juras?; (*before n*) ‹*disease*› del corazón, cardíaco; ‹*operation*› de(l) corazón; **~ complaint** dolencia *f or* afección *f* cardíaca; **~ murmur** soplo *m* en el corazón; **~ rate** ritmo *m* cardíaco; **~ transplant** trasplante *m* de corazón **2** (nature): **to have a good/kind ~** tener* buen corazón, ser* de buen corazón; **to have a cold ~** ser* duro de corazón; **to have a cruel ~** no tener* corazón; ***her/his ~ is in the right place*** es de buen corazón, es una buena persona; ***to have a ~ of gold*** tener* un corazón de oro, ser* todo corazón; ***to have a ~ of stone*** tener* el corazón de piedra, ser* duro de corazón; **suffering had turned his ~ to stone** los sufrimientos le habían endurecido el corazón **3** (inmost feelings): **his ~ rules his head** se deja llevar por el corazón; **at ~** en el fondo; **to have sb's interests at ~** preocuparse por algn; **she was speaking from the ~** lo decía con el corazón (en la mano), le salía del corazón; **in one's ~ of ~s** en lo más profundo de su (*or* mi *etc*) corazón, en su (*or* mi *etc*) fuero interno; **in his ~ he knew it was hopeless** en su fuero interno sabía que no había esperanza; ***to cry one's ~ out*** llorar a lágrima viva; ***to eat one's ~ out*** morirse* de envidia; **he's eating his ~ out** se muere de envidia, se lo come la envidia; **my singing's improving all the time: Buck Stevens, eat your ~ out!** (iro) cada vez canto mejor: ¡chúpate esa, Buck Stevens!; ***to open one's ~ to sb*** abrirle* el corazón a algn; ***to take sth to ~*** tomarse algo a pecho; ***to wear one's ~ on one's sleeve*** demostrar* sus (*or* mis *etc*) sentimientos **4** (memory): ***to learn/know sth by ~*** aprender/saber* algo de memoria

B **1** (compassion): **to have ~** (colloq) tener* buen corazón; **you've no ~!** ¡no tienes corazón!; **a company with ~** una empresa humana; **have a ~!** (colloq) ¡no seas malo! (fam), ¡ten compasión! (hum); **to be all ~** ser* todo corazón; **his ~ bled for the refugees in their suffering** (liter) el sufrimiento de los refugiados le partía el corazón; **my ~ bleeds (for you)** (iro) ¡qué pena me das! (iró); **his ~ went out to the orphans** le daban mucha lástima los huérfanos; ***to find it in one's ~ to + INF***: **can you find it in your ~ to forgive me?** ¿podrás perdonarme?; **he couldn't find it in his ~ to tell them** no fue capaz de decírselo **2** (love, affection): **to be close** *o* **near** *o* **dear to sb's ~** significar* mucho para algn; **we talked about something that's near to his ~** hablamos de algo que significa mucho para él *or* (liter) que le es muy caro; ***to break sb's ~***: **it breaks my ~ to see her cry** me parte el alma verla llorar; **she broke the ~s of several local boys**

➔▯ *see* Living in a Spanish-speaking country

rompió muchos corazones entre los chicos de por aquí; **you're breaking my ~** (iro) ¡cómo sufres! (iró); **to die of a broken ~** morirse* de pena; ***to lose one's ~ to sb*** enamorarse de algn, entregarle* el corazón a algn; ***to take sb/sth to one's ~*** tomarle cariño a algn/algo; ***to win sb's ~*** ganarse *or* conquistarse a algn; **to win the ~s and minds of the people** ganarse a la gente **3** (enthusiasm, inclination): ***after sb's own ~*: he's a man/writer after my own ~** es un hombre/escritor con el que me identifico; ***~ and soul*** en cuerpo y alma; **she put her whole ~ and soul into the task** se entregó en cuerpo y alma *or* de lleno a la tarea; ***my/her/his ~ wasn't in it*** lo hacía sin ganas *or* sin poner entusiasmo; ***to one's ~'s content*: here you can eat/swim to your ~'s content** aquí puedes comer/nadar todo lo que quieras, aquí puedes comer/nadar a discreción; ***to set one's ~ on sth*: she's set her ~ on being chosen for the team** su mayor ilusión es que la elijan para formar parte del equipo; **he has his ~ set on a new bike** lo que más quiere es una bicicleta nueva; ***with all one's ~, with one's whole ~*** de todo corazón; **with my whole ~ I wish him well** le deseo de todo corazón que en todo le vaya bien

C (courage, morale) ánimos *mpl*; **with a heavy ~ I retraced my steps** acongojado, volví sobre mis pasos; **my ~ was light as I set off on the journey** con el corazón alegre, me puse en camino; **to put new** *o* **fresh ~ into sb** dar* nuevos ánimos a algn; **to lose ~** descorazonarse, desanimarse; **to take ~** animarse; ***my ~ was in my boots*** tenía el ánimo por los suelos; ***my ~ was in my mouth*** tenía el corazón en un puño *or* en la boca, tenía el alma en vilo; **my ~ was in my mouth as I opened the letter** abrí la carta con el corazón en un puño; ***my/her ~ sank*** se me/le cayó el alma a los pies; ***not to have the ~ to do sth*: I didn't have the ~ to tell him** no tuve valor para decírselo, no tuve el valor de decírselo; ***to be in good ~*** tener* la moral muy alta; ***to do sb's ~ good*** alegrarle el corazón a algn; ***faint ~ never won fair lady*** el mundo es de los audaces

D **1** (central part): **the ~ of the city/country** el corazón *or* centro de la ciudad/del país; **in the ~ of the countryside** en pleno campo; **the ~ of the fighting/battle** lo más violento del combate/de la batalla; **the ~ of the matter/problem** el meollo *or* el quid del asunto/de la cuestión; **at the ~ of this dispute/conflict** en el centro de esta disputa/este conflicto **2** (of cabbage, lettuce) cogollo *m*; (of apple) corazón *m*; **artichoke ~s** corazones *mpl* de alcachofas *or* (RPl) de alcauciles

E (heart-shaped object) corazón *m*

F (Games) **1** (card) corazón *m* **2** **hearts** (suit) (+ *sing or pl vb*) corazones *mpl*; **~s is** *o* **are trumps** triunfan corazones; **the ace of ~s** el as de corazones

heartache /ˈhɑːrteɪk || ˈhɑːteɪk/ *n* [u] pena *f*, dolor *m*; **after all the ~ they caused her** después de todo lo que la hicieron sufrir *or* de todos los disgustos que le dieron

heart attack *n* ataque *m* al corazón, infarto *m*; **he had** *o* (frml) **suffered a ~ ~** tuvo *or* le dio *or* (frml) sufrió un infarto; **I nearly had a ~ ~** (colloq) por poco me da un ataque *or* un infarto (fam)

heartbeat /ˈhɑːrtbiːt || ˈhɑːtbiːt/ *n* latido *m* (del corazón); **80 ~s per minute** 80 pulsaciones por minuto; **he is just a ~ away from the Presidency** está a un paso de la presidencia

heartbreak /ˈhɑːrtbreɪk || ˈhɑːtbreɪk/ *n* **1** [u] (grief) congoja *f*, sufrimiento *m* **2** [c] (cause of grief) desengaño *m*

heartbreaker /ˈhɑːrtˌbreɪkər || ˈhɑːtˌbreɪkə(r)/ *n* (colloq) rompecorazones *mf* (fam)

heartbreaking /ˈhɑːrtˌbreɪkɪŋ || ˈhɑːtˌbreɪkɪŋ/ *adj* **1** (harrowing) ‹*experience/sight/news*› desgarrador **2** (frustrating) ‹*task/work*› descorazonador

heartbreakingly /ˈhɑːrtˌbreɪkɪŋli || ˈhɑːtˌbreɪkɪŋli/ *adv* descorazonadoramente

heartbroken /ˈhɑːrtˌbrəʊkən || ˈhɑːtˌbrəʊkən/ *adj* ‹*look/sobs*› desconsolado; **she was ~ when he died** su muerte la dejó destrozada *or* con el corazón destrozado; **the child was ~ about losing his teddy bear** el niño estaba inconsolable por haber perdido su osito

heartburn /ˈhɑːrtbɜːrn || ˈhɑːtbɜːn/ *n* [u] ardor *m* de estómago, acidez *f* (de estómago)

-hearted /ˈhɑːrtəd || ˈhɑːtɪd/ *suff*: **big~/good~** de gran/buen corazón

hearten /ˈhɑːrtn || ˈhɑːtn/ *vt* alentar*, animar; **they were ~ed by the public's response** la respuesta del público los alentó *or* les dio ánimos

heartening /ˈhɑːrtnɪŋ || ˈhɑːtnɪŋ/ *adj* alentador

heart failure *n* [u] fallo *m* cardíaco

heartfelt /ˈhɑːrtfelt || ˈhɑːtfelt/ *adj* sincero, sentido; **my ~ sympathy** mi más sentido pésame

hearth /hɑːrθ || hɑːθ/ *n* **1** (in home) chimenea *f*, hogar *m*; **the cat was curled up on the ~** el gato se había hecho un ovillo frente a la chimenea *or* al hogar; **~ and home** casa y hogar; (*before n*): **~ rug** *alfombra que se coloca delante de la chimenea* **2** (Metall) crisol *m*

heartily /ˈhɑːrtli || ˈhɑːtɪli/ *adv* **1** (warmly) ‹*congratulate/greet*› efusivamente **2** (with enthusiasm) ‹*laugh/eat*› con ganas **3** (totally): **I ~ agree** estoy totalmente *or* completamente de acuerdo; **I'm ~ sick of the whole thing** (colloq) estoy hasta la coronilla *or* hasta las narices de todo el asunto (fam)

heartland /ˈhɑːrtlænd || ˈhɑːtlənd/ *n* centro *m*; **the invaders pressed on into the ~** los invasores siguieron avanzando hacia el interior

heartless /ˈhɑːrtləs || ˈhɑːtlɪs/ *adj* ‹*person*› sin corazón; ‹*refusal*› cruel

heartlessness /ˈhɑːrtləsnəs || ˈhɑːtlɪsnɪs/ *n* [u]: **she accused her mother of ~** acusó a su madre de no tener corazón; **the ~ of his action** lo despiadado de su acción

heart-lung /ˈhɑːrtˈlʌŋ || ˈhɑːtˈlʌŋ/ *adj* (*before n*) ‹*transplant*› de corazón y pulmón; **~ machine** bomba *f* corazón-pulmón

heart-rending /ˈhɑːrtˌrendɪŋ || ˈhɑːtˌrendɪŋ/ *adj* ‹*cry/sobs*› estremecedor, desgarrador; ‹*plight/account*› conmovedor

heart-searching /ˈhɑːrtˌsɜːrtʃɪŋ || ˈhɑːtˌsɜːtʃɪŋ/ *n* [u] reflexión *f*; **his death caused me prolonged ~** su muerte me hizo reflexionar largamente

heart-shaped /ˈhɑːrtʃeɪpt || ˈhɑːtʃeɪpt/ *adj* ‹*card/cake*› con forma de corazón; ‹*neckline/face*› en forma de corazón

heartsick /ˈhɑːrtsɪk || ˈhɑːtsɪk/ *adj* abatido, muy afectado

heart-stopping /ˈhɑːrtˌstɑːpɪŋ || ˈhɑːtˌstɒpɪŋ/ *adj* impresionante, de infarto (fam), cardiaco (Méx fam); **it was a ~ final** fue una final de infarto (fam), fue una final cardiaca (Méx fam)

heartstrings /ˈhɑːrtstrɪŋz || ˈhɑːtstrɪŋz/ *pl n*: ***to pull*** *o* ***tug at sb's ~*** tocarle* la fibra sensible a algn

heart surgeon *n* cardiocirujano, -na *m,f*, cirujano cardíaco, cirujana cardíaca *m,f*

heart surgery *n* [u] cardiocirugía *f*, cirugía *f* cardíaca

heartthrob /ˈhɑːrtθrɑːb || ˈhɑːtθrɒb/ *n* (colloq) ídolo *m*

heart-to-heart[1] /ˈhɑːrttəˈhɑːrt || ˌhɑːttəˈhɑːt/ *adj* íntimo y franco

heart-to-heart[2] *n* (colloq) charla *f* íntima; **I had a ~ with her about her problem** hablamos con franqueza de su problema

heart-warming /ˈhɑːrtˌwɔːrmɪŋ || ˈhɑːtˌwɔːmɪŋ/ *adj* alentador, reconfortante; **it was ~ to see how pleased the child was** daba gusto ver lo contento que estaba el niño

hearty[1] /ˈhɑːrti || ˈhɑːti/ *adj* **-tier, -tiest**

A **1** (boisterous) ‹*person*› campechano, bullanguero; ‹*laughter*› sonoro, desbordante **2** (warm, enthusiastic) ‹*welcome*› caluroso; **they gave three ~ cheers for the team** con gran entusiasmo lanzaron tres hurras por el equipo; **heartiest congratulations on your promotion** mi más cordial enhorabuena *or* mis más calurosas felicitaciones por tu ascenso **3** (healthy) ‹*appetite*› bueno; **John is a ~ eater** John es de buen comer, John tiene buen diente

B **1** (vigorous) ‹*shove/kick*› fuerte; **to take a ~ dislike to sb/sth** tomarle *or* (esp Esp) cogerle* antipatía a algn/algo **2** (substantial) ‹*meal*› abundante; ‹*stew/soup*› sustancioso, suculento

hearty[2] *n* (*pl* **-ties**) **1** (Naut) (arch) (*as form of address*): **me hearties!** ¡mis valientes! **2** (philistine) (BrE colloq) troglodita *m* (fam & hum)

heat[1] /hiːt/ *n*

A [u] **1** (warmth) calor *m*; **the cat basked in the ~ of the fire** el gato disfrutaba del calor de la lumbre; **in the ~ of the day** cuando el sol aprieta, en las horas de más calor; ***if you can't stand the ~, get out of the kitchen*** si es demasiado para ti, quítate de en medio; (*before n*): **~ loss** pérdida *f* de calor **2** (for cooking) fuego *m*; **on/over/at a low ~** a fuego lento **3** (heating) (colloq) calefacción *f* **4** (of curry, chili) lo picante *or* (Méx tb) lo picoso

B [u] (excitement, passion) calor *m*, acaloramiento *m*; **he spoke with some ~** habló con cierto acaloramiento *or* con cierta vehemencia; **I realize you said it in the ~ of the moment** ya sé que lo dijiste en un momento de enojo (*or* exaltación *etc*); **his article will generate more ~ than light** su artículo caldeará los ánimos pero no arrojará nueva luz sobre el tema; **his intervention took the ~ out of the situation** su intervención calmó los ánimos

C [u] (pressure) (colloq): **to put the ~ on sb** apretarle* las clavijas a algn (fam); **to take the ~ off sb** darle* un respiro a algn; **the ~ is off** ya ha pasado lo peor (fam)

D [u] (estrus) celo *m*; **to come into** *o* (BrE) **on ~** ponerse* en celo; **to be in** *o* (BrE) **on ~** ‹‹*animal*›› estar* en celo; ‹‹*woman*›› (sl) estar* caliente (vulg)

E [u] (police) (AmE sl): **the ~** la poli (fam), la pasma (Esp arg), la tira (Méx arg), la cana (RPl arg), la tomba (Col arg), los pacos (Chi fam)

F [c] (Sport) (prueba *f*) eliminatoria *f*

heat[2] *vt* calentar*; ‹*house*› calefaccionar

■ **heat** *vi* calentarse*

Phrasal verbs

• **heat through**

A [v + adv] calentarse*

B [v + o + adv, v + adv + o] calentar*

• **heat up**

A [v + adv] ‹‹*food*›› calentarse*; ‹‹*room/air*›› calentarse*, caldearse; ‹‹*game*›› animarse; ‹‹*argument/discussion*›› acalorarse; **the atmosphere in the committee room was ~ing up** se estaban caldeando los ánimos en la sala de juntas

B [v + o + adv, v + adv + o] ‹*food*› calentar*; ‹*room*› calentar*, caldear

heated /ˈhiːtəd || ˈhiːtɪd/ *adj* **1** (warmed) ‹*pool*› climatizado; ‹*seat/rear window*› térmico **2** (impassioned) ‹*argument/controversy*› acalorado; **to get ~** acalorarse

heatedly /ˈhiːtədli || ˈhiːtɪdli/ *adv* ‹*debate/discuss*› acaloradamente; ‹*reply/expostulate*› acaloradamente, con indignación

heater /ˈhiːtər || ˈhiːtə(r)/ *n* calentador *m*, calefactor *m*, estufa *f*; **night storage ~** acumulador *m* de calor; **(water) ~** calentador *m*; **the ~ doesn't work** (in car) la calefacción no funciona

heat exchanger /ɪksˈtʃeɪndʒər || ɪksˈtʃeɪndʒə(r)/ *n* cambiador *m or* intercambiador *m* de calor

heat exhaustion *n* [u]: *agotamiento producido por una excesiva exposición al calor*

heath /hiːθ/ *n* [c u] **1** (moorland) brezal *m*, monte *m*; (park) parque *m* (*agreste*) **2** (plant) brezo *m*

heat haze *n* calima *f*, calina *f*

heathen[1] /ˈhiːðən/ *n* **1** (pagan) pagano, -na *m,f* **2** **the ~** (+ *pl vb*) los infieles

heathen[2] *adj* pagano

heather /ˈheðər || ˈheðə(r)/ *n* [u] brezo *m*

heathland /ˈhiːθlænd || ˈhiːθlənd/ *n* [u c] brezal *m*, monte *m*

Heath Robinson /ˌhiːθ'rɑːbənsən || ˌhiːθ 'rɒbɪnsən/ *adj* (BrE colloq) complicado y estrambótico

heating /'hiːtɪŋ/ *n* [u] calefacción *f*

heating engineer *n* técnico, -ca *m,f* en calefacción

heating system *n* sistema *m* de calefacción

heat lamp *n* lámpara *f* de calor

heat-proof /'hiːtpruːf/ *adj* refractario

heat pump *n* compresor *m*, bomba *f*

heat rash *n* [u c] sarpullido *m* (*causado por el calor*)

heat-resistant /'hiːtrɪˌzɪstənt/ *adj* resistente al calor

heat-seeking /'hiːtˌsiːkɪŋ/ *adj* ‹*missile/device*› termodirigido

heat-sensitive /'hiːtˌsensətɪv/ *adj* sensible al calor

heat shield *n* escudo *m* térmico, coraza *f* térmica

heatstroke /'hiːtstrəʊk/ *n* [u] insolación *f*

heat-treat /'hiːt'triːt/ *vt* **1** (Med) tratar con calor **2** (Metall) tratar térmicamente

heat treatment *n* [u] (Med, Metall) tratamiento *m* térmico

heat wave *n* ola *f* de calor

heave[1] /hiːv/ *vt*

A **1** (move with effort): **he ~d himself off the floor** se levantó del suelo haciendo un gran esfuerzo; **we ~d the box onto the shelf** con esfuerzo logramos subir la caja al estante; **I've been heaving bricks all day** (colloq) he estado cargando ladrillos todo el día **2** (throw) (colloq) tirar

B (utter): **to ~ a sigh** suspirar; **he ~d a sigh of relief** suspiró aliviado

■ **heave** *vi*

A (pull) tirar, jalar (AmL exc CS); **we ~d and ~d but couldn't lift it** hicimos mucha fuerza pero no lo pudimos levantar; **~!** ¡dale!; **to ~ AT sth** tirar DE algo; **to ~ on a rope/line** tirar de una cuerda/un cable

B **1** (rise and fall): **his chest ~d** respiraba agitadamente; **the ship ~d up and down in the swell** el barco subía y bajaba con la marejada **2** **heaving** *pres p* ‹*chest/bosom*› palpitante; ‹*sobs*› convulsivo; ‹*tar pit/molten lava*› bullente; **she fought her way through the heaving throng of people** se abrió paso a través del hormiguero de gente

C (retch) (colloq) hacer* arcadas

D (*past and past p* **heaved** *or* **hove**) (come) (Naut) «*ship*» virar; **the harbor hove into sight** el puerto apareció ante nuestra vista

(Phrasal verbs)

- **heave to** (*past & past p* **hove to** [v + adv]) (Naut) ponerse* al pairo *or* a la capa
- **heave up** [v + o + adv, v + adv + o] ‹*anchor*› levar; ‹*books/furniture*› levantar con esfuerzo

heave[2] *n* **1** (pull) tirón *m*, jalón *m* (AmL exc CS); (push) empujón *m*; (effort) esfuerzo *m* (*para mover algo*); **give it another ~** empujen/tiren (*or* jalen *etc*) otra vez **2** (nausea) (sl) **heaves** *pl* **the ~s** náuseas *fpl*; **it gives me the ~s** me da ganas de vomitar, me hace hacer arcadas

heave-ho[1] /'hiːv'həʊ/ *n*: ***to give sth/sb the ~*** rechazar* algo/ a algn; **she gave him the ~** lo rechazó, le dio calabazas

heave-ho[2] *interj* ¡ahora!

heaven /'hevən/ *n*

A **1** (place) cielo *m*; **Granny's in ~/gone to ~** la abuelita está en el cielo/se ha ido al cielo; ***to be in seventh ~*** estar* en el séptimo cielo; ***to move ~ and earth*** remover* (el) cielo y (la) tierra, remover* Roma con Santiago; **she moved ~ and earth to get her children back** removió (el) cielo y (la) tierra para que le devolvieran a los niños **2** (God) (arch) Dios *m*, el Cielo

B (sky) (*usu pl*) cielo *m*; **the brightest star in the ~s** la estrella más brillante del cielo *or* (liter) del firmamento; **the ~s opened** empezó a llover torrencialmente; ***to stink to high ~*** (colloq) oler* que apesta (fam)

C (*in interj phrases, as intensifier*): **(good) ~s!** ¡Dios mío!, ¡santo cielo!; **did you vote for him? — (good) ~s, no!** ¿votaste por él? — ¿estás loca?; **thank ~** gracias a Dios; **~s to Betsy!** (AmE hum) ¡cielo santo!; **by ~!** (liter) ¡por Dios!; **how in ~ did you do it?** ¿cómo diantres lo hiciste? (fam); **I hope to ~ they find her** ¡Dios quiera que la encuentren!; **they gave** *her* **the job, ~ knows why** le dieron el trabajo a ella, vete a saber porqué; **things are bad enough, ~ knows, without him getting involved** sabe Dios que las cosas ya están bastante mal, para que encima vaya él y se meta; ▸**forbid B, name[1] 1 b, sake[1] c**

D (bliss) (colloq): **how was your vacation? — it was ~** ¿qué tal las vacaciones? — divinas *or* sensacionales (fam); **you didn't expect marriage to be ~ on earth, did you?** no esperabas que el matrimonio fuera un lecho de rosas ¿no?

heavenly /'hevənli/ *adj* **1** (Relig) celestial; **H~ Father** Padre *m* Celestial **2** (Astron) celeste; **~ bodies** cuerpos *mpl* celestes **3** (superb) (colloq) divino (fam); **we had a ~ time** lo pasamos divino (fam)

heaven-sent /'hevənsent/ *adj* caído del cielo

heavenward /'hevənwərd || 'hevənwəd/, **heavenwards** /-z/ *adv* hacia el cielo *or* las alturas; **to raise one's eyes ~** alzar* los ojos al cielo

heavily /'hevəli || 'hevɪli/ *adv*

A **1** ‹*tread/move/fall*› pesadamente; ‹*push/press*› con fuerza; **a ~ laden truck** un camión con una carga muy pesada; **he was ~ built** era corpulento *or* de aspecto fornido; **a ~ fortified/defended town** una ciudad muy bien fortificada/con muy buenas defensas **2** (loudly): **to breathe ~** (with exertion) resoplar, jadear; (with passion) jadear **3** (thickly) ‹*underlined*› con trazo grueso; **the paint has been very ~ applied** se ha aplicado una capa muy gruesa de pintura; **she was ~ made-up** iba muy maquillada

B **1** (copiously) ‹*rain/snow*› mucho **2** (immoderately) ‹*drink/smoke*› en exceso, más de la cuenta (fam); ‹*gamble*› fuerte **3** (by a large margin) ‹*outweigh*› con mucho; **we were ~ outnumbered** eran muchísimos más que nosotros; **Rangers lost ~ to the Canadian team** Rangers sufrió una derrota aplastante frente al equipo canadiense; **to be ~ in debt** estar* muy endeudado, tener* muchas deudas

C **1** (to a marked extent): **a style ~ influenced by romanticism** un estilo con marcada *or* profunda influencia romántica; **they're ~ dependent** *o* **they depend ~ on these imports** dependen en alto grado de estas importaciones; **his English is ~ accented** habla inglés con un acento muy fuerte *or* con mucho acento; **the management is ~ criticized in the report** el informe critica duramente a la dirección; **he's ~ into Zen** (sl) le ha dado fuerte por el Zen (fam); **~ pregnant** en las últimas semanas del embarazo, en estado muy avanzado de gravidez (frml) **2** (severely): **cigarettes should be more ~ taxed** los cigarrillos deberían llevar impuestos más altos; **all correspondence is ~ censored** toda la correspondencia está muy censurada; **the text has been ~ cut** el texto ha sido acortado drásticamente **3** (in large numbers or amounts): **the institution is ~ subsidized** la institución recibe cuantiosas *or* importantes subvenciones; **she lost ~ at the gambling tables** perdió mucho en las mesas de juego; **we were forced to borrow ~ to meet our commitments** nos vimos obligados a contraer considerables deudas para hacer frente a nuestras obligaciones

heaviness /'hevinəs || 'hevinɪs/ *n* [u]

A **1** (of loads, vehicles, materials) peso *m* **2** (of features) lo poco delicado; (of build) lo corpulento

B (oppressiveness) pesadez *f*; **~ of heart** pesadumbre *f* (liter), pesar *m* (liter)

heavy[1] /'hevi/ *adj* **-vier, -viest**

A **1** (weighty) ‹*load/suitcase/weight*› pesado; ‹*saucepan*› de fondo grueso; **it's very ~** es muy pesado, pesa mucho; **the tree was ~ with fruit** el árbol estaba cargado de fruta; **her eyelids were ~ with sleep** se le cerraban los ojos de sueño; **my legs felt ~** me pesaban las piernas; **~ goods vehicle** vehículo *m* (de carga) de gran tonelaje; **conditions were ~ underfoot** el terreno estaba enlodado; **~ work** trabajo *m* pesado; **the steering on this car is rather ~** este coche tiene la dirección muy dura **2** (thick) ‹*fabric/garment*› grueso, pesado; **a ~ gold chain** una cadena gruesa de oro; **a pair of ~ boots** un par de botas fuertes **3** (solid) ‹*bread/cake/meal*› pesado **4** (large-scale) (*before n*) ‹*artillery/machinery*› pesado

B **1** (ponderous) ‹*tread/footstep/movement/fall*› pesado; ‹*thud/thump*› sordo **2** ‹*features*› tosco, poco delicado; ‹*eyelids*› caído; ‹*sarcasm/irony*› poco sutil; **a man of medium height and ~ build** un hombre fornido de estatura mediana; **a ~ hint** una indirecta muy directa (hum); **he has rather a ~ touch** es poco delicado **3** (Phys) (*before n*) ‹*isotope/water*› pesado

C **1** (oppressive) ‹*clouds/sky*› pesado; ‹*perfume*› fuerte; **a ~ silence** un silencio violento *or* embarazoso; **to be ~ WITH sth** estar* cargado DE algo; **an atmosphere ~ with suspicion** una atmósfera cargada de sospecha **2** (loud) ‹*sigh*› profundo; **~ breathing** (with exertion) resoplidos *mpl*; (with passion) jadeos *mpl*; **~ breather** (colloq) maníaco *m* telefónico **3** (dark) ‹*shading*› fuerte; **in ~ type** en negrita **4** (sad) triste, apesadumbrado (liter) **5** (earnest) ‹*book/treatment*› pesado, denso; **it makes very ~ reading** resulta muy pesado de leer; **we got into a really ~ argument about abortion** nos enzarzamos en una discusión muy seria sobre el aborto

D **1** (intense) ‹*rain*› fuerte; ‹*traffic*› denso; ‹*expenditure*› cuantioso; ‹*crop*› abundante; **to be a ~ drinker/smoker** beber/fumar mucho; **he's a ~ sleeper** tiene el sueño pesado, duerme muy profundamente; **~ sea** mar *f* gruesa; **attendance has been very ~** la asistencia ha sido muy numerosa; **trading was ~ on the stock exchange today** hoy hubo mucho movimiento en la bolsa; **demand for these products is ~** hay una gran demanda por estos productos; **I've got a ~ cold** tengo un resfriado muy fuerte, estoy muy resfriada; **~ emphasis is placed on the importance of training** se hace gran hincapié en la importancia de la capacitación **2** (severe) ‹*sentence/penalty*› severo; ‹*casualties*› numeroso; ‹*blow*› duro, fuerte; **~ losses** grandes *or* cuantiosas pérdidas; **she paid a ~ price for her arrogance** pagó cara su arrogancia **3** (demanding, onerous) ‹*responsibility/task*› pesado; ‹*schedule*› apretado; **I've had a ~ day at work** (colloq) he tenido un día de mucho trabajo; ***to be ~ on sth***: **the children are very ~ on their shoes** los niños son muy destrozones de zapatos; **this car is very ~ on oil** este coche gasta mucho aceite **4** (difficult) (sl): **she has a pretty ~ time** las pasa moradas *or* negras (fam); **things got kind of ~** las cosas se pusieron feas (fam) **5** (violent) (sl) bruto; **the ~ mob moved in** entraron los matones

heavy[2] *adv*: **to lie/hang/weigh ~ on sb/sth** (liter) pesar sobre algn/algo (liter); **time hung ~ on her hands** las horas se le hacían eternas *or* muy largas; **lentils lie very ~ on your stomach** las lentejas son muy pesadas *or* indigestas

heavy[3] *n* (*pl* **-vies**)

A **1** (strong-arm man) matón *m* (fam), gorila *m* (fam) **2** (Theat) villano *m*, malo *m* (fam)

B (colloq) **1** (important person) peso *mf* pesado (fam) **2** (newspaper) (BrE) periódico *m* serio (fam)

heavy cream *n* (AmE) crema *f* doble, nata *f* para montar (Esp), doble crema *f* (Méx)

heavy-duty /ˌhevi'duːti || ˌhevi'djuːti/ *adj* ‹*material/sacks*› muy resistente; ‹*machine*› para uso industrial; ‹*clothing/overalls*› de trabajo

heavy-footed /ˌhevi'fʊtəd || ˌhevi'fʊtɪd/ *adj* torpe

heavy-handed /ˌhevi'hændəd || ˌhevi'hændɪd/ *adj* **1** (clumsy) torpe **2** (tactless, inept) ‹*action*› torpe; ‹*compliment/person*› inepto, torpe

heavy-handedly /ˌhevi'hændədli || ˌhevi 'hændɪdli/ *adv*
A (clumsily) torpemente
B (tactlessly) sin ningún tacto, sin ningún miramiento

heavy-hearted /ˌhevi'hɑːrtəd || ˌhevi'hɑːtɪd/ *adj* apesadumbrado, acongojado

heavy industry *n* [u c] industria *f* pesada

heavy metal *n*
A [c] (Chem) metal *m* pesado
B [u] (Mus) heavy *m* (metal), rock *m* duro

heavyweight[1] /'heviweɪt/ *n* (Sport) peso *mf* pesado; **a political/literary/industrial ~** un peso pesado de la política/literatura/industria

heavyweight[2] *adj* **1** (Sport) (*before n*) ‹*boxer/wrestler*› de la categoría de los pesos pesados; ‹*title*› de los pesos pesados **2** (Tex) ‹*cotton/denim*› grueso y resistente **3** (serious) ‹*newspaper*› serio

Hebrew[1] /'hiːbruː/ *adj* **1** (Ling) ‹*script/text*› (en) hebreo **2** (of the Israelites) hebreo

Hebrew[2] *n* **1** [u] (language) hebreo *m*; (*before n*): **~ scholar** hebraísta *mf* **2** [c] (Israelite) hebreo, -brea *m,f*

Hebrides /'hebrədiːz || 'hebrɪdiːz/ *pl n*: **the ~** las (islas) Hébridas

heck /hek/ *n* (colloq & euph): **~!** ¡caray! (fam & euf); **what the ~!** ¡qué diablos! (fam); **~, no!** (AmE) ¡ni hablar!; **to ~ with waiting, I'm leaving** ¡qué esperar ni (que) niño muerto! yo me voy (fam); **what/where/how the ~ ... ?** ¿qué/dónde/cómo diablos ... ? (fam); **I've one ~ of a lot to do** tengo un montón de cosas que hacer (fam); **this is one ~ of a time to call me** ¡vaya horas de llamar!; **she's one ~ of a girl** es una chica fenomenal; **like** *o* **the ~ he did!** ¡y un cuerno que lo hizo! (fam); **he did it on his own — did he ~!** (BrE) lo hizo solo — ¡qué lo va a hacer solo! *or* ¡y un cuerno! (fam); **I wish to ~ they'd shut up!** ¡por qué no se callarán de una puñetera vez! (fam)

heckle /'hekl/ *vt* ‹*speaker*› interrumpir (*con preguntas o comentarios molestos*)
■ **heckle** *vi* interrumpir (*a un orador con preguntas o comentarios molestos*)

heckler /'heklər || 'heklə(r)/ *n*: *persona que interrumpe a un orador para molestar*

heckling /'heklɪŋ/ *n* [u] interrupciones *fpl* (*a un orador*)

hectare /'hekter || 'hekteə(r)/ ▸ⓘ **p.1757** *n* hectárea *f*

hectic /'hektɪk/ *adj*
A ‹*day/week*› ajetreado, agitado; ‹*journey/pace*› agotador; ‹*activity*› frenético, febril; ‹*trading*› intenso; **I've been in a ~ rush all day** he andado todo el día como loca de aquí para allá (fam); **things have been pretty ~ at the office recently** últimamente hemos estado agobiados de trabajo en la oficina
B (Med) ‹*fever/flush*› héctico, hético

hector /'hektər || 'hektə(r)/ *vt* intimidar (*de palabra*)

hectoring /'hektərɪŋ/ *adj* intimidante, autoritario

he'd /hiːd/ **1** = **he had** **2** = **he would**

hedge[1] /hedʒ/ *n*
A seto *m* (verde *or* vivo); ***you look as if you've been dragged through a ~ backwards*** ¡qué pinta(s) traes! (fam), parece que vinieras de la guerra
B (safeguard) **a ~ AGAINST sth** una salvaguardia *or* cobertura CONTRA algo; **as a ~ against inflation** como salvaguardia *or* cobertura contra la inflación

hedge[2] *vt* **1** ‹*field/garden*› cercar* (*con seto*) **2** (Fin) ‹*investments*› **to ~ sth (AGAINST sth)** cubrir* *or* proteger* algo (CONTRA algo); ▸**bet**[1] **2**
■ **hedge** *vi* **1** (evade the issue) dar* rodeos, tratar de escaparse por la tangente **2** (Fin) (cover oneself) **to ~ AGAINST sth** cubrirse* *or* protegerse* CONTRA algo

Phrasal verbs
• **hedge about** [v + o + adv], (*usu pass*) **to be ~d about WITH sth** estar* erizado *or* plagado DE algo; **it was ~d about with legal problems** estaba erizado *or* plagado de problemas legales
• **hedge in** [v + o + adv, v + adv + o] **1** (with hedge) cercar* (*con seto*) **2** (with restrictions, difficulties) (*often pass*): **I felt ~d in by rules and regulations** me sentía muy limitado *or* constreñido *or* atado por toda la normativa

hedge fund *n* (Fin) fondo *m* de inversión libre, hedge fund *m*

hedgehog /'hedʒhɔːg || 'hedʒhɒg/ *n* erizo *m*

hedgehop /'hedʒhɑːp || 'hedʒhɒp/ *vi* **-pp-** volar* a ras de tierra

hedgerow /'hedʒrəʊ/ *n* [c u] (*usu pl*) seto *m* (verde *or* vivo)

hedging /'hedʒɪŋ/ *n* [u]
A **1** (plants) *arbustos para setos* **2** (Agr) el cuidado de los setos
B (evasion) evasivas *fpl*

hedonism /'hiːdnɪzəm || 'hiːdənɪzəm, 'he-/ *n* [u] hedonismo *m*

hedonist /'hiːdnəst || 'hiːdənɪst, 'he-/ *n* hedonista *mf*

hedonistic /ˌhiːdn'ɪstɪk || ˌhiːdən'ɪstɪk, ˌhe-/ *adj* hedonista

heebie-jeebies /ˌhiːbi'dʒiːbiz/ *pl n* (colloq): **it gives me the ~** me pone los pelos de punta *or* la carne de gallina, me da el canguelo (Esp fam)

heed[1] /hiːd/ *n* [u]: **with no ~ for his own safety** sin considerar *or* tener en cuenta para nada su propia seguridad; **to take ~** tener* cuidado; **to take ~ of** *o* **pay ~ to sb** prestarle atención *or* hacerle* caso a algn; **you took no ~ of** *o* **paid no ~ to my advice** hiciste caso omiso *or* no hiciste caso de mis consejos

heed[2] *vt* ‹*warning/advice*› prestar atención a, hacer* caso de

heedful /'hiːdfəl/ *adj* (frml): **to be ~ of sth** ser* *or* (Chi, Méx) estar* consciente de algo, tener* presente algo

heedless /'hiːdləs || 'hiːdlɪs/ *adj* (frml) **1** (disregarding) **~ of sth**: **~ of the danger, the regiment ...** haciendo caso omiso del peligro, el regimiento ... **2** (thoughtless) (*before n*) inconsciente, irresponsable

heedlessly /'hiːdləsli || 'hiːdlɪsli/ *adv* **1** (obliviously) sin prestar atención **2** (unthinkingly) descuidadamente **3** (recklessly) irresponsablemente

hee-haw[1] /'hiːhɔː/ *n* rebuzno *m*; **to go ~** rebuznar

hee-haw[2] *vi* rebuznar

heel[1] /hiːl/ *n*
A **1** (Anat) talón *m*; **to be at sb's ~s** ir* detrás de algn; **to turn on one's ~** dar(se)* media vuelta; ***to be (close/hard/hot) on the ~s of sb*** ir* pisándole los talones a algn; **a second tremor followed hard on the ~s of the first** un segundo temblor siguió inmediatamente al primero; ***to be down at ~*** (BrE) andar* desaliñado *or* mal arreglado; **a down-at-~ old man** un viejo desaliñado *or* con aspecto de venido a menos; ***to bring sb to ~*** hacer* entrar en vereda a algn; ***to call sb to ~*** llamar a algn al orden; **~(, boy)!** (to dog) ¡ven aquí!; ***to cool*** *o* (BrE also) ***kick one's ~s*** esperar con impaciencia; **where have you been? I've been cooling my ~s here for half an hour** ¿dónde has estado? me has tenido aquí plantado *or* colgado media hora (fam); ***to dig one's ~s in*** cerrarse* en banda; ***to take to one's ~s*** salir* corriendo *or* (fam) pitando, poner* pies en polvorosa (fam); ***to tread on sb's ~s*** (follow uncomfortably close) pisarle los talones a algn; (lit: step on) pisar a algn; ▸**drag**[1] **B**, **pair**[1] **A1** **2** (of shoe) tacón *m*, taco *m* (CS); **high/low ~s** tacones *or* (CS) tacos altos/bajos **3** (of hosiery) talón *m*
B (thick part): **the ~ of one's/the hand** la base *or* el pulpejo de la mano
C (contemptible person) (colloq) canalla *m*

heel[2] *vt*
A ‹*shoes*› ponerles* tacones *or* (CS) tacos nuevos a; ‹*high-heeled shoes*› ponerles* tapas *or* (Chi) tapillas a
B (rugby) ‹*ball*› talonar

Phrasal verb
• **heel over** [v + adv] inclinarse; ‹‹*ship*›› escorar

heelbar /'hiːlbɑːr || 'hiːlbɑː(r)/ *n* (BrE) taller *m* de reparación de calzado en el acto

heft[1] /heft/ *vt* (AmE colloq) **1** (heave up) levantar (*con esfuerzo*) **2** (gauge weight of) sopesar, calcular el peso de

heft[2] *n* [u] (AmE colloq) peso *m*

hefty /'hefti/ *adj* **-tier, -tiest** (colloq) **1** (large and heavy) ‹*person*› robusto, fornido, corpulento; ‹*load/case*› pesado; **a ~ book** un mamotreto (fam) **2** (strong) ‹*blow/pull*› fuerte; ‹*person*› fuerte; **you need to be pretty ~ to lift it** hay que ser muy fuerte *or* tener mucha fuerza para levantarlo **3** (substantial) ‹*price/salary*› alto; **he had to pay a ~ fine** tuvo que pagar tremenda *or* (RPl tb) bruta multa (fam); **he gets a pretty ~ return on these investments** saca jugosos dividendos de estas inversiones

Hegelian /hɪ'geɪliən/ *adj* hegeliano

hegemony /hɪ'dʒeməni hɪ'geməni/ *n* [u] (frml) hegemonía *f*

heifer /'hefər || 'hefə(r)/ *n* vaquilla *f*, novilla *f*

heigh-ho /'heɪ'həʊ/ *interj* ¡en fin!, ¡vaya!

height /haɪt/ *n*
A **1** [u c] (tallness — of object) altura *f*; (— of person) estatura *f*, talla *f*; **of average ~** de estatura *or* de talla mediana; **what ~ are you?** ¿cuánto mides?; **she drew herself up to her full ~** se irguió cuan alta era **2** [c u] (above ground, sea level) altura *f*; **to gain/lose ~** (Aviat) ganar/perder* altura; **at a ~ of 2,000m above sea level** a una altura de 2.000m sobre el nivel del mar **3** [u] (being tall) altura *f*; **~ is a major advantage for a basketball player** la altura *or* ser alto es una gran ventaja para un jugador de baloncesto
B (culmination, peak) (*no pl*): **to be at the ~ of one's power/fame** estar* en la cima *or* en la cumbre *or* en la cúspide de su (*or* mi *etc*) poder/fama; **when the battle/storm was at its ~** en plena batalla/tormenta; **at the ~ of the recession/season** en el punto álgido de la recesión/de la temporada, en plena recesión/temporada; **the ~ of luxury** el colmo *or* (fam) el no va más del lujo; **the ~ of fashion** el último grito (de la moda); **it's the ~ of madness** es el colmo de la locura
C **heights** *pl* **1** (high ground) cerros *mpl*, cumbres *fpl* **2** (high places, buildings) alturas *fpl*; **to be afraid of ~s** sufrir de vértigo **3** (highest level): **speculation rose to new** *o* **fresh ~s** la especulación alcanzó nuevas cotas

heighten /'haɪtn/ *vt* **1** (intensify) ‹*effect/impression*› destacar*, realzar*, acentuar*; ‹*tension/expectation/fear/suspense*› aumentar, agudizar*; ‹*admiration/respect*› aumentar **2** **heightened** *past p* ‹*understanding*› mayor, más claro; **we obtained a ~ed awareness of their problems** quedamos más concientizados *or* (Esp) concienciados de sus problemas
■ **heighten** *vi*: **a period of ~ing tension** un período de creciente tensión *or* de tensión cada vez mayor

heightening /'haɪtnɪŋ/ *n* (*no pl*) aumento *m*; (of war) recrudecimiento *m*

heinous /'heɪnəs/ *adj* (frml) atroz, abyecto

heir /er || eə(r)/ *n* heredero, -ra *m,f*; **intellectual/cultural ~** heredero intelectual/cultural; **~ TO sth** heredero DE algo; **~ to a fortune/a title** heredero de una fortuna/un título; **the ~ to the throne** el heredero al trono; **the ~ apparent** el heredero forzoso; **the ~ presumptive** el presunto heredero (*salvo que nazca otro en línea directa*)

heiress /'erəs || 'eəres/ *n* heredera *f*

heirloom /'erluːm || 'eəluːm/ *n* reliquia *f*; **family ~s** reliquias de familia

heist[1] /haɪst/ *n* (AmE colloq) golpe *m* (fam), atraco *m*; **to pull a ~** dar* un golpe (fam)

heist[2] *vt* (AmE colloq) **1** (steal) afanar (arg) **2** (rob) ‹*place/person*› atracar*

held /held/ *past and past p of* **hold**[1]

Helen of Troy /'helən/ *n* Helena de Troya

helical /'helɪkəl/ *adj* helicoidal

helicoidal /'helɪkɔɪdl/ *adj* helicoidal

helicopter[1] /'heləkɑːptər || 'helɪkɒptə(r)/ *n* helicóptero *m*; **by ~** en helicóptero; (*before n*): **~ gunship** helicóptero *m* artillado; **~ landing pad** pista *f* de aterrizaje para helicópteros; **~ rescue** rescate *m* en helicóptero; **~ shuttle** conexión *f* aérea por helicóptero

helicopter[2] *vi* viajar en helicóptero
■ **helicopter** *vt* llevar en helicóptero

helideck /'helidek/ *n* cubierta *f* para el aterrizaje de helicópteros

heliograph /ˌhiːliəgræf || ˌhiːliəgrɑːf/ *n* **1** (device) heliógrafo *m* **2** (message) heliograma *m*

heliotherapy /ˌhiːliə(ʊ)'θerəpi/ *n* [c u] (*pl* **-pies**) helioterapia *f*

heliotrope /'hiːliətrəʊp/ *n* [c u] heliotropo *m*

heliotropic /ˌhiːliə'trɑːpɪk || ˌhiːliə'trɒpɪk/ *adj* heliotrópico

helipad /'heləpæd || 'helɪpæd/ *n* pista *f* de aterrizaje para helicópteros

heliport /'heləpɔːrt || 'helɪpɔːt/ *n* helipuerto *m*

helium /'hiːliəm/ *n* helio *m*

helix /'hiːlɪks/ *n* (*pl* **helixes** *or* **helices** /'heləsiːz || 'hiːlɪsiːz/) hélice *f*

hell /hel/ *n*

A **1** (Relig) infierno *m*; **to burn/roast in ~** arder/asarse en el infierno; ***a cold day in ~***: **it will be a cold day in ~ before John writes to us** John nos escribirá cuando las ranas críen pelos (fam); ***all ~ broke loose*** *o* ***out*** se armó la gorda *or* la de Dios es Cristo (fam); ***come ~ or high water***: **come ~ or high water, the job has to be finished** sea como sea *or* pase lo que pase hay que terminar el trabajo; **she intended to marry him come ~ or high water** pensaba casarse con él contra viento y marea; ***~ for leather*** como alma que lleva el diablo (fam); ***just for the ~ of it*** sólo por divertirse*; ***there'll be ~ to pay*** (colloq) se va a armar la gorda *or* la de Dios es Cristo (fam); ***to knock ~*** *o* ***beat (the) ~ out of sb*** sacudir a algn de lo lindo (fam), sacarle* la mugre a algn (AmL fam); ***to play ~*** *o* (BrE also) ***merry ~ with sth*** hacer* estragos en algo; ***to raise ~*** *o* (BrE also) ***merry ~*** (make trouble) armar un buen lío (fam), montar un número (fam) (have rowdy fun) (AmE), armar jarana (fam); ***to scare the ~ out of sb***: **you scared the ~ out of me!** ¡qué susto me pegaste!; **his driving scares the ~ out of her** le da pánico como maneja *or* (Esp) conduce; ***to see sb in ~ first***: **I'll see you/him in ~ first!** ¡ni muerto! (fam); ***~ hath no fury like a woman scorned*** no hay nada más de temer que una mujer despechada; ***the path*** *o* ***road*** *o* ***way to ~ is paved with good intentions*** de buenas intenciones está empedrado el camino del infierno **2** (suffering, confusion): **a living ~** un auténtico infierno; **three months of sheer ~** tres meses horrorosos; **I went through ~ after his death** sufrí muchísimo cuando murió; **it was ~ on the streets because of the strike** las calles eran un verdadero infierno por la huelga; ***to give sb ~*** (colloq): **those children really give her ~** esos niños le hacen pasar las de Caín (fam); **this tooth's giving me ~** esta muela me está haciendo ver las estrellas (fam); **he got ~ from his wife for staying out late** su mujer le armó una buena por llegar tarde (fam); ***to make sb's life ~*** (colloq) hacerle* la vida imposible a algn; **they made life ~ for the people next door** les hacían la vida imposible a los vecinos de al lado; **her life was ~ on earth with him** con él, su vida era un calvario

B (colloq) (*as intensifier*): **how the ~ do these pieces fit together?** ¿cómo demonios *or* diablos encajan estas piezas? (fam); **what the ~!** ¿y qué?; **why the ~ didn't you tell me?** ¿por qué diablos no me lo dijiste? (fam); **I can do whatever the ~ I like** puedo hacer lo que me dé la real *or* santa gana (fam); **he's a** *o* **one ~ of a guy** es un tipo sensacional (fam); **that's one ~ of a problem you've got there** ahí tienes un problema de padre y señor mío (fam); **that's a ~ of a price to pay for a coat** es una barbaridad pagar eso por un abrigo; **they're (as) mean as ~** son de lo más tacaño que hay, son tacaños como ellos solos (fam); **to run/fight like ~** correr/pelear como un loco (fam); **it hurts like ~** duele una barbaridad; **like** *o* **the ~ he will/can/did/has** ¡y un cuerno! (fam); **he can fix it — can he ~!** (BrE) él lo puede arreglar — ¡qué va a poder! *or* ¡y un cuerno! (fam); **get the ~ out of here!** ¡lárgate de aquí! (fam); **my nerves are shot to ~** tengo los nervios hechos polvo (fam); **I wish to ~ he'd shut up** ¡por qué no se callará de una puñetera vez! (fam)

C (colloq) (*in interj phrases*): **go to ~!** ¡vete al cuerno *or* al diablo! (fam), ¡vete a la mierda! (vulg); **she told him to go to ~** lo mandó al cuerno *or* al diablo (fam) *or* (vulg) a la mierda; **~, that's some car!** (AmE) ¡caray, qué cochazo! (fam & euf); **are you coming? — ~ no/yes!** (AmE) ¿vas a venir? — ¡ni hablar!/¡claro que sí!; **~'s bells** *o* (BrE) **teeth!** ¡madre mía!, ¡Angela María! (fam); **oh ~!** ¡caray! (fam & euf), ¡carajo *or* coño *or* mierda! (vulg); **to ~ with waiting: I'm off!** ¡qué esperar ni (que) niño muerto! yo me voy (fam); **oh, well, what the ~!** bueno ¿qué importa? *or* ¿y qué? (fam)

he'll /hiːl/ **1** = **he will** **2** = **he shall**

hellbent /'helbent/ *adj* empeñado; **to be ~ ON sth/-ING** estar* empeñado EN algo/+ INF

hellcat /'helkæt/ *n* fiera *f*, arpía *f*

hellebore /'helәbɔːr || 'helɪbɔː(r)/ *n* eléboro *m*

Hellespont /'heləspɑːnt || 'helɪspɒnt/ *n*: **the ~** el Helesponto

hellfire /'helfaɪr || 'helfaɪə(r)/ *n* [u] el fuego eterno *or* del infierno

hellhole /'helhəʊl/ *n* (colloq) lugar *m* horrible; **we spent three weeks in a ~ miles from the beach** pasamos tres semanas en un pueblo de mala muerte lejísimos de la playa; **the only bar was a dreadful ~** el único bar que había era un antro horrible

hellion /'heljən/ *n* (AmE sl) demonio *m* (fam)

hellish /'helɪʃ/ *adj* (colloq) ‹*problem/difficulty*› de mil demonios (fam); ‹*experience*› horroroso; **the traffic is ~ in Rome** el tráfico en Roma es infernal

hellishly /'helɪʃli/ *adv* (esp BrE colloq) (*as intensifier*) terriblemente, endemoniadamente; **~ difficult** terriblemente *or* endemoniadamente difícil, dificilísimo; **it was ~ hot** hacía un calor infernal

hello[1] /hə'ləʊ/ *interj* **1** (greeting) ¡hola!; **~, stranger!** ¡hola! ¿qué haces tú por aquí?; **say ~ to your parents for me** (dales) saludos *or* recuerdos a tus padres **2** (answering the telephone) sí, aló (AmS), diga *or* dígame (Esp), bueno (Méx), olá (RPl) **3** (attracting attention) ¡oiga! **4** (expressing surprise, puzzlement) (esp BrE) ¡pero bueno!; **~! what's this doing on my desk?** ¿qué hace esto en mi escritorio?

hello[2] *n* hola *m*

hellraiser /'helˌreɪzər || 'helˌreɪzə(r)/ *n* (esp AmE colloq) camorrista *mf*

Hell's Angel *n* ángel *m* del infierno

helluva /'heləvə/ *n* (esp AmE sl) (= **hell of a**) *see* **hell B**

helm /helm/ *n*

A (Naut) timón *m*; ***to be at the ~*** estar* al mando *or* al timón; (be in control) llevar las riendas; ***to take the ~*** tomar el mando; (take charge) agarrar *or* (Esp) coger* las riendas

B (liter) ▸ **helmet 2**

helmet /'helmət || 'helmɪt/ *n* **1** (headgear) casco *m* **2** (armor) yelmo *m*

helmsman /'helmzmən/ *n* (*pl* **-men** /-mən/) timonel *m*

helmswoman /'helmzˌwʊmən/ *n* (*pl* **-women**) timonel *f*

help[1] /help/ *vt*

A **1** (assist) ayudar; **can I ~ you?** (in shop) ¿qué desea?; **apologizing now won't ~ you** pedir perdón ahora no te va a servir de nada; **so ~ me God** (frml) y que Dios me asista (frml); **so ~ me, if he doesn't leave right now** (colloq) si no se va ahora mismo, no respondo de mí; **to ~ sb (to) + INF** ayudar a algn A + INF; **I tried to ~ her with her homework** traté de ayudarla con los deberes; **a man is ~ing police with their enquiries** (BrE frml & euph) la policía está interrogando a un sospechoso **2** (+ *adv compl*) ayudar A + INF; **she ~ed the old lady across the road** ayudó a la anciana a cruzar la calle; **my friends ~ed me through this crisis** mis amigos me ayudaron a superar esta crisis; **let me ~ you down with your luggage** déjame que te ayude *or* (frml) permítame que le ayude a bajar el equipaje; *see also* **help out**

B (avoid, prevent) (*usu neg or interrog*): **I can't ~ it** no lo puedo remediar; **I can't ~ the way I look** si soy así ¿qué (le) voy a hacer?; **they can't ~ being poor** no tienen la culpa de ser pobres; **don't cough more than you can ~** trata de toser lo menos posible; **one couldn't ~ thinking that she was right** uno no podía menos que pensar que ella tenía razón; **are you going to visit them? — not if I can ~ it** ¿los vas a ir a ver? — sólo si no me puedo escapar; **can I ~ it if he's always late?** ¿tengo yo la culpa de que llegue siempre tarde?; **oh, well, it can't be ~ed** bueno, paciencia *or* ¿qué se le va a hacer?

C (serve food, goods) **to ~ sb TO sth** servirle* algo A algn; **may I ~ you to some salad?** ¿le sirvo un poco de ensalada?

■ **help** *vi* «*person/remark*» ayudar; «*tool*» servir*; **I was only trying to ~!** sólo quería ayudar; **calling her a liar didn't ~ much either** llamarla mentirosa tampoco sirvió de mucho; **I can't afford much — it doesn't matter, every little ~s** no puedo dar mucho — no importa, todo cuenta *or* todo es una ayuda; **it ~s to know you're on our side** sirve de mucho *or* es reconfortante saber que nos apoyas; **to ~ to + INF** ayudar A + INF

■ *v refl*: **to ~ oneself** **1** (assist) ayudarse (a sí mismo); **they don't ~ themselves by insulting their creditors** no se hacen ningún favor insultando a sus acreedores **2** (resist impulse) controlarse; **I can't ~ myself sometimes** a veces no me puedo controlar **3** (take) **to ~ oneself (TO sth)** servirse* algo; **~ yourself to more vegetables** sírvete más verduras; **can I use your phone? — ~ yourself** ¿puedo llamar por teléfono? — estás en tu casa; **if you need any more envelopes, just ~ yourselves** si necesitan más sobres, aquí/allí están *or* (AmL tb) agárrenlos nomás; **he ~ed himself to $10 from the till** se agenció 10 dólares de la caja (fam)

Phrasal verb

• **help out**

A [v + o + adv, v + adv + o] ayudar, darle* *or* echarle una mano a; **we couldn't afford it, but my parents ~ed us out** no nos alcanzaba el dinero, pero mis padres nos ayudaron *or* nos dieron *or* echaron una mano

B [v + adv] ayudar

help[2] *n*

A [u] **1** (rescue) ayuda *f*; **don't panic: ~ is on the** *o* **its way** calma, que ya vienen a ayudarnos; (*as interj*): **~! he's drowning** ¡socorro! *or* ¡auxilio! ¡que se ahoga!; **to go for ~** ir* a buscar ayuda, ir* a por ayuda (Esp); **to send for ~** mandar a buscar ayuda; **to call for ~** pedir* ayuda; **to cry/shout for ~** pedir* ayuda a gritos; **it's beyond ~** ya no se puede hacer nada **2** (assistance) ayuda *f*; **thanks for your ~ with the dishes** gracias por ayudarme con los platos; **was the book I lent you any ~?** ¿te sirvió de algo el libro que te presté?; **can I be of (any) ~ to you?** ¿la/lo puedo ayudar (en algo)?; **you're a (fat) lot of ~** (iro) ¡qué manera de ayudar la tuya!; **glad to have been of ~** me alegro de haber podido ayudar; **with my mother's ~** con la ayuda de mi madre; **financial ~** ayuda *f* económica; **medical ~** asistencia *f* *or* atención *f* médica; **there's no ~ for it (but to + INF)** no queda más remedio (QUE + INF); **that's a great ~!** (iro) ¡pues vaya ayuda! (iró); (*before n*) ‹*file/button*› (Comput) de ayuda; **~ menu** menú *m* de ayuda

B [u] (staff) personal *m*; (domestic) servicio *m* doméstico; **I have no ~** no tengo asistenta *or* empleada

help desk, helpdesk *n* /'helpdesk/ ▸ **helpline**

helper /'helpər || 'helpə(r)/ *n* ayudante, -ta *m,f*; **painter's/electrician's ~** (AmE) aprendiz, -diza *m,f* de pintor/electricista

helpful /'helpfəl/ *adj* **1** (obliging) ‹*person/attitude*› servicial, amable; **thank you, you've been most ~** gracias, es usted muy amable; **I'm sorry; I was only trying to be ~** lo siento, sólo quería ayudar **2** (useful) ‹*advice/explanation*› útil; ‹*medicine/treatment*› eficaz; ‹*arrangement/layout*› práctico

helpfully /'helpfəli/ *adv* ‹*offer/suggest*› amablemente; ‹*arranged/designed*› con (mucho) sentido práctico

helpfulness /'helpfəlnəs || 'helpfəlnɪs/ *n* [u] **1** (obligingness) amabilidad *f* **2** (usefulness) utilidad *f*

helping /'helpɪŋ/ *n* porción *f* (esp AmL), ración *f* (esp Esp); **are there second ~s?** ¿se puede repetir?

helpless /'helpləs || 'helplɪs/ *adj* **1** (incapacitated): **the accident left him a ~ invalid** el accidente lo dejó totalmente imposibilitado; **to leave/render sb ~** dejar a algn sin recursos; **I'm ~ without my glasses** sin los anteojos no puedo hacer nada; **~ with laughter** muerto de risa (fam); **he's ~ in a crisis** en situaciones críticas es totalmente inútil *or* no sirve para nada **2** (defenseless) ‹*prey/victim*› indefenso; **he looked so poor and ~** parecía tan pobre y desamparado *or* desvalido; ***as ~ as a baby/kitten*** tan indefenso como un bebé/un gatito **3** (powerless) ‹*look/expression*› de impotencia; **to be ~ to + INF** ser* incapaz DE + INF

helplessly /'helpləsli || 'helplɪsli/ *adv* ‹*look on/stand by*› sin poder hacer nada; ‹*struggle/try*› en vano, inútilmente; ‹*laugh/giggle*› sin poder contenerse; **he shrugged ~** se encogió de hombros en un gesto de impotencia

helplessness /'helpləsnəs || 'helplɪsnɪs/ *n* [u] (powerlessness) impotencia *f*; (defenselessness) indefensión *f*

helpline /'helplaɪn/ *n* línea *f* (telefónica) de ayuda *or* de asistencia

helpmate /'helpmeɪt/, **helpmeet** /'helpmi:t/ *n* **1** (wife): **my ~** mi abnegada esposa (frml o hum) **2** (helper) ayudante, -ta *m,f*

helter-skelter[1] /,heltər'skeltər || ,heltə'skeltə(r)/ *adv* ‹*run/rush*› atropelladamente, a la desbandada

helter-skelter[2] *adj* caótico

helter-skelter[3] *n* (BrE) tobogán (*en espiral*) *m*

hem[1] /hem/ *n* dobladillo *m*, basta *f* (Chi); **to take up/let down the ~** subir *or* meter/bajar *or* sacar* el dobladillo *or* (Chi tb) la basta; **~s are going up/coming down this year** este año se llevarán las faldas más cortas/largas

hem[2] *interj* ► **ahem**

hem[3] **-mm-** *vt* ‹*dress/curtain/sheet*› hacerle* el dobladillo *or* (Chi tb) la basta a

■ **hem** *vi* (clear throat) carraspear

Phrasal verb

• **hem in** [v + o + adv, v + adv + o] encerrar*; **enemy troops ~med them in** las tropas enemigas los rodearon *or* encerraron; **management was ~med in by all kinds of regulations** la dirección se veía constreñida *or* obstaculizada por todo tipo de normas

he-man /'hi:mæn/ *n* (*pl* **-men** /-men/) (colloq) machote *m* (fam), super-macho *m* (fam)

hematologist, (BrE) **haematologist** *n* hematólogo, -ga *m,f*

hematology, (BrE) **haematology** /,hi:mə'tɑ:lədʒi || ,hi:mə'tɒlədʒi/ *n* [u] hematología *f*

hematoma, (BrE) **haematoma** /,hi:mə'təʊmə/ *n* (*pl* **-mas** *or* **-mata** /-mətə/) hematoma *m*

hemidemisemiquaver /,hemɪdemɪ'semɪ,kweɪvər || ,hemɪdemɪ'semɪ,kweɪvə(r)/ *n* (BrE) semifusa *f*

hemiplegia /,hemə'pli:dʒiə || ,hemɪ'pli:dʒiə/ *n* [u] hemiplejia *f*, hemiplejía *f*

hemiplegic[1] /,hemə'pli:dʒɪk || ,hemɪ'pli:dʒɪk/ *adj* hemipléjico

hemiplegic[2] *n* hemipléjico, -ca *m,f*

hemisphere /'heməsfɪr || 'hemɪsfɪə(r)/ *n* **1** (Geog) hemisferio *m*; **the northern/southern ~** el hemisferio norte/sur **2** (Anat) hemisferio *m* **3** (Math) semiesfera *f*

hemispheric /,hemə'sferɪk || ,hemɪ'sferɪk/, **-ical** /-ɪkəl/ *adj* semiesférico

hemline /'hemlaɪn/ *n* bajo *m*, ruedo *m*; **~s will rise again this year** las faldas se van a volver a llevar más cortas este año

hemlock /'hemlɑ:k || 'hemlɒk/ *n* **1** [c u] (Bot) cicuta *f* **2** [u] (poison) cicuta *f*; **she writes with a pen dipped in ~** escribe con una pluma cargada de veneno *or* envenenada

hemodialysis, (BrE) **haemodialysis** /,hi:məʊdaɪ'æləsəs || ,hi:məʊdaɪ'ælɪsɪs/ *n* [u] diálisis *f*

hemoglobin, (BrE) **haemoglobin** /'hi:mə,gləʊbən || ,hi:mə'gləʊbɪn/ *n* [u] hemoglobina *f*

hemophilia, (BrE) **haemophilia** /,hi:mə'fɪliə/ *n* [u] hemofilia *f*

hemophiliac[1], (BrE) **haemophiliac** /,hi:mə'fɪliæk/ *adj* hemofílico

hemophiliac[2], (BrE) **haemophiliac** *n* hemofílico, -ca *m,f*

hemorrhage[1], (BrE) **haemorrhage** /'hemərɪdʒ/ *n* **1** (Med) hemorragia *f*; **a brain ~** una hemorragia cerebral **2** (loss) fuga *f* masiva; **a staff ~** una deserción masiva de personal

hemorrhage[2], (BrE) **haemorrhage** *vi* **1** «*patient*» tener* *or* (frml) sufrir una hemorragia; «*wound/blood vessel*» sangrar mucho **2** «*economy*» desangrarse

hemorrhoid, (BrE) **haemorrhoid** /'hemərɔɪd/ *adj* (*before n*) ‹*ointment/cream*› para las hemorroides *or* almorranas; **a ~ sufferer** una persona que sufre de hemorroides *or* de almorranas

hemorrhoids, (BrE) **haemorrhoids** /'hemərɔɪdz/ *pl n* hemorroides *fpl*, almorranas *fpl*

hemp /hemp/ *n* [u] **1** (fiber) cáñamo *m* **2** (drug) marihuana *f*, cannabis *m* **3** (plant) cannabis *m*, cáñamo *m* índico *or* de la India

hen /hen/ *n* **1** (chicken) gallina *f* **2** (female bird) hembra *f*; (*before n*) ‹*pheasant/sparrow/bird*› hembra *adj inv*

henbane /'henbeɪn/ *n* **1** [c u] (plant) beleño *m* **2** [u] (poison) hiosciamina *f*, beleño *m*

hence /hens/ *adv*

A **1** (that is the reason for) de ahí; **~ my surprise** de ahí mi sorpresa, de ahí que me sorprendiera **2** (therefore) por lo tanto, por consiguiente; **they have become cheaper, and ~ affordable to more people** se han abaratado y por lo tanto *or* por consiguiente se han hecho asequibles para un mayor número de personas

B **1** (from now) (frml): **a few hours/years ~** dentro de algunas horas/algunos años; **the property must be vacated 12 days ~** el inmueble debe ser desocupado en 12 días a partir de hoy **2** (from here) (arch): **get thee ~!** ¡fuera de aquí!

henceforth /'hensfɔ:rθ || hens'fɔ:θ/, **henceforward** /-'fɔ:rwərd || -'fɔ:wəd/ *adv* (liter): **he vowed ~ never to make the same mistake again** juró que en lo sucesivo *or* de allí en adelante no volvería a cometer ese error; **~ they shall be known as ...** a partir de ahora *or* de ahora en adelante *or* en lo sucesivo se los conocerá como ...

henchman /'hentʃmən/ *n* (*pl* **-men** /-mən/) secuaz *m*, esbirro *m*

hendecasyllabic /hen,dekəsɪ'læbɪk/ *adj* endecasílabo

hendecasyllable /hen,dekə'sɪləbəl/ *n* endecasílabo *m*

henhouse /'henhaʊs/ *n* gallinero *m*

henna[1] /'henə/ *n* henna *f*

henna[2] *vt* **-nas, -naing, -naed**: **to ~ one's hair** ponerse* henna en el pelo

hen night *n: noche de juerga sólo para mujeres*; (before wedding) despedida *f* de soltera

hen party *n* **1** fiesta *f* de mujeres; (before wedding) despedida *f* de soltera **2** (group) grupo *m* de mujeres

henpeck /'henpek/ *vt* ‹*husband/man*› dominar

henpecked /'henpekt/ *adj* (colloq): **a ~ husband** un marido dominado por su mujer, un mandilón (Méx fam), un calzonazos (Esp fam)

hep /hep/ *adj* **-pp-** (sl & dated) ► **hip**[3]

hepatitis /,hepə'taɪtəs || ,hepə'taɪtɪs/ *n* [u] hepatitis *f*; **~ A** hepatitis *f* A; **~ B** hepatitis *f* B; **~ C** hepatitis *f* C

heptagon /'heptəgən/ *n* heptágono *m*

her[1] /hɜ:r *weak forms* /ɜ:r, hər, ər || hɜ:(r) *weak forms* /ɜ:(r), hə(r), ə(r)/ ► ❶ **p.1287** *pron*

A **1** (as direct object) la; **I can't stand ~** no la soporto; **call ~** llámala **2** (as indirect object) le; (with direct object pronoun present) se; **I wrote ~ a letter** le escribí una carta; **give ~ the book** dale el libro; **give it to ~** dáselo; **I gave it to ~** se lo di **3** (after preposition) ella; **with/for ~** con/para ella; **you're older than ~** eres mayor que ella

B (emphatic use) ella; **it's ~** es ella; **I don't think that hat's quite ~** me parece que ese sombrero no la favorece; **who, ~?** ¿quién, ella?

C (AmE colloq *or* dial) (for herself) se; **she'd better get ~ a new job** es mejor que se busque otro trabajo

her[2] ► ❶ **p.1287** *adj* (*sing*) su; (*pl*) sus; **~ son/daughter** su hijo/hija; **~ sons/daughters** sus hijos/hijas; **it's** *her* **house, not his** es la casa de ella, no de él; **she took ~ hat off** se quitó el sombrero; **she had ~ hair cut** se cortó el pelo

herald[1] /'herəld/ *n* **1** (Hist) heraldo *m* **2** (forerunner) (liter) **~ (OF sth)** precursor *m* *or* heraldo *m* (DE algo) (liter) **3** (heraldic officer) rey *m* de armas, heraldo *m*

herald[2] *vt* **1** (be first sign of) presagiar, anunciar **2** (greet, hail) anunciar; **the much-~ed age of office automation** la tan anunciada era de la ofimática

heraldic /he'rældɪk/ *adj* heráldico

heraldry /'herəldri/ *n* [u] heráldica *f*

herb /ɜ:rb, hɜ:rb || hɜ:b/ *n* hierba *f*, yuyo *m* (Per, RPl); **medicinal ~s** hierbas medicinales; (*before n*): **~ garden** herbario *m*; **~ pillow** *almohadón relleno de hierbas aromáticas*; **~ tea** infusión *f* (de hierbas), tisana *f*, agua *f*‡ (AmC, Andes), té *m* de yuyos (Per, RPl); **~ tobacco** tabaco *m* de hierbas

herbaceous /ɜ:r'beɪʃəs, hɜ:r- || hɜ:'beɪʃəs/ *adj* ‹*plant/stem*› herbáceo; **~ border** (esp BrE) arriate *m* *or* (CS) cantero *m* de plantas perennes

herbal[1] /'ɜ:rbəl, 'hɜ:r- || 'hɜ:bəl/ *adj* ‹*shampoo*› de hierbas; **~ remedies** remedios *mpl* a base de hierbas; **~ tea** (esp BrE) infusión *f* (de hierbas), tisana *f*, té *m* de yuyos (Per, RPl), agua *f*‡ (AmC, Andes)

herbal[2] *n* herbario *m*

herbalism /'ɜ:rbəlɪzəm || 'hɜ:bəlɪzəm/ *n* [u] fitoterapia *f*, tratamiento *m* con hierbas medicinales

herbalist /'ɜ:rbələst, 'hɜ:r- || 'hɜ:bəlɪst/ *n* herborista *mf*, herbolario, -ria *m,f*

herbicide /'ɜ:rbəsaɪd || 'hɜ:bɪsaɪd/ *n* herbicida *f*

herbivore /'ɜ:rbəvɔ:r, 'hɜ:r- || 'hɜ:bɪvɔ:(r)/ *n* herbívoro *m*

herbivorous /ɜ:r'bɪvərəs, hɜ:r- || hɜ:'bɪvərəs/ *adj* herbívoro

herculean /,hɜ:rkjə'li:ən || ,hɜ:kjʊ'li:ən/ *adj* hercúleo

Hercules /'hɜ:rkjəli:z || 'hɜ:kjʊli:z/ *n* Hércules; **the Labors of ~** los trabajos de Hércules

herd[1] /hɜ:rd || hɜ:d/ *n* **1** (of cattle) manada *f*, vacada *f*, tropa *f* (CS); (of goats) rebaño *m*; (of pigs) piara *f*, manada *f*; ***to ride ~ on sth/sb*** (AmE) cuidar de algo/algn, vigilar algo/a algn **2** (of wild animals) manada *f*; (*before n*): **the ~ instinct** el instinto gregario **3** (of people) (pej) tropel *m*; **the (common) ~** la masa, el vulgo; **to follow the ~** seguir* a la masa *or* al rebaño

herd[2] *vt* **1** ‹*animals*› arrear, arriar (RPl) **2** ‹*people*› arrear; **the refugees were ~ed**

Her

Note that the points given below on the position of *her* as a direct and indirect object pronoun also apply to the other object pronouns *me*, *you*, *him*, *it*, *us*, *them*

As a pronoun

■ When used as a direct object pronoun, *her* is translated by *la*, and usually precedes the verb:

I know/don't know her
= la conozco/no la conozco

I've already seen her
= ya la he visto

In imperatives, *her* is translated by *la*, and is attached to the end of the verb:

look at her!
= ¡mírala! (*with* tú)

kill her!
= ¡mátela! (*with* usted)

In negative commands, however, *la* comes before the verb:

don't touch her!
= ¡no la toques!

■ When used as an indirect object pronoun, *her* is translated by *le*, and usually precedes the verb; *a ella* may be added to avoid ambiguity:

I gave her the book
o ***I gave the book to her***
= le di el libro (a ella)

Where a direct object pronoun is also used, *her* is translated by *se* to avoid two pronouns beginning with *l* appearing together. The order is *se + direct object pronoun + verb*:

I said it to her
= se lo dije (a ella) (*and not* le lo dije)

In imperatives, *her* as indirect object is translated by *le*, and is attached to the end of the verb:

buy her the book!
= ¡cómprale el libro!

Where a direct object pronoun is also used, *her* is translated by *se*. It is attached to the end of the verb, followed by the direct object pronoun:

give it to her!
= ¡dáselo (a ella)!

In negative imperatives, the order is *se + direct object pronoun + verb*:

don't give it to her!
= ¡no se lo des!

With the infinitive

When *her* as direct or indirect object follows an infinitive, the translation can always be attached to the infinitive. Note that, in some of the examples below, *her* can also be placed before the finite verb preceding the infinitive:

I want to see her
= quiero verla *or* la quiero ver

he wants to give her a book
= quiere darle un libro
or le quiero dar un libro

we ought to explain it to her
= deberíamos explicárselo
or se lo deberíamos explicar

With the gerund

When *her* as direct or indirect object follows a gerund, the translation is attached to the gerund:

he stood there staring at her
= se quedó allí mirándola fijamente

When used with continuous tenses, however, it may precede the auxiliary verb:

why are you looking at her?
= ¿por qué estás mirándola
or la estás mirando?

I've been talking with her about it for two hours
= llevo dos horas hablándole del asunto

Accentuation

Note that the addition of a pronoun or pronouns to the end of an imperative, infinitive, or gerund does not alter the stress on the word to which it is added. An accent is therefore required if the stressed syllable is no longer in the penultimate position:

search for her!
= ¡búsquela!

looking at
= mirando

looking at her
= mirándola

to communicate
= comunicar

to communicate it to her
= comunicárselo

This applies to imperatives with *vos* with reverse effect; in the example below, the addition of the pronoun means that the stress now follows the usual pattern by falling on the penultimate syllable:

look!
= ¡mirá!

look at her!
= ¡mirala!

The different forms of the imperative with pronoun are:

look at her!
= ¡mírala! (*with* tú – *basic form* mira)
= ¡mirala! (*with* vos – *basic form* mirá)
= ¡miradla! (*with* vosotros/vosotras – *basic form* mirad)
= ¡mírela! (*with* usted – *basic form* mire)
= ¡mírenla! (*with* ustedes – *basic form* miren)

In the case of a single-syllable 'root' word, stress still falls on that word:

to give
= dar

to give it to her
= dárselo

After prepositions and the verb 'to be'

The translation of *her* after prepositions and *to be* is *ella*:

he did it for her
= lo hizo por ella

it's her
= es ella

As an adjective

When translating *her* as an adjective, the translation *su* agrees in number with the noun which it modifies:

her father/mother
= su padre/madre

her books/magazines
= sus libros/revistas

For *her* used with parts of the body, see separate box **The Human Body**

into trucks metieron a los refugiados en camiones como si fueran ganado
■ **herd** *vi* 1 «*animals*» ir* en manada 2 «*people*» apiñarse

herdsman /ˈhɜːrdzmən || ˈhɜːdzmən/ *n* (*pl* **-men** /-mən/) 1 (Agr) (of cattle) vaquero *m*, tropero *m* (CS); (of sheep) pastor *m* 2 **the Herdsman** (Astron) el Boyero

here /hɪr || hɪə(r)/ *adv*

> ⚠ *here*, meaning *present*, is not always translated: **we're all here** estamos todos. But: **she's not here** no está aquí.

A 1 (at, to this place) aquí, acá (esp AmL); (less precise) acá; **come ~!** ¡ven aquí *or* (esp AmL) acá!; **I left it right ~** lo dejé aquí mismo; **the shops around ~ are expensive** las tiendas de por aquí *or* (esp AmL) de por acá son caras; **Boston is 200 miles from ~** Boston está a 200 millas de aquí *or* (esp AmL) de acá; **it's hot in ~** hace calor aquí; **give it ~!** (colloq) ¡dámelo!, ¡trae aquí *or* (esp AmL) trae acá! (fam); ***to be neither ~ nor there*** no venir* al caso; **whether he intended to return it or not is neither ~ nor there** que pensara o no devolverlo no viene al caso; **what you do is neither ~ nor there to me** lo que tú puedas hacer me trae sin cuidado 2 (*in phrases*): **here and now**: **do I have to decide ~ and now?** ¿tengo que decidir ahora mismo *or* en este mismo momento?; **I can tell you ~ and now that you're mistaken** te puedo ir diciendo desde ya que estás equivocado; **the ~ and now** (this life) esta vida; (the present) el presente, el momento; **here and there** aquí y allá; **outbreaks of rain are likely ~ and there** hay posibilidad de lluvias dispersas; **I've had odd jobs ~ and there** he tenido algún que otro trabajo; **here, there and everywhere** por todas partes

B (calling attention to sth, sb): **~'s £20** toma 20 libras; **~ you are, drink this** toma, bébete esto; **~ you are** *o* **~ we are sir: your shoes** aquí tiene los zapatos, señor; **where did I put it? ah, ~ we are!** ¿dónde lo puse? ¡ah, aquí está!; **~'s what you should do** esto es lo que debes hacer, he aquí lo que debes hacer (liter); **wait! ~'s the funniest part of it!** ¡espera, que ahora viene lo más gracioso!; **I didn't go; ~'s why** no fui; ya verás por qué *or* te voy a decir por qué; **~ comes Philip/the bus** aquí está Philip/el autobús; **ask Emily ~** pregúntale aquí a Emily; **~ goes: wish me luck!** ¡allá voy, deséame suerte!; **~ we go again!** (expressing exasperation) ¡ya estamos *or* ya empezamos otra vez!; **~'s to the bride and groom** (proposing a toast) a la salud de los novios, brindemos por los novios

C 1 (present): **were you ~ last week?** ¿viniste la semana pasada?; **he isn't ~ today** hoy no está; **Smith? — here!** (in roll call) ¿Smith? — ¡presente! 2 (arrived): **they're ~!** ¡ya llegaron!, ¡ya están aquí!; **winter'll be ~ before long** pronto llegará *or* empezará el invierno 3 (available): **the material is ~ to be used** el material está para que lo usen; **help yourself, that's what it's ~ for** sírvete, para eso está

D **1** (at this moment, point) entonces; **~ she hesitated** entonces *or* en ese momento titubeó **2** (on this point): **I'd like to say ~ that ...** sobre este punto yo quisiera decir que ...; **~ I disagree** ahí no estoy de acuerdo; **many opinions are possible ~** sobre esto caben diversas opiniones

E (*as interj*): **~, let me do it** trae, deja que lo haga yo; **~, you, give us a hand** (colloq) ¡oye tú, danos una mano!, ¡che (vos), danos una mano! (RPl)

hereabouts /'hɪrəˌbaʊts || 'hɪərəbaʊts/, **hereabout** /-'baʊt/ *adv* por aquí, por acá; **here or ~** por aquí alrededor

hereafter¹ /hɪr'æftər || hɪər'ɑːftə(r)/ *adv* (frml: used esp in legal texts) (from now on) de aquí en adelante; (in the future) en el futuro, en lo sucesivo

hereafter² *n*: **the ~** el más allá, la otra vida

hereby /hɪr'baɪ || hɪə'baɪ/ *adv* (frml) **1** (Law) (in will) por el presente testamento; **I ~ pronounce you man and wife** los declaro marido y mujer (frml); **we, the undersigned, do ~ renounce ...** los abajo firmantes venimos en renunciar a ... (frml) **2** (Corresp) por la presente (frml)

hereditary /hə'redəteri || hɪ'redɪtri/ *adj* ‹*monarchy/title/right*› hereditario; ‹*disease/defect/condition*› hereditario

heredity /hə'redəti || hɪ'redəti/ *n* [u] herencia *f*

herein /hɪr'ɪn || hɪər'ɪn/ *adv* (frml) aquí

hereinafter /ˌhɪrən'æftər || ˌhɪərɪn'ɑːftə(r)/ *adv* (frml) de aquí en adelante, en lo sucesivo

hereof /hɪr'ɑːv || hɪər'ɒv/ *adv* (frml) del presente documento (frml)

heresy /'herəsi/ *n* [u c] (*pl* **-sies**) herejía *f*

heretic /'herətɪk/ *n* hereje *mf*

heretical /hə'retɪkəl/ *adj* herético

hereto /hɪr'tuː || hɪə'tuː/ *adv* (frml: used esp in legal texts) a esto; **the documents ~ appended** los documentos adjuntos

heretofore /'hɪrtəfɔːr || ˌhɪətuː'fɔː(r)/ *adv* (frml) hasta ahora, hasta este momento

hereunder /hɪr'ʌndər || hɪər'ʌndə(r)/ *adv* (frml) **1** (below) a continuación, abajo **2** (in accordance with this document) por el presente documento (frml)

hereupon /'hɪrəpɑːn || ˌhɪərə'pɒn/ *adv* (frml) en ese momento

herewith /hɪr'wɪθ || hɪə'wɪð/ *adv* (Corresp) adjunto; **we are sending you ~ a copy of ...** adjunta nos es grato remitirles una copia de ... (frml)

heritage /'herətɪdʒ || 'herɪtɪdʒ/ *n* (*no pl*) **1** (of nation, group) patrimonio *m*; **our national/cultural ~** nuestro patrimonio nacional/cultural; (*before n*): **~ centre** (BrE) centro *m* para el estudio y la conservación del patrimonio cultural local **2** (of individual) herencia *f*

Her Majesty's Revenue and Customs ➡▯ *n* (in UK) ≈ Hacienda, ≈ la Dirección General Impositiva (*en RPl*), ≈ Impuestos Internos (*en Chi*)

hermaphrodite¹ /hɜːr'mæfrədaɪt || hɜː'mæfrədaɪt/ *n* hermafrodita *mf*

hermaphrodite², hermaphroditic /hɜːrˌmæfrə'dɪtɪk || hɜːˌmæfrə'dɪtɪk/ *adj* hermafrodita

Hermes /'hɜːrmiːz || 'hɜːmiːz/ *n* Hermes

hermetic /hɜːr'metɪk || hɜː'metɪk/ *adj* hermético; **~ seal** cierre *m* hermético

hermetically /hɜːr'metɪkli || hɜː'metɪkli/ *adv* herméticamente

hermit /'hɜːrmət || 'hɜːmɪt/ *n* ermitaño, -ña *m,f*, eremita *mf*

hermitage /'hɜːrmətɪdʒ || 'hɜːmɪtɪdʒ/ *n* ermita *f*

hermit crab *n* ermitaño *m*, paguro *m*

hernia /'hɜːrniə || 'hɜːniə/ *n* hernia *f*

hero /'hiːrəʊ || 'hɪərəʊ/ *n* (*pl* **heroes**) **1** (brave, admirable person) héroe *m*; **they were given a ~es' welcome** los recibieron como a héroes; **a ~ of our time** un héroe de nuestro tiempo; **the ~ of the hour** el protagonista del momento **2** (personal idol) héroe *m*, ídolo *m* **3** (of novel, film, play) protagonista *mf* **4** (sandwich) ▸ **hero sandwich**

Herod /'herəd/ *n* Herodes

Herodotus /hə'rɑːdətəs || hɪ'rɒdətəs/ *n* Herodoto

heroic /hɪ'rəʊɪk/ *adj*

A **1** (brave) ‹*deed/rescue*› heroico **2** (grand) ‹*proportions/scale*› colosal

B (Lit, Myth) ‹*verse/legends*› heroico; **the ~ age** la edad heroica

heroically /hɪ'rəʊɪkli/ *adv* **1** (bravely) heroicamente **2** (grandly) colosalmente

heroics /hɪ'rəʊɪks/ *pl n* **1** (actions) actos *mpl* heroicos; **don't try any ~** no intentes hacer ninguna heroicidad **2** (speech) lenguaje *m* melodramático

heroin /'herəʊɪn/ *n* [u] heroína *f*; (*before n*): **~ addict** heroinómano, -na *m,f*; **~ addiction** adicción *f* a la heroína; **~ dealer** traficante *mf* de heroína; **~ user** usuario, -ria *m,f or* consumidor, -dora *m,f* de heroína

heroine /'herəʊɪn/ *n* **1** (brave, admirable woman) heroína *f* **2** (of novel, play, film) protagonista *f*

heroism /'herəʊɪzəm/ *n* [u] heroísmo *m*

heron /'herən/ *n* garza *f* (real)

hero sandwich *n* (AmE); *sándwich hecho con una barra entera de pan*

hero-worship /'hiːrəʊˌwɜːrʃəp || 'hɪərəʊˌwɜːʃɪp/ *vt* BrE **-pp-** ‹*brother/sportsman/pop star*› idolatrar

hero worship *n* [u] adoración *f* (*de alguien a quien se tiene como ídolo*)

hero-worshipper /'hiːrəʊˌwɜːrʃəpər || 'hɪərəʊˌwɜːʃɪpə(r)/ *n* admirador, -dora *m,f* de héroes *or* ídolos

herpes /'hɜːrpiːz || 'hɜːpiːz/ *n* [u] herpes *m*, herpe *f*

herring /'herɪŋ/ *n* [c u] (*pl* **herrings** *or* **herring**) arenque *m*; **smoked/pickled/fried ~** arenque ahumado/en vinagre/frito; *see also* **red herring**

herringbone /'herɪŋbəʊn/ *n*

A (pattern) **1** (Archit) espina *f* de pez *or* de pescado **2** (Tex) espiga *f*, espiguilla *f*; (*before n*): **a ~ pattern** un diseño en espiga *or* en espiguilla; **~ stitch** punto *m* cruzado *or* de escapulario

B (in skiing) tijera *f* (*manera de subir pendientes caminando con los esquís en V*)

herring gull *n* gaviota *f* argéntea

hers /hɜːrz || hɜːz/ *pron*

> ⚠ The translation *suyo* reflects the gender and number of the noun it is standing for. *hers* is translated by *el suyo, la suya, los suyos, las suyas*, depending on what is being referred to.

(*sing*) suyo, -ya; (*pl*) suyos, -yas; **all that is ~** todo eso es suyo *or* de ella; **~ is blue** el suyo/la suya es azul, el/la de ella es azul; **that habit of ~** esa costumbre suya, esa costumbre que tiene; **a friend of ~** un amigo suyo *or* de ella

herself /hər'self || hə'self/ *pron* **1** (reflexive): **she behaved ~** se portó bien; **she bought ~ a hat** se compró un sombrero; **she only thinks of ~** sólo piensa en sí misma; **she was by ~** estaba sola; **she did it by ~** lo hizo ella sola; **she was talking to ~** estaba hablando sola; **something's not right, she thought to ~** —pasa algo —pensó para sí *or* para sus adentros **2** (emphatic use) ella misma; **she told me so ~** me lo dijo ella misma; **here's the woman ~** aquí está ella en persona **3** (normal self): **she's not ~** no es la de siempre

Herts = Hertfordshire

hertz /hɜːrts || hɜːts/ *n* (*pl* **~**) hercio *m*

he's /hiːz/ **1** **= he is** **2** **= he has**

hesitancy /'hezətənsi || 'hezɪtənsi/ *n* [u] indecisión *f*, titubeo *m*

hesitant /'hezətənt || 'hezɪtənt/ *adj* ‹*speech*› titubeante, vacilante; ‹*manner*› inseguro; ‹*steps*› vacilante; **well, yes, I suppose so, came the ~ reply** —bueno, supongo que sí —replicó titubeante; **he appeared rather ~** se mostró algo indeciso; **to be ~ ABOUT -ING**: **I'm ~ about accepting the offer** no me decido *or* no estoy totalmente decidida a aceptar la oferta

hesitantly /'hezətəntli || 'hezɪtəntli/ *adv*: **she moved ~ towards the door** vacilante, se fue acercando a la puerta; **I suppose so, she replied ~** —supongo —replicó, no muy convencida; **the final movement begins ~** el último movimiento empieza con ciertas vacilaciones

hesitate /'hezəteɪt || 'hezɪteɪt/ *vi* vacilar, titubear; **try to speak slowly, but without hesitating** trata de hablar despacio, pero sin vacilar *or* titubear; **I ~d before going in** dudé *or* vacilé antes de entrar; **I'd ~ before committing myself, if I were you** yo que tú lo pensaría dos veces antes de comprometerme; **to ~ to + INF** dudar en + INF; **I ~ to ask such a personal question, but ...** no sé si hacer una pregunta tan personal, pero ...; **I ~ to criticize a colleague, but ...** no me gusta criticar a una colega, pero ...; **if you have any problems/questions, please don't ~ to ask** si tienes algún problema/alguna duda, no dejes de preguntar; **if you need more, don't ~ to ask me** si necesitas más, pídemelo con toda confianza; **if I thought he was wrong, I wouldn't ~ to say so** si creyera que está equivocado, no dudaría en decirlo; **to ~ ABOUT/OVER sth/-ING**: **they ~d for several days about buying the house** estuvieron dudando varios días si comprar la casa; **she's still hesitating about accepting the job** todavía no ha decidido si aceptar o no el trabajo; **he ~d over the difficult words** titubeaba con las palabras difíciles; ***he who ~s is lost*** la ocasión la pintan calva

hesitatingly /'hezəteɪtɪŋli || 'hezɪteɪtɪŋli/ *adv* ‹*speak*› con titubeos; ‹*move*› vacilantemente

hesitation /ˌhezə'teɪʃən || ˌhezɪ'teɪʃən/ *n* [u c] vacilación *f*; **she answered without the slightest ~** contestó sin titubear *or* sin la menor vacilación; **I have no ~ in recommending him** lo recomiendo sin reservas; **she showed no ~ in accepting the offer** no vaciló *or* no dudó en aceptar la oferta

hessian /'heʃən || 'hesiən/ *n* [u] arpillera *f*

hetero¹ /'hetərəʊ/ *adj* (sl) hetero (arg), heterosexual

hetero² *n* (*pl* **-os**) (sl) hetero *mf* (arg), heterosexual *mf*

heterodox /'hetərədɑːks || 'hetərədɒks/ *adj* (frml) heterodoxo (frml)

heterodoxy /'hetərədɑːksi || 'hetərədɒksi/ *n* [u] (frml) heterodoxia *f* (frml)

heterogeneity /ˌhetərəʊdʒə'niːəti || ˌhetərəʊdʒɪ'niːɪti/ *n* [u] (frml) heterogeneidad *f* (frml)

heterogeneous /ˌhetərə'dʒiːniəs/ *adj* (frml) ‹*mixture/assembly/crowd*› heterogéneo (frml)

heterograft /'hetərəʊgræft || 'hetərəʊgrɑːft/ *n* heterotrasplante *m*

heterosexism /ˌhetərəʊ'seksɪzəm/ *n* [u]: *postura ideológica en contra de la homosexualidad*

heterosexual¹ /ˌhetərəʊ'sekʃuəl/ *adj* heterosexual

heterosexual² *n* heterosexual *mf*

heterosexuality /ˌhetərəʊˌsekʃu'æləti/ *n* [u] heterosexualidad *f*

heterotransplant /ˌhetərəʊ'trænsplænt || ˌhetərəʊ'trænsplɑːnt, trɑːn-/ *n* heterotrasplante *m*

het up /'het'ʌp/ *adj* (colloq) (*pred*): **she's all ~ ~** está como loca (fam); **to get (all) ~ ~ about/over sth** ponerse* como loco por algo (fam); **it's nothing to get so ~ ~ about!** ¡no es para tanto! (fam)

heuristic /hjʊ'rɪstɪk || hjʊə'rɪstɪk/ *adj* heurístico

heuristics /hjʊ'rɪstɪks || hjʊə'rɪstɪks/ *n* (+ *sing vb*) heurística *f*

hew /hjuː/ *vt* (*past* **hewed**; *past p* **hewed** *or* **hewn** /hjuːn/) ‹*stone*› (extract) extraer*; (fashion) labrar, tallar; ‹*coal*› extraer*; **~n from the living rock** tallado en la roca viva; **they ~ed a**

➡▯ *ver* Vivir en un país de habla inglesa

path through the undergrowth abrieron un sendero a través de la maleza

■ **hew** *vi* (*past p* **hewed**) (AmE) **to ~ TO sth** ceñirse* A algo; **the union is still ~ing to its demands** el sindicato mantiene sus exigencias

hex[1] /heks/ *n* (AmE) maleficio *m*; **to put a ~ on sb** hacerle* un maleficio a algn; **to put a ~ on sth** echar una maldición sobre algo

hex[2] *vt* (AmE) ‹*person*› hacerle* un maleficio a; **this project must have been ~ed** debe haber caído una maldición sobre este proyecto

hex[3] *adj* 1 (Comput) hexadecimal 2 (hexagonal) (AmE) hexagonal; **a ~-head bolt** un tornillo de cabeza hexagonal

hexadecimal[1] /ˌheksəˈdesəməl || ˌheksəˈdesɪməl/ *adj* hexadecimal

hexadecimal[2] *n* hexadecimal *m*

hexagon /ˈheksəgɑːn || ˈheksəgən/ *n* hexágono *m*

hexagonal /hekˈsægənl/ *adj* hexagonal

hexagram /ˈheksəgræm/ *n* hexagrama *f*

hexameter /hekˈsæmətər || hekˈsæmɪtə(r)/ *n* hexámetro *m*

hey /heɪ/ *interj* 1 (calling attention) ¡eh!; **~, mister! can you tell us the time, please?** ¡eh *or* oiga, señor! ¿nos puede decir la hora por favor? 2 (expressing dismay, protest, indignation) ¡oye!; **~, that's enough!** ¡oye (*or* oigan *etc*) basta ya!; (expressing surprise, appreciation): **I've got a job — ~, that's really great!** conseguí trabajo — ¡pero qué bien!; **I live near the university — ~, we're neighbors!** vivo cerca de la universidad — ¡pues mira, somos vecinos!

heyday /ˈheɪdeɪ/ *n* apogeo *m*, auge *m*; **the 1930s and 40s were the ~ of Hollywood** los 30 y los 40 fueron los años de apogeo *or* de auge de Hollywood, en los años 30 y 40 Hollywood estaba en su apogeo *or* en su auge; **in his ~** en sus buenos tiempos; **the ~ of American power and influence** el auge *or* el apogeo del poder y la influencia americanos

hey presto /heɪˈprestəʊ/ *interj* (BrE) ¡listo!, ¡voilà!; **say 'abracadabra' and ~ ~!** dices 'abracadabra' y ¡sorpresa!

Hezbollah /ˌhezbəˈlɑː/ *n* Hezbolá

HF *n* = **high frequency** AF *f*

HGV *n* (BrE) = **heavy goods vehicle** vehículo *m* pesado

HH *n* = **His/Her Highness**

H-hour /ˈeɪtʃaʊr || ˈeɪtʃaʊə(r)/ *n* hora *f* H

HHS *n* (in US) = **Department of Health and Human Services**

hi /haɪ/ *interj* (colloq) hola (fam); **say ~ to your folks for me** dale recuerdos *or* saludos a tu familia de mi parte

HI = **Hawaii**

hiatus /haɪˈeɪtəs/ *n* (*pl* **-tuses**) 1 (in conversation etc) (frml) paréntesis *m* (frml), pausa *f* 2 (Ling, Lit) hiato *m*

hibernate /ˈhaɪbərneɪt || ˈhaɪbəneɪt/ *vi* hibernar, invernar

hibernation /ˌhaɪbərˈneɪʃən || ˌhaɪbəˈneɪʃən/ *n* [u] hibernación *f*; **to go into ~** entrar en estado de hibernación; **to be in ~** estar* en hibernación

hibiscus /hɪˈbɪskəs/ *n* (*pl* **-cus** *or* **-cuses**) hibisco *m*

hic /hɪk/ *interj* ¡hip!

hiccough /ˈhɪkʌp/ *n/vi* ▸ **hiccup**[1], **hiccup**[2]

hiccup[1], (BrE also) **hiccough** /ˈhɪkʌp/ *n* 1 hipo *m*; **to have (the) ~s** tener* hipo; **she got the ~s** le dio hipo; **she gave a loud ~ and blushed scarlet** soltó un hipo bien fuerte y se puso como la grana; **an attack of ~s** un ataque de hipo 2 (brief interruption) dificultad *f*, tropiezo *m*; **they view this failure as a mere ~** consideran que este fracaso es sólo un pequeño contratiempo; **I don't want any last-minute ~s!** (BrE) ¡no quiero problemas de última hora!

hiccup[2] *vi* BrE also **-pp-** hipar; **if I drink too much, I start ~ing** si bebo demasiado, me da *or* me entra hipo

hick[1] /hɪk/ *n* (AmE colloq & pej) pueblerino, -na *m,f*, paleto, -ta *m,f* (Esp fam & pey), pajuerano, -na *m,f* (RPl fam & pey)

hick[2] *adj* (AmE colloq & pej) (*before n*) pueblerino, paleto (Esp fam & pey), pajuerano (RPl fam & pey)

hickey /ˈhɪki/ *n* (*pl* **-eys**) (AmE colloq) 1 (love bite) chupón *m* (fam) (*marca dejada por un beso*) 2 (pimple) grano *m*, espinilla *f* (AmL), pepa *f* (Ven fam)

hickory /ˈhɪkəri/ *n* (*pl* **-ries**) 1 [c] (tree) nogal *m* americano, caria *f* 2 [u] (wood) nogal *m* americano; **~-smoked ham** jamón *m* ahumado (*usando leña de nogal americano*); ***as tough as ~*** (AmE) fuerte como un roble 3 [c] **~ (stick)** palmeta *f*

hid /hɪd/ 1 *past of* **hide**[1] 2 (arch) *past p of* **hide**[1]

hidden[1] /ˈhɪdn/ *adj* ‹*entrance/camera/reserves*› oculto; ‹*cost*› no aparente; Ⓢ **no hidden extras** todo incluido

hidden[2] *past p of* **hide**[1]

hide[1] /haɪd/ (*past* **hid** /hɪd/; *past p* **hidden**) *or* (arch) **hid** *vt* 1 (conceal, secrete) ‹*object/person*› esconder; **he hid her in the bedroom** la escondió en el dormitorio; **to ~ sth FROM sb**: **she hid the money from the police** escondió el dinero para que no lo encontrara la policía; **to ~ oneself** esconderse; **he hid himself in the undergrowth** se escondió en la maleza; **I don't know where she's gone and hidden herself** no sé dónde se ha metido 2 (keep secret) ‹*emotions/thoughts*› ocultar; **to ~ one's feelings** ocultar sus (*or* mis *etc*) sentimientos; **to ~ sth FROM sb** ocultarle algo A algn; **he hid his fears from his wife** le ocultó sus temores a su mujer; **don't try and ~ it from me** no intentes ocultármelo; **I've got nothing to ~** no tengo nada que ocultar *or* esconder 3 (mask, screen) tapar; **she hid her face in her hands and wept** se tapó la cara con las manos y se echó a llorar; **a line of tall trees hid the house from view** o **from sight** una hilera de árboles altos no dejaba ver la casa

■ **hide** *vi* esconderse; **quick, let's ~!** rápido, escondámonos; **to ~ behind sb/sth** esconderse detrás de algn/algo; **where've you been hiding all these weeks?** ¿dónde has estado metido todas estas semanas?; **to ~ FROM sb** esconderse DE algn; **it was impossible to ~ from his father's wrath** era imposible escapar a la ira de su padre

Phrasal verbs

- **hide away**

  A [v + adv] esconderse

  B [v + o + adv, v + adv + o] esconder; **hidden away in the backstreets** escondido en una calle apartada

- **hide out** (AmE also), **hide up** [v + adv] (colloq) esconderse

hide[2] *n*

A [c u] 1 (of animal — raw) piel *f*; (— tanned) cuero *m* 2 (of human) (hum) pellejo *m* (fam); **he did that to save his own ~** lo hizo para salvar el pellejo *or* su propio pellejo (fam); **he's got a ~ like a rhinoceros** tiene la piel más dura que un elefante; ***not to see ~ nor hair of sb*** (colloq) no verle* el pelo a algn (fam); **I've not seen ~ nor hair of him since Tuesday** no le he visto el pelo desde el martes; ***to have sb's ~*** (colloq): **if you let me down, I'll have your ~!** como me dejes colgado, pagarás con el pellejo (fam); ***to tan sb's ~*** (colloq) curtir a algn a palos (fam); **I'll tan your ~ if you do that again!** ¡como vuelvas a hacer eso, te curto a palos!

B [c] (in bird-watching, hunting) (BrE) paranza *f*, puesto *m*

hide-and-seek /ˌhaɪdnˈsiːk/ (AmE & Scot also) **hide-and-go-seek** /ˌhaɪdngəʊˈsiːk/ *n* [u]: **to play ~** jugar* al escondite, jugar* a las escondidas (AmL)

hideaway /ˈhaɪdəweɪ/ *n* 1 (hiding place) (AmE) escondite *m*, escondrijo *m* 2 (secluded spot) rincón *m*

hidebound /ˈhaɪdbaʊnd/ *adj* ‹*attitudes/person/institution*› retrógrado; ‹*conservatism*› rígido; **~ by tradition** conservador por tradición; **the academic painter is ~ by convention** el pintor académico está encorsetado por la convención

hideous /ˈhɪdiəs/ *adj* 1 ‹*face/grin/monster/sight*› horroroso, horrible 2 ‹*crime/accident/fate*› espantoso 3 ‹*color/clothes/furniture*› horrendo, espantoso; **you look perfectly ~ in that dress** ese vestido te queda horrendo *or* espantoso

hideously /ˈhɪdiəsli/ *adv* 1 ‹*deformed/disfigured*› horrorosamente; **he grinned ~** hizo una mueca horrorosa 2 (*as intensifier*) terriblemente; **it was ~ expensive** era carísimo, era terriblemente caro; **I was ~ embarrassed** me dio una vergüenza horrible *or* espantosa

hideout /ˈhaɪdaʊt/ *n* guarida *f*

hidey-hole, hidy-hole /ˈhaɪdihəʊl/ *n* (colloq) escondite *m*, escondrijo *m*

hiding /ˈhaɪdɪŋ/ *n*

A [u] (concealment): **to be in ~ (from sb)** estar* escondido (de algn); **to go into ~ (from sb)** esconderse (de algn); **to come out of ~** salir* de su (*or* mi *etc*) escondite; (*before n*): **~ place** escondite *m*, escondrijo *m*

B [c] (beating) (colloq) paliza *f*, tunda *f*; **to give sb a good ~** darle* a algn una buena paliza *or* tunda; **the team got** o **took a terrible ~ from the champions** los campeones le dieron una paliza tremenda al equipo (fam); ***to be on a ~ to nothing*** (BrE) llevar todas las de perder (fam); **he's on a ~ to nothing if he thinks that ...** está arreglado *or* (Esp tb) apañado si cree que ...

hierarchic /ˌhaɪəˈrɑːrkɪk || ˌhaɪəˈrɑːkɪk/, **-chical** /-kɪkəl/ *adj* jerárquico

hierarchically /ˌhaɪəˈrɑːrkɪkli || ˌhaɪəˈrɑːkɪkli/ *adv* jerárquicamente

hierarchy /ˈhaɪərɑːrki || ˈhaɪərɑːki/ *n* (*pl* **-chies**) jerarquía *f*

hieroglyph /ˈhaɪərəglɪf/ *n* jeroglífico *m*

hieroglyphic /ˌhaɪərəˈglɪfɪk/ *adj* jeroglífico

hieroglyphics /ˌhaɪərəˈglɪfɪks/ *pl n* jeroglíficos *mpl*

hi-fi /ˈhaɪˈfaɪ || ˈhaɪfaɪ/ *n* 1 [u] (equipment) alta fidelidad *f*; **he's got an impressive array of ~** tiene un impresionante equipo de alta fidelidad; (*before n*) ‹*enthusiast*› de la alta fidelidad 2 [c] (set) equipo *m* de alta fidelidad, hi-fi *m* 3 [u] (recording quality) (dated) alta fidelidad *f*; (*before n*) ‹*recording*› en alta fidelidad

higgledy-piggledy[1] /ˌhɪgəldiˈpɪgəldi/ *adv* (colloq) sin orden ni concierto, de cualquier manera

higgledy-piggledy[2] *adj* (colloq) desordenado

high[1] /haɪ/ *adj* **-er, -est**

A 1 ‹*building/wall/mountain*› alto; **how ~ is it?** ¿qué altura tiene?; **the tower is 40 m ~** la torre tiene 40 m de alto *or* de altura; **a 12 ft ~ wall** un muro de 12 pies de alto *or* de altura; **I've known him since he was this ~** lo conozco desde que era así (de pequeño) 2 ‹*window/balcony/ledge*› alto; ‹*plateau*› elevado; **at a ~ altitude** a gran altitud; **to take a ~ dive** zambullirse* *or* tirarse desde lo alto; **the river is very ~** el río está muy alto *or* crecido; **this is the ~est the river has been since last spring** es la máxima altura que ha alcanzado el río desde la primavera pasada; **a ~ forehead** una frente amplia; **~ cheekbones** pómulos *mpl* salientes 3 (in status) ‹*office/rank/officials*› alto; **I have it on the ~est authority** lo sé de muy buena fuente *or* tinta; **she moves in ~/the ~est circles** se mueve en las altas esferas/los círculos más elevados; **he has friends in ~ places** tiene amigos muy bien situados; **the ~ life** la gran vida; **~ living** la buena vida; **~ society** la alta sociedad 4 (morally, ethically) ‹*ideals/principles/aims*› elevado 5 (in pitch) ‹*voice*› agudo; ‹*note*› alto; **the speech ended on a ~ note** el discurso terminó con una nota de optimismo

B 1 (considerable, greater than usual) ‹*number/score/salary/interest rate*› alto; ‹*pressure/voltage/current*› alto; ‹*speed/velocity*› alto; ‹*wind*› fuerte; ‹*temperature/fever*› alto; **he has a very ~ color** tiene un color muy subido; **think of a number ~er than five** piensa en un número mayor que cinco; **the ~ latitudes** las altas latitudes; **the temperature was in the ~ eighties** la temperatura rondaba los noventa grados; **the death toll could rise as ~ as 20** el número de muertos podría elevarse a 20; **unemployment is very ~** hay mucho desempleo; **the ~ cost of giving in to terrorism** el alto precio que se paga por ceder al terrorismo; **to pay a ~ price for sth** pagar* algo muy caro; **they've paid a ~ price for failure** han pagado muy caro el fracaso; **to play for ~ stakes** apostar* fuerte; **my hopes were ~ as I set out** tenía grandes esperanzas al partir; **Byzantine art finds its ~est expression in ...** el arte bizantino tiene su expresión más depurada en ...; **to be ~ IN sth** ser* rico EN algo; **~ in protein** rico en proteínas [2] (good, favorable): **to hold sb in ~ esteem** tener* a algn en gran *or* en mucha estima; **he has a ~ regard for you** tiene muy buen concepto de ti [3] (Games) ‹*card/throw*› alto

C [1] (Lit, Theat): **~ comedy** comedia *f* de costumbres *or* salón; **a moment of ~ drama/comedy** un momento muy dramático/comiquísimo; **a tale of ~ adventure** una historia de grandes aventuras [2] (climactic) culminante; **the ~ point of the novel** el punto culminante de la novela

D [1] (happy, excited): **she was in ~ spirits** estaba muy animada; **we had a ~ old time** (colloq) lo pasamos estupendamente [2] (intoxicated) (colloq) drogado, colocado (Esp fam); **to be/get ~ on sth** estar* drogado *or* (Esp tb) colocado/drogarse* *or* (Esp tb) colocarse* con algo (fam)

E (of time, period): **~ noon** mediodía *m*; **in ~ summer** en pleno verano; **~ Gothic** el gótico tardío; **it was her best dress, worn only on ~ days and holidays** era su mejor vestido, el que tenía reservado para las grandes ocasiones

F ‹*game*› que huele fuerte; ‹*meat*› pasado

high² *adv* **-er, -est**

A [1] ‹*fly*› alto; **the tower loomed ~ over the town** la torre se erguía *or* se alzaba por encima de la ciudad; **the mountain towered ~ above us** la montaña se elevaba dominante sobre nosotros; **they built ever ~er** construían cada vez más alto; **~ in the sky** en lo alto del cielo; **~ overhead** en las alturas; **~ up** arriba, en lo alto; **if you go a bit ~er up, you'll get a better view** si subes un poco más, tendrás mejor vista; **the Bears are fairly ~ in the league** los Bears están entre los primeros de la liga; **it's pretty ~ (up) on the agenda** es uno de los asuntos más importantes; **to run ~** «*river*» estar* crecido; «*sea*» estar* embravecido; «*feelings*» estar* exaltados; **passions run ~ in this thrilling new saga** las pasiones se desatan en esta nueva y emocionante saga; ***~ and dry***: **to leave sb ~ and dry** dejar a algn en la estacada, dejar a algn tirado (fam); **there was the boat, ~ and dry on a sandbank** allí estaba el bote, varado en un banco de arena; ***to search*** *o* ***hunt*** *o* ***look ~ and low (for sth)*** remover* cielo y tierra (para encontrar algo) [2] (in status) alto; **to aim ~** «*marksman*» apuntar alto; «*ambitious person*» picar* alto; **he's risen ~ in his profession** ha llegado alto en su profesión; ***to fly ~*** (be successful, happy) ir* viento en popa; (have high ambitions) picar* alto [3] (in pitch) ‹*sing*› alto

B [1] (in amount, degree): **how ~ are you prepared to bid?** ¿hasta cuánto estás dispuesto a pujar *or* ofrecer?; **she stands ~ in my esteem** *o* **estimation** la tengo en gran estima, la estimo mucho [2] (in cards): **to go ~** jugar* una carta alta; **to lead ~** salir* con una carta alta; **to play ~** jugar* fuerte

high³ *n*

A [1] [c] (level) récord *m*; **inflation reached a new ~** la inflación alcanzó un nuevo récord [2] [u] **on high** (in heaven) en las alturas; (high above) en lo alto; **a new directive from on ~** (hum) una nueva directiva de arriba *or* de las altas esferas (hum)

B [c] (Meteo) [1] (anticyclone) zona *f* de altas presiones [2] (high temperature) máxima *f*

C [c] (euphoria) (colloq) (from drugs) viaje *m* (fam), colocón *m* (Esp fam), pasón *m* (Méx fam); **I'm on a real ~ at the moment** las cosas me están yendo de maravilla

D [u] (top gear) (AmE) (Auto) directa *f*; **in ~** en directa; **to move into ~** meter la directa

E [c] (high school) (colloq) cole *m* (fam) (*secundario*)

high- /haɪ/ *pref*: **~ceilinged/~sided** de techo alto/lados altos; **~income** de altos ingresos; **~protein** de alto contenido proteínico, rico en proteínas; **~quality** de alta calidad, de gran calidad; **~speed** de alta velocidad; ‹*film*› de alta sensibilidad

high altar *n* altar *m* mayor

high-altitude /ˌhaɪˈæltətuːd || ˌhaɪˈæltɪtjuːd/ *adj* ‹*aircraft*› de gran altura; ‹*plant*› de grandes alturas

high-and-mighty /ˌhaɪənˈmaɪti/ *adj* ‹*attitude/manner*› altanero, arrogante; **don't try and act so ~ with me** no vengas aquí dándote tantos aires, no vengas aquí haciéndote el gran señor conmigo

highball¹ /ˈhaɪbɔːl/ *n* [1] (drink) highball *m*, jaibol *m* (Méx) (*whisky con soda*) [2] (drinking glass) vaso *m* de whisky, vaso *m* de jaibol (Méx)

highball² *vi* (AmE colloq) ir* a toda máquina *or* a todo lo que da *or* a toda pastilla (fam)

■ **highball** *vt*: ***to ~ it*** salir* a toda máquina *or* a todo lo que da *or* a toda pastilla (fam)

highbinder /ˈhaɪbaɪndər || ˈhaɪbaɪndə(r)/ *n* (AmE colloq) [1] (swindler) estafador, -dora *m,f*, timador, -dora *m,f* [2] (assassin) asesino, -na *m,f*

highborn /ˈhaɪbɔːrn || ˈhaɪbɔːn/ *adj* de alta alcurnia

highboy /ˈhaɪbɔɪ/ *n* (AmE) cómoda *f* alta

highbrow¹ /ˈhaɪbraʊ/ *adj* (colloq) ‹*tastes*› de intelectual; ‹*art/music*› para intelectuales

highbrow² *n* (colloq) intelectual *mf*

highchair /ˈhaɪtʃer || ˈhaɪtʃeə(r)/ *n* silla *f* alta (*para niño*), trona *f* (Esp)

High Church¹ *n*: *sector de la Iglesia Anglicana más cercano a la liturgia y ritos católicos*

High Church² *adj*: *relativo a la*, ▸**High Church¹**

high-class /ˈhaɪˈklæs || ˌhaɪˈklɑːs/ *adj* ‹*restaurant/hotel/establishment*› de lujo; ‹*merchandise/confectionery*› de primera calidad; ‹*area/apartment*› de categoría, de alto standing (Esp); ‹*person*› de clase alta; **a ~ prostitute** una prostituta de lujo

high command *n* [u] alto mando *m*; **the orders come direct from ~ ~** las órdenes vienen directamente de la cúpula *or* de los altos mandos

High Commission, high commission *n* [1] (international) Alto Comisionado *m*, Alto Comisariado *m* [2] (embassy) embajada *f* (*de un país del Commonwealth en otro*)

High Commissioner, high commissioner *n* [1] (international) alto comisario, alta comisaria *m,f* [2] (ambassador) embajador, -dora *m,f* (*de un país del Commonwealth en otro*)

High Court *n* (in England and Wales) *una de las dos ramas del Tribunal Supremo, con competencia para conocer de causas civiles que excedan cierta cuantía*

high-definition /ˌhaɪdefəˈnɪʃən || ˌhaɪdefɪˈnɪʃən/ *adj* de alta definición; **~ television** televisión *f* de alta definición

high-density /ˌhaɪˈdensəti/ *adj*

A (Comput) ‹*disk*› de alta densidad

B ‹*urban area*› de alta densidad de población; **~ housing area** zona *f* de alta densidad habitacional

high-dependency /ˌhaɪdɪˈpendənsi/ *adj* (*before n*) (BrE) de alta dependencia

high diving *n* [u] saltos *mpl* desde grandes alturas

high-energy /ˌhaɪˈenərdʒi || ˌhaɪˈenədʒi/ *adj* ‹*particle/physics/reaction*› hiperenergético, de alta energía; ‹*snack*› de alto contenido calórico, de alto valor energético; ‹*music/record*› vibrante, lleno de energía

higher /ˈhaɪər || ˈhaɪə(r)/ *adj* [1] *comp of* **high¹** [2] (*before n*) ‹*mammals/organs*› superior; **~ mathematics** matemáticas *fpl* superiores; **~ learning** estudios *mpl* superiores

Higher *n* (in Scotland) ▸**Higher Grade**

higher court *n* alto tribunal *m*

higher education *n* [u] enseñanza *f* superior

Higher Grade *n* (in Scotland) *estudios de una asignatura a nivel de bachillerato superior*

higher-up /ˈhaɪərʌp/ *n* (colloq): **the ~s** los de arriba (fam)

high explosive *n* [c u] explosivo *m* de alta potencia

highfalutin /ˌhaɪfəˈluːtɪn/, **-ting** /-tɪŋ/ *adj* (colloq) pomposo, ampuloso, rimbombante; **he came back from university with a lot of ~ notions in his head** volvió de la universidad con la cabeza llena de pájaros (fam)

high-fiber, (BrE) **high-fibre** /ˈhaɪˈfaɪbər || ˈhaɪˈfaɪbə(r)/ *adj* con alto contenido en fibra

high fidelity *n* [u] alta fidelidad *f*; (*before n*): **high-fidelity equipment** equipo *m* de alta fidelidad

high finance *n* [u] altas finanzas *fpl*

highflier, highflyer /ˈhaɪˈflaɪər || ˌhaɪˈflaɪə(r)/ *n*: **he's one of the Company's/college's ~s** es uno de los empleados/estudiantes más prometedores *or* con más futuro de la compañía/del colegio; **join the ~s at Acme Co** únete a los triunfadores, trabaja con Acme Co; **a political ~** un ambicioso y talentoso político

highflown /ˈhaɪfləʊn/ *adj* ‹*language/rhetoric*› altisonante, rimbombante

highflying /ˈhaɪˈflaɪɪŋ/ *adj* (*usu before n*) ‹*student/executive*› muy prometedor, con gran futuro; ‹*economy/industry*› pujante

high-frequency /ˈhaɪˈfriːkwənsi/ *adj* de alta frecuencia

high-grade /ˈhaɪgreɪd/ *adj* de calidad superior, de alta calidad

high ground *n* zona *f* alta; ***to take the moral ~ ~*** tener* la autoridad moral

high-handed /ˌhaɪˈhændəd || ˌhaɪˈhændɪd/ *adj* arbitrario, prepotente

high-handedly /ˈhaɪˈhændədli || ˌhaɪˈhændɪdli/ *adv* arbitrariamente, prepotentemente

high-handedness /ˌhaɪˈhændədnəs || ˌhaɪˈhændɪdnɪs/ *n* prepotencia *f*, arbitrariedad *f*

high-hat /ˈhaɪˈhæt/ *adj* (AmE colloq & pej) snob, esnob, pituco (CS fam), popoff (Méx fam)

high hat *n* (AmE colloq) esnob *mf*

high-heeled /ˈhaɪˈhiːld/ *adj* ‹*shoes*› de tacón *or* (CS) de taco alto

high heels *pl n* zapatos *mpl* de tacón *or* (CS) de taco alto

high-intensity /ˌhaɪɪnˈtensəti/ *adj* de alta intensidad

high-interest /ˌhaɪˈɪntrəst/ *adj* de interés alto

high jinks *pl n* (colloq) francachela *f* (fam & ant), jarana *f* (fam)

high jump *n* salto *m* de altura, salto *m* alto (AmL); ***to be for the ~ ~*** (BrE colloq): **you'll be for the ~ ~ if you don't mend your ways** te va a caer una buena, si no cambias de actitud (fam)

Highland /ˈhaɪlənd/ *adj* (*before n*) [1] (in Scotland) ‹*glen/clan*› de las *or* los Highlands, de las tierras altas de Escocia; **~ fling** *danza folklórica escocesa* [2] **highland** de las tierras altas

Highland dress *n* [u] *traje tradicional de las Highlands de Escocia*

highlander /ˈhaɪləndər || ˈhaɪləndə(r)/ *n* [1] **Highlander** (in Scotland) *habitante o persona oriunda de las Highlands o las tierras altas de Escocia* (soldier) *soldado del regimiento de las Highlands* [2] (elsewhere) montañés, -ñesa *m,f*

Highlands /ˈhaɪləndz/ *pl n* [1] (in Scotland): **the ~** las *or* los Highlands, las tierras altas [2] **highlands** (uplands) tierras *fpl* altas, altiplanicie *f*

high-level /ˈhaɪˈlevəl/ *adj* [1] ‹*talks/team/delegation*› de alto nivel [2] ‹*bridge/road*› elevado [3] (Comput) de alto nivel [4] ‹*waste*› de alta radiactividad; ~ **language** lenguaje *m* de alto nivel

highlight¹ /ˈhaɪlaɪt/ *vt* (*past & past p* **-lighted**)
A (call attention to) ‹*problem/question*› destacar*, poner* de relieve
B **1** (emphasize) (Art, Phot) realzar*, dar* realce a **2** **to ~ one's hair** ponerse* *or* darse* reflejos (en el pelo), hacerse* claritos (RPl), hacerse* rayitos (en el pelo) (Chi), hacerse* luces (en el pelo) (Méx), hacerse* mechones (Col) **3** ‹*text*› marcar* con rotulador

highlight² *n*
A (most memorable part) lo más destacado; **her performance was the ~ of the evening** su actuación fue el plato fuerte de la velada; **edited ~s of the game** un resumen de los momentos más interesantes del partido; **he said a lot more: I'm just giving you the ~s** *o* (AmE also) **hitting the ~s** dijo mucho más, yo sólo te estoy contando lo más importante
B **1** (Art, Phot) toque *m* de luz **2** **highlights** *pl* (in hair) reflejos *mpl*, claritos *mpl* (RPl), rayitos *mpl* (Chi), luces *fpl* (Méx), mechones *mpl* (Col)

highlighter /ˈhaɪˌlaɪtər || ˈhaɪˌlaɪtə(r)/ *n* **1** [u c] (makeup) sombra *f* clara de ojos **2** [c] (pen) rotulador *m*, marcador *m* (AmL)

highly /ˈhaɪli/ *adv* **1** (to a high degree): **it's ~ probable/unlikely** es muy/muy poco probable; **she's a ~ intelligent child** es una niña inteligentísima *or* sumamente inteligente; **his methods are ~ unconventional** sus métodos son muy poco ortodoxos; **~ dangerous** peligrosísimo, peligroso en extremo; **~ educated** muy culto; **our ~ trained/skilled workforce** nuestra mano de obra altamente capacitada/calificada; **food that is too ~ spiced/seasoned** comida excesivamente condimentada/sazonada; **she praised him ~** lo puso por las nubes; **he's ~ esteemed/respected by his colleagues** sus colegas lo tienen en gran estima/lo respetan mucho **2** (favorably): **his boss speaks/thinks very ~ of him** su jefe habla muy bien/tiene muy buena opinión de él; **I can't recommend her ~ enough** la recomiendo sin ninguna reserva; **he came to us ~ recommended** vino con excelentes recomendaciones **3** (at a high rate): **a ~ paid job** un trabajo muy bien pagado *or* remunerado **4** (in a high position): **a ~ placed official** un alto cargo, un funcionario importante

highly-charged /ˌhaɪliˈtʃɑːrdʒd || ˌhaɪliˈtʃɑːdʒd/ *adj* muy tenso, lleno de tensión

highly-colored, (BrE) **highly-coloured** /ˈhaɪliˈkʌlərd || ˌhaɪliˈkʌləd/ *adj* **1** (sensational) ‹*account*› sensacionalista **2** (biased) ‹*version*› parcial

highly-strung /ˌhaɪliˈstrʌŋ/ *adj* (BrE) ▸**high-strung**

High Mass *n* [c u] misa *f* mayor

high-minded /ˈharˈmaɪndəd || ˌharˈmaɪndɪd/ *adj* altruista

high-necked /ˈharˈnekt/ *adj* de cuello alto

Highness /ˈhaɪnəs || ˈhaɪnɪs/ ▸❶ **p.1213** *n*: **Her/His/Your (Royal) ~** Su Alteza (Real); **Their Royal ~es** Sus Altezas Reales

high-octane /ˈharˈɑːkteɪn || ˌharˈɒkteɪn/ *adj* de alto octanaje

high-performance /ˌhaɪpərˈfɔːrməns || ˌhaɪpəˈfɔːməns/ *adj* de alto rendimiento

high-pitched /ˈharˈpɪtʃt/ *adj* ‹*voice/sound/shriek*› agudo; ‹*instrument*› de tono agudo *or* alto

high post *n* (Sport) (in basketball) poste *m* alto

high-powered /ˈharˈpaʊərd || ˌharˈpaʊəd/ *adj* **1** (powerful) ‹*car/machine*› muy potente, de gran potencia **2** (dynamic, forceful) ‹*executive/campaign*› dinámico, enérgico; ‹*job*› de alto(s) vuelo(s); **a ~ management team** una directiva de gran empuje

high-pressure /ˈharˈpreʃər || ˌharˈpreʃə(r)/ *adj* (*before n*)
A **1** ‹*boiler/pump*› de alta presión **2** (Meteo) ‹*area/zone*› de altas presiones
B **1** ‹*selling/salesmanship/tactics*› agresivo; **a ~ salesman** un vendedor agresivo **2** ‹*job*› de mucho estrés

high priest *n* sumo sacerdote *m*

high priestess *n* suma sacerdotisa *f*

high-principled /ˈharˈprɪnsəpəld/ *adj* ‹*person*› de (altos) principios; ‹*stand/attitude*› íntegro

high-profile /ˈharˈprəʊfaɪl/ *adj* prominente

high-ranking /ˈharˈræŋkɪŋ/ *adj* ‹*officer*› de alto rango; ‹*official*› alto, de alta jerarquía

high relief *n* [u] alto relieve *m*; **carved/sculpted in ~ ~** tallado/esculpido en alto relieve

high-resolution /ˈhaɪˌrezəˈluːʃən/ *adj* (*before n*) de alta resolución

high-rise /ˈharˈraɪz/ *adj* (*before n*) ‹*building/block*› alto, de muchas plantas; ‹*apartment*› de una torre, de un edificio alto

high rise *n* (esp AmE) torre *f* (de apartamentos *or* (Esp) pisos)

high-risk /ˈharˈrɪsk/ *adj* **1** (involving, causing risk) ‹*business/project/investment*› de alto riesgo; ‹*occupation/tactics*› expuesto, riesgoso (AmL) **2** (at risk) ‹*category/patient*› de alto riesgo

highroad /ˈhaɪrəʊd/ *n* carretera *f*; **he was on the ~ to success** iba camino del éxito

high roller *n* (AmE colloq) **1** (gambler) jugador empedernido, jugadora empedernida *m,f* **2** (big spender) derrochón, -chona *m,f*; **she's a ~ ~** gasta dinero como si fuera agua (fam)

high school *n* (in US and Scotland) colegio *m* secundario mixto, ≈ instituto *m* (*en Esp*), ≈ liceo *m* (*en CS, Ven*); (in England) colegio *m* secundario de niñas, ≈ instituto *m* (*en Esp*), ≈ liceo *m* (*en CS, Ven*); (*before n*): **a high-school romance** (AmE) un noviazgo de adolescentes

> **high school**
> En Estados Unidos, el último ciclo del colegio secundario, generalmente para alumnos cuyas edades están comprendidas entre los 14 y los 18 años. En Gran Bretaña, algunos colegios secundarios también se llaman *high schools* .

high seas *pl n*: **the ~ ~** (el *o* la) alta mar; **piracy on the ~ ~** la piratería en (el *or* la) alta mar

high season *n* [u] temporada *f* alta; **in (the) ~ ~** durante la temporada alta, en temporada alta; (*before n*): **high-season rates** precios *mpl* de temporada alta

high-security /ˌhaɪsɪˈkjʊrəti || ˌhaɪsɪˈkjʊərəti/ *adj* de alta seguridad

high-sided vehicle /ˈhaɪsaɪdɪd/ *n* vehículo *m* de laterales altos

high sign *n* (secret signal) (sl) seña *f*; **to give sb the ~ ~** darle* *or* hacerle* a algn la seña de que no hay moros en la costa (fam)

high-sounding /ˈharˈsaʊndɪŋ/ *adj* altisonante, grandilocuente

high-spirited /ˈharˈspɪrətəd || ˌharˈspɪrɪtɪd/ *adj* lleno de vida, brioso

high spot *n* **1** (main feature) punto *m* culminante; **the ~ ~ of the evening/his career** el punto culminante de la velada/su carrera; **the cultural ~ ~ of the tour** el plato fuerte *or* el punto culminante del viaje desde el punto de vista cultural; ***to hit the ~ ~s*** hacer* impacto **2** (exciting place) (AmE) atracción *f*

high street *n* (BrE) **1** (in village, small town) calle *f* principal, calle *f* mayor (Esp) **2** (Econ): **the ~ ~** el comercio minorista; (*before n*): **the high-street banks** los grandes bancos (*con muchas sucursales*)

high-strung /ˈharˈstrʌŋ/ (BrE) **highly-strung** /ˈhaɪliˈstrʌŋ/ *adj* ‹*person*› nervioso; ‹*dog/horse*› muy excitable; **he's very ~** es muy nervioso, es un manojo de nervios

high table *n* [u c] (BrE) *en los comedores de las universidades, mesa donde comen los profesores y otras autoridades*; **we were invited to dine at ~ ~** nos invitaron a que cenásemos con el claustro

hightail /ˈhaɪteɪl/ *vt*: ***to ~ it*** (leave in a hurry) (AmE sl) largarse* (fam), darse* el bote (Esp arg), tomarse los vientos (RPl fam), mandarse a cambiar (Andes fam); (hurry, speed) ir* *or* salir* como bólido(s) (fam)

high tea *n* (BrE) *comida entre merienda y cena que generalmente se toma acompañada de té*

high-tech /ˈharˈtek/ *adj* **1** (of technology) de alta tecnología; **the ~ society/age/revolution** la sociedad/era/revolución tecnológica **2** (of design) high tech *adj inv*

high tech /ˈharˈtek/ *n* [u] **1** (technology) alta tecnología *f* **2** (design) high tech *m*

high technology *n* [u] alta tecnología *f*

high-tension /ˈharˈtentʃən || ˌharˈtenʃən/ *adj* (*before n*) de alta tensión

high-toned /ˈharˈtəʊnd/ *adj* **1** (superior) ‹*speech/ideas*› elevado; ‹*lecture/journal*› de tono elevado **2** (affectedly stylish) de buen tono

high treason *n* [u] alta traición *f*

high-up /ˈhaɪʌp/ *n* (esp AmE colloq) gerifalte *mf*, mandamás *mf* (fam), capo, -pa *m,f* (fam)

high-water mark /ˈharˈwɔːtər || ˌharˈwɔːtə(r)/ *n* **1** (of tide) línea *f* de pleamar **2** (highest point) cénit *m*, apogeo *m*

highway /ˈhaɪweɪ/ *n* **1** (main road) carretera *f*; (*before n*) (AmE) ‹*patrol/patrolman*› de carretera; **~ maintenance** (BrE) mantenimiento *m* de carreteras **2** (public way) vía *f* pública; **the King's ~** (BrE) (Hist) la calzada real; **the ~s and byways** (of region) las carreteras y los caminos; (of subject) los senderos y vericuetos

Highway Code /ˈhaɪweɪ/ *n* (in UK) Código *m* de la Circulación

highwayman /ˈhaɪweɪmən/ *n* (*pl* **-men** /-mən/) salteador *m* de caminos, bandolero *m*

highway robbery *n* **1** (Hist) asalto *m* (*en un camino*), salteamiento *m* **2** (exorbitant price) robo *m* a mano armada

high wire *n* cuerda *f* floja; (*before n*): **a high-wire act** un número en la cuerda floja, un número de equilibrismo; **high-wire artiste** equilibrista *mf*, funámbulo, -la *m,f*

hijab /ˈhɪdʒəb, hɪˈdʒɑːb || ˈhɪdʒɑːb, ˈhɪdʒæb, hɪˈdʒɑːb/ *n* [u] (Clothing) hiyab *m*, hijab *m*

hijack¹ /ˈhaɪdʒæk/ *vt* **1** ‹*aircraft/vehicle*› secuestrar; **a large consignment of whisky ~ed from a truck** un gran cargamento de whisky robado de un camión **2** ‹*ideas/policies*› apropiarse de

hijack² *n* secuestro *m*

hijacker /ˈhaɪdʒækər || ˈhaɪdʒækə(r)/ *n* secuestrador, -dora *m,f*; (of planes) pirata aéreo, -rea *m,f*

hijinks, hijinx /ˈhaɪˌdʒɪŋks/ *n* ▸**high jinks**

hike¹ /haɪk/ *n*
A (long walk) caminata *f*, excursión *f*; **we went on a 20-mile ~** hicimos una caminata *or* una excursión (a pie) de 20 millas; **it's a bit of a ~ to the station** hay un buen trecho hasta la estación; ***to take a ~*** (AmE colloq): **take a ~** vete a paseo (fam), vete a freír espárragos (fam), vete por un tubo (Méx fam), andá a pasear (RPl fam)
B (increase) subida *f*; **a price/pay ~** una subida de precios/sueldos; **~ IN sth** subida DE algo

hike² *vi* (walk) ir* de caminata *or* de excursión
■ **hike** *vt* ‹*prices/wages/taxes*› subir

Phrasal verb
- **hike up** [v + o + adv, v + adv + o] (AmE) (pull up) ‹*prices*› subir, aumentar; ‹*socks*› subirse, levantarse; **she ~d her skirt up** se levantó *or* se subió *or* se remangó la falda

hiker /ˈhaɪkər || ˈhaɪkə(r)/ *n* excursionista *mf*, caminante *mf*

hiking /ˈhaɪkɪŋ/ *n* excursionismo *m*; (*before n*): **~ boot** borceguí *m*; **~ magazine** revista *f* de excursionismo

hilarious /hɪˈleriəs || hɪˈleəriəs/ *adj* **1** (funny) divertidísimo, comiquísimo **2** (merry, cheerful) ‹*mood/atmosphere*› animadísimo

hilariously /hɪˈleriəsli || hɪˈleəriəsli/ *adv*: **~ funny** increíblemente divertido, comiquísimo, para desternillarse de risa; **the thing went ~ wrong from the start** fue de chiste lo mal que salió la cosa desde el principio (fam)

hilarity /hɪˈlærəti/ *n* [u] (frml) hilaridad *f*

hill /hɪl/ *n* (low) colina *f*, cerro *m*, collado *m*; (higher) montaña *f*; (slope, incline) cuesta *f*; **a view**

of green, rolling ~s un panorama de verdes y ondulantes colinas; **on a ~** (on the top) en (lo alto de) una colina; (on a slope) en una ladera; **we walked up/down the ~** subimos/bajamos la colina (andando); **to park on a ~** estacionar *or* (Esp) aparcar* en una cuesta; **at the foot of the ~** al pie de la colina (*or* de la montaña *etc*); **to head for the ~s** ir* hacia *or* dirigirse* a los montes; **to take to the ~s** huir* *or* echarse al monte; **up ~ and down dale** (BrE) cuesta arriba y cuesta abajo; ***as old as the ~s*** viejísimo, más viejo que Matusalén (fam), más viejo que andar a pie (CS fam); **his grandfather/that joke is as old as the ~s** su abuelo/ese chiste es más viejo que Matusalén; ***not to amount to a ~ of beans*** (AmE) no valer* nada; ***to be over the ~*** (colloq) estar* para el arrastre *or* (RPl) para el deje (fam); (*before n*): **~ country** territorio *m* montañoso, región *f* montañosa; **~ people** montañeses *mpl*; **~ start** arranque *m* en cuesta; **~ station** estación *f* de montaña; **~ town** ciudad *f* de montaña

hillbilly /ˈhɪlˌbɪli/ *n* (*pl* **-lies**) (AmE colloq) rústico, -ca *m,f*, paleto, -ta *m,f* (Esp fam & pey), pajuerano, -na *m,f* (RPl fam & pey); (*before n*): **~ music** música *f* country

hillfort /ˈhɪlfɔːrt || ˈhɪlfɔːt/ *n* poblado *m* fortificado (*en un monte*)

hilliness /ˈhɪlinəs || ˈhɪlinɪs/ *n* [u] carácter *m* accidentado *or* montañoso

hillock /ˈhɪlək/ *n* 1 (small hill) loma *f*, altozano *m* 2 (mound of earth) montículo *m*

hillside /ˈhɪlsaɪd/ *n* ladera *f*; **they raced down the ~** bajaron corriendo (por) la ladera

hilltop /ˈhɪltɑːp || ˈhɪltɒp/ *n* cima *f*, cumbre *f*

hillwalker /ˈhɪlˌwɔːkər || ˈhɪlˌwɔːkə(r)/ *n* senderista *mf* de montaña

hillwalking /ˈhɪlˌwɔːkɪŋ/ *n* [u] senderismo *m* de montaña

hilly /ˈhɪli/ *adj* **-lier, -liest** ‹*terrain/countryside*› accidentado; ‹*road/path*› empinado

hilt /hɪlt/ *n* empuñadura *f*, puño *m*; ***(up) to the ~***: **they were mortgaged up to the ~** estaban hipotecados hasta el cuello (fam); **to back sb (up) to the ~** respaldar a algn incondicionalmente *or* pase lo que pase

him /hɪm *weak form* /ɪm/ ▸ℹ **p.1287** *pron*

A 1 (as direct object) lo, le (Esp); **I saw ~** lo *or* (Esp tb) le vi; **call ~** llámalo, llámale (Esp) 2 (as indirect object) le; (with direct object pronoun present) se; **I sent ~ a card** le mandé una tarjeta; **I sent it to ~** se la mandé; **give ~ the book** dale el libro; **give it to ~** dáselo 3 (after preposition) él; **near/in front of ~** cerca/delante de él; **she's older than ~** es mayor que él

B (emphatic use) él; **it's ~** es él; **who, ~?** ¿quién, él?; **the hat wasn't ~** el sombrero no lo favorecía

C (AmE colloq *or* dial) (for himself) se; **he went and got ~ a wife** fue y se buscó una mujer

Himalayan /ˌhɪməˈleɪən/ *adj* himalayo

Himalayas /ˌhɪməˈleɪəz/ *pl n*: **the ~** el Himalaya

himself /hɪmˈself/ *pron* 1 (reflexive): **he cut ~** se cortó; **he only thinks of ~** sólo piensa en sí mismo; **he was by ~** estaba solo; **very strange, he thought to ~** —muy raro —pensó para sí *or* para sus adentros; **he was talking to ~** estaba hablando solo 2 (emphatic use) él mismo; **he told me so ~** me lo dijo él mismo; **here's the man ~** aquí está él en persona 3 (normal self): **he's not ~** no es el de siempre

hind¹ /haɪnd/ *adj* (*before n, no comp*) trasero; **~ legs** patas *fpl* traseras

hind² *n* cierva *f*

hinder /ˈhɪndər || ˈhɪndə(r)/ *vt* dificultar; **the progress of the work was ~ed by bad weather** el mal tiempo dificultó *or* entorpeció el progreso de las obras; **I don't intend to let this ~ my promotion** no pienso dejar que esto impida que me asciendan, no pienso permitir que esto sea un obstáculo para mi ascenso

Hindi /ˈhɪndi/ *n* [u] indi *m*, hindi *m*

hindmost /ˈhaɪndməʊst/ *adj* (liter) posterior, postrero (liter)

hindquarters /ˈhaɪndˌkwɔːrtərz || ˈhaɪndˌkwɔːtəz/ *pl n* cuartos *mpl* traseros

hindrance /ˈhɪndrəns/ *n* 1 [c] (impediment) estorbo *m*, obstáculo *m*; **his past was a ~ to him in his career** su pasado fue un obstáculo *or* un lastre en su carrera profesional; **he's more of a ~ than a help** más que ayudar, estorba 2 [u] (act) (frml) obstaculización *f* (frml)

hindsight /ˈhaɪndsaɪt/ *n* [u]: **with (the benefit of) ~** a posteriori, en retrospectiva, con la sabiduría que da la experiencia

Hindu¹ /ˈhɪnduː/ *n* hindú *mf*

Hindu² *adj* hindú

Hinduism /ˈhɪnduːɪzəm/ *n* [u] hinduismo *m*

Hindustan /ˌhɪnduˈstɑːn || ˌhɪndʊˈstɑːn/ *n* el Indostán

Hindustani¹ /ˌhɪnduˈstɑːni || ˌhɪndʊˈstɑːni/ *adj* indostánico, indostanés

Hindustani² *n* [u] indostaní *m*, indostánico *m*

hinge¹ /hɪndʒ/ *n* 1 (of door, window, gate) bisagra *f*, gozne *m*; (of box, lid) bisagra *f*; **to take a door off its ~s** sacar* una puerta de sus goznes 2 (of shell) charnela *f*; (*before n*): **~ joint** charnela *f* 3 (in philately) fijasellos *m*, bisagra *f*

hinge² **hinges, hinging, hinged** *vi* **to ~ ON sth** (turn) girar SOBRE algo; (be fixed) ir* asegurado con bisagras A algo; (depend) depender DE algo; **it all ~s on her decision** todo depende de su decisión

■ **hinge** *vt* **to ~ sth ON** *o* **TO sth** unir algo A algo con bisagras; **the flaps are ~d to the wing of the aircraft** los alerones están unidos por bisagras al ala del avión

hinged /hɪndʒd/ *adj* ‹*lid/cover/flap/door*› de *or* con bisagras

hinny /ˈhɪni/ *n* (*pl* **-nies**) mula *f* (*cruce de caballo y burra*)

hint¹ /hɪnt/ *n*

A 1 (oblique reference) insinuación *f*, indirecta *f*; (clue) pista *f*; **his actions gave no ~ that he was contemplating suicide** su comportamiento no dio ningún indicio *or* no dejó entrever que estaba considerando suicidarse; **he gave us no ~ of what was coming** no nos dio ninguna pauta *or* no nos hizo la más mínima insinuación de lo que se avecinaba; **a gentle/broad ~** una pequeña/clara indirecta; **to drop a ~ to sb** lanzarle* una indirecta a algn; **he hasn't actually said so, but he keeps dropping ~s** decirlo, no lo ha dicho pero está todo el día lanzando indirectas *or* insinuándolo; **drop Joe a ~ that the grass needs cutting** insinúale a Joe que habría que cortar el césped; **I might drop a ~ to the boss in passing** puede que se lo deje caer al jefe de pasada; **those chocolates look *very* nice, ~, ~!** (hum) ¡qué buena pinta tienen esos bombones ..., ejem, ejem ...!; **to take the ~** captar *or* (Esp tb) coger* la indirecta; **I yawned, but he didn't take the ~** bostecé, pero no se dio por aludido; **OK, I can take a ~** está bien, ya entiendo *or* no me lo tienes que repetir 2 (trace): **just a ~ of bitterness** un ligero dejo amargo; **it's white with just a ~ of yellow** es blanco con apenas un toque de amarillo; **there was not the slightest ~ of doubt in his voice** no había ni el más ligero rastro de duda en su voz; **there was more than a ~ of irony in what she said** había algo más que un dejo de ironía en lo que dijo; **there was a ~ of garlic/lemon in the dish** el plato tenía un dejo *or* gusto a ajo/limón

B (tip, advice) consejo *m*; **~s for travelers** consejos para viajeros

hint² *vt* insinuar*, dar* a entender; **he ~ed that it might be his last visit** nos insinuó *or* nos dio a entender que quizás fuera su última visita

■ **hint** *vi* lanzar* indirectas; **to ~ AT sth** insinuar* *or* dar* a entender algo; **for weeks they've been ~ing at changes to our work schedules** llevan semanas insinuando *or* dando a entender que va a haber cambios en nuestros calendarios de trabajo; **I cannot begin even to ~ at the variety and richness of decoration** apenas puedo dar (una) vaga idea de la variedad y riqueza de la decoración

hinterland /ˈhɪntərlænd || ˈhɪntəlænd/ *n* interior *m*

hip¹ /hɪp/ *n*

A ▸ℹ **p.965** 1 cadera *f*; **with one's hands on one's ~s** con los brazos en jarras; **to be broad/narrow in the ~(s)** ser* ancho/estrecho de cadera(s); ***to shoot from the ~*** (colloq) no tener* pelos en la lengua (fam); (lit: with pistol) disparar sin apuntar; (*before n*) ‹*size/measurement*› de caderas; **~ flask** petaca *f*, botella *f* de bolsillo; **~ joint** articulación *f* de la cadera; **~ pocket** bolsillo *m* trasero (del pantalón); ***to be in sb's ~ pocket*** (AmE): **they are in the mayor's ~ pocket** el alcalde se los ha metido a todos en el bolsillo 2 (joint) cadera *f*; **they fitted him with a plastic ~** le pusieron una cadera de plástico; (*before n*): **~ replacement** implante *m* de una prótesis de cadera, artoplastía *f* de cadera (téc)

B (Bot) (*usu pl*) escaramujo *m*; **~s and haws** escaramujos y espinos

hip² *interj*: **~, ~, hooray** *o* **hurrah!** ¡hurra!, ¡viva!

hip³ *adj* **-pp-** (sl & dated) 'in' *adj inv* (fam & ant), en la onda (fam); **she's really ~ to what's going on** está muy en la onda de lo que ocurre (fam)

HIP *n* (BrE) (Law) = **home information pack**

hipbath /ˈhɪpbæθ || ˈhɪpbɑːθ/ *n* (BrE) baño *m* de asiento

hipbone /ˈhɪpbəʊn/ *n* hueso *m* de la cadera

hip-huggers /ˈhɪpˌhʌgərz || ˈhɪpˌhʌgəz/ *pl n* (AmE) pantalones *mpl* de tiro corto

hipped /hɪpt/ *adj* (*before n*) (AmE colloq): **to be ~ ON sth/sb** tener* fijación con algo/algn

hippie /ˈhɪpi/ *n* ▸ **hippy¹**

hippo /ˈhɪpəʊ/ *n* (*pl* **-pos**) (colloq) hipopótamo *m*

Hippocratic oath /ˌhɪpəˈkrætɪk/ *n*: **the ~ ~** el juramento hipocrático *or* de Hipócrates

hippodrome /ˈhɪpədrəʊm/ *n*

A (Hist) hipódromo *m*

B (BrE) (Theat) (dated) teatro *m* de variedades

hippopotamus /ˌhɪpəˈpɑːtəməs || ˌhɪpəˈpɒtəməs/ *n* (*pl* **-muses** *or* **-mi** /-maɪ/) hipopótamo *m*

hippy¹, hippie /ˈhɪpi/ *n* (*pl* **-pies**) hippy *mf*; (*before n*) ‹*cult/gear/era*› hippy

hippy² *adj* **-pier, -piest** (with prominent hips) (AmE) caderudo (fam)

hipsters /ˈhɪpstərz || ˈhɪpstəz/ *pl n* (BrE) pantalones *mpl* de tiro corto

hire¹ /haɪr || ˈhaɪə(r)/ *vt*

A 1 ‹*hall/boat/suit/horse*› alquilar, arrendar* 2 (Busn, Lab Rel) ‹*staff/person*› contratar; **he has the power to ~ and fire** está autorizado para contratar y despedir personal 3 **hired** *past p* **~d hand** jornalero, -ra *m,f*; **~d killer** *o* **assassin** asesino, -na *m,f* a sueldo, sicario, -ria *m,f*

B ▸ **hire out A**

Phrasal verb

• **hire out**

A [v + o + adv, v + adv + o] (BrE) alquilar, arrendar*; **they ~ bikes out to tourists** les alquilan bicicletas a los turistas

B [v + adv] (offer services) (AmE) **to ~ out AS sth** ofrecerse* COMO algo

hire² *n* [u]

A (of hall/boat/suit/horse) alquiler *m*, arriendo *m*; **have you any bikes for ~?** ¿alquilan *or* arriendan bicicletas?; **for hire** se alquila *or* se arrienda; (on taxis) libre; **on ~** alquilado; **to let sth out on ~** (BrE) alquilar *or* arrendar* algo; (*before n*) (esp BrE): **~ car** coche *m* de alquiler; **~ charge** alquiler *m*, arriendo *m*; **~ services** servicios *mpl* de alquiler

B (payment) alquiler *m*, arriendo *m*

C (AmE) (new employee) recién contratado, -da *m,f*

hireling /ˈhaɪrlɪŋ || ˈhaɪəlɪŋ/ *n* (frml & pej) mercenario, -ria *m,f*, asalariado, -da *m,f*

hire purchase *n* [u] (BrE) plan *m* de financiación; **we bought it on ~** lo compramos a plazos *or* (esp AmC) en cuotas; (*before n*): **hire-purchase agreement** contrato *m* de compra a plazos *or* (esp AmC) en cuotas; **hire-purchase payments** plazos *mpl*

Hiroshima /ˌhɪrəˈʃiːmə, hɪˈrɑːʃəmə || hɪˈrɒʃɪmə, ˌhɪrəˈʃiːmə/ *n* Hiroshima *f*

hirsute /ˈhɜːrsuːt || ˈhɜːsjuːt/ *adj* (frml) hirsuto (frml)

his¹ /hɪz *weak form* /ɪz/ *adj*

> ⚠ The translation *su* agrees in number with the noun which it modifies. *his* is translated by *su, sus*, according to what follows: **his father/mother** su madre/padre; **his books/magazines** sus libros/revistas. For *his* used with parts of the body, ▸ⓘ **p.965**

(*sing*) su; (*pl*) sus; **~ son/daughter** su hijo/hija; **~ sons/daughters** sus hijos/hijas; **it's *his* house, not hers** es la casa de él, no la de ella; **he broke ~ arm** se rompió el brazo

his² *pron*

> ⚠ The translation *suyo* reflects the gender and number of the noun it is standing for. *his* is translated by *el suyo, la suya, los suyos, las suyas*, depending on what is being referred to.

(*sing*) suyo, -ya; (*pl*) suyos, -yas; **all that is ~** todo eso es suyo *or* de él; **~ is blue** el suyo/la suya es azul, el/la de él es azul; **it isn't ~, but hers** no es de él, sino de ella; Ⓢ **his and hers** para él y para ella; **a friend of ~** un amigo suyo *or* de él; **that habit of ~** esa costumbre suya, esa costumbre que tiene

Hispanic¹ /hɪˈspænɪk/ *adj* ‹*culture/people/scholar*› hispánico, hispano; ‹*community/voter*› (in US) hispano

Hispanic² *n* (esp AmE) hispano, -na *m,f*

Hispanist /ˈhɪspənəst || ˈhɪspənɪst/ *n* hispanista *mf*

hiss¹ /hɪs/ *vi* «*snake*» silbar; «*person/crowd*» silbar, sisear; «*cat*» bufar; «*machine/steam*» silbar; **the audience ~ed and booed** el público le silbó y abucheó a la obra (*or* al jugador *etc*), el público armó una silba *or* (AmS) una silbatina

■ **hiss** *vt* **1** decir* entre dientes; **be quiet, she ~ed** —cállate —dijo entre dientes **2** ‹*actor/speaker/play*› abuchear; **everybody ~ed him** todos lo abuchearon *or* le silbaron

hiss² *n* (of snake) silbido *m*; (of cat) bufido *m*; (of steam, machine) silbido *m*; (of audience) silbido *m*

hissing /ˈhɪsɪŋ/ *adj* sibilante

hissy fit /ˈhɪsi/ *n* (AmE colloq) rabieta *f*

histamine /ˈhɪstəmiːn/ *n* [u c] histamina *f*

histogram /ˈhɪstəgræm/ *n* histograma *m*

historian /hɪˈstɔːriən/ *n* historiador, -dora *m,f*

historic /hɪˈstɔːrɪk || hɪˈstɒrɪk/ *adj*

A **1** (momentous) ‹*event/moment*› memorable; **an error of ~ proportions** un error de los que hacen historia **2** (old) ‹*house/building*› histórico **3** (crit) ▸**historical**

B (Ling) ‹*tense*› histórico; **the ~ present** el presente histórico

historical /hɪˈstɔːrɪkəl || hɪˈstɒrɪkəl/ *adj* **1** (relating to past events, people) histórico; **there is some ~ evidence to believe that ...** hay bases históricas para creer que ...; **the greatest earthquake in ~ times** el mayor terremoto de la historia; **a ~ novel** una novela histórica **2** (factual, true) histórico; **it's a ~ fact that ...** es un hecho histórico que ...; **the ~ Jesus** Jesús, el personaje histórico; **a ~ reenactment of the battle** una representación históricamente fidedigna de la batalla **3** (related to history) ‹*study/research/atlas*› histórico; **the ~ method** el método histórico **4** (crit) ▸**historic A1**, **historic A2**

historically /hɪˈstɔːrɪkli || hɪˈstɒrɪkli/ *adv* históricamente; (*indep*) desde el punto de vista histórico; **~, their value is enormous** desde el punto de vista histórico, su valor es enorme; **~, the summer has been a bad time for launching new models** desde siempre, el verano ha sido una época mala para lanzar nuevos modelos

historical materialism *n* [u] materialismo *m* histórico

historiography /hɪˌstɔːriˈɑːgrəfi || hɪˌstɒriˈɒgrəfi/ *n* [u] historiografía *f*

history /ˈhɪstəri/ *n* (*pl* **-ries**)

A **1** [u] (march of events) historia *f*; **throughout ~** a lo largo de la historia; **the lessons of ~** las lecciones de la historia, lo que enseña la historia; **the ~ of China/education** la historia de la China/de la educación; **the worst earthquake in ~** el peor terremoto de la historia; **one of the biggest events in Wall Street/the country's ~** uno de los mayores acontecimientos en la historia de Wall Street/del país; **a place in ~** un lugar en la historia; **to go down in ~** pasar a la historia; **to make ~** hacer* historia; **this case made legal ~** este caso pasó a integrar los anales del derecho; **... and the rest is ~** y el resto ya es cosa sabida **2** [u] (subject) historia *f*; **economic/political/military ~** historia económica/política/militar; **~ of art** historia del arte **3** [c] (book, account) historia *f*; **Shakespeare's Histories** dramas *mpl* históricos de Shakespeare

B [c] (record, background) historial *m*; **personal/family ~** historial personal/familiar; **medical ~** historial *m* clínico *or* médico, historia *f* clínica (AmL); **there's a ~ of madness in that family** ha habido casos de demencia en esa familia; **he has a ~ of heart trouble** ha tenido problemas cardíacos en el pasado

histrionic /ˌhɪstriˈɑːnɪk || ˌhɪstriˈɒnɪk/ *adj* ‹*behavior/gesture*› histriónico

histrionically /ˌhɪstriˈɑːnɪkli || ˌhɪstriˈɒnɪkli/ *adv* histriónicamente

histrionics /ˌhɪstriˈɑːnɪks || ˌhɪstriˈɒnɪks/ *pl n* histrionismo *m*

hit¹ /hɪt/ (*pres p* **hitting** *past & past p* **hit**) *vt*

A **1** (deal blow to) ‹*door/table*› dar* un golpe en, golpear; ‹*person*› pegarle* a; **she ~ him with her handbag** le pegó *or* le dio un golpe con el bolso; **he ~ her across the face** le cruzó la cara; **he ~ the table with his fist** dio un puñetazo en la mesa; **she ~ a marvelous backhand** hizo *or* dio un maravilloso revés; **to ~ a man when he's down** pegarle* a algn en el suelo; **to ~ sb where it hurts most** darle* a algn donde más le duele; **to ~ the brakes/accelerator** (colloq) darle* al freno/al acelerador (fam); ***(let's) ~ it!*** (AmE) ¡dale!, ¡rápido!; **~ it, man! it's nine thirty already!** ¡apura, hombre, ya son las nueve y media!; ***to ~ sb for money/a loan*** pegarle* un sablazo a algn (fam), tirarle la manga *or* pechar a algn (RPl fam); ***to ~ the road*** *o* ***the trail*** ponerse* en marcha; **~ the road, Jack, and don't you ever come back** vamos, andando, y no te aparezcas más por aquí *or* (Esp fam) carretera y manta, colega, y no vuelvas nunca; ***to ~ the sack*** *o* ***the hay*** irse* al catre *or* al sobre *or* (Esp tb) a la piltra (fam) **2** (strike) golpear; **the hurricane ~ the town yesterday** el huracán se desató sobre la ciudad ayer; **passers-by were ~ by flying glass** los transeúntes fueron alcanzados por trozos de cristal; **the truck ~ a tree** el camión chocó con *or* contra un árbol; **the house was ~ by a bomb** una bomba cayó sobre la casa; **the bullet ~ him in the leg** la bala le dio *or* lo alcanzó en la pierna; **I've been ~!** ¡me han dado!; **we destroyed their camp before they knew what had ~ them** destruimos su campamento antes de que pudieran reaccionar; **that design ~s you in the eye as you walk in** ese diseño es lo primero que salta a la vista al entrar; **you feel nothing for a while; then tiredness ~s you** al principio no sientes nada, luego te entra el cansancio; **to ~ one's head/arm on** *o* **against sth** darse* un golpe en la cabeza/el brazo contra algo, darse* con la cabeza/el brazo contra algo; ***to ~ the ceiling*** *o* ***the roof*** poner* el grito en el cielo

B **1** (strike accurately) ‹*target*› dar* en; **her jibes had ~ their mark** sus burlas habían dado en el blanco; **you've ~ it exactly** has dado justo en el clavo; **he doesn't seem to be ~ting the high notes properly** parece que no llega bien a los agudos **2** (attack) ‹*opponent/enemy*› atacar*; **the critics ~ the new play hard** los críticos arremetieron contra la nueva obra; **thieves have ~ many stores in the area** (AmE) ha habido robos en muchas tiendas de la zona **3** (score) (Sport) anotarse, marcar*; **to ~ a home run** hacer* un cuadrangular *or* (AmL) un jonrón

C (affect adversely) afectar (a); **the strikes have ~ production badly** las huelgas han afectado gravemente a la producción; **the low-income groups are hardest ~** los grupos de bajos ingresos son los más afectados; **think how it would ~ your family** piensa qué golpe sería eso para tu familia

D **1** (meet with, run into) ‹*difficulty/problem*› toparse con **2** (reach) llegar* a, alcanzar*; **the price of oil ~ $40 a barrel** el precio del petróleo llegó a *or* alcanzó los 40 dólares por barril; **the dollar ~ a new high** la cotización del dólar alcanzó un nuevo récord; **we're bound to ~ the main road sooner or later** tarde o temprano tenemos que salir a la carretera principal; **to ~ town** (colloq) llegar* a la ciudad; **to ~ the headlines** salir* en primera plana; **his record first ~ the charts two weeks ago** su disco entró por primera vez en las listas hace dos semanas; **to ~ the big time** llegar* a la fama; **this model will ~ the market in 2005** este modelo se lanzará al mercado en 2005; **a new craze has ~ the streets** una nueva moda está haciendo furor en las calles

E (occur to): **suddenly it ~ me: why not ... ?** de repente se me ocurrió: ¿por qué no ... ?; **it suddenly ~ me where I'd seen him before** de repente caí en la cuenta *or* me di cuenta de dónde lo había visto antes

F (murder) (sl) liquidar (fam), cepillarse (Esp arg), limpiar (RPl arg)

■ **hit** *vi* **1** (deal blow) pegar*, golpear; **he ~s hard** pega duro *or* fuerte **2** (collide) chocar* **3** (strike target) hacer* impacto

(Phrasal verbs)

• **hit back**

A [v + adv] devolver* el golpe; **to ~ back AT sb/sth: she ~ back at her critics** arremetió contra sus detractores; **they'll ~ back if we start poaching their customers** van a tomar represalias si empezamos a robarles clientes

B [v + o + adv] devolverle* el golpe a

• **hit off**

A [v + o + adv]: ***to ~ it off with sb*** congeniar con algn; **Pete and Sue ~ it off immediately** Pete y Sue enseguida congeniaron, Pete y Sue se cayeron bien desde el principio; **I didn't exactly ~ it off with his family** a su familia no le caí muy bien, que digamos

B [v + o + adv, v + adv + o] (mimic) imitar

• **hit on** [v + prep + o] **1** (think of) ‹*solution*› dar* con; **he ~ on the idea of ...** se le ocurrió la idea de ... **2** (make sexual advances to) (AmE sl) tratar de ligarse a (fam), tirarse un lance con (RPl fam), afanar (Per fam) **3** (ask for) (AmE sl) **to ~ on sb FOR sth** pedirle* *or* (fam) sablearle *or* (RPl arg) manguearle algo a algn

• **hit out** [v + adv] **1** (strike) **to ~ out (AT sth/sb)** pegarle* (A algo/algn) **2** (attack verbally) **to ~ out AT *o* AGAINST sth/sb** atacar* algo/a algn, arremeter CONTRA algo/algn

• **hit up** [v + o + adv, v + adv + o] (AmE) (colloq) ▸**hit on 3**

• **hit upon** ▸**hit on 1**

hit² *n*

A **1** (blow, stroke) (Sport) golpe *m* **2** (in shooting) blanco *m*; (in archery) blanco *m*, diana *f*; (of artillery) impacto *m*

B (success) (colloq) éxito *m*; **the Beatles' Greatest H~s** los Grandes Éxitos de los Beatles; **the show/song was a big ~** el espectáculo/la canción fue un gran éxito *or* (fam) un exitazo; **to score a ~** marcar* un gol (fam); **he's a big ~ with the teenyboppers** es muy popular entre los quinceañeros; **you made a big ~ with my mother** le caíste muy bien a mi madre, mi madre quedó impactada contigo; (*before n*) ‹*song/record/show*› de gran éxito

C (murder) (sl) trabajo *m* (fam)

D (drugs) (AmE sl) pico *m* (arg)

E (Comput) visita *f*

hit-and-miss /ˌhɪtənˈmɪs/ *adj* (*pred* **hit and miss**) ▸**hit-or-miss**

hit-and-run /ˌhɪtənˈrʌn/ *adj* (*before n*) **1** ‹*driver*› *que se da a la fuga tras atropellar a algn*; ‹*accident*› *en que el conductor se da a la fuga*

2 ‹*raid/tactics*› relámpago *adj inv*

hitch[1] /hɪtʃ/ *n*
A (difficulty) complicación *f*, problema *m*, pega *f* (Esp fam); **there's been a slight ~ with the program** ha surgido una pequeña complicación *or* un pequeño problema con el programa; **a technical ~** un problema técnico; **it went off without a ~** todo salió a pedir de boca (fam), todo marchó sobre ruedas
B 1 (jerk) tirón *m*, jalón *m* (AmL exc CS); **he gave his trousers a ~ (up)** se subió los pantalones de un tirón; **to have a ~ in one's swing** (AmE) (Sport) tener* el swing cortado 2 (limp) (AmE) cojera *f*, renquera *f*, renguera *f* (AmL); **to walk with a ~** cojear, renquear, renguear (AmL)
C (knot) nudo *m*
D (ride) (colloq): **we got a ~ to Dover** nos llevaron hasta Dover, nos dieron (un) aventón hasta Dover (Col, Méx fam)
E (period of service) (AmE colloq): **he did a three-year ~ in the navy** pasó tres años enganchado en la marina (fam)
F (fastening device) enganche *m*

hitch[2] *vt*
A (attach) **to ~ sth TO sth** enganchar algo A algo; ***to get ~ed*** (colloq) casarse, matrimoniarse (fam & hum)
B (move): **he ~ed his chair nearer to the fire** acercó *or* arrimó su silla al fuego
C (thumb) (colloq): **to ~ a ride** *o* (BrE also) **a lift** hacer* dedo (fam), hacer* autostop, ir* de aventón (Méx fam), pedir* cola (Ven fam); **he ~ed a ride on a truck** lo recogió *or* le paró un camión; **I ~ed my way to Paris** fui a París a dedo *or* (Méx) de aventón *or* (Ven) en cola (fam)
■ **hitch** *vi* ▸**hitchhike**

Phrasal verb
• **hitch up**
A [v + o + adv, v + adv + o] 1 (pull up) ‹*trousers/petticoat/shirt*› remangarse*, subirse, levantarse 2 (attach) ‹*horses/cart*› enganchar
B [v + adv] (move up) (BrE colloq) correrse; **~ up a bit and make room for me** córrete un poquito para hacerme un lugar

hitchhike /ˈhɪtʃhaɪk/ *vi* hacer* autostop, hacer* dedo (fam), ir* de aventón (Méx fam), pedir* cola (Ven fam); **we ~d to Rome** fuimos a dedo *or* (Méx) de aventón *or* (Ven) en cola hasta Roma (fam)

hitchhiker /ˈhɪtʃˌhaɪkər || ˈhɪtʃˌhaɪkə(r)/ *n* autoestopista *mf*

hitchhiking /ˈhɪtʃhaɪkɪŋ/ *n* [u] autostop *m*; **I've never done ~** nunca he hecho autostop *or* (fam) dedo; nunca he ido de aventón (Col, Méx fam)

hi-tech /ˈhaɪˈtek/ *adj* ▸**high-tech**

hither /ˈhɪðər || ˈhɪðə(r)/ *adv* 1 (arch) aquí; **what brings you ~?** ¿qué te trae por aquí? 2 (*in phrases*): **hither and thither** de acá para allá; **hither and yon** aquí y allá; **they came from ~ and yon** llegaron de todas partes

hitherto /ˈhɪðərtuː, ˌhɪðərˈtuː || ˌhɪðəˈtuː, ˈhɪðətuː/ *adv* (frml) hasta ahora, hasta la fecha

hit list *n* (colloq) 1 (murder list) lista *f* de sentenciados 2 (blacklist) lista *f* negra

hit man *n* (*pl* **hit men**) (colloq) 1 (assassin) asesino *m* a sueldo, sicario *m* 2 (ruthless man) hombre *m* duro

hit-or-miss /ˌhɪtərˈmɪs || ˌhɪtɔːˈmɪs/ *adj* (*pred* **hit or miss**) ‹*method/approach*› poco científico, que deja mucho librado al azar; **choosing a school is a ~ affair** la elección del colegio es una lotería; **it's all a bit ~** todo es un poco a la buena de Dios *or* (RPl tb) a la sanfasón (fam)

hit parade *n* (Mus) (dated) hit parade *m*, lista *f* de éxitos

hit squad *n* escuadrón *m* de asesinos, comando *m* de asesinos

hitter /ˈhɪtər || ˈhɪtə(r)/ *n* (in baseball) bateador, -dora *m,f*, toletero, -ra *m,f* (AmL); (in US football) liniero, -ra *m,f*; **he's just a ~, he's got no finesse** (in boxing) pega duro *or* (AmL tb) es poncheador, pero no tiene estilo

Hittite /ˈhɪtaɪt/ *n* hitita *mf*

HIV *n* (= **Human Immunodeficiency Virus**) VIH *m*, virus *m* del sida; **he's ~ (positive)** es seropositivo, es portador del virus VIH *or* del virus del sida; **~-infected** infectado de VIH; **~-negative** VIH *m* negativo; (*before n*): **~ virus** virus *m* VIH

hive /haɪv/ *n*
A (Zool) 1 (home of bees) colmena *f* 2 (bee colony) enjambre *m*
B (busy place): **the workshop was a ~ of activity** el taller bullía de actividad

Phrasal verb
• **hive off**
A [v + o + adv, v + adv + o] (make separate) escindir; (sell off) vender, enajenar
B [v + adv] (split away) (BrE) separarse

hives /haɪvz/ *n* (Med) urticaria *f*

hiya /ˈhaɪjə/ *interj* (colloq) ▸**hi**

Hizbollah /ˌhɪzbəˈlɑː/ *n* Hezbolá

HM 1 (title) (= **Her/His Majesty**) S.M.; **~ Queen Elizabeth** S.M. la reina Isabel 2 (in UK) (= **Her/His Majesty's**) **~ Government** el Gobierno de Su Majestad Británica

HMG *n* (in UK) = **Her or His Majesty's Government**

HMI *n* (in UK) (Educ) = **Her/His Majesty's Inspector**

HMIE *n* (Educ, in Scot) = **Her Majesty's Inspectorate of Education**

hmm, hm /mm/ *interj* ¡um!

HMO *n* (in US) = **health maintenance organization**

HMRC ➡▭ *n* (in UK) = **Her Majesty's Revenue and Customs**: **the ~** ≈ Hacienda, ≈ la Dirección General Impositiva (*en RPl*), ≈ Impuestos Internos (*en Chi*)

HMS (in UK) = **Her/His Majesty's Ship**

HNC *n* (in UK) = **Higher National Certificate**

HND *n* (in UK) = **Higher National Diploma**

ho[1] /həʊ/ *interj* 1 (deep-voiced laughter): **~, ~!** ¡jo, jo! 2 (indicating pleasant surprise) ¡ajajá!

ho[2] *n* (*pl* **hos** *or* **hoes**) (colloq) *mujer joven, bonita y tonta*

hoagie /ˈhəʊgi/ *n* (*pl* **-gies**) (AmE); *sándwich hecho de un trozo alargado de pan blando relleno de carne, queso y ensalada*

hoard[1] /hɔːrd || hɔːd/ *n*: **a ~ of treasure** un tesoro escondido; **I keep a secret ~ of chocolate** tengo una reserva secreta de chocolate; **a miser's/pirate's ~** el tesoro escondido de un avaro/pirata; **the squirrel lays in a ~ of nuts** la ardilla almacena provisiones de frutos del bosque

hoard[2] *vt* acumular, juntar; (anticipating a shortage) acaparar; **my father ~ed old magazines** mi padre juntaba y guardaba revistas viejas; **he ~ed his savings in an old trunk** escondía sus ahorros en un viejo baúl
■ **hoard** *vi* acaparar; **people have started ~ing** la gente ha empezado a acaparar (provisiones)

hoarder /ˈhɔːrdər || ˈhɔːdə(r)/ *n* acaparador, -dora *m,f*

hoarding /ˈhɔːrdɪŋ || ˈhɔːdɪŋ/ *n*
A [u] (anticipating a shortage) acaparamiento *m*; **~ is characteristic of many species of rodents** el acumular provisiones es característico de muchas especies de roedores
B [c] (BrE) 1 (screen) valla *f*, barda *f* (Méx) 2 (billboard) valla *f* publicitaria, barda *f* de anuncios (Méx)

hoarfrost /ˈhɔːrfrɔːst || ˈhɔːfrɒst/ *n* [u] escarcha *f*

hoarse /hɔːrs || hɔːs/ *adj* **hoarser, hoarsest** ‹*voice/cry*› ronco; **you sound a bit ~** estás algo ronco, tienes la voz tomada; **they shouted themselves ~** gritaron hasta enronquecer

hoarsely /ˈhɔːrsli || ˈhɔːsli/ *adv* ‹*speak/whisper*› con voz ronca; (from emotion) con voz quebrada

hoarseness /ˈhɔːrsnəs || ˈhɔːsnɪs/ *n* [u] ronquedad *f*; (Med) ronquera *f*

hoary /ˈhɔːri/ *adj* **-rier, -riest** 1 (very old) ‹*joke/myth*› (hum) antediluviano (hum); ‹*ruin*› (liter) vetusto (liter) 2 (white-haired) (liter) ‹*head*› cano (liter), canoso

hoax[1] /həʊks/ *n* (deception) engaño *m*; (joke) broma *f*; **there was no bomb, the call was a ~** no había tal bomba, fue todo un engaño; **it's not a ~, there really is a fire!** ¡no es ninguna broma, de verdad hay un incendio!; **the story turned out to be a ~** la historia resultó ser una patraña

hoax[2] *vt* engañar; **we've been ~ed** nos han engañado; **we ~ed them into believing that it was a Picasso** los embaucamos haciéndoles creer que era un Picasso

hoax call *n* llamada *f* falsa (*a un número de emergencia*)

hoaxer /ˈhəʊksər || ˈhəʊksə(r)/ *n* embaucador, -dora *m,f*; (practical joker) bromista *mf*

hob /hɑːb || hɒb/ *n* 1 (beside open fire) placa *f* 2 (of cooker) (BrE) hornillas *fpl* (AmL exc RPl), hornillos *mpl* (Esp), hornallas *fpl* (RPl), platos *mpl* (Chi)

hobble[1] /ˈhɑːbəl || ˈhɒbəl/ *vi* cojear, renquear, renguear (AmL)
■ **hobble** *vt* 1 ‹*horse*› manear 2 (hinder) perjudicar*; **their army was ~d by the lack of supplies** la falta de suministros perjudicó a *or* supuso un hándicap para su ejército

hobble[2] *n*
A (for horse) maniota *f*
B (limp) cojera *f*, renquera *f*, renguera *f* (AmL)

hobbledehoy /ˈhɑːbəldɪhɔɪ || ˈhɒbəldɪhɔɪ/ *n* (arch) patán *m*

hobby /ˈhɑːbi || ˈhɒbi/ *n* (*pl* **-bies**) hobby *m*, pasatiempo *m*, afición *f*; **she took up woodwork as a ~** empezó a hacer carpintería como hobby

hobbyhorse /ˈhɑːbihɔːrs || ˈhɒbihɔːs/ *n*
A (toy) caballito *m* (*palo con cabeza de caballo*)
B (favorite topic, obsession) caballo *m* de batalla, monotema *m*; **she's (off) on her ~ again** ya empieza otra vez con la misma cantinela (fam)

hobbyist /ˈhɑːbiəst || ˈhɒbiɪst/ *n*: *persona que tiene un hobby*; **a photographic ~** un aficionado a la fotografía

hobgoblin /ˈhɑːbˌgɑːblən || ˈhɒbˌgɒblɪn/ *n* duende *m*

hobnail /ˈhɑːbneɪl || ˈhɒbneɪl/ *n* tachuela *f*

hobnailed /ˈhɑːbneɪld || ˈhɒbneɪld/ *adj* ‹*boots*› con tachuelas

hobnob /ˈhɑːbnɑːb || ˈhɒbnɒb/ *vi* **-bb- to ~ WITH sb** codearse CON algn

hobo /ˈhəʊbəʊ/ *n* (*pl* **-boes** *or* **-bos**) (AmE colloq) vagabundo, -da *m,f*, linyera *mf* (CS fam)

Hobson's choice /ˈhɑːbsənz || ˈhɒbsənz/ *n*: **it's ~ ~** no hay posibilidad de elegir

hock[1] /hɑːk || hɒk/ *n*
A 1 [c] (Vet Sci) corvejón *m*, jarrete *m* 2 [c u] (Culin) codillo *m* (*de jamón*)
B [u] (colloq) 1 (pawn): **my watch is in ~** tengo el reloj empeñado; **to get sth out of ~** desempeñar algo; (*before n*): **~ shop** casa *f* de empeños 2 (debt): **I'm in ~ to the bank for $5,000** le debo $5.000 al banco; **we'll soon be out of ~** pronto nos habremos quitado las deudas de encima 3 (prison) (sl) cárcel *f*, talego *m* (Esp arg), bote *m* (Méx fam), cana *f* (AmS arg)
C [u c] (wine) (BrE) hock *m* (*vino blanco del Rhin*)

hock[2] *vt* (pawn) (colloq) empeñar

hockey /ˈhɑːki || ˈhɒki/ *n* (*ice* ~) 1 (AmE) hockey *m* sobre hielo; (*before n*) ‹*game/player*› de hockey sobre hielo; **~ puck** disco *m*, puck *m*; **~ rink** pista *f* or rink *m* de hockey sobre hielo 2 (played on grass) (BrE) hockey *m* (sobre hierba); (*before n*): **~ stick** palo *m* or stick *m* de hockey

---

➡▭ *ver* Vivir en un país de habla inglesa

hocus-pocus /ˌhəʊkəsˈpəʊkəs/ *n* [u] [1] (deception) (colloq) trampa *f*; (verbal) galimatías *m* [2] (*as interj*) abracadabra

hod /hɑːd || hɒd/ *n* [1] (for bricks) capacho *m* (*para acarrear ladrillos*); (*before n*): **~ carrier** peón *m* de albañil [2] (for coal) (esp BrE) cubo *m* del carbón

hodgepodge /ˈhɑːdʒpɑːdʒ || ˈhɒdʒpɒdʒ/ *n* (AmE) batiburrillo *m* (fam), mezcolanza *f* (fam)

hoe¹ /həʊ/ *n* azada *f*, azadón *m*

hoe² *vt* azadonar, pasar la azada por
■ **hoe** *vi* pasar la azada, azadonar

hoedown /ˈhəʊdaʊn/ *n* (AmE) [1] (social gathering) *reunión social donde se baila danzas folklóricas* [2] (square dance) cuadrilla *f*

hog¹ /hɔːg || hɒg/ *n*
A (Agr, Zool) [1] (pig) (AmE) cerdo, -da *m,f*, puerco, -ca *m,f*, chancho, -cha *m,f* (Andes, RPl); (*before n*): **~ farmer** criador, -dora *m,f* de cerdos *or* porcinos [2] (castrated pig) (BrE) cerdo *m* castrado
B (person) (colloq) tragón, -gona *m,f* (fam), angurriento, -ta *m,f* (CS fam); ***to go the whole ~***: **why don't you go the whole ~ and buy the hat as well?** ya que estás ¿por qué no te compras también el sombrero?; **let's go the whole ~ and have champagne** mira, de perdidos, al río: pidamos champán; ***to live high on*** *o* ***off the ~*** (AmE colloq) vivir a todo tren (fam)

hog² *vt* **-gg-** (colloq) ‹*limelight*› acaparar; ‹*discussion*› monopolizar*; **don't ~ all the cherries** no acapares las cerezas, no te comas todas las cerezas; **he ~s the bathroom every morning** acapara el cuarto de baño todas las mañanas

hog cholera *n* [u] (AmE) fiebre *f* porcina

Hogmanay /ˈhɑːgmənei || ˈhɒgmənei/ *n* (Scot) Nochevieja *f*, noche *f* de fin de año

hogshead /ˈhɔːgzhed || ˈhɒgzhed/ *n* cuba *f*, tonel *m*

hogtie /ˈhɔːgtaɪ || ˈhɒgtaɪ/ *vt* **-ties, -tying, -tied** (AmE) [1] (bind) atar de pies y manos [2] (render helpless) atar de pies y manos

hogwash /ˈhɔːgwɔːʃ || ˈhɒgwɒʃ/ *n* [u] (colloq) tonterías *fpl*, chorradas *fpl* (Esp fam), pendejadas *fpl* (AmL exc CS fam), pavadas *fpl* (RPl fam), leseras *fpl* (Chi fam)

hog-wild /ˈhɔːgwaɪld || ˈhɒgwaɪld/ *adj* (AmE colloq): **to go ~** (with great enthusiasm) volverse* loco (fam); (spend freely) echar *or* tirar *or* (Ven), botar la casa por la ventana (fam)

hoick, hoik /hɔɪk/ *vt* (BrE colloq) levantar (*de un tirón*)

hoi polloi /ˌhɔɪpəˈlɔɪ/ *n* (hum): **the ~ ~** el vulgo, la plebe

hoist¹ /hɔɪst/ *vt*
A (lift) levantar, alzar*; ‹*sail*› izar*; ‹*flag*› izar*, enarbolar; **he ~ed the sack onto his shoulder** se echó el saco al hombro
B (drink) (AmE colloq): **he had ~ed a few** había estado empinando el codo (fam)

hoist² *n* [1] (elevator) montacargas *m*; (crane, derrick) grúa *f*; (winch) torno *m*, cabrestante *m*, cabria *f* [2] (action): **to give sb a ~** aupar* a algn; **they gave me a ~ onto the wall** me auparon *or* me subieron al muro

hoity-toity /ˌhɔɪtiˈtɔɪti/ *adj* estirado, engreído

hoke /həʊk/ *vt* (AmE colloq): **to ~ it up** actuar* con afectación *or* amaneramiento

hokey /ˈhəʊki/ *adj* (AmE sl) malo

hokum /ˈhəʊkəm/ *n* (colloq) [1] (nonsense) paparruchas *fpl* (fam), pijotadas *fpl* (Esp fam) [2] (corny material) (AmE) *recursos efectistas de tipo melodramático o cómico*

hold¹ /həʊld/ (*past & past p* **held**) *vt*
A [1] (clasp): **~ it with both hands** sujétalo *or* (esp AmL) agárralo con las dos manos; **she was ~ing a newspaper** tenía un periódico en la mano; **~ my hand to cross the road** dame la mano para cruzar la calle; **he was ~ing her hand** la tenía agarrada *or* (esp Esp) cogida de la mano; **they walked ~ing hands** caminaban tomados *or* agarrados *or* (esp Esp) cogidos de la mano; **he held her in his arms** la abrazó; **~ me tight** abrázame fuerte; ▸**own³** [2] (grip) (Auto) agarrar, adherirse* a; **vehicles which ~ the road well** vehículos de buen agarre *or* que se agarran bien a la carretera
B [1] (support, bear) sostener*, aguantar; **that rope is too thin to ~ me** esa cuerda es demasiado delgada para sostenerme *or* aguantarme; **to ~ oneself erect** mantenerse* erguido [2] (have room for): **the jug will ~ two liters** la jarra tiene una capacidad de dos litros; **the stadium ~s 20,000 people** el estadio tiene capacidad *or* cabida para 20.000 personas; **will it ~ another one?** ¿cabe otro más? [3] (contain) contener*; **this report ~s the answers to your all questions** este informe contiene las respuestas a todas sus preguntas; ***to ~ one's liquor*** *o* (BrE) ***drink*** ser* de buen beber, aguantar bien la bebida *or* (fam) el trago [4] (have in store) deparar; **who knows what the future ~s** quién sabe qué nos deparará el futuro; **the prospect ~s no fear for me** la perspectiva no me asusta
C [1] (keep in position) sujetar, sostener*; **~ the ladder for me** sujétame *or* sosténme la escalera; **I held the stake while she hammered it in** yo sujeté la estaca mientras ella la clavaba; **raise your legs off the floor and ~ them there** levanta las piernas del suelo y mantenlas levantadas [2] (maintain, keep constant) mantener*; **can gold ~ its present value for much longer?** ¿el oro podrá mantener su valor actual mucho más tiempo?; **she held the lead throughout the race** se mantuvo a la cabeza durante toda la carrera; **if Labour ~s these seats** si los laboristas retienen estos escaños *or* (RPl) estas bancas; **~ the line, please** (Telec) no cuelgue *or* (CS tb) no corte, por favor; **the note is held over four bars** (Mus) la nota se sostiene durante cuatro compases [3] (engage) ‹*attention/interest*› mantener*; **her performance held the audience spellbound** su actuación mantuvo al público embelesado
D [1] (keep) ‹*tickets/room*› reservar, guardar; **I will ~ the money until ...** yo me quedaré con el dinero hasta ...; **~ the letter until I tell you** no despache la carta hasta que yo le diga; **she asked her secretary to ~ all her calls** le dijo a su secretaria que no le pasara ninguna llamada [2] (detain, imprison): **she is being held at the police station for questioning** está detenida en la comisaría para ser interrogada; **the wing where terrorists are held** el ala donde tienen recluidos a los terroristas; **he was held prisoner in his own home** lo tuvieron preso en su propia casa [3] (restrain) detener*; **once she decides to do something, there's no ~ing her** una vez que decide hacer algo, no hay nada que la detenga; **they were held to a draw** sólo consiguieron un empate [4] (control): **the rebels already held several towns** los rebeldes ya ocupaban *or* habían tomado varias ciudades; **the conservatives have always held the country areas** los conservadores siempre han ganado en las zonas rurales
E [1] (have) ‹*passport/ticket/permit*› tener*, estar* en posesión de (frml); ‹*degree/shares/property*› tener*; ‹*record*› ostentar, tener*; ‹*post/position*› tener*, ocupar; **my lawyer ~s the deeds** mi abogado tiene la escritura, la escritura está en poder de mi abogado; **he ~s the view that ...** sostiene que *or* mantiene que ..., es de la opinión de que ... [2] (consider) considerar; (maintain) sostener*, mantener*; **this is held to be the case** se considera que es así; **Kant held that ...** Kant sostenía *or* mantenía que ...; **principles which he ~s dear** principios que le son caros; **to ~ sb in high esteem** tener* a algn en mucha *or* gran estima; **to ~ sb responsible for sth** responsabilizar* a algn de algo [3] (conduct) ‹*meeting/elections*› celebrar, llevar a cabo, hacer*; ‹*demonstration*› hacer*; ‹*party*› dar*; **it's impossible to ~ a serious conversation with him** es imposible mantener una conversación seria con él; **interviews will be held in London** las entrevistas tendrán lugar en Londres
F [1] (stop): **~ it!** ¡espera!; **~ it right there or I'll shoot!** ¡quieto o disparo!; **~ your fire!** ¡alto al fuego! [2] (omit) (AmE): **I'll have a hamburger, but ~ the mustard** para mí una hamburguesa, pero sin mostaza

■ **hold** *vi*
A (clasp, grip): **~ tight!** ¡agárrate fuerte!; **~ tight for some amazing revelations!** ¡prepárese para oír asombrosas revelaciones!
B [1] (stay firm) ‹‹*rope/door*›› aguantar, resistir [2] (continue) ‹‹*weather*›› seguir* *or* continuar* bueno, mantenerse*; **share prices have held in spite of the trade deficit** los precios de las acciones se han mantenido a pesar del déficit comercial; **if our luck ~s** si nos sigue acompañando la suerte, si seguimos con suerte
C (be true) ‹‹*idea/analogy*›› ser* válido; **the same ~s for most of his books** lo mismo puede decirse de *or* es válido para la mayoría de sus libros; **my promise still ~s good** mi promesa sigue en pie; **many old sayings still ~ true today** muchos viejos refranes siguen teniendo vigencia *or* siguen siendo válidos hoy día
D (stop): **~ hard!** (BrE liter) ¡un momento!

Phrasal verbs

• **hold against** [v + o + prep + o] tomar *or* tener* en cuenta; (bear grudge) guardar rencor; **but I won't ~ that against him** no se lo voy a tomar *or* tener en cuenta; **he held it against me for years** me guardó rencor por ello durante muchos años

• **hold back**
A [v + o + adv, v + adv + o] [1] (restrain) ‹*crowds/water/tears*› contener*; ‹*laughter*› contener*, aguantar [2] (withhold, delay) ‹*information*› no revelar; ‹*payment*› retrasar; **I have a feeling he's ~ing something back from me** tengo la impresión de que me está ocultando algo; **he held back his most controversial statements until the end of his speech** se guardó las declaraciones más polémicas hasta el final del discurso [3] (impede progress of) frenar el avance de
B [v + adv] [1] (restrain oneself) contenerse*, frenarse; **to ~ back FROM sth/-ING**: **she held back from criticizing them too strongly** se contuvo y no los criticó demasiado [2] (delay, withhold) **to ~ back ON sth** ‹*on payment/publication*› retrasar *or* (esp AmL) postergar* algo; **they may ~ back on signing the contract** puede ser que retrasen *or* (esp AmL) posterguen la firma del contrato

• **hold down** [v + o + adv, v + adv + o] [1] (force, press down) ‹*lid/papers*› sujetar [2] ‹*job*› **he's incapable of ~ing down any kind of job** es incapaz de tener un trabajo y cumplir con él [3] (limit) ‹*price/increase*› moderar, contener*; **~ that noise down!** (AmE) ¡baja ese ruido!

• **hold forth** [v + adv]: **she can ~ forth at great length on** *o* **about any subject you choose** es capaz de pontificar *or* de soltarte una larga perorata sobre cualquier tema que se te ocurra

• **hold in** [v + o + adv, v + adv + o] [1] ‹*stomach*› meter [2] (restrain) ‹*feelings*› contener*; ‹*laughter*› contener*, aguantar; **I couldn't ~ myself in any longer** no pude contenerme *or* aguantarme más [3] ‹*horse*› frenar

• **hold off**
A [v + o + adv, v + adv + o] [1] (resist) ‹*attack/enemy*› resistir, rechazar* [2] (defeat) ‹*challenger/rival*› derrotar [3] (delay) ‹*decision*› aplazar*, postergar* (esp AmL)
B [v + adv] [1] (be delayed): **if the rain ~s off** si no empieza a llover, si la lluvia se aguanta (fam) [2] (keep one's distance, show restraint): **I've made my point, so I plan to ~ off for a while** yo ya he dicho lo que pensaba, así que ahora me voy a callar la boca; **so far I've managed to ~ off from saying anything to her** por ahora he logrado aguantarme y no decirle nada

• **hold on**
A [v + adv] [1] (wait) esperar; **where's the toilet? I can't ~ on any longer!** ¿dónde está el baño? ¡estoy que ya no aguanto más!; **~ on, I'll try to put you through** un momentito, voy a tratar de comunicarlo [2] (maintain advantage): **the British runner held on to finish second** el corredor británico mantuvo su ventaja y terminó en segundo lugar [3] (clasp, grip): **~ on tight** agárrate fuerte; **to ~ on TO sth/sb** agarrarse A *or* DE algo/algn; **to ~ on to a hope** aferrarse a una esperanza; **he held on to this**

belief siguió creyendo en esto, se mantuvo firme en esta creencia; **can you ~ on to this for me for a minute?** ¿me tienes esto un minuto? 4 (keep) **to ~ on TO sth** ‹*receipt*› conservar *or* guardar algo; ‹*job/sanity*› conservar *or* no perder* algo

B [v + o + adv, v + adv + o] (fasten) sujetar

• **hold out**

A [v + o + adv, v + adv + o] (extend, proffer) ‹*hands/arms*› tender*, alargar*; **the child picked a flower and held it out to me** el niño arrancó una flor y me la ofreció

B [v + adv + o] 1 (offer) ‹*prospect/possibility*› ofrecer*; ‹*hope*› dar* 2 (represent) (*usu pass*) presentar 3 (have, retain) ‹*hope*› tener*; **I don't ~ out much hope of getting the contract** no me hago muchas ilusiones *or* no tengo mucha esperanza de que me adjudiquen el contrato

C [v + adv] 1 (survive, last) «*person*» aguantar; «*food/shoes*» durar 2 (resist, make a stand) «*army/town*» resistir; **the strikers are ~ing out for 5%** los huelguistas se mantienen firmes en su reivindicación de un 5% de aumento; **many staff are ~ing out against these changes** muchos empleados se oponen a estos cambios 3 (withhold information) (esp AmE colloq): **quit ~ing out and tell us what she said** déjate de ocultarnos las cosas y dinos qué dijo; **after two days of questioning he's still ~ing out on them** ya van dos días de interrogatorios y todavía no ha cantado (fam)

• **hold over** [v + o + adv, v + adv + o] 1 (postpone) ‹*meeting/decision/matter*› aplazar*, postergar* (esp AmL) 2 (extend) (AmE) (Cin, Theat): **held over by popular demand** continúa a petición *or* (AmL tb) a pedido del público

• **hold to**

A [v + o + prep + o] (make abide by): **come and stay with us one weekend — I'll ~ you to that!** ven a pasar un fin de semana con nosotros — ¡te tomo la palabra!; **I'm going to ~ her to her promise** la voy a obligar a cumplir su promesa, voy a exigir que cumpla su promesa; **we must ~ them to their original budget** tenemos que exigir que se atengan a su presupuesto original

B [v + prep + o] (abide by): **she held to her beliefs/principles** se mantuvo firme en sus creencias/principios

• **hold together**

A [v + adv] «*arguments*» tener* lógica *or* solidez; «*people*» mantenerse* unidos; **his suit scarcely ~s together any more** el traje se le está prácticamente cayendo a pedazos

B [v + o + adv] (keep united) ‹*family/group*› mantener* unido

• **hold up**

A [v + o + adv, v + adv + o] 1 (raise) ‹*hand/trophy/banner*› levantar; ‹*head*› mantener* erguido; **she held the cloth up to the light** puso la tela a contraluz 2 (support) ‹*roof/walls*› sostener* 3 (delay) ‹*person/arrival*› retrasar; ‹*progress*› entorpecer*; **he was held up at the office** algo lo detuvo *or* retuvo en la oficina 4 (rob) atracar*, asaltar 5 (expose, present): **to ~ sth/sb up to ridicule** poner* algo/a algn en ridículo, ridiculizar* algo/a algn; **to ~ sth/sb up as an example/a model** poner* algo/a algn como ejemplo/modelo

B [v + adv] 1 (remain high, strong): **the dollar held up well against other currencies** el dólar se mantuvo firme frente a otras monedas; **I hope I can ~ up under the pressure** espero ser capaz de resistir *or* soportar la presión 2 «*allegation/theory/argument*» resultar válido

• **hold with** [v + prep + o], (*usu neg*) estar* de acuerdo con

hold² *n*

A [u] 1 (grip, grasp): **to catch** *o* **grab** *o* **take ~ (of sth)** agarrar (algo), coger* (algo) (esp Esp); (so as not to fall etc) agarrarse *or* asirse* (de *or* a algo); **catch** *o* **grab ~ of that end** agarra *or* (esp Esp) coge esa punta; **he grabbed ~ of the rope** se agarró *or* asió de *or* a la cuerda; **to keep ~ of sth** no soltar* algo; **you keep ~ of him** que no se te escape; **he caught** *o* **seized ~ of her arm** la agarró *or* (esp Esp) la cogió del brazo; **to get ~ of sb** localizar* *or* (AmL tb) ubicar* a algn; **where can we get ~ of him?** ¿dónde podemos localizarlo *or* (AmL tb) ubicarlo?; **she's difficult to get ~ of during the day** es difícil dar con ella *or* localizarla *or* (AmL tb) ubicarla durante el día; **to get ~ of sth** (manage to get) conseguir* algo; **he got ~ of the book/some tickets** consiguió el libro/algunas entradas; **where did you get ~ of the idea that ... ?** ¿de dónde has sacado la idea de que ... ?; **he had a firm ~ on the rope** tenía la cuerda bien agarrada *or* sujeta; **I can't get a ~ on the screw** no consigo agarrar el tornillo; **after three matches the fire took ~** al tercer fósforo el fuego prendió; **the flames had already taken ~** el incendio se estaba extendiendo 2 (control): **to keep a firm ~ on sth** mantener* algo bajo riguroso control; **to get a ~ of** *o* **on oneself** controlarse; **she doesn't have the same ~ on an audience that she used to** ya no mantiene el interés del público como antes; **the ~ they have over the members of the sect** el dominio que ejercen sobre los miembros de la secta; **she has a ~ over him** (emotionally) él está embobado con ella (fam) 3 (TV): **horizontal/vertical ~** control *m* de imagen horizontal/vertical

B [c] 1 (in wrestling, judo) llave *f*; ***no ~s barred*** (lit: in wrestling) lucha *f* libre; **it has to be a frank discussion, with no ~s barred** tiene que ser una discusión franca, sin ningún tipo de restricciones 2 (in mountaineering) asidero *m*

C [c] (delay, pause) demora *f*; **to be on ~** «*negotiations*» estar* en compás de espera; «*project*» estar* aparcado *or* en suspenso; **we'll put that on ~** eso lo vamos a dejar en suspenso de momento; **I've got Mr Brown on ~** el Sr Brown está esperando para hablar con usted; **I'll put you on ~ till her line's free** no cuelgue, en cuanto la línea esté libre le paso la llamada

D [c] (of ship, aircraft) bodega *f*

holdall /ˈhəʊldɔːl/ *n* (BrE) (for travel) bolso *m or* (esp Esp) bolsa *f* de viaje, bolsón *m* (RPl); (for sports gear) bolsa *f* (de deportes)

holder /ˈhəʊldər || ˈhəʊldə(r)/ *n*

A 1 (of permit, passport, job) titular *mf*; (of ticket) poseedor, -dora *m,f*; (of bonds etc) titular *mf*, tenedor, -dora *m,f* 2 (of title, cup) poseedor, -dora *m,f*; **he's the current world record ~** es el plusmarquista mundial, posee *or* ostenta el actual récord mundial

B (for holding season ticket, bus pass etc) funda *f*; **a cigarette ~** una boquilla; **a plant pot ~** un macetero

holding¹ /ˈhəʊldɪŋ/ *n*

A [c] (Fin) 1 (of stocks): **a majority/minority ~** una participación mayoritaria/minoritaria; **she has substantial ~s in banking stocks** tiene en cartera una buena cantidad de valores bancarios 2 ▸**holding company** 3 **holdings** *pl* (land) tierras *fpl*, propiedades *fpl*

B [u] (Sport) (in boxing) bloqueo *m*; (in US football) holding *m*, bloqueo *m*

holding² *adj* (*before n*)

A ‹*operation/tactic*› dilatorio

B ‹*tank*› de almacenamiento temporal

holding company *n* holding *m*, sociedad *f* de cartera

holdout /ˈhəʊldaʊt/ *n* (AmE): **three of them are still ~s** tres de ellos se siguen negando, tres de ellos mantienen su negativa

holdover /ˈhəʊldˌəʊvər || ˈhəʊldˌəʊvə(r)/ *n* (AmE) 1 (relic) vestigio *m*, reliquia *f* 2 (Cin, Theat): **The Maltese Falcon is a ~ from last week** "El halcón maltés" continúa en cartel desde la semana pasada

holdup /ˈhəʊldʌp/ *n* 1 (delay) demora *f*, retraso *m*; (in traffic) atasco *m*, embotellamiento *m* 2 (armed robbery) atraco *m*; **a bank ~** un asalto *or* atraco a un banco

hole¹ /həʊl/ *n*

A 1 (in belt, material, clothing) agujero *m*; (in ground) hoyo *m*, agujero *m*; (in road) bache *m*; (in wall) boquete *m*; (in defenses) brecha *f*; **my socks are in ~s** tengo los calcetines llenos de agujeros; **to make a ~ in sth** hacer* un agujero en algo, agujerear algo; **that made a ~ in their savings** eso se llevó *or* se comió buena parte de sus ahorros; ***in the ~*** (AmE): **we're $10,000 in the ~ to the bank** le debemos 10.000 dólares al banco; **I'm just going deeper and deeper in the ~** cada vez estoy más endeudado *or* más cargado de deudas; ***money just burns a ~ in his/her pocket*** el dinero le quema las manos; ***to need sth like a ~ in the head***: **I need a visit from him like I need a ~ in the head** ¡lo único que me faltaba! ¡que él viniera a verme! 2 (in argument, proposal) punto *m* débil; ***to pick ~s in sth*** encontrarle* defectos *or* faltas a algo; **he picked ~s in their plan/theory** le encontró defectos a su plan/teoría 3 (of animal) madriguera *f*; **mouse ~** ratonera *f*

B (Sport) 1 (in golf) hoyo *m*; **to play nine/eighteen ~s** jugar* (un partido) a nueve/dieciocho hoyos 2 (in US football) hueco *m*

C 1 (unpleasant place) (colloq): **this town is a real ~!** ¡qué pueblo de mala muerte! (fam); **his room was a dirty ~** su cuarto era un cuchitril inmundo 2 (awkward situation) (colloq): ***to be in a ~*** estar* en un apuro *or* aprieto; ***to get sb out of a ~*** sacar* a algn de un apuro *or* aprieto

hole² *vt*

A (in golf) ‹*ball*› embocar*; ‹*putt/shot*› transformar; **he ~d the 15th in four** hizo el hoyo 15 en cuatro golpes

B ‹*ship*› abrir* una brecha en

■ **hole** *vi* (in golf): **to ~ in one** embocar* en un golpe, hacer* un hoyo en un golpe

Phrasal verbs

• **hole out** [v + adv] embocar*

• **hole up** [v + adv] (colloq) esconderse, refugiarse; **they spent the winter ~d up in a seedy hotel** pasaron el invierno escondidos en un hotel de mala muerte

hole-and-corner /ˌhəʊlənˈkɔːrnər || ˌhəʊlən ˈkɔːnə(r)/ *adj* (BrE) (*before n*) clandestino, secreto; **in a ~ fashion** a hurtadillas, a escondidas

hole in the heart *n* (Med) comunicación *f* interventricular congénita

hole in the wall *n*

A (place) (colloq) cuchitril *m*; (*before n*): **a hole-in-the-wall business** un negocio de poca monta

B (ATM) (BrE colloq) cajero *m* automático

holey /ˈhəʊli/ *adj* (colloq) lleno de agujeros, agujereado, como un colador (fam)

holiday¹ /ˈhɑːlədeɪ || ˈhɒlɪdeɪ/ *n* 1 (day) fiesta *f*, día *m* festivo, (día *m*) feriado *m* (AmL); **Thursday is a ~** el jueves es fiesta *or* día festivo, el jueves es (día) feriado (AmL) 2 (period away from work) (esp BrE) (*often pl*) vacaciones *fpl*, licencia *f* (Col, Méx, RPl); **I'm taking my ~(s) in June** me voy a tomar las vacaciones en junio, voy a coger las vacaciones en junio (Esp), me voy a tomar la licencia en junio (Col, Méx, RPl); **we usually go abroad for our ~(s)** normalmente nos vamos de vacaciones al extranjero; **to go on ~** *o* **one's ~s** irse* de vacaciones; **to be on ~** estar* de vacaciones; **I spent my ~s abroad** pasé mis vacaciones *or* (Méx tb) vacacioné en el extranjero; **where do you spend your summer ~s?** ¿dónde veraneas?; **I really need a ~** me hacen falta unas vacaciones; **it was good to have a ~ from the kids** me vino muy bien descansar de los niños; **paid ~(s), ~(s) with pay** vacaciones pagadas *or* retribuidas, licencia *or* vacaciones con goce de sueldo (CS); **how much ~ have you got left?** ¿cuántos días de vacaciones te quedan?; (*before n*) ‹*mood/feeling/spirit*› festivo; ‹*cottage/trip*› de vacaciones; **what's your ~ entitlement?** ¿cuántos días de vacaciones te corresponden?; **~ home** casa *f* de veraneo *or* de campo; **~ resort** centro *m* turístico, balneario *m* (AmL); **the ~ season** la temporada de vacaciones; (Christmas etc) las Navidades, las fiestas de fin de año (AmL); **~ traffic** tráfico *m* vacacional *or* de las vacaciones 3 (BrE) (Educ) (*often pl*) vacaciones *fpl*; **during the (school) ~(s)** durante las vacaciones (escolares) *or* (Chi tb) el feriado (escolar) 4 (BrE) (Busn, Fin): **tax ~** tregua *f* fiscal, exoneración *f* temporal de impuestos

holiday² *vi* (esp BrE) pasar las vacaciones, vacacionar (Méx); (in summer) veranear; **we're ~ing**

in Spain/at home this year este año pasaremos las vacaciones en España/no saldremos fuera de vacaciones

holidays

En el inglés americano el término se aplica sólo a los días festivos. La importancia de cada uno de éstos determinará si se trabaja o no. Los principales día festivos federales son el día de Año Nuevo, ▸**Inauguration Day** (20 de enero), el tercer lunes de enero (nacimiento de Martin Luther King Jr), el tercer lunes de febrero (*President's Day* o *Washington's birthday*), el último lunes de mayo ▸**Memorial Day**, el 4 de julio ▸**Independence Day** o *the Fourth of July*), el primer lunes de septiembre ▸**Labor Day**, el segundo lunes de octubre (*Columbus day* o *Discovery Day*), el 11 de noviembre ▸**Veterans Day**, el cuarto jueves de noviembre ▸**Thanksgiving** y el 25 de diciembre, día de Navidad.

holiday camp *n* (BrE) colonia *f* de vacaciones

holiday house, holiday cottage *n* casa *f* rural (Esp)

holidaymaker /'hɑːlədeɪˌmeɪkər || 'hɒlɪdeɪˌmeɪkə(r)/ *n* (BrE) turista *mf*; (on summer holidays) veraneante *mf*

holier-than-thou /ˌhəʊliərðən'ðaʊ || ˌhəʊliəðən'ðaʊ/ *adj* ‹*attitude*› de superioridad moral

holiness /'həʊlinəs || 'həʊlinɪs/ ▸❶ **p.1213** *n* [u] santidad *f*; **His H~ the Pope** su Santidad el Papa

holistic /həʊ'lɪstɪk/ *adj* holístico

Holland /'hɑːlənd || 'hɒlənd/ *n* Holanda *f*

hollandaise sauce /ˌhɑːlən'deɪz || ˌhɒlən'deɪz/ *n* [u c] salsa *f* holandesa

holler¹ /'hɑːlər || 'hɒlə(r)/ (AmE colloq) *vi* gritar, chillar; **if you need me, just ~** si me necesitas, pega un grito (fam)
▪ **holler** *vt* gritar

holler² *n* (AmE colloq) **1** (shout, cry) chillido *m*, grito *m* **2** (telephone call) telefonazo *m* (fam); **to give sb a ~** pegarle* un telefonazo a algn (fam)

hollow¹ /'hɑːləʊ || 'hɒləʊ/ *adj*
A **1** ‹*tree/tooth/wall*› hueco; **I feel a bit ~** tengo el estómago vacío; **he must have a ~ leg** o (BrE) **~ legs** debe tener la solitaria, es un barril sin fondo **2** ‹*sound*› hueco; ‹*voice*› apagado, ahogado **3** ‹*cheeks/eyes*› hundido
B **1** ‹*success/triumph*› vacío **2** ‹*person*› vacío, vacuo; ‹*promises/threats*› vano, falso; ‹*words*› hueco, vacío; **his words had a ~ ring, his words rang ~** sus palabras sonaban falsas; **she gave a ~ laugh** soltó una risa sardónica; ***to beat sb all ~*** o (BrE) ***beat sb ~*** (colloq) darle* una paliza a algn (fam)

Phrasal verb
• **hollow out** [v + o + adv, v + adv + o] vaciar*, ahuecar*

hollow² *n* **1** (empty space) hueco *m* **2** (depression) hoyo *m*, depresión *f*; **the ~ of one's hand** el cuenco o (Méx) la cuenca de la mano **3** (dell, valley) hondonada *f*

hollow-cheeked /'hɑːləʊ'tʃiːkt || ˌhɒləʊ'tʃiːkt/ *adj* de mejillas hundidas

hollow-eyed /ˌhɑːləʊ'aɪd || ˌhɒləʊ'aɪd/ *adj* de ojos hundidos,, ojeroso

hollowly /'hɑːləʊli || 'hɒləʊli/ *adv* ‹*laugh*› sardónicamente; ‹*ring*› con eco

hollowness /'hɑːləʊnəs || 'hɒləʊnɪs/ *n* [u] **1** (of cheeks) lo hundido; (of sound) lo hueco; **the ~ in his voice betrayed his grief** su voz empañada delataba su pena; **its ~ makes it much lighter** al ser hueco es mucho más ligero **2** (of promise) falsedad *f*; (of success) vacuidad *f*

holly /'hɑːli || 'hɒli/ *n* **1** [c] **~ (bush/tree)** acebo *m* **2** [u] (foliage) acebo *m*; (*before n*): **~ berry** baya *f* de acebo

hollyhock /'hɑːlihɑːk || 'hɒlihɒk/ *n* malvarrosa *f*, malva *f* real *or* loca

Hollywood

Barrio de la ciudad de Los Ángeles (California) donde se inauguró la industria cinematográfica norteamericana en 1911. Desde entonces esta localidad apodada *the dream factory* (la fábrica de sueños) se ha convertido por antonomasia en la capital mundial del cine.

holm oak /həʊm/ *n* encina *f*

holocaust /'həʊləkɔːst, 'hɑː- || 'hɒləkɔːst/ *n* hecatombe *f*, desastre *m*; **a/the nuclear ~** un/el holocausto nuclear; **the H~** el Holocausto

hologram /'həʊləgræm, 'hɑː- || 'hɒləgræm/ *n* holograma *m*

holograph /'həʊləgræf, 'hɑː- || 'hɒləgrɑːf/ *n* testamento *m* (*or* libro *m etc*) ológrafo

holographic /ˌhəʊlə'græfɪk, 'hɑː- || ˌhɒlə'græfɪk/ *adj* holográfico

holography /həʊ'lɑːgrəfi || hə'lɒgrəfi/ *n* [u] holografía *f*

hols /hɑːlz || hɒlz/ *pl n* (BrE colloq) vacaciones *fpl*

Holstein /'həʊlstiːn || 'hɒlstaɪn/ *n* (AmE) *cabeza de ganado holandés o frisón*; (cow) vaca *f* holandesa

holster /'həʊlstər || 'həʊlstə(r)/ *n* pistolera *f*, funda *f* de pistola (*or* revólver *etc*); **she shot him before he could draw his gun from the ~** le disparó sin darle tiempo a desenfundar

holy /'həʊli/ *adj* **-lier, -liest** **1** (sacred, sanctified) ‹*ground/place*› sagrado, santo; ‹*day*› de precepto, de guardar; ‹*water*› bendito; **the H~ Bible** la Sagrada *or* Santa Biblia; **the H~ City** la Ciudad Santa; **the H~ Family** la Sagrada Familia; **the H~ Father/Office** el Santo Padre/Oficio; **the ~ oil** los santos óleos; **~ orders** órdenes *fpl* sagradas; **to take ~ orders** ordenarse sacerdote; **to be in ~ orders** ser* sacerdote; **the H~ Rood** la Santa Cruz; **the H~ Scripture** las Sagradas Escrituras; **H~ Week** Semana Santa; **a ~ war** una guerra santa **2** ‹*person/life/virtue*› santo **3** (colloq): **they had a ~ horror of gambling** el juego les parecía un sacrilegio; **that child is a ~ terror** ese niño es el mismísimo demonio (fam); **~ cow** o **mackerel** o **Moses** o **smoke!** ¡rayos y centellas!, ¡Dios bendito!

Holy Communion *n* Santa *or* Sagrada Comunión *f*

Holy Ghost *n*: **the ~ ~** el Espíritu Santo

holy joe *n* (BrE sl & pej) **1** (chaplain, vicar) cura *m* (fam) **2** (religious person) beato, -ta *m,f* (fam)

Holy Land *n*: **the ~ ~** (la) Tierra Santa

holy man *n* santo varón *m*

holy of holies /'həʊliːz/ *n* sanctasanctórum *m*

Holy Roman Empire *n*: **the ~ ~ ~** el Sacro Imperio Romano

Holy See *n*: **the ~ ~** la Santa Sede

Holy Spirit *n*: **the ~ ~** el Espíritu Santo

holy writ *n* [u] (Relig) las Sagradas Escrituras *fpl*; **he took the Wall Street Journal as ~ ~** el Wall Street Journal era para él palabra santa

homage /'hɑːmɪdʒ || 'hɒmɪdʒ/ *n* [u] **1** (tribute, sign of respect) (frml) homenaje *m*; **to pay ~ to sb/sth** rendir* homenaje a algn/algo **2** (fealty) (Hist) homenaje *m*

hombre /'ɑːmbreɪ || 'ɒmbreɪ/ *n* (AmE colloq) tipo *m* (fam), tío *m* (Esp fam)

homburg /'hɑːmbɜːrg || 'hɒmbɜːg/ *n* sombrero *m* de fieltro

home¹ /həʊm/ *n*
A [u c] (of person) **1** (dwelling) casa *f*; **she has a beautiful ~** (esp AmE) tiene una casa preciosa; **to own one's own ~** tener* casa propia; **haven't you got a ~ to go to?** ¿no te esperan en casa?; **these pictures are brought to your ~s by satellite** estas imágenes llegan a sus hogares vía satélite; **marital ~** domicilio *m* conyugal; *see also* **at home, home¹ C**; (*before n*): **~ loan** préstamo *m or* crédito *m* hipotecario *or* habitacional, crédito *m* vivienda **2** (in wider sense): **New York's been my ~ since I was 12** he vivido en Nueva York desde que tenía 12 años; **they made their ~ in Germany** se establecieron en Alemania, fijaron su residencia en Alemania (frml); **my family's ~ is in California** mi familia vive en California; **I still think of England as ~** para mí Inglaterra sigue siendo mi patria; **those little touches that make a house a ~** esos pequeños detalles que convierten una casa en un hogar; **~ sweet ~** hogar dulce hogar; **there's no place like ~** como en casa no se está en ningún sitio; **to leave ~** irse* de casa; **have you heard from ~?** ¿te han escrito de tu casa (*or* país *etc*)?; **he lived/worked away from ~ for a year** vivió/trabajó fuera un año; **not only in the Third World, but also much closer to ~** no sólo en el Tercer Mundo sino también mucho más cerca de nosotros; **those remarks were uncomfortably close to ~** esos comentarios me (*or* le *etc*) tocaban muy de cerca; ***a ~ away from ~*** o (BrE) ***a ~ from ~*** una segunda casa; ***~ is where the heart is*** el verdadero hogar está donde uno tiene a los suyos; ***~ is where he hangs his hat*** no tiene raíces en ningún sitio **3** (family environment) hogar *m*; **she comes from a good ~** es de buena familia, se crió en un buen hogar; **she made a ~ for her brothers** fue como una madre para sus hermanos
B [c] **1** (of object, group, institution): **Spain is the ~ of flamenco** España es la tierra del flamenco; **the ~ of the microchip industry** el centro de la industria de los microchips; **we're looking for a permanent ~ for the collection** estamos buscando un lugar para albergar permanentemente la colección; **can you find a ~ for these files somewhere?** (colloq) a ver si encuentras dónde guardar estos archivos **2** (of animal, plant) (Bot, Zool) hábitat *m*; **an owl had made its ~ in the barn** un búho se había instalado en el pajar
C **at home** **1** (in house) en casa; **I'll be at ~ after six** estaré en casa después de las seis; **if anybody calls, I'm not at ~** si alguien llama, di que no estoy (en casa); **Mrs Jones is at ~ on Tuesdays** la sra Jones recibe los martes; **she works and her husband stays at ~** ella trabaja y su marido se ocupa de la casa; **he's got problems at ~** tiene problemas familiares; ***what's that when it's at ~?*** (colloq) ¿y eso con qué se come? (fam) **2** (at ease): **sit down, make yourself at ~** siéntate y ponte cómodo, estás en tu casa; **to feel at ~ with sb** encontrarse* *or* sentirse* a gusto con algn; **I don't feel at ~ with the new camera yet** todavía no me he hecho a la nueva máquina fotográfica; **she's more at ~ with an electric drill than a sewing machine** está más en lo suyo con un taladro que con una máquina de coser; **he's entirely at ~ in Spanish** habla español con total fluidez **3** (not abroad, in one's country): **his popularity at ~** su popularidad en su país; **people eat later at ~** en mi país se come más tarde; **at ~ and abroad** dentro y fuera del país, aquí y en el extranjero **4** (on own ground) (Sport) en casa; **to be/play at ~** jugar* en casa; **Spain is at ~ to France** España juega en casa contra Francia
D [c] (institution) (*children's ~*) centro *m* de acogida de menores, hogar *m* de niños; (*old people's ~*) residencia *f* de ancianos; **dogs' ~** (BrE) perrera *f*; **mental ~** manicomio *m*, (hospital *m*) psiquiátrico *m*
E (Sport) **1** [u] (the finish) meta *f*; **we're not far from ~ now** ya nos estamos acercando a la meta **2** [c] (in baseball) ▸**home plate**

Phrasal verb
• **home in** [v + adv] **to ~ in (ON sth)**: **the bombers ~d in on their targets** los bombarderos localizaron *or* (AmL tb) ubicaron su objetivo y se dirigieron hacia él; **she ~d in on his lack of experience** hizo hincapié en su falta de experiencia; **the conference ~d in on the issue of unemployment** el congreso se centró en el problema del desempleo

h

home² *adv*
A **1** (where one lives) ‹*come/arrive*› a casa; **it's time to go ~ now** ya es hora de irse (*or* irnos *etc*) a casa; **I'll be ~ at five** estaré en casa a las cinco; **he's bringing her ~** la va a traer a casa; **on the way ~** de camino a casa; **to see sb ~** acompañar a algn a casa; **to send sb ~** mandar a algn a casa; **I had to send ~ for some dry clothes** tuve que mandar buscar ropa seca a casa; **I haven't written ~ yet** todavía no he escrito a (mi) casa; ***nothing to write ~ about*** nada del otro mundo *or* (fam) del otro jueves **2** (from abroad): **we've already booked our passage ~** ya hemos reservado nuestro pasaje de vuelta; **to come ~ from abroad** volver* del extranjero; **Yankees/Reds go ~** yanquis/rojos fuera (de aquí), yanquis/rojos go home; **the folks back ~** (AmE) la familia
B **1** (to the finish) (Sport): **the first horse/runner ~** el primer caballo/corredor en llegar a la meta **2** (successful): **once they agree terms we'll be more or less ~** una vez que hayan aceptado las condiciones, el trato es prácticamente un hecho; ***to be ~ free*** o (BrE) ***~ and dry*** tener* la victoria asegurada
C (to desired place): **he knocked the staples ~ with a hammer** clavó las grapas en su sitio con un martillo; **there was a clunk as the bolt went ~** se oyó un golpe sordo al encajar el cerrojo en su sitio; **to get sth ~ to sb** hacerle* entender algo a algn; *see also* **drive home**, ▸**strike home** *etc*

home³ *adj* (*before n*) **1** ‹*address/telephone number*› particular; ‹*background/environment*› familiar; ‹*cooking/perm*› casero; **give me your ~ number** dame el teléfono de tu casa *or* tu teléfono particular; **~ comforts** comodidades *fpl*; **~ delivery** (of purchases) entrega *f* a domicilio; **the risk of a ~ delivery** (Med) los riesgos de dar a luz en casa; **two days' ~ leave** dos días de permiso; **~ visit** (by doctor) (BrE) visita *f* a domicilio **2** (of origin): **~ country** país *m* de origen; **~ port** (Naut) puerto *m* de matrícula; **~ sales** ventas *fpl* nacionales *or* internas; **~ state** (in US) estado *m* natal *or* de procedencia **3** (not foreign) ‹*affairs/market*› nacional; **how are things on the ~ front?** ¿qué tal marcha todo en casa?; **sales on the ~ front** las ventas a nivel nacional; **~ waters** aguas *fpl* territoriales **4** (Sport) ‹*team*› de casa, local; ‹*game*› en casa; **the ~ crowd** los seguidores del equipo local *or* de casa; **to have ~ advantage** jugar* en casa; **on its ~ ground** en su propio terreno; **~ win** victoria *f* en casa

home-baked /ˈhəʊmbeɪkt/ *adj* horneado en casa

home banking *n* [u] banco *m* en casa, banca *f* en casa

home base *n* (AmE) **1** (Busn, Mil) base *f* de operaciones **2** (Sport) ▸**home plate** **3** (main residence) lugar *m* de residencia

home bird *n* (BrE colloq) ▸**homelover**

homebody /ˈhəʊm,bɑːdi || ˈhəʊm,bɒdi/ *n* (colloq) ▸**homelover**

homeboy /ˈhəʊmbɔɪ/ *n* (AmE sl) compinche *m* (fam), cuate *m* (Méx fam)

homebrew /ˈhəʊmbruː/ *adj* (*before n*) (AmE colloq) casero, hechizo (Chi, Méx fam)

homebuyer /ˈhəʊmbaɪər || ˈhəʊmbaɪə(r)/ *n* comprador, -dora *m,f* de una vivienda

home center, (BrE) **home centre** *n* centro *m* de bricolaje

homecoming /ˈhəʊm,kʌmɪŋ/ *n* **1** (return home) regreso *m*, vuelta *f* (*a casa, a la patria etc*) **2** (at school, college) (AmE) *fiesta estudiantil al comienzo del año académico con asistencia de ex-alumnos*

> **homecoming**
> Un acontecimiento que se celebra cada año en los establecimientos de enseñanza superior en EEUU. Por lo general tiene lugar en el otoño cuando los antiguos alumnos regresan para participar en toda clase de actividades, entre las que se incluyen ▸▸▸
> ▸▸▸ un *homecoming game* de fútbol, un *homecoming parade* y el *homecoming dance*. También se elige a la *homecoming queen*.

home computer *n* computadora *f* doméstica, ordenador *m* doméstico (Esp)

Home Counties *pl n* (in UK): **the ~ ~** *los condados de los alrededores de Londres*

home economics *n* (+ *sing vb*) economía *f* doméstica, hogar *m* (Esp)

home entertainment *n* [u] entretenimiento *m* en casa; **~ ~ center** o (BrE) **centre** sistema de TV, video y sonido

home fries *pl n* papas *fpl or* (Esp), patatas *fpl* fritas

homegirl /ˈhəʊmgɜːrl || ˈhəʊmgɜːl/ *n* (AmE colloq) compinche *f* (fam), cuata *f* (Méx fam)

home-grown /ˈhəʊmˈgrəʊn/ *adj* **1** ‹*fruit/vegetables*› (from one's own garden) de la huerta propia; (not foreign) del país, local, nacional **2** (local, indigenous) ‹*artist/politician*› local

Home Guard *n* (BrE): **the ~ ~** *la milicia local voluntaria durante la segunda guerra mundial*

home help *n* (BrE) asistente, -ta *m,f* (*que facilitan los servicios sociales a enfermos, ancianos etc para ayudarlos en las tareas domésticas*)

home improvements *pl n* reformas *fpl*, mejoras *fpl* (*en la vivienda*)

home information pack *n* (BrE) (Law) *bases de datos sobre propiedades e información de su valor*

homeland /ˈhəʊmlænd/ *n* **1** (country of origin) patria *f*, tierra *f* natal **2** (in South Africa) homeland *m*

homeland security *n* [u] (AmE) (Pol) seguridad *f* de la patria; **the Department of Homeland Security** El Departamento de Seguridad de la Patria de Estados Unidos

homeless¹ /ˈhəʊmləs || ˈhəʊmlɪs/ *adj* sin hogar, sin techo

homeless² *pl n*: **the ~** la gente sin hogar *or* sin techo

homelessness /ˈhəʊmləsnəs || ˈhəʊmlɪsnɪs/ *n* [u] (el problema de) la falta de vivienda; **~ is a major problem in this city** la falta de vivienda es un gran problema en esta ciudad, el número de personas sin hogar *or* sin techo constituye un gran problema en esta ciudad

homelike /ˈhəʊmlaɪk/ *adj* (AmE) familiar, hogareño

homelover /ˈhəʊm,lʌvər || ˈhəʊm,lʌvə(r)/ *n* persona *f* hogareña *or* casera; **he's a real ~** es muy casero, es muy de su casa

homeloving /ˈhəʊm,lʌvɪŋ/ *adj* hogareño, casero

homely /ˈhəʊmli/ *adj* **-lier, -liest** **1** ‹*meal/food*› casero; ‹*atmosphere/room/furnishings*› acogedor, hogareño; **a ~ woman** (BrE) una mujer muy de su casa **2** (plain, ugly) (AmE) feo

home-made /ˈhəʊmmeɪd/ *adj* ‹*cakes/jam*› casero, hecho en casa; ‹*clothes*› hecho en casa; ‹*bomb/device*› de fabricación casera

home-maker /ˈhəʊm,meɪkər || ˈhəʊm,meɪkə(r)/ *n* (woman) ama *f*‡ de casa; **he/she is the ~** él es el que/ella es la que se ocupa de la casa

home movie *n* película *f* casera

home office *n* (AmE) oficina *f* central

Home Office *n* (in UK): **the ~ ~** el Home Office, el Ministerio del Interior británico

homeopath, (BrE) **homoeopath** /ˈhəʊmiəpæθ/ *n* homeópata *mf*

homeopathic, (BrE) **homoeopathic** /,həʊmiəˈpæθɪk/ *adj* homeopático

homeopathy, (BrE) **homoeopathy** /,həʊmiˈɑːpəθi || ,həʊmiˈɒpəθi/ *n* [u] homeopatía *f*

home owner *n* propietario, -ria *m,f* (*de una vivienda*)

home ownership *n* [u]: **the increase in ~ ~** el aumento del número de propietarios de viviendas; **it is government policy to encourage ~ ~** es política gubernamental fomentar la compra de viviendas por particulares

home page *n* (Comput) portada *f*, página *f* de inicio, página *f* inicial

home plate *n* home *m*, base *f* del bateador, goma *f*, plato *m*, pentágono *m* (Méx)

homer¹ /ˈhəʊmər || ˈhəʊmə(r)/ *n* (AmE colloq) ▸**home run**

homer² *vi* (AmE colloq) pegar* un cuadrangular, jonronear (AmL)

Homer /ˈhəʊmər || ˈhəʊmə(r)/ *n* Homero; ***even ~ nods*** nadie es perfecto

homeroom /ˈhəʊm,ruːm/ *n* (AmE) (Educ) clase *f or* aula *f*‡ del curso; (*before n*): **~ teacher** ≈ tutor, -tora *m,f* de curso

home rule *n* [u] autogobierno *m*

home run *n* cuadrangular *m*, home run *m*, jonrón *m* (AmL)

Home Secretary *n* (in UK) ministro, -tra *m,f* del Interior

home shopping *n* [u] compra *f* desde casa

homesick /ˈhəʊmsɪk/ *adj*: **I am** *o* **feel ~** echo de menos *or* (AmL tb) extraño a mi familia (*or* mi país *etc*)

homesickness /ˈhəʊmsɪknəs || ˈhəʊmsɪknɪs/ *n* [u] añoranza *f*, morriña *f*

homesite /ˈhəʊmsaɪt/ *n* (AmE & Austral) solar *m*

homespun /ˈhəʊmspʌn/ *adj* **1** (down-to-earth) ‹*philosophy*› de andar por casa, popular; ‹*wisdom*› popular; ‹*virtue/folks*› sencillo **2** ‹*wool*› hilado artesanalmente *or* a mano; **~ cloth** tejido *m* artesanal

homestead /ˈhəʊmsted/ *n* (AmE) **1** (building) casa *f* (*en una granja, hacienda etc*) **2** (Hist) *terreno cedido por el estado a los colonos con la condición de que lo trabajasen*

homesteader /ˈhəʊmstedər || ˈhəʊmstedə(r)/ *n* (AmE) colono *m*

home straight, home stretch *n* (Sport) recta *f* final *or* de llegada

hometown /,həʊmˈtaʊn/ *n* ciudad *f* /pueblo *m* natal; (*before n*) (AmE): **he's a ~ boy** es un chico sencillo

home truth *n* (*usu pl*) verdad *f* (*desagradable*); **to tell sb a few ~ ~s** decirle* a algn unas cuantas verdades

home video *n*
A [u] (video equipment) equipo *m* de video *or* (Esp) vídeo
B **1** [u] (activity) grabación *f* casera de video *or* (Esp) vídeo **2** [c] (device) cámara *f* de video *or* (Esp) vídeo **3** [c] (recording) grabación *f* de video *or* (Esp) vídeo

homeward¹ /ˈhəʊmwərd || ˈhəʊmwəd/ *adv* **1** (BrE also): **homewards** /-z/; ‹*travel/sail*› de vuelta a casa **2** **to be ~ bound** ir* de camino *or* de vuelta a casa

homeward² *adj* (*before n*) ‹*journey/road*› de vuelta *or* de regreso

homework /ˈhəʊmwɜːrk || ˈhəʊmwɜːk/ *n* [u] deberes *mpl*, tarea *f*; **I've given them three chapters to read for ~** les he mandado que se lean tres capítulos como deber(es); **to do one's ~** (for school) hacer* los deberes, hacer* la tarea; (for job, speech) prepararse, documentarse; **it was obvious she hadn't done her ~** se notaba que no se había preparado *or* documentado bien

homeworker /ˈhəʊmwɜːrkər || ˈhəʊmwɜːkə(r)/ *n* trabajador, -dora *m,f* desde casa

homeworking /ˈhəʊmwɜːrkɪŋ || ˈhəʊmwɜːkɪŋ/ *n* [u] trabajo *m* desde casa

homey /ˈhəʊmi/ *adj* **homier, homiest** (AmE colloq) hogareño, acogedor; ‹*manner*› campechano

homicidal /,hɑːməˈsaɪdl || ,hɒmɪˈsaɪdl/ *adj* ‹*tendency*› homicida; ‹*rage*› asesino; **I felt ~** (colloq) me dieron ganas de matar a alguien

homicide /ˈhɑːməsaɪd || ˈhɒmɪsaɪd/ *n* **1** [u c] (crime, act) homicidio *m*; (*before n*) ‹*investigation*› de un homicidio; ‹*trial*› por homicidio **2** [c] (murderer) (frml) homicida *mf* **3** [u] (police squad) (AmE colloq) homicidios *m*

homily /'hɑːməli || 'hɒmɪli/ *n* (*pl* **-lies**) 1 (Relig) homilía *f*, sermón *m* 2 (speech) sermón *m*

homing /'həʊmɪŋ/ *adj* (*before n*) ‹*instinct*› de volver al hogar; ‹*device/missile*› buscador; ~ **pigeon** paloma *f* mensajera

hominid /'hɑːmənɪd || 'hɒmɪnɪd/ *n* homínido *m*

hominy /'hɑːməni || 'hɒmɪnɪ/ *n* [u] (AmE) maíz *m* descascarillado

homo /'həʊməʊ/ *n* (*pl* **-mos**) (sl, pej & dated) marica *m* (fam & pey)

homoeo- *etc* (BrE) ▸**homeopath***etc*

homoerotic /,həʊməʊɪ'rɑːtɪk || ,həʊməʊɪ'rɒtɪk/ *adj* homoerótico

homogeneity /,həʊmədʒə'niːəti || ,hɒmədʒɪ'niːɪti/, **homogeneousness** /-'dʒiːniəsnəs || -'dʒiːniəsnɪs/ *n* [u] homogeneidad *f*

homogeneous /,həʊmə'dʒiːniəs ,hɒm-/ *adj* homogéneo

homogenize /həʊ'mɑːdʒənaɪz || hə'mɒdʒənaɪz/ *vt* homogeneizar*

homograph /'hɑːməgræf || 'hɒməgrɑːf/ *n* homógrafo *m*

homologous /həʊ'mɑːləgəs || hə'mɒləgəs/ *adj* homólogo

homonym /'hɑːmənɪm || 'hɒmənɪm/ *n* homónimo *m*

homophile /'həʊməfaɪl || 'həʊməfaɪl, 'hɒm-/ *n* 1 (supporter of gay rights) homófilo, -la *m,f* 2 (homosexual) (AmE) homosexual *mf*

homophobe /'həʊməfəʊb || 'həʊməfəʊb, 'hɒm-/ *n* homófobo, -ba *m,f*

homophobia /,həʊmə'fəʊbiə || ,həʊmə'fəʊbiə, ,hɒm-/ *n* [u] homofobia *f*

homophobic /,həʊmə'fəʊbɪk || ,həʊmə'fəʊbɪk, ,hɒm-/ *adj* homofóbico, antihomosexual

homophone /'hɑːməfəʊn || 'hɒməfəʊn/ *n* homófono *m*

homosexual[1] /,həʊmə'sekʃuəl || ,həʊmə'sekʃʊəl, ,hɒm-/ *adj* homosexual

homosexual[2] *n* homosexual *mf*

homosexuality /,həʊməsekʃu'æləti || ,həʊməsekʃʊ'æləti, ,hɒm-/ *n* [u] homosexualidad *f*

hon /hɑːn || hɒn/ *n* (colloq) (as form of address) cariño (fam), mijito, -ta (AmL fam)

Hon /ɑːn || ɒn/ (in UK) = **Honourable**

honcho[1] /'hɑːntʃəʊ || 'hɒntʃəʊ/ *n* (*pl* **~s**) (colloq) mandamás *mf* (fam), mero mero, mera mera *m,f* (Méx fam)

honcho[2] *vt* AmE (*pres* **-oes** *pres p* **-ing** *past* **-oed**) ser* el mandamás de *or* en (fam), ser* el mero mero de *or* en (Méx) (fam)

Honduran[1] /hɑːn'dʊrən || hɒn'djʊərən/ *adj* hondureño

Honduran[2] *n* hondureño, -ña *m,f*

Honduras /hɑːn'dʊrəs || hɒn'djʊərəs/ *n* Honduras *f*

hone[1] /həʊn/ *vt* ‹*blade/edge*› afilar; ‹*style/skill*› afinar, poner* a punto

hone[2] *n* (whetstone) piedra *f* de afilar; (machine) afilador *m*

honest /'ɑːnəst || 'ɒnɪst/ *adj* 1 (trustworthy, upright) ‹*person/action*› honrado, honesto; ‹*face*› de persona honrada *or* honesta; **to make an ~ living** ganarse la vida honradamente; **to earn** *o* **turn an ~ dollar** *o* **buck** *o* (BrE) **penny** (colloq) ganarse el pan honradamente; **he made an ~ woman of her** (hum) cumplió y se casó con ella 2 (sincere) ‹*appraisal*› sincero, franco; ‹*opinion/attempt*› sincero; **you're not being ~ with me** no estás siendo sincero *or* franco conmigo; **let's be ~: it was a disaster** seamos sinceros *or* francos: fue un desastre; **to be ~ with you ...** si quieres que te diga la verdad *or* que te sea sincero ...; **be ~** sé sincero, di la verdad 3 (*as interj*) (colloq) de veras; **I didn't do it, ~!** ¡de veras que no fui yo!

honest broker *n* mediador, -dora *m,f*

honestly /'ɑːnəstli || 'ɒnɪstli/ *adv* 1 (sincerely) ‹*answer/say/think*› sinceramente, francamente; **I can ~ say (that) ...** puedo decir con toda sinceridad que ...; **I don't know and I ~ don't care** no lo sé y la verdad es que no me importa 2 (*indep*) en serio, de verdad; **I don't mind, ~** en serio *or* de verdad (que) no me importa 3 (*as interj*) (expressing exasperation) ¡por favor!; **oh, ~! let** *me* **do it!** ¡por favor! anda, deja que lo hago yo 4 (legitimately) ‹*act/earn*› con honradez, honradamente

honest-to-God /,ɑːnəsttə'gɑːd || ,ɒnɪsttə'gɒd/, **honest-to-goodness** /-'gʊdnəs || -'gʊdnɪs/ *adj* (colloq) (*before n*) como es debido, como Dios manda

honest to God *interj* (colloq): **~ ~ ~, Dad, I haven't seen him** te lo juro, papá, no lo he visto; **~ ~ ~, how can you believe that?** pero por Dios ¿cómo puedes creerte eso?

honesty /'ɑːnəsti || 'ɒnɪsti/ *n* [u]
A 1 (probity) honradez *f*, honestidad *f*, rectitud *f* 2 (truthfulness) franqueza *f*, sinceridad *f*; **in all ~, one has to admit that ...** para ser sincero, hay que reconocer que ...; **~ *is the best policy*** lo mejor es ser franco
B (Bot) lunaria *f*

honesty box *n: caja donde se deposita el dinero por una compra cuando no hay nadie que lo reciba*

honey /'hʌni/ *n* (*pl* **honeys**)
A [u] miel *f*; **clear/thick ~** miel líquida/espesa; **as sweet as ~** dulce como la miel
B [c] 1 (*as form of address*) (colloq) cariño (fam) 2 (wonderful person, thing): **he's a ~** es un cielo *or* encanto; **it's a real ~ of a car** es una maravilla de coche

honeybee /'hʌnibiː/ *n* abeja *f*

honeybun /'hʌnibʌn/, **honeybunch** /'hʌnibʌntʃ/ *n* (AmE) (as form of address) cariño (fam), mijito, -ta (AmL fam)

honeycomb[1] /'hʌnikəʊm/ *n* 1 [c u] (Culin) panal *m* 2 [u] (Tech) panal *m* (*before n*) ‹*pattern/weave/cloth*› (Tex) de nido de abeja

honeycomb[2] *vt* **to be ~ed WITH sth**: **the rock was ~ed with passages** el interior de la roca era un laberinto de pasadizos

honeydew melon /'hʌniduː || 'hʌnidjuː/ *n* melón *m* (*de pulpa verdosa muy dulce*)

honeyed /'hʌnid/ *adj* (liter) meloso, melifluo (liter)

honeymoon[1] /'hʌnimuːn/ *n* 1 (after wedding) luna *f* de miel; **they're going to Paris on** *o* **for their ~** se van a París de viaje de novios *or* de luna de miel; (*before n*): **the ~ couple** la pareja de recién casados; **~ suite** suite *f* nupcial 2 (period of grace) luna *f* de miel; (*before n*): **~ period** luna de miel

honeymoon[2] *vi* pasar la luna de miel

honeymooner /'hʌnimuːnər || 'hʌnimuːnə(r)/ *n*: **the hotel was full of ~s** el hotel estaba lleno de parejas de luna de miel

honeysuckle /'hʌni,sʌkəl/ *n* [c u] madreselva *f*

Hong Kong /'hɑːŋ,kɑːŋ || ,hɒŋ'kɒŋ/ *n* Hong-Kong *m*

honk[1] /hɑːŋk || hɒŋk/ *n* (of goose) graznido *m*; (of car) bocinazo *m*

honk[2] *vi* (hoot) «*goose*» graznar; «*driver*» tocar* el claxon *or* la bocina, pitar
■ **honk** *vt*: **he ~ed his horn a couple of times** tocó el claxon *or* la bocina *or* pitó un par de veces, pegó un par de bocinazos

honky /'hɔːŋki || 'hɔŋki/ *n* (*pl* **-kies**) (AmE sl & pej) blanco, -ca *m,f*

honky-tonk /'hɑːŋkitɑːŋk || 'hɒŋkitɒŋk/ *n* (AmE sl) cafetín *m* (fam)

honor[1], (BrE) **honour** /'ɑːnər || 'ɒnə(r)/ *n*
A [u] 1 (good name, reputation) honor *m*; **peace with ~** una paz honrosa; **a man of ~** un hombre de honor *or* de palabra; **a point of ~** una cuestión de honor; **you're on your ~ to report it to the principal** es tu obligación moral comunicárselo al director; **to be (in) ~ bound to + INF** estar* moralmente obligado a + INF; **scout's** *o* (BrE also) **cub's ~!** ¡palabra de honor! 2 (chastity) (arch *or* hum) honra *f*
B [c u] (privilege, mark of distinction) honor *m*; **ladies and gentleman, it is a great ~ for me ...** señoras y señores, es para mí un gran honor ...; **he received the highest ~s his country could bestow** recibió los más altos honores que otorgaba su país; **with full military ~s** con todos los honores militares; **to have the ~ to + INF** *o* **of -ING** (frml) tener* el honor DE + INF (frml); **I have the ~ to inform you/of informing you that ...** tengo el honor de informarle que ...; **may I have the ~ (of this dance)?** (frml) ¿me concedería esta pieza? (frml); **to do sb the ~ of -ING** (frml) hacerle* *or* (frml) concederle a algn el honor DE + INF; **he did me the ~ of receiving me** me hizo *or* (frml) me concedió el honor de recibirme; **to do ~ to sb** rendirle* los honores a algn; **a reception in ~ of the delegates** una recepción en honor de *or* en homenaje a los delegados; **in ~ of her visit** para celebrar su visita; ***to do the ~s*** (colloq) hacer* los honores (frml o hum)
C ▸ⓘ **p.1213**; **Honor** (as title): **Your/His/Her H~** Su Señoría
D **honors** *pl* (Games) honores *mpl*; **~s *are even***: **after the first round ~s were approximately even** al terminar el primer asalto iban bastante parejos; **I think we can say that ~s are even** creo que se puede decir que empataron (*or* empatamos *etc*)
E **honors** *pl* 1 (special mention) (*before n*): **~s list** (AmE) cuadro *m* de honor; **to graduate with ~s** licenciarse con matrícula (de honor) *or* con honores 2 (course of study) (BrE): **to do** *o* **take honours in French** ≈ licenciarse en Filología francesa; (*before n*): **honours graduate** ≈ licenciado, -da *m,f*; **an honours degree** una licenciatura; **combined ~s** titulación en dos especialidades

honor[2], (BrE) **honour** *vt*
A (show respect) honrar; **would you escort me in to dinner? — I'd be ~ed (to)** ¿me acompaña al comedor? — será un honor para mí; **I'm deeply ~ed to be chosen for this award** me siento muy honrada de que se me haya concedido este premio; **we are ~ed by your visit** (frml) nos sentimos honrados con su visita; **he ~ed us with his presence** (frml *or* iro) nos honró con su presencia (frml o iró)
B 1 (keep to) ‹*agreement/obligation*› cumplir (con); **I intend to ~ the contract** tengo toda la intención de cumplir (con) el contrato; **to ~ one's word** cumplir con su (*or* mi *etc*) palabra 2 (Fin) ‹*bill/debt*› satisfacer* (frml), pagar*; ‹*check/draft*› pagar*, aceptar; ‹*credit card/signature*› aceptar

honorable, (BrE) **honourable** /'ɑːnərəbəl || 'ɒnərəbəl/ *adj*
A 1 (honest, respectable) ‹*person/action*› honorable; **he did the ~ thing and resigned** hizo lo que correspondía: dimitió; **his intentions were ~** (set phrase) tenía intenciones honestas, venía con buenas intenciones 2 (creditable) ‹*peace/settlement*› honroso; **an ~ exception** una honrosa excepción; **an ~ mention** una mención honorífica *or* (Chi) honrosa
B ▸ⓘ **p.1213**; **Honorable** (in UK) *tratamiento dado a representantes parlamentarios y a hijos de vizcondes, barones y condes*

honorably, (BrE) **honourably** /'ɑːnərəbli || 'ɒnərəbli/ *adv* de manera honorable, con integridad

honorarium /,ɑːnə'reriəm || ,ɒnə'reəriəm/ *n* (*pl* **-riums** *or* **-ria** /-iə/) honorarios *mpl*

honorary /'ɑːnəreri || 'ɒnərəri/ *adj* ‹*secretary/consul/degree/member*› honorario; **she was given an ~ doctorate** le concedieron un doctorado honoris causa

honor guard *n* (AmE) guardia *f* de honor

honor killing, (BrE) **honour killing** *n* asesinato *m* de *or* por honor

honour *etc* (BrE) ▸**honor**[1], **honor**[2] *etc*

h

Honours List *n* (BrE): **the Birthday/New Year ~ ~** *lista de títulos honoríficos otorgados por el monarca el día de su cumpleaños oficial/el día de año nuevo*

> **Honours List**
>
> Cada año, en junio, para el cumpleaños de la reina (*Queen's* ▸**Official Birthday**) y para el día de Año Nuevo, se publica una lista con el nombre de las personas que se han distinguido por su labor, tanto a nivel nacional como local. Estas personas reciben una gran variedad de títulos honoríficos que van desde el de *Lord* o *Lady* (*peerage*), el de Sir (*knighthood*) hasta otros de menor importancia. También al final de cada legislatura antes de elecciones generales, el Primer Ministro propone una lista con los nombres de políticos para los Dissolution Honours. Los títulos son entregados por el monarca inglés en el Palacio de Buckingham.

Hons. /ɑ:nz || ɒnz/ *n* = **honours degree**

hon sec *n* = **honorary secretary**

hooch /hu:tʃ/ *n* [u] (AmE sl) *bebida alcohólica de mala calidad, en especial la destilada ilícitamente*

hood /hʊd/ *n*
A **1** (on coat, jacket) capucha *f* **2** (pointed) capirote *m*; (of monk) capucha *f*, capuchón *m*, capillo *m* **3** (on ceremonial robes) muceta *f* (*con capillo*) **4** (in falconry) capirote *m*, capillo *m*
B **1** (on chimney, cooker) campana *f*; (on machine) cubierta *f* **2** (AmE) (Auto) capó *m* **3** (folding cover) (BrE) capota *f*
C (gangster) (AmE sl) matón, -tona *m,f* (fam)
D (of cobra) sombrerete *m*

hooded /ˈhʊdəd || ˈhʊdɪd/ *adj* ‹*person*› encapuchado; ‹*garment*› con capucha; **~ eyes** ojos *mpl* de párpados caídos *or* (Chi tb) capotudos

hoodie, hoody /ˈhʊdi/ *n* (*pl* **-ies**)
A (Clothing) hoodie *m*, sudadera *f* con capucha, buzo *m* con capucha (Arg), polerón *m* con capucha (Chi)
B (BrE) vándalo, -la *m,f*, gamberro, -rra *m,f* (Esp), patotero, -ra *m,f* (CS fam); *before n* ‹*culture*› del vándalo *or* gamberro *or* patotero

hoodlum /ˈhu:dləm/ *n* (AmE) matón, -tona *m,f* (fam), gorila *mf*

hoodoo /ˈhu:du:/ *n* (*pl* **-doos**) (AmE)
A (colloq) **1** (spell, hex) maleficio *m* **2** (bad luck) mala suerte *f*, gafe *m* (Esp fam), yeta *f* (RPl fam), chuncho *m* (Chi fam)
B (Relig) ▸**voodoo**

hoodwink /ˈhʊdwɪŋk/ *vt* engañar; **to ~ sb** INTO -ING engañar a algn PARA QUE + SUBJ; **they ~ed her into selling it** la engañaron para que lo vendiera; **they ~ed the guards into believing that ...** les hicieron creer a los guardas que ...

hooey /ˈhu:i/ *n* [u] (colloq): **that's a load of ~!** ¡son puras tonterías!, ¡son puras macanas! (RPl fam)

hoof¹ /hʊf || hu:f/ *n* (*pl* **hoofs** *or* **hooves**) **1** (Zool) (of horse) casco *m*, vaso *m* (RPl), pezuña *f* (Méx); (of cow) pezuña *f*; **cattle on the ~** ganado *m* en pie **2** (person's foot) (colloq & hum) pata *f* (fam & hum), pezuña *f* (fam & hum)

hoof² *vt*: ***to ~ it*** (colloq) ir* a pata (fam)

hoof-and-mouth disease /ˌhʊfənˈmaʊθ || ˌhu:fənˈmaʊθ/ *n* [u] (AmE) fiebre *f* aftosa, glosopeda *f* (téc)

hoofbeat /ˈhʊfbi:t || ˈhu:fbi:t/ *n*: **I heard ~s** oí ruido de cascos

hoofed /hʊft || hu:ft/ *adj* ungulado

hoofer /ˈhʊfər || ˈhu:fə(r)/ *n* (AmE colloq) bailarín, -rina *m,f*

hoo-ha /ˈhu:hɑ:/ *n* [c u] (colloq) alboroto *m*, jaleo *m* (fam), follón *m* (Esp fam); **there was a great ~** se armó tremendo jaleo *or* (Esp tb) follón (fam)

hook¹ /hʊk/ *n*
A **1** gancho *m*; (for hanging clothes) percha *f*, gancho *m*; (for fishing) anzuelo *m*; **to take the phone off the ~** descolgar* el teléfono; ***by ~ or by crook*** sea como sea, por las buenas o por las malas; **~, *line and sinker*: I swallowed the story ~, line and sinker** mordí *or* me tragué bien el anzuelo; **it's an old ruse, but they fell for it ~, line and sinker** es un truco muy viejo, pero cayeron como angelitos (fam); ***to get/let sb off the ~*** sacar*/dejar salir a algn del atolladero; **now he's doing it, we're off the ~** ahora que lo va a hacer él, nos libramos nosotros; **he's off the ~** se ha librado; ***to get one's ~s into sb*:** **she's got her ~s into him** lo tiene en sus garras; ***to sling one's ~*** (BrE sl) largarse* (fam), pirarse *or* pirárselas (Esp arg), pintarse (Méx fam), tomárselas (RPl fam), envelárselas (Chi fam), pisarse (Col fam) **2** (Clothing) corchete *m*, ganchito *m*; **~s and eyes** corchetes (*macho y hembra*)
B (Sport) **1** (in boxing) gancho *m*; **a left/right ~** un gancho de izquierda/derecha **2** (in golf) hook *m*

hook² *vt*
A (grasp, secure) enganchar; **I got my coat ~ed on a nail** se me enganchó el abrigo en un clavo; **I ~ed a ten-pounder** pesqué *or* (esp Esp) cogí un pez de diez libras; **she wants to ~ (herself) a husband** (colloq & hum) quiere pescar marido (fam & hum); **she's been trying to ~ him for years** hace años que anda tras él *or* que trata de engancharlo; **I ~ed my arm around his neck** le rodeé el cuello con el brazo
B (Sport) **1** ‹*ball*› (in golf) golpear (*hacia la izquierda*); (in rugby) talonar **2** (in boxing) enganchar, pegarle* un gancho a

■ **hook** *vi*
A (join with hook): **the dress ~s at the side** el vestido se abrocha con corchetes *or* ganchitos al costado; **the two sections ~ together here** las dos partes se enganchan aquí
B (be prostitute) (AmE sl) hacer* la calle *or* (Esp tb) la carrera (fam), fichar (Méx fam), patinar (Chi fam), yirar (RPl arg)

Phrasal verb

• **hook up**
A [v + o + adv, v + adv + o] **1** (fasten) ‹*dress/bra*› abrochar; **would you ~ me up?** ¿me abrochas? **2** (connect, link) enganchar; **we ~ed up the trailer** enganchamos el remolque; **the two stations were ~ed up for the broadcast** las dos estaciones de radio transmitieron en cadena
B [v + adv] **1** (Rad, TV) conectarse, transmitir en cadena **2** (become associated) (AmE) engancharse

hookah /ˈhʊkə/ *n* narguile *m*

hook and ladder (truck) *n* (AmE) carro *m or* (Esp) coche *m* de bomberos, autobomba *m* (RPl), bomba *f* (Chi)

hooked /hʊkt/ *adj*
A (hook-shaped) ‹*beak*› ganchudo; ‹*nose*› aguileño; ‹*instrument*› en forma de gancho
B (addicted) (colloq) **to be ~** ON **sth**: **he's ~ on video games** está enviciado con los videojuegos; **he got ~ on heroin** se enganchó al caballo (arg); **she's completely ~ on the idea** está entusiasmadísima con la idea

hooker /ˈhʊkər || ˈhʊkə(r)/ *n*
A (prostitute) prostituta *f*, puta *f* (vulg)
B (in rugby) talonador, -dora *m,f*

hookey *n* ▸**hooky**

Hook of Holland *n*: **the ~ ~ ~** el Hoek van Holland

hook-up /ˈhʊkʌp/ *n*
A (Rad, TV): **a nationwide ~** una cadena nacional; **a satellite ~** una conexión vía satélite
B (connection) (AmE) conexión *f*

hookworm /ˈhʊkwɜ:rm || ˈhʊkwɜ:m/ *n* **1** [c] (Zool) anquilostoma *m* **2** [u] **~ (disease)** anquilostomiasis *f*

hooky /ˈhʊki/ *n*: ***to play ~*** (esp AmE colloq) faltar a clase, hacer* novillos *or* (Méx) irse* de pinta *or* (RPl) hacerse* la rata *or* la rabona *or* (Per) la vaca *or* (Chi) hacer* la cimarra *or* (Col) capar clase *or* (Ven) jubilarse (fam)

hooligan /ˈhu:lɪgən/ *n* vándalo, -la *m,f*, gamberro, -rra *m,f* (Esp), barra brava *mf* (CS)

hooliganism /ˈhu:lɪgənɪzəm/ *n* [u] vandalismo *m*, gamberrismo *m* (Esp)

hoop /hu:p/ *n*
A **1** (circular band) aro *m*; ***to go through the ~(s)*** vérselas* negras; ***to put sb through the ~(s)*** hacérselas* pasar negras a algn (fam) **2** (toy) aro *m*
B **1** (in croquet) arco *m* **2** (in basketball) aro *m*

hoop-la /ˈhu:plɑ:/ *n* [u]
A (ballyhoo) (AmE colloq): **they launched their new product with a tremendous amount of ~** lanzaron su nuevo producto con bombos y platillos *or* (Esp) a bombo y platillo
B (BrE) (Games) juego *m* de los aros

hoopoe /ˈhu:pu:/ *n* abubilla *f*

hooray¹ /hʊˈreɪ/ *interj* ¡hurra!; **~, we've won!** ¡hurra *or* viva, hemos ganado!; **~ for Mr Smith!** ¡un hurra por *or* (Méx) una porra al señor Smith!; **hip hip ~!** ¡hip, hip, hurra!

hooray² *n* hurra *m*, porra *f* (Méx)

hooray Henry /ˈhenri/ *n* (*pl* **Henries** *or* **Henrys**) (BrE) niño *m* bien, niño *m* pijo (Esp fam), niño *m* popoff (Méx fam), pituco *m* (CS fam)

hoosegow /ˈhu:sgaʊ/ *n* (AmE sl) cárcel *f*, cana *f* (AmS arg), trena *f* (Esp arg), tanque *m* (Méx arg), gayola *f* (RPl arg), capacha *f* (Chi fam), guaconda *f* (Col fam)

hoot¹ /hu:t/ *n* **1** (of owl) grito *m*, ululato *m*; (of train) silbido *m*, pitido *m* **2** (shout): **~s of laughter** risotadas *fpl*, carcajadas *fpl*; **~s of derision** abucheo *m*; ***not to give* o *care a ~* o *two ~s*** (colloq): **I don't give a ~ about it** me importa un rábano *or* un comino *or* un pito *or* un pepino (fam); ***to be a ~*** (colloq) ser* para desternillarse (de risa) *or* morirse de risa, ser* un plato (AmS) *or* (Méx) un relajo (fam)

hoot² *vi* **1** «*owl*» ulular; «*train*» pitar, silbar; «*car/driver*» tocar* el claxon *or* la bocina, pitar **2** (laugh) morirse* *or* matarse de (la) risa, desternillarse (de risa) **3** (mock) rechiflar; **the crowd ~ed at the speaker** la multitud abucheó al orador

■ **hoot** *vt* **1** (BrE) (Auto) tocarle* la bocina *or* el claxon a, pitarle a; **to ~ the horn** tocar* el claxon *or* la bocina **2** (deride) ‹*performer/speaker*› abuchear

hootch /hu:tʃ/ *n* [u] ▸**hooch**

hooter /ˈhu:tər || ˈhu:tə(r)/ *n* (BrE)
A **1** (siren, whistle) sirena *f* **2** (horn) claxon *m*, bocina *f*
B (nose) (colloq & hum) napias *fpl* (fam), naso *m* (RPl fam)
C **hooters** *pl* (woman's breasts) (AmE vulg) tetas *fpl* (fam or vulg), melones *mpl* (arg)

hooved /hu:vd/ *adj* ▸**hoofed**

hoover /ˈhu:vər || ˈhu:və(r)/ *vt* (BrE) ‹*carpet/room*› pasar la aspiradora por, pasar el aspirador por, aspirar (AmL)

■ **hoover** *vi* pasar la aspiradora *or* el aspirador, aspirar (AmL)

Hoover®, hoover /ˈhu:vər || ˈhu:və(r)/ *n* (BrE) aspiradora *f*, aspirador *m*

hooves /hʊvz || hu:vz/ *pl of* **hoof¹**

hop¹ /hɑ:p || hɒp/ *n*
A **1** (leap — of person) salto *m* a la pata coja *or* con un solo pie, brinco *m* de cojito (Méx); (— of rabbit) salto *m*, brinco *m*; (— of bird) saltito *m*; **it's only a ~, skip and a jump from here** está a un paso de aquí; **the ~, skip** o **step and jump** el triple salto; ***to catch sb on the ~*** (BrE colloq) pillar *or* (esp Esp) coger* a algn desprevenido *or* descuidado; ***to keep sb on the ~*** (BrE colloq) tener* a algn muy atareado *or* ocupado **2** (Aviat): **it's only a short ~ from London to Paris** es un vuelo muy corto de Londres a París
B (dance) (colloq) baile *m*, bailongo *m* (fam)
C (Bot, Culin) (*usu pl*) lúpulo *m*; **the flavor of ~s** el sabor del lúpulo

hop² **-pp-** *vi* **1** «*frog/rabbit*» brincar*, saltar; «*bird*» dar* saltitos **2** «*person/child*» saltar a la pata coja *or* con un solo pie, brincar* de cojito (Méx) **3** (move quickly) (colloq): **I'll ~ along to the supermarket to get some bread** voy corriendo *or* en una escapada al supermercado a comprar pan; **the article ~ped (about) from one subject to another** el artículo saltaba de un tema al otro; **~ in, I'll take you to the station** súbete, que te llevo a la estación; **~ in a taxi, it's too far to walk** tómate un taxi, es demasiado lejos para ir a pie; **to ~ into bed with anyone** acostarse* con cualquiera;

you stay in the car, I'll ~ out and get a newspaper quédate en el coche, (que) yo me bajo un momento a comprar el periódico; **to ~ out of bed** bajarse de la cama (de un salto); **to ~ off/on a plane/train/bus** bajarse/tomarse de un avión/tren/autobús

■ **hop** *vt*

A (AmE colloq) tomar, pillar (fam)

B (jump over) ‹*ditch/stream*› saltar, cruzar* de un salto; ***to ~ it*** (BrE colloq) largarse* (fam), tomárselas (RPl fam), pintarse (Méx fam), envelárselas (Chi fam)

hope[1] /həʊp/ *n* **1** [u c] (expectation) esperanza *f*; **to be full of ~** estar* lleno de esperanzas *or* de ilusión; **my ~ is that she'll change her mind** espero que cambie de opinión; **the doctor told us she was beyond ~** el médico nos dijo que lo suyo no tenía cura; **don't get your ~s up too much** no te hagas demasiadas ilusiones; **to give up ~** perder* la(s) esperanza(s); **we have high ~s of him/his getting a gold medal** tenemos muchas esperanzas de que obtenga una medalla de oro; **she held out the ~ of promotion** le (*or* nos *etc*) dio esperanzas de que lo (*or* nos *etc*) ascenderían; **I don't hold out much ~ of (our) winning** no me hago muchas ilusiones *or* no tengo muchas esperanzas de que vayamos a ganar; **she did it in the ~ of a reward** lo hizo con la esperanza de obtener una recompensa; **he lived in (the) ~ of returning to his native land** vivía con la esperanza de que algún día volvería a su tierra; **she hasn't done it yet, but we live in ~** (hum) todavía no lo ha hecho, pero no hemos perdido las esperanzas (hum); **to build up** *o* **raise one's ~s** hacerse* *or* forjarse ilusiones; **I don't want to raise false ~s** no quiero crear falsas expectativas; **she's pinning all her ~s on getting the scholarship** ha cifrado todas sus esperanzas en conseguir la beca; **I had set my ~s on getting the prize** me había hecho ilusiones de llevarme el premio **2** [u c] (chance) esperanza *f*; **there's little ~ of a positive outcome** hay pocas esperanzas *or* posibilidades de que el resultado sea positivo; **we haven't got a ~ in hell** (colloq) no tenemos ni la más remota posibilidad; **not a ~!** (colloq) ¡ni lo sueñes!; **some ~!** (iro) ¡sí, espérate sentado! (fam & iró) **3** [c] (person, thing) esperanza *f*; **he's my last/only ~** es mi última/única esperanza; **she's the great white ~ of the democrats** (hum) es la gran esperanza de los demócratas

hope[2] *vi* esperar; **I ~ so/not** espero que sí/que no; **to ~ FOR sth**: **they ~d for a better life for their children** tenían esperanzas de que sus hijos tuvieran una vida mejor; **we're hoping for good weather while we're on vacation** esperamos tener buen tiempo durante las vacaciones; **are you going to do some work, or would that be too much to ~ (for)?** ¿vas a trabajar un poco o eso sería mucho pedir?; **to ~ for the best** esperar que la suerte me (*or* nos *etc*) acompañe; **her method is to throw everything into the pot and ~ for the best** su método es echarlo todo en la olla y que sea lo que Dios quiera

■ **hope** *vt* **to ~ (THAT)** esperar QUE (+ *subj*); **I ~ (that) you are well** espero que te encuentres bien; **this is for you, I ~ you like it** esto es para ti, espero que te guste; **I was hoping (that) you'd say that** esperaba que dijeras eso; **to ~ against hope that ...** esperar contra todo pronóstico que ...; **to ~ to + INF** esperar + INF; **I ~** *o* **I'm hoping to go in May** espero poder ir en mayo; **what do you ~ to gain by that?** ¿y qué esperas ganar con eso?

hope chest *n* (AmE) baúl *m* *or* arcón *m* del ajuar

hoped-for /ˈhəʊptfɔːr || ˈhəʊptfɔː(r)/ *adj* (*before n*) ‹*result/event*› esperado, ansiado

hopeful[1] /ˈhəʊpfəl/ *adj* **1** ‹*person*› esperanzado, optimista; **don't be/get too ~** no te hagas demasiadas ilusiones; **I don't feel at all ~ about our future** no me siento nada optimista con respecto a nuestro futuro; **to be ~ OF -ING** tener* esperanzas DE + INF **2** (promising) ‹*sign/response/prospect*› esperanzador, prometedor

hopeful[2] *n* aspirante *mf*, candidato, -ta *m,f*; **young ~s** jóvenes aspirantes

hopefully /ˈhəʊpfəli/ *adv* **1** (in hopeful way): **the dog looked ~ at its master** el perro miró expectante a su dueño; **can you pay me in dollars? she asked ~** —¿puedes pagarme en dólares? —preguntó esperanzada **2** (*indep*) (crit): **~, Jim will have remembered** es de esperar que Jim se haya acordado; **when do you leave? — ~, on Friday** ¿cuándo te vas? — el viernes, espero *or* si Dios quiere; **methods which, ~, will speed up production** métodos que, se espera, aceleren la producción

hopeless /ˈhəʊpləs || ˈhəʊplɪs/ *adj*

A **1** (allowing no hope) ‹*situation*› desesperado; ‹*love*› sin esperanzas, imposible; ‹*task*› imposible; **it's a ~ case** es un caso perdido; (Med) no tiene cura, está desahuciado; **he's a ~ case** «*pupil*» no tiene remedio; «*patient*» está desahuciado **2** (inveterate) ‹*drunk*› empedernido; ‹*spendthrift/liar/gambler*› incurable, incorregible; ‹*idiot*› rematado, redomado

B (incompetent, inadequate) (colloq): **you're ~! give me the scissors** ¡eres un inútil! dame esas tijeras; **as an interviewer, she's absolutely ~** como entrevistadora, es una nulidad; **the train service on this line is ~** el servicio de trenes en esta línea es desastroso *or* es un desastre; **to be ~ AT sth** ser* negado PARA algo; **I'm ~ at languages** soy negada para los idiomas

C (despairing) ‹*cry*› de desesperación; ‹*mood*› abatido, desesperanzado

hopelessly /ˈhəʊpləsli || ˈhəʊplɪsli/ *adv* **1** (irredeemably) (*as intensifier*): **they were ~ lost** estaban totalmente *or* completamente perdidos; **he was ~ in love** estaba perdidamente enamorado; **he's ~ lazy** es un auténtico vago *or* un vago incorregible **2** (without hope) sin esperanzas

hopelessness /ˈhəʊpləsnəs || ˈhəʊplɪsnɪs/ *n* [u] **1** (of situation) lo desesperado **2** (despair) desesperanza *f*

hopper /ˈhɑːpər || ˈhɒpə(r)/ *n* tolva *f*; (of furnace) tragante *m*

hopping /ˈhɑːpɪŋ || ˈhɒpɪŋ/ *adj*: ***to be ~ mad*** (colloq) estar* furioso; **she's ~ mad** está furiosa, está que echa chispas *or* que trina (fam)

hopsack /ˈhɑːpsæk || ˈhɒpsæk/ *n* [u] (BrE) arpillera *f*, tela *f* de saco *or* de costal

hopscotch /ˈhɑːpskɑːtʃ || ˈhɒpskɒtʃ/ *n* [u]: **to play ~** jugar* al tejo *or* (Méx) al avión *or* (RPl) a la rayuela *or* (Col) a la golosa *or* (Chi) al luche

Horace /ˈhɔːrəs || ˈhɒrɪs/ *n* Horacio

horde /hɔːrd || hɔːd/ *n* **1** (of people, tourists) (colloq) multitud *f*, horda *f*; **there were ~s of people** había miles de personas, había une multitud (de personas) **2** (of insects, locusts) plaga *f* **3** (Hist) horda *f*

horehound /ˈhɔːrhaʊnd || ˈhɔːhaʊnd/ *n* [c u] marrubio *m*

horizon /həˈraɪzən/ *n* **1** (Geog): **the ~** el horizonte; **any job offers on the ~?** ¿tienes algún trabajo en perspectiva? **2** **horizons** *pl* (scope, opportunities) horizontes *mpl*; **it will open up new ~s** va a abrir nuevos horizontes *or* nuevas perspectivas; **her ~s are very narrow** tiene muy pocas inquietudes; **I'm taking this course to broaden my ~s** hago este curso para ampliar mis horizontes

horizontal[1] /ˌhɔːrəˈzɑːntl || ˌhɒrɪˈzɒntl/ *adj* **1** ‹*plane/line/surface*› horizontal **2** (parallel) **~ TO sth** paralelo A algo **3** (on same level) horizontal

horizontal[2] *n* horizontal *f*

horizontally /ˌhɔːrəˈzɑːntli || ˌhɒrɪˈzɒntli/ *adv* horizontalmente

hormonal /hɔːrˈməʊnl || hɔːˈməʊnl/ *adj* hormonal

hormone /ˈhɔːrməʊn || ˈhɔːməʊn/ *n* hormona *f*; (*before n*) ‹*injection*› de hormonas; **~ replacement therapy** terapia *f* hormonal sustitutiva; ‹*secretion*› hormonal; **~ therapy** terapia *f* hormonal; **~ treatment** tratamiento *m* hormonal *or* con hormonas

horn /hɔːrn || hɔːn/ *n*

A (Zool) **1** [c u] (of animal) cuerno *m*, asta *f*‡, cacho *m* (AmS), guampa *f* (CS); **the ~ of plenty** el cuerno de la abundancia; ***on the ~s of a dilemma*** entre la espada y la pared; **she's caught on the ~s of a dilemma** está entre la espada y la pared; **his questions put me on the ~s of a dilemma** sus preguntas me pusieron entre la espada y la pared; ***to lock ~s with sb*** (come into conflict) chocar* con algn, tener* un encontronazo con algn (fam); (*before n*) ‹*button/handle*› de asta, de guampa (CS) **2** [c] (of snail) cuerno *m*; ***to draw in one's ~s*** (become cautious) recoger* velas; (economize) apretarse* el cinturón (fam)

B [c] (Mus) **1** (wind instrument) cuerno *m*; **a hunting ~** un cuerno *or* un corno *or* una trompa de caza; **post ~** corneta *f* (*del cartero*) **2** (*French ~*) trompa *f* **3** (in jazz) (sl) *cualquier instrumento metálico de viento*

C [c] (Auto) claxon *m*, bocina *f*; (Naut) sirena *f*

D [c] (drinking vessel) cuerno *m*, cacho *m* (AmS), guampa *f* (CS)

Phrasal verb

- **horn in** [v + adv (+ prep + o)] (colloq) meterse; **she always ~s in on any successful deals we do** cuando los negocios nos salen bien, ella siempre quiere sacar tajada (fam)

hornbeam /ˈhɔːrnbiːm || ˈhɔːnbiːm/ *n* carpe *m*

hornbill /ˈhɔːrnbɪl || ˈhɔːnbɪl/ *n* bucero *m*

horned /hɔːrnd || hɔːnd/ *adj* astado, con cuernos, con cachos (AmS), guampudo (CS)

hornet /ˈhɔːrnət || ˈhɔːnɪt/ *n* avispón *m*; ***to stir up a ~'s nest*** armar mucho revuelo, alborotar el avispero *or* el gallinero (AmS fam)

hornpipe /ˈhɔːrnpaɪp || ˈhɔːnpaɪp/ *n*: *baile de marineros*

horn-rimmed /ˈhɔːrnrɪmd || ˈhɔːnrɪmd/ *adj* ‹*spectacles*› (con montura) de carey *or* de concha

hornswoggle /ˈhɔːrnˌswɑːgəl || ˈhɔːnˌswɒgəl/ *vt* (colloq) embaucar*, engatusar (fam)

horny /ˈhɔːrni || ˈhɔːni/ *adj* **-nier, -niest**

A (hard) ‹*hand*› calloso

B (sexually excited) (sl) caliente (fam), cachondo (Esp, Méx fam)

horology /həˈrɑːlədʒi || həˈrɒlədʒi/ *n* [u] horología *m*

horoscope /ˈhɔːrəskəʊp || ˈhɒrəskəʊp/ *n* horóscopo *m*

horrendous /həˈrendəs/ *adj* **1** (horrifying) ‹*crime/account*› horrendo, horroroso **2** (dreadful) (colloq) ‹*price/mistake*› terrible

horrendously /həˈrendəsli/ *adv* (colloq) (*as intensifier*) ‹*difficult/expensive*› terriblemente; **it was ~ hot in there** hacía un calor terrible *or* espantoso ahí dentro

horrible /ˈhɔːrəbəl || ˈhɒrɪbəl/ *adj* **1** (causing horror) ‹*crime/disease/sight*› horrible, horroroso **2** (very unpleasant, nasty) horrible, horroroso, espantoso; **I've a ~ feeling we didn't invite the Smiths** tengo la horrible sensación de que nos olvidamos de invitar a los Smith; **Mummy, Peter's being ~ to me** mamá, Peter es muy malo conmigo

horribly /ˈhɔːrəbli || ˈhɒrɪbli/ *adv* **1** (horrifyingly) de una forma *or* manera horrible **2** (very unpleasantly) horriblemente, muy mal **3** (colloq) (*as intensifier*) ‹*late/rude/embarrassed*› terriblemente

horrid /ˈhɔːrəd || ˈhɒrɪd/ *adj* **1** (esp BrE colloq) horroroso **2** (horrifying) (liter) horrible

horrific /hɔːˈrɪfɪk || hɒˈrɪfɪk/ *adj* horroroso, espantoso

horrifically /hɔːˈrɪfɪkli || həˈrɪfɪkli/ *adv* horrorosamente

horrified /ˈhɔːrəfaɪd || ˈhɒrɪfaɪd/ *adj* ‹*gasp/scream*› de horror; **he gave me a ~ look** me miró horrorizado

horrify /ˈhɔːrəfaɪ || ˈhɒrɪfaɪ/ *vt* **-fies, -fying, -fied** horrorizar*; **she was horrified to find out that ...** se horrorizó al enterarse de que ...

horrifying /ˈhɔːrəfaɪɪŋ || ˈhɒrɪfaɪɪŋ/ *adj* horroroso, horrendo, horripilante

horrifyingly /ˈhɔːrəfaɪɪŋli || ˈhɒrɪfaɪɪŋli/ *adv* horriblemente; (*as intensifier*) terriblemente, tremendamente

h

horror /ˈhɔːrər || ˈhɒrə(r)/ *n*
A 1 [u] (emotion) horror *m*; **I cried out in ~** grité horrorizada; **to have a ~ of sth/-ING: he has a ~ of spiders** les tiene horror *or* terror a las arañas; **I have a ~ of being alone** me aterra *or* me da pavor estar sola; (*before n*) ‹*movie/story*› de terror; **everyone has a ~ story to tell about ...** todo el mundo ha tenido alguna mala experiencia con ... 2 [c] (experience, event): **the ~s of nuclear warfare** los horrores de la guerra atómica; **ten die in gas blast ~** (journ) diez muertos en una explosión de gas; **~ of ~s, you'll actually have to do some work!** (iro) ¡qué horror! ¡hasta vas a tener que trabajar! (iró) 3 [c] (person, thing) (colloq) monstruo *m*; **that child's a little ~!** ¡ese niño es un diablillo! (fam)
B **horrors** *pl* (colloq): **spiders give me the ~s** las arañas me ponen los pelos de punta (fam)

horror-stricken /ˈhɔːrərˌstrɪkən || ˈhɒrəˌstrɪkən/ *adj* ▸**horror-struck**

horror-struck /ˈhɔːrərstrʌk || ˈhɒrəstrʌk/ *adj* horrorizado

hors de combat /ˌɔːrdəkəʊmˈbɑː || ˌɔːde ˈkɒmbɑː/ *adj* (*pred*) fuera de combate

hors d'oeuvre /ɔːrˈdɜːrv || ɔːˈdɜːvrə/ *n* (*pl* **hors d'oeuvres** /-ˈdɜːrv || -ˈdɜːvrə/) (appetizer) entremés *m*, botana *f* (Méx); (first course) entrada *f*, primer plato *m*, entrante *m* (Esp)

horse /hɔːrs || hɔːs/ *n*
A [c] (Zool) caballo *m*; **to ride a ~** montar a caballo, andar* a caballo (CS, Méx); **he lost a lot of money on the ~s** perdió mucho dinero en las carreras de caballos; ***from the ~'s mouth*** (colloq): **I want to hear it straight from the ~'s mouth** quiero que me lo diga él mismo/ella misma; ***his/her high ~***: **when he gets on his high ~ ...** cuando se pone a pontificar ...; **you'd better get down off your high ~** va a ser mejor que bajes el gallo (fam); ***hold your ~s*** (colloq) ¡un momentito!; ***~s for courses*** (BrE colloq) a cada cual, lo suyo; ***I could eat a ~*** tengo un hambre canina, me comería una vaca entera; ***to back the wrong ~*** hacer* una mala elección; ***to be a ~ of another*** *o* ***a different color*** ser* harina de otro costal; ***to beat*** *o* (BrE) ***flog a dead ~*** (colloq): **talking to them about cutting expenditure is a case of beating a dead ~** hablarles de reducir gastos es como arar en el mar *or* como machacar en hierro frío; **asking him to contribute is like beating a dead ~** pedirle que colabore es pedirle peras al olmo; ***to change ~s in midstream*** cambiar de parecer (*or* de política *etc*) a mitad de camino; ***to drive a ~ and cart through sth*** arrasar con algo; ***to eat like a ~*** comer como un sabañón *or* como una lima (nueva); ***wild ~s***: **wild ~s wouldn't make me go back to that job** por nada del mundo volvería a ese trabajo; **wild ~s couldn't keep me away** no me lo perdería por nada del mundo; ***you can lead*** *o* ***take a ~ to water but you can't make it drink*** puedes darle un consejo a alguien, pero no puedes obligarlo a que lo siga; (*before n*): **~ blanket** gualdrapa *f*, manta *f* para caballo, jerga *f* (RPl); **~ riding** (BrE) equitación *f*
B [c] (vaulting-block) potro *m*, caballo *m* (Méx)
C (cavalry) (+ *pl vb*) caballería *f*; **light ~** caballería ligera
D [u] (heroin) (sl) caballo *m* (arg)

Phrasal verb
• **horse around** [v + adv] (colloq) hacer* barullo, alborotar, armar relajo (AmL fam)

horse artillery *n* [u] artillería *f* montada

horseback /ˈhɔːrsbæk || ˈhɔːsbæk/ *n*: **on ~** a caballo; (*before n*): **~ riding** (AmE) equitación *f*; **to go ~ riding** (AmE) salir* a cabalgar, salir* a montar *or* (CS, Méx tb) a andar a caballo

horse bean *n* (AmE) haba *f*

horsebox /ˈhɔːrsbɑːks || ˈhɔːsbɒks/ *n* (BrE) ▸**horsecar 2**

horse brass *n*: *jaez de latón de los arneses de las caballerías*

horse breeder *n* criador, -dora *m,f* de caballos

horsecar /ˈhɔːrskɑːr || ˈhɔːskɑː(r)/ *n* (AmE) 1 (drawn by horses) *tranvía tirado por caballos* 2 (for transporting horses) remolque *m or* trailer *m* (*para transportar caballos*)

horse chestnut *n* 1 **~ ~ (tree)** castaño *m* de Indias 2 (fruit) castaña *f* de Indias

horse dealer *n* tratante *mf* de caballos, comerciante *mf* de caballos

horse-drawn /ˈhɔːrsdrɔːn || ˈhɔːsdrɔːn/ *adj* tirado por caballos

horsefeathers /ˈhɔːrsˌfeðərz || ˈhɔːsˌfeðəz/ *pl n* (AmE) tonterías *fpl*, bobadas *fpl* (fam); (*as interj*) ¡qué tontería!, ¡qué bobada! (fam)

horseflesh /ˈhɔːrsfleʃ || ˈhɔːsfleʃ/ *n* [u] 1 (meat) carne *f* de caballo 2 (horses) caballos *mpl*; **I'm a pretty good judge of ~** entiendo bastante de caballos

horsefly /ˈhɔːrsflaɪ || ˈhɔːsflaɪ/ *n* (*pl* **-flies**) tábano *m*

horsehair /ˈhɔːrsher || ˈhɔːsheə(r)/ *n* [u] crin *f*

horse latitudes *pl n* zonas *fpl* de calmas subtropicales

horse laugh *n* risotada *f*, carcajada *f*

horseman /ˈhɔːrsmən || ˈhɔːsmən/ *n* (*pl* **-men** /-mən/) jinete *m*

horsemanship /ˈhɔːrsmənʃɪp || ˈhɔːsmənʃɪp/ *n* [u] habilidad *f* en el manejo del caballo

horsemeat /ˈhɔːrsmiːt || ˈhɔːsmiːt/ *n* [u] carne *f* de caballo

horse opera *n* [c u] ((AmE colloq)) película *f* del oeste, western *m*

horseplay /ˈhɔːrspleɪ || ˈhɔːspleɪ/ *n* [u] jugueteo *m*

horsepower /ˈhɔːrspaʊər || ˈhɔːspaʊə(r)/ *n* [u] caballo *m* (de fuerza); **a 90-~ engine/car** un motor/coche de 90 caballos (de fuerza)

horse racing *n* [u] carreras *fpl* de caballos, hípica *f*

horseradish /ˈhɔːrsˌrædɪʃ || ˈhɔːsˌrædɪʃ/ *n* [c u] rábano *m* picante

horse's ass *n* (AmE sl) idiota *mf*, gilipollas *mf* (Esp arg), pendejo, -ja *m,f* (AmL exc CS fam), huevón, -vona *m,f* (Andes, Ven arg), boludo, -da *m,f* (Col, RPl arg)

horse sense *n* [u] (colloq) sentido *m* común, tino *m*

horseshit /ˈhɔːrsʃɪt || ˈhɔːsʃɪt/ *n* [u] (AmE sl) ▸**bullshit**[1]

horseshoe /ˈhɔːrsʃuː || ˈhɔːsʃuː/ *n* 1 herradura *f*; (*before n*) ‹*magnet/bend*› en forma de herradura; ‹*arch*› de herradura 2 **horseshoes** *pl* (in US) juego *m* de la herradura

horse show *n* concurso *m* hípico

horse trading *n* [u] (colloq) toma y daca *m*, tira y afloja *m* (AmL)

horsewhip[1] /ˈhɔːrshwɪp || ˈhɔːswɪp/ *n* látigo *m*, fuete *m* (AmL exc CS)

horsewhip[2] *vt* **-pp-** darle* latigazos a, darle* fuetazos a (AmL exc CS)

horsewoman /ˈhɔːrsˌwʊmən || ˈhɔːsˌwʊmən/ *n* (*pl* **-women**) amazona *f*; **she's a good ~** es una buena amazona

horsy, horsey /ˈhɔːrsi || ˈhɔːsi/ *adj* **-sier, -siest** 1 (fond of horses) aficionado a los caballos 2 (resembling horse) ‹*face*› caballuno, de caballo

horticultural /ˌhɔːrtəˈkʌltʃərəl || ˌhɔːtɪˈkʌltʃərəl/ *adj* hortícola, de horticultura

horticulture /ˈhɔːrtəˌkʌltʃər || ˈhɔːtɪˌkʌltʃə(r)/ *n* [u] horticultura *f*

hosanna[1] /həʊˈzænə/ *n* hosanna *m*

hosanna[2] *interj* hosanna

hose[1] /həʊz/ *n*
A [c u] (pipe) manguera *f*, manga *f*; (Auto) manguito *m*; **a fire ~** una manguera contra incendios
B (Clothing) (+ *pl vb*) 1 (socks) (dated) calcetines *mpl*, medias *fpl* (AmL); **a pair of gentlemen's ~** un par de calcetines de caballero 2 (tights) (Hist, Theat) calzas *fpl*, malla *f* 3 (AmE) ▸**pantyhose**

hose[2] *vt* 1 (water) ‹*lawn/plants*› regar* (*con manguera*) 2 (wash) ‹*car*› lavar (*con manguera*)

Phrasal verb
• **hose down** [v + o + adv, v + adv + o] lavar (*con manguera*)

hosepipe /ˈhəʊzpaɪp/ *n* (esp BrE) manguera *f*; (*before n*): **~ ban** prohibición *f* de usar mangueras (*durante una sequía*)

hosiery /ˈhəʊʒəri || ˈhəʊziəri/ *n* [u] (frml) calcetería *f*, medias *fpl*

hosp (= **hospital**) Hosp., Htal.

hospice /ˈhɑːspəs || ˈhɒspɪs/ *n* 1 (for the dying) *residencia para enfermos desahuciados* 2 (for travelers) (Hist) hospicio *m*, hospedería *f*

hospitable /hɑːˈspɪtəbəl || hɒˈspɪtəbəl/ *adj* ‹*person*› hospitalario; ‹*atmosphere*› acogedor; **to be ~ TO sb** ser* hospitalario CON algn

hospitably /hɑːˈspɪtəbli || hɒˈspɪtəbli/ *adv* de manera hospitalaria, con hospitalidad

hospital /ˈhɑːspɪtl || ˈhɒspɪtl/ *n* hospital *m*, nosocomio *m* (frml); **to be in the ~** *o* (BrE) **in ~** estar* en el hospital, estar* hospitalizado, estar* internado (CS, Méx); **he's going to have to go into the ~** *o* (BrE) **into ~** lo van a tener que ingresar, se va a tener que hospitalizar *or* (CS, Méx tb) internar; (*before n*) ‹*treatment/service*› hospitalario; **~ administration** administración *f* hospitalaria; **~ doctor** médico *mf* de hospital; **~ management** dirección *f* hospitalaria; **~ nurse** enfermera *f* de hospital; **~ porter** camillero *m*

hospitality /ˌhɑːspəˈtæləti || ˌhɒspɪˈtæləti/ *n* [u] hospitalidad *f*; (*before n*) ‹*suite/lounge*› (BrE) de recepción; **~ area** zona *f* VIP; **the ~ committee** el comité de recepción; **~ industry** industria *f* hotelera, hostelería *f*, hotelería *f* (AmL); **~ tent** carpa *f* de recepción *o* de VIPs

hospitalization /ˌhɑːspɪtləˈzeɪʃən || ˌhɒspɪtəlaɪˈzeɪʃən/ *n* [u c] hospitalización *f*, ingreso *m*, internación *f* (CS, Méx)

hospitalize /ˈhɑːspɪtlaɪz || ˈhɒspɪtlaɪz/ *vt* hospitalizar*, ingresar, internar (CS, Méx)

hospital ship *n* buque *m* hospital

hospital trust *n* (BrE) (Med) *hospital de la seguridad social que ha optado por independizarse de la autoridad local para ser administrado por una fundación*

host[1] /həʊst/ *n*
A 1 (person dispensing hospitality) anfitrión, -triona *m,f*; **I'm playing ~ to a group of exchange students tonight** esta noche recibo a un grupo de estudiantes extranjeros; **Barcelona played ~ to the Olympic Games** Barcelona fue la sede de las Olimpíadas; **the ~ for this year's tennis tournament will be Danvers High School** el campeonato de tenis se celebrará este año en Danvers High School; (*before n*) ‹*country/government*› anfitrión 2 (Rad, TV) presentador, -dora *m,f*
B 1 (of parasite) huésped *m*; (*before n*): **~ animal/organism** animal/organismo huésped *or* receptor 2 (of transplant) (Med) receptor, -tora *m,f*
C 1 (multitude) gran cantidad *f*; **a whole ~ of difficulties** gran cantidad de dificultades, muchísimas dificultades 2 (army) (liter) huestes *fpl*; **Lord of H~s** Señor *m* de los Ejércitos
D **the Host** (Relig) la (Sagrada) Hostia *or* Forma, la Eucaristía; **to receive the H~** recibir la Eucaristía, comulgar*

host[2] *vt* 1 (be the venue for): **Washington will once again be ~ing the conference** Washington volverá a ser la sede de la conferencia, la conferencia volverá a celebrarse en Washington 2 (Rad, TV) ‹*show/game/quiz*› presentar 3 ‹*party/function*› ofrecer*

hostage /ˈhɑːstɪdʒ || ˈhɒstɪdʒ/ *n* rehén *m*; **to take/hold sb ~** tomar/tener* a algn como rehén

hostel[1] /ˈhɑːstl || ˈhɒstl/ *n* (*youth ~*) 1 albergue *m* juvenil *or* de juventud 2 (for students) (BrE) residencia *f*; (for the homeless, for battered wives etc) hogar *m*

hostel[2] *vi* BrE **-ll-** (*only in -ing form*): **to go ~ing** ir* de vacaciones alojándose en albergues juveniles

hostelry /ˈhɑːstlri || ˈhɒstəlri/ *n* (*pl* **-ries**) (arch *or* hum) posada *f* (arc), mesón *m*

hostess /ˈhəʊstəs || ˈhaʊstes/ *n* **1** (in private capacity) anfitriona *f* **2** (*air* ~) (esp BrE) ▸**stewardess 2** **3** (at exhibitions, fairs) azafata *f* **4** (in nightclub) cabaretera *f*, chica *f* de alterne (Esp), copera *f* (AmS) **5** (on TV show) (presenter) presentadora *f*; (assistant) azafata *f*

hostile /ˈhɑːstl || ˈhɒstaɪl/ *adj* **1** ‹*person/atmosphere/manner*› hostil; **to be ~ TO sth** ser* hostil A algo; **to be ~ TO o TOWARD sb** ser* hostil CON or HACIA algn **2** ‹*troops/territory*› hostil; **~ witness** (Law) *testigo que declara en contra de la parte que lo presenta* **3** (Busn) hostil

hostility /hɑːˈstɪləti || hɒsˈtɪlɪti/ *n*
A [u] (unfriendliness, opposition) ~ **(TO o TOWARD sb/sth)** hostilidad *f* (HACIA algn/algo)
B **hostilities** *pl* (Mil) (frml) hostilidades *fpl* (frml); **the end of hostilities** el cese de las hostilidades; **hostilities broke out** comenzaron las hostilidades

hostler /ˈhɑːslər, ˈɑːs- || ˈɒslə(r)/ *n* ▸**ostler**

hot /hɑːt || hɒt/ *adj* **-tt-**
A **1** ▸ⓘ **p.1878**; ‹*food/water*› caliente; ‹*weather/day*› caluroso; ‹*climate*› cálido; **a ~ country** un país caluroso; **don't touch it, it's ~** no lo toques, está caliente; **it's ~ today/in here** hoy/aquí hace calor; **I'm/he's ~** tengo/tiene calor; **to get ~** «*oven/iron/radiator*» calentarse*; **I/she got very ~** me/le dio mucho calor; **am I getting ~?** (in children's games) ¿caliente o frío?; **the metal was red ~** el metal estaba al rojo vivo; **under the ~ sun** al rayo del sol; **to get/be all ~ and bothered about sth** (BrE) sulfurarse/estar* sulfurado por algo; **to go ~ and cold all over**: **I went ~ and cold all over** se me puso la carne de gallina, me dieron escalofríos; **to have a ~ temper** tener* mal genio, tener* un carácter explosivo; ▸**blow² A1** **2** (spicy) ‹*curry/sauce*› picante, picoso (Méx)
B **1** (intense) ‹*contest*› muy reñido; **there is ~ speculation about the outcome** se está especulando mucho acerca del resultado; **things started getting ~ on lap 25** la cosa se empezó a animar en la vuelta número 25 (fam) **2** (dangerous) (colloq) peligroso; **to make things ~ for sb** hacerle* la vida muy difícil a algn; **the situation was too ~ to handle** la situación entrañaba demasiados riesgos *or* era demasiado comprometedora **3** (eager) (colloq) **~ FOR sth**: **a public ~ for the latest novelty** un público ávido de novedades; **he was ~ on o for her** estaba loco por ella (fam)
C **1** (fresh) ‹*news/scent*› reciente, fresco; **news ~ off the press** una noticia de último momento **2** (current) ‹*story/issue*› de plena actualidad **3** (popular, in demand) ‹*product*› de gran aceptación; ‹*play/movie*› taquillero; **one of Hollywood's ~test stars** una de las estrellas más cotizadas de Hollywood
D (colloq) **1** (expert) ‹*card-player/lawyer*› hábil; **to be ~ AT/ON sth: she's pretty ~ at physics** es un hacha *or* es muy buena en física; **he's pretty ~ on current affairs** está muy al tanto en temas de actualidad; **I'm not too ~ on the subject** no sé mucho del tema **2** (keen) **to be ~ ON sth: she's ~ on punctuality** le da mucha importancia a la puntualidad **3** (satisfactory) (*pred, with neg*): **how are things? — not so ~** ¿qué tal? — regular *or* más o menos; **she's not feeling too ~** no se encuentra muy bien
E (stolen) (sl) robado, afanado (arg), mangado (arg)
F (in gambling): **the ~ favorite** el gran favorito; **a ~ tip** un soplo
G (radioactive) (sl) ‹*debris/waste*› radiactivo

Phrasal verb
- **hot up -tt-** (esp BrE colloq)
A [v + adv] (become more vigorous) «*competition/battle*» ponerse* reñido; «*pace*» acelerarse; «*party*» animarse
B [v + o + adv, v + adv + o] (make more vigorous) intensificar*; **the police are ~ting up their search** la policía está intensificando la búsqueda

hot air *n* [u] palabrería *f*; **it's just ~ ~** es pura palabrería, es puro bla bla bla (AmS fam)

hot-air balloon /ˈhɑːtˈer || ˌhɒtˈeə/ *n* globo *m* de aire caliente

hotbed /ˈhɑːtbed || ˈhɒtbed/ *n* **1** (of crime, unrest) semillero *m*, caldo *m* de cultivo, hervidero *m* **2** (Hort) semillero *m*

hot-blooded /ˈhɑːtˈblʌdəd || ˌhɒtˈblʌdɪd/ *adj* apasionado, ardiente

hot button *n* (AmE colloq) punto *m* caliente

hotchpotch /ˈhɑːtʃpɑːtʃ || ˈhɒtʃpɒtʃ/ *n* (BrE) ▸**hodgepodge**

hot cross bun *n*: *bollo de pasas marcado con una cruz, que tradicionalmente se come el Viernes Santo*

hot-desking *n*: *práctica de compartir los escritorios de una oficina en lugar de asignarlos en forma individual o permanente*

hotdog /ˈhɑːtdɔːg || ˈhɒtdɒg/ *vi* **-gg-** (AmE colloq) **1** (show off) fanfarronear (fam) **2** (perform acrobatics) hacer* acrobacias

hot dog *n* **1** (Culin) perro *m* or perrito *m* caliente, pancho *m* (RPl) **2** (show-off) (AmE colloq) fanfarrón, -rrona *m,f* (fam) **3** (*as interj*) (AmE sl): **~ ~!** ¡caray! (fam & euf)

hotel /həʊˈtel/ ➡📖 *n* hotel *m*; (*before n*): **the ~ industry** la industria hotelera; **~ manager** director, -tora *m,f* or gerente *mf* de hotel; **~ receptionist** recepcionista *mf* de hotel; **~ room** habitación *f* de hotel; **~ staff** personal *m* de un hotel; **~ work** trabajo *m* de hotelería *or* en la industria hotelera

hotelier /həʊˈteljər || həʊˈteliə(r)/ *n* hotelero, -ra *m,f*

hotelkeeper /həʊˈtelkiːpər || həʊˈtelkiːpə(r)/ *n* hotelero, -ra *m,f*

hot flush, (AmE also) **hot flash** *n* sofoco *m*, bochorno *m*, vaporada *f* (fam), calor *m* (RPl fam); **she keeps getting ~ ~es** le dan sofocos (*or* bochornos *etc*)

hotfoot¹ /ˈhɑːtfʊt || ˈhɒtfʊt/ *adv* a toda prisa, rápidamente

hotfoot² *vi* (colloq) ir* volando *or* corriendo; **I ~ed downtown** me fui volando *or* corriendo al centro
■ **hotfoot** *vt*: **to ~ it** (colloq) ir* volando *or* corriendo

hot gospeler, (BrE) **hot gospeller** /ˈgɑːspələr || ˈgɒspələ(r)/ *n* predicador exaltado, predicadora exaltada *m,f*

hothead /ˈhɑːthed || ˈhɒthed/ *n* exaltado, -da *m,f*

hotheaded /ˈhɑːtˈhedəd || ˌhɒtˈhedɪd/ *adj* exaltado

hothouse /ˈhɑːthaʊs || ˈhɒthaʊs/ *n* invernadero *m*; (*before n*) ‹*plant/flowers*› de invernadero; ‹*atmosphere*› enrarecido

hot key *n* (Comput) tecla *f* caliente

hot line *n* **1** (Pol) teléfono *m* rojo **2** (for public) línea *f* directa

hot link *n* (Comput) **1** (connection) enlace *m* activo **2** (hypertext link) enlace *m* de hipertexto

hotly /ˈhɑːtli || ˈhɒtli/ *adv* ‹*dispute/deny*› con vehemencia; ‹*debated*› acaloradamente; **the ~ contested race** la reñidísima carrera; **she finished first, ~ pursued by Klotz** llegó en primer lugar, seguida muy de cerca por Klotz; **to blush ~** ponerse* muy rojo *or* colorado

hot money *n* [u] (Fin) dinero *m* caliente

hot pants *pl n* minishorts *mpl*, hot pants *mpl*

hot pepper *n* [u c] (AmE) pimiento *m* picante, ají *m* picante (AmS), chile *m* (Méx)

hotplate /ˈhɑːtpleɪt || ˈhɒtpleɪt/ *n* **1** (for cooking) placa *f*, hornillo *m* (Esp), hornilla *f* (AmL exc CS), hornalla *f* (RPl), plato *m* (Chi) **2** (for keeping food warm) calientaplatos *m*

hotpot /ˈhɑːtpɑːt || ˈhɒtpɒt/ *n* [u c] estofado *m*, guiso *m*

hot potato *n* (colloq) asunto *m* candente; ▸**drop² A2**

hot rod *n* (colloq) coche *m* arreglado *or* trucado

hots /hɑːts || hɒts/ *pl n* (sl): ***to have the ~ for sb***: **she's really got the ~ for Joe** está loca por Joe (fam)

hot seat *n* **1** (difficult position) (colloq): **to be in the ~ ~** estar* en la línea de fuego **2** (electric chair) (AmE sl) silla *f* eléctrica

hotshot /ˈhɑːtʃɑːt || ˈhɒtʃɒt/ *n* personaje *m*; (*before n*) ‹*scientist*› célebre; **a ~ golfer** un as del golf

hot spot *n* (colloq) **1** (Pol) punto *m* conflictivo **2** (night club) club *m* nocturno; **to hit the Paris ~ ~s** disfrutar de la vida nocturna de París

hot spring *n* fuente *f* termal; **an area famous for its ~ ~s** una zona famosa por sus termas *or* fuentes termales

hot stuff *n* [u] (colloq): **it's ~ ~** (very good) es sensacional *or* fantástico; (controversial) es controvertido *or* polémico; **he's really ~ ~** (physically) está muy bien (fam), está buenísimo (fam), está como un tren *or* como un camión (fam)

hot-tempered /ˈhɑːtˈtempərd || ˌhɒtˈtempəd/ *adj* irascible

Hottentot /ˈhɑːtntɑːt/ *n* hotentote *mf*

hot tub *n* (AmE) jacuzzi *m*

hot-water bottle /ˈhɑːtˈwɔːtər || ˌhɒtˈwɔːtə(r)/ *n* bolsa *f* de agua caliente

hot-wire /ˈhɑːtwaɪr || ˈhɒtwaɪə(r)/ *vt* (AmE) ‹*car*› hacerle* el puente a

hound¹ /haʊnd/ *n* **1** (hunting dog) perro *m* de caza, sabueso *m*; **a pack of ~s** una jauría; **to ride to o follow the ~s** cazar* con jauría **2** (any dog) (hum) chucho *m* (fam), pichicho *m* (RPl fam)

hound² *vt* acosar; **he is being ~ed by the press** está siendo perseguido y acosado por la prensa; **he was ~ed from the city** lo persiguieron hasta hacerlo abandonar la ciudad

Phrasal verbs
- **hound down** [v + o + adv] darle* caza a
- **hound out** [v + o + adv, v + adv + o]: **over the years all his enemies were ~ed out** con el tiempo se deshizo de todos sus enemigos; **she was ~ed out of office** tanto la acosaron, que tuvo que dejar el cargo

hound's-tooth (check) /ˈhaʊndztuːθ/ *n* [u] pata *f* de gallo, pied de poule *m* (CS)

hour /aʊr || aʊə(r)/ ▸ⓘ **p.1798** *n*
A **1** (60 minutes) hora *f*; **a quarter/three quarters of an ~** un cuarto/tres cuartos de hora; **an ~ and a half, one and a half ~s** una hora y media; **24 ~s a day** las 24 horas del día; **it's two ~s' walk/drive from here** está a dos horas (de aquí) a pie/en coche; **30 miles per ~** 30 millas por hora; **to be paid by the ~** cobrar por horas; **I earn $30 an ~** gano 30 dólares por hora **2** (time of day) hora *f*; **the clock struck the ~** el reloj dio la hora; **on the ~** a la hora en punto; **at twenty past the ~** a (las) y veinte; **at 1600 ~s** a las 16:00 horas; **(at) any ~ of the day or night** a cualquier hora del día o de la noche; **why do you call me at this (late/ungodly) ~?** ¿por qué me llamas a estas horas (intempestivas)?; **to be up till all ~s** estar* levantado hasta las tantas (fam); **in the early ~s of yesterday morning** ayer de madrugada, en la madrugada de ayer; **in the small ~s** a altas horas (de la noche); **in the wee small ~s (of the morning)** en las primeras horas de la madrugada **3** (particular moment) momento *m*; **her/his/their finest ~** su mejor momento; **in my ~ of need they all deserted me** todos me abandonaron cuando más los necesitaba; **the man/question of the ~** el hombre/el tema del momento; ***the darkest ~ is o comes just before the dawn*** las cosas suelen empeorar antes de mejorar
B **hours** *pl* **1** (long time) horas *fpl*; **it'll take ~s** llevará horas; **we waited for ~s and ~s** esperamos horas y horas; **they arrived ~s late** llegaron con horas de retraso **2** (fixed period): **during office/business ~s** en horas de oficina/trabajo; **what ~s do you work?** ¿qué horario tienes?; **what ~s are you open?** ¿qué horario tienen?, ¿cuál es su horario de atención al publico?; **doctors work long ~s** los médicos tienen un día de trabajo muy largo; **to work after ~s** trabajar después de hora; **to keep late/irregular ~s** llevar una vida noctámbula/desordenada

➡📖 *see* Correspondence

h

hourglass /'aʊrglæs || 'aʊəglɑːs/ *n* reloj *m* de arena; (*before n*): ~ **figure** cuerpo *m* de guitarra *or* de ánfora

houri /'hʊri/ *n* (*pl* **-ris**) hurí *f*

hour-long /'aʊrlɔːŋ || 'aʊəlɒŋ/ *adj* (*before n*) de una hora de duración

hourly[1] /'aʊrli || 'aʊəli/ *adj* 1 ‹*rate/wage*› por hora; **the buses run at ~ intervals, there's an ~ bus service** hay un autobús por hora 2 (continual) (liter) constante

hourly[2] *adv* 1 (every hour) ‹*run/broadcast*› cada hora 2 (all the time) a cada momento 3 (at any time) (liter) ‹*expect*› en cualquier momento 4 (by the hour) ‹*pay/charge*› por hora(s)

house[1] /haʊs/ ➡ *n* (*pl* **houses** /'haʊzəz/)
A 1 (dwelling) casa *f*; **I won't have that dog in the ~** no quiero a ese perro en casa; **come around to my ~ at six** ven a (mi) casa a las seis; **the party's at my ~** la fiesta es en (mi) casa; **the man/lady of the ~** el hombre/la señora de la casa; **he's useless around the ~** es un inútil para la casa; **the ~ of God** la casa del Señor; **a ~ divided** *cualquier nación u organización con divisiones internas*; **to move ~** (BrE) mudarse (de casa), cambiarse de casa; **to play ~** jugar* a las casitas; ***a ~ of cards*** un castillo de naipes; ***as safe as ~s*** (BrE) totalmente seguro; **it's as safe as ~s** es totalmente seguro, no tiene el menor peligro; ***to clean ~*** (AmE) (restore order) poner* la casa en orden, hacer* una limpieza; (lit: spring-clean) hacer* (una) limpieza general; ***to eat sb out of ~ and home*** dejarle la despensa vacía a algn; ***to get along like a ~ afire*** o (BrE) ***on fire*** (colloq) (be very friendly) hacer* buenas migas, llevarse muy bien; (make good progress): **we're getting on like a ~ afire** todo marcha sobre ruedas *or* viento en popa; ***to keep ~*** ocuparse de *or* llevar la casa; ***to keep open ~*** tener* la puerta siempre abierta; **it's always open ~ at the Browns'** la casa de los Brown siempre está abierta a todo el mundo; ***to put one's (own) ~ in order*** poner* sus (*or* mis *etc*) asuntos en orden, ordenar sus (*or* mis *etc*) asuntos; ***to set up ~*** poner* casa; (*before n*): ~ **buyer** comprador, -dora *m,f* de una vivienda *or* casa; ~ **magazine** revista *f* de la empresa; ~ **owner** propietario, -ria *m,f*, dueño, -ña *m,f* de una casa; ~ **painter** pintor, -tora *m,f* de casas; ~ **prices** el precio de la vivienda 2 (household) casa *f*; **you'll wake the whole ~** vas a despertar a toda la casa 3 (dynasty) casa *f*, familia *f*; **the H~ of Windsor** la casa de Windsor
B 1 (Govt) Cámara *f*; **the lower/upper ~** la cámara baja/alta; **the H~ of Representatives** (in US) la Cámara de Representantes *or* de Diputados; **the H~ of Commons/of Lords** (in UK) la Cámara de los Comunes/de los Lores; **the H~s of Parliament** (in UK) el Parlamento 2 (in debate) asamblea *f*
C 1 (Busn) casa *f*, empresa *f*; **finance ~** (casa *f*) financiera *f*; **publishing ~** editorial *f*; **a software ~** una empresa de software; **drinks are on the ~** invita la casa; **we get that done out of ~** eso se hace fuera; **the in-~ workers** el personal (regular); (*before n*): **the ~ style** el estilo de la editorial (*or* el periódico *etc*); ~ **wine** vino *m* de la casa; ~ **white/red** vino *m* blanco/tinto de la casa 2 (brothel) (AmE) casa *f* de citas
D (Theat) 1 (auditorium) sala *f*; Ⓢ **house full** no quedan localidades, agotadas las localidades; ***to bring the ~ down*** (colloq): **that scene brought the ~ down** el teatro casi se viene abajo con los aplausos que siguieron a esa escena 2 (audience) público *m* 3 (performance) función *f*; **the second ~ starts at eight** la segunda función empieza a las ocho
E 1 (Educ) *cada uno de los grupos en que se dividen los alumnos de algunos colegios con fines competitivos etc* 2 (monastery) (Relig) monasterio *m*
F (Astrol) casa *f* celeste

house[2] /haʊz/ *vt* 1 (accommodate) ‹*person/family*› alojar, darle* alojamiento a 2 (contain) ‹*office/museum*› albergar* 3 (store) almacenar

house[3] /haʊs/ *interj* (BrE) ¡cartón! (AmL), ¡bingo! (Esp)

> **House of Commons**
>
> La Cámara de los Comunes es la cámara baja del Parlamento británico o ▸**Houses of Parliament**. Los parlamentarios elegidos para reunirse aquí se denominan MPs ▸**MP - Member of Parliament** o Members of Parliament ▸**Member of Parliament**.

house agent *n* (BrE) agente *mf* inmobiliario

house arrest *n* arresto *m* domiciliario; **to be under ~ ~** encontrarse* bajo arresto domiciliario

> **House of Lords**
>
> La Cámara de los Lores es la cámara alta del Parlamento británico. Su función es discutir y posteriormente aprobar o sugerir cambios a la legislación que haya sido aprobada en la Cámara de los Comunes ▸**House of Commons**. Sus miembros son nombrados en su mayoría, y sólo quedan 92 miembros hereditarios. Se han propuesto unas medidas de reforma según las cuales un porcentaje de los lores serían elegidos directamente por el pueblo.

houseboat /'haʊsbəʊt/ *n* casa *f* flotante

housebound /'haʊsbaʊnd/ *adj*: **young children make you more or less ~** los niños pequeños te atan mucho a la casa; **illness kept me ~ for weeks** no pude salir de casa durante semanas a causa de una enfermedad

houseboy /'haʊsbɔɪ/ *n* criado *m*, sirviente *m*

housebreak /'haʊsbreɪk/ *vt* (AmE) ‹*pet*› educar*
■ **housebreak** *vi* entrar a casas a robar

housebreaker /'haʊs,breɪkər || 'haʊs ,breɪkə(r)/ *n* ladrón, -drona *m,f* (*que desvalija viviendas*)

housebroken /'haʊs,brəʊkən/ *adj* (AmE) enseñado

> **Houses of Parliament**
>
> Son las dos cámaras del Parlamento británico, la Cámara de los Comunes ▸**House of Commons** y la Cámara de los Lores ▸**House of Lords**. El Palacio de Westminster (*Palace of Westminster*), que es el grupo de edificios situados en el centro de Londres donde se reúnen los miembros de las dos cámaras, también se conoce con este nombre.

house call *n* visita *f* a domicilio

houseclean /'haʊskliːn/ *vi* limpiar la casa

housecleaning /'haʊs,kliːnɪŋ/ *n* [u c] limpieza *f* general

housecoat /'haʊskəʊt/ *n* bata *f* (*de casa*), batón *m* de entrecasa (RPl)

> **House of Representatives**
>
> La Cámara de Representantes es la cámara baja del Congreso ▸**Congress** de Estados Unidos. Está formada por 435 representantes ▸**Representative** que son elegidos cada dos años. Cada estado de EEUU tiene un número de representantes proporcional a su población. Esta cámara es la encargada de introducir nueva legislación, por lo que toda nueva ley debe ser aprobada por ella.

housefather /'haʊs,fɑːðər || 'haʊs,fɑːðə(r)/ *n* (BrE) *supervisor de una residencia de delincuentes juveniles, huérfanos etc*

housefly /'haʊsflaɪ/ *n* (*pl* **-flies**) mosca *f* común *or* doméstica

houseful /'haʊsfʊl/ *n* casa *f* llena

houseguest /'haʊsgest/ *n* huésped *mf*, invitado, -da *m,f*

household /'haʊshəʊld/ *n* casa *f*; **the whole ~ was there** estaban todos los de la casa; **~s with more than one wage earner** las familias *or* (frml) los hogares donde trabajan dos o más personas; **the staff of the Royal H~** (in UK) el personal de la Casa Real; (*before n*): **the H~ Cavalry** (in UK) la Caballería Real; **the ~ chores** las tareas domésticas *or* de la casa; **~ effects** contenido *m* de la casa; **~ expenses** gastos *mpl* de la casa; **~ goods** artículos *mpl* del hogar; **~ insurance** seguro *m* del hogar; **~ linen** ropa *f* blanca; **a ~ name** un nombre muy conocido; **~ pet** animal *m* doméstico

householder /'haʊs,həʊldər || 'haʊs ,həʊldə(r)/ *n* dueño, -ña *m,f* de casa

house-hunt /'haʊshʌnt/ *vi* (*usu in -ing form*) buscar* casa (*para comprar o alquilar*); **we're ~ing** estamos buscando casa

house-hunter /'haʊs,hʌntər || 'haʊs,hʌntə(r)/ *n*: *persona que busca una casa para comprar o alquilar*

househusband /'haʊs,hʌzbənd/ *n* (hum) *hombre que se ocupa de la casa mientras su mujer sale a trabajar*, amo *m* de casa (hum)

housekeep /'haʊskiːp/ *vi* llevar la casa

housekeeper /'haʊs,kiːpər || 'haʊs,kiːpə(r)/ *n* (woman) ama *f*‡ de llaves; (in hotel) gobernanta *f*; (man) encargado *m* de la casa; **she's a good ~** es muy buena administradora

housekeeping /'haʊs,kiːpɪŋ/ *n* [u] 1 (running of home) gobierno *m* de la casa 2 **~ (money)** dinero *m* (para los gastos) de la casa 3 (Comput) tareas *fpl* de reorganización de los ficheros

house lights *pl n* (Theat, Cin) luces *fpl* de la sala

housemaid /'haʊsmeɪd/ *n* criada *f*, mucama *f* (AmL)

housemaid's knee *n* [u] bursitis *f* (*de rodilla*)

houseman /'haʊsmən/ *n* (*pl* **-men** /-mən/) (BrE) (Med) interno, -na *m,f*

house martin *n* avión *m* común

housemaster /'haʊs,mæstər || 'haʊs,mɑːstə(r)/ *n* (in UK) 1 *profesor encargado de un*, ▸**house**[1] **E1** 2 *profesor encargado de una residencia en un colegio*

housemate /'haʊsmeɪt/ *n* compañero, -ra *m,f* de piso

housemistress /'haʊs,mɪstrəs || 'haʊs ,mɪstrɪs/ *n* (in UK) 1 *profesora encargada de un*, ▸**house**[1] **E1** 2 *profesora encargada de una residencia en algun colegio*

housemother /'haʊs,mʌðər || 'haʊs,mʌðə(r)/ *n*: *supervisora de una residencia femenina de estudiantes o de jóvenes con problemas*

houseparent /'haʊs,perənt || 'haʊs,peərənt/ *n* (esp BrE) *supervisor de una residencia de delincuentes juveniles, huérfanos etc*

house party *n* 1 (event) *reunión social de varios días en una casa de campo* 2 (group) *grupo de personas que acuden a una*, ▸**house party 1**

house physician *n* médico, -ca *m,f* residente

houseplant /'haʊsplænt || 'haʊsplɑːnt/ *n* planta *f* de interior

house-proud /'haʊspraʊd/ *adj* muy meticuloso (*en la limpieza y el arreglo de la casa*)

houseroom /'haʊsruːm -rʊm/ *n* [u] (BrE) sitio *m or* espacio *m* (en casa); **I wouldn't give him/it ~** no lo tendría en casa por nada

house-sit /'haʊssɪt/ *vi* (*pres p* **-sitting** *past & past p* **-sat** /-sæt/) cuidar una casa (*en ausencia de los dueños*)

house-sitter /'haʊs,sɪtər || 'haʊs,sɪtə(r)/ *n* cuidador, -dora *m,f* de una casa (*en ausencia de los dueños*)

house sparrow *n* gorrión *m*

house surgeon *n* (BrE) cirujano, -na *m,f* residente

house-to-house /,haʊstə'haʊs/ *adj* ‹*inquiries/search*› puerta a puerta

house trailer *n* (AmE) casa *f* rodante (AmL), roulotte *f* (Esp)

house-train /'haʊstreɪn/ *vt* (BrE) ‹*pet*› educar*

➡ *see* Living in a Spanish-speaking country

house-trained /'haʊstreɪmd/ *adj* (BrE) enseñado

housewarming (party) /'haʊs,wɔːrmɪŋ || 'haʊs,wɔːmɪŋ/ *n*: *fiesta de inauguración de una casa*

housewife /'haʊswaɪf/ *n* (*pl* **-wives**) ama *f*‡ de casa

housework /'haʊswɜːrk || 'haʊswɜːk/ *n* [u] tareas *fpl* domésticas, trabajo *m* de la casa, quehaceres *mpl* domésticos; **to do the ~** hacer* las tareas domésticas; **he doesn't do any ~** no hace nada en la casa

housing /'haʊzɪŋ/ ➡📖 *n*
A [u] **1** (dwellings) viviendas *fpl*; (*before n*): **poor ~ conditions** viviendas inadecuadas; **~ market** mercado *m* inmobiliario; **~ shortage** escasez *f* de viviendas **2** (provision of houses): **the government's policy on ~** la política del gobierno en cuanto al problema de la vivienda; **the ~ of refugees in these camps** el alojamiento de refugiados en estos campamentos
B [c] **1** (cover) caja *f* protectora **2** (hole) abertura *f*, hueco *m*

housing association *n* (in UK) *asociación que construye o renueva viviendas para alquilarlas a precios módicos*

housing benefit *n* [u] (in UK) subsidio *m* de alquiler (*de vivienda*)

housing development *n* (AmE) complejo *m* habitacional, urbanización *f* (Esp), fraccionamiento *m* (Méx)

housing estate *n* (BrE) **1** (council estate) *urbanización de viviendas de alquiler subvencionadas por el ayuntamiento* **2** ▸**housing development**

housing project *n* (in US) complejo *m* de viviendas subvencionadas

HOV *n* (AmE) = **high occupancy vehicle**

hove /həʊv/ *past & past p of* **heave¹ D**

hovel /'hʌvəl, 'hɑː- || 'hɒvəl/ *n* casucha *f*, tugurio *m*, rancho *m* (RPl)

hover /'hʌvər, 'hɑː- || 'hɒvə(r)/ *vi* **1** (in air) «*helicopter*» sostenerse* en el aire (*sin avanzar*), mantenerse* inmóvil en el aire; «*bird*» cernerse*; **to ~ OVER o ABOVE sth/sb** «*hawk/threat*» cernerse* SOBRE algo/algn **2** (linger, be poised) rondar; **the temperature ~ed around 20°** la temperatura rondaba los 20°; **her secretary was ~ing at her elbow** su secretario le andaba alrededor; **a smile/question ~ed on her lips** sus labios esbozaron una sonrisa/una pregunta; **they were ~ing on the brink of disaster** estaban casi al borde del desastre **3** (be undecided) dudar, vacilar, estar* indeciso

(Phrasal verb)
• **hover about, hover around**
A [v + adv] (linger) rondar, revolotear (fam)
B [v + prep + o] (wait at) rondar

hovercraft /'hʌvərkræft, 'hɑː- || 'hɒvəkrɑːft/ *n* (*pl* **-craft** *or* **-crafts**) aerodeslizador *m*

hoverport /'hʌvərpɔːrt, 'hɑː- || 'hɒvəpɔːt/ *n* terminal *f* de aerodeslizadores

how¹ /haʊ/ *adv*
A (in questions, indirect questions) cómo; **~ do you know that/do it?** ¿cómo lo sabes/haces?; **~ will you vote?** ¿a *or* por quién vas a votar?; **you owe me $20 — ~'s that?** me debes $20 — ¿cómo es eso?; **~ are you?** ¿cómo estás?; **~'s your leg?** ¿cómo andas de la pierna?; **~'s the new job?** ¿cómo marcha el nuevo trabajo?; **~'s your French?** ¿qué tal es tu francés?; **~ do I look?** ¿cómo *or* qué tal estoy?; **~ would Monday suit you?** ¿te viene bien el lunes?; **here comes the bus: ~'s that for timing?** aquí viene el autobús ¡qué bien calculado!; **it turned out she knew my cousin: ~'s that for a coincidence?** resultó que conocía a mi prima ¡qué casualidad! ¿no?; **I asked him ~ he knew** le pregunté cómo lo sabía; **~ she puts up with him I don't know!** ¡yo no sé cómo lo aguanta!; **that depends on ~ she reacts** eso depende de cómo reaccione
B (*with adjs, advs*) **1** (in questions, indirect questions): **~ wide is it?** ¿cuánto mide *or* tiene de ancho?, ¿qué tan ancho es? (AmL exc CS); **~ heavy is it?** ¿cuánto pesa?; **~ long do you want it?** ¿de qué largo lo quieres?, ¿cómo lo quieres de largo?, ¿qué tan largo lo quieres? (AmL exc CS); **~ high can you jump?** ¿hasta dónde puedes saltar?; **I'll be seeing him soon — ~ soon is soon?** lo veré pronto — ¿qué quiere decir pronto?; **~ often/regularly do you meet?** ¿con qué frecuencia/regularidad se reúnen?; **~ bad is the damage?** ¿de qué gravedad son los daños?, ¿qué tan graves son los daños? (AmL exc CS); **~ old are you?** ¿cuántos años tienes?; **~ good a cook are you?** ¿qué tal eres como cocinero?, ¿qué tan buen cocinero eres? (AmL exc CS); **that depends on ~ enthusiastic you are** eso depende del entusiasmo que tengas *or* (liter) de cuán entusiasmado estés; **that shows just ~ little they understand** eso demuestra lo poco que comprenden; **I can't tell you ~ grateful I am!** ¡no puedo decirte lo agradecido que estoy *or* (liter) cuán agradecido estoy!; **I know ~ important it is** yo sé lo importante que es *or* (liter) cuán importante es **2** (in exclamations) qué; **~ strange/rude!** ¡qué raro/grosero!; **~ we laughed!** ¡cómo nos reímos!; **~ right you are!** ¡cuánta razón tienes!
C (*in phrases*): **how about** *o* (colloq) **how's about sth**: **~ about a drink?** ¿nos tomamos una copa?; **Thursday's no good; ~ about Friday?** el jueves no puede ser ¿qué te parece el viernes?; **John's too busy — ~ about Rita?** John está muy ocupado — ¿y Rita?; **I'd love to go; ~ about you?** me encantaría ir ¿y a ti?; **10 out of 10! ~ about that?** 10 sobre 10 ¿qué te parece?; **how come** (colloq): **~ come the door's locked?** ¿cómo es que la puerta está cerrada con llave?; **the bar's shut — ~ come?** el bar está cerrado — ¿pero cómo? *or* ¿cómo es eso?; **and how!** (colloq) ¡y cómo!; **was he drunk? — and ~!** ¿estaba borracho? — ¡y cómo! *or* (Esp tb) ¡y tanto!

how² *n*: **the ~ and (the) why of it** el cómo y el porqué

how³ *interj* ¡jau!

howdah /'haʊdə/ *n*: *silla, generalmente con dosel, para montar elefantes*

how-do-you-do /,haʊdjʊ'duː/, **how-d'ye-do** /-dɪ-/ *n* (colloq & dated) lío *m* (fam), jaleo *m* (fam)

howdy /'haʊdi/ *interj* (AmE colloq & dial) ¡hola!

however¹ /haʊ'evər || haʊ'evə(r)/ *adv*
A (*as linker*) sin embargo, no obstante (frml); **this is not, ~, the best method** éste no es, sin embargo *or* (frml) no obstante, el mejor método; **it's an odd system; ~, it seems to work** es un sistema extraño; sin embargo *or* (frml) no obstante, parece funcionar
B (*used before adj or adv*) (no matter how): **~ hard she tried ...** por más que trataba ...; **locks, ~ strong, can be broken** las cerraduras, por fuertes que sean, se pueden romper; **~ badly cooked, it was food and we were starving** por mal hecha que estuviera, era comida y estábamos muertos de hambre
C (interrog) cómo; **~ did you manage that?** ¿cómo te las arreglaste para conseguir eso?

however² *conj*: **arrange the furniture ~ you like** pon los muebles como quieras; **~ she dresses, she always looks good** se vista como se vista, siempre está bien; **it's been a disaster, ~ you look at it** ha sido un desastre, lo mires por donde lo mires

howitzer /'haʊətsər || 'haʊɪtsə(r)/ *n* obús *m*

howl¹ /haʊl/ *vi* **1** «*dog/wolf*» aullar*; «*person*» dar* alaridos; «*wind/gale*» aullar*, bramar; **when his hat fell off, I just ~ed (with laughter)** cuando se le cayó el sombrero, estallé de risa; **to ~ AT sb** gritarle A algn; **she ~ed at me to leave her alone** me gritó que la dejara en paz **2** (weep noisily) (colloq) berrear (fam) **3** (BrE) «*loudspeaker*» emitir pitidos
■ **howl** *vt* bramar, gritar

(Phrasal verb)
• **howl down** [v + o + adv, v + adv + o] hacer* callar a gritos

howl² *n* **1** [c] (of dog, wolf) aullido *m*; (of person) alarido *m*, aullido *m*; (of baby) berrido *m*; **a ~ of pain/protest** un alarido de dolor/de protesta; **~s of laughter** carcajadas *fpl*, risotadas *fpl* **2** [u c] (BrE) (Audio, Electron) pitido *m* **3** [c] (something hilarious) (AmE colloq): **it really was a ~** fue para morirse de risa (fam), fue un plato (AmL) *or* (Méx) un relajo (fam); **me work for $10 an hour? that's a ~** ¿trabajar yo por 10 dólares la hora? ¡no me hagas reír!

howler /'haʊlər || 'haʊlə(r)/ *n*
A (mistake) (colloq) barbaridad *f*, disparate *m*, error *m* garrafal
B **~ (monkey)** mono *m* aullador

howling /'haʊlɪŋ/ *adj* (*before n*)
A ‹*gale/storm*› huracanado; **a ~ wilderness** un paraje inhóspito
B (colloq) (*as intensifier*): **it was a ~ success** tuvo un éxito clamoroso; **~ error** error *m* garrafal

howsoever /,haʊsəʊ'evər || ,haʊsəʊ'evə(r)/ *adv* (frml: used esp in legal documents) comoquiera que (+ *subj*); **the clause, ~ it be interpreted, ...** la cláusula, como quiera que se interprete *or* se interprete como se interprete, ...

how-to /'haʊtuː/ *adj* (*before n*) de *or* con información práctica

hoy /hɔɪ/ *interj* (BrE) ¡eh!

hoyden /'hɔɪdn/ *n* (pej & dated) marimacho *m* (pey)

hp (= **horsepower**) CV, HP

HP *n* [u] (BrE) = (**hire purchase**): **to buy sth on ~** comprar algo a plazos

HQ *n* = **headquarters**

hr ▸❶ **p.1798** (= **hour**) h.

HR *n* (in US) = **House of Representatives**

HRH (title) (= **Her/His Royal Highness**) S.A.R.

hrs *n* (= **hours**) h.

HRT *n* = **hormone replacement therapy**

hryvna /'hrɪvniə/ *n* (Fin) grivnia *f*, grivna *f*

ht = **height**

HTML *n* [u] (Comput) (= **hypertext markup language**) HTML *m*

HTTP *n* (= **Hypertext Transport or Transfer Protocol**) HTTP *m*

Huang Ho, Hwang Ho /,hwɑːŋ'həʊ || ,hwæŋ'həʊ/ *n*: **the ~ ~ (River)** el Río Amarillo *or* Hoang-Ho

hub /'hʌb/ *n* **1** (of wheel) cubo *m* **2** (focal point) centro *m*; **the ~ of the universe** el centro del universo

hubbub /'hʌbʌb/ *n* (*no pl*) alboroto *m*, barullo *m*

hubby /'hʌbi/ *n* (*pl* **-bies**) (colloq) maridito *m* (fam)

hub cap *n* tapacubos *m*, taza *f* (RPl)

hubris /'hjuːbrəs || 'hjuːbrɪs/ *n* [u] (liter) orgullo *m* desmedido

huckleberry /'hʌkəl,beri || 'hʌkəlbəri/ *n* (*pl* **-ries**) arándano *m*, ráspano *m*

huckster /'hʌkstər || 'hʌkstə(r)/ *n* **1** (salesman, promoter) (pej) charlatán, -tana *m,f*, mercachifle *mf* **2** (ad writer) (AmE colloq & pej) publicitario, -ria *m,f* **3** (hawker) (dated) buhonero, -ra *m,f* (ant), vendedor, -dora *m,f* ambulante

HUD /hʌd/ *n* (in US) = **Department of Housing and Urban Development**

huddle¹ /'hʌdl/ *vi* **1** **~ (up)** (crowd together) apiñarse; **she ~d against her mother** se arrimó a su madre **2** **~ (up)** (curl up) acurrucarse* **3** (in US football) hacer* un timbac *or* un jol

(Phrasal verb)
• **huddle together** [v + adv] apiñarse

huddle² *n* **1** (tight group) grupo *m*, corrillo *m* **2** (consultation) corrillo *m*; (in US football) timbac *m*, jol *m*; **to go into a ~ (with sb)** hacer* grupo aparte (con algn) (*para discutir algo*)

huddled /'hʌdld/ *adj* (*pred*) (crowded together) amontonado, apiñado; (curled up) acurrucado; **they lay ~ together for warmth** se habían acurrucado todos juntos para darse calor

Hudson's Bay blanket /,hʌdsənz'beɪ/ *n* (Can) *manta durable de lana tejida en una variedad de colores*

➡📖 *see* Living in a Spanish-speaking country

hue /hju:/ *n* (liter) **1** (color) color *m* **2** (shade) tono *m* **3** (political leaning) color *m*, tendencia *f*

hue and cry *n* (*no pl*) revuelo *m*; **to raise a ~ ~ ~** levantar un revuelo

-hued /hju:d/ *suff* (liter): **violet~** de tono violeta

huff¹ /hʌf/ *n* (*no pl*): **to be in a ~** estar* enfurruñado, estar* de morros (Esp fam), estar* con mufa (RPl fam); **to get in** *o* **go into a ~** enfurruñarse; **to take the ~** enojarse (esp AmL), enfadarse (esp Esp)

huff² *vi*: **to ~ and puff** (wheeze, pant) jadear, resoplar; (bluster) vociferar

huffily /ˈhʌfəli || ˈhʌfɪli/ *adv* de mal humor

huffy /ˈhʌfi/ *adj* **-fier, -fiest** **1** (indignant) enfurruñado; **to get ~ (ABOUT sth)** enfurruñarse (POR algo); **no need to get ~ about it!** ¡no es para ponerse así! **2** (touchy) susceptible, quisquilloso

hug¹ /hʌg/ *vt* **-gg-** **1** ‹*person/doll/cushion*› abrazar*; **I ~ged my knees to my chest** me apreté las rodillas contra el pecho; ***to ~ oneself*** felicitarse, congratularse **2** (keep close to) ir* pegado a; **the boat ~ged the shore** el barco avanzaba pegado a la costa **3** (cling to) (liter): **I ~ged the thought to myself** me guardé el pensamiento

hug² *n* abrazo *m*; **to give sb a ~** abrazar* *or* darle* un abrazo a algn

huge /ˈhju:dʒ/ *adj* ‹*building/person*› enorme, inmenso, gigantesco; ‹*sum*› astronómico, enorme; ‹*response*› tremendo; **it was a ~ success** fue un exitazo (fam)

hugely /ˈhju:dʒli/ *adv* **1** (*as intensifier*) ‹*agreeable/successful*› tremendamente, enormemente; **he seems to be enjoying himself ~** parece estar divirtiéndose en grande **2** (by large amount) ‹*increased/expanded*› enormemente **3** (massively) (liter) en toda su inmensidad (liter)

Huguenot /ˈhju:gənɑ:t, -nəʊ || ˈhju:gənəʊ/ *n* hugonote *mf*; (*before n*) hugonote

huh /hʌ/ *interj* (expressing surprise) ¿qué?; (expressing disbelief, derision) ¡ja!, sí, sí ...; (in inquiry) ¿eh?

hula /ˈhu:lə/ *n* hula-hula *m*

hula hoop, (AmE also) **Hula-Hoop®** /ˈhu:ləhu:p/ *n* hula-hoop *m*

hula-hula /ˌhu:ləˈhu:lə/ *n* hula-hula *m*

hulk /hʌlk/ *n* **1** (body of ship) casco *m* **2** (worn-out ship) (pej) carraca *f*, barco *m* viejo **3** (wreck) restos *mpl* (*de un buque siniestrado*) **4** (large man) mole *f*, gigantón *m*

hulking /ˈhʌlkɪŋ/ *adj* (*before n*) (colloq) grandote (fam), descomunal; (*as adv*): **a ~ great brute** una bestia de hombre (fam)

hull¹ /hʌl/ *n*

A (of ship, plane, tank) casco *m*

B **1** (of peas, beans) vaina *f* **2** (of strawberries) cabito *m*, calículo *m* **3** (of cereals) cáscara *f*, cascarilla *f*

hull² *vt* ‹*peas/beans*› pelar, quitarles la vaina a; ‹*strawberries*› quitarles el cabito a

hullabaloo /ˈhʌləbəlu:/ *n* [u] (colloq) **1** (noise) barullo *m* **2** (fuss) jaleo *m* (fam), escándalo *m*; **to raise a ~** armar un escándalo, armar un follón (Esp fam)

hullo /həˈləʊ || hʌˈləʊ/ (esp BrE) ▸**hello¹**

hum¹ /hʌm/ **-mm-** *vi*

A «*person*» tararear (*con la boca cerrada*); «*bee*» zumbar; «*wire/spinning top*» zumbar; ***to ~ and ha(w)*** (BrE colloq) vacilar; **he ~med and ha'ed for a while** estuvo un rato que sí, que no, que esto, que lo otro...

B (be active, vibrant) (colloq) ir* viento en popa (fam); **to make things ~** animar la cosa (fam); **the place is ~ming with activity** el sitio bulle de actividad

C (stink) (BrE colloq) oler* mal, apestar (fam), cantar (Esp fam)

■ **hum** *vt* ‹*tune/melody*› tararear (*con la boca cerrada*)

hum² *n* **1** (*no pl*) (of bees, machinery) zumbido *m*; **the ~ of distant traffic/voices in the next room** el murmullo del tráfico lejano/de voces en la habitación contigua **2** [u] (Audio) (interference) zumbido *m*, interferencia *f*

human¹ /ˈhju:mən/ *adj* ‹*body/mind/voice*› humano; **the ~ race** la raza humana; **to form a ~ chain** formar una cadena humana; **to use sb as a ~ shield** usar a algn de escudo; **I'm only ~** (todos) somos humanos; **it's only ~ to want what you can't have** es natural y humano desear lo que no se puede tener; **what she lacks is the ~ touch** lo que le falta es calor humano

human² *n* ser *m* humano

human being *n* **1** ser *m* humano **2** (in value judgments) persona *f*; **she's a wonderful ~ ~** es una persona estupenda *or* una gran persona

humane /hju:ˈmeɪn/ *adj* ‹*person/treatment/values*› humanitario, humano; **the ~ society** la sociedad benéfica *or* humanitaria

humanely /hju:ˈmeɪnli/ *adv* humanitariamente, de manera humanitaria

human engineering *n* [u] ▸**ergonomics**

human-factors engineering /ˈhju:mən ˈfæktərz/ *n* [u] (AmE) ▸**ergonomics**

human geography *n* [u] geografía *f* humana

human interest *n* [u] interés *m* humano

humanism /ˈhju:mənɪzəm/ *n* [u] humanismo *m*

humanist¹ /ˈhju:mənəst || ˈhju:mənɪst/, **humanistic** /ˈhju:məˈnɪstɪk/ *adj* humanista

humanist² *n* humanista *mf*

humanitarian¹ /hju:ˌmænəˈteriən || hju:ˌmænɪˈteəriən/ *adj* ‹*principles/aims*› humanitario

humanitarian² *n* humanitario, -ria *m,f*

humanities /hju:ˈmænətiz/ *n* **1** (+ *pl vb*): **the ~** las humanidades, las artes y las letras **2** (discipline) (+ *sing vb*) humanidades *fpl*; (*before n*) ‹*student/course*› de humanidades

humanity /hju:ˈmænəti/ *n* humanidad *f*; **crimes against ~** crímenes *mpl* contra la humanidad

humanize /ˈhju:mənaɪz/ *vt* humanizar*

humankind /ˈhju:mənkaɪnd || ˌhju:mən ˈkaɪnd/ *n* [u] (liter) el género humano (frml *o* liter)

humanly /ˈhju:mənli/ *adv* humanamente; **everything ~ possible** todo lo humanamente posible

human nature *n* [u] naturaleza *f* humana; **we all do it, it's ~ ~** todos lo hacemos, así es la naturaleza humana

humanoid¹ /ˈhju:mənɔɪd/ *adj* humanoide

humanoid² *n* humanoide *mf*

human relations *pl n* relaciones *fpl* humanas

human resources *pl n* recursos *mpl* humanos; (*before n*): **~ ~ manager** director, -tora *m,f* *or* gerente *mf* de recursos humanos

human rights *pl n* derechos *mpl* humanos; (*before n*): **~ ~ activist** activista *mf* por los derechos humanos, activista *mf* pro derechos humanos; **~ ~ campaign** campaña *f* por los derechos humanos; **~ ~ campaigner** defensor, -sora *m,f* de los derechos humanos; **~ ~ organization** organización *f* de (los) derechos humanos

humble¹ /ˈhʌmbəl/ *adj* **1** (lowly, unpretentious) ‹*origins/cottage/folk*› humilde, modesto; **he worked as a ~ office clerk** era un humilde empleado de oficina **2** (meek, unassuming) ‹*person*› modesto, humilde; **in my ~ opinion** en mi modesta *or* humilde opinión; **your ~ servant** (at end of letter) (frml & dated) su seguro servidor (frml & ant); (in speech) (liter *or* hum) un servidor/una servidora (ant & hum) **3** (deferential) ‹*apology/request*› humilde; ▸**eat A**

humble² *vt* **1** (make humble) ‹*person*› darle* una lección de humildad a; **he must ~ himself before God** debe acercarse a Dios con humildad; **a humbling experience** una lección de humildad **2** (humiliate) humillar

humbly /ˈhʌmbli/ *adv* **1** (with humility) humildemente, con humildad **2** (modestly, unpretentiously) modestamente, humildemente; **she was ~ born** era de humilde cuna (liter)

humbug¹ /ˈhʌmbʌg/ *n*

A **1** [u] (nonsense) patrañas *fpl*, paparruchas *fpl* (fam) **2** [c] (person) farsante *mf*, embaucador, -dora *m,f*

B [c] (sweet) (BrE) *caramelo de menta a rayas blancas y negras*

humbug² *vt* **-gg-** embaucar*, camelar (fam)

humdinger /ˈhʌmˈdɪŋər || ˌhʌmˈdɪŋə(r)/ *n* (colloq) maravilla *f*, portento *m*

humdrum /ˈhʌmdrʌm/ *adj* monótono, rutinario, aburrido

humerus /ˈhju:mərəs/ *n* (*pl* **-meri** /-məraɪ/) húmero *m*

humid /ˈhju:məd || ˈhju:mɪd/ ▸❶ **p.1878** *adj* ‹*air/day/weather*› húmedo; **it's very ~ today** hoy está muy húmedo *or* hay mucha humedad

humidex /ˈhju:mədeks/ *n* [u] (Can) (Meteo) temperatura *f* de bochorno; (*before n*) ‹*reading/factor*› de temperatura de bochorno

humidifier /hju:ˈmɪdəfaɪər || hju:ˈmɪdɪfaɪə(r)/ *n* humectador *m*, humidificador *m*

humidify /hju:ˈmɪdəfaɪ || hju:ˈmɪdɪfaɪ/ *vt* **-fies, -fying, -fied** humedecer*, humectar

humidity /hju:ˈmɪdəti/ *n* [u] humedad *f*

humiliate /hju:ˈmɪlieɪt/ *vt* humillar

humiliating /hju:ˈmɪlieɪtɪŋ/ *adj* humillante

humiliation /hju:ˌmɪliˈeɪʃən/ *n* humillación *f*

humility /hju:ˈmɪləti/ *n* [u] humildad *f*

hummingbird /ˈhʌmɪŋbɜ:rd || ˈhʌmɪŋbɜ:d/ *n* colibrí *m*, picaflor *m*

hummock /ˈhʌmək/ *n* montículo *m*

hummous, hummus /ˈhʊməs/ *n* [u]: *puré de garbanzos al estilo griego*

humongous, humungous /hju:ˈmʌŋgəs/ *adj* (colloq) enorme, monumental (fam)

humor¹, (BrE) **humour** /ˈhju:mər || ˈhju:mə(r)/ *n*

A [u] (comic quality) humor *m*; **I can't see the ~ in it** no le veo la gracia; **sense of ~** sentido *m* del humor; **black ~** humor negro

B (mood) (*no pl*) humor *m*, talante *m*; **in a good/bad** *o* **an ill ~** de buen/mal humor *or* talante; **out of ~** (dated) de mal humor

C [c] (Hist, Physiol) humor *m*

humor², (BrE) **humour** *vt* seguirle* la corriente a; **they were ~ing us to try to keep us quiet** nos seguían la corriente para que nos calláramos (*or* no protestáramos *etc*)

humorist /ˈhju:mərəst || ˈhju:mərɪst/ *n* humorista *mf*

humorless, (BrE) **humourless** /ˈhju:mərləs || ˈhju:məlɪs/ *adj* ‹*person/manner*› sin sentido del humor, sin gracia; ‹*smile*› forzado

humorous /ˈhju:mərəs/ *adj* ‹*novel/play/speech*› humorístico; ‹*situation*› divertido, cómico, gracioso; **the remark was not intended to be ~** el comentario no pretendía ser gracioso

humorously /ˈhju:mərəsli/ *adv* humorísticamente, con humor

humour *n/vt* (BrE) ▸**humor¹**, **humor²**

hump¹ /hʌmp/ *n* **1** (of camel) joroba *f*, giba *f*; (of person) joroba *f*, chepa *f* (Esp) **2** (in ground) montículo *m*; ***(to be) over the ~***: **we're over the ~** ya ha pasado lo peor **3** (bad mood) (BrE colloq): ***to get the ~*** enfurruñarse; ***to have the ~*** estar* de mal humor (fam), estar* con mufa (RPl fam)

hump² *vt*

A (hunch) ‹*back*› encorvar

B **~ (about)** (carry) (BrE colloq) cargar*, acarrear

C (have sex with) (sl) tirarse (arg), coger* (Méx, RPl vulg)

■ **hump** *vi* (sl) joder (vulg), follar (Esp vulg), coger* (Méx, RPl, Ven vulg)

humpback /ˈhʌmpbæk/, **humpbacked** /-bækt/ *adj* ‹*person*› jorobado; ‹*bridge*› (BrE) peraltado

humph /həmpf/ *interj* (expressing disbelief) ¡ja!; (expressing disgruntlement) ¡hombre!

humungous /hju:ˈmʌŋgəs/ *adj* ▸**humongous**

humus /ˈhju:məs/ *n* [u] humus *m*, mantillo *m*

Humvee® /ˈhʌmvi:/ *n* (Auto, Mil) Humvee® *m*

Hun /hʌn/ *n* 1 (Hist) huno, -na *m,f*; **Attila the ~** Atila 2 (Germans collectively) (pej & dated): **the ~** los alemanes

hunch¹ /hʌntʃ/ *vt* ‹*back/shoulders*› encorvar
■ **hunch** *vi* encorvarse

hunch² *n*
A (intuitive feeling) (colloq) presentimiento *m*, pálpito *m*; **to have a ~ that ...** tener* el presentimiento de que ...; **I have a ~ that ...** tengo el presentimiento de que ..., me late que ... (Méx fam), me palpita que ... (RPl fam), me tinca que ... (Chi fam); **it's only a ~, but ...** sólo es una corazonada, pero ...; **I decided to follow** *o* **play my ~** decidí dejarme llevar por la intuición; **on a ~** (AmE) en *or* por una corazonada
B (hump) joroba *f*, chepa *f* (Esp)

hunchback /'hʌntʃbæk/ *n* 1 (person) jorobado, -da *m,f* 2 (hump) joroba *f*, chepa *f* (Esp fam)

hunchbacked /'hʌntʃbækt/ *adj* jorobado

hundred /'hʌndrəd/ ▸ℹ p.888, ▸ℹ p.1465 *n* cien *m*; **a/one ~** cien; **a/one ~ and one** ciento uno; **two ~** doscientos; **five ~** quinientos; **five ~ pages** quinientas páginas; **twelve ~** mil doscientos; **fifteen ~** mil quinientos; **fifteen ~ pages** mil quinientas páginas; **in (the year) fifteen ~** en el (año) mil quinientos; **she lived in the seventeen ~s** vivió en el siglo XVIII; **ten ~s are a thousand** diez centenas son un millar; **they are sold by the ~** *o* **in ~s** se venden de a cien *or* (Esp) de cien en cien; **~s of thousands/millions** cientos de miles/millones; **a/one ~ thousand/million** cien mil/millones; **I've told you that story ~s of times** te he contado ese cuento cientos de veces; **he's nearly a/one ~** tiene casi cien años; **we number over a/one ~** somos más de cien; **there were a/one ~ of us** éramos cien; **I've got a ~ and one things to do** tengo cientos *or* miles de cosas que hacer

hundredfold /'hʌndrədfəʊld/ *adj/adv see* **-fold**

hundred-percenter /,hʌndrədpər'sentər || ,hʌndrədpə'sentə(r)/ *n* (AmE) *nacionalista acérrimo*

hundreds and thousands *pl n* gragea *f* (*multicolor*)

hundredth¹ /'hʌndrədθ/ ▸ℹ p.1465 *adj* centésimo; *see also* **fifth¹**

hundredth² *adv* en centésimo lugar; *see also* **fifth²**

hundredth³ ▸ℹ p.1091, ▸ℹ p.1465 *n* 1 (Math) centésimo *m* 2 (part) centésima parte *f*

hundredweight /'hʌndrədweɪt/ ▸ℹ p.630 *n* (*pl* ~) *unidad de peso equivalente a 45,36kg. en EEUU y a 50,80kg. en RU*

hung /hʌŋ/ *past & past p of* **hang¹**

Hungarian¹ /hʌŋ'geriən || hʌŋ'geəriən/ *adj* húngaro

Hungarian² *n* 1 [u] (language) húngaro *m* 2 [c] (person) húngaro, -ra *m,f*

Hungary /'hʌŋgəri/ *n* Hungría *f*

hunger¹ /'hʌŋgər || 'hʌŋgə(r)/ *n* 1 [u] (physical) hambre *f*‡; **to die of ~** morirse* de hambre 2 (strong desire) (*no pl*): **he had a ~ for learning** tenía ansias *or* sed de aprender

hunger² *vi* 1 (crave) **to ~ FOR** *o* (liter) **AFTER sth** estar* sediento DE algo (liter) 2 (be hungry) (arch) estar* hambriento, tener* hambre

hunger strike *n* huelga *f* de hambre; **to be/go on (a) ~ ~** estar* haciendo/hacer* huelga de hambre

hunger striker *n* huelguista *mf* de hambre

hung jury *n: jurado que se disuelve al no ponerse de acuerdo sus miembros*

hung over *adj* con resaca, con guayabo (Col fam), con cruda (AmC, Méx fam), con ratón (Ven fam); **to be ~ ~** tener* resaca (*or* guayabo *etc*)

hung parliament *n: parlamento en el cual ningún partido tiene la mayoría absoluta*

hungrily /'hʌŋgrəli || 'hʌŋgrɪli/ *adv* ávidamente

hungry /'hʌŋgri/ *adj* **-grier, -griest** ‹*person/animal*› hambriento; **to be ~** tener* hambre; **it makes you ~** te da hambre, te abre el apetito; **how ~ are you?** ¿tienes mucha hambre?; **if I get ~, I'll have a pear** si me da hambre, me comeré una pera; **to go ~** pasar hambre; **if you don't like liver, you'll have to go ~** si no te gusta el hígado, te quedas sin comer; **power-/land-~** ansioso de poder/tierras; **to be ~ FOR sth** estar* ávido DE algo

hung up *adj* (sl)
A (Psych) (*pred*) **to be ~ ~ ABOUT sth/sb/-ING**: **she's really ~ ~ about men** tiene un trauma con los hombres, tiene un mal rollo con los hombres (Esp fam); **he's very ~ ~ about his lack of education** tiene un gran complejo por no haber tenido estudios; **to be ~ ~ ON sb** estar* chiflado POR algn (fam)
B (AmE) (Auto) (*pred*): **to be ~ ~** estar* en un atasco; **we got ~ ~ on the interstate** nos metimos en un atasco en la carretera nacional

hunk /hʌŋk/ *n* 1 (chunk) trozo *m*, pedazo *m*; **a ~ of bread/meat/cheese** un trozo de pan/carne/queso 2 (man) (colloq) monumento *m*, cachas *m* (Esp fam), churro *m* (AmS fam); **who's that gorgeous ~ (of a man)?** ¿quién es ese monumento (de hombre)? (fam); **he's quite a ~** está buenísimo (fam), está como un tren *or* como un camión (fam), está muy cachas (Esp fam)

hunker down /'hʌŋkər || 'hʌŋkə(r)/ [v + adv] (AmE) agacharse

hunkers /'hʌŋkərz || 'hʌŋkəz/ *pl n* (colloq): **on one's ~** en cuclillas

hunky /'hʌŋki/ *adj* **-kier, -kiest** (colloq)
A (attractive) buenón (fam)
B (robust) macizo (fam)

hunky-dory /,hʌŋki'dɔːri/ *adj* (colloq): **everything's ~** todo marcha sobre ruedas *or* a las mil maravillas

hunt¹ /hʌnt/ *vt*
A 1 ‹*game/fox*› cazar* 2 (go hunting in) ‹*park/estate*› ir* de caza *or* de cacería en, cazar* en 3 (use in hunting) ‹*horse*› usar para ir de caza
B 1 (search for) buscar* 2 (drive away) **to ~ sb/sth FROM/OFF/OUT OF sth** echar *or* expulsar a algn/algo DE algo; **they were ~ed out of existence** fueron exterminados
■ **hunt** *vi* 1 (pursue game) **to ~ (FOR sth)** cazar* (algo); **to go ~ing** ir* de caza *or* de cacería 2 (search) buscar*; **to ~ (FOR sth)** buscar* (algo); **I ~ed in my pockets for the key** rebusqué en los bolsillos tratando de encontrar la llave

(Phrasal verbs)
- **hunt down** [v + o + adv, v + adv + o] ‹*animal/fugitive*› darle* caza a
- **hunt out** [v + o + adv, v + adv + o] buscar*
- **hunt up** [v + o + adv, v + adv + o] buscar*

hunt² *n*
A 1 (chase) caza *f*, cacería *f*; **to go on a tiger ~** ir* a cazar tigres 2 (hunters) partida *f* de caza, cacería *f*
B (search) búsqueda *f*; **I'll have a ~ for the book at home** (colloq) voy a buscar en casa a ver si encuentro el libro; **to be on the ~ for sth** (colloq) andar* a la caza de algo; **the ~ is on for new candidates** está en marcha *or* ya ha empezado la búsqueda de nuevos candidatos; **to be in the ~ for sth** andar* a la caza de algo; **they're out of the ~ now** han quedado fuera de combate

hunt ball *n* (in UK) *baile ofrecido a los miembros de una partida de caza*

hunted /'hʌntəd || 'hʌntɪd/ *adj* ‹*look*› atormentado; ‹*animal*› (at bay) acorralado; (pursued) perseguido

hunter /'hʌntər || 'hʌntə(r)/ *n*
A 1 (person) cazador, -dora *m,f* 2 (Equ) caballo *m* de caza
B (watch) reloj *m* de bolsillo (*con tapa metálica*)

hunter-gatherer /,hʌntər'gæðərər || ,hʌntə 'gæðərə(r)/ *n* cazador-recolector *m*

hunting /'hʌntɪŋ/ *n* [u]
A (Sport) caza *f*, cacería *f*; (*before n*) ‹*boots*› de caza; **~ knife** navaja *f*; **the ~ season** la temporada de caza
B (Electron) penduleo *m*

hunting ground *n* 1 (for hunters) tierras *fpl* de caza, cazadero *m* 2 (for collectors, researchers): **street markets are a good ~ ~ for antiques** los mercados callejeros son un buen lugar para buscar antigüedades

hunting horn *n* cuerno *m* de caza

hunting pink *n* [u]: **they were all dressed in ~ ~** todos tenían puestas las chaquetas rojas de caza

huntress /'hʌntrəs || 'hʌntrɪs/ *n* (liter) cazadora *f*

Hunts = Huntingdonshire

huntsman /'hʌntsmən/ *n* (*pl* **-men** /-mən/) cazador *m*

hunt-the-slipper /,hʌntðə'slɪpər || ,hʌntðə 'slɪpə(r)/, **hunt-the-thimble** /-'θɪmbəl/ *n* (BrE) juego *m* del zurriago escondido *or* del 'frío, caliente'

hup /həp/ *interj* ¡arriba!; **~, two, three, four!** un, dos, tres, cuatro

hurdle¹ /'hɜːrdl || 'hɜːdl/ *n* 1 (Sport) (obstacle) obstáculo *m*, valla *f*; (*before n*): **~ race** carrera *f* de vallas; *see also* **hurdles** 2 (Agr) valla *f* 3 (problem) obstáculo *m*; ***to fall at the first ~*** (fail at outset) caer* a la primera (vuelta) (fam), no pasar la primera prueba; (lit: in race) caer* en el primer obstáculo

hurdle² *vt* saltar, salvar

hurdler /'hɜːrdlər || 'hɜːdlə(r)/ *n* (person) corredor, -dora *m,f* de vallas

hurdles /'hɜːrdlz || 'hɜːdlz/ *n* (+ *sing vb*) vallas *fpl*; **the 100 meters ~** los 100 metros vallas

hurdy-gurdy /,hɜːrdi'gɜːrdi || ,hɜːdi'gɜːdi/ *n* (*pl* **-dies**) organillo *m*

hurl /hɜːrl || hɜːl/ *vt* 1 (throw) ‹*stone/spear*› tirar, arrojar, lanzar*; **he ~ed a brick at the policeman** le tiró un ladrillo al policía; **we were ~ed to the ground by the explosion** la explosión nos tiró *or* nos arrojó al suelo 2 (shout): **to ~ abuse at sb** soltarle* una sarta de insultos a algn
■ *v refl*: **to ~ oneself** tirarse, arrojarse, lanzarse*; **she ~ed herself over the precipice** se tiró *or* se arrojó por el precipicio; **they ~ed themselves on the pickpocket** se lanzaron *or* se abalanzaron sobre el carterista; **she ~ed herself into his arms** se lanzó en sus brazos

hurler /'hɜːrlər || 'hɜːlə(r)/ *n* (AmE colloq) lanzador, -dora *m,f*, pítcher *mf*

hurling /'hɜːrlɪŋ || 'hɜːlɪŋ/, **hurley** /'hɜːrli || 'hɜːli/ *n* [u] (Sport) *juego tradicional irlandés similar al hockey*

hurly-burly /,hɜːrli'bɜːrli || 'hɜːli,bɜːli/ *n* [u] bullicio *m*, alboroto *m*

hurrah /hʊ'rɑː/, **hurray** /hʊ'reɪ/ *interj/n* ▸**hooray¹**, **hooray²**

hurricane /'hɜːrəkeɪn || 'hʌrɪkən, -keɪn/ *n* huracán *m*; **a category 4 ~** un huracán de categoría 4

hurricane lamp *n* farol *m*

hurried /'hɜːrid || 'hʌrid/ *adj* 1 (hasty) ‹*footsteps/movements*› rápido, apresurado; ‹*decision*› precipitado; **a ~ conversation over the phone** una brevísima conversación telefónica; **we had a ~ meal and then rushed out** comimos rápidamente *or* (fam) a las carreras y nos fuimos volando 2 (slapdash, careless) ‹*work/scrawl*› hecho deprisa, hecho a las carreras (fam)

hurriedly /'hɜːridli || 'hʌridli/ *adv* apresuradamente, rápidamente, a las carreras (fam); **she ~ gathered up her things and left** recogió apresuradamente *or* rápidamente sus cosas y se fue; **she left ~** se fue muy de prisa *or* (AmL tb) muy apurada; **the report had been ~ cobbled together** habían preparado el informe a las carreras (fam); **a decision taken too ~** una decisión tomada con demasiada precipitación

hurry¹ /'hɜːri || 'hʌri/ *n* (*no pl*): **in all the ~, I forgot my umbrella** con la prisa *or* (AmL) con el apuro, se me olvidó el paraguas; **in a ~: I'm in a ~** tengo prisa, estoy apurada (AmL); **they left in a ~** salieron a todo correr, salieron apurados (AmL); **he obviously wrote it in a ~** es obvio que lo escribió a las carreras (fam); **a young woman in a ~** una chica con ganas de

h

llegar lejos; **I won't go back there in a ~** (esp BrE colloq) no pienso volver a poner los pies allí; **he won't try that again in a ~** (esp BrE colloq) no le va a quedar ni pizca de ganas de volver a hacerlo (fam); **I won't forget that in a ~** (esp BrE colloq) a mí eso no se me olvida así como así *or* (AmL tb) así nomás; **to be in a ~ to + INF** tener* prisa *or* (AmL tb) apuro POR + INF; **in her ~ to finish the work ...** con las prisas *or* (AmL tb) con el apuro por terminar el trabajo ...; **to be in a ~ FOR sth**: **are you in a ~ for the copies?** ¿te corren prisa las copias?, ¿tienes apuro por las copias? (AmL); **what's the ~?** ¿qué prisa *or* (AmL tb) qué apuro hay?

hurry[2] *vi* **-ries, -rying, -ried** [1] (make haste) darse* prisa, apurarse (AmL); **there's no need to ~** no hay prisa, no hay apuro (AmL); **do ~!** ¡date prisa!, ¡apúrate! (AmL); **we had to ~ over our meal** tuvimos que comer a toda prisa *or* (fam) a las carreras [2] (move hastily) (+ *adv compl*): **I hurried to correct the false impression they'd received** me apresuré a corregir la idea falsa que se habían hecho; **she hurried after him with his umbrella** corrió tras él para devolverle el paraguas; **he hurried in/out** entró/salió corriendo; **we hurried downstairs** bajamos corriendo; **~ home, it's getting dark** vete corriendo a casa, que se está haciendo de noche; **I hurried to the window** corrí a la ventana

■ **hurry** *vt* [1] ‹*person*› meterle prisa a, apurar (AmL); **stop ~ing me** no me metas prisa, no me apures (AmL); **she just won't be hurried** con ella no hay prisas *or* (AmL tb) apuros que valgan; **he was hurried from the courtroom/to a waiting car** se lo llevaron rápidamente *or* a toda prisa de la sala/a un coche que estaba esperando; **extra police were hurried to the scene** inmediatamente mandaron refuerzos al lugar de los hechos; **to ~ sb INTO sth**: **I was hurried into that decision** me hicieron tomar esa decisión precipitadamente; **they were hurried into signing** los apremiaron para que firmaran [2] ‹*work*› hacer* apresuradamente, hacer* a las carreras (fam); **we had to ~ our meal** tuvimos que comer de prisa *or* (fam) a las carreras, tuvimos que comer apurados (AmL)

Phrasal verbs

• **hurry along**
A [v + adv] ir* de prisa, apresurarse, apurarse (AmL); **~ along now!** ¡vamos, rápido *or* date prisa *or* corre!, ¡vamos, apúrate! (AmL)
B [v + o + adv, v + adv + o] ‹*person*› meterle prisa a, apurar (AmL); ‹*project/task*› hacer* de prisa, apurar (AmL)

• **hurry away, hurry off**
A [v + adv] alejarse rápidamente *or* corriendo
B [v + o + adv, v + adv + o] alejar rápidamente

• **hurry on** ▸ **hurry along**

• **hurry up**
A [v + adv] darse* prisa, apresurarse, apurarse (AmL)
B [v + o + adv, v + adv + o] ‹*person*› meterle prisa a, apurar (AmL); ‹*work*› acelerar, apurar (AmL)

hurt[1] /hɜːrt || hɜːt/ ▸ ℹ p.965 (*past & past p* **hurt**) *vt*
A [1] (cause pain): **you're ~ing her/me!** ¡le/me estás haciendo daño!, ¡la/me estás lastimando! (esp AmL); **my foot is ~ing me** me duele el pie; **my feet are ~ing me** me duelen los pies [2] (injure): **I ~ my ankle** me hice daño en el tobillo, me lastimé el tobillo (esp AmL); **50 ~ in rail crash** 50 heridos en accidente ferroviario; **to ~ oneself, to get ~** hacerse* daño, lastimarse (esp AmL); **be careful! you'll ~ yourself** ten cuidado, te vas a hacer daño *or* (esp AmL) te vas a lastimar; **I'm not badly ~** no me he hecho mucho daño; **50 passengers were badly ~** 50 pasajeros resultaron gravemente heridos; **nobody got ~** a nadie le pasó nada
B [1] (distress emotionally): **I've been ~ too often** me han hecho sufrir demasiadas veces; **you're bound to get ~** te van a hacer sufrir, terminarás sufriendo; **their remarks ~ me deeply** lo que dijeron me dolió *or* me lastimó mucho; **this is going to ~ me much more than it is going to ~ you** (set phrase) esto me va a doler mucho más a mí que a ti; **I'm sorry if I've ~ your feelings** siento haberte ofendido; **he didn't want to ~ anybody's feelings** no quería herir susceptibilidades, no quería ofender a nadie [2] (affect adversely) perjudicar*; **it won't ~ him to have to cook his own breakfast** no se va a morir por tener que prepararse el desayuno; **hard work never ~ anyone** trabajar duro nunca le hizo daño *or* mal a nadie

■ **hurt** *vi*
A (be source of pain) doler*; **my leg/head ~s** me duele la pierna/la cabeza; **where does it ~?** ¿dónde le duele?; **it ~s when I move it** me duele cuando lo muevo; **do your shoes ~?** ¿te hacen daño los zapatos?; **this won't ~ a bit** no te va a doler nada; **we'll hit them where it ~s most** les vamos a dar donde más les duele; **the truth sometimes ~s** a veces la verdad duele; **it ~s to have to admit it, but I was in the wrong** me cuesta admitirlo, pero estaba equivocado
B (have adverse effects): **shall we try again? it can't ~** ¿lo volvemos a intentar? no tenemos nada que perder; **go on! one more glass won't ~** anda, no pasa nada si te tomas otra copa; **it won't ~ to postpone it for a while** no pasa nada si lo dejamos por el momento; **it wouldn't ~ to water the plants occasionally!** (iro) un poco de agua de vez en cuando no les vendría mal a las plantas (iró)
C (colloq) [1] (feel pain): **I was ~ing all over** me dolía todo; **he was still ~ing after the divorce** (AmE) todavía estaba resentido por lo del divorcio; **she was still ~ing for him** seguía echándolo de menos [2] (suffer adverse effects) (AmE): **to be ~ing** estar* pasándola *or* pasándolo mal (fam)

hurt[2] *n* [u] [1] (emotional) dolor *m*, pena *f* [2] (physical) (esp used to or by children): **where's the ~?** ¿dónde te has hecho pupa *or* (Méx) coco *or* (CS) nana *or* (Col) ayayay? (leng infantil)

hurt[3] *adj* [1] (physically) ‹*finger/foot*› lastimado; **she was badly ~** resultó gravemente herida, resultó malherida [2] (emotionally) ‹*feelings/pride*› herido; ‹*tone/expression*› dolido; **to feel/be ~** sentirse*/estar* dolido

hurtful /ˈhɜːrtfəl || ˈhɜːtfəl/ *adj* hiriente

hurtle /ˈhɜːrtl || ˈhɜːtl/ *vi* (+ *adv compl*): **to ~ along/by** *o* **past** ir*/pasar volando *or* a toda velocidad; **she ~d by in a sports car** pasó volando *or* a toda velocidad en un deportivo; **the boulder ~d down the mountain** la roca se precipitó montaña abajo; **it sent them hurtling through the air** los lanzó volando por el aire

husband[1] /ˈhʌzbənd/ *n* marido *m*, esposo *m*; **they are ~ and wife** están casados, son marido y mujer

husband[2] *vt* (frml) ‹*resources*› administrar; ‹*strength*› dosificar*

husbandry /ˈhʌzbəndri/ *n* [u] [1] (Agr) agricultura *f*; **mixed/subsistence ~** agricultura mixta/de subsistencia; **animal ~** cría *f* de animales [2] (thrifty management) buena administración *f*

hush[1] /hʌʃ/ *n* (*no pl*) silencio *m*; **a ~ fell over the gathering** se hizo silencio en la reunión

hush[2] *vt* (quieten) hacer* callar; (calm down) calmar; **~! someone's coming!** ¡shh! *or* ¡chitón! ¡viene alguien!

■ **hush** *vi* callarse

Phrasal verb

• **hush up**
A [v + o + adv, v + adv + o] ‹*scandal/story*› acallar, echar tierra sobre, correr un velo sobre
B [v + adv] (be quiet) (AmE colloq) callarse; **just ~ up about her, will you?** déjate de hablar de ella ¿quieres?

hushed /hʌʃt/ *adj* (*before n*) ‹*atmosphere/crowd*› silencioso; **in ~ tones** en voz muy baja, en murmullos

hush-hush /ˈhʌʃhʌʃ/ *adj* (colloq) super secreto (fam)

hush money *n* [u] (sl) unto *m* de rana (arg) (*dinero con que se compra el silencio de alguien*)

hush puppy *n* (AmE) *torta de maíz frita*

husk[1] /hʌsk/ *n* (of wheat, rice) cáscara *f*, cascarilla *f*, cascabillo *m*; (of maize) chala *f or* (Esp) farfolla *f*

husk[2] *vt* ‹*wheat/rice*› descascarillar, descascarar; ‹*maize*› quitarle la chala *or* (Esp) farfolla a

huskily /ˈhʌskəli || ˈhʌskɪli/ *adv* con voz ronca

huskiness /ˈhʌskinəs || ˈhʌskinɪs/ *n* [u] lo ronco

husky[1] /ˈhʌski/ *adj* **-kier, -kiest**
A (hoarse) ronco
B (brawny) (colloq) grandote (fam), fornido

husky[2] *n* (*pl* **-kies**) husky *mf*, perro, -rra *m,f* esquimal

hussar /həˈzɑːr || hʊˈzɑː(r)/ *n* húsar *m*

hussy /ˈhʌsi/ *n* (*pl* **-sies**) (dated *or* hum) fresca *f* (fam); **you brazen ~!** ¡qué desfachatada!

hustings /ˈhʌstɪŋz/ *pl n*: **the ~** (Hist) la tribuna *or* la palestra de la campaña electoral; (campaign) la campaña electoral

hustle[1] /ˈhʌsəl/ *vt*
A [1] (move hurriedly) (+ *adv compl*): **she was ~d into the car** la metieron en el coche a empujones; **he was ~d away by his bodyguards** sus guardaespaldas se lo llevaron precipitadamente; **we're trying to ~ the work along** estamos intentando sacar adelante el trabajo lo más rápido posible; **the deal/new bill was ~d through** la operación se cerró/el nuevo proyecto de ley se aprobó apresuradamente [2] (pressure) apremiar, meterle prisa a, apurar (AmL); **to ~ sb INTO sth/-ING** empujar a algn A algo/+ INF; **they tried to ~ me into (making) a decision** trataron de empujarme a tomar una decisión
B (AmE colloq) [1] (obtain aggressively) hacerse* con; **to ~ sth OUT OF sb** sacarle* algo A algn; **to ~ sb FOR sth**: **he ~d them for cigarettes** les dio la lata para que le dieran cigarrillos (fam) [2] (hawk, sell) vender

■ **hustle** *vi*
A [1] (move quickly) darse* prisa, apurarse (AmL) [2] (jostle) empujar
B (AmE) [1] (work energetically) (colloq) trabajar (muy) duro, reventarse* (fam), darle* al callo (Esp fam), sobarse el lomo (Méx fam) [2] (swindle) (sl) hacer* chanchullos (fam), chanchullear (fam) [3] (solicit) (sl) ‹‹*prostitute*›› hacer* la calle *or* (Esp tb) la carrera (fam), talonear (Méx fam), patinar (Chi fam), yirar (RPl arg)

hustle[2] *n*
A [u] [1] (hurry) ajetreo *m*; **the ~ and bustle of the big city** el ajetreo y bullicio de la gran ciudad [2] (energy, initiative) (AmE) empuje *m*, garra *f* (fam)
B [c] (trick, swindle) (AmE colloq) chanchullo *m* (fam)

hustler /ˈhʌslər || ˈhʌslə(r)/ *n* (AmE) [1] (hard worker) (colloq) persona *f* trabajadora; **he's a real ~** es muy trabajador *or* tenaz [2] (swindler) (sl) estafador, -dora *m,f* [3] (prostitute) (sl) puto, -ta *m,f* (vulg)

hut /hʌt/ *n* [1] (cabin) cabaña *f*; (of mud, straw) choza *f*; **mountain ~** refugio *m* de montaña [2] (Mil) barracón *m* [3] (hovel) casucha *f*

hutch /hʌtʃ/ *n* (*rabbit ~*) [1] conejera *f* [2] (house, room) cuchitril *m*

Hwang Ho *n* ▸ **Huang Ho**

hwy (AmE) = **highway**

hyacinth /ˈhaɪəsɪnθ/ *n* jacinto *m*

hyaena /haɪˈiːnə/ *n* ▸ **hyena**

hybrid[1] /ˈhaɪbrəd || ˈhaɪbrɪd/ *n* híbrido *m*

hybrid[2] *adj* ‹*species/system/car*› híbrido; **~ circuit** (Electron) circuito *m* híbrido *or* mixto

hybridization /ˌhaɪbrədəˈzeɪʃən || ˌhaɪbrɪdaɪˈzeɪʃən/ *n* [u] hibridación *f*

hybridize /ˈhaɪbrədaɪz || ˈhaɪbrɪdaɪz/ *vt* hibridar, hibridizar*

■ **hybridize** *vi* hibridarse, hibridizarse*

hydra /ˈhaɪdrə/ *n* [1] (Myth): **the H~** la Hidra; **the ~ of corruption** la hidra multicéfala de la corrupción [2] (Zool) hidra *f*

hydra-headed /ˌhaɪdrəˈhedəd || ˌhaɪdrəˈhedɪd/ *adj* multicéfalo; **~ monster** hidra *f* de (las) siete cabezas

hydrangea /haɪˈdreɪndʒə/ *n* hortensia *f*

hydrant /ˈhaɪdrənt/ *n* boca *f* de riego, toma *f* de agua, hidrante *m* (AmC, Col); (*fire ~*) boca *f* de incendios *or* (Esp) de riego, toma *f* de agua, hidrante *m* de incendios (AmC, Col), grifo *m* (Chi)

hydrate[1] /ˈhaɪdreɪt/ *n* [u c] hidrato *m*

hydrate[2] *vt* 1 hidratar 2 **hydrated** *past p* hidratado

hydraulic /haɪˈdrɔːlɪk ‖ haɪˈdrɔːlɪk, haɪˈdrɒlɪk/ *adj* (Eng) ‹*press/brake/suspension*› hidráulico; ~ **engineer** ingeniero hidráulico, ingeniera hidráulica *m,f*

hydraulics /haɪˈdrɔːlɪks ‖ haɪˈdrɔːlɪks, haɪˈdrɒlɪks/ *n* 1 (+ *sing vb*) hidráulica *f* 2 (hydraulic system) (colloq) (+ *pl vb*) sistema *m* hidráulico

hydro /ˈhaɪdrəʊ/ *n* (*pl* **hydros**) (colloq) **A** [c] (establishment) (BrE) balneario *m*, baños *mpl* **B** [u] (power) energía *f* hidroeléctrica

hydro- /ˈhaɪdrəʊ/ *pref* hidro-

hydrobiology /ˌhaɪdrəʊbaɪˈɑːlədʒi ‖ ˌhaɪdrəʊbaɪˈɒlədʒi/ *n* [u] hidrobiología *f*

hydrocarbon /ˈhaɪdrəʊˌkɑːrbən ‖ ˌhaɪdrəˈkɑːbən/ *n* [u c] hidrocarburo *m*

hydrocephalus /ˌhaɪdrəʊˈsefələs ‖ ˌhaɪdrəˈsefələs, -ˈkefələs/ *n* [u] hidrocefalia *f*

hydrochloric acid /ˌhaɪdrəˈklɔːrɪk ‖ ˌhaɪdrəˈklɔːrɪk, -klɒrɪk/ *n* [u] ácido *m* clorhídrico

hydroelectric /ˌhaɪdrəʊɪˈlektrɪk/ *adj* hidroeléctrico; ~ **power** energía *f* hidroeléctrica; **a** ~ **power station** una central hidroeléctrica

hydroelectricity /ˌhaɪdrəʊɪlekˈtrɪsəti/ *n* [u] hidroelectricidad *f*

hydrofoil /ˈhaɪdrəfɔɪl/ *n* 1 (vessel) aliscafo *m*, acuaplano *m*, hidrodeslizador *m* 2 (fin) hidroala *m*

hydrogen /ˈhaɪdrədʒən/ *n* [u] hidrógeno *m*; (*before n*): ~ **bomb** bomba *f* de hidrógeno; ~ **ion** hidrogenión *m*, ión *m* (de) hidrógeno; ~ **peroxide** agua *f*‡ oxigenada, peróxido *m* de hidrógeno; ~ **sulphide/cyanide** ácido *m* sulfhídrico/cianhídrico

hydrogenate /haɪˈdrɑːdʒəneɪt ‖ haɪˈdrɒdʒəneɪt/ *vt* hidrogenar

hydrography /haɪˈdrɑːgrəfi ‖ haɪˈdrɒgrəfi/ *n* [u] hidrografía *f*

hydrological /ˌhaɪdrəˈlɑːdʒɪkəl ‖ ˌhaɪdrəˈlɒdʒɪkəl/ *adj* hidrológico

hydrology /haɪˈdrɑːlədʒi ‖ haɪˈdrɒlədʒi/ *n* [u] hidrología *f*

hydrolysis /haɪˈdrɑːləsəs ‖ haɪˈdrɒlɪsɪs/ *n* [u c] (*pl* **-ses** /-siːz/) hidrólisis *f*

hydrolyze, (BrE) **hydrolyse** /ˈhaɪdrəlaɪz/ *vt* hidrolizar*

hydrometer /haɪˈdrɑːmətər ‖ haɪˈdrɒmɪtə(r)/ *n* hidrómetro *m*

hydropathy /haɪˈdrɑːpəθi ‖ haɪˈdrɒpəθi/ *n* [u] hidropatía *f*

hydrophobia /ˌhaɪdrəˈfəʊbiə/ *n* [u] 1 (fear of water) hidrofobia *f* 2 (rabies) (arch) hidrofobia *f*, rabia *f*

hydrophobic /ˌhaɪdrəˈfəʊbɪk/ *adj* **A** (Chem) hidrófobo, hidrofóbico **B** 1 (Psych) hidrófobo 2 (rabid) (arch) hidrófobo, rabioso

hydroplane[1] /ˈhaɪdrəpleɪn/ *n* (Naut) 1 (boat) hidroplano *m* 2 (seaplane) (AmE) hidroavión *m* 3 (on submarine) timón *m*

hydroplane[2] *vi* ▸**aquaplane**[1]

hydroponics /ˌhaɪdrəˈpɑːnɪks ‖ ˌhaɪdrəˈpɒnɪks/ *n* (Bot) (+ *sing vb*) hidroponía *f*, cultivo *m* hidropónico

hydropower /ˈhaɪdrəʊpaʊər ‖ ˈhaɪdrəʊpaʊə(r)/ *n* [u] energía *f* hidroeléctrica, hidroelectricidad *f*

hydrotherapy /ˌhaɪdrə(ʊ)ˈθerəpi/ *n* [c u] (*pl* **-pies**) hidroterapia *f*

hydroxide /haɪˈdrɑːksaɪd ‖ haɪˈdrɒksaɪd/ *n* [u c] hidróxido *m*

hyena /haɪˈiːnə/ *n* hiena *f*; **laughing** *o* **spotted** ~ hiena manchada; **to laugh like a** ~ reírse* como una hiena *or* una cacatúa

hygiene /ˈhaɪdʒiːn/ *n* [u] 1 (cleanliness) higiene *f*; **personal** ~ higiene personal 2 (Med) higiene *f*

hygienic /haɪˈdʒiːnɪk/ *adj* higiénico

hygienically /haɪˈdʒiːnɪkli/ *adv* higiénicamente

hygienist /haɪˈdʒiːnəst ‖ haɪˈdziːnɪst/ *n* higienista *mf*

hygrometer /haɪˈgrɑːmətər ‖ haɪˈgrɒmɪtə(r)/ *n* higrómetro *m*

hymen /ˈhaɪmən/ *n* himen *m*

hymn[1] /hɪm/ *n* 1 (Relig) cántico *m*, himno *m*; ***to sing from the same*** ~ ***sheet*** cantar al son de la misma música 2 (paean) himno *m*, canto *m*

hymn[2] *vt* (liter) encomiar (liter), loar (liter)

hymnal /ˈhɪmnəl/ *n* cantoral *m*, himnario *m*

hymnbook /ˈhɪmbʊk/ *n* cantoral *m*, himnario *m*

hype[1] /haɪp/ *n* (colloq) 1 [u] (publicity): **despite all the (media)** ~**, the film was not a success** a pesar de todo el despliegue *or* bombo publicitario, la película no tuvo éxito; **there's been a lot of** ~ **over** *o* **about vitamin pills** se han exagerado mucho las virtudes de las vitaminas 2 [c] (thing promoted): **this play/exhibition is** ~ **of the month in New York** este mes en Nueva York no se habla más que de esta obra/exposición

hype[2] *vt* (colloq) promocionar con bombos y platillos *or* (Esp) a bombo y platillo; **the film was much** ~**d in advance** la película estuvo precedida de una gran campaña publicitaria

hyper- /ˈhaɪpər ‖ ˈhaɪpə(r)/ *pref* hiper-

hyperactive /ˌhaɪpərˈæktɪv/ *adj* ‹*child/thyroid*› hiperactivo; ‹*imagination*› desbordante

hyperbaric /ˌhaɪpərˈbærɪk/ *adj* hiperbárico; ~ **oxygenation** oxigenación hiperbárica

hyperbaton /haɪˈpɜːrbətɑːn ‖ haɪˈpɜːbətɒn/ *n* hipérbaton *m*

hyperbola /haɪˈpɜːrbələ ‖ haɪˈpɜːbələ/ *n* (*pl* **-las**) hipérbola *f*

hyperbole /haɪˈpɜːrbəli ‖ haɪˈpɜːbəli/ *n* [u c] hipérbole *f*

hyperbolic /ˌhaɪpərˈbɑːlik ‖ ˌhaɪpəˈbɒlɪk/ *adj* hiperbólico

hypercorrection /ˌhaɪpərkəˈrekʃən ‖ ˌhaɪpəkəˈrekʃən/ *n* [u c] ultracorrección *f*

hypercritical /ˌhaɪpərˈkrɪtɪkəl ‖ ˌhaɪpəˈkrɪtɪkəl/ *adj* hipercrítico, ultracrítico

hyperglycemia /ˌhaɪpərglaɪˈsiːmiə ‖ ˌhaɪpəglaɪˈsiːmiə/ *n* [u] hiperglucemia *f*

hyper-inflation /ˌhaɪpərɪnˈfleɪʃən/ *n* [u] hiperinflación *f*

hyperintelligent /ˌhaɪpərɪnˈtelədʒənt ‖ ˌhaɪpərɪnˈtelɪdʒənt/ *adj* super inteligente

hyperkinesia /ˌhaɪpərkɪˈniːziə ‖ ˌhaɪpəkɪˈniːziə/ *n* hipercinesis *f*, hiperquinesis *f*

hyperkinetic /ˌhaɪpərkəˈnetɪk ‖ ˌhaɪpəkɪˈnetɪk/ *adj* hiperquinético

hyperlink[1] /ˈhaɪpərlɪŋk ‖ ˈhaɪpəlɪŋk/ *n* hiperenlace *m*

hyperlink[2] *vt* hiperenlazar*

hypermarket /ˈhaɪpərˌmɑːrkət ‖ ˈhaɪpəˌmɑːkɪt/ *n* (BrE) hipermercado *m*

hypermedia /ˈhaɪpərmiːdiə ‖ ˈhaɪpəmiːdiə/ *n* [u] hipermedia *f*

hypernym /ˈhaɪpərnɪm ‖ ˈhaɪpənɪm/ *n* hiperónimo *m*

hypersensitive /ˌhaɪpərˈsensətɪv ‖ ˌhaɪpəˈsensɪtɪv/ *adj* hipersensible, ultrasensible

hypersonic /ˌhaɪpərˈsɑːnɪk ‖ ˌhaɪpəˈsɒnɪk/ *adj* hipersónico

hypertension /ˌhaɪpərˈtentʃən ‖ ˌhaɪpəˈtenʃən/ *n* [u] hipertensión *f*

hypertext /ˈhaɪpərtekst ‖ ˈhaɪpətekst/ *n* hipertexto *m*

hypertrophy[1] /haɪˈpɜːrtrəfi ‖ haɪˈpɜːtrəfi/ *n* [u c] (*pl* **-phies**) hipertrofia *f*

hypertrophy[2] *vi* **-phies, -phying, -phied** hipertrofiarse

hyperventilate /ˌhaɪpərˈventleɪt ‖ ˌhaɪpəˈventɪleɪt/ *vi* hiperventilarse; **I think I'm going to** ~**!** (colloq) ¡creo que me va a dar un soponcio! (fam)

hyperventilation /ˌhaɪpərventlˈeɪʃən ‖ ˌhaɪpəventɪˈleɪʃən/ *n* [u] hiperventilación *f*

hyphen /ˈhaɪfən/ *n* guión *m*

hyphenate /ˈhaɪfəneɪt/ *vt* 1 escribir* *or* unir con (un) guión 2 **hyphenated** *past p* ‹*word*› con guión

hyphenated American /ˈhaɪfəneɪtəd ‖ ˈhaɪfəneɪtɪd/ *n* (AmE colloq); *ciudadano de que se considera mitad norteamericano y mitad de otro origen*

hypnagogic, hypnogogic /ˌhɪpnəˈgɑːdʒɪk ‖ ˌhɪpnəˈgɒdʒɪk/ *adj* (Med) hipnogógico; ~ **hallucination** alucinación *f* hipnogógica

hypnosis /hɪpˈnəʊsəs ‖ hɪpˈnəʊsɪs/ *n* [u] hipnosis *f*; **under** ~ hipnotizado, en estado de hipnosis

hypnotic[1] /hɪpˈnɑːtɪk ‖ hɪpˈnɒtɪk/ *adj* ‹*suggestion/state*› hipnótico; ‹*voice/eyes/rhythm*› hipnotizador, hipnotizante

hypnotic[2] *n* [c u] hipnótico *m*

hypnotism /ˈhɪpnətɪzəm/ *n* [u] hipnotismo *m*

hypnotist /ˈhɪpnətəst ‖ ˈhɪpnətɪst/ *n* hipnotizador, -dora *m,f*

hypnotize /ˈhɪpnətaɪz/ *vt* hipnotizar*

hypoallergenic /ˌhaɪpəʊˌælerˈdʒenɪk ‖ ˌhaɪpəʊˌæləˈdʒenɪk/ *adj* hipoalérgeno

hypochondria /ˌhaɪpəˈkɑːndriə ‖ ˌhaɪpəˈkɒndriə/ *n* [u] hipocondría *f*

hypochondriac[1] /ˌhaɪpəˈkɑːndriæk ‖ ˌhaɪpəˈkɒndriæk/ *n* hipocondríaco, -ca *m,f*

hypochondriac[2] *adj* hipocondríaco

hypocrisy /hɪˈpɑːkrəsi ‖ hɪˈpɒkrəsi/ *n* [u c] (*pl* **-sies**) hipocresía *f*

hypocrite /ˈhɪpəkrɪt/ *n* hipócrita *mf*

hypocritical /ˌhɪpəˈkrɪtɪkəl/ *adj* hipócrita

hypocritically /ˌhɪpəˈkrɪtɪkli/ *adv* con hipocresía, hipócritamente

hypodermic[1] /ˌhaɪpəˈdɜːrmɪk ‖ ˌhaɪpəˈdɜːmɪk/ *adj* hipodérmico

hypodermic[2] *n* (aguja *f*) hipodérmica *f*

hypoglycemia /ˌhaɪpəʊglaɪˈsiːmiə/ *n* [u] hipoglucemia *f*

hyponym /ˈhaɪpənɪm/ *n* hipónimo *m*

hypotenuse /haɪˈpɑːtnuːs, -nuːz ‖ haɪˈpɒtənjuːz, -njuːs/ *n* hipotenusa *f*; **the square on the** ~ el cuadrado construido sobre la hipotenusa

hypothermia /ˌhaɪpəˈθɜːrmiə ‖ ˌhaɪpəˈθɜːmiə/ *n* [u] hipotermia *f*

hypothesis /haɪˈpɑːθəsəs ‖ haɪˈpɒθəsɪs/ *n* (*pl* **-ses** /-siːz/) hipótesis *f*

hypothesize /haɪˈpɑːθəsaɪz ‖ haɪˈpɒθəsaɪz/ *vi* hacer* hipótesis

■ **hypothesize** *vt* plantear como hipótesis

hypothetical /ˌhaɪpəˈθetɪkəl/ *adj* hipotético

hypothetically /ˌhaɪpəˈθetɪkli/ *adv* hipotéticamente

hysterectomy /ˌhɪstəˈrektəmi/ *n* (*pl* **-mies**) histerectomía *f*; **she had a** ~ le hicieron una histerectomía

hysteria /hɪˈstɪriə ‖ hɪˈstɪəriə/ *n* [u] histerismo *m*, histeria *f*; **mass** ~ histeria colectiva

hysterical /hɪˈsterɪkəl/ *adj* 1 (Psych) histérico 2 (uncontrolled) ‹*fans/crowd*› histérico; **he had a** ~ **outburst** le dio un ataque de histeria, se puso histérico; **she broke into a fit of** ~ **laughter** empezó a reírse histéricamente 3 (very funny) (colloq) para morirse *or* desternillarse de (la) risa, tronchante (Esp fam)

hysterically /hɪˈsterɪkli/ *adv* ‹*laugh/weep*› histéricamente; **it was** ~ **funny** (colloq) era para morirse *or* desternillarse de (la) risa, era tronchante (Esp fam)

hysterics /hɪˈsterɪks/ *pl n* 1 (nervous agitation) histeria *f*, histerismo *m*; **a fit of** ~ un ataque de histeria; **to go into** ~ ponerse* histérico; **he nearly had** ~ por poco le da un ataque *or* se pone histérico; **she was almost in** ~ estaba como loca 2 (laughter) (colloq) ataque *m* de risa; **just looking at him sent us into** ~ sólo con verlo, nos dio un ataque de risa; **Jim had us in** ~ Jim nos hizo morir *or* desternillar de (la) risa, nos hizo troncharos (Esp fam)

Hz (= **hertz**) Hz.

h

Ii

i, I /aɪ/ *n* i, I *f*; ***to dot the i's and cross the t's*** dar* los últimos toques

I /aɪ/ *pron*

> ⚠ Although *yo* is given as the main translation of *I*, it is in practice used only for emphasis, or to avoid ambiguity: **I went to the theater** fui al teatro **I was singing, he was playing the piano** yo cantaba y él tocaba el piano **I did it** yo lo hice.

yo; **it is I** (frml) soy yo; **you know as well as I do that ...** sabes tan bien como yo que ...; **I live in London** vivo en Londres

IA = Iowa

IAEA *n* (**= International Atomic Energy Agency**) OIEA *f*

iambic /aɪ'æmbɪk/ *adj* yámbico; ~ **pentameter** pentámetro *m* yámbico

iambics /aɪ'æmbɪks/ *pl n* yambos *mpl*

ib /ɪb/ *adv* ib.

IBA *n* (in UK) **= Independent Broadcasting Authority**

Iberia /aɪ'bɪriə || aɪ'bɪəriə/ *n* Iberia *f*

Iberian /aɪ'bɪriən || aɪ'bɪəriən/ *adj* ibérico; **the ~ Peninsula** la Península ibérica

ibex /'aɪbeks/ *n* (*pl* ~ *or* **~es**) cabra *f* montés, íbice *m*

ibid /'ɪbɪd/ *adv* ibíd.

ibidem /'ɪbɪdəm/ *adv* ibídem

ibis /'aɪbɪs/ *n* (*pl* ~ *or* **~es**) ibis *m*

IBM *n* **= International Business Machines** IBM *f*

ibuprofen /,aɪbju:'prəʊfən/ *n* [u] ibuprofeno *m*

Icarus /'ɪkərəs/ *n* Ícaro

ICC *n*

A (Busn) (**= International Chamber of Commerce**) CCI *f*

B (AmE) (Busn) **= Interstate Commerce Commission**

C (Law) (**= International Criminal Court**) CPI *f*, TPI *m*

D (Sport) **= International Cricket Council**

ice[1] /aɪs/ *n*

A [u] (frozen water) hielo *m*; **at 0°C water turns to ~** a 0°C el agua se transforma en hielo; **the lakes and ponds turned to ~** se helaron los lagos y estanques; **her feet turned to ~** se le helaron *or* congelaron los pies; **your hands are like ~!** ¡tienes las manos heladas!; **she has a heart of ~** tiene el corazón como un témpano de hielo; **it's as cold as ~ in here** aquí hace un frío que te congelas; ***on ~***: **to put sth on ~** dejar algo en suspenso, aparcar* algo (Esp); **the plans have been put on ~ until next year** los planes han quedado en suspenso *or* han sido aparcados hasta el año que viene; **I'm keeping that money on ~ just in case** (AmE) voy a dejar ese dinero en reserva por si acaso; **that score put the game on ~ for the Tigers** (AmE) con ese tanto los Tigers se aseguraron la victoria; ***to be*** *o* ***skate*** *o* ***walk*** *o* ***tread on thin ~*** estar* en *or* andar* por *or* pisar terreno peligroso *or* resbaladizo; ***to break the ~*** (overcome reserve) romper* el hielo (make a start) (AmE) dar* los primeros pasos; ***to cut no ~***: **it cuts no ~ with me** me deja frío, me deja tal cual; **the proposal cut no ~** la propuesta cayó en el vacío; (*before n*) ‹*crystal/cave*› de hielo

B [c u] **1** (sherbet) (AmE) sorbete *m*, helado *m* de agua (CS), nieve *f* (Méx) **2** (ice cream) (BrE) helado *m*

C [u] (diamonds) (sl & dated) pedruscos *mpl* (fam), brillantes *mpl*

ice[2] *vt*

A ‹*drink*› enfriar*; (by adding ice cubes) ponerle* hielo a

B ‹*cake*› bañar (*con fondant*)

C ‹*victory*› (AmE colloq) asegurar

D ‹*puck*› lanzar* hasta el otro extremo de la pista

Phrasal verb

- **ice over, ice up** [v + adv] (esp BrE) «*river/lake*» helarse*, congelarse; «*window/surface*» helarse*, escarcharse

ice age *n* (período *m* de) glaciación *f*; **the I~ A~** la edad de hielo, la época glaciar

ice ax, (BrE) **ice axe** *n* piolet *m*, piqueta *f*

ice bag *n* ▸**ice pack A**

ice beer *n* [u] ice beer *f* (*variedad de cerveza de alta graduación elaborada a temperaturas bajo cero*)

iceberg /'aɪsbɜ:rg || 'aɪsbɜ:g/ *n* iceberg *m*

iceberg lettuce *n* [c u] lechuga *f* repollada

ice-blue /'aɪsblu:/ *adj* azul claro *adj inv*

ice blue *n* azul *m* claro

icebound /'aɪsbaʊnd/ *adj* bloqueado por el hielo

icebox /'aɪsbɑ:ks || 'aɪsbɒks/ *n* **1** (refrigerator) (AmE colloq & dated) refrigerador *m*, nevera *f*, heladera *f* (RPl) **2** (freezing compartment) (BrE) congelador *m*

icebreaker /'aɪs,breɪkər || 'aɪs,breɪkə(r)/ *n* **1** (ship) rompehielos *m* **2** (on bridge) (AmE) rompehielos *m* **3** (at party, gathering): **someone mentioned baseball, that was the ~** alguien mencionó el béisbol y así se rompió el hielo

ice bucket *n* balde *m* or (Esp) cubo *m* del hielo, hielera *f* (AmL)

ice cap *n* casquete *m* glaciar *or* de hielo; **the polar ~ ~** el casquete polar

ice-cold /'aɪs'kəʊld/ *adj* helado

ice cream *n* [u c] helado *m*; (*before n*): **ice-cream parlor** heladería *f*; **ice-cream soda** ice cream soda *m* (*refresco efervescente mezclado con helado*); **ice-cream sundae** copa *f* de helado

ice-cream van /'aɪs'kri:m/ *n* furgoneta *f* de los helados

ice cube *n* cubito *m* de hielo

iced /aɪst/ *adj*

A (chilled) ‹*melon/tea*› helado

B (covered in icing) ‹*bun*› glaseado; ‹*cake*› con baño de fondant

ice dance, ice dancing *n* [u] baile *m* sobre hielo

ice field *n* banca *f* or campo *m* de hielo, banquisa *f*

icefish /'aɪsfɪʃ/ *n* (*pl* **-fish** *or* **-fishes**) (Zool) draco *m* rayado

ice floe *n* témpano *m* de hielo

ice fog *n* [u c] (AmE) niebla *f* helada

ice hockey *n* [u] hockey *m* sobre hielo

Iceland /'aɪslənd/ *n* Islandia *f*

Icelander /'aɪsləndər/ *n* islandés, -desa *m,f*

Icelandic[1] /aɪs'lændɪk/ *adj* islandés

Icelandic[2] *n* [u] islandés *m*

ice lolly *n* (BrE) paleta *f* helada *or* (Esp) polo *m or* (RPl) palito *m* helado *or* (CS) chupete *m* helado

ice machine *n* máquina *f* de hielo

ice maiden *n* (colloq) dama *f* de hielo

iceman /'aɪsmæn/ *n* (*pl* **-men**) (AmE) vendedor *m* de hielo

ice milk *n* [u c] (AmE) *helado hecho con leche descremada*

ice pack *n*

A (for body) bolsa *f* de hielo

B (Geog) banco *m* de témpanos

ice pick *n* punzón *m* (*para romper hielo*)

ice point *n* punto *m* de congelación

ice rink *n* pista *f* de (patinaje sobre) hielo

ice sheet *n* capa *f* de hielo

ice shelf *n* plataforma *f* de hielo

ice-skate /'aɪsskeɪt/ *vi* patinar sobre hielo; **let's go ice-skating** vamos a patinar (sobre hielo)

ice skate *n* patín *m* de cuchilla

ice skater *n* patinador, -dora *m,f*

ice skating *n* [u] patinaje *m* sobre hielo

ice storm *n* tormenta *f* de hielo

ice tray *n* cubitera *f*, hielera *f* (AmL), cubeta *f* (RPl)

ice water *n* [u] agua *f*‡ helada; **he must have ~ ~ in his veins** debe de tener sangre de horchata

ichthus /'ɪkθəs/ *n* (*pl* **-thuses**) (Relig) ichtus *m*

icicle /'aɪsɪkəl/ *n* carámbano *m* (de hielo)

icily /'aɪsəli || 'aɪsɪli/ *adv* glacialmente, con mucha frialdad

iciness /'aɪsinəs || 'aɪsinɪs/ *n* [u] **1** (of person, stare, reception) frialdad *f*, lo glacial **2** (of weather, temperature) lo helado *or* glacial

icing /'aɪsɪŋ/ *n* [u]

A (Culin) **1** (hard) glaseado *m*, fondant *m* **2** (soft) (BrE) baño *m*; **chocolate ~** baño *m* de chocolate

B (formation of ice) formación *f* de hielo

icing sugar *n* [u] (BrE) azúcar *m or f* glas(é) *or* (RPl) impalpable *or* (Chi) flor *or* (Col) en polvo

ick /ɪk/ *n* [u] (AmE colloq) cochambre *m* (fam), porquería *f*, roña *f*

icky /'ɪki/ *adj* **ickier, ickiest** (colloq) **1** (sticky, messy) pringoso (fam), pegajoso **2** (repulsive) asqueroso, repugnante **3** (sickly sweet) empalagoso, hostigoso (Andes)

icon /'aɪkɑ:n || 'aɪkɒn/ *n* (Art, Comput, Ling, Relig) icono *m*, ícono *m*

iconic /aɪ'kɑ:nɪk || aɪ'kɒnɪk/ *adj* icónico

iconify /aɪ'kɑ:nəfaɪ || aɪ'kɒnɪfaɪ/ *vt* **-fies, -fying, -fied** (Comput) iconizar*

iconize /'aɪkənaɪz/ *vt* (Comput) iconizar*

iconoclasm /aɪ'kɑ:nə,klæzəm || aɪ'kɒnəklæzəm/ *n* [u] iconoclastia *f*, iconoclasia *f*

iconoclast /aɪ'kɑ:nəklæst || aɪ'kɒnəklæst/ *n* iconoclasta *mf*

iconoclastic /aɪ,kɑ:nə'klæstɪk || aɪ,kɒnə'klæstɪk/ *adj* iconoclasta

iconography /,aɪkə'nɑ:grəfi || ,aɪkə'nɒgrəfi/ *n* [u] iconografía *f*

ICT *n* (BrE) (Educ) *no art* (**= Information and Communications Technology**) TIC *fpl*

ictus /'ɪktəs/ *n* (*pl* ~ *or* **-tuses**)

A (Ling, Lit) ictus *m*

B (Med) ictus *m*

ICU *n* (= **intensive care unit**) UCI *f*, UVI *f* (Esp), CTI *m* (Ur), UTI *f* (Chi)

icy /'aɪsi/ *adj* **icier, iciest** 1 (very cold) ‹*wind/rain*› helado, glacial, gélido (liter); ‹*feet/hands*› helado; (as *adv*): ~ **cold** helado 2 (unfriendly) ‹*stare/reception*› glacial 3 (ice-covered) ‹*roads/ground*› cubierto de hielo

id /ɪd/ *n*: **the** ~ el ello, el id

ID 1 = **identification** 2 = **Idaho**

ID card *n* carné *or* carnet *m* de identidad, cédula *f* de identidad (AmL), identificación *f* (Méx)

IDE *n* = **Integrated Drive Electronics** IDE *m*

idea /aɪ'di:ə || aɪ'dɪə/ *n*

A 1 (plan, suggestion) idea *f*; **I have an** ~ tengo una idea; **then I had an** ~ entonces se me ocurrió una idea; **John came up with a much better** ~ a John se le ocurrió una idea mucho mejor; **she hit on the** ~ **of doing it like this** se le ocurrió hacerlo así; **what a good** ~! ¡qué buena idea!; **it's a good** ~ **to oil the hinges regularly** conviene engrasar las bisagras con regularidad; **that's not a bad** ~ no es mala idea; **it seemed like a good** ~ **at the time** en aquel momento pareció una buena idea; **it might not be a bad** ~ **to leave now** no sería mala idea que nos fuéramos ya; **you and your bright** ~**s!** (iro) ¡tú y tus brillantes ideas! (iró); **it wasn't my** ~ no fue idea mía; **gift** ~**s for Christmas** ideas para regalos de Navidad; **I don't think much of the** ~ **of your going alone** la idea de que vayas solo no me hace mucha gracia; **I like the** ~ **of going to a Chinese restaurant** me gusta la idea de ir a un restaurante chino 2 (purpose, principle) idea *f*; **the whole** ~ **of the operation was to attract publicity** habían hecho la operación con la idea de atraer publicidad; **that's the general** ~ de eso se trata; **I think I get the (general)** ~ creo que ya entiendo; **you get the** ~, **don't you?** entiendes ¿no?; **what's the big** ~? (colloq) ¿pero qué es esto?

B 1 (concept, mental image) idea *f*; **I find the** ~ **of eating snails revolting** sólo la idea de comer caracoles me da asco; **my** ~ **of Ireland** la idea que yo tengo *or* me hago de Irlanda; **that's not my** ~ **of fun/of a party** eso no es lo que yo entiendo por diversión/por una fiesta; **the very** ~! ¡a quién se le ocurre! 2 (understanding) idea *f*; **for a clearer** ~ **consult this book** para hacerse *or* tener una idea más clara, consulte este libro; **can you give me some** ~ **of what happened at the meeting?** ¿me puedes dar una idea de lo que pasó en la reunión?; **I've got a rough** ~ **of what you mean** ya me hago una idea aproximada de lo que quieres decir; **have you any** ~ **of the damage you've caused?** ¿tú tienes idea *or* noción del daño que has hecho?; **you have no** ~ **what I went through** no te puedes imaginar lo que pasé; **where is he? — (I've) no** ~! ¿dónde está? — (no tengo) ni idea; **I haven't the slightest** *o* **foggiest** ~ **what you're talking about** no tengo (ni) la menor *or* (ni) la más remota *or* (ni) la más mínima idea de qué estás hablando; **she has no** ~ **how to handle people** no tiene idea de cómo tratar a la gente 3 (impression, belief) idea *f*; **I had an** ~ **you might not stay there very long** me daba la impresión *or* tenía la idea de que no te quedarías allí mucho tiempo; **whatever gave you that** ~? ¿de dónde sacaste esa idea?; **I don't know where she got the** ~ **I was Belgian** (colloq) no sé de dónde sacó (la idea de) que yo era belga (fam); **to get the wrong** ~ (colloq): **don't get the wrong** ~ no me malinterpretes, a ver si me entiendes; **you've got the wrong** ~ has entendido mal; **once he gets an** ~ **into his head** cuando se le mete una idea en la cabeza; **to get** ~**s** (colloq) (get one's hopes up) hacerse* ilusiones; (become arrogant): **OK, you won, but don't start getting** ~**s** de acuerdo, ganaste, pero que no se te suba a la cabeza; **he has big** ~**s about becoming a star** (colloq) está convencido de que se va a convertir en una estrella; **to put** ~**s in** *o* **into sb's head, to give sb** ~**s** meterle ideas en la cabeza a algn

C (view) idea *f*, opinión *f*; **to have old-fashioned** ~**s** ser* de *or* tener* ideas *or* opiniones anticuadas

D (Mus) tema *m*

ideal[1] /aɪ'di:əl/ *adj* ‹*situation/system*› ideal; **in an** ~ **world** en un mundo ideal *or* utópico; **that would be** ~ **for me** para mí eso sería ideal

ideal[2] *n* 1 [u] (idea of perfection) ideal *m* 2 [c] (principle) ideal *m*

idealism /aɪ'di:əlɪzəm/ *n* [u] idealismo *m*

idealist /aɪ'di:ələst || aɪ'di:əlɪst/ *n* idealista *mf*

idealistic /aɪˌdi:ə'lɪstɪk || ˌaɪdiə'lɪstɪk/ *adj* idealista

idealize /aɪ'di:əlaɪz/ *vt* idealizar*; **an** ~**d view of sth** una imagen idealizada de algo

ideally /aɪ'di:əli/ *adv* 1 ‹*located/placed/equipped*› inmejorablemente; **they are** ~ **suited to each other** están hechos el uno para el otro *or* forman una pareja ideal 2 (*indep*): ~, **no one would have to do it/we should leave at 7** lo ideal sería que nadie tuviera que hacerlo/que saliéramos a las 7

idée fixe /ˌi:deɪ'fi:ks/ *n* (*pl* ~**s** ~**s** /ˌi:deɪ'fi:ks/) idea *f* fija

identical /aɪ'dentɪkəl/ *adj* 1 (exactly alike) idéntico; **these vases are/look** ~ estos jarrones son/parecen idénticos; ~ **twins** gemelos *mpl* univitelinos (téc), gemelos *mpl* (AmL), gemelos *mpl* idénticos (Esp); **to be** ~ TO *o* WITH **sth** ser* idéntico A algo 2 (same) (colloq) mismísimo; **it's the** ~ **brooch I lost last week** es el mismísimo prendedor que perdí la semana pasada

identically /aɪ'dentɪkli/ *adv* ‹*dressed/furnished*› de idéntico modo, idénticamente; **they're** ~ **priced** tienen exactamente el mismo precio

identifiable /aɪ'dentəfaɪəbəl || aɪ'dentɪfaɪəbəl/ *adj* identificable

identification /aɪˌdentəfə'keɪʃən || aɪˌdentɪfɪ'keɪʃən/ *n*

A 1 (act of identifying) identificación *f*; **a sample has been sent to the lab for** ~ se ha enviado una muestra al laboratorio para su identificación 2 (evidence of identity): **have you got any other** ~? ¿tiene algún otro documento que acredite su identidad?; (*before n*): ~ **bracelet** brazalete *m* de identificación; ~ **papers/documents** papeles *mpl*/documentos *mpl* de identificación, documentación *f*; ~ **tag** (AmE frml) placa *f* de identidad

B (empathy, association) ~ WITH **sb/sth** identificación *f* CON algn/algo; **he felt a close** ~ **with the main character** sentía una gran identificación con el protagonista, se sentía muy identificado con el protagonista; **the** ~ **of happiness with material wealth** la identificación de la felicidad con la riqueza material

identification parade *n* (BrE) rueda *f* de presos *or* de sospechosos *or* de reconocimiento *or* de identificación

identifier /aɪ'dentɪfaɪər || aɪ'dentɪfaɪə(r)/ *n*

A (device) identificador *m*

B (person) identificador, -dora *m,f*

C (with organization) simpatizante *mf*

identify /aɪ'dentəfaɪ || aɪ'dentɪfaɪ/ **-fies, -fying, -fied** *vt*

A 1 ‹*person/ship/species*› identificar*; ‹*body*› identificar*, reconocer*; **he was identified as a member of the gang** se lo identificó como miembro de la banda 2 (ascertain) identificar*; **they failed to** ~ **the problem** no lograron identificar el problema

B (associate, equate) identificar*

■ *v refl* 1 (reveal identity): **to** ~ **oneself** identificarse* 2 (link) **to** ~ **oneself** WITH **sth/sb** asociarse CON algo/algn

■ **identify** *vi* **to** ~ WITH **sb/sth** identificarse* CON algn/algo; **the heroine must be someone our readers can** ~ **with** la heroína debe ser una persona con la que nuestras lectoras se puedan identificar

Identikit® /aɪ'dentəkɪt || aɪ'dentɪkɪt/ *n* [u]: ~ **picture** Identikit® *m*, retrato *m* hablado (AmS) *or* reconstruido (Méx) *or* robot (Esp)

identity /aɪ'dentəti/ *n* (*pl* **-ties**)

A [u c] 1 (name) identidad *f*; **to prove one's** ~ demostrar* su identidad; **you'll need some proof of** ~ necesitará algún documento que acredite su identidad; **it was a case of mistaken** ~ fue un caso de identificación equivocada; (*before n*): ~ **bracelet** esclava *f*; ~ **card** carné *m* *or* (AmL tb) cédula *f* de identidad; ~ **disc** (BrE) placa *f* de identificación 2 (character) identidad *f*; **to lose one's** ~ perder* la identidad; **personal/national/sexual** ~ identidad personal/nacional/sexual; (*before n*): ~ **crisis** crisis *f* de identidad

B [u] (Math, Phil) identidad *f*; **an** ~ **of interests** una identidad *or* coincidencia de intereses

identity parade *n* (BrE) ▸**identification parade**

identity theft *n* [u] (Fin) robo *m* de identidad

ideogram /'ɪdiəgræm/, **ideograph** /'ɪdiəgræf || 'ɪdiəgrɑ:f/ *n* ideograma *m*

ideological /ˌaɪdiə'lɑ:dʒɪkəl || ˌaɪdiə'lɒdʒɪkəl/ *adj* ideológico

ideologically /ˌaɪdiə'lɑ:dʒɪkli || ˌaɪdiə'lɒdʒɪkli/ *adv* ideológicamente

ideologist /ˌaɪdi'ɑ:lədʒəst || ˌaɪdi'ɒlədʒɪst/ *n* ideólogo, -ga *m,f*

ideologue /'aɪdiəlɑ:g || 'aɪdiəlɒg/ *n* (pej) ideólogo, -ga *m,f*

ideology /ˌaɪdi'ɑ:lədʒi || ˌaɪdi'ɒlədʒi/ *n* [u c] (*pl* **-gies**) ideología *f*

Ides /aɪdz/ *pl n*: **the** ~ los idus, los idos

idiocy /'ɪdiəsi/ *n* [u c] (*pl* **-cies**) idiotez *f*, imbecilidad *f*

idiolect /'ɪdiəlekt/ *n* idiolecto *m*

idiom /'ɪdiəm/ *n*

A [c] (expression) modismo *m*, giro *m* (idiomático), expresión *f* idiomática, idiotismo *m*

B [u c] 1 (language) lenguaje *m*; **the characters use a working-class** ~ los personajes emplean el lenguaje de la clase trabajadora; **the local** ~ el habla del lugar 2 (style) (Art, Mus) lenguaje *m*, estilo *m*

idiomatic /ˌɪdiə'mætɪk/ *adj* idiomático; ~ **expression** ▸**idiom A**

idiomatically /ˌɪdiə'mætɪkli/ *adv* usando giros idiomáticos, idiomáticamente

idiosyncrasy /ˌɪdiə'sɪŋkrəsi/ *n* [c u] (*pl* **-sies**) idiosincrasia *f*; **he has his little idiosyncrasies** tiene sus pequeñas manías *or* rarezas

idiosyncratic /ˌɪdiəsɪŋ'krætɪk/ *adj* idiosincrásico

idiot /'ɪdiət/ *n* 1 (foolish person) idiota *mf*, imbécil *mf*; **you stupid** ~, **look what you've done!** ¡idiota *or* imbécil! ¡mira lo que has hecho!; (*before n*) ‹*grin/laugh*› de idiota; **my** ~ **brother** el idiota de mi hermano 2 (Med) idiota *mf*

idiot board *n* (TV) (colloq) tablero *m* apuntador, autocue® *m*

idiot box *n* (AmE colloq) caja *f* tonta

idiotic /ˌɪdi'ɑ:tɪk || ˌɪdi'ɒtɪk/ *adj* idiota; **it was an** ~ **thing to say** fue una idiotez decir eso

idiotically /ˌɪdi'ɑ:tɪkli || ˌɪdi'ɒtɪkli/ *adv* estúpidamente; **they're behaving** ~ se comportan estúpidamente *or* como idiotas

idiot light *n* (AmE colloq) luz *f* de aviso

idiot-proof /'ɪdiətpru:f/ *adj* a prueba de tontos *or* idiotas

idle[1] /'aɪdl/ *adj* **idler** /'aɪdlər || 'aɪdlə(r)/ **idlest** /'aɪdləst || 'aɪdlɪst/

A 1 (not in use or employment): **to be** ~ «*worker*» no tener* trabajo, estar* sin hacer nada; «*machine*» no funcionar, estar* parado; «*factory*» estar* parado; **the closure has made hundreds of workers** ~ el cierre ha dejado sin trabajo a cientos de obreros; **why have a car and let it stand** ~ **in the garage?** ¿para qué tienes coche si no lo sacas del garaje?; **don't let your money lie** ~ no deje ocioso su dinero, no deje dormir su dinero 2 (unoccupied) ‹*hours/moment*› de ocio; **she's never** ~ nunca está ociosa *or* sin hacer nada; **the** ~ **rich** los que viven de las rentas

B (lazy) ‹*person*› holgazán, haragán, flojo (fam)

C 1 (frivolous): **it's just** ~ **chatter** no es más que cháchara (fam); ~ **pleasures** frivolidades *fpl*; **it was** ~ **curiosity** era pura curiosidad; **to waste time on** ~ **speculation** perder* el tiempo en

i

conjeturas inútiles; **it would be ~ to imagine that ...** (frml) sería ocioso imaginar que ... (frml) **2** (empty, groundless) ‹*promise/threat*› vano; **it was an ~ boast** no fue más que una fanfarronada (fam)

idle[2] *vi* **1** (be lazy) holgazanear, haraganear, flojear (fam) **2** (Auto) «*engine*» andar* *or* marchar al ralentí; **the engine is idling far too quickly** el motor está demasiado acelerado

■ **idle** *vt* (AmE) ‹*workers*› dejar sin trabajo, dejar en el paro (Esp)

Phrasal verb

• **idle away** [v + adv + o]: **they ~d away the hours chatting** pasaban las horas muertas charlando

idleness /ˈaɪdlnəs || ˈaɪdlnɪs/ *n* [u]
A **1** (inactivity — involuntary) inactividad *f*, desocupación *f*; (— reprehensible) ociosidad *f*, ocio *m*; (— pleasant) ocio *m*, descanso *m*; **enforced ~** inactividad forzosa **2** (laziness) holgazanería *f*, haraganería *f*, flojera *f* (fam)
B **1** (of conversation) lo insustancial; (of speculation) lo inútil **2** (of hopes, fears) lo infundado; (of promise, threat) lo vano

idler /ˈaɪdlər || ˈaɪdlə(r)/ *n* haragán, -gana *m,f*, vago, -ga *m,f* (fam), flojo, -ja *m,f* (fam)

idling speed *n* velocidad *f* de ralentí

idly /ˈaɪdli/ *adv* **1** (without occupation, lazily) ociosamente; **to stand ~ by** quedarse cruzado de brazos **2** (unconcernedly) despreocupadamente **3** (unconsciously) sin darse cuenta, inadvertidamente **4** ‹*speculate/gossip*› por pasar el rato

idol /ˈaɪdl/ *n* **1** (carved image) ídolo *m* **2** (person) ídolo *m*; **a rock/movie ~** un ídolo del rock/del cine

idolater /aɪˈdɑːlətər || aɪˈdɒlətə(r)/ *n* idólatra *mf*

idolatrous /aɪˈdɑːlətrəs || aɪˈdɒlətrəs/ *adj* (frml) idólatra

idolatry /aɪˈdɑːlətri || aɪˈdɒlətri/ *n* [u] **1** (Relig) idolatría *f* **2** (excessive admiration) idolatría *f*

idolize /ˈaɪdlaɪz || ˈaɪdəlaɪz/ *vt* idolatrar

I'd've /ˈaɪdəv/ **= I would have**

idyll /ˈaɪdl || ˈɪdɪl/ *n* idilio *m*

idyllic /aɪˈdɪlɪk || ɪˈdɪlɪk/ *adj* idílico

idyllically /aɪˈdɪlɪkli || ɪˈdɪlɪkli/ *adv* idílicamente

i.e. /ˈaɪˈiː/ (that is) (in writing) i.e.; (in speech) esto es, a saber

if[1] /ɪf/ *conj*
A **1** ▸ⓘ p.1312; si; **~ you're good, I'll read you a story** si te portas bien, te leeré un cuento; **let me know ~ you hear anything** si oyes algo, dímelo; **~ I had it, I would give it to you** si lo tuviera, te lo daría; **I'd help you ~ I could** te ayudaría si pudiera; **he would have come ~ he'd known** habría *or* hubiera venido si hubiera sabido; **~ treated with care** si se lo trata con cuidado; **~ I were you, I wouldn't do it** yo en tu lugar *or* yo que tú, no lo haría; **a misnomer ~ ever there was one** un nombre inapropiado, donde los haya **2** **if not**: **they were undernourished, ~ not (yet) actually starving** estaban desnutridos, si bien no se estaban muriendo de inanición; **she was very offhand, ~ not downright rude** estuvo muy brusca, por no decir verdaderamente grosera **3** **if nothing else** aunque no sea más que eso **4** **if only**: **~ only she could have seen him!** ¡si lo pudiera haber visto!; **I'd like to talk to them, ~ only for a minute** me gustaría hablar con ellos, aunque sólo fuera un minuto **5** **if so** (*as linker*) si es así, de ser así
B (whether) si; **they asked ~ he had left** preguntaron si se había ido; **she doesn't care ~ you win or lose** no le importa que pierdas o ganes
C (though) aunque, si bien; **it's a good plot, ~ a complicated one** es un buen argumento, aunque complicado *or* si bien es complicado
D **1** (in requests): **~ you'll all follow me, please** síganme, por favor *or* ¿quieren seguirme, por favor?; **shall I put the tray here? — ~ you would** ¿pongo aquí la bandeja? — se lo agradecería; **I'm sitting there, ~ you don't mind** ése es mi asiento, si no te importa **2** (indicating surprise) (*with neg*): **well, ~ it isn't Mike Britton!** ¡pero si es Mike Britton!; **~ that doesn't beat everything!** ¡eso sí que bate todos los récords!

> **ⓘ If**[1]
>
> The usual Spanish translation for *if* is *si*
>
> ■ The English conditional pattern *if + present simple, future tense* is translated in Spanish by *si + present tense, future tense*:
>
> ***if I see him I'll tell him***
> = si lo veo, se lo diré
>
> ■ The English conditional pattern *if + past simple + would + infinitive* is translated in Spanish by *si + imperfect subjunctive, conditional tense*:
>
> ***if I had a lot of money I would buy a new car***
> = si tuviera mucho dinero, me compraría un coche nuevo
>
> ■ The English conditional pattern *if + pluperfect tense, would + have + past participle* is translated in Spanish by *si + pluperfect subjunctive, habría* or *hubiera + past participle*:
>
> ***if I had got up earlier, I wouldn't have missed the train***
> = si me hubiera despertado más temprano, no habría perdido el tren *or* no hubiera perdido el tren
>
> There are other ways of translating the English into Spanish. However, all have limited usage and cannot always be substituted for the above conditional constructions:
>
> ***if I were you, I wouldn't go***
> = yo que tú *or* yo en tu lugar, no iría
>
> ■ with *de + infinitive*:
>
> ***if I had known, I would have come earlier***
> = de haberlo sabido, habría *or* hubiera venido antes
>
> ■ with the gerund:
>
> ***if you push it like that you'll break it***
> = empujándolo así lo vas a romper

if[2] *n*: **if the venture succeeds, and it's a big ~, then ...** si la empresa tiene éxito, que no es decir poco *or* lo cual está por verse, entonces ...; **a lot of ~s and buts** muchas condiciones y salvedades

iffy /ˈɪfi/ *adj* **iffier, iffiest** (colloq) **1** (uncertain) dudoso, incierto **2** (dubious, suspect) ‹*person/customer*› sospechoso, que da mala espina (fam)

IGC *n* (EU) (= **Intergovernmental Conference**) CIG *f*

igloo /ˈɪgluː/ *n* iglú *m*

igneous /ˈɪgniəs/ *adj* ígneo

ignite /ɪgˈnaɪt/ *vt* prenderle fuego a, inflamar (frml)

■ **ignite** *vi* «*fuel/paper/wood*» prenderse fuego, inflamarse (frml)

ignition /ɪgˈnɪʃən/ *n* **1** [u] (act) encendido *m*, ignición *f* (frml); (*before n*): **~ key** llave *f* de contacto *or* (AmL tb) del arranque; **~ system** sistema *m* de encendido **2** (mechanism) (Auto) encendido *m*; **to turn on** *o* (BrE also) **switch on the ~** darle* al contacto *or* (AmL tb) al arranque

ignoble /ɪgˈnəʊbəl/ *adj* (frml) innoble

ignominious /ˌɪgnəˈmɪniəs/ *adj* (frml) ignominioso (frml)

ignominiously /ˌɪgnəˈmɪniəsli/ *adv* (frml) ignominiosamente (frml)

ignominy /ˈɪgnəmɪni/ *n* [u c] (*pl* **-nies**) (frml) ignominia *f* (frml), oprobio *m* (frml)

ignoramus /ˌɪgnəˈreɪməs/ *n* (hum) ignorante *mf*, inculto, -ta *m,f*, analfabeto, -ta *m,f* (fam)

ignorance /ˈɪgnərəns/ *n* [u] ignorancia *f*; **~ OF sth** ignorancia DE algo; **~ of the law is no defense** la ignorancia *or* el desconocimiento de la ley no exime de su cumplimiento; **I was kept in ~ of the contents of the will** me ocultaron el contenido del testamento; **he acted in ~ of the enemy's intentions** actuó desconociendo *or* ignorando las intenciones del enemigo; ***~ is bliss*** ojos que no ven (corazón que no siente)

ignorant /ˈɪgnərənt/ *adj* **1** (lacking knowledge) ignorante; **I am very ~ in matters of etiquette** soy muy ignorante en cuestiones de etiqueta; **I'm totally ~ about politics** no tengo ni idea *or* no sé nada de política; **to be ~ OF sth** ignorar *or* desconocer* algo **2** (rude) (BrE colloq) maleducado

ignorantly /ˈɪgnərəntli/ *adv* ignorantemente, con ignorancia

ignore /ɪgˈnɔːr || ɪgˈnɔː(r)/ *vt* **1** (not take notice of) ‹*plea/warning*› desoír*, hacer* caso omiso de; **he chose to ~ the remark** prefirió ignorar *or* pasar por alto el comentario; **we can't ~ the fact that ...** no podemos dejar de tener en cuenta el hecho de que ... **2** (snub) ‹*person*› ignorar; **she's been ignoring me all evening** me ha estado ignorando toda la noche; **he keeps teasing me — just ~ him** no para de molestarme — no le hagas caso *or* haz como si no lo oyeras

iguana /ɪˈgwɑːnə/ *n* iguana *f*, garrobo *m* (AmC)

IKBS *n* **= intelligent knowledge-based system**

ikon /ˈaɪkɑːn || ˈaɪkɒn/ *n* ▸**icon**

IL = Illinois

Iliad /ˈɪliəd/ *n*: **the ~** La Ilíada

Ilium /ˈɪliəm/ *n* Ilión *m*

ilk /ɪlk/ *n* **1** (type, sort) tipo *m*, clase *f*; **people of that ~** la gente de ese tipo *or* esa clase *or* (pey) esa calaña *or* ralea **2** (place) (Scot): **of that ~**: **Macleod of that ~** Macleod, del lugar homónimo

ill[1] /ɪl/ *adj*
A **-er, -est** **1** (unwell) enfermo, malo (Esp, Méx fam); **she's ~** está enferma; **she's ~ with measles** tiene sarampión; **he looked ~** tenía mala cara; **fish makes me ~** el pescado me sienta mal; **the strain is making me ~** la tensión me está afectando; **I felt really ~ after eating it** me sentí muy mal después de comerlo; **to be taken ~** ponerse* enfermo, enfermarse (AmL); **to fall ~** enfermar, caer* enfermo **2** (nauseous, sick) (euph): **to be ~** devolver*, vomitar
B (bad) (*before n*): **~ effects** efectos *mpl* negativos *or* adversos; **his ~ health** su mala salud; **~ humor** *o* (BrE) **humour** malhumor *m*; **what ~ luck!** ¡qué mala suerte!; **a bird of ~ omen** un pájaro de mal agüero; **a house/woman of ~ repute** (euph) una casa/una mujer de mala reputación (euf)

ill[2] *adv* (*no comp*) **1** (hardly): **I can ~ afford to buy a new car** mal puedo yo permitirme comprar un coche nuevo; **we can ~ afford to let such an opportunity slip** realmente no podemos dejar pasar semejante oportunidad **2** (badly) (frml) mal; **to speak/think ~ of sb** hablar/pensar* mal de algn; **it bodes ~ for the future** es de mal agüero

ill[3] *n* mal *m*; **the social ~s afflicting our country** los males sociales que aquejan a nuestro país

Ill = Illinois

ill- /ɪl/ *pref* mal; **~defined/informed** mal definido/informado; **~disciplined** indisciplinado; **he was wearing an ~fitting jacket** llevaba una chaqueta que le quedaba mal

ill. = illustrated, illustration(s)

I'll /aɪl/ **= I will, I shall**

ill-advised /ˌɪlədˈvaɪzd/ *adj* ‹*action/statement/policy*› desacertado; **you would be ~ to go** no sería aconsejable que fueras

ill-assorted /ˌɪləˈsɔːrtəd || ˌɪləˈsɔːtɪd/ *adj* ‹*collection/crowd/bunch*› heterogéneo, variopinto

ill at ease /ˌɪlət'iːz/ *adj* (*pred*) **1** (uncomfortable) incómodo; **everyone felt ~ ~ ~ with her/in her presence** todo el mundo se sentía incómodo con ella/en su presencia **2** (anxious) inquieto; **the longer they waited, the more ~ ~ ~ they became** cuanto más esperaban, más se inquietaban

ill-behaved /ˌɪlbɪ'heɪvd/ *adj* ‹*child*› maleducado; ‹*animal*› revoltoso, travieso

ill-bred /'ɪl'bred/ *adj* sin educación, maleducado

ill-considered /ˌɪlkən'sɪdərd || ˌɪlkən'sɪdəd/ *adj* poco meditado

ill-disposed /'ɪldɪs'pəʊzd/ *adj* **to be ~ TOWARD sb** estar* predispuesto EN CONTRA DE algn; **to be ~ TO sth**: **she's known to be ~ to any changes** se sabe que está poco dispuesta a aceptar cambios; **I'm ~ to help them** me siento poco dispuesto a ayudarlos

illegal /ɪ'liːgəl/ *adj* **1** (unlawful) ‹*act/import/entry*› ilegal; **I've done nothing ~** no he hecho nada ilegal *or* nada (que esté) prohibido; **~ immigrant** *o* (AmE also) **alien** inmigrante *mf* ilegal; **~ substance** sustancia *f* prohibida *or* ilegal; **to make sth ~** prohibir* algo **2** (AmE) (Sport) antirreglamentario; **~ procedure** jugada *f* antirreglamentaria

illegality /ˌɪli'gæləti/ *n* [u] ilegalidad *f*

illegally /ɪ'liːgəli/ *adv* **1** (unlawfully) ilegalmente **2** (AmE) (Sport) antirreglamentariamente

illegibility /ɪˌledʒə'bɪləti/ *n* [u] ilegibilidad *f*

illegible /ɪ'ledʒəbəl/ *adj* ilegible

illegibly /ɪ'ledʒəbli/ *adv* de modo ilegible

illegitimacy /ˌɪlɪ'dʒɪtəməsi || ɪlɪ'dʒɪtɪməsi/ *n* [u] **1** (of child) ilegitimidad *f* **2** (of claim) (frml) ilegitimidad *f* **3** (illogicality) (frml) invalidez *f*

illegitimate /ˌɪlɪ'dʒɪtəmət || ˌɪlɪ'dʒɪtɪmət/ *adj* **1** ‹*person*› ilegítimo **2** (frml) ‹*claim/act*› ilegítimo **3** (contrary to logic) (frml) inválido

ill-equipped /ˌɪlɪ'kwɪpt/ *adj* ‹*classroom/troops*› mal equipado; **they were ~ to face the Arctic winter** estaban mal equipados para enfrentar el invierno ártico; **their education left them ~ for life** la educación que recibieron no los preparó para la vida

ill-fated /'ɪl'feɪtəd || ˌɪl'feɪtɪd/ *adj* infortunado, desventurado, malhadado (liter)

ill-favored, (BrE) **ill-favoured** /'ɪl'feɪvərd || ˌɪl'feɪvəd/ *adj* (arch *or* liter) poco agraciado, mal parecido

ill feeling *n* resentimiento *m*, rencor *m*

ill-founded /'ɪl'faʊndəd || ˌɪl'faʊndɪd/ *adj* ‹*belief/suspicion*› infundado; ‹*rumor*› sin base, infundado

ill-gotten /'ɪl'gɑːtn || ˌɪl'gɒtn/ *adj*: **~ gains** dinero *m* mal habido

ill-humored, (BrE) **ill-humoured** /'ɪl'hjuːmərd || ˌɪl'hjuːməd/ *adj* (frml) malhumorado

illiberal /ɪ'lɪbərəl/ *adj* **1** (narrow-minded) (frml) ‹*attitude/views*› intransigente, intolerante **2** (mean) (liter) mezquino

illicit /ɪ'lɪsət || ɪ'lɪsɪt/ *adj* **1** (illegal) ‹*trading/deal*› ilícito **2** (frowned upon) ‹*relationship/love affair*› ilícito

illicitly /ɪ'lɪsətli || ɪ'lɪsɪtli/ *adv* ilícitamente

illiteracy /ɪ'lɪtərəsi/ *n* [u] analfabetismo *m*

illiterate[1] /ɪ'lɪtərət/ *adj* **1** (unable to read or write) analfabeto **2** (ignorant): **musically/scientifically ~** lego en música/en materia científica; **technologically ~ managers** directores sin conocimientos de tecnología **3** (linguistically incompetent) ‹*person*› ignorante, analfabeto; ‹*letter*› lleno de faltas

illiterate[2] *n* analfabeto, -ta *m,f*

ill-judged /ˌɪl'dʒʌdʒd/ *adj* poco prudente, poco sensato

ill-mannered /'ɪl'mænərd || ˌɪl'mænəd/ *adj* maleducado, descortés; **he's so ~** no tiene modales *or* educación, es tan maleducado; **it was very ~ of her** fue muy descortés de su parte

ill-matched /ˌɪl'mætʃt/ *adj* incompatible

ill-natured /'ɪl'neɪtʃərd || ˌɪl'neɪtʃəd/ *adj* ‹*person*› de mal carácter, desagradable; ‹*remark*› malintencionado, malicioso

illness /'ɪlnəs || 'ɪlnɪs/ ▸ℹ p.965 *n* [u c] enfermedad *f*, dolencia *f* (frml); **they've had a lot of ~ in that family** en esa familia han tenido muchas enfermedades; **~ prevented him attending the ceremony** no pudo asistir a la ceremonia por estar enfermo *or* por razones de salud

ill-nourished /ˌɪl'nɜːrɪʃt || ˌɪl'nʌrɪʃt/ *adj* malnutrido

illogical /ɪ'lɑːdʒɪkəl || ɪ'lɒdʒɪkəl/ *adj* ilógico

illogicality /ɪˌlɑːdʒə'kæləti || ˌɪlɒdʒɪ'kæləti/ *n* [u c] (*pl* **-ties**) falta *f* de lógica

illogically /ɪ'lɑːdʒɪkli || ɪ'lɒdʒɪkli/ *adv* de modo ilógico, ilógicamente

ill-omened /'ɪl'əʊmənd/ *adj* (liter) aciago (liter), malaventurado (liter)

ill-prepared /ˌɪlprɪ'perd || ˌɪlprɪ'peəd/ *adj* mal preparado

ill-sorted /'ɪl'sɔːrtəd || ˌɪl'sɔːtɪd/ *adj* (AmE) ▸**ill-assorted**

ill-starred /'ɪl'stɑːrd || ˌɪl'stɑːd/ *adj* (liter) malhadado (liter), desventurado (liter)

ill-suited /ˌɪl'suːtəd || ˌɪl'suːtɪd/ *adj* poco indicado; **he's clearly ~ to** *o* **for the job** es claramente una persona poco indicada para el puesto; **they were ~ to** *o* **for each other** no estaban hechos el uno para el otro

ill-tempered /'ɪl'tempərd || ˌɪl'tempəd/ *adj* ‹*person/remark*› malhumorado; **the hot weather made him very ~** el calor lo ponía de muy mal humor

ill-timed /'ɪl'taɪmd/ *adj* inoportuno, intempestivo

ill-treat /'ɪl'triːt/ *vt* maltratar

ill-treatment /'ɪl'triːtmənt/ *n* [u] malos tratos *mpl*, maltrato *m*; **the article describes the ~ of refugees** el artículo describe los malos tratos *or* el maltrato de que son víctimas los refugiados; **to suffer ~** ser* víctima de *or* recibir malos tratos

illuminate /ɪ'luːməneɪt || ɪ'luːmɪneɪt/ *vt*
A ‹*room/street/roadsign*› iluminar
B (Art) ‹*manuscript*› iluminar, miniar; **~d initial** letra *f* historiada *or* miniada
C **1** ‹*problem/difficulties/issue*› esclarecer*, dilucidar **2** ‹*person*› (about a subject) explicarle* a

illuminating /ɪ'luːməneɪtɪŋ || ɪ'luːmɪneɪtɪŋ/ *adj* esclarecedor

illumination /ɪˌluːmə'neɪʃən || ɪˌluːmɪ'neɪʃən/ *n*
A **1** [u] (lighting) iluminación *f* **2** **illuminations** *pl* (decorative lighting) (BrE) luces *fpl*
B [c u] (Art) iluminación *f*, miniado *m*
C [u] (elucidation) esclarecimiento *m*

ill-used /'ɪl'juːzd/ *adj* (liter) maltratado

illusion /ɪ'luːʒən/ *n* **1** [c u] (false appearance): **to give** *o* **create an ~ of sth** dar* la impresión de algo; (Art) crear la ilusión de algo; **the mirrors gave the ~ that the room was larger** los espejos daban la impresión de que la habitación era más grande; **an optical ~** una ilusión óptica; **a master of disguise and ~** un maestro del disfraz y el ilusionismo **2** [c] (false idea) ilusión *f*; **I have no ~s** *o* **I'm under no ~s about that** no me hago ilusiones al respecto; **she's under the ~ that they'll pay for it** se cree que *or* se hace ilusiones de que ellos lo van a pagar; **I was under the ~ that he lived here** tenía la impresión de que vivía aquí

illusionary /ɪ'luːʒəneri || ɪ'luːʒənəri/ *adj* ilusorio

illusionist /ɪ'luːʒənəst || ɪ'luːʒənɪst/ *n* ilusionista *mf*, prestidigitador, -dora *m,f*

illusory /ɪ'luːsəri/ *adj* (frml) ilusorio

illustrate /'ɪləstreɪt/ *vt*
A **1** ‹*book/story/magazine*› ilustrar **2** **illustrated** *past p* ‹*book/edition*› ilustrado; ‹*lecture*› ilustrado con diapositivas (*or* proyecciones *etc*); **lavishly ~d** profusamente ilustrado
B **1** (explain by examples) ilustrar; **this example ~s how serious the problem is** este ejemplo ilustra la gravedad del problema **2** (show) poner* de manifiesto, demostrar*
■ **illustrate** *vi* (Art) ilustrar

illustration /ˌɪlə'streɪʃən/ *n*
A **1** [c] (picture) ilustración *f* **2** [u] (technique) ilustración *f*
B **1** [c] (example) ejemplo *m* **2** [u] (exemplification) ilustración *f*; **by way of ~** a modo de ejemplo

illustrative /ɪ'ləstrətɪv, 'ɪlə- || 'ɪləstrətɪv/ *adj* **1** (pictorial) ‹*material*› de ilustración **2** (serving to exemplify) ‹*example/case*› ilustrativo; **this is ~ of their attitude** esto pone de manifiesto *or* demuestra su actitud

illustrator /'ɪləstreɪtər || 'ɪləstreɪtə(r)/ *n* ilustrador, -dora *m,f*

illustrious /ɪ'lʌstriəs/ *adj* (liter) ‹*person/family*› ilustre, insigne (frml); ‹*deeds*› glorioso

ill will *n* [u] **1** (hostility) inquina *f*, animadversión *f* **2** (spite) rencor *m*; **I bear no ~ ~ toward her** no le guardo rencor

ILO *n* (= **International Labor Organization**) OIT *f*

I'm /aɪm/ = **I am**

image[1] /'ɪmɪdʒ/ *n*
A [c] **1** (picture) imagen *f*; (*before n*): **~ processing** procesamiento *m* de imagen; **~ processor** procesador *m* de imágenes **2** (mental picture) imagen *f*; **the ~ most people have of the French** la imagen que la mayoría de la gente tiene de los franceses; **I had a sudden ~ of you leaving** de repente te vi yéndote
B [u] (public persona) imagen *f*; **to change one's ~** cambiar de imagen; **corporate ~** imagen corporativa *or* de empresa; **brand ~** imagen de marca; (*before n*): **~ builder** *o* **maker** creador, -dora *m,f* de imagen; **~ building** creación *f* de imagen; **~ consultant** asesor, -sora *m,f* de imagen
C (*no pl*) **1** (likeness) imagen *f*; **God created man in his own ~** Dios creó al hombre a su imagen y semejanza; ***to be the spitting ~*** *o* ***spit and ~ of sb*** ser* la viva imagen *or* el vivo retrato de algn, ser* idéntico a algn **2** (embodiment) viva imagen *f*, personificación *f*; **they looked the ~ of happiness** eran la viva imagen de la felicidad
D [c] (Lit) imagen *f*
E [c] (statue) imagen *f*

image[2] *vt*
A (make image of) representar
B (form mental image of) hacerse* una imagen mental de

image-conscious /'ɪmɪdʒˌkɑːnʃəs || 'ɪmɪdʒˌkɒnʃəs/ *adj* preocupado por la imagen

image control *n* [u] control *m* de la imagen

image converter *n* convertidor *m* de imagen

image intensifier *n* intensificador *m* de imagen

imager /'ɪmɪdʒər || 'ɪmɪdʒə(r)/ *n* sensor *m* de imágenes

imagery /'ɪmɪdʒəri/ *n* [u] imaginería *f*, imágenes *fpl*

imagesetter /'ɪmɪdʒsetər || 'ɪmɪdʒsetə(r)/ *n* (Comput) fotocomponedora *f*, imagesetter *m*

imaginable /ɪ'mædʒənəbəl || ɪ'mædʒɪnəbəl/ *adj* imaginable; **it was scarcely ~ that they would surrender** era prácticamente inimaginable que fueran a rendirse; **he's the laziest person ~** es la persona más perezosa que se pueda imaginar

imaginary /ɪ'mædʒəneri || ɪ'mædʒɪnəri/ *adj* **1** ‹*person/place/danger*› imaginario **2** (Math) ‹*number/part*› imaginario

imagination /ɪˌmædʒə'neɪʃən || ɪˌmædʒɪ'neɪʃən/ *n* **1** [u c] (faculty) imaginación *f*; **what a wonderful ~ this child has!** ¡qué imaginación *or* fantasía tiene este niño!; **you're letting your ~ run away with you** te estás dejando llevar por la imaginación; **it's only your ~** son imaginaciones *or* figuraciones tuyas; **the product failed to capture the public ~** el producto no atrajo *or* no despertó el interés del público; **the book fired his ~** el libro dio vuelo a su imaginación; **the photo leaves nothing to the ~** (hum) la foto no deja nada librado a la imaginación; **by no stretch of the ~** ni remotamente; **what were they doing? — use your ~!** ¿qué estaban haciendo? — pues, imagínatelo [2] [u] (inventiveness) inventiva *f*, imaginación *f*, idea *f*

imaginative /ɪˈmædʒənətɪv || ɪˈmædʒɪnətɪv/ *adj* ‹*person/solution*› imaginativo; **she's very ~** tiene mucha imaginación, es muy imaginativa

imaginatively /ɪˈmædʒənətɪvlɪ || ɪˈmædʒɪnətɪvli/ *adv* con imaginación, de forma imaginativa

imagine /ɪˈmædʒən || ɪˈmædʒɪn/ *vt* [1] (picture to oneself) ‹*scene/setting*› imaginarse; **it's difficult to ~ anything worse** es difícil imaginar(se) algo peor; **two weeks in Hawaii, ~!** dos semanas en Hawai ¿te (lo) imaginas? *or* ¡imagínate!; **I can't ~ not having a car** no me puedo imaginar sin coche; **I can just ~ her saying that** ya me la imagino diciendo eso; **(just) ~, leaving the poor child alone!** ¡figúrate *or* imagínate! ¡dejar al pobre niño solo!; **you can ~ how I felt!** ¡te imaginarás cómo me sentí!; **you can't ~ how ill I was!** no te puedes imaginar lo enferma que estuve; **we can't begin to ~** no nos hacemos ni la más remota idea [2] (fancy, mistakenly suppose): **you're imagining things** son imaginaciones *or* figuraciones tuyas; **he ~d he was Napoleon** se creía que era Napoleón; **she keeps imagining that she's being followed** se imagina que la siguen; **don't for one moment ~ that you'll get away with this** no te vayas a creer que esto va a quedar así [3] (assume, believe) imaginarse, figurarse; **I ~ so** supongo *or* me imagino *or* me figuro que sí; **I ~ she's very tired** me imagino *or* me figuro que estará muy cansada

imago /ɪˈmeɪgəʊ/ *n* (*pl* **imagoes** *or* **imagines** /ɪˈmægəniːz || ɪˈmædʒɪniːz/) imago *m*

imam /ɪˈmɑːm/ *n* imán *m*

imbalance /ɪmˈbæləns/ *n* [c u] desequilibrio *m*

imbecile /ˈɪmbəsəl || ˈɪmbəsiːl/ *n* [1] (fool) imbécil *mf*; **you ~!** ¡imbécil!; (*before n*) ‹*action/remark*› estúpido [2] (dated) (Med) imbécil *mf*

imbecility /ˌɪmbəˈsɪləti/ *n* [u] [1] (foolishness) (frml) imbecilidad *f* [2] (dated) (Med) imbecilidad *f*

imbed /ɪmˈbed/ **-dd-** *vt/v refl* (AmE) ▸**embed**

imbibe /ɪmˈbaɪb/ *vt* (frml) [1] (drink) beber, ingerir* (frml) [2] ‹*knowledge/information*› imbuirse* de (frml), empaparse de

■ **imbibe** *vi* (hum) beber

imbizo /ɪmˈbzəʊ/ *n* (*pl* **-zos** *or* **-zoes**) (SAfr) (Pol) asamblea *f* pública

imbroglio /ɪmˈbrəʊljəʊ || ɪmˈbrəʊliəʊ/ *n* (frml) embrollo *m*, enredo *m*

imbue /ɪmˈbjuː/ *vt* (frml) **to ~ sb WITH sth** imbuir* a algn DE algo (frml); **words ~d with religious fervor** palabras empapadas de fervor religioso

IMF *n* (= **International Monetary Fund**) FMI *m*

imitate /ˈɪmətert || ˈɪmɪteɪt/ *vt* [1] (copy) ‹*person/mannerism*› imitar; (trying to be funny) imitar, remedar [2] (resemble) imitar

imitation[1] /ˌɪməˈteɪʃən || ˌɪmɪˈteɪʃən/ *n* [1] [u] (copying) imitación *f*; **to learn by ~** aprender imitando *or* por imitación; **in ~ of sth/sb** (frml) a imitación de algo/algn (frml); ***~ is the sincerest form of flattery*** el mejor halago es que lo imiten a uno [2] [c] (impersonation) imitación *f*; **to do ~s** hacer* imitaciones [3] [c] (copy) imitación *f*; **beware of ~s** tenga cuidado con las imitaciones

imitation[2] *adj* ‹*gold/pearls*› de imitación; ‹*flower/snow*› artificial; **~ fur** piel *f* falsa; **~ jewelry** o (BrE): **jewellery** bisutería *f*; **~ leather** imitación *f* cuero *or* (Méx, Esp) piel; **an ~ mink coat** un abrigo imitación visón, un abrigo de visón sintético

imitative /ˈɪməteɪtɪv || ˈɪmɪtətɪv/ *adj* [1] ‹*behavior/style*› imitativo; **to be ~ OF sth** (frml) imitar algo [2] (Ling) ‹*word/origin*› onomatopéyico

imitator /ˈɪməteɪtər || ˈɪmɪteɪtə(r)/ *n* imitador, -dora *m,f*

immaculate /ɪˈmækjələt || ɪˈmækjʊlət/ *adj* [1] (clean, tidy) ‹*clothes/room*› impecable, inmaculado; **she looked ~** estaba impecable [2] (flawless) ‹*performance/taste*› impecable; ‹*conduct*› impecable, intachable

Immaculate Conception *n*: **the ~ ~** la Inmaculada Concepción

immaculately /ɪˈmækjələtli || ɪˈmækjʊlətli/ *adv* [1] ‹*dressed*› impecablemente, de punta en blanco; ‹*clean*› inmaculadamente [2] ‹*behave*› impecablemente, intachablemente

immanence /ˈɪmənəns/ *n* [u] inmanencia *f*

immanent /ˈɪmənənt/ *adj* inmanente

immaterial /ˌɪməˈtɪriəl || ˌɪməˈtɪəriəl/ *adj* **A** [1] (unimportant) irrelevante; **that's ~** eso es irrelevante, eso no importa *or* no tiene importancia; **it's ~ to them whether we win or not** a ellos les trae sin cuidado *or* a ellos ni les va ni les viene si ganamos o no [2] (Law) ‹*evidence/issue*› no pertinente **B** (intangible) (frml) ‹*being/reality*› inmaterial

immature /ˌɪməˈtʊr || ˌɪməˈtjʊə(r)/ *adj* [1] (not fully developed) ‹*tree/animal*› joven; ‹*fruit*› verde, inmaduro; **an ~ science** una ciencia en ciernes [2] (childish) ‹*person/attitude*› inmaduro

immaturely /ˌɪməˈtʊrli || ˌɪməˈtjʊəli/ *adv* de manera inmadura, con inmadurez

immaturity /ˌɪməˈtʊrəti || ˌɪməˈtjʊərəti/ *n* [u] [1] (lack of development) inmadurez *f* [2] (childishness) inmadurez *f*, falta *f* de madurez

immeasurable /ɪˈmeʒərəbəl/ *adj* [1] ‹*distance/amount*› inconmensurable, inmenso [2] ‹*harm/benefit*› incalculable

immeasurably /ɪˈmeʒərəbli/ *adv* [1] ‹*alter/increase*› enormemente [2] ‹*greater/easier*› infinitamente

immediacy /ɪˈmiːdiəsi/ *n* [u] [1] (directness) inmediatez *f* [2] (urgency) lo apremiante *or* urgente

immediate /ɪˈmiːdiət/ *adj*
A [1] (instant, prompt) ‹*reply/decision/attention*› inmediato; **~ delivery** entrega *f* inmediata; **to take ~ action** actuar* inmediatamente; **these tablets afford ~ relief** estas tabletas proporcionan un alivio instantáneo *or* inmediato; **the law will take ~ effect** la ley entrará en vigor inmediatamente [2] ‹*aim/problem/need*› urgente, apremiante, perentorio; **of more ~ concern to me is my own future** a mí me preocupa más mi propio futuro
B (*before n*) (close): **in the ~ future** en el futuro inmediato; **in the ~ vicinity** en las inmediaciones, en los alrededores; **my ~ superior** mi superior inmediato *or* directo; **my ~ family** mis familiares más cercanos
C [1] (frml) (*before n*) ‹*cause/consequence/knowledge*› inmediato, directo [2] ‹*style*› directo; ‹*feel*› de inmediatez

immediately /ɪˈmiːdiətli/ *adv*
A [1] (at once) inmediatamente, de inmediato; **it's not ~ obvious** no resulta obvio a primera vista [2] (*as conj*) (BrE) en cuanto; **I'll send you a cheque ~ the goods arrive** le mandaré un cheque en cuanto llegue la mercancía; **~ I said it, I realized what I had done** en cuanto lo dije, me di cuenta de lo que había hecho
B [1] (referring to time, space, rank) ‹*before/after*› inmediatamente; **my room is ~ above yours** mi habitación está exactamente *or* justo encima de la tuya; **the person ~ above him at work** su superior inmediato en el trabajo [2] (directly) (BrE) directamente

immemorial /ˌɪməˈmɔːriəl/ *adj* (liter) inmemorial (liter); **from** *o* **since time ~** desde tiempos inmemoriales

immense /ɪˈmens/ *adj* ‹*object/problem/difference*› inmenso, enorme; ‹*person*› enorme; **these trees grow to an ~ height** estos árboles crecen hasta alcanzar una altura descomunal; **I had the ~ good fortune of seeing him** tuve la inmensa *or* enorme fortuna de verlo; **this could do ~ damage to our cause** esto podría hacer un daño incalculable a nuestra causa

immensely /ɪˈmensli/ *adv* [1] ‹*enjoy/like*› enormemente [2] ‹*popular/powerful*› inmensamente, enormemente; **an ~ valuable experience** una experiencia valiosísima *or* enormemente valiosa; **it was ~ helpful** fue de muchísima ayuda

immensity /ɪˈmensəti/ *n* [u] inmensidad *f*

immerse /ɪˈmɜːrs || ɪˈmɜːs/ *vt* [1] (submerge) **to ~ sth/sb (IN sth)** sumergir* algo/a algn (EN algo) [2] (Relig) bautizar* por inmersión [3] (absorb, involve) **to be ~d IN sth** estar* sumido *or* absorto *or* enfrascado EN algo

■ *v refl* **to ~ oneself IN sth**: **he ~d himself in his work** se metió de lleno *or* se sumergió en su trabajo; **I try to ~ myself totally in the part** intento meterme a fondo en el personaje

immersion /ɪˈmɜːrʒən || ɪˈmɜːʃən/ *n*
A [u] [1] (in liquid) (frml) inmersión *f* [2] (in work, activity) absorción *f*, enfrascamiento *m*; (*before n*): **the (total) ~ method** el método de inmersión (total)
B [c] (heater) (BrE colloq) ▸**immersion heater**

immersion heater *n* calentador *m* eléctrico (*de agua*), termo *m* (Chi), termofón *m* (RPl)

immigrant /ˈɪməgrənt || ˈɪmɪgrənt/ *n* inmigrante *mf*; (*before n*) ‹*worker/population*› inmigrante; ‹*family/community/area*› de inmigrantes

immigrate /ˈɪməgreɪt || ˈɪmɪgreɪt/ *vi* inmigrar

immigration /ˌɪməˈgreɪʃən || ˌɪmɪˈgreɪʃən/ *n* [1] [u] inmigración *f*; (*before n*) ‹*regulations/quota*› de inmigración; ‹*officer*› de inmigración, de migración; **~ authorities/laws** autoridades *fpl*/leyes *fpl* de inmigración [2] **~ (control)** (at border, airport) (*no art*) (control *m* de) inmigración *f or* migración *f*

imminence /ˈɪmənəns || ˈɪmɪnəns/ *n* [u] inminencia *f*

imminent /ˈɪmənənt || ˈɪmɪnənt/ *adj* inminente

imminently /ˈɪmənəntli || ˈɪmɪnəntli/ *adv* inminentemente, de manera inminente

immobile /ɪˈməʊbəl || ɪˈməʊbaɪl/ *adj* [1] (motionless) inmóvil [2] (unable to walk) inmovilizado

immobilism /ɪˈməʊbɪlɪzəm/ *n* [u] inmovilismo *m*

immobility /ˌɪməˈbɪləti/ *n* [u] inmovilidad *f*

immobilization /ɪˌməʊbələˈzeɪʃən || ɪˌməʊbɪlaɪˈzeɪʃən/ *n* inmovilización *f*

immobilize /ɪˈməʊbəlaɪz || ɪˈməʊbɪlaɪz/ *vt* [1] ‹*vehicle/capital*› inmovilizar* [2] ‹*limb/patient*› inmovilizar*

immobilizer /ɪˈməʊbəlaɪz || ɪˈməʊbɪlaɪz/ *n* inmobilizador *m*

immoderate /ɪˈmɑːdərət || ɪˈmɒdərət/ *adj* [1] ‹*quantity/demands/appetite*› desmedido, desmesurado, inmoderado [2] ‹*views*› radical, extremista

immoderately /ɪˈmɑːdərətli || ɪˈmɒdərətli/ *adv* [1] ‹*curious/eager*› exageradamente, excesivamente [2] ‹*eat/spend*› en exceso, sin medida

immodest /ɪˈmɑːdəst || ɪˈmɒdɪst/ *adj* [1] (conceited) ‹*claim/boast*› presuntuoso, inmodesto [2] (indecent) ‹*behavior/suggestion*› impúdico, inmodesto; ‹*dress*› poco recatado

immodestly /ɪˈmɑːdəstli || ɪˈmɒdɪstli/ *adv* [1] (conceitedly) ‹*claim/boast*› con presunción, con inmodestia [2] (indecently) ‹*behave*› impúdicamente, inmodestamente; ‹*dress*› sin recato

immodesty /ɪˈmɑːdəsti || ɪˈmɒdɪsti/ *n* [u] [1] (conceit) falta *f* de modestia, inmodestia *f*, presunción *f* [2] (indecency) impudicia *f*, falta *f* de pudor, inmodestia *f*

immolate /ˈɪməleɪt/ *vt* inmolar

immolation /ˌɪməˈleɪʃən/ *n* inmolación *f*

immoral /ɪˈmɔːrəl || ɪˈmɒrəl/ *adj* inmoral; **to live off ~ earnings** (frml) vivir del proxenetismo *or* lenocinio

immorality /ˌɪmɔːˈræləti || ˌɪməˈræləti/ *n* [u] inmoralidad *f*

immorally /ɪˈmɔːrəli || ɪˈmɒrəli/ *adv* de modo inmoral

immortal[1] /ɪˈmɔːrtl || ɪˈmɔːtl/ *adj* [1] ‹*being/soul*› inmortal [2] ‹*fame/memory/words*› inmortal, imperecedero; **the ~ Elvis Presley** el inmortal Elvis Presley

immortal² *n* inmortal *mf*

immortality /ˌɪmɔːr'tæləti || ˌɪmɔː'tæləti/ *n* [u] inmortalidad *f*

immortalize /ɪ'mɔːrtlaɪz || ɪ'mɔːtlaɪz/ *vt* inmortalizar*

immovable /ɪ'muːvəbəl/ *adj* 1 ‹*obstacle/object*› inamovible 2 ‹*faith/conviction*› inquebrantable; **he remained ~** se mantuvo inflexible 3 (Law) ‹*property/asset*› inmueble

immune /ɪ'mjuːn/ *adj*

A 1 (not susceptible) **to be ~ TO sth** ser* inmune A algo; **he was ~ to her charms** era inmune a sus encantos; **I've had measles, so I'm ~** ya he tenido el sarampión, así que estoy inmunizado; **she was ~ to persuasion** nada logró persuadirla; **she's not ~ to doubt** no está libre de que la asalte la duda 2 (*before n*) ‹*system/response*› inmunológico; **~ deficiency** inmunodeficiencia *f*; **~ serum** suero *m* inmune

B (exempt) **~ FROM sth**: **~ from taxation** con inmunidad fiscal; **diplomats are ~ from prosecution** los diplomáticos gozan de inmunidad; **none of us is ~ from the effects of the recession** a todos nos afecta la recesión

immunity /ɪ'mjuːnəti/ *n* [u] 1 (Med) inmunidad *f* 2 (exemption): **diplomatic ~** inmunidad *f* diplomática; **to claim diplomatic ~** alegar* inmunidad diplomática; **parliamentary ~** inmunidad *f* parlamentaria; **he was offered ~ from prosecution provided that he cooperated** le ofrecieron no seguirle proceso si cooperaba

immunization /ˌɪmjənə'zeɪʃən || ˌɪmjʊnaɪ'zeɪʃən/ *n* [u c] inmunización *f*; (*before n*): **~ campaign** campaña *f* de inmunización *or* vacunación; **~ certificate** certificado *m* de vacuna

immunize /'ɪmjənaɪz || 'ɪmjʊnaɪz/ *vt* inmunizar*; **to ~ sb AGAINST sth** inmunizar* a algn CONTRA algo

immunoblotting /ɪˌmjuːnəʊ'blɑːtɪŋ || ˌɪmjuːnəʊ'blɒtɪŋ/ *n* [u] (Biol, Med) inmunoelectrotransferencia *f*

immunodeficiency /ɪˌmjuːnəʊdɪ'fɪʃənsi || ˌɪmjuːnəʊdɪ'fɪʃənsi/ *n* [u] inmunodeficiencia *f*

immunodeficient /ˌɪmjənəʊdɪ'fɪʃənt || ˌɪmjʊnəʊdɪ'fɪʃənt/ *adj* inmunodeficiente

immunodepressant /ˌɪmjənəʊdɪ'presənt || ˌɪmjʊnəʊdɪ'presənt/ *n* inmunodepresor *m*

immunogenetics /ˌɪmjənəʊdʒə'netɪks || ˌɪmjʊnəʊdʒə'netɪks/ *n* (+ *sing vb*) inmunogenética *f*

immunological /ˌɪmjənə'lɑːdʒɪkəl || ˌɪmjʊnə'lɒdʒɪkəl/ *adj* inmunológico, del sistema inmunológico

immunologist /ˌɪmjə'nɑːlədʒəst || ˌɪmjʊ'nɒlədʒɪst/ *n* inmunólogo, -ga *m,f*

immunology /ˌɪmjə'nɑːlədʒi || ˌɪmjʊ'nɒlədʒi/ *n* [u] inmunología *f*

immunostimulant¹ /ɪˌmjuːnəʊ'stɪmjələnt || ɪˌmjuːnəʊ'stɪmjʊlənt/ *adj* inmunoestimulante

immunostimulant² *n* inmunoestimulante *m*

immunosuppressant /ɪˌmjuːnəʊsə'presənt/ *n* inmunosupresor *m*

immunosuppression /ɪˌmjuːnəʊsə'preʃən/ *n* [u] inmunosupresión *f*

immunosuppressive¹ /ɪˌmjuːnəʊsə'presɪv/ *adj* inmunosupresivo, inmunosupresor

immunosuppressive² /ɪˌmjuːnəʊsə'presɪv/ *n* inmunosupresor *m*

immunotherapy /ɪˌmjuːnəʊ'θerəpi/ *n* [u] (*pl* **-pies**) inmunoterapia *f*

immure /ɪ'mjʊr || ɪ'mjʊə(r)/ *vt* (frml) encerrar*, enclaustrar (liter)

immutability /ɪˌmjuːtə'bɪlɪtɪ/ *n* [u] inmutabilidad *f*

immutable /ɪ'mjuːtəbəl/ *adj* (frml) inmutable

immutably /ɪ'mjuːtəbli/ *adv* (frml) de manera inmutable

imp /ɪmp/ *n* 1 (mischievous child) diablillo *m* (fam), pillín, -llina *m,f* (fam) 2 (demon) diablillo *m*

impact¹ /'ɪmpækt/ *n* [u c] 1 (in collision) impacto *m*; **it exploded on ~** estalló al hacer impacto 2 (effect) impacto *m*; **what will the environmental ~ of these measures be?** ¿qué impacto tendrán estas medidas sobre el medio ambiente?; **the movie had a major ~ on public opinion** la película impactó a *or* tuvo un gran impacto sobre la opinión pública; **this will have little ~ on the budget deficit** esto hará muy poca mella en el déficit presupuestario

impact² /ɪm'pækt/ *vt* chocar* contra

■ **impact** *vi* 1 (strike) hacer* impacto; **to ~ AGAINST** *o* **ON sth** chocar* CONTRA *or* hacer* impacto CON algo 2 (affect) **to ~ ON sth** tener* un impacto SOBRE algo

impacted /ɪm'pæktəd || ɪm'pæktɪd/ *adj* ‹*tooth*› impactado

impair /ɪm'per || ɪm'peə(r)/ *vt* ‹*hearing/sight/memory*› afectar, dañar; ‹*health*› afectar, perjudicar*; ‹*efficiency*› afectar, reducir*; ‹*beauty/happiness*› empañar; **~ed vision/hearing** problemas *mpl* de vista/audición

impairment /ɪm'permənt || ɪm'peəmənt/ *n* [u c] (physical, mental) discapacidad *f*; **visual ~** problemas *fpl* de vista; **speech ~** impedimento *m* del habla; **I foresee no further ~s to her progress** no veo más impedimentos para su progreso

impairment charges *pl n* (Fin) ajuste *m* del valor contable de un activo

impala /ɪm'pɑːlə/ *n* (*pl* **~s** *o* **~**) impala *m*

impale /ɪm'peɪl/ *vt* **to ~ sth/sb ON sth** (on a sword/spear) atravesar* algo/a algn CON algo; **she fell and was ~d on the railings** cayó y la reja le atravesó el cuerpo; **to ~ sb on a stake** empalar a algn

impalpable /ɪm'pælpəbəl/ *adj* 1 (intangible) impalpable 2 (hard to understand) ‹*distinction/nuance*› sumamente sutil

impanel /ɪm'pænl/ *vt* BrE **-ll-** ▸**empanel**

impart /ɪm'pɑːrt || ɪm'pɑːt/ *vt* (frml) 1 ‹*news*› comunicar*; ‹*knowledge*› impartir, transmitir; ‹*secret*› divulgar* 2 ‹*feeling/quality*› conferir* (frml), dar*; ‹*motion*› transmitir

impartial /ɪm'pɑːrʃəl || ɪm'pɑːʃəl/ *adj* imparcial

impartiality /ɪmˌpɑːrʃi'æləti || ɪmˌpɑːʃi'æləti/ *n* [u] imparcialidad *f*

impartially /ɪm'pɑːrʃəli || ɪm'pɑːʃəli/ *adv* con imparcialidad, imparcialmente

impassable /ɪm'pæsəbəl || ɪm'pɑːsəbəl/ *adj* ‹*river/barrier*› infranqueable; ‹*road*› intransitable

impasse /'ɪmpæs || 'æmpɑːs/ *n* impasse *m*, punto *m* muerto; **to be at** *o* **in an ~** estar* en un impasse *or* en punto muerto; **to reach an ~** llegar* a un impasse *or* a un punto muerto

impassioned /ɪm'pæʃənd/ *adj* apasionado, vehemente

impassive /ɪm'pæsɪv/ *adj* impasible, imperturbable

impassively /ɪm'pæsɪvli/ *adv* sin inmutarse

impassiveness /ɪm'pæsɪvnəs || ɪm'pæsɪvnɪs/, **impassivity** /ˌɪmpæ'sɪvəti/ *n* [u] impasibilidad *f*, imperturbabilidad *f*

impatience /ɪm'peɪʃəns/ *n* [u] 1 (eagerness) impaciencia *f*, ansiedad *f* 2 (irritation) impaciencia *f*, falta *f* de paciencia

impatient /ɪm'peɪʃənt/ *adj* 1 (unwilling to wait) (*usu pred*) impaciente; **don't be so ~** no seas tan impaciente; **she will be ~ for her lunch** estará impaciente por comer 2 (irritable) ‹*person*› impaciente; ‹*gesture/voice*› de impaciencia; **she's very ~ with the children** no tiene nada de paciencia con los niños, es muy impaciente con los niños; **to get ~ WITH sb** perder* la paciencia CON algn, impacientarse CON algn; **she's very ~ of incompetence** (frml) no tolera la incompetencia

impatiently /ɪm'peɪʃəntli/ *adv* ‹*wait/pace*› con impaciencia, impacientemente; ‹*dismiss/silence/refuse*› con impaciencia

impeach /ɪm'piːtʃ/ *vt*

A (Law) *acusar a un alto cargo de delitos cometidos en el desempeño de sus funciones*

B (discredit) ‹*testimony/motives*› impugnar, poner* en tela de juicio; ‹*witness*› tachar

impeachable /ɪm'piːtʃəbəl/ *adj* procesable

impeachment /ɪm'piːtʃmənt/ *n: acusación formulada contra un alto cargo por delitos cometidos en el desempeño de sus funciones*

> **impeachment**
>
> En EEUU es el procedimiento por el cual se acusa a una persona que ocupa un alto cargo público, incluso el de Presidente, por delitos cometidos en el desempeño de sus funciones y como resultado podría obligársele a dejar el cargo. El presidente Richard Nixon dimitió en 1974 después de que el *House Judiciary Committee* diera lugar a la acusación, en relación al escándalo ▸**Watergate**. Solamente dos presidentes han sido oficialmente acusados. El primero, Andrew Johnson en 1868, permaneció como Presidente después de que por un voto el Senado lo decidiera así. El segundo, Bill Clinton en 1999, aunque posteriormente fue declarado inocente.

impeccable /ɪm'pekəbəl/ *adj* impecable; **his French was ~** hablaba un francés impecable

impeccably /ɪm'pekəbli/ *adv* impecablemente; **~ dressed** impecablemente vestido; **an ~-behaved child** un niño muy bien educado, un niño que se comporta (*or* se comportaba *etc*) impecablemente

impecunious /ˌɪmpɪ'kjuːniəs/ *adj* (liter *or* hum) sin peculio (liter *o* hum), pobretón (fam & hum)

impede /ɪm'piːd/ *vt* ‹*progress/communications*› dificultar, obstaculizar*; ‹*movement*› dificultar, impedir*; **to ~ the flow of traffic** obstruir* el tráfico

impediment /ɪm'pedəmənt || ɪm'pedɪmənt/ *n* 1 (hindrance) impedimento *m*; **~ TO sth** impedimento PARA algo; **lawful ~** impedimento *m* 2 (physical defect) defecto *m*; **a speech ~** un defecto del habla

impedimenta /ɪmˌpedə'mentə || ɪmˌpedɪ'mentə/ *pl n* (hum) impedimenta *f* (hum), carga *f*

impel /ɪm'pel/ *vt* **-ll-** 1 (oblige) (frml) impeler (frml); **fear ~led me to agree** el miedo me impelió a aceptar (frml) 2 (push, move) impeler

impending /ɪm'pendɪŋ/ *adj* (*before n*) inminente

impenetrability /ɪmˌpenətrə'bɪləti/ *n* [u] impenetrabilidad *f*

impenetrable /ɪm'penətrəbəl/ *adj* 1 ‹*jungle/defenses/darkness*› impenetrable 2 ‹*expression*› enigmático, inescrutable 3 ‹*language/subject*› incomprensible, impenetrable, abstruso 4 (incorrigible) incorregible

impenitence /ɪm'penətəns || ɪm'penɪtəns/ *n* [u] impenitencia *f*

impenitent /ɪm'penətənt || ɪm'penɪtənt/ *adj* impenitente; **despite everything, he remains ~** a pesar de todo, no se arrepiente

imperative¹ /ɪm'perətɪv/ *adj*

A 1 (essential) imprescindible, fundamental; **it is ~ that the work be completed by Friday** es imprescindible que el trabajo esté listo para el viernes 2 ‹*need*› imperioso, imperativo 3 (authoritative) (frml) imperioso, imperativo

B (Ling) ‹*mood*› imperativo; ‹*sentence*› en imperativo

imperative² *n*

A (Ling) imperativo *m*; **a verb in the ~** un verbo en (el) imperativo

B (compelling need) imperativo *m*; **an economic/a moral ~** un imperativo económico/moral

imperceptible /ˌɪmpər'septəbəl || ˌɪmpə'septəbəl/ *adj* imperceptible

imperceptibly /ˌɪmpər'septəbli || ˌɪmpə'septəbli/ *adv* imperceptiblemente

imperceptive /ˌɪmpər'septɪv || ˌɪmpə'septɪv/ *adj* poco perspicaz

imperfect¹ /ɪm'pɜːrfɪkt || ɪm'pɜːfɪkt/ *adj*

A (flawed) imperfecto; **these goods are slightly ~** estos artículos tienen algún pequeño defecto

B (Ling) imperfecto

imperfect² *n* imperfecto *m*

i

imperfection /ˌɪmpər'fekʃən || ˌɪmpə'fekʃən/ *n* [c u] imperfección *f*

imperfectly /ɪm'pɜːrfɪktli || ɪm'pɜːfɪktli/ *adv* de forma *or* manera imperfecta

imperial /ɪm'pɪriəl || ɪm'pɪəriəl/ *adj*
A *also* **Imperial** (of empire) (*before n*) imperial, del imperio; **I~ Rome** la Roma Imperial
B (liter) ‹*pomp/bearing*› majestuoso, señorial
C *also* **Imperial** *del antiguo sistema británico*

imperialism /ɪm'pɪriəlɪzəm || ɪm'pɪəriəlɪzəm/ *n* [u] imperialismo *m*; **cultural/economic ~** imperialismo cultural/económico

imperialist¹ /ɪm'pɪriələst || ɪm'pɪəriəlɪst/ *adj* imperialista

imperialist² *n* imperialista *mf*

imperialistic /ɪmˌpɪriə'lɪstɪk || ɪmˌpɪəriə'lɪstɪk/ *adj* imperialista

imperil /ɪm'perəl || ɪm'perɪl, ɪm'perəl/ *vt* BrE **-ll-** poner* en peligro, hacer* peligrar

imperious /ɪm'pɪriəs || ɪm'pɪəriəs/ *adj* imperioso

imperiously /ɪm'pɪriəsli || ɪm'pɪəriəsli/ *adv* imperiosamente

imperishable /ɪm'perɪʃəbəl/ *adj* **1** ‹*goods*› no perecedero; ‹*rubber*› que no se deteriora **2** (liter) ‹*fame/truth*› imperecedero (liter)

impermanence /ɪm'pɜːrmənəns || ɪm'pɜːmənəns/ *n* [u] (frml) lo transitorio, lo efímero

impermanent /ɪm'pɜːrmənənt || ɪm'pɜːmənənt/ *adj* (frml) pasajero, efímero

impermeable /ɪm'pɜːrmiəbəl || ɪm'pɜːmiəbəl/ *adj* impermeable; **to be ~ TO sth** ser* impermeable A algo

impersonal /ɪm'pɜːrsnəl || ɪm'pɜːsənl/ *adj* **1** ‹*atmosphere/building/manner*› impersonal **2** (Ling) impersonal

impersonality /ɪmˌpɜːrsn'æləti || ɪmˌpɜːsə'næləti/ *n* [u] impersonalidad *f*

impersonally /ɪm'pɜːrsnəli || ɪm'pɜːsənəli/ *adv* **1** ‹*treat/speak*› de manera impersonal **2** (Ling) en la forma impersonal

impersonate /ɪm'pɜːrsəneɪt || ɪm'pɜːsəneɪt/ *vt* **1** (pretend to be) hacerse* pasar por **2** (mimic) imitar, remedar, impersonar (Méx)

impersonation /ɪmˌpɜːrsə'neɪʃən || ɪmˌpɜːsə'neɪʃən/ *n* [u c] **1** (with intent to deceive) suplantación *f* de identidad **2** (mimicry) imitación *f*

impersonator /ɪm'pɜːrsəneɪtər || ɪm'pɜːsəneɪtə(r)/ *n* imitador, -dora *m,f*, impersonador, -dora *m,f* (Méx)

impertinence /ɪm'pɜːrtnəns || ɪm'pɜːtɪnəns/ *n* [u c] impertinencia *f*

impertinent /ɪm'pɜːrtnənt || ɪm'pɜːtɪnənt/ *adj* impertinente; **don't be ~!** ¡no seas impertinente!

impertinently /ɪm'pɜːrtnəntli || ɪm'pɜːtɪnəntli/ *adv* con impertinencia, impertinentemente

imperturbable /ˌɪmpər'tɜːrbəbəl || ˌɪmpə'tɜːbəbəl/ *adj* imperturbable

impervious /ɪm'pɜːrviəs || ɪm'pɜːviəs/ *adj* **1** (impenetrable) ‹*rock/material*› impermeable, no poroso **2** (unaffected) **to be ~ TO sth** ‹*to criticism/doubt*› ser* impermeable *or* inmune A algo; **he's ~ to reason** no se le puede hacer entrar en razón

impetigo /ˌɪmpə'tiːgəʊ || ˌɪmpɪ'taɪgəʊ/ *n* [u] impétigo *m*

impetuosity /ɪmˌpetʃu'ɑːsəti || ɪmˌpetʃʊ'ɒsɪti/ *n* [u] impetuosidad *f*

impetuous /ɪm'petʃuəs/ *adj* ‹*person*› impetuoso, impulsivo; ‹*action/decision*› impulsivo, precipitado

impetuously /ɪm'petʃuəsli/ *adv* de manera impetuosa *or* impulsiva

impetuousness /ɪm'petʃuəsnəs || ɪm'petʃuəsnɪs/ *n* [u] impetuosidad *f*

impetus /'ɪmpətəs || 'ɪmpɪtəs/ *n* [u] **1** (stimulus, boost) ímpetu *m*, impulso *m* **2** (momentum) ímpetu *m*

impiety /ɪm'paɪəti/ *n* (*pl* **-ties**) **1** [u] (lack of piety) impiedad *f* **2** [c] (impious act) maldad *f*

impinge /ɪm'pɪndʒ/ *vi* **1** **to ~ ON** *o* **UPON sth** (affect) incidir EN algo, afectar (A) algo; (encroach on) vulnerar algo; **to ~ on sb's rights/privacy/freedom** vulnerar los derechos/la intimidad/la libertad de algn **2** ‹‹*light/particles*››: **to ~ ON** *o* **UPON sth** incidir EN algo

impious /'ɪmpiəs/ *adj* impío

impish /'ɪmpɪʃ/ *adj* pícaro, picaruelo (fam)

impishly /'ɪmpɪʃli/ *adv* pícaramente, con picardía

impishness /'ɪmpɪʃnəs || 'ɪmpɪʃnɪs/ *n* [u] picardía *f*

implacable /ɪm'plækəbəl/ *adj* implacable

implacably /ɪm'plækəbli/ *adv* implacablemente

implant¹ /ɪm'plænt || ɪm'plɑːnt/ *vt* **1** ‹*idea/ideal*› inculcar* **2** ‹*embryo/pacemaker/hair*› implantar
■ **implant** *vi* ‹‹*embryo*›› implantarse

implant² /'ɪmplænt || 'ɪmplɑːnt/ *n* implante *m*

implantation /ˌɪmplæn'teɪʃən || ˌɪmplɑːn'teɪʃən/ *n* [u] **1** (of idea — in mind) inculcación *f*; (— in society) implantación *f* **2** (Med) implantación *f*

implausible /ɪm'plɔːzəbəl/ *adj* inverosímil, poco convincente

implausibly /ɪm'plɔːzəbli/ *adv* de manera inverosímil

implement¹ /'ɪmpləment || 'ɪmplɪment/ *vt* implementar, poner* en práctica, ejecutar

implement² /'ɪmpləmənt || 'ɪmplɪmənt/ *n* instrumento *m*, implemento *m* (AmL); **cooking ~s** utensilios *mpl* de cocina

implementation /ˌɪmpləmen'teɪʃən || ˌɪmplɪmen'teɪʃən/ *n* [u] implementación *f*, puesta *f* en práctica, ejecución *f*

implicate /'ɪmpləkeɪt || 'ɪmplɪkeɪt/ *vt* implicar*, involucrar; **they are ~d in the murder** están implicados *or* involucrados en el asesinato

implication /ˌɪmplə'keɪʃən || ˌɪmplɪ'keɪʃən/ *n*
A [c u] **1** (consequence, significance) consecuencia *f*, repercusión *f*, implicación *f*, implicancia *f* (AmL); **to have/carry ~s for sth/sb** tener*/traer* consecuencias para algo/algn **2** (meaning) insinuación *f*; **by ~, he's blaming us** indirectamente *or* implícitamente nos está acusando **3** (Math, Phil) implicación *f*, consecuencia *f*
B [u] (involvement) implicación *f*

implicit /ɪm'plɪsət || ɪm'plɪsɪt/ *adj* **1** ‹*threat/assumption*› implícito, tácito **2** ‹*confidence/trust*› incondicional, total, absoluto

implicitly /ɪm'plɪsətli || ɪm'plɪsɪtli/ *adv* **1** (by implication) ‹*suggest*› implícitamente, tácitamente **2** ‹*trust/believe*› incondicionalmente, sin reservas

implode /ɪm'pləʊd/ *vi* implosionar

implore /ɪm'plɔːr || ɪm'plɔː(r)/ *vt* ‹*help/mercy*› implorar; **don't go, I ~ you** no te vayas, te lo suplico; **to ~ sb to + INF** suplicarle* a algn QUE + SUBJ; **she ~d me to let her stay** me suplicó que la dejara quedarse

imploring /ɪm'plɔːrɪŋ/ *adj* (*before n*) implorante, suplicante

imploringly /ɪm'plɔːrɪŋli/ *adv* ‹*say/ask*› en tono de súplica; **to look ~** mirar con ojos suplicantes, implorar con la mirada

implosion /ɪm'pləʊʒən/ *n* implosión *f*

implosive /ɪm'pləʊsɪv/ *adj* implosivo

imply /ɪm'plaɪ/ *vt* **implies, implying, implied**
A (suggest, hint) dar* a entender, insinuar*; **he didn't say that, but he did ~ it** no dijo eso, pero lo dio a entender *or* lo insinuó; **silence implies consent** el que calla otorga; **what are you ~ing?** ¿qué insinúas?, ¿qué quieres decir?; **implied warranty** (AmE) garantía *f* implícita
B (involve) implicar*, suponer*

impolite /ˌɪmpə'laɪt/ *adj* ‹*person/remark*› maleducado, descortés; ‹*behavior*› descortés

impolitely /ˌɪmpə'laɪtli/ *adv* con descortesía

impoliteness /ˌɪmpə'laɪtnəs || ˌɪmpə'laɪtnɪs/ *n* [u] mala educación *f*, falta *f* de educación, descortesía *f*

impolitic /ɪm'pɑːlətɪk || ɪm'pɒlɪtɪk/ *adj* (frml) poco político

imponderable¹ /ɪm'pɑːndərəbəl || ɪm'pɒndərəbəl/ *n* (frml) imponderable *m*

imponderable² *adj* (frml) imponderable

import¹ /'ɪmpɔːrt || 'ɪmpɔːt/ *n*
A (Busn) **1** [u] (act) importación *f*; (*before n*) ‹*levy/quota/surcharge*› de importación; **~ ban** prohibición *f* de la importación; **~ duties** derechos *mpl* de importación; **~ surplus** excedente *m* de importación; **~ tax** impuesto *m* a la importación **2** [c] (article): **a foreign ~** un artículo de importación; **a new Japanese ~** un artículo (*or* coche *etc*) nuevo importado del Japón; **the rise in ~s** el aumento de las importaciones
B [u] (significance) (frml) importancia *f*, trascendencia *f*; **matters of great ~** asuntos *mpl* de suma importancia *or* de gran trascendencia; **she does not realize the full ~ of her decision** no se da cuenta del verdadero alcance de su decisión, no se da cuenta cabal de lo que implica su decisión

import² /ɪm'pɔːrt || ɪm'pɔːt/ *vt* **1** ‹*commodity/goods/idea*› importar **2** **imported** *past p* ‹*goods*› importado, de importación; ‹*word/fashion*› importado **3** (Comput) importar

importance /ɪm'pɔːrtns || ɪm'pɔːtns/ *n* [u] **1** (significance) importancia *f*; **to be of great/of the utmost ~** ser* de suma/de la mayor importancia; **it's of no ~** no tiene (ninguna) importancia, carece de importancia (frml); **to attach ~ to sth** concederle *or* darle* importancia a algo **2** (influence, standing) importancia *f*; **a position of great ~** un puesto muy importante; **she's so full of her own ~** se da una importancia *or* unos aires …, tiene unas ínfulas …

important /ɪm'pɔːrtnt || ɪm'pɔːtnt/ *adj* **1** ‹*event/document*› importante; **which is more ~ to you, happiness or success?** ¿qué es más importante para ti, la felicidad o el éxito?; **these services are ~ to the community** estos servicios tienen gran importancia para la comunidad; **the most ~ thing is that you eat well** lo más importante es que comas bien **2** ‹*person/personage/position*› importante; **he's just trying to look ~** está tratando de darse importancia

importantly /ɪm'pɔːrtntli || ɪm'pɔːtntli/ *adv* **1** (*indep*): **and, more ~, it costs half as much** y, lo que es más importante, cuesta la mitad **2** (self-importantly) dándose importancia

importation /ˌɪmpɔːr'teɪʃən || ˌɪmpɔː'teɪʃən/ *n* **1** [u] (of commodity) importación *f* **2** [u c] (of word, idea) importación *f*

importer /ɪm'pɔːrtər || ɪm'pɔːtə(r)/ *n* importador, -dora *m,f*

import-export /'ɪmpɔːrt'ekspɔːrt || ˌɪmpɔːt'ekspɔːt/ *adj* (*before n*) ‹*merchant/trade*› de importación y exportación

importunate /ɪm'pɔːrtʃənət || ɪm'pɔːtʃʊnət/ *adj* (frml) ‹*requests/demands*› importuno; ‹*suitor*› pertinaz, insistente

importune /ˌɪmpər'tuːn || ˌɪmpɔː'tjuːn/ *vt* **1** (harass) (frml) importunar, asediar **2** (BrE) (Law) abordar con fines deshonestos
■ **importune** *vi* (BrE) (Law) ejercer* la prostitución

importunity /ˌɪmpər'tuːnəti || ˌɪmpɔː'tjuːnəti/ *n* [u] (frml) importunidad *f*

impose /ɪm'pəʊz/ *vt*
A ‹*restriction/punishment/condition*› imponer*; **the judge ~d the maximum sentence** el juez aplicó la pena máxima; **she ~d her will on them** les impuso su voluntad; **I won't ~ my presence on you any further** no lo importuno más con mi presencia
B (Print) imponer*
■ *v refl*: **to ~ oneself on sb**: **if I may ~ myself on you for a few more days** si puedo abusar de su amabilidad quedándome unos días más, si es tan amable de aguantarme unos días más
■ **impose** *vi* molestar; **I don't wish to ~, but …** no quisiera molestar, pero …; **to ~ ON** *o* **UPON sb**: **I think I've ~d on him enough already**

me parece que ya lo he molestado *or* importunado bastante; **to ~ on sb's generosity/goodwill/hospitality** abusar de la generosidad/buena voluntad/hospitalidad de algn

imposing /ɪm'pəʊzɪŋ/ *adj* imponente, impresionante

imposition /ˌɪmpə'zɪʃən/ *n*
A 1 [u] (enforcement) imposición *f* 2 [c] (taking unfair advantage) abuso *m*; **I hope you don't think it an ~** espero que no sea una molestia *or* que no lo considere un abuso; **it really was an ~ on her hospitality** la verdad es que fue abusar de su hospitalidad
B (Print) imposición *f*

impossibility /ɪmˌpɑːsə'bɪləti ‖ ɪmˌpɒsə'bɪləti/ *n* [u] imposibilidad *f*; **it's a physical ~** es físicamente imposible

impossible[1] /ɪm'pɑːsəbəl ‖ ɪm'pɒsəbəl/ *adj* 1 ‹*task/job/request*› imposible; **she's making ~ demands on you** te está exigiendo lo imposible; **it's ~ for him/us/me to arrive by noon** le/nos/me es imposible llegar a mediodía; **it's ~ for two people to use the machine at the same time** es imposible que dos personas utilicen la máquina al mismo tiempo 2 (intolerable) ‹*position/situation*› intolerable; **to make life ~ for sb** hacerle* la vida imposible a algn 3 ‹*child/person*› tremendo, increíble

impossible[2] *n*: **to ask/do/attempt the ~** pedir*/hacer*/intentar lo imposible

impossibly /ɪm'pɑːsəbli ‖ ɪm'pɒsəbli/ *adv* ‹*difficult*› extremadamente, increíblemente; ‹*lazy/slow/expensive*› increíblemente

impostor, imposter /ɪm'pɑːstər ‖ ɪm'pɒstə(r)/ *n* impostor, -tora *m,f*

impotence /'ɪmpətəns/ *n* [u] 1 (powerlessness) impotencia *f* 2 (sexual) impotencia *f*

impotent /'ɪmpətənt/ *adj* 1 (powerless) impotente 2 (sexually) impotente

impound /ɪm'paʊnd/ *vt* 1 ‹*possessions/assets*› incautar, incautarse de 2 ‹*vehicle*› llevar al depósito municipal; ‹*stray dogs*› llevar a la perrera municipal

impoverish /ɪm'pɑːvərɪʃ ‖ ɪm'pɒvərɪʃ/ *vt* 1 (materially, intellectually) empobrecer* 2 ‹*soil/land*› empobrecer*

impoverished /ɪm'pɑːvərɪʃt ‖ ɪm'pɒvərɪʃt/ *adj* 1 (financially) ‹*student/family/community*› empobrecido; **an ~ aristocrat** un aristócrata venido a menos 2 (spiritually, intellectually) empobrecido 3 ‹*soil/land/diet*› pobre

impoverishment /ɪm'pɑːvərɪʃmənt ‖ ɪm'pɒvərɪʃmənt/ *n* [u] empobrecimiento *m*

impracticability /ɪmˌpræktɪkə'bɪləti/ *n* [u] impracticabilidad *f*, lo impracticable

impracticable /ɪm'præktɪkəbəl/ *adj* impracticable, imposible de llevar a cabo

impractical /ɪm'præktɪkəl/ *adj* 1 ‹*plan/idea/suggestion*› poco práctico; **to be ~** no ser* práctico 2 ‹*person*› poco práctico, falto de sentido práctico

impracticality /ɪmˌpræktɪ'kæləti/ *n* [u] 1 (of plan) lo poco práctico 2 (of person) falta *f* de sentido práctico

imprecation /ˌɪmprɪ'keɪʃən/ *n* (frml) imprecación *f* (frml)

imprecise /ˌɪmprɪ'saɪs/ *adj* impreciso

imprecisely /ˌɪmprɪ'saɪsli/ *adv* con imprecisión

imprecision /ˌɪmprɪ'sɪʒən/, **impreciseness** /ˌɪmprɪ'saɪsnəs ‖ ˌɪmprɪ'saɪsnɪs/ *n* [u] imprecisión *f*, falta *f* de precisión

impregnable /ɪm'pregnəbəl/ *adj* 1 ‹*rampart/fortress*› inexpugnable, impenetrable; ‹*barrier/organization*› impenetrable 2 (unassailable) ‹*argument*› irrebatible, irrefutable; **the champion is now in an ~ position** el campeón está ahora en una posición invulnerable

impregnate /ɪm'pregneɪt ‖ 'ɪmpregneɪt/ *vt*
A (saturate) **to ~ sth WITH sth** impregnar algo CON *or* DE algo
B (make pregnant) (frml) fecundar

impregnation /ˌɪmpreg'neɪʃən/ *n* [u]
A (saturation) impregnación *f*
B (fertilization) (frml) fecundación *f*

impresario /ˌɪmprə'sɑːriəʊ ‖ ˌɪmprɪ'sɑːriəʊ/ *n* (*pl* **-os**) 1 (producer) empresario, -ria *m,f* teatral 2 (manager) director, -tora *m,f*

impress[1] /ɪm'pres/ *vt*
A (make impression on): **to ~ sb favorably/unfavorably** causarle (una) buena/mala impresión a algn; **we were ~ed by your work** tu trabajo nos causó muy buena impresión; **he only did it to ~ her** lo hizo sólo para impactarla *or* para dejarla admirada; **my excuse did not ~ them** mi excusa no los convenció
B (emphasize) **to ~ sth ON *o* UPON sb** recalcarle* algo a algn; **they ~ed upon us that it could be dangerous** nos recalcaron (el hecho de) que podía ser peligroso; **my father ~ed upon me the importance of work** mi padre me inculcó la importancia del trabajo
C (on paper, in wax) imprimir*, estampar
■ **impress** *vi* impresionar, impactar; **he does it to ~** lo hace para impresionar *or* impactar; **as an actress she fails to ~** como actriz no llama la atención

impress[2] /'ɪmpres/ *n* (liter) impronta *f* (liter)

impression /ɪm'preʃən/ *n*
A 1 (idea, image) impresión *f*; **my ~s of France** las impresiones que tengo de Francia; **first ~s** las primeras impresiones; **it's my ~ that she doesn't want to go** tengo *or* me da la impresión de que no quiere ir; **this sketch is to give you an ~ of what the house will look like** este croquis es para que se haga una idea de cómo será la casa; **to give sb the ~ that ...** darle* a algn la impresión de que ...; **I get the ~ that he wants us to leave** tengo *or* me da la impresión de que quiere que nos vayamos; **sorry, I obviously had the wrong ~ about you** lo siento, está visto que me había formado una opinión equivocada de ti; **to be under the ~ (that) ...** creer* *or* pensar* que ..., tener* la impresión de que ... 2 (effect) impresión *f*; **to make *o* create a good/bad ~ on sb** causarle *or* producirle* a algn una buena/mala impresión; **the mirrors give the room the ~ of depth** los espejos le dan (una sensación de) profundidad a la habitación; **it made no ~ at all on the stain** no surtió ningún efecto en la mancha; **we were beginning to make some ~ on their defense** estábamos empezando a hacer mella en su defensa; **she certainly made an ~!** ¡no hay duda de que causó impacto!
B 1 (imprint) impresión *f*, huella *f*; **to leave an ~ in/on sth** dejar una impresión *or* huella en algo 2 (Publ) impresión *f*; **second ~** reimpresión *f* 3 (Dent) impresión *f*, molde *m*
C (impersonation) imitación *f*

impressionable /ɪm'preʃnəbəl ‖ ɪm'preʃənəbəl/ *adj* 1 (easily influenced) influenciable; **they're at that ~ age** están en esa edad en la que son muy influenciables 2 (easily frightened, upset) impresionable

impressionism /ɪm'preʃənɪzəm/ *n* [u] impresionismo *m*

impressionist[1] /ɪm'preʃənəst ‖ ɪm'preʃənɪst/ *n* 1 (Art) impresionista *mf* 2 (impersonator) imitador, -dora *m,f*

impressionist[2] *adj* impresionista

impressionistic /ɪmˌpreʃə'nɪstɪk/ *adj* 1 (subjective) ‹*view/story*› impresionista 2 (Art) impresionista

impressive /ɪm'presɪv/ *adj* 1 (admirable) ‹*record/work*› admirable, digno de admiración; **an ~ 78 out of 79 students passed the exam** 78 de los 79 estudiantes aprobaron el examen, lo cual es admirable; **she's a very ~ speaker** es una excelente oradora; **an ~ number of top-class athletes** un número nada desdeñable de atletas de primera fila 2 (imposing) ‹*building/ceremony*› imponente, impresionante

impressively /ɪm'presɪvli/ *adv* 1 ‹*perform/cope*› admirablemente; **in an ~ short time** en un tiempo extraordinariamente corto 2 (imposingly) imponentemente

imprimatur /ˌɪmprə'mɑːtʊr ‖ ˌɪmprɪ'meɪtə(r), -'mɑːtə(r)/ *n* 1 (Publ, Relig) imprimátur *m* 2 (approval) (frml) visto bueno *m*

imprint[1] /'ɪmprɪnt/ *n*
A 1 (physical) marca *f*, huella *f*; **to leave an ~ on/in sth** dejar una marca *or* huella en algo 2 (intellectual, spiritual) huella *f*, marca *f*, impronta *f* (liter)
B (Publ): **a children's ~** (company) una editorial infantil; (series of books) una colección infantil; **it is published under the Axis ~** se publica bajo el sello (editorial) de Axis

imprint[2] /ɪm'prɪnt/ *vt* 1 (physically) imprimir* 2 (on mind) grabar; **her last words were ~ed on my memory** sus últimas palabras (se) me quedaron grabadas en la memoria

imprison /ɪm'prɪzən/ *vt* 1 (Law) encarcelar, meter en la cárcel 2 (lock up) ‹*dog/child*› encerrar*; **she felt ~ed in the city** se sentía aprisionada en la ciudad

imprisonment /ɪm'prɪzənmənt/ *n* [u] (act) encarcelamiento *m*; (state) prisión *f*; **they protested against his ~** protestaron en contra de su encarcelamiento; **ten years' ~** diez años de prisión; **a term of ~** un período de prisión; **he was sentenced to life ~** fue condenado a cadena perpetua

improbability /ɪmˌprɑːbə'bɪləti ‖ ɪmˌprɒbə'bɪləti/ *n* (*pl* **-ties**) 1 [u] (unlikeliness) improbabilidad *f*, lo poco probable 2 [u c] (implausibility) inverosimilitud *f*

improbable /ɪm'prɑːbəbəl ‖ ɪm'prɒbəbəl/ *adj* 1 (unlikely) improbable, poco probable; **it is highly ~ that they will survive** es muy improbable *or* poco probable que sobrevivan 2 (implausible) ‹*story/name*› inverosímil

impromptu[1] /ɪm'prɑːmptu ‖ ɪm'prɒmptjuː/ *adj* ‹*performance/speech*› improvisado; ‹*comment*› espontáneo

impromptu[2] *adv* ‹*perform*› de improviso, sin preparación; ‹*say*› espontáneamente

impromptu[3] *n* impromptu *m*, improvisación *f*

improper /ɪm'prɑːpər ‖ ɪm'prɒpə(r)/ *adj*
A 1 (unseemly) ‹*behavior*› indecoroso, incorrecto; **it was considered ~ for a woman to dress this way** no estaba bien visto que una mujer vistiera así 2 (indecent) ‹*suggestion/language*› indecoroso; ‹*proposal*› deshonesto
B (incorrect) (frml) ‹*use*› indebido; ‹*term*› incorrecto, erróneo

improperly /ɪm'prɑːpərli ‖ ɪm'prɒpəli/ *adv* ‹*used/applied*› indebidamente, incorrectamente; ‹*dressed*› incorrectamente

impropriety /ˌɪmprə'praɪəti/ *n* (*pl* **-ties**) 1 [c] (breach of decorum) incorrección *f*; **he committed a gross ~** cometió una grave falta 2 [u] (quality) falta *f* de decoro, incorrección *f* 3 [u] (incorrectness) (frml) impropiedad *f*

improve /ɪm'pruːv/ *vt* 1 ‹*design/results/product*› mejorar; ‹*chances*› aumentar; **I want to ~ my German** quiero mejorar mi alemán; **that new hairstyle has ~d her looks** ese nuevo peinado la favorece mucho; **it ~s your chances of promotion** aumenta tus posibilidades de ascenso, te da más posibilidades de ascenso; **to ~ one's mind** cultivarse, culturizarse* (hum) 2 ‹*property/premises*› hacer* mejoras en
■ **improve** *vi* «*situation/weather/work*» mejorar; «*chances*» aumentar; **his health has ~d** su salud ha mejorado, ha mejorado de salud; **things can only ~** las cosas no pueden sino mejorar; **let's hope the weather ~s** esperemos que mejore el tiempo; **she's ~d since she's been living on her own** ha mejorado *or* está mejor desde que vive sola; **her work has ~d beyond all recognition** su trabajo ha mejorado increíblemente; **he ~s on acquaintance** cae mejor a medida que uno lo va conociendo; **to ~ with age/use** mejorar con el tiempo/uso; **this cake ~s with keeping** este pastel mejora si se lo guarda un tiempo
■ *v refl*: **to ~ oneself** superarse

Phrasal verb

• **improve on, improve upon** [v + prep + o] ‹*result/record*› mejorar, superar; ‹*work*› mejorar; **if you can ~ on his offer** si puede ofrecer más que él; **it would be hard to ~ upon his translation** su traducción es difícil de mejorar, sería difícil mejorar su traducción; **a performance that cannot be ~d on** una actuación inmejorable

improvement /ɪm'pru:vmənt/ *n* [u c] **1** (in design, situation) mejora *f*; (in health) mejoría *f*; **you're getting better, but there's still plenty of room for ~** has mejorado pero todavía puedes mejorar mucho más; **if you comb your hair, it will be a big ~** estarás mucho mejor si te peinas; **to be an ~ ON sth** ser* mejor QUE *or* superior A algo; **his new girlfriend is a definite ~ on the previous one** no cabe duda de que su nueva novia es mucho mejor que *or* muy superior a la anterior; **her time is an ~ on the world record** su tiempo mejora el récord mundial; **an attempt at self-~** un intento de superarse como persona **2** **improvements** *pl* mejoras *fpl*; **to make ~s** hacer* mejoras

improvement grant *n* subvención *f* para la realización de mejoras

improver /ɪm'pru:vər || ɪm'pru:və(r)/ *n*
A (in learning, sport): **classes for beginners and ~s** clases para principiantes y aquellos con un poco de experiencia
B (food additive) mejorante *m*

improvidence /ɪm'prɑ:vədəns || ɪm'prɒvɪdəns/ *n* [u] (frml) imprevisión *f*

improvident /ɪm'prɑ:vədənt || ɪm'prɒvɪdənt/ *adj* (frml) ‹*person*› imprevisor; ‹*action/lifestyle*› falto de previsión

improving /ɪm'pru:vɪŋ/ *adj* (*before n*) instructivo

improvisation /ˌɪmprəvə'zeɪʃən || ˌɪmprəvaɪ'zeɪʃən/ *n* [u c] improvisación *f*

improvise /'ɪmprəvaɪz/ *vi* improvisar
■ **improvise** *vt* improvisar; **an ~d speech** un discurso improvisado

imprudence /ɪm'pru:dns/ *n* [u] (frml) imprudencia *f*

imprudent /ɪm'pru:dnt/ *adj* (frml) imprudente

imprudently /ɪm'pru:dntli/ *adv* (frml) imprudentemente, con imprudencia

impudence /'ɪmpjədəns || 'ɪmpjʊdəns/ *n* [u] insolencia *f*, descaro *m*, impudencia *f* (frml)

impudent /'ɪmpjədənt || 'ɪmpjʊdənt/ *adj* insolente, descarado; **an ~ remark** una insolencia *f*

impudently /'ɪmpjədəntli || 'ɪmpjʊdəntli/ *adv* con insolencia *or* descaro, insolentemente

impugn /ɪm'pju:n/ *vt* (frml) ‹*honesty/reputation/integrity*› poner* en duda *or* en entredicho; ‹*evidence/statement*› impugnar (frml)

impulse /'ɪmpʌls/ *n* **1** (urge) impulso *m*; **my first ~ was to stop her** mi primer impulso fue pararla; **acting on (an) ~** llevado por un impulso; **on ~, I ran after her** sin pensarlo, salí corriendo tras ella; **I had a sudden, wild ~ to start shouting** de repente me entraron unas ganas locas de ponerme a gritar; (*before n*): **it was an ~ buy** lo compré en un impulso, fue una compra impulsiva; **~ buying** compras *fpl* impulsivas **2** (impetus, force) impulso *m*; **electrical/nerve ~** impulso eléctrico/nervioso

impulsion /ɪm'pʌlʃən/ *n* [u c] impulsión *f*

impulsive /ɪm'pʌlsɪv/ *adj* impulsivo; **I've always been ~** siempre he sido impulsivo *or* me he dejado llevar por mis impulsos

impulsively /ɪm'pʌlsɪvli/ *adv* impulsivamente

impulsiveness /ɪm'pʌlsɪvnəs || ɪm'pʌlsɪvnɪs/ *n* [u] impulsividad *f*

impunity /ɪm'pju:nəti/ (frml) *n* [u] impunidad *f*; **with ~** con impunidad, impunemente

impure /'ɪm'pjʊr || ɪm'pjʊə(r)/ *adj* **1** ‹*water/air*› impuro, contaminado **2** ‹*thought/act*› impuro **3** (adulterated) ‹*mineral/drug*› impuro, con impurezas

impurity /ɪm'pjʊrəti || ɪm'pjʊərəti/ *n* [u c] (*pl* **-ties**) impureza *f*

imputation /ˌɪmpjə'teɪʃən || ˌɪmpju:'teɪʃən/ *n* (frml) **1** [u] (attribution) imputación *f* (frml), atribución *f* **2** [c] (accusation) imputación *f* (frml)

impute /ɪm'pju:t/ *vt* (frml) **to ~ sth TO sth/sb** imputarle algo A algo/algn (frml), atribuirle* algo A algo/algn

in¹ /ɪn/ *prep*
A **1** (indicating place, location) en; **~ the drawer/kitchen** en el cajón/en la cocina; **~ Detroit/Japan** en Detroit/en (el) Japón; **our friends ~ Detroit** nuestros amigos de Detroit; **he's ~ a meeting** está en una reunión, está reunido; **I've got something ~ my eye** tengo algo en el ojo; **who's that ~ the photo?** ¿quién es ése de la foto?; **~ here/there** aquí/allí dentro *or* (esp AmL) adentro; **~ life/business** en la vida/los negocios; **to go out/lie ~ the sun** salir*/tumbarse al sol; **~ the rain** bajo la lluvia; **you can't go out ~ this weather** no puedes salir con este tiempo; **he was sitting ~ the dark/shade** estaba sentado en la oscuridad *or* en lo oscuro/a *or* en la sombra; **~ the moonlight** a la luz de la luna **2** (*with superl*) de; **the highest mountain ~ Italy** la montaña más alta de Italia; **the best restaurant ~ town** el mejor restaurante de la ciudad; **the worst storm ~ living memory** la peor tormenta que se recuerda
B (indicating movement): **he went ~ the shop** entró en la tienda; **they jumped ~ the pool** se tiraron a la piscina, se echaron a la alberca (Méx); **come ~ here** ven aquí dentro *or* (esp AmL) adentro; **go ~ there** entra ahí
C **1** (during): **come ~ the afternoon/morning** ven por la tarde/por la mañana, ven en la tarde/en la mañana (AmL), ven a la tarde *or* de tarde/a la mañana *or* de mañana (RPl); **at four o'clock ~ the morning/afternoon** a las cuatro de la mañana/tarde; **~ spring/January/1924** en primavera/enero/1924; **never ~ my life** nunca en mi vida; **I haven't seen her ~ years** hace años que no la veo; **~ old age** en la vejez; **~ her old age she became more tolerant** de vieja se volvió más tolerante; **he's ~ his forties** tiene cuarenta y tantos **2** (at the end of) dentro de; **~ two months** *o* **two months' time** dentro de dos meses; **I'll be back ~ a minute** vuelvo dentro de un minuto *or* en un minuto; **she's going ~ two weeks** se va dentro de dos semanas **3** (in the space of) en; **she did it ~ three hours** lo hizo en tres horas
D **1** (indicating manner) en; **~ a low voice** en voz baja; **~ dollars** en dólares; **~ French** en francés; **they sat ~ a circle** se sentaron en un círculo; **~ rows/groups** en filas/grupos; **~ twos** de dos en dos, a de dos (AmL); **to break sth ~ two** partir algo en dos; **cut it ~ half** córtalo por la mitad; **they came ~ their thousands** vinieron miles y miles; **to work ~ wood** trabajar con madera; **to paint ~ oils** pintar al óleo; **~ bronze/silk** de *or* en bronce/seda; **write ~ ink/pencil** escriba con tinta/lápiz; **sonata ~ A minor** sonata en la menor **2** (wearing): **he turned up ~ a suit** apareció de traje; **the woman ~ the yellow hat** la mujer del sombrero amarillo; **she was all ~ green** iba toda de verde; **I look terrible ~ this** esto me queda horrible; **are you going ~ that dress?** ¿vas a ir con ese vestido?
E (indicating circumstances, state): **~ sickness and ~ health** en la salud y en la enfermedad; **~ danger/a terrible state** en peligro/muy mal estado; **the company is ~ difficulties/debt** la empresa está pasando dificultades/está endeudada; **to be ~ a good mood** estar* de buen humor; **they gazed ~ admiration/disbelief** miraban admirados/incrédulos; **he's ~ pain** está dolorido; **they live ~ luxury** viven en la opulencia
F (indicating occupation, membership, participation) en; **he's ~ insurance/advertising** trabaja en seguros/publicidad; **I was ~ the army** estuve en el ejército; **are you ~ this scene?** ¿actúas *or* sales en esta escena?; **we're all ~ this together** estamos todos metidos en esto
G (indicating personal characteristics): **it's not ~ his nature** *o* **character to bear a grudge** no es de las personas que guardan rencor; **that's rare ~ a man of his age** eso es poco común en un hombre de su edad; **it's not ~ her to be deceitful** es incapaz de engañar a la gente; **I never thought she had it ~ her to get that far** nunca creí que iba a ser capaz de llegar tan lejos
H (in respect of, as regards): **it's 20cm ~ width** mide *or* tiene 20cm de ancho; **they are eight ~ number** son ocho; **low ~ calories** bajo en calorías; **she's deaf ~ one ear** es sorda de un oído; **they are very similar ~ character** tienen un carácter muy parecido; **~ itself** de por sí; **which is cheaper? — there's not much ~ it** ¿cuál es más barato? — no hay mucha diferencia; **what's ~ it for me?** ¿y yo qué gano *or* saco?
I (indicating ratio): **one ~ four** uno de cada cuatro; **she's a girl ~ a million** es única, como ella no hay otra
J **1** (+ *gerund*): **~ so doing, they set a precedent** al hacerlo, sentaron precedente **2** **in that** (*as conj*): **the case is unusual ~ that ...** el caso es poco común en el sentido de que *or* por el hecho de que ...

in² *adv*

> *in* often appears as the second element of certain verb structures in English (*close in, hand in, stand in*, etc). For translations, see the relevant verb entry (*close, hand, stand*, etc).

A **1** (inside): **is the cat ~?** ¿el gato está dentro *or* (esp AmL) adentro?; **~ you go!** ¡entra!; **he was ~ and out in a flash** entró y salió como un rayo; **she's ~ for theft** está en la cárcel por robo **2** (at home, work): **is Lisa ~?** ¿está Lisa?; **there was nobody ~** no había nadie; **Mr Strauch isn't ~ today** hoy no está *or* no ha venido el señor Strauch; **Jane's never ~ before nine** Jane nunca llega antes de las nueve
B **1** (in position): **she had her curlers/teeth ~** llevaba *or* tenía los rulos/dientes puestos; **the clutch has to be fully ~** hay que meter el embrague hasta el fondo **2** (at destination): **the train isn't ~ yet** el tren no ha llegado todavía; **application forms must be ~ by October 5** las solicitudes deben entregarse antes del 5 de octubre; **the harvest is already ~** ya se ha recogido la cosecha **3** (available, in stock): **is the book I ordered ~ yet?** ¿ha llegado ya el libro que encargué? **4** (in power) en el poder; **they're back ~** están nuevamente en el poder, han vuelto a ganar las elecciones
C (involved): **we were ~ on the planning stage** participamos en la planificación; **we're doing the bank job tonight: are you ~ or not?** (colloq) esta noche asaltamos el banco ¿te apuntas o no? (fam); ***to be ~ for sth***: **you're ~ for a thrashing!** ¡la paliza que te espera *or* que te vas a llevar!; **you're ~ for it now!** ¡ahora sí que te va a caer una buena!; **you don't know what you're ~ for!** ¡no sabes la que te espera! (fam); **it looks like we're ~ for some rain** parece que va a llover; **you're ~ for a big surprise** te vas a llevar una buena sorpresa; **I'm ~ for the 100m** me he apuntado a los 100 metros; ***to be ~ on sth***: **I wanted to be ~ on the deal** quería tener parte en el trato; **she was ~ on it from the start** lo supo *or* estuvo al tanto desde el principio; ***to be ~ with sb***: **he's ~ with a really bad crowd** anda en muy malas compañías; **he's (well) ~ with the boss** es muy amigo del jefe; *see also* **get in with**
D (in time) más tarde; **three weeks ~** tres semanas más tarde

in³ *adj*
A **1** (fashionable) (colloq) (*no comp*): **black is ~ this season** el negro está de moda *or* es lo que se lleva esta temporada; **jazz was the ~ thing** el jazz era lo que estaba de moda *or* (fam) era lo in; **the ~ place** el lugar de moda, el lugar in (fam) **2** (exclusive, private) (*before n*): **an ~ joke** un chiste para iniciados; **the ~ crowd** el grupito
B (*pred*) (in tennis, badminton, etc): **the ball was ~** la pelota fue buena *or* cayó dentro *or* (esp AmL) adentro

in⁴ *n*
A (access to) (AmE colloq) (*no pl*): **to have an ~ with sb** tener* palanca *or* (Esp) enchufe con algn (fam)
B **ins** *pl* **1** **the ~s and outs (of sth)** los porme-

nores (de algo) 2 (AmE) (people in office): **the ~s** los que están en el poder

in[5] ▸ ❶ p.1376 (*pl* **in** *or* **ins**) = **inch(es)**

IN = **Indiana**

inability /ˌɪnəˈbɪləti/ *n* [u] incapacidad *f*; **~ to + INF** incapacidad PARA + INF; **her ~ to deal with people** su incapacidad para tratar con la gente

in absentia /ˌɪnæbˈsentʃə || ˌɪnæbˈsentiə/ *adv* (frml) in absentia (frml)

inaccessibility /ˌɪnəksesəˈbɪləti/ *n* [u] inaccesibilidad *f*

inaccessible /ˌɪnəkˈsesəbəl/ *adj* inaccesible

inaccuracy /ɪnˈækjərəsi/ *n* (*pl* **-cies**) 1 [u] (of information, instrument) inexactitud *f* 2 [c] (error) error *m*; **I noticed several inaccuracies** noté varios errores 3 [u] (of shot, aim) imprecisión *f*

inaccurate /ɪnˈækjərət/ *adj* 1 ‹*statement/translation/estimate*› inexacto, erróneo; **I was wildly ~ in my guess** me equivoqué totalmente al tratar de adivinarlo; **these scales are very ~** esta balanza no es nada precisa 2 ‹*aim/shot*› impreciso

inaccurately /ɪnˈækjərətli/ *adv* con inexactitud, incorrectamente

inaction /ɪnˈækʃən/ *n* [u] inactividad *f*, inacción *f*

inactivate /ɪnˈæktəveɪt || ɪnˈæktɪveɪt/ *vt* inactivar

inactive /ɪnˈæktɪv/ *adj* inactivo

inactivity /ˌɪnækˈtɪvəti/ *n* [u] inactividad *f*

inadequacy /ɪnˈædɪkwəsi/ *n* (*pl* **-cies**) 1 [u] (of resources, measures) insuficiencia *f*, lo inadecuado 2 [u] (of person) ineptitud *f*, incompetencia *f* 3 [c] (weakness) deficiencia *f*

inadequate /ɪnˈædɪkwət/ *adj* 1 ‹*resources/measures/supply*› insuficiente, inadecuado; **the sum set aside was ~** la suma que se había destinado era insuficiente *or* inadecuada 2 ‹*person*› inepto, incompetente; **she felt ~** (for a particular task) se sentía inepta *or* incompetente; (in general) sentía que no estaba a la altura de las circunstancias

inadequately /ɪnˈædɪkwətli/ *adv*: **he was ~ trained** no había sido preparado adecuadamente; **their motives have been ~ explained** sus motivos no han sido adecuadamente explicados

inadmissible /ˌɪnədˈmɪsəbəl/ *adj* ‹*conduct/suggestion*› inadmisible; **it is ~ as evidence** es inadmisible como prueba

inadvertent /ˌɪnədˈvɜːrtnt || ˌɪnədˈvɜːtnt/ *adj* ‹*insult/omission*› involuntario; **she had made an ~ admission of guilt** había admitido involuntariamente *or* (frml) inadvertidamente su culpabilidad

inadvertently /ˌɪnədˈvɜːrtntli || ˌɪnədˈvɜːtntli/ *adv* sin querer, sin darse (*or* darme *etc*) cuenta, inadvertidamente (frml)

inadvisability /ˌɪnədˌvaɪzəˈbɪləti/ *n* [u] lo desaconsejable, lo poco aconsejable *or* recomendable

inadvisable /ˌɪnədˈvaɪzəbəl/ *adj* desaconsejable, poco aconsejable *or* recomendable

inalienable /ɪnˈeɪliənəbəl/ *adj* inalienable

inane /ɪˈneɪn/ *adj* ‹*suggestion/person*› estúpido, idiota, inane (frml); **an ~ laugh** una risa de estúpido *or* de idiota

inanely /ɪˈneɪnli/ *adv* como un estúpido

inanimate /ɪnˈænəmət || ɪnˈænɪmət/ *adj* inanimado; **an ~ object** un objeto inanimado; **she lay ~ on the ground** (liter) yacía exánime en el suelo (liter)

inanity /ɪˈnænəti/ *n* (*pl* **-ties**) 1 [u] (stupidity) estupidez *f*, inanidad *f* (frml) 2 [c] (stupid remark) sandez *f*, estupidez *f*

inapplicable /ɪnˈæplɪkəbəl ˌɪnəˈplɪkəbəl/ *adj* inaplicable, no aplicable; ❸ **delete where inapplicable** táchese lo que no corresponda; **to be ~ TO sth** ser* inaplicable A algo

inapposite /ɪnˈæpəzɪt/ *adj* (frml) fuera de lugar, no pertinente

inappropriate /ˌɪnəˈprəʊpriət/ *adj* ‹*action/measure/dress*› inadecuado, poco apropiado; ‹*moment*› inoportuno; **it would be ~ for you to suggest it** no te corresponde a ti sugerirlo, no estaría bien que tú lo sugirieras; **a totally ~ reply** una respuesta totalmente fuera de lugar

inappropriately /ˌɪnəˈprəʊpriətli/ *adv* de manera poco adecuada *or* apropiada; **they were ~ dressed for the winter/occasion** no iban adecuadamente vestidos para el invierno/la ocasión

inappropriateness /ˌɪnəˈpreʊpriətnəs || ˌɪnəˈprəʊpriətnɪs/ *n* [u] (of dress, gift) lo inadecuado, lo poco apropiado; (of moment, timing) lo inoportuno

inapt /ɪnˈæpt/ *adj* (frml) poco apto *or* idóneo

inaptitude /ɪnˈæptətuːd || ɪnˈæptɪtjuːd/ *n* [u] 1 (unfitness) falta *f* de idoneidad 2 (unskillfulness) inaptitud *f*, falta *f* de aptitud

inarticulate /ˌɪnɑːrˈtɪkjələt || ˌɪnɑːˈtɪkjʊlət/ *adj*
A (in speech) ‹*babbling/grunt*› inarticulado; ‹*person*› con dificultad para expresarse; **she was ~ with rage** no podía hablar de lo furiosa que estaba
B (Zool) inarticulado

inarticulately /ˌɪnɑːrˈtɪkjələtli || ˌɪnɑːˈtɪkjʊlətli/ *adv* ‹*speak*› con dificultad para expresarse, sin fluidez; ‹*grunt*› inarticuladamente

inasmuch as /ˌɪnəzˈmʌtʃəz/ *conj* (frml) 1 (since, seeing that) ya que, puesto que, dado que 2 ▸ **insofar as**

inattention /ˌɪnəˈtentʃən || ˌɪnəˈtenʃən/ *n* [u] 1 (lack of attention) falta *f* de atención, distracción *f*; **~ TO sth** falta de atención A algo 2 (neglect) desinterés *m*; **her husband's ~** el desinterés de su marido

inattentive /ˌɪnəˈtentɪv/ *adj* 1 ‹*pupil/listener*› distraído, poco atento, desatento; **to be ~ TO sth/sb** no prestar atención A algo/algn; **he's ~ to detail** no se fija en *or* no presta atención a los detalles 2 ‹*husband/wife*› poco atento; **to be ~ TO sb: she was ~ to her own children** no prestaba la debida atención a sus propios hijos, descuidaba a sus propios hijos

inattentively /ˌɪnəˈtentɪvli/ *adv* distraídamente, sin prestar *or* poner atención

inaudible /ɪnˈɔːdəbəl/ *adj* inaudible; **the music was ~** la música era inaudible *or* no se podía oír

inaudibly /ɪnˈɔːdəbli/ *adv* de forma inaudible

inaugural[1] /ɪnˈɔːgjərəl || ɪˈnɔːgjʊrəl/ *adj* 1 ‹*speech/lecture*› inaugural, de apertura; ‹*flight/meeting*› inaugural 2 (of official) ‹*speech*› de toma de posesión; ‹*ceremony*› de investidura

inaugural[2] *n* 1 (speech) discurso *m* inaugural; (in US) discurso *m* (presidencial) de investidura *or* de toma de posesión 2 (ceremony) (AmE) toma *f* de posesión, investidura *f*

inaugurate /ɪnˈɔːgjəreɪt || ɪˈnɔːgjʊreɪt/ *vt* 1 (begin) inaugurar 2 (open) ‹*building/exhibition*› inaugurar 3 (frml) ‹*president/official*› investir*; **to be ~d president** ser* investido como presidente

inauguration /ɪnˌɔːgjəˈreɪʃən || ɪˌnɔːgjʊˈreɪʃən/ *n* 1 (investiture) investidura *f*, toma *f* de posesión; (*before n*) ‹*speech/ceremony/ball*› de investidura *or* toma de posesión; **I~ Day** (in US) *día de la toma de posesión del presidente de los EEUU* 2 (opening) inauguración *f*; (*before n*) ‹*ceremony/address*› inaugural

Inauguration Day

En EEUU, el día en que el nuevo Presidente asume oficialmente el poder. La ceremonia de investidura siempre tiene lugar el 20 de enero, en Washington DC.

inauspicious /ˌɪnɔːˈspɪʃəs/ *adj* ‹*circumstances*› desfavorable, adverso; ‹*time/moment/start*› poco propicio

inauspiciously /ˌɪnɔːˈspɪʃəsli/ *adv* de forma poco propicia

inbetween /ˌɪnbɪˈtwiːn/ *adj* (*before n*) ‹*stage/state*› intermedio

inboard[1] /ˈɪnbɔːrd || ˈɪnbɔːd/ *adj* dentro de borda

inboard[2] *adv* a bordo

inboard[3] *n* 1 (engine) motor *m* interior 2 (boat) barco *m* con motor dentro de borda

inborn /ɪnˈbɔːrn || ɪnˈbɔːn/ *adj* innato, connatural

inbound /ˈɪnbaʊnd/ *adj*: **~ flights were delayed** los vuelos estaban llegando con retraso; **~ passengers** los pasajeros que llegaban (*or* llegan *etc*)

inbox /ˈɪnbɑːks || ˈɪnbɒks/ *n*
A (AmE) ▸ **in-tray**
B (Comput) bandeja *f* de entrada

in-box /ˈɪnbɑːks || ˈɪnbɒks/ *n* (Comput) ▸ **in box**

inbred /ɪnˈbred/ *adj*
A ‹*social group*› endogámico
B (innate) ‹*style/good taste/manners*› innato

inbreeding /ˈɪnˌbriːdɪŋ/ *n* [u] endogamia *f*

inbuilt /ɪnˈbɪlt || ɪnˈbɪlt/ *adj* ‹*system/program*› incorporado; ‹*inequalities/discrimination/limitations*› consustancial, inherente; ‹*feeling/characteristic*› (of person) innato

Inc /ɪnk/ (AmE) = **Incorporated**

inc.[1] *adj* 1 = **included** incl. 2 = **inclusive** incl.

inc.[2] *prep* = **including**

Inca[1] /ˈɪŋkə/ *adj* incaico, inca

Inca[2] *n* inca *mf*

incalculable /ɪnˈkælkjələbəl || ɪnˈkælkjʊləbəl/ *adj* incalculable

in camera /ɪnˈkæmərə/ *adv* a puerta(s) cerrada(s)

incandescence /ˌɪnkənˈdesns || ˌɪnkænˈdesns/ *n* [u] incandescencia *f*

incandescent /ˌɪnkənˈdesnt || ˌɪnkænˈdesnt/ *adj* incandescente

incantation /ˌɪnkænˈteɪʃən/ *n* ensalmo *m*, conjuro *m*

incapability /ɪnˌkeɪpəˈbɪləti/ *n* [u] incapacidad *f*

incapable /ɪnˈkeɪpəbəl/ *adj* (*pred*) 1 (not able) **to be ~ OF -ING** ser* incapaz DE + INF; **he is ~ of taking a simple decision** es incapaz de tomar una simple decisión; **she is ~ of jealousy/generosity** es incapaz de sentir celos/obrar con generosidad 2 (helpless) inútil, incapaz; **I'm not totally ~** no soy totalmente inútil *or* incapaz 3 (not susceptible) **~ OF sth** (frml): **this problem seems ~ of solution** este problema parece ser insoluble (frml); **the project is ~ of completion** el proyecto no puede llevarse a término (frml)

incapacitate /ˌɪnkəˈpæsəteɪt || ˌɪnkəˈpæsɪteɪt/ *vt* 1 (disable) incapacitar; **to be ~d** estar* incapacitado *or* impedido 2 (Law) inhabilitar, incapacitar

incapacity /ˌɪnkəˈpæsəti/ *n* [u] 1 (inability) incapacidad *f* 2 (Law) incapacidad *f*

incapacity benefit *n* [u] (in UK) susbsidio *m* por incapacidad

in-car /ˈɪnˈkɑːr || ˈɪnˈkɑː(r)/ *adj* (*before n*): **the best in ~ entertainment** lo mejor en equipos de música para su coche

incarcerate /ɪnˈkɑːrsəreɪt || ɪnˈkɑːsəreɪt/ *vt* encarcelar

incarceration /ɪnˌkɑːrsəˈreɪʃən || ɪnˌkɑːsəˈreɪʃən/ *n* encarcelación *f*

incarnate[1] /ɪnˈkɑːrnət || ɪnˈkɑːnət/ *adj* (liter) (*usu pred*) encarnado; **she is the devil ~** es el demonio encarnado *or* personificado; **the Word I~** el Verbo encarnado *or* hecho carne

incarnate[2] /ɪnˈkɑːrneɪt, ˈɪnkɑːr- || ˈɪnkɑːneɪt, ɪnkɑː-/ *vt* (liter) encarnar

incarnation /ˌɪnkɑːrˈneɪʃən || ˌɪnkɑːˈneɪʃən/ *n* 1 [u c] (Relig, Myth) encarnación *f* 2 [c] (embodiment) encarnación *f*, personificación *f*

incautious /ɪnˈkɔːʃəs/ *adj* imprudente

incautiously /ɪnˈkɔːʃəsli/ *adv* imprudentemente

incendiary[1] /ɪnˈsendieri || ɪnˈsendiəri/ *adj* ‹*bomb/shell*› incendiario; ‹*speech/statement*› incendiario

incendiary² *n* (*pl* **-ries**) 1 (bomb) bomba *f* incendiaria 2 (arsonist) (frml) pirómano, -na *m,f*, incendiario, -ria *m,f*

incense¹ /ˈɪnsens/ *n* [u] incienso *m*; (*before n*): **~ burner** incensario *m*

incense² /ɪnˈsens/ *vt* indignar, darle* rabia a; **she was so ~d by it that ...** se indignó tanto *or* le dio tanta rabia que ...

incentive /ɪnˈsentɪv/ *n* [c u] incentivo *m*, aliciente *m*, estímulo *m*; **they need to be given an ~** necesitan que se les dé un incentivo (*or* aliciente *etc*), hay que incentivarlos; **a cash ~** una bonificación, un incentivo en efectivo *or* en metálico; **he had no ~ to diet** no tenía ningún aliciente *or* incentivo para hacer régimen; (*before n*): **~ bonus** prima *f* de incentivación; **~ scheme** plan *m* de incentivos

incentivize /ɪnˈsentɪvaɪz/ *vt* incentivar

inception /ɪnˈsepʃən/ *n* (frml) inicio *m*, comienzo *m*

incessant /ɪnˈsesnt/ *adj* ‹*noise/rain*› incesante; ‹*effort*› ininterrumpido, constante

incessantly /ɪnˈsesntli/ *adv* sin cesar, incesantemente

incest /ˈɪnsest/ *n* [u] incesto *m*

incestuous /ɪnˈsestʃuəs || ɪnˈsestjʊəs/ *adj* incestuoso

inch¹ /ɪntʃ/ ▸ℹ p.1376 *n* pulgada *f* (*2,54 centímetros*); **two ~es of rain/snow** dos pulgadas *or* (fam) cuatro dedos de lluvia/nieve; **his strength makes up for his lack of ~es** lo que no tiene en estatura lo compensa en fuerza; **I need to lose a few ~es around the waist** tengo que adelgazar un poco de cintura; **I was within an ~ of getting that job** estuve a un paso *or* en un tris de que me dieran el trabajo; **I've searched every ~ of the house** he buscado hasta en el último rincón de la casa; **~ by ~**; (with great attention to detail): **the police searched the house ~ by ~** la policía registró la casa palmo a palmo; (slowly): **~ by ~ the car slid into the river** el coche se deslizó palmo a palmo en el río; **he looked every ~ the English aristocrat** de pies a cabeza parecía el típico aristócrata inglés; **she wouldn't budge** *o* **give an ~** no cedió en lo más mínimo, no cedió ni un ápice *or* milímetro; ***give them an ~ and they'll take a mile*** les das la mano y te toman *or* (esp Esp) te cogen el brazo

inch² *vi* moverse* lentamente *or* paso a paso; **to ~ forward** avanzar* lentamente *or* paso a paso; **to ~ out** salir* poco a poco

■ **inch** *vt*: ***to ~ one's way*** avanzar* lentamente; **we are ~ing our way toward a solution** estamos avanzando lentamente hacia una solución

inchoate /ɪnˈkəʊət || ɪnˈkəʊeɪt, -ət/ *adj* (frml) ‹*idea/view*› embrionario, a medio formar; ‹*desire/feeling*› incipiente, naciente

incidence /ˈɪnsədəns || ˈɪnsɪdəns/ *n* [u]

A (frequency) índice *m*; **the high/low ~ of deaths among ...** el alto/bajo índice de muertes entre ...

B (Opt, Phys) incidencia *f*; **the angle of ~** el ángulo de incidencia

incident /ˈɪnsədənt || ˈɪnsɪdənt/ *n* 1 (event) incidente *m*, episodio *m*; **the day passed without ~** el día transcurrió sin incidentes 2 (disturbance) (journ) incidente *m*; **there were several bloody ~s** hubo varios hechos de sangre; (*before n*): **~ room** (BrE) centro *m* de investigaciones

incidental /ˌɪnsəˈdentl || ˌɪnsɪˈdentl/ *adj* 1 (accompanying) ‹*consequence/effect*› secundario; ‹*advantage/benefit*› adicional; ‹*expenses*› imprevisto; **~ music** música *f* incidental *or* de acompañamiento; **~ TO sth: these duties are ~ to the job** son responsabilidades que conlleva el trabajo, son responsabilidades inherentes al trabajo; **the dangers ~ to the plan** los riesgos que conlleva *or* acarrea el plan 2 (minor) incidental, de menor importancia 3 (accidental) casual, fortuito

incidentally /ˌɪnsəˈdentli || ˌɪnsɪˈdentli/ *adv*

A (*indep*) a propósito, por cierto

B (casually) por casualidad, casualmente

incidentals /ˌɪnsəˈdentlz || ˌɪnsɪˈdentlz/ *pl n* imprevistos *mpl*, contingencias *fpl* (frml)

incinerate /ɪnˈsɪnəreɪt/ *vt* incinerar

incinerator /ɪnˈsɪnəreɪtər || ɪnˈsɪnəreɪtə(r)/ *n* incinerador *m*

incipient /ɪnˈsɪpiənt/ *adj* ‹*disease/baldness*› incipiente; ‹*tension/friendship*› incipiente, naciente

incise /ɪnˈsaɪz/ *vt* 1 ‹*wood/metal/design*› grabar, burilar 2 (Med) practicar* una incisión en

incision /ɪnˈsɪʒən/ *n* [c u] incisión *f*

incisive /ɪnˈsaɪsɪv/ *adj* ‹*person/mind*› incisivo, penetrante; ‹*remark*› incisivo, mordaz; ‹*voice*› agudo

incisively /ɪnˈsaɪsɪvli/ *adv* ‹*remark*› con agudeza; ‹*criticize*› mordazmente; **the party must formulate its proposals more ~** el partido debe ser más incisivo a la hora de formular sus propuestas

incisiveness /ɪnˈsaɪsɪvnəs || ɪnˈsaɪsɪvnɪs/ *n* [u] (of analysis) lo incisivo, lo penetrante; (of criticism) lo mordaz

incisor /ɪnˈsaɪzər || ɪnˈsaɪzə(r)/ *n* incisivo *m*

incite /ɪnˈsaɪt/ *vt* 1 ‹*hatred/violence*› instigar* a, incitar a 2 ‹*person*› **to ~ sb TO sth/+ INF** instigar* *or* incitar a algn A algo/+ INF; **he ~d the crowds to violence** instigó *or* incitó a las multitudes a la violencia

incitement /ɪnˈsaɪtmənt/ *n* [u c] **~ (TO sth)** instigación *f or* incitación *f* (A algo)

incivility /ˌɪnsəˈvɪləti || ˌɪnsɪˈvɪləti/ *n* [u c] (*pl* **-ties**) (frml) descortesía *f*, falta *f* de cortesía

incl¹ *prep* (**= including** *o* **= inclusive of**) **~ postage** franqueo incluido

incl² *adj* (**= inclusive**) incl.; **rent: £120 p.w. ~** alquiler: £120 por semana, todo incluido; **12th-16th Aug. ~** (BrE) del 12 al 16 de ago. incl.

inclemency /ɪnˈklemənsi/ *n* [u] (frml) inclemencia *f*

inclement /ɪnˈklemənt/ *adj* (frml) inclemente

inclination /ˌɪnkləˈneɪʃən || ˌɪnklɪˈneɪʃən/ *n* [u c]

A 1 (leaning) tendencia *f*, inclinación *f*; **he has homosexual ~s** tiene tendencias *or* inclinaciones homosexuales; **~ TO sth** tendencia A algo; **he has an ~ to stoutness** tiene tendencia *or* propensión a engordar 2 (desire): **my own ~ is to ignore them totally** yo me inclino por no hacerles ningún caso; **to have an/no ~ to + INF** tener*/no tener* deseos *or* ganas de + INF; **I have neither the time nor the ~ to see you** no tengo ni tiempo ni deseos *or* ganas de verte; **she shows no ~ to relinquish her post** no da muestras de querer dejar su puesto; **to follow one's own ~(s)** dejarse llevar por su instinto

B 1 (of head) inclinación *f* 2 (tilt) inclinación *f*

incline¹ /ɪnˈklaɪn/ *vt* (frml) 1 (dispose) **to ~ sb to + INF** predisponer* a algn A + INF; **this ~d us to fear the worst** esto nos predispuso a esperar lo peor 2 (bend, lower) ‹*head*› inclinar, bajar 3 (slope) inclinar

■ **incline** *vi* (frml) **to ~ TO** *o* **TOWARD sth: she ~s to** *o* **toward the opposite view** se inclina a pensar lo contrario

incline² /ˈɪnklaɪn/ *n* (frml) pendiente *f*

inclined /ɪnˈklaɪnd/ *adj* 1 (disposed) **~ to + INF: I'm rather ~ to agree** yo me inclino a pensar lo mismo, yo creo que estoy de acuerdo; **she's ~ to be irritable in the morning** tiende a estar de mal humor por la mañana; **wool is ~ to shrink if you wash it without care** la lana tiende a encoger si no la lavas con cuidado; **I don't feel ~ to help her** no me siento muy dispuesto a ayudarla; **to be artistically ~** tener* inclinaciones artísticas; **to be mathematically/scientifically ~** tener* aptitudes para las matemáticas/la ciencia; **come along, if you feel so ~** vente si tienes ganas; **anyone who feels so ~ can ...** cualquier persona que así lo desee, puede ...; **there are many interesting art courses, if you're that way ~** hay muchos cursos de arte interesantes, si te interesa ese tipo de cosa 2 (slanting) ‹*plane*› inclinado

include /ɪnˈkluːd/ *vt* 1 (contain as part) incluir*; **her duties ~ looking after the animals** sus obligaciones incluyen el cuidar de los animales; **does the rent ~ heating costs?** ¿el alquiler incluye *or* en el alquiler están incluidos los gastos de calefacción? 2 (put in) incluir*; (with letter) adjuntar, incluir*; **did you ~ Michael on your list?** ¿incluiste a Michael en tu lista?; **I'll ~ a note with your letter** adjuntaré *or* incluiré una nota con tu carta; **if she's ~d, you can count me out** si ella va, conmigo no cuentes; **we're all ~d in the invitation** estamos todos invitados 3 (count in) incluir*; **service isn't ~d** el servicio no está incluido; **I want everyone to help, you ~d** quiero que me ayuden todos, usted incluido *or* incluso usted; **there were six, if you ~ the baby** eran seis, contando al bebé

including /ɪnˈkluːdɪŋ/ *prep*: **he wants to see us all, ~ you** quiere vernos a todos, incluyéndote a ti; **~ the introduction, the book runs to 300 pages** incluyendo *or* contando la introducción, el libro tiene 300 páginas; **there'll be seven of us, ~ you and me** incluyéndonos a nosotros dos, seremos siete en total; **up to and ~ page 25/21st May** hasta la página 25/el 21 de mayo inclusive; **they all liked it, ~ Paul** a todos les gustó, incluso *or* hasta a Paul; **the bill came to £20 ~ service** la cuenta ascendió a 20 libras, servicio incluido *or* incluyendo el servicio; **not ~ insurance** sin incluir el seguro

inclusion /ɪnˈkluːʒən/ *n* [u] inclusión *f*

inclusive /ɪnˈkluːsɪv/ *adj* 1 ‹*price/charge*› global, todo incluido; **to be ~ OF sth** incluir* algo; **that's ~ of transport** eso incluye el transporte; **all prices are ~ of VAT** todos los precios son con el IVA incluido 2 (including dates, figures mentioned) (BrE) (*after n*) inclusive; **from the 23rd to the 27th ~** del 23 al 27, ambos inclusive

inclusivity /ɪnˈkluːsɪvli/ *n* [u] inclusividad *f*

incognito¹ /ˌɪnkɑːgˈniːtəʊ || ˌɪnkɒgˈniːtəʊ/ *adv* de incógnito

incognito² *adj* de incógnito; **she didn't long remain ~** no permaneció en el anonimato mucho tiempo

incoherence /ˌɪnkəʊˈhɪrəns || ˌɪnkəʊˈhɪərəns/ *n* [u] (of ideas) incoherencia *f*, falta *f* de coherencia *or* ilación; (of organization) falta *f* de coherencia interna

incoherent /ˌɪnkəʊˈhɪrənt || ˌɪnkəʊˈhɪərənt/ *adj* ‹*statement/ramblings*› incoherente; ‹*argument/style*› falto de coherencia *or* ilación, incoherente

incoherently /ˌɪnkəʊˈhɪrəntli || ˌɪnkəʊˈhɪərəntli/ *adv* ‹*speak/ramble*› incoherentemente, con incoherencia; ‹*argue/write*› incoherentemente, sin ilación; ‹*worded/expressed*› de manera incoherente

incombustible /ˌɪnkəmˈbʌstəbəl/ *adj* incombustible

income /ˈɪnkʌm/ *n* [u c] ingresos *mpl*; (unearned) rentas *fpl*, ingresos *mpl*; **I live within my ~** vivo de acuerdo con mis ingresos; **they're living beyond their ~** gastan más de lo que ganan, llevan un tren de vida que no se pueden costear; **taxable ~** renta *f* gravable *or* imponible; **annual ~** ingresos anuales; **an important source of ~** una importante fuente de ingresos; (*before n*): **~ bracket** banda *f* salarial; **lower/upper ~ groups** grupos *mpl* de altos/bajos ingresos; **~ level** nivel *m* de ingresos

income and expenditure account *n* cuenta *f* de ingresos y gastos

incomes policy *n* (in UK) política *f* de rentas

income support *n* [u] (BrE) *subsidio otorgado a personas de bajos ingresos*

> **income support**
>
> Ayuda monetaria que el gobierno británico proporciona a las personas de bajos ingresos. Sólo tienen derecho a ella las personas que no han pagado suficientes cuotas al ▸**National Insurance - NI** como para recibir el ▸**jobseeker's allowance.**

income tax *n* [u] impuesto *m* sobre *or* a la renta, impuesto *m* a los réditos (Arg)

income tax return *n* ▸ **tax return**

incoming /ˈɪnˌkʌmɪŋ/ *adj (before n)* **1** (inbound): **the area has been closed to ~ traffic** no se permite la entrada de vehículos a la zona; **delays are reported in all ~ services** todos los servicios están llegando con retraso; **the ~ tide** la marea (*que sube*); **~ mail is sorted downstairs** la correspondencia que se recibe se clasifica abajo; **the secretary takes all ~ calls** la secretaria atiende todas las llamadas; **Ⓢ incoming calls only** sólo recibe llamadas; **Ⓢ no incoming calls** sólo llamadas al exterior **2** (about to take office) ‹*president/administration/principal*› entrante

incommensurate /ˌɪnkəˈmensərət, -enʃə- ‖ ˌɪnkəˈmenʃərət, -ensjə-/ *adj* (frml) insuficiente, inadecuado; **to be ~ WITH sth** no guardar relación CON algo

incommodious /ˌɪnkəˈməʊdiəs/ *adj* (frml) incómodo

incommunicable /ˌɪnkəˈmjuːnɪkəbəl/ *adj* (frml) inexpresable, incomunicable

incommunicado /ˌɪnkəˌmjuːnəˈkɑːdəʊ ‖ ˌɪnkəˌmjuːnɪˈkɑːdəʊ/ *adj (pred)*: **to be ~** estar* incomunicado; **she was held ~** la mantuvieron incomunicada

in-company /ɪnˈkʌmpəni/ *adj* dentro de la empresa

incomparable /ɪnˈkɑːmpərəbəl ‖ ɪnˈkɒmpərəbəl/ *adj* **1** (matchless) (liter) ‹*skill/beauty/stupidity*› incomparable, sin par, sin igual **2** (totally different) (frml) *(pred)* **to be ~ WITH sth/sb** no poderse* comparar *or* no tener* comparación CON algo/algn

incomparably /ɪnˈkɑːmpərəbli ‖ ɪnˈkɒmpərəbli/ *adv* incomparablemente

incompatibility /ˌɪnkəmpætəˈbɪləti/ *n* [u] **1** (Med, Pharm, Psych) incompatibilidad *f* **2** (Comput, Video) incompatibilidad *f*

incompatible /ˌɪnkəmˈpætəbəl/ *adj* **1** ‹*personalities/lifestyles/aims*› incompatible; **to be ~ WITH sth** ser* incompatible CON algo; **these tariffs are ~ with existing trade agreements** estas tarifas son incompatibles con los acuerdos comerciales vigentes **2** (Med, Pharm) ‹*tissue/blood*› incompatible **3** (Comput, Video) incompatible

incompetence /ɪnˈkɑːmpətəns ‖ ɪnˈkɒmpɪtəns/ *n* [u] **1** (ineptitude) incompetencia *f*, ineptitud *f* **2** (Law) **~ (to + INF)** incapacidad *f* (PARA + INF)

incompetent¹ /ɪnˈkɑːmpətənt ‖ ɪnˈkɒmpɪtənt/ *adj* **1** (inept) ‹*teacher/leader/speaker*› incompetente, inepto; ‹*work*› deficiente; ‹*attempt*› ineficaz **2** (disqualified) (Law) incapaz; **to be ~ to + INF** ser* incapaz PARA + INF, no tener* capacidad PARA + INF

incompetent² *n* incompetente *mf*

incompetently /ɪnˈkɑːmpətəntli ‖ ɪnˈkɒmpɪtəntli/ *adv* de modo incompetente

incomplete /ˌɪnkəmˈpliːt/ *adj* **1** (with sth or sb missing) ‹*set/collection*› incompleto; **the meal would be ~ without dessert** no sería una comida completa sin un postre **2** (unfinished) inacabado, inconcluso, sin terminar; **to be left ~** quedar inconcluso *or* inacabado *or* sin terminar **3** (in US football) ‹*pass*› incompleto

incompletely /ˌɪnkəmˈpliːtli/ *adv* ‹*understood/expressed*› de manera *or* de forma incompleta

incompleteness /ˌɪnkəmˈpliːtnəs ‖ ˌɪnkəmˈpliːtnɪs/ *n* [u] lo incompleto; **there's a sense of ~ if we don't round off the service with a hymn** parece que faltara algo si no terminamos el oficio con un cántico

incomprehensible /ɪnˌkɑːmprɪˈhensəbəl ‖ ɪnˌkɒmprɪˈhensəbəl/ *adj* incomprensible; **to be ~ TO sb** ser* incomprensible PARA algn

incomprehensibly /ɪnˌkɑːmprɪˈhensəbli ‖ ɪnˌkɒmprɪˈhensəbli/ *adv* de manera incomprensible, incomprensiblemente; *(indep)* incomprensiblemente

incomprehension /ɪnˌkɑːmprɪˈhentʃən ‖ ɪnˌkɒmprɪˈhenʃən/ *n* [u] incomprensión *f*, falta *f* de comprensión

inconceivable /ˌɪnkənˈsiːvəbəl/ *adj* inconcebible

inconclusive /ˌɪnkənˈkluːsɪv/ *adj* ‹*result/evidence/findings*› no concluyente, inconcluyente; **the discussion was ~** la discusión no fue fructífera

inconclusively /ˌɪnkənˈkluːsɪvli/ *adv* sin llegar a un resultado *or* a una conclusión

inconclusiveness /ˌɪnkənˈkluːsɪvnəs ‖ ˌɪnkənˈkluːsɪvnɪs/ *n* [u] carácter *m* inconcluyente (frml)

incongruity /ˌɪnkɑːnˈgruːəti ‖ ˌɪnkɒŋˈgruːəti/ *n* [u c] (*pl* **-ties**) incongruencia *f*

incongruous /ɪnˈkɑːŋgruəs ‖ ɪnˈkɒŋgrʊəs/ *adj* ‹*behavior/remark*› fuera de lugar, inapropiado; ‹*appearance*› extraño, raro

incongruously /ɪnˈkɑːŋgruəsli ‖ ɪnˈkɒŋgrʊəsli/ *adv* inapropiadamente, de manera incongruente

incongruousness /ɪnˈkɑːŋgruəsnəs ‖ ɪnˈkɒŋgrʊəsnɪs/ *n* [u] incongruencia *f*

inconsequence /ɪnˈkɑːnsəkwens ‖ ɪnˈkɒnsɪkwens/ *n* [u] ▸ **inconsequentiality**

inconsequential /ɪnˌkɑːnsəˈkwentʃəl ‖ ɪnˌkɒnsɪˈkwenʃəl/, **inconsequent** /ɪnˈkɑːnsəkwent ‖ ɪnˈkɒnsɪkwənt/ *adj* **1** (unimportant) ‹*affair/remark/idea*› intrascendente, sin importancia **2** (illogical) (frml) ‹*reasoning/argument*› ilógico, incoherente

inconsequentiality /ɪnˌkɑːnsəˌkwentʃiˈæləti ‖ ɪnˌkɒnsɪˌkwenʃiˈæləti/ *n* [u] **1** (insignificance) intrascendencia *f*, futilidad *f* **2** (illogicality) (frml) incoherencia *f*, falta *f* de lógica

inconsequentially /ɪnˌkɑːnsəˈkwentʃəli ‖ ɪnˌkɒnsɪˈkwenʃəli/, **inconsequently** /ɪnˈkɑːnsəkwentli ‖ ɪnˈkɒnsɪkwəntli/ *adv* (frml) ‹*remark/argue/reason*› de modo ilógico, incoherentemente

inconsiderable /ˌɪnkənˈsɪdərəbəl/ *adj* (frml) *(usu neg)*: **their not ~ wealth** su nada despreciable *or* desdeñable fortuna; **he inherited a not ~ sum** heredó una suma nada despreciable *or* desdeñable

inconsiderate /ˌɪnkənˈsɪdərət/ *adj* ‹*person/attitude/comment*› desconsiderado; **it was very ~ of her** fue una gran falta de consideración de su parte; **to be ~ OF sb/sth** no tener* consideración PARA CON algn/algo

inconsiderately /ˌɪnkənˈsɪdərətli/ *adv* desconsideradamente

inconsistency /ˌɪnkənˈsɪstənsi/ *n* [u c] (*pl* **-cies**) **1** (variance, contradiction) falta *f* de coherencia, contradicción *f* **2** (unevenness) imperfección *f*, anomalía *f*

inconsistent /ˌɪnkənˈsɪstənt/ *adj* **1** (contradictory) ‹*statement/account*› contradictorio, incoherente; ‹*action*› contradictorio, inconsecuente; **to be ~ WITH sth** no concordar* CON algo; ‹*with principles/ideas*› no compadecerse* CON algo **2** (irregular, changeable) ‹*person/attitude*› inconsecuente, inconstante; ‹*performance*› desigual

inconsistently /ˌɪnkənˈsɪstəntli/ *adv* **1** (contradictorily) ‹*argue/reason*› contradictoriamente, sin coherencia **2** (unevenly) ‹*perform/work*› de manera irregular

inconsolable /ˌɪnkənˈsəʊləbəl/ *adj* inconsolable

inconsolably /ˌɪnkənˈsəʊləbli/ *adv* inconsolablemente

inconspicuous /ˌɪnkənˈspɪkjuəs/ *adj* ‹*person/object*› que no llama la atención, que pasa desapercibido *or* inadvertido; ‹*gesture*› discreto, que no llama la atención; **he tried to make himself ~** trató de pasar desapercibido *or* inadvertido

inconspicuously /ˌɪnkənˈspɪkjuəsli/ *adv* discretamente, sin llamar la atención

inconstancy /ɪnˈkɑːnstənsi ‖ ɪnˈkɒnstənsi/ *n* [u c] (*pl* **-cies**) (liter) inconstancia *f*

inconstant /ɪnˈkɑːnstənt ‖ ɪnˈkɒnstənt/ *adj* ‹*lover/friend/passion*› inconstante

incontestable /ˌɪnkənˈtestəbəl/ *adj* incontestable, indiscutible

incontestably /ˌɪnkənˈtestəbli/ *adv* incontestablemente, indiscutiblemente

incontinence /ɪnˈkɑːntnəns ‖ ɪnˈkɒntɪnəns/ *n* [u]
A (Med) incontinencia *f*
B **1** (lack of restraint) (liter) falta *f* de moderación **2** (licentiousness) (arch & euph) incontinencia *f*

incontinent /ɪnˈkɑːntnənt ‖ ɪnˈkɒntɪnənt/ *adj*
A (Med) incontinente
B **1** (unrestrained) (liter) inmoderado, exagerado **2** (licentious) (arch & euph) incontinente

incontinently /ɪnˈkɑːntnəntli ‖ ɪnˈkɒntɪnəntli/ *adv* (liter) precipitadamente, atropelladamente

incontrovertible /ɪnˌkɑːntrəˈvɜːrtəbəl ‖ ˌɪnkɒntrəˈvɜːtəbəl/ *adj* (frml) incontrovertible, indisputable

incontrovertibly /ɪnˌkɑːntrəˈvɜːrtəbli ‖ ˌɪnkɒntrəˈvɜːtəbli/ *adv* (frml) incontrovertiblemente, de manera indisputable

inconvenience¹ /ˌɪnkənˈviːniəns/ *n* **1** [u] (unsuitability, troublesomeness) inconveniencia *f*, incomodidad *f* **2** [u] (trouble) molestias *fpl*, inconvenientes *mpl*; **I'm afraid I put them to great ~** me temo que les causé muchas molestias *or* muchos inconvenientes **3** [c] (drawback, nuisance) inconveniente *m*, desventaja *f*; **not having a telephone is a great ~** no tener teléfono es un gran inconveniente *or* una gran desventaja

inconvenience² *vt* causarle molestias a; **I hope that the change in plan won't ~ you** espero que el cambio de planes no le cause molestias; **I don't want them to ~ themselves on my account** no quiero que se molesten por mí

inconvenient /ˌɪnkənˈviːniənt/ *adj* ‹*moment*› poco conveniente, inconveniente, inoportuno; ‹*position*› poco práctico; **I hope it's not too ~ for you** espero que no le cause muchos inconvenientes *or* muchas molestias; **would it be ~ for me to come tomorrow?** ¿le resultaría inconveniente que viniera mañana?, ¿le vendría mal que viniera mañana?

inconveniently /ˌɪnkənˈviːniəntli/ *adv* ‹*arranged/timed*› inoportunamente; **the house is ~ located, far from the main road** la casa está muy mal situada, lejos de la carretera principal

inconvertible /ˌɪnkənˈvɜːrtəbəl ‖ ˌɪnkənˈvɜːtəbəl/ *adj* ‹*currency/banknote*› inconvertible

incorporate /ɪnˈkɔːrpəreɪt ‖ ɪnˈkɔːpəreɪt/ *vt*
A **1** (take in) ‹*idea/plan*› incorporar; **to ~ sth INTO sth** incorporar algo A algo; **to ~ sth WITH sth** amalgamar algo CON algo **2** (include, contain) incluir*, comprender; **Great Britain ~s England, Scotland and Wales** Gran Bretaña incluye *or* comprende Inglaterra, Escocia y Gales
B (Busn, Law) ‹*business/enterprise*› constituir* (en sociedad); **a company ~d in the State of New Jersey** una compañía constituida en el estado de Nueva Jersey

incorporation /ɪnˌkɔːrpəˈreɪʃən ‖ ɪnˌkɔːpəˈreɪʃən/ *n* [u]
A **1** (integration) incorporación *f* **2** (inclusion) incorporación *f*
B (Busn, Law) constitución *f* en sociedad

incorporeal /ˌɪnkɔːrˈpɔːriəl ‖ ˌɪnkɔːˈpɔːriəl/ *adj* (liter) incorpóreo (liter)

incorrect /ˌɪnkəˈrekt/ *adj* ‹*answer/translation/spelling*› incorrecto; ‹*statement/belief/assessment*› equivocado, erróneo; **it would be ~ to say that ...** sería erróneo decir que ...; **that is ~** eso no es cierto

incorrectly /ˌɪnkəˈrektli/ *adv* ‹*spell/calculate/copy*› incorrectamente; **the letter had been addressed ~** la carta tenía la dirección equivocada

incorrigible /ɪnˈkɔːrədʒəbəl ‖ ɪnˈkɒrɪdʒəbəl/ *adj* ‹*liar/laziness*› incorregible; ‹*romantic/optimist*› incorregible, sin remedio

incorrigibly /ɪnˈkɔːrədʒəbli ‖ ɪnˈkɒrɪdʒəbli/ *adv* ‹*idle/untidy*› incorregiblemente; ‹*romantic/optimistic*› incorregiblemente

incorruptibility /ˌɪnkərʌptəˈbɪləti/ *n* [u] 1 (integrity) incorruptibilidad *f* (frml), integridad *f* 2 (indestructibility) incorruptibilidad *f* (frml)

incorruptible /ˌɪnkəˈrʌptəbəl/ *adj* incorruptible

increase[1] /ɪnˈkriːs/ *vi* «*number/size*» aumentar; «*prices*» aumentar, subir; «*influence/popularity*» crecer*, aumentar; «*trade/output/production*» aumentar, incrementarse (frml); «*wealth/knowledge/power/crime*» aumentar; «*pain/love/joy*» aumentar; «*temperature/pressure*» aumentar, subir; «*speed/rate*» aumentar; «*wind/rain*» arreciar; **to ~ IN sth**: **to ~ in size/weight** aumentar de tamaño/peso; **to ~ in number/popularity/importance** crecer* en número/popularidad/importancia; **to ~ in length** alargarse*, extenderse*; **to ~ in value** aumentar de valor, revalorizarse*

■ **increase** *vt* ‹*number/size*› aumentar; ‹*prices*› aumentar, subir; ‹*trade/output*› aumentar, incrementar (frml); ‹*wealth/knowledge*› aumentar, acrecentar*; ‹*noise/difficulty/pain/joy*› aumentar; **we are increasing our efforts to find them** estamos multiplicando *or* redoblando nuestros esfuerzos para encontrarlos; **it will ~ your chances** te dará más posibilidades; **with ~d efficiency** con mayor eficiencia; **his ~d popularity is due in part to ...** su mayor popularidad se debe en parte a ...

i

increase[2] /ˈɪnkriːs/ *n* [u c] 1 aumento *m*, incremento *m* (frml); **a rent/price ~** un aumento del alquiler/precio; **an ~ of 30% in the number of applicants** un aumento del 30% en el número de candidatos; **to be on the ~** estar* en aumento, ir* en aumento; **drug-taking is still on the ~** el consumo de drogas sigue en aumento 2 (rise in pay) aumento *m*

increasing /ɪnˈkriːsɪŋ/ *adj* (*before n*) ‹*amount/number*› creciente, cada vez mayor; ‹*criticism/interest/pressure*› creciente; **in ~ numbers** en número cada vez mayor

increasingly /ɪnˈkriːsɪŋli/ *adv*: **~ difficult/dangerous** cada vez más difícil/peligroso; **it is becoming ~ clear that the plan will not work** resulta cada vez más claro que el plan no va a funcionar; **I've become ~ aware of the importance of ...** he adquirido una conciencia cada vez mayor de la importancia de ...; **we have come ~ to rely on them** dependemos cada vez más de ellos

incredible /ɪnˈkredəbəl/ *adj* 1 (not believable, extraordinary) ‹*story/excuse/coincidence*› increíble; **it was ~ that nobody was killed** fue increíble que nadie resultara muerto; **~ though it may seem** aunque parezca increíble, aunque parezca mentira 2 (wonderful) (colloq) increíble 3 (terrible) (colloq) increíble

incredibly /ɪnˈkredəbli/ *adv* 1 (colloq) (*as intensifier*) ‹*rich/weird/brave*› increíblemente 2 (*indep*) aunque parezca increíble, aunque parezca mentira

incredulity /ˌɪnkrɪˈduːləti || ˌɪnkrɪˈdjuːləti/ *n* [u] incredulidad *f*

incredulous /ɪnˈkredʒələs || ɪnˈkredjʊləs/ *adj* ‹*expression/stare*› de incredulidad; **we were ~** no lo creímos

incredulously /ɪnˈkredʒələsli || ɪnˈkredjʊləsli/ *adv* con incredulidad

increment /ˈɪŋkrəmənt/ *n* 1 (in salary) incremento *m* (salarial) (frml), aumento *m* (de sueldo) 2 (Math) incremento *m*

incremental /ˌɪŋkrəˈmentl/ *adj* (*usu before n*): **the ~ date** la fecha del aumento; **a pay scale with eleven ~ points** una escala salarial de once niveles; **~ scale** *escala con incrementos automáticos periódicos*

incriminate /ɪnˈkrɪməneɪt || ɪnˈkrɪmɪneɪt/ *vt* incriminar (frml)

incriminating /ɪnˈkrɪməneɪtɪŋ || ɪnˈkrɪmɪneɪtɪŋ/ *adj* ‹*evidence/statement/document*› comprometedor; (Law) incriminatorio (frml)

incrust /ɪnˈkrʌst/ *vt* ▸**encrust**

incrustation /ˌɪnkrʌsˈteɪʃən/ *n* ▸**encrustation**

incubate /ˈɪŋkjəbeɪt || ˈɪŋkjʊbeɪt/ *vt* 1 (Zool) ‹*eggs*› incubar 2 ‹*embryo/bacteria/disease*› incubar

■ **incubate** *vi* «*bird*» empollar; «*egg/embryo/bacteria*» incubarse; **it takes 14 days to ~** tiene un período de incubación de 14 días

incubation /ˌɪŋkjəˈbeɪʃən || ˌɪŋkjʊˈbeɪʃən/ *n* [u] 1 (of egg, embryo, bacteria) incubación *f* 2 (of disease) incubación *f*; (*before n*): **~ period** período *m* de incubación

incubator /ˈɪŋkjəbeɪtər || ˈɪŋkjʊbeɪtə(r)/ *n* (Biol, Med, Zool) incubadora *f*

incubus /ˈɪŋkjəbəs || ˈɪŋkjʊbəs/ *n* (*pl* **-buses** *or* **-bi** /-baɪ/) 1 (Myth) íncubo *m* 2 (difficulty) pesadilla *f*

inculcate /ˈɪnkʌlkeɪt/ *vt* (frml) **to ~ sth IN(TO) sb, to ~ sb WITH sth** inculcarle* algo A algn, inculcar* algo EN algn

inculcation /ˌɪnkʌlˈkeɪʃən/ *n* [u] (frml) inculcación *f* (frml)

incumbency /ɪnˈkʌmbənsi/ *n* [c u] (*pl* **-cies**) 1 (holding of office) mandato *m*; **the built-in advantages of ~** las ventajas que conlleva estar en el poder 2 (Relig) beneficio *m* (eclesiástico)

incumbent[1] /ɪnˈkʌmbənt/ *adj*

A (obligatory) (frml) **to be ~ ON** *o* **UPON sb** incumbirle A algn; **they felt it ~ on them to support this cause** sintieron que les correspondía *or* que debían apoyar esta causa

B (Adm, Pol, Relig) (*before n*) ‹*chairman*› en ejercicio; **the ~ priest** el titular del beneficio (eclesiástico)

incumbent[2] *n* 1 (officeholder) titular *mf* del cargo 2 (Relig) titular *mf* del beneficio (eclesiástico)

incur /ɪnˈkɜːr || ɪnˈkɜː(r)/ *vt* **-rr-** (frml) ‹*anger/censure*› provocar*, incurrir en (frml); ‹*risk*› correr; ‹*penalty/disadvantage*› acarrear; ‹*damage/loss/injury*› sufrir; ‹*debt/liability*› contraer*; ‹*expense*› incurrir en (frml)

incurable /ɪnˈkjʊrəbəl || ɪnˈkjʊərəbəl/ *adj* 1 ‹*illness*› incurable 2 ‹*habit*› incorregible; ‹*optimist/romantic*› incorregible, empedernido, sin remedio

incurably /ɪnˈkjʊrəbli || ɪnˈkjʊərəbli/ *adv* 1 (Med): **to be ~ ill** tener* una enfermedad incurable 2 (incorrigibly): **she's ~ selfish** es una egoísta incorregible *or* empedernida *or* sin remedio

incurious /ɪnˈkjʊriəs || ɪnˈkjʊəriəs/ *adj* (liter) indiferente

incursion /ɪnˈkɜːrʒən || ɪnˈkɜːʃən/ *n* [c u] incursión *f*; **to make ~s into sth** hacer* incursiones en algo

Ind 1 (Pol) = **Independent** 2 = **Indiana**

indaba /ɪnˈdɑːbə/ *n* [u] (SAfr)

A (Pol) (meeting) asamblea *f*

B (colloq) (concern, problem) asunto *m*; **that's her ~** eso es asunto suyo

indebted /ɪnˈdetəd || ɪnˈdetɪd/ *adj* 1 (owing gratitude) **to be ~ TO sb (FOR sth)** estar* en deuda CON algn (POR algo); **I am ~ to you for all you have done** estoy en deuda contigo por todo lo que has hecho, te estoy *or* te quedo muy agradecido por todo lo que has hecho; **he is greatly ~ to Renoir** le debe mucho a Renoir 2 (owing money) endeudado, empeñado

indebtedness /ɪnˈdetədnəs || ɪnˈdetɪdnɪs/ *n* [u] 1 (debt) **~ TO sb** deuda *f* (PARA) CON algn 2 (Fin) endeudamiento *m*; **~ TO sb** endeudamiento CON algn

indecency /ɪnˈdiːsnsi/ *n* [u] indecencia *f*; **gross ~** (Law) ultraje *m* contra la moral pública

indecent /ɪnˈdiːsnt/ *adj* 1 (obscene) ‹*language/gesture*› indecente 2 (unseemly) indecoroso

indecent assault *n* [c u] abusos *mpl* deshonestos

indecent exposure *n* [u] (delito *m* de) exhibicionismo *m*

indecently /ɪnˈdiːsntli/ *adv* 1 (obscenely) indecentemente 2 (to an unseemly degree) desvergonzadamente

indecipherable /ˌɪndɪˈsaɪfərəbəl/ *adj* indescifrable

indecision /ˌɪndɪˈsɪʒən/ *n* [u] indecisión *f*, irresolución *f* (frml)

indecisive /ˌɪndɪˈsaɪsɪv/ *adj* 1 (hesitant) indeciso, irresoluto (frml) 2 (inconclusive) ‹*result/outcome*› no decisivo, no concluyente

indecisively /ˌɪndɪˈsaɪsɪvli/ *adv* 1 (hesitantly) con indecisión; **he stood there ~** se quedó allí vacilante 2 (inconclusively) de manera no decisiva *or* no concluyente

indecisiveness /ˌɪndɪˈsaɪsɪvnəs || ˌɪndɪˈsaɪsɪvnɪs/ *n* [u] indecisión *f*, falta *f* de decisión, irresolución *f* (frml)

indeclinable /ˌɪndɪˈklaɪnəbəl/ *adj* indeclinable

indecorous /ɪnˈdekərəs/ *adj* (frml) ‹*remark/behavior*› indecoroso; **it was most ~ of him to broach the subject** fue una falta de delicadeza de su parte sacar el tema

indecorously /ɪnˈdekərəsli/ *adv* (frml) indecorosamente

indeed[1] /ɪnˈdiːd/ *adv*

A 1 (*as intensifier*): **thank you very much ~** muchísimas gracias; **she was very late ~** llegó tardísimo; **he's painted it very well ~** lo ha pintado realmente *or* verdaderamente bien 2 (emphatic): **this is ~ a great privilege** éste es un auténtico *or* verdadero privilegio; **this is ~ bad news** esto sí que es una mala noticia; **what a lovely evening! — yes ~!** ¡que noche más agradable! — ¡ya lo creo! *or* ¡sí, por cierto! 3 (in response to question): **do you like champagne? — ~ I do** *o* **I do ~** ¿te gusta el champán? — ¡si me gustará ... ! *or* sí, mucho; **are you Miss Hunt? — ~ I am** ¿es usted la señorita Hunt? — en efecto *or* así es; **I believe we've met before — ~ we have, a couple of years ago** creo que nos conocemos — en efecto *or* así es, nos conocimos hace un par de años; **shall we go? — why not ~?** ¿vamos? — pues ¿por qué no?

B 1 (in fact): **I checked, and the wheel was ~ loose** fui a ver y comprobé que, en efecto, la rueda estaba suelta; **most of the staff, and ~ most of the managers, were involved** la mayor parte del personal, e incluso *or* inclusive de la directiva, estaba implicada 2 (indicating possibility): **I may ~ return one day** puede ser que algún día vuelva; **if ~ he is right** si es que tiene razón; **this may ~ be the case, but ...** quizás sea así *or* no digo que no sea así, pero ... 3 (what is more) (*as linker*): **the situation hasn't improved; ~ it has worsened** la situación no ha mejorado; es más: ha empeorado; **a rare, ~ unique, example** un ejemplo, ya no poco común, sino único

C (in response to statement): **she says she's fat — fat ~!** dice que está gorda — sí, ya, gordísima; (iro): **he says he can do it better — does he ~?** dice que él lo puede hacer mejor — ¡no me digas!; **I hear she's getting married — (is she) ~?** he oído que se casa — ¿de veras? *or* ¡no me digas!

indeed[2] *interj* ¡ya lo creo!; **she's a lovely girl — indeed!** es una chica encantadora — ¡ya lo creo!

indefatigable /ˌɪndɪˈfætɪgəbəl/ *adj* (frml) infatigable, incansable

indefatigably /ˌɪndɪˈfætɪgəbli/ *adv* (frml) infatigablemente

indefensible /ˌɪndɪˈfensəbəl/ *adj* ‹*rudeness/remark*› inexcusable, indefendible; ‹*view*› insostenible, indefendible

indefensibly /ˌɪndɪˈfensɪbli/ *adv* indefendiblemente

indefinable /ˌɪndɪˈfaɪnəbəl/ *adj* indefinible

indefinably /ˌɪndɪˈfaɪnəbli/ *adv* indefiniblemente, de modo indefinible

indefinite /ɪnˈdefənət || ɪnˈdefɪnət/ *adj*

A 1 (with no fixed limit) (*usu before n*) ‹*amount/number/period*› indefinido, indeterminado; **he was granted ~ leave of absence** se le concedió permiso *or* (AmL tb) licencia por tiempo indeterminado 2 (vague) ‹*outline*› indefinido

B ▸ ℹ p.871 (Ling) ‹*article/pronoun*› indefinido

indefinitely /ɪnˈdefənətli || ɪnˈdefɪnətli/ *adv* indefinidamente

indelible /ɪn'deləbəl/ *adj* ‹*stain/marker*› indeleble, imborrable; ‹*ink*› indeleble; ‹*impression/memory*› indeleble, imborrable

indelibly /ɪn'deləbli/ *adv* indeleblemente (frml); **the incident was ~ stamped on her memory** el incidente se le quedó grabado para siempre en la memoria

indelicacy /ɪn'deləkəsi || ɪn'delɪkəsi/ *n* [u c] (*pl* **-cies**) falta *f* de delicadeza

indelicate /ɪn'deləkət || ɪn'delɪkət/ *adj* 1 (vulgar) ‹*behavior/remark*› indelicado, descortés; **it is ~ to act like that** actuar así es indelicado *or* de mala educación 2 (tactless) ‹*action/remark*› indiscreto, falto de tacto

indemnify /ɪn'demnəfaɪ || ɪn'demnɪfaɪ/ *vt* **-fies, -fying, -fied** 1 (insure) **to ~ sb (AGAINST sth)** asegurar a algn (CONTRA algo) 2 (compensate) **to ~ sb (FOR sth)** indemnizar* a algn (POR *or* DE algo)

indemnity /ɪn'demnəti/ *n* (*pl* **-ties**)
A (Fin) 1 [u] (insurance) **~ (AGAINST sth)** indemnidad *f* (CONTRA algo) 2 [c] (compensation) **~ (FOR sth)** indemnización *f* (POR algo)
B [u] (exemption) inmunidad *f*

indent¹ /ɪn'dent/ *vt* 1 (set in) ‹*line/paragraph*› sangrar 2 (notch) ‹*surface/edge*› marcar*, dejar marcas en; **an ~ed coast line** un litoral recortado *or* accidentado
■ **indent** *vi* (BrE) (Busn) **to ~ FOR sth** encargar* algo

indent² /'ɪndent/ *n* pedido *m*, orden *f* de compra

indentation /ˌɪnden'teɪʃən/ *n*
A [c] 1 (along edge, border) mella *f*; (in coastline) entrante *m or f*, entrada *f* 2 (dent) hendidura *f*
B (Print) 1 [u] (act of indenting) sangría *f* 2 [c] (blank space) espacio *m*

indenture¹ /ɪn'dentʃər || ɪn'dentʃə(r)/ *n* 1 (deed) contrato *m* solemne 2 **indentures** *pl* (of apprenticeship) contrato *m* de aprendizaje

indenture² *vt*: **to be ~d** «*apprentice*» *estar ligado a un maestro por un contrato de aprendizaje*; «*servant/worker*» *estar obligado a trabajar para algn por un determinado período de tiempo*

independence /ˌɪndɪ'pendəns/ *n* [u] 1 (of person, group) independencia *f* 2 (of country) independencia *f*; **to gain** *o* **win ~** obtener* la independencia, independizarse*

Independence Day *n* día *m* de la Independencia

> **Independence Day**
>
> En EEUU es el 4 de julio, día festivo oficial en que se celebra la independencia de la nación. En ese día, en 1776, el *Continental Congress* (el primer cuerpo de gobierno del naciente EEUU) sancionó la Declaración de Independencia (*Declaration of Independence*).

independent¹ /ˌɪndɪ'pendənt/ *adj*
A 1 ‹*person/thinker*› independiente; ‹*income*› independiente, propio, personal; **a person of ~ means** una persona que dispone de rentas; **I also did some ~ reading** también leí por cuenta propia; **~ OF sb/sth** independiente DE algn/algo 2 (Pol) ‹*state/country*› independiente; **Senegal became ~ in 1960** Senegal obtuvo la independencia *or* se independizó en 1960
B 1 (not part of larger group) ‹*company/newspaper/candidate*› independiente 2 (not state-run) (BrE) particular, privado; ‹*sector*› privado; ‹*television/radio*› privado 3 (disinterested) ‹*inquiry/survey*› independiente; ‹*witness/observer*› imparcial, independiente
C (separate, unrelated) independiente; **by ~ routes** por distintos caminos; **to be ~ OF sth** ser* independiente DE algo; **~ clause** (Ling) oración *f* independiente; **~ suspension** (Auto) suspensión *f* independiente; **~ variable** (Math) variable *f* independiente

independent² *n*
A (Pol) 1 (candidate) (candidato, -ta *m,f*) independiente *mf* 2 (AmE) (voter) *votante no afiliado a un partido mayoritario*
B (Busn) (company) compañía *f* independiente

> **The Independent**
>
> ▸**Newspapers.**

> **The Independent on Sunday**
>
> ▸**Sunday papers.**

independently /ˌɪndɪ'pendəntli/ *adv*
A (without outside help): **is she capable of working the problem out ~?** ¿puede resolver el problema sola *or* por sí misma?; **we shall proceed with our plan ~ if they won't help** continuaremos con el plan por nuestra cuenta si no quieren colaborar; **~ OF sb: try to make up your mind ~ of anyone else** trata de decidir por ti misma *or* independientemente de lo que digan los demás
B 1 (separately) por separado; **they ~ reached the same conclusion** llegaron a la misma conclusión por separado *or* cada uno por su lado 2 (by disinterested party) ‹*assessed/investigated*› independientemente; **we decided to have the ring ~ valued** decidimos hacer tasar el anillo por un tercero

> **independent school**
>
> Un colegio de Gran Bretaña que no recibe dinero alguno del estado y se autofinancia mediante el pago de cuotas por parte de los padres. Los public schools ▸**public school** y los preparatory schools ▸**preparatory school** están dentro de esta categoría.

in-depth /'ɪn'depθ/ *adj* (*before n*) a fondo, en profundidad, exhaustivo

indescribable /ˌɪndɪ'skraɪbəbəl/ *adj* indescriptible, inenarrable (liter); (*as intensifier*) ‹*mess/confusion/beauty/sadness*› indescriptible, increíble

indescribably /ˌɪndɪ'skraɪbəbli/ *adv* indescriptiblemente

indestructible /ˌɪndɪ'strʌktəbəl/ *adj* indestructible

indeterminable /ˌɪndɪ'tɜːrmənəbəl || ˌɪndɪ'tɜːmɪnəbəl/ *adj* indeterminable

indeterminacy /ˌɪndɪ'tɜːrmənəsi || ˌɪndɪ'tɜːmɪnəsi/ *n* [u] (frml) indeterminación *f*

indeterminate /ˌɪndɪ'tɜːrmənət || ˌɪndɪ'tɜːmɪnət/ *adj* indeterminado

index¹ /'ɪndeks/ *n*
A (*pl* **indexes**) 1 (in book, journal) índice *m* 2 (list) lista *f*; **the I~** (Relig) el Índice; (*before n*): **~ card** ficha *f*
B (*pl* **indexes** *o* **indices**) 1 (numerical scale) (Econ, Fin) índice *m*; **the retail price ~** el índice de precios al consumo; **the Dow Jones ~** el índice de Dow Jones; (*before n*): **~ number** índice *m* 2 (number, ratio) índice *m*; **refractive ~** índice de refracción 3 (indication, sign) (frml) **~ OF sth** señal *f or* índice *m* DE algo
C (*pl* **indices**) (Math) índice *m*

index² *vt*
A (Publ) 1 (provide with index) ‹*book/journal*› ponerle* un índice a 2 (enter in index) ‹*name*› incluir* en un índice; **it is ~ed under 'Crimea'** aparece *or* está clasificado bajo 'Crimea'
B (Econ, Fin) ‹*prices/costs/wages*› indexar, indiciar; **to ~ pensions to inflation** indexar *or* indiciar las pensiones a la inflación

indexation /ˌɪndek'seɪʃən/ *n* [u] (Econ, Fin) indexación *f*, indiciación *f*

index finger *n* (dedo *m*) índice *m*

index fund *n* fondo *m* indexado

index-linked /ˌɪndeks'lɪŋkt/ *adj* (esp BrE) indexado, indiciado

index-linking /ˌɪndeks'lɪŋkɪŋ/ *n* [u] (esp BrE) indexación *f*, indiciación *f*

India /'ɪndiə/ ➡▥ *n* la India

India ink, india ink *n* [u] tinta *f* china

Indian¹ /'ɪndiən/ *adj*
A (of India) indio, hindú (crit)
B (of America) indígena, indio

Indian² *n*
A 1 [c] (person from India) indio, -dia *m,f*, hindú *mf* (crit) 2 [c u] (food, meal) (BrE colloq) comida *f* india *or* (crit) hindú
B [c] (*American* ~) indígena *mf*, indio, -dia *m,f*

Indian file *n* (BrE): **in ~ ~** en fila india

Indian giver *n* (AmE) *niño que regala algo y luego quiere que se lo devuelvan*

Indian ink, indian ink *n* [u] (esp BrE) ▸**India ink**

Indian Ocean *n*: **the ~ ~** el (Océano) Índico

Indian summer *n* (in northern hemisphere) ≈ veranillo *m* de San Martín *or* de San Miguel; (in southern hemisphere) ≈ veranillo *m* de San Juan; **her sixties were an ~ ~** la felicidad le llegó a los sesenta años; **the Edwardian period was the ~ ~ of British imperial power** la época eduardiana fue el epílogo del auge del imperio británico

Indian wrestling *n* [u] ▸**arm wrestling**

India rubber *n* caucho *m*, hule *m* (Méx)

indicate /'ɪndəkeɪt || 'ɪndɪkeɪt/ *vt*
A 1 (point out) ‹*object/direction*› señalar, indicar*; **to ~ sth TO sb** señalarle algo A algn 2 (Auto) indicar*, señalizar* 3 (mark) (*often pass*) señalar; **is it ~d on the map?** ¿está señalado en el mapa? 4 (register) «*instrument/scale*» indicar*
B 1 (show) ‹*change/condition*› ser* indicio *or* señal de; **there's nothing to ~ whether they approve or not** no hay nada que indique si les parece bien o no 2 (state) señalar
C (require) (*usu pass*): **immediate surgery is ~d** lo indicado es operar de inmediato; **a change in tactics is ~d, I feel** creo que se impone un cambio de táctica
■ **indicate** *vi* (BrE) (Auto) indicar*, señalizar*, poner* el intermitente *or* (Col, Méx) las direccionales *or* (Chi) el señalizador

indication /ˌɪndə'keɪʃən || ˌɪndɪ'keɪʃən/ *n* 1 [c u] (sign, hint) indicio *m*; **we were given no ~ of what was going to happen** no se nos dio ningún indicio *or* ninguna pauta de lo que iba a ocurrir; **there is every ~ that ...** todo parece indicar que ..., todo parece apuntar a que ...; **the footprints give us some ~ of the animal's size** las huellas nos dan una idea del tamaño del animal 2 [c] (Med) indicación *f*

indicative¹ /ɪn'dɪkətɪv/ *adj*
A (revealing) (frml) **to be ~ OF sth** ser* indicio DE algo, revelar algo
B (Ling) ‹*mood/form*› indicativo

indicative² *n* (Ling): **the ~** el indicativo

indicator /'ɪndəkeɪtər || 'ɪndɪkeɪtə(r)/ *n*
A [c] 1 (pointer) indicador *m* 2 (instrument) indicador *m*
B [c] (Auto) intermitente *m*, direccional *f* (Col, Méx), señalizador *m* (de viraje) (Chi)
C [c] (sign) indicador *m*; **leading economic ~s** los indicadores económicos básicos
D [c u] (Chem) indicador *m*

indices /'ɪndəsiːz || 'ɪndɪsiːz/ *pl of* **index¹ B** ▸**index¹ C**

indict /ɪn'daɪt/ *vt* 1 (Law) acusar; **to ~ sb FOR sth** acusar a algn DE algo 2 (criticize) (frml) censurar, condenar

indictable /ɪn'daɪtəbəl/ *adj* (Law) tipificado como delito

indictment /ɪn'daɪtmənt/ *n*
A (Law) 1 [c u] (charge) acusación *f*; **to bring an ~ against sb** formular cargos contra algn 2 [c] (document) acusación *f*; **the ~ was read out to the accused** se le leyeron los cargos al acusado
B [c] (criticism): **the report contained a damning ~ of his management** el informe censuraba *or* criticaba duramente su gestión; **the unemployment figures are a harsh ~ of their economic policies** las cifras de desempleo constituyen una elocuente crítica de su política económica

indie¹ /'ɪndi/ *adj* (Mus) (colloq): **~ band/music** grupo *m* /música *f* indie

indie² *n* 1 (Mus) indie *m* 2 (Cin) productora *f* independiente

indifference /ɪn'dɪfrəns/ *n* [u] **~ (TO/TOWARD sb/sth)** indiferencia *f* (ANTE/HACIA algn/algo); **it's a matter of complete ~ to me** me es totalmente indiferente, no me importa en lo más mínimo

indifferent /ɪn'dɪfrənt/ *adj*
A (uninterested) indiferente; **~ TO sth/sb**: **he is quite ~ to that sort of thing** ese tipo de cosa le es *or* le resulta totalmente indiferente; **she seemed ~ when she was told the news** no pareció inmutarse cuando le dieron la noticia
B (mediocre) ‹*performer*› mediocre, del montón (fam); **the acting was at best ~, at worst indescribable** la actuación tuvo momentos mediocres y otros francamente nefastos; **with ~ success** con poco éxito; **good, bad or ~?** ¿bueno, malo o regular?

indifferently /ɪn'dɪfrəntli/ *adv*
A **1** (without interest) con indiferencia **2** (without preference) indistintamente
B (poorly) más o menos

indigence /'ɪndɪdʒəns/ *n* [u] (liter) indigencia *f*

indigenous /ɪn'dɪdʒənəs/ *adj* ‹*population/language/culture*› indígena, autóctono; ‹*species*› autóctono; **~ TO sth**: **this tree/animal isn't ~ to Australia** este árbol/animal no pertenece a la flora/fauna de Australia

indigent /'ɪndɪdʒənt/ *adj* (liter) indigente; **~ patient** (AmE) *paciente con derecho a recibir atención médica gratuita*

indigestible /,ɪndaɪ'dʒestəbəl, ,ɪndə- || ,ɪndɪ'dʒestəbəl/ *adj* **1** (Physiol) (impossible to digest) no digerible; (hard to digest) indigesto, difícil de digerir **2** ‹*book/style*› pesado, árido, difícil de digerir

indigestion /,ɪndaɪ'dʒestʃən, ,ɪndə- || ,ɪndɪ'dʒestʃən/ *n* [u] indigestión *f*; **an attack of ~** una indigestión; **onions give me ~** las cebollas me resultan indigestas *or* me producen indigestión; (*before n*): **~ tablet** pastilla *f or* comprimido *m* para la indigestión

indignant /ɪn'dɪgnənt/ *adj* indignado; **to be ~** estar* indignado; **~ AT sth/-ING**: **he was ~ at the suggestion** la sugerencia lo indignó; **they felt ~ at receiving such a small reward** se indignaron al recibir tan mezquina recompensa; **don't look so ~!** ¡no pongas esa cara de indignación!

indignantly /ɪn'dɪgnəntli/ *adv* ‹*say/protest*› con indignación; **she rose ~ to her feet** se puso de pie indignada

indignation /,ɪndɪg'neɪʃən/ *n* [u] indignación *f*; **~ AT sth** indignación ANTE algo; **he expressed his ~ at this suggestion** expresó su indignación *or* se mostró muy indignado ante esta sugerencia

indignity /ɪn'dɪgnəti/ *n* [u c] (*pl* **-ties**) humillación *f*, indignidad *f*; (inflicted by others) humillación *f*, vejación *f*

indigo /'ɪndɪgəʊ/ ▸ **p.1036** *n* [u] índigo *m*, añil *m*; (*before n*) ‹*ink/sea*› color añil *adj inv*, azul añil *adj inv*; **~ blue** (azul *m*) índigo *m or* azul *m* añil

indirect /,ɪndə'rekt, ,ɪndaɪ- || ,ɪndɪ'rekt, ,ɪndaɪ-/ *adj*
A **1** (circuitous, roundabout) ‹*route/method*› indirecto **2** (veiled) ‹*threat/criticism*› indirecto, velado **3** (secondary) ‹*result/benefit*› indirecto
B (Ling) ‹*statement/question*› indirecto; **~ discourse** *o* (BrE) **speech** estilo *m* indirecto
C (Fin) ‹*costs/expenses/taxes*› indirecto

indirect lighting *n* [u] iluminación *f* indirecta

indirectly /,ɪndə'rektli, ,ɪndaɪ- || ,ɪndɪ'rektli, ,ɪndaɪ-/ *adv* **1** (circuitously) indirectamente **2** (obliquely) ‹*insult/criticize/refer*› indirectamente; **he answered very ~** contestó evasivamente *or* con evasivas **3** (as side effect) indirectamente

indirectness /,ɪndə'rektnəs, ,ɪndaɪ- || ,ɪndɪ'rektnɪs, ,ɪndaɪ-/ *n* [u] carácter *m* indirecto; **the ~ of her accusation** lo velado *or* indirecto de su acusación

indirect rule *n* [u] gobierno *m* indirecto

indiscernible /,ɪndɪ'sɜːrnəbəl || ,ɪndɪ'sɜːnəbəl/ *adj* imperceptible; **~ to the human eye** imperceptible a simple vista

indiscipline /ɪn'dɪsəplɪn || ɪn'dɪsɪplɪn/ *n* [u] (frml) indisciplina *f*, falta *f* de disciplina

indiscreet /,ɪndɪs'kriːt/ *adj* indiscreto; **it was extremely ~ of you to tell him** cometiste una gran indiscreción al decírselo

indiscreetly /,ɪndɪs'kriːtli/ *adv* indiscretamente

indiscreetness /,ɪndɪs'kriːtnəs || ,ɪndɪs'kriːtnɪs/ *n* [u] indiscreción *f*, falta *f* de discreción

indiscretion /,ɪndɪs'kreʃən/ *n* **1** [c] (indiscreet act, remark) indiscreción *f* **2** [u] ▸ **indiscreetness**

indiscriminate /,ɪndɪs'krɪmənət || ,ɪndɪs'krɪmɪnət/ *adj* **1** ‹*attacks/killings*› indiscriminado **2** (uncritical) ‹*viewing/reading*› hecho sin criterio *or* discernimiento

indiscriminately /,ɪndɪs'krɪmənətli || ,ɪndɪs'krɪmɪnətli/ *adv* **1** (not selectively) sin discriminación **2** (uncritically) sin criterio *or* discernimiento

indispensable /,ɪndɪs'pensəbəl/ *adj* indispensable, imprescindible; **to be ~ TO sb/sth** ser* indispensable *or* imprescindible PARA algn/algo

indisposed /,ɪndɪs'pəʊzd/ *adj* (frml) (*pred*) **1** (ill): **to be ~** estar* *or* encontrarse* indispuesto (frml) **2** (disinclined) **~ to + INF**: **I feel very ~ to help them** no me siento nada dispuesto a ayudarlos

indisposition /,ɪndɪspə'zɪʃən/ *n* [u c] (frml) indisposición *f* (frml); **a minor ~** una ligera indisposición (frml)

indisputable /,ɪndɪ'spjuːtəbəl/ *adj* ‹*evidence/proof*› irrefutable; ‹*leader/winner*› indiscutible, indiscutido; **it is ~ that ...** es indiscutible *or* incuestionable *or* indisputable que ...

indisputably /,ɪndɪ'spjuːtəbli/ *adv* ‹*prove*› irrefutablemente; **they are ~ among the best** no cabe ninguna duda de que están entre los mejores, están indiscutiblemente entre los mejores

indissoluble /,ɪndɪ'sɑːljəbəl || ,ɪndɪ'sɒljʊbəl/ *adj* (frml) indisoluble

indistinct /,ɪndɪs'tɪŋkt/ *adj* ‹*sound/shape*› poco definido, indistinto; ‹*speech*› poco claro; **her voice was very ~** apenas se la oía; **my recollection of the event is rather ~** tengo un recuerdo vago *or* poco preciso de lo que ocurrió

indistinctly /,ɪndɪs'tɪŋktli/ *adv* ‹*speak/mutter*› ininteligiblemente; ‹*remember*› vagamente; ‹*see/discern*› con poca claridad *or* nitidez

indistinguishable /,ɪndɪs'tɪŋgwɪʃəbəl/ *adj* **~ (FROM sth)** indistinguible (DE algo); **the two products are quite ~** es imposible distinguir un producto del otro

individual[1] /,ɪndə'vɪdʒuəl || ,ɪndɪ'vɪdjʊəl/ *adj*
A (*before n*), (*no comp*) **1** (for one person) ‹*portion/helping*› individual; ‹*tuition/attention*› personal; ‹*event/competition*› individual **2** (single, separate): **each ~ child** cada niño (por separado), cada uno de los niños; **you can purchase the whole set or ~ items** se puede comprar el juego o cada pieza por separado; **organizations or ~ citizens** organizaciones o ciudadanos particulares **3** (particular, personal) ‹*style*› personal, propio; ‹*choice*› particular; **each case will be judged on its ~ merits** cada caso se juzgará según sus propios méritos; **it can be adapted to suit ~ needs** puede adaptarse según las necesidades de cada uno (*or* de cada caso *etc*)
B (original, distinctive) personal, original

individual[2] *n* **1** (single person, animal) individuo *m*; **I am speaking as a private ~** hablo a título personal **2** (person) (colloq) individuo, -dua *m,f*, tipo, -pa *m,f* (fam)

individualism /,ɪndə'vɪdʒuəlɪzəm || ,ɪndɪ'vɪdjʊəlɪzəm/ *n* [u] individualismo *m*

individualist /,ɪndə'vɪdʒuələst || ,ɪndɪ'vɪdjʊəlɪst/ *n* individualista *mf*

individualistic /,ɪndəvɪdʒuə'lɪstɪk || ,ɪndɪ'vɪdjʊəlɪstɪk/ *adj* individualista

individuality /,ɪndəvɪdʒu'æləti || ,ɪndɪ,vɪdjʊ'æləti/ *n* [u] individualidad *f*

individualize /,ɪndə'vɪdʒuəlaɪz || ,ɪndɪ'vɪdjʊəlaɪz/ *vt* individualizar*

individually /,ɪndə'vɪdʒuəli || ,ɪndɪ'vɪdjʊəli/ *adv* **1** (separately) por separado, individualmente **2** (for an individual): **an ~-structured course** un curso estructurado según las necesidades de cada individuo

indivisible /,ɪndə'vɪzəbəl || ,ɪndɪ'vɪzəbəl/ *adj* indivisible

Indo-China /,ɪndəʊ'tʃaɪnə/ *n* Indochina *f*

indoctrinate /ɪn'dɑːktrəneɪt || ɪn'dɒktrɪneɪt/ *vt* adoctrinar; **she's been thoroughly ~d** (pej) está totalmente aleccionada, le han hecho un lavado de cerebro; **to ~ sb WITH** *o* **IN sth** adoctrinar a algn EN algo; **to ~ sth INTO sb** inculcarle* algo A algn

indoctrination /ɪn,dɑːktrə'neɪʃən || ɪn,dɒktrɪ'neɪʃən/ *n* [u] adoctrinamiento *m*

Indo-European[1] /,ɪndəʊ,jʊrə'piːən || ,ɪndəʊ,jʊərə'piːən/ *adj* indoeuropeo

Indo-European[2] *n* [u] indoeuropeo *m*

indolence /'ɪndələns/ *n* [u] (frml) indolencia *f*

indolent /'ɪndələnt/ *adj* (frml) indolente

indomitable /ɪn'dɑːmətəbəl || ɪn'dɒmɪtəbəl/ *adj* (frml) indómito (liter), indomable

Indonesia /,ɪndə'niːʒə || ,ɪndə'niːziə/ *n* Indonesia *f*

Indonesian[1] /,ɪndə'niːʒən || ,ɪndə'niːziən/ *adj* indonesio

Indonesian[2] *n* **1** [c] (person) indonesio, -sia *m,f* **2** [u] (language) indonesio *m*

indoor /'ɪndɔːr || 'ɪndɔː(r)/ *adj* (*before n*) ‹*clothes/shoes*› para estar en casa; ‹*plants*› de interior(es); ‹*swimming pool/tennis court*› cubierto, techado; **you need to use a flash for ~ shots** hay que usar el flash para fotos en interiores; **I'd prefer an ~ job** preferiría un trabajo que no fuera al aire libre; **~ antenna** *o* (BrE) **aerial** antena *f* interior; **~ games** deportes *mpl* bajo techo; **~ soccer** fútbol *m* sala

indoors /ɪn'dɔːrz || ɪn'dɔːz/ *adv* dentro, adentro (esp AmL); **we were told to stay ~** nos dijeron que nos quedáramos (a)dentro *or* en casa; **let's go ~** entremos; **her ~** (BrE colloq) mi media naranja (fam), la patrona (CS fam & hum), la parienta (Esp fam)

indubitable /ɪn'duːbətəbəl || ɪn'djuːbɪtəbəl/ *adj* (frml) indudable, indiscutible

indubitably /ɪn'duːbətəbli || ɪn'djuːbɪtəbli/ *adv* (frml) indudablemente, indiscutiblemente

induce /ɪn'duːs || ɪn'djuːs/ *vt*
A (persuade, cause) **to ~ sb to + INF** inducir* a algn A + INF; **whatever ~d him to change his mind?** ¿qué lo habrá inducido *or* llevado a cambiar de opinión?; **even fine weather failed to ~ him outdoors** ni siquiera el buen tiempo lo animó a salir
B (cause) (frml) ‹*merriment/anger*› provocar*, producir*
C (Med) **1** ‹*hypnosis/sleep*› inducir*, provocar* **2** ‹*labor*› provocar*, inducir*; **they had to ~ her** (BrE colloq) le tuvieron que provocar el parto
D (Elec) ‹*current*› inducir*

inducement /ɪn'duːsmənt || ɪn'djuːsmənt/ *n*
A [c u] (incentive) incentivo *m*, aliciente *m*
B [u] (Med) inducción *f*

induct /ɪn'dʌkt/ *vt* **to ~ sb (AS sth)**: **he was ~ed as governor** fue investido (como) gobernador; **50,000 were ~ed (into the army)** (AmE) fueron reclutados 50.000 soldados

inductance /ɪn'dʌktəns/ *n* [u] inductancia *f*

inductee /,ɪndʌk'tiː/ *n* (AmE) recluta *mf*, conscripto, -ta *m,f* (AmL)

induction /ɪn'dʌkʃən/ *n* [u]
A **1** (introduction) **~ (INTO sth)** iniciación *f* (EN algo); (*before n*) ‹*course/training/period*› introductorio **2** (Relig) instalación *f* como párroco; **his ~ into the parish** su instalación como párroco **3** (AmE) (Mil) reclutamiento *m*, conscripción *f* (AmL)
B (Med) **1** (of labor) inducción *f* **2** (of hypnosis, sleep) inducción *f*, provocación *f*
C (Elec) inducción *f*; (*before n*) ‹*relay/motor/coil*› de inducción; **~ loop** bucle *m* de inducción

indulge /ɪn'dʌldʒ/ *vt* ‹*child*› consentir*, mimar; ‹*desire/appetite*› satisfacer*; **they ~ her every**

whim le consienten todos los caprichos; **it doesn't hurt to ~ oneself every now and again** es bueno darse algún gusto de vez en cuando

■ **indulge** *vi* **to ~ IN sth** permitirse algo; **she ~s in the occasional glass of sherry** de vez en cuando se permite una copita de jerez; **a cigarette? — no, thank you, I don't ~** ¿un cigarrillo? — no, gracias, no tengo ese vicio

indulgence /ɪn'dʌldʒəns/ *n*
A **1** (extravagance, luxury): **an occasional cigar is my only ~** un puro de vez en cuando es el único lujo que me permito **2** (u) (partaking): **too much ~ in anything is bad** es malo abusar de cualquier placer
B (u) **1** (satisfaction) complacencia *f* **2** (tolerance) indulgencia *f*; **she showed great ~ toward her grandson** mimaba *or* consentía mucho a su nieto, era muy complaciente con su nieto
C (c u) (Relig) indulgencia *f*

indulgent /ɪn'dʌldʒənt/ *adj* ‹*person/attitude/smile*› indulgente; **to be ~ TOWARD O WITH sb** ser* indulgente CON algn; **you shouldn't be so ~ with them** no deberías consentirlos tanto *or* ser tan indulgente con ellos

indulgently /ɪn'dʌldʒəntli/ *adv* indulgentemente

Indus /'ɪndəs/ *n*: **the ~** el Indo

industrial /ɪn'dʌstriəl/ *adj* **1** ‹*area/town*› industrial; ‹*production/development/capacity*› industrial; ‹*architecture/design/engineering*› industrial; ‹*espionage*› industrial; **~ waste** residuos *mpl* industriales **2** ‹*alcohol*› industrial; ‹*diamond*› natural, industrial **3** (Lab Rel): **~ accident** accidente *m* laboral *or* de trabajo; **~ dispute** conflicto *m* laboral; **~ injury** lesión *f* laboral; **~ psychologist** psicólogo, -ga *m,f* industrial; **~ rehabilitation** rehabilitación *f* industrial; **~ union** sindicato *m* industrial; **~ unrest** agitación *f* entre los trabajadores

industrial action *n* (u) (Lab Rel) (BrE frml) *huelga o cualquier otra medida de presión ejercida en un conflicto laboral*

industrial archeology *n* (u) arqueología *f* industrial

industrial estate *n* (BrE) zona *f* industrial, polígono *m* industrial (Esp)

industrialist /ɪn'dʌstriələst || ɪn'dʌstriəlɪst/ *n* industrial *mf*

industrialization /ɪn,dʌstriələ'zeɪʃən || ɪn,dʌstriəlaɪ'zeɪʃən/ *n* (u) industrialización *f*

industrialize /ɪn'dʌstriəlaɪz/ *vi* industrializarse*; **~d countries** países *mpl* industrializados

■ **industrialize** *vt* industrializar*

industrially /ɪn'dʌstriəli/ *adv* industrialmente; **~, the picture is not so gloomy** (*indep*) desde el punto de vista de la industria *or* en el terreno industrial el panorama es más alentador

industrial park *n* (AmE) zona *f* industrial, polígono *m* industrial (Esp)

industrial relations *pl n* relaciones *fpl* laborales; (*before n*) ‹*legislation*› laboral; ‹*correspondent*› de asuntos laborales

Industrial Revolution *n*: **the ~ ~** la Revolución Industrial

industrial-strength /ɪn'dʌstriəl'streŋθ/ *adj* **1** ‹*solvent/cleaner/abrasive*› para uso industrial **2** ‹*deodorant/soap*› superpotente

industrial tribunal *n* (in UK) tribunal *m* laboral, magistratura *f* del trabajo

industrious /ɪn'dʌstriəs/ *adj* ‹*worker*› trabajador, laborioso, diligente; ‹*student*› aplicado, diligente; ‹*efforts*› diligente, empeñoso

industriously /ɪn'dʌstriəsli/ *adv* con diligencia *or* aplicación

industriousness /ɪn'dʌstriəsnəs || ɪn'dʌstriəsnɪs/ *n* (u) diligencia *f*, laboriosidad *f*, aplicación *f*

industry /'ɪndəstri/ *n* (*pl* **-tries**)
A **1** (u) (in general) industria *f*; **heavy/light ~** industria pesada/ligera; **she used to be a teacher but now she works in ~** era maestra pero ahora trabaja en el sector empresarial; **how will ~ react to these proposals?** ¿cuál va a ser la reacción de los empresarios frente a estas propuestas? **2** (c) (particular branch) industria *f*; **the steel/textile ~** la industria siderúrgica/textil; **the construction ~** la (industria de la) construcción; **the tourist ~** el turismo; **a whole ~ has grown up around healthy living** la preocupación por la salud ha dado lugar a toda un área de actividad comercial
B (u) (hard work) (frml) laboriosidad *f*, diligencia *f*, aplicación *f*

industry-wide /'ɪndəstriwaɪd/ *adj* sectorial, en todo el sector (de la industria)

inebriated /ɪn'i:brieɪtəd || ɪn'i:brieɪtɪd/ *adj* (frml) ‹*person*› beodo (frml), ebrio (frml); ‹*state*› de embriaguez (frml)

inebriation /ɪn,i:bri'eɪʃən/ *n* (u) (frml) embriaguez *f* (frml)

inedible /ɪn'edəbəl/ *adj* **1** (impossible to eat) no comestible **2** (unpalatable) incomible

ineducable /ɪn'edʒəkəbəl || ɪn'edjʊkəbəl/ *adj* que no se puede educar

ineffable /ɪn'efəbəl/ *adj* (liter) inenarrable (liter), inefable (liter), indescriptible

ineffably /ɪn'efəbli/ *adv* (liter): **~ profound/beautiful** de una profundidad/belleza indescriptible *or* (liter) inefable

ineffective /,ɪnə'fektɪv || ,ɪnɪ'fektɪv/ *adj* ‹*measure/response*› ineficaz; ‹*attempt*› infructuoso, que no da resultado *or* no surte efecto; ‹*person*› incompetente, ineficiente; **as a teacher she was totally ~** como profesora era absolutamente incompetente

ineffectively /,ɪnə'fektɪvli || ,ɪnɪ'fektɪvli/ *adv* ‹*protest/struggle*› infructuosamente

ineffectiveness /,ɪnə'fektɪvnəs || ,ɪnɪ'fektɪvnɪs/ *n* (u) (of measure, system) ineficacia *f*; (of attempt) lo infructuoso, lo vano; (of person) incompetencia *f*

ineffectual /,ɪnə'fektʃuəl || ,ɪnɪ'fektʃʊəl/ *adj* ‹*person*› inútil, incapaz; ‹*action/response*› inútil

inefficacious /ɪn,efə'keɪʃəs || ,ɪnefɪ'keɪʃəs/ *adj* (frml) ineficaz

inefficiency /,ɪnə'fɪʃənsi || ,ɪnɪ'fɪʃənsi/ *n* (u) **1** (of method, machinery) ineficiencia *f*, falta *f* de eficiencia **2** (of persons) ineficiencia *f*, incompetencia *f*

inefficient /,ɪnə'fɪʃənt || ,ɪnɪ'fɪʃənt/ *adj* **1** ‹*machine/method*› ineficiente, poco eficiente; **they made ~ use of their resources** no supieron aprovechar al máximo sus recursos, utilizaron sus recursos de manera poco eficiente **2** ‹*person/worker*› ineficiente, incompetente

inefficiently /,ɪnə'fɪʃəntli || ,ɪnɪ'fɪʃəntli/ *adv* de manera ineficiente

inelastic /,ɪnə'læstɪk || ,ɪnɪ'læstɪk/ *adj* **1** (Phys) inelástico **2** (Econ) ‹*demand/supply*› inelástico **3** (rigid, uncompromising) (frml) ‹*policy/approach*› poco flexible, rígido

inelegance /ɪn'elɪgəns/ *n* (u) falta *f* de elegancia, poca elegancia *f*, inelegancia *f*

inelegant /ɪn'elɪgənt/ *adj* poco elegante, inelegante

inelegantly /ɪn'elɪgəntli/ *adv* con poca elegancia, sin elegancia, de manera poco elegante

ineligibility /ɪn,elədʒə'bɪləti || ɪn,elɪdʒə'bɪləti/ *n* (u) **~ (FOR sth/to + INF)** inelegibilidad *f* (PARA algo/+ INF)

ineligible /ɪn'elədʒəbəl || ɪn'elɪdʒəbəl/ *adj* **1** (*usu pred*) ‹*candidate*› inelegible; **I applied for a rebate, but I was ~** solicité un descuento pero no me correspondía *or* no reunía las condiciones exigidas; **I'm ~ for a pension** no reúno las condiciones exigidas para que me den una pensión, no tengo derecho a una pensión; **she was ~ to vote** no tenía derecho a votar **2** (in US football) ‹*receiver*› inelegible

ineluctable /,ɪnɪ'lʌktəbəl/ *adj* (liter) ineluctable (liter)

inept /ɪ'nept/ *adj* ‹*person*› inepto, incapaz, inútil; ‹*conduct/remark/comment*› torpe

ineptitude /ɪ'neptətu:d || ɪ'neptɪtju:d/ *n* (u) ineptitud *f*, inepcia *f* (frml)

ineptness /ɪ'neptnəs || ɪ'neptnɪs/ *n* (u) **1** ▸**ineptitude** **2** (of remark, comment) torpeza *f*

inequality /,ɪnɪ'kwɑ:ləti || ,ɪnɪ'kwɒləti/ *n* (*pl* **-ties**)
A (u c) (disparity) desigualdad *f*; **~ of opportunity/between the sexes** desigualdad de oportunidades/entre los sexos
B (c) (Math) desigualdad *f*

inequitable /ɪn'ekwətəbəl || ɪ'nekwɪtəbəl/ *adj* (frml) injusto, no equitativo

inequity /ɪn'ekwəti/ *n* (c u) (*pl* **-ties**) (frml) injusticia *f*

ineradicable /,ɪnɪ'rædɪkəbəl/ *adj* (frml) ‹*disease/prejudice*› imposible de erradicar; ‹*memory/feeling*› indeleble, imborrable

inert /ɪ'nɜ:rt || ɪ'nɜ:t/ *adj* **1** (Chem) inerte; **the ~ gases** los gases inertes **2** (immobile) (frml) (*usu pred*) inerte (frml)

inertia /ɪ'nɜ:rʃə || ɪ'nɜ:ʃə/ *n* (u) **1** (inactivity) apatía *f*, inercia *f* **2** (Phys) inercia *f*

inertia-reel /ɪ'nɜ:rʃə'ri:l || ɪ,nɜ:ʃə'ri:l/ *adj* (*before n*): **~ seatbelt** cinturón *m* de seguridad retráctil

inertia selling *n* (u) (BrE) venta *f* por inercia

inescapable /,ɪnə'skeɪpəbəl || ,ɪnɪ'skeɪpəbəl/ *adj* ‹*necessity/responsibility*› ineludible; ‹*fate*› inexorable; ‹*outcome/consequences*› inevitable; **the ~ fact is that ...** lo que no se puede ignorar es que ...

inescapably /,ɪnə'skeɪpəbli || ,ɪnɪ'skeɪpəbli/ *adv* ineludiblemente; **it's ~ true that ...** es incuestionable que ..., es indiscutiblemente cierto que ...

inessential[1] /,ɪnə'sentʃəl || ,ɪnɪ'senʃəl/ *adj* no esencial, innecesario, superfluo

inessential[2] *n* cosa *f* innecesaria *or* superflua

inestimable /ɪn'estəməbəl || ɪn'estɪməbəl/ *adj* (frml) ‹*value/worth*› inestimable, inapreciable; ‹*service*› inestimable, inapreciable, invalorable (AmL); ‹*damage*› incalculable

inevitable[1] /ɪn'evətəbəl || ɪn'evɪtəbəl/ *adj* **1** (certain, unavoidable) ‹*result/outcome*› inevitable; **all this points to one ~ conclusion** todo esto apunta indefectiblemente *or* inevitablemente a una conclusión **2** (predictable) consabido, indefectible

inevitable[2] *n*: **the ~** lo inevitable

inevitably /ɪn'evətəbli || ɪn'evɪtəbli/ *adv* **1** (unavoidably) inevitablemente, forzosamente; **~, they will have to pay** (*indep*) inevitablemente *or* forzosamente van a tener que pagar **2** (invariably) indefectiblemente

inexact /,ɪnɪg'zækt/ *adj* inexacto

inexactly /,ɪnɪg'zæktli/ *adv* sin exactitud, de modo inexacto

inexcusable /,ɪnɪk'skju:zəbəl/ *adj* imperdonable, inexcusable

inexcusably /,ɪnɪk'skju:zəbli/ *adv* ‹*behave*› de modo imperdonable *or* inexcusable; **he was ~ absent from lectures** faltó injustificadamente a las clases

inexhaustible /,ɪnɪg'zɔ:stəbəl/ *adj* **1** (copious) ‹*funds/supply/patience/imagination*› inagotable **2** (with stamina) (*usu pred*) ‹*athlete/hiker*› incansable, infatigable

inexorable /ɪn'eksərəbəl/ *adj* inexorable

inexorably /ɪn'eksərəbli/ *adv* inexorablemente

inexpensive /,ɪnɪk'spensɪv/ *adj* económico, barato

inexpensively /,ɪnɪk'spensɪvli/ *adv* económicamente; **they can still be bought ~ at auctions** aún se pueden comprar a precios razonables en subastas

inexperience /,ɪnɪk'spɪriəns || ,ɪnɪk'spɪəriəns/ *n* (u) inexperiencia *f*, falta *f* de experiencia

inexperienced /,ɪnɪk'spɪriənst || ,ɪnɪk'spɪəriənst/ *adj* ‹*nurse/pilot*› sin experiencia; ‹*swimmer/driver*› inexperto, novato; **to be ~ AT O IN sth** no tener* experiencia EN algo; **I'm still rather ~ at this sort of thing** todavía no tengo mucha experiencia en este tipo de

i

cosas; **he's very ~ in** *o* **at programming** tiene muy poca experiencia de *or* en programación

inexpert /ɪn'ekspɜːrt || ɪn'ekspɜːt/ *adj* inexperto, poco hábil; **his ~ attempt at ...** su torpe intento de ...

inexpertly /ɪn'ekspɜːrtli || ɪn'ekspɜːtli/ *adv* con poca pericia *or* habilidad

inexplicable /ˌɪnɪk'splɪkəbəl/ *adj* inexplicable

inexplicably /ˌɪnɪk'splɪkəbli/ *adv* de forma inexplicable, inexplicablemente; **he felt ~ sad/happy** sentía una tristeza/alegría inexplicable

inexpressible /ˌɪnɪk'spresəbəl/ *adj* ‹*joy/sorrow*› inexpresable, inefable (liter); ‹*yearning/desire/beauty*› inexpresable, indescriptible

inexpressive /ˌɪnɪk'spresɪv/ *adj* inexpresivo

inextinguishable /ˌɪnɪk'stɪŋgwɪʃəbəl/ *adj* inextinguible

inextricable /ˌɪnɪk'strɪkəbəl/ *adj* inextricable

inextricably /ˌɪnɪk'strɪkəbli/ *adv* inextricablemente

infallibility /ɪnˌfælə'bɪləti/ *n* [u] infalibilidad *f*; **papal ~, the ~ of the Pope** la infalibilidad del Papa

infallible /ɪn'fæləbəl/ *adj* **1** (never failing) ‹*person/method/remedy*› infalible **2** (inevitable) ‹*habit/tendency*› indefectible

infallibly /ɪn'fæləbli/ *adv* **1** (never failing) infaliblemente **2** (inevitably) indefectiblemente

infamous /'ɪnfəməs/ *adj* **1** (notorious) ‹*character/crime*› de triste fama, de infausta memoria (liter) **2** (shameful) ‹*deed/conduct*› infame

infamy /'ɪnfəmi/ *n* [c u] (*pl* **-mies**) (frml) infamia *f*

infancy /'ɪnfənsi/ *n* [u]
A (babyhood) primera infancia *f*; **from earliest ~** desde su más tierna infancia; **this branch of science is still in its ~** esta rama de la ciencia está aún en pañales *or* en mantillas
B (Law) minoría *f* de edad

infant /'ɪnfənt/ *n*
A **1** (baby) bebé *m*, niño, -ña *m,f*; **while still an ~** cuando era un bebé; **the Holy I~** el niño Jesús; (*before n*): **~ mortality** mortalidad *f* infantil **2** (BrE) (Educ) niño, -ña *m,f* (*entre cinco y siete años de edad*); (*before n*): **~ school** (BrE) *escuela para niños de entre cinco y siete años de edad*
B (Law) menor *mf* (de edad)

> **infant school**
> Un colegio de Gran Bretaña que ofrece los tres primeros años de educación formal. A menudo forma parte de un ▸**primary school**, que conjuntamente con el ▸**junior school** cubren la educación del niño hasta los 11 años.

infanta /ɪn'fæntə/ *n* infanta *f*

infante /ɪn'fænti/ *n* infante *m*

infanticide /ɪn'fæntəsaɪd || ɪn'fæntɪsaɪd/ *n* **1** [u c] (child killing) infanticidio *m* **2** [c] (person) infanticida *mf*

infantile /'ɪnfəntaɪl/ *adj* **1** (childish) ‹*behavior/humor*› pueril, infantil **2** (of childhood) (*before n*) infantil

infantilism /ɪn'fæntlɪzəm, 'ɪnfən- || ɪn'fæntɪlɪzəm/ *n* [u] infantilismo *m*

infantry /'ɪnfəntri/ *n* [u] (+ *sing or pl vb*) infantería *f*

infantryman /'ɪnfəntrimən/ *n* (*pl* **-men** /-mən/) soldado *m* de infantería, infante *m*

infatuated /ɪn'fætʃueɪtəd || ɪn'fætjʊeɪtɪd/ *adj* **to be ~ WITH sb** estar* encaprichado CON *or* (Esp tb) DE algn; **he became ~ with her** se encaprichó con *or* (Esp tb) de ella

infatuation /ɪnˌfætʃu'eɪʃən || ɪnˌfætjʊ'eɪʃən/ *n* [u c] encaprichamiento *m*; **it's just ~** es sólo un encaprichamiento *or* un capricho pasajero

infect /ɪn'fekt/ *vt*
A (Med) **1** (cause disease in) ‹*wound/cut*› infectar; ‹*person/animal*› contagiar; **your cold is ~ing everybody in the office** estás contagiándole el resfriado a toda la oficina; **don't get too close, you might ~ the baby** no te acerques, que puedes contagiar al bebé; **the wound was/became ~ed** la herida estaba infectada/se infectó; **to ~ sb WITH sth** contagiarle algo A algn; **she ~ed her sisters with chickenpox** les contagió la varicela a sus hermanas; **he was ~ed with hepatitis** contrajo hepatitis (frml); **they ~ed rats with the virus** inocularon el virus a algunas ratas **2** (contaminate) contaminar
B (spread emotion): **his cheerfulness ~ed everyone around him** les contagiaba su alegría a todos los que lo rodeaban, su alegría era contagiosa; **everyone was ~ed with** *o* **by the carnival mood** todos se habían contagiado de la alegría del carnaval, a todos se les había contagiado la alegría del carnaval

infection /ɪn'fekʃən/ *n* **1** [c] (disease) infección *f*; **a throat ~** una infección de garganta; **to have an ~** tener* una infección **2** [u] (of wound) infección *f*; (of person) contagio *m*; **there's a risk of ~** hay cierto riesgo de contagio

infectious /ɪn'fekʃəs/ *adj* **1** (Med) ‹*disease*› infeccioso, contagioso; **is she still ~?** ¿aún es contagioso lo que tiene? **2** ‹*laughter/gaiety/enthusiasm*› contagioso; ‹*rhythm*› pegadizo, pegajoso (AmL exc RPl)

infectiousness /ɪn'fekʃəsnəs || ɪn'fekʃəsnɪs/ *n* [u] **1** (of disease) contagiosidad *f* **2** (of laughter, enthusiasm) lo contagioso

infelicitous /ˌɪnfɪ'lɪsətəs || ˌɪnfɪ'lɪsɪtəs/ *adj* (frml) poco feliz, desacertado, desafortunado

infer /ɪn'fɜːr || ɪn'fɜː(r)/ *vt* **-rr-** **1** (deduce) **to ~ sth (FROM sth)** inferir* *or* deducir* *or* colegir* algo (DE algo) **2** (imply) (crit) insinuar*

inference /'ɪnfərəns/ *n* [c u] deducción *f*, conclusión *f*, inferencia *f* (frml); **to draw an ~** hacer* una deducción; **to draw an ~ from sth** sacar* una conclusión de algo; **by ~ we can conclude that ...** por deducción podemos concluir que ...

inferior[1] /ɪn'fɪriər || ɪn'fɪəriə(r)/ *adj*
A (*no comp*) **1** (of lower quality) ‹*product*› (de calidad) inferior; ‹*workmanship*› inferior; **of very ~ quality** de ínfima calidad; **she makes me feel ~** me hace sentir inferior; **~ TO sth/sb** inferior A algo/algn **2** (subordinate) ‹*rank/status*› inferior **3** (Astron) ‹*planet*› inferior
B (lower) inferior

inferior[2] *n* [c] inferior *mf*

inferiority /ɪnˌfɪri'ɔːrəti || ɪnˌfɪəri'ɒrəti/ *n* [u] inferioridad *f*; **~ TO sth/sb** inferioridad FRENTE A *or* CON RESPECTO A algo/algn; (*before n*): **~ complex** complejo *m* de inferioridad

infernal /ɪn'fɜːrnl || ɪn'fɜːnl/ *adj*
A (damned) (colloq & dated) ‹*din/row*› infernal, de (los) mil demonios (fam); ‹*machine*› infernal
B (liter) **1** (of hell) infernal, de los infiernos **2** (diabolical) satánico

inferno /ɪn'fɜːrnəʊ || ɪn'fɜːnəʊ/ *n* (*pl* **-noes**) **1** (fire) (journ): **the building was a blazing ~** el edificio estaba totalmente envuelto en llamas *or* ardía como una hoguera **2** (hell) (liter) averno *m* (liter), infierno *m*

infertile /ɪn'fɜːrtl || ɪn'fɜːtaɪl/ *adj* ‹*land/soil*› estéril, infecundo, yermo (liter); ‹*woman/man/animal*› estéril

infertility /ˌɪnfər'tɪləti || ˌɪnfə'tɪləti/ *n* [u] (Agr) infecundidad *f*; (Biol) esterilidad *f*; (*before n*): **~ clinic** clínica *f* (para el tratamiento) de la esterilidad; **~ treatment** tratamiento *m* contra la esterilidad

infest /ɪn'fest/ *vt* infestar; **to be ~ed WITH sth** estar* infestado *or* plagado DE algo

infestation /ˌɪnfes'teɪʃən/ *n* [u c] plaga *f*, infestación *f*

infidel /'ɪnfədl || 'ɪnfɪdəl/ *n* (Hist, Relig) infiel *mf*

infidelity /ˌɪnfə'deləti || ˌɪnfɪ'deləti/ *n* [u c] (*pl* **-ties**) **1** (adultery) infidelidad *f* **2** (disloyalty) **~ (TO sth/sb)** deslealtad *f* (PARA CON algo/algn) **3** (inaccurate representation) falta *f* de fidelidad

infield /'ɪnfiːld/ *n* [u]
A (in baseball) **1** (area) cuadro *m* **2** (players) (+ *sing o pl vb*) cuadro *m*
B (of racetrack) (AmE) *área interior de una pista o circuito de carreras*

infielder /'ɪnˌfiːldər || 'ɪnˌfiːldə(r)/ *n* jugador, -dora *m,f* de cuadro, infílder *mf*

infighter /'ɪnˌfaɪtər || 'ɪnˌfaɪtə(r)/ *n* luchador, -dora *m,f*

infighting /'ɪnˌfaɪtɪŋ/ *n* [u] **1** (in organization) luchas *fpl* internas *or* (frml) intestinas **2** (in boxing) combate *m* cerrado

infiltrate /ɪn'fɪltreɪt, 'ɪnfɪl- || 'ɪnfɪltreɪt/ *vt* **1** (penetrate) ‹*group/territory*› infiltrarse en; **the intelligence service had been ~d by political extremists** un grupo de extremistas se había infiltrado en el servicio de inteligencia **2** (insert) **to ~ sb (INTO sth)**: **they had ~d agents into our organization** sus agentes se habían infiltrado en nuestra organización

infiltration /ˌɪnfɪl'treɪʃən/ *n* [u] infiltración *f*

infiltrator /ɪn'fɪltreɪtər, 'ɪnfɪl- || 'ɪnfɪltreɪtə(r)/ *n* infiltrado, -da *m,f*

infinite[1] /'ɪnfənət || 'ɪnfɪnət/ *adj* **1** (limitless) infinito **2** (great, extreme) ‹*patience/sadness*› infinito; **she took ~ pains over the meal** puso el mayor de los esmeros en preparar la comida

infinite[2] *n*: **the ~** el infinito

infinitely /'ɪnfənətli || 'ɪnfɪnətli/ *adv*
A (extremely) ‹*superior/inferior/preferable*› infinitamente; **I'm ~ grateful to you** le estoy infinitamente agradecido; **he was ~ patient** tuvo una paciencia infinita
B (endlessly) infinitamente

infinitesimal /ˌɪnfɪnə'tesɪml || ˌɪnfɪnɪ'tesɪml/ *adj* **1** (very small) ‹*quantity/difference*› infinitesimal, mínimo **2** (Math) infinitesimal

infinitive /ɪn'fɪnətɪv/ *n* infinitivo *m*

infinitude /ɪn'fɪnətuːd || ɪn'fɪnɪtjuːd/ *n* [u] (liter) infinitud *f* (liter)

infinity /ɪn'fɪnəti/ *n* **1** [u] (Math) infinito *m*; **to ~** hasta el infinito; **the lines meet at ~** las líneas se cortan en el infinito **2** [u] (endless space) infinito *m* **3** (vast number, quantity) (liter) (*no pl*) infinidad *f*

infirm /ɪn'fɜːrm || ɪn'fɜːm/ *adj* (weak) endeble, enfermizo; (ill) enfermo; **the old and ~** los ancianos y enfermos

infirmary /ɪn'fɜːrməri || ɪn'fɜːməri/ *n* (*pl* **-ries**) **1** (hospital) (used in titles) hospital *m* **2** (medical room) enfermería *f*

infirmity /ɪn'fɜːrməti || ɪn'fɜːməti/ *n* [c u] (*pl* **-ties**) dolencia *f* (frml), padecimiento *m*; **the usual infirmities of old age** los achaques propios de la vejez; **her ~ prevented her from walking very far** su estado de debilidad le impedía ir demasiado lejos; **mental ~** trastorno *m* mental

infix[1] /'ɪnfɪks/ *n* infijo *m*

infix[2] /ɪn'fɪks/ *vt* insertar, intercalar

inflame /ɪn'fleɪm/ *vt* **1** (stir up) ‹*person/anger/passion*› encender*, inflamar (liter); ‹*situation*› exacerbar; **the crowd was ~d by his speech** su discurso enardeció a la multitud **2** (Med) inflamar

inflamed /ɪn'fleɪmd/ *adj* inflamado; **to become ~** inflamarse

inflammable /ɪn'flæməbəl/ *adj* ‹*substance/material*› inflamable; ‹*situation*› explosivo

inflammation /ˌɪnflə'meɪʃən/ *n* [u c] inflamación *f*

inflammatory /ɪn'flæmətɔːri || ɪn'flæmətri/ *adj* **1** (arousing anger) ‹*speech/remark/writing*› incendiario, que exalta *or* (liter) inflama los ánimos **2** (Med) inflamatorio

inflatable[1] /ɪn'fleɪtəbəl/ *adj* inflable, hinchable (Esp)

inflatable[2] *n*: *bote, juguete etc inflable*

inflate /ɪn'fleɪt/ *vt* **1** (with air, gas) ‹*dinghy/airbed/balloon*› inflar, hinchar (Esp) **2** (increase) ‹*figures/prices/economy*› inflar; ‹*reputation*› exagerar; **to ~ someone's ego** alimentarle el ego a algn
■ **inflate** *vi* ‹‹*balloon/dinghy*›› inflarse, hincharse (Esp)

inflated /ɪn'fleɪtəd || ɪn'fleɪtɪd/ *adj* 1 (with air, gas) inflado, hinchado (Esp) 2 (exaggerated) ‹*figures/sums/prices*› inflado; ‹*reputation*› exagerado; **she has an ~ sense of her own importance** se cree muy importante 3 (pompous) ‹*style/language*› ampuloso, rimbombante

inflation /ɪn'fleɪʃən/ *n* [u] inflación *f*; **~ is running at 20 per cent** hay una inflación del 20%, la inflación alcanza el 20%

inflationary /ɪn'fleɪʃəneri || ɪn'fleɪʃənri/ *adj* inflacionario, inflacionista; **~ spiral** espiral *f* inflacionaria *or* inflacionista

inflation-proof /ɪn'fleɪʃənpru:f/ *adj* resistente a la inflación

inflect /ɪn'flekt/ *vt* 1 (Ling) ‹*verb*› conjugar*; ‹*noun*› declinar; **a highly ~ed language** una lengua flexiva *or* que hace gran uso de la flexión o accidencia 2 (vary pitch of) modular

■ **inflect** *vi* (Ling) tomar desinencias; **in English, adjectives do not ~** en inglés los adjetivos son invariables (en cuanto a género y número)

inflection /ɪn'flekʃən/ *n* [u c] 1 (Ling) flexión *f*, inflexión *f*; (ending) desinencia *f*, inflexión *f* 2 (intonation) entonación *f*, inflexión *f* 3 (Math) inflexión *f*

inflexibility /ɪn,fleksə'bɪləti || ɪn,fleksɪ'bɪləti/ *n* [u] 1 (of person, attitude, system, rule) inflexibilidad *f*; **the ~ of his resolve** su absoluta determinación 2 (of material) rigidez *f*

inflexible /ɪn'fleksəbəl || ɪn'fleskɪbəl/ *adj* 1 ‹*personality/attitude/regulations*› inflexible 2 ‹*substance/material*› rígido

inflict /ɪn'flɪkt/ *vt* ‹*pain/damage*› causar, ocasionar, inferir* (frml); ‹*punishment*› imponer*, aplicar*, infligir*; **to ~ sth ON sb/sth**: **the suffering which he ~ed on his family** el sufrimiento que le causó *or* ocasionó *or* (frml) infirió a su familia; **he would never forgive the indignities ~ed on him** nunca perdonaría las vejaciones de las que había sido objeto *or* que le habían infligido; **we didn't expect to ~ such an overwhelming defeat on them** no esperábamos infligirles una derrota tan aplastante; **heavy penalties were ~ed on them** se les aplicaron *or* se les impusieron penas severas; **she ~ed her company on us** nos impuso su presencia, se nos pegó (fam)

infliction /ɪn'flɪkʃən/ *n* [u] (of burden, penalty) imposición *f*; **the ~ of pain** el causar dolor

in-flight /'ɪnflaɪt/ *adj* ‹*services*› de a bordo; ‹*refueling*› en vuelo

inflow /'ɪnfləʊ/ *n* [c u] 1 (of water, air) entrada *f*; (*before n*): **~ hatch** toma *f* de agua/aire; **~ pipe** tubería *f* de entrada 2 (of money, imports) afluencia *f*, entrada *f*

influence[1] /'ɪnfluəns/ *n* 1 [c u] (effect) **~ (ON sb/sth)** influencia *f* (SOBRE algn/algo); **he had a great ~ on the outcome** tuvo gran influencia sobre el resultado, influyó mucho en el resultado; **to be under the ~ of sb/sth** estar* bajo la influencia de algn/algo; **he was already under the ~** (colloq) ya estaba borracho 2 [c] (power) **~ (OVER/ON sb/sth)** influencia *f* (SOBRE algn/algo); **people of power and ~** personas con poder e influencia, personas poderosas e influyentes; **he has ~, that's how he got the job** tiene influencia(s), por eso le dieron el puesto; **to exert ~ over** *o* **on sth** ejercer* influencia sobre algo; **to have ~ over sb/sth** tener* influencia *or* (frml) ascendiente sobre algn/algo; **she used her ~ with the committee to get him elected** se valió de su influencia en la comisión para que lo eligieran 3 [c] (source of effect): **my mother was the single greatest ~ in my life** mi madre fue la persona que ejerció mayor influencia *or* cuya influencia fue la más marcada en mi vida; **she's a good/bad ~ on him** ejerce buena/mala influencia sobre él; **I hope they will be an ~ for (the) good** espero que influyan para bien *or* que ejerzan una influencia positiva

influence[2] *vt* ‹*person/decision*› influir* en, influenciar; **his style is ~d by Van Gogh** su estilo está influenciado *or* influido por (el de) Van Gogh

influential /,ɪnflu'entʃəl || ,ɪnflʊ'enʃəl/ *adj* ‹*writer/thinker/position*› influyente; **this ~ weekly was established in 1978** este influyente *or* prestigioso semanario fue fundado en 1978; **she has very ~ friends** tiene amigos muy influyentes; **he is very ~ in government circles** es muy influyente *or* tiene mucha influencia en círculos gubernamentales; **she was ~ in persuading him to accept** influyó para que aceptara

influenza /,ɪnflu'enzə/ *n* [u] (Med) gripe *f* *or* influenza *f* *or* (Col, Méx) gripa *f*

influx /'ɪnflʌks/ *n* [u c] (of people) afluencia *f*; (of goods) entrada *f*; (of ideas) llegada *f*

info /'ɪnfəʊ/ *n* [u] (colloq) información *f*

infomercial /,ɪnfəʊ'mɜ:rʃəl || ,ɪnfəʊ'mɜ:ʃəl/ *n* infomercial *m*, publirreportaje *m*

inform /ɪn'fɔ:rm || ɪn'fɔ:m/ *vt*

A (advise) informar; (by letter) informar, notificar*; **somebody ~ed the police** alguien informó a la policía, alguien le pasó el dato a la policía (CS fam); **to keep sb ~ed** mantener* a algn informado *or* al corriente; **he must be ~ed at once** hay que avisarle *or* informarle inmediatamente; **we were not merely entertained but ~ed** no fue sólo entretenido sino que también instructivo; **to ~ sb OF/ABOUT sth**: **we've not yet been ~ed of any change of plan** todavía no se nos ha informado de ningún cambio de plan, todavía no se nos ha comunicado ningún cambio de plan; **its aim is to ~ people about** *o* **of the dangers of pollution** tiene por objeto informar (al público) sobre los peligros de la contaminación; **to ~ sb THAT** informarle a algn QUE; **I'm reliably ~ed that ...** me informan de buena fuente que ...

B (permeate, shape) (frml) informar (frml)

■ **inform** *vi* **to ~ ON** *o* **AGAINST sb** delatar *or* denunciar a algn

informal /ɪn'fɔ:rməl || ɪn'fɔ:məl/ *adj* 1 (casual) ‹*party/atmosphere*› informal; **we're very ~ in this office** en esta oficina el ambiente es muy informal; **they speak to their superiors in an ~ manner** tratan a sus superiores sin ceremonias 2 (not official) ‹*meeting/agreement*› informal 3 (Ling) ‹*register/expression*› coloquial, familiar

informality /,ɪnfɔ:r'mæləti || ,ɪnfɔ:'mæləti/ *n* [u] falta *f* de ceremonia, informalidad *f*

informally /ɪn'fɔ:rməli || ɪn'fɔ:məli/ *adv* 1 (casually) ‹*talk*› de manera informal, sin ceremonias; ‹*dress*› de manera informal 2 (unofficially) ‹*meet/consult/discuss*› informalmente

informant /ɪn'fɔ:rmənt || ɪn'fɔ:mənt/ *n* 1 (source) informante *mf*, informador, -dora *m,f* 2 (Ling, Psych, Sociol) informante *mf*

informatics /,ɪnfər'mætɪks || ,ɪnfə'mætɪks/ *n* (+ *sing vb*) informática *f*

information /,ɪnfər'meɪʃən || ,ɪnfə'meɪʃən/ *n* [u]

A 1 (facts, news) información *f*; **a piece of ~** un dato; **they gave us a little/a lot of ~** nos dieron *or* nos facilitaron un poco de/mucha información; **for more/further ~ write to ...** para más/mayor información diríjase a ...; **~ ABOUT** *o* **ON sth/sb** información *f* ACERCA DE *or* SOBRE algo/algn; **we have very little ~ about** *o* **on this company/him** tenemos muy poca información acerca de *or* sobre la compañía/él; **we have no ~ as to his whereabouts** desconocemos su paradero; **for your ~** para su información, a título informativo (frml); **for your ~ I do** *not* **read other people's letters** para que te enteres, yo no tengo por costumbre leer la correspondencia ajena; (*before n*): **~ bureau** oficina *f* de información; **~ center** *o* (BrE) **centre** centro *m* de información; **~ desk** información *f*; **Mr Jones, please come to the ~ desk** se ruega al Sr Jones presentarse en información; **~ network** red *f* informativa; **~ office** oficina *f* de información; **~ pack** material *m* informativo 2 (AmE) (Telec) información *f*, servicio *m* de información telefónica

B (Comput) información *f*; (*before n*): **~ processing** tratamiento *m* de la información; **~ retrieval** recuperación *f* de la información *or* de datos; **~ revolution** revolución *f* de la información; **~ science** informática *f*; **~ scientist** informático *mf*; **~ superhighway** superautopista *f* *or* (AmL), supercarretera *f* de la información; **~ system** sistema *m* de información; **~ theory** teoría *f* de la información; **~ transfer** transferencia *f* de información

informational /,ɪnfər'meɪʃənl || ,ɪnfə'meɪʃənl/ *adj* informativo

information exchange *n*

A [u] (process) intercambio *m* de información

B [c] (Comput) intercambio *m* de datos electrónicos

information technology *n* informática *f*

informative /ɪn'fɔ:rmətɪv || ɪn'fɔ:mətɪv/ *adj* ‹*article/lecture*› instructivo, informativo; ‹*guidebook*› lleno de información, informativo; **our guide was very ~** nuestro guía nos proporcionó mucha información; **the communiqué/minister was not very ~** el comunicado/ministro no fue muy revelador

informatively /ɪnfɔ:rmətɪvli || ɪn'fɔ:mətɪvli/ *adv* informativamente; **~ useful notes** notas informativamente útiles; **it was not very ~ presented** no fue presentado de una manera informativa; **he added ~, that she would also be coming** agregó, a modo de información, que ella también vendría

informed /ɪn'fɔ:rmd || ɪn'fɔ:md/ *adj* ‹*observer/source/critic*› bien informado; ‹*criticism/approach*› bien fundado; **~ opinion has it that ...** los entendidos opinan que ...; **it's an ~ guess** se trata de una conjetura hecha sobre cierta base *or* con cierto fundamento

informer /ɪn'fɔ:rmər || ɪn'fɔ:mə(r)/ *n* informante *mf*; **(police) ~** informante *mf* (de la policía)

infotainment /,ɪnfəʊ'teɪnmənt/ *n* [u] *la información concebida como espectáculo*, infotainment *m*

infotech /'ɪnfəʊtek/ *n* [u] informática *f*; (*before n*): **~ age** era *f* informática; **~ sector** sector *m* informático

infraction /ɪn'frækʃən/ *n* [c u] (frml) infracción *f*, contravención *f*, transgresión *f*

infra dig /,ɪnfrə'dɪg/ *adj* (colloq & dated) (*pred*): **he thinks it's ~ to eat there** cree que se rebaja si va a comer allí

infrared /,ɪnfrə'red/ *adj* infrarrojo

infrasonic /,ɪnfrə'sɔ:nɪk || ,ɪnfrə'sɒnɪk/ *adj* infrasónico

infrasound /'ɪnfrəsaʊnd/ *n* [u] infrasonido *m*

infrastructure /'ɪnfrə,strʌktʃər || 'ɪnfrə,strʌktʃə(r)/ *n* infraestructura *f*

infrequency /ɪn'fri:kwənsi/ *n* [u] poca frecuencia *f*, infrecuencia *f*

infrequent /ɪn'fri:kwənt/ *adj* poco frecuente, infrecuente; **not ~** nada infrecuente, nada raro

infrequently /ɪn'fri:kwəntli/ *adv* rara vez, raramente

infringe /ɪn'frɪndʒ/ *vt* ‹*contract*› no cumplir (con), incumplir; ‹*treaty/rule*› infringir*, transgredir*, violar

■ **infringe** *vi* **to ~ ON** *o* **UPON sth** ‹*on rights/privacy/air space*› violar algo

infringement /ɪn'frɪndʒmənt/ *n* [c u] 1 (of law) contravención *f*, violación *f*; (of contract) incumplimiento *m*; (Sport) falta *f*; **they admitted ~ of copyright** reconocieron no haber respetado los derechos de autor 2 (of rights) violación *f*

infuriate /ɪn'fjʊrieɪt || ɪn'fjʊərieɪt/ *vt* enfurecer*, poner* furioso; **his comments ~d me** sus comentarios me enfurecieron *or* me pusieron furioso

infuriating /ɪn'fjʊrieɪtɪŋ || ɪn'fjʊərieɪtɪŋ/ *adj* exasperante, irritante; **he's ~** es exasperante, saca de quicio; **she has an ~ habit of interrupting** tiene la exasperante *or* la irritante costumbre de interrumpir

infuriatingly /ɪn'fjʊrieɪtɪŋli || ɪn'fjʊərieɪtɪŋli/ *adv*: **~ slow** de una lentitud exasperante *or* que lo saca a uno de quicio

infuse /ɪn'fju:z/ *vt* 1 (Culin) ‹*tea/herb*› hacer* una infusión de 2 (instill) (liter) **to ~ sb WITH**

i

sth, to ~ sth INTO sb infundirle algo A algn; **she ~d them with new hope, she ~d new hope into them** les infundió nuevas esperanzas, renovó sus esperanzas

■ **infuse** *vi* (Culin): **let the tea bag ~ for three minutes** deje la bolsita de té en infusión durante tres minutos

infusion /ɪn'fju:ʒən/ *n* [c u]
A (extract) infusión *f*; (drink) infusión *f*, tisana *f*, agua *f*‡ (AmC, Andes), té *m* de yuyos (Per, RPl)
B (of money, new life) inyección *f*

ingenious /ɪn'dʒi:njəs || ɪn'dʒi:niəs/ *adj* ingenioso

ingeniously /ɪn'dzi:njəsli || ɪn'dʒi:niəsli/ *adv* ingeniosamente, con ingenio *or* inventiva

ingenue, ingénue /'ændʒənu: || ˌænʒeɪ'nju:/ *n* ingenua *f*

ingenuity /ˌɪndʒə'nu:əti || ˌɪndʒə'nju:əti/ *n* [u] (of person) ingenio *m*, inventiva *f*, ingeniosidad *f*; (of gadget, tool, idea) lo ingenioso

ingenuous /ɪn'dʒenjuəs/ *adj* ① (naive) ingenuo ② (frank, open) cándido, franco

ingenuously /ɪn'dʒenjuəsli/ *adv* ① (naively) ingenuamente ② (frankly) cándidamente, con candidez

ingenuousness /ɪn'dʒenjuəsnəs || ɪn'dʒenjuəsnɪs/ *n* [u] ① (naivety) ingenuidad *f* ② (frankness) candidez *f*, candor *m*

ingest /ɪn'dʒest/ *vt* (frml) ingerir* (frml)

ingestion /ɪn'dʒestʃən/ *n* [u] (frml) ingestión *f* (frml)

inglenook fireplace /'ɪŋgəlnʊk/ *n* (BrE) *chimenea grande de las casas antiguas, con espacio para sentarse a ambos lados del fuego*

inglorious /ɪn'glɔ:riəs/ *adj* (liter) ignominioso, deshonroso

ingot /'ɪŋgət/ *n* lingote *m*

ingrained /'ɪngreɪnd || ɪn'greɪnd/ *adj* ① ‹*belief/habit/prejudice*› arraigado; **an ~ dislike/distrust of foreigners** una antipatía/desconfianza arraigada *or* inveterada hacia los extranjeros; **to be deeply ~** estar* profundamente arraigado ② ‹*dirt*› incrustado

ingrate /'ɪngreɪt/ *n* (frml *or* hum) desagradecido, -da *m,f*, ingrato, -ta *m,f*

ingratiate /ɪn'greɪʃieɪt/ *v refl* **to ~ oneself (WITH sb)** congraciarse (CON algn)

ingratiating /ɪn'greɪʃieɪtɪŋ/ *adj* ‹*person/look/manner*› halagador, obsequioso; **she gave an ~ little curtsey** hizo una pequeña reverencia obsequiosa

ingratitude /ɪn'grætətu:d || ɪn'grætɪtju:d/ *n* [u] ingratitud *f*

ingredient /ɪn'gri:diənt/ *n* ① (Culin) ingrediente *m*; **the ~s of** *o* **for this dish** los ingredientes de *or* para este plato ② (Pharm) componente *m*; **active ~** componente activo ③ (element) elemento *m*; **the main ~s of her character** los principales elementos de su carácter; **an essential ~ of** *o* **for happiness** un ingrediente *or* elemento esencial para ser feliz

ingress /'ɪngres/ *n* [u] (frml) acceso *m*

in-group /'ɪngru:p/ *n* (colloq) camarilla *f*, capillita *f* (fam)

ingrowing /'ɪnˌgrəʊɪŋ/ *adj* (BrE) que crece hacia adentro, encarnado

ingrown /'ɪngrəʊn/ *adj* ① (Med): **~ toenail** uñero *m*, uña *f* encarnada, uña *f* enterrada (Méx) ② (inward-looking) (pej): **the industry had become ~** la industria se había anquilosado *or* se había quedado estancada

inhabit /ɪn'hæbət || ɪn'hæbɪt/ *vt* ‹*region/town/building*› habitar (frml), vivir en; **this house has not been ~ed for some time** hace tiempo que esta casa está deshabitada; **the city is ~ed by more than eight million people** la ciudad tiene más de ocho millones de habitantes

inhabitable /ɪn'hæbətəbəl || ɪn'hæbɪtəbəl/ *adj* habitable

inhabitant /ɪn'hæbətənt || ɪn'hæbɪtənt/ *n* habitante *mf*

inhabited /ɪn'hæbətəd || ɪn'hæbɪtɪd/ *adj* habitado; **is the island ~?** ¿está habitada la isla?

inhalant /ɪn'heɪlənt/ *n* inhalante *m*

inhalation /ˌɪnhə'leɪʃən/ *n* ① [u] (breathing in) inhalación *f* ② [c u] (Med) inhalación *f*

inhale /ɪn'heɪl/ *vt* inhalar, aspirar
■ **inhale** *vi* aspirar; (when smoking) tragarse* el humo

inhaler /ɪn'heɪlər || ɪn'heɪlə(r)/ *n* inhalador *m*

inharmonious /ˌɪnhɑ:r'məʊniəs || ˌɪnhɑ:'məʊniəs/ *adj* (frml) ‹*colors/surroundings*› falto *or* carente de armonía; ‹*sounds*› disonante, inarmónico (frml)

inhere /ɪn'hɪr || ɪn'hɪə(r)/ *vi* (frml) **to ~ IN sth** ser* inherente A algo

inherent /ɪn'hɪrənt, -'her- || ɪn'hɪərənt, -'her-/ *adj* ‹*feature/quality*› inherente; **to be ~ IN sth** ser* inherente A algo; **contradictions ~ in the system** contradicciones *fpl* inherentes al sistema; **with all its ~ difficulties** con todas las dificultades que conlleva

inherently /ɪn'hɪrəntli, ɪn'her- || ɪn'hɪərəntli, ɪn'her-/ *adv* intrínsecamente

inherit /ɪn'herət || ɪn'herɪt/ *vt* **to ~ sth (FROM sb/sth)** heredar algo (DE algn/algo); **from their father they ~ed nothing but debts** de su padre no heredaron más que deudas
■ **inherit** *vi* heredar

inheritance /ɪn'herətəns || ɪn'herɪtəns/ *n* ① [c] (sth inherited) herencia *f*; **to come into an ~** heredar; **an ~ from the previous regime** una herencia *or* un legado del régimen anterior ② [u] (act) sucesión *f*; **she acquired the property by ~** adquirió la propiedad por sucesión; (*before n*): **~ tax** impuesto *m* sucesorio *or* sobre sucesiones, impuesto *m* a la herencia

inherited /ɪn'herətəd || ɪn'herɪtɪd/ *adj* heredado

inheritor /ɪn'herətər || ɪn'herɪtə(r)/ *n* heredero, -ra *m,f*

inhibit /ɪn'hɪbət || ɪn'hɪbɪt/ *vt* (frml) ① (hold back) ‹*person*› inhibir, cohibir*; ‹*attempt*› inhibir; **to ~ sb FROM -ING** impedirle* a algn + INF; **her shyness ~ed her from saying more** su timidez le impidió decir nada más ② (arrest) ‹*growth/reaction*› inhibir

inhibited /ɪn'hɪbətəd || ɪn'hɪbɪtɪd/ *adj* inhibido, cohibido

inhibition /ˌɪnə'bɪʃən || ˌɪnhɪ'bɪʃən/ *n* ① [u c] (Psych) inhibición *f*; **to lose/get rid of one's ~s** perder* las inhibiciones; **he has no ~s about discussing his personal problems** habla de sus problemas personales sin ninguna inhibición ② [u] (Biol, Chem) inhibición *f*

in-home /'ɪnhəʊm/ *adj* (*before n*) a domicilio

inhospitable /ˌɪnhɑ:'spɪtəbəl || ˌɪnhɒ'spɪtəbəl/ *adj* ‹*person*› poco hospitalario; ‹*climate/region/environment*› inhóspito

inhospitably /ˌɪnhɑ:'spɪtəbli || ˌɪnhɒ'spɪtəbli/ *adv* poco hospitalariamente, con poca hospitalidad

in-house[1] /'ɪnhaʊs/ *adj* ‹*training*› en la empresa (*or* organización *etc*); ‹*staff*› interno

in-house[2] /ɪn'haʊs/ *adv* en la empresa (*or* organización *etc*)

inhuman /ɪn'hju:mən/ *adj* inhumano

inhumane /ˌɪnhju:'meɪn/ *adj* ‹*treatment*› inhumano; ‹*person*› cruel

inhumanity /ˌɪnhju:'mænəti/ *n* (*pl* **-ties**) ① [u] (cruelty) crueldad *f*, inhumanidad *f*; **man's ~ to man** la crueldad del hombre para con el hombre ② [c] (cruel act) atrocidad *f*; **a catalog of inhumanities** una serie de atrocidades

inimical /ɪ'nɪmɪkəl/ *adj* (frml) ① (harmful) **to be ~ TO sth** ser* adverso *or* desfavorable A algo ② (hostile) **to be ~ (TO sb/sth)** ser* hostil (A algn/algo)

inimitable /ɪ'nɪmətəbəl || ɪ'nɪmɪtəbəl/ *adj* inimitable; **in her own ~ way** en su característico e inimitable estilo

inimitably /ɪ'nɪmɪtəbəl/ *adv* inimitablemente, de manera inimitable

iniquitous /ɪ'nɪkwətəs/ *adj* inicuo (frml), injusto; **it's ~ the prices they charge these days** es una barbaridad lo que cobran hoy en día

iniquity /ɪ'nɪkwəti/ *n* (*pl* **-ties**) (frml) ① [u] (wickedness) iniquidad *f* (frml) ② [c] (wicked act) iniquidad *f* (frml)

initial[1] /ɪ'nɪʃəl/ *adj* ‹*shock/response*› inicial; ‹*vowel/consonant*› inicial; **in the ~ stages** en la etapa inicial, al principio; **my ~ reaction** mi primera reacción; **~ letter** letra *f* inicial

initial[2] *n* inicial *f*; **my ~s** mis iniciales

initial[3] *vt* BrE **-ll-** inicialar, ponerle* las iniciales a

initialize /ɪ'nɪʃəlaɪz/ *vt* (Comput) inicializar*

initially /ɪ'nɪʃəli/ *adv* inicialmente, al principio

initiate[1] /ɪ'nɪʃieɪt/ *vt*
A (start) (frml) ‹*talks*› iniciar (frml), dar* comienzo a (frml), entablar; ‹*reform/plan*› poner* en marcha; ‹*fashion/new concept*› introducir*; **to ~ proceedings against sb** entablarle juicio a algn
B (admit, introduce) **to ~ sb (INTO sth)** iniciar a algn (EN algo)

initiate[2] /ɪ'nɪʃiət/ *n* iniciado, -da *m,f*

initiation /ɪˌnɪʃi'eɪʃən/ *n*
A [c u] (admission) **~ (INTO sth)** iniciación *f* (EN algo); (*before n*): **~ ceremony** ceremonia *f* iniciática *or* de iniciación
B [u] (of plan, talks) inicio *m* (frml), comienzo *m*

initiative /ɪ'nɪʃətɪv/ *n* ① [u] (independence of mind) iniciativa *f*; **she's got ~** tiene iniciativa; **on one's own ~** por iniciativa propia, (de) motu proprio ② [u] (power to initiate) iniciativa *f*; **to take the ~** tomar la iniciativa ③ [c] (move, measure) iniciativa *f*

initiator /ɪ'nɪʃieɪtər || ɪ'nɪʃieɪtə(r)/ *n* iniciador, -dora *m,f*

inject /ɪn'dʒekt/ *vt* ① (Med) ‹*drug*› inyectar; **to ~ sth INTO sth** inyectar algo EN algo; **he ~ed it into the muscle** lo inyectó en el músculo; **to ~ sb WITH sth** inyectar(le) algo A algn; **he was ~ed with insulin** se le inyectó insulina ② **to ~ sth (INTO sth)** ‹*fuel*› inyectar algo (EN algo) ③ **to ~ sth (INTO sth)** ‹*capital/resources*› inyectarle algo (A algo); **to ~ life into the team** inyectar(le) vida al equipo

injectable /ɪn'dʒektəbəl/ *adj* inyectable

injection /ɪn'dʒekʃən/ *n* ① [c u] (Med) inyección *f*; **to give sb an ~** ponerle* *or* darle* una inyección a algn; **she had an ~ of insulin** le pusieron *or* le dieron una inyección de insulina ② [u] (*fuel ~*) inyección *f* de combustible ③ [c] (of capital, energy) inyección *f*

injector /ɪn'dʒektər || ɪn'dʒektə(r)/ *n* inyector *m*

in-joke /'ɪndʒəʊk/ *n*: **it's an ~** es un chiste entre nosotros/ellos

injudicious /ˌɪndʒʊ'dɪʃəs/ *adj* (frml) imprudente

injunction /ɪn'dʒʌŋkʃən/ *n* ① (Law) mandamiento *m* judicial; **to seek/obtain an ~ against sb** solicitar/obtener* un mandamiento judicial en contra de algn ② (order) (frml) orden *f*

injure /'ɪndʒər || 'ɪndʒə(r)/ *vt* ① ▸ **p.965**; ‹*person*› herir*, lesionar (frml); ‹*pride/feelings*› herir*, lastimar; ‹*interests/reputation/prospects*› (frml) dañar; **she ~d her knee** se lesionó la rodilla (frml); **he was slightly/seriously ~d in the accident** resultó levemente/gravemente herido en el accidente ② **injured** *past p* **she gave me an ~d look** me miró con expresión ofendida; **with an air of ~d innocence** con un aire de inocencia herida; **I am the ~d party** soy yo quien sufrió el agravio

injured /'ɪndʒərd || 'ɪndʒəd/ *pl n*: **the ~** los heridos

injurious /ɪn'dʒʊriəs || ɪn'dʒʊəriəs/ *adj* (frml) perjudicial; **to be ~ TO sth** ser* perjudicial PARA algo; **it's ~ to one's health** es perjudicial para la salud

injury /'ɪndʒəri/ *n* [c u] (*pl* **-ries**) herida *f*; **to receive/sustain an ~** recibir/sufrir una herida; **injuries to the hands and face** heridas en manos y cara; **to do oneself an ~** hacerse* daño, lastimarse; **internal/head injuries** heridas internas/en la cabeza; **an ~ to sb's pride/reputation** un agravio al orgullo/a la reputación de algn; (*before n*): **~ time** (BrE) (Sport) tiempo *m* de descuento

injustice /ɪn'dʒʌstəs || ɪn'dʒʌstɪs/ *n* [u c] injusticia *f*; **to do sb an ~** cometer una injusticia con algn, ser* injusto con algn

ink¹ /ɪŋk/ *n* [u c] **1** (for writing) tinta *f*; **please write in ~** se ruega escribir con tinta; (*before n*): **~ bottle/eraser** frasco *m* /goma *f* de tinta; **a pen and ~ sketch** un bosquejo a pluma y a tinta **2** (Zool) tinta *f*; (*before n*): **~ sac** bolsa *f* de tinta

ink² *vt* ‹*roller/plate*› entintar

Phrasal verbs

- **ink in** [v + o + adv, v + adv + o] repasar con tinta
- **ink out** [v + o + adv, v + adv + o]

A ‹*text/word*› borrar *or* tachar con tinta
B (AmE colloq) echar una firmita en (fam)

inkblot /'ɪŋkblɑːt || 'ɪŋkblɒt/ *n* mancha *f* de tinta; (*before n*): **~ test** test *m* de Rorschach *or* de las manchas de tinta

ink-jet printer /'ɪŋkdʒet/ *n* impresora *f* de chorro de tinta

inkling /'ɪŋklɪŋ/ *n* [u]: **I had an ~ something had gone wrong** tuve el presentimiento *or* (CS, Per tb) el pálpito de que algo había salido mal; **we were given an ~ of the purpose of the meeting** nos insinuaron cuál era el motivo de la reunión; **they probably had little ~ of what was about to happen** probablemente ni se imaginaron lo que iba a suceder

inkpad /'ɪŋkpæd/ *n* tampón *m*, almohadilla *f*

inkpot /'ɪŋkpɑːt || 'ɪŋkpɒt/ *n* tintero *m*

inkstain /'ɪŋksteɪn/ *n* mancha *f* de tinta

inkstand /'ɪŋkstænd/ *n* escribanía *f*

inkwell /'ɪŋkwel/ *n* tintero *m* (*empotrado en un escritorio*)

inky /'ɪŋki/ *adj* **inkier, inkiest** **1** ‹*fingers/pen*› manchado de tinta **2** ‹*darkness*› (liter) impenetrable; ‹*blue*› oscuro

INLA *n* = **Irish National Liberation Army**

inlaid¹ /ɪn'leɪd/ *past & past p of* **inlay²**

inlaid² *adj* ‹*design*› de marquetería *or* taracea; ‹*box/lid*› con incrustaciones; **~ work** marquetería *f*, taracea *f*

inland¹ /'ɪnlənd/ *adj* (*before n*) **1** ‹*town*› del interior; ‹*sea*› interior; ‹*navigation*› fluvial; **~ waterways** canales *mpl* y ríos *mpl* **2** (domestic) (esp BrE) nacional; ‹*trade*› interior; **~ bill** (Fin) letra *f* interior

inland² /ɪn'lænd/ *adv* tierra adentro

Inland Revenue /'ɪnlənd/ ➡ *n* ▸**HMRC** (formerly in UK): **the ~ ~** ≈ Hacienda, ≈ la Dirección General Impositiva (*en RPl*), ≈ Impuestos Internos (*en Chi*)

in-laws /'ɪnlɔːz/ *pl n* (colloq) (spouse's parents) suegros *mpl*; (spouse's family) parientes *mpl* políticos

inlay¹ /'ɪnleɪ/ *n* **1** [u c] (of wood, metal, ivory) incrustación *f* **2** [c] (Dent) empaste *m*, tapadura *f* (Chi, Méx), emplomadura *f* (RPl), calza *f* (Col)

inlay² /ɪn'leɪ/ *vt* (*past & past p* **inlaid**) **to ~ sth WITH sth** hacer* incrustaciones de algo EN algo, taracear algo CON algo; **the wood had been inlaid with mother-of-pearl** la madera tenía incrustaciones de nácar, la madera había sido taraceada con nácar

inlet /'ɪnlət/ *n*

A (in coastline) ensenada *f*, entrada *f*; (of river, sea) brazo *m*
B (Mech Eng) entrada *f*; **air/oil/water ~** entrada de aire/petróleo/agua; (*before n*) ‹*valve/pipe*› de admisión

in-line skate /'ɪn'laɪn/ *n* patín *m* de en línea

in-line skating *n* [u] patinaje *m* sobre patines en línea

inmate /'ɪnmeɪt/ *n* (of asylum) interno, -na *m,f*; (of prison) preso, -sa *m,f*; (of hospital) paciente hospitalizado, -da *m,f*

inmost /'ɪnməʊst/ *adj* ▸**innermost**

inn /ɪn/ *n* **1** (tavern) taberna *f* **2** (hotel) hostal *m*, hostería *f*; (Hist) posada *f*

innards /'ɪnərdz || 'ɪnədz/ *pl n* tripas *fpl* (fam)

innate /ɪ'neɪt/ *adj* innato

innately /ɪ'neɪtli/ *adv* ‹*superior/inferior*› de manera innata; **to be ~ attracted to sth** sentirse* atraído de manera innata *or* por naturaleza hacia algo

inner¹ /'ɪnər || 'ɪnə(r)/ *adj* (*before n, no comp*) **1** ‹*room/layer/part*› interior; **~ Cabinet** gabinete *m* interno (*miembros del gabinete ministerial que toman las decisiones*); **the ~ circle that advises the President** el círculo de asesores más allegados al presidente; **the ~ city** *la zona del centro urbano habitada por familias de escasos ingresos, caracterizada por problemas sociales etc*; **the ~ ear** el oído interno **2** (of person) ‹*life*› interior; ‹*thoughts*› íntimo; **~ self** fuero *m* interno; **the ~ man** (hum) el estómago

inner² *n* (in archery) anillo *m* (*que rodea la diana*)

inner-city /ˌɪnər'sɪti || ˌɪnə'sɪti/ *adj* ‹*schools/problems*› de las zonas urbanas deprimidas

innermost /'ɪnərməʊst || 'ɪnəməʊst/ *adj* **1** ‹*part/chamber*› más recóndito **2** ‹*thoughts/feelings/secrets*› más íntimo; **in her ~ being** en su fuero interno, en lo más recóndito de su ser (liter)

inner sole *n* ▸**insole**

inner tube *n* cámara *f*

inning /'ɪnɪŋ/ *n* (in baseball) entrada *f*, manga *f*

innings /'ɪnɪŋz/ *n* (*pl* **~**) (in cricket) entrada *f*, turno *m* de lanzamiento; **she had a good ~** (colloq) vivió sus buenos años

innit /'ɪnɪt/ (BrE colloq) **= isn't it**

innkeeper /'ɪnˌkiːpər || 'ɪnˌkiːpə(r)/ *n* posadero, -ra *m,f*, ventero, -ra *m,f*

innocence /'ɪnəsəns/ *n* [u] **1** (lack of guilt) inocencia *f*; **to feign ~** fingir* inocencia (frml), hacerse* el inocente **2** (naivety) inocencia *f*; **to lose one's ~** perder* la inocencia; **in all ~** con toda la inocencia del mundo, con toda inocencia

innocent¹ /'ɪnəsənt/ *adj* **1** (not guilty) inocente; **to be ~ OF sth** ser* inocente DE algo **2** (naive) inocente, ingenuo **3** (not malicious) ‹*remark/game/mistake*› inocente **4** (devoid) (liter) (*pred*) **to be ~ OF sth** ser* ajeno A algo; **he is ~ of all guile** es ajeno a toda malicia

innocent² *n* (liter) inocente *mf*; **an ~ abroad** un inocentón; **the Massacre of the I~s** la matanza de los inocentes

innocently /'ɪnəsəntli/ *adv* inocentemente, con inocencia

innocuous /ɪ'nɑːkjuəs || ɪ'nɒkjʊəs/ *adj* ‹*drug*› inocuo; ‹*person/comment*› inofensivo

innocuously /ɪ'nɑːkjuəsli || ɪ'nɒkjʊəsli/ *adv* de manera inocua, inocuamente

innovate /'ɪnəveɪt/ *vi* innovar

innovation /ˌɪnə'veɪʃən/ *n* [c u] innovación *f*, novedad *f*

innovative /'ɪnəveɪtɪv || 'ɪnəvətɪv/ *adj* innovador

innovator /'ɪnəveɪtər || 'ɪnəveɪtə(r)/ *n* innovador, -dora *m,f*

innovatory /'ɪnəvətɔːri || ˌɪnə'veɪtəri/ *adj* ▸**innovative**

innuendo /ˌɪnju'endəʊ/ *n* [c u] (*pl* **-dos** *or* **-does**) indirecta *f*, insinuación *f*; **the article is full of ~s** el artículo hace muchas insinuaciones; **she's always making ~s about my father** siempre está lanzando indirectas *or* haciendo insinuaciones sobre mi padre

innumerable /ɪ'nuːmərəbəl || ɪ'njuːmərəbəl/ *adj* innumerable; **on ~ occasions** en innumerables ocasiones, en infinidad de ocasiones

innumeracy /ɪ'nuːmərəsi || ɪ'njuːmərəsi/ *n* [u] (BrE) *falta de nociones elementales de aritmética*

innumerate /ɪ'nuːmərət || ɪ'njuːmərət/ *adj* (BrE) *incapaz de realizar cálculos aritméticos elementales*

inoculate /ɪ'nɑːkjəleɪt || ɪ'nɒkjʊleɪt/ *vt* **to ~ sb (AGAINST sth)** inocular a algn (CONTRA algo); **to ~ sb WITH sth** inocularle algo A algn

inoculation /ɪˌnɑːkjə'leɪʃən || ɪˌnɒkjʊ'leɪʃən/ *n* [c u] inoculación *f*

inoffensive /ˌɪnə'fensɪv/ *adj* inofensivo

inoperable /ɪn'ɑːpərəbəl || ɪn'ɒpərəbəl/ *adj* **1** (Med) ‹*cancer/cataract*› inoperable **2** (unworkable) ‹*plan*› inoperable, inviable

inoperative /ɪn'ɑːpərətɪv || ɪn'ɒpərətɪv/ *adj* ‹*law/regulation*› inoperante

inopportune /ɪnˌɑːpər'tuːn || ɪn'ɒpətjuːn/ *adj* ‹*time/remark/request*› inoportuno; **this has come at an ~ moment** esto ha llegado en un momento inoportuno *or* en un mal momento

inopportunely /ɪnˌɑːpər'tuːnli || ɪn'ɒpətjuːnli/ *adv* ‹*speak*› inoportunamente, a destiempo; ‹*arrive*› en un mal momento, en un momento inoportuno

inordinate /ɪ'nɔːrdnət || ɪn'ɔːdɪnət/ *adj*: **an ~ amount of money** una cantidad exorbitante de dinero; **his ~ love of money** su desmedido *or* desmesurado amor por el dinero; **they are making ~ demands** lo que piden es excesivo

inordinately /ɪ'nɔːrdnətli || ɪn'ɔːdɪnətli/ *adv* desmesuradamente, excesivamente

inorganic /ˌɪnɔːr'gænɪk || ˌɪnɔː'gænɪk/ *adj* inorgánico; **~ chemistry** química *f* inorgánica

inpatient /'ɪnpeɪʃənt/ *n* paciente hospitalizado, -da *m,f*

input¹ /'ɪnpʊt/ *n*

A [u c] **1** (of resources) aportación *f*, aporte *m* (esp AmL); **a large financial ~** una gran aportación financiera **2** (contribution) aportación *f*, aporte *m* (esp AmL)
B [u c] (Comput) entrada *f*; (*before n*) ‹*unit/data/statement*› de entrada
C (Elec) **1** [u c] (of power) entrada *f* **2** [c] (terminal, jack) entrada *f*

input² *vt* (*pres p* **inputting**; *past & past p* **input** *or* **inputted**) ‹*data/signal*› entrar

input-output device /ˌɪnpʊt'aʊtpʊt/ *n* dispositivo *m* de entrada-salida

inquest /'ɪnkwest/ *n* **1** (Law) investigación *f*, pesquisa *f* judicial; **coroner's ~** *investigación llevada a cabo por un*, ▸**coroner**; **to hold an ~ on sth** llevar a cabo una investigación sobre algo **2** (investigation) (journ) pesquisa *f*, indagación *f*

inquire, (BrE) **enquire** /ɪn'kwaɪr || ɪn'kwaɪə(r)/ *vt* preguntar, inquirir* (frml); **she ~d what the matter was/how to get to the cathedral** preguntó qué pasaba/cómo se llegaba a la catedral; **to ~ sth FROM** o (BrE) **OF sb** (frml) preguntarle algo A algn

■ **inquire** *vi* preguntar, informarse; **~ at the reception desk** pregunte *or* infórmese en recepción; **Ⓢ inquire within** infórmese aquí; **to ~ ABOUT sth** informarse *or* preguntar ACERCA DE *or* SOBRE algo; **I'm inquiring about the job advertised in** *The Globe* llamo para informarme *or* para preguntar sobre el trabajo que anuncian en *The Globe*; **to ~ AFTER sb/sth** (frml) preguntar POR algn/algo; **she ~d after your health** preguntó *or* se interesó por tu salud; **to ~ INTO sth** investigar* algo; **to ~ FOR sb** preguntar POR algn; **someone was inquiring for you** alguien preguntó por ti

inquiring, (BrE) **enquiring** /ɪn'kwaɪrɪŋ || ɪn'kwaɪərɪŋ/ *adj* (*before n*) ‹*nature/mind*› curioso, inquieto; ‹*look/expression*› inquisitivo, interrogante

inquiringly, (BrE) **enquiringly** /ɪn'kwaɪrɪŋli || ɪn'kwaɪərɪŋli/ *adv* inquisitivamente

inquiry, (BrE) **enquiry** /ɪn'kwaɪri, 'ɪnkwəri || ɪn'kwaɪəri/ *n* (*pl* **-ries**) **1** (question): **we made inquiries about** o **into his past** hicimos averiguaciones *or* indagaciones sobre su pasado; **they made inquiries about prices** pidieron *or* solicitaron información sobre precios; **all inquiries to ...** para cualquier información dirigirse a ...; **(up)on ~ we were told that ...** al preguntar *or* al solicitar información se nos dijo que ...; **a man is helping police with their inquiries** (BrE) la policía está interrogando a un sospechoso; (*before n*): **~ desk** información *f*; **~ office** oficina *f* de información **2** (investigation) investigación *f*; **committee of ~** comisión *f* investigadora; **to hold an ~** llevar a cabo una investigación

➡ *ver* Vivir en un país de habla inglesa

inquisition /ˌɪnkwəˈzɪʃən || ˌɪnkwɪˈzɪʃən/ *n* 1 (severe questioning) interrogatorio *m*, inquisición *f* 2 **the I~** la Inquisición; **the Spanish I~** la (Santa) Inquisición, el Santo Oficio

inquisitive /ɪnˈkwɪzətɪv/ *adj* ‹*mind/look*› inquisitivo, inquisidor; ‹*person/animal*› muy curioso; **don't be so ~** no seas tan curioso *or* (fam) preguntón

inquisitively /ɪnˈkwɪzətɪvli/ *adv* con mucha curiosidad

inquisitiveness /ɪnˈkwɪzətɪvnəs || ɪnˈkwɪzətɪvnɪs/ *n* [u] curiosidad *f* exagerada

inquisitor /ɪnˈkwɪzətər || ɪnˈkwɪzɪtə(r)/ *n* 1 (Relig) inquisidor *m* 2 (questioner) interrogador, -dora *m,f*

inquisitorial /ɪnˌkwɪzəˈtɔːriəl || ɪnˌkwɪzɪˈtɔːriəl/ *adj* 1 ‹*manner/tone*› inquisitorial 2 (Law) ‹*procedure*› acusatorio

inquorate /ɪnˈkwɔːrət -eɪt/ *adj* (*pred*): **the meeting was ~** no hubo quórum en la reunión

inroads /ˈɪnrəʊdz/ *pl n*: **to make ~ into sth**: **we are making ~ into the Japanese market** estamos haciendo avances en el mercado japonés; **this made substantial ~ into her savings** esto le comió buena parte de los ahorros; **this new law will make further ~ into our rights** esta nueva ley limitará *or* cercenará aún más nuestros derechos; **our troops made ~ into enemy territory** nuestras tropas se adentraron en territorio enemigo

inrush /ˈɪnrʌʃ/ *n* (of air) ráfaga *f*; (of water) tromba *f*; (of people) afluencia *f*, avalancha *f*

INS *n* (in US) = **Immigration and Naturalization Service**

insalubrious /ˌɪnsəˈluːbriəs/ *adj* (frml) 1 ‹*climate/housing*› insalubre, malsano 2 (disreputable) ‹*bar/district*› poco recomendable

insane¹ /ɪnˈseɪn/ *adj* 1 (mad) demente, loco; **they drive you ~** te enloquecen, te sacan de quicio 2 (foolish) insensato; **it's an ~ idea** es una locura, es una idea descabellada; **you must be ~** tú debes (de) estar loco, tú debes (de) estar chiflado *or* tocado (fam)

insane² *pl n*: **the ~** los enfermos mentales; (*before n*): **~ asylum** (AmE) manicomio *m*

insanely /ɪnˈseɪnli/ *adv* ‹*act/laugh*› como un loco; **he's/she's ~ jealous** está loco/loca de celos

insanitary /ɪnˈsænəteri || ɪnˈsænɪtəri/ *adj* ‹*conditions/dwellings*› malsano, insalubre

insanity /ɪnˈsænəti/ *n* [u] 1 (madness) demencia *f* 2 (foolishness) locura *f*, insensatez *f*

insatiability /ɪnˌseɪʃəˈbɪləti/ *n* [u] insaciabilidad *f*

insatiable /ɪnˈseɪʃəbəl/ *adj* insaciable

inscribe /ɪnˈskraɪb/ *vt*
A 1 (engrave) **to ~ sth (ON sth)** ‹*words/letters*› inscribir* algo (EN algo); ‹*design*› grabar algo (EN algo); **to ~ sth (WITH sth)** ‹*locket/headstone*› grabar algo (CON algo) 2 (fix, impress) (*usu pass*) grabar 3 ‹*book*› dedicar*
B (Math) inscribir*

inscription /ɪnˈskrɪpʃən/ *n* 1 (on monument, coin) inscripción *f* 2 (in book) dedicatoria *f*

inscrutability /ɪnˌskruːtəˈbɪləti/ *n* [u] hermetismo *m*, impenetrabilidad *f*, inescrutabilidad *f*

inscrutable /ɪnˈskruːtəbəl/ *adj* inescrutable

inseam /ˈɪnsiːm/, **inseam measurement** *n* (AmE) entrepierna *f*

insect /ˈɪnsekt/ *n* insecto *m*; (*before n*): **~ bite** picadura *f* de insecto; **~ repellent** repelente *m* contra insectos; **~ spray** repelente *m* en espray

insecticide /ɪnˈsektəsaɪd || ɪnˈsektɪsaɪd/ *n* [c u] insecticida *m*

insectivorous /ˌɪnsekˈtɪvərəs/ *adj* insectívoro

insecure /ˌɪnsɪˈkjʊr || ˌɪnsɪˈkjʊə(r)/ *adj* 1 (unsafe, exposed) inseguro 2 (not firmly fixed) ‹*lock/hinge*› poco seguro 3 (not confident) inseguro

insecurely /ˌɪnsɪˈkjʊrli || ˌɪnsɪˈkjʊəli/ *adv* de manera poco segura

insecurity /ˌɪnsɪˈkjʊrəti || ˌɪnsɪˈkjʊərəti/ *n* (*pl* **-ties**) 1 [u c] (of person) inseguridad *f* 2 [u] (of situation) inseguridad *f*

inseminate /ɪnˈseməneɪt || ɪnˈsemɪneɪt/ *vt* inseminar

insemination /ɪnˌseməˈneɪʃən || ɪnˌsemɪˈneɪʃən/ *n* [u c] inseminación *f*

insensate /ɪnˈsenseɪt/ *adj* (liter) ‹*anger/rage*› ciego, desmedido

insensible /ɪnˈsensəbəl/ *adj* (frml)
A 1 (unconscious) inconsciente, sin conocimiento 2 (without sensation) insensible
B (*pred*) 1 (unaffected) **to be ~ TO sth** ser* insensible A algo 2 (indifferent) **to be ~ TO sth**: **she is quite ~ to his distress** su angustia le es totalmente indiferente 3 (unaware) **to be ~ OF sth**: **I am not ~ of the risks involved** soy consciente de *or* no ignoro los riesgos que acarrea

insensitive /ɪnˈsensətɪv/ *adj* 1 (emotionally) ‹*person*› insensible; ‹*behavior*› falto de sensibilidad; **to be ~ TO sth** ser* insensible A algo; **he is quite ~ to beauty** es totalmente insensible a la belleza 2 (physically) **to be ~ TO sth** ser* insensible A algo; **she is amazingly ~ to the cold** es sorprendentemente insensible al frío; **to be ~ to light** ser* insensible a la luz

insensitively /ɪnˈsensətɪvli/ *adv* con falta de sensibilidad

insensitivity /ɪnˌsensəˈtɪvəti/ *n* [u] 1 (emotional) falta *f* de sensibilidad; **~ TO sth** ‹*to suffering/problems*› falta *f* de sensibilidad ANTE algo; **her ~ to art/music** su falta de sensibilidad para el arte/la música 2 (physical) **~ TO sth** insensibilidad *f* A algo

inseparable /ɪnˈseprəbəl/ *adj* 1 ‹*companions/friends/issues*› inseparable; **to be ~ FROM sb/sth** ser* inseparable DE algn/algo 2 (Ling) inseparable

inseparably /ɪnˈseprəbli/ *adv* inseparablemente

insert¹ /ɪnˈsɜːrt || ɪnˈsɜːt/ *vt* ‹*coin/token*› introducir*, meter; ‹*zipper*› poner*; ‹*panel*› añadir; ‹*word/paragraph/chapter*› insertar; ‹*advertisement*› insertar, poner*

insert² /ˈɪnsɜːrt || ˈɪnsɜːt/ *n* 1 (printed material) encarte *m*, encaje *m* 2 (Clothing) añadido *m*

insertion /ɪnˈsɜːrʃən || ɪnˈsɜːʃən/ *n* 1 [u c] (act) introducción *f*, inserción *f* 2 [c] (of advertisement) inserción *f*

in-service /ˈɪnˈsɜːrvəs || ˈɪnˌsɜːvɪs/ *adj*: **~ training** *cursos de capacitación o de perfeccionamiento para el personal de una empresa u organización*

inset¹ /ˈɪnset/ *n* 1 (in map, photograph) recuadro *m* (*dentro de una ilustración o un mapa mayor*) 2 (page, pages) encarte *m*, encaje *m* 3 (Clothing) añadido *m*

inset² /ɪnˈset/ *vt* (*pres p* **insetting**; *past & past p* **inset**, AmE also **insetted**) 1 ‹*map/illustration*› insertar (*dentro de un mapa o una ilustración mayor*) 2 ‹*page/advertisement*› encartar 3 (Clothing) añadir

inshore¹ /ˈɪnʃɔːr || ˈɪnʃɔː(r)/ *adj* costero

inshore² *adv* hacia la costa

inside¹ /ɪnˈsaɪd ˈɪnsaɪd/ *n*
A 1 (interior part) interior *m*; **from the ~ out** desde el interior hacia afuera; **the ~ of the house is in very good repair** el interior de la casa está muy bien, la casa está muy bien por dentro; **the door had been locked from the ~** habían cerrado la puerta con llave por dentro 2 (inner side, surface) parte *f* de dentro *or* (esp AmL) de adentro; **the jacket's padded on the ~** la chaqueta es acolchada por dentro 3 (of racetrack) *parte más cercana al centro*; (of road): **he tried to pass me on the ~** me quiso adelantar por la derecha; (in UK etc) me quiso adelantar por la izquierda 4 (of organization): **we've got a man on the ~** tenemos a alguien infiltrado
B **insides** *pl* (internal organs) (colloq) tripas *fpl* (fam)
C **inside out** *adv*: **you've got your socks on ~ out** llevas los calcetines del *or* al revés; **no, you've got the whole thing ~ out!** ¡que no, es al revés!; ***to know sth ~ and out*** *o* (BrE) **~ out** (colloq) saberse* algo al dedillo *or* al revés y al derecho; ***to turn sth ~ out***: **I turned the house ~ out looking for it** revolví toda la casa buscándolo; **he turned the bag ~ out** volvió la bolsa del revés, dio vuelta la bolsa (CS)

inside² *prep*
A 1 (within) dentro de; **~ the building** dentro del edificio, en el interior del edificio (frml); **an actor must get ~ a character's skin** el actor debe compenetrarse con el personaje 2 (into): **he followed her ~ the bar** la siguió al interior *or* hasta dentro del bar
B (colloq) (in expressions of time): **we did the journey ~ 3 hours** hicimos el viaje en menos de 3 horas; **she finished 2 seconds ~ (of) the previous record** batió el récord anterior por 2 segundos

inside³ *adv* 1 (within) dentro, adentro (esp AmL); **what's ~?** ¿qué hay dentro *or* (esp AmL) adentro?; **~ and out** por dentro y por fuera, por adentro y por afuera (esp AmL); **I had a strange feeling ~** sentí una cosa por dentro; **deep down ~ I know that ...** en el fondo yo sé que ..., en mi fuero interno yo sé que ... 2 (indoors) dentro, adentro (esp AmL); **come ~** entra, pasa 3 (in prison) (colloq) entre rejas (fam), a la sombra (fam)

inside⁴ *adj* (*before n*) 1 ‹*pages*› interior; ‹*pocket*› interior, de dentro, de adentro (esp AmL); **what's your ~ leg measurement?** ¿cuánto tiene *or* mide de entrepierna? 2 **the ~ lane** (Auto) el carril de la derecha; (in UK etc) el carril de la izquierda; (Sport) la calle número uno 3 (from within group) ‹*information*› de dentro, de adentro (esp AmL); **police think the robbery was an ~ job** la policía cree que alguien de la empresa (*or* casa *etc*) está implicado en el robo; **the ~ story on the latest Royal scandal** la verdad sobre el último escándalo de la casa real

insider /ɪnˈsaɪdər || ɪnˈsaɪdə(r)/ *n*: *persona que pertenece a una organización determinada o que tiene acceso a información confidencial*; (*before n*): **~ dealing** *o* **trading** (Fin) abuso *m* de información privilegiada

insidious /ɪnˈsɪdiəs/ *adj* insidioso

insidiously /ɪnˈsɪdiəsli/ *adv* insidiosamente

insight /ˈɪnsaɪt/ *n* 1 [u] (perceptiveness) perspicacia *f*; **she has great ~** es muy perspicaz 2 [c] (comprehension) **~ INTO sth**: **to gain an ~ into sth** llegar* a comprender bien algo; **this gave me an ~ into the workings of the system** esto me permitió comprender mejor cómo funcionaba el sistema

insightful /ˈɪnsaɪtfəl/ *adj* perspicaz

insignia /ɪnˈsɪgniə/ *n* (*pl* **~** *or* **~s**) insignia *f*

insignificance /ˌɪnsɪgˈnɪfɪkəns/ *n* [u] insignificancia *f*; **to pale into ~ beside sth** ser* nimio *or* insignificante en comparación con algo

insignificant /ˌɪnsɪgˈnɪfɪkənt/ *adj* ‹*person/amount*› insignificante; ‹*detail*› nimio, insignificante, sin importancia; **it's ~ who gave the instructions** no importa *or* no tiene ninguna importancia quién haya dado las instrucciones

insincere /ˌɪnsɪnˈsɪr || ˌɪnsɪnˈsɪə(r)/ *adj* ‹*offer*› poco sincero; ‹*person/smile*› falso, poco sincero

insincerely /ˌɪnsɪnˈsɪrli || ˌɪnsɪnˈsɪəli/ *adv* con poca sinceridad

insincerity /ˌɪnsɪnˈserəti/ *n* [u] falta *f* de sinceridad

insinuate /ɪnˈsɪnjueɪt/ *vt* insinuar*
■ *v refl* **to ~ oneself INTO sth** introducirse* EN algo; **to ~ oneself into somebody's good graces** tratar de ganarse el favor de algn, tratar de congraciarse con algn

insinuating /ɪnˈsɪnjueɪtɪŋ/ *adj* insinuante

insinuation /ɪnˌsɪnjuˈeɪʃən/ *n* [c u] insinuación *f*; **he accused us by ~** nos acusó con insinuaciones, nos acusó por medio de insinuaciones

insipid /ɪnˈsɪpəd || ɪnˈsɪpɪd/ *adj* ‹*food/drink*› insípido, insulso, desabrido, soso (fam); ‹*person/film/novel*› insulso, soso (fam)

insist /ɪn'sɪst/ *vt* 1 (demand, require) **to ~ (THAT)** insistir EN QUE (+ SUBJ); **she ~ed that a doctor be called** insistió en que se llamara a un médico 2 (assert, maintain) **to ~ (THAT)** insistir EN QUE; **she ~s (that) she had nothing to do with it** insiste en que no tuvo nada que ver con el asunto
■ **insist** *vi* insistir; **after you — no, after you, I ~** usted primero — no, primero usted, no faltaba más

Phrasal verb

• **insist on, insist upon** [v + prep + o] 1 (be adamant about) **to ~ on -ING** insistir EN + INF/EN QUE + SUBJ; **she ~ed on paying/my going with her** insistió *or* se empeñó en pagar/en que yo fuera con ella; **I ~ on seeing the manager** exijo ver al director, insisto en que quiero ver al director; **if you ~ on playing that music, I'm leaving** si te empeñas en seguir tocando esa música, yo me voy; **I ~ed on this point in my speech** insistí sobre *or* hice hincapié en este punto en mi charla 2 (assert, maintain): **he ~s on his innocence/the impartiality of his report** insiste en que es inocente/en que su informe es imparcial

insistence /ɪn'sɪstəns/ *n* [u] insistencia *f*; **~ ON sth/THAT ...** insistencia EN algo/EN QUE ...; **his ~ on opening the mail himself** su insistencia en abrir él mismo la correspondencia; **the union's ~ that she be reinstated** la insistencia del sindicato en que fuera reincorporada; **his ~ that he had acted in good faith** su insistencia en que había actuado de buena fe; **she took time off only at her doctor's ~** se tomó tiempo libre sólo porque el médico le insistió

insistent /ɪn'sɪstənt/ *adj* 1 (persistent) insistente; **the salesman was very ~** el vendedor insistió mucho; **to be ~ THAT** insistir EN QUE; **she was most ~ that you should visit her/that she hadn't done it** insistió mucho en que la visitaras/en que no lo había hecho 2 (urgent, pressing) ‹*need*› apremiante

insistently /ɪn'sɪstəntli/ *adv* insistentemente, con insistencia

in situ /ɪn'saɪtu: || ɪn'sɪtju:/ *adv* (frml) in situ (frml)

insofar as /,ɪnsə'fɑ:r || ,ɪnsə'fɑ:(r)/ *conj* (frml) en la medida en que; **~ ~ her other commitments would allow** en la medida en que sus otros compromisos le permitían, dentro de lo que le permitían sus otros compromisos

insole /'ɪnsəʊl/ *n* 1 (loose sole) plantilla *f* 2 (part of shoe) plantilla *f*

insolence /'ɪnsələns/ *n* [u] insolencia *f*

insolent /'ɪnsələnt/ *adj* insolente

insolently /'ɪnsələntli/ *adv* insolentemente, con insolencia

insolubility /ɪn,sɑ:ljə'bɪləti || ɪn,sɒljʊ'bɪləti/ *n* [u] 1 (of substance) insolubilidad *f* 2 (of problem, mystery) insolubilidad *f*

insoluble /ɪn'sɑ:ljəbəl || ɪn'sɒljubəl/ *adj* 1 (Chem) insoluble 2 ‹*equation/problem/mystery*› insoluble, sin solución

insolvency /ɪn'sɑ:lvənsi || ɪn'sɒlvənsi/ *n* [u c] (*pl* **-cies**) insolvencia *f*

insolvent /ɪn'sɑ:lvənt || ɪn'sɒlvənt/ *adj* insolvente

insomnia /ɪn'sɑ:mniə || ɪn'sɒmniə/ *n* [u] insomnio *m*; **to suffer from ~** sufrir de *or* padecer* insomnio

insomniac /ɪn'sɑ:mniæk || ɪn'sɒmniæk/ *n* insomne *mf*, persona *f* que sufre de insomnio

insouciance /ɪn'su:siəns/ *n* [u] indiferencia *f*, despreocupación *f*

insourcing /'ɪnsɔ:rsɪŋ || 'ɪnsɔ:sɪŋ/ *n* [u] (Busn) internalización *f*

inspect /ɪn'spekt/ *vt* 1 (look closely at) ‹*car/camera*› revisar, examinar; (examine officially) ‹*school/restaurant*› inspeccionar; ‹*equipment*› inspeccionar, revisar; **to ~ sth FOR sth**: **we ~ed their hair for lice** les revisamos el pelo para ver si tenían piojos; **~ the documents for any discrepancies** revisen los documentos para comprobar si hay alguna discrepancia 2 ‹*troops*› pasar revista a

inspection /ɪn'spekʃən/ *n* [c u] 1 (official examination) inspección *f* 2 (of troops) revista *f* 3 (scrutiny) examen *m*, revisión *f*; **pitch ~** inspección *f* del terreno de juego; **on close ~** en un examen minucioso, al examinarlo minuciosamente; (*before n*): **~ chamber** registro *m*; **~ copy** ejemplar *m* de muestra; **~ pit** (Auto) ▸**pit**[1] **A1**

inspector /ɪn'spektər || ɪn'spektə(r)/ *n* 1 (appointed official) inspector, -tora *m,f*; (of school, factory, restaurant) inspector, -tora *m,f*; (*ticket ~*) (BrE) inspector, -tora *m,f*, revisor, -sora *m,f* (Esp); **I~ of Taxes** (in UK) inspector, -tora *m,f* de Hacienda (*or* de la Dirección General Impositiva *etc*) 2 (police officer) inspector, -tora *m,f* (de policía)

inspectorate /ɪn'spektərət/ *n* cuerpo *m* de inspectores, inspección *f*

inspiration /,ɪnspə'reɪʃən/ *n*
A 1 [u] (for artistic creation) inspiración *f*; **source of ~** fuente *f* de inspiración; **my ~ is drawn mostly from the classics** me inspiro sobre todo en los autores clásicos 2 (encouragement, example) (*no pl*): **her bravery was a constant ~ to her family** su valor fue una constante fuente de inspiración para su familia; **he was the ~ behind her success** fue el inspirador de su éxito; **his hard work is an ~ to us** su tesón nos sirve de estímulo 3 [c] (wonderful idea) idea *f* genial, inspiración *f*; **I've just had an ~!** ¡se me acaba de ocurrir una idea genial!
B [u] (Physiol) inspiración *f*, aspiración *f*

inspirational /,ɪnspə'reɪʃnəl || ,ɪnspə'reɪʃənl/ *adj* inspirador

inspire /ɪn'spaɪr || ɪn'spaɪə(r)/ *vt*
A 1 (arouse) ‹*love/confidence*› inspirar; ‹*fear/respect*› inspirar, infundir; ‹*hope/courage*› infundir; **to ~ sb WITH sth**: **the news ~d us with new hope** la noticia nos infundió nuevas esperanzas; **she doesn't ~ me with confidence** no me inspira confianza 2 (influence, encourage) estimular; **to ~ sb TO sth**: **it ~d us to renewed efforts** nos sirvió de estímulo *or* de acicate para redoblar nuestros esfuerzos; **what ~d you to do that?** ¿qué te llevó *or* movió a hacer eso? 3 (give inspiration for) ‹*music/writing/painting*› inspirar; **this song was ~d by something that happened to me** esta canción está inspirada en algo que me sucedió; **a work clearly ~d by Renaissance art** una obra de inspiración claramente renacentista; **the Bible is said to be divinely ~d** se dice que la Biblia fue escrita por inspiración divina
B (Physiol) ‹*air/oxygen*› inspirar, aspirar
■ **inspire** *vi* (Physiol) inspirar, aspirar

inspired /ɪn'spaɪrd || ɪn'spaɪəd/ *adj* inspirado; **I don't feel very ~ today** hoy no estoy muy inspirada; **it was ~ casting to give her that role** fue una inspiración elegirla para ese papel; **the orchids were an ~ choice** las orquídeas fueron todo un acierto; **I wasn't sure; it was just an ~ guess** *o* **idea** no estaba segura, fue sólo una inspiración; **he played like a man ~** tocó como por inspiración divina

-inspired /ɪn'spaɪrd/ *suff*: **a Communist~ coup** un golpe de inspiración comunista

inspiring /ɪn'spaɪrɪŋ || ɪn'spaɪərɪŋ/ *adj* ‹*example/story/leader*› inspirador, que sirve de inspiración; **an ~ act of heroism** un acto de heroísmo ejemplar; **the new students are not a very ~ bunch** los nuevos estudiantes no son muy brillantes que digamos

inst.[1] /ɪnst/ *n* = **institute, institution**

inst.[2] *adj* = **instant**

instability /,ɪnstə'bɪləti/ *n* [u] 1 (of situation) inestabilidad *f*; **economic/political ~** inestabilidad económica/política 2 (of person) inestabilidad *f*; **emotional/mental ~** inestabilidad emocional/mental

install, instal /ɪn'stɔ:l/ *vt* **-ll-** 1 (fit) ‹*equipment/machinery/telephone*› instalar; **the new regime has ~ed a system of strict state control** el nuevo régimen ha instaurado un estricto sistema de control estatal 2 (put in office): **the judge was ~ed in office with great ceremony** el juez tomó posesión de su cargo con gran ceremonia; **once the new manager is ~ed** una vez que asuma el nuevo gerente; **Napoleon ~ed his brother as King of Spain** Napoleón colocó *or* instaló a su hermano en el trono de España 3 (settle) instalar; **he ~ed himself in front of the television** se instaló *or* (fam) se plantó delante del televisor 4 (Comput) ‹*program*› instalar

installation /,ɪnstə'leɪʃən/ *n*
A [u c] 1 (of equipment, machinery, telephone etc) instalación *f* 2 (of official) investidura *f*
B [c] (equipment) instalación *f*; **an electrical/a heating ~** una instalación eléctrica/de calefacción
C [c] (complex) instalación *f* militar

installation program *n* programa *m* de instalación

installer /ɪn'stɔ:lər || ɪn'stɔ:lə(r)/ *n*
A (Comput) instalador *m*
B (person) instalador, -dora *m,f*

installment, (BrE) **instalment** /ɪn'stɔ:lmənt/ *n*
A (payment) plazo *m*, cuota *f* (esp AmL); **monthly ~s** mensualidades *fpl*, plazos *mpl* mensuales, cuotas *fpl* mensuales (esp AmL); **to pay in** *o* **by ~s** pagar* a plazos, pagar* en cuotas (esp AmL); **to buy sth on ~** (AmE colloq) comprar algo a plazos, comprar algo en cuotas (esp AmL)
B (part — of publication) entrega *f*, fascículo *m*; (— of TV, radio serial) episodio *m*, capítulo *m*; **the novel came out in ~s** publicaron la novela por entregas; **the first ~ of the History of the World** el primer fascículo de la Historia del Mundo

installment credit *n* [u] crédito *m* a plazos

installment plan *n* (AmE) plan *m* de financiación; **to buy sth on an ~ ~** comprar algo a plazos, comprar algo en cuotas (esp AmL)

instance[1] /'ɪnstəns/ *n*
A 1 (example) ejemplo *m*; **to cite (but) a few ~s** por citar algún ejemplo; **for ~** por ejemplo 2 (case) caso *m*; **in this ~** en este caso, en esta ocasión; **in the first ~** en primer lugar; **a court of first ~** (in UK) (Law) un tribunal de primera instancia
B (request): **at the ~ of sb, at sb's ~** (frml) a instancias *or* a petición de algn

instance[2] *vt* (frml) 1 (exemplify) (*usu pass*): **to be ~d by** quedar demostrado por 2 (mention as example) citar *or* mencionar (como ejemplo)

instant[1] /'ɪnstənt/ *adj*
A 1 (immediate) ‹*success/results*› instantáneo, inmediato; ‹*relief*› instantáneo, en el acto; **she took an ~ dislike to him** le cayó mal desde el primer momento; **~ death** muerte *f* instantánea *or* en el acto; **an ~ reply** una respuesta inmediata; **~ pictures** instantáneas *fpl*; **~ credit** crédito *m* inmediato *or* instantáneo; **~ gratification** gratificación *f* *or* satisfacción inmediata 2 (Culin) ‹*coffee/mashed potatoes*› instantáneo
B (BrE) (Corresp) (frml) (*after n*): **in your letter of the 5th ~** en su carta del 5 del corriente *or* (Esp tb) de los corrientes (frml), en su carta del 5 presente (Chi, Méx frml)

instant[2] *n* 1 (precise moment) instante *m*; **come here this ~!** ¡ven aquí en este mismo instante *or* ahora mismo!; **at that (very) ~** en ese (mismo) instante *or* momento; (*as conj*): **the ~ (that) the bell rang, everyone rushed out** en cuanto sonó el timbre *or* no bien sonó el timbre, todos salieron precipitadamente; **let me know the ~ he arrives** avíseme en cuanto llegue *or* no bien llegue 2 (short time) momento *m*, instante *m*; **in an ~** en un momento *or* instante; **for an ~ I thought it was him** por un instante pensé que era él; **not an ~ too soon** justo a tiempo

instantaneous /,ɪnstən'teɪniəs/ *adj* instantáneo; **don't expect their reaction to be ~** no esperes que reaccionen al instante *or* enseguida

instantaneously /,ɪnstən'teɪniəsli/ *adv* instantáneamente, al instante

instantly /'ɪnstəntli/ *adv* al instante, en el acto, instantáneamente

instant messaging *n* [u] (Telec) mensajería *f* instantánea

instant replay *n* [c u] repetición *f* (de la jugada); **the situation is an ~ ~ of last month** lo que está pasando es un calco *or* una repetición de lo que pasó el mes pasado

instead /ɪn'sted/ *adv* **1** **I couldn't go, so she went ~** no pude ir, así que fue ella (en vez de mí *or* en mi lugar); **forget about cooking, let's go out to dinner ~** no te preocupes por cocinar, vayamos a cenar fuera; **I'd run out of pasta, so I used rice ~** me había quedado sin pasta, así que usé arroz; **don't worry, I'll have tea ~** no se preocupe, deme té entonces; **I thought I was going to be early: ~, I was half an hour late** creí que llegaría temprano; en cambio, llegué media hora tarde; **he knew he should leave but ~ he lingered** sabía que debía irse; sin embargo, permaneció allí **2** **instead of** (*as prep*) en vez de, en lugar de; **~ of going by train, she chose to fly** en vez de ir en tren, prefirió el avión; **~ of beer he drank wine** en vez de cerveza se tomó un vino; **she volunteered to go ~ of me** se ofreció para ir en mi lugar

instep /'ɪnstep/ *n* **1** (of foot — arch) arco *m* (del pie); (— upper surface) empeine *m* **2** (of shoe) empeine *m*

instigate /'ɪnstəgeɪt || 'ɪnstɪgeɪt/ *vt* **1** (provoke) ‹*rebellion/mutiny*› instigar* a, incitar a, provocar*; **the riots were ~d by a small number of extremists** unos pocos extremistas fueron los instigadores *or* incitadores de la revuelta **2** (initiate) ‹*scheme*› promover*

instigation /ˌɪnstə'geɪʃən || ˌɪnstɪ'geɪʃən/ *n* [u] instigación *f*, incitación *f*; **they had concealed the information at his ~/at their brother's ~** instigados por él/por instigación de su hermano, habían ocultado la información; **it was carried out at the director's ~** se llevó a cabo a instancias del director

instigator /'ɪnstəgeɪtər || 'ɪnstɪgeɪtə(r)/ *n* instigador, -dora *m,f*, incitador, -dora *m,f*

instill, instil /ɪn'stɪl/ *vt* **-ll- to ~ sth IN/INTO sb** ‹*habit/idea/attitude*› inculcarle* algo A algn; ‹*courage/fear*› infundirle algo A algn

instinct /'ɪnstɪŋkt/ *n* [c u] instinto *m*; **maternal/business ~** instinto maternal/para los negocios; **the ~ for survival** el instinto de conservación *or* de supervivencia; **by ~** por instinto, instintivamente; **my first ~ was to escape** mi primera reacción fue escapar; **all his ~s told him to remain silent** su intuición le decía que era mejor callarse

instinctive /ɪn'stɪŋktɪv/ *adj* instintivo

instinctively /ɪn'stɪŋktɪvli/ *adv* instintivamente, por instinto

instinctual /ɪn'stɪŋktʃuəl || ɪn'stɪŋktjuəl/ *adj* (frml) instintivo

institute[1] /'ɪnstətu:t || 'ɪnstɪtju:t/ *vt* (frml) **1** (initiate) ‹*search/inquiry*› iniciar; ‹*proceedings/action*› (Law) entablar, iniciar **2** (establish) ‹*post/committee/rule*› instituir*; ‹*service/system*› establecer*

institute[2] *n* instituto *m*

institution /ˌɪnstə'tu:ʃən || ˌɪnstɪ'tju:ʃən/ *n*
A [c] (established practice, procedure) institución *f*; **the country's democratic ~s** las instituciones democráticas del país; **baseball is an ~ in the US** el béisbol es toda una institución en los Estados Unidos; **after twenty years she'd become an ~ in the office** (hum) con 20 años en la oficina, era toda una institución
B [c] **1** (organization) organismo *m*, institución *f*; (building) institución *f*, establecimiento *m*; **the financial ~s** las instituciones *or* entidades financieras **2** (hospital, asylum, home) *establecimiento sanitario, penitenciario o de asistencia social*; **she was frightened of ending up in an ~** temía terminar en un manicomio (*or* asilo *etc*)
C [u] (frml) **1** (initiation) iniciación *f* **2** (establishment) institución *f*, establecimiento *m*

institutional /ˌɪnstə'tu:ʃnəl || ˌɪnstɪ'tju:ʃənl/ *adj* ‹*reform*› institucional, de las instituciones; **~ investor** *inversor tal como un fondo de pensiones, compañía de seguros etc*; **~ food** *comida de hospital, colegio etc*

institutionalization /ˌɪnstəˌtu:ʃnələ'zeɪʃən || ˌɪnstɪˌtju:ʃənəlaɪ'zeɪʃən/ *n* [u] institucionalización *f*

institutionalize /ˌɪnstə'tu:ʃnəlaɪz || ˌɪnstɪ'tju:ʃənəlaɪz/ *vt*
A (make an institution) institucionalizar*
B (put in an institution) internar (*en un establecimiento sanitario, penitenciario o de asistencia social*)

institutionalized /ˌɪnstə'tu:ʃnəlaɪzd || ˌɪnstɪ'tju:ʃənəlaɪzd/ *adj*
A (formally established) institucionalizado
B **1** (in institution) ‹*patient/prisoner*› internado **2** (affected by life in institution) (BrE) *marcado or afectado por la estancia en un establecimiento sanitario, penitenciario o de asistencia social*

in-store /'ɪnstɔ:r || 'ɪnstɔ:(r)/ *adj* (*before n*) dentro de una tienda

instruct /ɪn'strʌkt/ *vt*
A (command) **to ~ sb to + INF** ordenar a algn QUE + SUBJ; **I ~ed the children to go home** ordené a los niños que se fueran a casa; **I've been ~ed to take you there** tengo instrucciones de llevarla allí
B (Law) **1** ‹*jury*› instruir* (*sobre ciertos aspectos legales*) **2** ‹*solicitor/barrister*› (esp BrE) darle* instrucciones a
C (frml) **1** (teach) **to ~ sb IN sth** enseñarle algo a algn, instruir* a algn EN algo; **she was ~ed in the catechism by Father Smith** el padre Smith le enseñó el catecismo; **we were ~ed in the use of the machine** se nos instruyó en el manejo de la máquina **2** (inform) informar; **I have been ~ed by my legal advisers that ...** mis asesores legales me han informado que ...

instruction /ɪn'strʌkʃən/ *n*
A [c] **1** (direction) instrucción *f*; **S instructions (for use)** instrucciones, modo de empleo; (*before n*) ‹*manual/book/leaflet*› de instrucciones **2** (order) instrucción *f*, orden *f*; **I gave clear ~s that ...** di órdenes *or* instrucciones precisas de que ...; **they left ~s for their meal to be ready at six o'clock** dejaron instrucciones de que la comida estuviera lista para las seis; **they were acting on the ~s of the chief of police** cumplían órdenes del jefe de policía; **I am under ~s to be back by eight** tengo órdenes *or* orden de estar de vuelta a las ocho **3** (Comput) instrucción *f* **4** **instructions** *pl* (BrE) (Law) instrucciones *fpl*
B [u] (teaching, training) (frml) **~ (IN sth)** instrucción *f* (EN algo); **they are given ~ in martial arts** se les instruye en las artes marciales; **Religious I~** (Educ) enseñanza *f* religiosa; (as subject) religión *f*

instructive /ɪn'strʌktɪv/ *adj* instructivo

instructor /ɪn'strʌktər || ɪn'strʌktə(r)/ *n* **1** (teacher) (Mil) instructor, -tora *m,f*; **swimming ~** profesor, -sora *m,f* de natación; **ski(ing) ~** instructor, -tora *m,f* *or* monitor, -tora *m,f* de esquí **2** (in US colleges) profesor, -sora *m,f* auxiliar

instrument /'ɪnstrəmənt || 'ɪnstrʊmənt/ *n* (*musical ~*)
A instrumento *m* (musical)
B **1** (piece of equipment) instrumento *m*; **a blunt ~** un instrumento contundente; **they are in desperate need of surgical ~s** necesitan instrumental quirúrgico urgentemente **2** **instruments** *pl* (Aviat) instrumentos *mpl*, mandos *mpl*; (Auto) instrumentación *f*, instrumentos *mpl*; **to fly/land on ~s** volar*/aterrizar* por instrumentos **3** (means, tool) instrumento *m*; **she was merely an ~ of fate** fue un mero instrumento del destino
C (document) (Law) instrumento *m*

instrumental[1] /ˌɪnstrə'mentl || ˌɪnstrʊ'mentl/ *adj*
A (serving as a means) **to be ~ IN sth** jugar* un papel decisivo EN algo; **he was ~ in setting up the organization** jugó un papel decisivo en la fundación de la organización; **his mediation was ~ in bringing the two sides together** su mediación jugó un papel decisivo en lograr el acercamiento de ambas partes
B (Mus) instrumental
C (Tech) ‹*navigation*› por instrumentos

instrumental[2] *n* pieza *f* instrumental

instrumentalist /ˌɪnstrə'mentləst || ˌɪnstrʊ'mentlɪst/ *n* instrumentista *mf*

instrumentation /ˌɪnstrəmən'teɪʃən || ˌɪnstrʊmen'teɪʃən/ *n* [u]
A (Mus) instrumentación *f*
B (Aviat, Naut) instrumentos *mpl*

instrument panel *n* (Auto) tablero *m* de mandos, salpicadero *m* (Esp); (Aviat) tablero *m* de mandos *or* de instrumentos

insubordinate /ˌɪnsə'bɔ:rdnət || ˌɪnsə'bɔ:dɪnət/ *adj* (frml) insubordinado

insubordination /ˌɪnsəbɔ:rdn'eɪʃən || ˌɪnsəbɔ:dɪ'neɪʃən/ *n* [u] insubordinación *f*

insubstantial /ˌɪnsəb'stæntʃəl || ˌɪnsəb'stænʃəl/ *adj* **1** (flimsy, meager) ‹*structure/object*› frágil, poco sólido; ‹*essay*› insustancial; **she was wearing a rather ~ dress** (hum) el vestido que tenía puesto era bastante revelador; **an ~ meal** una comida poco nutritiva **2** (not convincing, incomplete) ‹*evidence/argument*› inconsistente, poco sólido **3** (unreal) (liter) ‹*image/figure/apparition*› incorpóreo (liter); ‹*hope/fear*› imaginario

insufferable /ɪn'sʌfrəbəl/ *adj* (frml) ‹*arrogance/rudeness/pride*› insufrible, intolerable; ‹*heat/humidity/noise*› insoportable; ‹*person*› insufrible, insoportable, inaguantable; **he is an ~ bore** es un pesado inaguantable *or* insoportable

insufferably /ɪn'sʌfrəbli/ *adv* ‹*rude/arrogant*› intolerablemente; ‹*hot/congested*› insoportablemente; **he is ~ conceited** es un creído insoportable *or* inaguantable

insufficiency /ˌɪnsə'fɪʃənsi/ *n* (*pl* **-cies**) **1** [c u] (insufficient amount) (frml) insuficiencia *f* **2** [u] (Med) insuficiencia *f*; **cardiac/renal ~** insuficiencia cardíaca/renal

insufficient /ˌɪnsə'fɪʃənt/ *adj* insuficiente

insufficiently /ˌɪnsə'fɪʃəntli/ *adv* insuficientemente; **she was ~ prepared** no estaba lo suficientemente bien preparada; **they are ~ funded** no tienen financiamiento suficiente

insular /'ɪnsələr || 'ɪnsjʊlə(r)/ *adj* **1** (narrow, parochial) ‹*mentality/environment*› cerrado; ‹*person*› estrecho de miras, cerrado; **the students had formed into ~ little cliques** los estudiantes habían formado grupitos cerrados **2** (Geog) ‹*climate*› insular; ‹*people*› isleño, de las islas

insularity /ˌɪnsə'lærəti || ˌɪnsjʊ'lærəti/ *n* [u] (frml): **the ~ of their outlook** su estrechez de miras

insulate /'ɪnsəleɪt || 'ɪnsjʊleɪt/ *vt*
A **1** (Const) ‹*building/loft*› aislar* **2** (Elec) ‹*wires/apparatus*› aislar* **3** **insulating** *pres p* ‹*foam/felt*› aislante
B (protect) **to ~ sth/sb FROM sb/sth** proteger* algo/a algn DE algn/algo

insulating tape /'ɪnsəleɪtɪŋ || 'ɪnsjʊleɪtɪŋ/ *n* [u] (BrE) cinta *f* aislante *or* aisladora

insulation /ˌɪnsə'leɪʃən || ˌɪnsjʊ'leɪʃən/ *n* [u]
A (Const) **1** (against heat loss) aislamiento *m* (térmico); (soundproofing) aislamiento *m* acústico; (Elec) aislamiento *m* **2** (material) (material *m*) aislante *m*
B (from danger, reality) protección *f*

insulator /'ɪnsəleɪtər || 'ɪnsjʊleɪtə(r)/ *n* **1** (material) (material *m*) aislante *m* **2** (device) aislador *m*

insulin /'ɪnsələn || 'ɪnsjʊlɪn/ *n* [u] insulina *f*; (*before n*): **~ coma** coma *m* diabético; **~ shock** choque *m* *or* shock *m* insulínico; **~ treatment** tratamiento *m* insulínico

insulin dependency *n* [u] insulinodependencia *f*

insulin-dependent /ˌɪnsələndɪ'pendənt || 'ɪnsjʊlɪndɪ'pendənt/ *adj* insulinodependiente; **~ diabetes** diabetes *f* insulinodependiente

insult[1] /ɪn'sʌlt/ *vt* insultar, injuriar (frml); **I felt ~ed by his attitude** su actitud me ofendió

insult[2] /'ɪnsʌlt/ *n* insulto *m*, injuria *f* (frml); **an ~ TO sb/sth** un insulto A algn/algo; **the pay**

offer is an ~ la oferta salarial es un insulto; **an ~ to our intelligence** un insulto *or* (frml) una afrenta a nuestra inteligencia; **her absence was a calculated ~** su ausencia fue una ofensa intencionada; ***to add ~ to injury*** por si fuera poco, para coronarla (fam)

insulting /ɪn'sʌltɪŋ/ *adj* ‹*remarks/offer*› insultante, ofensivo; **he was extremely ~** lo que dijo fue muy insultante

insultingly /ɪn'sʌltɪŋli/ *adv* ‹*reply/gesture*› ofensivamente, de modo insultante; **their offer was ~ low** su oferta era tan baja, que era un insulto

insuperability /ɪn,su:pərə'bɪləti/ *n* [u] (frml) insuperabilidad *f*

insuperable /ɪn'su:pərəbəl/ *adj* (frml) insuperable

insuperably /ɪn'su:pərəbli/ *adv* (frml) (*before adj*): **~ difficult** extremadamente difícil, de una dificultad insuperable

insupportable /,ɪnsə'pɔ:rtəbəl || ,ɪnsə'pɔ:təbəl/ *adj* (frml) insoportable

insurable /ɪn'ʃʊrəbəl || ɪn'ʃʊərəbəl, ɪn'ʃɔ:rəbəl/ *adj* asegurable

insurance /ɪn'ʃʊrəns || ɪn'ʃʊərəns, ɪn'ʃɔ:rəns/ *n*

A [u] (Fin) seguro *m*; **he works in ~** trabaja en el ramo de los seguros; **medical/fire ~** seguro médico/de *or* contra incendios; **to take out ~** hacerse* *or* contratar un seguro; (*before n*): **~ agent/broker** agente *mf* de seguros; **~ certificate** póliza *f* de seguros; **~ claim** reclamación *f* al seguro; **~ company** compañía *f* de seguros, (compañía *f*) aseguradora *f*; **~ premium** prima *f* de seguro

B (precaution) (*no pl*) prevención *f*; **I take vitamin C as an ~ against colds** tomo vitamina C como prevención contra los catarros *or* para prevenir los catarros

insurance policy *n* **1** (Fin) póliza *f* de seguros **2** (precaution) medida *f* preventiva; **I bought it as an ~ ~** lo compré como medida preventiva *or* por si acaso

insurance stamp *n* (BrE); *sello de cotización de la seguridad social*

insure /ɪn'ʃʊr || ɪn'ʃʊə(r), ɪn'ʃɔ:(r)/ *vt*

A (Fin) asegurar; **he ~d his life for $500,000** se hizo un seguro de vida de 500.000 dólares; **I'm ~d to drive any car** con mi seguro puedo manejar *or* (Esp) conducir cualquier coche; **the sum ~d** la cantidad asegurada; **to ~ sth/sb AGAINST sth** asegurar algo/a algn CONTRA algo; **you must ~ yourself/your home against fire** tienes que asegurarte/asegurar la casa contra incendios; **we're ~d against all risks** estamos asegurados contra todo riesgo

B (AmE) ▸**ensure**

insured /ɪn'ʃʊrd || ɪn'ʃʊəd, ɪn'ʃɔ:d/ *n* (*pl* ~) (Fin): **the ~** el asegurado, la asegurada; (*pl*) los asegurados, las aseguradas

insurer /ɪn'ʃʊrər || ɪn'ʃʊərə(r), ɪn'ʃɔ:rə(r)/ *n* (company) compañía *f* de seguros, (compañía *f*) aseguradora *f*; (person) asegurador, -dora *m,f*

insurgency /ɪn'sɜ:rdʒənsi || ɪn'sɜ:dʒənsi/ *n* [u c] (*pl* **-cies**) (frml) insurgencia *f*, sublevación *f*; **the ~ in the occupied territories** la insurgencia en los territorios ocupados

insurgent[1] /ɪn'sɜ:rdʒənt || ɪn'sɜ:dʒənt/ *adj* (frml) insurgente (frml), sublevado

insurgent[2] *n* (frml) insurgente *mf* (frml), insurrecto, -ta *m,f* (frml), sublevado, -da *m,f*

insurmountability /,ɪnsər,maʊntə'bɪləti || ,ɪnsəmaʊntə'bɪləti/ *n* [u] (frml) insuperabilidad *f* (frml)

insurmountable /,ɪnsər'maʊntəbəl || ,ɪnsə'maʊntəbəl/ *adj* (frml) ‹*difficulty/problem*› insalvable, insuperable; ‹*barrier*› infranqueable

insurrection /,ɪnsə'rekʃən/ *n* [c u] (frml) insurrección *f* (frml)

insurrectionary /,ɪnsə'rekʃəneri || ,ɪnsə'rekʃənəri/ *adj* insurrecto (frml), sedicioso

insurrectionist /,ɪnsə'rekʃənəst || ,ɪnsə'rekʃənɪst/ *n* (frml) insurrecto, -ta *m,f* (frml), sedicioso, -sa *m,f*

intact /ɪn'tækt/ *adj* (*usu pred*) intacto; **to be/remain ~** estar*/seguir* intacto; **he's kept his dignity ~** ha mantenido intacta su dignidad

intake /'ɪnteɪk/ *n*

A (of water, air) entrada *f*; (of calories, protein) consumo *m*; **a sharp ~ of breath** una inhalación brusca

B (Tech) (pipe, vent) toma *f* (de aire, agua *etc*)

C (of trainees, students) (BrE) (+ *sing o pl vb*): **an ~ of 600** una matrícula de 600; **this year's ~ are very bright** los que entraron este año son muy buenos

intangible[1] /ɪn'tændʒəbəl || ɪn'tændʒɪbəl/ *adj* intangible; **~ assets** (Fin) activo *m* intangible, activos *mpl* inmateriales

intangible[2] *n* imponderable *m*

integer /'ɪntɪdʒər || 'ɪntɪdʒə(r)/ *n* (número *m*) entero *m*

integral[1] /'ɪntɪgrəl/ *adj*

A **1** ‹*part/feature*› integral, esencial; **an ~ whole** un todo integral; **to be ~ TO sth** ser* esencial A algo **2** (built-in) ‹*memory/keyboard/microphone*› incorporado

B (Math) **1** (pertaining to integers) ‹*number*› entero **2** (pertaining to integration) ‹*equation/calculus*› integral

integral[2] *n* integral *f*

integrally /'ɪntɪgrəli/ *adv* ‹*involved/situated*› íntegramente, totalmente; ‹*function*› integralmente

integrate /'ɪntəgreɪt || 'ɪntɪgreɪt/ *vt*

A **1** (combine) integrar; **to ~ sb/sth INTO/WITH sth**: **the new buildings have been successfully ~d with the old** se ha logrado integrar con éxito los nuevos edificios con los antiguos; **to ~ the handicapped into the community** hacer* que los minusválidos se integren en la sociedad **2** (desegregate) ‹*school/club*› eliminar la segregación de

B (Math) ‹*function*› integrar

■ **integrate** *vi* **1** (become combined) «*parts/unit*» integrarse, combinarse (para formar un todo); «*immigrants/minorities*» integrarse; **to ~ INTO/WITH sth** integrarse EN/CON algo **2** (become desegregated) eliminar la segregación de su (*or* nuestro *etc*) seno

integrated /'ɪntəgreɪtəd || 'ɪntɪgreɪtɪd/ *adj* **1** (forming a whole) ‹*system/network*› integrado **2** (not separate) ‹*component/feature*› incorporado, integrado **3** (nonsegregated) no segregacionista, integrado **4** (well-balanced) ‹*person/personality*› equilibrado

integrated circuit *n* circuito *m* integrado

integrated services digital network *n* red *f* digital de servicios integrados, RDSI *f*

integration /,ɪntə'greɪʃən || ,ɪntɪ'greɪʃən/ *n* [u]

A **1** (incorporation) **~ IN o INTO sth** integración *f* EN algo **2** (unification) unificación *f* **3** (desegregation) integración *f*

B (Math) integración *f*

integrity /ɪn'tegrəti/ *n* [u] **1** (honesty) integridad *f* **2** (wholeness) integridad *f*

integument /ɪn'tegjəmənt || ɪn'tegjʊmənt/ *n* (frml) tegumento *m* (frml)

intellect /'ɪntlekt || 'ɪntəlekt/ *n* **1** (faculty) intelecto *m*, inteligencia *f*; **powers of ~** capacidad *f* intelectual **2** (person) inteligencia *f*, cerebro *m*

intellectual[1] /,ɪntə'lektʃuəl/ *adj* ‹*process/power/person*› intelectual; **the work makes few ~ demands on her** el trabajo le exige poco intelectualmente

intellectual[2] *n* intelectual *mf*

intellectualize, intellectualise /,ɪntə'lektʃuəlaɪz/ *vt* intelectualizar*

intellectually /,ɪntə'lektʃuəli/ *adv* ‹*grasp/understand*› por medio de la inteligencia, intelectivamente (frml); (*before adj*) ‹*curious/exciting*› intelectualmente

intellectual property *n* [u] (Law) propiedad *f* intelectual

intelligence /ɪn'telədʒəns || ɪn'telɪdʒəns/ *n*

A **1** [u] (mental capacity) inteligencia *f*; **use your ~!** ¡utiliza la inteligencia!, ¡piensa un poco!; (*before n*): **~ test** prueba *f or* test *m* de inteligencia **2** [c] (intelligent being) ser *m* inteligente

B [u] (Govt, Mil) **1** (information) inteligencia *f*, información *f*; (*before n*): **~ agent** agente *mf* de inteligencia, agente secreto, -ta *m,f*; **the ~ community** (frml) los agentes de los servicios de inteligencia, los agentes secretos **2** (department) servicio *m* de información *or* de inteligencia

intelligence quotient *n* coeficiente *m or* cociente *m* intelectual *or* de inteligencia

intelligent /ɪn'telədʒənt || ɪn'telɪdʒənt/ *adj*

A **1** (clever) ‹*child/dog/suggestion*› inteligente; **the ~ thing to do would be to wait** lo inteligente sería esperar; **make an ~ guess** piensa un poco y trata de adivinar **2** (with mental faculties) ‹*being/life-form*› inteligente

B (Comput) ‹*copier/terminal*› inteligente

intelligent agent *n* (Comput) agente *m* inteligente

intelligent design *n* [u] (Phil) diseño *m* inteligente

intelligently /ɪn'telədʒəntli || ɪn'telɪdʒəntli/ *adv* inteligentemente, con inteligencia

intelligentsia /ɪn,telə'dʒentsiə || ɪn,telɪ'dʒentsiə/ *n* (+ *sing or pl vb*): **the ~** la intelectualidad, la inteligencia

intelligibility /ɪn,telədʒə'bɪləti || ɪn,telɪdʒə'bɪləti/ *n* [u] (frml) inteligibilidad *f* (frml)

intelligible /ɪn'telədʒəbəl || ɪn'telɪdʒəbəl/ *adj* inteligible, comprensible; **her handwriting is barely ~** su letra apenas se puede entender

intelligibly /ɪn'telədʒəbli || ɪn'telɪdʒəbli/ *adv* de modo inteligible *or* comprensible

intemperance /ɪn'tempərəns/ *n* [u] (frml) **1** (insobriety) (euph) ebriedad *f* (frml), exceso *m* en la bebida (euf) **2** (immoderation) intemperancia *f* (frml)

intemperate /ɪn'tempərət/ *adj* **1** (unrestrained) ‹*anger/joy*› desaforado, inmoderado; **an ~ outburst** un desafuero, un exabrupto **2** (addicted to drink) (euph) inmoderado (en la bebida) **3** (severe) ‹*climate*› inclemente, riguroso

intend /ɪn'tend/ *vt*: **no insult was ~ed** no fue mi intención ofender; **to ~ -ING o to ~ to + INF** pensar* + INF; **I don't know what he ~s doing o to do** no sé qué piensa hacer; **what do you ~ doing about it?** ¿qué piensas hacer al respecto?; **do it then! — I fully ~ to!** ¡pues hazlo! — ¡vaya que si lo haré!; **I ~ to go abroad next year** pienso viajar al extranjero el año que viene, tengo intenciones de viajar al extranjero el año que viene; **to ~ sb/sth to + INF** querer* QUE algn/algo + SUBJ; **I ~ my son to go to my old school** quiero que mi hijo vaya a mi antiguo colegio; **I ~ed the remark to be a joke** lo dije en broma; **to ~ sth FOR sb**: **the present was ~ed for you** el regalo era para ti; **the sarcasm was ~ed for him** el sarcasmo iba dirigido a él; **to ~ THAT**: **I ~ed that there should be enough for everybody** mi intención era que alcanzara para todos

intended[1] /ɪn'tendəd || ɪn'tendɪd/ *adj* **1** (calculated) ‹*irony/slight*› intencionado, deliberado **2** (sought) ‹*response/effect*› deseado, buscado; **it didn't reach the ~ recipient** no llegó a quien iba dirigido

intended[2] *n* (colloq & dated): **my/your ~** (fiancé) mi/tu futuro (fam); (fiancée) mi/tu futura (fam)

intense /ɪn'tens/ *adj*

A (great) ‹*pain/cold/activity*› intenso; ‹*gratitude*› profundo; **an ~ blue/green** un azul/verde intenso *or* vivo; **to my ~ relief** para mi gran alivio

B **1** (earnest) ‹*youth*› vehemente, apasionado; **she's terribly ~** se lo toma todo tan en serio **2** (emotionally taxing) (AmE) duro

intensely /ɪn'tensli/ *adv* **1** (*as intensifier*) ‹*moving/grateful*› profundamente, sumamente; **it annoys me ~** me molesta en grado sumo; **I dislike him ~** siento una profunda antipatía hacia él; **it's ~ boring** es sumamente aburrido, es aburridísimo **2** (earnestly) apasionadamente

intensification /ɪn,tensəfə'keɪʃən || ɪn,tensɪfɪ'keɪʃən/ *n* [u]

A (of search, activity) intensificación *f*; (of fighting, problems) recrudecimiento *m*

B (Phot) refuerzo *m*

intensifier /ɪn'tensəfaɪər || ɪn'tensɪfaɪə(r)/ *n*
A (Ling) palabra *f* enfática, intensificador *m*, intensivo *m*
B (Phot) reforzador *m*

intensify /ɪn'tensəfaɪ || ɪn'tensɪfaɪ/ **-fies, -fying, -fied** *vt* **1** (increase) ‹*search/campaign*› intensificar*; ‹*efforts*› redoblar, intensificar*; ‹*pain/anxiety*› agudizar*, intensificar* **2** (Phot) ‹*film/plate/image*› reforzar*
■ **intensify** *vi* «*pain*» agudizarse*, hacerse* más intenso; «*search*» intensificarse*; «*fighting*» recrudecer*

intensity /ɪn'tensəti/ *n* [u] **1** (of sensation, color) intensidad *f*; (of emotion) intensidad *f*, fuerza *f* **2** (Phys) intensidad *f* **3** (Phot) refuerzo *m*

intensive[1] /ɪn'tensɪv/ *adj* **1** (concentrated) ‹*study/preparation*› intensivo; ‹*course/training*› intensivo; ‹*farming*› intensivo; ‹*fire/shelling*› intensivo; **they made an ~ search of the building** registraron el edificio detenidamente **2** (Ling) intensivo **3** (Phys) ‹*property/measurement*› intensivo

intensive[2] *n* (AmE) ▸**intensifier A**

-intensive /ɪn'tensɪv/ *suff*: *sufijo que forma parte de palabras como*, ▸**capital-intensive**, **labor-intensive** *etc*

intensive care *n* [u] cuidados *mpl* intensivos, terapia *f* intensiva (Méx, RPl); **he was in ~ ~ for a week** estuvo en cuidados intensivos *or* (Méx, RPl) en terapia intensiva una semana; (*before n*): **~ ~ unit** unidad *f* de cuidados intensivos *or* (Esp tb) de vigilancia intensiva *or* (Arg, Méx) de terapia intensiva *or* (Chi) de tratamiento intensivo, centro *m* de tratamiento intensivo (Ur)

intensively /ɪn'tensɪvli/ *adv* ‹*study*› detenidamente, profundamente; ‹*farm/bombard*› de manera intensiva

intent[1] /ɪn'tent/ *adj* **1** (determined) (*pred*) **to be ~ ON sth/-ING** estar* decidido *or* resuelto A + INF; **she was ~ on success** *o* **on succeeding** estaba decidida *or* resuelta a triunfar, se había propuesto triunfar **2** (attentive, concentrated) ‹*expression*› de viva atención, concentrado; ‹*look/stare*› penetrante, fijo; **to be ~ ON sth** estar* abstraído *or* concentrado EN algo

intent[2] *n* [u c] propósito *m*, intención *f*; **a declaration/letter of ~** una declaración/carta de intenciones; **with evil/good ~** (frml) con malos/buenos propósitos, con malas/buenas intenciones; **with ~ to + INF** (frml) con el objeto *or* el propósito de + INF (frml); ***to all ~s and purposes*** a efectos prácticos

intention /ɪn'tenʃən/ *n* **1** [u c] (aim, purpose) intención *f*, propósito *m*; **voting ~s** (BrE) intención de voto; **it was not my ~ to cause trouble** no fue mi intención ocasionar problemas; **I have every ~ of going** tengo la firme intención de ir; **I don't have the slightest ~ of telling her** no tengo la menor intención de decírselo; **I have no ~ of writing to them** no tengo intenciones de escribirles, no pienso escribirles; **I did it with the best (of) ~s** lo hice con la mejor intención (del mundo); **if I offended you, it was quite without ~** (frml) si la ofendí, fue sin querer *or* sin intención; **his ~s are strictly honorable** (dated *or* hum) viene con buenas intenciones (ant *o* hum) **2** [u] (Law) intencionalidad *f*

intentional /ɪn'tenʃnəl/ *adj* ‹*destruction*› intencional, deliberado; ‹*insult/cruelty*› deliberado; **I'm sorry, it wasn't ~** lo siento, fue sin querer *or* no fue adrede; **~ foul** (Sport) falta *f* intencionada

intentionally /ɪn'tentʃnəli || ɪn'tenʃnəli/ *adv* ‹*do/change/say*› adrede, a propósito; ‹*cruel/funny*› intencionadamente; **we didn't do it ~** no lo hicimos queriendo *or* adrede *or* a propósito

intently /ɪn'tentli/ *adv* ‹*listen*› atentamente; **he was staring ~ at them** tenía la mirada fija en ellos, los miraba de hito en hito (liter)

inter /ɪn'tɜ:r || ɪn'tɜ:(r)/ *vt* **-rr-** (frml *or* liter) inhumar (frml), sepultar (frml), enterrar*

inter- /'ɪntər || 'ɪntə(r)/ *pref* inter-; **~union** intersindical

interact /,ɪntər'ækt/ *vi* «*people/organizations/social forces*» relacionarse, interactuar*; «*forces/particles/fields*» interactuar*; **to ~ WITH sth/sb** relacionarse CON algo/algn

interaction /,ɪntər'ækʃən/ *n* [u c] interacción *f*, interrelación *f*

interactive /,ɪntər'æktɪv/ *adj* **1** ‹*forces/effects*› interactivo **2** (Comput, TV, Video) interactivo; **~ television** televisión *f* interactiva

interactive learning *n* [u] aprendizaje *m* interactivo

interactively /,ɪntər'æktɪvli/ *adv* **1** (with each other) ‹*combine/function*› interactivamente **2** (Comput, TV, Video) ‹*operate/run*› interactivamente

interactivity /,ɪntəræk'tɪvəti/ *n* [u] interactividad *f*

inter alia /,ɪntər'eɪliə/ *adv* (frml) entre otras cosas

interbank /,ɪntər'bæŋk || ,ɪntə'bæŋk/ *adj* interbancario

interbreed /,ɪntər'bri:d || ,ɪntə'bri:d/ (*past & past p* **-bred** /-'bred/) *vi* **1** (between groups, individuals) cruzarse* **2** (within group) reproducirse* entre sí (*dentro de un grupo cerrado*)
■ **interbreed** *vt* cruzar*

intercalate /ɪn'tɜ:rkəleɪt || ɪn'tɜ:kəleɪt/ *vt* (frml) **1** ‹*day/month/rest*› intercalar **2** ‹*information*› intercalar

intercede /,ɪntər'si:d || ,ɪntə'si:d/ *vi* interceder; **to ~ WITH sb FOR** *o* **ON BEHALF OF sb** interceder ANTE algn POR *or* EN FAVOR DE algn

intercept[1] /,ɪntər'sept || ,ɪntə'sept/ *vt* **1** ‹*message/missile/attack*› interceptar; ‹*pass/shot*› (Sport) interceptar; **they were ~ed before they reached the building** les cerraron el paso antes de llegar al edificio **2** (Math) cortar

intercept[2] /'ɪntərsept || 'ɪntəsept/ *n* **1** (Mil) interceptación *f*, intercepción *f* **2** (AmE) (Sport) corte *m*, intercepción *f* **3** (AmE) (Telec): **they put an ~ on my telephone line** intervinieron mi línea telefónica; **the ~s were used as evidence** las grabaciones de las llamadas se usaron como prueba

interception /,ɪntər'sepʃən || ,ɪntə'sepʃən/ *n* **1** [u c] (catching in transit) interceptación *f*, intercepción *f* **2** [c] (Sport) (in rugby, soccer) corte *m*, intercepción *f*; (in US football) intercepción *f*

interceptor /,ɪntər'septər || ,ɪntə'septə(r)/ *n* interceptor *m*, interceptador *m*

intercession /,ɪntər'seʃən || ,ɪntə'seʃən/ *n* [u c] (frml) intercesión *f*; **~ WITH sb FOR** *o* **ON BEHALF OF sb** intercesión ANTE algn POR *or* EN FAVOR DE algn

intercessor /,ɪntər'sesər || ,ɪntə'sesə(r)/ *n* intercesor, -sora *m,f*

interchange[1] /,ɪntər'tʃeɪndʒ || ,ɪntə'tʃeɪndʒ/ *vt* intercambiar

interchange[2] /'ɪntərtʃeɪndʒ || 'ɪntətʃeɪndʒ/ *n*
A [u c] (exchange) intercambio *m*, cambio *m*
B [c] (on road system) enlace *m*, intercambiador *m* (Esp)

interchangeable /,ɪntər'tʃeɪndʒəbəl || ,ɪntə'tʃeɪndʒəbəl/ *adj* intercambiable; **to be ~ WITH sth** ser* intercambiable CON algo

interchangeably /,ɪntər'tʃeɪndʒəbli || ,ɪntə'tʃeɪndʒəbli/ *adv* de manera intercambiable

intercity[1] /,ɪntər'sɪti || ,ɪntə'sɪti/ *adj* (esp BrE) rápido interurbano

intercity[2] *n* (*pl* **-cities**) (BrE) interurbano *m*, intercity *m* (Esp)

intercollegiate /,ɪntərkə'li:dʒət, -dʒiət || ,ɪntəkə'li:dʒət, -dʒiət/ *adj* interuniversitario

intercom /'ɪntərkɑ:m || 'ɪntəkɒm/ *n* **1** (on plane, ship, in office) interfono *m*, intercomunicador *m* **2** (at building entrance) (AmE) portero *m* eléctrico *or* (Esp) automático, interfón *m* (Méx), intercomunicador *m* (Ven)

intercommunicate /,ɪntərkə'mju:nəkeɪt || ,ɪntəkə'mju:nɪkeɪt/ *vi* **1** «*people/computers*» comunicarse* **2** «*rooms/suites*» comunicarse*

intercommunication /,ɪntərkəmju:nə'keɪʃən || ,ɪntəkəmju:nɪ'keɪʃən/ *n* [u] intercomunicación *f*

intercommunion /,ɪntərkə'mju:njən || ,ɪntəkə'mju:niən/ *n* [u] intercomunión *f*

inter-company /'ɪntər'kʌmpəni || ,ɪntə'kʌmpəni/ *adj* intersocietario

interconnect /,ɪntərkə'nekt || ,ɪntəkə'nekt/ *vt* **1** (link) (*usu pass*): **to be ~ed** estar* conectados entre sí *or* interrelacionados **2** (Comput, Elec, Telec) ‹*circuits/speakers*› interconectar
■ **interconnect** *vi* **1** (link up) **to ~ (WITH sth)** interrelacionarse (CON algo); **a network of ~ing circuits** una red de circuitos conectados entre sí **2** (AmE) (Transp) **to ~ (WITH sth)** conectar *or* enlazar* (CON algo)

interconnecting /'ɪntərkənektɪŋ || 'ɪntəkənektɪŋ/ *adj* ‹*cable/circuits*› interconectado; ‹*rooms/tunnels*› que se comunican entre sí

interconnection /,ɪntərkə'nekʃən || ,ɪntəkə'nekʃən/ *n* **1** [u c] interconexión *f*, conexión *f* **2** [c] (AmE) (Transp) conexión *f*, enlace *m*

intercontinental /,ɪntər,kɑ:ntn'entl || ,ɪntə,kɒntɪ'nentl/ *adj* intercontinental

intercourse /'ɪntərkɔ:rs || 'ɪntəkɔ:s/ *n* [u] **1** (sexual) coito *m* (frml), acto *m* sexual; **to have ~ with sb** tener* relaciones sexuales con algn; **anal ~** coito anal **2** (liter & dated) (social) trato *m* social; (commercial) relaciones *fpl* comerciales

intercut[1] /,ɪntər'kʌt || ,ɪntə'kʌt/ *vt* (*pres p* **-cutting** *past & past p* **-cut**) ‹*scene/shot*› intercalar

intercut[2] /'ɪntərkʌt || 'ɪntəkʌt/ *n* (AmE) corte *m*

interdenominational /,ɪntərdɪ,nɑ:mə'neɪʃnəl || ,ɪntədɪ,nɒmɪ'neɪʃənl/ *adj* interconfesional

interdepartmental /,ɪntərdɪ:,pɑ:rt'mentl || ,ɪntə,di:pɑ:t'mentl/ *adj* interdepartamental

interdependence /,ɪntərdɪ'pendəns || ,ɪntədɪ'pendəns/ *n* [u] interdependencia *f*

interdependent /,ɪntərdɪ'pendənt || ,ɪntədɪ'pendənt/ *adj* interdependiente

interdict[1] /'ɪntərdɪkt || 'ɪntədɪkt/ *n* **1** (Law) interdicto *m* **2** (Relig) interdicto *m*, entredicho *m*; **to lay** *o* **place an ~ on sth/sb** poner* algo/a algn en entredicho

interdict[2] /,ɪntər'dɪkt || ,ɪntə'dɪkt/ *vt*
A (Law, Relig) **to ~ sb FROM sth** prohibirle* algo A algn
B (Mil) ‹*communications/transport*› inhabilitar, destruir* (*mediante un bombardeo sistemático*)

interdiction /,ɪntər'dɪkʃən || ,ɪntə'dɪkʃən/ *n*
A [c] ▸**interdict**[1]
B [u] (Law, Relig) interdicción *f*
C (Mil) inhabilitación *f*, destrucción *f* (*mediante un bombardeo sistemático*)

interdisciplinary /,ɪntər'dɪsəpləneri || ,ɪntə,dɪsɪ'plɪnəri/ *adj* interdisciplinario

interest[1] /'ɪntrəst/ *n*
A **1** [u] (felt by person) interés *m*; **her ideas aroused my ~** sus ideas despertaron *or* suscitaron mi interés; **~ IN sb/sth/-ING** interés EN algn/algo/+ INF; **I have no ~ in getting to know them** no tengo ningún interés en conocerlos, no me interesa conocerlos; **to lose ~** perder* interés; **to show (an) ~** demostrar* interés, mostrarse* interesado; **to take (an) ~ IN sth/sb** interesarse POR algo/algn; **he took no further ~ in the matter** dejó de interesarse por el asunto; **I'm doing it out of ~** lo hago porque me interesa **2** [c] (hobby) interés *m*; **his only ~ seems to be drinking** parece que su único interés es la bebida
B [u] (possessed by object) interés *m*; **the plot lacks ~** al argumento le falta interés; **I thought this article might be of ~ to you** me pareció que este artículo podría interesarle *or* podría serle de interés; **is this of any ~ to you?** ¿esto te interesa?; **it's of little ~ to me who did it** no me interesa demasiado *or* no tengo mucho interés en saber quién lo hizo; **it's a matter of public ~** es un asunto de interés público
C [c] **1** (stake) participación *f*, intereses *mpl*; **to have an ~ in sth** (Busn) tener* intereses *or* participación en algo; **he has a number of business ~s abroad** tiene varios negocios en el extranjero; **I have to declare an ~** tengo que declarar que soy parte interesada; **I have a personal ~ in seeing that justice is done** tengo motivos personales para asegurarme de

que se haga justicia; **she acquired a substantial ~ in the company** adquirió una parte considerable de las acciones de la empresa; **to hold a controlling ~** (Fin) tener* participación mayoritaria; **British ~s are being looked after by the Italian embassy** la embajada italiana se ocupa de los intereses británicos **2** (advantage) (*often pl*) interés *m*; **to serve the ~s of the ruling classes** servir* a los intereses de las clases gobernantes; **a conflict of ~(s)** un conflicto de intereses; **you've got to look after your own ~(s)** tienes que velar por tus propios intereses; **to act in sb's ~(s)** actuar* en beneficio de algn; **it's in your own ~(s) to be early** te conviene llegar temprano, por tu propio interés deberías llegar temprano; **it was not in our ~(s) to intervene** no nos convenía intervenir; **in the ~s of easing international tension** con el fin de relajar la tensión internacional; **to be against the public ~** ir* en perjuicio del interés público **3** **interests** *pl* (lobby) intereses *mpl*; **vested ~s** intereses creados; **special ~s** intereses de determinados grupos

D [u] (Fin) interés *m*; **simple/compound ~** interés simple/compuesto; **to earn/charge ~ of** *o* **at five per cent (per annum)** percibir/cobrar un interés del cinco por ciento (al año); **this bond bears five per cent ~** este bono da *or* (frml) devenga un interés del cinco por ciento; ***to repay sth/sb** o **to pay sth/sb back with ~***: **he repaid my affection with ~** me devolvió con creces el cariño que le había dado; **they'll pay me back with ~!** ¡me las van a pagar con creces!; (*before n*): **~ charges** cargos *mpl* por concepto de intereses; **low-~/~-free loans** préstamos *mpl* a bajo interés/sin interés; **~ payments** abonos *mpl or* pagos *mpl* de intereses; **~ rate** tasa *f or* (esp Esp) tipo *m* de interés

interest² *vt* interesar; **it ~s me a great deal** me interesa mucho; **can I ~ you in a raffle ticket?** ¿le puedo ofrecer un número de rifa?

interest-bearing /ˈɪntrest͵berɪŋ || ˈɪntrest ͵beərɪŋ/ *adj* que devenga intereses

interested /ˈɪntrəstəd || ˈɪntrəstɪd/ *adj*
A interesado; **they seem very ~** parecen estar muy interesados; **would you be ~?** ¿le interesaría?; **sorry, I'm not ~** lo siento, no me interesa *or* no tengo interés; **anyone ~ should see Miss Bush** los interesados deben hablar con la señorita Bush; **I'm going for a drink; anyone ~?** voy a tomar algo ¿alguien se apunta? (fam); **to be ~ IN sb/sth/-ING: I am ~ in astronomy** me interesa la astronomía; **the company is ~ in acquiring new premises** la compañía está interesada en adquirir nuevos locales; **are you ~ in our old TV?** ¿te interesa nuestro televisor viejo?; **it's very hard getting the children ~ in grammar** es muy difícil conseguir que los niños se interesen por la gramática; **to be ~ to + INF: I'd be ~ to hear what they did** me interesaría saber qué hicieron; **I was ~ to note that ...** noté *or* constaté con interés que ...
B (concerned): **~ party** parte *f* interesada

interest-free /ˈɪntrest͵friː/ *adj/adv* sin intereses

interest group *n* grupo *m* de intereses; **special ~ ~s** grupos con intereses especiales

interesting /ˈɪntrəstɪŋ/ *adj* ‹*feature/fact/theory/person*› interesante; **it's ~ to note that ...** resulta interesante notar que ...

interestingly /ˈɪntrəstɪŋli/ *adv* **1** ‹*talk/write*› de manera interesante **2** (*indep*): **~ enough, his reaction was one of pride** curiosamente, su reacción fue de orgullo; **she was, ~ enough, only 19 at the time** tenía a la sazón tan solo 19 años, lo cual no deja de ser interesante

interface¹ /ˈɪntərfeɪs || ˈɪntəfeɪs/ *n*
A **1** (Comput) interface *f or m*, interfaz *f or m*, interfase *f or m* **2** (interaction) interrelación *f*
B **1** (Phys) punto *m or* superficie *f* de contacto **2** (point of contact) punto *m* de contacto

interface² *vi* **1** (Comput) **to ~ WITH sth** funcionar en conjunto CON algo **2** (interact) **to ~ WITH sb** relacionarse *or* conectar CON algn

■ **interface** *vt* conectar (*mediante una interfaz*); **to ~ sth WITH sth** conectar algo CON *or* A algo

interfacing /ˈɪntər͵feɪsɪŋ || ˈɪntə͵feɪsɪŋ/ *n* [u c] entretela *f*

interfere /͵ɪntərˈfɪr || ͵ɪntəˈfɪə(r)/ *vi*
A (get involved) **to ~ (IN sth)** entrometerse *or* inmiscuirse* *or* interferir* (EN algo); **she started interfering, as usual** empezó a entrometerse, como de costumbre; **the minister didn't ~** la ministra no se inmiscuyó *or* no interfirió
B **1** (disrupt) **to ~ WITH sth** afectar (A) algo; **as long as it doesn't ~ with your studies** mientras no afecte (a) tus estudios; **don't ~ with me when I'm working** (AmE) no me estorbes cuando estoy trabajando **2** (tamper) **to ~ WITH sth** tocar* algo; **the lock had clearly been ~d with** era obvio que alguien había tocado *or* (fam) andado con la cerradura **3** (Rad, Telec) **to ~ WITH sth** interferir* algo
C (Sport) **1** (in US football) **to ~ WITH sb** hacerle* interferencia A algn **2** (in races) **to ~ WITH sb** obstaculizar* a algn
D (molest) (BrE euph) **to ~ WITH sb** abusar DE algn

interference /͵ɪntərˈfɪrəns || ͵ɪntəˈfɪərəns/ *n* [u] **1** (interfering) intromisión *f*, injerencia *f*; **the noise was a considerable ~** el ruido era una molestia considerable **2** (Phys, Rad, Telec) interferencia *f* **3** (Sport) interferencia *f* **4** (Ling) interferencia *f*

interfering /͵ɪntərˈfɪrɪŋ || ͵ɪntəˈfɪərɪŋ/ *adj* entrometido, importuno; **she's an ~ old hag** (colloq) es una vieja entrometida (fam)

interferon /͵ɪntərˈfɪrɑːn || ͵ɪntəˈfɪərən/ *n* [u] interferón *m*

intergalactic /͵ɪntərgəˈlæktɪk || ͵ɪntəgəˈlæktɪk/ *adj* intergaláctico

intergovernmental /͵ɪntər͵gʌvərnˈmentl || ͵ɪntə͵gʌvənˈmentl/ *adj* intergubernamental; (EU): **the I~ Conference/Council** la Conferencia *f* Intergubernamental

interim¹ /ˈɪntərəm || ˈɪntərɪm/ *adj* (*before n*) ‹*measure/solution*› provisional, provisorio (AmS); ‹*head/chairman*› interino; **~ accounts** interinos *mpl*, estados *mpl* financieros a fecha intermedia; **~ dividend** (Fin) dividendo *m* a cuenta; **an ~ payment** un pago a cuenta; **an ~ period** un período intermedio

interim² *n*: **in** *o* **during the ~** en el interín *or* ínterin, mientras tanto

interior¹ /ɪnˈtɪriər || ɪnˈtɪəriə(r)/ *n*
A **1** (of building) interior *m* **2** (Art) (escena *f or* cuadro *m* de) interior *m* **3** (Cin) interior *m*
B **1** (Geog): **the ~** el interior **2** (Govt): **the Ministry/Department of the I~** el Ministerio/Departamento del Interior
C (of physical bodies) (frml) interior *m*

interior² *adj*
A **1** (inside) ‹*walls*› interior **2** (mental) ‹*world/life*› interior
B (inland) del interior

interior angle *n* ángulo *m* interno

interior decoration *n* [u] **1** (of house) decoración *f* **2** (profession) interiorismo *m*, decoración *f* (de interiores)

interior decorator *n* **1** (painter) pintor, -tora *m,f* **2** (designer) interiorista *mf*, decorador, -dora *m,f* (de interiores)

interior design *n* [u] interiorismo *m*

interior designer *n* interiorista *mf*

interior-sprung /ɪn͵tɪriərˈsprʌŋ || ɪn͵tɪərɪəˈsprʌŋ/ *adj* (BrE) de muelles *or* resortes

interject /͵ɪntərˈdʒekt || ͵ɪntəˈdʒekt/ *vt* ‹*cry*› lanzar*; ‹*remark*› agregar*, hacer*; **not necessarily, he ~ed** — no necesariamente — interpuso *or* terció; **I'd just like to ~ a comment** quisiera agregar *or* hacer un pequeño comentario

interjection /͵ɪntərˈdʒekʃən || ͵ɪntəˈdʒekʃən/ *n* **1** (Ling) interjección *f* **2** (exclamation) exclamación *f*

interlace /͵ɪntərˈleɪs || ͵ɪntəˈleɪs/ *vt* **1** (interweave) entrelazar* **2** (intersperse) intercalar

■ **interlace** *vi* entrelazarse*

interlard /͵ɪntərˈlɑːrd || ͵ɪntəˈlɑːd/ *vt* (frml & pej) **to ~ sth WITH sth** salpicar* algo DE algo

interleave /͵ɪntərˈliːv || ͵ɪntəˈliːv/ *vt* intercalar; **to ~ a book with plates, to ~ plates into a book** intercalar láminas en un libro *or* entre las hojas de un libro

interlibrary loan /͵ɪntərˈlaɪbreri || ͵ɪntəˈlaɪbrəri/ *n* [u c] préstamo *m* interbibliotecario

interline /͵ɪntərˈlaɪn || ͵ɪntəˈlaɪn/ *vt* **1** (Clothing) ponerle* entretela a **2** (Lit, Print): **to ~ the text with commentaries** intercalar comentarios en un texto

interlinear /͵ɪntərˈlɪniər || ͵ɪntəˈlɪniə(r)/ *adj* (Lit, Print) interlineal

interlining /ˈɪntər͵laɪnɪŋ || ˈɪntəlaɪnɪŋ/ *n* [c u] entretela *f*

interlink /͵ɪntərˈlɪŋk || ͵ɪntəˈlɪŋk/ *vt* ‹*arms*› entrelazar*; ‹*factors/relationships*› interrelacionar

■ **interlink** *vi* entrelazarse*

interlock¹ /͵ɪntərˈlɑːk || ͵ɪntəˈlɒk/ *vi* **1** (join) entrelazarse*, trabarse **2** ‹‹*cogs*›› engranar

interlock² /ˈɪntərlɑːk || ˈɪntəlɒk/ *n* (Tex) interlock *m*; (*before n*) ‹*knit/underwear*› de interlock

interlocutor /͵ɪntərˈlɑːkjətər || ͵ɪntəˈlɒkjʊtə(r)/ *n* (frml *or* hum) interlocutor, -tora *m,f* (frml)

interloper /ˈɪntər͵ləʊpər || ˈɪntə͵ləʊpə(r)/ *n* intruso, -sa *m,f*

interlude /ˈɪntərluːd || ˈɪntəluːd/ *n*
A (intervening period) intervalo *m*, paréntesis *m*
B **1** (Theat) (intermission) entreacto *m*, intermedio *m* **2** (Mus) interludio *m*

intermarriage /͵ɪntərˈmærɪdʒ || ͵ɪntəˈmærɪdʒ/ *n* [u] **1** (between groups) matrimonio *m* mixto **2** (within group) matrimonio *m* endogámico

intermarry /͵ɪntərˈmæri || ͵ɪntəˈmæri/ *vi* **-ries, -rying, -ried** **1** (between groups) casarse (*con gente de otros grupos raciales etc*) **2** (within group) casarse entre sí

intermediary¹ /͵ɪntərˈmidieri || ͵ɪntəˈmiːdiəri/ *n* (*pl* **-ries**) (frml) intermediario, -ria *m,f*

intermediary² *adj* (frml) **1** ‹*agent/role*› intermediario **2** ‹*state/phase/position*› intermedio

intermediate /͵ɪntərˈmiːdiət || ͵ɪntəˈmiːdiət/ *adj* ‹*point/stage/step*› intermedio; ‹*size/weight/level*› medio, intermedio; ‹*halt/stopover*› intermedio; ‹*course*› de nivel medio *or* intermedio; **~-range weapon** arma *f*‡ de alcance intermedio; **~ technology** tecnología *f* media; **~ host** (Zool) huésped *m* intermediario

intermediate school *n* [c u] (in US) **1** *escuela donde se cursa el primer ciclo de la enseñanza secundaria* **2** *escuela donde se cursa segundo ciclo de la enseñanza primaria*

interment /ɪnˈtɜːrmənt || ɪnˈtɜːmənt/ *n* [u c] (frml) sepelio *m* (frml), entierro *m*

intermezzo /͵ɪntərˈmetsəʊ || ͵ɪntəˈmetsəʊ/ *n* (*pl* **-zos** *or* **-zi** /-siː/) intermezzo *m*

interminable /ɪnˈtɜːrmənəbəl || ɪnˈtɜːmɪnəbəl/ *adj* interminable; **the opera seemed ~** la opera me pareció interminable *or* eterna

interminably /ɪnˈtɜːrmənəbli || ɪnˈtɜːmɪnəbli/ *adv* interminablemente

intermingle /͵ɪntərˈmɪŋgəl || ͵ɪntəˈmɪŋgəl/ *vi* mezclarse, entremezclarse

■ **intermingle** *vt* mezclar, entremezclar

intermission /͵ɪntərˈmɪʃən || ͵ɪntəˈmɪʃən/ *n* **1** [c] (Cin, Mus, Theat) intermedio *m*, intervalo *m* **2** [c u] (let-up) (frml) tregua *f*, interrupción *f*

intermittent /͵ɪntərˈmɪtnt || ͵ɪntəˈmɪtənt/ *adj* intermitente; **~ contact/current** (Elec) contacto *m* /corriente *m* intermitente; **~ fever** (Med) fiebre *f* intermitente *or* recurrente

intermittently /͵ɪntərˈmɪtntli || ͵ɪntəˈmɪtəntli/ *adv* ‹*attend*› sin regularidad; **~ sunny** con períodos de sol, soleado a ratos

intermix /͵ɪntərˈmɪks || ͵ɪntəˈmɪks/ *vt* entremezclar

intermolecular /͵ɪntərməˈlekjələr || ͵ɪntəməˈlekjʊlə(r)/ *adj* intermolecular

intern¹ /ɪnˈtɜːrn || ɪnˈtɜːn/ *vt* recluir*, confinar

■ **intern** *vi* /ˈɪntɜːrn/ (AmE) **1** (Med) hacer* las prácticas, ser* interno **2** (Educ) hacer* las prácticas

intern² /ˈɪntɜːrn || ˈɪntɜːn/ *n* (AmE) **1** (Med) interno, -na *m,f* **2** (in career development); pasante *mf* (*persona joven titulada que trabaja bajo supervisión a fin de adquirir experiencia profesional*)

internal /ɪnˈtɜːrnl || ɪnˈtɜːnl/ *adj*
A **1** (in physical object) ‹*wall/structure*› interno; ‹*organ/injuries/examination*› interno; ⓢ **not for internal use** para uso externo **2** (mental) interno
B **1** (within organization) ‹*document/mail/dispute/inquiry*› interno; ~ **audit** auditoría *f* interna; ~ **examiner** examinador interno, examinadora interna *m,f* **2** (within country) ‹*affairs/trade*› interno **3** (Lit) interno, intrínseco; ~ **rhyme** rima *f* interna

internal angle *n* ángulo *m* interno

internal clock *n* **1** (sense of time) reloj *m* interno **2** (Biol) reloj *m* biológico *or* interno

internal-combustion engine /ɪnˌtɜːrnlkəmˈbʌstʃən || ɪnˌtɜːnlkəmˈbʌstʃən/ *n* motor *m* de combustión interna

internalization /ɪnˌtɜːrnləˈzeɪʃən || ɪnˌtɜːnəlaɪˈzeɪʃən/ *n* [u] (Psych) interiorización *f*

internalize /ɪnˈtɜːrnlaɪz || ɪnˈtɜːnəlaɪz/ *vt* **1** (Psych) ‹*guilt/conflict*› interiorizar* **2** (Ling) ‹*rule*› asimilar

internally /ɪnˈtɜːrnli || ɪnˈtɜːnəli/ *adv* **1** (Med, Pharm, Physiol) ‹*digest/secrete/bleed*› internamente; ⓢ **not to be taken internally** para uso externo **2** (Adm, Busn) ‹*distribute/review*› dentro de la organización; ‹*finance*› con recursos propios

internal market *n*
A ▸ **single market**
B (in UK) mercado *m* interior

Internal Revenue Service ➡ *n* (in US): **the** ~ ~ ~ ≈ Hacienda, ≈ la Dirección General Impositiva (*en RPl*), ≈ Impuestos Internos (*en Chi*)

international¹ /ˌɪntərˈnæʃnəl || ˌɪntəˈnæʃənl/ *adj* internacional; ~ **crime/language** delito *m* /idioma *m* internacional

international² ▸ **Newspapers** *n* (Sport) **1** (event) partido *m* internacional **2** (player) internacional *mf*

International Brigade *n*: **the** ~ ~ las Brigadas Internacionales

International Court of Justice *n*: **the** ~ ~ ~ ~ la Corte *or* el Tribunal Internacional de Justicia

international dateline *n*: **the** ~ ~ la línea (de cambio) de fecha

Internationale /ˌɪntərnæʃəˈnɑːl || ˌɪntənæʃəˈnɑːl/ *n*: **the** ~ la Internacional

> **The International Herald Tribune**
> ▸ Newspapers.

internationalism /ˌɪntərˈnæʃnəlɪzəm || ˌɪntəˈnæʃnəlɪzəm/ *n* [u] internacionalismo *m*

internationalist /ˌɪntərˈnæʃnələst || ˌɪntəˈnæʃnəlɪst/ *n* internacionalista *mf*

internationalize /ˌɪntərˈnæʃnəlaɪz || ˌɪntəˈnæʃnəlaɪz/ *vt* internacionalizar*

international law *n* [u] derecho *m* internacional

internationally /ˌɪntərˈnæʃnəli || ˌɪntəˈnæʃnəli/ *adv* **1** ‹*expand/trade*› internacionalmente **2** ‹*famous/known*› mundialmente

International Monetary Fund *n*: **the** ~ ~ ~ el Fondo Monetario Internacional

international money order *n* giro *m* postal internacional

international reply coupon *n* cupón *m* de respuesta internacional

internecine /ˌɪntərˈniːsaɪn || ˌɪntəˈniːsaɪn/ *adj* (*usu before n*) (frml) **1** (within group) ‹*war/strife*› intestino (frml) **2** (mutually destructive) ‹*war*› de destrucción *or* aniquilación recíproca; **an** ~ **carnage** una matanza sangrienta

internee /ɪnˌtɜːrˈniː || ˌɪntɜːˈniː/ *n* interno, -na *m,f*

Internet, internet /ˈɪntərnet || ˈɪntənet/ , *n* [u] **the** ~ (el *or* la) Internet; **accessible via the** ~ accesible por *or* a través de Internet; **to be connected to** *o* **on the** ~ estar* conectado a Internet; **to buy/find sth on the** ~ comprar/encontrar* algo en Internet; (*before n*) ‹*access*› a Internet; ‹*auction/search*› en Internet; ‹*account/address/user*› de Internet; ~ **banking** banca *f* por Internet; ~ **business** cibernegocio *m*; ~ **conferencing** ciberconferencia *f*, conferencia *f* por Internet; ~ **marketplace** cibermercado *m*; ~ **phone** teléfono *m* de Internet; ~ **pornography** pornografía *f* por Internet; ~ **protocol** protocolo *m* Internet; ~ **shopper** cibercomprador, -dora *m,f*, comprador, -dora *m,f* de *or* por Internet; ~ **shopping** compras *fpl* por Internet; ~ **user** cibernauta *m,f*, usuario, -ria *m,f* de Internet

> **Internet**
> Algunos sitios Web en inglés: CNN Interactive http://www.cnn.com; BBC http://www.bbc.co.uk; New York Times http://www.nytimes.com; The Times http://www.the-times.co.uk; Museum of Modern Art http://www.moma.org

Internet café *n* cibercafé *m*, café *m* Internet

Internet service provider /prəˈvaɪdər || prəˈvaɪdə(r)/ *n* proveedor *m* de servicios Internet

internist /ˈɪntɜːrnəst, ɪnˈtɜːrnəst || ɪnˈtɜːnɪst/ *n* (AmE) internista *mf*, especialista *mf* en medicina interna

internment /ɪnˈtɜːrnmənt || ɪnˈtɜːnmənt/ *n* [u] internamiento *m*; (*before n*): ~ **camp** campo *m* de internamiento

internship /ˈɪntɜːrnʃɪp || ˈɪntɜːnʃɪp/ *n* [c u] (AmE) **1** (Med) internado *m* **2** (in career development) pasantía *f*

interpersonal /ˌɪntərˈpɜːrsnəl || ˌɪntəˈpɜːsənl/ *adj* interpersonal

interpersonal skills *pl n* (Lab Rel) habilidades *fpl* interpersonales

interplanetary /ˌɪntərˈplænəteri || ˌɪntəˈplænɪtri/ *adj* interplanetario

interplay /ˈɪntərpleɪ || ˈɪntəpleɪ/ *n* [u] interacción *f*

Interpol /ˈɪntərpəʊl || ˈɪntəpɒl/ *n* Interpol *f*

interpolate /ɪnˈtɜːrpəleɪt || ɪnˈtɜːpəleɪt/ *vt*
A ‹*material/phrase/comment*› interpolar; **the text is heavily ~d with later additions** el texto presenta un gran número de interpolaciones posteriores
B (Math) interpolar

interpolation /ɪnˌtɜːrpəˈleɪʃən || ɪnˌtɜːpəˈleɪʃən/ *n*
A [u] (insertion) interpolación *f*
B [u c] (Math) interpolación *f*

interpose /ˌɪntərˈpəʊz || ˌɪntəˈpəʊz/ *vt* **1** (in speech) ‹*question/suggestion/objection*› interrumpir con; ‹*comment/remark*› interponer* (frml); **that's nonsense!, he ~d suddenly** —¡qué tontería! —exclamó interrumpiendo; **she ~d a note of caution** introdujo una nota de cautela **2** (insert) (frml) ‹*barrier/protective layer*› interponer*
■ **interpose** *vi* (frml) interponerse*

interpret /ɪnˈtɜːrprət || ɪnˈtɜːprɪt/ *vt* **1** (understand) ‹*sign/action/remark*› interpretar; **how are we to ~ this?** ¿cómo debemos interpretar esto?; **it can be ~ed in two ways** se puede interpretar de dos maneras **2** (explain) ‹*dream/novel/statistics*› interpretar **3** ‹*role/song/poem*› interpretar
■ **interpret** *vi* (Ling) (translate) traducir* (*oralmente*), interpretar; (work as interpreter) hacer* de *or* trabajar como intérprete; **to ~ from Japanese into English** traducir* del japonés al inglés

interpretation /ɪnˌtɜːrprəˈteɪʃən || ɪnˌtɜːprɪˈteɪʃən/ *n* [c u]
A **1** (explanation) interpretación *f*; **I did not know what ~ to put** *o* **place on his words** no supe muy bien cómo interpretar sus palabras; **it's open to a number of different ~s** se puede interpretar de muchas maneras; **it's all a question of ~** depende de cómo se interprete; **according to this ~** de acuerdo con *or* a esta interpretación **2** (Mus, Theat) interpretación *f*
B (translation) (Ling) interpretación *f*; **my friend was able to provide an ~** mi amigo pudo hacer de intérprete; **simultaneous/consecutive ~** interpretación simultánea/consecutiva

interpretative /ɪnˈtɜːrprəteɪtɪv || ɪnˈtɜːprɪtətɪv/ *adj* ▸ **interpretive**

interpreter /ɪnˈtɜːrprətər || ɪnˈtɜːprɪtə(r)/ *n*
A (Ling) intérprete *mf*
B **1** (Mus, Theat) intérprete *mf* **2** (expositor) intérprete *mf*
C (Comput) intérprete *m*

interpreting /ɪnˈtɜːrprətɪŋ || ɪnˈtɜːprɪtɪŋ/ *n* [u] interpretación *f*

interpretive /ɪnˈtɜːrprətɪv || ɪnˈtɜːprɪtɪv/ *adj* ‹*faculties/procedure/analysis*› interpretativo; ‹*language*› (Comput) interpretado

interprovincial /ˌɪntərprəˈvɪntʃəl || ˌɪntəprəˈvɪnʃəl/ *adj* interprovincial

interracial /ˌɪntərˈreɪʃəl || ˌɪntəˈreɪʃəl/ *adj* interracial; ‹*marriage*› mixto

interregnum /ˌɪntəˈregnəm/ *n* (*pl* **-nums** *or* **-na** /-nə/) interregno *m*

interrelate /ˌɪntərɪˈleɪt/ *vi* interrelacionarse; **they ~ with each other** están interrelacionados, se relacionan entre sí

interrelated /ˌɪntərɪˈleɪtəd || ˌɪntərɪˈleɪtɪd/ *adj* **1** ‹*phenomena/factors/events*› interrelacionado, relacionado entre sí **2** ‹*families/species/companies*› relacionado entre sí

interrelation /ˌɪntərɪˈleɪʃən/, **interrelationship** /-ʃɪp/ *n* [c u] interrelación *f*

interrogate /ɪnˈterəgeɪt/ *vt*
A (question) ‹*criminal/suspect/spy*› interrogar*, someter a un interrogatorio
B (Comput, Telec) ‹*computer/database*› interrogar* a

interrogation /ɪnˌterəˈgeɪʃən/ *n* [u c]
A (questioning) interrogatorio *m*; **he died under ~** murió durante el interrogatorio; (*before n*) ‹*methods/techniques*› de interrogación; ‹*room*› de interrogatorios
B (Comput, Telec) interrogación *f*

interrogation mark *n* ▸ **interrogation point**

interrogation point *n* (AmE frml) signo *m* de interrogación

interrogative /ˌɪntəˈrɑːgətɪv || ˌɪntəˈrɒgətɪv/ *adj* interrogativo

interrogatively /ˌɪntəˈrɑːgətɪvli || ˌɪntəˈrɒgətɪvli/ *adv* ‹*look*› con aire interrogativo; ‹*say*› en tono interrogativo

interrogator /ɪnˈterəgeɪtər || ɪnˈterəgeɪtə(r)/ *n* interrogador, -dora *m,f*

interrogatory /ˌɪntəˈrɑːgətɔːri || ˌɪntəˈrɒgətri/ *adj* ▸ **interrogative**

interrupt /ˌɪntəˈrʌpt/ *vt* **1** (by speaking) ‹*discussion/person*› interrumpir; **I'm sorry to ~ you** perdone que lo interrumpa; **but ... , he ~ed** —pero ... —interrumpió **2** (stop) ‹*communication/flow*› interrumpir
■ **interrupt** *vi* interrumpir; **if you'll excuse my ~ing** si me perdona la interrupción

interruption /ˌɪntəˈrʌpʃən/ *n* [c u] interrupción *f*; **without further ~** sin más interrupciones

intersect /ˌɪntərˈsekt || ˌɪntəˈsekt/ *vi*
A (cross) ‹‹*roads/paths*›› cruzarse*
B (Math) **1** ‹‹*lines/curves/figures*›› cortarse, intersecarse* (frml) **2** ‹‹*sets*›› formar intersección; **~ing sets** conjuntos *mpl* en intersección
■ **intersect** *vt* **1** ‹*road/path*› cruzar* **2** ‹*line/curve/figure*› cortar

intersection /ˌɪntərˈsekʃən || ˌɪntəˈsekʃən/ *n* **1** (Transp) cruce *m*, intersección *f* (frml) **2** (Geog, Math) intersección *f*

intersession /ˌɪntərˈseʃən || ˌɪntəˈseʃən/ *n* (AmE) *período de vacaciones entre trimestres o cursos académicos*, receso *m* (Col)

intersperse /ˌɪntərˈspɜːrs || ˌɪntəˈspɜːs/ *vt* intercalar; **to ~ sth WITH sth: he ~d the lecture with amusing anecdotes** intercaló anécdotas graciosas en su charla; **she ~s tragedy with moments of high comedy** intercala en

---

➡ *ver* Vivir en un país de habla inglesa

lo trágico momentos de gran comicidad, intercala lo trágico con momentos de gran comicidad; **there were pictures ~d in the text** había fotografías intercaladas en el texto

interstate /ˌɪntər'steɪt || ˌɪntə'steɪt/ *adj* (*usu before n*) ‹*rivalry/communications/commerce*› entre estados, interestatal

interstate (highway) /'ɪntərsteɪt || 'ɪntəsteɪt/ *n* (AmE) carretera *f* interestatal, ≈ carretera *f* nacional

> **interstate (highway)**
>
> En Estados Unidos, una ruta nacional de larga distancia que cruza de un estado a otro. Están señalizadas con un símbolo rojo y azul que lleva la letra 'I' seguida del número de la ruta. Las que van de norte a sur tienen números impares y las que van de este a oeste tienen números pares. Cada calzada tiene cuatro carriles.

interstellar /ˌɪntər'stelər || ˌɪntə'stelə(r)/ *adj* (*usu before n*) interestelar, intersideral

interstice /ɪn'tɜːrstəs || ɪn'tɜːstɪs/ *n* (*pl* **-stices** /-stəsiːz/) (frml) intersticio *m* (frml)

intertwine /ˌɪntər'twaɪn || ˌɪntə'twaɪn/ *vi* «*fingers/plants*» entrelazarse*; «*paths/destinies*» entrecruzarse*

■ **intertwine** *vt* ‹*fingers*› entrelazar*; **with flowers ~d in her hair** con flores entretejidas en el pelo; **our future is irrevocably ~d with that of ...** nuestro futuro está irrevocablemente ligado a ...

interurban /ˌɪntər'ɜːrbən || ˌɪntər'ɜːbən/ *adj* interurbano

interval /'ɪntərvəl || 'ɪntəvəl/ *n*

A **1** (time) intervalo *m*; **lucid ~s** intervalos de lucidez; **at regular/irregular ~s** a intervalos regulares/irregulares; **at ~s of 20 minutes, at 20-minute ~s** a intervalos de 20 minutos; **the ~(s) between their visits grew longer** cada vez espaciaban más sus visitas; **bright/sunny ~s** (Meteo) intervalos soleados/de sol **2** (distance) intervalo *m*, espacio *m*; **at regular ~s along the road** a intervalos *or* espacios regulares a lo largo de la carretera; **at ~s of 15 yards, at 15-yard ~s** a intervalos de 15 yardas

B (pause) (BrE) (Cin, Mus) intermedio *m*; (BrE) (Theat) entreacto *m*, intermedio *m*; (Sport) descanso *m*, medio tiempo *m*, entretiempo *m* (Chi); **the scores were level at the ~** el marcador estaba igualado al terminar el primer tiempo

C (Mus) intervalo *m*

intervene /ˌɪntər'viːn || ˌɪntə'viːn/ *vi* **1** (interpose oneself) «*government/intermediary*» intervenir*; **he ~d with the authorities on our behalf** intervino *or* (frml) intercedió ante las autoridades en nuestro favor **2** (interrupt) «*fate*» interponerse*, intervenir*; «*event*» sobrevenir*; **he was about to continue, but the bell ~d** iba a continuar, pero sonó la campana **3** (elapse) pasar, transcurrir; **one year ~d before we met again** pasó *or* transcurrió un año antes de que nos volviéramos a ver **4** **intervening** *pres p* **what happened in the intervening period?** ¿qué pasó en el interín *or* ínterin?; **in the intervening chapters** en los capítulos intermedios

intervention /ˌɪntər'ventʃən || ˌɪntə'venʃən/ *n* **1** [u] (interposal) intervención *f*; **armed/military ~** intervención armada/militar **2** [u] (Econ) intervención *f*; (*before n*): **~ price** (EU) precio *m* de intervención, precio *m* mínimo garantizado **3** [c] (in debate, discussion) intervención *f*

interventionism /ˌɪntər'ventʃənɪzəm || ˌɪntə'venʃənɪzəm/ *n* [u] intervencionismo *m*

interventionist[1] /ˌɪntər'ventʃənəst || ˌɪntə'venʃənɪst/ *n* intervencionista *mf*

interventionist[2] *adj* intervencionista

interview[1] /'ɪntərvjuː || 'ɪntəvjuː/ *n* **1** (for job, university place) entrevista *f*; **he was called for an ~** *o* (BrE also) **for ~** lo citaron para una entrevista **2** (with politician, entertainer) entrevista *f*, interviú *f*; **to give** *o* **grant an ~** dar* *or* conceder una entrevista **3** (in market research) entrevista *f* **4** (with authorities) (Soc Adm) entrevista *f*; (BrE) (Law) interrogatorio *m*

interview[2] *vt* **1** ‹*candidate/applicant/singer*› entrevistar; **20% of the electorate has already been ~ed** el 20% del electorado ya ha sido encuestado **2** (BrE) (Law) interrogar*

■ **interview** *vi* **1** (conduct interview): **they're ~ing next Friday** las entrevistas tendrán lugar el próximo viernes; **she ~s for the radio** hace entrevistas para la radio **2** «*interviewee*»: **she doesn't ~ very well** no causa muy buena impresión cuando es entrevistada

interviewee /ˌɪntərvjuː'iː || ˌɪntəvjuː'iː/ *n* entrevistado, -da *m,f*, candidato, -ta *m,f*

interviewer /'ɪntərˌvjuːər || 'ɪntəˌvjuːə(r)/ *n* entrevistador, -dora *m,f*

intervocalic /ˌɪntərvəʊ'kælɪk || ˌɪntəvəʊ'kælɪk/ *adj* intervocálico

interwar /'ɪntər'wɔːr || ˌɪntə'wɔː(r)/ *adj* (*before n*) ‹*years/period/fashions*› de entreguerras

interweave /ˌɪntər'wiːv || ˌɪntə'wiːv/ (*past* **-wove** *or* **-weaved**; *past p* **-woven** *or* **-weaved**) *vt* **1** ‹*threads/yarns*› entretejer; **the leitmotiv is cunningly interwoven into the text** el leitmotiv aparece acertadamente entretejido en el texto **2** **interwoven** *past p* ‹*threads*› entretejido; **their lives were interwoven** sus vidas estaban inextricablemente unidas

■ **interweave** *vi* **1** (Tex) entretejerse **2** (mix) «*paths*» entrecruzarse*

intestate /ɪn'testeɪt/ *adj* ‹*estate/succession*› intestado, abintestato (frml); **to die ~** morir* intestado *or* (frml) abintestato

intestinal /ɪn'testənl || ɪn'testɪnl, ˌɪntes'taɪnl/ *adj* intestinal; **he has ~ fortitude** (AmE euph & hum) tiene agallas (fam)

intestine /ɪn'testən || ɪn'testɪn/ *n* (*often pl*) intestino *m*; **the small/large ~** el intestino delgado/grueso

intimacy /'ɪntəməsi || 'ɪntɪməsi/ *n* (*pl* **-cies**)

A [u] **1** (close friendship) intimidad *f*; **to be on terms of ~ with sb** tener* intimidad con algn **2** (sexual relations) (frml & euph) relaciones *fpl* íntimas (euf) **3** (of atmosphere) intimidad *f*; **in the ~ of one's own home** en la intimidad de su (*or* mi *etc*) hogar **4** (of knowledge): **her ~ with the details of the report** su familiaridad con los detalles del informe; **I was surprised at the ~ of his acquaintance with the subject** me sorprendió lo impuesto que estaba en el tema

B **intimacies** *pl* intimidades *fpl*; (physical) arrumacos *mpl*

intimate[1] /'ɪntəmət || 'ɪntɪmət/ *adj*

A **1** ‹*friendship/friend*› íntimo; ‹*talk/discussion*› de carácter íntimo *or* privado; **in ~ collaboration** en estrecha *or* íntima colaboración; **to be ~ WITH sb** tener* intimidad CON algn **2** (sexual) (frml) ‹*relationship*› íntimo; **to be ~ WITH sb** tener* relaciones íntimas con algn **3** ‹*atmosphere/restaurant/party*› íntimo

B (*usu before n*) **1** (private) ‹*secret/emotions/details/confessions*› íntimo **2** (concerning private parts) (euph) ‹*protection/deodorant*› íntimo (euf); **~ apparel** (AmE) prendas *fpl* íntimas

C **1** (close) ‹*link/association*› estrecho, íntimo **2** (detailed) ‹*knowledge*› profundo; **to be ~ WITH sth** estar* familiarizado CON algo, estar* interiorizado DE algo (CS frml)

intimate[2] /'ɪntəmeɪt || 'ɪntɪmeɪt/ *vt* **to ~ sth TO sb** insinuarle* algo A algn, darle* a entender algo A algn; **she ~d to us that ...** nos dio a entender *or* nos insinuó que ...; **he ~d that he would retire in May** dio a entender *or* insinuó que se jubilaría en mayo

intimate[3] /'ɪntəmət || 'ɪntɪmət/ *n* (frml) amigo íntimo, amiga íntima *m,f*; **they are ~s** son (amigas) íntimas

intimately /'ɪntəmətli || 'ɪntɪmətli/ *adv*

A **1** (familiarly) ‹*whisper/chat*› con familiaridad *or* intimidad; **I'm not ~ acquainted with them** no tengo mucha intimidad con ellos **2** (sexually) (frml & euph) de modo íntimo

B **1** (closely) ‹*associated/linked*› íntimamente, estrechamente; **he is ~ involved in the campaign** está muy metido en la campaña **2** (in detail) ‹*know*› a fondo, en profundidad; **I'm not ~ acquainted with the problem** no conozco a fondo el problema, no estoy muy familiarizado con el problema, no estoy muy interiorizado del problema (CS frml)

intimation /ˌɪntə'meɪʃən || ˌɪntɪ'meɪʃən/ *n* (sign) indicio *m*, indicación *f*; (inkling) presentimiento *m*; **we had no ~ of what was about to happen** nada nos hizo prever lo que ocurriría

intimidate /ɪn'tɪmədeɪt || ɪn'tɪmɪdeɪt/ *vt* intimidar; **don't be ~d by her manner** no te dejes intimidar por su actitud; **we felt ~d in his presence** su presencia nos intimidaba *or* nos cohibía

intimidating /ɪn'tɪmədeɪtɪŋ || ɪn'tɪmɪdeɪtɪŋ/ *adj* intimidante, amedrentador

intimidation /ɪnˌtɪmə'deɪʃən || ɪnˌtɪmɪ'deɪʃən/ *n* [u] intimidación *f*

intimidatory /ɪnˌtɪmə'deɪtɔːri || ɪnˌtɪmɪ'deɪtəri/ *adj* intimidatorio

into /'ɪntu *before consonant* /'ɪntə/ *prep*

> ⚠ *into* often appears as the second element of certain verb structures in English (*break into, look into, settle into*, etc). For translations, see the relevant verb entry (*break, look, settle*, etc).
>
> *into* is used in the structure *verb + sb + into + -ING* (*to coax sb into doing, to provoke sb into doing*, etc). For translations of these structures see the appropriate verb (*coax, provoke*, etc).

A **1** (indicating motion, direction): **to get ~ bed** meterse en la cama; **to walk ~ a building** entrar en *or* (esp AmL) a un edificio; **to translate sth ~ Spanish** traducir* algo al español; **we drove ~ town** fuimos a la ciudad en coche; **they helped him ~ the chair** lo ayudaron a sentarse en el sillón; **she sat staring ~ space** estaba sentada mirando al vacío; **she dived ~ the pool** se tiró a la piscina, se echó a la alberca (Méx); **I dropped a coin ~ the water** dejé caer una moneda en el agua; **the cat shot up ~ the air** el gato salió volando por los aires; **pour the milk ~ a bowl** pon *or* echa la leche en un bol; **the dog sank its teeth ~ my leg** el perro me clavó los dientes en la pierna; **a journey ~ the future** un viaje al futuro **2** (against): **she walked ~ a tree** se dio contra un árbol; **he drove ~ the other car** chocó con el otro coche **3** (Math): **3 ~ 15 goes** *o* **is 5** 15 dividido (por) 3 *or* entre 3 es 5

B (in time, distance): **ten minutes ~ the game** a los diez minutos de empezar el partido; **they talked far ~ the night** hablaron hasta bien entrada la noche; **they penetrated deep ~ the jungle** entraron en el corazón de la selva; **the project is well ~ its third year** el proyecto ya está bien adentrado en su tercer año

C (indicating result of action): **we split ~ two groups** nos dividimos en dos grupos; **roll the dough ~ a ball** haga una bola con la masa; **the snowman had melted ~ a puddle** el muñeco de nieve había quedado convertido en un charco; **the colors had merged ~ a muddy gray** los colores se habían mezclado y había quedado un gris sucio; **don't let it boil ~ a mush** no dejes que hierva hasta convertirse en puré

D (involved in) (colloq) **to be ~ sth/-ING**: **she's ~ 60's music** le gusta *or* (fam) le ha dado por la música de los años sesenta; **she's really** *o* **heavily ~ jazz** le ha dado fuerte por el jazz (fam); **he's ~ some funny things** anda metido en unas ondas raras *or* en unos rollos raros (fam); **they're ~ drugs** se drogan; **at two, children are ~ everything** a los dos años, los niños son muy inquietos

E (indebted to) (colloq) **to be ~ sb FOR sth** deberle algo a algn; **he's ~ me for $60** me debe 60 dólares

intolerable /ɪn'tɑːlərəbəl || ɪn'tɒlərəbəl/ *adj* intolerable, insufrible; **that's ~!** ¡eso es intolerable *or* no se puede tolerar!

intolerably /ɪn'tɑːlərəbli || ɪn'tɒlərəbli/ *adv* **1** (badly) ‹*behave*› de manera intolerable **2** (*as intensifier*): **he is ~ arrogant** es un arrogante insoportable *or* insufrible; **it's ~ hot** hace un calor insoportable

i

intolerance /ɪn'tɑːlərəns || ɪn'tɒlərəns/ *n* [u] **A** (toward people, ideas) intolerancia *f*, intransigencia *f*; **racial/religious ~** intolerancia racial/religiosa **B** (Biol, Med) intolerancia *f*; **~ of anesthetics** intolerancia a la anestesia

intolerant /ɪn'tɑːlərənt || ɪn'tɒlərənt/ *adj* **A** ‹*person/attitude*› intolerante, intransigente; **to be ~ OF sb** ser* intolerante *or* intransigente CON algn; **to be ~ OF sth** no tolerar algo **B** (Biol, Med): **the patient was ~ of** *o* **to penicillin** el paciente tenía intolerancia a la penicilina

intolerantly /ɪn'tɑːlərəntli || ɪn'tɒlərəntli/ *adv* de forma intolerante, con intolerancia

intonation /ˌɪntə'neɪʃən/ *n* [u c] (Ling, Mus) entonación *f*

intone /ɪn'təʊn/ *vt* **1** ‹*psalm/Gloria*› entonar **2** ‹*list/names*› recitar

in toto /ɪn'təʊtəʊ/ *adv* (frml): **two million ~ ~** un total de dos millones, dos millones en total; **they accepted the plan ~ ~** aceptaron el plan en su totalidad

intoxicant /ɪn'tɑːksɪkənt || ɪn'tɒksɪkənt/ *n* [c u] (frml) (alcohol) bebida *f* alcohólica; (drug) estupefaciente *m*

intoxicate /ɪn'tɑːksəkeɪt || ɪn'tɒksɪkeɪt/ *vt* (frml) **1** (disorient, elate) «*alcohol/drugs*» obnubilar (frml); «*success/beauty*» embriagar* (liter) **2** (poison) (Med) intoxicar*

intoxicated /ɪn'tɑːksəkeɪtəd || ɪn'tɒksɪkeɪtɪd/ *adj* (frml) **1** (by alcohol) ‹*vagrant/driver*› en estado de embriaguez (frml), en estado de intemperancia (Chi frml) **2** ~ **WITH sth** ‹*with joy/success*› ebrio DE algo (liter)

intoxicating /ɪn'tɑːksəkeɪtɪŋ || ɪn'tɒksɪkeɪtɪŋ/ *adj* (frml) ‹*substance*› estupefaciente; ‹*success/experience*› embriagador (liter); **~ liquor** bebida *f* alcohólica

intoxication /ɪnˌtɑːksə'keɪʃən || ɪnˌtɒksɪ'keɪʃən/ *n* [u] (frml) **A** **1** (by alcohol) embriaguez *f* (frml), intoxicación *f* etílica (frml), intemperancia *f* (Chi frml) **2** (by beauty, experience) embriaguez *f* (liter), éxtasis *m* **B** (poisoning) (Med) intoxicación *f*

intra- /'ɪntrə/ *pref* intra-

intra-community /ˌɪntrəkə'mjuːnəti/ *adj* ‹*trade/market*› intracomunitario

intractable /ɪn'træktəbəl/ *adj* (frml) **1** ‹*temperament*› obstinado; ‹*child*› incorregible; **she's completely ~ on that point** en ese punto es completamente intransigente **2** ‹*problem/dilemma*› inextricable (frml), insoluble **3** (Med) de difícil cura

intraday /'ɪntrədeɪ/ *adj* intradía; (*before n*): **~ trading** operaciones *fpl* de intradía *or* del mismo día

intramural /ˌɪntrə'mjʊrəl || ˌɪntrə'mjʊərəl/ *adj* **1** (internal to institution) (frml) interno **2** (AmE) (Educ) dentro de la universidad, intramuros *adj inv* (Méx)

intramurals /ˌɪntrə'mjʊrəlz || ˌɪntrə'mjʊərəlz/ *pl n* (AmE) campeonatos *mpl* dentro de la universidad, intramuros *mpl* (Méx)

intramuscular /ˌɪntrə'mʌskjələr || ˌɪntrə'mʌskjʊlə(r)/ *adj* intramuscular

Intranet, intranet /'ɪntrənet/ *n* Intranet *f*, intranet *f*

intransigence /ɪn'trænsədʒəns || ɪn'trænsɪdʒəns/ *n* [u] intransigencia *f*

intransigent /ɪn'trænsədʒənt || ɪn'trænsɪdʒənt/ *adj* intransigente

intransigently /ɪn'trænsədʒəntli || ɪn'trænsɪdʒəntli/ *adv* intransigentemente

intransitive /ɪn'trænsətɪv/ *adj* (Ling, Math, Phil) intransitivo

intransitively /ɪn'trænsətɪvli/ *adv* intransitivamente

intrapreneur /ˌɪntrəprə'nɜːr || ˌɪntrəprə'nɜː(r)/ *n* empresario interno, empresaria interna *m,f*

intrauterine device /ˌɪntrə'juːtərən || ˌɪntrə'juːtəraɪn/ *n* dispositivo *m* intrauterino; (in the shape of a coil) espiral *f*

intravenous /ˌɪntrə'viːnəs/ *adj* ‹*injection*› intravenoso, endovenoso; ‹*feeding*› por vía intravenosa *or* endovenosa; **~ drip** suero *m or* (Esp tb), gota a gota *m* intravenoso

intravenously /ˌɪntrə'viːnəsli/ *adv* ‹*inject/administer/feed*› por vía intravenosa *or* endovenosa

in-tray /'ɪntreɪ/ *n* bandeja *f* de entrada *or* de asuntos pendientes; **I assure you it's at the top of my ~** le aseguro que lo tengo muy presente *or* que es lo primero que haré

intrepid /ɪn'trepəd || ɪn'trepɪd/ *adj* intrépido

intrepidly /ɪn'trepədli || ɪn'trepɪdli/ *adv* intrépidamente

intricacy /'ɪntrɪkəsi/ *n* **1** [u] (of pattern, embroidery) lo intrincado, complejidad *f* **2** **intricacies** *pl* (complexities) complejidades *fpl*

intricate /'ɪntrɪkət/ *adj* complicado, intrincado

intricately /'ɪntrɪkətli/ *adv* intrincadamente; **~ designed** de intrincado diseño

intrigue[1] /'ɪntriːg/ *n* **1** [u c] (machinations) intriga *f*; **a master of ~** un maestro de la intriga **2** [c] (flirtation, love affair) (liter *or* euph) aventura *f*

intrigue[2] /ɪn'triːg/ *vt* intrigar*; **we were ~d to know how he had done it** nos tenía intrigados cómo lo había hecho, teníamos gran curiosidad por saber cómo lo había hecho

■ **intrigue** *vi* intrigar*

intriguing /ɪn'triːgɪŋ/ *adj* ‹*problem/concept/text*› intrigante; ‹*possibility/suggestion*› fascinante; ‹*beauty/smile/person*› interesante, enigmático; **it is ~ to speculate on what might have been** es interesante especular sobre lo que podría haber sido

intriguingly /ɪn'triːgɪŋli/ *adv*: **an ~ complex problem** un problema intrigante por lo complejo, un problema de una complejidad intrigante; **~, they both gave the same reply** (*indep*) ambos dieron la misma respuesta, lo cual era intrigante

intrinsic /ɪn'trɪnzɪk/ *adj* intrínseco; **~ TO sth** (frml): **selfishness is ~ to his nature** el egoísmo le es connatural (frml); **it is ~ to the success of the plan that ...** para que el plan tenga éxito es esencial que ...

intrinsically /ɪn'trɪnzɪkli/ *adv* intrínsecamente

intro /'ɪntrəʊ/ *n* (*pl* **intros**) **1** (to pop song) primeras notas *fpl* **2** (colloq) (to book, lecture) introducción *f*; (to performer) presentación *f*

introduce /ˌɪntrə'duːs || ˌɪntrə'djuːs/ *vt* **A** **1** (acquaint) presentar; **I don't think we've been ~d** no creo tener el gusto de conocerlo, me parece que no nos han presentado; **allow me to ~ myself/my mother** (frml) permítame que me presente/le presente a mi madre; **to ~ sb TO sb** presentarle a algn A algn; **he ~d John to her** le presentó a John; **he ~d her to John** se la presentó a John **2** (initiate) **to ~ sb TO sth** introducir* a algn A algo, iniciar a algn EN algo; **he ~d me to the classics** él me introdujo a *or* me inició en la lectura de los clásicos **3** (present) ‹*speaker/performer/program*› presentar; ‹*meeting/lecture/article*› iniciar **B** **1** (bring in) ‹*subject/topic/notion*› introducir*; ‹*suggestion*› hacer*, presentar **2** (bring in for first time) ‹*innovation/custom/practice*› introducir*; ‹*product*› lanzar*, sacar*; **introducing Juan Romero as Don Félix** presentando por primera vez (en pantalla) a Juan Romero en el papel de Don Félix; **tobacco was ~d (in)to Europe in the 16th century** el tabaco se introdujo en Europa en el siglo XVI **3** (Govt) ‹*legislation/tax*› introducir*; ‹*bill*› presentar **C** (insert) (frml) **to ~ sth INTO sth** introducir* algo EN algo

introduction /ˌɪntrə'dʌkʃən/ *n* **A** ▸ ❶ **p.1257** [u c] **1** (to person) presentación *f*; **I'll make the ~s** yo haré las presentaciones; **I was given an ~ to the manager** me dieron una carta de presentación para el director **2** (to activity, experience) **~ TO sth** introducción *f* A algo; **it was a good ~ to the subject** fue una buena introducción al tema; **that was my ~ to France** ésa fue mi primera toma de contacto con Francia; **her ~ to these mysteries** su iniciación en estos misterios **3** (of speaker, performer) presentación *f*; **Dr Smith, who needs no ~ from me ...** el doctor Smith, que no necesita (de) ninguna presentación ... **B** [u] **1** (bringing in): **the ~ of another color** el añadido de otro color; **after his ~ in Act I, he does not reappear until the end** después de su presentación en el primer acto, no vuelve a aparecer hasta el final **2** (of species, innovation, practice) introducción *f* **3** (of legislation, tax) introducción *f*; (of bill) presentación *f* **C** [u] (insertion, entry) (frml) introducción *f* **D** [c] **1** (to meeting, lecture) presentación *f* **2** (in book) introducción *f* **3** (Mus) introducción *f* **E** [c] (elementary instruction) introducción *f*, iniciación *f*; **I~ to Physics** Introducción *or* Iniciación a la física

introduction agency *n* agencia *f* de contactos

introductory /ˌɪntrə'dʌktəri/ *adj* **1** (prefatory, opening) ‹*notes/remarks/clarifications*› preliminar; ‹*lecture/chapter*› de introducción; ‹*offer/discount*› (Busn) de lanzamiento **2** (elementary) ‹*course/lesson*› de introducción, de iniciación

introit /'ɪntrɔɪt/ *n* introito *m*

introspection /ˌɪntrə'spekʃən/ *n* [u] introspección *f*

introspective /ˌɪntrə'spektɪv/ *adj* introspectivo

introversion /ˌɪntrə'vɜːrʒən || ˌɪntrə'vɜːʃən/ *n* [u] introversión *f*

introvert /'ɪntrəvɜːrt || 'ɪntrəvɜːt/ *n* introvertido, -da *m,f*

introverted /'ɪntrəvɜːrtəd || 'ɪntrəvɜːtɪd/ *adj* introvertido

intrude /ɪn'truːd/ *vi* **A** (disturb) importunar, molestar; (interfere) inmiscuirse*, meterse; **I hope I'm not intruding** no quisiera importunar *or* molestar; **I wouldn't dream of intruding where I'm not wanted** nunca se me ocurriría meterme *or* inmiscuirme donde no me llaman; **the noise ~d even into the furthest recesses of the house** el ruido penetraba *or* se infiltraba hasta el último rincón de la casa; **to ~ ON sb** importunar *or* molestar a algn; **to ~ ON sth: I didn't want to ~ on her grief** no quise importunarla en su dolor; **to ~ on sb's privacy** inmiscuirse* *or* meterse en la vida privada de algn **B** (Geol) «*rock/magma*» penetrar

■ **intrude** *vt* **A** (frml *or* liter) **to ~ sth ON sb** ‹*problems*› importunar a algn CON algo; **excuse me for intruding a pessimistic note into the discussion** discúlpenme por introducir una nota de pesimismo en la discusión **B** (Geol) hacer* penetrar

intruder /ɪn'truːdər || ɪn'truːdə(r)/ *n* intruso, -sa *m,f*; **I felt like an ~** me sentí como una intrusa; (*before n*): **~ alarm** alarma *f* contra intrusos

intrusion /ɪn'truːʒən/ *n* [u c] **A** (unwelcome entry) intrusión *f*; (— in private life) intromisión *f*, intrusión *f*; **please forgive my ~** perdone que lo importune; **the article was an ~ on her privacy** el artículo era una intromisión *or* intrusión en su vida privada **B** (Geol) intrusión *f*

intrusive /ɪn'truːsɪv/ *adj* **A** **1** ‹*noise/smell*› molesto **2** ‹*questioning/reporter*› impertinente, indiscreto; ‹*neighbor*› entrometido **B** (Geol) intrusivo **C** (Ling) ‹*sound/consonant*› de apoyo

intrusiveness /ɪn'truːsɪvnəs || ɪn'truːsɪvnɪs/ *n* [u] (of questioning, journalism) (pej) impertinencia *f*, indiscreción *f*; (of noise, smell) lo molesto

intuit /ɪn'tuːət || ɪn'tjuːɪt/ *vt* intuir*

intuition /ˌɪntuː'ɪʃən || ˌɪntjuː'ɪʃən/ *n* **1** [u c] (irrational feeling) intuición *f*; **I had an ~ about the outcome** intuí lo que iba a pasar; **don't rely on your ~** no confíes en la intuición; **female** *o* **women's ~** intuición femenina **2** [u] (understanding) (frml) intuición *f*

intuitive /ɪn'tuːətɪv || ɪn'tjuːɪtɪv/ *adj* ‹*person/knowledge*› intuitivo; **an ~ feeling** una intuición; **she had an ~ dislike of him** le tenía una antipatía instintiva

intuitively /ɪnˈtuːətɪvli || ɪnˈtjuːɪtɪvli/ *adv* intuitivamente, por intuición

Inuit /ˈɪnuɪt || ˈɪnjʊɪt/ *n* (*pl* ~ *or* ~s) 1 [c] (person) esquimal *mf* 2 [u] (Ling) esquimal *m*

inundate /ˈɪnʌndeɪt/ *vt* 1 (overwhelm) inundar; to ~ sb WITH sth inundar a algn DE algo; we have been ~d with visitors/presents nos hemos visto inundados de visitantes/regalos, hemos recibido un aluvión de visitantes/regalos 2 (flood) (frml) inundar

inundation /ˌɪnʌnˈdeɪʃən/ *n* (frml) 1 [u c] (flooding) inundación *f* 2 [u] (heavy rain) diluvio *m*

inure /ɪˈnʊr || ɪˈnjʊə(r)/ *vt* (frml) to ~ sb TO sth habituar* a algn A algo; she had become ~d to their insults se había hecho inmune *or* se había habituado a sus insultos

in utero *adj/adv* in utero

in vacuo /ɪnˈvækjuəʊ/ *adv* (frml) aisladamente, de modo aislado

invade /ɪnˈveɪd/ *vt* 1 (Mil) invadir 2 (overrun) ‹*room/environment*› invadir; to ~ sb's privacy invadir *or* vulnerar la intimidad de algn 3 (Biol, Med) invadir

■ **invade** *vi* (Mil) invadir

invader /ɪnˈveɪdər || ɪnˈveɪdə(r)/ *n* invasor, -sora *m,f*

invalid¹ /ɪnˈvæləd || ɪnˈvælɪd/ *adj* ‹*assumption/conclusion*› inválido; ‹*application/contract/will*› inválido, no válido; ~ in law sin validez legal, sin valor ante la ley

invalid² /ˈɪnvəlɪd || ˈɪnvəliːd, ˈɪnvəlɪd/ *n* inválido, -da *m,f*; (*before n*) ‹*diet/food*› para enfermos; ~ car coche *m* para minusválido; my ~ mother mi madre inválida

Phrasal verbs

- **invalid home** [v + o + adv] (BrE) dar* de baja (*por invalidez*); he was ~ed home to France fue repatriado a Francia
- **invalid out** [v + o + adv] (BrE) dar* de baja (*por invalidez*)

invalidate /ɪnˈvælədeɪt || ɪnˈvælɪdeɪt/ *vt* (frml) ‹*argument/will/contract*› invalidar

invalidation /ɪnˌvæləˈdeɪʃən || ɪnˌvælɪˈdeɪʃən/ *n* [u] (frml) (of argument, will, contract) invalidación *f*

invalidity /ˌɪnvəˈlɪdəti/ *n* [u] (frml)

A (of conclusion, will, contract) invalidez *f*, falta *f* de validez

B (disablement, illness) invalidez *f*; (*before n*): I~ Benefit (BrE) prestaciones *fpl* por invalidez; ~ pension pensión *f* de invalidez

invaluable /ɪnˈvæljuəbəl/ *adj* inapreciable, inestimable, invalorable (AmL)

invariable /ɪnˈveriəbəl || ɪnˈveəriəbəl/ *adj* 1 ‹*custom/practice*› invariable; ‹*pessimism/grin*› eterno, constante; his response was an ~ 'no' respondía siempre *or* invariablemente con un 'no' 2 (Math) invariable

invariably /ɪnˈveriəbli || ɪnˈveəriəbli/ *adv* ‹*different/correct*› invariablemente, siempre; the result is ~ the same el resultado es siempre *or* invariablemente el mismo; he is ~ cheerful siempre está alegre; he ~ disappears when there's work to be done siempre que hay algo que hacer, desaparece

invasion /ɪnˈveɪʒən/ *n* 1 (Mil) invasión *f*; (*before n*) ‹*plans/strategy*› de invasión 2 (of tourists, relatives) invasión *f*; a gross ~ of my privacy/rights una violación de mi intimidad/mis derechos 3 (Biol) invasión *f*

invasive /ɪnˈveɪsɪv/ *adj* (Med) 1 ‹*treatment/method*› invasivo 2 ‹*cancer*› invasivo

invective /ɪnˈvektɪv/ *n* [u c] 1 (abuse) invectivas *fpl* (frml), improperios *mpl* 2 (condemnation) invectiva *f* (frml)

inveigh /ɪnˈveɪ/ *vi* (frml *or* hum) to ~ AGAINST sth/sb arremeter CONTRA algo/algn

inveigle /ɪnˈveɪgəl/ *vt* (frml) inducir* (*mediante engaño*); he managed to ~ her away from her mother la indujo a apartarse de su madre; she ~d him into compliance *o* into complying lo persuadió con engaños *or* lo engatusó para que accediera

invent /ɪnˈvent/ *vt* inventar; she's ~ing the whole story (se) lo está inventando todo

invention /ɪnˈventʃən || ɪnˈvenʃən/ *n*

A 1 [c] (device, machine) invento *m* 2 [u] (devising) invención *f*

B 1 [u] (imagination): (powers of) ~ inventiva *f*; a masterpiece of ~ una obra maestra de la invención *or* de la imaginación 2 [u c] (fabrication) (frml) invención *f*

C [c] (Mus) invención *f*

inventive /ɪnˈventɪv/ *adj* 1 (original) ingenioso, lleno de inventiva; she is very ~ *o* has an ~ mind tiene mucha inventiva *or* imaginación; you'll have to be ~ tendrás que usar tu inventiva *or* imaginación 2 (relating to invention) (frml) (*before n*): ~ skills/faculties inventiva *f*

inventively /ɪnˈventɪvli/ *adv* con inventiva, con imaginación

inventiveness /ɪnˈventɪvnəs || ɪnˈventɪvnɪs/ *n* [u] inventiva *f*, ingenio *m*

inventor /ɪnˈventər || ɪnˈventə(r)/ *n* inventor, -tora *m,f*

inventory¹ /ˈɪnvəntɔːri || ˈɪnvəntri/ *n* (*pl* -ries)

A (Busn) 1 [c] (list) inventario *m*; to draw up an ~ of sth hacer* (un) inventario de algo 2 [u] (stocktaking) inventario *m*; Ⓢ closed for inventory (AmE) cerrado por inventario 3 [c] (stock) existencias *fpl*, estoc *m*, stock *m*; (*before n*) ‹*control*› de existencias

B [c] (Educ, Psych) cuestionario *m*

inventory² *vt* -ries, -rying, -ried hacer* (un) inventario de, inventariar

inverse¹ /ɪnˈvɜːrs, ˈɪnvɜːrs || ɪnˈvɜːs, ˈɪnvɜːs/ *adj* (*usu before n*) 1 (opposite, reversed) inverso; in ~ order *o* sequence a la inversa, en orden inverso; in ~ proportion/relation to sth en proporción/relación inversa a algo; pressure and volume are in ~ proportion la presión y el volumen son inversamente proporcionales 2 (Math) ‹*operation/element*› inverso; ~ function función *f* inversa

inverse² *n* (*no pl*): the ~ (Math) el inverso; the ~ is also true lo inverso también es cierto

inversely /ˈɪnvɜːrsli || ɪnˈvɜːsli/ *adv* inversamente, a la inversa; volume varies ~ with pressure el volumen varía inversamente a la presión *or* en relación inversamente proporcional a la presión

inversion /ɪnˈvɜːrʒən || ɪnˈvɜːʃən/ *n*

A [u c] 1 (reversal) inversión *f* 2 (Ling, Mus) inversión *f*

B [u] (Psych) (dated) inversión *f* (sexual) (ant)

invert¹ /ɪnˈvɜːrt || ɪnˈvɜːt/ *vt* 1 (turn upside down, reverse) invertir* 2 **inverted** *past p* ~ed snob *persona que desdeña las convenciones y actitudes de su nivel social e intenta identificarse con un grupo social inferior*; ~ed sugar sacarosa *f*

invert² /ˈɪnvɜːrt || ˈɪnvɜːt/ *n* (dated) invertido, -da *m,f* (ant)

invertebrate¹ /ɪnˈvɜːrtəbrət || ɪnˈvɜːtɪbrət/ *n* invertebrado, -da *m,f*

invertebrate² *adj* invertebrado

inverted commas /ɪnˈvɜːrtəd || ɪnˈvɜːtɪd/ *pl n* (BrE) comillas *fpl*; to open/close ~ ~ abrir*/cerrar* comillas; in ~ ~ entre comillas

inverter /ɪnˈvɜːrtər || ɪnˈvɜːtə(r)/ *n* (Elec, Comput) inversor *m*

invest /ɪnˈvest/ *vt*

A to ~ sth (IN sth) ‹*money/capital/time*› invertir* algo (EN algo); I've ~ed the best years of my life in it he invertido en ello *or* le he dedicado los mejores años de mi vida; you'll have to ~ in a new pair of shoes (hum) te vas a tener que comprar unos zapatos; everybody's hopes were ~ed in the conference las esperanzas de todos estaban puestas *or* se cifraban en la conferencia

B (endow) (frml) to ~ sth WITH sth conferirle* *or* otorgarle* algo A algo (frml); her presence ~ed the occasion with particular significance su presencia le confirió *or* le otorgó un significado especial a la ocasión (frml)

C (frml) 1 (empower) to ~ sb WITH sth investir* a algn DE *or* CON algo (frml); the President is ~ed with special powers el presidente está investido de *or* con poderes especiales 2 (put in office) investir* (frml); they ~ed him as mayor lo invistieron alcalde

D (besiege) (Mil) (arch) sitiar

■ **invest** *vi* to ~ (IN sth) invertir* (EN algo); to ~ in a child's education invertir* en la educación de un niño

investigate /ɪnˈvestəgeɪt || ɪnˈvestɪgeɪt/ *vt* 1 (inquire into, examine) ‹*crime/murder/cause*› investigar*; ‹*character/background/suspect*› hacer* indagaciones *or* averiguaciones sobre; ‹*complaint/claim/possibility*› estudiar, examinar 2 (do research on) hacer* una investigación sobre, investigar*

■ **investigate** *vi* investigar*; she went downstairs to ~ bajó a ver qué pasaba *or* a investigar; the teacher promised to ~ el profesor aseguró que haría averiguaciones

investigation /ɪnˌvestəˈgeɪʃən || ɪnˌvestɪˈgeɪʃən/ *n* [u c] 1 (detailed examination) estudio *m*; upon closer ~ tras un examen más detenido 2 (official) investigación *f*; her claim is under ~ se está estudiando su petición; she is under ~ by the police la policía está haciendo averiguaciones sobre ella 3 (scientific) investigación *f*; he was hospitalized for further ~ lo hospitalizaron para hacerle más pruebas

investigative /ɪnˈvestəgeɪtɪv || ɪnˈvestɪgətɪv/ *adj* (*usu before n*) investigador; ‹*surgery/operation*› (BrE) exploratorio; ~ journalism periodismo *m* de investigación

investigator /ɪnˈvestəgeɪtər || ɪnˈvestɪgeɪtə(r)/ 1 *n* (*private* ~) investigador privado, investigadora privada *m,f*, detective *mf* 2 (official) inspector, -tora *m,f*

investiture /ɪnˈvestətʃʊr || ɪnˈvestɪtʃə(r)/ *n* [u c] (act, ceremony) investidura *f*

investment /ɪnˈvestmənt/ *n*

A 1 [u c] (Fin) inversión *f*; to encourage public/private ~ promover* la inversión pública/privada; (*before n*): ~ analyst/consultant analista *mf*/asesor, -sora *m,f* de inversiones; ~ bank banco *m* de negocios; ~ bond bono *m* de inversión; ~ grant subvención *f* para la inversión; ~ income rendimientos *mpl* del capital mobiliario; ~ portfolio cartera *f* de valores; ~ trust sociedad *f* de inversión mobiliaria, fondo *m* de inversión 2 [u] (of time) inversión *f*; he had made a big emotional ~ in the relationship había puesto mucho en la relación 3 [c] (beneficial purchase) inversión *f*

B [u c] (investiture) investidura *f*

investor /ɪnˈvestər || ɪnˈvestə(r)/ *n* inversor, -sora *m,f*, inversionista *mf*

inveterate /ɪnˈvetərət/ *adj* (frml) (*usu before n*) 1 ‹*thief/gambler/liar*› empedernido 2 ‹*loathing/distaste/hostility*› inveterado

invidious /ɪnˈvɪdiəs/ *adj* (frml) 1 ‹*task/role*› ingrato, odioso 2 ‹*comparison*› injusto

invigilate /ɪnˈvɪdʒəleɪt || ɪnˈvɪdʒɪleɪt/ (BrE) *vi* vigilar *or* supervisar un examen

■ **invigilate** *vt* ‹*examination*› vigilar, supervisar

invigilation /ɪnˌvɪdʒəˈleɪʃən || ɪnˌvɪdʒɪˈleɪʃən/ *n* (BrE) vigilancia *f* *or* supervisión *f* de un examen

invigilator /ɪnˈvɪdʒəleɪtər || ɪnˈvɪdʒɪleɪtə(r)/ *n* (BrE) *encargado de vigilar or supervisar un examen*

invigorate /ɪnˈvɪgəreɪt/ *vt* ‹‹*breeze/shower/exercise*›› vigorizar*, tonificar*; to ~ the campaign darle* nuevo ímpetu a la campaña; I felt ~d after my swim después de nadar me sentí lleno de energía

invigorating /ɪnˈvɪgəreɪtɪŋ/ *adj* ‹*weather/walk*› vigorizante, tonificante; ‹*environment/change*› estimulante

invincibility /ɪnˌvɪnsəˈbɪləti/ *n* [u] invencibilidad *f*

invincible /ɪnˈvɪnsəbəl/ *adj* 1 (unbeatable) ‹*army/foe*› invencible; ‹*lead*› insalvable, insuperable 2 (resolute) ‹*spirit/resolve*› inquebrantable

inviolability /ɪnˌvaɪələˈbɪləti/ *n* [u] inviolabilidad *f*

inviolable /ɪnˈvaɪələbəl/ *adj* inviolable

inviolate /ɪnˈvaɪələt/ *adj* (frml) ‹*purity*› inmaculado; ‹*maiden*› sin mancillar (liter); ‹*integrity/reputation*› sin mácula (liter); ‹*bond*› inviolado

invisibility /ɪnˌvɪzəˈbɪləti/ *n* [u] invisibilidad *f*

invisible /ɪn'vɪzəbəl/ *adj* 1 (unseen) invisible; **it's ~ to the naked eye** es invisible a simple vista; **from the road the church is ~** desde la carretera no se ve la iglesia; **I felt as though I were ~** era como si no estuviera ahí *or* como si no existiera; **~ ink** tinta *f* invisible *or* simpática; **~ thread/mending** hilo *m*/zurcido *m* invisible 2 (Econ, Fin) ‹*earnings/exports*› invisible

invisibles /ɪn'vɪzəbəlz/ *pl n* (Econ) partidas *fpl* invisibles

invisibly /ɪn'vɪzəbli/ *adv* sin ser visto

invitation /ˌɪnvə'teɪʃən || ˌɪnvɪ'teɪʃən/ *n* 1 [c u] (act of inviting) invitación *f*; **to accept/decline an ~** aceptar/no aceptar una invitación; **thank you for your kind ~** muchas gracias por su amable invitación; **at the ~ of** invitado por, por invitación de; **by ~ only** entrada por invitación; **I have an open** *o* **a standing ~ to go and see them** me han invitado a que vaya a verlos cuando quiera 2 [c] (letter, card) invitación *f* 3 [c] (encouragement — to sth bad) incitación *f*; (— to sth good) invitación *f*; **his comments were an open ~ to trouble** sus comentarios fueron toda una provocación

invitational /ˌɪnvə'teɪʃnəl || ˌɪnvɪ'teɪʃənl/ *adj* (AmE) *al que sólo puede asistirse por invitación*

invite¹ /ɪn'vaɪt/ *vt*

A **to ~ sb (to sth)** invitar a algn (A algo); **have you been ~d to their house?** ¿te han invitado a su casa?; **I've ~d her to** *o* **for dinner** la he invitado a cenar; **he was ~d for interview** lo citaron para una entrevista; **to ~ sb over for dinner** invitar a algn a cenar (en casa); **to ~ sb in/out** invitar a algn a pasar/a salir; **to ~ sb to + INF** invitar a algn A + INF *or* A QUE + SUBJ; **they ~d him to (attend) the meeting** lo invitaron (a asistir *or* a que asistiera) a la reunión

B 1 (request politely) **to ~ sb to + INF** invitar a algn A + INF *or* A QUE + SUBJ; **he was ~d to take a seat** lo invitaron a sentarse *or* a que se sentara 2 (call for) (frml): **he ~d questions from the audience** invitó al público a que formulara preguntas; **to ~ tenders for a new airport** llamar a un concurso *or* llamar a licitación para la construcción de un nuevo aeropuerto; **applications are ~d for ...** queda abierto el plazo para la presentación de solicitudes para ...

C (encourage): **you're inviting trouble** te estás buscando problemas; **it ~s people to draw the wrong conclusions** se presta a que la gente saque conclusiones erróneas; **his work ~s comparison with the classics** su obra sugiere comparaciones con los clásicos; **it ~s doubts about her suitability for the post** hace dudar sobre su idoneidad para el puesto

invite² /'ɪnvaɪt/ *n* (colloq) invitación *f*

inviting /ɪn'vaɪtɪŋ/ *adj* ‹*prospect/idea/offer*› atractivo, atrayente; ‹*smile*› incitante; **that cake looks ~** ese pastel tiene un aspecto muy apetitoso *or* tentador

invitingly /ɪn'vaɪtɪŋli/ *adv*: **she smiled ~** sonrió de una manera incitante; **the water looked ~ cool** el agua fresca invitaba a bañarse

invitro¹ /ˌɪn'viːtrəʊ/ *adj* in vitro *adj inv*; **~ ~ fertilization** fecundación *f* in vitro

in vitro² *adv* in vitro

invocation /ˌɪnvə'keɪʃən/ *n* [c u] invocación *f*

invoice¹ /'ɪnvɔɪs/ *n* factura *f*

invoice² *vt* 1 (send invoice) **to ~ sb (FOR sth)** pasarle A algn factura (POR algo); **please ~ us** hagan el favor de pasarnos (la) factura 2 (list on invoice) ‹*goods/items*› facturar

■ **invoice** *vi* (Busn) facturar, hacer* facturas; **the invoicing department** el departamento de facturación

invoke /ɪn'vəʊk/ *vt*

A 1 (use as authority) ‹*principle/precedent*› invocar* 2 (call into use) ‹*rule/law*› invocar*, acogerse* a

B (call up) ‹*devil/spirits*› invocar*, conjurar

involuntarily /ɪnˌvɑːlən'terəli || ɪn'vɒləntrəli/ *adv* involuntariamente, de manera involuntaria; **I let it slip out quite ~** se me escapó sin querer

involuntary /ɪn'vɑːlənteri || ɪn'vɒləntri/ *adj* involuntario; **~ manslaughter** cuasidelito *m* de homicidio

involuted /ˌɪnvə'luːtəd || 'ɪnvəˌluːtɪd/ *adj* (frml) ‹*plot/plan/style*› complicado, enrevesado; ‹*design/decoration*› intrincado

involve /ɪn'vɑːlv || ɪn'vɒlv/ *vt*

A 1 (entail, comprise) suponer*; **how much work/time would it ~?** ¿cuánto trabajo/tiempo supondría?; **this change will ~ a lot of extra work** este cambio va a significar *or* suponer mucho trabajo extra; **what exactly does your work ~?** ¿en qué consiste exactamente tu trabajo?; **what's ~d here is a matter of principle** se trata de una cuestión de principios; **whenever there's money ~d** siempre que hay dinero de por medio 2 (affect, concern): **where national security is ~d ...** cuando se trata de la seguridad nacional ...; **don't you realize it's my reputation that's ~d here?** ¿no te das cuenta de que es mi reputación lo que está en juego?

B **to ~ sb IN sth/-ING** (implicate) implicar* *or* involucrar a algn EN algo; (allow to participate) darle* participación a algn EN algo; **they tried to ~ her in the scandal** trataron de implicarla *or* involucrarla en el escándalo; **we try to ~ as many people as possible in decision making** tratamos de darle participación al mayor número de gente posible en la toma de decisiones; **he doesn't ~ himself in the day-to-day running of the business** no toma parte en la gestión diaria del negocio; **don't try to ~ me in your problems/schemes** no intentes mezclarme en tus problemas/planes

C **involved** *past p* 1 **to be/get ~d IN sth** (implicated, associated): **I was ~d in an accident last year** el año pasado me vi envuelto en un accidente; **whenever there's an argument in the family, he has to get ~d** siempre que hay una pelea en la familia, él tiene que meterse; **several high-ranking officials were ~d in the affair** había varios oficiales de alto rango implicados en el asunto; **to be/get ~d WITH sb/sth**: **the people you're ~d with** la gente con la que andas metido *or* mezclado; **how did you get ~d with people like them?** ¿cómo te mezclaste con gente de esa calaña? 2 **to be ~d IN sth** (engrossed) estar* absorto *or* enfrascado EN algo; (busy) estar* ocupado CON algo; **to be/get ~d WITH sb/sth** estar* dedicado/dedicarse* A algn/algo; **he's very ~d with his new show at the moment** en este momento está muy dedicado a *or* muy ocupado con su nuevo espectáculo 3 (emotionally) **to be/get ~d WITH sb**: **she's ~d with a married man** tiene una relación con un hombre casado, tiene un enredo con un hombre casado (fam); **she doesn't want to get too ~d with him** no quiere llegar a una relación muy seria con él

involved /ɪn'vɑːlvd || ɪn'vɒlvd/ *adj* enrevesado, complicado

involvement /ɪn'vɑːlvmənt || ɪn'vɒlvmənt/ *n* [u c] 1 *n* (entanglement) participación *f*; **that confirmed the extent of his ~ in the affair** eso confirmó su grado de participación *or* lo implicado que estaba en el asunto; **they deny any ~ in terrorist attacks** niegan estar implicados en ningún ataque terrorista 2 (relationship) relación *f* (sentimental), enredo *m* (fam); **I disapprove of your ~ with him** tu relación con él no me parece nada bien

involving /ɪn'vɑːlvɪŋ || ɪn'vɒlvɪŋ/ *adj* apasionante

invulnerability /ɪnˌvʌlnərə'bɪləti/ *n* [u] invulnerabilidad *f*; **~ TO sth** invulnerabilidad A algo; **~ to insult/criticism** invulnerabilidad a los insultos/las críticas

invulnerable /ɪn'vʌlnərəbəl/ *adj* invulnerable; ‹*fortifications*› inexpugnable; **to be ~ TO sth/sb** ser* invulnerable A algo/algn

inward¹ /'ɪnwərd || 'ɪnwəd/ *adj* 1 (toward inside) ‹*curve*› hacia adentro; **the ~ mail** la correspondencia que llega *or* que se recibe 2 (private, mental) ‹*torment/serenity*› interior; **what she said moved me to ~ laughter** lo que dijo hizo que me riera para mis adentros *or* en mi fuero interno

inward², (BrE also) **inwards** *adv* 1 (toward inside) ‹*move/bend*› hacia adentro; ‹*travel*› hacia el interior; Ⓢ **goods inward** entrada *f* de mercancías 2 (toward mind, spirit): **meditation involves looking ~** la meditación exige introspección

inward-looking /'ɪnwərdˌlʊkɪŋ || 'ɪnwədˌlʊkɪŋ/ *adj* ‹*person/personality*› encerrado en sí mismo, introvertido; **we should try to become less ~** deberíamos mirarnos menos el ombligo

inwardly /'ɪnwərdli || 'ɪnwədli/ *adv* ‹*agonize/gloat*› por dentro; **he smiled ~** sonrió para sus adentros *or* en su fuero interno; **~, he was a beaten man** interiormente, estaba acabado

inwards /'ɪnwərdz || 'ɪnwədz/ *adv* (BrE) ▸**inward²**

in-your-face /'ɪnjərfeɪs || 'ɪnjəfeɪs/ *adj* agresivamente descarado

I/O /'aɪ'əʊ/ *adj* (= **input/output**) (*before n*) ‹*device/error*› de entrada-salida, de E/S

IOC *n* (= **International Olympic Committee**) C.O.I. *m*

iodide /'aɪədaɪd/ *n* yoduro *m*

iodine /'aɪədaɪn || 'aɪədiːn/ *n* yodo *m*, tintura *f* de yodo

iodized /'aɪədaɪzd/ *adj* yodado

iodoform /ˌaɪ'ɑːdəfɔːrm || ˌaɪ'ɒdəfɔːm/ *n* yodoformo *m*

IOM = **Isle of Man**

ion /'aɪən, 'aɪɑːn || 'aɪən/ *n* ión *m*

Ionian /aɪ'əʊniən/ *adj* jónico; **the ~ Sea** el mar Jónico; **the ~ Islands** las islas Jónicas

ionic /aɪ'ɑːnɪk || aɪ'ɒnɪk/ *adj*

A *also* **Ionic** (Archit, Lit) jónico

B (Chem) iónico

ionization /ˌaɪənə'zeɪʃən || ˌaɪənaɪ'zeɪʃən/ *n* [u] ionización *f*

ionize /'aɪənaɪz/ *vi* ionizarse*

■ **ionize** *vt* ionizar*

ionizer /'aɪənaɪzər || 'aɪənaɪzə(r)/ *n* ionizador *m*

ionosphere /ˌaɪ'ɑːnəsfɪr || ˌaɪ'ɒnəsfɪə(r)/ *n*: **the ~** la ionosfera

iota /aɪ'əʊtə/ *n* (*usu with neg*) pizca *f*, ápice *m*; **there's not an ~ of truth in it** no hay ni un ápice de verdad en ello

IOU *n* (= **I owe you**) pagaré *m*

IOW = **Isle of Wight**

IPA *n* (Ling) (= **International Phonetic Alphabet**) AFI *m*

IPO *n* (= **initial public offering**) OPI *f*

iPod® /'aɪpɑːd || 'aɪpɒd/ *n* (Electron) iPod® *m*

ipso facto /ˌɪpsəʊ'fæktəʊ || ˌɪpsəʊ'fæktəʊ/ *adv* (frml) ipso facto

IQ *n* (= **intelligence quotient**) CI *m*; (in speech) coeficiente *m* intelectual *or* de inteligencia, cociente *m* intelectual *or* de inteligencia

IRA *n* 1 (= **Irish Republican Army**) IRA *m* 2 /'aɪrə/ (AmE) = **Individual Retirement Account**

IRA - Irish Republican Army

El IRA (Ejército Republicano Irlandés) es una organización paramilitar ilegal, fundada en 1919 para luchar por la independencia irlandesa del Reino Unido ▸**United Kingdom**. Después de la separación en 1921 de los seis condados del noreste de la isla, que siguieron bajo control británico como la provincia de Northern Ireland, su objetivo pasó a ser la unificación de la República de Irlanda e Irlanda del Norte. Posteriormente, como respuesta a lo que se percibía como represión contra la minoría católica en Irlanda del Norte, una facción del IRA (*Provisional IRA*) se reactivó en 1970, cometiendo actos de terrorismo en Irlanda del Norte e Inglaterra. El acuerdo de Viernes Santo (*Good Friday Agreement*) del 1998 ha llevado a un período de relativa paz entre las comunidades enfrentadas en Irlanda del Norte.

Iran /ɪ'rɑːn, ɪ'ræn/ *n* Irán *m*

Iranian[1] /ɪ'reɪniən/ *adj* iraní
Iranian[2] *n* iraní *mf*
Iraq /ɪ'rɑːk, ɪ'ræk/ *n* Irak *m*
Iraqi[1] /ɪ'rɑːki, ɪ'ræki/ *adj* iraquí
Iraqi[2] *n* iraquí *mf*
irascibility /ɪ,ræsə'bɪləti/ *n* [u] irascibilidad *f*
irascible /ɪ'ræsəbəl/ *adj* irascible
irascibly /ɪ'ræsəbli/ *adv* de manera irascible
irate /aɪ'reɪt/ *adj* airado, furioso
irately /aɪ'reɪtli/ *adv* airadamente, con ira
ire /aɪr || 'aɪə(r)/ *n* [u] (liter) ira *f*, cólera *f*
Ireland /'aɪrlənd || 'aɪələnd/ *n* 1 (the island) Irlanda *f* 2 (the Republic) Irlanda *f*, (el) Eire
iridescence /,ɪrə'desns || ,ɪrɪ'desns/ *n* [u] (liter) irisación *f*, iridiscencia *f*
iridescent /,ɪrə'desnt || ,ɪrɪ'desnt/ *adj* (liter) irisado, iridiscente
iridium /ɪ'rɪdiəm/ *n* iridio *m*
iris /'aɪrəs || 'aɪərɪs/ *n*
A (Bot) lirio *m*
B (Anat) iris *m*
Irish[1] /'aɪrɪʃ || 'aɪərɪʃ/ *adj* 1 (of the island) irlandés; **the ~ Sea** el Mar de Irlanda 2 (of the Republic) irlandés; **~ Republic** República *f* de Irlanda
Irish[2] *n* 1 (people) (+ *pl vb*): **the ~** los irlandeses 2 [u] (language) irlandés *m*
Irish-American /,aɪrɪʃə'merɪkən || ,aɪərɪʃə'merɪkən/ *adj* norteamericano de origen irlandés
Irish American *n* norteamericano, -na *m,f* de origen irlandés
Irish coffee *n* [u c] café *m* irlandés
Irishman /'aɪrɪʃmən || 'aɪərɪʃmən/ *n* (*pl* **-men** /-mən/) irlandés *m*
Irish setter *n* setter *m* irlandés
Irish stew *n* [u c]: *guiso de carne y verduras*
Irish terrier *n* terrier irlandés, -sa *m,f*
Irish whiskey *n* whisky *m or* güisqui *m* irlandés
Irish wolfhound *n* lebrel *m* irlandés
Irishwoman /'aɪrɪʃ,wʊmən || 'aɪərɪʃ,wʊmən/ *n* (*pl* **-women**) irlandesa *f*
irk /ɜːrk || ɜːk/ *vt* fastidiar, irritar
irksome /'ɜːrksəm || 'ɜːksəm/ *adj* fastidioso, irritante
iron[1] /'aɪərn || 'aɪən/ *n*
A [u] 1 (metal) hierro *m*, fierro *m* (AmL); **any old ~?** (BrE) ¡chatarrero!; **he has a will of ~** tiene una (fuerza de) voluntad férrea *or* de hierro; **a man/woman of ~** un hombre/una mujer de hierro; ***as hard as ~*** (duro) como el acero; **my muscles are as hard as ~** tengo músculos de acero; **the ground will be as hard as ~ after all this frost** la tierra va a estar como piedra después de esta helada; ***to strike while the ~ is hot***: **there's nothing like striking while the ~'s hot** lo mejor es actuar de inmediato, lo mejor es sobre el pucho, la escupida (RPl fam); (*before n*): **the I~ Age** la Edad de Hierro; **the I~ Lady** la Dama de Hierro; **~ ore** mineral *m* de hierro 2 (in food) hierro *m*
B (for clothes) plancha *f*; **steam ~** plancha de vapor
C (*branding* ~) 1 hierro *m* de marcar; ***to have several/too many ~s in the fire*** tener* varias/demasiadas cosas entre manos; **don't worry about him, he has many other ~s in the fire** no te preocupes por él, tiene muchos otros anzuelos echados *or* muchas otras redes tendidas 2 (golf club) hierro *m*; **a seven ~** un hierro siete 3 (gun) (AmE sl) pistola *f*, pusca *f* (Esp arg)
D **irons** *pl* (fetters) grilletes *mpl*, grillos *mpl*
iron[2] *adj* 1 (made of iron) ‹*bar/bridge/railing*› de hierro 2 (strong) (*before n*) ‹*constitution*› de hierro, fuerte como un roble; ‹*will/resolve*› férreo, de hierro
iron[3] *vt* ‹*clothes/sheets*› planchar
■ **iron** *vi* «*person*» planchar; «*fabric*»: **this shirt doesn't ~ very easily** esta camisa no es muy fácil de planchar
Phrasal verb
• **iron out** [v + o + adv, v + adv + o] 1 ‹*problems*› resolver*; ‹*difficulties*› allanar, eliminar 2 ‹*crease*› planchar, quitar
ironclad /'aɪərnklæd || 'aɪən,klæd/ *adj* acorazado
Iron Cross *n* cruz *f* de hierro
Iron Curtain *n*: **the ~ ~** la cortina de hierro (AmL), el telón de acero (Esp)
iron-gray, (BrE) **iron-grey** /'aɪərn'greɪ || ,aɪən'greɪ/ ▸ p.1036 *adj* ‹*sky/sea*› gris acero *adj inv*; ‹*hair*› entrecano
iron gray, (BrE) **iron grey** ▸ p.1036 *n* [u] gris *m* acero
ironic /aɪ'rɑːnɪk || aɪ'rɒnɪk/, **ironical** /aɪ'rɑːnɪkəl || aɪ'rɒnɪkəl/ *adj* irónico; **it is ~ that ...** resulta irónico que … (+ *subj*)
ironically /aɪ'rɑːnɪkli || aɪ'rɒnɪkli/ *adv* irónicamente
ironing /'aɪərnɪŋ || 'aɪənɪŋ/ *n* [u] 1 (act): **to do the ~** planchar; **I'd better get on with the ~** más vale que siga planchando *or* con el planchado 2 (ironed clothes) ropa *f* planchada; (clothes to be ironed) ropa *f* para planchar; **he had folded and put away the ~** había doblado y guardado la ropa planchada; **there's a large pile of ~ to be done** hay un montón de ropa para planchar
ironing board *n* tabla *f or* (Méx) burro *m* de planchar
iron lung *n* pulmón *m* de acero
iron maiden *n* dama *f* de hierro
ironmonger /'aɪərn,mɑːŋgər || 'aɪən,mʌŋgə(r)/ *n* (BrE) ferretero, -ra *m,f*; **at the ~'s** en la ferretería
ironmongery /'aɪərn,mɑːŋgəri || 'aɪən,mʌŋgəri/ *n* (*pl* **-ries**) (BrE) 1 [u] (goods) artículos *mpl* de ferretería 2 [c] (shop) ferretería *f*
iron-on /'aɪərn'ɑːn || ,aɪən'ɒn/ *adj* ‹*patch/motif*› que se fija con la plancha
iron oxide *n* [u c] óxido *m* de hierro
iron rations *pl n* (BrE) raciones *fpl* de campaña
ironware /'aɪərnwer || 'aɪənweə(r)/ *n* [u] 1 objetos *mpl* de hierro 2 (AmE) (Culin) utensilios *mpl* de cocina
iron-willed /'aɪərn'wɪld || ,aɪən'wɪld/ *adj* ‹*person*› con una voluntad férrea *or* de hierro
ironwork /'aɪərnwɜːrk || 'aɪənwɜːk/ *n* [u] (part of structure) obra *f* de hierro; (on chest, cask) herrajes *mpl*
ironworks /'aɪərnwɜːrks || 'aɪənwɜːks/ *n* (*pl* ~) (+ *sing or pl vb*) fundición *f*
irony /'aɪrəni/ *n* [c u] (*pl* **-nies**) ironía *f*; **the ~ of it is that ...** lo irónico del asunto es que …; **by an ~ of fate** por ironías del destino; **that's one of life's little ironies** esa es una de las pequeñas ironías de la vida; **he spoke with heavy/bitter ~** habló en un tono cargado de ironía/con amarga ironía
irradiate /ɪ'reɪdieɪt/ *vt* irradiar; ‹*tumor/cancer*› radiar, irradiar; ‹*food*› irradiar
irradiation /ɪ,reɪdi'eɪʃən/ *n* [u] irradiación *f*, radiación *f*
irrational /ɪ'ræʃnəl || ɪ'ræʃənl/ *adj* irracional
irrationality /ɪ,ræʃə'næləti/ *n* [u] irracionalidad *f*
irrationally /ɪ'ræʃnəli || ɪ'ræʃənəli/ *adv* de un modo irracional, irracionalmente
irreconcilable /,ɪrekən'saɪləbəl/ *adj* ‹*principles/beliefs/rivals*› irreconciliable; **to be ~ WITH sth** ser* incompatible CON algo; **that point of view is ~ with your socialist principles** ese punto de vista es incompatible con tus principios socialistas
irreconcilably /,ɪrekən'saɪləbli/ *adv* irreconciliablemente
irrecoverable /,ɪrɪ'kʌvərəbəl/ *adj* (frml) irrecuperable
irredeemable /,ɪrɪ'diːməbəl/ *adj*
A 1 ‹*loss/damage/error*› irremediable, irreparable 2 (Relig) ‹*sinner/soul*› irredimible
B (Fin) ‹*bond/debenture*› no amortizable
irredeemably /,ɪrɪ'diːməbli/ *adv* irremediablemente, irreparablemente
irreducible /,ɪrɪ'duːsəbəl || ,ɪrɪ'djuːsəbəl/ *adj* irreducible
irrefutable /ɪ'refjətəbəl ,ɪrɪ'fjuː-/ *adj* irrefutable
irrefutably /ɪ'refjətəbli ,ɪrɪ'fjuː-/ *adv* irrefutablemente, de modo irrefutable
irregardless /,ɪrɪ'gɑːrdləs || ,ɪrɪ'gɑːdlɪs/ *adv* (AmE crit) ▸**regardless**
irregular[1] /ɪ'regjələr || ɪ'regjʊlə(r)/ *adj*
A 1 (in shape, positioning) ‹*outline/surface/pattern*› irregular 2 (in time) ‹*intervals/pulse*› irregular; **to keep ~ hours** tener* un horario irregular; **I've been a bit ~ lately** (euph) no he ido muy bien de vientre últimamente
B (contrary to rules) inadmisible, contrario a las normas; **this is highly ~** esto es totalmente inadmisible; **it would be most ~ for me to discuss a client with you** estaría totalmente fuera de lugar que yo hablara de un cliente con usted
C (Ling) ‹*verb/ending/plural*› irregular
D (Mil) ‹*troops*› irregular
E (substandard) (AmE) defectuoso
irregular[2] *n*
A (Mil) soldado *m* irregular; **the ~s** las tropas irregulares
B **irregulars** *pl* (AmE) (Busn) artículos *mpl* defectuosos
irregularity /ɪ,regjə'lærəti || ɪ,regjʊ'lærəti/ *n* [u c] (*pl* **-ties**)
A 1 (in shape, positioning) irregularidad *f* 2 (in time) irregularidad *f*; (of bowel movements) estreñimiento *m*
B (of action) lo inadmisible; **several irregularities** varias contravenciones de las normas
C (Ling) irregularidad *f*
irregularly /ɪ'regjələrli || ɪ'regjʊləli/ *adv*
A 1 (in shape, positioning) irregularmente 2 (in time) con irregularidad
B (in unacceptable manner) ‹*behave*› irregularmente
C (Ling) ‹*decline/conjugate*› irregularmente
irrelevance /ɪ'reləvəns/ *n* [u c] irrelevancia *f*; **the ~ to the topic of much of the lecture** lo poco que gran parte de la conferencia tuvo que ver con el tema; **the project is now a costly ~** el proyecto se ha convertido en algo costoso y sin sentido
irrelevancy /ɪ'reləvənsi/ *n* [u c] (*pl* **-cies**) (frml) ▸**irrelevance**
irrelevant /ɪ'reləvənt/ *adj* ‹*fact/detail*› irrelevante, intrascendente; **that's ~** eso no viene al caso, eso es irrelevante; **the size of the building is quite ~** el tamaño del edificio no tiene ninguna importancia *or* no viene al caso; **whether I agree or not seems to be ~** mi opinión parece no contar para nada; **to be ~ TO sth** no tener* relación *or* no tener* que ver CON algo; **to be ~ TO sb** serle* indiferente A algn
irrelevantly /ɪ'reləvəntli/ *adv* sin venir al caso
irreligious /,ɪrɪ'lɪdʒəs/ *adj* (frml) irreligioso (frml)
irremediable /,ɪrɪ'miːdiəbəl/ *adj* (frml) irremediable
irremediably /,ɪrɪ'miːdiəbli/ *adv* (frml) irremediablemente
irreparable /ɪ'reprəbəl/ *adj* irreparable
irreparably /ɪ'reprəbli/ *adv* irreparablemente
irreplaceable /,ɪrɪ'pleɪsəbəl/ *adj* irreemplazable, insustituible
irrepressible /,ɪrɪ'presəbəl/ *adj* ‹*smile/laughter*› incontenible; ‹*urge/desire/anger*› irreprimible, incontenible; ‹*person*› indomable, irrefrenable
irreproachable /,ɪrɪ'prəʊtʃəbəl/ *adj* irreprochable, intachable
irreproachably /,ɪrɪ'prəʊtʃəbli/ *adv* irreprochablemente, de manera irreprochable *or* intachable
irresistible /,ɪrɪ'zɪstəbəl/ *adj* irresistible
irresistibly /,ɪrɪ'zɪstəbli/ *adv* irresistiblemente, de manera irresistible
irresolute /ɪ'rezəluːt/ *adj* (frml) ‹*person/conduct*› irresoluto (frml), indeciso
irresolutely /ɪ'rezəluːtli/ *adv* (frml) ‹*waver/hesitate*› de manera indecisa; **well ..., he said ~**

bien ..., —dijo vacilando

irresoluteness /ɪ'rezəlu:tnəs || ɪ'rezəlu:tnɪs/, **irresolution** /ɪ'rezə'lu:ʃən/ *n* [u] (frml) irresolución *f* (frml)

irrespective /ˌɪrɪ'spektɪv/ *adv* 1 ~ **OF sth**: ~ **of what you say** independientemente de lo que usted diga, sin tener en cuenta lo que usted diga; ~ **of age or sex** sin distinción de edad o sexo 2 (BrE colloq) igual; **he did it** ~ lo hizo igual *or* sin importarle

irrespectively *adv* ►**irrespective 2**

irresponsibility /ˌɪrɪˌspɑ:nsə'bɪləti || ˌɪrɪˌspɒnsə'bɪləti/ *n* [u] irresponsabilidad *f*, falta *f* de responsabilidad

irresponsible /ˌɪrɪ'spɑ:nsəbəl || ˌɪrɪ'spɒnsəbəl/ *adj* irresponsable

irresponsibly /ˌɪrɪ'spɑ:nsəbli || ˌɪrɪ'spɒnsəbli/ *adv* de modo irresponsable, irresponsablemente

irretrievable /ˌɪrɪ'tri:vəbəl/ *adj* (frml) irrecuperable; ‹*loss/damage*› irreparable

irretrievably /ˌɪrɪ'tri:vəbli/ *adv* (frml) irreparablemente, irremediablemente

irreverence /ɪ'revrəns, ɪ'revərəns/ *n* [u] irreverencia *f*, falta *f* de respeto

irreverent /ɪ'revrənt, ɪ'revərənt/ *adj* irreverente, irrespetuoso; **he poked ~ fun at his superiors** ridiculizaba irrespetuosamente a sus superiores

irreverently /ɪ'revrəntli, ɪ'revərəntli/ *adv* irrespetuosamente, con irreverencia

irreversible /ˌɪrɪ'vɜ:rsəbəl || ˌɪrɪ'vɜ:səbəl/ *adj* ‹*decision/sentence*› irrevocable; ‹*process/decline/event*› irreversible

irreversibly /ˌɪrɪ'vɜ:rsəbli || ˌɪrɪ'vɜ:səbli/ *adv* irreversiblemente

irrevocable /ɪ'revəkəbəl/ *adj* irrevocable

irrevocably /ɪ'revəkəbli/ *adv* irrevocablemente

irrigate /'ɪrəgeɪt || 'ɪrɪgeɪt/ *vt* 1 (Agr) irrigar*, regar* 2 (Med) irrigar*

irrigation /ˌɪrə'geɪʃən || ˌɪrɪ'geɪʃən/ *n* [u] 1 (Agr) irrigación *f*, riego *m*; (*before n*): ~ **channel** acequia *f* 2 (Med) irrigación *f*

irritability /ˌɪrətə'bɪləti || ˌɪrɪtə'bɪləti/ *n* [u] irritabilidad *f*; **nervous** ~ irritabilidad nerviosa

irritable /'ɪrətəbəl || 'ɪrɪtəbəl/ *adj*

A (bad-tempered) ‹*person/mood*› irritable, quisquilloso; ‹*reply/tone of voice*› irritado

B (sensitive) ‹*skin/scalp*› sensible

irritably /'ɪrətəbli || 'ɪrɪtəbli/ *adv* de mal talante, con irritación

irritant¹ /'ɪrətənt || 'ɪrɪtənt/ *n* 1 (Med) agente *m* irritante 2 (person, thing) fastidio *m*, molestia *f*

irritant² *adj* irritante

irritate /'ɪrəteɪt || 'ɪrɪteɪt/ *vt*

A (annoy) irritar, molestar; **the constant buzzing ~d me beyond endurance** el zumbido constante me sacaba de quicio *or* de las casillas

B (make sore) ‹*skin/scalp/membrane*› irritar

irritated /'ɪrəteɪtəd || 'ɪrɪteɪtɪd/ *adj* 1 (annoyed) ‹*look/frown*› de impaciencia, de irritación; **to be ~ WITH o AT sth/WITH sb** estar* irritado POR algo/CON algn 2 (sore) ‹*skin/hands/eyes*› irritado

irritating /'ɪrəteɪtɪŋ || 'ɪrɪteɪtɪŋ/ *adj*

A (annoying) ‹*person/remark/noise/cheerfulness*› irritante, molesto

B (causing soreness) ‹*substance/agent*› irritante

irritatingly /'ɪrəteɪtɪŋli || 'ɪrɪteɪtɪŋli/ *adv* ‹*grumble/giggle*› de un modo irritante; ‹*smug/cheerful*› insufriblemente; **~, I had mislaid it** (*indep*) para mi fastidio, no sabía dónde lo había puesto

irritation /ˌɪrə'teɪʃən || ˌɪrɪ'teɪʃən/ *n*

A [u c] (annoyance) irritación *f*; **her unreliability is a constant (source of) ~** su falta de formalidad es motivo de constante irritación; **his rudeness is an ~** su grosería es irritante; **one of life's minor ~s** uno de los pequeños inconvenientes de la vida

B [u] (soreness) irritación *f*

IRS ➡📖 *n* (in US) = **Internal Revenue Service**

is /ɪz/ *3rd pers sing pres of* **be**

Is = **island(s)** *o* = **isle(s)**

IS *n* (= **information system**) SI *m*

ISA *n* (in UK) = **Individual Savings Account**

Isaac /'aɪzək/ *n* Isaac

Isaiah /aɪ'zeɪə || aɪ'zaɪə/ *n* Isaías

ISBN *n* (= **International Standard Book Number**) ISBN *m*

ISDN *n* (= **Integrated Services Digital Network**) RDSI *f*

-ish /ɪʃ/ ►❶ **p.1036** *suff*: **bigg~/long~** más bien grande/largo; **green~** verdoso; **eight~/tenn~** a eso de las ocho/diez; **she's thirty~** debe tener unos treinta años; **he has left~ tendencies** es de ideas más bien de izquierda *or* (fam & hum) rojillas

isicamtho /ɪsɪ'kæmeəʊ/ *n* [u] (SAfr) (Ling) *idioma informal, hablado en algunos distritos, que combina entre otros el xosa, zulú y el inglés*

isinglass /'aɪznglæs || 'aɪzɪŋglɑ:s/ *n* [u] cola *f* de pescado

Isis /'aɪsəs || 'aɪsɪs/ *n* Isis

Islam /'ɪzlɑ:m, ɪz'lɑ:m/ *n* [u] el Islam

Islamic /ɪz'læmɪk, ɪz'lɑ:mɪk/ *adj* islámico; **the ~ faith** la fe islámica *or* musulmana, el islamismo

Islamist¹ /ɪz'læməst || ɪz'læmɪst/ *adj* islamista

Islamist² *n* islamista *mf*

island /'aɪlənd/ *n*

A (Geog) isla *f*; **an ~ of sanity in the midst of the urban chaos** un remanso en medio del caos urbano; (*before n*): **~ communities tend to be conservative** las comunidades insulares tienden a ser conservadoras; **he was welcomed by the ~ community** los isleños le dieron la bienvenida

B (in road) isla *f*

islander /'aɪləndər || 'aɪləndə(r)/ *n* isleño, -ña *m,f*

island-hop /'aɪlənd͵hɑ:p || 'aɪlənd͵hɒp/ *vi* viajar de isla en isla

island-hopping /'aɪlənd͵hɑ:pɪŋ || 'aɪlənd͵hɒpɪŋ/ *n* [u] viaje *m* de isla en isla

isle /aɪl/ *n* 1 (poet) isla *f*, ínsula *f* (liter) 2 (in place names): **the I~ of Wight** la Isla de Wight

Isles of Scilly /͵aɪlzəv'sɪli/ *pl n*: **the ~ ~ ~** las islas Scilly *or* Sorlingas

islet /'aɪlət || 'aɪlɪt/ *n* islote *m*

ism /'ɪzəm/ *n* (pej) ismo *m* (pey)

-ism /͵ɪzəm/ *suff* 1 (Med, Phil, Pol) -ismo; **femin~** feminismo *m* 2 (Ling) -ismo; **Britic~** expresión *f* (*or* vocablo *m etc*) del inglés británico

isn't /'ɪznt/ = **is not**

ISO *n* (= **International Standards Organization**) ISO *f*

isobar /'aɪsəbɑ:r || 'aɪsəbɑ:(r)/ *n* isobara *f*

isolate /'aɪsəleɪt/ *vt*

A (keep apart) **to ~ sth/sb (FROM sth/sb)** aislar* algo/a algn (DE algo/algn)

B 1 (pick out, separate) ‹*cause/problem*› aislar*; **to ~ sth FROM sth** separar *or* desligar* algo DE algo; **the act cannot be ~d from its consequences** el acto no se puede desligar de sus consecuencias 2 (in technical senses) ‹*virus/substance/circuit*› aislar*

isolated /'aɪsəleɪtəd || 'aɪsəleɪtɪd/ *adj* 1 (cut off, remote) ‹*place*› aislado; **he leads a very ~ life** lleva una vida muy solitaria; **he felt completely ~ in his grief** se sentía totalmente aislado en su dolor 2 (infrequent) ‹*incident/case*› aislado

isolation /͵aɪsə'leɪʃən/ *n* [u]

A 1 (state) aislamiento *m*; **social/economic ~** aislamiento social/económico; **in ~ (from sth)** aislado (de algo); **in splendid ~** totalmente aislado; **the events should not be studied in ~** los acontecimientos no se deberían estudiar aisladamente *or* fuera de su contexto 2 (Med) aislamiento *m*; **to keep sb in ~** mantener* a algn aislado; (*before n*) ‹*ward/hospital*› de infecciosos

B 1 (separation, identification) identificación *f* 2 (of virus, substance) aislamiento *m*

isolationism /͵aɪsə'leɪʃənɪzəm/ *n* [u] aislacionismo *m*

isolationist¹ /͵aɪsə'leɪʃənəst || ͵aɪsə'leɪʃənɪst/ *n* aislacionista *mf*

isolationist² *adj* aislacionista

isomer /'aɪsəmər || 'aɪsəmə(r)/ *n* isómero *m*

isometric /͵aɪsə'metrɪk/ *adj* 1 (Math) isométrico 2 (Sport) isométrico

isometrics /͵aɪsə'metrɪks/ *n* (+ *sing or pl vb*) isometría *f*

isosceles /͵aɪ'sɑ:səli:z || aɪ'sɒsəli:z/ *adj* isósceles

isotherm /'aɪsəθɜ:rm || 'aɪsəθɜ:m/ *n* isoterma *f*

isotonic /͵aɪsə'tɑ:nɪk || ͵aɪsə'tɒnɪk/ *adj* isotónico

isotope /'aɪsətəʊp/ *n* isótopo *m*

ISP *n* (= **Internet service provider**) ISP *m*

I-spy /'aɪspaɪ/ *n* [u] (BrE) veo-veo *m*

Israel /'ɪzreɪəl/ *n* Israel *m*; **the Children of ~** el pueblo de Israel

Israeli¹ /ɪz'reɪli/ *adj* israelí

Israeli² *n* israelí *mf*

Israelite /'ɪzriəlaɪt 'ɪzrə-/ *n* (Hist) israelita *mf*

issue¹ /'ɪʃu: || 'ɪʃju:, ɪsju:/ *n*

A [c] (subject discussed) tema *m*, cuestión *f*, asunto *m*; **she was trying to evade the ~** estaba tratando de escaparse por la tangente, estaba tratando de eludir *or* soslayar el problema; **to face the ~** enfrentarse al *or* afrontar el problema; **let's not cloud** *o* **confuse** *o* **fog the ~** no nos vayamos por la tangente, no desviemos la atención del verdadero problema; **we are campaigning on the ~s** nuestra campaña se centra en los problemas que hay que resolver; ***at* ~: the matter at ~ is ...** de lo que se trata es de ...; **his probity is/is not at ~** su probidad está/no está en tela de juicio; **they had been at ~ over the matter for months** llevaban meses discutiendo el asunto; ***to join ~ with sb*** enfrentarse con algn; ***to make an ~ of sth*: she has made a feminist ~ of it** lo ha convertido en una cuestión feminista; **I don't want to make an ~ of it but ...** no quiero insistir demasiado sobre el tema pero ..., no quiero exagerar la importancia del asunto pero ...; ***to take ~ with sb/sth*** discrepar *or* disentir* de *or* con algn/en *or* de algo; **I feel I must take ~ with you on that point** creo que debo discrepar de *or* con usted en ese punto (frml)

B 1 [u] (of documents) expedición *f*; (of library books) préstamo *m*; (of tickets) venta *f*, expedición *f*; (of supplies) reparto *m*; **the date/place/office of ~** la fecha/el lugar/la oficina de expedición; **his trousers were regulation ~** sus pantalones eran los reglamentarios 2 [u c] (of stamps, shares, bank notes) emisión *f*; (*before n*): **~ price** tipo *m* de emisión 3 [c] (of newspaper, magazine) número *m*; **July ~ now on sale** el número de julio ahora a la venta

C 1 [u c] (emergence) (frml) flujo *m*; **a copious ~ of water/blood/pus** un copioso flujo de agua/sangre/pus 2 (outcome, result) (*no pl*) desenlace *m*; **the ~ is still in doubt** el desenlace es aún dudoso; ***to force the ~*** presionar (*para que se tome una decisión*); **I'm sorry to force the ~, but I must have an answer today** siento tener que presionar, pero necesito la respuesta para hoy

D (progeny) (frml) (+ *sing or pl vb*) descendencia *f*; **he died without ~** murió sin descendencia

issue² *vt* 1 (give out) ‹*statement/report*› hacer* público; ‹*instructions*› dar*; ‹*tickets/visas*› expedir*; ‹*library books*› prestar; ‹*bank notes/currency/stamps/shares*› emitir; ‹*writ/summons*› dictar, expedir*; **to ~ sth TO sb, to ~ sb WITH sth: the teacher ~d library cards to the pupils** el profesor distribuyó tarjetas de lector entre los alumnos; **we can ~ you with the necessary documents** le podemos proporcionar *or* suministrar los documentos necesarios 2 **issuing** *pres p* ‹*house/bank*› emisor

■ **issue** *vi* (frml)

A (result) **to ~ FROM sth** derivar(se) *or* surgir* DE algo (frml)

B (emerge) salir*; «*liquid*» fluir*, manar

Isth = **isthmus**

➡📖 *ver* Vivir en un país de habla inglesa

isthmus /'ɪsməs/ *n* (*pl* **-muses**)
A (Geog) istmo *m*; **the I~ of Corinth** el istmo de Corinto
B (Anat) istmo *m*

it /ɪt/ ▸ⓘ p.1287 *pron*
A (replacing noun — as direct object) lo, la; (— as indirect object) le; (— as subject, after prep) *gen not translated*; **~'s enormous** es enorme; **there's nothing behind/on top of ~** no hay nada detrás/encima; **don't sign ~** no lo/la firmes; **sign ~** fírmalo/fírmala; **I gave ~ another coat of paint** le di otra mano de pintura; **stop ~!** ¡ya está bien!, ¡basta!; **I don't understand ~** no lo entiendo; **~'s all lies** son todas mentiras; **damn/blast ~!** ¡maldita sea! (fam)
B (introducing person, thing, event): **who is ~?** ¿quién es?; **~'s me** soy yo; **~'s Bill** es Bill; **~ was you, wasn't ~?** fuiste tú ¿no?; **what is ~ you want me to do?** ¿qué es lo que quieres que haga?; **while you're at ~** ya que estás (en ello); **don't worry, I'll see to ~** no te preocupes, yo me encargo (de ello); **~'s his attitude that I don't like** su actitud es lo que no me gusta; **~ was a dress, not a blouse she bought** fue un vestido, no una blusa lo que compró; **a little higher up ... that's ~!** un poco más arriba ... ¡ahí está! *or* ¡eso es!; **one more and that's ~** uno más y ya está *or* se acabó; **he's very ambitious — that's just ~!** es muy ambicioso — ¡precisamente ahí está el problema!; **that's ~, then** bueno, ya está
C (in impersonal constructions): **~'s good to see you** da gusto verte; **~'s raining/snowing** está lloviendo/nevando; **~'s hot/cold** hace calor/frío; **~'s two o'clock** son las dos; **how long is ~ since we met?** ¿cuánto hace que nos conocimos?; **~'s been five years since I saw you** hace cinco años que no te veo; **~ would appear so** así *or* eso parece; **~ says here that ...** aquí dice que ...; **~ is known/said/believed that ...** se sabe/dice/cree que ...
D (in children's games): **you're ~** tú (la) paras, la quedás vos (Ur)

IT *n* [u] = **information technology**

ITAA *n* = **Information Technology Association of America**

Italian¹ /ɪ'tæljən/ *adj* italiano

Italian² *n* **1** [c] (person) italiano, -na *m,f* **2** [u] (language) italiano *m*

Italianate /ɪ'tæljəneɪt/, **Italianesque** /ɪ'tæljən'esk/ *adj* italiano

italic /ɪ'tælɪk/ *adj*: **~ type** (letra *f*) cursiva *f or* bastardilla *f*

italicize /ɪ'tæləsaɪz || ɪ'tælɪsaɪz/ *vt* poner* en cursiva *or* en bastardilla

italics /ɪ'tælɪks/ *pl n* (letra *f*) cursiva *f or* bastardilla *f*

Italy /'ɪtli || 'ɪtəli/ *n* Italia *f*; **the toe of ~** la punta de la bota

itch¹ /ɪtʃ/ *vi*
A **1** ‹‹*scalp/toe*›› picar* (+ *me/te/le etc*); **my nose ~es** me pica la nariz; **my/her eyes ~** me/le pican los ojos; **I ~ all over** me pica todo el cuerpo **2** (be impatient, eager) (colloq) **to be ~ing to + INF/FOR sth**: **he was ~ing to tell her** estaba que se moría para decírselo (fam); **she is ~ing for a chance to appear on TV** se muere *or* (Esp tb) se pirra por salir en la tele (fam)
B ‹‹*wool/underwear*›› (cause irritation) picar*, hacer* picar
■ **itch** *vt*: **this is ~ing me** esto me pica, esto me hace picar

itch² *n* **1** (irritation) picor *m*, picazón *f*, comezón *f* **2** (desire) ansia *f*‡; **he felt the ~ for travel** tenía el gusanillo de los viajes (fam); **the seven-year ~** la comezón del séptimo año, la crisis de los siete años

itching /'ɪtʃɪŋ/ *n* [u c] ▸**itch² 1**

itching powder *n* [u] polvos *mpl* pica-pica

itchy /'ɪtʃi/ *adj* **itchier, itchiest** **1** (feeling irritation): **I've got an ~ nose/scalp** me pica la nariz/la cabeza **2** (causing irritation) ‹*garment/material*› que pica

it'd /'ɪtəd/ **1** = **it had** **2** = **it would**

-ite /aɪt/ *suff* **1** (supporter, follower) -ista **2** (native): **her friends are all Hampstead~s** sus amigos son todos de Hampstead; *see also* **Canaanite, Israelite**

item /'aɪtəm/ *n* **1** (article) (Busn) artículo *m*; (in collection) pieza *f*; (on agenda) punto *m*; **I would like to order ~s 47 and 68** desearía encargar *or* pedir los artículos 47 y 68; **many ~s at half price** muchos artículos a mitad de precio; **there were a large number of ~s on the agenda** había gran cantidad de puntos a tratar en el orden del día; **~s of clothing** prendas *fpl* de vestir; **~s of furniture** muebles *mpl*; **allergy to particular food ~s** alergia *f* a determinados alimentos; ***to be an ~*** (BrE colloq) ser* una pareja **2** (in newspaper) artículo *m*; (in show) número *m*; **news ~** noticia *f*

itemization /,aɪtəmə'zeɪʃən || ,aɪtəmaɪ'zeɪʃən/ *n* [u c]: **please provide an ~ of this bill** (Busn) le rogamos nos proporcione un desglose de esta factura; **they requested an ~ of my expenses** me pidieron que detallara los gastos

itemize /'aɪtəmaɪz/ *vt* (break down) detallar, desglosar; (list) hacer* una lista de, enumerar

iterate /'ɪtəreɪt/ *vt* **1** (repeat) (frml) iterar (frml), repetir* **2** (Comput) ‹*process/step*› iterar, repetir*

iteration /,ɪtə'reɪʃən/ *n* [u c] **1** (repetition) iteración *f* (frml), repetición *f* **2** (Comput) iteración *f*, repetición *f*

iterative /'ɪtərətɪv/ *adj* (Comput, Ling) iterativo

ITIN ➡ *n* (in US) = **Individual Taxpayer Identification Number**

itinerant /,aɪ'tɪnərənt/ *adj* (frml) ‹*worker/judge*› itinerante (frml); ‹*salesman/musician*› ambulante

itinerary /,aɪ'tɪnəreri || aɪ'tɪnərəri/ *n* (*pl* **-ries**) itinerario *m*

-itis /'aɪtəs || 'aɪtɪs/ *suff* (Med) -itis; **a bad attack of election~** (hum) eleccionitis *f* aguda (hum)

it'll /'ɪtl/ = **it will**

its /ɪts/ *adj*

> ⚠ The translation *su* agrees in number with the noun which it modifies. *its* is translated by *su, sus* according to what follows: **its snout/head** su hocico/cabeza **its problems/difficulties** sus problemas/dificultades.

(*sing*) su (*pl*) sus; **it has ~ problems** tiene sus problemas; **it's lost ~ handle** se le ha caído el asa

it's /ɪts/ **1** = **it is** **2** = **it has**

itself /ɪt'self/ *pron* **1** (reflexive): **it has earned ~ a reputation** se ha hecho fama; **another problem presented ~** se presentó otro problema **2** (emphatic use): **the document does not of ~ constitute a contract** el documento por sí mismo no constituye un contrato; **the town ~ is small** la ciudad en sí *or* la ciudad propiamente dicha es pequeña; **he's kindness ~** es la bondad personificada

itty-bitty /'ɪti'bɪti/ (BrE) **itsy-bitsy** /'ɪtsi 'bɪtsi/ *adj* (colloq) chiquitito, chiquitín, pequeñito

ITV *n* (BrE) (*no art*) = **Independent Television**

> **ITV - Independent Television**
>
> Un grupo de compañías de televisión comercial que ofrecen programaciones diferentes para quince regiones distintas del Reino Unido. Cada una incluye sus propios programas y noticias, aunque también efectúan muchas transmisiones en común. A diferencia de la BBC, transmiten publicidad. *Ver tb* ▸**television**.

IU *n* (= **international unit**) UI *f*

IUD *n* (= **intrauterine (contraceptive) device**) DIU *m*

IV *adj* (esp AmE) = **intravenous**

IVA *n* (BrE) (Fin) = **individual voluntary arrangement**

I've /aɪv/ = **I have**

IVF *n* (= **in vitro fertilization**) FIV *f*

Ivorian /aɪ'vɔːriən/ *adj* (Geog) marfilense, marfileño

ivory¹ /'aɪvəri/ *n* (*pl* **-ries**) **1** (material) marfil *m*; **she collects ~** colecciona objetos de marfil; ***to tickle the ivories*** (sl & dated) tocar* el piano **2** ▸ⓘ **p.1036** (color) (color *m*) marfil *m*

ivory² ▸ⓘ **p.1036** *adj* ‹*paint/table*› de color marfil; ‹*skin*› marfil *adj inv*

Ivory Coast *n*: **the ~ ~** la Costa de Marfil

ivory tower *n* torre *f* de marfil

ivy /'aɪvi/ *n* [u] hiedra *f*

Ivy League *n* (AmE): **the ~ ~** *grupo de ocho universidades prestigiosas de EEUU*

> **Ivy League**
>
> El grupo de universidades más antiguas y más respetadas de EEUU, situadas en el noreste del país. Son: Harvard, Yale, Columbia University, Cornell University, Dartmouth College, Brown University, Princeton University y la University of Pennsylvania. El término proviene de la hiedra que crece en los antiguos edificios de las universidades.

Iyengar /ɪ'jeŋgɑːr || ɪ'jeŋgɑː(r)/ *n* [u] (Sport) Iyengar *m* (*estilo de yoga*)

➡ *ver* Vivir en un país de habla inglesa

i

Jj

j, J /dʒeɪ/ *n* j, J *f*

jab[1] /dʒæb/ **-bb-** *vt*: **I ∼bed myself with the needle** me pinché con la aguja, me piqué con la aguja (Méx); **she ∼bed her elbow into his ribs** le dió un codazo en las costillas; **you nearly ∼bed my eye out!** ¡por poco me sacas un ojo!; **she ∼bed her finger at the mistakes** señaló los errores con el dedo

■ **jab** *vi* **to ∼ AT sth**: **he ∼bed at my arm with his finger** me dio en el brazo con el dedo; **she ∼bed at the food with her fork** pinchaba la comida con el tenedor

jab[2] *n* 1 (prick) pinchazo *m*, piquete *m* (Méx); (blow) golpe *m*; (with elbow) codazo *m* 2 (in boxing) corto *m*, jab *m* (esp AmL) 3 (injection) (BrE colloq) inyección *f*; **I've had my ∼** me han puesto *or* dado la inyección

jabber[1] /ˈdʒæbər || ˈdʒæbə(r)/ *vi* farfullar; **to ∼ away** parlotear; **they were ∼ing away in German** estaban parloteando en alemán; **she ∼ed (away) so fast we couldn't understand a word** hablaba tan deprisa que no entendimos una palabra

■ **jabber** *vt* farfullar; **she ∼ed something about being followed** no sé qué farfulló de que la seguían

jabber[2], **jabbering** /ˈdʒæbərɪŋ/ *n* [u] parloteo *m*

jack[1] /dʒæk/ *n*

A (lifting device) gato *m*

B (socket) enchufe *m* hembra

C 1 (in French pack of cards) jota *f*, valet *m*; (in Spanish pack) sota *f* 2 (Games) ≈ taba *f* 3 (in bowls) boliche *m*

D Jack: **Jack and the Beanstalk** Jack y las habichuelas mágicas; **Jack the Ripper** Jack el destripador; **I'm all right, Jack!** (BrE set phrase: colloq) mientras yo esté bien …, allá se pudran los demás (fam); **before you can say Jack Robinson** (BrE) en un abrir y cerrar de ojos, en menos (de lo) que canta un gallo; (*before n*): **Jack Frost** helada *f*

jack[2] *vt* (AmE colloq) (to steal) birlar, afanarse (fam), volar (Méx) (Ven fam)

Phrasal verbs

- **jack in** [v + o + adv, v + adv + o] (BrE) (colloq) ‹*job/studies*› dejar, plantar (fam), mandar al diablo (fam)
- **jack up** [v + o + adv, v + adv + o] 1 ‹*car*› levantar (*con el gato*) 2 (increase) (colloq) ‹*price/rent*› subir, aumentar

jackal /ˈdʒækəl/ *n* chacal *m*

Jack-and-Jill party *n* (AmE); *despedida de soltero conjunta para la novia y el novio*

jackass /ˈdʒækæs/ *n* 1 (Zool) asno *m*, burro *m* 2 (fool) (colloq) zopenco, -ca *m,f* (fam)

jackboot /ˈdʒækbuːt/ *n* bota *f* alta; **under the Nazi ∼** bajo el yugo nazi

jackdaw /ˈdʒækdɔː/ *n* grajilla *f*

jacket /ˈdʒækət || ˈdʒækɪt/ *n*

A (Clothing) chaqueta *f*; (*sports ∼*) americana *f*, saco *m* (sport) (AmL)

B 1 (of book) sobrecubierta *f*, camisa *f* 2 (of record) (AmE) funda *f*, carátula *f* 3 (for documents) (AmE) carpeta *f*

C (of potato) (BrE): **potatoes in their ∼s, ∼ potatoes** papas *fpl* asadas (*con la cáscara*) (AmL), patatas *fpl* asadas (*con la piel*) (Esp)

D (of boiler, engine) funda *f*

jackhammer /ˈdʒækˌhæmər || ˈdʒæk ˌhæmə(r)/ *n* martillo *m* neumático

jack-in-the-box /ˈdʒækənðəbɑːks || ˈdʒækɪnðəbɒks/ *n* caja *f* de sorpresas (*con muñeco a resorte*)

jackknife[1] /ˈdʒæknaɪf/ *n* (*pl* **-knives**)

A (knife) navaja *f*

B ∼ (dive) salto *m* de carpa

jackknife[2] *vi* «*truck*» plegarse*

jack of all trades /ˌdʒækəvˈɔːltreɪdz/ *n* (*pl* **∼s ∼ ∼ ∼**) hombre *m* *or* mujer *f* orquesta, manitas *mf* (Esp, Méx fam); **he's a ∼ ∼ ∼ ∼ and master of none** (set phrase) sabe un poco de todo y mucho de nada

jack-o'-lantern /ˈdʒækəˌlæntərn || ˈdʒækə ˌlæntən/ *n*: *lámpara hecha con una calabaza ahuecada*

jack plug *n* (esp BrE) enchufe *m* macho

jackpot /ˈdʒækpɑːt || ˈdʒækpɒt/ *n* (in bingo, lottery, poker) bote *m*, pozo *m*; ***to hit the ∼*** (do very well) hacer* su (*or* mi *etc*) agosto, sacarse* la lotería; (win highest prize) sacarse* la lotería *or* (fam) el gordo

jackrabbit /ˈdʒækˌræbət || ˈdʒækˌræbɪt/ *n*: *tipo de liebre de Norteamérica*

jacks /dʒæks/ *n* (+ *sing vb*): **to play ∼** ≈ jugar* a la taba

jackstraws /ˈdʒækstrɔːz/ *n* (+ *sing vb*) palitos *mpl* chinos

Jacob /ˈdʒeɪkəb/ *n* Jacob; **∼'s ladder** la escala de Jacob

Jacobean /ˌdʒækəˈbiːən/ *adj* jacobeo; **during the ∼ period** durante el reinado de Jacobo I, durante la época jacobea

Jacobin[1] /ˈdʒækəbɪn/ *n* jacobino, -na *m,f*

Jacobin[2] *adj* jacobino

Jacuzzi®, jacuzzi /dʒəˈkuːzi/ *n* Jacuzzi® *m*

jade /dʒeɪd/ *n*

A [u] 1 (Min) jade *m* 2 ▸ p.1036 (color) verde *m* jade; (*before n*) verde jade *adj inv*

B [c] (arch & pej) 1 (horse) jamelgo *m* (hum), rocín *m* (arc) 2 (woman) mujerzuela *f*

jaded /ˈdʒeɪdəd || ˈdʒeɪdɪd/ *adj* ‹*person*› hastiado, harto; **to tempt even the most ∼ palate** para tentar hasta a los que ya están hartos de todo; **their performance had a ∼ air about it** le faltó entusiasmo a su interpretación, su interpretación dejó traslucir su cansancio

jade-green /ˈdʒeɪdˈgriːn/ ▸ p.1036 *adj* (*pred* **jade green**) verde jade *adj inv*

jag /dʒæg/ *n* (AmE colloq)

A (binge) curda *f* (fam), mona *f* (fam), trompa *f* (Esp fam)

B (of emotion — crying) llorera *f* (fam), lloradera *f* (AmL fam); (— laughing) ataque *m* de risa

C (Scot colloq) ▸**jab**[2] **1**, **jab**[2] **3**

jagged /ˈdʒægəd || ˈdʒægɪd/ *adj* ‹*edge/cut*› irregular; ‹*rock/cliff*› recortado, con picos

jaguar /ˈdʒægwɑːr || ˈdʒægjʊə(r)/ *n* (Zool) jaguar *m*

jail[1] /dʒeɪl/ *n* cárcel *f*, prisión *f*; **she's in ∼** está presa *or* en la cárcel; **he went to ∼** lo metieron preso; (*before n*): **∼ sentence** pena *f* de prisión

jail[2] *vt* encarcelar; **he was ∼ed for life** lo condenaron a cadena perpetua; **she was ∼ed for theft** la metieron presa por robo

jailbait /ˈdʒeɪlbeɪt/ *n* [u]: *chica menor de edad, con quien constituye delito tener relaciones sexuales*

jailbird /ˈdʒeɪlbɜːrd || ˈdʒeɪlbɜːd/ *n* (colloq) delincuente *mf* habitual

jailbreak /ˈdʒeɪlbreɪk/ *n* (journ) fuga *f* (*de la cárcel*)

jailer, jailor /ˈdʒeɪlər || ˈdʒeɪlə(r)/ *n* carcelero, -ra *m,f*

jailhouse /ˈdʒeɪlhaʊs/ *n* (AmE) cárcel *f*

Jakarta /dʒəˈkɑːrtə || dʒəˈkɑːtə/ *n* Yakarta *f*

jalopy /dʒəˈlɑːpi || dʒəˈlɒpi/ *n* (*pl* **-pies**) (colloq) cacharro *m* (fam), carcacha *f* (Andes, Méx fam), cachila *f* (Ur fam)

jam[1] /dʒæm/ *n*

A [u c] (Culin) mermelada *f*, dulce *m* (RPl); **raspberry ∼** mermelada *or* (RPl tb) dulce de frambuesas; **∼ *tomorrow*** (BrE): **we see this promise of a pay rise as ∼ tomorrow** eso del aumento de sueldo no son más que promesas y promesas; **∼ tomorrow, ∼ the next day, but never ∼ today!** ¡siempre mañana, mañana!; (*before n*): **∼ tart** tartaleta *f or* tarteleta *f* de mermelada

B [c] (difficult situation) (colloq) aprieto *m*; **to be in a ∼** estar* en un aprieto *or* en apuros; **to get into a ∼** meterse en un lío (fam)

C [c] (*traffic ∼*) 1 atasco *m*, embotellamiento *m* 2 (crowd): **a great ∼ of people** un gentío 3 (blockage) obstrucción *f*

jam[2] **-mm-** *vt*

A 1 (cram) **to ∼ sth INTO sth** meter algo EN algo; **I ∼med my things into the suitcase** metí *or* embutí todas mis cosas en la maleta; **the four of them ∼med themselves into the back of the car** los cuatro se metieron apretujándose en el asiento de atrás 2 (congest, block) ‹*road/room*› atestar; **∼med with people** atestado de gente; **the switchboard was ∼med with calls** la centralita estaba saturada de llamadas

B 1 (make stick, wedge firmly): **he ∼med his foot in the door** metió el pie entre la puerta y el marco; **the car was ∼med in between two trucks** el coche estaba atascado entre dos camiones; **he ∼med his hat on tighter** se encasquetó bien el sombrero; *see also* **jam on** 2 (crush): **she ∼med her thumb in the door** se apretó *or* (fam) se pilló el dedo en la puerta 3 (push hard, suddenly): **he ∼med his foot down on the brake** dio un frenazo en seco

C (Rad) interferir*

■ **jam** *vi* 1 (cram) **to ∼ INTO sth** meterse EN algo; **we all ∼med into the car** nos apretujamos todos en el coche, nos metimos todos en el coche como sardina en lata (fam) 2 (become stuck) «*brakes*» bloquearse; «*machine*» trancarse*; «*switch/lock*» trabarse, trancarse*; «*drawer*» atascarse*; «*gun*» encasquillarse

Phrasal verb

- **jam on** [v + o + adv, v + adv + o]: **to ∼ on the brakes** dar* un frenazo, frenar en seco; *see also* **jam**[2] **B1**

Jamaica /dʒəˈmeɪkə/ *n* Jamaica *f*

Jamaican[1] /dʒəˈmeɪkən/ *adj* jamaicano

Jamaican[2] *n* jamaicano, -na *m,f*

jamb /dʒæm/ *n* jamba *f*

jamboree /ˌdʒæmbəˈriː/ *n* 1 (of Scouts) congreso *m* (*de exploradores*) 2 (party) juerga *f* (fam)

jam jar *n* (BrE) tarro *m or* bote *m* para mermelada

jammy /ˈdʒæmi/ *adj* (BrE colloq) 1 (lucky) afortunado, suertudo (AmL fam); **you ∼ so-and-so!**

¡qué suerte *or* (fam) potra tienes! 2 (sticky) pegajoso

jam-packed /ˌdʒæmˈpækt/ *adj* (colloq) ‹*container*› repleto, hasta el tope *or* los topes; ‹*room/bus*› repleto, atestado (de gente); **the trunk was ~ with books** el baúl estaba hasta el tope *or* los topes de libros, el baúl estaba atiborrado de libros

jam session *n: sesión de un grupo de músicos de jazz o rock que se reúnen para improvisar*

Jan ▸ℹ **p.1085** (= **January**) en.

jandal /ˈjændl/ *n* (NZ) (Clothing) chancla *f*, chancleta *f*, ojota *f* (RPl)

Jane Doe *n* (AmE) (Law, Med) persona *f* inidentificada, Juana Pérez

jangle¹ /ˈdʒæŋgəl/ *vt* hacer* sonar
■ **jangle** *vi* hacer* ruido (*metálico*), sonar*; **it sets my nerves jangling** me pone los nervios de punta, me crispa los nervios

jangle² *n* [c u] sonido *m* (*metálico*)

jangly /ˈdʒæŋgli/ *adj* discordante, discorde

janitor /ˈdʒænətər || ˈdʒænɪtə(r)/ *n* conserje *m*, portero *m*

January /ˈdʒænjueri || ˈdʒænjuəri/ ▸ℹ **p.1085** *n* enero *m*; **~ 24** 24 de enero; **on the first of ~** el primero *or* (Esp tb) el uno de enero; **in ~** en enero; **early in ~, in early ~** a principios *or* a primeros de enero; **in the middle of ~** a mediados de enero; **at the end of ~** a fines *or* a finales de enero; **every ~** cada enero, todos los eneros; **he left last ~** se fue en enero pasado, se fue el pasado enero; **next ~** el próximo enero *or* el enero que viene; **there are 31 days in ~** enero tiene 31 días; (*before n*) ‹*sales/day*› de enero

Janus /ˈdʒeɪnəs/ *n* Jano

Janus-faced /ˈdʒeɪnəsˌfeɪst/ *adj* de dos caras, hipócrita

Jap /dʒæp/ *n* (colloq & offensive) japonés, -nesa *m,f*, japo *mf* (fam & pey)

Japan /dʒəˈpæn/ *n* Japón *m*

Japanese¹ /ˌdʒæpəˈniːz/ *adj* japonés, nipón

Japanese² *n* (*pl* ~) 1 [u] (language) japonés *m* 2 [c] (person) japonés, -nesa *m,f*, nipón, -pona *m,f*

jape /dʒeɪp/ *n* (dated) broma *f*

japonica /dʒəˈpɑːnɪkə || dʒəˈpɒnɪkə/ *n* [c u] níspero *m* del Japón

jar¹ /dʒɑːr || dʒɑː(r)/ *n*
A 1 (container) tarro *m*, bote *m* 2 (drink) (BrE colloq): **we had a couple of ~s** nos tomamos un par de cervezas *or* (Esp tb) un par de cañas
B (jolt) sacudida *f*

jar² **-rr-** *vi* 1 (clash) desentonar 2 (irritate) enervar; **her laugh ~s on my nerves** su risa me crispa los nervios 3 (grate) chirriar*; (vibrate) vibrar; **to ~ AGAINST sth** rozar* algo (*produciendo un sonido discordante*)
■ **jar** *vt* sacudir

jardinière /ˌdʒɑːrdnˈɪr || ˌʒɑːdɪˈnjeə(r)/ *n* 1 (Hort) jardinera *f* 2 (Culin) guarnición *f*, jardinera *f*

jarful /ˈdʒɑːrfʊl || ˈdʒɑːfʊl/ *n* tarro *m or* bote *m* lleno; **a ~ of water** un tarro *or* bote (lleno) de agua

jargon /ˈdʒɑːrgən || ˈdʒɑːgən/ *n* [u] jerga *f*

jargon-ridden /ˈdʒɑːrgənˌrɪdn || ˈdʒɑːgənˌrɪdn/ *adj* lleno *or* plagado de jerga

jarring /ˈdʒɑːrɪŋ/ *adj* ‹*sound*› discordante; **~ colors** colores que desentonan; **a ~ note** una nota discordante

jasmine /ˈdʒæzmən || ˈdʒæzmɪn/ *n* [c u] jazmín *m*; (*before n*): **~ tea** té *m* de jazmín

Jason /ˈdʒeɪsən/ *n* Jasón

jasper /ˈdʒæspər || ˈdʒæspə(r)/ *n* [u] jaspe *m*

jaundice /ˈdʒɔːndəs || ˈdʒɔːndɪs/ *n* [u] ictericia *f*

jaundiced /ˈdʒɔːndəst || ˈdʒɔːndɪst/ *adj*
A (Med) ‹*skin/baby*› ictérico; **he was ~** tenía ictericia
B ‹*view/opinion*› negativo; **to look at sth with a ~ eye** ver* algo con cierta dosis de cinismo

jaunt /dʒɔːnt/ *n* excursión *f*; **to go for** *o* **on a ~** salir* de excursión

jauntily /ˈdʒɔːntli || ˈdʒɔːntɪli/ *adv* ‹*wave/whistle*› airosamente, con desenfado *or* desenvoltura; ‹*walk*› con garbo *or* gracia

jauntiness /ˈdʒɔːntinəs || ˈdʒɔːntinɪs/ *n* [u] garbo *m*

jaunty /ˈdʒɔːnti/ *adj* **-tier, -tiest** (*usu before n*) ‹*air*› garboso, desenfadado, desenvuelto; ‹*tune*› alegre; ‹*tie*› vistoso, desenfadado

Java /ˈdʒɑːvə/ *n* Java *f*

Javan /ˈdʒɑːvən/ *adj* javanés

Javanese¹ /ˌdʒɑːvəˈniːz/ *adj* javanés

Javanese² *n* (*pl* ~) 1 [c] (person) javanés, -nesa *m,f* 2 [u] (language) javanés *m*

javelin /ˈdʒævlən || ˈdʒævlɪn/ *n* 1 (missile) jabalina *f* 2 (event) lanzamiento *m* de la jabalina; (*before n*): **~ champion** campeón, -peona *m,f* del lanzamiento de jabalina

jaw¹ /dʒɔː/ *n*
A ▸ℹ **p.965** 1 mandíbula *f*; (esp of animal) quijada *f*; **the lower/upper ~** el maxilar inferior/superior; **his ~ dropped** se quedó boquiabierto 2 **jaws** *pl* fauces *fpl*; **the ~s of death** las garras de la muerte; **to pluck** *o* **snatch victory from the ~s of defeat** ganar cuando todo parece estar perdido 3 (of tool) mordaza *f*
B (chat) (colloq & dated) (*no pl*): **to have a ~** darle* a la sinhueso (fam), cotorrear (fam); **we had a ~ about old times** estuvimos hablando de los viejos tiempos

jaw² *vi* (colloq & dated) 1 (talk) (pej) darle* a la sinhueso (fam), cotorrear (fam) 2 (chat) charlar (fam)

jawbone /ˈdʒɔːbəʊn/ *n* mandíbula *f*, maxilar *m*

jawbreaker /ˈdʒɔːˌbreɪkər || ˈdʒɔːˌbreɪkə(r)/ *n* (colloq) 1 (sth hard to pronounce) trabalenguas *m* (fam) 2 (candy) *caramelo duro*

jaw-dropping /ˈdʒɔːˌdrɑːpɪŋ || ˈdʒɔːˌdrɒpɪŋ/ *adj* (colloq) para quedarse con la boca abierta (fam), alucinante (Esp fam), abismante (Andes)

jay /dʒeɪ/ *n* arrendajo *m*

jaybird /ˈdʒeɪbɜːrd || ˈdʒeɪbɜːd/ *n* (AmE) arrendajo *m*; ***as naked as a ~*** (colloq & dated) como Dios lo (*or* la *etc*) trajo al mundo

jaywalk /ˈdʒeɪwɔːk/ *vi* cruzar* la calzada imprudentemente

jaywalker /ˈdʒeɪˌwɔːkər || ˈdʒeɪˌwɔːkə(r)/ *n* peatón *m* imprudente

jaywalking /ˈdʒeɪˌwɔːkɪŋ/ *n* [u]: **she was fined for ~** la multaron por cruzar la calzada con riesgo de provocar un accidente

jazz /dʒæz/ *n* [u]
A (Mus) jazz *m*; (*before n*) ‹*singer/band*› de jazz
B (colloq & dated) (exaggerated talk) palabrería *f*; ***... and all that ~*** y todo eso, y toda esa historia (fam), y todo ese rollo (fam)

Phrasal verb
• **jazz up** [v + o + adv, v + adv + o] (colloq) 1 ‹*music*› tocar* con ritmo sincopado 2 ‹*room/decor*› alegrar, darle* vida a; **a ~ed up version of the classic** una versión popular del clásico

> **jazz**
>
> Un género musical caracterizado por la síncopa y la improvisación, que tiene su origen en la música negra de Nueva Orleans de las postrimerías del siglo XIX. Desde entonces no ha dejado de evolucionar, desarrollando estilos sucesivos como son el Chicago jazz de los años 20 (Louis Armstrong), el swing (Benny Goodman), el estilo orquestral de las big bands (Duke Ellington), el bop (Dizzy Gillespie, Charlie Parker, Lester Young), el cool jazz (Miles Davis, Stan Getz), el free jazz (John Coltrane), la jazz rock fusion (Weather Report) o la experimentación ecléctica con estilos del pasado practicado por Wynton Marsalis.

jazzy /ˈdʒæzi/ *adj* **jazzier, jazziest**
A (flashy) (colloq) llamativo; (in bad taste) chabacano; **in ~ colors** de colores chillones
B (Mus) ‹*rhythm*› de jazz; ‹*arrangement/version*› con ritmo de jazz

JCB® /ˌdʒeɪˌsiːˈbiː/ *n* (BrE) excavadora *f* JCB

J-cloth® /ˈdʒeɪˌklɔːθ || ˈdʒeɪˌklɒθ/ *n* trapo *m* de cocina desechable

jcn, (BrE) = **junction**

jct = **junction**

jealous /ˈdʒeləs/ *adj*
A 1 (fearing rivalry) ‹*husband/lover*› celoso; **to get ~** ponerse* celoso; **he does it to make you ~** lo hace para que te pongas celosa; **in a ~ rage** en un arrebato de celos; **to be ~ OF sb** estar* celoso DE algn, tener* celos DE algn 2 (envious) ‹*person/nature*› envidioso; **don't you feel ~ when you see ... ?** ¿no te da envidia ver ...?; **you're only ~!** ¡lo que tienes es envidia!; **to be ~ OF sth** envidiar algo; **to be ~ OF sb** tenerle* envidia A algn
B (protective) **to be ~ OF sth** ser* celoso DE algo

jealously /ˈdʒeləsli/ *adv*
A 1 (enviously) con envidia 2 (possessively): **he ~ insisted she stop seeing her girlfriends** insistió, por celos, en que dejara de ver a sus amigas
B (protectively) celosamente; **a ~ guarded secret** un secreto celosamente guardado

jealousy /ˈdʒeləsi/ *n* (*pl* **-sies**) 1 [u] (fear of rivalry) celos *mpl* 2 [u c] (envy) envidia *f*

jeans /dʒiːnz/ *pl n* vaqueros *mpl*, jeans *mpl*, tejanos *mpl*, bluyines *mpl* (Andes), pantalones *mpl* de mezclilla (Méx); **a pair of ~** unos (pantalones) vaqueros, unos jeans, unos tejanos, unos bluyines (Andes), unos pantalones de mezclilla (Méx)

Jedda(h) /ˈdʒedə/ *n* Jeddah

Jeep®, **jeep** /dʒiːp/ *n* Jeep® *m*

jeepers /ˈdʒiːpərz || ˈdʒiːpəz/ *interj* (AmE colloq & dated) ¡cáspita! (fam), ¡Jesús! (fam)

jeer¹ /dʒɪr || dʒɪə(r)/ *vi* (boo) abuchear; (mock) burlarse, mofarse; **as he rose to speak, the crowd began to ~** cuando se levantó para hablar, el público lo abucheó; **the world may ~ now, but in time ...** ahora todo el mundo se lo toma a risa, pero algún día ...; **to ~ AT sth/sb** burlarse *or* mofarse DE algo/algn; «*crowd*» abuchear algo/a algn

jeer² *n* burla *f*

jeez /dʒiːz/ *interj* (AmE colloq) ¡caray! (fam), ¡jo! (Esp fam)

Jehovah /dʒəˈhəʊvə/ *n* Jehová *m*

Jehovah's Witness *n* testigo *mf* de Jehová

jejune /dʒɪˈdʒuːn/ *adj* (liter) 1 (insipid) ‹*style/essay*› huero (liter), vacuo (liter) 2 (naive) ‹*criticism/views*› cándido, ingenuo

jell /dʒel/ *vi* ▸**gel²**

jellabah /ˈdʒeləbə/ *n* chilaba *f*

jellied /ˈdʒelid/ *adj* ‹*eels*› en gelatina; **~ consommé** gelatina *f* de consomé

Jell-O® /ˈdʒeləʊ/ *n* [u] (AmE) gelatina *f* (*con sabor a frutas*)

jelly /ˈdʒeli/ *n* [u c] (*pl* **-lies**)
A (Culin) 1 (clear jam) jalea *f* 2 (savory) gelatina *f*, aspic *m* 3 (as dessert) (BrE) gelatina *f*
B (gelatinous substance) gelatina *f*; **my legs felt like ~** sentía que me temblaban las piernas

jelly baby *n* (BrE) caramelo *m* de goma (*con forma de bebé*)

jelly bean *n* caramelo *m* de goma (*con forma de riñón*)

jellyfish /ˈdʒelifɪʃ/ *n* (*pl* **-fish** *or* **-fishes**) medusa *f*, aguamar *m*, malagua *f* (Per), aguaviva *f* (RPl), aguamala *f* (Col, Cu, Méx)

jelly-like /ˈdʒeliˌlaɪk/ *adj* gelatinoso

jelly mold, (BrE) **jelly mould** *n* molde *m* para jalea *or* gelatina

jelly roll *n* (AmE) brazo *m* de gitano *or* (Andes) de reina, arrollado *m* (*dulce*) (RPl)

jemmy /ˈdʒemi/ *n/vt* (BrE) ▸**jimmy¹**, **jimmy²**

jeopardize /ˈdʒepərdaɪz || ˈdʒepədaɪz/ *vt* poner* en peligro, hacer* peligrar, arriesgar*

jeopardy /ˈdʒepərdi || ˈdʒepədi/ *n* [u]: **in ~** en peligro; **to put** *o* **place sth in ~** poner* algo en peligro, arriesgar* *or* hacer* peligrar algo

jeremiad /ˌdʒerəˈmaɪəd/ *n* (liter) jeremiada *f*

Jeremiah /ˌdʒerəˈmaɪə/ *n* Jeremías

Jericho /ˈdʒerɪkəʊ/ *n* Jericó *m*

jerk[1] /dʒɜːrk || dʒɜːk/ *vi*: **the train ∼ed to a stop** el tren se detuvo con una sacudida; **he started to ∼ about on the dance floor** empezó a sacudirse en la pista; **she ∼ed awake** se despertó sobresaltada; **the rope ∼ed taut** la cuerda se tensó de un tirón

■ **jerk** *vt*: **he ∼ed the purse out of her hand** le arrebató el monedero de la mano, le quitó el monedero de la mano de un tirón; **the impact ∼ed him forward** el impacto lo propulsó hacia adelante; **she ∼ed open the door** abrió la puerta bruscamente

Phrasal verbs

- **jerk around** [v + o + adv] (AmE) (colloq) timar, tracalear (Méx, Ven fam)
- **jerk off** (vulg) [v + adv], [v + o + adv]: **to ∼ off** *o* **to ∼ oneself off** hacerse* la *or* una paja (vulg), correrse la *or* una paja (Chi, Per vulg), hacerse* una chaqueta (Méx vulg), hacerse* la manuela (Ven vulg)

jerk[2] *n*
A 1 (tug) tirón *m* 2 (sudden movement) sacudida *f*; **she awoke with a ∼** se despertó sobresaltada; **with a ∼ of the head** sacudiendo la cabeza
B (contemptible person) (colloq) estúpido, -da *m,f*, memo, -ma *m,f* (fam), pendejo, -ja *m,f* (AmL exc CS fam), gilipollas *mf* (Esp fam), huevón, -vona *m,f* (Andes, Ven fam)

jerkily /ˈdʒɜːrkəli || ˈdʒɜːkɪli/ *adv* ‹*move*› dando sacudidas; ‹*speak*› entrecortadamente

jerkin /ˈdʒɜːrkən || ˈdʒɜːkɪn/ *n* 1 (sleeveless jacket) chaqueta *f* sin mangas 2 (Hist) jubón *m*

jerk-off /ˈdʒɜːrk,ɔːf || ˈdʒɜːk,ɒf/ *n* ▸**jerk**[2] **B**

jerkwater /ˈdʒɜːrk,wɔːtər || ˈdʒɜːk,wɔːtə(r)/ *adj* (AmE colloq) (*before n*) de mala muerte (fam)

jerky[1] /ˈdʒɜːrki || ˈdʒɜːki/ *adj* **-kier, -kiest**
A (not smooth) ‹*speech*› entrecortado; **he walked with short, ∼ strides** caminaba dando saltitos; **it was a ∼ ride** fuimos (*or* fueron *etc*) dando botes por el camino
B (contemptible) (AmE colloq) estúpido, memo (fam), pendejo (AmL exc CS fam), gilipollas (Esp fam), huevón (Andes, Ven fam)

jerky[2] *n* [u] (AmE) (Culin) cecina *f*, tasajo *m*, charqui *m* (AmS)

Jerome /dʒəˈrəʊm/ *n*: **(St) ∼** (San) Jerónimo

Jerry /ˈdʒeri/ *n* (*pl* **-ries**) (BrE sl & dated) tudesco, -ca *m,f* (fam), alemán, -mana *m,f*

jerry-building /ˈdʒeri,bɪldɪŋ/ *n* [u] construcción *f* de mala calidad

jerry-built /ˈdʒeribɪlt/ *adj* mal construido, construido por chapuceros

jerry can *n* bidón *m*

jersey /ˈdʒɜrzi || ˈdʒɜːzi/ *n* (*pl* **-seys**)
A 1 [c] (sports shirt) camiseta *f* 2 [u] (Tex) jersey *m*, tejido *m* de punto; **a wool ∼ dress** un vestido de jersey *or* (Esp) de punto de lana 3 [c] (BrE) ▸**sweater**
B 1 **Jersey** (la isla de) Jersey 2 *also* **Jersey** (cattle) *raza de ganado vacuno Jersey*

Jerusalem /dʒəˈruːsələm/ *n* Jerusalén *m*

Jerusalem artichoke *n* aguaturma *f*, pataca *f*

jest[1] /dʒest/ *n* (arch) broma *f*, chanza *f* (arc); **in ∼** en broma; ▸**word**[1] **B**

jest[2] *vi* bromear

jester /ˈdʒestər || ˈdʒestə(r)/ *n* bufón *m*

Jesuit /ˈdʒeʒuət || ˈdʒezjʊɪt/ *n* jesuita *m*

Jesus /ˈdʒiːzəs/ *n* 1 (Relig) Jesús; **the baby ∼** el niño Jesús; **∼ Christ** Jesucristo 2 (*as interj*) (colloq): **∼ (Christ)!** ¡por Dios!; **∼, it's cold!** ¡por Dios que hace frío!; **∼ wept!** (BrE) ¡por amor de Dios!

Jesus freak *n* (colloq) *cristiano fanático*

jet[1] /dʒet/ *n*
A [c] (Aviat) 1 **∼ (engine)** motor *m* a reacción, reactor *m*; (*before n*) ‹*airliner*› con motor a reacción, a chorro (ant); **∼ fighter** caza *m* (*con motor a reacción*) 2 (plane) avión *m* (*con motor a reacción*), avión *m* a chorro (ant)
B [c] 1 (of water, air, gas) chorro *m* 2 (nozzle) surtidor *m*
C [u] ▸ℹ **p.1036** (Min) azabache *m*; (color) azabache *m*

jet[2] *vi* **-tt-**
A (fly) (colloq) volar*; **she's always ∼ting off to conferences** se pasa la vida viajando en avión para asistir a congresos
B (spurt) salir* disparado

jet-black /ˈdʒetˈblæk/ ▸ℹ **p.1036** *adj* (*pred* **jet black**) negro azabache *adj inv*

jet black ▸ℹ **p.1036** *n* [u] negro *m* azabache

jet lag *n* [u] jet lag *m*, desfase *m* horario (*sufrido tras un largo viaje en avión*)

jet-lagged /ˈdʒetlægd/ *adj*: **to be ∼** tener* jet lag

jetliner /ˈdʒetlaɪnər || ˈdʒetlaɪnə(r)/ *n* reactor *m* de pasajeros

jet-propelled /,dʒetprəˈpeld/ *adj* a reacción de propulsión a chorro (ant)

jet propulsion *n* [u] propulsión *f* a chorro

jetsam /ˈdʒetsəm/ *n* [u] echazón *mf*; *see also* **flotsam**

jet set *n*: **the ∼ ∼** el jet set (AmL), la jet set (Esp)

jet-setter /ˈdʒet,setər || ˈdʒet,setə(r)/ *n* jetsetter *mf*, miembro *mf* del jet set *or* (Esp) de la jet set

jet-setting /ˈdʒet,setɪŋ/ *adj* del jet set (AmL), de la jet set (Esp)

jet-ski /ˈdʒet,skiː/ *vi* practicar* motociclismo acuático

jet ski *n* moto *f* acuática

jet-skiing /ˈdʒet,skiːɪŋ/ *n* [u] motociclismo *m* acuático

jet stream *n*
A (Meteo) jet stream *f*, corriente *f* de chorro
B (from engine) chorro *m* de gases

jettison /ˈdʒetəsən || ˈdʒetɪsən/ *vt* 1 (throw overboard) ‹*cargo/ballast*› (Naut) echar por la borda, echar al mar; (Aviat) deshacerse* de, arrogar* 2 (get rid of) ‹*garbage/belongings/leader*› deshacerse* de; ‹*principles*› echar por la borda

jetty /ˈdʒeti/ *n* (*pl* **-ties**) 1 (for landing) embarcadero *m*, malecón *m* 2 (breakwater) espigón *m*, malecón *m*

Jew /dʒuː/ *n* judío, -día *m,f*

jewel /ˈdʒuːəl/ *n* 1 (gem) piedra *f* preciosa; **San Francisco, the ∼ in America's crown** San Francisco, la perla de América 2 (piece of jewelry) alhaja *f*, joya *f*; **the Crown J∼s** las joyas de la Corona; (*before n*): **∼ box** *o* **case** joyero *m*, alhajero *m* (AmL) 3 (in watch) rubí *m* 4 (sb, sth wonderful) joya *f*; **she's a real ∼** es una joya; **a ∼ of a church** una iglesia que es una joya

jeweler, (BrE) **jeweller** /ˈdʒuːələr || ˈdʒuːələ(r)/ *n* joyero, -ra *m,f*; **a ∼'s (shop)** una joyería; (*before n*): **∼'s rouge** colcótar *m*

jewelry, (BrE) **jewellery** /ˈdʒuːəlri/ *n* [u] alhajas *fpl*, joyas *fpl*; **a piece of ∼** una alhaja *or* joya; (*before n*): **∼ box** joyero *m*, alhajero *m* (AmL)

Jewish /ˈdʒuːɪʃ/ *adj* judío

Jewry /ˈdʒuːri/ *n* [u] 1 (jews) judíos *mpl* 2 (area of town) (Hist) judería *f* 3 (religion) judaísmo *m*

jew's harp *n* birimbao *m*

Jezebel /ˈdʒezəbel/ *n* Jezabel; **she's a real ∼** es una mala pécora *or* (liter) una Jezabel

jib[1] /dʒɪb/ *n*
A (sail) foque *m*; ***the cut of sb's ∼*** (colloq) la pinta de algn (fam); **I don't like the cut of his ∼** no me gusta su pinta (fam); (*before n*): **∼ boom** botalón *m* de foque
B (of crane) brazo *m*

jib[2] *vi* **-bb-** 1 (balk) **to ∼ AT sth** resistirse A algo; **he ∼bed at the price they were asking** se resistía *or* se rehusaba a pagar lo que pedían 2 (Equ) plantarse, rehusar*

jibe[1] /dʒaɪb/ *n* pulla *f*, burla *f*

jibe[2] *vi*
A **to ∼ AT sb/sth** burlarse *or* mofarse DE algn/algo
B (agree) (AmE colloq) **to ∼ (WITH sth)** cuadrar (CON algo)

Jidda /ˈdʒɪdə/ *n* Jeddah

jiff /dʒɪf/, **jiffy** /ˈdʒɪfi/ *n* (colloq) (*no pl*) segundo *m*; **wait** *o* **hang on a ∼** espera un segundo; **she did it in a ∼** lo hizo en un segundo *or* (fam) en un santiamén *or* en menos (de lo) que canta un gallo

Jiffy bag® /ˈdʒɪfi/ *n* sobre *m* acolchado

jig[1] /dʒɪg/ *n*
A (dance) giga *f*
B (Tech) plantilla *f* de guía

jig[2] *vi* **-gg-**: **they were ∼ging around to the music** brincaban al son de la música; **the vibration made it ∼ up and down** se sacudía con la vibración

jigger[1] /ˈdʒɪgər || ˈdʒɪgə(r)/ *n*
A (measure) *medida de 42 ml para bebidas alcohólicas*
B (tool, gadget) (AmE) cosa *f*, chisme *m* (Esp, Méx fam), chunche *m* (AmC, Méx fam), vaina *f* (Col, Per, Ven fam), coso *m* (Bol, Col, RPl fam)

jigger[2] *vi* (AmE) **to ∼ WITH sth** manipular algo
■ **jigger** *vt* 1 (adjust) reorganizar* 2 (fake) amañar

jiggered /ˈdʒɪgərd || ˈdʒɪgəd/ *adj* (colloq) (*pred*)
A (dated) (*in interj phrases*): **well, I'll be ∼!** ¡caramba! (fam)
B (tired out) (BrE): **to be ∼** estar* reventado *or* molido *or* hecho polvo (fam)

jiggery-pokery /,dʒɪgəriˈpəʊkəri/ *n* [u] (BrE colloq & dated) chanchullos *mpl* (fam), tejemanejes *mpl* (fam)

jiggle /ˈdʒɪgəl/ *vt* mover*, sacudir

jigsaw /ˈdʒɪgsɔː/ *n*
A **∼ (puzzle)** rompecabezas *m*, puzzle *m*
B (saw) sierra *f* de vaivén, sierra *f* de puñal

jihad /dʒɪˈhæd/ *n* yihad *m or f*, jihad *m or f*, guerra *f* santa islámica

jihadi /dʒɪˈhædi/, **jihadist** /dʒɪˈhædəst || dʒɪˈhædɪst/ *n* (Relig) yihadista *mf*

jilt /dʒɪlt/ *vt* dejar plantado, plantar (fam)

jim-crow /ˈdʒɪmˈkrəʊ/ *adj* (AmE) racista

jim-dandy /ˈdʒɪmˈdændi/ *adj* (AmE colloq & dated) fabuloso (fam), fetén (Esp fam & ant), padre (Méx fam)

jim-jams /ˈdʒɪmdʒæmz/ *pl n* (BrE)
A **to give sb the ∼** (colloq): **it gives me the ∼ just thinking about it** se me ponen los pelos de punta sólo de pensarlo
B (pyjamas) (colloq) pijama *m or f* (AmL), piyama *m or f* (AmL)

jimmy[1] /ˈdʒɪmi/ (BrE) **jemmy** /ˈdʒemi/ *n* (*pl* **-mies**) palanqueta *f*

jimmy[2], (BrE) **jemmy** *vt* **-mies, -mying, -mied** abrir* con palanqueta

jingle[1] /ˈdʒɪŋgəl/ *n*
A (sound) (*no pl*) tintineo *m*; (of harness bells) cascabeleo *m*, tintineo *m*
B [c] (Marketing) jingle *m* (publicitario)

jingle[2] *vi* tintinear; **it's kept the cash registers jingling** ha hecho que las registradoras no paren de sonar
■ **jingle** *vt* hacer* sonar

jingo /ˈdʒɪŋgəʊ/ *n*: **by ∼!** (colloq & dated) ¡recórcholis! (fam), ¡pardiez! (arc)

jingoism /ˈdʒɪŋgəʊɪzəm/ *n* [u] patriotería *f*, jingoísmo *m*

jingoistic /,dʒɪŋgəʊˈɪstɪk/ *adj* patriotero, jingoísta

jink /dʒɪŋk/ *vi* desviarse*

jinks /dʒɪŋks/ *pl n* ▸**high jinks**

jinx[1] /dʒɪŋks/ *n*: **there's a ∼ on this project** a este proyecto le han echado una maldición, este proyecto está gafado (Esp fam); **I think I must be a ∼** creo que traigo mala suerte *or* (Esp fam) que soy *or* tengo gafe *or* (RPl fam) que soy un yetatore *or* (Chi fam) que soy un chuncho

jinx[2] *vt* traer* mala suerte a, gafar (Esp fam), enyetar (RPl fam)

jitterbug[1] /ˈdʒɪtərbʌg || ˈdʒɪtəbʌg/ *n*: *baile muy movido*

jitterbug[2] *vi* **-gg-** *bailar el* ▸**jitterbug**[1]

jitters /ˈdʒɪtərz || ˈdʒɪtəz/ *pl n* (colloq) nervios *mpl*; **he got the ∼** se puso nervioso, le dio el tembleque (fam), le entró el canguelo (Esp fam);

j

first-night ~ los nervios del estreno

jittery /ˈdʒɪtəri/ *adj* nervioso; **she got ~** se puso nerviosa, le dio el tembleque (fam), le entró el canguelo (Esp fam)

jiujitsu /dʒuːˈjɪtsuː/ *n* ▸**jujitsu**

jive¹ /dʒaɪv/ *n* [u]

A (dance) *baile de los años 40 y 50 con música de jazz o rock*

B (*also* **jive talk**) (AmE colloq) pamplinas *fpl* (fam), chorradas *fpl* (fam), pendejadas *fpl* (AmL exc CS fam), pavadas *fpl or* macanas *fpl* (RPL fam), leseras *fpl* (Chi fam)

jive² *vi: bailar el* ▸**jive¹**

Jnr (BrE) (= **Junior**) (h), Jr.; **Roger Smith Jnr** Roger Smith (h), Roger Smith Jr.

Joan of Arc /ˌdʒəʊnəvˈɑːrk || ˌdʒəʊnəvˈɑːk/ *n* Juana de Arco

job¹ /dʒɑːb || dʒɒb/ *n*

A **1** (occupation, post) trabajo *m*, empleo *m*; **to have a teaching/publishing ~** *o* **a ~ in teaching/publishing** trabajar en la enseñanza/en una editorial; **she's got a ~ as a hairdresser** trabaja de peluquera; **she has found a vacation ~** ha encontrado un trabajo para las vacaciones; **my ~ involves a lot of traveling** en mi trabajo *or* puesto tengo que viajar mucho; **he hasn't had a ~ since 1990** no ha trabajado desde 1990, no tiene trabajo desde 1990; **what sort of ~ would you like to have** *o* **do when you grow up?** ¿en qué te gustaría trabajar cuando seas mayor?; **if you're late once more, you'll be out of a ~** como vuelvas a llegar tarde, te quedas sin trabajo; **I'm between ~s at the moment** (euph) actualmente estoy sin trabajo; **she really knows her** *o* **the ~** es una experta en su campo (*or* su oficio *etc*); **is he the right person for the ~?** ¿es la persona idónea para el puesto?; **to create new ~s** crear nuevos puestos de trabajo, crear empleo; ***~s for the boys*** (BrE colloq) amiguismo *m*, enchufismo *m* (Esp), cuatachismo *m* (Méx); ***on the ~***: **I never drink on the ~** yo nunca bebo cuando estoy trabajando; **on-the-~ training** cursos de capacitación en el trabajo; **after three weeks on the ~ ...** tras tres semanas de trabajo ...; **if the nightwatchman hadn't been on the ~ ...** (AmE colloq) si el sereno no hubiera estado atento *or* (Esp fam) al loro ...; **there was a couple on the ~ in the back of the car** (BrE sl) había una pareja dándole duro *or* (Esp) dale que te pego en el asiento trasero (fam); ***to fall/lie down on the ~***: **they fell down on the ~** no cumplieron; **you've been lying down on the ~** no te has estado esforzando; (*before n*) ‹*application/interview*› para un puesto de trabajo; **~ creation** creación *f* de empleo *or* de puestos de trabajo; **~ creation scheme** programa *m* de creación de puestos de trabajo; **~ evaluation** evaluación *f* de un trabajo; **~ losses** pérdida *f* de puestos de trabajo; **~ offer** oferta *f* de trabajo; **~ opportunity** oportunidad *f* laboral *or* de trabajo; **~ rotation** rotación *f* de trabajos; **you get a lot of ~ satisfaction doing this** este trabajo es muy gratificante, este trabajo proporciona gran satisfacción profesional; **~ security** seguridad *f* en el puesto; **~ title** nombre *m* del puesto; **~ vacancy** (puesto *m*) vacante *f* **2** (duty, responsibility): **it's your ~ to make the tea** tú eres el encargado de hacer el té; **it's the leader's ~ to ensure party unity** al líder le corresponde velar por la unidad del partido; **I had the unpleasant ~ of breaking the news to them** me tocó la desagradable misión de darles la noticia; **I'm only doing my ~** sólo cumplo con mi deber

B **1** (task, piece of work) trabajo *m*; **this is a ~ for a builder** éste es un trabajo para un albañil; **let's get on with the ~** vamos a ponernos a trabajar en serio; **concentrate on the ~ in hand** concéntrate en la tarea que tenemos entre manos; **she's had a nose ~** (colloq) se ha operado la nariz, se ha hecho la cirugía estética en la nariz; **a repair ~** (Auto) una reparación; **you're doing a fine ~** lo estás haciendo muy bien; **he did an excellent ~ on my car** me arregló el coche muy bien; **he's doing a good ~ of handling the crisis** está llevando bien la crisis; **he made quite a good ~ of the shelves** colocó (*or* arregló *etc*) los estantes bastante bien; **she made a bad ~ of her presentation** hizo mal la presentación; ***a good ~*** (colloq) menos mal; **what a good ~ I brought my umbrella!** ¡menos mal que traje el paraguas!; ***to be just the ~!*** (BrE colloq) ser* lo ideal, ser* justo lo que hace falta; **a gin and tonic would be just the ~** un gin tonic me vendría de maravilla (fam); ***to do a ~ on sth/sb*** (sl) liquidar algo/a algn, cargarse* algo/a algn (Esp fam); ***to give sth/sb up as a bad ~*** dejar algo/a algn por imposible; ***to make the best of a bad ~*** apechugar* y hacer* lo que se pueda; ***if a ~'s worth doing, it's worth doing well*** si vale la pena hacerlo, vale la pena hacerlo bien **2** (Comput) trabajo *m*; (*before n*): **~ queue** (cola *f* de) trabajos *mpl* pendientes **3** (difficult task) (colloq): **it's always a ~ to reach him** siempre cuesta mucho *or* resulta difícil ponerse en contacto con él; **it's quite a** *o* **some ~ cooking for 50 people** hacer comida para 50 personas no es moco de pavo (fam); **I had a terrible ~ getting that nail out** me dio mucho trabajo sacar ese clavo, sudé tinta para sacar ese clavo (fam); **we had a ~ to hear** nos las vimos negras para oír (fam)

C (crime) (sl) golpe *m*; **to do** *o* **pull a ~** dar* un golpe; **after the ~ they did on him, his own mother wouldn't have recognized him** tal y como lo dejaron, ni su madre lo hubiera reconocido

D (thing) (sl) cuestión *f* (fam), chisme *m* (Esp, Méx fam), vaina *f* (Col, Per, Ven fam), coso *m* (CS fam); **one of those electric chrome ~s** uno de esos asuntos *or* chismes eléctricos de cromo (fam); **I like the little red ~ with the feather** me gusta el (sombrero *or* modelito *etc*) rojo con la pluma

E (BrE used by or to children): **to do a big/little ~** hacer* caca/pis (fam)

job² *vi* **-bb-** **1** (work casually) trabajar esporádicamente, hacer* changas (RPl) *or* (Chi) pololos (fam) **2** (as middleman) trabajar de intermediario **3** **jobbing** *pres p* eventual, temporal; **~bing printer** impresor *m* de material publicitario

Job /dʒəʊb/ *n* Job; **~'s comforter** *persona que intentando consolar empeora la situación*

job action *n* [u] (AmE) movilización *f* (*de trabajadores*)

job analysis *n* [u c] análisis *m* de puestos de trabajo

job analyst *n* analista *mf* de puestos de trabajo

jobber /ˈdʒɑːbər || ˈdʒɒbə(r)/ *n* **1** (casual worker) trabajador, -dora *m,f* eventual **2** (wholesale dealer) intermediario, -ria *m,f*

jobbery /ˈdʒɑːbəri || ˈdʒɒbəri/ *n* [u] corrupción *f*, chanchullos *mpl* (fam)

jobbing¹ /ˈdʒɑːbɪŋ || ˈdʒɒbɪŋ/ *adj* (*before n*) eventual

jobbing² *n* trabajo *m* eventual

Jobcentre /ˈdʒɑːbˌsentər || ˈdʒɒbˌsentə(r)/ *n* (BrE) agencia *f* de colocaciones, oficina *f or* bolsa *f* de empleo

> **Jobcentre**
>
> Una oficina que proporciona diversos servicios a los desempleados, tales como anunciar las vacantes de empleo que se producen en un área determinada y concertar entrevistas con los que ofrecen trabajo. Estas oficinas se encuentran en casi todas las poblaciones británicas y están dirigidas por el *Employment Service* del estado.

job description *n* descripción *f* del puesto

jobholder /ˈdʒɑːbˌhəʊldər || ˈdʒɒbˌhəʊldə(r)/ *n* (AmE) trabajador, -dora *m,f*

job-hunt /ˈdʒɑːbhʌnt || ˈdʒɒbhʌnt/ *vi* (*usu in -ing form*) buscar* trabajo; **to go ~ing** salir* a buscar trabajo

job-hunter /ˈdʒɑːbˌhʌntər || ˈdʒɒbˌhʌntə(r)/ *n* persona *f* que busca trabajo *or* empleo

job-hunting /ˈdʒɑːbˌhʌntɪŋ || ˈdʒɒbˌhʌntɪŋ/ *n* [u] búsqueda *f* de trabajo *or* empleo

jobless¹ /ˈdʒɑːbləs || ˈdʒɒblɪs/ *adj* (journ) desempleado, sin trabajo, en paro (Esp), cesante (Chi)

jobless² *pl n* (journ): **the ~** los desempleados *or* desocupados, los parados (Esp), los cesantes (Chi); (*before n*): **the ~ total** el nivel de desempleo *or* desocupación, el número total de desempleados *or* (Esp tb) de parados *or* (Chi) de cesantes

job lot *n* lote *m*

jobseeker /ˈdʒɑːbsiːkər || ˈdʒɒbsiːkə(r)/ *n* (BrE) persona *f* que busca trabajo

> **jobseeker's allowance**
>
> La ayuda monetaria que el gobierno británico proporciona a los desempleados. Para recibirla, no se debe tener algún impedimento para trabajar y hay que probar que se está intentando encontrar trabajo. También se debe haber cotizado al ▸**National Insurance - NI.**

job-share¹ /ˈdʒɑːbˌʃer || ˈdʒɒbˌʃeə(r)/ *n* puesto *m* de trabajo compartido

job-share² *vi* compartir el puesto de trabajo

job sharing *n* [u]: *sistema en el cual dos personas comparten un puesto de trabajo*

jobsheet /ˈdʒɑːbʃiːt || ˈdʒɒbʃiːt/ *n* hoja *f* de control del trabajo

jobsworth /ˈdʒɑːbzwɜːrθ || ˈdʒɒbzwɜːθ/ *n* (BrE colloq); *funcionario muy oficioso y apegado a las reglas*

jock /dʒɑːk || dʒɒk/ *n*

A (colloq) **1** (athlete, sportsman) (AmE) deportista *m* **2** ▸**jockstrap**

B *n also* **Jock** (Scotsman) (BrE sl & often offensive) escocés *m*

C (disc jockey) (AmE colloq) disjockey *mf*, pinchadiscos *mf* (Esp fam)

D (AmE colloq) (pilot) piloto *mf*; (astronaut) astronauta *mf*

jockey¹ /ˈdʒɑːki || ˈdʒɒki/ *n* (*pl* **~s**) jockey *mf*, jinete *mf*

jockey² *vi* **to ~ FOR sth**: **they are all ~ing for the post** están todos compitiendo por *or* disputándose el puesto; **with her retirement coming up, many editors are ~ing for position** al acercarse su jubilación, muchos redactores están tratando de colocarse *or* (AmL tb) de ubicarse

■ **jockey** *vt* **to ~ sb INTO/OUT OF sth**: **we ~ed them into a position where they had to accept** los acorralamos de tal forma que tuvieron que aceptar; **he was ~ed out of the chairmanship** lograron quitarle la presidencia a base de maniobras

jockey cap *n* gorra *f* de jockey

Jockey shorts® /ˈdʒɑːki || ˈdʒɒki/ *pl n* (AmE) calzoncillos *mpl*, calzones *mpl* (Méx), interiores *mpl* (Col, Ven)

jockstrap /ˈdʒɑːkstræp || ˈdʒɒkstræp/ *n* suspensorio *m*, suspensor *m* (Per, RPl)

jocose /ˌdʒəʊˈkəʊs, dʒə- || dʒəˈkəʊs/ *adj* (liter) jocoso

jocular /ˈdʒɑːkjələr || ˈdʒɒkjʊlə(r)/ *adj* jocoso; **he was embarrassingly ~** daban vergüenza ajena sus esfuerzos por resultar divertido *or* jocoso

jocund /ˈdʒɑːkənd || ˈdʒɒkənd/ *adj* (arch *or* poet) jocundo (liter)

jodhpurs /ˈdʒɑːdpərz || ˈdʒɒdpəz/ *pl n* pantalones *mpl* de montar, breeches *mpl* (Col, RPl)

Joe /dʒəʊ/ *n* Pepe; **an average ~** (AmE colloq) un hombre cualquiera; **~ Public** (BrE colloq) el hombre de la calle, el ciudadano medio *or* de a pie; **~ Bloggs** *o* (BrE) **Blow** (colloq) Perico el de los palotes (fam)

jog¹ /dʒɑːg || dʒɒg/ **-gg-** *vt*: **she ~ged his elbow just as ...** le dio en el codo justo cuando ...; **stop ~ging the table!** ¡deja de mover *or* sacudir la mesa!; **he ~ged the cup out of my hand** me empujó y me hizo tirar la taza; **to ~ sb's memory** refrescarle* la memoria a algn

■ **jog** *vi*

A **1** (run) correr **2** (Leisure) hacer* footing *or* jogging, correr, trotar; **to go ~ging** salir* a hacer footing *or* jogging, salir* a correr *or* a trotar **3** (progress slowly): **to ~ along** ir* avanzando sin prisas *or* (AmL tb) sin apuro

B (jolt, jerk): **the bicycle ~ged along the road** la bicicleta iba dando tumbos por el camino; **the needle ~ged out of its groove** la aguja saltó del surco

jog² *n*
A (*no pl*) **1** (Leisure): **to go for a ~** salir* a correr *or* a trotar *or* a hacer* footing *or* jogging **2** (pace) trote *m*; **she set off at a ~** salió trotando *or* al trote
B (nudge): **she gave his arm a ~** le sacudió el brazo, le dio en el brazo; **the film gave his memory a ~** la película le refrescó la memoria
C (in direction) (AmE): **the road makes a ~ to the left** el camino de pronto tuerce a la izquierda

jogger /ˈdʒɑːgər || ˈdʒɒgə(r)/ *n*: *persona que hace footing*; **we passed a couple of ~s** pasamos a dos que iban corriendo *or* trotando *or* haciendo footing *or* jogging

jogging /ˈdʒɑːgɪŋ || ˈdʒɒgɪŋ/ *n* [u] footing *m*, jogging *m*; **I've taken up ~** he empezado a correr *or* a trotar *or* a hacer footing *or* jogging; (*before n*): **~ shoes** zapatillas *fpl* de deporte *or* para correr; **~ suit** equipo *m*, chándal *m* (Esp), buzo *m* (Chi, Per), jogging *m* (RPl)

joggle /ˈdʒɑːgəl || ˈdʒɒgəl/ *vt* sacudir; **don't ~ me when I'm writing** no me muevas cuando estoy escribiendo
■ **joggle** *vi* sacudirse

jog-trot /ˈdʒɑːgˌtrɑːt || ˈdʒɒgˌtrɒt/ *vi* **-tt-** ir* trotando, trotar (CS)

jog trot *n*: **he set off at a ~ ~** salió al trote *or* trotando

john¹ /dʒɑːn || dʒɒn/ *n*
A (AmE colloq) (toilet) baño *m*, retrete *m*, meadero *m* (fam & hum), váter *m* (Esp fam)
B (AmE sl) (prostitute's client) putero *m* (fam), putañero *m* (fam)

John² *n*: **J~ the Baptist/Evangelist** San Juan Bautista/Evangelista; **~ 6,31** (San) Juan 6,31; **J~ Bull** *personificación de todo lo inglés*; **J~ Doe** (AmE) (Law, Med) persona *f* inidentificada; (colloq) el típico americano, el americano medio; **J~ Q Public** (AmE) el hombre de la calle, el ciudadano medio *or* de a pie

John Dory /ˌdʒɑːnˈdɔːri || ˌdʒɒnˈdɔːri/ *n* pez *m* de San Pedro

johnny /ˈdʒɑːni || ˈdʒɒni/ *n* (*pl* **-nies**) (BrE) **1** (condom) (colloq & dated) globo *m* (fam), paracaídas *m* (fam), goma *f* (Esp fam), forro *m* (RPl fam) **2** *also* **Johnny** (man, boy) (colloq) tipo *m* (fam)

Johnny-come-lately /ˌdʒɑːnikʌmˈleɪtli || ˌdʒɒnikʌmˈleɪtli/ *n* (*pl* **Johnny-come-latelies** *or* **Johnnies-come-lately**) **1** (latecomer) dormido *m* (fam), tren *m* de última hora (fam) **2** (upstart) recién llegado *m*, advenedizo *m*, trepa *m* (Esp fam)

Johnny-on-the-spot /ˌdʒɑːniɑnðəˈspɑːt || ˌdʒɒniɒnðəˈspɒt/ *n*: **if anything goes wrong, Bill is ~** si surge cualquier problema, allí está siempre Bill para arreglarlo; **he's no ~** nunca está cuando uno lo necesita

joie de vivre /ˌʒwɑːdəˈviːv(r) || ˌʒwɑːdəˈviːvrə/ *n* [u] alegría *f* de vivir, vitalidad *f*

join¹ /dʒɔɪn/ *vt*
A (fasten, link) ‹*ropes/wires*› unir; (put together) ‹*tables*› juntar; **to ~ two things together** unir dos cosas; **I ~ed an extra length onto the hosepipe** le añadí *or* le agregué un trozo a la manguera; **a canal ~ing the Rhine and the Danube** un canal que une el Rin con el Danubio; **to ~ hands** agarrarse *or* tomarse *or* (esp Esp) cogerse* de la mano
B **1** (meet, keep company with): **we're going for a drink, won't** *o* **will you ~ us?** vamos a tomar algo ¿nos acompañas?; **Charles is ~ing us after he's finished work** Charles vendrá cuando salga del trabajo; **you go ahead, I'll ~ you later** ustedes vayan que ya iré yo luego; **may I ~ you?** ¿le importa si me siento aquí?; **won't** *o* **will you ~ us for dinner?** ¿por qué no cenan con nosotros?; **~ us next week at the same time for ...** (Rad, TV) los esperamos la semana que viene a la misma hora para ... **2** (associate oneself with): **I'd like you all to ~ me in a toast to ...** quiero proponer un brindis por ..., propongo que brindemos todos por ...; **my husband ~s me in wishing you a speedy recovery** (frml) tanto mi marido como yo le deseamos una pronta recuperación; **we invite you to ~ us in condemning this attack** los invitamos a adherirse a nuestra repulsa de este atentado
C **1** (become part of) ‹*procession/demonstration*› unirse a, sumarse a; **they have ~ed the ranks of the unemployed** se han sumado a las filas del desempleo, han pasado a engrosar las filas del desempleo; **I ~ed the line** me puse en la cola; **I ~ed the course in November** empecé el curso en noviembre, me uní al grupo en noviembre **2** (become member of) ‹*club/society*› hacerse* socio de; ‹*party/union*› afiliarse a; ‹*army*› alistarse en; ‹*firm*› entrar en *or* (AmL tb) entrar a, incorporarse a; **he ~ed our staff in July** pasó a formar parte de nuestro personal en julio, se incorporó a la empresa (*or* organización *etc*) en julio
D **1** (merge with): **the path ~s the road a mile further on** el camino empalma con la carretera una milla más adelante; **this river eventually ~s the Thames** este río desemboca en *or* confluye con el Támesis; **where the wall ~s the roof** en la unión de la pared con el techo **2** (get onto): **we ~ the autobahn south of Frankfurt** entramos en la autopista al sur de Frankfurt; **he ~ed his ship at Boston** se unió a la tripulación en Boston
■ **join** *vi*
A **to ~ (together)** **1** (become connected) «*parts/components*» unirse **2** (unite) «*institutions/groups*» unirse; **to ~ WITH sb IN -ING**: **they ~ with me in congratulating you** se unen a mis felicitaciones, se hacen partícipes de mi enhorabuena (frml)
B (merge) «*streams*» confluir*; «*roads*» empalmar, unirse
C (become member) hacerse* socio

(Phrasal verbs)

• **join in**
A [v + adv] participar, tomar parte; **when we get to the chorus I'd like you all to ~ in** cuando lleguemos al estribillo, quiero que todo el mundo cante
B [v + adv + o] ‹*celebrations*› participar *or* tomar parte en; **she doesn't ~ in anything we do** no participa *or* no toma parte en nada de lo que hacemos

• **join up**
A [v + adv] **1** (enlist) alistarse, enrolarse **2** (come together) «*people*» juntarse, reunirse*; «*roads*» empalmar, unirse **3** (fit together) «*pieces/parts*» encajar **4** (team up) «*people/organizations*» unirse
B [v + o + adv, v + adv + o] ‹*letters*› unir, juntar; **~ up the dots** une los puntos

join² *n* juntura *f*, unión *f*

joined-up /ˌdʒɔɪndˈʌp/ *adj* (BrE) **1** ‹*writing*› **~ writing** letra *f* cursiva *or* corrida (*manuscrita*) **2** ‹*government*› coordinado; ‹*legislation*› coherente

joiner /ˈdʒɔɪnər || ˈdʒɔɪnə(r)/ *n* carpintero, -ra *m,f* (de obra)

joinery /ˈdʒɔɪnəri/ *n* [u] **1** (trade) carpintería *f* (de obra) **2** (work) carpintería *f* (de obra)

joint¹ /dʒɔɪnt/ *n*
A (Anat) articulación *f*; **his shoulder was out of ~** tenía el hombro dislocado; **the blow put her elbow out of ~** se le dislocó el codo con el golpe; ▸**nose¹ A**
B (Const) **1** (point of joining) unión *f*, junta *f*; (in woodwork) ensambladura *f*, unión *f*, junta *f* **2** (part that joins) empalme *m*, conexión *f*, empate *m* (Col)
C (Culin): **a ~ of lamb/pork** un trozo de cordero/cerdo (*para asar*); **the Sunday ~** el asado del domingo
D (place) (colloq): **this is a crummy ~** esto es un antro *or* un tugurio de mala muerte (fam); **don't wreck the ~!** ¡no hagan destrozos!, ¡no me tiren la casa (*or* el bar *etc*) abajo!; **nice ~ you've got here** no está mal tu casa (*or* apartamento *etc*)
E (of marijuana) (colloq) porro *m* (arg), churro *m* (AmC fam), canuto *m* (Esp arg), toque *m* (Méx arg), varillo *m* (Col arg), pito *m* (Chi arg)
F **the ~** (prison) (AmE colloq) la cárcel, la chirona *f* (Esp fam), el bote (Méx, Ven fam), la cana (AmS fam), la guandoca (Col fam)

joint² *adj* (*before n*) **1** ‹*action/decision/initiative*› conjunto; **they are ~ heirs** son coherederos; **~ first prize** primer premio compartido; **it was a ~ effort** fue un trabajo de equipo *or* realizado en conjunto; **they came ~ second** llegaron juntos en segundo lugar; **~ author** coautor, -tora *m,f*; **~ committee** comisión *f* mixta; **~ interest** coparticipación *f*; **~ owner** copropietario, -ria *m,f*; **~ ownership** copropiedad *f*; **~ partner** co-socio, -cia *m,f* **2** (combined): **the ~ influence of heredity and environment** la influencia del medio ambiente conjuntamente con *or* sumada a la de la herencia; **our ~ resources amount to ...** en conjunto disponemos de ...

joint³ *vt*
A ‹*chicken*› cortar en trozos *or* (esp AmL) en presas; ‹*lamb*› descuartizar*
B ‹*boards/pipes*› ensamblar

joint account *n* cuenta *f* conjunta

jointly /ˈdʒɔɪntli/ *adv* ‹*decide/act*› conjuntamente; **to be ~ and severally liable for ...** ser* individual y colectivamente responsables de ..., ser* solidaria y mancomunadamente responsables de ...

joint stock company *n* sociedad *f* por acciones

joint venture *n* empresa *f* conjunta, joint venture *m*

joist /dʒɔɪst/ *n* viga *f*, vigueta *f*

jojoba /həʊˈhəʊbə/ *n* jojoba *f*; (*before n*) ‹*shampoo/conditioner*› de jojoba

joke¹ /dʒəʊk/ *n*
A (verbal) chiste *m*; (directed at sb) broma *f*; **to tell** *o* **crack a ~** contar* un chiste; **they made endless ~s about my new hairstyle** no paraban de reírse de *or* de tomarme el pelo por mi nuevo peinado; **I can't see the ~** no le veo la gracia, no veo qué tiene de gracioso; **he can't take a ~** no se le puede hacer *or* no sabe aceptar una broma; **we chatted and had a few ~s together** charlamos y nos reímos un rato; **I didn't mean it, it was only a ~** no lo dije en serio, era sólo una broma *or* iba en broma; **it's beyond a ~** se pasa de castaño oscuro; **it's no ~** maldita la gracia que tiene (fam); ***the ~'s on her/me/them*** le/me/les salió el tiro por la culata (fam)
B **1** (*practical ~*) broma *f*; **to play a ~ on sb** hacerle* *or* gastarle una broma a algn; **is that your idea of a ~?** ¿a ti te parece gracioso eso?; **we did it for a ~** lo hicimos para reírnos **2** (novelty item) (BrE) artículo *m* de broma, pega *f* (Col); (*before n*) ‹*mustache*› de pega, de mentira; **~ shop** tienda *f* de artículos de broma
C (contemptible person, thing): **as a teacher he's just a ~** como profesor es un desastre; **that interview was a ~** esa entrevista fue una farsa; **their offer is just a ~** su oferta da risa

joke² *vi* bromear, vacilar; **don't ~ about religion with him** con él no bromees *or* no hagas bromas sobre religión; **lend you money? you must be** *o* **have to be joking!** ¿prestarte dinero? ¡tú debes estar loco! *or* ¡ni loco que estuviera!; **I was only joking, of course it's not true** era un chiste *or* lo dije en broma, claro que no es cierto

joker /ˈdʒəʊkər || ˈdʒəʊkə(r)/ *n*
A (cards) comodín *m*; ***the ~ in the deck*** *o* (BrE) ***pack*** la gran incógnita
B **1** (prankster) bromista *mf*; **who was the ~ who put salt in my coffee?** ¿quién fue el gracioso que le puso sal a mi café? (iró) **2** (contemptible person) (colloq) tipo, -pa *m,f* (fam); **I'm going to give that ~ a piece of my mind** le voy a decir cuatro verdades a ese tipo (fam)

jokey /ˈdʒəʊki/ *adj* ▸**joky**

joking¹ /ˈdʒəʊkɪŋ/ *adj* ‹*remark/reference*› jocoso; **I'm not in a ~ mood** no estoy (de humor) para bromas

joking² *n* bromas *fpl*; **(all) ~ apart** *o* **aside** bromas aparte, fuera de bromas

jokingly /ˈdʒəʊkɪŋli/ *adv* en broma; **she meant it ~** lo dijo de *or* en broma

joky /ˈdʒəʊki/ *adj* **jokier, jokiest** ‹*remark*› jocoso; **he has a very ~ attitude** se lo toma todo a *or* en broma

jollification /ˌdʒɑːlɪfəˈkeɪʃən || ˌdʒɒlɪfɪˈkeɪʃən/ *n* (hum) (*often pl*) jolgorio *m* (fam)

jollity /ˈdʒɑːləti || ˈdʒɒlɪti/ *n* [u] (attitude) jovialidad *f*; (merriment) regocijo *m*

jolly[1] /ˈdʒɑːli || ˈdʒɒli/ *adj* **-lier, -liest** 1 (merry) ‹*person*› jovial, alegre; ‹*laugh/tune*› alegre; **he was in a ~ mood** estaba muy contento *or* alegre, estaba de muy buen talante 2 (pleasant) (BrE colloq & dated): **we got together and it was all very ~** nos reunimos y lo pasamos muy bien; **the ~ old school** (dated) el viejo y querido colegio

jolly[2] *adv* (BrE colloq) (*as intensifier*): **it's a ~ good thing I came** menos mal que vine; **you were ~ lucky!** ¡qué suerte tuviste!; **you'll do as you're ~ well told!** ¡tú harás lo que se te diga y sanseacabó! (fam); **I've finished — ~ good!** ya he terminado — ¡muy bien! *or* ¡estupendo!; **it's ~ difficult** es dificilísimo, es superdifícil (fam)

jolly[3] *vt* **-lies, -lying, -lied** (colloq): **I had to ~ him into going** tuve que insistir para que se animara a ir; **to ~ sb along** animar a algn

jolly[4] *n* (*pl* **-lies**) (BrE colloq) viajecito *m* pagado (fam); ***to get one's jollies*** obtener* placer de algo, deleitarse con algo

Jolly Roger /ˌdʒɑːliˈrɑːdʒər || ˌdʒɒliˈrɒdʒə(r)/ *n* bandera *f* pirata; **to hoist the ~ ~** hacerse* pirata

jolt[1] /dʒəʊlt/ *vi*: **the cart ~ed along the path** el carro iba traqueteando *or* dando tumbos por el camino; **the train ~ed, and I spilled my coffee** el tren dio *or* pegó una sacudida y se me derramó el café

▪ **jolt** *vt* 1 (jar): **the sudden stop ~ed me out of my seat** el frenazo repentino me hizo salir disparado del asiento; **she ~ed his arm** le movió el brazo 2 (shock): **I was ~ed by the sight** ver aquello me sobresaltó; **this ~ed him out of his inertia** esto lo sacudió, sacándolo de su inercia; **the report ~ed them into action** el informe hizo que se dispusieran a actuar de inmediato

jolt[2] *n* 1 (jar) sacudida *f*; **she awoke with a ~** se despertó sobresaltada; **share prices have come down with a ~ this week** las acciones han dado un bajón esta semana 2 (shock): **her death gave me quite a ~** su muerte me dejó impresionado *or* fue un golpe para mí; **the news brought her back to earth with a ~** la noticia la hizo volver a la realidad de un golpe

Jonah /ˈdʒəʊnə/ *n* Jonás

Joneses /ˈdʒəʊnzəz || ˈdʒəʊnzɪz/ *pl n see* **keep up Sense IC1**

jonquil /ˈdʒɑːŋkwɪl || ˈdʒɒŋkwɪl/ *n* junquillo *m*

Jordan /ˈdʒɔːrdn || ˈdʒɔːdn/ *n* 1 (country) Jordania *f* 2 **the ~, the ~ River** (AmE), **the River ~** (BrE) el Jordán

Jordanian[1] /dʒɔːrˈdeɪniən || dʒɔːˈdeɪniən/ *adj* jordano

Jordanian[2] *n* jordano, -na *m,f*

Joseph /ˈdʒəʊzəf || ˈdʒəʊzɪf/ *n* José

josh /dʒɑːʃ || dʒɒʃ/ *vt* (colloq) tomarle el pelo a

Joshua /ˈdʒɑːʃuə || ˈdʒɒʃuə/ *n* Josué

joss stick /dʒɑːs || dʒɒs/ *n* varilla *f* de incienso, pebete *m*

jostle /ˈdʒɑːsəl || ˈdʒɒsəl/ *vt* empujar; **people ~d one another** la gente se empujaba *or* se daba empujones *or* empellones; **he was ~d by protestors as he left** al salir fue zarandeado por unos manifestantes

▪ **jostle** *vi*: **people were jostling trying to get out** la gente se empujaba tratando de salir; **to ~ FOR sth: hundreds of customers jostling for service** cientos de clientes peleando por ser atendidos; **the number of students jostling for a few places** el número de estudiantes que se disputan unos pocos lugares; **among the problems jostling for my attention ...** entre los problemas que reclaman *or* se disputan mi atención ...

jot /dʒɑːt || dʒɒt/ *n* (*no pl, usu with neg*): **he hasn't a ~ of sense** no tiene ni pizca *or* ni un ápice de sentido común; **it makes not a** *o* **one ~ of difference** da exactamente igual; **it hasn't been altered by a single ~ or tittle** no se ha cambiado ni un ápice; ***not to give*** *o* ***care a ~***: **I don't give a ~ for his criticism** sus críticas me traen sin cuidado *or* (fam) me importan un bledo *or* un comino

Phrasal verb

• **jot down** [v + o + adv, v + adv + o] ‹*address/notes/message*› apuntar *or* anotar (*rápidamente*)

jotter /ˈdʒɑːtər || ˈdʒɒtə(r)/ *n* (BrE) bloc *m*

jotting /ˈdʒɑːtɪŋ || ˈdʒɒtɪŋ/ *n* apunte *m*, nota *f*

joule /dʒuːl/ *n* julio *m*

jounce /dʒaʊns/ *vi* ir* dando tumbos

▪ **jounce** *vt* sacudir, zangolotear

journal /ˈdʒɜːrnl || ˈdʒɜːnl/ *n*

A (periodical) revista *f*, publicación *f*; (newspaper) periódico *m*

B 1 (diary) (frml) diario *m*; **to keep a ~** llevar un diario 2 (Govt, Law) actas *fpl* 3 (Naut) diario *m* de navegación

C (Busn) libro *m* diario

journalese /ˌdʒɜːrnlˈiːz || ˌdʒɜːnəˈliːz/ *n* [u] (pej) jerga *f* periodística (pey)

journalism /ˈdʒɜːrnlɪzəm || ˈdʒɜːnəlɪzəm/ *n* [u] 1 (profession) periodismo *m* 2 (writing): **the article was a fine piece of ~** el artículo era periodismo de primera clase; **a paper noted for the high standard of its ~** un diario de reconocida calidad periodística

journalist /ˈdʒɜːrnləst || ˈdʒɜːnəlɪst/ *n* periodista *mf*

journalistic /ˌdʒɜːrnlˈɪstɪk || ˌdʒɜːnəˈlɪstɪk/ *adj* periodístico

journey[1] /ˈdʒɜːrni || ˈdʒɜːni/ *n* (*pl* **-neys**) viaje *m*; **an air/a rail ~** un viaje en avión/tren; **it's a three-hour ~ by car** en coche se tardan tres horas; **a 20-mile ~, a ~ of 20 miles** un viaje *or* trayecto de 20 millas; **the outward ~** el viaje de ida, la ida; **the return ~** el viaje de vuelta *or* de regreso, la vuelta, el regreso; **to go on** *o* **make a ~** hacer* un viaje; **they set off on a ~ around the world** se fueron a dar la vuelta al mundo; **we'll eat on the ~** comeremos por el camino; **I pass it on my ~ to work** paso por allí de camino al trabajo; **we usually break our ~ in York when going to Edinburgh** normalmente paramos en York de camino a Edimburgo; **our ~'s end is San Francisco** nuestro destino es San Francisco

journey[2] *vi* (liter) viajar

journeyman /ˈdʒɜːrnimən || ˈdʒɜːnimən/ *n* (*pl* **-men** /-mən/) 1 (worker) oficial *m* 2 (competent person) buen trabajador *m*

journo /ˈdʒɜːrnəʊ || ˈdʒɜːnəʊ/ *n* (*pl* **-noes**) (colloq) gacetillero, -ra (fam), plumilla *f* (Esp fam)

joust[1] /dʒaʊst/ *vi* competir* en una justa, justar

joust[2] *n* justa *f*

jousting /ˈdʒaʊstɪŋ/ *n* [u] justas *fpl*

Jove /dʒəʊv/ *n* Júpiter; **by ~!** (BrE dated) ¡diantre! (ant)

jovial /ˈdʒəʊviəl/ *adj* jovial

joviality /ˌdʒəʊviˈæləti/ *n* [u] jovialidad *f*

jovially /ˈdʒəʊviəli/ *adv* jovialmente

jowls /dʒaʊlz/ *pl n* (*sometimes sing*) *parte inferior de los carrillos, que a veces cuelga de la mandíbula*, charchas *fpl* (Chi fam)

joy /dʒɔɪ/ *n*

A 1 [u] (emotion) alegría *f*, dicha *f*, júbilo *m* (liter); **to my great ~** para mi gran alegría; **to jump for ~** saltar de alegría 2 [c u] (source of pleasure): **the children are a great ~ to them** los niños son una gran alegría para ellos; **she's a ~ to teach** es un verdadero placer *or* da gusto tenerla como alumna; **that's the ~ of it** eso es lo bueno que tiene; **I wish you ~ of it** (iro) que lo disfrutes; **one of the ~s of being an explorer** uno de los placeres de ser explorador; ***to be full of the ~s of Spring*** estar* como unas pascuas

B [u] (success) (BrE colloq): **any ~?** ¿hubo suerte?; **you'll get no ~ from** *o* **out of them** no vas a conseguir nada con ellos

joyful /ˈdʒɔɪfəl/ *adj* ‹*occasion/event*› feliz; ‹*dance/news*› alegre; **the ~ parents** los felices *or* dichosos padres, los jubilosos padres (liter)

joyfully /ˈdʒɔɪfəli/ *adv* alegremente, con regocijo

joyless /ˈdʒɔɪləs || ˈdʒɔɪlɪs/ *adj* ‹*occasion*› falto de alegría; ‹*existence*› sombrío, triste

joyous /ˈdʒɔɪəs/ *adj* ‹*expression*› de dicha, de júbilo (liter); ‹*occasion*› feliz

joyride /ˈdʒɔɪraɪd/ *n* 1 (Leisure): **let's go out for a ~** vamos a dar una vuelta en coche; **a business trip is no ~** los viajes de negocios no son ninguna diversión 2 (in stolen car): **they took the car for a ~** robaron el coche para dar una vuelta

joyrider /ˈdʒɔɪˌraɪdər || ˈdʒɔɪˌraɪdə(r)/ *n: joven que roba un coche para dar una vuelta y abandonarlo*

joyriding /ˈdʒɔɪˌraɪdɪŋ/ *n* [u]: *actividad delictiva del* ▸**joyrider**

joystick /ˈdʒɔɪstɪk/ *n* 1 (Aviat) palanca *f* de mando 2 (Electron, Comput) mando *m*, joystick *m*

JP *n* = **Justice of the Peace**

Jr (esp AmE) (= **Junior**) (h), Jr.

jubilant /ˈdʒuːbələnt || ˈdʒuːbɪlənt/ *adj* ‹*expression/shout*› de júbilo (liter), alborozado (liter); ‹*speech*› exultante (liter); **they were ~ at their win** estaban radiantes de alegría con la victoria; **his enemies were ~ at his downfall** sus enemigos se regocijaron con su caída

jubilation /ˌdʒuːbəˈleɪʃən || ˌdʒuːbɪˈleɪʃən/ *n* [u] júbilo *m* (liter)

jubilee /ˈdʒuːbəliː || ˈdʒuːbɪliː/ *n*: **the silver/golden ~** el vigésimo quinto *or* veinticinco *or* quincuagésimo *or* cincuenta aniversario

Judaea *n* ▸**Judea**

Judaeo-Christian *adj* (BrE) ▸**Judeo-Christian**

Judaic /dʒuːˈdeɪɪk/ *adj* judaico

Judaism /ˈdʒuːdəɪzəm || ˈdʒuːdeɪɪzəm/ *n* [u] judaísmo *m*

Judas /ˈdʒuːdəs/ *n* 1 **~ (Iscariot)** /ɪsˈkæriət/ Judas (Iscariote) 2 (traitor) judas *m*

judder[1] /ˈdʒʌdər || ˈdʒʌdə(r)/ *vi* (BrE colloq) trepidar, retemblar; **the car ~ed to a halt** el coche se paró con una sacudida

judder[2] *n* (BrE) sacudida *f*; **to give a ~** dar* *or* (fam) pegar* una sacudida

Judea, Judaea /dʒuːˈdiːə/ *n* Judea *f*

Judeo-Christian, (BrE) **Judaeo-Christian** /dʒuːˌdeɪəʊˈkrɪstʃən dʒuːˈdiːəʊ-/ *adj* judeocristiano

judge[1] /dʒʌdʒ/ *n*

A 1 ▸ℹ **p.1213** (Law) juez *mf*, juez, jueza *m,f*, magistrado, -da *m,f*; **(the book of) J~s** el Libro de los Jueces 2 (of competition) juez *mf*, miembro *mf* del jurado; **the ~s' decision is final** la decisión del jurado es irrevocable 3 (Sport) juez *mf*

B (appraiser): **he's a good ~ of character** es muy buen psicólogo, tiene buen ojo para la gente; **she's an excellent ~ of wines** entiende mucho de vinos; **it sounds fine to me, but I'm no ~** a mí me parece bien, pero yo no soy un experto; **let me be the ~ of that** eso lo decidiré yo

judge[2] *vt*

A 1 (Law) ‹*case/person*› juzgar* 2 ‹*contest*› ser* el juez de; **he will ~ the competition** él adjudicará los premios del certamen, él será el juez del certamen

B 1 (estimate) ‹*size/weight/speed*› calcular; **I ~d her to be about 35** le calculaba unos 35 años; **she had ~d the moment to act very cleverly** había elegido muy bien el momento de actuar 2 (assess) ‹*situation/position*› evaluar*; ‹*person*› juzgar*; ‹*quality/advantages*› valorar; **I'll be the one to ~ who gets the job** yo seré quien decida *or* juzgue a quién se le da el trabajo; **you'll be ~d solely on** *o* **by your exam results** se le juzgará exclusivamente sobre la base de los resultados del examen; **(as) ~d by** a juzgar por 3 (deem) juzgar*, considerar; **I ~d it (to be) unwise to say too much** juzgué

j

or consideré imprudente hablar demasiado **C** (censure, condemn) juzgar*; **don't ~ her too harshly** no seas demasiado severo con ella, no la juzgues con demasiada severidad

■ **judge** *vi* **1** (decide) juzgar*; **you shouldn't ~ by appearances** no deberías juzgar *or* dejarte llevar por las apariencias; **judging by** a juzgar por; **to ~ for oneself** juzgar* por sí (*or* mí *etc*) mismo **2** (pass judgment) dictar sentencia

judgment, judgement /'dʒʌdʒmənt/ *n* **A** [u c] **1** (Law) fallo *m*, sentencia *f*; (in arbitration) fallo *m*, laudo *m*; **to pass ~ on sth/sb** juzgar* algo/a algn; **to sit in ~ over sb** enjuiciar a algn **2** (Relig) castigo *m* de Dios; **the Last J~** el Juicio Final; **the Day of J~** el día del Juicio Final **B** **1** [u c] (estimation) cálculo *m* **2** [u c] (view) opinión *f*; **I did not have enough information to form a ~** no tenía suficiente información como para formarme una opinión; **what's your ~ on this?** ¿tú qué opinas de esto?; **my ~ is that ...** yo opino *or* juzgo que ...; **I reserve ~ on that** sobre eso todavía no puedo dar una opinión; **in my ~** a mi juicio **C** [u] (sense, discernment): **a person of ~** una persona de criterio; **an error of ~** una equivocación, un desacierto; **I lent him the money against my better ~** le presté el dinero sabiendo que era un error

judgmental, judgemental /dʒʌdʒ'mentl/ *adj* ‹*attitude/assessment*› sentencioso; **I don't want to seem ~ but ...** yo no quiero erigirme en juez pero ...

Judgment Day, Judgement Day /'dʒʌdʒmənt/ *n* día *m* del Juicio Final

judicial /dʒu:'dɪʃəl/ *adj* judicial

judicial review *n* (Law) **1** [u] (in US) ≈ recurso *m* de inconstitucionalidad **2** [c] *control de la legalidad de una sentencia judicial o un acto administrativo*

judicial separation *n* [c u] (in UK) separación *f* judicial

judiciary /dʒu:'dɪʃieri || dʒu:'dɪʃɪəri/ *n* (Law) **1** (judges) judicatura *f* **2** (arm of government) poder *m* judicial **3** (legal system) sistema *m* jurídico

judicious /dʒu:'dɪʃəs/ *adj* ‹*decision/choice*› acertado, sensato; ‹*critic/historian*› de criterio

judiciously /dʒu:'dɪʃəsli/ *adv* ‹*choose/decide*› con criterio; ‹*remark/mention*› diplomáticamente

judo /'dʒu:dəʊ/ *n* [u] judo *m*; (*before n*) ‹*class/club*› de judo; **~ expert** judoka *mf*

jug¹ /dʒʌg/ *n* **A** (large) jarra *f*; (for milk, cream) jarrita *f* **B** (prison) (sl): **he's in (the) ~** está a la sombra (fam), está en chirona (Esp) *or* (Méx) en el tambo *or* (AmS) en (la) cana (arg)

jug² *vt* **-gg-** **A** (Culin) cocer* **B** (prosecute and imprison) (AmE colloq) procesar y poner* entre rejas (fam), procesar y encanar *or* (Esp), enchironar (fam), procesar y meter en el bote (Méx, Ven fam)

jug-eared /'dʒʌg,ɪrd || 'dʒʌg,ɪəd/ *adj* (colloq) orejudo (fam), orejón (fam)

jugged hare /dʒʌgd/ *n* [u c] estofado *m* de liebre

juggernaut /'dʒʌgərnɔ:t || 'dʒʌgənɔ:t/ *n* **1** (moving force) gigante *m* **2** (heavy vehicle) (BrE) camión *m* grande

juggle /'dʒʌgəl/ *vi* **1** (with objects) hacer* malabarismos, hacer* juegos malabares *or* de manos **2** (experiment) probar*, jugar*

■ **juggle** *vt* **1** ‹*balls/plates*› hacer* malabarismos *or* juegos malabares con; **to ~ the demands of work and family** hacer* malabarismos para compatibilizar las responsabilidades del trabajo con las del hogar; **I'm going to have to ~ my timetable** voy a tener que reorganizar mis actividades **2** (manipulate) ‹*facts/statistics*› amañar

juggler /'dʒʌglər || 'dʒʌglə(r)/ *n* malabarista *mf*

juggling /'dʒʌglɪŋ/ *n* [u] malabarismos *mpl*, juegos *mpl* malabares *or* de manos; **it took a bit of ~ to make the figures fit** hubo que hacer malabarismos para que cuadrasen las cifras

jug kettle *n* hervidor *m* (de agua) eléctrico (*en forma de jarra con tapa*)

Jugoslavia /,ju:gəʊ'slɑ:viə ,ju:gə-/ *etc* ▸**Yugoslavia** *etc*

jugular /'dʒʌgjələr || 'dʒʌgjʊlə(r)/ *n* (vena *f*) yugular *f*; ***to go for the ~*** tirar a matar

juice¹ /dʒu:s/ *n* **A** [u c] **1** (from fruit, meat) jugo *m*; (fruit drink) jugo *m*, zumo *m* (esp Esp); **it cooks in its own ~s** se cuece en su propio jugo; ▸**stew² 2** (Physiol) jugo *m*; **gastric ~** jugo *m* gástrico **B** [u] (sl) **1** (liquid fuel) combustible *m* **2** (electricity) luz *f* (fam) **3** (vitality) (AmE) vida *f*; **she's still full of ~** sigue tan llena de vida **4** (alcohol) (AmE) bebida *f*; **he's hitting the ~ again** le está dando a la bebida otra vez (fam)

juice² *vt* ‹*lemon/orange*› exprimir

juice box *n* cartón *m* de jugo *or* (esp Esp) zumo

juiced-up /'dʒu:st'ʌp/ *adj* (AmE colloq) borracho, cocido (fam), jincho (Col fam), ahogado (Méx fam), en curda (RPl fam)

juice extractor *n* (BrE) ▸**juicer**

juicehead /'ju:shed/ *n* (AmE sl) borrachín, -china *m,f* (fam)

juicer /'dʒu:sər || 'dʒu:sə(r)/ *n* exprimidor *m* (*gen eléctrico*), juguera *f* (CS)

juiciness /'dʒu:sinəs || 'dʒu:sinɪs/ *n* [u] **1** (of orange, steak) jugosidad *f*, lo jugoso **2** (colloq) (of role, contract, profit) lo jugoso (fam) **3** (colloq) (of gossip, scandal) lo sabroso *or* picante (fam)

juicy /'dʒu:si/ *adj* **-cier, -ciest** **1** (Culin) ‹*orange/steak*› jugoso **2** (rewarding, profitable) (colloq) ‹*part/role*› jugoso (fam); ‹*fee*› suculento (fam), jugoso (fam) **3** (racy) (colloq) ‹*gossip/scandal/details*› sabroso (fam), picante (fam)

jujitsu /dʒu:'dʒɪtsu:/ *n* [u] jiujitsu *m*

jukebox /'dʒu:kbɑ:ks || 'dʒu:kbɒks/ *n* máquina *f* de discos, rocola *f* (AmL)

Jul ▸ⓘ **p.1085** (= **July**) jul.

julep /'dʒu:ləp || 'dʒu:lɪp/ *n* (Pharm) julepe *m*; **mint ~** *cóctel de coñac o whisky con menta*

Julian /'dʒu:liən/ *adj* (*before n*) ‹*calendar*› juliano

Julius Caesar /,dʒu:liəs'si:zər || ,dʒu:liəs'si:zə(r)/ *n* Julio César

July /dʒʊ'laɪ/ ▸ⓘ **p.1085** *n* julio *m*; *see also* **January**

jumble¹ /'dʒʌmbəl/ *vt* **~ (up)** ‹*cards/pieces*› mezclar; **the clothes were all ~d up in the drawer** la ropa estaba toda revuelta en el cajón, la ropa estaba toda hecha un revoltijo en el cajón; **the instructions had got(ten) ~d (up) in her mind** se había hecho un embrollo *or* un lío con las instrucciones

jumble² *n* **1** (*no pl*) (of clothes, papers) revoltijo *m*; (of facts, data) embrollo *m*, confusión *f*, mezcolanza *f* **2** [u] (items for sale) (BrE) cosas *fpl* usadas; **have you got any ~ to get rid of?** ¿tiene algo que quiera donar para un mercadillo de beneficencia?

jumble sale *n* (BrE) *mercadillo de beneficencia donde se venden artículos de segunda mano*

jumbo /'dʒʌmbəʊ/ *adj* (*before n*) ‹*packet/size*› gigante

jumbo (jet) *n* jumbo *m*

jump¹ /dʒʌmp/ *vi* **A** **1** (leap) saltar; **he ~ed from the second floor** saltó del *or* desde el segundo piso; **she ~ed across the ditch** cruzó la zanja de un salto; **he managed to ~ back just in time** logró echarse atrás de un salto justo a tiempo; **the water is lovely, ~ in** el agua está deliciosa, tírate; **the horse ~ed over the gate** el caballo saltó la verja; **the children were ~ing up and down on the bed** los niños saltaban *or* brincaban sobre la cama; **to ~ for joy** dar* saltos *or* saltar *or* brincar* de alegría; **did he ~ or was he pushed?** (set phrase) ¿renunció o lo renunciaron? (hum); **we don't know which way they're going to ~** no se sabe qué van a decidir *or* (fam) para qué lado van a agarrar **2** (move quickly): **he ~ed up from his seat** se levantó (del asiento) de un salto; **I ~ed out of bed** me levanté (de la cama) de un salto; **I'm not going to ~ into bed with the first guy I meet** (colloq) no me voy a acostar con el primer tipo que conozca (fam); **~ in, I'll give you a lift** súbete que te llevo; **I'll ~ off here** me bajo aquí; **to ~ AT sth**: **she ~ed at the offer** aceptó la oferta al vuelo; **they'll ~ at the chance** no van a dejar pasar la oportunidad; **to ~ ON sb/sth** abalanzarse* SOBRE algn/algo; **her critics ~ed on this remark** sus críticos se cebaron en esta afirmación; **to ~ to one's feet** ponerse* de pie *or* (AmL tb) pararse de un salto; **to ~ to attention** (Mil) cuadrarse, ponerse* firme; **~ to it!** ¡hazlo inmediatamente! **B** **1** (change, skip) saltar, pasar; **to ~ from one subject to another** saltar *or* pasar de un tema al otro; **the action ~s forward** la acción da un salto adelante en el tiempo **2** (increase, advance suddenly) subir de un golpe; **he/it ~ed to the top of the charts** saltó a los primeros lugares de las listas **C** **1** (jerk) saltar **2** (in alarm) sobresaltarse; **you made me ~!** ¡qué susto me diste! **D** (be lively) (colloq): **the party's really ~ing** la fiesta está muy movida (fam)

■ **jump** *vt* **A** **1** (leap over) ‹*stream/hurdle*› saltar, brincar* (Méx); ‹*counter/piece*› (Games) comerse; **to ~ rope** (AmE) saltar a la cuerda *or* (Esp tb) a la comba *or* (Col) (al) lazo *or* (Chi) al cordel, brincar* la reata (Méx) **2** (cause to leap) hacer* saltar; **he ~s an Arab horse** salta con un caballo árabe **B** **1** (spring out of) ‹*rails/tracks*› salirse* de **2** (disregard) saltarse; **they ~ed a whole paragraph** se saltaron *or* (RPl) se saltearon todo un párrafo; **to ~ the lights** saltarse el semáforo, pasar el semáforo en rojo, pasarse el alto (Méx); **to ~ the line** *o* (BrE) **queue** colarse* **C** (run away) (colloq): **to ~ bail** huir* estando en libertad bajo fianza; **to ~ ship** desertar **D** (ambush, attack) (colloq) asaltar, atacar* **E** (AmE colloq) **1** (catch) ‹*bus/plane*› agarrar (fam) *or* (esp Esp) coger* **2** (without paying fare): **he ~ed the train** se subió al tren sin pagar

Phrasal verbs

- **jump around** [v + adv] brincar*, dar* brincos *or* saltos; **stop ~ing around** ¡estate quieto!
- **jump down** [v + adv] bajarse de un salto
- **jump off** [v + adv] **1** (in showjumping) desempatar **2** (get started) (AmE) arrancar*
- **jump out** [v + adv] **1** (from plane) tirarse **2** (from car) bajarse **3** (be striking) llamar *or* atraer* la atención

jump² *n* **A** **1** (leap) salto *m*; **it's a big ~ from that window** es un buen salto el que hay que dar desde esa ventana; **she gave a little ~ for joy** dio un saltito de alegría; **I sat up with a ~** me incorporé sobresaltado; ***go (and) take a running ~!*** (colloq) ¡vete a freír espárragos! (fam); ***to be/stay one ~ ahead***: **this way, you'll be one ~ ahead of the competition** de esta manera le llevarás la delantera a la competencia; **she was always one ~ ahead of her classmates** siempre estaba adelantada con respecto de sus compañeros; **she tried to stay one ~ ahead of her pupils** trataba de mantenerse un paso adelante de sus alumnos **2** (fence) valla *f*, obstáculo *m* **B** **1** (sudden transition) salto *m* **2** (increase, advance) aumento *m*

jumpcut /'dʒʌmpkʌt/ *n* (Cin, TV) salto *m*

jumped-up /'dʒʌmpt'ʌp/ *adj* (BrE) (*before n*): **he's nothing but a ~ clerk!** no es más que un empleadito con ínfulas

jumper /'dʒʌmpər || 'dʒʌmpə(r)/ *n* **1** (dress) (AmE) jumper *m or f* (AmL), pichi *m* (Esp) **2** (BrE) ▸**sweater** **3** (horse) caballo *m* de saltos **4** (athlete) (colloq) saltador, -dora *m,f*

jumper cables *pl n* (AmE) cables *mpl* de arranque

jumping bean /'dʒʌmpɪŋ/ *n* frijol *m* saltarín

jumping jack *n* **1** (firework) buscapiés *m*, vieja *f* (Chi) **2** (toy) muñeco *m* (*que se mueve tirando de un hilo*)

jumping-off place, jumping-off point /,dʒʌmpɪŋ'ɔ:f || ,dʒʌmpɪŋ'ɒf/ *n* base *f* or centro *m* de operaciones

jump jet *n* avión *m* de despegue vertical

jump leads *pl n* (BrE) ▸**jumper cables**

jump-off /ˈdʒʌmpɔːf || ˈdʒʌmpɒf/ *n* (in showjumping) recorrido *m* de desempate

jump rope *n* (AmE) cuerda *f* or (Méx) reata *f* or (Col) lazo *m* or (Chi) cordel *m* de saltar, comba *f* (Esp); **to play (at) ~ ~** saltar a la cuerda or (Esp tb) a la comba or (Col) (al) lazo or (Chi) al cordel, brincar* la reata (Méx)

jump-start /ˈdʒʌmpstɑːrt || ˈdʒʌmpstɑːt/ *vt: hacer arrancar un coche ya sea empujándolo o haciendo un puente*

jump suit *n* mono *m*, enterito *m* (RPl)

jumpy /ˈdʒʌmpi/ *adj* **-pier, -piest** nervioso, saltón (Andes)

Jun ▸❶ **p.1085 (= June)** jun.

junction /ˈdʒʌŋkʃən/ *n* **1** (meeting point — of roads, rails) cruce *m*, empalme *m*, entronque *m* (Méx); (— of rivers) confluencia *f*; **turn left at the ~ of Route 21 and Route 30** doble a la izquierda en el cruce or la intersección de las rutas 21 y 30; **leave the motorway at ~ 13** (BrE) deje la autopista en la salida número 13 **2** (Elec) empalme *m* **3** (joining) (frml) unión *f*

junction box *n* caja *f* de empalme

juncture /ˈdʒʌŋktʃər || ˈdʒʌŋktʃə(r)/ *n* coyuntura *f*; **at this ~** en este momento, en esta coyuntura

June /dʒuːn/ ▸❶ **p.1085** *n* junio *m*; *see also* **January**

Jungian /ˈjʊŋiən/ *adj* jungiano

jungle /ˈdʒʌŋgəl/ *n* [c u]

A 1 (Geog) selva *f*, jungla *f*; **the law of the ~** la ley de la selva **2** (confusion, tangle) maraña *f*, laberinto *m* **3** (hostile place) jungla *f*; **concrete ~** la jungla de(l) asfalto

B [u] *also* **~ music** jungle *m*, música *f* jungle

jungle fever *n* [u] fiebre *f* selvática

jungle fowl *n* (*pl* ~) faisán *m* asiático

jungle gym *n: estructura de barras para juegos infantiles*

jungle juice *n* [u] (colloq) matarratas *m* (fam & hum)

jungle warfare *n* [u] guerra *f* en la selva; (*before n*): **~ ~ operations** operaciones *fpl* de guerra en la selva; **~ ~ school** centro *m* de entrenamiento para operaciones de guerra en la selva

junior¹ /ˈdʒuːnjər || ˈdʒuːniə(r)/ *adj*

A 1 (lower in rank) ‹*official*› subalterno; ‹*position*› de subalterno; **~ doctor** médico *mf* residente; **~ management** subdirección *f*; **~ minister** (in UK) ≈ subsecretario, -ria *m,f*; **~ partner** socio comanditario, socia comanditaria *m,f*; **~ senator** (in US) *senador de más reciente elección en un estado*; **to be ~ TO sb** ser* subalterno DE algn, estar* por debajo de algn **2** (younger) más joven; **fashion for the ~ miss** moda *f* para las jovencitas; **James D. Clark J~** (AmE) James D. Clark, hijo or junior; **to be ~ TO sb** ser* menor or más joven que algn; **he is ~ to her by two years** es dos años menor que ella

B (*before n*) **1** (for younger people) ‹*fashion/size*› para jóvenes; ‹*competition/team*› juvenil, junior *adj inv* **2** (AmE) (Educ) de tercer año

junior² *n*

A 1 (younger person): **which is the ~ (of the two)?** ¿quién de los/las dos es el/la menor?; **he is two years my ~, he is my ~ by two years** tiene dos años menos que yo, es dos años menor que yo, le llevo dos años **2** (person of lower rank) subalterno, -na *m,f* **3** (in UK) (Law) *abogado habilitado para alegar ante un tribunal superior, que está por debajo del* ▸**Queen's Counsel** *en jerarquía*

B Junior (son) (AmE) *término usado para referirse o dirigirse a un hijo*

C 1 (Educ) (in US) *estudiante de tercer año de colegio secundario o universidad;* (in UK) *alumno de primaria o de los primeros años de secundaria* **2** (Sport) juvenil *mf*, junior *mf*

junior college *n* (in US) *establecimiento universitario donde se estudian los dos primeros años de la carrera*

junior high (school) ▸**education** *n* (AmE) *colegio en el que se imparten los dos o tres primeros años de la enseñanza secundaria*

> **junior high school**
>
> ▸**education.**

junior school *n* (BrE) escuela *f* primaria (*para niños de 7 a 11 años*)

> **junior school**
>
> Un colegio estatal de Gran Bretaña para niños de entre 7 y 11 años.

juniper /ˈdʒuːnəpər || ˈdʒuːnɪpə(r)/ *n* (bush) enebro *m*; (berry) enebrina *f*

junk¹ /dʒʌŋk/ *n*

A [u] **1** (discarded items) trastos *mpl* (viejos), cachivaches *mpl*; (*before n*): **~ e-mail** correo *m* electrónico basura, email *m* basura; **~ room** (cuarto *m*) trastero *m*, cuarto *m* de los chécheres (Col), pieza *f* de los cachureos (Chi fam); **~ shop** tienda *f* de viejo or de cosas usadas **2** (worthless stuff) (colloq) basura *f* (fam), porquería *f* (fam); (*before n*): **~ bonds** bonos *mpl* basura; **~ jewelry** o (BrE) **jewellery** bisutería *f*, quincalla *f* (pey); **~ mail** propaganda *f* que se recibe por correo **3** (heroin) (sl) caballo *m* (arg), heroína *f*

B [c] (boat) junco *m*

junk² *vt* (colloq) tirar or (AmL exc RPl) botar a la basura

junket /ˈdʒʌŋkət || ˈdʒʌŋkɪt/ *n*

A [u c] (Culin) (leche *f*) cuajada *f*

B [c] **1** (festivity) fiesta *f* **2** (trip) (AmE colloq) viajecito *m* pagado (fam)

junketing /ˈdʒʌŋkətɪŋ || ˈdʒʌŋkɪtɪŋ/ *n* [u] (*sometimes pl*) **1** (partying) juerga *f* (fam), parranda *f* (fam) **2** (traveling) (AmE colloq) viajecitos *mpl* pagados (fam)

junk food *n* [u] comida *f* basura, porquerías *fpl* (fam), alimento *m* chatarra (Méx)

junk heap *n* basurero *m*, vertedero *m*

junkie /ˈdʒʌŋki/ *n* (colloq) yonqui *mf* (fam), drogadicto, -ta *m,f*, pichicatero, -ra *m,f* (CS, Per fam); **I'm a soap opera ~** soy adicto a las telenovelas

junkman /ˈdʒʌŋkmæn/ *n* (*pl* **-men** /-men/) (AmE) ropavejero *m*, trapero *m*, botellero *m* (AmL)

junkyard /ˈdʒʌŋkjɑːrd || ˈdʒʌŋkjɑːd/ *n* depósito *m* de chatarra, deshuesadero *m* (Méx)

Juno /ˈdʒuːnəʊ/ *n* Juno

Junoesque /ˌdʒuːnəʊˈesk/ *adj* (liter) escultural

junta /ˈhʊntə || ˈdʒʌntə/ *n* junta *f* militar

Jupiter /ˈdʒuːpətər || ˈdʒuːpɪtə(r)/ *n* Júpiter *m*

Jura /ˈdʒʊrə || ˈdʒʊərə/ *n*: **the ~** el Jura

Jurassic /dʒʊˈræsɪk || dʒʊəˈræsɪk/ *n* jurásico *m*

juridical /dʒʊˈrɪdɪkəl || dʒʊəˈrɪdɪkəl/ *adj* jurídico

jurisdiction /ˌdʒʊrəsˈdɪkʃən || ˌdʒʊərɪsˈdɪkʃən/ *n* [u c] jurisdicción *f*, competencia *f*; **to have ~ (over sth)** tener* jurisdicción (sobre algo); **to fall within federal/state/municipal ~** estar* dentro de la jurisdicción nacional/estatal/municipal; **it's within/outside my ~** está dentro/fuera de mi competencia; **a conflict of ~s** un conflicto de competencias

jurisprudence /ˌdʒʊrəsˈpruːdns || ˌdʒʊərɪsˈpruːdns/ *n* [u] jurisprudencia *f*

jurist /ˈdʒʊrəst || ˈdʒʊərɪst/ *n* **1** (expert) jurista *mf* **2** (judge) (AmE) magistrado, -da *m,f*

juror /ˈdʒʊrər || ˈdʒʊərə(r)/ *n* jurado *mf*, miembro *mf* de un jurado

jury /ˈdʒʊri || ˈdʒʊəri/ *n* (*pl* **-ries**) **1** (Law) jurado *m*; **trial by ~** juicio *m* ante jurado; **to serve/sit on a ~** ser* miembro de un jurado; **the ~ is out** el jurado está deliberando; (*before n*): **to do ~ duty** o (BrE also) **service** ser* miembro de un jurado **2** (for contest) jurado *m*

jury box *n* tribuna *f* del jurado

jury-fixing /ˈdʒʊriˌfɪksɪŋ || ˈdʒʊriˌfɪksɪŋ/ *n* [u] soborno *m* de un jurado, compra *f* de un jurado (fam)

juryman /ˈdʒʊrimæn || ˈdʒʊərimæn/ *n* (*pl* **-men** /-men/) jurado *m*, miembro *m* de un jurado

just¹ /dʒʌst/ *adj* **1** ‹*law/decision/person*› justo; **we must be ~ to** o **toward them** debemos ser justos con ellos; **our cause is ~** nuestra causa es justa **2** (true, accurate) ‹*account/representation*› que se ajusta a la realidad

just² *adv*

A 1 (in recent past): **I've ~ remembered that ...** me acabo de acordar de que ...; **she's ~ left** se acaba de ir, recién se fue (AmL); **she'd only ~ finished** acababa de terminar, recién había terminado (AmL); ❸ **just married** recién casados; **go and brush your teeth — I ~ have** o (AmE also) **did** ve a lavarte los dientes — me los acabo de lavar or (AmL tb) recién me los lavé; **~ recently I've begun to notice that ...** últimamente he empezado a darme cuenta de que ... **2** (now, at the moment): **she's ~ on her way** está en camino, ya va para allí (or viene para aquí *etc*); **I was ~ about to leave when he called** estaba a punto de salir cuando llamó; **I was ~ about to say that** eso es justo lo que yo iba a decir

B 1 (barely) justo; **I arrived ~ in time** llegué justo a tiempo; **it's only ~ over the recommended minimum** está apenas por encima del mínimo recomendado; **I ~ missed him** no lo vi por poco or por apenas unos minutos **2** (a little): **~ above the knee** justo or apenas encima de la rodilla; **I waited ~ outside the shop** esperé en la puerta de la tienda; **I had a call from him ~ before I left** justo antes de salir recibí una llamada suya

C 1 (only) sólo; **I'll be with you in ~ a moment** enseguida or en un segundo estoy con usted; **she ~ does it to annoy me** lo hace sólo para fastidiarme, lo hace por fastidiarme nomás (AmL); **there's ~ one left** queda sólo uno, queda uno nomás (AmL); **~ a moment, you're confusing two issues there** un momento: estás confundiendo dos problemas distintos; **~ an hour of your time would be enough** con sólo una hora de tu tiempo alcanzaría; **I went there ~ once** fui sólo una vez; **she was ~ three when her father died** tenía apenas or sólo tres años cuando murió su padre; **would you like some more? — ~ a little, please** ¿quieres más? — bueno, un poquito; **~ occasionally you can find a really good bargain** muy de vez en cuando se encuentra una verdadera ganga **2** (simply): **I ~ stopped by to say hello** pasé para saludarte; **don't be scared: it's ~ the wind** no te asustes: no es más que el viento or (AmL tb) es el viento nomás; **that's ~ gossip** no son más que chismes, son puros chismes (fam); **they're ~ friends** no son más que amigos, sólo son amigos; **I ~ need someone to talk to** necesito hablar con alguien; **if you'd ~ wait a moment** si me hace el favor de esperar un momento; **don't worry about her, she's ~ jealous** no te preocupes por ella, lo que pasa es que está celosa; **it's ~ one of those things** son cosas que pasan; **~ because he's famous doesn't mean he can be rude** (colloq) el hecho de que sea famoso no le da derecho a ser grosero; **~ follow the instructions on the packet** simplemente siga las instrucciones impresas en el paquete; **I'll ~ have to pack up and go** no me queda otro remedio que hacer la maleta e irme; **I'm ~ lucky, I guess** es simplemente cuestión de suerte, yo creo; **he'll ~ make things worse** lo único que hará será empeorar las cosas; **I'll take a spare, ~ in case** llevaré uno de repuesto, por si acaso or (fam) por si las moscas

D 1 (exactly, precisely): **it's ~ what I wanted** es justo or precisamente or exactamente lo que quería; **the temperature was ~ right** la temperatura era la perfecta; **she looks ~ like her mother at that age** es exactamente igual a su madre cuando tenía su edad; **isn't that ~ typical of him?** ¿no es típico de él?; **we made it to school ~ as the bell rang** llegamos al colegio justo cuando sonaba la campana or en el preciso momento en que sonaba la campana; **I can't worry about that ~ now** en este momento no puedo estar preocupándome por eso; **~ my luck!** ¡me tenía que pasar a mí! **2** (equally): **the desserts were ~ as good as**

the rest of the meal los postres estuvieron tan buenos como el resto de la comida; **it's ~ as well you're leaving** menos mal que te vas; **she's ~ as pleased as can be about the result** está de lo más contenta con el resultado

E 1 (emphatic use): **I ~ can't understand it** simplemente no lo entiendo; **I ~ adore champagne** a mí me encanta el champán; **I'm feeling ~ fine now** ahora me siento muy bien; **~ leave it here** déjelo aquí, déjelo aquí nomás (AmL); **regret it? don't I ~!** ¿que si me arrepiento? ¡si me arrepentiré ... !; **~ think! we could get rich** ¡tú imagínate! podríamos hacernos ricos; **~ you wait, you little rascal!** ¡ya vas a ver, bandido!; **I can ~ imagine it** me lo imagino perfectamente; **they were ~ plain scared** estaban francamente aterrados; **there are ~ no jobs** simplemente no hay trabajo; **there's ~ nothing in the shops** no hay nada, pero nada, en las tiendas 2 (in commands, threats): **~ do as you're told!** ¡haz lo que se te dice y sanseacabó!; **~ go away, will you?** mira, vete, hazme el favor; **~ you dare!** ¡tú atrévete!, ¡atrévete nomás! (AmL) 3 (in polite request): **~ wait here, please** espere aquí, por favor

F 1 (giving explanation): **it's ~ that ...** lo que pasa es que ... 2 (indicating possibility): **it may ~ happen** podría suceder; **you could ~ be in for a surprise** podrías llevarte una sorpresa

G **just about**: **I've ~ about finished now** casi he terminado, prácticamente he terminado; **I think we can ~ about manage it** creo que puede ser que lo logremos; **did you get enough to eat? — ~ about** ¿te dieron bastante de comer? — más o menos; **I'm ~ about sick of you!** ¡ya estoy harto de ti!

justice /ˈdʒʌstəs || ˈdʒʌstɪs/ *n*

A [u] (fairness) justicia *f*; **he said, with ~, that ...** dijo, con justa razón, que ...; **there's no ~!** ¡no es justo!, ¡es una injusticia!; **to do sb/sth ~**: **the portrait hardly does her ~** el retrato no le hace justicia *or* no la favorece; **they haven't done the topic ~** el tema no está tratado como se merece; **to do him ~, I must admit that ...** para ser justos (con él), tengo que reconocer que ...; **he couldn't do ~ to the meal** no pudo hacerle honor a la comida; **she didn't do herself ~ in the exam** no rindió a la altura de su capacidad en el examen

B (Law) justicia *f*; **court of ~** tribunal *m* de justicia; **~ was done** se hizo justicia; **in the end he was brought to ~** finalmente pagó sus culpas

C [c] (judge) juez *mf*, juez, jueza *m,f*, magistrado, -da *m,f*

Justice of the Peace *n* (*pl* **~s ~ ~ ~**) juez *mf* de paz, juez, jueza *m,f* de paz

justifiable /ˈdʒʌstəfaɪəbəl || ˈdʒʌstɪfaɪəbəl/ *adj* justificable; **~ homicide** (Law) homicidio *m* justificado

justifiably /ˈdʒʌstəfaɪəbli || ˈdʒʌstɪfaɪəbli/ *adv* justificadamente, con razón; **she claimed, quite ~, that ...** (*indep*) afirmó, con toda razón, que ...

justification /ˌdʒʌstəfəˈkeɪʃən || ˌdʒʌstɪfɪˈkeɪʃən/ *n* [u]

A (reason) justificación *f*; **there is no ~ for his rudeness** su grosería no tiene justificación; **nothing can be said in ~ of her actions** no se puede alegar nada en su defensa; **in ~ she said that ...** como justificación dijo que ...

B (Print) justificación *f*

justified /ˈdʒʌstəfaɪd || ˈdʒʌstɪfaɪd/ *adj*

A (reasonable) justificado; **to be ~ IN sth/-ING**: **she is ~ in her concern** tiene motivos (justificados) para estar preocupada, su preocupación está justificada; **was he ~ in taking that step?** ¿tuvo motivos para dar ese paso?, ¿tuvo razón en dar ese paso?

B ‹*text/setting*› justificado

justify /ˈdʒʌstəfaɪ || ˈdʒʌstɪfaɪ/ *vt* **-fies, -fying, -fied**

A ‹*action/effort/expense*› justificar*; **to ~ sth/oneself TO sb** justificar* algo/justificarse* ANTE *or* CON algn; **you don't have to ~ yourself to me** no tienes que justificarte conmigo, no tienes por qué darme explicaciones

B ‹*text/lines*› justificar*

just-in-time /ˌdʒʌstɪnˈtaɪm/ *adj* (*before n*) (Busn) justo a tiempo

justly /ˈdʒʌstli/ *adv* con razón, justamente

justness /ˈdʒʌstnəs || ˈdʒʌstnɪs/ *n* [u] (of decision) justicia *f*; (of suspicion) lo justificado; (of cause) lo justo, justicia *f*

just war *n* (Mil) guerra *f* justa

jut /dʒʌt/ *vi* **-tt-** 1 (stick out) sobresalir* 2 **jutting** *pres p* ‹*jaw/chin*› prominente, saliente; ‹*rock/cliff*› que sobresale, saliente

Phrasal verb

- **jut out** [v + adv] sobresalir*; **a spit of land ~ting out into the sea** una lengua de tierra que se adentra en el mar

jute /dʒuːt/ *n* [u] yute *m*

Jutland /ˈdʒʌtlənd/ *n* Jutlandia *f*

juvenile[1] /ˈdʒuːvənaɪl/ *adj* 1 (Law) (*before n*) ‹*court*› de menores; ‹*delinquent/delinquency*› juvenil 2 (childish) (pej) infantil 3 ‹*publishing/literature*› (AmE) infantil y juvenil 4 (Theat): **~ lead** galán *m* joven

juvenile[2] *n* 1 (Law) menor *mf* 2 (Theat) *actor que hace papeles de joven*

juvenilia /ˌdʒuːvəˈnɪliə || ˌdʒuːvəˈnɪliə/ *pl n* obras *fpl* de juventud

juxtapose /ˈdʒʌkstəpəʊz || ˌdʒʌkstəˈpəʊz/ *vt* yuxtaponer*

juxtaposition /ˌdʒʌkstəpəˈzɪʃən/ *n* [u c] yuxtaposición *f*

Kk

K, k /keɪ/ *n* 1 k, K *f* 2 (Comput) (**= kilobyte**) K 3 (a thousand pounds) mil libras *fpl* (esterlinas); **£30k** 30.000 libras (esterlinas) 4 (**= Kelvin**) K

kaffeeklatsch /ˈkɑːfiklɑːtʃ ‖ ˈkæfeɪklætʃ/ *n* (AmE) tertulia *f*

kaffir lime /ˈkæfər ‖ ˈkæfə(r)/ *n* (Bot, Culin) combava *f*

Kafkaesque /ˌkɑːfkəˈesk ‖ ˌkæfkəˈesk/ *adj* Kafkiano

kaftan *n* ▶**caftan**

kagoule *n* ▶**cagoule**

kail *n* ▶**kale**

kaiser /ˈkaɪzər ‖ ˈkaɪzə(r)/ *n* 1 (Hist) káiser *m* 2 **~ (roll)** (AmE) panecillo *m* con semillas de amapola

kale /keɪl/ *n* [u] col *f* rizada

kaleidoscope /kəˈlaɪdəskəʊp/ *n* caleidoscopio *m*

kaleidoscopic /kəˌlaɪdəˈskɑːpɪk ‖ kəˌlaɪdəˈskɒpɪk/ *adj* caleidoscópico

kamikaze /ˌkɑːmɪˈkɑːzi ‖ ˌkæmɪˈkɑːzi/ *n* kamikaze *m*; (*before n*) ‹*pilot/plane/mission*› kamikaze; ‹*driver*› (hum) suicida

Kampuchea /ˌkæmpəˈtʃiːə/ *n* Kampuchea *f*

kangaroo /ˌkæŋgəˈruː/ *n* (*pl* **-roos**) canguro *m*

kangaroo court *n*: *tribunal irregular y arbitrario*

Kans = Kansas

kaolin /ˈkeɪəlɪn/ *n* [u] caolín *m*

kapok /ˈkeɪpɑːk ‖ ˈkeɪpɒk/ *n* [u] capoc *m*

kaput /kəˈpʊt/ *adj* (colloq) (*pred*): **to be ~** estar* kaput (fam); **the business went ~** el negocio se fue al traste *or* al hoyo (fam)

karaoke /ˌkæriˈəʊki/ *n* karaoke *m*; **~ bar** (bar *m* de) karaoke *m*; **~ club** (club *m* de) karaoke *m*; **~ machine** (máquina *f* de) karaoke *m*

karat *n* (AmE) ▶**carat 1**

karate /kəˈrɑːti/ *n* [u] kárate *m*, karate *m* (AmL); (*before n*): **~ expert** karateka *mf*; **~ chop** golpe *m* de kárate *or* (AmL tb) de karate

karma /ˈkɑːrmə ‖ ˈkɑːmə/ *n* [u] karma *m*

kart¹ /kɑːrt ‖ kɑːt/ *n* kart *m*

kart² *vi*: **to go ~ing** ir* a hacer karting

karting /ˈkɑːrtɪŋ ‖ ˈkɑːtɪŋ/ *n* [u] karting *m*

Kashmir /ˈkæʃmɪr ‖ kæʃˈmɪə(r)/ *n* Cachemira *f*

katydid /ˈkeɪtidɪd/ *n* saltamontes *m*

kayak /ˈkaɪæk/ *n* kayak *m*

Kazakh¹ /kəˈzɑːk ‖ ˈkæzæk, kəˈzæk/ *adj* kazajo

Kazakh² *n* 1 [c] (person) kasajo, ja *m,f* 2 [u] (language) kasajo *m*

Kazakhstan /ˌkɑːzɑːkˈstɑːn ‖ ˌkæzəkˈstɑːn, -stæn/ *n* Kazajstán *m*, Kazakistán *m*

kb (**= kilobase**) Kb *m*, kb m

KB *n*
A *also* **Kb** (**= kilobyte(s)**) Kb, KB
B (in UK) **= King's Bench**

KBE *n* (in UK) **= Knight of the British Empire**

Kbyte /ˈkeɪbaɪt/ (**= Kilobyte(s)**) Kb, KB

KC *n* (in UK) (**= King's Counsel**) *título conferido a ciertos abogados de prestigio*

kcal (**= kilocalorie(s)**) kcal

kebab, kebob /ˈkəbɑːb ‖ kɪˈbæb/ *n* kebab *m*, pincho *m*, brocheta *f* (Esp, Méx), brochette *f* (RPl), anticucho *m* (Bol, Chi, Per)

kedgeree /ˈkedʒəriː/ *n* [u]: *plato de arroz con pescado y huevos duros*

keel /kiːl/ *n* quilla *f*; ***on an even ~***: **to keep sth on an even ~** mantener* la estabilidad de algo; **to get sth back on an even ~** restablecer* el equilibrio de algo; **the economy is now on an even ~** la economía se ha estabilizado

(Phrasal verb)

- **keel over** [v + adv] 1 (capsize) «*ship*» volcar(se)* 2 (collapse) (colloq) «*person*» caer* redondo (fam), desplomarse

keelboat /ˈkiːlbəʊt/ *n* 1 (yacht) yate *m* (*de quilla sin orza*) 2 (freight boat) barcaza *f* de río

keelhaul /ˈkiːlhɔːl/ *vt* pasar por la quilla

keen¹ /kiːn/ *adj* **-er, -est**

A (enthusiastic) ‹*photographer/supporter*› entusiasta; ‹*student*› aplicado, que muestra mucho interés; **to be ~ to + INF: he was ~ to start work** tenía muchas ganas de empezar a trabajar; **she wasn't ~ to commit herself** se mostró reacia a comprometerse, no quería comprometerse; **they are very ~ to hear from people with similar interests** tendrían sumo interés en establecer contacto con personas que tengan intereses afines; **she's terribly ~ that he should take part** tiene mucho interés en que él participe; **to be ~ ON sth/-ING** (BrE): **I'm ~ on travel/golf** me encanta viajar/el golf; **he didn't seem too ~ on the idea** no parecía gustarle mucho la idea, no parecía estar muy entusiasmado con la idea; **they're ~ on joining the club** tienen muchas ganas de hacerse socios del club; **to be ~ ON sb** (BrE): **she's very ~ on him** le gusta muchísimo; **I'm not too ~ on their sister** su hermana no me cae muy bien

B 1 (sharp) ‹*blade/edge*› afilado, filoso (AmL), filudo (Chi, Per); ‹*breeze/wind*› cortante 2 (acute) ‹*hearing*› muy fino; ‹*sight*› agudo, muy bueno; ‹*wit/intelligence*› agudo; **a ~ sense of smell** un agudo sentido del olfato; **she has a ~ eye for business** tiene mucha visión *or* (fam) mucho ojo para los negocios; **we need somebody with a ~ eye for detail** necesitamos una persona observadora y detallista; **a ~ understanding of the problem** una comprensión cabal del problema; **~ observers of the political scene** perspicaces observadores de la escena política 3 (intense, strong) ‹*competition*› muy reñido; ‹*interest/desire*› vivo; **he has a ~ appetite** tiene muy buen apetito 4 (competitive) (BrE) competitivo

C (very good) (AmE sl & dated) genial, chévere (AmL exc CS), fetén (Esp arg)

keen² *vi* (dated) lamentar

keenly /ˈkiːnli/ *adv* 1 (intensely, acutely) ‹*feel/regret*› profundamente; **she felt the insult ~** el insulto la hirió en lo más vivo; **a ~ felt sorrow** un profundo pesar; **a ~ contested match** un partido muy reñido; **they were ~ aware of the danger** eran muy conscientes del peligro que corrían 2 (enthusiastically) ‹*support*› vivamente, con entusiasmo; **they began ~ enough, but ...** empezaron con mucho entusiasmo, pero ... 3 (penetratingly) minuciosamente; **she examined the manuscript ~** examinó el manuscrito minuciosamente

keenness /ˈkiːnnəs ‖ ˈkiːnnɪs/ *n* [u] 1 (enthusiasm, eagerness) entusiasmo *m*; **her ~ to meet them was obvious** era obvio que estaba deseando conocerlos 2 (of knife, blade) (liter) lo afilado; (of wind) lo cortante 3 (of sight, hearing, mind, wit) agudeza *f* 4 (frml) (of pleasure, suffering, remorse) intensidad *f*; (of competition) lo reñido

keep¹ /kiːp/ *n*

A (living) sustento *m*, manutención *f*; **I pay them something toward her ~** contribuyo con algo para su manutención; **he helped in the kitchen to earn his ~** ayudaba en la cocina a cambio de comida y techo; ***for ~s***: **he gave it to me for ~s** me lo regaló; **if they win the cup again, it's theirs for ~s** si vuelven a ganar la copa, se la quedan para siempre

B (in castle, fortress) torre *f* del homenaje

keep² (*past & past p* **kept**)

INDEX

■ **keep** *verb transitive*
A 1 to retain
  2 to look after, to reserve
B 1 to store, to put customarily
  2 to have available
  3 to stock
C 1 to reserve for future use
  2 to preserve
D 1 to keep: a stall, guesthouse
  2 to keep: animals
  3 to keep: servants
E 1 to keep: a household, family
  2 to protect
  3 to keep: a diary, a record
F 1 to keep hot, tidy etc
  2 to detain
G to adhere to: promise etc
H to observe, to celebrate

■ **keep** *verb intransitive*
A to stay, to remain
B 1 to continue
  2 to keep doing
C 1 to remain edible
  2 to be postponable
  3 to be in certain state of health

(Phrasal verbs)

- **keep ahead**
- **keep at**
- **keep away**
- **keep back**
- **keep down**
- **keep from**
- **keep in**
- **keep in with**
- **keep off**
- **keep on**
- **keep out**
- **keep out of**
- **keep to**
- **keep together**
- **keep under**
- **keep up**

vt

A 1 (not throw away) ‹*receipt/ticket*› guardar, conservar; (not give back) quedarse con; (not lose) conservar; **is this old pan worth ~ing?** ¿vale la pena guardar este cacharro?; **~ the change** quédese (con) el cambio; **he can't ~ a job** es incapaz de mantener *or* conservar un trabajo; **you can ~ the book** puedes quedarte (con) el libro; **~ it, I don't need it** quédate con él *or* quédatelo, no lo necesito; **he kept his mental faculties to the end** conservó sus facultades mentales hasta el final; **she's kept her looks** se ha conservado bien, no ha perdido su atractivo; **you can ~ your lousy job!** (colloq) ¡se puede guardar su porquería de trabajo!; **can you ~ the number in your head?** ¿puedes retener el número? **2** (to look after, to reserve) **to ~ sth (FOR sb)** guardar(le) algo (A algn); **could you ~ my place for a moment?** ¿me podrías guardar el sitio un momento?; **they kept his job for him** le guardaron el puesto

B **1** (to store, to put customarily) guardar; **where do you ~ the coffee?** ¿dónde guardas *or* tienes el café?; **S keep in a cool place** conservar en lugar fresco **2** (to have available) tener*; **I like to ~ a first-aid kit in the car** me gusta tener un botiquín en el coche **3** (to stock) (BrE) tener*, vender; **we ~ several kinds of tea** tenemos *or* vendemos varios tipos de té

C **1** (to reserve for future use) guardar, dejar; **~ some for later** guarda *or* deja algo para después **2** (to preserve) conservar

D **1** (to manage) ‹*stall/shop/guesthouse*› tener* **2** (to raise) ‹*pigs/chickens/bees*› criar* **3** (to have) ‹*servants*› tener*

E **1** (to support) ‹*family/household*› mantener*; **he ~s a mistress** mantiene a una amante; **can you ~ her in the manner** *o* **style to which she is accustomed?** (set phrase) ¿puedes darle la vida a la que está acostumbrada?; **it costs me a fortune to ~ them in clothes** me cuesta una fortuna vestirlos; **I hardly make enough to ~ myself in cigarettes** apenas si saco para mis cigarrillos **2** (to protect) (arch) guardar (ant) **3** (to maintain): **she ~s a diary** escribe *or* lleva un diario; **I've kept a note** *o* **record of everything** he tomado nota de todo, lo tengo todo anotado

F **1** (to cause to remain, to continue) mantener*; **I kept dinner hot for him** le mantuve la cena caliente; **try and ~ it clean/tidy** trata de mantenerlo limpio/ordenado; **~ her informed** manténla al tanto; **the noise kept me awake** el ruido no me dejó dormir; **~ him awake** manténlo despierto, no dejes que se duerma; **to ~ sb/sth -ING**: **to ~ sb guessing** tener* a algn en ascuas; **~ your letters coming** sigan enviando cartas; **he kept the engine running** mantuvo el motor en marcha; **I'm sorry to have kept you waiting** siento haberlo hecho esperar *or* haberlo tenido esperando; **try and ~ him talking** procura que siga hablando **2** (to detain): **don't let me ~ you** no te quiero entretener; **what kept you?** ¿por qué tardaste?, ¿qué te retuvo?; **she was kept in hospital** la dejaron ingresada *or* (CS, Méx tb) internada; **they kept me at the police station for hours** me tuvieron horas en la comisaría; **the teacher kept me after school** la maestra me hizo quedar después de clase *or* me dejó castigado

G (to adhere to) ‹*promise/vow*› cumplir; **he kept his word** cumplió su palabra, no faltó a su palabra; **she didn't ~ the appointment** faltó a la cita, no acudió a la cita (liter)

H (to observe, to celebrate) celebrar; (Relig) guardar

■ **keep** *vi*

A (to stay, to remain) mantenerse*; **to ~ fit** mantenerse* en forma *or* en buen estado físico; **to ~ awake** mantenerse* despierto, no dormirse*; **can't you ~ quiet?** ¿no te puedes estar callado?; **~ still!** ¡estáte quieto! *or* ¡quédate quieto!; **it's important to ~ calm** es importante mantener la calma; **~ calm!** ¡tranquilo!; **he kept silent** no dijo nada, guardó silencio (liter); **it will ~ fresh for several days** se mantiene fresco unos cuantos días

B **1** (to continue) seguir*; **~ on this road** siga por esta carretera; **~ left/right** siga por la izquierda/derecha; **to ~ -ING** seguir* + GER; **~ talking/running** sigue hablando/corriendo; **you have to ~ trying** tienes que seguir intentándolo; **we should have just kept going** deberíamos haber seguido (adelante) **2** (repeatedly): **she ~s hitting me** siempre me está pegando, no deja de pegarme; **he ~s interfering** está continuamente entrometiéndose, no deja de entrometerse; **I ~ thinking it's Tuesday today** me ha dado por pensar que hoy es martes; **I ~ forgetting to bring it** nunca me acuerdo *or* siempre me olvido de traerlo

C **1** «*food*» conservarse (fresco); **it won't ~ in this heat** no se va a conservar (fresco) *or* se va a echar a perder con este calor; **this cake will ~ for several months** este pastel se conserva *or* se puede guardar muchos meses **2** «*news/matter*» esperar; **I have something to tell you — will it ~ till later?** tengo algo que decirte — ¿puede esperar a más tarde? **3** (to be in certain state of health) (colloq): **how are you ~ing?** ¿qué tal estás? (fam); **I hope she's ~ing well** espero que siga *or* esté *or* ande bien

(Phrasal verbs)

• **keep ahead** [v + adv] conservar la delantera; **to ~ ahead OF sb/sth** mantenerse* POR DELANTE DE algn/algo

• **keep at**

A [v + prep + o] (persevere with): **to ~ at it** seguir* dándole (fam); **you'll soon finish if you ~ at it** si le sigues dando, acabarás pronto (fam); **~ at her until she agrees to come** sigue insistiéndole hasta que acceda a venir; **you have to ~ at them to get them to do anything** hay que estarles encima para que hagan algo

B [v + o + prep + o] (force to work): **I kept them (hard) at it all day** los tuve trabajando de firme todo el día, no los dejé levantar cabeza en todo el día

• **keep away**

A [v + adv] **to ~ away (FROM sb/sth)**: **when he's here she just can't ~ away** cuando él está aquí ella siempre anda alrededor; **~ away from me!** ¡no te me acerques!; **~ away from the fire** ¡no se acerquen al fuego!; **I'll ~ away from them in future** evitaré tener nada que ver con ellos en (el) futuro; **~ away from my family!** ¡deja en paz a mi familia!; **she can't ~ away from the casino** tiene que ir al casino, es superior a ella

B [v + o + adv] **to ~ sb away FROM sb/sth**: **you'd better ~ her away from me** más vale que no dejes que se me acerque; **~ those chocolates away from him!** ¡quítale esos bombones de delante!, ¡no dejes esos bombones a su alcance!; **eat oranges to ~ those winter colds away** coma naranjas para mantener a raya esos resfriados de invierno; **I kept him away from school** no lo mandé al colegio; **I'm ~ing you away from your work** te estoy interrumpiendo el trabajo

• **keep back**

(Sense I) [v + adv]: **~ back!** ¡atrás!; **to ~ back FROM sth**: **~ well back from the edge** mantente bien alejado del borde

(Sense II) [v + o + adv, v + adv + o]

A **1** (prevent from advancing) ‹*crowd/enemy/floodwaters*› contener*; **to ~ sb/sth back FROM sth**: **they tried to ~ demonstrators back from the gates** quisieron impedir que los manifestantes llegaran a las puertas **2** (suppress) ‹*tears/sobs*› contener*

B **1** (not reveal) ‹*information/facts*› ocultar; **don't ~ anything back** no te guardes *or* calles nada; **to ~ sth back FROM sb** ocultarle algo a algn; **the truth has been kept back from the public** le han ocultado *or* escamoteado la verdad a la opinión pública **2** (withhold) ‹*percentage*› retener*; ‹*profits*› guardarse, quedarse con

C [v + o + adv] **1** (detain) (BrE) retener*; **he kept the whole class back after school** dejó a toda la clase castigada **2** (slow down): **these methods ~ the brighter children back** estos métodos frenan el progreso de los niños más capaces

• **keep down**

A [v + adv] (not show oneself) no levantarse; **~ down!** ¡no te levantes!, ¡quédate agachado (*or* sentado *etc*)!

B [v + o + adv] **1** (not raise): **~ your head/voice down** no levantes la cabeza/la voz; **~ the noise down, I'm trying to sleep** no hagan tanto ruido, estoy intentando dormir; **you can't ~ a good man down** la gente de valía siempre sale adelante **2** (not vomit) retener*; **I can't ~ anything down** lo devuelvo *or* vomito todo, no retengo nada **3** (BrE) (Educ): **he was kept down a year** lo hicieron repetir el año

C [v + o + adv, v + adv + o] **1** (not allow to increase): **they've kept prices ~** no han subido los precios, han mantenido los precios (al mismo nivel); **how can I ~ my weight down?** ¿cómo puedo mantener el peso?, ¿qué puedo hacer para no engordar?; **we have to ~ expenses down** no podemos permitir que aumenten los gastos **2** (control) ‹*weeds*› contener*

• **keep from**

A [v + o + prep + o] **1** (restrain, prevent): **to ~ sb from sth**: **I don't want to ~ you from your work** no quiero distraerte de *or* interrumpir tu trabajo; **to ~ sb from -ING**: **try to ~ him from working too hard/spending all his money** intenta que no trabaje demasiado/que no se gaste todo el dinero; **nothing can ~ you from trying** nada te impide intentarlo; **I managed to ~ myself from laughing** pude aguantar la risa; **she could hardly ~ herself from nodding off** apenas podía mantenerse despierta **2** (not reveal) ocultar; **he kept vital information from us** nos ocultó información vital; **I want you to ~ this from your brother** no quiero que le digas nada de esto a tu hermano

B [v + prep + o] (refrain) **to ~ from -ING**: **I could hardly ~ from crying/laughing** apenas si pude contener las lágrimas/aguantar la risa

• **keep in**

A [v + o + adv, v + adv + o] **1** (detain): **the teacher kept me in after school** el maestro me hizo quedar después de clase *or* me dejó castigado; **my mother kept me in** mi madre no me dejó salir; **he was kept in for observation** lo dejaron ingresado *or* (CS, Méx tb) internado en observación **2** ‹*anger/feelings*› contener*; **~ your tummy in!** (colloq) ¡entra esa panza! (fam)

B **1** [v + adv] (stay alight) «*fire*» mantenerse* encendido, no apagarse* **2** [v + o + adv] ‹*fire*› mantener* encendido

• **keep in with** [v + adv + prep + o] (colloq): **you have to ~ in with the teacher/boss** hay que estar en buenas relaciones con el profesor/el jefe

• **keep off**

A [v + adv] (stay away): **S keep off** prohibido el paso; **the rain kept off** no llovió

B [v + prep + o] **1** (stay away from): **S keep off the grass** prohibido pisar el césped; **~ off my property!** ¡no pisen mi propiedad! **2** (abstain from) ‹*cigarettes/alcohol*› evitar, no tocar* (fam) **3** (avoid) ‹*subject*› evitar, no tocar*; **I should ~ off religion/politics while she's here** mientras esté ella, mejor no hables de religión/política

C [v + o + prep + o] **1** (cause to stay away from): **~ your hands off me!** ¡quítame las manos de encima!; **he couldn't ~ his eyes off her** no le podía quitar los ojos de encima **2** (cause to abstain from): **~ him off milk products for a month** no le dé productos lácteos por un mes **3** (cause to avoid): **~ her off the subject** no la dejes hablar del tema; **try to ~ the conversation off the subject of money** procura que no se toque el tema del dinero

D [v + o + adv, v + adv + o] (cause to stay away): **the smell ~s the mosquitoes off** el olor repele a los mosquitos; **she carried a parasol to ~ off the sun** llevaba una sombrilla para protegerse del sol

• **keep on**

A [v + adv] **1** (continue) seguir*; **~ on like this and you'll be in trouble** como sigas así, vas a tener problemas; **~ straight on** siga (todo) recto *or* derecho; **we kept on until nightfall** seguimos hasta el anochecer; **to ~ on -ING** seguir* + GER; **you have to ~ on trying** tienes que seguir intentándolo **2** (repeatedly): **the dogs kept on barking all night** los perros no dejaron de ladrar en toda la noche; **I ~ on forgetting to tell him** siempre me olvido *or* nunca me acuerdo de decírselo; **she kept on interrupting him** lo interrumpía constantemente, no dejaba de interrumpirlo **3** (talk incessantly) **to ~ on (ABOUT sth/sb)**: **she ~s on about her grandson** no hace más que *or* no para de hablar de su nieto; **they kept on and on until I had to give in** siguieron machacando *or* siguieron dale que dale hasta que tuve que ceder (fam) **4** (nag) **to ~ on (AT sb)**: **don't ~ on all the time!** ¡no estés constantemente rezongando!; **she ~s on at me about my weight** me está siempre encima con que estoy muy gordo

B [v + o + adv, v + adv + o] (continue to employ) ‹*staff/cook*› no despedir*

C [v + o + adv] **1** (continue to wear): **~ your coat on** no te quites el abrigo, déjate el abrigo puesto **2** (not get rid of) (BrE): **we decided to ~ the flat**

on after all después de todo, decidimos no deshacernos del apartamento

• **keep out**

A [v + adv] (not enter) **to ~ out (OF sth)**: **Ⓢ keep out** prohibido el paso, prohibida la entrada; **~ out of the kitchen** no entres en la cocina

B [v + o + adv, v + adv + o] (prevent from entering, exclude): **a roof to ~ the rain out** un techo para protegerse de la lluvia; **close the curtains to ~ the sun out** corre las cortinas para que no entre el sol; **to ~ sb/sth out (OF sth)**: **the public must be kept out of the area** no debe permitirse la entrada del público a este sector; **they want to ~ me out of the team** no quieren que entre en el equipo

• **keep out of**

A [v + adv + prep + o] **1▸** (stay away from): **please ~ out of mischief** por favor, pórtate bien; **~ out of my life!** ¡no te metas en mi vida!; **~ out of my sight!** ¡no te quiero ver!; **to ~ out of sb's way** (not bother) no molestar a algn; (avoid) evitar encontrarse con algn, rehuir* a algn **2▸** (avoid exposure to) ‹*danger/harm*› no exponerse* a; **you should ~ out of the sun** no deberías ponerte al sol **3▸** (not get involved) no meterse en; **you ~ out of this!** ¡no te metas (en esto)!

B [v + o + adv + prep + o] **1▸** (cause to stay away): **~ the children out of my way** quítame a los niños de en medio; **a hat will ~ the sun out of your eyes** un sombrero te protegerá los ojos del sol **2▸** (not expose to): **try to ~ yourself out of danger** procura mantenerte fuera de peligro *or* no exponerte al peligro; **he wants his name kept out of the papers** no quiere que su nombre salga en los periódicos **3▸** (not involve): **try to ~ your personal feelings out of the discussion** trata de mantener tus sentimientos al margen de la discusión; **please ~ father out of this matter** por favor no metas *or* no involucres a papá en este asunto

• **keep to**

A [v + prep + o] **1▸** (adhere to, fulfil) ‹*arrangement/plan*› ceñirse* a; ‹*promise*› cumplir **2▸** (not deviate from) ‹*path/main road*› seguir* por; ‹*script*› ceñirse* a; **please ~ to the point** le ruego que se ciña al asunto de que se trata (frml), por favor no te vayas por las ramas **3▸** (stay in): **~ to the right** (Auto) mantenga su derecha; **he kept to his room all day** no salió de su habitación en todo el día; **~ to your side of the bed** quédate de tu lado de la cama

B [v + o + prep + o] **1▸** (cause to adhere to): **I'll ~ you to your promise** haré que cumplas tu promesa; **I'll pay next time — I'll ~ you to that!** la próxima vez pago yo — ¡te tomo la palabra! **2▸** (not divulge): **to ~ sth to oneself** guardarse algo; **she kept it to herself** se lo guardó, no le dijo nada a nadie

C [v + prep + o], [v + o + prep + o]: **to ~ (oneself) to oneself** ser* muy reservado

• **keep together**

A [v + adv] **1▸** «*search party/group*» no separarse **2▸** «*orchestra/oarsmen*» ir* al unísono

B [v + o + adv] ‹*papers/objects*› mantener* juntos

• **keep under** [v + o + adv] ‹*population*› mantener* sometido *or* subyugado; ‹*feelings/anger*› reprimir, contener*; **the drug kept him under for several hours** el fármaco lo tuvo inconsciente varias horas

• **keep up**

Sense I [v + adv]

A **1▸** (not fall or sink) «*building/tent*» mantenerse* en pie **2▸** (remain at present level) «*output/prices/wages*» mantenerse*; «*morale*» mantenerse* alto

B (not stop) «*rain/noise*» seguir*, continuar*; **to ~ up WITH sth** seguir* *or* continuar* CON algo; **you must ~ up with your studies** debes continuar con tus estudios

C **1▸** (maintain pace, remain level) **to ~ up (WITH sb/sth)**: **she walked so fast I couldn't ~ up** caminaba tan rápido que yo no podía seguirla *or* seguirle el ritmo; **he's finding it difficult to ~ up in class** le está resultando difícil mantenerse al nivel de la clase; **incomes didn't ~ up with prices** los ingresos no se mantuvieron a la par de los precios *or* se quedaron atrás con respecto a los precios; **I couldn't ~ up with their discussion** no podía seguir su discusión; ***to ~ up with the Joneses*** no ser menos que los demás *or* que el vecino **2▸** (remain informed) **to ~ up WITH sth** mantenerse* al tanto *or* al corriente DE algo; **I like to ~ up with the latest news** me gusta mantenerme al tanto *or* al corriente de lo que está ocurriendo; **to ~ up with the times** mantenerse* al día

D (maintain contact) **to ~ up (WITH sb)** seguir* en contacto (CON algn)

Sense II [v + o + adv, v + adv + o]

A (maintain at present level) mantener*; **to ~ prices up** mantener* los precios altos; **you've got to ~ your strength up** tienes que mantenerte fuerte

B (continue, not stop) ‹*payments*› mantenerse* al día con; ‹*friendship/correspondence*› mantener*, seguir* con; **you should ~ up your French** deberías seguir con el francés; **~ up the good work** sigue así, muy bien

C (maintain) ‹*house*› mantener*

Sense III [v + o + adv]

A (prevent from falling down) ‹*trousers/socks*› sujetar

B (prevent from sleeping): **I hope we're not ~ing you up** espero que no te estemos quitando el sueño; **my cough/the baby kept me up all night** la tos/el niño me tuvo toda la noche en vela

keeper /ˈkiːpər || ˈkiːpə(r)/ *n* **1▸** (in zoo) guarda *mf*, cuidador, -dora *m,f*; (in museum) (BrE) conservador, -dora *m,f*; (*game~*) guarda *m* **2▸** (Sport) ▸**goalkeeper**

keep-fit /ˈkiːpˈfɪt/ *n* [u] (BrE) gimnasia *f* (de mantenimiento); (*before n*) ‹*exercises*› de mantenimiento; ‹*classes*› de gimnasia

keeping /ˈkiːpɪŋ/ *n* **1▸** (conformity): **in ~ with** en conformidad con; **his light-hearted remarks were totally out of ~** sus joviales comentarios estuvieron totalmente fuera de lugar; **a building out of ~ with its surroundings** un edificio que desentona *or* no armoniza con su entorno **2▸** [u] (trust, care): **to leave sth/sb in sb's ~** dejar algo/a algn al cuidado de algn

keepnet /ˈkiːpnet/ *n* salabardo *m*, redeña *f*

keepsake /ˈkiːpseɪk/ *n* recuerdo *m*

keester /ˈkiːstər || ˈkiːstə(r)/ *n* (AmE colloq) ▸**keister**

keg /keg/ *n* barril *m*

keg beer *n* cerveza *f* de barril a presión

keister /ˈkiːstər, ˈkaɪ- || ˈkiːstə(r), ˈkaɪ-/, **keester** *n* (AmE colloq) trasero *m* (fam); ***to be knocked on one's ~*** (colloq) quedar boquiabierto *or* (fam) pasmado

kelp /kelp/ *n* [u] kelp *m* (*tipo de alga*)

kelvin /ˈkelvɪn/ *n* kelvin *m*

ken¹ /ken/ *n* [u]: **that is completely beyond my ~** eso me resulta totalmente incomprensible

ken² *vt* **-nn-** (BrE dial) saber*; ‹*person*› conocer*

kennel /ˈkenl/ *n* **1▸** (AmE) (for boarding) residencia *f* canina, hotel *m* de perros; (for breeding) criadero *m* de perros **2▸** (hut) (BrE) casa *f* *or* caseta *f* *or* casilla *f* del perro

kennels /ˈkenlz/ *n* (*pl* ~) (BrE) (+ *sing vb*) **kennel 1**

Kenya /ˈkenjə, ˈkiː-/ *n* Kenia *f*

Kenyan¹ /ˈkenjən, ˈkiː-/ *adj* keniano, keniata (crit)

Kenyan² *n* keniano, -na *m,f*, keniata *mf* (crit)

kept¹ /kept/ *past & past p of* **keep²**

kept² *adj*: **~ woman** mantenida *f*; **~ man** gigoló *m*

keratin /ˈkerətn || ˈkerətɪn/ *n* [u] queratina *f*

keratomileusis /ˌkerətəʊmaɪˈluːsəs || ˌkerətəʊmaɪˈluːsɪs/ *n* [u] (Med) keratomileusis *m*

kerb /kɜːrb || kɜːb/ (BrE) ▸**curb¹ C**

kerb-crawl /ˈkɜːbˌkrɔːl || ˈkɜːbˌkrɔːl/ *vi* (BrE); *buscar prostitutas conduciendo lentamente un coche*

kerb-crawler /ˈkɜːrbˌkrɔːlər || ˈkɜːbˌkrɔːlə(r)/ *n* (BrE) *conductor que busca una prostituta*

kerb-crawling /ˈkɜːrbˌkrɔːlɪŋ || ˈkɜːbˌkrɔːlɪŋ/ *n* [u] (BrE); *búsqueda de una prostituta conduciendo lentamente un coche*

kerb drill *n* (BrE); *precauciones que se enseñan a los niños para cruzar una calle sin peligro*

kerbside /ˈkɜːrbsaɪd || ˈkɜːbsaɪd/ *n* (BrE) ▸**curbside**

kerbstone /ˈkɜːrbstəʊn || ˈkɜːbstəʊn/ *n* (BrE) ▸**curbstone**

kerchief /ˈkɜːrtʃəf || ˈkɜːtʃɪf/ *n* (*pl* **-chiefs** *or* **-chieves** /-tʃiːvz/) pañoleta *f*, pañuelo *m*

kerfuffle /kərˈfʌfəl || kəˈfʌfəl/ *n* [u] (BrE colloq) escándalo *m*, jaleo *m* (fam), follón *m* (Esp fam)

kernel /ˈkɜːrnl || ˈkɜːnl/ *n* (of nut, fruit) almendra *f*; (of corn, wheat) grano *m*; **the ~ of the matter** el meollo de la cuestión; **there is a ~ of truth in his claim** hay una pizca de verdad en lo que dice

kerosene, kerosine /ˈkerəsiːn/ *n* [u] queroseno *m*, kerosene *m*; (*before n*): **~ lamp** lámpara *f* de queroseno *or* kerosene

kestrel /ˈkestrəl/ *n* cernícalo *m*

ketch /ketʃ/ *n* queche *m*

ketchup /ˈketʃəp || ˈketʃʌp/ *n* [u] salsa *f* de tomate, ketchup *m*, catsup *m*

kettle /ˈketl/ *n* **1▸** (for boiling water) pava *f*, tetera *f* (Andes, Méx), caldera *f* (Bol, Ur); **to put the ~ on** poner* agua a hervir **2▸** (*fish ~*) besuguera *f* (*recipiente alargado para cocer pescado*); ***that's a different ~ of fish*** eso es harina de otro costal; ▸**watch² B1**

kettledrum /ˈketldrʌm/ *n* timbal *m*

key¹ /kiː/ *n* (*pl* **~s**)

A **1▸** (for lock) llave *f*; (on can) llave *f*, abridor *m*; **I've lost my house/car ~s** he perdido las llaves de casa/del coche; **turn the ~ twice** dale dos vueltas a la llave; (*before n*): **~ card** tarjeta *f* llavero; **~ holder** administrador, -dora *m,f* de llaves; **~ ring** llavero *m* **2▸** (for clock, mechanical toy) llave *f* **3▸** (switch) llave *f*, interruptor *m*; (for transmitting coded signals) manipulador *m* **4▸** (peg, wedge) cuña *f*

B **1▸** (to puzzle, code etc) clave *f* **2▸** (to map) explicación *f* de los signos convencionales **3▸** (answers) soluciones *fpl*, respuestas *fpl*

C (crucial element) clave *f*; **patience is the ~** la paciencia es el factor clave *or* la clave

D (of typewriter, piano) tecla *f*; (of wind instrument) llave *f*

E (tonality) (Mus) tono *m*, tonalidad *f*; **in the ~ of D minor** en (tono de) re menor; **to be in/off ~** estar*/no estar* en el tono; **to go off ~** desentonar, desafinar, salirse* del tono; **to play/sing in ~** tocar*/cantar en el tono; (*before n*): **~ signature** armadura *f*

F (Bot) sámara *f*

key² *adj* ‹*man/woman*› clave *adj inv*; ‹*factor/question*› clave *adj inv*, fundamental; **the ~ jobs** los puestos clave

key³ *vt*

A (attune) **to ~ sth TO sth** adaptar *or* adecuar* algo A algo

B (Const) ‹*surface*› estriar* (*para una mejor adhesión de baldosas, azulejos etc*)

Phrasal verbs

• **key in** [v + o + adv, v + adv + o] ‹*text/data*› teclear, grabar

• **key up** [v + o + adv, v + adv + o]: **he was all ~ed up about the interview/seeing her again** estaba nervioso por la entrevista/la perspectiva de volverla a ver; **the cast is all ~ed up for opening night** la compañía está anímicamente lista para el estreno

keyboard¹ /ˈkiːbɔːrd || ˈkiːbɔːd/ *n* teclado *m*; **with Jill Ivory on ~s** con Jill Ivory al teclado; (*before n*) ‹*instrument*› de teclado; **~ operator** operador, -dora *m,f*, teclista *mf*; **~ player** teclista *mf*, tecladista *mf* (Méx); **~ skills** habilidad *f* para teclear

keyboard² *vt* teclear, entrar

keyboarder /ˈkiːbɔːrdər || ˈkiːbɔːdə(r)/ *n* operador, -dora *m,f*, teclista *mf*

keyboarding /ˈkiːbɔːrdɪŋ || ˈkiːbɔːdɪŋ/ *n* [u] tecleado *m*, tecleo *m*

keyhole /ˈkiːhəʊl/ *n* ojo *m* de la cerradura

keyhole saw *n* sierra *f* de pelo

keyhole surgery *n* [u] cirugía *f* no invasiva

keying /ˈkiːɪŋ/ *n* [u] tecleado *m*, tecleo *m*

keylogger /ˈkiːˌlɑːgər || ˈkiːˌlɒgə(r)/ *n* (Comput) keylogger *m*, monitor *m* de teclado

keylogging /ˈkiːˌlɑːgɪŋ || ˈkiːˌlɒgɪŋ/ *n* [u] (Comput) monitoreo *m* de teclado

k

keynote /ˈkiːnəʊt/ *n* **1** (central idea) tónica *f*; (*before n*): ~ **speech** *o* **address** *discurso en el que se intenta establecer la tónica de un congreso o asamblea*; ~ **speaker** *orador que pronuncia un* ▸**keynote** **2** (Mus) tónica *f*

keypad /ˈkiːpæd/ *n* (Comput, Telec, TV) teclado *m* numérico

keypal /ˈkiːpæl/ *n* (Comput) amigo, -ga *m,f* por correo electrónico

keypunch[1] /ˈkiːpʌntʃ/ *n* perforadora *f* manual *or* de teclado

keypunch[2] *vt* teclear, entrar

keystone /ˈkiːstəʊn/ *n* **1** (Archit) dovela *f*, sillar *m* de clave, clave *f* de bóveda **2** (central principle) piedra *f* angular, clave *f* de bóveda

keystroke /ˈkiːstrəʊk/ *n* pulsación *f*

keyword /ˈkiːwɜːrd || ˈkiːwɜːd/ *n* palabra *f* clave

key worker *n* (Lab Rel) trabajador, -dora *m,f* clave

kg ▸ⓘ **p.630** (= **kilo(s)** *o* = **kilogram(s)**) Kg.

KGB (Hist) KGB *f*

khaki[1] /ˈkæki || ˈkɑːki/ *n* [u] **1** /ˈkæki/ ▸ⓘ **p.1036** (color) caqui *m*, kaki *m* **2** (fabric) caqui *m* **3** **khakis** *pl* (trousers) (AmE) pantalones *mpl* caqui *or* de soldado; **he was still in ~s when we met** todavía era soldado cuando nos conocimos

khaki[2] ▸ⓘ **p.1036** *adj* caqui *or* kaki *adj inv*

Khartoum /kɑːrˈtuːm || kɑːˈtuːm/ *n* Jartum *m*

khmer /kəˈmer || kmeə(r)/ *n* jemer *mf*, khmer *mf*; **the K~ Rouge** los jemeres rojos

kHz (= **kilohertz**) KHz.

kia ora /ˌkɪəˈɔːrə/ *interj* (NZ) (as a greeting) ¡hola! ; (on the phone) sí, aló (AmS), diga *or* dígame (Esp), bueno (Méx), olá (RPl)

kibbutz /kɪˈbʊts/ *n* (*pl* **-butzim** /-bʊtsɪm/) kibbutz *m*

kibitz /ˈkɪbəts || ˈkɪbɪts/ *vi* (AmE colloq) **1** (look on at cards) entrometerse (*en un juego de cartas*) **2** (meddle) meter las narices (fam) **3** (chat) chacharear (fam), cotorrear (fam)

kibitzer /ˈkɪbətsər || ˈkɪbɪtsə(r)/ *n* (AmE colloq) **1** (onlooker at cards) *persona que se entromete en un juego de cartas* **2** (meddler) entrometido, -da *m,f*, metomentodo *mf* (fam), metiche *mf* (AmL fam), metete *mf* (Andes fam), meterete, -ta *m f* (RPl fam) **3** (chatterer) chacharero, -ra *m,f* (fam), cotorra *f* (fam)

kibosh /kəˈbɑːʃ || ˈkaɪbɒʃ/ *n*: ***to put the ~ on sth*** (colloq) dar* al traste con algo (fam)

kick[1] /kɪk/ *n*

A [c] **1** (by person) patada *f*, puntapié *m*; (by horse) coz *f*; **she gave the door a ~** le dio *or* le pegó una patada a la puerta; **what she needs is a ~ up the backside** (colloq) lo que necesita es una patada en el trasero (fam) **2** (in swimming) patada *f* **3** (of gun) coz *f*, culatazo *m*, patada *f*

B (colloq) **1** [c] (thrill, excitement) placer *m*; **he seems to get a ~ out of making her cry** parece que se deleitara haciéndola llorar; **they broke the fence just for ~s** rompieron la valla nada más que por divertirse; **he gets his ~s from driving like a maniac** manejar *or* (Esp) conducir como un loco es como una droga para él **2** [u] (stimulating effect): **this cocktail has a real ~ to it** este cóctel es explosivo, este cóctel pega fuerte (fam) **3** [c] (fad, phase): **I'm on a health food ~ at the moment** ahora me ha dado por los alimentos dietéticos

kick[2] *vi* **1** «*person*» dar* patadas, patalear; «*swimmer*» patalear; «*horse*» cocear, dar* coces; **to ~ and scream** gritar y patalear; **they had to drag him there ~ing and screaming** tuvieron que llevarlo hasta allí a rastras **2** «*dancer*» levantar una pierna **3** «*gun*» dar* una coz *or* un culatazo *or* una patada **4** «*runner*» acelerar, picar* (Chi)

■ **kick** *vt*

A ‹*ball*› patear, darle* una patada *or* un puntapié a; **she ~ed him in the shins** le pegó una patada en la espinilla; **he ~ed the boxes out of the way** quitó las cajas de en medio de una patada; **he ~ed the door open/shut** abrió/cerró la puerta de una patada; **he was ~ed by a horse** le dio una coz un caballo; **she ~ed the bedclothes off** se destapó pataleando; ***to ~ oneself*** darse* con la cabeza contra la pared, darse* de patadas; ***to ~ sb upstairs*** ascender* a algn para quitárselo de en medio; ***to ~ sb when he's/she's down*** pegarle* a algn en el suelo

B (stop) (colloq) ‹*habit*› dejar; ‹*heroin*› desengancharse de; **I used to smoke, but I've finally ~ed it** antes fumaba pero he logrado quitarme el vicio

Phrasal verbs

- **kick about** (BrE) ▸**kick around**
- **kick against** [v + prep + o] ‹*rules/authority*› rebelarse contra
- **kick around** (colloq)

A [v + o + adv] **1** (treat badly) maltratar, tratar a las patadas (fam) **2** ‹*idea/suggestion*› estudiar **3** **to ~ a ball around** pelotear

B [v + prep + o] **1** (be present) andar* por; **he's still ~ing around London, isn't he?** todavía anda por Londres, ¿no? **2** (wander aimlessly) deambular *or* andar* dando vueltas por

C [v + adv] (be present): **this umbrella's been ~ing around for months** hace meses que este paraguas anda (dando vueltas) por aquí

- **kick back** [v + adv] (AmE) (colloq) tranquilizarse*, calmarse
- **kick down** [v + o + adv, v + adv + o] ‹*door*› echar abajo *or* derribar (*a patadas*)
- **kick in**

A [v + o + adv, v + adv + o] ‹*door*› echar abajo *or* derribar (*a patadas*); **I'll ~ your teeth in!** ¡te voy a hacer tragar los dientes! (fam)

B [v + adv] (contribute money) (AmE colloq) contribuir*, poner*

- **kick off**

A [v + adv] **1** (in football): **they ~ off at three** el partido empieza a las tres **2** (begin) (colloq) «*person/meeting*» empezar*

B [v + adv + o] (begin) ‹*discussion*› iniciar, empezar*; ‹*show*› abrir*

- **kick out (of)** [v + o + adv (+ prep + o)] echar; **his parents have ~ed him out** sus padres lo han echado de casa *or* (fam) lo han puesto de patitas en la calle; **she was ~ed out of college** la expulsaron de la universidad; **he got ~ed out of the bar** lo echaron *or* lo sacaron del bar a patadas (fam)
- **kick up**

A [v + o + adv, v + adv + o] (raise) ‹*leaves/dust*› levantar

B [v + adv + o]: **to ~ up a fuss** *o* **stink** armar una bronca (fam), montar un número *or* un cirio (Esp fam); **to ~ up a din** *o* **row** armar un escándalo

kickabout /ˈkɪkəbaʊt/ *n* peloteo *m*, pichanga *f* (Chi)

kick-ass /ˈkɪkˌæs/ *adj* (*before n*) (AmE colloq) gallito (fam), chulo (Esp fam); ‹*action*› de gallito *or* (Esp), chulo (fam)

kickback /ˈkɪkbæk/ *n* soborno *m*, mordida *f* (Méx fam), coima *f* (CS, Per fam)

kickboxer /ˈkɪkbɑːksər || ˈkɪkbɒksə(r)/ *n* luchador, -dora *m,f* de kickboxing

kickboxing /ˈkɪkbɑːksɪŋ || ˈkɪkbɒksɪŋ/ *n* [u] kickboxing *m*

kicker /ˈkɪkər || ˈkɪkə(r)/ *n*

A (Sport) pateador, -dora *m,f*

B (AmE colloq) **1** (surprise): **the news was a real ~** la noticia nos dejó helados (*or* me dejó helado *etc*) **2** (added inducement): **the ~ was the low price they were asking** lo que nos atraía era lo poco que pedían **3** (catch, drawback) trampa *f*, problema *m*, pega *f* (Esp fam)

kickoff /ˈkɪkɔːf || ˈkɪkɒf/ *n* **1** (Sport) saque *m* or puntapié *m* inicial, patada *f* de inicio; **what time is the ~?** ¿a qué hora empieza el partido? **2** (start) (colloq) puesta *f* en marcha; ***for a ~*** para empezar

kickstand /ˈkɪkstænd/ *n* pie *m* de apoyo

kickstart[1] /ˈkɪkstɑːrt || ˈkɪkstɑːt/ *vt* ‹*engine*› arrancar* (*con el pedal de arranque*); ‹*process*› darle* el puntapié inicial a; **to ~ the economy** darle* impulso a la reactivación de la economía

kickstart[2] *n* pedal *m* or palanca *f* de arranque

kick turn *n* cambio *m* brusco de dirección

kid[1] /kɪd/ *n*

A [c] (colloq) **1** (child) niño, -ña *m,f*, chaval, -vala *m,f* (Esp, Méx fam), chavalo, -vala *m,f* (AmC fam), escuincle, -cla (Méx fam), pibe, -ba *m,f* (RPl fam), cabro, -bra *m,f* (Chi fam), botija *mf* (Ur fam); **they've got two ~s** tienen dos hijos (*or* chavales *etc*); **I loved swimming as a ~** de pequeño *or* (AmL tb) cuando era chico me encantaba nadar; ***to be ~*** *o* ***~'s stuff*** (easy) estar* tirado (fam), ser* un juego de niños; (lit: for children) ser* cosa de niños; (*before n*): **my ~ brother** mi hermano menor *or* pequeño *or* (AmL), chico **2** (young person) chico, -ca *m,f*

B **1** [c] (goat) cabrito, -ta *m,f*, choto, -ta *m,f* **2** [u] (leather) cabritilla *f*; ▸**glove**

kid[2] **-dd-** *vi* (colloq) bromear; **don't get upset, I was only ~ding** no te pongas así, estaba bromeando *or* era en broma; **he was 92, no ~ding!** ¡tenía 92 años, te lo juro!; **I've won the lottery — no ~ding!** ¡me ha tocado la lotería! — ¡no me digas!

■ **kid** *vt* **1** (tease) **to ~ sb (ABOUT sth)** tomarle el pelo a algn (con algo); **he's just ~ding you on** *o* **along** *o* (AmE also) **around** te está tomando el pelo **2** (deceive) engañar; **who do you think you're ~ding?** ¿a quién te crees que estás engañando?; **you can't ~ me it was just an oversight** a mí no me vas a hacer creer que se te pasó por alto; **you're ~ding yourself if ...** te engañas si ...; **don't ~ yourself!** ¡no te hagas ilusiones!; **stop ~ding yourself!** ¡desengáñate!, ¡abre los ojos!

kiddie, kiddy /ˈkɪdi/ *n* (*pl* **-dies**) (colloq) ▸**kid**[1] **A1**

kiddo /ˈkɪdəʊ/ *n* (*pl* **-dos** *or* **-does**) (form of address) (colloq) amigo, tío (Esp fam), mano (Méx fam), che (RPl fam), gallo (Chi fam)

kidnap[1] /ˈkɪdnæp/ *vt* **-pp-** *or* AmE also **-p-** secuestrar, raptar

kidnap[2] *n* secuestro *m*, rapto *m*

kidnapper, (AmE also) **kidnaper** /ˈkɪdnæpər || ˈkɪdnæpə(r)/ *n* secuestrador, -dora *m,f*, raptor, -tora *m,f*

kidnapping, (AmE also) **kidnaping** /ˈkɪdnæpɪŋ/ *n* secuestro *m*, rapto *m*

kidney /ˈkɪdni/ *n* (*pl* **-neys**) **1** ▸ⓘ **p.965** (Anat) riñón *m*; (*before n*) ‹*disease/failure*› renal; **~ dialysis** diálisis *f* (renal), hemodiálisis *f*; **~ donor** donante *mf* de riñón; **~ machine** riñón *m* artificial; **~ stone** cálculo *m* renal; **~ transplant** transplante *m* de riñón **2** (Culin) riñón *m* **3** (type) (frml & dated): **to be of the same/a different ~** estar*/no estar* cortado por el mismo patrón

kidney bean *n* frijol *m* or (Esp) judía *f* or (CS) poroto *m* (*con forma de riñón*)

kidney dish *n* (Med) riñonera *f* (arg), batea *f* riñonera

kidney-shaped /ˈkɪdniˌʃeɪpt/ *adj* que tiene forma de riñón

kike /kaɪk/ *n* (AmE sl & offensive) judío, -día *m,f*, moishe *mf* (RPl fam & pey)

kikoi /kɪˈkɔɪ/ *n* (SAfr) (Clothing) *tela de colores vivos con rayas que suele usarse como sarong*

kill[1] /kɪl/ *vt*

A (cause death of) ‹*person/animal*› matar, dar* muerte a (frml); **you'll get yourself ~ed** te van a matar; **he ~ed himself** se suicidó; **you'll ~ yourself driving like that** te vas a matar manejando *or* (Esp) conduciendo de esa manera; **he was ~ed by the rebels** lo mataron los rebeldes, fue muerto por los rebeldes (frml); **she was ~ed in a car crash** se mató *or* murió en un accidente de coche; **nine people were ~ed in the fire** nueve personas resultaron muertas en el incendio; **he was ~ed in the war** murió en la guerra; **the disease ~s thousands every year** la enfermedad se cobra miles de víctimas anualmente; **it was drink that ~ed him** la bebida acabó con él; **I'll ~ him if he wakes me up!** ¡como me despierte lo mato *or* (Esp) me lo cargo! (fam)

B **1** (destroy) ‹*hopes/enthusiasm*› acabar con; **her arrival ~ed the conversation stone dead** con su llegada se cortó la conversación en seco **2** (quash) (colloq) ‹*rumors*› acabar con; **the opposition failed to ~ the bill** la oposición no logró estrangular el proyecto de ley **3** (spoil) ‹*flavor/taste*› estropear **4** (deaden) ‹*pain*› calmar **5** (use up): **I went for a walk to ~ time** fui a dar un paseo para matar el tiempo; **I had an hour to ~** tenía una hora sin nada que hacer

C (colloq) **1** (cause discomfort) matar (fam); **my feet/shoes are ~ing me** los pies/zapatos me están matando (fam) **2** (tire out, exhaust) matar (fam); **all this work is ~ing me** tanto trabajo me está matando (fam); **don't ~ yourself!** (iro) ¡cuidado, no te vayas a herniar! (iró) **3** (amuse, shock): **their jokes ~ me** me muero *or* (AmL tb) me mato de risa con sus chistes; **what ~ed me was the callous way he said it** lo que me mató fue la brutalidad con la que lo dijo

D (switch off) (colloq) ‹*engine/lights*› apagar*

E (consume) (colloq): **we ~ed a bottle of brandy** nos liquidamos una botella de coñac (fam)

F **1** (in tennis, squash) ‹*ball*› matar **2** (in soccer) ‹*ball*› parar, matar

G (Comput) abortar

■ **kill** *vi* matar; **she was dressed to ~** se había vestido para matar *or* para dejar a todos boquiabiertos (fam)

Phrasal verb

• **kill off** [v + o + adv, v + adv + o] matar, acabar con; **the surviving members of the tribe were ~ed off by this disease** esta enfermedad mató a *or* acabó con los sobrevivientes de la tribu; **they were ~ed off by the invaders** fueron exterminados por los invasores; **acid rain is ~ing off these forests** la lluvia ácida está acabando con *or* está destruyendo estas selvas

kill[2] *n* **1** [c] (act): **the lion closed in for the ~** el león se aprestó a caer sobre su presa; **he went in for the ~** entró a matar; ***to be in at the ~*** estar* presente en el momento culminante **2** [u] (animal, animals killed) presa *f*

killer /'kɪlər || 'kɪlə(r)/ *n* (person) asesino, -na *m,f*; **the disease is a major ~** es una de las enfermedades que ocasionan más muertes; **the exam was a real ~** (colloq) el examen fue mortal *or* matador (fam); **the comedy was a ~** la comedia fue para morirse de (la) risa (fam); **her comment was a real conversation ~** fue un comentario de los que acaban con cualquier conversación; (*before n*) ‹*shark*› asesino; ‹*disease*› mortal; **the ~ instinct** el instinto asesino; **an executive with the ~ instinct** un ejecutivo agresivo

killer bee *n* abeja *f* asesina

killer whale *n* orca *f*

killing[1] /'kɪlɪŋ/ *n* [c u] (of person) asesinato *m*; (of animal) matanza *f*; **to avoid the ~ of civilians** para evitar que murieran civiles, para evitar la muerte de civiles; **the barbaric ~ of innocent people** la sanguinaria matanza de inocentes; ***to make a ~*** hacer* un gran negocio, forrarse (fam)

killing[2] *adj* (colloq) **1** (exhausting) ‹*schedule/pace*› matador (fam) **2** (funny) (esp BrE dated) chistosísimo, graciosísimo, para morirse de (la) risa (fam)

killing field *n* campo *m* de la muerte

killingly /'kɪlɪŋli/ *adv* ‹*funny*› tremendamente; ‹*expensive*› terriblemente

killjoy /'kɪldʒɔɪ/ *n* aguafiestas *mf*

kiln /kɪln/ *n* horno *m*

kilo /'ki:ləʊ/ ▸ℹ **p.630** *n* (*pl* **-los**) kilo *m*

kilo- /'kɪləʊ/ *pref* kilo-

kilobase /'kɪləbeɪs/ *n* kilobase *m*

kilobit /'kɪləbɪt/ *n* kilobit *m*

kilobyte /'kɪləbaɪt/ *n* kilobyte *m*, kilooctefo *m*

kilocalorie /'kɪlə,kæləri/ *n* kilocaloría *f*

kilogram, (BrE also) **kilogramme** /'kɪləgræm/ ▸ℹ **p.630** *n* kilogramo *m*

kilohertz /'kɪləhɜ:rts || 'kɪləhɜ:ts/ *n* (*pl* ~) kilohercio *m*

kilojoule /'kɪlədʒu:l/ *n* kilojulio *m*

kiloliter /'kɪləlɪtər || 'kɪləlɪtə(r)/ (BrE) **kilolitre** *n* kilolitro *m*

kilometer, (BrE) **kilometre** /'kɪləmi:tər || kɪ'lɒmɪtə(r), 'kɪləmi:tə(r)/ ▸ℹ **p.1376** *n* kilómetro *m*

kiloton /'kɪlətʌn/ ▸ℹ **p.630** *n* kilotón *m*

kilowatt /'kɪləwɑ:t || 'kɪləwɒt/ *n* kilovatio *m*

kilowatt-hour /,kɪləwɑ:t'aʊr || ,kɪləwɒt 'aʊə(r)/ *n* kilovatio-hora *m*

kilt /kɪlt/ *n* falda *f or* (CS) pollera *f* escocesa

kilter /'kɪltər || 'kɪltə(r)/ *n*: **to be out of ~** ‹‹*radio/car*›› estar* estropeado; **the strike has thrown our production out of ~** la huelga nos ha desbaratado la producción

kimono /kə'məʊnəʊ || kɪ'məʊnəʊ/ *n* (*pl* **-nos**) kimono *m*, quimono *m*

kin /kɪn/ *n* **1** (+ *pl vb*) familiares *mpl*, parientes *mpl* **2** (+ *sing o pl vb*): **to be no ~ to sb** no tener* parentesco con algn, no estar* emparentado con algn

kind[1] /kaɪnd/ *n*

A (sort, type) **1** (of things) tipo *m*, clase *f*; **of all ~s** de todo tipo, de toda clase; **what ~ of house is it?** ¿qué tipo de casa es?; **I like the ~ with walnuts in** me gustan las/los que tienen nueces; **it wasn't his ~ of book** no era el tipo de libro que le gusta; **the usual ~ of thing** lo de siempre; **and all that ~ of thing** y todo eso; **what ~ of talk is that?** ¿qué forma de hablar es esa?; **he has a business of some ~** tiene un negocio de algo; **buy her chocolates or something of that ~** cómprale bombones o algo por el estilo; **I didn't say anything of the ~** yo no dije nada semejante; **it was your fault — nothing of the ~!** fue culpa tuya — ¡en absoluto! *or* ¡nada de eso! **2** (of people) clase *f*, tipo *m*; **she's not that ~ of girl** no es de ésas; **I can't stand that ~ of person** *o* (crit) **those ~ of people** no aguanto a ese tipo de gente; **what ~ of a fool do you take me for?** ¿tú te crees que soy tonta?; **what ~ of (a) person is she?** ¿qué tipo de persona es?, ¿cómo es?; **what ~ of a father are you?** ¿qué clase de padre eres?; **she's the ~ of person who knows what she wants** es de las que saben lo que quieren; **they're not really our ~ of people** no son gente como uno; **he didn't even apologize — his ~ never do** ni siquiera se disculpó — los de su calaña nunca lo hacen

B (sth approximating to) especie *f*; **she was overcome by a ~ of yearning** la invadió una especie de añoranza; **I had a ~ of (a) feeling he'd be there** presentía *or* (Chi, Méx fam) me latía *or* (RPl) me palpitaba que iba a estar allí

C (*in phrases*): **in kind**: **payment in ~** pago *m* en especie; **it's a difference in degree, not in ~** es una diferencia cuantitativa y no cualitativa; **he repaid their insolence in ~** les pagó su insolencia con la misma moneda; **he repaid their generosity in ~** correspondió a su generosidad de la misma manera; **kind of** (colloq): **he seemed ~ of stupid** parecía como tonto (fam); **I ~ of thought he would** no sé por qué, pero pensé que lo haría; **is she pretty? — ~ of, I suppose** ¿es bonita? — no está mal, digo yo; **it was ~ of interesting to watch how they did it** fue bastante interesante ver cómo lo hacían; **of a kind**: **they served a meal, of a ~** sirvieron una especie de comida, si se le puede llamar así; **three of a ~** (Games) tres del mismo palo; **they're two of a ~** son tal para cual

kind[2] *adj* **-er, -est** ‹*offer/gesture*› amable; **he's very ~** es muy buena persona; **what a ~ thought!** ¡qué amabilidad!; **she has a ~ heart** tiene buen corazón; **to be ~ TO sb**: **she's always been ~ to me** siempre ha sido muy amable conmigo *or* se ha portado muy bien conmigo; **life has been ~ to him** la vida lo ha tratado bien; **it's very ~ to your skin** no daña la piel; **it was ~ of you to help** muchas gracias por su ayuda *or* ha sido usted muy amable; **he was ~ enough to drive me to the station** tuvo la gentileza de llevarme a la estación; **would you be ~ enough to** *o* (frml) **so ~ as to accompany me?** ¿tendría la amabilidad de acompañarme?

kindergarten /'kɪndər,gɑ:rtn || 'kɪndə,gɑ:tn/ *n* jardín *m* de infancia, kindergarten *m*, jardín *m* infantil (Chi), jardín *m* de infantes (RPl)

kind-hearted /'kaɪnd,hɑ:rtəd || ,kaɪnd'hɑ:tɪd/ *adj* ‹*person*› de buen corazón, bondadoso; ‹*act*› bondadoso; **he's very ~** tiene muy buen corazón

kindle /'kɪndl/ *vt* ‹*fire*› encender*, prender; ‹*interest*› despertar*; ‹*passion*› encender

■ **kindle** *vi* ‹‹*wood/twigs*›› prender, encenderse*; ‹‹*enthusiasm/desire*›› encenderse*, despertar*

kindliness /'kaɪndlinəs || 'kaɪndlinɪs/ *n* [u] bondad *f*

kindling /'kɪndlɪŋ/ *n* [u] **1** (wood) astillas *fpl* para encender el fuego **2** (of interest, passion) despertar *m*

kindly[1] /'kaɪndli/ *adv*

A **1** (generously) amablemente; **they ~ invited me to join them** tuvieron la gentileza de invitarme a ir con ellos **2** (adding polite emphasis) (frml): **passengers are ~ requested to ...** se ruega a los pasajeros tengan la amabilidad de ... **3** (expressing annoyance, impatience): **~ explain to me how ...** tenga la bondad de explicarme cómo ...; **~ keep your opinions to yourself** si no te importa, preferiría que te guardaras tu opinión

B (favorably): **they didn't take ~ to my suggestion** no recibieron demasiado bien mi sugerencia; **she doesn't take ~ to being contradicted** no le hace ninguna gracia que la contradigan; **not to look ~ on sth** no ver* algo con buenos ojos

kindly[2] *adj* **-lier, -liest** bondadoso; **she gave him a ~ look** lo miró comprensiva

kindness /'kaɪndnəs || 'kaɪndnɪs/ *n* **1** [u] (quality) ~ (**TO** *o* **TOWARD sb**) amabilidad *f* **PARA CON** algn; **his ~ to** *o* **toward us** su amabilidad para con nosotros; **she did it out of the ~ of her heart** lo hizo de buena *or* generosa que es; ***to kill sb with ~*** abrumar a algn con atenciones **2** [c] (act) favor *m*, detalle *m*; **we are grateful for their many ~es** les estamos agradecidos por sus muchos favores *or* detalles; **it was a ~ not to tell him the truth** fue piadoso no decirle la verdad; **I thought I was doing him a ~** creí que le hacía un favor

kindred[1] /'kɪndrəd || 'kɪndrɪd/ *adj* (*before n*) **1** (related) (liter) ‹*languages/tribes*› de la misma familia **2** (similar) similar, análogo, del mismo tipo; **he and I are ~ spirits** somos almas gemelas

kindred[2] *pl n* familiares *mpl*

kinetic /kə'netɪk || kɪ'netɪk/ *adj* cinético; **~ energy** energía *f* cinética; **~ art** arte *m* cinético

kinetics /kə'netɪks || kɪ'netɪks/ *n* (+ *sing vb*) cinética *f*

kinfolk /'kɪnfəʊk/ *pl n* parientes *mpl*

king /kɪŋ/ *n*

A ▸ℹ **p.1213** (ruler) rey *m*; **Christ the K~** Cristo Rey; **the Book of K~s** (Bib) el Libro de los Reyes; **to live like a ~** vivir como un rey; **the ~ of beasts** el rey de los animales *or* de la selva; **the ~ of jazz** el rey del jazz; ***a ~'s ransom*** un dineral; ***the ~ of the castle*** el amo y señor

B (in cards, chess) rey *m*; (in checkers) dama *f*

kingbolt /'kɪŋbəʊlt/ *n* pivote *m* de dirección, eje *m* de mangueta

king cobra *n* cobra *f* real

kingcup /'kɪŋkʌp/ *n* botón *m* de oro

kingdom /'kɪŋdəm/ *n* reino *m*; **the K~ of Heaven** el reino de los cielos; **the plant/animal ~** el reino vegetal/animal; ***till*** *o* ***until ~ come*** hasta el día del juicio final; ***to blow sth to ~ come*** hacer* saltar algo en pedacitos

kingfisher /'kɪŋ,fɪʃər || 'kɪŋ,fɪʃə(r)/ *n* martín *m* pescador

kingly /'kɪŋli/ *adj* ‹*gift*› regio, digno de un rey; ‹*bearing*› majestuoso

kingmaker /'kɪŋ,meɪkər || 'kɪŋ,meɪkə(r)/ *n*: *persona de gran influencia*

king penguin *n* pingüino *m* real *or* rey

kingpin /'kɪŋpɪn/ *n*

A (AmE) ▸**kingbolt**

B **1** (in bowling) bolo *m or* (Méx) pino *m* central **2** (person) cerebro *m*

kingship /'kɪŋʃɪp/ *n* [u] realeza *f*

king-size /'kɪŋsaɪz/, **king-sized** /-saɪzd/ *adj* ‹*cigarette*› extralargo; ‹*bed*› de matrimonio (extragrande); ‹*hangover/problem*› (colloq) descomunal (fam), mayúsculo

kink[1] /kɪŋk/ *n* **1** (in rope, wire) vuelta *f*, curva *f*; (in hair) onda *f* **2** (cramp) (AmE): **I've got a ~ in my neck** tengo tortícolis, tengo el cuello duro

k

3 (flaw) problema *m*; **to iron out the ~s** eliminar los problemas 4 (eccentricity) manía *f* 5 (sexual) vicio *m*

kink[2] *vi* «*rope/wire*» enroscarse*

kinky /ˈkɪŋki/ *adj* **-kier, -kiest** (colloq) algo pervertidillo (fam)

kinsfolk /ˈkɪnzfəʊk/ *pl n* ▸ **kinfolk**

kinship /ˈkɪnʃɪp/ *n* [u] (blood relationship) parentesco *m*; (similarity) similitud *f*

kinsman /ˈkɪnzmən/ *n* (*pl* **-men** /-mən/) familiar *m*, pariente *m*

kinswoman /ˈkɪnz,wʊmən/ *n* (*pl* **-women**) /ˌwɪmɪn/ familiar *f*

kiosk /ˈkiːɑːsk || ˈkiːɒsk/ *n* 1 (stall) quiosco *m* 2 (*telephone* ~) (BrE) cabina *f* (telefónica)

kip[1] /kɪp/ *n* (BrE colloq) (sleep) (*no pl*): **to have a ~** echarse un sueño *or* una siestecita *or* siestita (fam), apolillar un rato (RPl fam); **let me get some ~** déjame dormir un rato

kip[2] *vi* **-pp-** (BrE colloq) dormir*, apolillar (RPl fam); **to ~ down** acostarse* a dormir

kipper /ˈkɪpər || ˈkɪpə(r)/ *n* arenque *m* salado y ahumado

kipper tie *n* corbata *f* ancha multicolor

Kirghizia /kɪrˈgiːzjə || ˌkɪəˈgɪziə/, **Kirghizstan** /ˌkɪrgɪzˈstɑːn || ˌkɪəgɪzˈstɑːn/ *n* Kirguizistán *m*

kirk /kɜːrk || kɜːk/ *n* (Scot) iglesia *f*; **the K~** (colloq) la iglesia presbiteriana escocesa

kirsch /kɪrʃ || ˈkɪəʃ/ *n* [u] kirsch *m*

kiss[1] /kɪs/ *vt* 1 (with lips) ‹*person*› besar; **she ~ed me on the lips** me dió un beso *or* me besó en los labios *or* en la boca; **they ~ed (each other)** se besaron, se dieron un beso; **to ~ sb goodbye/goodnight** darle* un beso de despedida/de buenas noches a algn 2 (touch lightly) rozar*

■ **kiss** *vi* besarse; **to ~ and make up** hacer* las paces; **I'm not the kind to ~ and tell** yo no soy de los que dan el beso de Judas

Phrasal verbs

• **kiss off** [v + o + adv] (AmE colloq) 1 ‹*person*› echar (del trabajo), botar (del trabajo) (AmL exc RPl fam) 2 ‹*relationship*› romper*

• **kiss up to** [v + adv + prep + o] (AmE) (colloq) ▸ **suck up to**

kiss[2] *n* 1 (with lips) beso *m*; **to give sb a ~** darle* un beso a algn; **she blew ~es to the audience** tiró besos al público; **love and ~es** (Corresp) besos y abrazos; **she gave him the ~ of life** le hizo (la) respiración artificial *or* boca a boca; **~ of death** golpe *m* de gracia 2 (light touch) roce *m*

kissagram /ˈkɪsəgræm/ *n* ▸ **kissogram**

kiss-and-tell /ˌkɪsən(d)ˈtel/ *adj* (Journ) ‹*book/story*› *en que el autor revela su vida íntima con una celebridad*

kiss curl *n* (BrE) caracol *m*, rizo *m*

kisser /ˈkɪsər || ˈkɪsə(r)/ *n* (sl) (face) jeta *f* (fam); (mouth) jeta *f* (AmL fam), morro *m* (Esp fam)

kiss-off /ˈkɪsˌɔːf || ˈkɪsˌɒf/ *n* (AmE colloq): **to give sb the ~** 1 (from job) echar a algn (del trabajo), botar a algn (del trabajo) (AmL exc RPl fam) 2 (in relationships) plantar a algn (fam), botar a algn (AmC, Chi fam)

kissogram /ˈkɪsəgræm/ *n* (BrE) besograma *m*

kit /kɪt/ *n*

A [c] 1 (set of items): **first-aid ~** botiquín *m* de primeros auxilios; **sewing ~** costurero *m*; **tool ~** caja *f* de herramientas; **travel ~** neceser *m* de viajes 2 (parts for assembly) kit *m*; **a model car ~** un coche para armar; (*before n*): **it comes in ~ form** venden el kit *or* las partes (y uno lo arma)

B [u] 1 (equipment) equipo *m*; **fishing ~** equipo de pesca 2 (personal effects, gear) cosas *fpl*; (Mil) petate *m* 3 (Clothing) (esp BrE) ropa *f*; **combat ~** traje *m* de campaña; **gym ~** (Sport) equipo *m* de gimnasia

Phrasal verb

• **kit out, kit up**: **-tt-** [v + o + adv, v + adv + o] (BrE) equipar; **to ~ oneself out for a skiing holiday** equiparse para unas vacaciones en una estación de esquí; **she was ~ted out in tennis gear** llevaba puesto un equipo de tenis; **this shop can ~ you out with the necessary equipment** esta tienda puede equiparlo con lo necesario *or* suministrarle el equipo necesario; **the room is ~ted out as a gymnasium** la habitación está habilitada como gimnasio

kitbag /ˈkɪtbæg/ *n* (BrE) bolsa *f*; (Mil) petate *m*

kit car *n* coche *m* que se vende en kit (*y uno lo arma*)

kitchen /ˈkɪtʃən || ˈkɪtʃɪn/ *n* cocina *f*; (*before n*): **~ foil** papel *m* de aluminio, papel *m* albal® (Esp); **~ paper** papel *m* de cocina, toalla *f* nova (Chi); **~ roll** rollo *m* de papel de cocina, rollo *m* de toalla nova (Chi); **~ unit** módulo *m* de cocina; **~ waste** desechos *mpl* de cocina

kitchen cabinet *n* 1 (cupboard) armario *m* de cocina 2 (Pol) camarilla *f*

kitchen-diner /ˌkɪtʃənˈdaɪnər || ˌkɪtʃɪnˈdaɪnə(r)/ *n* cocina-comedor *f*

kitchenette /ˌkɪtʃəˈnet || ˌkɪtʃɪˈnet/ *n* kitchenette *f*, cocineta *f* (Méx)

kitchen garden *n* huerto *m*

kitchen sink *n* fregadero *m or* (Andes) lavaplatos *m or* (RPl) pileta *f*; **he took everything but the ~ ~** (hum) se fue con la casa a cuestas, cargó hasta con el perico (Méx fam); (*before n*): **kitchen-sink drama** obra *f* de realismo social

kitchenware /ˈkɪtʃənwer || ˈkɪtʃɪnweə(r)/ *n* [u] artículos *mpl* de cocina

kite[1] /kaɪt/ *n*

A (toy) cometa *f or* (RPl tb) barrilete *m or* (AmC, Cu, Méx) papalote *m or* (Ven) papagayo *m or* (Chi) volantín *m*; ***go fly a ~!*** (AmE colloq) ¡vete a freír espárragos! (fam); ***to be as high as a ~*** (colloq) estar* totalmente colocado *or* volado (fam), estar* hasta atrás (Méx fam); ***to fly a ~*** (test reaction) tantear el terreno; (lit) hacer* volar una cometa, volar* un papalote (AmC, Cu, Méx) *or* (Ven) un papagayo, encumbrar una cometa (Col) *or* (Chi) un volantín, remontar un barrilete (RPl)

B (bird) milano *m*

kite[2] *vt* (AmE): **to ~ a check** presentar un cheque sin fondos

Kitemark® /ˈkaɪtmɑːrk || ˈkaɪtmɑːk/ *n* (in UK) *sello de control de calidad en forma de cometa*

kite surfing *n* [u] (Sport) kite surfing *m*, kite surf *m*

kith /kɪθ/ *n*: **~ and kin** (frml) (+ *sing or pl vb*) familiares y amigos

kitsch /kɪtʃ/ *n* [u] kitsch *m*; (*before n*) ‹*ornaments/decor/story*› kitsch *adj inv*

kitschy /ˈkɪtʃi/ *adj* (colloq) kitsch

kitten /ˈkɪtn/ *n* gatito, -ta *m,f*; ***to have ~s*** (colloq): **we were having ~s wondering where you'd got to** estábamos como locos, sin saber dónde estabas; **I nearly had ~s when I realized …** casi me da un ataque cuando me di cuenta de que …

kittenish /ˈkɪtnɪʃ/ *adj* travieso, juguetón; **a ~ woman** una coquetuela

kittiwake /ˈkɪtɪweɪk/ *n* gaviota *f* tridáctida

kitty /ˈkɪti/ *n* (*pl* **-ties**)

A 1 (cards) banca *f*, bote *m* 2 (money) (colloq) bote *m*, fondo *m* común; **we've nothing in the ~** estamos sin fondos

B (cat) (colloq) minino *m* (fam)

kitty-corner /ˈkɪtiˌkɔːrnər || ˈkɪtiˌkɔːnə(r)/, **kitty-cornered** /-d/ *adj* (AmE) ▸ **diagonal**[1]

Kiwanis /kɪˈwɑːnɪs/ *n* (in US) *organización con fines filantrópicos que engloba a clubes de profesionales y de hombres de negocios*

kiwi /ˈkiːwiː/ *n* 1 (Zool) kiwi *m* 2 **K~** (New Zealander) (colloq) neozelandés, -desa *m,f* 3 **~ (fruit)** kiwi *m*

KKK *n* (in US) = **Ku Klux Klan**

Klansman /ˈklænzmən/ *n* (*pl* **-men** /-mən/) (in US) miembro *m* del Ku Klux Klan

klatch /klætʃ/ *n* (AmE) ▸ **coffee klatsch**

klaxon /ˈklæksən/ *n* sirena *f*

Kleenex®, **kleenex** /ˈkliːneks/ *n* (*pl* ~) kleenex® *m*, pañuelo *m* de papel

kleptocracy /klepˈtɑːkrəsi || klepˈtɒkrəsi/ *n* [c u] (*pl* **-cies**) (Pol) cleptocracia *f*

kleptocrat /ˈkleptəkræt/ *n* (Pol) cleptócrata *mf*

kleptomania /ˌkleptəˈmeɪniə/ *n* [u] cleptomanía *f*

kleptomaniac /ˌkleptəˈmeɪniæk/ *n* cleptómano, -na *m,f*

kludge /kluːdʒ/ *n* (colloq) (Comput, Eng) solución *f* de parche, chapuza *f*

klutz /klʌts/ *n* (AmE colloq) torpe *mf*, ganso, -sa *m,f* (fam), patoso, -sa *m,f* (Esp fam)

klutzy /ˈklʌtsi/ *adj* **-zier -ziest** (AmE colloq) torpe, ganso (fam), patoso (Esp fam)

km ▸ ❶ **p.1376** (= **kilometer(s)** *o* (BrE) = **kilometre(s)**) Km.

kmh, km/h (= **kilometer(s)** *o* (BrE) = **kilometre(s) per hour**) Km/h

knack /næk/ *n*: **there's a ~ to making omelettes** hacer tortillas tiene su truco *or* (Méx) su chiste; **I'll never get the ~ of this!** ¡nunca le voy a agarrar la onda (AmL fam) *or* (Esp) coger el tranquillo a esto!; **he has the ~ of explaining things simply** tiene el don de saber explicarse con sencillez; **he has a** *o* **the ~ of disappearing when he's needed** siempre se las arregla para desaparecer cuando uno lo necesita; **she has a ~ of** *o* **for getting into trouble** tiene una habilidad especial para meterse en líos

knacker[1] /ˈnækər || ˈnækə(r)/ *n* (BrE) 1 (of horses) matarife *m* de caballos; **it's for the ~'s yard** está para la basura 2 (of ships) desguazador, -dora *m,f*

knacker[2] *vt* (BrE colloq) 1 (exhaust) dejar hecho polvo (fam) 2 (ruin) hacer* polvo (fam), cargarse* (Esp fam), hacer* bolsa (RPl fam)

knackered /ˈnækərd || ˈnækəd/ *adj* (*pred*) (BrE colloq) hecho polvo (fam), reventado (fam); **I'm ~** estoy hecho polvo *or* reventado (fam)

knapsack /ˈnæpsæk/ *n* mochila *f*, morral *m* (Col)

knave /neɪv/ *n* 1 (rogue) (arch) truhán *m* (ant), bellaco *m* (arc) 2 (in cards) jota *f*; (in Spanish pack) sota *f*

knead /niːd/ *vt* 1 (Culin) amasar, trabajar, sobar; ‹*clay*› trabajar 2 ‹*muscles/shoulders*› masajear

knee[1] /niː/ ▸ ❶ **p.965** *n* 1 (Anat) rodilla *f*; **I felt weak at the ~s** se me aflojaron las piernas; **to be on one's ~s** estar* arrodillado, estar* de rodillas *or* (liter) de hinojos; **he fell on his ~s in front of the king** cayó de rodillas *or* (liter) se postró de hinojos ante el rey; **to go** *o* **get down on one's ~s** ponerse* de rodillas, arrodillarse; **(down) on your ~s!** ¡de rodillas!, ¡arrodíllate!; **I'm not going down on my ~s to him** no se lo voy a pedir de rodillas; **my/his ~s were knocking** (colloq) me/le temblaban las piernas; ***to bow*** *o* ***bend the ~ to sb*** doblar la cerviz ante algn; **on bended ~(s)** de rodillas, de hinojos (liter); ***to bring sb to his/her ~s*** doblegar* *or* humillar a algn; ***to bring sth to its ~s***: **the strike brought the country to its ~s** la huelga llevó el país al borde del desastre; (*before n*): **~ bend** flexión *f* de piernas; **~ joint** articulación *f* de la rodilla 2 (Clothing) rodilla *f*; **my trousers have gone at the ~** se me han roto los pantalones en la rodilla 3 (kick) (colloq) (*no pl*) rodillazo *m*; **he gave him a ~ in the back** le pegó un rodillazo en la espalda

knee[2] *vt* darle* *or* pegarle* un rodillazo a; **he ~d me in the groin** me dio un rodillazo en la ingle

knee boot *n* bota *f* de caña alta

knee breeches *pl n* (Hist) calzones *mpl*; (for riding) pantalones *mpl* de montar de media caña

kneecap[1] /ˈniːkæp/ *n* rótula *f*

kneecap[2] *vt* **-pp-** dispararle a las rodillas a

kneecapping /ˈniːkæpɪŋ/ *n*

A [u] (method of punishment) *forma de castigo que consiste en dispararle a alguien a las rodillas*

B [c] (act) disparo *m* en las rodillas

knee-deep /ˈniːˈdiːp/ *adj* (*pred*): **the mud is ~** el barro llega hasta la(s) rodilla(s); **to be ~ IN sth**: **the basement is ~ in water** en el sótano el agua llega hasta las rodillas; **they were ~ in mud** estaban con el barro hasta las rodillas

knee-high /ˈniːˈhaɪ/ *adj* ‹*sock*› largo; **the weeds are ~** la maleza llega hasta las rodillas; **when he was just ~ to a grasshopper** (colloq) cuando era apenas un renacuajo (fam)

knee jerk /'ni:dʒɜ:rk || 'ni:dʒɜ:k/ *n* reflejo *m* rotular; (*before n*): **knee-jerk reaction** acto *m* reflejo, reacción *f* visceral *or* instintiva

kneel /ni:l/ *vi* (*past & past p* **kneeled** *or* **knelt**) (get down on one's knees) arrodillarse, ponerse* de rodillas; (be on one's knees) estar* arrodillado *or* de rodillas; **she was ~ing at the foot of the altar** estaba arrodillada *or* de rodillas al pie del altar; **to ~ down** arrodillarse, ponerse* de rodillas

knee-length /'ni:'leŋθ/ *adj* ‹*sock*› largo; ‹*skirt*› hasta la rodilla; **~ boots** botas *fpl* altas *or* de caña alta

kneepad /'ni:pæd/ *n* rodillera *f*

kneesock /'ni:sɑ:k || 'ni:sɒk/ *n* calcetín *m* largo, media *f* hasta la rodilla (AmL), calceta *f* (Chi, Méx)

knees-up /'ni:zʌp/ *n* (BrE colloq) fiesta *f*, fiestoca *f* (Chi fam), fiestichola *f* (RPl fam); **we had a ~** estuvimos de farra *or* de jarana (fam)

knell /nel/ *n* doble *m*, toque *m* de difuntos; **to sound the ~ for sth** firmar la sentencia de muerte de algo; **it was the death ~ of the party** fue la sentencia de muerte para el partido

knelt /nelt/ *past & past p of* **kneel**

knew /nu: || nju:/ *past of* **know¹**

knickerbockers /'nɪkər,bɑ:kərz || 'nɪkə,bɒkəz/ *pl n* pantalones *mpl* bombachos; (for golf) pantalones *mpl* de golf

knickers /'nɪkərz || 'nɪkəz/ *pl n*

A (AmE) ▸ **knickerbockers**

B (BrE) (undergarment) calzones *mpl* (AmS), bragas *fpl* (Esp), pantaletas *fpl* (AmC, Ven), bombacha *f* (RPl); **~ to you!** (colloq) ¡vete al diablo! (fam); ***to get one's ~ in a twist*** (colloq) ponerse* nervioso

knickknack /'nɪknæk/ *n* chuchería *f*, adornito *m*

knife¹ /naɪf/ *n* (*pl* **knives**) cuchillo *m*; (penknife) navaja *f*, cortaplumas *m or f*; (dagger) puñal *m*; **he can't use a ~ and fork** no sabe usar los cubiertos; **the Night of the Long Knives** (Hist) la Noche de los Cuchillos Largos; ***it cuts through steel like a ~ through butter*** corta el acero como si fuera mantequilla; ***the knives are out for him/her*** (BrE colloq) se la tienen jurada; ***to get one's ~ into sb*** (colloq) ensañarse con algn, atacar* a algn; **she's certainly got her ~ into him** no cabe duda de que se ha ensañado con él; ***to turn*** *o* ***twist the ~ (in the wound)*** hurgar* en la herida; ***under the ~*** (Med) en la mesa de operaciones; **the project came under the ~** dieron el tijeretazo al proyecto; ***you could have cut the air*** *o* ***atmosphere with a ~*** se respiraba la tensión en el ambiente; (*before n*): **~ block** bloque *m* (de madera) para poner los cuchillos; **~ fight** pelea *f* con navajas (*or* cuchillos *etc*); **~ sharpener** afilador *m* (de cuchillos)

knife² *vt* acuchillar

knife edge *n* filo *m* (*de cuchillo, navaja etc*); ***to be*** *o* ***rest*** *o* ***be balanced on a ~ ~*** pender de un hilo; (*before n*): **knife-edge crease** raya *f* bien marcada (*de los pantalones*)

knife grinder *n* **1** (person) afilador, -dora *m,f* **2** (implement) afilador *m*

knife-point /'naɪfpɔɪnt/ *n*: **at ~** amenazando con un cuchillo

knife rest *n*: *soporte para apoyar los cubiertos en la mesa*

knifing /'naɪfɪŋ/ *n* ataque *m* con cuchillo (*or* navaja *etc*)

knight¹ /naɪt/ *n* **1** (Hist) caballero *m*; **a ~ in shining armor** (dream man) un príncipe azul; **he's no ~ in shining armor: he's helping us because it suits him** no lo hace por amor al arte, nos está ayudando porque le conviene **2** (holder of title) sir *m* **3** (in chess) caballo *m*

knight² *vt* **1** (confer title upon) conceder el título de sir a **2** (Hist) armar caballero

> **knight**
>
> En Gran Bretaña, Sir (*knight*) es un título honorífico no hereditario (*knighthood*), que el monarca inglés otorga a un varón por servicios prestados a la nación. Este título "Sir" se antepone al primer nombre y la esposa de la persona que lo recibe pasa a llamarse "Lady". El título equivalente para una mujer es dame.

knight errant *n* (*pl* **~s ~**) caballero *m* andante

knighthood /'naɪthʊd/ *n* **1** (title) título *m* de sir; **to receive a ~** recibir el título de sir **2** (Hist) ser* armado caballero

knit /nɪt/ (*pres p* **knitting**; *past & past p* **knitted** *or* **knit**) *vt*

A **1** ‹*sweater*› (by hand) hacer*, tejer; (with machine) tejer, tricotar (Esp); **~ one, purl one** uno (al) derecho, uno (al) revés; **~ two together** tejer *or* (Esp) coger* dos puntos juntos; **she can ~ you up a scarf in a day** te puede hacer *or* tejer una bufanda en un día **2** **knitted** *o* AmE esp **knit** *past p* ‹*jacket/cuffs*› de punto, tejido

B **1** **~ (together)** (join, unite) ‹*bones*› soldar*; **they are a tightly ~ family** son *or* es una familia muy unida **2** **to ~ one's brows** fruncir* el ceño

■ **knit** *vi* **1** (by hand) tejer, hacer* punto *or* calceta (Esp); (with machine) tejer, tricotar (Esp) **2** **~ (together)** (join) «*bones*» soldarse* **3** **his brows ~ted in a frown** frunció el ceño

knitting /'nɪtɪŋ/ *n* [u] **1** (piece of work) tejido *m*, punto *m* (Esp); **where did I put my ~?** ¿dónde habré dejado el tejido *or* el punto (Esp) ? **2** (activity): **I really enjoy ~** me encanta tejer, me encanta hacer* punto *or* calceta (Esp); (*before n*) ‹*wool/yarn*› de *or* para tejer; **~ pattern** patrón *m* (*de un suéter u otra prenda de punto*), instrucciones *fpl* de tejido

knitting machine *n* máquina *f* de tejer, tricotosa *f* (Esp)

knitting needle *n* aguja *f* de tejer *or* (Esp) de hacer punto, palillo *m* (Chi)

knitwear /'nɪtwer || 'nɪtweə(r)/ *n* [u] artículos *mpl or* (Esp) géneros *mpl* de punto

knives /naɪvz/ *pl of* **knife¹**

knob /nɑ:b || nɒb/ *n* **1** (on door) pomo *m*, perilla *f* (AmL); (on drawer) tirador *m*, perilla *f* (AmL); (on walking stick) puño *m*; (on bedstead) perilla *f*; (on radio, TV) botón *m*; ***the same to you with (brass) ~s on!*** (BrE colloq) ¡y tú más! (fam) **2** (lump) bulto *m*; (on tree trunk) nudo *m* **3** (small piece) (esp BrE): **a ~ of butter** un trocito *or* una nuez de mantequilla

knobbly /'nɑ:bli || 'nɒbli/ *adj* **-lier, -liest** ‹*tree/fingers*› nudoso; ‹*knees*› huesudo

knobby /'nɑ:bi || 'nɒbi/ *adj* **-bier, -biest** ▸ **knobbly**

knock¹ /nɑ:k || nɒk/ *n*

A (sound) golpe *m*; (in engine) golpeteo *m*, cascabeleo *m* (AmL); **I heard a ~ at the door** oí que llamaron *or* (AmL tb) tocaron a la puerta; **he gave a couple of ~s before entering** llamó *or* (AmL tb) tocó (a la puerta) un par de veces antes de entrar; **give me a ~ when you're ready** da un golpe en la puerta cuando estés listo

B (blow) golpe *m*; **I got a ~ on the head** me di un golpe en la cabeza

C (colloq) **1** (setback) golpe *m*; **he has taken a lot of ~s in his time** le han dado *or* ha recibido muchos golpes en la vida; **the company has taken some bad ~s recently** la compañía ha tenido serios reveses últimamente; **the school of hard ~s** (set phrase) la escuela de la vida **2** (criticism) crítica *f*, palo *m* (fam); **she's taken a lot of ~s from the critics** los críticos la han vapuleado mucho *or* (fam) le han dado muchos palos

knock² *vt*

A (strike, push): **to ~ one's head/knee on/against sth** darse* (un golpe) en la cabeza/rodilla con/contra algo; **she ~ed my elbow** me dio (un golpe) en el codo; **to ~ a nail into the wall/a peg into the ground** clavar un clavo en la pared/una estaca en la tierra; **~ the nail in a bit further** clava *or* mete el clavo un poco más; **she ~ed the vase off the shelf** tiró el jarrón de la repisa; **to ~ sb to the ground** tirar a algn al suelo, tumbar a algn; **he was ~ed to the ground by the blast/blow** la explosión/el golpe lo tiró al suelo *or* lo tumbó; **to ~ the bottom out of a box** desfondar una caja; **she ~ed the glass out of his hand** le hizo caer el vaso de la mano; **to ~ holes in sth** agujerear algo, hacer* agujeros en algo; **they ~ed a large hole in the wall** hicieron un gran boquete en la pared; **the two rooms were ~ed into one** tiraron la pared (abajo) para unir las dos habitaciones; **the blow ~ed her unconscious** el golpe la dejó inconsciente; ***to ~ sb dead*** (colloq) dejar boquiabierto a algn; **his performance ~ed them dead** su actuación los dejó boquiabiertos; ***to ~ sb sideways*** (colloq) dejar a algn de una pieza; **I was ~ed sideways** me quedé de una pieza

B (criticize) (colloq) criticar*, hablar mal de

■ **knock** *vi* **1** (on door) llamar, golpear (AmL), tocar* (AmL); **she went in without ~ing** entró sin llamar *or* (AmL tb) golpear *or* tocar; **to ~ on** *o* **at the door** llamar *or* (AmL tb) golpear *or* tocar* a la puerta **2** (collide) **to ~ AGAINST/INTO sb/sth** darse* *or* chocar* CONTRA algn/algo; **I almost ~ed into her** por poco choqué con ella **3** «*engine*» golpetear, cascabelear (AmL)

Phrasal verbs

• **knock about, knock around** (colloq)

A [v + o + adv] **1** (beat) pegarle* a; **her husband used to ~ her about** su marido la maltrataba *or* le pegaba; **he got ~ed about in his cell** le daban palizas en la celda **2** (batter) ‹*furniture*› maltratar

B [v + adv], [v + prep + o] **1** (be present): **I used to ~ around with him a lot** antes andaba *or* salía mucho con él; **he spends his time ~ing about the bars** se pasa el día deambulando por los bares **2** (travel) viajar; **she spent two years ~ing around South America** pasó dos años viajando *or* dando vueltas por Sudamérica

• **knock back** (colloq)

A [v + o + adv, v + adv + o] (drink) beberse, tomarse; **he ~ed it back in one gulp** se lo bebió *or* se lo tomó de un trago; **they were ~ing back the wine like nobody's business** estaban dándole al vino como si fuera agua (fam)

B [v + o + adv] (cost) costar*, salir*; **how much did that ~ you back?** ¿cuánto te costó *or* te salió?

• **knock down** [v + o + adv, v + adv + o]

A **1** (cause to fall) ‹*door/fence*› tirar abajo; ‹*obstacle*› derribar; **he ~ed him down in the second round** lo derribó en el segundo asalto; **he ran into her and ~ed her down** chocó con ella y la hizo caer *or* la tiró al suelo **2** «*vehicle/driver*» atropellar **3** (demolish) ‹*building/slums*› echar abajo, derribar, derrumbar; ‹*wall*› tirar (abajo) **4** (dismantle) ‹*machinery*› desmontar, desarmar

B (colloq) **1** (reduce) ‹*price/charge*› rebajar; **we ~ed her down to £150** (esp BrE) conseguimos que nos rebajara el precio a 150 libras **2** (at auction): **it was ~ed down at £60** se subastó *or* (AmL tb) se remató en 60 libras; **in the end it was ~ed down to Mr Smith** finalmente se lo adjudicaron al señor Smith

• **knock off**

A [v + adv], [v + prep + o] (stop work) (colloq): **when do you ~ off (work)?** ¿a qué hora sales del trabajo?, ¿hasta qué hora trabajas?; **let's ~ off for lunch** vamos a parar para comer

B [v + o + adv, v + adv + o] (stop) (colloq) dejar de; **why don't you ~ off criticizing me?** ¿por qué no dejas de criticarme?; **~ it off, will you!** ¡déjala ya! (fam), ¡córtala de una vez! (Chi fam), ¡terminala de una vez! (RPl fam), ¡párale ya! (Méx fam)

C [v + o + adv, v + adv + o], [v + o + prep + o] (deduct, eliminate) (colloq) rebajar; **I'll ~ off 25% for you** le rebajo el 25%, le hago un descuento del 25%; **we've ~ed £10 off the price** hemos rebajado el precio en diez libras; **the strike ~ed 12 points off the Dow Jones index** el índice de Dow Jones bajó 12 enteros como consecuencia de la huelga

D [v + o + adv, v + adv + o] **1** (do quickly, easily) (colloq): **he ~s off four novels a year** se escribe cuatro novelas por año (fam), se manda cuatro novelas por año (CS fam) **2** (steal) (sl) robar, mangar* (fam), volarse* (Méx fam) **3** (kill) (sl) liquidar (fam), darle* el pasaporte a (fam) **4** (have sex with) (BrE sl) echarse un polvo con (arg), tirarse (vulg), cogerse* (Méx, RPl, Ven vulg) **5** (make illegal copy of) reproducir* *or* copiar ilegalmente **6** (burgle) (AmE colloq) entrar a robar en

• **knock on** [v + adv] (get old) (BrE colloq): **he must be ~ing on a bit!** ¡ya debe de tener sus años!; **she was ~ing on a bit by then** para esa época ya tenía sus años *or* (fam) ya no era ninguna nena

• **knock out**

k

A [v + o + adv, v + adv + o] **1** (make unconscious) dejar sin sentido, hacer* perder el conocimiento, noquear; **she hit her head and ~ed herself out** se dio un golpe en la cabeza y perdió el conocimiento; **he was ~ed out in the fourth round** lo dejó K.O. *or* lo noqueó en el cuarto asalto **2** (destroy, damage) (colloq) ‹*target/installations*› destruir* **3** (shock, overwhelm) (colloq): **the news ~ed everybody out** la noticia los dejó a todos anonadados; **we were ~ed out by their generosity** su generosidad nos dejó pasmados (fam); **that song really ~s me out!** ¡esa canción me enloquece! (fam) **4** (exhaust) (colloq) dejar hecho polvo *or* para el arrastre *or* (AmL) de cama (fam)

B [v + o + adv, v + adv + o] **1** (remove by hitting) ‹*contents*› vaciar*; **several teeth were ~ed out** perdió varios dientes; **to ~ one's pipe out** vaciar* la pipa **2** (of competition, tournament) eliminar; **they were ~ed out in the third round** quedaron eliminados *or* fuera en la tercera vuelta

- **knock over** [v + o + adv, v + adv + o] **1** (cause to fall) tirar **2** «*vehicle/driver*» atropellar
- **knock together** ▸ **knock up A1**
- **knock up**

A [v + o + adv, v + adv + o] (colloq) **1** (assemble hurriedly) ‹*meal/snack*› improvisar, hacer*; **he ~ed up these shelves in a couple of hours** hizo esta estantería en un par de horas **2** (rouse, waken) (BrE) despertar*, llamar

B [v + o + adv] **1** (exhaust) (AmE colloq) dejar hecho polvo *or* para el arrastre *or* (AmL) de cama (fam) **2** (make pregnant) (sl) dejar embarazada, hacerle* un hijo a (fam)

C [v + adv] (in tennis, squash) (BrE) pelotear

D [v + adv + o] (in cricket) (colloq): **they ~ed up a good score** hicieron un buen tanteo

k

knockabout[1] /ˈnɑːkəbaʊt || ˈnɒkəbaʊt/ *adj* (*before n*) bullicioso; **a ~ comedy** una astracanada

knockabout[2] *n*

A (Naut) pequeño velero *m*

B (BrE) (Sport) (colloq): **to have a ~** pelotear

knockdown[1] /ˈnɑːkdaʊn || ˈnɒkdaʊn/ *adj* (*before n*) **1** (reduced): **at a ~ price** a precio de ganga **2** (in boxing) ‹*blow*› demoledor, fulminante **3** ‹*furniture*› desmontable, desarmable

knockdown[2] *n* (in boxing) caída *f*

knocker /ˈnɑːkər || ˈnɒkə(r)/ *n*

A (on door) aldaba *f*, llamador *m*

B **knockers** *pl* (sl) melones *mpl* (fam), tetas *fpl* (fam)

knock-for-knock agreement /ˈnɑːk fər ˈnɑːk || ˌnɒk fə ˈnɒk/ *n* (BrE); *acuerdo entre aseguradoras de coches mediante el cual cada una indemniza a su respectivo asegurado en caso de accidente*

knocking[1] /ˈnɑːkɪŋ || ˈnɒkɪŋ/ *n* **1** (noise) (*no pl*) golpes *mpl*; **there was (a) loud ~** se oyeron (unos) golpes muy fuertes **2** [u] (Auto) golpeteo *m*, cascabeleo *m* (AmL) **3** [u] (criticism) (colloq) palos *mpl* (fam); **they've come in for a lot of ~ lately** últimamente les han dado muchos palos (fam)

knocking[2] *adj* (colloq): **~ ad/copy** anuncio *m* /publicidad *f* que desacredita a la competencia

knocking-off time /ˌnɑːkɪŋˈɔːf || ˌnɒkɪŋˈɒf/ *n* (colloq) hora *f* de salida

knocking shop *n* (BrE sl & dated) burdel *m*, quilombo *m* (RPl arg)

knock-knee /ˈnɑːkˈniː || ˌnɒkˈniː/ *n* [u] genus valgo *m* (téc); **to have ~s** ser* patizambo

knock-kneed /ˈnɑːkˈniːd || ˌnɒkˈniːd/ *adj* patizambo

knockoff /ˈnɑːkɔːf || ˈnɒkɒf/ *n* (AmE sl) imitación *f*

knock-on /ˈnɑːkˈɑːn || ˌnɒkˈɒn/ *adj*: **~ effect** repercusiones *fpl*; **it will have a ~ effect on the local economy** repercutirá *or* tendrá repercusiones en la economía local; **they were afraid of the ~ effects of the plant closure** temían la reacción en cadena que podría seguir al cierre de la planta

knockout[1] /ˈnɑːkaʊt || ˈnɒkaʊt/ *n* **1** (in boxing) nocaut *m*, K.O. *m* (*read as: nocaut or* (Esp) *cao*) **to win by a ~** ganar por nocaut *or* por K.O. **2** (person, thing) (colloq): **he/she's a ~** está super bien; **the show was a ~** el espectáculo fue un exitazo (fam)

knockout[2] *adj* **1** (*before n*) demoledor, fulminante **2** ‹*competition*› eliminatorio **3** (very good) (colloq) sensacional, formidable

knockout drops *pl n* (sl & dated) somnífero *m*

knock-up /ˈnɑːkʌp || ˈnɒkʌp/ *n* (in tennis) (BrE) peloteo *m*

knoll /nəʊl/ *n* loma *f*, montículo *m*

knot[1] /nɑːt || nɒt/ *n*

A **1** (in string, tie, hair) nudo *m*; **to tie/untie a ~** hacer*/deshacer* un nudo; **to put** *o* **tie a ~ in one's handkerchief** hacer* un nudo en el pañuelo (*para no olvidarse de algo*); **pull the ~ tight** aprieta bien el nudo; **I can't get the ~s out of my hair** no logro desenredarme el pelo; **the marriage ~** el lazo *or* vínculo matrimonial; **I had a ~ in my stomach** tenía un nudo en el estómago; ***to tie sb up in ~s*** enredar *or* liar* a algn; ***to tie the ~*** (colloq) casarse; **when are you tying the ~?** ¿para cuándo es el casorio? (fam) **2** (in muscles) nódulo *m* **3** (in wood, tree) nudo *m* **4** (cluster) puñado *m*; **a ~ of people** un puñado de personas

B (measure of speed) nudo *m*; ***at a rate of ~s*** (BrE colloq) a toda mecha (fam)

knot[2] **-tt-** *vt* ‹*rope/thread*› hacer* un nudo en; **to ~ two things together** anudar dos cosas

■ **knot** *vi* hacerse* un nudo

knotted /ˈnɑːtəd || ˈnɒtɪd/ *adj* nudoso, lleno de nudos; ***get ~!*** (BrE colloq) ¡vete a que te zurzan! (fam)

knotty /ˈnɑːti || ˈnɒti/ *adj* **-tier, -tiest** **1** ‹*problem*› enredado, espinoso **2** ‹*wood*› nudoso; **the planks were so ~ that ...** las planchas tenían tantos nudos que …

know[1] /nəʊ/ (*past* **knew**; *past p* **known**) *vt*

A **1** (have knowledge of, be aware of) saber*; **I don't ~ his name/how old he is** no sé cómo se llama/cuántos años tiene; **do you ~ the words of the song?** ¿sabes la letra de la canción?; **to ~ sth ABOUT sth** saber* algo DE algo; **what do you ~ about that?** ¿tú qué sabes de eso?; **not to ~ the first thing about sth** no saber* nada *or* no tener* ni idea de algo; **he's clever/wrong and he ~s it** es listo/está equivocado y lo sabe; **his wife ~s it** su mujer lo sabe *or* está enterada; **I knew it! you've changed your mind!** ¡ya sabía yo que ibas a cambiar de idea!; **I didn't ~ (that) you had a brother!** no sabía que tenías un hermano!; **I ~ you're upset but ...** ya sé que estás disgustado pero …; **how was I to ~ that ... ?** ¿cómo iba yo a saber que … ?; **I should have ~n this would happen** tenía que haber(me) imaginado que iba a pasar esto; **I don't ~ that I agree/that I'll be able to come** no sé si estoy de acuerdo/si podré ir; **I'll have you ~ that ...** has de saber que …, para que sepas, …; **you ~ as well as I do that ...** sabes tan bien como yo que …; **I don't ~ how to put this, but ...** no sé cómo decirlo, pero …; **I don't ~ what you mean** no sé qué quieres decir; **you ~ what he's like** ya sabes cómo es (él), ya lo conoces; **before I knew where I was, it was ten o'clock** cuando quise darme cuenta *or* (RPl tb) cuando quise acordar, eran las diez; **it is well ~n that ...** todo el mundo sabe que …; **it's not widely ~n that she also paints** poca gente *or* no todo el mundo sabe que también pinta; **it soon became ~n that ...** pronto se supo que …; **to be ~n to + INF: he's ~n to be dangerous/opposed to the idea** se sabe que es peligroso/que se opone a la idea; **I ~ her to be a reliable person/a liar** me consta que es de fiar/una mentirosa; **we knew him for a devout man** (frml) lo teníamos por un hombre devoto; **I ~ that for a fact** me consta que es así; **to ~ to + INF** (colloq): **he does ~ to turn off the gas, doesn't he?** sabe que tiene que desconectar el gas ¿no?; **she ~s not to disturb us** sabe (muy bien) que no tiene que molestarnos; **to let sb ~ sth** decirle* algo a algn, hacerle* saber *or* comunicarle* algo a algn (frml); (warn) avisarle algo a algn; **let me ~ how much it's going to cost** dime cuánto va a costar; **let me ~ when you're going to arrive** avísame cuándo vas a llegar; **let me ~ your decision** hágame saber *or* comuníqueme su decisión (frml); **he let it be ~n that ...** dio a entender que …; **to make sth ~n to sb** hacerle* saber algo a algn; **he made it ~n to us that ...** nos hizo saber que …; **without our ~ing it** sin saberlo nosotros, sin que lo supiéramos; **there's no ~ing what he might do** quién sabe qué hará; **do you ~ what!** ¿sabes qué?; **I ~ what: let's go skating!** ¡tengo una idea: vayamos a patinar!; **well, what do you ~!** ¡qué te parece!, ¡pues mira tú!; **maybe she forgot; what** *o* **how do I ~!** ¡(y) yo qué sé, quizá se haya olvidado!; **he's not very patient — don't I ~ it!** no tiene mucha paciencia — ¡si lo sabré yo!; **wouldn't you ~ it: it's starting to rain!** ¡no te digo, se ha puesto a llover!; ***not to ~ which way*** *o* ***where to turn*** no saber* qué hacer; ***to ~ sth backwards***: **she ~s her part backwards (and forwards)** se sabe el papel al dedillo *or* al revés y al derecho *or* (CS tb) de atrás para adelante **2** (have practical understanding of) ‹*French/shorthand*› saber* **3** (have skill, ability) **to ~ how to + INF** saber* + INF; **he doesn't ~ how to swim** no sabe nadar

B **1** (be acquainted with) ‹*person/place*› conocer*; **I ~ her from college/from somewhere** la conozco de la universidad/de algún sitio; **we've ~n each other for years** hace años que nos conocemos; **how well do you ~ her?** ¿la conoces mucho *or* bien?; **I only ~ her by name** la conozco *or* (AmL tb) la ubico sólo de nombre; **it's not *what* you ~, it's *who* you ~ that is important** lo que importa no es lo que sabes sino a quién conoces; **I thought you'd forgotten — you ~ me better than that!** pensé que te habías olvidado — ¿pero no me conoces? *or* ¡sabes que sería incapaz!; **you ~ me/him: ever the optimist** ya me/lo conoces: siempre tan optimista; **if I ~ her, she won't even be up yet** conociéndola, seguro que ni siquiera se ha levantado; **do you ~ France at all?** ¿conoces Francia?; **to get to ~ sb: how did they get to ~ each other?** ¿cómo se conocieron?; **I got to ~ him better/quite well** llegué a conocerlo mejor/bastante bien; **to get to ~ sth** familiarizarse* con algo; **I'm still getting to ~ the area** todavía no conozco bien la zona; **to make oneself ~n to sb** darse* a conocer a algn; **we knew her as Mrs Balfour/the little old lady next door** para nosotros era la Sra Balfour/la viejita de al lado **2** (have personal experience of): **he has ~n poverty/success** ha conocido la pobreza/el éxito; **he ~s no fear** no sabe lo que es *or* no conoce el miedo; **you don't ~ what it is to be hungry** (tú) no sabes lo que es tener hambre **3** (be restricted by) (liter) tener*; **her ambition ~s no limits** su ambición no tiene límites **4** (Bib) (arch) (sexually) conocer* (arc)

C **1** (recognize, identify) reconocer*; **I'd ~ that voice anywhere** reconocería esa voz en cualquier parte; **would you ~ him?** ¿lo reconocerías?; **would you ~ the street?** ¿reconocerías la calle?; **she ~s a good thing when she sees one** sabe lo que es bueno; **to ~ sth/sb BY sth** reconocer* algo/a algn POR algo **2** (distinguish) **to ~ sth/sb FROM sth/sb** distinguir* algo/a algn DE algo/algn; **I don't ~ one from the other** no los distingo, no distingo al uno del otro

D (see, experience) (*only in perfect tenses*): **I've never ~n her (to) lose her temper** nunca la he visto perder los estribos; **this has been ~n to happen before** esto ya ha ocurrido otras veces; **I have been ~n to read a book occasionally, you know** algún libro leo de vez en cuando, aunque te parezca mentira

■ **know** *vi* saber*; **what happened? — nobody ~s** ¿qué pasó? — no se sabe; **how do you ~?** ¿cómo lo sabes?; **when will you ~?** ¿cuándo lo sabrás?; **I can't accept, as he well ~s** sabe muy bien que no puedo aceptar; **I won't argue: you ~ best** no voy a discutir: tú sabrás; **I ~!** ¡ya sé!, ¡tengo una idea!; **I ought to ~!** ¡si lo sabré yo!; **let me ~ as soon as he arrives** avísame en cuanto llegue; **when will they let us ~?** ¿cuándo nos lo dirán *or* (frml) nos lo comunicarán?; **you could have let me ~!** ¡me lo podrías haber dicho!; **I don't think so: I ~ so** no es que lo crea, es que lo sé *or* me consta; **you never ~** nunca se sabe; **I needed help, but they didn't want to ~** necesitaba ayuda, pero ellos … ¡si te he visto no me acuerdo!; **the government didn't want to ~** el gobierno se desentendió completamente *or* no quiso saber nada; **I'm not stupid, you ~!** oye, que no soy tonto ¿eh? *or*

¿sabes?; **you'll have to work harder, you ~** vas a tener que trabajar más ¿eh?; **you ~, if I had the choice, I'd quit tomorrow** ¿sabes qué? *or* ¿sabes una cosa? si pudiera, me iba mañana mismo; **it's not fair, you ~, they should have told us** no hay derecho, la verdad, debieron habérnoslo dicho; **to ~ ABOUT sth/sb**: **he ~s about computers** sabe *or* entiende de computadoras; **I didn't ~ about the strike** no estaba enterado *or* no sabía de lo de la huelga; **we ~ about your little escapade!** ¡estamos enterados de tu aventurita!; **I wish we'd ~n about it earlier** ojalá nos hubiéramos enterado antes, ojalá lo hubiéramos sabido antes; **can I invite him? — I don't ~ about that, we'll have to see** ¿lo puedo invitar? — no sé, veremos; **to get to ~ about sth** enterarse de algo; **did you ~ about John?** ¿sabías lo de John?, ¿estabas enterado de lo de John?; **I don't ~ about you, but I'm hungry** yo no sé tú, pero yo tengo hambre; **to ~ OF sth/sb**: **she knew of their activities** tenía conocimiento *or* estaba enterada de sus actividades; **not that I ~ of** que yo sepa, no; **do you ~ of a good carpenter?** ¿conoces a *or* sabes de algún carpintero bueno?; **I don't actually ~ her, I ~ *of* her** no la conozco personalmente, sólo de oídas

know² *n*: ***to be in the ~*** estar* enterado; **those in the ~ say that ...** los enterados dicen que ...

knowable /'nəʊəbəl/ *adj* conocible

know-all /'nəʊɔːl/ *n* (BrE) ▸ **know-it-all**

knowhow /'nəʊhaʊ/ *n* [u] know-how *m*, pericia *f*, conocimientos *mpl* y experiencia

knowing /'nəʊɪŋ/ *adj* ‹*smile*› de complicidad; **she gave me a ~ look** me miró dándome a entender que ya lo sabía

knowingly /'nəʊɪŋli/ *adv* [1] ‹*smile/nod*› de manera cómplice [2] (deliberately) ‹*hurt/lie*› a sabiendas; **she had ~ received stolen goods** había recibido objetos robados a sabiendas

know-it-all /'nəʊɪtɔːl/ *n* (colloq) sabelotodo *mf* (fam), sabihondo, -da *m,f* (fam)

knowledge /'nɑːlɪdʒ || 'nɒlɪdʒ/ *n* [u]

A (awareness) conocimiento *m*; **I had no ~ of their activities** no estaba enterado *or* (frml) no tenía conocimiento de sus actividades; **do you have any ~ of his whereabouts?** ¿conoce su paradero?; **it has come to my ~ that ...** ha llegado a mi conocimiento que ... (frml), me he enterado de que ...; **to (the best of) my ~, she's still in Paris** que yo sepa, sigue en París; **to the best of my ~ and belief** a mi leal saber y entender; **has he changed his mind? — not to my ~** ¿ha cambiado de opinión? — que yo sepa, no; **there are, to my certain ~, at least four of them** sé con seguridad *or* me consta que son por lo menos cuatro; **she did it in the ~ that ...** lo hizo sabiendo que *or* a sabiendas de que ...; **he acted in full ~ of the consequences** actuó con plena conciencia de las consecuencias; **permission was granted without my ~** el permiso fue otorgado sin que yo lo supiera *or* sin mi conocimiento; **it is common ~ that ...** todo el mundo sabe que ...

B (facts known) saber *m*; (by particular person) conocimientos *mpl*; **the pursuit of ~** la búsqueda del saber; **my ~ of Spanish/the law is very limited** mis conocimientos de español/de la ley son muy limitados; **he has a working ~ of French** se defiende bastante bien en francés; **he has a thorough ~ of the subject** conoce el tema a fondo

knowledgeable /'nɑːlɪdʒəbəl || 'nɒlɪdʒəbəl/ *adj* ‹*person*› (about current affairs) informado; (about given subject) entendido; (in general) culto; **he's very ~ about wine/politics** sabe mucho de *or* está muy impuesto en tema de vinos/política

knowledgeably /'nɑːlɪdʒəbli || 'nɒlɪdʒəbli/ *adv* inteligentemente, con conocimiento

knowledge economy *n* [u] (Busn) economía *f* del conocimiento

known¹ /nəʊn/ *past p of* **know¹**

known² *adj* ‹*fact*› conocido, sabido; **the ~ world** el mundo conocido; **a little-~ artist** un artista poco conocido; **her last ~ address** la última dirección que se le conoce; **to be ~ AS sth** (have reputation) tener* fama DE algo; (be called): **he likes to be ~ as Alex** le gusta que lo llamen Alex; **you'll need what's ~ as an affidavit** vas a necesitar lo que se conoce como *or* lo que llaman un afidávit; **better ~ as ...** más conocido como ...; **before she became ~ as an author** antes de que se hiciera famosa como escritora; **to be ~ TO sb**: **she is ~ to the police** la policía la tiene fichada; **that wasn't ~ to me at the time** en aquel momento no lo sabía *or* no estaba enterada; **he's ~ to his friends as Bozo** sus amigos lo llaman Bozo; **for reasons best ~ to herself** por motivos que ella conocerá; **to be ~ FOR sth**: **he's ~ for his wit/leftwing views** se le conoce por su chispa/sus opiniones de izquierda; **he's better ~ for his work in films** se le conoce mejor por su trabajo cinematográfico

know-not /'nəʊ,nɑːt || 'nəʊ,nɒt/ *n* (colloq) ▸ **know-nothing**

know-nothing /'nəʊ,nʌθɪŋ/ *n* (colloq) ignorante *mf*, analfabeto, -ta *m,f* (fam)

knuckle /'nʌkəl/ *n* [1] (finger joint) nudillo *m*; ***to be near the ~*** (BrE colloq) pasarse de castaño oscuro (fam); ***to give sb a rap*** *o* ***to rap sb on*** *o* (esp BrE) ***over the ~s*** (rebuke) llamarle la atención a algn, echarle un rapapolvo a algn (Esp fam), darle* un café a algn (RPl fam); (lit: hit) darle* en los nudillos a algn [2] (of pork) codillo *m*; (of veal) morcillo *m*, jarrete *m* [3] **knuckles** (AmE) ▸ **brass knuckles**

Phrasal verbs

- **knuckle down** [v + adv] ponerse* a trabajar en serio; **to ~ down TO sth**: **you'd better ~ down to some hard work** va a ser mejor que te pongas a trabajar en serio
- **knuckle under** [v + adv] ceder*, pasar por el aro; **to ~ under TO sth**: **she finally ~d under to the pressure/our demands** finalmente cedió a la presión/accedió a lo que exigíamos

knucklebone /'nʌkəlbəʊn/ *n* (of pork) hueso *m* de codillo; (of veal) hueso *m* de caña

knuckleduster /'nʌkəl,dʌstər || 'nʌkəl,dʌstə(r)/ *n* (BrE) ▸ **brass knuckles**

knucklehead /'nʌkəlhed/ *n* (colloq) cabeza *mf* de chorlito (fam)

knuckle joint *n* [1] (Anat) articulación *f* del dedo [2] (Tech) articulación *f*

knurl /nɜːrl || nɜːl/ *n* cordoncillo *m*

knurled /nɜːrld || nɜːld/ *adj* estriado, acordonado

KO¹ /'keɪ'əʊ/ *n* (in boxing) (colloq) K.O. *m* (*read as: nocaut o* (Esp) *cao*)

KO² *vt* **KO's, KO'ing, KO'd** (colloq) noquear (fam), dejar fuera de combate

koala /kəʊ'ɑːlə/ *n*: **~ (bear)** koala *m*

Koblenz /'kəʊblents/ *n* Coblenza *f*

kohlrabi /kəʊl'rɑːbi/ *n* [u c] (*pl* **-bis**) colinabo *m*

kook /kuːk/ *n* (AmE colloq) chiflado, -da *m,f* (fam), majareta *mf* (Esp fam)

kooky /'kuːki/ *adj* **-kier, -kiest** (AmE colloq) chiflado (fam), majareta (Esp fam); ‹*hairstyle*› estrambótico

kopeck, kopek /'kəʊpek/ *n* copec(k) *m*, kopek *m*

Koran /kə'rɑːn/ *n*: **the ~** el Corán

Korea /kə'riːə/ *n* Corea *f*; **North/South ~** Corea del Norte/Sur

Korean¹ /kə'riːən/ *adj* coreano

Korean² *n* [1] [c] (person) coreano, -na *m,f*; **North ~** norcoreano, -na *m,f*; **South ~** surcoreano, -na *m,f* [2] [u] (language) coreano *m*

koruna /kɑː'ruːnə || kɒ'ruːnə/ *n* corona *f* (checoslovaca)

kosher /'kəʊʃər || 'kəʊʃə(r)/ *adj* [1] ‹*food/butcher*› kosher *adj inv* [2] (genuine, legitimate) (colloq) legítimo, legal (fam)

Kosovan¹ /'kɑːsəvən || 'kɒsəvən/, **Kosovar** /'kɑːsəvɑːr || 'kɒsəvɑː(r)/ *adj* kosovar

Kosovan², Kosovar *n* kosovar

Kosovo /'kɑːsəvəʊ || 'kɒsəvəʊ/ *n* Kosovo *m*

Kotex® /'kəʊteks/ *n* (AmE) compresa *f*, toalla *f* higiénica

kowtow /kaʊ'taʊ/ *vi*: *tocar el suelo con la frente en señal de respeto*; (be servile) **to ~ TO sb** doblar la cerviz *or* doblegarse* ANTE algn, rendirle* pleitesía A algn

kph (= kilometers *o* (BrE) **= kilometres per hour)** Km/h.

Krakow /'krɑːkaʊ || 'krækaʊ/ *n* Cracovia *f*

kraut /kraʊt/ *n* (sl & offensive) alemán, -mana *m,f*

Kremlin /'kremlən || 'kremlɪn/ *n*: **the ~** el Kremlin

krill /krɪl/ *n* (*pl* **~**) krill *m*, camarón *m* antártico

krona /'krəʊnə/ *n* (*pl* **-nor** /-nər || -nə(r)/) corona *f* (*sueca*)

krone /'krəʊnə/ *n* (*pl* **-ner** /-nər || -nə(r)/) corona *f* (*danesa o noruega*)

krugerrand /'kruːgərrænd || 'kruːgərænd/ *n* krugerrand *m*

krypton /'krɪptɑːn || 'krɪptɒn/ *n* [u] criptón *m*

KS = Kansas

kudos /'kuːdɑːs || 'kjuːdɒs/ *n* [u] prestigio *m*

Ku Klux Klan /'kuː'klʌks'klæn/ *n* (in US): **the ~ ~ ~** el Ku Klux Klan

> **Ku Klux Klan - KKK**
>
> Una organización secreta en EEUU, que se opone a la igualdad de derechos para los afroamericanos ▸ **African-American**. Se estableció en 1866, después de la abolición de la esclavitud. Declarada ilegal en 1871, resurgió en 1915, ampliando sus ataques para incluir también a los judíos, católicos y extranjeros. Durante los años 60 se opuso violentamente a la campaña por la igualdad de los derechos civiles de los afroamericanos. En la actualidad tiene poca influencia. Los miembros del KKK se visten con túnicas largas de color blanco y capuchones altos terminados en punta que les ocultan la cara.

kumara /'kuːmərə/ *n* (NZ) (Culin) boniato *m*, batata *f*, camote *m* (Andes, Méx)

kumquat /'kʌmkwɑːt || 'kʌmkwɒt/ *n* naranjita *f* china, kumquat *m*, quinoto *m*

kung fu /'kʌŋ'fuː/ *n* [u] kung fu *m*

Kurd /kɜːrd || kɜːd/ *n* kurdo, -da *m,f*

Kurdish¹ /'kɜːrdɪʃ || 'kɜːdɪʃ/ *adj* kurdo

Kurdish² *n* (Ling) kurdo *m*

Kurdistan /,kɜːrdə'stɑːn, -stæn || ,kɜːdə'stɑːn, -stæn/ *n* Kurdistán *m*

Kuwait /kə'weɪt || kʊ'weɪt/ *n* Kuwait *m*

Kuwaiti¹ /kə'weɪti || kʊ'weɪti/ *adj* kuwaití

Kuwaiti² *n* kuwaití *mf*

kV, kv *n* (**= kilovolt(s)**) kV

kwaito /'kwaɪtəʊ/ *n* [u] (SAfr) (Mus) kwaito *m* (*estilo de música popular*)

KY, Ky = Kentucky

Kyrgyzstan /,kɜːrgə'stɑːn || ,kɜːgɪ'stɑːn, -stæn/ *n* (Geog) Kirguizistán *m*, Kirguistán *m*

Ll

I, L /el/ *n* [1] l, L *f* [2] (Clothing) (= **large**) G (*talla grande*) [3] (= **liter(s)** *or* (BrE) = **litre(s)**) l. [4] (BrE) (Auto): ⓢ **L** = **(learner)** L (*conductor en aprendizaje*)

la /lɑː/ *n* la *m*

La = **Louisiana**

LA [1] = **Los Angeles** [2] = **Louisiana**

lab /læb/ *n* (colloq) laboratorio *m*; **science/language ~** laboratorio de ciencias/idiomas; (*before n*): **~ coat** bata *f* blanca; **~ technician/tests** técnico *mf*/pruebas *fpl* de laboratorio

Lab
A = **Labrador**
B (in UK) (Pol) = **Labour**

label[1] /ˈleɪbəl/ *n*
A [1] (on bottle, file) etiqueta *f*, rótulo *m*; (on clothing, luggage) etiqueta *f*, marbete *m*; **sticky ~** etiqueta autoadhesiva, rótulo autoadhesivo; **address ~** etiqueta con la dirección [2] (brand name) marca *f* [3] (record company) sello *m* discográfico [4] (Comput) etiqueta *f*
B (epithet) etiqueta *f*

label[2] *vt* BrE **-ll-** [1] ‹*bottle/file*› etiquetar, rotular, ponerle* una etiqueta a; ‹*luggage*› ponerle* una etiqueta a; **all his shirts were ~ed** todas sus camisas tenían una etiqueta con su nombre; **I opened the drawer ~ed 'samples'** abrí el cajón con la etiqueta que decía 'muestras'; **every box must be clearly ~ed** cada caja debe llevar una etiqueta que indique claramente su contenido [2] (categorize) **to ~ sth/sb (AS) sth** catalogar* *or* calificar* *or* etiquetar algo/a algn DE algo

labeling, (BrE) **labelling** /ˈleɪblɪŋ/ *n* [u] etiquetado *m*, etiquetaje *m*

labia /ˈleɪbiə/ *pl n* labios *mpl*

labial[1] /ˈleɪbiəl/ *adj* (Anat, Ling) labial

labial[2] *n* (Ling) labial *f*

labiodental[1] /ˌleɪbiəʊˈdentl/ *adj* labiodental

labiodental[2] *n* labiodental *f*

labor[1], (BrE) **labour** /ˈleɪbər || ˈleɪbə(r)/ *n*
A [u] (Econ, Lab Rel) [1] (productive work) trabajo *m*; **the division of ~** la división del trabajo; **to withdraw one's ~** ir* a la huelga; **Department of L~** (in US) Ministerio *m* de Trabajo, Secretaría *f* de Trabajo (Méx); (*before n*) ‹*dispute/laws*› laboral; **~ costs** costo *m or* (Esp tb) coste *m* de la mano de obra; **~ force** trabajadores *mpl*, mano *f* de obra; **~ leader** (in US) líder *mf or* dirigente *mf* sindical; **the ~ market** el mercado de trabajo; **the ~ movement** el movimiento obrero; **~ relations** relaciones *fpl* laborales; **~ supply** oferta *f* de mano de obra [2] (workers) mano *f* de obra; **cheap ~** mano de obra barata; **organized ~** sindicalización *f*, sindicación *f* (esp Esp)
B **Labour** (in UK) (Pol) (*no art, + sing or pl vb*) los laboristas, el Partido Laborista; **she voted L~** votó a *or* por los laboristas; (*before n*) ‹*candidate/policy*› laborista
C [1] [u c] (effort) esfuerzos *mpl*, trabajo *m*; **the fruits of their ~s** los frutos de sus esfuerzos *or* de su trabajo [2] [c] (task) labor *f*, tarea *f*; **a ~ of love** una labor realizada con amor; **the ~s of Hercules** los trabajos de Hércules
D [u] (Med) parto *m*; **a difficult ~** un parto difícil; **to be in ~** estar* de parto *or* en trabajo de parto; **to go into ~** entrar en trabajo de parto; (*before n*): **~ pains** dolores *mpl or* contracciones *fpl* del parto; **~ ward** sala *f* de partos

labor[2], (BrE) **labour** *vt*: **to ~ a point** insistir excesivamente sobre un punto; **he did rather ~ the subject** se extendió farragosamente sobre el tema
■ **labor** *vi*
A [1] (toil) trabajar; **to ~ for a cause** luchar *or* trabajar por una causa; **to ~ AT sth** trabajar incansablemente EN algo [2] (work as laborer) (*only in -ing form*): **he got a job ~ing/a ~ing job** consiguió un trabajo de peón
B (struggle) «*engine*» ahogarse*; «*ship*» bambolearse; **he ~ed up the hill** subió trabajosamente *or* penosamente la cuesta; **he was ~ing under the misapprehension** *o* **delusion that ...** se engañaba pensando que ..., se creía que ...

laboratory /ˈlæbərətɔːri || ləˈbɒrətri/ *n* (*pl* **-ries**) laboratorio *m*; (*before n*): **~ animals** animales *mpl* de laboratorio; **~ assistant** auxiliar *mf* de laboratorio; **~ equipment** equipo *m* de laboratorio; **~ experiment** experimento *m* de laboratorio; **~ technician** técnico, -ca *m,f* de laboratorio; **~ test** prueba *f* de laboratorio

labor camp, (BrE) **labour camp** *n* campo *m* de trabajos forzados

Labor Day, (BrE) **Labour Day** /ˈleɪbər || ˈleɪbə(r)/ *n* Día *m* del Trabajo *or* de los trabajadores

> **Labor Day**
>
> El Día del Trabajo es un día festivo de carácter nacional en EEUU, celebrado el primer lunes de septiembre en honor a los trabajadores.

labored, (BrE) **laboured** /ˈleɪbərd || ˈleɪbəd/ *adj* [1] ‹*breathing*› dificultoso, fatigoso [2] ‹*metaphor/joke*› forzado, torpe

laborer, (BrE) **labourer** /ˈleɪbərər || ˈleɪbərə(r)/ *n* peón *m*; (in construction industry) peón *m* de albañil; **farm ~** peón *m*, trabajador *m* agrícola; **day ~** jornalero, -ra *m,f*, bracero, -ra *m,f*

labor-intensive, (BrE) **labour-intensive** /ˌleɪbərɪnˈtensɪv/ *adj* que requiere mucha mano de obra

laborious /ləˈbɔːriəs/ *adj* ‹*task/process*› laborioso; ‹*style/prose*› farragoso, poco fluido; **in ~ detail** con excesivo detalle

laboriously /ləˈbɔːriəsli/ *adv* ‹*assemble/sew*› laboriosamente; ‹*explain/write*› farragosamente, trabajosamente; **he struggled ~ up the slope** subió trabajosamente *or* penosamente la cuesta, subió la cuesta con dificultad

laborsaving, (BrE) **labour-saving** /ˈleɪbərˌseɪvɪŋ || ˈleɪbəˌseɪvɪŋ/ *adj* (*before n*) que ahorra trabajo

labor union *n* (AmE) sindicato *m*

labour *etc* (BrE) ▸**labor**[1], **labor**[2] *etc*

Labour Exchange *n* (in UK) (dated) oficina *f* de empleo, bolsa *f* de trabajo

Labourite /ˈleɪbəraɪt/ *n* (in UK) laborista *mf*

Labour Party *n* (in UK) Partido *m* Laborista

> **Labour Party**
>
> El Partido Laborista es uno de los tres principales partidos políticos de Gran Bretaña. Accedió por primera vez al poder en 1924 con el objetivo de representar los ▸▸▸ intereses de los trabajadores y sindicatos. En las últimas décadas, ha abandonado su postura de izquierda en puntos tales como la propiedad pública de la industria y los servicios, y hoy en día sus líderes prefieren denominarlo New Labour.

labrador /ˈlæbrədɔːr || ˈlæbrədɔː(r)/ *n* labrador *m*

laburnum /ləˈbɜːrnəm || ləˈbɜːnəm/ *n* laburno *m*

labyrinth /ˈlæbərɪnθ/ *n* laberinto *m*

labyrinthine /ˌlæbəˈrɪnθaɪn/ *adj* laberíntico

lace[1] /leɪs/ *n*
A [u] [1] (fabric) encaje *m*; (as border) puntilla *f*; (*before n*) ‹*handkerchief/curtains*› de encaje [2] (on uniform) (Mil) galón *m*
B [c] (*shoe~*) [1] cordón *m* (de zapato), agujeta *f* (Méx), pasador *m* (Per); **your ~s are undone** tienes los cordones de los zapatos desatados *or* (AmL exc RPl) desamarrados, tienes las agujetas desamarradas (Méx) *or* (Per) los pasadores desamarrados [2] (cord) cordón *m*

lace[2] *vt*
A [1] ‹*shoes/boots*› acordonar, ponerles* los cordones *or* (Méx) las agujetas *or* (Per) los pasadores a [2] (thread) pasar; **~ the cord through the holes** pase el cordón por los agujeros
B [1] (fortify, spice) **to ~ sth WITH sth**: **he ~d my drink with vodka** me echó un chorro de vodka en la bebida; **the dessert was ~d with liqueur** el postre estaba rociado de licor; **a story ~d with wit and irony** una historia con una buena dosis de chispa e ironía [2] (mark, streak) (*usu pass*) **to be ~d WITH sth** estar* surcado DE algo
■ **lace** *vi* **~ (up)** atarse, amarrarse (AmL exc RPl)

(Phrasal verb)
• **lace into** [v + prep + o] (colloq) [1] (physically) emprenderla a golpes con, arremeter contra [2] (verbally) arremeter contra

lacemaker /ˈleɪsmeɪkər || ˈleɪsmeɪkə(r)/ *n* encajero, -ra *m,f*

lacemaking /ˈleɪsmeɪkɪŋ/ *n* [u] labor *f* de encaje

lacerate /ˈlæsəreɪt/ *vt* ‹*flesh*› lacerar; ‹*feelings*› herir*, lacerar (liter)

laceration /ˌlæsəˈreɪʃən/ *n* laceración *f*, desgarro *m*

lace-up[1] /ˈleɪsʌp/ *adj* (*before n*) ‹*shoe*› acordonado

lace-up[2] *n* (BrE) (shoe) zapato *m* acordonado; (boot) bota *f* acordonada

lachrymal /ˈlækrɪməl/ *adj* lacrimal

lachrymose /ˈlækrɪməʊs/ *adj* (liter) [1] (tearful) ‹*person/complaint/tone*› lloroso [2] (sentimental) (pej) lacrimógeno (pey)

lack[1] /læk/ *n* **~ OF sth** falta *f or* (frml) carencia *f* DE algo; **~ of resources** falta *or* (frml) carencia de recursos; **~ of sleep** falta de sueño; **there's no ~ of interest, but ...** no es que no haya *or* que falte interés, pero ..., no es que haya falta de interés, pero ...; **for ~ of anything better to do** a falta de algo mejor que hacer; **it won't be for ~ of trying** no será porque no lo haya intentado

lack[2] *vt* no tener*, carecer* de (frml); **it ~s originality** le falta *or* no tiene originalidad, carece de originalidad (frml); **she ~s confidence** no tiene confianza en sí misma, carece de confianza en sí misma (frml); **he doesn't ~ enthusiasm** entusiasmo no le falta; **he ~s a sense of purpose** no tiene rumbo en la vida; **what she ~s in intelligence she makes up for in enthusiasm** lo que no tiene de inteligente, lo tiene de entusiasta

■ **lack** *vi* (liter) **to ~ FOR sth: they ~ for nothing** no les falta nada, no carecen de nada (frml)

lackadaisical /ˌlækəˈdeɪzɪkəl/ *adj* (lacking vitality) apático, displicente; (lazy) indolente, perezoso; **she's very ~ about her work** es muy displicente con respecto a su trabajo, se toma el trabajo con mucha despreocupación

lackey /ˈlæki/ *n* (*pl* **-eys**) **1▸** (footman) (Hist) lacayo *m* **2▸** (servile follower) lacayo, -ya *m,f*, sirviente, -ta *m,f*

lacking /ˈlækɪŋ/ *adj* (*pred*) **1▸** (absent): **the necessary resources are ~** faltan los recursos necesarios, se carece de los recursos necesarios (frml); **a sense of responsibility is sadly ~ among the staff** lamentablemente hay falta de responsabilidad entre el personal; **what I found ~ in her article was ...** lo que eché en falta en su artículo fue ... **2▸** (deficient) **to be ~ IN sth** no tener* algo, carecer* DE algo (frml); **he is completely ~ in tact** no tiene nada de tacto, carece del más mínimo tacto (frml); **she's never ~ in suggestions** siempre tiene algo que sugerir

lackluster, (BrE) **lacklustre** /ˈlækˌlʌstər || ˈlækˌlʌstə(r)/ *adj* **1▸** (mediocre) ‹*performance/campaign*› deslucido; ‹*candidate*› mediocre **2▸** (dull) ‹*eyes*› apagado, sin brillo; ‹*hair*› opaco, sin brillo

laconic /ləˈkɑːnɪk || ləˈkɒnɪk/ *adj* lacónico

laconically /ləˈkɑːnɪkli || ləˈkɒnɪkli/ *adv* lacónicamente

lacquer[1] /ˈlækər || ˈlækə(r)/ *n* [u c] **1▸** (varnish) laca *f* **2▸** (for nails) esmalte *m* de uñas **3▸** (*hair* ~) laca *f or* fijador *m* (para el pelo)

lacquer[2] *vt* ‹*wood/surface*› laquear, lacar*; **to ~ one's nails** pintarse las uñas; **to ~ one's hair** ponerse* laca *or* fijador en el pelo

lacquered /ˈlækərd || ˈlækəd/ *adj* laqueado, lacado

lacrimal /ˈlækrɪməl/ *adj* ▸**lachrymal**

lacrosse /ləˈkrɔːs || ləˈkrɒs/ *n* [u] lacrosse *m*

lactate /ˈlækteɪt || lækˈteɪt/ *vi* producir* leche

lactation /lækˈteɪʃən/ *n* [u] lactancia *f*

lactic acid /ˈlæktɪk/ *n* [u] ácido *m* láctico

lacto-ovo-vegetarian[1] /ˌlæktəʊˌəʊvəʊˌvedʒəˈteriən || ˌlæktəʊˌəʊvəʊˌvedʒɪˈteəriən/ *n* ovo-lacto-vegetariano, -na *m,f*

lacto-ovo-vegetarian[2] *adj* ovo-lacto-vegetariano

lactose /ˈlæktəʊs/ *n* [u] lactosa *f*

lacto-vegetarian /ˌlaktəʊvedʒəˈteriən || ˌlaktəʊvedʒɪˈteəriən/ *n* lacto-vegetariano, -na *m,f*

lacuna /ləˈkuːnə || ləˈkjuːnə/ *n* (*pl* **-nas** *or* **-nae** /-niː/) (frml) laguna *f*

lacy /ˈleɪsi/ *adj* (made of lace) de encaje; (like lace) como de encaje

lad /læd/ *n* **1▸** (boy) muchacho *m*, chico *m*, chaval *m* (Esp fam), pibe *m* (RPl fam), chavo *m* (Méx, Ven fam), chavalo *m* (AmC, Méx fam), cabro *m* (Chi fam); **when I was a ~** cuando yo era pequeño *or* (esp AmL) chico; **now look here, my ~** mire, jovencito **2▸** (fellow) (BrE colloq) chico *m*, muchacho *m*, cuate *m* (Méx fam), gallo *m* (Chi fam); **the ~s played very well** los chicos *or* muchachos jugaron muy bien; **come on, ~s!** ¡vamos, chicos *or* muchachos!; **he's one of the ~s** es muy buen compinche (fam); **he goes out with the ~s on Fridays** los viernes sale con los amigotes (fam); **he's a bit of a ~** le gustan las faldas

ladder[1] /ˈlædər || ˈlædə(r)/ *n*
A (Const) escalera *f* (de mano); **aerial** *o* (BrE) **turntable ~** escalera *f* giratoria
B **1▸** (scale): **the social ~** la escala social; **the promotion ~** el escalafón; **you have to start at the bottom of the ~** hay que empezar desde abajo; **another step up the ~ to fame** otro peldaño en la escalera hacia la fama **2▸** (BrE) (Sport) liga *f*
C (in stocking, tights) (BrE) carrera *f*

ladder[2] (BrE) *vt*: **to ~ one's stockings** hacerse* una carrera en las medias

■ **ladder** *vi*: **my tights have ~ed** se me ha hecho una carrera en las medias

ladderproof /ˈlædərpruːf || ˈlædəpruːf/ *adj* (BrE) indesmallable, indemallable (CS)

laddie /ˈlædi/ *n* (BrE colloq) ▸**lad 1**

laddish /ˈlædɪʃ/ *adj* (BrE colloq) machista

laden /ˈleɪdn/ *adj* **~ WITH sth** cargado DE algo; **he was ~ with parcels** iba cargado de paquetes; **the table was ~ with food** la mesa estaba repleta de comida; **words ~ with menace** palabras cargadas de amenaza; **the train was fully ~** el tren iba hasta los topes; **a moisture-~ atmosphere** una atmósfera cargada de humedad; (*before n*): **~ weight** peso *m* bruto

ladette /læˈdet/ *n* (BrE colloq) marimacho *mf* (fam)

la-di-da /ˌlɑːdiˈdɑː/ *adj* (colloq) distinguido, afectado, repipi (Esp fam), pituco (CS, Per fam), popoff (Méx fam); **a very ~ accent** un acento de lo más distinguido (*or* repipi *etc*)

ladies[1] /ˈleɪdiz/ *pl of* **lady**

ladies[2] *n* (BrE) ▸**ladies' room**

ladies' fingers *pl n* (vegetable) quimbombó *m*, quingombó *m*

ladies' man *n* donjuán *m*; **he's a bit of a ~ ~** le gustan las faldas

ladies' room *n* (AmE) baño *m or* lavabo *m or* servicio *m* de señoras; ⓢ **Ladies (Room)** Señoras, Damas

lading /ˈleɪdɪŋ/ *n* [c u] (load) carga *f*, cargamento *m*; (act) carga *f*

ladle[1] /ˈleɪdl/ *n* cucharón *m*, cazo *m*

ladle[2] *vt* ‹*soup*› servir* (*con cucharón*)

Phrasal verb

• **ladle out** [v + o + adv, v + adv + o] ‹*soup/stew*› servir* (*con cucharón*); ‹*advice/criticism*› prodigar*, repartir a diestra y siniestra *or* (Esp) a diestro y siniestro

lady /ˈleɪdi/ *n* (*pl* **ladies**)
A **1▸** (woman) señora *f*, dama *f* (frml); **a ~'s watch** un reloj de mujer *or* de señora; **ladies and gentlemen** señoras y señores, damas y caballeros; **the ~ of the house** la señora de la casa; **ladies first!** ¡primero las damas *or* señoras!; **ladies' night** velada *f* en que asisten las damas *or* señoras; **don't you speak to me like that, young ~!** ¡no me hable así jovencita *or* señorita!; **an old ~** una señora mayor; (*before n*): **she wants to see a ~ doctor** quiere que la atienda una doctora *or* médica *or* mujer; **he was seen dining with a ~ friend** lo vieron cenando en compañía femenina; **~ mayoress** (BrE) alcaldesa *f* **2▸** (refined woman) señora *f*, dama *f*; **she was a real ~** era toda una señora *or* dama; **she's quite the young ~** está hecha toda una señorita **3▸** (AmE colloq) (*as form of address*) señora **4▸** (appreciative use) mujer *f*; **she's a very dynamic ~** es una mujer muy dinámica
B ▸ⓘ **p.1213** (noblewoman or wife of a knight) lady *f*; **L~ Spencer** Lady Spencer
C (wife) (frml & dated) señora *f*, esposa *f*; (*before n*): **give my regards to your ~ wife** (BrE) salude de mi parte a su señora esposa (frml)
D (Relig): **Our L~** Nuestra Señora

lady beetle *n* (AmE) ▸**ladybug**

ladybird /ˈleɪdibɜːrd || ˈleɪdibɜːd/ *n* (BrE) ▸**ladybug**

ladybug /ˈleɪdibʌg/ *n* (AmE) mariquita *f*, petaca *f* (Col), chinita *f* (Chi), San Antonio *m* (Ur), vaca *f* de San Antón (Arg)

Lady chapel *n* capilla *f* de la Virgen

ladyfinger /ˈleɪdiˌfɪŋgər || ˈleɪdiˌfɪŋgə(r)/ *n* plantilla *f or* (Esp) soletilla *f or* (Arg) vainilla *f or* (Chi) galleta *f* de champaña

lady-in-waiting /ˈleɪdiɪnˈweɪtɪŋ/ *n* (*pl* **ladies-in-waiting**) dama *f* de honor

lady-killer /ˈleɪdiˌkɪlər || ˈleɪdiˌkɪlə(r)/ *n* (colloq) donjuán *m* (fam), castigador *m* (Esp fam)

ladylike /ˈleɪdilaɪk/ *adj* fino, elegante, propio de una dama

ladylove /ˈleɪdilʌv/ *n* (dated *or* hum) bien amada *f* (liter o hum)

ladyship /ˈleɪdiʃɪp/ ▸ⓘ **p.1213** *n*: **Her/Your L~** la señora

LAFTA /ˈlæftə/ *n* (**= Latin American Free Trade Association**) ALALC *f*

lag[1] /læg/ *n*
A (interval) lapso *m*, intervalo *m*; (delay) retraso *m*, demora *f*
B (BrE colloq): **an old ~** un veterano de la cárcel

lag[2] *vi* **-gg-** quedarse atrás, rezagarse*; **to ~ behind**: **don't ~ behind** no se queden atrás, no se rezaguen; **a small group was ~ging behind the others** un pequeño grupo iba a la zaga de los demás; **we still ~ behind in car production** aún estamos a la zaga en producción automovilística; **wages were ~ging behind inflation** los salarios iban a la zaga de la inflación

■ **lag** *vt* ‹*pipes/cylinder*› calorifugar*, revestir* con aislantes

lager /ˈlɑːgər || ˈlɑːgə(r)/ *n* [u c] cerveza *f* (rubia); (*before n*): **~ lout** (BrE) vándalo *m*, gamberro *m* de litrona (Esp)

laggard /ˈlægərd || ˈlægəd/ *n* (liter) rezagado, -da *m,f*

lagging /ˈlægɪŋ/ *n* [u] aislamiento *m*, revestimiento *m*

lagoon /ləˈguːn/ *n* laguna *f*

lah /lɑː/ *n* (BrE) la *m*

lah-di-dah *adj* ▸**la-di-da**

laid /leɪd/ *past & past p of* **lay**[2]

laid-back /ˈleɪdˈbæk/ *adj* (colloq) ‹*person/attitude*› tranquilo y relajado, despreocupado; ‹*atmosphere*› relajado; ‹*music*› relajante; **she is very ~ in her approach to work** se toma el trabajo con mucha tranquilidad

lain /leɪn/ *past p of* **lie**[2] **Sense II**

lair /ler || leə(r)/ *n* guarida *f*

laird /lerd || leəd/ *n* (Scot) terrateniente *m*

laissez-faire, laisser-faire /ˌleɪseɪˈfer || ˌleɪseɪˈfeə(r)/ *n* [u] laissez faire *m*, liberalismo *m* (económico); (*before n*) ‹*economics*› liberalista; ‹*attitude*› liberal

laity /ˈleɪəti/ *n* (+ *sing or pl vb*): **the ~** los laicos, el laicado

lake /leɪk/ *n* lago *m*; **milk/wine ~** (BrE) (EU) excedentes *mpl* de leche/vino; ***go (and) jump in a ~!*** (colloq) ¡vete a freír espárragos! (fam)

Lake District *n*: **the ~ ~** el Lake District (*región de lagos al noroeste de Inglaterra*)

lakeside /ˈleɪksaɪd/ *n*: **by the ~** a orillas del lago; (*before n*) ‹*cottage*› a orillas de un lago, ribereño

la-la-land /ˈlɑːlɑːlænd/ *n* [u] (AmE colloq) (*no art*)
A (Los Angeles) Los Angeles; (Hollywood) Hollywood *m*
B (dream world) mundo *m* de ensueño, mundo *m* ideal; **he lives in ~** vive en las nubes

lam /læm/ *n* (AmE): ***to go on the ~*** (journ) darse* a la fuga, escaparse; **he's still on the ~** sigue fugitivo; ***to take it on the ~*** darse* a la fuga, escaparse

Phrasal verb

• **lam into** [v + prep + o] **-mm-** (BrE) (colloq) ▸**lace into**

lama /ˈlɑːmə/ *n* lama *m*

lamb[1] /læm/ *n* **1▸** [c] (young sheep) cordero *m*; (over one year old) borrego *m*; **he just stood there like a ~** se quedó allí como atontado; **she took it like a ~** se lo tomó muy mansamente; **the L~ of God** (Relig) el Cordero de Dios; ***like a ~ to the slaughter*** como cordero que llevan al matadero **2▸** [u] (Culin) cordero *m*; (*before n*): **~ chop** chuleta *f* de cordero **3▸** [c] (*as term of endearment*): **be a ~ and ...** sé bueno y ...; **the poor ~'s exhausted** el pobrecito está rendido

lamb[2] *vi* «*ewe*» parir

lambast /læmˈbæst/, **lambaste** /-ˈbeɪst/ *vt* ‹*opponent/plan/show*› arremeter contra

lambent /ˈlæmbənt/ *adj* (liter) que brilla con luz tenue

lambing /ˈlæmɪŋ/ *n* [u] parición *f* (*de las ovejas*), (época *m* del) nacimiento *m* de los corderos

l

lambskin /ˈlæmskɪn/ *n* [u c] borreguillo *m*, corderito *m* (AmL); (*before n*) ‹*gloves/lining*› de borreguillo, de corderito (AmL)

lamb's lettuce *n* canónigos *mpl*

lambswool /ˈlæmzwʊl/ *n* [u] lana *f* de cordero, lambswool *m*

lame[1] /leɪm/ *adj*
A **1** (in foot, leg) cojo, rengo (AmL), renco (Col, RPl); **to be ~ in one leg** cojear *or* renquear *or* (AmL tb) renguear de una pierna; **to go ~** quedarse cojo (*or* renco *etc*) **2** (stiff) ‹*shoulder*› agarrotado
B (weak) ‹*excuse*› pobre, malo

lame[2] *vt* lisiar, dejar lisiado; **she was ~d for life** quedó lisiada de por vida

lamé /lɑːˈmeɪ || ˈlɑːmeɪ/ *n* [u] lamé *m*; **gold/silver ~** lamé dorado/plateado

lame duck *n* fracaso *m*, caso *m* perdido; (*before n*): **a lame-duck company** una compañía sin futuro; **a lame-duck official** un funcionario sin ningún poder, un cero a la izquierda (fam); **a lame-duck president** *un presidente que no ha sido reelegido, en los últimos meses de su mandato*

lamely /ˈleɪmli/ *adv* ‹*argue/say*› (unconvincingly) de manera poco convincente; (without conviction) sin convicción

lameness /ˈleɪmnəs || ˈleɪmnɪs/ *n* [u] **1** (disability) cojera *f*, renquera *f*, renguera *f* (AmL) **2** (of excuse) pobreza *f*, lo poco convincente

lament[1] /ləˈment/ *n* **1** (expression of sorrow) lamento *m* **2** (Lit) elegía *f*

lament[2] *vt* **1** (deplore) ‹*misfortune/failure/absence*› lamentar; **it is to be ~ed that …** es lamentable *or* es de lamentar que … (+ *subj*) **2** (mourn) (liter) ‹*death/loss*› llorar; ‹*past*› llorar por; **she was ~ing her beloved father** lloraba la muerte de su querido padre
■ **lament** *vi* (liter) llorar; **to ~ OVER sth** llorar algo

lamentable /ˈlæməntəbəl/ *adj* lamentable, deplorable

lamentably /ˈlæməntəbli/ *adv* ‹*perform/fail*› de manera lamentable; **he is ~ unaware of the problem** tiene una lamentable falta de conciencia del problema

lamentation /ˌlæmənˈteɪʃən/ *n* [u] lamentación *f*, lamento *m*

laminate[1] /ˈlæmənət || ˈlæmɪnət/ *n* [c u] laminado *m*

laminate[2] /ˈlæməneɪt || ˈlæmɪmeɪt/ *vt* laminar

laminated /ˈlæməneɪtəd || ˈlæmɪmeɪtɪd/ *adj* ‹*plastic*› laminado; ‹*glass*› inastillable; **~ wood** madera *f* contrachapada; ‹*document/page*› plastificado

lamp /læmp/ *n* **1** (table, standard etc) lámpara *f*; **electric/gas/oil ~** lámpara eléctrica/de gas/de aceite; **miner's ~** linterna *f* de minero; (*before n*) (BrE): **~ bracket** aplique *m*, apliqué *m*; **~ holder** portalámparas *f* **2** ▸**bulb B1** **3** (Auto) luz *f*; *see also* **fog lamp, street lamp** *etc*

lampblack /ˈlæmpblæk/ *n* [u] negro *m* de humo

lamplight /ˈlæmplaɪt/ *n* [u] (of table lamp) luz *f* de (la) lámpara; (of streetlamp) luz *f* de(l) farol *or* de (la) farola

lamplighter /ˈlæmpˌlaɪtər || ˈlæmpˌlaɪtə(r)/ *n* farolero *m*

lampoon[1] /læmˈpuːn/ *n* sátira *f*

lampoon[2] *vt* satirizar*

lamppost /ˈlæmppəʊst/ *n* farol *m*, farola *f*

lamprey /ˈlæmpri/ *n* (*pl* **-preys**) lamprea *f*

lampshade /ˈlæmpʃeɪd/ *n* pantalla *f* (*de lámpara*)

LAN *n* (= **local area network**) LAN *f*

Lancastrian[1] /læŋˈkæstriən/ *adj* de Lancashire

Lancastrian[2] *n*: *habitante o persona oriunda de Lancashire*

lance[1] /læns || lɑːns/ *n* **1** (weapon) lanza *f* **2** (Med) lanceta *f*

lance[2] *vt* (Med) sajar, abrir* con lanceta

lance corporal *n* soldado *m* de primera clase

Lancelot /ˈlænsəlɑːt || ˈlɑːnsəlɒt/ *n* Lanzarote, Lancelote

lancer /ˈlænsər || ˈlɑːnsə(r)/ *n* lancero *m*

lancet /ˈlænsət || ˈlɑːnsɪt/ *n* **1** (Med) lanceta *f* **2** **~ (window)** ventana *f* ojival

Lancs = Lancashire

land[1] /lænd/ *n*
A [u] **1** (Geog) tierra *f*; **~ reclaimed from the sea** tierra ganada al mar; **over ~ and sea** por tierra y por mar; **we sighted ~** divisamos *or* avistamos tierra; **on dry ~** en tierra firme; **~ ho!** ¡tierra a la vista!; ***to know the lie*** o ***lay of the ~*** saber* qué terreno se pisa; ***to see how the ~ lies*** tantear el terreno; ***to spy out the ~*** reconocer* el terreno; (*before n*) ‹*animal/defenses*› de tierra, terrestre; **~ breeze** brisa *f* de tierra; **~ forces** fuerzas *fpl* terrestres *or* de tierra; **~ reclamation** reclamación *f* de tierras **2** (ground, property) tierra *f*; **this is my ~** éstas son mis tierras, ésta es mi propiedad; **a plot of ~** un terreno, una parcela; (*before n*): **~ agent** administrador, -dora *m,f* de fincas **~ management** administración *f* de fincas; **~ office** (in US) registro *m* de la propiedad estatal; **~ registry** registro *m* catastral, catastro *m*; **~ reform** reforma *f* agraria; **~ tax** impuesto *m or* contribución *f* territorial; **~ use** uso *m* de la tierra **3** (Agr): **the ~** la tierra; **to live off/work on the ~** vivir de/trabajar la tierra; **to return to the ~** volver* al campo; **the exodus from the ~** el éxodo rural
B [c] (country, realm) (liter) país *m*, nación *f*; (kingdom) reino *m*; **throughout the ~** en todo el país (*or* reino *etc*); **in the ~ of make-believe** en el mundo de la fantasía; ***the ~ of milk and honey*** el paraíso terrenal; ***to be in the ~ of Nod*** estar* dormido, estar* haciendo nana *or* (RPl) nono *or* (Chi) tuto (leng infantil); ***to be in the ~ of the living*** (hum) estar* vivito y coleando (hum)

land[2] *vi*
A **1** (Aerosp, Aviat) «*aircraft/spaceship/pilot*» aterrizar*; (on the moon) alunizar*; (on water) acuatizar*; (on sea) amarizar*, amerizar*, amarar; **in a few minutes we shall be ~ing at … airport** en breves momentos tomaremos *or* tocaremos tierra en el aeropuerto de … **2** (fall) caer*; **it ~ed on its side** cayó de lado; **the ball ~ed in the pond** la pelota cayó en el estanque; **to ~ badly/heavily** caer* mal/pesadamente; **I didn't mean to ~ on you like this** (colloq) no quería caerte así, de improviso *or* (AmL tb) de paracaidista (fam)
B (arrive, end up) (colloq) ir* a parar (fam); **it probably ~ed in the bin** probablemente haya ido a parar a la basura (fam)
C (Naut) «*ship*» atracar*; «*traveler/troops*» desembarcar*
■ **land** *vt*
A **1** (from sea) ‹*passengers/troops*› desembarcar*; ‹*cargo*› descargar* **2** (from air) ‹*plane*› hacer* aterrizar; ‹*troops*› desembarcar*; ‹*supplies*› descargar*
B **1** (in fishing) ‹*fish*› sacar* del agua **2** (win, obtain) ‹*contract*› conseguir*; ‹*job/husband*› conseguir*, pescar* (fam) **3** (strike home) (colloq) ‹*punch*› asestar, zampar (fam), encajar (fam); ‹*goal*› colocar*, meter
C (burden) (colloq) **to ~ sb WITH sth/sb, to ~ sth/sb ON sb** endilgarle* *or* encajarle algo/a algn A algn (fam); **I got ~ed with the bill** me endilgaron *or* me encajaron la cuenta (fam), me hicieron cargar con el muerto (fam); **he got ~ed with the kids** le endilgaron *or* le encajaron a los niños (fam); **I have ~ed myself with a lot of problems** me he metido en un montón de problemas; **he's been ~ed on us for the weekend** nos lo han endilgado *or* encajado a nosotros para el fin de semana (fam)
D (cause to end up) (colloq) **to ~ sb IN sth**: **that venture finally ~ed her in prison** con aquel negocio fue a parar a la cárcel (fam); **to ~ sb/oneself in trouble/a mess** meter a algn/meterse en problemas/en un lío (fam); **he is sure to ~ himself in debt** seguro que termina endeudado; **now you've ~ed me in it!** ¡ahora sí que me has metido en una buena! (fam)

Phrasal verb
• **land up** [v + adv] (colloq): **to ~ up in jail** ir* a parar a la cárcel (fam); **to ~ up in trouble** terminar mal; **we finally ~ed up in Boston** al final fuimos a dar a Boston

Land of my Fathers (Hen Wlad Fy Nhadau)
Es el himno nacional del País de Gales.

landau /ˈlændaʊ || ˈlændɔː/ *n* landó *m*

land bank *n*
A (land) terreno *m* urbanizable
B (institution) caja *f* rural

land claim *n* (Can) (Law) reivindicación *f* de tierras

landed /ˈlændəd || ˈlændɪd/ *adj* (*before n*): **the ~ gentry** los terratenientes, la aristocracia rural; **a ~ gentleman** un hacendado; **~ property** bienes *mpl* raíces

landfall /ˈlændfɔːl/ *n*: **to make ~** avistar *or* divisar tierra; **our next ~ was the Norwegian coast** luego avistamos *or* divisamos la costa noruega

landfill /ˈlændfɪl/ *n* [c u]: *entierro de residuos*; (*before n*): **~ site** vertedero *m or* (Andes tb) botadero *m* (de basuras)

landholder /ˈlændhəʊldər || ˈlændhəʊldə(r)/ *n* terrateniente *mf*

landing /ˈlændɪŋ/ *n*
A **1** [u c] (Aerosp, Aviat) aterrizaje *m*; (on water) acuatizaje *m*; (on sea) amarizaje *m*, amerizaje *m*; (on moon) alunizaje *m*; **to make a good/bad ~** hacer* un buen/mal aterrizaje; **forced/emergency ~** aterrizaje forzoso/de emergencia; (*before n*) ‹*field/light/procedure*› de aterrizaje; **~ gear** tren *m* de aterrizaje; **~ strip** pista *f* de aterrizaje; **~ wheels** ruedas *fpl* de aterrizaje **2** [c] (Mil, Naut) desembarco *m*, desembarque *m*; (*before n*): **~ craft** lancha *f* de desembarco **3** [u] (of cargo) descarga *f*; (of troops) desembarco *m*; (*before n*): **~ net** salabardo *m*
B [c] (on staircase) rellano *m*, descansillo *m*, descanso *m* (Col, CS)
C [c] ▸**landing stage**

landing card *n* tarjeta *f* de desembarque

landing party *n* equipo *m* de reconocimiento

landing stage *n* embarcadero *m*, desembarcadero *m*

landlady /ˈlændˌleɪdi/ *n* (*pl* **-dies**) **1** (of rented dwelling) casera *f*, dueña *f*, arrendadora *f*; **my ~** mi casera, la dueña de mi casa (*or* apartamento *etc*) **2** (of small hotel) dueña *f*, patrona *f* **3** (BrE) (of pub — owner) dueña *f*, patrona *f*; (— manager) encargada *f*

landless /ˈlændləs || ˈlændlɪs/ *adj* sin tierra

land line *n* (Telec) (teléfono *m*) fijo *m*

landlocked /ˈlændlɑːkt || ˈlændlɒkt/ *adj* sin salida al mar, mediterráneo, sin litoral

landlord /ˈlændlɔːrd || ˈlændlɔːd/ ➡ *n* **1** (of landed estate) terrateniente *m*, hacendado *m* **2** (of rented dwelling) casero *m*, dueño *m*, arrendador *m*; **my ~** mi casero, el dueño de mi casa (*or* apartamento *etc*) **3** (BrE) (of pub — owner) dueño *m*, patrón *m*; (— manager) encargado *m*

landlubber /ˈlændˌlʌbər || ˈlændˌlʌbə(r)/ *n* marinero *m* de agua dulce

landmark /ˈlændmɑːrk || ˈlændmɑːk/ *n* **1** (well-known feature): **one of London's most famous ~s** uno de los monumentos (*or* edificios *etc*) más famosos de Londres; **use the tower as a ~ if you get lost** utilice la torre como punto de referencia si se pierde **2** (historic building) monumento *m* histórico **3** (milestone) mojón *m*; (event) hito *m*; **the promotion was a ~ in his career** el ascenso marcó un hito en su carrera; (*before n*) ‹*discovery/decision*› que marca (*or* marcó *etc*) un hito (histórico); **one of the country's ~ painters**

➡ *see* Living in a Spanish-speaking country

(AmE) un pintor cuya obra hizo (*or* ha hecho *etc*) época

landmass /ˈlændmæs/ *n* masa *f* continental

land mine *n* mina *f* (de tierra)

landowner /ˈlænd,əʊnər || ˈlænd,əʊnə(r)/ *n* terrateniente *mf*, hacendado, -da *m,f*

landowning /ˈlændəʊnɪŋ/ *n* (*before n*) terrateniente, de terratenientes

landscape[1] /ˈlændskeɪp/ *n* 1 [u] (natural scene) paisaje *m*; **her victory has changed the political ~** su victoria ha cambiado el panorama político 2 [c] (Art, Phot) paisaje *m*; (*before n*): **~ architect** arquitecto, -ta *m,f* paisajista; **~ architecture** arquitectura *f* paisajista; **~ gardener** jardinero, -ra *m,f* paisajista; **~ gardening** paisajismo *m*; **~ painter** paisajista *mf*; **~ painting** (genre) paisajismo *m*; (picture) paisaje *m*

landscape[2] *vt* ‹*garden*› diseñar; ‹*public space*› ajardinar

landscape[3] *adj/adv* en formato horizontal *or* apaisado

landscape format *n* [u] 1 (Art, Phot) formato *m* apaisado 2 (in word processing) formato *m* horizontal *or* apaisado

landslide /ˈlændslaɪd/ *n* 1 (Geog) derrumbamiento *m or* derrumbe *m or* desprendimiento *m* de tierras 2 (Pol) victoria *f* aplastante *or* arrolladora; (*before n*) ‹*majority*› aplastante, abrumador; ‹*victory*› aplastante, arrollador

landslip /ˈlændslɪp/ *n* (BrE) ▸ **landslide 1**

landward[1] /ˈlændwərd || ˈlændwəd/ *adj*: **we sailed in a ~ direction** navegamos en dirección a tierra; **on the ~ side of the dunes** en la cara de las dunas que mira hacia tierra

landward[2], (BrE also) **landwards** /-z/ *adv* en dirección a tierra

lane /leɪn/ *n*
A (in countryside) camino *m*, sendero *m*; (alleyway) callejón *m*
B (Transp) 1 (for road traffic) carril *m or* (Chi) pista *f or* (RPl) senda *f*; **bus/bicycle ~** carril *m* de autobuses/bicicletas; **to change ~s** cambiar de carril (*or* de pista *etc*); **a three-~ highway** una autopista de tres carriles (*or* pistas *etc*); **traffic is reduced to a single ~** se circula por un solo carril (*or* pista *etc*); ***to live in the fast ~*** (colloq) vivir a toda máquina, vivir a tope (Esp fam); (*before n*): **~ closure** carril cerrado (*or* pista cerrada *etc*); **~ discipline** disciplina *f* de carril (*or* pista *etc*); **~ markings** líneas *fpl* divisorias de carriles (*or* pistas *etc*) 2 (for ships) ruta *f*; **sea/shipping ~** ruta marítima/de navegación 3 (for aircraft) pasillo *m or* corredor *m* aéreo, vía *f* aérea
C (Sport) 1 (in athletics) carril *m* (AmL), calle *f* (Esp) 2 (in bowling) pista *f*

language /ˈlæŋgwɪdʒ/ *n*
A [c u] (speech, means of communication) lenguaje *m*; **the ~ of gesture** el lenguaje gestual *or* de los gestos; (*before n*): **~ acquisition** adquisición *f* del lenguaje
B [u] (style, terminology) lenguaje *m*; **scientific/poetic/high-flown ~** lenguaje científico/poético/elevado; **natural ~** (Comput) lenguaje natural; **bad ~** palabrotas *fpl*, malas palabras *fpl* (esp AmL); **I've never heard him use such ~ before** nunca le había oído decir tales palabrotas; **watch** *o* **mind your ~!** ¡no digas palabrotas!, **~!** ¡esa boca … !
C [c] 1 (particular tongue) idioma *m*, lengua *f*; **she's fluent in five ~s** habla cinco idiomas con fluidez; **the English ~** la lengua inglesa, el idioma inglés; **first ~** (native tongue) lengua materna; (Educ) primera lengua extranjera; **second ~** segunda lengua, segundo idioma; (*before n*): **~ barrier** barrera *f* idiomática *or* del idioma; **~ course** curso *m* de idiomas; **~ degree** licenciatura *f* en filología *or* idiomas; **~ lab** (colloq): **~ laboratory** laboratorio *m* de idiomas; **~ school** escuela *f* de idiomas; **~ skills** aptitudes *fpl* lingüísticas; **~ student** estudiante *mf* de idiomas; **~ studies** estudios *mpl* de idiomas; **~ teacher** profesor, -sora *m,f* de idiomas; **~ teaching** enseñanza *f* de idiomas 2 (Comput) lenguaje *m*

language engineering *n* [u] ingeniería *f* lingüística

languid /ˈlæŋgwəd || ˈlæŋgwɪd/ *adj* lánguido

languidly /ˈlæŋgwədli || ˈlæŋgwɪdli/ *adv* lánguidamente

languish /ˈlæŋgwɪʃ/ *vi* (liter) languidecer*, consumirse; (in prison) pudrirse*; **the information is ~ing in a drawer** la información está archivada en un cajón; **to ~ FOR sth** suspirar POR algo (liter); **he ~ed for her love** suspiraba por su amor (liter); **the ~ing tones of the flute** el tono lánguido de la flauta; **she gave a ~ing sigh** suspiró lánguidamente

languor /ˈlæŋgər || ˈlæŋgə(r)/ *n* [u] languidez *f*

languorous /ˈlæŋgərəs/ *adj* ‹*movement*› lánguido; ‹*heat*› aletargante, bochornoso

languorously /ˈlæŋgərəsli/ *adv* lánguidamente

lank /læŋk/ *adj* ‹*hair*› lacio; ‹*figure*› desgarbado, larguirucho (fam)

lanky /ˈlæŋki/ *adj* **-kier, -kiest** desgarbado, larguirucho (fam)

lanolin, lanoline /ˈlænlən || ˈlænəlɪn/ *n* [u] lanolina *f*

lantern /ˈlæntərn || ˈlæntən/ *n*
A (lamp) farol *m*
B (Archit) linterna *f*

lantern-jawed /,læntərnˈdʒɔːd || ,læntənˈdʒɔːd/ *adj* de cara larga

lanyard /ˈlænjərd || ˈlænjəd/ *n* 1 (Naut) acollador *m* 2 (cord) cordón *m*

Laos /laʊs, ˈleɪəʊs || laʊs, ˈleɪɒs/ *n* Laos *m*

lap[1] /læp/ *n*
A (of body) falda *f*, regazo *m* (liter); **he sat on his father's ~** se sentó en la falda *or* en las rodillas de su padre; **he dropped the problem in my ~** me pasó el problema, me endilgó el problema (fam); ***in the ~ of luxury*** en un lujo asiático; **we spent a week in the ~ of luxury** pasamos una semana a cuerpo de rey *or* en un lujo asiático; ***to be in the ~ of the gods***: **their fate is in the ~ of the gods** su destino queda librado al azar; **we've done all we could, now it's in the ~ of the gods** hemos hecho todo lo que podíamos, ahora Dios dirá *or* que sea lo que Dios quiera; ***to fall*** *o* ***drop into sb's ~*** caerle* como llovido del cielo a algn; **it won't fall into your ~** no te va a caer como llovido del cielo
B 1 (Sport) vuelta *f*; **~ of honor** vuelta de honor 2 (stage) etapa *f*; **the first ~ of the journey** la primera etapa del viaje
C (of wave) chapaleteo *m*, chapaleo *m*

lap[2] **-pp-** *vt*
A (Sport) ‹*opponent*› sacarle* una vuelta de ventaja a
B ‹*water/milk*› beber a lengüetazos
C (splash against) ‹*shore/bank*› lamer (liter), besar (liter)
■ **lap** *vi*
A (Sport) dar* la vuelta
B (splash) chapalear; **to ~ AGAINST sth** lamer *or* besar algo (liter)

Phrasal verb

• **lap up** [v + o + adv, v + adv + o] 1 (drink) ‹*milk/water*› beber a lengüetazos 2 (relish) deleitarse *or* regodearse con; **he told the most obscene jokes and the audience ~ped it all up** contó los chistes más obscenos y el público se deleitó *or* se regodeó con ellos

laparoscopy /,læpəˈrɑːskəpi || ,læpəˈrɒskəpi/ *n* laparoscopia *f*

laparotomy /,læpəˈrɑːtəmi || ,læpəˈrɒtəmi/ *n* laparotomía *f*

lapdog /ˈlæpdɔːg || ˈlæpdɒg/ *n* perrito *m* faldero

lapel /ləˈpel/ *n* solapa *f*; (*before n*) ‹*badge/microphone*› de solapa

lapidary[1] /ˈlæpɪderi || ˈlæpɪdəri/ *n* lapidario, -ria *m,f*

lapidary[2] *adj* (liter) 1 (precise, terse) ‹*style*› lapidario 2 ‹*art*› lapidario

lapis lazuli /,læpəsˈlæzəli || ,læpɪsˈlæzjʊli/ *n* [u] 1 (Min) lapislázuli *m* 2 ▸ ❶ **p.1036** (color) azul *m* ultramarino *or* (de) ultramar

Lapland /ˈlæplænd/ *n* Laponia *f*

Laplander /ˈlæplændər || ˈlæplændə(r)/ *n* lapón, -pona *m,f*

Lapp[1] /læp/ *adj* lapón

Lapp[2] *n* 1 [c] (person) lapón, -pona *m,f* 2 [u] (language) lapón *m*

lapse[1] /læps/ *n*
A 1 (fault, error) lapsus *m*, falla *f*, fallo *m* (Esp); **a security ~** una falla *or* (Esp) un fallo or descuido en el sistema de seguridad; **a ~ of concentration** una falta de concentración, un descuido; **to have a ~ of memory** tener* una falla *or* (Esp) un fallo de memoria, tener* un lapsus (de memoria); **an astonishing ~ of taste** una sorprendente falta de gusto 2 (slip, decline) **~ FROM sth**: **it was her one ~ from the straight and narrow** fue su único desliz, fue la única vez que se apartó del buen camino; **a ~ from grace** una caída en desgracia; **~ INTO sth**: **her sudden ~ into silence surprised me** su repentino silencio me sorprendió; **the ending is spoiled by a ~ into sentimentality** el final se resiente por caer en lo sentimental
B (interval) lapso *m*, período *m*; **a considerable ~ of time** un considerable lapso de tiempo; **there was a ~ in the conversation** se hizo un silencio en la conversación
C (expiry) caducidad *f*; **the ~ of the contract** la caducidad del contrato

lapse[2] *vi*
A (fall, slip): **standards have ~d** el nivel ha decaído; **to ~ FROM sth**: **she ~d from her customary courteousness** dejó de lado su cortesía habitual; **the Kingdom has ~d from its former glory** (liter) el Reino ha perdido su antigua gloria; **to ~ INTO sth**: **he ~d into silence** se calló, se quedó callado; **to ~ into bad habits** adquirir* malos hábitos; **to ~ into unconsciousness** perder* el conocimiento; **she ~d into French/the local dialect** empezó a hablar en francés/el dialecto local; **a ~d Catholic** un católico que ha dejado de practicar
B 1 (cease) «*project/plan*» cancelarse; «*custom/practice*» perderse*, caer* en desuso; «*friendship*» enfriarse*; **his concentration ~d** se desconcentró, perdió la concentración 2 (expire) «*policy/membership/contract*» caducar*, vencer*
C (pass): **several hours had ~d** habían transcurrido varias horas

laptop[1] /ˈlæptɑːp || ˈlæptɒp/ *adj* (*before n*) portátil, laptop

laptop[2] *n* (~ *computer*) computadora *f* portátil (AmL), ordenador *m* portátil (Esp), portátil *m*

lapwing /ˈlæpwɪŋ/ *n* avefría *f*‡

larcenous /ˈlɑːrsənəs || ˈlɑːsənəs/ *adj* (in US) de robo

larceny /ˈlɑːrsəni || ˈlɑːsəni/ *n* [u] (in US) robo *m*; **petty ~** hurto *m*

larch /lɑːrtʃ || lɑːtʃ/ *n* alerce *m*

lard[1] /lɑːrd || lɑːd/ *n* [u] manteca *f or* (RPl) grasa *f* de cerdo; **he's a tub** *o* **lump of ~** (colloq) es una bola de grasa (fam)

lard[2] *vt* 1 (Culin) ‹*meat*› mechar; ‹*pan*› untar *or* engrasar con manteca *or* (RPl) grasa de cerdo 2 (intersperse) **to ~ sth WITH sth** salpicar* algo DE algo; **her conversation was ~ed with anecdotes** su conversación estuvo salpicada de anécdotas

larder /ˈlɑːrdər || ˈlɑːdə(r)/ *n* despensa *f*, alacena *f*, repostería *f* (Per)

larding needle /ˈlɑːrdɪŋ || ˈlɑːdɪŋ/ *n* aguja *f* de mechar

lardy-cake /ˈlɑːrdikeɪk || ˈlɑːdikeɪk/ *n* [c u] (BrE) *tipo de pan dulce hecho con manteca de cerdo*

large[1] /lɑːrdʒ || lɑːdʒ/ *adj*

> ⚠ The usual translation of *large*, *grande*, becomes *gran* when it precedes a singular noun.

larger, largest
A 1 (in size) ‹*area/room*› grande; **a ~ garden** un jardín grande, un gran jardín; **he's a ~ man** es un hombre corpulento *or* (fam) grandote; **she has a ~ nose** tiene la nariz grande; **try on a ~r size** pruébate una talla *or* (RPl) un talle más grande; **~ print** letra *f or* tipo *m* grande 2 (in

L

number, amount) ‹*family/crowd*› grande, numeroso; **a ~ proportion of my income** gran parte *or* una buena parte de mis ingresos; **he drew a ~ audience** atrajo (a) una gran cantidad de público; **the ~st collection of stamps in the world** la mayor colección de sellos del mundo
B (in scope) ‹*issue/question/view*› amplio

large[2] *n*
A at large **1** (at liberty): **to be at ~** «*murderer/tiger*» andar* suelto **2** (as a whole) en general; **the public at ~** el público en general; **it will benefit society at ~** beneficiará a la sociedad en general **3** (in US): **representative at ~** *representante de todo un estado o distrito en el Congreso o Senado de los EEUU* **4** (in detail) (frml) exhaustivamente, en profundidad
B (size) (Clothing) talla *f or* (RPl) talle *m* grande

largely /ˈlɑːrdʒli || ˈlɑːdʒli/ *adv* **1** (for the most part) en gran *or* en buena parte; **his success is ~ due to my efforts** su éxito se debe en gran *or* en buena parte a mis esfuerzos; **a ~ middle-class audience** un público mayoritariamente *or* en su mayoría de clase media **2** (prominently): **it figures ~ in his works** ocupa un lugar destacado en su obra

largeness /ˈlɑːrdʒnəs || ˈlɑːdʒnɪs/ *n* [u] lo grande; **the ~ or smallness of the deficit** lo grande o pequeño que sea el déficit

large-scale /ˈlɑːrdʒskeɪl || ˈlɑːdʒskeɪl/ *adj* (*before n*) **1** ‹*map/model*› a escala grande **2** ‹*search/inquiry*› en *or* a gran escala

largesse, (AmE also) **largess** /lɑːrˈdʒes || lɑːˈʒes/ *n* [u] **1** (generosity) generosidad *f*, largueza *f*, esplendidez *f* **2** (gifts) obsequios *mpl*

largish /ˈlɑːrdʒɪʃ || ˈlɑːdʒɪʃ/ *adj* (esp BrE colloq) bastante *or* más bien grande, grandecito (fam)

largo[1] /ˈlɑːrgəʊ || ˈlɑːgəʊ/ *adj/adv* largo

largo[2] *n* largo *m*

lariat /ˈlæriət/ *n* **1** (lasso) lazo *m* **2** (tether) ronzal *m*, cabestro *m*

lark /lɑːrk || lɑːk/ *n*
A (Zool) alondra *f*; ***to be up*** *o* ***rise with the ~*** levantarse al cantar el gallo, levantarse de madrugada; ▸**happy A1**
B (BrE colloq) **1** (bit of fun) (*no pl*): **what a ~** ¡qué divertido!, ¡qué plato! (AmL fam), ¡qué cachondeo! (Esp fam), ¡qué relajo! (Méx fam); **they think that's a great ~** se creen que eso es de lo más divertido; **to do sth for a ~** hacer* algo por divertirse *or* de broma **2** (activity): **I'm too old for this ~** yo ya no estoy para estos trotes (fam); **I'm fed up with this camping ~** estoy harto de toda esta historia del camping (fam); ***blow*** *o* ***stuff this for a ~!*** (sl) ¡ya estoy harto *or* hasta la coronilla de esto! (fam)

(Phrasal verb)
• **lark about, lark around** [v + adv] (colloq) hacer* el tonto, payasear (AmL fam)

larkspur /ˈlɑːrkspɜːr || ˈlɑːkspɜː(r)/ *n* espuela *f* de caballero

larrikin /ˈlærɪkɪn/ *n* (Austral colloq)
A (roisterer) payaso *m*, gracioso *m*
B (maverick) inconformista *mf*

Larry /ˈlæri/ *n*: ***to be as happy as ~*** (colloq) estar* más contento que unas pascuas, estar* como unas castañuelas

larva /ˈlɑːrvə || ˈlɑːvə/ *n* (*pl* **-vae** /-viː/) larva *f*

larval /ˈlɑːrvəl || ˈlɑːvəl/ *adj* ‹*stage*› larvario, larval; **a ~ eel** una larva de anguila

laryngeal /ləˈrɪndʒiːəl/ *adj* laríngeo

laryngitis /ˌlærənˈdʒaɪtəs || ˌlærɪnˈdʒaɪtɪs/ *n* [u] laringitis *f*

larynx /ˈlærɪŋks/ *n* (*pl* **larynxes** *or* **larynges** /ləˈrɪndʒiːs/) laringe *f*

lasagna, lasagne /ləˈzɑːnjə || ləˈsænjə, ləˈzɑːnjə/ *n* [u c] lasaña *f*

lascivious /ləˈsɪviəs/ *adj* lascivo

lasciviously /ləˈsɪviəsli/ *adv* lascivamente

lasciviousness /ləˈsɪviəsnəs || ləˈsɪviəsnɪs/ *n* [u] lascivia *f*

laser /ˈleɪzər || ˈleɪzə(r)/ *n* láser *m*; (*before n*): **~ beam** rayo *m* láser; **~ gun** pistola *f* de (rayos) láser; **~ pointer** puntero *m* láser; **~ printer** impresora *f* láser; **~ scanning** lectura *f* por lector óptico láser; **~ show** espectáculo *m* con láser; **~ surgery** cirugía *f* con láser; **~ treatment** tratamiento *m* con láser

laser disc *n* disco *m* láser, láser disc *m*

laser-guided /ˈleɪzərˌgaɪdəd || ˈleɪzəˌgaɪdɪd/ *adj* guiado *or* dirigido por láser

lash[1] /læʃ/ *n*
A (*eye~*) pestaña *f*
B **1** (whip) látigo *m*; (thong) tralla *f* **2** (stroke — of whip) latigazo *m*, azote *m*; (— of tail) coletazo *m*; **they felt the ~ of his tongue** sintieron la mordacidad de su lengua

lash[2] *vt*
A **1** (whip) ‹*person*› azotar, darle* latigazos a; ‹*horse*› fustigar* **2** (beat against) azotar; **the waves ~ed the shore** las olas azotaban la playa **3** (thrash): **the whale ~ed its tail** la ballena daba coletazos *or* batía la cola
B (bind) **to ~ sth TO sth** amarrar *or* atar algo A algo; **they ~ed him to a post** lo amarraron *or* lo ataron a un poste; **to ~ sth down** amarrar *or* atar algo; (Naut) amarrar *or* trincar* algo
■ **lash** *vi* **1** (with whip) **to ~ AT sth/sb** azotar algo/a algn **2** (thrash) **to ~ AGAINST sth** azotar algo

(Phrasal verb)
• **lash out** [v + adv (+ prep + o)]
A (physically, verbally) atacar*; **to ~ out AT/AGAINST sb** (physically) emprenderla a golpes (*or* patadas *etc*) CON algn, arremeter CONTRA algn; (verbally) arremeter CONTRA algn
B (spend freely) (BrE colloq) **to ~ out (ON sth)**: **we decided to ~ out and buy a decent camera** decidimos tirar la casa por la ventana y comprarnos una cámara decente (fam); **I had ~ed out on a new dress** había gastado un montón en comprarme un vestido nuevo (fam)

lashing /ˈlæʃɪŋ/ *n*
A [c u] (whipping) azotaina *f*, latigazos *mpl*, azotes *mpl*; **he was given a terrible ~** le dieron una azotaina terrible; **the ~ of the sea/wind** el azote de las olas/del viento
B [c] (rope) cuerda *f*; (Naut) amarre *m*, trinca *f*
C lashings *pl* (plenty) (BrE colloq) montones *mpl* (fam); **with ~s of cream** con montones de crema *or* (Esp) de nata (fam)

lass /læs/, **lassie** /ˈlæsi/ *n* (liter *or* dial) chica *f*, muchacha *f*, zagala *f* (liter & arc); (*as form of address*) nena

lassitude /ˈlæsətuːd || ˈlæsɪtjuːd/ *n* [u] (liter) lasitud *f* (liter)

lasso[1] /ˈlæsəʊ, læˈsuː || læˈsuː/ *n* (*pl* **-sos** *or* **-soes**) lazo *m*

lasso[2] *vt* **lassoes, lassoing, lassoed** echarle el lazo a, enlazar* (Col, RPl), lazar* (Méx), lacear (Chi)

last[1] /læst || lɑːst/ *adj*
A **1** (in series) ‹*chapter/lap*› último; **the second to ~ door, the ~ door but one** la penúltima puerta; **the ~ Thursday of every month** el último jueves de cada mes; **this is the ~ time I'm going to tell you!** ¡es la última vez que te lo digo!; **for the ~ time: stop talking!** por última vez: ¡cállate!; **I do it ~ thing at night** es lo último que hago antes de acostarme; **her first and ~ performance** su primera y última actuación; **to be ~** (in race, on arrival) ser* el último (en llegar), llegar* el último *or* (CS) llegar* último; **she is ~ on the list** es la última de la lista; **to be ~ to + INF** ser* el último EN + INF; **why am I always the ~ person to be told?** ¿por qué tengo que ser siempre la última en enterarme?; **I was the ~ one to leave** fui el último en salir; **~ one in is a rotten egg!** ¡el último (en tirarse *etc*) es un gallina! (fam) **2** (final, ultimate) ‹*chance/day*› último; **the ~ date for applications** el último día *or* la fecha tope para presentar las solicitudes; **don't leave everything to the ~ minute** no dejes todo para el último momento; **at the very ~ minute** *o* **moment** en el último momento, a última hora; **his ~ words** sus últimas palabras; **the ~ rites** *o* **sacraments** la extremaunción; **the ~ thing in evening wear** lo último en trajes de noche **3** (only remaining) último; **I'm down to my ~ few dollars** sólo me quedan unos pocos dólares; **she's our ~ hope** es nuestra última esperanza; **down to the ~ detail** hasta el último detalle; **every ~ man/penny counts** cuenta hasta el último hombre/centavo; **to the ~ man** hasta el último hombre
B (previous, most recent) (*before n*): **~ Tuesday** el martes pasado; **she died a year ago ~ Sunday** el domingo pasado hizo un año que murió; **this time ~ week** la semana pasada a estas horas; **for the ~ 10 hours/years** durante las últimas diez horas/los últimos diez años; **in my ~ letter** en mi última carta; **~ time I flew, I was sick** la última vez que volé, me mareé
C (least likely or suitable): **that was the ~ thing I expected to hear from you** es lo que menos me esperaba que me dijeras; **it's the ~ thing I'd do!** ¡no se me ocurriría hacer eso!; ▸**laugh**[1] **1**, **leg**[1] **A**

last[2] *pron*
A **1** (in series, sequence) último, -ma *m,f*; **it's not the first time and it won't be the ~** no es la primera vez ni será la última; **the ~ to + INF** el último EN + INF; **he was the ~ to arrive** fue el último en llegar; **the ~ I remember** lo último que recuerdo; **that was the ~ I ever heard of her** eso fue lo último que supe de ella; **we haven't heard the ~ of him/it** nos va a seguir dando guerra, ya verás; **you haven't heard the ~ of this!** ¡esto no va a quedar así!; **if I lose, I'll never hear the ~ of it** si pierdo, siempre me lo van a estar recordando; **to breathe one's ~** (liter) exhalar el último suspiro *or* el postrer suspiro *or* aliento (liter) **2** (only remaining) **the ~ OF sth**: **the ~ of the Hollywood greats/its kind** el último de los grandes de Hollywood/de su clase; **that's the ~ of the jam** esa es toda la mermelada que queda; **I've used up the ~ of my leave** ya me he tomado *or* (esp Esp) ya he cogido los últimos días de vacaciones que me quedaban **3** (*in phrases*) (liter): **at the ~** al final; **I was with him at the ~** lo acompañé en sus últimas horas; **to** *o* **until the ~** hasta el último momento, hasta el final
B (preceding one): **I went the week before ~** fui la semana antepasada; **the night before ~** antes de anoche, anteanoche, antenoche (AmL); **at the meeting before ~** en la penúltima reunión; **a string of jokes, each funnier than the ~** una serie de chistes, cada cuál más divertido; **each hill seemed steeper than the ~** cada colina parecía más empinada que la anterior; **but this/these ~ …** pero este último/estos últimos …

last[3] *adv*
A **1** (at the end): **I went in/arrived ~** fui el último en entrar/llegar *or* que entró/llegó, entré/llegué el último, entré/llegué último (CS); **our team came** *o* **finished ~** nuestro equipo quedó en último lugar *or* (CS tb) terminó último **2** (finally, in conclusion): **~ of all** por último, lo último (de todo); **and ~ but not least** y por último, pero no por eso menos importante **3** (*in phrases*): **at last** por fin, al fin; **you're here at ~!** ¡por fin *or* al fin has llegado!; **alone at ~!** ¡por fin *or* al fin solos!; **at long ~** por fin, finalmente
B (most recently): **she was ~ seen a year ago** hace un año que se la vio por última vez, la última vez que se la vio fue hace un año; **when did you ~ see him** *o* **see him ~?** ¿cuándo fue la última vez que lo viste?; **we ~ visited London in 1980** la última vez que visitamos Londres fue en 1980; ▸**laugh**[2]

last[4] *n* (for shoemaking) horma *f*

last[5] *vi*
A **1** (continue) durar; **I hope this weather/our luck ~s** espero que este tiempo dure/que nos dure la suerte; **it ~ed (for) three hours** duró tres horas; **it was fun while it ~ed** fue divertido mientras duró; **this weather is too good to ~** este tiempo es tan bueno que no puede durar **2** (endure, survive) durar; **he wouldn't ~ five minutes in the army** no aguantaría *or* no duraría ni cinco minutos en el ejército
B (be sufficient) durar; **there is enough to ~ until Friday** hay suficiente para que dure *or* alcance hasta el viernes; **the cake won't ~ long with him around** estando él, el pastel no va a durar

mucho; **to make sth ~** hacer* durar algo
C (remain usable) durar; **it's built** o **made to ~** está hecho para durar; **it will ~ (for) a lifetime** durará toda la vida; **plastic ones ~ longer** los de plástico duran más *or* son más duraderos
■ **last** *vt* durar; **we have enough fuel to ~ us for months/until March** el combustible que tenemos nos durará meses/hasta marzo

(Phrasal verb)
• **last out** [v + adv]
A (survive, endure) ⟨⟨*person*⟩⟩ aguantar, resistir; **he is unlikely to ~ out the night** no creo que pase de esta noche
B (be sufficient) ⟨⟨*supplies/food*⟩⟩ alcanzar*

last-ditch /ˈlæstˈdɪtʃ || lɑːstˈdɪtʃ/ *adj* (*before n*) desesperado; **a ~ attempt** un intento desesperado

last-gasp /ˈlæstˈgɑsp || ˌlɑːstˈgɑːsp/ *adj* (*before n*) (colloq) ⟨*penalty/goal*⟩ de último momento; ⟨*effort*⟩ de última hora

last hurrah *n* (AmE) último hurra *m*; **it was the ~ ~ of the old order** era el último hurra *or* el último coletazo del viejo orden

lasting /ˈlæstɪŋ || ˈlɑːstɪŋ/ *adj* ⟨*solution/peace*⟩ duradero, perdurable; **to my ~ shame** para mi eterna vergüenza; **there is little of ~ value in her work** hay muy pocas cosas perdurables en su obra

lastly /ˈlæstli || ˈlɑːstli/ *adv* (*as linker*) por último, finalmente

last-mentioned /ˈlæstmentʃənd || ˈlɑːstmenʃənd/ *adj* mencionado al último; **let's take the ~ item on the agenda first** empecemos primero por el punto de la agenda mencionado al último

last-minute /ˌlæstˈmɪnət || ˌlɑːstˈmɪnɪt/ *adj* (*before n*) de última hora

last-number redial /ˈlæstˌnʌmbər || ˈlɑːstˌnʌmbə(r)/ *n* rellamada *f* al último número (marcado)

last post *n* (BrE) (Mil): **the ~ ~** el toque de silencio

lat (= latitude) lat.

latch¹ /lætʃ/ *n* pasador *m*, pestillo *m*; (on lock) seguro *m*; **the door is on the ~** la puerta no está cerrada con llave

latch² *vt*: **the door is ~ed** la puerta está con pestillo *or* con el pasador echado

(Phrasal verbs)
• **latch on** [v + adv (+ prep + o)] (understand) (colloq) agarrar *or* (Esp) coger* la onda; **to ~ on TO sth** entender* *or* captar algo; (realize) darse* cuenta DE algo
• **latch onto** [v + prep + o] (colloq)
A **1** (get hold of, catch) agarrarse de **2** (obtain) (AmE) hacerse* con, conseguir* **3** (attach oneself to) pegarse* a (fam); **he ~ed onto our group** se pegó a nuestro grupo (fam), se nos pegó (fam); **she finally ~ed onto a rich widower** al fin atrapó *or* (fam) pescó a un viudo rico
B (perceive, seize on): **she ~ed onto the idea very quickly** enseguida captó la idea; **they soon ~ed onto the advantages offered by the scheme** pronto se dieron cuenta de las ventajas que ofrecía el plan; **he ~es onto the slightest error you make** no te deja pasar ni el más mínimo error

latchkey /ˈlætʃkiː/ *n* llave *f* de (la) casa; (*before n*): **~ child** *niño cuyos padres trabajan y está solo en casa al regresar del colegio*

late¹ /leɪt/ *adj* **later, latest**
A (after correct, scheduled time): **she apologized for the ~ start of the show** pidió disculpas por el retraso con el que comenzó el espectáculo; **the ~ arrival/departure of the train** el retraso en la llegada/salida del tren; **~ applications will not be accepted** no se aceptarán las solicitudes que lleguen fuera de plazo *or* con retraso; **to be ~: I'm sorry I'm ~** perdón por llegar tarde; **I was ~ (in) getting there** llegué tarde; **you're five minutes ~!** ¡llegas cinco minutos tarde!; **the baby was two weeks ~** el niño nació con dos semanas de retraso; **the train was/will be one hour ~** el tren llegó/llegará con una hora de retraso; **the train was already one hour ~** el tren ya llevaba una hora de retraso; **to make sth/sb ~: she made me ~ for my class** me hizo llegar tarde a clase; **the accident made the train ~** el accidente hizo que el tren se retrasara; **to be ~ FOR/WITH sth: you'll be ~ for work/the train** vas a llegar tarde al trabajo/perder el tren; **I'm ~ with the rent** estoy atrasado con el alquiler; **you're rather ~ with your apologies** es un poco tarde para pedir disculpas
B **1** (after usual time): **I had a ~ breakfast** desayuné tarde; **spring is ~ this year** la primavera se ha atrasado este año; **Easter is ~ this year** (la) Pascua cae tarde este año; **S late opening Thursdays till 8 pm** jueves abierto hasta las 8 de la noche **2** ⟨*chrysanthemums/potatoes*⟩ tardío; **~ developer** *o* (AmE also) **bloomer** (Hort) planta *f* de flor tardía; **he was a ~ developer** (physically) se desarrolló tarde; (intellectually) maduró tarde
C **1** (far on in time): **hurry up, it's ~** date prisa *or* (AmL tb) apúrate, que es tarde; **it's ~: we'd better go to bed** ya es tarde: mejor nos acostamos; **is it that ~ already?** ¿ya es tan tarde?; **it's getting ~** se está haciendo tarde; **would Thursday be too ~ for you?** ¿te parecería muy tarde el jueves?; **it's too ~ to say you're sorry now** ya es demasiado tarde para pedir perdón; **it's a little ~ in the day** *o* (AmE also) **in the game to change your mind** es un poco tarde para cambiar de idea; **45 is ~ for a woman to have a baby** a los 45 años ya se es bastante mayor para tener un niño **2** (*before n*) ⟨*shift/bus*⟩ último; **the ~ film** la película de la noche *or* (CS) de trasnoche; **Fridays, ~ show** (Cin) los viernes, sesión de medianoche *or* (CS) de trasnoche; **at this ~ hour** a estas horas; **to keep ~ hours** trasnochar; **at this ~ stage** a estas alturas; **it was a ~ marriage** fue un matrimonio tardío, se casaron ya mayores; **VBM was a ~ entrant into the computer field** VBM entró tarde en el campo de la informática; **they scored a ~ equalizer** marcaron el tanto del empate en los últimos minutos del partido; **we got there ~ morning/afternoon** llegamos tarde por la mañana/al final de la tarde *or* (AmL tb) de tardecita; **in ~ April/summer** a finales *or* fines de abril/del verano; **the ~ 1950s** el final de la década del cincuenta; **the ~ Middle Ages** la baja Edad Media; **she must be in her ~ forties** tendrá cerca de cincuenta años, tendrá cuarenta años largos (fam); **~ Picasso** el Picasso de la última época; **L~ Gothic** gótico *m* tardío
D (*before n*) **1** (deceased) difunto (frml); **my ~ father** mi difunto padre (frml) **2** (former) antiguo

late² *adv* **later, latest**
A (after correct, scheduled time) ⟨*arrive/leave/answer*⟩ tarde; **the trains are running 20 minutes ~** los trenes llevan 20 minutos de retraso; ***better ~ than never*** más vale tarde que nunca
B **1** (after usual time) ⟨*work/sleep*⟩ hasta tarde; ⟨*mature/bloom*⟩ tarde, más tarde de lo normal; **I'll be home ~ today** hoy llegaré tarde (a casa); **the shops close ~ on Thursdays** las tiendas cierran tarde los jueves **2** (far on in time) tarde; **he married ~** se casó mayor *or* tarde; **don't leave it too ~** no lo dejes para muy tarde; **the show doesn't start till ~** el espectáculo empieza tarde; **we stayed up ~** nos quedamos levantados hasta tarde; **~ at night** tarde por la noche, bien entrada la noche; **~ into the night** hasta muy entrada la noche **3** (toward end of period): **~ in the morning/afternoon** a última hora de la mañana/tarde; **~ in the week** a finales de la semana; **it was not until ~ in the century/in her career that ...** no fue sino hacia finales de siglo/los últimos años de su carrera que ...
C **1** (recently): **as ~ as the thirteenth century/the 1950s** aún en el siglo trece/los años 50 **2** **of late** últimamente, en los últimos tiempos **3** (formerly) (frml *or* hum): **Hubert Harvey, ~ of Wilton Street, Chelsea** Hubert Harvey, domiciliado antiguamente en Wilton Street, Chelsea

latecomer /ˈleɪtˌkʌmər || ˈleɪtˌkʌmə(r)/ *n*: **~s will have to sit at the back** los que lleguen tarde tendrán que sentarse atrás; **he was a ~ to classical music** su interés por la música clásica se despertó tardíamente

late edition *n* última edición *f*

lateen sail /ləˈtiːn/ *n* vela *f* latina

late-lamented /ˌleɪtləˈmentəd || ˌleɪtləˈmentɪd/ *adj* (frml) llorado

lately /ˈleɪtli/ *adv* últimamente, recientemente; **(up) until** *o* **till ~** hasta hace poco; **it's only ~ that I've noticed it** no lo había notado hasta hace poco

latency /ˈleɪtnsi/ *n* [u] latencia *f*

lateness /ˈleɪtnəs || ˈleɪtnɪs/ *n* [u] **1** (of arrival) retraso *m*, tardanza *f*; **continual ~** retrasos constantes; (of employee, pupil) continuas llegadas tarde **2** (being late at night): **I rang him despite the ~ of the hour** lo llamé a pesar de lo tarde que era *or* de lo avanzado de la hora

late-night /ˈleɪtˈnaɪt/ *adj* (*before n*) ⟨*pharmacy*⟩ que está abierta por la noche; ⟨*show/performance*⟩ de medianoche *or* (CS) de trasnoche

latent /ˈleɪtnt/ *adj* ⟨*talent/hostility*⟩ latente; ⟨*period*⟩ (Med) de latencia; ⟨*infection*⟩ latente, en latencia; **~ heat** (Phys) calor *m* latente

later¹ /ˈleɪtər || ˈleɪtə(r)/ *adj* (*comp of* **late¹**) ⟨*meeting/edition*⟩ posterior, ulterior (frml); **we caught a ~ train** tomamos un tren posterior; **her ~ books are not as good** los libros que escribió después *or* sus libros posteriores no son tan buenos; **keep it for ~ use** guárdalo para (usarlo) más adelante; **we'll discuss it at a ~ date** lo discutiremos más adelante

later² *adv* (*comp of* **late²**) después, más tarde; **15 minutes/a week ~** 15 minutos/una semana después *or* más tarde; **I got up ~ than usual** me levanté más tarde que de costumbre; **several glasses of brandy ~ ...** después de varias copas de coñac ...; **~ that day/night** más tarde *or* posteriormente ese día/esa noche; **~ I realized that ...** después *or* posteriormente me di cuenta de que ...; **applications must be in not** *o* **no ~ than May 14** las solicitudes deben presentarse a más tardar el 14 de mayo; **bring it not** *o* **no ~ than Friday** tráelo el viernes a más tardar; **~ on** más tarde, después; **his partner, ~ to become his brother-in-law** su socio, que después *or* posteriormente se convertiría en su cuñado; **see you ~!** ¡hasta luego!, ¡hasta ahora!

lateral /ˈlætərəl/ *adj* lateral; **~ thinking** pensamiento *m* lateral

laterally /ˈlætərəli/ *adv* lateralmente, por los lados

latest¹ /ˈleɪtəst || ˈleɪtɪst/ *adj* **1** (*superl of* **late¹**) último; **the ~ train we can catch** el último tren que podemos tomar **2** (most up to date) (*before n*) último; **the ~ figures show ...** las últimas cifras *or* las cifras más recientes muestran ...; **the ~ fashion** la última moda; **the ~ navigational system** lo último en sistemas de navegación, el sistema de navegación más moderno; **this is the ~ in a series of similar incidents** éste es el más reciente en una serie de incidentes similares

latest² *n*
A **1** (most recent news, development): **have you heard the ~ on ... ?** ¿has oído lo último que se cuenta de ... ?; **the ~ is that ...** lo último que se sabe es que ... **2** (most up to date) **the ~ IN sth** lo último *or* lo más actual EN algo; **the ~ in printers** lo último en impresoras
B **1** (sth said, done) la última (fam); **did you hear Paul's ~?** ¿oíste la última de Paul?; **do you want to hear the ~?** ¿te cuento la última? (fam) **2** (boyfriend or girlfriend) (colloq) última conquista *f*
C (furthest on in time) (*as pron*): **when is the ~ I can let you know?** ¿para cuándo tengo que darte una respuesta?; **by the fifteenth at the (very) ~** a más tardar (para) el quince; **it is 17th century at the ~** no es posterior al siglo XVII

latex /ˈleɪteks/ *n* [u] látex *m*; (*before n*) ⟨*foam/mold*⟩ de látex

lath /læθ || lɑːθ/ *n* listón *m*; **a ~ and plaster wall** una pared de listones y yeso

lathe /leɪð/ *n* torno *m*; **~-turned wood** madera *f* torneada

lather[1] /ˈlæðər || ˈlɑːðə(r)/ *n* (*no pl*) **1** (from soap) espuma *f*; **work the shampoo into a ~** aplique el champú y frote *or* masajee hasta que haga espuma **2** (sweat) sudor *m*; **the horses were in a ~** los caballos estaban cubiertos *or* empapados de sudor; ***to be in a ~ (about sth)*** (colloq) echar humo por las orejas (por algo) (fam); ***to get into a ~ (about sth)*** (colloq) ponerse* histérico (por algo) (fam)

lather[2] *vt* ‹*face/hair/body*› enjabonar
■ **lather** *vi* «*soap/detergent*» hacer* espuma

Latin[1] /ˈlætn || ˈlætɪn/ *adj* **1** (Ling) latino **2** ‹*temperament/peoples*› latino; **~ lover** latin lover *m*

Latin[2] *n* **1** [u] (language) latín *m*; **classical/vulgar ~** latín clásico/vulgar **2** [c] (person) latino, -na *m,f*

Latin America *n* América *f* Latina, Latinoamérica *f*, Hispanoamérica *f*, Iberoamérica *f*

Latin American[1] *adj* latinoamericano, hispanoamericano, iberoamericano

Latin American[2] *n* latinoamericano, -na *m,f*, hispanoamericano, -na *m,f*

Latinist /ˈlætnəst || ˈlætɪnɪst/ *n* latinista *mf*

latinize /ˈlætnaɪz || ˈlætɪnaɪz/ *vt* latinizar*

Latino[1] /læˈtiːnəʊ/ *adj* (AmE) latinoamericano (*residente en EEUU*)

Latino[2] *n* (*pl* **-nos**) (AmE) latinoamericano, -na *m,f* (*residente en EEUU*)

Latin Quarter *n*: **the ~ ~** el Barrio Latino

latish[1] /ˈleɪtɪʃ/ *adj*: **after a ~ breakfast** después de desayunar más bien tarde; **it looks ~ 17th century** parece de fines *or* finales del siglo XVII

latish[2] *adv* más bien tarde

latitude /ˈlætətuːd || ˈlætɪtjuːd/ *n* **1** [c u] (Geog) latitud *f*; **at a ~ of 30°N** a 30° de latitud norte; **15° of ~** 15° de latitud; **in these ~s** en estas latitudes **2** [u] (freedom to choose) libertad *f*, flexibilidad *f*; **such ~ leads to indiscipline** tanta libertad *or* (frml) tal laxitud conduce a la indisciplina

latitudinal /ˌlætəˈtuːdnəl || ˌlætɪˈtjuːdɪnəl/ *adj* latitudinal

latrine /ləˈtriːn/ *n* letrina *f*

latte /ˈlɑːteɪ ˈlæteɪ/ *n* café *m* con leche

latter[1] /ˈlætər || ˈlætə(r)/ *n* (*pl* **~**): **the ~** éste, -ta; (*pl*) éstos, -tas

latter[2] *adj* (*before n*) **1** (second of two) segundo, último **2** (later, last): **in the ~ part of the season/week** hacia el final de la temporada/semana; **the ~ half of the film/talk** la segunda mitad *or* parte de la película/charla; **in his ~ years** (frml) en sus últimos años

latter-day /ˈlætərdeɪ || ˈlætədeɪ/ *adj* (*before n*) actual, de nuestros días

Latter-day Saint /ˈlætərdeɪ || ˈlætədeɪ/ *n* mormón, -mona *m,f*; **the Church of Jesus Christ of the ~ ~s** la Iglesia de Jesucristo de los Santos de los Últimos Días

latterly /ˈlætərli || ˈlætəli/ *adv* últimamente, en los últimos tiempos

lattice /ˈlætəs || ˈlætɪs/ *n* **1** (Archit, Const) entramado *m*, enrejado *m*; (*before n*): **~ window** celosía *f* **2** (Phys) retícula *f*

latticed /ˈlætəst || ˈlætɪst/ *adj* de celosía

latticework /ˈlætəswɜːrk || ˈlætɪswɜːk/ *n* [u] celosía *f*; **iron ~** enrejado *m*

Latvia /ˈlætviə/ *n* Letonia *f*

Latvian[1] /ˈlætviən/ *adj* letón

Latvian[2] *n* **1** [c] (person) letón, -tona *m,f* **2** [u] (language) letón *m*

laud[1] /lɔːd/ *n* (arch) alabanza *f*, loa *f* (liter)

laud[2] *vt* (liter) alabar, loar (liter)

laudable /ˈlɔːdəbəl/ *adj* (frml) loable, plausible, laudable (frml)

laudanum /ˈlɔːdnəm/ *n* [u] láudano *m*

laudatory /ˈlɔːdətɔːri || ˈlɔːdətəri/ *adj* (frml) laudatorio (frml), elogioso

laugh[1] /læf || lɑːf/ *n* **1** (act, sound) risa *f*; (loud) carcajada *f*, risotada *f*; **I recognized his ~** reconocí su risa; **she gave a nervous ~** se rió nerviosamente, soltó una risa nerviosa; **she has a horrible ~** tiene una manera horrible de reírse; **don't worry, she said with a little ~** —no te preocupes —dijo con una risita; **to have a ~ (about/at sth)** reírse* (de algo); **I could do with a good ~** (colloq) no me vendría mal reírme un rato; **give us a ~** (colloq) haznos reír; **the book is full of ~s** el libro es muy divertido, te ríes muchísimo con el libro; **to raise a ~** hacer* reír; **those meetings are a ~ a minute** (iro) esas reuniones son divertidísimas (iró); ***the ~ is on me/you/him*** me/te/le salió el tiro por la culata; ***to have the last ~***: **I'll have the last ~, you'll see** ya verás tú, quien ríe (el) último ríe mejor (, y ésa voy a ser yo) **2** (joke, fun) (colloq): **it will be a ~** será divertido, va a ser un plato (AmL fam), va a ser un relajo (Méx); **she's a good ~** es muy divertida; **to do/say sth for a ~** hacer*/decir* algo por divertirse, hacer*/decir* algo de cachondeo (Esp) *or* (Méx) de puro relajo (fam); **she told you she was too busy? that's a ~!** ¿te dijo que tenía mucho que hacer? ¡no me hagas reír!

laugh[2] *vi* reír(se)*; **I couldn't stop ~ing** no podía parar de reír(me); **she ~ed out loud/to herself** se rió a carcajadas/para sus adentros; **to burst out ~ing** soltar* una carcajada, echarse a reír, largar* la risa (RPl fam); **I ~ed till I cried** lloré de la risa, se me saltaron las lágrimas de tanto reírme; **I nearly died ~ing** casi me muero de (la) risa; **to make sb ~** hacer* reír a algn; **don't make me ~!** ¡no me hagas reír!; **you have to ~ (or else you'd cry)** lo mejor es tomárselo a risa, porque si no …; **it's all very well for you to ~** (tú) ríete si quieres; **to ~ ABOUT sth** reírse* DE algo; **there's nothing to ~ about** no sé de qué te ríes, no tiene ninguna gracia; **to ~ AT sb/sth** reírse* DE algn/algo; **don't ~ at me** no te rías de mí; **once you've got a work permit, you're ~ing** (BrE colloq) una vez que tengas el permiso de trabajo, el resto es coser y cantar (fam), una vez que tengas el permiso de trabajo, estás del *or* al otro lado (fam); ***to ~ on the other side of one's face*** o (AmE also) ***out of the other side of one's mouth*** (colloq): **she'll be ~ing on the other side of her face when he finds out** se le van a quitar las ganas de reírse cuando él se entere; ***he who ~s last ~s best*** o (BrE) ***longest*** quien ríe *or* el que ríe (el) último, ríe mejor
■ **laugh** *vt*: **they were ~ed off the stage** se rieron tanto de ellos, que tuvieron que salir del escenario; ***to ~ oneself sick*** o ***silly*** (colloq) reírse* a más no poder *or* hasta decir basta (fam), desternillarse *or* morirse* de (la) risa (fam); **you don't say!, he ~ed** —¡no me digas! —dijo riendo

(Phrasal verb)
• **laugh off** [v + o + adv, v + adv + o] tomar a broma, reírse* de

laughable /ˈlæfəbəl || ˈlɑːfəbəl/ *adj* de risa, risible, ridículo

laughably /ˈlæfəbli || ˈlɑːfəbli/ *adv* irrisoriamente, ridículamente; **the grant we receive is ~ inadequate** la subvención que nos dan es irrisoria *or* de risa

laughing[1] /ˈlæfɪŋ || ˈlɑːfɪŋ/ *adj* ‹*eyes*› risueño, alegre; **I'm not in a ~ mood** no estoy para risas *or* de humor; **this is no ~ matter** no es motivo de risa, no es para tomarlo a risa

laughing[2] *n* risas *fpl*; (loud) carcajadas *fpl*, risotadas *fpl*

laughing gas *n* [u] gas *m* hilarante

laughingly /ˈlæfɪŋli || ˈlɑːfɪŋli/ *adv*: **you're getting fat, she said ~** —estás engordando —dijo riendo *or* riéndose; **this is what he ~ calls leadership** ¡y a esto él lo llama liderazgo!

laughingstock /ˈlæfɪŋstɑːk || ˈlɑːfɪŋstɒk/ *n* hazmerreír *m*; **I'll be the ~ of the town** seré el hazmerreír de la ciudad; **to make a ~ of oneself** ponerse* *or* quedar en ridículo; **he made a ~ of his opponent** dejó *or* puso a su contrincante en ridículo

laugh lines *npl* arrugas *fpl* de la risa

laughter /ˈlæftər || ˈlɑːftə(r)/ *n* [u] risas *fpl*; (loud) carcajadas *fpl*, risotadas *fpl*; **he roared with ~** se rió a carcajadas; **amid ~ he announced the result of the draw** anunció el resultado del sorteo en medio de las risas de la gente; **I was helpless with ~** no podía parar de reírme; **tears of ~** lágrimas *fpl* de risa; ***~ is the best medicine*** la risa es el mejor remedio; (*before n*): **~ lines** arrugas *fpl* de gesto

launch[1] /lɔːntʃ/ *vt*
A **1** (Naut) ‹*new vessel*› botar; ‹*lifeboat*› echar al agua; **the ship was ~ed by the princess** la princesa fue la madrina en la botadura del buque **2** (Aerosp, Mil) ‹*satellite/missile*› lanzar* **3** (throw) lanzar*
B **1** (introduce) ‹*product/service*› lanzar*; ‹*securities*› emitir; ‹*play/book*› lanzar* **2** (initiate) ‹*campaign/idea*› lanzar*; ‹*company*› fundar; ‹*attack*› emprender, lanzar*; **her speech ~ed a public debate** su discurso desencadenó *or* suscitó un debate público **3** (give a start to) lanzar*; **he ~ed her on her film career** la lanzó en su carrera cinematográfica; **once he's ~ed on that topic, there's no stopping him** cuando empieza a hablar de ese tema, no hay quien lo pare

(Phrasal verbs)
• **launch into**
A [v + prep + o]: **to ~ into a tirade against sth** ponerse* a despotricar contra algo, arremeter contra algo; **she ~ed into a lengthy account of her adventures** se puso a contar sus aventuras con lujo de detalles; **she ~ed into an abstruse analysis of …** se embarcó en *or* emprendió un abstruso análisis de …
B [v + o + prep + o] (involve oneself): **to ~ oneself into a task/one's work** entregarse* a una tarea/al trabajo
• **launch out** [v + adv] lanzarse*; **she decided to ~ out on her own** decidió lanzarse por su cuenta

launch[2] *n*
A (Naut) **1** (motorboat) lancha *f* (a motor), motora *f* **2** (on warship) lancha *f*
B **1** (of new vessel) botadura *f*; (of lifeboat) lanzamiento *m* (*al agua*) **2** (of rocket, missile) lanzamiento *m*; (*before n*): **~ site** lugar *m* *or* emplazamiento *m* de lanzamiento; **~ vehicle** plataforma *f* lanzamisiles
C (of product, project, campaign) lanzamiento *m*; (of shares, stocks) emisión *f*; (of company) fundación *f*; (*before n*) ‹*date/party*› de lanzamiento

launcher /ˈlɔːntʃər || ˈlɔːntʃə(r)/ *n* lanzador *m*; (*rocket* **~**) lanzacohetes *m*; (*missile* **~**) lanzamisiles *m*; (*grenade* **~**) lanzagranadas *m*

launching /ˈlɔːntʃɪŋ/ *n* **1** ▸**launch**[2] **B** **2** ▸**launch**[2] **C**

launching pad, launchpad /ˈlɔːntʃpæd/ *n* **1** (Aerosp) rampa *f* *or* plataforma *f* de lanzamiento **2** (for ideas, career) trampolín *m*, plataforma *f*; **the project is not off the ~ ~** el proyecto aún no ha despegado

launder /ˈlɔːndər || ˈlɔːndə(r)/ *vt* **1** (wash and iron) (frml) lavar y planchar **2** ‹*money*› blanquear, lavar (AmL)
■ **launder** *vi*: **it ~s beautifully** queda muy bien cuando se lava y se plancha

Launderette®, launderette /ˌlɔːndəˈret || lɔːnˈdret/ *n* lavandería *f* automática

laundress /ˈlɔːndrəs || ˈlɔːndrɪs/ *n* lavandera *f*

Laundromat®, laundromat /ˈlɔːndrəmæt/ *n* (AmE) lavandería *f* automática

laundry /ˈlɔːndri/ *n* (*pl* **-dries**) **1** [c] (commercial) lavandería *f*, lavadero *m* (RPl); (in home) lavadero *m*; (*before n*) ‹*mark/van*› de la lavandería **2** [u] (dirty clothes) ropa *f* sucia *or* para lavar; (washed clothes) ropa *f* limpia *or* lavada; **to do the (dirty) ~** lavar la ropa (sucia), hacer* la colada (Esp); **I've put it in the (dirty) ~** lo he puesto con la ropa sucia; **the (clean) ~ is in the drawer** la ropa limpia *or* lavada está en el cajón; (*before n*): **~ basket** canasto *m* *or* cesto *m* de la ropa sucia

laundryman /ˈlɔːndrimən/ *n* (*pl* **-men** /-mən/) empleado *m* de la lavandería

laureate /ˈlɔːriət/ *n* **1** (prizewinner) galardonado, -da *m,f*; **Nobel ~** premio *mf* Nobel **2** ▸**poet laureate**

laurel /ˈlɔːrəl || ˈlɒrəl/ *n* **1** (Bot) laurel *m*; (*before n*): ~ **wreath** corona *f* de laureles **2** **laurels** *pl* (glory) laureles *mpl*; ***to look to one's ~s*** no dormirse* sobre sus (*or* mis *etc*) laureles; ***to rest on one's ~s*** dormirse* sobre sus (*or* mis *etc*) laureles

lav /læv/ *n* (BrE colloq & dated) retrete *m* (ant)

lava /ˈlɑːvə/ *n* [u] lava *f*

lava flow *n* corriente *f* de lava

lava lamp *n* lámpara *f* de lava

lavatorial /ˌlævəˈtɔːriəl/ *adj* (BrE) escatológico, marrón

lavatory /ˈlævətɔːri || ˈlævətri, -təri/ *n* (*pl* **-ries**) **1** (room in house) (cuarto *m* de) baño *m*, wáter *m* (Esp fam) **2** (public) (*often pl*) baños *mpl*, servicios *mpl* (Esp); (*before n*): ~ **attendant** encargado, -da *m,f* de los baños *or* (Esp) servicios **3** (receptacle) taza *f*, inodoro *m*, wáter *m*, váter *m* (Esp fam); (*before n*): ~ **bowl** *o* **pan** taza *f* del wáter; ~ **paper** papel *m* higiénico *or* (Chi tb), confort; ~ **seat** asiento *m* del wáter

lavender /ˈlævəndər || ˈlævəndə(r)/ *n* [u] **1** (Bot) lavanda *f*, espliego *m*; (*before n*) ‹*bag/sachet*› de lavanda *or* espliego; ~ **bush** mata *f or* planta *f* de lavanda *or* espliego; ~ **water** (agua *f‡* de) lavanda *f* **2** ▸❶ **p.1036** (color) azul *m* lavanda; (*before n*) ‹*dress/paint*› azul lavanda *adj inv*

lavish¹ /ˈlævɪʃ/ *adj* **1** (generous, extravagant) ‹*person*› espléndido, generoso; ‹*lifestyle*› de derroche *or* despilfarro; **he was very ~ with the champagne** fue muy espléndido *or* generoso con el champán; **she was ~ in** *o* **with her praise** fue pródiga en elogios, no escatimó elogios **2** (large, sumptuous) ‹*helping*› generoso, abundante; ‹*gift*› espléndido, generoso; ‹*party/meal*› magnífico, espléndido; ‹*costumes/production*› fastuoso; **the ~ splendor of the banqueting hall** el lujoso esplendor de la sala de banquetes

lavish² *vt* **to ~ sth ON** *o* **UPON sb** prodigar(le)* algo A algn, no escatimar(le) algo A algn; **she ~es attention upon the children** se desvive por los niños

lavishly /ˈlævɪʃli/ *adv* **1** (in large measure) ‹*give*› con esplendidez *or* generosidad; **he praised her ~** la colmó de elogios; **he's ~ endowed with talent** está dotado de gran talento **2** (sumptuously) ‹*decorated/illustrated/produced*› magníficamente

lavishness /ˈlævɪʃnəs || ˈlævɪʃnɪs/ *n* [u] **1** (abundance) esplendidez *f* **2** (sumptuousness) fastuosidad *f*

law /lɔː/ *n*

A **1** [c] (rule, regulation) ley *f*; **to pass a ~** aprobar* una ley; **navigation ~s** leyes de navegación, legislación *f* naviera; **there ought to be a ~ against it!** ¡debería estar prohibido por ley!; ***he's/she's a ~ unto himself/herself*** hace lo que le da la gana; **his bookkeeping is a ~ unto itself** su sistema de contabilidad lo entiende sólo él **2** [u] (collectively): **the ~** la ley; **to break the ~** violar *or* contravenir* *or* infringir* la ley; **to enforce the ~** imponer* *or* hacer* respetar la ley; **it is against the ~ to take them out of the country** es ilegal *or* está prohibido por (la) ley sacarlos del país; **to stay within the ~** actuar* dentro de la ley; **to operate within/outside the ~** operar dentro/fuera de la ley; **no one is above the ~** nadie está por encima de la ley; **in accordance with the ~** en conformidad con la ley, de acuerdo a *or* con la ley; **permitted by ~** permitido por la ley; **required by ~** exigido por (la) ley, obligatorio; **under French ~** según la ley *or* la legislación francesa; **these proposals became ~ in 1987** estas propuestas se hicieron ley en 1987; **his word is ~ in this house** en esta casa su palabra es ley; ***to lay down the ~*** dar* órdenes; **she's already laying down the ~** ya está dando órdenes; ***to take the ~ into one's own hands*** tomarse la justicia por su (*or* mi *etc*) propia mano **3** [u] (as field, discipline) derecho *m*; (profession) abogacía *f*; **to study ~** estudiar derecho *or* abogacía; **to practice ~** ejercer* la abogacía; **private/international ~** derecho privado/internacional; **to enter the ~** (BrE) hacerse* abogado; (*before n*): ~ **office** (AmE) bufete *m*, despacho *m* de abogados; ~ **school** facultad *f* de Derecho; ~ **student** estudiante *mf* de derecho

B [u] **1** (litigation): **to go to ~** (BrE) recurrir a los tribunales *or* a la justicia; **to take a case to ~** (BrE) llevar un caso ante los tribunales; **a court of ~** un tribunal de justicia; **an officer of the ~** (frml) un agente de la ley; (*before n*): **the ~ reports** ≈ la jurisprudencia **2** (police): **the ~** (colloq) la policía; **I'll have the ~ on you!** (colloq) ¡voy a llamar a la policía!; **she's been in trouble with the ~ before** ya ha tenido problemas con la autoridad *or* con la ley

C [c u] (code of conduct): **~s of etiquette** normas *fpl or* reglas *fpl* de etiqueta; **the ~s of rugby** el reglamento del rugby; **Mosaic/Koranic ~** (Relig) la ley de Moisés *or* mosaica/del Corán

D [c] (scientific principle) ley *f*; **the ~s of nature** las leyes de la naturaleza; **the ~ of gravity** la ley de la gravedad

law-abiding /ˈlɔːəˌbaɪdɪŋ/ *adj* respetuoso de la ley

law and order *n* [u] (+ *sing o pl vb*) el orden público

lawbreaker /ˈlɔːˌbreɪkər || ˈlɔːˌbreɪkə(r)/ *n* infractor, -tora *m,f or* transgresor, -sora *m,f* de la ley

law centre *n* (in UK) centro *m* de asesoría jurídica

law court *n* (esp BrE) tribunal *m* (de justicia)

law enforcement *n* [u]: *la imposición del cumplimiento de la ley*; (*before n*): **law-enforcement agency** *cuerpo encargado de imponer el cumplimiento de la ley*; **law-enforcement officer** agente *mf* de policía

lawful /ˈlɔːfəl/ *adj* ‹*ruler/heir*› legítimo; ‹*contract*› válido, legal; ‹*conduct/action*› lícito; **will you take this woman to be your ~ wedded wife?** ¿acepta a esta mujer como legítima esposa?

lawfully /ˈlɔːfəli/ *adv* legalmente

lawgiver /ˈlɔːˌgɪvər || ˈlɔːˌgɪvə(r)/ *n* legislador, -dora *m,f*

lawless /ˈlɔːləs || ˈlɔːlɪs/ *adj* ‹*mob/crowd*› desmandado, descontrolado; ‹*region*› anárquico, donde no rige la ley

lawlessness /ˈlɔːləsnəs || ˈlɔːlɪsnɪs/ *n* [u] desorden *m*, anarquía *f*

lawmaker /ˈlɔːˌmeɪkər || ˈlɔːˌmeɪkə(r)/ *n* legislador, -dora *m,f*

lawman /ˈlɔːmən/ *n* (*pl* **-men** /-mən/) (AmE colloq) agente *m* del orden

lawn /lɔːn/ *n*

A [c] (Hort) césped *m*, pasto *m* (AmL), grama *f* (AmC, Ven); **surrounded by sweeping ~s** rodeado de grandes extensiones de césped (*or* de pasto *etc*)

B [u] (Tex) batista *f*

lawn chair *n* (AmE) silla *f* plegable

lawn edger *n* cortabordes *mpl*

lawnmower /ˈlɔːnˌmaʊər || ˈlɔːnˌmaʊə(r)/ *n* máquina *f* de cortar el césped *or* (AmL tb) el pasto, cortadora *f* de césped *or* (AmL tb) de pasto, cortacésped *m* (Esp), cortagrama *m* (AmC, Ven)

lawn tennis *n* [u] tenis *m* (*sobre hierba*)

Law Society *n* (in UK): **the ~ ~** el Colegio de Abogados de Inglaterra y Gales

lawsuit /ˈlɔːsuːt/ *n* juicio *m*, pleito *m*; **to bring a ~ against sb** demandar a algn, llevar a algn a juicio, entablar una demanda contra algn

lawyer /ˈlɔːjər || ˈlɔːjə(r)/ *n* abogado, -da *m,f*; **the matter is in the hands of my ~** el asunto está en manos de mi abogado

lax /læks/ *adj* (not strict) ‹*discipline/supervision*› poco estricto; ‹*morals/standards*› laxo, relajado; **he's been very ~ lately over his homework** últimamente ha estado muy descuidado con los deberes

laxative /ˈlæksətɪv/ *n* [c u] laxante *m*; (*before n*) ‹*effect*› laxante

laxity /ˈlæksəti/, **laxness** /ˈlæksnəs || ˈlæksnɪs/ *n* [u] **1** (of morals) relajación *f*, relajamiento *m*; (of rules) falta *f* de rigor, lo poco estricto **2** (attitude — of student) falta *f* de aplicación; (— of worker) negligencia *f*, falta *f* de diligencia

lay¹ /leɪ/ *past of* **lie² Sense II**

lay² (*past & past p* **laid**) *vt*

A (put, place) poner*; **he laid his head on the pillow** puso la cabeza en la almohada; **~ him on his back** ponlo *or* tiéndelo boca arriba; **~ the cloth flat on the table** extiende la tela sobre la mesa; **he laid a blanket over the sleeping child** cubrió al niño dormido con una manta

B (arrange, put down in position) ‹*bricks*› poner*, colocar*; ‹*cable/pipes*› tender*, instalar; ‹*carpet*› poner*, colocar*; ‹*mines*› sembrar*; **they laid the floor with tiles/carpet** embaldosaron/alfombraron *or* (Esp) enmoquetaron el suelo; **the gardens are laid to grass** (BrE) los jardines están cubiertos de césped

C (prepare) ‹*fire*› preparar; ‹*trap/ambush*› tender*; ‹*plans*› hacer*; **to ~ the table for dinner** poner* la mesa para la cena

D (present, put forward): **to ~ a complaint against sb** formular *or* presentar una queja contra algn; **to ~ a case before sb** exponer* un caso ante algn; ▸**charge¹ A1**, **charge¹ A**

E (cause to settle): **to ~ a rumor (to rest)** acallar un rumor

F (cause to be): **one blow laid him flat on his back** de un golpe quedó tendido de espaldas en el suelo; **the blow laid his head open** el golpe le partió la cabeza; **her statements laid her open to criticism** sus declaraciones la dejaron expuesta a críticas; **it laid her under an obligation** la puso en un compromiso; ***to ~ sb low***: **the punch laid him low** el golpe lo dejó fuera de combate *or* lo tumbó; **he was laid low by the flu** estuvo postrado con la gripe *or* (Col, Méx) con la gripa

G (Zool): **to ~ eggs** «*bird/reptile*» poner* huevos; «*fish/insects*» desovar*

H ‹*bet/wager*› hacer*; ‹*money*› apostar*; **I'll ~ you $10 on it** te apuesto 10 dólares (a) que es así; **I'll ~ (that) he doesn't come back** (arch *or* dial) te apuesto (a) que no vuelve; ▸**odds A**

I (locate) (frml) (*usu pass*) ‹*scene*› situar*

J (to have sex with) (sl) tirarse a (arg), follarse a (Esp vulg), coger* (Méx, RPl vulg); **he/she wants to get laid** quiere echarse un polvo (arg)

■ **lay** *vi*

A «*hen*» poner* huevos

B (crit) ▸**lie² Sense II**

Phrasal verbs

- **lay about** [v + prep + o]: **to ~ about sb** emprenderla a golpes con algn; **he laid about him with his fists** empezó a dar puñetazos a diestra y siniestra *or* (Esp) a diestro y siniestro
- **lay aside** [v + o + adv, v + adv + o] **1** (put down) ‹*book/knitting*› dejar a un lado, apartar **2** (give up) ‹*pretense/differences*› olvidar, dejar de lado **3** (save) ‹*money*› ahorrar, guardar; ‹*food*› guardar, apartar; **they had some money laid aside** tenían un dinero ahorrado
- **lay by** ▸**lay aside 3**
- **lay down** [v + o + adv, v + adv + o] **1** (put down) ‹*tools/weapons*› dejar (a un lado); ‹*burden/responsibilities*› librarse *or* desembarazarse* de; **she laid herself down on the sand** se tumbó en la arena; ▸**arm¹ D1** **2** (prescribe, fix) ‹*guidelines/procedure*› establecer*, determinar; **their religion ~s down a strict code of conduct** su religión impone un estricto código de conducta; **it is laid down in the constitution/rulebook that …** la constitución/el reglamento establece que …; ▸**law A2** **3** ‹*wine*› guardar en la bodega **4** ‹*keel*› (Naut) empezar* a construir
- **lay for** [v + prep + o] (AmE) (sl): **the boss has been ~ing for me for months** hace meses que el jefe la tiene tomada conmigo (fam)
- **lay in** [v + o + adv, v + adv + o] ‹*food/water*› aprovisionarse de, proveerse* de, comprar (*para guardar*); **we've laid in supplies for a month** tenemos provisiones para un mes
- **lay into** [v + prep + o] (colloq) **1** (attack) emprenderla a golpes con, arremeter contra; (verbally) arremeter contra; **they laid into their food with gusto** empezaron a comer con ganas, atacaron *or* (Méx tb) le entraron con ganas (fam)

2 (scold) regañar, retar (CS); **she really laid into me** se ensañó conmigo

• **lay off**

A [v + adv + o, v + o + adv] (AmE) despedir*; (BrE) *suspender temporalmente por falta de trabajo*

B [v + adv], [v + prep + o] (colloq) **1** (stop pestering): **just ~ off, will you?** ¡basta ya!, ¡terminala de una vez! (RPI fam); **~ off me/her!** ¡déjame/déjala en paz! **2** (give up) dejar; **you should ~ off gambling/the drink** deberías dejar el juego/la bebida **3** (avoid): **~ off politics with him** con él no toques el tema de la política

• **lay on**

(Sense I) [v + adv + o, v + o + adv]

A **1** (arrange, provide) ‹*transport*› hacerse* cargo de, proporcionar; ‹*entertainment*› ofrecer*, brindar; **food and drink was laid on by the company** la compañía se hizo cargo de la comida y la bebida **2** ‹*water/gas/electricity*› (BrE) conectar

B (apply) ‹*coat of paint*› dar*, aplicar*; ***to ~ it on thick*** cargar* las tintas, exagerar; **the special effects were laid on with a trowel** se les fue la mano *or* (fam & iró) se pasaron un pelo con los efectos especiales

(Sense II) [v + o + prep + o]

A (impose) ‹*burden/fine*› imponer*; **to ~ the blame on sb** echarle la culpa a algn, culpar a algn; *see also* **stress¹ B1**, **emphasis B**

B (give, burden with) (AmE colloq): **I've got a sermon to ~ on both of them** esos dos me van a oír (fam); **I'm sorry to have to ~ all this on you** siento tener que preocuparte con todo esto

• **lay out** [v + o + adv, v + adv + o]

A **1** ‹*park/garden*› diseñar; ‹*town*› hacer* el trazado de; ‹*objects*› disponer*, arreglar **2** (Print) ‹*page*› diseñar, componer*, hacer* la maquetación de **3** ‹*points/arguments*› plantear, exponer*

B (spend) gastar, desembolsar; (invest) invertir*

C (knock unconscious) dejar sin sentido; (in boxing) dejar KO *or* fuera de combate, noquear

D **1** ‹*dead body*› amortajar **2** ‹*clothes*› preparar, disponer*

• **lay over** [v + adv] (AmE) quedarse; (for one night) hacer* noche; **we laid over a couple of days in Paris** nos quedamos un par de días en París

• **lay to** [v + adv] (Naut) ponerse* al pairo *or* a la capa

• **lay up**

A [v + o + adv, v + adv + o] (render inactive) (*often pass*) ‹*boat/car*› guardar (*por una temporada*); **I was laid up with flu for two weeks** la gripe *or* (Col, Méx) la gripa me tuvo dos semanas en cama *or* fuera de circulación

B [v + adv + o] (store up) ‹*supplies*› almacenar, guardar; **to ~ up trouble for oneself** buscarse* *or* crearse problemas

lay³ *adj* (*before n*) **1** (secular) (Relig) ‹*organization/education*› laico; **~ brother** lego *m*; **~ sister** lega *f*; **~ preacher** predicador, -dora *m,f* seglar **2** (not expert): **the ~ reader** el lector lego *or* profano en la materia, el lector no especializado

lay⁴ *n*

A (sl): **he's/she's a good ~** es muy bueno/buena en la cama (fam)

B (arch) **1** (poem) lay *m* (arc), trova *f* **2** (song, melody) balada *f*; ▸**land¹ A1**

layabout /'leɪəbaʊt/ *n* (BrE colloq) haragán, -gana *m,f*, vago, -ga *m,f*, flojo, -ja *m,f* (fam)

layaway /'leɪəweɪ/ *n* [u] (AmE): **to have sth put on ~** dejar algo reservado mediante el pago de un depósito; Ⓢ **layaway available** se apartan *or* se reservan artículos mediante el pago de un pequeño depósito

lay-by /'leɪbaɪ/ *n* (BrE) área *f*‡ de reposo

layer¹ /'leɪər || 'leɪə(r)/ *n*

A (of dust, paint, snow) capa *f*; (of rock, sediment) capa *f*, estrato *m*; **her hair was cut in ~s** llevaba el pelo cortado en *or* (Esp) a capas *or* (RPI) rebajado; **the novel has several ~s of meaning** la novela tiene varias lecturas *or* interpretaciones; (*before n*): **~ cake** pastel *m* relleno

B **1** (hen) (gallina *f*) ponedora *f* **2** (Hort) acodo *m*

layer² *vt*

A (arrange in layers): **I had my hair ~ed** me corté el pelo en *or* (Esp) a capas, me rebajé el pelo (RPI); **~ the pasta and the sauce in a dish** ponga la pasta y la salsa en capas en una fuente

B (Hort) acodar

layette /leɪ'et/ *n* ajuar *m* de bebé, canastilla *f*

lay figure *n* maniquí *m*

layman /'leɪmən/ *n* (*pl* **-men** /-mən/) **1** (non-expert): **a book written for the ~** un libro dirigido al gran público, un libro dirigido al lector lego *or* profano en la materia; **which, in ~'s terms, means ...** lo que significa, en lenguaje más accesible, ... **2** (Relig) seglar *mf*, laico, -ca *m,f*

layoff /'leɪɔːf || 'leɪɒf/ *n* **1** (act) (AmE) despido *m*; (BrE) *suspensión temporal por falta de trabajo* **2** (period) período *m* de desempleo, paro *m* (Esp), cesantía *f* (Chi)

layout /'leɪaʊt/ *n* **1** (of house) distribución *f*; (of town, garden) trazado *m*, plan *m*; **the ~ of the room** la forma en que están dispuestos los muebles en la habitación; (of empty room) la forma de la habitación; **the car has a very clear instrument ~** el coche tiene un tablero muy bien diseñado; Ⓢ **new road layout ahead** (BrE) atención: nuevo sistema de circulación; **a model train ~** un circuito de tren eléctrico **2** (in magazine, newspaper) diseño *m*, maquetación *f*; **we've tried various ~s for the cover** hemos probado varios diseños para la portada; (*before n*): **~ artist** maquetador, -dora *m,f*, diagramador, -dora *m,f* **3** (diagram) diagrama *m* **4** (property, residence) (AmE colloq) propiedad *f* (*y sus instalaciones*)

layover /'leɪ,əʊvər || 'leɪ,əʊvə(r)/ *n* (AmE) parada *f*, alto *m*; (Aviat) escala *f*

layperson /'leɪpɜːrsn || 'leɪpɜːsn/ *n* (*pl* **~s** *or* **laypeople**) **1** (Relig) seglar *mf*, laico, -ca *m,f* **2** (non-professional): **another reference book for the ~** otra obra de consulta dirigida al gran público, otra obra de consulta dirigida al lector lego *or* profano en la materia; **it provides information in ~'s terms** proporciona información en un lenguaje accesible

layup /'leɪʌp/ *n* **1** (of person) período *m* de inactividad; (of vehicle) período *m* fuera de circulación **2** (in basketball) gancho *m*

Lazarus /'læzərəs/ *n* Lázaro

laze /leɪz/ *vi* haraganear, holgazanear, flojear (fam), perecear (Col fam); **the cat was lazing in the sun** el gato estaba tumbado al sol; **I spent Sunday lazing around the house** me pasé el domingo en casa haraganeando (*or* holgazaneando *etc*)

lazily /'leɪzəli || 'leɪzɪli/ *adv* perezosamente; **they spent the day basking ~ in the sunshine** se pasaron el día tumbados perezosamente al sol *or* tumbados al sol sin hacer nada

laziness /'leɪzinəs || 'leɪzɪnɪs/ *n* [u] pereza *f*, flojera *f* (fam)

lazy /'leɪzi/ *adj* **lazier, laziest** ‹*person/day/stroll*› perezoso, holgazán, flojo (fam); **I'm in a ~ mood** ando sin ganas de hacer nada, tengo una flojera (fam); **we spent a ~ weekend on the beach** pasamos un fin de semana en la playa sin hacer nada; **to have a ~ eye** (Med) tener* un ojo perezoso

lazybones /'leɪzibəʊnz/ *n* (*pl* **~**) (colloq) haragán, -gana *m,f*, vago, -ga *m,f* (fam), flojonazo, -za *m,f* (Chi, Méx fam), fiacún, -cuna *m,f* (RPI fam)

lazy Susan /'suːzən/ *n* (esp AmE) bandeja *f* giratoria

lb = pound(s)

LBO *n* **= leveraged buyout**

lc **1** (Print) **= lower case** **2** ▸**loc cit**

LCD *n* **1** **= liquid crystal display** **2** (Math) **= lowest common denominator**

L-dopa /'el'dəʊpə/ *n* [u] L-dopa *f*, dopamina *f* levógira

L-driver /'el,draɪvər || 'el,draɪvə(r)/ *n* (BrE) *persona que está aprendiendo a conducir*

lea /liː/ *n* (poet) prado *m*, pradera *f*

LEA *n* (in UK) **= Local Education Authority**

leach /liːtʃ/ *vt* filtrar

■ **leach** *vi* filtrarse

lead¹ *n*

(Sense I) /led/

A [u] (metal) plomo *m*; **don't move or I'll fill you full of ~!** ¡quieto o te acribillo a balazos *or* te lleno el cuerpo de plomo!; ***as heavy as ~***: **my feet felt as heavy as ~** los pies me pesaban como (un) plomo; ***to get the ~ out (of one's pants)*** (AmE colloq) ponerse* a trabajar duro; (*before n*): **~ crystal** cristal *m* (*que contiene óxido de plomo y es muy preciado*); **~ paint** pintura *f* con plomo; **~ pipe** tubería *f* *or* cañería de plomo; **~ poisoning** intoxicación *f* por plomo; (chronic disease) saturnismo *m*; **~ soldier** soldadito *m* de plomo

B **1** [c] (Naut) sonda *f*, escandallo *m*; ***to swing the ~*** (BrE) poner* excusas para no trabajar **2** [c u] (for fishing) plomo *m*

C [c u] (in pencil) mina *f*; ***to put ~ in sb's pencil*** (sl) ser* un afrodisíaco; (*before n*): **~ pencil** lápiz *m* (de mina)

D **leads** *pl* (in window, for roof) emplomado *m*

(Sense II) /liːd/

A (in competition) (*no pl*): **to be in/hold the ~** ir*/seguir* a la cabeza *or* en cabeza, llevar/conservar la delantera; **to move into the ~, to take the ~** ponerse* a la cabeza *or* en cabeza, tomar la delantera; **Acme has taken the ~ from Chipco in the car market** Acme ha pasado a ocupar el primer lugar, desplazando a Chipco, en el mercado del automóvil; **she has a ~ of 20 meters/points over her nearest rival** le lleva 20 metros/puntos de ventaja a su rival más cercano

B (example, leadership) (*no pl*) ejemplo *m*; **to give a ~** dar* (el) ejemplo; **to follow** *o* **take sb's ~** seguir* el ejemplo de algn; **you should take their ~ and resign** debería seguir su ejemplo y dimitir; **if you don't know what to do, just follow my ~** si no sabe qué hacer, haga lo mismo que yo; **they took the ~ in expelling foreign companies** tomaron la iniciativa en expulsar a las compañías extranjeras

C [c] (clue) pista *f*; **to investigate/follow up a ~** investigar*/seguir* una pista

D [c] **1** (for dog) (BrE) correa *f*, traílla *f*; **put the dog on its ~** ponle la correa *or* la traílla al perro; Ⓢ **dogs must be kept on a lead at all times** prohibido dejar a los perros sueltos **2** (Elec) cable *m*

E [c] **1** (main role) papel *m* principal; **the male/female ~** (role) el papel principal masculino/femenino; (person) el primer actor/la primera actriz; **to play the ~** hacer* el papel principal, ser* el/la protagonista **2** (Mus) (*no pl*) solista *mf*; **to sing/play (the) ~** ser* la voz/el músico solista; (*before n*) ‹*guitar/singer*› principal

F [c] (Journ) **1** *also* **~ story** artículo *m* principal **2** (opening paragraph) (AmE) introducción *f* (*de un artículo de prensa*); (*before n*) ‹*paragraph*› inicial

G (cards) (*no pl*): **it was her ~** salía ella, ella era mano; **her ~ was the three of hearts** salió con el tres de corazones

lead² /liːd/ (*past & past p* **led**) *vt*

A **1** (guide, conduct) ‹*person/animal*› llevar, guiar*; **he led her across the field** la guió *or* condujo a través del campo; **he led his troops into battle** inició el ataque al frente de sus tropas; **he led her onto the dance floor** la llevó hasta la pista; **to ~ sb TO sth/sb** conducir* *or* llevar a algn A algo/ANTE algn; **she led the party to victory** condujo el partido a la victoria; **the path led them to a clearing** el sendero los condujo *or* los llevó a un claro; **they were led to safety by firemen** los bomberos los pusieron a salvo; **~ us to your master!** ¡condúcenos ante tu amo!; **to ~ sb aside/to one side** llevar a algn aparte/a un lado; **to ~ sb away/off** llevarse a algn; **he was led away by police** se lo llevó la policía; **~ the way!** ¡ve tú delante *or* (esp AmL) adelante! **2** (to a particular state, course of action): **to ~ sb into temptation** hacer* caer a algn en la tentación; **to ~ sb TO sth/+ INF: this led me to the conclusion that ...** esto me hizo llegar a la conclusión de que ...; **you led me to this!** ¡tú me metiste en esto!; **whatever led**

you to resign? ¿qué te llevó a dimitir?; **I was led to believe that ...** me dieron a entender que ... **3** (influence, induce) ‹*witness*› insinuarle* la respuesta a; **he's easily led** se deja llevar fácilmente

B (head, have charge of) ‹*discussion*› conducir*; ‹*orchestra*› (conduct) (AmE) dirigir*; (play first violin in) (BrE) ser* el primer violín de; **the expedition was led by a famous anthropologist** la expedición iba al mando de un famoso antropólogo; **she ~s a star-studded cast** encabeza un elenco estelar; **he led the congregation in prayer** oró junto a los fieles; **the chairman led the applause** el presidente inició los aplausos

C **1** (be at front of) ‹*parade/attack*› encabezar*, ir* al frente de; **his mother led the mourners** su madre encabezaba el cortejo fúnebre **2** (in race, competition) ‹*opponent*› aventajar; **they led the opposing team by ten points** aventajaban al equipo contrario por diez puntos, le llevaban diez puntos de ventaja al equipo contrario; **to ~ the field** (Sport) ir* en cabeza *or* a la cabeza, llevar la delantera; **she led the rest of the class by a long way** aventajaba con mucho al resto de la clase, iba muy por delante del resto de la clase; **they ~ the world in this kind of technology** son los líderes mundiales en este tipo de tecnología

D ‹*life*› llevar; **to ~ a quiet/very active life** llevar *or* tener* una vida tranquila/muy activa; **to ~ a normal life** llevar *or* hacer* una vida normal

E (play) ‹*trumps/hearts*› salir* con

■ **lead** *vi*

A **to ~ TO sth** ‹‹*road/path/steps*›› llevar *or* conducir* *or* dar* A algo; ‹‹*door*›› dar* A algo; **the alley led to a little courtyard** el callejón llevaba *or* conducía a un pequeño patio; **this discussion isn't ~ing anywhere** esta discusión no conduce a nada; **six streets ~ off the square** de la plaza salen seis calles

B **1** (be, act as leader): **you ~, we'll follow** ve delante *or* (esp AmL) adelante, que te seguimos; **the man ~s in ballroom dancing** en los bailes de salón es el hombre quien lleva a su pareja **2** (in race, competition) ‹‹*competitor*›› ir* a la cabeza, puntear (AmL); **they are ~ing by three goals** van ganando por tres goles; **the Republicans are ~ing in the polls** los republicanos van a la cabeza en *or* encabezan las encuestas

C **1** (Journ): **'The Times' ~s with the budget deficit** 'The Times' dedica su artículo de fondo al déficit presupuestario **2** (in cards) salir*, ser* mano; **to ~ with three aces** salir* con tres ases; **North to ~** (in bridge) el norte es mano **3** (in boxing) atacar*; **he led with his right** atacó con la derecha

(Phrasal verbs)

• **lead in with** [v + adv + prep + o] comenzar* *or* empezar* con

• **lead off**

A [v + adv + prep + o] **to ~ off WITH sth** empezar* *or* comenzar* CON algo

B [v + adv + o] empezar*, comenzar*; **the minister led off the session with ...** el ministro abrió la sesión con ...; *see also* **lead² A**

• **lead on**

A [v + adv]: **~ on!** ¡adelante! (¡te seguimos!)

B [v + o + adv] (raise false hopes) engañar; **they were led on with promises of high wages** los engañaron *or* los engatusaron con promesas de sueldos altos; **she's been ~ing him on for years** hace años que lo tiene agarrado de las narices dándole esperanzas (fam)

• **lead to** [v + prep + o] (result in) llevar *or* conducir* a; **such irresponsibility can only ~ to disaster** semejante irresponsabilidad sólo puede conducir al desastre; **one thing led to another and ...** una cosa llevó a la otra y ..., de una cosa se pasó a la otra y ...

• **lead up to** [v + adv + prep + o] **1** (precede) preceder a; **the events ~ing up to the crisis** los acontecimientos que precedieron a la crisis **2** (prepare): **he was obviously ~ing up to something** era obvio que estaba preparando el terreno para algo, era obvio que algo se proponía; **what's all this ~ing up to?** ¿qué te propones (*or* se proponen *etc*) con todo esto?

leaded /'ledəd || 'ledɪd/ *adj* **1** ‹*window*› emplomado **2** ‹*fuel*› con plomo

leaden /'ledn/ *adj* (liter) **1** ‹*sky/sea*› plomizo **2** ‹*limbs*› pesado; ‹*spirit/heart*› triste, sombrío

leader /'li:dər || 'li:də(r)/ *n*

A **1** (of group, movement, political party) líder *mf*, dirigente *mf*; (of expedition) jefe, -fa *m,f*; (of gang) cabecilla *mf*, jefe, -fa *m,f*; **the ~s of the demo were ...** la manifestación iba encabezada por ...; **the country's political and spiritual ~s** las autoridades políticas y religiosas del país; **the union ~s** los dirigentes del sindicato; **the ~s of the rebellion** los cabecillas de la rebelión; **the L~ of the Opposition** (in UK) el líder de la oposición; **the party lacks a strong ~** el partido carece de un líder fuerte; **~ for the defence** (BrE) (Law) abogado, -da *m,f* principal de la defensa **~ of the pack** (person) cabecilla *mf* de la banda; (animal) cabeza *f* de la manada; **~ of the orchestra** (conductor) (AmE) director, -tora *m,f* (de orquesta); (first violin) (BrE) primer violín *mf*, concertino *m* **2** (in race, competition) primero, -ra *m,f*; (in league) líder *m*, puntero *m*; **she couldn't keep up with the ~s** no podía mantenerse al ritmo de los que iban en cabeza; **the Nationals are the ~s** los Nacionales van a la cabeza *or* en cabeza; **a ~ of fashion** un árbitro de la moda; **this product is the world/market ~** este producto es el líder mundial/del mercado

B (BrE) (Journ) editorial *m*; (*before n*): **~ writer** editorialista *mf*

C (on tape, film) *porción en blanco*

leader board *n* marcador *m* (*en el que se anotan la puntuación y los nombres de los que van a la cabeza de la competencia*)

leadership /'li:dərʃɪp || 'li:dəʃɪp/ *n* **1** [u] (direction, control — of party) liderazgo *m*, dirección *f*, jefatura *f*; (— of country) conducción *f*; **a research team under the ~ of Professor Sharp** un equipo de investigación bajo la dirección del profesor Sharp **2** [u] (quality) autoridad *f*, dotes *fpl* de mando *or* de liderazgo; **this country needs strong ~** este país necesita una mano fuerte; (*before n*): **~ qualities** dotes *fpl* de mando *or* de liderazgo **3** (leaders) (+ *sing o pl vb*) dirigentes *mpl*, directiva *f*

lead-free /'led'fri:/ *adj* sin plomo

lead-in /'li:dɪn/ *n* [u c] **~ (TO sth)** introducción *f* (A algo)

leading¹ /'li:dɪŋ/ *adj* (*before n*) **1** (principal) ‹*expert/scientist/playwright*› destacado, importante; ‹*brand/company*› líder *adj inv*, puntero; **she played a ~ role in ...** tuvo un papel destacado en ...; **she was a ~ figure in the movement** fue una de las grandes figuras del movimiento, fue una de las figuras principales del movimiento; **available at ~ record stores** en venta en las principales casas de música; **the country is the world's ~ oil-producer** es el país líder *or* puntero en la producción de petróleo; **~ lady** (Cin) protagonista *f*; (Theat) primera actriz *f*; **~ man** (Cin) protagonista *m*; (Theat) primer actor *m* **2** (in front) ‹*runner/horse/driver*› que va a la cabeza *or* en cabeza, puntero

leading² /'ledɪŋ/ *n* [u] plomería *f*

leading article /'li:dɪŋ/ *n* **1** (main story) (AmE) artículo *m* de fondo (*gen en primera plana*) **2** (editorial) (BrE) editorial *m*

leading edge /'li:dɪŋ/ *n* **1** (Aviat) borde *m* anterior (*del ala*) **2** (forefront): **they are working at the ~ of pharmaceutical research** están trabajando en la punta de lanza *or* en la vanguardia de la investigación farmacológica; (*before n*): **leading-edge technology** tecnología *f* de avanzada *or* de vanguardia

leading light /'li:dɪŋ/ *n* estrella *f*

leading question /'li:dɪŋ/ *n*: *pregunta que sugiere la respuesta que se quiere obtener*

lead-off /'li:dɔ:f || 'li:dɒf/ *adj* (AmE) (in baseball) primero en turno, primero al bate; **~ runner** primer, -mera *m,f* relevo

lead time /li:d/ *n* **1** (before delivery) plazo *m* de entrega; **excessive ~ ~s** demoras *fpl* excesivas en las entregas **2** (before completion, production) período *m* de gestación

lead-up /'li:dʌp/ *n* **~ (TO sth): campaigning is intensifying in the ~ to the election** la campaña se está intensificando a medida que se aproximan las elecciones

leaf¹ /li:f/ *n* (*pl* **leaves**)

A [c] (of plant, tree) hoja *f*; **the trees are not in ~ yet** los árboles no tienen hojas todavía; **the oak is coming into ~** el roble está echando hojas, al roble le están saliendo hojas; ***to shake*** o ***tremble like a ~*** temblar* como una hoja; (*before n*): **~ bud** yema *f*; **~ spinach** hojas *fpl* de espinaca (*sin picar*)

B [c] (page, sheet) hoja *f*; ***to take a ~ out of sb's book*** seguir* el ejemplo de algn; ***to turn (over) a new ~*** reformarse, hacer* borrón y cuenta nueva

C [c] (of table) ala *f*‡; (of door, shutter) hoja *f*

leaf² *vi* (AmE) echar hojas

(Phrasal verb)

• **leaf through** [v + prep + o] ‹*catalog/magazine*› hojear

leaf green /'li:f'gri:n/ *n* verde *m* manzana; **leaf-green** *adj* verde hoja *adj inv*

leaf insect *n* insecto *m* hoja

leafless /'li:fləs || 'li:flɪs/ *adj* sin hojas, pelado

leaflet¹ /'li:flət || 'li:flɪt/ *n*

A (Print) folleto *m*; (Pol) panfleto *m*; **promotional ~** folleto de propaganda, prospecto *m*

B (Bot) folíolo *m*

leaflet² **-t-** *or* **-tt-** *vi* repartir folletos/panfletos

■ **leaflet** *vt* ‹*area*› repartir folletos/panfletos en; **they ~ed the whole town** repartieron folletos/panfletos por toda la ciudad

leaf mold *n* [u]

A (compost) mantillo *m* (*abono procedente de la descomposición de hojas*)

B (on leaf) (Bot) hongo *m* (*que ataca las hojas*)

leaf spot *n* [u] mancha *f* foliar; (*before n*): **~ ~ disease** enfermedad *f* de manchas foliares

leaf tobacco *n* [u] hoja *f* de tabaco

leafy /'li:fi/ *adj* **-fier, -fiest** ‹*boughs*› frondoso; ‹*lane*› arbolado; **the ~ suburbs north of the city** los barrios residenciales del norte de la ciudad

league /li:g/ *n*

A (alliance, association) liga *f*, asociación *f*, federación *f*; **the L~ of Nations** (Hist) la Sociedad de Naciones; ***to be in ~ (with sb)*** estar* aliado *or* confabulado (con algn); **the whole world was in ~ against me** todo el mundo se había aliado *or* confabulado contra mí *or* en mi contra

B **1** (Sport) liga *f*; **our team is seventh in the ~** nuestro equipo va séptimo en la clasificación *or* en la liga; (*before n*) ‹*champion/game*› de liga; **~ standing** (AmE) posición *f* en la liga **2** (level, category): **the company wants to stay in the big ~s** la empresa quiere mantenerse en primera división *or* (Méx) en las ligas mayores; **not to be in the same ~ as sb/sth** no estar* a la misma altura *or* al mismo nivel que algn/ algo; **they're in a different ~** no tienen ni punto de comparación; ***to be out of one's ~***: **sorry, I'm out of my ~** perdón, pero esto es demasiado difícil para mí; **small-time criminals out of their ~** ladronzuelos *mpl* que se meten a hacer fechorías demasiado complicadas

C (measure of distance) legua *f*

league table *n* (BrE) tabla *f* de clasificación *or* de posiciones, clasificación *f*

leak¹ /li:k/ *vi* **1** ‹‹*bucket/tank*›› gotear, perder* (RPl), salirse* (Chi, Méx); ‹‹*shoes/tent*›› dejar pasar el agua; ‹‹*tap*›› gotear; **the pipe ~s** la cañería pierde agua (*or* aire *etc*), hay un escape en la cañería; **the roof is ~ing** hay una gotera/hay goteras en el techo, entra agua por el tejado; **this pen ~s** esta pluma pierde tinta **2** (escape) ‹‹*liquid*›› escaparse, salirse*; **water had ~ed through the ceiling** había entrado agua por el techo

■ **leak** *vt* **1** ‹*liquid/gas*› perder*, botar (AmL exc RPl); **the car was ~ing oil** el coche perdía aceite **2** ‹*information*› filtrar; **the report was ~ed to the press** filtraron el informe a la prensa

Phrasal verb

- **leak out** [v + adv] ‹‹*news*›› filtrarse

leak² *n*

A **1** (in bucket, boat, pipe) agujero *m*; (in roof) gotera *f*; **the boat sprang a ~** el bote empezó a hacer agua **2** (escaping liquid, gas) escape *m*, fuga *f*; **a gas ~** un escape de gas **3** (of information) filtración *f*

B (act of urinating) (sl) (*no pl*): **to take** *o* (BrE also) **have a ~** hacer* pis (fam), mear (vulg)

leakage /ˈliːkɪdʒ/ *n* [c u] escape *m*, fuga *f*

leakproof /ˈliːkpruːf/ *adj* ‹*seal/battery*› a prueba de filtraciones; ‹*container/bag*› hermético

leaky /ˈliːki/ *adj* **-kier, -kiest** **1** ‹*container*› agujereado; **a ~ pen** una pluma que pierde tinta, una pluma que pierde (RPl) *or* (Chi) que se sale; **we've got a ~ roof** tenemos goteras (en el techo) **2** ‹*security*› fácil de violar

lean¹ /liːn/ (*past & past p* **leaned** *or* BrE also **leant** /lent/) *vi* **1** (bend, incline): **the tower ~s to the left** la torre está inclinada hacia la izquierda; **she ~ed back in her chair** se echó hacia atrás *or* se reclinó en la silla; **to ~ forward** inclinarse hacia adelante; **don't ~ out of the window** no te asomes por la ventana; ▸**backward**² **1** **2** (support oneself) apoyarse; **to ~ AGAINST sth** apoyarse CONTRA algo; **he was ~ing (up) against a wall** estaba apoyado *or* se apoyaba contra la pared; **she ~ed with her full weight against the door** se echó sobre la puerta con todo su peso; **to ~ ON sth/sb** apoyarse EN algo/algn; **she ~ed on the desk** se apoyó en el escritorio **3** (tend, incline) **to ~ TO/TOWARD sth**: **the party ~s to the left** el partido es de tendencia izquierdista; **they appear to be ~ing toward a more conciliatory approach** parecería que se inclinan por un enfoque más conciliador

■ **lean** *vt* **to ~ sth AGAINST sth/sb** apoyar algo CONTRA algo/algn; **she ~ed her back against the wall** apoyó la espalda *or* se apoyó contra la pared

Phrasal verbs

- **lean across**

A [v + adv] inclinarse (hacia adelante)

B [v + prep + o] inclinarse sobre

- **lean down** [v + adv] inclinarse
- **lean over**

A [v + adv] inclinarse (hacia adelante)

B [v + o + prep] inclinar

- **lean on** [v + prep + o] (colloq) **1** (put pressure on) presionar, ejercer* presión sobre; **to ~ on sb to + INF** presionar a algn PARA QUE + SUBJ; **they ~t on him to withdraw his statement** lo presionaron para que se retractara de su declaración **2** (depend on) apoyarse en

lean² *adj* **1** ‹*person/build*› delgado, enjuto; ‹*animal*› flaco; **~ mixture** (of fuel and air) mezcla *f* con una alta proporción de aire; **a ~er, more efficient company** una compañía más eficiente con menos personal; **a ~ prose style** una prosa escueta **2** ‹*meat*› magro, sin grasa **3** (poor) ‹*winter*› malo; ‹*harvest*› malo, pobre; **the ~ years that followed the war** los años de escasez *or* de vacas flacas que siguieron a la guerra

lean³ *n*

A [u] (meat) magro *m*

B [c] (slope) (*no pl*) inclinación *f*

leaning¹ /ˈliːnɪŋ/ *n* (*usu pl*) inclinación *f*; **her political ~s** sus inclinaciones *or* tendencias *fpl* políticas; **her musical ~s** su inclinación por la música; **I felt a ~ toward the stage from an early age** desde pequeño sentí inclinación por el teatro

leaning² *adj* inclinado; **the L~ Tower of Pisa** la torre inclinada de Pisa

leanness /ˈliːnnəs || ˈliːnnɪs/ *n* [u] **1** (of person, animal) delgadez *f* **2** (of meat) lo magro, la poca grasa; **the consumer looks for flavor and ~** lo que el consumidor quiere es sabor y poca grasa

leant /lent/ (BrE) *past & past p of* **lean**¹

lean-to /ˈliːntuː/ *n* (*pl* **-tos**) cobertizo *m* (*adosado a la casa*)

leap¹ /liːp/ (*past & past p* **leaped** *or* BrE also **leapt** /lept/) *vi* **1** (jump) ‹‹*person/animal*›› saltar, brincar*; **she ~ed over the barrier** saltó por encima de la barrera; **he ~ed aside** se echó a un lado de un salto; **the dog ~ed at his throat** el perro le saltó *or* (esp Méx) le brincó al cuello; **I saw her ~ off the bus** la vi bajarse del autobús de un salto; **the children were ~ing up and down with excitement** los niños brincaban *or* daban brincos de alegría; **my heart ~ed at the news** (liter) el corazón me dio un brinco al recibir la noticia; **he ~ed out of bed** se levantó (de la cama) de un salto *or* (esp Méx) de un brinco; **two men ~ed out at him** dos hombres se le echaron encima *or* se abalanzaron sobre él; **you can't miss it, it ~s out at you** no puedes dejar de verlo, salta a la vista; **the headline ~ed out at me** los titulares inmediatamente atrajeron mi atención; **she ~ed up/down the stairs two at a time** subió/bajó las escaleras saltando de dos en dos; **he ~ed up and started shouting** se levantó *or* se puso de pie de un salto *or* (esp Méx) de un brinco y empezó a gritar; **to ~ to sb's assistance** correr a ayudar a algn; **Jan ~ed to his defense** Jan saltó en su defensa *or* a defenderlo; **to ~ AT sth** ‹*at an opportunity/an offer/a chance*› no dejar pasar algo; **to ~ ON sb/sth**: **they ~ed on him** se le echaron encima, se abalanzaron sobre él; **his critics ~ed on this mistake** sus detractores se lanzaron sobre este error con ensañamiento **2** (change, skip) saltar; **the book/author ~s from one topic to another** el libro/autor salta de un tema a otro **3** (increase suddenly) saltar; **inflation ~ed from 2% to 9%** la inflación saltó de un 2% a un 9%; **they ~ed to third place in the league** saltaron al tercer puesto de la liga

■ **leap** *vt* ‹*fence/stream*› saltar

leap² *n* **1** (jump) salto *m*, brinco *m*; **a great ~ forward for industry** un gran salto adelante para la industria; **a mental ~** un salto mental; ***a ~ in the dark*** un salto al vacío; ***by ~s and bounds*** a pasos agigantados **2** (in prices etc) subida *f*

leapfrog¹ /ˈliːpfrɔːg || ˈliːpfrɒg/ *n* [u]: **to play ~** saltar al potro, jugar* a la pídola, brincar* al burro (Méx), jugar* al rango (RPl)

leapfrog² **-gg-** *vi* saltar; **John ~ged over his brother** John saltó por encima de su hermano; **she ~ged into second place** saltó al segundo lugar

■ **leapfrog** *vt*: **she ~ged her less ambitious colleagues** dejó atrás a sus colegas menos ambiciosos

leapt /lept/ (BrE) *past & past p of* **leap**¹

leap year *n* año *m* bisiesto

learn /lɜːrn || lɜːn/ (*past & past p* **learned** *or* BrE also **learnt**) *vt*

A **1** (gain knowledge of) aprender; **to ~ English/the guitar** aprender inglés/(a tocar la) guitarra; **what did you ~ in school today?** ¿qué aprendiste hoy en el colegio?; **you can ~ a lot from watching him** se puede aprender mucho mirándolo; **to ~ to + INF** aprender A + INF; **he's ~ing to read** está aprendiendo a leer; **I ~ed to keep my mouth shut** aprendí a callarme; **I've ~ed that from experience** eso me lo ha enseñado la experiencia, eso lo he aprendido por propia experiencia; **you'll have to ~ to live with it** vas a tener que acostumbrarte; **she quickly ~ed what to do** pronto aprendió lo que había que hacer; **he soon ~ed what was what** (colloq) enseguida se dio cuenta de cómo eran las cosas; **you've got a lot to ~ (about life)** tienes mucho que aprender todavía **2** (memorize) aprender de memoria **3** **learned** *past p* ‹*response*› aprendido

B (become informed about) ‹*details*› enterarse de; **we ~ed that she'd already left** nos enteramos de que ya se había ido, supimos que ya se había ido; **they finally ~ed where/how he died** finalmente se enteraron de dónde/de cómo murió

C (teach) (crit): **that'll ~ him!** ¡para que aprenda!, ¡así aprenderá!

■ **learn** *vi*

A (gain knowledge) aprender; **I've ~ed from my mistakes** he aprendido de mis errores; **will he ever ~?** ¡cuándo aprenderá!; **it's never too late to ~** nunca es tarde para aprender

B (become informed) **to ~ ABOUT** *o* **OF sth** (more frml) enterarse *or* saber* DE algo; **I ~ed about her promotion from a friend** me enteré *or* supe de su ascenso por un amigo

learned /ˈlɜːrnəd || ˈlɜːnɪd/ *adj* ‹*scholar*› docto, sabio, erudito; ‹*allusion/work*› erudito; **it appeared in a ~ journal** salió en una publicación especializada; **she belongs to various ~ bodies** es miembro de varias agrupaciones académicas; **my ~ colleague** (BrE frml) mi distinguido colega

learned society *n* sociedad *f* erudita

learner /ˈlɜːrnər || ˈlɜːnə(r)/ *n*: **he's a quick** *o* **fast ~** aprende con mucha rapidez; **he's a slow ~** tiene dificultades de aprendizaje; **language ~s find that ...** los que aprenden idiomas se encuentran con que ...; (*before n*): **~ driver** (esp BrE) *persona que está aprendiendo a conducir*

learning /ˈlɜːrnɪŋ || ˈlɜːnɪŋ/ *n* [u] **1** (knowledge) saber *m*, conocimientos *mpl*; (education) educación *f*; **the ~ of generations** el saber *or* los conocimientos de generaciones; **he had always set great store by ~** siempre le había dado mucha importancia a la educación; **a man of ~** un erudito **2** (act) aprendizaje *m*; (*before n*): **~ curve** curva *f* de aprendizaje; **~ difficulties** dificultades *fpl or* problemas *mpl* de aprendizaje; **~ disability** discapacidad *f* de aprendizaje; **~ process** proceso *m* de aprendizaje; **~ resources center** *o* (BrE) **centre** centro *m* de material didáctico

learnt /lɜːrnt || lɜːnt/ (BrE) *past & past p of* **learn**

lease¹ /liːs/ ➡▯ *n* ≈ contrato *m* de arrendamiento; (of real estate) ≈ usufructo *m*; ***to give sb/sth a new*** *o* ***fresh ~ on life*** *o* (BrE) ***~ of life***: **the operation has given him a new ~ on life** ha revivido con la operación; **the news gave us a fresh ~ on life** la noticia nos devolvió las esperanzas; **the works have given the hotel a new ~ of life** el hotel ha quedado como nuevo con los arreglos

lease² ➡▯ *vt* **1** **~ (out)** (grant use of) arrendar*, dar* en arriendo; ‹*real estate*› dar* en usufructo **2** (hold under lease) arrendar*, tomar en arriendo; ‹*real estate*› tener* el usufructo de

Phrasal verb

- **lease back** [v + o + adv, v + adv + o] ‹*equipment/property*› retroarrendar*

leaseback /ˈliːsbæk/ *n* cesión-arrendamiento *f*, retroarriendo *m*

leasehold /ˈliːshəʊld/ *n* [u c] arrendamiento *m*

leaseholder /ˈliːsˌhəʊldər || ˈliːsˌhəʊldə(r)/ *n* arrendatario, -ria *m,f*

leash /liːʃ/ *n* correa *f*, traílla *f*; ***to keep sb on a ~*** mantener* *or* tener* a algn a raya; ***to strain at the ~*** (be impatient) morirse* de impaciencia (lit) ‹‹*dog*›› tirar de la correa, jalar la traílla *or* correa (AmL exc CS)

leasing /ˈliːsɪŋ/ *n* [u] (Fin) leasing *m*, arrendamiento *m* con opción de compra

least¹ /liːst/ *adj*

A (*superl of* **little**¹ **Sense II**): **she has the ~ money** es quien menos dinero tiene

B **1** (smallest, slightest) más mínimo; **the ~ little thing would upset him** se disgustaba por la más mínima cosa *or* por lo más mínimo; **I haven't the ~ idea where she is** no tengo ni la más mínima idea de dónde está; **without the ~ difficulty** sin la menor dificultad; **I'm not the ~ bit interested** no me interesa en lo más mínimo; **that's the ~ of my worries** eso es lo que menos me preocupa, eso es lo de menos **2** (lowest, humblest) (liter) más humilde

least² *pron*

A (*superl of* **little**²): **to say the ~** por no decir más; **it's the ~ I can do** es lo menos que puedo hacer; **it's the ~ I'm willing to accept**

➡▯ *see* Living in a Spanish-speaking country

es el precio mínimo que estoy dispuesto a aceptar

B (in adv phrases): **at least** por lo menos, como mínimo; **there were 100 people there at ~** había por lo menos *or* como mínimo unas 100 personas; **you might at ~ make an effort** al menos *or* por lo menos podrías hacer un esfuerzo; **he can't afford it; at ~ that's what he says** no puede permitírselo; al menos eso es lo que dice; **in the least** en lo más mínimo; **she didn't seem in the ~ concerned about it** no parecía preocuparle en lo más mínimo; **am I disturbing you? — not in the ~** ¿te molesto? — en lo más mínimo *or* en absoluto

least[3] *adv*

A (*superl of* **little**[3]): **~ of all you** tú menos que nadie; **when you ~ expect it** cuando menos te lo esperas

B (*before adj, adv*) menos; **John is the ~ intelligent** John es el menos inteligente; **the ~ expensive of the three** el menos caro de los tres

leastways /'li:stweɪz/, **leastwise** /-waɪz/ *adv* (colloq) por lo menos, al menos

leather /'leðər || 'leðə(r)/ *n* [1] [u] (material) cuero *m*, piel *f* (Esp, Méx); **real ~** cuero legítimo, piel legítima (Esp); (*before n*): **~ goods** artículos *mpl* de cuero *or* (Esp, Méx tb) de piel; **~ jacket** chaqueta *f* de cuero *or* (Méx, Esp tb), piel, cazadora *f* de piel *or* de cuero (Esp) [2] [c] (chamois) (BrE) gamuza *f* [3] **leathers** *pl* ropa *f* de cuero *or* (Esp, Méx tb) de piel

leather-bound /'leðərbaʊnd || 'leðəbaʊnd/ *adj* encuadernado en cuero

Leatherette® /,leðə'ret/ *n* [u] cuero *m* sintético, piel *f* sintética (Esp, Méx)

leatherjacket /'leðərdʒækət || 'leðədʒækɪt/ *n* (BrE) (Zool) larva *f* de la típula

leatherneck /'leðərnek || 'leðənek/ *n* (AmE sl) marine *m* (*soldado de la infantería de marina estadounidense*)

leatherwear /'leðərwer || 'leðəweə(r)/ *n* [u] ropa *f* de cuero *or* (Méx, Esp tb), piel

leathery /'leðəri/ *adj* ‹*skin*› curtido, áspero; ‹*steak*› correoso, duro como suela de zapatos (fam)

leave[1] /li:v/ *n*

A [u c] (authorized absence) permiso *m*, licencia *f* (esp AmL); (Mil) licencia *f*, permiso *m*; **he asked for one year's ~ of absence** pidió un año de permiso *or* (esp AmL) de licencia *or* (Esp) de excedencia; **maternity/paternity ~** permiso (*or* licencia *etc*) por maternidad/paternidad; **to take a week's ~** tomarse una semana de permiso *or* (esp AmL) de licencia; **to be/go on ~** estar*/salir* de permiso *or* (esp AmL) de licencia

B [u] (permission) (frml) permiso *m*; **she begged ~ to speak** pidió la palabra, pidió licencia *or* la venia para hablar (frml); **without so much as a by your ~** (colloq) sin ni siquiera pedir permiso

C [u] (departure) (frml): **to take ~ of sb** despedirse* de algn; **have you taken ~ of your senses?** ¿te has vuelto loco?

leave[2] (*past & past p* **left**) *vt*

A [1] (go away from): **she ~s home/the office at 6** sale de casa/la oficina a las 6; **what time did you ~ their house?** ¿a qué hora te fuiste *or* (esp Esp) te marchaste de su casa?; **the plane left Rome at 10** el avión salió de Roma a las 10; **I left her reading a book** la dejé leyendo un libro; **may I ~ the table?** ¿puedo levantarme de la mesa?; **may I ~ the room?** (euph) ¿puedo ir al baño?; **what are you going to do when you ~ school?** ¿qué vas a hacer cuando termines el colegio?; **he left school at 16** dejó *or* abandonó los estudios a los 16 años; **she left home at the age of 17** se fue de casa a los 17 años; **she's left that address** ya no vive ahí; **he never left her side** no se apartó de su lado en ningún momento; **the train left the rails** el tren descarriló [2] (withdraw from) ‹*profession/organization/politics*› dejar; **to ~ sth FOR sth** dejar algo POR algo

B (abandon) ‹*wife/family*› dejar; **she left her husband for another man** dejó a su marido por otro (hombre); **I left the car and continued on foot** dejé el coche y continué a pie; **he was left for dead** lo dieron por muerto; **they left him to die in the desert** lo abandonaron a su suerte en el desierto

C [1] (deposit in specified place) dejar; **I'm sure I left it on the table** estoy segura de que lo dejé sobre la mesa; **she left the child with her mother** dejó al niño con su madre; **~ your key at reception** deje la llave en recepción [2] (leave behind for sb) dejar; **would you like to ~ a message?** ¿quiere dejar un recado?; **to ~ sth FOR sb** dejarle algo A algn; **I left a note for him** le dejé una nota; **I left my card with his secretary** le dejé mi tarjeta a su secretaria [3] (not take) dejar [4] (forget) olvidarse de, dejar, dejarse (fam); **I left my money at home!** ¡dejé el dinero en casa! [5] (not eat) ‹*food*› dejar; **if you don't like it, ~ it** si no te gusta, déjalo

D [1] (allow, cause to remain) dejar; **~ it in the oven a little longer** déjalo en el horno un poco más; **you left the phone off the hook** dejaste el teléfono descolgado; **please ~ the window open/door closed** por favor dejen la ventana abierta/la puerta cerrada; **she ~s her things all over the place** deja *or* va dejando sus cosas por todas partes; **he left me waiting there for an hour** me tuvo ahí una hora esperando; **she left her meal untouched** no probó la comida; **they left the work half finished** dejaron el trabajo a medio hacer; **some things are better left unsaid** es mejor callar *or* no decir ciertas cosas; **let's ~ it at that for now** dejémoslo así por ahora; **where did we ~ things last time we talked?** ¿en qué quedamos la última vez que hablamos? [2] (cause to be, have) dejar; **it left me/I was left with nothing to do** me dejó/me quedé sin nada que hacer

E [1] (have as aftereffect) ‹*stain/scar*› dejar; **she left a bad impression on him** le causó (una) mala impresión; **the hurricane left a trail of devastation** el huracán dejó la mayor desolación a su paso [2] (as evidence, sign) dejar

F [1] (not attend to, postpone) dejar; **~ the dishes for later** deja los platos para más tarde [2] (not disturb or interfere) dejar; **~ me alone/in peace!** ¡déjame tranquilo/en paz!; **I was about to start cooking — I'll ~ you to it, then** iba a ponerme a cocinar — bueno, pues te dejo; **I didn't want to interfere, so I left them to it** no quise meterme, así que dejé que se las arreglaran *or* se las compusieran solos; **I'll ~ you to your book** te dejo con tu libro; **to ~ sth/sb to + INF** dejar algo/a algn + INF *or* QUE + SUBJ; **~ her to finish on her own** déjala terminar *or* que termine sola; ▸**alone**[1] **A2**

G [1] (entrust) **to ~ sth TO sb/sth**: **I always ~ the driving to someone else** siempre dejo que otro maneje *or* (Esp) conduzca; **~ it to me!** ¡déjalo por mi cuenta!; **I'll ~ it up to you to choose the color** te dejo a ti la elección del color, el color corre por tu cuenta; **now it is left to them to take the lead** ahora les toca a ellos tomar la iniciativa; **we must ~ nothing to chance** no debemos dejar nada (librado) al azar [2] (allow, cause sb to do) dejar; **the teacher left us with a lot to do** el profesor nos dejó mucho trabajo; **he left us with all the cleaning to do** nos dejó toda la limpieza a nosotros; **to ~ sb to + INF** dejar QUE algn + SUBJ; **he left his secretary to make the arrangements** dejó que su secretaria hiciera los preparativos

H [1] (Math): **6 from 10 ~s 4** si a 10 le quitamos 6, quedan 4 [2] (after deduction, elimination): **that only ~s you and me** con eso sólo quedamos tú y yo; **there's only me left at home** en casa sólo quedo yo; **to be left** quedar; **there isn't much food/money/time left** no queda mucha comida/mucho dinero/mucho tiempo; **how much money/time do I/we have left?** ¿cuánto dinero/tiempo me/nos queda?; **to ~ *much/a lot to be desired*** dejar mucho/bastante que desear [3] (make available) dejar; **~ a space** deja un espacio; **~ some cake for me** déjame un poco de pastel; **I was left with only $200** me quedaron sólo 200 dólares; **you ~ me no alternative but to resign** no me deja otra alternativa que dimitir; **there's nothing left for it but to give in** no queda más remedio que ceder

I [1] (bequeath) **to ~ sth TO sb/sth** ‹*money/property*› dejar(le) algo A algn/algo [2] (after bereavement) dejar; **he ~s a wife and two sons** deja esposa y dos hijos

■ **leave** *vi* irse*, marcharse (esp Esp); **we'll ~ when the rain stops** nos iremos cuando pare de llover; **the train/plane ~s at 5 o'clock** el tren/avión sale a las 5 en punto; **to ~ FOR sth** salir* PARA algo; **he's already left for the airport** ya ha salido para el aeropuerto

Phrasal verbs

- **leave aside** [v + o + adv, v + adv + o] dejar de lado; **leaving aside for the moment the question of ...** dejando de lado de momento la cuestión de ...
- **leave behind** [v + o + adv, v + adv + o] [1] (not take or bring) dejar [2] (forget) olvidarse de, dejarse [3] (abandon) ‹*worries/cares*› dejar atrás; (pass) ‹*suburbs/valley*› dejar atrás; **I've left all that behind (me)** todo eso ya es cosa del pasado, ya he superado todo eso [4] (in race, at school) ‹*opponent/classmate*› dejar atrás; **slow learners get left behind** los niños con problemas de aprendizaje se quedan atrás *or* rezagados
- **leave in** [v + o + adv, v + adv + o] ‹*sentence/scene*› no omitir
- **leave off**

A [v + adv], [v + prep + o] (discontinue) dejar; **I just carried on where she had left off** lo que hice fue continuar con su trabajo; **this book continues where the last one left off** este libro retoma el hilo del anterior; **where did we ~ off last time?** ¿dónde quedamos la última vez?; **~ off!** (colloq) ¡basta ya!; **we left off work at four** dejamos *or* interrumpimos el trabajo a las cuatro; **to ~ off -ING** dejar *or* parar DE + INF; **he never left off nagging all day** no dejó *or* paró de rezongar en todo el día

B [v + o + prep + o] (not include) no incluir*; **his name was left off the list** no se incluyó su nombre en la lista

C [v + o + adv] [1] (not switch on) ‹*light*› dejar apagado [2] (not wear) ‹*sweater/vest*› no ponerse*

- **leave on** [v + o + adv, v + adv + o] [1] ‹*light/machine/television*› dejar encendido *or* (AmL tb) prendido [2] (keep wearing) no quitarse; **I left my coat on** no me quité el abrigo, me quedé con el abrigo puesto
- **leave out**

A [v + o + adv, v + adv + o], [v + o + adv (+ prep + o)] [1] (omit) omitir; **she left out all reference to her mother** omitió toda alusión a su madre; **it won't taste right if you ~ out the garlic** no va a quedar bien si no le pones ajo [2] (exclude) excluir*, no incluir*; **he was left out of her will** lo excluyó de su testamento; **she feels left out** se siente excluida [3] (not involve) **to ~ sb out OF sth** no meter a algn EN algo; **~ her/Mary out of this!** ¡no la metas/no metas a Mary en esto!

B [v + o + adv] [1] (leave outside) dejar fuera *or* (esp AmL) afuera [2] (not put away) ‹*clothes/toys*› no guardar [3] (leave available) dejar preparado; **I've left some work out for him** le he dejado trabajo preparado

- **leave over** [v + o + adv, v + adv + o], (*usu pass*): **tomorrow we can eat what's left over** mañana podemos comer lo que sobre *or* quede; **~ a bit of cloth over for the pocket** deja *or* guarda un trozo de tela para el bolsillo; **we have some fireworks left over from last year** tenemos *or* nos quedaron algunos fuegos artificiales del año pasado; **she's like something left over from the sixties** es como una reliquia *or* un fósil de los años sesenta (hum)

leaven[1] /'levən/, **leavening** /'levnɪŋ/ *n* [1] [u] (Culin) levadura *f* [2] (enlivening element) (liter) (*no pl*): **a ~ of wit** una chispa *or* un toque de ingenio

leaven[2] *vt* ‹*dough*› leudar; **her speech was ~ed with lively anecdotes** aligeró su discurso con anécdotas divertidas

leaves /li:vz/ *pl of* **leaf**[1]

leave-taking /'li:v,teɪkɪŋ/ *n* despedida *f*

leaving /'li:vɪŋ/ *adj* (*before n*) ‹*present*› de despedida; **~ party** despedida *f*

Lebanese[1] /,lebə'ni:z/ *adj* libanés

Lebanese[2] *n* (*pl* ~) libanés, -nesa *m,f*

Lebanon /ˈlebənɑ:n || ˈlebənən/ *n* (el) Líbano; **the ~** (BrE dated) (el) Líbano

lech[1] /letʃ/ *n* (colloq) libidinoso *m*, lujurioso *m*

lech[2] *vi* (colloq): **to ~ AFTER sb** andar* detrás de *or* tras algn (fam)

lecher /ˈletʃər || ˈletʃə(r)/ *n* libidinoso *m*; **you old ~!** ¡viejo verde!

lecherous /ˈletʃərəs/ *adj* libidinoso, lascivo

lechery /ˈletʃəri/ *n* [u] lascivia *f*

lecithin /ˈlesəθən || ˈlesɪθɪn/ *n* [u] lecitina *f*

lectern /ˈlektərn || ˈlektɜ:n/ *n* atril *m*; (in church) facistol *m*

lecture[1] /ˈlektʃər || ˈlektʃə(r)/ *n* **1** (public address) conferencia *f*; (more informal) charla *f*; (Educ) clase *f*; **to give a ~** dar* una conferencia; (*before n*): **~ hall** sala *f* de conferencias; **~ notes** (Educ) apuntes *mpl* (de clase); (for public address) notas *fpl*; **~ theater** auditorio *m*, aula *f*‡ magna **2** (talking-to) sermón *m*

lecture[2] *vi* (Educ) dar* clase, dictar clase (AmL frml), hacer* clase (Chi); **to ~ ON sth/TO sb** dar* una conferencia/clase SOBRE algo/A algn; **to ~ IN sth** dar* *or* (Chi) hacer* clases DE algo, dictar clases DE algo (AmL frml) (*en la universidad*)

■ **lecture** *vt* (scold, reprove) sermonear, darle* un sermón a

lecturer /ˈlektʃərər || ˈlektʃərə(r)/ *n* **1** (speaker) conferenciante *mf*, conferencista *mf* (AmL) **2** (esp BrE) (Educ) profesor universitario, profesora universitaria *m,f*, profesor, -sora *m,f* de universidad; **he is a ~ in French** es profesor de francés *or* enseña francés en la universidad

lectureship /ˈlektʃərʃɪp || ˈlektʃəʃɪp/ *n* (esp BrE) puesto *m* de profesor universitario

led /led/ *past & past p of* **lead**[2]

LED *n* (= **light-emitting diode**) LED *m*

-led /led/ *suff*: **UN~** encabezado por la ONU; **demand/supply~** regido por la demanda/oferta

ledge /ledʒ/ *n* **1** (on wall) cornisa *f*; (*window ~*) (exterior) alféizar *m or* antepecho *m* (de la ventana); (interior) repisa *f* (de la ventana) **2** (on cliff) saliente *m or f* **3** (underwater ridge) arrecife *m*

ledger /ˈledʒər || ˈledʒə(r)/ *n* libro *m* de contabilidad

ledger line *n* (Mus) línea *f* auxiliar

lee /li:/ *n*

A [u] (Naut) sotavento *m*; **in the ~ of the building** al abrigo del edificio; (*before n*) ‹*side/shore/tide*› de sotavento

B **lees** *pl* (sediment) posos *mpl*

leech[1] /li:tʃ/ *n* **1** (Zool) sanguijuela *f*; **to cling** *o* **stick to sb like a ~** pegársele* a algn como una lapa (fam) **2** (person) (colloq) sanguijuela *f* (fam)

leech[2] *vi* (colloq) **to ~ ON** *o* **UPON sb** chuparle la sangre a algn (fam); **to ~ ON** *o* **UPON sth** aprovecharse DE algo

leek /li:k/ *n* puerro *m*

leer[1] /lɪr || lɪə(r)/ *vi* lanzar* una mirada lasciva; **to ~ AT sb** lanzarle* una mirada lasciva a algn; **a ~ing grin** una sonrisa lasciva

leer[2] *n* mirada *f* lasciva

leery /ˈlɪri || ˈlɪəri/ *adj* **-rier, -riest** receloso; **to be ~ OF sb/sth**: **I'm very ~ of them/their intentions** desconfío *or* recelo de ellos/de sus intenciones; **he's ~ of taking sides in the issue** se cuida mucho de tomar partido en el asunto

leeward[1] /ˈli:wərd || ˈli:wəd/ *n* [u] sotavento *m*; **to ~** a sotavento

leeward[2] *adj* de sotavento

Leeward Islands /ˈli:wərd || ˈli:wəd/ *pl n*: **the ~ ~** **1** (in West Indies) *grupo de islas en la parte septentrional de las Antillas Menores* **2** (in Pacific) las Islas de Sotavento

leeway /ˈli:weɪ/ *n* [u] **1** (margin of freedom): **I am allowed a lot of ~** me dan mucha libertad de acción; **he leaves at 4 — that doesn't give us much ~** sale a las 4 — eso no nos da mucho margen; **there is some ~ in the budget** el presupuesto tiene un margen de flexibilidad **2** (Aviat, Naut) deriva *f*

left[1] /left/ *past & past p of* **leave**[2]

left[2] *n*

A **1** (left side) izquierda *f*; **on the ~** a la izquierda; **it's the one on the ~** es el/la de la izquierda; **to drive on the ~** manejar *or* (esp Esp) conducir* por la izquierda; **keep (to the) ~** mantenga su izquierda; **on** *o* **to the ~ of the president** a la izquierda del presidente; **on** *o* **to my/your ~** a mi/tu izquierda; **from ~ to right** de izquierda a derecha **2** (left turn): **take the next ~** tome *or* (esp Esp) coja la próxima a la izquierda; **to make** *o* (BrE) **take a ~** girar *or* torcer* *or* doblar a la izquierda **3** (in boxing — hand) izquierda *f*; (— blow) golpe *m* de izquierda, izquierdazo *m*

B (Pol): **the ~** la izquierda

left[3] *adj* **1** (*before n*) ‹*side/ear/shoe*› izquierdo; **take the next ~ turn** tome *or* (esp Esp) coja la próxima calle (*or* el próximo desvío *etc*) a la izquierda **2** (Pol) izquierdista, de izquierda *or* (Esp) izquierdas

left[4] ▸ **i** **p.1110** *adv* ‹*turn/look*› a *or* hacia la izquierda; **~, right! ~, right!** (Mil) ¡izquierda, derecha! ¡izquierda, derecha!; **~ *and right*** *o* (BrE) ***~, right and centre*** (colloq): **he was hitting out ~ and right** repartía golpes a diestra y siniestra *or* (Esp) a diestro y siniestro (fam); **she spends money ~ and right** gasta dinero a manos llenas *or* (fam) a troche y moche

left-click /ˈleftˈklɪk/ *vi* hacer* clic *or* (fam) cliquear con el botón izquierdo *or* primario del ratón,

left field *n* (in baseball) **1** (area) jardín *m* izquierdo; ***to be (out) in ~ ~*** (AmE) ‹‹*person*›› estar* *or* vivir en las nubes; ***to come from*** *o* ***out of ~ ~*** no venir* a cuento; **his sudden rage came out of ~ ~** de repente se enfureció sin venir a cuento **2** (position): **to play ~ ~** jugar* de jardinero izquierdo

left-footed /ˈleftˈfʊtəd || ˌleftˈfʊtɪd/ *adj* ‹*person*› zurdo; ‹*kick*› con el pie izquierdo

left-hand /ˈlefthænd/ *adj* (*before n*) ‹*column/gatepost*› de la izquierda; **in the bottom ~ corner** en el ángulo inferior izquierdo; **the school is on the ~ side** el colegio está a mano izquierda; **on the ~ side of the road/page** a la izquierda de la carretera/página; **the car has ~ drive** el coche tiene el volante a la izquierda

left-handed /ˈleftˈhændəd || ˌleftˈhændɪd/ *adj* ‹*person*› zurdo; ‹*stroke*› con la (mano) izquierda; ‹*scissors/tool*› para zurdos; **a ~ compliment** un cumplido a medias

left-hander /ˈleftˈhændər || ˌleftˈhændə(r)/ *n* **1** (person) zurdo, -da *m,f* **2** (blow) izquierdazo *m*

leftie /ˈlefti/ *n* ▸ **lefty**

leftist[1] /ˈleftəst || ˈleftɪst/ *n* izquierdista *mf*

leftist[2] *adj* izquierdista

left-luggage (office) /ˌleftˈlʌgɪdʒ/ *n* (BrE) consigna *f*

left-luggage locker /ˌleftˈlʌgɪdʒ/ *n* (BrE) (casilla *f* de la) consigna *f* automática; (locker *m* de la) consigna automática (AmL)

leftover[1] /ˈleftˌəʊvər || ˈleftˌəʊvə(r)/ *adj* (*before n*) sobrante; **keep the ~ cakes** guarda los pasteles que sobren *or* que queden

leftover[2] *n* **leftovers** *pl* **1** sobras *fpl*, restos *mpl* **2** (throw back) vestigio *m*

leftward[1] /ˈleftwərd || ˈleftwəd/ *adj* hacia la izquierda

leftward[2], (BrE also) **leftwards** /-z/ *adv* hacia *or* a la izquierda

left-wing /ˈleftˈwɪŋ/ *adj* de izquierda *or* (Esp) izquierdas, izquierdista

left wing *n*

A (Pol) (+ *sing or pl vb*): **the ~ ~** la izquierda, el ala izquierda

B (Sport) **1** (area) banda *f or* ala *f*‡ izquierda **2** (position): **to play ~ ~** jugar* en la banda *or* el ala izquierda

left-winger /ˈleftˈwɪŋər || ˌleftˈwɪŋə(r)/ *n* **1** (Pol) izquierdista *mf* **2** (Sport) extremo *mf or* alero *mf* izquierdo

lefty /ˈlefti/ *n* (*pl* **-ties**) (colloq) **1** (Pol) rojillo, -lla *m,f* **2** (left-handed person) (AmE) zurdo, -da *m,f*

leg[1] /leg/ *n*

A ▸ **i** **p.965** (Anat) (of person) pierna *f*; (of animal, bird) pata *f*; **break a ~!** (set phrase: colloq & hum) ¡(buena) suerte!; ***he/she can talk the hind ~s off a donkey!*** (colloq) habla como una cotorra *or* (hasta) por los codos (fam); ***not to have a ~ to stand on*** (colloq) llevar todas las de perder; ***shake a ~!*** (colloq) ¡muévete! (fam), apúrate (AmL); ***show a ~!*** (BrE colloq) ¡a levantarse!, ¡vamos, arriba! (fam); ***to be on one's/its last ~s*** (colloq) estar* en las últimas (fam); ***to get a*** *o* ***one's ~ over*** (BrE sl) echarse un polvo (arg); ***to get on one's hind ~s*** (to stand up) (colloq) ponerse* de pie, pararse (AmL) (to go into a rage) (AmE), ponerse* bravo (fam); ***to pull sb's ~*** (colloq) tomarle el pelo a algn (fam); ***to stretch one's ~s*** estirar las piernas; ***to walk one's ~s off*** (colloq) matarse caminando *or* (esp Esp) andando (fam); (*before n*) ‹*muscle*› de la pierna; ‹*injury*› en la pierna; **~ irons** grilletes *mpl*; (Med) aparato *m* ortopédico (*para la pierna*)

B **1** (Culin) (of lamb, pork) pierna *f*, pernil *m*; (of chicken) pata *f*, muslo *m* **2** (Clothing) pierna *f*; (measurement) entrepierna *f* **3** (of chair, table) pata *f*

C (stage — of competition, race) manga *f*, vuelta *f*; (— of journey) etapa *f*; **I ran the second ~ of the relay** corrí el segundo relevo

leg[2] *vt* **-gg-**: ***to ~ it*** (colloq) (go on foot) ir* a pata (fam); (run) ir* corriendo; (escape) tomarse las de Villadiego (fam), poner* pies en polvorosa (fam)

legacy /ˈlegəsi/ *n* (*pl* **-cies**) **1** (Law) legado *m*; **the cupboard is a ~ from the previous tenant** al armario lo heredamos del inquilino anterior **2** (of artist, government) legado *m*

legal /ˈli:gəl/ *adj*

A **1** (allowed) legal; ‹*tackle/move*› reglamentario **2** (founded upon law) ‹*contract/requirement/constraint/rights*› legal; **he is the ~ owner** es el legítimo propietario; **the contract is ~ and binding** el contrato tiene validez legal y es obligatorio para las partes; **she was below the ~ age** no tenía la edad establecida por la ley; **they decided to make their relationship ~** decidieron legalizar sus relaciones

B (relating to legal system, profession) (*before n*) ‹*system/adviser/problem*› jurídico, legal; ‹*department*› jurídico; **~ costs** costas *fpl*; **the ~ profession** (lawyers) los abogados, los letrados (frml); (professional activity) la abogacía; **she entered the ~ profession** se hizo abogada; **she has started ~ proceedings against them** ha procedido (judicialmente) en contra de ellos, les ha entablado pleito; **to seek ~ advice** consultar a un abogado, asesorarse con un abogado; **we will be forced to take ~ action** nos veremos obligados a poner el asunto en manos de nuestro(s) abogado(s)

legal aid *n* [u] (in UK) *ayuda económica del gobierno a un particular para costear gastos legales*, ≈ beneficio *m* de pobreza (*en Esp*), ≈ privilegio *m* de pobreza (*en Chi*)

legal clinic *n* (AmE) consultorio *m* legal *or* jurídico

legal eagle *n* (colloq) lince *m* de las leyes (fam)

legalese /ˌli:gəˈli:z/ *n* [u] (colloq & pej) jerigonza *f or* jerga *f* legal *or* de los abogados

legal holiday *n* (AmE) día *m* festivo oficial, feriado *m* oficial (esp AmL)

legalistic /ˌli:gəˈlɪstɪk/ *adj* legalista

legality /li:ˈgæləti/ *n* [u] legalidad *f*

legalization /ˌli:gələˈzeɪʃən || ˌli:gəlaɪˈzeɪʃən/ *n* [u] **1** (of document) legalización *f* **2** (of political party) legalización *f*; (of act) despenalización *f*

legalize /ˈli:gəlaɪz/ *vt* **1** ‹*document*› legalizar* **2** ‹*political party*› legalizar*; ‹*act*› despenalizar*; **to ~ a drug** despenalizar* el uso de una droga

legally /ˈli:gəli/ *adv* legalmente; **this contract is ~ binding** este contrato obliga legalmente; **~, you have no right to the money** (*indep*) desde un punto de vista legal, no tiene derecho al dinero

legal separation *n* separación *f* judicial

legal tender *n* [u] moneda *f* de curso legal

legate /ˈlegət/ *n* legado *m*

legatee /ˌlegəˈtiː/ *n* legatario, -ria *m,f*

legation /lɪˈɡeɪʃən/ *n* (diplomats, building) legación *f*

legend /ˈledʒənd/ *n*
A [1] [c u] (story) leyenda *f* [2] [c] (person) mito *m*, leyenda *f*; **she's a living ~** es un auténtico mito *or* una auténtica leyenda; **she was a ~ in her own lifetime** (set phrase) ya en vida era un mito *or* una leyenda
B [c] [1] (inscription) leyenda *f* [2] (on map) signos *mpl* convencionales; (on chart) clave *f*

legendary /ˈledʒənderi ‖ ˈledʒəndri/ *adj* legendario

legerdemain /ˌledʒərdəˈmeɪn ‖ ˌledʒədəˈmeɪn/ *n* [u] juegos *mpl* de manos, prestidigitación *f*

-legged /ˈlegəd ‖ ˈlegɪd/ *suff*: **long~** de piernas largas; ‹*animal*› de patas largas; **cross~** con las piernas cruzadas; **a six~ insect** un insecto de seis patas; *see also* ▸**bowlegged**, **bandy-legged** *etc*

leggings /ˈlegɪŋz/ *pl n* [1] (pants, trousers) leggings *mpl*, leotardos *mpl*, mallas *fpl*, calzas *fpl* (RPl); (for babies) pelele *m*; **waterproof ~** pantalones *mpl* impermeables [2] (for lower leg) polainas *fpl*

leggy /ˈlegi/ *adj* **-gier, -giest** [1] (long-legged) ‹*boy/girl*› de piernas largas, zanquilargo (fam); ‹*foal*› de patas largas; **a ~ blonde** (colloq) una rubia con piernas preciosas [2] ‹*plant*› demasiado alto y delgado

legibility /ˌledʒəˈbɪləti/ *n* [u] legibilidad *f*

legible /ˈledʒəbəl/ *adj* legible

legibly /ˈledʒəbli/ *adv* de manera legible

legion¹ /ˈliːdʒən/ *n* [1] (in ancient Rome) legión *f* [2] (large number) legión *f* [3] **the American/Royal British L~** *la legión estadounidense/británica de ex-combatientes*

legion² *adj* (frml) (*pred*): **the problems are ~** los problemas son innumerables; **her admirers are ~** tiene legiones de admiradores

legionary /ˈliːdʒəneri ‖ ˈliːdʒənəri/ *n* (*pl* **-ries**) legionario *m*

legionnaire /ˌliːdʒəˈner ‖ ˌliːdʒəˈneə(r)/ *n* legionario *m*

Legionnaires' disease *n* [u] enfermedad *f* del legionario, legionella *f*

legislate /ˈledʒəsleɪt ‖ ˈledʒɪsleɪt/ *vi* legislar; **to ~ ON sth** legislar SOBRE algo

legislation /ˌledʒəsˈleɪʃən ‖ ˌledʒɪsˈleɪʃən/ *n* [u] [1] (laws) legislación *f*; **under existing ~** de acuerdo a *or* conforme a la legislación vigente; **a new piece of ~** una nueva ley (*or* un nuevo proyecto de ley *etc*); **to bring in** *o* **introduce ~** introducir* legislación *or* leyes; **the ~ on industrial relations** la legislación (en materia) laboral [2] (act) legislación *f*

legislative /ˈledʒəsleɪtɪv ‖ ˈledʒɪslətɪv/ *adj* (*before n*) legislativo; **~ action** acción *f* legislativa; **~ body** cuerpo *m* legislativo

legislator /ˈledʒəsleɪtər ‖ ˈledʒɪsleɪtə(r)/ *n* legislador, -dora *m,f*

legislature /ˈledʒɪsleɪtʃər ‖ ˈledʒɪsleɪtʃə(r)/ *n* asamblea *f* legislativa

legit /lɪˈdʒɪt/ *adj* (colloq) legal; **he's ~** es de fiar, es un tío legal (Esp fam)

legitimacy /lɪˈdʒɪtəməsi ‖ lɪˈdʒɪtɪməsi/ *n* [u] [1] (of government, act, birth) legitimidad *f* [2] (of excuse, demand, complaint) lo legítimo, validez *f*

legitimate¹ /lɪˈdʒɪtəmət ‖ lɪˈdʒɪtɪmət/ *adj* [1] (lawful) ‹*government/authority/claim*› legítimo; ‹*business*› legal; ‹*tackle/move*› reglamentario; **~ child** hijo legítimo, hija legítima *m,f* [2] (reasonable) ‹*excuse/complaint/interest*› legítimo, justificado

legitimate² /lɪˈdʒɪtəmeɪt ‖ lɪˈdʒɪtɪmeɪt/ *vt* ▸**legitimize**

legitimately /lɪˈdʒɪtəmətli ‖ lɪˈdʒɪtɪmətli/ *adv* [1] (lawfully) legítimamente [2] (reasonably): **he says, ~ in my opinion, that ...** dice, y en mi opinión con razón, que ...; **one might ~ ask oneself ...** cabría preguntarse ...

legitimation /lɪˌdʒɪtəˈmeɪʃən ‖ lɪˌdʒɪtɪˈmeɪʃən/, **legitimization** /lɪˈdʒɪtəməˈzeɪʃən ‖ lɪˈdʒɪtɪmaɪˈzeɪʃən/ *n* [u] legitimación *f*

legitimize /lɪˈdʒɪtəmaɪz ‖ lɪˈdʒɪtɪmaɪz/ *vt* [1] (make lawful) legitimar [2] (justify) justificar*, legitimar

legless /ˈlegləs ‖ ˈleglɪs/ *adj* [1] (without legs — of person) sin piernas; (— of animal) sin patas [2] (drunk) (BrE colloq) (*pred*): **to be ~** estar* borracho *or* (fam) como una cuba

legman /ˈlegmæn/ *n* (*pl* **-men** /-men/) [1] (reporter) reportero *m* [2] (assistant) asistente *m*

leg-of-mutton /ˌlegəvˈmʌtn/ *adj*: **~ sleeve** manga *f* de jamón (*manga abullonada y ceñida desde el codo al puño*)

leg-pull /ˈlegpʊl/ *n* (colloq) tomadura *f* de pelo (fam), tomada *f* de pelo (AmL fam)

legroom /ˈlegruːm -rʊm/ *n* [u] espacio *m* para las piernas

legume /ˈlegjuːm/ *n* legumbre *f*

leguminous /lɪˈgjuːmənəs ‖ lɪˈgjuːmɪnəs/ *adj*: **~ plant** (planta *f*) leguminosa *f*

leg up /ˈlegʌp/ *n* (colloq) (*no pl*): **to give sb a ~ ~** (into saddle, over wall) ayudar a algn a subirse; (in career, problem) echarle una mano a algn, tirarle un cable a algn (fam); **an economic ~ ~** un impulso económico

legwarmers /ˈlegˌwɔːrmərz ‖ ˈlegˌwɔːməz/ *pl n* calientapiernas *mpl*, calentadores *mpl* (Esp)

legwork /ˈlegwɜːrk ‖ ˈlegwɜːk/ *n* [u] (colloq): **to do the ~** hacer* el trabajo preliminar *or* de campo; **it took a lot of ~ before I found anything** tuve que andar de arriba para abajo antes de encontrar algo

lei /leɪ/ *pl of* **leu**

Leics = Leicestershire

leisure /ˈliːʒər ‖ ˈleʒə(r)/ *n* [u] **people nowadays have more ~** actualmente la gente dispone de *or* tiene más tiempo libre; **to live** *o* **lead a life of ~** llevar una vida de ocio; **to have the ~ to + INF** disponer* de tiempo PARA + INF; **now I'm a gentleman/lady of ~** (hum) ahora me doy la gran vida; **read it at your ~** léalo cuando le venga bien; (*before n*) ‹*activity*› de tiempo libre; **~ center** (AmE) centro *m* recreativo; **~ centre** (BrE) centro *m* deportivo, polideportivo *m*; **~ industry** industria *f* del ocio *or* entretenimiento; **~ pursuits** pasatiempos *mpl*; **~ time** tiempo *m* libre, ratos *mpl* libres; **~ wear** ropa *f* deportiva

leisured /ˈliːʒərd ‖ ˈleʒəd/ *adj* [1] (having ample leisure) ‹*society*› del ocio *or* entretenimiento; **the ~ classes** las clases privilegiadas *or* acomodadas [2] (leisurely) sin prisa, pausado

leisurely /ˈliːʒərli ‖ ˈleʒəli/ *adj* lento, pausado; **at a ~ pace** sin prisas

leitmotif, leitmotiv /ˈlaɪtˌməʊtiːf/ *n* leitmotiv *m*, tema *m* principal

lekker /ˈlekər ‖ ˈlekə(r)/ *adj* (SAfr colloq) genial, chévere (AmL exc CS), padre (Méx fam)

lemming /ˈlemɪŋ/ *n* lemming *m* (*roedor del norte de Europa*); **they walked right into the trap like ~s** cayeron en la trampa uno tras otro

lemon /ˈlemən/ *n*
A [1] [c u] (fruit) limón *m*, limón *m* francés (Méx, Ven); (*before n*) ‹*peel/juice/soufflé*› de limón; **~ drop** caramelo *m* de limón; **~ squash** limonada *f* natural (concentrada); **~ squeezer** (BrE) exprimidor *m* (de limones), exprimelimones *m*; **~ tea** té *m* con limón [2] [c] **~ (tree)** limonero *m* [3] ▸❶ **p.1036** [u] (color) amarillo *m* limón; (*before n*) amarillo limón *adj inv*
B [c] (colloq) [1] (dud, failure) porquería *f* (fam) [2] (fool) (BrE) idiota *mf*; **don't just stand there like a ~!** ¡no te quedes ahí como un idiota!

lemonade /ˌleməˈneɪd/ *n* [c u] [1] (with fresh lemons) limonada *f* [2] (fizzy drink) (BrE) (bebida *f*) gaseosa *f*

lemon balm *n* [u] melisa *f*, toronjil *m*

lemon cheese, lemon curd *n* [u] crema *f* de limón (*en conserva*)

lemon grass *n* [u] limoncillo *m*

lemon sole *n* [u]: *tipo de platija similar al lenguado*

lemon verbena *n* [u] (hierba *f*) luisa *f*, cedrón *m*

lemony /ˈleməni/ *adj* ‹*flavor*› a limón

lemon-yellow /ˌlemənˈjeləʊ/ ▸❶ **p.1036** *adj* (*pred* **lemon yellow**) amarillo limón *adj inv*

lemon yellow ▸❶ **p.1036** *n* [u] amarillo *m* limón

lemur /ˈliːmər ‖ ˈliːmə(r)/ *n* lémur *m*

lend /lend/ (*past & past p* **lent**) *vt* [1] (loan) prestar, dejar (Esp); **the library also ~s records** la biblioteca también presta discos *or* (Esp tb) deja discos en préstamo; **I lent her a coat** le presté *or* (Esp tb) le dejé un abrigo; **to ~ sth TO sb** prestarle algo A algn [2] (give) **to ~ sth TO sth** darle* algo A algo; **this ~s an air of mystery to the scene** esto le da un aire de misterio a la escena
■ *v refl* **to ~ oneself/itself TO sth** prestarse A algo; **it ~s itself to abuse** se presta a abusos

Phrasal verb
• **lend out** [v + o + adv, v + adv + o] prestar, dejar (Esp fam); **to ~ sth out TO sb** prestarle *or* (Esp tb) dejarle algo A algn

lender /ˈlendər ‖ ˈlendə(r)/ *n* (institution) entidad *f* crediticia; (person) prestamista *mf*

lending library /ˈlendɪŋ/ *n* biblioteca *f* pública (*en la que se permite sacar libros en préstamo*)

lending rate *n* tipo *m or* tasa *f* de interés (*en préstamos*)

length /leŋθ/ *n*
A [u] [1] ▸❶ **p.1376** (of line, surface) longitud *f*, largo *m*; (of sleeve, coat) largo *m*; **the curtains are the wrong ~** las cortinas son demasiado largas/cortas; **two pieces of equal** *o* **the same ~** dos pedazos de igual longitud *or* del mismo largo; **the hallway is 5m in ~** el pasillo mide *or* tiene 5 metros de largo; **the cable runs the ~ of the street** el cable va todo a lo largo de la calle; **he traveled the ~ and breadth of the country** viajó a lo largo y (a lo) ancho del país; **the beach is polluted along its entire ~** la playa está contaminada en toda su extensión; **the road was lined with policemen along its entire ~** había policías todo a lo largo de la carretera; ***to go to great/any/enormous ~s***: **he went to great ~s to send me the money** hizo todo lo posible para enviarme el dinero; **he'd go to any ~s to get what he wants** es capaz de hacer cualquier cosa con tal de obtener lo que se propone; **she went to enormous ~s to help us** se desvivió por ayudarnos; **he even went to the ~(s) of hiring a private detective** llegó al extremo de contratar a un detective privado; ***to measure one's ~*** (hum): **he measured his ~ on the floor** cayó al suelo cuan largo era [2] (of book, list) extensión *f*
B [u] [1] (duration): **after a considerable ~ of time** después de mucho tiempo; **I like visiting New York, but I wouldn't want to live there for any ~ of time** me gusta visitar Nueva York, pero no me gustaría quedarme allí a vivir; **the ~ of the show** la duración del espectáculo, lo que dura el espectáculo; **the ~ of his absence** lo prolongado de su ausencia; **in a speech of great ~** en un largo *or* extenso discurso; **he slept throughout the ~ of the sermon** durmió durante todo el sermón; **~ of service** antigüedad *f* (*en el trabajo*) [2] (of vowel) (Ling) longitud *f* [3] **at length** (finally) finalmente, por fin; (for a long time) extensamente, por extenso; (in detail) con detenimiento, detenidamente; **to talk at ~** hablar largo y tendido
C [c] (section — of wood, pipe) trozo *m*; (— of river, road) tramo *m*, parte *f*; **to cut sth into equal/short ~s** cortar algo en trozos iguales/cortos; **a ~ of cloth** un corte de tela, una tela; **a dress ~** un corte de vestido
D [c] (Sport) [1] (in swimming) largo *m*; **I swam** *o* **did 12 ~s** nadé *or* (me) hice 12 largos [2] (in horse, dog racing) cuerpo *m*; (in rowing) largo *m*

lengthen /ˈleŋθən/ *vt* ‹*skirt/novel*› alargar*; ‹*line/speech/visit*› alargar*, prolongar*; **he ~ed his stride** alargó el paso; **a ~ing line** una cola cada vez más larga
■ **lengthen** *vi* ‹‹*day/shadow*›› alargarse*; **the odds have ~ed** las probabilidades han disminuido

lengthily /ˈleŋθəli ‖ ˈleŋθɪli/ *adv* ‹*talk/write*› largamente, extensamente

ℹ Length/Longitud

Conversion/Conversión

Miles to kilometers Divide by 5 and multiply by 8	***Millas a kilómetros*** Dividir por 5 y multiplicar por 8
Kilometers to miles Divide by 8 and multiply by 5	***Kilómetros a millas*** Dividir por 8 y multiplicar por 5

Metric system *Sistema métrico*		**US/UK system** *Sistema estadounidense y británico*
10 millimeters 10 milímetros	= 1 centimeter = 1 centímetro	= 0.394 inch
10 centimeters 10 centímetros	= 1 decimeter = 1 decímetro	= 3.94 inches
100 centimeters 100 centímetros	= 1 meter = 1 metro	= 39.4 inches/ 1.094 yards
10 meters 10 metros	= 1 dekameter = 1 decámetro	= 10.94 yards
1,000 meters 1.000 metros	= 1 kilometer = 1 kilómetro	= 0.6214 mile = ⅝ mile

US/UK system *Sistema estadounidense y británico*		**Metric system** *Sistema métrico*
	1 inch 1 pulgada	= 25.4 mm
12 inches	= 1 foot = 1 pie	= 30.48 cm
3 feet	= 1 yard = 1 yarda	= 0.914 m
220 yards	= 1 furlong = 1 estadio	= 201.17 m
8 furlongs	= 1 mile = 1 milla	= 1.609 km
1,760 yards	= 1 mile = 1 milla	= 1.609 km

length mark *n* (Ling) (signo *m* de) longitud *f*

lengthwise¹ /ˈleŋθwaɪz/ (esp BrE) **lengthways** /-weɪz/ *adv* ‹*lay/put*› a lo largo, longitudinalmente

lengthwise², (esp BrE) **lengthways** *adj* ‹*measurement/cut*› a lo largo, longitudinal

lengthy /ˈleŋθi/ *adj* **-thier -thiest** 1 (long) largo, prolongado 2 (tedious) largo y pesado

leniency /ˈliːniənsi/, **lenience** /ˈliːniəns/ *n* [u] ~ (**TO** *o* **TOWARD sb**) indulgencia *f or* (frml) lenidad *f* (CON *or* HACIA algn)

lenient /ˈliːniənt/ *adj* ‹*attitude/view*› indulgente; ‹*sentence*› poco severo; **to be ~ TO** *o* **TOWARD** *o* **WITH sb** ser* indulgente *or* benévolo CON algn

leniently /ˈliːniəntli/ *adv* con indulgencia, con lenidad (frml)

Leningrad /ˈlenɪngræd/ *n* (Hist) Leningrado

Leninist¹ /ˈlenənəst || ˈlenɪnɪst/ *n* leninista *mf*

Leninist² *adj* leninista

lens /lenz/ *n* (*pl* **lenses**) 1 (Opt) lente *f* 2 (for magnifying) lupa *f* 3 (in spectacles) cristal *m* 4 ►**contact lens** 5 (Phot) lente *f*; (compound) objetivo *m*; (*before n*) ‹*cap*› del objetivo; **~ aperture** (apertura *f* del) diafragma *m*; **~ hood** parasol *m* 6 (Anat) cristalino *m*

lent /lent/ *past & past p of* **lend**

Lent /lent/ *n* Cuaresma *f*

Lenten /ˈlentən/ *adj* cuaresmal; **~ food** comida *f* cuaresmal *or* de cuaresma

lentil /ˈlentl/ *n* lenteja *f*; (*before n*): **~ soup** sopa *f* de lentejas

lentivirus /ˈlentɪvaɪrəs/ *n* lentivirus *m*, virus *m* lento

Leo /ˈliːəʊ/ *n* (*pl* **-os**) 1 (constellation) (*no art*) Leo 2 [c] (person) Leo *or* leo *mf*; *see also* **Aquarius**

leonine /ˈliːənaɪn/ *adj* (liter) leonino

leopard /ˈlepərd || ˈlepəd/ *n* leopardo *m*; ***a ~ cannot change its spots*** la cabra siempre tira al monte, al que nace barrigón es al ñudo que lo fajen (RPl), quien nace chicharra muere cantando (Chi)

leopardskin /ˈlepərdskɪn || ˈlepədskɪn/ *adj* ‹*coat/boots*› de (piel de) leopardo

leotard /ˈliːətɑːrd || ˈliːətɑːd/ *n* malla *f*

leper /ˈlepər || ˈlepə(r)/ *n* (Med) leproso, -sa *m,f*; **he's a social ~** lo tratan como a un paria; (*before n*): **~ colony** leprosería *f or* (CS) leprosario *m*

lepidoptera /ˌlepəˈdɑːptərə || ˌlepɪˈdɒptərə/ *pl n* lepidópteros *mpl*

leprechaun /ˈleprəkɔːn/ *n* duende *m* (*que, según la leyenda irlandesa, tiene un tesoro escondido*)

leprosarium /ˌleprəʊˈseriəm || ˌleprəʊˈseəriəm/ *n* (Med) leprocomio *m*

leprosy /ˈleprəsi/ *n* [u] lepra *f*

leprous /ˈleprəs/ *adj* leproso

lesbian¹ /ˈlezbiən/ *n* lesbiana *f*

lesbian² *adj* lesbiano, lésbico

lesbianism /ˈlezbiənɪzəm/ *n* [u] lesbianismo *m*

lesbo /ˈlezbəʊ/ *n* (*pl* **-boes**) (colloq) tortillera *f* (fam), arepera *f* (Col, Ven fam)

lèse-majesté /ˈliːzˈmædʒəsti || ˈleɪz ˈmæʒəsteɪ/, **lese-majesty** /ˈliːzˈmædʒəsti/ *n* [u] lesa majestad *f*

lesion /ˈliːʒən/ *n* lesión *f*

less¹ /les/ *adj* (*comp of* **little¹ Sense II**) menos; **~ sugar** menos azúcar; **~ and ~ money** cada vez menos dinero; **of ~ importance** de menor importancia; **no ~ a person than the Queen** nada menos que la Reina, ni más ni menos que la Reina, la mismísima Reina; **St James the L~** Santiago el Menor

less² *pron* (*comp of* **little²**) menos; **he earns ~ than you** gana menos que tú; **a sum of ~ than $1,000** una suma inferior a los 1.000 dólares

less³ *adv* (*comp of* **little³**) menos; **his last play is ~ amusing** su última obra es menos divertida *or* no es tan divertida; **I see them ~ often than I'd like** los veo menos de lo que me gustaría; **I see them ~ and ~** los veo cada vez menos; **the situation is no ~ serious than it was** la situación sigue siendo tan grave como antes; **I was none the ~ grateful for it** no por ello te (*or* se *etc*) lo agradecí menos; **the ~ valuable of the two paintings** el menos valioso de los dos cuadros; **the ~ you practise, the more difficult it becomes** cuanto menos practicas, más difícil te resulta

less⁴ *prep* menos; **it's $156 ~ 10%** sale 156 dólares menos el 10%

-less /ləs || lɪs/ *suff* sin; **hat~** sin sombrero; **head~** sin cabeza

lessee /leˈsiː/ *n* arrendatario, -taria *m,f*

lessen /ˈlesn/ *vt* ‹*pain*› aliviar, atenuar*; ‹*cost/risk*› reducir*, disminuir*

■ **lessen** *vi* «*noise*» disminuir*; «*pain*» aliviarse; «*interest/excitement*» decrecer*, menguar*

lessening /ˈlesnɪŋ/ *n* (*no pl*) disminución *f*, reducción *f*

lesser /ˈlesər || ˈlesə(r)/ *adj* (*before n*) 1 ‹*amount/talent/artist*› menor; **to a ~ extent** *o* **degree** en menor grado; **a ~ man than him would have given up the struggle** un hombre de menos valía hubiera abandonado la lucha; **we ~ mortals** (hum) los simples mortales como nosotros (hum); ►**evil² 2** 2 (Geog, Zool) (*in names*) menor; **the L~ Antilles** las Antillas menores

lesser-known /ˌlesərˈnəʊn || ˌlesəˈnəʊn/ *adj* menos conocido

lesson /ˈlesn/ *n*

A (Educ) 1 (class, period) clase *f*; **~s start at nine o'clock** las clases empiezan a las nueve; **a French/piano ~** una clase de francés/de piano; **to give ~s in sth** dar* *or* (Chi) hacer* clases de algo; **to take ~s in sth** tomar clases de algo, dar* clases de algo (Esp); (*before n*): **~ plan** esquema *m* de la lección 2 (in textbook) lección *f*; **~ three covers the past tense** la tercera lección trata del pretérito

B (from experience) lección *f*; **there is a ~ to be drawn from this** podemos aprender mucho de esto, esto debería servirnos de lección; **to learn one's ~** aprender la lección, escarmentar*; **she needs to be taught a ~** hay que darle una lección; **that'll teach you a ~!** ¡que te sirva de lección *or* de escarmiento!; **it was a ~ to us all** fue una lección para todos

C (Relig) lectura *f*; **to read the ~** leer* la lectura

lessor /leˈsɔːr || leˈsɔː(r)/ *n* arrendador, -dora *m,f*

lest /lest/ *conj* (liter) 1 (to prevent) no sea que (+ *subj*); **hide, ~ they discover you** escóndete, no sea que *or* no vaya a ser que te descubran; **~ we forget** para que no olvidemos 2 (in case): **~ he be a spy** por si acaso fuera un espía; **we fear ~ she discover our secret** tememos que vaya a descubrir nuestro secreto

let¹ /let/ ➡ *n*

A (in tennis) let *m*, red *f*

B (lease) (BrE) contrato *m* de arrendamiento *m*; **I can't get a ~ for my house** no logro alquilar *or* arrendar mi casa; **they specialize in holiday ~s** se especializan en el alquiler *or* el arrendamiento de residencias de vacaciones

C (impediment) (frml): **without ~ or hindrance** sin impedimento ni obstáculo

let² (*pres p* **letting** *past & past p* **let**) ➡ *vt*

A (*no pass*) 1 (allow to) dejar; **to ~ sb/sth + INF**: **~ the water run** deja correr el agua; **she ~s them do what they like** los deja hacer lo que quieren; **~ her speak** déjala hablar; **he ~ his hair grow** se dejó crecer el pelo; **~ me help you** deja que te ayude; **don't ~ the fire go out** no dejes apagar el fuego, no dejes que se apague el fuego; **don't ~ me keep you** no te quiero entretener; **~ me see** ¿a ver?, deja *or*

➡ *see* Living in a Spanish-speaking country

déjame ver; **her pride won't ~ her admit she made a mistake** su orgullo no le permite reconocer que cometió un error; **you shouldn't ~ her talk to you like that** no deberías permitir que te hable así; **don't ~ me catch you here again!** ¡que no te vuelva a pescar por aquí!; ▸**be Sense IIIA1, drop² C**
2 (cause to, make) **to ~ sb/sth + INF**: **~ me have your answer tomorrow!** dame la respuesta *or* contéstame mañana; **~ me know if there are any problems** avísame si hay algún problema; **he ~ it be known that ...** hizo saber que ...; **don't ~ it be known that ...!** que no se sepa que ..., que nadie se entere de que ...; **don't clean it: ~** *him* **do it!** no lo limpies, deja que lo haga él

B **1** (+ *adv compl*): **to ~ sth/sb by** *o* **past** dejar pasar algo/a algn; **they stood aside and ~ him by** *o* **past** se apartaron para dejarlo pasar; **~ me through! I'm a doctor** déjenme pasar, soy médico; **she won't ~ the dog in the house** no deja que el perro entre en la casa; **she ~ herself into the house** abrió la puerta y entró en la casa; **they weren't ~ on board the ship** no los dejaron *or* no les permitieron subir a bordo; *see also* **let in, off, out** **2** (Med): **to ~ sb's blood** hacerle* una sangría a algn

C [*Used to form 1st pers pl imperative*] **1** (in suggestions): **~'s go** vamos, vámonos; **~'s ask Chris** vamos a preguntarle a Chris, preguntémosle a Chris; **~'s play dominoes! — yes, ~'s** ¿por qué no jugamos al dominó? — ¡buena idea!; **don't ~'s** *o* **~'s not argue** no discutamos **2** (in requests, proposals, commands): **if we were to sell it for, ~'s** *o* **~ us say $500** si lo vendiéramos por, un suponer *or* digamos, $500; **~'s be honest!** ¡vamos a decir la verdad!, ¡seamos honestos!; **~'s be quite clear about this** que esto quede bien claro; **~ us pray** (frml) oremos

D [*Used to form 3rd pers imperative, gen translated by* QUE + SUBJ *in Spanish*] **1** (in commands): **~ the show begin** que empiece el espectáculo; **~ that be a lesson to you** que te sirva de lección; **never ~ it be said that ...** que no se diga que ...; **~ there be light** (Bib) hágase la luz **2** (expressing defiance, warning, threat): **~ them think what they like!** ¡que piensen lo que quieran!; **just ~ her/them try!** ¡que se atreva/atrevan! **3** (in suppositions): **~ x equal 4** supongamos que x es igual a 4

E (rent) (esp BrE) alquilar; **to ~ sth TO sb** alquilarle algo A algn; **Ⓢ to let** se alquila

■ **let** *vi* (esp BrE) ‹‹*room/office*›› alquilarse

Phrasal verbs

• **let down**

Sense I [v + o + adv, v + adv + o]

A **1** (lower) ‹*rope/bucket*› bajar; ***to ~ sb down gently*** suavizarle* el golpe a algn; **she'd fallen in love with someone else, but she did her best to ~ him down gently** se había enamorado de otro, pero hizo lo posible por suavizarle el golpe *or* por no herirlo demasiado; ▸**hair A** **2** (lengthen) ‹*hem/skirt*› alargar* **3** (deflate) ‹*tire/balloon*› desinflar

B (disappoint) fallar, defraudar; **I'm counting on you to give the talk: you're not going to ~ me down, are you?** cuento con que tú vas a dar la charla: no me vas a fallar ¿no?; **you're ~ting your parents down by giving up your studies** si dejas los estudios vas a decepcionar *or* defraudar a tus padres; **the refugees feel they've been ~ down by the international community** los refugiados sienten que la comunidad internacional les ha vuelto la espalda; **George ~ us all down by getting drunk** George se emborrachó y nos hizo quedar mal a todos; **he always ~s the side down** siempre nos (*or* los *etc*) hace quedar mal; **her spelling ~s her down** su ortografía no le hace justicia a su trabajo

Sense II [v + adv] (slow up) (AmE colloq) aflojar (fam), aminorar la marcha

• **let in** [v + o + adv, v + adv + o]

A **1** (allow to enter) dejar entrar; (open the door for) abrirle* la puerta a, hacer* pasar; **don't ~ the cat in!** ¡no dejes entrar al gato!; **the doctor himself ~ us in** el mismo doctor nos abrió la puerta *or* nos hizo pasar; **here's the key, ~ yourself in** aquí tienes la llave, abre y entra; ***to ~ oneself/sb in for sth***: **she doesn't know what she's ~ting herself in for** ¡no sabe en lo que se está metiendo!; **she ~ me in for a lot of trouble** me metió en tremendo lío (fam); ***to ~ sb in on sth***: **I'll ~ you in on a secret** te voy a contar *or* confiar un secreto; **she never ~s me in on her important deals** siempre me deja al margen de los tratos importantes **2** (allow to penetrate) ‹*light/air*› dejar entrar; ‹*damp*› dejar pasar; *see also* **let² B1**

B (release) ‹*clutch*› soltar*

• **let into** [v + o + prep + o] **1** (insert into) (Const) empotrar **2** (initiate into): **to ~ sb into a secret** contarle* *or* confiarle* un secreto a algn

• **let off**

Sense I

A **1** [v + o + adv] (not punish, forgive) perdonar; **he was ~ off lightly** se escapó con un castigo bien leve; **to ~ sb off WITH sth: she was ~ off with a reprimand** sólo le hicieron una amonestación, se escapó con sólo una amonestación **2** [v + o + adv], [v + o + prep + o] (exempt, excuse from) perdonar; **we were ~ off our homework** nos perdonaron los deberes, nos libramos de tener que hacer deberes; **I'll ~ you off the 80 cents** te perdono los 80 centavos

B [v + o + adv] (allow to go) dejar salir; **she ~ them off early** los dejó salir temprano

Sense II [v + o + adv, v + adv + o]

A (allow to get off) ‹*passenger*› dejar bajar

B (fire, explode) ‹*fireworks*› hacer* estallar; ‹*rocket/cracker*› tirar; ‹*salvo*› disparar, tirar; ‹*rifle*› disparar

C (rent) (BrE) ‹*room/office*› alquilar; **they ~ it off to students** se lo alquilan a estudiantes

Sense III [v + adv] (break wind) (BrE sl) tirarse un pedo (fam)

• **let on**

A [v + adv], [v + adv + o] **1** (reveal): **we're planning a surprise party, don't ~ on!** estamos planeando una fiesta sorpresa, no digas nada *or* no levantes la liebre *or* (RPl) la perdiz; **to ~ on ABOUT sth (TO sb)**: **you mustn't ~ on about this to Jim** no le vayas a decir nada de esto a Jim; **to ~ on (THAT)**: **don't ~ on (that) you know me!** no digas que me conoces, que no se enteren de que me conoces **2** (pretend): **he ~ on that he didn't care** hizo como si no le importara, fingió que no le importaba

B [v + o + adv, v + adv + o] ‹*passenger*› dejar subir

• **let out**

A [v + o + adv, v + adv + o] **1** (reveal, disclose) ‹*details/secret*› revelar; **she inadvertently ~ out the fact that ...** se le escapó sin darse cuenta que ... **2** (release) eximir; **this clause ~s the seller out of any obligation to ...** esta cláusula exime al vendedor de toda obligación de ... **3** (rent out) (esp BrE) ‹*house/room/equipment*› alquilar **4** (make wider) ‹*skirt/dress*› ensanchar, agrandar; **to ~ a seam out** soltarle* a una costura

B [v + o + adv, v + adv + o], [v + o + adv (+ prep + o)] **1** (allow to leave) dejar salir; **~ me out of here!** ¡ábreme!, ¡déjame salir de aquí!; **who ~ the canary out?** ¿quién soltó al canario?; **he's hoping to be ~ out of prison soon** espera que lo dejen salir de la cárcel *or* que lo suelten pronto; **I'll ~ myself out** no me acompañes, salgo solo; **we mustn't ~ the paintings out of the country** no debemos permitir que los cuadros salgan del país **2** (allow to get out — from bus) dejar bajar; (— from taxi) dejar; **would you ~ me out by the library?** ¿me deja en la biblioteca? **3** (allow to escape) ‹*water/smoke*› dejar salir; **you're ~ting the heat out** estás dejando salir *or* escapar el calor; **~ your breath out slowly** exhale lentamente; **someone ~ the air out of my tires** alguien me desinfló los neumáticos

C **1** [v + adv + o] (utter) ‹*scream/yell*› soltar*, pegar*; ‹*guffaw*› soltar* **2** [v + adv] (be dismissed) (AmE colloq) ‹‹*school*›› terminar

• **let up** [v + adv] **1** (diminish, slacken) ‹‹*wind/storm*›› amainar; ‹‹*pressure/work*›› disminuir*, aflojar (fam); **the rain is beginning to ~ up** está lloviendo menos, está escampando **2** (relax efforts): **rescuers worked for 24 hours without ~ting up** los equipos de rescate trabajaron 24 horas sin parar; **you can't afford to ~ up now!** no puedes aflojar el ritmo *or* dejarte estar justo ahora **3** (stop) (colloq) (*usu with neg*) parar; **the dog barked all night without ~ting up** el perro ladró toda la noche sin parar **4** (relent) **to ~ up (ON sb)**: **she won't ~ up until she gets what she wants** no va a aflojar hasta conseguir lo que quiere; **he'd do better if the teacher ~ up on him a bit** trabajaría mejor si el maestro no estuviera constantemente encima de él

letdown /ˈletdaʊn/ *n* decepción *f*, chasco *m*; **it was a ~** fue una decepción *or* un chasco

lethal /ˈliːθəl/ *adj* ‹*blow/substance/dose*› mortal, letal; ‹*weapon*› mortífero; **his rum punch is ~** (hum) su ponche de ron es explosivo (hum); **your driving is ~** eres un peligro público al volante

lethargic /ləˈθɑːrdʒɪk ‖ lɪˈθɑːdʒɪk/ *adj* ‹*mood/movement*› aletargado; ‹*response*› sin energía, apático; **hot weather makes me very ~** el calor me aletarga

lethargy /ˈleθərdʒi ‖ ˈleθədʒi/ *n* [u] aletargamiento *m*, letargo *m*

let-off /ˈletɑːf ‖ ˈletɒf/ *n* (BrE colloq) escapada *f*

let-out /ˈletaʊt/ *n* (BrE colloq) escape *m*, escapatoria *f*; (*before n*): **~ clause** cláusula *f* resolutoria

Letraset® /ˈletrəset/ *n* [u] Letraset® *m*

let's /lets/ (**= let us**) *see* **let² C**

letter¹ /ˈletər ‖ ˈletə(r)/ ➡ *n*

A (written message) carta *f*; **his ~s have just been published** su epistolario acaba de publicarse; **~ of introduction** carta *f* de recomendación; **~ of advice** carta *f* de aviso; **~ of credit** carta *f* de crédito; **~ of intent** carta *f* de intenciones; (*before n*): **~ rack** portacartas *m*; **I'm not much of a ~ writer** no soy muy buen corresponsal; **~ writing is quite an art** escribir cartas es todo un arte

B **1** (of alphabet) letra *f*; **a two-/eight-letter word** una palabra de dos/ocho letras; **she's the only one in the family with ~s after her name** es la única de la familia que tiene título (*académico u honorífico cuya abreviatura suele usarse tras el nombre*); **the ~ of the law** la letra de la ley; ***to the ~*** al pie de la letra **2** **letters** *pl* (literature) (frml): **a man of ~s** un literato, un escritor, un hombre de letras; **a woman of ~s** una literata, una escritora, una mujer de letras

letter² *vt* **1** (print) ‹*card/invitation*› grabar, estampar (*con letras*) **2** (designate by letter): **the rows are ~ed A through G** las filas van por letras de la A a la G

letter bomb *n* carta *f* bomba

letter box *n* buzón *m*

letter carrier *n* (AmE) cartero, -ra *m,f*

lettered /ˈletərd/ *adj* (frml) culto, instruido

letterhead /ˈletərhed ‖ ˈletəhed/ *n* **1** [c] (heading) membrete *m* **2** [u] (paper) papel *m* con membrete

lettering /ˈletərɪŋ/ *n* [u] **1** (words) caracteres *mpl* **2** (technique) rotulación *f*

letter opener *n* abrecartas *m*

letter-perfect /ˌletərˈpɜːrfɪkt ‖ ˌletəˈpɜːfɪkt/ *adj* (AmE) impecable, perfecto

letterpress /ˈletərpres ‖ ˈletəpres/ *n* [u] tipografía *f*, impresión *f* tipográfica; (*before n*) ‹*method/printing*› tipográfico

letting /ˈletɪŋ/ *n* (BrE) **1** [c] (property let) casa *f* (*or* habitación *f etc*) en alquiler *or* (esp AmL) arriendo **2** [u c] (act, instance) alquiler *m*, arriendo *m* (esp AmL)

lettuce /ˈletəs ‖ ˈletɪs/ *n* [u c] lechuga *f*; **to buy a ~** *o* **a head of ~** comprar una lechuga

let-up /ˈletʌp/ *n* interrupción *f*, pausa *f*; **there's no sign of any ~ in demand** no parece que vaya a disminuir la demanda; **the bells rang all day with no ~** las campanas repicaron todo el día sin cesar *or* sin interrupción

leu /leɪuː/ *n* (*pl* **lei**) leu *m*

leucocyte /ˈluːkəsaɪt/ *n* (BrE) ▸**leukocyte**

l

leukemia, (esp BrE) **leukaemia** /lu:'ki:miə/ *n* [u] leucemia *f*

leukocyte /'lu:kəsaɪt/ *n* leucocito *m*

lev /lev/ *n* lev *m*

Levant /lɪ'vænt/ *n* (dated): **the ~** el Levante

Levantine /'levəntaɪn || lɪ'væntaɪn, 'levən-/ *adj* (dated) del Levante

levee /'levi/ *n*
A 1 (embankment) (Agr) dique *m* 2 (landing stage) (AmE) atracadero *m*
B (reception) recepción *f*

level[1] /'levəl/ *n*
A 1 (height) nivel *m*; **above/below the ~ of the window** por encima/debajo del nivel de la ventana; **water ~** nivel del agua; **at eye/shoulder ~** a la altura de los ojos/hombros; **his window is on a ~ with ours** su ventana está al mismo nivel que la nuestra; ***on the ~*** (honest) (colloq): **is it all on the ~?** ¿es un asunto limpio?; **he's definitely on the ~** estoy seguro de que es un tipo derecho (fam) *or* (Esp arg) legal *or* (RPl fam) bien 2 (degree, amount) nivel *m*; **pollution has reached alarming ~s** la contaminación ha alcanzado niveles *or* cotas alarmantes; **a high ~ of literacy** un alto nivel *or* índice de alfabetización
B (rank) nivel *m*; **at ministerial/cabinet ~** a nivel ministerial/de gabinete; **a top-~ meeting** una reunión de *or* a alto nivel; **at national/regional/local ~** a nivel nacional/regional/local; **to be on a ~ with sb/sth** estar* a la par de *or* a la altura de algn/algo; **this latest scandal is on a ~ with ...** este último escándalo es equiparable a *or* comparable con ...; **they're both on the same ~** están al mismo nivel; **how could you sink to such a ~?** ¿cómo pudiste haber caído tan bajo?
C 1 (of building) (Archit) nivel *m* 2 (in mine) galería *f*
D (device) nivel *m*

level[2] *adj*
A ‹*ground/surface*› plano, llano; **that picture's not ~** ese cuadro no está derecho; **a ~ tablespoonful of flour** una cucharada rasa de harina; **to do** *o* **try one's ~ best** hacer* todo lo posible
B 1 (at same height) **to be ~ (WITH sth)** estar* al nivel *or* a ras (DE algo) 2 (abreast, equal): **the two teams were ~ at half-time** al medio tiempo los dos equipos iban *or* estaban empatados; **as far as ability goes they're ~** en cuanto a capacidad están al mismo nivel *or* (esp AmL) están parejos; **average earnings have kept ~ with inflation** el salario medio ha ido subiendo a la par de la inflación; **to draw ~ with sb** (in a race) ponerse* hombro con hombro con algn, alcanzar* a algn
C 1 (constant) estable 2 (unemotional, calm) ‹*voice/tone*› desapasionado; **to keep a ~ head** no perder* la cabeza; **a ~ head is vital in business** la sensatez es esencial en los negocios

level[3], (BrE) *vt* **-ll-**
A 1 (make flat) ‹*ground/surface*› nivelar, aplanar, allanar, emparejar 2 (raze, flatten) ‹*building/town*› arrasar
B (make equal) igualar; **social ~ing** nivelación *f* social
C (direct) **to ~ sth AT sb/sth** ‹*weapon*› apuntarle a algn CON algo; **you can't ~ that criticism at me** no me puedes acusar de eso
■ **level** *vi* (be honest) (colloq) **to ~ WITH sb** ser* franco *or* sincero CON algn

Phrasal verbs
• **level down** [v + o + adv, v + adv + o] (BrE) nivelar (*reduciendo al nivel más bajo*)
• **level off**
A [v + adv] 1 «*aircraft*» nivelarse, enderezarse* 2 «*prices/growth/inflation*» estabilizarse*
B [v + o + adv, v + adv + o] ‹*surface/board*› nivelar, emparejar
• **level out** [v + adv] ▸**level off A**
• **level up** [v + o + adv, v + adv + o] 1 (make level) igualar, nivelar 2 (BrE) (Educ, Sociol) nivelar (*elevando al nivel más alto*)

level crossing *n* (BrE) paso *m* a nivel, crucero *m* (Méx)

leveler, (BrE) **leveller** /'levələr || 'levələ(r)/ *n*: **death is a great ~** la muerte nos toca a todos, pobres y ricos; **war is a great ~** en una situación de guerra todo el mundo está en pie de igualdad

level-headed /,levəl'hedəd || ,levəl'hedɪd/ *adj* ‹*person/temperament*› equilibrado, sensato; ‹*decision/answer*› sensato

leveling-off, (BrE) **levelling-off** /,levəlɪŋ'ɑ:f || ,levəlɪŋ'ɒf/ *n* nivelación *f*

levelly /'levəlli/ *adv* con ecuanimidad, desapasionadamente

level-peg /,levəl'peg/ *vi* **-gg-** (BrE) (*usu in -ing form*): **the two teams are ~ging** los dos equipos están *or* van empatados *or* igualados

lever[1] /'levər || 'li:və(r)/ *n* 1 (for prising, lifting) palanca *f* 2 (on machine) palanca *f*

lever[2] *vt* (+ *adv compl*): **to ~ sth open** abrir* algo haciendo palanca

leverage[1] /'levərɪdʒ || 'li:vərɪdʒ/ *n* [u]
A 1 (Phys) apalancamiento *m*; **hold it at the end for better ~** sujétalo de la punta para que haga palanca mejor 2 (influence) influencia *f*, palanca *f* (fam)
B (Fin) apalancamiento *m*

leverage[2] *vt* (esp AmE)
A (bring about) provocar*
B (Fin) ‹*assets/investments*› apalancar*

leveraged buyout /'levərɪdʒd || 'li:vərɪdʒd/ *n* compra *f* apalancada *or* con financiación ajena

leveret /'levərət || 'levərɪt/ *n* lebrato *m*

leviathan /lɪ'vaɪəθən/ *n* 1 (giant) (liter) gigante *m*; (*before n*) ‹*organization*› gigantesco; ‹*enterprise*› titánico 2 *also* **Leviathan** (Bib) leviatán *m*

levitate /'levəteɪt || 'levɪteɪt/ *vi* levitar
■ **levitate** *vt* hacer* levitar

levitation /,levə'teɪʃən || ,levɪ'teɪʃən/ *n* [u] levitación *f*

Leviticus /lɪ'vɪtɪkəs/ *n* el Levítico

levity /'levəti/ *n* [u] (frml) ligereza *f*, frivolidad *f*

levy[1] /'levi/ *vt* **levies, levying, levied**
A 1 ‹*tax/duty*› (impose) imponer*; (collect) recaudar; **to ~ sth ON sth: the government intends to ~ a new tax on imports** el gobierno tiene la intención de gravar las importaciones con un nuevo impuesto 2 ‹*fee/charge*› cobrar 3 ‹*fine*› imponer*; ‹*damages*› exigir*
B ‹*troops/army*› reclutar

levy[2] *n* (*pl* **levies**)
A 1 [u] (raising of tax, contributions): **the ~ of duty on these articles** el gravamen impuesto a estos artículos; **the strike was funded by a ~ on all members** la huelga se financió mediante el cobro de una cuota a todos los miembros 2 [c] (tax) impuesto *m*, gravamen *m*
B (Mil) 1 [u] (raising of troops) reclutamiento *m*, leva *f* 2 [c] (troops) tropas *fpl*

lewd /lu:d || lju:d/ *adj* **-er, -est** ‹*comment/suggestion*› lascivo; ‹*look/thought*› lascivo, lujurioso; ‹*joke/song*› subido de tono, verde (fam), colorado (Méx fam)

lewdly /'lu:dli || 'lju:dli/ *adv* ‹*wink/remark*› lascivamente

lewdness /'lu:dnəs || 'lju:dnɪs/ *n* [u] lascivia *f*

lexeme /'leksi:m/ *n* lexema *m*

lexica /'leksəkə || 'leksɪkə/ *pl n* ▸**lexicon**

lexical /'leksɪkəl/ *adj* léxico; **~ gap** vacío *m* en el léxico

lexicographer /,leksə'kɑ:grəfər || ,leksɪ'kɒgrəfə(r)/ *n* lexicógrafo, -fa *m,f*

lexicographic /,leksɪkə'græfɪk/, **-ical** /-ɪkəl/ *adj* lexicográfico

lexicography /,leksə'kɑ:grəfi || ,leksɪ'kɒgrəfi/ *n* [u] lexicografía *f*

lexicologist /,leksə'kɑ:lədʒəst || ,leksɪ'kɒlədʒɪst/ *n* lexicólogo, -ga *m,f*

lexicology /,leksə'kɑ:lədʒi || ,leksɪ'kɒlədʒi/ *n* [u] lexicología *f*

lexicon /'leksəkɑ:n || 'leksɪkən/ *n* (*pl* **-cons** *or* **-ca** /-kə/) 1 (book) léxico *m*, lexicón *m* 2 (vocabulary) (frml) léxico *m* 3 (lexis) léxico *m*

lexis /'leksəs || 'leksɪs/ *n* (*pl* **lexes** /'leksi:z/) léxico *m*

LGTB *adj* (= **Lesbian, Gay, Transgender and Bisexual**) LGTB

LGV *n* (BrE) = **large goods vehicle**

LHD *n* [u] = **left-hand drive**

liability /,laɪə'bɪləti/ *n* (*pl* **-ties**)
A [u] 1 (responsibility) responsabilidad *f*; **to deny/admit ~ for sth** negar*/admitir ser responsable de algo; (*before n*): **~ insurance** seguro *m* contra terceros 2 [u] (eligibility): **tax ~** pasivo *m* exigible en concepto de impuestos; **~ FOR sth: his ~ for military service** su obligación de prestar servicio militar 3 (proneness) **~ TO sth/to + INF** propensión *f* A algo/+ INF
B **liabilities** *pl* (debt) (Fin) pasivo *m*; **current liabilities** pasivo circulante; **fixed** *o* **long-term liabilities** deudas *fpl* a largo plazo; **we are unable to meet our liabilities** no podemos hacer frente a nuestras obligaciones
C (drawback, disadvantage) handicap *m*; **she's a positive ~ for the team** es un verdadero lastre *or* handicap para el equipo; **the car turned out to be a ~** el coche terminó dándonos más problemas que otra cosa

liable /'laɪəbəl/ *adj* (*pred*)
A 1 (responsible) reponsable; **to be ~ FOR sth** ser* responsable DE algo, responder DE algo; **to hold sb ~** responsabilizar* a algn, considerar a algn responsable 2 (subject) **to be ~ FOR/TO sth: you're not ~ for military service** estás exento de *or* no te corresponde prestar servicio militar; **any income is ~ for tax** cualquier ingreso es gravable *or* está sujeto a impuestos; **~ to alteration without notice** sujeto a cambios sin previo aviso; **you will be ~ to a 15% surcharge** le pueden hacer un recargo del 15%
B 1 **to be ~ to + INF: I'm ~ to forget** puede *or* es probable que me olvide; **the earlier model was ~ to overheat** el modelo anterior tenía tendencia a recalentarse 2 (susceptible) **to be ~ TO sth** ser* propenso A algo, tener* propensión A algo

liaise /li'eɪz/ *vi* **to ~ (WITH sb): she will ~ with the team in Madrid** actuará de enlace *or* nexo con el equipo de Madrid; **the departments will ~ closely** los departamentos mantendrán un estrecho contacto

liaison /li'eɪzɑ:n || li'eɪzn, -zɒn/ *n*
A 1 [u] (coordination) enlace *m*, contacto *m*, coordinación *f*; (*before n*): **~ officer** oficial *m* de enlace 2 [c] (person, official) enlace *m*, contacto *m*
B [c] (affair) (liter) affaire *m*, relación *f*
C [u c] (Ling) enlace *m*, ligazón *f*

liana /li'ɑ:nə/ *n* [c u] (Bot) liana *f*

liar /'laɪər || 'laɪə(r)/ *n* mentiroso, -sa *m,f*, embustero, -ra *m,f*

lib /lɪb/ *n* [u] (colloq & journ) liberación *f*

Lib /lɪb/ (in UK) = **Liberal**

libation /laɪ'beɪʃən/ *n* (liter) libación *f* (liter)

libber /'lɪbər || 'lɪbə(r)/ *n* (colloq & journ): **women's/gay/animal ~** defensor, -sora *m,f* de los derechos de la mujer/de los homosexuales/de los animales

libel[1] /'laɪbəl/ *n* [u c] difamación *f*, calumnia *f*; **to sue (sb) for ~** demandar (a algn) por difamación/calumnia; **to publish a ~** publicar* un libelo; (*before n*) ‹*suit/action*› por difamación/calumnia; **~ laws** leyes *fpl* contra la difamación, leyes *fpl* antilibelo

libel[2] *vt* BrE **-ll-** 1 (Law) difamar 2 (damage reputation) calumniar, injuriar

libelous, (BrE) **libellous** /'laɪbələs/ *adj* 1 (Law) ‹*article/remark*› difamatorio 2 (insulting) ‹*accusation/charge*› calumnioso, injurioso

liberal[1] /'lɪbərəl/ *adj*
A 1 (tolerant) ‹*ideas/views/attitude*› liberal; ‹*interpretation/translation*› libre 2 **Liberal** (Pol) del Partido Liberal; **the L~ Party** el Partido Liberal
B 1 (generous) ‹*sponsor/backer*› generoso; **you've been rather ~ with the pepper** se te ha ido un poco la mano con la pimienta 2 (plentiful)

‹supply/portion› abundante, generoso
C (non-technical) ‹education/studies› humanista

liberal² *n* **1** (progressive thinker) liberal *mf* **2** **Liberal** (party member) liberal *mf*

> **Liberal Democratic Party**
>
> Al Partido Demócrata Liberal también se lo conoce informalmente como los Lib Dems. Es el tercer partido en importancia en Gran Bretaña. Se formó en 1988 mediante la unión del Partido Liberal (*Liberal Party*) y el Partido Socialdemócrata (*Social Democratic Party*).

liberal arts *pl n*: **the ~ ~** las humanidades, las artes liberales; (*before n*) (esp AmE) de humanidades

liberalism /ˈlɪbərəlɪzəm/ *n* [u] liberalismo *m*

liberalization /ˌlɪbərələˈzeɪʃən || ˌlɪbərəlaɪˈzeɪʃən/ *n* [u c] liberalización *f*

liberalize /ˈlɪbərəlaɪz/ *vt* liberalizar*

liberally /ˈlɪbərəli/ *adv* **1** (generously) ‹*give/compliment*› generosamente; ‹*apply/spread*› abundantemente, generosamente **2** (not strictly) ‹*translate/interpret*› libremente

liberate /ˈlɪbəreɪt/ *vt*
A **1** (set free) (frml) ‹*prisoner/hostage*› poner* *or* dejar en libertad, liberar **2** ‹*people/nation*› liberar, libertar; ‹*woman*› liberar
B (Chem) liberar
■ **liberate** *vi* liberar; **a liberating experience** una experiencia liberadora

liberated /ˈlɪbəreɪtəd || ˈlɪbəreɪtɪd/ *adj* liberado

liberation /ˌlɪbəˈreɪʃən/ *n* [u] **1** (of prisoner, nation) (frml) liberación *f* **2** (emancipation) liberación *f*; **women's/gay ~** la liberación de la mujer/de los homosexuales; (*before n*): **~ movement** movimiento *m* de liberación; **~ theology** teología *f* de la liberación **3** (Chem) liberación *f*

liberator /ˈlɪbəreɪtər || ˈlɪbəreɪtə(r)/ *n* libertador, -dora *m,f*

Liberia /laɪˈbɪriə || laɪˈbɪəriə/ *n* Liberia *f*

Liberian¹ /laɪˈbɪriən || laɪˈbɪəriən/ *adj* liberiano

Liberian² *n* liberiano, -na *m,f*

libero /ˈliːbərəʊ, ˈlɪb-/ *n* (Sport) líbero, -ra *m,f*

libertarian¹ /ˌlɪbərˈteriən || ˌlɪbəˈteəriən/ *n* **1** (Pol) libertario, -ria *m,f* **2** (Phil, Relig) *persona que cree en el libre albedrío*

libertarian² *adj* (Pol) libertario

libertarianism /ˌlɪbərˈteriənɪzəm || ˌlɪbəˈteəriənɪzəm/ *n* [u] libertarismo *m*, libertarianismo *m*

libertine /ˈlɪbərtiːn || ˈlɪbətiːn/ *n* **1** (womanizer) libertino *m* **2** (freethinker) librepensador, -dora *m,f*

liberty /ˈlɪbərti || ˈlɪbəti/ *n* (*pl* **-ties**)
A **1** [u] (freedom) libertad *f*; **to deprive sb of (her/his) ~** privar a algn de su libertad; **to be at ~** estar* libre *or* en libertad; **to set sb at ~** poner* *or* dejar a algn en libertad, liberar a algn; **to be at ~ to + INF** (frml): **I'm not at ~ to tell you** no se lo puedo decir; **you're not at ~ to alter the text** no tienes autorización para cambiar el texto **2** [c] (right) libertad *f*
B [c] (presumptuous action) (esp BrE): **what a ~!** ¡qué descaro *or* atrevimiento!; **to take the ~ of -ING** tomarse la libertad DE + INF, permitirse + INF (frml); **to take liberties with sb** tomarse libertades *or* confianzas con algn; **she wasn't the sort of girl to let anyone take liberties with her** no era el tipo de chica con quien uno se puede propasar; **you're taking a ~ using his first name** te estás tomando demasiadas confianzas al llamarlo por su nombre
C [c] (leave) (AmE) (Naut) licencia *f*, permiso *m*

libidinous /ləˈbɪdnəs || lɪˈbɪdɪnəs/ *adj* (frml) libidinoso

libido /ləˈbiːdəʊ || lɪˈbiːdəʊ/ *n* (Psych) libido *f*, líbido *f*

Libra /ˈliːbrə, ˈlaɪbrə || ˈliːbrə/ *n* **1** (constellation) (*no art*) Libra **2** [c] (person) Libra *or* libra *mf*; *see also* **Aquarius**

Libran¹ /ˈliːbrən, ˈlaɪbrən || ˈliːbrən/ *n* Libra *or* libra *mf*

Libran² *adj*: **a ~ trait** una característica de los (de) Libra

librarian /laɪˈbreriən || laɪˈbreəriən/ *n* bibliotecario, -ria *m,f*

librarianship /laɪˈbreriənʃɪp || laɪˈbreəriənʃɪp/ *n* [u] biblioteconomía *f*, bibliotecología *f*

library /ˈlaɪbreri || ˈlaɪbrəri/ *n* (*pl* **-ries**) **1** (room, building) biblioteca *f*; **public/town ~** biblioteca pública/municipal; (*before n*): **~ book** libro *m* de la biblioteca; **~ card** *o* **ticket** (BrE) tarjeta *f* *or* (Méx) credencial *f* de lector; **~ edition** *edición especial para bibliotecas*; **~ paste** (AmE) cola *f* blanca **2** (collection — of books) biblioteca *f*; (— of pictures) archivo *m* fotográfico; (— of films) filmoteca *f*; (— of records) discoteca *f*; (— of newspapers) hemeroteca *f*; **a ~ of programs** (Comput) una colección de programas; (*before n*): **~ pictures** (TV) imágenes *fpl* de archivo

> **Library of Congress**
>
> La biblioteca nacional de EEUU, situada en Washington DC. Fundada por el Congreso ▸**Congress**, alberga más de 80 millones de libros y otros objetos en 470 idiomas.

library school *n* escuela *f* de biblioteconomía

library science *n* [u] (esp AmE) biblioteconomía *f*, bibliotecología *f*

librettist /ləˈbretəst || lɪˈbretɪst/ *n* libretista *mf*

libretto /ləˈbretəʊ || lɪˈbretəʊ/ *n* (*pl* **-tos** *or* **-ti** /-tiː/) libreto *m*

Libya /ˈlɪbiə/ *n* Libia *f*

Libyan¹ /ˈlɪbiən/ *adj* libio

Libyan² *n* libio, -bia *m,f*

lice /laɪs/ *pl of* **louse 1**

license¹, (BrE) **licence** /ˈlaɪsns/ *n*
A [c] **1** (permit) permiso *m*, licencia *f*; **fishing/hunting ~** permiso de pesca/caza; **import/export ~** permiso de importación/exportación; **liquor ~** permiso para vender bebidas alcohólicas; **they were married by special ~** (in UK) se casaron con una licencia especial; **to manufacture sth under ~** fabricar* algo bajo licencia; **pilot's ~** licencia de piloto, brevet *m* (CS); **it's a ~ to print money** es una mina de oro; (*before n*): **~ agreement** licencia *f*; **~ fee** (in UK) (TV) *cantidad que se paga por tener un televisor*; **~ holder** (BrE) *titular de un permiso o licencia*; **~ number** (AmE) (Auto) número *m* de matrícula *or* (CS) de patente; **~ plate** matrícula *f*, placa *f*, patente *f* (CS), chapa *f* (RPl) **2** ▸**driver's license**
B [u] **1** (freedom): **the editor permitted himself considerable ~** el editor se tomó bastantes libertades; **poetic/dramatic/artistic ~** licencia *f* poética/dramática/artística **2** (excessive freedom) (frml) libertinaje *m*

license² /ˈlaɪsns/ *vt* autorizar*, otorgarle* un permiso *or* una licencia a; **this taxi is ~d to carry up to four passengers** este taxi está autorizado para transportar hasta cuatro pasajeros

licensed /ˈlaɪsnst/ *adj* ‹*practitioner*› autorizado para ejercer; ‹*premises/restaurant*› (BrE) autorizado para vender bebidas alcohólicas; **~ trade** negocios *mpl* autorizados para vender bebidas alcohólicas que se consumen en el local; **~ victualler** (BrE frml) *persona encargada de un establecimiento que expende bebidas alcohólicas*

licensee /ˌlaɪsnˈsiː/ *n* **1** (holder of licence) *titular de un permiso o licencia* **2** (publican) (BrE) *persona al frente de un* ▸**pub¹**

licensing /ˈlaɪsnsɪŋ/ *adj* (*before n*): **~ hours** (BrE); *horas durante las que ciertos establecimientos están autorizados para la venta y el consumo de bebidas alcohólicas en el local*; **~ laws** (BrE) *legislación que regula la venta de bebidas alcohólicas*

> **licensing laws**
>
> Las leyes que controlan la venta y el consumo de alcohol en Gran Bretaña, en pubs, tiendas, supermercados y off-licences. Establecen dónde se puede vender, cuándo y a quién. Generalmente, los pubs sólo pueden vender bebidas alcohólicas entre las 11a.m. y las 11p.m. En EEUU hay leyes locales acerca de la venta y consumo del alcohol. Existen algunas ciudades secas (*dry*), donde está prohibida la venta de bebidas alcohólicas.

licentiate /laɪˈsentʃiət || laɪˈsenʃiət/ *n* **1** (person) licenciado, -da *m,f* **2** (qualification) licenciatura *f*

licentious /laɪˈsentʃəs || laɪˈsenʃəs/ *adj* licencioso

licentiousness /laɪˈsentʃəsnəs || laɪˈsenʃəsnɪs/ *n* [u] libertinaje *m*

lichee /ˈlaɪtʃi || ˈlɪtʃi, laɪˈtʃi/ *n* lichi *m*

lichen /ˈlaɪkən ˈlɪtʃən/ *n* [u c] liquen *m*

lich gate *n* ▸**lych gate**

licit /ˈlɪsət || ˈlɪsɪt/ *adj* (frml) lícito

lick¹ /lɪk/ *vt*
A ‹*spoon/ice-cream*› lamer; ‹*stamp*› mojar con saliva, pasarle la lengua a; **the dog ~ed the dish clean** el perro lamió el plato hasta dejarlo limpio; **the cat ~ed the cream off the cake** el gato le quitó la crema al pastel a lengüetazos; **I ~ed my finger** me humedecí el dedo con saliva
B (colloq) (defeat) barrer con, darle* una paliza a (fam); **question three had me ~ed** no pude con la pregunta número tres; **there were problems, but we've got them ~ed now** había problemas, pero ya los tenemos resueltos
■ **lick** *vi* **to ~ AT sth** lamer algo

Phrasal verbs
- **lick up** [v + o + adv, v + adv + o] lamer
- **lick up to** [v + prep + o] ▸**suck up to**

lick² *n*
A **1** [c] (act) lamida *f*, lengüetazo *m*; ***we gave it a ~ and a promise*** (colloq) lo limpiamos muy por encima *or* (fam & hum) por donde ve la suegra **2** (application, coat) (colloq) (*no pl*): **to give sth a ~ of paint/varnish** darle* una mano de pintura/barniz a algo
B (speed) (colloq) (*no pl*): **she went past at a hell of a ~** pasó a toda mecha (fam)
C **licks** *pl* (blows) (AmE) golpes *mpl*; **he got in some good ~s, too** él también asestó sus buenos golpes

lickety-split /ˌlɪkətiˈsplɪt/ *adv* (AmE colloq) **1** (full speed) a todo lo que da (fam), a todo gas (fam) **2** (right away) en menos de lo que canta un gallo

licking /ˈlɪkɪŋ/ *n* (colloq) **1** (defeat) paliza *f* (fam) **2** (thrashing) paliza *f*, tunda *f*; **his father gave him a good ~** el padre le dio una buena paliza

licorice, (BrE) **liquorice** /ˈlɪkərɪʃ ˈlɪkərɪs/ *n* [u] **1** (sweets) caramelos *mpl* de regaliz *or* orozuz **2** (plant) regaliz *f*, orozuz *m*

lid /lɪd/ *n*
A (of container) tapa *f*; ***put a ~ on it, will you!*** (colloq) ¡cállate la boca!, ¡cierra el pico! (fam); ***to flip one's ~*** (colloq) (go mad) perder* la chaveta (fam); (become angry) poner* el grito en el cielo (fam); ***to keep the ~ on sth*** mantener* algo tapado; ***to put the (tin) ~ on sth*** (BrE colloq) (be final blow) ser* la gota que colma el vaso; (put a stop to) acabar con algo; ***to take*** *o* ***lift*** *o* ***blow the ~ off sth*** destapar algo
B (*eye* ~) párpado *m*

lido /ˈliːdəʊ/ *n* (*pl* **-dos**) **1** (pool) (BrE) piscina *f* *or* (RPl tb) pileta *f* *or* (Méx) alberca *f* (*al aire libre*) **2** (water-sports complex) (BrE) centro *m* de deportes acuáticos **3** (beach resort) centro *m* turístico costero, balneario *m* (AmS)

lie¹ /laɪ/ *n*
A (untruth) mentira *f*; **that's a ~!** ¡(eso es) mentira!; **to tell ~s** decir* mentiras, mentir*; **to live a ~** vivir una mentira; ***to catch sb in a ~*** (AmE)

pescar* a algn en una mentira; ***to give the ~ to sth*** desmentir* algo

B 1 (in golf) posición *f* 2 ▸**land¹ A1**

lie² *vi*

(Sense I) (*3rd pers sing pres* **lies**; *pres p* **lying**; *past & past p* **lied**) (tell untruths) mentir*; **to ~ ABOUT sth** mentir* ACERCA DE algo; **to ~ TO sb** mentirle* A algn; **the camera never ~s** la cámara nunca miente; ***to ~ one's way out of/into sth*** salir* de un problema/conseguir* algo a base de mentiras

(Sense II) (*3rd pers sing pres* **lies** *pres p* **lying** *past* **lay** *past p* **lain**)

A 1 (lie down) echarse, acostarse*, tenderse*, tumbarse 2 (be in lying position) estar* tendido, yacer* (liter); **he was lying flat on his back** estaba tendido *or* acostado de espaldas; **his body lay in the coffin** el cadáver yacía en el ataúd (liter); **he often ~s in bed until noon** con frecuencia se queda en la cama hasta el mediodía; **~ still!** ¡quédate quieto!; **she lay motionless on the floor** estaba tendida en el suelo sin moverse; **I lay awake for hours** estuve horas sin poder dormir; **she lay in a coma for three days** estuvo tres días en coma; **to ~ with sb** (arch) acostarse* *or* (arc) yacer* con algn; ***to ~ low*** tratar de pasar inadvertido 3 (be buried) yacer* (liter), estar* sepultado (frml); Ⓢ **here lies John Smith** aquí yacen los restos de John Smith

B (be) ‹‹*object*›› estar*; **the papers lay where he had left them** los papeles estaban donde los había dejado; **the snow lay two feet deep** la nieve tenía dos pies de espesor; **the book lay open at page 304** el libro estaba abierto en la página 304; **the tomb lay undisturbed for centuries** pasaron siglos antes de que se diera con la tumba; **it ~s heavy on your stomach** cae pesado (al estómago); **the factory still lay idle** la fábrica seguía parada; **the ship lay at anchor** el barco estaba fondeado *or* anclado; **will the snow ~?** (BrE) ¿cuajará la nieve?

C 1 (be located) ‹‹*building/city*›› encontrarse*, estar* (situado *or* ubicado); **Versailles ~s 18 km west of Paris** Versalles se encuentra *or* está a 18 kms al oeste de París; **a group of islands lying off the west coast** un conjunto de islas situadas cerca de la costa occidental 2 (stretch) extenderse*; **the vast ocean lay before them** (liter) el inmenso océano se extendía ante ellos (liter)

D ‹‹*problem/difference*›› radicar*, estribar, estar*; ‹‹*answer*›› estar*; **where do your sympathies ~?** ¿con quién simpatizas?; **the truth ~s somewhere in between** la verdad está en algún punto intermedio; **it's hard to see where the problem ~s** es difícil ver en qué estriba *or* radica el problema; **victory lay within his grasp** tenía la victoria al alcance de la mano; **a new life lay before them** una nueva vida se abría ante ellos; **what ~s behind her cool exterior?** ¿qué hay detrás de su fría apariencia?

(Phrasal verbs)

- **lie about** (BrE) ▸**lie around**
- **lie ahead** [v + adv] **to ~ ahead (OF sb/sth): miles of desert/days of waiting lay ahead of us** teníamos por delante millas de desierto/días y días de espera; **who knows what may ~ ahead?** ¡quién sabe qué nos depara el futuro!; **your whole life ~s ahead of you** tienes toda la vida por delante
- **lie around** [v + adv] 1 (be scattered) (*usu in -ing form*) estar* tirado, estar* botado (AmL exc RPl); **to leave things lying around** dejar las cosas tiradas *or* (AmL exc RPl) botadas (por ahí) 2 (be idle) estar* tumbado *or* echado sin hacer nada
- **lie back** [v + adv] recostarse*; **~ back and relax** recuéstate y relájate
- **lie down** [v + adv] 1 (adopt lying position) echarse, acostarse*, tenderse*, tumbarse; **I'm going to ~ down for a while** voy a echarme *or* recostarme un rato 2 (be lying) estar* echado *or* acostado *or* tendido *or* tumbado; ***to take sth lying down*: I won't take this treatment lying down** no voy a permitir que me traten así sin protestar *or* pelear
- **lie in** [v + adv] 1 (sleep late) (BrE) dormir* hasta tarde, levantarse tarde 2 (arch) ‹‹*pregnant woman*›› estar* de parto
- **lie over** [v + adv] esperar, ser* pospuesto
- **lie to** [v + adv] (Naut) estar* al pairo *or* a la capa
- **lie up** [v + adv] 1 (hide) ‹‹*criminal/guerrilla*›› esconderse, ocultarse 2 (stay in bed) quedarse en cama, guardar cama

lie detector *n* polígrafo *m*, detector *m* de mentiras

lie-detector test /'laɪdɪˌtektər || 'laɪdɪˌtektə(r)/ *n* prueba *f* del detector de mentiras

lie-down /'laɪ'daʊn/ *n* (BrE colloq) (*no pl*): **to have a ~** echarse *or* recostarse* un rato (a descansar)

liege /li:dʒ/ *n*

A (lord) señor *m* feudal; (*as form of address*): **my ~** (arch) mi señor

B (vassal) vasallo, -lla *m,f*

liegeman /'li:dʒmən/ *n* (*pl* **-men** /-mən/) vasallo, -lla *m,f*

lie-in /'laɪ'ɪn/ *n* (BrE colloq): **to have a ~** quedarse en la cama, no levantarse hasta tarde

lien /li:n 'li:ən/ *n* (Law) (right) derecho *m* de retención; **to put a ~ on sth** embargar* algo

lieu /lu: || lju:/ *n* (frml): **in ~ of** en lugar de, en vez de; **you don't get paid overtime, you get time off in ~** no te pagan horas extra, te dan horas/días libres a cambio

lieutenancy /lu:'tenənsi || lef'tenənsi/ *n* (*pl* **-cies**) tenientazgo *m*

lieutenant /lu:'tenənt || lef'tenənt/ *n* 1 (in navy) teniente *mf* de navío, teniente *mf* primero (*en Chi*) 2 (in other services) teniente *mf* 3 (deputy, assistant) lugarteniente *mf*

lieutenant colonel *n* teniente *mf* coronel

lieutenant commander *n* capitán, -tana *m,f* de corbeta

lieutenant general *n* teniente *mf* general

lieutenant governor *n* 1 (in Canada) vicegobernador, -dora *m,f* 2 (in US) lugarteniente *mf* del gobernador

life /laɪf/ *n* (*pl* **lives**)

A [c u] (existence) vida *f*; **I spend my whole ~ picking up after you** me paso la vida recogiendo lo que dejas tirado; **never in my ~ have I been so embarrassed** en la vida había pasado tanta vergüenza; **it will last you for ~** te durará toda la vida; **maimed for ~** lisiado de por vida; **a post held for ~** un cargo vitalicio; **I'd like to live here for the rest of my ~** me gustaría vivir aquí el resto de mis días; **he came to politics early in ~** empezó su carrera política en su juventud; **in later ~ she entered a convent** más tarde *or* más adelante se hizo monja; **at my time of ~** a mi edad, con la edad que tengo; **he began ~ as a car salesman** empezó vendiendo coches; **eternal** *o* **everlasting ~** la vida eterna; **departed this ~ May 17 1988** (frml) dejó de existir el 17 de mayo de 1988 (frml); **the man/woman in your ~** el hombre/la mujer de tu vida; **to have the time of one's ~** divertirse* como nunca *or* (fam) de lo lindo; **~'s been unkind to him** la vida lo ha tratado mal; **to live ~ to the full** vivir la vida al máximo; **to see ~** ver* mundo; **you can bet your ~ we'll be late!** (colloq) ¡te apuesto lo que quieras a que llegamos tarde!; **they laid down their lives for their country** dieron su vida por la patria; **to lose one's ~** perder* la vida; **no lives were lost** no hubo muertos *or* víctimas mortales, nadie perdió la vida; **there was appalling loss of ~** hubo muchísimas víctimas mortales, hubo muchísimos muertos; **to risk one's ~** arriesgar* la vida; **to save sb's ~** salvarle la vida a algn; **to take sb's ~** (frml) darle* muerte a algn (frml); **to take one's (own) ~** (frml) quitarse la vida (frml); ***a matter of ~ and death*** una cuestión de vida o muerte; **a ~-and-death decision** una decisión de vida o muerte; ***as large as ~*** en carne y hueso; ***he couldn't darn a sock to save his ~*** no sería capaz de zurcir un calcetín ni aun si le fuera la vida en ello; ***larger than ~*: the characters are all larger than ~** todos los personajes son creaciones que desbordan la realidad; **he was a larger-than-~ character/Australian** era un personaje exuberante/un australiano caricaturesco; ***not for the ~ of one*: I can't remember for the ~ of me** no me puedo acordar por nada del mundo; ***not on your ~!*** ¡ni muerto!; ***the power of ~ and death*: critics hold the power of ~ and death over a production** los críticos tienen el poder de levantar o hundir una obra; ***to cling/hold on for dear ~*** aferrarse/agarrarse desesperadamente; ***to fight/run for one's ~*: they had to run for their lives** tuvieron que correr como alma que lleva el diablo; **run for your lives!** ¡sálvese quien pueda!; **he was fighting for (his) ~ in a London hospital** se debatía entre la vida y la muerte en un hospital de Londres; ***to frighten*** *o* ***scare the ~ out of sb*** darle* *or* pegarle* un susto mortal a algn; ***(to have) the shock of one's ~*** (llevarse) el susto de su (*or* mi *etc*) vida; **she gave the performance of her ~** actuó como nunca; ***to risk ~ and limb*** arriesgar* la vida; ***to take one's ~ in one's hands*** jugarse* la vida; **~ *begins at 40*** la vida comienza a los 40; (*before n*) ‹*member/pension/president*› vitalicio; **~ insurance policy** póliza *f* de seguro de vida; **~ force** fuerza *f* vital; **~ imprisonment** cadena *f* perpetua; **~ sentence** condena *f* a perpetuidad *or* a cadena perpetua; **my ~ story** la historia de mi vida

B [u] 1 (vital force) vida *f*; **it brings the history of this period to ~** hace cobrar vida a este período de la historia; **to bring sb back to ~** resucitar a algn; **a shower brings me back to ~** una ducha me deja como nuevo *or* me revive; **to come to ~** ‹‹*party*›› animarse; ‹‹*puppet/doll*›› cobrar vida 2 (vitality) vida *f*, vitalidad *f*; **the measures injected new ~ into the economy** las medidas revitalizaron la economía; **there's ~ in the old dog yet** (hum) tengo (*or* tiene) mucho espíritu a pesar de los años; ***to be the ~*** *o* (esp BrE) ***the ~ and soul of the party*** ser* el alma de la fiesta

C [u] (lifestyle) vida *f*; **we lead a quiet ~** llevamos una vida tranquila; **married ~** la vida de casado; **he's too fond of the good ~** es demasiado aficionado a la buena vida; **the high ~** la vida mundana; **this is the ~ (for me)!** ¡esto sí que es vida!; **oh, anything for a quiet ~** mira, lo que sea, con tal de que me dejen (*or* dejes *etc*) en paz; **get a ~!** (colloq & usu pej) ¡vive la vida!; ***to live the ~ of Riley*** darse* la gran vida, vivir a cuerpo de rey; (*before n*): **~ coach** orientador, -dora *m,f*; **~ event** acontecimiento *m* vital *or* de la vida; **~ membership** miembro vitalicio, -cia *m,f*

D [u] (living things) vida *f*; **animal/plant ~** vida animal/vegetal

E [u] (duration — of battery) duración *f*, vida *f*; (— of agreement) vigencia *f*; **the useful ~ of a machine** la vida útil de una máquina

F [u] (imprisonment) (colloq) cadena *f* perpetua; **he got ~** lo condenaron a cadena perpetua

G [u] (Art): **to paint/draw from ~** pintar/dibujar del natural; (*before n*) ‹*drawing*› del natural; (*before n*): **~ class** clase *f* (de dibujo *or* pintura *etc*) con modelo vivo

H [c] (biography) vida *f*

life-and-death /ˌlaɪfən(d)'deθ/ *adj* de vida o muerte; **a ~ struggle** lucha a vida o muerte

life assurance *n* [u] (BrE) ▸**life insurance**

life belt *n* (BrE) salvavidas *m*

lifeblood /'laɪfblʌd/ *n* [u] 1 (mainstay) parte *f* vital, alma *f* 2 (life) (liter): **his ~ was draining away** su vida se apagaba (liter)

lifeboat /'laɪfbəʊt/ *n* 1 (on ship) bote *m* salvavidas 2 (shore-based) lancha *f* de salvamento; (*before n*) ‹*crew/station*› de salvamento marítimo

lifeboatman /'laɪfbəʊtmæn/ *n* (*pl* **-men** /-men/) tripulante *mf* de lancha de salvamento; **the lifeboatmen were decorated for their bravery** los tripulantes de las lancha de salvamento fueron condecorados por su valentía

life buoy *n* salvavidas *m*, guindola *f* (téc)

life coach *n* entrenador, -dora *m,f* para la vida *or* de vida

life cycle *n* ciclo *m* vital

life-enhancing /'laɪfɪnˌhænsɪŋ || 'laɪfɪnˌhɑ:nsɪŋ/ *adj* enriquecedor; **~ drug** fármaco *m* que mejora *or* favorece la calidad de vida; ~ **experiences** experiencias *fpl* enriquecedoras *or* valiosas

life expectancy *n* esperanza *f or* expectativas *fpl* de vida

life-form /'laɪffɔːrm || 'laɪffɔːm/ *n* ser *m* vivo, criatura *f*; (in science fiction) ser *m*

life-giving /'laɪf,gɪvɪŋ/ *adj* (liter *or* journ) ‹*warmth*› vivificador (liter); ‹*rains*› que da vida

lifeguard /'laɪfgɑːrd || 'laɪfgɑːd/ *n* salvavidas *mf*, socorrista *mf*, bañero, -ra *m,f* (RPl)

life history *n* vida *f*; **he began to tell me his ~** empezó a contarme (la historia de) su vida

life insurance *n* seguro *m* de vida; (*before n*) ‹*company*› de seguros de vida; ‹*policy*› de seguro de vida

life jacket *n* chaleco *m* salvavidas

lifeless /'laɪfləs || 'laɪflɪs/ *adj* **1** (listless) ‹*appearance/prose*› anodino, sin vida; ‹*hair/painting*› sin vida; ‹*eyes*› apagado, sin vida; ‹*debate/party*› poco animado **2** ‹*body*› (dead) sin vida, inánime (frml), exánime (liter); (unconscious) inerte **3** (deserted) (liter) ‹*planet/desert*› donde no hay (*or* no había *etc*) vida, sin vida

lifelike /'laɪflaɪk/ *adj* ‹*character*› muy real, verosímil; ‹*waxwork*› que parece vivo, verosímil; ‹*situation*› verosímil

lifeline /'laɪflaɪn/ *n* (rope) cuerda *f* de salvamento; **the bank threw them a ~** el banco les tendió una mano; **it was their ~ to civilization** era su único medio de contacto con la civilización

lifelong /'laɪflɔːŋ || 'laɪflɒŋ/ *adj* (*before n*): **he is a ~ friend** es un amigo de toda la vida; **she had been a ~ member of the party** había sido miembro del partido durante toda su vida; **a ~ commitment to the cause** toda una vida entregada a la causa

life preserver /prɪ'zɜːrvər || prɪ'zɜːvə(r)/ *n* (AmE) **1** ▸**life buoy** **2** ▸**life jacket**

lifer /'laɪfər || 'laɪfə(r)/ *n* (colloq) condenado, -da *m,f* a cadena perpetua

life raft *n* balsa *f* salvavidas

life ring *n* (AmE) salvavidas *m*

lifesaver /'laɪf,seɪvər || 'laɪf,seɪvə(r)/ *n* **1** ▸**lifeguard** **2** (from bad situation) salvación *f*; **that was /you were a ~** fue/fuiste mi salvación

life-saving[1] /'laɪf,seɪvɪŋ/ *n* [u] socorrismo *m*

life-saving[2] *adj* (*before n*) ‹*drug/operation/device*› que salva vidas; ‹*mission*› de socorro

life sciences *pl n* ciencias *fpl* biológicas

life-size /'laɪf'saɪz/, **life-sized** /-d/ *adj* (de) tamaño natural

lifeskills /'laɪfskɪlz/ *pl n*: *formación de tipo práctico que capacita para desenvolverse en la vida diaria*

life span *n* (of living creature) vida *f*; (of project) duración *f*; (of equipment) vida *f* útil

lifestyle /'laɪfstaɪl/ *n* estilo *m* de vida, tren *m* de vida; (*before n*): **~ drugs** fármacos *mpl* orientados a cambiar el estilo de vida; **~ magazine** revista *f* de estilo; **~ products** objetos *mpl* de estilo

life-support system /'laɪfsə,pɔːrt || 'laɪfsə,pɔːt/ *n* (Aerosp) equipo *m* de mantenimiento de vida; (Med) máquina *f* corazón-pulmón; **the patient is on a ~ ~** el paciente está conectado a una máquina que mantiene sus constantes vitales

life-threatening /'laɪf,θretnɪŋ/ *adj* con riesgo de muerte, muy grave

lifetime /'laɪftaɪm/ *n* vida *f*; **once in a ~** una vez en la vida; **the opportunity of a ~** la oportunidad de su (*or* mi *etc*) vida; **it won't happen in my ~** no lo verán mis ojos, no sucederá mientras yo viva; **a ~'s experience** toda una vida de experiencia; **it will give you a ~'s service** le durará toda la vida; **the work of a ~** *o* **a ~'s work** el trabajo de toda una vida; **we waited for what seemed a ~** estuvimos esperando una eternidad; **the ~ of a machine** la vida útil de una máquina; **in the ~ of this parliament** durante la presente legislatura; (*before n*) ‹*appointment*› vitalicio; **a once-in-a-~ chance** una oportunidad única (en la vida) *or* irrepetible; **~ guarantee** garantía *f* para toda la vida; **he received a ~ achievement award** recibió un premio en reconocimiento a su trayectoria

life vest *n* (AmE) chaleco *m* salvavidas

lifework /'laɪfwɜːrk || 'laɪfwɜːk/, **life's work** *n* trabajo *m* de toda una vida

lift[1] /lɪft/ *n*

A **1** [u c] (boost) impulso *m*; **the news gave her a big ~** la noticia le levantó mucho la moral *or* el ánimo; **this salad needs something to give it a ~** a esta ensalada le hace falta algo que le dé un poco de gracia **2** [u] (Aviat) fuerza *f* propulsora, propulsión *f*

B [c] (ride): **can I give you a ~?** ¿quieres que te lleve *or* (Per fam) te jale?, ¿quieres que te dé un aventón (Méx) *or* (Col fam) una palomita?; **we got a ~ as far as Cambridge** nos llevaron en coche hasta Cambridge, nos dieron (un) aventón (Méx) *or* (Col fam) una palomita hasta Cambridge

C [c] (elevator) (BrE) ascensor *m*; **she took the ~** subió/bajó en el ascensor; (*before n*): **~ attendant** ascensorista *mf*; **~ shaft** hueco *m* del ascensor

lift[2] *vt*

A **1** (raise) ‹*weight/box/lid*› levantar; ‹*eyes/head*› levantar; **she ~ed her veil** se levantó el velo; **shall I ~ your suitcase down for you?** ¿quieres que te baje la maleta?; **I ~ed the child into his chair** subí al niño a la silla; **to ~ sb out of her/his depression/poverty** sacar* a algn de la depresión/pobreza; **he ~ed his game in the third set** mejoró el juego en el tercer set; **~ the lid off** quita *or* saca la tapa; **to have one's face ~ed** hacerse* un lifting, estirarse la piel (*de la cara*) **2** ‹*plants/crops*› recoger*

B (end) ‹*ban/blockade/siege*› levantar

C **1** (take, remove) (*usu pass*) sacar*; **a sentence ~ed out of context** una frase sacada de su contexto **2** (plagiarize) (colloq) **to ~ sth** (FROM **sth**) ‹*idea/sentence*› copiar *or* plagiar algo (DE algo) **3** (steal) (colloq) birlar (fam)

■ **lift** *vi* **1** (rise) ‹‹*curtain*›› levantarse, alzarse*; ‹‹*drawbridge*›› levantarse, abrirse*; **the seat ~s (up)** el asiento se levanta; **to ~ into the air** ‹‹*aircraft/balloon/kite*›› elevarse en el aire **2** (clear) ‹‹*mist*›› disiparse; ‹‹*headache*›› desaparecer*, irse*; ‹‹*gloom*›› disiparse, desaparecer*; **the clouds have ~ed** se han disipado las nubes, el cielo se ha despejado

Phrasal verbs

- **lift off** [v + adv] ‹‹*rocket/spacecraft*›› despegar*
- **lift up** [v + o + adv, v + adv + o] ‹*lid/flap*› levantar; ‹*person/arm*› levantar, alzar*; **~ me up so I can see** álzame *or* levántame para que pueda ver; **~ up your hearts** arriba los corazones

lift-off /'lɪftɔːf || 'lɪftɒf/ *n* (Aerosp) despegue *m*; **we have ~** hemos completado el despegue

ligament /'lɪgəmənt/ *n* ligamento *m*; **a torn ~** una rotura de ligamentos, un esguince con rotura de ligamento

ligature /'lɪgətʃʊr || 'lɪgətʃə(r)/ *n* (Med, Mus) ligadura *f*

ligger /'lɪgər || 'lɪgə(r)/ (colloq) ▸**freeloader**

light[1] /laɪt/ *n*

A [u] luz *f*; **a ray of ~** un rayo de luz; **~ and shade** luz y sombra; (Art) claroscuro *m*; **artificial/natural ~** luz artificial/natural; **by the ~ of the moon/a candle** a la luz de la luna/una vela; **you shouldn't read in this ~** no deberías leer con esta luz; **hold it up to the ~** ponlo al trasluz *or* a contraluz; **you're standing in my ~** me tapas *or* me quitas la luz, me haces sombra; **bring it into the ~** tráelo a la luz; **while the ~ lasts** mientras haya luz; **in** *o* **by the cold ~ of day it didn't seem such a good idea** al pensarlo mejor *or* en frío, no parecía tan buena idea; **at first ~** al clarear (el día), con las primeras luces; **let there be ~** (Bib) hágase la luz; ***(to be) the ~ of sb's life*** (ser*) la niña de los ojos de algn; ***to bring sth to ~*** sacar* algo a la luz; ***to come to ~*** salir* a la luz; ***to hide one's ~ under a bushel*** ser* modesto; ***to see the ~*** abrir* los ojos, comprender las cosas; (Relig) ver* la luz; ***to see (the) ~ at the end of the tunnel*** vislumbrar el fin de sus (*or* mis *etc*) problemas, ir* saliendo del túnel; ***to see the ~ (of day)*** ver* la luz (del día); **he first saw the ~ of day in April, 1769** nació *or* vino al mundo en el mes de abril de 1769; ***to throw*** *o* ***cast*** *o* ***shed ~ on sth*** arrojar luz sobre algo; (*before n*): **~ meter** fotómetro *m*; **~ waves** ondas *fpl* luminosas

B [c] **1** (source of light) luz *f*; (lamp) lámpara *f*; **to turn the ~ off** apagar* la luz; **to turn the ~ on** encender* *or* (AmL tb) prender *or* (Esp tb) dar* la luz; **shine the ~ over here** enfoca *or* alumbra aquí; **~s out!** ¡apaguen las luces!; **~s!** (Cin, Theat) ¡luces!; **she wanted to see her name in ~s** quería ver su nombre en las marquesinas *or* en letras de neón; **the bright ~s of the big city** las luces de la gran ciudad; **landing/navigation ~s** luces *fpl* de aterrizaje/navegación; **warning ~** señal *f* luminosa; ***to go out like a ~*** (colloq) (become unconscious) caer(se)* redondo; (fall asleep) dormirse* como un tronco, caer* como piedra (AmL fam); (*before n*): **~ switch** interruptor *m* **2** (of car, bicycle) luz *f*; **dip your ~s** pon las cortas *or* (Chi) las bajas; **brake ~s** luces de frenado **3** (*traffic ~*) semáforo *m*; **don't shoot/jump the ~s** no te saltes el semáforo, no te comas la luz roja (fam); **the ~s were against us** nos tocaron los semáforos en contra *or* en rojo **4** (in lighthouse) faro *m*

C **1** (aspect) (*no pl*): **to see sth/sb in a good/bad ~** ver* algo/a algn con buenos/malos ojos; **I suddenly saw her in a new ~** de pronto la vi con otros ojos; **seen in this ~** visto así; **this puts matters in a new ~, this sheds a new ~ on matters** esto cambia la perspectiva *or* el panorama; **it didn't show him in a very good/flattering ~** no daba una imagen demasiado buena/favorable de él **2** **in the ~ of** *o* (AmE also) **in ~ of** (*as prep*) a la luz de, en vista de

D [c] (for igniting): **have you got a ~?** ¿tienes fuego?; **to put a** *o* **set ~ to sth** prender fuego a algo; **to strike a ~** encender* un fósforo *or* (Esp) una cerilla *or* (AmC, Méx tb) un cerillo

E **lights** *pl* **1** (windows) (Archit) (*sometimes sing*) luces *fpl* **2** (Culin) pulmón *m* **3** (beliefs) (dated): **by/according to sb's ~s** a/según su (*or* mi *etc*) entender

F **1** [u] (low-calorie beer) (AmE) cerveza *f* light *or* de bajo contenido calórico **2** [c] (cigarette) cigarrillo *m* light *or* de bajo contenido en alquitrán **3** [u] (light ale) (BrE colloq) cerveza *f* rubia

light[2] *adj* **-er, -est**

Sense I

A **1** (not heavy) ‹*load/fabric*› ligero, liviano (esp AmL); ‹*voice*› suave; **it's ~er than the other one** pesa menos que el otro, es más ligero *or* (esp AmL) liviano que el otro; **the film was ~ on laughs** la película tenía poco de divertida; **with a ~ tone** en tono desenfadado; **with a ~ heart** tranquilo **2** (Culin) ‹*meal/breakfast*› ligero, liviano (esp AmL); ‹*pastry/cake*› ligero, liviano (esp AmL); ‹*cola/beer*› (AmE) light *adj inv*; ‹*menu*› de bajo contenido calórico; **~ ale** cerveza *f* rubia **3** (Mil) ‹*cavalry/infantry/artillery*› ligero

B **1** (Meteo) ‹*breeze/wind*› suave; **~ rain** llovizna *f*; **a ~ covering of snow** una fina capa de nieve **2** (sparse): **traffic is ~ at this time** a esta hora hay poco tráfico; **trading was ~** (Fin) hubo poca actividad en la Bolsa; **the losses were fairly ~** las pérdidas fueron de poca consideración *or* de poca monta **3** (not strenuous) ‹*work/duties*› ligero, liviano (esp AmL) **4** (not severe) ‹*sentence*› leve

C (not serious) ‹*music/comedy/reading*› ligero; **a program of ~ entertainment** un programa de variedades; ***to make ~ of sth*** quitarle *or* restarle importancia a algo

Sense II

A ▸ℹ **p.1036** (pale) ‹*green/brown*› claro

B (bright): **it gets ~ very early these days** ahora amanece *or* aclara muy temprano; **it's already ~** ya es de día, ya está claro; **white paint makes a room look ~er** la pintura blanca le da más luz a una habitación

light[3] *adv*: **to travel ~** viajar con el mínimo de equipaje

light[4] *vt* (*past & past p* **lighted** *or* **lit**)
A (set alight) ‹*fire/lamp/heater/cigarette*› encender*, prender
B (*past & past p* **lit**) (illuminate) ‹*room/scene*› iluminar; **a dimly/brightly lit street** una calle poco/muy iluminada; **she lit the way for him with a flashlight** le alumbró el camino con una linterna
■ **light** *vi* (*past & past p* **lighted** *or* **lit**) «*wood/fire/match/cigarette*» encenderse*, prender

Phrasal verbs
• **light into** (*past & past p* **lit** [v + prep + o]) (AmE) (colloq) arremeter contra
• **light on** (*past & past p* **lit** [v + prep + o]) (colloq) dar* con
• **light out** (*past & past p* **lit** [v + adv]) (AmE) (colloq) largarse* (fam), mandarse a cambiar (Andes) *or* (RPl) a mudar (fam)
• **light up** (*past & past p* **lit**)
A [v + adv] **1** «*eyes/face*» iluminarse; **his face lit up** se le iluminó la cara **2** (smoke): **he settled back in his chair and lit up** se arrellanó en el sillón y encendió *or* prendió un cigarrillo (*or* su pipa *etc*)
B [v + o + adv, v + adv + o] **1** ‹*face*› iluminar **2** (illuminate) iluminar; **the streets were all lit up** las calles estaban todas iluminadas **3** ‹*cigar/pipe*› encender*, prender
• **light upon** ▸ **light on**

light aircraft *n* (*pl* ~ ~) avioneta *f*

light box *n* caja *f* de luz

light bulb *n* ▸ **bulb B1**

light-colored, (BrE) **light-coloured** /ˈlaɪt ˌkʌlərd || ˈlaɪtˌkʌləd/ ▸ⓘ **p.1036** *adj* (de color) claro

light cream *n* (AmE) crema *f* líquida, nata *f* líquida (Esp)

light-emitting diode /ˈlaɪtiːˈmɪtɪŋ/ *n* diodo *m* electroluminiscente

lighten /ˈlaɪtn/ *vt*
A (make less heavy) ‹*load/workload*› aligerar; ‹*suitcase*› quitarle peso a, aligerar (de peso); ‹*debt*› reducir*; ‹*responsibility/conscience*› descargar*; **to ~ the tone of a speech** darle* un tono menos grave a un discurso; **beat the mixture well to ~ it** bata bien la mezcla para que quede esponjosa
B **1** (make brighter) ‹*room*› dar* más luz a; ‹*sky*› iluminar **2** (make paler) ‹*color/hair*› aclarar
C (liter) ‹*cares*› aliviar; ‹*heart*› alegrar
■ **lighten** *vi*
A (become less heavy) «*load/weight*» hacerse* más ligero *or* (esp AmL) liviano, aligerarse
B (become brighter) «*sky*» despejarse; «*face*» iluminarse; «*atmosphere*» relajarse
■ *v impers* (BrE) (Meteo) aclarar, clarear

Phrasal verb
• **lighten up** *v + adv* (colloq) relajarse

lighter /ˈlaɪtər || ˈlaɪtə(r)/ *n*
A **1** (*cigarette ~*) encendedor *m*, mechero *m* (Esp); (*before n*): **~ fuel** (gas) gas *m* para encendedores; (fluid) líquido *m* para encendedores **2** (for gas stove) encendedor *m*
B (barge) gabarra *f*, barcaza *f*

lighter socket *n* enchufe *m* del encendedor *or* (Esp) mechero

lighter-than-air /ˌlaɪtərðənˈer || ˌlaɪtəðən ˈeə(r)/ *adj* más ligero que el aire; (*before n*): **~ flight** vuelo *m* aerostático; **~ craft** dirigible *m*, zepelín *m*

light-fingered /ˈlaɪtˈfɪŋgərd || ˌlaɪtˈfɪŋgəd/ *adj* (colloq): **to be ~** tener* (la) mano larga *or* las manos largas (fam), ser* largo de uñas (fam)

light fitting *n* (esp BrE) *instalación para la colocación de un tubo fluorescente, una bombilla etc*

light-headed /ˈlaɪtˈhedəd || ˌlaɪtˈhedɪd/ *adj* (dizzy) mareado; (excited) exaltado; (confused) aturdido; (frivolous) frívolo

light-hearted /ˈlaɪtˈhɑːrtəd || ˌlaɪtˈhɑːtɪd/ *adj* ‹*book/account*› alegre, desenfadado; **she was in a ~ mood** estaba de buen humor

light-heartedly /ˌlaɪtˈhɑːrtədli || ˌlaɪtˈhɑːtɪdli/ *adv* alegremente

light heavyweight *n* (in boxing, wrestling) peso *m* semipesado

lighthouse /ˈlaɪthaʊs/ *n* faro *m*; (*before n*): **~ keeper** torrero, -ra *m,f*, farero, -ra *m,f*, guardafaro *mf* (CS)

light industry *n* [u] industria *f* ligera

lighting /ˈlaɪtɪŋ/ *n* [u] **1** (illumination) iluminación *f*; (on streets) alumbrado *m*; (Theat) iluminación *f*; **indirect ~** luz *f* indirecta; **electric ~** iluminación eléctrica; (*before n*) ‹*department/counter*› de lámparas; **~ effects** efectos *mpl* luminosos, juegos *mpl* de luces; **~ engineer** técnico *mf* en iluminación, luminotécnico, -ca *m,f* **2** (of fire, cigarette) encendido *m*

lighting-up time /ˌlaɪtɪŋˈʌp/ *n* (BrE) (for street) *hora de encendido del alumbrado público*; (for car) *hora del atardecer en que se hace obligatorio el uso de faros*

lightly /ˈlaɪtli/ *adv*
A **1** ‹*touch*› suavemente; ‹*snow*› ligeramente; ‹*eat*› poco; **~ dressed** ligero de ropa; **he tapped him ~ on the shoulder** le dio un golpecito en el hombro; **she brushed ~ against me as she passed** me rozó al pasar; **I sleep very ~** tengo el sueño muy ligero *or* (esp AmL) liviano; **we touched ~ on the subject** tocamos el tema superficialmente *or* por encima **2** (Culin) ‹*grill/beat*› ligeramente **3** (Mil) ‹*armed/equipped*› ligeramente
B **1** (not gravely): **he spoke ~ of his problems** habló de sus problemas quitándoles importancia *or* sin darles mucha importancia; **she wears her erudition ~** hace poco alarde de su erudición **2** (frivolously) ‹*dismiss/undertake*› a la ligera **3** (not severely): **they were let off ~** los trataron con indulgencia; **they got off very ~ with a small fine** se libraron con sólo una pequeña multa

lightness /ˈlaɪtnəs || ˈlaɪtnɪs/ *n* [u]
A **1** (of fabric) ligereza *f*, lo liviano (esp AmL); (of steering) suavidad *f*; (of cake) lo ligero *or* (esp AmL) liviano; **she plays the piano with great ~ of touch** toca el piano con gran delicadeza *or* sutileza **2** (of traffic) lo fluido **3** (of task) sencillez *f*; (of punishment) levedad *f*, lo poco severo **4** (of answer, attitude) ligereza *f*
B **1** (brightness) claridad *f*, luminosidad *f* **2** (of color) lo claro

lightning[1] /ˈlaɪtnɪŋ/ *n* [u] : **a bolt** *o* **flash of ~** un relámpago; **a streak of ~** un rayo; **he was struck by ~** le cayó *or* lo alcanzó un rayo; (killed) cayó fulminado por un rayo; ***as quick as ~*** como un rayo; ***like greased ~*** como un relámpago, como una centella; ***~ never strikes twice (in the same place)*** tales cosas sólo pasan una vez; (*before n*): **~ conductor** *o* **rod** pararrayos *m*

lightning[2] *adj* ‹*attack/raid/strike*› relámpago *adj inv*; **~ visit** visita *f* relámpago; **with ~ speed** como un rayo

lightning bug *n* (AmE) luciérnaga *f*, bicho *m* de luz (RPl)

light pen *n* lápiz *m* óptico *or* fotosensible

lightship /ˈlaɪtʃɪp/ *n* buque *m* faro

light-skinned /ˈlaɪtˈskɪnd/ *adj* de piel clara

light therapy *n* [c u] (*pl* **-pies**) terapia *f* lumínica

lightweight[1] /ˈlaɪtweɪt/ *adj* **1** ‹*coat/tent/metal*› ligero, liviano (esp AmL), poco pesado **2** (insufficiently serious) ‹*book/writer/performance*› de poco peso, superficial

lightweight[2] *n* **1** (in boxing, wrestling) peso *m* ligero; (*before n*) ‹*champion*› de (los) peso(s) ligero(s) **2** (minor figure) persona *f* de poco peso; **a literary ~** un escritor de poco peso *or* de poca monta

light year *n* (Astron) año *m* luz; **it's 4 ~s from Earth** está a 4 años luz de la tierra

lignite /ˈlɪgnaɪt/ *n* [u] lignito *m*

likable /ˈlaɪkəbəl/ *adj* ‹*person/personality*› agradable, simpático; ‹*face*› agradable

like[1] /laɪk/ *vt*
A ▸ⓘ **p.1382**; (enjoy, be fond of): **I/we ~ tennis** me/nos gusta el tenis; **I/we ~ apples** me/nos gustan las manzanas; **my sister doesn't ~ cats** a mi hermana no le gustan los gatos; **did you ~ the film?** ¿te gustó la película?; **I ~ you** me gustas; **she ~s him, but she doesn't love him** le resulta simpático pero no lo quiere; **she ~s them tall** le gustan (los hombres) altos; **I'm not ~d here** aquí no se me quiere; **I ~ that one better** me gusta más ése, prefiero ése; **I ~ that one best** el que más me gusta es ése; **how do you ~ your egg?** ¿cómo quieres el huevo?; **I ~ my meat rare** me gusta la carne poco hecha; **how do you ~ my dress?** ¿qué te parece mi vestido?, ¿te gusta mi vestido?; **how do you ~ that? he didn't even say thanks!** ¡habráse visto! *or* ¡qué te parece! no dio ni las gracias; **how would you ~ an ice-cream?** ¿quieres *or* (Esp tb) te apetece un helado?; **how would you ~ it if someone did that to you?** ¿a que no te gustaría *or* a que no te haría gracia que te lo hicieran a ti?; **orchids ~ a damp climate** las orquídeas prefieren un clima húmedo; **I don't ~ the look of him** no me gusta su aspecto *or* (fam) la pinta que tiene; **we didn't ~ the look of the place** no nos gustó el aspecto del lugar; **I don't ~ it (one little bit)** esto no me gusta nada; **I ~ it!** (joke) ¡muy bueno!; (suggestion) ¡buena idea!; **he wouldn't have ~d it if he had lost** no le hubiera hecho ninguna gracia perder; **I ~ that!** (iro) ¡muy bonito! (iró), ¡habráse visto!; **I ~ his nerve!** (iro) ¡qué cara tiene!; **help yourself to as much as you ~** *o* **all you ~** sírvete todo lo que quieras *or* (Esp tb) lo que te apetezca; **do as** *o* **what you ~** haz lo que quieras *or* lo que te parezca; **to ~ -ING/to + INF: I ~ dancing** me gusta bailar; **she ~s to have breakfast before eight** le gusta desayunar antes de las ocho; **I ~ to think I speak French quite well** yo creo que hablo bastante bien el francés; **I ~ to think of myself as fair-minded** me considero una persona justa; **I'd ~ to think he didn't do it on purpose** quiero creer que no lo hizo a propósito; **she didn't ~ to ask her parents for money** no quiso pedirles dinero a sus padres; **I don't ~ to mention it, but ...** no quiero (tener que) decírtelo pero ...; **to ~ sb -ING/to + INF: she ~s everybody running around after her** le gusta que todo el mundo ande alrededor de ella; **we ~ him to write to us every so often** nos gusta que nos escriba de vez en cuando
B (in requests, wishes) querer*; **we would just ~ to say how grateful we are** queríamos decirle lo agradecidos que estamos; **would you ~ a cup of tea/me to help you?** ¿quieres una taza de té/que te ayude?; **I should ~ you to have it** querría *or* me gustaría que te lo quedaras; **I'd ~ two melons, please** (me da) dos melones, por favor
■ **like** *vi* querer*; **if you ~** si quieres, si te

ⓘ Like[1]

The transitive verb *to like* is most commonly translated using the intransitive verb *gustar + an indirect personal pronoun*:

I like wine
= me gusta el vino

we like the house
= nos gusta la casa

I like apples
= me gustan las manzanas

we like apples
= nos gustan las manzanas

If the full indirect object is mentioned, the indirect object pronoun must still be included:

my father doesn't like traveling
= a mi padre no le gusta viajar

The translation of *do you like it?* is simply *¿te gusta?*

For more examples and particular usages, see the entry **like**[1]

parece; **just as you ~, sir** como usted diga, señor

like[2] *n*

A (sth liked): **her/his ~s and dislikes** sus preferencias *or* gustos, lo que le gusta y no le gusta **B** (similar thing, person): **the ~: judges, lawyers and the ~** jueces, abogados y (otra) gente *or* (otras) personas por el estilo; **I've never seen/heard the ~ (of this)** nunca he visto/oído cosa igual; **I doubt we shall ever see its/her ~ again** dudo que volvamos a ver otro/otra igual; **he doesn't mix with the ~s of me/us** (colloq) no se codea con gente como yo/nosotros

like[3] *adj* (dated *or* frml) parecido, similar; **I'm glad we're of ~ mind on this issue** me alegro de que estemos de acuerdo *or* pensemos igual sobre este asunto; **people of ~ minds** gente *f* con ideas afines; ▸**pea**

like[4] *prep*

A **1** (similar to) como; **he was ~ a father to me** fue como un padre para mí; **I want a hat ~ this one** quiero un sombrero como éste; **I heard a noise ~ (that of) a woman crying** me pareció oír a una mujer llorando; **there was a sound ~ a distant explosion** se oyó como una explosión a lo lejos; **she's very ~ her mother** se parece mucho *or* es muy parecida a su madre; **that photo isn't ~ you at all!** estás completamente distinta en esa foto; **she said she was 40, but 50's more ~ it** dijo que tenía 40, pero más bien serían 50; **try this one — now, that's more ~ it!** prueba con éste — ah, esto ya es otra cosa; **come on, stop crying! blow your nose! that's more ~ it!** vamos, para de llorar, suénate la nariz ¡ahí está! *or* ¡así me gusta!; **what's the food ~ at the hotel?** ¿cómo *or* (fam) qué tal es la comida en el hotel?; **what's she ~ as a teacher?** ¿cómo *or* (fam) qué tal es como profesora?; **you know what she's ~ in the mornings!** ya sabes cómo es por las mañanas; **she's always ~ that** siempre es así; **her name's something ~ Georgina or Edwina** se llama algo así como Georgina o Edwina; **it cost £20, or something ~ that** costó 20 libras o algo así *or* o algo por el estilo; **I've never known anything ~ it!** ¡nunca he visto cosa igual!; **there's nothing ~ a nice cup of tea!** no hay como una buena taza de té **2** (typical of): **that's not ~ her: she's normally so punctual** es muy raro en ella porque suele ser muy puntual; **it's not ~ him to forget** ¡qué raro que se le haya olvidado!; **it's just ~ you to think of food** ¡típico! *or* ¡cuándo no! ¡tú pensando en comida! **3** (as well as) como, al igual que; **he, ~ all his brothers, became a sailor** él, al igual que *or* como todos sus hermanos, se hizo marinero

B **1** (indicating manner): **~ this/that** así; **hold it ~ this** ¡agárralo así!; **don't talk to me ~ that!** ¡no me hables así! **2** (in same way as) como; **don't treat me ~ a child!** no me trates como a un niño; **I love you ~ my own son** te quiero como si fueras mi hijo **3** (in typical manner) como; **~ the gentleman he was, he opened the door for me** como buen caballero, me abrió la puerta

C (such as, for example) como; **sports ~ swimming and badminton** deportes como la natación y el badminton; **don't do anything silly, ~ running away** no vayas a hacer una tontería, como escaparte por ejemplo; **let's do it soon, ~ tomorrow** (colloq) hagámoslo pronto, mañana, por ejemplo

like[5] *conj* (crit) **1** (as if): **she looks ~ she knows what she's doing** parece que *or* da la impresión de que sabe lo que hace; **they stared at him ~ he was crazy** se quedaron mirándolo como si estuviera loco; **it sounds ~ they've already arrived** por lo que se oye, parece que ya han llegado **2** (as, in same way) como; **you don't know him ~ I do** tú no lo conoces como yo

like[6] *adv* **1** (likely): **as ~ as not, she won't come** lo más probable es que no venga **2** (nearly): **this film is nothing ~ as good as the first** esta película no es tan buena como la primera ni mucho menos; **if it's anything ~ as cold today ...** como haga el mismo frío hoy ...; **have you finished? — nothing ~** ¿has terminado? — ni mucho menos *or* nada de eso *or* (RPl fam) ni miras; **champagne? sparkling wine, more ~!** ¿champán? ¡dirás más bien vino espumante!

like[7] *interj* (BrE colloq): **I was only trying to be friendly, ~** yo sólo quería ser amable; **it was Christmas, ~, so we wanted to have some fun** era Navidad ¿no? y queríamos divertirnos

-like /laɪk/ *suff*: **prison~** parecido a *or* como una prisión; **snake~** (como) de serpiente; ‹*movement*› serpenteante

likeable *adj* ▸**likable**

likelihood /ˈlaɪklihʊd/ *n* [u] probabilidad *f*, posibilidad *f*; **is there any ~ of her changing her mind?** ¿hay alguna posibilidad *or* probabilidad de que cambie de opinión?; **there is no ~ of that happening** no hay ninguna probabilidad *or* posibilidad de que eso suceda; **there is little/every ~ that she'll agree** es poco/muy probable que acepte; **in all ~ it will be finished by then** lo más probable es que esté terminado para entonces, con toda probabilidad estará terminado para entonces; **what is the ~ of a spring election?** ¿qué posibilidades hay de que haya elecciones en primavera?, ¿cuán probable es que haya elecciones en primavera? (frml)

likely[1] /ˈlaɪkli/ *adj* **-lier, -liest** **1** (probable) ‹*outcome/winner*› probable; **she's a ~ choice** tiene muchas posibilidades de que la elijan; **I prepared for the most ~ questions** preparé las preguntas que era más probable que me hicieran; **rain is ~** es posible *or* probable que llueva; **it's more than ~ that she's out** lo más seguro es que no esté; **how ~ is it that they'll come?** ¿qué probabilidades hay de que vengan?; **a ~ story!** (iro) ¡cuéntame otra! (iró), ¡no me digas! (iró); **to be ~ to + INF**: **it is ~ to be a tough match** lo más probable es que sea un partido difícil; **are you ~ to be in tomorrow?** ¿estarás en casa mañana?; **they're not very ~ to agree** no es muy probable que acepten **2** (promising): **she's the most ~ applicant** es la candidata con más posibilidades; **here's a ~-looking customer** aquí viene un posible cliente; **this is a ~ place to find a telephone** aquí tiene que haber un teléfono

likely[2] *adv*: **most ~ she'll forget** lo más probable es que se olvide; **as ~ as not it'll be closed** lo más probable es que esté cerrado; **maybe she's gone out — quite ~/more than ~** quizás haya salido — es lo más probable/con seguridad; **not ~!** (colloq) ¡ni hablar! (fam)

like-minded /ˈlaɪkˈmaɪndəd || ˌlaɪkˈmaɪndɪd/ *adj* de ideas afines; **a group of ~ people** un grupo de personas de ideas afines; **I miss working with ~ people** echo de menos (el) trabajar con gente de mi mismo parecer

liken /ˈlaɪkən/ *vt* **to ~ sth/sb TO sth/sb** comparar algo/a algn CON *or* A algo/algn

likeness /ˈlaɪknəs || ˈlaɪknɪs/ *n* **1** [u c] (resemblance) parecido *m*, semejanza *f*; **there is a certain ~ between them** tienen un cierto parecido *or* una cierta semejanza; **a family ~** un aire de familia **2** [c] (referring to a portrait): **it's a good ~** es un buen retrato; **this isn't a good ~ of you** ésta no pareces tú; **to draw/take sb's ~** (liter) hacerle* un retrato a algn

likewise /ˈlaɪkwaɪz/ *adv* **1** (in the same way) asimismo, de la misma manera **2** (the same): **to do ~** hacer* lo mismo, hacer* otro tanto; **pleased to meet you — ~** encantado de conocerlo — lo mismo digo

liking /ˈlaɪkɪŋ/ *n* **1** (fondness) **~ (FOR sth)** afición *f* (A algo); **my ~ for sweets** mi afición a los dulces; **she's always had a ~ for reading** siempre ha sido aficionada a la lectura, siempre le ha gustado leer; **to take a ~ to sb** tomarle *or* (esp Esp) cogerle* simpatía a algn; **to take a ~ to sth** tomarle *or* (esp Esp) cogerle* el gusto a algo **2** (satisfaction) gusto *m*; **to be to sb's ~** ser* del gusto *or* del agrado de algn; **it's too sweet for my ~** es demasiado dulce para mi gusto; **I'm sorry the meal wasn't to your ~** siento que la comida no haya sido de su agrado

lilac /ˈlaɪlək/ *n* **1** **~ (bush)** lila *f*, lilo *m*; (*before n*): **~ flower** lila *f* **2** ▸**ℹ p.1036** (color) lila *m*; (*before n*) lila *adj inv*

Lilliputian /ˌlɪləˈpjuːʃən || ˌlɪlɪˈpjuːʃən/ *adj* **1** (Lit) liliputiense **2** (small) (liter) minúsculo

Lilo®, lilo /ˈlaɪləʊ/ *n* (*pl* **lilos**) (BrE) colchoneta *f* inflable *or* (Esp) hinchable

lilt /lɪlt/ *n* (of song, tune) cadencia *f*; **to speak with a ~** hablar con un tono cantarín *or* musical

lilting /ˈlɪltɪŋ/ *adj* ‹*voice*› cantarín, musical; ‹*melody*› cadencioso

lily /ˈlɪli/ *n* (*pl* **lilies**) (Bot) liliácea *f*; (*white ~*) azucena *f*, lirio *m* blanco; ***to paint* o *gild the ~*** rizar* el rizo

lily-livered /ˈlɪliˌlɪvərd || ˈlɪliˌlɪvəd/ *adj* pusilánime

lily-of-the-valley /ˌlɪliəvðəˈvæli/ *n* (*pl* **lilies-of-the-valley**) lirio *m* de los valles, muguete *m*

lily-white /ˈlɪlihwaɪt || ˈlɪliwaɪt/ *adj* (*pred* **lily white**) **1** ▸**ℹ p.1036** (in color) blanco como la nieve *or* como una azucena **2** (pure) (pej) ‹*ideals*› puro; **her ~ son** el santo de su hijo (iró)

lima bean /ˈlaɪmə || ˈliːmə/ *n* frijol *m or* (CS) poroto *m* blanco *or* (Esp) judía *f* blanca

limb /lɪm/ *n* **1** (Anat) miembro *m*, extremidad *f*; **many passengers broke ~s in the crash** muchos pasajeros se fracturaron un brazo o una pierna en el accidente; **he lost a ~ in the war** perdió un brazo/una pierna en la guerra; **to tear sb ~ from ~** despedazar* a algn **2** (of tree) rama *f* (*principal*), brazo *m*; ***to be (left) out on a ~*** quedarse en la estacada; ***to go out on a ~*** aventurarse

limber /ˈlɪmbər || ˈlɪmbə(r)/ *adj* ‹*fingers*› ágil; ‹*wood*› flexible

Phrasal verb

• **limber up** [v + adv] «*sportsman*» hacer* ejercicios de calentamiento, calentarse*

limbless /ˈlɪmləs || ˈlɪmlɪs/ *adj* ‹*person*› mutilado; ‹*tree*› sin ramas

limbo /ˈlɪmbəʊ/ *n*

A **Limbo** (Relig) limbo *m*; ***to be in ~*** estar* a la expectativa *or* a la espera

B (dance) limbo *m*

lime[1] /laɪm/ *n*

A [u] (calcium oxide) cal *f*

B **1** [c] (fruit) lima *f* **2** [c] (tree) limero *m*, lima *f* **3** ▸**ℹ p.1036** (color) verde *m* lima; (*before n*) verde lima *adj inv*

C [c] (linden) (BrE) tilo *m*

D [u] (*bird~*) liga *f* (*cola vegetal*)

lime[2] *vt*

A (Agr) ‹*land/soil*› abonar con cal

B **1** ‹*branch*› untar con liga **2** ‹*bird*› cazar* con liga

lime-green /ˈlaɪmˈgriːn/ ▸**ℹ p.1036** *adj* (*pred* **lime green**) verde lima *adj inv*

lime green ▸**ℹ p.1036** *n* [u] verde *m* lima

limekiln /ˈlaɪmkɪln/ *n* horno *m* de cal

limelight /ˈlaɪmlaɪt/ *n* (Theat) foco *m* (*de luz de calcio*); **to be in the ~** estar* en primer plano, ser* el centro de atención; **she stole the ~** acaparó la atención del público, se robó la película (*or* la obra *etc*); **he has kept out of the political ~** se ha mantenido apartado del candelero político; **to hog the ~** (colloq) acaparar la atención de todo el mundo

limerick /ˈlɪmərɪk/ *n*: *poema humorístico de cinco versos*

> **limerick**
>
> Un poema corto, de cinco líneas, generalmente de contenido humorístico. Sus dos primeras líneas riman con la última y la tercera con la cuarta. Son muy populares en Gran Bretaña y suelen ser bastante groseros. El siguiente es un ejemplo de limerick: There was an old man of Peru Who dreamt he was eating his shoe. He awoke in the night With a terrible fright And found it was perfectly true!

limescale /ˈlaɪmskeɪl/ *n* [u] sarro *m*

limestone /ˈlaɪmstəʊn/ *n* [u] (piedra *f*) caliza *f*

l

limey /ˈlaɪmi/ *n* (*pl* **limeys** *or* **limies**) (AmE sl & often offensive) inglés, -glesa *m,f*

limit¹ /ˈlɪmət || ˈlɪmɪt/ *n*
A **1** (boundary) límite *m*; **outside the city ~s** fuera de los límites de la ciudad; ***to be off ~s*** (AmE) estar* en zona prohibida; **twelve-mile/six-mile ~** límite *m* de las doce/seis millas **2** (furthest extent): **she pushes herself to the ~** se esfuerza al máximo; **that would be stretching our resources to the ~** eso significaría estirar nuestros recursos al máximo; **they stretched my patience to the ~** realmente pusieron a prueba mi paciencia; **he reached the ~s of human endurance** llegó al límite de lo que un ser humano puede resistir **3** (colloq) (*in interj phrases*): **you're/that's the ~!** ¡eres/es el colmo! (fam)
B (restriction, maximum) límite *m*; **her ambition knows no ~s** su ambición no tiene límites; **what's the (speed) ~?** ¿cuál es la velocidad máxima *or* el límite de velocidad?; **no thanks, two's my ~** no gracias, nunca bebo más de dos; **within ~s** dentro de ciertos límites; **to put a ~ on sth** poner* un límite a algo; **a ~ of six months** un plazo máximo de seis meses; **don't drive if you are over the ~** no manejes *or* (Esp) conduzcas si has bebido demasiado
C (Math) límite *m*

limit² *vt* ‹*possibility/extent/number*› limitar; ‹*imports*› restringir*; **they ~ed me to one drink a week** me pusieron como límite una copa por semana; **to ~ oneself TO sth/-ING** limitarse A algo/+ INF; **her experience is ~ed to ...** su experiencia se limita a ...

limitation /ˌlɪməˈteɪʃən || ˌlɪmɪˈteɪʃən/ *n*
A [u c] (restriction) limitación *f*, restricción *f*; **arms ~** limitación de armamentos
B **limitations** *pl* **1** (weaknesses) (*sometimes sing*) limitaciones *fpl*; **I know my ~s** soy consciente de mis limitaciones; **to have one's ~s** tener* sus (*or* mis *etc*) limitaciones **2** [c] (handicap) desventaja *f*

limited /ˈlɪmətəd || ˈlɪmɪtɪd/ *adj* **1** ‹*number/space*› limitado, restringido; ‹*knowledge/experience/scope*› limitado; **he understands only to a ~ extent/degree** lo entiende sólo hasta cierto punto/en cierta medida; **~ edition** edición *f* limitada *or* numerada; **my time is ~, so I'll be brief** no dispongo de mucho tiempo, así que seré breve; **he's a bit ~ as an actor** como actor es algo limitado; **this law is very ~ in its application** esta ley tiene una aplicación muy limitada **2** (AmE) (Transp) semi-directo **3** (Busn) ‹*liability*› limitado; **~ (liability) company** sociedad *f* de responsabilidad limitada; **~ partner** socio *m* comanditario; **~ partnership** sociedad *f* comanditaria *or* en comandita; **public ~ company** (BrE) sociedad *f* anónima

limiter /ˈlɪmətər || ˈlɪmɪtə(r)/ *n*
A (Electron) limitador *m* de amplitud
B *also* **speed ~** (Aut) limitador *m* de velocidad

limiting /ˈlɪmətɪŋ || ˈlɪmɪtɪŋ/ *adj* restrictivo; **a ~ factor** un factor restrictivo

limitless /ˈlɪmətləs || ˈlɪmɪtlɪs/ *adj* ilimitado, sin límites

limo /ˈlɪməʊ/ *n* (colloq) limusina *f*

limousine /ˈlɪməziːn ˌlɪməˈziːn/ *n* limusina *f*

limp¹ /lɪmp/ *vi* cojear, renquear, renguear (AmL); ‹‹*ship*›› moverse* *or* avanzar* con dificultad

limp² *n* cojera *f*, renquera *f*, renguera *f* (AmL); **she walks with a ~** cojea *or* renquea *or* (AmL tb) renguea; **he has a bad ~** tiene una cojera (*or* renquera *etc*) muy pronunciada

limp³ *adj* **1** ‹*handshake*› flojo; ‹*lettuce*› mustio; ‹*hair*› lacio y sin vida; ‹*flesh/skin*› flácido, fláccido; **let yourself go ~** relaja los músculos; **she felt tired and ~** se sentía cansada y sin fuerzas **2** (Publ) ‹*binding*› de tapa blanda *or* flexible

limpet /ˈlɪmpət || ˈlɪmpɪt/ *n* lapa *f*; **he clings** *o* **sticks to me like a ~** se me pega como una lapa (fam)

limpet mine *n* mina *f* magnética

limpid /ˈlɪmpəd || ˈlɪmpɪd/ *adj* (liter) límpido

limply /ˈlɪmpli/ *adv* ‹*lean/lie*› sin fuerzas; **I don't feel like doing much, she said ~** —no tengo ganas de hacer mucho — dijo lánguidamente

limp-wristed /ˈlɪmpˈrɪstəd || ˌlɪmpˈrɪstɪd/ *adj* (pej) ‹*man*› afeminado, amariconado (pey); ‹*response*› poco enérgico

limy /ˈlaɪmi/ *adj* **limier, limiest** calizo

linchpin /ˈlɪntʃpɪn/ *n* **1** (vital factor) eje *m* **2** (on tractor) pezonera *f*

Lincs = Lincolnshire

linden /ˈlɪndən/ *n* (AmE) tilo *m*

line¹ /laɪn/ *n*
A [c] **1** (mark, trace) línea *f*, raya *f*; (Math) recta *f*; **can you walk a straight ~?** ¿puedes caminar en línea recta?; **to draw a ~** trazar* una línea; **to put** *o* **draw a ~ through sth** tachar algo; **to sign on the dotted ~** firmar en la línea punteada *or* de puntos; ***to be on the ~*** (colloq) estar* en peligro, peligrar; ***to lay it on the ~*** (colloq) no andarse* con rodeos; **I'm going to lay it on the ~ with you ...** no me voy a andar con rodeos ..., te lo voy a decir claramente ...; ***to lay*** *o* ***put sth on the ~*** (colloq) jugarse* algo; **I laid my life on the ~ for you!** ¡me jugué la vida por ti!; (*before n*): **~ drawing** dibujo *m* lineal **2** (on face, palm) línea *f*; (wrinkle) arruga *f* **3** (of cocaine) raya *f*, línea *f*
B **1** [c] (boundary, border) línea *f*; **the county/state ~** (AmE) (la línea de) la frontera del condado/estado; **to cross** *o* **pass the L~** cruzar* el Ecuador *or* la línea ecuatorial; **the dividing ~** la línea divisoria; **there's a fine ~ between bluntness and rudeness** de la franqueza a la mala educación hay sólo un paso; ***to draw the ~ (at sth)***: **I don't mind untidiness, but I draw the ~ at this** no me importa el desorden, pero esto es intolerable *or* esto ya es demasiado; **one has to draw the ~ somewhere** en algún momento hay que decir basta; ***to tread*** *o* ***walk a thin*** *o* ***fine ~*** andar* *or* caminar en la cuerda floja **2** [c] (Sport) línea *f*; **starting ~** línea de salida; **twenty-two meter ~** (in rugby) línea *f* de los veintidós metros; (*before n*): **~ judge/fault** juez *mf* /falta *f* de línea; **he disputed the ~ call** protestó contra la decisión del juez de línea **3** [c u] (contour) línea *f*; **the clean ~s of the new design** la pureza de líneas del nuevo diseño
C **1** [c u] (cable, rope) cuerda *f*; (*clothes* o **washing ~**) cuerda (de tender la ropa); (*fishing ~*) sedal *m*; **power ~** cable *m* eléctrico **2** [c] (Telec) línea *f*; **the ~s are down** no hay línea; **there's a call for you on ~ one** tiene una llamada en la línea uno; **it's your father on the ~** su padre al teléfono, lo llama su padre; **there's some interference on the ~** hay interferencia en la línea; **hold the ~, please** no cuelgue *or* (CS tb) no corte, por favor; **it's a very bad ~** se oye muy mal; **we have a direct ~ to the police station** tenemos línea directa con la comisaría
D [c] (Transp) **1** (company, service) línea *f*; **shipping ~** línea de transportes marítimos, (compañía *f*) naviera *f* **2** (Rail) línea *f*; (track) (BrE) vía *f*
E [u c] **1** (path, direction) línea *f*; **~ of fire** línea de fuego; **~ of retreat** línea de retirada; **supply ~s** líneas de suministro; **it was right in my ~ of vision** me obstruía la visual; **▸resistance** **2** (attitude, policy) postura *f*, línea *f*; **to take a firm/hard ~ (with sb/on sth)** adoptar una postura *or* línea firme/dura (con algn/con respecto a algo); **the official ~ is that ...** la postura *or* línea oficial es que ...; **she takes the ~ that ...** su actitud es que ...; **the party ~** la línea del partido; ***to toe*** *o* (AmE also) ***hew the ~*** acatar la disciplina **3** (method, style): **~ of inquiry** línea *f* de investigación; **~ of argument** argumento *m*; **I was thinking of something along the ~s of ...** pensaba en algo del tipo de *or* por el estilo de ...; **we're thinking along similar ~s** pensamos de la misma manera; **on American ~s** a la manera americana
F [c] **1** (row) fila *f*, hilera *f*; (queue) (AmE) cola *f*; **a ~ of cars** una fila *or* hilera de coches; **police stood in a ~ blocking the street** un cordón de policías bloqueó la calle; **they formed a** *o* **fell into ~ behind their teacher** se pusieron en fila detrás del profesor; **the soldiers fell into ~** los soldados se alinearon; **to wait in ~** (AmE) hacer* cola; **to get in ~** (AmE) ponerse* en la cola; **to cut in ~** (AmE) colarse* (fam), brincarse* *or* saltarse la cola (Méx fam); ***all/somewhere along the ~***: **she's had bad luck all along the ~** ha tenido mala suerte desde el principio; **we must have made a mistake somewhere along the ~** debemos de haber cometido un error en algún momento; ***down the ~***: **these changes will affect everyone (right) down the ~** estos cambios afectarán a todos, del primero al último; ***in ~ with sth***: **wages haven't risen in ~ with inflation** los sueldos no han aumentado a la par de la inflación; **the new measures are in ~ with government policy** las nuevas medidas siguen la línea de la política del gobierno; **in ~ with other manufacturers, we have ...** como otros fabricantes *or* al igual que otros fabricantes, hemos ...; ***out of ~***: **that remark was out of ~** ese comentario estuvo fuera de lugar; **their ideas were out of ~ with mine** sus ideas no coincidían con las mías; **to step out of ~** mostrar* disconformidad, desobedecer*; ***to bring sb/sth into ~***: **he needs to be brought into ~** hay que llamarlo al orden *or* (fam) meterlo en vereda; **the province was brought into ~ with the rest of the country** la situación de la provincia se equiparó a la del resto del país; ***to fall in/into ~***: **they had to fall in ~ with company policy** tuvieron que aceptar *or* acatar la política de la compañía; **that's their policy and they expect us to fall into ~** esa es su política y esperan que la acatemos *or* que actuemos conforme a ella; ***to keep sb in ~*** tener* a algn a raya; *see also* **on line** **2** (succession): **the title passes through the female ~** el título se transmite por línea materna; **his ~ goes back to ...** su linaje se remonta hasta ...; **he's the latest in a long ~ of radical leaders** es el último de una larga serie de dirigentes radicales; **he's next in ~ to the throne** es el siguiente en la línea de sucesión al trono; **he's in ~ for the post** es candidato al puesto; **a long ~ of disasters** una larga serie de desastres
G (*production ~*) cadena *f or* línea *f* de producción; (*before n*) ‹*production*› en cadena *or* línea
H [c] (Mil) línea *f*; **behind enemy ~s** tras las líneas enemigas; **to hold the ~** defender* las líneas de combate *or* el frente; **he is trying to hold the ~ against further cuts** está tratando de impedir que sigan haciendo recortes; **the battle ~s have been drawn** estamos (*or* están *etc*) en pie de guerra
I **1** [c] (of text) línea *f*, renglón *m*; (of poem) verso *m*; **the best ~ in the movie** la mejor frase de la película; **new ~** (when dictating) punto y aparte; ***to give sb a ~ on sth*** (colloq) darle* una pista de algo a algn; ***to read between the ~s*** leer* entre líneas; ***to shoot a ~*** (BrE sl) presumir, darse* bombo, hociconear (Méx fam), mandarse la(s) parte(s) (CS fam); ***to spin*** *o* ***feed*** *o* ***give sb a ~*** soltarle* *or* contarle* una bola *or* un rollo a algn (fam); **don't give me that ~!** ¡no me vengas con historias *or* cuentos! (fam) **2** **lines** *pl* (Theat): **to learn one's ~s** aprenderse el papel; **he forgot his ~s** se olvidó de lo que le tocaba decir **3** **lines** *pl* (BrE) (Educ) *castigo en que el alumno debe escribir cierta frase repetidas veces* **4** (note) líneas *fpl*; **drop her a ~** escríbele unas líneas, mándale una nota; **just a ~ to let you know that ...** unas líneas para decirte que ...
J [c] **1** (area of activity): **what ~ are you in?** ¿a qué te dedicas?; **in my ~ of business** en mi trabajo *or* profesión; **opera isn't really my ~** la ópera no es lo mío **2** (of merchandise) línea *f*; **he has a nice ~ in mother-in-law jokes** tiene un buen surtido *or* repertorio de chistes de suegras

line² *vt*
A **1** ‹*skirt/box*› forrar; **~ the dish with pastry** forre el molde con masa **2** (form lining along) cubrir*; **books ~d the walls, the walls were ~d with books** las paredes estaban cubiertas de libros; **S take before meals to line the stomach** tómese antes de las comidas para revestir las paredes estomacales
B (mark with lines) ‹*paper*› rayar; **old age had ~d**

her face la edad le había surcado el rostro de arrugas (liter)
C (border): **the avenue is ~d with trees** la avenida está bordeada *or* flanqueada de árboles; **crowds ~d the route** cientos de personas estaban alineadas a ambos lados del camino

(Phrasal verbs)

- **line up**

A [v + adv] (form line, row) ponerse* en fila, formar fila; (queue up) (AmE) hacer* cola; **they ~d up behind the teacher** se pusieron en *or* formaron fila detrás del maestro; **the party ~d up behind the leader** el partido cerró filas en torno a su líder
B [v + o + adv, v + adv + o] **1** (form into line) ‹*soldiers/prisoners*› poner* en fila **2** (arrange): **we've a busy program ~d up for you** le tenemos preparada una apretada agenda; **we do not have anyone ~d up for the job yet** aún no tenemos a nadie en vista para el trabajo; **have you got anything ~d up for the weekend?** ¿tienes algo planeado para el fin de semana? **3** (align) alinear

- **line up with** [v + adv + prep + o] alinearse con

lineage *n* [u]
A /'lɪniɪdʒ/ (descent) linaje *m*
B /'laɪnɪdʒ/ (Journ) número *m* de líneas

lineal /'lɪniəl/ *adj* ‹*descent*› en línea directa; ‹*ancestor*› directo

lineaments /'lɪniəmənts/ *pl n* (arch & liter) **1** (facial features) facciones *fpl* **2** (characteristics) peculiaridades *fpl*

linear /'lɪniər || 'lɪniə(r)/ *adj* ‹*path/motion/narrative*› lineal; ‹*approach*› directo; **~ equation** ecuación *f* lineal; **~ measure** medida *f* de longitud; **~ programming** (Comput) programación *f* lineal

line break *n* salto *m* de línea

lined /laɪnd/ *adj* **1** ‹*paper*› con renglones *or* (Chi) reglones **2** ‹*jacket/boots/curtains*› forrado; **to be ~ (WITH sth)** estar* forrado (DE algo) **3** (Tech) revestido **4** ‹*face/skin*› arrugado; **his face was deeply ~** tenía la cara surcada de arrugas (liter)

-lined /laɪnd/ *suff*: **fur~/silk~** (Clothing) forrado de piel/seda; **copper~/steel~** revestido de cobre/acero; **half~** (Clothing) con medio forro

line dancing *n: tipo de baile folclórico en el que los participantes se colocan uno al lado del otro formando líneas para seguir una determinada coreografía*

linefeed /'laɪnfiːd/ *n* [u] **1** (in printing) avance *m* de línea **2** (Comput) nueva *f* línea

line fishing [u] pesca *f* con sedal

line judge *n* (Sport) juez *mf* de línea

lineman /'laɪnmən/ *n* (*pl* **-men** /-mən/) **1** (in US football): **defensive/offensive ~** *cualquier jugador de la línea defensiva/ofensiva* **2** (AmE) (Telec) *técnico encargado del tendido y mantenimiento de cables telefónicos o eléctricos*

line management *n* [u] dirección *f* de línea, gerencia *f* de línea; **~ ~ position** cargo *m* de gerente de línea

line manager *n* gerente *mf* de línea, jefe, -fa *m,f* de línea

linen /'lɪnən || 'lɪnɪn/ *n* [u]
A **1** (cloth) hilo *m*, lino *m* **2** (yarn) hilo *m*, lino *m*; (*before n*): **~ basket** canasto *m or* cesto *m* de la ropa sucia; **~ paper** papel *m* (de) tela; **~ suit** traje *m* de lino *or* hilo
B (*bed ~*) ropa *f* blanca *or* de cama; (*table ~*) mantelerías *fpl*; ***to wash one's dirty ~ in public*** sacar* los trapos (sucios) a relucir, sacar* los trapitos al sol (AmL); (*before n*): **~ closet** o (BrE) **cupboard** armario *m* de la ropa blanca

lineout /'laɪnaʊt/ *n* (in rugby) saque *m* de banda

line printer *n* impresora *f* de líneas

liner /'laɪnər || 'laɪnə(r)/ *n*
A [c] (ship) buque *m* (de pasaje *or* pasajeros); (*ocean ~*) transatlántico *m*
B [u c] (*eye~*) delineador *m* (de ojos)
C [c] **1** (lining) forro *m*; **(dust)bin ~** (BrE) bolsa *f* para la basura **2** (record sleeve) (AmE) funda *f*

linesman /'laɪnzmən/ *n* (*pl* **-men** /-mən/)
A (Sport) juez *m* de línea; (in soccer) juez *m* de línea, linier *m*
B (BrE) ▸**lineman 2**

lineup /'laɪnʌp/ *n* **1** (Sport) alineación *f*; **the present ~ of the commission** la manera como está integrada la comisión actualmente; **the band's original ~** la integración original del grupo; **a fantastic ~ of some of our best actors** un deslumbrante reparto que incluye a algunos de nuestros mejores actores **2** (of suspects) (AmE) rueda *f* de presos *or* de identificación *or* de sospechosos *or* de reconocimiento **3** (alignment) alineación *f*

ling /lɪŋ/ *n* **1** [u] (heather) (Bot) brezo *m* **2** [u c] (*pl* ~ *or* **~s**) (Zool) abadejo *m*

linger /'lɪŋgər || 'lɪŋgə(r)/ *vi* **1** (delay leaving) quedarse *or* entretenerse* (un rato); **he ~ed in the corridor** se quedó *or* se entretuvo un rato en el pasillo **2** **~ (on)** (remain) ‹‹*aftertaste/smell*›› persistir; ‹‹*tradition*›› perdurar, sobrevivir; **his memory ~s on** aún se lo recuerda, su recuerdo sigue vivo; **she ~ed (on) in a coma for months** su coma se prolongó durante varios meses **3** **lingering** *pres p* ‹*doubts/memory*› persistente, que no desaparece; ‹*embrace/look*› prolongado; ‹*illness*› largo, prolongado **4** (take one's time) **to ~ ON/OVER sth**: **to ~ on a subject** detenerse* largo rato en un tema, extenderse* largamente sobre un tema; **he ~ed on the phrase** pronunció la frase muy lentamente; **her eyes ~ed on the child** no apartaba la vista del niño, se quedó largo rato mirando al niño; **they ~ed over their coffee** se entretuvieron tomando el café; (after meal) alargaron la sobremesa

lingerie /ˌlɑːnʒə'reɪ, -ri || 'læ̃nʒəri/ *n* [u] lencería *f*, ropa *f* interior femenina

lingo /'lɪŋgəʊ/ *n* (*pl* **-goes**) (colloq) **1** (language) idioma *m* **2** (jargon) jerga *f*, jerigonza *f* (fam)

lingua franca /'lɪŋgwə'fræŋkə/ *n* (*pl* ~ ~**s**) lingua *f* franca

lingual /'lɪŋgwəl/ *adj* lingual

linguist /'lɪŋgwəst || 'lɪŋgwɪst/ *n* **1** (language speaker): **she's quite a ~** (learns languages easily) tiene facilidad para los idiomas; (knows several languages) habla bien varios idiomas **2** (expert in linguistics) lingüista *mf* **3** (student) (BrE) estudiante *mf* de filología *or* lenguas

linguistic /lɪŋ'gwɪstɪk/ *adj* ‹*competence/handicap/research*› lingüístico; ‹*journal*› de lingüística

linguistically /lɪŋ'gwɪstɪkli/ *adv* desde el punto de vista lingüístico

linguistician /ˌlɪŋgwə'stɪʃən || ˌlɪŋgwɪ'stɪʃən/ *n* lingüista *mf*

linguistics /lɪŋ'gwɪstɪks/ *n* [u] (+ *sing vb*) lingüística *f*

liniment /'lɪnəmənt/ *n* [u c] linimento *m*

lining /'laɪnɪŋ/ *n* (of clothes, suitcase) forro *m*; (of brakes) forro *m*, guarnición *f*; (Tech) revestimiento *m*; **stomach ~** paredes *fpl* estomacales *or* del estómago

link[1] /lɪŋk/ *n*
A **1** (in chain) eslabón *m*; **the missing ~** (Anthrop) el eslabón perdido; **the weak ~** el punto débil; **the missing ~ fell into place** descubrimos la pieza que faltaba para completar el rompecabezas **2** (*cuff ~*) gemelo *m or* (Col) mancorna *f or* (Chi) collera *f or* (Méx) mancuernilla *f or* mancuerna *f*
B **1** (connection) conexión *f*; **to establish a ~ between two incidents** establecer* una conexión entre dos incidentes, relacionar dos incidentes **2** (tie, bond) vínculo *m*, lazo *m*; **the cultural ~s between the two countries** los vínculos *or* lazos culturales entre ambos países; **to have ~s with sb/sth** tener* vínculos con algn/algo, estar* vinculado a algn/algo **3** (Telec, Transp) conexión *f*, enlace *m*; **rail/air ~** conexión ferroviaria/aérea **4** (Comput) (between programs, terminals) enlace *m*; (in compilation) montaje *m*; **click here to follow the ~** haz clic o pulsa aquí para seguir el enlace

link[2] *vt* **1** ‹*components*› unir, enlazar*; ‹*terminals*› conectar; **to ~ arms** tomarse *or* (esp Esp) cogerse* del brazo **2** ‹*buildings/towns*› unir, conectar; **the two groups are closely ~ed** los dos grupos están estrechamente vinculados **3** ‹*facts/events*› relacionar; **to ~ sth TO/WITH sth** relacionar algo CON algo
■ **link** *vi* **1** ▸**link up A** **2** **to ~ together**: **these two pieces don't ~ together** estas dos piezas no encajan; **the episodes didn't ~ together** los episodios no tenían relación **3** (Comput, Telec) **to ~ INTO sth** conectar *or* enlazar* CON algo

(Phrasal verb)

- **link up**

A [v + adv] conectar; **we're about to ~ up with Australia by satellite** estamos a punto de conectar con Australia vía satélite; **the two crafts will ~ up in space** las dos aeronaves se acoplarán en el espacio
B [v + o + adv, v + adv + o] conectar

linkage /'lɪŋkɪdʒ/ *n* **1** [u] (being linked) conexión *f* **2** [c] (device) acoplamiento *m*, mecanismo *m* de conexión **3** [u] (Comput) enlace *m*

-linked /lɪŋkt/ *suff*: **the Israeli~ organization …** la organización, que tiene lazos con Israel, …; **radiation~ illnesses** enfermedades *fpl* relacionadas con la radiación

linkman /'lɪŋkmən/ *n* (*pl* **-men** /-mən/) (BrE) locutor *m* de continuidad

links /lɪŋks/ *n* (*pl*, ~ (+ *sing o pl vb*)) campo *m* de golf (*esp a orillas del mar*), link *m*

linkup /'lɪŋkʌp/ *n* **1** [c u] (connection) conexión *f*; (of spacecraft) acoplamiento *m* **2** [c] (Rad, TV) conexión *f*, enlace *m* **3** [c] (meeting) encuentro *m*

linnet /'lɪnət || 'lɪnɪt/ *n* pardillo *m*

lino /'laɪnəʊ/ *n* [u] (BrE colloq) linóleo *m*

linocut /'laɪnəʊkʌt/ *n* (grabado *m* al) linóleo *m*

linoleum /lɪ'nəʊliəm/ *n* [u] linóleo *m*

Linotype® /'laɪnətaɪp || 'laɪnəʊtaɪp/ *n* **1** [c] (machine) linotipia *f* **2** [u] (type) linotipo *m*

linseed /'lɪnsiːd/ *n* [u] linaza *f*; (*before n*): **~ oil** aceite *m* de linaza

lint /lɪnt/ *n* [u] **1** (material) hilas *fpl*; (*before n*): **~ dressing** hilas *fpl* **2** (fluff) pelusa *f*, borra *f*

lintel /'lɪntl/ *n* dintel *m*

lion /'laɪən/ *n* león *m*; **a literary ~** una gran figura literaria; ***the ~'s share*** la mejor parte; **I came in for the ~'s share of the blame** yo tuve que cargar con la mayor parte de la culpa; ***to beard the ~ in his den*** agarrar al toro por las astas *or* (esp Esp) coger* al toro por los cuernos; (*before n*): **~ cub** cachorro *m* de león; **~ hunt** caza *f* del león; ▸**throw**[1] **B**

lioness /'laɪənəs || 'laɪənes/ *n* leona *f*

lion-hearted /'laɪən,hɑːrtəd || ˌlaɪən'hɑːtɪd/ *adj* intrépido, gallardo

lionize /'laɪənaɪz/ *vt: tratar como a un personaje*

Lions Club *n* Club *m* de Leones

lion tamer /'teɪmər || 'teɪmə(r)/ *n* domador, -dora *m,f* de leones

lip /lɪp/ *n*
A [c] **1** ▸❶ **p.965** (Anat) labio *m*; **to kiss sb on the ~s** besar a algn en los labios *or* en la boca; **to read sb's ~s** leerle* los labios a algn; **read my ~s: never again!** escúchenme bien: ¡nunca más!; **not a word passed her ~s all evening** no dijo una palabra en toda la noche; **to bite one's ~** morderse* la lengua; **her name was on everyone's ~s** su nombre estaba en boca de todo el mundo; **to curl one's ~** torcer* el gesto; **to lick/smack one's ~s** relamerse; ***my ~s are sealed***: **I can't tell you, my ~s are sealed** no puedo decírtelo, he prometido no decir nada; **don't worry, my ~s are sealed** no te preocupes, no diré una palabra *or* de mi boca no saldrá; ***to button one's ~*** (colloq) callarse la boca (fam); ***to keep a stiff upper ~*** guardar la compostura, no inmutarse; (*before n*): **~ balm** bálsamo *m* labial *or* para labios; **~ gloss** brillo *m* de labios; **~ salve** bálsamo *m or* pomada *f* labial **2** (of jug) pico *m*; (of cup, tray) borde *m*
B [u] (insolence) (colloq): **that's enough of your ~!** ¡ya basta de insolencias!, ¡no seas tan descarado *or* impertinente *or* insolente!

lipid /'lɪpəd || 'lɪpɪd/ *n* lípido *m*

lipoma /laɪ'pəʊmə || laɪ'pəʊmə, lɪ'pəʊmə/ *n* (*pl* **-mas** *or* **-mata** /-mətə/) lipoma *m*

lipoprotein /ˌlɪpəʊ'prəʊtiːn/ *n* lipoproteína *f*

liposarcoma /ˌlɪpəʊsɑːrˈkəʊmə || ˌlɪpəʊsɑːˈkəʊmə/ *n* liposarcoma *m*

liposuction /ˈlaɪpəʊˌsʌkʃən/ *n* liposucción *f*

-lipped /ˈlɪpt/ *suff*: **thin~/full~** de labios delgados/carnosos

lippy¹ /ˈlɪpi/ *adj* **-pier, -piest** (colloq) contestón (fam), contestador (CS fam)

lippy² *n* [u] (colloq) (for women) barra *f* de labios; (for protection) protector *m* labial

lipread /ˈlɪpriːd/ (*past & past p* **-read** /-red/) *vi* leer* los labios

■ **lipread** *vt*: **she ~ what I was saying to her** me leyó los labios

lip-reading /ˈlɪpriːdɪŋ/ *n* [u] lectura *f* de los labios

lip service *n*: **he just pays ~ ~ to feminism** es feminista de los dientes para afuera *or* de boquilla, habla como si fuera feminista, pero es puro jarabe de pico (fam)

lip-smacking¹ /ˈlɪpsmækɪŋ/ *adj* (colloq) para relamerse, de *or* para chuparse los bigotes (Chi fam)

lip-smacking² *n* [u] relamida *f* (de labios)

lipstick /ˈlɪpstɪk/ *n* **1** [c] (stick) lápiz *m or* barra *f* de labios, lápiz *m* labial (AmL), pintalabios *m* (Esp fam) **2** [u] (substance) rouge *m*, carmín *m*; **she was wearing ~** llevaba *or* tenía los labios pintados, se había pintado los labios

liquefaction /ˌlɪkwəˈfækʃən || ˌlɪkwɪˈfækʃən/ *n* [u] licuación *f*

liquefied petroleum gas /ˈlɪkwəfaɪd || ˈlɪkwɪfaɪd/ *n* [u] gas *m* licuado de petróleo

liquefy /ˈlɪkwəfaɪ || ˈlɪkwɪfaɪ/ **-fies, -fying, -fied** *vi* licuarse*

■ **liquefy** *vt* licuar*

liqueur /lɪˈkɜːr || lɪˈkjʊə(r)/ *n* [u c] licor *m*; (*before n*): **~ chocolate** bombón *m* de licor; **~ glass** copa *f* de licor

liquid¹ /ˈlɪkwəd || ˈlɪkwɪd/ *n*

A [u c] (Phys) líquido *m*; (*before n*): **~ measure** medida *f* de capacidad para líquidos

B [c] (Ling) líquida *f*

liquid² *adj* **1** ‹*oxygen/metal/soap*› líquido; **~ paraffin** (BrE) parafina *f* líquida, aceite *m* de parafina; **~ diet** dieta *f* hídrica; **we had a ~ lunch** (hum) en vez de comer nos tomamos unas copas **2** (Fin) líquido; **~ assets** activo *m* líquido *or* disponible *or* realizable **3** (limpid) (liter) límpido, transparente **4** (Ling) líquido

liquidate /ˈlɪkwədeɪt || ˈlɪkwɪdeɪt/ *vt*

A (Fin, Law) ‹*assets/firm/debt*› liquidar

B (eliminate, kill) liquidar (fam)

liquidation /ˌlɪkwəˈdeɪʃən || ˌlɪkwɪˈdeɪʃən/ *n*

A [u c] (Fin, Law) liquidación *f*; **to go into ~** entrar en liquidación; **voluntary ~** disolución *f*

B [u] (killing) matanza *f*

liquidator /ˈlɪkwədeɪtər || ˈlɪkwɪdeɪtə(r)/ *n* liquidador, -dora *m,f*

liquid crystal display *n* pantalla *f* de cristal líquido

liquidity /lɪˈkwɪdəti/ *n* [u] (Fin, Law) liquidez *f*; (*before n*): **~ ratio** coeficiente *m* de liquidez; (in banking) coeficiente *m* de caja

liquidize /ˈlɪkwədaɪz || ˈlɪkwɪdaɪz/ *vt* licuar*

liquidizer /ˈlɪkwədaɪzər || ˈlɪkwɪdaɪzə(r)/ *n* (BrE) licuadora *f*

liquor /ˈlɪkər || ˈlɪkə(r)/ *n* [u] **1** (alcohol) alcohol *m*, bebidas *fpl* alcohólicas; **hard ~** bebidas *fpl* (alcohólicas) fuertes, bebidas *fpl* espirituosas; (*before n*): **~ cabinet** (AmE) mueble-bar *m* **2** (BrE) (Culin) jugo *m*

liquorice (BrE) ►**licorice**

liquor store *n* (AmE) ≈ tienda *f* de vinos y licores, botillería *f* (Chi)

lira /ˈlɪrə || ˈlɪərə/ *n* (*pl* **lire** /ˈlɪrə || ˈlɪəre, ˈlɪəri/) lira *f*

Lisbon /ˈlɪzbən/ *n* Lisboa *f*

lisle /laɪl/ *n* [u] hilo *m* de Escocia

lisp¹ /lɪsp/ *n* ceceo *m*; **to speak with a ~** cecear

lisp² *vi* cecear

■ **lisp** *vt* pronunciar *or* decir* ceceando

lissom, lissome /ˈlɪsəm/ *adj* (liter) grácil (liter)

list¹ /lɪst/ *n*

A **1** (of items) lista *f*, relación *f* (frml); **shopping/guest ~** lista de la compra/de invitados; **the active ~** (Mil) el personal en servicio activo del ejército; **to cross sth/sb off the ~** tachar algo/a algn de la lista; **that's top/bottom of the ~** eso es lo primero/último que tenemos que hacer (*or* pensar *etc*); **to be high/low on the ~** «*matter/problem*» tener*/no tener* prioridad; (*before n*): **~ price** precio *m* de catálogo *or* de lista **2** (Publ) catálogo *m*; **a strong educational ~** un importante catálogo de títulos educativos

B (Naut) escora *f*; **a starboard ~, a ~ to starboard** una escora a estribor

C **lists** *pl* (Hist) liza *f*; ***to enter the ~s*** entrar en liza

list² *vt*

A **1** (enumerate) ‹*names/events/ingredients*› hacer* una lista de; (verbally) enumerar **2** (include) incluir*; **he's/it's not ~ed** no aparece *or* figura en la lista; **he's ~ed as missing** figura en la lista de desaparecidos; **~ed building** (in UK) edificio *m* protegido (*por su interés histórico o arquitectónico*) **3** (Fin) ‹*securities/stocks*› cotizar*; **~ed securities** títulos *mpl* cotizados en Bolsa *or* admitidos a cotización oficial; **~ed company** compañía *f* que cotiza en Bolsa

B (desire) (arch): **whate'er you ~** lo que se te antoje

■ **list** *vi* (Naut) escorar

listen¹ /ˈlɪsn/ *vi* **1** (focus hearing) escuchar; **if you ~ carefully, you'll hear it** si escuchas con atención, lo oirás; **to ~ TO sth/sb** escuchar algo/a algn; **as she lay in bed she ~ed to them arguing** acostada en su cama, los oía discutir; **just ~ to him (talk** o **talking)** ¡fíjate *or* mira cómo habla!; **to ~ FOR sth: they ~ed for her footsteps** estaban atentos a ver si la oían venir; **I ~ed out for the record on the radio** (BrE) estuve atento a ver si oía el disco en la radio **2** (pay attention, heed) **to ~ (TO sth/sb)** escuchar (algo/a algn); **are you ~ing (to me)?** ¿me estás escuchando?, ¿me oyes?; **I'm sorry, I wasn't ~ing** perdón, no (te) estaba escuchando; **I never used to ~ in class** nunca atendía *or* prestaba atención en clase; **I can't promise anything, but I'll ~ to what he has to say** no puedo prometer nada pero estoy dispuesto a escucharlo; **he doesn't ~ to a word I say!** no me hace ningún caso; **you tell her: she won't ~ to me** díselo tú, a mí no me hace caso *or* no me escucha; **if only I'd ~ed to what she said!** ¡si le hubiera hecho caso!, ¡si la hubiera escuchado!; **they won't ~ to advice** no hacen caso de lo que se les dice; **~, I've had enough of your moaning** mira, estoy harto de tus quejas; **~, why don't we go/ask her?** oye ¿por qué no vamos/se lo preguntamos?

Phrasal verb

- **listen in** [v + adv] escuchar; **someone may be ~ing in** alguien puede estar escuchando; **to ~ in TO/ON sth** escuchar algo

listen² *n* (colloq): **to give sth a ~** escuchar algo; **after a couple of ~s ...** después de escucharlo un par de veces ...

listener /ˈlɪsnər || ˈlɪsnə(r)/ *n* **1** (Rad) oyente *mf*, radioyente *mf*, radioescucha *mf* **2** (in conversation): **he's a good ~** es una persona que sabe escuchar; **both her ~s were very surprised** las dos personas que la escuchaban se sorprendieron mucho

listening comprehension /ˈlɪsnɪŋ/ *n* comprensión *f* auditiva

listening device *n* aparato *m* de escucha

listening post *n* puesto *m* de escucha

listeria /lɪsˈtɪriə || lɪˈstɪəriə/ *n* [u] listeria *f*

listing /ˈlɪstɪŋ/ *n* **1** (list) lista *f*, listado *m*; **TV ~s** programación *f* televisiva *or* de televisión; **~s magazine** guía *f* de espectáculos, ≈ guía *f* del ocio (*en Esp*) **2** (entry) entrada *f*; (Fin) cotización *f* bursátil

listless /ˈlɪstləs || ˈlɪstlɪs/ *adj* (lacking enthusiasm) apático, indiferente; (lacking energy) lánguido

listlessly /ˈlɪstləsli || ˈlɪstlɪsli/ *adv* (without enthusiasm) con apatía, con desgana *or* (esp AmL) con desgano, sin ganas; (without energy) lánguidamente

listlessness /ˈlɪstləsnəs || ˈlɪstlɪsnɪs/ *n* [u] (lack of enthusiasm) apatía *f*, desgana *f*, desgano *m* (esp AmL); (lack of energy) languidez *f*

list processing *n* [u] procesamiento *m* de listas

lit /lɪt/ *past & past p of* **light⁴**

Lit, lit *n* = **literature**

litany /ˈlɪtəni/ *n* (*pl* **-nies**) (Relig) letanía *f*; **the L~** *oración de la liturgia anglicana en forma de letanías*; **he gave me a long ~ of all his complaints** me recitó toda una letanía de quejas

litchi /ˈlaɪtʃiː/ *n* (*pl* **~s**) (AmE) lichi *m*

lite /laɪt/ *adj*

A (low-fat/low-sugar) light *adj inv*, bajo en calorías, dietético (AmL)

B (facile) (colloq) light *adj inv*, de poco peso; **the performance was Shakespeare ~** la interpretación fue shakesperiana light *or* de poco peso

liter, (BrE) **litre** /ˈliːtər || ˈliːtə(r)/ ►❶ **p.998** *n* litro *m*

literacy /ˈlɪtərəsi/ *n* [u] alfabetismo *m*; **adult ~ is below 50%** más del 50% de los adultos son analfabetos; **courses in computer ~** cursos *mpl* de familiarización con la informática, cursos de introducción a la informática; (*before n*): **~ program** programa *f* de alfabetización; **~ teaching** alfabetización *f*; **~ test** prueba *f* de alfabetización

literal /ˈlɪtərəl/ *adj* ‹*translation/sense*› literal; **~-minded** sin imaginación; **don't be so ~!** ¡ten un poco más de imaginación!, ¡no te tomes las cosas tan al pie de la letra!

literal (error) *n* (Print) errata *f*

literally /ˈlɪtərəli/ *adv* ‹*translate*› literalmente, palabra por palabra; **I didn't mean it ~** no lo decía en sentido literal; **I took what he said ~** tomé lo que me dijo al pie de la letra; **he was quite ~ starving** se estaba muriendo de hambre, en el verdadero sentido de la expresión; **we've had ~ hundreds of letters** hemos recibido literalmente cientos de cartas; **he ~ flew down the stairs** prácticamente voló escaleras abajo

literary /ˈlɪtəreri || ˈlɪtərəri/ *adj* ‹*work/figure/style*› literario; **a ~ man** un hombre de letras; **~ agent** agente literario, -ria *m,f*; **~ critic** crítico literario, crítica literaria *m,f*; **~ criticism** crítica *f* literaria; **~ editor** redactor literario, redactora literaria *m,f*; **~ history** historia *f* de la literatura; **~ studies** literatura *f*; **~ theory** teoría *f* de la literatura, teoría *f* literaria

literate /ˈlɪtərət/ *adj* **1** (able to read) alfabetizado; **much of the population is barely ~** la mayor parte de la población es casi analfabeta **2** ‹*person*› (well-educated) instruido; (cultured) cultivado, culto; ‹*play*› sofisticado

literati /ˌlɪtəˈrɑːti/ *pl n* (frml) intelectuales *mpl*, gente *f* de letras

literature /ˈlɪtərətʃʊr || ˈlɪtrətʃə(r)/ *n* [u] **1** (art) literatura *f* **2** (published works) bibliografía *f*, material *m* publicado **3** (promotional material) folletos *mpl*, información *f*

lithe /laɪð/ *adj* **lither, lithest** ágil

lithium /ˈlɪθiəm/ *n* [u] litio *m*

litho /ˈlaɪθəʊ/ *n* (*pl* **lithos**) (colloq) litografía *f*; (*before n*): **~ print/printing** litografía *f*

lithograph¹ /ˈlɪθəgræf || ˈlɪθəgrɑːf/ *n* litografía *f*

lithograph² *vt* litografiar*

lithographic /ˌlɪθəˈgræfɪk/ *adj* litográfico

lithography /lɪˈθɑːgrəfi || lɪˈθɒgrəfi/ *n* [u] litografía *f*

Lithuania /ˌlɪθjuˈeɪniə/ *n* Lituania *f*

Lithuanian¹ /ˌlɪθjuˈeɪniən/ *adj* lituano

Lithuanian² *n* **1** [c] (person) lituano, -na *m,f* **2** [u] (language) lituano *m*

litigant /ˈlɪtɪgənt/ *n* litigante *mf*

litigate /ˈlɪtəgeɪt || ˈlɪtɪgeɪt/ *vi* litigar*

litigation /ˌlɪtəˈgeɪʃən || ˌlɪtɪˈgeɪʃən/ *n* [u] litigio *m*

litigious /lɪˈtɪdʒəs/ *adj* pleiteador

ℹ Little[1]

little, meaning *small*, is often translated by adding the suffix *-ito* or *-cito* to the end of the noun; where the noun in question is feminine, the suffix agrees and becomes *-ita* or *-cita*. The suffix often expresses affection or approval. It is particularly common in Latin America; in Spain, the suffix *-illo* or *-cillo* is more common:

a dog
= un perro

a little dog
= un perrito

a garden
= un jardín

a little garden
= un jardincito

my sister
= mi hermana

my little sister
= mi hermanita

a door
= una puerta

a little door
= una puertecita

For more examples and particular usages see the entry **little**[1]

litmus /ˈlɪtməs/ *n* [u] tornasol *m*

litmus paper *n* papel *m* (de) tornasol

litmus test *n* (Chem) prueba *f* de acidez *or* de tornasol; **the elections will be a ~ ~ of their popularity** las elecciones serán la prueba decisiva de su popularidad *or* una prueba de fuego para ellos

litotes /ˈlaɪtətiːz, ˈlaɪtəʊtiːz || laɪˈtəʊtiːz/ *n* (+ *sing vb*) lítote *f*

litre /ˈliːtər || ˈliːtə(r)/ *n* (BrE) ▸ **liter**

litter[1] /ˈlɪtər || ˈlɪtə(r)/ *n*

A [u] (refuse) basura *f*, desperdicios *mpl*; **don't drop ~** no tire basura; **a ~ of toys lay on the floor** había un montón de juguetes desparramados *or* tirados por el suelo

B [c] (offspring) (Zool) camada *f*, cría *f*

C [u] (for horses, cows) lecho *m* de paja; (for cats) arena *f* higiénica

D [c] **1** (stretcher) camilla *f* **2** (couch) (Hist) litera *f*

litter[2] *vt* **1** (lie scattered): **there were books ~ed all over the room** había libros tirados *or* desparramados por toda la habitación; **mistakes ~ed the text** el texto estaba plagado *or* lleno de errores; **to be ~ed WITH sth** estar* lleno DE algo; **history is ~ed with such examples** la historia está llena *or* poblada de tales *or* semejantes ejemplos; **her article is ~ed with inaccuracies** su artículo está lleno *or* plagado de errores **2** (make untidy) **to ~ sth (WITH sth)**: **don't ~ the streets** no tire basura por la calle; **he had ~ed his room with toys** había desparramado juguetes por toda la habitación **3** (strew) ‹*paper/books*› tirar

■ **litter** *vi*

A (drop refuse) tirar basura

B (give birth) (Zool) parir

litter basket *n* papelera *f*, papelero *m* (CS)

litter bin *n* (BrE) papelera *f or* (AmL tb) papelero *m or* (Col) caneca *f*

litter box *n* caja *f* higiénica (*para gatos*)

litterbug /ˈlɪtərbʌɡ || ˈlɪtəbʌɡ/ *n: persona que tira basura en lugares públicos*

litter lout *n* (BrE) ▸ **litterbug**

litter tray *n* (BrE) ▸ **litter box**

little[1] /ˈlɪtl/ *adj*

(Sense I) (*comp* **littler** /ˈlɪtlər || ˈlɪtlə(r)/; *superl* **littlest** /ˈlɪtləst/)

A **1** ▸ ℹ **p.1387** (small) pequeño, chico (esp AmL); **I don't like ~ dogs** no me gustan los perros pequeños *or* (esp AmL) chicos; **a lovely ~ dog** un perrito precioso; **what's in the ~ box?** ¿qué hay en la caja pequeña *or* (esp AmL) chica?; **what's in that ~ box?** ¿qué hay en esa cajita?; **would you like some more? — just a ~ piece** ¿quieres más? — bueno, un pedacito *or* un trocito; **a ~ old lady** una viejecita; **sit down (for) a ~ while** siéntate un ratito; **she is a ~ bit better** está un poquito mejor *or* algo mejor **2** (young) pequeño, chico (esp AmL); **when I was ~** cuando era pequeña *or* pequeñita *or* (esp AmL) chica *or* chiquita; **what's your ~ sister/brother called?** ¿cómo se llama tu hermanita/hermanito?; **I didn't work while the children were ~** yo no trabajaba cuando los niños eran pequeños *or* (esp AmL) chicos **3** (insignificant) pequeño; **then there's the ~ matter of the missing million dollars** (iro) está también el pequeño detalle del millón de dólares que falta (iró); **these multinationals couldn't care less about the ~ man** para estas multinacionales el individuo no cuenta

B (expressing speaker's attitude) (colloq) (*before n*): **I know your ~ game!** ¡ya te conozco el jueguito! (fam); **you poor ~ thing!** ¡pobrecito!; **I know a ~ man who can repair it for you** sé de alguien que te lo puede arreglar; **I can't stand the ~ man** al tipo ése no lo aguanto (fam); **can I tempt you to a ~ something?** ¿te puedo ofrecer alguna cosita?

(Sense II) (*comp* **less** *superl* **least**)

A (not much) poco; **there is very ~ bread/milk left** queda muy poco pan/muy poca leche; **from what ~ information we have** por lo poco que sabemos; **a television uses less electricity than a toaster** un televisor gasta menos electricidad que una tostadora; **in less time than it takes to boil an egg** en menos que canta un gallo; **he had ~ talent and even less charm** tenía poco talento y aún menos encanto; **I have no less reason than you to be angry** tengo tantos motivos como tú para estar enfadado; **less and less money is being spent on housing** cada vez se gasta menos dinero en vivienda; **we've had a bit/lot less snow than you** aquí ha habido un poco menos de nieve/mucha menos nieve que allí; **he has (the) least talent of all** es el que menos talento tiene

B **a little** (some) un poco de; **there's a ~ wine left** queda un poco de vino; **I know a ~ Spanish** sé un poco de español; **with not a ~ sadness in her voice** (frml) con no poca tristeza en la voz

little[2] *pron* (*comp* **less** *superl* **least**) **1** (not much) poco, -ca; **there was ~ to do** había poco que hacer; **there was ~ left to eat** quedaba poca comida; **~ of the original fresco remains** queda poco del fresco original; **there is ~ to choose between them** hay poca *or* no hay mucha diferencia entre ellos; **we see very ~ of him nowadays** lo vemos muy poco últimamente; **the ~ that she earns** lo poco que gana; **from as ~ as $2,000** a partir de tan sólo 2.000 dólares; **~ by ~** poco a poco; **he's saying less than he knows** se está callando algo, no está diciendo todo lo que sabe; **I get paid less than you** me pagan menos que a ti; **a yard is less than a meter** una yarda es menos que un metro; **in less than a year** en menos de un año; **we could see less and less** veíamos cada vez menos; **the less you do today, the more you'll have to do tomorrow** cuanto menos hagas hoy, más tendrás que hacer mañana; **Jean earns (the) least of all** Jean es la que menos gana de todos; **thank you very much — it's the least I could do** muchas gracias — es lo menos que podía hacer; **the (very) least you can do is apologize** lo menos que puedes hacer es pedir perdón; **he was rather abrupt, to say the least** estuvo un poco brusco, por no decir otra cosa; **that's the least of it** eso es lo de menos **2** **a little** (some) un poco, algo; **today she managed to eat a ~** hoy ha podido comer algo *or* un poco; **a ~ goes a long way** un poco rinde *or* cunde mucho

little[3] *adv* (*comp* **less** *superl* **least**) **1** (not much) poco; **he goes out very ~** sale muy poco; **his music is ~ known in this country** su música es poco conocida en este país; **it is a ~ known fact that ...** es un hecho poco conocido que ...; **you should worry less about the future** te tienes que preocupar menos por el futuro; **she's never been less than fair with me** siempre ha sido justa conmigo; **the campaign has been somewhat less than a success** la campaña no ha tenido mucho éxito que digamos; **I like her (the) least** es la que menos me gusta; **just when we were least expecting it** cuando menos lo esperábamos **2** (hardly, not): **~ did he know that she had already left** lo que menos se imaginaba era que ella ya se había ido; **he's ~ better than a thief** es poco menos que un ladrón; **my tiredness was less physical than mental** el cansancio que sentía era más bien mental que físico; **no one likes him, least of all his brother** nadie lo quiere, y su hermano, menos que nadie **3** **a little** (somewhat) un poco; **this will hurt a ~** te va a doler un poco; **do you speak French? — a ~** ¿hablas francés? — algo *or* un poco; **I'm feeling a ~ tired** estoy algo *or* un poco cansado; **it needs a ~ more salt** necesita un poco más de sal; **a ~ less noise, please** hagan menos ruido, por favor; **won't you stay a ~?** ¿no te quieres quedar un ratito?

Little Dog *n* Can *m* Menor

little end *n* (BrE): **the ~ ~** el pie de biela

little finger *n* (dedo *m*) meñique *m*; ***to twist sb around one's ~ ~*** meterse a algn en el bolsillo

little folk *pl n* (Myth) duendecillos *mpl*

Little League *n* (in US) (Sport): **the ~ ~** *liga de béisbol infantil patrocinada por entidades comerciales*

little people *pl n* **1** ▸ **little folk** **2** (those without power): **it's always the ~ ~ who suffer** los que pagan las consecuencias son siempre los de abajo **3** (Med) gente *f* pequeña, enanos *mpl*

Little Red Riding Hood *n* Caperucita Roja

little toe *n* dedo *m* pequeño del pie, dedo *m* chico del pie (AmL)

littoral[1] /ˈlɪtərəl/ *adj* (*before n*) litoral

littoral[2] *n* litoral *m*

liturgical /ləˈtɜːrdʒɪkəl || lɪˈtɜːdʒɪkəl/ *adj* litúrgico

liturgy /ˈlɪtərdʒi || ˈlɪtədʒi/ *n* (*pl* **-gies**) liturgia *f*

livable /ˈlɪvəbəl/ *adj* **1** (habitable) ‹*city/house/environment*› (AmE) habitable, en el que se puede vivir; **to be ~** *o* (BrE) **to be ~d ~ in** ser* habitable **2** (endurable) llevadero; **it makes life ~** hace la vida llevadera

livable-in /ˈlɪvəbəlˌɪn/ *adj* (*pred*) habitable

live[1] /lɪv/ *vi*

A **1** (be, remain alive) vivir; **(for) as long as I ~** mientras viva, toda la vida; **she ~d to be 100** llegó a cumplir 100 años; **he never ~d to see it** no vivió para verlo, no alcanzó *or* llegó a verlo; **you'll ~ to regret it** algún día te arrepentirás; **she had three months to ~** le quedaban tres meses de vida; **according to the doctors, he should ~** según los médicos, se salvará; **you'll ~** (colloq) no te vas a morir (fam); **long ~ the king/queen!** ¡viva el rey/la reina!; **her words will ~ forever** sus palabras vivirán para siempre; **his spirit still ~s among his people** su espíritu sigue vivo entre su pueblo; **the dramatist makes his characters ~** el dramaturgo da vida a sus personajes; **you ~ and learn** (set phrase) todos los días se aprende algo nuevo; **~ and let ~** (set phrase) vive y deja vivir a los demás **2** (experience life) vivir; **never eaten paella? you haven't ~d!** ¿no has comido nunca una paella? ¡pues no sabes lo que te pierdes *or* lo que es bueno!

B **1** (conduct one's life) vivir; **she ~d and died a Christian** vivió y murió cristianamente; **we ~ very quietly** llevamos una vida tranquila; **to ~ according to one's principles** vivir de acuerdo a sus (*or* mis *etc*) principios; ***to ~ like a king*** *o* ***lord*** vivir a cuerpo de rey **2** (support oneself) vivir; **I earn just enough to ~** gano lo justo para vivir

C 1 (reside) vivir; **where do you ~?** ¿donde vives?; **he ~s in Italy/in Paris/in the country/ on a boat** vive en Italia/París/el campo/un barco; **she ~s at 44 Cedar Avenue** vive en la avenida Cedar 44; **he ~s in that suit** no se quita ese traje ni para dormir; **this house is not fit to ~ in** esta casa no está en condiciones; ***it will hit him where he ~s*** (AmE sl) eso le va a dar donde más le duele (fam) 2 (belong) (esp BrE colloq) ir*; **where do these dishes ~?** ¿dónde van estos platos?

■ **live** *vt* 1 (exist in specified way) vivir; **she ~s a happy life** lleva una vida feliz, vive feliz; **you ~ your life and I'll ~ mine** tú vive tu vida y déjame vivir la mía; **she ~s her life to the full** vive muy intensamente 2 (throw oneself into): **she really ~d the part** realmente se identificó con el personaje; **for two years I ~d, ate and slept the business** viví dos años totalmente entregado al negocio

Phrasal verbs

- **live down** [v + o + adv, v + adv + o]: **you'll never ~ it down** no se van (*or* no nos vamos *etc*) a olvidar nunca de eso, te van (*or* vamos *etc*) a seguir tomando el pelo toda la vida (fam)
- **live for** [v + prep + o]: **she ~s for her work** vive para su trabajo; **I've nothing left to ~ for** ya no tengo nada por lo que vivir; **he's living for the day of her return** vive esperando su retorno
- **live in** [v + adv] *vivir en el lugar de trabajo*
- **live off** [v + prep + o] ‹*family/friends*› vivir a costa *or* a costillas de; ‹*fruits/seeds*› alimentarse de; **you could ~ off the interest** podrías vivir de los intereses
- **live on**

A [v + adv] (continue in existence): **his memory ~s on** su recuerdo perdura; **the tradition ~s on** la tradición sigue existiendo; **she ~d on into a new century** llegó a ver el nuevo siglo

B [v + prep + o] (support oneself with): **what will you ~ on?** ¿de qué vas a vivir?; **she ~s on $75 a week** vive *or* se las arregla con 75 dólares a la semana; **the pension is scarcely sufficient to ~ on** la pensión apenas alcanza para vivir; **these birds ~ mainly on insects** estas aves se alimentan principalmente de insectos; **I can't ~ on promises** no puedo alimentarme de promesas

- **live out**

A [v + adv] (off premises) vivir fuera (*del lugar de trabajo o estudio*); **I ~ out** vivo fuera

B [v + adv + o] 1 **many people ~d out their whole lives in one village** mucha gente vivía toda su vida en un pueblo; **he wanted to ~ out his days in that house** quería vivir *or* pasar el resto de sus días en aquella casa 2 (enact) ‹*fantasy/dream*› vivir

- **live through** [v + prep + o]: **I'm not sure she'll ~ through the night** no creo que pase de esta noche; **living through a war makes you see things differently** vivir una guerra te hace ver las cosas de una manera diferente
- **live together** [v + adv] 1 (cohabit) vivir juntos 2 (co-exist) convivir
- **live up** [v + o + adv]: ***to ~ it up*** (colloq) darse* la gran vida (fam)
- **live up to** [v + adv + prep + o]: **it didn't ~ up to my expectations/its reputation** no estuvo a la altura de lo que yo esperaba/de su reputación; **we try to ~ up to his ideals** tratamos de vivir de acuerdo con sus ideales; **they ~ up to their name** hacen honor a su nombre
- **live with** [v + prep + o] 1 (share house with) vivir con; **he's easy/difficult to ~ with** es fácil/difícil vivir con él 2 (accept, tolerate) ‹*fact/situation*› aceptar; **men who ~ with danger every day** hombres *mpl* que se enfrentan diariamente al peligro

live² /laɪv/ *adj*

A (alive) vivo; **~ weight** (Agr) peso *m* en pie; **the number of ~ births** el número de nacidos vivos; **wow, a real ~ princess!** ¡uy, una princesa de verdad *or* de carne y hueso!; **~ yoghurt** yogur *m* vivo

B 1 (of current interest) ‹*issue*› candente, de actualidad; **it is still a ~ option** todavía es una posibilidad (a tener en cuenta) 2 (still in use) en uso; **this one is the ~ copy** ésta es la última versión

C (Rad, TV): **the show was ~** el programa era en directo *or* en vivo; **the group's last ~ concert** la última actuación en vivo del grupo; **the program is recorded before a ~ audience** el programa se graba con público en la sala *or* en presencia de público

D 1 (Mil): **~ ammunition** fuego *m* real; **~ bomb** bomba *f* que no ha estallado 2 (Elec) ‹*circuit/terminal*› con corriente, cargado; **don't touch the cable: it may be ~** no toques el cable; puede estar conectado *or* tener corriente; **~ rail** riel *m or* (Esp) raíl *m* electrificado 3 (burning) encendido; **~ coal** brasa *f*

E (Sport) ‹*ball*› en juego

live³ /laɪv/ *adv* 1 (Rad, TV) ‹*broadcast*› en directo, en vivo; **we now go ~ to Colin Black in New York** ahora conectamos con Colin Black en Nueva York 2 (operational): **to go ~** empezar* a funcionar, entrar en operaciones

liveable /ˈlɪvəbəl/ *adj* ▸**livable**

lived-in /ˈlɪvdɪn/ *adj* (*pred* **lived in**): **the pictures made the room feel ~** los cuadros le daban un ambiente acogedor *or* cálido a la habitación

live-in /ˈlɪvɪn/ *adj* (*before n*) ‹*staff*› residente; **a ~ maid** una criada, una empleada *or* chica con cama, una empleada de planta (Méx), una empleada puertas adentro (Chi); **she has a ~ lover** su amante vive con ella

livelihood /ˈlaɪvlihʊd/ *n* (*no pl*): **farming is their ~** viven de la agricultura; **our ~ depends on it** de ello depende nuestro sustento; **to earn** *o* **gain one's/a ~** ganarse la vida *or* el sustento; **the shop affords them a bare ~** la tienda apenas les da para vivir; **it deprived them of their ~** los privó de sus medios de vida

liveliness /ˈlaɪvlinəs || ˈlaɪvlinɪs/ *n* [u] (of person) vivacidad *f*; (of atmosphere) animación *f*; (of discussion, debate) lo animado; (of description, writing) lo vívido

lively /ˈlaɪvli/ *adj* **-lier, -liest** ‹*place/atmosphere/debate*› animado; ‹*music*› alegre; ‹*car/engine*› con brío; ‹*description/account*› vívido; **he's a ~ character** es un tipo de lo más animado y alegre; **they have three ~ children** tienen tres niños traviesos y llenos de vida; **~ minds read the Daily Globe** la gente con inquietudes lee el Daily Globe; **they take a ~ interest in developments** toman un vivo interés en el desarrollo de los asuntos; **things are getting a bit ~ around here** las cosas se están poniendo un poco movidas por aquí (fam)

liven up /ˈlaɪvən/

A [v + adv] animarse

B [v + o + adv, v + adv + o] animar

live oak /laɪv/ *n* roble *m* de Virginia

liver /ˈlɪvər || ˈlɪvə(r)/ *n*

A ▸ⓘ **p.965** (Anat, Culin) hígado *m*; (*before n*) ‹*transplant*› de hígado; **~ complaint** afección *f or* dolencia *f* hepática; **~ disease** enfermedad *f* del hígado, afección *f* hepática (frml); **~ pâté** paté *m* de hígado; **~ salts** sales *fpl* minerales *or* de frutas; **~ sausage** (BrE) embutido *m* de paté de hígado; **~ trouble** problema *m or* trastorno *m* hepático *or* del hígado

B (person): **he's a clean ~** lleva una vida sin excesos; **he's a loose ~** lleva una vida disipada, es un calavera *or* un juerguista (fam)

liveried /ˈlɪvərid/ *adj* de librea

liverish /ˈlɪvərɪʃ/ *adj* 1 (unwell) (esp BrE colloq & dated): **I feel a little ~** ando mal del hígado 2 (peevish) ‹*temperament*› irritable

Liverpudlian¹ /ˌlɪvərˈpʌdliən || ˌlɪvəˈpʌdliən/ *adj* de Liverpool

Liverpudlian² *n: habitante o persona oriunda de Liverpool*; **(s)he's a ~** es de Liverpool

liver spot *n* mancha *f* de (la) vejez

liverwort /ˈlɪvərwɜːrt || ˈlɪvəwɜːt/ *n* hepática *f* (de las fuentes)

liverwurst /ˈlɪvərwɜːrst || ˈlɪvəwɜːst/ *n* [u] (AmE) embutido *m* de paté de hígado

livery /ˈlɪvəri/ *n* (*pl* **-ries**) 1 (uniform) librea *f*; **in ~** de librea; **the rich ~ of the servants** los magníficos ropajes de los criados 2 (of aircraft, vehicle) colores *mpl* distintivos

livery stable *n* (*often pl*) caballeriza *f* (*donde se pueden alquilar caballos*)

lives /laɪvz/ *pl of* **life**

livestock /ˈlaɪvstɑːk || ˈlaɪvstɒk/ *n* [u] (+ *sing or pl vb*) animales *mpl* (de cría); (cattle) ganado *m*

live wire /ˈlaɪv/ *n* (colloq): **he's a real ~ ~** es una persona llena de vida

livid /ˈlɪvəd || ˈlɪvɪd/ *adj*

A (furious) (colloq) furioso, furibundo (fam); **to be ~ WITH sb** estar* furioso *or* (fam) furibundo CON algn

B 1 (blueish) ‹*bruise*› amoratado 2 (white) ‹*face*› lívido; **~ pallor** lividez *f* 3 (reddish) lívido; **she was ~ with rage** estaba lívida de rabia

living¹ /ˈlɪvɪŋ/ *n*

A (livelihood) (*no pl*): **to earn** *o* **make one's/a ~** ganarse la vida; **it's hard to make a ~ from music** es difícil vivir de la música *or* ganarse la vida como músico; **they scrape** *o* **scratch a ~ selling trinkets** sobreviven *or* malviven vendiendo chucherías; **what do you do for a ~?** ¿en qué trabajas?, ¿a qué te dedicas?; **she's never had to work for her** *o* **a ~** nunca ha tenido que trabajar para vivir; **the world doesn't owe you a ~** no tienes derecho a vivir sin trabajar; (*before n*): **~ expenses** gastos *mpl* de manutención y alojamiento

B [u] (style of life) vida *f*; **clean/loose ~** vida ordenada/disipada *or* disoluta; **too much good ~ had ruined his health** la buena vida había acabado con su salud; (*before n*) ‹*space/area*› destinado a vivienda; ‹*conditions*› de vida; **~ standards** nivel *m* de vida; **those are their ~ quarters** ahí es donde viven, ésas son sus dependencias; **we could use this for ~ quarters** podríamos destinar esto a vivienda

C (people) (+ *pl vb*): **the ~** los vivos

D [c] (Relig) beneficio *m*

living² *adj* (*before n*) ‹*person/creature*› vivo; **Spain's greatest ~ painter** el pintor vivo más importante de España; **he was ~ proof of the power of the media** era prueba evidente *or* palpable del poder de los medios de comunicación; **she's the ~ image of Queen Victoria** es la viva imagen *or* el vivo retrato de la reina Victoria; **a ~ language** una lengua viva; **hewn from the ~ rock** tallado en la roca viva; **~ dead** muertos *mpl* en vida; **~ death** muerte *f* en vida; **~ fossil** fósil *m* viviente

living-out allowance /ˌlɪvɪŋˈaʊt/ *n* asignación *f* de alojamiento

living room *n* sala *f* (de estar), living *m* (esp AmS), salón *m* (esp Esp)

living wage *n* salario *m* digno

living will *n* testamento *m* vital

Livy /ˈlɪvi/ *n* Tito Livio

lizard /ˈlɪzərd || ˈlɪzəd/ *n* lagarto *m*; (*wall ~*) lagartija *f*

'll /l/ 1 **= will** 2 **= shall**

llama /ˈlɑːmə/ *n* llama *f*

LLB *n* **= Bachelor of Laws**

LLD *n* **= Doctor of Laws**

'll've /ləv/ 1 **= will have** 2 **= shall have**

LMS *n* (in UK) **= Local Management of Schools**

lo /ləʊ/ *interj* (arch *or* hum): **I opened the door and, ~, there he was** abrí la puerta y hete aquí que ahí estaba (él); **~ and behold** ¡y quién lo iba a decir!

load¹ /ləʊd/ *n*

A [c] (cargo) carga *f*; (burden) carga *f*, peso *m*; **she felt a ~ had been lifted from her** se sintió como si le hubieran quitado un peso de encima; **the airport has increased its annual passenger ~** el aeropuerto ha aumentado su volumen anual de pasajeros; **I do four ~s of washing a week** hago cuatro lavados *or* (Esp) coladas por semana; **I have a heavy teaching ~** tengo muchas horas semanales de clase; **the project will create a heavy administrative ~** el proyecto generará mucho trabajo administrativo; ***to have a ~ on*** (AmE colloq) estar*

mamado *or* (Col tb) jincho *or* (Méx tb) pedo (fam)
B (*often pl*) (colloq) **1** (much, many) cantidad *f*, montón *m* (fam), pila *f* (AmS fam); **I've done this ~s of times** esto lo he hecho cantidad *or* montones *or* (AmS tb) pilas de veces (fam); **what a ~ of nonsense!** ¡qué sarta de estupideces!; **the play is a ~ of rubbish** la obra no vale nada *or* (fam) es una porquería **2** (*as intensifier*) (colloq): **I'm feeling ~s** *o* **a (whole) ~ better now** me encuentro muchísimo mejor; **my room's ~s bigger than hers** mi cuarto es muchísimo más grande que el suyo
C **1** (Civil Eng) carga *f*; **S maximum load 15 tons** peso máximo: 15 toneladas **2** (Elec) carga *f*; (*before n*): **~ capacity** capacidad *f* (de carga)

load² *vt*
A **1** (Transp) ‹*truck/plane*› cargar*; **he ~ed the crates into/onto the van** metió *or* cargó las cajas en la camioneta; **they ~ed too much work onto him** lo cargaron de trabajo **2** (charge) cargar*; **is the camera ~ed?** ¿tiene rollo la cámara?; **the gun wasn't ~ed** la pistola no estaba cargada; **to ~ a gun (with bullets)** cargar* un arma (con balas); **to ~ a program (into a computer)** cargar* un programa (en una computadora)
B (Elec) ‹*circuit*› cargar*
C (bias) (*usu pass*): **the dice are ~ed** los dados están cargados; **smokers' premiums are heavily ~ed** las primas que pagan los fumadores sufren muchos recargos; **the system was ~ed in favor of the motorist** el sistema favorecía a los conductores
■ **load** *vi* **1** (Transp) cargar*; **S loading prohibited** carga y descarga prohibidas **2** ‹‹*camera/gun/film/bullet*›› cargarse*

Phrasal verbs

• **load down** [v + o + adv, v + adv + o], (*usu pass*) **to be ~ed down WITH sth**: **we were ~ed down with parcels** íbamos cargados de paquetes; **she seems ~ed down with worry/problems** parece abrumada *or* agobiada por las preocupaciones/los problemas
• **load up**
A [v + o + adv, v + adv + o] ‹*truck/ship/person*› cargar*; **to ~ sth up WITH sth** cargar* algo DE algo
B [v + adv] cargar*

load-bearing /'ləʊdberɪŋ || 'ləʊdbeərɪŋ/ *adj* de carga

loaded /'ləʊdəd || 'ləʊdɪd/ *adj*
A **1** ‹*vehicle/gun/camera*› cargado **2** (richly provided) (*pred*) **to be ~ WITH sth** estar* repleto *or* plagado DE algo **3** (weighted) ‹*dice*› cargado; ‹*question/remark*› tendencioso
B (colloq) (*pred*) **1** (rich) forrado (fam), riquísimo; **they're ~ (with money)** están forrados (de dinero) (fam), están podridos en plata *or* (Esp) están podridos de dinero (fam) **2** (drunk) (AmE) mamado (fam), tomado (AmL fam), jincho (Col fam), pedo (Méx fam)

load factor *n* factor *m* de carga

loading /'ləʊdɪŋ/ *n*
A **1** (a load, weight) carga *f* **2** (*before n*): **~ bay** muelle *m* de carga; **~ terminal** terminal *f or* (en algunas regiones) *m* de carga
B (Fin) cargo *m*
C (weighting) (Austral) suplemento *m or* plus *m or* prima *f* salarial

loading coil *n* bobina *f* de carga

loading dock, (BrE) **loading bay** /'ləʊdɪŋ/ zona *f or* área *f*‡ de carga

loadstone /'ləʊdstəʊn/ *n* ▸**lodestone**

loaf¹ /ləʊf/ *n* (*pl* **loaves**): **a ~ (of bread)** un pan; (of French bread) una barra de pan, una flauta (CS); (baked in tin) un pan de molde; (country style) una hogaza; **currant ~** pan *m* de pasas; **meat ~** pan *m* de carne; ***use your ~!*** (BrE colloq) ¡usa el coco *or* (Esp tb) la cocorota *or* (Col tb) la tusta! (fam); ***half a ~ is better than no bread*** algo es algo, peor es nada; (*before n*): **~ tin** molde *m* rectangular (*para pan*)

loaf² *vi* (colloq) holgazanear, haraganear, flojear (fam); **to ~ around** *o* **about**: **he just ~s around all day** se pasa el día holgazaneando *or* haraganeando *or* (fam) flojeando, no pega sello en todo el día (Esp fam); **on Sundays I usually just ~ around the house** los domingos me los paso casi siempre flojeando (fam)

loafer /'ləʊfər || 'ləʊfə(r)/ *n* holgazán, -zana *m,f*, vago, -ga *m,f*, haragán, -gana *m,f*, flojo, -ja *m,f* (fam)

Loafer®, loafer /'ləʊfər || 'ləʊfə(r)/ *n* mocasín *m*

loan¹ /ləʊn/ *n* **1** (of money) préstamo *m*; (Fin) préstamo *m*, crédito *m*, empréstito *m* (frml); **bank ~** préstamo *or* crédito bancario; (*before n*): **~ account** (BrE) cuenta *f* crediticia; **~ agreement** contrato *m* de préstamo; **~ facility** facilidades *fpl* de crédito; **~ fund** fondo *m* de préstamos **2** (temporary use): **may I have the ~ of your umbrella?** ¿me prestas el paraguas?; **the book you want is out on ~** el libro que quieres está prestado; **the rug is on ~ from my sister** la alfombra me la ha prestado mi hermana

loan² *vt* prestar; **the bank is willing to ~ $20,000** el banco está dispuesto a prestar 20.000 dólares; **many sports clubs will ~ out equipment** muchos clubs deportivos prestan el equipo; **to ~ sb sth, to ~ sth TO sb** prestarle algo A algn; **can you ~ me $20/a wrench?** (esp AmE) ¿me prestas *or* (Esp tb) me dejas 20 dólares/una llave inglesa?

loanholder /'ləʊnhəʊldər || 'ləʊnhəʊldə(r)/ *n* titular *mf* del préstamo

loan shark *n* usurero, -ra *m,f*, agiotista *mf* (AmL)

loanword /'ləʊnwɜːrd || 'ləʊnwɜːd/ *n* préstamo *m* (lingüístico)

loath /ləʊθ/ *adj* (*pred*) **to be ~ to + INF** resistirse A + INF; **I'm ~ to admit it, but ...** me resisto a admitirlo, pero ..., me cuesta admitirlo, pero ...

loathe /ləʊð/ *vt* odiar, detestar, aborrecer*; **I ~ it when she starts asking questions** (colloq) me revienta *or* me repatea cuando empieza a hacer preguntas (fam)

loathing /'ləʊðɪŋ/ *n* [u] aversión *f*, odio *m*

loathsome /'ləʊðsəm/ *adj* repugnante, odioso, detestable

loaves /ləʊvz/ *pl of* **loaf¹**

lob¹ /lɑːb || lɒb/ *vt* **-bb-** ‹*ball*› lanzar* por lo alto; **he ~bed the ball over her** (in tennis) le hizo un lob *or* un globo; ‹*stone/grenade*› tirar *or* lanzar* por lo alto

lob² *n* (Sport) globo *m*, lob *m*

lobby¹ /'lɑːbi || 'lɒbi/ *n* (*pl* **-bies**)
A (entrance hall) vestíbulo *m*, hall *m*; (in theater) foyer *m*
B (in UK) (Govt) *sala donde el público puede entrevistarse con los representantes de un cuerpo legislativo*
C (pressure group) grupo *m* de presión, lobby *m*; **the anti-abortion ~** el grupo de presión *or* el lobby anti-abortista

lobby² **-bies, -bying, -bied** *vt* ‹*politicians/delegates*› presionar, ejercer* presión sobre; **to ~ sb FOR sth**: **they are ~ing the council for increased subsidies** están presionando al ayuntamiento para que aumente las subvenciones
■ **lobby** *vi* **to ~ FOR sth** presionar *or* ejercer* presión *or* cabildear para obtener algo

lobby correspondent *n* (BrE) corresponsal *mf* parlamentario

lobbyer /'lɑːbiər || 'lɒbiə(r)/ *n* (AmE) ▸**lobbyist**

lobbying /'lɑːbiɪŋ || 'lɒbiɪŋ/ *n* [u] cabildeo *m*

lobbyist /'lɑːbiəst || 'lɒbiɪst/ *n* miembro *mf* de un grupo de presión

lobe /ləʊb/ *n* **1** (Anat, Bot) lóbulo *m* **2** (*ear ~*) lóbulo *m* (de la oreja)

lobelia /ləʊ'biːliə || lə'biːliə/ *n* [c u] (*pl* **-lia** *or* **-lias**) lobelia *f*

lobotomize /ləʊ'bɑːtəmaɪz || lə'bɒtəmaɪz/ *vt* hacerle* una lobotomía a; **he was ~d** le hicieron una lobotomía

lobotomy /ləʊ'bɑːtəmi || lə'bɒtəmi/ *n* (*pl* **-mies**) lobotomía *f*

lobster /'lɑːbstər || 'lɒbstə(r)/ *n* (Zool, Culin) langosta *f*, bogavante *m* (Esp); (*spiny ~*) langosta *f*; (*before n*): **~ pot** nasa *f*, langostera *f*

local¹ /'ləʊkəl/ *adj*
A ‹*dialect/custom/newspaper*› local; ‹*council/election*› municipal; ‹*bus/train*› urbano; **I don't use the ~ shops** no compro en las tiendas del barrio (*or* de la zona *etc*); **he's a ~ man** es de aquí (*or* de allí), es un hombre del lugar; **the ~ community** los vecinos *or* habitantes de la zona; **the ~ priest** el cura de la parroquia (*or* del pueblo *etc*); **a ~ specialty** una especialidad de la localidad (*or* de la región *etc*); **the ~ wine** el vino del país; **at three o'clock ~ time** a las tres, hora local; **here is the ~ weather forecast** éste es el pronóstico del tiempo para la región; **a ~ call** (Telec) una llamada local
B **1** (Med) ‹*anesthetic*› local; ‹*infection*› localizado **2** (Comput) ‹*variable/maximum*› local

local² *n* **1** (inhabitant): **he's not a ~** no es de aquí (*or* de allí); **the ~s say it's true** los (vecinos) del lugar dicen que es verdad **2** (pub) (BrE colloq) *bar de la zona donde se vive*; **our ~** el bar de nuestro barrio (*or* de nuestra zona *etc*) **3** (anesthetic) (colloq) anestesia *f* local **4** (train) *tren que para en todas las estaciones*

local area network *n* red *f* de área local

local authority *n* (BrE) ≈ ayuntamiento *m*, ≈ alcaldía *f*, ≈ municipio *m*

local color, (BrE) **local colour** *n* [u] color *m* local

locale /ləʊ'kæl || ləʊ'kɑːl/ *n* escenario *m*

local education authority *n* (BrE) *organismo que controla la educación a nivel de condado*

local government *n* [u] ≈ administración *f* municipal; (*before n*) ‹*elections*› ≈ municipal

locality /ləʊ'kæləti/ *n* (*pl* **-ties**) (frml) localidad *f*; **in the/this ~** en la/esta localidad

localize /'ləʊkəlaɪz/ *vt* ‹*infection/inflammation*› localizar*
■ **localize** *vi* localizarse*

localized /'ləʊkəlaɪzd/ *adj*
A (made local) local
B (Med) localizado

locally /'ləʊkəli/ *adv* ‹*live/work*› en la zona; **do you shop ~?** ¿compras en las tiendas del barrio (*or* de la zona *etc* ?); **these issues should be decided ~** estas decisiones deben tomarse a nivel local; **were you born ~?** ¿naciste aquí?, ¿eres de (por) aquí?; **all our goods are ~ produced** todos nuestros artículos se producen en la localidad (*or* la región *etc*); **he's quite famous ~** es bastante famoso en la zona (*or* la ciudad *etc*)

locate /'ləʊkeɪt || ləʊ'keɪt/ *vt*
A (find) ‹*fault/leak*› localizar*, ubicar* (esp AmL)
B (position) ‹*building/business*› situar*, ubicar* (esp AmL); **the switch is ~d under the seat** el interruptor está *or* se encuentra debajo del asiento
■ **locate** *vi* (settle) (AmE) establecerse*

location /ləʊ'keɪʃən/ *n*
A [c] **1** (position) posición *f*, ubicación *f* (esp AmL); **we don't know the exact ~ of the plane** no conocemos las posición exacta del avión; **this is the ideal ~ for the hotel** éste es el lugar *or* el emplazamiento *or* (esp AmL) la ubicación ideal para el hotel; **prime/central ~ near the sea** situación *f or* (esp AmL) ubicación *f* inmejorable/céntrica cerca del mar **2** (Comput) ubicación *f*
B [c] (Cin) lugar *m* de filmación; **we were filming on ~ in Italy** estábamos rodando los exteriores en Italia
C [u] **1** (siting) emplazamiento *m*, ubicación *f* (esp AmL) **2** (discovery of position) localización *f*

locative¹ /'lɑːkətɪv || 'lɒkətɪv/ *n* locativo *m*

locative² *adj* locativo

loc cit /'lɑːk'sɪt || ˌlɒk'sɪt/ loc. cit., en el lugar citado

loch /lɑːk, lɑːx || lɒk, lɒx/ *n* **1** (lake) lago *m* **2** (*sea ~*) fiordo *m*, ría *f*

loci /'ləʊsaɪ -kiː/ *pl of* **locus**

lock¹ /lɑːk || lɒk/ *n*
A [c] (device) cerradura *f*, cerrojo *m*, chapa *f* (AmL); **under ~ and key** bajo llave; ***~, stock and barrel***: **he sold up ~, stock and barrel** vendió absolutamente todo; **she rejected the**

plan ~, **stock and barrel** rechazó el plan de lleno *or* de plano
B [c] (on canal) esclusa *f*; (*before n*): ~ **gate** compuerta *f* (de la esclusa)
C [c] (of hair) mechón *m*; **her golden ~s** (liter *or* hum) sus rizos de oro (liter *o* hum); **his greasy ~s** (hum) sus greñas grasientas
D [c] (in wrestling) llave *f*; **arm/head ~** llave de brazo/cabeza; ***to have a ~ on sth*** (AmE) tener* el control de algo
E [u] (BrE) (Auto) tope *m*, retén *m*; **keep it on full ~** dale al volante hasta el tope; **this car has a good ~** este coche tiene un buen radio *or* ángulo de giro
F [c] ~ **(forward)** (in rugby) delantero, -ra *m,f* de segunda línea *m*

lock² *vt* **1** (fasten) ‹*door/room/car*› cerrar* (con llave); **to ~ sb in a room** encerrar* a algn en una habitación; **he ~ed the money in the chest** guardó el dinero bajo llave en el cofre **2** (immobilize) ‹*wheel/steering wheel*› bloquear; **to be ~ed** IN **sth**: **~ed in a passionate embrace** fundidos en un apasionado abrazo; **they are ~ed in a loveless marriage** están atrapados en un matrimonio sin amor; **they are ~ed in a battle of wills** están enzarzados en una lucha de resistencia
■ **lock** *vi* **1** (fasten, secure) «*door/case*» cerrarse* con llave **2** (become immobile) «*catch*» trabarse; «*wheel*» bloquearse

Phrasal verbs
- **lock away** [v + o + adv, v + adv + o] ‹*valuables*› guardar bajo llave; ‹*person*› encerrar*
- **lock in** [v + o + adv, v + adv + o] encerrar*
- **lock into** [v + o + prep + o]: **to become ~ed into a relationship** quedar atrapado en una relación
- **lock on** [v + adv] quedar sujeto
- **lock onto** [v + prep + o]: **the module ~s onto the vessel** el módulo se acopla a la nave; **the receiver ~s onto the station automatically** el receptor capta la estación automáticamente; **he ~ed onto the question of finance** no hubo quien lo sacara del tema de la financiación
- **lock out** [v + o + adv, v + adv + o]: **I ~ed myself out (of the house) this morning** esta mañana me quedé afuera sin llaves para volver a entrar; **the workers were ~ed out** (Lab Rel) hubo un cierre *or* (AmL tb) un paro patronal *or* un lock-out
- **lock up**

A [v + o + adv, v + adv + o] **1** ‹*valuables*› guardar bajo llave; ‹*person*› encerrar* **2** ‹*house/shop*› cerrar* con llave **3** ‹*capital*› atar; **my money is ~ed up in the business** mi dinero está atado *or* metido en el negocio **4** (make sure of) (AmE colloq) asegurar; **he has the appointment ~ed up** tiene el nombramiento asegurado *or* (fam) en el bote *or* (Méx fam) en la bolsa
B [v + adv] cerrar* (con llave)

lockable /ˈlɑːkəbəl || ˈlɒkəbəl/ *adj* que se puede cerrar con llave

lockdown /ˈlɑːkdaʊn || ˈlɒkdaʊn/ *n* (AmE) confinamiento *m* en celda

locker /ˈlɑːkər || ˈlɒkə(r)/ *n* armario *m*, locker *m* (AmL); (at bus, railway station) (casilla *f* de la) consigna *f* automática, (locker *m* de la) consigna *f* automática (AmL)

locker room *n* (esp AmE) vestuario *m*; (*before n*) ‹*humor/joke*› de machos (fam)

locket /ˈlɑːkət || ˈlɒkɪt/ *n* relicario *m*, guardapelo *m*

lock-in /ˈlɑːkɪn || ˈlɒkɪn/ *n*
A (Busn) (in trade) claúsula *f* de exclusividad
B (Fin) (on a loan) bloqueo *m* del tipo de interés
C (BrE) (in a bar) *periodo en que los clientes continúan bebiendo después de la hora del cierre*

lockjaw /ˈlɑːkdʒɔː || ˈlɒkdʒɔː/ *n* [u] tétano(s) *m*

lock-keeper /ˈlɑːk,kiːpər || ˈlɒk,kiːpə(r)/ *n* esclusero, -ra *m,f*

locknut /ˈlɑːknʌt || ˈlɒknʌt/ *n* contratuerca *f*, tuerca *f* de seguridad

lockout /ˈlɑːkaʊt || ˈlɒkaʊt/ *n* cierre *m* patronal, cierre *m* del centro de trabajo

locksmith /ˈlɑːksmɪθ || ˈlɒksmɪθ/ *n* cerrajero, -ra *m,f*

lock step *n* (AmE) marcha *f* cerrada; **the liberals march in ~ ~ with the right wing of the party** los liberales y la derecha del partido van hombro con hombro; **an alternative to the ~ ~ of college education** una alternativa a la rigidez de la educación universitaria

lock-up /ˈlɑːkʌp || ˈlɒkʌp/ *n* **1** (cell) (esp AmE) calabozo *m* **2** ~ **(garage)** (BrE) garaje *m* (*separado de la vivienda*) **3** ~ **(shop)** (BrE) local *m* (comercial) (*pequeño y sin vivienda*)

loco /ˈləʊkəʊ/ *adj* (AmE sl) (*pred, no comp*) chiflado (fam), majara (Esp arg); **to go ~** chiflarse (fam), volverse* majara (Esp arg)

locomotion /,ləʊkəˈməʊʃən/ *n* [u] (frml) locomoción *f*

locomotive¹ /,ləʊkəˈməʊtɪv/ *n* locomotora *f*

locomotive² *adj* locomotor; ~ **force** fuerza *f* locomotriz

locoweed /ˈləʊkəʊwiːd/ *n* [u c]: *especie de astrágalo*

locum /ˈləʊkəm/ *n* (esp BrE) suplente *mf* (*de un médico*)

locus /ˈləʊkəs/ *n* (*pl* **loci**) **1** (Math) lugar *m* geométrico **2** (Biol) locus *m*

locust /ˈləʊkəst/ *n*
A (Zool) langosta *f*, chapulín *m* (Méx)
B ~ **(tree)** (false acacia) acacia *f* blanca; (carob) algarrobo *m*

locution /ləʊˈkjuːʃən || ləˈkjuːʃən/ *n* locución *f*

lode /ləʊd/ *n* veta *f*, filón *m*

loden /ˈləʊdn/ *n* [u] loden *m*; (*before n*): ~ **coat** loden *m*; ~ **green** verde *m* loden

lodestar /ˈləʊdstɑːr || ˈləʊdstɑː(r)/ *n* estrella *f* polar; **the Bible is the ~ of our lives** la Biblia es nuestro norte y guía

lodestone /ˈləʊdstəʊn/ *n* **1** [u] (Min) piedra *f* imán, magnetita *f* **2** [c] (magnet) (Hist) piedra *f* imán

lodge¹ /lɑːdʒ || lɒdʒ/ *n*
A **1** (for gatekeeper) (BrE) casa *f* del guarda **2** (for porter) portería *f* **3** (on private estate) pabellón *m*; **hunting** *o* **shooting ~** pabellón de caza **4** (at resort) (AmE) hotel *m* **5** (wigwam) tienda *f*
B (branch, meeting place of society) logia *f*; **masonic ~** logia masónica
C (of beaver) madriguera *f*

lodge² *vt*
A ‹*appeal*› interponer*; ‹*complaint/objection*› presentar
B (place, deposit) depositar; **to ~ sth** WITH **sb** depositar algo en manos de algn; **a deposit of $2,000 must be ~d with the bank** deben depositarse 2.000 dólares en el banco
C (fix): **the bullet had ~d itself in his thigh** la bala se le había alojado en el muslo; **her image is ~d in my mind** tengo su imagen grabada en la memoria; **I have something ~d between my teeth** tengo algo metido entre los dientes
D (accommodate) alojar, hospedar
■ **lodge** *vi*
A (become stuck, implanted): **the bullet had ~d in his spine** la bala se le había alojado en la columna; **the bone ~d in her throat** el hueso se le quedó atragantado
B (live as lodger) alojarse, hospedarse; **I ~ with my aunt** *o* **at my aunt's (house)** me alojo *or* me hospedo en casa de mi tía

lodger /ˈlɑːdʒər || ˈlɒdʒə(r)/ *n* inquilino, -na *m,f* (*de una habitación en una casa particular*); **they take (in) ~s** alquilan habitaciones

lodging /ˈlɑːdʒɪŋ || ˈlɒdʒɪŋ/ *n* **1** [u] (accommodations) alojamiento *m* **2** **lodgings** *pl* (rented): **to live in ~s** vivir en una habitación alquilada (*or* en una pensión *etc*); **I'm looking for ~s** estoy buscando alojamiento

lodging house *n* (BrE) casa *f* de inquilinato

loess /ˈləʊəs/ *n* [u] loess *m*

loft¹ /lɔːft || lɒft/ *n*
A **1** (attic) (BrE) desván *m*, buhardilla *f*, ático *m*, altillo *m*, zarzo *m* (Col); ~ **ladder** escalera *f* del desván (*or* de la buhardilla *etc*) **2** (*hay ~*) pajar *m* **3** (AmE) (in warehouse) loft *m* (*espacio comercial convertido en residencia*) **4** (elevated area) galería *f*; **choir/organ ~** galería *f* del coro/órgano
B (*pigeon ~*) palomar *m*

loft² *vt* ‹*ball*› lanzar* por lo alto

loft conversion *n* (BrE) **1** [u] (process) transformación *f* del desván (*or* de la buhardilla *etc*) **2** [c] (room) habitación *f* del desván (*or* de la buhardilla etc)

loftily /ˈlɔːftəli || ˈlɒftɪli/ *adv* con altivez, altaneramente

lofty /ˈlɔːfti || ˈlɒfti/ *adj* **-tier, -tiest** **1** (elevated, grand) ‹*aims/ideals/sentiments*› noble, elevado **2** (haughty) altivo, altanero; **his ~ manner** su altivez *or* su altanería **3** (high) (liter) ‹*mountain/spire*› alto, majestuoso (liter); ‹*room*› de techos altos

log¹ /lɔːg || lɒg/ *n*
A (wood) tronco *m*; (as fuel) leño *m*; ***to be as easy as falling off a ~*** ser* pan comido (fam), ser* coser y cantar (fam); ***to sleep like a ~*** dormir* como un tronco (fam); (*before n*): ~ **cabin** cabaña *f* de troncos; ~ **fire** fuego *m* de leña
B **1** (record) diario *m* **2** (device for measuring speed) corredera *f*
C (Math) logaritmo *m*; (*before n*): ~ **tables** tabla *f* de logaritmos

log² *vt* **-gg-** **1** (record) ‹*speed/position/time*› registrar, anotar, tomar nota de; ‹*call*› registrar **2** ~ **(up)** (accomplish) anotarse; **he has ~ged (up) 100 hours in the air** tiene *or* ha hecho 100 horas de vuelo

Phrasal verbs
- **log in, log on** [v + adv] (Comput) entrar (al sistema)
- **log off, log out** [v + adv] (Comput) salir* (del sistema)

loganberry /ˈləʊgən,beri || ˈləʊgənbəri/ *n* (*pl* **-ries**) **1** (fruit) frambuesa *f* de Logan **2** (bush) frambueso *m* de Logan

logarithm /ˈlɔːgərɪðəm || ˈlɒgərɪðəm/ *n* logaritmo *m*

logarithmic /,lɔːgəˈrɪðmɪk || ,lɒgəˈrɪðmɪk/ *adj* logarítmico

logbook /ˈlɔːgbʊk || ˈlɒgbʊk/ *n* **1** (register) diario *m*, cuaderno *m*; (Naut) diario *m* de navegación *or* de a bordo, cuaderno *m* de bitácora; (Aviat) diario *m* de vuelo **2** (of car) (BrE) documentación *f* del automóvil

logger /ˈlɔgər || ˈlɒgə(r)/ *n* leñador, -dora *m,f*

loggerhead /ˈlɔːgərhed || ˈlɒgəhed/ *n*
A ~ **(turtle)** (Zool) tortuga *f* boba
B **loggerheads** *pl* ***to be at ~s (with sb)***: **they were constantly at ~s** siempre estaban en desacuerdo; **these theories are at ~s with traditional teaching** estas teorías están en pugna con la enseñanza tradicional

loggia /ˈləʊdʒiə || ˈləʊdʒə, ˈlɒdʒiə/ *n* logia *f*

logging /ˈlɔːgɪŋ || ˈlɒgɪŋ/ *n* [u] tala *f* (de árboles); (*before n*) ‹*industry/town*› maderero

logic /ˈlɑːdʒɪk || ˈlɒdʒɪk/ *n* [u] **1** (reasoning, good sense) lógica *f*; **you cannot fault his ~** su lógica es aplastante *or* impecable **2** (Comput) lógica *f*; (*before n*) ‹*circuit/diagram*› lógico

logical /ˈlɑːdʒɪkəl || ˈlɒdʒɪkəl/ *adj* ‹*conclusion/argument/value*› lógico; **he has a ~ mind** es una persona lógica, tiene una mente lógica; **it's ~ that he should replace me** es lógico que sea él quien me sustituya

logically /ˈlɑːdʒɪkli || ˈlɒdʒɪkli/ *adv* **1** ‹*reason/argue*› lógicamente, de manera lógica; **you're just not thinking ~** no estas pensando con lógica **2** (*indep*) lógicamente; **~, one would expect that ...** lógicamente, sería de esperar que ...

logical positivism *n* [u] positivismo *m* lógico

logician /ləˈdʒɪʃən/ *n* lógico, -ca *m,f*

login /ˈlɑːgɪn || ˈlɒgɪn/ *n* acceso *m*, entrada *f* (al sistema); (*before n*): ~ **name** nombre *m* de acceso *or* de entrada (al sistema)

logistic /ləˈdʒɪstɪk/, **-tical** /-tɪkəl/ *adj* logístico

logistically /ləˈdʒɪstɪkəli/ *adv* logísticamente

logistics /ləˈdʒɪstɪks/ *n* **1** (Mil) (+ *sing vb*) logística *f* **2** (practicalities) (+ *pl vb*) problemas *mpl* logísticos; **the ~ of the operation** los problemas logísticos de la operación

logjam /ˈlɔːgdʒæm || ˈlɒgdʒæm/ *n* 1 (blockage of logs): **there's a ~ up the river** se han atascado unos troncos río arriba 2 (deadlock): **the ~ which has held up talks** el atolladero que ha paralizado las conversaciones; **the political ~ blocking the bill's progress** los obstáculos de tipo político que impiden el progreso del proyecto de ley

logo /ˈləʊgəʊ, ˈlɑː- || ˈləʊgəʊ/ *n* (*pl* **logos**) logo *m*, logotipo *m*

logoff /ˈlɑːgɔːf || ˈlɒgɒf/ *n* ▸ **logout**

logon /ˈlɑːgɑːn || ˈlɒgɒn/ *n* ▸ **login**

logopedics, (BrE) **logopaedics** /ˌlɑːgəˈpiːdɪks || ˌlɒgəˈpiːdɪks/ *n* (frml) logopedia *f*

logout /ˈlɑːgaʊt || ˈlɒgaʊt/ *n* salida *f* (del sistema)

logrolling /ˈlɔːgˌrəʊlɪŋ || ˈlɒgˌrəʊlɪŋ/ *n* [u] (AmE) amiguismo *m*, camarillismo *m*, manzanillismo *m* (Col)

loin /lɔɪn/ *n* 1 (meat) lomo *m*; (*before n*): **~ chop** chuleta *f* de lomo *or* de vacío 2 **loins** *pl* (Anat) (liter) entrañas *fpl*; **son of my ~s** (liter) hijo de mis entrañas (liter); ***to gird (up) one's ~s*** (liter) prepararse para la lucha, ponerse* lanza en ristre

loincloth /ˈlɔɪnklɔːθ || ˈlɔɪnklɒθ/ *n* taparrabos *m*

Loire /ləˈwɑːr || lwɑː(r)/ *n*: **the ~** el Loira

loiter /ˈlɔɪtər || ˈlɔɪtə(r)/ *vi* perder* el tiempo, holgazanear; **he was ~ing about the place** andaba merodeando por allí; **to ~ with intent** (BrE) merodear con fines delictivos

loll /lɑːl || lɒl/ *vi*: **I found him ~ing in an armchair** me lo encontré apoltronado en un sillón; **you can't just ~ around** *o* **about all day** no puedes andar todo el día tumbado sin hacer nada *or* holgazaneando; **the dog's tongue ~ed out** al perro le colgaba la lengua

lollapalooza /ˌlɑːləpəˈluːzə || ˌlɒləpəˈluːzə/ *n* (AmE colloq & dated): **that thunderstorm was a real ~!** ¡la tormenta ésa fue algo serio! (fam)

lollipop /ˈlɑːlipɑːp || ˈlɒlipɒp/ *n* 1 (candy) piruleta *f or* (Esp) chupachup(s)® *m or* (Andes, Méx) paleta *f or* (RPl) chupetín *m or* (Col) colombina *f or* (Chi, Per) chupete *m*; (*before n*): **~ lady/man** (BrE) *persona que detiene el tráfico para permitir que los escolares atraviesen la calzada* 2 (iced) (BrE) ▸ **lolly A**

lollop /ˈlɑːləp || ˈlɒləp/ *vi* (esp BrE) moverse* torpemente; **he ~s along in such an ungainly manner** camina con tan poca gracia

lolly /ˈlɑːli || ˈlɒli/ *n* (*pl* **-lies**)
A [c] 1 (BrE) (*ice* ~) paleta *f* (helada) *or* (Esp) polo *m or* (RPl) palito *m or* (CS) chupete *m* helado 2 (BrE) (lollipop) piruleta *f or* (Esp) chupachup(s)® *m or* (Andes, Méx) paleta *f or* (RPl) chupetín *m or* (Col) colombina *f or* (Chi, Per) chupete *m* 3 (Austral, NZ) (candy, sweet) caramelo *m or* (AmL exc RPl) dulce *m*
B [u] (money) (sl) guita *f* (arg), lana *f* (AmL fam), plata *f* (AmS fam)

lollygag /ˈlɑːligæg || ˈlɒligæg/ *vi* **-gg-** (AmE colloq) holgazanear, flojear (fam)

Lombardy /ˈlɑːmbɑːrdi || ˈlɒmbədi/ *n* Lombardía *f*

London /ˈlʌndən/ *n* Londres; (*before n*) londinense

Londoner /ˈlʌndənər || ˈlʌndənə(r)/ *n* londinense *mf*

lone /ləʊn/ *adj* ‹*existence*› solitario; ‹*explorer/sailor*› en solitario

loneliness /ˈləʊnlinəs || ˈləʊnlinɪs/ *n* [u] soledad *f*

lonely /ˈləʊnli/ *adj* **-lier, -liest** 1 (feeling alone): **I was very ~** me sentía muy solo; **she lives alone, but she says she never feels ~** no vive con nadie pero dice que nunca se siente sola; **my ~ evenings** mis noches de soledad; **it can be a ~ life as a film star** la vida de una estrella de cine puede ser muy solitaria 2 (isolated) ‹*spot/farm*› solitario, aislado

lonely hearts *pl n* corazones *mpl* solitarios; (*before n*) ‹*club/column*› de corazones solitarios

lone parent *n* padre *m*/madre *f* que cría a su(s) hijo(s) sin pareja; (*before n*): **lone-parent family** familia *f* monoparental

loner /ˈləʊnər || ˈləʊnə(r)/ *n*: **she's a bit of a ~** le gusta estar sola

lonesome /ˈləʊnsəm/ *adj* (esp AmE) 1 ▸ **lonely** 2 ***all on*** *o* ***by one's ~*** (AmE colloq) solito y desamparado (fam)

lone wolf *n* lobo *m* solitario; **he's a bit of a ~ ~** tiene algo de lobo solitario

long[1] /lɔːŋ || lɒŋ/ *adj* **longer** /ˈlɔːŋgər || ˈlɒŋgə(r)/ **longest** /ˈlɔːŋgəst || ˈlɒŋgɪst/
A 1 (in space) ‹*distance/hair/legs*› largo; **how ~ do you want the skirt?** ¿cómo quieres la falda de larga?; **the wall is 200 m ~** el muro mide 200 m de largo; **it was a ~ three miles for the runners** las tres millas se les hicieron muy largas a los corredores; **it's a ~ way to Tulsa from here** Tulsa queda bastante lejos de aquí; **to be ~ in the leg** «*person*» tener* las piernas largas; «*horse*» tener* las patas largas; «*clothing*» ser* demasiado largo; **the grass is getting very ~** el pasto *or* (Esp) la hierba está creciendo mucho; **a ~ drink** un trago largo; ***the ~ and the short of it***: **the ~ and the short of it is that we have no money** en resumidas cuentas *or* en una palabra: no tenemos dinero 2 (extensive) ‹*book/letter/list*› largo; **the book is over 300 pages ~** el libro tiene más de 300 páginas 3 (Ling) ‹*vowel/syllable*› largo
B (in time) ‹*struggle/investigation*› largo; ‹*period/illness*› prolongado, largo; **what are your ~-term prospects?** ¿qué perspectivas tienes a largo plazo?; **how ~ was your flight?** ¿cuánto duró el vuelo?; **the movie is three hours ~** la película dura tres horas; **two months isn't ~ enough** dos meses no son suficientes *or* no es tiempo suficiente; **she's been gone a ~ time/while** hace tiempo/rato que se fue; **the nights are getting ~er** las noches se están haciendo más largas; **he works ~ hours** trabaja muchas horas; **she gave me a ~, hard stare** se me quedó mirando con dureza; **we must take a ~, hard look at our priorities** tenemos que considerar detenida y cuidadosamente nuestras prioridades
C (well endowed with) (colloq) **to be ~ ON sth: a speech ~ on rhetoric, but short on substance** un discurso cargado de retórica pero falto de sustancia
D (Fin) ‹*bill/stock*› a largo plazo

long[2] *adv* **-er, -est**
A 1 (in time): **are you going to stay ~** ¿te vas a quedar mucho tiempo?; **he didn't last very ~ in the job** no duró mucho en el trabajo; **this species has been ~ extinct** esta especie lleva extinguida mucho tiempo, hace mucho tiempo que se extinguió esta especie; **have you been waiting ~?** ¿llevas mucho rato esperando?, ¿hace mucho que esperas?; **how much ~er must we wait?** ¿hasta cuándo vamos a tener que esperar?; **how ~ did it take you to get there?** ¿cuánto tardaste en llegar?, ¿cuánto tiempo te llevó el viaje?; **how ~ have you been living here?** ¿cuánto hace que vives aquí?; **that's the ~est we've ever stayed away from home** ésa es la vez que más tiempo hemos estado fuera; **they didn't spend ~ in Bangkok** no pasaron mucho tiempo en Bangkok; **I didn't have ~ enough to answer all the questions** no me alcanzó el tiempo para contestar todas las preguntas; **people live ~er now** ahora la gente vive más (años); **they didn't have ~ to wait** no tuvieron que esperar mucho; **she didn't have ~ to live** no le quedaba mucho tiempo de vida; **it won't be ~ before they get here** no tardarán en llegar; **it isn't very ~ since she left** no hace mucho (tiempo) que se fue; **sit down, I won't be ~** siéntate, enseguida vuelvo (*or* termino *etc*); **he's not ~ for this world** (euph) no le queda mucha vida por delante; **they talked all day ~** estuvieron hablando todo el día; **not ~ afterwards** no mucho después; **~ ago** hace (ya) mucho tiempo; **I had met her ~ before** yo la había conocido mucho antes *or* hacía mucho tiempo; **it has ~ since been lost** lleva perdido desde hace tiempo; **a ~ since rejected theory** una teoría rechazada hace ya tiempo; **not ~ ago** *o* **since** no hace mucho; **a ~ forgotten hero** un héroe olvidado desde hace tiempo; **I have ~ suspected it** hace tiempo que lo venía sospechando 2 (Fin): **to buy ~** comprar con expectativas alcistas
B 1 (*in phrases*): **before long**: **you'll be an aunt before ~** dentro de poco serás tía; **before ~ they had bought more offices** poco después ya habían comprado más oficinas; **for long**: **she wasn't gone for ~** no estuvo fuera mucho tiempo; **you won't be laughing for ~** vas a ver tú como dentro de nada se te quitan las ganas de reír; **no longer, not any longer**: **I can't stand it any ~er** ya no aguanto más; **there was no ~er any point in waiting** ya no tenía sentido esperar; **they no ~er live here** ya no viven aquí 2 **as long as, so long as** (*as conj*) (for the period) mientras; (providing that) con tal de que (+ *subj*), siempre que (+ *subj*); **I'll remember it as** *o* **so ~ as I live** lo recordaré mientras viva; **as ~ as she was alive** mientras vivió ella; **for as ~ as I can remember** desde que tengo memoria; **you can go so** *o* **as ~ as you're back by 12** puedes ir con tal de que *or* siempre que vuelvas antes de las 12

long[3] *vi* **to ~ to + INF** estar* deseando + INF, anhelar + INF (liter); **I ~ed to tell her the truth** estaba deseando decirle la verdad; **we're simply ~ing to meet him** estamos deseando conocerlo

Phrasal verb

- **long for** [v + prep + o] ‹*mother/friend*› echar de menos, echar en falta, extrañar (esp AmL); **he was ~ing for her return** estaba deseando que volviera, anhelaba su regreso (liter); **she ~ed for Friday to arrive** estaba deseando que llegara el viernes; **the ~ed-for moment had arrived** había llegado el tan anhelado *or* esperado momento

long[4] (**= longitude**) Long.

-long /lɔːŋ || lɒŋ/ *suff*: **an hour~ wait** una espera de una hora; **inch~ nails** clavos de una pulgada (de largo)

long-awaited /ˌlɑːŋəˈweɪtəd || ˌlɒŋəˈweɪtɪd/ *adj* tan esperado

longboat /ˈlɔːŋbəʊt || ˈlɒŋbəʊt/ *n* 1 bote *m* 2 ▸ **longship**

longbow /ˈlɔːŋbəʊ || ˈlɒŋbəʊ/ *n* arco *m*

long-dated /ˈlɔːŋˈdeɪtəd || ˌlɒŋˈdeɪtɪd/ *adj* ‹*bill/security*› a largo plazo

long-distance[1] /ˈlɔːŋˈdɪstəns || ˌlɒŋˈdɪstəns/ *adj* ‹*truck driver*› que hace largos recorridos; ‹*train/bus*› de largo recorrido; ‹*race/runner*› de largo recorrido; **a ~ telephone call** una llamada de larga distancia, una conferencia (interurbana) (Esp)

long-distance[2] *adv* (AmE): **to call ~** hacer* una llamada de larga distancia, poner* una conferencia (Esp)

long drawn-out /ˈdrɔːnˈaʊt/ *adj* interminable, larguísimo

long-eared /ˈlɑːŋˈɪrd || ˈlɒŋˌɪəd/ *adj* de orejas largas

longevity /lɑːnˈdʒevəti || lɒnˈdʒevəti/ *n* [u] (frml) longevidad *f*; (of material) larga duración *f*

long-grain /ˈlɔːŋgreɪn || ˈlɒŋgreɪn/ *adj* ‹*rice*› de grano largo

longhair /ˈlɔːŋher || ˈlɒŋheə(r)/ *n*
A (pej) 1 (hippy) melenudo, -da *m,f* (fam & pey) 2 (intellectual) (AmE) intelectualoide *mf* (pey), progre *mf* (fam & pey), buena onda *mf* (Méx fam & pey)
B (cat) gato *m* de pelo largo

long-haired /ˈlɔːŋˈherd || ˌlɒŋˈheəd/ *adj* 1 ‹*hippy/youth/intellectual*› de pelo largo, melenudo (fam & pey) 2 ‹*animal*› de pelo largo

longhand /ˈlɔːŋhænd || ˈlɒŋhænd/ *n* [u]: **written in ~** en escritura normal (*no en taquigrafía*)

long-haul /ˈlɔːŋhɔːl || ˈlɒŋhɔːl/ *adj* (*before n*) de larga distancia

longhorn /ˈlɔːŋhɔːrn || ˈlɒŋhɔːn/ *n* longhorn *mf*

longing[1] /ˈlɔːŋɪŋ || ˈlɒŋɪŋ/ *n* [u c] (nostalgia) añoranza *f*, nostalgia *f*; (desire) vivo *or* vehemente deseo *m*; **~ FOR sth/sb: she was overcome**

with ~ for her own country sintió una gran añoranza *or* nostalgia de su país; **he felt a great ~ for her** la echaba muchísimo de menos; **there was a ~ for a return to peace** había un vivo deseo de que volviera la paz

longing[2] *adj* (*before n*) nostálgico

longingly /'lɔːŋɪŋli || 'lɒŋɪŋli/ *adv* [1] (nostalgically) con nostalgia [2] (desirously) con ansia

longitude /'lɑːndʒətuːd || 'lɒŋgɪtjuːd, 'lɒndʒɪtjuːd/ *n* [u] longitud *f*

longitudinal /,lɑːndʒə'tuːdnəl || ,lɒŋgɪ'tjuːdɪnəl, ,lɒndʒɪ'tjuːdɪnəl/ *adj* [1] (Geog) longitudinal [2] ‹*line/incision/wave*› longitudinal

long johns /dʒɑːnz || dʒɒnz/ *pl n* calzoncillos *mpl* largos

long jump *n* [u c] salto *m* de longitud, salto *m* (en) largo (AmL)

long-lasting /,lɔːŋ'læstɪŋ || ,lɒŋ'lɑːstɪŋ/ *adj* duradero

long-legged /,lɑːŋ'legəd || ,lɒŋ'legɪd/ *adj* de piernas largas

long-life /'lɔːŋlaɪf || 'lɒŋlaɪf/ *adj* ‹*milk/cream/orange juice*› (BrE) uperizado, sometido al proceso UHT; ‹*battery/bulb*› de larga duración

long-limbed /,lɑːŋ'lɪmd || ,lɒŋ'lɪmd/ *adj* de extremidades largas

long-liner /'lɑːŋlaɪnər || 'lɒŋlaɪnə(r)/ *n* (buque *m*) palangrero *m*

long-lived /,lɔːŋ'lɪvd || ,lɒŋ'lɪvd/ *adj* ‹*person/animal/species*› longevo, de larga vida; **his reputation has proved remarkably ~** es extraordinario cómo ha perdurado su fama; **her jealousy was too ~ to be dispelled overnight** sus celos venían de muy antiguo y no se iban a disipar de la noche a la mañana

long-lost /'lɔːŋ'lɔːst || ,lɒŋ'lɒst/ *adj* (*before n*): **she had a ~ uncle in Australia** tenía un tío en Australia a quien había perdido de vista hacía mucho tiempo; **he recovered his ~ faith** recobró la fe que había perdido hacía tanto tiempo

long-playing record /'lɔːŋ,pleɪɪŋ || 'lɒŋ ,pleɪɪŋ/ *n* disco *m* de larga duración, elepé *m*

long-range /'lɔːŋ'reɪndʒ || 'lɒŋreɪndʒ/ *adj* (*before n*) [1] ‹*missile*› de largo alcance; ‹*bombardment*› a distancia; ‹*aircraft*› para vuelos largos [2] (for long period) ‹*plans*› a largo plazo

long-running /'lɔːŋ'rʌnɪŋ || ,lɒŋ'rʌnɪŋ/ *adj* ‹*musical/farce*› que lleva tiempo en cartelera; ‹*TV program*› que lleva tiempo en pantalla; ‹*feud/controversy*› que viene de largo

longship /'lɔːŋʃɪp || 'lɒŋʃɪp/ *n* drakar *m*, dragón *m* vikingo

longshoreman /'lɔːŋ,ʃɔːrmən || 'lɒŋ,ʃɔːmən/ *n* (*pl* **-men** /-mən/) (AmE) estibador *m*, changador *m* (RPl)

long sight *n* [u] ▸**longsightedness**

longsighted /'lɔːŋ'saɪtəd || ,lɒŋ'saɪtɪd/ *adj* hipermétrope

longsightedness /'lɔːŋ'saɪtədnəs || ,lɒŋ 'saɪtɪdnɪs/ *n* [u] hipermetropía *f*; (in old age) presbicia *f*

long-sleeved /'lɔːŋ'sliːvd || ,lɒŋ'sliːvd/ *adj* ‹*shirt/dress*› de manga larga

longstanding /,lɔːŋ'stændɪŋ || ,lɒŋ'stændɪŋ/ *adj* ‹*grievance/enmity/relationship*› antiguo, que viene (*or* venía *etc*) de largo; **I have a ~ engagement on that day** ese día tengo un compromiso contraído hace mucho tiempo

long-stay /'lɔːŋ'steɪ || 'lɒŋsteɪ/ *adj* ‹*patient*› de estancia *or* (AmL) estadía prolongada; ‹*car park*› (BrE) para estacionamiento *or* (Esp) aparcamiento prolongado

long-suffering /,lɔːŋ'sʌfərɪŋ || ,lɒŋ'sʌfərɪŋ/ *adj* ‹*person*› sufrido; ‹*expression*› de resignación

long-term[1] /'lɔːŋ'tɜːrm || 'lɒŋ'tɜːm/ *adj* (*usu before n*) [1] (in the future) ‹*effects/benefits*› a largo plazo; **what are your ~ prospects?** ¿qué perspectivas tienes a largo plazo? [2] (for a long period) ‹*solution*› duradero; ‹*effects*› prolongado; ‹*debts/returns*› a largo plazo; ‹*unemployment*› de larga duración; ‹*parking lot*› (AmE) para estacionamiento *or* (Esp) aparcamiento prolongado; **this measure will do ~ damage** los efectos perjudiciales de esta medida se dejarán sentir durante largo tiempo; **~ memory** memoria *f* a largo plazo

long-term[2] *adv* (colloq) a largo plazo

longtime /'lɔːŋtaɪm || 'lɒŋtaɪm/ *adj* (*before n*) ‹*friend*› viejo; **his ~ enemy** su enemigo de toda la vida; **his ~ companion** su compañero de tantos años

longueur /ləʊŋ'gɜːr || lɒŋ'gɜː(r)/ *n* (frml): **the play succeeds, despite the occasional ~** la obra resulta lograda a pesar de que en algunos momentos languidece *or* se hace lenta

long-waisted /'lɔːŋ'weɪstəd || ,lɒŋ'weɪstɪd/ *adj* ‹*dress*› de talle bajo *or* largo; **she's ~** es larga de talle

long wave *n* onda *f* larga; (*before n*) ‹*station*› de onda larga

longways /'lɔːŋweɪz || 'lɒŋweɪz/ *adv* ▸**longwise**

long-winded /'lɔːŋ'wɪndəd || ,lɒŋ'wɪndɪd/ *adj* [1] (prolix) ‹*speech/article*› denso, prolijo [2] ‹*procedure*› interminable, larguísimo

longwise /'lɔːŋwaɪz || 'lɒŋwaɪz/ *adv* a lo largo

loo /luː/ *n* (BrE colloq) baño *m* (esp AmL), váter *m* (Esp fam); (*before n*): **~ paper** papel *m* higiénico, papel *m* confort (Chi)

loofah, loofa /'luːfə/ *n: esponja para el baño que se obtiene del fruto del paste*

look[1] /lʊk/ *n*

[A] (glance) mirada *f*; **he shot me a ~ full of hatred** me lanzó una mirada llena de odio; **if ~s could kill ...** si las miradas mataran ...; **she got some odd ~s** la miraron como a un bicho raro (fam); **she gave him such a ~** ¡lo miró de una manera ...!; **to have** *o* **take a ~ at sth/sb** echarle un vistazo a algo/algn; **I bought this — let's have a ~** compré esto — ¿a ver?; **let's have a ~ at you** déjame que te vea (bien); **take a ~ and see if he's back yet** mira a ver si ha vuelto ya; **I want the doctor to take a ~ at you** quiero que te vea el médico; **have** *o* **take a good ~ at the picture** fíjate bien en el cuadro, mira bien el cuadro; **I had a quick ~ at the newspaper** le eché una ojeada al periódico; **we'll be taking a good ~ at our housing policy** revisaremos detenidamente nuestra política de vivienda; **I got a good ~ at the thief** pude ver muy bien al ladrón; **I'll have to take a long, hard ~ at the figures** tendré que estudiar detenidamente las cifras; **let's take a ~ around the cathedral** vamos a echarle un vistazo a la catedral; **a ~ back over the week's events** un vistazo a los acontecimientos de la semana

[B] (search, examination): **have a ~ for my pipe, will you?** mira a ver si me encuentras la pipa, por favor; **I'll have a ~ under the bed** miraré debajo de la cama; **do you mind if I take a ~ around?** ¿le importa si echo un vistazo?

[C] [1] (expression) cara *f*; **with a ~ of despair** con cara de desesperación *or* de desesperado; **there was a ~ of absolute bewilderment on his face** tenía cara de estar totalmente confundido [2] (appearance) aire *m*; **the house had a familiar/strange ~ about it** la casa tenía un aire familiar/extraño; **she has the ~ of her mother when she smiles** se parece a su madre cuando sonríe; **I don't like the ~ of his friend** no me gusta el aspecto *or* (fam) la pinta de su amigo; **I don't like the ~ of the weather** no me gusta cómo se está poniendo el tiempo; **by the ~(s) of things** según parece; **he's down on his luck by the ~(s) of him** a juzgar por su aspecto, está pasando una mala racha [3] (Clothing) moda *f*, look *m*; **the sporty ~** la moda deportiva, el look deportivo; **I need a new ~** tengo que cambiar de imagen [4] **looks** *pl* (beauty) belleza *f*; **she was attracted by his good ~s** la atrajo lo guapo *or* (AmL tb) lo buen mozo que era; **she hasn't lost her ~s** sigue tan guapa como siempre, no ha perdido su belleza

look[2] *vi*

(Sense I)

[A] [1] (see, glance) mirar; **I didn't know where** *o* **which way to ~** no sabía para dónde mirar; **I ~ed around and saw him advancing toward me** me volví a mirar *or* miré hacia atrás y vi que se me acercaba; **you only have to ~ around (you)** no tienes más que mirar a tu alrededor; **to ~ away** apartar la vista, mirar para otro lado; **from the tower you can ~ down over the whole city** desde la torre se ve toda la ciudad; **she ~ed down/up the street** miró calle abajo/arriba; **she ~ed down in embarrassment** bajó la vista *or* los ojos avergonzada; **~ into my eyes** mírame a los ojos; **people are always ~ing in through the windows** la gente siempre está mirando (hacia adentro) por las ventanas; **~ out (of) the window** mira por la ventana; **she ~ed over the fence** miró por encima de la valla; **she ~ed across at me** miró hacia donde yo estaba; **I waved but he just ~ed straight past me** le hice adiós, pero no me vio; (deliberately) le hice adiós, pero ni me miró; **he ~ed straight** *o* **right through me** me miró sin verme; **she ~ed up from her book** levantó la vista del libro; ***to ~ on the bright side of sth*** ver* el lado bueno *or* positivo de algo; **~ on the bright side, nobody was hurt** hay que ver el lado bueno de las cosas: por lo menos nadie se hizo daño; ***to ~ the other way*** (ignore) hacer* la vista gorda; (lit) apartar la vista, mirar para otro lado [2] (*as interj*): **~! a squirrel!** ¡mira! ¡una ardilla!; **~, we can't go on arguing like this** mira, no podemos seguir discutiendo de esta manera; **(now) ~ here** ¡oye tú!, ¡escucha un momento! [3] (face): **our window ~s north** nuestra ventana da al norte *or* está orientada al norte; **to ~ ONTO sth** dar* A algo

[B] (search, investigate) mirar, buscar*; **have you ~ed under the bed?** ¿has mirado debajo de la cama?; **~ and see if there's any mail** fíjate a ver si hay correo; **you need ~ no further** no necesita buscar más; ***~ before you leap*** mira lo que haces, mira dónde te metes

[C] (aim, hope) **to ~ to + INF**: **we were ~ing to finish by Friday** queríamos *or* esperábamos terminar antes del viernes

(Sense II) (seem, appear): **he ~s well/ill** tiene buena/mala cara; **she ~s unhappy** parece (que está) triste, se la ve triste (AmL); **don't ~ so shocked/miserable** no pongas esa cara de asombro/pena; **she was bustling around trying to ~ important** andaba de acá para allá haciéndose la importante; **the two sisters ~ very similar** las dos hermanas se parecen mucho; **he ~s like his father** se parece a su padre; **it ~s like a camel** parece un camello; **he's 60, but ~s 20 years younger** tiene 60 años, pero aparenta *or* representa 20 menos; **he ~s younger than he is** parece más joven de lo que es; **you made me ~ a fool** me hiciste quedar en ridículo; **I wanted to ~ my best** quería estar lo mejor posible; **she's 40 and she ~s it** no puede negar que tiene 40 años, tiene 40 años y se le notan; **how does it ~ to you?** ¿a ti qué te parece?; **Congress ~s certain to reject the motion** parece que el Congreso rechazará la moción; **it ~s like rain** parece que va a llover; **he makes Tarzan ~ like a wimp** (hum) a su lado Tarzán parece un alfeñique (hum); **will they stay? — it ~s like it** ¿se quedarán? — parece que sí *or* eso parece; **to ~ as if** *o* **as though**: **it ~s as though it's healing nicely** parece que está cicatrizando bien; **you ~ as though you could use a drink** me da la impresión de que no te vendría mal un trago; **you ~ as though you've just seen a ghost** ¡ni que hubieras visto un fantasma!; **it ~s as if we're going to be on our own** parece (ser) que vamos a estar solos; ***to ~ alive*** *o* ***lively*** *o* (BrE also) ***sharp*** (colloq) espabilar (fam)

■ **look** *vt* mirar; **he ~ed me straight in the eye/face** me miró a los ojos/a la cara; **to ~ sb up and down** mirar a algn de arriba (a) abajo; **now ~ what you've made me do!** ¡mira lo que me has hecho hacer!; **~ where you're**

going! ¡mira por dónde vas!; ~ **who's here!** ¡mira quién está aquí!

(Phrasal verbs)

- **look after** [v + prep + o] 1 (care for, protect) ‹*invalid/child/animal*› cuidar, cuidar de; ‹*guest/tourist*› atender*; ‹*toy/car*› cuidar; **he's old enough to ~ after himself** ya es grandecito y puede arreglárselas solo; **he doesn't ~ after himself** no se cuida; **he's just ~ing after his own interests** sólo mira por *or* protege sus propios intereses; **~ after yourself!** ¡cuídate! 2 (keep watch on) cuidar, vigilar; **will you ~ after Tommy for a minute?** ¿me cuidas *or* me vigilas a Tommy un momento? 3 (be responsible for) encargarse* *or* ocuparse de; **he ~s after the shop while we're away** se encarga *or* se ocupa de la tienda mientras no estamos
- **look ahead** [v + adv] 1 (in space) mirar hacia adelante 2 (into the future) mirar hacia el futuro; **~ing ahead to next year ...** de cara al año que viene ...
- **look around**
  A [v + adv], [v + prep + o] (survey, investigate) mirar; **I want to ~ around a little longer before deciding on a car** quiero mirar un poco más antes de decidirme por un coche; **could we ~ around the house?** ¿podríamos ver la casa?
  B [v + adv] (seek) **to ~ around FOR sth** buscar* algo; **we're ~ing around for somebody to replace Smith** estamos buscando a alguien para sustituir a Smith; *see also* **look² Sense IA1**
- **look at** [v + prep + o]
  A ‹*person/picture/diagram*› mirar; **my husband has never ~ed at another woman** mi marido no ha mirado nunca a otra mujer; **he's not much to ~ at** muy atractivo no es; **to ~ at her, you'd think she was really weak** tiene todo el aspecto de una persona débil; **~ at the time!** ¡mira qué hora es!; **~ at me for instance** mírame a mí, por ejemplo; **he said he'd never marry, and ~ at him now!** ¡decía que no se casaría nunca y ahí lo tienes!; **there's $50 missing — well, don't ~ at me!** faltan 50 dólares — bueno, a mí no me mires
  B 1 (consider) ‹*possibilities*› considerar, estudiar; **we're ~ing at ways of increasing productivity** estamos considerando *or* estudiando cómo podemos aumentar la productividad; **~ at it from my point of view** míralo *or* considéralo desde mi punto de vista; **it depends on how you ~ at it** depende de cómo lo mires; **they wouldn't even ~ at my proposal** ni siquiera consideraron mi propuesta; **the program ~s at university life** el programa enfoca la vida universitaria 2 (contemplate) (colloq): **you're ~ing at $6,000 at least to get the roof fixed** hay que pensar en *or* calcular 6.000 dólares como mínimo para hacer arreglar el techo; **I'd say you were ~ing at 5 months** yo diría que hay que calcular unos cinco meses
  C (examine, check) ‹*patient/arm/graze*› examinar, checar* (Méx); ‹*car/valve/pump*› revisar, chequear, checar* (Méx)
- **look back** [v + adv] 1 (in space) mirar (hacia) atrás; **he walked away without ~ing back** se alejó sin mirar (hacia) atrás 2 (into the past): **~ing back, it seems foolish** mirándolo ahora, parece una locura; **we can ~ back on ten years of successful partnership** ya llevamos diez años asociados con éxito; **the program ~s back over the last 20 years of television** el programa es una retrospectiva de los últimos veinte años en televisión; **they married five weeks later and they've never ~ed back** se casaron cinco semanas después y desde entonces todo ha marchado sobre ruedas
- **look down on** [v + adv + prep + o] mirar por encima del hombro a, menospreciar
- **look for** [v + prep + o] 1 (seek, search for) ‹*person/book/place*› buscar*; **I've been ~ing for you everywhere** te he estado buscando por todas partes; **what do you ~ for in a secretary/friend?** ¿qué esperas de una secretaria/un amigo?; **are you ~ing for trouble?** ¿estás buscando camorra? 2 (expect) (liter) ‹*reward/praise*› esperar
- **look forward to** [v + adv + prep + o]: **I'm really ~ing forward to tomorrow/my birthday** estoy deseando que llegue mañana/mi cumpleaños; **I'm really ~ing forward to the trip** tengo muchas ganas de hacer el viaje, el viaje me hace mucha ilusión (Esp); **we can only ~ forward to a time when such measures will no longer be needed** sólo podemos esperar que llegue el momento en que tales medidas no sean necesarias; **see you on Friday, then — I'll ~ forward to that** lo vemos el viernes, entonces — sí, por supuesto, con mucho gusto; **to ~ forward to -ING: I ~ forward to hearing from you soon** (Corresp) esperando tener pronto noticias suyas; **I'm ~ing forward to meeting him** tengo ganas de conocerlo; **I'm not ~ing forward to having to work with her** la idea de tener que trabajar con ella no me hace ninguna gracia
- **look in** [v + adv] (pay visit): **I just ~ed in to say hello** sólo pasé a saludar; **I ~ed in at the library** pasé por la biblioteca; **to ~ in ON sb** ir* a ver a algn; **I ~ in on her from time to time** de vez en cuando la voy a ver *or* paso por su casa
- **look into** [v + prep + o] ‹*matter/problem/case*› investigar*; ‹*possibility*› estudiar, considerar
- **look on**
  A [v + adv] (watch passively) mirar; **we ~ed on helplessly as the flames took hold** mirábamos impotentes mientras las llamas se afianzaban
  B [v + prep + o] (regard) considerar; **they ~ on us as cheap labor** nos consideran mano de obra barata
- **look out**
  A [v + adv] 1 (be careful) tener* cuidado; **~ out!** ¡cuidado!; **if she doesn't ~ out, she'll get fired** como no tenga cuidado, la van a echar 2 (overlook) **to ~ out ON** *o* **OVER sth** «*window/room*» dar* A algo
  B [v + o + adv, v + adv + o] (search for) (BrE) buscar*
- **look out for** [v + adv + prep + o] 1 (be on the watch for): **here are some bargains to ~ out for ...** esté atento y no se pierda estas gangas ...; **~ out for her at the station** fíjate a ver si la ves en la estación; **we were warned to ~ out for thieves** nos advirtieron que tuviéramos cuidado con los ladrones; **common pitfalls to ~ out for** errores comunes de los que hay que cuidarse 2 (protest on behalf of) (AmE) salir* en defensa de
- **look over**
  A [v + o + adv, v + adv + o] (examine, check) ‹*work/contract*› revisar, chequear, checar* (Méx); ‹*house/building*› inspeccionar
  B [v + prep + o] (make tour of) ‹*house/factory*› visitar
- **look round** (esp BrE) ▸ **look around**
- **look through** 1 [v + o + adv, v + adv + o] (check) ‹*work/sums*› revisar, chequear, checar* (Méx) 2 [v + prep + o] (peruse) ‹*magazine/book*› echarle* un vistazo a, hojear
- **look to** [v + prep + o] 1 (rely on): **to ~ to religion for strength** buscar* fortaleza en la religión; **they are ~ing to you for guidance** esperan que tú los guíes 2 (attend to) (liter) mirar por, cuidar
- **look up**
  A [v + o + adv, v + adv + o] 1 (try to find) ‹*word*› buscar* (*en el diccionario*) 2 (visit) ‹*person*› ir* a ver; **~ me up next time you're in Houston** ven a verme la próxima vez que estés en Houston
  B [v + adv] (improve) mejorar; **things are/business is ~ing up** las cosas/los negocios van mejorando
- **look upon** ▸ **look on B**
- **look up to** [v + adv + prep + o] admirar, respetar; **I've always ~ed up to my uncle** siempre he admirado *or* respetado a mi tío

look-alike /ˈlʊkəlaɪk/ *n* (colloq) 1 (person) doble *mf*, sosia *mf* 2 (product, machine) imitación *f*

looker /ˈlʊkər ‖ ˈlʊkə(r)/ *n* (colloq): **she's a real ~** es monísima (fam), es guapísima, es un churro (AmS fam); **he's a good ~** es muy guapo, es muy buen mozo (AmL), es un churro (AmS fam)

looker-on /ˌlʊkərˈɑːn ‖ ˌlʊkə(r)ˈɒn/ *n* (*pl* **lookers-on**) ▸ **onlooker**

look-in /ˈlʊkɪn/ *n* (colloq): **if they're taking part, we won't get a ~** si ellos toman parte, nosotros no tenemos ni la más remota posibilidad; **she dominated the discussion and no one else got a ~** acaparó la palabra y nadie más pudo meter baza *or* abrir la boca (fam); **the book hardly gives Italian poetry a ~** el libro apenas hace la referencia a la poesía italiana

-looking /ˈlʊkɪŋ/ *suff* (indicating appearance): **tasty~** con buena pinta (fam), de aspecto apetitoso; **a funny~ character** un individuo de aspecto extraño; **a young~ politician** un político de aspecto joven

looking glass *n* (dated) espejo *m*

lookout /ˈlʊkaʊt/ *n*
A 1 (watch) (*no pl*): **to be on the ~ for sth/sb** andar* a la caza de algo/algn; **they were advised to be on the ~** se les advirtió que estuvieran alerta(s) *or* ojo avizor; (*before n*): **~ post** puesto *m* de observación 2 (person) (Mil) vigía *mf*; **the gang needs him to act as ~** la banda lo necesita para que haga de guardia *or* (RPl fam) para que haga de campana *or* (Méx fam) para que les eche aguas *or* (Chi fam) para que haga de loro 3 (place) atalaya *f*, puesto *m* de observación
B 1 (prospect) (BrE) (*no pl*) panorama *m*, perspectivas *fpl* 2 (concern) (colloq) problema *m*; **that's your ~** ése es tu problema, ése es asunto tuyo

look-see /ˈlʊkˈsiː/ *n* (colloq) (*no pl*) vistazo *m*

look-through /ˈlʊkˈθruː/ *n* (colloq) ojeada *f*, vistazo *m*

loom¹ /luːm/ *n* telar *m*

loom² *vi* 1 (be imminent) avecinarse; **in the face of ~ing tax increases** en vista de la subida de impuestos que se avecina *or* que se viene encima 2 (look threatening): **the mist cleared and the mountain ~ed high above them** se levantó la niebla y la montaña surgió imponente ante ellos 3 (figure): **to ~ large: the problem ~ed large in his mind** el problema dominaba sus pensamientos; **superstition ~s large in these tales** la superstición ocupa un lugar preponderante en estos relatos

(Phrasal verb)

- **loom up** [v + adv]: **a figure ~ed up in the mist** una figura surgió de entre las tinieblas; **the mountain ~ed up above us** la montaña se erguía *or* se alzaba imponente ante nosotros

loon /luːn/ *n*
A (bird) somorgujo *m*
B (fool) (arch) necio, -cia *m,f*

loonie /ˈluːni/ *n* (Can colloq) moneda *f* de un dólar

loony¹, looney /ˈluːni/ *adj* **-nier, -niest** (colloq) ‹*person*› chiflado (fam); ‹*idea*› disparatado, descabellado; ‹*religion*› de fanáticos; **he's completely ~** está como una cabra (fam); **the ~ left** los fanáticos de la izquierda

loony², looney *n* (*pl* **-nies**) (colloq) loco, -ca *m,f*, chiflado, -da *m,f* (fam)

loony bin *n* (colloq) loquero *m* (fam), manicomio *m*

loop¹ /luːp/ *n*
A 1 (shape) curva *f*; (in river) meandro *m*; ***in the ~*** informado; ***to be in/out of the ~*** (colloq) estar* dentro/fuera del círculo de información; ***to keep sb in the ~*** (colloq) mantener* informado a algn; ***to knock sb for a ~*** (AmE colloq) (disconcert) dejar a algn helado *or* de piedra (fam); (knock unconscious) (dated) dejar a algn fuera de combate 2 (in string, cable) lazada *f*; (*before n*): **~ antenna** *o* (BrE) **aerial** antena *f* de cuadro 3 (in sewing) presilla *f* 4 (Aviat): **to loop the ~** rizar* el rizo 5 (Rail) ▸ **loop line**
B 1 (circuit) circuito *m* cerrado, lazo *m* 2 (Comput) bucle *m* 3 (Audio, Cin) bucle *m* 4 (contraceptive) (BrE) espiral *f*, dispositivo *m* intrauterino

loop² *vt*: **~ the wool** haz una lazada con la lana; **I ~ed the dog's lead over the post** enganché la correa del perro en el poste; **to ~ one's 'l's** hacer* las eles con curva *or* (fam) con rulito

■ **loop** *vi* 1 «*plane*» rizar* el rizo 2 «*road*» serpentear

L

looped /lu:pt/ *adj* (AmE sl) mamado (arg), cocido (fam), pedo (Esp, Méx fam), en pedo (RPl fam)

loophole /'lu:phəʊl/ *n* 1 (in wall) aspillera *f*, tronera *f* 2 (in law, contract): **a legal ~, a ~ in the law** una fisura legal, una laguna jurídica *or* legal *or* en la ley (*que se presta a trampas*); **the regulations are riddled with ~s** el reglamento deja abiertas muchas escapatorias; **to close (off) a ~** eliminar una posibilidad de escapatoria

loop line *n*: *línea ferroviaria que describe un círculo*

loopy /'lu:pi/ *adj* **-pier, -piest** (colloq) ‹*idea/plan*› descabellado; ‹*person*› chiflado (fam); **he's completely ~** está como una cabra (fam)

loose[1] /lu:s/ *adj* **looser, loosest**

A 1 (not tight) ‹*jacket/blouse*› suelto, holgado, amplio; **these jeans are ~ around the waist** estos vaqueros me quedan flojos de cintura; **the handcuffs were ~ on my wrists** las esposas me quedaban flojas 2 (not secure) ‹*tile/screw/knot*› flojo, suelto; ‹*thread/end*› suelto; **this tooth is ~** tengo este diente flojo, se me mueve este diente; **the button's very ~** el botón se está por caer; **some of the pages were ~** algunas páginas estaban sueltas; **a ~ connection** un mal contacto; **~ covers** (BrE) *fundas para sillones y sofás*; **the knot had come ~** el nudo se había aflojado; **the piece had worked (itself) ~** la pieza se había soltado *or* desprendido; **to wear one's hair ~** llevar el pelo suelto; ***to be at a ~ end*** *o* (AmE also) ***ends*** no tener* nada que hacer; ***to tie up the ~ ends*** atar (los) cabos sueltos 3 (separate, not packaged) ‹*cigarettes*› suelto; ‹*tea/lentils*› a granel, suelto; **~ change** calderilla *f*, dinero *m* suelto, sencillo *m* (AmL); **to buy/sell sth ~** comprar/vender algo suelto; **I wrote it on a ~ piece of paper** lo apunté en un papel (suelto) 4 (not compact) ‹*earth*› suelto; ‹*weave*› abierto, flojo; **S loose chippings** (BrE) gravilla suelta

B (free) (*pred*) suelto; **a tiger is ~ in the town** un tigre anda suelto por la ciudad; **to break ~** soltarse*; **to let** *o* **set** *o* **turn sb ~** soltar* a algn; **let him ~** suéltalo; **she turned the horses ~** soltó los caballos; **don't go and let him ~ on the new computer** no lo vayas a dejar usar la computadora nueva; **they have been let ~ on Mahler's Ninth** les han permitido acometer la novena de Mahler; **~ horse** caballo *m* sin jinete; ***to be on the ~*** andar* suelto

C 1 (not precise) ‹*definition*› poco preciso; ‹*translation*› libre, aproximado; **the wording is so ~ as to ...** está redactado de forma tan vaga que ...; **a very ~ use of the term** un uso muy sui géneris del término 2 (flexible) ‹*structure*› flexible; ‹*organization*› poco rígido

D 1 (immoral) ‹*morals*› relajado, libertino; ‹*life*› disoluto; **a ~ woman** una mujer fácil *or* de vida alegre 2 (indiscreet) ‹*tongue*› suelto; **~ talk is dangerous** la indiscreción es peligrosa

E (Med): **to be ~** (colloq) estar* *or* andar* suelto de vientre

loose[2] *vt* (liter) 1 (release) ‹*prisoner*› poner* en libertad, soltar*; ‹*horse*› soltar* 2 (fire, unleash) ‹*arrow*› lanzar*; ‹*violence/wrath*› descargar*, desatar

Phrasal verb

• **loose off**

A [v + adv] (shoot) disparar; **to ~ off AT sb** dispararle A algn

B [v + adv + o] (fire) ‹*gun/bullet*› disparar; ‹*arrow*› lanzar*; **he ~d off a barrage of obscenities at them** les soltó una sarta de obscenidades

loose box *n* (BrE) establo *m* móvil

loose cannon *n* (colloq) elemento *m* peligroso

loose-fitting /'lu:s'fɪtɪŋ/ *adj* suelto; ‹*clothes*› holgado, amplio

loose-knit /'lu:s'nɪt/ *adj* de punto suelto

loose-leaf /'lu:s'li:f/ *adj* ‹*binder*› de anillas, de hojas sueltas; ‹*folder*› de hojas sueltas

loose-limbed /'lu:s'lɪmd/ *adj* ágil

loosely /'lu:sli/ *adv*

A (not tightly) ‹*tie/bandage*› sin apretar; **hold it ~** no lo aprietes; **the dress fits ~** el vestido no es entallado; **the collar sat ~ around his neck** el cuello le quedaba flojo *or* grande

B 1 (not precisely) ‹*define*› sin excesivo rigor; ‹*translate*› libremente, aproximadamente; **they're ~ connected** tienen una cierta relación 2 (*indep*): **~ speaking** (hablando) en términos generales 3 (flexibly) ‹*structured/organized*› de forma flexible *or* poco rígida

loosen /'lu:sn/ *vt* 1 (partially dislodge) ‹*tooth*› aflojar 2 (make less tight) ‹*collar/knot/bolt*› aflojar, soltar*; **I had to ~ my belt** tuve que aflojarme el cinturón; **she ~ed her grip on the steering wheel** dejó de apretar con tanta fuerza el volante; **it ~s the bowels** tiene efecto laxante 3 (make less compact) ‹*soil*› aflojar

■ **loosen** *vi* «*knot/bolt*» aflojarse, soltarse*

Phrasal verb

• **loosen up**

A [v + adv] 1 (physically) entrar en calor 2 (emotionally) relajarse

B [v + o + adv, v + adv + o] 1 (physically) ‹*muscles*› desentumecer* 2 (emotionally) hacer* relajar

looseness /'lu:snəs || 'lu:snɪs/ *n* [u]

A 1 (of clothing, fit) amplitud *f*, holgura *f* 2 (of soil, tobacco) lo poco apretado

B 1 (of translation, definition) lo aproximado, lo poco preciso; **a certain ~ of thinking** una cierta falta de precisión *or* de lógica en el razonamiento 2 (of structure, organization) falta *f* de rigidez

C (of morals) lo libertino, lo relajado

loot[1] /lu:t/ *n* [u] 1 (plunder) botín *m* 2 (money) (sl) guita *f* (arg), lana *f* (AmL fam), pasta *f* (Esp fam)

loot[2] *vt* ‹*warehouse/store*› saquear; ‹*goods*› robar

■ **loot** *vi* saquear

looter /'lu:tər || 'lu:tə(r)/ *n* saqueador, -dora *m,f*

looting /'lu:tɪŋ/ *n* [u] saqueo *m*, pillaje *m*

lop /lɑ:p || lɒp/ *vt* **-pp-** 1 ‹*tree*› podar 2 **~ (off)** ‹*branch*› cortar, podar; ‹*paragraph*› eliminar, podar (fam)

lope /ləʊp/ *vi* «*wolf/dog*» trotar; **he ~d along behind her** la seguía corriendo a paso largo

lop-eared /'lɑ:pɪrd || 'lɒpɪəd/ *adj* de orejas gachas

loppers /'lɑ:pərz || 'lɒpəz/ *pl n* (Hort) podadera *f*

lopsided /'lɑ:pˌsaɪdəd || ˌlɒp'saɪdɪd/ *adj* 1 (not straight) torcido, chueco (AmL); **you've put the picture up ~** has colgado el cuadro torcido *or* (AmL tb) chueco 2 (asymmetric) ‹*face/smile*› torcido; ‹*shape*› asimétrico 3 (unbalanced) ‹*distribution*› desigual; ‹*reporting*› sesgado, parcial

loquacious /ˌləʊ'kweɪʃəs || lɒ'kweɪʃəs/ *adj* (frml) locuaz

loquacity /ˌləʊ'kwæsəti || lɒ'kwæsəti, lə-/, **loquaciousness** /ləʊ'kweɪʃəsnəs || lɒ'kweɪʃəsnɪs/ *n* [u] (frml) locuacidad *f*

loquat /'ləʊkwɑ:t || 'ləʊkwɒt/ *n* níspero *m*

lord[1] /lɔ:rd || lɔ:d/ *n*

A ▸ **p.1213** 1 (nobleman) señor *m*, noble *m*; **an English ~** un lord inglés; ***as drunk as a ~*** (dated) como una cuba (fam); ▸ **live**[1] **B1** 2 **Lord** (in UK) lord *m*; **the (House of) L~s** la cámara de los lores; **the L~s Temporal/Spiritual** los miembros laicos/eclesiásticos de la Cámara de los lores 3 **my L~** (addressing judge) (BrE) (su) señoría; (addressing bishop) Ilustrísima; (to nobleman) milord, señor 4 (in UK titles): **L~ Chamberlain** *primer chambelán de la Casa Real Británica*; **L~ Chancellor** Lord Canciller (*presidente de la Cámara de los lores y máxima autoridad judicial*); **L~ Chief Justice** *presidente del Tribunal Supremo de Gran Bretaña*; **L~ Mayor** *alcalde de ciertos municipios*

B **Lord** 1 (God): **the/our L~** el/nuestro Señor; **the L~'s day** el día del Señor; **the L~'s supper** la Eucaristía; **the L~'s Prayer** el Padrenuestro 2 (*in interj phrases*): **good L~** ¡Dios bendito!; **(good) L~, no!** ¡por Dios! ¡cómo se te ocurre!; **oh L~** (colloq) ¡ay, no! (fam); **the L~ (only) knows** Dios sabrá, vete a saber

lord[2] *vt*: ***to ~ it over sb*** tratar a algn con prepotencia; **I can't stand the way she ~s it over us all** no soporto la manera en que nos trata, como si fuera nuestra dueña y señora

> **Lord Mayor, Lord Provost**
> ▸ **mayor**

lordly /'lɔ:rdli || 'lɔ:dli/ *adj* **-lier, -liest** 1 (superior, arrogant) ‹*manner/bearing/wave*› altanero, arrogante 2 (magnificent) ‹*mansion/estate*› señorial

lordship /'lɔ:rdʃɪp || 'lɔ:dʃɪp/ ▸ **p.1213** *n*: **His/Your L~** (of or to peers, judges) (su) señoría; (of or to bishops) (su) Ilustrísima

lordy /'lɔ:rdi || 'lɔ:di/ *interj* (AmE colloq & dial) ¡Jesús! (fam)

lore /lɔ:r || lɔ:(r)/ *n* [u]: **French peasant ~** las tradiciones rurales francesas; **according to traditional ~ ...** según la sabiduría popular ...

lorgnette /lɔ:rn'jet || lɔ:'njet/ *n* impertinentes *mpl*

loris /'lɔ:rəs || 'lɔ:rɪs/ *n* (*pl* **-ris** *or* **-rises**) lorí *m*

Lorraine /lə'reɪn || lɒ'reɪn/ *n* Lorena *f*; **Cross of ~** cruz *f* de Lorena

lorry /'lɔ:ri || 'lɒri/ *n* (*pl* **-ries**) (BrE) camión *m*; ***it fell off the back of a ~*** no es comprado sino agenciado, lo conseguí (*or* consiguió *etc*) de chueco (Méx fam); (*before n*): **~ driver** camionero, -ra *m,f*

lorry load *n* (BrE) camionada *f*, carga *f* de camión

> **The Los Angeles Times**
> ▸ **Newspapers.**

lose /lu:z/ *vt* (*past & past p* **lost**)

Sense I

A (mislay) perder*; **I've lost my key** he perdido *or* se me ha perdido la llave; **don't ~ it** no lo pierdas, que no se te pierda; **to ~ one's way** perderse*; **they lost their way in the forest** se perdieron en el bosque; **the government is losing its way** el gobierno no sabe bien adónde va

B 1 (be deprived of) ‹*sight/territory/right*› perder*; **to ~ one's voice** quedarse afónico; **she lost the use of her legs** quedó paralítica; **he'd lost a lot of blood** había perdido mucha sangre; **to have nothing to ~** no tener* nada que perder; **you have a lot to ~** tienes mucho que perder 2 (through death, disaster) ‹*wife/men/planes*› perder*; **he was lost at sea** pereció en el mar; **they lost 400 troops on the first day** tuvieron 400 bajas el primer día

C 1 (fail to keep) ‹*customers/popularity/speed*› perder*; **I've lost everything I had** lo he perdido todo; **she's lost her figure** ha perdido la silueta; **the pot has lost its lid** se ha perdido la tapa de la cacerola; **the novel lost a lot in translation** la novela perdió mucho con la traducción *or* al ser traducida; **I've lost a lot of my German** se me ha olvidado mucho el alemán que sabía; **to ~ sb/sth TO sb/sth**: **we have lost many clients to our competitors** muchos de nuestros clientes se han pasado a la competencia; **we are losing our best teachers to industry** los mejores profesores se nos están yendo a trabajar a la industria 2 (rid oneself of) ‹*bitterness/inhibitions*› perder*; **to ~ weight** adelgazar*, perder* peso

D 1 (shake off) ‹*pursuer*› deshacerse* de 2 (lose sight of) perder* de vista

E (confuse) confundir; **you've lost me there!** no entiendo, no te sigo

F (cause to lose) costar*, hacer* perder; **their hesitation lost them the contract** la falta de decisión les costó *or* les hizo perder el contrato

G 1 (miss) ‹*train/flight/connection*› perder* 2 (let pass) ‹*time/opportunity*› perder*; **there is no time/not a minute to ~** no hay tiempo/un minuto que perder; **my watch ~s three minutes every day** mi reloj (se) atrasa tres minutos por día

(Sense II) (fail to win) ‹*game/battle/election*› perder*

■ **lose** *vi*

A 1 (be beaten) «*team/contestant/party*» perder*; **they're losing 3-1** van perdiendo 3 a 1; **to ~ TO sb** perder* FRENTE A algn 2 **losing** *pres p* ‹*team/party*› perdedor; **to be on the losing side** ser* de los perdedores; **I've been dealt a losing hand** me han dado una mano que tiene todas las de perder

B 1 (suffer losses) perder*; **to ~ on a deal** salir* perdiendo en un negocio 2 (be less effective) perder*; **the poem ~s in translation** el poema pierde con la traducción *or* al ser traducido

C «*watch/clock*» atrasar, atrasarse

■ *v refl*: **to ~ oneself (in sth)** ensimismarse (en algo)

(Phrasal verb)

• **lose out** [v + adv] salir* perdiendo; **the company lost out on this deal** la empresa salió perdiendo en este negocio; **they've lost out to the big supermarkets** han ido perdiendo terreno frente a los grandes supermercados

loser /ˈluːzər || ˈluːzə(r)/ *n* 1 (in game, contest) perdedor, -dora *m,f*; **she's a good ~** sabe perder, es buena perdedora; **he's a bad ~** *o* (AmE also) **a sore ~** es mal perdedor; **you'll be the ~ (by it)** el que saldrá perdiendo eres tú; **the biggest ~s will be the farmers** los granjeros serán quienes se verán más perjudicados 2 (habitually) (colloq) fracasado, -da *m,f*, perdedor, -dora *m,f*; **he's a born ~** es de los perdedores de este mundo 3 (sth unsuccessful) (colloq): **the project was a ~ from the start** el proyecto llevaba todas las de perder desde un principio; **to be on a ~** llevar todas las de perder

loss /lɔːs || lɒs/ *n*

A (of possessions, jobs, faculties) pérdida *f*; **heat/energy ~** pérdida de calor/energía; **the ship sank with the ~ of 21 lives** el naufragio se cobró 21 vidas; **the coup was carried out without ~ of life** el golpe se llevó a cabo sin que hubiera que lamentar víctimas *or* sin derramamiento de sangre; **if she does leave, she'll be no great ~** no se pierde nada con que se vaya; **it's their ~ not mine** son ellos los que salen perdiendo *or* los que se lo pierden; **they were filled with a keen sense of ~** sintieron un gran vacío; ***to be at a ~***: **the news left me completely at a ~** no supe cómo reaccionar ante la noticia; **I'm at a ~ what to do next** no sé qué hacer ahora; **I was at a ~ for words** no supe qué decir; **he's never at a ~ for words** tiene respuesta para todo

B 1 (Busn, Fin) pérdida *f*; **the company made a huge ~** la compañía sufrió grandes pérdidas; **I made a ~ of $100 on the deal** perdí 100 dólares en el negocio; **a tax ~** una pérdida desgravable; **to sell sth at a ~** vender algo con pérdida; **we cannot continue trading at a ~** no podemos seguir operando con déficit; ***to be a dead ~*** (colloq): **this typewriter is a dead ~** esta máquina de escribir no sirve para nada *or* (fam) es una porquería; **he's a dead ~ as an organizer** como organizador es un desastre *or* una calamidad; ***to cut one's ~es*** cortar por lo sano; (Fin) reducir* las pérdidas 2 (in insurance) pérdida *f*

C 1 (bereavement) (euph) pérdida *f* (euf); **the ~ of a dear one** la pérdida de un ser querido 2 **losses** *pl* (deaths) (Mil) bajas *fpl*

loss adjuster /əˈdʒʌstər || əˈdʒʌstə(r)/ *n* tasador, -dora *m,f* de pérdidas

loss leader *n* artículo *m* de gancho (*producto que se vende con pérdida para atraer clientes*)

loss-making /ˈlɔːsˌmeɪkɪŋ || ˈlɒsˌmeɪkɪŋ/ *adj* (BrE) deficitario

lost¹ /lɔːst || lɒst/ *past & past p of* **lose**

lost² *adj*

(Sense I)

A 1 (mislaid, missing) perdido; **to get ~** perderse*, extraviarse* (frml); **how can it have got ~?** ¿cómo puede haberse perdido?; **~ sheep** oveja *f* descarriada 2 (unable to find way) ‹*child/dog*› perdido; **to get ~** perderse*, extraviarse* (frml); **you can get ~ very easily in these tunnels** te puedes perder *or* desorientar fácilmente en estos túneles; **get ~!** (sl) ¡vete al diablo! (fam), ¡andá a pasear! (RPl fam)

B 1 (vanished) ‹*civilization/arts*› perdido 2 (dead, destroyed) (euph): **she thought of her ~ baby** pensó en el niño que había perdido; **to give sb up for** *o* **as ~** dar* a algn por desaparecido; **to give sth up for** *o* **as ~** dar* algo por perdido; **all is not ~** ¡no está todo perdido!

C 1 (wasted) ‹*time*› perdido; ‹*opportunity*› desperdiciado, perdido; **to make up for ~ time** recuperar el tiempo perdido; ***to be ~ on sb***: **these subtleties are ~ on him** se le escapan estas sutilezas, no capta *or* no sabe apreciar estas sutilezas; **the joke was completely ~ on her** no entendió el chiste 2 (unrealized) ‹*output/production*› perdido

D (*pred*) 1 (confused) perdido; **you're going too fast: I'm ~** vas demasiado rápido y me confundo *or* no te sigo 2 (at a loss) **to be ~ WITHOUT sth/sb** estar* perdido SIN algo/algn; **I'm ~ without a watch/my diary** yo sin reloj/mi agenda estoy *or* me siento perdido; **I was ~ for words** no supe qué decir 3 (absorbed) **to be ~ IN sth** estar* ensimismado EN algo; **he's completely ~ in his book** está totalmente ensimismado en su libro; **she's ~ to the world** está en otro mundo; **~ in thought** sumido en la reflexión, absorto

E (denied, unavailable) (*pred*) **to be ~ TO sb/sth**: **as a result of his cruelty, she was ~ to him forever** su crueldad hizo que la perdiera para siempre

F (morally fallen) (liter) ‹*woman/soul*› perdido

(Sense II) (not won) ‹*battle/election*› perdido; **a ~ cause** una causa perdida

lost and found *n* [u] (AmE) objetos *mpl* perdidos; (*before n*): **lost-and-found department** departamento *m* de objetos perdidos

lost property *n* [u] (BrE) objetos *mpl* perdidos; (*before n*): **~ ~ office** oficina *f* de objetos perdidos

lot /lɑːt || lɒt/ *n*

A (large number, quantity) 1 (*no pl*): **a ~ of wine** mucho vino; **a ~ of people** mucha gente; **he has a ~ of nieces/nephews** tiene muchas sobrinas/muchos sobrinos; **I've got a ~ to do** tengo mucho que hacer *or* (fam) un montón de cosas que hacer; **there wasn't a ~ I could do** yo no podía hacer mucho; **a ~ of the book is boring** gran parte del libro es aburrida; **I've seen a ~ of her recently** la he visto mucho últimamente, la he visto a menudo últimamente; **quite a ~ of money** bastante dinero; **what a ~ of books/photos you've got!** ¡cuántos libros/cuántas fotos tienes!; **what a ~ of fruit/cheese you've bought!** ¡cuánta fruta/cuánto queso has comprado!; **such a ~ of fuss over nothing!** ¡tanto lío por una tontería!; **a (fat) ~ of good that'll do!** (colloq & iro) pues eso sí que va a servir de mucho (iró); **I knew quite a ~ of the answers** yo sabía muchas de las respuestas 2 **a ~** (*as adv*) mucho; **I like her a ~** me gusta mucho, me cae muy bien; **a ~ better/worse/bigger** mucho mejor/peor/más grande; **thanks a ~!** ¡muchas gracias! 3 **lots** *pl* (colloq): **how many seats are there left? — ~s** ¿cuántos asientos quedan? — muchos *or* (fam) montones; **I've got ~s to do** tengo mucho que hacer; **~s of people liked it** a mucha gente le gustó; **there were ~s and ~s of people there** había muchísima gente; **I feel ~s better now** (*as adv*) me siento muchísimo mejor

B 1 (group, mass of things) montón *m*, pila *f* 2 (group of people) (colloq): **they're a funny ~** son raros, son gente rara; **come on, you ~!** ¡vamos, ustedes *or* (Esp) vosotros! 3 (all) (esp BrE): **the ~**: **they ate the ~** se lo comieron todo (*or* se las comieron todas *etc*); **one more story, then that's your ~!** ¡un cuento más y se acabó!; **£2 each or £18 the ~** dos libras cada uno o 18 libras por todos

C (at auction) lote *m*; ***he's a bad ~*** es una mala persona

D 1 (parcel of land) terreno *m*, solar *m*; **film ~** (Cin) plató *m* 2 (AmE) ▸**parking lot**

E 1 (for random choice): **to draw** *o* **cast ~s for sth** echar algo a suertes; **we'll have to draw** *o* **cast ~s** vamos a tener que echarlo a suertes 2 (fate) suerte *f*; **she had a miserable ~ in life** la vida no la trató nada bien; **you can't complain about your ~** no te puedes quejar de tu suerte *or* de lo que te ha tocado en suerte; ***to throw in one's ~ with sb*** unirse a algn

loth /ləʊθ/ *adj* ▸**loath**

lothario /ˌləʊˈθæriəʊ || ləˈθɑːriəʊ/ *n* (dated) calavera *m*

lotion /ˈləʊʃən/ *n* [c u] loción *f*

lottery /ˈlɑːtəri || ˈlɒtəri/ *n* (*pl* **-ries**) lotería *f*; (*before n*): **~ number** número *m* de lotería; **~ ticket** billete *m* de lotería; **~ winner** ganador, -dora *m,f* de la lotería

lotus /ˈləʊtəs/ *n* (*pl* **~es**) loto *m*; (*before n*): **~ position** (in yoga) posición *f* del loto

lotus-eater /ˈləʊtəsˌiːtər || ˈləʊtəsˌiːtə(r)/ *n* (Myth) lotófago, -ga *m,f*; **he's a bit of a ~** es bastante indolente

louche /luːʃ/ *adj* (liter) ‹*person*› de dudosa reputación; ‹*conduct*› turbio, dudoso

loud¹ /laʊd/ *adj* **-er, -est** 1 ‹*noise/scream/applause*› fuerte; **he has a very ~ voice** tiene una voz muy fuerte *or* un verdadero vozarrón; **he said it in a ~ voice** lo dijo en voz alta; **a bit ~er, please** un poco más alto *or* más fuerte, por favor; **I could hear ~ laughs** oía risotadas *or* risas muy fuertes; **one of the ~est rock bands** uno de los grupos de rock que meten más ruido (fam) 2 (vigorous) ‹*protests/complaints*› enérgico; **the minister came in for ~ criticism** el ministro recibió duras críticas 3 (ostentatious) ‹*color*› llamativo, chillón; ‹*pattern*› llamativo 4 ▸**loudmouthed**

loud² *adv* **-er, -est** ‹*speak*› alto; **she laughed (the) ~est of all** fue la que se rió más fuerte *or* con más ganas; **he always turns the TV up too ~** siempre pone la televisión demasiado alta *or* fuerte; **out ~** en voz alta; **I'm receiving you ~ and clear** (Telec) te recibo perfectamente; **they're not prepared to give in — that came through ~ and clear** no están dispuestos a ceder — de eso no cabe la menor duda

loudhailer /ˌlaʊdˈheɪlər || ˌlaʊdˈheɪlə(r)/ *n* (BrE) megáfono *m*

loudly /ˈlaʊdli/ *adv* 1 ‹*shout*› fuerte; ‹*speak*› alto, en voz alta 2 ‹*complain/proclaim*› a voz en grito *or* en cuello 3 ‹*dress*› llamativamente

loudmouth /ˈlaʊdmaʊθ/ *n* (*pl* **-mouths** /-maʊðz/) (colloq) gritón, -tona *m,f*, escandaloso, -sa *m,f*

loudmouthed /ˈlaʊdmaʊðd/ *adj* (colloq) gritón, escandaloso, vocinglero

loudness /ˈlaʊdnəs || ˈlaʊdnɪs/ *n* [u] 1 (volume) volumen *m*; (of explosion) estruendo *m*, estrépito *m* 2 (of protest, complaint) lo enérgico 3 (of color) lo llamativo, lo chillón

loudspeaker /ˌlaʊdˈspiːkər || ˌlaʊdˈspiːkə(r)/ *n* altavoz *m*, altoparlante *m* (AmL), parlante *m* (AmL)

Louisiana /luˌiːziˈænə/ *n* Luisiana *f*

lounge¹ /laʊndʒ/ *n* (on ship, in hotel) salón *m*; (in house) (BrE) sala *f* (de estar), living *m* (AmL), salón *m* (esp Esp); **TV ~** sala *or* salón de la televisión; **departure ~** (Aviat) sala de preembarque, sala de espera

lounge² *vi* 1 (laze): **to ~ around** *o* **about** no hacer* nada, holgazanear; **I spent the weekend lounging around** me pasé el fin de semana sin hacer nada *or* holgazaneando 2 (loll): **he ~d in his chair** estaba repanti(n)gado *or* (AmL tb) repatingado en su sillón; **they were lounging against the bar** estaban apoyados en la barra

lounge bar *n* sala-bar *f*, salón-bar *m*

lounge-diner /ˈlaʊndʒˈdaɪnər || ˌlaʊndʒˈdaɪnə(r)/ *n* salón-comedor *m*, living-comedor *m* (CS)

lounge lizard *n* (dated & hum) *persona a quien le gusta codearse con gente distinguida*

lounger /ˈlaʊndʒər || ˈlaʊndʒə(r)/ *n* 1 (chair, couch) sillón *m* de jardín, tumbona *f* (Esp), reposera *f* (RPl) 2 (person) haragán, -gana *m,f*

lounge suit *n* (BrE) traje *m* (de calle)

lour /ˈlaʊr || ˈlaʊə(r)/ *vi* ▸**lower³**

louse /laʊs/ *n* **1** (*pl* **lice**) (Zool) piojo *m* **2** (*pl* **∼s**) (person) (colloq) canalla *mf*

Phrasal verb

- **louse up** [v + o + adv, v + adv + o] (AmE) (colloq) estropear, fastidiar (fam)

lousy /ˈlaʊzi/ *adj* **-sier, -siest**

A **1** (bad) (colloq) ‹*food/weather*› asqueroso (fam); **a ∼ film/party** una película/fiesta malísima *or* (vulg) de mierda; **we had a ∼ time** lo pasamos pésimo *or* (Esp tb) fatal (fam); **that's the lousiest trick in the book** ¡qué cochinada más grande! (fam); **he's a ∼ driver** maneja *or* (Esp) conduce pésimo; **I'm feeling ∼ today** hoy me siento pésimo, hoy estoy fatal (Esp fam); **I'm ∼ at languages/spelling** soy un desastre para los idiomas/en ortografía (fam); **I got a ∼ $50** me saqué 50 cochinos dólares (fam), me saqué 50 chingados dólares (Méx vulg) **2** (swarming) (sl) (*pred*) **to be ∼ WITH sth**: **he was ∼ with money** estaba forrado (de dinero) (fam), estaba podrido en plata *or* (Esp) podrido de dinero (fam); **the place was ∼ with cops** el lugar estaba plagado de policías

B (infested with lice) ‹*hair/child*› lleno *or* plagado de piojos

lout /laʊt/ *n* patán *m* (fam), gandalla *m* (Méx fam), jallán *m* (AmC, Col)

loutish /ˈlaʊtɪʃ/ *adj* patán (fam), grosero

louver, (BrE) **louvre** /ˈluːvər || ˈluːvə(r)/ *n* lama *f*, listón *m* (*de persiana*); (*before n*) ‹*door/window*› de lamas, tipo persiana

louvered, (BrE) **louvred** /ˈluːvərd || ˈluːvəd/ *adj* ‹*door*› de lamas, tipo persiana; **∼ blind** persiana *f* de lamas

lovable /ˈlʌvəbəl/ *adj* adorable, amoroso (AmL)

love[1] /lʌv/ *n*

A **1** (affection, emotional attachment) amor *m*; **God is ∼** Dios es amor; **∼ is blind** el amor es ciego; **∼ FOR sb** amor POR algn; **their ∼ for each other** el amor *or* el cariño que se tenían; **to feel ∼ for sb** sentir* cariño *or* amor por algn; **to fall/be in ∼ with sb/sth** enamorarse/estar* enamorado de algn/algo; **he's in ∼ with the sound of his own voice** le encanta *or* le fascina escucharse; **it was ∼ at first sight** fue amor a primera vista, fue un flechazo; **she did it for** *o* **out of ∼** lo hizo por amor; **I'm not doing it for the ∼ of it** no lo hago por amor al arte; **for the ∼ of God** *o* **Mike** *o* (AmE also) **Pete!** ¡por el amor de Dios!; **to make ∼ to sb** (sexually) hacer* el amor con algn; (flirt) (dated) hacer(le)* el amor *or* la corte (a algn) (ant); **a ∼-hate relationship** una relación de amor y odio; ***not for ∼ or*** *o* (esp BrE) ***nor money*** por nada del mundo; ***there's no ∼ lost between them*** no se pueden ver; (*before n*) ‹*poem/song/letter*› de amor; ‹*triangle/poetry*› amoroso; **∼ bite** mordisco *m* *or* (CS fam) chupón *m* *or* (Méx fam) chupete *m*; **∼ potion** filtro *m* de amor; **∼ story** historia *f* de amor **2** (enthusiasm, interest) **∼ OF sth** amor *m* A *or* POR algo; **her ∼ of reading** su amor a *or* por la lectura, su afición por la lectura

B **1** (greetings, regards): **give my ∼ to your parents** (dale) recuerdos a tus padres (de mi parte), cariños a tus padres (AmL); **mother sends her ∼** mamá te manda recuerdos *or* (AmL tb) cariños **2** (in letters): **∼ from John** *o* **∼, John** un abrazo, John *or* (AmL tb) cariños, John; **lots of ∼, John** un apretado abrazo, John; **all my ∼, John** con todo mi cariño, John

C **1** (person loved) amor *m*; **he was my first ∼** él fue mi primer amor; **he sent some roses to his ∼** le envió rosas a su amor *or* a su enamorada *or* (liter) a su amada **2** (thing loved) pasión *f*; **the theater remained her first ∼** el teatro siguió siendo su gran pasión

D (colloq) (*as form of address*) **1** (to loved one) cariño, cielo; **don't cry, my ∼** no llores, mi vida *or* mi amor **2** (BrE) (to older woman) señora; (to younger woman) señorita, guapa (Esp); (to older man) señor; (to younger man) joven, guapo (Esp)

E (lovable person) (colloq): **she's/he's such a ∼** es un encanto *or* un cielo; **be a ∼ and fetch my book** anda, cielo, tráeme el libro

F (in tennis) cero *m*; **15-∼** 15-cero; **she won six games to ∼** ganó por seis juegos a cero; (*before n*): **∼ game/set** juego *m* /set *m* en blanco *or* a cero

love[2] *vt* **1** (care for) querer*, amar (liter); **of course I ∼ you!** ¡claro que te quiero!; **children need to be ∼d** los niños necesitan cariño; **∼ thy neighbor (as thyself)** (Bib) ama al prójimo (como a ti mismo); **everyone ∼s a winner** a todo el mundo le gustan los triunfadores; **∼ me, ∼ my dog** (set phrase) quien quiere a Beltrán quiere a su can; **I'll have to ∼ you and leave you now** (colloq) bueno, te dejo; **she ∼s me, she ∼s me not** me quiere mucho, poquito, nada **2** (like) **to ∼ sth/-ING/to + INF**: **I ∼ reading/music/to get presents** me encanta leer/la música/recibir regalos; **I'd ∼ a cup of tea** una taza de té me vendría de maravilla; **I'd ∼ to come** me encantaría ir, me gustaría muchísimo ir; **do I like the theater? I ∼ it!** ¿que si me gusta el teatro? ¡me encanta!; **don't you just ∼ it?** ¿no te encanta?; **I ∼ your new hairstyle** me encanta tu nuevo peinado; **the boss is going to ∼ this one** (iro) ¡ya verás tú la gracia que le hace al jefe! (iró); **the man they ∼ to hate** el malo que a todos fascina

■ **love** *vi* querer*, amar (liter)

loveable *adj* ▸ **lovable**

love affair *n* **1** (romance) aventura *f*, romance *m*, amoríos *mpl* (pey) **2** (enthusiasm) pasión *f*; **his ∼ ∼ with opera** su pasión por la opera

lovebird /ˈlʌvbɜːrd || ˈlʌvbɜːd/ *n* **1** (Zool) periquito *m* **2** (lover) (colloq) tortolito *m* (fam)

love child *n* hijo, -ja *m,f* natural

loved one /lʌvd/ *n* ser *m* querido

love interest *n* [u c] (Cine) **1** [u] (romantic subplot) sub trama *f* romántica **2** [c] (character, role) personaje *m* de la sub trama romántica

loveless /ˈlʌvləs || ˈlʌvlɪs/ *adj* sin amor

love life *n* [u] vida *f* amorosa *or* sentimental; **how's your ∼ ∼?** (colloq) ¿qué tal de amores? (fam)

loveliness /ˈlʌvlinəs || ˈlʌvlinɪs/ *n* [u] (of eyes, figure, scenery) belleza *f*; (of person) encanto *m*; **she was a vision of ∼** era la viva imagen de la belleza; **who's that vision of ∼?** (iro) ¿quién es ese esperpento?

lovelorn /ˈlʌvlɔːrn || ˈlʌvlɔːn/ *adj* (liter *or* hum) perdidamente enamorado

lovely[1] /ˈlʌvli/ *adj* **-lier, liest** **1** ‹*face/hair/voice/figure*› precioso, bonito, lindo (esp AmL); ‹*person/nature*› encantador, amoroso (AmL); **what a ∼ house!** ¡qué casa más preciosa *or* más bonita!; **some of the loveliest verses in English literature** algunos de los versos más hermosos de la literatura inglesa; **what a ∼ baby!** ¡qué niño más rico *or* mono! (fam); **the weather was ∼** hacía un tiempo buenísimo *or* precioso; **we had a ∼ time** lo pasamos estupendo *or* muy bien; **this soup is ∼** esta sopa está riquísima *or* buenísima; **it was ∼ to see them again** fue un gran placer volver a verlos **2** (*as intensifier*) (esp BrE): **it was ∼ and warm by the fire** se estaba muy calentito *or* a gusto junto al fuego; **the coffee was ∼ and strong** el café estaba bien fuerte, riquísimo

lovely[2] *n* (*pl* **-lies**) (colloq) belleza *f*

lovemaking /ˈlʌvˌmeɪkɪŋ/ *n* [u] relaciones *fpl* sexuales

love match *n* matrimonio *m* por amor

love nest *n* (esp BrE journ) nidito *m* de amor

lover /ˈlʌvər || ˈlʌvə(r)/ *n*

A (partner in love) amante *mf*; **to take a ∼** (dated *or* hum) buscarse* *or* (fam) echarse un/una amante; **∼s' lane** callejón *m* de los enamorados

B (fan) **∼ OF sth** amante *mf* DE algo; **he's a ∼ of fine food** es un amante de la buena mesa; **I'm no animal ∼** no me gustan los animales, no soy muy amante de los animales; **music-∼s** los aficionados a *or* los amantes de la música, los melómanos

lover boy *n* (dated & hum) **1** (boyfriend) enamorado *m* (liter *o* hum) **2** (*as form of address*) (don Juan) Tenorio (hum)

love seat *n* confidente *m*

lovesick /ˈlʌvsɪk/ *adj* enfermo de amor, perdidamente *or* locamente enamorado

lovey /ˈlʌvi/ *n* (BrE colloq) (*as form of address*) **love**[1] **D2**

lovey-dovey /ˌlʌviˈdʌvi/ *adj* (colloq & pej) acaramelado (fam & pey)

loving /ˈlʌvɪŋ/ *adj* ‹*person/disposition*› cariñoso, afectuoso; **with ∼ care** con tierno cuidado; **God's ∼ kindness** la bondad de Dios; **from your ∼ son, Henry** (in letters) de tu hijo que te quiere, Henry

-loving /ˌlʌvɪŋ/ *suff*: **opera∼** aficionado a *or* amante de la ópera; **a moisture∼ plant** una planta que necesita humedad

loving cup *n* copa *f* de la amistad

lovingly /ˈlʌvɪŋli/ *adv* ‹*gaze/whisper*› tiernamente, cariñosamente; ‹*handwritten/prepared*› con amor *or* cariño; **∼ restored** restaurado con el mayor cuidado

low[1] /ləʊ/ *adj* **-er, -est**

A (in height) bajo; **to fly at ∼ altitude** volar* bajo *or* a poca altura; **the dress had a very ∼ back** el vestido era muy escotado por la espalda; **he gave a ∼ bow** hizo una profunda reverencia; **a ∼ point in his career** un momento bajo en su carrera

B **1** (in volume) ‹*voice*› bajo, quedo; ‹*sound/whisper*› débil, quedo; **turn the radio down ∼** bájale al radio (AmL exc CS), baja la radio (CS, Esp); **the TV's on too ∼** la tele está demasiado baja **2** (in pitch) ‹*key/note/pitch*› grave, bajo

C (in intensity, amount, quality) ‹*pressure/temperature*› bajo; ‹*wages/prices/productivity*› bajo; ‹*proportion*› pequeño; ‹*standard/quality*› bajo, malo; ‹*number/card*› bajo; **his weight was ∼ for a sprinter** pesaba poco para un esprinter; **∼ levels of radiation** bajos niveles de radiación; **cook on a ∼ flame** *o* **heat** cocinar a fuego lento; **his strength was running ∼** se iba quedando sin fuerzas, le estaban empezando a flaquear *or* fallar las fuerzas; **a ∼ number of voters turned out** pocos votantes acudieron a las urnas; **student numbers fell as ∼ as five** el número de estudiantes bajó a tan sólo cinco; **attendance has been ∼ lately** últimamente no ha habido muchos asistentes; **the temperature was in the ∼ sixties** la temperatura apenas pasaba de 60° Fahrenheit; **∼er unemployment but higher inflation** menor desempleo pero mayor inflación; **it's ∼ in calories** es bajo en calorías; **a ∼ risk operation** una operación poco arriesgada *or* de poco riesgo; **he has a ∼ opinion of doctors** no tiene muy buena opinión de los médicos; **I had ∼ expectations of the team** no esperaba mucho del equipo

D (in short supply): **supplies are ∼** los suministros escasean *or* están empezando a faltar; **stocks are running ∼** se están agotando las existencias; **to be ∼ ON sth**: **we're rather ∼ on milk** tenemos *or* nos queda poca leche; **he's rather ∼ on initiative** no tiene mucha iniciativa, le falta iniciativa; **the film was ∼ on action** a la película le faltaba acción

E (in health, spirits): **to feel ∼** (physically) sentirse* débil; (emotionally) estar* deprimido; **to be in ∼ spirits** estar* bajo de moral *or* con la moral baja, estar* deprimido

F **1** (humble) (liter) bajo, humilde; **of ∼ birth** de humilde cuna (liter); **the ∼est of the ∼** lo más bajo **2** (despicable) bajo, mezquino; **a ∼ trick** una mala jugada, una mala pasada; **how ∼ can you get?** (colloq) ¡qué bajo has (*or* ha *etc*) caído! (fam)

G (primitive) (Biol) inferior; **a ∼ species** una especie inferior *or* poco evolucionada

low[2] *adv* **-er, -est**

A bajo; **to fly ∼** volar* bajo *or* a poca altura; **plants growing ∼ to the ground** plantas *fpl* que crecen casi a ras del suelo; **to bow ∼** hacer* una profunda reverencia; **get down ∼er if you don't want them to see you** agáchate más si no quieres que te vean; **∼ down on the right-hand side of the painting** en la parte inferior derecha del cuadro; **they're ∼er down the list than we are** están más abajo que nosotros en la lista; **put the shelf ∼er down** coloca el estante más abajo; **he rates ∼ in my estimation** no lo tengo en gran estima; **he rates the car ∼ on comfort** el coche no le parece muy cómodo; **he values himself too ∼** no se valora como debería, se tiene en muy poco; **I wouldn't sink** *o* **stoop so**

~ as to do that no me rebajaría a hacer una cosa así, nunca caería tan bajo; **to buy ~** comprar a bajo precio; **to play ~** (in cards) jugar* una carta baja

B **1** (softly, quietly) bajo; **speak a bit ~er** habla un poco más bajo **2** (in pitch) bajo

low³ *n* **1** (low point): **the peso has dropped to a new (record) ~ against the dollar** la cotización del peso ha alcanzado un nuevo mínimo (histórico) con respecto al dólar; **inflation is at a ten-year ~** la tasa de inflación ha alcanzado el punto *or* nivel más bajo de la década; **relations between the two countries are at an all-time ~** las relaciones entre los dos países nunca han sido peores *or* nunca han estado tan tensas; **the temperature will reach a ~ of two degrees** la (temperatura) mínima será de dos grados **2** (Meteo) zona *f* de bajas presiones

low⁴ *vi* mugir*

low- /ləʊ/ *pref*: **~powered** de baja potencia; **~priced** de bajo precio; **~income** de bajos ingresos; **~tension** de baja tensión

low-alcohol /ˈləʊˈælkəhɔːl || ˌləʊˈælkəhɒl/ *adj* bajo en alcohol

low beam *n* luces *fpl* de cruce, luces *fpl* cortas *or* (Chi) bajas; **keep the headlights on ~ ~** deja puestas las luces de cruce (*or* cortas *etc*)

lowborn /ˈləʊbɔːrn || ˈləʊbɔːn/ *adj* de humilde cuna (liter)

lowboy /ˈləʊbɔɪ/ *n* (AmE) cómoda *f*

lowbred /ˈləʊbred/ *adj* (liter) de baja ralea

lowbrow /ˈləʊbraʊ/ *adj* ‹*tastes/person*› poco intelectual; ‹*culture/writer*› popular; **this film/his reading is decidedly ~** esta película/lo que lee no tiene muchas pretensiones intelectuales

low-budget /ˌləʊˈbʌdʒət || ˌləʊˈbʌdʒɪt/ *adj* ‹*film/production*› barato; ‹*traveler/tourist*› con un presupuesto limitado

low-cal /ˈləʊkæl/ *adj* (colloq) = **low-calorie**

low-calorie /ˌləʊˈkæləri/ *adj* bajo en calorías

Low Church¹ *n* (esp BrE) *sector de la Iglesia Anglicana que concede menos importancia a los aspectos formales de la liturgia, centrándose en la prédica del Evangelio*

Low Church² *adj*: *relativo a la* ▸**Low Church**¹

low-class /ˈləʊˈklæs || ˌləʊˈklɑːs/ *adj* ‹*dive/joint*› de mala muerte (fam); ‹*clientele*› de poca categoría, de baja estofa, con poca clase

low comedy *n* farsa *f*, astracanada *f*

low-cost /ˈləʊˈkɔːst || ˈləʊˈkɒst/ *adj* (*before n*) de bajo costo *or* (Esp) coste

Low Countries *pl n*: **the ~ ~** los Países Bajos

low-cut /ˈləʊˈkʌt/ *adj* escotado

low-density /ˌləʊˈdensəti || ˌləʊˈdensɪti/ *adj* **1** (in population) ‹*housing/development*› con baja densidad de población **2** (Chem) de baja densidad

lowdown /ˈləʊdaʊn/ *n* [u] (colloq): **to give sb the ~ on sth** poner* a algn al tanto de algo; **give me the ~ on Mary** ¿qué sabes de Mary?

low-down /ˈləʊˈdaʊn/ *adj* (colloq & pej) (*before n*): **that was a ~ thing to do** ¡qué cochinada *or* marranada! (fam); **he's the sort of ~ rat who would say that** un gusano como él no podía decir otra cosa (fam & pey)

low-end /ˈləʊˈend/ *adj* más bajo de la gama

lower¹ /ˈləʊər || ˈləʊə(r)/ *adj*

A *comp of* **low**¹, **low**²

B (*before n*) **1** (spatially, numerically) ‹*jaw*› inferior; ‹*lip*› de abajo, inferior; **~ age limit** edad *f* mínima; **~ arm** antebrazo *m*; **they live on the ~ floor** viven en el piso de abajo **2** (in rank, importance) ‹*rank/echelons*› inferior, más bajo; **the ~ chamber/L~ House** la cámara baja; **the ~ school** (in UK) *los tres o cuatro primeros años en un colegio de enseñanza media* **3** ‹*mammals/apes/life-forms*› inferior

C (Geog) bajo; **the ~ reaches of the Nile** el curso bajo del Nilo; **~ Manhattan** el sur de Manhattan; **~ Egypt** el Bajo Egipto; **the L~ Danube** el Bajo Danubio

lower² /ˈləʊər || ˈləʊə(r)/ *vt*

A (let down) ‹*blind/ceiling*› bajar; ‹*flag/sail*› bajar, arriar*; **to ~ the lifeboats** echar al agua los botes salvavidas; **he ~ed himself into his chair** se sentó en el sillón; **to ~ one's eyes** bajar la vista *or* los ojos

B (reduce, diminish) ‹*temperature/volume/price*› bajar; **~ your voice** baja la voz; **to ~ sb's morale** bajarle la moral a algn, desmoralizar* a algn; **it ~ed his resistance to disease** le minó *or* le disminuyó las defensas; **this ~ed him in my estimation** esto hizo que bajara *or* cayera en mi estima

■ *v refl*: **to ~ oneself** rebajarse

■ **lower** *vi* «*prices/standards/temperature*» bajar

lower³ /ˈlaʊr || ˈlaʊə(r)/ *vi* (liter) **1** (darken) «*sky*» encapotarse; «*clouds*» amenazar* tormenta **2** (frown) fruncir* el ceño; **to ~ AT sb** fruncirle* el ceño a algn **3** **lowering** *pres p* ‹*sky*› encapotado; ‹*expression/look*› ceñudo; **~ing clouds** nubes *fpl* que amenazan (*or* amenazaban *etc*) tormenta

lower-case /ˈləʊərˌkeɪs || ˌləʊəˈkeɪs/ *adj* ‹*word*› en minúsculas; **~ letter** (letra *f*) minúscula *f*

lower case *n* [u] caja *f* baja

lower-class /ˌləʊərˈklæs || ˌləʊəˈklɑːs/ *adj* de clase baja

lower class *n* (*often pl*) clase *f* baja

lowerclassman /ˌləʊərˈklæsmən || ˌləʊəˈklɑːsmən/ *n* (*pl* **-men** /-mən/) (AmE) *estudiante de primero o segundo año de la universidad*

lower deck *n* (Mil, Naut) **1** (of ship) cubierta *f* inferior **2** (sailors) (BrE): **the ~ ~** la marinería, los marineros

lowest common denominator *n* (Math) mínimo común denominador *m*; **a series aimed at the ~ ~ ~** una serie dirigida al público de nivel más bajo

low-fat /ˈləʊˈfæt/ *adj* bajo en grasas

low-flying /ˌləʊˈflaɪɪŋ/ *adj* ‹*aircraft*› que vuela bajo *or* a poca altura

low-frequency /ˈləʊˈfriːkwənsi/ *adj* de baja frecuencia

low gear *n* marcha *f* corta, velocidad *f* corta, cambio *m* corto

low-grade /ˈləʊˈgreɪd/ *adj* **1** (of inferior quality) ‹*oil*› de baja calidad **2** (Min) ‹*ore*› pobre

low-heeled /ˈləʊˈhiːld/ *adj* bajo, de tacón bajo, de taco bajo (CS), de piso (Méx)

low-impact /ˌləʊˈɪmpækt/ *adj*

A (gentle) ‹*exercise*› de bajo impacto

B (causing minimum damage to the environment) de bajo impacto ambiental *or* ecológico

low-intensity /ˌləʊɪnˈtensəti || ˌləʊɪnˈtensɪti/ *adj* ‹*light*› de baja intensidad; ‹*farming*› no intensivo; ‹*conflict*› en pequeña escala

low-key /ˈləʊˈkiː/, **low-keyed** /-d/ *adj* ‹*speech/tone*› mesurado, medido; ‹*ceremony*› sencillo, discreto; **a ~ police presence** una discreta presencia policial

lowland /ˈləʊlənd/ *adj* (*before n*) **1** de las tierras bajas; (in tropical countries) de tierra caliente **2** **Lowland** (in Scotland) de las tierras bajas, de las *or* los Lowlands

lowlander /ˈləʊləndər || ˈləʊləndə(r)/ *n* **1** (in tropical countries) *habitante o persona oriunda de tierra caliente o de las tierras bajas* **2** **Lowlander** (in Scotland) *habitante o persona oriunda de las tierras bajas o de las Lowlands*

lowlands /ˈləʊləndz/ *pl n* **1** tierras *fpl* bajas; (in tropical countries) tierras *fpl* calientes **2** (in Scotland): **the L~** las tierras bajas, las *or* los Lowlands

low-level /ˈləʊˈlevəl/ *adj* **1** ‹*talks*› a bajo nivel **2** ‹*radiation*› de baja intensidad; ‹*nuclear waste*› de baja radioactividad **3** ‹*flying*› rasante, a baja altura; ‹*bridge*› de poca altura **4** (Comput): **~ language** lenguaje *m* de bajo nivel

lowlife¹ /ˈləʊlaɪf/ *n* (colloq) **1** [u] (people, environment) bajos fondos *mpl*; **the Chicago ~** los bajos fondos de Chicago **2** [c] (*pl* **~s**) (person) (AmE) delincuente *mf*

lowlife² *adj* ‹*bar*› de dudosa reputación; ‹*character*› de los bajos fondos

lowlights /ˈləʊlaɪts/ *pl n*

A (in hair) reflejos *mpl* oscuros, mechas *fpl or* (RPl) mechitas *fpl* oscuras, rayitos *mpl* oscuros (Chi)

B (colloq) (disappointing aspect) lo menos destacado

low-loader /ˌləʊˈləʊdər || ˌləʊˈləʊdə(r)/ *n* (BrE) **1** (Auto) camión *m* de plataforma **2** (Rail) vagón-plataforma *m*

lowly /ˈləʊli/ *adj* **-lier, -liest** humilde, modesto; **he had a ~ opinion of himself** se tenía en muy poco

low-lying /ˈləʊˌlaɪɪŋ/ *adj* bajo

Low Mass *n* [c u] misa *f* rezada

low-necked /ˈləʊˈnekt/ *adj* escotado

lowness /ˈləʊnəs || ˈləʊnɪs/ *n* [u] **1** (low altitude) lo bajo **2** (humbleness) humildad *f* **3** (meanness) bajeza *f* **4** (low pitch) gravedad *f*

low-nicotine /ˌləʊˈnɪkətiːn/ *adj* bajo en nicotina

low-octane /ˌləʊˈɑːkteɪn || ˌləʊˈɒkteɪn/ *adj* de bajo octanaje

low-paid¹ /ˈləʊˈpeɪd/ *adj* mal remunerado, mal pagado

low-paid² *pl n*: **the ~** los trabajadores mal remunerados

low-pitched /ˈləʊˈpɪtʃt/ *adj* **1** ‹*note/voice*› grave **2** ‹*roof*› de poca pendiente

low post *n* (Sport) (in basketball) poste *m* bajo

low-pressure /ˌləʊˈpreʃər || ˌləʊˈpreʃə(r)/ *adj* (*before n*) **1** (Tech) ‹*compressor/cylinder*› de baja presión **2** (Meteo) ‹*area*› de bajas presiones

low-profile /ˌləʊˈprəʊfaɪl/ *adj* **1** poco prominente; **they kept the meeting ~** le dieron poca publicidad a la reunión **2** (AmE) (Auto): **~ tire** neumático *m* de perfil bajo

low-ranking /ˌləʊˈræŋkɪŋ/ *adj* ‹*officer*› de baja graduación; ‹*official*› subalterno

low relief *n* ▸**bas-relief**

low-rent /ˈləʊˈrent/ *adj* (AmE)

A ‹*housing*› de renta baja, de bajo alquiler

B (colloq) **1** (disreputable) ‹*individual/salesman*› de mala fama; ‹*bar/restaurant*› de mala muerte (fam) **2** (second-rate) ‹*special effects/set*› de pacotilla (fam), de segunda clase **3** (cheap) ‹*clothes*› barato, rasca (CS fam)

low-resolution /ˌləʊrezəˈluːʃən/ *adj* de baja resolución

low-rise /ˈləʊˈraɪz/ *adj* de poca altura

low-risk /ˈləʊˈrɪsk/ *adj* ‹*business/occupation*› poco arriesgado; ‹*operation/investment*› de poco *or* bajo riesgo

low season *n* [u] (BrE) temporada *f* baja; **during (the) ~ ~** en temporada baja, durante la temporada baja

low-slung /ˈləʊˈslʌŋ/ *adj* (colloq) ‹*car*› con el suelo bajo; ‹*building*› bajo; ‹*skirt/trousers*› con la pretina baja

low-tar /ˈləʊˈtɑːr || ˌləʊˈtɑː(r)/ *adj* bajo en alquitrán

low-tech /ˈləʊˈtek/ *adj* (*before n*) de baja tecnología

low technology *n* baja tecnología *f*

low-tension /ˌləʊˈtentʃən || ˌləʊˈtenʃən/ *adj* de baja tensión

low-water mark /ˌləʊˈwɔːtər || ˌləʊˈwɔːtə(r)/ *n* línea *f* de bajamar

lox /lɑːks || lɒks/ *n* [u] (AmE) salmón *m* ahumado

loyal /ˈlɔɪəl/ *adj* ‹*follower/friend*› fiel, leal; ‹*customer*› fiel; **to be ~ TO sth** ‹*to the state/party*› ser* leal A algo; ‹*to one's ideals/principles*› ser* fiel A algo; **he is ~ to his friends** es un amigo leal *or* fiel

loyalist /ˈlɔɪələst || ˈlɔɪəlɪst/ *n* partidario, -ria *m,f* del régimen; **L~** (in US history) *colono leal a la corona británica durante la guerra de independencia;* (in N Ireland) unionista *mf*; (in Spain) republicano, -na *m,f*

loyally /ˈlɔɪəli/ *adv* lealmente, fielmente; **he ~ refused to betray his comrades** por lealtad, se negó a delatar a sus camaradas

loyalty /ˈlɔɪəlti/ *n* (*pl* **-ties**) **1** [u] (quality, state) lealtad *f* **2** (allegiance) (*often pl*) **~ TO sb/sth** lealtad *f* A algn/algo; **the Civil War produced many cases of divided loyalties** la guerra civil produjo muchos casos de conflicto de lealtades

loyalty card *n* (BrE) tarjeta *f* de fidelidad

lozenge /'lɑːzndʒ || 'lɒzɪndʒ/ *n* [1] (Med) pastilla *f*; **cough ~** pastilla para la tos [2] (shape) rombo *m*

LP *n* (= **long-playing record**) LP *m*, elepé *m*

LPG *n* [u] = **liquefied petroleum gas**

L-plate /'elpleɪt/ *n* (in UK) placa *f* de la L *or* de prácticas (*placa que se debe exhibir en el coche cuando se aprende a conducir*)

LPN *n* (in US) = **licensed practical nurse**

LSD *n* (= **lysergic acid diethylamide**) LSD *m*

LSE *n*
[A] = **London School of Economics (and Political Science)**
[B] = **London Stock Exchange**

L-shaped /'elʃeɪpt/ *adj* en forma de L

LSI *n* [u] (= **large scale integration**) LSI *f*

LST (in US) = **Local Standard Time**

Lt = **Lieutenant**

Lt Col = **Lieutenant Colonel**

Lt Comdr = **Lieutenant Commander**

Ltd (= **Limited**) Ltda., S.A.

Lt Gen = **Lieutenant General**

lubricant¹ /'luːbrɪkənt/ *n* [u c] lubricante *m*

lubricant² *adj* lubricante

lubricate /'luːbrɪkeɪt/ *vt* lubricar*; **a few drinks will ~ his tongue** (colloq) unas copas le soltarán la lengua (fam)

lubricating oil /'luːbrɪkeɪtɪŋ/ *n* [u c] aceite *m* lubricante

lubrication /ˌluːbrɪ'keɪʃən/ *n* [u] lubricación *f*

lubricator /'luːbrɪkeɪtər || 'luːbrɪkeɪtə(r)/ *n* lubricador *m*

lubricious /luː'brɪʃəs/ *adj* (liter) lascivo, lujurioso

lubricity /luː'brɪsəti/ *n* [u] [1] (lewdness) (liter) lascivia *f*, lujuria *f* [2] (of oil) lubricidad *f*

lucerne /luː'sɜːrn || luː'sɜːn/ *n* [u] (BrE) alfalfa *f*

lucid /'luːsəd || 'luːsɪd/ *adj* [1] (clear, clear-headed) ‹*style/account*› lúcido; **she was completely ~** estaba perfectamente lúcida [2] (luminous) (liter) luminoso, lúcido (liter)

lucidity /luː'sɪdəti/ *n* [u] [1] (clarity, clear-headedness) lucidez *f* [2] (luminosity) (liter) luminosidad *f*, lucidez *f* (liter)

lucidly /'luːsədli || 'luːsɪdli/ *adv* con lucidez, lúcidamente

Lucifer /'luːsəfər || 'luːsɪfə(r)/ *n* Lucifer

luck /lʌk/ *n* [u] suerte *f*; **you never know your ~** a lo mejor tienes suerte; **knowing my ~ ...** con la (mala) suerte que tengo ...; **good/bad ~** buena/mala suerte; **to wish sb (good) ~** desearle (buena) suerte a algn; **good ~!** ¡(buena) suerte!; **best of ~!** ¡mucha suerte!, te deseo la mejor de las suertes; **oh well, bad** *o* **hard ~!** ¡mala suerte!; **better ~ next time** otra vez será; **it's bad ~ to break a mirror** romper un espejo trae mala suerte; **to bring (good) ~/bad ~** traer* (buena) suerte/mala suerte; **to have the good/bad ~ to + INF** tener* la (buena)/mala suerte DE + INF; **it was a piece** *o* **stroke of ~ finding you still here** fue una suerte encontrarte todavía aquí; **they had ~ on their side this afternoon** esta tarde los acompañó *or* les sonrió la suerte, la suerte estuvo de su lado esta tarde; **if our ~ holds** si seguimos con suerte; **with any/a bit of ~** con un poco de suerte; **to be in/out of ~** estar*/no estar* de suerte; **two spoonfuls of sugar and one for ~** dos cucharadas de azúcar y una de propina *or* (AmL tb) de ñapa *or* (CS, Per tb) de yapa; **some people have all the ~** (colloq) los hay con suerte, algunos nacen con estrella (y otros nacen estrellados); **all the ~ in the world won't get you out of this mess** (colloq) de ésta no te saca nadie *or* (fam) ni tu madre; **still working there? — yes, worse ~** (colloq) ¿todavía trabajas ahí? — sí, ¡qué le vamos a hacer!; **I tried everywhere to find that book, but no ~** busqué el libro por todos lados, pero no hubo forma *or* (AmL tb) no hubo caso; **did you get a taxi? — no such ~** ¿conseguiste un taxi? — ¡qué va!; ***as ~ would have it ...*** quiso la suerte que (+ *subj*); ***it's the ~ of the draw*** es cuestión de suerte; ***to be down on one's ~*** estar* de mala racha; ***to have the ~ of the devil*** *o* ***the devil's own ~*** tener* mucha suerte, ser* muy suertudo (AmL fam); ***to push one's ~*** desafiar* a la suerte; ***to try one's ~*** probar* suerte

(Phrasal verb)
- **luck out** [v + adv] (AmE) (colloq) estar* de suerte, estar* con la buena (Chi fam)

luckily /'lʌkəli || 'lʌkɪli/ *adv* (*indep*) por suerte, afortunadamente; **~, there were a few seats left** por suerte *or* afortunadamente, quedaban algunos asientos

luckless /'lʌkləs || 'lʌklɪs/ *adj* desafortunado

lucky /'lʌki/ *adj* **luckier, luckiest** [1] ‹*person*› con suerte, afortunado, suertudo (AmL fam); **who's the ~ man/woman?** ¿quién es el afortunado/la afortunada?; **he was born ~** nació con suerte; **if we're ~ ...** si tenemos suerte ..., con un poco de suerte ...; **you can think yourself ~ I didn't tell her** puedes darte por contento de que no se lo dijera; **to be ~ to + INF: he's ~ to be alive** tuvo suerte de no matarse; **she was ~ enough to be selected** tuvo la suerte de que la seleccionaran; **you'll be ~ to find him there** me extrañaría que lo encontraras allí; **~ you/him!** (colloq) ¡qué suerte (tienes/tiene)!; **borrow my car? you should be so ~** *o* (BrE) **you'll be ~** (colloq) ¿que te preste el coche? ¡ni soñarlo! *or* ¡ni lo sueñes! (fam); **a pay increase? I should be so ~** (colloq) ¿un aumento de sueldo? ¡qué más quisiera (yo)! (fam); **third time ~** la tercera es la vencida [2] (fortuitous): **it was just a ~ guess** acertó (*or* acerté *etc*) por pura casualidad; **he had a ~ escape** se salvó de milagro; **a ~ break** un golpe de suerte; **it was ~ for you he didn't find out** tuviste suerte de que él no se enterara; **it was ~ (that) you were there** fue una suerte que estuvieras ahí, menos mal que estabas ahí [3] (bringing luck): **~ charm** amuleto *m* (de la suerte); **seven is my ~ number** el siete es mi número de la suerte; **it's my ~ day** hoy estoy de suerte; **he was born under a ~ star** nació con (buena) estrella

lucky dip *n* (BrE) ≈ pesca *f* milagrosa

lucrative /'luːkrətɪv/ *adj* lucrativo

lucre /'luːkər || 'luːkə(r)/ *n* [u] (profit) lucro *m*; ***filthy ~*** (hum) dinero cochino

Luddite /'lʌdaɪt/ *n* [1] (Hist) ludita *m* [2] (opponent of new technology) ludita *mf*

ludicrous /'luːdɪkrəs/ *adj* ridículo, absurdo; **it is ~ to believe the problem can be solved so easily** es ridículo *or* absurdo creer que el problema puede resolverse tan fácilmente

ludicrously /'luːdɪkrəsli/ *adv* ridículamente

ludo /'luːdəʊ/ *n* [u] (in UK) ludo *m or* (Esp) parchís *m*

luff¹ /lʌf/ *n* [1] (of sail) caída *f* de popa, grátil *m* [2] (act of turning bow) orza *f*

luff² *vi* orzar*
■ **luff** *vt* orzar*

luffa /'luːfə/ *n* (AmE) ▸**loofah**

lug¹ /lʌg/ *n*
[A] [1] (Tech) agarradera *f* [2] (ear) (BrE colloq) oreja *f*
[B] ▸**lugsail**

lug² *vt* **-gg-** (colloq) arrastrar; **I've been ~ging this box around all day** llevo todo el día con esta caja a cuestas; **we ~ged the children off to the zoo** (hum) nos fuimos con los niños a cuestas al zoológico

luggage /'lʌgɪdʒ/ *n* [u] equipaje *m*

luggage checkroom *n* (AmE) consigna *f* (de equipajes)

luggage rack *n* [1] (Rail) rejilla *f* (portaequipajes) [2] (Auto) baca *f*, portaequipajes *m*, parrilla *f* (Andes)

lugger /'lʌgər || 'lʌgə(r)/ *n* lugre *m*

lughole /'lʌgəʊl/ *n* (BrE colloq) oreja *f*

lugsail /'lʌgseɪl, -sl/ *n* vela *f* al tercio

lugubrious /lʊ'guːbriəs/ *adj* lúgubre

lugubriously /lʊ'guːbriəsli/ *adv* lúgubremente

lugworm /'lʌgwɜːrm || 'lʌgwɜːm/ *n* lombriz *f* de tierra

Luke /luːk/ *n* (Bib) (San) Lucas

lukewarm /ˌluːk'wɔːrm || ˌluːk'wɔːm/ *adj* [1] ‹*water/milk*› tibio [2] ‹*support/reaction*› poco entusiasta; **he only showed ~ interest** no mostró demasiado interés; **he was very ~ about the idea** la idea no lo entusiasmó *or* no le hizo demasiada gracia

lull¹ /lʌl/ *vt* [1] **to ~ a baby to sleep** arrullar *or* mecer* a un niño hasta dormirlo; **the gentle rocking of the boat ~ed me to sleep** me dormí arrullado por el suave balanceo de la barca [2] ‹*fears*› calmar; ‹*suspicions*› desvanecer*, ahuyentar; ‹*senses*› adormecer* [3] (deceive) **to ~ sb INTO sth/-ING: we were ~ed into a false sense of security** nos confiamos demasiado; **we were ~ed into thinking they would pay for it** nos dieron a entender que lo pagarían

lull² *n* (in activity) período *m* de calma; (in fighting) tregua *f*; (in conversation) pausa *f*, paréntesis *m*; ***the ~ before the storm*** la calma que precede a la tormenta

lullaby /'lʌləbaɪ/ *n* (*pl* **-bies**) canción *f* de cuna, nana *f*

lulu /'luːluː/ *n* (AmE colloq): **that's a ~!** ¡qué bárbaro! (fam)

lumbago /lʌm'beɪgəʊ/ *n* [u] lumbago *m*

lumbar /'lʌmbər || 'lʌmbə(r)/ *adj* lumbar

lumber¹ /'lʌmbər || 'lʌmbə(r)/ *n* [u] [1] (timber) (AmE) madera *f*; (*before n*) ‹*trade/company*› maderero; **~ mill** aserradero *m or* (Col, Ec) aserrío *m* [2] (junk) cachivaches *mpl*, trastos *mpl* viejos; (*before n*): **~ room** trastero *m*

lumber² *vt*
[A] [1] (burden) (colloq) **to ~ sb WITH sth** enjaretarle *or* endilgarle* algo A algn (fam); **I got ~ed with the job/the kids** me enjaretaron *or* me endilgaron el trabajo/los niños a mí (fam) [2] (fill) abarrotar, atestar
[B] (chop down) (AmE) talar
■ **lumber** *vi*
[A] [1] (move awkwardly) avanzar* pesadamente [2] **lumbering** *pres p* ‹*gait/step/footsteps*› torpe, pesado
[B] (cut timber) (AmE) aserrar*

lumberjack /'lʌmbərdʒæk || 'lʌmbədʒæk/ *n* leñador *m*; (*before n*): **~ shirt** camisa *f* de leñador (*a cuadros*)

lumberjacket /'lʌmbərˌdʒækət || 'lʌmbəˌdʒækɪt/ *n* chaquetón *m or* chamarra *f* de leñador (*a cuadros*)

lumberyard /'lʌmbərjɑːrd || 'lʌmbəjɑːd/ *n* (AmE) almacén *m* de maderas, barraca *f* (CS)

luminary /'luːməneri || 'luːmɪnəri/ *n* (*pl* **-ries**) (frml & journ) lumbrera *f*, luminaria *f* (AmL)

luminescence /ˌluːmə'nesns || ˌluːmɪ'nesns/ *n* [u] luminiscencia *f*

luminosity /ˌluːmə'nɑːsəti || ˌluːmɪ'nɒsəti/ *n* [u] luminosidad *f*

luminous /'luːmənəs || 'luːmɪnəs/ *adj* [1] ‹*sign/watch*› luminoso; ‹*eyes/sky*› luminoso [2] ‹*energy/flux/intensity*› luminoso [3] (liter) ‹*speaker/speech*› lúcido; ‹*style/prose*› claro

lumme /'lʌmi/ *interj* (BrE colloq & dated) ¡cáspita! (fam & ant)

lummox /'lʌməks/ *n* (AmE colloq) torpe *mf*, chambón, -bona *m,f* (AmL fam), maleta *mf* (Esp fam)

lummy /'lʌmi/ *interj* ▸**lumme**

lump¹ /lʌmp/ *n*
[A] (swelling, protuberance) bulto *m*; (as result of knock, blow to head) chichón *m*; ***a ~ in one's throat*** un nudo en la garganta; **he felt a ~ in his throat** se le hizo un nudo en la garganta
[B] [1] (piece — of coal, iron, clay, cheese) trozo *m*, pedazo *m*; (— of sugar) terrón *m*; **there were ~s in the sauce** había grumos en la salsa; (*before n*): **~ sugar** azúcar *m* en terrones [2] (whole, total): **in one ~** de una vez, de golpe (fam); (*before n*): **~ payment** pago *m* único
[C] (person) (colloq & pej) zoquete *mf* (fam)
[D] **lumps** *pl* (beating, punishment) (AmE sl): **to give sb their ~s** darle* una paliza a algn (fam); **he wasn't willing to take his ~s** no quería llevarse los palos (fam)
[E] (BrE) (Const) (colloq): **the ~** *mano de obra ilegal en el sector de la construcción*

lump² *vt* **1** (put up with) (colloq): ***to ~ it*** aguantarse (fam); **if you don't like it, (you can) ~ it** si no te gusta, te aguantas **2** (place together): **to ~ sth together**: **you can ~ all those items together under one heading** todo eso puede ir junto *or* agruparse bajo el mismo epígrafe; **they can't all be ~ed together as reactionaries** no se puede tachar a todos indiscriminadamente de reaccionarios

lumpectomy /lʌm'pektəmi/ *n* (*pl* **-mies**) extirpación *f* de un bulto *or* tumor en el pecho

lumpenproletariat /ˌlʊmpən,prəʊlə'teriət || ˌlʌmpən,prəʊlɪ'teəriət/ *n* [u] lumpenproletariado *m*

lumpish /'lʌmpɪʃ/ *adj* (colloq) torpe, patoso (Esp fam)

lump-sum /'lʌmp'sʌm/ *adj* (*before n*) ‹*payment*› único; **we received a ~ settlement** recibimos una indemnización global

lump sum *n* cantidad *f or* suma *f* global (*que se paga o recibe para saldar totalmente una obligación*); **you will get $5,000 in a ~ ~** recibirá un pago único de 5.000 dólares

lumpy /'lʌmpi/ *adj* **-pier, -piest** **1** ‹*sauce*› lleno de grumos, grumoso; **it's gone ~** se han hecho grumos **2** ‹*surface*› desigual, disparejo (AmL); ‹*mattress/cushion*› lleno de bultos

lunacy /'lu:nəsi/ *n* (*pl* **-cies**) **1** [u] (madness) locura *f*; **an act of ~** una locura **2** [c] (act, instance) locura *f*

lunar /'lu:nər || 'lu:nə(r)/ *adj* (Aerosp, Astron) lunar; **~ landing** alunizaje *m*

lunar eclipse *n* eclipse *m* lunar

lunar module *n* módulo *m* lunar

lunar month *n* mes *m* lunar

lunarscape /'lu:nərskeɪp || 'lu:nəskeɪp/ *n* paisaje *m* lunar

lunar year *n* año *m* lunar

lunatic¹ /'lu:nətɪk/ *n* loco, -ca *m,f*

lunatic² *adj* ‹*idea/scheme*› alocado, disparatado, descabellado; ‹*noise/atmosphere*› demencial; **there's always a ~ element who ...** siempre tiene que haber algún loco que ...; **the ~ fringe** el sector más fanático *or* radical

lunatic asylum *n* manicomio *m*

lunch¹ /lʌntʃ/ *n* [u c] almuerzo *m*, comida *f* (esp Esp, Méx); **to have ~** almorzar*, comer (esp Esp, Méx); **let's go out for ~** salgamos a almorzar *or* (esp Esp, Méx) a comer; **we were at ~** estábamos almorzando *or* (esp Esp, Méx) comiendo; **I'll buy you ~** te invito a almorzar *or* (esp Esp, Méx) a comer; **they serve cheap/good ~es here** aquí se come barato/bien; ***to be out to ~*** (colloq) estar* en Babia (fam); (*before n*): **~ break** descanso *m* para almorzar *or* (Esp, Méx) comer; **~ hour** hora *f* de almorzar *or* (Esp, Méx) comer

lunch² *vi* (frml) almorzar*, comer (esp Esp, Méx)

lunchbox /'lʌntʃbɑ:ks || 'lʌntʃbɒks/ *n*
A (for food) lonchera *f* (AmL), fiambrera *f* (Esp)
B (Comput) computadora *f or* (Esp) ordenador *m* de sobremesa
C (hum) (man's genitals) paquete *m* (fam)

lunch bucket *n* (AmE) ▸**lunch pail**

lunch counter *n* (AmE) *barra o mostrador donde se sirven comidas*

luncheon /'lʌntʃən/ *n* (frml) almuerzo *m*; (*before n*): **~ party** lunch *m*

luncheon meat *n* [u]: *tipo de fiambre de cerdo*

luncheon voucher, Luncheon Voucher® *n* (BrE) cheque-comida *m*, ticket *m* restaurant

lunch pail *n* (AmE) portacomidas *m*, fiambrera *f* (Esp), portaviandas *m* (Méx), vianda *f* (CS)

lunchroom /'lʌntʃru:m, -rʊm/ *n* (AmE) comedor *m*, refectorio *m*

lunchtime /'lʌntʃtaɪm/ *n* hora *f* de almorzar *or* del almuerzo, hora *f* de comer *or* de la comida (esp Esp, Méx); (*before n*) ‹*concert/program*› de mediodía

lung /lʌŋ/ ▸❶ **p.965** *n* (*often pl*) pulmón *m*; (*before n*) ‹*disease*› pulmonar; **~ cancer** cáncer *m* de pulmón

lunge¹ /lʌndʒ/ *vi* embestir*; (in fencing) atacar*, entrar a fondo; **to ~ AT sb/sth** arremeter CONTRA algn/algo

lunge² *n* **1** arremetida *f*; (in fencing) estocada *f*, entrada *f* a fondo; **he made a ~ toward the door** se lanzó hacia la puerta **2** **~ (rein)** (Equ) ronzal *m*, cabestro *m*

lungfish /'lʌŋfɪʃ/ *n* (*pl* **-fish** *or* **-fishes**) pez *m* dipneo *or* pulmonado; (South American fish) caramuru *m*, lepidosirena *f*

lupine¹, (BrE) **lupin** /'lu:pən || 'lu:pɪn/ *n* altramuz *m*, lupino *m*

lupine² /'lu:paɪn/ *adj* lobuno

lurch¹ /lɜ:rtʃ || lɜ:tʃ/ *vi* «*vehicle*» dar* bandazos *or* sacudidas; «*person*» tambalearse; **the train ~ed to a halt** el tren dio una sacudida y se paró; **he came ~ing toward me** venía tambaleándose hacia mí

lurch² *n* bandazo *m*, sacudida *f*; **to give a ~** dar* un bandazo *or* una sacudida; ***to leave sb in the ~*** (colloq) dejar a algn plantado *or* en la estacada (fam)

lurcher /'lɜ:rtʃər || 'lɜ:tʃə(r)/ *n* perro *m* de caza (*cruce de lebrel inglés y collie*)

lure¹ /lʊr || ljʊə(r), lʊə(r)/ *vt* atraer*; **he was ~d by the offer of a higher salary** lo atrajeron ofreciéndole un sueldo más alto; **it was easily ~d into the trap** fue fácil hacer que cayera en la trampa; **a ruse to ~ the enemy out into the open** una treta para que el enemigo saliera al descubierto

lure² *n* **1** [c u] (attraction) atractivo *m* **2** [c] (enticement, bait) señuelo *m*, aliciente *m* **3** [c] (in angling) cebo *m* artificial, señuelo *m* **4** [c] (in falconry) señuelo *m*, reclamo *m*

lurgy /'lɜ:rgi || 'lɜ:gi/ *n* (BrE colloq) peste *f* (fam); **I've got the dreaded ~ again** estoy apestado otra vez (fam)

lurid /'lʊrəd || 'lʊərɪd/ *adj* **1** (sensational) ‹*details/tale*› escabroso, morboso; ‹*imagination*› morboso **2** (garish) ‹*color/garment*› chillón, chabacano, charro (AmL fam) **3** (glowing) ‹*sky/sunset*› refulgente **4** (pallid) (liter) pálido, desvaído

lurk /lɜ:rk || lɜ:k/ *vi* **1** «*thief/murderer/spy*» merodear, acechar; **danger ~s in every alleyway** el peligro acecha en todas las callejuelas; **to ~ around** *o* **about** merodear **2** (be hidden): **any ~ing doubts were soon allayed** pronto se disiparon las dudas que aún quedaban; **tension ~s beneath the city's calm** hay tensiones latentes bajo la calma de la ciudad

lurker /'lɜ:rkər || 'lɜ:kə(r)/ *n* (Comput) fisgón, -gona *m,f*, lurker *mf*

lurking /'lɜ:rkɪŋ || 'lɜ:kɪŋ/ *n* [u] (Comput) fisgoneo *m*, mironeo *m*

luscious /'lʌʃəs/ *adj* **1** ‹*girl/lips/body*› cautivador, seductor **2** ‹*scent/sweetness*› exquisito, delicioso; **ripe, ~ grapes** maduras y suculentas uvas

lush¹ /lʌʃ/ *adj* **-er, -est** **1** ‹*grass/vegetation/foliage*› exuberante, lozano **2** ‹*surroundings/upholstery*› suntuoso; **a ~ Hollywood production** una fastuosa producción de Hollywood

lush² *n* (sl) borrachín, -china *m,f* (fam)

lushness /'lʌʃnəs || 'lʌʃnɪs/ *n* [u] **1** (of vegetation) exuberancia *f*, lozanía *f* **2** (opulence) suntuosidad *f*

lust¹ /lʌst/ *n* **1** [u] (sexual) lujuria *f*, concupiscencia *f* **2** [c] (craving) deseo *m*; **the ~s of the flesh** los deseos *or* los apetitos de la carne; **~ FOR sth** ‹*for power/vengeance/adventure*› ansia *f*‡ *or* (liter) sed *f* DE algo; **she has a real ~ for life** tiene verdaderas ansias de vivir

lust² *vi* **to ~ AFTER sb** desear a algn; **to ~ AFTER sth** codiciar algo; **to ~ FOR sth** ambicionar algo

luster, (BrE) **lustre** /'lʌstər || 'lʌstə(r)/ *n*
A [u] **1** (gloss, sheen) (liter) lustre *m*, brillo *m* **2** (distinction, glory) (liter) lustre *m* **3** (substance) abrillantador *m*
B [c] **1** (chandelier) araña *f* (de cristal) **2** (pendant) lágrima *f*, cairel *m* (RPl)

lusterware, (BrE) **lustreware** /'lʌstərwer || 'lʌstəweə(r)/ *n* [u] loza *f* vidriada

lustful /'lʌstfəl/ *adj* lujurioso, concupiscente

lustfully /'lʌstfəli/ *adv* lujuriosamente

lustily /'lʌstəli || 'lʌstɪli/ *adv* ‹*cheer*› animadamente; ‹*cry*› con mucha energía

lustre /'lʌstər || 'lʌstə(r)/ *n* (BrE) ▸**luster**

lustrous /'lʌstrəs/ *adj* (liter) ‹*hair*› brillante, brilloso (AmL); ‹*eyes*› luminoso, brillante; ‹*surface*› reluciente

lusty /'lʌsti/ *adj* **-tier, tiest** ‹*person*› sano, lozano; **he has a ~ appetite** tiene muy buen apetito

lute /lu:t/ *n* laúd *m*

Lutheran¹ /'lu:θərən/ *n* luterano, -na *m,f*

Lutheran² *adj* luterano

Lutheranism /'lu:θərənɪzəm/ *n* [u] luteranismo *m*

luv /lʌv/ *n* (colloq & dial) ▸**love¹ D**

luvvy, luvvie /'lʌvi/ *n* (*pl* **-vies**) (BrE)
A (pej or hum) (actor) *actor extravagantemente histriónico*
B (colloq) (as form of address) ▸**love¹ D**

Luxembourg, Luxemburg /'lʌksəmbɜ:rg || 'lʌksəmbɜ:g/ *n* Luxemburgo *m*

Luxembourger, Luxemburger /'lʌksəmbɜ:rgər || 'lʌksəmbɜ:gə(r)/ *n* luxemburgués, -guesa *m,f*

luxuriance /lʌg'ʒʊriəns || lʌg'zjʊəriəns/ *n* [u] exuberancia *f*

luxuriant /lʌg'ʒʊriənt || lʌg'zjʊəriənt/ *adj* ‹*vegetation/growth*› exuberante, lujuriante (liter); ‹*hair*› hermoso y abundante

luxuriantly /lʌg'ʒʊriəntli || lʌg'zjʊəriəntli/ *adv* exuberantemente

luxuriate /lʌg'ʒʊrieɪt || lʌg'zjʊərieɪt/ *vi* **1** (revel) **to ~ IN sth** disfrutar (DE) algo, deleitarse CON algo **2** (thrive) «*plant*» crecer* de manera exuberante

luxurious /lʌg'ʒʊriəs || lʌg'zjʊəriəs/ *adj* ‹*home/surroundings*› lujoso; **they led a ~ existence** llevaban una vida de lujo

luxuriously /lʌg'ʒʊriəsli || lʌg'zjʊəriəsli/ *adv* lujosamente

luxury /'lʌkʃəri/ *n* (*pl* **-ries**) **1** [u] (indulgence) lujo *m*; **to live in ~** vivir rodeado de lujos; (*before n*) ‹*car/hotel*› de lujo; **~ goods** (Busn) artículos *mpl* suntuarios *or* de lujo **2** [c] (item) lujo *m*; **that's one ~ we can't afford** ése es un lujo que no nos podemos permitir

LV *n* (BrE) = **luncheon voucher**

LW *n* (= **long wave**) OL *f*

lychee /'laɪtʃi || 'laɪtʃi:, ˌlaɪ'tʃi:/ *n* lichi *m*

lych gate /'lɪtʃ/ *n*: *entrada techada al camposanto contiguo a una iglesia*

lye /laɪ/ *n* [u] (Chem) lejía *f*

lying¹ /'laɪɪŋ/ *n* [u] mentiras *fpl*

lying² *adj* (*before n*) mentiroso; **you ~ cow!** (sl) ¡mentirosa de mierda! (vulg)

lying-in /ˌlaɪɪŋ'ɪn/ *n* (Med) (arch) parto *m*

lymph /lɪmf/ *n* [u] linfa *f*; (*before n*): **~ gland** glándula *f* linfática

lymphatic /lɪm'fætɪk/ *adj* linfático

lymphoma /lɪm'fəʊmə/ *n* (*pl* **-mas** *or* **-mata** /-mətə/) linfoma *f*

lynch /lɪntʃ/ *vt* linchar

lynching /'lɪntʃɪŋ/ *n* linchamiento *m*

lynch mob *n* banda *f* de linchadores

lynchpin /'lɪntʃpɪn/ *n* ▸**linchpin**

lynx /lɪŋks/ *n* (*pl* **~es** *or* **~**) lince *m*

lynx-eyed /'lɪŋks'aɪd/ *adj* con ojos de lince

lyre /'laɪr || 'laɪə(r)/ *n* lira *f*

lyrebird /'laɪrbɜ:rd || 'laɪəbɜ:d/ *n* ave *f*‡ lira

lyric¹ /'lɪrɪk/ *n* **1** (poem) poema *m* lírico **2** **lyrics** *pl* (Mus) letra *f*; **the ~s of the song** la letra de la canción

lyric² *adj* **1** ‹*poetry/poet*› lírico **2** ‹*soprano/tenor*› lírico

lyrical /'lɪrɪkəl/ *adj* (Lit) lleno de lirismo; ***to wax ~ about sth/sb*** (hum): **he waxed ~ about the painting/about her** puso el cuadro/la puso por las nubes, se deshizo en elogios hablando de la pintura/de ella

lyrically /'lɪrɪkli/ *adv* (Lit, Mus) con lirismo, líricamente

lyricism /'lɪrəsɪzəm || 'lɪrɪsɪzəm/ *n* [u] lirismo *m*

lyricist /'lɪrəsəst || 'lɪrɪsɪst/ *n* (Mus) letrista *mf*

L

m, M /em/ *n* 1 (letter) m, M *f* 2 **m (= minute(s))** min(s) 3 **m = mile(s)** m 4 (Clothing) **m (= medium)** M, talla *f* mediana *or* (RPl) talle *m* mediano 5 **m (= million(s))** m 6 **m (= meter(s)** *o* (BrE) **= metre(s))** m; ▶ **p.1376** 7 **m (= male)** de sexo masculino; **m seeks f for friendship** (in advertisement for partner) (BrE) chico busca chica para entablar amistad 8 (in UK) (Transp) **M (= motorway)** *indicador de autopista*

ma /mɑː/ *n* (colloq) 1 mamá *f*; **old M~ Smith** la vieja Smith 2 (*as form of address*) mamá

MA /'em'eɪ/ *n* 1 **(= Master of Arts) to have an ~ in History** tener* una maestría *or* un Master en historia 2 **= Massachusetts**

ma'am /mæm/ *n* (*as form of address*) señora; (to a younger woman) señorita; (to royalty) Majestad

mac /mæk/ *n* (colloq)

A *also* **Mac** (AmE colloq) (*as form of address*) amigo (fam)

B (raincoat) (BrE) impermeable *m*; **plastic ~** impermeable *m* de plástico

Mac® /mæk/ *n* (Comput) Mac® *m or* (Esp) *f* (fam); **on a ~** en un *or* (Esp) una Mac®

macabre /mə'kɑːbrə/ *adj* macabro

macadam /mə'kædəm/ *n* macadán *m*

macadamia (nut) /,mækə'deɪmiə/ *n* macadamia *f*

macadamize /mə'kædəmaɪz/ *vt* macadamizar*

macaque /mə'kæk/ *n* macaco *m*

macaroni /,mækə'rəʊni/ *n* [u] macarrones *mpl*; **~ and cheese** (AmE): **~ cheese** (BrE) macarrones *mpl* gratinados *or* al gratín

macaroon /,mækə'ruːn/ *n* macarrón *m*

macaw /mə'kɔː/ *n* guacamayo *m*, ara *m*, araraúna *f*

mace /meɪs/ *n*

A (Art, Hist, Mil) maza *f*

B (Culin) macis *f*, macia *f*

C **Mace®** (AmE) (tear gas) *gas para defensa personal*

macebearer /'meɪs,berər || 'meɪs,beərə(r)/ *n* macero *m*

Macedon /'mæsədɑːn || 'mæsɪdɒn/ *n* (Hist) Macedonia *f*

Macedonia /,mæsə'dəʊniə || ,mæsɪ'dəʊniə/ *n* Macedonia *f*

macerate /'mæsəreɪt/ *vt* ‹*fruit*› macerar; ‹*paper*› remojar

Mach /mɑːk mæk/ *adj*: **~ 3** 3 Mach; **~ number** Mach *m*

machete /mə'ʃeti mə'tʃeti/ *n* machete *m*

Machiavelli /,mækiə'veli/ *n* Maquiavelo

Machiavellian, (BrE also) **Machiavelian** /,mækiə'veliən/ *adj* maquiavélico

machinations /,mækə'neɪʃənz, 'mæʃ- || ,mækɪ'neɪʃənz, 'mæʃ-/ *pl n* (liter) maquinaciones *fpl*, intrigas *fpl*

machine[1] /mə'ʃiːn/ *n* 1 (device) máquina *f*; (*sewing ~*) máquina *f* (de coser); (*vending ~*) máquina *f* (expendedora), distribuidor *m* automático; (*washing ~*) lavadora *f*, máquina *f* (de lavar), lavarropas *m* (RPl); **it's ~ made** está hecho a máquina; **I got $20 out of the ~** saqué 20 dólares del cajero (automático); (*before n*): **the ~ age** la era de las máquinas *or* de la mecanización; **~ error** error *m* de máquina; **~ operator** operario, -ria *m,f*; **~ room** sala *f* de máquinas; **~ shop** taller *m* de máquinas 2 (car, motorbike) máquina *f*; (aircraft) aparato *m* 3 (system, organization) aparato *m*; **the party ~** (Pol) el aparato del partido

machine[2] *vt* 1 (Tech) ‹*metal/edge*› trabajar a máquina; (on lathe) tornear 2 (sewing) coser a máquina

machine code *n* [u] (Comput) código *m* máquina

machine-gun /mə'ʃiːngʌn/ *vt* **-nn-** ametrallar

machine gun *n* ametralladora *f*; (*before n*): **machine-gun fire** fuego *m* de ametralladora

machine language *n* [u c] lenguaje *m* de máquina

machine pistol *n* pistola *f* automática

machine-readable /mə,ʃiːn'riːdəbəl/ *adj* legible por máquina

machinery /mə'ʃiːnəri/ *n* [u] 1 (machines) maquinaria *f* 2 (working parts) mecanismo *m* 3 (system): **the ~ of government** la maquinaria de gobierno; **the decision-making ~** el mecanismo de la toma de decisiones

machine-stitch /mə'ʃiːnstɪtʃ/ *vt* coser a máquina

machine tool *n* máquina *f* herramienta

machine translation *n* [u] traducción *f* automática

machine-wash /mə'ʃiːnwɔːʃ || mə'ʃiːnwɒʃ/ *vt* lavar a máquina

machine-washable /mə,ʃiːn'wɔːʃəbəl || mə ,ʃiːn'wɒʃəbəl/ *adj* lavable a máquina

machinist /mə'ʃiːnəst || mə'ʃiːnɪst/ *n* (operator) maquinista *mf*, operario, -ria *m,f*; (— of sewing machine) operario, -ria *m,f* (*de una máquina de coser*); **~'s mate** (AmE) ayudante *m* de máquinas

machismo /mɑː'tʃɪzməʊ, -'kɪz- || mə'tʃɪzməʊ, -'kɪz-/ *n* [u] machismo *m*

macho /'mɑːtʃəʊ || 'mætʃəʊ/ *adj* 1 (male chauvinist) ‹*behavior/attitude*› machista 2 (virile) ‹*image*› de macho; **she likes ~ men** le gustan los hombres muy machos *or* (fam) machotes

macintosh *n* ▸ **mackintosh**

mack /mæk/ (BrE) ▸ **mac B**

mackerel /'mækrəl/ *n* [c u] (*pl* ~ *or* ~**s**) caballa *f*; (*before n*): **~ sky** cielo *m* aborregado

mackinaw /'mækənɔː || 'mækɪnɔː/ *n* (AmE) chaquetón *m*

mackintosh /'mækəntɑːʃ || 'mækɪntɒʃ/ *n* impermeable *m*; **plastic ~** impermeable *m* de plástico

macrame, macramé /'mækrəmeɪ || mə 'krɑːmi/ *n* [u] macramé *m*

macro[1] /'mækrəʊ/ *adj* (Comput) ‹*instruction/definition*› macro *adj inv*

macro[2] *n* (*pl* **-ros**) (Comput) macro *m*, macroinstrucción *f*

macro- /'mækrəʊ/ *pref* macro-

macrobiotic /,mækrəʊbaɪ'ɑːtɪk || ,mækrəʊbaɪ 'ɒtɪk/ *adj* ‹*diet/product*› macrobiótico

macrocephalous /,mækrəʊ'sefələs/ *adj* macrocéfalo

macrocephaly /,mækrəʊ'sefəli/ *n* macrocefalia *f*

macrocosm /'mækrəʊkɑːzəm || 'mækrəʊkɒzəm/ *n* macrocosmo(s) *m*

macroeconomics /,mækrəʊ,ekə'nɑːmɪks || ,mækrəʊ,iːkə'nɒmɪks/ *n* macroeconomía *f*

macroeconomy /'mækrəʊiːkɑːnəmi || 'mækrəʊiːkɒnəmi/ *n* macroeconomía *f*

macro-engineering /,mækrəʊendʒə'nɪrɪŋ || ,mækrəʊendʒɪ'nɪərɪŋ/ *n* [u] macroingeniería

macron /'meɪkrɑːn || 'mækrɒn/ *n* (Ling) *signo diacrítico que indica que la vocal es larga*

macroscopic /,mækrə'skɑːpɪk || ,mækrə 'skɒpɪk/ *adj* macroscópico

macrostructure /'mækrəʊstrʌktʃər || 'mækrəʊstrʌktʃə(r)/ *n* [u c] macroestructura *f*

mad /mæd/ *adj* **-dd-**

A 1 (insane) loco, demente; **~ scientist** científico *m* loco; **~ dog** (rabid) perro *m* rabioso; **are you ~?** ¿pero estás loco?; **in a ~ moment** en un momento de locura; **to be ~ with grief/pain** estar* loco de pena/dolor; **to go ~** volverse* loco, enloquecer(se)*; **when I told her I'd lost it she went ~** cuando le dije que lo había perdido se puso como loca *or* como una fiera; **don't go ~ with the salt** no te pases con la sal (fam); **it's bureaucracy gone ~** es la burocracia llevada a un extremo absurdo; **to drive sb ~** volver* *or* traer* loco a algn; **these kids are driving me ~** estos niños me están volviendo loca *or* me traen loca; **to work/run/fight like ~** trabajar/correr/pelear como un loco; **they shouted like ~** gritaban como locos; ***to be as ~ as a hatter*** *o* ***as a March hare*** estar* loco de atar *or* más loco que una cabra (fam) 2 ‹*rush*› loco, demencial; ‹*gallop*› desenfrenado; **we made a ~ dash for the airport** salimos como locos para el aeropuerto 3 (foolish, crazy) ‹*scheme/idea*› disparatado, descabellado; **what a ~ thing to say!** ¡qué disparate!

B (angry) (esp AmE) (*pred*) **to be ~ (WITH/AT sb)** estar* furioso *or* (esp AmL) enojadísimo *or* (esp Esp) enfadadísimo (CON algn); **she's ~ at him for forgetting her birthday** está enojadísima *or* (esp Esp) enfadadísima con él porque se olvidó de su cumpleaños; **to get ~** ponerse* furioso; **to make sb ~** poner* furioso a algn; **was I (ever) ~!** ¡qué furioso me puse!

C (very enthusiastic) (colloq) (*pred*) **to be ~ ABOUT sb** estar* loco POR algn; **to be ~ ABOUT/ON sth**: **she's ~ about lemon ice-cream/about** *o* **on African music** el helado de limón/la música africana la vuelve loca, le encanta *or* le chifla el helado de limón/la música africana; **I'm not ~ keen on the idea** (BrE) la idea no me vuelve loco *or* no me entusiasma demasiado

-mad /mæd/ *suff*: **to be car~/baseball~** ser* loco por los coches/el béisbol, ser* un fanático de los coches/del béisbol

Madagascan[1] /,mædə'gæskən/ *adj* malgache

Madagascan[2] *n* malgache *mf*

Madagascar /,mædə'gæskər || ,mædə 'gæskə(r)/ *n* Madagascar *m*

madam /'mædəm/ *n* ▸ **p.1213** 1 (as title) señora *f*; **Dear M~** (Corresp) Estimada Señora; **M~ President/Chairman** señora presidenta/directora; (*as form of address*) señora 2 (of brothel) madam(e) *f*, madama *f*, regenta *f* (Chi) 3 (bossy girl) (BrE pej): **she's a proper little ~!** mira que aires *or* importancia se da la mocosa esta (fam); (*as form of address*) señorita

madcap[1] /'mædkæp/ *n* (dated) cabeza *mf* loca, alocado, -da *m,f*

madcap[2] *adj* ‹*plan*› descabellado, disparatado; **~ antics** barrabasadas *fpl*

mad cow disease *n* encefalopatía *f* espongiforme bovina

madden /ˈmædn/ *vt* (make angry) enfurecer*; (drive mad) enloquecer*; **she was ~ed by his arrogance** su arrogancia la sacaba de quicio; **~ed by/with pain** enloquecido por el dolor/de dolor

maddening /ˈmædnɪŋ/ *adj* ‹*indecision/habit*› exasperante; ‹*delay*› desesperante; **it was really ~ to have to wait so long** fue desesperante tener que esperar tanto

maddeningly /ˈmædnɪŋli/ *adv* ‹*slow/pedantic*› hasta la exasperación, hasta decir basta (fam)

made[1] /meɪd/ *past & past p of* **make**[1]

made[2] *adj* (*pred*) 1 (assured of success): **to be ~** tener* el futuro *or* el porvenir resuelto *or* asegurado; **if you can pull it off, you're ~ (for life)** si lo logras, tienes el futuro resuelto (de por vida); ***to have it* ~** tener* el éxito asegurado 2 (ideally suited): **they were ~ for each other** estaban hechos el uno para el otro

-made /meɪd/ *suff*: **Italian/foreign~ products** productos de fabricación italiana/extranjera

Madeira /məˈdɪrə || məˈdɪərə/ *n* Madeira *f*, Madera *f*; (wine) madeira *m*, vino *m* de Madeira *or* Madera; (*before n*): **~ cake** (BrE) bizcocho *m or* (CS) bizcochuelo *m* de mantequilla

madeleine /ˈmædəlɪn || ˈmædəleɪn/ *n*: *pequeño bizcocho cubierto de mermelada y coco rallado*

made man *n* (AmE) triunfador *m*

made-to-measure /ˌmeɪdtəˈmeʒər || ˌmeɪdtəˈmeʒə(r)/ *adj* (*pred* **made to measure**) ‹*suit/shirt*› hecho a (la) medida

made-to-order *adj* (*pred* **made to order**) (BrE) ‹*suit/shirt/dress*› hecho a (la) medida; ‹*food*› por encargo

made-up /ˈmeɪdˈʌp/ *adj* (*pred* **made up**) 1 ‹*road*› asfaltado 2 ‹*eyes/face*› pintado, maquillado 3 ‹*story/excuse*› inventado

madhouse /ˈmædhaʊs/ *n* (colloq) loquero *m* (fam), manicomio *m*; **it's like a ~ in here** esto es un loquero (fam), esto parece una casa de locos *or* un manicomio

madly /ˈmædli/ *adv* 1 (frantically) ‹*rush/shout/work*› como un loco; ‹*love*› locamente 2 (very) (*as intensifier*): **~ happy** loco de alegría; **I'm ~ busy** estoy ocupadísimo *or* (fam) super ocupado; **it's ~ urgent** es super urgente (fam); **they were ~ in love** estaban locamente *or* perdidamente enamorados

madman /ˈmædmən/ *n* (*pl* **-men** /-mən/) loco *m*; **to fight/drive like a ~** pelear/manejar *or* (Esp) conducir* como un loco

mad money *n* [u] (AmE colloq) dinero *m* (fam) (*para gastos imprevistos*)

madness /ˈmædnəs || ˈmædnɪs/ *n* [u] locura *f*, demencia *f*; **that would be ~** eso sería demencial, eso sería una locura

madonna /məˈdɑːnə || məˈdɒnə/ *n* 1 (Relig): **Madonna**: **the M~** la Virgen; **the M~ and child** la Virgen y el niño 2 (Art) virgen *f*, madona *f*

Madras /məˈdræs/ *n* Madrás

madrepore /ˌmædrɪˈpɔːr || ˌmædrɪˈpɔː(r)/ *n* madrépora *f*

Madrid /məˈdrɪd/ *n* Madrid *m*; (*before n*) madrileño

madrigal /ˈmædrɪgəl/ *n* madrigal *m*

madwoman /ˈmædˌwʊmən/ *n* (*pl* **-women**) loca *f*

maelstrom /ˈmeɪlstrəm/ *n* (liter) vorágine *f* (liter)

maestro /ˈmaɪstrəʊ/ *n* (*pl* **-tros**) maestro *m*

Mae West /ˈmeiˈwest/ *n* chaleco *m* salvavidas

Mafia /ˈmɑːfiə, ˈmæ- || ˈmæfiə/ *n* Mafia *f*; (*before n*): **a ~ boss** un capo de la Mafia

mafioso /ˌmɑːfiˈəʊsəʊ, ˌmæ- || ˌmæfiˈəʊsəʊ/ *n* (*pl* **-si** /si/) mafioso, -sa *m,f*

mag /mæg/ *n* (colloq) revista *f*

magazine /ˈmægəziːn || ˌmægəˈziːn/ *n*
A 1 (Publ) revista *f*; (*before n*): **~ rack** revistero *m* 2 **~ (program)** (Rad, TV) programa *m* de entrevistas y variedades
B 1 (storeroom) polvorín *m*; (Naut) santabárbara *f* 2 (on gun — compartment) recámara *f*; (— bullet case) cargador *m*
C 1 (for slides — rectangular) bandeja *f*; (— circular) carrusel *m* 2 (for film) chasis *m or* almacén *m* (de la cámara)

Magdalene /ˈmægdəˌliːnə || ˈmægdəlɪn/ *n see* **Mary**

Magellan /məˈdʒelən || məˈgelən/ *n* Magallanes *m*; **the Strait(s) of ~, the ~ Straits** el estrecho de Magallanes

magenta[1] /məˈdʒentə/ ▸ⓘ **p.1036** *adj* (color) magenta *adj inv*, morado

magenta[2] ▸ⓘ **p.1036** *n* [u] magenta *m*, morado *m*

maggot /ˈmægət/ *n* gusano *m*

maggoty /ˈmægəti/ *adj* con gusanos, agusanado

Maghreb /ˈmɑːgreb || ˈmʌgrəb/ *n*: **the ~** el Magreb

Magi /ˈmeɪdʒaɪ/ *pl n*: **the ~** los Reyes Magos

magic[1] /ˈmædʒɪk/ *n* [u] magia *f*; **black/white ~** magia negra/blanca; **as if by ~** como por encanto, como por arte de magia *or* (Esp tb) de birlibirloque; **there's no ~ about it** no tiene nada de especial, (si) es muy fácil *or* sencillo; **the ~ of springtime** la magia de la primavera; **the place has lost its ~ for me** el lugar ha perdido el encanto para mí

magic[2] *adj* 1 ‹*power/potion*› mágico; ‹*trick*› de magia; **~ carpet/wand** alfombra *f* /varita *f* mágica; **~ spell** hechizo *m*, encanto *m*; **~ square** (Math) cuadrado *m* mágico; **there's no ~ remedy that can cure it** no hay ningún remedio milagroso que lo cure; **I obviously don't have your ~ touch** está claro que yo no tengo ese arte especial que tú tienes; **say the ~ word!** (used to children) (say thank you, please) ¿qué se dice?; (say abracadabra) di la palabra mágica 2 (enchanting) ‹*moment/beauty*› mágico; (marvellous) (colloq) sensacional, fabuloso

magic[3] *vt* **-ck-**: **to ~ sth up/away** sacar* algo/hacer* desaparecer algo como por arte de magia *or* (Esp tb) de birlibirloque

magical /ˈmædʒɪkəl/ *adj* 1 ‹*powers*› mágico; ‹*improvement*› milagroso; **~ spell** hechizo *m*, encanto *m*; **sales have passed the ~ million** las ventas han superado la marca del millón 2 (enchanting) ‹*moment/atmosphere*› mágico; ‹*view*› maravilloso; ‹*illustration*› lleno de magia

magically /ˈmædʒɪkli/ *adv* 1 (by magic) ‹*transformed/cured/transported*› como por encanto, como por arte de magia *or* (Esp tb) de birlibirloque 2 (enchantingly) mágicamente

magic bullet *n* (colloq) bala *f* mágica

magician /məˈdʒɪʃən/ *n* 1 (sorcerer) mago *m* 2 (conjurer) mago, -ga *m,f*, prestidigitador, -dora *m,f*

magic lantern *n* linterna *f* mágica

magic mushroom *n* (colloq) hongo *m* alucinógeno

magic realism *n* [u] realismo *m* mágico

magisterial /ˌmædʒəˈstɪriəl || ˌmædʒɪˈstɪəriəl/ *adj* 1 (authoritative) ‹*treatise/performance*› magistral 2 (haughty) ‹*wave/command*› autoritario

magistrate /ˈmædʒəstreɪt || ˈmædʒɪstreɪt/ *n* (in UK) *juez que conoce de faltas y asuntos civiles de menor importancia*

magma /ˈmægmə/ *n* magma *m*

Magna Carta /ˌmægnəˈkɑːrtə || ˌmægnəˈkɑːtə/ *n*: **the ~ ~** la Carta Magna

magna cum laude /ˌmægnəkʌmˈlaʊdeɪ/ *adv* (AmE) ‹*graduate*› con media de sobresaliente

magnanimity /ˌmægnəˈnɪməti/ *n* [u] magnanimidad *f*

magnanimous /mægˈnænəməs || mægˈnænɪməs/ *adj* ‹*person/gesture*› magnánimo; **they were ~ in victory** en la hora de la victoria se mostraron magnánimos *or* generosos

magnanimously /mægˈnænəməsli || mægˈnænɪməsli/ *adv* ‹*grant/offer/pardon*› con magnanimidad, magnánimamente

magnate /ˈmægneɪt/ *n* magnate *mf*, potentado, -da *m,f*

magnesia /mægˈniːʃə -ʒə/ *n* [u] magnesia *f*

magnesium /mægˈniːziəm/ *n* [u] magnesio *m*

magnet /ˈmægnət || ˈmægnɪt/ *n* (Phys) imán *m* (in US); **to be a ~ FOR sth/sb** atraer* como un imán a algo/algn

magnetar /ˈmægnətɑːr || ˈmægnətɑː(r)/ *n* (Astron) magneta *m*

magnetic /mægˈnetɪk/ *adj* 1 ‹*force/field/north/storm/tape*› magnético; **~ pole** (Phys) polo *m* del imán; (Geog) polo *m* magnético; **~ needle** aguja *f* magnética *or* imantada; **~ compass** brújula *f* 2 ‹*attraction/charm*› magnético; ‹*personality*› lleno de magnetismo

magnetically /mægˈnetɪkli/ *adv* magnéticamente

magnetic card reader *n* lector *m* de tarjetas magnéticas

magnetic resonance imaging *n* representación *f* óptica por resonancia

magnetism /ˈmægnətɪzəm || ˈmægnɪtɪzəm/ *n* [u] 1 (Phys) magnetismo *m* 2 (attraction) magnetismo *m*

magnetize /ˈmægnətaɪz || ˈmægnɪtaɪz/ *vt* imantar, magnetizar*

magneto /mægˈniːtəʊ/ *n* (*pl* **-tos**) magneto *f or m*

magnetometer /ˌmægnəˈtɑːmətər || ˌmægnɪˈtɒmɪtə(r)/ *n* magnetómetrom

magnetron /ˈmægnətrɑːn || ˈmægnɪtrɒn/ *n* magnetrón *m*

magnet school *n*: *escuela financiada con fondos públicos concebida para atraer alumnos de diferentes áreas y grupos demográficos por sus mejores instalaciones y cursos*

magnificat /mægˈnɪfɪkæt/ *n*: **the ~** el magníficat

magnification /ˌmægnəfəˈkeɪʃən || ˌmægnɪfɪˈkeɪʃən/ *n* 1 [u] (Opt) aumento *m*; **the lens has a ~ of ...** la lente tiene un aumento de ... 2 [c] (copy, photograph) ampliación *f*

magnificence /mægˈnɪfəsəns || mægˈnɪfɪsəns/ *n* [u] magnificencia *f*, esplendor *m*

magnificent /mægˈnɪfəsənt || mægˈnɪfɪsənt/ *adj* magnífico, espléndido

magnificently /mægˈnɪfəsəntli || mægˈnɪfɪsəntli/ *adv* ‹*speak/attired*› magníficamente; **he did ~** lo hizo magníficamente bien

magnifier /ˈmægnəfaɪər || ˈmægnɪfaɪə(r)/ *n* lente *f* de aumento

magnify /ˈmægnəfaɪ || ˈmægnɪfaɪ/ *vt* **-fies, -fying, -fied**
A 1 ‹*image*› ampliar*, aumentar de tamaño; ‹*voice*› amplificar*; **amoeba (magnified 600 times)** ameba (ampliada 600 veces) 2 (exaggerate) ‹*problem/difficulty*› exagerar
B (exalt) (Relig) magnificar*

magnifying glass /ˈmægnəfaɪɪŋ || ˈmægnɪfaɪɪŋ/ *n* lupa *f*

magnitude /ˈmægnətuːd || ˈmægnɪtjuːd/ *n* 1 (size) magnitud *f*; (importance) envergadura *f*; **a problem of this ~** un problema de esta envergadura 2 (Astron) magnitud *f*; **of the first ~** de primera magnitud

magnolia /mægˈnəʊljə || mægˈnəʊliə/ *n* 1 (Bot) (flower) magnolia *f*; (tree) magnolio *m*, magnolia *f* 2 ▸ⓘ **p.1036** (color) (BrE) color *m* magnolia (*color crema con un ligero matiz rosado*); (*before n*) color magnolia *adj inv*

Magnox reactor /ˈmægnɑːks || ˈmægnɒks/ *n* reactor *m* Magnox

magnum /ˈmægnəm/ *n* (*pl* **-nums**) 1 (bottle) mágnum *m* (*botella de litro y medio*) 2 **~ (revolver)** mágnum *f or m*

magnum opus *n* (frml) gran obra *f*

magpie /ˈmægpaɪ/ *n* 1 (Zool) urraca *f*, picaza *f* 2 (hoarder) urraca *mf* 3 (chatterbox) (AmE) cotorra *f* (fam)

Magyar[1] /ˈmægjɑːr || ˈmægjɑː(r)/ *adj* magiar

Magyar[2] *n* 1 [c] (person) magiar *mf* 2 [u] (language) húngaro *m*

maharajah /ˌmɑːhəˈrɑːdʒə/ *n* maharajá *m*, marajá *m*

maharani /ˌmɑːhəˈrɑːniː/ *n* maharaní *f*

mahjong, mah-jongg /ˈmɑːˈʒɑːŋ || ˌmɑːˈdʒɒŋ/ *n* [u] mah-jong *m*

mahogany /məˈhɑːgəni || məˈhɒgəni/ *n* (*pl* **-nies**) 1 [u] (wood) caoba *f*; (*before n*) ‹*furniture*› de caoba **2** [c] ~ **(tree)** caoba *f* **3** ▸ⓘ **p.1036** [u] (color) (color *m*) caoba *m*; (*before n*) caoba *adj inv*

maid /meɪd/ *n*
A **1** (servant) muchacha *f* (de servicio), sirvienta *f*, criada *f* (esp Esp), mucama *f* (AmL), empleada *f* doméstica (frml); ‹*parlor/lady's* ~› (primera) doncella *f*; **kitchen** ~ pinche *f*, ayudanta *f* de cocina **2** (in hotel) camarera *f*, mucama *f* (AmL) **3** (occasional housekeeper) (AmE) señora *f* de la limpieza, limpiadora *f*, asistenta *f* (Esp)
B (young woman) (arch *or* liter) doncella *f* (arc *o* liter); **the M~ of Orleans** la doncella de Orleans; *see also* **old maid**

maiden¹ /ˈmeɪdn/ *n*
A (woman) (arch *or* liter) doncella *f* (arc *o* liter)
B (Equ) *caballo que todavía no ha ganado ninguna carrera*

maiden² *adj* (*before n*) **1** (unmarried) soltera, solterona (pey); ~ **aunt** tía *f* soltera *or* (pey) solterona **2** (inaugural) ‹*flight/speech*› inaugural; **her ~ budget** su primer presupuesto

maidenhair fern /ˈmeɪdnher || ˈmeɪdn ˌheə(r)/ *n* culantrillo *m*, cabellos *mpl* de Venus

maidenhead /ˈmeɪdnhed/ *n* **1** [u] (virginity) (liter) doncellez *f* (liter), virginidad *f* **2** [c] (Anat) himen *m*

maidenhood /ˈmeɪdnhʊd/ *n* [u] (liter) doncellez *f* (liter)

maidenly /ˈmeɪdnli/ *adj* (liter) virginal, casto y pudoroso

maiden name *n* apellido *m* de soltera

maid of honor, (BrE) **maid of honour** *n* (*pl* ~**s** ~ ~) dama *f* de honor

maidservant /ˈmeɪdˌsɜːrvənt || ˈmeɪdˌsɜːvənt/ *n* sirvienta *f*

mail¹ /meɪl/ *n* [u]
A **1** (system) correo *m*; **to send sth by** ~ mandar *or* enviar* algo por correo; **I put it in the ~ on Thursday** lo eché al correo *or* lo despaché el jueves; **electronic** ~ correo electrónico; **to check one's** ~ mirar el correo, comprobar* el correo; (*before n*): ~ **train** tren *m* correo; ~ **van** (BrE) vagón *m* correo **2** (letters, parcels) correspondencia *f*, correo *m*; **he deals with the** ~ él se encarga de la correspondencia
B (armor) malla *f*; **a coat of** ~ una cota de malla

mail² *vt* (esp AmE): **to ~ a letter** echar una carta al correo *or* al buzón; **to ~ sth TO sb** mandarle *or* enviarle* algo por correo A algn

mailbag /ˈmeɪlbæg/ *n* **1** (mail carrier's) cartera *f* (*del cartero*) **2** (sack) bolsa *f* del correo (AmL), saca *f* del correo (Esp)

mail bomb *n*
A (letter bomb) (AmE) carta *f* bomba; (parcel) paquete *m* bomba
B (e-mails) bombardeo *m* de emails

mailbox /ˈmeɪlbɑːks || ˈmeɪlbɒks/ *n* **1** (for receiving mail) (AmE) buzón *m*, casillero *m* (Ven) **2** (for sending mail) (AmE) buzón *m* (de correos) **3** (electronic) buzón *m*

mail carrier *n* (AmE) cartero, -ra *m,f*

mail drop *n* (AmE) dirección *f* postal

mailer /ˈmeɪlər || ˈmeɪlə(r)/ *n* (AmE) **1** (sender) remitente *mf*; (user of postal services) usuario, -ria *m,f* de correos **2** (container) sobre *m* /paquete *m* respuesta **3** (machine) máquina *f* franqueadora-etiquetadora **4** (e-mail program) programa *m* de correo (electrónico), programa *m* de email

mailing /ˈmeɪlɪŋ/ *n* **1** [u] (practice) envíos *mpl* postales, correo *m*; (Marketing) mailing *m* **2** [c] (circular) circular *f*

mailing list *n* (Marketing) banco *m or* lista *f* de direcciones; **please put me on your ~ ~** por favor mándeme información regular sobre sus actividades (*or* productos *etc*)

maillot /ˌmaɪˈəʊ || mæˈjəʊ/ *n* (tights) mallas *fpl*; (bathing suit) traje *m* de baño, bañador *m*, malla *f* (de baño) (RPl), vestido *m* de baño (Col)

mailman /ˈmeɪlmæn/ *n* (*pl* **-men** /-men/) (AmE) cartero *m*

mail merge *n* [u] fusión *f* de correo; (*before n*): ~ ~ **facility** función *f* de fusión de correo

mail order *n* [u] venta *f* por correo; **I bought it by** *o* **on ~ ~** lo compré por correo; (*before n*): **mail-order catalog/firm** catálogo *m* /compañía *f* de venta por correo

mail-out /ˈmeɪlaʊt/ *n* **1** [u] (practice) buzoneo *m*, mailing *m* **2** [c] (item) mailing *m*

mailroom /ˈmeɪlruːm -rʊm/ *n* sala *f* de correo

mail server *n* servidor *m* de correo

mail shot *n* (BrE) mailing *m*

maim /meɪm/ *vt* (cripple) lisiar; (mutilate) mutilar; **she survived but she was ~ed for life** sobrevivió pero quedó lisiada para toda la vida; **she was emotionally ~ed by his death** su muerte la dejó deshecha

main¹ /meɪn/ *adj* **1** (*before n, no comp*) ‹*purpose/idea*› principal, más importante; ‹*door/bedroom*› principal; ‹*office*› central; **the ~ thing** lo principal, lo fundamental, lo más importante; **I have my ~ meal (of the day) in the evening** hago la comida principal *or* fuerte por la noche; ~ **beam** (Archit) viga *f* maestra; ~ **clause** (Ling) oración *f* principal; ~ **course** plato *m* principal *or* fuerte, segundo plato *m*; ~ **deck** cubierta *f* principal; ~ **street** calle *f* principal; ***M~ Street*** (AmE) ≈ la Calle Mayor; (provincial attitude) la mentalidad pequeñoburguesa norteamericana de provincias **2** **in the main** en general, por lo general, por regla general

main² *n*
A (Civil Eng, Const) **1** [c] (pipe) cañería *f or* tubería *f* principal *or* de distribución; (cable) cable *m* principal **2** (supply): **the ~** *o* (BrE) **the ~s** la red de suministro; **to turn the water/gas off at the main** *o* (BrE) **the ~s** cerrar la llave (principal) del agua/del gas; **you can run it off the ~s** (BrE) (Elec) se puede conectar a la red
B [u] (open sea) (liter): **the ~** la mar océana (liter)

Main /meɪn/ *n* Meno *m*

mainbrace /ˈmeɪnbreɪs/ *n* braza *f* (de) mayor

main drag *n* (AmE sl): **the ~ ~** la calle principal

mainframe /ˈmeɪnfreɪm/ *n* unidad *f* central *or* principal, computadora *f or* (Esp tb) ordenador *m* central

mainland /ˈmeɪnlənd -lænd/ *n*: **the ~** *la masa territorial de un país o continente excluyendo sus islas*; **on the Spanish ~** en la península, en la España peninsular; (*before n*): ~ **China** (la) China continental

mainline /ˈmeɪnlaɪn/ *vt/vi* (sl) picarse* (arg), chutarse (arg), inyectarse

main line *n* **1** (Rail) línea *f* principal; (*before n*): **main-line station** estación *f* interurbana **2** (road, street) (AmE) calle *f* principal

mainly /ˈmeɪnli/ *adv* **1** (chiefly) principalmente, fundamentalmente; **they live ~ on fish** se alimentan principalmente *or* fundamentalmente *or* sobre todo de pescado **2** (for the most part): **the people in the streets were ~ tourists** la mayoría de la gente que había en la calle eran turistas; **the meetings take place ~ on Fridays** las reuniones tienen lugar casi siempre *or* generalmente los viernes

main man *n* (AmE colloq) **1** (close friend) mejor amigo *m* **2** (principal figure) gran figura *f*

mainmast /ˈmeɪnmæst || ˈmeɪnmɑːst/ *n* palo *m* mayor

main road *n* (BrE) carretera *f* principal

mainsail /ˈmeɪnseɪl -səl/ *n* vela *f* mayor

mainspring /ˈmeɪnsprɪŋ/ *n* **1** (in watch, clock) muelle *m* real **2** (predominant motive, reason) móvil *m or* motivo *m* principal

mainstay /ˈmeɪnsteɪ/ *n* **1** (Naut) estay *m* mayor **2** (chief support) pilar *m*, puntal *m*; **the ~ of the organization/economy** el pilar *or* puntal de la organización/economía

mainstream¹ /ˈmeɪnstriːm/ *n* corriente *f* dominante, línea *f* central; **her work is outside the ~ of modern literary criticism** su obra no está dentro de la corriente dominante de la crítica literaria actual

mainstream² *adj* ‹*culture*› establecido; ‹*ideology*› dominante; **a candidate who can represent ~ society/America** un candidato que represente al ciudadano/americano medio; ~ **politics** la política a nivel de los partidos mayoritarios; **I decided to try something a little more ~** decidí probar algo un poco más convencional

mainstreaming /ˈmeɪnstriːmɪŋ/ *n* transversalidad *f*, mainstreaming *m*; **gender ~** transversalidad *or* mainstreaming de género

maintain /meɪnˈteɪn/ *vt*
A (continue, preserve) ‹*speed/lead/attitude*› mantener*; ‹*silence*› guardar; **if we ~ this rate, we shall finish by five o'clock** si mantenemos este ritmo, a las cinco ya habremos terminado
B (keep in good condition) ‹*house/garden/car/machine*› ocuparse del mantenimiento de; ‹*aircraft/database*› mantener*
C (provide for) ‹*family/dependents*› mantener*; ‹*troops/army*› mantener*; ‹*project*› costear
D (claim) mantener*, sostener*; **she ~s (that) George is innocent** mantiene *or* sostiene que George es inocente

maintained school /meɪnˈteɪnd/ *n* (BrE) colegio *m* estatal

maintenance /ˈmeɪntnəns || ˈmeɪntənəns/ *n* [u]
A (continuance) mantenimiento *m*
B (repairs) mantenimiento *m*; **I do all my own ~ on the car/house** hago todo el mantenimiento del coche/todos los arreglos de la casa yo mismo; (*before n*) ‹*contract/costs*› de mantenimiento; ~ **worker** encargado, -da *m,f* del servicio de mantenimiento
C (money) (BrE) (Law) pensión *f* alimenticia, alimentos *mpl*; (*before n*): ~ **order** orden *m* de pagar alimentos (periódicos); ~ **payment** pago *m* (periódico) de alimentos
D (assertion) (frml) mantenimiento *m*

maintenance-free /ˌmeɪntnənsˈfriː || ˌmeɪntənənsˈfriː/ *adj* que no necesita mantenimiento

Mainz /maɪnts/ *n* Maguncia *f*

maisonette /ˌmeɪznˈet || ˌmeɪzəˈnet/ *n* (BrE) dúplex *m*

maitre d' /ˌmeɪtrəˈdiː/ *n* (AmE) maître *mf*

maître d'hôtel /ˌmeɪtrədəʊˈtel/ *n* (*pl* ~**s** ~) maître *mf* (d'hôtel)

maize /meɪz/ *n* [u] **1** (plant) maíz *m*; (*before n*): ~ **field** maizal *m* **2** (grains) maíz *m*, choclo *m* (CS, Per), elote *m* (Méx)

Maj (title) = **Major**

majestic /məˈdʒestɪk/ *adj* majestuoso

majestically /məˈdʒestɪkli/ *adv* majestuosamente

majesty /ˈmædʒəsti/ *n* (*pl* **-ties**) **1** [u] (of appearance, landscape, music) majestuosidad *f*; **a view of the palace in all its ~** una vista del palacio en todo su majestuoso esplendor; **the full ~ of the law is embodied in him** él encarna toda la autoridad de la ley **2** ▸ⓘ **p.1213** [c] **Majesty** (as title) Majestad; **Her M~ (the Queen)** su Majestad (la Reina); **Their Majesties the King and Queen of Spain** sus Majestades los Reyes de España; **Your M~** su Majestad; (BrE): **Her M~'s Revenue and Customs** ≈ Hacienda; ≈ la Dirección General Impositiva (RPl); ≈ Impuestos Internos (Chi)

Maj Gen (title) = **Major General**

major¹ /ˈmeɪdʒər || ˈmeɪdʒə(r)/ *adj*
A ‹*breakthrough/change/contribution/cause/client*› muy importante; ‹*setback*› serio; ‹*revision*› a fondo; ‹*illness*› grave; **she is at a ~ disadvantage** está en franca desventaja; **a problem of ~ importance** un problema de la mayor *or* de enorme importancia; **a ~ issue** un asunto de gran *or* de fundamental importancia; **all ~ credit cards accepted** se aceptan las principales tarjetas de crédito; **we're talking ~ bucks here** (AmE sl) es un dineral, es un montón de guita (arg), es un platal *or* (Esp) un pastón *or* (Méx) un lanón (fam); **I'm talking ~ disaster** es un desastre con D mayúscula (fam)
B (Mus) ‹*key/scale*› mayor; **B/C ~** si/do mayor
C (BrE) (Educ) (dated): **Smith ~** el (hermano) mayor de los Smith

major² *n*
A (Mil) mayor *mf* (*en AmL*), comandante *mf* (*en Esp*)
B (AmE) (Educ) **1** (subject) asignatura *f* principal **2** (student): **she's a geography ~** estudia geografía (*como asignatura principal*)
C (Mus): **the ~** la clave mayor; **in the ~** en clave mayor
D **majors** *pl* (AmE) **1** (companies) grandes *or* importantes empresas *fpl* **2** (Sport): **the ~s** las grandes ligas (*esp de béisbol*)

major³ *vi* **1** (AmE) (Educ) **to ~ IN sth** especializarse* EN algo **2** (concentrate) (colloq) **to ~ IN** *o* (BrE) **ON sth** concentrarse EN algo

Majorca /mə'jɔːrkə || mə'jɔːkə/ *n* Mallorca *f*

Majorcan¹ /mə'jɔːrkən || mə'jɔːkən/ *adj* mallorquín

Majorcan² *n* mallorquín, -quina *m,f*

majordomo /ˌmeɪdʒər'dəʊməʊ || ˌmeɪdʒə 'dəʊməʊ/ *n* (*pl* **-mos**) mayordomo *m*

majorette /ˌmeɪdʒə'ret/ *n* batonista *f*

major general *n* (Mil) (in army) general *mf* de división (*este grado tiene diversos equivalentes en Latinoamérica, entre ellos brigadier mayor, mayor general y teniente general*)

majority /mə'dʒɔːrəti || mə'dʒɒrəti/ *n* (*pl* **-ties**)

A 1▸ (greater number) (+ *sing o pl vb*) mayoría *f*; **the ~ were** *o* **was not in favor** la mayoría no estaba a favor; **in the vast ~ of cases** en la inmensa mayoría de los casos; **a ~ of households now own a TV** hoy en día la mayoría de los hogares dispone de un televisor; **to be in the ~** ser* mayoría; **the silent ~** la mayoría silenciosa; (*before n*) ‹*decision/party*› mayoritario; **~ holding** *o* **interest** participación *f* mayoritaria; **~ rule** gobierno *m* de la mayoría; **~ verdict** (Law) veredicto *m* por mayoría; **it was approved by a ~ vote** se aprobó por mayoría (de votos) 2▸ (margin) mayoría *f*, margen *m*; **a two-thirds ~** una mayoría de dos tercios; **absolute ~** mayoría absoluta; **simple** *o* (BrE also) **relative ~** mayoría simple *or* relativa; **they voted by a narrow ~ to return to work** ganó por una estrecha mayoría *or* por un estrecho margen el voto a favor de volver al trabajo

B (adulthood) mayoría *f* de edad; **to reach the age of** *o* **attain** *o* **come into one's ~** llegar* a *or* alcanzar* la mayoría de edad

major league *n* (Sport) liga *f* nacional; (*before n*): **major-league companies** compañías *fpl* de primera línea; **major-league player** jugador, -dora *m,f* de liga nacional *or* de las grandes ligas

majuscule /'mædʒəskjuːl/ *n* mayúscula *f*

make¹ /meɪk/ (*past & past p* **made**)

vt

(*Sense I*)

A (to produce) ‹*paint/cars*› hacer*, fabricar*; ‹*dress*› hacer*, confeccionar (frml); ‹*meal/cake/sandwich/coffee*› hacer*, preparar; ‹*film*› hacer*, rodar; ‹*record*› grabar; ‹*fire/nest/hole*› hacer*; ‹*list/will*› hacer*; **to ~ a noise** hacer* ruido; **to ~ the beds** hacer* las camas, tender* las camas (AmL); **to ~ a note of sth** anotar algo; **made with the best ingredients** hecho *or* (frml) elaborado con los mejores ingredientes; Ⓢ **made in Spain/Mexico** hecho *or* fabricado en España/México; Ⓢ **made in Argentina/Peru** industria *or* fabricación argentina/peruana; **it's made a stain on the carpet** ha manchado la alfombra; **she's as sharp as they ~ 'em** (colloq) es lista *or* viva como ella sola (fam); **to ~ sth INTO sth: I'll ~ this material into a skirt** con esta tela me haré una falda; **to ~ sth OUT OF/FROM/OF sth: she made the dress out of an old sheet** se hizo el vestido con una sábana vieja; **we made another meal from the leftovers** hicimos otra comida con las sobras; **it's made of wood/plastic** es de madera/plástico; **they ~ them out of plastic now** ahora los hacen de plástico; **the army'll ~ a man (out) of you** el ejército te hará hombre; **don't ~ an enemy of her** no te la eches encima como enemiga; *see also* **difference A2**, **fuss¹**, **mess¹ A1** *etc*

B 1▸ (to carry out) ‹*repairs/changes/payment*› hacer*, efectuar* (frml); ‹*preparations/arrangements*› hacer*; ‹*journey/visit*› hacer*; **to ~ a mistake** cometer un error, equivocarse*; **let's ~ a deal** hagamos un trato; **we made our escape at nightfall** nos escapamos al anochecer; **~ a left (turn) here** (AmE) dobla *or* gira a la izquierda aquí 2▸ ‹*remark/joke/announcement/promise*› hacer*; **to ~ a speech** pronunciar un discurso; **may I ~ a suggestion?** ¿puedo hacer una sugerencia?, ¿puedo sugerir algo?

(*Sense II*)

A (to cause sth to be): **I'll ~ you happy/rich/famous** te haré feliz/rica/famosa; **don't ~ life difficult for yourself** no te compliques la vida; **that made me sad** eso me entristeció *or* me apenó; **the work made me thirsty/sleepy** el trabajo me dio sed/sueño; **do I ~ myself clear?** ¿me explico?, ¿está claro?; **what ~s me angry is ...** lo que me da rabia es ...; **~ yourselves comfortable** pónganse cómodos; **~ yourself at home** estás en tu casa; **they made their decision public** hicieron pública su decisión; **I couldn't ~ myself heard above the noise** no podía conseguir que me oyeran con el ruido; **winning the gold made her the darling of the nation** el haber ganado la medalla de oro la convirtió en la niña mimada del país; **they've made him supervisor** lo han nombrado supervisor, lo han ascendido a supervisor; **he made her his wife** la hizo su esposa; **I made their relationship the subject of my book** hice de su relación el tema de mi libro; **I shall ~ it my business to find out** yo me ocuparé *or* me encargaré de averiguarlo; **she made it a rule never to drink more than three glasses of wine** tenía por norma no beber nunca más de tres vasos de vino; **if nine o'clock is too early, ~ it later** si las nueve es muy temprano, podemos reunirnos (*or* encontrarnos *etc*) más tarde; **two large pizzas ... , no, ~ that three** dos pizzas grandes ... , no, mire, mejor déme tres; **he is a good, ~ that great, athlete** (AmE colloq) es un buen, o mejor dicho, un excelente atleta

B 1▸ (to cause to) hacer*; **the heat made us sweat** el calor nos hacía sudar; **don't ~ me laugh** no me hagas reír; **whatever made you do it?** ¿por qué lo hiciste?, ¿qué te llevó a hacer eso?; **now look what you've made me do!** ¡mira lo que me has hecho hacer!; **you've made me forget what I was going to say** me has hecho olvidar lo que iba a decir; **it ~s you wonder** te da que pensar ¿verdad?; **it ~s me want to scream** me dan ganas de ponerme a gritar 2▸ (to compel) obligar* a, hacer*; **you can't ~ me go** no puedes obligarme a ir, no puedes hacerme ir; **you must ~ her see a doctor** tienes que hacer que vaya al médico, tienes que obligarla a ir al médico; **she was made to apologize** la obligaron a *or* la hicieron pedir perdón 3▸ (*in phrases*): **to make believe: the children made believe the table was a ship** los niños jugaban a que *or* se imaginaban que la mesa era un barco; **you can't just ~ believe it never happened** no puedes pretender que no sucedió, no puedes hacer como si no hubiera sucedido; **to make do (with sth), to make sth do** arreglárselas con algo; **we'll have to ~ do with what we have/to ~ that do** tendremos que arreglárnoslas con lo que tenemos/con eso; ▸**mend¹ B**

(*Sense III*)

A 1▸ (to be, to constitute) ser*; **perfume ~s the ideal gift** el perfume es el regalo ideal; **it would ~ a nice change** sería un cambio agradable; **you'd ~ a useless nurse** como enfermera serías un desastre, no servirías para enfermera; **you'll ~ sb a good husband/wife!** serás un buen marido/una buena esposa para algn; **he made a rather unlikely Falstaff** su Falstaff era poco convincente; **they ~ a nice couple** hacen buena pareja; **the documentary ~s fascinating viewing** es un documental fascinante de ver 2▸ (to equal, to amount to) ser*; **five plus five ~s ten** cinco y cinco son diez; **sixteen ounces ~ one pound** dieciséis onzas son una libra; **that ~s ten of us, including you** con eso somos diez, contándote a ti; **that ~s two of us** ya somos dos

B (to calculate): **what do you ~ the total?** ¿(a ti) cuánto te da?; **I ~ it 253** (a mí) me da 253; **what time do you ~ it, what do you ~ the time?** ¿qué hora tienes?

C (to make a fuss of): **they like to ~ a lot of their grandchildren** les gusta mimar mucho a sus nietos; **I think you're making too much of what she said** creo que le estás dando demasiada importancia a lo que dijo; **do you want to ~ something of it?** ¿estás buscando pelea?

D 1▸ (to understand, to make out) **to ~ sth OF sth: I could ~ nothing of the message** no entendí el mensaje, no saqué nada en limpio del mensaje; **~ of that what you will** tú saca tus propias conclusiones 2▸ (to think) **to ~ sth OF sb/sth: what did you ~ of him?** ¿qué te pareció?; **I don't know what to ~ of it** no sé qué pensar

(*Sense IV*)

A 1▸ (to gain, to earn): **they made millions/a lot of money** hicieron millones/mucho dinero; **they made a loss/profit** perdieron/ganaron dinero; **they made a profit of $20,000** ganaron *or* sacaron 20.000 dólares; **how much did you ~ on the deal?** ¿cuánto sacaste *or* ganaste con el trato?; **top salespeople ~ up to £900 a week** los mejores vendedores sacan *or* ganan hasta 900 libras por semana; **the owner of this bar must be making a fortune** el dueño de este bar tiene que estar haciendo una fortuna *or* (fam) se debe estar forrando 2▸ (to acquire) ‹*friends*› hacer*; **I made a few acquaintances there** conocí a *or* (frml) trabé conocimiento con algunas personas allí; **to ~ a name for oneself** hacerse* un nombre; **to ~ a name for oneself as sth** hacerse* fama de ser algo 3▸ (in cards) ‹*contract*› cumplir; **to ~ a trick** ganar una baza 4▸ (in US football) ‹*yardage*› adelantar

B (colloq) 1▸ (to manage to attend, reach): **I'm afraid I can't ~ Saturday** me temo que el sábado no puedo; **I couldn't ~ it to the party** no pude ir a la fiesta; **we just made the 3 o'clock train** llegamos justo a tiempo para el tren de las tres; **the deadline's on Friday and we're not going to ~ it** el plazo vence el viernes y no vamos a poder terminar; **we should ~ London by two o'clock** deberíamos estar en Londres antes de las dos; **I just made it home before it started to rain** llegué a casa justo antes de que empezara a llover; **she won't ~ her 60th birthday at this rate** como siga así *or* si sigue así, no va a llegar a los 60 *or* a cumplir 60; **the story made the front page** la noticia salió en primera plana; **he never made more than assistant manager** nunca pasó de subgerente; ***to ~ it*: she made it fairly late in her career** alcanzó el éxito bastante tarde en su carrera; **they made it through to the finals** llegaron a la final; **you're good enough to ~ it**

m

to the top tú eres capaz de llegar a donde te propongas 2 (to have sex with) (sl) acostarse* con, tirarse (vulg), coger* (Méx, RPl vulg); ***to ~ it with sb*** echarse un polvo con algn (arg)

C (to assure the success of): **this is the movie that made him** ésta es la película que lo consagró; **her performance really made the play** en realidad fue su actuación la que hizo de la obra un éxito; **the hat really ~s the whole outfit** el conjunto no sería lo que es sin el sombrero; **if you go to Harvard, you're made for life** si vas a Harvard, tienes el futuro asegurado; ***to ~ or break sth/sb*** ser* el éxito o la ruina de algo/algn; **it's ~ or break now for the German athlete** éste es el momento de la verdad para el atleta alemán; ►**mar**

■ **make** *vi*

A 1 (to make a preliminary move): **to ~ as if** *o* **as though to + INF** hacer* ademán de + INF; **she made as if to get up** hizo ademán de levantarse, hizo como si se fuera a levantar; **he made as if** *o* **as though to hit me** hizo ademán de pegarme, hizo como que me iba *or* como si me fuera a pegar, amagó con pegarme 2 (to pretend) (AmE sl & dated): **~ like you're real dumb** hazte el idiota

B (to move, to proceed) dirigirse*; **they made toward the door** se dirigieron hacia la puerta; *see also* **make for**

Phrasal verbs

• **make after** [v + prep + o] (chase) perseguir*, correr tras

• **make away** [v + adv] escaparse, largarse* (fam); **to ~ away with sth** llevarse algo, escaparse *or* (fam) largarse* con algo

• **make away with** [v + adv + prep + o] 1 (abolish) suprimir, acabar con 2 (kill) (liter) asesinar, quitarle la vida a; **to ~ away with oneself** quitarse la vida, suicidarse

• **make for** [v + prep + o]

A 1 (head toward) dirigirse* hacia/a; **he made for the door, but she stopped him** se dirigió hacia la puerta, pero ella lo detuvo; **she made straight for the bar** se fue derecho al bar; **they were making for home** iban camino a casa 2 (attack) atacar*, abalanzarse* sobre

B (encourage, promote) contribuir* a; **mutual distrust doesn't ~ for a good relationship** la desconfianza mutua no contribuye a una buena relación

• **make off** [v + adv] salir* corriendo, largarse* (fam); **to ~ off with sth** llevarse algo, escaparse *or* (fam) largarse* con algo

• **make out**

Sense I [v + o + adv, v + adv + o]

A 1 (discern) ‹*object/outline*› distinguir*; (from a distance) divisar; ‹*sound*› distinguir*; **I can't ~ out what she's saying** no entiendo lo que dice; **I can't ~ out the address** no logro descifrar la dirección 2 (figure out) (colloq) entender*, comprender; **I just can't ~ her out** sencillamente no la entiendo *or* comprendo; **she couldn't ~ out why he had done it** no se explicaba *or* no acababa de entender por qué lo había hecho

B 1 (write) ‹*list/invoice/receipt*› hacer*; **~ the check out to P. Jones** haga el cheque pagadero a *or* a favor de P. Jones, extienda el cheque a la orden de *or* a nombre de P. Jones 2 (put forward): **to ~ out a case for/against sth/sb** presentar argumentos a favor/en contra de algo/algn

Sense II [v + adv] 1 (do, fare) (colloq): **how did you ~ out in the exam?** ¿qué tal te fue en el examen? (fam) 2 (get along) (colloq) **to ~ out WITH sb**: **how did you ~ out with her kids?** ¿qué tal te fue con sus niños?; **we made out fine as soon as we met** nos caímos bien desde el primer momento 3 (sexually) (AmE sl) ►**neck²**

Sense III (claim, pretend) 1 [v + adv + o]: **she made out it was her own work** dio a entender que lo había hecho ella misma; **he made out he didn't know anything about it** fingió no saber nada del asunto; **you're not as ill as you ~ out** no estás tan enfermo como pretendes *or* como quieres hacer creer; **he's even more stupid than they made out** es aún más estúpido de lo que ellos dieron a entender 2 [v + o + adv]: **they made the situation out to be more serious than it was** pintaron la situación como más grave de lo que en realidad era; **he's not as rich as he ~s himself out to be** no es tan rico como pretende; **she made herself out to be a millionairess** se hacía pasar por millonaria

• **make over**

A [v + o + adv, v + adv + o] (transfer ownership of) ‹*property/money*› transferir*, ceder; **he made his estate over to his daughter** le transfirió *or* cedió sus bienes a su hija

B [v + o + adv, v + adv + o] 1 (reuse) ‹*clothes*› (AmE) arreglar, reformar; **the leftover turkey can be made over into a delicious pie** con el pavo que sobre se puede hacer un delicioso pastel 2 (transform) (journ) remozar*

C [v + o + adv] (AmE) 1 (with cosmetics) maquillar 2 (change image of) transformar la imagen de; **the candidate had been made over in an effort to win votes** habían transformado la imagen del candidato en un intento de ganar votos

• **make up**

Sense I [v + o + adv, v + adv + o]

A (invent) ‹*story/excuse*› inventar; **you've made the whole thing up** (te) lo has inventado todo, son todos inventos tuyos

B 1 (assemble, prepare) ‹*prescription*› preparar; ‹*page*› confeccionar; ‹*road*› (BrE) arreglar; **iron all the pieces before making up the sweater** planche todas las piezas antes de coser *or* armar el suéter; **I'm trying to ~ up a foursome** estoy tratando de formar un grupo de cuatro personas; **they made up boxes of food to send to the refugees** prepararon cajas de alimentos para mandar a los refugiados; **they made the clothes up into bundles** hicieron atados con la ropa; **we can easily ~ up a bed for you on the sofa** podemos prepararte una cama en el sofá sin ningún problema 2 (draw up) ‹*agenda/list*› hacer*, preparar

C 1 (complete, add) completar; **he put in another piece to ~ up the weight** le agregó otro trozo para llegar al peso *or* para completar el peso; **she came along to ~ up the numbers** vino para completar el grupo; **you pay what you can, I'll ~ up the full amount/the difference** paga lo que puedas, yo pondré la diferencia (para completar el total) 2 (compensate for): **if you take the afternoon off, I'll expect you to ~ up the time later** si te tomas la tarde libre, tendrás que trabajar otro día para reponer las horas *or* para compensar; *see also* **make up for**

Sense II [v + adv + o] (constitute) formar; **the parts that ~ up the whole** las partes que forman *or* constituyen el todo; **these notes ~ up the chord of A major** estas notas forman el acorde de la mayor; **a research team made up of 11 scientists** un equipo de investigación formado *or* integrado por 11 científicos; **it is made up of three parts** está compuesto de tres partes

Sense III [v + adv] 1 (achieve reconciliation) **to ~ up (WITH sb)** hacer* las paces (con algn), reconciliarse (con algn); **let's kiss and ~ up** dame un beso y hagamos las paces 2 [v + adv + o]: **they made up their differences** hicieron las paces; ***to ~ it up (with sb)*** hacer* las paces (con algn), reconciliarse (con algn)

Sense IV

A [v + adv] (with cosmetics) maquillarse, pintarse; **she taught me how to ~ up** me enseñó a maquillarme *or* a pintarme

B [v + adv + o, v + o + adv] ‹*person/eyes*› maquillar, pintar; ‹*actor*› maquillar, caracterizar*; **to ~ oneself up** maquillarse, pintarse

• **make up for** [v + adv + prep + o] compensar; **their enthusiasm ~s up for their lack of experience** su entusiasmo compensa *or* suple su falta de experiencia; **no amount of money can ~ up for losing a limb** la pérdida de un miembro no se puede compensar con dinero; **we'll have to work even harder, to ~ up for lost time** tendremos que trabajar más para recuperar el tiempo perdido; **what she lacks in technique she ~s up for in style** lo que le falta de técnica lo compensa con estilo

• **make up to**

A [v + adv + prep + o] (make advances to) tratar de ganarse el favor de

B [v + o + adv + prep] 1 (bring, raise): **I'll ~ the total up to £200** yo pondré lo que falte para llegar a 200 libras; **add water to ~ the juice up to a cupful** añadir agua al jugo hasta obtener una taza de líquido 2 (compensate): ***to ~ it up to sb***: **just give me one more chance: I'll ~ it all up to you** dame otra oportunidad y te resarciré de todo; **thank you for your help: I don't know how to ~ it up to you** gracias por tu ayuda, no sé cómo podré pagarte lo que has hecho 3 (BrE) (Mil) ascender* a

• **make with** [v + prep + o] (AmE) (sl & dated): **~ with the money!** ¡vamos, el dinero!; **then he made with the bagpipes** entonces se puso a tocar la gaita

make² *n*

A (brand) marca *f*; **what ~ is it?** ¿de qué marca es?

B ***to be on the ~*** (colloq) (out for gain) estar* intentando sacar tajada (fam); (looking for a date) estar* de ligue *or* (AmS) de levante *or* (Chi) de pinche (fam)

make-believe¹ /ˈmeɪkbəliːv || ˈmeɪkbɪliːv/ *n* [u] 1 (fantasy) fantasía *f*; **in the world of ~** en el mundo de la fantasía *or* la imaginación; **he lives in a world of ~** vive en un mundo de fantasía *or* de ensueño 2 (pretence): **don't be frightened, it's only ~** no te asustes, es de mentira

make-believe² *adj* ‹*world/character*› imaginario; ‹*gun*› juguete, de mentira; **it's only a ~ ghost** es un fantasma de mentira; **he lived in his own ~ world** vivía en su propio mundo de fantasía *or* de ensueño

make-or-break /ˌmeɪkɔːrˈbreɪk || ˌmeɪkɔːˈbreɪk/ *adj* ‹*attempt*› desesperado; ‹*situation*› decisivo

makeover /ˈmeɪkəʊvər || ˈmeɪkəʊvə(r)/ *n* (AmE) maquillaje *m*; **to have a (cosmetic) ~** maquillarse; **she went to Harriges for a ~** fue a Harriges para que la maquillaran

make-over /ˈmeɪkəʊvər || ˈmeɪkəʊvə(r)/ *n*

A (of organization) gran reorganización *f or* restructuración *f*

B (of person) transformación *f* completa (*del aspecto exterior*)

C (of image) cambio *m* de imagen

D (repairs) reformas *fpl*

maker /ˈmeɪkər || ˈmeɪkə(r)/ *n*

A (manufacturer) fabricante *mf*

B **Maker** (God) Creador *m*, Hacedor *m*; **M~ of heaven and earth** Creador del cielo y de la tierra; **she has gone to meet her M~** (euph) Dios la ha llamado a su seno *or* a su lado (euf)

makeshift¹ /ˈmeɪkʃɪft/ *adj* ‹*repair/arrangement*› provisional, provisorio (AmS); ‹*bed*› improvisado

makeshift² *n* arreglo *m* provisional *or* (AmS tb) provisorio

makeup /ˈmeɪkʌp/ *n*

A [u] (cosmetics) maquillaje *m*; **to put on one's ~** maquillarse, pintarse; **she doesn't wear any ~** no se maquilla, no se pinta; **she gave a few touches to her ~** se retocó el maquillaje; (*before n*) ‹*department*› de maquillaje; **~ artist** maquillador, -dora *m,f*; **~ bag** bolsa *f* de maquillaje cosmetiquero *m* (Andes); **~ remover** desmaquillador *m*

B (*no pl*) (of group, team, substance) composición *f*; (of person) carácter *m*, modo *m* de ser; **her psychological ~** su carácter; **its genetic ~ is very complex** su estructura genética es muy compleja

C 1 [u c] (Publ) composición *f*; **page ~** compaginación *f* 2 [u] (of clothes, curtains) confección *f*

D [c] (AmE) (Educ) examen *m* de recuperación; (*before n*): **~ course** curso *m* de recuperación

makeweight /ˈmeɪkweɪt/ *n* complemento *m*

making /ˈmeɪkɪŋ/ *n* [u] 1 (production, creation): **a book about the ~ of the TV series** un libro que trata de cómo se hizo la serie de televisión; **the encyclopedia has been nine years in the ~** ha llevado nueve años compilar la enciclopedia, la enciclopedia ha tardado nueve años en compilarse; **the opportunity to see a**

star in the ~ la oportunidad de ver a una estrella en ciernes; **a revolution in the ~** una revolución en gestación; **this is history in the ~** esto va a pasar a la historia; **her problems are of her own ~** ella se crea sus propios problemas; **the solution must be of your own ~** la solución tiene que salir de usted (mismo); **they are involved in problems not of their ~** están metidos en problemas de los que no son responsables; ***to be the ~ of sb/sth***: **her years in New York were the ~ of her** los años que pasó en Nueva York fueron decisivos (en su vida); **the merger proved to be the ~ of Acmeco** el éxito de Acmeco se debió a la fusión **2** **makings** *pl* **the ~s OF sth**: **you have the ~s of a good story there** allí tienes material *or* tienes todos los ingredientes para una buena historia; **she has the ~s of a great actress** es una gran actriz en ciernes *or* en potencia; **the novel has the ~s of a TV series** la novela tiene potencial para convertirse en una serie televisiva

-making /ˌmeɪkɪŋ/ *suff*: **epoch~** que hace (*or* hizo *etc*) época

malachite /ˈmæləkaɪt/ *n* [u] malaquita *f*

maladjusted /ˌmæləˈdʒʌstəd || ˌmæləˈdʒʌstɪd/ *adj* (Psych) inadaptado, desadaptado

maladjustment /ˌmæləˈdʒʌstmənt/ *n* **1** [u] (Psych) inadaptación *f*, desadaptación *f* **2** [u c] (Mech Eng) desajuste *m*

maladministration /ˌmæləd,mɪnəˈstreɪʃən || ˌmæləd,mɪnɪˈstreɪʃən/ *n* [u] mala administración *f*; **the problem is due to ~** el problema se debe a la mala administración

maladroit /ˌmæləˈdrɔɪt/ *adj* torpe; **the government's ~ handling of the situation** la torpeza con la que el gobierno manejó la situación

maladroitly /ˌmæləˈdrɔɪtli/ *adv* torpemente, con torpeza

malady /ˈmælədi/ *n* (*pl* **-dies**) (liter) mal *m* (liter), enfermedad *f*

malaise /mæˈleɪz/ *n* [c u] malestar *m*

malamute /ˈmæləmjuːt/ *n* malamut *m*

malapropism /ˈmæləprɑːpˌɪzəm || ˈmæləprɒpˌɪzəm/ *n* [c u]: *error cometido al confundir un vocablo con otro similar, esp cuando causa un efecto ridículo*

malaria /məˈleriə || məˈleəriə/ *n* [u] malaria *f*, paludismo *m*; (*before n*) ‹*tablet*› contra la malaria *or* el paludismo

malarial /məˈleriəl || məˈleəriəl/ *adj* (Med) ‹*swamp/region*› palúdico; **~ fever** paludismo *m*, malaria *f*, fiebres *fpl* palúdicas; **~ mosquito** (mosquito *m*) anofeles *m*

Malawi /məˈlɑːwi/ *n* Malaui, Malawi

Malawian[1] /məˈlɑːwiən/ *adj* malauiano

Malawian[2] *n* malauiano, -na *m,f*

Malay[1] /məˈleɪ/ *adj* malayo; **the ~ Peninsula** la Península Malaya *or* de Malaca

Malay[2] *n* **1** [c] (person) malayo, -ya *m,f* **2** [u] (language) malayo *m*

Malaya /məˈleɪə/ *n* Malaya *f*

Malaysia /məˈleɪʒə || məˈleɪziə/ *n* Malaisia *f*; (continental part) Malasia *f*

Malaysian[1] /məˈleɪʒən || məˈleɪziən/ *adj* malaisio; (from continental part) malasio

Malaysian[2] *n* malaisio, -sia *m,f*; (from continental part) malasio, -sia *m,f*

malcontent /ˌmælkənˈtent || ˈmælkɒntent/ *n* (pej) descontento, -ta *m,f*, insatisfecho, -cha *m,f*

Maldive Islands /ˈmɔːldiːv -daɪv/, **Maldives** /-z/ *pl n*: **the ~ ~** las (islas) Maldivas

male[1] /meɪl/ *adj*

A **1** ‹*animal/plant*› macho; ‹*hormone/sex*› masculino; **~ bee** zángano *m*; **~ member** (euph) miembro *m* viril (euf) **2** ‹*character/line/chorus/attitude*› masculino; ‹*workforce*› de hombres; **~ doctor** médico *m*, doctor *m*; **~ chauvinism** machismo *m*; **~ chauvinist** machista *m*; **~ menopause** andropausia *f*; **~ model** modelo *m* (masculino); **~ nurse** enfermero *m*; **~ pill** píldora *f* anticonceptiva masculina; **~ prostitute** prostituto *m*, chapero *m* (arg); **there were several ~ applicants** se presentaron varios candidatos varones

B (Mech Eng) ‹*plug/thread*› macho

male[2] *n* (animal) macho *m*; (person) varón *m*; **I need a strong ~ to help me move this table** necesito un hombre fuerte que me ayude a mover esta mesa

male-dominated /ˌmeɪlˈdɑːmənetəd || ˌmeɪlˈdɒmɪneɪtɪd/ *adj* dominado por los hombres

malefactor /ˈmæləfæktər || ˈmælɪfæktə(r)/ *n* malhechor, -chora *m,f*

maleness /ˈmeɪlnəs || ˈmeɪlnɪs/ *n* [u] **1** (state) masculinidad *f* **2** (quality) masculinidad *f*, virilidad *f*

male-voice choir /ˈmeɪlvɔɪs/ *n* (BrE) coro *m* de voces masculinas, coro *m* masculino

malevolence /məˈlevələns/ *n* [u] malevolencia *f*

malevolent /məˈlevələnt/ *adj* ‹*grin*› malévolo; ‹*fate/deity*› maligno

malevolently /məˈlevələntli/ *adv* malévolamente

malfeasance /mælˈfiːzns/ *n* [u] administración *f* desleal

malformation /ˌmælfɔːrˈmeɪʃən || ˌmælfɔːˈmeɪʃən/ *n* [u c] deformación *f* (*esp congénita*), malformación *f*

malformed /mælˈfɔːrmd || mælˈfɔːmd/ *adj* deforme, mal formado

malfunction[1] /mælˈfʌŋkʃən/ *n* **1** [u] (defective functioning) mal funcionamiento *m*; **due to brake ~** debido al mal funcionamiento de los frenos; **heart/liver ~** (Med) disfunción *f* cardíaca/hepática **2** [c] (failure) falla *f or* (Esp) fallo *m*

malfunction[2] *vi* (Med, Tech) fallar, funcionar mal

malice /ˈmæləs || ˈmælɪs/ *n* [u] **1** (ill will) mala intención *f*, maldad *f*; **he did it without ~** lo hizo sin mala intención; **to bear sb ~** guardarle rencor a algn **2** (Law) dolo *m* (penal), intención *f* delictuosa; **with ~ aforethought** (in UK) con premeditación

malicious /məˈlɪʃəs/ *adj* **1** ‹*person/remark/gossip*› malicioso, malintencionado; **a ~ tongue** una lengua viperina *or* maliciosa **2** ‹*damage*› doloso, intencional

maliciously /məˈlɪʃəsli/ *adv* maliciosamente

malign[1] /məˈlaɪn/ *vt* ‹*person*› calumniar, difamar; **the much ~ed director** el vilipendiado director; **you ~ her** no estás siendo justo con ella

malign[2] *adj* ‹*influence/intent*› maligno

malignancy /məˈlɪgnənsi/ *n* (*pl* **-cies**)

A (Med) **1** [u] (of growth) malignidad *f* **2** [c] (growth) tumor *m* maligno

B (evil) malignidad *f*

malignant /məˈlɪgnənt/ *adj* **1** (Med) ‹*growth/tumor*› maligno **2** (malign) maligno

malinger /məˈlɪŋgər || məˈlɪŋgə(r)/ *vi* hacerse* el enfermo, fingir* estar enfermo

malingerer /məˈlɪŋgərər || məˈlɪŋgərə(r)/ *n*: *persona que se finge enferma*

mall /mɔːl || mæl, mɔːl/ *n* **1** (for shopping) centro *m* comercial **2** (avenue) paseo *m*, bulevar *m*

mallard /ˈmælərd || ˈmælɑːd/ *n* pato *m or* ánade *m* real

malleability /ˌmæliəˈbɪləti/ *n* [u] maleabilidad *f*

malleable /ˈmæliəbəl/ *adj* ‹*material*› maleable; ‹*person*› dócil

mallet /ˈmælət || ˈmælɪt/ *n* **1** (tool) mazo *m* **2** (Sport) (in polo) maza *f*; (in croquet) mazo *m*

malleus /ˈmæliəs/ *n* (*pl* **-lei** /-liaɪ/) (Anat) martillo *m*

mallow /ˈmæləʊ/ *n* [c u] malva *f*

malnourished /mælˈnɜːrɪʃt || mælˈnʌrɪʃt/ *adj* desnutrido

malnourishment /mælˈnɜːrɪʃmənt || mælˈnʌrɪʃmənt/ *n* [u] desnutrición *f*; **to suffer from ~** sufrir *or* padecer* de desnutrición

malnutrition /ˌmælnuːˈtrɪʃən || ˌmælnjuːˈtrɪʃən/ *n* [u] desnutrición *f*

malodorous /mælˈəʊdərəs/ *adj* (frml *or* hum) maloliente, hediondo

malpractice /mælˈpræktəs || mælˈpræktɪs/ *n* [u] negligencia *f*, mala práctica *f*, conducta *f* incorrecta (*en el ejercicio de la profesión*); (*before n*): **~ suit** proceso *m* por negligencia profesional

malt /mɔːlt/ *n* **1** [u] (grain) malta *f*; (*before n*): **~ extract/vinegar** extracto *m* /vinagre *m* de malta **2** [u c] **~ (whisky)** whisky *m* de malta; **single ~ whisky** whisky *m* de malta sin mezclar **3** [c] (milkshake) batido *m* de leche malteada

Malta /ˈmɔːltə/ *n* Malta *f*

malted milk /ˈmɔːltəd || ˈmɔːltɪd/ *n* (AmE) batido *m* de leche malteada; (BrE) leche *f* malteada

Maltese[1] /mɔːlˈtiːz/ *adj* maltés; **~ cross** cruz *f* de Malta

Maltese[2] *n* (*pl* **~**) **1** [c] (person) maltés, -tesa *m,f* **2** [u] (language) maltés *m*

malt loaf *n* [c u] (BrE) *pan moreno malteado con pasas y otras frutas*

maltreat /mælˈtriːt/ *vt* maltratar, tratar mal

maltreatment /mælˈtriːtmənt/ *n* [u] malos tratos *mpl*

Malvinas /mɑːlˈviːnəs/ *n*: **the ~** las Malvinas

mam /mæm/ *n* (BrE dial) mamá *f*

mama *n* **1** /ˈmɑːmə || ˈmæmə/ (AmE) ▸**momma** **2** /məˈmɑː/ (BrE dated) mamá *f*; (*as form of address*) mamá, madre (ant)

mamba /ˈmɑːmbə || ˈmæmbə/ *n* mamba *f*

mamma *n* ▸**momma**

mammal /ˈmæməl/ *n* mamífero *m*

mammalian /məˈmeɪliən/ *adj* ‹*characteristic/anatomy*› de los mamíferos

mammary gland /ˈmæməri/ *n* glándula *f* mamaria

mammogram /ˈmæməgræm/, **mammograph** /ˈmæməgræf || ˈmæməgrɑːf/ *n* mamografía *f*

mammography /məˈmɑːgrəfi || mæˈmɒgrəfi/ *n* mamografía *f*

mammon, Mammon /ˈmæmən/ *n* Mammón; **ye cannot serve God and ~** no podéis servir a Dios y al Dinero; **Christmas these days is dominated by ~** hoy día las Navidades están regidas por el dios del consumo

mammoth[1] /ˈmæməθ/ *n* mamut *m*

mammoth[2] *adj* ‹*building/project/cost*› gigantesco, enorme, colosal; ‹*task*› de titanes; **~ reductions** gigantescas rebajas

mammy /ˈmæmi/ *n* (*pl* **-mies**) **1** (black nurse) (Hist) ama *f*‡ negra **2** (black woman) (pej & dated) negra *f* **3** (mother) mami *f* (fam)

man[1] /mæn/ *n* (*pl* **men** /men/)

A **1** (adult male) hombre *m*; **four men and five women** cuatro hombres y cinco mujeres; **say thank you to the nice ~** dale las gracias a ese señor tan amable; **I pronounce you ~ and wife** los declaro marido y mujer; **her new ~** su nueva pareja (*or* su nuevo compañero *etc*); **a young ~** un joven; **her young ~** (dated) su novio, su galán (ant); **he's a ~'s ~** tiene intereses típicamente masculinos; **I don't feel half the ~ I used to** ya no soy lo que era; **take it like a ~!** ¡aguanta como un hombre!; **we'll make a ~ of you** haremos de ti un hombre; **he was ~ enough to admit his error** fue lo bastante hombre como para admitir su error; **if you've got the patience to deal with him, you're a better ~ than I am** si no pierdes la paciencia con él, te admiro; **in the West, where men were men** en el Oeste, donde los hombres eran hombres de verdad; **he's an influential ~** es una persona *or* un hombre influyente; **you're a lucky ~** tú sí que tienes suerte; **he's a sick ~** está muy enfermo; **I feel a new ~** me siento como nuevo; **don't listen to him: the ~'s a fool** no le hagas caso: es un estúpido; **he's the ~ to ask** es a él a quien hay que preguntar(le); **the police think he's their ~** la policía cree que es la persona que andan buscando; **here's the ~ who can tell you** aquí está la persona que te lo puede decir; **it's a ~'s world!** ¡el mundo es de los hombres!; **a ~'s gotta do what a ~'s gotta do** (set phrase) un hombre tiene que cumplir con su deber; **are**

m

you a ~ or a mouse? (set phrase) ¿eres hombre o gallina?; ***to be low ~ on the totem pole*** (AmE) ser* el último mono (fam), ser* el último orejón del tarro (RPl fam); ***to be one's own ~*** ser* independiente, ir* por libre (Esp fam); ***to separate*** o (BrE also) ***sort out the men from the boys*** ser* una verdadera prueba de fuego; **the initial training separates the men from the boys** el entrenamiento inicial es una verdadera prueba de fuego **2▸** (type): **he's not a ~ for the quiet life** no es de las personas a las que les gusta la vida tranquila; **he's the right/wrong ~ for the job** es/no es la persona indicada para el puesto; **he's a Harvard ~** estudió en Harvard; **I was a Nixon ~ in '68** era partidario de Nixon en 1968; **he's a local/Boston ~** es del lugar/de Boston; **he's a family ~** es un padre de familia; **I'm a vodka ~ myself** yo personalmente prefiero el vodka; **he's the best transplant ~ in the business** (colloq) es el mejor especialista en trasplantes; **a ~ of the world** un hombre de mundo; **the ~ in the street** el hombre de la calle, el ciudadano medio *or* de a pie; **the ~ of the match** (BrE) el mejor jugador; **~ of God** (Protestant) pastor *m*; (Catholic) sacerdote *m*; **~ of letters** literato *m*, hombre *m* de letras

B **1▸** (person) persona *f*; **a twelve-~ crew** una tripulación de doce personas *or* hombres; **~ for ~, our team was better than theirs** individualmente, nuestros jugadores eran mejores que los suyos; **no ~ has the right to take life** (frml) nadie *or* ningún ser humano tiene derecho a matar; **it was as much as any ~ could bear** (frml) lindaba con lo humanamente insoportable; **every ~ for himself** (set phrase) sálvese quien pueda (fr hecha); ***as one ~*** como un solo hombre; ***every ~ jack (of you/them)*** todo el mundo; ***to a ~***: **they're loyal citizens to a ~** todos ellos (sin excepción) son ciudadanos leales **2▸** *also* **Man** (mankind) (*no art*) el hombre; **~ shall not live by bread alone** no sólo de pan vive el hombre; **Neanderthal M~** el hombre de Neandertal; **~ *proposes, God disposes*** el hombre propone y Dios dispone

C **1▸** (representative, employee): **our ~ in Cairo** nuestro representante (*or* corresponsal *or* agente *etc*) en el Cairo; **he's the PR ~ for Acme UK** es el encargado de relaciones públicas en Acme UK; **Dubois plays a crooked real estate ~** Dubois hace el papel de un agente inmobiliario deshonesto **2▸** (manservant) (dated) criado *m*

D **men** *pl* (troops, team, employees): **officers and men** los oficiales y los soldados *or* la tropa; **the captain and his men** (Sport) el capitán y su equipo; **the men won't accept less than 5%** los trabajadores no aceptarán menos de un 5%

E (in chess) pieza *f*; (in draughts) ficha *f*

F (*as form of address*) (colloq): **give me a break, ~!** ¡déjame en paz, quieres!, ¡déjame en paz, tío! (Esp fam), ¡déjame en paz, mano! (AmL exc CS fam), ¡dejáme en paz, che! (RPl fam), ¡déjame en paz, gallo! (Chi fam)

man² *vt* **-nn-**

A **1▸** (operate) ‹*switchboard/assembly line*› encargarse* *or* ocuparse de; **the inquiry desk is ~ned at all times** el mostrador de informaciones está atendido a toda hora **2▸** (get ready to operate): **~ the cannons!** ¡a los cañones!; **~ the battlements!** ¡cubran las almenas!

B **1▸** (be crew of) tripular; **the yacht was ~ned by Canadians** el yate estaba tripulado por canadienses **2▸** (provide crew for) ‹*ship*› tripular; ‹*fortress*› guarnecer*

Man = **Manitoba**

mana /ˈmɑːnə/ *n* [u] (NZ) (prestige) prestigio *m*; (power) energía *f*

man-about-town /ˌmænəˌbaʊtˈtaʊn/ *n* (*pl* **men-about-town** /men-/) hombre *m* de mundo

manacle /ˈmænəkəl/ *vt* esposar

manacles /ˈmænəkəlz/ *pl n* (for wrists) esposas *fpl*; (for legs) grillos *mpl*

manage /ˈmænɪdʒ/ *vt*

A **1▸** (Busn) ‹*company/bank/store/office*› dirigir*, administrar, gerenciar (AmL); ‹*staff/team*› dirigir*; ‹*land/finances/fund*› administrar; **who ~s this branch?** ¿quién es el director *or* gerente de esta sucursal?, ¿quién dirige esta sucursal? **2▸** (manipulate) (journ) ‹*news/statistics*› manipular

B (handle, cope with) ‹*children*› manejar, controlar; ‹*household*› llevar, administrar; ‹*horse*› manejar, dominar; **he seems unable to ~ his life** parece incapaz de organizar su vida; **the situation was more than I could ~** no pude con la situación; **she ~d the interview all right** se desenvolvió bien en la entrevista; **can you ~ those suitcases on your own?** ¿puedes con esas maletas tú sola?; **she can't ~ the stairs** no puede subir la escalera

C (indicating success, achievement): **despite a poor start, he ~d second place** a pesar de que no empezó muy bien, obtuvo el segundo puesto; **I can ~ 60 words per minute** puedo hacer 60 palabras por minuto; **when do you want it? — can you ~ it by lunchtime?** ¿para cuándo lo quiere? — ¿lo podrá tener listo para el mediodía?; **he ~d a smile** esbozó una sonrisa forzada; **if you can't ~ $5, give what you can afford** si no puedes dar cinco dólares, da lo que puedas; **I can't ~ the meeting** no puedo *or* no me es posible ir a la reunión; **can you ~ another helping?** ¿te sirvo un poco más?; **we could ~ one more in the back** atrás cabría una persona más; **to ~ to + INF** lograr *or* poder* + INF; **I ~d to persuade them** logré *or* pude convencerlos; **she finally ~d to get to sleep** finalmente logró *or* pudo dormirse; **have you ~d to find out her address?** ¿has logrado *or* podido averiguar su dirección?; **I ~d to get four tickets** conseguí *or* pude conseguir cuatro entradas; **how did they ~ to get away with it?** ¿cómo se las arreglaron para salirse con la suya?; **do you think you could ~ to be a little more specific/polite?** ¿te sería posible ser un poco más concreto/educado?; **he ~d to lose the documents** (iro) se las arregló para perder los documentos (iró)

■ **manage** *vi*

A (Busn) dirigir*, administrar

B (cope): **can I help you? — thank you, I can ~** ¿me permite que la ayude? — gracias, yo puedo sola; **how's she managing on her own?** ¿qué tal se las arregla sola?; **they have to ~ on $300 a week** tienen que arreglarse *or* arreglárselas con 300 dólares a la semana; **we can ~ without them/their help** podemos arreglarnos *or* arreglárnoslas sin ellos/sin su ayuda

manageable /ˈmænɪdʒəbəl/ *adj* **1▸** (possible to handle, control) ‹*size/amount*› razonable; ‹*child/animal*› dócil; ‹*hair*› dócil, manejable; ‹*vehicle/boat*› fácil de maniobrar, manejable; **this sailboat is ~ by a child of 9** hasta un niño de 9 años puede manejar este velero **2▸** (achievable) ‹*task/goal*› posible de alcanzar; **the deadlines are perfectly ~** es perfectamente posible cumplir con los plazos fijados

managed economy /ˈmænɪdʒd/ *n* economía *f* dirigida

management /ˈmænɪdʒmənt/ *n*

A [u] (act) **1▸** (Busn) dirección *f*, administración *f*, gestión *f*; ⊗ **under new management** bajo nueva dirección, cambio de firma; **she's studying ~** está estudiando administración de empresas; (*before n*) ‹*techniques/consultant*› de administración *or* de gestión de empresas; **~ accounting** (BrE) contabilidad *f* de gestión; **~ chart** organigrama *m* administrativo *or* de gestión; **~ committee** comité *m* directivo; **~ consultancy** consultoría *f* de gestión; **~ services** servicios *mpl* administrativos *or* de administración; **~ trainee** directivo, -va *m,f* en formación **2▸** (handling, control) manejo *m*; **crisis ~** gestión *f* de crisis; **personnel ~** gestión *f* or gerencia *f* de personal

B (managers) **1▸** (as group) (*no art, + sing o pl vb*) directivos *mpl*; **~ and workers** (of particular company) los directivos *or* la patronal y los trabajadores; (as class) el empresario y los trabajadores; **senior ~** altos cargos *mpl*; **middle ~** mandos *mpl or* cuadros *mpl* (inter)medios **2▸** [c] (of particular company) dirección *f*, gerencia *f*; **the ~s of the clubs** (Sport) las (juntas) directivas de los clubes; (*before n*): **~ buyout** *compra de una empresa por sus directivos*; **a ~ decision** una decisión de la dirección *or* gerencia

manager /ˈmænɪdʒər || ˈmænɪdʒə(r)/ *n* (Busn) (of company, department) director, -tora *m,f*, gerente *mf*; (of store, restaurant) gerente *mf*, encargado, -da *m,f*; (of estate, fund) administrador, -dora *m,f*; (of pop group, boxer) manager *mf*; (Sport) entrenador, -dora *m,f*; (in soccer) entrenador, -dora *m,f*, director técnico, directora técnica *m,f* (AmL); **export/production/publicity ~** director, -tora *m,f* or gerente *mf* de exportaciones/producción/publicidad; **branch ~** director, -tora *m,f* de sucursal; **the campaign ~** (Pol) el director/la directora de la campaña; **she's a good ~** es buena administradora

manageress /ˈmænɪdʒərəs || ˌmænɪdʒəˈres/ *n* (esp BrE) encargada *f*

managerial /ˌmænəˈdʒɪriəl || ˌmænɪˈdʒɪəriəl/ *adj* directivo, de dirección, gerencial (AmL)

managing director /ˈmænɪdʒɪŋ/ *n* (esp BrE) director ejecutivo, directora ejecutiva *m,f*

managing editor *n* director, -tora *m,f* editorial

man-at-arms /ˌmænətˈɑːrmz || ˌmænətˈɑːmz/ *n* (*pl* **men-at-arms** /men-/) hombre *m* de armas

manatee /ˈmænəti: || ˌmænəˈti:, ˈmænəti/ *n* manatí *m*

> **Man Booker Prize**
>
> ▸ **Booker Prize.**

Manchuria /mænˈtʃʊriə || ˌmænˌtʃʊəriə/ *n* Manchuria *f*

Mancunian¹ /mænˈkjuːniən/ *adj* de Manchester, Inglaterra

Mancunian² *n: habitante o persona oriunda de Manchester, Inglaterra*

mandarin /ˈmændərən || ˈmændərɪn/ *n*

A [c] **1▸** (Chinese official) (Hist) mandarín *m* **2▸** (top establishment figure) (journ) jerarca *mf*, mandarín *m*

B [c] **~ (orange)** mandarina *f*

C [u] **Mandarin (Chinese)** (language) mandarín *m*, lengua *f* mandarina

mandate¹ /ˈmændeɪt/ *n* **1▸** (authority) mandato *m* **2▸** (trusteeship) (Hist) mandato *m*; **under UN ~** bajo mandato de la ONU; **the British ~ in Palestine** el protectorado *or* mandato británico de Palestina

mandate² *vt* **1▸** ‹*delegate*› (instruct) dar* instrucciones a; (authorize) autorizar*; **the delegates were ~d to ...** los delegados recibieron instrucciones *or* recibieron el mandato de ... **2▸** (make compulsory) (AmE) ‹*attendance/procedure/payment*› exigir* **3▸** (Hist): **Palestine was ~d to the British in 1922** en 1922 se concedió el mandato de Palestina a Gran Bretaña; **~d territory** territorio *m* bajo mandato

mandatory /ˈmændətɔːri || ˈmændətəri/ *adj* (frml) obligatorio; **after the ~ exchange of pleasantries** tras el obligado intercambio de cortesías

man-day /ˈmænˈdeɪ/ *n* día *m* de trabajo por persona

mandible /ˈmændəbəl || ˈmændɪbəl/ *n* **1▸** (lower jaw) mandíbula *f* inferior **2▸** (of bird) mandíbula *f* **3▸** **mandibles** *pl* (of insect, crab) pinzas *fpl*

mandolin, mandoline /ˌmændəˈlɪn/ *n* mandolina *f*

mandrake /ˈmændreɪk/ *n* [u] mandrágora *f*

mandrill /ˈmændrəl || ˈmændrɪl/ *n* mandril *m*

mane /meɪn/ *n* (of horse) crin(es) *f(pl)*; (of lion, person) melena *f*

man-eater /ˈmænˌiːtər || ˈmænˌiːtə(r)/ *n* **1▸** (animal) *animal que come carne humana* **2▸** (woman) (hum) devoradora *f* de hombres (hum)

man-eating /ˈmænˌiːtɪŋ/ *adj* (*before n*) que come carne humana; **~ shark** tiburón *m* asesino

maneuver¹, (BrE) **manoeuvre** /məˈnuːvər || məˈnuːvə(r)/ *n* **1▸** (movement) maniobra *f*; **the drivers need room for ~** los conductores necesitan espacio para maniobrar; **the negotiators now have more room for ~** los negociadores ahora tienen más libertad de acción **2▸** (tactical move) maniobra *f*, estratagema *f*

3 **maneuvers** *pl* (Mil) maniobras *fpl*; **to be/go on ~s** estar*/salir* de maniobras

maneuver², (BrE) **manoeuvre** *vt* **1** (move, handle): **they ~ed the piano up the stairs** subieron trabajosamente el piano por la escalera; **she ~ed the car out of the garage** sacó el coche del garaje maniobrando; **the crane was slowly ~ed into position** despacio colocaron la grúa en su lugar **2** (lead, trick) **to ~ sb INTO sth/-ING**: **he has ~ed them into an impossible negotiating position** ha logrado ponerlos en una posición muy difícil para negociar; **she was ~ed into taking the blame** se las ingeniaron para conseguir que aceptara la responsabilidad

■ **maneuver** *vi* **1** «*vehicle/driver*» maniobrar, hacer* una maniobra; **I had no room to ~** no tenía espacio para maniobrar **2** «*army/troops*» hacer* maniobras, maniobrar

maneuverability, (BrE) **manoeuvrability** /məˌnuːvərəˈbɪləti/ *n* [u] maniobrabilidad *f*

maneuverable, (BrE) **manoeuvrable** /məˈnuːvərəbəl/ *adj* maniobrable, fácil de maniobrar *or* de manejar; **the machine/vehicle is easily ~** la máquina/el vehículo se puede manejar fácilmente *or* es muy maniobrable

maneuvering, (BrE) **manoeuvring** /məˈnuːvərɪŋ/ *n* [u] (*often pl*) maniobras *fpl*, estratagemas *fpl*

manful /ˈmænfəl/ *adj* valiente

manfully /ˈmænfəli/ *adv* valientemente

manganese /ˈmæŋgəniːz/ *n* [u] manganeso *m*

mange /meɪndʒ/ *n* [u] sarna *f*; **it has (the) ~** tiene sarna

mangel-wurzel /ˈmæŋgəlˌwɜːrzəl || ˈmæŋgəlˌwɜːzəl/ *n* remolacha *f* forrajera

manger /ˈmeɪndʒər || ˈmeɪndʒə(r)/ *n* pesebre *m*, comedero *m*

mangetout /ˌmɑːnʒˈtuː/ *n* (BrE) tirabeque *m*, arveja *f or* (Esp) guisante *m or* (esp Méx) chícharo *m* mollar

mangle¹ /ˈmæŋgəl/ *vt* destrozar*

mangle² *n* rodillo *m* (escurridor)

mango /ˈmæŋgəʊ/ *n* (*pl* **-goes** *or* **-gos**) **1** (fruit) mango *m* **2** **~ (tree)** mango *m*

mangold-wurzel /ˈmæŋgəldˌwɜːrzəl || ˈmæŋgəldˌwɜːzəl/ *n* ▸**mangel-wurzel**

mangosteen /ˈmæŋgəstiːn/ *n* mangostán *m*

mangrove /ˈmæŋgrəʊv/ *n* mangle *m*; (*before n*): **~ swamp** manglar *m*

mangy /ˈmeɪndʒi/ *adj* **-gier, -giest** **1** ‹*dog/cat*› sarnoso **2** ‹*coat/sofa/blanket*› (colloq) raído, gastado

manhandle /ˈmænˌhændl/ *vt* **1** (move by hand) mover* a pulso; **the piano had to be ~d up onto the stage** hubo que subir el piano al escenario a pulso **2** (treat roughly) maltratar

manhole /ˈmænhəʊl/ *n* registro *m*, pozo *m* de inspección; (into sewer) boca *f* de alcantarilla, registro *m*; (*before n*): **~ cover** tapa *f* de registro *or* de boca de alcantarilla

manhood /ˈmænhʊd/ *n* [u] **1** (adulthood) madurez *f*, edad *f* adulta (*en un hombre*); **to reach ~** llegar* a la edad adulta **2** (adult males) (+ *sing o pl vb*) hombres *mpl* **3** (virility) hombría *f*, virilidad *f*

man-hour /ˈmænaʊr || ˈmænaʊə(r)/ *n* hora *f* hombre; **500 ~s** 500 horas hombre

manhunt /ˈmænhʌnt/ *n* persecución *f*, búsqueda *f*

mania /ˈmeɪniə/ *n* (*pl* **-nias**) **1** [u c] (Psych) manía *f* **2** [c] (obsession) manía *f*, obsesión *f*; **they have a ~ for secrecy** tienen la manía *or* obsesión de querer mantener todo en secreto

maniac /ˈmeɪniæk/ *n* maniaco, -ca *m,f*, maníaco, -ca *m,f*; **homicidal ~** maniaco homicida; **he was rushing around like a ~** corría de un lado a otro como un loco; **a religious ~** un fanático (religioso); **he's a baseball ~** es un fanático del béisbol

maniacal /məˈnaɪəkəl/ *adj* maniaco, maníaco

manic /ˈmænɪk/ *adj* ‹*symptom/behavior*› maniaco, maníaco; ‹*activity/insistence*› frenético

manically /ˈmænɪkli/ *adv* como un loco

manic depression *n* [u] maniacodepresión *f*, depresión *f* maniaca, trastorno *m* bipolar (téc)

manic-depressive¹ /ˌmænɪkdɪˈpresɪv/ *n* maniacodepresivo, -va *m,f*

manic-depressive² *adj* maniacodepresivo

Manichean /ˌmænəˈkiːən || ˌmænɪˈkiːən/ *adj* maniqueo, maniqueísta

manicure¹ /ˈmænəkjʊr || ˈmænɪkjʊə(r)/ *n* [u c] manicura *f*, manicure *f* (AmL exc RPl); **to have a ~** arreglarse las manos *or* las uñas, hacerse* la manicura; **to give sb a ~** arreglarle las manos *or* las uñas a algn, hacerle* la manicura a algn; (*before n*): **~ case** *o* **set** estuche *m* de manicura

manicure² *vt* ‹*person*› arreglarle las manos *or* las uñas a; **she ~d my hands/nails** me arregló las manos *or* las uñas, me hizo la manicura; **her well-~d hands** sus cuidadas manos; **a neatly ~d garden** un jardín muy cuidado

manicurist /ˈmænəkjʊrəst || ˈmænɪkjʊərɪst/ *n* manicuro, -ra *m,f*, manicurista *mf* (AmL exc RPl)

manifest¹ /ˈmænəfest || ˈmænɪfest/ *v refl* (frml): **to ~ itself** «*ghost/deity*» aparecerse*; «*disease/curiosity/fear*» manifestarse*

■ *vt* **1** (express) manifestar*, expresar **2** (show) poner* de manifiesto, revelar

manifest² *adj* manifiesto, evidente; **to make sth ~** poner* algo de manifiesto

manifest³ *n* (Aviat, Naut) manifiesto *m*

manifestation /ˌmænəfəˈsteɪʃən || ˌmænɪfəˈsteɪʃən/ *n* **1** (form, embodiment) manifestación *f* **2** (sign, symptom) manifestación *f*, indicio *m* **3** (of ghost) aparición *f*

manifestly /ˈmænəfestli || ˈmænɪfestli/ *adv* evidentemente, manifiestamente

manifesto /ˌmænəˈfestəʊ || ˌmænɪˈfestəʊ/ *n* (*pl* **-toes** *or* **-tos**) manifiesto *m*; (for a specific election) (esp BrE) plataforma *f* electoral

manifold¹ /ˈmænəfəʊld || ˈmænɪfəʊld/ *adj* (frml) múltiples, diversos

manifold² *n* colector *m*; **an inlet/exhaust ~** un colector de admisión/de escape

manikin /ˈmænɪkən || ˈmænɪkɪn/ *n* **1** (dwarf) enano *m*, hombrecillo *m* **2** ▸**mannequin** **3** (Art, Med) modelo *m* del cuerpo humano

manila, manilla /məˈnɪlə/ *n* [u] **1** (paper) papel *m* Manila **2** (hemp) cáñamo *m* de Manila, abacá *m*

Manila /məˈnɪlə/ *n* Manila *f*

man in the street *n* ciudadano *m* de a pie, hombre *m* de la calle

manioc /ˈmæniɑːk || ˈmæniɒk/ *n* [u] mandioca *f*, yuca *f*

manipulable /məˈnɪpjələbəl || məˈnɪpjʊləbəl/ *adj* **1** (Comput, Med) manipulable **2** ‹*electorate/person*› manipulable

manipulate /məˈnɪpjəleɪt || məˈnɪpjʊleɪt/ *vt* **1** (handle) manejar, manipular **2** (Med) manipular **3** (influence, control) manipular

manipulation /məˌnɪpjəˈleɪʃən || məˌnɪpjʊˈleɪʃən/ *n* [u] **1** (handling) manejo *m*, manipulación *f* **2** (Med) manipulación *f* **3** (influence) manipulación *f*

manipulative /məˈnɪpjələtɪv || məˈnɪpjʊlətɪv/ *adj* **1** ‹*techniques/skills*› de manipulación, manual **2** (interfering) manipulador

manipulator /məˈnɪpjəleɪtər || məˈnɪpjʊleɪtə(r)/ *n* manipulador, -dora *m,f*

mankind /mænˈkaɪnd/ *n* [u] humanidad *f*, género *m* humano

manky /ˈmæŋki/ *adj* **-kier, -kiest** (BrE colloq) ‹*hair/clothes*› asqueroso (fam); ‹*club/bar*› de mala muerte, cutre (Esp fam), rasca (CS fam), chafa (Méx fam); ‹*materials*› malucho (fam), rasca (CS fam), chafa (Méx fam)

manliness /ˈmænlinəs || ˈmænlinɪs/ *n* [u] masculinidad *f*, virilidad *f*

manly /ˈmænli/ *adj* **-lier, -liest** **1** ‹*physique/pursuits*› varonil, masculino, viril **2** (courageous): **it's not very ~ to run away like that** no es de hombres *or* de valientes salir corriendo así

man-made /ˈmænˈmeɪd/ *adj* ‹*lake*› artificial; ‹*material*› sintético; **~ fibers** fibras *fpl* sintéticas; **a ~ disaster** un desastre provocado por el hombre

manna /ˈmænə/ *n* [u] maná *m*; **~ *from heaven*** maná del cielo

manned /mænd/ *adj* tripulado

mannequin /ˈmænɪkən || ˈmænɪkɪn/ *n* **1** (dummy) maniquí *m* **2** (fashion model) maniquí *f*, modelo *f*

manner /ˈmænər || ˈmænə(r)/ *n*

A (way, fashion) forma *f*, modo *m*, manera *f*; **he was behaving in a ridiculous ~** se estaba comportando de forma *or* manera ridícula *or* de modo ridículo; **it's just a ~ of speaking** es un decir; **did you solve the problem? — in a ~ of speaking** ¿resolviste el problema? — en cierto modo *or* en cierta medida *or* hasta cierto punto; **(as) *to the ~ born*** como si hubiera nacido para ello

B **1** (bearing, demeanor) actitud *f*; **she has an abrupt ~** es brusca; **a good telephone ~ is essential** es imprescindible tener buen trato por teléfono **2** (style) (Art) estilo *m*; **the house was decorated in the French ~** la casa estaba decorada al *or* en estilo francés; **after the ~ of Jenks** al estilo de Jenks

C (variety) tipo *m*, suerte *f*, clase *f*; **all ~ of things/people** todo tipo *or* toda suerte *or* toda clase de cosas/gente; **by no ~ of means** de ningún modo, de ninguna manera

D **manners** *pl* **1** (personal conduct) modales *mpl*, educación *f*; **didn't they teach you (any) ~s at school?** ¿no te enseñaron modales en el colegio?; **have you forgotten your ~s?** ¿dónde están tus modales?; **it's (good) ~s to say 'please'** es de buena educación decir 'por favor'; **it's bad ~s to point** es (de) mala educación señalar con el dedo; **~s!** ¡qué modales son ésos! **2** (lifestyle) (frml) costumbres *fpl*; **a comedy of ~s** (Lit) una comedia costumbrista

mannered /ˈmænərd || ˈmænəd/ *adj* afectado, amanerado

mannerism /ˈmænərɪzəm/ *n* **1** [c] (peculiarity, habit) peculiaridad *f*; (gesture) gesto *m* **2** [u] **Mannerism** (Archit, Art) manierismo *m*

Mannerist¹ /ˈmænərəst || ˈmænərɪst/ *adj* manierista

Mannerist² *n* manierista *mf*

mannerly /ˈmænərli || ˈmænəli/ *adj* cortés, (bien) educado; **the children's ~ conduct** el buen comportamiento de los niños

mannikin /ˈmænɪkən || ˈmænɪkɪn/ *n* ▸**manikin**

manning /ˈmænɪŋ/ *n* [u] (esp BrE) personal *m*, plantilla *f* (Esp)

mannish /ˈmænɪʃ/ *adj* ‹*woman/appearance*› masculino, hombruno; ‹*clothes/fashion*› masculino

manoeuvre *etc* (BrE) ▸**maneuver¹**, **maneuver²** *etc*

man of straw *n* **1** (AmE) (cover, front) hombre *m* de paja, testaferro *m*, palo *m* blanco (Chi) **2** (esp BrE) (imaginary opponent) opositor *m* imaginario (*fácil de derrotar*) **3** (esp BrE) (weak person) (liter) pusilánime *m*

man-of-war /ˌmænəvˈwɔːr || ˌmænəˈwɔː(r)/ *n* (*pl* **men-of-war** /men-/) buque *m* de guerra

manometer /məˈnɑːmətər || mæˈnɒmɪtə(r)/ *n* manómetro *m*

manor /ˈmænər || ˈmænə(r)/ *n* **1** (estate) (Hist) feudo *m*, heredad *f* **2** **~ (house)** casa *f* solariega

manorial /məˈnɔːriəl/ *adj* (Hist) señorial

man-o'-war /ˌmænəˈwɔːr || ˌmænəˈwɔː(r)/ *n* (*pl* **men-o'-war** /men-/) ▸**man-of-war**

manpower /ˈmænpaʊər || ˈmænpaʊə(r)/ *n* [u] **1** (workers) personal *m*, recursos *mpl* humanos; (blue-collar) mano *f* de obra; (*before n*): **~ cuts** recortes *mpl* de personal *or* (Esp) en la plantilla **2** (human force) fuerza *f*; **we'll need a bit of ~ to shift these tables** vamos a necesitar gente con fuerza para mover estas mesas

manqué /mɑːŋˈkeɪ || ˈmɒŋkeɪ/ *adj* (*after n*) frustrado; **a poet ~** un poeta frustrado

mansard /ˈmænsɑːrd || ˈmænsɑːd/ *n* **1** (attic) buhardilla *f*, mansarda *f* **2** **~ (roof)** tejado *m* abuhardillado

manse /mæns/ *n*: *casa de un pastor protestante*

manservant /'mæn,sɜ:rvənt || 'mæn,sɜ:vənt/ *n* (*pl* **menservants** /'men-/ *or* **manservants**) criado *m*, sirviente *m*; (valet) valet *m*

mansion /'mænʃən/ *n* mansión *f*

man-sized /'mænsaɪzd/ (BrE also) **man-size** /'mænsaɪz/ *adj* grande

manslaughter /'mæn,slɔ:tər || 'mæn,slɔ:tə(r)/ *n* [u] homicidio *m* sin premeditación

manta (ray) /'mæntə/ *n* manta *f*, mantarraya *f* (AmS)

mantelpiece /'mæntlpi:s/, **mantel** /'mæntl/ *n* 1 (shelf) repisa *f* de la chimenea 2 (fireplace) chimenea *f*

mantelshelf /'mæntlʃelf/ *n* (*pl* **-shelves**) ▸**mantelpiece 1**

mantilla /mæn'ti:jə || mæn'tɪlə/ *n* 1 (headdress) mantilla *f* 2 (shawl) chal *m*

mantis /'mæntəs || 'mæntɪs/ *n* (*pl* **-tises**) ▸**praying mantis**

mantle[1] /'mæntl/ *n*
A 1 (cloak) (arch) manto *m* 2 (covering) (liter) manto *m* (liter); **a ~ of fog/darkness/snow** un manto de niebla/de oscuridad/de nieve (liter) 3 (of role): **the ~ of responsibility passed on to Hugh** Hugh asumió la responsabilidad; **nobody has yet assumed his ~** nadie ha ocupado aún su lugar; **the ~ of office weighed heavily upon her shoulders** la responsabilidad del poder la abrumaba
B (on gas lamp) camisa *f*, mantilla *f*
C (Geol) manto *m*, sima *f*

mantle[2] *vt* (liter) cubrir* con un manto de (liter)

man-to-man /,mæntə'mæn/ *adj* 1 ‹*talk/confrontation*› de hombre a hombre 2 (Sport) ‹*marking/system*› individual

man to man *adv* 1 (openly, directly) de hombre a hombre 2 (Sport) con un marcaje individual

mantra /'mæntrə/ *n* mantra *m*

mantrap /'mæntræp/ *n* trampa *f*, cepo *m*

manual[1] /'mænjuəl/ *adj* manual; (*before n*) ‹*work/labor*› manual

manual[2] *n* 1 (book) manual *m* 2 (keyboard) (Mus) teclado *m*

manually /'mænjuəli/ *adv* manualmente, a mano

manufacture[1] /,mænjə'fæktʃər || ,mænjʊ'fæktʃə(r)/ *vt* 1 (produce) ‹*cars/toys*› fabricar*, manufacturar; ‹*clothes*› confeccionar; ‹*foodstuffs*› elaborar, producir*; **~d goods** productos *mpl* manufacturados, manufacturas *fpl* 2 (create artificially) ‹*alibi/myth*› fabricar*

manufacture[2] *n* 1 [u] (act) fabricación *f*, manufactura *f*; (of clothes) confección *f*; (of foodstuffs) elaboración *f*, producción *f*; **the engine is of Italian ~** el motor es de fabricación italiana 2 [c] **manufactures** *pl* (goods) productos *mpl* manufacturados, manufacturas *fpl*

manufacturer /,mænjə'fæktʃərər || ,mænjʊ'fæktʃərə(r)/ *n* fabricante *mf*

manufacturing /,mænjə'fæktʃərɪŋ || ,mænjʊ'fæktʃərɪŋ/ *adj* ‹*sector/town*› manufacturero, industrial; ‹*output/capacity*› industrial; **~ industry** industria *f* manufacturera

manure[1] /mə'nʊr || mə'njʊə(r)/ *n* [u c] estiércol *m*; **artificial ~s** abonos *mpl* or fertilizantes *mpl* artificiales; **that's a load of horse ~** (AmE colloq & euph) eso es un cuento chino (fam)

manure[2] *vt* ‹*field/soil*› abonar, estercolar

manuscript /'mænjəskrɪpt || 'mænjʊskrɪpt/ *n* 1 (Publ) manuscrito *m*, original *m*; (*before n*): **~ paper** (Mus) papel *m* pautado *or* pentagramado 2 (handwritten book) manuscrito *m*

Manx[1] /mæŋks/ *adj* manés, de la isla de Man

Manx[2] *n* [u] (language) manés *m*

Manx cat *n: gato rabón de pelo corto*

many[1] /'meni/ *adj*
A 1 (*in neg, interrog sentences*) muchos, -chas; **he doesn't have ~ books** no tiene muchos libros; **did they ask you ~ difficult questions?** ¿te hicieron muchas preguntas difíciles?; **we got there without too ~ problems** llegamos sin demasiados problemas; **how ~ plates/cups do you need?** ¿cuántos platos/cuántas tazas necesitas? 2 (*in affirm sentences*) muchos, -chas; **~ problems still remain unsolved** falta aún solucionar muchos problemas; **~ years ago** hace muchos años; **a great/good ~ people** muchísima/mucha gente; **I've had as ~ jobs as you** he tenido tantos trabajos como tú; **she read 15 books in as ~ days** se leyó 15 libros en el mismo número de días; **I have too ~ books** tengo demasiados libros; **one chair too ~, one too ~ chairs** una silla de más
B **many a** (liter) muchos, -chas; **in ~ an English town** en muchas ciudades inglesas; **~ a time** muchas veces

many[2] *pron* 1 (*in neg, interrog sentences*) muchos, -chas; **she has some friends, but not ~** tiene amigos, pero no muchos; **how ~ of your colleagues smoke?** ¿cuántos/cuántas de tus colegas fuman? 2 (*in affirm sentences*) muchos, -chas; **~ of the machines are imported** muchas de las máquinas son importadas; **~ of us/you** muchos de nosotros/de ustedes; **a good ~ of the houses date from before the war** muchas de las casas datan de antes de la guerra; **~'s the time I've asked myself that** más de una vez me he preguntado eso; **answer as ~ of the questions as possible** conteste todas las preguntas que pueda; **I've got twice as ~ as you** tengo el doble que tú; **as ~ as 26 are still missing** todavía faltan nada menos que 26; **however ~ you eat, you still want more** te comas las que te comas, te quedas con ganas de comer más; **I don't want this ~** yo no quiero tantos/tantas; **would ten be too ~?** ¿diez serían demasiados?; **you've given me one/two too ~** me has dado uno/dos de más 3 (people) muchos; **~ would disagree with that opinion** muchos no estarían de acuerdo con esa opinión; **for the good of the ~** (frml) por el bien de la mayoría; **how ~ must die before this war finishes?** ¿cuántos han de morir antes de que esta guerra se acabe?

many-sided /,meni'saɪdəd || ,meni'saɪdɪd/ *adj*
A (multilateral) multilateral
B (complex) complejo

Maoism /'maʊɪzəm/ *n* [u] maoísmo *m*

Maoist[1] /'maʊəst || 'maʊɪst/ *n* maoísta *mf*

Maoist[2] *adj* maoísta

Maori[1] /'maʊri/ *adj* maorí

Maori[2] *n* 1 [c] (person) maorí *mf* 2 [u] (language) maorí *m*

map[1] /mæp/ *n* (of country, region) mapa *m*; (of town, subway) plano *m*; (of building) plano *m*; **a ~ of the world** un planisferio, un mapamundi; ***to blow o wipe sth off the ~*** (colloq) borrar algo del mapa (fam); ***to put sth on the ~*** dar* notoriedad a algo

map[2] *vt* **-pp-** ‹*region/planet/coastline*› trazar* el mapa de; ‹*route*› trazar*

Phrasal verb

• **map out** [v + o + adv, v + adv + o] ‹*itinerary/holiday*› planear, planificar*; **I've got the plot ~ped out already** ya tengo preparado el esquema del argumento

maple /'meɪpəl/ *n* 1 [c] **~ (tree)** arce *m*; (*before n*): **~ sugar** azúcar *m* or *f* de arce; **~ syrup** jarabe *m* or sirope *m* de arce 2 [u] (wood) madera *f* de arce

mapmaker /'mæp,meɪkər || 'mæp,meɪkə(r)/ *n* cartógrafo, -fa *m,f*

mapmaking /'mæp,meɪkɪŋ/ *n* cartografía *f*

map-reading /'mæp,ri:dɪŋ/ *n* [u] interpretación *f* de mapas

map reference *n* localización *f* en el mapa

mar /mɑ:r || mɑ:(r)/ *vt* **-rr-** estropear; **the choice of wine can make or ~ a dinner party** el éxito de una cena depende de la elección del vino

Mar ▸ **p.1085** (= **March**) mar.

maracas /mə'rækəz/ *pl n* maracas *fpl*

maraschino /,mærə'ski:nəʊ -'ʃi:nəʊ/ *n* (*pl* **-nos**) 1 [u] (liqueur) marrasquino *m* 2 [c] **~ (cherry)** cereza *f* al marrasquino

marathon /'mærəθɑ:n, -θən || 'mærəθən/ *n* 1 (Sport) maratón *m* or *f*; (*before n*): **~ runner** corredor, -dora *m,f* de la maratón, maratonista *mf* 2 (endurance test) concurso *m* de resistencia; (*before n*) ‹*performance/debate/speech*› maratoniano

maraud /mə'rɔ:d/ *vi* (*usu in -ing form*) ‹‹*pirates/scavengers*›› (raid, plunder) saquear; (wander, prowl) merodear; **they are being terrorized by ~ing bands of youths** las pandillas de jóvenes maleantes que merodean por el lugar los tienen aterrorizados

marauder /mə'rɔ:dər || mə'rɔ:də(r)/ *n* (criminal) maleante *mf*; (prowler) merodeador, -dora *m,f*

marble /'mɑ:rbəl || 'mɑ:bəl/ *n*
A 1 [u] (Min) mármol *m*; **a ~-topped table** una mesa de mármol 2 [c] (Art) escultura *f* /estatua *f* de mármol
B [c] (Games) canica *f* or (AmS) bolita *f*; **to play ~s** jugar* a las canicas *or* (AmS) bolitas; ***for all the ~s*** (AmE): **that defeat was for all the ~s** esa derrota fue decisiva *or* definitiva; ***to lose one's ~s*** (colloq & hum) perder* la chaveta (fam); **the old man's lost his ~s** el viejo está reblandecido *or* (fam) ha perdido la chaveta; ***to pick up one's ~s*** (AmE colloq) tirar la toalla *or* la esponja (fam)

marbled /'mɑ:rbəld || 'mɑ:bəld/ *adj* 1 (Archit) ‹*walls/floor*› revestido de mármol 2 (Art) ‹*page/plastic*› marmolado 3 (Culin) ‹*beef*› con vetas de grasa

marbling /'mɑ:rblɪŋ || 'mɑ:blɪŋ/ *n* [u] 1 (Art) veteado *m* 2 (Culin) vetas *fpl* de grasa

march[1] /mɑ:rtʃ || mɑ:tʃ/ *n*
A 1 (Mil) marcha *f*; **Sherman's ~ through Georgia** el avance *or* la marcha de las tropas de Sherman a través de Georgia; **the Long March** la Larga Marcha; **the capital is three days' ~ from here** la capital está a tres días de marcha de aquí; **they were on the ~ before sunrise** ya estaban en camino antes del amanecer; ***to steal a ~ on sb*** ganarle por la mano *or* (RPl) de mano a algn, ganarle la mano a algn (Chi) 2 (Mus) marcha *f*; **military/bridal ~** marcha militar/nupcial 3 (demonstration) marcha *f* (de protesta); **a peace ~** una marcha por la paz
B (of time) paso *m*; (of science, technology) avance *m*
C **marches** *pl* (borderlands) (Hist) zona *f* fronteriza, marca *f*

march[2] *vi* 1 ‹‹*troops*›› marchar; **when Saddam ~ed into Kuwait** cuando Saddam invadió Kuwait; **they ~ed past the visiting dignitaries** desfilaron ante los dignatarios visitantes; **quick ~!** de frente ¡mar(chen)!; **time ~es on** el tiempo sigue su curso inexorablemente; **the protesters ~ed on the Capitol** los manifestantes se dirigieron al Capitolio; **to ~ for peace** tomar parte en una marcha por la paz 2 (stride): **she ~ed into the office and started shouting** entró con paso firme en *or* (esp AmL) a la oficina y se puso a gritar; **he ~ed up to the referee** se dirigió resueltamente hacia el árbitro

■ **march** *vt* hacer* marchar, obligar* a caminar; **the prisoner was ~ed in** hicieron entrar al prisionero; **they ~ed him off to prison** se lo llevaron preso

March /mɑ:rtʃ || mɑ:tʃ/ ▸ **p.1085** *n* marzo *m*; *see also* **January**

marcher /'mɑ:rtʃər || 'mɑ:tʃə(r)/ *n* (demonstrator) manifestante *mf*

marchioness /'mɑ:rʃənəs || ,mɑ:ʃə'nes/ *n* marquesa *f*

march-past /'mɑ:rtʃpæst || 'mɑ:tʃpɑ:st/ *n* (BrE) desfile *m*, parada *f*

Mardi Gras /'mɑ:rdi,grɑ: || ,mɑ:di'grɑ:/ *n* martes *m* de Carnaval

mare /mer || meə(r)/ *n* (horse) yegua *f*; (donkey) burra *f*; (zebra) cebra *f*

margarine /'mɑ:rdʒərən || ,mɑ:dʒə'ri:n/ *n* [u] margarina *f*

marge /mɑ:rdʒ || mɑ:dʒ/ *n* [u] (BrE colloq) margarina *f*

margin /'mɑ:rdʒən || 'mɑ:dʒɪn/ *n*
A [c] (on page, typewriter) margen *m*; **write it in the ~** escríbalo al margen; **to set the ~s** fijar los márgenes, marginar; (*before n*): **~ release (key)** liberador *m* del margen; **~ set** marginador *m*

B 1 [c u] (leeway) margen *m*; **he won by a narrow/wide/comfortable ~** ganó por un escaso margen/con un amplio margen/holgadamente; **~ of error/safety** margen de error/de seguridad 2 [u] (Busn) (of profit) margen *m* (de ganancia *or* de beneficio); **to buy on ~** comprar (valores) a crédito; (*before n*): **~ account** cuenta *f* de margen

C (fringe — of lake) (*often pl*) margen *f*; (— of society, debate) margen *m*; **they live on the ~(s) of society** viven marginados

marginal[1] /'mɑːrdʒnəl || 'mɑːdʒɪnl/ *adj*
A (on page) ‹*notes*› marginal, al margen
B (minor) ‹*difference/improvement*› mínimo; ‹*role/significance*› menor; **to be ~ to sth: this is ~ to the debate** esto está relacionado con el debate sólo de manera tangencial
C 1 (not very productive) ‹*land/well*› poco rentable 2 (Econ, Fin) ‹*cost*› marginal; **~ tax rate** tasa *f* impositiva marginal 3 (Pol) (BrE): **~ constituency** *distrito electoral cuyo representante obtuvo el escaño por escasa mayoría*

marginal[2] *n* (BrE) *escaño obtenido por escasa mayoría*

marginalize /'mɑːrdʒnəlaɪz || 'mɑːdʒɪnəlaɪz/ *vt* marginar

marginally /'mɑːrdʒnəli || 'mɑːdʒɪnəli/ *adv* ligeramente, un poquito

marguerite /ˌmɑːrgə'riːt || ˌmɑːgə'riːt/ *n* margarita *f*

marigold /'mærəgəʊld || 'mærɪgəʊld/ *n* caléndula *f*, maravilla *f*

marijuana, marihuana /ˌmærə'wɑːnə, -'hwɑː- || ˌmæri'wɑːnə/ *n* [u] marihuana *f*

marimba /mə'rɪmbə/ *n* marimba *f*

marina /mə'riːnə/ *n* puerto *m* deportivo

marinade[1] /ˌmærə'neɪd || ˌmærɪ'neɪd/ *n* [c u] adobo *m*

marinade[2], **marinate** /'mærɪneɪt/ *vt* dejar en adobo, marinar
■ **marinade** *vi* estar* en adobo

marine[1] /mə'riːn/ *n* 1 *also* **Marine** (Mil) ≈ infante *m* de marina; **the M~s** (in US) los marines; (in UK) infantería *f* de marina; ***you can tell that to the ~s!*** (colloq) ¡a otro perro con ese hueso! (fam) 2 (fleet): **the merchant** *o* **mercantile ~** la marina mercante

marine[2] *adj* (*before n*) 1 ‹*organisms/biology/life*› marino; ‹*engineering*› naval; marino, del mar 2 ‹*accident/insurance*› marítimo

mariner /'mærənər || 'mærɪnə(r)/ *n* (arch & poet) navegante *m* (liter)

marionette /ˌmæriə'net/ *n* marioneta *f*, títere *m*

marital /'mærətl || 'mærɪtl/ *adj* ‹*problems*› matrimonial; ‹*bliss*› conyugal; **~ counseling** *o* (BrE) **counselling** terapia *f* matrimonial *or* de pareja; **~ rape** violación *f* marital; **~ status** estado *m* civil

maritime /'mærətaɪm || 'mærɪtaɪm/ *adj* marítimo; **~ insurance/law** seguro *m* /derecho *m* marítimo

marjoram /'mɑːrdʒərəm || 'mɑːdʒərəm/ *n* [u] mejorana *f*

mark[1] /mɑːrk || mɑːk/ *n*
A 1 (sign, symbol) marca *f*; (stain) mancha *f*; (imprint) huella *f*; **dirty/greasy ~s** manchas de suciedad/grasa; **burn ~** quemadura *f*; **scratch ~** rasguño *m* 2 (on body) marca *f*; **distinguishing ~s** señas *fpl* particulares; **she escaped without a ~ on her body** salió sin un arañazo; **the ~s of age** las huellas de la edad
B (identifying sign) marca *f*; **a ~ of quality** un signo de calidad; **as a ~ of respect** en señal de respeto; **tolerance is the ~ of a civilized society** una sociedad civilizada se distingue por su tolerancia; **it's the ~ of a gentleman** es lo que distingue a un caballero; ***to leave*** *o* ***stamp one's ~ on sb/sth*** dejar su impronta en algn/algo; **five years in prison have left their ~** cinco años en la cárcel le han dejado huella; ***to make one's ~*** (make big impression) dejar su impronta; (lit: on document) firmar con una cruz
C (Educ) nota *f*; (Sport) punto *m*; **to give sb/get a good ~** ponerle* a algn/sacar* una buena nota; (Sport) darle* a algn/obtener* un buen puntaje *or* (esp Esp) una buena puntuación; **she always gets top ~s** (BrE) siempre saca las mejores notas *or* (frml) la máxima calificación; **I give her full ~s for trying** se merece un premio por intentarlo; **no ~s for guessing who said that!** (BrE colloq & hum) no hace falta ser un genio para saber quién dijo eso
D 1 (indicator): **the cost has reached the $100,000 ~** el costo ha llegado a los 100.000 dólares; **(gas) ~ 6** (BrE) el número 6 (*de un horno de gas*); ***to be/come up to the ~*** dar* la talla; ***to overstep the ~*** pasarse de la raya 2 (for race) línea *f* de salida; **on your ~s!** *o* **take your ~s!** ¡a sus marcas!; ***to be quick/slow off the ~*** ser* rápido/lento
E (target) blanco *m*; **to be an easy ~** (colloq) ser* (un) blanco fácil; **$300? $3,000 would be nearer the ~!** ¿300 dólares? ¡yo diría más bien 3.000!; ***to be*** *o* ***fall wide of the ~*** «*lit: arrow*» no dar* en el blanco (*por mucho*) **his estimate was wide of the ~** erró por mucho en su cálculo; ***to hit/miss the ~*** «*insinuation/warning*» hacer*/no hacer* mella; «*lit: arrow*» dar*/no dar* en el blanco
F *also* **Mark** (type, version) modelo *m*
G (Fin) marco *m*

mark[2] *vt*
A 1 (stain, scar) ‹*dress/carpet*› manchar, dejar (una) marca en 2 (pattern) (*usu pass*): **the male's throat is ~ed with two white bars** el macho tiene dos franjas blancas en el cuello
B (indicate) señalar, marcar*; **the letter was ~ed 'urgent'** en el sobre decía *or* (esp Esp) ponía 'urgente'; **she was ~ed absent** le pusieron falta *or* ausente; **the price is ~ed on the lid** el precio va marcado en la tapa
C 1 (commemorate, signal) ‹*anniversary/retirement*› celebrar; ‹*beginning/watershed*› marcar*, señalar; **1997 ~s the centenary** en 1997 se cumple el centenario 2 (characterize) caracterizar*; **a period ~ed by constant riots** un período caracterizado por constantes disturbios
D (Educ) ‹*paper/exam*› (make corrections in) corregir*; (grade) poner(le)* nota a, calificar*; **it was right, but he ~ed it wrong** estaba bien, pero lo marcó como erróneo; **he ~ed my essay 13 out of 20** me puso 13 sobre 20 en el trabajo; **the judges ~ed her performance very high** (Sport) los jueces le dieron un puntaje muy alto *or* (esp Esp) una puntuación muy alta
E (heed): **(you) ~ my words!** ¡ya verás!, ¡vas a ver!; **but she has lied before, ~ you!** pero ten en cuenta que nos ha mentido antes
F (BrE) (Sport) marcar*
■ **mark** *vi* «*linen/carpet*» mancharse

Phrasal verbs

- **mark down** [v + o + adv, v + adv + o] 1 (write down) anotar, apuntar, tomar nota de; **the teacher ~ed him down as absent** el profesor le puso falta *or* ausente; **she's been ~ed down as a future minister** ha sido señalada como futura ministra 2 (Busn) ‹*goods*› rebajar 3 (BrE) (Educ) bajarle la nota a
- **mark off** [v + o + adv, v + adv + o] 1 (divide off) ‹*area*› delimitar; ‹*boundary*› demarcar*; **to ~ sth off FROM sth** separar *or* deslindar algo DE algo; **it is what ~s Bach's music off from that of his predecessors** es lo que distingue la música de Bach de la de sus predecesores 2 (check off) marcar*; (cross out) tachar
- **mark out** [v + o + adv, v + adv + o] 1 ‹*sports ground*› marcar* 2 (select) señalar 3 (distinguish) distinguir*
- **mark up** [v + o + adv, v + adv + o] 1 (note) anotar, apuntar 2 (Busn) ‹*goods*› aumentar el precio de 3 (BrE) (Educ) subirle la nota a 4 ‹*manuscript*› anotar 5 (soil) (AmE) ensuciar

Mark /mɑːrk/ *n* (Bib) (San) Marcos

Mark Antony /'æntəni/ *n* Marco Antonio

markdown /'mɑːrkdaʊn || 'mɑːkdaʊn/ *n* rebaja *f*

marked /mɑːrkt || mɑːkt/ *adj* 1 (pronounced) ‹*difference/improvement*› marcado, notable, notorio; ‹*accent*› marcado, fuerte; **the contrast could hardly have been more ~** el contraste difícilmente podría haber sido mayor *or* más acusado 2 **a ~ man** un hombre fichado

markedly /'mɑːrkədli || 'mɑːkɪdli/ *adv* ‹*vary*› notablemente, de forma notoria; ‹*improve*› sensiblemente, notablemente; **~ different** muy diferente; **~ inferior** marcadamente *or* notablemente inferior

marker /'mɑːrkər || 'mɑːkə(r)/ *n* 1 (to show position) indicador *m*; (*before n*): **~ buoy** boya *f* indicadora 2 **~ (pen)** rotulador *m* 3 (Educ) *persona que corrige exámenes etc*

market[1] /'mɑːrkət || 'mɑːkɪt/ *n*
A (Busn) mercado *m*; (exchange) lonja *f*; (*street ~*) mercado *m or* mercadillo *m or* (CS, Per) feria *f*; (*before n*): **~ square** plaza *f* del mercado; **the ~ stalls** los puestos del mercado (*or* del mercadillo *etc*); **~ town** (in UK) *población con mercado*
B 1 (trading activity) mercado *m*; **the property/oil ~** el mercado inmobiliario/del petróleo; **the wholesale/retail ~** el mercado al por mayor/al por menor; **the export ~** el mercado de la exportación; **if you were to buy it on the open ~** si tuvieras que pagar el precio de mercado; **to be on/come on (to) the ~** estar*/salir* a la venta; **to put a product on the ~** lanzar* un producto al mercado; **we put the house on the ~ at $320,000** pusimos la casa en venta en $320.000; **they're in the ~ for semiconductors** están buscando semiconductores; **a buyer's/seller's ~** un mercado favorable al comprador/al vendedor; (*before n*): **~ economy** economía *f* de mercado; **~ forces** fuerzas *fpl* del mercado; **~ making** creación *f* de mercado; **~ opportunity** oportunidad *f* de mercado; **~ order** orden *f* al mercado; **~ penetration** penetración *f* de mercado; **~ potential** potencial *m* de mercado; **~ price** precio *m* de mercado; **~ rent** alquiler *m* según la demanda; **~ resistance** resistencia *f* del mercado; **~ study** estudio *m* de mercado; **~ survey** encuesta *f* de mercado; **~ trend** tendencia *f* de mercado; **~ value** valor *m* en el mercado 2 (area of business) mercado *m*; **the Japanese ~** el mercado japonés; (*before n*): **a ~ leader** un líder del mercado *or* de su sector en el mercado; **~ share** cuota *f* de mercado 3 (demand): **they have created a ~ for their products** han creado un mercado para sus productos; **the ~ for steel** la demanda de acero
C (*stock ~*) bolsa *f* (de valores); **a rising/falling ~** un mercado alcista/bajista; **to play the ~** jugar* a la bolsa; ***to corner the ~ (in sth)*** hacerse* con el mercado (de algo); (*before n*): **~ analyst** analista *mf* de mercado; **~ maker** creador, -dora *m,f* de mercado; **~ report** informe *m* de mercado

market[2] *vt* comercializar*
■ **market** *vi* (AmE): **to go ~ing** ir* a hacer la compra *or* (AmS) las compras, ir* a hacer el mercado (Col, Ven)

marketability /ˌmɑːrkətə'bɪləti || ˌmɑːkɪtə'bɪləti/ *n* [u] comerciabilidad *f*

marketable /'mɑːrkətəbəl || 'mɑːkɪtəbəl/ *adj* ‹*goods/product*› comercializable, mercadeable; ‹*image*› comercial; **languages are highly ~ skills nowadays** hoy en día los idiomas abren muchas puertas en el mercado laboral

market-driven /'mɑːrkətˌdrɪvən || 'mɑːkɪtˌdrɪvən/ *adj* dirigido por el mercado, manejado por el mercado

market garden *n* (BrE) huerta *f*

market gardener *n* (BrE) horticultor, -tora *m,f*

market gardening *n* [u] (BrE) horticultura *f*

marketing /'mɑːrkətɪŋ || 'mɑːkɪtɪŋ/ *n* [u]
A (Busn) marketing *m*, mercadotecnia *f*, mercadeo *m*; (*before n*) ‹*techniques/department*› de marketing, de mercadotecnia; **~ director** *o* **manager** director, -tora *m,f or* gerente *mf* de marketing *or* de mercadotecnia; **~ mix** variables *fpl* de comercialización; **~ strategy** estrategia *f* de márketing *or* mercadotecnia
B (shopping) (AmE): **to do the ~** hacer* la compra *or* (AmS) las compras, hacer* el mercado (Col, Ven)

market-led /'mɑːrkətˌled || 'mɑːkɪtˌled/ *adj* regido por el mercado

marketplace /'mɑːrkətpleɪs || 'mɑːkɪtpleɪs/ *n* 1 (in town) mercado *m*, plaza *f* del mercado 2 (Busn) mercado *m*

market rate *n* 1 (current price) tarifa *f* de mercado 2 (rate of interest) tipo *m* de interés del mercado

market research *n* [u] estudio *m or* investigación *f* de mercado; *(before n)*: ~ ~ **agency** empresa *f* de estudios *or* investigación de mercado

market researcher *n* investigador, -dora *m,f* de mercado

market trader *n* **1** (in stock market) operador, -dora *m,f* de bolsa **2** (stallholder) puestero, -ra *m,f*, feriante *mf* (CS)

marking /'mɑːrkɪŋ || 'mɑːkɪŋ/ *n*
A [c] **1** (on animal, plant) mancha *f* **2** (manmade) marca *f*; **road ~s** líneas *fpl* de señalización vial
B [u] (Educ): **I've got a lot of ~ to do** tengo muchos ejercicios (*or* cuadernos *etc*) que corregir
C [u] (BrE) (Sport) marcaje *m*

marking pen *n* marcador *m* (AmL), rotulador *m* (Esp)

marksman /'mɑːrksmən || 'mɑːksmən/ *n* (*pl* **-men** /-mən/) tirador *m*; **he's a good ~** tiene buena puntería

marksmanship /'mɑːrksmənʃɪp || 'mɑːksmənʃɪp/ *n* [u] puntería *f*

markup /'mɑːrkʌp || 'mɑːkʌp/ *n* margen *m* de ganancia *or* beneficio

marl /mɑːrl || mɑːl/ *n* [u] marga *f*

marlin /'mɑːrlən || 'mɑːlɪn/ *n* aguja *f*

marlinspike /'mɑːrlənspaɪk || 'mɑːlɪnspaɪk/ *n* pasador *m*, punzón *m*

marmalade /'mɑːrməleɪd || 'mɑːməleɪd/ *n* [u c] mermelada *f* (*de cítricos*); *(before n)*: **~ cat** gato *m* de color naranja; **~ oranges** naranjas *fpl* amargas

marmoreal /mɑːr'mɔːriəl || mɑː'mɔːriəl/ *adj* (poet) marmóreo (liter)

marmoset /'mɑːrməzet || 'mɑːməzet/ *n* (mono *m*) tití *m*

marmot /'mɑːrmət || 'mɑːmət/ *n* marmota *f*

maroon[1] /mə'ruːn/ ▸ℹ p.1036 *adj* granate *adj inv*

maroon[2] ▸ℹ p.1036 *n* [u] granate *m*

maroon[3] *vt* (*usu pass*) ‹*castaway*› abandonar (*en una isla desierta*); **the place was ~ed by the floods** el lugar quedó aislado por las inundaciones; **I was ~ed with that bore all evening** no me pude escapar de aquel pesado en toda la noche

marque /mɑːrk || mɑːk/ *n* marca *f*

marquee /mɑːr'kiː || mɑː'kiː/ *n* **1** (canopy) (AmE) marquesina *f* **2** (tent) (BrE) entoldado *m*, toldo *m*

marquess /'mɑːrkwəs || 'mɑːkwɪs/ *n* ▸**marquis**

marquetry /'mɑːrkətri || 'mɑːkɪtri/ *n* [u] marquetería *f*, taracea *f*

marquis /'mɑːrkwəs || 'mɑːkwɪs/ *n* marqués *m*

marriage /'mærɪdʒ/ *n*
A **1** [u] (act) casamiento *m*, matrimonio *m*, enlace *m* (frml); **she tried to prevent their ~** trató de impedir que se casaran; **~ TO sb** casamiento *m or* (frml) enlace *m* CON algn; *(before n)*: **~ ceremony** ceremonia *f* del matrimonio; **~ certificate** certificado *m or* (Méx) acta *f*‡ de matrimonio; **~ lines** (BrE colloq) partida *f or* certificado *m or* (Méx) acta *f*‡ de matrimonio; **~ vows** votos *mpl* matrimoniales **2** [u c] (relationship, state) matrimonio *m*; **~ TO sb: her ~ to the poet lasted two years** estuvo dos años casada con el poeta; **a ~ of convenience** un matrimonio de conveniencias; **to be related by ~** ser* parientes políticos *or* por afinidad; **we're cousins by ~** somos primos políticos; **he gave him his daughter in ~** le entregó a su hija en matrimonio; *(before n)*: **~ counseling** *o* (BrE) **guidance** terapia *f* de pareja; **~ counselor** *o* (BrE) **~ guidance counsellor** consejero, -ra *m,f* matrimonial; **~ settlement** *acuerdo prematrimonial en el que se estipula la cuantía de la dote*
B (union) (liter) (*no pl*) maridaje *m*, unión *f*

marriageable /'mærɪdʒəbəl/ *adj* (*usu before n*): **she has two daughters of ~ age** tiene dos hijas casaderas *or* en edad de casarse *or* (hum) en edad de merecer

married /'mærid/ *adj* ‹*man/woman*› casado; **a ~ couple** un matrimonio; **the newly ~ couple** los recién casados; **~ life** la vida matrimonial *or* conyugal *or* de casado; **~ man's allowance** (Tax) deducción *f* por matrimonio; **~ name** nombre *m or* (AmL tb) apellido *m* de casada; **~ quarters** residencias *fpl* para familias; **they are happily ~** son muy felices en su matrimonio; **they have been ~ for two years** llevan dos años casados, hace dos años que se casaron; **he's ~** es *or* (esp Esp tb) está casado; **he's ~ to one of my cousins** está casado con una prima mía; **she's ~ to her work** no vive más que para su trabajo; **to get ~ (to sb)** casarse (con algn); **they got ~ in church** se casaron por la iglesia *or* (Bol, CS, Per) por iglesia

marrow /'mærəʊ/ *n*
A [u] (*bone ~*) médula *f*, tuétano *m*; **frozen** *o* **chilled to the ~** helado hasta la médula
B [c] **~ squash** *o* (BrE) **~** (Culin) *tipo de calabaza alargada y de cáscara verde*

marrowbone /'mærəʊbəʊn/ *n* hueso *m* con tuétano *or* (RPl tb) caracú

marry /'mæri/ **-ries, -rying, -ried** *vt* **1** (get married to) casarse con, contraer* matrimonio con (frml) **2** (perform ceremony) casar **3** ▸**marry off** **4** (unite, combine) unir
■ **marry** *vi* casarse, contraer* matrimonio (frml); **he's not the ~ing kind** él no es de los que se casan; **he married into a wealthy family/the aristocracy** se casó con una mujer de familia rica/con una aristócrata; **she married beneath/above herself** se casó con alguien de condición social inferior/superior a la suya; ▸**haste**

Phrasal verbs

- **marry off** [v + o + adv, v + adv + o] ‹*daughter/son*› casar; **they married her off to a rich banker** la casaron con un rico banquero
- **marry up**
A [v + adv] ‹‹*stories/versions*›› coincidir, concordar*
B [v + adv + o] ‹*pieces/parts*› encajar

Mars /mɑːrz || mɑːz/ *n* Marte *m*

Marseillaise /mɑːrsə'leɪz, -seɪ'ez || ˌmɑːseɪ'jeɪz/ *n*: **the ~** la marsellesa

Marseilles /mɑːr'seɪ || mɑː'seɪ/ *n* Marsella *f*

marsh /mɑːrʃ || mɑːʃ/ *n* [c u] (*often pl*) pantano *m*; (on coast) marisma *f*

marshal[1] /'mɑːrʃəl || 'mɑːʃəl/ *n*
A *also* **Marshal** (as title) (Mil) mariscal *m*
B (as title) (AmE) **1** (police chief) jefe, -fa *m,f* de policía; (fire chief) jefe, -fa *m,f* de bomberos **2** (Law) *supervisor de los tribunales de un distrito judicial*
C (at public gathering) miembro *m* del servicio de vigilancia

marshal[2] *vt* BrE **-ll-** **1** (muster) ‹*troops/crowd*› reunir*; ‹*support*› conseguir*; ‹*courage/patience*› armarse de **2** (organize) ‹*thoughts/arguments*› poner* en orden; ‹*evidence*› reunir* **3** (conduct, usher) conducir*

marshalling yard /'mɑːrʃəlɪŋ || 'mɑːʃəlɪŋ/ *n* (BrE) (Rail) centro *m* de clasificación

marsh gas *n* [u] gas *m* metano *or* de los pantanos

marshland /'mɑːrʃlænd || 'mɑːʃlænd/ *n* [u] (*sometimes pl*) pantanal *f*, pantanos *mpl*; (on coast) marismas *fpl*

marshmallow /'mɑːrʃˌmeləʊ, -ˌmæ- || mɑːʃ'mæləʊ/ *n* **1** [c u] (Culin) malvavisco *m*, gomita *f* (Ven), bombón *m* (Méx) **2** [u] (Bot) malvavisco *m*

marshy /'mɑːrʃi || 'mɑːʃi/ *adj* **-shier, -shiest** pantanoso

marsupial /mɑːr'suːpiəl || mɑː'suːpiəl/ *n* marsupial *m*

mart /mɑːrt || mɑːt/ *n* mercado *m*

martello tower /mɑːr'teləʊ || mɑː'teləʊ/ *n* fuerte *m* circular (*de la época de las guerras napoleónicas*)

marten /'mɑːrtn || 'mɑːtɪn/ *n* marta *f*

martial /'mɑːrʃəl || 'mɑːʃəl/ *adj* marcial, castrense; **~ music** música *f* militar

martial arts *pl n* artes *fpl* marciales

martial law *n* [u] ley *f* marcial; **the country is under ~ ~** se ha impuesto la ley marcial en el país

Martian[1] /'mɑːrʃən || 'mɑːʃən/ *n* marciano, -na *m,f*

Martian[2] *adj* marciano

martin /'mɑːrtn || 'mɑːtɪn/ *n*: *cualquier pájaro de la familia del avión y el vencejo*

martinet /ˌmɑːrtn'et || ˌmɑːtɪ'net/ *n* tirano, -na *m,f*

martini /mɑːr'tiːni || mɑː'tiːni/ *n* **1** (cocktail) *cóctel de vodka o ginebra y vermú*; **dry ~** martini *m* seco **2** **Martini®** Martini® *m*, vermú *m*, vermut *m*

Martinican /ˌmɑːrtɪ'niːkən || ˌmɑːtɪ'niːkən/ *adj* de Martinica, martiniqués

Martinique /ˌmɑːrtɪ'niːk || ˌmɑːtɪ'niːk/ *n* Martinica *f*

martyr[1] /'mɑːrtər || 'mɑːtə(r)/ *n* mártir *mf*; **he died a ~** fue mártir; **he's a ~ to arthritis** la artritis lo tiene martirizado; **to play the ~** hacerse* el mártir

martyr[2] *vt* (*usu pass*): **to be ~ed** sufrir el martirio

martyrdom /'mɑːrtərdəm || 'mɑːtədəm/ *n* martirio *m*

martyred /'mɑːrtərd || 'mɑːtəd/ *adj* ‹*expression/tone*› de mártir

marvel[1] /'mɑːrvəl || 'mɑːvəl/ *n* maravilla *f*; **it's a ~ (to me) there wasn't an accident!** me parece increíble que no ocurriera un accidente, fue un milagro que no ocurriera un accidente; **it's a ~ how she copes** es una maravilla cómo se las arregla

marvel[2], (BrE) **-ll-** *vi* **to ~ (AT sth)** maravillarse (DE algo)

marvelous, (BrE) **marvellous** /'mɑːrvləs || 'mɑːvələs/ *adj* maravilloso; **how ~/that's ~!** ¡qué maravilla!

marvelously, (BrE) **marvellously** /'mɑːrvləsli || 'mɑːvələsli/ *adv* ‹*cope/sing*› maravillosamente, de maravilla, a las mil maravillas; **she's ~ clever/patient** tiene una inteligencia prodigiosa/una paciencia asombrosa

Marxism /'mɑːrksɪzəm || 'mɑːksɪzəm/ *n* [u] marxismo *m*; **~-Leninism** marxismo-leninismo *m*

Marxist[1] /'mɑːrksəst || 'mɑːksɪst/ *n* marxista *mf*

Marxist[2] *adj* marxista

Mary /'meri || 'meəri/ *n*: **the Virgin ~** la Virgen María; **~ Magdalene** María Magdalena, la Magdalena

marzipan /'mɑːrzəpɑːn || 'mɑːzɪpæn/ *n* [u] mazapán *m*

masala /mə'sɑːlə/ *n* [u] **1** (spice mixture) masala *f* (*combinación de especias de la comida India*) **2** (dish) masala *m* (*plato cocinado con masala*)

masc /mæsk/ = **masculine**

mascara[1] /mæ'skærə || mæ'skɑːrə/ *n* [u c] rímel® *m*

mascara[2] *vt* **-ras, -raing, -raed** ‹*lashes*› ponerse* rímel en

mascot /'mæskɑːt || 'mæskət, -skɒt/ *n* mascota *f*

masculine[1] /'mæskjələn || 'mæskjʊlɪn/ *adj*
A (manly) masculino, varonil; **she's very ~** es muy masculina *or* (pey) hombruna
B (Ling, Lit) ‹*noun*› masculino

masculine[2] *n* (Ling) **1** [c] (word) masculino *m* **2** [u] (gender): **(in) the ~** en masculino

masculinity /ˌmæskjə'lɪnəti || ˌmæskjʊ'lɪnəti/ *n* [u] masculinidad *f*

mash[1] /mæʃ/ *n* **1** [u] (mashed potato) (BrE colloq) puré *m* de papas *or* (Esp) de patatas, naco *m* (Col) **2** [u c] (animal feed) (Agr) afrecho *m* **3** [u c] (in brewing) malta *f*

mash[2] *vt* (Culin) ‹*potatoes/bananas*› hacer* puré de, moler (Chi, Méx), chafar (Esp), pisar (RPl, Ven), espichar (Col); **~ed potato(es)** puré *m* de papas *or* (Esp) de patatas

masher /'mæʃər || 'mæʃə(r)/ *n* pasapurés *m*, puretera *f* (RPl)

mask[1] /mæsk || mɑːsk/ *n*
A **1** (for ritual, disguise) máscara *f*, careta *f*; (*domino ~*) antifaz *m* **2** (in fencing, ice-hockey) careta *f*; (used by doctors, nurses) mascarilla *f*, barbijo *m*; (for

diving) gafas *fpl or* anteojos *mpl* de bucear *or* de buceo; (against dust, fumes) mascarilla *f* 3 (cosmetic) mascarilla *f or* máscara *f* (facial) 4 (façade) máscara *f*; **to drop the ~** quitarse la máscara
B (Phot) máscara *f*, pantalla *f*

mask² *vt* 1 (conceal) ocultar; **trees ~ed the building (from view)** los árboles ocultaban *or* no dejaban ver el edificio; **these figures ~ the extent of the problem** estas cifras encubren *or* ocultan la magnitud del problema; **she tried to ~ her disappointment** trató de disimular su decepción 2 (cover) cubrir*, tapar

masked /mæskt || mɑːskt/ *adj* ‹*figure/gunman*› enmascarado; **~ ball** baile *m* de disfraces *or* de máscaras

masking tape /ˈmæskɪŋ || ˈmɑːskɪŋ/ *n* cinta *f* adhesiva protectora, cinta *f* de enmascarar (Col), tirro *m* (Ven)

masochism /ˈmæsəkɪzəm/ *n* masoquismo *m*

masochist /ˈmæsəkəst || ˈmæsəkɪst/ *n* masoquista *mf*

masochistic /ˌmæsəˈkɪstɪk/ *adj* masoquista

mason /ˈmeɪsn/ *n* 1 (Const) albañil *mf*; (*stone* ~) mampostero *m* 2 *also* **Mason,** (*Free~*) masón *m*, francmasón *m*

Mason-Dixon line /ˌmeɪsnˈdɪksn/ *n* (in US) línea *f* Mason-Dixon (*que divide el sur del norte de EE UU*)

> **Mason-Dixon Line**
>
> Una línea divisoria, medida y trazada en el siglo XVIII entre los estados de Pensilvania y Maryland en EEUU, a fin de resolver un litigio entre los dos estados. En su época llegó a considerarse un símbolo de la división entre los estados del norte de EEUU, que no tenían esclavos y los estados del sur que sí los tenían.

Masonic, masonic /məˈsɑːnɪk || məˈsɒnɪk/ *adj* masónico

Masonite® /ˈmeɪsənaɪt/ *n* [u] (AmE) conglomerado *m*

Mason jar /ˈmeɪsn/ *n* (AmE) frasco *m* de conservas

masonry /ˈmeɪsnri/ *n* [u] 1 (Const) (craft of mason) albañilería *f*; (*stone* ~) mampostería *f*; **S** **beware of falling masonry** peligro de derrumbe; (*before n*): **~ drill** taladro *m* de mampostería *o* de pared 2 (organization) (*M~, Free ~*) masonería *f*, francmasonería *f*

masque /mæsk || mɑːsk/ *n*: *espectáculo de danza, canto, diálogo etc de los siglos XVI y XVII*

masquerade¹ /ˌmæskəˈreɪd || ˌmɑːskəˈreɪd, ˌmæ-/ *n* 1 (pretense) mascarada *f*, farsa *f* 2 (masked ball) mascarada *f*, baile *m* de disfraces *or* de máscaras

masquerade² *vi* **to ~ AS sb** hacerse* pasar POR algn; **propaganda masquerading as factual information** propaganda disfrazada de información objetiva

mass¹ /mæs/ *n*
A (bulk, body) masa *f*; **her hair was a ~ of curls** tenía la cabeza cubierta de rizos; **the cherry tree was a ~ of pink** el cerezo era una nube de flores rosa; **a ~ of contradictions** un cúmulo de contradicciones; **in the ~** en masa, en conjunto
B **masses** *pl* 1 (great quantity) (BrE colloq): **she has ~es of confidence** tiene muchísima confianza en sí misma; **we received ~es of complaints** recibimos cantidades *or* (fam) montones de quejas 2 **the ~es** las masas
C [u] (Phys) masa *f*; (*before n*): **~ number** número *m* de masa
D [c] *also* **Mass** (Mus, Relig) misa *f*; **to go to ~** ir* a misa; **to say/hear ~** decir*/oír* misa; **a sung/Latin/nuptial ~** una misa cantada/en latín/de esponsales

mass² *vi* «*crowd/troops/clouds*» concentrarse
■ **mass** *vt* concentrar

mass³ *adj* (*before n*) ‹*culture/market/communications*› de masas; ‹*hysteria/hypnosis/suicide*› colectivo; ‹*demonstration/protest/exodus*› masivo, en masa; ‹*unemployment*› generalizado, masivo; **a newspaper with a ~ circulation** un periódico de circulación masiva; **a ~ escape** una huida en masa; **~ grave** fosa *f* común; **a ~ meeting** una reunión de todo el personal (*or* el estudiantado *etc*); **~ murder** matanza *f*; **~ murderer** autor, -tora *m,f* de una matanza; **~ transit** (AmE) transporte *m* público

Mass = **Massachusetts**

massacre¹ /ˈmæsəkər || ˈmæsəkə(r)/ *vt* 1 (slaughter) masacrar, matar 2 (defeat heavily) (colloq) ‹*opponent/team*› aniquilar (fam) 3 (ruin) ‹*text/music*› destrozar*, arruinar, estropear

massacre² *n* [c u] 1 (murder) matanza *f*, masacre *f*, carnicería *f* 2 (heavy defeat) (colloq) paliza *f* (fam)

massage¹ /məˈsɑːʒ || ˈmæsɑːʒ/ *vt* 1 masajear; **she ~d his neck** le dio *or* le hizo un masaje en la nuca, le masajeó la nuca; **to ~ sb's ego** inflarle *or* alimentarle el ego a algn 2 (manipulate) (BrE) ‹*date/statistics*› manipular

massage² *n* [c u] masaje *m*; **to give sb a ~** darle* un masaje a algn; **a shoulder/foot ~** un masaje en los hombros/en los pies; **heart ~** masaje cardíaco; (*before n*): **~ parlor** *o* (BrE) **parlour** (euph) salón *m* de relax (euf), burdel *m*

massed /mæst/ *adj* ‹*troops/ranks*› concentrado; ‹*bands/choirs*› que intrepretan conjuntamente

masseur /mæˈsɜːr || mæˈsɜː(r)/ *n* masajista *m*

masseuse /mæˈsɜːz/ *n* masajista *f*

massif /mæˈsiːf/ *n* macizo *m*

massive /ˈmæsɪv/ *adj* ‹*wall/façade*› sólido, macizo; ‹*support/increase/task*› enorme, grande; ‹*heart attack/overdose*› masivo

massively /ˈmæsɪvli/ *adv* ‹*reduced/overrated*› enormemente; **~ proportioned** de enormes proporciones; **the show was ~ successful** (BrE) el espectáculo tuvo un éxito enorme

mass media *pl n*: **the ~ ~** los medios de comunicación (de masas)

mass noun *n* (Ling) nombre *m or* sustantivo *m* no numerable

mass-produce /ˌmæsprəˈduːs || ˌmæsprəˈdjuːs/ *vt* 1 ‹*goods/furniture/equipment*› fabricar* en serie 2 **mass-produced** *past p* fabricado en serie

mast /mæst || mɑːst/ *n*
A 1 (Naut) mástil *m* 2 (flagpole) mástil *m* 3 (*relay* ~) antena *f* repetidora, repetidor *m*
B [u] (pig fodder — acorns) bellotas *fpl*; (beechnuts) hayucos *mpl*

mastectomy /mæˈstektəmi/ *n* [u c] mastectomía *f*; **a partial/radical ~** una mastectomía parcial/total

master¹ /ˈmæstər || ˈmɑːstə(r)/ *n*
A (of household) señor *m*, amo *m*; (of animal) amo *m*, dueño *m*; (of servant) amo *m*, patrón *m*; **you can't serve two ~s** no se puede servir a Dios y al diablo; **I will be ~ in my own house!** ¡en esta casa mando yo!; **to be ~ of the situation/of one's destiny** ser* dueño de la situación/de su (*or* mi *etc*) destino; **to be one's own ~** no tener* que darle cuentas a nadie
B (expert) **~ OF sth** maestro, -tra *m,f* DE algo, experto, -ta *m,f* EN algo; ***to be a past ~ of sth*** ser* un maestro consumado en algo
C (Educ) 1 (degree): **~'s (degree)** (título *m* de) master *m or* máster *m*, maestría *f*; **M~ of Arts/Science** *poseedor de una maestría en Humanidades/Ciencias* 2 (BrE) (in secondary school) profesor *m*; (in primary school) maestro *m* 3 (of college) director, -tora *m,f*
D (Naut) capitán *m*
E **Master** 1 (Hist) (as form of address used by servants) el señor; (to younger man) señorito; **you called, ~?** ¿llamaba el señor? 2 (on letters to young boys) Sr.
F 1 (Comput) (controlling device) terminal *m* maestro 2 (for copies) (Audio, Comput, Print) original *m*
G **~ (card)** (Comput) tarjeta *f* maestra

master² *vt* 1 (control) ‹*fear/impulse*› dominar; ‹*difficulty*› vencer* 2 (learn) ‹*technique/subject*› llegar* a dominar

master³ *adj* (*before n, no comp*) 1 (expert): **~ baker/builder** maestro *m* panadero/de obras 2 (main, principal) ‹*switch/key*› maestro; **~ bedroom** dormitorio *m* principal 3 (dominant) superior; **the ~ race** la raza superior 4 (original) ‹*tape*› original, matriz; **~ copy** original *m*; **~ disk** (Comput) disco *m* maestro; **~ file** (Comput) archivo *m or* fichero *m* maestro; **~ spy** jefe, -fa *m,f* de espías

master class *n* clase *f* magistral

masterful /ˈmæstərfəl || ˈmɑːstəfəl/ *adj* 1 (imperious) ‹*manner/gesture*› autoritario, imperioso 2 (masterly) magistral; ‹*chords/voice*› potente

masterfully /ˈmæstərfəli || ˈmɑːstəfəli/ *adv* ‹*behave/speak*› con autoridad

masterly /ˈmæstərli || ˈmɑːstəli/ *adj* ‹*performance/strategy*› magistral; **he was ~ in dealing with delicate situations** era extremadamente hábil para manejar situaciones delicadas, se desenvolvía magistralmente en situaciones delicadas

mastermind¹ /ˈmæstərmaɪnd || ˈmɑːstəmaɪnd/ *n* cerebro *m*

mastermind² *vt* ‹*crime/coup*› planear y organizar*; **he ~ed the robbery** él fue el cerebro del asalto, él planeó y organizó el asalto

master of ceremonies *n* 1 (at formal ceremonies) maestro, -tra *m,f* de ceremonias 2 (Theat, TV) presentador, -dora *m,f*, animador, -dora *m,f*

Master of the Rolls *n* (in UK) (Law) *el juez superior de la Cámara de los Lores*

masterpiece /ˈmæstərpiːs || ˈmɑːstəpiːs/ *n* obra *f* maestra

master plan *n* plan *m* general

master sergeant *n* (in US) sargento *m* mayor

masterstroke /ˈmæstərstrəʊk || ˈmɑːstəstrəʊk/ *n* golpe *m* maestro

mastery /ˈmæstəri || ˈmɑːstəri/ *n* [u] 1 (expertise, skill) maestría *f*; (of language, technique) dominio *m*; **the ~ of Andrés Segovia** la maestría de Andrés Segovia 2 (control) dominio *m*

masthead /ˈmæsthed || ˈmɑːsthed/ *n* 1 (Naut) tope *m* 2 (Journ) cabecera *f*

mastic /ˈmæstɪk/ *n* [u] (Const) masilla *f*, mástique *m*, mastique *m* (Méx, Ven)

masticate /ˈmæstəkeɪt || ˈmæstɪkeɪt/ *vt/vi* masticar*

mastication /ˌmæstəˈkeɪʃən || ˌmæstɪˈkeɪʃən/ *n* [u] masticación *f*

mastiff /ˈmæstəf || ˈmæstɪf/ *n* mastín *m*, alano *m*

mastitis /mæˈstaɪtəs || mæˈstaɪtɪs/ *n* [u] mastitis *f*

mastodon /ˈmæstədɑːn || ˈmæstədɒn/ *n* mastodonte *m*

mastoid¹ /ˈmæstɔɪd/ *adj* mastoides, mastoideo

mastoid² *n* mastoides *m*

masturbate /ˈmæstərbeɪt || ˈmæstəbeɪt/ *vi* masturbarse
■ **masturbate** *vt* masturbar

masturbation /ˌmæstərˈbeɪʃən || ˌmæstəˈbeɪʃən/ *n* [u] masturbación *f*

mat¹ /mæt/ *n* 1 (of rushes, straw) estera *f*, esterilla *f*; (*door* ~) felpudo *m*, tapete *m* (Col, Méx); (*bath* ~) alfombrilla *f or* alfombrita *f or* (Col, Méx) tapete *m* del baño; (*table~*) (individual) (mantel *m*) individual *m*; (in center of table) salvamanteles *m*, posafuentes *m* (CS); **rubber ~** colchoneta *f* 2 (of hair) maraña *f*

mat² **-tt-** *vt* (*usu pass*): **to be ~ted** «*fur/fibers*» estar* apelmazado; **his hair was ~ted and dirty** tenía el pelo enmarañado y sucio
■ **mat** *vi* «*fur/carpet*» apelmazarse*; «*hair*» enmarañarse

mat³ *adj* (AmE) ▸**matt**

matador /ˈmætədɔːr || ˈmætədɔː(r)/ *n* matador *m*, diestro *m*

match¹ /mætʃ/ *n*
A (for fire) fósforo *m*, cerilla *f* (Esp), cerillo *m* (esp AmC, Méx); **to strike** *o* **light a ~** encender* *or* prender un fósforo (*or* una cerilla *etc*); **a box of ~es** una caja de fósforos (*or* cerillas *etc*); **to put** *o* **set a ~ to sth** prenderle fuego a algo
B (Sport): **boxing/wrestling ~** combate *m or* match *m* de boxeo/de lucha libre; **tennis ~**

m

partido *m* de tenis; **football/hockey ~** (BrE) partido *m* de fútbol/de hockey; **to have a shouting ~** (colloq) pelearse a gritos *or* a voces; (*before n*): **~ report** (BrE) reseña *f* del partido
C (equal) (*no pl*): **to be a/no ~ for sb** estar*/no estar* a la altura de algn, poder*/no poder* competir con algn; **she's more than a ~ for you** te puede dar guerra; **to meet one's ~** encontrar* la horma de su zapato
D (*no pl*) (sth similar): **it's not exactly the same color, but it's a good ~** no es exactamente el mismo color, pero es bastante parecido; **they are a good ~** ⟨⟨*couple*⟩⟩ hacen buena pareja; **that shirt is a perfect ~ for my suit** esa camisa va *or* queda perfecta con mi traje; **it's not a good ~** no hace juego, no queda bien
E (dated) **1** (marriage) boda *f*, casamiento *m*; **she made a good ~** hizo una buena boda, se casó bien **2** (marriage prospect) partido *m*; **a good ~** un buen partido

match[2] *vt*
A (equal) igualar; **I'll ~ any offer he makes** estoy dispuesto a igualar cualquier oferta que él haga; **we have nothing to ~ their new line** no tenemos nada equiparable a su nueva línea; **I can't ~ him at tennis** no estoy a su altura en tenis, no puedo competir con él en tenis; **she can more than ~ him for intelligence** no le va a la zaga en cuanto a inteligencia
B **1** (correspond to) ajustarse a, corresponder a; **does it ~ the description?** ¿se ajusta *or* corresponde a la descripción?; **it doesn't ~ our client's specifications** no se ajusta a las especificaciones de nuestro cliente **2** (harmonize with) hacer* juego con; **it ~es my shoes** hace juego con mis zapatos, queda bien con mis zapatos **3** (make correspond, find equivalent for): **she dyed the curtains to ~ the rug** tiñó las cortinas del mismo color que la alfombra; **I have trouble ~ing names to faces** me cuesta acordarme de los nombres de la gente; **~ the words with the pictures** encuentra la palabra que corresponda a cada dibujo; **to be well ~ed** ⟨⟨*competitors*⟩⟩ ser* del mismo nivel, ser* muy parejos (esp AmL); ⟨⟨*lovers/couple*⟩⟩ hacer* buena pareja **4** **matching** *pres p* ⟨*socks/bedclothes*⟩ haciendo juego, a juego (Esp); **I wore a skirt and ~ing jacket** me puse una falda y una chaqueta haciendo juego *or* (Esp) una chaqueta a juego
C **1** (compare) **to ~ sth AGAINST sth** cotejar *or* comparar algo CON algo **2** (put in competition with) **to ~ sth/sb AGAINST sth/sb**: **he ~ed his strength against his brother's** midió su fuerza con la de su hermano; **I wouldn't ~ him against the champion** yo no lo enfrentaría al campeón
■ **match** *vi* **1** (go together) ⟨⟨*clothes/colors*⟩⟩ hacer* juego, combinar, pegar* (fam); **a coat and a scarf to ~** un abrigo y una bufanda haciendo juego *or* (Esp) a juego; **a demanding job with a salary to ~** un trabajo que exige mucho con un salario acorde **2** (tally) coincidir, concordar*

(Phrasal verb)
• **match up**
A [v + o + adv, v + adv + o] **1** (align, make correspond) ⟨*pattern/design*⟩ hacer* coincidir **2** (compare, find equivalent for) **to ~ sth up (WITH sth)** comparar *or* cotejar algo (CON algo)
B [v + adv] **1** (tally) coincidir, concordar* **2** (live up to) **to ~ up TO sth** estar* a la altura DE algo

matchbook /ˈmætʃbʊk/ *n* (AmE) librito *m* de fósforos *or* (Esp) de cerillas *or* (AmC, Méx tb) de cerillos

matchbox /ˈmætʃbɑːks || ˈmætʃbɒks/ *n* caja *f* de fósforos *or* (Esp) de cerillas *or* (AmC, Méx tb) de cerillos

matchless /ˈmætʃləs || ˈmætʃlɪs/ *adj* (liter) incomparable, inigualable, sin par (liter), sin igual (liter)

matchmaker /ˈmætʃˌmeɪkər || ˈmætʃˌmeɪkə(r)/ *n* **1** (marriage arranger — woman) celestina *f*, casamentera *f*; (— man) casamentero *m* **2** (Sport) promotor, -tora *m,f*

matchmaking /ˈmætʃˌmeɪkɪŋ/ *n* [u]: **you'll be accused of ~** te van a acusar de andar haciendo de casamentero

matchplay /ˈmætʃpleɪ/ *n* match play *m*

match point *n* bola *f* de partido, punto *m* para partido (Méx), match point *m* (CS)

matchstick /ˈmætʃstɪk/ *n* **1** ▸**match**[1] **A** **2** (stick) palillo *m*; **her legs are like ~s** tiene unas piernas como palillos; (*before n*) ⟨*drawing*⟩ de palotes; **~ man** monigote *m*

match-winner /ˈmætʃˌwɪnər || ˈmætʃˌwɪnə(r)/ *n* **1** (person — of game) ganador, -dora *m,f* del partido; (— of games) ganador, -dora *m,f* de partidos **2** (goal) gol *m* de la victoria, gol *m* decisivo; (point) punto *m* de la victoria, punto *m* decisivo

match-winning /ˈmætʃˌwɪnɪŋ/ *adj* ⟨*performance*⟩ victorioso, ganador; ⟨*goal/touchdown*⟩ de la victoria

matchwood /ˈmætʃwʊd/ *n* [u] astillas *fpl*; **it was smashed to ~** quedó hecho trizas

mate[1] /meɪt/ *n*
A **1** (assistant) ayudante *mf* **2** (Naut) oficial *mf* de cubierta; **first ~** primer oficial *m*; **second ~** segundo oficial *m*
B **1** (Zool) (male) macho *m*; (female) hembra *f* **2** (of person) pareja *f*, compañero, -ra *m,f* **3** (of shoe, sock etc) (esp AmE) compañero, -ra *m,f*
C (BrE colloq) **1** (friend) amigo, -ga *m,f*, compañero, -ra *m,f*, cuate, -ta *m,f* (Méx fam); **he's a good ~ of mine** es muy amigo mío **2** (as form of address — to a friend) hermano (fam), tío *or* macho (Esp fam), mano (AmL exc CS fam), che (RPl fam), gallo (Chi fam); (— to a stranger) amigo, jefe, maestro (AmL) **3** (*work~*) compañero, -ra *m,f* (de trabajo), colega *mf*
D (*check~*) (jaque *m*) mate *m*

mate[2] *vi* **1** (become partners) aparearse **2** (copulate) aparearse, acoplarse, copular
■ **mate** *vt* aparear

mater /ˈmeɪtər || ˈmeɪtə(r)/ *n* (esp BrE dated *or* hum) madre *f*; **the ~ said no** mi madre dijo que no; (*as form of address*) madre (ant), mamá

material[1] /məˈtɪriəl || məˈtɪəriəl/ *n*
A **1** [c u] (used in manufacturing etc) material *m*; **building ~s** materiales para la construcción **2** **materials** *pl* (equipment) material *m*; **teaching ~s** material *m* didáctico; **writing ~s** artículos *mpl* de escritorio **3** [u] (people) material *m* humano
B [u c] (cloth) tela *f*, género *m*, tejido *m*
C [u] **1** (for book, show etc) material *m* **2** (potential, quality): **this is bestseller ~** éste es un bestseller en potencia; **she's champion ~** tiene madera de campeona; **he's not college ~** no tiene madera de estudiante universitario, no tiene aptitudes para estudios superiores

material[2] *adj*
A (worldly, physical) ⟨*gain/profit*⟩ material; ⟨*needs*⟩ material; **~ damage** daños *mpl* materiales
B (important, relevant) ⟨*factor/reason*⟩ importante, de peso; ⟨*evidence*⟩ (Law) sustancial; **to be ~ TO sth** ser* esencial A algo

materialism /məˈtɪriəlɪzəm || məˈtɪəriəlɪzəm/ *n* [u] materialismo *m*

materialist /məˈtɪriələst || məˈtɪəriəlɪst/ *n* materialista *mf*

materialistic /məˌtɪriəˈlɪstɪk || məˌtɪəriəˈlɪstɪk/ *adj* materialista

materialize /məˈtɪriəlaɪz || məˈtɪəriəlaɪz/ *vi* **1** (take form) ⟨⟨*object/ghost*⟩⟩ aparecer*; **I waited over an hour, but he never ~d** esperé más de una hora, pero no apareció **2** (become real) ⟨⟨*hope/idea*⟩⟩ hacerse* realidad, concretarse, materializarse*

materially /məˈtɪriəli || məˈtɪəriəli/ *adv* **1** (regarding worldly goods) económicamente, materialmente **2** (considerably) ⟨*help/change*⟩ sensiblemente, considerablemente

materiel, matériel /məˌtɪriˈel/ *n* [u] pertrechos *mpl*, material *m* bélico

maternal /məˈtɜːrnl || məˈtɜːnl/ *adj* **1** (motherly) maternal **2** (on mother's side) (*before n*) ⟨*grandfather*⟩ materno; ⟨*aunt*⟩ por parte de madre

maternalistic /məˌtɜːrnəˈlɪstɪk || məˌtɜːnəˈlɪstɪk/ *adj* maternal

maternity /məˈtɜːrnəti || məˈtɜːnəti/ *n* [u] maternidad *f*; (*before n*) ⟨*clinic/ward*⟩ de obstetricia; ⟨*dress/clothes*⟩ de embarazada, de futura mamá, premamá *adj inv* (Esp); ⟨*pay/leave*⟩ por maternidad; **~ hospital** maternidad *f*

matey /ˈmeɪti/ *adj* **matier, matiest** (esp BrE colloq) amistoso, campechano; **I'm quite ~ with him** tengo bastante confianza con él; **I don't like to get too ~ with my students** no me gusta darles demasiada confianza a mis alumnos, no me gusta hacerme demasiado cuate de mis alumnos (Méx fam)

math /mæθ/ *n* [u] (AmE colloq) matemática(s) *f(pl)*, mates *fpl* (fam)

mathematical /ˌmæθəˈmætɪkəl/ *adj* matemático; **she's a ~ genius** es un genio para las matemáticas; **I'm not very ~** no soy muy bueno para las matemáticas

mathematically /ˌmæθəˈmætɪkli/ *adv* matemáticamente

mathematician /ˌmæθəməˈtɪʃən/ *n* matemático, -ca *m,f*; **I'm no ~** no soy bueno para las matemáticas

mathematics /ˌmæθəˈmætɪks/ *n* **1** (subject) (+ *sing vb*) matemática(s) *f(pl)* **2** (mathematical aspects) (+ *sing o pl vb*): **the ~ of it are very complicated** los cálculos son muy complicados

maths /mæθs/ *n* [u] (BrE colloq) (+ *sing vb*) matemática(s) *f(pl)*, mates *fpl* (fam)

matinee, matinée /ˌmætnˈeɪ || ˈmætɪneɪ/ *n* (Cin) primera sesión *f* (*de la tarde*), matiné(e) *f* (AmS); (Theat) función *f* de tarde, matiné(e) *f* (AmS); (*before n*): **~ idol** galán *m*

mating /ˈmeɪtɪŋ/ *n* [u] apareamiento *m*; (*before n*): **~ call** llamada *f* de apareamiento; **~ season** época *f* de celo

matins /ˈmætnz || ˈmætɪnz/ *n* (+ *sing vb, no art*) **1** (Roman Catholic) maitines *mpl* **2** (in Episcopal Church, Church of England) oficio *m* de la mañana

matriarch /ˈmeɪtriɑːrk || ˈmeɪtriɑːk/ *n* matriarca *f*

matriarchal /ˌmeɪtriˈɑːrkəl || ˌmeɪtriˈɑːkəl/ *adj* matriarcal

matriarchy /ˈmeɪtriɑːrki || ˈmeɪtriɑːki/ *n* [c u] (*pl* **-chies**) matriarcado *m*

matrices /ˈmeɪtrəsiːz, ˈmæ- || ˈmeɪtrɪsiːz/ *pl of* **matrix**

matricide /ˈmætrəsaɪd || ˈmeɪtrɪsaɪd/ *n* (frml) **1** [u c] (crime) matricidio *m* **2** [c] (person) matricida *mf*

matriculate /məˈtrɪkjəleɪt || məˈtrɪkjʊleɪt/ *vi* (frml) **1** (enrol) matricularse, inscribirse* **2** (qualify) (BrE) aprobar* el examen de ingreso

matriculation /məˌtrɪkjəˈleɪʃən || məˌtrɪkjʊˈleɪʃən/ *n* [u] **1** (enrolment) matrícula *f*, inscripción *f* **2** (examination) (BrE) *examen que se solía tomar a los 16 años*

matrimonial /ˌmætrəˈməʊniəl || ˌmætrɪˈməʊniəl/ *adj* (*before n*) matrimonial; **the ~ home** el domicilio conyugal

matrimony /ˈmætrəməʊni || ˈmætrɪməni/ *n* [u] (frml) matrimonio *m*; **holy ~** el sacramento del matrimonio

matrix /ˈmeɪtrɪks/ *n* (*pl* **matrices** *or* **matrixes**) (Audio, Geol, Math, Print) matriz *f*

matron /ˈmeɪtrən/ *n* **1** (dignified woman) matrona *f* **2** (in old people's home) supervisora *f* **3** (in prison) (AmE) matrona *f* **4** (in hospital) (BrE dated) enfermera *f* jefe *or* jefa **5** (in school) ≈ enfermera *f*

matronly /ˈmeɪtrənli/ *adj* ⟨*bosom/figure*⟩ de matrona, matronil; ⟨*woman*⟩ con aspecto de matrona, matronil

matron of honor, (BrE) **matron of honour** *n* (*pl* **~s ~ ~**) dama *f* de honor (*casada*)

matt, (AmE also) **matte, mat** /mæt/ *adj* mate

matted /ˈmætəd || ˈmætɪd/ *adj* enmarañado y apelmazado

matter[1] /ˈmætər || ˈmætə(r)/ *n*
A [u] **1** (substance) (Phil, Phys) materia *f*, sustancia *f*; **white ~** (Anat) sustancia *f* blanca *or* alba **2** (Med) (discharge) pus *m*, materia *f* **3** (*subject ~*) tema *m*; **form and ~** forma y contenido **4** (written, printed material): **printed ~** impresos

mpl; **reading ~** material *m* de lectura **5** (Print) (composed type) galeradas *fpl*; (material to be composed) manuscrito *m*

B **1** (question, affair) asunto *m*, cuestión *f*; **let's say no more about the ~** no digamos nada más sobre el asunto *or* la cuestión; **a ~ of great importance/of national interest** un asunto *or* un tema de gran importancia/de interés nacional; **let's try and keep to the ~ in hand** tratemos de ceñirnos al asunto *or* al tema que estamos tratando; **that's another** *o* **a different ~** eso es otra cosa, eso es diferente; **this is a ~ for the police** esto requiere la intervención de la policía; **it's a ~ for her to decide** es ella quien tiene que decidir; **that's a ~ of taste** eso es cuestión de gustos; **it's only a ~ of time** sólo es cuestión de tiempo; **that's a ~ of opinion** eso es discutible; **it's just a ~ of getting on a plane** no hay más que tomarse un avión, es cuestión de tomarse un avión, nada más; **I won't eat there as a ~ of principle** yo, por principio, no como ahí; **as a ~ of interest, what does he do for a living?** por pura curiosidad ¿en qué trabaja?; **we always keep a copy as a ~ of course** tenemos por norma conservar una copia; **there's the little ~ of the two million they owe** (iro) está el pequeño detalle de los dos millones que deben (iró); **it's no laughing ~** no es motivo de risa, no es (como) para reírse **2** **matters** *pl* **as ~s stand** tal y como están las cosas; **to make ~s worse** para colmo (de males); **I can't see how that will help ~s** yo no veo que eso vaya a ayudar; **~s arising** asuntos *mpl* varios **3** (approximate amount) **a ~ OF sth** cuestión *f or* cosa *f* DE algo; **it was all over in a ~ of seconds** todo acabó en cuestión *or* cosa de segundos **4** (*in phrases*): **as a matter of fact**: **as a ~ of fact, I've never been to Spain** la verdad es que *or* en realidad nunca he estado en España; **I think I will have a cup of coffee, as a ~ of fact** pensándolo bien, me voy a tomar un café; **as a ~ of fact, we were just leaving** justo nos íbamos; **for that matter** en realidad; **I wouldn't tell you; or anyone else, for that ~** no te lo diría; ni a ti ni a nadie, en realidad; **you can have it with rice or pasta; or both, for that ~** lo puedes comer con arroz o con pasta; o con las dos cosas, si quieres; **no matter** (*as interj*) no importa; (*as conj*): **no ~ how hard I try, you're never satisfied** por mucho que me esfuerce, nunca estás satisfecho; **no ~ what your opinion of him may be, you have to admit that ...** independientemente del concepto que puedas tener de él, tienes que reconocer que ...; **I want you back by 9 o'clock, no ~ what** quiero que estés de vuelta a las nueve, pase lo que pase; **it'll look terrible, no ~ where you put it** va a quedar horrible, lo pongas donde lo pongas; **no ~ how cheap/large/tall it is** por barato/grande/alto que sea

C (problem, trouble): **what's the ~?** ¿qué pasa?; **what's the ~/what was the ~ with you?** ¿qué te pasa/pasaba?; **what's the ~ with Jane/the typewriter?** ¿qué le pasa a Jane/a la máquina de escribir?; **is anything the ~ with Alice?** ¿le pasa algo a Alice?; **something's the ~** *o* **there's something the ~ with her** algo le pasa; **what's the ~ with it? why won't you eat it?** ¿qué tiene (de malo) que no lo quieres comer?

matter² *vi* importar; **it doesn't ~** no importa, da igual; **they win the games that ~** ganan los partidos realmente importantes *or* que realmente importan; **does it ~ how old I am?** ¿qué importancia tiene mi edad?; **what ~s most is that we stick together** lo más importante es que nos mantengamos unidos; **to ~ TO sb: money is the only thing that ~s to her/them** el dinero es lo único que le/les importa; **getting this job ~s a lot to me** conseguir este trabajo significa mucho para mí; **nothing ~s to me any more** ya nada me importa

matter-of-fact /ˌmætərəv'fækt/ *adj* ‹*person*› práctico, realista; **he explained it in a very ~ way** lo explicó con total naturalidad *or* (fam) como si tal cosa; **he tried to appear ~** quiso dar la impresión de que no estaba alterado (*or* impresionado *etc*); **she gave a ~ account of what had happened** relató lo sucedido ciñéndose a los hechos

matter-of-factly /ˌmætərəv'fæktli/ *adv* ‹*say/explain*› con total naturalidad

Matthew /'mæθjuː/ *n* (Bib) (San) Mateo

matting /'mætɪŋ/ *n* [u] esteras *fpl*

mattins *n* ▸ **matins**

mattock /'mætək/ *n* azadón *m*

mattress /'mætrəs || 'mætrɪs/ *n* colchón *m*

maturation /ˌmætʃə'reɪʃən || ˌmætjʊ'reɪʃən/ *n* [u] maduración *f*; (of wine, spirits) añejamiento *m*

mature¹ /mə'tʊr || mə'tjʊə(r)/ *adj* **1** (developed) ‹*animal/plant/tree*› adulto; ‹*fruit/vegetable*› maduro; ‹*industry/market*› desarrollado; ‹*artist/ideas/work*› maduro; **a ~ student** (BrE) un estudiante mayor; **at that age most girls are physically ~** a esa edad la mayoría de las niñas ya se han desarrollado **2** (sensible) ‹*person/attitude*› maduro **3** (Culin) ‹*whiskey*› añejo; ‹*cheese*› curado; ‹*wine*› añejo, de crianza **4** (Fin) ‹*policy/bond/debenture*› vencido

mature² *vi* **1** (develop) «*plant/animal/person*» desarrollarse; «*artist/writer/work*» madurar; «*wine*» añejarse; **to ~ with age** «*person*» madurar con la edad; «*cheese/wine*» madurar con los años *or* el tiempo **2** (become sensible) madurar **3** (Fin) «*bond/policy*» vencer*

■ **mature** *vt* **1** ‹*wine/whiskey*› añejar; ‹*cheese*› estacionar **2** ‹*person*› hacer* madurar

maturely /mə'tʊrli || mə'tjʊəli/ *adv* con madurez *or* sensatez

maturity /mə'tʊrəti || mə'tjʊərəti/ *n* [u] **1** (physical) madurez *f*, edad *f* adulta; **to reach ~** llegar* a la madurez **2** (of temperament, mentality) madurez *f* **3** (of plant) pleno desarrollo *m* **4** (Fin) vencimiento *m*

maudlin /'mɔːdlən || 'mɔːdlɪn/ *adj* ‹*person*› llorón, sensiblero; ‹*novel*› sensiblero, lacrimógeno (fam)

maul /mɔːl/ *vt* **1** ‹*person/animal*› atacar* (y herir*); **the deer was ~ed to death by a tiger** un tigre atacó al ciervo y lo mató; **they were badly ~ed in yesterday's game** (Sport) fueron aplastados en el partido de ayer **2** ‹*play/novel/reputation*› destrozar*, vapulear

maunder /'mɔːndər || 'mɔːndə(r)/ *vi* **~ (on)** divagar*

Maundy Thursday /'mɔːndi/ *n* Jueves *m* Santo

Mauritius /mɔː'rɪʃəs || mə'rɪʃəs/ *n* Mauricio *m*

mausoleum /ˌmɔːsə'liːəm/ *n* (*pl* **-ums**) mausoleo *m*

mauve¹ /məʊv/ ▸ℹ **p.1036** *adj* malva *adj inv*

mauve² ▸ℹ **p.1036** *n* [u] malva *m*

maven /'meɪvən/ *n* (AmE colloq) experto, -ta *m,f*

maverick¹ /'mævərɪk/ *n* **1** (person) inconformista *mf*; (Pol) disidente *mf* **2** (unbranded calf) (AmE) ternero *m* no marcado

maverick² *adj* ‹*person/group/views*› inconformista, heterodoxo; ‹*behavior*› poco convencional

maw /mɔː/ *n* **1** (of carnivore) (liter) fauces *fpl* (liter) **2** (of cow) cuajar *m* **3** (of bird) buche *m*

mawkish /'mɔːkɪʃ/ *adj* sensiblero, empalagoso

mawkishly /'mɔːkɪʃli/ *adv* empalagosamente

max /mæks/ *n* (= **maximum**) máx.; **to the ~** (colloq) al máximo, a tope (Esp fam)

Phrasal verb

• **max out**

A *v + o + adv*: **she's ~ed out her credit card** alcanzó el límite de la tarjeta de crédito

B *v + adv* alcanzar* el límite

maxfax /'mæksfæks/ *adj* (colloq) (Anat, Med) maxilofacial

maxillofacial /mæk'sɪləʊ'feɪʃəl/ *adj* (Anat, Med) maxilofacial

maxim /'mæksəm || 'mæksɪm/ *n* máxima *f*

maximization /ˌmæksəmə'zeɪʃən || ˌmæksɪmaɪ'zeɪʃən/ *n* [u] maximización *f*, potenciación *f* al máximo

maximize /'mæksəmaɪz || 'mæksɪmaɪz/ *vt* ‹*profit/efficiency/output*› maximizar*, potenciar al máximo

maximum¹ /'mæksəməm || 'mæksɪməm/ *n* máximo *m*; **I sleep a ~ of five hours** duermo cinco horas como máximo; **up to a ~ of $10,000** *o* **a $10,000 ~** hasta 10.000 dólares como máximo, hasta un máximo de 10.000 dólares; **to exploit sth to the ~** explotar algo al máximo; **the hall holds 200 people at the ~** en la sala caben 200 personas como máximo

maximum² *adj* (*before n*) ‹*amount/temperature*› máximo; **~ speed** velocidad *f* máxima; **it was planned to cause ~ disruption** estaba planeado para causar el mayor trastorno posible; Ⓢ **maximum capacity: 12 persons** capacidad máxima: 12 personas; **~ comfort for the lowest price** la mayor comodidad al precio más bajo

maximum³ *adv* como máximo; **three times a day ~** tres veces al día como máximo

maximum-minimum thermometer /ˌmæksəməm'mɪnəməm || ˌmæksɪməm 'mɪnɪməm/ *n* termómetro *m* de máxima y mínima

maximum security *adj* (*before n*) de alta seguridad

maxisingle /'mæksiˌsɪŋgəl/ *n* maxisingle *m*

may¹ /meɪ/ *v mod* (*past* **might**)

A **1** (asking, granting permission) *forms of* poder*; **~ I smoke?** ¿puedo fumar?, ¿me permite fumar?; **he asked if he might see her** preguntó si podía verla; **and who, ~ I ask, are you?** ¿y quién es usted, si se puede saber?; **~ I take your coat?** ¿me permites tu abrigo?; **you ~ smoke if you wish** pueden fumar; **you ~ kiss the bride** puede besar a la novia **2** (in requests): **~ I have your opinion on this?** ¿podría darme su opinión acerca de esto?; **~ we see the menu, please?** ¿podríamos ver *or* nos podría traer el menú, por favor?; **~ I have this dance?** (frml) ¿me concede esta pieza? (frml); **~ I have your name and address, please?** ¿quiere darme su nombre y dirección, por favor?

B **1** (indicating probability) [*El grado de probabilidad que indica* may *es mayor que el que expresan* might *o* could]: **we ~ increase the price** quizás *or* tal vez aumentemos el precio; **you ~ wish to pay in advance** tal vez *or* quizás usted prefiera pagar por adelantado; Ⓢ **may cause drowsiness** puede producir somnolencia; **it ~ or ~ not be true** puede o no ser cierto; **he ~ not have seen us** puede (ser) que *or* quizás *or* tal vez no nos haya visto, a lo mejor *or* de pronto *or* (RPl, Per tb) de repente no nos vio; **I'm worried he ~ do something foolish** tengo miedo de que haga un disparate; **I was worried he might do something foolish** tenía miedo de que hiciera un disparate; **and who is Mr Preston, you ~ ask?** se preguntarán quién es el señor Preston **2** (indicating different options) *forms of* poder*; **you ~ pay in cash or by check** puede pagar en efectivo o con cheque **3** (in generalizations): **no matter what they ~ say** digan lo que digan; **we'll find them, wherever they ~ be** los encontraremos, estén donde estén *or* dondequiera que estén; **come what ~** pase lo que pase

C (indicating sth is natural): **you ~ well ask!** ¡buena pregunta!, ¡eso (mismo) digo yo!; **you ~ well feel embarrassed after last night** no me extraña que te sientas avergonzado después de lo de anoche; **I wonder how she did so well? — you ~ well wonder** me pregunto cómo le fue tan bien — eso (mismo) digo yo

D (conceding): **this ~ be unpleasant, but it must be said** esto podrá ser desagradable, pero hay que decirlo; **he ~ not be clever, but he's very hard-working** no será inteligente, pero es muy trabajador; **be that as it ~** sea como sea; **that's as ~ be** puede ser; **you ~ well laugh, just wait till it happens to you!** sí, tú ríete ¡ya verás cuando te pase a ti!

E **1** (indicating purpose): **we have left a space so that you ~ add your comments** hemos dejado un espacio para que usted pueda hacer sus comentarios; **let us fight, that justice ~ prevail** (liter) luchemos por que prevalezca la justicia **2** (in wishes) (liter): **~ that day never come** que ese día no llegue nunca; **long**

~ **she reign!** ¡que reine por muchos años!; ~ **the Lord be with you** el Señor esté con vosotros; *see also* **might**[1]

may[2] *n* [u] espino *m*

May /meɪ/ ▸❶ **p.1085** *n* mayo *m*; (*before n*): ~ **queen** ≈ reina *f* de la primavera; *see also* **January**

Maya /'maɪə/ *n* (*pl* **Mayas** *or* **Maya**) maya *mf*

Mayan[1] /'maɪən/ *adj* maya

Mayan[2] *n* ▸**Maya**

mayapple, May apple /'meɪ,æpəl/ *n* podofolio *m*

maybe /'meɪbi:/ *adv* quizá(s), tal vez, a lo mejor; ~ **I'll come later** quizá(s) *or* tal vez venga luego, a lo mejor vengo luego; ~ **she didn't hear** a lo mejor no oyó, quizá(s) *or* tal vez no oyó *or* no haya oído, puede (ser) que no haya oído; **he's ~ 35** (colloq) andará por los 35 (fam), tendrá unos 35 (fam)

Mayday, mayday /'meɪdeɪ/ *n* señal *f* de socorro *or* auxilio; (*as interj*) ¡socorro!, ¡auxilio!

May Day *n* el primero de mayo; (in some countries) el día del trabajo *or* de los trabajadores

mayfly /'meɪflaɪ/ *n* (*pl* **-flies**) efímera *f*, cachipolla *f*

mayhap /'meɪhæp meɪ'hæp/ *adv* (arch) acaso

mayhem /'meɪhem/ *n* [u] [1]▸ (confusion) caos *m*, tumulto *m* [2]▸ (in US) (Law) delito *m* de mutilación

mayn't /'meɪənt/ = **may not**

mayo /'meɪəʊ/ *n* [u] (esp AmE colloq) ▸**mayonnaise**

mayonnaise /'meɪəneɪz, ,meɪə'neɪz ‖ ,meɪə 'neɪz/ *n* [u] mayonesa *f*, mahonesa *f*

mayor /'meɪər ‖ meə(r)/ ▸❶ **p.1213** *n* alcalde, -desa *m,f*, intendente *mf* (municipal) (RPl)

> **mayor**
>
> En EEUU el alcalde (*mayor*) de una ciudad es elegido por sus habitantes. En Inglaterra y Gales, es el jefe de un ayuntamiento ▸**council** de una ciudad o un municipio (*borough*), elegido tradicionalmente por otros concejales (*councillors*). En algunas ciudades grandes se le confiere el título de *Lord Mayor* y su equivalente en Escocia es *provost* o *Lord Provost*. Llevan a cabo tareas oficiales pero tienen poco poder político. En los últimos años varias ciudades grandes han empezado a someter el cargo de alcalde a la votación popular. El primero de ellos, Ken Livingston, fue elegido Alcalde de Londres (*Mayor of London*) en 2000.

mayoral /'meɪərəl ‖ 'meərəl/ *adj* de alcalde/alcaldesa, de intendente (RPl)

mayoralty /'meɪərəlti ‖ 'meərəlti/ *n* [u c] (*pl* **-ties**) (post) alcaldía *f*, intendencia *f* (RPl); (period of office) mandato *m* como alcalde/alcaldesa, intendencia *f* (RPl)

mayoress /'meɪərəs ‖ 'meəres/ ▸❶ **p.1213** *n* (BrE) (mayor) alcaldesa *f*, intendente *f* (RPl); (mayor's wife) alcaldesa *f*

maypole /'meɪpəʊl/ *n* mayo *m*

maze /meɪz/ *n* laberinto *m*

MB (= **megabyte(s)**) Mb.

MBA *n* = **Master of Business Administration**

MBE *n* (in UK) = **Member of the British Empire**

mbira /(ə)m'bɪrə ‖ (ə)m'bɪərə/ *n* (SAfr) (Mus) mbira *m or f*, piano *m* (africano) de pulgar

MBO *n* = **management buyout**

Mbyte /'embaɪt/ = **megabyte(s)** Mbyte(s) *m(pl)*

MC *n* [1]▸ = **master of ceremonies** [2]▸ (in UK) = **Military Cross**

McCarthyism /mə'kɑ:rθiɪzəm ‖ mə'kɑ: θiɪzəm/ *n* macartismo *m*

McCoy /mə'kɔɪ/ *n*: ***the real ~***: **it isn't sparkling wine, it's the real ~** no es vino espumoso, es champán de verdad *or* champán champán; **they served caviar, the real ~** nos sirvieron caviar del auténtico

Mcom /em'kɑ:m ‖ em'kɒm/ *n* = **Master of Commerce**

MCP *n* (hum) = **male chauvinist pig**

MD [1]▸ (Med): **John Jones, ~** (el) Dr. John Jones [2]▸ (BrE) (Busn) (colloq) = **managing director** [3]▸ **Md** = **Maryland**

MDT *n* [u] (in US) = **Mountain Daylight Time**

me[1] /mi: *weak form* /mi/ ▸❶ **p.1287** *pron*

A [1]▸ (as direct object) me; **she helped ~** me ayudó; **help ~** ayúdame; ~ **time** tiempo *m* para mí (*or* ti, sí) mismo; **new mothers need ~ time** las nuevas madres necesitan tiempo para sí mismas; **you must have more ~ time** debes tener más tiempo para ti mismo [2]▸ (as indirect object) me; **he bought ~ flowers** me compró flores; **tell ~ something** dime una cosa; **give it to ~** dámelo [3]▸ (after prep) mí; **for/behind/without ~** para mí/detrás de mí/sin mí; **come with ~** ven conmigo; **she's older than ~** es mayor que yo

B (emphatic use) yo; **it's ~** soy yo; **it was ~ who did it** fui yo que lo hice *or* quien lo hizo; **do you think this hat's ~?** ¿te parece que este sombrero me favorece?; **silly ~!** ¡qué tonto soy!; ~ **join the army? never!** ¿meterme yo en el ejército? ¡ni soñar!

C (for myself) (AmE colloq *or* dial) me; **I'm going to get ~ a shotgun** voy a comprarme *or* me voy a comprar una escopeta

me[2] /mɪ/ *adj* (BrE dial) mi; **I'll ask ~ mum** le voy a preguntar a mi mamá

me[3] /mi:/ *n* (Mus) mi *m*

ME

A (Geog) = **Maine**

B (in US) (Law) = **Medical Examiner**

C = **myalgic encephalomyelitis**

mead /mi:d/ *n* [1]▸ (Culin) hidromiel *m*, aguamiel *f*‡ [2]▸ (meadow) (poet) prado *m*

meadow /'medəʊ/ *n* [c u] prado *m*, pradera *f*

meadowsweet /'medəʊswi:t/ *n* [c u] reina *f* de los prados

meager, (BrE) **meagre** /'mi:gər ‖ 'mi:gə(r)/ *adj* [1]▸ (scanty, bare) ‹*portion/salary/resources*› escaso, exiguo; ‹*existence*› precario [2]▸ (thin, feeble) (liter) magro (liter)

meagerly, (BrE) **meagrely** /'mi:gərli ‖ 'mi: gəli/ *adv* ‹*eat/live*› pobremente; ‹*furnished/supplied*› pobremente, escasamente

meagerness, (BrE) **meagreness** /'mi: gərnəs ‖ 'mi:gənɪs/ *n* [u] lo escaso *or* exiguo

meal /mi:l/ *n*

A [c] (Culin) comida *f*; **she has four ~s a day** hace cuatro comidas al día, come cuatro veces al día; **he cooked me a delicious ~** me preparó *or* me hizo una comida deliciosa; **it's your turn to cook a ~** te toca a ti hacer la comida *or* hacer de comer; **she never has a proper ~** nunca come como es debido *or* como Dios manda; **I try not to eat between ~s** trato de no comer nada entre horas; **I've invited them over for a ~** los he invitado a comer (*or* a cenar); ***to make a ~ of sth*** (esp BrE): **he really made a ~ of a very simple job** se complicó mucho la vida con lo que era un trabajo muy sencillo; **a short letter will do: there's no need to make a ~ of it** con una carta corta alcanza: no hay por qué exagerar; **the press really made a ~ of his remarks on the role of women** la prensa les sacó muchísimo jugo a sus comentarios sobre el papel de las mujeres

B [u] (Agr, Culin) harina *f* (*de avena, maíz etc*)

meal ticket *n* [1]▸ (source of income) (colloq): **she thought she had a ~ ~ for life** pensó que tenía el futuro asegurado [2]▸ (voucher) chequecomida *m*

mealtime /'mi:ltaɪm/ *n* hora *f* de comer; **when's the next ~?** ¿a qué hora es la próxima comida?; **at ~s** a la hora de comer

mealy /'mi:li/ *adj* **-lier, -liest** [1]▸ (of, like meal) ‹*texture/substance*› harinoso [2]▸ (pale) pálido

mealy-mouthed /,mi:li'maʊðd/ *adj* (pej) excesivamente comedido, con demasiados miramientos; **let's not be ~ about it** hablemos francamente, dejémonos de rodeos

mean[1] /mi:n/ *vt* (*past & past p* **meant**)

A (represent, signify) ‹‹*word/symbol*›› significar*, querer* decir; **what does this word ~?** ¿qué significa *or* qué quiere decir esta palabra?; **this sign ~s stop** esta señal quiere decir *or* significa que debes parar; **dark clouds ~ rain** los nubarrones son señal de lluvia; **that ~s trouble** eso quiere decir que va a haber problemas; **in a competitive market, price ~s everything** en un mercado competitivo, el precio lo es todo; **that doesn't ~ (that) he doesn't love you** eso no quiere decir que no te quiera; **to ~ sth to sb**: **does the number 0296 ~ anything to you?** ¿el número 0296 te dice algo?; **fame ~s nothing/a lot to her** la fama la tiene sin cuidado/es muy importante para ella; **my children ~ the world to me** mis hijos lo son todo *or* son muy importantes para mí

B [1]▸ (refer to, intend to say) ‹‹*person*›› querer* decir; **what do you ~?** ¿qué quieres decir (con eso)?; **do you ~ (to say) that ... ?** ¿quieres decir que ... ?; **I'm in a difficult situation, if you know what I ~** mi situación es difícil ¿me entiendes *or* comprendes?; **I know exactly what you ~** te entiendo perfectamente; **that's not what I ~t** no es eso lo que quise decir; **he's Swedish, I ~, Swiss** es sueco, (qué) digo, suizo; **I know who you ~** ya sé de quién hablas *or* a quién te refieres; **I don't know which one he ~t** no sé a cuál se refería; **what do you ~ you can't go?** ¿cómo que no puedes ir?; **what's that supposed to ~?** ¿a qué viene eso?; **I ~, what a nerve!** (BrE) ¡pero qué descaro! [2]▸ (be serious about) decir* en serio; **I ~ what I say!** ¡va *or* lo digo en serio!; **don't worry, he didn't ~ it** no te preocupes, no lo dijo en serio

C (equal, entail) significar*; **this ~s I can't take the day off** esto significa que no me puedo tomar el día libre; **being 40 doesn't ~ I can't wear fashionable clothes any more** (el) que tenga 40 años no quiere decir que ya no me pueda vestir a la moda; **to ~ -ING**: **if we can't find it here, it ~s going into town** si no lo encontramos aquí, vamos a tener que ir al centro; **that would ~ repainting the kitchen** eso supondría *or* implicaría que habría que volver a pintar la cocina

D [1]▸ (intend): **he didn't ~ (you) any harm** no quiso hacerte daño, no lo hizo por mal; **to ~ to + INF**: **I ~ to succeed** mi intención es triunfar, me propongo triunfar; **do you really ~ to leave so early?** ¿realmente piensas salir tan temprano?; **I'm sorry, I didn't ~ to do that** perdón, lo hice sin querer; **I didn't ~ to make you cry** no fue mi intención hacerte llorar; **I ~t to do it but I forgot** tenía toda la intención de hacerlo pero me olvidé; **I've been ~ing to talk to you** hace tiempo que quiero hablar contigo; **I don't ~ to pry, but ...** no quiero pecar de entrometido pero ...; **to ~ sb/sth to + INF**: **she ~t me to tell you** quería que yo te lo dijera; **we didn't ~ it to end this way** no fue nuestra intención que terminara así; **I ~t it to be a surprise** yo quería que fuera una sorpresa; **I ~t it as a compliment** lo dije con la intención de halagarte (*or* halagarla *etc*), quise hacerte (*or* hacerle *etc*) un cumplido; **what did you ~ (by) hitting your brother like that?** ¿qué pretendías pegándole así a tu hermano?; **the bullet was ~t for me** la bala iba dirigida a mí; **these spoons aren't ~t for soup** estas cucharas no son para sopa; **we were ~t for each other** estamos hechos el uno para el otro [2]▸ **to be ~t to + INF** (supposed, intended): **our love was not ~t to be** estaba escrito que nuestro amor era imposible; **you weren't ~t to get the job** el trabajo no era para ti; **you weren't ~t to hear that** no pensaron (*or* pensé *etc*) que tú estarías escuchando; **I was never ~t to be a teacher** yo no estoy hecho para enseñar, yo no tengo madera de profesor; **the money was ~t to last** se suponía que el dinero iba a durar; **I was ~t to be there at 6 o'clock** (BrE) (se suponía que) tenía que estar allí a las seis

mean[2] *adj*

A (miserly) ‹*portion*› mezquino, miserable; ‹*person*› tacaño, mezquino, agarrado (fam), amarrete (AmS fam)

B [1]▸ (unkind, nasty) malo; **lend it to him, don't be so ~** préstaselo, no seas malo; **it was really**

~ of you fue una maldad (de tu parte); **you were really ~ to me** me trataste muy mal; **I was in a ~ temper** estaba de muy mal humor *or* genio, estaba de un humor de perros (fam) **2** (excellent) (esp AmE sl) genial, fantástico; **he makes a ~ guacamole** hace un guacamole genial *or* fantástico, hace un guacamole de puta madre (Esp vulg)
C (inferior, humble) ‹*dwelling/peasant*› (liter) humilde; **that's no ~ feat/achievement** no es poca cosa, no es moco de pavo (fam); **she's no ~ swimmer** es una excelente nadadora, es una nadadora de primera
D (Math) (*before n*) medio; **the ~ annual rainfall** la precipitación pluvial media anual, la media anual de lluvia

mean³ *n* media *f*, promedio *m*; **arithmetic/geometric ~** media aritmética/geométrica; *see also* **means**

mean⁴ *adv* (AmE colloq & dial): **they treated us real ~** nos trataron muy mal; **he acts so ~** es tan malo

meander¹ /mi'ændər || mi'ændə(r)/ *vi* «*river*» serpentear; «*person*» deambular, vagar*, andar* sin rumbo fijo

meander² *n* meandro *m*

meandering /mi'ændərɪŋ/ *adj* ‹*river/course*› serpenteante; **it was a ~ speech** fue un discurso lleno de divagaciones

meanderings /mi'ændərɪŋz/ *pl n* **1** (of river) meandros *mpl* **2** (of speech, mind) divagaciones *fpl*

meanie /'mi:ni/ *n* ▸**meany**

meaning¹ /'mi:nɪŋ/ *n* [c u] (of word) significado *m*, acepción *f*; (of sentence, symbol, act) significado *m*; **this word has several ~s** esta palabra tiene varias acepciones *or* varios significados; **literal/figurative ~** sentido *m* literal/figurado; **work? you don't know the ~ of the word** ¿trabajar? ¡tú no sabes qué significa trabajar!; **to lend new ~ to sth** darle* un nuevo sentido *or* significado a algo; **if you take my ~** si me entiendes; **I don't quite get your ~** no entiendo lo que quieres decir; **my life has lost its ~** mi vida ha perdido el sentido *or* ya no tiene razón de ser; **that has very little ~ these days** eso significa muy poco hoy en día

meaning² *adj* significativo, elocuente

meaningful /'mi:nɪŋfəl/ *adj* **1** ‹*look/expression/gesture*› significativo, elocuente; ‹*phrase/explanation*› con sentido, coherente; ‹*results*› significativo; **it's not a ~ comparison** no es una comparación que tenga sentido **2** (worthwhile, important) ‹*experience*› significativo, valioso; ‹*relationship*› significativo, importante; ‹*negotiations/discussions*› positivo; **say something ~ for a change!** ¡a ver si por una vez dices algo que valga la pena!

meaningfully /'mi:nɪŋfəli/ *adv* **1** (in worthwhile way) significativamente **2** ‹*say/add*› de manera significativa

meaningless /'mi:nɪŋləs || 'mi:nɪŋlɪs/ *adj* **1** ‹*word/phrase/statement*› sin sentido; **the term is ~ to most people** para la mayoría de la gente el término no significa nada **2** (futile, pointless) sin sentido; **it's ~** no tiene sentido, carece de sentido (frml)

meanness /'mi:nnəs || 'mi:nnɪs/ *n* [u] **1** (stinginess) tacañería *f*, mezquindad *f* **2** (nastiness) maldad *f* **3** (humbleness) (liter) modestia *f*

means /mi:nz/ *n* (*pl* ~)
A (+ *sing vb*) **1** (method) medio *m*; **a ~ to an end** un medio para lograr un fin; **~ of transport** medio de transporte; **they have the ~ to do it** cuentan con los medios para hacerlo; **there's no ~ of finding out** no hay manera *or* forma de saberlo; *see also* **ways and means** **2** (*in phrases*): **by all means** por supuesto, ¡cómo no! (esp AmL); **by all ~ take it, but please bring it back** llévatelo, no faltaba más, pero por favor tráelo de vuelta; **by no means, not by any means**: **we are by no ~ rich** no somos ricos ni mucho menos; **it's not a perfect film by any ~** de ninguna manera *or* de ningún modo es una película perfecta; **by some means or other** sea como sea; **by means of** (*as prep*) por medio de, mediante
B (frml) (+ *pl vb*) (wealth) medios *mpl* (económicos), recursos *mpl*; (income) ingresos *mpl*; **a woman of ~** una mujer de buena posición económica; **we do not have the ~ to finance it** no contamos con los medios *or* recursos para financiarlo; **this is beyond the ~ of many people** esto no está al alcance de todos los bolsillos; **they live beyond their ~** llevan un tren de vida que no se pueden costear *or* que sus ingresos no les permiten

means-test /'mi:nztest/ *vt* comprobar* los recursos económicos de

means test *n*: *investigación de los ingresos de una persona para determinar si tiene derecho o no a ciertas prestaciones*

meant /ment/ *past & past p of* **mean¹**

meantime¹ /'mi:ntaɪm/ *n*: **in the ~** (while sth else happens) mientras tanto, entretanto; (in the intervening period) en el ínterin *or* interín; **in the ~, why don't you set the table?** ¿por qué no vas poniendo la mesa, mientras tanto?; **much had changed in the ~** muchas cosas habían cambiado en el ínterin *or* interín; **for the ~** por ahora, por el momento

meantime² *adv* ▸**meanwhile¹**

meanwhile¹ /'mi:nhwaɪl || 'mi:nwaɪl/ *adv* mientras tanto, entretanto

meanwhile² *n* ▸**meantime¹**

meany /'mi:ni/ *n* (*pl* **-nies**) (used by children) malo, -la *m,f*

measles /'mi:zəlz/ *n* (+ *sing or pl vb*) **1** (Med) sarampión *m*; **she's got ~** tiene sarampión **2** (Vet Sci) cisticercosis *f*

measly /'mi:zli/ *adj* **-lier, -liest**
A (colloq) (paltry) ‹*portion/salary*› mísero, miserable
B (Vet Sci) aquejado de cisticercosis

measurable /'meʒərəbəl/ *adj* **1** (quantifiable) mensurable, medible, susceptible de ser medido **2** (perceptible) apreciable, perceptible

measurably /'meʒərəbli/ *adv* sensiblemente, perceptiblemente

measure¹ /'meʒər || 'meʒə(r)/ *n*
A **1** [u] (system) medida *f*; **liquid/dry ~** medida para líquidos/áridos; **beyond ~** (liter) inconmensurable (liter) **2** ▸ⓘ **p.630**, ▸ⓘ **p.788**, ▸ⓘ **p.998**, ▸ⓘ **p.1376**, ▸ⓘ **p.1757**, ▸ⓘ **p.1790**, ▸ⓘ **p.1864** [c] (unit) medida *f*, unidad *f* **3** [c u] (amount) cantidad *f*; **mix equal ~s of flour and sugar** mezclar harina y azúcar en cantidades iguales; **I wasn't given full ~** no me dieron lo que (me) merecía; **with a (certain) ~ of success** con cierto éxito; **they were granted a considerable ~ of autonomy** se les concedió un grado considerable de autonomía; **in some ~** (frml) en cierta medida; **in large** *o* **great** *o* **no small ~** (frml) en gran medida, en gran parte; ***for good ~***: **take two for good ~** lleva dos por si acaso *or* para que no vaya a faltar; **she threw in an extra one for good ~** me dio una de regalo *or* (AmL tb) de ñapa *or* (CS, Per tb) de yapa **4** [c u] (size) (BrE) medida *f*; **he had it made to ~** se lo mandó hacer a (la) medida; **the true ~ of the problem** la verdadera magnitud *or* envergadura del problema; ***to have the ~ of sth/sb***: **fortunately I had his ~** *o* **the ~ of him** por suerte yo ya lo tenía calado (fam); **I think I have the ~ of it now** creo que le he agarrado la onda *or* (Esp) cogido el tranquillo (fam)
B [c] **1** (device) medida *f*; **a pint/yard ~** una medida de una pinta/yarda **2** (indicator, yardstick) (*no pl*) indicador *m*; **this will give you a ~ of the problem** esto te dará una idea de la magnitud *or* la envergadura del problema
C [c] (step) medida *f*; **to take ~s to + INF** tomar medidas para + INF; **we'll have to take drastic ~s to prevent it** tendremos que tomar medidas drásticas para impedirlo
D **1** [c] (foot) (Lit) pie *m* **2** [c u] (beat) (Lit) metro *m* **3** [c] (AmE) (Mus) compás *m* **4** [c] (dance) (arch *or* poet): **to tread a ~** danzar*

measure² *vt*
A **1** ‹*length/speed/waist*› medir*; **he went to be ~d for a suit** fue a que le tomaran las medidas para un traje; ***to ~ one's length* (on the ground)** medir* el suelo (con el cuerpo); **he ~d his length on the ground** se cayó cuan largo era, midió el suelo (con el cuerpo) **2** (mark off, count) medir*; **he ~d 6oz of flour** pesó 6 onzas de harina
B (assess) calcular, evaluar*; **to ~ sth AGAINST sth** comparar algo CON algo; **she was eager to ~ herself against the opposition** estaba ansiosa por enfrentarse a su contrincante *or* por medir armas con su contrincante
■ **measure** *vi* medir*; **it ~s 10ft across** mide *or* tiene 10 pies de ancho; **what does it ~?** ¿cuánto mide?

Phrasal verbs

- **measure off** [v + o + adv, v + adv + o] ‹*length/area*› medir*
- **measure out** [v + o + adv, v + adv + o] ‹*length*› medir*; ‹*weight*› pesar
- **measure up**

A [v + adv] **1** (be adequate) estar* a la altura de las circunstancias, dar* la talla; **to ~ up TO sth** estar* a la altura DE algo **2** (take measurements) tomar las medidas
B [v + o + adv, v + adv + o] **1** (take measurements of) ‹*cloth/wood*› medir*; **to ~ sb up for a suit** tomarle las medidas a algn para un traje **2** (assess) ‹*situation/possibilities*› juzgar*

measured /'meʒərd || 'meʒəd/ *adj*
A ‹*stride/step*› acompasado; ‹*words/language*› moderado, comedido, mesurado
B (exactly calculated) (*before n*): **over a ~ 3-mile course** en un circuito de 3 millas (exactas)

measureless /'meʒərləs || 'meʒəlɪs/ *adj* (liter) inconmensurable (liter), inmensurable (liter)

measurement /'meʒərmənt || 'meʒəmənt/ *n* **1** [u c] (act) medición *f*; **the metric system of ~** el sistema métrico decimal **2** [c] (dimension) medida *f*; **leg ~** largo *m* de pierna; **chest ~** contorno *m* de pecho; **waist ~** cintura *f*, talle *m*; **to take sb's ~s** tomarle las medidas a algn

measuring cup, (BrE) **measuring jug** /'meʒərɪŋ/ *n* jarra *f* graduada

measuring spoon *n* cuchara *f* de medir

measuring tape *n* cinta *f* métrica, metro *m*, huincha *f* (de medir) (Chi)

meat /mi:t/ *n* **1** [u c] carne *f*; **a plate of cold** *o* **cooked ~s** un plato de fiambres; ***the ~ and potatoes*** (AmE) lo básico; **a ~ and potatoes repertoire** un repertorio básico; ***to be ~ and drink to sb*** ser* la pasión de algn; ***to be strong ~*** ser* demasiado fuerte; ***one man's ~ is another man's poison*** lo que a uno cura a otro mata; (*before n*): **~ by-product** derivado *m* de la carne; **~ extract** extracto *m* de carne; **~ grinder** (AmE) moledora *f or* (Esp, RPl) picadora *f* de carne; **~ industry** industria *f* cárnica *or* de la carne; **~ pie** pastel *m* de carne; **~ product** producto *m* cárnico *or* de la carne; **~ safe** (BrE) fresquera *f*, fiambrera *f* (CS) **2** [u] (substance) sustancia *f*, enjundia *f*

meatball /'mi:tbɔ:l/ *n* **1** (Culin) albóndiga *f* **2** (stupid person) (AmE sl) pánfilo, -la *m,f* (fam)

meat-eater /'mi:t,i:tər || 'mi:t,i:tə(r)/ *n* (animal) carnívoro, -ra *m,f*; (person) *persona que come carne*; **I'm not a big** *o* **not much of a ~** no como mucha carne

meat-eating /'mi:t,i:tɪŋ/ *adj* (human) que come carne; (animal) carnívoro

meathook /'mi:thʊk/ *n* gancho *m* de carnicería *or* de carnicero

meatloaf /'mi:tləʊf/ *n* [u c] (*pl* **-loaves**) pan *m* de carne

meatspace /'mi:tspeɪs/ *n* [u] (Comput) (colloq) mundo *m* real *or* no virtual

meaty /'mi:ti/ *adj* **-tier, -tiest** **1** ‹*taste/smell*› a carne; ‹*soup/stew*› con mucha carne; ‹*rabbit/bone*› carnoso, con mucha carne **2** (thick) ‹*hands/arms/shoulders*› rollizo **3** (having substance) ‹*article/book*› sustancioso, enjundioso

Mecca /'mekə/ *n* **1** La Meca **2** *also* **mecca** (center of attraction) meca *f*; **the ~ of the film industry** la meca *or* Meca del cine; **Monte Carlo is a ~ for gamblers** Montecarlo es la meca de los jugadores

Meccano® /mə'kɑ:nəʊ || mɪ'kɑ:nəʊ/ *n* [u] (BrE) Meccano® *m*

mechanic /mə'kænɪk || mɪ'kænɪk/ *n* mecánico, -ca *m,f*; *see also* **mechanics**

m

mechanical /mə'kænɪkəl || mɪ'kænɪkəl/ *adj* **1** ‹*failure/problem/toy*› mecánico, maquinal **2** (automatic) ‹*action/reply*› mecánico

mechanical engineer *n* ingeniero mecánico, ingeniera mecánica *m,f*

mechanical engineering *n* [u] ingeniería *f* mecánica

mechanically /mə'kænɪkli || mɪ'kænɪkli/ *adv* **1** ‹*driven/operated*› mecánicamente, maquinalmente **2** (automatically) ‹*answer/repeat*› mecánicamente

mechanical pencil *n* (AmE) portaminas *m*, lapicero *m*, lápiz *m* mecánico *or* de mina, lanzaminas *m* (Arg)

mechanics /mə'kænɪks || mɪ'kænɪks/ *n* **A** (+ *sing vb*) (Phys, Mech Eng) mecánica *f* **B** (+ *pl vb*) **1** (method, practical details): **the ~** los aspectos prácticos **2** (mechanical parts): **the ~** el mecanismo; **there's something wrong with the ~** hay un problema con el mecanismo, hay un problema mecánico

mechanism /'mekənɪzəm/ *n* **A** [c] **1** (of machine, brain) mecanismo *m* **2** (procedure) mecanismo *m* **B** [u] (Phil) mecanicismo *m*

mechanistic /,mekə'nɪstɪk/ *adj* mecanicista

mechanization /,mekənə'zeɪʃən || ,mekənaɪ'zeɪʃən/ *n* [u] mecanización *f*

mechanize /'mekənaɪz/ *vt* ‹*process/agriculture/production*› mecanizar*; ‹*unit/regiment*› motorizar*

Med /med/ *n* (colloq): **the ~** el Mediterráneo

M Ed *n* = **Master of Education**

medaka /mə'dɑ:kə/ *n* (Zool) pez *m* cebra

medal /'medl/ *n* medalla *f*; (*before n*): **~ winner** ▸**medalist**

medalist, (BrE) **medallist** /'medləst || 'medəlɪst/ *n* medallista *mf*; **gold/silver ~** medalla *mf* de oro/plata; **Olympic ~** medallista olímpico, -ca *m,f*

medallion /mə'dæljən || mə'dæliən/ *n* **1** (ornament) medallón *m* **2** (Culin) medallón *m*

medallion man *n* (colloq) macho *m* prototípico (*que lleva ropa llamativa y medallón*), macho *m* ibérico (Esp)

medallist (BrE) ▸**medalist**

meddle /'medl/ *vi* **1** (interfere) **to ~ (IN/WITH sth)** meterse *or* entrometerse *or* inmiscuirse* (EN algo); **don't ~ in her affairs!** ¡no te metas *or* entrometas *or* inmiscuyas en sus asuntos!; **to ~ WITH sb** meterse CON algn **2** (tamper) **to ~ WITH sth** toquetear algo

meddlesome /'medlsəm/ *adj* ‹*person*› entrometido; ‹*remark*› indiscreto

medevac /'medɪvæk/ *n* [u] (AmE) (Mil) evacuación *f* médica

media¹ /'mi:diə/ *n*: **the ~** (+ *pl or* (crit) *sing vb*) los medios de comunicación *or* difusión; (*before n*): **it has received widespread ~ attention** ha polarizado la atención de los medios de comunicación *or* difusión, ha recibido amplia atención mediática; **~ coverage** cobertura *f* mediática; **~ darling** favorito, -ta *m,f* de los medios de comunicación; **~ event** acontecimiento *m* mediático; **~ people** periodistas *mpl*, gente *f* de los medios de comunicación *or* difusión; **~ personality** famoso, -sa *m,f* de los medios de comunicación *or* difusión; **~ studies** periodismo *m*

media² *pl of* **medium² A, medium² B**

mediaeval /,mi:di'i:vəl, 'me- || ,medi'i:vəl/ ▸**medieval**

median¹ /'mi:diən/ *adj* **1** (Math) ‹*value/wage*› medio **2** (in middle) (frml) intermedio

median² *n* **A** (Math) mediana *f* **B ~ (strip)** (AmE) mediana *f*, bandejón *m* (central) (Chi), camellón *m* (Méx)

mediate /'mi:dieɪt/ *vi* mediar, actuar* de mediador; **to ~ in a dispute** mediar *or* actuar* de mediador en un conflicto

■ **mediate** *vt* **A** (bring about) ‹*cease-fire/agreement*› lograr (*actuando como mediador*) **B** (transmit) (liter) transmitir

mediation /,mi:di'eɪʃən/ *n* [u] **1** (arbitration) mediación *f* **2** (transmission) (liter) transmisión *f*

mediator /'mi:dieɪtər || 'mi:dieɪtə(r)/ *n* mediador, -dora *m,f*

medic /'medɪk/ *n* (colloq) **1** (physician) médico, -ca *m,f* **2** (student) estudiante *mf* de medicina **3** ▸**paramedic**

Medicaid /'medɪkeɪd/ *n* (in US) *organismo y programa estatal de asistencia sanitaria a personas de bajos ingresos*

medical¹ /'medɪkəl/ *adj* ‹*care/examination*› médico; ‹*student*› de medicina; ‹*case*› clínico; ‹*insurance*› médico; **she needs ~ attention/treatment** necesita atención médica/tratamiento médico; **~ certificate** certificado *m* médico; **~ history** (of patient) historial *m* médico *or* clínico, historia *f* clínica; **she made ~ history with this transplant** pasó a la historia *or* a los anales de la medicina con este trasplante; **~ practice** consultorio *m* médico; **~ practitioner** (frml) médico, -ca *m,f*; **the ~ profession** los médicos, la profesión médica, el cuerpo médico; **~ register** (in UK) registro *m* de médicos; **~ science** ciencia *f* médica; **~ school** facultad *f* de medicina; **on ~ grounds** por razones de salud; **is Dr Jones a ~ doctor?** ¿el doctor Jones es médico *or* es doctor en medicina?

medical² *n* revisión *f* médica, examen *m* médico, chequeo *m*; **to have a ~** someterse a una revisión médica *or* a un examen médico, hacerse* un chequeo

medical examiner *n*: *médico encargado de las revisiones médicas*; (AmE) (Law) médico, -ca *m,f* forense

medicalize /'medɪklaɪz || 'medɪkəlaɪz/ *vt* ‹*childbirth/aging*› ver* como un problema médico

medically /'medɪkli/ *adv*: **~ qualified** titulado en medicina; **to be ~ examined** ser* reconocido por un médico; (*indep*) desde el punto de vista médico *or* clínico

medical officer, Medical Officer *n* **1** (in company) médico, -ca *m,f* (*de una empresa*) **2** (Mil) médico, -ca *m,f* militar

medicament /mɪ'dɪkəmənt/ *n* (frml) medicamento *m*

Medicare /'medɪker || 'medɪkeə(r)/ *n* (in US) *organismo y programa estatal de asistencia sanitaria a personas mayores de 65 años*

medicate /'medəkeɪt || 'medɪkeɪt/ *vt* **1** ‹*patient*› medicar*; ‹*wound*› curar **2 medicated** *past p* ‹*shampoo/soap*› medicinal

medication /,medə'keɪʃən || ,medɪ'keɪʃən/ *n* **1** [u c] (substance) medicamento *m* **2** [u] (treatment) tratamiento *m*; (drugs) medicación *f*; **he's on ~** está medicado

medicinal /mə'dɪsnəl || mɪ'dɪsɪnl/ *adj* medicinal

medicine /'medəsən || 'medsən, 'medəsən/ *n* **A** [c u] (substance) medicamento *m*, medicina *f*, remedio *m* (esp AmL); ***to give sb a taste o dose of her/his own ~*** pagarle* a algn con la misma moneda; ***to take one's/the ~*: he took his ~ like a man** apechugó con las consecuencias sin chistar; (*before n*): **~ bottle** frasco *m* de medicina *or* (esp AmL) de remedio; **~ box** *o* **cabinet** botiquín *m* (*de medicinas*); **~ chest** botiquín *m*; **~ dropper** cuentagotas *m or* (AmL) gotero *m* medicinal **B** [u] (science) medicina *f*; **to practice ~** ejercer* la medicina; **to study ~** estudiar medicina

medicine ball *n* pelota *f* medicinal

medicine man *n* curandero *m*, hechicero *m*

medicine show *n* (in US) *espectáculo ambulante durante el cual se venden medicamentos*

medico /'medɪkəʊ/ *n* (sl & dated) galeno *m* (liter & hum)

medieval /,mi:di'i:vəl, 'me- || ,medi'i:vəl/ *adj* medieval, medioeval

medievalist /,mi:di'i:vələst || ,medi'i:vəlɪst/ *n* medievalista *mf*

mediocre /,mi:di'əʊkər || ,mi:di'əʊkə(r)/ *adj* mediocre

mediocrity /,mi:di'ɑ:krəti || ,mi:di'ɒkrəti/ *n* (*pl* **-ties**) **1** [u] (quality) mediocridad *f*, medianía *f* **2** [c] (person) mediocre *mf*

meditate /'medəteɪt || 'medɪteɪt/ *vi* **to ~ (ON** *o* **UPON sth) 1** (practice meditation) meditar (SOBRE algo) **2** (reflect) reflexionar *or* meditar (SOBRE algo)

■ **meditate** *vt* (liter) **1** (consider) meditar sobre **2** (plan) ‹*revenge/murder/change*› planear

meditation /,medə'teɪʃən || ,medɪ'teɪʃən/ *n* **1** [u] (Psych, Relig) meditación *f* **2** [u c] (reflection) meditación *f*, reflexión *f*; **what conclusions have your ~s brought you to?** ¿cuál ha sido el fruto de tus meditaciones *or* reflexiones?; **he was lost in ~** estaba abstraído *or* ensimismado

meditative /'medəteɪtɪv || 'medɪtətɪv/ *adj* ‹*person/mood*› meditabundo, pensativo; ‹*essay/speculation*› meditativo

Mediterranean¹ /,medətə'reɪniən || ,medɪtə'reɪniən/ *adj* mediterráneo

Mediterranean² *n* **1 the ~ (Sea)** el (mar) Mediterráneo **2** (region): **the ~** el Mediterráneo **3** (person) mediterráneo, -na *m,f*

medium¹ /'mi:diəm/ *adj* **A** (intermediate) ‹*size*› mediano; **small, ~ or large?** ¿pequeño, mediano o grande?; **a person of ~ height/build** una persona de estatura *or* talla media *or* mediana/de complexión normal; **of ~ difficulty** de un grado medio de dificultad **B** (Culin) **1** ‹*steak*› a punto, término medio (Méx) **2** (*as adv*): **~ rare** poco hecho, a la inglesa (Méx); **~ dry** semi-seco

medium² *n* **A** [c] (*pl* **media**) (means, vehicle) medio *m*; **advertising media** medios *mpl* publicitarios *or* de publicidad; **through the ~ of the press** a través de la prensa; **~ of exchange** (Fin) medio de pago **B** (*pl* **media**) **1** [c] (environment) medio *m* (ambiente) **2** [c] (for growing cultures) caldo *m* de cultivo **3** [u] (preserving fluid) *sustancia utilizada para la conservación de especímenes animales y vegetales* **4** [u] (solvent) diluyente *m* **C** (middle position) (*no pl*) punto *m* medio; **to strike a happy ~ between formality and familiarity** lograr un término medio entre la formalidad y la excesiva confianza **D** [c] (*pl* **mediums**) (Occult) médium *mf*, medio *mf*

medium-price /,mi:diəm'praɪs/, **medium-priced** /-t/ *adj* de precio medio *or* mediano

medium-range /,mi:diəm'reɪndʒ/ *adj* (*before n*) **1** ‹*missile/artillery/aircraft*› de alcance medio *or* intermedio **2** ‹*plans/forecast*› a medio *or* mediano plazo

medium-size /,mi:diəm'saɪz/ (BrE also) **medium-sized** /-d/ *adj* ‹*book/house*› de tamaño mediano; ‹*person*› de talla *or* estatura media *or* mediana

medium-term /,mi:diəm'tɜ:rm || ,mi:diəm'tɜ:m/ *adj* (*before n*) a medio *or* mediano plazo

medium wave *n* (BrE) (*no pl*) onda *f* media; **on (the) ~ ~** en onda media

medlar /'medlər || 'medlə(r)/ *n* (Bot) **1** (fruit) níspero *m* **2 ~ (tree)** níspero *m*

medley /'medli/ *n* **1** (mixture) mezcla *f*, combinación *f* **2** (Mus) popurrí *m* **3** (in swimming): **4 x 400m ~** 4 x 400m estilos

medulla /mɪ'dʌlə/ *n* (*pl* **-las** *or* **-lae** /-li:/) **A** (Anat) **1** (of spine) médula *f* (espinal) **2 ~ (oblongata)** bulbo *m* raquídeo **B** (Bot) médula *f*

medusa /mɪ'du:sə || mɪ'dju:sə/ *n* (*pl* **-sas** *or* **-sae** /-si:/) medusa *f*; *for other names see* **jellyfish**

Medusa /mɪ'du:sə || mɪ'dju:sə/ *n* Medusa

meek /mi:k/ *adj* **-er, -est** dócil, sumiso, manso (liter); ***~ and mild*** como una malva

meekly /'mi:kli/ *adv* dócilmente, mansamente (liter)

meekness /'mi:knəs || 'mi:knɪs/ *n* [u] docilidad *f*, mansedumbre *f* (liter)

meerschaum (pipe) /'mɪrʃəm || 'mɪəʃəm/ *n* pipa *f* de espuma de mar

meet[1] /miːt/ (*past & past p* **met**) *vt*
A **1** (encounter) encontrarse* con; **I met her yesterday on my way to the bank** me encontré con ella ayer cuando iba al banco; **I'm ~ing her in Paris on Saturday** me voy a encontrar con ella el sábado en París; **I arranged to ~ him at the club** quedé en *or* (AmL tb) quedé de encontrarme con él en el club, quedé con él en el club (esp Esp); **~ me on the corner at 6 o'clock** encontrémonos en la esquina a las 6; **I met him for a drink at the hotel** nos encontramos en el hotel para tomar una copa; ***to ~ sb halfway*** o ***in the middle*** llegar* a un arreglo con algn **2** (welcome) recibir; (collect on arrival) ir* a buscar; **he came out to ~ me** salió a recibirme; **she met her guests at the door** recibió a los invitados en la puerta; **the whole village turned out to ~ her** todo el pueblo *or* el pueblo entero salió a recibirla; **she saw me coming and ran to ~ me** me vio llegar y corrió a mi encuentro; **he met me off the train** me fue a buscar *or* a esperar a la estación; **don't bother to come and ~ me** no te molestes en ir a buscarme *or* a esperarme; **I'll send Peter to ~ the train/plane** mandaré a Peter a buscarte (*or* buscarlos *etc*) *or* a recogerte (*or* recogerlos *etc*) a la estación/al aeropuerto **3** (oppose) ‹*opponent/enemy*› enfrentarse a **4** (as opponents) enfrentarse
B (make acquaintance of) conocer*; **I'd like you to ~ her** me gustaría que la conocieras; **she first met him at a party** lo conoció en una fiesta; **to ~ new friends** hacer* nuevas amistades; **John, ~ Mr Clark** (frml) John, le presento al señor Clark; **pleased to ~ you** encantado de conocerlo, mucho gusto; **pleased to have met you** encantado de haberlo conocido; **nice ~ing you** encantado, mucho gusto; **in the first chapter we ~ Susan, a writer** en el primer capítulo el autor nos presenta a Susan, una escritora
C **1** (come up against, experience) ‹*obstacle/problems*› encontrar*, toparse con; **he would ~ his death there** allí habría de encontrar su muerte; **she met her fate with dignity** enfrentó su destino con dignidad; **to be met BY/WITH sth** encontrarse* CON algo; **on his return he was met by another crisis** a su regreso se encontró con otra crisis; **my proposals were met with blank refusals** mis propuestas fueron rechazadas de plano; **there's more to this than ~s the eye** esto es más complicado de lo que parece **2** (counter, respond to): **she met their threats with defiance** hizo frente desafiante a sus amenazas; **she was met with enthusiastic applause** fue recibida con calurosos aplausos **3** (match) igualar; **we will ~ any sum you raise** igualaremos cualquier suma que ustedes recauden
D (satisfy) ‹*demands/wishes*› satisfacer*; ‹*deadline/quota*› cumplir con; ‹*debt*› satisfacer*, pagar*; ‹*obligation*› cumplir con; **he doesn't ~ our requirements** no reúne *or* no llena *or* no cumple nuestros requisitos; **they will have to ~ the cost themselves** ellos mismos van a tener que hacerse cargo de los gastos
E **1** (come together with, join): **East ~s West in this beautiful city** Oriente y Occidente se dan la mano en esta bella ciudad; **her lips met mine** nuestros labios se fundieron en un beso; **her gaze met his** sus miradas se cruzaron; **she could not ~ his eye** o **gaze** no se atrevía a mirarlo a la cara **2** (strike) dar* contra
■ **meet** *vi*
A **1** (encounter each other) encontrarse*; **we met by chance at the game** nos encontramos en el partido (por casualidad); **we arranged to ~ at three** quedamos en *or* (AmL tb) quedamos de encontrarnos a las tres, quedamos a las tres (esp Esp); **where shall we ~?** ¿dónde nos encontramos?, ¿dónde quedamos? (esp Esp); **the two presidents will ~ in May** los dos presidentes se entrevistarán en mayo; **until we ~ again!** ¡hasta la vista! **2** (hold meeting) ‹‹*club/committee*›› reunirse*; ‹‹*presidents/ministers*›› entrevistarse **3** (make acquaintance) conocerse*; **we (first) met in 1963** nos conocimos en 1963; **have you two already met?** ¿ya se conocen?, ¿ya los han presentado?; **I've a feeling we've met somewhere before** me parece que nos conocemos *or* que lo conozco de algún lado
B (come into contact): **the vehicles met head on** los vehículos chocaron *or* se dieron de frente; **there was a village where the three roads met** había un pueblo en el empalme *or* en la confluencia de las tres carreteras; **the belt wouldn't ~ around his waist** no se podía cerrar el cinturón; **their eyes met** sus miradas se cruzaron

Phrasal verbs

• **meet up** [v + adv] **1** (get together) **to ~ up (WITH sb)** encontrarse* (CON algn); **let's ~ up after the lecture** encontrémonos *or* juntémonos después de la conferencia **2** (coincide) ‹‹*parts/edges*››: **to ~ up (WITH sth)** coincidir *or* (Col, Ven) empatar CON algo **3** (join) ‹‹*roads*››: **to ~ up WITH sth** empalmar CON algo
• **meet with** [v + prep + o] **1** (encounter, experience) ‹*opposition/hostility*› ser* recibido con; **to ~ with failure** fracasar; **to ~ with success** tener* éxito; **the proposal met with general approval** la propuesta recibió la aprobación general; **she met with an unfortunate accident** le ocurrió un lamentable accidente **2** (meet) (AmE) ‹*friend*› encontrarse* con; ‹*salesman/delegate*› reunirse* con

meet[2] *n* **1** (AmE) (Sport) encuentro *m*; **track ~** pruebas *fpl* de atletismo **2** (in hunting) partida *f* (de caza)

meet[3] *adj* (arch) (*pred*) apropiado

meeting /ˈmiːtɪŋ/ ➡ *n*
A **1** (assembly) reunión *f*; **to hold a ~** celebrar una reunión; **to call a ~** convocar* una reunión; **a ~ of shareholders, a shareholders'~** una reunión *or* junta de accionistas; **political ~** mitin *m*, mítin *m*; **we're having a ~ today to discuss it** nos reunimos hoy para discutirlo; **I have a ~ scheduled with the chairman** tengo concertada una reunión con el director; **the ~ decided to accept the proposals** la asamblea decidió *or* los presentes decidieron aceptar las propuestas; **Mr Timms is in a ~** el señor Timms está en una reunión *or* (Esp tb) está reunido; **the ~ is adjourned** se levanta la sesión **2** (Relig) oficio *m*
B (encounter) encuentro *m*; (between presidents, ministers) entrevista *f*; **a chance ~** un encuentro fortuito; **I remember our last ~** recuerdo la última vez que nos vimos; **a ~ of minds** un consenso; (*before n*): **their favorite ~ place** el lugar donde les gusta (*or* gustaba *etc*) encontrarse; **~ point** punto *m* de reunión
C (BrE) (Sport) encuentro *m*; **athletics ~** competencia *f or* (Esp) competición *f* de atletismo; **race ~** (Equ) jornada *f* de carreras

meeting house *n* templo *m* (*esp de cuáqueros*)

meg /meg/ *n* (colloq) = **megabyte**

mega[1] /ˈmegə/ *adj* (colloq) **1** (huge) ‹*expenditure*› descomunal, astronómico; ‹*edition*› súper *adj inv* (*antes del n*); ‹*storage*› enorme **2** (excellent) ‹*movie/idea*› súper *adj inv* (*antes del n*) (fam), genial (fam), bárbaro (RPl fam), macanudo (CS, Per fam) **3** (successful) ‹*star*› ▸**megastar**

mega[2] *adv* (colloq) genial (fam), bárbaro (RPl fam), macanudo (CS, Per fam)

mega- /ˈmegə/ *pref* mega-

megabuck /ˈmegəbʌk/ *adj* (AmE colloq) (*before n*) multimillonario

megabucks /ˈmegəbʌks/ *pl n* (colloq) un fortunón (fam), un dineral, un platal (AmS fam), un pastón (Esp fam), un lanón (Méx fam)

megabyte /ˈmegəbaɪt/ *n* megabyte *m*, megaocteto *m*

megahertz /ˈmegəhɜːrts || ˈmegəhɜːts/ *n* (*pl* ~) megahercio *m*

megalith /ˈmegəlɪθ/ *n* megalito *m*

megalithic /ˌmegəˈlɪθɪk/ *adj* megalítico

megalomania /ˌmegələʊˈmeɪniə/ *n* [u] megalomanía *f*

megalomaniac[1] /ˌmegələʊˈmeɪniæk/ *n* megalómano, -na *m,f*

megalomaniac[2] *adj* megalómano

megaphone /ˈmegəfəʊn/ *n* megáfono *m*

megapixel /ˈmegəpɪksəl/ *n* (Phot) megapixel *m*

megastar /ˈmegəstɑːr || ˈmegəstɑː(r)/ *n* (colloq) megaestrella *f*, súperestrella *f*

megastore /ˈmegəstɔːr || ˈmegəstɔː(r)/ *n* supertienda *f*, megatienda *f*

megaton /ˈmegətʌn/ *n* megatón *m*

megavolt /ˈmegəvəʊlt/ *n* megavoltio *m*

megawatt /ˈmegəwɑːt || ˈmegəwɒt/ *n* megavatio *m*

meiosis /maɪˈəʊsəs || maɪˈəʊsɪs/ *n* (*pl* **-ses** /-siːz/) **1** [u] (Biol) meiosis *f* **2** [u c] (Lit) litote *f*

melamine /ˈmeləmiːn/ *n* [u] melamina *f*

melancholia /ˌmelənˈkəʊliə/ *n* [u] melancolía *f*

melancholic /ˌmelənˈkɑːlɪk || ˌmelənˈkɒlɪk/ *adj* melancólico

melancholy[1] /ˈmelənkɑːli || ˈmelənkəli/ *n* [u] melancolía *f*

melancholy[2] *adj* ‹*person/temperament/mood*› melancólico; ‹*sound/news*› triste

mélange, melange /meɪˈlɑːnʒ/ *n* (liter) mezcla *f*

melanin /ˈmelənən || ˈmelənɪn/ *n* [u] melanina *f*

melanoma /ˌmeləˈnəʊmə/ *n* [u c] melanoma *m*

Melba toast /ˈmelbə/ *n* [u] tostada *f* Melba (*tostada muy fina*)

meld[1] /meld/ *vt* **1** (blend) unir, fusionar **2** (in cards — to declare) declarar; (— to lay down) bajar
■ **meld** *vi* **1** (blend) combinarse **2** (in cards — to declare) declarar; (— to lay down) bajar

meld[2] *n* **1** (blend) (*no pl*) mezcla *f*, combinación *f* **2** [c] (in cards) *cartas que se declaran o se bajan*

melee, mêlée /ˈmeɪleɪ || ˈmeleɪ/ *n* (confusion) tumulto *m*; (fight) riña *f*, refriega *f*

mellifluous /meˈlɪfluəs/ *adj* (liter) dulce, meloso

mellow[1] /ˈmeləʊ/ *adj* **-er, -est** **1** ‹*fruit*› maduro; ‹*wine*› añejo; ‹*sound/voice*› dulce, melodioso; ‹*light/color*› tenue, suave **2** (mature, calm) ‹*person/mood*› apacible, sosegado **3** (from alcohol): **the wine had made him ~** el vino lo había hecho más afable

mellow[2] *vt* suavizar*; **age had ~ed him** la edad le había suavizado *or* endulzado el carácter, la edad le había limado las aristas
■ **mellow** *vi* ‹‹*color/voice*›› suavizarse*; ‹‹*views*›› moderarse; ‹‹*wine*›› añejarse; **he has ~ed with age** se le ha suavizado *or* endulzado el carácter con los años, se le han limado las aristas con los años

melodeon /məˈləʊdiən/ *n* acordeón *m* pequeño

melodic /məˈlɑːdɪk || məˈlɒdɪk/ *adj* **1** (Mus) (*before n*) ‹*line/shape*› melódico **2** ▸**melodious**

melodious /məˈləʊdiəs || məˈləʊdiəs/ *adj* melodioso

melodrama /ˈmelədrɑːmə/ *n* [c u] melodrama *m*

melodramatic /ˌmelədrəˈmætɪk/ *adj* melodramático; **don't be so ~** no seas tan melodramático *or* exagerado

melodramatically /ˌmelədrəˈmætɪkli/ *adv* melodramáticamente

melody /ˈmelədi/ *n* (*pl* **-dies**) melodía *f*

melon /ˈmelən/ *n* [c u] melón *m*; (watermelon) sandía *f*

melt[1] /melt/ *vi* **1** ‹‹*ice/butter*›› derretirse*; ‹‹*metal/wax*›› fundirse; **the candy ~ed in his mouth** el caramelo se le deshizo *or* se le disolvió en la boca **2** (become mild, gentle) ‹‹*person*›› ablandarse; ‹‹*anger*›› desaparecer*; **he ~ed in her arms** se derritió en sus brazos **3** **to ~ INTO sth**: **her grimace ~ed into a smile** la mueca se le transformó en sonrisa; **they ~ed into the crowd** se perdieron en la muchedumbre; **he just ~s into the background** pasa desapercibido; **the scenes ~ into one another** las escenas se funden unas con otras
■ **melt** *vt* **1** (liquefy) ‹*snow/butter*› derretir* **2** (make gentle, compassionate): **their cries ~ed**

➡ *see* Effective Spanish

m

her heart su llanto la conmovió

Phrasal verbs

- **melt away** [v + adv] 1 «*ice/snow*» derretirse* 2 (disappear) «*mist/fog*» levantarse, disiparse; «*fear/suspicion*» disiparse, desvanecerse*; «*confidence*» desvanecerse*, esfumarse; «*resistance/opposition*» desaparecer*, esfumarse; **they ~ed away into the woods** desaparecieron ocultándose en el bosque
- **melt down**

A [v + o + adv, v + adv + o] ‹*gold/coins/jewelry*› fundir

B [v + adv] (Nucl Phys) «*core*» fundirse (*accidentalmente*)

melt² *n* (AmE); *hamburguesa o sándwich con queso derretido por encima*

meltdown /ˈmeltdaʊn/ *n*

A (Phys) *fusión accidental del núcleo de un reactor*

B (Fin) (crash) colapso *m*, debacle *f*

melting¹ /ˈmeltɪŋ/ *adj* ‹*look*› enternecedor

melting² *n* [u] deshielo *m*

melting point *n* punto *m* de fusión

melting pot *n* crisol *m*; **a ~ ~ of different cultures** un crisol de culturas diversas; ***to be in the ~ ~*** estar* sobre el tapete

meltwater /ˈmelt,wɔːtər || ˈmelt,wɔːtə(r)/ *n* [u] (from snow, etc) agua *f‡* de nieve (derretida), agua *f‡* de fusión de nieve; (from glacier) agua *f‡* de deshielo

member /ˈmembər || ˈmembə(r)/ *n*

A (of committee, jury, board, international organization) miembro *mf*; (of club) socio, -cia *m,f*; (of church) feligrés, -gresa *m,f*; **~ of staff** (of company) empleado, -da *m,f*; **~ of the teaching staff** miembro *mf* del personal docente, profesor, -sora *m,f*; **a ~ of the crew** un miembro *or* integrante de la tripulación; **he's a ~ of the party/union** está afiliado al partido/sindicato; **a ~ of the European Parliament** un eurodiputado, un miembro del Parlamento Europeo; **a ~ of the House of Representatives** un diputado, un miembro de la Cámara de Representantes *or* Diputados; **the ~ for Rye** (in UK) el diputado por Rye; **several ~s of the audience walked out** varios espectadores *or* varios de los asistentes se retiraron de la sala; **they received a complaint from a ~ of the public** recibieron una queja de un particular *or* ciudadano; **the offer is open to any ~ of the public** la oferta está abierta al público en general; **they treat me like a ~ of the family** me tratan como si fuera de la familia; **Romania is a ~ of the EU** Rumanía es miembro de la UE; (*before n*): **~ states** países *mpl* miembros

B 1 (limb) (arch) miembro *m*; **male ~** (euph) miembro *m* viril (euf) 2 (Const) viga *f*

Member of Congress *n* (in US) miembro *mf* del Congreso

Member of Parliament ▸ⓘ p.1213 *n* (in UK etc) diputado, -da *m,f*, parlamentario, -ria *m,f*

membership /ˈmembərʃɪp || ˈmembəʃɪp/ *n* 1 [u] (being a member): **~ of the club is restricted to residents** sólo los residentes pueden hacerse socios del club; **to apply for ~** solicitar el ingreso *or* la admisión en un club (*or* partido *etc*); **she gave up her party ~** dejó de pertenecer al partido; **~ of** *o* (AmE also) **in the EU has brought many benefits** el pertenecer a la UE ha reportado muchos beneficios; (*before n*): **~ card** carné *m* de socio; **~ fee(s)** cuota *f* (de socio); **~ list** lista *f* de socios (*or* afiliados *etc*) 2 [c] (members) (+ *sing or pl vb*) socios *mpl* (*or* afiliados *mpl etc*); (number of members) número *m* de socios (*or* afiliados *etc*); **the entire ~ voted against** todos los miembros (*or* afiliados *etc*) votaron en contra; **the society has a ~ of 2,000** la sociedad tiene más de 2.000 socios *or* (AmL frml) tiene una membresía de más de 2.000

membrane /ˈmembreɪn/ *n* membrana *f*

meme /miːm/ *n* (Biol) meme *m*, gen(e) *m* cultural

memento /məˈmentəʊ || mɪˈmentəʊ/ *n* (*pl* **-tos** *or* **-toes**) recuerdo *m*

memo /ˈmeməʊ/ *n* (*pl* **-os**) memorándum *m*, nota *f*; (*before n*): **~ pad** bloc *m* de notas

memoir /ˈmemwɑːr || ˈmemwɑː(r)/ *n* 1 (autobiography) **memoirs** *pl* memorias *fpl*, autobiografía *f*; **she's writing her ~s** está escribiendo sus memorias *or* su autobiografía 2 (monograph) memoria *f*

memorabilia /,memərəˈbɪliə/ *pl n* objetos *mpl* de interés; **Victorian ~** objetos de interés de la época victoriana

memorable /ˈmemərəbəl/ *adj* memorable

memorably /ˈmemərəbli/ *adv* memorablemente

memorandum /,meməˈrændəm/ *n* (*pl* **-dums** *or* **-da** /-də/) 1 (Adm) memorándum *m*, servicio *m* interno (Esp) 2 (Govt) memorándum *m* 3 (Busn): **~ of association** escritura *f* pública de constitución

memorial¹ /məˈmɔːriəl/ *n* monumento *m*; **~ TO sb/sth** monumento A algn/algo; **it was built as a ~ to the fallen** fue construido a la memoria *or* en memoria de los caídos

memorial² *adj* (*before n*) ‹*plaque/service*› conmemorativo

Memorial Day *n* (in US) *día en que se recuerda a los caídos en la guerra*

> **Memorial Day**
>
> Un día festivo en EEUU en honor a los americanos caídos en la guerra. Tiene lugar, por lo general, el último lunes de mayo.

memorial park *n* (AmE) parque *m* cementerio, parque *m* del recuerdo

memorize /ˈmeməraɪz/ *vt* memorizar*, aprender de memoria

memory /ˈmeməri/ *n* (*pl* **-ries**)

A 1 [u c] (faculty) memoria *f*; **if (my) ~ serves me right** si mal no recuerdo, si la memoria no me falla; **to recite/play sth from ~** recitar/tocar* algo de memoria; **to have a good/poor** *o* **bad ~** tener* buena/mala memoria; (Educ) tener* mucha/poca retentiva; **I've no ~ for faces** no soy buen fisonomista; **loss of ~** pérdida *f* de la memoria; (Med) amnesia *f*; ***to have a ~ like a sieve*** tener* la cabeza como un colador, tener* muy mala memoria; **~ *lane*: to take a trip** *o* **stroll down ~ lane** rememorar el pasado 2 [u] (period): **it all took place within living ~** todo sucedió en nuestro tiempo; **the worst storm in living ~** la peor tormenta que se recuerde *or* de que se tenga memoria

B 1 [c] (recollection) recuerdo *m*; **to have a vague/vivid ~ of sth/sb** tener* un recuerdo vago/vívido de algo/algn; **she has fond/unhappy memories of her childhood** tiene gratos/malos recuerdos de su infancia; **I have no ~ of it** no lo recuerdo; **his ~ will live on** su recuerdo permanecerá vivo 2 [u] (remembrance) memoria *f*; **in ~ of sb** a la memoria *or* en memoria de algn; **in ~ of sth** en conmemoración de algo; **we do this in his ~** hacemos esto en memoria suya; **our dear mother of blessed ~** (frml) nuestra querida madre, que en gloria esté

C [c u] (Comput) memoria *f*

memory bank *n* banco *m* de memoria

memory board *n* placa *f* de memoria

memory book *n* álbum *m* de recortes

memory card *n* (Electron) 1 (card with electronic memory) tarjeta *f* de memoria 2 (smart card) tarjeta *f* inteligente

memory loss *n* [u] pérdida *f* de memoria

memory stick *n* (Comput) lápiz *m* de memoria, tarjeta *f* de memoria flash

men /men/ *pl of* **man¹**

menace¹ /ˈmenəs || ˈmenɪs/ *n*

A 1 [u] (threatening quality): **the ~ in his voice** el tono amenazador de su voz; **an air of ~** un aire amenazador 2 [c] (threat) amenaza *f*; **to demand money with ~s** (BrE) (Law) exigir* dinero con intimidación

B [c] 1 (danger) amenaza *f*; **a ~ TO sb/sth** una amenaza PARA algn/algo 2 (nuisance) (colloq) peligro *m* público (hum); **he's a little ~!** ¡es un diablillo!

menace² *vt* (liter) amenazar*

menacing /ˈmenəsɪŋ || ˈmenɪsɪŋ/ *adj* ‹*look/voice*› amenazador, amenazante; ‹*sky/clouds*› que amenaza tormenta/lluvia, amenazador (liter)

ménage /meɪˈnɑːʒ/ *n* arreglo *m*; **rather a peculiar ~** un arreglo un tanto extraño; **~ à trois** ménage *m* à trois

menagerie /məˈnædʒəri || mɪˈnædʒəri/ *n* colección *f* de animales salvajes

menaissance /ˈmenəsɑːns || meˈneɪsəns/ *n* [u] (Sociol) renacimiento *m* del antiguo concepto de la masculinidad

mend¹ /mend/ *vt* 1 (Clothing) ‹*garment*› coser, arreglar; (darn) zurcir*; (patch) remendar*; ‹*shoe*› arreglar 2 ‹*clock/roof*› arreglar, reparar; **that shelf needs ~ing** hay que arreglar *or* reparar ese estante 3 (set to rights): **she tried to ~ matters** trató de arreglar las cosas; **to ~ one's ways** enmendarse*; **you need to ~ your manners** (dated) tienes que corregir tus modales; ▸**say¹ A**

■ **mend** *vi*

A (heal) «*injury*» curarse; «*fracture/bone*» soldarse*; **the rift between them had still not ~ed** sus desavenencias aún no se habían zanjado

B (BrE) (sew) coser; (darn) zurcir*; ***to make do and ~*** arreglárselas con lo que uno tiene

mend² *n* remiendo *m*; (darn) zurcido *m*; ***to be on the ~*** (colloq) ir* mejorando, estar* reponiéndose

mendacious /menˈdeɪʃəs/ *adj* (frml) ‹*person*› mendaz (liter), mentiroso; ‹*report/statement*› falaz (liter), falso

mendacity /menˈdæsəti/ *n* [u] (frml) (of person) mendacidad *f* (liter); (of report) falsedad *f*

mender /ˈmendər || ˈmendə(r)/ *n* (BrE) (of shoes) zapatero *m* (remendón); (of watches) relojero, -ra *m,f*; **to collect one's shoes/watch from the ~('s)** ir* a buscar los zapatos al zapatero/el reloj a la relojería

mendicant /ˈmendɪkənt/ *n* 1 *also* **Mendicant** (Relig) mendicante *m*; (*before n*) ‹*friar/order*› mendicante 2 (beggar) (frml) mendigo, -ga *m,f*

mending /ˈmendɪŋ/ *n* [u] 1 (act): **to do the ~** (in general) coser; (darn) zurcir*; (patch) remendar* 2 (clothes) ropa *f* para arreglar

menfolk /ˈmenfəʊk/ (AmE also) **menfolks** /-s/ *pl n*: **the ~** los hombres; **their ~** sus maridos (*or* compañeros *etc*)

menhir /ˈmenhɪr || ˈmenhɪə(r)/ *n* menhir *m*

menial¹ /ˈmiːniəl/ *adj* de ínfima importancia, de baja categoría

menial² *n* sirviente, -ta *m,f*

meninges /məˈnɪndʒiːz/ *pl n* meninges *fpl*

meningitis /,menənˈdʒaɪtəs || ,menɪnˈdʒaɪtɪs/ *n* [u] meningitis *f*

meniscus /məˈnɪskəs/ *n* (*pl* **-cuses** *or* **-ci** /-kaɪ/) (Anat, Opt, Phys) menisco *m*

menopausal /,menəˈpɔːzəl/ *adj* menopáusico

menopause /ˈmenəpɔːz/ *n*: **the ~** la menopausia; **the male ~** la andropausia

mensch /menʃ/ *n* (AmE) persona *f* de bien

menses /ˈmensiːz/ *pl n* menstruo *m*, menstruación *f*

men's room *n* (AmE) baño *m or* servicios *mpl* de caballeros

menstrual /ˈmenstruəl/ *adj* (*before n*) menstrual; **the ~ cycle** el ciclo menstrual

menstruate /ˈmenstrueɪt/ *vi* menstruar*

menstruation /,menstruˈeɪʃən/ *n* [u] menstruación *f*

menswear /ˈmenzwer || ˈmenzweə(r)/ *n* [u] ropa *f* de caballero; **M~ is upstairs** la sección (de) caballeros está arriba

mental /ˈmentl/ *adj*

A (*before n*) ‹*powers/process/illness/health*› mental; ‹*hospital/patient*› psiquiátrico; **~ age** edad *f* mental; **~ cruelty** crueldad *f* mental; **~ handicap** discapacidad *f* mental; **~ institution** institución *f* para enfermos mentales; **~ torture** tortura *f* psicológica; **to make a ~ note of sth** tomar nota de algo mentalmente; **I've already formed a ~ picture** *o* **image of the place** ya me he hecho una idea del lugar

B (mad) (BrE colloq) (*pred*): **to be ~** estar* chiflado (fam)

m

mental arithmetic *n* [u] cálculos *mpl* mentales

mental block *n* bloqueo *m* mental

mentality /men'tæləti/ *n* (*pl* **-ties**) mentalidad *f*

mentally /'mentəli/ *adv* ‹*calculate/rehearse*› mentalmente; **~ retarded** retardado (mental); **he's ~ ill/handicapped** es un enfermo mental/un disminuido psíquico

menthol /'menθɔ:l || 'menθɒl/ *n* [u] mentol *m*; (*before n*) ‹*cigarettes*› mentolado

mentholated /'menθəleɪtəd || 'menθəleɪtɪd/ *adj* mentolado

mention¹ /'mentʃən || 'menʃən/ *vt* mencionar; **when I ~ed food ...** cuando mencioné la palabra comida ...; **your name was ~ed** se mencionó tu nombre; **I won't ~ any names** no daré nombres; **the village is ~ed in the book** el pueblo aparece mencionado en el libro; **have I ~ed John already?** ¿ya te he hablado de John?; **I hate to ~ it, but you owe me $50** me resulta violento decírtelo, pero me debes 50 dólares; **I'll ~ it to Bob next time I see him** cuando vea a Bob se lo mencionaré; **please ~ me to your parents** dales recuerdos a tus padres de mi parte; **he ~ed that you had found a job** dijo que habías encontrado trabajo; **to ~ sb in one's will** dejarle algo a algn (en el testamento); **many thanks to ... and others too numerous to ~** muchas gracias a ... y a tantos otros cuyos nombres sería muy largo enumerar; **to ~ only a few** por nombrar sólo a unos pocos; **there's the problem of time, not to ~ the cost** está el problema del tiempo y no digamos ya el costo; **don't ~ it** (on being thanked) no hay de qué, de nada

mention² *n* mención *f*; **it didn't even get a ~ in the press** la prensa ni siquiera lo mencionó; **my work receives a ~ in the book** mi trabajo aparece mencionado en el libro; **at the ~ of her name** al oír (mencionar) su nombre; **to make ~ of sth/sb** (frml) hacer* mención de algo/algn (frml), referirse* a algo/algn; **it's worthy of ~** es digno de mención

mentor¹ /'mentɔ:r || 'mentɔ:(r)/ *n* (liter) mentor, -tora *m,f* (liter)

mentor² *vt* mentorizar*

mentoring¹ /'mentərɪŋ/ *adj* mentor, -tora

mentoring² *n* [u] mentoring *m*

menu /'menju:/ *n* **1** (in restaurant) carta *f*, menú *m* (esp AmL); (set meal) menú *m*; **lamb's not on the ~** no hay cordero; **S set menu** menú de la casa **2** (Comput) menú *m*

menu bar *n* barra *f* de menú

menu-driven /'menju:drɪvən/ *adj* ‹*program/software*› guiado por menú

meow¹ /mi'aʊ/ *n* maullido *m*, miau *m*

meow² *vi* maullar*

MEP *n* (**= Member of the European Parliament**) eurodiputado, -da *m,f*

meperidine /me'perɪdi:n/ *n* [u] ▸**pethidine**

Mephistopheles /,mefəs'tɑ:fəli:z || ,mefɪ'stɒfɪli:z/ *n* Mefistófeles

Mephistophelian /,mefəstə'fi:liən || ,mefɪstə'fi:liən/ *adj* mefistofélico

mercantile /'mɜ:rkənti:l || 'mɜ:kəntaɪl/ *adj* ‹*nation/law*› mercantil; **the ~ marine** la marina mercante; **the ~ system** el mercantilismo

mercantilism /'mɜ:rkən,ti:lɪzəm || 'mɜ:kəntɪlɪzəm/ *n* [u] mercantilismo *m*

mercenary¹ /'mɜ:rsneri || 'mɜ:sɪnəri/ *n* (*pl* **-ries**) mercenario, -ria *m,f*; (*before n*) ‹*troops*› mercenario

mercenary² *adj* ‹*person/attitude*› materialista, interesado

mercerized /'mɜ:rsəraɪzd || 'mɜ:səraɪzd/ *adj* mercerizado

merchandise¹ /'mɜ:rtʃəndaɪz || 'mɜ:tʃəndaɪz/ *n* [u] mercancía *f*, mercadería *f* (AmS)

merchandise² *vt* comercializar* (*esp subproductos*)

merchandiser /'mɜ:rtʃəndaɪzər || 'mɜ:tʃəndaɪzə(r)/ *n* promotor, -tora *m,f* de ventas

merchandising /'mɜ:rtʃəndaɪzɪŋ || 'mɜ:tʃəndaɪzɪŋ/ *n* [u] comercialización *f* (*esp de subproductos*)

merchant¹ /'mɜ:rtʃənt || 'mɜ:tʃənt/ *n*
A **1** (retailer) comerciante *mf*; **grain/coal ~** comerciante en granos/carbón **2** (Hist) mercader *m*
B (BrE colloq): **~ of doom** agorero, -ra *m,f*; **gossip ~** chismoso, -sa *m,f*; **he's a real speed ~** maneja *or* (esp Esp) conduce como un loco (fam); **they're rip-off ~s** son unos ladrones

merchant² *adj* (*before n*) mercante

merchant bank *n* (BrE) banco *m* mercantil

merchant banker *n* (BrE) *ejecutivo de un banco mercantil*

merchantman /'mɜ:rtʃəntmən || 'mɜ:tʃəntmən/ *n* (*pl* **-men** /-mən/) buque *m or* barco *m* mercante

merchant marine, (BrE also) **merchant navy** *n* marina *f* mercante

merchant seaman *n* marino *m* mercante

merchant shipping *n* [u] **1** (industry) industria *f* de la marina mercante **2** (ships) barcos *mpl* mercantes

merciful /'mɜ:rsɪfəl || 'mɜ:sɪfəl/ *adj* misericordioso, compasivo, clemente; **her death was a ~ release** en las circunstancias, su muerte fue una bendición

mercifully /'mɜ:rsɪfəli || 'mɜ:sɪfəli/ *adv* **1** (leniently) ‹*judge/act*› con clemencia *or* compasión **2** (fortunately) (*indep*) gracias a Dios, felizmente

merciless /'mɜ:rsɪləs || 'mɜ:sɪlɪs/ *adj* despiadado

mercilessly /'mɜ:rsɪləsli || 'mɜ:sɪlɪsli/ *adv* despiadadamente, sin piedad *or* clemencia

mercurial /mɜ:r'kjʊriəl || mɜ:'kjʊəriəl/ *adj*
A ‹*person/temperament*› voluble, volátil; ‹*wit*› vivo
B (Chem, Pharm) (*before n*) ‹*compound/preparation*› mercúrico, mercurial

mercuric /mɜ:r'kjʊrɪk || mɜ:'kjʊərɪk/ *adj* (*before n*) mercúrico

mercury /'mɜ:rkjəri || 'mɜ:kjʊri/ *n* [u] mercurio *m*

Mercury /'mɜ:rkjəri || 'mɜ:kjʊri/ *n* Mercurio *m*

mercy /'mɜ:rsi || 'mɜ:si/ *n* (*pl* **-cies**) **1** [u] (clemency) misericordia *f*, clemencia *f*; **to have ~ (on sb)** tener* misericordia *or* piedad (de algn), tener* clemencia (para con algn), apiadarse (de algn); **he begged for ~** pidió clemencia; **they showed the traitor no ~** no fueron clementes con el traidor; **to throw oneself on sb's ~** abandonarse a la merced de algn; **to be at the ~ of sb/sth** estar* a merced de algn/algo; **at the ~ of the elements** a merced de los elementos; **I left him to her tender mercies** (iro & hum) pobre, lo dejé a su merced; (*before n*) ‹*mission/flight*› (journ) de ayuda *or* socorro **2** [c] (blessing) bendición *f*; **his death came as a ~** su muerte fue una bendición; **it's a ~ that ...** (colloq) es una suerte que ..., gracias a Dios, ...; **let's be grateful** *o* **thankful for small mercies** (set phrase) seamos positivos, podría haber sido peor **3** (*as interj*): **~ (me)!** (dated) ¡Dios mío!

mercy killing *n* **1** [u] (practice) eutanasia *f* **2** [c] (instance) acto *m* de eutanasia

mere¹ /mɪr || mɪə(r)/ *adj* (*superl* **merest** (*before n*)) simple, mero; **he's a ~ employee** es un simple *or* mero empleado, no es más que un empleado; **he's a ~ child** no es más que un niño; **the ~ mention of his name makes me nervous** la mera *or* sola mención de su nombre me pone nerviosa; **it's a ~ formality** es sólo una formalidad, no es más que una formalidad, es una mera *or* pura formalidad; **a ~ six months ago** hace apenas seis meses; ▸**merest**

mere² *n* (liter) lago *m*

merely /'mɪrli || 'mɪəli/ *adv* simplemente, solamente, sólo; **it's ~ a formality** es simplemente *or* solamente *or* sólo una formalidad, no es más que una formalidad; **she ~ has to raise her voice and he ...** no tiene más que levantar la voz y él ...; **I ~ asked her name** simplemente le pregunté cómo se llamaba, no hice más que preguntarle cómo se llamaba; **he ~ smiled** se limitó a sonreír; **he's not ~ brilliant, he's a genius** no es simplemente brillante, es un genio

merest /'mɪrəst || 'mɪərɪst/ *adj* (*superl of* **mere**): **he complains at the ~ little thing** ante la menor cosa se queja, se queja por cualquier nimiedad; **the ~ beginner wouldn't make such a mistake** ni un simple principiante cometería un error así; **the ~ noise makes her jump** el menor ruido *or* el más leve ruido la hace saltar

meretricious /,merə'trɪʃəs || ,merɪ'trɪʃəs/ *adj* ‹*style*› ampuloso, rimbombante; ‹*argument*› engañoso, especioso (frml)

merge /mɜ:rdʒ || mɜ:dʒ/ *vi* «*roads/rivers*» confluir*; «*colors*» fundirse; «*companies/departments/schools*» fusionarse, unirse; **look out for traffic merging from the left** cuidado con el tráfico que confluye por la izquierda; **to ~ INTO sth**: **he ~d into the crowd** se perdió entre el gentío; **these animals ~ into the foliage** estos animales se mimetizan con el follaje; **the red ~s into the blue** el rojo se funde con el azul
■ **merge** *vt* ‹*companies/organizations*› fusionar, unir; ‹*colors*› combinar, fundir; ‹*programs/data*› fusionar

merger /'mɜ:rdʒər || 'mɜ:dʒə(r)/ *n* **1** (Busn) fusión *f* **2** (of organizations etc) fusión *f*, unión *f*

meridian /mə'rɪdiən/ *n* **1** (Geog) meridiano *m*; **the prime** *o* **Greenwich M~** el meridiano 0° *or* de Greenwich **2** (Astron) meridiano *m*

meringue /mə'ræŋ/ *n* [c u] merengue *m*

merino /mə'ri:nəʊ/ *n* (*pl* **-nos**) **1** [c] (sheep) merino, -na *m,f* **2** [u] (wool) lana *f* merino

merit¹ /'merət || 'merɪt/ *n*
A **1** [u] (excellence) mérito *m*; **a man of ~** un hombre de mérito; **a work of artistic ~** una obra de mérito artístico; **he was chosen purely on ~** lo eligieron exclusivamente por sus méritos; (*before n*): **~ system** *sistema de ascensos por méritos* **2** [c] (praiseworthy quality): **each case is judged on its (own) ~s** se juzga cada caso individualmente *or* por separado; **the plan was accepted on its financial ~s** se aceptó el plan por sus ventajas económicas; **each option has its ~s and its demerits** todas las opciones tienen sus ventajas y desventajas *or* sus pros y sus contras; **there is no** *o* **isn't any ~ in prolonging the dispute** no tiene ningún sentido prolongar el conflicto
B (BrE) (Educ) ≈ mención *f* especial; **to pass with ~** aprobar* con mención especial

merit² *vt* merecer*, ser* digno de

merit award *n* premio *m* al mérito

meritocracy /,merə'tɑ:krəsi || ,merɪ'tɒkrəsi/ *n* [u c] (*pl* **-cies**) meritocracia *f*

meritorious /,merə'tɔ:riəs || ,merɪ'tɔ:riəs/ *adj* **1** (praiseworthy) (frml) meritorio **2** (AmE) (Law) con posibilidades de prosperar

merit pay *n* [u] (AmE) plus *m or* prima *f* por méritos

merlin /'mɜ:rlən || 'mɜ:lɪn/ *n* esmerejón *m*

Merlin /'mɜ:rlən || 'mɜ:lɪn/ *n* Merlín (el mago)

mermaid /'mɜ:rmeɪd || 'mɜ:meɪd/ *n* sirena *f*

merman /'mɜ:rmæn || 'mɜ:mæn/ *n* (*pl* **-men** /-men/) tritón *m*

merrily /'merəli || 'merɪli/ *adv* **1** (joyfully) ‹*laugh/sing/dance*› alegremente **2** (unconcernedly) tranquilamente

merriment /'merɪmənt/ *n* [u] (joy) alegría *f*, júbilo *m*; (laughter) risas *fpl*

merry /'meri/ *adj* **-rier, -riest** **1** (joyful) alegre; **the more the merrier** (set phrase) cuantos más, mejor; **~ Christmas!** ¡feliz Navidad!, ¡felices Pascuas!; **to make ~** (liter) divertirse* **2** (unconcerned): **to go one's ~ way** (iro): **he went his own ~ way** se fue tan campante **3** (drunk) (colloq) alegre, achispado

merry-go-round /'merigəʊ,raʊnd/ *n* **1** (carousel) carrusel *m*, tiovivo *m* (Esp), calesita *f* (Per, RPl) **2** (frenetic activity) vorágine *f*

merrymaker /'meri,meɪkər || 'meri,meɪkə(r)/ *n* juerguista *mf*

merrymaking /ˈmeri,meɪkɪŋ/ *n* [u] juerga *f*; (celebrations) festejos *mpl*

mescalin /ˈmeskəlɪn/, **mescaline** /ˈmeskəliːn/ *n* [u] mescalina *f*

mesh¹ /meʃ/ *n*
A **1** [c] (opening) malla *f*; **a broad/fine ~** malla abierta/fina **2** [u] (material) malla *f*; **wire ~** tela *f or* malla *f* metálica, tejido *m* metálico (RPl), anjeo *m* (Col)
B (Mech Eng) engranaje *m*; **out of ~** desengranado

mesh² *vi* «*gears/cogs*» engranar; «*views/systems/approaches*» concordar*, cuadrar; **to ~ WITH sth** concordar* *or* cuadrar CON algo
■ **mesh** *vt* ‹*gears/cogs*› engranar; ‹*plans/itineraries*› combinar

mesmeric /mezˈmerɪk/ *adj* cautivante, fascinante

mesmerize /ˈmezməraɪz/ *vt* **1** (fascinate) cautivar, fascinar **2** (hypnotize) (dated) hipnotizar*; **I was ~d** me quedé pasmada *or* boquiabierta

mesomorph /ˈmesə(ʊ)mɔːrf || ˈmesə(ʊ)mɔːf/ *n* mesomorfo, -fa *m,f*

Mesopotamia /,mesəpəˈteɪmiə/ *n* Mesopotamia *f*

mess¹ /mes/ *n*
A **1** (*no pl*) (untidiness, disorder) desorden *m*, revoltijo *m*; **what a ~!** ¡qué desorden!; **tidy up this ~!** ¡arregla este desorden!; **the bedroom was (in) a ~** el dormitorio estaba todo desordenado *or* (fam) patas para arriba; **my hair is a ~** (colloq) tengo el pelo hecho un desastre; **the pair of them look a ~** (colloq) los dos van muy desarreglados *or* desastrados; **her toys were in a ~ all over the floor** tenía todos los juguetes desparramados por el suelo; **he's a good cook, but he makes such a ~ in/of the kitchen** cocina bien, pero deja la cocina hecha un desastre *or* un asco; **you can play here, but don't make any ~** puedes jugar aquí, pero no desordenes nada **2** (*no pl*) (dirt, soiling): **to make a ~ (of sth)** ensuciar algo; **you've made a ~ of your new shirt** te has ensuciado la camisa nueva **3** [u] (excrement) (BrE colloq & euph) caca *f* (fam); **dog's/cat's ~** caca de perro/gato (fam)
B (*no pl*) (confused, troubled state): **she's in such a ~, she has huge debts** está metida en un verdadero lío, tiene deudas enormes; **their marriage was (in) a ~** su matrimonio andaba muy mal; **the country is (in) a complete ~** la situación del país es caótica; **my life's a ~** mi vida es un desastre; **to get into a ~** meterse en un lío; **to get sb out of a ~** sacar* a algn de un lío *or* de un apuro; **to make a ~ of sth/-ING**: **you made a real ~ of this job** hiciste muy mal este trabajo; **she made a real ~ of her life** se arruinó la vida; **he made a ~ of fixing the car** arregló muy mal el coche
C [c] (Mil): **officers' ~** casino *m or* comedor *m* de oficiales
D (*no pl*) (large quantity) (AmE colloq) montón *m*; **a whole ~ of friends** un montón *or* la tira de amigos (fam), pilas de amigos (AmS fam)

mess² *vi*
A **1** (waste time) (colloq) tontear; **off to bed now, kids, and no ~ing!** a la cama, chicos ¡y sin tontear! *or* ¡y nada de tonterías!; **she told him straight out and no ~ing** se lo dijo directamente *or* sin rodeos *or* (fam) de golpe y porrazo **2** (excrete) (BrE colloq & euph): **the dog ~ed on the carpet** el perro ensució la alfombra (euf)
B (Mil) comer el rancho
■ **mess** *vt* (euph): **to ~ one's pants** hacerse* encima (fam & euf), hacerse* caca encima (fam)

Phrasal verbs

- **mess about** (BrE) ▸ **mess around**
- **mess around** (colloq)

A [v + adv] **1** (misbehave) «*children*» hacer* travesuras, tontear; **she found out he'd been ~ing around** descubrió que había tenido líos *or* enredos con otras; **he started ~ing around with drugs** empezó a meterse con drogas **2** (fiddle, waste time): **I was just ~ing around with some friends** andaba por ahí ganduleando con unos amigos; **he enjoys ~ing around in boats** le gusta entretenerse *or* pasar el tiempo navegando; **she didn't ~ around: she told him straight out** no se anduvo con vueltas; se lo dijo sin más (fam) **3** (interfere) **to ~ around (WITH sth/sb)**: **they keep ~ing around with the arrangements** cambian los planes una y otra vez; **stop ~ing around with my things!** ¡deja mis cosas tranquilas!; **don't ~ around with me** no juegues conmigo, no me tomes el pelo (fam)
B [v + o + adv] (BrE) **1** (treat inconsiderately): **don't ~ me around: are you going to come or not?** no me fastidies *or* decídete de una vez ¿vienes o no? (fam); **he ~ed us around over the date** nos cambió mil veces la fecha; **he ~ed me around so much that I left him** jugó conmigo de tal manera, que lo dejé **2** (muddle) armar un lío con (fam)

- **mess up**

A [v + o + adv, v + adv + o] **1** (make untidy) desordenar, desarreglar **2** (make dirty) ensuciar **3** (spoil) ‹*plans*› estropear, arruinar; ‹*life*› destrozar*, arruinar; ‹*machine*› estropear, descomponer* (AmL)
B [v + adv] (AmE colloq) echarlo todo a perder, embarrarla (AmS fam)

- **mess with** [v + prep + o] (colloq) **1** (make untidy) desordenar, desarreglar **2** (provoke) meterse con (fam); **I wouldn't ~ with him** yo no me metería con él (fam) **3** (sexually) tener* líos *or* enredos con

message¹ /ˈmesɪdʒ/ *n*
A (communication) mensaje *m*; **a ~ of support** un mensaje de apoyo; **would you like to leave a ~, can I take a ~?** ¿quiere dejar algún recado *or* (esp AmL) mensaje?, ¿quiere dejar algo dicho? (CS); **could you give him a ~?** ¿podría darle un recado?; ***to get the ~*** (colloq) entender*, darse* cuenta; (*before n*): **~ board** tablero *m or* (Esp) tablón *m* de anuncios, cartelera *f* (AmL), diario *m* mural (Chi); **~ box** (Comput) bandeja *f* de mensajes
B (of novel, song) mensaje *m*; **the ~ of the Gospel** el mensaje del Evangelio
C (errand) (BrE colloq & dial): **to run a ~ for sb** hacerle* un recado *or* (esp AmL) un mandado a algn; **to do the ~s** (Scot) hacer* las compras *or* (Esp) la compra *or* (esp AmL) los mandados

message² *vt* enviar un mensaje de texto

message board *n* (Comput) tablero *m* de mensajes ,carteleo *m* de mensajes (AmL), tablón *m* de mensajes (Esp)

messaging /ˈmesɪdʒɪŋ/ *n* [u] envío *m* de mensajes de texto

messenger /ˈmesndʒər || ˈmesɪndʒə(r)/ *n* mensajero, -ra *m,f*; (*before n*): **~ boy** recadero *m*, mandadero *m* (AmL)

messenger company *n* (*pl* **-nies**) (empresa *f* de) mensajería *f*

mess hall *n* (AmE) comedor *m*

Messiah /məˈsaɪə/ *n* Mesías *m*

messianic /,mesiˈænɪk/ *adj* mesiánico

messily /ˈmesəli || ˈmesili/ *adv*: **he writes very ~** escribe muy sucio y descuidado *or* (CS) muy desprolijo; **he eats very ~** no sabe comer, come sin modales

messiness /ˈmesinəs || ˈmesinis/ *n* [u] **1** (untidiness) desorden *m* **2** (dirtiness) suciedad *f* **3** (unpleasantness) lo desagradable

mess kit *n* **1** (utensils) (esp AmE) servicio *m* de campaña **2** (uniform) (BrE) uniforme *m* de gala

Messrs /ˈmesərz || ˈmesəz/ *pl of* **Mr** Sres.; Ⓢ **Messrs Smith and Jones, Hardware Merchants** Smith y Jones, artículos de ferretería

mess tin *n* (BrE) plato *m* de campaña

mess-up /ˈmesʌp/ *n* (BrE colloq) lío *m*, follón *m* (Esp fam)

messy /ˈmesi/ *adj* **-sier, -siest** **1** (untidy) ‹*room*› desordenado; ‹*writing*› sucio y descuidado, desprolijo (CS) **2** (dirty) sucio; **he's a ~ eater** no sabe comer, come sin modales **3** (unpleasant, confused): **he was involved in some ~ affair** estaba involucrado en un asunto turbio; **the truth is often complicated and ~** la verdad es muchas veces complicada y desagradable; **theirs was a ~ divorce** su divorcio fue muy reñido y amargo

met¹ /met/ *past & past p of* **meet¹**

met² *adj*
A = **meteorological**
B = **metropolitan**

Met /met/ *n* = **metropolitan** **1** **the ~** (in US) = **the Metropolitan Opera House of New York** = **the Metropolitan Museum of Art of New York** **2** **the ~** (in UK) = **the Metropolitan Police Force of London**; (*also* **Met Office**) = **the Meteorological Office**

metabolic /,metəˈbɑːlɪk || ,metəˈbɒlɪk/ *adj* metabólico

metabolism /məˈtæbəlɪzəm/ *n* metabolismo *m*

metabolize /məˈtæbəlaɪz/ *vt* metabolizar*
■ **metabolize** *vi* metabolizarse*

metacarpal /,metəˈkɑːrpəl || ,metəˈkɑːpəl/ *n* hueso *m* metacarpiano, del metacarpo

metadata /ˈmetədeɪtə/ *n* (+ *sing vb*) metadatos *mpl*

meta key /ˈmetə/ *n* (Comput) tecla *f* meta

metal¹ /ˈmetl/ *n* **1** [u c] (Chem, Metall) metal *m*; (*before n*) ‹*box/clasp/plating*› metálico, de metal; **~ detector** detector *m* de metales; **~ fatigue** fatiga *f* del metal **2** [u] (on roads) (BrE) grava *f* **3** [u] (liquid glass) (Tech) vidrio *m* fundido

metal² *vt* **-ll-** (BrE) engravar

metalanguage /ˈmetə,læŋgwɪdʒ/ *n* metalenguaje *m*

metallic /məˈtælɪk || mɪˈtælɪk/ *adj* **1** (of, containing metal) ‹*element/compound*› metálico **2** (suggesting metal) ‹*color/sound/taste*› metálico

metallurgical /,metəˈlɜːrdʒɪkəl || ,metəˈlɜːdʒɪkəl/ *adj* metalúrgico

metallurgist /ˈmetlɜːrdʒəst || mɪˈtælədʒɪst/ *n* metalúrgico, -ca *m,f*

metallurgy /ˈmetlɜːrdʒi || mɪˈtælədʒi/ *n* [u] metalurgia *f*

metalwork /ˈmetlwɜːrk || ˈmetlwɜːk/ *n* [u] trabajo *m* en metales, metalistería *f*

metalworker /ˈmetl,wɜːrkər || ˈmetl,wɜːkə(r)/ *n* (obrero) metalúrgico, (obrera) metalúrgica *m,f*

metamorphose /,metəˈmɔːrfəʊz || ,metəˈmɔːfəʊz/ *vi* **to ~ INTO sth** convertirse* *or* transformarse *or* (frml) metamorfosearse EN algo
■ **metamorphose** *vt* **to ~ sth INTO sth** convertir* *or* transformar algo EN algo

metamorphosis /,metəˈmɔːrfəsəs || ,metəˈmɔːfəsɪs/ *n* [c u] (*pl* **-phoses** /-fəsiːz/) metamorfosis *f*; **to undergo a ~** sufrir *or* experimentar una metamorfosis

metaphor /ˈmetəfɔːr, ˈmetəfər || ˈmetəfɔː(r), ˈmetəfə(r)/ *n* [c u] metáfora *f*

metaphoric /,metəˈfɔːrɪk || ,metəˈfɒrɪk/, **metaphorical** /-kəl/ *adj* metafórico

metaphorically /,metəˈfɔːrɪkli || ,metəˈfɒrɪkli/ *adv* metafóricamente

metaphysical /,metəˈfɪzɪkəl/ *adj* **1** (Phil) metafísico **2** *also* **Metaphysical** (Lit) ‹*poetry/conceits*› metafísico

metaphysics /,metəˈfɪzɪks/ *n* [u] (+ *sing vb*) metafísica *f*

metastasis /məˈtæstəsəs || meˈtæstəsɪs/ *n* [c u] (*pl* **-tases** /-təsiːz/) metástasis *f*

metastatize /məˈtæstətaɪz/ *vi* metastatizar(se)*

meta tag *n* (Comput) etiqueta *f* meta

metatarsal /,metəˈtɑːrsəl || ,metəˈtɑːsəl/ *n* hueso *m* metatarsiano *or* del metatarso

metathesis /məˈtæθəsəs || mɪˈtæθəsɪs/ *n* [u c] (*pl* **-eses** /-əsiːz/) metátesis *f*

mete /miːt/ *see* **mete out**

meteor /ˈmiːtiər, -ɔːr || ˈmiːtiə(r), -ɔː(r)/ *n* meteorito *m*

meteoric /,miːtiˈɔːrɪk || ,miːtɪˈɒrɪk/ *adj* **1** (Astron) ‹*fragment*› de meteorito; **~ rock** piedra *f* meteórica **2** (swift) ‹*rise/progress/career*› meteórico

meteorite /ˈmiːtiəraɪt/ *n* meteorito *m*

meteorological /,miːtiərəˈlɑːdʒɪkəl || ,miːtɪərəˈlɒdʒɪkəl/ *adj* meteorológico

meteorologist /,miːtiəˈrɑːlədʒəst || ,miːtiəˈrɒlədʒɪst/ *n* meteorólogo, -ga *m,f*

meteorology /,miːtiəˈrɑːlədʒi || ,miːtiəˈrɒlədʒi/ *n* [u] meteorología *f*

meteor shower *n* lluvia *f* de meteoritos
mete out [v + o + adv, v + adv + o] ‹*fine/punishment*› imponer*; ‹*reprimand*› administrar; **the punishment that was ~d out to him** el castigo que se le impuso
meter¹ /'mi:tər || 'mi:tə(r)/ *n*
A [c] **1** (measuring device): **gas/electricity/water ~** contador *m* or (AmL tb) medidor *m* de gas/electricidad/agua; **volt ~** voltímetro *m*; **light ~** fotómetro *m*; **slot ~** (BrE) contador *m* or (AmL tb) medidor *m* (*que funciona con monedas*); **to read the ~** leer* el contador *or* (AmL tb) el medidor; (*before n*): **~ reader** revisor, -sora *m,f* de contador *or* (AmL tb) medidor **2** (*parking ~*) parquímetro *m*
B [u c] (AmE) (Mus) compás *m*
C ▸**i** p.1376 [c] (BrE): **metre** (measure) metro *m*
D [c u] (BrE): **metre** (Lit) metro *m*
meter² *vt* medir* (*con contador*)
meth /meθ/ *n* [u] (AmE colloq) (+ *sing vb*) alcohol *m* azul *or* de quemar
methadone /'meθədəʊn/ *n* [u] metadona *f*
methane /'meθeɪn || 'mi:θeɪn/ *n* [u] metano *m*
methanol /'meθənɔ:l || 'meθənɒl/ *n* [u] metanol *m*
methaqualone /mə'θækwələʊn || me 'θækwələʊn/ *n* [u] (Pharm) metacualona *f*
methinks /mi:'θɪŋks/ *adv* (arch) a mi parecer
method /'meθəd/ *n*
A **1** [c] (means) método *m*; **teaching ~s** métodos pedagógicos *or* de enseñanza; **~ of payment** forma *f* de pago **2** [u] (methodical procedure) método *m*; **scientific ~** método científico; ***there's ~ in his/her madness*** no es tan loco/loca como parece
B (Theat): **the M~** el método (de Stanislavsky-Strasberg); (*before n*): **a M~ actor** un actor del método (Stanislavsky-Strasberg)
methodical /mə'θɑ:dɪkəl || mɪ'θɒdɪkəl/ *adj* metódico
methodically /mə'θɑ:dɪkli || mɪ'θɒdɪkli/ *adv* metódicamente
Methodism /'meθədɪzəm/ *n* [u] metodismo *m*
Methodist¹ /'meθədəst || 'meθədɪst/ *n* metodista *mf*
Methodist² *adj* metodista
methodology /,meθə'dɑ:lədʒi || ,meθə 'dɒlədʒi/ *n* (*pl* **-gies**) metodología *f*
meths /meθs/ *n* [u] (BrE colloq) ▸**meth**
meths drinker *n* (BrE) bebedor, -dora *m,f* de alcohol desnaturalizado
Methuselah /mə'θu:zələ || mɪ'θju:zələ/ *n* Matusalén; ***to be as old as ~*** ser* más viejo que Matusalén
methyl alcohol /'mi:θaɪl/ *n* [u] metanol *m*
methylated spirit(s) /'meθəleɪtəd || 'meθəleɪtɪd/ *n* [u] (+ *sing vb*) alcohol *m* desnaturalizado *or* azul *or* de quemar
meticulous /mə'tɪkjələs || mə'tɪkjʊləs/ *adj* meticuloso, minucioso
meticulously /mə'tɪkjələsli || mə'tɪkjʊləsli/ *adv* meticulosamente, minuciosamente
metier /'metjeɪ/ *n* (profession) profesión *f*, oficio *m*; (strong point) fuerte *m*, especialidad *f*
Met Office /met/ *n* (in UK) (colloq): **the ~ ~** ≈ el Instituto Nacional de Meteorología *or* el Servicio Meteorológico Nacional
metonymy /mə'tɑ:nəmi || mɪ'tɒnɪmi/ *n* [u] metonimia *f*
metre (BrE) ▸**meter¹ C** , **meter¹ D**
metric /'metrɪk/ *adj* métrico; **the ~ system** el sistema métrico (decimal)
metrical /'metrɪkəl/ *adj* (Lit) métrico
metrication /,metrɪ'keɪʃən/ *n* [u] conversión *f* al sistema métrico (decimal)
metrics /'metrɪks/ *pl n* métrica *f*
metric ton ▸**i** p.630 *n* tonelada *f* (métrica)
metro¹ /'metrəʊ/ *n* (*pl* **-ros**) (Rail, Transp) metro *m*, subterráneo *m* (RPl)
metro² *adj* (AmE journ) (*before n*) metropolitano; **~ edition** edición *f* metropolitana
metronome /'metrənəʊm/ *n* metrónomo *m*
metropolis /mə'trɑ:pələs || mə'trɒpəlɪs/ *n* (*pl* **-polises**) metrópoli(s) *f*
metropolitan¹ /,metrə'pɑ:lətn || ,metrə 'pɒlɪtən/ *adj*
A (frml) metropolitano; **the M~ Police** (in UK) la policía londinense
B (mainland): **they emigrated from Martinique to ~ France** emigraron de la Martinica a la metrópoli(s) *or* a Francia
metropolitan² *n* (Relig) metropolitano *m*
metrosexual /,metrəʊ'sekʃuəl/ *adj & n* metrosexual *mf*
mettle /'metl/ *n* [u] temple *m*, entereza *f*; **to show one's ~** demostrar* lo que se vale; ***to be on one's ~*** estar* dispuesto a dar lo mejor de sí
mettlesome /'metlsəm/ *adj* animoso, fogoso
Meuse /mju:z || mɜ:z/ *n*: **the ~** el (río) Mosa
mew¹ /mju:/ *n* maullido *m*; *see also* **mews**
mew² *vi* maullar*
mewl /mju:l/ *vi* «*tomcat*» maullar*; «*baby*» lloriquear
mews /mju:z/ *n* (*pl* **~**) (esp BrE) **1** (street) *calle flanqueada de antiguas caballerizas convertidas en viviendas, talleres etc* **2** (stabling) caballerizas *fpl*
Mexican¹ /'meksɪkən/ *adj* mexicano, mejicano; **~ wave** ola *f* mexicana *or* mejicana
Mexican² *n* mexicano, -na *m,f*, mejicano, -na *m,f*
Mexico /'meksɪkəʊ/ *n* México *m*, Méjico *m*
Mexico City *n* (ciudad *f* de) México *m or* Méjico *m*; (within Mexico) el Distrito Federal *or* DF
mezzaluna /,metsə'lu:nə ,medzə-/ *n* (Culin) medialuna *f* (*cuchillo con doble asa y hoja en forma de media luna*)
mezzanine /'mezəni:n/ *n* **1** **~ (floor)** entresuelo *m*, entrepiso *m*, mezzanine *f or m* (AmL) **2** (AmE) (Theat) platea *f* alta
mezzo /'metsəʊ/ *n* (colloq) mezzo(soprano) *f*
mezzo-soprano /'metsəʊsə'prɑ:nəʊ/ *n* mezzosoprano *f*
mezzotint /'metsəʊtɪnt/ *n* [c u] grabado *m* a media tinta
MF *n* = **medium frequency**
MFA *n* (in US) = **Master of Fine Arts**
mg ▸**i** p.630 (= **milligrams(s)**) mg.
mgr, (AmE) = **manager**
Mgr, (BrE) (= **Monsignor**) Mons.
MHz (= **megahertz**) MHz
mi /mi:/ *n* (Mus) mi *m*
MI = **Michigan**
MI5 /'em'aɪ'faɪv/ *n* (in UK) *departamento de contraespionaje británico*
MI6 /'em'aɪ'sɪks/ *n* (in UK) *departamento de inteligencia británico*
MIA *adj* (AmE) (*pred*) (= **missing in action**) desaparecido en acción de guerra
miaow /mi'aʊ/ *n/vi* ▸**meow¹**, **meow²**
miasma /mi'æzmə maɪ-/ *n* (*pl* **-mas**) miasma *m*
mica /'maɪkə/ *n* [u] mica *f*
mice /maɪs/ *pl of* **mouse¹**
Mich = **Michigan**
Michaelmas /'mɪkəlməs/ *n* fiesta *f* de San Miguel; (*before n*): **~ daisy** áster *m*; **~ term** (BrE) (Educ) trimestre *m* de otoño
Michelangelo /,maɪkəl'ændʒələʊ/ *n* Miguel Ángel
Mick /mɪk/ *n* (BrE sl & offensive) irlandés *m*
mickey /'mɪki/ *n*: ***to take the ~ (out of sb)*** (BrE colloq) reírse* de algn; (face to face) tomarle el pelo a algn
Mickey (Finn) /'mɪki (fɪn)/ *n* (sl) *bebida alcohólica mezclada con algún somnífero*
Mickey Mouse® *adj* (colloq & pej) (*before n*) ‹*enterprise/approach*› muy poco serio (fam); **inflation has turned their currency into ~ ~ money** la inflación ha convertido su moneda en dinero de pacotilla
micro /'maɪkrəʊ/ *n* (*pl* **-cros**) ▸**microcomputer**
micro- /'maɪkrəʊ/ *pref* micro-
microbe /'maɪkrəʊb/ *n* microbio *m*
microbiocide /,maɪkrəʊ'baɪə(ʊ)saɪd/ *n* [c, u] (Pharm) microbiocida *m*
microbiologist /,maɪkrəʊbaɪ'ɑ:lədʒəst || ,maɪkrəʊbaɪ'ɒlədʒɪst/ *n* microbiólogo, -ga *m,f*
microbiology /,maɪkrəʊbaɪ'ɑ:lədʒi || ,maɪkrəʊbaɪ'ɒlədʒi/ *n* [u] microbiología *f*
microbrew /'maɪkrəʊbru:/ *n* (AmE) cerveza *f* artesanal
microbrewery /'maɪkrəʊbru:əri/ *n* (*pl* **-ries**) (AmE) destilería *f* de cerveza artesanal
microbrowser /'maɪkrəʊ,braʊzər || 'maɪkrəʊ ,braʊzə(r)/ *n* (Comput) micronavegador *m*
microchip¹ /'maɪkrəʊtʃɪp/ *n* (Comput) (micro)chip *m*, pastilla *f* de silicio
microchip² *vt* **-pp-** ‹*animal/pet*›; **~ a cat** ponerle* un microchip a un gato
microcircuit /'maɪkrəʊsɜ:rkət || 'maɪkrəʊsɜ:kɪt/ *n* microcircuito *m*
microclimate /'maɪkrəʊklaɪmət/ *n* microclima *m*
microcomputer /'maɪkrəʊkəm,pju:tər || 'maɪkrəʊkəm,pju:tə(r)/ *n* microcomputadora *f* (esp AmL), microordenador *m* (Esp)
microcomputing /'maɪkrəʊkəmpju:tɪŋ/ *n* [u] microcomputación *f*, microinformática *f*
microcosm /'maɪkrə,kɑ:zəm || 'maɪkrə ,kɒzəm/ *n* microcosmo(s) *m*
microcredit /'maɪkrəʊ,kredɪt/ *n* [u] (Fin) microcrédito *m*
microdot /'maɪkrəʊdɑ:t || 'maɪkrəʊdɒt/ *n* micropunto *m*
microeconomics /,maɪkrəʊ,ekə'nɑ:mɪks || ,maɪkrəʊ,i:kə'nɒmɪks/ *n* (+ *sing vb*) (Econ) microeconomía *f*
microelectronics /,maɪkrəʊelek'trɑ:nɪks || ,maɪkrəʊɪlek'trɒnɪks/ *n* (+ *sing vb*) (Elec Eng) microelectrónica *f*
microfiber, (BrE) **microfibre** /'maɪkrəʊfaɪbər || 'maɪkrəʊfaɪbə(r)/ *n* microfibra *f*
microfiche /'maɪkrəʊfi:ʃ/ *n* [c u] microficha *f*
microfilm¹ /'maɪkrəʊfɪlm/ *n* [c u] microfilm *m*, microfilme *m*; (*before n*): **~ reader** lector *m* de microfilms
microfilm² *vt* microfilmar
microgravity /'maɪkrəʊgrævəti/ *n* [u] microgravedad *f*
microinjection /'maɪkrəʊɪndʒekʃən/ *n* [u c] microinyección *f*
microlight, microlite /'maɪkrəʊlaɪt/ *n* aeroligero *m*, ultraligero *m*
micromanage /'maɪkrəʊmænɪdʒ/ *vt* (AmE) microgestionar
micromanagement /'maɪkrəʊ mænɪdʒmənt/ *n* [u] (AmE) microgestión *f*
micromesh stockings /'maɪkrə(ʊ)meʃ/ *pl n* medias *fpl* de micromesh
micrometer /maɪ'krɑ:mətər || maɪ 'krɒmɪtə(r)/ *n* micrómetro *m*
microminiaturization /,maɪkrəʊ mɪnɪtʃərar'zeɪʃən/ *n* [u] microminiaturización
microminiaturize /,maɪkrəʊ'mɪnɪtʃəraɪz/ *vt* (AmE) microminiaturizar*
micron /'maɪkrɑ:n || 'maɪkrɒn/ *n* micrón *m*
microorganism /,maɪkrəʊ'ɔ:rgənɪzəm || ,maɪkrəʊ'ɔ:gənɪzəm/ *n* microorganismo *m*
micropayment /'maɪkrəʊ,peɪmənt/ *n* micropago *m*
microphone /'maɪkrəfəʊn/ *n* micrófono *m*
microphysics /'maɪkrəʊfɪzɪks/ *n* (+ *sing vb*) microfísica *f*
microprobe /'maɪkrə(ʊ)prəʊb/ *n* microanalizador *m*
microprocessor /,maɪkrəʊ'prɑ:sesər || ,maɪkrəʊ'prəʊsesə(r)/ *n* microprocesador *m*
microscope /'maɪkrəskəʊp/ *n* microscopio *m*; ***to put sth under the ~*** examinar algo detenidamente
microscopic /,maɪkrə'skɑ:pɪk || ,maɪkrə 'skɒpɪk/ *adj* **1** (very small) ‹*fragment/organism*›

m

microscópico, al microscopio **2** (meticulous) ‹*examination/investigation*› minucioso **3** (with microscope) (*before n*) ‹*examination*› microscópico, al microscopio

microscopy /maɪˈkrɑːskəpi || maɪˈkrɒskəpi/ *n* microscopía *f*

microsecond /ˈmaɪkrəʊsekənd/ *n* microsegundo *m*

microstructure /ˈmaɪkrəʊstrʌktʃər || ˈmaɪkrəʊstrʌktʃə(r)/ *n* microestructura

microsurgery /ˌmaɪkrəʊˈsɜːrdʒəri || ˈmaɪkrəʊˌsɜːdʒəri/ *n* microcirugía

microtechnology /ˌmaɪkrəʊtekˈnɑːlədʒi || ˌmaɪkrəʊtekˈnɒlədʒi/ *n* [u] microtecnología *f*

microtransmitter /ˌmaɪkrəʊˈtrænzmɪtər, -ˈtræns- || ˌmaɪkrəʊtrænzˈmɪtə(r), -træns-, -trɑːn-/ *n* microtransmisor *m*

microwave[1] /ˈmaɪkrəʊweɪv/ *n*

A (Phys, Telec) microonda *f*

B ~ (oven) (horno *m* de) microondas *m*; (*before n*): **~ dinner** *comida preparada para calentar* o cocinar en horno de microondas*

microwave[2] *vt* calentar*/cocinar en horno de microondas

microwaveable /ˈmaɪkrəʊweɪvəbəl/ *adj* apto para microondas

microworld /ˈmaɪkrəʊwɜːrld || ˈmaɪkrəʊwɜːld/ *n* micromundo *m*

micturate /ˈmɪktʃəreɪt || ˈmɪktjʊəreɪt/ *vi* (frml) orinar

micturition /ˌmɪktʃəˈrɪʃən || ˌmɪktjʊəˈrɪʃən/ *n* [u] micción *f*

mid /mɪd/ *prep* (poet) en medio de, entre

mid- /mɪd/ *pref*: **in ~January/the ~1980s** a mediados de enero/de la década de los 80; **~morning/~afternoon** a media mañana/tarde; **she cut me off in ~sentence** no me dejó terminar la frase, me interrumpió en la mitad de la frase; **she was in her ~ forties** tenía alrededor de 45 años

midair /ˈmɪdˈer || ˌmɪdˈeə(r)/ *n*: **in ~** en el aire; **to refuel in ~** repostar en vuelo

Midas /ˈmaɪdəs/ *n* Midas; ***to have the ~ touch***: **she has the ~ touch** es como el rey Midas, todo lo que toca se convierte en oro

mid-Atlantic /ˌmɪdətˈlæntɪk/ *adj*: **a ~ accent** *un acento que es una mezcla del acento británico y el norteamericano*

midbrain /ˈmɪdbreɪn/ *n* mesencéfalo *m*

midday /ˈmɪddeɪ || mɪdˈdeɪ/ ▸ⓘ **p.1798** *n* mediodía *m*; **at/before ~** al/antes del mediodía; (*before n*): **the ~ sun** el sol del mediodía

middle[1] /ˈmɪdl/ *n*

A (of object, place — center) centro *m*, medio *m*; (— half-way line) mitad *f*; **it stood in the ~ of the room** estaba en el centro *or* en (el) medio *or* en la mitad de la habitación; **they were playing in the ~ of the road** estaban jugando en (el) medio *or* en la mitad de la calle; **much of the play was confined to the ~ of the field** el partido se concentró en el centro del campo; **the industries are concentrated in the ~ of the country** las industrias se concentran en el centro del país; **in the ~ of nowhere** quién sabe dónde, en el quinto pino (Esp fam), donde el diablo perdió el poncho (AmS fam); **we cut the cake down the ~** partimos el pastel por la mitad; ***to split sth down the ~*** dividir algo por la mitad; **the party is split down the ~ over this issue** el partido está dividido en dos sectores de opinión sobre este problema

B (of period, activity): **in the ~ of the week/month/year/century** a mediados de semana/mes/año/siglo; **it's the ~ of winter** estamos en pleno invierno; **in the ~ of the day the temperature can reach …** alrededor del medio día la temperatura suele alcanzar …; **in the ~ of the night/concert** en la mitad de la noche/del concierto; **to be in the ~ of sth/-ING**: **I'm in the ~ of cooking dinner** estoy preparando la cena; **I'm in the ~ of a really exciting novel at the moment** en este momento estoy leyendo una novela muy interesante; **we were right in the ~ of eating when the doorbell rang** sonó el timbre justo cuando estábamos comiendo; ***to knock sb into the ~ of next week*** (colloq) romperle* el alma *or* la crisma a algn (fam)

C (waist) cintura *f*; **the water came up to his ~** el agua le llegaba a la cintura

middle[2] *adj* (*before n*): **the ~ house of the three** de las tres, la casa de en medio *or* del medio; **~ finger** dedo *m* medio *or* del corazón; **~ ear** oído *m* medio; **she was the ~ child** ella era la (hija) de en medio *or* del medio; **we had reached the ~ point of our journey** habíamos llegado a la mitad de nuestro recorrido; **in his ~ years** en su madurez; **M~ English** *la lengua inglesa entre 1100 y 1450*

middle age *n* [u] madurez *f*; (*before n*): **the middle-age spread** la curva de la felicidad (euf)

middle-aged /ˌmɪdlˈeɪdʒd/ *adj* ‹*person*› de mediana edad, de edad madura, maduro; ‹*attitudes/ideas*› de persona mayor

Middle Ages *pl n*: **the ~ ~** la Edad Media

middle America *n*

A (Geog) Mesoamérica, México y América Central; (in US) *la zona central de los EEUU*

B (Sociol) la clase media norteamericana

Middle American[1] *adj* del centro de Estados Unidos

Middle American[2] *n* habitante *mf o* nativo -va *m,f* del centro de Estados Unidos

middlebrow /ˈmɪdlbraʊ/ *adj* ‹*public/tastes*› medianamente cultivado; ‹*reading*› de nivel intelectual medio

middle-class /ˌmɪdlˈklæs || ˌmɪdlˈklɑːs/ *adj* ‹*family/district*› de clase media; ‹*attitudes/morality*› burgués, convencional

middle class *n* [c u] (*often pl*) clase *f* media; **the upper/lower ~ ~** la clase media alta/baja

middle-distance /ˌmɪdlˈdɪstəns/ *adj* (*before n*) ‹*running/race*› de medio fondo; **~ runner** mediofondista *mf*

middle distance *n* (in picture, photo) segundo plano *m*

Middle East *n*: **the ~ ~** el Oriente Medio, el Medio Oriente

Middle Eastern *adj* medio-oriental, del Oriente Medio *or* Medio Oriente

Middle England *n*

A (Geog) centro *m* de Inglaterra

B (Sociol) clase *f* media de Inglaterra

middle ground *n*: **the ~ ~** el terreno propicio para un avenimiento

middle-income /ˌmɪdlˈɪŋkʌm/ *adj* ‹*group/family*› de ingresos medios

middleman /ˈmɪdlmæn/ *n* (*pl* **-men** /-men/) intermediario *m*; **to cut out the ~** eliminar al intermediario

middle management *n* mandos *mpl or* cuadros *mpl* (inter)medios, gerencia *f* media

middle manager *n* mando *mf* (inter)medio

middle name *n* segundo nombre *m*; **thrift is her ~ ~** (colloq & hum) es muy apretada (fam), es la tacañería personificada

middle-of-the-road /ˌmɪdləvðəˈrəʊd/ *adj* ‹*politician/views*› moderado; ‹*album/artist*› del montón

middle-ranking /ˈmɪdlˈræŋkɪŋ/ *adj* (*before n*) **1** (of intermediate rank) ‹*officer*› de medio rango **2** (average) ‹*book/film/author*› de mediana categoría

middle school ▸**education** *n* (in US) *colegio para niños de 12 a 14 años*; (in UK) *colegio para niños de 9 a 13 años*

> **middle school**
>
> ▸**education.**

middle-sized /ˈmɪdlˈsaɪzd/ *adj* ‹*person*› de mediana estatura; ‹*tree*› de mediana altura; ‹*company/industry/town*› de tamaño medio

middleweight /ˈmɪdlweɪt/ *n* (in boxing, weightlifting) peso *m* mediano *or* medio

Middle West *n* ▸**Midwest**

middling /ˈmɪdlɪŋ/ *adj* (in size) mediano; (in quality) regular; ▸**fair**[1] **D1**

Middx = **Middlesex**

Mideast /mɪdˈiːst/ *n* (AmE) ▸**Middle East**

midfield /ˈmɪdfiːld/ *n* **1** (area) centro *m* del campo, mediocampo *m*; (*before n*): **~ player** centrocampista *mf*, mediocampista *mf*; **~ stripe** (in US football) línea *f* central **2** (players) centro *m* del campo, mediocampo *m*

midge /mɪdʒ/ *n*: *especie de mosquito pequeño*

midget /ˈmɪdʒət || ˈmɪdʒɪt/ *n* enano, -na *m,f* (*de proporciones normales*); (*before n*) muy pequeño, diminuto

midi[1] /ˈmɪdi/ *adj* (Audio): **~ system** cadena *f* musical compacta

midi[2] *n* (*pl* **-dis**) (falda *f*) midi *f*

Midi /ˈmɪdi/ *n*: **the ~** el sur de Francia, el mediodía francés

Midland /ˈmɪdlənd/ *adj* (in UK) (*before n*) ‹*dialect/region/industry*› de la región central de Inglaterra

Midlands /ˈmɪdləndz/ *pl n* (in UK): **the ~** *la región central de Inglaterra*

midlife /ˈmɪdˈlaɪf/ *n*: **in ~** en la madurez; (*before n*): **~ crisis** crisis *f* de los 40

midnight /ˈmɪdnaɪt/ ▸ⓘ **p.1798** *n* medianoche *f*; **at ~** a medianoche; **before/around ~** antes de/alrededor de (la) medianoche; (*before n*): **M~ Mass** misa *f* de *or* del gallo; **the ~ sun** el sol de medianoche; ▸**oil**[1] **A4**

midnight-blue /ˌmɪdnaɪtˈbluː/ *adj* negro azulado *adj inv*, de color negro azulado; **the walls are ~** las paredes son negro azulado *or* de color negro azulado

midnight blue *n* negro *m* azulado

midnight feast *n* festín de medianoche (*en el dormitorio*)

midpoint /ˈmɪdpɔɪnt/ *n* punto *m* medio; **at the ~ of his Presidency** en la mitad de su presidencia

midriff /ˈmɪdrɪf/ *n* estómago *m*; (Anat) diafragma *m*

midsection /ˈmɪdsekʃən/ *n* **1** (middle part) sección *f* central **2** (dated) ▸**midriff**

midshipman /ˈmɪdʃɪpmən/ *n* (*pl* **-men** /-mən/) guardiamarina *m*, michimán *m* (Chi fam)

midst[1] /mɪdst/ *n*: **in the ~ of sth** en medio de algo; **we found ourselves in the ~ of a crisis** nos encontrábamos en medio de una crisis; **in our/their ~** entre nosotros/ellos; **I was actually in the ~ of writing a letter to you** justo te estaba escribiendo una carta

midst[2] *prep* (poet) entre, en medio de

midstream /mɪdˈstriːm/ *n*: **it was floating in ~** estaba flotando en el medio de la corriente; **I interrupted him in ~** lo interrumpí (en plena parrafada); ▸**horse A**

midsummer /ˈmɪdˈsʌmər || ˌmɪdˈsʌmə(r)/ *n* [u] pleno verano *m*; **M~'s Day** el solsticio estival *or* vernal; (in the Northern hemisphere) el día de San Juan; (*before n*): **~ madness** locura *f* de verano

midterm /ˈmɪdtɜːrm || mɪdˈtɜːm/ ▸**midterms - midterm elections** *n*

A (Govt) mitad *f* del período de gobierno; (*before n*): **~ elections** (in US) *elecciones de diputados, senadores etc que tienen lugar en la mitad del período de gobierno*

B (Educ) **1** (period) mitad *f* de un trimestre (*or* semestre *etc*); (*before n*): **~ exams** (AmE) exámenes *mpl* parciales **2** **midterms** *pl* (exams) (AmE) exámenes *mpl* parciales

> **midterms - midterm elections**
>
> En EEUU una serie de elecciones para la Cámara de Representantes ▸**House of Representatives,** celebradas en la mitad del mandato del Presidente.

midtown[1] /ˈmɪdtaʊn/ *adv* (AmE) en la periferia del centro de la ciudad

midtown[2] *adj* (AmE) (*before n*) ‹*apartment/hotel*› de la periferia del centro

midway[1] /ˈmɪdweɪ/ *adv* ‹*stop/abandon*› a mitad de camino, a medio camino; **~ through the morning** a media mañana

midway[2] *adj* intermedio

m

midway[3] /ˈmɪdweɪ/ *n* (AmE) paseo *m* central

midweek[1] /mɪdˈwiːk/ *n*: **around ~** a mediados de semana; (*before n*) ‹*concert/flight*› de entre semana

midweek[2] *adv* entre semana, los días de semana; **she very rarely goes out ~** rara vez sale entre semana *or* los días de semana

Midwest /mɪdˈwest/ *n*: **the ~** *la región central de los EEUU*

Midwestern /mɪdˈwestərn ‖ mɪdˈwestən/ *adj* de la región central de los EEUU

Midwesterner /mɪdˈwestərnər ‖ mɪdˈwestənə(r)/ *n*: *habitante o persona oriunda del,* ▸**Midwest**

midwife /ˈmɪdwaɪf/ *n* (*pl* **-wives**) partera *f*, comadrona *f*, matrona *f*; **male ~** partero *m*

midwifery /mɪdˈwɪfəri/ *n* [u] obstetricia *f*, partería *f*

midwinter /ˈmɪdˈwɪntər ‖ mɪdˈwɪntə(r)/ *n* [u] pleno invierno *m*

mien /miːn/ *n* (liter) semblante *m* (liter)

miffed /mɪft/ *adj* (colloq) (*pred*) picado (fam), ofendido, molesto

might[1] /maɪt/ *v mod*

A *past of* **may**[1]

B 1 (asking permission) (esp BrE) podría (*or* podríamos *etc*); **~ I leave a little early today?** ¿sería posible que hoy me fuera un poco antes?, ¿podría irme un poco antes hoy?; **~ I make a suggestion?** si se me permite (hacer) una sugerencia …, ¿podría hacer una sugerencia?; **who's going to pay, ~ I ask?** ¿quién va a pagar, si se me permite la pregunta *or* si se puede saber? 2 (in suggestions, expressing annoyance, regret) *forms of* poder*; **you ~ at least listen** al menos podrías *or* podías escuchar; **I ~ have known she'd mess it up** debería haber sabido *or* me podría *or* me podía haber imaginado que lo echaría a perder

C 1 (indicating possibility) [*La posibilidad que indica* might *es más remota que la que expresan* may *o* could] **she ~ be at home** pudiera ser que estuviera en casa; **somebody ~ have picked it up by mistake** pudiera ser que alguien se lo hubiera llevado por equivocación, a lo mejor alguien se lo llevó por equivocación; **what would you do with the money? — I don't know, I ~ even give it all to charity** ¿qué harías con el dinero? — no sé, quizás hasta lo donaba todo a obras de beneficencia; **it ~ (well) have been disastrous if the police hadn't arrived** podría haber sido catastrófico si no hubiera llegado la policía; **a dress such as Queen Victoria ~ have worn** un vestido como el que podría *or* podía haber llevado la reina Victoria; **as you ~ imagine** como te podrás imaginar; **~n't his friends know where he is? — they ~** (BrE) ¿no sabrán sus amigos dónde está? — pudiera *or* podría ser que sí 2 (in generalizations): **whatever the problem ~ be, we'll do our best to help** sea cual fuere el problema, haremos todo lo posible por ayudar

D (indicating sth is natural): **he rang to apologize — and** *o* **as well he ~!** llamó para pedir perdón — ¡era lo menos que podía hacer!

E 1 (conceding): **the house ~ not be big, but …** la casa no será grande pero …, puede ser que la casa no sea grande, pero … 2 (asking for information) (frml): **who ~ that gentleman be?** ¿quién es ese caballero?

F 1 (indicating purpose): **he died that others ~ live** (liter) murió para que otros vivieran 2 (in wishes) (liter): **let us pray, that our voices ~ be heard** oremos para que se escuchen nuestros ruegos

might[2] *n* [u] poder *m*, poderío *m*; **to push with all one's ~** empujar con todas sus (*or* mis *etc*) fuerzas; ***to struggle with ~ and main*** luchar con todas sus (*or* mis *etc*) fuerzas

mightily /ˈmaɪtli ‖ ˈmaɪtɪli/ *adv* 1 (vigorously) ‹*heave/shove/hurl*› vigorosamente, con todas sus (*or* mis *etc*) fuerzas 2 (*as intensifier*) ‹*improve*› enormemente, extraordinariamente; **~ disappointed** enormemente *or* sumamente decepcionado

mighty[1] /ˈmaɪti/ *adj* **-tier, -tiest** 1 (powerful) ‹*empire/ruler/army*› poderoso 2 (vigorous) ‹*arm/fist*› poderoso, potente; ‹*kick*› fortísimo, soberano (fam), tremendo (fam); **a ~ blow** un golpe fortísimo, un soberano *or* tremendo golpe (fam) 3 (imposing) ‹*ocean/river/mountain*› imponente, enorme, inmenso

mighty[2] *pl n* (liter): **the ~** los poderosos; **how are the ~ fallen!** (set phrase, hum) ¡cómo caen los poderosos!

mighty[3] *adv* (colloq) (*as intensifier*) muy; **that's a ~ fine pair of boots you're wearing** llevas unas botas sensacionales *or* estupendas; **it's ~ cold outside** afuera está haciendo un frío de padre y (muy) señor mío (fam); **they got the work done ~ quick** hicieron el trabajo rapidísimo

migraine /ˈmaɪgreɪn ‖ ˈmiːgreɪn, ˈmaɪ-/ *n* [c u] jaqueca *f*, migraña *f*; (*before n*): **~ attack** ataque *m* de migraña

migrant[1] /ˈmaɪgrənt/ *n* 1 (Zool) (species) especie *f* migratoria; (bird) ave *f*‡ migratoria 2 (person) trabajador, -dora *m,f* itinerante; (foreign) migrante *mf*, trabajador extranjero, trabajadora extranjera *m,f*

migrant[2] *adj* 1 (Zool) migratorio 2 (*before n*) ‹*worker/labor*› itinerante; (foreign) extranjero

migrate /ˈmaɪgreɪt maɪˈgreɪt/ *vi* 1 (Zool) emigrar 2 «*people*» emigrar

■ **migrate** *vt* (Comput) migrar

migration /maɪˈgreɪʃən/ *n* [u c] migración *f*, emigración *f*

migratory /ˈmaɪgrətɔːri ‖ ˈmaɪgrətri, maɪˈgreɪtəri/ *adj* migratorio

mike /maɪk/ *n*

A (microphone) (colloq) micro *m* (fam), micrófono *m*

B **Mike**: ***for the love of M~!*** (colloq) ¡por amor de Dios!

mil /mɪl/ *n* (colloq) (millimeter) milímetro *m*; (milliliter) mililitro *m*

milady /mɪˈleɪdi/ *n* (*pl* **-dies**) (form of address) (BrE) milady

milage *n* ▸**mileage**

Milan /mɪˈlæn/ *n* Milán *m*

milch cow /mɪltʃ/ *n* vaca *f* lechera

mild[1] /maɪld/ *adj* **-er, -est**

A 1 (gentle) ‹*person*› afable, dulce; ‹*manner*› suave; ‹*criticism/rebuke*› suave, leve; ‹*detergent/sedative*› suave 2 (not serious or potent) ‹*attack/form*› ligero, leve; **a ~ bout of influenza** una gripe no muy fuerte 3 (slight) ‹*discomfort*› ligero, leve; **it may cause some ~ embarrassment** puede resultar algo *or* ligeramente embarazoso

B ‹*climate*› templado, benigno; ‹*winter*› no muy frío; **it's very ~ today** hoy no hace nada de frío

C ‹*cheese/tobacco*› suave; **a ~ curry** un curry no muy picante *or* fuerte

mild[2] *n* [u] (in UK) *tipo de cerveza no muy fuerte*

mildew[1] /ˈmɪlduː ‖ ˈmɪldjuː/ *n* [u] (on plants) mildeu *m*, mildiu *m*; (on wall, fabric) moho *m*

mildew[2] *vi* «*plant*» cubrirse* de mildeu *or* mildiu; «*wall/fabric*» enmohecerse*, cubrirse* de moho

mildewed /ˈmɪlduːd ‖ ˈmɪldjuːd/ *adj* ‹*wall/canvas/clothing*› mohoso; ‹*plant*› con mildeu *or* mildiu

mildly /maɪldli/ *adv* 1 (gently) ‹*rebuke*› suavemente, gentilmente; **to put it ~, we were surprised** quedamos sorprendidos, por no decir algo peor; **she disappointed us and that's putting it ~** nos decepcionó, y diciendo eso me quedo corto 2 (slightly) ‹*uncomfortable*› ligeramente; **a ~ ironic tone** un tono levemente irónico 3 ‹*acidic*› ligeramente; **a ~ spiced sauce** una salsa no muy picante *or* fuerte

mild-mannered /ˌmaɪldˈmænərd ‖ ˌmaɪldˈmænəd/ *adj* afable, de modales suaves

mildness /ˈmaɪldnəs ‖ ˈmaɪldnɪs/ *n* [u] 1 (of person) afabilidad *f*; (of rebuke) suavidad *f* 2 (of detergent) suavidad *f* 3 (of climate) bondad *f*, lo templado

mile /maɪl/ ▸ⓘ **p.1376** *n* milla *f* (*1.609 metros*); **we walked for ~s and ~s** anduvimos millas y millas; **how many ~s to the gallon?** ¿cuántas millas por galón?; **you could hear the explosion for ~s around** la explosión se oyó a varias millas a la redonda; **that's ~s away from here** (colloq) eso está lejísimos de aquí; **we missed the target by ~s** *o* **by a ~** (colloq) no estuvimos ni cerca de lograr nuestro objetivo; **he's the best cook by a ~** (colloq) es con mucho el que mejor cocina; **my bike's ~s better than yours** (colloq) mi moto es cien mil veces mejor que la tuya (fam); **someone not a million ~s from here** alguien que yo conozco; **I'd recognize that voice a ~ off** reconocería esa voz en cualquier sitio; **sorry, I was ~s away** perdona, estaba pensando en otra cosa *or* no estaba prestando atención; ***it sticks*** *o* ***stands out a ~*** se ve *or* se nota a la legua; ***to go the extra ~*** ir* un poco más allá, dar* el paso siguiente; ▸**inch**[1]

mileage /ˈmaɪlɪdʒ/ *n*

A (Auto) 1 [c u] (distance traveled) distancia *f* recorrida (*en millas*), ≈ kilometraje *m*; (in aviation, etc) millaje *m*; **my average annual ~ is 10,000** hago un promedio de 10.000 millas al año; **this car has (a) high ~** este coche ha hecho muchas millas; **it gives a good ~** es un coche económico, consume poca gasolina 2 [u] (charge) tarifa *f* por milla 3 [u] (allowance) pago *m* por milla recorrida

B [u] (advantage, profit): **there is perhaps some ~ in the plan** quizás el plan tenga posibilidades; **he made a lot of political ~ out of the affair** le sacó mucho provecho *or* partido al asunto desde el punto de vista político; **they want to extract maximum ~ from the Pope's visit** quieren explotar al máximo la visita del Papa

mile-high /ˈmaɪlˈhaɪ/ *adj* superalto

mileometer /maɪˈlɑːmətər ‖ maɪˈlɒmɪtə(r)/ *n* (BrE) ≈ cuentakilómetros *m*

milepost /ˈmaɪlpəʊst/ *n* 1 (in horse-racing) poste *m* de la última milla 2 (on road) mojón *m*

milestone /ˈmaɪlstəʊn/ *n* 1 (on road) mojón *m* 2 (significant event) hito *m*, jalón *m*

milieu /miːlˈjɜː/ *n* (frml) entorno *m*, medio *m*

militancy /ˈmɪlɪtənsi/ *n* [u] militancia *f*

militant[1] /ˈmɪlɪtənt/ *adj* militante, combativo

militant[2] *n* militante *mf*

militantly /ˈmɪlɪtəntli/ *adv* vehementemente, furiosamente

militarily /ˌmɪləˈterəli ‖ ˈmɪlɪtərəli/ *adv* 1 ‹*superior/resolve*› militarmente 2 (*indep*) en términos militares, militarmente hablando

militarism /ˈmɪlətərɪzəm ‖ ˈmɪlɪtərɪzəm/ *n* [u] militarismo *m*

militarist /ˈmɪlətərəst ‖ ˈmɪlɪtərɪst/ *n* militarista *mf*

militaristic /ˌmɪlətəˈrɪstɪk ‖ ˌmɪlɪtəˈrɪstɪk/ *adj* militarista

militarize /ˈmɪlətəraɪz ‖ ˈmɪlɪtəraɪz/ *vt* militarizar*

military[1] /ˈmɪləteri ‖ ˈmɪlɪtri/ *adj* militar; **~ academy** (in US) escuela *f* militar; **~ coup** golpe *m* militar; **~ hospital** hospital *m* militar; **he has a ~ bearing** tiene porte militar; **he comes from a ~ family** proviene de una familia de militares; **with full ~ honors** con todos los honores militares; **to do ~ service** hacer* *or* prestar el servicio militar

military[2] *n*: **the ~** los militares, el ejército

military police *n* [u] policía *f* militar

militate /ˈmɪləteɪt ‖ ˈmɪlɪteɪt/ *vi* (frml): **this problem ~s against his chances of success** este problema incide negativamente en sus posibilidades de éxito; **this evidence ~s against the conspiracy theory** estas pruebas van en contra de *or* contradicen la teoría de una conspiración; **it ~s in favor of their victory** es un factor a su favor, aumenta sus posibilidades de ganar

militia /məˈlɪʃə ‖ mɪˈlɪʃə/ *n* (+ *sing or pl vb*) milicia *f*

militiaman /məˈlɪʃəmən ‖ mɪˈlɪʃəmən/ *n* (*pl* **-men** /-mən/) miliciano *m*

milk[1] /mɪlk/ *n* [u] 1 (of animial, human) leche *f*; **goat's/sheep's ~** leche de cabra/oveja; ***it's no use crying over spilt ~*** a lo hecho pecho; ***the***

m

~ ***of human kindness***: **he is not exactly flowing with the ~ of human kindness** no es precisamente la encarnación de la bondad humana; (*before n*) ‹*production/quotas/bottle*› de leche; ‹*product*› lácteo; ~ **chocolate** chocolate *m* con leche; ~ **churn** (BrE) lechera *f*; ~ **cow** vaca *f* lechera; ~ **jug** lechera *f*, lechero *m* (Chi); ~ **(sauce)pan** cacerola *f* para la leche, ≈ hervidor *m* **2** (of coconut) leche *f*, agua *f*‡ **3** (lotion) (BrE) leche *f*, crema *f*

milk² *vt* **1** ‹*cow/herd*› ordeñar; ‹*snake*› extraer* el veneno de **2** (exploit) explotar; **they ~ed his talent to the utmost** explotaron su talento al máximo, le sacaron todo el jugo posible a su talento (fam); **they ~ the benefit system for all it's worth** sacan todo lo que pueden del sistema de seguridad social; **he ~ed his relatives dry** exprimió *or* (fam) les chupó la sangre a sus parientes hasta dejarlos sin un centavo

milk-and-water /ˌmɪlkən'wɔːtər ‖ ˌmɪlkən 'wɔːtə(r)/ *adj* (*before n*) de medias tintas, descafeinado, blandengue (fam)

milk float *n* (in UK) camioneta *f* (*utilizada para el reparto de leche*)

milking /'mɪlkɪŋ/ *n* [u] ordeño *m* (esp Esp), ordeña *f* (AmL); **to do the ~** ordeñar; (*before n*): ~ **machine** ordeñadora *f*, máquina *f* de ordeñar; ~ **parlor** *o* (BrE) **parlour** corral *m* de ordeño *or* (AmL) ordeña; ~ **stool** banco *m* para ordeñar

milkmaid /'mɪlkmeɪd/ *n* lechera *f*, ordeñadora *f*

milkman /'mɪlkmən/ *n* (*pl* **-men** /-mən/) lechero *m*

milk of magnesia /mæg'niːʃə -ʒə/ *n* [u] leche *f* de magnesia

milk round *n* (BrE) **1** (delivery) reparto *m* de leche **2** (Busn, Educ) *visitas que hacen las industrias a las universidades en busca de personal*

milk run *n*: *viaje rutinario y sin complicaciones*

milk shake *n* batido *m*, (leche *f*) malteada *f* (AmL), licuado *m* (*con leche*) (AmL), merengada *f* (Ven)

milksop /'mɪlksɑːp ‖ 'mɪlksɒp/ *n* gallina *m* (fam), cagueta *m* (fam)

milk tooth *n* diente *m* de leche

milk train *n* tren *m* lechero

milkweed /'mɪlkwiːd/ *n* [u] algodoncillo *m*

milky /'mɪlki/ *adj* **-kier, -kiest** lechoso; ‹*coffee/tea*› con mucha leche; **a ~ drink** una bebida con leche

Milky Way *n*: **the ~ ~** la Vía Láctea

mill¹ /mɪl/ *n*

A **1** (building, machine) molino *m*; ***to go through the ~*** ‹‹*person*›› vérselas* negras (fam), pasarlas duras; **it can take months for an application to go through the administrative ~** el trámite de una solicitud puede llevar meses de papeleo; ***to put sb through the ~*** hacerle* sudar la gota gorda a algn **2** (for pepper etc) molinillo *m*

B (*cotton ~*) fábrica *f* de tejidos de algodón; (*paper ~*) fábrica *f* de papel, papelera *f*; (*saw ~*) aserradero *m*, aserrío *m* (Col, Ec); (*steel ~*) fundición *f* de acero, acería *f*

C (in US) (Fin) milésima *f* de dólar (*unidad usada en el cálculo de impuestos*)

mill² *vt*

A ‹*flour*› moler*

B **1** (process) ‹*lumber*› aserrar*, serrar*; ‹*steel*› laminar; ‹*cloth*› abatanar, batanar **2** (with milling machine) fresar; **~ed edge** canto *m* acordonado, cordoncillo *m*

■ **mill** *vi* (circulate) ‹‹*crowd*›› dar* vueltas, pulular, arremolinarse; **a ~ing crowd** un remolino de gente; **confused thoughts were ~ing around inside her head** pensamientos confusos le daban vueltas en la cabeza *or* bullían en su cabeza; **the guests ~ed about** *o* **around outside the church waiting for news** los invitados daban vueltas fuera de la iglesia a la espera de noticias

millage /'mɪlɪdʒ/ *n* [u] (in US) *tasa impositiva expresada en milésimas de dólar por dólar*

millenarian /ˌmɪlə'neriən ‖ ˌmɪlɪ'neəriən/ *adj* milenario

millennial¹ /mɪ'leniəl/ *adj* de fin del milenio

millennial² *n* fin *m* del milenio

millennium /mɪ'leniəm/ *n* (*pl* **-niums** *or* **-nia** /-niə/) **1** (thousand years) milenio *m* **2** (Bib): **the ~** el milenio

millennium bug *n* efecto *m* dos mil

miller /'mɪlər ‖ 'mɪlə(r)/ *n* molinero, -ra *m,f*

millet /'mɪlət ‖ 'mɪlɪt/ *n* [u] mijo *m*

milli- /'mɪli/ *pref* mili-

millibar /'mɪləbɑːr ‖ 'mɪlɪbɑː(r)/ *n* milibar *m*

milligram /'mɪləgræm ‖ 'mɪlɪgræm/ ▸❶ **p.630** *n* miligramo *m*

milliliter, (BrE) **millilitre** /'mɪlə,liːtər ‖ 'mɪlɪ ˌliːtə(r)/ ▸❶ **p.998** *n* mililitro *m*

millimeter, (BrE) **millimetre** /'mɪlə,miːtər ‖ 'mɪlɪˌmiːtə(r)/ ▸❶ **p.1376** *n* milímetro *m*

milliner /'mɪlənər ‖ 'mɪlɪnə(r)/ *n* sombrerero, -ra *m,f* de señoras

millinery /'mɪləneri ‖ 'mɪlɪnəri/ *n* [u] sombreros *mpl* de señora

milling /'mɪlɪŋ/ *n* [u] **1** (Agr) molienda *f* **2** (of steel) laminado *m*; (of cloth) abatanado *m*, batanado *m*; (of lumber) aserrado *m*; (*before n*): ~ **machine** (Metall) fresadora *f*; (Tex) batán *m*

million /'mɪljən/ ▸❶ **p.1465** *n* millón *m*; **thanks a ~!** (colloq) un millón de gracias; **a ~/two ~ people** un millón/dos millones de personas; **~s of times** millones de veces; **a certain firm not a ~ miles away** una empresa de por aquí, vamos a no dar nombres …; **she's one in a ~** es única, como ella no hay dos; **the chances are one in a ~** la probabilidad es de uno en un millón; *see also* **hundred**

millionaire /ˌmɪljə'ner ‖ ˌmɪljə'neə(r)/ *n* millonario *m*; **he's a dollar ~** es millonario en dólares; (*before n*) ‹*author/tennis star*› millonario, que gana millones

Millionaires' Row *n* calle *f* de los millonarios

millionairess /ˌmɪljə'nerəs ‖ ˌmɪljə'neəres/ *n* millonaria *f*

millionth¹ /'mɪljənθ/ ▸❶ **p.1465** *adj* millonésimo; *see also* **fifth¹**

millionth² ▸❶ **p.1091**, ▸❶ **p.1465** *n* **1** (Math) millonésimo *m* **2** (part) millonésima parte *f*

millipede /'mɪləpiːd ‖ 'mɪlɪpiːd/ *n* milpiés *m*

millisecond /'mɪlə,sekənd ‖ 'mɪlɪˌsekənd/ *n* milisegundo *m*

millivolt /'mɪləvəʊlt ‖ 'mɪlɪvəʊlt/ *n* milivoltio *m*

milliwatt /'mɪləwɑːt ‖ 'mɪlɪwɒt/ *n* milivatio *m*

millpond /'mɪlpɑːnd ‖ 'mɪlpɒnd/ *n* represa *f* de molino; ***as calm*** *o* ***smooth as a ~*** como una balsa de aceite, como un espejo, como una taza de leche (Chi)

millrace /'mɪlreɪs/ *n* (channel) canal *m or* saetín *m or* caz *m* de molino; (stream) corriente *f* del saetín *or* caz

millstone /'mɪlstəʊn/ *n* muela *f*, piedra *f or* rueda *f* de molino; ***to be (like) a ~ around sb's neck*** ser* una cruz *or* una carga para algn

millstream /'mɪlstriːm/ *n* corriente *f* del saetín *or* del caz

millwheel /'mɪlhwiːl ‖ 'mɪlwiːl/ *n* rueda *f* hidráulica (*de un molino*)

milometer /maɪ'lɑːmətər ‖ maɪ'lɒmɪtə(r)/ *n* ▸ **mileometer**

milord /mɪ'lɔːrd ‖ mɪ'lɔːd/ *n* (form of address) (BrE) milord

milt /mɪlt/ *n* lecha *f*

mime¹ /maɪm/ *n* **1** [u] (technique) mímica *f* **2** [c] ~ **(artist)** mimo *mf* **3** [c] (performance) pantomima *f*

mime² *vt* imitar, hacer* la mímica de

■ **mime** *vi* hacer* la mímica

mimesis /mə'miːsəs, maɪ- ‖ mɪ'miːsɪs, maɪ-/ *n* [u] **1** (Biol) mimetismo *m* **2** (Phil) mímesis *f*

mimic¹ /'mɪmɪk/ *vt* **-ck- 1** (imitate) ‹*voice/mannerisms/accent*› imitar, remedar **2** (Biol) ‹*sound*› imitar; (reproduce appearance of) camuflarse *or* mimetizarse* adquiriendo la apariencia de

mimic² *n* **1** (person) imitador, -dora *m,f* **2** (Biol) mimético *m*

mimicry /'mɪmɪkri/ *n* [u] **1** (imitation) imitación *f* **2** (Biol) mimetismo *m*

mimosa /mə'məʊsə ‖ mɪ'məʊzə/ *n* [c u]

A (Bot) mimosa *f*

B (cocktail) (AmE) mimosa *f*

min /mɪn/

A (= **minimum**) mín.

B (*pl* **mins**) (= **minutes**) min.

minaret /ˌmɪnə'ret/ *n* minarete *m*, alminar *m*

mince¹ /mɪns/ *vt* ‹*onions/fruit*› picar* (*en trozos menudos*); ‹*meat*› moler* *or* (Esp, RPl) picar*; **~d lamb** (BrE) carne *f* de cordero molida *or* (Esp, RPl) picada; ***not to ~ (one's) words*** no andar(se)* con rodeos, no tener* pelos en la lengua (fam); **not to ~ matters, he's incompetent** al pan, pan y al vino, vino: es un incompetente

■ **mince** *vi* **1** (walk daintily) caminar con afectación *or* amaneramiento; **she ~d across the room** cruzó la habitación caminando con afectación **2** (speak affectedly) hablar en tono amanerado *or* con afectación

mince² *n* [u] (BrE) carne *f* molida *or* (Esp, RPl) picada

mincemeat /'mɪnsmiːt/ *n* [u]: *picadillo de frutos secos, grasa y especias usado en pastelería*; ***to make ~ of sb*** (colloq) hacer* picadillo *or* puré a algn (fam)

mince pie *n* (BrE) *pastelillo hecho con*, ▸ **mincemeat**

mincer /'mɪnsər ‖ 'mɪnsə(r)/ *n* (BrE) (machine) máquina *f* de moler *or* (Esp, RPl) de picar carne; (attachment) moledora *f or* (Esp, RPl) picadora *f* (de carne)

mincing /'mɪnsɪŋ/ *adj* ‹*steps*› menudo y afectado

mind¹ /maɪnd/ *n*

A **1** (Psych) mente *f*; **the unconscious ~** el inconsciente; **with an open/a closed ~** sin/con ideas preconcebidas; **to keep an open ~ on sth** mantener* una mentalidad abierta *or* no cerrarse* frente a algo; **to have a logical/trained ~** tener* una mente lógica/disciplinada; **this is the work of a warped/sick ~** esto es obra de una mente retorcida/enfermiza; **I'm convinced in my own ~ that …** yo estoy plenamente convencido de que …; **I knew at the back of my ~ that …** en el fondo yo sabía que …; **I had something in the back of my ~ I wanted to tell you** había algo que quería decirte; **I tried to push it to the back of my ~** traté de no pensar en ello; **to bear** *o* **keep sth/sb in ~** tener* algo/a algn en cuenta, tener* presente algo/a algn; **to bring** *o* **call sth to ~**: **this case brings to ~ another incident** este caso (nos) recuerda otro incidente; **to come to ~**: **nothing in particular comes to ~** no recuerdo *or* no se me ocurre nada en particular; **to have sth/sb in ~** tener* algo/a algn en mente; **what type of coat did you have in ~, sir?** ¿qué tipo de abrigo buscaba *or* tenía en mente el señor?; **I had him in ~ for that job** lo estaba considerando *or* lo tenía en mente para ese puesto; **with that in ~** pensando en eso; **I had it in ~ to ask you** pensaba *or* tenía pensado preguntarte; **to have sth on one's ~**: **I can't relax with that on my ~** no puedo relajarme con eso dándome vueltas en la cabeza; **what's on your ~?** ¿qué es lo que te preocupa?; **to broaden one's ~** ampliar sus (*or* mis *etc*) horizontes; **to picture sth in one's ~** imaginarse algo; **to prey** *o* **weigh on sb's ~**: **it's been preying** *o* **weighing on my ~** me ha estado preocupando; **I'll do it myself, if that'll put your ~ at rest** lo haré yo misma, si con eso te tranquilizas *or* te quedas tranquilo; **put it out of your ~!** ¡no pienses más en eso!; **to put sb in ~ of sth** recordarle* algo a algn; **I can see her now in my ~'s eye** es como si la estuviera viendo; **you're not ill: it's all in the ~** no estás enfermo, es pura sugestión; **I went through the details in my ~** repasé mentalmente los detalles; **he's still associated in the ~s of many people with horse racing** mucha gente todavía lo asocia con las carreras de caballos; **the thought keeps running through my ~** la idea sigue dándome vueltas en la cabeza; **I can't get him/the thought out of my ~** no puedo quitármelo de la cabeza, no hago más que pensar en él/en eso; **it never crossed my ~ that ...** ni se me ocurrió pensar que ..., nunca me habría imaginado que ..., ni se me pasó por la cabeza que ...; ***to take a load*** o ***weight off sb's ~*** quitarle a algn un peso de encima; ***great ~s think alike*** (hum) los genios pensamos igual **2▶** (mentality) mentalidad *f*; **the criminal/bureaucratic ~** la mentalidad de un criminal/burócrata **3▶** (Phil) (*no art*) espíritu *m*; **it's a question of ~ over matter** es cuestión de voluntad; **a victory of ~ over matter** una victoria del espíritu sobre la materia *or* la carne

B (attention): **her ~ wandered** divagaba; **my ~ was on other things** tenía la cabeza en otras cosas; **to keep one's ~ on sth** concentrarse en algo; **to put one's ~ to sth**: **he can be quite charming if he puts his ~ to it** cuando quiere *or* cuando se lo propone, es un verdadero encanto; **I put my ~ to finding the best solution** me concentré en *or* me propuse encontrar la mejor solución; **he needs something to take his ~ off it** necesita algo que lo distraiga; **it slipped my ~** se me olvidó

C **1▶** (opinion): **to change one's ~** cambiar de opinión *or* de parecer *or* de idea; **I've changed my ~ about him** he cambiado de opinión sobre él; **to make up one's ~** decidirse; **make your ~ up!** ¡decídete!; **she made up her ~ to leave** decidió irse; **my ~'s made up** lo he decidido, estoy decidido; **I can't make up my ~ what to wear** no sé qué ponerme; **he spoke his ~** dijo lo que pensaba, habló sin tapujos; **to be of the same ~** ser* del mismo parecer, tener* la misma opinión; **to my ~** a mi parecer, en mi opinión; ***to be in*** o ***of two ~s about sth*** estar* indeciso respecto a algo **2▶** (will, intention): **he has a ~ of his own** (he is obstinate) es muy empecinado *or* porfiado *or* testarudo; (he knows his own mind) sabe muy bien lo que quiere; **this machine seems to have a ~ of its own!** ¡parece que esta máquina estuviera embrujada!; **to have a ~ to + INF**: **when he has a ~ to** cuando quiere, cuando se lo propone; **I've a good ~ to complain to the manager** tengo ganas de ir a quejarme al gerente; **I've half a ~ to tell her myself** casi estoy por decírselo *or* casi se lo diría yo mismo; **she certainly knows her own ~** ciertamente sabe lo que quiere

D (mental faculties) juicio *m*, razón *f*; **to be of sound ~** (frml) estar* en pleno uso de sus (*or* mis *etc*) facultades (mentales) (frml); **to lose one's ~** perder* la razón *or* el juicio (frml), enloquecerse*; **to be/go out of one's ~** estar*/volverse* loco; **you must be out of your ~!** (colloq) ¡tú debes (de) estar loco!; **to drive sb out of her/his ~** sacar* de quicio a algn, volver* loco a algn; **no one in her/his right ~ ...** nadie en su sano juicio *or* en sus cabales ...; ***to be smashed out of one's ~*** (sl) estar* completamente borracho; ***to be stoned out of one's ~*** (sl) estar* colgado *or* (Col, Ven) trabado (arg), estar* hasta atrás (Méx arg); ***to blow sb's ~*** (colloq) alucinar a algn (fam)

E (person) mente *f*, cabeza *f*, cerebro *m*

mind[2] *vt*

A (look after) ‹*children*› cuidar, cuidar de; ‹*seat/place*› guardar, cuidar; ‹*shop/office*› atender*

B (*usu in imperative*) **1▶** (be careful about): **you'd better ~ your temper!** ¡más vale que controles ese genio!; **~ your head!** ¡ojo *or* cuidado con la cabeza!; **Ⓢ mind the step** cuidado con el escalón; **~ yourself!** ¡ojo!, ¡ten cuidado!; **~ how you go!** (colloq) cuídate, vete con cuidado; **~ what you're doing!** ¡cuidado con lo que haces!; **~ (that) you don't forget!** procura no olvidarte; **I'll tidy up afterwards — ~ you do!** después ordeno todo — ¡que no se te olvide! **2▶** (concern oneself about) preocuparse por; **never ~ him!** ¡no le hagas caso!; **don't ~ me** no se preocupen por mí, hagan como si yo no estuviera; **never you ~ where I've been!** ¡a ti qué te importa dónde he estado!; **never ~ your racket: what about my head!** tanta preocupación por tu raqueta ¿y mi cabeza, qué? **3▶ never mind** (let alone): **we didn't break even, never ~ make a profit** ni siquiera cubrimos los gastos, ni hablar pues de ganancias; **he didn't finish one wall, never ~ the room!** ¡qué va a terminar la habitación, si ni siquiera acabó una pared!; **it isn't enough for a beer, never ~ champagne** no alcanza ni para una cerveza, cuanto menos champán

C (object to) (*usu neg or interrog*): **I don't ~ the noise/cold** no me molesta *or* no me importa el ruido/frío; **I don't ~ him, but I can't stand her** él no me disgusta, pero a ella no la soporto; **I wouldn't ~ a drink** (colloq) no me vendría mal un trago; **I don't ~ what you do/who you ask!** me da igual *or* me da lo mismo lo que hagas/a quién le preguntes; **to ~ -ING**: **would you ~ sitting here/waiting?** ¿le importaría sentarse aquí/esperar?, siéntese aquí/espere, por favor; **are you sure she won't ~ driving us home?** ¿estás seguro de que no le va a importar llevarnos a casa en coche?; **to ~ sb/sth -ING, to ~ sb's/sth's -ING**: **do you ~ me** o **my asking why?** ¿le importa si le pregunto por qué?; **that's nonsense, if you don't ~ me saying so** si me permites, eso es una estupidez; **she doesn't ~ her colleagues knowing** no le importa que sus colegas lo sepan

■ **mind** *vi*

A (*in imperative*) **1▶** (take care): **~!** ¡ojo!, ¡cuidado! **2▶** (concern oneself): **never ~** no importa, no te preocupes (*or* no se preocupen *etc*); **never ~ about that** eso no importa, no te preocupes (*or* no se preocupen *etc*) por eso; **what did she say? — never you ~!** ¿qué dijo? — ¡(a ti) qué te importa!

B (object) (*usu neg or interrog*): **I don't ~** me da igual *or* lo mismo; **don't worry, he won't ~** no te preocupes, no se molestará *or* no le importará; **do you ~ if I open the window?** ¿le importa *or* le molesta si abro la ventana?; **would you ~ if I asked you a question?** ¿le importaría que le hiciera una pregunta?; **have another one — I don't ~ if I do!** (BrE hum) tómate otro — hombre, no te diría que no; **I'll sit here if you don't ~** si no le importa *or* si no hay inconveniente me siento aquí; (expressing indignation): **do you ~ if I smoke? — yes, I do ~!** ¿te importa si fumo? — ¡sí que me importa!; **do you ~!** (expressing indignation) ¡hágame el favor!

C (take note) (*only in imperative*): **I don't agree with her, ~!** que conste que no estoy de acuerdo con ella; **I could be wrong, ~** pero quizás esté equivocado; **I'm not promising, ~!** mira que no te lo prometo ¿eh?; **he's very generous; ~ you, he can afford to be!** es muy generoso; pero claro, puede permitírselo

Phrasal verb

- **mind out** [v + adv] tener* cuidado; **~ out!** ¡cuidado!

mind-bending /ˈmaɪndˌbendɪŋ/ *adj* (colloq) **1▶** (very complex) endiablado **2▶** ▸**mind-blowing**

mind-blowing /ˈmaɪndˌbləʊɪŋ/ *adj* (colloq) alucinante, de alucine (Esp arg)

mind-boggling /ˈmaɪndˌbɑːglɪŋ || ˈmaɪndˌbɒglɪŋ/ *adj* (colloq) que no le cabe a uno en la cabeza, inconcebible, alucinante

minded /ˈmaɪndəd || ˈmaɪndɪd/ *adj* **to be ~ to + INF** (frml) sentirse* inclinado A + INF; **if he were so ~** si así lo deseara (frml)

-minded /ˈmaɪndəd || ˈmaɪndɪd/ *suff*: **business~** con mentalidad para los negocios; **liberal~** liberal; **reform~** reformista; *see also* **narrow-minded** *etc*

minder /ˈmaɪndər || ˈmaɪndə(r)/ *n* (BrE colloq) guardaespaldas *m*, gorila *m* (arg), guarura *m* (Méx)

mind-expanding /ˈmaɪndɪkˌspændɪŋ/ *adj* psicodélico

mindful /ˈmaɪndfəl/ *adj* (*pred*) **~ OF sth** consciente DE algo; **the president, ~ of his predecessor's fate, resigned** el presidente, consciente de *or* teniendo presente la suerte corrida por su antecesor, dimitió

mind game *n* estratagema *f*, juego *m* psicológico

mindless /ˈmaɪndləs || ˈmaɪndlɪs/ *adj* **1▶** ‹*activity/repetition/game*› mecánico, tonto **2▶** ‹*violence/obedience*› ciego, sin sentido; ‹*hooligan*› salvaje

mind-numbing /ˈmaɪndnʌmɪŋ/ *adj* ‹*monotony/work*› embrutecedor; ‹*opacity/complexity*› que atonta

mind-reader /ˈmaɪndˌriːdər || ˈmaɪndˌriːdə(r)/ *n* adivino, -na *m,f*

mind-reading /ˈmaɪndriːdɪŋ/ *n* [u] lectura *f* de la mente

mind-set /ˈmaɪndset/ *n* modo *m* de pensar

mindshare /ˈmaɪndʃer || ˈmaɪndʃeə(r)/ *n* [u] conciencia *f* de marca

mine[1] /maɪn/ *n*

A (Min) mina *f*; **diamond/uranium ~** mina de diamantes/uranio; **to go down the ~(s)** trabajar en las minas; ***she/the book is a ~ of information*** ella/el libro es una mina de información; (*before n*): **~ workings** excavaciones *fpl* mineras

B (Mil) mina *f*; **to sow** o **lay ~s in an area** minar una zona, sembrar* de minas una zona; (*before n*): **~ detector** detector *m* de minas

mine[2] *pron*

> ⚠ The translation *mío* reflects the gender and number of the noun it is standing for *mine* is translated by *el mío, la mía, los míos, las mías*, depending on what is being referred to.

(*sing*) mío, mía; (*pl*) míos, mías; **don't touch that, it's ~** no toques eso, es mío; **~ is here** el mío/la mía está aquí; **a friend of ~** un amigo mío; **it's a hobby of ~** es uno de mis hobbies, es un hobby que tengo; **please be ~!** dime que sí; **let's go back to ~** volvamos a mi casa

mine[3] *vt*

A (Min) **1▶** ‹*gold/coal*› extraer* **2▶** ‹*area/seam*› explotar; **they had ~d the area for gold** habían explotado los yacimientos de oro de la zona

B (Mil) minar

■ **mine** *vi* (Min) **to ~ (FOR sth)**: **to ~ for tin** (extract) explotar minas/una mina de estaño; (prospect) buscar* estaño

mine[4] *adj* (arch) (*sing*) mi; (*pl*) mis

minefield /ˈmaɪnfiːld/ *n* (Mil) campo *m* minado, campo *m* de minas; **a political ~** un polvorín político

minelayer /ˈmaɪnˌleɪər || ˈmaɪnˌleɪə(r)/ *n* minador *m*

miner /ˈmaɪnər || ˈmaɪnə(r)/ *n* minero, -ra *m,f*; **coal ~** minero del carbón; **~'s lamp** lámpara *f* de minero

mineral /ˈmɪnərəl/ *n* **1▶** mineral *m*; (*before n*) ‹*substance/deposits/wealth*› mineral; ‹*deficiencies*› en *or* de minerales **2▶ minerals** *pl* (BrE) (Culin) refrescos *mpl*, (bebidas *fpl*) gaseosas *fpl* (CS)

mineralogist /ˌmɪnəˈrælədʒəst || ˌmɪnəˈrælədʒɪst/ *n* mineralogista *mf*

mineralogy /ˌmɪnəˈrælədʒi/ *n* [u] mineralogía *f*

mineral oil *n* [u] (AmE) (Pharm) aceite *m* de parafina, parafina *f* líquida

mineral spirits /ˈmɪnərəl/ *n* [u] (+ *sing vb*) (AmE) espíritu *m* de petróleo (*utilizado como sustituto del aguarrás*)

mineral water *n* [u] agua *f*‡ mineral

Minerva /məˈnɜːrvə || mɪˈnɜːvə/ *n* Minerva

mineshaft /ˈmaɪnʃæft || ˈmaɪnʃɑːft/ *n* pozo *m* (*de una mina*)

minestrone (soup) /ˌmɪnəˈstrəʊni || ˌmɪnɪˈstrəʊni/ *n* [u] minestrón *m or* (Esp) minestrone *f or m*

minesweeper /ˈmaɪnˌswiːpər || ˈmaɪnˌswiːpə(r)/ *n* dragaminas *m*

mineworker /ˈmaɪnˌwɜːrkər || ˈmaɪnˌwɜːkə(r)/ *n* minero, -ra *m,f*

Ming /mɪŋ/ *adj* Ming *adj inv*; **a ~ vase** un jarrón del período Ming; **the ~ dynasty** la dinastía Ming

minger /ˈmɪŋər || ˈmɪŋə(r)/ *n* (BrE sl) feto *m* (fam), esperpento *m* (fam), callo *m* (fam)

minging /ˈmɪŋɪŋ/ *adj* (BrE sl) apestoso, asqueroso

mingle /ˈmɪŋgəl/ *vi* **1▶** ‹‹*people*›› mezclarse; (at a party etc) circular; **the royal couple ~d with the guests** la pareja real circuló entre los invitados **2▶** ‹‹*liquids*›› mezclarse; ‹‹*sounds*›› fundirse, confundirse

■ **mingle** *vt* **to ~ sth WITH sth** mezclar algo CON algo; **their reaction was one of horror ~d with disbelief** su reacción fue una mezcla de horror e incredulidad

mingy /'mɪndʒi/ *adj* **-gier, -giest** (colloq) ‹*person*› tacaño, agarrado (fam), amarrete (AmS fam), pinche (AmC fam); ‹*portion*› miserable, mezquino

mini /'mɪni/ *n* **1** (Comput) mini *m*, minicomputadora *f* (esp AmL), miniordenador *m* (Esp) **2** (miniskirt) mini *f* (fam), minifalda *f*

mini- /'mɪni/ *pref* mini-; **~crisis** minicrisis *f*; **~pill** minipastilla *f*, minipíldora *f*

miniature[1] /'mɪnɪtʃʊr || 'mɪnɪtʃə(r)/ *n* **1** (small copy, version) miniatura *f*; **in ~** en miniatura **2** (Art) miniatura *f* **3** (bottle) *botellita en miniatura de una bebida alcohólica*

miniature[2] *adj* (*before n*) ‹*portrait/version*› en miniatura; ‹*poodle/terrier*› enano; **~ golf** minigolf *m*, golfito *m* (AmL); **~ railway** ferrocarril *m* miniatura

miniaturist /'mɪnɪtʃʊrəst || 'mɪnɪtʃərɪst/ *n* miniaturista *mf*

miniaturize /'mɪnɪtʃəraɪz/ *vt* miniaturizar*

minibar /'mɪnibɑːr || 'mɪnibɑː(r)/ *n* minibar *m*

minibike /'mɪnibaɪk/ *n* minimoto *f*

mini-break /'mɪnibreɪk/ *n* minivacaciones *fpl*

minibus /'mɪnibʌs/ *n* microbús *m*, micro *m*

minicab /'mɪnikæb/ *n* (BrE) taxi *m* (*que se pide por teléfono*)

minicam /'mɪnikæm/ *n* minicámara *f*

minicomputer /'mɪnikəm,pjuːtər || 'mɪnikəm,pjuːtə(r)/ *n* minicomputadora *f* (esp AmL), miniordenador *m* (Esp)

MiniDisc®, minidisc /'mɪnidɪsk/ *n* MiniDisc® *m*

minigolf /'mɪnigɑːlf || 'mɪnigɒlf/ *n* [u] minigolf *m*

minim /'mɪnəm || 'mɪnɪm/ *n* (BrE) blanca *f*

minimal /'mɪnəməl || 'mɪnɪməl/ *adj* mínimo

minimalism /'mɪnəməlɪzəm || 'mɪnɪməlɪzəm/ *n* [u] minimalismo *m*

minimalize /'mɪnəməlaɪz || 'mɪnɪməlaɪz/ *vt* minimizar*

minimally /'mɪnəməli || 'mɪnɪməli/ *adv* en grado mínimo; **low-income groups will benefit only ~** los grupos de bajos ingresos apenas se beneficiarán

minimarket /'mɪnimɑːrkət || 'mɪnimɑːkɪt/ *n* minisupermercado *m*

minimize /'mɪnəmaɪz || 'mɪnɪmaɪz/ *vt* **1** (reduce) ‹*risk/cost*› reducir* (al mínimo), minimizar* **2** (play down) minimizar*, quitarle trascendencia *or* importancia a

minimoto /'mɪnɪməʊtəʊ/ *n* (BrE) (Auto) minimoto *f*

minimum[1] /'mɪnəməm || 'mɪnɪməm/ *n* mínimo *m*; **he always does the absolute ~** siempre sigue la ley del menor *or* mínimo esfuerzo; **with a** *o* **the ~ of effort** con el mínimo esfuerzo; **to reduce sth to a ~** reducir* algo al mínimo; **direct interference should be kept to a ~** debe procurarse que la interferencia directa sea mínima

minimum[2] *adj* (*before n*) mínimo; **~ lending rate** (in UK) (Fin) *tipo de interés mínimo establecido por el banco central*; **~ wage** salario *m* mínimo

mining /'maɪnɪŋ/ *n* [u] (Min) minería *f*; **coal/gold/diamond ~** extracción *f* de carbón/oro/diamantes; (*before n*) ‹*company/community/town*› minero; **~ engineer** ingeniero, -ra *m,f* de minas; **~ industry** industria *f* minera

minion /'mɪnjən/ *n* (underling) (liter) subalterno, -na *m,f*, adlátere *mf*

mini roundabout *n* (BrE) minirotonda *f*, miniglorieta *f*

miniscule[1] /'mɪnəskjuːl || 'mɪnɪskjuːl/ *adj* ▸**minuscule**[1]

miniscule[2] *n* ▸**minuscule**[2]

miniseries /'mɪni,sɪriːz || 'mɪni,sɪəriːz/ *n* miniserie *f*

miniskirt /'mɪniskɜːrt || 'mɪniskɜːt/ *n* minifalda *f*

minister[1] /'mɪnəstər || 'mɪnɪstə(r)/ ▸ⓘ **p.1213** *n*

A (Relig) pastor, -tora *m,f*

B (Pol) ministro, -tra *m,f*, secretario, -ria *m,f* (Méx); (*as form of address*): **if I may, ~, ...** si el señor ministro/la señora ministra me permite, ...; **M~ of Agriculture** (in UK) ministro, -tra *m,f* de Agricultura, Secretario, -ria *m,f* de Agricultura (Méx)

minister[2] *vi* **to ~ TO sb** cuidar DE algn, atender* a algn; **~ to the needs of the elderly** ocuparse de *or* atender* a las necesidades de los ancianos, velar por los ancianos; **a ~ing angel** (liter) un ángel del Señor *or* de bondad

ministerial /,mɪnə'stɪriəl || ,mɪnɪ'stɪəriəl/ *adj* (*before n*) ‹*duties/rank*› ministerial; **there will be some ~ changes** habrá cambios en el gabinete; **at ~ level** a nivel ministerial

minister of state *n* (in UK) viceministro, -tra *m,f*

ministrations /,mɪnə'streɪʃənz || ,mɪnɪ'streɪʃənz/ *pl n* cuidados *mpl*, atención *f*

ministry /'mɪnəstri || 'mɪnɪstri/ *n* (*pl* **-tries**)

A (Relig) **1** (profession): **the ~** la clerecía; (esp in the Catholic church) el ministerio sacerdotal, el sacerdocio; **to go into** *o* **enter the ~** hacerse* clérigo; (esp in the Catholic church) hacerse* sacerdote **2** (period of service, activity) ministerio *m*

B (Pol) **1** **Ministry** (department) ministerio *m*, secretaría *f* (Méx); **M~ of Agriculture** (in UK) Ministerio *m* de Agricultura, Secretaría *f* de Agricultura (Méx); **M~ of Defence** (in UK) Ministerio de Defensa, Secretaría de Defensa (Méx) **2** (period of office) gestión *f* ministerial

minisubmarine /'mɪni'sʌbməriːn || 'mɪni,sʌbmə'riːn/ *n* (Naut) minisubmarino *m*

minisummit /,mɪni'sʌmət || ,mɪni'sʌmɪt/ *n* minicumbre *f*

minivan /'mɪnivæn/ *n* minivan *f*

mink /mɪŋk/ *n* (*pl* **~s** *or* **~**) **1** [c] (animal) visón *m*; (*before n*): **~ farm** criadero *m or* granja *f* de visones **2** [u] (fur) visón *m*, piel *f* de visón; (*before n*) ‹*collar/stole*› de visón; **a ~ coat** un abrigo de visón **3** [c] **~ (coat)** abrigo *m* de visón

Minn = Minnesota

minnow /'mɪnəʊ/ *n*: *pez pequeño de agua dulce*

Minoan /mɪ'nəʊən/ *adj* minoico

minor[1] /'maɪnər || 'maɪnə(r)/ *adj*

A (unimportant) ‹*poet/work/achievement*› menor; ‹*role*› secundario, menor; ‹*road*› (in UK) secundario; ‹*burns/operation*› de poca importancia *or* gravedad; **~ offense** delito *m* de menor cuantía

B (Mus) menor; **B flat ~/C ~** si bemol menor/do menor; **~ third/seventh** tercera *f* /séptima *f* menor

C (BrE) (Educ) (dated) (*after n*): **Jones ~** Jones el pequeño *or* el menor

minor[2] *n*

A (Law) menor *mf* (de edad)

B (in US) (Educ) asignatura *f* secundaria

C **minors** *pl* (in US) (Sport) (colloq): **the ~s** las ligas menores

minor[3] *vi* (in US) (Educ) **to ~ IN sth** estudiar algo como asignatura secundaria

Minorca /mə'nɔːrkə || mɪ'nɔːkə/ *n* Menorca *f*

minority /mə'nɔːrəti || maɪ'nɒrɪti/ *n* (*pl* **-ties**)

A **1** (smaller number) (+ *sing o pl vb*) minoría *f*; **to be in a/the ~** estar* en minoría; **to govern with a ~** gobernar en minoría; **you're in a ~ of one** (hum) formas parte de una minoría de uno (hum); **ethnic/religious ~** minoría étnica/religiosa; **a ~ of students share that view** los estudiantes que comparten ese punto de vista son una minoría; (*before n*) ‹*group/vote*› minoritario; **~ holding** *o* **interest** participación *f* minoritaria; **~ sport** deporte *m* de minorías **2** (in US) (Govt) oposición *f*; (*before n*): **~ leader** líder *mf* de la oposición

B (Law) minoría *f* de edad

minor league *n* (in US) (Sport) liga *f* menor; (*before n*) ‹*baseball/player*› de la liga menor; ‹*politician/writer/dictator*› de segunda, de segundo orden, de segunda fila

Minotaur /'maɪnətɔːr || 'maɪnətɔː(r)/ *n*: **the ~** el Minotauro

minster /'mɪnstər || 'mɪnstə(r)/ *n* (in UK) catedral *f*; **York M~** la Catedral de York

minstrel /'mɪnstrəl/ *n* trovador *m*, juglar *m*

mint[1] /mɪnt/ *n*

A (Bot, Culin) **1** [u] (*spear~*) menta *f* (verde); (*before n*): **~ sauce** salsa *f* de menta; **~ tea** (infusión *f* de) menta *f*, agua *f*‡ de menta (AmC, Andes) **2** [u] (*pepper~*) menta *f*, hierbabuena *f*; (*before n*): **~ julep** *cóctel de whisky o brandy con menta* **3** [c] (confection) pastilla *f* de menta

B [c] (Fin) casa *f* de la moneda; **to make/cost/be worth a ~ (of money)** hacer*/costar*/valer* un dineral *or* una fortuna

mint[2] *vt* ‹*coin*› acuñar

mint[3] *adj* (*before n*) ‹*coin/stamp*› sin usar; **in ~ condition** en perfecto estado, como nuevo

minuet /,mɪnju'et/ *n* minué *m*

minus[1] /'maɪnəs/ *n* (*pl* **-nuses** *or* **-nusses**) **1** (sign) signo *m* de menos, menos *m* **2** (disadvantage, deficiency) (colloq) desventaja *f*, contra *m*

minus[2] *adj* **1** (disadvantageous) (colloq) (*before n*) ‹*factor*› negativo, en contra; **on the ~ side, it only has two bedrooms** un factor negativo *or* en contra es que sólo tiene dos dormitorios **2** (negative) (*before n*) ‹*number/ion*› negativo; **-3** (*léase: minus three*) -3 (*read as: menos tres*) **3** (Educ): **A-** (*léase: A minus*) *calificación entre A y B, más alta que B+*

minus[3] *prep* **1** menos; **3 - 1 = 2** (*léase: three minus one equals two*) 3 - 1 = 2 (*read as: tres menos uno es igual a dos*) **2** (without, missing) (colloq) sin; **he went home ~ two teeth** volvió a casa sin dos dientes *or* con dos dientes de menos

minuscule[1] /'mɪnəskjuːl/ *adj* **1** (very small) minúsculo; **a ~ fall in temperature was observed** se observó un mínimo descenso de la temperatura **2** (lower-case) minúsculo

minuscule[2] *n* [c u] minúscula *f*

minute[1] /'mɪnət || 'mɪnɪt/ *n*

A ▸ⓘ **p.1798** **1** (unit of time) minuto *m*; **seven ~s to eight** las ocho menos siete minutos, siete minutos para las ocho (AmL exc RPl); **to the ~** con suma precisión; **a 30-~ speech** un discurso de 30 minutos; **two ~s'** *o* **a two-~ silence** dos minutos de silencio; **he lives about five ~s from here** vive a unos cinco minutos de aquí; **there's one born every ~** (set phrase) ¡hay cada idiota ...! (fam); (*before n*): **~ hand** minutero *m*; **~ steak** filete *m* (*delgado*) **2** (short period) minuto *m*, momento *m*; **wait a ~, I'll be with you directly** espera un minuto *or* un momento, enseguida estoy contigo; **I'll do it in a ~** espera un momento, enseguida lo hago; **I won't be a ~** no tardo ni un minuto; **could I see you for a ~?** ¿puedo hablar contigo un momento?; **never for a ~ have I regretted my decision** ni por un momento he lamentado mi decisión; **one ~ green's fashionable, the next nobody's wearing it** de pronto se pone de moda el verde y al poco rato ya nadie lo usa; **you can't leave him alone for a ~** no se lo puede dejar solo ni un minuto; **without a ~ to spare** en el último minuto; **it's just ~s to go now before the opening of the show** sólo faltan unos minutos para que comience la función; **thank goodness you're here, and not a ~ too soon!** ¡menos mal que has llegado! ¡en buena hora! **3** (instant) minuto *m*; **I enjoyed every ~ of the vacation** disfruté de las vacaciones al máximo; **it was difficult, but worth every ~** fue difícil pero mereció la pena; **they'll be here any ~ (now)** llegarán de un momento a otro, están al caer (fam); **at this very ~** en este preciso instante; **at the last ~** a última hora; **to leave sth to** *o* **till** *o* **until the last ~** dejar algo para el último momento; **go to bed this ~!** ¡vete a la cama ahora mismo *or* en este mismo instante! **4** **the ~** (*as conj*) en cuanto; **the ~ (that) I saw the house** en cuanto vi la casa

B (of arc) minuto *m*

C ➡📖 **1** (memorandum) acta *f* **2** (of meeting): **the ~s** el acta; **to take (the) ~s** levantar (el) acta; (*before n*): **~ book** libro *m* de actas

➡📖 *see* Effective Spanish

m

minute² /maɪˈnuːt || maɪˈnjuːt/ *adj* 1 (very small) ‹*amount*› mínimo; ‹*object*› diminuto 2 (detailed) (*before n*) ‹*scrutiny/examination/care*› minucioso

minute³ /ˈmɪnət || ˈmɪnɪt/ *vt* ‹*meeting/discussion*› levantar (el) acta de; **he asked that his dissent should be ~d** quiso que constara en acta(s) que estaba en desacuerdo

minute-by-minute /ˈmɪnətbaɪˈmɪnət/ *adj* ‹*account/commentary*› detallado, paso por paso

minute by minute *adv* ‹*increase/change*› de un minuto al otro

minutely /maɪˈnuːtli || maɪˈnjuːtli/ *adv* 1 (in detail) ‹*examine/inspect*› minuciosamente, con minuciosidad; ‹*compare*› detalladamente; **a ~ detailed description** una descripción con todo lujo de detalle(s) 2 (in small degree) mínimamente

minuteman /ˈmɪnətmæn || ˈmɪnɪtmæn/ *n* (*pl* **-men** /-men/) (in US history) *miliciano de la Guerra de Independencia americana*

minutiae /məˈnuːʃiiː || maɪˈnjuːʃɪiː, mɪ-/ *pl n* (frml) minucias *fpl*, nimiedades *fpl*

minx /mɪŋks/ *n* (mischievous child) pícara *f*; (woman) descarada *f*

miracle /ˈmɪrɪkəl || ˈmɪrəkəl/ *n* 1 (Relig) milagro *m* 2 (sth amazing) milagro *m*; **the ~s of modern science** los milagros de la ciencia moderna; **it would be a ~ if she gave up smoking** sería un milagro que dejara de fumar; **by some ~ he was unhurt** resultó ileso de milagro; **to work ~s** hacer* milagros; (*before n*) ‹*drug/cure*› milagroso

miracle play *n* (Lit, Theat) milagro *m*

miracle-worker /ˈmɪrɪkəlˌwɜːrkər || ˈmɪrəkəlˌwɜːkə(r)/ *n* (Relig) taumaturgo, -ga *m,f*; **what do you think I am, a ~?** (colloq) ¿tú qué te crees, que puedo hacer milagros?

miraculous /məˈrækjələs || mɪˈrækjʊləs/ *adj* 1 (Relig) ‹*conversion/intervention/powers*› milagroso 2 (amazing, wonderful) ‹*recovery/escape*› milagroso; ‹*performance/dish/display*› maravilloso; **it was nothing short of ~** fue todo un milagro

miraculously /məˈrækjələsli || mɪˈrækjʊləsli/ *adv* 1 (Relig) milagrosamente 2 (amazingly) ‹*transform/improve*› milagrosamente; **she's been ~ lucky** ha tenido una suerte asombrosa 3 (*indep*) milagrosamente; **~, no-one was injured** milagrosamente, no hubo heridos

mirage /məˈrɑːʒ || ˈmɪrɑːʒ, mɪˈrɑːʒ/ *n* espejismo *m*

MIRAS /ˈmaɪræs/ *n* [u] (in UK) = **mortgage interest relief at source**

mire¹ /maɪr || ˈmaɪə(r)/ *n* [c u] (liter) lodo *m* (liter), fango *m*; **her actions landed her in a ~ of scandal** su conducta arrastró su reputación por el fango

mire² *vt* (liter) (*usu pass*) **to be ~d IN sth** estar* envuelto EN algo

mirror¹ /ˈmɪrər || ˈmɪrə(r)/ *n* espejo *m*; (*driving* ~) (espejo *m*) retrovisor *m*; **to look (at oneself) in the ~** mirar(se) al *or* en el espejo; **to hold a ~ up to life** (liter) reflejar fielmente la vida; **a true ~ of public opinion** un verdadero reflejo de la opinión pública; (*before n*) ‹*tiles*› de espejo; **~ sunglasses** gafas *fpl or* (AmL) anteojos *mpl* de espejo; **~ writing** escritura *f* invertida

mirror² *vt* reflejar

The Mirror

▸ Newspapers

mirror image *n* 1 (Math, Opt) imagen *f* especular 2 (direct opposite) reflejo *m*

mirth /mɜːrθ || mɜːθ/ *n* [u] (liter) regocijo *m* (liter), alborozo *m* (liter)

mirthful /ˈmɜːrθfəl || ˈmɜːθfəl/ *adj* (liter) alborozado (liter)

mirthless /ˈmɜːrθləs || ˈmɜːθlɪs/ *adj* ‹*grin/laugh*› triste, amargo

MIRV /mɜːrv || mɜːv/ *n* = **multiple independently-targeted re-entry vehicle**

MIS *n* (AmE) = **management information systems**

misadventure /ˌmɪsədˈventʃər || ˌmɪsədˈventʃə(r)/ *n* desventura *f*; **a bit of a ~** un pequeño percance; **death by ~** (BrE) (Law) muerte *f* accidental

misalliance /ˌmɪsəˈlaɪəns/ *n* (liter) mal casamiento *m*, casamiento *m* desigual

misanthrope /ˈmɪsnθrəʊp ˈmɪz-/ *n* ▸ **misanthropist**

misanthropic /ˌmɪsnˈθrɑːpɪk, ˈmɪz- || ˌmɪsnˈθrɒpɪk, ˌmɪz-/ *adj* misantrópico

misanthropist /mɪˈsænθrəpəst, mɪˈzæn- || mɪˈsænθrəpɪst, mɪˈzæn-/ *n* misántropo, -pa *m,f*

misanthropy /mɪˈsænθrəpi mɪˈzæn-/ *n* [u] misantropía *f*

misapply /ˌmɪsəˈplaɪ/ *vt* **-plies, -plying, -plied** 1 ‹*word/expression*› usar indebidamente, emplear mal; ‹*law/regulation*› aplicar* mal; **this law has been misapplied** esta ley ha sido mal aplicada 2 ‹*funds/contribution*› malversar

misapprehend /mɪsˌæprɪˈhend/ *vt* (frml) ‹*meaning*› entender* mal; ‹*intention/motives*› malinterpretar

misapprehension /mɪsˌæprɪˈhentʃən || ˌmɪsæprɪˈhenʃən/ *n* [c u] (frml) malentendido *m*; **to be under a ~** estar* en un error; **they are laboring under the ~ that I promised them a raise** siguen convencidos de que les prometí un aumento

misappropriate /ˌmɪsəˈprəʊprieɪt/ *vt* ‹*money/funds*› malversar

misappropriation /ˌmɪsəˌprəʊpriˈeɪʃən/ *n* [u c] malversación *f*

misbegotten /ˌmɪsbɪˈgɑːtn || ˌmɪsbɪˈgɒtn/ *adj* 1 (contemptible) (arch *or* liter) ‹*wretch/knave*› malnacido 2 (ill-conceived) (liter) ‹*plan/proposal*› mal concebido

misbehave /ˌmɪsbɪˈheɪv/ *vi* portarse mal; **stop misbehaving!** ¡pórtense *or* (Esp) portaos bien!

misbehavior, (BrE) **misbehaviour** /ˌmɪsbɪˈheɪvjər || ˌmɪsbɪˈheɪvɪə(r)/ *n* [u] mala conducta *f*

misc /mɪsk/ = **miscellaneous**

miscalculate /ˌmɪsˈkælkjəleɪt || ˌmɪsˈkælkjʊleɪt/ *vt* ‹*quantity/response*› calcular mal

■ **miscalculate** *vi* calcular mal

miscalculation /mɪsˌkælkjəˈleɪʃən || ˌmɪskælkjʊˈleɪʃən/ *n* [c u] error *m* de cálculo

miscarriage /mɪsˈkærɪdʒ/ *n*

A (Med) aborto *m* espontáneo *or* no provocado; **to have/suffer a ~** tener*/sufrir un aborto, perder* un niño *or* un bebé

B **a ~ of justice** una injusticia, un fallo injusto

miscarry /mɪsˈkæri/ *vi* **-ries, -rying, -ried** 1 (Med) abortar (*espontáneamente*), tener* un aborto, perder* el niño *or* el bebé (fam) 2 (liter) ‹‹*plan*›› malograrse (liter) 3 (Transp) ‹‹*ship/letter/goods*›› extraviarse*

miscast /mɪsˈkæst || mɪsˈkɑːst/ *vt* (*past & past p* **-cast**) ‹*actor*› darle* un papel inapropiado a; **the play was hopelessly ~** la obra tenía un reparto muy poco acertado

miscegenation /mɪˌsedʒəˈneɪʃən || ˌmɪsɪdʒɪˈneɪʃən/ *n* [u] (frml) mestizaje *m*

miscellanea /ˌmɪsəˈlemiə/ *pl n* (frml) miscelánea *f* (frml)

miscellaneous /ˌmɪsəˈlemiəs/ *adj* ‹*collection/crowd*› heterogéneo; ‹*assortment*› variado; **~ objects were strewn around the room** había objetos de todo tipo desparramados por la habitación; **file it under '~'** archívalo en 'varios'

miscellany /ˈmɪsəlemi || mɪˈseləni/ *n* (*pl* **-nies**) 1 (of objects) miscelánea *f* 2 (Lit) antología *f*

mischance /mɪsˈtʃæns || ˌmɪsˈtʃɑːns/ *n* [u c] infortunio *m*, desgracia *f*; **by (some) ~** desafortunadamente

mischief /ˈmɪstʃəf || ˈmɪstʃɪf/ *n*

A 1 [u] (naughtiness): **to be up to ~** estar* haciendo travesuras *or* diabluras; **don't get into any ~** no hagas diabluras *or* travesuras; **keep out of ~** pórtense *or* (Esp) portaos bien 2 [u c] (outside trouble, harm) daño *m*; **to make ~** causar daños; **to do oneself a ~** (BrE colloq) hacerse* daño, lastimarse (AmL)

B [u] (nuisance) engorro *m*; **that child is a little ~** ese niño es la piel del diablo *or* de Judas, ese niño es un diablillo

mischief-maker /ˈmɪstʃəfˌmeɪkər || ˈmɪstʃɪfˌmeɪkə(r)/ *n* alborotador, -dora *m,f*

mischievous /ˈmɪstʃəvəs || ˈmɪstʃɪvəs/ *adj* 1 (naughty, playful) ‹*child*› travieso; ‹*grin*› pícaro; **~ tricks** travesuras *fpl* 2 (wicked) malicioso

mischievously /ˈmɪstʃəvəsli || ˈmɪstʃɪvəsli/ *adv* 1 (playfully) ‹*grin*› pícaramente; ‹*tease*› con picardía, juguetonamente 2 (wickedly) maliciosamente

misconceived /ˌmɪskənˈsiːvd/ *adj* desacertado, equivocado; **a hopelessly ~ plan** un plan totalmente descabellado

misconception /ˌmɪskənˈsepʃən/ *n* error *m*, idea *f* falsa; **a popular ~** un error muy común *or* extendido *or* generalizado

misconduct /mɪsˈkɑːndʌkt || mɪsˈkɒndʌkt/ *n* [u] (frml) mala conducta *f*; **professional ~** mala conducta en el ejercicio de la profesión, falta *f* de ética profesional

misconstruction /ˌmɪskənˈstrʌkʃən/ *n* [c u] (frml) mala interpretación *f*; **susceptible to ~** susceptible de ser malinterpretado

misconstrue /ˌmɪskənˈstruː/ *vt* (frml) ‹*meaning/words/motives*› malinterpretar

miscount¹ /ˈmɪskaʊnt/ *n* equivocación *f* en el recuento

miscount² /mɪsˈkaʊnt/ *vt* equivocarse* en el recuento de

miscreant /ˈmɪskriənt/ *n* (BrE arch *or* frml) bellaco, -ca *m,f* (arc)

misdeal¹ /mɪsˈdiːl/ (*past + past p* **-dealt**) *vt/vi* (in cards) repartir mal

misdeal² *n* mal reparto *m* (*de las cartas de la baraja*)

misdeed /mɪsˈdiːd/ *n* fechoría *f*, delito *m*

misdemeanor, (BrE) **misdemeanour** /ˌmɪsdɪˈmiːnər || ˌmɪsdɪˈmiːnə(r)/ *n* 1 (Law) delito *m* menor, falta *f* 2 (minor misdeed) fechoría *f*, jugarreta *f* (fam)

m

misdiagnose /mɪsˈdaɪəgnəʊz/ *vt* ‹*illness/symptom*› errar* en el diagnóstico de; ‹*person*› maldiagnosticar

misdiagnosis /ˌmɪsdaɪəgˈnəʊsəs || ˌmɪsdaɪəgˈnəʊsɪs/ *n* 1 [u] (action) error *m or* equivocación *f* en el diagnóstico 2 [c] (of symptom) diagnóstico *m* equivocado *or* errado

misdial, (BrE) **-ll-** /mɪsˈdaɪəl/ *vi* equivocarse* de número

■ **misdial** *vt* ‹*number*› marcar* equivocadamente

misdirect /ˌmɪsdəˈrekt, -daɪ- || ˌmɪsdaɪˈrekt, -dɪ-/ *vt* 1 ‹*money*› emplear mal; ‹*effort*› encauzar* mal; ‹*funds*› malversar; **your anger against her is ~ed** no es con ella con quien deberías enojarte 2 (misadvise) ‹*person*› malaconsejar; **he got lost because someone ~ed him** se perdió porque le indicaron mal el camino 3 ‹*jury*› instruir* mal 4 (address wrongly) ‹*letter/parcel*› poner* las señas equivocadas en, ponerle* mal la dirección a

misdirection /ˌmɪsdəˈrekʃən, -daɪ- || ˌmɪsdaɪˈrekʃən, -dɪˈrek-/ *n* [u] (of funds) malversación *f*; (of effort) mal encauzamiento *m*

miser /ˈmaɪzər || ˈmaɪzə(r)/ *n* avaro, -ra *m,f*, tacaño, -ña *m,f*

miserable /ˈmɪzərəbəl/ *adj*

A 1 (in low spirits) abatido; **we were tired and ~** estábamos cansados y con el ánimo por los suelos; **cheer up, don't look so ~** ¡ánimo, alegra esa cara!; **he's been ~ ever since his dog died** desde que se le murió el perro está desconsolado; **she's in a ~ mood** está muy deprimida 2 (depressing) ‹*weather/story*› deprimente; ‹*prospect*› triste; **to make sb's life ~** amargarle* la vida a algn

B 1 (mean - spirited) miserable; **a ~ bowl of soup** un miserable *or* triste plato de sopa; **a ~ $2** dos míseros dólares 2 (wretched, poor) mísero 3 (ignominious, contemptible) ‹*incident/episode/failure*› lamentable; ‹*mess*› espantoso; **you ~ wretch!** (arch) ¡miserable canalla!

miserably /ˈmɪzərəbli/ *adv* 1 (unhappily) ‹*think/sigh*› con abatimiento 2 (poorly) ‹*dressed/housed*› miserablemente, míseramente; **they were ~ paid** recibían una mísera paga, les pagaban una miseria; **a ~ executed piece of work** un trabajo hecho pésimamente **3▸** (ignominiously) ‹*fail*› de manera lamentable

miserliness /ˈmaɪzərlinəs || ˈmaɪzəlinɪs/ *n* [u] tacañería *f*, mezquindad *f*

miserly /ˈmaɪzərli || ˈmaɪzəli/ *adj* ‹*person/character/attitude*› mezquino, ruin

misery /ˈmɪzəri/ *n* (*pl* **-ries**) **1▸** [u] (unhappiness) sufrimiento *m*; **the ~ of toothache** el suplicio de un dolor de muelas; **they put the dog out of its ~** sacrificaron al perro para que no sufriera más; **to put them out of their ~, he told them the final score** para que no siguieran torturándose, les dijo el resultado final; **to make sb's life a ~** amargarle* la vida a algn **2▸** [c] (miserable person) (BrE colloq): **she's a right ~!** ¡qué mujer más amargada!; **don't be such an old ~, let them enjoy themselves** no seas aguafiestas, déjalos divertirse

miseryguts /ˈmɪzərigʌts/ *n* (*pl* ~) (BrE colloq) (man) amargado *m*, jeremías *m* (fam); (woman) amargada, doña *f* angustias (fam)

misfire /mɪsˈfaɪr || mɪsˈfaɪə(r)/ *vi* **1▸** «*gun*» fallar **2▸** «*car/engine*» fallar **3▸** «*plan*» fallar; **the joke ~d** a nadie le hizo gracia el chiste; **their trick ~d** les salió el tiro por la culata

misfit /ˈmɪsfɪt/ *n*: **a social ~** un inadaptado social; **he's a bit of a ~ here** no encaja en este ambiente

misfortune /mɪsˈfɔːrtʃən || mɪsˈfɔːtʃən, mɪsˈfɔːtʃuːn/ *n* [c u] (frml) desgracia *f*; **by some ~** por desgracia; **a companion in ~** un compañero de infortunios; **she has had her share of ~s** ha tenido bastantes desgracias; **to have the ~ to + INF** tener* la desgracia *or* la mala fortuna DE + INF; **it was my ~ to arrive on the hottest day** para mi desgracia llegué el día de más calor

misgiving /mɪsˈgɪvɪŋ/ *n* [c u] recelo *m*, duda *f*; **it was with a certain ~ that she agreed** aceptó, pero no sin cierto recelo

misgovern /mɪsˈgʌvərn || mɪsˈgʌvən/ *vt* gobernar* mal

misgovernment /mɪsˈgʌvərnmənt || mɪsˈgʌvənmənt/ *n* [u] mal gobierno *m*, desgobierno *m*; **20 years of ~** 20 años de mal gobierno *or* de desgobierno

misguided /mɪsˈgaɪdəd || mɪsˈgaɪdɪd/ *adj* equivocado; **she was ~ enough to believe in him** fue tan insensata, que creyó en él; **a ~ attempt to help** un torpe intento de ayuda; **the poor ~ fool** (set phrase) el pobre infeliz

misguidedly /mɪsˈgaɪdədli || mɪsˈgaɪdɪdli/ *adv* equivocadamente, erróneamente

mishandle /mɪsˈhændl/ *vt* **1▸** (deal with ineptly) ‹*affair/case*› llevar mal; **the police have ~d the whole business** la policía no ha sabido llevar el asunto **2▸** (treat roughly) ‹*person/object*› maltratar

mishap /ˈmɪshæp/ *n* percance *m*, contratiempo *m*; **without further ~(s)** sin más contratiempos

mishear /mɪsˈhɪr || mɪsˈhɪə(r)/ (*past & past p* **-heard**) *vt* ‹*person/words*› entender* mal
■ **mishear** *vi* entender* *or* oír* mal

mishit¹ /mɪsˈhɪt/ (*pres p* **-hitting** *past & past p* **-hit**) *vt* ‹*ball*› golpear mal, darle* mal a

mishit² /ˈmɪshɪt/ *n* golpe *m* defectuoso

mishmash /ˈmɪʃmæʃ/ *n* mezcolanza *f* (fam), batiburrillo *m* (fam)

misinform /ˌmɪsnˈfɔːrm || ˌmɪsɪnˈfɔːm/ *vt* (frml) informar mal, malinformar (CS frml)

misinformation /ˈmɪsnfərˈmeɪʃən || ˌmɪsɪnfəˈmeɪʃən/ *n* [u] (frml) información *f* errónea

misinterpret /ˌmɪsnˈtɜːrprət || ˌmɪsɪnˈtɜːprɪt/ *vt* ‹*statement/meaning/action/event*› interpretar mal, malinterpretar; (deliberately) tergiversar; **he ~ed her nosiness as concern** tomó por interés lo que sólo era curiosidad

misinterpretation /ˌmɪsnˈtɜːrprəˈteɪʃən || ˌmɪsɪntɜːprɪˈteɪʃən/ *n* [c u] mala interpretación *f*; **a wilful ~ of events** una tergiversación de los hechos; **to be open to ~** prestarse a confusión *or* a malas interpretaciones

misjudge /mɪsˈdʒʌdʒ/ *vt* **1▸** (judge unfairly) juzgar* mal; **you ~ her if you think she will give up** te equivocas si crees que se va a dar por vencida **2▸** (miscalculate) ‹*distance/time/speed*› calcular mal

misjudgment, misjudgement /mɪsˈdʒʌdʒmənt/ *n* **1▸** [c] (of case) juicio *m* injusto **2▸** [u] (of situation) estimación *m* equivocada

miskick¹ /ˈmɪskɪk/ *n* patada *f* fallida

miskick² /mɪsˈkɪk/ *vt* fallar

mislay /mɪsˈleɪ/ *vt* (*past & past p* **-laid**) perder* (*momentáneamente*); **I seem to have mislaid my watch** no sé dónde habré puesto el reloj

mislead /mɪsˈliːd/ *vt* (*past & past p* **-led**) engañar; ‹*court/parliament*› inducir* a error; **he looks harmless enough, but don't be misled** parece inofensivo, pero no te dejes engañar; **to ~ sb INTO -ING: he misled me into agreeing** me engañó para que aceptara; **she misled him into believing that she was a journalist** le hizo creer que era periodista

misleading /mɪsˈliːdɪŋ/ *adj* ‹*appearance/statement/advertisement*› engañoso; **that could be ~** eso podría inducir a error *or* podría ser malinterpretado

misleadingly /mɪsˈliːdɪŋli/ *adv* de manera equívoca; (deliberately) engañosamente, deshonestamente

misled /mɪsˈled/ *past & past p of* **mislead**

mismanage /mɪsˈmænɪdʒ/ *vt* ‹*affair/negotiations*› llevar *or* dirigir* mal; ‹*company/country*› administrar mal

mismanagement /mɪsˈmænɪdʒmənt/ *n* [u] mala administración *f*; **the ~ of this case by the police** lo mal que la policía ha llevado este caso; **their ~ of the situation is a scandal** el poco acierto *or* la ineficacia con que han manejado la situación es un escándalo

mismatch /ˈmɪsmætʃ/ *n* **1▸** [u c] (of combination): **the armchairs and sofa were a ~** los sillones y el sofá no hacían juego; **their marriage is a complete ~** son una pareja dispareja; **a degree of ~ between supply and demand** cierto desequilibrio entre la oferta y la demanda **2▸** [c] (of contest): **the game was clearly a ~** el partido fue claramente desigual

mismatched /mɪsˈmætʃt/ *adj* ‹*teams/opponents*› desigual; **a ~ couple** una pareja dispareja

misnomer /mɪsˈnəʊmər || mɪsˈnəʊmə(r)/ *n* (frml) nombre *m* poco apropiado; **it is a (bit of a) ~ to call this a lake** es (algo) inexacto llamarle a esto 'lago'

misogynist /mɪˈsɑːdʒənəst || mɪˈsɒdʒənɪst/ *n* misógino *m*

misogynistic /mɪˌsɑːdʒəˈnɪstɪk || mɪˌsɒdʒəˈnɪstɪk/ *adj* misógino

misogyny /mɪˈsɑːdʒəni || mɪˈsɒdʒəni/ *n* [u] misoginia *f*

misplace /mɪsˈpleɪs/ *vt* perder* (*momentáneamente*); **I seem to have ~d your letter** no sé dónde he puesto su carta, debo haber traspapelado su carta; **he has a habit of misplacing his keys** siempre anda perdiendo las llaves

misplaced /mɪsˈpleɪst/ *adj* ‹*confidence*› depositado en quien no lo merece; ‹*enthusiasm*› que no viene al caso; **her trust in him was evidently ~** estaba claro que se había equivocado al confiar en él

misprint /ˈmɪsprɪnt/ *n* errata *f*, error *m* de imprenta

mispronounce /ˌmɪsprəˈnaʊns/ *vt* pronunciar mal

mispronunciation /mɪsprəˌnʌnsiˈeɪʃən/ *n* [c u] pronunciación *f* incorrecta

misquotation /ˌmɪskwəʊˈteɪʃən/ *n* [c u] cita *f* incorrecta

misquote /mɪsˈkwəʊt/ *vt* ‹*person/speech/letter/words*› citar incorrectamente; **the press has ~d what the President said** la prensa ha distorsionado lo que dijo el presidente; **he claimed that he had been ~d** afirmó que se habían tergiversado sus palabras

misread /mɪsˈriːd/ *vt* (*past & past p* **-read** /-ˈred/) **1▸** ‹*writing/word*› leer* mal **2▸** ‹*event/intention*› interpretar mal, malinterpretar

misrepresent /mɪsˌrepriˈzent/ *vt* ‹*event*› deformar, falsear; ‹*remarks/views*› tergiversar; **she's been ~ed** han tergiversado sus palabras (*or* su declaración *etc*)

misrepresentation /mɪsˌreprɪzenˈteɪʃən/ *n* [c u] distorsión *f*, deformación *f*; **~ of the facts** tergiversación *f* de los hechos; **to make a ~** falsear los hechos

misrule¹ /mɪsˈruːl/ *n* [u] desgobierno *m*

misrule² *vt* ‹*country/people*› gobernar* mal

miss¹ /mɪs/ *n*
A ▸❶ p.1213 **1▸** **Miss** (as title) señorita *f*; **can I introduce M~ (Jane) Smith** permítanme presentarles a la señorita (Jane) Smith; **M~ World** Miss Mundo; **the M~es Johnson** (dated) las señoritas (de) Johnson; **M~ Elizabeth** (dated) (in US: matron) doña Elizabeth; (in UK: younger sister) la señorita Elizabeth, la niña Elizabeth (AmL) **2▸** (*as form of address*) señorita; **please, ~, I know the answer** yo lo sé, señorita; **excuse me, ~** perdone, señorita **3▸** (young girl) (dated) jovencita *f*; **a cheeky/pretty little ~** una descarada/guapa jovencita
B (failure to hit) fallo *m*; **she had two unlucky ~es** erró el tiro dos veces por mala suerte; ***to give sth a ~*** (colloq): **I'd give that restaurant a ~ if I were you** yo que tú no pisaría ese restaurante (fam); **I think I'll give swimming a ~ this afternoon** creo que esta tarde voy a pasar de ir a nadar (fam); ***a ~ is as good as a mile*** de casi no se muere nadie (fam & hum); *see also* **near miss**

miss² *vt*

Sense I

A **1▸** (fail to hit): **the bullet just ~ed him** la bala le pasó rozando; **the bullet just ~ed his shoulder** la bala por poco le da en el hombro; **the car only just ~ed him** el coche por poco lo atropella **2▸** (overlook, fail to notice): **you ~ed three wrong spellings** se te pasaron (por alto) tres faltas; **we ~ed the turning** nos pasamos (de donde deberíamos haber doblado); **I ~ed cleaning one window** se me pasó limpiar una ventana; **you can't ~ it** lo va a ver enseguida, no tiene pérdida (Esp); **you've ~ed a bit** te quedó un pedacito sin pintar (*or* limpiar *etc*); **he never ~es my birthday** nunca se olvida de mi cumpleaños **3▸** (fail to hear, understand) ‹*cue/remark*› no oír*; **sorry, I ~ed that** perdona, no te oí; **she doesn't ~ a thing** no se le escapa una (fam); **I think you've ~ed the point** me parece que no has entendido; **he ~ed the true significance of this** no captó *or* se le escapó el verdadero significado de esto; ▸**trick¹ D** **4▸** ‹*chance*› perder*, dejar pasar; **to ~ one's vocation** errar* la vocación; **to ~ one's footing** tropezar*; **he ~ed the rope and fell** no logró asirse de la cuerda y cayó
B (fail to catch) ‹*bus/train/plane/flight*› perder*; **I ~ed her in the crowd** había tanta gente que no la vi; **we ~ed each other** no nos vimos, nos desencontramos (CS); ***to ~ the boat*** o ***bus*** perder* el tren
C **1▸** (fail to experience) perderse*; **I wouldn't have ~ed it for anything** no me lo hubiera perdido por nada (en el mundo); **you didn't ~ much** no te perdiste nada; **you've ~ed all the excitement** te has perdido lo mejor; **luckily, we ~ed the worst of the tornado** por suerte, nos salvamos de lo peor del tornado **2▸** (fail to attend) faltar a; **I've never ~ed a day's work** nunca he faltado al trabajo; **you ~ed your appointment with the doctor** no vino a la cita con el doctor; **I forgot all about the meeting and ~ed it** se me pasó totalmente ir a la reunión; **I ~ed the party** me perdí la fiesta
D (avoid) ‹*town/rush/crowds*› evitar; **if we take Garden State Parkway, we ~ New York altogether** si vamos por Garden State Parkway nos evitamos pasar por Nueva York; **he ~ed death by inches** por poco se mata; **to ~ -ING: he just ~ed getting soaked** por poco se empapa; **I managed to ~ hearing the whole story again** logré escaparme *or* librarme de que me lo contara otra vez

Sense II

A (regret absence of) ‹*friend/country/comfort*› echar de menos, extrañar (esp AmL); **I ~ you (terribly)** te echo (muchísimo) de menos, te extraño (muchísimo) (esp AmL), me haces mucha falta (AmL); **to ~ -ING: I ~ going for walks in the country** echo de menos *or* (esp AmL) extraño mis paseos por el campo; **I ~ working with you** echo de menos *or* (esp AmL) extraño trabajar contigo

B (notice absence of) echar en falta *or* de menos; **when did you first ~ the necklace?** ¿cuándo te diste cuenta de que te faltaba el collar?, ¿cuándo echaste en falta *or* de menos el collar?; **come on, you won't ~ five dollars** dale ¿que más te dan cinco dólares?

■ **miss** *vi* **1** «*marksman*» errar* el tiro, fallar; «*bullet*» no dar* en el blanco; **~ed!** ¡fallaste (*or* falló *etc*)!, ¡(le) erraste (*or* erró *etc*)! **2** (fail) (colloq) fallar; **she sends a card every year, she never ~es** manda una tarjeta todos los años sin falta *or* manda una tarjeta todos los años, nunca falla **3** (colloq) «*car/engine*» fallar

Phrasal verbs

• **miss off** [v + o + prep] (BrE) no incluir*

• **miss out**

A [v + o + adv, v + adv + o] (leave out) ‹*line/paragraph*› saltarse, comerse (fam); **I felt I'd been ~ed out deliberately** (BrE) sentí que me habían excluido deliberadamente

B [v + adv] (fail to profit): **don't ~ out; reserve your free tickets** no se lo pierda, reserve sus entradas gratuitas; **to ~ out ON sth**: **I feel I'm ~ing out on life** siento que estoy desaprovechando *or* desperdiciando mi vida; **he never ~es out on a chance to make money** nunca se pierde una oportunidad de hacer dinero; **humorless people ~ out on so much** la gente sin sentido del humor no sabe lo que se pierde

Miss = Mississippi

missal /ˈmɪsəl/ *n* misal *m*

mis-sell /ˌmɪsˈsel/ (*past & past p* **mis-sold**) *vt* vender mal

mis-selling /ˌmɪsˈselɪŋ/ *n* [u] mala venta *f*

misshapen /mɪsˈʃeɪpən/ *adj* deforme; **the hunchback's ~ form** el cuerpo contrahecho del jorobado

missile /ˈmɪsəl || ˈmɪsaɪl/ *n* **1** (Mil) misil *m*, vector *m*; (*before n*): **~ launcher** lanzamisiles *m* **2** (sth thrown) proyectil *m*

missing /ˈmɪsɪŋ/ *adj* **1** (lost): **the ~ papers haven't turned up yet** los papeles que faltaban no han aparecido todavía; **the ~ link** el eslabón perdido; **he was registered as a ~ person** estaba en la lista de desaparecidos; **~ in action** desaparecido en acción; **~, presumed dead** desaparecido, dado por muerto; **to be ~** faltar; **one of the coins is ~** falta una de las monedas; **how long has he been ~?** ¿cuánto hace que desapareció?; **to go ~** (BrE) «*person/object*» desaparecer* **2** (lacking): **that violin has two strings ~** a ese violín le faltan dos cuerdas; **fill in the ~ letters in the spaces provided** rellena los espacios con las letras que faltan

mission /ˈmɪʃən/ *n*

A **1** (task) misión *f*; **he flew more than 30 ~s** tomó parte en más de 30 misiones aéreas; **he was assigned an important ~** se le encomendó una misión importante; **to leave on a ~** partir en misión especial; **~ accomplished** (set phrase) misión cumplida (fr hecha) **2** (vocation, aim) misión *f*; **her ~ in life is to help the poor** su misión en la vida es ayudar a los pobres

B **1** (group of delegates) misión *f*, delegación *f*; **trade ~** delegación comercial **2** (embassy) embajada *f*

C (Relig) misión *f*; (*before n*): **~ house/station** misión *f*

missionary[1] /ˈmɪʃəneri || ˈmɪʃənəri/ *n* misionero, -ra *m,f*; **he is a medical ~** es médico misionero

missionary[2] *adj* misionero; **~ zeal** celo *m* apostólico; **the ~ position** la postura del misionero

mission control *n* (*no art*) centro *m* de control

mission statement *n* declaración *f* de propósitos *or* objetivos

missis /ˈmɪsəz || ˈmɪsɪz/ *n* (colloq): **my ~** mi mujer, la costilla (fam), la parienta (Esp fam & hum), la patrona (CS fam & hum); (*as form of address*) doña *f* (fam)

Mississippi /ˌmɪsəˈsɪpi || ˌmɪsɪˈsɪpi/ *n* (state) Misisipí *m*; **the ~ (River)** el Misisipí

missive /ˈmɪsɪv/ *n* (hum) misiva *f* (frml o hum)

mis-sold /ˌmɪsˈsəʊld/ *past & past p of* **missell**

Missouri /məˈzʊri || mɪˈzʊəri/ *n* (state) Misuri *m*; **the ~ (River)** el Misuri

misspell /mɪsˈspel/ *vt* (*past & past p* **-spelled** *or* BrE also **-spelt**) escribir* mal; (orally) deletrear mal; **my name was ~ed** mi nombre estaba mal escrito

misspelling /mɪsˈspelɪŋ/ *n* [c u] falta *f* de ortografía

misspelt /mɪsˈspelt/ (BrE) *past & past p of* **misspell**

misspend /mɪsˈspend/ (*past & past p* **-spent**) *vt* ‹*money*› malgastar; ‹*time*› desperdiciar, desaprovechar; ‹*youth*› disipar

misspent /mɪsˈspent/ *adj* (*before n*) ‹*money/funds*› malgastado, malempleado, desperdiciado; ‹*hours*› perdido; **a ~ youth** (set phrase) una juventud disipada

misstate /mɪsˈsteɪt/ *vt* (frml) ‹*case/position/fact*› exponer* mal

misstatement /mɪsˈsteɪtmənt/ *n* [c u] (frml): **there has been some ~ of the facts** los hechos se han expuesto incorrectamente *or* se han tergiversado; **a ~ of the government's position** una tergiversación de la postura gubernamental

missus /ˈmɪsəz || ˈmɪsɪz/ *n* (BrE) ▸**missis**

missy /ˈmɪsi/ *n* (colloq & dated) (*as form of address*) nena (fam)

mist /mɪst/ *n* **1** ▸❶ **p.1878** [u c] (Meteo) neblina *f*; **sea ~** bruma *f*; **a ~ of tears obscured her vision** tenía los ojos empañados por las lágrimas; **the origin of this custom is lost in the ~s of time** el origen de esta costumbre se pierde en la noche de los tiempos **2** [u] (condensation) vaho *m* **3** [u] (spray) vaporización *f*

Phrasal verbs

• **mist over**

A [v + adv] **1** (become misty) «*landscape*» cubrirse* de neblina; «*eyes*» empañarse; **her eyes ~ed over** se le empañaron los ojos **2** «*glass/mirror*» empañarse

B [v + o + adv, v + adv + o] ‹*glass/mirror*› empañar

• **mist up**

A [v + adv] «*glass/mirror*» empañarse

B [v + o + adv, v + adv + o] ‹*glass/mirror*› empañar

mistakable /məˈsteɪkəbəl || mɪˈsteɪkəbəl/ *adj* **to be ~ (FOR sb/sth)**: **she is easily ~ for her sister** es fácil confundirla con su hermana; **his sevens are easily ~ for ones** sus sietes se confunden fácilmente con unos; **her style is scarcely ~** su estilo es inconfundible

mistake[1] /məˈsteɪk || mɪˈsteɪk/ *n* error *m*; **a bad ~** un error garrafal; **a serious ~** un grave error; **a spelling ~** una falta de ortografía; **there must be some ~** debe de haber algún error; **sorry, my ~** lo siento, es culpa mía; **to make a ~** cometer un error, equivocarse*; **he made the ~ of telling them his address** cometió el error de darles su dirección; **she made a ~ in adding up the total** se equivocó al sumar el total; **we all make ~s** todos cometemos errores; **anyone can make a ~** cualquiera se puede equivocar; **make no ~ (about it)** no te quepa la menor duda (de ello); **it's hot today and no ~** hoy sí que hace calor; **by ~** por equivocación, por error; **she took somebody else's umbrella in ~ for her own** se llevó un paraguas ajeno creyendo que era el suyo; **the fourth child was a ~** el cuarto niño fue un accidente

mistake[2] *vt* (*past* **-took**; *past p* **-taken**) **1** (confuse) **to ~ sth/sb FOR sth/sb** confundir algo/a algn CON algo/algn; **I mistook you for your sister** te confundí con tu hermana; **his attempts at conciliation may have been ~n for weakness** puede ser que hayan interpretado su actitud conciliatoria como una señal de debilidad; **her shyness can be ~n for rudeness** su timidez a veces parece grosería **2** (fail to recognize, misinterpret) confundir; **it's impossible to ~ her style** su estilo es inconfundible; **you can't ~ it** es inconfundible; **there's no mistaking that voice!** ¡esa voz es inconfundible!; **there was no mistaking their enthusiasm** estaban entusiasmados, no cabe duda *or* sin lugar a dudas

mistakeable *adj* (esp BrE) ▸**mistakable**

mistaken[1] /məˈsteɪkən || mɪˈsteɪkən/ *past p of* **mistake**[2]

mistaken[2] *adj* ‹*impression/idea*› equivocado, falso; **in the ~ belief that she would help me** creyendo equivocadamente que me ayudaría; **to be ~ (IN sth/-ING)**: **I was ~ in my opinion of you** tenía una opinión equivocada de ti; **you're sadly ~** estás muy equivocado; **you're ~ in thinking he doesn't care** te equivocas si crees que no le importa; **unless I'm (very) much ~** si no me equivoco, a menos que esté muy equivocado

mistakenly /məˈsteɪkənli || mɪˈsteɪkənli/ *adv* ‹*think/expect/assume*› equivocadamente; **I ~ went to the back entrance** me fui a la puerta trasera por error *or* por equivocación

mister /ˈmɪstər || ˈmɪstə(r)/ *n* **1** (as title) señor *m*; **he's just (a) plain ~** no tiene ningún título **2** (colloq) (*as form of address*) ¡oiga!, **hey, ~, you dropped your gloves** ¡oiga, se le han caído los guantes!

mistily /ˈmɪstəli || ˈmɪstɪli/ *adv* **1** (sentimentally) ‹*look/gaze*› con los ojos empañados *or* llorosos **2** (vaguely) ‹*remember*› borrosamente, vagamente

mistime /mɪsˈtaɪm/ *vt* **1** (time badly) ‹*speech/shot*› calcular mal el momento de; **they ~d their arrival/attack** llegaron/atacaron a destiempo **2** (time wrongly) calcular mal el tiempo de

mistiness /ˈmɪstinəs || ˈmɪstinɪs/ *n* [u] neblina *f*, nebulosidad *f*; (of window) vaho *m*

mistle thrush /ˈmɪsl/ *n* tordo *m* mayor

mistletoe /ˈmɪsəltəʊ/ *n* [u] muérdago *m*

mistook /mɪˈstʊk/ *past of* **mistake**[2]

mistral /ˈmɪstrəl, mɪˈstrɑːl || ˈmɪstrɑːl/ *n*: **the ~** el mistral

mistranslate /ˌmɪstrænsˈleɪt/ *vt* traducir* mal

mistranslation /ˌmɪstrænsˈleɪʃən/ *n* [u c] traducción *f* errónea

mistreat /mɪsˈtriːt/ *vt* maltratar, tratar mal

mistreatment /mɪsˈtriːtmənt/ *n* [u] malos tratos *mpl*; (of machine) utilización *f* inadecuada

mistress /ˈmɪstrəs || ˈmɪstrɪs/ *n* **1** (of servant) señora *f*; (of dog) dueña *f*, ama *f*‡; **the ~ of the house** la señora de la casa, la dueña de casa (AmL); **she quickly became ~ of the situation** pronto se adueñó *or* se hizo dueña de la situación **2** (teacher) (BrE) (in secondary school) profesora *f*; (in primary school) maestra *f* **3** (lover) amante *f*, querida *f* **4** (sweetheart) (arch & poet) amada *f* (liter) **5** (as title) (arch) señora

mistrial /mɪsˈtraɪəl/ *n* **1** (in US and UK) *proceso declarado nulo por contener vicios de procedimiento* **2** (in US) *proceso en el cual el jurado no llega a un acuerdo*

mistrust[1] /mɪsˈtrʌst/ *vt* ‹*person/motives/action*› desconfiar* de, recelar de

mistrust[2] *n* [u] desconfianza *f*, recelo *m*; **my ~ of my own abilities** mi falta de confianza en mi propia capacidad

mistrustful /mɪsˈtrʌstfəl/ *adj* ‹*person/look*› desconfiado, receloso; **to be ~ OF sb/sth** desconfiar* *or* recelar DE algn/algo

mistrustfully /mɪsˈtrʌstfəli/ *adv* recelosamente, con desconfianza *or* recelo

misty /ˈmɪsti/ *adj* **-tier, -tiest** **1** ▸❶ **p.1878** (Meteo) ‹*day/morning*› (with light fog) neblinoso; **it's ~** hay neblina; (it's drizzling) (AmE) está lloviznando **2** ‹*mirror/glasses*› empañado **3** ‹*eyes*› empañado, lloroso **4** ‹*recollection*› borroso, vago; ‹*outline*› borroso, difuso

misty-eyed /ˌmɪstiˈaɪd/ *adj* ‹*person*› con los ojos empañados *or* llorosos; **he went all ~** se le empañó la mirada, se le llenaron los ojos de lágrimas

mistype /mɪs'taɪp/ *vt* mecanografiar* mal

misunderstand /mɪs,ʌndər'stænd || ,mɪsʌndə'stænd/ (*past & past p* **-stood**) *vt* ‹*idea/message/instructions*› entender* *or* comprender mal; ‹*remark/motives*› malinterpretar; ‹*artist/work*› interpretar mal, no entender* *or* comprender; **please don't ~ me** por favor entiéndeme *or* no me malinterpretes

■ **misunderstand** *vi* entender* *or* comprender mal; **you must have misunderstood** debes de haber entendido mal

misunderstanding /mɪs,ʌndər'stændɪŋ || ,mɪsʌndə'stændɪŋ/ *n* [u c] malentendido *m*; **I repeat, lest there be any ~,** lo repito, para que no haya ningún malentendido; **they had a ~** (euph) tuvieron una diferencia (euf); **~ ABOUT sth** malentendido SOBRE algo

misunderstood[1] /mɪs,ʌndər'stʊd || ,mɪsʌndə'stʊd/ *past & past p of* **misunderstand**

misunderstood[2] *adj* ‹*writer/artist/politician*› incomprendido

misuse[1] /mɪs'ju:s/ *n* [u] (of word) mal uso *m*, uso *m* incorrecto; (of tools) mala utilización *f*; (of power) abuso *m*; (of funds) malversación *f*; (of resources) despilfarro *m*; **the ~ of alcohol** el consumo abusivo de alcohol

misuse[2] /mɪs'ju:z/ *vt* ‹*language/tool*› utilizar* *or* emplear mal; ‹*resources*› despilfarrar; ‹*funds*› malversar; ‹*authority*› abusar de

MIT *n* = **Massachusetts Institute of Technology**

mite /maɪt/ *n* **1** (Zool) ácaro *m* **2** (small child, animal) chiquitín, -tina *m,f*; **the poor little ~!** ¡pobrecito! **3** (small amount) pizca *f*, pelín *m* (fam); **the widow's ~** (Bib) el óbolo de la viuda **4** **a mite** (*as adv*) un tanto *or* poco, algo; **she answered a ~ impatiently** contestó con un poco *or* (fam) un pelín de impaciencia

miter[1], (BrE) **mitre** /'maɪtər || 'maɪtə(r)/ *n*

A (Relig) mitra *f*

B (Const): **~ (joint)** unión *f* a inglete, inglete *m*; (*before n*): **~ box** caja *f* de ingletes

miter[2], (BrE) **mitre** *vt* ingletear

mitigate /'mɪtəgeɪt || 'mɪtɪgeɪt/ *vt* (frml) **1** (extenuate) ‹*offense/action*› mitigar* (frml), atenuar* la gravedad de **2** (soften, lessen) ‹*suffering/harshness*› mitigar* (frml); **to ~ the harmful effects of the drug** para paliar *or* atenuar los efectos nocivos del fármaco **3** **mitigating** *pres p* ‹*factor/evidence*› atenuante; **mitigating circumstances** (circunstancias *fpl*) atenuantes *fpl or mpl*

mitigation /,mɪtə'geɪʃen || ,mɪtɪ'geɪʃən/ *n* [u] (frml) **1** (extenuation) atenuante *f or m*; **in ~** como (circunstancia) atenuante **2** (alleviation) alivio *m*

mitochondrial /,maɪtə(ʊ)'kɑ:ndriəl || ,maɪtə(ʊ)'kɒndriəl/ *adj* mitocondrial

mitre /'maɪtər || 'maɪtə(r)/ *n/vt* (BrE) ▸**miter**[1], **miter**[2]

mitt /mɪt/ *n* **1** (mitten) mitón *m* **2** (in baseball) manopla *f*, guante *m* (de béisbol) **3** (hand) (colloq) manaza *f* (fam), manota *f* (fam); **keep your (dirty) ~s off the food** quita esas cochinas manos *or* esas manazas de la comida (fam)

mitten /'mɪtn/ *n* mitón *m*

mix[1] /mɪks/ *n* **1** (mixture) mezcla *f* **2** (ingredients) mezcla *f*; **cake ~** *preparado comercial para hacer pasteles* **3** (Audio) mezcla *f*

mix[2] *vt* **1** (combine) ‹*ingredients/paint*› mezclar; ‹*amalgam/plaster*› preparar; ‹*cocktail*› preparar; **to ~ one's drinks** mezclar las bebidas; **to ~ sth in** añadir *or* incorporar algo; **to ~ sth INTO sth** mezclar algo CON algo, incorporar algo A algo; **~ together the flour and the eggs** mezclar la harina con los huevos; **to ~ sth WITH sth** mezclar algo CON algo; **I never ~ business with pleasure** nunca mezclo los negocios con el placer; **~ and match** combinar; ***to ~ it with sb*** (BrE colloq) meterse con algn (fam) **2** (Audio) ‹*sound/record*› mezclar

■ **mix** *vi* **1** (combine) «*substances*» mezclarse **2** (go together) «*foods/colors*» combinar (bien) **3** (socially): **she doesn't ~ well at parties** le cuesta entablar conversación con la gente en una reunión; **to ~ WITH sb** tratarse CON algn

Phrasal verb

• **mix up**

Sense I [v + o + adv, v + adv + o]

A **1** (combine) ‹*ingredients*› mezclar **2** (prepare) ‹*paste/paint*› preparar **3** (throw into confusion) desordenar, revolver*; **don't get your books ~ed up with mine** no mezcles tus libros con los míos

B **1** (confuse) ‹*names/dates*› confundir; **to ~ sth/sb up WITH sth/sb** confundir algo/a algn CON algo/algn; **I'm always ~ing him up with his brother** siempre lo confundo con su hermano; ***to ~ it up*** (AmE colloq) pelearse, sacarse* la mugre (CS fam) **2** (bewilder) ‹*person*› confundir

Sense II (*usu pass*)

A (involve) **to be/get ~ed up IN sth** estar* metido *or* enredado/meterse EN algo; **to be/get ~ed up WITH sb** andar* liado/liarse* CON algn; **don't get ~ed up with her** no te líes con ella

B (confuse): **to get ~ed up** confundirse, hacerse* un lío (fam)

mixed /mɪkst/ *adj* **1** (various) mezclado, variado; Ⓢ **mixed fibers** composición: diversas fibras; **~ fruit** frutas *fpl* surtidas; **~ grill** parrillada *f* mixta; **~ spice** mezcla *f* de especias; **~ marriage** matrimonio *m* mixto (*entre personas de diferente raza o religión*); **person of ~ race** mestizo, -za *m,f*; (of black and white descent) mulato, -ta *m,f*; **she invited quite a ~ crowd** invitó a gente de todo tipo *or* a un grupo muy variopinto **2** (male and female) ‹*sauna/bathing*› mixto; **in ~ company** cuando hay gente de ambos sexos presente **3** (ambivalent) ‹*fortunes*› desigual; ‹*reception/response*› tibio, poco entusiasta; **~ feelings** sentimientos *mpl* encontrados; **I have ~ feelings about it** no sé muy bien qué pensar sobre el asunto; **~ reviews** críticas *fpl* muy diversas

mixed-ability /'mɪkstə'bɪləti/ *adj* (BrE) ‹*class/stream*› *de alumnos de diferentes niveles de capacidad*

mixed doubles *n* (+ *sing vb*) dobles *mpl* mixtos

mixed economy *n* economía *f* mixta

mixed farming *n* [u] agricultura *f* mixta

mixed media *n* (Art) técnica *f* mixta

mixed metaphor *n* metáfora *f* mixta

mixed-up /'mɪkst'ʌp/ *adj* confuso, desorientado; **a crazy, ~ kid** un chico con problemas

mixer /'mɪksər || 'mɪksə(r)/ *n* **1** [c] (Const) mezcladora *f*, hormigonera *f*; (Culin) batidora *f* **2** [c] (Audio, Cin, TV) (person) operador, -dora *m,f* de sonido; (machine) mezcladora *f* **3** [c] (sociable person) persona *f* sociable; **to be a good/bad ~** ser* muy/poco sociable **4** [c] (dance) (AmE) baile *m*, fiesta *f* **5** [u c] (drink) refresco *m* (*para mezclar con alcohol*)

mixer tap *n* (BrE) llave *f* mezcladora (AmL), grifo *m* mezclador (Esp), canilla *f* (RPl) *or* (AmC), paja *f* mezcladora, caño *m* mezclador (Per)

mixing bowl /'mɪksɪŋ/ *n* bol *m*, tazón *m* (*grande, para mezclar ingredientes*)

mixture /'mɪkstʃər || 'mɪkstʃə(r)/ *n* **1** [c] (of diverse things) mezcla *f* **2** [c u] (Culin) mezcla *f* **3** [c u] (Pharm) preparado *m*, mixtura *f* (ant); **the ~ as before** (BrE set phrase) lo mismo de siempre

mix-up /'mɪksʌp/ *n* (colloq) lío *m* (fam), confusión *f*

mizzen /'mɪzn/ *n* (Naut) **1** (sail) artimón *m*, mesana *f* **2** **~ (mast)** palo *m* de mesana

Mk (Tech) = **Mark**

ml ▸❶ **p.998** (= **milliliter(s)** *o* (BrE) = **millilitre(s)**) ml.

MLA *n* **1** (in US) = **Modern Language Asssociation** **2** (in Northern Ireland) = **Member of the Legislative Assembly**

MLR *n* = **minimum lending rate**

m'lud /mə'lʌd/ ▸❶ **p.1213** *n* (BrE) (*as form of address*) su señoría

mm ▸❶ **p.1376** (= **millimeter(s)** *o* (BrE) = **millimetre(s)**) mm.

MMR *n* (Med) (= **measles, mumps and rubella**) SPR *f*; (*before n*) ‹*vaccination/jab*› de SPR

MN = **Minnesota**

mnemonic[1] /nɪ'mɑ:nɪk || nɪ'mɒnɪk/ *n* ayuda *f* nemotécnica *or* mnemotécnica

mnemonic[2] *adj* nemotécnico, mnemotécnico

mo[1] /məʊ/ *n* (*no pl*) (colloq) momento *m*, segundo *m*

mo[2] = **month**

MO **1** = **Missouri** **2** = **Medical Officer**

M.O. **1** = **mail order** **2** = **modus operandi** **3** = **money order**

moan[1] /məʊn/ *vi* **1** (with pain, grief) gemir*; **the wind was ~ing in the chimney/the trees** el viento gemía en la chimenea/entre los árboles (liter) **2** (complain) (BrE pej) **to ~ (ABOUT sth)** quejarse (DE algo), protestar (POR algo); **~, ~, ~, that's all you ever do** quejarte y quejarte, eso es lo único que sabes hacer; **she's a ~ing minnie** (BrE colloq) es una llorona *or* (Esp) una quejica (fam)

■ **moan** *vt* gemir*, decir* gimiendo

moan[2] *n* **1** (of pain, grief, pleasure) gemido *m* **2** (complaint) (BrE colloq) (*no pl*) queja *f*; **to have a ~ about sth** quejarse de algo

moaner /'məʊnər || 'məʊnə(r)/ *n* (colloq) llorón, -rona *m,f*, protestón, -tona *m,f* (fam), quejica *mf* (Esp fam)

moat /məʊt/ *n* foso *m*

moated /'məʊtəd || 'məʊtɪd/ *adj* con foso, rodeado de un foso

mob[1] /mɑ:b || mɒb/ *n* **1** (crowd) turba *f*, muchedumbre *f*; (populace) populacho *m*; (*before n*): **~ rule** la ley de la calle **2** (gang) (sl) banda *f*; **the M~** (AmE) la mafia **3** (unit, group) (BrE sl) (+ *sing or pl vb*) sección *f*, grupo *m*

mob[2] *vt* **-bb-** **1** (attack) atacar* en grupo **2** (swarm up to) acosar, asediar

mobcap /'mɑ:bkæp || 'mɒbkæp/ *n* cofia *f*

mob-handed /'mɑ:b'hændəd || ,mɒb'hændɪd/ *adv* (BrE colloq) en masa, en mogollón (Esp fam), en choclón (Chi fam)

mobile[1] /'məʊbəl || 'məʊbaɪl/ *adj* **1** ‹*library/shop*› ambulante, móvil; ‹*gun/missile-launcher*› portátil, transportable; ‹*studio*› móvil; **~ communications** comunicaciones *fpl* celulares *or* (esp Esp) móviles; **~ telephony** telefonía *f* celular *or* (esp Esp) móvil **2** ‹*staff/workforce*› que tiene movilidad **3** (able to move): **we try and get the patient ~ as soon as possible** tratamos de que el paciente recupere su movilidad lo más pronto posible; **are you ~?** (colloq) ¿estás motorizado? (fam), ¿tienes ruedas? (fam) **4** (expressive) ‹*face/features*› expresivo **5** (Sociol) con movilidad

mobile[2] *n* **1** (hanging) móvil *m* **2** (**~** *phone*) teléfono *m* celular *m or* (Esp), móvil *m*

-mobile /mə,bi:l/ *suff* (hum) -móvil; **pope~** papamóvil *m*

mobile home *n* trailer *m* (AmL), caravana *f* fija (Esp), casa *f* rodante (CS, Ven)

mobile phone ➡▯ *n* (teléfono *m*) celular *m* (esp AmL), (teléfono *m*) móvil *m* (Esp)

mobile unit *n*

A (Mil) división *f* móvil

B (vehicle) unidad *f* móvil

C **1** (Telec) teléfono *m* celular *m or* (Esp) móvil *m* **2** (Rad) receptor *m* portátil

mobility /məʊ'bɪləti/ *n* [u] **1** (ability to move) movilidad *f*; (*before n*): **~ allowance** (BrE) *beneficio que reciben ciertos minusválidos para sus gastos de desplazamiento* **2** (flexibility) movilidad *f*; **social ~** movilidad social **3** (ability to relocate) movilidad *f*; **job/occupational ~** movilidad laboral/ocupacional **4** (of face) expresividad *f*

mobilization /,məʊbələ'zeɪʃən || ,məʊbɪlaɪ'zeɪʃən/ *n* [u] movilización *f*

mobilize /'məʊbəlaɪz || 'məʊbɪlaɪz/ *vt* movilizar*

■ **mobilize** *vi* «*troops/forces*» movilizarse*

mobster /'mɑ:bstər || 'mɒbstə(r)/ *n* (AmE) gángster *mf*, mafioso, -sa *m,f*

moccasin /'mɑ:kəsən || 'mɒkəsɪn/ *n* mocasín *m*

➡▯ *see* SMS (electronic text messaging); *see* Using the telephone

m

mocha /ˈməʊkə || ˈmɒkə/ n [u] 1 (coffee) moca *m*, café *m* moca 2 (coffee and chocolate) *mezcla de café y chocolate*

mock[1] /mɑːk || mɒk/ vt 1 (ridicule) burlarse *or* mofarse de; **don't ~ the afflicted** (hum) no te burles de las desgracias de otro; **he ~ed her accent** imitó *or* remedó su acento burlonamente 2 (make vain) (liter) ‹*efforts*› burlar (liter), frustrar

■ **mock** *vi* burlarse; **to ~ AT sth** burlarse DE algo, ridiculizar* algo

mock[2] *adj* (*before n*) ‹*examination/interview*› de práctica, de prueba; ‹*anger/outrage*› fingido, simulado; **a ~ battle/prison break-out** un simulacro de batalla/de fuga de una prisión; **~ satin** tela *f* imitación satén; **~ trial** simulacro *m* de juicio, juicio *m* simulado

mock[3] *n* 1 **to make a ~ of sth/sb** (liter) poner* algo/a algn en ridículo 2 (exam) (BrE) examen *m* de práctica *or* de prueba

mock- /mɑːk || mɒk/ *pref*: **in a ~solemn tone** parodiando un tono solemne; **~Georgian/Tudor** (Archit) imitación estilo georgiano/Tudor

mockers /ˈmɑːkərz || ˈmɒkəz/ *pl n*: ***to put the ~ on sth*** (BrE sl) echar algo a perder, joder algo (vulg); **her long face put the ~ on our having a good time** su cara larga nos aguó la fiesta

mockery /ˈmɑːkəri || ˈmɒkəri/ *n* 1 [u] (ridicule) burla *f*, mofa *f* (liter); **to hold sth/sb up to ~** ridiculizar* algo/a algn, poner* algo/a algn en ridículo 2 (travesty) (*no pl*) farsa *f*, pantomima *f*; **a ~ of justice** una parodia de justicia; **to make a ~ of sth** ridiculizar* algo

mock-heroic /ˌmɑːkhɪˈrəʊɪk || ˌmɒkhɪˈrəʊɪk/ *adj* heroicoburlesco

mocking /ˈmɑːkɪŋ || ˈmɒkɪŋ/ *adj* burlón, socarrón

mockingbird /ˈmɑːkɪŋbɜːrd || ˈmɒkɪŋbɜːd/ *n* sinsonte *m*

mockingly /ˈmɑːkɪŋli || ˈmɒkɪŋli/ *adv* con sorna, burlonamente

mockup /ˈmɑːkʌp || ˈmɒkʌp/ *n* maqueta *f*

mod /mɑːd || mɒd/ *n* (in UK) mod *mf*; (*before n*) ‹*clothes/group*› mod *adj inv*

MOD *n* (in UK) = **Ministry of Defence**

modal /ˈməʊdl/ *adj* (Ling, Math, Mus, Phil) modal

modality /məʊˈdæləti/ *n* (*pl* **-ties**) (Ling, Phil) modalidad *f*

mod cons /ˌmɑːdˈkɑːnz || ˌmɒdˈkɒnz/ *pl n* (= **modern conveniences**) (BrE colloq & journ): **flats with all ~ ~** apartamentos con todas las comodidades; **the car comes complete with the latest ~ ~** el coche viene equipado con los últimos adelantos

mode /məʊd/ *n*

A 1 (means) medio *m*; (kind) modo *m*; **the most common ~ of transport** el medio de transporte más usado; **the novel was his preferred ~ of expression** la novela era su medio de expresión preferido; **a different ~ of life** un modo *or* estilo de vida diferente 2 (operating method) (Comput, Tech) modalidad *f*, modo *m*

B (Math) modo *m*

C (Phil, Ling, Mus) modo *m*

D (Clothing) moda *f*; **bright reds are all the ~** los rojos brillantes están muy de moda

model[1] /ˈmɑːdl || ˈmɒdl/ *n*

A 1 (reproduction) maqueta *f*, modelo *m*; **to make a ~ of sth** hacer* una maqueta de algo 2 (formula, theory) modelo *m*

B 1 (paragon) modelo *m*; **a ~ of virtue** un dechado de virtudes 2 (prototype, example) modelo *m*; **to take/use sth/sb as a ~** tomar/utilizar* algo/a algn de *or* como modelo; **on the American ~** siguiendo el modelo americano, a imitación del modelo americano

C 1 (design) modelo *m*; **last year's ~s** los modelos del año pasado 2 (BrE) (unique item) (Clothing) modelo *m* exclusivo

D (person) 1 (Clothing, Phot) modelo *mf*; **a male ~** un modelo 2 (Art) modelo *mf*

model[2], (BrE) **-ll-** *vt*

A (shape, form) ‹*clay/shape*› modelar

B (base) **to ~ sth ON sth**: **their education system was ~ed on that of France** su sistema educativo se inspiró en el francés; **to ~ oneself on sb** imitar a algn, tomar a algn como modelo; **he ~ed his appearance on that of his idol** se vestía tomando a su ídolo como modelo *or* a imitación de su ídolo

C ‹*garment*› **she ~s sportswear** es modelo de ropa sport; **Liz is ~ing an elegant black dress** Liz luce un elegante modelo negro

■ **model** *vi*

A (make shapes) modelar

B (pose) (Clothing) trabajar de modelo; (Art) posar; (Phot) ser* modelo

model[3] *adj* (*before n, no comp*)

A (miniature) ‹*railway/village/ship*› en miniatura, a escala; **~ aeroplane** aeromodelo *m*

B (ideal) ‹*citizen/student/child*› modelo *adj inv*, ejemplar; ‹*answer/performance*› tipo *adj inv*; **a ~ prison** una cárcel modelo

model apartment *n* (AmE) apartamento *m* piloto, departamento *m* piloto (AmL), piso *m* piloto (Esp)

modeler, (BrE) **modeller** /ˈmɑːdlər || ˈmɒdlə(r)/ *n* modelador, -dora *m,f*

model home *n* (AmE) casa *m* piloto

modeling, (BrE) **modelling** /ˈmɑːdlɪŋ || ˈmɒdlɪŋ/ *n* [u]

A 1 (Art) modelado *m* 2 (making models) modelismo *m*; (*before n*): **~ clay** arcilla *f* para modelar 3 (Econ) modelización *f*

B (Clothing, Phot) profesión *f* de modelo; **she did some ~** trabajó de *or* como modelo

modem /ˈməʊdem/ *n* módem *m*

moderate[1] /ˈmɑːdərət || ˈmɒdərət/ *adj* 1 (medium) ‹*expense/price*› moderado, módico; ‹*heat*› moderado; **he's a ~ drinker** bebe con moderación; **winds will be light to ~** los vientos serán de suaves a moderados 2 (not extreme) ‹*views/demands/criticism*› moderado 3 (mediocre) ‹*ability/achievement*› regular, pasable

moderate[2] /ˈmɑːdəreɪt || ˈmɒdəreɪt/ *vt* 1 ‹*views/demands/criticism*› moderar; **kindly ~ your language** ten la bondad de cuidar el vocabulario que empleas 2 **moderating** *pres p* ‹*influence/effect*› moderador

■ **moderate** *vi*

A «*pain*» aliviarse, calmarse; «*wind*» calmarse

B «*person*» hacer* de moderador

moderate[3] /ˈmɑːdərət || ˈmɒdərət/ *n* moderado, -da *m,f*

moderately /ˈmɑːdərətli || ˈmɒdərətli/ *adv* 1 ‹*good/attractive*› medianamente; **~ priced** de precio módico *or* razonable; **they played ~ well** jugaron a un nivel aceptable; **did you enjoy it? — yes, ~** ¿te gustó? — no estuvo mal 2 (with restraint) ‹*behave/drink*› con moderación

moderation /ˌmɑːdəˈreɪʃən || ˌmɒdəˈreɪʃən/ *n* [u] 1 (restraint) moderación *f*; **drinking is not harmful, in ~** beber no es nocivo, si se hace con moderación; **all things in ~** todos los excesos son malos 2 (lessening, lowering) moderación *f*

moderator /ˈmɑːdəreɪtər || ˈmɒdəreɪtə(r)/ *n* 1 (in debates) moderador, -dora *m,f* 2 (BrE) (Educ) *árbitro encargado de procurar que exista uniformidad de criterios en la calificación de exámenes* 3 (Relig) presidente *m* (*de la asamblea de algunas iglesias protestantes*)

modern[1] /ˈmɑːdərn || ˈmɒdn/ *adj* ‹*art/machinery/man/ideas*› moderno; **M~ Languages** lenguas *fpl* modernas; **~ literature** literatura *f* moderna *or* contemporánea

modern[2] *n* moderno, -na *m,f*

modern-day /ˈmɑːdərnˌdeɪ || ˈmɒdnˌdeɪ/ *adj* de hoy (en) día, de nuestro tiempo

modern history *n* [u] historia *f* moderna, historia *f* contemporánea

modernism, Modernism /ˈmɑːdərnɪzəm || ˈmɒdənɪzəm/ *n* [u] (Art, Lit) modernismo *m*

modernist[1], **Modernist** /ˈmɑːdərnəst || ˈmɒdənɪst/ *n* modernista *mf*

modernist[2], **Modernist** *adj* modernista

modernistic /ˌmɑːdərˈnɪstɪk || ˌmɒdəˈnɪstɪk/ *adj* modernista

modernity /məˈdɜːrnəti || mɒˈdɜːnəti/ *n* [u] modernidad *f*

modernization /ˌmɑːdərnəˈzeɪʃən || ˌmɒdənaɪˈzeɪʃən/ *n* [u c] modernización *f*, actualización *f*

modernize /ˈmɑːdərnaɪz || ˈmɒdənaɪz/ *vt* ‹*system/service*› modernizar*, actualizar*; ‹*building*› modernizar*

■ **modernize** *vi* modernizarse*, actualizarse*

modernness /ˈmɑːdərnnəs || ˈmɒdnnɪs/ *n* [u] modernidad *f*, lo moderno

modest /ˈmɑːdəst || ˈmɒdɪst/ *adj* 1 (not boastful) ‹*person/remark*› modesto 2 (small, humble) ‹*income/gift*› modesto; ‹*improvement/increase*› moderado, pequeño; ‹*success*› moderado; **we lived in ~ circumstances** vivimos modestamente 3 (chaste) ‹*person/clothing*› pudoroso, púdico, recatado

modestly /ˈmɑːdəstli || ˈmɒdɪstli/ *adv* 1 (not boastfully) modestamente 2 (moderately) ‹*rise/improve*› moderadamente; **it was ~ priced** tenía un precio módico 3 (with propriety) ‹*behave/dress*› recatadamente, pudorosamente, con pudor; **he ~ averted his gaze** apartó recatadamente la vista

modesty /ˈmɑːdəsti || ˈmɒdɪsti/ *n* [u] 1 (absence of conceit) modestia *f*; **I would tell you about it, but ~ forbids** te lo contaría, pero pecaría de poco modesto; **in all ~, I think ...** modestamente *or* con toda modestia, creo que ... 2 (limited size) (frml) lo modesto 3 (propriety) recato *m*, pudor *m*; **to outrage sb's ~** ofender el pudor de algn

modicum /ˈmɑːdɪkəm || ˈmɒdɪkəm/ *n* (*no pl*) (frml) **a ~ OF sth** un atisbo DE algo (frml), un mínimo DE algo

modifiable /ˈmɑːdəfaɪəbəl || ˈmɒdɪfaɪəbəl/ *adj* modificable

modification /ˌmɑːdəfəˈkeɪʃən || ˌmɒdɪfɪˈkeɪʃən/ *n* [c u] modificación *f*; **to make ~s to sth** hacerle* modificaciones A algo; **with slight ~(s)** con ligeras modificaciones

modifier /ˈmɑːdəfaɪər || ˈmɒdɪfaɪə(r)/ *n* modificante *m*

modify /ˈmɑːdəfaɪ || ˈmɒdɪfaɪ/ *vt* **-fies, -fying, -fied** 1 (alter) ‹*design/wording*› modificar* 2 (moderate) ‹*demands/proposal*› moderar 3 (Ling) modificar*

modish /ˈməʊdɪʃ/ *adj* ‹*outfit/design*› de moda, a la moda; ‹*idea/expression*› de moda, in *adj inv* (fam)

modishly /ˈməʊdɪʃli/ *adv* a la moda

modular /ˈmɑːdʒələr || ˈmɒdjʊlə(r)/ *adj* ‹*design/furniture*› modular, a base de módulos; ‹*degree/course*› dividido en módulos; ‹*program*› (Comput) modular

modulate /ˈmɑːdʒəleɪt || ˈmɒdjʊleɪt/ *vt* 1 ‹*voice/sound*› modular 2 (Electron, Rad) ‹*wave/frequency*› modular

■ **modulate** *vi* modularse

modulation /ˌmɑːdʒəˈleɪʃən || ˌmɒdjʊˈleɪʃən/ *n* 1 [u] (of sound, voice) modulación *f* 2 [c u] (Mus, Rad, Electron) modulación *f*; **frequency ~** frecuencia *f* modulada

module /ˈmɑːdʒuːl || ˈmɒdjuːl/ *n* 1 (separate unit) módulo *m*; **command/service/lunar ~** (Aerosp) módulo de mando/de servicio/lunar; **teaching ~** módulo *m*, unidad *f* 2 (measurement) módulo *m*

modus operandi /ˌməʊdəsˌɑːpəˈrændi || ˌməʊdəsˌɒpəˈrændi/ *n* (frml) (*no pl*) modus *m* operandi (frml), procedimiento *m*

modus vivendi /ˌməʊdəsvɪˈvendi/ *n* (frml) (*no pl*) modus *m* vivendi (frml), arreglo *m*

moggy /ˈmɑːgi || ˈmɒgi/ *n* (*pl* **-gies**) (BrE colloq & hum) gato, -ta *m,f*, chucho, -cha *m,f* (Chi fam)

Mogul /ˈməʊgəl/ *n* 1 (in India) mogol *m*; **the Great ~** el Gran Mogol 2 **mogul** (powerful person) magnate *mf*

mohair /ˈməʊher || ˈməʊheə(r)/ *n* [u] mohair *m*

Mohammed /məʊˈhæməd || məʊˈhæmɪd/ *n* Mahoma; ***(if the mountain will not come to ~,) ~ must go to the mountain*** si la montaña no viene a Mahoma(, Mahoma va a la montaña)

Mohammedan[1] /məʊˈhæmədən || məʊˈhæmɪdən/ *adj* (dated) mahometano

m

Mohammedan[2] *n* (dated) mahometano, -na *m,f*

Mohican /məʊ'hiːkən/ *n* 1 (American Indian) mohicano, -na *m,f* 2 **mohican** (hairstyle) (BrE) corte *m* de pelo a lo mohicano

moist /mɔɪst/ *adj* ‹*surface/climate/soil*› húmedo; ‹*cake*› no seco; **to be ~ WITH sth** estar* húmedo DE algo; **her eyes were ~ with tears** tenía los ojos húmedos (de lágrimas), tenía los ojos llorosos

moisten /'mɔɪsn/ *vt* ‹*soil/cloth*› humedecer*; **~ the sponge with sherry** humedecer* el bizcocho con jerez

moisture /'mɔɪstʃər || 'mɔɪstʃə(r)/ *n* [u] humedad *f*; (condensation) vaho *m*

moisturize /'mɔɪstʃəraɪz/ *vt* ‹*skin/face/hands*› hidratar, humectar

moisturizer /'mɔɪstʃəraɪzər || 'mɔɪstʃəraɪzə(r)/, **moisturizing cream** /'mɔɪstʃəraɪzɪŋ/ *n* [u c] crema *f* hidratante *or* humectante

molar[1] /'məʊlər || 'məʊlə(r)/ *n* (Dent) muela *f*, molar *m* (frml)

molar[2] *adj* (Chem) molar

molasses /mə'læsəz || mə'læsɪz/ *n* [u] (+ *sing vb*) melaza *f*; ***as slow as ~*** (AmE) más lento que una tortuga

mold[1], (BrE) **mould** /məʊld/ *n*
A 1 [c] (hollow vessel) (Art, Culin, Metall) molde *m*; **ring ~** molde de savarín *or* de corona; ***to break the ~*** romper* moldes; **they aim to break the two-party ~ of the country's politics** quieren romper moldes y acabar con el bipartidismo imperante en la política del país; **they broke the ~ when they made him** después de hacerlo a él rompieron el molde 2 (type) (*no pl*): **to be cast** *o* **set in the same/a different ~** estar* cortado por el mismo/por distinto patrón; **a hero in the traditional/Superman ~** un héroe de corte tradicional/al estilo de Supermán; **a President in the Truman ~** un presidente al estilo de Truman; **a woman of her ~** una mujer de su estilo *or* temple 3 [c u] (dish) timbal *m*
B [u c] (fungus) moho *m*; **covered with ~** mohoso, lleno de moho
C [u c] (*leaf ~*) mantillo *m*, humus *m*

mold[2], (BrE) **mould** *vt* 1 ‹*steel/plastic*› moldear; ‹*character/attitudes*› formar, moldear; **she ~ed the figure out of** *o* **from clay** modeló la figura en arcilla; **she ~ed the clay into shapes** con la arcilla hizo *or* modeló unas figuras; **the leather should ~ itself to the foot** el cuero debe amoldarse al pie 2 **molded** *past p* ‹*plastic/rubber*› moldeado

Moldavia /mɑː'deɪvjə || mɒl'deɪviə/, **Moldova** /mɑː'dəʊvə || mɒl'dəʊvə/ *n* Moldavia *f*, Moldova

molder, (BrE) **moulder** /'məʊldər || 'məʊldə(r)/ *vi* 1 «*buildings*» desmoronarse; «*corpse/leaves*» descomponerse*; «*paper*» enmohecerse*; **the report has ~ed in a file ever since** desde entonces el informe ha estado juntando polvo *or* apolillándose en un archivo 2 **moldering** *pres p* ‹*leaves/corpses*› en estado de descomposición

molding, (BrE) **moulding** /'məʊldɪŋ/ *n* 1 [c u] (Archit) moldura *f* 2 [c] (thing cast) molde *m* 3 [u] (shaping) modelado *m*

Moldova *n* ▸ **Moldavia**

moldy, (BrE) **mouldy** /'məʊldi/ *adj* 1 (covered in mold) mohoso; **to become** *o* (BrE) **go ~** enmohecerse* 2 (stale) ‹*smell*› a humedad, a moho; **to smell ~** oler* a humedad *or* a moho 3 (miserable) (BrE colloq & dated) cochino (fam)

mole /məʊl/ *n*
A 1 (Zool) topo *m* 2 (spy, informant) topo *mf*, espía *mf*
B (on skin) lunar *m*
C (unit) mol *m*, molécula *f* gramo
D (breakwater) malecón *m*, dique *m*

molecular /mə'lekjələr || mə'lekjʊlə(r)/ *adj* molecular

molecular biology *n* [u] biología *f* molecular

molecular electronics *n* (+ *sing vb*) (Electron) electrónica *f* molecular

molecule /'mɑːlɪkjuːl || 'mɒlɪkjuːl/ *n* molécula *f*

molehill /'məʊlhɪl/ *n* topera *f*

moleskin /'məʊlskɪn/ *n* 1 [c u] (fur) piel *f* de topo 2 [u] (fabric) molesquín *m*

molest /mə'lest/ *vt* 1 (sexually) abusar (sexualmente) de 2 (harass) importunar, molestar

molestation /ˌməʊles'teɪʃən || ˌmɒles'teɪʃən/ *n* [u] 1 (sexual) abusos *mpl* deshonestos; **women can't go out in this area without fear of ~** en esta zona las mujeres no pueden salir sin miedo a ser importunadas 2 (harassment) acoso *m*

moletronics /ˌmɑːlə'trɑːnɪks || ˌmɒlɪ'trɒnɪks/ *n* (+ *sing vb*) (Electron) = **molecular electronics**

moll /mɑːl || mɒl/ *n* chica *f* (*de un gángster*)

mollify /'mɑːləfaɪ || 'mɒlɪfaɪ/ *vt* **-fies, -fying, -fied** aplacar*, calmar; **she was slightly mollified by his apology** sus disculpas la aplacaron un poco

mollusk, mollusc /'mɑːləsk || 'mɒləsk/ *n* molusco *m*

mollycoddle /'mɑːlikɑːdl || 'mɒlikɒdl/ *vt* (colloq & pej) mimar, consentir*

molotov cocktail, Molotov cocktail /'mɑːlətɔːf || 'mɒlətɒf/ *n* cóctel *m* Molotov

molt[1], (BrE) **moult** /məʊlt/ *vi* «*snake*» mudar *or* cambiar de piel; «*bird*» mudar *or* cambiar de plumas; «*dog/cat*» pelechar, mudar *or* cambiar de pelo; **the ~ing season** la (época de) muda
■ **molt** *vt* ‹*hair/feathers/skin*› mudar de

molt[2], (BrE) **moult** *n* muda *f*; **to be in ~** estar* en época de muda

molten /'məʊltn/ *adj* ‹*rock/metal*› fundido; ‹*lava*› líquido

mom /mɑːm || mɒm/ *n* (AmE colloq) mamá *f* (fam)

mom-and-pop /ˌmɑːmən'pɑːp || ˌmɒmən'pɒp/ *adj* (AmE colloq) familiar

moment /'məʊmənt/ *n*
A [c] 1 (short period) momento *m*; **just a ~** un momento, un momentito; **one ~, please** un momento *or* un momentito, por favor; **could I speak to you for a ~?** ¿podría hablar con usted un momento?; **doctor Davies will see you in a ~** enseguida la atiende el doctor Davies; **I'm going out to get some milk: I won't be a ~** salgo a comprar leche, enseguida vuelvo; **not for a ~** ni por un instante *or* momento; **I wouldn't for a ~ dream of charging you** ni se me ocurriría cobrarte; **it was a ~ before he spoke** tardó unos instantes en empezar a hablar; **a ~ later** poco después; **a ~ ago** hace un momento; **I'll fix it when I get a ~** lo arreglaré cuando tenga un momento; ***to have one's ~s*** tener* sus (*or* mis *etc*) buenos momentos 2 (instant, time) momento *m*; **an unthinking ~** un momento de descuido; **a proud ~** un momento de orgullo; **in a ~ of rage** en un momento de rabia; **at the ~** en este momento; **at that ~** en ese momento; **at this ~ in time** (crit) en este mismo momento; **for the ~** de momento, por el momento; **to live for the ~** vivir al momento; **the man/woman of the ~** el hombre/la mujer del momento; **from that ~ on** a partir de ese momento; **they'll be here any ~** estarán aquí en cualquier momento *or* de un momento a otro; **at that very ~** en ese preciso instante; **the very next ~** al minuto siguiente; **it was the wrong ~ to tell her** no era el momento de decírselo; **you certainly pick your ~s, don't you?** (iro) tienes el don de la oportunidad ¿no? (iró); **from ~ to ~** por momentos; **this is not the ~ to bring up the subject** este no es momento de sacar el tema; **the ~ of truth** la hora de la verdad 3 **the moment (that)** (*as conj*) en cuanto; **let me know the ~ they arrive** avísame en cuanto lleguen
B [u] (Phys) momento *m*; **~ of inertia** momento de inercia
C [u] (importance) (frml) trascendencia *f*, importancia *f*; **this matter is of great/little ~ to me** este asunto es muy/muy poco importante para mí

momentarily /ˌməʊmən'terəli || 'məʊməntərəli/ *adv* 1 (briefly) momentáneamente, por un momento 2 (shortly) (AmE crit) de un momento a otro 3 (by the moment) por momentos

momentary /'məʊmənteri || 'məʊməntri/ *adj* ‹*feeling/glimpse*› momentáneo, pasajero; **there was a ~ panic** hubo un momento de pánico

momentous /məʊ'mentəs/ *adj* ‹*occasion/decision/news*› trascendental, de capital importancia; ‹*day*› memorable

momentousness /məʊ'mentəsnəs || ˌməʊ'mentəsnɪs/ *n* [u] trascendencia *f*, capital importancia *f*

momentum /məʊ'mentəm/ *n* [u c] (*pl* **-ta** /-tə/ *or* **-tums**) 1 (Phys) momento *m* 2 (speed) velocidad *f*; **to gather/gain/lose ~** ir* adquiriendo/cobrar/perder* velocidad 3 (of movement, project) impulso *m*, empuje *m*, ímpetu *m*; **the campaign failed to sustain its early ~** la campaña no mantuvo su impulso inicial

momma /'mɑːmə || 'mɒmə/ *n* (AmE) 1 (mother) (colloq) mamá *f* (fam); (*as form of address*) mamá (fam) 2 (woman) (sl) mamita *f* (fam), tía *f* (Esp fam), mamacita *f* (Méx fam)

mommy /'mɑːmi || 'mɒmi/ *n* (*pl* **-mies**) (AmE colloq) mami *f* (fam), mamita *f* (fam)

Mon ▸ ❶ **p.1085** (= **Monday**) lun.

Monaco /'mɑːnəkəʊ, mə'nɑː- || 'mɒnəkəʊ/ *n* Mónaco *m*

monad /'məʊnæd/ *n* 1 (Chem) átomo *m* (*or* ion *m etc*) monovalente 2 (Phil) mónada *f*

Mona Lisa /ˌməʊnə'liːzə/ *n*: **the ~ ~** la Mona Lisa

monarch /'mɑːnərk || 'mɒnək/ *n* monarca *mf*

monarch butterfly *n* (*pl* **-flies**) (Zool) (mariposa *f*) monarca *f*

monarchist /'mɑːnərkəst || 'mɒnəkɪst/ *n* monárquico, -ca *m,f*

monarchy /'mɑːnərki || 'mɒnəki/ *n* [c u] monarquía *f*; **constitutional ~** monarquía constitucional

monastery /'mɑːnəsteri || 'mɒnəstri/ *n* (*pl* **-ries**) monasterio *m*

monastic /mə'næstɪk/ *adj* ‹*order/vow*› monástico; ‹*life*› monacal, monástico

monasticism /mə'næstəsɪzəm || mə'næstɪsɪzəm/ *n* [u] monacato *m*

Monday /'mʌndeɪ -di/ ▸ ❶ **p.1085** *n* lunes *m*; **it's ~ today, today's ~** (hoy) es lunes; **he went on ~** se fue el lunes; **I saw him last ~** lo vi el lunes pasado; **we'll start on ~** empezaremos el lunes; **I'll do it next ~** lo haré el próximo lunes *or* el lunes que viene; **I get up early (on) ~s** *o* (BrE) **on a ~** los lunes me levanto temprano; **I got the reply on a/the ~** (BrE) la respuesta me llegó un/el lunes; **she will be away that ~** ese lunes estará fuera; **every ~** todos los lunes; **every second ~** cada dos lunes, un lunes sí y otro no, lunes por medio (CS, Per); **we meet on the third ~ of the month** nos reunimos el tercer lunes de cada mes; **the ~ after next** el lunes que viene no, el siguiente *or* el otro; **the ~ before last** el lunes pasado no, el anterior; **~, July 3** lunes 3 de julio; **~'s paper** el periódico del lunes; (*before n*): **~ afternoon/morning** el lunes por la tarde/mañana, la tarde/mañana del lunes; **I've got that ~ morning feeling** estoy como todos los lunes por la mañana, sin ganas de trabajar

monetarism /'mɑːnətərɪzəm || 'mʌnɪtərɪzəm/ *n* [u] monetarismo *m*

monetarist[1] /'mɑːnətərəst || 'mʌnɪtərɪst/ *n* monetarista *mf*

monetarist[2] *adj* monetarista

monetary /'mɑːnəteri || 'mʌnɪtəri/ *adj* monetario

money /'mʌni/ *n* [u] (*pl* **-nies** *or* **-neys**)
A (dinero) dinero *m*, lana *f* (AmL fam), plata *f* (AmS fam), pasta *f* (Esp fam); (currency) moneda *f*, dinero *m*; **I'll have to change some ~** tendré que cambiar dinero; **I didn't have any Mexican ~** no tenía moneda mexicana *or* dinero mexicano; **~ in circulation** dinero *m* *or* moneda *f* circulante; **paper ~** papel *m* moneda, billetes *mpl*; **for that ~ I would expect more** por ese precio *or* dinero yo esperaría más; **satisfaction guaranteed or your ~ back** si no queda satisfecho, le devolvemos el dinero; **it cost $300, but it was worth the ~** costó 300 dólares, pero valió la pena; **you get your ~'s worth at Gale's** su

dinero rinde más en Gale's; **I've had my ~'s worth out of this car** le he sacado mucho jugo a este coche (fam); **what's the ~ like where you work?** (colloq) ¿qué tal pagan donde trabajas? (fam); **he's earning good ~ now** ahora está ganando un buen sueldo *or* está ganando bien; **there's ~ in secondhand books** los libros de segunda mano son un buen negocio; **she married ~** se casó con un hombre de dinero; **to come into ~** heredar dinero; **to lose ~** perder* dinero; **how much ~ does he make a month?** ¿cuánto gana *or* saca por mes?; **they make ~ out of other people's misfortunes** hacen dinero de la desgracia ajena; **their European operation is making a lot of ~** su operación europea está dando mucho *or* produciendo grandes beneficios; **she made her ~ by playing the stock market** hizo dinero especulando en la bolsa; **to put ~ into sth** invertir* *or* poner* dinero en algo; **I wouldn't put any ~ on the success of the venture** yo no apostaría por el éxito de la empresa; **to throw ~ around/away** despilfarrar/tirar el dinero; **~ isn't everything** (set phrase) el dinero no lo es todo (en la vida), el dinero no hace la felicidad (fr hecha); **that's something ~ can't buy** eso es algo que no se puede comprar (con dinero); **you pay(s) your ~ and you take(s) your choice** (set phrase) es a gusto del consumidor; **your ~ or your life** (set phrase) la bolsa o la vida (fr hecha); ***for my ~*** (colloq) para mí; ***it's ~ for jam*** o ***for old rope*** (BrE) es dinero regalado; ***to be in the ~*** «*person*» estar* forrado (fam); «*horse/dog*» *clasificarse* en primer, segundo o tercer lugar*; ***to be made of ~*** nadar en la abundancia, tener* mucho dinero; ***to have ~ to burn*** tener* dinero de sobra; **you must have ~ to burn** debes tener dinero de sobra, te debe (de) sobrar el dinero; ***to put one's ~ where one's mouth is*** (colloq) obrar de acuerdo a sus (*or* mis *etc*) opiniones; ***to spend ~ like water*** gastar dinero como si fuera agua; ***to throw good ~ after bad*** seguir* tirando dinero (a la basura); ***(the love of) ~ is the root of all evil*** el dinero es el origen de todos los males; ***~ talks*** poderoso caballero es don Dinero; (*before n*): **~ economy** economía *f* monetaria; **~ matters** asuntos *mpl* financieros *or* de dinero

B **monies** o **moneys** *pl* (Fin, Law) sumas *fpl* de dinero

money-back guarantee /'mʌnibæk/ *n* garantía *f* de devolución *or* remboloso de dinero

moneybags /'mʌnibægz/ *n* (*pl* ~) (colloq) ricachón, -chona *m,f* (fam)

money belt *n* faltriquera *f*

moneybox /'mʌnibɑ:ks || 'mʌnibɒks/ *n* alcancía *f* (AmL), hucha *f* (Esp)

moneychanger /'mʌni,tʃeɪndʒər || 'mʌni,tʃeɪndʒə(r)/ *n* **1** (person) cambista *mf* **2** (dispenser) (AmE) *aparato que contiene monedas para dar el cambio*

moneyed /'mʌnid/ *adj* adinerado

money-grubber /'mʌni,grʌbər || 'mʌni,grʌbə(r)/ *n* (colloq) avaro, -ra *m,f*

money-grubbing /'mʌni,grʌbɪŋ/ *adj* ‹*person*› avaro, avariento; ‹*scheme*› para enriquecerse

money laundering *n* [u] (Fin) blanqueo *m* de dinero, lavado *m* de dinero (AmL)

moneylender /'mʌni,lendər || 'mʌni,lendə(r)/ *n* prestamista *mf*

moneymaker /'mʌni,meɪkər || 'mʌni,meɪkə(r)/ *n* (business) negocio *m* muy lucrativo *or* rentable; (product) producto *m* de gran venta; (investment) inversión *f* muy productiva *or* lucrativa

money-making /'mʌni,meɪkɪŋ/ *adj* lucrativo, rentable

money market *n* mercado *m* monetario

money order *n* ≈ giro *m* postal

money-spinner /'mʌni,spɪnər || 'mʌni,spɪnə(r)/ *n* (BrE colloq) mina *f* de oro (fam), filón *m* (fam)

money supply *n*: **the ~ ~** la masa monetaria

-monger /,mɑ:ŋgər || ,mʌŋgə(r)/ *suff*: **hate~s/fear~s** los que se dedican a sembrar el odio/a infundir temor

Mongol /'mɑ:ŋgəl || 'mɒŋgəl/ *n* **1** (Geog) mongol *mf* **2** **mongol** (Med) (dated *or* crit) mongólico, -ca *m,f* (ant *o* crit), mogólico, -ca *m,f* (ant *o* crit)

Mongolia /mɑ:n'gəʊliə || mɒŋ'gəʊliə/ *n* Mongolia *f*; **it's just around the corner, it's not Outer ~** (hum) queda a la vuelta de la esquina, no en la Cochinchina (fam)

Mongolian[1] /mɑ:n'gəʊliən || mɒŋ'gəʊliən/ *adj* mongol

Mongolian[2] *n* mongol *mf*

mongolism /'mɑ:ŋgəlɪzəm || 'mɒŋgəlɪzəm/ *n* [u] (dated *or* crit) mongolismo *m* (ant *o* crit), mogolismo *m* (ant *o* crit), síndrome *m* de Down

Mongoloid /'mɑ:ŋgəlɔɪd || 'mɒŋgəlɔɪd/ *adj* **1** (Anthrop) ‹*people/features*› mongólico, mogólico **2** **mongoloid** (Med) (dated *or* crit) mongólico (ant *o* crit), mogólico (ant *o* crit)

mongoose /'mɑ:ngu:s || 'mɒŋgu:s/ *n* (*pl* **-gooses**) mangosta *f*

mongrel[1] /'mɑ:ŋgrəl || 'mʌŋgrəl/ *n* **1** (dog) perro *m* mestizo, chucho, -cha *m,f* (fam), gozque *mf* (Col), quiltro, -tra *m,f* (Chi fam) **2** (hybrid) (liter) híbrido *m*

mongrel[2] *adj* (*before n*) **1** ‹*dog*› mestizo, gozque (Col) **2** (hybrid) (liter) híbrido

monicker /'mɑ:nəkər || 'mɒnɪkə(r)/ *n* (colloq) apodo *m*

monied /mʌnid/ *adj* ▸**moneyed**

monitor[1] /'mɑ:nətər || 'mɒnɪtə(r)/ *n*

A **1** (screen) monitor *m* **2** (for measuring) monitor *m*

B (listener) escucha *mf*

C (Educ) encargado, -da *m,f*, monitor, -tora *m,f* (CS)

D **~ (lizard)** varano *m*

monitor[2] *vt* **1** ‹*elections*› observar; ‹*process/progress*› seguir*, controlar; (esp electronically) monitorizar*, monitorear; **the project will be closely ~ed** se seguirá muy de cerca el desarrollo del proyecto **2** ‹*radio station/broadcast*› escuchar

monitoring /'mɑ:nətərɪŋ || 'mɒnɪtərɪŋ/ *n* [u] **1** (of elections) observación *f*; (of process, progress) seguimiento *m*, control *m*; (esp by electronic means) monitorización *f*, monitoreo *m* **2** (of broadcasts) escucha *f*

monk /mʌŋk/ *n* monje *m*

monkey /'mʌŋki/ *n* **1** mono, -na *m,f*, mico, -ca *m,f*; ***brass ~ weather*** (BrE sl) un frío que pela (fam); ***not to give a ~'s***: **they don't/he doesn't give a ~'s** (BrE sl) les/le importa un rábano *or* un pepino *or* un pito (fam); ***to make a ~ (out) of sb*** dejar a algn en ridículo **2** (mischievous child) diablillo, -lla *m,f*

Phrasal verbs

- **monkey about** (BrE) ▸**monkey around**
- **monkey around** [v + adv] tontear, payasear; **stop ~ing around and get on with your work** déjate de tontear *or* payasear y ponte a trabajar; **to ~ around WITH sth** andar* tocando algo
- **monkey with** [v + prep + o] **1** (tamper with) andar* tocando **2** (cross): **don't ~ with me!** ¡no me tomes el pelo!

monkey bars *pl n* ▸**jungle gym**

monkey business *n* [u] (colloq) **1** (trickery) trapicheo *m* (fam), chanchullos *mpl* (fam) **2** (of children) diabluras *fpl*, travesuras *fpl*; **to be up to (some) ~ ~** estar* haciendo alguna travesura

monkey nut *n* (BrE) maní *m or* (Esp) cacahuete *m or* (Méx) cacahuate *m*

monkey puzzle (tree) *n* araucaria *f*

monkeyshines /'mʌŋkiʃaɪnz/ *pl n* (AmE colloq) ▸**monkey tricks**

monkey suit *n* (sl) traje *m* de etiqueta

monkey tricks *pl n* (colloq) diabluras *fpl*, travesuras *fpl*

monkey wrench *n* llave *f* inglesa; ***to throw a ~ ~ in the works*** o ***the machinery*** (AmE) fastidiarlo todo

monkfish /'mʌŋkfɪʃ/ *n* (*pl* **-fish**) rape *m*

monkish /'mʌŋkɪʃ/ *adj* monástico, monacal

mono[1] /'mɑ:nəʊ || 'mɒnəʊ/ *n* [u]

A (Audio) monofonía *f*; **to record sth in ~** grabar algo en monofonía *or* en monoaural

B (mononucleosis) (AmE colloq) mononucleosis *f*

mono[2] *adj* monofónico, mono *adj inv*

mono- /'mɑ:nəʊ || 'mɒnəʊ/ *pref* mono-

monochrome[1] /'mɑ:nəkrəʊm || 'mɒnəkrəʊm/ *n* **1** [c] (painting) pintura *f* monocromática; (photograph) fotografía *f* en blanco y negro **2** [u] (technique): **painted in ~** pintado en diferentes tonalidades de un mismo color; **photographed in ~** fotografiado en blanco y negro

monochrome[2] *adj* ‹*picture*› monocromático, monocromo; ‹*photograph/television*› en blanco y negro

monocle /'mɑ:nɪkəl || 'mɒnəkəl/ *n* monóculo *m*

monocoque /'mɑ:nəkɑ:k || 'mɒnəkɒk/ *adj* monocasco *adj inv*

monoculture /'mɑ:nə(ʊ)kʌltʃər || 'mɒnəʊkʌltʃə(r)/ *n*

A [u] (system) monocultivo *m*

B [c] **1** (area) región de monocultivo **2** (crop) cosecha *f* de monocultivo

monocyte /'mɑ:nəsaɪt || 'mɒnəsaɪt/ *n* monocito *m*

monogamist /mə'nɑ:gəməst || mə'nɒgəmɪst/ *adj* monógamo, -ma *m,f*

monogamous /mə'nɑ:gəməs || mə'nɒgəməs/ *adj* monógamo

monogamy /mə'nɑ:gəmi || mə'nɒgəmi/ *n* [u] monogamia *f*

monoglot[1] /'mɑ:nəglɑ:t || 'mɒnə(ʊ)glɒt/ *adj* monolingüe

monoglot[2] *n* persona *f* monolingüe

monogram /'mɑ:nəgræm || 'mɒnəgræm/ *n* monograma *m*

monogrammed /'mɑ:nəgræmd || 'mɒnəgræmd/ *adj* con monograma

monograph /'mɑ:nəgræf || 'mɒnəgrɑ:f/ *n* (frml) monografía *f*

monohull /'mɑ:nəhʌl || 'mɒnəʊhʌl/ *n* monocasco *m*

monolingual /,mɑ:nə'lɪŋgwəl || ,mɒnəʊ'lɪŋgwəl/ *adj* monolingüe

monolingualism /,mɑ:nə'lɪŋgwəlɪzəm || ,mɒnəʊ'lɪŋgwəlɪzəm/ *n* [u] monolingüismo *m*

monolith /'mɑ:nlɪθ || 'mɒnəlɪθ/ *n* monolito *m*

monolithic /,mɑ:nl'ɪθɪk || ,mɒnə'lɪθɪk/ *adj* **1** (Const) monolítico **2** ‹*state/system*› monolítico

monologue, (AmE also) **monolog** /'mɑ:nəlɔ:g || 'mɒnəlɒg/ *n* monólogo *m*

monomania /,mɑ:nə'meɪniə || ,mɒnə'meɪniə/ *n* [u] monomanía *f*

monomaniac /,mɑ:nə'meɪniæk || ,mɒnə'meɪniæk/ *n* monomaníaco, -ca *m,f*, monomaniático, -ca *m,f*

monomer /'mɑ:nəmər || 'mɒnəmə(r)/ *n* monómero *m*

mononucleosis /,mɑ:nə,nu:kli'əʊsəs || ,mɒnəʊ,nju:kli'əʊsɪs/ *n* [u] mononucleosis *f* (infecciosa)

monoplane /'mɑ:nəpleɪn || 'mɒnəpleɪn/ *n* monoplano *m*

monopolist[1] /mə'nɑ:pələst || mə'nɒpəlɪst/ *adj* monopolista

monopolist[2] *n* monopolista *mf*

monopolistic /mə,nɑ:pə'lɪstɪk || mə,nɒpə'lɪstɪk/ *adj* monopolístico

monopolization /mə,nɑ:pələ'zeɪʃən || mə,nɒpəlaɪ'zeɪʃən/ *n* [u] monopolización *f*

monopolize /mə'nɑ:pəlaɪz || mə'nɒpəlaɪz/ *vt* **1** ‹*market/industry*› monopolizar* **2** ‹*conversation/television*› acaparar, monopolizar*

monopoly /mə'nɑ:pəli || mə'nɒpəli/ *n* [c u] (*pl* **-lies**) monopolio *m*; **government/state ~** monopolio gubernamental *or* del gobierno/estatal *or* del Estado; **they have a ~ of the market** monopolizan el mercado; **she doesn't have a ~ on my affections** no tiene el monopolio de mis sentimientos; **to break sb's ~** acabar con el monopolio de algn

Monopoly® /mə'nɑ:pəli || mə'nɒpəli/ *n* [u] Monopoly® *m*, El Estanciero® (Arg); (*before n*): **~ money** dinero *m* de mentira

monorail /'mɑ:nəreɪl || 'mɒnəʊreɪl/ *n* monocarril *m*, monorriel *m* (AmL), monorraíl *m* (Esp)

monosemic /ˌmɑːnəˈsiːmɪk || ˌmɒnəʊˈsiːmɪk/ *adj* monosémico

monoski /ˈmɑːnəskiː || ˈmɒnəʊskiː/ *n* monoesquí *m*

monoskiing /ˈmɑːnəskiːɪŋ || ˈmɒnəʊskiːɪŋ/ *n* [u] monoesquí *m*

monosodium glutamate /ˌmɑːnəˌsəʊdiəmˈgluːtəmeɪt || ˌmɒnəʊˌsəʊdiəmˈgluːtəmeɪt/ *n* [u] glutamato *m* monosódico

monosyllabic /ˌmɑːnəsəˈlæbɪk || ˌmɒnəsɪˈlæbɪk/ *adj* **1** ‹*word*› monosilábico **2** ‹*reply*› lacónico, monosilábico; ‹*person*› lacónico, que habla con monosílabos

monosyllable /ˈmɑːnəˌsɪləbəl || ˈmɒnəˌsɪləbəl/ *n* monosílabo *m*; **he answered in ~s** contestó con monosílabos

monotheism /ˈmɑːnəˌθiːɪzəm || ˈmɒnəˌθiːɪzəm/ *n* [u] monoteísmo *m*

monotheistic /ˌmɑːnəθiːˈɪstɪk || ˌmɒnəθiːˈɪstɪk/ *adj* monoteísta

monotone /ˈmɑːnətəʊn || ˈmɒnətəʊn/ *n* tono *m* monocorde; **in a dull ~** con voz monótona

monotonous /məˈnɑːtnəs || məˈnɒtənəs/ *adj* ‹*diet/routine/voice*› monótono; **with ~ regularity** con exasperante regularidad

monotony /məˈnɑːtni || məˈnɒtəni/ *n* [u] monotonía *f*; **to break the ~** romper* la monotonía

monotreme /ˈmɑːnətriːm || ˈmɒnətriːm/ *n* monotrema *m*

monounsaturated /ˌmɑːnəʊʌnˈsætʃəreɪtəd || ˌmɒnəʊʌnˈsætʃəreɪtɪd/ *adj* monoinsaturado

monoxide /məˈnɑːksaɪd || məˈnɒksaɪd/ *n* [c u] monóxido *m*

monsoon /mɑːnˈsuːn || mɒnˈsuːn/ *n* monzón *m*; (*before n*): **~ season** estación *f* de los monzones

monster /ˈmɑːnstər || ˈmɒnstə(r)/ *n* **1** (imaginary creature) monstruo *m* **2** (unpleasant person) monstruo *m* **3** (sth large): **a ~ of a dog** un perro enorme, un perrazo (fam); **this ~ of a book** este mamotreto, este librazo (fam)

monstrance /ˈmɑːnstrəns || ˈmɒnstrəns/ *n* custodia *f*

monstrosity /mɑːnˈstrɑːsəti || mɒnˈstrɒsɪti/ *n* [u c] (*pl* **-ties**) monstruosidad *f*

monstrous /ˈmɑːnstrəs || ˈmɒnstrəs/ *adj* **1** (huge) gigantesco **2** (shocking) monstruoso, escandaloso

Mont = Montana

montage /mɑːnˈtɑːʒ || mɒnˈtɑːʒ/ *n* [u c] montaje *m*

Montenegro /mɑːntəˈniːgrəʊ || ˌmɒntɪˈniːgrəʊ/ *n* Montenegro *m*

month /mʌnθ/ ▸ **ℹ p.1085** *n* mes *m*; **lunar ~** mes lunar; **calendar ~** mes civil *or* del calendario; **the ~ of June** el mes de junio; **he only works six ~s a year** *o* **of the year** sólo trabaja seis meses al año; **$900 a ~** 900 dólares mensuales *or* por mes *or* al mes; **at the beginning of the ~** a principios de mes; **at the end of the ~** a fines de mes, a fin de mes; **in a ~'s time** *o* **in a ~** dentro de un mes; **I haven't seen him for** *o* **in ~s** hace meses que no lo veo; **he got three ~s** (colloq) le cayeron tres meses (fam); **it's that** *o* **the time of the ~** estoy (*or* está *etc*) con la regla; ***never in a ~ of Sundays*** ni por casualidad

monthly¹ /ˈmʌnθli/ *adj* ‹*journal/event*› mensual; **~ payment** mensualidad *f*, cuota *f* mensual (esp AmL)

monthly² *adv* ‹*pay/visit*› mensualmente, una vez al *or* por mes; **it appears twice ~** sale dos veces al *or* por mes

monthly³ *n* (*pl* **-lies**) publicación *f* mensual

monty /ˈmɑːnti || ˈmɒnti/ *n* (BrE colloq)
A (everything): **to go the full ~** ir* por todas (fam), ir* a por todas (Esp fam)
B (total nudity): **to do the full ~** quedar(se) en cueros (fam)

monument /ˈmɑːnjəmənt || ˈmɒnjʊmənt/ *n* monumento *m*; **~ TO sb/sth** monumento A algn/algo

monumental /ˌmɑːnjəˈmentl || ˌmɒnjʊˈmentl/ *adj* **1** (enormous) ‹*building/task*› monumental; ‹*error*› garrafal; **he's a ~ bore** es aburridísimo **2** ‹*arch/column/sculpture*› monumental; **~ mason** marmolista *mf* (*especializado en monumentos funerarios*)

moo¹ /muː/ *interj* mu

moo² *n* **1** (sound) mugido *m* **2** (woman) (BrE sl): **the silly ~** la muy idiota *or* tonta

moo³ *vi* **moos, mooing, mooed** mugir*

mooch /muːtʃ/ *vt* (AmE colloq) gorronear (fam), gorrear (fam), garronear (RPl fam), bolsear (Chi fam)
■ **mooch** *vi* (BrE) (+ *adv compl*): **to ~ around** *o* **about the house** dar* vueltas por la casa; **to ~ around** *o* **about the town** deambular por la ciudad; **where have you been all day? — just ~ing around** ¿dónde has estado todo el día? — por ahí (fam)

moo-cow /ˈmuːkaʊ/ *n* (used to or by children) mu *m*

mood /muːd/ *n*
A **1** (state of mind) humor *m*; **to be in a good ~** estar* de buen humor; **to be in a bad ~** estar* de mal humor *or* de mal genio; **the news put him in a good/bad ~** la noticia lo puso de buen/mal humor; **to be in an irritable ~** estar* irritable; **her ~s change quickly** es muy temperamental, tiene muchos cambios de humor; **as the ~ takes him** según de qué humor esté, según le dé (la vena) (fam); **a ~ of resignation was evident among the players** se notaba un clima de resignación entre los jugadores; **everyone was in festive/party ~** todo el mundo estaba con ganas de celebrar/divertirse; **she can be really witty when she's in the ~** tiene mucha chispa cuando está en vena; **would you like to play cards? — I'm not in the ~** ¿quieres jugar a las cartas? — no tengo ganas; **I'm not in the ~ for jokes** no estoy (de humor) para chistes; **I'm not in the ~ for dancing** no tengo ganas de bailar; **I'm in no ~ to listen to excuses** no estoy de humor para excusas; **she's in a ~** *o* **in one of her ~s** está *or* anda de mal humor, está alunada (RPl fam) **2** (atmosphere) atmósfera *f*, clima *m*; (*before n*): **~ music** música *f* ambiental
B (Ling) modo *m*

mood-altering /ˈmuːdˌɔːltərɪŋ/ *adj* ‹*drug*› que altera el estado de ánimo; ‹*effect*› sobre el estado de ánimo

moodily /ˈmuːdli || ˈmuːdɪli/ *adv* **1** (irritably) malhumoradamente **2** (gloomily) con aire taciturno

moodiness /ˈmuːdinəs || ˈmuːdinɪs/ *n* [u] **1** (irritability) mal humor *m*; (gloom) depresión *f* **2** (changeable moods) carácter *m* temperamental

mood swing *n* cambio *m* de estado de ánimo

moody /ˈmuːdi/ *adj* **-dier, -diest** **1** (irritable, sulky) de mal humor, malhumorado; (gloomy) deprimido, taciturno; **his mean and ~ looks won him many fans** con su aire duro y taciturno se ganó muchos admiradores **2** (changeable) ‹*person*› temperamental, de humor cambiante

moola, moolah /ˈmuːlə/ *n* [u] (AmE sl) guita *f* (arg), lana *f* (AmL fam), plata *f* (AmS fam), pasta *f* (Esp fam)

moon¹ /muːn/ *n* luna *f*; **new/full ~** luna nueva/llena; **by the light of the ~** a la luz de la luna; **the Man in the M~** el duendecillo que vive en la luna (*en los cuentos infantiles anglosajones*); **to land on the ~** alunizar*; **the dark side of the ~** la cara oculta de la luna; **many ~s ago** hace muchas lunas, hace mucho tiempo; ***once in a blue ~*** muy de vez en cuando, de Pascuas a Ramos, de higos a peras *or* brevas, cada muerte de obispo (RPl); ***to be over the ~*** (esp BrE) estar* como unas Pascuas *or* loco de contento; **he was over the ~ when he heard** se puso como unas Pascuas *or* loco de contento cuando se enteró; ***to promise the ~*** prometer el oro y el moro; (*before n*): **~ buggy** vehículo *m* lunar; **~ landing** alunizaje *m*

moon² *vi*
A (dream): **she spent the whole day ~ing in her room** se pasó el día en su habitación pensando en las musarañas; **they ~ around** *o* **about the streets all day** se pasan el día vagando *or* deambulando por las calles; **to ~ OVER sb** soñar* CON algn
B (expose one's buttocks) (sl) mostrar* *or* enseñar el trasero (fam)

moonbeam /ˈmuːnbiːm/ *n* rayo *m* de luna

moonboots /ˈmuːnbuːts/ *pl n* botas *fpl* de après-ski

moon-faced /ˈmuːnfeɪst/ *adj* de cara de luna llena, de cara redonda, con cara de pan (fam)

Moonie /ˈmuːni/ *n* moonie *mf*

moonless /ˈmuːnləs || ˈmuːnlɪs/ *adj* sin luna

moonlight¹ /ˈmuːnlaɪt/ *n* [u] luz *f* de la luna; **by ~** a la luz de la luna, al claro de luna (liter)

moonlight² *vi* tener* un segundo empleo, estar* pluriempleado; **he ~s as a cab driver** trabaja además como taxista

moonlighter /ˈmuːnlaɪtər || ˈmuːnlaɪtə(r)/ *n* pluriempleado, -da *m,f*

moonlight flit *n*: **to do a ~ ~** (BrE) largarse* (fam), tomarse los vientos (RPl fam) (*para no pagar*)

moonlighting /ˈmuːnlaɪtɪŋ/ *n* [u] pluriempleo *m*

moonlit /ˈmuːnlɪt/ *adj* ‹*garden/face*› iluminado por la luna; **a ~ night** una noche de luna

moonrise /ˈmuːnraɪz/ *n* salida *f* de la luna

moonscape /ˈmuːnskeɪp/ *n* paisaje *m* lunar

moonshine /ˈmuːnʃaɪn/ *n* [u]
A (nonsense) tonterías *fpl*, pamplinas *fpl*
B (liquor) (AmE) *bebida alcohólica destilada ilegalmente*

moonshiner /ˈmuːnʃaɪnər || ˈmuːnʃaɪnə(r)/ *n* (in US) *persona que destila o vende bebidas alcohólicas ilegales*

moonshot /ˈmuːnʃɑːt || ˈmuːnʃɒt/ *n*: *lanzamiento de una nave espacial a la luna*

moonstone /ˈmuːnstəʊn/ *n*: *tipo de ópalo o feldespato*

moonstruck /ˈmuːnstrʌk/ *adj* lunático, trastornado

moonwalk¹ /ˈmuːnwɔːk/ *n* paseo *m* por la luna

moonwalk² *vi* caminar por la luna

moor¹ /mʊr || mʊə(r), mɔː(r)/ *n* **1** (boggy area) llanura *f* anegadiza **2** (high exposed area) (esp BrE) páramo *m*; (covered with heather) brezal *m*

moor² *vt* amarrar
■ **moor** *vi* amarrar, echar amarras

Moor /mʊr || mʊə(r), mɔː(r)/ *n* moro, -ra *m,f*

moorhen /ˈmʊrhen || ˈmʊəhen, ˈmɔːhen/ *n* polla *f* de agua

mooring /ˈmʊrɪŋ || ˈmʊərɪŋ, ˈmɔːrɪŋ/ *n* **1** (place) amarradero *m*, atracadero *m* **2** **moorings** *pl* (ropes) amarras *fpl*

Moorish /ˈmʊrɪʃ || ˈmʊərɪʃ, ˈmɔːrɪʃ/ *adj* **1** ‹*conquest*› árabe **2** ‹*art/style*› morisco; (in post-Reconquest Spain) mudéjar

moorland /ˈmʊrlənd || ˈmʊələnd, ˈmɔːlənd/ *n* [u] **1** (boggy area) llanura *f* anegadiza **2** (high exposed area) páramo *m*

moose /muːs/ *n* (*pl* **moose**) alce *m* americano *or* de América

moot¹ /muːt/ *adj* (*before n*) discutible; **that remains a ~ point** eso sigue siendo discutible

moot² *vt* (*usu pass*) ‹*idea/proposal*› someter a discusión, plantear; **it has been ~ed that ...** se ha propuesto *or* sugerido que ...

moot³ *n*
A (assembly) asamblea *f*
B (of law students) simulacro *m* de juicio; (*before n*): **~ court** (AmE) tribunal *m* simulado

mop¹ /mɑːp || mɒp/ *n* **1** (for floor) trapeador *m* (AmL), fregona *f* (Esp), mopa *f* (Esp) **2** (act) (BrE) (*no pl*): **to give the floor a ~** trapear el suelo (AmL), pasarle la fregona *or* mopa al suelo (Esp) **3** **~ of hair** mata *f* de pelo, pelambre *f*

mop² *vt* **-pp-** ‹*floor/room*› limpiar, trapear (AmL), pasarle la fregona *or* mopa a (Esp); **to ~ one's brow** secarse* la frente

Phrasal verb

• **mop up**
A [v + o + adv, v + adv + o] **1** ‹*water*› secar*; ‹*mess*› limpiar **2** ‹*troops/forces*› reducir*; ‹*resistance*› sofocar*
B [v + adv] limpiar

mopboard /ˈmɑːpbɔrd || ˈmɒpbɔːd/ *n* (AmE) ▸ **baseboard**

mope¹ /məʊp/ *vi* (colloq) estar* deprimido *or* alicaído; **to ~ around** *o* **about** andar* deprimido *or* alicaído

mope² *n* [1] (instance) (colloq) (*no pl*): **to have a ~** estar* deprimido *or* alicaído [2] **mopes** *pl* (colloq): **the ~s** la depre (fam), el muermo (Esp fam)

moped /ˈməʊped/ *n* ciclomotor *m*, bicimoto *m*

moppet /ˈmɑːpət || ˈmɒpɪt/ *n* (colloq) angelito *m* (fam)

mopping up /ˌmɑːpɪŋˈʌp || ˌmɒpɪŋˈʌp/ *n* [u] limpieza *f*; (*before n*): **mopping-up operation** operación *f* de limpieza

moquette /məʊˈket || mɒˈket/ *n* [u] alfombra *f* (*de pared a pared*), moqueta *f* (Esp), moquette *f* (RPl)

moraine /məˈreɪn/ *n* [u c] morena *f*, morrena *f*

moral¹ /ˈmɔːrəl || ˈmɒrəl/ *adj* [1] (related to morality) ‹*values/duty*› moral; **the decline in ~ standards** la decadencia moral [2] (morally good) ‹*person/book/film*› moral [3] (psychological) moral; **~ support** apoyo *m* moral

moral² *n*

A (message) moraleja *f*

B **morals** *pl* (principles) moralidad *f*; **the ~s of young people today** la moralidad de la juventud hoy día; **have you no ~s?** ¿no tienes ningún sentido moral?; **who are you to criticize my ~s?** ¿quién eres tú para criticar mi manera de proceder *or* mi conducta?

morale /məˈræl || məˈrɑːl/ *n* [u] moral *f*; **~ is high/low** tienen (*or* tenemos *etc*) la moral alta/baja; **to boost sb's ~** levantarle la moral a algn; **to dent/break sb's ~** minarle/destrozarle* la moral a algn; **good/bad for ~** bueno/malo para la moral

morale-booster /məˈræl‚buːstər || məˈrɑːl ‚buːstə(r)/ *n*: **it was intended as a ~** tenía por objeto levantarles (*or* levantarnos *etc*) la moral

moralist /ˈmɔːrələst || ˈmɒrəlɪst/ *n* moralista *mf*

moralistic /ˌmɔːrəˈlɪstɪk || ˌmɒrəˈlɪstɪk/ *adj* moralizador

morality /məˈræləti/ *n* (*pl* **-ties**) [1] [u c] (ethics) moralidad *f*, moral *f*, ética *f* [2] **~ (play)** moralidad *f*

moralize /ˈmɔːrəlaɪz || ˈmɒrəlaɪz/ *vi* [1] (make moral pronouncement) moralizar* [2] **moralizing** *pres p* ‹*tone/speech*› moralizador

moralizer /ˈmɔːrəlaɪzər || ˈmɒrəlaɪzə(r)/ *n* moralizador, -dora *m,f*

morally /ˈmɔːrəli || ˈmɒrəli/ *adv* [1] (from moral standpoint) moralmente; **a ~ bankrupt society** una sociedad en la bancarrota moral [2] (virtuously) ‹*behave*› moralmente, éticamente

moral majority *n* (+ *pl vb*) mayoría *f* moral

moral victory *n* victoria *f* moral

morass /məˈræs/ *n* ciénaga *f*; **a ~ of paperwork** un lío de papeles; **the bureaucratic ~ of rules and regulations** el laberinto burocrático de normas y reglamentos

moratorium /ˌmɔːrəˈtɔːriəm || ˌmɒrəˈtɔːriəm/ *n* (*pl* **-riums** *or* **-ria** /-riə/) moratoria *f*; **to call for/declare a ~** pedir*/declarar una moratoria; **~ ON sth** moratoria EN algo

Moravia /məˈreɪvjə || məˈreɪviə/ *n* Moravia *f*

morbid /ˈmɔːrbəd || ˈmɔːbɪd/ *adj* [1] ‹*curiosity/interest*› morboso, malsano; ‹*fear/mind*› morboso [2] (Med) mórbido; **~ anatomy** anatomía *f* patológica

morbidity /mɔːrˈbɪdəti || ˌmɔːˈbɪdəti/ *n* [u] [1] (of attitude, imagination) morbosidad *f* [2] (Med) morbosidad *f*

morbidly /ˈmɔːrbədli || ˈmɔːbɪdli/ *adv* morbosamente

mordant /ˈmɔːrdnt || ˈmɔːdnt/ *adj* (liter) mordaz

mordent /ˈmɔːrdnt || ˈmɔːdnt/ *n* mordente *m*

more¹ /mɔːr || mɔː(r)/ *adj* [1] (additional number, amount) más; **I need ~ time** necesito más tiempo; **would you like some ~?** ¿quieres más?; **they didn't ask any ~ questions** no hicieron más preguntas; **there'll be no ~ talking** se acabó la charla; **they plan to build a lot ~ houses** piensan construir muchas más casas; **how much ~ flour should I put in?** ¿cuánta harina más tengo que agregarle?; **how many ~ people have to die?** ¿cuántos más tienen que morir?; **for ~ information call 387351** para mayor información llamar al 38-73-51; **you could do with a bit ~ exercise** deberías hacer un poco más de ejercicio; **I have just one ~ question** tengo una sola pregunta más; **wait ten ~ minutes** espera diez minutos más; **~ and ~ people are becoming dissatisfied** cada vez hay más gente insatisfecha; **the ~ money you earn, the ~ tax you have to pay** cuanto más dinero se gana, (tantos) más impuestos hay que pagar [2] (in comparisons) más; **I eat ~ meat than you** yo como más carne que tú; **I read ~ than I used to** leo más que antes

more² *pron* [1] (additional number, amount) más; **they always want ~** siempre quieren más; **let's say no ~ about it** no hablemos más del asunto; **toys, games and much, much ~** juguetes, juegos y muchísimas cosas más; **how much/many ~ do you want?** ¿cuánto/cuántos más quieres?; **what ~ could you possibly want?** ¿qué más puedes pedir *or* quieres?; **and, what is ~, ...** y lo que es más, ...; **the ~ she eats, the thinner she gets** cuanto más come, más adelgaza; **have you anything ~ to say?** ¿tiene algo más que decir?; **~ of the snow has melted** se ha derretido más nieve; **I'd like to see ~ of my children** me gustaría ver a mis hijos más a menudo [2] (in comparisons) más; **you eat ~ than me** tú comes más que yo; **it won't cost ~ than $10** no costará más de diez dólares; **no ~ than 20 people were present** no había más de 20 personas; **we had four ~ than we needed** nos sobraron cuatro, había cuatro de más; **there's ~ to life than politics** hay cosas más importantes en la vida que la política; **there are ~ of us than them** somos más que ellos; **my brother is ~ of a businessman than I am** mi hermano tiene mucha más idea para los negocios que yo

more³ *adv*

A [1] (to greater extent) más; **you watch television ~ than I do** tú ves más televisión que yo; **I couldn't agree ~** estoy totalmente de acuerdo; **I don't go there any ~ than I have to** no voy ahí más de lo necesario; **I admired his courage the ~ for my own fear** el hecho de sentir yo miedo me hacía admirar aún más su valor; **they tried to take it from her, but she clung to it all the ~** intentaron quitárselo, pero ella se aferró aún más a él; **I've been ~ than fair with you** he sido más que justo contigo; **she no ~ sat for Picasso than I did** ésa posó para Picasso tanto como yo (iró); **I love you ~ each day** te quiero cada día más; **~ or less** más o menos; **I was ~ than a little surprised by your attitude** tu actitud me sorprendió bastante [2] (*before adj, adv*) más; **could you please speak ~ clearly?** ¿podría hacer el favor de hablar más claro?; **~ often** con más frecuencia, más a menudo; **the ~ experienced of the two candidates** el candidato con más experiencia de los dos; **this made her all the ~ determined** esto la afirmó aún más en su resolución

B (again, longer) más; **once/twice ~** una vez/dos veces más; **I don't eat meat any ~** ya no como carne; **we slept, then talked some ~** dormimos, luego hablamos otro poco

C (rather): **it's ~ an encyclopedia than a dictionary** es más una enciclopedia que un diccionario; **I was ~ surprised than anything** me causó más que nada sorpresa

moreish /ˈmɔːrɪʃ/ *adj* (BrE colloq): **these biscuits are very ~** uno no puede parar de comer estas galletas, estas galletas son un vicio

morel /məˈrel/ *n* colmenilla *f*, morilla *f*

morello (cherry) /məˈreləʊ/ *n* guinda *f*

moreover /mɔːˈrəʊvər || mɔːˈrəʊvə(r)/ *adv* (frml) (*as linker*) además, por otra parte; **the contract ~ stipulates that ...** el contrato estipula además *or* por otra parte que ...; **it appears, ~, that he was related to her** es más, parece ser que era pariente suyo

mores /ˈmɔːreɪz/ *pl n* costumbres *fpl* y convenciones *fpl*

morganatic /ˌmɔːrgəˈnætɪk || ˌmɔːgəˈnætɪk/ *adj* morganático

morgue /mɔːrg || mɔːg/ *n* depósito *m* de cadáveres, morgue *f* (AmL)

MORI® /ˈmɔːri || ˈmɒri/ *n* = **Market and Opinion Research Institute**

moribund /ˈmɔːrəbʌnd || ˈmɒrɪbʌnd/ *adj* moribundo

Mormon¹ /ˈmɔːrmən || ˈmɔːmən/ *n* mormón, -mona *m,f*

Mormon² *adj* mormón

> **Mormon**
>
> La *Church of Jesus Christ of Latter-Day Saints* cuenta hoy con unos 10 millones de miembros, denominados Mormons. Fue fundada en 1830 por Joseph Smith. Posteriormente, guiados por Brigham Young, sus miembros se trasladaron hacia el oeste para fundar Salt Lake City en el estado de Utah, la mayoría de cuyos habitantes son hoy mormones. Tienen reglas morales muy estrictas y no beben alcohol ni café.

Mormonism /ˈmɔːrmənɪzəm || ˈmɔːmənɪzəm/ *n* [u] mormonismo *m*

morn /mɔːrn || mɔːn/ *n* (poet) (morning) mañana *f*; (dawn) alborada *f* (liter)

mornay /mɔːrˈneɪ || ˈmɔːneɪ/ *adj*: **~ sauce** salsa *f* de queso; **cauliflower ~** coliflor *f* con salsa de queso

morning /ˈmɔːrnɪŋ || ˈmɔːnɪŋ/ ▸❶ p.1798 *n*

A [1] (time of day) mañana *f*; **he hasn't been in all ~** no ha venido en toda la mañana; **yesterday/tomorrow ~** ayer/mañana por la mañana *or* (AmL tb) en la mañana *or* (RPl tb) a la mañana *or* de mañana; **the following ~** a la mañana siguiente; **every ~** todas las mañanas, cada mañana; **every Saturday ~** todos los sábados por la mañana (*or* en la mañana *etc*); **at eight o'clock in the ~** a las ocho de la mañana; **until three in the ~** hasta las tres de la mañana *or* madrugada; **I always have a shower first thing in the ~** siempre me ducho en cuanto me levanto; **we'll do it first thing in the ~** lo haremos por la mañana a primera hora; **where were you on the ~ of August 16?** ¿dónde estaba usted la mañana del 16 de agosto?; **~ is my best time for working** trabajo mucho mejor por la mañana (*or* en la mañana *etc*); **the ~ after (the night before)** (colloq & hum) la mañana después de una noche de juerga; **(good) ~!** ¡buenos días!, ¡buen día! (RPl); (*before n*): **~ coffee** café *m* (*servido a media mañana*); **~ paper** diario *m or* periódico *m* de la mañana, matutino *m*; **the ~ star** el lucero del alba [2] (early period) (liter) albores *mpl* (liter), aurora *f* (liter)

B **mornings** (*as adv*) por las mañanas, en las mañanas (AmL), a la *or* de mañana (RPl)

morning-after pill /ˌmɔːrnɪŋˈæftər || ˌmɔːnɪŋ ˈɑːftə(r)/ *n* píldora *f* del día siguiente

morning coat *n* chaqué *m*, frac *m*, jaquet *m* (CS)

morning dress *n* [u] traje *m* de chaqué, chaqué *m*, frac *m*, jaquet *m* (CS)

morning glory *n* campanilla *f*, dondiego *m* de día

morning sickness *n* [u] náuseas *fpl* (matinales) (*del embarazo*)

Moroccan¹ /məˈrɑːkən || məˈrɒkən/ *adj* marroquí

Moroccan² *n* marroquí *mf*

Morocco /məˈrɑːkəʊ || məˈrɒkəʊ/ *n* Marruecos *m*

morocco (leather) /məˈrɑːkəʊ || məˈrɒkəʊ/ *n* [u] tafilete *m*, cuero *m* marroquí

moron /ˈmɔːrɑːn || ˈmɔːrɒn/ *n* (colloq & pej) imbécil *mf*, tarado, -da *m,f* (fam)

moronic /mɔːˈrɑːnɪk || məˈrɒnɪk/ *adj* imbécil

morose /məˈrəʊs/ *adj* taciturno

morosely /məˈrəʊsli/ *adv* con aire taciturno

morph¹ /mɔːrf || mɔːf/ *n* morfo *m*

morph² *vi*

A (Comput) hacer* un morph (*hacer una pequeña película de video en la que se puede ver cómo un objeto se transforma poco a poco en otro*)

m

B (colloq) transformarse; **to ~ INTO sth** transformarse EN algo

morpheme /ˈmɔːrfiːm || ˈmɔːfiːm/ *n* morfema *m*

morphia /ˈmɔːrfiə || ˈmɔːfiə/ *n* [u] (dated) morfina *f*

morphine /ˈmɔːrfiːn || ˈmɔːfiːn/ *n* [u] morfina *f*

morphing /ˈmɔːrfɪŋ || ˈmɔːfɪŋ/ *n* [u] morphing *m* (*transformación de una imagen inicial mediante distorsiones progresivas*)

morphological /ˌmɔːrfəˈlɑːdʒɪkəl || ˌmɔːfəˈlɒdʒɪkəl/ *adj* morfológico

morphology /mɔːrˈfɑːlədʒi || mɔːˈfɒlədʒi/ *n* [u] morfología *f*

morris dancing /ˈmɑːrɪs || ˈmɒrɪs/ *n*: *bailes folklóricos ingleses*

morrow /ˈmɑːrəʊ || ˈmɒrəʊ/ *n* **1** (next day) (arch *or* liter): **let us see what the ~ brings** veamos qué nos depara el nuevo día; **with no thought for the ~** sin pensar en el (día de) mañana; **we shall depart on the ~** partiremos mañana **2** (morning) (arch): **good ~!** ¡buenos días!

Morse /mɔːrs || mɔːs/ *n* [u] morse *m*; **in ~ (code)** en (código) morse

morsel /ˈmɔːrsəl || ˈmɔːsəl/ *n* (of food) bocado *m*; **a tasty/succulent ~** un bocado sabroso/suculento; **this ~ of information** este dato

mortal[1] /ˈmɔːrtl || ˈmɔːtl/ *adj* **1** (subject to death) mortal; **~ remains** restos *mpl* mortales **2** (fatal) (liter) ‹*blow/injury*› mortal; **~ sin** pecado *m* mortal **3** (until death) (liter): **~ enemy** enemigo, -ga *m,f* mortal; **~ combat** combate *m* a muerte **4** (extreme) (liter) ‹*danger*› de muerte; ‹*terror*› pavoroso

mortal[2] *n* mortal *mf*; **lesser ~s find this difficult** al común de los mortales esto le resulta difícil; **he doesn't associate with mere ~s like us** no se trata con gente del vulgo como nosotros

mortality /mɔːrˈtæləti || mɔːˈtæləti/ *n* [u] **1** (death rate) mortalidad *f*; (*before n*): **~ rate** índice *m* de mortalidad **2** (loss of life) mortandad *f* **3** (condition) mortalidad *f*

mortally /ˈmɔːrtli || ˈmɔːtəli/ *adv* **1** (fatally) de muerte, mortalmente; **~ wounded** herido de muerte, mortalmente herido **2** (extremely) muchísimo; **they were ~ afraid/offended** se asustaron/se ofendieron muchísimo

mortar[1] /ˈmɔːrtər || ˈmɔːtə(r)/ *n*
A [u] (cement) argamasa *f*, mezcla *f*, mortero *m*
B [c] (weapon) mortero *m*
C [c] (bowl) mortero *m*, almirez *m*, molcajete *m* (Méx)

mortar[2] *vt* (Mil) bombardear con morteros

mortarboard /ˈmɔːrtərbɔːrd || ˈmɔːtəbɔːd/ *n* **1** (academic cap) birrete *m* **2** (builder's tray) esparavel *m*

mortgage[1] /ˈmɔːrgɪdʒ || ˈmɔːgɪdʒ/ *n* (charge) hipoteca *f*; (loan) préstamo *m or* crédito *m* hipotecario, hipoteca *f*; **to pay off a ~** terminar de pagar una hipoteca, redimir una hipoteca (frml); **we've paid off the ~ on the house** hemos terminado de pagar la hipoteca *or* el préstamo *or* el crédito de la casa; **~ ON sth**: **to take out a ~ on a property** hipotecar* una propiedad; **we've taken out a second ~ on the house** hemos rehipotecado la casa; (*before n*): **~ arrears** atrasos *mpl* en el pago de la hipoteca; **~ broker** asesor hipotecario, asesora hipotecaria *m,f*; **~ lender** entidad *f* de crédito hipotecario; **~ loan** préstamo *m* hipotecario; **~ payment** pago *m* de la hipoteca

mortgage[2] *vt* ‹*house/land*› hipotecar*; **they've ~d the country's future** han hipotecado el futuro del país

mortgagee /ˌmɔːrgɪˈdʒiː || ˌmɔːgɪˈdʒiː/ *n* acreedor hipotecario, acreedora hipotecaria *m,f*

mortgagor /ˌmɔːrgɪˈdʒɔːr || ˈmɔːgɪdʒə(r)/ *n* deudor hipotecario, deudora hipotecaria *m,f*

mortice /ˈmɔːrtəs || ˈmɔːtɪs/ *n/vt* ▸ **mortise**[1], **mortise**[2]

mortician /mɔːrˈtɪʃən || mɔːˈtɪʃən/ *n* (AmE) **1** (employee) *persona que trabaja en una funeraria* **2** (funeral director) director, -tora *m,f* de pompas fúnebres

mortification /ˌmɔːrtəfəˈkeɪʃən || ˌmɔːtɪfɪˈkeɪʃən/ *n* [u] **1** (embarrassment) vergüenza *f*, pena *f* (AmL exc CS); **to my ~ I realized that ...** ¡que vergüenza sentí cuando me di cuenta de que ...! **2** (Relig) mortificación *f*; **~ of the flesh** mortificación de la carne

mortify /ˈmɔːrtəfaɪ || ˈmɔːtɪfaɪ/ *vt* **-fies, -fying, -fied**
A (Relig) ‹*flesh/passions*› mortificar*
B **mortified** *past p* **I was mortified** me dio mucha vergüenza, me sentí muy avergonzado, me dio mucha pena (AmL exc CS)

mortifying /ˈmɔːrtəfaɪɪŋ || ˈmɔːtɪfaɪɪŋ/ *adj* humillante, bochornoso

mortise[1] /ˈmɔːrtəs || ˈmɔːtɪs/ *n* mortaja *f*, entalladura *f*; (*before n*): **~ lock** cerradura *f* embutida; **~ and tenon joint** ensambladura *f* de mortaja y espiga

mortise[2] *vt* ensamblar con ensambladura de mortaja y espiga

mortuary /ˈmɔːrtʃueri || ˈmɔːtjʊəri/ *n* (*pl* **-ries**) depósito *m* de cadáveres, morgue *f* (AmL)

mosaic /məʊˈzeɪɪk/ *n* mosaico *m*; (*before n*): **~ floor** suelo *m* de mosaico

Mosaic /məʊˈzeɪɪk/ *adj*: **~ law** la ley de Moisés, la ley mosaica

Moscow /ˈmɑːskaʊ || ˈmɒskəʊ/ *n* Moscú *m*

Moselle /məˈzel || məʊˈzel/ *n* **1** (river): **the ~** el Mosela **2** [u] *also* **moselle** (wine) vino *m* del Mosela

Moses /ˈməʊzəz || ˈməʊzɪz/ *n* Moisés

mosey /ˈməʊzi/ *vi* **moseys, moseying, moseyed** (colloq): **well, guess I'll just ~ along** bueno, pues me voy yendo; **I'll just ~ on down to the store** me voy a dar un paseo hasta la tienda

mosh /mɑːʃ || mɒʃ/ *n* (colloq) mosh *m* (*tipo de baile caracterizado por saltar y darse empujones unos a otros al ritmo de la música*)

Moslem /ˈmɑːzləm || ˈmɒzləm/ *n/adj* ▸ **Muslim**[1], **Muslim**[2]

mosque /mɑːsk || mɒsk/ *n* mezquita *f*

mosquito /məˈskiːtəʊ || mɒsˈkiːtəʊ/ *n* (*pl* **-toes** *or* **-tos**) mosquito *m*, zancudo *m* (AmL); (*before n*): **~ bite** picadura *f* de mosquito *or* (AmL tb) de zancudo; **~ coil** espiral *f* antimosquitos; **~ net** mosquitero *m*, mosquitera *f*

moss /mɔːs || mɒs/ *n* [u c] musgo *m*

mossy /ˈmɔːsi || ˈmɒsi/ *adj* **-sier, -siest** **1** (covered in moss) musgoso, cubierto de musgo **2** (moss-like) ‹*color/texture*› como de musgo

most[1] /məʊst/ *adj* **1** (nearly all) la mayoría de, la mayor parte de; **~ daily newspapers have crosswords** la mayoría *or* la mayor parte de los diarios traen crucigramas; **~ people would agree** casi todo el mundo *or* la mayoría de la gente estaría de acuerdo; **you'll find me there ~ days** estoy allí casi todos los días **2** (*as superl*) más; **who eats (the) ~ meat in your family?** ¿quién es el que come más carne de tu familia?; **the winner is the person who answers the ~ questions correctly** gana la persona que más preguntas acierta *or* que acierta el mayor número de preguntas

most[2] *pron* **1** (nearly all) la mayoría, la mayor parte; **all of the houses have central heating and ~ have garages** todas las casas tienen calefacción central y la mayoría *or* la mayor parte tienen garajes; **~ of us/them** la mayoría de nosotros/ellos; **~ of the wine has been drunk** se ha bebido casi todo el vino; **I read ~ of it** lo leí casi todo; **~ of my experience has been in sales** casi toda mi experiencia ha sido en ventas **2** (*as superl*): **she ate the ~** fue la que más comió, comió más que nadie; **which of your employees earns (the) ~?** ¿cuál de sus empleados es el que gana más?; **it is the ~ we can offer you** es todo lo que podemos ofrecerle; **at (the) ~** como máximo, a lo sumo; **you'll be cautioned at (the) ~** como mucho te amonestarán; **two days at the very ~** como máximo *or* a lo sumo dos días; ***to make the ~ of sth*** aprovechar algo al máximo, sacar* el mejor provecho *or* partido posible de algo; **you won't get another chance, so make the ~ of it** no vas a tener otra oportunidad, así que aprovéchala al máximo **3** (people) la mayoría

most[3] *adv*
A **1** (to greatest extent) más; **what I like/dislike (the) ~ about him is ...** lo que más/menos me gusta de él es ...; **I'd like to thank ~ of all my wife** quisiera darle las gracias sobre todo a mi esposa; **I enjoyed the last act ~ of all** el último acto fue el que más me gustó **2** (*before adj, adv*) más; **which is the ~ expensive?** ¿cuál es el más caro?; **he was the ~ friendly of the people I spoke to** de toda la gente con la que hablé, él fue el más simpático; **it is our eldest son who comes to see us (the) ~ often** es nuestro hijo mayor el que nos viene a ver más a menudo
B (*as intensifier*): **what happened was ~ interesting** lo que sucedió fue de lo más interesante; **it was ~ kind of you** fue muy amable de su parte; **~ certainly** con toda seguridad; **~ probably** *o* **likely** muy probablemente; **His M~ Serene Majesty** Su Serenísima Majestad; **M~ Reverend** Reverendísimo
C (almost) (AmE colloq) casi; **she ate ~ all the food** se comió casi toda la comida

most-favored nation, (BrE) **most-favoured nation** /ˈməʊstˈfeɪvərd || ˌməʊst ˈfeɪvəd/ *n* nación más favorecida; (*before n*): **most-favored-nation clause** cláusula *f* de la nación más favorecida

mostly /ˈməʊstli/ *adv*: **her friends are ~ students** la mayoría de sus amigos son estudiantes, sus amigos son en su mayoría estudiantes, casi todos sus amigos son estudiantes; **the land is ~ flat** el terreno es en su mayor parte llano; **she works ~ in the evenings** trabaja sobre todo por las noches; **it's ~ because ...** es principalmente *or* más que nada porque ...; **we grow tomatoes ~** cultivamos principalmente *or* más que nada tomates; **~, the food was good** en general, la comida era buena

most valuable player *n* (AmE) jugador más destacado, jugadora más destacada *m,f*

MOT *n* (in UK): **~ (test)** *inspección técnica a la que deben someterse anualmente todos los vehículos de más de tres años*; ITV *f* (*en Esp*)

mote /məʊt/ *n* mota *f*; **the ~ that is in thy brother's eye** (Bib) la paja en el ojo ajeno

motel /məʊˈtel/ *n* motel *m*

motet /məʊˈtet/ *n* motete *m*

moth /mɔːθ || mɒθ/ *n* mariposa *f* de la luz, palomilla *f*; (clothes **~**) polilla *f*; ***like ~s around a flame*** como las mariposas alrededor de la luz

mothball[1] /ˈmɔːθbɔːl || ˈmɒθbɔːl/ *n* bola *f* de naftalina; ***to put a plan/project in ~s*** aparcar* *or* archivar un plan/proyecto; **the battleship was put in ~s after the war** después de la guerra, mandaron el buque a la reserva

mothball[2] *vt* ‹*ship*› mandar a la reserva; ‹*program/project*› aparcar*, archivar; ‹*supplies*› dejar en depósito; **the steelworks will be ~ed until a buyer is found** van a cerrar la acería hasta que surja un comprador

moth-eaten /ˈmɔːθˌiːtn || ˈmɒθˌiːtn/ *adj* apolillado

mother[1] /ˈmʌðər || ˈmʌðə(r)/ *n* madre *f*; (*as form of address*) madre (ant), mamá; (to nun) madre; **an expectant ~** una mujer embarazada, una futura madre *or* mamá; **an unmarried ~** una madre soltera; **~ of three killed in a blast** (journ) madre de familia muere en una explosión; **she was a second ~ to me** fue como una segunda madre para mí; **he's a ~'s boy** es un niño *or* un nene de mamá (fam); **they all died, every ~'s son (of them)** se murieron absolutamente todos; **some ~s do have them** (BrE set phrase) ¡hay cada idiota suelto por el mundo!; **shall I be ~?** (BrE set phrase) ¿sirvo yo?; (*before n*): **~ country** madre patria *f*; **~ figure** figura *f* materna *or* de la madre; **~ love** amor *m* de (la) madre; **~ plane/ship** avión *m* /buque *m* nodriza

mother[2] *vt* mimar

mother[3] *adv*: **~ naked** (AmE colloq) como Dios lo (*or* me *etc*) trajo al mundo (fam)

motherboard /ˈmʌðərbɔːrd || ˈmʌðəbɔːd/ *n* placa *f* madre

mothercraft /ˈmʌðərkræft || ˈmʌðəkrɑːft/ *n* puericultura *f* (*para madres*)

mother earth *n* la madre tierra, la Pachamama (AmS)

motherfucker /ˈmʌðər,fʌkər || ˈmʌdə,fʌkə(r)/ *n* (AmE vulg) (person) hijo *m* de puta *or* (Méx) de la chingada (vulg); (thing) mierda *f* (vulg), madre *f* (Méx vulg)

motherfucking /ˈmʌðər,fʌkɪŋ || ˈmʌðə,fʌkɪŋ/ *adj* (*before n*) (AmE vulg) de mierda (vulg), de la chingada (Méx vulg)

mother hen *n* (hum) gallina *f* clueca (fam), madraza *f*

motherhood /ˈmʌðərhʊd || ˈmʌðəhʊd/ *n* [u] maternidad *f*

Mothering Sunday /ˈmʌðərɪŋ/ *n* (BrE) ▸ **Mother's Day**

mother-in-law /ˈmʌðərm,lɔː/ *n* (*pl* **mothers-in-law**) suegra *f*, madre *f* política (frml)

motherland /ˈmʌðərlænd || ˈmʌðəlænd/ *n* patria *f*

motherless /ˈmʌðərləs || ˈmʌðəlɪs/ *adj* huérfano de madre, sin madre

motherly /ˈmʌðərli || ˈmʌðəli/ *adj* maternal; **she's the ~ type** es muy maternal, es una madraza

Mother Nature *n* la (Madre) Naturaleza

mother-of-pearl /,mʌðərəvˈpɜːrl || ,mʌðərəvˈpɜːl/ *n* [u] nácar *m*, madreperla *f*, concha *f* nácar (Méx), concha *f* de perla (Chi); (*before n*) de nácar (*or* de madreperla *etc*)

Mother's Day *n* el día de la Madre

> **Mother's Day/Mothering Sunday**
>
> En EEUU, el Día de la Madre cae el segundo domingo de mayo y es la ocasión en que, por tradición, todas las madres reciben regalos y tarjetas por parte de sus hijos y se las invita a cenar fuera de casa. En el Reino Unido se emplea también el término más tradicional *Mothering Sunday* . Aquí cae el cuarto domingo de Cuaresma, y también es una ocasión en que las madres reciben pequeños regalos y tarjetas.

mother's ruin *n* [u] (colloq) ginebra *f*

Mother Superior *n* Madre *f* Superiora

mother-to-be /,mʌðərtəˈbiː || ,mʌðətəˈbiː/ *n* (*pl* **mothers-to-be**) futura madre *f*, futura mamá *f*

mother tongue *n* lengua *f* materna

mothproof /ˈmɔːθpruːf || ˈmɒθpruːf/ *adj* a prueba de polillas

motif /məʊˈtiːf/ *n* **1** (theme) tema *m*, motivo *m* **2** (design) motivo *m*

motion¹ /ˈməʊʃən/ *n*

A **1** [u] (movement) movimiento *m*; **to be in ~** estar* en movimiento, moverse*; **to set** *o* **put sth in ~** poner* algo en movimiento; ‹*project/plan*› poner* algo en marcha; **it set in ~ a whole chain of consequences** desencadenó toda una serie de consecuencias; (*before n*): **~ sickness** mareo *m*; *see also* **slow motion** **2** [c] (action, gesture) gesto *m*, movimiento *m*; **he made a cutting ~ with his hand** hizo ademán de cortar algo con la mano; ***to go through the ~s***: **they know they have the contract, but they still have to go through the ~s** saben que tienen el contrato, pero igual tienen que cumplir con las formalidades; **he went through the ~s of interviewing them** los entrevistó por pura fórmula

B **1** (for vote) moción *f*; **to propose a ~** presentar una moción; **to vote on a ~** someter una moción a voto *or* a votación; **to carry** *o* **pass a ~** aprobar* una moción; **the ~ was rejected/defeated** se rechazó/no se aprobó la moción **2** (Law) petición *f*

C (BrE) (Med) (frml) deposición *f* (frml); **to have** *o* **pass a ~** evacuar* el vientre (frml)

motion² *vi*: **she ~ed to her assistant** le hizo una señal a su ayudante; **they ~ed to us to sit down** nos hicieron señas para que nos sentáramos; **he ~ed for silence** hizo una señal pidiendo silencio

■ **motion** *vt*: **she ~ed them to be silent** les hizo señas para que se callaran; **he ~ed her aside** le indicó con un gesto que se apartara

motionless /ˈməʊʃənləs || ˈməʊʃənlɪs/ *adj* inmóvil, sin moverse

motion picture *n* película *f*; (*before n*): **the motion-picture industry** la industria cinematográfica *or* del cine

motivate /ˈməʊtəveɪt || ˈməʊtɪveɪt/ *vt* **1** ‹*crime/decision*› motivar; **what ~s someone to become a politician?** ¿qué motivos impulsan a alguien a dedicarse a la política?; **a politically ~d strike** una huelga con motivaciones políticas *or* por motivos políticos **2** ‹*staff/workforce*› motivar

motivated /ˈməʊtəveɪtəd || ˈməʊtɪveɪtɪd/ *adj* motivado; **to be highly ~** tener* mucha motivación, estar* muy motivado

motivation /,məʊtəˈveɪʃən || ,məʊtɪˈveɪʃən/ *n* **1** [u] (drive) motivación *f* **2** [u] (of others) motivación *f* **3** [c] (motive) motivo *m*, móvil *m* (frml)

motivational /,məʊtəˈveɪʃnəl || ,məʊtɪˈveɪʃnəl/ *adj* motivacional, de motivación

motive¹ /ˈməʊtɪv/ *n*

A (reason) motivo *m*, móvil *m* (frml); **she acted out of the best of ~s** lo hizo con la mejor intención; **his ~ was greed** actuó movido por la avaricia; **it's the profit ~ that inspires people** el afán de lucro es lo que mueve a la gente

B ▸ **motif**

motive² *adj* (*before n*) motor [*The feminine of* motor *is* motriz *or* motora]; **~ power** fuerza *f* motriz

motiveless /ˈməʊtɪvləs || ˈməʊtɪvlɪs/ *adj* ‹*killing/reaction*› sin motivo; ‹*generosity*› desinteresado

mot juste /ˈməʊˈʒuːst/ *n* (*pl* **~s ~s** /ˈməʊˈʒuːst/): **the ~ ~** la palabra justa; **the ~s ~s** la expresión justa

motley /ˈmɑːtli || ˈmɒtli/ *adj* ‹*collection/bunch*› variopinto, heterogéneo; **they're a ~ crew** forman una pandilla de lo más variopinto

motocross /ˈməʊtəʊkrɔːs || ˈməʊtəʊkrɒs/ *n* [u] motocross *m*

motor¹ /ˈməʊtər || ˈməʊtə(r)/ *n* **1** (engine) motor *m*; **an electric ~** un motor eléctrico **2** (car) (BrE sl) coche *m*, carro *m* (AmL exc CS), auto *m* (esp CS)

motor² *adj* (*before n*)

A (Auto, Mech Eng) ‹*parts/spares*› de automóvil; ‹*mechanic*› de automóviles; ‹*accident*› automovilístico, de coche, de automóvil (frml); **~ court** (AmE) motel *m*; **~ home** *o* (BrE) **caravan** caravana *f*, trailer *m*, casa *f* rodante (CS, Ven); **the ~ industry** (BrE) la industria automovilística *or* del automóvil, la industria automotriz; **~ insurance** seguro *m* de automóvil; **~ launch** (lancha *f*) motora *f*, lancha *f* a motor; **~ racing** carreras *fpl* automovilísticas; **~ show** salón *m* del automóvil; **~ sport** automovilismo *m*; **~ vehicle** (vehículo *m*) automóvil *m* (frml)

B (Physiol) ‹*neuron/nerve*› motor [*The feminine of* motor *is* motora *or* motriz]

motor³ *vi* (colloq & dated) ir* en coche

motorbike /ˈməʊtərbaɪk || ˈməʊtəbaɪk/ *n* moto *f*

motorboat /ˈməʊtərbəʊt || ˈməʊtəbəʊt/ *n* lancha *f* a motor, motora *f*

motorcade /ˈməʊtərkeɪd || ˈməʊtəkeɪd/ *n* desfile *m* de vehículos, caravana *f*

motorcar /ˈməʊtərkɑːr || ˈməʊtəkɑː(r)/ *n* **1** (Auto) (frml) automóvil *m* (frml) **2** (AmE) (Rail) automotor *m*

motorcycle /ˈməʊtər,saɪkəl || ˈməʊtə,saɪkəl/ *n* motocicleta *f*

motorcycling /ˈməʊtər,saɪklɪŋ || ˈməʊtə,saɪklɪŋ/ *n* [u] motociclismo *m*, motorismo *m*

motorcyclist /ˈməʊtər,saɪkləst || ˈməʊtə,saɪklɪst/ *n* motociclista *mf*, motorista *mf*

motoring /ˈməʊtərɪŋ/ *n* [u] automovilismo *m*; **the history of ~** la historia del automovilismo; **school of ~** (in UK) autoescuela *f*, escuela *f* de conductores *or* de choferes (AmL), escuela *f* de manejo (Méx); **The London School of M~** (in UK) (la) Autoescuela London; (*before n*): **~ offence** (BrE) infracción *f* de tráfico *or* (AmL tb) de tránsito; **a ~ holiday** (BrE) unas vacaciones en coche

motorist /ˈməʊtərəst || ˈməʊtərɪst/ *n* automovilista *mf*, conductor, -tora *m,f*

motorize /ˈməʊtəraɪz/ *vt* motorizar*

motorized /ˈməʊtəraɪzd/ *adj* **1** ‹*vehicle*› motorizado **2** ‹*infantry/brigade*› motorizado, mecanizado

motorman /ˈməʊtərmən || ˈməʊtəmən/ *n* (*pl* **-men** /-mən/) (AmE) maquinista *m*, conductor *m*

motor-mower /ˈməʊtərməʊər || ˈməʊtəməʊə(r)/ *n* motosegadora *f*

motorway /ˈməʊtərweɪ || ˈməʊtəweɪ/ *n* (BrE) autopista *f*

> **motorway**
>
> Gran Bretaña tiene un amplio sistema de autopistas (*motorways*) que tienen dos o tres carriles por calzada. Están señalizadas con la letra 'M' seguida de un número y tienen un límite de velocidad de 70 millas por hora (*112 kms/h*). No hay que pagar peaje.

mottle /ˈmɑːtl || ˈmɒtl/ *vt* manchar

mottled /ˈmɑːtld || ˈmɒtld/ *adj* ‹*skin/plumage*› manchado, moteado; ‹*marble*› veteado, jaspeado; **~ with black** a *or* con manchas negras

motto /ˈmɑːtəʊ || ˈmɒtəʊ/ *n* (*pl* **-toes**) **1** (of family, organization, school) lema *m*, divisa *f*; **live for the moment, that's my ~** vive el momento, ése es mi lema **2** (BrE) (in cracker — wise sentence) máxima *f*; (— riddle) adivinanza *f*; (— joke) chiste *m*

mould *n/vt* (BrE) ▸ **mold¹**, **mold²**

moulder *vi* (BrE) ▸ **molder**

moulding *n* (BrE) ▸ **molding**

mouldy *adj* (BrE) ▸ **moldy**

moult *vi/vt/n* (BrE) ▸ **molt¹**, **molt²**

mound /maʊnd/ *n* **1** (hillock) montículo *m* **2** (man-made) túmulo *m*; **burial ~** túmulo funerario **3** (in baseball) (*pitcher's ~*) montículo *m* (del lanzador *or* pítcher) **4** (heap) montón *m*; **a ~ of earth/rubble** un montón de tierra/escombros; **~s** *o* **a ~ of ironing** (colloq) montones *or* un montón de ropa para planchar (fam)

mount¹ /maʊnt/ *n*

A (mountain) (liter) monte *m*; **the Sermon on the M~** el sermón de la montaña; **the M~ of Olives** el Monte de los Olivos; **M~ Everest** el Everest

B (Equ) **1** (horse, donkey) montura *f*, monta *f* (period) **2** (ride) monta *f* (period)

C **1** (for machine, lathe, gun) soporte *m* **2** (for photograph, picture — surround) paspartú *m*, maría-luisa *f* (Méx); (— backing) fondo *m*; (for slide) marco *m* **3** (for stamp) fijasellos *m*, bisagra *f* **4** (for jewel) montura *f*, engarce *m*, engaste *m* **5** (microscope slide) portaobjetos *m*

mount²

A **1** ‹*horse/donkey*› montar, montarse en; **I ~ed my bicycle and rode off** (me) monté en *or* me subí a la bicicleta y salí pedaleando **2** ‹*stairs/ladder*› subir; ‹*platform/throne*› subir a; **the car ~ed the pavement** el coche se subió a la acera

B ‹*gun/telescope/picture*› montar; ‹*stamp/butterfly*› fijar; ‹*gem*› engarzar*, engastar, montar; ‹*specimen*› (for the microscope) colocar* en el portaobjetos

C (copulate with) (Zool) montar

D (prepare, carry out) ‹*attack/offensive*› preparar, montar; ‹*campaign/event*› organizar*, montar; ‹*picket*› formar; ‹*play*› montar, poner* en escena

■ **mount** *vi*

A **1** (increase, grow) «*cost/temperature*» subir, elevarse (frml); «*excitement/alarm/hostility*» crecer*, aumentar **2** **mounting** *pres p* ‹*cost/expenditure*› cada vez mayor, creciente; **amidst ~ing speculation** en medio de crecientes rumores

B (climb onto horse) montar

C (rise) (liter) ascender* (frml), subir; **as we ~ed higher** a medida que subíamos *or* (frml) que ascendíamos

Phrasal verb

• **mount up** [v + adv] «*bills/savings*» irse* acumulando

mountain /ˈmaʊntn || ˈmaʊntɪn/ *n* **1** (Geog) montaña *f*; **the butter ~** (BrE) (EU) los excedentes de mantequilla; ***to make a ~ out of a molehill*** hacer* una montaña de un grano de arena; (*before n*) ‹*stream/path*› de montaña; ‹*air*› de la montaña; ‹*scenery*› montañoso; **~ chain** cadena *f* de montañas; **~ climber** montañero, -ra *m,f*, alpinista *mf*, andinista *mf* (AmL); **~ climbing** montañismo *m*, alpinismo *m*, andinismo *m* (AmL); **~ range** cordillera *f*; (shorter) sierra *f*; **~ rescue team** equipo *m* de rescate de montaña; **~ sickness** mal *m* de alturas *or* de montaña, soroche *m* (Andes), apunamiento *m* (CS),

puna *f* (Chi) 2 (large quantity) (colloq) montaña *f* (fam)
mountain ash *n* serbal *m*
mountain bike *n* bicicleta *f* de montaña
mountain biker *n* ciclista *mf* de montaña, mountain biker *mf*
Mountain Daylight Time *n* [u] (in US) *hora de las Montañas Rocosas*
mountain dew *n* [u] (colloq) *ron o whisky destilado ilegalmente*
mountaineer[1] /ˌmaʊntnˈɪr || ˌmaʊntəˈnɪə(r)/ *n* [u] montañero, -ra *m,f*, alpinista *mf*, andinista *mf* (AmL)
mountaineer[2] *vi*: **to go ~ing** montañismo, hacer* alpinismo, hacer* andinismo (AmL)
mountaineering /ˌmaʊntnˈɪrɪŋ || ˌmaʊntəˈnɪərɪŋ/ *n* [u] montañismo *m*, alpinismo *m*, andinismo *m* (AmL)
mountain goat *n* cabra *f* montés
mountain laurel *n* kalmia *f*
mountain lion *n* puma *m*, león, leona *m,f* (AmC, Méx)
mountainous /ˈmaʊntnəs || ˈmaʊntɪnəs/ *adj* 1 montañoso 2 (large) descomunal, gigantesco
mountain railroad, (BrE) **mountain railway** *n* ferrocarril *m* de montaña
mountainside /ˈmaʊntnsaɪd || ˈmaʊntɪnsaɪd/ *n* ladera *f* de la montaña
mountaintop /ˈmaʊntntɑːp || ˈmaʊntɪntɒp/ *n* cima *f or* cumbre *f* (de la montaña)
mountebank /ˈmaʊntɪbæŋk/ *n* (liter) embaucador, -dora *m,f*, charlatán, -tana *m,f*
mounted /ˈmaʊntəd || ˈmaʊntɪd/ *adj*
A (on horse) montado; **~ police** policía *f* montada *or* a caballo
B ‹*photograph/engraving*› montado
Mountie, mountie /ˈmaʊnti/ *n* (in Canada) (colloq) policía *m* montado; **the ~s** la Policía Montada
mounting /ˈmaʊntɪŋ/ *n* ▸ **mount**[1] **C**
mounting block *n* montadero *m*, montador *m* (*para subirse al caballo*)
mourn /mɔːrn || mɔːn/ *vt* ‹*loss/tragedy*› llorar, lamentar; **she is still ~ing him/his death** todavía lo llora/llora su muerte
■ **mourn** *vi* **to ~ FOR sb** llorar a algn, llorar la pérdida *or* la muerte de algn; **she is still ~ing for the countryside** sigue añorando el campo; **to ~ OVER sth** ‹*over tragedy/loss*› llorar algo
mourner /ˈmɔːrnər || ˈmɔːnə(r)/ *n* doliente *mf*; **the ~s reached the grave** los dolientes llegaron a la tumba, el cortejo fúnebre llegó a la tumba; **to be the chief ~** presidir el duelo
mournful /ˈmɔːrnfəl || ˈmɔːnfəl/ *adj* ‹*expression/glance*› de profunda tristeza, acongojado (liter); ‹*sigh/cry*› lastimero; ‹*sight*› lamentable, triste
mournfully /ˈmɔːrnfəli || ˈmɔːnfəli/ *adv* ‹*sigh*› abrumado por el dolor; ‹*groan*› con voz lastimera; ‹*say*› tristemente
mourning /ˈmɔːrnɪŋ || ˈmɔːnɪŋ/ *n* [u] 1 (action, period) duelo *m*, luto *m*; **national ~** duelo *or* luto nacional; **to be in ~ for sb** estar* de luto por algn, guardar luto por algn; **she's still in ~ for her husband** todavía está de luto *or* guarda luto por su marido 2 **~ (clothes)** luto *m*; **to wear ~** llevar luto; **to go into/come out of ~** ponerse* de/quitarse el luto
mouse[1] /maʊs/ *n* (*pl* **mice**)
A 1 (animal) ratón *m*, laucha *f* (CS); ***as poor as a church ~*** más pobre que las ratas; ***as quiet as a ~***: **he's been as quiet as a ~ all day** no ha dicho ni pío en todo el día (fam); **she sat there as quiet as a ~** estaba allí sentada sin decir ni pío (fam) 2 (timid person) timorato, -ta *m,f*
B (Comput) ratón *m*; (*before n*): **~ button** botón *m* del ratón; **~ click** clic *m* del ratón; **~ pointer** puntero *m* del ratón
(Phrasal verb)
• **mouse over** *v + prep + o* (Comput): **to ~ over a link** pasar el ratón sobre/por encima de un enlace
mouse[2] /maʊz || maʊs/ *vi*: **to go mousing** (ir* a) cazar* ratones *or* (CS tb) lauchas
mousehole /ˈmaʊshəʊl/ *n* ratonera *f*
mousemat /ˈmaʊsmæt/ *n* alfombrilla *f* de *or* para ratón, almohadilla *f* para *or* de ratón, tapete *m* para ratón *or* mouse (Col, Méx)
mousepad /ˈmaʊspæd/ *n* ▸ **mousemat**
mouser /ˈmaʊzər || ˈmaʊsə(r)/ *n* (cat, owl) cazador, -dora *m,f* de ratones *or* (CS tb) de lauchas
mousetrap /ˈmaʊstræp/ *n* 1 [c] (trap) ratonera *f* 2 [u] (cheese) (BrE colloq) *queso barato*
mousey *adj* ▸ **mousy**
moussaka /muːˈsɑːkə/ *n* [u c] musaka *f*
mousse /muːs/ *n* [u c] 1 (Culin) mousse *f or m*, espuma *f* 2 (for hair) mousse *f*, espuma *f*
moustache *n* (BrE) ▸ **mustache**
moustachioed /məˈstæʃiəʊd || məˈstæʃiəʊd, -ˈstɑː-/ *adj* (BrE) ▸ **mustachioed**
mousy /ˈmaʊsi/ *adj* **-sier, -siest** 1 ‹*appearance*› de poquita cosa; **he's very ~** es muy poquita cosa 2 ▸ ❶ **p.1036** (in color) ‹*hair*› castaño desvaído *adj inv*
mouth[1] /maʊθ/ *n* (*pl* **mouths** /maʊðz/)
A 1 [c] (of person, animal) boca *f*; **she kissed him on the ~** le dio un beso en la boca; **her ~ fell open in amazement** se quedó boquiabierta *or* con la boca abierta (del asombro); **to open one's ~** abrir* la boca; **he didn't open his ~ all evening** no abrió la boca *or* (fam) no dijo ni pío en toda la noche; **open your ~ wide** abra bien la boca; **shut your ~!** (colloq) ¡cállate la boca! (fam), ¡cierra el pico! (fam); **you just keep your ~ shut about this** no digas ni media palabra de esto a nadie; **watch your ~!** (be careful) ¡ojo con lo que dices!; (response to obscenity) ¡qué boca!, ¡no digas palabrotas!; (response to insult) ¡cuidado con lo que dices!; **another (hungry) ~ to feed** otra boca más que alimentar; ***down in the ~*** alicaído, bajo de moral; ***to be all ~*** (sl) ser* un fanfarrón *or* (Esp tb) un fantasma (fam); ***to have a big ~*** hablar demasiado, ser* un bocazas *or* (Andes, Méx) un bocón *or* (RPl) (un) estómago resfriado (fam); **me and my big ~!** ¡quién me mandaría abrir la boca!; ***to make sb's ~ water***: **it made my ~ water** se me hizo agua la boca *or* (Esp) se me hizo la boca agua; ***to shoot off at the ~*** (AmE colloq) decir* disparates, disparatar; ***to shoot one's ~ off*** (colloq) (boast) fanfarronear (fam), darse* pisto (Esp fam); (reveal information) irse* de la lengua (fam), hablar más de la cuenta (fam) 2 [u] (insolence) (colloq) impertinencia *f*; **that's enough ~ from you!** ¡no seas impertinente!
B [c] (of bottle) boca *f*; (of tunnel, cave) entrada *f*; (of river) desembocadura *f*
mouth[2] /maʊð/ *vt* 1 (silently): **it's him, she ~ed** —es él —me/le dijo articulando para que le leyera los labios 2 (say) (pej) decir*; **to ~ platitudes** decir* lugares comunes; **~ing their prayers without understanding** recitando sus oraciones sin entender
■ **mouth** *vi* mover* los labios
(Phrasal verb)
• **mouth off** [v + adv (+ prep + o)] (colloq) (brag) fanfarronear (fam), fardar (Esp fam); (complain) protestar; **to ~ off ABOUT sth** (brag) jactarse DE algo; (complain) protestar POR algo; **to ~ off AT sb** poner* verde a algn (fam), insolentarse CON algn
-mouthed /maʊðd/ *suff*: **large~** de boca grande; *see also* **mealy-mouthed** *etc*
mouthful /ˈmaʊθfʊl/ *n* (of food) bocado *m*; (of drink) trago *m*; (of air) bocanada *f*; **that's ridiculous, she said between ~s** —eso es ridículo —dijo entre bocado y bocado; **he ate it in a single ~** se lo comió de un bocado; **it's a bit of a ~ (to say)** (difficult to pronounce) es un trabalenguas; (long) es larguísimo; ***to give sb a ~*** (insult) soltarle* una sarta de insultos a algn; (tell off) echarle una bronca a algn (fam)
mouth organ *n* armónica *f*
mouthpiece /ˈmaʊθpiːs/ *n*
A 1 (of telephone) micrófono *m* 2 (Mus) boquilla *f* 3 (AmE) (Sport) protector *m* (de dentadura)
B 1 (spokesperson) portavoz *mf* 2 (lawyer) (AmE sl) picapleitos *mf* (fam & pey)
mouth-to-mouth /ˌmaʊθtəˈmaʊθ/ *adj* (*before n*) boca a boca; **~ resuscitation** (respiración *f*) boca a boca *m*
mouthwash /ˈmaʊθwɔːʃ || ˈmaʊθwɒʃ/ *n* [u c] enjuague *m* (bucal), elixir *m* (bucal)
mouth-watering /ˈmaʊθˌwɔːtərɪŋ/ *adj* ‹*meal/recipe*› delicioso; **it looks ~** se te hace agua la boca *or* (Esp) se te hace la boca agua con sólo mirarlo
mouthy /ˈmaʊði/ *adj* **-thier, -thiest** (esp AmE sl) 1 (bombastic) fanfarrón; (insolent) respondón (fam) 2 (talkative) hablador
movable /ˈmuːvəbəl/ *adj* ‹*part*› movible, móvil; ‹*apparatus*› portátil; **~ feast** fiesta *f* movible *or* móvil; **~ property** (Law) bienes *mpl* muebles; **~ type** tipo *m* móvil
movables /ˈmuːvəbəlz/ *pl n* bienes *mpl* muebles
move[1] /muːv/ *n*
A (movement) movimiento *m*; **she watched their every ~** vigilaba todos sus movimientos; **one false ~ and I'll shoot** un movimiento en falso y disparo; **she made a ~ to get up/for the door** hizo ademán de levantarse/ir hacia la puerta; **it's time we made a ~** ya es hora de que nos vayamos *or* que nos pongamos en camino; ***on the ~***: **she's always on the ~** siempre está de un lado para otro; **these animals are always on the ~** estos animales siempre se están desplazando; **the train was on the ~ again** el tren se puso otra vez en marcha *or* movimiento; ***to get a ~ on*** (colloq) darse* prisa, apurarse (AmL); **get a ~ on!** ¡date prisa!, ¡apúrate! (AmL), ¡muévete! (fam)
B (change — of residence) mudanza *f*, trasteo *m* (Col); (— of premises) traslado *m*, mudanza *f*
C 1 (action, step) paso *m*; (measure) medida *f*; **this new law is seen as a ~ toward ...** esta nueva ley se ve como un paso hacia ...; **it was a good** *o* **wise ~** fue una buena decisión *or* un paso acertado; **several ~s to relieve unemployment have been announced** se han anunciado varias medidas para paliar el desempleo; **what's the next ~?** ¿cuál es el siguiente paso?, ¿ahora qué hay que hacer?; **it's up to her to make the next ~** le toca a ella dar el siguiente paso; **to make the first ~** dar* el primer paso; **don't make a ~ without telling me first** no hagas nada *or* no des ningún paso sin decírmelo antes 2 (in profession, occupation): **her next ~ took her to India** su siguiente puesto la llevó a la India; **an ideal ~ for a young executive** el paso más indicado para un joven ejecutivo; **the company's ~ into electronics** la entrada de la compañía en el campo de la electrónica
D (Games) movimiento *m*, jugada *f*; **whose ~ is it?** ¿a quién le toca mover *or* jugar?
move[2]

INDEX

■ **move** *verb intransitive*
A 1 to change place
2 to change one's address
B to change one's position
C to proceed, to go
D to advance, to develop
E to carry oneself
F to go fast
G to take steps, to act
H Games: chess etc
I to circulate socially
J to propose

■ **move** *verb transitive*
A to alter the position of
B 1 to transport: supplies, troops
2 to relocate, to transfer
3 to change the location of
C 1 to touch emotionally
2 to prompt sb to do
D to move: amendment, etc
E Games: a counter etc
F to sell
G Medicine

(Phrasal verbs)
• **move about**
• **move along**
• **move apart**
• **move around**
• **move away**
• **move back**
• **move down**
• **move forward**
• **move in**
• **move in on**
• **move off**
• **move on**
• **move out**
• **move over**
• **move up**

vi

A [1] (to change place): **why don't you ~ nearer the fire?** ¿por qué no te acercas *or* te arrimas al fuego?; **let's ~ into the shade** pongámonos a la sombra; **we could ~ to another table** podríamos cambiarnos de mesa; **I want to set the table: you'll have to ~** quiero poner la mesa: tendrás que levantarte *or* cambiarte de lugar; **you can ~ into his room while he's away** puedes cambiarte a su habitación mientras no está; **government troops have ~d into the area** tropas del gobierno se han desplazado *or* se han trasladado a la zona; **to ~ to a new job/school** cambiar de trabajo/colegio [2] (to change one's address, residence) mudarse, cambiarse; **when are you moving into your new house?** ¿cuándo te mudas *or* te cambias a la casa nueva?; **I have to ~ out of here by Friday** tengo que mudarme de aquí antes del viernes; **we'd like to ~ out of** *o* **away from London** nos gustaría irnos de Londres, nos gustaría mudarnos *or* cambiarnos fuera de Londres; *see also* **move in, move out**

B (to change one's position) moverse*; **don't ~!** ¡no te muevas!; **no one dared ~** nadie se atrevió a moverse; **I've eaten so much I can't ~** he comido tanto que no puedo ni moverme; **he ~d onto his side** se puso de lado; **don't you ~, I'll answer the door** tú tranquilo, que voy yo a abrir la puerta

C (to proceed, to go): **the procession/vehicle began to ~** la procesión/el vehículo se puso en marcha; **she fell from a moving bus** se cayó de un autobús en marcha; **the crane ~s on rails** la grúa se mueve sobre rieles; **get moving!** ¡muévete! (fam); **the police kept the crowds moving** la policía hacía circular a la multitud; **it's time we were moving** es hora de que nos pongamos en camino; **the trucks are moving northward** los camiones avanzan hacia el norte; **the earth ~s around the sun** la Tierra gira alrededor del Sol; **we ~d aside** *o* **to one side** nos apartamos, nos hicimos a un lado; **she ~d cautiously toward the door** se acercó cautelosamente a la puerta

D (to advance, to develop): **she was the one who got things moving** ella fue quien lo puso todo en marcha; **things seem to be moving** parece que las cosas marchan; **events ~d rapidly** los acontecimientos se desarrollaron rápidamente; **you have to ~ with the times, granny** hay que mantenerse al día, abuelita; **a fast-moving adventure story** una historia de aventuras de ritmo muy ágil; **the conflict has ~d into a new phase** el conflicto ha entrado en una nueva fase; **the conversation had ~d to a different topic** la conversación había derivado a otro tema; **to ~ into the lead/into second place** pasar a ocupar el primer/segundo lugar; **the Socialists have ~d ahead in the opinion polls** los socialistas han tomado la delantera según los sondeos; **she has ~d swiftly up the executive ladder** ha ascendido rápidamente en el escalafón ejecutivo; **media attention has ~d back to domestic issues** los medios de comunicación han vuelto a centrar su atención en los asuntos internos; **I'm moving toward the view that ...** cada vez me convenzo más de que ...; **the company plans to ~ into the hotel business** la compañía tiene planes de introducirse en el ramo hotelero

E (to carry oneself) moverse*; **she ~s beautifully** se mueve con mucha gracia *or* con mucho garbo

F (to go fast) (colloq) correr; **just watch those bikes ~!** ¡mira cómo corren esas motos!; **you'll have to ~ if you want to be there on time** te vas a tener que mover si quieres llegar a tiempo (fam)

G (to take steps, to act): **we must ~ now** tenemos que actuar ahora; **she ~d quickly to scotch rumors** inmediatamente tomó medidas para acallar los rumores; **they are waiting for us to ~ first** están esperando que nosotros demos el primer paso

H (Games) (in chess, checkers) mover*, jugar*; **is it my turn to ~?** ¿me toca (mover *or* jugar) a mí?; **the bishop ~s diagonally** el alfil se mueve en diagonal

I (to circulate socially) moverse*; **to ~ in literary/influential circles** moverse* en círculos literarios/influyentes; **he ~s in high society** alterna en *or* se codea con la alta sociedad

J (to propose) (fml) **to ~ FOR sth** proponer* algo; **she ~d for an adjournment** propuso un aplazamiento

■ **move** *vt*

A (to alter the position of): **let's ~ the sofa over there** pongamos el sofá allí; **why have you ~d the television?** ¿por qué has cambiado la televisión de sitio *or* de lugar?; **could you ~ your car, please?** ¿me haría el favor de quitar el coche de allí *or* de correr un poco el coche?; **~ your chair a little** corre un poco la silla; **ask him to ~ the boxes out of the way** dile que quite las cajas de en medio; **we could ~ the tables together** podríamos juntar las mesas; **don't ~ anything before the police arrive** no toquen nada hasta que llegue la policía; **~ yourself** (colloq) quítate de en medio, apártate; **we shall not be ~d!** ¡no nos moverán!; **~ your head! I can't see!** ¡aparta la cabeza *or* quita la cabeza de ahí, que no me dejas ver!; **I can't ~ my leg/neck** no puedo mover la pierna/el cuello; **she ~d her finger across the page** pasó el dedo por la página

B [1] (to transport) ‹*supplies/troops*› transportar, trasladar [2] (to relocate, to transfer) trasladar; **she was ~d to head office** la trasladaron a la oficina central; **he was too ill to be ~d** estaba demasiado enfermo para trasladarlo; **I'll ~ this paragraph further down** pondré este párrafo más abajo; **~ the decimal point one place to the right** corre la coma *or* (Col, Méx) el punto un lugar a la derecha [3] (to change the location of): **the firm that ~d us** la compañía que nos hizo la mudanza; **we ~d offices** nos mudamos *or* cambiamos de oficina; **to ~ house** (BrE) mudarse *or* cambiarse de casa; **she's ~d jobs** (BrE) ha cambiado de trabajo

C [1] (to touch emotionally) conmover*, emocionar; **she was visibly ~d** estaba obviamente conmovida *or* emocionada; **he's easily ~d** es muy sensible; **to ~ sb to tears** hacer* llorar a algn de la emoción; **I was deeply ~d by what I saw** lo que vi me conmovió profundamente [2] (to prompt sb to do) **to ~ sb to + INF: this ~d her to remonstrate** esto la indujo a protestar; **he was ~d to express his indignation** se sintió impulsado a expresar su indignación

D (Administration, Government) ‹*amendment/motion*› proponer*; **I ~ that a vote be taken** propongo que se someta a votación

E (Games) ‹*counter/pawn*› mover*

F (to sell) vender

G (Medicine) (fml): **to ~ one's bowels** mover* el vientre *or* el intestino (fml), hacer* de vientre

Phrasal verbs

• **move about** (BrE) ▸ **move around**

• **move along**

A [v + adv] [1] (go further along) correrse; **~ along, so I can sit down too** córrete *or* arrímate para que pueda sentarme yo también [2] (disperse) circular; **~ along, please, there's nothing to see** circulen, por favor, no hay nada que ver [3] (leave) (colloq) irse*, marcharse (esp Esp); **I'll be moving along now** ya me voy [4] (make progress) avanzar*

B [v + o + adv] hacer* circular; **the police ~d us along** la policía nos hizo circular

• **move apart** [v + adv] ‹‹*friends*›› distanciarse; **we've ~d apart since she got married** nos hemos distanciado desde que se casó

• **move around** (BrE also), **move about**

A [v + adv] [1] (walk) andar*; **there's someone moving around downstairs** anda alguien abajo [2] (change residence) mudarse, cambiarse (*a menudo*); (change job) cambiar de trabajo (*a menudo*)

B [v + o + adv] ‹*furniture*› cambiar de sitio *or* de lugar; ‹*employee/troops*› trasladar

• **move away** [v + adv] [1] (move house) mudarse (*de la ciudad, el barrio etc*) [2] ▸ **move off**

• **move back**

A [v + adv]: **they ~d back here in 1979** volvieron a vivir aquí en 1979; **they ~d back to let him pass** retrocedieron para dejarlo pasar

B [v + o + adv]: **~ the microphone back a bit** coloca el micrófono un poco más atrás; **she's ~d the date of the meeting back again** ha vuelto a aplazar la fecha de la reunión

• **move down**

A [v + adv]: **this song has ~d down five places** esta canción ha bajado cinco puestos; **~ right down inside, please!** (BrE) (Transp) ¡córranse al fondo, por favor!; **to ~ down into second gear** (BrE) cambiar a segunda

B [v + o + adv] bajar

• **move forward**

A [v + adv]: **I ~d forward to get a better view** me puse más adelante para ver mejor; **the date has ~d forward to July** han adelantado la fecha a julio

B [v + o + adv] ‹*troops*› hacer* avanzar; ‹*date/event*› adelantar

• **move in**

A [v + adv] [1] (set up home) mudarse, cambiarse (*a una casa, local etc*); **we ~d in last week** nos mudamos *or* nos cambiamos la semana pasada; **to ~ in WITH sb** irse* a vivir CON algn [2] (draw closer) acercarse* [3] (go into action) ‹‹*police*›› intervenir*; **the referee ~d in to separate the boxers** el árbitro intervino para separar a los boxeadores; **they ~d in at dawn** (Mil) atacaron al amanecer

B [v + o + adv, v + adv + o] [1] (put in place) ‹*furniture*› colocar*, instalar; ‹*tenant*› (BrE) alojar [2] (transport) transportar [3] (put on duty) ‹*troops*› trasladar

• **move in on** [v + adv + prep + o] [1] (advance upon) ‹*enemy*› avanzar* sobre [2] (encroach upon) ‹*territory/business*› invadir

• **move off** [v + adv] ‹‹*procession*›› ponerse* en marcha; ‹‹*car*›› arrancar*, ponerse* en marcha

• **move on**

Sense I [v + adv]

A [1] (walk further) seguir* adelante [2] ▸ **move along A3** [3] (continue journey) seguir* viaje

B [1] (proceed) pasar; **time is moving on** el tiempo pasa; **shall we ~ on?** ¿pasamos al punto siguiente?; **he's ~d on to higher things** ha pasado a hacer cosas más importantes; **the committee ~d on to discuss finance** la comisión pasó a discutir la financiación [2] (progress) progresar, avanzar*

Sense II [v + o + adv] (cause to disperse) ‹*spectators/loiterers*› hacer* circular

• **move out**

A [v + adv] (leave accommodation) irse*, mudarse, cambiarse (*de una casa, local etc*); **we're waiting for the tenants to ~ out** estamos esperando a que se vayan *or* se muden los inquilinos

B [v + o + adv, v + adv + o] [1] (remove from accommodation) ‹*tenant*› desalojar [2] (withdraw) ‹*troops*› retirar

• **move over** [v + adv] (make room) correrse; **~ over, so I can get in** córrete para que quepa yo también

• **move up**

A [v + adv] [1] (progress): **they've ~d up in the world** han prosperado mucho; **this song has ~d up five places** esta canción ha subido cinco puestos; **I ~d up into third gear** (BrE) cambié a tercera [2] (rise) ‹‹*price/shares/index*›› subir

B [v + o + adv] ‹*picture/shelf*› subir; **they ~d him up a class** lo pusieron en la clase inmediatamente superior

moveable *adj* ▸ **movable**

movement /'mu:vmənt/ *n*

A [1] [u] (motion) movimiento *m* [2] [c] (action, gesture) movimiento *m*; (with the hand) ademán *m*; **there was a sudden ~ in the bushes** de repente algo se movió entre los arbustos [3] [c u] (change — of position) movimiento *m*; (— in opinion) giro *m*; **a forward ~, a ~ forward** un movimiento hacia adelante; **she made a quick ~ sideways** se echó a un lado rápidamente; **there was a general ~ toward the exit** todo el mundo se fue hacia la salida; **troop ~s** movimientos de tropas [4] **movements** *pl* (activities, whereabouts) desplazamientos *mpl*, movimientos *mpl* [5] [u] (animation, activity) movimiento *m*; (in stock market) actividad *f*

B [u] [1] (transportation) movimiento *m* [2] (travel) desplazamiento *m*

C [c] (Art, Pol, Relig) movimiento *m*; **the ~ for reform is gaining ground** el movimiento proreforma está ganando terreno

D [c] (*bowel ~*) (euph) deposición *f* (fml); **to have a ~** evacuar* *or* mover* el vientre (fml)

E [c] (of clock, watch) mecanismo *m*

F [c] (Mus) movimiento *m*

mover /'muːvər || 'muːvə(r)/ *n* **1** (in debate) ponente *mf* **2** (in dancing) (colloq): **he's/she's a clumsy ~** tiene muy poco garbo; **the ~s and shakers** (journ) la plana mayor, los que mueven los hilos (fam) **3** (of furniture, belongings): **a firm of ~s** una compañía de mudanzas; **the ~s are here** ya han llegado los de la mudanza

movie /'muːvi/ *n* (esp AmE)
A (film) película *f*, film(e) *m* (period); (*before n*) ‹*actor/director*› de cine; **~ film** (AmE) película *f*; **~ industry** industria *f* cinematográfica *or* del cine; **~ producer** productor, -ra *m,f* de cine; **~ star** estrella *f* de cine; **~ theater** (AmE) cine *m*, sala *f* cinematográfica *or* de cine (frml)
B **movies** *pl* (esp AmE) **1** (building): **the ~s** el cine; **to go to the ~s** ir* al cine *or* a ver una película, ir* a cine (Col) **2** (industry) cine *m*; **she's in ~s** trabaja en (el) cine

movie camera *n* (esp AmE) filmadora *f or* (Esp) tomavistas *m*; (large, professional) cámara *f* cinematográfica

moviegoer /'muːvi,gəʊər || 'muːvi,gəʊə(r)/ *n* (esp AmE): **he's a keen ~** va mucho al cine, es muy aficionado al cine; **the street was full of ~s** la calle estaba llena de gente que iba al/venía del cine

moving /'muːvɪŋ/ *adj*
A (emotionally) emotivo, conmovedor; **I found the film very ~** la película me emocionó mucho
B (in motion) (*before n*) ‹*vehicle*› en movimiento; **~ part** pieza *f* movible *or* móvil; **~ target** blanco *m* móvil *or* en movimiento
C (AmE) (*before n*) de mudanzas
D (driving) ‹*force/spirit*› impulsor

-moving /,muːvɪŋ/ *suff*: **fast~** rápido; **slow~** lento

movingly /'muːvɪŋli/ *adv* emotivamente, conmovedoramente

moving pavement *n* (BrE) ▸**moving sidewalk**

moving sidewalk *n* (AmE) pasillo *m* rodante, pasillo *m* móvil

moving walkway *n* (AmE) ▸**moving sidewalk**

mow /məʊ/ *vt* (*past* **mowed**; *past p* **mown** *or* **mowed**) ‹*hay*› segar*; **to ~ the lawn** cortar el césped

Phrasal verb
- **mow down** [v + o + adv, v + adv + o] acribillar, segar* (liter)

mower /'məʊər || 'məʊə(r)/ *n* **1** (Hort) ▸**lawnmower** **2** (on farm) segadora *f* **3** (person) segador, -dora *m,f*

mown /məʊn/ *past p of* **mow**

moxie /'mɑːksi || 'mɒksi/ *n* [u] (AmE colloq) empuje *m*, marcha *f* (Esp fam,), ñeque *m* (Chi fam)

Mozambique /,məʊzəm'biːk || ,məʊzæm'biːk/ *n* Mozambique *m*

mozzarella /,mɑːtsə'relə || ,mɒtsə'relə/ *n* mozzarella *f*

MP *n* **1** ▸ⓘ **p.1213** (in UK) (Govt) = **Member of Parliament** **2** (= **military police**) PM *f*

MP3 (file) *n* (Electron) (archivo *m*) MP3 *m*, (archivo *m*) emepetres *m*

MP3 player *n* (Electron) equipo *m* MP3 *m*, equipo *m* emepetres *m*

> **MP - Member of Parliament**
>
> Un diputado, miembro de la Cámara de los Comunes ▸**House of Commons** que representa a una de las 659 circunscripciones electorales de Inglaterra, Escocia, Gales e Irlanda del Norte.

mpg = **miles per gallon**

mph = **miles per hour**

MPV *n* = **multipurpose vehicle**

Mr /'mɪstər || 'mɪstə(r)/ ▸ⓘ **p.1213** (= **Mister**) Sr.; **~ J.B. Jones** Sr. (D.) J.B. Jones *or* Sr. Dn. J.B. Jones; **he thinks he's ~ Wonderful** se cree que es el tipo más maravilloso del mundo (fam); **she's waiting for ~ Right** está esperando al príncipe azul

MRI *n* (= **magnetic resonance imaging**) IRM *f*

MRP *n* (BrE) (= **manufacturer's recommended price**) P.V.P. *m* recomendado

Mrs /'mɪsəs || 'mɪsɪz/ ▸ⓘ **p.1213**; Sra.; **~ A.J. Rees** Sra. (Dña.) A.J. Rees; **~ John Smith** Sra. (Dña.) … de Smith

MRSA *n* (Med) (= **Methicillin-Resistant Staphylococcus Aureus**) SARM *m*; (*before n*) ‹*case/bug/rate*› de SARM

Ms /mɪz || məz/ ▸ⓘ **p.1213**; ≈ Sra. (*tratamiento que se da a las mujeres y que no indica su estado civil*); **~ Jane Brown** Sra. Jane Brown

MS *n* **1** [c] **ms** (*pl* **MSS** *or* **mss**) (= **manuscript**) ms. **2** [u] (= **multiple sclerosis**) E.M. *f* **3** [c] (AmE) = **Master of Science** **4** = **Mississippi**

MSc *n* (BrE) = **Master of Science**

MSF *n* (*no art*) (in UK) (= **Manufacturing Science Finance**) *sindicato general de trabajadores*

MSG *n* [u] = **monosodium glutamate**

Msgr (title) (= **Monsignor**) Mons.

M Sgt (title) (in US) = **Master Sergeant**

MSP *n* = **Member of the Scottish Parliament**

MSS, mss (= **manuscripts**) mss.

MST (in US) = **Mountain Standard Time**

mt, mtn = **mountain**

Mt (= **Mount**) **~ Rushmore** el monte Rushmore

MT = **Montana**

much[1] /mʌtʃ/ *adj* **1** (*in neg, interrog sentences*) mucho, -cha; **I don't need ~ water/coal** no necesito mucha agua/mucho carbón; **do you listen to ~ classical music?** ¿escuchas mucha música clásica?; **I don't earn very ~ money** no gano mucho dinero; **you've given me $2 too ~** me has dado 2 dólares de más; **not ~ evidence has so far been found** hasta el momento no se han descubierto muchas pruebas; **he passed the exam without ~ effort** pasó el examen sin mucho *or* sin demasiado esfuerzo; **there isn't ~ point in carrying on** no tiene mucho sentido seguir; **how ~ coffee/milk?** ¿cuánto café/cuánta leche? **2** (*in affirm sentences*) mucho, -cha; **~ work still needs to be done** todavía queda mucho trabajo por hacer; **I do as ~ work as anybody** trabajo tanto como cualquiera; **use as ~ paper as you need** utiliza todo el papel que necesites; **you drink too ~ coffee** tomas demasiado café; **you can't have too ~ of a good thing** lo bueno sabe a poco (fr hecha); **you can have too ~ of a good thing** todo puede llegar a hartar

much[2] *pron* **1** (*in neg, interrog sentences*) mucho, -cha; **you'd better buy some coffee/flour; there isn't ~ left** vas a tener que comprar café/harina; no queda mucho/mucha; **half a slice of bread isn't ~ of a meal** media rebanada de pan no es comida; **he's not ~ of a swimmer** no nada muy bien; **what do you think of the new boss? — not ~** (colloq) ¿qué te parece el nuevo jefe? — no gran cosa (fam); **their house is not ~ to write home about** la casa no es nada del otro mundo; **do you see ~ of the Smiths?** ¿ves mucho a los Smith?, ¿ves a menudo a los Smith?; **I don't have ~ to do today** hoy no tengo mucho que hacer; **the champion won, though not by ~** *o* (BrE also) **though there wasn't ~ in it** el campeón ganó, pero por poco; **how ~ does a ticket cost?** ¿cuánto cuesta una entrada? **2** (*in affirm sentences*) mucho, -cha; **~ still remains to be done** todavía queda mucho por hacer; **it leaves ~ to be desired** deja mucho que desear; **~ of the equipment was useless** gran parte del equipo no servía; **~ of the day was taken up with …** gran parte *or* la mayor parte del día se fue en …; **the cat eats almost as ~ as the dog** el gato come casi tanto como el perro; **I've done as ~ as I can** he hecho todo lo que he podido; **three times as ~ as yesterday** tres veces más que ayer; **you can lose as ~ as 2 kilos in one week** puedes adelgazar hasta dos kilos en una semana; **I thought/suspected as ~** (ya) me lo figuraba; **I expected as ~ of him** yo me lo esperaba de él; **you need at least twice as ~** necesitas por lo menos el doble; **and as ~ again** y otro tanto; **he refused to donate so ~ as a penny** se negó a donar tan siquiera un penique; **without so ~ as a goodbye** sin decir ni adiós; **if you so ~ as touch him, I'll kill you!** como le llegues a poner la mano encima, te mato; **so ~ for press freedom/feminine intuition!** ¡y después hablan de la libertad de prensa/la intuición femenina!; **it wasn't so ~ that he was late; it was the fact that he didn't seem to care** no fue tanto el hecho de que llegara tarde, sino que le diera igual; **however ~ she eats, she never puts on weight** coma lo que coma, nunca engorda; **but this ~ I *can* tell you …** lo que sí te puedo decir es que …; **a baby may be too ~ for you** a lo mejor no puedes con un niño; **you've drunk too ~** has bebido demasiado; **it's a bit ~!** ¡ya es demasiado!, ¡es pasarse un poco! (fam); **it's not up to ~** no vale gran cosa

much[3] *adv*
A **1** (to large extent) mucho; **I like it very ~** me gusta mucho; **it won't go on ~ after nine o'clock** no se alargará hasta mucho más de las nueve; **it is snowing, but not ~** está nevando, pero poco *or* no mucho; **I ~ prefer dogs to cats** me gustan mucho más los perros que los gatos; **I'd very ~ like to meet her** me gustaría mucho conocerla; **I am ~ saddened by your attitude** me entristece sobremanera tu actitud; **you deserve the prize just as ~ as I do** te mereces el premio tanto como yo; **the house is as ~ mine as yours** la casa es tan mía como tuya; **he wasn't so ~ rude as cold and unfriendly** más que grosero estuvo frío y antipático; **so ~ the better** tanto mejor; **so ~ the worse for you** mucho peor para ti; **you talk/work too ~** hablas/trabajas demasiado; **~ as** *o* **though I dislike her, one has to admire her courage** a pesar de lo que me desagrada *or* por mucho que me desagrade, tengo que admirar su valor; **~ to my surprise** para mi gran sorpresa **2** (often) mucho; **do you use your bicycle ~?** ¿usas mucho la bicicleta?; **I don't listen to the radio very ~** no escucho mucho la *or* (AmL exc CS) el radio; **she doesn't get out as ~ as she used to** no sale tanto como antes *or* como solía
B (*before adj, adv*) mucho; **your house is ~ older than mine** tu casa es mucho más vieja que la mía; **he won't stay ~ longer** no se va a quedar mucho más (tiempo); **this church is ~ the larger of the two** de las dos iglesias ésta es, con mucho, la más grande; **this is ~ the hottest summer we've had in a long time** éste es, con mucho, el verano más caluroso que hemos tenido en mucho tiempo; **I'm ~ too busy to do it** estoy demasiado ocupado para hacerlo; **I'd ~ rather be at home** preferiría mil veces estar en mi casa; **I'm not ~ good at chess** no soy muy bueno para el ajedrez; **it won't be ~ different from mine** no será muy distinto del mío
C (more or less, approximately): **he was of ~ the same opinion** en gran medida opinaba igual; **one bed is ~ like another** todas las camas son parecidas; **the street looks ~ the way it did 80 years ago** la calle no ha cambiado casi nada en 80 años; **at ~ the same time** más o menos a la misma hora

much- /mʌtʃ/ *pref* muy; **~admired** muy admirado; **~used** muy usado

muchness /'mʌtʃnəs || 'mʌtʃnɪs/ *n*: ***to be much of a ~*** (BrE) «*people*» ser* el mismo perro con diferente collar (fam & hum); «*things*» ser* tres cuartos de lo mismo (fam), ser* el mismo perro con diferente collar (fam & hum)

mucilage /'mjuːsəlɪdʒ || 'mjuːsɪlɪdʒ/ *n* [u] mucílago *m*

muck /mʌk/ *n* [u] **1** (dung) (Agr) estiércol *m*; ***Lady/Lord M~*** (BrE colloq) la marquesa/el marqués de Carabás (iró); ***to be as common as ~*** (colloq) ser* muy ordinario, ser* más basto que el papel de lija (fam); ***to make a ~ of sth*** (BrE colloq): **I made a real ~ of my exam** metí la pata en el examen (fam), la cagué en el examen (vulg); (*before n*): **~ heap** estercolero *m* **2** (dirt, filth) mugre *f*, porquería *f* (fam); ***where there's ~ there's brass*** *o* ***money*** (BrE) ensuciándose las manos, se puede hacer uno rico

m

Phrasal verbs

- **muck about, muck around** (BrE colloq)

A [v + adv] **1** (play the fool) tontear, hacer* el tonto (Esp), mamar gallo (Col, Ven fam) **2** (fiddle, tinker) **to ~ about** *o* **around WITH sth** andar* tocando algo

B [v + o + adv] (treat badly): **to ~ sb about** *o* **around** jugar* CON algn, tomarle el pelo a algn (fam)

- **muck in** [v + adv] (BrE) (colloq) poner* el hombro, echar *or* dar* una mano; **they all ~ed in together** trabajaron todos hombro a hombro
- **muck out**

A [v + o + adv, v + adv + o] (clean out) ‹*stables/pigsty/horse*› limpiar

B [v + adv] limpiar

- **muck up** (BrE colloq) [v + o + adv, v + adv + o] **1** (make a hash of): **I ~ed up the first question** metí la pata en la primera pregunta (fam); **trust John to ~ it up** ¡típico de John ir y fastidiarla *or* (AmS) y embarrarla! (fam) **2** (spoil) estropear, arruinar **3** (make untidy) desordenar

muckraker /ˈmʌkˌreɪkər || ˈmʌkˌreɪkə(r)/ *n* (pej) periodista *mf* sensacionalista

muckraking /ˈmʌkˌreɪkɪŋ/ *n* [u] (pej): **this newspaper specializes in ~** este periódico se especializa en escándalos *or* (fam) en sacar trapos sucios al sol

muck spreader *n* esparcidor *m* de estiércol

muck-up /ˈmʌkʌp/ *n* (BrE colloq) lío *m*

mucky /ˈmʌki/ *adj* **muckier, muckiest** (colloq) ‹*weather/day*› asqueroso (fam); **I got all ~ changing the oil** quedé hecho un asco cambiando el aceite (fam); **keep your ~ paws off my book!** ¡quita esas cochinas manazas de mi libro! (fam); **you ~ pup!** (BrE) ¡mira que eres cochino! (fam)

mucous membrane /ˈmjuːkəs/ *n* [c u] (membrana *f*) mucosa *f*

mucus /ˈmjuːkəs/ *n* [u] mucosidad *f*

mud /mʌd/ *n* [u] barro *m*, fango *m*, lodo *m*; **the car was stuck fast in the ~** el coche estaba atascado en el barro; **the house was made of dried ~** la casa era de adobe; **with so many rumors flying around, some of the ~ was bound to stick** corrían tantos rumores, que era imposible que su reputación no se viera afectada; ***to be as clear as ~*** (iro) ser* un galimatías; ***to throw** o **sling ~ (at sb)*** insultar (a algn); (*before n*) ‹*brick/hut*› de barro, de adobe; **~ therapy** fangoterapia *f*

mudbank /ˈmʌdbæŋk/ *n* banco *m* de lodo

mudbath /ˈmʌdbæθ || ˈmʌdbɑːθ/ *n* baño *m* de lodo *or* de fango; **the field turned into a ~** el campo se convirtió en un barrizal *or* cenagal

muddle¹ /ˈmʌdl/ *n* lío *m*, follón *m* (Esp fam); **to be in a ~** «*books/papers*» estar* (todo) revuelto *or* desordenado; «*person*» estar* enredado, estar* liado *or* hecho un lío (fam); **to get into a ~** «*things*» entreverarse, desordenarse; «*person*» armarse *or* hacerse* un lío (fam); **to get sth into a ~** liar* *or* enredar algo

muddle² *vt* ▸**muddle up**

Phrasal verbs

- **muddle along** [v + adv] ir* tirando (fam)
- **muddle through** [v + adv] arreglárselas; **we've had to ~ through as best we can** hemos tenido que arreglárnoslas como hemos podido
- **muddle up** [v + o + adv, v + adv + o] **1** (jumble) ‹*belongings/papers*› entreverar, desordenar; **to get ~d up** entreverarse, desordenarse **2** (mix up) confundir; **I always ~ her up with her sister** siempre la confundo con su hermana **3** (bewilder) confundir; **to get ~d up** confundirse, enredarse, hacerse* un lío (fam); **I get terribly ~d up with all these figures** me confundo horriblemente *or* (fam) me hago un lío tremendo con todas estas cifras

muddled /ˈmʌdld/ *adj* confuso; **his explanation left me ~** su explicación me confundió *or* (fam) me dejó hecho un lío; **to get ~** hacerse* un lío (fam)

muddle-headed /ˌmʌdlˈhedəd || ˌmʌdlˈhedɪd/ *adj* (colloq) ‹*person*› atolondrado, aturullado; ‹*plan*› descabellado; ‹*optimism/idealism*› alocado

muddler /ˈmʌdlər || ˈmʌdlə(r)/ *n* atolondrado, -da *m,f*, aturullado, -da *m,f*

muddy¹ /ˈmʌdi/ *adj* **-dier, -diest** ‹*boots/hands/floor/road*› lleno *or* cubierto de barro *or* de lodo, enlodado, embarrado; ‹*water*› turbio; ‹*green/brown*› sucio; **the river was ~** el río iba revuelto, las aguas del río estaban turbias

muddy² *vt* **-dies, -dying, -died** **1** (make muddy) ‹*floor/carpet*› llenar *or* ensuciar de barro *or* de lodo, embarrar; **you've muddied your shoes** te has manchado de barro *or* te has embarrado los zapatos **2** (make unclear) ‹*water*› enturbiar; **to ~ the issue** enredar *or* enmarañar las cosas; ▸**water¹ C**

mudflap /ˈmʌdflæp/ *n* faldón *m* (*del guardabarros*)

mudflat /ˈmʌdflæt/ *n* (*often pl*) marisma *f*

mudguard /ˈmʌdgɑːrd || ˈmʌdgɑːd/ *n* guardabarros *m*, salpicadera *f* (Méx), tapabarros *m* (Chi, Per)

mudpack /ˈmʌdpæk/ *n* mascarilla *f* facial

mud puppy *n* salamandra *f* (*de Norteamérica*)

mudslide /ˈmʌdslaɪd/ *n* alud *m* de barro

mudslinger /ˈmʌdˌslɪŋər || ˈmʌdˌslɪŋə(r)/ *n* (journ) difamador, -dora *m,f*

mudslinging /ˈmʌdˌslɪŋɪŋ/ *n* [u] (journ) vilipendio *m*, insultos *mpl*; (*before n*): **the debate degenerated into a ~ match** el debate se convirtió en un intercambio de insultos

mud-wrestling /ˈmʌdˌreslɪŋ/ *n* [u] (espectáculo *m* de) lucha *f* en el barro

Muenster /ˈmʊnstər || ˈmʊnstə(r)/ *n* [u]: *tipo de queso semi-blando y graso*

muesli /ˈmjuːzli, ˈmuː- || ˈmjuːzli/ *n* [u] (esp BrE) musli *m*, muesli *m*

muezzin /muːˈezn || muːˈezɪn/ *n* almuédano *m*, almuecín *m*, muecín *m*

muff¹ /mʌf/ *vt* (colloq) ‹*shot*› errar*; ‹*chance*› desperdiciar; **she ~ed the catch** no pudo atajar la pelota; **he ~ed his lines** se equivocó al hablar, le salió mal lo que tenía que decir

muff² *n* **1** (Clothing) manguito *m* **2** (female pubic hair) (AmE vulg) mata *f* (fam), vello *m* púbico *or* pubiano (*de la mujer*), champa *f* (Chi vulg)

muffin /ˈmʌfən || ˈmʌfɪn/ *n* **1** (AmE) mollete *m* (*bollo dulce hecho con huevos*) **2** (BrE) *bollo de pan que suele servirse tostado*

muffle /ˈmʌfl/ *vt*

A **1** (deaden) ‹*sound*› amortiguar*; **he ~d his voice** habló tapándose *or* cubriéndose la boca con un pañuelo (*or* con la mano *etc*) **2** ‹*oars/hooves*› enfundar, envolver* (*en una tela para amortiguar el ruido*); ‹*drum*› enfundar

B **~ (up) her face was ~d (up) in a scarf** una bufanda casi le tapaba *or* le cubría la cara, llevaba la cara embozada en una bufanda (liter); **mother ~d us (up) in warm clothes** mamá nos abrigó bien

muffled /ˈmʌfld/ *adj* **1** (deadened) ‹*sound/shot/footsteps*› sordo, apagado **2** ‹*oars/hooves*› enfundado, envuelto (*en una tela para amortiguar el ruido*); ‹*drum*› enfundado

muffler /ˈmʌflər || ˈmʌflə(r)/ *n*

A (scarf) bufanda *f*

B **1** (Mus) sordina *f* **2** (AmE) (Auto) silenciador *m*, mofle *m* (AmC, Méx)

mufti /ˈmʌfti/ *n*

A [u] (colloq): **in ~** sin uniforme; (Mil) (vestido) de paisano *or* de civil

B [c] **Mufti** (Relig) muftí *m*

mug¹ /mʌg/ *n*

A (cup) taza *f* (*alta y sin platillo*), tarro *m* (Méx, Ven); **beer ~** jarra *f or* (Méx, Ven) tarro *m* de cerveza

B (gullible person) (BrE colloq) idiota *mf*, ingenuo, -nua *mf*; **that's a ~'s game** es cosa de idiotas

C **1** (face) (sl) cara *f*, jeta *f* (arg), careto *m* (Esp arg); **get your ugly ~ out of here!** ¡lárgate de aquí! (fam) **2** ▸**mug shot**

mug² **-gg-** *vt* atracar*, asaltar

■ **mug** *vi* (make faces) (AmE) hacer morisquetas

Phrasal verb

- **mug up** (BrE colloq)

A [v + o + adv, v + adv + o] ‹*subject*› darle* duro a (fam), empollar (Esp fam), tragar* (RPl fam), matarse en (Méx fam), matearse (Chi fam), empacarse* (Col fam), puñalearse (Ven fam)

B [v + adv] **to ~ up ON sth** darle* duro a *or* (Esp tb) empollar *or* (RPl tb) tragar* *or* (Méx tb) matarse EN *or* (Ven tb) puñalearse algo (fam)

mugger /ˈmʌgər || ˈmʌgə(r)/ *n* atracador, -dora *m,f*

mugging /ˈmʌgɪŋ/ *n* (Law) **1** [u] (crime) atracos *mpl*; **~ is on the increase** está aumentando el número de atracos **2** [c] (instance) atraco *m*

muggins /ˈmʌgɪnz/ *n* (*pl* **~**) (BrE colloq): **and ~ had to pay!** y yo, el idiota de siempre tuve que pagar, y el menda tuvo que pagar (Esp arg)

muggy /ˈmʌgi/ ▸❶ **p.1878** *adj* **-gier, -giest** ‹*weather/day*› pesado, bochornoso; **it's very ~ today** hoy hace verdadero bochorno

mug shot *n* (colloq) foto *f* (*de archivo policial*)

mugwump /ˈmʌgwʌmp/ *n* (AmE) independiente *mf*

Muhammad /məˈhæməd || məˈhæmɪd/ *n* Mahoma; *see also* **Mohammed**

mujaheddin, mujahedeen /ˌmuːdʒəhəˈdiːn/ *pl n*: **the ~** los mujahedín, los muyahidin

mulatto /mjʊˈlætəʊ/ *n* (*pl* **-toes** *or* **-tos**) mulato, -ta *m,f*

mulberry /ˈmʌlˌberi || ˈmʌlbəri/ *n* (*pl* **-ries**) **1** (tree) morera *f* **2** (fruit) mora *f* (de morera) **3** ▸❶ **p.1036** (color) morado *m*; (*before n*) morado

mulch¹ /mʌltʃ/ *n* [u] mantillo *m*

mulch² *vt* cubrir* con mantillo

mulct /mʌlkt/ *vt* (liter)

A (cheat) **to ~ sb OF sth** estafarle algo A algn

B (fine) multar

mule /mjuːl/ *n*

A (Zool) mula *f* (*cruce de burro y yegua*); ***as stubborn as a ~*** más terco que una mula

B (Clothing) chinela *f*, pantufla *f* (*sin talón*)

muleteer /ˌmjuːləˈtɪr || ˌmjuːləˈtɪə(r)/ *n* mulero *m*, arriero *m*

mulish /ˈmjuːlɪʃ/ *adj* tozudo, testarudo

mull /mʌl/ *vt* **1** (Culin) ‹*wine/cider*› calentar* con azúcar y especias; **~ed wine** *ponche caliente de vino y especias* **2** (AmE) ▸**mull over**

Phrasal verb

- **mull over** [v + o + adv, v + adv + o] ‹*events/issue*› reflexionar *or* meditar sobre; **you have the weekend to ~ it over** tienes el fin de semana para pensártelo

mullah /ˈmʊlə/ *n* ulema *m*

mullet /ˈmʌlət || ˈmʌlɪt/ *n* [c u] (*pl* **~**) (*gray* **~**) **1** mújol *m*, múgil *m* **2** (*red* **~**) (esp BrE) salmonete *m*

mulligan (stew) /ˈmʌlɪgən/ *n* [u c] (AmE) ≈ ropa *f* vieja (*guiso hecho a base de sobras de carne y verdura*)

mulligatawny (soup) /ˌmʌlɪgəˈtɔːni/ *n* [u]: *sopa de origen indio con curry*

mullion /ˈmʌljən || ˈmʌliən/ *n* (of window) parteluz *m*, mainel *m*; (of paneling) montante *m*

multi- /ˈmʌlti/ *pref* multi-; **~faceted** multifacético

multiaccess /ˌmʌltiˈækses/ *adj* de acceso múltiple, multiacceso *adj inv*

multichannel /ˈmʌltɪtʃænl/ *adj* multicanal

multi-chip /ˈmʌltitʃɪp/ *adj* multichip

multicolored, (BrE) **multi-coloured** /ˈmʌltiˌkʌlərd || ˈmʌltiˌkʌləd/ *adj* multicolor

multicultural /ˌmʌltiˈkʌltʃərəl/ *adj* multicultural

multiculturalist¹ /ˌmʌltiˈkʌltʃərələst || ˌmʌltiˈkʌltʃərəlɪst/ *adj* multiculturalista

multiculturalist² *n* multiculturalista *mf*

multidimensional /ˌmʌltidəˈmentʃnəl, -daɪ- || ˌmʌltidɪˈmenʃnəl, -daɪ-/ *adj*

A (Math, Phys) multidimensional

B ‹*character/approach/problem*› multidimensional, multifacético

multidisciplinary /ˌmʌltiˈdɪsəplɪneri || ˌmʌltidɪsɪˈplɪnəri/ *adj* multidisciplinario

multi-ethnic /ˌmʌltiˈeθnɪk/ *adj* multiétnico

multifaceted /ˌmʌltiˈfæsətəd || ˌmʌltiˈfæsɪtɪd/ *adj* multifacético

multifarious /ˌmʌltɪˈferiəs || ˌmʌltɪˈfeəriəs/ *adj* variopinto, muy diverso

multifunctional /ˌmʌltiˈfʌŋkʃnəl/ *adj* multifuncional

m

multigym /ˈmʌltidʒɪm/ *n* multigimnasio *m*

multilateral /ˌmʌltiˈlætərəl/ *adj* multilateral

multilayered /ˌmʌltiˈleɪərd || ˌmʌltiˈleɪəd/ *adj* **A** ‹*sandwich/dessert/cake*› de varias capas **B** ‹*plot/drama/intrigue*› intrincado

multilevel /ˌmʌltiˈlevl/ *adj* (AmE) de varias plantas, de varios pisos

multilingual /ˌmʌltiˈlɪŋgwəl/ *adj* plurilingüe, multilingüe

multi-manager fund *n* (Fin) fondo *m* de fondos

multimedia /ˌmʌltiˈmiːdiə/ *adj* (*before n*) multimedia *adj inv*

multimedia card *n* (Comput) tarjeta *f* multimedia

multimillion /ˌmʌltiˈmɪljən/ *adj* (journ) multimillonario; **a ~ pound/dollar deficit** un déficit multimillonario

multimillionaire /ˌmʌltimɪljəˈner || ˌmʌltiˈmɪljəˈneə(r)/ *n* multimillonario, -ria *m,f*

multinational[1] /ˌmʌltiˈnæʃnəl || ˌmʌltiˈnæʃənl/ *adj* multinacional

multinational[2] *n* multinacional *f*

multipack /ˈmʌltipæk/ *n* multipack *m*

multiparty /ˈmʌltipɑːrti || ˈmʌltipɑːti/ *adj* multipartidista

multiplay /ˈmʌltipleɪ/ *adj* de carga múltiple

multiple[1] /ˈmʌltəpəl || ˈmʌltɪpəl/ *adj* **1** (involving many elements) múltiple; **~ birth** parto *m* múltiple; **~ personality (disorder)** (trastorno *m* de) personalidad *f* múltiple; **~ pile-up** choque *m or* colisión *f* múltiple **2** (many) múltiples; **~ errors** múltiples errores

multiple[2] *n* múltiplo *m*; **in ~s of 5** en múltiplos de cinco

multiple-choice /ˈmʌltəpəlˈtʃɔɪs || ˌmʌltɪpəlˈtʃɔɪs/ *adj* de opción múltiple, tipo test

multiple sclerosis *n* [u] esclerosis *f* múltiple

multiple store *n* tienda *f* de una cadena

multiplex /ˈmʌltɪpleks/ *n* multicine *m*

multiplication /ˌmʌltəpləˈkeɪʃən || ˌmʌltɪplɪˈkeɪʃən/ *n* [u] **1** (Math) multiplicación *f*; (*before n*): **~ table** tabla *f* de multiplicar **2** (increase) multiplicación *f*

multiplicity /ˌmʌltəˈplɪsəti || ˌmʌltɪˈplɪsəti/ *n* [u] multiplicidad *f*, gran diversidad *f*

multiply /ˈmʌltəplaɪ || ˈmʌltɪplaɪ/ **-plies, -plying, -plied** *vt* **1** (Math) **to ~ sth (BY sth)** multiplicar* algo (POR algo); **two multiplied by three equals six** dos (multiplicado) por tres son seis **2** (increase) ‹*chances/benefits/risk*› multiplicar*

■ **multiply** *vi*
A (Math) multiplicar*
B **1** (increase) «*problems/chances*» multiplicarse* **2** «*organisms/animals*» multiplicarse*

multiprocessor /ˌmʌltiˈprɑːsesər || ˌmʌltiˈprəʊsesə(r)/ *n* multiprocesador *m*

multiprogramming /ˌmʌltiˈprəʊgræmɪŋ/ *n* [u] multiprogramación *f*

multipurpose /ˌmʌltiˈpɜːrpəs || ˌmʌltiˈpɜːpəs/ *adj* ‹*tool/appliance*› multiuso *adj inv*; ‹*building*› para usos diversos

multiracial /ˌmʌltiˈreɪʃəl/ *adj* multirracial

multiracialism /ˌmʌltiˈreɪʃəlɪzəm/ *n* [u] multirracialismo *m*

multiracialist /ˌmʌltiˈreɪʃələst || ˌmʌltiˈreɪʃəlɪst/ *n* multiracial *mf*

multi-screen /ˈmʌltiskriːn/ *n* multicine *m*

multi-skilled /ˈmʌltiskɪld/ *adj* ‹*person/employee*› con muchas habilidades, multihabilidoso; ‹*role/job*› que requiere diversas habilidades

multistory, (BrE) **multistorey** /ˌmʌltiˈstɔːri/ *adj* de varias plantas, de varios pisos; (*before n*): **~ car park** edificio *m* de estacionamientos *or* (esp Esp), aparcamientos, estacionamiento *m or* (esp Esp), aparcamiento *m* de varias plantas *o* varios pisos

multitask /ˈmʊltitæsk || ˈmʊltitɑːsk/ *vi* **1** «*person*» realizar* diversas tareas al mismo tiempo **2** (Comput) realizar* multitareas

multitasking /ˌmʌltiˈtæskɪŋ || ˌmʌltiˈtɑːskɪŋ/ *n* [u] (función *f*) multitarea *f*

multi-tool /ˈmʌltituːl/ *n* multiherramienta *f*

multitrack[1] /ˈmʌltitræk/ *adj* (*before n*): **~ recording** grabación *f* multipista

multitrack[2] *n* **1** (recording) grabación *f* multipista **2** (recorder) multipista *m*

multitude /ˈmʌltətuːd || ˈmʌltɪtjuːd/ *n* **1** (large number) (frml) (*no pl*) **a ~ OF sth**: **due to a ~ of problems** debido a innumerables *or* múltiples problemas; **this covers a ~ of sins** (hum) con esto se disimulan muchas cosas **2** [c] (crowd) (arch *or* liter) multitud *f*, muchedumbre *f*

multitudinous /ˌmʌltəˈtuːdnəs || ˌmʌltɪˈtjuːdɪnəs/ *adj* (frml) (innumerable) innumerable; ‹*gathering*› multitudinario

multiuser /ˌmʌltiˈjuːzər || ˌmʌltiˈjuːzə(r)/ *adj* multiusuario *adj inv*

multivitamin /ˌmʌltiˈvaɪtəmɪn || ˌmʌltiˈvɪtəmɪn, -ˈvaɪtəmɪn/ *adj* (*before n*) ‹*supplement/tablet*› multivitamínico

mum /mʌm/ *n*
A (mother) (BrE colloq) mamá *f* (fam); (*as form of address*) mamá
B (silence) (colloq): **~'s the word** ¡punto en boca! (fam), ¡chitón! (fam); **to keep ~** no decir* ni pío (fam)
C (chrysanthemum) (AmE colloq) crisantemo *m*

mumble[1] /ˈmʌmbəl/ *vi* hablar entre dientes, farfullar; **don't ~, I can't hear a word!** ¡habla claro *or* no hables entre dientes, que no te oigo!

■ **mumble** *vt*: **he always ~s his words** habla masculIando *or* entre dientes; **he ~d an apology** farfulló *or* masculló una disculpa

mumble[2] *n*: **he spoke in a ~** hablaba entre dientes, hablaba farfullando

mumbo jumbo /ˌmʌmbəʊˈdʒʌmbəʊ/ *n* [u] (pej): **it's all ~ ~ to me** me suena todo a chino (fam); **legal ~ ~** jerigonza *f* legal; **religion, he said, was a lot of ~ ~** dijo que la religión no era más que supercherías *or* (fam) paparruchas

mummer /ˈmʌmər || ˈmʌmə(r)/ *n*: *actor o actriz especializado en la representación de obras teatrales de género folclórico-tradicional*

mummify /ˈmʌmɪfaɪ/ *vt* **-fies, -fying, -fied** momificar*
■ **mummify** *vi* momificarse*

mummy /ˈmʌmi/ *n* (*pl* **-mies**)
A (mother) (BrE colloq: esp used by children) mami *f* (fam), mamita *f* (fam); (*as form of address*) mami (fam), mamita (fam)
B (Archeol) momia *f*

mumps /mʌmps/ *n* [u] paperas *fpl*; parotiditis *f* (tec); **to have (the) ~** tener* paperas

munch /mʌntʃ/ *vt* mascar*, masticar*
■ **munch** *vi* mascar*, masticar*; **she just sat there ~ing away** estaba ahí sentada mastica que te mastica; **as I talked, she ~ed away at an apple** mientras yo hablaba, ella mordisqueaba una manzana

munchies /ˈmʌntʃiz/ *pl n* (colloq) **1** (hunger): **to have the ~** tener* hambre **2** (snacks): **let's fix some ~** preparemos algo para picar

munchkin /ˈmʌntʃkɪn/ *n* (AmE colloq) niño, -ña *m,f*, chaval, -vala *m,f* (Esp fam), chavalo, -vala *m,f* (AmC fam), escuincle, -cla *m,f* (Méx fam), pibe, -ba *m,f* (RPl fam), cabro, -bra *m,f* (fam Chi fam), botija *mf* (fam Ur fam)

mundane /mʌnˈdeɪn/ *adj* **1** ‹*existence*› prosaico; ‹*activity*› rutinario **2** ‹*comments*› trivial; ‹*person*› ramplón

mung bean /mʌŋ/ *n*: *semilla cuyo brote se utiliza en la cocina oriental*

municipal /mjʊˈnɪsəpəl || mjuːˈnɪsɪpəl/ *adj* (*usu before n*) municipal

municipality /mjʊˌnɪsəˈpæləti || mjuːˌnɪsɪˈpæləti/ *n* (*pl* **-ties**) municipio *m*, municipalidad *f*

munificence /mjʊˈnɪfəsəns || mjuːˈnɪfɪsəns/ *n* [u] (liter) munificencia *f* (liter)

munificent /mjʊˈnɪfəsənt || mjuːˈnɪfɪsənt/ *adj* (liter) munificente (liter), munífico (liter)

muniments /ˈmjuːnəmənts || ˈmjuːnɪmənts/ *pl n* títulos *m* de dominio

munitions /mjʊˈnɪʃənz || mjuːˈnɪʃənz/ *pl n* municiones *fpl*; (*before n*): **~ dump** depósito *m* de municiones; **~ factory** fábrica *f* de municiones

mural /ˈmjʊrəl || ˈmjʊərəl/ *n* mural *m*

murder[1] /ˈmɜːrdər || ˈmɜːdə(r)/ *n*
A [u c] (killing) asesinato *m*; (Law) homicidio *m*; **to commit ~** cometer un asesinato *or* un crimen; **the ~ of a policeman** el asesinato de un policía; ***to get away with ~***: **she lets them get away with ~** les permite cualquier cosa, los deja hacer lo que les da la gana (fam); ***to scream bloody*** *o* (esp BrE) ***blue ~*** poner* el grito en el cielo; (*before n*): **~ case** caso *m* de asesinato *or* homicidio; **~ charge** acusación *f* de asesinato *or* homicidio; **~ squad** (BrE) brigada *f* de homicidios; **~ trial** juicio *m* por asesinato; **~ victim** víctima *f* de asesinato *or* homicidio; **the ~ weapon** el arma homicida *or* del crimen
B [u] (something unpleasant): **to be ~** (colloq) ser* la muerte (fam); **the traffic was ~** el tráfico era la muerte (fam), había un tráfico terrible; **it was ~ in town with so many tourists** la ciudad estaba imposible con tanto turista (fam)

murder[2] *vt* **1** (kill) asesinar, matar; **if I catch that kid I'll ~ him!** ¡como agarre a ese chico, lo mato! **2** (ruin) ‹*music/play*› destrozar*, masacrar (hum) **3** (devour) (colloq): **I could really ~ a beer** ¡qué no daría por una cerveza!, ¡con qué gusto me tomaría una cerveza!
■ **murder** *vi* matar

murderer /ˈmɜːrdərər || ˈmɜːdərə(r)/ *n* asesino, -na *m,f*, criminal *mf*, homicida *mf* (frml)

murderess /ˈmɜːrdərəs || ˈmɜːdərɪs/ *n* asesina *f*, criminal *f*, homicida *f* (frml)

murderous /ˈmɜːrdərəs || ˈmɜːdərəs/ *adj* **1** ‹*instinct*› asesino; ‹*individual*› de instintos asesinos; ‹*plan*› criminal; **there was a ~ glint in his eye** su mirada tenía un brillo asesino; **she was in a ~ mood when she got back** regresó de un humor de perros (fam) **2** (deadly, lethal) ‹*onslaught*› mortífero; ‹*roads*› peligrosísimo **3** (very taxing): **the heat/climate is ~** el calor/clima es insufrible *or* infernal; **they asked me some ~ questions on cybernetics** me tiraron a matar con unas preguntas sobre cibernética (fam)

murderously /ˈmɜːrdərəsli || ˈmɜːdərəsli/ *adv* **1** (with intention of murdering) con intenciones asesinas; **he looked ~ at the children** fulminó a los niños con la mirada **2** (unpleasantly): **it was ~ difficult** era terriblemente difícil; **it's ~ hot** hace un calor insufrible *or* infernal

murk /mɜːrk || mɜːk/ *n* [u] oscuridad *f*; **a tall shape loomed up out of the ~** una figura alta surgió de entre las tinieblas

murkiness /ˈmɜːrkinəs || ˈmɜːkɪnɪs/ *n* [u] oscuridad *f*; **the ~ of the water** la opacidad de las aguas; **the ~ of his prose** lo impenetrable de su prosa

murky /ˈmɜːrki || ˈmɜːki/ *adj* **-kier, -kiest** **1** (dark, unclear) ‹*water*› turbio, opaco; ‹*sky/day*› oscuro, nublado; ‹*green/brown*› sucio; **the ~ depths of the lake** las tenebrosas profundidades del lago (liter) **2** (disreputable) ‹*past/incident*› turbio

murmur[1] /ˈmɜːrmər || ˈmɜːmə(r)/ *n*
A **1** (speech) murmullo *m*, susurro *m*; **to speak in a ~** hablar en voz baja *or* susurrando; **I don't want to hear a ~ out of you!** ¡no quiero oír ni un suspiro!; **~s of approval** murmullos de aprobación; **without ~** sin chistar **2** (of stream, wind) murmullo *m* (liter); (of traffic) rumor *m*
B (*heart ~*) soplo *m* cardíaco *or* en el corazón

murmur[2] *vt* ‹*remark/name*› murmurar; **he ~ed his agreement/disapproval** murmuró que aceptaba/que no estaba de acuerdo
■ **murmur** *vi* **1** (make gentle sound) «*wind/stream*» murmurar (liter), susurrar (liter); **the child was ~ing in his sleep** el niño murmuraba algo en sueños **2** (complain) quejarse

murmuring /ˈmɜːrmərɪŋ || ˈmɜːmərɪŋ/ *n* **1** [u] (low sound) (*often pl*) murmullo *m* **2** **murmurings** *pl* (complaint) murmullos *mpl* de desaprobación

Murphy bed /ˈmɜːrfi || ˈmɜːfi/ *n* (AmE) cama *f* plegable (*fija a la pared*)

Murphy's Law /ˈmɜːrfiz || ˈmɜːfiz/ *n* [u] (colloq & hum) el principio según el cual si algo puede salir mal, mal seguro que saldrá

muscat /ˈmʌskət -kæt/ *n* **1** (grape) uva *f* moscatel **2** ▸ **muscatel 1**

muscatel /ˌmʌskəˈtel/ *n* [u] **1** (wine) moscatel *m* **2** (fortified wine) (AmE) *vino dulce de mala calidad*

muscle[1] /ˈmʌsəl/ *n* **1** [c u] (Anat) músculo *m*; **feel this, it's all ~** toca, es todo músculo; **don't move a ~!** ¡no te muevas!, ¡no muevas ni un pelo! (fam) **2** [u] (power) fuerza *f*, poder *m* efectivo; **they have no political ~** políticamente, no tienen influencia; **they showed their ~** demostraron su fuerza *or* el poder que realmente tienen

muscle[2] *vt* (AmE colloq)
A ‹*baggage*› llevar a pulso
B ‹*baseball*› golpear con fuerza

Phrasal verb

• **muscle in** [v + adv] (colloq) meterse por medio (*con prepotencia*); **to ~ in ON sth**; **a rival company ~d in on their market** una compañía de la competencia se introdujo en su sector del mercado

muscle-bound /ˈmʌsəlbaʊnd/ *adj* demasiado musculoso

muscle-flexing /ˈmʌsəlfleksɪŋ/ *n* [u]
A (of muscles) flexionamientos *mpl* de músculos
B (demonstration of power) demostración *f* de poder

muscleman /ˈmʌsəlmæn/ *n* (*pl* **-men** /-men/) (colloq): **he's a real ~** es un verdadero Charles Atlas

muscle power *n* [u]
A (physical strength) fuerza *f* muscular
B (influence) poder *m*, fuerza *f*

Muscovite[1] /ˈmʌskəvaɪt/ *adj* moscovita

Muscovite[2] *n* moscovita *mf*

Muscovy /ˈmʌskəvi/ *n* Moscovia *f*

Muscovy duck *n* pato *m* almizclado

muscular /ˈmʌskjələr ‖ ˈmʌskjʊlə(r)/ *adj* **1** ‹*arms/body/build*› musculoso **2** ‹*strain/contraction*› muscular

muscular dystrophy *n* [u] distrofia *f* muscular

muscularity /ˌmʌskjəˈlærəti/ *n* [u] muscularidad *f*

musculature /ˈmʌskjələtʃʊr ‖ ˈmʌskjʊlətʃə(r)/ *n* [u] musculatura *f*

musculoskeletal /ˌmʌskjələʊˈskelətl ‖ ˌmʌskjələʊˈskelɪtl/ *adj* musculoesqueletal

muse[1] /mjuːz/ *vi* **to ~ (ON *o* UPON sth)** cavilar *or* reflexionar (SOBRE algo)
■ **muse** *vt* pensar*; **what if she doesn't come? he ~d** —¿y si no viene? —se preguntó

muse[2], **Muse** *n* musa *f*

museum /mjʊˈziːəm/ *n* museo *m*; **history/science ~** museo histórico/de la ciencia

museumgoer /mjʊˈziːəmgəʊər ‖ mjʊˈziːəmgəʊə(r)/ *n* aficionado, -da *m,f* a los museos

museum piece *n* pieza *f* de museo; **your camera's a real ~ ~** tu cámara es una antigualla *or* una pieza de museo

mush[1] /mʌʃ/ *n* [u] **1** (soft mass) papilla *f*, pasta *f*, pasteta *f* (fam) **2** **(corn meal)** ~ (AmE) *harina de maíz cocida en leche* **3** (sickly sentimentality) (colloq): **the movie is just ~** la película es de una sensiblería empalagosa

mush[2] /mʊʃ/ *interj* ¡vamos!

mushroom[1] /ˈmʌʃrʊm -ruːm/ *n* hongo *m* (esp AmL), seta *f* (esp Esp), callampa *f* (Chi); (rounded, white) champiñón *m*; ***to spring up like ~s*** aparecer* *or* brotar como hongos *or* (Chi) como callampas; (*before n*): **~ cloud** hongo *m* atómico *or* nuclear; **~ growth** crecimiento *m* vertiginoso; **~ soup** (sopa *f*) crema *f* de champiñones

mushroom[2] *vi*
A (form, increase rapidly) «*town/population/business*» crecer* rápidamente; «*companies/buildings/newspapers*» aparecer* *or* brotar como hongos *or* (Chi) como callampas, multiplicarse*; **it has ~ed into a multimillion-dollar business** se ha convertido de la noche a la mañana en un negocio multimillonario; **a ~ing population/city** una población/ciudad que crece desenfrenadamente
B (Mil, Nucl Phys) formar un hongo
C (gather mushrooms): **to go ~ing** ir* a buscar hongos *or* (esp Esp) setas *or* (Chi) callampas

mushy /ˈmʌʃi/ *adj* **mushier, mushiest** **1** ‹*vegetables/fruit*› blando **2** ‹*play/novel/scene*› sentimentaloide (fam), sensiblero

mushy peas *pl n* (BrE) puré *m* de arvejas *or* (Esp) guisantes *or* (esp Méx) chícharos

music /ˈmjuːzɪk/ *n* [u] **1** (art form) música *f*; **she's listening to some ~** está escuchando música; **to make ~** tocar* música; **to set *o* put sth to ~** ponerle* música a algo; **the news/his reply was ~ to her ears** la noticia/su respuesta le sonó a música celestial; ***to face the ~*** afrontar las consecuencias, apechugar* con las consecuencias (fam); (*before n*) ‹*lesson/teacher/festival*› de música; **~ critic** crítico, -ca *m,f* musical *or* de música; **~ lover** melómano, -na *m,f* **2** (written notes) partitura *f*, música *f*; **can you read ~?** ¿sabes solfeo?, ¿sabes leer música?; (*before n*): **~ book** libro *m* de música; **~ paper** papel *m* pautado *or* de música; **~ stand** atril *m*

musical[1] /ˈmjuːzɪkəl/ *adj* **1** (Mus) (*before n*) ‹*ability/background/tradition*› musical; **~ comedy** comedia *f* musical; **~ evening** velada *f* musical; **~ instrument** instrumento *m* musical; **~ score** partitura *f* (musical) **2** (musically gifted) con aptitudes para la música, con dotes musicales **3** (melodious) ‹*voice/laugh*› musical; **her prose has a ~ quality** su prosa tiene musicalidad

musical[2] *n* musical *m*

musical box *n* (BrE) caja *f* de música

musical chairs *n* (+ *sing vb*): **to play ~ ~** (Games) jugar* a las sillitas *or* al stop; **the cabinet changes were only a round of ~ ~** la remodelación del gabinete no fue más que un mero intercambio de carteras

musicality /ˌmjuːzɪˈkæləti/ *n* [u] musicalidad *f*

musically /ˈmjuːzɪkli/ *adv* **1** ‹*speak/laugh*› melodiosamente; **he's ~ inclined** tiene inclinación por la música **2** (*indep*) desde el punto de vista musical

music box *n* caja *f* de música

music centre *n* (BrE) equipo *m* de música

music hall *n* **1** [u] (entertainment) music hall *m*, ≈ revista *f* de variedades **2** [c] (building) teatro *m* de variedades

musician /mjʊˈzɪʃən/ *n* músico, -ca *m,f*

musicianship /mjʊˈzɪʃənʃɪp/ *n* [u] (frml) maestría *f* (musical)

musicologist /ˌmjuːzɪˈkɑːlədʒəst ‖ ˌmjuːzɪˈkɒlədʒɪst/ *n* musicólogo, -ga *m,f*

musicology /ˌmjuːzɪˈkɑːlədʒi ‖ ˌmjuːzɪˈkɒlədʒi/ *n* [u] musicología *f*

music stool *n* banqueta *f or* taburete *m* de piano

musings /ˈmjuːzɪŋz/ *pl n* reflexiones *fpl*, cavilaciones *fpl*

musk /mʌsk/ *n* [u] **1** (secretion) almizcle *m*; (*before n*): **~ oil** aceite *m* de almizcle **2** (smell) olor *m* a almizcle

musket /ˈmʌskət ‖ ˈmʌskɪt/ *n* mosquete *m*

musketeer /ˌmʌskəˈtɪr ‖ ˌmʌskɪˈtɪə(r)/ *n* mosquetero *m*

musketry /ˈmʌskətri ‖ ˈmʌskɪtri/ *n* [u]: **the rattle of ~** las descargas de los mosquetes

muskmelon /ˈmʌskˌmelən/ *n* [c u] melón *m*

Muskovy duck /ˈmʌskəvi/ *n* pato *m* almizclado

musk ox *n* buey *m* almizclero

muskrat /ˈmʌskræt/ *n* (*pl* **~s** *or* **~**) **1** [c] (animal) almizclera *f*, rata *f* almizclada **2** [u] (AmE) ▸ **musquash 1**

musky /ˈmʌski/ *adj* **-kier, -kiest**: **a ~ smell** un olor a almizcle

Muslim[1] /ˈmʊzləm ‖ ˈmʊzlɪm/ *n* musulmán, -mana *m,f*, mahometano, -na *m,f*

Muslim[2] *adj* musulmán

muslin /ˈmʌzlən ‖ ˈmʌzlɪn/ *n* [u] muselina *f* (*de algodón*); **strain the pulp through a piece of ~** pase el puré por una gasa

musquash /ˈmʌskwɑːʃ ‖ ˈmʌskwɒʃ/ *n* **1** [u] (Clothing) piel *f* de almizclera *or* de rata almizclada **2** ▸ **muskrat 1**

muss /mʌs/ *vt* **~ (up)** (AmE colloq) ‹*room*› desordenar; **she ~ed her hair** se despeinó

mussel /ˈmʌsəl/ *n* mejillón *m*; (*before n*): **~ bed** vivero *m or* criadero *m* de mejillones; **~ shell** concha *f* de mejillón

must[1] /mʌst *weak form* /məst/ *v mod*
A **1** (expressing obligation) *forms of* tener* que *or* deber; **he ~ have complete rest** tiene que hacer reposo absoluto, debe hacer reposo absoluto; **you ~ learn to control your temper** tienes que *or* debes aprender a controlarte; **she told him he ~ apologize** le dijo que tenía que *or* debía disculparse; **it ~ be remembered that …** hay que recordar que …, tenemos que *or* debemos recordar que …; **she ~ not know that I am here** no debe enterarse de que estoy aquí, que no se entere de que estoy aquí; ***must* you make so much noise?** ¿hace falta *or* es necesario hacer tanto ruido?; **why ~ he always argue with everybody?** ¿por qué siempre tiene que discutir con todo el mundo?; **I'll read you my poem — oh well, if you ~(, you ~)** te voy a leer mi poema — bueno, si te empeñas; **I'll speak to her, if I ~** hablaré con ella, si no hay más remedio; **I ~ say everywhere looks very tidy** tengo que reconocer *or* hay que reconocer que está todo muy ordenado, la verdad es que está todo muy ordenado; **that wasn't very nice, I *must* say** eso no estuvo muy bien que digamos **2** (in invitations, suggestions): **you ~ come and see us more often** a ver si nos vienes a ver más a menudo, tienes que venir a vernos más a menudo
B (expressing certainty, supposition) *forms of* deber (de) *or* (esp AmL) haber* de; **it ~ be worth a fortune** debe (de) valer una fortuna, ha de valer una fortuna (esp AmL); **it ~ be six o'clock** deben (de) ser *or* (esp AmL) han de ser las seis, serán las seis; **I ~ have dropped off** he debido (de) quedarme dormido, me debo (de) haber quedado dormido, me he de haber quedado dormido (esp AmL); **there ~ be another way!** ¡debe (de) *or* tiene que haber otra manera!; **you ~ be exhausted** debes (de) estar agotado, estarás agotado; **they ~ not have known about the change in plans** (AmE) no se deben (de) haber enterado del cambio de planes

must[2] /mʌst/ *n*
A [c] (essential thing, activity): **a car is a ~ here** aquí es indispensable *or* imprescindible tener coche; **this book is a ~** éste es un libro que hay que leer, éste es un libro de lectura obligada; **this movie is a ~ for all jazz lovers** ésta es una película que tienen que ver *or* que no pueden perderse los amantes del jazz
B [u] (Culin) mosto *m*
C [u] (mold) moho *m*

mustache /ˈmʌstæʃ/ (BrE) **moustache** /məˈstɑːʃ/ *n* bigote(s) *m(pl)*; **to have a ~** tener* bigote(s); **to grow a ~** dejarse bigote(s) *or* el bigote; **Jim is the one with the ~** Jim es el de bigote(s) *or* el del bigote

mustachioed /məˈstæʃiəʊd ‖ məˈstɑːʃiəʊd/ *adj* con *or* de bigote(s)

mustang /ˈmʌstæŋ/ *n* mustang *m*

mustard /ˈmʌstərd ‖ ˈmʌstəd/ *n* [u] **1** (Culin) mostaza *f*; ***to be as keen as ~*** (BrE colloq) estar* lleno de entusiasmo; ***to cut the ~*** (colloq) estar* a la altura de las circunstancias **2** (plant) mostaza *f* **3** ▸ ℹ **p.1036** [u] (color) (color *m*) mostaza *m*; (*before n*) (color) mostaza *adj inv*

mustard gas *n* [u] gas *m* mostaza

mustard-yellow /ˌmʌstərdˈjeləʊ ‖ ˌmʌstədˈjeləʊ/ ▸ ℹ **p.1036** *adj* (*pred* **mustard yellow**) amarillo mostaza *adj inv*

mustard yellow ▸ ℹ **p.1036** *n* [u] amarillo *m* mostaza

muster[1] /ˈmʌstər ‖ ˈmʌstə(r)/ *vt* **1** ‹*soldiers/sailors*› reunir*, llamar a asamblea **2** (succeed in raising) ‹*team/army*› lograr formar; **if they can ~ enough support** si logran el apoyo que necesitan; **the party can ~ only a few thousand votes** el partido apenas puede obtener *or* sacar unos pocos miles de votos; **he gave in with as much grace as he could ~** cedió con toda la dignidad de la que fue capaz; **I ~ed (up) the courage to speak my mind** me armé de valor para decir lo que pensaba

m

■ **muster** *vi* ⟨⟨*soldiers*⟩⟩ congregarse*

Phrasal verb

• **muster out** [v + o + adv, v + adv + o] (AmE) licenciar, darle* de baja a

muster[2] *n* asamblea *f*; ***to pass*** ~: **that kind of excuse will not pass** ~ ese tipo de excusa no va a colar (fam); **the car didn't pass** ~ el coche no pasó la inspección; (*before n*): ~ **parade** asamblea *f* de tropas

must-have /'mʌst'hæv/ *adj* (*before n*) ⟨*toy/card/collectible*⟩ que hay que tener

mustiness /'mʌstinəs || 'mʌstinɪs/ *n* [u] olor *m* a humedad *or* a moho

mustn't /'mʌsnt/ = **must not**

musty /'mʌsti/ *adj* **-tier, tiest** ⟨*room/furniture*⟩ que huele a humedad *or* a moho; ⟨*ideas/methods*⟩ anticuado, desfasado; **the book smelled** ~ el libro olía a viejo *or* a moho

mutability /ˌmju:tə'bɪləti/ *n* [u] (frml) mutabilidad *f* (frml)

mutable /'mju:təbəl/ *adj* (frml) mutable (frml)

mutant[1] /'mju:tnt/ *adj* mutante

mutant[2] *n* (Biol) mutante *m*; (in science fiction) mutante *mf*

mutate /'mju:teɪt || mju:'teɪt/ *vi* [1] (Biol) mutar [2] (change) (frml) sufrir una transformación/transformaciones [3] (Ling) mutar, transformarse

mutation /mju:'teɪʃən/ *n* [u c] [1] (Biol, Ling) mutación *f* [2] (change) (frml) transformación *f*

mutatis mutandis /mu:ˌtɑ:təsmu:'tændəs || mu:ˌtɑ:tɪsmu:'tændɪs/ *adv* (frml) mutatis mutandis (frml)

mute[1] /mju:t/ *adj* [1] (silent) ⟨*person*⟩ mudo; **he was** ~ **with embarrassment** enmudeció de vergüenza [2] (Ling) mudo

mute[2] *n*

A (dumb person) mudo, -da *m,f*

B [1] (Mus) sordina *f* [2] (Audio) mute *m*

mute[3] *vt* ⟨*instrument*⟩ ponerle* sordina a

mute button *n* botón *m* de silencio

muted /'mju:təd || 'mju:tɪd/ *adj* ⟨*sound*⟩ sordo; ⟨*voice*⟩ apagado; ⟨*trumpet*⟩ con sordina; ⟨*shade/red*⟩ apagado; ⟨*protest/reaction*⟩ débil

mute swan *n* cisne *m*

mutilate /'mju:tleɪt || 'mju:tɪleɪt/ *vt* mutilar

mutilation /ˌmju:tl'eɪʃən || ˌmju:tɪ'leɪʃən/ *n* [u c] mutilación *f*

mutineer /ˌmju:tn'ɪr || ˌmju:tɪ'nɪə(r)/ *n* amotinado, -da *m,f*

mutinous /'mju:tnəs || 'mju:tɪnəs/ *adj* ⟨*crew/troops*⟩ amotinado; **a** ~ **atmosphere** un ambiente de rebelión

mutiny[1] /'mju:tni || 'mju:tɪni/ *n* (*pl* **-nies**) [1] [c] (instance) motín *m*, amotinamiento *m*; **the Indian M**~ la rebelión *or* sublevación de los cipayos [2] [u] (offense) amotinamiento *m*

mutiny[2] *vi* **-nies, -nying, -nied** amotinarse

mutt /mʌt/ *n* (AmE colloq) [1] (dog) chucho *m* (fam), gozque *m* (Col fam), quiltro *m* (Chi fam), pichicho *m* (RPl fam) [2] (person) memo, -ma *m,f* (fam)

mutter /'mʌtər || 'mʌtə(r)/ *vi* hablar entre dientes; (grumble) refunfuñar, rezongar*; **what are you** ~**ing on about?** ¿se puede saber por qué refunfuñas *or* rezongas?

■ **mutter** *vt* ⟨*thanks/apology*⟩ mascullar, farfullar; **why don't you shut up? she** ~**ed** —¿por qué no te callas de una vez? —dijo entre dientes

muttering /'mʌtərɪŋ/ *n* [u c]: **stop your** ~ **and get on with your work** deja de refunfuñar *or* de rezongar y sigue trabajando; **there were** ~**s that the decision was a mistake** se comentó por lo bajo que la decisión era un error

mutton /'mʌtn/ *n* [u] carne *f* de ovino (*de más de un año*), añojo *m* (Esp), capón *m* (RPl); ~ ***dressed as lamb*** (BrE) una vieja vestida de jovencita

muttonchops /'mʌtntʃɑ:ps || 'mʌtntʃɒps/, **muttonchop whiskers** /'mʌtntʃɑ:p || 'mʌtntʃɒp/ *pl n* chuletas *fpl* (ant), patillas *fpl* de boca de hacha

muttonhead /'mʌtnhed/ *n* (colloq) cabeza *mf* de chorlito (fam)

mutual /'mju:tʃuəl/ *adj* [1] (reciprocal) ⟨*affection/loathing/respect/help*⟩ mutuo; **the feeling is** ~ el sentimiento es mutuo *or* correspondido [2] (shared, common) (*before n*) ⟨*friend/enemy*⟩ común; **by** ~ **agreement** de común acuerdo; **the arrangement will be to our** ~ **benefit** el arreglo será beneficioso para ambos/para todos; **we have a** ~ **interest in opera** compartimos el mismo interés por la ópera, a ambos/a todos nos interesa la ópera [3] (Fin): ~ **benefit society** mutualidad *f*, sociedad *f* mutualista, mutual *f* (CS), mutualista *f* (Ur); ~ **insurance** seguro *m* mutuo; ~ **insurance company** mutual *f* de seguros; ~ **savings bank** caja *f* de ahorros mutuos

mutual fund *n* (esp AmE) (Fin) fondo *m* de inversión mobiliaria; SICAV *f*

mutually /'mju:tʃuəli/ *adv* [1] (reciprocally): **they are** ~ **exclusive options** son opciones que se excluyen mutuamente *or* entre sí [2] (by, to, for all parties): **it was** ~ **acceptable/beneficial** era aceptable/beneficioso para ambos/para todos; **it was** ~ **agreed that the meeting be postponed** se decidió de común acuerdo que la reunión se pospusiera

Muzak® /'mju:zæk/ *n* [u] música *f* ambiental, hilo *m* musical (Esp), música *f* funcional (RPl)

muzzle[1] /'mʌzəl/ *n* [1] (snout) hocico *m* [2] (restraining device) bozal *m*; **a** ~ **on the press** una mordaza para la prensa [3] (of gun) boca *f*

muzzle[2] *vt* ⟨*press/critics*⟩ amordazar*; **he** ~**d the dog** le puso el bozal al perro

muzzle-loader /'mʌzəlˌləʊdər || 'mʌzəlˌləʊdə(r)/ *n*: *arma de fuego que se carga por el cañón*

muzzy /'mʌzi/ *adj* **-zier, -ziest** [1] (blurred, hazy) borroso [2] (groggy) embotado; **I feel a bit** ~ **in the head** estoy un poco embotado, tengo la cabeza un poco embotada

MVP *n* (AmE) = **most valuable player**

MW *n* [1] (Rad) (= **medium wave**) OM *f* [2] (Elec) = **megawatt(s)**

my[1] /maɪ/ *adj*

> ⚠ The translation *mi* agrees in number with the noun which it modifies. *my* is translated by *mi*, *mis*, depending on what follows: **my father/mother** mi padre/madre; **my books/magazines** mis libros/revistas. For *my* used with parts of the body, ▸ⓘ **p.965**

(*sing*) mi (*pl*) mis; ~ **son/daughter** mi hijo/hija; ~ **sons/daughters** mis hijos/hijas; **I put** ~ **hat on** me puse el sombrero; **I broke** ~ **arm** me rompí el brazo

my[2] *interj* ¡caramba!

myalgia /maɪ'ældʒə/ *n* mialgia *f*

myalgic encephalomyelitis /maɪˌældʒɪkenˌsefələʊˌmaɪə'laɪtəs || maɪˌældʒɪkenˌsefələʊˌmaɪə'laɪtɪs/ *n* encefalomielitis *f* miálgica, síndrome *m* de fatiga crónica

Mycenae /maɪ'si:ni/ *n* Micenas

Mycenaean /ˌmaɪsə'ni:ən || ˌmaɪsɪ'ni:ən/ *adj* micénico

myna (bird), mynah (bird) /'maɪnə/ *n* mina *f*, mainato *m* (*pájaro tropical capaz de imitar sonidos humanos*)

MYOB *interj* (colloq) = **mind your own business**

myopia /maɪ'əʊpiə/ *n* [u] (frml) miopía *f*

myopic /maɪ'əʊpɪk, -'ɑ:pɪk || maɪ'ɒpɪk/ *adj* (frml) ⟨*person*⟩ miope; ⟨*policy/attitude/approach*⟩ corto de miras

myriad[1] /'mɪriəd/ *adj* (liter): **the** ~ **varieties of butterfly** los miles *or* millares de tipos de mariposas

myriad[2] *n* (liter) miríada *f* (liter); ~**s of tiny white flowers** miríadas de florecillas blancas (liter)

myrrh /mɜ:r || mɜ:(r)/ *n* [u] mirra *f*

myrtle /'mɜ:rtl || 'mɜ:tl/ *n* [c u] [1] (shrub, tree) mirto *m* [2] (periwinkle) (AmE) hierba *f* doncella, vinca *f* (pervinca)

myself /maɪ'self/ *pron* [1] (reflexive): **I fixed** ~ **a drink** me serví una copa; **I was talking to** ~ estaba hablando solo/sola; **that's wrong, I thought to** ~ —eso está mal —pensé para mí *or* para mis adentros; **I was by** ~ estaba solo/sola; **I don't get much time to** ~ no tengo mucho tiempo para mí; **I behaved** ~ me porté bien [2] (*emphatic use*) yo mismo, yo misma; **I made it** ~ lo hice yo mismo/misma; **it's pretty good, even though I say so** ~ está muy bien, modestia aparte [3] (normal self): **I haven't been feeling** ~ **lately** no me encuentro muy bien últimamente; **I can't be** ~ **when she's around** no puedo ser como soy cuando está ella

mysterious /mɪ'stɪriəs || mɪ'stɪəriəs/ *adj* [1] (unexplained, strange) ⟨*disappearance/caller/object*⟩ misterioso; **the Lord moves in** ~ **ways** los designios del Señor son inescrutables; **there's nothing** ~ **about my trip** mi viaje no tiene nada de misterioso [2] (suggesting mystery) ⟨*look/smile*⟩ misterioso, lleno de misterio; **why are you being so** ~**?** ¿a qué viene tanto misterio?

mysteriously /mɪ'stɪriəsli || mɪ'stɪəriəsli/ *adv* [1] misteriosamente; **all the photos had** ~ **vanished** todas las fotos habían desaparecido misteriosamente [2] ⟨*say/smile*⟩ con cierto misterio

mystery /'mɪstəri/ *n* (*pl* **-ries**)

A [1] [c] (puzzle) misterio *m*; **Mary's a real** ~ Mary es un auténtico misterio; **it's a** ~ **to me how she puts up with him** para mí es un misterio cómo logra aguantarlo [2] [u] (quality) misterio *m*; **the whole affair is shrouded** *o* **veiled in** ~ todo el asunto está rodeado de misterio *or* envuelto en un halo de misterio; (*before n*): ~ **guest** invitado, -da *m,f* sorpresa; ~ **story** cuento *m* de misterio; ~ **tour** (BrE) excursión *f* sorpresa; ~ **trip** viaje *m* sorpresa

B [c] (Cin, Lit, Theat) película *f* (*or* novela *f etc*) de misterio *or* de suspenso *or* (Esp) de suspense

C [c] (Relig) misterio *m*

mystery play *n* misterio *m*, auto *m* sacramental

mystery writer *n* (of novels) escritor, -tora *m,f* de novelas de misterio; (of stories) escritor, -tora *m,f* de cuentos de misterio

mystic[1] /'mɪstɪk/ *n* místico, -ca *m,f*

mystic[2] *adj* [1] (mystical) místico [2] ⟨*rites/powers*⟩ oculto

mystical /'mɪstɪkəl/ *adj* místico

mysticism /'mɪstəsɪzəm || 'mɪstɪsɪzəm/ *n* [u] misticismo *m*

mystification /ˌmɪstəfə'keɪʃən || ˌmɪstɪfɪ'keɪʃən/ *n* [u] [1] (act) misterio *m* [2] (bewilderment) perplejidad *f*

mystify /'mɪstəfaɪ || 'mɪstɪfaɪ/ *vt* **-fies, -fying, -fied** desconcertar*, dejar perplejo; **I'm totally mystified** estoy perplejo

mystifying /'mɪstəfaɪɪŋ || 'mɪstɪfaɪɪŋ/ *adj* desconcertante

mystique /mɪ'sti:k/ *n* [u] aura *f*‡ *or* halo *m* de misterio

myth /mɪθ/ *n* [1] (traditional story) mito *m*; **a** ~ **has grown up around the event** se ha creado todo un mito en torno al hecho; **behind the** ~ **was a vulnerable human being** tras el mito se ocultaba un ser humano frágil y vulnerable [2] (sth false) mito *m*; **the** ~ THAT ... el mito DE QUE ...

mythical /'mɪθɪkəl/ *adj* [1] (Lit) ⟨*country/hero*⟩ mítico [2] (not real): **the** ~ **wisdom of old age** la supuesta sabiduría que da la vejez; **her** ~ **uncle** su imaginario tío

mythicize /'mɪθəsaɪz || 'mɪθɪsaɪz/ *vt* mitificar*

mythify /'mɪθəfaɪ || 'mɪθɪfaɪ/ *vt* mitificar*

mythological /ˌmɪθə'lɑ:dʒɪkəl || ˌmɪθə'lɒdʒɪkəl/ *adj* mitológico

mythologize /mɪ'θɑ:lədʒaɪz || mɪ'θɒlədʒaɪz/ *vt* mitologizar*

mythology /mɪ'θɑ:lədʒi || mɪ'θɒlədʒi/ *n* (*pl* **-gies**) mitología *f*; **Norse/Greek** ~ la mitología nórdica/griega

myxomatosis /mɪkˌsəʊmə'təʊsəs || ˌmɪksəmə'təʊsɪs/ *n* [u] mixomatosis *f*

m

Nn

n, N /en/ *n* **1** (letter) n, N *f* **2** (Geog) (**= north**) N **3** (indeterminate number) (Math) (número *m*) n; **there are n different ways of doing it** (colloq) hay ene *or* equis maneras de hacerlo; **to the nth degree** (Math) a la enésima potencia; **it's boring to the nth degree** es aburrido hasta decir basta

'n' /ən/ **= and**

NA **1** (**= not applicable**) no corresponde **2** (AmE) **= North America**

n/a **1** **= not applicable** **2** **= no account** **3** **= not available**

NAACP /ˈendʌbəlˈeɪsiːˈpiː/ *n* (in US) **= National Association for the Advancement of Colored People**

> **NAACP - the National Association for the Advancement of Colored People**
>
> Asociación fundada en 1909 para defender los derechos civiles de los afroamericanos ▸**African-American**. Jugó un papel muy importante en la campaña que culminó con la *Civil Rights Act, 1964*.

Naafi /ˈnæfi/ *n* (in UK) (**= Navy, Army and Air Force Institutes**) *servicio de cantinas y aprovisionamiento para las fuerzas armadas*

naan /nɑːn, næn/ *n* ▸**nan B**

nab /næb/ *vt* **-bb-** (colloq) **1** (catch) ‹*person*› pescar* (fam), pillar (fam) **2** (snatch) agarrar *or* (Esp) coger*

nabob /ˈneɪbɑːb || ˈneɪbɒb/ *n* nabab *m*

nacelle /nəˈsel/ *n* (Aviat) nacela *f*

nacre /ˈneɪkər || ˈneɪkə(r)/ *n* [u] nácar *m*, madreperla *f*

nadir /ˈneɪdɪr || ˈneɪdɪə(r)/ *n* **1** (Astron) nadir *m* **2** (lowest point) punto *m* más bajo, nadir *m* (liter)

naff /næf/ *adj* (BrE colloq) **1** (in poor taste) de mal gusto, hortera (Esp fam), naco (Méx fam), meosa (RPl fam), lobo (Col fam), huachaca (Chi fam), huachafo (Per fam) **2** (inferior) malo, rasca (CS fam)

Phrasal verb

- **naff off** [v + adv] (BrE) (vulg): **~ off!** ¡vete a la mierda! (vulg), ¡ándate a la mierda! (AmL vulg) ¡andá a la mierda! (RPl vulg)

NAFTA /ˈnæftə/ *n* (**= North American Free Trade Agreement**) NAFTA *m*

> **NAFTA - the North American Free Trade Agreement**
>
> Un acuerdo firmado en 1989 y vigente desde 1994, entre EEUU, Canadá y México. Tiene por objeto permitir un más fácil transporte y venta de mercancías a través de sus fronteras.

NAfW *n* **= National Assembly for Wales**

nag[1] /næg/ **-gg-** *vt*

A **1** (pester) fastidiar; **don't ~ me: I'll do it in a minute** deja de fastidiarme *or* (fam) darme la lata, enseguida lo hago; **to ~ sb to + INF** darle* la lata a algn para que + SUBJ; **she ~ged him into painting the kitchen** no paró hasta conseguir que pintara la cocina **2** (criticize): **he's always ~ging her for being untidy** siempre le está encima con que es desordenada

B (preoccupy): **he was ~ged by doubts** lo acosaban las dudas; **her conscience ~ged her** le remordía la conciencia

■ **nag** *vi*

A **1** (pester) fastidiar; **they ~ and ~ until they get what they want** no paran de fastidiar hasta que consiguen lo que quieren; **to ~ AT sb** fastidiar *or* (fam) darle* la lata a algn **2** (criticize, scold) rezongar*; **to ~ AT sb** estarle* encima A algn

B **nagging** *pres p* **1** ‹*doubt/worry*› persistente, acuciante **2** ‹*husband/wife*› rezongón (fam)

nag[2] *n*

A (scolder) rezongón, -gona *m,f* (fam), gruñón, -ñona *m,f*

B (horse) (colloq & pej) jamelgo *m* (fam & pey), cuaco *m* (Méx fam & pey)

nagger /ˈnægər || ˈnægə(r)/ *n* ▸**nag[2] A**

nail[1] /neɪl/ *n*

A (Const) clavo *m*; (smaller) puntilla *f*; ***a ~ in sb's coffin***: **this failure is another ~ in his coffin** este fracaso es otro paso camino a su derrota; **each cigarette you smoke is another ~ in your coffin** con cada cigarrillo que fumas te vas cavando tu propia fosa; ***to be as hard as ~s*** ser* muy duro (de corazón); ***to hit the ~ on the head*** dar* en el clavo; ***to pay on the ~*** (colloq) pagar* en el acto; **they paid cash on the ~** pagaron a toca teja (Esp) *or* (RPl) pagaron taca taca *or* (Chi, Ven) chinchin *or* (Méx) en caliente (y de repente) (fam); (*before n*): **~ bomb** bomba *f* de metralla

B (Anat) uña *f*; **to cut one's ~s** cortarse las uñas; **she bites her ~s** se come las uñas; (*before n*): **~ polish** *o* (AmE) **enamel** *o* (BrE) **varnish** esmalte *m* de uñas; **~ polish** *o* (AmE) **enamel** *o* (BrE also) **varnish remover** quitaesmalte *m*

nail[2] *vt*

A (fix) clavar; **sheer panic ~ed him to the spot** se quedó clavado en el sitio de puro pánico

B (colloq) **1** (apprehend) agarrar *or* (Esp) coger*, trincar* (Esp fam) **2** (obtain, secure) conseguir*, hacerse* con (fam) **3** (expose) ‹*lie*› poner* al descubierto **4** (AmE) (Sport) derrotar; (in league) eliminar

Phrasal verbs

- **nail down** [v + o + adv, v + adv + o] **1** ‹*lid/floorboard*› clavar, asegurar con clavos **2** ‹*cause*› establecer* con certeza; ‹*agreement*› concretar **3** ‹*person*› **see if you can ~ him down on this issue** a ver si logras que te dé una respuesta concreta sobre este asunto; **to ~ sb down TO sth**: **we must ~ them down to a precise date** tenemos que hacer que se comprometan a una fecha concreta
- **nail up** [v + o + adv, v + adv + o] **1** ‹*crate*› cerrar* con clavos; ‹*door/window*› condenar (*cerrando con tablas*) **2** ‹*picture/sign*› clavar

nail-biting /ˈneɪlˌbaɪtɪŋ/ *adj* ‹*suspense/tension*› angustioso; ‹*wait/finish/contest*› lleno de tensión

nailbrush /ˈneɪlbrʌʃ/ *n* cepillo *m* de uñas

nail clippers *pl n* cortaúñas *m*; **a pair of ~ ~** un cortaúñas

nail file *n* lima *f* (de uñas)

nail scissors *pl n* tijeras *fpl* para uñas

naive, naïve /nɑːˈiːv, naɪˈiːv/ *adj* **1** ‹*person/belief/view*› ingenuo, cándido, inocentón (fam); ‹*book/article*› simplista; **don't be so ~!** ¡no seas tan ingenuo! **2** ‹*art/artist*› naif *adj inv*

naively, naïvely /nɑːˈiːvli, naɪ-/ *adv* ingenuamente

naivety /nɑːˈiːvti, naɪ-/, (AmE esp) **naivete** /-teɪ/ *n* [u] ingenuidad *f*, candor *m*

naked /ˈneɪkəd || ˈneɪkɪd/ *adj* **1** (unclothed) desnudo; **~ to the waist** desnudo hasta la cintura; **we cannot face our enemies ~** no podemos enfrentarnos al enemigo a cuerpo descubierto **2** ‹*sword/blade*› desenvainado; ‹*branch*› desnudo, pelado; ‹*landscape*› sin árboles; **S do not use near a naked flame** no acercar a la llama; **invisible to the ~ eye** invisible a simple vista **3** (stark, plain) ‹*racism/aggression*› manifiesto; ‹*ambition/reality*› puro; **the ~ truth** la verdad desnuda *or* descarnada

nakedly /ˈneɪkədli || ˈneɪkɪdli/ *adv* manifiestamente; **he was ~ ambitious** su ambición era manifiesta

nakedness /ˈneɪkədnəs || ˈneɪkɪdnɪs/ *n* [u] desnudez *f*

namby-pamby[1] /ˌnæmbiˈpæmbi/ *adj* (colloq) ‹*boy/clothes*› ñoño (fam), remilgado

namby-pamby[2] *n* (*pl* **-bies**) (colloq) ñoño, -ña *m,f* (fam), remilgado, -da *m,f*

name[1] /neɪm/ *n*

A **1** (of person) nombre *m*; (surname) apellido *m*; **what's your ~?** ¿cómo te llamas?, ¿cómo se llama (Ud)?, ¿cuál es su nombre? (frml); **my ~ is John Baker** me llamo John Baker; **what ~ shall I say?** (on the phone) ¿de parte de quién?; (announcing arrival) ¿a quién debo anunciar?; **the ~'s Smith** me llamo Smith; **a woman by the ~ of Green** una mujer llamada Green; **the victim was not mentioned by ~** no se dio el nombre de la víctima; **one of those bullets had my ~ on it** una de esas balas iba dirigida a mí; **he knows them all by ~** los conoce a todos por su nombre; **I only know her by ~** sólo la conozco de oídas *or* de nombre; **she goes by** *o* **under the ~ of Shirley Lane** se hace llamar Shirley Lane; **he writes under the ~ (of) ...** escribe bajo el seudónimo de ...; **the house is in her husband's ~** la casa está a nombre de su marido; **he started out without a penny to his ~** empezó sin un centavo *or* (Esp) sin un duro (fam); **he doesn't have a penny to his ~** no tiene dónde caerse muerto; **mentioning** *o* **to mention no ~s** sin mencionar a nadie; **to take sb's ~** ‹‹*referee*›› (BrE) sacarle* la tarjeta a algn; ‹‹*policeman*›› pedirle* la documentación a algn; **they've put the baby's ~ down for the local school** ya han apuntado al niño en el colegio de la zona; **he's put his ~ down for a transfer** ha solicitado un traslado; **I'll fix him or my ~'s not Ted Simpson** como que me llamo Ted Simpson que a ése lo arreglo yo, a ése lo arreglo yo o me dejo de llamar Ted Simpson; ***my/her/his ~ is mud***: **my ~ is mud in that place** no quieren ni oír hablar de mí allí, allí soy persona non grata; ***to call sb ~s*** llamar a algn de todo; ***to name ~s*** dar* nombres **2** (of thing) nombre *m*; **what's the ~ of that thing there?** ¿cómo se llama eso?; **what's in a ~?** ¿qué importa el nombre?; **she's manager in all but ~** a todos los efectos *or* en la práctica, la directora es ella; **in ~ only** sólo de nombre; **stop, in the ~ of the law!** ¡alto, en nombre de la ley!; **what in God's** *o* **heaven's ~ is this?** ¿qué diablos es esto? (fam); ***the ~ of the game***: **cost reduction, that's the ~ of**

the game hay que reducir los costos, eso es lo fundamental *or* de eso se trata

B **1** (reputation) fama *f*; **to give sb/sth a bad ~** darle* mala fama a algn/algo; **to have a bad/good ~** tener* mala/buena fama; **he has made quite a ~ for himself as a designer** se ha hecho bastante fama como diseñador; **the film that really made his ~** la película que lo lanzó al estrellato **2** (person) figura *f*; (company) nombre *m*; **all the big ~s** todas las grandes figuras; **all the famous ~s** todos los famosos; ***to drop ~s*** mencionar a gente importante (*para darse tono*)

name² *vt*

A (give name to) ‹*company/town*› ponerle* nombre a; ‹*boat*› bautizar*, ponerle* nombre a; **they ~d the baby George** le pusieron George al niño, al niño le pusieron por nombre George (liter); **a man ~d Smith** un hombre llamado Smith; **to ~ sb/sth AFTER** *o* (AmE also) **FOR sb**: **they ~d her after Ann's mother** le pusieron el nombre de la madre de Ann; **he's been ~d John after his father** le han puesto John por su padre; **the city is ~d after the national hero** la ciudad lleva el nombre del héroe nacional

B (identify, mention): **police have ~d the suspect** la policía ha dado el nombre del sospechoso; **the victim has been ~d as John Brown** la víctima ha sido identificada como John Brown; **to ~ but a few** por mencionar a unos pocos; **~ your own price** diga usted cuánto; **have they ~d a date for the hearing?** ¿han fijado una fecha para la vista?; **to ~ the day** fijar la fecha de la boda; ***you ~ it*** (colloq): **you ~ it, she's done it** ha hecho absolutamente de todo, ha hecho de todo lo habido y por haber

C (appoint) nombrar

name³ *adj* (esp AmE) de nombre, de renombre, de prestigio

name-calling /ˈneɪmˌkɔːlɪŋ/ *n* [u] (colloq) insultos *mpl*

namecheck¹ /ˈneɪmtʃek/ *n* **1** (of credentials) comprobación *f* de la documentación **2** (mention) mención *f*, referencia *f*

namecheck² *vt* mencionar, hacer* referencia a, referirse a

name day *n* (Relig) día *m* del santo, día *m* del onomástico (AmL), día *m* de la onomástica (Esp)

name-dropper /ˈneɪmˌdrɑːpər || ˈneɪmˌdrɒpə(r)/ *n* (colloq): **she's a terrible ~** le encanta darse tono mencionando a gente importante

nameless /ˈneɪmləs || ˈneɪmlɪs/ *adj*

A (not specified) anónimo; **someone who shall remain ~ forgot his mother's birthday** (hum) cierta persona, y mejor no decimos quién, se olvidó del cumpleaños de su madre (hum)

B **1** ‹*fear/yearning*› indescriptible **2** ‹*crimes/atrocities*› nefando (liter), indescriptible

namely /ˈneɪmli/ *adv* (frml) a saber (frml), concretamente

nameplate /ˈneɪmpleɪt/ *n* (on door) placa *f* (*con el nombre*); (on car) placa *f* de características

namesake /ˈneɪmseɪk/ *n* tocayo, -ya *m,f*, homónimo, -ma *m,f*

name-tag /ˈneɪmtæg/ *n* (of cloth) etiqueta *f*; (of metal) chapa *f*

name-tape /ˈneɪmteɪp/ *n* etiqueta *f* con el nombre (*para coser en la ropa*)

Namibia /nəˈmɪbiə/ *n* Namibia *f*

Namibian¹ /nəˈmɪbiən/ *adj* namibio

Namibian² *n* namibio, -bia *m,f*

nan *n*

A /næn/ (grandmother) (BrE colloq) nana *f* (fam), yaya *f* (fam), nona *f* (RPl fam)

B /nɑːn, næn/ (bread) *also* **naan** pan *m* naan

nana *n* (BrE)

A /ˈnænə/ (granny) (used to or by children) abuelita *f* (fam), yaya *f* (fam)

B /ˈnɑːnə/ (fool) (colloq) imbécil *mf* (fam)

nancy /ˈnænsi/ *n* (*pl* **-cies**) (BrE colloq, dated & pej) mariquita *m* (fam & pey)

nandrolone /ˈnændrələʊn/ *n* nandrolona *f*

nanny /ˈnæni/ *n* (*pl* **-nies**)

A (nursemaid) (esp BrE) niñera *f*; **their attitude is that ~ knows best** (BrE) son autoritarios y paternalistas

B ▸**nana A**

nano- /ˈnænəʊ/ *pref* nano-

nanobacterium /ˌnænəʊbækˈtɪriəm || ˌnænəʊbækˈtɪəriəm/ *n* (*pl* **nanobacteria** /-riə/) nanobacteria *f*

nanobe /ˈnænəʊb/ *n* (Biol) nanobio *m*

nanosecond /ˈnænəʊsekənd/ *n* nanosegundo *m*

nanotechnology /ˌnænəʊtekˈnɑːlədʒi || ˌnænəʊtekˈnɒlədʒi/ *n* [u] nanotecnología *f*

nap¹ /næp/ *n*

A (sleep) sueñecito *m* (fam), sueñito *m* (esp AmL fam); (esp in the afternoon) siesta *f*; **to have** *o* **take a ~** echarse un sueñecito (*or* una siesta *etc*)

B (Tex) pelo *m*; **with the ~** en la dirección del pelo; **against the ~** a contrapelo

C (in horse racing) (BrE) (Sport) pronóstico *m*

nap² **-pp-** *vi* dar* cabezadas; ***to catch sb ~ping*** agarrar *or* (Esp) coger* a algn desprevenido

■ **nap** *vt* (BrE) (Sport) pronosticar* como ganador

napalm¹ /ˈneɪpɑːm/ *n* [u] napalm *m*

napalm² *vt* bombardear con napalm

nape /neɪp/ *n* nuca *f*, cogote *m* (fam)

naphtha /ˈnæfθə/ *n* [u] nafta *f*

naphthalene /ˈnæfθəliːn/ *n* [u] naftalina *f*

napkin /ˈnæpkɪn/ *n* **1** (at table) servilleta *f*; (*before n*): **~ ring** servilletero *m* **2** (for baby) (BrE frml) pañal *m* **3** (AmE) ▸**sanitary napkin**

Naples /ˈneɪpəlz/ *n* Nápoles *m*

Napoleonic /nəˌpəʊliˈɑːnɪk || nəˌpəʊliˈɒnɪk/ *adj* napoleónico

nappy /ˈnæpi/ *n* (*pl* **-pies**) (BrE) pañal *m*; **to change a ~** cambiar un pañal; (*before n*): **~ pin** imperdible *m*, alfiler *m* de gancho (CS); **~ rash** irritación *f* (*en las nalgas de un bebé*); **he has ~ rash** está escaldado *or* (Méx) rozado

narc /nɑːrk || nɑːk/ *n* (AmE sl) agente *mf* de la brigada de estupefacientes, estupa *mf* (Esp arg)

narcissi /nɑːrˈsɪsaɪ || nɑːˈsɪsaɪ/ *pl of* **narcissus**

narcissistic /ˌnɑːrsəˈsɪstɪk || ˌnɑːsɪˈsɪstɪk/ *adj* narcisista

narcissus /nɑːrˈsɪsəs || nɑːˈsɪsəs/ *n* [c u] (*pl* **-cissuses** *or* **-cissi**) narciso *m*

Narcissus /nɑːrˈsɪsəs || nɑːˈsɪsəs/ *n* Narciso

narco /ˈnɑːrkəʊ || ˈnɑːkəʊ/ *n* (*pl* **-cos**) (AmE colloq) **1** (drug dealer) narco *mf* **2** (police officer) policía *f* antidrogas

narcolepsy /ˈnɑːrkə(ʊ)lepsi || ˈnɑːkə(ʊ)lepsi/ *n* [u] narcolepsia *f*

narcoleptic¹ /ˌnɑːrkə(ʊ)ˈleptɪk || ˌnɑːkə(ʊ)ˈleptɪk/ *adj*

A (Med) narcoléptico

B ‹*speech/music*› soporífico

narcoleptic² *n* narcoléptico, -ca *m,f*

narcosis /nɑːrˈkəʊsəs || nɑːˈkəʊsɪs/ *n* [u] narcosis *f*

narcoterrorism /ˌnɑːrkəʊˈterərɪzəm || ˌnɑːkəʊˈterərɪzəm/ *n* [u] narcoterrorismo *m*

narcoterrorist /ˌnɑːrkəʊˈterərəst || ˌnɑːkəʊˈterərɪst/ *n* narcoterrorista *mf*; (*before n*) ‹*group/attack*› narcoterrorista

narcotic¹ /nɑːrˈkɑːtɪk || nɑːˈkɒtɪk/ *n* estupefaciente *m*, narcótico *m*; (*before n*): **~s squad** brigada *f* de estupefacientes; **~s user** toxicómano, -na *m,f*

narcotic² *adj* narcótico

narcotourist /ˈnɑːrkəʊtʊrəst || ˈnɑːkəʊtʊərɪst/ *n* narcoturista *mf*

nark¹ /nɑːrk || nɑːk/ *n* (BrE colloq & dated): **(copper's) ~** soplón, -plona *m,f* (fam)

nark² *vt* (BrE colloq) cabrear (fam), encabronar (Esp, Méx vulg); **to get ~ed** cabrearse *or* (Esp, Méx vulg) encabronarse (fam)

narky /ˈnɑːrki || ˈnɑːki/ *adj* **-kier, -kiest** (BrE colloq): **to get ~ (with sb)** picarse* *or* mosquearse or calentarse (AmL) *or* (Esp) cabrearse (con algn) (fam)

narrate /ˈnæreɪt, næˈreɪt || nəˈreɪt/ *vt* **1** (Lit) (frml) ‹*story/events*› narrar, relatar **2** ‹*film/documentary*› hacer* el comentario de, hacer* de comentarista

narration /næˈreɪʃən, nə- || nəˈreɪʃən/ *n* [u c] **1** (Lit) (frml) narración *f* **2** (Cin, Theat, TV) comentario *m*

narrative¹ /ˈnærətɪv/ *n*

A [c] (story) (frml) narración *f*, relato *m*

B [u] (Lit) **1** (narrated part) narración *f* **2** (storytelling) narrativa *f*

narrative² *adj* (*before n*) narrativo; **~ line** línea *f* de la narración

narrator /ˈnæreɪtər, næˈreɪtər || nəˈreɪtə(r)/ *n* **1** (Lit) narrador, -dora *m,f* **2** (Cin, Theat, TV) comentarista *mf*

narrow¹ /ˈnærəʊ/ *adj*

A **1** (not wide) ‹*path/opening/hips*› estrecho, angosto (esp AmL); **to get** *o* **become ~er** estrecharse, angostarse (esp AmL) **2** (slender) ‹*margin*› escaso; ‹*win/victory*› conseguido por un escaso margen; **to have a ~ escape** salvarse de milagro *or* (fam) por un pelo *or* por los pelos

B (restricted) ‹*range/horizons/view*› limitado; ‹*attitude/ideas*› cerrado, intolerante; **from a ~ perspective** con una perspectiva estrecha *or* limitada; **in the ~est sense of the word** en el sentido más estricto de la palabra

C (exact, thorough) (frml) ‹*scrutiny*› minucioso, exhaustivo

narrow² *vt* **1** (reduce width of) ‹*canal/lapel*› estrechar, angostar (esp AmL); **the accident ~ed the road to two lanes** el accidente dejó la carretera reducida a dos carriles; **she ~ed her eyes** (against the sun) entrecerró los ojos; (with suspicion) frunció el ceño; **to ~ the gap** reducir* la distancia **2** (restrict) ‹*range/field*› restringir*, limitar

■ **narrow** *vi* **1** (decrease in width) «*road/river/valley*» estrecharse, angostarse (esp AmL); «*gap*» reducirse* **2** «*field*» restringirse*; «*options/odds*» reducirse*

Phrasal verb

• **narrow down**

A [v + o + adv, v + adv + o] **to ~ sth down TO sth**: **they've ~ed their investigation down to this area** han limitado su investigación a esta área; **we ~ed it down to only three candidates** fuimos descartando candidatos hasta quedar con sólo tres

B [v + adv] **to ~ down (TO sth)** reducirse* (A algo); **the list of suspects gradually ~ed down** la lista de sospechosos se fue reduciendo

narrow boat *n* (BrE) barcaza *f*

narrow gauge *n* [u] (Rail) vía *f* estrecha, trocha *f* angosta (AmS); (*before n*): **narrow-gauge railway/locomotive** ferrocarril *m* /locomotora *f* de vía estrecha *or* (AmS) de trocha angosta

narrowly /ˈnærəʊli/ *adv*

A (by small margin) por poco, por un escaso margen

B **1** (closely) (frml) ‹*examine*› exhaustivamente; **to watch sb ~** vigilar a algn de cerca **2** (restrictedly) ‹*define/consider*› limitadamente, restringidamente

narrow-minded /ˌnærəʊˈmaɪndəd || ˌnærəʊˈmaɪndɪd/ *adj* ‹*person*› de mentalidad cerrada, intolerante; ‹*attitude*› cerrado, intolerante; ‹*approach*› estrecho de miras; ‹*sectarianism/rationalism/prudery*› intolerante

narrow-mindedness /ˌnærəʊˈmaɪndədnəs || ˌnærəʊˈmaɪndɪdnɪs/ *n* [u] intolerancia *f*

narrowness /ˈnærəʊnəs || ˈnærəʊnɪs/ *n* [u]

A (of river, door, valley, hips) estrechez *f*; **the ~ of their victory was unexpected** nadie esperaba que ganaran por tan escaso margen

B (of person, attitude) lo intolerante, lo cerrado

narrows /ˈnærəʊz/ *pl n* estrecho *m*

narwhal, narwal /ˈnɑːrhwɑːl || ˈnɑːwəl/ *n* narval *m*

nary /ˈneri || ˈneəri/ *adv* (dial): **~ a** ni un; **catch any fish? — ~ a one!** ¿has pescado algo? — ¡ni uno!

NASA /ˈnæsə/ *n* (in US) (*no art*) (**= National Aeronautics and Space Administration**) la NASA

nasal¹ /ˈneɪzəl/ *adj* (Anat, Ling) nasal; ‹*voice/accent*› gangoso, (de timbre) nasal

nasal² *n* nasal *f*

nasalize /ˈneɪzəlaɪz/ *vt* nasalizar*

nasally /ˈneɪzəli/ *adv* ‹*speak*› por la nariz; ‹*say/whine*› con voz gangosa

nascent /ˈnæsnt/ *adj* **1** (liter) ‹*hope/civilization*› naciente (liter); ‹*career/movement/hostility*› incipiente **2** (Chem) naciente

NASDAQ /ˈnæzdæk/ *n* (Fin) (**= National Association of Securities Dealers Automated Quotations**) NASDAQ *m*

nastily /ˈnæstəli || ˈnɑːstɪli/ *adv* ‹*say/behave*› con maldad; ‹*sneer/mock*› cruelmente

nastiness /ˈnæstinəs || ˈnɑːstɪnɪs/ *n* [u] **1** (spitefulness) maldad *f* **2** (of accident) gravedad *f* **3** (of taste, smell) lo asqueroso, lo repugnante

nasturtium /nəˈstɜːrʃəm || nəˈstɜːʃəm/ *n* (*pl* **-s**) capuchina *f*

nasty¹ /ˈnæsti || ˈnɑːsti/ *adj* **-tier, -tiest**

A **1** (repugnant) ‹*taste/smell/medicine*› asqueroso, repugnante; ‹*habit*› feo, desagradable; **it smells ~** huele horrible, tiene un olor asqueroso *or* repugnante; **don't touch, it's ~** (to child) no toques, ¡caca! (fam) **2** (obscene, offensive) ‹*film/book*› asqueroso, inmundo

B (spiteful) ‹*person*› malo, asqueroso; **that was a ~ thing to say!** fue una maldad decirle eso; **they are really ~ to her** son realmente malos *or* crueles con ella; **to have a ~ temper** tener* muy mal carácter; **what a ~ trick!** ¡qué canallada!; **children can be so ~!** los niños pueden ser de lo más crueles; **he turns very ~ when he gets drunk** se pone de lo más desagradable cuando se emborracha; ▸**piece B**

C **1** (severe) ‹*cut/injury/cough*› feo; ‹*accident*› serio; (stronger) horrible; **I had a ~ shock** me llevé una sorpresa de lo más desagradable; **the weather turned ~** el tiempo se puso horrible *or* feísimo **2** (difficult, dangerous) ‹*question/exam*› peliagudo, muy difícil; ‹*corner/intersection*› muy peligroso **3** (unpleasant) ‹*situation/experience*› desagradable; **the situation turned ~** la cosa se puso fea (fam)

nasty² *n* (*pl* **-ties**) (esp BrE colloq): **hidden nasties** sorpresas *fpl* desagradables

NAS/UWT *n* (in UK) (**= National Association of Schoolmasters/Union of Women Teachers**) *sindicato de profesores*

natal /ˈneɪtl/ *adj* (liter) ‹*land*› natal; **his ~ day** su natalicio (frml), el día de su nacimiento

natch /nætʃ/ *adv* (*indep*) (colloq) por supuesto; **well, ~ I didn't believe a word** bueno, por supuesto no le creí ni una palabra

nation /ˈneɪʃn/ *n* **1** (people) nación *f*; **the British ~** los británicos, la nación británica **2** (country) (esp AmE) nación *f*

national¹ /ˈnæʃnəl || ˈnæʃənl/ *adj* **1** (of country) nacional; **our ~ anthem** nuestro himno nacional; **they were wearing their ~ costume** *o* **~ dress** llevaban sus trajes típicos; **the ~ debt** la deuda nacional; **~ holiday** fiesta *f* nacional, fiesta *f* patria (AmL); **~ monument** monumento *m* nacional; **~ security** seguridad *f* nacional **2** (not local, regional) ‹*news/team/organization*› nacional; ‹*campaign/reputation*› a nivel nacional; **they plan to go ~** tienen intención de empezar a operar a escala *or* a nivel nacional

national² *n* ciudadano, -na *m,f*; **foreign ~s** los ciudadanos extranjeros

National Aeronautics and Space Administration *n* (in US) Administración *f* Nacional Aeronáutica y del Espacio

National Assembly *n* Asamblea *f* Nacional

national bank *n* (Fin) **1** (state-owned) banco *m* estatal *or* nacional **2** (in US) *banco que opera según las normas del Federal Reserve System*

> **National Book Award**
>
> Cualquiera de los varios premios que la Association of American Publishers otorga, anualmente, a un libro nuevo que se haya publicado en Estados Unidos.

national curriculum *n* (in UK): **the ~ ~** *el plan de estudios oficial de las escuelas de enseñanza pública de Inglaterra y el país de Gales*

National Endowment for the Arts *n* (in US): **the ~ ~ ~ ~ ~** *organismo del gobierno federal para el fomento de las artes*

national government *n* gobierno *m* nacional

National Guard *n* (in US): **the ~ ~** la Guardia Nacional

> **National Guard**
>
> Una milicia voluntaria reclutada por cada uno de los estados norteamericanos, cuya historia remonta a la época colonial. En tiempos de desastre natural o emergencia civil puede ser declarada bajo mando federal, y hoy día se le considera parte del ejército nacional.

National Health (Service) *n* [u] (in UK): **the ~ ~ (~)** *servicio de asistencia sanitaria de la Seguridad Social*; **he was treated on the ~ ~ (~)** ≈ lo atendieron por la Seguridad Social; (*before n*) ‹*hospital/doctor*› de la Seguridad Social, del Seguro

> **National Health Service - NHS**
>
> En Gran Bretaña, es el servicio público de asistencia médica, financiado en gran parte por el gobierno. La asistencia, por lo general, es gratuita. Se deben pagar la atención dental y las medicinas recetadas. Sin embargo, las personas que pertenecen a ciertos grupos, tales como los niños y los jubilados, no pagan por estos servicios.

National Insurance *n* [u] (in UK) Seguridad *f* Social; (*before n*): **~~ contributions** aportaciones *fpl or* (Esp) cotizaciones *fpl or* (RPl) aportes *mpl or* (Chi) imposiciones *fpl* a la Seguridad Social; **~ ~ number** número *m* de la Seguridad Social

> **National Insurance - NI**
>
> En Gran Bretaña, sistema de cotizaciones o contribuciones a la Seguridad Social (*National Insurance Contributions*), que los empleados y empleadores deben realizar a fin de que el gobierno pueda financiar los diferentes beneficios sociales que proporciona, tales como ▸**jobseeker's allowance** y las jubilaciones, así como el ▸**National Health Service - NHS**. Todo adulto debe tener un número de la seguridad social (*National Insurance Number*).

nationalism /ˈnæʃnəlɪzəm/ *n* [u] nacionalismo *m*

nationalist¹ /ˈnæʃnələst || ˈnæʃnəlɪst/ *adj* nacionalista

nationalist² *n* nacionalista *mf*

nationalistic /ˌnæʃnəˈlɪstɪk/ *adj* nacionalista

nationality /ˌnæʃəˈnæləti/ *n* (*pl* **-ties**) **1** [u] (citizenship) nacionalidad *f*, ciudadanía *f*; **to have Spanish ~** tener* nacionalidad *or* ciudadanía española; **what's your ~?, what ~ are you?** ¿de qué nacionalidad eres? **2** [c] (national group) nacionalidad *f*

nationalization /ˌnæʃnələˈzeɪʃən || ˌnæʃnəl aɪˈzeɪʃən/ *n* [u] nacionalización *f*

nationalize /ˈnæʃnəlaɪz || ˈnæʃnəlaɪz/ *vt* nacionalizar*; **~d industry** industria *f* nacionalizada

> **National Lottery**
>
> La lotería nacional británica, mediante la cual se recauda dinero tanto para una amplia variedad de proyectos culturales o deportivos como para obras benéficas y la conservación del patrimonio nacional.

nationally /ˈnæʃnəli/ *adv* ‹*organized/coordinated*› a escala nacional; ‹*advertised/distributed*› por todo el país, a escala nacional; **this holds true locally, but not ~** esto es cierto a nivel local, pero no a nivel nacional

National Minimum Wage *n* salario *m* mínimo, salario mínimo interprofesional (Esp), ≈ salario *m* mínimo vital y móvil (Arg)

> **National Organization for Women - NOW**
>
> Una importante organización en EEUU que lucha por los derechos de la mujer. NOW fue fundada en 1966, por la escritora feminista Betty Friedan. Tiene alrededor de 250.000 miembros.

national park *n* parque *m* nacional

National Rifle Association *n* (in US) Asociación *f* Nacional del Rifle

> **National Rifle Association - NRA**
>
> Una organización en EEUU, que apoya el uso de armas de fuego para la caza, el deporte y la legítima defensa. Sus 3,4 millones de miembros sostienen que la Constitución (▸**Constitution**) otorga a los ciudadanos el derecho a poseerlas.

National Savings *n* (in UK) (Fin) (+ *sing or pl vb*) ≈ caja *f* postal de ahorros; **~ ~ Certificate** bono *m* del Estado

National Security Council *n* (in US): **the ~ ~ ~** el Consejo Nacional de Seguridad de los EEUU

national service *n* [u] (BrE) servicio *m* militar; **to do one's ~ ~** hacer* el servicio militar

National Socialism *n* [u] nacionalsocialismo *m*

National Trust *n*: **the ~ ~** (in England, Wales and Northern Ireland) *organización no gubernamental encargada de velar por la preservación del patrimonio arquitectónico nacional y de espacios naturales de especial interés*

> **National Trust - The National Trust**
>
> Una fundación británica que tiene como objetivo la conservación de lugares de interés histórico o de belleza natural. Se financia mediante legados y subvenciones privadas y es la mayor propietaria de tierras en Gran Bretaña. A lo largo del tiempo ha obtenido, mediante compra o cesión, enormes extensiones de tierra y de litoral, así como pueblos y casas, muchas de las cuales están abiertas al público en determinadas épocas del año. En Escocia la organización recibe el nombre de *National Trust for Scotland*, y es independiente.

National Vocational Qualification *n* (in UK) calificación *f* vocacional nacional

nationhood /ˈneɪʃənhʊd/ *n* [u]: **to achieve ~** convertirse* *or* constituirse* en nación

nation state *n* estado-nación *m*

nationwide¹ /ˈneɪʃənwaɪd/ *adj* ‹*campaign*› a escala nacional; ‹*appeal*› a toda la nación; **we have a ~ network of agents** tenemos una red de agentes que cubre todo el territorio nacional; **a ~ survey** un estudio realizado a nivel nacional

nationwide² *adv* ‹*distribute/operate*› a escala nacional; **the broadcast was heard ~** la emisión fue escuchada en todo el territorio nacional

native¹ /ˈneɪtɪv/ *adj*

A **1** (of or by birth) ‹*country/town*› natal; ‹*language*› materno; **his ~ land** su patria, su tierra natal;

n

a ~ speaker of English un hablante nativo de inglés, una persona cuya lengua materna es el inglés **2** (innate) ‹*ability/wit/charm*› innato
B **1** (indigenous) ‹*plant/animal*› autóctono; **to be ~ TO sth** ser* originario DE algo; **it's ~ to Australia** es originario de Australia **2** (dated) ‹*art/custom*› autóctono, indígena; ***to go*** ~ adoptar las costumbres de los nativos *or* de la gente del país
C (Metall, Min) nativo

native² *n* **1** (referring to place of birth): **he is a ~ of Texas** es natural *or* oriundo de Tejas; **she speaks French like a ~** habla (el) francés como una francesa *or* como si fuera su lengua materna **2** (Anthrop) nativo, -va *m,f*, indígena *mf* **3** (local) *gen* **the ~s** (hum *or* offensive) los lugareños, la gente del lugar **4** (plant, animal): **the dingo is a ~ of Australia** el dingo es originario de Australia

Native American *n* indio americano, india americana *m,f*

> **Native American**
>
> El término de más amplia aceptación para referirse a los pueblos indígenas de América y el Caribe. De acuerdo al Bureau of Indian Affairs, organización del gobierno de EEUU que trata todo los asuntos relacionados con los indios, existen en ese país cerca de 550 tribus que totalizan alrededor de 1,2 millones de personas. De éstas cerca de un millón vive en reservaciones y cerca del 37% de éstos están desempleados. Muchas reservaciones abren casinos basándose en el hecho de que pueden establecer sus propias normas.

native-born /ˈneɪtɪvbɔːrn || ˌneɪtɪvˈbɔːn/ *adj* (*before n*) de nacimiento

nativity /nəˈtɪvəti/ *n* (frml) natividad *f* (frml); **The N~** (Relig) la Natividad, Navidad *f*; **a N~** (Art) un nacimiento; (*before n*): **~ play** (Relig) auto *m* de Navidad

NATO /ˈneɪtəʊ/ *n* (*no art*) (**= North Atlantic Treaty Organization**) la OTAN

natter¹ /ˈnætər || ˈnætə(r)/ *vi* (BrE colloq) charlar (fam), cotorrear (fam); **we ~ed on about this and that** estuvimos charlando de todo un poco (fam); **they were ~ing away** estaban de gran charla (fam)

natter² *n* (BrE colloq) (*no pl*) charla *f* (fam); **to have a ~** charlar

nattily /ˈnætli || ˈnætɪli/ *adv* elegantemente, atildadamente

natty /ˈnæti/ *adj* **-tier, -tiest** (colloq) **1** (smart) ‹*outfit*› elegantón (fam); **he's a ~ dresser** va siempre muy peripuesto *or* (Méx fam) muy pipo *or* (RPl fam) muy paquete **2** (ingenious) ‹*tool/device*› genial (fam), ingenioso

natural¹ /ˈnætʃrəl/ *adj*
A (as in nature) ‹*state/phenomenon/fiber/remedy/law*› natural; **~ resources** recursos *mpl* naturales; **these animals are ~ enemies** estos animales son enemigos por naturaleza; **I'm a ~ blonde** soy rubia natural; **~ childbirth** parto *m* natural; **death from ~ causes** muerte *f* natural *or* por causas naturales; **for the rest of your ~ life** (por) el resto de tus días; **~ selection** (Biol) selección *f* natural
B **1** (innate) ‹*talent/propensity*› innato; **~ TO sb/sth**: **the curiosity ~ to a cat** la curiosidad que le es natural a un gato **2** (born) (*before n*) ‹*leader/troublemaker*› nato, por naturaleza **3** (expected, logical) ‹*reaction/response*› natural, normal; ‹*successor*› lógico; **it's the ~ thing to ask** es normal *or* natural que se haga esa pregunta; **she's the ~ choice for the job** lo natural es que le ofrezcan el puesto a ella; **it is ~ THAT** es natural QUE (+ *subj*); **it's only ~ that he should want to see them** es natural *or* normal que los quiera ver; **it's ~ to + INF**: **it's ~ for a cat to do that** es natural *or* normal que un gato haga eso
C (not forced) ‹*warmth/enthusiasm/style*› natural
D **1** (illegitimate) (arch) ‹*son/daughter*› natural, bastardo (arc) **2** (related by blood) ‹*child/parent*› biológico
E (Mus) natural

natural² *n*
A (person): **to be a ~** tener* un talento innato; **the new policy is a ~ for the Opposition's attacks** la nueva política es el blanco perfecto para los ataques de la oposición
B (Mus) **1** (note) nota *f* natural **2** **~ (sign)** becuadro *m*

natural³ *adv*: **act ~** (colloq) disimula

natural-born /ˈnætʃrəlbɔːrn || ˈnætʃrəlbɔːn/ *adj* (*before n*): **she's a ~ teacher** nació para ser profesora

natural gas *n* [u] gas *m* natural

natural history *n* [u] **1** (field of study) historia *f* natural **2** (animals, plants) flora *f* y fauna *f*

naturalism /ˈnætʃrəlɪzəm/ *n* [u] (Art, Lit, Phil) naturalismo *m*

naturalist¹ /ˈnætʃrələst || ˈnætʃrəlɪst/ *n* (Bot, Zool) naturalista *mf*

naturalist² *adj* ‹*painter/writer*› naturalista

naturalistic /ˌnætʃrəˈlɪstɪk/ *adj* ‹*painting/description*› naturalista

naturalization /ˌnætʃrələˈzeɪʃən || ˌnætʃrəlaɪˈzeɪʃən/ *n* [u] naturalización *f*, nacionalización *f*; (*before n*): **~ papers** carta *f* de ciudadanía *or* de naturaleza *or* de nacionalización

naturalize /ˈnætʃrəlaɪz/ *vt* naturalizar*, nacionalizar*; **I can be ~d after three years' residence** me puedo naturalizar *or* nacionalizar después de tres años de residencia

naturalized /ˈnætʃrəlaɪzd/ *adj* **1** (Soc Adm) ‹*citizen/American*› naturalizado, nacionalizado **2** (Bot, Zool) ‹*species/hybrid*› aclimatado **3** (Ling) ‹*word/phrase*› integrado al léxico

natural language *n* [u c] lenguaje *m* natural; (*before n*): **~ ~ processing** (Comput) procesamiento *m* del lenguaje natural

naturally /ˈnætʃrəli/ *adv*
A **1** (inherently) ‹*shy/tidy*› por naturaleza; ***to come ~***: **lying comes ~ to him** miente con toda naturalidad *or* sin ninguna dificultad; **he picked it up right away, that sort of thing comes ~ to him** lo aprendió enseguida, tiene mucha facilidad para ese tipo de cosa **2** (unaffectedly) ‹*smile/behave/speak*› con naturalidad
B (without artifice) ‹*form/heal*› de manera natural; **she gave birth ~** tuvo un parto natural
C **1** (logically) lógicamente **2** (*indep*) (of course) naturalmente, por supuesto, claro; **are you pleased? — naturally** ¿estás contento? — naturalmente *or* por supuesto *or* claro; **~, we'll take every precaution** naturalmente *or* por supuesto, tomaremos todo tipo de precauciones

naturalness /ˈnætʃrəlnəs || ˈnætʃrəlnɪs/ *n* [u] naturalidad *f*

natural science *n* [u c] ciencias *fpl* naturales

natural wastage *n* (BrE) [u] bajas *fpl* vegetativas

nature /ˈneɪtʃər || ˈneɪtʃə(r)/ *n*
A [u] (universe, way of things) naturaleza *f*; **the laws of ~** las leyes de la naturaleza; **against ~** contranatural; **it's ~'s way of telling you you're overdoing it** es la forma que tiene el organismo de decirte que te estás excediendo; **the beauties of ~** los encantos de la naturaleza; **one of ~'s gentlemen** un caballero por naturaleza; **to return to ~** «*person*» regresar *or* volver* a la naturaleza; «*garden*» volver* a su estado natural; **to paint from ~** pintar del natural; (*before n*): **~ conservation** conservación *f* de la naturaleza; **~ lover** amante *mf* de la naturaleza; **~ study** historia *f* natural
B **1** [u c] (of people) carácter *m*, natural *m*; **he has a kind ~** es de natural bondadoso; **it's not (in) his ~ to complain** no es de los que se quejan; **it's (in) her ~ to be generous** es generosa por naturaleza; **by ~** por naturaleza; ***to be/become second ~ (to sb)***: **it's second ~ to me to put my seat belt on** ponerme el cinturón de seguridad es un acto reflejo *or* es algo que hago automáticamente; **lying has become second ~ to him** mentir es algo que ya hace con total naturalidad **2** [u] (of things, concepts) naturaleza *f*; **the ~ of the material/problem** la naturaleza del material/problema; **questions of a very different ~** cuestiones de naturaleza muy diferente; **the new body is consultative in ~** (frml) el nuevo organismo es de carácter consultivo; **what was the ~ of his response?** (frml) ¿de qué índole fue su respuesta? (frml); **it's in the ~ of things that ...** es algo natural que ...; **something of that ~** algo de esa índole

-natured /ˈneɪtʃərd || ˈneɪtʃəd/ *suff*: **evil~** de carácter *or* de natural perverso; **sweet~** dulce

nature reserve *n* reserva *f* natural

nature trail *n* ruta *f* ecológica (*circuito educativo en un bosque, reserva natural etc*)

naturism /ˈneɪtʃərɪzəm/ *n* [u] (esp BrE) naturismo *m*

naturist /ˈneɪtʃərəst || ˈneɪtʃərɪst/ *n* (esp BrE) naturista *mf*; (*before n*): **~ beach** playa *f* naturista *or* nudista

naturopath /ˈneɪtʃərəpæθ, ˈnæθtʃə-/ *n* naturópata *mf*

naturopathic /ˌneɪtʃərəˈpæθɪk, ˌnætʃərə-/ *adj* naturópata

naturopathy /ˌneɪtʃəˈrɑːpəθi, ˌnætʃə- || ˌneɪtʃəˈrɒpəθi, ˌnætʃə-/ *n* [u] naturopatía *f*

Naugahyde® /ˈnɔːgəhaɪd/ *n* [u] (AmE) cuero *m* sintético, piel *f* sintética (Esp)

naught¹ /nɔːt/ *n* **1** [u] (nothing) (arch *or* liter): **to come to ~** malograrse; **to set sth at ~** hacer* caso omiso de algo **2** (esp AmE) (zero) cero *m*

naught² *adv* (arch *or* liter): **it matters ~** no importa un ápice

naughtily /ˈnɔːtli || ˈnɔːtɪli/ *adv* **1** (mischievously) traviesamente, con picardía; **they have behaved very ~** se han portado muy mal **2** (in adult context) con picardía

naughtiness /ˈnɔːtinəs || ˈnɔːtinɪs/ *n* [u] **1** (of child, dog) mal comportamiento *m*; **don't get up to any ~** no hagas travesuras *or* diabluras **2** (impropriety) lo atrevido

naughty /ˈnɔːti/ *adj* **-tier, -tiest** **1** (mischievous) ‹*child/dog*› malo, travieso, pícaro; **(you) ~ girl!** ¡mala!; (more affectionate) ¡pícara!, ¡pillina! (fam); **don't do that, it's ~** eso no se hace **2** ‹*word*› feo; **don't use such ~ language** no digas palabrotas **3** (in adult context): **he was a bit ~ not to consult them** estuvo mal en no consultarlos; **you ~ thing!** ¡pillo!, ¡sinvergüenza! **4** (risqué) ‹*joke*› atrevido, picante, subido de tono

nausea /ˈnɔːsiə, -ziə/ *n* [u] náusea *f*; **it fills me with ~** me da náuseas

nauseate /ˈnɔːsieɪt, ˈnɔːz-/ *vt* **1** (disgust) (colloq) asquear, repugnar; **I was ~d by it** me asqueó, me repugnó, me dio asco **2** (Med): **the sight of the food ~d me** me dieron náuseas de sólo ver la comida

nauseating /ˈnɔːsieɪtɪŋ, ˈnɔːz-/ *adj* ‹*violence/brutality*› repugnante; ‹*smell*› nauseabundo

nauseatingly /ˈnɔːsieɪtɪŋli, ˈnɔːz-/ *adv*: **~ brutal/hypocritical** de una brutalidad/hipocresía repugnante; **~ greasy** tan grasiento que da asco

nauseous /ˈnɔːʃəs, ˈnɔːziəs || ˈnɔːsiəs, ˈnɔːz-/ *adj* **1** (bilious): **to feel ~** sentir* náuseas; **the mere sight of blood makes me (feel) ~** me dan náuseas sólo de ver sangre **2** (sickening) ‹*smell/taste/color*› nauseabundo

nautical /ˈnɔːtɪkəl/ *adj* náutico, marítimo; **there is a strong ~ tradition in his family** hay una gran tradición marinera en su familia; **~ mile** milla *f* marina

nautilus /ˈnɔːtləs || ˈnɔːtɪləs/ *n* (*pl* **-luses** *or* **-li** /-laɪ/) nautilo *m*

naval /ˈneɪvəl/ *adj* ‹*warfare/base/forces*› naval; ‹*supremacy/history*› naval, marítimo; ‹*officer/recruit*› de marina; **~ architect** ingeniero, -ra naval *m,f*; **~ architecture** ingeniería *f* naval; **~ attaché** agregado *m* naval; **~ dockyard** (BrE) astillero *m* naval, arsenal *m* (Esp); **~ officer** oficial *mf* de marina; **~ power** potencia *f* marítima *or* naval

nave /neɪv/ *n* nave *f*

navel /ˈneɪvəl/ *n* (Anat) ombligo *m*; ***to contemplate one's ~*** rascarse* el ombligo; (*before n*): **~ ring** aro *m or* anillo *m* en el ombligo

navel-gazing /ˈneɪvəlgeɪzɪŋ/ *n* [u] ombliguismo *m*

navel orange *n* naranja *f* nável *or* (CS) de ombligo *or* (Col) ombligona

navigable /ˈnævɪgəbəl/ *adj* [1] ‹*river/channel*› navegable [2] ‹*balloon/dinghy*› maniobrable, gobernable

navigate /ˈnævəgeɪt || ˈnævɪgeɪt/ *vi* [1] (Aviat, Naut) navegar*; **to ~ by the stars** orientarse *or* guiarse* por las estrellas [2] (in car) hacer* de copiloto; **I'll drive, you ~** yo manejo *or* (Esp) conduzco y tú miras el mapa *or* haces de copiloto; **he ~s for a rally driver** es copiloto de un conductor de rally

■ **navigate** *vt* [1] (steer) ‹*ship/plane*› conducir*, llevar [2] (travel across, along) ‹*sea/river*› navegar* por; **having successfully ~d the lobby ...** una vez salvada la entrada ... [3] (Comput): **to ~ Web pages** navegar* por páginas web

navigation /ˌnævəˈgeɪʃən || ˌnævɪˈgeɪʃən/ *n* [u] [1] (direction-finding — at sea, in plane) navegación *f*; (— in car) dirección *f*; (*before n*): **~ lights** luces *fpl* de navegación; **~ satellite** satélite *m* de navegación [2] (of channel, river) navegación *f* [3] (marine traffic) navegación *f*; (*before n*): **~ laws** leyes *fpl* marítimas *or* de navegación [4] (on Internet) navegación *f*

navigational /ˌnævəˈgeɪʃənl || ˌnævɪˈgeɪʃənl/ *adj* de navegación

navigator /ˈnævəgeɪtər || ˈnævɪgeɪtə(r)/ *n*
A [1] (crew member) (Naut) oficial *mf* de derrota; (Aviat) navegante *mf* [2] (in car) copiloto *mf*
B (explorer) navegante *m*

navvy /ˈnævi/ *n* (*pl* **navvies**) (BrE) peón *m*

navy[1] /ˈneɪvi/ *n* (*pl* **navies**)
A (Mil, Naut) marina *f* de guerra, armada *f*; **the US N~** la armada *or* marina de los EEUU; **the Royal N~** la armada *or* marina británica; (*before n*): **N~ Department** (in US) Ministerio *m* de Marina de los EEUU; **~ yard** (AmE) astillero *m* naval, arsenal *m* (Esp)
B ▸❶ **p.1036**; **~ (blue)** azul *m* marino

navy[2], **navy-blue** /ˌneɪviˈbluː/ ▸❶ **p.1036** (*pred* **navy blue**) *adj* azul marino *adj inv*; **a ~ ribbon** una cinta azul marino

nay[1] /neɪ/ *adv* [1] (no) (arch *or* dial) no; (*as interj*) ¡no!, ¡ca! (ant o hum) [2] (liter) (*used for emphasis*) mejor dicho, más aún

nay[2] *n* (arch) no *m*, voto *m* en contra; **the ~s have it** los noes *or* los votos en contra tienen mayoría

naysayer /ˈneɪˌseɪər || ˈneɪˌseɪə(r)/ *n* (AmE journ) negativista *mf*

Nazarene /ˈnæzəriːn/ *n* nazareno, -na *m,f*

Nazareth /ˈnæzərəθ || ˈnæzərɪθ/ *n* Nazaret *m*

Nazi[1] /ˈnɑːtsi/ *n* nazi *mf*, nazista *mf*

Nazi[2] *adj* nazi, nazista; **~ salute** saludo *m* nazi

Nazism /ˈnɑːtsɪzəm/ *n* [u] nazismo *m*

NB [1] (= **nota bene**) NB [2] = **New Brunswick**

NBC *n* (in US) (*no art*) (= **National Broadcasting Company**) la NBC

> **NBC - National Broadcasting Company**
>
> La primera compañía de radiodifusión que se fundó en Estados Unidos (1926). El primer canal de televisión de la NBC empezó a transmitir en 1940. *Ver tb* ▸**television.**

NC [1] = **no charge** [2] = **North Carolina**

NCO *n* = **noncommissioned officer**

ND, N Dak = **North Dakota**

NDPB *n* (Govt) (in UK) (= **non-departmental public body**) organismo *m* público no departamental

NE [1] (= **northeast**) NE [2] = **Nebraska**

Neanderthal /niˈændərtɑːl, -θɔːl || niˈændətɑːl/ *adj* Neanderthal; **~ man** hombre *m* de Neanderthal

Neapolitan[1] /ˌniːəˈpɑːlətn || nɪəˈpɒlɪtən/ *adj* napolitano; **~ ice cream** (BrE) helado *m* de fresa, vainilla y chocolate

Neapolitan[2] *n* napolitano, -na *m,f*

neap (tide) /niːp/ *n* marea *f* muerta

near[1] /nɪr || nɪə(r)/ *adj* **-er, -est**
A [1] (in position) cercano, próximo; **several of the ~er constellations** varias de las constelaciones más cercanas *or* próximas; **the ~est store** la tienda más cercana; **these binoculars make everything look very ~** con estos prismáticos parece que todo está muy cerca [2] (in time) cercano, próximo [3] (in approximation) parecido; **the two shades were very ~** los dos tonos eran muy parecidos; **that's the ~est thing to an apology you can expect from him** eso es lo más parecido a una disculpa que se puede esperar de él [4] (closely related) ‹*relative*› cercano
B (BrE) (Auto, Equ) izquierdo; **the ~ front wheel** la rueda delantera izquierda
C (virtual) (*before n*): **there was ~ panic when the alarms sounded** casi se produjo el pánico cuando sonaron las alarmas; **in a state of ~ exhaustion** prácticamente en estado de agotamiento

near[2] *adv* **-er, -est**
A [1] (in position) cerca; **I go home for lunch as I live quite ~** voy a almorzar a casa porque vivo muy cerca; **I've got a cold, so don't come any ~er** estoy resfriado, así que no te (me) acerques; **don't go any ~er to the edge** no te acerques más al borde; **from ~ and far** de todas partes [2] (in time): **your birthday's getting ~ now** se acerca tu cumpleaños; **we're getting ~ to Christmas** ya falta poco para Navidad; **we'll have another rehearsal ~er to the actual day** haremos otro ensayo cuando estemos más cerca de la fecha [3] (in approximation): **it's not exactly the same, but it comes pretty ~** no es exactamente igual pero se le parece mucho *or* (fam) le anda cerca; **her work is very ~ to perfect** su trabajo es casi perfecto; **the total will be ~er to $1,000 than $500** el total va a estar más cerca de 1.000 que de 500 dólares; **this is the ~est to what you want** esto es lo más parecido a lo que tú quieres [4] (on the verge of) **~ TO sth/-ING**: **she was ~ to tears** estaba al borde de las lágrimas *or* a punto de echarse a llorar; **management and unions are ~ to an agreement** la empresa y los sindicatos están a punto de llegar a un acuerdo; **I came very ~ to hitting him** estuve a punto de pegarle, por poco le pego
B (nearly) casi; **are you anywhere ~ finished?** (colloq) ¿ya estás por terminar?, ¿te falta poco para terminar?; **that's nowhere ~ enough** (colloq) con eso no alcanza, ni mucho menos; **are you ready? — nowhere ~!** (colloq) ¿estás listo? — ¡ni soñar! *or* (RPl tb) ¡ni miras!; **it'll cost $1,000, ~ enough** (colloq) costará 1.000 dólares, o por ahí (fam); **it's ~ enough complete now** (colloq) ya está casi *or* prácticamente terminado

near[3] *prep* **-er, -est** [1] (in position) cerca de; **I live ~ the station** vivo cerca de la estación; **the room ~est the entrance** la habitación que está más cerca de la entrada; **don't go too ~ the fire** no te acerques demasiado al fuego; **is there a pay phone ~ here?** ¿hay algún teléfono público por aquí cerca *or* cerca de aquí?; **she won't let anyone ~ the kitchen** no quiere que nadie se meta en la cocina [2] (in time): **we're getting very ~ Christmas** falta muy poco para Navidad; **we'll discuss it again ~er the time** lo discutiremos de nuevo más cerca de la fecha; **the Monday ~est New Year's Day** el lunes más próximo al día de Año Nuevo [3] (in approximation): **damage was estimated at somewhere ~ $2,000** los daños se calcularon en cerca de 2.000 dólares; **I'd say he's ~er 70 than 60** yo diría que está más cerca de los 70 que de los 60; **the carpet is ~er orange than yellow** la alfombra es más bien naranja que amarilla; **no one comes ~ her in stamina** los deja a todos muy atrás en resistencia [4] (on the verge of): **to be/come ~ sth/-ING**: **the project is now ~ completion** el proyecto está a punto de acabarse; **we are no ~er an agreement** seguimos sin llegar a un acuerdo; **I came very ~ giving up** estuve a punto de desistir

near[4] *vt* acercarse* a; **we are ~ing our destination** nos estamos acercando a nuestro destino; **he must be ~ing his 80th birthday** debe faltarle poco para cumplir los 80; **the project is ~ing completion** falta poco para terminar el proyecto

near- /nɪr || nɪə(r)/ *pref* casi; **~perfect** casi perfecto; **a ~perfect replica** una réplica casi perfecta

nearby[1] /ˈnɪrbaɪ || nɪəˈbaɪ/ *adj* cercano; **we went to a ~ restaurant** fuimos a un restaurante cercano *or* que había cerca

nearby[2] *adv* cerca; **they live ~** viven cerca (de allí/aquí)

near-death experience /ˈnɪrˈdeθ || ˈnɪəˈdeθ/ *n* experiencia *f* cercana a la muerte

Near East *n* (dated): **the ~ ~** el Oriente Próximo (ant), el Cercano Oriente

nearest and dearest /ˌnɪrəstənˈdɪrəst || ˌnɪərɪstənˈdɪərɪst/ *pl n* seres *mpl* queridos

nearly /ˈnɪrli || ˈnɪəli/ *adv*
A [1] (almost) casi; **I'm ~ ready** estoy casi listo; **it was ~ midnight** era casi medianoche; **I ~ said something rude** casi digo *or* por poco digo una grosería, estuve a punto de decir una grosería; **she very ~ died** por poco *or* casi se muere; **we're very ~ there** ya falta poco para llegar [2] **not nearly** ni con mucho; **the exam wasn't ~ as difficult as I'd expected** el examen no fue ni con mucho tan difícil como esperaba; **I didn't prepare ~ enough food** no preparé ni con mucho suficiente comida, me quedé cortísima con la comida; **her performance isn't ~ good enough** su actuación no es, ni con mucho, satisfactoria
B (closely) (frml): **what language does Hungarian most ~ resemble?** ¿a qué idioma se parece más el húngaro?

near miss *n*: **a ~ ~** (Auto, Aviat) casi una colisión; **we had a ~ ~** por poco *or* casi chocamos; **I avoided having to repeat a year, but it was a ~ ~** me salvé de repetir el año, pero fue por poco *or* (fam) por un pelo *or* por los pelos

nearness /ˈnɪrnəs || ˈnɪənɪs/ *n* [u] cercanía *f*, proximidad *f*

nearside /ˈnɪrsaɪd || ˈnɪəsaɪd/ *n* (in most countries) lado *m* derecho; (in UK) lado *m* izquierdo; (*before n*) ‹*door/mirror*› (in most countries) de la derecha; (in UK) de la izquierda; **the front ~ wheel** (in most countries) la rueda delantera derecha; (in UK) la rueda delantera izquierda

nearsighted /ˈnɪrˈsaɪtəd || ˌnɪəˈsaɪtɪd/ *adj* miope, corto de vista

nearsightedly /ˈnɪrˈsaɪtədli || ˌnɪəˈsaɪtɪdli/ *adv* con miopía

nearsightedness /ˈnɪrˈsaɪtədnəs || ˌnɪəˈsaɪtɪdnɪs/ *n* [u] miopía *f*

neat /niːt/ *adj* **-er, -est**
A [1] (tidy, orderly) ‹*appearance*› arreglado, cuidado, prolijo (RPl); ‹*person*› pulcro, prolijo (RPl); ‹*room*› ordenado; ‹*garden*› muy cuidado; **do up the buttons: it looks much ~er** abróchatelo: queda mucho mejor; **the bottles stand in ~ rows** las botellas están colocadas en filas muy ordenadas; **her hair is always very ~** va siempre muy bien peinada *or* con el pelo muy arreglado; **his handwriting is very ~** tiene muy buena letra; **he likes to have everything ~ and tidy** le gusta tenerlo todo muy arreglado *or* (RPl tb) prolijo y ordenado; **she likes to fit people into ~ little categories** le gusta encasillar a la gente de manera simplista [2] (trim, compact): **a ~ little car** un cochecito compacto; **she has a ~ figure** tiene muy buena figura *or* (Esp) muy buen tipo [3] (deft) ‹*catch*› bueno, hábil; ‹*somersault*› bien hecho *or* ejecutado [4] (ingenious) ‹*gadget/solution*› ingenioso, bueno; ‹*translation/excuse*› bueno
B (good, nice) (AmE colloq): **~ hat, man!** ¡que sombrero más fantástico *or* (Esp) chulo *or* (Col, Ven) más chévere *or* (Méx) más padre *or* (Chi) más encachado! (fam); **he's a ~ ballplayer** es un jugador buenísimo *or* (Esp fam) de narices
C (BrE) solo; **I drink it ~** lo bebo solo; **she drank half a bottle of ~ vodka** se bebió media botella de vodka puro

neaten /ˈniːtn/ *vt* ‹*room/papers*› arreglar, ordenar; **~ the edges** iguala *or* (esp AmL) empareja los bordes; **he should ~ up his appearance** debería esmerarse un poco en su arreglo

'neath /niːθ/ *prep* (poet) bajo

neatly /ˈniːtli/ *adv* **1** (tidily): **the papers were ~ organized into piles** los papeles estaban cuidadosamente apilados; **the garden is very ~ kept** el jardín está muy bien cuidado; **she was ~ dressed** iba bien arreglada **2** (snugly, conveniently): **the table fits ~ into the alcove** la mesa cabe perfectamente en el hueco; **the world doesn't divide up ~ into goodies and baddies** no se puede dividir a la humanidad tan sencillamente entre buenos y malos **3** (cleverly) ‹*solve/explain/evade*› hábilmente, ingeniosamente; **~ put** bien dicho

neatness /ˈniːtnəs ‖ ˈniːtnɪs/ *n* [u] **1** (of appearance) pulcritud *f*, prolijidad *f* (RPl); **the ~ of the room surprised me** me sorprendió lo bien arreglada *or* (RPl tb) lo prolija que estaba la habitación **2** (cleverness) ingenio *m*

Neb, Nebr = Nebraska

nebula /ˈnebjələ ‖ ˈnebjʊlə/ *n* (*pl* **-las** *or* **-lae** /-liː/) nebulosa *f*

nebulous /ˈnebjələs ‖ ˈnebjʊləs/ *adj* ‹*idea*› nebuloso, vago; ‹*argument/concept*› vago, impreciso

necessarily /ˌnesəˈserəli/ *adv* forzosamente, necesariamente; **it doesn't ~ follow that ...** eso no significa forzosamente *or* necesariamente que ...

necessary[1] /ˈnesəseri ‖ ˈnesəsəri/ *adj*

A (required) necesario; **he never does more than is absolutely ~** nunca hace más de lo estrictamente necesario; **it is absolutely ~** es imprescindible *or* preciso; **we can always give it another coat of paint, if ~** siempre le podemos dar otra mano de pintura, si fuera necesario; **to be ~ (FOR sb) to + INF**: **it's ~ for all of you to be there** es necesario que estén todos allí; **it wasn't ~ for you to be informed** no era necesario que se te informara; **was it really ~ to be so rude?** ¿había necesidad de ser tan grosero?

B (inevitable) ‹*conclusion/result*› inevitable, lógico; **a ~ evil** un mal necesario

necessary[2] *n* **1** (what is required) (colloq): **the ~** lo que hace falta, lo necesario **2** **the necessaries** (supplies) lo necesario

necessitate /nəˈsesɪteɪt ‖ nɪˈsesɪteɪt/ *vt* (frml) exigir*, hacer* necesario; **it ~d her hospitalization** exigió *or* requirió *or* hizo necesaria su hospitalización

necessity /nəˈsesəti ‖ nɪˈsesəti/ *n* (*pl* **-ties**)

A **1** (imperative need) (*no pl*) necesidad *f*; **~ FOR sth** necesidad DE algo; **I don't see the ~ for such measures** no veo la necesidad de tales medidas; **there was no ~ for you to call the police** no había necesidad de que llamaras a la policía; **out of ~** por necesidad; ***~ is the mother of invention*** la necesidad hace maestros *or* aguza el ingenio **2** [u] (inevitability) inevitabilidad *f*; **of ~** (frml) forzosamente, necesariamente

B [c] (necessary item): **the bare necessities** lo indispensable, lo imprescindible; **a car is a ~ for me** para mí tener coche es una necesidad; **computer literacy has become a ~ in many spheres** en muchos campos se ha hecho imprescindible *or* indispensable tener conocimientos de informática

C [u] (need) necesidad *f*

neck[1] /nek/ *n*

A ▸ **i p.965** (Anat) (of person) cuello *m*; (of animal) cuello *m*, pescuezo *m*; **the back of the ~** la nuca; **I've got a stiff ~** tengo tortícolis; **if you say that again, I'll break your ~** (colloq) si vuelves a decir eso te rompo la crisma (fam); ***to be dead from the ~ up*** (colloq) no tener* dos dedos de frente (fam); ***to be up to one's ~ in sth*** (colloq): **she's up to her ~ in work/trouble** está hasta aquí de trabajo/problemas (fam); **you're in this business up to your ~** estás metido en este asunto hasta el cuello (fam); **they're up to their ~s in debt** deben hasta la camisa (fam); ***to break one's ~*** (work hard) (colloq) matarse (trabajando), deslomarse (fam); (lit: in accident) desnucarse*, romperse* el cuello; ***to breathe down sb's ~*** (colloq) estarle* encima a algn; **you're always breathing down my ~** todo el día me estás encima *or* te tengo encima; ***to get it*** *o* ***catch it in the ~*** (colloq) llevarse una buena (fam); ***to risk one's ~*** (colloq) jugarse* *or* arriesgar* el pellejo (fam); ***to stick one's ~ out*** (colloq) aventurarse, arriesgarse*; ***to wring sb's ~*** (colloq) retorcerle* el pescuezo a algn (fam); (*before n*) ‹*muscle/injury*› del cuello; ▸ **save**[1] **A**

B (Clothing) cuello *m*, escote *m*; (measurement) cuello *m*; **a high ~** un cuello cerrado; **the dress has a low ~** el vestido es muy escotado

C **1** (of pork, beef, lamb) (esp BrE) cuello *m* **2** (in horse-racing) cabeza *f*; **to win/lose by a (short) ~** ganar/perder* por una cabeza

D (of bottle, vase) cuello *m*; (of guitar, violin) mástil *m*; (of land, water) istmo *m*; **the ~ of the womb** el cuello uterino *or* del útero; ***my/this ~ of the woods*** (colloq) mis/estos pagos (fam)

E (impudence) (BrE colloq) (*no pl*) cara *f* (dura) (fam), descaro *m*

neck[2] *vi* (colloq) besuquearse (fam), darse* *or* pegarse* el lote (Esp fam), fajarse (Méx fam), chapar (RPl fam), amacizarse* (Col fam), atracar* (Chi fam), jamonearse (Ven fam)

neck-and-neck /ˌnekənˈnek/ *adj* (*pred* **neck and neck**): **a ~ finish** un final muy reñido; **they were ~ ~ ~** iban a la par, iban parejos (esp AmL)

neck and neck *adv* a la par, parejo (esp AmL)

neckband /ˈnekbænd/ *n* (of sweater) elástico *m* del cuello; (of shirt) tirilla *f*

-necked /nekt/ *suff*: **long~** de cuello largo; **round~** (Clothing) de cuello *or* escote redondo

neckerchief /ˈnekərtʃəf ‖ ˈnekətʃɪf/ *n* pañuelo *m* (*que se lleva atado al cuello*)

necking /ˈnekɪŋ/ *n* [u] (colloq) besuqueo *m* (fam)

necklace /ˈnekləs ‖ ˈneklɪs/ *n* collar *m*

necklet /ˈneklət ‖ ˈneklɪt/ *n* gargantilla *f*

neckline /ˈneklaɪn/ *n* escote *m*

necktie /ˈnektaɪ/ *n* (AmE) corbata *f*; (*before n*): **~ party** (sl) linchamiento *m*

necromancy /ˈnekrəmænsi/ *n* [u] nigromancia *f*, necromancia *f*

necrophilia /ˌnekrəˈfɪliə/ *n* [u] necrofilia *f*

necrosis /nəˈkrəʊsəs ‖ neˈkrəʊsɪs/ *n* [u c] (*pl* **-croses** /-siːz/) necrosis *f*

necrotizing fasciitis /ˌnekrətaɪzɪŋ ˌfæʃiˈaɪtɪs/ *n* [u] fascitis *f* necrotizante

nectar /ˈnektər ‖ ˈnektə(r)/ *n* [u] néctar *m*; **peach ~** néctar de melocotón

nectarine /ˈnektəriːn ‖ ˈnektərɪn, -riːn/ *n* nectarina *f*, pelón *m* (RPl), durazno *m* pelado (Chi)

née /neɪ/ *adj* de soltera; **Mrs Caroline Ford, ~ Roberts** la señora Caroline Ford, de soltera Roberts, ≈ la señora Carolina Roberts de Ford

need[1] /niːd/ *n*

A [c u] (requirement, necessity) necesidad *f*; **an urgent** *o* **a pressing ~** una imperiosa necesidad, una necesidad acuciante; **we have enough for our own ~s** tenemos lo suficiente para cubrir nuestras necesidades; **my ~s are few/simple** (liter *or* hum) me conformo con poco; **the emotional/intellectual ~s of the children** las necesidades afectivas/intelectuales de los niños; **your daily vitamin ~s** las vitaminas que necesita diariamente; **~ FOR sth/to + INF** necesidad DE algo/DE + INF; **the child's ~ for affection** la necesidad de afecto del niño; **there is every ~ for care** la precaución es indispensable *or* imprescindible; **I see no ~ for that** no creo que eso haga falta *or* sea necesario; **there's no ~ for hysterics!** ¡no hay por qué *or* no hace falta ponerse histérico!; **there's no ~ to tell her** no hay ninguna necesidad de decírselo; **there's no ~ for you to be present** no hay ninguna necesidad de que estés presente, no hace falta que estés presente; **shall I go? — no ~!** ¿voy yo? — ¡no hace falta!; **I'll do it myself, if ~ be** si hace falta *or* si es necesario, lo haré yo mismo; **we can use our savings, if the ~ arises** si fuera necesario, podemos recurrir a nuestros ahorros; **you have no ~ to go there in person** no hace falta que vayas en persona, no hay necesidad de que vayas en persona; **to have ~ of sth** (frml *or* liter) precisar algo, tener* necesidad de algo; **he's in great ~ of affection** está muy necesitado de cariño; **the house is badly in ~ of renovation** a la casa le hacen muchísima falta unos arreglos; **the profession stands in ~ of radical reform** la profesión necesita una reforma radical; **your ~ is greater than mine** a ti te hace más falta (que a mí), tú lo necesitas más (que yo)

B [u] **1** (emergency): **he abandoned them in their hour of ~** los abandonó cuando más lo necesitaban *or* cuando más falta les hacía; ▸ **friend A1** **2** (poverty) necesidad *f*; **those in ~** los necesitados

need[2] *vt* necesitar; **do you ~ the hammer?** ¿necesita *or* precisa el martillo?; **just what I ~ed!** ¡justo lo que necesitaba *or* lo que me hacía falta!; **you really ~ a shower!** ¡qué falta te hace una ducha!; **all it ~ed was a bit of salt** sólo le faltaba un poco de sal; **that's all we ~!** (iro) ¡lo que nos faltaba! (iró); **who ~s a swimming pool anyway!** total, ¿para qué quiero (*or* queremos *etc*) una piscina?; **I ~ you, Harry** Harry, te necesito; **you're ~ed over at the information desk** te necesitan en el mostrador de información; **I ~ someone to look after the children** necesito a alguien que me cuide a los niños; **the soup ~s another twenty minutes** a la sopa le faltan 20 minutos; **I took a badly ~ed break** me tomé un descanso, que buena falta me hacía; **it ~s dedication/great concentration** requiere dedicación/gran concentración; **to ~ -ING, to ~ to be + pp**: **the plants ~ watering** *o* **to be watered** hay que regar las plantas; **the car ~s looking at** *o* **to be looked at** el coche necesita una revisión; **she didn't ~ telling** *o* **to be told twice** no hubo que decírselo dos veces; **to ~ to + INF** tener* QUE + INF; **I ~ to wash my hair** tengo que lavarme la cabeza; **I ~ to think about this** me lo tengo que pensar; **I ~ to go to the bank** tengo que ir al banco; **you don't ~ to be a genius to see that it's wrong** no hay que ser un genio para darse cuenta de que está mal; **you only ~ed to ask me** no tenías más que pedírmelo

■ *v mod* (*usu with neg or interrog*) **1** (be obliged to): **you ~n't come if you don't want to** no hay necesidad de que vengas *or* no hace falta que vengas *or* no tienes por qué venir si no tienes ganas; **she ~ never know** no tiene por qué enterarse, no hay necesidad de que se entere; **you ~n't look so pleased with yourself** no hace falta que pongas esa cara de satisfacción; **you ~n't have come all the way here** no hacía falta que te vinieras hasta aquí; **I ~ hardly say that ...** de más está decir que ..., ni falta hace que diga que ...; **~ you be so rude?** (BrE) ¿hay necesidad de ser tan grosero? **2** (be necessarily): **that ~n't always be the case** no tiene por qué ser así, no necesariamente tiene que ser así; **it ~ not follow that such phenomena are related** no hay por qué concluir que tales fenómenos están relacionados; **that ~n't mean that ...** eso no significa necesariamente que ...

needful /ˈniːdfəl/ *adj* (liter) necesario

needle[1] /ˈniːdl/ *n*

A [c] **1** (for sewing, on syringe, for etching) aguja *f*; (on record player) aguja *f*, púa *f* (RPl); (*knitting ~*) aguja *f* de tejer *or* (Esp) de hacer punto, palillo *m* (Chi); **she's good with the ~** se da mucha maña para coser; **to thread a ~** enhebrar una aguja; **a ~ of light** un rayito de luz; ***to get the ~*** (colloq) (become irritated) (BrE) picarse* (fam); (be taunted) (AmE): **he's been getting the ~** lo han estado pinchando (fam); ***to give sb the ~*** (colloq) (taunt) (AmE) pinchar a algn (fam) (irritate) (BrE), sacar* de quicio a algn; ***to look for a ~ in a haystack*** buscar* una aguja en un pajar; (*before n*): **~ valve** válvula *f* de aguja **2** (on gauge) aguja *f* **3** (Bot) aguja *f*

B [u] (aggressive rivalry) (BrE colloq) pique *m* (fam); (*before n*): **~ match** duelo *m* a muerte

Negatives

Not

The translation of *not* is *no*, which precedes the word it is negating:

he's not o ***he isn't at home***
= no está en casa

not one but two
= no uno sino dos

Where the Spanish has a pronoun or pronouns preceding a verb, they are placed between *no* and the verb:

I didn't see him
= no lo vi

she didn't give it to me
= no me lo dio

there was nothing o ***there wasn't anything in the box***
= no había nada en la caja

she speaks neither French nor German o ***she doesn't speak (either) French or German***
= no habla ni francés ni alemán *or* no habla francés ni alemán

neither of them came
= no vino ninguno de los dos

he paid no attention o ***he didn't pay any attention***
= no prestó ninguna atención

Never, Nobody, No one, Nothing, Neither, No

Spanish uses the double negative structure of *no + verb + negative*:

he never comes o ***he doesn't ever come***
= no viene nunca *or* jamás

nobody o ***no one spoke to him***
= no le habló nadie

The double negative is not used when a negative precedes a verb in Spanish:

he never comes
= nunca *or* jamás viene

nobody o ***no one saw him***
= nadie lo vio

I liked nothing I saw o ***I didn't like anything I saw***
= nada de lo que vi me gustó

neither he nor his mother did it
= ni él ni su madre lo hicieron

neither of them came
= ninguno de los dos vino

no country has criticized him
= ningún país lo ha criticado

needle[2] *vt* pinchar (fam); **he's always needling his brother** siempre está pinchando al hermano (fam); **they ~d her into losing her temper** la pincharon tanto que perdió los estribos; **what really ~s me is that ...** lo que de verdad me saca de quicio *or* me fastidia es que ...

needlecord /'ni:dlkɔ:rd || 'ni:dlkɔ:d/ *n* [u] (BrE) pana *f* de canutillo estrecho *or* fino, corderoy *m* finito (AmS), cotelé *m* fino (Chi); **a pair of ~s** (colloq) unos pantalones de pana estrecha *or* (de corderoy finito *etc*)

needlecraft /'ni:dlkræft || 'ni:dlkrɑ:ft/ *n* [u] costura *f*

needle exchange *n* 1 [u c] (service) intercambio *m* de jeringuillas 2 [c] (place, building) centro *m* de intercambio de jeringuillas

needlepoint /'ni:dlpɔɪnt/ *n* [u] bordado *m* en *or* sobre cañamazo

needle-sharp /'ni:dl'ʃɑ:rp || 'ni:dl'ʃɑ:p/ *adj*
A (very sharp) muy puntiagudo, muy puntudo (Col, CS)
B 1 (penetrating) penetrante 2 (astute) muy agudo

needless /'ni:dləs || 'ni:dlɪs/ *adj* innecesario, superfluo; **all this, ~ to say, will be expensive** todo esto, huelga decirlo *or* de más está decirlo, costará caro; **~ to say, no one asked me** de más está decir *or* huelga decir que nadie me preguntó

needlessly /'ni:dləsli || 'ni:dlɪsli/ *adv* innecesariamente, sin ninguna necesidad

needlewoman /'ni:dlwʊmən/ *n* (*pl* **-women**) costurera *f*

needlework /'ni:dlwɜ:rk || 'ni:dlwɜ:k/ *n* [u] 1 (activity, skill) labores *fpl* de aguja 2 (stitching) bordado *m*

needn't /'ni:dnt/ = **need not**

needs /ni:dz/ *adv*: **we must ~ make haste** debemos forzosamente *or* por fuerza apresurarnos; **if ~ must** si no queda más remedio

need-to-know /,ni:dtə'nəʊ/ *adj* ‹*policy/principle*› de informar sólo lo estrictamente necesario; **employees will be kept informed on a ~ basis** se mantendrá informados a los empleados sólo sobre lo que es estrictamente necesario saber

needy[1] /'ni:di/ *adj* **-dier, -diest** necesitado

needy[2] *pl n*: **the ~** los necesitados

neep /ni:p/ *n* (Scot) nabo *m*

ne'er /ner || neə(r)/ *adv* (arch *or* poet) nunca, jamás

ne'er-do-well /'nerdʊwel || 'neədu:wel/ *n* tarambana *mf*, zascandil *mf* (ant)

nefarious /nɪ'feriəs || nɪ'feəriəs/ *adj* (liter) nefando (liter), nefario (liter)

neg = negative

negate /nɪ'geɪt/ *vt* (frml) invalidar

negation /nɪ'geɪʃən/ *n* [u c] negación *f*

negative[1] /'negətɪv/ *adj* negativo; **you're too ~** eres demasiado negativo; **the blood test was ~** el análisis de sangre dio negativo; **~ film** negativo *m*; **~ image** imagen *f* en negativo

negative[2] *n*
A ▸ⓘ p.1451 1 (word, particle) negación *f*; **double ~** doble negación *f*; **put this sentence into the ~** pon esta frase en negativo 2 (no) negativa *f*; **he answered in the ~** contestó negativamente *or* que no, contestó con una negativa
B (Phot) negativo *m*
C (Elec) polo *m* negativo

negative[3] *interj* ¡negativo!, ¡no!

negative equity *n: endeudamiento que se produce cuando el valor de una propiedad desciende hasta quedar por debajo del de la hipoteca que la grava*

negative feedback *n* [u] 1 (information) reacción *f* negativa 2 (Biol) retroalimentación *f* negativa 3 (Electron) realimentación *f* negativa

negatively /'negətɪvli/ *adv* negativamente

neglect[1] /nɪ'glekt/ *vt* 1 (leave uncared-for) ‹*family/child*› desatender*; ‹*house/health*› descuidar; **he ~ed his appearance** dejó de arreglarse, se abandonó; **you've been ~ing us dreadfully!** ¡nos tienes abandonados! 2 (disregard): **her work has been unjustly ~ed** su obra no ha recibido el reconocimiento que merece 3 (not carry out) ‹*duty/obligations*› desatender*, faltar a, no cumplir con; ‹*studies/business*› descuidar 4 (fail): **he ~ed to inform the authorities** (frml) faltó a su deber de informar a las autoridades; **he ~ed to mention that ...** (frml) omitió mencionar que ...

neglect[2] *n* [u] 1 (lack of care) abandono *m*; (negligence) negligencia *f*; **through ~** por negligencia; **the garden has fallen into ~** el jardín está muy abandonado *or* descuidado 2 (disregard): **the ~ the composer suffered in the 19th century** el olvido al que se relegó al compositor en el siglo XIX 3 (of duty, obligation) incumplimiento *m*; **the ~ of these simple precautions** la falta de atención a estas simples precauciones

neglected /nɪ'glektəd || nɪ'glektɪd/ *adj* 1 (uncared-for) ‹*building/garden*› abandonado, descuidado; ‹*appearance*› dejado, abandonado 2 (forgotten) ‹*poet/work*› olvidado, que no se ha reconocido como merece; ‹*opportunity*› desaprovechado; ‹*promise*› incumplido; **I'm feeling ~: no one ever calls** me tienen abandonado: nunca me llama nadie

neglectful /nɪ'glektfəl/ *adj* ‹*owner/parents*› negligente; **the government was accused of being ~ of the old and sick** se acusó al gobierno de negligencia en relación con los ancianos y los enfermos; **he was ~ of his responsibility as a parent** desatendía sus responsabilidades de padre, no cumplía con sus responsabilidades de padre

negligee, negligé /,neglə'ʒeɪ, 'negləʒeɪ || 'neglɪʒeɪ/ *n* negligé *m*

negligence /'neglɪdʒəns/ *n* [u] negligencia *f*; **to prove/establish ~** probar*/demostrar* negligencia

negligent /'neglɪdʒənt/ *adj* 1 (careless) negligente; **the judge found that he had been ~** el juez declaró que había sido negligente; **she was ~ about informing the authorities** faltó a su deber de informar a las autoridades 2 (nonchalant) (liter) despreocupado

negligently /'neglɪdʒəntli/ *adv* 1 (carelessly) negligentemente 2 (nonchalantly) (liter) despreocupadamente

negligible /'neglɪdʒəbəl/ *adj* insignificante, desdeñable; **a sum by no means ~** una suma nada desdeñable

negotiable /nɪ'gəʊʃəbəl/ *adj* 1 (subject to negotiation) ‹*contract/claim*› negociable; **salary ~** sueldo *m* negociable *or* a negociar 2 (Fin) negociable; **~ instruments** valores *mpl* negociables; **not ~** no negociable 3 (passable) ‹*road*› transitable; ‹*obstacle*› superable

negotiate /nɪ'gəʊʃieɪt/ *vi* 1 (confer, talk) negociar; **after months of negotiating** tras meses de negociaciones; **the delegates will ~ over the terms of the agreement** los delegados negociarán los términos del acuerdo 2 **negotiating** *pres p*, (*before n*) ‹*team/committee*› negociador, encargado de las negociaciones; **the negotiating table** la mesa negociadora *or* de negociaciones

■ **negotiate** *vt*
A (obtain by discussion) ‹*contract/treaty*› negociar; ‹*loan*› gestionar, tramitar; **a ~d settlement** un acuerdo negociado
B (pass, deal with) ‹*obstacle*› sortear, salvar; ‹*difficulty*› superar; **they ~d the rocky path** salvaron *or* pasaron el camino rocoso; **she had difficulty negotiating the stairs** le costó subir las escaleras
C (Fin) ‹*bill/draft*› negociar

negotiation /nɪ,gəʊʃi'eɪʃən/ *n* [u]
A (discussion) (*sometimes pl*) negociación *f*; **by ~** mediante negociaciones *or* negociación; **the contract is still under ~** todavía se está negociando el contrato; **to enter into ~s/be in ~ with sb** entrar/estar* en negociaciones *or* (CS tb) en tratativas con algn; **~s to secure their release are under way** se han iniciado negociaciones *or* (CS tb) tratativas para lograr su liberación
B (handling): **her skilful ~ of the obstacles** la habilidad con que salvó *or* sorteó los obstáculos

negotiator /nɪ'gəʊʃieɪtər || nɪ'gəʊʃieɪtə(r)/ *n* negociador, -dora *m,f*

Negress /'ni:gres/ *n* (often offensive) negra *f*

Negro /'ni:grəʊ/ *n* (*pl* **Negroes**) (often offensive) negro, -gra *m,f*; (*before n*): **~ spiritual** espiritual *m* negro

negroid /ˈniːgrɔɪd/ *adj* negroide

neigh¹ /neɪ/ *vi* relinchar

neigh² *n* relincho *m*

neighbor¹, (BrE) **neighbour** /ˈneɪbər || ˈneɪbə(r)/ *n* **1** (in street, district) vecino, -na *m,f*; **the country is at war with its southern ~** el país está en guerra con sus vecinos del sur; **she turned to her ~ on the right** se volvió hacia la persona que estaba a su derecha **2** (fellow human) (Bib) prójimo *m*; **love thy ~** ama a tu prójimo

neighbor², (BrE) **neighbour** *vi* **to ~ ON sth** lindar *or* colindar CON algo; **his land ~s on mine** sus tierras lindan *or* colindan con las mías, nuestras tierras son colindantes

■ **neighbor** *vt* estar* junto a *or* cerca de; **the house that ~s ours on the right** la casa que está a la derecha de la nuestra

neighborhood, (BrE) **neighbourhood** /ˈneɪbərhʊd || ˈneɪbəhʊd/ *n* **1** (residential area) barrio *m*; (*before n*) ‹*school/policeman*› del barrio, del vecindario; **~ watch** *o* (AmE also) **patrol** *vigilancia de una calle, barrio etc a cargo de sus propios habitantes* **2** (inhabitants) vecindario *m* **3** (vicinity) zona *f*; **in the ~** en los alrededores, en *or* por la zona; **in the ~ of $50,000** cerca de *or* alrededor de 50.000 dólares

neighboring, (BrE) **neighbouring** /ˈneɪbərɪŋ/ *adj* ‹*country*› vecino; **the ~ house** la casa vecina *or* de al lado; **the town and the ~ villages** la ciudad y los pueblos de los alrededores

neighborliness, (BrE) **neighbourliness** /ˈneɪbəlinəs || ˈneɪbərlinɪs/ *n* [u] buena vecindad *f*

neighborly, (BrE) **neighbourly** /ˈneɪbərli || ˈneɪbəli/ *adj* amable; **to establish ~ relations with a country** establecer relaciones de buena vecindad con un país

neither¹ /ˈniːðər, ˈnaɪ- || ˈnaɪðə(r), ˈniː-/ ▸ⓘ **p.1451** *conj*

A neither ... nor ... ni ... ni ...; **she ~ knows nor cares!** ¡ni sabe ni le importa!; **~ good nor bad** ni bueno ni malo

B (nor) tampoco; **I don't want to go — ~ do I** no quiero ir — yo tampoco *or* ni yo; **I'm not leaving — me ~!** (colloq) yo no me voy — ¡yo tampoco! *or* ¡ni yo!; **it is not our policy, ~ is it the policy of our allies** no es nuestra política, ni (tampoco) es la política de nuestros aliados

neither² *adj*: **~ proposal was accepted** no se aceptó ninguna de las (dos) propuestas; **~ one is the right size** (esp AmE) ninguno de los dos es del tamaño adecuado

neither³ ▸ⓘ **p.1451** *pron* ninguno, -na; **she read both poems, but liked ~** leyó los dos poemas pero no le gustó ninguno; **I saw both plays, but liked ~** vi las dos obras pero no me gustó ninguna; **~ of the guards saw him** ninguno de los (dos) guardias lo vio

nelly /ˈneli/ *n*: ***not on your ~!*** (BrE colloq) ¡ni loco! (fam)

nem con /ˈnemˈkɑːn || ˌnemˈkɒn/ sin votos en contra

nemesis /ˈneməsəs || ˈneməsɪs/ *n* [u] (liter) (downfall, agent of downfall) Némesis *f* (liter); **to meet** *o* **suffer one's ~** recibir su (*or* mi *etc*) (justo) castigo, encontrar su (*or* mi *etc*) Némesis (liter); **in his novels, woman is ~** en sus novelas la mujer es el instrumento de perdición *or* (liter) representa la Némesis

neo- /ˈniːəʊ/ *pref* neo-

neoclassic /ˌniːəʊˈklæsɪk/, **neoclassical** /-sɪkəl/ *adj* neoclásico

neoclassicism /ˌniːəʊˈklæsəsɪzəm || ˌniːəʊ ˈklæsɪsɪzəm/ *n* [u] neoclasicismo *m*

neocolonialism /ˌniːəʊkəˈləʊniəlɪzəm/ *n* [u] neocolonialismo *m*

neo-con¹ /ˌniːəʊˈkɑːn || ˌniːəʊˈkɒn/ *adj* (AmE) (Pol) neocon, neoconservador

neo-con² *n* (AmE) (Pol) neocon, -cona *m,f*, neoconservador, -dora *m,f*

neofascism /ˌniːəʊˈfæʃɪzəm/ *n* [u] neofascismo *m*

neofascist¹ /ˌniːəʊˈfæʃəst || ˌniːəʊˈfæʃɪst/ *n* neofascista *mf*

neofascist² *adj* neofascista

neolithic, Neolithic /ˌniːəˈlɪθɪk/ *adj* neolítico; **the ~ (period)** el Neolítico

neologism /niˈɑːlədʒɪzəm || niːˈɒlədʒɪzəm/ *n* neologismo *m*

neon /ˈniːɑːn || ˈniːɒn/ *n* [u] neón *m*; (*before n*) ‹*glow/lighting*› de neón; ‹*pink/red/green*› fosforescente; **~ sign** letrero *m* de neón

neonatal /ˌniːəʊˈneɪtl/ *adj* neonatal

neo-Nazi¹ /ˌniːəʊˈnætsi || ˌniːəʊˈnɑːtsi/ *adj* neonazi

neo-Nazi² *n* neonazi *mf*

neophyte /ˈniːəfaɪt/ *n* (frml *or* liter) neófito, -ta *m,f* (frml)

Nepal /nəˈpɔːl || nɪˈpɔːl/ *n* Nepal *m*

Nepalese¹ /ˌnepəˈliːz/ *adj* nepalés

Nepalese² *n* (*pl* ~) nepalés, -lesa *m,f*

Nepali¹ /neˈpɔːli || nɪˈpɔːli/ *adj* nepalés

Nepali² *n* **1** [c] (person) nepalés, -lesa *m,f* **2** [u] (language) nepalés *m*

nephew /ˈnefjuː || ˈnevjuː, ˈnef-/ *n* sobrino *m*

nephritic /nɪˈfrɪtɪk/ *adj* nefrítico

nephritis /nɪˈfraɪtəs || nɪˈfraɪtɪs/ *n* [u] nefritis *f*

nephrology /nɪˈfrɑːlədʒi || nɪˈfrɒlədʒi/ *n* [u] nefrología *f*

nepotism /ˈnepətɪzəm/ *n* [u] nepotismo *m*

Neptune /ˈneptuːn || ˈneptjuːn/ *n* Neptuno *m*

nerd /nɜːrd || nɜːd/ *n* (colloq) ganso, -sa *m,f* (fam), pendejo, -ja *m,f* (AmL exc CS fam); **computer ~** obseso, -sa *m,f* de la informática

nerdy /ˈnɜːrdi || ˈnɜːdi/ *adj* **-dier, -diest** (colloq) ganso (fam), nerd (fam)

Nero /ˈnɪrəʊ || ˈnɪərəʊ/ *n* Nerón

nerve¹ /nɜːrv || nɜːv/ *n*

A [c] (Anat, Bot) nervio *m*; ***to strain every ~*** hacer* un gran esfuerzo *or* un esfuerzo sobrehumano; ***to touch a (raw) ~*** meter *or* poner* el dedo en la llaga; (*before n*) ‹*fiber/ending*› nervioso; **~ cell** neurona *f*; **~ gas** (Mil) gas *m* nervioso; **~ specialist** especialista *mf* de los nervios

B nerves *pl* **1** (emotional constitution) nervios *mpl*; **it has ruined my ~s** me ha destrozado los nervios; **their ~s were on edge** tenían los nervios de punta; **to have ~s of steel** tener* nervios de acero; **a war of ~s** una guerra de nervios; ***to get on sb's ~s*** (colloq) ponerle* los nervios de punta a algn, crisparle los nervios a algn, sacar* a algn de quicio; ***to live on one's ~s*** estar* en permanente estado de tensión **2** (anxiety) nervios *mpl*, nerviosismo *m*; **I had terrible ~s on the first night** la noche del estreno pasé unos nervios tremendos; **the stock market is suffering from ~s** hay cierto nerviosismo en la Bolsa; **I'm all ~s before an exam** antes de un examen me pongo nerviosísima; **a sudden fit of ~s** un ataque de nervios; ***to be a bag*** *o* ***bundle of ~s*** ser* un manojo de nervios, ser* puro nervio

C 1 [u] (resolve) valor *m*, coraje *m*; **to lose/keep/regain one's ~** perder*/mantener*/recuperar el valor; **the race is a test of ~** la carrera es una prueba de aguante *or* resistencia; **it takes some ~ to do it** hay que tener valor *or* coraje *or* (fam) agallas para hacerlo **2** (effrontery) (colloq) (*no pl*) frescura *f* (fam), cara *f* (fam); **you've/he's got a ~!** ¡qué frescura *or* cara tienes/tiene!; **to have the ~ to + INF** tener* la frescura *or* la cara de + INF (fam); **she had the ~ to ask me for it** tuvo la frescura *or* la cara de pedírmelo (fam); **what a ~!, of all the ~!** ¡qué frescura *or* cara! (fam)

nerve² *v refl* **to ~ oneself FOR sth** armarse de valor PARA algo; **I ~d myself to face the boss** me armé de valor para enfrentarme al jefe

nerve-center, (BrE) **nerve-centre** /ˈnɜːrvˌsentər || ˈnɜːvˌsentə(r)/ *n* **1** (of organization) centro *m* neurálgico **2** (Anat) centro *m* nervioso

nerve-jangling /ˈnɜːrvˌdʒæŋglɪŋ || ˈnɜːv ˌdʒæŋglɪŋ/ *adj* (colloq) ‹*ordeal*› que destroza los nervios; ‹*sound*› enervante

nerveless /ˈnɜːrvləs || ˈnɜːvlɪs/ *adj* débil, laxo

nerve-racking /ˈnɜːrvˌrækɪŋ || ˈnɜːvˌrækɪŋ/ *adj* ‹*wait/experience*› que destroza los nervios

nerviness /ˈnɜːrvinəs || ˈnɜːvinɪs/ *n* [u] nerviosismo *m*, nerviosidad *f*

nervous /ˈnɜːrvəs || ˈnɜːvəs/ *adj*

A (apprehensive, tense) nervioso; **to feel/get ~** estar*/ponerse* nervioso; **she gets terribly ~** se pone nerviosísima; **to be ~ABOUT sth/-ING: there's nothing to be ~ about** no tienes por qué ponerte nervioso; **I was ~ about making a mistake** tenía miedo de equivocarme; **she's ~ of traffic since the accident** desde el accidente le tiene miedo al tráfico; **to make sb ~** poner* nervioso a algn; **those of a ~ disposition** las personas nerviosas

B ‹*system/tissue/tension*› nervioso; **a ~ complaint** un problema nervioso; **she's a ~ wreck** (colloq) es un manojo de nervios; (temporary state) está que se muere de nervios, está muy mal de los nervios; **~ collapse** colapso *m* nervioso; **~ exhaustion** agotamiento *m* nervioso

nervously /ˈnɜːrvəsli || ˈnɜːvəsli/ *adv* nerviosamente

nervousness /ˈnɜːrvəsnəs || ˈnɜːvəsnɪs/ *n* [u] nerviosismo *m*; **her ~ of traffic** su miedo al tráfico

nervy /ˈnɜːrvi || ˈnɜːvi/ *adj* **-vier, -viest** **1** (bold, brash) (AmE colloq) fresco (fam), caradura (fam) **2** (courageous) (AmE colloq) valiente, agalludo (AmL fam) **3** (tense, edgy) (BrE) nervioso

nest¹ /nest/ *n*

A (of birds, reptiles) nido *m*; (of wasps) avispero *m*; (of ants) hormiguero *m*; (of mice) ratonera *f*, nido *m*; **to fly** *o* **leave the ~** «*bird/child*» volar* del *or* dejar el nido; ***to feather one's (own) ~*** barrer hacia adentro; ***to foul one's own ~*** tirar piedras a su (*or* mi *etc*) propio tejado

B (hotbed): **a ~ of thieves** una cueva *or* guarida de ladrones; **a ~ of subversion** un foco de subversión

C 1 (emplacement): **machine-gun ~** nido *m* de ametralladoras **2** (set) juego *m*; **~ of tables** mesa *f* nido

nest² *vi*

A 1 «*birds*» anidar **2** (BrE): **to go ~ing** ir* a buscar nidos

B nesting *pres p*, (*before n*) **~ing tables** mesa *f* nido

nest box *n* ponedero *m*

nest-building¹ /ˈnestbɪldɪŋ/ *n* [u] (by birds) construcción *f* del nido; (by people) formación *f* de un hogar

nest-building² *adj* ‹*species*› que construye nidos; ‹*person*› que forma un hogar

nest egg *n* (colloq) ahorros *mpl*; **I've got a nice little ~ ~ put aside for my retirement** tengo unos ahorritos *or* ahorrillos para cuando me jubile (fam)

nesting box /ˈnestɪŋ/ *n* ponedero *m*

nesting season *n* época *f* de nidificación, época *f* de anidación *or* anidamiento

nestle /ˈnesəl/ *vi* (snuggle) acurrucarse*; **the children ~d down under the blankets** los niños se acurrucaron bajo las mantas; **he ~d up to her** se acurrucó contra ella; **the village ~s at the foot of the hill** el pueblo está enclavado al pie de la montaña

■ **nestle** *vt* (lay) (*often pass*): **her head was ~d against his shoulder** tenía la cabeza recostada en su hombro; **he ~d the butt of the rifle into his shoulder** apoyó la culata del rifle contra el hombro

nestling /ˈnestlɪŋ || ˈneslɪŋ/ *n* polluelo *m*; (*before n*): **~ thrush/blackbird** cría *f or* polluelo *m* de zorzal/mirlo

net¹ /net/ *n*

A [c] **1** (for fishing, protecting) red *f*; **the ~ was closing around the gang** la red se iba cerrando en torno a la banda; ***to cast one's ~ wide*** buscar* en un radio muy amplio; **we decided to cast our ~ wider and advertise in the national press** decidimos ampliar el radio de nuestra búsqueda y anunciarnos en la prensa nacional; ***to slip through the ~*** se les (*or* nos *etc*) escapó; ***to spread one's ~*** tender* su (*or* mi *etc*) red **2** (*hair~*) redecilla *f*

B [c] (Sport) **1** (in tennis, volleyball) red *f* **2** (in soccer, hockey) red *f*; **he put the ball in the back of the**

~ (colloq) metió el balón en (el fondo de) la red (fam)
C [u] (fabric) tela *f* de visillos, voile *m* (RPl); (*before n*): ~ **curtains** visillos *mpl*, cortinas *fpl* de voile (RPl); ~ **stockings** medias *fpl* de malla
D (network) red *f*
E (Comput): **the Net** la Red, el *or* la web

net² *vt* **-tt-**
A **1** (catch) ‹*butterfly*› cazar* (*con red*); ‹*fish*› pescar* (*con red*); **he's ~ted himself a good job** ha conseguido *or* (fam) pescado un buen trabajo **2** (spread net in) ‹*river*› tender* las redes en **3** (protect with net) ‹*fruit bushes*› proteger* con redes
B (Sport) ‹*ball*› (in football, hockey) meter en la red; (in basketball) encestar; (in tennis, volleyball) enviar* *or* lanzar* contra la red; ‹*goal*› marcar*
C (earn) «*company/sale*» producir*; **he ~ted $50,000** se embolsó 50.000 dólares limpios (fam)

net³ *adj* **1** (Busn, Fin) ‹*income/profit/cost/weight*› neto; **interest is paid ~ of tax** (BrE) el interés se paga después de haber deducido los impuestos **2** (overall, final) ‹*effect/result*› global

NET *n* (in US) (*no art*) = **National Educational Television**

netball /ˈnetbɔːl/ *n* [u] (in UK) *deporte similar al baloncesto jugado esp por mujeres*

nethead /ˈnethed/ *n* (colloq) cerebrito *mf* de Internet (fam)

nether /ˈneðər || ˈneðə(r)/ *adj* inferior; **the ~ regions** (underworld) (poet) los infiernos, el averno (liter); (of body) (euph & hum) las partes (pudendas) (euf & hum)

Netherlands /ˈneðərləndz || ˈneðələndz/ *n* (+ *sing or pl vb*): **the ~** los Países Bajos

nethermost /ˈneðərməʊst || ˈneðəməʊst/ *adj* (poet): **the ~ depths of corruption/despair** la corrupción más baja/la desesperación más profunda; **the ~ regions of the earth** las entrañas *or* las profundidades de la tierra (liter)

netizen /ˈnetəzən || ˈnetɪzən/ *n* usuario, -ria *m,f* habitual de Internet, ciberdano, -na *m,f*

netspeak /ˈnetspiːk/ *n* [u] jerga *f* de Internet

netsurf /ˈnetsɜːrf || ˈnetsɜːf/ *vi* navegar* por *or* en Internet *or* la Red *or* la web, explorar Internet *or* la red *or* la web
■ **netsurf** *vt* visitar

netsurfer /ˈnetsɜːrfər || ˈnetsɜːfə(r)/ *n* internauta *mf*, usuario, -ria de Internet *or* de la Red *or* la web

netsurfing /ˈnetsɜːrfɪŋ || ˈnetsɜːfɪŋ/ *n* [u] navegación *f* por *or* en la Red *or* por *or* en Internet

nett *adj* (BrE) ▸**net³ 1**

netting /ˈnetɪŋ/ *n* [u] **1** (mesh) redes *fpl*, mallas *fpl*; **wire ~** tela *f* metálica *or* de alambre, tejido *m* metálico (RPl), anjeo *m* (Col) **2** (fabric) malla *f*

nettle¹ /ˈnetl/ *n* ortiga *f*; (*stinging ~*) ortiga *f* (romana); *to grasp the ~* agarrar al toro por las astas *or* (esp Esp) coger* el toro por los cuernos; (*before n*): ~ **rash** urticaria *f*

nettle² *vt* molestar, irritar; **she was somewhat ~d by my remark** mi comentario le molestó *or* la irritó un poco

network¹ /ˈnetwɜːrk || ˈnetwɜːk/ *n* **1** (system) red *f*; (of shops) cadena *f* **2** (Elec) red *f* **3** (Rad, TV) cadena *f*; (*before n*): ~ **television** (in US) emisoras *fpl* televisivas en cadena

network² *vt*
A (broadcast) (Rad, TV) (BrE) transmitir en cadena
B (link together) (Comput) interconectar
■ **network** *vi* (use contacts) crear *or* establecer* (una red de) contactos *or* (AmL tb), conexiones

networkable /ˈnetˌwɜːrkəbəl || ˈnetˌwɜːkəbəl/ *adj* (Comput) ‹*printer/system*› networkable (*que se puede conectar a una red de computadores*)

networker /ˈnetwɜːrkər || ˈnetwɜːkə(r)/ *n* **1** (Comput) teletrabajador, -dora *m,f* **2** (user of contacts) creador, -dora *m,f* de (una red de) contactos *or* (AmL tb), conexiones

networking¹ /ˈnetˌwɜːrkɪŋ || ˈnetˌwɜːkɪŋ/ *n* [u] **1** (Comput) interconexión *f* **2** (Rad, TV) transmisión *f* en cadena **3** (using contacts) creación *f* *or* establecimiento *m* de una red de contactos *or* (AmL tb) conexiones

networking² *adj* **1** (Comput) de conexión en Red **2** (using contacts) para crear* *or* establecer* una red de contactos *or* (AmL tb) conexiones

neural /ˈnʊrəl || ˈnjʊərəl/ *adj* neural

neural computer *n* (Comput) neurocomputadora *f*, ordenador *m* neural (Esp)

neuralgia /nʊˈrældʒə || ˌnjʊəˈrældʒə/ *n* [u] neuralgia *f*

neural network *n* (Comput) red *f* neuronal

neurasthenia /ˈnʊrəsˈθiːniə || ˌnjʊərəsˈθiːniə/ *n* [u] neurastenia *f*

neurasthenic¹ /ˌnʊrəsˈθenɪk || ˌnjʊərəsˈθenɪk/ *adj* neurasténico

neurasthenic² *n* neurasténico, -ca *m,f*

neuritis /nʊˈraɪtəs || ˌnjʊəˈraɪtɪs/ *n* [u] neuritis *f*

neurobiology /ˌnʊrəʊbaɪˈɑːlədʒi || ˌnjʊərəʊbaɪˈɒlədʒi/ *n* [u] neurobiología *f*

neurodegeneration /ˌnʊrəʊdɪˌdʒenəˈreɪʃən/ *n* [u] neurodegeneración *f*

neurodegenerative /ˌnʊrəʊdɪˈdʒenərətɪv || ˌnjʊərəʊdɪˈdʒenərətɪv/ *adj* neurodegenerativo

neurolinguistic programming /ˌnʊrəʊlɪŋˈgwɪstɪk || ˌnjʊərəʊlɪŋˈgwɪstɪk/ *n* [u] programación *f* neurolingüística, PNL *f*

neurological /ˌnʊrəˈlɑːdʒɪkəl || ˌnjʊərəˈlɒdʒɪkəl/ *adj* neurológico

neurologist /nʊˈrɑːlədʒəst || ˌnjʊəˈrɒlədʒɪst/ *n* neurólogo, -ga *m,f*

neurology /nʊˈrɑːlədʒi || ˌnjʊəˈrɒlədʒi/ *n* [u] neurología *f*

neuron /ˈnʊrɑːn || ˈnjʊərɒn/, **neurone** /-rəʊn/ *n* neurona *f*

neuropath /ˈnʊrəpæθ || ˈnjʊərəpæθ/ *n* neurópata *mf*

neuropathic /ˌnʊrəˈpæθɪk || ˌnjʊərəʊˈpæθɪk/ *adj* neuropático

neuropathology /ˈnʊrəʊpəˈθɑːlədʒi || ˌnjʊərəʊpəˈθɒlədʒi/ *n* [u] neuropatología *f*

neuropathy /nʊˈrɑːpəθi || ˌnjʊəˈrɒpəθi/ *n* [u] neuropatía *f*

neurophysiology /ˌnʊrəʊfɪziˈɑːlədʒi || ˌnjʊərəʊfɪziˈɒlədʒi/ *n* [u] neurofisiología *f*

neuropsychiatry /ˌnʊrəʊsaɪˈkaɪətri || ˌnjʊərəʊsaɪˈkaɪətri/ *n* [u] neuropsiquiatría *f*

neuropsychology /ˌnʊrəʊsaɪˈkɑːlədʒi || ˌnjʊərəʊsaɪˈkɒlədʒi/ *n* [u] neuropsicología *f*

neurosis /nʊˈrəʊsəs || ˌnjʊəˈrəʊsɪs/ *n* [c u] (*pl* **-roses** /-ˈrəʊsiːz/) neurosis *f*; **it's one of my neuroses** (colloq) es una de mis manías

neurosurgeon /ˌnʊrəʊˈsɜːrdʒən || ˌnjʊərəʊˈsɜːdʒən/ *n* neurocirujano, -na *m,f*

neurosurgery /ˌnʊrəʊˈsɜːrdʒəri || ˌnjʊərəʊˈsɜːdʒəri/ *n* [u] neurocirugía *f*

neurotic¹ /nʊˈrɑːtɪk || ˌnjʊəˈrɒtɪk/ *adj* neurótico; **to be ~ ABOUT sth** estar* obsesionado CON algo; **he's ~ about his weight** está obsesionado con su peso; **she's ~ about keeping the place clean** es una maniática de la limpieza

neurotic² *n* neurótico, -ca *m,f*

neurotically /nʊˈrɑːtɪkli || ˌnjʊəˈrɒtɪkli/ *adv* de manera obsesiva

neurotoxic /ˌnʊrəʊˈtɑːksɪk || ˌnjʊərəʊˈtɒksɪk/ *adj* neurotóxico

neurotransmitter /ˌnʊrəʊtrænzˈmɪtər, -træns- || ˌnjʊərəʊtrænzˈmɪtə(r), -træns-/ *n* neurotransmisor *m*

neuter¹ /ˈnuːtər || ˈnjuːtə(r)/ *adj*
A (Ling) neutro
B (sexless) (Bot, Zool) neutro, asexuado

neuter² *n*
A (Ling) neutro *m*; **in the ~** en género neutro
B (insect) insecto *m* neutro *or* asexuado

neuter³ *vt* castrar, capar

neutral¹ /ˈnuːtrəl || ˈnjuːtrəl/ *adj* **1** (impartial) neutral; **to remain ~** permanecer* neutral **2** (not bright) ‹*shade/tone*› neutro **3** (Chem, Elec, Ling) neutro

neutral² *n*
A (Auto): **to be in ~** «*car/gear*» estar* en punto muerto
B (neutral country) país *m* neutral

neutralism /ˈnuːtrəlɪzəm || ˈnjuːtrəlɪzəm/ *n* [u] neutralismo *m*

neutralist¹ /ˈnuːtrələst || ˈnjuːtrəlɪst/ *adj* neutralista

neutralist² *n* neutralista *mf*

neutrality /nuːˈtræləti || njuːˈtræləti/ *n* [u] neutralidad *f*

neutralization /ˌnuːtrələˈzeɪʃən || ˌnjuːtrəlaɪˈzeɪʃən/ *n* [u] neutralización *f*

neutralize /ˈnuːtrəlaɪz || ˈnjuːtrəlaɪz/ *vt* **1** (Chem, Elec) neutralizar* **2** ‹*threat/effect/forces*› neutralizar*, anular

neutralizer /ˈnuːtrəlaɪzər || ˈnjuːtrəlaɪzə(r)/ *n* neutralizador *m*

neutrino /nuˈtriːnəʊ || njuːˈtriːnəʊ/ *n* (*pl* **-nos**) neutrino *m*

neutron /ˈnuːtrɑːn || ˈnjuːtrɒn/ *n* neutrón *m*; (*before n*): ~ **bomb** bomba *f* de neutrones

neutropenia /ˌnuːtrəˈpiːniə || ˌnjuːtrə(ʊ)ˈpiːniə/ *n* [u] (Med) neutropenia *f*

Nev = **Nevada**

never /ˈnevər || ˈnevə(r)/ ▸ⓘ **p.1451** *adv*
A (at no time) nunca; (more emphatic) jamás; **he ~ helps** nunca ayuda, no ayuda nunca; **I've ~ heard anything like it!** ¡nunca *or* jamás he oído nada semejante!; ~ **in all my life have I been so insulted** en mi vida me habían insultado de ese modo; ~ **in a million years did I think I'd win** jamás (en la vida) pensé que iba a ganar; ~ **again will I try to help her** jamás volveré a tratar de ayudarla; ~ **again would she see his face** nunca más volvería a verlo; ~ **before had she experienced such pain** nunca había sentido tanto dolor; **we need our allies as ~ before** necesitamos a nuestros aliados como nunca *or* más que nunca; **it's ~ happened yet** hasta ahora, nunca ha sucedido
B **1** (*used for emphasis*): **she said she'd call but she ~ did** dijo que llamaría pero no llamó; **really? I ~ knew that** ¿ah sí? no sabía; **they ~ once thanked me** no me dieron las gracias ni una vez; **she ~ so much as said hello** ni siquiera saludó; **this will ~ do!** ¡esto no puede ser!; ~ **fear: Peter's here** (hum) no se preocupen que aquí estoy yo **2** (expressing incredulity) (colloq) (*in interj phrases*): **I walked all the way — ~!** hice todo el camino a pie — ¡no me digas! *or* ¿en serio?; **I told her everything — you ~ did!** se lo conté todo — ¡no te creo! *or* ¡mentira!; **well, I ~!** ¡qué increíble! *or* ¡pues, vaya!; **he did it! — he ~!** (BrE colloq) lo logró — ¡no! *or* ¡mentira!

never-ending /ˌneverˈendɪŋ/ *adj* (*pred* **never ending**) ‹*dispute/saga*› interminable, eterno, inacabable; ‹*devotion/supply*› inagotable, inacabable

never-failing /ˌnevərˈfeɪlɪŋ || ˌnevəˈfeɪlɪŋ/ *adj* (*pred* **never failing**) ‹*supply/source*› inagotable, inacabable; ‹*sympathy/interest*› permanente, constante

nevermore /ˌnevərˈmɔːr || ˌnevəˈmɔː(r)/ *adv* (liter) nunca jamás (liter)

never-never /ˈnevərˈnevər || ˈnevəˈnevə(r)/ *n* (BrE colloq & hum): **to pay for/buy sth on the ~** pagar*/comprar algo a plazos *or* (fam & hum) a plazoletas

never-never land *n* el país de la fantasía *or* del ensueño; **the ~ ~ of full employment** la utopía del pleno empleo

nevertheless /ˌnevərðəˈles || ˌnevəðəˈles/ *adv* sin embargo, no obstante (frml); **it is ~ true that ...** sin embargo *or* (frml) no obstante, es cierto que ...; **it's an unpleasant, but ~ necessary, task** es una tarea desagradable pero necesaria *or* (frml) pero no obstante necesaria; **it may be a waste of time, but I'm going to try ~** puede que sea una pérdida de tiempo pero igual *or* de todas maneras lo voy a intentar *or* (frml) no obstante lo voy a intentar; **I can't accept, but ~ I appreciate your offer** no puedo aceptar pero de todas maneras agradezco su oferta

new¹ /nuː || njuː/ *adj* **-er, -est**
A **1** (unused) nuevo; **brand ~** flamante; **is that a ~ suit you're wearing?** ¿estás estrenando traje?, ¿es nuevo ese traje?; **as ~** como nuevo; **to be/look like ~** ser*/parecer* nuevo; **~ for old insurance** seguro *m* de valor de nuevo

2 (recent, novel) nuevo; **hi, what's ~?** (colloq) ¿que tal? ¿qué hay (de nuevo)? (fam); **that's nothing ~** eso no es nada nuevo; **he's had a fight with his wife — so what else is ~?** (colloq & iro) se ha peleado con su mujer — ¡qué novedad! (fam & iró); **that's a ~ one on me!** (colloq) ¡no me digas! **3** (recently arrived) ‹*member/recruit*› nuevo; **I'm ~ here** soy nueva aquí; **to be ~ TO sth: she's ~ to this company** es nueva en la empresa; **I was ~ to London** llevaba poco tiempo en Londres; **she was ~ to selling/flying** vender/volar* era nuevo para ella; **the ~ rich** los nuevos ricos
B (different, other) ‹*address/job/era*› nuevo; **I put ~ batteries in the radio** le cambié las pilas a la radio; **don't open a ~ bottle** no abras otra botella; **to start a ~ life** empezar* una nueva vida; **she could be a ~ Callas** podría llegar a ser otra Callas; **she looked like a ~ woman** parecía otra; **after the shower I felt like a ~ man** la ducha me dejó como nuevo
C **1** (freshly made) ‹*wine*› joven; ‹*bread*› fresco, recién hecho **2** (tender, young) ‹*buds/leaves*› nuevo **3** (early) ‹*crop/potatoes*› nuevo

new[2] *adv* recién; **these dresses are ~ in from Paris** estos vestidos acaban de llegar de París

New Age *adj* New Age, de la Nueva Era; **~ ~ traveler** *or* (BrE) **traveller** seguidor, -dora *m,f* de la New Age *or* Nueva Era

> **New Age**
>
> El movimiento de la New Age cree que se debe tener un enfoque más holístico de la vida. Se originó en California en los años 70 y se extendió rápidamente a través de EEUU. Sus adherentes rechazan el materialismo y respetan los ciclos de la naturaleza ya que pueden ayudar a restablecer el balance espiritual y restablecer armonía dentro del entorno.

New Ager /nu: 'eɪðʒər || nju: 'eɪdʒə(r)/ *n* seguidor, -dora *m,f* de la New Age *or* Nueva Era

newbie /'nu:bi || 'nju:bi/ *n* (*pl* **-bies**) (colloq) **1** (newcomer) recién llegado, -da *m,f* **2** (in computing) novato, -ta *m,f* en computadoras *or* (Esp), ordenadores

newborn /'nu:bɔ:rn || 'nju:bɔ:n/ *adj* recién nacido

newcomer /'nu:,kʌmər || 'nju:,kʌmə(r)/ *n* (person) recién llegado, -da *m,f*; **a model that stands out among this year's ~s** un modelo que (se) destaca entre las novedades de este año; **~ TO sth: Acme Inc is no ~ to publishing** el mundo editorial no le es desconocido a Acme Inc; **he's a relative ~ to politics** no lleva mucho tiempo en la política

New Delhi /'deli/ *n* Nueva Delhi *f*

newel /'nu:əl || 'nju:əl/ *adj*: **~ (post)** poste *m* (de arranque) (*de una escalera*) (in spiral staircase) espigón *m*

New England *n* Nueva Inglaterra *f*

New Englander /'ɪŋgləndər || 'ɪŋgləndə(r)/ *n: habitante o persona oriunda de Nueva Inglaterra*

newfangled /,nu:'fæŋgəld || ,nju:'fæŋgəld/ *adj* (*before n*) (pej) moderno

newfound /'nu:faʊnd || 'nju:faʊnd/ *adj* nuevo, recién descubierto; **I'm suspicious of this ~ concern for ...** tengo mis dudas acerca de esta preocupación de ahora por ...

Newfoundland /'nu:fəndlənd || 'nju:fəndlənd/ *n* **1** (Geog) Terranova *f* **2** /nu:'faʊndlənd || nju:'faʊndlənd/ **~ (dog)** terranova *mf*

New Guinea *n* Nueva Guinea *f*

New Hampshire *n* Nueva Hampshire *f*, Nuevo Hampshire *m*

newish /'nu:ɪʃ || 'nju:ɪʃ/ *adj* más *o* menos nuevo

New Jersey *n* Nueva Jersey *f*

New Labour *n* (in UK) (Pol) (*no art, + sing or pl vb*) nuevo laborismo *m*

new-laid /'nu:'leɪd || 'nju:,leɪd/ *adj* recién puesto, fresco

New Left *n* (Pol) (*no art, + sing or pl vb*) nueva izquierda *f*

new-look /'nu:'lʊk || 'nju:,lʊk/ *adj* (*before n*) remodelado, renovado; **I don't like the ~ passports** no me gusta el nuevo tipo de pasaporte

newly /'nu:li || 'nju:li/ *adv* recién; **~ baked/arrived/married** recién horneado/llegado/casado; **a ~ discovered manuscript** un manuscrito recientemente descubierto *or* que acaba de descubrirse

newlyweds /'nu:liwedz || 'nju:liwedz/ *pl n* recién casados *mpl*

new math /nu:'mæθ || nju:'mæθ/ (BrE) **new maths** /nu:'mæθs || nju:'mæθs/ *n* [u] (+ *sing vb*) (colloq) nuevas matemáticas *f*

new mathematics /,nu:mæθ'mætɪks || ,nju:mæθ'mætɪks/ *n* [u] (+ *sing vb*) nuevas matemáticas *f*

New Mexico *n* Nuevo México *m*

new-mown /'nu:'məʊn || 'nju:'məʊn/ *adj* recién cortado

newness /'nu:nəs || 'nju:nɪs/ *n* [u] **1** (novelty, unfamiliarity) novedad *f* **2** (of bread) lo fresco; (of wine) lo joven **3** (of purchase, object, clothes etc) lo nuevo

new order *n* nuevo orden *m*

New Orleans /,nu:'ɔ:rliənz, ɔ:r'li:nz || ,nju:'ɔ:liənz, -ɔ:'li:nz/ *n* Nueva Orleáns *f*

news /nu:z || nju:z/ ▸**Sunday papers** *n* [u]
A (fresh information): **a piece** *o* **item of ~** una noticia; **I have (some) good/bad ~** tengo buenas/malas noticias; **we've had some sad ~** hemos recibido una triste noticia *or* noticias muy tristes; **I had to break the ~ to him** me tocó a mí darle la (mala) noticia; **have you heard the ~?** ¿te has enterado de lo que ha pasado?; **tell me all your ~!** ¡cuéntame qué novedades tienes!; **the ~ of her dismissal** la noticia de su despido; **they waited for further ~** quedaron a la espera de más noticias *or* de mayor información; **there's no ~ of any survivors** no se tiene noticia de que hayan sobrevivientes; **we've had no ~ of him** no hemos tenido noticias de él, no hemos sabido nada de él; **how can we get ~ to him that ... ?** ¿cómo podemos hacerle saber que ...?; **the fall in the dollar is good ~ for some** la caída del dolar les viene muy bien a algunos; **he's bad ~!** (colloq) no trae más que problemas; **it was ~ to me that she'd got married** para mí era una novedad que se había casado, recién me enteraba de que se había casado (AmL); **if you think that, have I got ~ for you!** si eso crees, ahora te vas a enterar *or* te vas a llevar una sorpresa; **~ travels fast** ¡cómo corren las noticias!; **no ~ is good ~** (set phrase) que no haya noticias es buena señal
B (Journ, Rad, TV) noticias *fpl*; **the international/sports ~** la información internacional/deportiva; **~ in brief** resumen *m* de noticias; **she's been in the ~ a lot recently** últimamente se ha hablado mucho de ella *or* ha salido mucho en las noticias; **the six o'clock ~** las noticias *or* el informativo *or* el noticiario *or* (AmL tb) el noticiero de las seis; **to listen to/watch the ~** oír* *or* escuchar/ver* las noticias *or* el informativo *etc*; (*before n*): **~ agency** agencia *f* de noticias; **~ bulletin** boletín *m* informativo; **~ conference** rueda *f or* conferencia *f* de prensa; **~ editor** redactor, -tora *m,f* de noticias; **the ~ headlines** el resumen informativo *or* de noticias; **~ item** noticia *f*; **~ magazine** programa *m* de actualidades

> **The News of the World**
>
> ▸**Sunday papers.**

newsagent /'nu:z,eɪdʒənt || 'nju:z,eɪdʒənt/ *n* (BrE) *dueño o empleado de una tienda que vende prensa, caramelos etc*

newsboy /'nu:zbɔɪ || 'nju:zbɔɪ/ *n* (AmE) (delivering) repartidor *m* de periódicos, periodiquero *m* (Méx), diariero *m or* diarero *m* (CS); (at stand) vendedor *m* de periódicos, voceador *m* (Col, Méx), canillita *m* (Bol, CS)

newscast /'nu:zkæst || 'nju:zkɑ:st/ *n* (esp AmE) informativo *m*, noticiario *m*, noticiero *m* (AmL)

newscaster /'nu:z,kæstər || 'nju:z,kɑ:stə(r)/ *n* locutor, -tora *m,f*, presentador, -dora *m,f* (*de un informativo*)

newsdealer /'nu:z,di:lər || 'nju:z,di:lə(r)/ *n* (AmE) vendedor, -dora *m,f* de periódicos *or* de prensa

news desk *n* redacción *f*

news flash *n* (BrE) información *f* de última hora, flash *m* informativo

news-gathering /'nu:z,gæðərɪŋ || 'nju:z,gæðərɪŋ/ *n* [u] recopilación *f* de información *or* de noticias

newsgirl /'nu:zgɜ:rl || 'nju:zgɜ:l/ *n* (AmE) (delivering) repartidora *f* de periódicos, periodiquera *f* (Méx), diariera *f or* diarera *f* (CS); (at stand) vendedora *f* de periódicos, voceadora *f* (Col, Méx), canillita *f* (Bol, CS)

newsgroup /'nu:zgru:p || 'nju:zgru:p/ *n* grupo *m* de noticias

newshawk /'nu:zhɔ:k || 'nju:zhɔ:k/ *n* (colloq) cazanoticias *mf* (fam)

newshound /'nu:zhaʊnd || 'nju:zhaʊnd/ *n* ▸**newshawk**

newsletter /'nu:z,letər || 'nju:z,letə(r)/ *n* boletín *m* informativo; **church ~** ≈ hoja *f* parroquial

newsman /'nu:zmæn || 'nju:zmæn/ *n* (*pl* **-men** /-men/) **1** (reporter) periodista *m*, reportero *m* **2** (newscaster) (AmE) locutor *m*, presentador *m*

news-on-demand /,nu:zɑ:ndɪ'mænd || ,nju:zɒndɪ'mɑ:nd/ *n* acceso *m* inmediato a las noticias

New South Wales *n* Nueva Gales *f* del Sur

newspaper /'nu:z,peɪpər || 'nju:z,peɪpə(r)/ *n* **1** [c] (Journ) periódico *m*, diario *m*; (*before n*): **~ article** artículo *m* periodístico; **~ clipping** recorte *m* de periódico *or* de prensa; **~ cutting** recorte *m* de periódico *or* de prensa; **~ report** reportaje *m*, crónica *f*; **~ reporter** periodista *mf* **2** [u] (paper) papel *m* de periódico *m or* diario *m*

> **Newspapers**
>
> El 95% de los norteamericanos lee la prensa local. En EEUU existe sólo un periódico de caracter nacional, el USA Today, los demás son locales. Algunos periódicos de ciudades grandes, tales como el New York Times, Los Angeles Times y The Washington Post, se leen a través de todo el país. Además el International Herald Tribune, publicado fuera de EEUU, se lee por muchos norteamericanos en el extranjero. En líneas generales la prensa norteamericana todavía es conservadora debido a la necesidad de alcanzar el mayor número de ventas posible.
>
> Hasta hace unos años el Reino Unido tenía dos clases de periódicos nacionales, los *broadsheets* o periódicos de formato grande, y los *tabloids* con un formato más pequeño. De los primeros, sólo el Daily Telegraph y The Financial Times conservan el formato grande. La llamada prensa seria son The Times y el Daily Telegraph (políticamente de derechas), The Guardian (de corte socialdemócrata), The Independent y the Financial Times. Entre los tabloids de carácter sensacionalista destacan The Sun, The Mirror, The Express y el Daily Mail. Existen también unos 1.500 periódicos locales de carácter diario o semanal. *Ver tb* ▸**Sunday papers**, ▸**Wall Street Journal**, ▸**The Financial Times.**

newspaperman /'nu:z,peɪpərmæn || 'nju:z,peɪpəmæn/ *n* (*pl* **-men** /-men/) periodista *m*, reportero *m*

newspeak /'nu:spi:k || 'nju:spi:k/ *n* [u] (pej) jerga *m* moderna

newsprint /'nu:zprɪnt || 'nju:zprɪnt/ *n* [u] **1** (paper) papel *m* de prensa; **they're giving a lot of ~ to the dispute** están corriendo ríos de tinta sobre el conflicto **2** (ink) tinta *f* de periódico

newsreader /'nu:z,ri:dər || 'nju:z,ri:də(r)/ *n* (esp BrE) ▸**newscaster**

newsreel /'nu:zri:l || 'nju:zri:l/ *n* [c u] noticiario *m or* (AmL tb) noticiero *m* (cinematográfico), documental *m* de actualidades, nodo *m* (Esp)

newsroom /ˈnuːzrʊm || ˈnjuːzrʊm/ *n* sala *f* de redacción *f*

news sheet *n* hoja *f* *or* boletín *m* de noticias

newsstand /ˈnuːzstænd || ˈnjuːzstænd/ *n* kiosco *m* *or* puesto *m* de periódicos

newsvendor /ˈnuːzvendər || ˈnjuːzvendə(r)/ *n* (BrE) vendedor, -dora *m,f* de periódicos, diariero, -ra *m,f* (CS)

newswoman /ˈnuːzˌwʊmən || ˈnjuːzˌwʊmən/ *n* (*pl* **-women**) periodista *f*, reportera *f*

newsworthy /ˈnuːzˌwɜːrði || ˈnjuːzˌwɜːði/ *adj* de interés periodístico

newsy /ˈnuːzi || ˈnjuːzi/ *adj* **-sier, -siest** (colloq): **a ~ letter** una carta llena de novedades

newt /nuːt || njuːt/ *n* tritón *m*; ***as pissed as a ~*** (BrE sl) mamado (fam), como una cuba (fam)

New Testament *n*: **the ~ ~** el Nuevo Testamento

newton /ˈnuːtn || ˈnjuːtn/ *n* newton *m*

Newtonian /nuːˈtəʊniən || njuːˈtəʊniən/ *adj* de Newton, newtoniano

new town *n* (in UK) *ciudad creada para redistribuir la población y los centros de trabajo*

new wave *n* nueva ola *f*

New World *n*: **the ~ ~** el Nuevo Mundo

New Year *n* Año *m* Nuevo; **happy ~ ~!** ¡Feliz Año (Nuevo)!

New Year's Day *n* día *m* de Año Nuevo

New Year's Eve *n* (date) el treinta y uno de diciembre; (evening) la noche de Fin de Año, la Nochevieja (Esp)

New York *n* Nueva York *f*; (*before n*) ‹*skyline/businessman*› neoyorquino

New Yorker /ˈjɔːrkər || ˈjɔːkə(r)/ *n* neoyorquino, -na *m,f*

The New York Times
▸**Newspapers.**

New Zealand /ˈziːlənd/ ➡▭ *n* Nueva Zelanda *f*, Nueva Zelandia *f*; (*before n*) ‹*citizen/government*› neocelandés

New Zealander /ˈziːləndər || ˈziːləndə(r)/ *n* neocelandés, -desa *m,f*

next¹ /nekst/ *adj* **1** (in time — talking about the future) próximo; (— talking about the past) siguiente; **I'll see you ~ month/Thursday** nos vemos el mes/el jueves que viene *or* el mes/el jueves próximo; **the ~ Thursday she didn't see him** el jueves siguiente no lo vio; **the matter will be/was discussed at the ~ meeting** el asunto se tratará en la próxima reunión/se trató en la reunión siguiente; **I'll ask him (the) ~ time I see him** se lo preguntaré la próxima vez que lo vea; **the ~ few days will be very hectic** los próximos días van a ser muy agitados; **the week after ~** la semana que viene no, la otra *or* la siguiente; **I'll have been here two months ~ Tuesday** el martes que viene hará dos meses que estoy aquí; **she died 100 years ago ~ month** el mes que viene se cumplen 100 años de su muerte; **the hearing will continue Monday ~** (frml) la vista se reanudará el próximo lunes; **the (very) ~ person to speak will be sent out** al próximo que hable lo echo de la clase; **you don't know what to expect from one day to the ~** no sabes qué va a pasar de un día para otro **2** (in position) siguiente; **I'm getting off at the ~ stop** me bajo en la próxima *or* la siguiente parada; **the nearest station is in the ~ village** la estación más cercana queda en el pueblo de al lado; **it's the ~ door on the left** es la puerta siguiente a mano izquierda; **take the ~ turning on the right** tome la próxima *or* la siguiente a la derecha **3** (in sequence): **John's first and I'm ~** John está primero y luego estoy yo *or* me toca a mí; **who's ~?** ¿quién sigue?, ¿a quién le toca?; **~(, please)!** (at doctor's) el siguiente, por favor; **excuse me, I was** *o* **I'm ~** perdone, me toca a mí; **to be ~ in line to the throne** ser* el primero en la línea de sucesión al trono; **have you got the ~ size up/down?** ¿tiene una talla más grande/más pequeña?; **I can take a joke as well as the ~ man** *o* **person, but ...** sé aceptar una broma tanto como el que más, pero ...; **to be (the) ~ to + INF: you're the ~ to speak** luego te toca a ti hablar, tú eres el próximo orador; **the ~ to leave were the Millers** los siguientes en irse fueron los Miller

next² *adv*

A **1** (then) luego, después; **what did you do/say ~?** ¿y luego *or* después qué hiciste/dijiste? **2** (now): **what shall we do ~?** ¿y ahora qué hacemos?; **~, I'd like to discuss the problem of wages** a continuación, quisiera que tratáramos el problema de los sueldos; **what comes ~?** ¿qué sigue después?; **now she comes to work in jeans, whatever ~!** ahora viene a trabajar de vaqueros ¡adónde vamos (a ir) a parar!; **bring you your food?! ~ you'll be asking me to cut it up for you!** ¿que te traiga la comida? ¡después me pedirás que te la corte también! **3** (the first time after now): **when you see me ~** *o* **when you ~ see me** la próxima vez que me veas

B (second): **Japan is our ~ most important market after Europe** después de Europa, Japón es nuestro mercado más importante; **Tom is the tallest in the class, Bob the ~ tallest** Tom es el más alto de la clase y (a Tom) le sigue Bob; **it's the ~ best thing to champagne** después del champán, es lo mejor que hay

C **next to** **1** (beside): **come and sit ~ to me** ven y siéntate a mi lado *or* junto a mí *or* (crit) al lado mío; **we live ~ to the hospital** vivimos al lado del hospital; **I can't bear wool ~ to the skin** no aguanto la lana en contacto con la piel; **push the bed ~ to the wall** empuja la cama contra la pared **2** (compared with) al lado de; **~ to him, most people would look small** al lado de él *or* comparados con él, todos parecen bajos **3** (after) después de; **~ to Madrid, Barcelona is Spain's biggest city** después de Madrid, Barcelona es la ciudad más grande de España **4** (second): **the ~ to last page** la penúltima página; **I was ~ to bottom of the class** era el penúltimo de la clase **5** (almost, virtually): **it's ~ to impossible** es casi *or* prácticamente imposible; **I bought it for ~ to nothing** lo compré por poquísimo dinero; **I'll have it ready in ~ to no time** lo termino en un segundo

next-door /ˈneksˈdɔːr || ˈneksdɔː(r)/ *adj* (*before n*) de al lado; **our ~ neighbors** nuestros vecinos de al lado

next door *adv* al lado; **who lives ~ ~?** ¿quién vive al lado *or* en la casa de al lado?; **~ ~ TO sb/sth** al lado DE algn/algo; **the people ~ ~** los vecinos (de al lado); **the boy/girl ~ ~** el chico/la chica de al lado

next of kin *n* (*pl* **~ ~ ~**) familiar(es) *m(pl)* *or* pariente(s) *m(pl)* más cercano(s)

nexus /ˈneksəs/ *n* (frml) **1** (link) nexo *m* **2** (web, network) red *f*, trama *f*

NF **1** (Geog) = **Newfoundland** **2** (in UK) = **National Front**

NFL *n* (in US) = **National Football League**

Nfld = **Newfoundland**

NGO *n* (= **Non-Governmental Organization**) ONG *f*

NH = **New Hampshire**

NHL *n* (in US) = **National Hockey League**

NHS *n* (in UK) = **National Health Service**

NI *n* **1** [u] (in UK) = **National Insurance** **2** = **Northern Ireland**

niacin /ˈnaɪəsən || ˈnaɪəsɪn/ *n* [u] niacina *f*, ácido *m* nicotínico

nib /nɪb/ *n* plumín *m*, pluma *f*; *see also* **nibs**

nibble¹ /ˈnɪbəl/ *vt* **1** (bite) mordisquear **2** (eat, pick at) picar*

■ **nibble** *vi* **1** (bite, gnaw) **to ~ AT/ON sth** mordisquear algo **2** (eat) picar*

nibble² *n* **1** (bite): **to have a ~ at sth** mordisquear algo **2** (in fishing): **I didn't get a ~ all afternoon** no picaron en toda la tarde **3** **nibbles** *pl* (party snacks) (colloq) cosas *fpl* para picar, botanas *fpl* (Méx)

niblet /ˈnɪblət/ *n* bocado *m*

nibs /nɪbz/ *n* (as title) (esp BrE hum) (+ *sing vb*): **his ~** su señoría (hum)

NIC *n* **1** (in UK) = **National Insurance Contribution** **2** (= **newly industrialized country**) PRI *m*

nicad (battery) /ˈnaɪkæd/ *n* (AmE) pila *f* de níquel-cadmio

NICAM /ˈnaɪkæm/ *n* (= **near-instantaneous companding system**) NICAM *m*

Nicaragua /ˌnɪkəˈrɑːgwə || ˌnɪkəˈrægjʊə/ *n* Nicaragua *f*

Nicaraguan¹ /ˈnɪkəˈrɑːgwən || ˌnɪkəˈrægjʊən/ *adj* nicaragüense

Nicaraguan² *n* nicaragüense *mf*

nice /naɪs/ *adj* **nicer, nicest**

A **1** (kind, amiable) amable; (kind-hearted) bueno; (friendly) simpático; **you're too ~** te pasas de bueno (fam); **he's a very ~ person** es muy buena persona, es muy majo (Esp fam); **she did it in the ~st possible way** lo hizo con mucha delicadeza; **to be ~ ABOUT sth: it was entirely our fault, but he was very ~ about it** fue todo por culpa nuestra, pero él estuvo muy comprensivo; **to be ~ TO sb** ser amable CON algn, tratar bien a algn; **she's very ~ to me** es muy amable conmigo, me trata muy bien; **how ~ of you to ask us** muchas gracias por invitarnos; **Mr N~ Guy** Don Perfecto **2** (attractive, appealing) ‹*place/dress/face*› bonito, lindo (esp AmL); ‹*food*› bueno, rico; **you look very ~ today!** (to a woman) ¡estás muy guapa *or* bonita hoy!, ¡estás *or* te ves muy linda hoy! (AmL); (to a man) ¡estás muy guapo hoy!, ¡estás *or* te ves muy buen mozo hoy! (AmL); **you look very ~ in that suit** ese traje te queda muy bien; **the fish is very ~** el pescado está muy bueno *or* rico; **the soup smells ~** la sopa huele bien; **this is a ~ mess we're in!** (iro) ¡nos hemos metido en una buena! (iró) **3** (enjoyable) ‹*walk/surprise*› agradable, lindo (esp AmL); **did you have a ~ vacation?** ¿disfrutaste de las vacaciones?; **it's ~ to have met you** me alegro de *or* (frml) es un placer haberlo conocido

B (*as intensifier*): **I had a ~ hot shower** me di una buena ducha caliente; **her apartment is ~ and cozy/sunny** tiene un apartamento muy *or* de lo más acogedor/muy *or* de lo más soleado; **~ and slow** bien despacito

C (respectable, decent): **he seemed such a ~ boy** parecía tan buen chico; **it isn't a very ~ area** es un barrio bastante feo

D (skilful) ‹*move/shot/job*› bueno; **~ work!** ¡así me gusta!, ¡bien hecho!

E **1** (fine, subtle) ‹*distinction/point/detail*› sutil, fino **2** (discriminating) (liter) lúcido

NICE *n* (Med) (in UK) = **National Institute for Health and Clinical Excellence**

nice-looking /ˌnaɪsˈlʊkɪŋ/ *adj* ‹*person*› atractivo, guapo; ‹*place*› bonito, lindo (esp AmL)

nicely /ˈnaɪsli/ *adv*

A **1** (amiably) ‹*treat/smile*› amablemente **2** (politely, respectably) con buenos modales

B **1** (attractively) ‹*presented/dressed*› bien; **she arranged the flowers very ~** arregló las flores muy bien *or* con mucho gusto **2** (well, satisfactorily) ‹*get on/work*› bien; **she's doing ~ on $60,000 a year** no se puede quejar, con 60.000 dólares al año; **smoked salmon will do ~, thank you** (hum) salmón ahumado no estaría nada mal

C (finely, precisely) ‹*judged/timed*› (muy) bien, con precisión

niceness /ˈnaɪsnəs || ˈnaɪsnɪs/ *n* [u]

A (amiability) amabilidad *f*, (friendliness) simpatía *f*

B (subtlety) sutileza *f*

nicety /ˈnaɪsəti/ *n* (*pl* **-ties**) **1** **niceties** *pl* (details) sutilezas *fpl*, detalles *mpl*; **diplomatic niceties** cumplidos *mpl* **2** [u] (subtlety) (frml): **it's an issue of considerable ~** es un asunto muy delicado; **the ~ of his perception** su perspicacia *or* agudeza

niche /nɪtʃ niːʃ/ *n* **1** (Archit) nicho *m*, hornacina *f* **2** (suitable place): **she's found a little ~ for herself in the business** se ha hecho su huequito en la empresa (fam) **3** (Busn, Marketing)

➡▭ *ver* Variedades del inglés

n

nicho *m*; ~ **market** mercado *m* altamente especializado, mercado *m* nicho **4▸** (Ecol) nicho *m*

nick[1] /nɪk/ *n*
A (notch — in wood) muesca *f*, hendidura *f*; (— in blade) mella *f*; **did you cut yourself? — it's just a little ~** ¿te cortaste? — es sólo un rasguño; ***in the ~ of time*** justo a tiempo
B (condition) (BrE colloq): **to be in good/bad ~** estar* en buen/mal estado
C (BrE sl) **1▸** (prison) cárcel *f*, chirona *f* (fam), cana *f* (AmS arg), trullo *m* (Esp arg), bote *m* (Méx, Ven arg), gayola *f* (RPl arg), porotera *f* (Chi arg) **2▸** (police station) comisaría *f*, delegación *f* (Méx)

nick[2] *vt*
A (notch) hacer* una muesca en; **I ~ed myself shaving** me corté al afeitarme
B (steal) (BrE colloq) afanar (arg), volar* (Méx, Ven fam), robar; **to ~ sth FROM sb** afanarle (arg) *or* (Méx, Ven fam) volarle* algo A algn
C (catch, arrest) (BrE sl): **they got ~ed** los agarraron (fam) *or* (AmS arg) se los llevaron en cana *or* (Esp arg) los trincaron *or* (Méx arg) los apañaron

nickel /ˈnɪkəl/ *n*
A [u] (Chem, Metall) níquel *m*
B [c] (US coin) *moneda de cinco centavos*; **I don't have a ~ to my name** no tengo un céntimo, no tengo donde caerme muerto (fam); **don't take any wooden ~s** (colloq & dated) ¡que no te tomen el pelo *or* te vendan un buzón! (fam)

nickel-and-dime /ˌnɪkələnˈdaɪm/ *adj* (AmE colloq) de poca monta (fam)

nickelodeon /ˌnɪkəˈləʊdiən/ *n* (AmE) (Hist) **1▸** (jukebox) máquina *f* de discos, juke-box *m*, rocola *f* (AmC, Col, Méx) **2▸** (Cin) *sala de proyección en la primera época del cine*

nickel-plated /ˈnɪkəlˈpleɪtəd || ˌnɪkəlˈpleɪtɪd/ *adj* niquelado

nicker /ˈnɪkər || ˈnɪkə(r)/ *n* (*pl* ~) (BrE sl) libra *f*

nickname[1] /ˈnɪkneɪm/ *n* apodo *m*, sobrenombre *m*; (relating to personal characteristics) mote *m*

nickname[2] *vt* apodar; **she was affectionately ~d Sunny** la llamaban cariñosamente Sunny

nicotine /ˈnɪkətiːn/ *n* [u] nicotina *f*; (*before n*): ~ **chewing gum** chicle *m* de *or* con nicotina; ~ **poisoning** nicotinismo *m*; ~ **stain** mancha *f* de nicotina

nicotine patch *n* parche *m* de nicotina

nicotine-stained /ˈnɪkətiːnˌsteɪnd/ *adj* manchado de nicotina

niece /niːs/ *n* sobrina *f*

niff[1] /nɪf/ *n* (BrE colloq) tufo *m* (fam), mal olor *m*

niff[2] *vi* (BrE colloq) apestar

nifty /ˈnɪfti/ *adj* **-tier, -tiest** (colloq) **1▸** (adroit) hábil, diestro **2▸** (ingenious) ‹*gadget/solution*› ingenioso **3▸** (neat) (AmE) bonito, chulo (Esp, Méx fam) **4▸** (speedy) (BrE) rápido

Niger /ˈnaɪdʒər || ˈnaɪdʒə(r)/ *n* **1▸** (country) Níger *m* **2▸** (river): **the ~ River** (AmE): **the River ~** (BrE): **the ~** el Níger

Nigeria /naɪˈdʒɪriə || naɪˈdʒɪəriə/ *n* Nigeria *f*

Nigerian[1] /naɪˈdʒɪriən || naɪˈdʒɪəriən/ *adj* nigeriano

Nigerian[2] *n* nigeriano, -na *m,f*

niggardly /ˈnɪgərdli || ˈnɪgədli/ *adj* ‹*person/gift*› mezquino; ‹*sum*› mísero

nigger /ˈnɪgər || ˈnɪgə(r)/ *n* (offensive) negro, -gra *m,f*

niggle[1] /ˈnɪgəl/ *vi* **1▸** (complain) quejarse, rezongar*; **she always finds something to ~ about** siempre encuentra algo de qué quejarse, siempre tiene algún reparo **2▸** **niggling** *pres p* ‹*doubt/worry*› constante; ‹*complaint*› insistente, fastidioso; ‹*detail/job*› engorroso
■ **niggle** *vt*: **something's niggling him** algo le preocupa, algo lo tiene inquieto

niggle[2] *n* queja *f*

niggly /ˈnɪgli/ *adj* **-glier, -gliest** **1▸** (bad-tempered) ‹*person*› malhumorado, de mal humor; **a ~ game** un partido desagradable **2▸** (nagging) ‹*pain/injury*› molesto

nigh[1] /naɪ/ *adj* (arch *or* poet) (*pred*) próximo, cercano

nigh[2] *adv* (arch) **1▸** (almost) casi; ~ **on 50 years ago** hace casi 50 años **2▸** (close): **to draw ~** avecinarse (liter), acercarse*

night /naɪt/ ▸ℹ **p.1798** *n*
A **1▸** [c] (period of darkness) noche *f*; **the (Tales of the) Thousand and One N~s** (los cuentos de) las mil y una noches; **at this time of ~** a estas horas de la noche; **all ~ (long)** toda la noche; **at ~** por la noche, de noche; **it was eleven o'clock at ~** eran las once de la noche; **it rained during the ~** llovió durante la noche; **she woke up in the middle of the ~** se despertó por la noche *or* durante la noche; **long into the ~** hasta muy entrada la noche; ~ **after ~** noche tras noche; ~ **and day** día y noche; **to be on** *o* **do** *o* **work ~s** trabajar de noche; **last ~** anoche; **the ~ before last** anteanoche, antenoche (AmL); **we stayed (for) the ~** nos quedamos a dormir; **we spent the ~ in/at a hotel** dormimos en un hotel; **we looked for a place to spend** *o* **stay the ~** buscamos un lugar dónde dormir; **to spend a sleepless ~** pasar una noche en vela *or* en blanco; **to have a good/bad ~** pasar (una) buena/mala noche; **to have a late/an early ~** acostarse* tarde/temprano; (*before n*) ‹*flight/patrol*› nocturno; ~ **depository** *o* (BrE) **safe** caja *f* de depósitos nocturnos; **the ~ shift** el turno nocturno *or* de la noche; **the ~ sky** el cielo nocturno **2▸** [u] (darkness) (liter): **he disappeared into the ~** desapareció en la oscuridad de la noche; ~ **fell** cayó la noche (liter); ***as black as ~*** oscuro como una boca de lobo
B [c] (evening) noche *f*; **last ~** anoche, ayer por la noche; **on the ~ of the party** la noche de la fiesta; **a ~ on the town** una noche de juerga; **we haven't had a ~ out for ages** hace muchísimo que no salimos por la noche; **first ~** (Theat) noche *f* del estreno; **it'll be all right on the ~** (set phrase) al final todo saldrá bien; ***to make a ~ of it*** (colloq): **why don't we make a ~ of it and go dancing?** ¿por qué no nos vamos a bailar para completarla? (fam)
C **nights** (*as adv*) por las noches

night blindness *n* [u] ceguera *f* nocturna

nightcap /ˈnaɪtkæp/ *n* **1▸** (Clothing) gorro *m* de dormir **2▸** (drink) *bebida alcohólica o caliente tomada antes de acostarse*; **would you like a little brandy as a ~?** ¿quieres una copita de coñac antes de irte a la cama?

nightclothes /ˈnaɪtkləʊðz/ *pl n* ropa *f* de dormir

nightclub /ˈnaɪtklʌb/ *n* club *m* nocturno

night crawler *n* (AmE) lombriz *f* de tierra

nightdress /ˈnaɪtdres/ *n* camisón *m*

nightfall /ˈnaɪtfɔːl/ *n* [u] anochecer *m*; **at ~** al anochecer; **we must reach the town before ~** tenemos que llegar al pueblo antes de que anochezca *or* de que caiga la noche

night flying *n* [u] vuelo *m* nocturno *or* de noche

nightgown /ˈnaɪtgaʊn/ *n* camisón *m*

nighthawk /ˈnaɪthɔːk/ *n* **1▸** (Zool) (North American) caracatey *m*; (European) chotacabras *m* *or* *f* **2▸** (colloq) ▸**night owl**

nightie /ˈnaɪti/ *n* (colloq) camisón *m*

nightingale /ˈnaɪtngeɪl || ˈnaɪtɪŋgeɪl/ *n* ruiseñor *m*

nightjar /ˈnaɪtdʒɑːr || ˈnaɪtdʒɑː(r)/ *n* chotacabras *m* *or* *f*

nightlife /ˈnaɪtlaɪf/ *n* [u] vida *f* nocturna

night-light /ˈnaɪtlaɪt/ *n* **1▸** (for child, invalid) lamparilla *f* (*que se deja encendida durante la noche*) **2▸** (candle) (BrE) vela *f* (*gruesa y corta*), velador *m* (Méx)

nightlong /ˈnaɪtlɔːŋ || ˈnaɪtlɒŋ/ *adj* (*before n*) que dura toda la noche

nightly[1] /ˈnaɪtli/ *adj* ‹*occurrence*› diario, de todas las noches; ~ **performances** (Theat) funciones *fpl* diarias *or* a diario *or* todas las noches

nightly[2] *adv* todas las noches; **twice ~** dos veces cada noche

nightmare /ˈnaɪtmer || ˈnaɪtmeə(r)/ *n* pesadilla *f*; **to have ~s** tener* pesadillas; **the trip/interview was a ~** la excursión/entrevista fue una pesadilla; (*before n*) ‹*journey/situation/vision*› pesadillesco, de pesadilla

nightmarish /ˈnaɪtmerɪʃ || ˈnaɪtmeərɪʃ/ *adj* pesadillesco, de pesadilla

night-night /ˈnaɪtˈnaɪt/ *interj* (colloq) hasta mañanita (fam)

night nurse *n* enfermero, -ra *m,f* de noche

night owl *n* (colloq) ave *f*‡ nocturna (fam), noctámbulo, -la *m,f*

night porter *n* portero, -ra *m,f* de noche

night school *n* clases *fpl* nocturnas

nightshade /ˈnaɪtʃeɪd/ *n* [u c] solano *m*, hierba *f* mora; **woody ~** dulcamara *f*; *see also* **deadly nightshade**

night shelter *n* alojamiento *m* nocturno (*para personas sin techo*)

nightshirt /ˈnaɪtʃɜːrt || ˈnaɪtʃɜːt/ *n* camisa *f* de dormir

night-sight /ˈnaɪtsaɪt/ *n*
A (night vision) visión *f* nocturna
B (on camera, gun) visor *m* nocturno

nightspot /ˈnaɪtspɑːt || ˈnaɪtspɒt/ *n* local *m* nocturno

nightstick /ˈnaɪtstɪk/ *n* (esp AmE) porra *f*

night-storage heater /ˌnaɪtˈstɔːrɪdʒ/ *n* (BrE) acumulador *m* de calor

night table *n* mesa *f* *or* mesita *f* de noche, velador *m* (AmS), buró *m* (Méx), mesa *f* de luz (RPl)

nighttime /ˈnaɪttaɪm/ *n* noche *f*; **at ~** de noche; **in the ~** por la noche, durante la noche

night-vision /ˈnaɪtˌvɪʒən/ *adj* (*before n*) de visión nocturna ~ **goggles** gafas *fpl* *or* (esp AmL) anteojos *mpl* de visión nocturna

night vision *n* [u] visión *f* nocturna

night watchman *n* sereno *m*, vigilante *m* nocturno

nightwear /ˈnaɪtwer || ˈnaɪtweə(r)/ *n* [u] ropa *f* de dormir

nightwork /ˈnaɪtwɜːrk || ˈnaɪtwɜːk/ *n* [u] trabajo *m* nocturno; **she does ~, she's on ~** trabaja de noche *or* por la noche

nihilism /ˈnaɪəlɪzəm, ˈniːə- || ˈnaɪɪlɪzəm, ˈnɪhɪl-/ *n* [u] nihilismo *m*

nihilist /ˈnaɪələst, ˈniːə- || ˈnaɪɪlɪst, ˈnɪhɪl-/ *n* nihilista *mf*

nihilistic /ˌnaɪəˈlɪstɪk, ˈniːə- || ˌnaɪɪˈlɪstɪk, ˌnɪhɪl-/ *adj* (Phil, Pol) nihilista

nil[1] /nɪl/ *n* (BrE) (Sport) cero *m*; **we lost two ~** perdimos por dos a cero; **the score is three ~ to United** United va ganando por tres a cero; **it was ~ ~ at half time** al finalizar el primer tiempo iban cero a cero *or* iban empatados a cero

nil[2] *adj* nulo; **he has ~ support among the middle classes** (BrE) no tiene ningún apoyo entre la clase media

Nile /naɪl/ *n*: **the ~** el Nilo; **the White/Blue ~** el Nilo Blanco/Azul

nimble /ˈnɪmbəl/ *adj* **-bler** /-blər || -blə(r)/ **-blest** /-bləst || -blɪst/ ‹*person/step/mind*› ágil; ‹*fingers*› diestro, hábil

nimbly /ˈnɪmbli/ *adv* ‹*leap/climb*› ágilmente, con agilidad; ‹*work*› con destreza *or* habilidad

nimbostratus /ˌnɪmbəʊˈstreɪtəs -ˈstrɑːtəs/ *n* nimboestrato *m*

nimbus /ˈnɪmbəs/ *n* (*pl* **-buses** *or* **-bi** /-baɪ/) **1▸** (Meteo) nimbo *m*, nimbus *m*; (*before n*): ~ **clouds** nimboestrato *m* **2▸** (halo) nimbo *m*, aureola *f*

Nimby *n* (*pl* ~**s**)
A ▸**NIMBY**
B *persona que aprueba la creación de un nuevo vertedero o depósito de residuos tóxicos pero que no lo quiere en su vecindario*

NIMBY /ˈnɪmbi/ *n* (hum & pej) = **not in my back yard**

nincompoop /ˈnɪŋkəmpuːp/ *n* (colloq) papanatas *mf* (fam); **the stupid ~** el muy pánfilo (fam)

Niña, La N~ /ˈniːnjə, lɑːˈniːnjə/ *n* (Meteo) La Niña

nine[1] /naɪn/ ▶❶ p.888, ▶❶ p.1465, ▶❶ p.1798 *n* nueve *m*; (in baseball) equipo *m*; ***to be dressed up*** *o* ***done up to the ~s*** (colloq) estar* *or* ir* de punta en blanco, ir* de tiros largos (fam); *see also* **four**[1]

nine[2] ▶❶ p.888, ▶❶ p.1465, ▶❶ p.1798 *adj* nueve *adj inv*; **~ times out of ten he's late/right** casi siempre llega tarde/tiene razón; **~ out of ten people agree** el 90% de la gente está de acuerdo, nueve de cada diez personas están de acuerdo; *see also* **four**[2]

ninefold /'naɪnfəʊld/ *adj/adv see* **-fold**

ninepins /'naɪnpɪnz/ *n* (+ *sing vb*) bolos *mpl*; **to play (a game of) ~** jugar* a los bolos; ***to go down like ~*** (colloq) caer* como moscas (fam)

nineteen /naɪn'tiːn/ ▶❶ p.888, ▶❶ p.1465, ▶❶ p.1798 *adj/n* diecinueve *adj inv/m*; ***to talk ~ to the dozen*** hablar (hasta) por los codos *or* como una cotorra (fam)

nineteenth[1] /naɪn'tiːnθ/ ▶❶ p.1085, ▶❶ p.1465 *adj* decimonoveno; *see also* **fifth**[1]

nineteenth[2] *adv* en decimonoveno lugar; *see also* **fifth**[2]

nineteenth[3] ▶❶ p.1085, ▶❶ p.1091, ▶❶ p.1465 *n* [1] (Math) diecinueveavo *m* [2] (part) diecinueveava parte *f*

ninetieth[1] /'naɪntiəθ/ ▶❶ p.1465 *adj* nonagésimo; *see also* **fifth**[1]

ninetieth[2] *adv* en nonagésimo lugar; *see also* **fifth**[2]

ninetieth[3] ▶❶ p.1091, ▶❶ p.1465 *n* [1] (Math) noventavo *m* [2] (part) noventava *or* nonagésima parte *f*

nine-to-five /,naɪntə'faɪv/ *adj* ‹*job/worker*› de oficina (*con horario de nueve a cinco*)

nine-to-fiver /,naɪntə'faɪvər || ,naɪntə'faɪvə(r)/ *n: oficinista que trabaja de nueve a cinco*

ninety /'naɪnti/ ▶❶ p.888, ▶❶ p.1465 *adj/n* noventa *adj inv/m*; **temperatures in the nineties** temperaturas superiores a los noventa grados Fahrenheit; *see also* **seventy**

ninny /'nɪni/ *n* (*pl* **-nies**) (colloq) tontaina *mf* (fam), tontainas *mf* (fam), bobo, -ba *m,f* (fam)

Niño, El N~ /'niːnjəʊ, el'niːnjəʊ/ *n* (Meteo) El Niño

ninth[1] /naɪnθ/ ▶❶ p.1085, ▶❶ p.1465 *adj* noveno; *see also* **fifth**[1]

ninth[2] *adv* en noveno lugar; *see also* **fifth**[2]

ninth[3] ▶❶ p.1085, ▶❶ p.1091, ▶❶ p.1465 *n* [1] (Math) noveno *m* [2] (part) novena parte *f*

nip[1] /nɪp/ *n*

A [1] (pinch) pellizco *m*; (bite) mordisco *m*; **to give sb a ~** (pinch) pellizcar* a algn; (bite) mordisquear a algn [2] (chill): **there's a ~ in the air** hace bastante fresco [3] (tang) (AmE) sabor *m* fuerte

B (drink) traguito *m* (fam), dedal *m* (fam)

C **Nip** (Japanese) (sl & offensive) japonés, -nesa *m,f*, japo *mf* (fam & pey), nipón, -pona *m,f*

nip[2] **-pp-** *vt* [1] (pinch) pellizcar*; (bite) mordisquear; **the icy wind ~ped our cheeks** el viento helado nos cortaba las mejillas; **she ~ped her finger in the door** se pilló el dedo con la puerta [2] (damage) «*frost*» quemar [3] (steal) (AmE colloq) birlar (fam), afanarse (arg), mangar* (Esp fam), volar* (Méx, Ven fam)

■ **nip** *vi*

A (bite, snap) **to ~ AT sth** «*dog*» mordisquear algo

B (go quickly) (BrE colloq): **I'll ~ home at lunchtime** me haré una escapadita a casa al mediodía (fam); **a taxi ~ped in in front of me** se me coló un taxi delante; **~ upstairs and fetch my pipe** sube un momento a buscarme la pipa; **to ~ out** salir* un momento

nipper /'nɪpər || 'nɪpə(r)/ *n*

A [1] (claw) pinza *f* [2] **nippers** *pl* (Tech) tenazas *fpl*

B (child) (BrE colloq & dated) chiquillo, -lla *m,f*, chaval, -vala *m,f* (Esp fam), chamaco, -ca *m,f* (Méx fam), pibe, -ba *m,f* (RPl fam)

nipple /'nɪpəl/ *n* [1] (on breast — of woman) pezón *m*; (— of man) tetilla *f* [2] (on bottle) (AmE) tetina *f*, chupón *m* (Méx), chupete *m* (CS), chupo *m* (Col) [3] (*grease ~*) (Auto) engrasador *m*

nippy /'nɪpi/ *adj* **-pier, -piest**

A (chilly) (colloq) frío; **it's ~** hace frío

B (of flavor) (AmE) fuerte

C (BrE colloq) rápido

nirvana /nɪr'vɑːnə, nɜːr- || nɜː'vɑːnə, nɪə-/ *n* [u c] nirvana *m*

nit /nɪt/ *n* [1] (Zool) liendre *f* [2] (idiot) (BrE colloq) idiota *mf*, bobo, -ba *m,f* (fam), zonzo, -za *m,f* (AmL fam)

niter, (BrE) **nitre** /'naɪtər || 'naɪtə(r)/ *n* [u] nitro *m*, nitrato *m* potásico

nitpick /'nɪtpɪk/ *vi* encontrarle* defectos a todo, buscarle* tres *or* cinco pies al gato (fam)

nitpicking[1] /'nɪt,pɪkɪŋ/ *n* [u]: **I'm fed up with her continual ~** estoy harta de que a todo le encuentre defectos

nitpicking[2] *adj* quisquilloso, chinche (fam)

nitrate /'naɪtreɪt/ *n* [c u] nitrato *m*

nitre *n* [u] (BrE) ▸**niter**

nitric acid /'naɪtrɪk/ *n* [u] ácido *m* nítrico

nitric oxide *n* [u] óxido *m* nítrico

nitrite /'naɪtraɪt/ *n* [c u] nitrito *m*

nitrogen /'naɪtrədʒən/ *n* [u] nitrógeno *m*; (*before n*) ‹*fertilizer*› nitrogenado; **the ~ cycle** el ciclo del nitrógeno

nitrogen dioxide *n* [u] dióxido *m* de nitrógeno

nitrogenous /naɪ'trɑːdʒənəs || naɪ'trɒdʒənəs/ *adj* nitrogenado

nitroglycerin, nitroglycerine /,naɪtrəʊ'glɪsərən || ,naɪtrəʊ'glɪsəriːn/ *n* [u] nitroglicerina *f*

nitrous acid /'naɪtrəs/ *n* [u] ácido *m* nitroso

nitrous oxide *n* [u] óxido *m* nitroso

nitty-gritty /,nɪti'grɪti/ *n* (colloq): **the ~** la esencia *or* el meollo de la cuestión; **to get down to the ~** ir* al meollo de la cuestión, ir* al grano

nitwit /'nɪtwɪt/ *n* (colloq & dated) bobo, -ba *m,f* (fam)

nix[1] /nɪks/ *interj* (AmE sl): **~ on that!** ¡ni hablar! (fam), ¡naranjas (de la China)! (fam); **~ on the mustard** nada de mostaza

nix[2] *vt* (AmE colloq) rechazar*

NJ = New Jersey

NL *n* (in US) **= National League**

NLF *n* (**= National Liberation Front**) FLN *m*

NLP *n* (**= neurolinguistic programming**) PNL *f*

NLRB *n* (in US) **= National Labor Relations Board**

NM, N Mex = New Mexico

NNE (**= north-northeast**) NNE

NNW (**= north-northwest**) NNO

no[1] /nəʊ/ ▶❶ p.1451 *adj*

A [1] (+ *pl n*): **they have ~ children** no tienen hijos; **the room has ~ windows** la habitación no tiene ninguna ventana *or* no tiene ventanas; **~ flowers by request** se ruega no enviar ofrendas florales; **I am under ~ illusions** no me hago ilusiones; **~ two people are exactly alike** no hay dos personas exactamente iguales [2] (+ *uncount n*): **they eat ~ meat** no comen carne; **there's ~ food left** no queda nada de comida; **there's ~ time for that now** no tenemos tiempo para eso ahora; **how can we cook with ~ electricity?** ¿cómo vamos a cocinar sin electricidad?; **it's ~ trouble** no es ningún problema *or* ninguna molestia; **~ experience is necessary for this job** no es necesario tener experiencia para este trabajo; **it's ~ use crying** no se saca nada con llorar, con llorar no se arregla nada, de nada sirve llorar [3] (+ *sing count n*): **this cup has ~ handle** esta taza no tiene asa; **~ building was left standing** no quedó ningún *or* ni un edificio en pie; **~ intelligent person would do that** ninguna persona inteligente haría eso

B (in understatements): **I'm ~ expert, but …** no soy ningún experto, pero …; **she has a good voice, but she's ~ Callas** tiene buena voz, pero no es una Callas; **it's ~ masterpiece, but it's well written** no es ninguna obra maestra, pero está bien escrito; **she told him what she thought in ~ uncertain terms** le dijo lo que pensaba muy claramente

C [1] (prohibiting, demanding): Ⓢ **no smoking** prohibido fumar; Ⓢ **no dogs allowed** no se admiten perros; **off to bed and ~ arguing!** ¡a la cama y sin chistar! [2] (*with -ing form*): **there's ~ pleasing/convincing some people** no hay manera de complacer/convencer a cierta gente; **there'll be ~ stopping them now** ahora no hay quien los pare

D (very little): **it's ~ distance** no queda muy lejos; **I'll be finished in ~ time (at all)** termino enseguida

E (any) (crit) (*with neg*): **I don't need ~ doctor** no necesito ningún médico; **I ain't got ~ money** no tengo dinero

no[2] *adv*

A (*before adj or adv*): **my house is ~ larger than yours** mi casa no es más grande que la tuya; **please arrive ~ later than nine o'clock** por favor lleguen a las nueve a más tardar *or* lleguen antes de las nueve; **I ~ longer work for them** ya no trabajo para ellos, no trabajo más para ellos; **~ fewer than 200 guests are expected** se espera nada menos que a unos 200 invitados; **~ more than five people applied for the job** sólo cinco personas solicitaron el trabajo; **he's ~ more a doctor than I am** yo soy tan médico como él

B (not) (liter) (*after or*): **like it or ~, there are going to be changes** quieras o no *or* quieras que no *or* te guste o no (te guste), habrá cambios

no[3] *interj* [1] (negative reply) no; **to say ~** decir* que no; **don't take ~ for an answer** no te conformes con un no; **have you seen John? — ~, I haven't** ¿has visto a John? — no; **can I go? — ~, you can't** ¿puedo ir? — no; **Antwerp is in Holland — ~, it isn't, it's in Belgium** Amberes está en Holanda — no, está en Bélgica; **would you like some coffee? — ~, thank you** ¿quieres café? — no, gracias; **oh ~, you don't!** ¡eso sí que no!; **~, that's not right: do it this way** no, así no; se hace así [2] (expressing dismay) no; **oh ~, not again!** ¡ay no, otra vez! [3] (expressing surprise, disbelief) no; **I called him a liar — ~! really?** le dije que era un mentiroso — ¡no! ¿en serio? [4] (emphasizing negative statement) (liter): **we will never return, ~, never** no vamos a volver nunca jamás

no[4] *n* (*pl* **noes**) [1] (negative answer) no *m* [2] (vote) voto *m* en contra; **the ~es have it** se ha rechazado la moción

no[5] (*pl* **nos**) (**= number**) nº, Nº; **phone ~ …** (nº de) Tel. …

no- /nəʊ/ *pref*: **~fault** sin atribución de culpabilidad; **~growth** de crecimiento cero; **~hit** (Sport) no hit, sin hit; **a ~win situation** una situación sin salida

no-account /'nəʊəkaʊnt/ *adj* (AmE colloq) (*before n*) que no vale nada, despreciable

Noah /'nəʊə/ *n* Noé

nob /nɑːb || nɒb/ *n* (BrE colloq) encopetado, -da *m,f* (fam)

no-ball /'nəʊ'bɔːl/ *n* (in cricket) lanzamiento *m* inválido

nobble /'nɑːbəl || 'nɒbəl/ *vt* (BrE) [1] (sl) ‹*witness/jury*› (bribe) comprar, coimear (CS fam), darle* una mordida a (Méx fam); (threaten) amenazar* [2] ‹*horse/dog*› drogar* (*para evitar que gane*) [3] (catch) (colloq) ‹*intruder/thief*› pescar* (fam), agarrar (esp AmL) [4] (steal) (sl) ‹*money*› afanar (arg), birlar (fam)

Nobel Prize /'nəʊbel/ *n* Premio *m* Nobel, Nobel *m*

Nobel prizewinner *n* Nobel *m*, ganador, -dora *m,f* del (Premio) Nobel; **he/she is a ~ ~** es un Premio Nobel, es un ganador/una ganadora del (Premio) Nobel

nobility /nəʊ'bɪləti/ *n* [u]

A (class) nobleza *f*; **the ~** la nobleza

B (of appearance, action) nobleza *f*

noble[1] /'nəʊbəl/ *adj* **nobler** /-blər || -blə(r)/, **noblest** /-bləst/

A (aristocratic) ‹*family/birth*› noble

B (virtuous) ‹*sentiments/deed/sacrifice*› noble; **that was very ~ of you** (hum) ¡qué generoso de tu parte!

C (grand) ‹*proportions*› majestuoso

D (Chem) (dated) ‹*gas*› noble

noble[2] *n* noble *mf*, aristócrata *mf*

nobleman /'nəʊbəlmən/ *n* (*pl* **-men** /-mən/) noble *m*, aristócrata *m*

noble-minded /ˌnəʊbəl'maɪndəd || ˌnəʊbəl 'maɪndɪd/ *adj* magnánimo

noblewoman /'nəʊbəlˌwʊmən/ *n* (*pl* **-women**) noble *f*, aristócrata *f*

nobly /'nəʊbli/ *adv*
A (aristocratically): **to be ~ born** ser* de noble cuna
B (bravely, selflessly) noblemente
C (grandly): **~ proportioned** de grandiosas *or* majestuosas proporciones

nobody[1] /'nəʊbədi/ ▸ⓘ **p.1451** *pron* nadie; **~ saw us** nadie nos vio, no nos vio nadie; **~ must hear about this** que no se entere nadie de esto; **there was ~ there** no había nadie; **~ make a sound!** ¡que nadie haga ruido!; **~ in his** *o* **their right mind would attempt it** sólo a un loco se le ocurriría intentarlo; **it's ~'s** no es de nadie; **~ else/in particular** nadie más/en particular

nobody[2] *n* (*pl* **-dies**): **to be (a) ~** ser* un don nadie

no-brainer /'nəʊbreɪnər || 'nəʊbreɪnə(r)/ *n* (colloq) **1** (movie) película *f* tonta (fam); (TV show) programa *m* tonto (fam) **2** (task) tarea *f* para tontos (fam); **the problem is a ~** no se necesita mucha materia gris *or* mucho seso para solucionar el problema **3** (stupid person) tonto, -ta *m,f*

nocebo /nəʊ'siːbəʊ/ *n* (Med, Psych) nocebo *m*

no-claim bonus /'nəʊ'kleɪm/, **no-claims bonus** /'nəʊ'kleɪmz/ *n* (BrE) reducción *f* de prima por buena experiencia, bonificación *f* por ausencia de siniestros

no-claim discount *n* (BrE) ▸**no-claim bonus**

nocturnal /nɑːk'tɜːrnl || nɒk'tɜːnl/ *adj* nocturno; **~ emission** polución *f* nocturna

nocturne /'nɑːktɜːrn || 'nɒktɜːn/ *n* nocturno *m*

nod[1] /nɑːd || nɒd/ *n*: **he greeted her with a ~** la saludó con la cabeza; **she gave a ~ of agreement** asintió con la cabeza; **he gave a ~ and we set off** me hizo una señal con la cabeza y nos fuimos; ***a ~ and a wink*: he didn't say I could, but he gave me a ~ and a wink** no me dijo que sí, pero me lo dio a entender; ***to be passed on the ~*** (BrE) ser* aprobado sin debate; ***to give sb/sth the ~*** darle* luz verde a algn/algo; ***a ~ is as good as a wink* (*to a blind man* o *horse*)** a buen entendedor pocas palabras (bastan)

nod[2] **-dd-** *vt* **1** **he ~ded his head (in agreement)** asintió con la cabeza; **he ~ded his approval** hizo un gesto de aprobación con la cabeza **2** (Sport) ‹*ball*› cabecear

■ **nod** *vi* **1** (dip head): **she smiled at me and I ~ed to her** me sonrió y la saludé con la cabeza; **they ~ded in assent** asintieron con la cabeza; **she ~ded to me to sit down** me indicó con la cabeza que me sentara; **the poppies were ~ding in the breeze** las amapolas se mecían con la brisa (liter) **2** **nodding** *pres p* **we're on ~ding terms** nos conocemos de vista, nos saludamos, pero nada más; **I have only a ~ding acquaintance with Chaucer's work** sólo tengo un conocimiento superficial de la obra de Chaucer **3** (drowse) dar* cabezadas, cabecear

Phrasal verbs

- **nod off** [v + adv] (colloq) dormirse*, quedarse dormido; **I must have ~ded off** me debo (de) haber (quedado) dormido; **he kept ~ding off throughout the film** pasó cabeceando toda la película
- **nod through** [v + adv + o, v + o + adv] (colloq) ser* aprobado sin debate *or* discusión, ser* aprobado sin (someterse a) votación

noddle /'nɑːdl || 'nɒdl/ *n* (BrE sl & dated) mollera *f* (fam), cacumen *m* (fam); **use your ~** usa la mollera *or* el cacumen (fam)

node /nəʊd/ *n*
A **1** (Anat) nódulo *m*, ganglio *m* **2** (Bot) nódulo *m*
B (Comput, Math, Electron) nodo *m*

nodular /'nɑːdʒələr || 'nɒdjʊlə(r)/ *adj* nodular

nodule /'nɑːdʒuːl || 'nɒdjuːl/ *n* nódulo *m*

noes /nəʊz/ *pl of* **no**[4]

no-fault divorce /'nəʊ'fɔːlt/ *n*: *divorcio decretado con independencia de la culpa de las partes*

no-fault insurance /'nəʊ'fɔːlt/ *n* [u] (AmE) seguro *m* en el que no se tiene en cuenta el factor de culpabilidad

no-fly zone /'nəʊ'flaɪ/ *n* zona *f* de exclusión aérea

no-frills /'nəʊ'frɪlz/ *adj* (*before n*) ‹*car*› práctico y funcional, sin lujos; ‹*flight*› barato; ‹*design*› sencillo

noggin /'nɑːgən || 'nɒgɪn/ *n*
A (head) (colloq & dated) coco *m* (fam), mate *m* (CS fam)
B (drink) (dated) traguito *m*

no-go /'nəʊ'gəʊ/ *adj* (*before n*): **~ area** (Law, Mil) zona *f* prohibida; **that neighborhood is a ~ area** no se puede poner pie en ese barrio; **a ~ situation** una situación sin salida

no-good /'nəʊ'gʊd/ *adj* (AmE colloq) maldito (fam), endemoniado (fam)

no-hope /'nəʊ'həʊp/ *adj* (colloq) (*before n*) sin futuro

no-hoper /'nəʊ'həʊpər || ˌnəʊ'həʊpə(r)/ *n* (BrE colloq): **he's a complete ~** (in general) es un caso perdido; (in specific situation) no tiene ni la más remota posibilidad

nohow /'nəʊhaʊ/ *adv* (AmE dial) de ninguna manera, de ningún modo

noise /nɔɪz/ *n* **1** [c u] (sound) ruido *m*; **a dry/clanking ~** un ruido seco/metálico; **did you hear that ~?** ¿oíste ese ruido?; **to make a ~** hacer* ruido; **don't make so much ~** no hagas tanto ruido; **it made a terrible ~** hizo un ruido espantoso; **turn that ~ down!** ¡baja esa radio (*or* ese televisor *etc*)!; ***to be a big ~*** ser* un pez gordo; ***to make a lot of ~*: they make a lot of ~, but they never do anything** hablan mucho, pero nunca hacen nada; **they're making a lot of ~ about the new TV channel** están anunciando el nuevo canal de TV con bombos y platillos *or* (Esp) a bombo y platillo; ***to make a ~ about sth*** quejarse de algo; (*before n*): **~ level** nivel *m* sonoro *or* de ruido; **~ pollution** contaminación *f* acústica **2** [u] (interference) interferencia *f* **3** **noises** *pl* (remarks, comments) (colloq): **all I could do was to make sympathetic ~s** lo único que pude hacer fue mostrarme comprensivo; **I don't know if she liked it, but she made all the right ~s** no sé si le gustó, pero fue muy cortés; **she made all the right ~s at her interview** dijo todo lo que tenía que decir para causar buena impresión en la entrevista

noiseless /'nɔɪzləs || 'nɔɪzlɪs/ *adj* silencioso, quedo (liter)

noiselessly /'nɔɪzləsli || 'nɔɪzlɪsli/ *adv* silenciosamente, sin hacer ruido, quedamente (liter)

noisily /'nɔɪzəli || 'nɔɪzɪli/ *adv* ‹*laugh/cough/clatter*› ruidosamente, haciendo mucho ruido; ‹*protest/argue*› a gritos, ruidosamente

noisome /'nɔɪsəm/ *adj* (liter) fétido, maloliente

noisy /'nɔɪzi/ *adj* **-sier, -siest** ‹*machine/train*› ruidoso, que hace mucho ruido; ‹*office/street*› ruidoso; ‹*person/child/party*› bullicioso; ‹*meeting*› acalorado; **it's so ~ in here** aquí hay tanto ruido; **they were very ~ in their opposition** se opusieron vehementemente

nomad /'nəʊmæd/ *n* nómada *mf*, nómade *mf* (CS)

nomadic /nəʊ'mædɪk/ *adj* nómada, nómade (CS)

no-man's land /'nəʊmænzlænd/ *n* [u c] tierra *f* de nadie

nomenclature /'nəʊmənˌkleɪtʃər || nəʊ'menklətʃə(r)/ *n* [u c] nomenclatura *f*

nominal /'nɑːmənl || 'nɒmɪnl/ *adj*
A **1** (in name) nominal **2** (Econ) nominal; **~ capital** capital *m* nominal; **~ value** valor *m* nominal; **~ wage** salario *m or* sueldo *m* nominal **3** (token) ‹*fee/rent*› simbólico; **~ damages** (Law) resarcimiento *m* nominal *or* no compensatorio
B (Ling) nominal, sustantivo

nominalize /'nɑːmənlaɪz || 'nɒmɪnlaɪz/ *vt* sustantivar

nominally /'nɑːmənli || 'nɒmɪnəli/ *adv*
A (in theory) ‹*lead/head*› nominalmente; ‹*free/democratic*› sólo de nombre
B (Ling) como sustantivo, en forma nominal

nominate /'nɑːməneɪt || 'nɒmɪneɪt/ *vt* **1** (propose) **to ~ sb (FOR sth)** ‹*for a post*› proponer* *or* (AmL tb) postular a algn (PARA algo); **she was ~d for an Oscar** fue nominada para un Oscar **2** (appoint, choose) nombrar, designar; ‹*candidate*› (AmE) (Pol) proclamar, nominar

nomination /ˌnɑːmə'neɪʃən || ˌnɒmɪ'neɪʃən/ *n* [c u] **1** (choice, appointment) nombramiento *m*, designación *f*; (of candidate) (AmE) (Pol) proclamación *f*, nominación *f* **2** (proposal) propuesta *f*, postulación *f* (AmL); **to support sb's ~** apoyar la candidatura *or* (AmL tb) la postulación de algn; **an Oscar ~, a ~ for an Oscar** una nominación al Oscar

nominative[1] /'nɑːmənətɪv || 'nɒmɪnətɪv/ *n* nominativo *m*; **in the ~** en nominativo

nominative[2] *adj* nominativo

nominee /ˌnɑːmə'niː || ˌnɒmɪ'niː/ *n*
A **1** (person proposed) candidato, -ta *m,f* **2** (person appointed) persona *f* nombrada; (candidate) (AmE) (Pol) candidato, -ta *m,f*
B (*before n*): **~ account** (Fin) cuenta *f* nominal

non- /nɑːn || nɒn/ *pref* **1** (not) no; **he's a ~swimmer** no sabe nadar; **~swimmers must ...** las personas que no saben nadar deben ...; **the ~teaching staff** el personal no docente **2** (worthless, null): **it was a bit of a ~game** fue un partido que no valió nada

nonacademic /ˌnɑːnækə'demɪk || ˌnɒnækə'demɪk/ *adj* **1** (not scholarly) ‹*pupil/student*› que no tiene inclinaciones intelectuales **2** (outside of academia) ‹*pursuits/interests*› extracadémico **3** (non-teaching) ‹*staff*› no docente

nonacceptance /ˌnɑːnək'septəns || ˌnɒnək'septəns/ *n* [u] **1** (of terms, proposals) rechazo *m*, no aceptación *f* **2** (Law) (of bill of exchange) falta *f* de aceptación

nonachiever /ˌnɑːnə'tʃiːvər || ˌnɒnə'tʃiːvə(r)/ *n*: *persona que no desarrolla su potencial*

nonaddictive /ˌnɑːnə'dɪktɪv || ˌnɒnə'dɪktɪv/ *adj* que no crea dependencia

nonagenarian[1] /ˌnəʊnədʒə'neriən, ˌnɑːn- || ˌnəʊnədʒɪ'neəriən, ˌnɒn-/ *n* nonagenario, -ria *m,f*

nonagenarian[2] *adj* (*before n*) nonagenario

nonaggression /ˌnɑːnə'greʃən || ˌnɒnə'greʃən/ *adj* (*before n*) ‹*pact/treaty*› de no agresión

nonalcoholic /ˌnɑːnælkə'hɑːlɪk || ˌnɒnælkə'hɒlɪk/ *adj* no alcohólico, sin alcohol

nonaligned /ˌnɑːnə'laɪnd || ˌnɒnə'laɪnd/ *adj* no alineado; **the ~ countries** los países no alineados

nonalignment /ˌnɑːnə'laɪnmənt || ˌnɒnə'laɪnmənt/ *n* [u] no alineación *f*; **a policy of ~** una política de no alineación

nonallergenic /ˌnɑːnˌælər'dʒenɪk || ˌnɒnˌælə'dʒenɪk/ *adj* no alergénico, no alergeno, no alérgeno

nonallergic /ˌnɑːnə'lɜːrdʒɪk || ˌnɒnə'lɜːdʒɪk/ *adj* **1** ▸**nonallergenic** **2** (without reaction) sin alergias

no-name /'nəʊneɪm/ *n* (AmE) **1** (product) producto *m* que no es de marca **2** (contestant) desconocido, -da *m,f*

nonarrival /ˌnɑːnə'raɪvəl || ˌnɒnə'raɪvəl/ *n*: **its ~** el hecho de que no hubiera (*or* haya *etc*) llegado

nonattendance /ˌnɑːnə'tendəns || ˌnɒnə'tendəns/ *n* ausencia *f*, no asistencia *f*

nonattributable /ˌnɑːnə'trɪbjətəbəl || ˌnɒnə'trɪbjʊtəbəl/ *adj* no imputable

nonbeliever /ˌnɑːnbəˈliːvər || ˌnɒnbɪˈliːvə(r)/ *n* no creyente *mf*

nonbelligerent /ˌnɑːnbəˈlɪdʒərənt || ˌnɒnbəˈlɪdʒərənt/ *adj* no beligerante

nonbiological /ˌnɑːnbaɪəˈlɑːdʒɪkəl || ˌnɒnbaɪəˈlɒdʒɪkəl/ *adj* no biológico

nonbreakable /ˌnɑːnˈbreɪkəbəl || ˌnɒnˈbreɪkəbəl/ *adj* irrompible

non-Catholic[1] /ˌnɑːnˈkæθəlɪk || ˌnɒnˈkæθəlɪk/ *adj* no católico

non-Catholic[2] *n* no católico, no católica *m,f*

nonce /nɑːns || nɒns/ *n*: **for the ~** (liter *or* hum) por el momento; (*before n*) ‹*word/formation*› creado para una ocasión especial

nonchalance /ˌnɑːnʃəˈlɑːns || ˈnɒnʃələns/ *n* [u] despreocupación *f*; **with studied ~** con afectado descuido

nonchalant /ˌnɑːnʃəˈlɑːnt || ˈnɒnʃələnt/ *adj* ‹*person*› (casual, relaxed) despreocupado; (indifferent) indiferente; ‹*gesture*› desenfadado; **he gave a ~ wave** saludó con desenfado; **his ~ attitude to the job** su despreocupada actitud hacia su trabajo; **she's been remarkably ~ about the whole affair** se ha tomado el asunto con una tranquilidad asombrosa

nonchalantly /ˌnɑːnʃəˈlɑːntli || ˈnɒnʃələntli/ *adv* ‹*behave/react*› con toda tranquilidad; ‹*stroll/lounge*› con aire despreocupado *or* desenfadado; **really? she said ~** —¿ah sí? —preguntó con indiferencia

non-Christian[1] /ˌnɑːnˈkrɪstʃən || ˌnɒnˈkrɪstʃən/ *adj* no cristiano

non-Christian[2] *n* no cristiano, -na *m,f*

noncom /nɑːnˈkɑːm || nɒnˈkɒm/ *n* (AmE colloq) ≈ suboficial *mf*

noncombatant[1] /nɑːnkəmˈbætnt || nɒnˈkɒmbətənt/ *adj* ‹*duties/role*› de no combatiente

noncombatant[2] *n* no combatiente *mf*

noncombustible /ˌnɑːnkəmˈbʌstəbəl || ˌnɒnkəmˈbʌstəbəl/ *adj* incombustible

noncommercial /ˌnɑːnkəˈmɜːrʃəl || ˌnɒnkəˈmɜːʃəl/ *adj* no comercial

noncommissioned officer /ˌnɑːnkəˈmɪʃənd || ˌnɒnkəˈmɪʃənd/ *n* ≈ suboficial *mf*

noncommittal /ˌnɑːnkəˈmɪtl || ˌnɒnkəˈmɪtl/ *adj* ‹*reply*› evasivo, que no compromete a nada; **he was very ~ about it** no se definió al respecto

noncommittally /ˌnɑːnkəˈmɪtli || ˌnɒnkəˈmɪtəli/ *adv* sin comprometerse

noncommunist[1] /ˌnɑːnˈkɑːmjənəst || nɒnˈkɒmjʊnɪst/ *adj* no comunista

noncommunist[2] *n* no comunista *mf*

noncompletion /ˌnɑːnkəmˈpliːʃən || ˌnɒnkəmˈpliːʃən/ *n* [u]
A (of contract) incumplimiento *m*
B (Educ) abandono *m* escolar; **the problem, of ~ threatens the education program** el problema del abandono escolar amenaza el programa educacional; (*before n*): **~ rate** tasa *f* de abandono escolar

noncompliance /ˌnɑːnkəmˈplaɪəns || ˌnɒnkəmˈplaɪəns/ *n* **~ WITH sth** incumplimiento *m* DE algo

non compos mentis /ˈnɑːnˌkɑːmpəsˈmentəs || ˈnɒnˌkɒmpəsˈmentɪs/ *adj* (Law) (frml) (*pred*): **to be ~ ~** no estar* en posesión de sus facultades mentales

nonconformist[1] /ˌnɑːnkənˈfɔːrməst || ˌnɒnkənˈfɔːmɪst/ *n* **1** (rebel, eccentric) inconformista *mf* **2** **Nonconformist** (in UK) *protestante que no pertenece a la Iglesia Anglicana*

nonconformist[2] *adj* **1** (rebellious, eccentric) inconformista **2** **Nonconformist** (in UK) *de las Iglesias protestantes fuera de la Iglesia Anglicana*

nonconformity /ˌnɑːnkənˈfɔːrməti || ˌnɒnkənˈfɔːməti/ *n* [u] **1** (in thinking) inconformismo *m* **2** (Relig): **N~** *principios y prácticas de las Iglesias protestantes fuera de la Iglesia Anglicana*

noncontagious /ˌnɑːnkənˈteɪdʒəs || ˌnɒnkənˈteɪdʒəs/ *adj* no contagioso

noncontributory /ˌnɑːnkənˈtrɪbjətɔːri || ˌnɒnkənˈtrɪbjʊtəri/ *adj* ‹*pension plan*› sin aportaciones por parte del empleado

noncontroversial /ˌnɑːnkɑːntrəˈvɜːrʃəl || ˌnɒnkɒntrəˈvɜːʃəl/ *adj* no polémico

noncooperation /ˌnɑːnkəʊˌɑːpəˈreɪʃən || ˌnɒnkəʊˌɒpəˈreɪʃən/ *n* no cooperación *f*

noncooperative /ˌnɑːnkəʊˈɑːpərətɪv || ˌnɒnkəʊˈɒpərətɪv/ *adj* no cooperativo

noncustodial /ˌnɑːnkʌˈstəʊdiəl || ˌnɒnkʌˈstəʊdiəl/ *adj*
A ‹*parent/mother/father*› que no tiene la custodia
B ‹*sentence*› que no lleva aparejada pena de prisión

nondelivery /ˌnɑːndɪˈlɪvəri || ˌnɒndɪˈlɪvəri/ *n* no entrega *f*

nondenominational /ˌnɑːndɪnɑːmɪˈneɪʃnəl || ˌnɒndɪˌnɒmɪˈneɪʃənl/ *adj* no confesional, aconfesional

nondescript /ˈnɑːndɪskrɪpt || ˈnɒndɪskrɪpt/ *adj* ‹*person/appearance*› anodino; (dull) insulso, soso (fam); ‹*building*› sin ninguna característica distintiva, sin nada de particular; ‹*taste*› indefinido

nondiscriminatory /ˌnɑːndɪsˈkrɪmɪnətɔːri || ˌnɒndɪsˈkrɪmɪnətəri/ *adj* no discriminatorio

nondrinker /nɑːnˈdrɪŋkər || nɒnˈdrɪŋkə(r)/ *n* abstemio, -mia *m,f*

nondrip /nɑːnˈdrɪp || nɒnˈdrɪp/ *adj* (*before n*) ‹*paint*› que no chorrea

non-driver /nɑːnˈdraɪvər || nɒnˈdraɪvə(r)/ *n* persona *f* que no maneja *or* (Esp) conduce; **he/she is a ~** no maneja *or* (Esp) conduce

nondutiable /nɑːnˈduːtiəbəl || nɒnˈdjuːtiəbəl/ *adj* libre de aranceles

none[1] /nʌn/ *pron*
A (not any, not one) (*referring to count n*) ninguno, ninguna; **I tried to get tickets, but there were ~ left** traté de comprar entradas pero no quedaba ninguna *or* ni una; **any objections? — ~ at all** ¿tienes alguna objeción? — no, ninguna; **~ of us know** *o* **knows her** ninguno de nosotros la conoce; **~ of my suggestions was** *o* **were accepted** no aceptaron ninguna de mis sugerencias; **we want ~ of your sarcastic comments** guárdate tus comentarios sarcásticos
B (no amount or part) (*referring to uncount n*): **did you buy any milk? there's ~ left** ¿compraste leche? no hay más *or* se ha acabado; **we wanted caviar, but there was ~ to be had** queríamos caviar pero no había (por ningún lado); **does she have any experience? — ~ that I know of** ¿tiene experiencia? — que yo sepa no
C (no person, no thing) (liter): **I fear ~** no le temo a nadie; **~ but he would have dared** nadie más que él *or* sólo él se habría atrevido; **~ but the best ingredients** sólo los mejores ingredientes; **Pearl's cream: there's ~ better** crema Pearl: la mejor
D (any) (crit) (*with neg*): **I don't get along with ~ of my family** de mi familia no me llevo bien con nadie

none[2] *adv*
A **1** **none the** (not, in no way) (*with comp*): **I was ~ the wiser after his explanation** su explicación no me aclaró nada, tampoco entendí nada con su explicación; **he looks ~ the better for his vacation** las vacaciones no parecen haberle hecho nada de bien **2** **none too** (not very) (*with adj or adv*): **she was ~ too pleased to see me** no le hizo demasiada gracia verme; **they began the season ~ too confidently** empezaron la temporada sin mucha confianza
B (AmE crit) (*with neg*) nada; **it didn't hurt ~** no me dolió nada

nonentity /nɑːˈnentəti || nɒˈnentəti/ *n* (*pl* **-ties**) persona *f* insignificante

nonessential /ˌnɑːnɪˈsentʃəl || ˌnɒnɪˈsenʃəl/ *adj* secundario, accesorio, no esencial

nonessentials /ˌnɑːnɪˈsentʃəlz || ˌnɒnɪˈsenʃəlz/ *pl n* cosas *fpl* accesorias *or* no esenciales

nonetheless /ˌnʌnðəˈles/ *adv* ▸ **nevertheless**

non-European[1] /ˌnɑːnjʊrəˈpiːən || ˌnɒnjʊərəˈpiːən/ *adj* no europeo

non-European[2] *n* no europeo, no europea *m,f*; **they are ~s** son no europeos; **she is a ~** no es europea

nonevent /ˈnɑːnɪvent || ˌnɒnɪˈvent/ *n* fiasco *m*

nonexecutive /ˌnɑːnɪgˈzekjətɪv || ˌnɒnɪgˈzekjʊtɪv/ *adj* ‹*director*› sin poderes ejecutivos

non-existence /ˌnɑːnɪgˈzɪstəns || ˌnɒnɪgˈzɪstəns/ *n* inexistencia *f*, no existencia *f*

non-existent /ˌnɑːnɪgˈzɪstənt || ˌnɒnɪgˈzɪstənt/ *adj* ‹*person/country*› inexistente; **her chances are practically ~** prácticamente no tiene ninguna posibilidad; **the hotel was not bad but the wonderful beaches were ~** el hotel no estaba mal pero las maravillosas playas ... ¡no había tal cosa!

non-fattening /ˌnɑːnˈfætnɪŋ || ˌnɒnˈfætnɪŋ/ *adj* que no engorda, no engordante

nonfiction /nɑːnˈfɪkʃən || nɒnˈfɪkʃən/ *n* [u] no ficción *f* (*ensayos, biografías, obras de divulgación etc*)

nonfictional /nɑːnˈfɪkʃnəl || nɒnˈfɪkʃnəl/ *adj* ‹*character/element*› no ficticio, real; ‹*literature*› no narrativo

nonfinite /nɑːnˈfaɪnaɪt || nɒnˈfaɪnaɪt/ *adj* no conjugado

nonflammable /nɑːnˈflæməbəl || nɒnˈflæməbəl/ *adj* no inflamable

nonfulfillment, (BrE) **nonfulfilment** /ˌnɑːnfʊlˈfɪlmənt || ˌnɒnfʊlˈfɪlmənt/ *n* [u] incumplimiento *m*, falta *f* de cumplimiento

nongovernmental /ˌnɑːngʌvərnˈmentl || ˌnɒngʌvənˈmentl/ *adj* no gubernamental

noninfectious /ˌnɑːnɪnˈfekʃəs || ˌnɒnɪnˈfekʃəs/ *adj* no infeccioso

noninflammable /ˌnɑːnɪnˈflæməbəl || ˌnɒnɪnˈflæməbəl/ *adj* no inflamable

nonintervention /ˌnɑːnɪntərˈventʃən || ˌnɒnɪntəˈvenʃən/ *n* no intervención *f*

noninvasive /ˌnɑːnɪnˈveɪsɪv || ˌnɒnɪnˈveɪsɪv/ *adj* no invasivo; **~ surgery** cirugía *f* no invasiva

non-iron /nɑːnˈaɪərn || nɒnˈaɪən/ *adj* (BrE) que no necesita plancha, que no se plancha

nonissue /nɑːnˈɪʃuː || nɒnˈɪʃuː/ *n*: **right now inflation is a ~** en estos momentos la inflación no es un asunto de importancia

nonleague /nɑːnˈliːg || nɒnˈliːg/ *adj* fuera de la liga

nonmalignant /ˌnɑːnməˈlɪgnənt || ˌnɒnməˈlɪgnənt/ *adj* benigno

nonmember /nɑːnˈmembər || nɒnˈmembə(r)/ *n* no socio, -cia *m,f*

non-negotiable /ˌnɑːnnəˈgəʊʃəbəl || ˌnɒnnɪˈgəʊʃəbəl/ *adj* ‹*demand/check/bond*› no negociable

nonnuclear /nɑːnˈnuːkliər || nɒnˈnjuːkliə(r)/ *adj* no nuclear

no-no /ˈnəʊnəʊ/ *n* (colloq): **eating with your fingers is a ~** comer con las manos es algo que no se hace *or* que está mal visto

no-nonsense /ˌnəʊˈnɑːnsens || ˌnəʊˈnɒnsəns/ *adj* (*before n*) ‹*approach/attitude*› sensato, serio; ‹*management*› firme y eficiente; **a five-year ~ guarantee** una sólida garantía por cinco años

nonorganic /ˌnɑːnɔːrˈgænɪk || ˌnɒnɔːrˈgænɪk/ *adj* **1** (not from living matter) inorgánico **2** (not involving organic methods) no biológico, no orgánico

nonpareil[1] /ˌnɑːnpəˈrel, -ˈreɪl || ˌnɒnpəˈreɪl/ *n*
A (unsurpassed person, thing) (arch & liter) *persona o cosa sin parangón*
B **nonpareils** *pl* (AmE) (Culin) grageas *fpl* de colores

nonpareil[2] *adj* (arch & liter) sin par, sin parangón (liter)

nonparty /ˈnɑːnpɑːrti || ˈnɒnpɑːti/ *adj* (*before n*) independiente, que no pertenece a ningún partido político

nonpaying /nɑːnˈpeɪɪŋ || nɒnˈpeɪɪŋ/ *adj* que no paga

nonpayment /nɑːnˈpeɪmənt || nɒnˈpeɪmənt/ *n* impago *m*

nonpenetrative /nɑːn'penətrətɪv || nɒn 'penətrətɪv/ *adj* sin penetración

nonperforming /ˌnɑːnpər'fɔːrmɪŋ || ˌnɒnpə 'fɔːmɪŋ/ *adj*: **~ assets** activo *m* no productivo; **a ~ debt** una deuda cuyo servicio se ha suspendido

nonperishable /ˌnɑːn'perɪʃəbəl || ˌnɒn 'perɪʃəbəl/ *adj* no perecedero

nonperishables /ˌnɑːn'perɪʃəbəlz || ˌnɒn 'perɪʃəbəlz/ *n* productos *mpl* no perecederos

nonperson /'nɑːnpɜːrsn || nɒn'pɜːsn/ *n* **1** (in totalitarian regimes): *persona cuya existencia es negada oficialmente* **2** (unimportant person) persona *f* insignificante

nonplaying /nɑːn'pleɪɪŋ || nɒn'pleɪɪŋ/ *adj* que no juega

nonplus /nɑːn'plʌs || nɒn'plʌs/ *vt*, (BrE) **-ss-** desconcertar*, confundir

nonplused, (BrE) **nonplussed** /nɑːn'plʌst || nɒn'plʌst/ *adj* desconcertado, perplejo

nonpoisonous /nɑːn'pɔɪznəs || nɒn'pɔɪznəs/ *adj* ‹*plant/snake*› no venenoso; ‹*substance*› no tóxico, no venenoso

nonpolitical /ˌnɑːnpə'lɪtɪkəl || ˌnɒnpə'lɪtɪkəl/ *adj* apolítico

nonpolluting /ˌnɑːnpə'luːtɪŋ || ˌnɒnpə'luːtɪŋ/ *adj* no contaminante

nonporous /nɑːn'pɔːrəs || nɒn'pɔːrəs/ *adj* no poroso

nonpracticing, (BrE) **non-practising** /nɑːn'præktəsɪŋ || nɒn'præktɪsɪŋ/ *adj* **1** ‹*Catholic/Jew*› no practicante **2** ‹*barrister/lawyer*› que no ejerce activamente la profesión **3** (sexually) célibe

nonproductive /ˌnɑːnprə'dʌktɪv || ˌnɒnprə 'dʌktɪv/ *adj* improductivo

nonprofessional[1] /ˌnɑːnprə'feʃnəl || ˌnɒnprə'feʃənl/ *adj* **1** (amateur) ‹*actor/cast*› amateur; ‹*singer/musician*› aficionado **2** (not specialist) ‹*readership/audience*› no professional **3** (socially) ‹*neighborhood*› de clase media baja; **the ~ classes** las clases medias bajas

nonprofessional[2] *n* **1** (amateur) aficionado, -da *m,f* **2** (unqualified practitioner) no profesional *mf*

nonprofit /nɑːn'prɑːfət || nɒn'prɒfɪt/ (BrE) **non-profitmaking** /'nɑːn'prɑːfət,meɪkɪŋ || ˌnɒn'prɒfɪtmeɪkɪŋ/ *adj* sin fines lucrativos *or* de lucro

nonproliferation /ˌnɑːnprəlɪfə'reɪʃən || ˌnɒnprəlɪfə'reɪʃən/ *n* [u] no proliferación *f*; (*before n*): **~ treaty** tratado *m* de no proliferación

nonproprietary /ˌnɑːnprə'praɪəteri || ˌnɒnprə'praɪətri/ *adj* **1** (freely available) ‹*software/hardware*› de(l) dominio público **2** (unpatented) ‹*brand/product*› no patentado

nonreader /nːɑn'riːdər || nɒn'riːdə(r)/ *n* **1** (unable to read) analfabeto, -ta *m,f* **2** (unwilling to read) no lector, no lectora *m,f*

nonrecyclable /ˌnɑːnriː'saɪkləbəl || ˌnɒnriː 'saɪkləbəl/ *adj* no reciclable

nonreflective /ˌnɑːnrɪ'flektɪv || ˌnɒnrɪ 'flektɪv/ *adj* antirreflectante

nonrefundable /ˌnɑːnrɪ'fʌndəbəl || ˌnɒnrɪ 'fʌndəbəl/ *adj* no reembolsable, a fondo perdido

nonresident /nɑːn'rezədənt || nɒn'rezɪdənt/ *n* **1** (of country) (Govt, Soc Adm) no residente *mf*, transeúnte *mf* **2** (of hotel): **the restaurant is open to ~s** el restaurante está abierto al público en general

nonreturnable /ˌnɑːnrɪ'tɜːrnəbəl || ˌnɒnrɪ'tɜːnəbəl/ *adj* ‹*deposit*› no reembolsable, a fondo perdido; ‹*bottle*› no retornable

nonrun /nɑːn'rʌn || nɒn'rʌn/ *adj* **1** ‹*mascara*› que no se corre **2** (BrE) indesmallable, que no se corre (AmL), indemallable (CS)

nonscheduled /nɑːn'skedʒuːld || nɒn'ʃedjuːld/ *adj* ▸**unscheduled**

nonscientific /ˌnɑːnsaɪən'tɪfɪk || ˌnɒnsaɪən 'tɪfɪk/ *adj* **1** ‹*reader/audience*› no científico **2** ‹*argument/discipline*› no científico, acientífico

nonsectarian /ˌnɑːnsek'teriən || ˌnɒnsek 'teəriən/ *adj* no sectario

nonsense /'nɑːnsens || 'nɒnsəns/ *n* [u]

A (rubbish) tonterías *fpl*, estupideces *fpl*; **to talk ~** decir* tonterías *or* estupideces *or* disparates; **she's been filling your head with ~** te ha estado llenando la cabeza de tonterías *or* estupideces; **that's absolute ~** eso es una tontería *or* una estupidez; **it's ~ to claim it was an accident** es absurdo *or* ridículo afirmar que fue un accidente; **what's all this ~ about you not coming to the party?** ¿qué tonterías son ésas de que no vienes a la fiesta?; **to make (a) ~ of sth** hacer* que algo resulte absurdo; (*as interj*): **~!** ¡tonterías! *or* ¡qué ridículo!; (*before n*): **~ verse** rimas *fpl* disparatadas

B (bad behavior) tonterías *fpl*; **he won't stand** *o* **take any ~ from anyone** no aguanta las tonterías de nadie

nonsensical /nɑːn'sensɪkəl || nɒn'sensɪkəl/ *adj* disparatado, absurdo

non sequitur /nɑːn'sekwətər || nɒn 'sekwɪtə(r)/ *n* (frml) **1** (remark) incongruencia *f* **2** (conclusion) conclusión *f* ilógica

nonsexist /nɑːn'seksəst || nɒn'seksɪst/ *adj* no sexista

nonsexual /nɑːn'sekʃuəl || nɒn'sekʃjuəl/ *adj* ‹*organism*› asexuado, asexual; ‹*relationship*› asexual, no sexual

nonshrink /nɑːn'ʃrɪŋk || nɒn'ʃrɪŋk/ *adj* que no encoge

nonskid /'nɑːnskɪd || 'nɒnskɪd/ *adj* (*before n*) antideslizante, antiderrapante

nonskilled /nɑːn'skɪld || nɒn'skɪld/ *adj* no calificado *or* (Esp) cualificado

nonslip /nɑːn'slɪp || nɒn'slɪp/ *adj* antideslizante

nonsmoker /nɑːn'sməʊkər || nɒn'sməʊkə(r)/ *n* no fumador, -dora *m,f*, persona *f* que no fuma; **for ~s** para no fumadores; **I'd prefer a ~** preferiría un no fumador *or* alguien que no fumase

nonsmoking /nɑːn'sməʊkɪŋ || nɒn'sməʊkɪŋ/ *adj* para no fumadores

nonsoluble /nɑːn'sɑːljəbəl || nɒn'sɒljʊbəl/ *adj* insoluble, que no se disuelve

nonspecific /ˌnɑːnspə'sɪfɪk || ˌnɒnspə'sɪfɪk/ *adj*

A (general, inexact) ▸**unspecific**

B (Med) no específico; **~ urethritis** uretritis *f* no específica

nonstandard /nɑːn'stændərd || nɒn'stændəd/ *adj* no estándar; (Ling) no aceptado en la lengua general *or* estándar

nonstarter /nɑːn'stɑːrtər || nɒn'stɑːtə(r)/ *n* **1** (sth, sb sure to fail) (colloq): **her proposal is a complete ~** su propuesta no tiene la más mínima posibilidad *or* (AmL tb) la más mínima chance; **it's likely to be a ~ at the box office** es probable que sea un fracaso de taquilla **2** (horse) *caballo que no participa en la carrera en la que estaba inscrito*

nonstick /nɑːn'stɪk || nɒn'stɪk/ *adj* antiadherente, de teflón®, de tefal®

nonstop[1] /nɑːn'stɑːp || nɒn'stɒp/ *adj* ‹*journey*› directo, sin paradas; ‹*flight*› sin escalas, directo

nonstop[2] *adv* **1** ‹*work/talk*› sin parar **2** ‹*sail/fly*› sin hacer escalas

nonstretch /nɑːn'stretʃ || nɒn'stretʃ/ *adj* que no se estira; **the new booties are ~** los nuevos botines no se estiran

nonstriker /nɑːn'straɪkər || nɒn'straɪkə(r)/ *n*

A (employee) no huelguista *mf*

B (in cricket) segundo bateador *m* (*que está cerca del lanzador*)

nontaxable /nɑːn'tæksəbəl || nɒn'tæksəbəl/ *adj* no gravable, no sujeto al pago de impuestos, exento del pago de impuestos

nontechnical /nɑːn'teknɪkəl || nɒn'teknɪkəl/ *adj* no técnico

nontoxic /nɑːn'tɑːksɪk || nɒn'tɒksɪk/ *adj* no tóxico

nontransferable /ˌnɑːntræns'fɜːrəbəl || ˌnɒntræns'fɜːrəbəl/ *adj* intransferible

non-U /'nɑːn'juː || ˌnɒn'juː/ *adj* (BrE colloq) no de clase alta

nonunion /nɑːn'juːnjən || nɒn'juːnjən/ *adj* (*before n*) **1** ‹*workers/labor*› no sindicalizado **2** ‹*company/shop*› que no tiene miembros sindicalizados *or* de algún sindicato **3** ‹*goods*› fabricado por trabajadores no sindicalizados

nonverbal /nɑːn'vɜːrbəl || nɒn'vɜːbəl/ *adj* no verbal

nonviolence /nɑːn'vaɪələns || nɒn'vaɪələns/ *n* [u] no violencia *f*

nonviolent /nɑːn'vaɪələnt || nɒn'vaɪələnt/ *adj* no violento, pacífico

nonvoting /nɑːn'vəʊtɪŋ || nɒn'vəʊtɪŋ/ *adj* **1** (without rights) sin derecho a voto **2** (not exercising rights) no votante

nonwhite[1] /nɑːn'hwaɪt || nɒn'waɪt/ *adj* de color

nonwhite[2] *n* persona *f* de color

noodle /'nuːdl/ *n* **1** (Culin) fideo *m*; (*before n*): **~ soup** sopa *f* de fideos **2** (head) (AmE colloq) coco *m* (fam) **3** (fool) (BrE colloq & dated) bobo, -ba *m,f* (fam)

nook /nʊk/ *n* **1** (in building) rincón *m*; ***to search every ~ and cranny*** mirar/buscar* hasta en el último rincón *or* recoveco **2** (in landscape) (liter) rincón *m*

nookie, nooky /'nʊki/ *n* [u] (sl): **to have ~** echarse un polvo (arg)

noon /nuːn/ *n* mediodía *m*; **at ~** a mediodía; **until ~** hasta (el) mediodía

noonday /'nuːndeɪ/ *adj* (liter) de mediodía

no one ▸**1337** *pron* ▸**nobody**[1]

noontime /'nuːntaɪm/ *adj* (esp AmE) (*before n*) del mediodía

noose /nuːs/ *n* (for hanging) soga *f*, dogal *m*; (for trapping) lazo *m*; **the ~ was already around his neck** ya estaba con la soga al cuello; ***to put a ~ around one's own neck, to put one's head in a ~*** firmar su sentencia de muerte

nopal /'nəʊpəl/ *n* (Bot, Culin) nopal *m*

nope /nəʊp/ *interj* (sl) no

noplace /'nəʊpleɪs/ *adv* (AmE) ▸**nowhere**[1] **A**

nor /nər, nɔːr || nɔː(r)/ *conj* **1** ▸ⓘ **p.1451**; **neither ... ~ ...** *see* **neither**[1] **A** **2** (*usu with neg*) tampoco; **I mustn't be late — ~ (must) I** no debo llegar tarde — yo tampoco *or* ni yo; **they didn't understand and ~ did we** ellos no entendieron y nosotros tampoco; **~ does my client deny the fact that ...** tampoco niega mi cliente el hecho de que ...

Nordic /'nɔːrdɪk || 'nɔːdɪk/ *adj* nórdico

norm /nɔːrm || nɔːm/ *n* **1** (standard, rule) norma *f*; **social ~s** normas sociales **2** (average): **the ~** lo normal; **that's not the ~** eso no es lo normal; **to deviate from the ~** apartarse de la norma *or* de lo normal

normal /'nɔːrməl || 'nɔːməl/ *adj*

A **1** (usual, standard) normal; **above/below ~** por encima/por debajo de lo normal; **when things get back to ~** cuando todo vuelva a la normalidad, cuando la situación se normalice; **it's ~ to tip the driver** se acostumbra *or* se suele dar una propina al conductor; **it's ~ for them to react like that** *o* **it's ~ that they should react like that** es normal que reaccionen así; Ⓢ **normal service will be resumed as soon as possible** (TV) se reanudará la emisión lo antes posible **2** (of health, behavior) ‹*person/development*› normal

B **1** (Math) ‹*line*› normal **2** (Chem) ‹*solution*› normal

normalcy /'nɔːrməlsi || 'nɔːməlsi/ *n* [u] (AmE) ▸**normality**

normality /nɔːr'mæləti || nɔː'mæləti/ *n* [u] normalidad *f*

normalization /ˌnɔːrmələ'zeɪʃən || ˌnɔːməlaɪ'zeɪʃən/ *n* [u] normalización *f*

normalize /'nɔːrməlaɪz || 'nɔːməlaɪz/ *vt* normalizar*

normally /'nɔːrməli || 'nɔːməli/ *adv* normalmente

Norman[1] /'nɔːrmən || 'nɔːmən/ *adj* normando; **the ~ Conquest** la invasión normanda (*de*

Inglaterra); ‹*architecture/arch/church*› románico anglonormando

Norman² *n* normando, -da *m,f*

Normandy /'nɔːrməndi || 'nɔːməndi/ *n* Normandía *f*; (*before n*) normando; **the ~ landings** el desembarco de Normandía

normative /'nɔːrmətɪv || 'nɔːmətɪv/ *adj* ‹*attitude/approach*› normativo, prescriptivo; **~ grammar** gramática *f* normativa

Norovirus /'nɔːrəʊ,vaɪrəs || 'nɒrəʊ,vaɪrəs/ *n* (*pl* **~es**) (Med) norovirus *m*

Norse¹ /nɔːrs || nɔːs/ *adj* escandinavo, nórdico

Norse² *n* [u]: **(Old)** ~ nórdico *m*

Norseman /'nɔːrsmən || 'nɔːsmən/ *n* (*pl* **-men** /-mən/) escandinavo, -va *m,f*

north¹ /nɔːrθ || nɔːθ/ *n* [u]

A **1** (point of the compass, direction) norte *m*; **the ~, the N~** el norte, el Norte; **it lies to the ~ of the city** está al norte de la ciudad; **the wind is blowing from** *o* **is in the ~** el viento sopla *or* viene del norte *or* Norte; **the window faces ~** la ventana da *or* mira al norte; **~ by west** norte cuarta al noroeste; **~-~west** nornoroeste; **~-~east** nordnord-este **2** (region): **the ~, the N~** el norte; **a town in the ~ of Spain** una ciudad del norte *or* en el norte de España; **the Far N~** el Polo Norte

B **the N~** (in US history) el Norte, los estados nordistas

C **North** (in bridge) Norte *m*

north² *adj* (*before n*) ‹*wall/face*› norte *adj inv*, septentrional; **a strong ~ wind** un fuerte viento norte *or* del norte

north³ *adv* al norte; **the house faces ~** la casa está orientada *or* da al norte; **we sailed ~ for three hours** navegamos tres horas en dirección norte; **~ OF sth** al norte DE algo; **it is ~ of Rome** está al norte de Roma; **they live up ~** viven en el norte; **let's go up ~** vayamos al norte

North Africa *n* África *f*‡ del Norte

North America *n* Norteamérica *f*, América *f* del Norte

North American *adj* de América del Norte, norteamericano

Northants /,nɔːrθ'hænts || ,nɔːθ'hænts/ = **Northamptonshire**

northbound /'nɔːrθbaʊnd || 'nɔːθbaʊnd/ *adj* ‹*traffic/train*› que va (*or* iba *etc*) en dirección norte

North Country *n* [u]: **the ~ ~** el Norte de Inglaterra

Northd = Northumberland

northeast¹, Northeast /,nɔːrθ'iːst || ,nɔːθ'iːst/ *n* [u] **1** (direction) nor(d)este, Nor(d)este; **~ by east/north** nor(d)este cuarta al este/norte **2** (region) el nor(d)este

northeast² *adj* nor(d)este *adj inv*, del nor(d)este, nororiental

northeast³ *adv* hacia el nor(d)este, en dirección nor(d)este

northeasterly¹ /,nɔːrθ'iːstərli || ,nɔːθ'iːstəli/ *adj* ‹*wind*› del nor(d)este; **in a ~ direction** hacia el nor(d)este, en dirección nor(d)este

northeasterly² *n* (*pl* **-lies**) viento *m* del nor(d)este

northeastern /,nɔːrθ'iːstərn || ,nɔːθ'iːstən/ *adj* nor(d)este *adj inv*, del nor(d)este, nororiental

northerly¹ /'nɔːrðərli || 'nɔːðəli/ *adj* ‹*wind*› del norte; ‹*latitude*› norte *adj inv*; **in a ~ direction** hacia el *or* en dirección norte

northerly² *n* (*pl* **-lies**) viento *m* del norte

northern /'nɔːrðərn || 'nɔːðən/ *adj* ‹*region/country*› del norte, septentrional, norteño, nortino (Chi, Per); **~ England** el norte de Inglaterra; **the ~ states** (in US) los estados del norte; **~ Europe** Europa *f* septentrional, el Norte de Europa; **the N~ Hemisphere** el hemisferio norte *or* septentrional; **the ~ lights** la aurora boreal; **the N~ Territory** el Territorio del Norte

Northerner, northerner /'nɔːrðərnər || 'nɔːðənə(r)/ *n*: *habitante o persona oriunda del norte de un país o de una región*; **the ~s** los del norte del país (*or* de la región *etc*), los norteños, los nortinos (Chi, Per)

Northern Ireland *n* Irlanda *f* del Norte; (*before n*): **~ ~ Assembly** Asamblea *f* de Irlanda del Norte; **~ ~ Office** Oficina *f* para Irlanda del Norte

> **Northern Ireland Assembly**
>
> La Asamblea de Irlanda del Norte, establecida en Belfast en 1998 por el gobierno británico, tiene plena competencia legislativa y ejecutiva respecto a los asuntos internos de esta provincia cuya mayoría protestante optó por permanecer bajo control británico en 1921 al formarse el Irish Free State en el resto de Irlanda. Sus 108 diputados (*Members of the Legislative Assembly - MLAs*) que representan 18 circunscripciones electorales, son elegidos por medio del sistema de representación proporcional.

Northern Irish¹ *adj* norirlandés, de Irlanda del Norte

Northern Irish² *n*: **the ~ ~** los norirlandeses

northernmost /'nɔːrðərnməʊst || 'nɔːðənməʊst/ *adj* (*before n*) ‹*point/town/island*› más septentrional; **the ~ tip of the island** el extremo norte *or* septentrional de la isla

north-facing /'nɔːrθ,feɪsɪŋ || 'nɔːθ,feɪsɪŋ/ *adj* ‹*wall/garden*› que da al norte; **~ slope** ladera *f* norte

North Sea *n* Mar *m* del Norte

north-south¹ /,nɔːrθ'saʊθ || ,nɔːθ'saʊθ/ *adv* (Geog) ‹*run/travel*› de norte a sur; **these valleys run ~** estos valles van de Norte a Sur

north-south² *adj* ‹*direction/axis*› que va de norte a sur; **the ~ divide** *división de carácter sociológico, tecnológico y económico que separa a los países ricos del norte y los más pobres del sur*

North Star *n* (Astron) estrella *f* polar

North Vietnam *n* (Hist) Vietnam *m* del Norte

northward¹ /'nɔːrθwərd || 'nɔːθwəd/, **northwardly** /-li/ *adj* (*before n*): **in a ~ direction** en dirección norte, hacia el norte

northward², (BrE) **northwards** /-z/ *adv* ‹*drive/travel/turn*› hacia el norte; **~ OF sth** al norte DE algo

northwest¹, Northwest /,nɔːrθ'west || ,nɔːθ'west/ *n* [u]: **the ~** **1** (direction) el noroeste *or* Noroeste **2** (region) el noroeste *or* Noroeste

northwest² *adj* noroeste *adj inv*, del noroeste; **the N~ Passage** el Paso del Noroeste

northwest³ *adv* hacia el noroeste, en dirección noroeste

northwesterly¹ /,nɔːrθ'westərli || ,nɔːθ'westəli/ *adj* ‹*wind*› del noroeste

northwesterly² *n* (*pl* **-lies**) viento *m* del noroeste

northwestern /,nɔːrθ'westərn || ,nɔːθ'westən/ *adj* noroccidental, noroeste *adj inv*, del noroeste

Norway /'nɔːrweɪ || 'nɔːweɪ/ *n* Noruega *f*

Norwegian¹ /nɔːr'wiːdʒən || nɔː'wiːdʒən/ *adj* noruego

Norwegian² *n* **1** (person) noruego, -ga *m,f* **2** (language) noruego *m*

Nos, nos (= numbers) Núms., núms.

no-score draw /,nəʊ'skɔːr || ,nəʊ'skɔː(r)/ *n* (BrE) empate *m* a cero

nose¹ /nəʊz/ *n*

A ▸ℹ p.965 (Anat) (of person) nariz *f*; (of animal) hocico *m*, nariz *f*; **to blow one's ~** sonarse* (la nariz); **her ~ was bleeding** le salía sangre de la nariz, le sangraba la nariz; **she always has her ~ in a book** siempre está enfrascada en un libro; ***as plain as the ~ on your face*** más claro que el agua, más claro échale *or* echarle agua; ***not to look/see beyond the end of one's ~*** no ver* más allá de sus (*or* mis *etc*) narices; ***on the ~*** (colloq): **my guess was right on the ~** di en el clavo (fam); **we arrived at 2 o'clock on the ~** llegamos a las 2 en punto *or* a las 2 clavadas; ***(right) under sb's ~*** (colloq): **it was right under my ~ all the time** lo tenía delante de las narices (fam); **he stole it from under our very ~s** se lo robó en nuestras propias narices (fam); ***to cut off one's ~ to spite one's face*** tirar piedras al *or* contra el propio tejado; ***to follow one's ~*** (go straight on) seguir* derecho *or* todo recto; (act intuitively) dejarse guiar por la intuición; ***to get a bloody ~***: **they thought it was a cinch, but they got a bloody ~** creían que era pan comido, pero les dieron tremenda paliza (fam); ***to get one's ~ in front*** (esp BrE colloq) ponerse* en la delantera; ***to get up sb's ~*** (BrE colloq): **that's the sort of thing that gets right up my ~** ése es el tipo de cosa que me enferma *or* me revienta (fam); ***to keep one's ~ clean*** (colloq) no meterse en líos (fam); ***to keep one's ~ out of sth*** no meter las narices en algo (fam), no meterse en algo; **just keep your ~ out of my affairs** no te metas *or* (fam) no metas las narices en mis asuntos; ***to keep one's ~ to the grindstone*** trabajar duro, darle* al callo (Esp fam); ***to lead sb by the ~*** tener* a algn agarrado por las narices, manejar a algn a su (*or* mi *etc*) antojo; ***to look down one's ~ at sb*** mirar a algn por encima del hombro; **he looked down his ~ at the idea** la idea le pareció tonta (*or* ridícula *etc*); **she looks down her ~ at his work** desprecia su trabajo; ***to pay through the ~*** (colloq) pagar* un ojo de la cara *or* un riñón (fam); **we/I paid through the ~ for it** nos/me costó un ojo de la cara *or* un riñón (fam); ***to poke*** *o* ***stick one's ~ in*** (colloq) meter las narices en algo (fam); **she's always poking** *o* **sticking her ~ in where she's not wanted** siempre está metiendo las narices donde no la llaman (fam); ***to put sb's ~ out of joint*** (colloq) hacer* que algn se moleste *or* se ofenda; ***to rub sb's ~ in sth*** (colloq) restregarle* *or* refregarle* algo a algn por las narices (fam); ***to thumb one's ~ at sb/sth*** (colloq) burlarse de algn/algo; ***to turn one's ~ up at sth/sb*** (colloq) despreciar algo/a algn; **I don't turn my ~ up at anything** yo no le hago ascos a nada; ***to win by a ~*** ganar por un pelo *or* por los pelos; «*horse*» ganar por una nariz; ***with one's ~ in the air*** mirando a todos por encima del hombro; (*before n*): **~ drops** gotas *fpl* nasales

B **1** (sense of smell) olfato *m* **2** (intuition) olfato *m*; **some people just have a ~ for these things** algunos tienen olfato para estas cosas

C (of wine) aroma *m*, bouquet *m*

D (of plane, car) parte *f* delantera, morro *m*, trompa *f* (RPl); (of boat) proa *f*; **the cars were ~ to tail** los coches iban pegados (el uno al otro)

nose² *vi* **1** (rummage, pry) entrometerse; **stop nosing into my affairs** deja de meter las narices en mis asuntos (fam), deja de entrometerte en mis cosas; **to ~ around** *o* **about in sth** husmear *or* fisgonear en algo **2** (move slowly) (+ *adv compl*): **the truck ~d around the corner** el camión se asomó lentamente por la esquina; **to ~ past/out/in** pasar/salir*/entrar lentamente

■ **nose** *vt*: **the dog ~d the door open** el perro abrió la puerta con el hocico; ***to ~ one's way*** avanzar* con precaución

Phrasal verb

• **nose out** [v + o + adv, v + adv + o] **1** (narrowly defeat) (esp AmE) escamotearle la victoria a **2** (discover) ‹*truth/secret*› enterarse de, descubrir*; **journalists managed to ~ him out at his holiday retreat** los periodistas lograron descubrirlo *or* dar con él en su refugio de vacaciones

nosebag /'nəʊzbæg/ *n* (Equ) morral *m*

noseband /'nəʊzbænd/ *n* muserola *f*

nosebleed /'nəʊzbliːd/ *n* hemorragia *f* nasal (frml), epistaxis *f* (téc); **he has frequent ~s** le sangra con frecuencia la nariz, sufre frecuentes hemorragias nasales (frml)

nose candy *n* [u] (AmE colloq) cocaína *f*, coca *f* (fam)

nosecone /'nəʊzkəʊn/ *n* ojiva *f*, cabeza *f*

nosedive¹ /'nəʊzdaɪv/ *n* (Aviat): **to take a ~** descender* *or* bajar en picada *or* (Esp) en picado; **prices took a ~ yesterday** ayer los precios cayeron en picada *or* (Esp) en picado

n

nosedive² *vi* 1 (Aviat) «*plane/pilot*» descender* *or* bajar en picada *or* (Esp) en picado 2 (drop sharply) «*prices*» caer* en picada *or* (Esp) en picado, dar* un bajón (fam); «*reputation/popularity*» sufrir un bajón

nosegay /ˈnəʊzgeɪ/ *n* (liter) ramillete *m* de flores

nose guard *n* (in US football) guardia *mf* nariz

nose job *n* (colloq): **to have a ~ ~** arreglarse la nariz (fam), hacerse* la cirugía en la nariz

nosepiece /ˈnəʊzpiːs/ *n* (AmE) 1 (Equ) muserola *f* 2 (on glasses) puente *m*

nose rag *n* (colloq) moquero *m* (fam)

nose ring *n* (of animal) anillo *m or* argolla *f* de la nariz; (of person) aro *m or* (Esp) pendiente de la nariz; **he was wearing a ~ ~** llevaba un aro *or* (Esp) un pendiente en la nariz

nose stud *n* arete *m or* (Esp), pendiente *m or* (Ur) tornillo *m* de la nariz (*en forma de bolita*); **she was wearing a ~ ~** llevaba un arete (*or* pendiente *etc*) en la nariz

nose tackle *n* (in US football) ▸**nose guard**

nosewheel /ˈnəʊzhwiːl || ˈnəʊzwiːl/ *n* rueda *f* delantera (de aterrizaje)

nosey /ˈnəʊzi/ *adj* (BrE) ▸**nosy**

nosh /nɑːʃ || nɒʃ/ *n* (BrE colloq) 1 [u] (food) comida *f*, manye *m* (CS arg); **they do good, cheap ~ here** aquí se come bien y barato 2 (meal) (*no pl*): **we had a good ~** nos dimos una comilona (fam)

no-show /ˈnəʊˈʃəʊ/ *n*: *pasajero que no se presenta a un vuelo para el cual ha reservado una plaza*

nosh-up /ˈnɑːʃʌp || ˈnɒʃʌp/ *n* (BrE colloq) comilona *f* (fam)

nosily /ˈnəʊzəli || ˈnəʊzɪli/ *adv* (colloq) entrometidamente, metiéndose en lo que no le (*or* te *etc*) importa

nosiness /ˈnəʊzinəs || ˈnəʊzinɪs/ *n* [u] (colloq) entrometimiento *m*

no-smoking /ˌnəʊˈsməʊkɪŋ/ *adj* ‹*compartment/section*› para no fumadores; **there is a ~ policy in this office** en esta oficina no se permite fumar

nostalgia /nɑːˈstældʒə || nɒˈstældʒə/ *n* [u] nostalgia *f*

nostalgic /nɑːˈstældʒɪk || nɒˈstældʒɪk/ *adj* nostálgico; **to be ~ FOR sth** sentir* nostalgia DE *or* POR algo

nostalgically /nɑːˈstældʒɪkli || nɒˈstældʒɪkli/ *adv* con nostalgia, nostálgicamente

nostril /ˈnɑːstrəl || ˈnɒstrɪl/ *n* ventana *f* de la nariz, orificio *m* nasal (frml), narina *f*

nostrum /ˈnɑːstrəm || ˈnɒstrəm/ *n* (*pl* **-trums**) (liter) panacea *f*

nosy, (BrE also) **nosey** /ˈnəʊzi/ *adj* **nosier, nosiest** (colloq) ‹*person*› entrometido, metiche (AmL fam), metido (AmL fam), metelón (Méx fam), metete (Andes fam), meterete (RPl fam); ‹*question*› impertinente

nosy parker, Nosy Parker /ˈpɑːrkər || ˈpɑːkə(r)/ *n* (colloq) metomentodo *mf* (fam), metiche *mf* (AmL fam), metelón, -lona (Méx fam), metete *mf* (Andes fam), meterete, -ta *m,f* (RPl fam)

not /nɑːt || nɒt/ ▸ⓘ **p.1451** *adv* 1 no; **I asked them ~ to tell anyone** les pedí que no se lo dijeran a nadie; **~ to go would have been rude** no ir hubiera sido una grosería; **~ to worry** (BrE) no importa; **a ~ inconsiderable sum of money** (frml) una suma de dinero bastante considerable; **oh, no, ~ you again!** ¡Dios mío! ¿tú otra vez?; **that's mine — it is *not*!** eso es mío — ¡no, señor! 2 **not that** (*as conj*): **I'm going to London, ~ that it's any business of yours** voy a Londres, no es que a ti te importe, pero … 3 (emphatic) ni; **~ one of them stopped to help** ni uno de ellos se paró a ayudar; **~ a penny more** ni un penique más 4 (replacing clause): **are you pregnant? — I hope ~** ¿estás embarazada? — espero que no; **I should think ~!** ¡claro que no!; ¡faltaría más!; **certainly ~!** ¡de ninguna manera!; **of course ~!** ¡por supuesto *or* claro que no!; **are you going to help me or ~?** ¿me vas a ayudar o no?

notability /ˌnəʊtəˈbɪləti/ *n* (*pl* **-ties**) personaje *m*, persona *f* importante

notable¹ /ˈnəʊtəbəl/ *adj* ‹*author/actor*› distinguido; ‹*success*› señalado; ‹*improvement/difference*› notable, considerable, marcado; **the area is ~ for its lack of racial tension** el distrito (se) destaca por la ausencia de tensión racial; **it is ~ that …** es de notar que …

notable² *n* personaje *m*, persona *f* importante

notably /ˈnəʊtəbli/ *adv* 1 (noticeably) notablemente 2 (in particular) particularmente, en particular; **some groups, ~ the better-off, …** algunos grupos, particularmente *or* en particular las clases acomodadas, …

notarize /ˈnəʊtəraɪz/ *vt* ‹*document/contract*› autenticar*, autorizar*, dar* fe pública de, notariar (Chi)

notary (public) /ˈnəʊtəri/ ➔▭ *n* (*pl* **notaries (public)**) notario, -ria *m,f*, escribano (público), escribana (pública) *m,f* (RPl)

notate /ˈnəʊteɪt || nəʊˈteɪt/ *vt* (Mus) hacer* una anotación en

notation /ˌnəʊˈteɪʃən/ *n* 1 [u] (system) notación *f* 2 [c] (jotting) (AmE) anotación *f*, nota *f*

notch¹ /nɑːtʃ || nɒtʃ/ *n*

A (in wood, metal) muesca *f*, corte *m*; (on belt) agujero *m*

B (ravine) (AmE) desfiladero *m*, barranco *m*, quebrada *f*

notch² *vt* 1 ‹*wood/metal*› hacer* una muesca *or* un corte en, marcar* 2 (liter) ‹*arrow*› asestar (liter) 3 ▸**notch up**

(Phrasal verb)

• **notch up** [v + adv + o] (colloq) ‹*victory/points*› apuntarse, conseguir*

note¹ /nəʊt/ *n*

A [c] 1 (record, reminder) nota *f*; **to make a ~ of sth** anotar *or* apuntar algo; **she made a mental ~ of it** tomó nota de ello mentalmente; **to make ~s** hacer* anotaciones; **to take ~s** tomar apuntes *or* notas; **lecture ~s** apuntes *mpl* de clase; **to compare ~s** cambiar impresiones 2 (comment) nota *f*, comentario *m*; **marginal ~s** anotaciones *fpl or* notas *fpl* al margen, acotaciones *fpl*; **she wrote the catalogue ~s** escribió el comentario del catálogo

B [c] 1 (message) nota *f*; **leave a ~ on the door** deja una nota *or* un recado en la puerta 2 (official communication) (Govt, Pol) nota *f*, mensaje *m* 3 (*promissory ~*) (Fin) pagaré *m*

C [c] 1 (Mus) nota *f*; **to end sth on a high ~** terminar algo por todo lo alto *or* a lo grande, cerrar* algo con un broche de oro 2 (tone): **it strikes a familiar ~** suena conocido; **his remark struck a discordant ~** su comentario dio la nota discordante; **he struck just the right ~** dio con el tono justo; **there was a ~ of weariness in her voice** su voz tenía un dejo *or* (Esp) un deje de cansancio; **do I detect a ~ of sarcasm?** ¿no hay allí una pizca de sarcasmo?; **if I may sound a ~ of caution …** si se me permite llamar a la precaución …; **the evening ended on a sad ~** la velada terminó con una nota triste 3 (element, hint) toque *m*

D [c] esp BrE (*bank~*) billete *m*; **a 10 pound ~** un billete de 10 libras

E [u] 1 (importance, interest): **a surgeon of ~** un cirujano de renombre, un eminente cirujano; **nothing of (any) ~ came of their research** su investigación no produjo resultados de particular interés; **nothing worthy of ~** nada digno de mención 2 (attention): **take ~ of what he says** toma nota de *or* presta atención a lo que dice; **I shall take full ~ of your objections** tendré muy en cuenta sus objeciones

note² *vt* 1 (observe, notice): **I have ~d your objections** he tomado (debida) nota de sus objeciones; **~ the red markings on its head** fíjense en *or* observen las manchas rojas de la cabeza; **to ~ THAT** observar *or* notar QUE; **will customers kindly ~ that smoking is not permitted** se les recuerda a los señores clientes que está prohibido fumar 2 (record) ‹*information/details*› anotar, apuntar; **we asked for the decision to be ~d in the minutes** pedimos que la decisión constara en acta

(Phrasal verb)

• **note down** [v + adv + o, v + o + adv] apuntar, anotar

notebook /ˈnəʊtbʊk/ *n*

A 1 (exercise book) cuaderno *m* 2 (for shorthand) libreta *f*, bloc *m* 3 (loose-leaf binder) (AmE) libreta *f* de anillas, carpeta *f*, archivador *m* (Chi), folder *m* (Col)

B (Comput) notebook *m or* (AmL tb) *f*, computadora *f or* (Esp) ordenador *m* portátil

noted /ˈnəʊtəd || ˈnəʊtɪd/ *adj* ‹*explorer/historian/surgeon*› renombrado, célebre, de nota; **to be ~ FOR sth/-ING** ser* conocido POR algo/+ INF; **he is not ~ for being tactful** no se lo conoce precisamente por su tacto

notelet /ˈnəʊtlət || ˈnəʊtlɪt/ *n* (BrE) tarjeta *f*

notepad /ˈnəʊtpæd/ *n*

A (booklet) bloc *m*

B (Comput) minicomputadora *f or* (Esp) miniordenador *m* (*en la que se utiliza un lápiz especial para ingresar los datos*)

notepaper /ˈnəʊtˌpeɪpər || ˈnəʊtˌpeɪpə(r)/ *n* [u] papel *m* de carta(s)

noteworthy /ˈnəʊtˌwɜːrði || ˈnəʊtˌwɜːði/ *adj* **-worthier, -worthiest** ‹*event/performance/building*› notable, de interés; **it is ~ that …** es de notar que …; **especially ~ are the fine ceilings** los magníficos cielorrasos son de particular interés

not-for-profit /ˌnɑːtfərˈprɑːfət || ˌnɒtfəˈprɒfɪt/ *adj* (AmE) ▸**nonprofit**

nother /ˈnʌðər || ˈnʌðə(r)/ *adj* (AmE colloq) otro, otra

nothing¹ /ˈnʌθɪŋ/ ▸ⓘ **p.1451** *pron*

A nada; **~ has changed** nada ha cambiado; **he gave us ~** no nos dio nada; **she said ~ to me** a mí no me dijo nada; **she said ~ else** no dijo nada más; **we achieved absolutely ~** no logramos absolutamente nada; **you're hurt — it's ~** te has hecho daño — no es nada; **it's soup or ~, I'm afraid** lo siento, pero hay sopa o nada; **it's better than ~, I suppose** hombre, peor es nada; **I thought a clerk's job was better than ~** pensé que trabajar de oficinista era mejor que nada; **there's ~ worse** no hay nada peor; **there's ~ to eat** no hay nada de comer; **I have ~ more to say** no tengo nada más que decir; **there's ~ we can do** no podemos hacer nada; **there's really ~ of the genius about him** en realidad no tiene nada de genio; ***~ doing!*** ¡de eso nada!; ***there's ~ for it*** no hay más remedio; **there was ~ for it but to trust them** no había más remedio que confiar en ellos; ***there's ~ in it***: **there's ~ in it, they're just friends** no hay nada entre ellos, son sólo amigos; **there's ~ in it as they come around the final bend** van muy igualados al llegar a la curva final; **this one may cost a bit more but there's ~ in it really** puede que éste cueste algo más pero la diferencia es mínima; ***there's ~ to it*** (it's easy) es muy fácil, no tiene ningún secreto; (it's groundless) no es cierto

B (*in phrases*): **for nothing**: **she gave it to me for ~** me lo dio gratis; **it was all for ~** todo fue en vano; **I'd been worrying constantly: all for ~** tanto preocuparme para nada; **all her precautions went for ~** todas sus precauciones fueron en vano; **not for ~ was he called Ivan the Terrible** no en vano *or* no por nada se le llamaba Iván el Terrible; **if nothing else** al menos, por lo menos; **nothing but**: **he reads ~ but science fiction** no lee más que ciencia ficción; **I've heard ~ but good about her** todo lo que me han dicho de ella ha sido bueno; **she's caused ~ but trouble** no ha causado (nada) más que problemas; **he's ~ but a pompous old fool** no es más que un pedante imbécil; **nothing if not**: **he's ~ if not reliable** es totalmente de fiar; **they treated us ~ if not fairly** nos trataron con total justicia; **nothing less than**: **it's ~ less than scandalous/a disgrace** es verdaderamente escandaloso/una verdadera vergüenza; **nothing like**: **there's ~ like a shower to freshen you up** no hay (nada) como una ducha para refrescarse;

➔▭ *see* Living in a Spanish-speaking country

there's ~ like it es lo mejor que hay; **she's ~ like her mother** no se parece en nada a su madre; **I'm sure it cost her ~ like $500** estoy seguro de que no le costó 500 dólares ni mucho menos; **nothing more than**: **it's ~ more than a scratch** no es más que un rasguño; **nothing much**: **~ much happened** no pasó gran cosa; **there was ~ much I could say** no pude decir gran cosa; **nothing short of**: **the idea's ~ short of absurd** la idea cae de lleno en lo absurdo; **the consequences would be ~ short of disastrous** las consecuencias no serían ni más ni menos que desastrosas

nothing² *n*
A (Math) cero *m*
B (worthless thing, person): **in his eyes I'm a ~** para él soy un cero a la izquierda; **this is a mere ~ to what they spend on food and drink** esto no es nada comparado con lo que gastan en comida y bebida; ***to whisper sweet* ~s** susurrar palabras de amor; **he whispered sweet ~s in her ear** le susurraba palabras de amor al oído

nothingness /ˈnʌθɪŋnəs || ˈnʌθɪŋnɪs/ *n* [u] nada *f*

notice¹ /ˈnəʊtəs || ˈnəʊtɪs/ ➡ *n*
A [c] [1] (written sign) letrero *m*, aviso *m*; **to put up a ~** poner* un letrero *or* aviso [2] (item of information) anuncio *m*; **the birth/marriage ~s** (Journ) los anuncios *or* (AmL tb) avisos de nacimientos/matrimonios; **the death ~s** los avisos fúnebres, las esquelas (mortuorias), las necrológicas [3] (review) reseña *f*, crítica *f*
B [u] (attention): **it has come/been brought to my ~ that …** (frml) ha llegado a mi conocimiento que …/se me ha señalado que … (frml); **it was never brought to his ~** no se le dijo nada al respecto, no se le advirtió al respecto; **his talent brought him to the ~ of several directors** su talento hizo que varios directores repararan en él; **the error escaped my ~** no me di cuenta *or* no me percaté del error, el error se me pasó por alto; **to take ~ (of sth)**: **take special ~ of these instructions** preste especial atención a estas instrucciones; **we told her to stop but she took no ~** le dijimos que parara pero no hizo caso; **don't take any ~ of him** no le hagas caso; **this will make them sit up and take ~** esto hará que presten atención; **these figures finally made them sit up and take ~** estas cifras finalmente hicieron que se fijaran en el problema
C [u] [1] (notification) aviso *m*; **without prior ~** sin previo aviso; **until further ~** hasta nuevo aviso; **I can't drop everything at a moment's ~** no puedo abandonarlo todo así, de un momento a otro; **I'll try and get there, but it's rather short ~** (colloq) procuraré estar allí, pero me avisas con muy poca antelación *or* anticipación; **it's impossible to do it at such short ~** es imposible hacerlo a tan corto plazo; **to give two months' ~** avisar con dos meses de antelación *or* anticipación; **~ OF sth/ to + INF**: **we require at least two days' ~ of any changes** cualquier cambio nos debe ser comunicado con por lo menos dos días de antelación *or* anticipación; **you had plenty of ~ of our arrival** nuestra llegada le fue comunicada con bastante antelación *or* anticipación; **they gave us clear ~ of their intentions** nos señalaron claramente cuáles eran sus intenciones; **official ~ of redundancies has now been given** los despidos han sido notificados oficialmente; **to serve ~ on sb** notificar* a algn [2] (of termination of employment) preaviso *m*; **I have to give (the company) a month's ~** tengo que dar un mes de preaviso; **she was given (her) ~** la despidieron; **to give** *o* **hand in one's ~** presentar su (*or* mi *etc*) renuncia *or* dimisión; **to work (out) one's ~** (BrE) trabajar el tiempo de preaviso (*desde la renuncia hasta la fecha acordada*)

notice² ➡ *vt* notar; **I didn't ~ anything strange** no noté nada extraño; **did you ~ the scar on his cheek?** ¿te fijaste en *or* notaste la cicatriz que tenía en la mejilla?; **~ the interesting decoration above the door** fíjense en *or* observen el interesante decorado sobre la puerta; **he pretended not to ~ me** hizo como si no me hubiera visto; **I managed to sneak out without being ~d** logré escabullirme sin que nadie se diera cuenta; **to get oneself ~d** hacerse* notar; **he's the sort of person you wouldn't ~ in a crowd** es el tipo de persona que pasa desapercibida *or* en la cual uno no repara entre un grupo de gente; **I ~d (that) he had been crying** noté *or* me di cuenta de *or* (liter) advertí que había estado llorando; **have you ~d that he never offers to help?** ¿te has dado cuenta de que nunca se ofrece a ayudar?; **I ~ you've bought a jacket** veo que te has comprado una chaqueta; **I couldn't help noticing that …** no pude menos que notar que…; **did you happen to ~ whether he was there?** ¿por casualidad viste si estaba allí?; **did you ~ who that was/what they were doing?** ¿te diste cuenta de quién era/de qué estaban haciendo?; **to ~ sb/sth + INF/-ING**: **nobody ~d him put it in his pocket** nadie lo vio ponérselo en el bolsillo; **I ~d water dripping from the ceiling** noté que caían gotas de agua del techo
■ **notice** *vi* [1] (realize, observe) darse* cuenta; **I pretended not to ~** hice como si no me diera cuenta; **he did it without my noticing** lo hizo sin que me diera cuenta [2] (show) (colloq) notarse; **it hardly ~s** apenas se nota

noticeable /ˈnəʊtəsəbəl || ˈnəʊtɪsəbəl/ *adj* ‹*change/difference*› perceptible, evidente; **it's hardly ~** apenas se nota; **it's ~ that …** se nota *or* es evidente *or* está claro que …; **a ~ taste of garlic/tone of disapproval** un marcado sabor a ajo/tono de reproche; **there's been a ~ improvement in his condition** ha experimentado una sensible mejoría

noticeably /ˈnəʊtəsəbli || ˈnəʊtɪsəbli/ *adv* ‹*different*› perceptiblemente; ‹*better*› sensiblemente; **it got ~ colder the higher we went** a medida que subíamos se sentía más el frío; **he's not ~ fatter than the last time I saw him** no lo noto más gordo que la última vez que lo vi; **he was ~ upset by what you said** fue obvio *or* evidente que lo que dijiste lo disgustó

noticeboard /ˈnəʊtəsbɔːrd || ˈnəʊtɪsbɔːd/ *n* (esp BrE) tablero *m or* (Esp) tablón *m* de anuncios, cartelera *f* (AmL), diario *m* mural (Chi)

notifiable /ˈnəʊtəfaɪəbəl || ˈnəʊtɪfaɪəbəl/ *adj* (esp BrE) de la que hay que dar parte

notification /ˌnəʊtəfəˈkeɪʃən || ˌnəʊtɪfɪˈkeɪʃən/ *n* [u] notificación *f*; **please send immediate ~ of your decision** por favor notifíquenos inmediatamente su decisión

notify /ˈnəʊtəfaɪ || ˈnəʊtɪfaɪ/ *vt* **-fies, -fying, -fied** [1] (inform) informar; (in writing) notificar*; **the authorities must be notified** se debe dar parte a las autoridades, se debe informar a las autoridades; **we shall ~ the winners by post** se notificará por carta a los ganadores; **to ~ sb OF sth** comunicarle* algo A algn; **please ~ us immediately of any change of address** les rogamos nos comunique de inmediato cualquier cambio de domicilio (frml); **to ~ sb THAT** avisarle A algn QUE, informarle a algn DE QUE; **why was I not notified that the meeting had been postponed?** ¿por qué no se me avisó que *or* se me informó de que la reunión había sido aplazada?; **to ~ sth (TO sb)** (BrE) ‹*incident/disease*› dar* parte DE algo (A algn) [2] (instruct) (frml) ‹*agent/lawyer/accountant*› darle* instrucciones a

notion /ˈnəʊʃən/ *n*
A [c] [1] (idea) idea *f*; **she hadn't the slightest ~ of how to behave in public** no tenía ni la menor idea de cómo comportarse en público; **I have some ~ of mathematics** tengo algunas nociones de matemáticas; **I had a ~ that I'd been there before** tenía la sensación de que había estado allí antes [2] (inclination) (colloq): **to have a ~ to + INF** tener* ganas DE + INF; **I've a ~ to tell him just what I think** tengo ganas de decirle exactamente lo que pienso
B [c] (concept) concepto *m*
C **notions** *pl* [1] (in sewing) artículos *mpl* de mercería [2] (AmE): **household/gift/office ~s** artículos *mpl* para el hogar/de regalo/de oficina

notional /ˈnəʊʃənl/ *adj*
A ‹*price/profit*› teórico
B (Ling) nocional

notionally /ˈnəʊʃnəli/ *adv* ‹*superior/equivalent*› teóricamente, en teoría; **the unit cost has been fixed ~ at $3.5** a efectos prácticos, el costo por unidad se ha fijado en 3,50 dólares

notoriety /ˌnəʊtəˈraɪəti/ *n* [u] mala reputación *f*, mala fama *f*; **to win** *o* **gain ~** adquirir* mala fama

notorious /nəʊˈtɔːriəs, nəˈtɔː-/ *adj* ‹*thief/womanizer/gossip*› (bien) conocido; ‹*place*› de mala fama *or* mala reputación; **she's a ~ liar** tiene fama de mentirosa, todos la conocen por mentirosa; **what she said next is ~** lo que dijo a continuación es bien sabido; **to be ~ FOR sth/-ING** ser* (bien) conocido POR algo/+ INF, tener* fama DE algo/+ INF

notoriously /nəʊˈtɔːriəsli, nəˈtɔː-/ *adv*: **he's ~ lazy/stupid** tiene fama de holgazán/de estúpido; **it's ~ difficult** es de notoria dificultad, se sabe que es muy difícil

no-trump /ˌnəʊˈtrʌmp/ *n*: **two/three ~s** dos/tres manos sin triunfo; (*before n*) ‹*bid/contract/hand*› sin triunfo

Notts /nɑːts || nɒts/ = **Nottinghamshire**

notwithstanding¹ /ˌnɑːtwɪθˈstændɪŋ || ˌnɒtwɪθˈstændɪŋ/ *prep* (frml) a pesar de, pese a, no obstante (frml); **~ recent developments, recent developments ~** a pesar de *or* pese a los sucesos recientes

notwithstanding² *adv* (frml) no obstante (frml)

notwithstanding³ *conj* (frml) a pesar de que

nougat /ˈnuːgət || ˈnuːgɑː, ˈnʌgət/ *n* [u] ≈ turrón *m*

nought¹ /nɔːt/ *n* (esp BrE) [1] (zero) cero *m*; **I got ~ out of ten for spelling** saqué un cero en ortografía [2] ▸ **naught¹ 1**

nought² *adv* (esp BrE) ▸ **naught²**

noughts and crosses *n* [u] (BrE) (+ *sing vb*) tres en raya *m*, tres en línea *m* (Col), gato *m* (Chi, Méx), ta-te-ti *m* (RPl)

noun /naʊn/ *n* sustantivo *m*, nombre *m*; (*before n*): **~ clause** (cláusula *f*) sustantiva *f* subordinada; **~ phrase** sintagma *f* nominal

nourish /ˈnɜːrɪʃ || ˈnʌrɪʃ/ *vt* [1] (feed) ‹*person/animal/plant*› nutrir, alimentar [2] (foster, cherish) ‹*hope*› abrigar*, alentar*; ‹*ambition*› alentar*

nourishing /ˈnɜːrɪʃɪŋ || ˈnʌrɪʃɪŋ/ *adj* nutritivo, alimenticio

nourishment /ˈnɜːrɪʃmənt || ˈnʌrɪʃmənt/ *n* [u] alimento *m*; **it contains little real ~** tiene muy poco valor nutritivo *or* alimenticio; **it provides the ~ the plant requires** aporta los nutrientes que la planta necesita; **to take ~** (frml) alimentarse, recibir alimentos (frml)

nous /nuːs || naʊs/ *n* [u] (colloq) sentido *m* común, tino *m*; **political/financial ~** sentido político/financiero; **to have the ~ to + INF** tener* el (buen) tino de + INF

nouveau riche¹ /ˌnuːvəʊˈriːʃ/ *n* (*pl* **~x ~s** /ˈnuːvəʊˈriːʃ/) (pej) nuevo rico, nueva rica *m,f* (pey)

nouveau riche² *adj* (pej) de nuevo rico (pey)

nouvelle cuisine /ˌnuːvelkwɪˈziːn/ *n* [u] nouvelle cuisine *f*

Nov ▸ ❶ **p.1085 (= November)** nov.

nova /ˈnəʊvə/ *n* (*pl* **-vas** *or* **-vae** /-viː/) nova *f*

Nova Scotia /ˌnəʊvəˈskəʊʃə/ *n* Nueva Escocia *f*

novel¹ /ˈnɑːvəl || ˈnɒvəl/ *n* novela *f*

novel² *adj* original, novedoso (esp AmL)

novelette /ˌnɑːvəˈlet || ˌnɒvəˈlet/ *n* (pej) novela *f* rosa

novelist /ˈnɑːvələst || ˈnɒvəlɪst/ *n* novelista *mf*

novelistic /ˌnɑːvəˈlɪstɪk || ˌnɒvəˈlɪstɪk/ *adj* novelístico

novella /nəʊˈvelə || nəˈvelə/ *n* (*pl* **-las**) novela *f* corta

---

➡ *see* Living in a Spanish-speaking country

n

novelty /'nɑ:vəlti || 'nɒvəlti/ *n* (*pl* **-ties**) **1** [u] (newness): **the ~ of his approach** lo original *or* (esp AmL) lo novedoso de su enfoque; **the ~ will soon wear off** pronto dejará de ser novedad *or* (esp AmL) novedoso **2** [c] (new thing, situation) novedad *f*; **to be a ~** ser* una novedad; **they were a ~ then** eran toda una novedad en aquel entonces; (*before n*): **people only buy it for the ~ value** la gente sólo lo compra por la novedad *or* (esp AmL) por lo novedoso que es **3** [c] (small toy, trinket) (esp BrE) chuchería *f*; (*before n*): **~ shop** tienda *f* de bromas

November /nəʊ'vembər || nəʊ'vembə(r)/ ▸❶ **p.1085** *n* noviembre *m*; *see also* **January**

novice /'nɑ:vəs || 'nɒvɪs/ *n* **1** (beginner) principiante *mf*, novato, -ta *m,f*; **I'm a ~ at tennis/painting** en tenis/pintura soy un principiante *or* un novato; (*before n*) ‹*skier/programmer*› principiante, novato **2** (Relig) novicio, -cia *m,f*

novitiate, noviciate /nəʊ'vɪʃiət || nə'vɪʃiət/ *n* **1** (period, state) noviciado *m* **2** (building) noviciado *m*

novocaine /'nəʊvəkeɪn/ *n* novocaína *f*

now¹ /naʊ/ *adv*

A **1** (at this time) ahora; **I feel better ~** ahora me siento mejor; **the suspect is ~ leaving the building** ahora *or* en este momento el sospechoso sale del edificio; **they've all gone home ~** ya se han ido todos a casa; **you can come in ~** ya puedes entrar; **it won't be long ~ before we're there** ya falta poco para llegar; **they'll be here any minute ~** en cualquier momento llegan, están al caer (fam); **~ is the time to decide** éste es el momento de decidir; **~'s your chance** ésta es tu oportunidad **2** (at that time): **~ was the moment they'd been waiting for** ése era el momento que habían estado esperando; **it was ~ too late to change** ya era demasiado tarde para cambiar **3** (nowadays, in those days): **divorce is a lot easier ~** hoy en día *or* ahora es mucho más fácil divorciarse; **food is/was ~ scarce** ahora escasea/para entonces ya escaseaba la comida **4** (*in phrases*): **(every) now and then** *o* **again** de vez en cuando; **for now** por ahora, por el momento; **now ... , now ...** (showing alternation) de repente ... , de repente ..., ora ... , ora ... (liter)

B **1** (at once, immediately) ahora (mismo); **ready? ~!** ¿listos? ¡ya!; **it's ~ or never!** ¡ahora o nunca! **2** (*in phrases*): **just now**: **he left just ~** acaba de irse; **he's talking to a client just ~** en este momento está hablando con un cliente; **right now** (immediately) inmediatamente, ahora mismo; (at present) ahora mismo, en este momento

C (to follow that) ahora; **what shall I do ~?** ¿ahora qué hago?; **and ~ for a well-earned rest** y ahora un merecido descanso

D (in the circumstances) ahora; **I could never trust her ~** ahora ya no podría tenerle confianza

E **1** (showing length of time) ya; **we've been living here for 40 years ~** ya hace 40 años que vivimos aquí, llevamos 40 años viviendo aquí **2** (*after prep*): **he'd have called before ~** ya habría llamado; **I'd always thought it impossible before ~** hasta ahora había pensado que era imposible; **the work should have been completed long before ~** ya hace tiempo que debería haberse terminado el trabajo; **between ~ and Friday** de aquí al viernes; **she should be here by ~** ya debería estar aquí; **the by ~ furious customer said that ...** el cliente, que a estas alturas ya estaba furioso, dijo que ...; **starting from ~** a partir de ahora, de ahora en adelante; **100 years from ~** dentro de 100 años; **from ~ on(ward)** a partir de ahora, de ahora en adelante; **(up) until** *o* **till ~, up to ~** hasta ahora

F **1** (indicating pause, transition): **~, who's next?** bueno ¿ahora a quién le toca?; **~, the reason we've done this is ...** ahora *or* bueno, la razón por la cual hemos hecho esto es ... **2** (introducing statement or question): **~ that's what I call real food!** ¡eso sí que es comida como Dios manda!; **~ where did I put my book?** ¿dónde habré puesto el libro? **3** (emphasizing command, request, warning, advice): **~ look here!** ¡espera un momento!; **~ are you coming or not?** bueno ¿vienes o no?; **don't get me wrong, ~!** no me vayas a malinterpretar; **~, you mustn't get upset** vamos, no te pongas así **4** (*in phrases*): **now, now** ¡vamos, vamos!; **now then**: **~ then, what's going on here?** vamos a ver ¿qué es lo que pasa aquí?; **~ then! be careful how you talk to me** ¡cuidadito *or* (fam) ojo cómo me hablas!; **~ then, if we're all here, let's start** bueno, si estamos todos, vamos a empezar

now² *conj*: **~ (that)** ahora que; **~ (that) it's stopped raining, we can go out** ahora que ha parado de llover, podemos salir

now³ *adj* **1** (present) (*before n*) actual **2** (up-to-date) (colloq) ‹*styles/sounds*› del momento, en onda (fam)

NOW /naʊ/ *n* (in US) = **National Organization for Women**

nowadays /'naʊədeɪz/ *adv* hoy (en) día, actualmente, en la actualidad

nowhere¹ /'nəʊhwer || 'nəʊweə(r)/ *adv*

A **where did you go last night? — ~** ¿adónde fuiste anoche? — a ningún lado *or* a ninguna parte; **~ else will you find such beautiful scenery** en ninguna otra parte encontrarás un paisaje tan hermoso; **she was ~ to be found/seen** no se la encontraba/se la veía por ningún lado *or* por ninguna parte; ***to come*** *o* ***finish* ~** (Sport) terminar a la zaga; ***to get* ~** no conseguir* *or* no lograr nada; **you'll get ~ with that attitude** con esa actitud no vas a conseguir *or* no vas a lograr nada; **flattery will get you ~** con halagos no vas a conseguir *or* lograr nada; **we're getting ~ fast** (colloq) no estamos avanzando nada de nada (fam); ***to go*** *o* ***lead* ~** no conducir* a nada

B **nowhere near**: **Warsaw is ~ near Moscow** Varsovia está lejísimos de Moscú; **his answer was ~ near right** se equivocó por mucho; **my house is ~ near as big as theirs** mi casa no es ni por asomo tan grande como la suya, mi casa no es tan grande como la suya ni mucho menos

nowhere² *pron*: **~ was open yet** todavía no había nada (*or* ningún lugar *etc*) abierto; **Paris is like ~ else** París es único; **he had ~ to go/hide** no tenía dónde ir/dónde esconderse; **the car just appeared from** *o* **out of ~** el coche apareció de la nada; **he came out of** *o* (BrE) **from ~ to win the race** pasó de ir muy a la zaga a ganar la carrera

no-win /,nəʊ'wɪn/ *adj* (*before n*): **to be in a ~ situation** estar* en una situación sin salida

nowt /naʊt/ *pron* (BrE dial) nada; ***there's ~ so queer as folk*** hay de todo en la viña del Señor

noxious /'nɑ:kʃəs || 'nɒkʃəs/ *adj* (frml) ‹*substance/fumes*› nocivo, tóxico; ‹*ideas/influence/suggestions*› nocivo, pernicioso

nozzle /'nɑ:zəl || 'nɒzəl/ *n* (on hose) boca *f*; (on oil can) pico *m*, pitorro *m* (Esp); (on syringe) cánula *f*; (on blowtorch) boquilla *f*; (on rocket, jet engine) tobera *f*

nr (BrE) = **near**

NRC *n* (in US) = **Nuclear Regulatory Commission**

NS = **Nova Scotia**

NSA *n* (in US) = **National Security Agency**

NSB *n* (in UK) = **National Savings Bank**

NSC *n* (in US) = **National Security Council**

NSPCA *n* (in US) = **National Society for the Prevention of Cruelty to Animals**

NSPCC *n* (in UK) (= **National Society for the Prevention of Cruelty to Children**) Asociación *f* de protección a la infancia

NSW = **New South Wales**

NT

A (Geog) = **Northern Territory**

B (Bib) (= **New Testament**) N.T.

C (in UK) = **National Theatre**

D (in UK) = **National Trust**

nth /enθ/ *adj* (*before n*) **1** (Math) enésimo **2** (colloq): **unreliable to the ~ degree** informal hasta decir basta (fam); **you're the ~ person to ask me that** (BrE) eres la enésima persona que me pregunta eso

NTSC *n* (= **National Television Standard Committee**) NTSC *m*

NU, Nu = **Nunavut**

nuance /'nu:ɑ:ns || 'nju:ɑ:ns/ *n* matiz *m*

nub /nʌb/ *n* **1** (*no pl*): **the ~ of the problem** el quid *or* el meollo del problema; **the ~ of the matter is ...** el asunto es que ... **2** (knob, bump) nudo *m*

nubile /'nu:bəl, -aɪl || 'nju:baɪl/ *adj* núbil (liter)

nuclear /'nu:kliər || 'nju:kliə(r)/ *adj* **1** ‹*fission/fusion*› nuclear; **the ~ debate** el debate sobre la cuestión nuclear; **~ fuel** combustible *m* nuclear; **~ physicist** *n* físico, -ca *m,f* nuclear; **~ power/energy** energía *f* nuclear; **~ reprocessing plant** planta *f* de reprocesado de desechos *or* residuos nucleares *or* radioactivos **2** (nuclear-powered) nuclear; **~ submarine/power station** submarino *m* /central *f* nuclear; **the ~ age** la era nuclear **3** (Mil) ‹*missile/warhead*› nuclear; **~ arms** armas *fpl* nucleares; **N~ Non-Proliferation Treaty** Tratado *m* de no proliferación de armas nucleares; **~ shelter** refugio *m* atómico; **~ war** guerra *f* nuclear; **~ winter** invierno *m* nuclear

nuclear family *n* familia *f* nuclear

nuclear-free /,nu:kliər'fri: || ,nju:kliə'fri:/ *adj* ‹*zone*› desnuclearizado

nuclear physics *n* [u] (+ *sing vb*) física *f* nuclear

nuclear-powered /,nu:kliər'paʊərd || ,nju:kliə'paʊəd/ *adj* nuclear

nuclear reactor *n* reactor *m* nuclear

nuclear umbrella *n* sombrilla *f* nuclear

nuclei /'nu:kliaɪ || 'nju:kliaɪ/ *pl of* **nucleus**

nucleic acid /nu:'kli:ɪk || nju:'kli:ɪk/ *n* ácido *m* nucleico

nucleus /'nu:kliəs || 'nju:kliəs/ *n* (*pl* **-clei** /-kliaɪ/) **1** (of atom, cell, galaxy) núcleo *m* **2** (central part, core) núcleo *m*; **to form the ~ of sth** constituir* el núcleo de algo

nude¹ /nu:d || nju:d/ *n* (Art) desnudo *m*; **in the ~** desnudo

nude² *adj* ‹*woman/man*› desnudo; **to pose ~** posar desnudo; **a ~ portrait/study** (Art) un desnudo; **a ~ scene** una escena de desnudo; **~ swimming is not allowed** no está permitido bañarse desnudo

nudge¹ /nʌdʒ/ *vt* **1** (touch gently) codear (ligeramente); **I ~d him as she entered the room** lo codeé (ligeramente) cuando ella entró **2** (move, guide) empujar suavemente; **to ~ sb TOWARD/INTO sth** empujar a algn HACIA/A algo **3** (approach) rondar; **unemployment is nudging 50% in some areas** el desempleo está rondando el 50% en algunas zonas

nudge² *n* golpe *m* (suave) con el codo; **to give sb/sth a ~** darle* un golpe (suave) con el codo a algn/algo; **they still haven't paid: it's time to give them a little ~** todavía no han pagado, hay que refrescarles la memoria; **~ ~ (, wink wink)** (BrE colloq & hum) tú ya sabes

nudie /'nu:di || 'nju:di/ *adj* (colloq) ‹*magazine/revue*› de mujeres desnudas, de destape, de piluchas (Chi fam)

nudism /'nu:dɪzəm || 'nju:dɪzəm/ *n* [u] nudismo *m*

nudist /'nu:dəst || 'nju:dɪst/ *n* nudista *mf*; (*before n*) ‹*beach/camp/club*› nudista; **~ colony** colonia *f* nudista

nudity /'nu:dəti || 'nju:dəti/ *n* [u] desnudez *f*; **scenes of full frontal ~** desnudos *mpl* explícitos *or* integrales

nugatory /'nu:gətɔ:ri || 'nju:gətəri/ *adj* (frml) nimio

nugget /'nʌgət/ *n* (Min) pepita *f*; **a gold ~** una pepita de oro; **a ~ of information** un dato muy valioso

nuisance /'nu:sns || 'nju:səns/ *n* **1** (occurrence, thing): **to be a ~** ser* un fastidio *or* (fam) una lata *or* una pesadez, ser* un incordio (Esp); **what a ~** ¡qué fastidio!, ¡qué lata! (fam); (*before n*): **the strikes had considerable ~ value** las huelgas

ℹ Numbers[1]

Cardinal numbers

1 =	uno	28 =	veintiocho
2 =	dos	29 =	veintinueve
3 =	tres	30 =	treinta
4 =	cuatro	31 =	treinta y uno
5 =	cinco	32 =	treinta y dos
6 =	seis	40 =	cuarenta
7 =	siete	50 =	cincuenta
8 =	ocho	60 =	sesenta
9 =	nueve	70 =	setenta
10 =	diez	80 =	ochenta
11 =	once	90 =	noventa
12 =	doce	100 =	cien
13 =	trece	101 =	ciento uno
14 =	catorce	102 =	ciento dos
15 =	quince	200 =	doscientos
16 =	dieciséis	300 =	trescientos
17 =	diecisiete	400 =	cuatrocientos
18 =	dieciocho	500 =	quinientos
19 =	diecinueve	600 =	seiscientos
20 =	veinte	700 =	setecientos
21 =	veintiuno	800 =	ochocientos
22 =	veintidós	900 =	novecientos
23 =	veintitrés	1000 =	mil
24 =	veinticuatro	1001 =	mil uno
25 =	veinticinco	10 000 =	diez mil
26 =	veintiséis	100 000 =	cien mil
27 =	veintisiete	1 000 000 =	un millón

In numbers after 30 the conjunction *y* is used between the tens and the units, but not between the hundreds and the tens:

46 = cuarenta y seis
432 = cuatrocientos treinta y dos

millón requires the use of *de*:

a million people
= un millón de personas

three million votes
= tres millones de votos

In most Spanish-speaking countries a point is used for writing figures over one thousand:

1,000 **(one thousand)**
= 1.000 (mil)

1,000,000 **(one million)**
= 1.000.000 (un millón)

Some Latin American countries, however, use the comma as in English:

1,000 **(one thousand)**
= 1,000 (mil)

1,000,000 **(one million)**
= 1,000,000 (un millón)

Gender and agreement

Numbers in Spanish are masculine when used as nouns, and require an article:

there's a zero missing
= le falta un cero

the prize went to number 21344
= el premio correspondió al veintiún mil trescientos cuarenta y cuatro

When a number refers to a noun which does not appear in the sentence, the article will agree with that noun:

which is your office? – 603
= ¿cuál es tu oficina? – la 603

When used as adjectives, numbers are invariable, except *uno* and *ciento*, any number ending in *uno* and *ciento*, and *quinientos*:

40 pounds
= cuarenta libras

300 euros
= trescientos euros

Un/uno/una

uno becomes *un* before a masculine noun:

one o a peso
= un peso

21 pesos
= veintiún pesos

una is used before a feminine noun:

one o a person
= una persona

21 euros
= veintiuna euros

uno and *una* are used as pronouns:

I have only one left
= sólo me queda uno

I asked him for one
= le pedí una

Cien/ciento

The form *cien* is used:

- When the word is used alone:

How many are there? – 100
= ¿cuántos hay? – cien

- When modifying another larger number:

100 000 people
= cien mil personas

100 000 000 dollars
= cien millones de dólares

- Before a noun:

100 tickets
= cien entradas

100 pupils
= cien alumnos

ciento is used to express numbers from 101 to 199:

105
= ciento cinco

198
= ciento noventa y ocho

---

fueron un gran irritante **2▸** (person) pesado, -da *m,f*, incordio *m* (Esp fam); **stop being a ~!** déjate de molestar *or* (fam) de dar la lata; **he's always making a ~ of himself** siempre está dando la lata (fam) **3▸** (Law): **a public ~** una alteración del orden público

nuisance call *n* llamada *f* anónima (molesta)

nuisance tax *n* (AmE) *impuesto cobrado directamente al consumidor*

NUJ *n* (in UK) = **National Union of Journalists**

nuke¹ /nuːk || njuːk/ *n* **1▸** (weapon) arma *f‡* nuclear **2▸** (power plant) central *f* nuclear

nuke² *vt* (colloq)
A bombardear con armas nucleares
B (microwave) (AmE) calentar*/cocinar en el microondas

null¹ /nʌl/ *adj* **1▸** (not binding) (Law): **to declare sth ~ and void** declarar nulo algo; **to render sth ~ and void** anular *or* invalidar algo **2▸** (ineffectual) anodino

null² *n* (Comput) *also* **~ character** carácter *n* nulo

nullification /ˌnʌləfəˈkeɪʃən || ˌnʌlɪfɪˈkeɪʃən/ *n* anulación *f*

nullify /ˈnʌləfaɪ || ˈnʌlɪfaɪ/ *vt* **-fies, -fying, -fied** ‹*decree/claim*› anular, invalidar; ‹*effect/efforts*› anular

nullity /ˈnʌləti/ *n* [u] nulidad *f*, invalidez *f*

NUM *n* (in UK) = **National Union of Mineworkers**

numb¹ /nʌm/ *adj* **-er, -est** (with cold) entumecido; **the injection made my gums go ~** la inyección me durmió las encías; **I just felt ~ after the funeral** quedé como atontado después del funeral; **to be ~ WITH sth: my fingers were ~ with cold** tenía los dedos entumecidos de frío; **~ with fear** petrificado de miedo

numb² *vt* «*cold*» entumecer*; «*drug*» dormir*, adormecer*, anestesiar; **television ~ed the country to the horror of the disaster** la excesiva cobertura televisiva del desastre insensibilizó a la población

number¹ /ˈnʌmbər || ˈnʌmbə(r)/ ▸ℹ p.1465, ▸ℹ p.1466 *n*

A [c] **1▸** (digit) número *m*; **in round ~s** en números redondos; **a six-figure ~** un número de seis cifras **2▸** (abstract quantity) número *m*; **a minus ~** un número negativo; (*before n*): **~ theory** teoría *f* numérica

B **1▸** (for identification) número *m*; (*telephone ~*) número de teléfono; **wrong ~** número equivocado; **license** *o* (BrE) **registration ~** número de matrícula *or* (AmL tb) de placa *or* (CS) de patente; **identity ~** número de identificación; **page/room ~** número de página/de habitación; **I'm in ~ 17** estoy en la (habitación) 17; **she lives at ~ 48** vive en el número 48; **the England ~ 11** (BrE) el número once inglés *or* de Inglaterra; **he was wearing ~ 9** llevaba el dorsal 9; ***her/my ~ is up*** le/me ha llegado la hora; **I thought my ~ was up** creí que me había llegado la hora; ***to do a ~ on sb*** (AmE sl) hacérsela* buena a algn (fam); ***to do a ~ one/~ two*** (colloq) hacer* pis/caca (fam), hacer* del uno/del dos (Méx, Per fam & euf); ***to do sth by the ~s*** (AmE) hacer* algo como Dios manda; ***to have sb's ~*** (esp AmE colloq) tener* calado a algn (fam) **2▸** (indicating rank): **I'll need a reliable ~ two** necesito un buen segundo de a bordo; **they are currently at ~ five** ocupan el quinto lugar; **to be public enemy ~ one** ser* el enemigo público número uno; ***to look out for*** *o* ***after ~ one*** pensar* ante todo en el propio interés; **he's only interested in ~ one** sólo piensa en sí mismo; (*before n*): **he's hardly your ~ one fan** no eres precisamente santo de su devoción; **Spain's ~ one shoe manufacturer** el primer fabricante de zapatos *or* el fabricante de zapatos líder de España

C **1▸** [c] (amount, quantity) número *m*; **student ~s** el número de estudiantes; **in a large ~ of cases** en un gran número de casos; **in a small ~ of cases** en unos pocos casos, en contados casos; **guess the ~ of beads in the jar** adivina cuántas cuentas hay en el frasco; **there are a ~ of reasons why you shouldn't go** hay una serie de razones por las que no deberías ir; **I've mentioned it a ~ of times** lo he mencionado varias veces; **on a ~ of occasions** en varias ocasiones, varias veces; **any ~ of things could go wrong** hay (una) cantidad de cosas *or* hay (una) infinidad de cosas que podrían fallar; **any ~ can play** puede jugar cualquier número de personas; **times without ~** (liter) innumerables veces; **actors of his talent are few in ~** actores como él hay pocos; **their superior ~s made victory certain** su superioridad numérica les aseguró la victoria; **can you give me some idea of (the) ~s?** ¿me puede dar una idea de cuántas personas serán? **2▸** (group): **among** *o* **in their ~** entre ellos, en su grupo; **I spoke to one of their ~** hablé con

ℹ Numbers²

Ordinal numbers

1st	= primero	1º
2nd	= segundo	2º
3rd	= tercero	3º
4th	= cuarto	4º
5th	= quinto	5º
6th	= sexto	6º
7th	= séptimo	7º
8th	= octavo	8º
9th	= noveno	9º
10th	= décimo	10º
11th	= undécimo *or* decimoprimero	11º
12th	= duodécimo *or* decimosegundo	12º
13th	= decimotercero	13º
14th	= decimocuarto	14º
15th	= decimoquinto	15º
16th	= decimosexto	16º
17th	= decimoséptimo	17º
18th	= decimoctavo	18º
19th	= decimonoveno *or* decimonono	19º
20th	= vigésimo	20º
21st	= vigesimoprimero	21º
22nd	= vigesimosegundo	22º
23rd	= vigesimotercero	23º
30th	= trigésimo	30º
40th	= cuadragésimo	40º
50th	= quincuagésimo	50º
60th	= sexagésimo	60º
70th	= septuagésimo	70º
80th	= octogésimo	80º
90th	= nonagésimo	90º
100th	= centésimo	100º
1,000th	= milésimo	1.000º
1,000,000th	= millonésimo	1.000.000º

Ordinals above *décimo* (10th) are often replaced by the corresponding cardinal number, especially in less formal speech:

the 40th anniversary
= el cuarenta *or* el cuadragésimo aniversario

Cardinal numbers are also used in titles where the number is above ten:

Carlos V
= Carlos quinto

Isabel II
= Isabel segunda

Alfonso XIII
= Alfonso trece

Juan XXIII
= Juan veintitrés

Gender and agreement

Spanish ordinal numbers agree with the noun they are qualifying, as do their abbreviated forms:

the 2nd volume
= el segundo tomo *or* el 2º tomo

the 5th installment
= la quinta entrega *or* la 5ª entrega

primero and *tercero* become *primer* and *tercer* when they precede a masculine singular noun, even if there is an intervening adjective:

his third attempt
= su tercer intento

the first great scholar of the subject
= el primer gran estudioso del tema

The abbreviated forms of *primer* and *tercer* are 1er and 3er

uno de ellos; **she only invited us to make up the ~s** sólo nos invitó para hacer bulto

D [c] **1** (song, tune) número *m* **2** (issue of magazine, journal) número *m* **3** (garment) (colloq) modelo *m*; **she was wearing a smart little gray ~** llevaba un elegante modelito gris **4** (individual) (colloq) tipo, -pa *m,f* (fam), tío, -tía *m,f* (Esp fam); **she's a hot little ~** está buenísima (fam), es un cuero (Chi, Méx fam) **5** (thing, situation, scene) (colloq): **some people think teaching is a cushy ~** algunos piensan que la enseñanza es Jauja *or* (Esp tb) un chollo (fam); **this divorce has been a really heavy ~ for him** (sl) el divorcio ha sido un buen palo para él (fam)

E [u] (Ling) número *m*

F **numbers** *pl* (AmE colloq) **1** (lottery) lotería *f*; (illegal lottery) lotería *f* clandestina, ≈ chance *m* (*en Col*); **to play the ~s** jugar* a la lotería **2** (results): **I can't say anything till I see the ~s** no puedo decir nada hasta ver las cifras; **the show had spectacular ~s in New England** el programa tuvo una audiencia enorme en Nueva Inglaterra

G **Numbers** (Bib) (el libro de) Números

number² *vt* **1** (assign number to) ‹*houses/pages/items*› numerar; **a ~ed (bank) account** una cuenta (bancaria) numerada **2** (amount to): **the spectators ~ed 50,000** había (un total de) 50.000 espectadores, el número de espectadores ascendía a 50.000; **they ~ thousands** son miles, hay miles de ellos **3** (count) contar*; **the benefits are too many to be ~ed** los beneficios son innumerables; **they are worthy to be ~ed among the saints** merecen un lugar entre los santos, merecen que se los cuente entre los santos; **his days are ~ed** tiene los días contados

■ **number** *vi* **1** (figure) figurar; **he ~s among the greats of rock music** figura *or* está entre los grandes del rock **2** (Mil) numerarse

number cruncher /ˈkrʌntʃər || ˈkrʌntʃə(r)/ *n* (colloq) **1** (Comput) calculadora *f*, computadora *f* **2** (person) contador, -dora *m,f* (AmL), contable *mf* (Esp), comenúmeros *mf* (Esp hum & fam)

number crunching /ˈkrʌntʃɪŋ/ *n* [u] (Comput) procesamiento *m* de datos numéricos; **the people who do the ~ ~** la gente que hace los cálculos

numberless /ˈnʌmbərləs || ˈnʌmbəlɪs/ *adj* innumerable

numberplate /ˈnʌmbərpleɪt || ˈnʌmbəpleɪt/ *n* (BrE) matrícula *f*, placa *f* (esp AmL), patente *f* (CS), chapa *f* (RPl)

numbers game *n* (AmE) ▸ **number¹ F1**

number sign *n* (AmE) (Comput, Telec) tecla *f* (del signo) de número, tecla *f* numeral, tecla *f* de almohadilla (Esp)

numbing /ˈnʌmɪŋ/ *adj* ‹*cold*› entumecedor; ‹*certainty/proportions/statistics*› abrumador; ‹*banality/monotony*› soporífero

numbingly /ˈnʌmɪŋli/ *adv* ‹*boring/banal/predictable*› terriblemente, increíblemente; **it was ~ cold** hacía un frío espantoso

numbly /ˈnʌmli/ *adv*: **she just sat there ~** estaba sentada allí como atontada

numbness /ˈnʌmnəs || ˈnʌmnɪs/ *n* [u]: **I still experience some ~ in my fingers** todavía siento los dedos medio dormidos; **I was left with a feeling of ~ after she died** su muerte me dejó como aturdido

numbskull /ˈnʌmskʌl/ *n* ▸ **numskull**

numeracy /ˈnuːmərəsi || ˈnjuːmərəsi/ *n* [u] (esp BrE) nociones *fpl* elementales de cálculo aritmético

numeral /ˈnuːmərəl || ˈnjuːmərəl/ *n* número *m*; **Roman/Arabic ~s** números romanos/arábigos

numerate /ˈnuːmərət || ˈnjuːmərət/ *adj* (esp BrE) *capaz de realizar cálculos aritméticos elementales*; **she's barely ~** apenas sabe sumar y restar

numerator /ˈnuːməreɪtər || ˈnjuːməreɪtə(r)/ *n* numerador *m*

numeric /nʊˈmerɪk || njuːˈmerɪk/ *adj* numérico

numerical /nʊˈmerɪkəl || njuːˈmerɪkəl/ *adj* numérico; **in ~ order** *o* **sequence** por *or* en orden numérico

numerically /nʊˈmerɪkli || njuːˈmerɪkli/ *adv* **1** (Math) numéricamente, en cifras *or* números **2** ‹*superior/inferior*› numéricamente; **~, the advantage lay with the enemy** (*indep*) desde el punto de vista numérico *or* en cuanto a su número, el enemigo estaba en una situación de ventaja

numerological /ˌnuːmərəˈlɑːdʒɪkəl || ˌnjuːmərəˈlɒdʒɪkəl/ *adj* numerológico

numerology /ˌnuːməˈrɑːlədʒi || ˌnjuːməˈrɒlədʒi/ *n* [u] numerología *f*

numerous /ˈnuːmərəs || ˈnjuːmərəs/ *adj* numeroso; **... and others too ~ to mention** ... y otros que sería interminable enumerar

numismatic /ˌnuːməzˈmætɪk || ˌnjuːmɪzˈmætɪk/ *adj* numismático

numismatics /ˌnuːməzˈmætɪks || ˌnjuːmɪzˈmætɪks/ *n* (+ *sing vb*) numismática *f*

numismatist /nuːˈmɪzmətəst || njuːˈmɪzmətɪst/ *n* numismático, -ca *m,f*, coleccionista *mf* de monedas

numskull /ˈnʌmskʌl/ *n* (esp AmE colloq) zoquete *m* (fam), tarugo, -ga *m,f* (fam)

nun /nʌn/ ▸ ℹ **p.1213** *n* monja *f*, religiosa *f* (frml), hermana *f* de caridad

nuncio /ˈnʌnsiəʊ/ *n* (*pl* **-os**): **(papal) ~** nuncio *m* (apostólico)

nunnery /ˈnʌnəri/ *n* (*pl* **-ries**) convento *m*

nuptial /ˈnʌpʃəl/ *adj* **1** (frml *or* hum) ‹*ceremony*› nupcial (frml); ‹*mass*› de esponsales (frml) **2** (Zool) ‹*dance/flight*› nupcial

nuptials /ˈnʌpʃəlz/ *pl n* (frml *or* hum) nupcias *fpl* (frml), esponsales *mpl* (frml)

nurse¹ /nɜːrs || nɜːs/ *n* **1** (Med) enfermero, -ra *m,f*; **student ~** estudiante *mf* de enfermería; **night/day ~** enfermero del turno nocturno/diurno **2** (nanny) niñera *f* **3** ▸ **wet nurse**

nurse² *vt*

A **1** (Med) ‹*patient*› atender*, cuidar (de); **he ~d her back to health** la atendió *or* cuidó hasta que se repuso, cuidó de ella hasta que se repuso **2** ‹*wound/injury*› cuidar; **he's still nursing a sore head** todavía anda con dolor de cabeza; **the champion went away to ~ his wounded pride** el campeón se retiró a lamerse las heridas; **I'm staying in to ~ my cold** me voy a quedar en casa a ver si me mejoro de este resfriado **3** ‹*business*› sacar* a flote; **he ~d the bill through parliament** logró que aprobaran el proyecto de ley; **he ~d his car to the nearest garage** manejando *or* (Esp) conduciendo con sumo cuidado, logró llegar hasta el taller más próximo

B **1** (cradle) ‹*baby*› arrullar, tener* en brazos **2** ‹*drink*› tener* en la mano

C (suckle) ‹*baby*› amamantar; **nursing mothers** madres de niños de pecho *or* que están amamantando a sus hijos

D (harbor) ‹*hope/ambition*› abrigar*; **to ~ a grudge** guardar rencor

■ **nurse** *vi* «*baby*» mamar

nursemaid /ˈnɜːrsmeɪd || ˈnɜːsmeɪd/ *n* (dated) niñera *f*

nursery /ˈnɜːrsri, -səri || ˈnɜːsri, -səri/ *n* (*pl* **-ries**) **1** (in house) cuarto *m or* habitación *f* de los niños **2** (at workplace) guardería *f* **3** (Agr, Hort) vivero *m* **4** (breeding ground) semillero *m*; **a ~ for young talent** un semillero de jóvenes talentos

nurseryman /ˈnɜːrsrimən, -səri- || ˈnɜːsrimən, -səri-/ *n* (*pl* **-men** /-mən/) *dueño o encargado de un vivero*

nursery nurse *n* (BrE) puericultor, -tora *m,f*

nursery rhyme *n* canción *f* infantil

nursery school *n* pre-escolar *m*, parvulario *m*, kindergarten *m* (AmL), jardín *m* infantil (AmL) *or* (RPl) de infantes; (*before n*): **nursery-school education** enseñanza *f* pre-escolar; **nursery-school teacher** maestro, -tra *mf* de párvulos, parvulista *mf*, parvulario, -ria *mf* (Chi)

nursery slope *n* (in skiing) pista *f* para principiantes

nursing /'nɜːrsɪŋ || 'nɜːsɪŋ/ *n* [u] **1** (profession) enfermería *f*; (*before n*) ‹*staff/studies*› de enfermería **2** (care) atención *f*, cuidado *m*

nursing home *n* **1** (for the aged) hogar *m* de ancianos; (for convalescence) clínica *f*, casa *f* de reposo *or* (Ur) de salud **2** (for pregnant women) (BrE) clínica *f* de maternidad

nurture[1] /'nɜːrtʃər || 'nɜːtʃə(r)/ *vt* ‹*child/person*› criar*, educar*; ‹*plant/crop*› cuidar; ‹*friendship*› cultivar; ‹*emotion/feeling*› nutrir, alimentar

nurture[2] *n* [u] (frml) crianza *f*, educación *f*

NUS *n* (in UK) = **National Union of Students**

nut[1] /nʌt/ *n*

A (Agr, Bot, Culin) fruto *m* seco (*nuez, almendra, avellana etc*); ***a hard*** *o* ***tough*** ~ (BrE colloq) un tipo duro (fam); ***a hard*** *o* ***tough*** ~ ***to crack*** un hueso duro de roer, un problema difícil de resolver; (*before n*) ‹*cutlet/loaf*› de frutos secos; ~ **roast** *plato vegetariano hecho al horno que consiste en verduras con frutos secos y hierbas*

B (Tech) tuerca *f*; ~**s and bolts** tuercas y tornillos; ***the*** ~***s and bolts*** **(*of sth*)**: **the** ~**s and bolts of accounting** las bases *or* los elementos básicos de contabilidad

C (colloq) **1** (crazy person) chiflado, -da *m,f* (fam) **2** (fanatic): **a baseball/an opera** ~ un fanático *or* (Esp fam) un forofo del béisbol/de la ópera; **a punctuality** ~ un fanático *or* un maniático de la puntualidad

D (head) (BrE colloq) coco *m* (fam), mate *m* (CS fam); ***off one's*** ~ (crazy, reckless) mal del coco (fam), chiflado (fam); (angry): **she went off her** ~ **when I told her** se puso como un basilisco *or* se puso histérica cuando se lo dije (fam); ***to do one's*** ~ (BrE) salirse* de sus (*or* mis *etc*) casillas

E **nuts** *pl* (testicles) (vulg) huevos *mpl* (vulg), cojones *mpl* (vulg), pelotas *fpl* (CS vulg), tanates *mpl* (Méx vulg)

F (overhead) (AmE sl) gastos *mpl* generales

nut[2] *vt* **-tt-** (BrE colloq) darle* un cabezazo a

NUT *n* (in UK) = **National Union of Teachers**

nutbrown /'nʌtbraʊn/ ►ℹ **p.1036** *adj* (liter) ‹*hair*› castaño caoba *adj inv*; ‹*skin*› moreno

nutcase /'nʌtkeɪs/ *n* (colloq) chiflado, -da *m,f* (fam), loco, -ca *m,f*

nutcracker /'nʌt,krækər || 'nʌt,krækə(r)/ *n* cascanueces *m*

nutcrackers /'nʌt,krækərz || 'nʌt,krækəz/ *pl n* (BrE) cascanueces *m*; **a pair of** ~ un cascanueces

nuthatch /'nʌthætʃ/ *n* trepador *m*

nuthouse /'nʌthaʊs/ *n* (colloq) loquero *m* (fam), manicomio *m*

nutmeg /'nʌtmeg/ *n* [u c] (spice) nuez *f* moscada; (tree) mirística *f*

nutraceutical /,nuːtrə'suːtɪkəl || ,njuːtrə'sjuːtɪkəl/ *n* (Culin) nutraceútico *m*

nutria /'nuːtriə || 'njuːtriə/ *n* [u] coipo *m*

nutrient /'nuːtriənt || 'njuːtriənt/ *n* nutriente *m*, sustancia *f* nutritiva

nutrition /nʊ'trɪʃən || njuː'trɪʃən/ *n* [u] nutrición *f*

nutritional /nʊ'trɪʃənl || njuː'trɪʃənl/ *adj* nutritivo, alimenticio

nutritionist /nʊ'trɪʃənəst || njuː'trɪʃənɪst/ *n* nutriólogo, -ga *m,f*, nutricionista *mf*

nutritious /nʊ'trɪʃəs || njuː'trɪʃəs/ *adj* nutritivo

nuts[1] /nʌts/ *adj* (colloq) (*pred*) chiflado (fam), chalado (fam); **to go** ~ **(over sth/sb)** chalarse *or* chiflarse (por algo/algn) (fam); **this job is enough to drive you** ~ este trabajo es capaz de enloquecer a cualquiera; **to be** ~ **ABOUT sth/sb**: **he's** ~ **about photography** es un fanático *or* (Esp fam) un forofo de la fotografía; **she's absolutely** ~ **about him** está loca por él (fam), se derrite por él (fam)

nuts[2] *interj* (colloq) (expressing annoyance) ¡caramba!; (expressing refusal): ~ **to you!** ¡vete a pasear! (fam)

nuts-and-bolts /,nʌtsən(d)'bəʊlts/ *adj* (*before n*) práctico; **I want to discuss the** ~ **issues** quiero que discutamos los aspectos prácticos del asunto

nutshell /'nʌtʃel/ *n* cáscara *f* de nuez; ***in a*** ~ en dos *or* en pocas palabras, en una palabra

nutsy /'nʌtsi/ *adj* **-sier, -siest** (AmE colloq) ►**nutty**

nutter /'nʌtər || 'nʌtə(r)/ *n* (BrE sl) chiflado, -da *m,f* (fam), chalado, -da *m,f* (fam), loco, -ca *m,f* (de remate); **she's a real** ~ está loca de remate, está como una cabra (fam)

nutty /'nʌti/ *adj* **-tier, -tiest**

A ‹*taste*› a nueces (*or* almendras *etc*)

B (colloq) **1** (eccentric) ‹*professor*› chiflado (fam), chalado (fam); ‹*idea*› de loco **2** (very fond) **to be** ~ **ABOUT sb** estar* loco *or* chalado *or* chiflado por algn (fam)

nuzzle /'nʌzəl/ *vi* (rub against) **to** ~ **AGAINST sth/sb**: **the dog** ~**d against my leg** el perro me acarició la pierna con el hocico; **he** ~**d (up) against her** se acurrucó contra ella

■ **nuzzle** *vt* acariciar con el hocico

NV = **Nevada**

NVDA *n* [u] = **non-violent direct action**

NVQ *n* = **National Vocational Qualification**

> **NVQ - National Vocational Qualification**
>
> Un título que se obtiene en Gran Bretaña mediante planes de educación y formación que se llevan a cabo en el lugar de trabajo o en ciertas universidades y colegios. Las materias guardan una relación directa con el mismo trabajo y se imparten en varios niveles.

NW (= **northwest**) NO

NWT = **North West Territories**

NY = **New York**

NYC = **New York City**

nylon /'naɪlɑːn || 'naɪlɒn/ *n* **1** [u] (Tex) nylon *m*; **this shirt is (made of)** ~ esta camisa es de nylon; (*before n*) ‹*shirt/stockings*› de nylon **2** **nylons** *pl* (dated) medias *fpl* de nylon

nymph /nɪmf/ *n*

A (Myth) ninfa *f*; **wood/water** ~ ninfa de los bosques/de las aguas

B (larva) (Zool) ninfa *f*

nymphet /nɪm'fet/ *n* (liter *or* journ) ninfa *f*

nympho /'nɪmfəʊ/ *n* (*pl* **-phos**) (sl) ninfómana *f*

nymphomania /,nɪmfə'meɪniə/ *n* [u] ninfomanía *f*, furor *m* uterino, fiebre *f* uterina

nymphomaniac /,nɪmfə'meɪniæk/ *n* ninfómana *f*

NYSE *n* (in US) (= **New York Stock Exchange**) la Bolsa de Nueva York

NZ = **New Zealand**

Oo

o' /ə(ʊ)/ (arch *or* poet) **= of**

o, O¹ /əʊ/ *n* 1 (letter) o, O *f* 2 (blood group) O *m*; ▸**blood group**

O² /əʊ/ *interj* oh

oaf /əʊf/ *n* 1 (clumsy, stupid person) zoquete *mf* (fam), zopenco, -ca *m,f* (fam) 2 (rude person) bruto, -ta *m,f*

oafish /'əʊfɪʃ/ *adj* zafio y torpe

oak /əʊk/ *n* 1 [c] **~ (tree)** roble *m*; ***great*** *o* ***mighty ~s from little acorns grow*** las cosas importantes tienen orígenes humildes; (*before n*): **~ apple** agalla *f*, cecidia *f*; **~ forest** *o* **wood** robledal *m*, bosque *m* de robles 2 [u] (wood) roble *m*

oaken /'əʊkən/ *adj* (liter) de roble

oakum /'əʊkəm/ *n* [u] estopa *f*

OAP *n* (BrE) **= old age pensioner**

oar /ɔːr || ɔː(r)/ *n* 1 (of boat) remo *m*; **he pulls a good ~** rema bien; ***to get one's ~ in*** meter baza, meter (la) cuchara (fam); ***to put*** *o* ***shove*** *o* ***stick one's ~ in*** (colloq) meter las narices (fam), entrometerse; ***to rest on one's ~s*** darse* un respiro; (lit) ⟨⟨*oarsman*⟩⟩ levantar los remos 2 (person) remero, -ra *m,f*

oarlock /'ɔːrlɑːk || 'ɔːlɒk/ *n* (AmE) tolete *m*, escálamo *m*

oarsman /'ɔːrzmən || 'ɔːzmən/ *n* (*pl* **-men** /-mən/) remero *m*

oarswoman /'ɔːrz,wʊmən || 'ɔːz,wʊmən/ *n* (*pl* **-women**) remera *f*

OAS *n* (**= Organization of American States**) OEA *f*

oasis /əʊ'eɪsɪs/ *n* (*pl* **oases** /əʊ'eɪsiːz/) oasis *m*; **an ~ of peace** un oasis de paz

oast /əʊst/ *n*: *horno para secar el lúpulo*

oast house *n* secadero *m* (*de lúpulo*)

oat /əʊt/ *n* 1 (plant) avena *f*; **wild ~** avena loca, ballueca *f* 2 **oats** *pl* (cereal) avena *f*, copos *mpl* de avena, Quáker® *m* (CS); ***to be off one's ~s*** (colloq) no tener* ganas de comer; ***to feel one's ~s*** (AmE colloq) sentirse* en la cumbre; ***to get*** *o* ***have one's ~s*** (BrE sl) echarse polvos (arg); ***to know one's ~s*** (AmE) ser* un experto en la materia; ***to sow one's wild ~s*** correrla (mientras se es joven) (fam)

oat bran *n* salvado *m* de avena

oatcake /'əʊtkeɪk/ *n* galleta *f* de avena

oath /əʊθ/ *n* (*pl* **~s** /əʊðz/) 1 (promise) juramento *m*; **~ of allegiance** juramento de lealtad; **to break one's ~** romper* su (*or* mi *etc*) juramento; **to make** *o* **swear** *o* **take the ~** jurar, hacer* (un) juramento; **to take the ~** (Law) jurar; **under** *o* (BrE also) **on ~** (Law) bajo juramento; **to put** *o* **place sb under** *o* (BrE also) **on ~** tomarle juramento *or* (frml) juramentar a algn; **on** *o* **upon my ~, I am innocent** (arch) soy inocente, lo juro 2 (curse) (liter) juramento *m* (liter)

oatmeal /'əʊtmiːl/ *n* [u] 1 (Culin) (flour) harina *f* de avena; (flakes) (AmE) avena *f* (*en copos*) 2 ▸❶ p.1036 (color) beige *m* crudo; (*before n*) beige crudo *adj inv*

OAU *n* (**= Organization of African Unity**) OUA *f*

ob (died) (dated) m.

obbligato /,ɑːblə'gɑːtəʊ || ,ɒblɪ'gɑːtəʊ/ *n* (*pl* **-tos** *or* **-ti** /-tiː/) obligado *m*

obduracy /'ɑːbdərəsi || 'ɒbdjʊrəsi/ *n* [u] (frml) empecinamiento *m*, obstinación *f*

obdurate /'ɑːbdərət || 'ɒbdjʊrət/ *adj* (frml) ⟨*refusal/stand*⟩ obstinado; ⟨*pride*⟩ irreductible, contumaz (frml); ⟨*sinner*⟩ empedernido

obdurately /'ɑːbdərətli || 'ɒbdjʊrətli/ *adv* (frml) con empecinamiento *or* obstinación; **they continue ~ to believe that …** siguen obstinándose *or* empecinándose en creer que …

OBE *n* (in UK) **= Order of the British Empire**

obedience /ə'biːdiəns əʊ-/ *n* [u] obediencia *f*; **to show ~ to sb/sth** obedecer* a algn/algo; **to owe ~ to sb** (frml) deberle obediencia a algn; **to act in ~ to sb's wishes** actuar* obedeciendo los deseos de algn; (*before n*): **~ training** adiestramiento *m*

obedient /ə'biːdiənt əʊ-/ *adj* obediente; **your ~ servant** (frml & dated) su humilde servidor (frml & ant)

obediently /ə'biːdiəntli, əʊ-/ *adv* obedientemente

obeisance /əʊ'beɪsns/ *n* 1 [u] (homage) (frml) homenaje *m*; **to make** *o* **pay ~ to sb/sth** rendir* *or* tributar homenaje a algn/algo 2 [c u] (bow) (arch) reverencia *f*

obelisk /'ɑːbəlɪsk || 'ɒbəlɪsk/ *n* obelisco *m*

obese /əʊ'biːs/ *adj* obeso

obesity /əʊ'biːsəti/ *n* [u] obesidad *f*

obey /ə'beɪ əʊ-/ *vt* ⟨*person/instructions*⟩ obedecer*; ⟨*instincts*⟩ seguir*; **just ~ your conscience** haz lo que te dicte la conciencia

■ **obey** *vi* obedecer*

obfuscate /'ɑːbfəskeɪt || 'ɒbfəskeɪt/ *vt* (frml) 1 ⟨*issue*⟩ confundir; **his emotions ~d his judgment** lo ofuscaban sus sentimientos 2 **obfuscating** ⟨*regulations*⟩ confuso, ininteligible

obfuscation /,ɑːbfəs'keɪʃən || ,ɒbfəs'keɪʃən/ *n* [u] (frml) confusión *f*

OB-GYN *n* (AmE) (**= obstetrics and gynecology**) tocoginecología *f*

obit /'əʊbɪt/ *n* (colloq) obituario *m*, necrológicas *fpl*

obituary /ə'bɪtʃueri || ə'bɪtjʊəri/ *n* (*pl* **-ries**) obituario *m*, notas *fpl* necrológicas; **don't write the ~ of the party!** ¡no firmes el acta de defunción del partido!; (*before n*) ⟨*column/notice*⟩ necrológico; ⟨*writer*⟩ de obituarios *or* de notas necrológicas

object¹ /'ɑːbdʒɪkt || 'ɒbdʒɪkt/ *n*

A 1 (thing) objeto *m*; **what is this strange ~?** ¿qué es este objeto tan raro?; **she felt she was being treated as a sex ~** sintió que se la trataba como a una mujer objeto *or* un mero objeto sexual; ***no ~***: **distance is no ~** la distancia no importa *or* no es inconveniente; **money's no ~ for them** el dinero no les preocupa; **give me the biggest you have: expense** *o* **money (is) no ~** deme el más grande que tenga, cueste lo que cueste 2 (of actions, feelings) objeto *m*; **he was the ~ of a smear campaign** fue objeto de una campaña de difamación

B (aim, purpose) objetivo *m*, propósito *m*, fin *m*; **we proceeded with this ~ in mind** procedimos teniendo en mente este objetivo *or* propósito; **there's no ~ in continuing** no tiene sentido *or* objeto continuar

C (Ling) complemento *m*; **direct/indirect ~** complemento (de objeto) directo/indirecto

object² /əb'dʒekt/ *vi* 1 (express objection, oppose) **to ~ (TO sth)** oponerse* *or* poner* objeciones (A algo); **she ~ed to the presence of journalists** puso objeciones *or* se opuso a la presencia de periodistas; **nobody ~ed when I proposed the motion** nadie se opuso *or* nadie puso objeciones *or* nadie objetó cuando presenté la moción; **I ~ most strongly to your accusations!** ¡no puedo dejar pasar sus acusaciones sin protestar enérgicamente!; **I ~!** ¡protesto!; **to ~ to a question** (Law) oponerse* a *or* objetar una pregunta 2 (disapprove, mind): **if you don't ~** si no le molesta *or* (frml) importuna; **to ~ TO -ING: do you ~ to my smoking?** ¿le molesta que fume?; **but I do ~ to not being told at all** pero lo que sí me molesta *or* lo que sí no puedo admitir es que no se me diga nada; **I ~ to your using this place as a hotel** no estoy dispuesta a aceptar que uses esta casa como un hotel; **I wouldn't ~ to a cup of tea** no diría que no a una taza de té

■ **object** *vt* objetar; **she ~ed that he was too young** objetó que era demasiado joven; **I think it's unfair —he ~ed** —me parece injusto —objetó

objectify /ɑːb'dʒektəfaɪ || əb'dʒektɪfaɪ/ *vt* **-fies, -fying, -fied** 1 ⟨*experience/emotion*⟩ objetivar, objetificar* 2 ⟨*person*⟩ tratar como un objeto

objection /əb'dʒekʃən/ *n* 1 [c] (argument against) objeción *f*; **that's a valid ~** es una objeción válida; **to make/raise/voice an ~** hacer*/poner*/expresar una objeción; **I've no ~: we can go wherever you like** no tengo inconveniente, podemos ir a donde quieras; **I'm going out: any ~s?** voy a salir ¿alguna objeción *or* algún inconveniente?; **~ THAT** objeción DE QUE; **he raised the ~ that the company was short of funds** puso la objeción de que la compañía estaba escasa de fondos; **~ TO sth** objeción A algo; **is there any ~ to my being present?** ¿existe alguna objeción a que *or* algún inconveniente en que yo asista? 2 [c] (Law): **~!** ¡protesto!; **~ overruled** no ha lugar a la protesta; **~ sustained** *o* **upheld** ha lugar a la protesta 3 [u] (disapproval, dislike): **the plan met with the ~ of the clergy** el plan se encontró con la oposición del clero; **I have no ~ to her** no tengo nada en contra de ella; **I have no ~ to his coming too** no tengo ningún inconveniente *or* ningún reparo en que venga él también

objectionable /əb'dʒekʃnəbəl || əb'dʒekʃnəbəl/ *adj* ⟨*attitude/remark*⟩ censurable, inaceptable; ⟨*person/tone*⟩ desagradable; ⟨*language*⟩ soez; **a most ~ smell** un olor desagradabilísimo; **I see nothing ~ in that proposal/idea** no veo nada inaceptable en esa propuesta/idea; **he was really ~** estuvo de lo más desagradable

objective¹ /ɑːb'dʒektɪv || əb'dʒektɪv/ *adj*

A ⟨*opinion/assessment/fact*⟩ objetivo; **I've tried to be ~** he intentado ser objetivo

B (Ling) ⟨*pronoun*⟩ de complemento directo; **~ case** acusativo *m*

objective² *n* objetivo *m*; **military ~s** objetivos militares

objectively /ɑːb'dʒektɪvli || əb'dʒektɪvli/ *adv* objetivamente; **~ speaking** si se es objetivo, desde un punto de vista objetivo

objectivism /ɑːb'dʒektɪvɪzəm || əb'dʒektɪvɪzəm/ *n* [u] objetivismo *m*

objectivity /ˌɑːbdʒek'tɪvəti ‖ ˌɒbdʒek'tɪvəti/ *n* [u] objetividad *f*

object language *n* (Comput, Ling) lengua *f* objeto, lengua *f* meta

object lesson *n* perfecta demostración *f*; **it was an ~ ~ in how not to do it** fue la perfecta demostración de cómo no se debe hacer

objector /əb'dʒektər ‖ əb'dʒektə(r)/ *n*: **there were many ~s to the new plan** mucha gente se opuso *or* puso objeciones al nuevo plan; **conscientious ~** objetor, -tora *m,f* de conciencia

object-oriented /ˌɑːbdʒɪkt'ɔːrientəd ‖ ˌɒbdʒɪkt'ɔːrientɪd/ *adj* ‹*programming/program/language*› orientado a objetos

objet d'art /ˌɔːbʒer'dɑːr ‖ ˌɒbʒer'dɑː(r)/ *n* (*pl* **~s ~** /ˌɔːbʒer'dɑːr ‖ ˌɒbʒer'dɑː(r)/) objeto *m* de arte

oblate[1] /'ɑːbleɪt ‖ 'ɒbleɪt/ *adj* ‹*sphere*› achatado en los polos

oblate[2] *n* oblato, -ta *m,f*

oblation /ə'bleɪʃən/ *n* (frml) oblación *f* (frml)

obligate /'ɑːbləgeɪt ‖ 'ɒblɪgeɪt/ *vt*

A (oblige) (esp AmE frml) **to ~ sb to + INF** obligar* a algn A + INF; **the agreement ~s us to do it** el acuerdo nos obliga a hacerlo; **to be/feel ~d (to + INF)** estar*/sentirse* obligado (A + INF); **he felt ~d to look after his parents** se sentía obligado a cuidar de sus padres; **don't feel ~d** no te sientas obligado; **to be/feel ~d to sb** estar*/quedar en deuda con algn

B (Fin) (AmE) ofrecer* como garantía

obligation /ˌɑːblə'geɪʃən ‖ ˌɒblɪ'geɪʃən/ *n* [1] [c u] (duty, requirement) obligación *f*; **moral/legal ~** obligación moral/legal; **family/professional ~s prevented me from attending** compromisos *mpl* familiares/profesionales me impidieron asistir; **I feel/have an ~ to my parents** me siento obligado/tengo una obligación para con mis padres; **~ to + INF** obligación DE + INF; **we have an ~ to help them** tenemos la obligación de ayudarlos; **there's no ~ to buy** no hay obligación de comprar; **to be under an ~ (to + INF)**: **it has placed me under an ~ to help her** me ha puesto en el compromiso de tener que ayudarla; **I understand that I am under no ~ and may return it at any time** entiendo que no contraigo ninguna obligación y puedo devolverlo en cualquier momento [2] [c] (financial commitment) (Busn) compromiso *m*; **the firm was unable to meet its ~s** la compañía no pudo hacer frente a sus compromisos

obligato *n* ▸**obbligato**

obligatory /ə'blɪgətɔːri ‖ ə'blɪgətri/ *adj* obligatorio; **military service is ~** el servicio militar es obligatorio; **the movie contained the ~ car chase** (iro) la película tenía la inevitable *or* consabida persecución de coches

oblige /ə'blaɪdʒ/ *vt*

A (require, compel) **to ~ sb to + INF** obligar* a algn A + INF; **the delay ~d us to cancel the order** el retraso nos obligó a cancelar el pedido; **to be ~d to + INF**: **you're not ~d to attend** no estás obligado a asistir, no tienes obligación de asistir; **I was ~d to leave early** me vi obligado a irme temprano; **I felt ~d to stay a bit longer** me sentí obligado a quedarme un ratito más

B (do favor for): **he was always ready to ~ a friend** estaba siempre dispuesto a hacerle un favor a un amigo; **you would ~ me by leaving me alone** me haría un favor si me dejara en paz; **she ~d the guests with a song** complació a los invitados cantando una canción; **much ~d!** muchas gracias, le agradezco mucho; **I'd be much ~d if you could help me** le quedaría muy agradecido si pudiera ayudarme; **we are greatly ~d to you for your help** le estamos muy agradecidos por su ayuda

■ **oblige** *vi*: **he's always willing to ~** siempre está dispuesto a hacer un favor; **I asked for help, but nobody ~d** pedí ayuda pero nadie se ofreció; **I regret that I am unable to ~** siento no poder complacerlo (*or* complacerlos *etc*); **anything to ~** (colloq) con mucho gusto

obliging /ə'blaɪdʒɪŋ/ *adj* atento, servicial; **she's always so ~** siempre es tan atenta *or* servicial; **that's very ~ of you** es muy amable de su parte

obligingly /ə'blaɪdʒɪŋli/ *adv* atentamente, amablemente

oblique[1] /ə'bliːk, əʊ-/ *adj* [1] ‹*line/plane/angle*› oblicuo [2] ‹*reply/reference/style*› indirecto; **she gave me an ~ look** me miró de soslayo *or* de refilón [3] (Ling) ‹*case*› oblicuo

oblique[2] *n* barra *f* (*inclinada*)

obliquely /ə'bliːkli, əʊ-/ *adv* [1] (at an angle) oblicuamente [2] (indirectly) ‹*reply*› indirectamente; **she looked ~ at me** me miró de soslayo *or* de refilón

obliterate /ə'blɪtəreɪt/ *vt* [1] (obscure, erase) borrar, obliterar (frml); **the sea had ~d their message in the sand** el mar había borrado el mensaje que habían escrito en la arena; **fog had ~d the landscape** la niebla había desdibujado el paisaje; **the inscription has been ~d by age** el paso del tiempo ha borrado *or* ha hecho desaparecer la inscripción [2] (destroy) ‹*city/population*› arrasar, destruir* totalmente

obliteration /əˌblɪtə'reɪʃən/ *n* [u] [1] (of writing): **despite its partial ~ ...** a pesar de estar parcialmente borrado *or* (frml) obliterado ... [2] (destruction) destrucción *f*, devastación *f*

oblivion /ə'blɪviən/ *n* [u] [1] (obscurity) olvido *m*; **to fall** *o* **sink into ~** caer* en el olvido; **to consign sth/sb to ~** relegar* algo/a algn al olvido [2] (unconsciousness) inconsciencia *f*; **to drink oneself into ~** beber hasta perder el conocimiento

oblivious /ə'blɪviəs/ *adj* (*pred*) **to be ~ OF** *o* **TO sth**: **she was quite ~ of** *o* **to her surroundings** estaba totalmente ajena a lo que la rodeaba; **~ of** *o* **to the danger** haciendo caso omiso del peligro

oblong[1] /'ɑːblɔːŋ ‖ 'ɒblɒŋ/ *adj* alargado, oblongo

oblong[2] *n* rectángulo *m*; **the courtyard was an ~** el patio era alargado *or* tenía forma de rectángulo

obloquy /'ɑːbləkwi ‖ 'ɒbləkwi/ *n* (*pl* **-quies**) (frml) [1] [u c] (abuse, disapproval) oprobio *m* (frml), vilipendio *m* (frml) [2] [u] (disgrace) oprobio *m* (frml)

obnoxious /ɑːb'nɑːkʃəs ‖ əb'nɒkʃəs/ *adj* detestable; **the idea was ~ to me** la idea me era repelente *or* repugnante; **he was particularly ~ last night** anoche estuvo absolutamente odioso

obnoxiously /ɑːb'nɑːkʃəsli ‖ əb'nɒkʃəsli/ *adv* de manera detestable

obnoxiousness /ɑːb'nɑːkʃəsnəs ‖ əb'nɒkʃəsnɪs/ *n* [u] lo detestable

oboe /'əʊbəʊ/ *n* oboe *m*

oboist /'əʊbəʊəst ‖ 'əʊbəʊɪst/ *n* oboe *mf*

obscene /ɑːb'siːn ‖ əb'siːn/ *adj* [1] (indecent) ‹*gesture/language*› obsceno, soez; ‹*photograph/phone call/publication*› obsceno, indecente [2] (abhorrent) espantoso; **what he earns is ~** (colloq) lo que gana es escandaloso *or* es un escándalo

obscenely /ɑːb'siːnli ‖ əb'siːnli/ *adv* [1] (indecently) ‹*pose/gesture*› obscenamente [2] (abhorrently) ‹*rich*› indecentemente, escandalosamente; ‹*fat*› asquerosamente

obscenity /ɑːb'senəti ‖ əb'senəti/ *n* (*pl* **-ties**) [1] [u] (indecency) obscenidad *f* [2] [c] (repulsive thing or action) aberración *f*, espanto *m* [3] [c] (obscene word) obscenidad *f*

obscurantism /ɑːb'skjʊrəntɪzəm ‖ ˌɒbskjʊə'ræntɪzəm/ *n* [u] (liter) oscurantismo *m*

obscurantist /ɑːb'skjʊrəntəst ‖ ˌɒbskjʊə'ræntɪst/ *adj* (liter) oscurantista

obscure[1] /əb'skjʊr ‖ əb'skjʊə(r)/ *adj* **obscurer, obscurest** [1] (not easily understood) ‹*meaning*› oscuro, poco claro; ‹*message/reference*› críptico; **for some ~ reason** por alguna extraña razón [2] (vague) ‹*impression/feeling/memory*› confuso, vago [3] (little known) ‹*writer/journal*› oscuro, poco conocido; ‹*island/town*› recóndito, perdido; **he died an ~ death** murió en la oscuridad

obscure[2] *vt* [1] (conceal) ‹*object/beauty/sun*› ocultar; ‹*sky*› oscurecer*; **her view of the stage was ~d by the man in front** el hombre que tenía delante le impedía ver todo el escenario; **he was suddenly ~d from sight** de repente quedó oculto a la vista [2] (make unclear, cover up): **he's just trying to ~ the issue** lo que quiere es confundir; **the report ~s the fact that the experiment failed** el informe intenta minimizar el hecho de que el experimento fracasó; **these irrelevant details ~ the central problem** estos detalles superfluos impiden ver claramente el problema central

obscurely /əb'skjʊrli ‖ əb'skjʊəli/ *adv* [1] (unclearly) ‹*talk/write/argue*› de manera confusa [2] (vaguely) ‹*remember/sense*› confusamente, vagamente [3] (inconspicuously) ‹*live*› oscuramente, en la oscuridad

obscurity /əb'skjʊrəti ‖ əb'skjʊərəti/ *n* (*pl* **-ties**) [1] [u c] (of remark, idea, argument) oscuridad *f*; **in spite of its many obscurities ...** a pesar de los muchos puntos oscuros ... [2] [u] (of background, situation, origin) oscuridad *f*; **to rise from ~** salir* de la oscuridad; **to sink** *o* **fall into ~** hundirse *or* caer* en el olvido *or* en la oscuridad [3] [u] (darkness) (liter) oscuridad *f*

obsequies /'ɑːbsəkwiz ‖ 'ɒbsɪkwiz/ *pl n* (frml) exequias *fpl* (frml)

obsequious /əb'siːkwiəs/ *adj* servil, excesivamente obsequioso

obsequiously /əb'siːkwiəsli/ *adv* servilmente, de modo excesivamente obsequioso

obsequiousness /əb'siːkwiəsnəs ‖ əb'siːkwiəsnɪs/ *n* [u] (frml) servilismo *m*

observable /əb'zɜːrvəbəl ‖ əb'zɜːvəbəl/ *adj* observable, visible; **there was an ~ improvement/change** hubo una mejora/un cambio apreciable *or* perceptible

observance /əb'zɜːrvəns ‖ əb'zɜːvəns/ *n* [1] [u] (of law, custom, agreement, religious festival) observancia *f*, cumplimiento *m* [2] [c] (rite, practice) práctica *f*; **religious ~s** prácticas religiosas

observant /əb'zɜːrvənt ‖ əb'zɜːvənt/ *adj* observador, perspicaz; **it was ~ of you to notice the difference** demostraste ser observador al darte cuenta de la diferencia

observation /ˌɑːbzər'veɪʃən ‖ ˌɒbzə'veɪʃən/ *n*

A [1] [u c] (examination, study) observación *f*; **to escape ~** pasar inadvertido *or* desapercibido; **he has no powers of ~** no es nada observador, no tiene capacidad de observación; **to keep sth/sb under ~** mantener* algo/a algn bajo vigilancia; (Med) tener* algo/a algn en observación; **she was taken to hospital for ~** la llevaron al hospital para tenerla en observación; (*before n*) ‹*post/tower/ward*› de observación; **~ balloon** (Meteo) globo *m* sonda; **~ satellite** satélite *m* de observación [2] [c] (recording, measurement) observación *m*; **to take an ~** observar

B [c] (comment) observación *f*, comentario *m*; **to make an ~** hacer* una observación *or* un comentario

observation car *n* (Rail) vagón *m or* coche *m* panorámico

observatory /əb'zɜːrvətɔːri ‖ əb'zɜːvətri/ *n* (*pl* **-ries**) observatorio *m*

observe /əb'zɜːrv ‖ əb'zɜːv/ *vt*

A [1] (watch carefully) observar; **police ~d the suspect closely** la policía vigilaba de cerca al sospechoso [2] (perceive, notice) observar; **he was ~d entering/leaving the building** se lo vio entrar/salir del edificio

B (comment) (liter) observar; **it's getting colder, she ~d** —está haciendo más frío —observó

C ‹*custom*› observar; ‹*law*› respetar, cumplir, obedecer*; ‹*religious festival*› guardar, celebrar; **to ~ the fast of Ramadan** guardar ayuno durante el Ramadán

■ **observe** *vi* (watch) observar, mirar

observer /əb'zɜːrvər ‖ əb'zɜːvə(r)/ *n* observador, -dora *m,f*; **stock market/UN ~s** observadores bursátiles/de la ONU; **he attended the conference as an ~** asistió a la conferencia en calidad de observador

The Observer

▸ **Sunday papers.**

obsess /əb'ses/ *vt* obsesionar

obsessed /əb'sest/ *adj* (*pred*) obsesionado; **to be ~ (WITH sb/sth)** estar* obsesionado (CON algn/algo); **she's ~ with becoming an actress** está obsesionada *or* se ha obsesionado con la idea de hacerse actriz

obsession /əb'seʃən/ *n* obsesión *f*; **golf has become an ~ with him** el golf se ha convertido en una obsesión para él; **her unnatural ~ with cleanliness** su obsesión *or* manía con la limpieza; **my boss has an ~ about punctuality** mi jefe tiene la manía de la puntualidad; **he has an ~ about being watched** tiene la obsesión *or* la manía de que lo vigilan

obsessional /əb'seʃnəl || əb'seʃənl/ *adj* ‹*behavior/neurosis*› obsesivo; **to be ~ ABOUT sth** ser* un obseso DE algo, tener* la obsesión DE algo

obsessive /əb'sesɪv/ *adj* ‹*jealousy/preoccupation*› obsesivo; **she's an ~ reader** leer es como una obsesión para ella; **he has an ~ fear of spiders** les tiene un miedo casi enfermizo *or* un verdadero pavor a las arañas; **it can easily become ~** se puede convertir fácilmente en una obsesión; **to be ~ ABOUT sth**: **he is quite ~ about his books** es muy maniático con sus libros; **she is becoming ~ about tidiness** le está entrando una obsesión *or* una manía con el orden

obsessive-compulsive[1] /əb,sesɪvkəm'pʌlsɪv/ *adj* (Psych) ‹*disorder/behaviour*› obsesivo-compulsivo

obsessive-compulsive[2] *n* (Psych) obsesivo-compulsivo *m*, obsesivo-compulsiva *f*

obsessively /əb'sesɪvli/ *adv* obsesivamente

obsessiveness /əb'sesɪvnəs || əb'sesɪvnɪs/ *n* [u] obsesión *f*

obsolescence /,ɑ:bsə'lesns || ,ɒbsə'lesns/ *n* [u] caída *f* en desuso, obsolescencia *f* (téc *o* frml); **to fall into ~** volverse* obsoleto; **built-in ~** obsolescencia planificada

obsolescent /,ɑ:bsə'lesnt || ,ɒbsə'lesnt/ *adj* ‹*machinery/equipment/ideas*› que se está volviendo obsoleto, obsolescente (frml)

obsolete /'ɑ:bsəli:t || 'ɒbsəli:t/ *adj* ‹*machinery/word/vehicle*› obsoleto; ‹*ideas/approach*› anticuado, obsoleto; ‹*spelling*› caído en desuso

obstacle /'ɑ:bstɪkəl || 'ɒbstəkəl/ *n* obstáculo *m*; **he had to overcome many ~s to get to the top** tuvo que vencer *or* superar *or* salvar muchos obstáculos para llegar arriba; **lack of money need not be an ~** la falta de dinero no tiene por qué ser un obstáculo *or* una dificultad *or* un impedimento; **he was the only ~ between us and the contract** él era el único obstáculo que nos separaba del contrato; **he put as many ~s in my path as he could** me puso todas las dificultades *or* todos los obstáculos que pudo en el camino; **~ TO sth/sb** obstáculo PARA algo/algn; **lack of training was no ~ to him** su falta de preparación no era un obstáculo *or* un impedimento para él; (*before n*): **~ course/race** pista *f* /carrera *f* de obstáculos

obstetric /əb'stetrɪk/ *adj* ‹*ward*› de obstetricia *or* tocología; ‹*care*› obstétrico

obstetrician /,ɑ:bstə'trɪʃən || ,ɒbstə'trɪʃən/ *n* obstetra *mf*, tocólogo, -ga *m,f*

obstetrics /əb'stetrɪks/ *n* (+ *sing vb*) obstetricia *f*, tocología *f*

obstinacy /'ɑ:bstənəsi || 'ɒbstɪnəsi/ *n* [u] **1** (stubbornness) obstinación *f*, terquedad *f* **2** (of illness) persistencia *f*; (of efforts, resistance) tenacidad *f*, determinación *f*

obstinate /'ɑ:bstənət || 'ɒbstɪnət/ *adj* ‹*person*› obstinado, terco; ‹*refusal/attitude*› obstinado; ‹*illness/headache/cough*› pertinaz, rebelde; ‹*efforts/resistance*› tenaz

obstinately /'ɑ:bstənətli || 'ɒbstɪnətli/ *adv* ‹*argue/persist/refuse*› (stubbornly) obstinadamente, porfiadamente; (determinedly) tenazmente; **the rash ~ refused to clear up** no había manera de que el sarpullido desapareciera

obstreperous /əb'strepərəs/ *adj* (frml *or* hum) escandaloso

obstreperously /əb'strepərəsli/ *adv* (frml *or* hum) ‹*shout/object*› escandalosamente

obstruct /əb'strʌkt/ *vt* **1** (block) ‹*road/vein/windpipe*› obstruir*; Ⓢ **do not obstruct these doors** no obstruya el acceso; **the building ~ed our line of vision** el edificio nos tapaba *or* obstruía la vista **2** (impede, hinder) ‹*traffic*› bloquear, obstruir*; ‹*plan/progress*› obstaculizar*, dificultar; **to ~ sb in the execution of his/her duty** obstaculizar* la labor de algn **3** (Sport) obstruir*, bloquear

obstruction /əb'strʌkʃən/ *n*
A [u] **1** (act) obstrucción *f* **2** (Sport) obstrucción *f*
B [c] (in traffic, pipeline) obstrucción *f*; (Med) obstrucción *f*, oclusión *f*; (to plans) obstáculo *m*, impedimento *m*; **move on please: you're causing an ~** circule: está obstruyendo el paso; **we encountered one ~ after another** encontramos un obstáculo *or* impedimento tras otro; **an ~ TO sth**: **an ~ to traffic** una obstrucción del tráfico; **a serious ~ to progress** un serio obstáculo al progreso

obstructionism /əb'strʌkʃənɪzəm/ *n* [u] obstruccionismo *m*

obstructionist /əb'strʌkʃənəst || əb'strʌkʃənɪst/ *n* obstruccionista *mf*

obstructive /əb'strʌktɪv/ *adj* ‹*policy/measure*› obstruccionista; ‹*person*› que pone obstáculos *or* dificultades; **he was being ~** estaba poniendo obstáculos *or* dificultades

obtain /əb'teɪn/ *vt* ‹*merchandise/information/results/ticket*› conseguir*, obtener* (frml); **salt can be ~ed from sea water** se puede obtener sal del agua del mar; **to ~ sth FOR sb** conseguirle* algo A algn; **we can ~ that book for you** le podemos conseguir ese libro

■ **obtain** *vi* (frml) **1** (exist) «*practice/belief*» imperar (frml); «*conditions*» estar* dadas **2** (be valid) «*law/theorem*» regir*

obtainable /əb'teɪnəbəl/ *adj*: **it's not ~ in this country** no se puede conseguir en este país; **passes are easily ~** los pases son fáciles de conseguir *or* se pueden conseguir fácilmente

obtrude /əb'tru:d/ *vt* (frml) **1** (force) imponer*; **to ~ one's opinions on others** imponer* sus opiniones a los demás **2** (push out) (Zool) sacar*

■ **obtrude** *vi* (frml): **the author's views do not ~** el autor no da prominencia a sus propias opiniones; **the memory kept obtruding (itself)** el recuerdo no cesaba de venirme a la memoria

obtrusion /əb'tru:ʒən/ *n* [u c] (frml) intrusión *f*

obtrusive /əb'tru:sɪv/ *adj* ‹*presence/narrator/building*› demasiado prominente; ‹*noise*› molesto; ‹*smell*› penetrante; **the violins/his gestures were ~** los violines/sus gestos eran demasiado prominentes

obtuse /ɑ:b'tu:s || ɒb'tju:s/ *adj*
A (Math) ‹*angle*› obtuso; **~ triangle** triángulo *m* obtusángulo
B (frml) (stupid) obtuso

obtuseness /ɑ:b'tu:snəs || ɒb'tju:snɪs/ *n* [u] (frml) cerrilidad *f*, lo obtuso

obverse[1] /'ɑ:bvɜ:rs || 'ɒbvɜ:s/ *n* (frml) **the ~** **1** (of coin, medal) el anverso **2** (of statement, fact) la contrapartida

obverse[2] *adj* (frml) (*before n*) **1** (facing) ‹*face/surface*› del anverso; **the ~ side** el anverso **2** (contrasting) inverso

obviate /'ɑ:bvieɪt || 'ɒbvieɪt/ *vt* (frml) ‹*difficulty/danger*› eludir; **to ~ the need for reform** hacer* innecesaria cualquier reforma

obvious[1] /'ɑ:bviəs || 'ɒbviəs/ *adj* **1** (evident, clear) ‹*answer/solution*› obvio, lógico; ‹*advantage/implication/difference*› obvio, claro; **his disappointment was ~** su decepción era evidente *or* palpable; **we've made a big mistake — that's ~** *o* **that much is ~** hemos cometido un gran error — eso está claro *or* es obvio; **the ~ thing to do is ...** no cabe duda de que lo que hay que hacer es ...; **if there is a connection, it's not at all ~ to me** si es que hay alguna relación, yo no la veo nada clara; **it was perfectly ~ that she was lying** no cabía la menor duda de que estaba mintiendo, estaba clarísimo que mentía; **it was ~ to anyone that it was too heavy** cualquiera se hubiera dado cuenta de que pesaba demasiado; **it was ~ to us that something was wrong** nos dábamos perfecta cuenta *or* nos resultaba obvio que algo iba mal; **it's by no means ~ who'll succeed her** no está nada claro quién tomará su puesto; **it's ~ the thieves got in through the window** está claro que los ladrones entraron por la ventana; **they made it very ~ (that) they hadn't enjoyed the party** hicieron muy patente el hecho que no les había gustado la fiesta **2** (unmistakable) (*before n*): **it's an ~ lie/copy** es claramente mentira/una copia, es una burda mentira/copia; **she's the ~ candidate for the job** es la candidata indiscutible *or* obvia para el puesto; **he has no ~ successor** no tiene un sucesor claro *or* ningún sucesor aparente **3** (unsubtle): **it was such an ~ ploy** el ardid era tan evidente *or* obvio; **try to hear what they are saying, but don't be too ~ about it** trata de oír lo que dicen, pero con disimulo

obvious[2] *n*: **to say we're alarmed would be stating the ~** de más está decir *or* huelga decir que estamos alarmados, decir que estamos alarmados no es ninguna novedad

obviously /'ɑ:bviəsli || 'ɒbviəsli/ *adv* **1** obviamente; **I thought he'd told her — ~ not!** pensé que se lo había contado — ¡está visto que no! *or* ¡obviamente no!; **they're ~ not coming** está visto *or* claro que no van a venir; **she's ~ lying** está claro *or* se ve a las claras que miente, es obvio que miente; **the child is ~ tired** se nota *or* se ve claramente que el niño está cansado; **the two ideas are ~ not related** es evidente *or* obvio que las dos ideas no tienen relación; **the two ideas are not ~ related** a primera vista las dos ideas no tienen relación; **there'll ~ be an investigation** por supuesto se hará una investigación **2** (*indep*): **~, I'm sad, but what can I do?** como es lógico *or* lógicamente estoy triste pero ¿qué puedo hacer?; **~, she's upset: she's just lost her job** no es extraño que esté disgustada: acaba de quedarse sin trabajo; **she's not going to be very pleased, ~** es obvio que no le va a hacer mucha gracia

OCAS *n* (= **Organization of Central American States**) ODECA *f*

occasion[1] /ə'keɪʒən/ *n*
A [c] **1** (particular time, instance) ocasión *f*; **on that (particular) ~** en aquella ocasión; **on the ~ referred to** en la ocasión que se indica; **as ~ requires** si la ocasión lo indica *or* requiere **2** (special event): **I only wear it on special ~s** sólo me lo pongo en *or* para las grandes ocasiones; **it was a grand ~** fue una celebración (*or* un acto *etc*) memorable; **his birthday party was quite an ~** su fiesta de cumpleaños fue todo un acontecimiento; **what's the ~?** ¿qué se celebra?; **he has no sense of ~** no sabe vestirse (*or* comportarse *etc*) en las grandes ocasiones; **on the ~ of her retirement** con ocasión *or* motivo de su jubilación; **we cracked open a bottle to mark the ~** descorchamos una botella para celebrarlo; ***to rise*** *o* ***be equal to the ~*** estar* a la altura de las circunstancias, dar* la talla **3** **on occasion** (frml) (*as adv*) en alguna ocasión, de vez en cuando
B [u] (frml) **1** (opportunity) ocasión *f*, oportunidad *f*; **you should go there if the ~ presents itself** *o* **arises** deberías ir si te surge *or* se te presenta la ocasión *or* la oportunidad; **I've not had ~ to thank you properly** no he tenido ocasión *or* oportunidad de agradecérselo como es debido; **may I take this ~ to remind you that ...** permítame que aproveche la ocasión *or* la oportunidad para recordarle que ... **2** (cause) ocasión *f*, motivo *m*; **this might give ~ to damaging speculation** esto podría dar ocasión *or* motivo a especulaciones perjudiciales

occasion[2] *vt* (frml) ocasionar, dar* lugar a

occasional /ə'keɪʒnəl/ *adj* **1** (infrequent) ‹*showers/sunny spells*› aislado, esporádico; **I like an** *o* **the ~ glass of wine** de tanto en tanto *or* de vez en cuando me gusta tomarme un vaso de vino; **we get the ~ complaint/visitor** recibimos alguna que otra queja/algún que otro visitante; **we get only very ~ complaints/visitors** rara vez *or* muy de vez en cuando recibimos alguna queja/algún visitante; **the magazine runs an ~ feature on cookery** de vez en cuando aparece en la revista un artículo de cocina **2** ‹*table/furniture*› auxiliar **3** (for special occasion) ‹*verse/music*› (compuesto especialmente) para la ocasión

occasionally /ə'keɪʒnəli/ *adv* de vez en cuando, alguna que otra vez, ocasionalmente (frml); **do you smoke? — only very ~** ¿fumas? — (sólo) muy de vez en cuando

occident, Occident /'ɑːksədənt || 'ɒksɪdent/ *n* (liter): **the ~** (el) Occidente

occidental /ˌɑːksə'dentl || ˌɒksɪ'dentl/ *adj* (liter) occidental

occipital /ɑːk'sɪpətl || ɒk'sɪpɪtl/ *adj* occipital

occiput /'ɑːksɪpʌt || 'ɒksɪpʌt/ *n* occipucio *m*

occlude /ə'kluːd/ *vt* **1** (obstruct, block) ocluir* **2** (Chem) ocluir*

■ **occlude** *vi* (Dent) ocluir*

occluded front /ə'kluːdəd || ə'kluːdɪd/ *n* (Meteo) oclusión *f*

occlusion /ə'kluːʒən/ *n* [u] (Chem, Med, Meteo) oclusión *f*

occult[1] /ə'kʌlt/ *n*: **the ~** las ciencias ocultas, el ocultismo

occult[2] *adj* **1** ‹*arts/powers*› oculto; ‹*ritual*› ocultista **2** (secret, esoteric) (frml) ‹*terminology*› arcano (frml)

occultism /ə'kʌltɪzəm/ *n* [u] ocultismo *m*

occupancy /'ɑːkjəpənsi || 'ɒkjʊpənsi/ *n* [u] (of building) ocupación *f*; **we can do nothing until there is a change of ~** no podemos hacer nada hasta que no haya un cambio de inquilinos *or* ocupantes; **there's a 20% surcharge for single ~** hay un recargo del 20% si la habitación la ocupa una sola persona; **the hotel achieved 90% ~** el hotel estuvo ocupado al 90%; **during his ~ of the post** mientras ocupó el cargo, mientras estuvo en posesión del cargo

occupant /'ɑːkjəpənt || 'ɒkjʊpənt/ *n* (of house, building) ocupante *mf*; (tenant) inquilino, -na *m,f*; (of room, vehicle) ocupante *mf*; (of office, post) titular *mf*; **O~** (on letter) (AmE) al ocupante de la vivienda

occupation /ˌɑːkjə'peɪʃən || ˌɒkjʊ'peɪʃən/ *n*

A [c] **1** (profession) ocupación *f*; **what is your present ~?** ¿cuál es su ocupación actual? **2** (activity) ocupación *f*; **looking after children is a full-time ~** cuidar niños es un trabajo que ocupa las veinticuatro horas del día *or* es un trabajo a tiempo completo

B [u c] (Mil) ocupación *f*; (of factory, university) ocupación *f*; **army/forces of ~** ejército *m* /fuerzas *fpl* de ocupación; **to be under ~** estar* ocupado

C [u] (of accommodation, building) ocupación *f*; **the tenants are already in ~** los inquilinos ya han tomado posesión de la vivienda (*or* las oficinas *etc*); **the house is ready for ~** la casa está lista para su ocupación

occupational /ˌɑːkjə'peɪʃnəl || ˌɒkjʊ'peɪʃənl/ *adj* ‹*training*› ocupacional, profesional; ‹*disease*› profesional; **it's an ~ hazard** son riesgos de la profesión/del oficio; (hum) son gajes del oficio (hum); **~ pension** (BrE) *pensión pagada al empleado por la compañía para la cual ha trabajado*; **~ psychology** psicología *f* del trabajo

occupational therapist *n* terapeuta *mf* ocupacional

occupational therapy *n* [c u] (*pl* **-pies**) terapia *f* ocupacional

occupier /'ɑːkjəpaɪər || 'ɒkjʊpaɪə(r)/ *n* (BrE) ocupante *mf*; **to the ~** al ocupante de la vivienda

occupy /'ɑːkjəpaɪ || 'ɒkjʊpaɪ/ *vt* **-pies, -pying, -pied**

A **1** ‹*offices/site/compartment/position*› ocupar; **this seat is occupied** este asiento está ocupado **2** ‹*post/rank*› ocupar

B ‹*country/town/factory/premises*› ocupar; **~ing forces** fuerzas *fpl* de ocupación

C ‹*space/attention*› ocupar; ‹*time*› llevar, ocupar; **the meeting occupied the entire day** la reunión les (*or* nos *etc*) llevó *or* ocupó todo el día; **it doesn't ~ much space** no ocupa mucho espacio; **it's important to keep your mind occupied** es importante mantener la mente ocupada; **she was occupied with her accounts** estaba ocupada con sus cuentas; **to keep sb occupied** mantener* a algn ocupado; **that should keep them occupied!** ¡eso los mantendrá ocupados!; **writing that letter kept me occupied all afternoon** escribir esa carta me tuvo ocupada toda la tarde; **to ~ oneself** ocupar el tiempo, entretenerse*; **I occupied myself by reading a newspaper** ocupé el tiempo *or* me entretuve leyendo un periódico

occur /ə'kɜːr || ə'kɜː(r)/ *vi* **-rr-**

A **1** (take place) (frml) «*event/incident*» tener* lugar (frml), ocurrir, suceder; «*change*» producirse* (frml), tener* lugar (frml) **2** (appear, be found) «*disease/species*» darse*, encontrarse*; **that phrase/idea ~s repeatedly in her writings** esa frase/idea aparece repetidamente en sus escritos; **a sound that doesn't ~ in our language** un sonido que no existe *or* no se da en nuestra lengua; **if the opportunity ~s ...** si se presenta la oportunidad ...

B (come to mind) **to ~ TO sb (to + INF)** ocurrírsele A algn (+ INF); **that idea had already ~red to me** a mí ya se me había ocurrido eso; **it didn't ~ to me to ask** ni se me ocurrió preguntar; **it never ~s to him that I might want to go** nunca se le ocurre pensar *or* nunca se le pasa por la imaginación que quizás yo quiera ir

occurrence /ə'kɜːrəns || ə'kʌrəns/ *n* **1** [c] (event, instance): **it is a frequent/rare ~** es/no es algo frecuente, ocurre/no ocurre con frecuencia; **murders are an everyday ~ here** aquí los asesinatos son cosa de todos los días; **the unusual ~s of the previous evening** los extraños acontecimientos de la noche anterior; **there were two separate ~s** hubo dos casos independientes **2** [u] (incidence) incidencia *f*; **the ~ of cancer among children** la incidencia del cáncer en los niños; **of less frequent ~** de menor frecuencia y número

ocean /'əʊʃən/ *n* **1** (sea) océano *m*; (*before n*): **~ bed** fondo *m* del océano; **~ cruise** crucero *m* (*por el Atlántico, Índico, etc*); **~ currents** corrientes *fpl* oceánicas; **~ liner** transatlántico *m* **2** **oceans** *pl* (large quantity) (colloq) un montón (fam), la mar (fam); **you've got ~s of time** tienes un montón *or* la mar de tiempo (fam)

oceanarium /ˌəʊʃə'neriəm || ˌəʊʃə'neəriəm/ *n* (*pl* **-riums** *or* **-ria** /-riə/) oceanario *m*

ocean-going /'əʊʃənˌgəʊɪŋ/ *adj* ‹*vessel*› transatlántico; ‹*experience*› de navegación oceánica *or* de altura

Oceania /ˌəʊʃi'æniə || ˌəʊʃi'ɑːniə/ *n* Oceanía *f*

oceanic /ˌəʊʃi'ænɪk/ *adj* oceánico

oceanographer /ˌəʊʃə'nɑːgrəfər || ˌəʊʃə'nɒgrəfə(r)/ *n* oceanógrafo, -fa *m,f*

oceanography /ˌəʊʃə'nɑːgrəfi || ˌəʊʃə'nɒgrəfi/ *n* [u] oceanografía *f*

oceanology /ˌəʊʃə'nɑːlədʒi || ˌəʊʃə'nɒlədʒi/ *n* [u] oceanología *f*

ocelot /'ɑːsəlɑːt || 'ɒsəlɒt/ *n* ocelote *m*

ocher, (BrE) **ochre** /'əʊkər || 'əʊkə(r)/ *n* [u] **1** (Min) ocre *m*; **red ~** ocre rojizo; **yellow ~** ocre amarillo **2** ▸ℹ **p.1036** (color) ocre *m*; (*before n*) color ocre *adj inv*

ocker /'ɑːkər || 'ɒkə(r)/ *n* (Austral) australiano *m* basto; (*before n*) ‹*sports/writer/politician*› australiano basto

o'clock /ə'klɑːk || ə'klɒk/ ▸ℹ **p.1798** *adv* (telling time): **it's four ~** son las cuatro; **it's one ~** es la una; **at two ~ in the afternoon/morning** a las dos de la tarde/mañana *or* madrugada; **it's twelve ~ exactly** son las doce en punto; **it's just after one ~** acaba de dar la una; **the five ~ train** el tren de las cinco

OCR *n* (Comput) **1** [c] (**= optical character reader**) LOC *m* **2** [u] (**= optical character recognition**) ROC *m*

Oct ▸ℹ **p.1085** (**= October**) oct.

octagon /'ɑːktəgɑːn || 'ɒktəgən/ *n* octágono *m*, octógono *m*

octagonal /ɑːk'tægənl || ɒk'tægənl/ *adj* octagonal, octogonal

octahedral /ˌɑːktə'hiːdrəl || ˌɒktə'hiːdrəl/ *adj* octaédrico

octahedron /ˌɑːktə'hiːdrən || ˌɒktə'hiːdrən/ *n* octaedro *m*

octane /'ɑːkteɪn || 'ɒkteɪn/ *n* octano *m*; (*before n*): **~ number** *o* **rating** octanaje *m*

octave /'ɑːktɪv || 'ɒktɪv/ *n* (Lit, Mus) octava *f*

octavo /ɑːk'tɑːvəʊ, -'teɪ- || ɒk'tɑːvəʊ, -'teɪ-/ *n* (*pl* **-vos**) (Print) octavo *m*

octet /ɑːk'tet || ɒk'tet/ *n* **1** (Mus) octeto *m* **2** (Lit) octava *f*

October /ɑːk'təʊbər || ɒk'təʊbə(r)/ ▸ℹ **p.1085** *n* octubre *m*; *see also* **January**

octogenarian /ˌɑːktədʒə'neriən || ˌɒktədʒɪ'neəriən/ *n* octogenario, -ria *m,f*

octopus /'ɑːktəpəs || 'ɒktəpəs/ *n* (*pl* **-puses**) **1** (Zool) pulpo *m* **2** (strap) (BrE) pulpos *mpl*

ocular /'ɑːkjələr || 'ɒkjʊlə(r)/ *adj* ocular

oculist /'ɑːkjələst || 'ɒkjʊlɪst/ *n* oculista *mf*

OD[1] *n*

A (colloq) ▸**overdose**[1]

B **1** **= Officer of the Day** **2** **~s** *pl* (AmE) **= olive drab**

OD[2] *vi* (colloq) ▸**overdose**[2]

OD[3] (Fin) **= overdrawn**

odd /ɑːd || ɒd/ *adj* **-er, -est**

A (strange) ‹*idea/person/behavior*› raro, extraño; **the ~ thing is that ...** lo raro *or* lo curioso es que ...; **he's the ~est of men** es el hombre más raro del mundo; **how ~ that there's no one here to meet us** qué raro que no haya venido nadie a buscarnos; **it was ~ of her not to say anything** fue raro que no dijera nada; **that's (very) ~: there's no milk left** qué raro *or* qué cosa más rara: no queda leche; **how very ~ that he should write to me now** qué raro que me haya escrito ahora

B (occasional, random) (*no comp*): **she smokes the ~ cigarette** se fuma algún *or* alguno que otro cigarrillo; **except for the ~ fisherman ...** a excepción de algún *or* alguno que otro pescador ...; **he's done ~ jobs for us** nos ha hecho algunos trabajitos

C (*no comp*) **1** (unmatched, single) ‹*sock/glove*› desparejado, sin pareja; **the ~ one** *o* **the ~ man out** la excepción; **I was the ~ woman** *o* **the ~ one out** yo era la excepción; **to be left the ~ one** *o* **the ~ man out** quedar fuera, quedar excluido **2** (Math) ‹*number*› impar

D (*no comp*) **1** (being left over, spare): **have you got the ~ 3p?** ¿tienes tres peniques sueltos *or* los tres peniques?; **if you've got the ~ moment to spare** si tienes algún momento libre; **I have a few ~ bits of fabric left over** me han sobrado unos retazos *or* (Esp) retales **2** (approximately) (colloq): **it cost me 30 pounds ~** *o* **30-~ pounds** me costó 30 y tantas libras *or* 30 y pico libras (fam); **she must be 80 ~ by now** debe tener 80 y tantos años *or* 80 y pico (de) años (fam)

oddball[1] /'ɑːdbɔːl || 'ɒdbɔːl/ *n* (colloq) **1** (person) bicho *m* raro (fam), excéntrico, -ca *m,f* **2** (object) (AmE) cosa *f* rara, rareza *f*

oddball[2] *adj* (colloq) ‹*idea/humor*› descabellado

oddity /'ɑːdəti || 'ɒdɪti/ *n* (*pl* **-ties**)

A [c] **1** (person): **(s)he's a bit of an ~** es un bicho raro **2** (thing) rareza *f*, cosa *f* rara

B [u c] (strangeness) singularidad *f*, rareza *f*

odd-jobber /ˌɑːd'dʒɑːbər || ˌɒd'dʒɒbə(r)/ *n* (BrE) ▸**odd-job man**

odd-job man /ˌɑːd'dʒɑːbmæn || ˌɒd'dʒɒbmæn/ *n* (*pl* **-men** /-men/) *hombre que hace pequeños trabajos o arreglos*

odd-looking /'ɑːdˌlʊkɪŋ || 'ɒdˌlʊkɪŋ/ *adj* ‹*person/animal*› de aspecto raro *or* peculiar; ‹*object*› raro, peculiar

odd lot *n* **1** (at auction) lote *m* suelto **2** (of shares) paquete *m* pequeño (*de menos de cien acciones*)

oddly /'ɑːdli || 'ɒdli/ *adv* **1** ‹*dress/behave*› de una manera rara *or* extraña; **an ~ shaped package** un paquete de forma rara **2** (*indep*) curiosamente, por extraño que parezca;

O

~ enough, she forgot to mention that curiosamente *or* por extraño que parezca, se olvidó de mencionarlo

oddment /ˈɑːdmənt || ˈɒdmənt/ *n*: ~s of fabric *o* material retazos *mpl or* (Esp) retales *mpl*; (*before n*): an ~s sale una venta de restos de serie

oddness /ˈɑːdnəs || ˈɒdnɪs/ *n* [u] lo raro, excentricidad *f*

odds /ɑːdz || ɒdz/ *pl n*

A (in betting) *proporción en que se ofrece pagar una apuesta, que refleja las posibilidades de acierto de la misma*; bookmakers are giving *o* laying ~ of ten to one los corredores de apuestas están dando *or* ofreciendo diez contra uno; I'll lay (you) ~ of two to one it doesn't happen te apuesto doble contra sencillo *or* dos a una a que no pasa; ***by all*** ~ (AmE) sin lugar a dudas, indiscutiblemente; ***to pay over the*** ~ (BrE) pagar* más de la cuenta

B (likelihood, chances) probabilidades *fpl*, posibilidades *fpl*; the ~ were heavily against her winning tenía muy pocas probabilidades *or* posibilidades de ganar; all the ~ are in your favor tienes todas las de ganar, lo tienes todo a tu favor; the ~ are that ... lo más probable *or* seguro es que ...; to lengthen/shorten the ~ disminuir*/aumentar las probabilidades; this increases *o* shortens the ~ of ... esto hace más probable que ..., esto aumenta las probabilidades de que ...; the ~ on him recovering were never good nunca hubo muchas probabilidades de que se recuperase; the pilot survived against (all) the ~ aunque parezca increíble, el piloto sobrevivió; despite overwhelming ~ a pesar de tenerlo todo en contra

C (difference) (BrE colloq): it makes no ~ (to me) (me) da igual *or* da lo mismo, no (me) importa

D (variance): to be at ~ (with sb/sth): the two factions are still at ~ las dos facciones siguen (estando) enfrentadas; those two are always at ~ with each other esos dos siempre están en desacuerdo; it will put *o* set him at ~ with his superiors lo enfrentará a sus superiores; that's at ~ with the official version eso no concuerda con la versión oficial

odds and ends /ˌɑːdzənˈendz || ˌɒdzənˈendz/ *pl n* (colloq) cosas *fpl* sueltas; (of fabric) retazos *mpl or* (Esp) retales *mpl*; (trinkets) chucherías *fpl*; (junk) cachivaches *mpl*, trastos *mpl* viejos

odds and sods /ˌɑːdzənˈsɑːdz || ˌɒdzənˈsɒdz/ *pl n* (BrE sl) *see* **bit² A1**

odds-on /ˈɑːdzˈɑːn || ˈɒdzˈɒn/ *adj*: he's the ~ favorite es el favorito, es el que tiene todas las de ganar; they're ~ to win this year's elections es casi seguro que ganarán las elecciones de este año; it's ~ (that) he'll get the job lo más probable es que le den el puesto

odd-sounding /ˈɑːdˌsaʊndɪŋ || ˈɒdˌsaʊndɪŋ/ *adj*

A ‹*voice/music*› de sonido peculiar; ‹*word/name*› que suena raro

B ‹*recipe/combination*› que parece raro

ode /əʊd/ *n* oda *f*; O~ to Autumn/on Melancholy Oda al otoño/a la melancolía

Odin /ˈəʊdən || ˈəʊdɪn/ *n* Odín

odious /ˈəʊdiəs/ *adj* (frml) detestable, odioso

odium /ˈəʊdiəm/ *n* [u] (liter) (hatred) odio *m*; (dislike) rechazo *m*

odometer /əʊˈdɑːmətər || ɒˈdɒmɪtə(r), əʊ-/ *n* (AmE) cuentarrevoluciones *m*

odontologist /ˌəʊdɑːnˈtɑːlədʒəst || ˌɒdɒnˈtɒlədʒɪst/ *n* odontólogo, -ga *m,f*

odontology /ˈəʊdɑːnˈtɑːlədʒi || ˌɒdɒnˈtɒlədʒi/ *n* [u] odontología *f*

odor, (BrE) **odour** /ˈəʊdər || ˈəʊdə(r)/ *n* olor *m*; (pleasant) aroma *m*, perfume *m*; ***to be in bad/good*** ~ ***with sb*** estar* mal/bien con algn

odoriferous /ˌəʊdəˈrɪfərəs/ *adj* (liter) oloroso, fragante, odorífero

odorless, (BrE) **odourless** /ˈəʊdərləs || ˈəʊdəlɪs/ *adj* inodoro

odorous /ˈəʊdərəs/ *adj* (liter) oloroso

odour *n* (BrE) ▸ **odor**

Odysseus /əʊˈdɪsiəs || əˈdiːsiəs/ *n* Odiseo

odyssey /ˈɑːdəsi || ˈɒdɪsi/ *n* (*pl* **-seys**) (liter) odisea *f*; the O~ (Lit) la Odisea

OECD *n* (Econ) (= Organisation for Economic Co-operation and Development) OCDE *f*

oecumenical /ˌiːkjəˈmenɪkəl || ˌiːkjuːˈmenɪkəl/ *adj* (BrE) ecuménico

oedema /ɪˈdiːmə/ *n* (*pl* **-mata** /-mətə/) (BrE) edema *m*

oedipal /ˈedəpəl || ˈiːdɪpəl/ *adj* edípico

Oedipus /ˈedəpəs || ˈiːdɪpəs/ *n* Edipo; (*before n*): ~ complex complejo *m* de Edipo

OEIC *n* (in UK) = Open-Ended Investment Company

OEM *n* (= original equipment manufacturer) OEM *m*

oenologist /iːˈnɑːlədʒəst || iːˈnɒlədʒɪst/ *n* (BrE) enólogo, -ga *m,f*

oenology /iːˈnɑːlədʒi || iːˈnɒlədʒi/ *n* (BrE) enología *f*

o'er /ˈəʊər || ɔː(r)/ *adv* (poet): ~ land and sea por tierras y mares (liter); the strife is ~ la lucha ha concluido

oesophagus /ɪˈsɑːfəgəs || iːˈsɒfəgəs/ *n* (BrE) esófago *m*

oestrogen /ˈestrədʒen || ˈiːstrədʒən/ *n* (BrE) estrógeno *m*

oestrus /ˈestrəs || ˈiːstrəs/ *n* (BrE) estro *m*

oeuvre /ˈɜːrvrə || ˈɜːvrə/ *n* (liter) obra *f*

of /ɑːv || ɒv, *weak form* əv/ *prep*

A (indicating relationship, material, content) de; the son ~ Mr and Mrs T Phipps el hijo de los señores Phipps; it's made ~ wood es de madera, está hecho de madera; a box ~ chocolates una caja de bombones; a kilo ~ grapes un kilo de uvas; that piece ~ Schumann's esa pieza de Schumann; a colleague ~ mine/his/ours un colega mío/suyo/nuestro; it's no business ~ yours no es asunto tuyo; that brother ~ yours el loco (*or* estúpido *or* irresponsable *etc*) de tu hermano

B (descriptive use): the city ~ Athens la ciudad de Atenas; a girl by the name ~ Elizabeth una niña llamada Elizabeth; a boy ~ ten un niño de diez años; a woman ~ courage/character una mujer valiente/de carácter; a matter ~ great urgency un asunto de extrema urgencia; a brute ~ a man una bestia de hombre; he's a giant ~ a man es un gigante; a little gem ~ a play una obra que es una joyita

C 1 (partitive use): there were eight ~ us éramos ocho; he invited the eight ~ us nos invitó a los ocho; six ~ them survived seis de ellos sobrevivieron; many ~ you muchos de ustedes; the whole ~ the second floor todo el segundo piso; ~ all the stupid things to say! ¡mira qué cosa de ir a decir!; fancy choosing ***her*** ~ all people! ¡mira que elegirla a ella!; you ~ all people should have known better tú deberías haberlo sabido mejor que nadie; he drank ~ the wine (arch) bebió del vino 2 (with superl) de; the wisest ~ men el más sabio de los hombres; the best ~ solutions la mejor de las soluciones; they're the happiest ~ couples son una pareja muy feliz *or* que no podría ser más feliz; most ~ all más que nada

D ▸ⓘ p.1085, ▸ⓘ p.1798 (indicating date, time): the sixth ~ October el seis de octubre; it is ten (minutes) ~ five (AmE) son las cinco menos diez, son diez para las cinco (AmL exc RPl); it is a quarter ~ five (AmE) son las cinco menos cuarto, son un cuarto para las cinco (AmL exc RPl); ~ an evening we like to sit in the garden por las noches nos gusta sentarnos en el jardín; Jane, his wife ~ six months ... Jane, con la que llevaba/lleva casado seis meses ...; her friend ~ over 20 years su amigo de hace más de 20 años

E (on the part of): it was very kind ~ you fue muy amable de su parte; how good ~ him to send me flowers ¡qué detalle el suyo mandarme flores!; it seems very cruel ~ them not to invite her me parece una crueldad que no la inviten; the stupidity ~ the woman! ¡hay que ver la estupidez de esta mujer!

F (inherent in): the senselessness ~ it all, that's what depresses me es lo absurdo de todo el asunto lo que me deprime; the worry ~ it nearly drove her mad casi se vuelve loca de la preocupación; the cheek ~ it! ¡qué descaro!

G 1 (indicating cause): it's a problem ~ their own making es un problema que ellos mismos se han creado; what did he die ~? ¿de qué murió?; ~ itself de por sí 2 (by) (arch) por; beloved ~ all querido por *or* de todos

off¹ /ɔːf || ɒf/ *prep*

A 1 (from the surface or top of) de; it fell ~ the table se cayó de la mesa; he jumped ~ the wall saltó del muro; she picked the envelope up ~ *o* (crit) ~ of the floor recogió el sobre del suelo; to eat ~ paper plates comer en platos de papel; he ordered them ~ the train los hizo bajar del tren, les ordenó que se bajaran del tren 2 (indicating removal, absence): he lost two fingers ~ his right hand perdió dos dedos de la mano derecha; there's a button ~ this shirt a esta camisa le falta un botón; the lid was ~ the pan la cacerola estaba destapada; he knocked 15% ~ the price rebajó el precio en un 15%, hizo un descuento del 15% 3 (from) (colloq): he bought it ~ a friend se lo compró a un amigo; I heard it ~ a friend (BrE) me lo dijo un amigo; I caught the cold ~ her (BrE) ella me pegó el resfriado (fam)

B 1 (distant from): 3 ft ~ the ground a 3 pies del suelo; 300m ~ the target a 300 metros del objetivo; just ~ the coast of Florida a poca distancia de la costa de Florida 2 (leading from): a street ~ the square una calle que sale de *or* desemboca en la plaza; the bathroom's ~ the bedroom el baño da al dormitorio

C 1 (absent from): I've been ~ work for a week hace una semana que no voy a trabajar *or* que falto al trabajo; she's ~ school at the moment está faltando *or* no está yendo al colegio 2 (indicating repugnance, abstinence) (BrE): he's ~ his food anda sin apetito; I'm right ~ fish (colloq) le he tomado *or* (esp Esp) cogido manía *or* asco al pescado; I'm ~ liquor for Lent no bebo alcohol durante la Cuaresma; is he ~ drugs/liquor now? ¿ha dejado las drogas/el alcohol?

off² *adv*

> ⚠ *off* often appears as the second element of certain verb structures in English (*break off, pay off, take off*, etc). For translations, see the relevant verb entry (*break, pay, take*, etc).

A 1 (removed): the lid was ~ la tapa no estaba puesta; once the old wallpaper is ~ ... en cuanto se quite el papel viejo ...; there are a few buttons ~ faltan unos cuantos botones; he sat there with his shirt ~ estaba ahí sentado sin camisa; he had his hat/socks ~ se había quitado el sombrero/los calcetines; he had his shoes and socks ~ estaba descalzo; the mark is ~ now ha salido *or* se ha quitado la mancha; ~! (BrE) (Sport) ¡fuera!; hands ~! ¡no (me *or* lo *etc*) toques!; 20% ~ 20% de descuento 2 off with (*in interj phrases*): ~ with those boots! ¡fuera esas botas!; ~ with his head! ¡que le corten la cabeza! 3 off and on ▸ **on² C3**

B (indicating departure): I must be ~ me tengo que ir; where are you ~ to? ¿adónde vas?; ~ we go! ¡vámonos!; oh, no, he's ~ again ¡ya empieza *or* ya está otra vez!; be ~, you little rascal! ¡lárgate, sinvergüenza!

C (distant): the nearest village is five miles ~ el pueblo más cercano queda a cinco millas; some way ~ a cierta distancia; my birthday is a long way ~ falta mucho para mi cumpleaños; voices ~ (Theat) voces *fpl* en off; Christmas is not so far ~ now ya falta poco para Navidad

off³ *adj*

A (*pred*) 1 (not turned on): the TV/light is ~ la televisión/luz está apagada; the handbrake is ~ el freno de mano no está puesto; make sure the electricity is ~ asegúrate de que la electricidad esté desconectada; the water's ~ el agua está cortada, no hay agua 2 (canceled): the game/wedding is ~ el partido/la boda se ha suspendido; the deal is ~ ya no hay trato

3 (not on menu) (BrE): **lamb is ~ today** hoy no hay cordero **4** (inaccurate): **his calculations were ~ by a long way** se equivocó totalmente *or* estaba muy errado en los cálculos

B (absent, not on duty) ‹*hour/period*› libre; **a day ~** *o* (AmE also) **an ~ day** un día libre; **John's ~ today** John tiene el día libre hoy; **which day do you want ~?** ¿qué día quieres tomarte libre?; **I'm ~ at five** salgo de trabajar *or* acabo a las cinco

C **1** (poor, unsatisfactory) (*before n*) ‹*year/season/moment*› malo; **to have an ~ day** tener* un mal día **2** (unwell) (*pred*): **to feel ~** sentirse* mal; **she's (feeling) a little ~** no se siente muy bien **3** (rude, unfair) (BrE colloq) (*pred*): **they didn't ask her in — that's a bit ~** no la hicieron pasar — ¡qué mal estuvieron! *or* ¡qué poco amables!

D (Culin) (*pred*): **to be ~** «*meat/fish*» estar* malo *or* pasado; «*milk*» estar* cortado; «*butter/cheese*» estar* rancio; *see also* **go off** *Sense* **I B**

E (talking about personal situation): **they are comfortably ~** están bien económicamente, están bien de dinero, son gente acomodada; **how are you ~ for cash?** (BrE) ¿qué tal andas de dinero?; **how are we ~ for time?** (BrE) ¿cómo andamos de tiempo?; *see also* **well-off, better-off, badly off** *etc*

F ▸**offside**[2] **B**

off-air[1] /ˈɔːfer || ˈɒfeə(r)/ *adj*: **to be ~** estar* fuera de antena

off-air[2] *adv*: **to go ~** dejar de salir al aire *or* de transmitir

offal /ˈɔːfəl || ˈɒfəl/ *n* [u] **1** (Culin) despojos *mpl*, asaduras *fpl*, achuras *fpl* (RPl), interiores *mpl* (Chi) **2** (garbage) (AmE) basura *f*

off-beam /ˈɔːfbiːm || ˈɒfbiːm/ *adj* (colloq) poco afortunado

offbeat[1] /ˈɔːfbiːt || ˈɒfbiːt/ *n* (Mus) tiempo *m* débil; **on the ~** en el tiempo débil

offbeat[2] /ɔːfˈbiːt || ɒfˈbiːt/ *adj* ‹*humor/ideas/person*› poco convencional; **the way she dresses is rather ~** viste de una manera muy poco convencional

off-Broadway /ˌɔːfˈbrɔːdweɪ || ˌɒfˈbrɔːdweɪ/ *adj* (in US) *relativo a las producciones teatrales estrenadas fuera de Broadway*

> **Off-Broadway**
>
> A los teatros de Nueva York que no se encuentran en Broadway, se les denomina *off-Broadway*. Por lo general son más pequeños y menos rentables y en ellos es más probable que se representen obras vanguardistas.

off-center, (BrE) **off-centre** /ˌɔːfˈsentər || ˌɒfˈsentə(r)/ *adj* (*pred*) **1** (unconventional) poco convencional; **her version of events was rather ~** su versión de los hechos fue un tanto particular **2** (not in middle) descentrado

off-chance /ˈɔːftʃæns || ˈɒftʃɑːns/ *n*: **on the ~** por si acaso; **I just rang on the ~** llamé por si acaso; **I just asked on the ~ (that) you might know** pregunté por si acaso *or* para ver si por casualidad tu lo sabías

off-color, (BrE) **off-colour** /ˌɔːfˈkʌlər || ˌɒfˈkʌlə(r)/ *adj* (*pred* **off color**) **1** (unwell) (*pred*): **to feel off color** no encontrarse* muy bien, sentirse* indispuesto; **to look off color** tener* mala cara; **I'm a bit off color** no estoy *or* no me encuentro muy bien **2** (risqué) ‹*remarks/joke*› subido de tono

offcut /ˈɔːfkʌt || ˈɒfkʌt/ *n* (of leather fabric, paper, wood) recorte *m*, trozo *m*; (of meat) resto *m*

offence /əˈfens/ *n* (BrE) ▸**offense**

offend /əˈfend/ *vt* **1** (hurt feelings of) ofender; **I am sorry if I have ~ed you in any way** perdona si te he ofendido de alguna manera; **she was mortally ~ed at not being invited** se ofendió muchísimo porque no la invitaron; **many people were deeply ~ed by this remark** mucha gente se sintió muy ofendida por este comentario; **don't be ~ed, but ...** no te vayas a ofender, pero ...; **he's easily ~ed** es muy susceptible; **to ~ the eye/ear** hacer* daño a la vista/al oído **2** (violate): **their behavior ~s one's sense of decency/justice** su conducta atenta contra el sentido que cualquiera tiene de la moral/justicia; **his argument ~s reason** su argumento va en contra de toda razón

■ **offend** *vi* **1** (cause displeasure) «*person/action/remark*» ofender **2** **offending** *pres p* **he rewrote it without the ~ing paragraph** volvió a escribirlo omitiendo el párrafo que había causado controversia; **the ~ing smell** el desagradable olor **3** (violate) **to ~ AGAINST sth** atentar CONTRA algo; **these pictures ~ against good taste** esos cuadros atentan contra el buen gusto **4** (Law) (frml) infringir* la ley (*or* el reglamento *etc*); (criminally) cometer un delito, delinquir* (frml); **to ~ again** reincidir

offender /əˈfendər || əˈfendə(r)/ *n* infractor, -tora *m,f*; (criminal) delincuente *mf*; **young ~** menor *mf* (*que ha cometido un delito*); **as he was a first ~** como era su primera infracción/su primer delito, como no tenía antecedentes penales; **previous ~** reincidente *mf*; **as far as wasting paper's concerned, he's the worst ~** en cuanto a desperdiciar papel, él es más culpable que nadie

offense, (BrE) **offence** /əˈfens/ *n*

A [c] (breach of law, regulations) infracción *f*; (*criminal ~*) delito *m*; **to commit an ~** cometer una infracción; **a traffic ~** una infracción de tráfico

B **1** (cause of outrage) (*no pl*) atentado *m*; **an ~ against decency** un atentado contra la moral; **that building is an ~ to the eye** ese edificio hace daño a la vista **2** [u] (resentment, displeasure): **to cause/give ~ to sb** ofender a algn; **to take ~ at sth** ofenderse *or* sentirse* ofendido por algo; **no ~ meant — none taken** sin ánimo de ofender — ¡faltaba más!

C (AmE) *also* /ˈɑːfens/ **1** [u] (attack) ataque *m*, ofensiva *f*; **weapons of ~** armas *fpl* ofensivas **2** [u c] (AmE) (Sport) (línea *f* de) ataque *m*, (línea *f*) ofensiva *f*; **a good player on ~** un buen jugador en el ataque

offensive[1] /əˈfensɪv/ *adj*

A **1** ‹*remark/language/gesture*› ofensivo, insultante; **there's no need to be ~** no hay por qué ofender *or* insultar; **to be ~ TO sb** ofender *or* insultar a algn **2** ‹*sight/smell*› desagradable

B **1** ‹*strategy*› ofensivo; **~ weapon** arma *f*‡ ofensiva **2** (AmE) (Sport) de ataque

offensive[2] *n* ofensiva *f*; **to launch an ~ against sb/sth** lanzar* una ofensiva contra algn/algo; **to be on the ~** estar* a la ofensiva; **to go over to the ~** pasar a la ofensiva *or* al ataque; **to take the ~** tomar la ofensiva

offensively /əˈfensɪvli/ *adv*

A (insultingly) ‹*behave*› de (una) manera ofensiva *or* insultante

B **1** (in attack) de manera ofensiva **2** (AmE) (Sport) (*indep*) en el ataque

offensiveness /əˈfensɪvnəs || əˈfensɪvnɪs/ *n* [u] (of behavior, manner) lo ofensivo; (of sight, smell) lo desagradable

offer[1] /ˈɔːfər || ˈɒfə(r)/ *vt*

A **1** (proffer) ofrecer*; **she ~ed them tea** les ofreció té; **may I ~ you a drink?** ¿quisiera beber algo?; **I ~ed him my hand, but he refused it** le tendí la mano, pero la rechazó; **may I ~ you some advice?** ¿puedo darle *or* ofrecerle un consejo?; **I ~ed it to several people** se lo ofrecí a varias personas; **she ~ed her resignation** puso su cargo a disposición del presidente (*or* de su jefe *etc*); **I was ~ed a good price for the painting** me ofrecieron un buen precio por el cuadro **2** (show willingness) **to ~ to + INF** ofrecerse* A + INF; **he never ~s to help** nunca se ofrece a ayudar; **she ~ed to pay for the damage** se ofreció a pagar los daños; **I could help you, she ~ed** —si quieres te ayudo —dijo ofreciéndose

B (put forward) ‹*idea/solution*› proponer*, sugerir*; ‹*excuse/alibi*› presentar; **if I may ~ an opinion, ...** si se me permite ofrecer *or* expresar una opinión ...; **he never even ~ed any suggestions** ni siquiera hizo ninguna sugerencia

C (provide) ‹*reward*› ofrecer*; ‹*opportunity*› brindar, ofrecer*; **we ~ a wide range of models** ofrecemos una amplia gama de modelos; **candidates must ~ at least two years' experience/two languages** los candidatos deben poseer dos años de experiencia/hablar dos idiomas como mínimo; **to have sth to ~** tener* algo que ofrecer

D (give, show) ‹*resistance*› ofrecer*, oponer*; **to ~ battle** presentar batalla

E **~ (up)** ‹*prayers/sacrifice*› ofrecer*

■ *v refl*: **to ~ itself** «*opportunity*» presentarse

■ **offer** *vi* **1** (present itself) «*opportunity*» presentarse **2** (show willingness) ofrecerse*; **I didn't ask him and he never ~ed** no se lo pedí y él tampoco se ofreció **3** (make offer of marriage) (arch) **to ~ TO sb** proponerle* matrimonio A algn

offer[2] *n*

A **1** (proposal— of job, money) oferta *f*; (— of help, mediation) ofrecimiento *m*; **the ~ still stands** la oferta sigue en pie; **thank you for your kind ~** gracias por su amable ofrecimiento; **she refused his ~ of a drink** rechazó la copa que le ofrecía; **they refused my ~ of the car** no quisieron que les prestara el coche; **an ~ of marriage** una proposición matrimonial *or* de matrimonio; **I've had the ~ of a job in Rome** me han ofrecido un trabajo en Roma; **share ~** emisión *f* de acciones *or* títulos; **the windows need cleaning: any ~s?** hay que limpiar las ventanas: ¿quién se ofrece?; **to make sb an ~ they can't refuse** (set phrase) hacerle* una oferta muy tentadora a algn **2** (bid) oferta *f*; **~s around $80,000 considered** se considerarán ofertas de alrededor de 80.000 dólares; **$650 or nearest ~** 650 dólares negociables *or* a convenir; **go on, make me an ~** anda, ofréceme algo *or* hazme una oferta

B (bargain, reduced price) oferta *f*; **introductory ~** oferta de lanzamiento

C **on offer** (BrE) **1** (available): **there's not much on ~ at this year's fair** no hay mucho para comprar en la feria de este año; **there are several good jobs on ~ in the paper** hay varias ofertas de empleo interesantes en el periódico **2** (at reduced price) de oferta; **coffee is on ~ this week** el café está de *or* en oferta esta semana

D **under offer** (BrE) «*property/house*» *reservado y a la espera de firmarse la escritura de compraventa*

offer document *n* documento *m* de oferta

offering /ˈɔːfərɪŋ || ˈɒfərɪŋ/ *n* **1** (sacrifice) ofrenda *f* **2** (donation) ofrenda *f*, donativo *m* **3** (creation, product) creación *f*; **this year's ~s from the Paris designers** las creaciones que nos ofrecen este año los diseñadores de París

offer price *n* precio *m* de oferta

offertory /ˈɔːfərtɔːri || ˈɒfətəri/ *n* (*pl* **-ries**) **1** (part of service) ofertorio *m* **2** (collection) colecta *f* (*que se hace durante el ofertorio*); (*before n*): **~ box** cepillo *m*

offhand[1] /ɔːfˈhænd || ɒfˈhænd/, **offhanded** /ɔːfˈhændəd || ɒfˈhændɪd/ *adj* brusco; **she was very ~ with me** estuvo muy brusca conmigo; **he dismissed the whole scheme in a very ~ way** descartó todo el proyecto muy a la ligera

offhand[2] *adv* así de pronto *or* de improviso, en este momento; **I can't think of an example ~** así de pronto *or* en este momento no se me ocurre un ejemplo

offhandedly /ɔːfˈhændədli || ɒfˈhændɪdli/ *adv* ‹*say/reply*› con brusquedad

offhandedness /ˌɔːfˈhændədnəs || ˌɒfˈhændɪdnɪs/ *n* [u] brusquedad *f*

off-hours[1] /ˌɔːfaʊrz || ˌɒfaʊəz/ *pl n* (AmE): **during ~** fuera de las horas pico *or* (Esp) punta

off-hours[2] *adj* (AmE) fuera de las horas pico *or* (Esp) punta

office /ˈɑːfəs || ˈɒfɪs/ *n*

A [c] (room) oficina *f*, despacho *m*; (building, set of rooms) oficina *f*, oficinas *fpl*; (staff) oficina *f*; (*architect's ~*) estudio *m* (de arquitecto); (*lawyer's ~*) bufete *m or* despacho *m* (de abogado); (*doctor's ~*) (AmE) consultorio *m*, consulta *f*; **the**

manager's ~ el despacho *or* la oficina del director; **the company's New York ~** las oficinas de la compañía en Nueva York; **we don't want the whole ~ to hear** no queremos que lo oiga toda la oficina; (*before n*) ‹*work/furniture*› de oficina; de oficina; ‹*block/building*› de oficinas; **~ automation** ofimática *f*; **~ boy** recadero *m*, botones *m*, mandadero *m* (esp AmL); **outside ~ hours** fuera de las horas de oficina; **during/in ~ hours** en horas de oficina; **~ junior** auxiliar *mf* de oficina; **are you coming to the ~ party?** ¿vas a venir a la fiesta de la oficina?; **~ space** espacio *m* para oficinas; **~ worker** oficinista *mf*, empleado, -da *m,f* de oficina, administrativo, -va *m,f*

B **1** [u] (post, position) cargo *m*; **the ~ of president/mayor** el cargo de presidente/alcalde; **she had held this ~ twice** había ocupado dos veces este cargo; **to take ~** tomar posesión del cargo; **to leave ~** dejar el cargo; **he was in ~ for three years** ocupó el cargo durante tres años; **the party was in/out of ~** el partido estaba/ya no estaba en el poder; **term of** *o* (AmE also) **in ~** mandato *m*; **during her period of ~** durante el período en que ocupó el cargo, durante su mandato **2** [c u] (duty) (frml) cometido *m*, función *f*

C **offices** *pl* (assistance) (frml) (*good ~s*) mediación *f*, buenos oficios *mpl*

D [c] (Relig) oficio *m*

office bearer *n* (frml) ▸**officeholder**

officeholder /ˈɑːfəsˌhəʊldər || ˈɒfɪsˌhəʊldə(r)/ *n* titular *mf* (del cargo)

officer /ˈɑːfəsər || ˈɒfɪsə(r)/ *n* **1** (Mil, Naut) oficial *mf*; **~s' mess** comedor *m* or (CS) casino *m* de oficiales; **~s' quarters** residencia *f* de oficiales **2** (*police ~*) policía *mf*, agente *mf* de policía; (*as form of address*) agente; **excuse me, ~** perdone, agente **3** (official — in government service) funcionario, -ria *m,f*; (— of union, party) dirigente *mf*; (—of club) directivo, -va *m,f*; **customs ~** agente *mf* or oficial *mf* de aduanas; **~ of the law** agente *mf* de la ley; **law enforcement ~** (AmE) agente *mf* de la ley; **~ of the court** funcionario, -ria *m,f* de tribunales; **personnel ~** jefe, -fa *m,f* de personal

official[1] /əˈfɪʃəl/ *adj* ‹*title/document/version/language*› oficial; **on an ~ visit** en visita oficial; **the election will be in March and that's ~** las elecciones serán en marzo: está confirmado

official[2] *n* (*government ~*) funcionario, -ria *m,f* del Estado *or* gobierno; (*party/union ~*) dirigente *mf* (del partido/sindicato); **Russian/EU ~s** funcionarios rusos/de la UE

official birthday *n* (in UK): **the Queen's ~ ~** *día elegido para la celebración oficial del cumpleaños de la Reina*

> **Official Birthday**
>
> Es el segundo sábado de junio, día en que se celebra el cumpleaños del monarca inglés, aunque no es el día de su nacimiento. Se conmemora con *Trooping the Colour*, un desfile militar ante el monarca, y con la publicación de una ▸**Honours List**, los *Birthday Honours*.

officialdom /əˈfɪʃəldəm/ *n* [u] los círculos oficiales; (pej) la burocracia

officialese /əˌfɪʃəˈliːz/ *n* (pej) jerga *f* burocrática (pey)

officially /əˈfɪʃəli/ *adv* **1** ‹*approve/announce/appoint*› oficialmente **2** (*indep*) oficialmente

officiant /əˈfɪʃiənt/ *n* (Relig) oficiante *mf*, celebrante *mf*

officiate /əˈfɪʃieɪt/ *vi* **to ~ AT sth** ‹*at mass/at a wedding*› oficiar (EN) *or* celebrar algo; **to ~ as chair** ejercer* las funciones de presidente

officious /əˈfɪʃəs/ *adj* oficioso

officiously /əˈfɪʃəsli/ *adv* oficiosamente

offing /ˈɔːfɪŋ || ˈɒfɪŋ/ *n*: **in the ~** en perspectiva; **more changes are in the ~** hay más cambios en perspectiva, se avecinan más cambios

off-key /ˈɔːfkiː || ˈɒfkiː/ *adj* (*pred* **off key**) desafinado, desentonado; **to play/sing off key** desafinar; **you're singing off key** estás desafinando; **the orchestra was off key** la orquesta desafinaba

off-licence /ˈɔːfˌlaɪsns || ˈɒfˌlaɪsns/ *n* (in UK) ≈ tienda *f* de vinos y licores, botillería *f* (Chi)

off-limits /ˌɔːfˈlɪməts || ˌɒfˈlɪmɪts/ *adj* (*pred* **off limits**) (de acceso) prohibido

off limits *adv*: **to go/be ~ ~** entrar/estar* en zona prohibida

off-line /ˌɔːfˈlaɪn || ˌɒfˈlaɪn/ *adj* (*pred* **off line**) ‹*storage/printer*› autónomo

offload /ɔːfˈləʊd || ɒfˈləʊd/ *vt* **1** (unload) ‹*cargo*› desembarcar*, descargar*; ‹*ship/truck*› descargar*; ‹*passengers*› hacer* bajar **2** (discard) (colloq) **to ~ sth ONTO sb** endilgarle* *or* endosarle *or* (AmL tb) encajarle algo A algn (fam); **he has an old car he wants to ~** tiene un coche viejo del que quiere deshacerse *or* que quiere endilgarle a alguien

off-message /ˈɔːfmesɪdʒ || ˈɒfmesɪdʒ/ *adj* (Pol) que se sale de la línea del partido

off-peak /ˌɔːfˈpiːk || ˌɒfˈpiːk/ *adj* (*before n*) ‹*travel/fare/tariffs*› fuera de las horas pico *or* (Esp) punta; ‹*demand/load*› (Elec) fuera de (las) horas pico *or* (Esp) punta, en horas de menor consumo

offprint /ˈɔːfprɪnt || ˈɒfprɪnt/ *n* separata *f*

off-putting /ˈɔːfˌpʊtɪŋ || ˈɒfˌpʊtɪŋ/ *adj* (BrE) **1** (disagreeable) ‹*sight/smell/manner*› desagradable; **I found the thought of it rather ~** sólo de pensar en ello se me quitaban las ganas **2** (discouraging) desmoralizador, desalentador **3** (distracting) molesto

off-ramp /ˈɔːfræmp || ˈɒfræmp/ *n* (AmE) vía de salida (*de una autopista*)

off-road /ˈɔːfrəʊd || ˈɒfˌrəʊd/ *adj* (*before n*) ‹*vehicle/driving*› todo terreno

off-roader /ˌɔːfˈrəʊdər || ˌɒfˈrəʊdə(r)/ *n* **1** (car driver) conductor, -tora *m,f* (de un) todoterreno **2** (vehicle) todoterreno *m*, camioneta *f* 4 x 4; (bicycle) bicicleta *f* de motocross

off-roading /ˌɔːfˈrəʊdɪŋ || ˌɒfˈrəʊdɪŋ/ *n* [u] conducción *f* (de un) todoterreno

off-sales /ˈɔːfseɪlz || ˈɒfseɪlz/ *pl n* (BrE): **premises licensed for ~** *establecimiento autorizado para la venta de bebidas alcohólicas que se han de consumir fuera del mismo*

offscreen[1] /ˈɔːfskriːn || ˈɒfskriːn/ *adj*

A (Cin, TV) **1** ‹*action/appearance*› fuera de pantalla; ‹*audience*› que no sale en pantalla **2** ‹*life/behavior/reality*› en la vida real

B (Comput) fuera de pantalla

offscreen[2] *adv* (Cin, TV) **1** (not on the screen) fuera de pantalla **2** (in real life) en la vida real

off season[1] *n* temporada *f* baja; (*before n*): **off-season rates** tarifas *fpl* de temporada baja *or* de fuera de temporada

off season[2] *adv* fuera de temporada, durante *or* en la temporada baja

offset[1] /ˈɔːfset || ˈɒfset/ *vt* (*pres* **-sets** *pres p* **-setting** *past & past p* **-set**) **1** (compensate for) ‹*costs/loss/shortfall*› compensar; **to ~ sth AGAINST sth** deducir* algo DE algo; **any overpayment will be ~ against your next invoice** cualquier saldo a su favor le será deducido de su próxima factura **2** (Print) imprimir* en offset

offset[2] *n* (Print) offset *m*; (*before n*) ‹*printing/reproduction*› en offset

offshoot /ˈɔːfʃuːt || ˈɒfʃuːt/ *n* **1** (of plant, tree) retoño *m*, vástago *m*, renuevo *m* **2** (of family) rama *f*; (of company, organization) filial *f*

offshore[1] /ˈɔːfʃɔːr || ˈɒfʃɔː(r)/ *adj* **1** ‹*wind*› que sopla de tierra, terral **2** ‹*oilfield/pipeline*› submarino; ‹*exploration/drilling*› off-shore *adj inv*, costa afuera; **an ~ island** una isla costera *or* del litoral **3** ‹*funds/account*› en el exterior, offshore *adj inv*; (with tax advantages) en un paraíso fiscal

offshore[2] *adv* ‹*blow*› de tierra; ‹*anchor*› a cierta distancia de la costa

offside[1] /ˌɔːfˈsaɪd || ˌɒfˈsaɪd/ *n*

A (Sport) fuera de juego *or* (AmL tb) de lugar *m*, off side *m*, orsay *m*

B (BrE) (Auto): **the ~** el lado del conductor

offside[2] *adj*

A (Sport) ‹*player*› en fuera de juego *or* (AmL tb) de lugar, en off side, en orsay

B (BrE) (Auto) (*before n*) del lado del conductor

offside[3] *adv* (Sport) fuera de juego *or* (AmL tb) de lugar, en off side, en orsay

off-site /ˈɔːfsaɪt || ˌɒfˈsaɪt/ *adj* fuera de obra

offspring /ˈɔːfsprɪŋ || ˈɒfsprɪŋ/ *n* (*pl* ~) **1** (animal) cría *f* **2** (hum) (child) hijo, -ja *m,f*, crío, cría *m,f* (fam), vástago *m* (liter o hum); (children) prole *f* (fam & hum), críos *mpl* (fam)

offstage[1] /ˈɔːfsteɪdʒ || ˈɒfsteɪdʒ/ *adj* (*before n*) de entre bastidores, de fuera del escenario

offstage[2] *adv* fuera del escenario

off-street /ˈɔːfstriːt || ˈɒfstriːt/ *adj* (*before n*): **~ parking** estacionamiento *m* or (Esp) aparcamiento *m* fuera de la vía pública

off-the-peg /ˈɔːfðəˈpeg || ˌɒfðəˈpeg/ *adj* (*pred* **off the peg**) (esp BrE) ▸**off-the-rack**

off-the-rack /ˈɔːfðəˈræk || ˌɒfðəˈræk/ *adj* (*pred* **off the rack**) (AmE) de confección; **I buy my suits off the rack** compro trajes de confección

off-the-wall /ˌɔːfðəˈwɔːl || ˌɒfðəˈwɔːl/ *adj* (*pred* **off the wall**) (colloq) **1** (eccentric) ‹*person*› estrafalario, estrámbotico **2** (angry) ‹*person*› mosqueado (fam); **she was completely off the wall** estaba muy mosqueada (fam), estaba que se subía por las paredes (fam) **3** (without basis) ‹*accusation/insinuation*› nada que ver (fam)

off-track /ˈɔːftræk || ˌɒfˈtræk/ *adj* (AmE) (*before n*) fuera del hipódromo

off-white[1] /ˈɔːfhwaɪt || ˌɒfˈwaɪt/ ▸ⓘ **p.1036** *adj* color hueso *adj inv*

off-white[2] ▸ⓘ **p.1036** *n* [u] color *m* hueso

off year *n* (AmE): *año en que sólo hay elecciones al Congreso*

Ofgas /ˈɔːfgæs || ˈɒfgæs/ *n* (*no art*) (in UK) **= Office of Gas Supply**

OFSTED /ˈɔːfsted || ˈɒfsted/ *n* (*no art*) (in UK) **= Office of Standards in Education**

oft /ɔːft || ɒft/ *adv* (poet) a menudo

oft- /ɔːft || ɒft/ *pref*: **~quoted/~repeated** muy citado/repetido

Oftel /ˈɔːftel || ˈɒftel/ *n* (*no art*) (in UK) **= Office of Telecommunications**

often /ˈɔːfən, ˈɔːftən || ˈɒfən, ˈɒftən/ *adv* a menudo; **I see her quite ~** la veo bastante seguido *or* a menudo; **how ~ do you see her?** ¿con qué frecuencia la ves?, ¿cada cuánto la ves?; **do you come here ~?** ¿vienes mucho *or* seguido *or* a menudo por aquí?; **as ~ as I can** siempre que puedo; **he comes here every so ~** suele venir por aquí de vez en cuando; **we've ~ thought of emigrating** hemos pensado muchas veces en emigrar; **they're late as ~ as not** la mitad de las veces llegan tarde; **he's right more ~ than not** la mayoría *or* las más de las veces tiene razón; **the point can't be made too ~** no está de más insistir sobre ello; **you'll do that once too ~ and you'll hurt yourself** si sigues haciendo eso, vas a acabar haciéndote daño; **an ~ repeated anecdote** una anécdota muy repetida

oftentimes /ˈɔːfntaɪmz || ˈɒfəntaɪmz/ *adv* (AmE frml BrE arch) frecuentemente

ofttimes /ˈɔːfttaɪmz || ˈɒfttaɪmz/ *adv* (arch *or* poet) ▸**often**

Ofwat /ˈɔːfwɔːt || ˈɒfwɒt/ *n* (*no art*) (in UK) **= Office of Water Services**

ogle /ˈəʊgəl/ *vt* comerse con los ojos

ogre /ˈəʊgər || ˈəʊgə(r)/ *n* ogro *m*; **she's such an ~** ¡es un ogro! (fam)

oh /əʊ/ *interj*: **~, really?** ¿de veras?, ¡no me digas!; **~, what a surprise!** ¡anda *or* vaya, qué sorpresa!; **~ no, not him again!** ¡ay no, es él otra vez!; **~, you shouldn't have!** ¡pero no deberías haberte molestado!; **~, what lovely roses!** ¡ah, qué rosas más preciosas!; **~, it's you, John, I thought ...** ah, eres tú John, creí que ...; **~ well, never mind** bueno, no importa; **there's a meeting tomorrow — ~? nobody told me!** mañana hay reunión — ¿ah sí? ¡a mí no me avisaron!

OH = Ohio

ohm /əʊm/ *n* ohmio *m*, ohm *m*

OHMS (in UK) = **on Her/His Majesty's Service**

oho /əʊ'həʊ/ *interj* ¡ajá!

OHP *n* (BrE) = **overhead projector**

oh-so- /'əʊsəʊ/ *pref* (hum) tan; **~daring/feminine** tan atrevido/femenino

OIEO, (BrE) = **offers in excess of**

oil[1] /ɔɪl/ *n*

A [u] **1▸** (petroleum) petróleo *m*; ***to strike* ~** (colloq) dar* con una mina de oro *or* con la gallina de los huevos de oro (fam); (lit: reach oil) encontrar* petróleo; (*before n*): **~ baron** magnate *m* del petróleo; **~ company** petrolera *f*; **the ~ industry** la industria petrolera; **~ pipeline** oleoducto *m*; **~ pollution** contaminación *f* petrolífera *or* de petróleo; **~ refinery** refinería *f* de petróleo; **~ spill** derrame *m* de petróleo; **~ tanker** (ship) petrolero *m*; (truck) camión *m* cisterna (*para petróleo*) **2▸** (lubricant) aceite *m*; **to change/check the ~** cambiar/revisar el (nivel del) aceite; ***to pour ~ on troubled waters*** tratar de apaciguar los ánimos; (*before n*): **~ change** cambio *m* de aceite; **~ filter** filtro *m* del aceite; **~ gauge** indicador *m* del nivel del aceite; **~ level** nivel *m* del aceite; **~ pressure** presión *m* del aceite **3▸** (*fuel* **~**) fuel-oil *m*, gasoil *m* **4▸** (for domestic heating) gasóleo *m* *or* gasoil *m* de calefacción, fuel(-oil) *m* doméstico **5▸** (for domestic lamps, stoves) queroseno *m*, kerosene *m*, parafina *f* (AmL); ***to burn the midnight* ~** quemarse las cejas

B [u c] **1▸** (Culin) aceite *m*; (*before n*): **~ and vinegar dressing** vinagreta *f* **2▸** (essence) esencia *f*

C **1▸** [c] (painting) óleo *m*; **a collection of ~s** una colección de óleos **2▸ oils** *pl* (paints): **he paints in ~s** pinta al óleo; **a portrait in ~s** un retrato al óleo; *see also* **oil painting**

oil[2] *vt* **1▸** ‹*machine/hinge*› lubricar*, aceitar, engrasar; ‹*wood/bat*› darle* aceite a **2▸ oiled** *past p* (sl) (drunk) borracho, cocido (fam)

oil-burning /'ɔɪl,bɜːrnɪŋ ‖ 'ɔɪl,bɜːnɪŋ/ *adj* (*before n*) (using kerosene) de queroseno *or* kerosene *or* (AmL), de parafina; (using fuel oil) de gasóleo *or* gasoil

oilcan /'ɔɪlkæn/ *n* aceitera *f*

oilcloth /'ɔɪlklɔːθ ‖ 'ɔɪlklɒθ/ *n* [u] hule *m*

oil color, (BrE) **colour** *n* ▸**oil paint**

oil drum *n* bidón *m* de aceite

oilfield /'ɔɪlfiːld/ *n* yacimiento *m* petrolífero *or* de petróleo

oil-fired /'ɔɪl'faɪrd ‖ 'ɔɪl,faɪəd/ *adj*: **~ central heating** calefacción *f* central de gasóleo *or* gasoil

oil heater *n* (using kerosene) estufa *f* *or* calentador *m* de queroseno *or* kerosene *or* (AmL) de parafina; (using fuel oil) estufa *f* *or* calentador *m* de gasóleo *or* gasoil

oiliness /'ɔɪlinəs ‖ 'ɔɪlinɪs/ *n* [u] **1▸** (of food) lo aceitoso; (of skin, hair) lo grasiento *or* graso **2▸** (of speech, manner) lo empalagoso

oil lamp *n* lámpara *f* de aceite, quinqué *m*

oilman /'ɔɪlmæn/ *n* (*pl* **-men** /-men/) magnate *m* del petróleo; (employee) empleado *m* de compañía petrolera

oil paint *n* [u c] óleo *m*

oil painting *n* **1▸** [c] (picture) óleo *m*; ***he's no* ~ ~** no es ninguna belleza *or* ningún Adonis **2▸** [u] (medium) pintura *f* al óleo

oil pan *n* (AmE) cárter *m*

oil patch *n* **1▸** (patch of oil) mancha *f* de petróleo **2▸** (oilfield) (AmE sl) yacimiento *m* de petróleo **3▸** (the oil industry) (AmE) industria *f* petrolífera

oil platform *n* plataforma *f* petrolífera

oil-producing /'ɔɪlprə,duːsɪŋ ‖ 'ɔɪlprə,djuːsɪŋ/ *adj* productor de petróleo

oil-rich /'ɔɪlrɪtʃ/ *adj* (*before n*) ‹*nation/region*› petrolero, rico en petróleo

oil rig *n* plataforma *f* petrolífera *or* petrolera; (derrick) torre *f* de perforación

oilskin /'ɔɪlskɪn/ *n* **1▸** [u] (Tex) hule *m* **2▸ oilskins** *pl* chubasquero *m*, impermeable *m*

oil slick *n* marea *f* negra, mancha *f* de petróleo

oil stove *n* **1▸** (for cooking) cocina *f* *or* (Col, Méx) estufa *f* de queroseno *or* kerosene (AmL) de parafina **2▸** (for heating — with fuel oil) estufa *f* *or* calentador *m* de gasóleo *or* gasoil; (— with kerosene) *or* estufa *f* *or* calentador *m* de queroseno *or* kerosene *or* (AmL) de parafina

oil tank *n* tanque *m* de petróleo

oil well *n* pozo *m* petrolero *or* de petróleo

oily /'ɔɪli/ *adj* **oilier, oiliest 1▸** ‹*substance*› oleaginoso; ‹*rag*› manchado de aceite; ‹*fingers*› grasiento; ‹*food*› aceitoso, grasiento; ‹*skin/hair*› graso, grasoso (AmL) **2▸** (unctuous) ‹*person/smile/manner*› empalagoso

ointment /'ɔɪntmənt/ *n* [u c] pomada *f*, ungüento *m*

OIRO, (BrE) = **offers in the region of**

OJT *n* [u] = **on-the-job training**

OK[1]**, okay** /əʊ'keɪ/ *interj* (colloq) ¡bueno!, ¡okey! (AmL fam), ¡vale! (Esp fam), ¡vaya (pues) *or* va pues! (AmC)

OK[2]**, okay** *adj* **1▸** (all right) (colloq) (*pred*): **how are you? — ~, thanks** ¿qué tal estás? — bien, gracias; **the job's ~, but ...** el trabajo no está mal, pero ...; **will it be ~ if I bring a friend?** ¿te importa si traigo a un amigo?; **if you don't want to come, that's quite ~** si no quieres venir, no hay ningún problema; **it's ~ with me** yo no tengo ningún inconveniente; **do you like her? — she's ~** ¿te gusta? — no me disgusta; **are we ~ for time?** ¿vamos bien de tiempo? **2▸** (acceptable) (sl) (*before n*): **champagne is always an ~ drink** el champán siempre queda bien; **he's really an ~ guy** es un tipo muy bien (fam), es un tío legal (Esp arg)

OK[3]**, okay** *adv* (colloq) bastante bien

OK[4]**, okay** *vt* (*pres* **OK's** *pres p* **OK'ing** *past & past p* **OK'ed**) (colloq) darle* el visto bueno a; **have you ~ed it with Saunders?** ¿Saunders le ha dado el visto bueno?, ¿le has preguntado a Saunders si está bien?

OK[5]**, okay** *n* (*pl* **OK's**) (colloq) visto bueno *m*; **they finally gave us the ~** finalmente nos dieron el visto bueno

OK[6] = **Oklahoma**

okeydoke /,əʊki'dəʊk/, **okeydokey** /-'dəʊki/ *interj* (colloq) ¡okey! (AmL fam), ¡vale! (Esp fam)

Okla = **Oklahoma**

okra /'əʊkrə/ *n* [u] quingombó *m*, calalú *m* (*verdura muy usada en la cocina africana e india*)

old[1] /əʊld/ *adj*

A ▸**❶ p.888**; (of certain age): **how ~ are you?** ¿cuántos años tienes?, ¿qué edad tienes?; **he's 10 years ~** tiene 10 años; **she's two years ~er than me** me lleva dos años, es dos años mayor que yo; **my ~er brother** mi hermano mayor; **our ~est son** nuestro hijo mayor; **when the children are ~er** cuando los niños sean mayores *or* más grandes; **day-/week-~ chicks** pollitos *mpl* de un día/de una semana; **a month-~ puppy** un cachorro de un mes; **the house is centuries ~** la casa tiene siglos; **my two-year-~ daughter** mi hija de dos años; **a group of fifteen-year-/six-year-~s** un grupo de quinceañeros/de niños de seis años; **she's not ~ enough to go to school** no tiene edad de ir a la escuela; **you're ~ enough to know better!** ¡a tu edad ...!; **he's ~ enough to be her father** podría ser su padre; **you're as ~ as you feel** (set phrase) lo importante es tener el espíritu joven

B (not young) mayor; (less polite) viejo; **the bar's always full of ~ men** el bar siempre está lleno de viejos; **her experiences had made her ~ beyond her years** sus experiencias la habían hecho madurar muy rápidamente; **~ people feel the cold more** los ancianos *or* las personas mayores *or* de edad sienten más el frío; **to get** *o* **grow ~/~er** envejecer*; **doesn't she look ~!** ¡qué vieja *or* avejentada está!; **when I'm ~** cuando sea vieja

C **1▸** (not new) ‹*clothes/car/remedy*› viejo; ‹*city/civilization*› antiguo; ‹*custom/tradition*› viejo, antiguo; **a fine ~ wine** un buen vino añejo; **a beautiful ~ table** una mesa antigua preciosa; **it's a very ~ family** es una familia de abolengo; **the ~ part of the city** el casco viejo *or* antiguo de la ciudad; **we like to keep to the ~ ways** nos gusta hacer las cosas a la antigua usanza; **the ~ country** la madre patria **2▸** (longstanding, familiar) (*before n*) ‹*friend/enemy/rivalry*› viejo; ‹*injury/problem*› antiguo; **it's the ~, ~ story** es la misma historia de siempre **3▸** (experienced, veteran) (*before n*) ‹*campaigner*› viejo, veterano

D (former, previous) (*before n*) ‹*job/classmate*› antiguo; **my ~ school** mi antiguo colegio

E **Old** (Ling) (*before n*) antiguo

F (colloq) (*before n*) **1▸** (*as intensifier*): **just wear any ~ thing** ponte cualquier cosa; **come and see me any ~ time** ven a verme cuando quieras; **she dresses just any ~ way** *o* (BrE also) **any ~ how** se viste de cualquier manera; **we had a pretty dull ~ time** nos aburrimos mortalmente (fam); **this book is a load of ~ rubbish** este libro es una porquería (fam) **2▸** (in familiar references): **~ Bob here will show you where to go** el bueno de Bob te dirá dónde tienes que ir; **good ~ John!** ¡este John ...!; **hello, ~ thing** (BrE) hola ¿qué tal?; **lucky ~ you!** ¡qué suerte tienes!; **don't forget little ~ me!** ¡no te olvides del pobrecito de mí!; **she's not a bad ~ soul** no es mala gente (fam)

old[2] *n*

A (old people) (+ *pl vb*): **the ~** los ancianos, las personas mayores *or* de edad; (less polite) los viejos; **a singer who is popular with young and ~** un cantante que gusta a chicos y grandes

B (former times) (liter): **in days of ~** antaño (liter), antiguamente; **the knights of ~** los caballeros de antaño; **I know him of ~** lo conozco desde hace tiempo

old age *n* [u] vejez *f*; **to die of ~ ~** morir(se)* de viejo; **it's just ~ ~** son los años

old-age pension /'əʊld'eɪdʒ/ *n* pensión *f* por vejez

old age pensioner *n* (BrE) pensionista *mf* (de la tercera edad)

Old Bailey /'beɪli/ *n* (in UK): **the ~ ~** el Old Bailey (*el principal tribunal penal de Inglaterra, con asiento en Londres*)

old boy *n*

A (ex-pupil) (BrE) ex-alumno *m*; (*before n*): **the old-boy network** el amiguismo (*esp entre ex-alumnos de colegios de elite*)

B (colloq) **1▸** (old man) abuelo *m* (fam), viejito *m* (fam) **2▸** (BrE) (*as form of address*) viejo (fam)

olden /'əʊldən/ *adj* (liter): **in ~ days** *o* **times** antaño (liter)

old-established /,əʊldrˈstæblɪʃt/ *adj* (*before n*) ‹*company*› de reconocida solidez; ‹*family*› de abolengo

olde-worlde /,əʊldi'wɜːrldi ‖ 'əʊldi'wɜːldi/ *adj* (BrE hum) pintoresco

old-fashioned[1] /,əʊld'fæʃənd/ *adj* **1▸** (outdated) ‹*clothes/decor/attitudes*› anticuado, pasado de moda; **he's a bit ~** es un poco chapado a la antigua **2▸** (traditional) tradicional; **good ~ discipline** disciplina a la antigua *or* como la de antes

old-fashioned[2] *n* [u c] (AmE) old fashioned *m* (*cóctel de whisky, licor amargo, agua y azúcar*)

old folks' home *n* asilo *m* de ancianos

old girl *n*

A (ex-pupil) (BrE) ex-alumna *f*

B (BrE colloq) **1▸** (old woman) señora *f*; (more affectionate) viejecita *f* (fam) **2▸** (*as form of address*) mujer (fam)

Old Glory *n* (AmE) la bandera de los EEUU

> **Old Glory**
>
> ▸**Stars and Stripes.**

old-gold /'əʊld'gəʊld/ ▸**❶ p.1036** *adj* (*pred* **old gold**) color oro viejo *adj inv*

old gold ▸**❶ p.1036** *n* [u] color *m* oro viejo

old guard *n*: **the ~ ~** la vieja guardia

oldie /'əʊldi/ *n* (colloq) **1▸** (book, film etc) clásico *m*; **a golden ~** un viejo éxito **2▸** (person) (BrE) vejete *m* (fam), viejales *m* (Esp fam)

O

old lady *n* (colloq): **my/his ~ ~** (mother) mi/su vieja (fam); (wife) mi/su señora, mi/su vieja (Méx fam), la parienta (Esp fam), la patrona (CS fam)

old-line /ˈəʊldˈlaɪn/ *adj* (AmE) (*before n*) tradicional; ‹*supporter*› tradicionalista, de la vieja guardia

old maid *n* [1] [c] (spinster) (colloq) solterona *f* (fam) [2] [c] (fussy person) (colloq) maniático, -ca *m,f* [3] [u] (*no art*) (Games): **to play ~ ~** ≈ jugar* a la mona *or* al burro *or* al culo sucio

old man *n* (colloq) [1] **my/her ~ ~** (father) mi/su viejo (fam); (husband) mi/su marido, mi/su viejo (Méx fam) [2] (boss): **the ~ ~** el jefe *or* patrón [3] (esp BrE dated) (*as form of address*) viejo (fam)

old master *n* [1] (painter) gran maestro *m* de la pintura [2] (painting) obra *f* maestra de la pintura clásica

old money *n* [u] (colloq) dinero *m* de familia

Old Nick /nɪk/ *n* (colloq & hum) Pedro Botero (fam & hum), el demonio

old people's home *n* residencia *f* de ancianos

old school *n*: **a politician in** *o* **of the ~ ~** un político de la vieja escuela

old school tie [1] (Clothing) *corbata con los colores de la escuela* [2] (attitude, system): **the ~ ~ ~** el amiguismo (*esp entre ex-alumnos de colegios de elite*)

old stager /ˈsteɪdʒər || ˈsteɪdʒə(r)/ *n* (BrE) veterano, -na *m,f*

oldster /ˈəʊldstər || ˈəʊldstə(r)/ *n* (colloq) viejete *m* (fam), viejo *m*, viejales *m* (Esp fam)

old-style /ˈəʊldˈstaɪl/ *adj* (*before n*) [1] (old-fashioned) de la vieja guardia, a la antigua [2] ‹*calendar*› juliano

Old Testament *n* Antiguo Testamento *m*

old-time /ˈəʊldˈtaɪm/ *adj* (*before n*) antiguo

old-timer /ˌəʊldˈtaɪmər || ˌəʊldˈtaɪmə(r)/ *n* (colloq) [1] (veteran) veterano, -na *m,f* [2] (old man) (AmE) viejo *m* (fam)

old wives' tale *n* cuento *m* de viejas

old woman *n* [1] (fussy man) (colloq) maniático *m*; **he's an ~ ~** es un maniático, tiene manías de vieja [2] ▸**old lady**

old-world /ˈəʊldˈwɜːrld || ˈəʊldwɜːld/ *adj* [1] ‹*atmosphere*› con sabor antiguo; ‹*courtesy*› a la antigua (usanza); ‹*village*› viejo y pintoresco [2] (European) del viejo continente *or* mundo

Old World *n*: **the ~ ~** el viejo continente *or* mundo

ole /əʊl/ *adj* (AmE colloq) ▸**old**[1]

oleaginous /ˌəʊliˈædʒənəs/ *adj* [1] ‹*substance/film*› oleaginoso [2] ‹*seeds/kernels*› oleaginoso [3] (unctuous) ‹*manner/greeting/person*› empalagoso

oleander /ˈəʊliændər || ˌəʊliˈændə(r)/ *n* adelfa *f*, laurel *m* de jardín (CS)

oleochemical /ˌəʊliəʊˈkemɪkəl/ *n* (Chem) oleoquímico *m*

O level *n* (in UK formerly) *estudios de una asignatura en preparación del examen que solía rendirse alrededor de los 16 años y certificado otorgado*

olfactory /ɑːlˈfæktəri || ɒlˈfæktəri/ *adj* olfativo

oligarch /ˈɑːləgɑːrk || ˈɒlɪgɑːk/ *n* oligarca *mf*

oligarchic /ˌɑːləˈgɑːrkɪk || ˌɒlɪˈgɑːkɪk/ *adj* oligárquico

oligarchy /ˈɑːləgɑːrki || ˈɒlɪgɑːki/ *n* [c u] (*pl* **-chies**) oligarquía *f*

oligopoly /ˌɑːləˈgɑːpəli || ˌɒlɪˈgɒpəli/ *n* [u c] (*pl* **-lies**) oligopolio *m*

olive[1] /ˈɑːlɪv || ˈɒlɪv/ *n*

A [c] [1] (Culin) aceituna *f*, oliva *f*; **black/green/stuffed ~s** aceitunas negras/verdes/rellenas; (*before n*): **~ oil** aceite *m* de oliva [2] **~ (tree)** olivo *m*; **the Mount of O~s** el Monte de los Olivos; (*before n*): **~ grove** olivar *m*

B ▸❶ **p.1036** [u] (color) (color) aceituna *m*

olive[2] ▸❶ **p.1036** *adj* ‹*coat/paint*› color aceituna *adj inv*; ‹*skin*› aceitunado

olive branch *n* rama *f* de olivo; **to extend** *o* **hold out** *o* **proffer the ~ ~ to sb** tenderle* la mano a algn en son de paz

olive drab *n* (AmE) [1] ▸❶ **p.1036** [u] (color) caqui *m* [2] [u] (cloth) caqui *m* [3] **olive drabs** *pl* (uniform) *uniforme de la infantería estadounidense*

olive-green /ˌɑːlɪvˈgriːn || ˌɒlɪvˈgriːn/ ▸❶ **p.1036** *adj* (*pred* **olive green**) verde aceituna *or* oliva *adj inv*

olive green ▸❶ **p.1036** *n* [u] verde *m* aceituna *or* oliva

OLTP *n* [u] (= **on-line transaction processing**) OLTP *m*

Olympia /əˈlɪmpiə/ *n* Olimpia *f*

Olympiad /əˈlɪmpiæd/ *n* olimpiada *f*, olimpíada *f*

Olympian[1] /əˈlɪmpiən/ *adj* [1] (Myth) ‹*deities*› del Olimpo; ‹*pantheon*› olímpico [2] (lofty) ‹*detachment/serenity*› olímpico

Olympian[2] *n* [1] (Myth) dios, diosa *m,f* del Olimpo [2] **olympian** (AmE) (Sport) (deportista *mf*) olímpico, -ca *m,f*

Olympic /əˈlɪmpɪk/ *adj* ‹*team/medal/stadium*› olímpico; **~ village** ciudad *f* olímpica

Olympic Games *pl n*: **the ~ ~** los juegos Olímpicos

Olympics /əˈlɪmpɪks/ *pl n*: **the ~** las Olimpíadas *or* Olimpiadas

Olympus /əˈlɪmpəs/ *n*: **(Mount) ~** el Olimpo

Oman /əʊˈmɑːn/ *n* Omán *m*

ombudsman /ˈɑːmbʊdzmən || ˈɒmbʊdzmən/ *n* (*pl* **-men** /-mən/) ombudsman *mf or* (Esp, Per) defensor, -sora *m,f* del pueblo, defensor, -sora *m,f* de los habitantes (CR), procurador, -dora *m,f* de los ciudadanos (PR)

ombudsperson /ˈɑːmbʊdzpɜːrʃn || ˈɒmbʊdzpɜːsn/ *n* (*pl* **~s**) (esp AmE) ▸**ombudsman**

omega /əʊˈmeɪgə || ˈəʊmɪgə/ *n* omega *f*

omelet, (BrE) **omelette** /ˈɑːmlət || ˈɒmlət/ *n* omelette *f or* (Esp) tortilla *f* francesa; **Spanish ~** tortilla *f* de papas *or* (Esp) patatas, tortilla *f* española; ***you can't make an ~ without breaking eggs*** nada que valga la pena se logra sin crear conflictos

omen /ˈəʊmən/ *n*: **it's a good/bad ~** es un buen/mal augurio, es de buen/mal agüero; **they saw this as an ~ of victory** lo tomaron como un presagio de victoria; **the economic ~s are not good** los indicios económicos no son buenos; **bird of ill ~** pájaro *m* de mal agüero

ominous /ˈɑːmənəs || ˈɒmɪnəs/ *adj*: **there was an ~ silence** se hizo un silencio que no presagiaba *or* no auguraba nada bueno; **that's ~** eso es de mal agüero *or* es un mal augurio; **there are some ~ clouds on the horizon** hay nubes que no auguran *or* no presagian nada bueno

ominously /ˈɑːmənəsli || ˈɒmɪnəsli/ *adv*: **he was ~ silent** su silencio no presagiaba nada bueno; **dark clouds hung ~ in the sky** un cielo encapotado amenazaba tormenta; **there is worse to come, he said ~** —todavía queda lo peor —dijo en tono alarmante *or* inquietante

omission /əʊˈmɪʃən/ *n* [1] [u] (of word, information etc) omisión *f*, supresión *f* [2] [c] (thing left out) omisión *f*, supresión *f*; **he was a startling ~ from the team** resultó sorprendente que lo excluyeran del equipo

omit /əʊˈmɪt/ *vt* **-tt-** [1] (leave out) ‹*reference/name/details*› omitir, suprimir; (accidentally) olvidar incluir [2] (fail) (frml) **to ~ to + INF** omitir + INF (frml)

omnibus[1] /ˈɑːmnɪbəs || ˈɒmnɪbəs/ *n* (*pl* **-buses**)

A (Publ) antología *f*

B (Transp) (dated) ómnibus *m* (ant exc en Per y RPl); **the man on the Clapham ~** (BrE set phrase) el hombre de la calle, el ciudadano de a pie

omnibus[2] *adj* (*before n*) [1] (Publ) ‹*edition*› de obras escogidas/de obras completas [2] (wide-ranging) amplio

omnidirectional /ˌɑːmnɪdəˈrekʃənl, -daɪ- || ˌɒmnɪdɪˈrekʃənl, -dai-/ *adj* omnidireccional

omnipotence /ɑːmˈnɪpətəns || ɒmˈnɪpətəns/ *n* [u] (frml) omnipotencia *f*

omnipotent /ɑːmˈnɪpətənt || ɒmˈnɪpətənt/ *adj* (frml) omnipotente

omnipresence /ˌɑːmnɪˈprezns || ˌɒmnɪˈprezns/ *n* [u] (frml) omnipresencia *f*

omnipresent /ˌɑːmnɪˈpreznt || ˌɒmnɪˈpreznt/ *adj* (frml) omnipresente

omniscience /ɑːmˈnɪʃəns || ɒmˈnɪsiəns/ *n* [u] (frml) omnisciencia *f*

omniscient /ɑːmˈnɪʃənt || ɒmˈnɪsiənt/ *adj* omnisciente

omnivore /ˈɑːmnɪvɔːr || ˈɒmnɪvɔː(r)/ *n* omnívoro, -ra *m,f*

omnivorous /ɑːmˈnɪvərəs || ɒmˈnɪvərəs/ *adj* [1] ‹*animal*› omnívoro [2] ‹*reader/viewer*› voraz

OMOV *n* = **one member one vote**

on[1] /ɑːn || ɒn/

> ⚠ **on** often appears as the second element of certain verb structures in English (*count on, lay on, sign on*, etc). For translations, see the relevant verb entry (*count, lay, sign*, etc).

prep

A [1] (indicating position) en; **put it ~ the table** ponlo en *or* sobre la mesa; **he put it ~ the top shelf** lo puso en el estante de arriba; **~ the ground** en el suelo; **don't write ~ the wall!** ¡no escribas en la pared!; **he hung it ~ a hook** lo colgó de un gancho; **yellow ~ a black background** amarillo sobre un fondo negro; **you've got mud ~ your sleeve** tienes barro en la manga; **I live ~ Acacia Avenue** (esp AmE) vivo en Acacia Avenue; **~ the right/left** a la derecha/izquierda [2] (belonging to) de; **the handle ~ the cup** el asa de la taza; **look at the belly ~ him!** (colloq) ¡mira la panza que tiene! (fam) [3] (against): **I hit my head ~ the shelf** me di con la cabeza contra el estante; **he cut his hand ~ the glass** se cortó la mano con el vidrio [4] (at point on scale) en; **it's ~ 160°** está en 160°

B [1] (talking about clothing): **it looks better ~ you than on me** te queda mejor a ti que a mí; **it's too short ~ her** le queda demasiado corto [2] (about one's person): **I didn't have any cash ~ me** no llevaba dinero encima; **they found heroin ~ him** le encontraron heroína (encima); **do you happen to have her number ~ you?** ¿por casualidad tienes su número aquí/allí?

C (indicating means of transport): **I went ~ the bus/train** fui en autobús/en tren; **~ the plane I met an old friend** en el avión me encontré con un viejo amigo; **we had lunch ~ the train** comimos en el tren; **a man ~ a bicycle/horse** un hombre en bicicleta/a caballo; **~ foot** a pie

D [1] (playing instrument) a; **with Sue ~ the piano** con Sue al piano; **George Smith ~ drums** George Smith a la *or* en la batería [2] (Rad, TV): **I heard it ~ the radio** lo oí por la radio; **I was ~ TV last night** anoche salí por televisión; **the play's ~ channel 4** la obra la dan en el canal 4 [3] (recorded on) en; **~ tape** en cinta; **we have the information ~ file** tenemos la información archivada

E [1] (using equipment): **who's ~ the computer?** ¿quién está usando la computadora?; **you've been ~ the phone an hour!** ¡hace una hora que estás hablando por teléfono!, ¡hace una hora que estás colgado del teléfono! (fam) [2] (on duty at) en; **to be ~ the door** estar* en la puerta [3] (contactable via): **call us ~ 800 7777** llámenos al 800 7777; **you can reach him ~ this number** se puede poner en contacto con él llamando a este número

F (a member of): **she's ~ the committee** está en la comisión, es miembro de la comisión; **she's not ~ our staff** no forma parte de nuestro personal, no es empleada nuestra; **we have several doctors ~ our staff** hay varios médicos entre nuestros empleados *or* entre nuestro personal; **~ a team** (AmE) en un equipo; **a reporter ~ the Daily Clarion** un reportero del Daily Clarion

G (indicating time): **I went ~ Monday** fui el lunes;

~ Wednesdays she goes swimming los miércoles va a nadar; **~ or about June 15** alrededor del 15 de junio; **~ the anniversary of her death** en el aniversario de su muerte; **there are trains every hour ~ the hour** hay un tren por hora, a la hora en punto; **~-ING** al + INF; **~ hearing the news** al enterarse de la noticia

H (about, concerning) sobre; **your opinion ~ the subject** su opinión sobre el tema; **a book ~ architecture/Kennedy** un libro de arquitectura/sobre Kennedy; **a lecture ~ medieval poetry** una conferencia sobre poesía medieval; **have you heard her ~ that/the subject?** ¿la has oído hablar de eso/del tema?; **while we're ~ the subject** a propósito, ya que estamos hablando de esto

I **1** (indicating activity, undertaking): **~ vacation/safari** de vacaciones/safari; **we went ~ a trip to London** hicimos un viaje a Londres, nos fuimos de viaje a Londres; **she's out ~ an errand** ha salido a hacer una diligencia; **I went there ~ business** fui allí en viaje de negocios; **he's ~ a diet** está a dieta, está a *or* de régimen **2** (working on, studying): **we're ~ page 45 already** ya vamos por la página 45; **they have been ~ irregular verbs for six weeks** llevan seis semanas con los verbos irregulares; **I'm still ~ question 1** todavía estoy con la pregunta número 1

J (taking, consuming): **she's ~ antibiotics** está tomando antibióticos; **he's ~ heroin** es heroinómano; **we're drinking wine but John's still ~ vodka** nosotros estamos tomando vino pero John sigue con el vodka

K (talking about income, available funds): **I manage ~ less than that** yo me las arreglo con menos de eso; **we're ~ starvation wages** nos pagan un sueldo de hambre; **I'm ~ a grant/scholarship** tengo una beca, soy becario; **she's ~ £30,000** (BrE) gana 30.000 libras al año; **you won't get very far ~ $10** no vas a ir muy lejos con 10 dólares

L (according to): **she wants to stay ~ her terms** quiere quedarse pero imponiendo sus condiciones; **~ past experience** según nuestra (*or* mi etc) experiencia anterior; **acting ~ his advice** siguiendo sus consejos

M **1** (at the expense of): **this round's ~ me** a esta ronda invito yo, esta ronda la pago yo; **it's ~ the house** invita la casa, atención de la casa **2** (on the strength of): **I wouldn't believe it simply ~ his say-so** yo no me lo creería simplemente porque él lo diga; **you have it ~ my word as a gentleman** tienes mi palabra de honor

N **1** (in comparison with): **profits are up ~ last year** los beneficios han aumentado respecto al año pasado; **I know his address — well, that puts you one up ~ me** yo sé su dirección — pues ya sabes más que yo **2** (in) (AmE): **20 cents ~ the dollar** el 20 por ciento

O (scoring): **Smith is lying third ~ 18 points** Smith va en tercer puesto con 18 puntos

on² *adv*

A **1** (worn): **she had a blue dress ~** llevaba (puesto) *or* tenía puesto un vestido azul; **with a wig ~** con una peluca; **with no clothes ~** sin ropa, desnudo; **your hat isn't ~ straight** llevas *or* tienes el sombrero mal puesto; **let's see what it looks like ~** a ver cómo queda puesto; *see also* **have on, put on** **2** (in place): **the lid's not ~ properly** la tapa no está bien puesta; **put a record ~** pon un disco; **to sew a button ~** coser *or* pegar* un botón; **she left the tablecloth ~** dejó el mantel puesto **3** (on surface): **I want the T-shirt with Superman ~** yo quiero la camiseta con el dibujo de Supermán

B (indicating relative position): **we crashed head ~** chocamos de frente; **bring the desk in sideways ~** entren el escritorio de lado; **which way ~ do you want the piano?** ¿de qué lado quieres (que ponga) el piano?

C (indicating progression) **1** (in space): **drive ~** sigue adelante; **ten miles ~** diez millas más adelante; **further ~** un poco más allá *or* más adelante; **~ we go!** ¡sigamos!; **come ~ in; the water's lovely** métete que el agua está buenísima; **go ~ up; I'll follow in a minute** tú ve subiendo que yo ya voy **2** (in time, activity): **from then/next week ~** a partir de ese momento/de la semana que viene; **from now ~** de ahora en adelante; **it was well ~ in the afternoon when they arrived** llegaron bien entrada la tarde; **30 years ~ from now** dentro de 30 años; **I have nothing ~ that day** ese día no tengo ningún compromiso **3** **on and off, off and on**: **we still see each other ~ and off** todavía nos vemos de vez en cuando; **it rained ~ and off** *o* **off and ~ all week** estuvo lloviendo y parando toda la semana; **I've been coming here ~ and off** *o* **off and ~ for over 20 years** hace más de 20 años que vengo aquí, aunque no regularmente **4** **on and on**: **the road seemed to go ~ and ~ (forever)** la carretera parecía interminable; **the film just went ~ and ~** la película se hizo interminable *or* (fam) pesadísima; **you don't have to go ~ and ~ about it!** no hace falta que sigas dale y dale con lo mismo (fam)

D (in phrases) **1** **on about** (BrE colloq): **to be ~ about sth**: **what's she ~ about?** ¿de qué está hablando?, pero ¿qué dice?; **she's ~ about the inheritance again** ya está otra vez con lo de la herencia **2** **on at** (BrE colloq): **to be ~ at sb (about sth/to + INF)**: **he's always ~ at her about the same thing** siempre le está encima con lo mismo; **he's always ~ at me to buy him a cat** siempre me está dando la lata para que le compre un gato (fam)

on³ *adj*

A (*pred*) **1** (functioning): **to be ~** ‹‹*light/TV/radio*›› estar* encendido, estar* prendido (AmL); ‹‹*faucet/tap*›› estar* abierto; **the electricity/water isn't ~ yet** la electricidad/el agua todavía no está conectada; **don't leave the light/the TV ~** no dejes la luz/la televisión encendida *or* (AmL tb) prendida; **the handbrake is ~** el freno de mano está puesto **2** (on duty): **who was ~ when the accident happened?** ¿quién estaba de turno cuando ocurrió el accidente?; **we work four hours ~, four hours off** trabajamos cuatro horas y tenemos otras cuatro de descanso; **which of the doctors is ~ today?** ¿qué médico está de guardia hoy?

B (*pred*) **1** (taking place): **there's a lecture ~ in there** hay *or* están dando una conferencia allí; **while the conference is ~** mientras dure el congreso, hasta que termine el congreso; **the game is still ~** el partido no ha terminado todavía **2** (due to take place): **the party's definitely ~ for Friday** la fiesta es *or* se hace el viernes seguro; **is the wedding still ~?** ¿no se ha suspendido la boda?; **the deal is ~** el trato sigue en pie **3** (being presented): **is that play still ~?** ¿sigue en cartelera la obra?; **the exhibition is still ~** la exposición sigue abierta; **what's ~ tonight/at the Renoir?** (Cin, Rad, Theat, TV) ¿qué dan *or* (Esp tb) ponen *or* echan esta noche/en el Renoir? **4** (performing, playing): **you're ~!** (Theat) ¡a escena!; **I'm only ~ for about five minutes in Act 3** sólo salgo cinco minutos en el tercer acto; **who's ~ next?** ¿a quién le toca salir a escena?, ¿quién actúa ahora?; **he has been ~ for most of the game** (Sport) ha estado jugando casi todo el partido; *see also* **bring on, come on, go on** *etc*

C **1** (indicating agreement, acceptance) (colloq): **you teach me Spanish and I'll teach you French — you're ~!** tú me enseñas español y yo te enseño francés — ¡trato hecho! *or* ¡te tomo la palabra!; **are you ~?** ¿te apuntas? **2** **not on** (esp BrE colloq): **he can't expect us to pay; it's simply not ~** no puede pretender que paguemos nosotros; no hay derecho; **that sort of thing just isn't ~** ese tipo de cosa no se puede tolerar; **the idea of finishing by April was never really ~** la idea de terminar para abril nunca fue viable

on-air /ˌɑːnˈer || ˌɒnˈeə(r)/ *adj* (*pred* **on air**) ‹*discussion*› en directo; **the programme was on air 24 hours a day** el programa se transmitía *or* se emitía las 24 horas del día; **you'll be on air in 15 minutes** saldrá al aire en 15 minutos

onanism /ˈəʊnənɪzəm/ *n* [u] (frml) **1** (masturbation) onanismo *m* **2** (coitus interruptus) coitus *m* interruptus

on-board /ˈɑːnˈbɔːrd || ˈɒnˈbɔːd/ *adj* (*before n*) **A** (Aviat, Naut) ‹*entertainment/catering*› de a bordo **B** (Electron) integrado

on-campus /ˈɑːnˈkæmpəs || ˈɒnˈkæmpəs/ *adj* (*pred* **on campus**) ‹*facilities/students' home*› del campus, del recinto universitario; **the library is on campus** la biblioteca está dentro del campus *or* recinto universitario

once¹ /wʌns/ *adv*

A **1** (one time, on one occasion) una vez; **she almost left me ~** una vez casi me deja; **~ a week/month/year** una vez por semana/mes/año, una vez a la semana/al mes/al año; **she only needs to be told ~** no hace falta repetírselo, sólo hay que decírselo una vez; **~ was enough** con una vez me (*or* le *etc*) alcanzó; **never ~ did I ask them for help** ni una sola vez les pedí ayuda; **~ seen, never forgotten** una vez visto, no se olvida; **~ a thief, always a thief** quien roba una vez roba diez; ▸**bite¹ A** **2** (formerly): **a health care system which was ~ the pride of the nation** un sistema de asistencia sanitaria que antes era *or* que en su día fue el orgullo de la nación, un sistema de asistencia sanitaria que supo ser el orgullo de la nación (liter); **~ I wouldn't have said anything, but now ...** antes no habría dicho nada, pero ahora ...; **he's not as good as he ~ was** ya no es lo que era; **the ~ magnificent church** la que fue *or* (liter) la que otrora fuera una espléndida iglesia; **~ upon a time there was a princess** érase una vez *or* había una vez una princesa

B (*in phrases*): **all at once** (suddenly) de repente; **at once**: **come here at ~!** ¡ven aquí inmediatamente *or* ahora mismo!; **don't all shout at ~** no griten todos al mismo tiempo *or* a la vez; **don't eat it all at ~** no te lo comas todo de una vez *or* (fam) de una sentada; **the book is at ~ funny and instructive** el libro es divertido e instructivo a la vez; **for once** por una vez; **once again** *o* **once more** otra vez, una vez más; **~ again, I'd like to thank you for coming** quisiera agradecerles, otra vez *or* una vez más, que hayan venido; **do that ~ more and I'll tell your father!** como vuelvas a hacer eso, se lo digo a tu padre; **once (and) for all** de una vez por todas; **(every) once in a while** de vez en cuando; **once or twice** una o dos veces, un par de veces

once² *conj* una vez que; (with verb omitted) una vez; **~ you get started, it's hard to stop** una vez que empiezas, es difícil parar; **~ inside the house, she felt safer** una vez dentro de la casa, se sintió más segura; **~ alone, he began to have doubts** en cuanto se quedó solo, lo acometieron las dudas

once³ *n*: **the/this ~** una/esta vez; **I'm only going to say it the ~** sólo lo voy a decir una vez; **I'll let you off this ~** por esta vez que pase

once- /ˈwʌns/ *pref* otrora (liter); **the ~prosperous country** el otrora próspero país

once-off /ˈwʌnsɔːf || ˈwʌnsɒf/ *n/adj* (BrE) ▸**one-off¹, one-off²**

once-over /ˈwʌnsˌəʊvər || ˈwʌnsˌəʊvə(r)/ *n*: **to give sth/sb a** *o* **the ~** (colloq): **we gave the house a quick ~** le dimos una pasada por encima a la casa (fam); **he gave her a quick ~ out of the corner of his eye** le echó un vistazo de reojo

once-over-lightly /ˌwʌnsəʊvərˈlaɪtli || ˌwʌnsəʊvəˈlaɪtli/ *n* (AmE) (*no pl*): **the ~** un repaso rápido, una pasada por encima (fam)

oncogen /ˈɑːŋkədʒən || ˈɒŋkədʒən/ *n* virus *m* oncogénico

oncogene /ˈɑːŋkədʒiːn || ˈɒŋkədʒiːn/ *n* oncogén *m*

oncogenic /ˌɑːŋkəˈdʒiːnɪk || ˌɒŋkəˈdʒenɪk/ *adj* oncogénico

oncological /ˌɑːŋkəˈlɑːdʒɪkəl || ˌɒŋkəˈlɒdʒɪkəl/ *adj* oncológico

oncologist /ɑːŋˈkɑːlədʒəst || ɒŋˈkɒlədʒɪst/ *n* oncólogo, -ga *m,f*

oncology /ɑːŋˈkɑːlədʒi || ɒŋˈkɒlədʒi/ *n* [u] oncología *f*

O

oncoming /ˈɑːnˌkʌmɪŋ || ˈɒnˌkʌmɪŋ/ *adj (before n)* **1** ‹*vehicle/traffic*› que viene en dirección contraria **2** ‹*winter*› que viene *or* se aproxima

oncost /ˈɑːnkɔːst || ˈɒnkɒst/ *n* (BrE) gastos *mpl* indirectos

on-demand /ˌɑːndɪˈmænd || ˌɒndɪˈmɑːnd/ *adj* a pedido, a petición

on-disk /ˈɑːnˈdɪsk || ˈɒnˈdɪsk/ *adj* en disco

one[1] /wʌn/ **▸ⓘ p.888, ▸ⓘ p.1465, ▸ⓘ p.1798** *n*

A **1** (number) uno *m*; **~ followed by six zeros** la unidad seguida de seis ceros; **the hill is ~ in five** la cuesta tiene un gradiente del 20%; **has anybody got five ~s?** ¿alguien tiene cinco billetes de un dólar (*or* un peso *etc*)?; ***to be at ~ with sb/sth*** estar* en paz *or* en armonía con algn/algo; **she seemed quite at ~ with herself** parecía estar totalmente en paz consigo misma; *see also* **four**[1] **2** (elliptical use): **he's nearly ~** tiene casi un año; **it's nearly ~** es casi la una; **it was interesting in more ways than ~** fue interesante en más de un sentido/en muchos sentidos; **there's enough left for ~** queda bastante para una persona; **the chances are ~ in a million** la probabilidad es de uno en un millón; **she really is ~ in a million** es única, como ella no hay dos; **I only want the ~** sólo quiero uno/una; **did you see many horses/cows? — ~ or two** ¿viste muchos caballos/muchas vacas? — alguno que otro/alguna que otra

B (*in phrases*): **as one**: **they rose as ~** se pusieron de pie todos a la vez *or* como un solo hombre; **for one** por lo pronto; **who's going? — well, I am for ~** ¿quién va? — yo, por lo pronto; **in one**: **a dress made all in ~** un vestido hecho de una sola pieza; **it's a TV and a video in ~** es televisión y vídeo a la vez *or* todo en uno; **he drank it down in ~** se lo bebió de un trago *or* de una vez; **one by one** uno a uno, uno por uno; **they gave themselves up ~ by ~** fueron entregándose uno a uno *or* uno por uno

one[2] **▸ⓘ p.888, ▸ⓘ p.1465, ▸ⓘ p.1798** *adj*

A **1** (stating number) un, una; **there's only ~ window/bell** sólo hay una ventana/un timbre; **~ hundred** cien; **~ thousand, three hundred and eighty-seven** mil trescientos ochenta y siete; **~ fifth of the population** la quinta parte de la población **2** (certain, particular): **~ boy was tall, the other short** uno de los niños era alto, el otro era bajo; **~ window looks out over the park** una de las ventanas da al parque; **~ thing still puzzles me** hay algo *or* una cosa que sigo sin entender

B **1** (single): **she is the ~ person I trust** es la única persona en quien confío; **it is too much for any ~ person** es demasiado para una sola persona; **he is my ~ hope** él es mi única esperanza; **we have only the ~ car** (colloq) tenemos un solo coche; **there is not ~ shred of evidence** no existe ni la más mínima prueba; **the ~ and only Frank Sinatra** el incomparable *or* inimitable Frank Sinatra; **my ~ and only coat is at the cleaners** el único abrigo que tengo *or* mi único abrigo está en la tintorería **2** (same) mismo, misma; **we drank out of the ~ glass/cup** bebimos del mismo vaso/de la misma taza; **Clark Kent and Superman are ~ and the same** Clark Kent y Superman son la misma persona; **they are ~ and the same thing** son la misma cosa

C (unspecified) un, una; **you must come over ~ day/evening** tienes que venir un día/una noche; **he's always late for ~ reason or another** por una cosa u otra, siempre llega tarde; **I'll get even with you ~ day** algún día me las pagarás

D (with names): **in the name of ~ John Smith/Sarah Brown** a nombre de un tal John Smith/una tal Sarah Brown

E (unanimous) (frml) (*pred*): **we were ~ in our opinion that ...** éramos unánimes en la opinión de que ...

one[3] *pron*

A (thing): **this ~** éste/ésta; **that ~** ése/ésa; **which ~?** ¿cuál?; **the ~ on the right/left** el/la de la derecha/izquierda; **the ~s on the table** los/las que están en la mesa; **the blue ~s** los/las azules; **I want the big ~** quiero el/la grande; **it's my last ~** es el último/la última que me queda; **which scarf/coat is yours? — the blue ~** ¿cuál es tu bufanda/abrigo? — la/el azul; **~ of the oldest cities in Europe** una de las ciudades más antiguas de Europa; **every ~ of them was broken** todos estaban rotos; **he's had ~ too many** ha bebido de más, ha bebido más de la cuenta; **have you heard the ~ about ... ?** ¿has oído el chiste de ... ?; **he ate all the apples ~ after another** *o* **the other** se comió todas las manzanas, una detrás de otra

B (person): **the ~ on the right's my cousin** el/la de la derecha es mi primo/prima; **it could be any ~ of us** podría ser cualquiera de nosotros; **the Evil O~** (liter) el Maligno (liter); **the little ~s** los niños; **our loved ~s** nuestros seres queridos; **he's a sly ~, that Jack Tibbs** es un zorro ese Jack Tibbs; **I'm not ~ to gossip, but ...** no me gustan los chismes pero ...; **she was never ~ to give up** no era de las que se daban por vencidas; **he's a real ~ for the ladies** tiene mucho éxito con las mujeres; **he's a great ~ for writing to the papers** es muy dado a escribir a los periódicos; **oh, you are a ~!** (BrE colloq) ¡mira que eres! (fam); **~ after another** *o* **the other** uno tras otro *or* detrás de otro

one[4] *pron* **1** (as subject) uno, una; **~ should try to enjoy himself** *o* (BrE) **oneself** uno debería tratar de pasarlo bien, habría que tratar de pasarlo bien; **~ should do his** *o* (BrE) **one's best to help** uno debería *or* se debería hacer lo posible por ayudar; **~ simply never knows** realmente nunca se sabe *or* uno nunca sabe **2** (as object) uno, una; **it does make ~ think** le da que pensar a uno; **~ another ▸each**[2] **B**

one-acter /ˌwʌnˈæktər || ˌwʌnˈæktə(r)/ *n: obra de teatro de un solo acto*

one-arm bandit /ˈwʌnɑːrm || ˈwʌnɑːm/ *n* (colloq) máquina *f* tragamonedas *or* (Esp) tragaperras

one-armed /ˌwʌnˈɑːrmd || ˌwʌnˈɑːmd/ *adj* manco

one-armed bandit *n* **▸one-arm bandit**

one-dimensional /ˌwʌndəˈmentʃnəl, -daɪ- || ˌwʌndɪˈmenʃnəl, -daɪ-/ *adj* **1** (Math) unidimensional **2** (not profound) (pej) ‹*characters/description*› superficial, sin fondo *or* sin profundidad

one-eyed /ˈwʌnaɪd/ *adj* ‹*person*› tuerto; ‹*monster*› de un solo ojo; **~ Jack** (in cards) la jota, el valet

one-handed /ˌwʌnˈhændəd || ˌwʌnˈhændɪd/ *adv/adj* con una sola mano

one-horse /ˈwʌnhɔːrs || ˈwʌnhɔːs/ *adj (before n)* **1** (small) (pej): **a ~ town** un pueblucho (pey), un pueblo de mala muerte (fam & pey); **some little ~ operation** una operación de poca monta **2** (one-sided) (colloq): **it was a ~ race** el resultado estaba cantado (fam)

one-legged /ˌwʌnˈlegəd || ˌwʌnˈlegɪd/ *adj* ‹*person*› con una sola pierna, cojo; ‹*table*› de una sola pata

one-liner /ˌwʌnˈlaɪnər || ˌwʌnˈlaɪnə(r)/ *n* dicho *m* ingenioso

one-man /ˈwʌnmæn/ *adj (before n)* ‹*business*› unipersonal; ‹*operation*› dirigido por una sola persona; **she's a ~ woman** es mujer de un solo hombre

one-man band *n* **1** (Mus) hombre-orquesta *m* **2** (business) *empresa llevada por un solo individuo*

one-man show /ˈwʌnˈmæn/ *n* espectáculo *m* individual

one-nation /wʌnˈneɪʃn/ *adj (before n)* (BrE); *que ofrece una visión unitaria del país*

oneness /ˈwʌnnəs || ˈwʌnnɪs/ *n* [u] (frml) **1** (homogeneity) unidad *f* **2** (identity) identidad *f* **3** (unity): **he felt a sense of ~ with the universe** se sentía uno con el universo

one-night stand /ˈwʌnnaɪt/ *n* **1** (Mus, Theat) función *f* única **2** (sexual encounter) (colloq) ligue *m or* programa *m* de una noche (fam) **3** (sexual partner) (colloq) conquista *f or* (fam) ligue *m or* (RPl fam) programa *m or* (Chi) pinche *m* de una noche

one-off[1] /ˌwʌnˈɔːf || ˌwʌnˈɒf/ *n* (BrE colloq): **he's a ~** es único en su género, es fuera de serie; **this payment is strictly a ~** este pago es excepcional

one-off[2] *adj* (BrE) excepcional

one-on-one[1] /ˌwʌnɑːnˈwʌn || ˌwʌnɒnˈwʌn/ *adj* (AmE) individual, uno a uno; ‹*encounter/confrontation*› uno a uno

one-on-one[2] *n* (AmE) tête *m* à tête, mano *m* a mano

one on one *adv* (AmE) uno a uno

one-parent /ˈwʌnˌperənt || ˈwʌnˌpeərənt/ *adj (before n)* ‹*family*› monoparental (frml), con sólo madre o padre

one-party /ˈwʌnˌpɑːrti || ˈwʌnˌpɑːti/ *adj (before n)* de partido único

one-piece[1] /ˈwʌnpiːs/ *adj* ‹*swimsuit*› entero; ‹*sleeve/design*› de una sola pieza

one-piece[2] *n* (BrE) traje *m* de baño *or* (Esp tb) bañador *m* entero

onerous /ˈəʊnərəs/ *adj* ‹*task*› pesado; ‹*debt*› oneroso; **an ~ financial responsibility** una responsabilidad (económica) onerosa *or* gravosa

oneself /wʌnˈself/ *pron* (frml) (reflexive) se; (after prep) sí mismo; (emphatic use) uno mismo; **to cut ~** cortarse; **to enjoy ~** divertirse*; **if one looks after ~** si uno se cuida; **to talk about ~** hablar de sí mismo; **to do sth ~** hacer* algo uno mismo; **to experience sth for ~** experimentar algo uno mismo *or* personalmente

one-shot /ˈwʌnʃɑːt || ˈwʌnʃɒt/ *adj* (AmE) **1** (effective) (*before n*) ‹*remedy*› de efecto inmediato **2** (exceptional) excepcional

one-sided /ˌwʌnˈsaɪdəd || ˌwʌnˈsaɪdɪd/ *adj* **1** (unfair) ‹*account/version*› parcial, tendencioso; **a ~ contract** un contrato leonino **2** (ill-matched) ‹*game/contest*› desigual; **a ~ relationship** una relación falta de equilibrio **3** (unilateral) ‹*declaration*› unilateral

one-sidedness /ˌwʌnˈsaɪdədnəs || ˌwʌnˈsaɪdɪdnɪs/ *n* [u] **1** (bias) parcialidad *f*, falta *f* de objetividad **2** (of game, contest) desigualdad *f*

one-size-fits-all /ˌwʌnˌsaɪzˌfɪtsˈɔːl/ *adj (before n)* **1** (Clothing) de talla única **2** (universal) ‹*solution/judgment*› para dejar contentos a todos

one-stop /ˈwʌnstɑːp || ˈwʌnstɒp/ *adj (before n)*: **~ banking** servicios *mpl* bancarios integrados; **~ shopping** centro *m* único de compras

one-time /ˈwʌntaɪm/ *adj*

A (former) ‹*politician/film star*› antiguo; **the ~ world champion** el que fuera campeón del mundo

B (happening once) ‹*event/experience/fee*› único

one-to-one /ˌwʌntəˈwʌn/ *adj* **1** (individual) ‹*teaching/attention*› individualizado; ‹*contact*› personal; ‹*discussion*› mano a mano; **on a ~ basis** de uno a uno **2** (exact) ‹*correlation*› de uno a uno

one to one *adv* de uno a uno

one-track mind /ˈwʌntræk/ *n*: **to have a ~ ~** ser* un obseso, no tener* más que una idea en la cabeza

one-two /ˈwʌnˈtuː/ *n* **1** (in boxing) uno dos *m* **2** (in soccer) (BrE): **to play a ~** hacer* la pared

one-upmanship /ˌwʌnˈʌpmənʃɪp/ *n* [u] (colloq) *arte de colocarse siempre en una situación de superioridad con respecto a los demás*; **owning a yacht was his idea of ~** le parecía que tener un yate era la forma de quedar por encima de los demás *or* (CS) de matarles el punto a los demás (fam)

one-way /ˈwʌnˈweɪ/ *adj* **1** ‹*street*› de sentido único **2** (for one journey): **~ or round-trip?** ¿ida sólo o ida y vuelta?, ¿sencillo o redondo? (Méx); **this policy is a ~ ticket to disaster** esta política no conduce más que a la catástrofe **3** (not reciprocal): **the advantages were all ~** todo favorecía a una de las partes

one-world /wʌnˈwɜːrld || wʌnˈwɜːld/ *adj (before n)* de un único mundo

ongoing /ˈɑːnˌɡəʊɪŋ || ˈɒnˌɡəʊɪŋ/ *adj*: **the ~ talks** las conversaciones en curso; **inflation is an ~ problem** continúa el problema de la inflación; **the ~ unrest in the southern region** los disturbios que siguen produciéndose en la zona sur; **the investigations have been ~ for several months** se están llevando a cabo investigaciones desde hace meses

onion /ˈʌnjən/ *n* [c u] cebolla *f*; ***to know one's ~s*** (BrE colloq) conocer* muy bien su (*or* mi *etc*) oficio; (*before n*) ‹*soup/rings*› de cebolla; **~ dome** cúpula *f* en forma de bulbo

onionskin (paper) /ˈʌnjənskɪn/ *n* [u] papel *m* cebolla

on-line, online /ˌɑːnˈlaɪn || ˌɒnˈlaɪn/ *adj* (*pred* **on line**) (Comput) conectado, en línea; **~ banking** banca *f* en línea

on line *adv*: **to edit/work ~ ~** (Comput) editar/trabajar en línea; **the reactor came ~ ~ last week** el reactor entró en funcionamiento *or* en servicio la semana pasada

onlooker /ˈɑːnˌlʊkər || ˈɒnˌlʊkə(r)/ *n* espectador, -dora *m,f*; **the accident drew a crowd of ~s** el accidente atrajo un montón de curiosos

only¹ /ˈəʊnli/ *adv* **1** (merely, no more than) sólo, solamente; **I've ~ worn it once** sólo me lo he puesto una vez, me lo he puesto solamente una vez, no me lo he puesto más que una vez; **are you going already? it's ~ nine** ¿ya te vas? son sólo las nueve *or* no son más que las nueve *or* son apenas las nueve; **you'll ~ make matters worse** lo único que vas a lograr es empeorar las cosas; **you ~ have** *o* **have ~ to ask** no tienes más que pedir; **I'm ~ doing my job** sólo estoy cumpliendo con mi trabajo; **I was ~ joking!** ¡te lo decía en broma!; **we rushed back, ~ to find that they had already gone** volvimos corriendo y nos encontramos con que ya se habían ido **2** (exclusively) sólo, solamente, únicamente; **~ a madman would attempt it** sólo *or* solamente *or* únicamente un loco lo intentaría; **~ you and I know the truth** sólo *or* solamente *or* únicamente tú y yo sabemos la verdad, tú y yo somos los únicos que sabemos la verdad; Ⓢ **staff only** sólo personal autorizado **3** (no earlier than) sólo, recién (AmL); **~ then did I learn the truth** sólo *or* (AmL tb) recién entonces me enteré de la verdad **4** (no longer ago than): **it seems like ~ yesterday** parece que fue ayer; **~ last week the very same problem came up** la semana pasada, sin ir más lejos, surgió el mismo problema **5** (*in phrases*): **if only**: **if ~ I were rich!** ¡ojalá fuera rico!; **if I could ~ do something to help!** ¡si por lo menos pudiera hacer algo para ayudar!; **if ~ I'd known** si lo hubiera sabido; **only just**: **they've ~ just arrived** ahora mismo acaban de llegar; **he ~ just escaped being arrested** se libró por poco de que lo detuvieran, se libró por un pelo *or* por los pelos de que lo detuvieran (fam); **they ~ just reached the target** a duras penas alcanzaron su objetivo; **will it fit in? — ~ just** ¿cabrá? — apenas *or* (fam) justito; **it's ~ just two o'clock** apenas *or* (AmL tb) recién son las dos; **not only ... , but also ...** no sólo ... , sino también ...; **not ~ attractive, but also economical** no sólo atractivo, sino también económico; **not ~ did she lose her money, but her passport as well** no sólo perdió el dinero, sino también el pasaporte; **not ~ did she lose her money, but she had her passport stolen as well** no sólo perdió el dinero, sino que también le robaron el pasaporte

only² *adj* (*before n*) único; **she's an ~ child** es hija única; **my ~ regret is that ...** lo único que siento es que ...; **the ~ remaining possibility** la única posibilidad que queda; **the ~ possible course of action** la única vía de acción posible; **you're the ~ person who knows** eres la única persona *or* el único que lo sabe

only³ *conj* (colloq) pero; **I'd like to, ~ I'm very busy** me gustaría, pero *or* lo que pasa es que estoy muy ocupado

-only /ˈəʊnli/ *suff*: **a men~/women~ session** una sesión sólo *or* exclusivamente para hombres/mujeres

on-message¹ /ˈɑːnˌmesɪdʒ || ˈɒnˌmesɪdʒ/ *adj* que sigue la línea del partido

on-message² *adv* dentro de la línea del partido

o.n.o. (esp BrE) (**= or near(est) offer**) **£500 ~** 500 libras, negociable

on-off /ˈɑːnˈɑːf || ˈɒnˈɒf/ *adj* **1** ‹*switch*› de encendido y apagado, de prendido y apagado (AmL) **2** ‹*sound*› intermitente, discontinuo; ‹*affair/relationship*› discontinuo, fragmentado (liter)

onomatopoeia /ˌɑːnəˌmætəˈpiːə || ˌɒnəˌmætəˈpiə/ *n* [u] onomatopeya *f*

onomatopoeic /ˌɑːnəˌmætəˈpiːɪk || ˌɒnəˌmætəˈpiːɪk/ *adj* onomatopéyico

on-ramp /ˈɑːnræmp || ˈɒnræmp/ *n* (AmE) vía *f* de acceso (*a una autopista*)

onrush /ˈɑːnrʌʃ || ˈɒnrʌʃ/ *n* (of floodwaters) riada *f*, crecida *f*; (of waves) embate *m*; (of people) avalancha *f*

onscreen /ˈɑːnskriːn || ˈɒnskriːn/ *adj/adv* **1** (Cin, TV) en la pantalla **2** (Comput) en pantalla

onset /ˈɑːnset || ˈɒnset/ *n* (of winter, rains) llegada *f*, comienzo *m*; (of disease) aparición *f*

onshore¹ /ˈɑːnʃɔːr || ˈɒnʃɔː(r)/ *adj* **1** ‹*wind*› que sopla desde el mar **2** (on land) ‹*oil terminal/location*› en tierra

onshore² *adv* tierra adentro

onside /ɑːnˈsaɪd || ɒnˈsaɪd/ *adj* en posición reglamentaria

on-site¹ /ɑːnˈsaɪt || ɒnˈsaɪt/ *adj* en la obra

on-site² *adv* en la obra, in situ (frml)

onslaught /ˈɑːnslɔːt || ˈɒnslɔːt/ *n* ataque *m*, arremetida *f*; **they are preparing for the ~ of summer visitors** se están preparando para la invasión *or* avalancha de visitantes veraniegos

onstage¹ /ɑːnˈsteɪdʒ || ɒnˈsteɪdʒ/ *adj* (*before n*) en escena

onstage² *adv*: **to come ~** salir* a escena; **to appear ~** aparecer* en escena

on-street /ˈɑːnstriːt || ˈɒnstriːt/ *adj* (*before n*): **~ parking** estacionamiento *m or* (Esp) aparcamiento *m* en la vía pública

Ont = Ontario

on-target earnings /ɑːnˈtɑːrɡət || ɒnˈtɑːɡɪt/ *pl n* comisión *f* por logro de objetivos

on-the-road /ˌɑːnðəˈrəʊd || ˌɒnðəˈrəʊd/ *adj* con impuesto de matriculación incluido

on-the-spot /ˌɑːnðəˈspɑːt || ˌɒnðəˈspɒt/ *adj* ‹*fine*› que se paga en el acto; ‹*check*› en el terreno; ‹*report*› desde el lugar de los hechos

onto /ˈɑːntuː, *before consonant* ˈɑːntə || ˈɒntuː, *before consonant* ˈɒntə/ *prep*

A (on): **it fell ~ the table** cayó sobre la mesa; **he climbed ~ the cart** se subió al carro

B (aware of) (colloq): **to be ~ sb/sth**: **the police are ~ her** la policía anda tras ella *or* le está siguiendo la pista; **they were already ~ his drug-smuggling operation** ya tenían información sobre su operación de contrabando de drogas; **I think we're ~ something big** creo que hemos dado con algo importante *or* (fam) algo gordo; **get Brown to check it out — he's already ~ it** que Brown lo investigue — ya lo está haciendo

C **to be ~ sb** (BrE colloq) **1** (in contact with): **I've just been ~ them** acabo de hablar con ellos **2** (nagging): **I've been ~ them all week to send it to us** llevo toda la semana dándoles la lata para que nos lo manden (fam)

D (indicating progress): **I'm ~ the last chapter now** voy por el último capítulo; *see also* **get onto**

ontological /ˌɑːntəˈlɑːdʒɪkəl || ˌɒntəˈlɒdʒɪkəl/ *adj* ontológico

ontology /ɑːnˈtɑːlədʒi || ɒnˈtɒlədʒi/ *n* [u] ontología *f*

onus /ˈəʊnəs/ *n* (frml) responsabilidad *f*; **the ~ of proof is** *o* **lies with the prosecution** el peso *or* la carga de la prueba recae sobre el fiscal; **the ~ is on him to prove his theory** le corresponde *or* le incumbe a él probar su teoría; **this system puts the ~ on the police to ...** este sistema hace recaer sobre la policía la responsabilidad de ...

onward¹ /ˈɑːnwərd || ˈɒnwəd/ *adj* (*before n*) hacia adelante; **the ~ march of time** el avance inexorable del tiempo

onward², (BrE also) **onwards** /-z/ *adv* (hacia) adelante; **time moves relentlessly ~** el tiempo avanza inexorablemente; **from now/today ~** de ahora/hoy en adelante, a partir de ahora/hoy; **the party is from eight o'clock ~** la fiesta es de las ocho en adelante; (*as interj*): **~!** ¡adelante!

onyx /ˈɑːnɪks || ˈɒnɪks/ *n* [u] ónix *m*

OODBMS *n* **= object-oriented database management system**

oodles /ˈuːdlz/ *pl n* (colloq) cantidad *f* (fam), montones *mpl* (fam); **we've got ~ of time** tenemos cantidad *or* montones de tiempo (fam)

oogenesis /ˌəʊəˈdʒenəsəs || ˌəʊəˈdʒenəsɪs/ *n* oogénesis *f*

ooh¹ /uː/ *interj*: **~, this is delicious!** ¡mmm, esto está delicioso!; **~, what a beautiful sunset!** ¡ah, qué puesta de sol tan bonita!; **~, that hurt!** ¡ay, eso me dolió!

ooh² *vi*: **to ~ and aah** (colloq) exclamar embelesado *or* extasiado

oomph /ʊmf/ *n* [u] (colloq): **she's got a lot of ~** es una mujer llena de vida, tiene mucho brío; **this dressing gives your salad a bit more ~** este aliño realza el sabor de su ensalada

oops /ʊps/ *interj* (colloq) ¡uy! (fam)

oops-a-daisy /ˈʊpsəˌdeɪzi/ *interj* (BrE colloq) ¡upa! (fam)

ooze¹ /uːz/ *vi*: **blood ~d from his wound** le salía sangre de la herida; **his courage slowly ~d away** el valor lo fue abandonando poco a poco; **to ~ WITH sth**: **the walls were oozing with damp** las paredes rezumaban humedad; **he's absolutely oozing with self-confidence** irradia confianza en sí mismo

■ **ooze** *vt*: **the wound ~d pus** la herida (le) supuraba; **the walls ~d damp** las paredes rezumaban humedad; **she ~s charm** irradia simpatía

ooze² *n* [u] lodo *m*

O/P /ˈəʊˈpiː/ **= out of print**

opacity /əʊˈpæsəti/ *n* [u] **1** (Opt) opacidad *f* **2** (of meaning, text) (frml) impenetrabilidad *f*

opal /ˈəʊpəl/ *n* [u c] ópalo *m*

opalescent /ˌəʊpəˈlesnt/ *adj* ‹*sheen/surface*› opalescente; ‹*blue/green*› opalino

opaque /əʊˈpeɪk/ *adj* **1** (Opt) opaco **2** (unintelligible) (frml) impenetrable, poco claro

op art /ˈɑːpˈɑːrt || ˈɒpˈɑːt/ *n* [u] op-art *m*

op cit /ˈɑːpˈsɪt || ˈɒpˈsɪt/ (in the work mentioned) Op. cit.

OPEC /ˈəʊpek/ *n* (*no art*) (**= Organization of Petroleum Exporting Countries**) la OPEC *or* la OPEP

open¹ /ˈəʊpən/ *adj*

A **1** (not shut or sealed) ‹*door/window*› abierto; ‹*bottle*› empezado, abierto; ‹*pores*› abierto, dilatado; ‹*wound*› abierto, no cicatrizado; **the door was wide ~** la puerta estaba abierta de par en par; **I can hardly keep my eyes ~** apenas puedo mantener los ojos abiertos; **her mouth fell ~ with surprise** se quedó boquiabierta *or* con la boca abierta; **with ~ arms** con los brazos abiertos; **to cut/tear sth ~** abrir* algo cortándolo/rasgándolo; **he pushed the door ~** abrió la puerta de un empujón **2** (not fastened) ‹*shirt/jacket*› abierto, desabrochado; **she wore the shirt ~ at the neck** llevaba la camisa con el cuello abierto *or* desabrochado **3** (not folded) ‹*flower/newspaper/book*› abierto; ‹*map*› abierto, desplegado **4** ‹*circuit*› abierto

B **1** (not enclosed) ‹*country/fields/spaces*› abierto; **it's ~ country all around here** aquí estamos en pleno campo *or* en campo abierto; **we traveled across ~ country** viajamos a campo traviesa *or* por campo abierto; **~ views across the countryside** una vista panorámica de la campiña; **~ prison** cárcel *f* en régimen abierto; **~ range** (AmE) campo *m* abierto; **on the ~ seas** en alta mar, en mar abierto; **~ staircase** escalera *f* (*sin barandilla*) **2** (not blocked) ‹*tube/pathway*› abierto; **the road is now ~ to traffic once more** la carretera vuelve a estar

O

abierta al tráfico; **the way is ~ to democracy** se han abierto las puertas a la democracia; **the road to freedom lay ~ before us** el camino de la libertad se abría ante nosotros **3** ‹*cheque*› (BrE) no cruzado, al portador, a la orden

C **1** (not covered) ‹*carriage*› abierto, descubierto; ‹*sewer*› a cielo abierto, descubierto; **an ~ fire** una chimenea, un hogar **2** (exposed, vulnerable) **~ TO sth** ‹*to elements/enemy attack*› expuesto A algo; **to lay** *o* **leave oneself ~ to sth** exponerse* a algo; **you're laying yourself ~ to blackmail** te estás exponiendo a que te chantajeen; **we're leaving ourselves wide ~ to attack/criticism** estamos exponiéndonos a que nos ataquen/critiquen; **this is ~ to misunderstanding/abuse** esto se presta a malentendidos/a que se cometan abusos; **he missed an ~ goal** falló con el arco desprotegido *or* (Esp) a puerta vacía

D (*pred*) **1** (ready for business): **to be ~** estar* abierto; **is it ~ on Sundays?** ¿está abierto los domingos? **2** (officially): **to be ~** estar* abierto; **the new section is ~ for traffic** el nuevo tramo está abierto al tráfico; **I declare the exhibition ~** queda inaugurada la exposición

E (unrestricted) ‹*membership/enrolment*› abierto al público en general; ‹*meeting/session*› a puertas abiertas, abierto al público; ‹*ticket/reservation*› abierto; ‹*order*› válido hasta su revocación; ‹*trial*› público; ‹*government/society*› abierto; **~ admission** entrada *f* libre; **~ letter** carta *f* abierta; **to buy/sell securities in the ~ market** comprar/vender valores en el mercado libre *or* abierto; **~ scholarship** beca *f* abierta; **to sell sth ~ stock** (AmE) vender algo por piezas *or* por unidad; **let's throw the topic ~ for debate** abramos el debate sobre el tema; **to be ~ TO sb/sth: the competition is ~ to everybody** cualquiera puede presentarse al certamen; **the park is ~ to the public** el parque está abierto al público; **all these documents are ~ to inspection** el público tiene acceso a todos estos documentos; **it's all ~ and aboveboard** no hay ningún tapujo

F **1** (available) (*pred*): **is the job still ~?** ¿el puesto continúa vacante?; **several options are ~ to us** tenemos *or* se nos presentan varias opciones *or* alternativas; **only two options remain ~ to us** sólo nos quedan dos opciones *or* alternativas; **it is ~ to them to refuse the offer** ellos son libres de rechazar la oferta **2** (not decided) abierto, amplio; **that's still an ~ question** eso aún está por decidirse; **it's an ~ question whether she would have done it** queda la incógnita de si lo habría hecho; **let's leave things ~ for the time being** no descartemos ninguna posibilidad de momento; **let's leave the date ~** no concretemos la fecha todavía; **the result is still wide ~** podría pasar cualquier cosa; **~ verdict** *veredicto que se emite cuando no se puede establecer la causa de la muerte de una persona*

G **1** (receptive) abierto; **to be ~ TO sth** estar* abierto A algo; **I'm always ~ to suggestions** siempre estoy abierto a todo tipo de sugerencias, siempre estoy dispuesto a recibir sugerencias; **they were ~ to bribes/persuasion** se los podía sobornar/convencer; **to have an ~ mind** tener* una actitud abierta; **I'm keeping an ~ mind about it/him/her** no quiero prejuzgar/prejuzgarlo/prejuzgarla **2** (frank, candid) abierto, sincero, franco; **she has a very ~ nature** es muy abierta; **to be ~ WITH sb** ser* sincero *or* franco CON algn; **I'll be ~ with you** te voy a ser sincero *or* franco, voy a ser sincero *or* franco contigo

H (not concealed) ‹*resentment/hostility/resistance*› abierto, manifiesto; **they were in ~ revolt** estaban en franca rebeldía

I **1** (widely spaced) ‹*ranks/columns*› abierto; **~ compound** *sustantivo compuesto formado por dos palabras separadas* **2** (Tex) ‹*weave*› abierto

J ‹*vowel*› abierto, libre

K (activated, live) ‹*switch*› encendido; ‹*line/channel*› abierto, conectado

open² *vt*

A **1** ‹*door/box/drawer/parcel*› abrir*; ‹*bottle*› abrir*, destapar; ‹*mouth/eyes*› abrir*; ‹*legs*› abrir*, separar; ‹*vein/artery*› abrir*; ‹*pores*› abrir*, dilatar; **to ~ ranks** abrir* filas; **I have to ~ the store this morning** hoy tengo que abrir yo la tienda; **it won't keep once it's been ~ed** una vez abierto, no se puede conservar mucho tiempo **2** (unfold) ‹*newspaper/book*› abrir*; ‹*map*› abrir*, desplegar*; **~ your book at page 10** abre el libro en *or* (Esp) por la página 10

B **1** (clear, remove obstructions from) ‹*road/channel*› abrir*; **this ~s the way for further negotiations** esto abre las puertas *or* deja la vía libre a nuevas negociaciones; **to ~ one's bowels** hacer* de vientre, mover* el intestino (frml) **2** (make accessible, available) abrir*; **to ~ sth TO sb/sth** abrir* algo A algn/algo; **they have ~ed the house to the public** han abierto la casa al público; **I should like to ~ the meeting to our colleagues from France** quisiera dar la palabra a nuestros colegas franceses **3** (reveal) abrir*; **my trip ~ed new horizons to me** el viaje me abrió nuevos horizontes

C **1** (set up, start) ‹*branch/department*› abrir*; ‹*shop/business*› abrir*, poner*; ‹*file*› (Comput) abrir*; ‹*account*› (Fin) abrir*; ‹*dossier*› abrir* **2** (declare open) ‹*exhibition/hospital/expressway*› abrir*, inaugurar

D (begin) ‹*debate*› abrir*, iniciar; ‹*meeting*› abrir*, dar* comienzo a; ‹*bidding*› iniciar; ‹*negotiations/talks*› entablar; **to ~ the case for the prosecution** hacer* la primera presentación por parte de la acusación; **to ~ the scoring** inaugurar el marcador; **to ~ fire on sb/sth** abrir* fuego contra algn/algo

E (make receptive) **to ~ sth TO sth** abrir* algo A algo; **to ~ one's heart to God** abrirle* el corazón a Dios; **you must ~ your mind to new ideas** debes abrirte a nuevas ideas

F (turn on) ‹*switch*› encender*

■ **open** *vi*

A **1** «*wound*» abrirse*; «*door/window*» abrirse*; **all of a sudden the door ~ed and ...** de pronto se abrió la puerta y ...; **the door won't ~** la puerta no se abre, no puedo (*or* podemos *etc*) abrir la puerta; **the window ~s outward** la ventana (se) abre hacia afuera; **her mouth ~ed wide with surprise** se quedó boquiabierta; **~ wide!** abra bien la boca, abra bien grande; **suddenly his eyes ~ed** de repente abrió los ojos; **the heavens** *o* **skies ~ed** empezó a diluviar **2** (unfold) «*map/bud/flower*» abrirse*; «*parachute*» abrirse* **3** (be revealed) extenderse*; **the plains ~ed before us** la llanura se extendió ante nuestra vista

B (give access) **to ~ ONTO/INTO sth** dar* A algo; **the windows ~ onto the garden** las ventanas dan al jardín; **the door ~ed into a corridor** la puerta daba a un pasillo

C (for business) «*shop/museum*» abrir*; **what time does the library ~?** ¿a qué hora abre la biblioteca?

D (begin) «*play/book*» comenzar*, empezar*; **she ~ed with a high card** (Games) abrió (el juego) con una carta alta; **her new movie ~s in London next week** su nueva película se estrena en Londres la semana próxima; **the concert ~ed with the national anthem** el concierto comenzó *or* se inició con el himno nacional

(Phrasal verbs)

• **open out**

A [v + adv] **1** (become wider) «*river/valley/road*» ensancharse **2** (unfold) abrirse*; **it ~s out like this** se abre así; **the center pages ~ out into a poster** las páginas centrales forman un póster al abrirse **3** (blossom, develop) «*flower/bud*» abrirse*; «*person*» volverse* más abierto

B [v + o + adv, v + adv + o] ‹*map/newspaper*› abrir*, desplegar*

• **open up**

(Sense I) [v + o + adv, v + adv + o]

A **1** (undo, unlock) ‹*package/suitcase/premises*› abrir*; ‹*vein/wound*› abrir* **2** (cut, create) ‹*channel/breach*› abrir*

B **1** (make accessible, available) ‹*territory/market/possibilities*› abrir*; **to ~ sth up TO sb/sth** abrir* algo A algn/algo; **China has ~ed itself up to foreigners** la China se ha abierto a los extranjeros **2** (reveal) ‹*new horizons*› abrir*

C (set up) ‹*shop/store*› abrir*, poner*

(Sense II) [v + adv]

A **1** (open building) abrir*; **~ up! police!** ¡abran! ¡policía! **2** (become open) abrirse*

B (become accessible, available) **to ~ up (TO sb/sth)** abrirse* (A algn/algo); **to ~ up to new ideas** abrirse* a nuevas ideas; **new prospects for peace have ~ed up before us** nuevas perspectivas de paz se han abierto ante nosotros

C **1** (talk freely) (colloq): **he ~ed up to her** le abrió su pecho (liter); **he found it difficult to ~ up to his father** le costaba ser abierto *or* franco con su padre; **after a few drinks she began to ~ up** tras unas cuantas copas empezó a entrar en confianza **2** (liven up) (Sport) animarse, ponerse* bueno

D (start up) «*business/factory/store*» abrir*

E (open fire) (Mil) abrir* fuego

open³ *n*

A **in the ~** (in the open air) al aire libre; **we spent the night in the ~** pasamos la noche al aire libre *or* a la intemperie *or* al raso; **I feel better now it's all out in the ~** me siento mejor ahora que todo el mundo lo sabe; **to bring sth (out) into the ~** hacer* público algo, sacar* algo a la luz; **they were forced to come out into the ~ with their allegations** se vieron obligados a hacer públicas sus acusaciones

B **Open** (Sport) (campeonato *m*) abierto *m*, Open *m*

open access *n* [u] (unrestricted access — in industry) acceso *m* libre; (— in education, medicine) libre acceso *m*; (*before n*) de libre acceso

open air *n*: **in the ~ ~** al aire libre; (*before n*): **open-air concert** concierto *m* al aire libre; **open-air swimming pool** piscina *f* *or* (Méx) alberca *f* descubierta *or* al aire libre

open-and-shut /'əʊpənən'ʃʌt/ *adj*: **an ~ case** un caso clarísimo

opencast /'əʊpənkæst || 'əʊpənkɑːst/ *adj* (BrE) a cielo abierto

open day *n* (BrE) jornada *f* de puertas abiertas

open-door /'əʊpən'dɔːr || ˌəʊpən'dɔː(r)/ *adj* (*before n*) ‹*policy*› (on immigration) de puertas abiertas; (on imports) no proteccionista

open-end /'əʊpən'end/ *adj* **1** ‹*company*› de capital variable **2** ‹*approach*› flexible; ‹*commitment*› incondicional **3** ‹*contract*› de duración indefinida, sin plazo definido

open-ended /ˌəʊpən'endəd || ˌəʊpən'endɪd/ *adj* **1** ‹*contract/lease*› de duración indefinida, sin plazo definido; **we cannot give an ~ commitment to support you** no podemos comprometernos a apoyarlos incondicionalmente **2** ‹*discussion*› abierto

opener /'əʊpnər || ˌəʊpnə(r)/ *n*

A **1** (for bottle) abridor *m*, abrebotellas *m*, destapador *m* (AmL) **2** (for can) abrelatas *m*

B **1** (in cards) mano *f* **2** (in cricket) *bateador que abre el juego*

C (of show) primer número *m*; **this concert is the traditional ~ of each new season** la temporada se abre tradicionalmente con este concierto; ***for* ~s** para empezar

open-eyed /ˌəʊpən'aɪd/ *adj* con los ojos abiertos; **~ with wonder** con los ojos abiertos de asombro

open-faced /ˌəʊpən'feɪst/ *adj*

A ‹*expression*› de buena persona

B **1** ‹*watch*› de esfera descubierta **2** *also* **open-face** (AmE) sin tapa

openhanded /ˌəʊpən'hændəd || ˌəʊpən'hændɪd/ *adj* ‹*generosity*› a manos llenas; ‹*gesture*› generoso

open-heart /ˌəʊpən'hɑːrt || ˌəʊpən'hɑːt/ *adj* (*before n*) de corazón abierto

open-hearted /ˌəʊpən'hɑːrtəd || ˌəʊpən'hɑːtɪd/ *adj* ‹*person*› de gran corazón; ‹*welcome*› cálido

open-hearth /ˌəʊpən'hɑːrθ || ˌəʊpən'hɑːθ/ *adj* ‹*furnace/process*› Siemens-Martin

open house *n*

A [u] (*no art*): **to keep ~ ~** tener* las puertas

siempre abiertas a todos; **it's always ~ ~ there at the weekend** los fines de semana todo el mundo es bienvenido en la casa

B [c] **1** (informal reception) *fiesta que dura varias horas y a la que se puede llegar en cualquier momento* **2** (AmE) jornada *f* de puertas abiertas

opening /'əʊpnɪŋ/ *n*

A [c] (gap, passage — in hedge) abertura *f*; (— in fence) abertura *f*, brecha *f*; (— in crowd) claro *m*; (— in forest) claro *m*

B **1** [u c] (beginning, initial stage) apertura *f*, comienzo *m*; (*before n*) ‹*remarks*› inicial; **~ price** precio *m* inicial; **the ~ scene** la primera escena **2** [c] (Games) apertura *f*; (*before n*) ‹*move/gambit*› de apertura *or* salida

C [c u] (of exhibition, building) inauguración *f*; (Cin, Theat) estreno *m*; **the ~ of Parliament** la apertura del Parlamento; (*before n*) ‹*ceremony*› inaugural, de inauguración; ‹*speech*› inaugural; **~ night** noche *f* del estreno

D [u] (period when open): **hours of ~** (of shop) horario *m* comercial; (of bank, office) horario *m* de atención al público; **S late opening till 8pm on Thursdays** los jueves abierto hasta las 8; (*before n*): **~ day** día *m* de la inauguración; **~ hours** (in shops, banks) horario *m* de atención al público; (in library) horario *m* de apertura; (in office) horario *m* de oficina; **~ time** (BrE) *hora en que se abren los pubs*

E [c] **1** (favorable opportunity) oportunidad *f*; **I don't want to provide her with an ~ to complain** no quiero darle pie *or* oportunidad para que se queje **2** (job vacancy) oportunidad *f*, vacante *f*

openly /'əʊpənli/ *adv* **1** ‹*acknowledge/admit*› abiertamente; **he's ~ hostile to the measures** se opone abiertamente a las medidas **2** ‹*boast/ridicule*› descaradamente

open marriage *n* matrimonio *m* abierto

open-minded /,əʊpən'maɪndəd || ,əʊpən 'maɪndɪd/ *adj* ‹*person*› de actitud abierta, sin prejuicios; ‹*approach/assessment*› imparcial, que no parte de ideas preconcebidas; **we have to be more ~ in our attitudes** debemos tener una actitud más abierta

open-mindedness /,əʊpən'maɪndədnəs || ,əʊpən'maɪndɪdnɪs/ *n* [u] (of person) actitud *f* abierta; (of approach) imparcialidad *f*

open-mouthed /,əʊpən'maʊðd/ *adj* boquiabierto

open-necked /'əʊpənnekt/ *adj*: **he was wearing an ~ shirt** llevaba una camisa desabotonada *or* desabrochada en el cuello; (he was informally dressed) no llevaba corbata

openness /'əʊpənnəs || 'əʊpənnɪs/ *n* [u] **1** (frankness) franqueza *f* **2** (lack of concealment) transparencia *f* **3** (being receptive) **~ (TO sth)**: **~ to new ideas is essential** es imprescindible el estar abierto a nuevas ideas

open outcry *n* [u] **to trade by ~ ~** hacer* las operaciones a viva voz; **all offers and bids are made by ~ ~** todas las propuestas de compra y venta se hacen a viva voz

open-pit /,əʊpən'pɪt/ *adj* (AmE) a cielo abierto, a tajo abierto (Andes)

open-plan /,əʊpən'plæn/ *adj* abierto, de planta abierta, open-plan *adj inv*

open primary *n* (in US) elecciones *fpl* primarias abiertas

openreel /,əʊpən'riːl/ *adj* de carrete

open sandwich *n* sándwich *m* sin tapa

open season *n* (Sport) temporada *f* de caza; **the ~ ~ has started** se ha abierto la temporada de caza, se ha levantado la veda; ***to declare ~ ~ on sth/sb*** declararle la guerra a muerte a algo/algn

open secret *n* secreto *m* a voces

open shop *n*: *empresa donde los trabajadores no tienen obligación de afiliarse a un sindicato*

open-toed /'əʊpəntəʊd/ *adj* sin punta

open-topped /,əʊpən'tɑːpt || ,əʊpən'tɒpt/, **open-top** /,əʊpən'tɑːp || ,əʊpən'tɒp/ *adj* descubierto

open university *n* universidad *f* a distancia, universidad *f* abierta (Méx); **the O~ U~** (in UK) *la universidad a distancia del Reino Unido*

Open University - OU

Universidad a distancia británica fundada en 1969. La enseñanza se lleva a cabo mediante una mezcla de materiales impresos, programas de televisión y radio emitidos por la BBC y en algunos casos mediante material enviado por internet. Los estudiantes deben estudiarlo y enviar sus trabajos por correo a un tutor. La mayoría de los estudiantes toma cursos a tiempo parcial durante cuatro o cinco años, aunque no hay un límite de tiempo.

openwork /'əʊpənwɜːrk || 'əʊpənwɜːk/ *n* [u] **1** (Tex) calado *m* **2** (Metall) enrejado *m*

opera /'ɑːprə || 'ɒprə/ *n* [c u] (*pl* **-ras**) ópera *f*; **comic ~** ópera cómica; **light ~** opereta *f*; **grand ~** gran ópera; (*before n*) ‹*singer/company*› de ópera; **~ glasses** gemelos *mpl or* anteojos *mpl* de teatro; **~-goer** aficionado -da *m,f* a la ópera, habitué *mf* de la ópera (CS); **~ house** ópera *f*, teatro *m* de ópera

operable /'ɑːpərəbəl || 'ɒpərəbəl/ *adj* **1** (Med) operable **2** ‹*plan/strategy*› factible

operate /'ɑːpəreɪt || 'ɒpəreɪt/ *vi*

A «*machine/mechanism*» funcionar; **it ~s by electricity** funciona con *or* a electricidad

B **1** (act) «*drug/sedative*» actuar*, surtir efecto; «*factor*» intervenir*, actuar*; **the law ~s to our advantage** la ley nos favorece; **various trends are operating against/in favor of integration** varias tendencias obran en contra de/a favor de la integración **2** (be applicable) «*rules/laws*» regir*; **a Sunday service will ~ on New Year's Day** (Transp) el día de Año Nuevo habrá un servicio dominical

C **1** (pursue one's business) «*company/airline*» operar; **we ~ all over the country** operamos en todo el país; **we ~ out of our own house** trabajamos *or* operamos desde nuestro domicilio; **how can I ~ under these conditions?** ¿cómo puedo trabajar en estas condiciones?; **he ~s from a base in Montevideo** tiene su base de operaciones en Montevideo; **we have to ~ within the laws of the country** tenemos que actuar *or* obrar de acuerdo a las leyes del país; **a gang of thieves is operating in the area** una banda de ladrones opera en la zona **2** «*fleet/regiment/division*» operar

D (Med) operar, intervenir* (frml); **to ~ ON sb (FOR sth)** operar A algn (DE algo); **they ~d on her, she was ~d on** la operaron, fue intervenida (frml), fue sometida a una intervención quirúrgica (frml); **his daughter was ~d on for appendicitis** operaron a su hija de apendicitis, su hija fue operada de apendicitis

■ **operate** *vt*

A ‹*machine*› manejar, operar; ‹*controls*› manejar, accionar

B ‹*policy/system*› aplicar*, tener*

C (manage, run): **she ~s a small business from home** lleva un pequeño negocio desde su casa; **we ~ a bus service between here and the capital** tenemos un servicio de autobuses que van de aquí a la capital

-operated /'ɑːpəreɪtəd || 'ɒpəreɪtɪd/ *suff*: **battery~** a pilas; **manually~** manual

operatic /,ɑːpə'rætɪk || ,ɒpə'rætɪk/ *adj* ‹*works*› operístico; ‹*tenor/season*› operístico, de ópera

operating /'ɑːpəreɪtɪŋ || 'ɒpəreɪtɪŋ/ *adj* (*before n*)

A **1** (Busn) ‹*profit/loss/costs*› de explotación **2** (Tech) ‹*conditions/speed*› de funcionamiento; **~ capacity** capacidad *f* operativa, operatividad *f*

B (Med): **~ room** *o* (BrE) **theatre** quirófano *m*, sala *f* de operaciones; **~ table** mesa *f* de operaciones

operating system *n* sistema *m* operativo

operation /,ɑːpə'reɪʃən || ,ɒpə'reɪʃən/ *n*

A [u] (functioning) funcionamiento *m*; **to be in ~** «*machine*» estar* en funcionamiento; «*system*» regir*; **the new computer is not yet in ~** la nueva computadora todavía no ha entrado en funcionamiento; **the generator will come into ~ in April** el generador entrará en funcionamiento en abril; **a bus service will be in ~** habrá un servicio de autobuses; **to put a plan into ~** poner* en marcha un plan, implementar un plan (AmL)

B [u] (using, running — of machine) manejo *m*; (— of system) uso *m*; **designed for one-person ~** diseñado para ser manejado por una sola persona

C [c] **1** (activity, series of activities) operación *f*; **to mount a rescue ~** montar una operación de rescate; **when do you intend to begin ~s?** ¿cuándo piensan empezar a operar?; **the gang's ~s** las actividades de la banda **2** (enterprise) operación *f*; (Busn) operación comercial

D [c] (Mil) operación *f*; **O~ Tiger** Operación Tigre

E [c] (Med) operación *f*, intervención *f* quirúrgica (frml); **who performed the ~?** ¿quién la (*or* lo) operó?; **he has to have an ~** se tiene que operar, lo tienen que operar; **to undergo an ~** (frml) ser* sometido a una intervención quirúrgica (frml), operarse; **~ ON sth/sb**: **he had an ~ on his knee** le operaron la rodilla, lo operaron de la rodilla

F [c] **1** (Math) operación *f*; **the four ~s** las cuatro operaciones aritméticas **2** (Comput) operación *f*

operational /,ɑːpə'reɪʃnəl || ,ɒpə'reɪʃənl/ *adj* **1** (functioning) (*pred*): **to be ~** «*factory/plant/service*» estar* en funcionamiento; **the airport will be ~ again by next week** el aeropuerto reanudará sus servicios la semana que viene; **we will have three buses ~ by Friday** tendremos tres autobuses en servicio para el viernes **2** (*before n*) ‹*efficiency/capacity*› de operación *or* funcionamiento; **for ~ reasons** por necesidades operativas **3** (Mil) (*before n*): **~ commander** jefe *mf* de operaciones; **~ matters** asuntos *mpl* relativos a las operaciones; **~ unit** unidad *f* operativa

operations research *n* [u] investigaciones *fpl* operativas *or* operacionales

operations room *n* (BrE) centro *m* de operaciones

operative[1] /'ɑːpərətɪv || 'ɒpərətɪv/ *adj*

A (having effect): **to be ~** «*rules/measures*» estar* en vigor *or* en vigencia; **as soon as these measures become ~** en cuanto estas medidas entren en vigor *or* en vigencia; **the ~ part of the agreement** la parte pertinente del acuerdo; **the ~ word** la palabra clave

B (Med) (*before n*) ‹*procedure/technique*› quirúrgico

operative[2] *n* **1** (worker) (frml) operario, -ria *m,f*; **production ~** operario, -ria *m,f* de producción **2** (detective, spy) agente *mf*

operator /'ɑːpəreɪtər || 'ɒpəreɪtə(r)/ *n*

A **1** (Telec) operador, -dora *m,f*; **telephone/switchboard ~** telefonista *mf*, operador, -dora *m,f* **2** (of equipment) operario, -ria *m,f*; (Comput) operador, -dora *m,f*; **the machine ~** el maquinista, el operario de la máquina; **radio ~** radiotelegrafista *mf*

B **1** (company) empresa *f*, compañía *f*; **tour ~** tour operador *m*, operador *m* turístico **2** (person) (colloq): **a smart ~** un tipo vivo (fam), un vivales (Esp fam); **he has shown himself to be an effective political ~** ha demostrado ser un político muy hábil; **he's a smooth** *o* **slick ~** es de los que saben conseguir lo que quieren

C (Math) operador *m*

operetta /,ɑːpə'retə || ,ɒpə'retə/ *n* [c u] opereta *f*

ophthalmic /ɑːp'θælmɪk, ɑːf- || ɒf'θælmɪk/ *adj* **1** ‹*artery/vein*› oftálmico **2** ‹*clinic*› oftalmológico, de oftalmología; **~ optician** ≈ oculista *mf*; **~ surgeon** cirujano oftalmólogo, cirujana oftalmóloga *m,f*

ophthalmologist /,ɑːpθəl'mɑːlədʒəst, ,ɑːf- || ,ɒfθæl'mɒlədʒɪst/ *n* oftalmólogo, -ga *m,f*, oculista *mf*

ophthalmology /,ɑːpθəl'mɑːlədʒi, ,ɑːf- || ,ɒfθæl'mɒlədʒi/ *n* [u] oftalmología *f*

ophthalmoscope /ɑːp'θælməskəʊp, ɑːf- || ɒf'θælməskəʊp/ *n* oftalmoscopio *m*

O

opiate /'əʊpiət/ *n* opiato *m*, narcótico *m*

opine /əʊ'paɪn/ *vt* (frml) opinar; **that would be premature, he ~d** —eso sería prematuro —opinó *or* terció

opinion /ə'pɪnjən/ *n*

A [c] (belief) opinión *f*, parecer *m*; **what's your ~?** ¿qué opinas?, ¿qué te parece?, ¿cuál es tu opinión *or* parecer?; **if I want your ~, I'll ask for it** cuando quiera saber tu opinión, te la pediré; **if you ask my ~, I think it's ridiculous** en mi opinión es ridículo; **I haven't had time to form an ~** no he tenido tiempo de formarme una opinión; **~s differ** hay diferentes opiniones al respecto; **a woman of strong ~s** una mujer muy convencida de sus ideas; **she expressed the ~ that it was a mistake** opinó que era un error; **to be of the ~ that** ser* de la opinión *or* del parecer de que; **Tim was of the same ~** Tim era de la misma opinión *or* del mismo parecer; **in my ~** en mi opinión, a mi parecer, a mi juicio; **in Freud's ~** según Freud, en opinión de Freud (frml); **that's a matter of ~** eso es discutible; **~ ON** *o* **ABOUT sth** opinión SOBRE *or* ACERCA DE algo; **~ OF sth/sb**: **what's your ~ of the plan/of Robinson?** ¿qué opina del plan/de Robinson?, ¿qué opinión le merece el plan/Robinson?; **to have a good** *o* **high/poor** *o* **low ~ of sth/sb** tener* buena/mala opinión de algo/algn; **she held a very poor ~ of him** no le merecía buena opinión, no tenía buena opinión de él

B [c] **1** (evaluation, judgment) opinión *f*; **professional/expert ~** opinión profesional/de un experto; **I'd like a second ~** me gustaría consultarlo con otro especialista **2** (Law) opinión *f*, asesoría *f* legal; **to take counsel's ~** asesorarse con un abogado

C [u] (of body of people) opinión *f*; **informed ~ has it that there is no danger of this happening** la opinión de los entendidos en la materia es que no hay peligro de que esto ocurra; **~ is moving away from the nuclear option** el consenso de opinión está dejando de lado la opción nuclear; **literary ~ is divided** la opinión del mundo literario está dividida; **this action has outraged liberal ~** este hecho ha indignado a los (que mantienen opiniones) liberales; **influential and ~-forming articles** artículos *mpl* influyentes y formadores de opinión

opinionated /ə'pɪnjə,neɪtəd || ə'pɪnjə,neɪtɪd/ *adj* dogmático, aferrado a sus (*or* tus *etc*) opiniones *or* ideas

opinion poll *n* sondeo *m or* encuesta *f* de opinión

opium /'əʊpiəm/ *n* [u] opio *m*; **the ~ of the masses** el opio del pueblo; (*before n*): **~ addict** opiómano, -na *m,f*; **~ den** fumadero *m* de opio; **~ poppy** adormidera *f*

opossum /ə'pɑːsəm || ə'pɒsəm/ *n* zarigüeya *f*, oposum *m*, comadreja *f* (CS), zorro *m* (AmC, Méx)

opp = **opposite**

opponent /ə'pəʊnənt/ *n* **1** (of a regime, policy) opositor, -tora *m,f*; (in debate) adversario, -ria *m,f*, oponente *mf*; **~s of the government's defense policy** quienes se oponen a *or* los opositores de la política de defensa del gobierno **2** (Games, Sport) contrincante *mf*, rival *mf*, oponente *mf*

opportune /,ɑːpər'tuːn || 'ɒpətjuːn/ *adj* (frml) ‹*moment/remark*› oportuno; **your intervention/arrival was most ~** tu intervención/llegada fue de lo más oportuna

opportunely /,ɑːpər'tuːnli || 'ɒpətjuːnli/ *adv* (frml) ‹*arrive/intervene*› oportunamente; **your arrival was most ~ timed** no podías haber llegado en un momento más oportuno

opportunism /,ɑːpər'tuːnɪzəm || ,ɒpə'tjuːnɪzəm/ *n* [u] oportunismo *m*

opportunist[1] /,ɑːpər'tuːnəst || ,ɒpə'tjuːnɪst/ *n* oportunista *mf*

opportunist[2], **opportunistic** /-tuː'nɪstɪk || -tjuː'nɪstɪk/ *adj* ‹*action/policy*› oportunista; ‹*infection/predator*› oportunista

opportunity /,ɑːpər'tuːnəti || ,ɒpə'tjuːnəti/ *n* [c u] (*pl* **-ties**) oportunidad *f*, ocasión *f*; **to seize the ~** aprovechar la oportunidad *or* ocasión; **she never misses an ~** nunca deja pasar una oportunidad *or* ocasión; **thank you for giving me this ~** gracias por darme *or* (frml) brindarme esta oportunidad; **at the earliest** *o* **first ~** cuanto antes, en la primera oportunidad que se presente; **~ to + INF/OF -ING** oportunidad DE + INF; **I had no ~ to put my point of view** no tuve oportunidad de exponer mi punto de vista; **we took the ~ of looking around the city** aprovechamos (la oportunidad) para recorrer la ciudad; **this gives me an ~ to catch up on** *o* **of catching up on my reading** esto me da la oportunidad de ponerme al día con la lectura; **~ FOR sth/-ING**: **the job offers excellent opportunities for promotion** el trabajo ofrece excelentes posibilidades de ascenso; **this left us little ~ for sightseeing** esto nos dejó poco tiempo para hacer turismo; **job opportunities** oportunidades de trabajo; **an equal opportunities policy** una política de igualdad de oportunidades; **when ~ knocks** cuando se presenta la oportunidad

oppose /ə'pəʊz/ *vt*

A **1** (be against) ‹*measure/policy/actions*› oponerse* a, estar* en contra de **2** (resist) ‹*decision/plan*› combatir, luchar contra; **he intends to ~ Smith for the nomination** piensa enfrentarse a Smith en las elecciones para la nominación

B (contrast) contraponer*; **to ~ sth TO sth** contraponer* algo A algo

opposed /ə'pəʊzd/ *adj*

A (against, in disagreement with) (*pred*) **to be ~ TO sth** oponerse* A algo, estar* en contra DE algo; **they remain ~ to the idea** continúan oponiéndose a la idea, siguen estando en contra de la idea; **his views are diametrically ~ to mine** tenemos opiniones diametralmente opuestas; **I am strongly ~ to them being included** me opongo terminantemente a que se los incluya

B **as opposed to** a diferencia de, en contraposición a; **in Roman, as ~ to Greek society, ...** en la sociedad romana, a diferencia de la griega, ...

opposing /ə'pəʊzɪŋ/ *adj* (*before n*) ‹*viewpoint/faction*› contrario, opuesto; ‹*team*› contrario; ‹*army*› enemigo; **they fought on ~ sides** lucharon en bandos opuestos *or* contrarios

opposite[1] /'ɑːpəzət || 'ɒpəzɪt/ *adj*

A (facing) ‹*side/wall/seat*› de enfrente; ‹*page*› de enfrente, contiguo; **he hung it on the ~ wall** lo colgó en la pared de enfrente; **they live on the ~ side of the street** viven al *or* del otro lado de la calle, viven en la acera de enfrente; **they sat at ~ ends of the table** estaban sentados en extremos opuestos de la mesa

B **1** (contrary) opuesto; **we set off in ~ directions** partimos en direcciones opuestas; **I was facing the ~ way** yo estaba de cara al otro lado; **my remarks had the ~ effect to that intended** mis observaciones tuvieron el efecto contrario *or* opuesto al deseado; **members of the ~ sex** personas del sexo opuesto **2** ‹*opinions/views*› opuesto

opposite[2] *adv* enfrente; **he came and sat ~** vino y se sentó enfrente; **the people ~ have bought a new car** los de enfrente se han comprado un coche nuevo

opposite[3] *prep* enfrente de, frente a; **we live ~ the hospital** vivimos enfrente del *or* frente al hospital; **they played ~ each other in many movies** formaron pareja en muchas películas; **their house is ~ (to) ours** su casa está enfrente de la nuestra, nuestras casas están frente por frente

opposite[4] *n* lo contrario; **quite the ~** todo lo contrario, al contrario; **tell him to do something and he'll do just the ~** le dices que haga algo y hace exactamente lo contrario *or* lo opuesto; **she's the exact ~ of her mother** es la antítesis de su madre; **what is the ~ of 'hot'?** ¿qué es lo contrario de 'caliente'?

opposite number *n* (Pol) homólogo, -ga *m,f*; **she met her French ~ ~** se entrevistó con su homólogo francés; **they want parity with their ~ ~s in the army** quieren que se los equipare con los oficiales de rango equivalente en el ejército

opposition /,ɑːpə'zɪʃən || ,ɒpə'zɪʃən/ *n*

A [u] (antagonism, resistance) oposición *f*; **the plan encountered no ~** nadie se opuso al plan, el plan no encontró opositores; **~ TO sth/sb** oposición A algo/algn

B (+ *sing or pl vb*) **1** (rivals, competitors) (Busn) competencia *f*; (Sport) adversarios *mpl*; **we need to find out what the ~ is** *o* **are up to** (Busn) tenemos que averiguar qué está haciendo la competencia **2** (Pol): **the ~ is** *o* **are divided on this issue** la oposición está dividida al respecto; **to be in ~** estar* en la oposición; (*before n*) ‹*spokesperson/benches*› de la oposición

C [c] (contrast) contraposición *f*

D [u c] (Astron) oposición *f*

oppress /ə'pres/ *vt* **1** ‹*nation/minority*› oprimir **2** (weigh down) «*heat/humidity*» agobiar; «*anxiety/foreboding*» oprimir, agobiar

oppression /ə'preʃən/ *n* [u] **1** (Pol) opresión *f* **2** (feeling) agobio *m*

oppressive /ə'presɪv/ *adj* **1** (Pol) ‹*regime/legislation/measures*› opresivo **2** ‹*heat*› agobiante, sofocante; ‹*humidity/climate*› agobiante; ‹*fears/guilt*› agobiante, opresivo

oppressor /ə'presər || ə'presə(r)/ *n* opresor, -sora *m,f*

opprobrious /ə'prəʊbriəs/ *adj* (frml) oprobioso (frml), ignominioso (frml)

opprobrium /ə'prəʊbriəm/ *n* [u] (frml) oprobio *m* (frml)

opt /ɑːpt || ɒpt/ *vi* optar; **to ~ FOR sth** optar POR algo; **she ~ed for the second plan** optó por *or* se decidió por el segundo plan; **to ~ to + INF** optar POR + INF; **he ~ed to pay the fine** optó por pagar la multa; **to ~ AGAINST sth**: **they ~ed against buying a house** optaron por *or* decidieron no comprar casa

Phrasal verb

- **opt out** [v + adv] **1** «*person*»: **to ~ out (OF sth)**: **I've ~ed out of the scheme** me he borrado del plan; **you can't just ~ out of your responsibilities** no puedes desentenderte así como así de tus responsabilidades; **he ~ed out and went to live in a commune** lo abandonó todo y se fue a vivir a una comuna **2** «*school/hospital*» (in UK) *pasar a depender directamente del gobierno central*

optic /'ɑːptɪk || 'ɒptɪk/ *adj* (*before n*) óptico

optical /'ɑːptɪkəl || 'ɒptɪkəl/ *adj* óptico; **~ character reader** lectora *f* óptica *or* lector *m* óptico de caracteres; **~ character recognition** reconocimiento *m* óptico de caracteres; **~ computer** computadora *f* óptica, ordenador *m* óptico (Esp); **~ disk** disco *m* óptico; **~ illusion** ilusión *f* óptica; **~ scanner** lector *m* óptico, lectora *f* óptica

optical disk drive *n* (Comput) unidad *f* de disco óptica

optical fiber, (BrE) **optical fibre** *n* fibra *f* óptica

optician /ɑːp'tɪʃən || ɒp'tɪʃən/ *n* óptico, -ca *m,f*; (esp in UK) ≈ oculista *mf*

optics /'ɑːptɪks || 'ɒptɪks/ *n* (+ *sing vb*) óptica *f*

optima /'ɑːptəmə || 'ɒptɪmə/ *pl of* **optima**

optimal /'ɑːptəməl || 'ɒptɪməl/ *adj* óptimo

optimally /'ɑːptəməli || 'ɒptɪməli/ *adv* óptimamente

optimism /'ɑːptəmɪzəm || 'ɒptɪmɪzəm/ *n* [u] optimismo *m*; **the result gives us cause for ~** el resultado nos permite ser optimistas

optimist /'ɑːptəməst || 'ɒptɪmɪst/ *n* optimista *mf*

optimistic /,ɑːptə'mɪstɪk || ,ɒptɪ'mɪstɪk/ *adj* optimista; **it's hard to be ~ about his prospects** resulta difícil ver sus perspectivas con optimismo *or* ser optimista en cuanto a sus perspectivas

optimistically /,ɑːptə'mɪstɪkli || ,ɒptɪ'mɪstɪkli/ *adv* con optimismo

optimization /,ɑːptɪmə'zeɪʃən || ,ɒptɪmaɪ'zeɪʃən/ *n* optimización *f*

optimize /'ɑːptəmaɪz || 'ɒptɪmaɪz/ *vt* optimar, optimizar*

O

optimum[1] /ˈɑːptəməm || ˈɒptɪməm/ *adj* (*before n*) óptimo

optimum[2] *n* (*pl* **-ma**): **the ~ is around 600** lo ideal es alrededor de 600; **conditions are at their ~** las condiciones son óptimas *or* sumamente favorables

opt-in /ˈɑːptɪn || ˈɒptɪn/ *adj* ‹*e-mail*› opt-in (*e-mail de promoción en el que se reciben únicamente ofertas según preferencias especificadas con anterioridad*); ‹*clause*› de participación

option /ˈɑːpʃən || ˈɒpʃən/ *n*
A (choice) opción *f*, posibilidad *f*; **you have the ~ to keep your maiden name** tienes la posibilidad *or* opción de conservar tu nombre de soltera; **I had no ~ but to resign** no me quedó más remedio que renunciar, no tuve otra alternativa que renunciar; **he was given the ~ of early retirement** le dieron la posibilidad *or* opción de anticipar su jubilación; **to keep** *o* **leave one's ~s open** dejar todas las puertas abiertas, no descartar ninguna posibilidad *or* opción
B **1** (optional feature) (Audio, Auto) extra *m* **2** (Educ) (asignatura *f*) optativa *f*
C (Busn, Fin) opción *f*; **they have an ~ on a further 45 aircraft** tienen opción a comprar 45 aviones más; **we want first ~ (to buy)** queremos la primera opción de compra; **call ~** opción de compra, opción call; **put ~** opción de enajenación *or* de venta, opción put; **to take an ~** hacer* uso de una opción de compra

optional /ˈɑːpʃənl || ˈɒpʃənl/ *adj* ‹*accessories/features*› opcional; ‹*course/subject*› optativo; **~ extra** accesorio *m* opcional, extra *m*; **attendance is ~** la asistencia no es obligatoria; **evening dress is ~** el traje de etiqueta no es de rigor

optometer /ɑːpˈtɑmətər || ɒpˈtɒmɪtə(r)/ *n* optómetro *m*

optometric /ˌɑːptəˈmetrɪk || ˌɒptəˈmetrɪk/ *adj* de optometría, optométrico

optometrist /ɑːpˈtɑːmətrəst || ɒpˈtɒmɪtrɪst/ *n* (AmE) optometrista *mf*

optometry /ɑːpˈtɑːmətri || ɒpˈtɒmɪtri/ *n* [u] optometría *f*

opt-out /ˈɑːptaʊt || ˈɒptaʊt/ *n* **1** (from treaty, agreement) opción *f* de exclusión *or* de no participación; (*before n*): **~ clause** cláusula *f* opt-out, cláusula *f* de opción de exclusión *or* de no participación; **~ e-mail** *e-mail en el que se especifica que no se quiere seguir recibiendo material de promoción* **2** (in UK) (*before n*) ‹*school/hospital*› *que opta por pasar a depender directamente del gobierno central*

opulence /ˈɑːpjələns || ˈɒpjʊləns/ *n* [u] opulencia *f*

opulent /ˈɑːpjələnt || ˈɒpjʊlənt/ *adj* opulento, de gran opulencia

opus /ˈəʊpəs/ *n* obra *f*; (Mus) opus *m*; **O~ 73, the Emperor** Opus 73, El Emperador; (*before n*): **~ number** opus *m*

or /ər, ɔːr || ɔː(r)/ *conj*

> ⚠ The usual translation of **or**, *o*, becomes *u* when it precedes a word beginning with *o* or *ho*.

A **1** (indicating alternative) o; (with negative) ni; **do you want the red coat ~ the black one?** ¿quieres el abrigo rojo o el negro?; **one ~ the other** uno u otro; **would you like milk ~ sugar?** ¿quieres leche o azúcar?; **that's not clever ~ funny** eso no tiene ni ingenio ni gracia **2** **either ... or ...** *see* **either**[1] **3** (in approximations) o; **nine ~ ten** nueve o diez; **five minutes ~ so** unos cinco minutos **4** (showing alternative designation) o; **an environmentalist, ~ green, policy** una política ecologista o verde
B **1** (otherwise) o; **do as I say, ~ else!** ¡haz lo que digo o vas a ver!; **give it to me! — ~ (what)?** ¡dámelo! — ¿y si no, qué? **2** (adding afterthought) o; **so John and I ... ~ am I boring you?** así que John y yo ... ¿(o) te estoy aburriendo?

OR **1** (AmE) = **operating room** **2** = **Oregon**

oracle /ˈɔːrəkəl || ˈɒrəkəl/ *n* oráculo *m*; **to consult the ~** consultar el oráculo

oracular /ɔːˈrækjələr || əˈrækjʊlə(r)/ *adj* **1** ‹*utterance*› del oráculo **2** (mysterious) misterioso

oral[1] /ˈɔːrəl/ *adj* (*usu before n*) **1** (spoken) ‹*examination/exercise*› oral; ‹*transmission*› oral; ‹*tradition*› transmitido oralmente *or* verbalmente; **~ classes in French** clases *fpl* orales de francés **2** ‹*hygiene*› bucal, bucodental; ‹*vaccine/contraceptive*› oral; **~ sex** sexo *m* oral **3** ‹*phase/fixation*› oral **4** (Ling) ‹*consonant/fricative*› oral

oral[2] *n* (examen *m*) oral *m*

orally /ˈɔːrəli/ *adv* **1** (in speech) oralmente, verbalmente **2** (with, through the mouth) ‹*take/administer*› por vía oral, por boca

orange[1] /ˈɑːrɪndʒ || ˈɒrɪndʒ/ *n*
A **1** [c u] (fruit) naranja *f*; (*before n*): **~ blossom** azahar *m*, flor *f* del naranjo; **~ drink** naranjada *f*; **~ grove** naranjal *m*; **~ juice** jugo *m or* (Esp) zumo *m* de naranja **2** [c] **~ (tree)** naranjo *m*
B ▸❶ **p.1036** [u] (color) naranja *m*

orange[2] ▸❶ **p.1036** *adj* naranja *adj inv*, de color naranja

orangeade /ˌɑːrɪndʒˈeɪd || ˌɒrɪndʒˈeɪd/ *n* [u] naranjada *f*

orange crate, (BrE) **orange box** *n* caja *f or* cajón *m* de naranjas

orange flower water *n* [u] agua *f‡* de azahar

Orangeman /ˈɑːrɪndʒmən || ˈɒrɪndʒmən/ *n* (*pl* **-men** /-mən/) orangista *m* (*protestante unionista de Irlanda del Norte*)

orange peel *n* [u] cáscara *f* de naranja

orange rind *n* [u] cáscara *f* de naranja; **grated ~ ~** ralladura *f* de (cáscara de la) naranja

orangery /ˈɑːrɪndʒrɪ || ˈɒrɪndʒəri/ *n* invernadero *m* (*para cítricos*)

orange stick *n* palillo *m or* palito *m* de naranjo

orangutan /əˈræŋəˌtæn || ɔːˌræŋuːˈtæn/, **orangoutang** /əˈræŋəˌtæŋ || ɔːˌræŋuːˈtæŋ/ *n* orangután *m*

orangy /ˈɑːrɪndʒi || ˈɒrɪndʒi/ *adj* **1** ▸❶ **p.1036** ‹*color*› anaranjado **2** ‹*taste*› a naranja

orate /ɔːˈreɪt ə-/ *vi* perorar

oration /ɔːˈreɪʃən ə-/ *n* discurso *m*, alocución *f* (frml); **funeral ~** oración *f* fúnebre

orator /ˈɔːrətər || ˈɒrətə(r)/ *n* orador, -dora *m,f*

oratorio /ˌɔːrəˈtɔːriəʊ || ˌɒrəˈtɔːriəʊ/ *n* (*pl* **-rios**) oratorio *m*

oratory /ˈɔːrətɔːri || ˈɒrətəri/ *n* (*pl* **-ries**)
A [u] (rhetoric, formal speech) oratoria *f*
B [c] (building) oratorio *m*

orb /ɔːrb || ɔːb/ *n* **1** (of monarch) orbe *m* **2** (poet) (spherical object) esfera *f*; (eye) ojo *m*, lucero *m* (liter)

orbit[1] /ˈɔːrbət || ˈɔːbɪt/ *n* **1** (Aerosp, Astron) órbita *f*; **to make an ~ of the moon** describir* una órbita alrededor de la luna; **to put a satellite into ~** poner* un satélite en órbita **2** (sphere of influence) órbita *f*, esfera *f* de influencia

orbit[2] *vt* girar *or* orbitar alrededor de, describir* una órbita alrededor de
■ **orbit** *vi* orbitar

orbital /ˈɔːrbətl || ˈɔːbɪtl/ *adj* ‹*path/motion/velocity*› orbital; **~ sander** lijadora *f* de vibraciones; **~ road** (BrE) carretera *f* de circunvalación

orbiter /ˈɔːrbətər || ˈɔːbɪtə(r)/ *n* módulo *m* orbital, orbitador *m*

orch = **orchestrated by**

orchard /ˈɔːrtʃərd || ˈɔːtʃəd/ *n* huerto *m* (*de árboles frutales*); **cherry ~** huerto de cerezos, cerezal *m*

orchestra /ˈɔːrkəstrə || ˈɔːkɪstrə/ *n*
A (Mus) orquesta *f*; **symphony/jazz ~** orquesta sinfónica/de jazz; (*before n*): **~ pit** foso *m* orquestal *or* de la orquesta
B (AmE) (Theat) platea *f*, patio *m* de butacas; (*before n*): **~ stall** (butaca *f* de) platea *f*

orchestral /ɔːrˈkestrəl || ɔːˈkestrəl/ *adj* ‹*music*› orquestal; ‹*player*› de orquesta; ‹*piece*› para orquesta, orquestal

orchestrate /ˈɔːrkəstreɪt || ˈɔːkɪstreɪt/ *vt* **1** (Mus) orquestar **2** ‹*revolt/violence*› orquestar; ‹*campaign*› organizar*, montar, orquestar; ‹*conference/ceremony*› organizar*

orchestration /ˌɔːrkəˈstreɪʃən || ˌɔːkɪˈstreɪʃən/ *n* **1** [u c] (Mus) orquestación *f* **2** [u] (of revolt) orquestación *f*; (of campaign) organización *f*, orquestación *f*; (of conference) organización *f*

orchid /ˈɔːrkəd || ˈɔːkɪd/ *n* orquídea *f*

ordain /ɔːrˈdeɪn || ɔːˈdeɪn/ *vt*
A (Relig) ordenar; **to ~ a priest/minister** ordenar a un sacerdote/pastor; **he was ~ed in 1957** se ordenó en 1957
B **1** (decree) (frml) **to ~ THAT** decretar QUE (+ *subj*) **2** (predestine) predestinar

ordeal /ɔːrˈdiːl || ɔːˈdiːl/ *n* **1** (painful experience) terrible experiencia *f*, dura prueba *f*; **after her ~, the hostage ...** tras su terrible experiencia, la rehén ...; **I hate shopping on a Saturday, it's such an ~** detesto ir de compras los sábados, es un verdadero suplicio **2** (Hist) ordalía *f*; **~ by fire/water** la ordalía del fuego/agua

order[1] /ˈɔːrdər || ˈɔːdə(r)/ *n*

Sense I

A [c] **1** (command) orden *f*; **to give/issue an ~** dar*/dictar una orden; **to receive/await ~s** recibir/esperar órdenes; **to carry out an ~** cumplir una orden; **to obey/disobey an ~** obedecer*/desobedecer* una orden; **I was only obeying ~s** sólo cumplía órdenes; **that's an ~!** ¡es una orden!; **I don't take ~s from anyone** a mí nadie me da órdenes; **~s are ~s** órdenes son órdenes; **~ to + INF** orden DE + inf; **he gave the ~ to fire** dio orden de disparar; **~ THAT** orden DE QUE (+ *subj*); **I left ~s that she was not to be disturbed** dejé órdenes de que no se la molestara; **I did it on your ~s** lo hice porque usted me lo ordenó; **on whose ~s are you doing this?** ¿quién le ordenó hacer esto?; **by ~ of ...** por orden de ...; **we're under ~s to arrest you** tenemos orden de detenerlo; ***to get one's marching ~s*** (colloq) ser* despedido; **she got her marching ~s for turning up late** la despidieron *or* (fam) la pusieron de patitas en la calle por llegar tarde; **his girlfriend gave him his marching ~s** su novia lo plantó (fam) **2** (court decree) (Law) orden *f*; **to issue an ~** dictar *or* evacuar* una orden; *see also* **order of the day**
B [c] **1** (request) pedido *m*; **to place an ~ for sth** hacer* un pedido de algo, encargar* algo; **I placed an ~ with her for two cakes** le encargué dos pasteles; **the firm secured a major ~** la empresa consiguió un pedido importante; **we're taking ~s for** *o* **on the new model** estamos recibiendo pedidos para el nuevo modelo; **the books are on ~** los libros están pedidos; **we make them to ~** los hacemos por encargo; **the waiter took my ~** el camarero tomó nota de lo que quería; ***a tall ~***: **40 pages by tomorrow? that's rather a tall ~, isn't it?** ¿40 páginas para mañana? eso es mucho pedir ¿no?; **it's a bit of a tall ~, but I'll see what I can do** es algo difícil, pero veré qué puedo hacer; (*before n*): **~ form** formulario *m or* hoja *f* de pedido, forma *f* de pedido (Méx); **~ number** número *m* de referencia (*de formulario de pedido*) **2** (goods requested) pedido *m*
C [u] (instructions to pay) (Fin) orden *f*; **pay to the ~ of John Smith** páguese a la orden de John Smith; (*before n*): **~ cheque** (BrE) cheque *m* nominativo; *see also* **postal order**, **standing order** *etc*

Sense II [u]

A (sequence) orden *m*; **they are arranged in strict alphabetical/numerical/chronological ~** están colocados en *or* por riguroso orden alfabético/numérico/cronológico; **the photos were all in the wrong ~** las fotos estaban todas desordenadas; **to put sth in(to) ~** poner* algo en orden, ordenar algo; **cast in ~ of appearance** reparto por orden de aparición; **~ of business** orden *m* del día
B **1** (satisfactory arrangement, condition) orden *m*;

O

let's get this room into some sort of ~ tratemos de ordenar un poco esta habitación; **I'm trying to put my affairs in ~** estoy tratando de poner mis asuntos en orden *or* de arreglar mis asuntos; **are her papers in ~?** ¿tiene los papeles en regla?; **the car was in perfect working ~** el coche funcionaba perfectamente bien **2** (customary state) orden *m*; **the established ~** el orden establecido; **it's in the ~ of things for difficulties to arise** es normal que surjan dificultades **3** (formation) (Aviat, Mil) formación *f*

C (harmony, discipline) orden *m*; **to restore ~** restablecer* el orden; **to keep ~** mantener* el orden; **the teacher had problems keeping ~** *o* **keeping his class in ~** el profesor tenía dificultades para mantener la disciplina en clase; **~ in (the) court!** ¡silencio en la sala!; **to call sb to ~** llamar a algn al orden

D (established rules, procedure) orden *m*; **point of ~** cuestión *f* de orden *or* de procedimiento; **to call a meeting to ~** (start) empezar* una reunión; (resume) reanudar una reunión

E (in phrases): **in order**: **is your bedroom in ~?** ¿tu cuarto está ordenado *or* en orden?; **is everything in ~ for tomorrow's performance?** ¿está todo dispuesto para la función de mañana?; **would it be in ~ for me to attend?** ¿habría algún inconveniente en que yo asistiera?; **an apology would seem to be in ~** parecería que lo indicado sería disculparse; **celebrations are in ~** esto hay que celebrarlo; **in order to** para; **in ~ to save time** para ahorrar tiempo; **in order that** para que (+ *subj*); **in short order** rápidamente; **out of order** (not in sequence) desordenado; (not working) descompuesto (AmL), averiado; Ⓢ **out of order** no funciona; (uncalled-for, not following procedure): **that remark was out of ~** ese comentario estuvo fuera de lugar; **you were out of ~ asking her where she was going** estuviste mal en preguntarle adónde iba; **would I be out of ~ in calling for an inquiry?** ¿sería improcedente que solicitara que se haga una investigación?

Sense III

A [c] **1** (kind, class): **the lower ~s of society** las clases bajas; **we received praise of the highest ~** recibimos grandes elogios; **a performance of the first ~** una interpretación de primera clase; **a fool of the first ~** un tonto de marca mayor **2** (Biol) orden *m* **3** (*in phrases*): **on** *o* (BrE) **in the order of**: **it cost something on the ~ of $100** costó alrededor de 100 dólares, el costo fue del orden de 100 dólares; **of** *o* **on the order of** del calibre de; **she's not a singer of the ~ of Ella Duncan** no es una cantante del calibre de Ella Duncan

B [c] **1** (of monks, nuns) orden *f* **2** (fraternity, society) orden *f*; **an ~ of knighthood** una orden de caballería **3** (insignia) condecoración *f*

C orders *pl* (Relig) órdenes *fpl* sagradas; **to take (holy) ~s** recibir las órdenes (sagradas), ordenarse sacerdote; **to be in (holy) ~s** ser* sacerdote; **major/minor ~s** órdenes mayores/menores

D (Archit) orden *m*; **the Doric/Ionic ~** el orden dórico/iónico

order² *vt*

A **1** (command) ‹*action/retreat/dismissal*› ordenar; **to ~ sb to + INF** ordenarle a algn QUE (+ *subj*); **I was ~ed to leave** me ordenaron que me fuera; **to ~ sth (to be) done** ordenar que se haga algo; **to ~ THAT** ordenar QUE + SUBJ; **she ~ed that it be done straight away** ordenó que se hiciera enseguida; **he ~ed me out of the room** me ordenó *or* me mandó salir de la habitación **2** (Med) mandar; **the doctor ~ed a course of antibiotics** la médica le recetó *or* le mandó unos antibióticos; **he ~ed complete rest** le mandó hacer reposo absoluto

B (request) ‹*dish/drink*› pedir*; ‹*goods*› pedir*, encargar*; **to ~ a taxi** llamar un taxi; **can you ~ me a copy?** ¿me puede pedir *or* encargar un ejemplar?; **they ~ed 200 monitors from a German firm** hicieron un pedido de *or* encargaron 200 monitores a una compañía alemana

C (put in order) ‹*work/life/affairs*› ordenar, poner* en orden

■ **order** *vi* (in restaurant): **are you ready to ~?** ¿ya han decidido qué van a tomar *or* pedir?

Phrasal verb

• **order around** (BrE also), **order about** [v + o + adv] mandonear (fam); **he's always ~ing people around** siempre anda mandoneando (fam); **stop ~ing me around** deja de darme órdenes *or* (fam) de mandonearme

order book *n* libro *m* de pedidos

ordered /'ɔːrdərd || 'ɔːdəd/ *adj* ordenado

order in council *n* (in UK) ≈ decreto ley *m* (*del Gabinete*)

orderliness /'ɔːrdərlinəs || 'ɔːdəlinɪs/ *n* [u] orden *m*

orderly¹ /'ɔːrdərli || 'ɔːdəli/ *adj* **1** ‹*life/mind*› ordenado, metódico **2** ‹*crowd*› disciplinado; **the demonstration passed off in an ~ fashion** la manifestación transcurrió de forma pacífica

orderly² *n* (*pl* **-lies**) **1** (in hospital) camillero *m* **2** (Mil) ordenanza *m*

orderly room *n* oficina *f* (*en un cuartel*)

order of magnitude *n* orden *f* de magnitud

order of the day *n* **1** (agenda) orden *m* del día **2** (Mil) orden *f* del día **3** (rule, custom): **to be the ~ ~ ~** estar* a la orden del día; **short haircuts were the ~ ~ ~ ~** el pelo corto estaba a la orden del día

order paper *n* (in UK) orden *m* del día

ordinal (number) /'ɔːrdnəl || 'ɔːdɪnəl/ ▸❶ **p.1465** *n* (número *m*) ordinal *m*

ordinance /'ɔːrdnəns || 'ɔːdnəns/ *n* (frml) ordenanza *f*

ordinand /'ɔːrdnænd || 'ɔːdɪnənd/ *n* ordenando *m*

ordinarily /,ɔːrdn'erəli || 'ɔːdənrɪli/ *adv* **1** (usually) generalmente; **~, I leave earlier** generalmente *or* habitualmente me voy más temprano; **he is ~ resident in the UK** tiene residencia habitual en el Reino Unido **2** (averagely) medianamente; **more than ~ intelligent** más que medianamente inteligente, más inteligente de lo común

ordinariness /'ɔːrdnerinəs || 'ɔːdənrɪnɪs/ *n* [u] lo normal, lo corriente

ordinary¹ /'ɔːrdneri || 'ɔːrdənri/ *adj* **1** (average, normal) ‹*person/object*› normal, corriente, común; **it should last for years in ~ use** si se le da un uso normal, tendría que durar años; **this is no ~ day** hoy no es un día cualquiera; **an ~ little house in the suburbs** una casita normal y corriente *or* (AmL tb) común y corriente en las afueras; **the ~ citizen** el hombre de la calle, el ciudadano de a pie; **a very ~ team** un equipo muy mediocre; **the present they gave her was very ~** el regalo que le hicieron no fue nada del otro mundo **2** (usual) normal, habitual; **in the ~ way, I would help you** normalmente *or* en circunstancias normales te ayudaría; **I'll just wear my ~ clothes** me pondré la ropa de todos los días, nada especial **3** (Law) ‹*judge/powers*› ordinario

ordinary² *n* **1** (average): **out of the ~** fuera de lo común, excepcional **2** ~ **(degree)** (Educ) *título universitario que no alcanza la categoría de*, ▸**honor¹ E2** **3** ~ **(of the Mass)** ordinario *m* de la misa

ordinary level *n* (formerly in UK) (frml) ▸**O level**

ordinary seaman *n* marinero *m*

ordinary share *n* (BrE) acción *f* ordinaria

ordination /,ɔːrdn'eɪʃən || ,ɔːdɪ'neɪʃən/ *n* [u] ordenación *f*

ordnance /'ɔːrdnəns || 'ɔːdnəns/ *n* [u] **1** (artillery) artillería *f*; (*before n*): **~ corps** cuerpo *m* de armamento y material; **O~ Survey** (in UK) *servicio oficial de cartografía* **2** (supplies) pertrechos *mpl*

ordure /'ɔːrdʒər || 'ɔːdjʊə(r)/ *n* [u] (liter) inmundicia *f*

ore /ɔːr || ɔː(r)/ *n* mena *f*, mineral *m* metalífero; **gold/iron ~** mineral *m* de oro/hierro

Ore, Oreg = **Oregon**

oregano /ə'regənəʊ || ,ɒrɪ'gɑːnəʊ/ *n* [u] orégano *m*

organ /'ɔːrgən || 'ɔːgən/ *n*

A (Anat) órgano *m*; **the vital ~s** los órganos vitales; **speech/visual ~s** órganos del habla/de la vista; **(male) ~** (frml *or* euph) miembro *m* viril (frml *o* euf), órgano *m* (euf); (*before n*): **~ transplant** transplante *m* de órgano

B **1** (agency) organismo *m* **2** (mouthpiece) órgano *m*; **the ~ of the Nationalist Party** el órgano del Partido Nacionalista

C (Mus) órgano *m*; (*before n*): **~ gallery** *o* **loft** galería *f* del órgano; **~ pipe** tubo *m* de órgano; **~ stop** registro *m* de órgano

organ bank *n* banco *m* de órganos

organ donor *n* donante *mf* de órganos

organdy, (BrE) **organdie** /'ɔːrgəndi || 'ɔːgəndi/ *n* [u] organdí *m*

organ grinder *n* organillero, -ra *m,f*

organic /ɔːr'gænɪk || ɔː'gænɪk/ *adj*

A **1** (Biol) ‹*disease/life*› orgánico **2** ‹*fertilizer*› orgánico, natural; ‹*farming*› ecológico, biológico, sin pesticidas ni fertilizantes artificiales; ‹*vegetable*› biológico, cultivado sin pesticidas ni fertilizantes artificiales **3** (Chem) ‹*compound/substance*› orgánico; **~ chemistry** química *f* orgánica

B **1** (coordinated) ‹*whole/body/system*› orgánico **2** (integral) ‹*part*› integral, integrante

organically /ɔːr'gænɪkli || ɔː'gænɪkli/ *adv* **1** (Agr, Hort) biológicamente; **all ingredients are ~ grown** todos los ingredientes son cultivados biológicamente *or* sin pesticidas ni fertilizantes artificiales **2** (Med): **there's nothing ~ wrong with her** no tiene ningún problema orgánico *or* físico

organism /'ɔːrgənɪzəm || 'ɔːgənɪzəm/ *n*

A (Biol, Bot) organismo *m*

B (coordinated whole) organismo *m*

organist /'ɔːrgənəst || 'ɔːgənɪst/ *n* organista *mf*

organization /,ɔːrgənə'zeɪʃən || ,ɔːgənaɪ'zeɪʃən/ *n* **1** [c] (group) organización *f*; (*before n*): **~ chart** organigrama *m* **2** [u] (organizing) organización *f* **3** [u] (order, system) método *m*, sistema *m*

organizational /,ɔːrgənə'zeɪʃnəl || ,ɔːgənaɪ'zeɪʃənl/ *adj* organizativo, de organización

Organization for Economic Cooperation and Development *n* Organización *f* de Cooperación y Desarrollo Económico

organize /'ɔːrgənaɪz || 'ɔːgənaɪz/ *vt*

A **1** (arrange, set up) ‹*event/activity/strike*› organizar*; **we must get his farewell party ~d** tenemos que organizarle la despedida; **have you got anything ~d for this evening?** ¿tienes algún plan para esta noche?; **~d activities** actividades *fpl* organizadas **2** **organizing** *pres p*, (*before n*) ‹*body/committee*› organizador

B (systematize) ‹*ideas/life*› ordenar; **you've got to ~ your time better** tienes que organizarte mejor; **I haven't had time to get myself ~d** no he tenido tiempo de organizarme

C (Lab Rels) sindicalizar* (esp AmL), sindicar* (esp Esp)

■ **organize** *vi* **1** (arrange things) organizar* **2** (Lab Rels) sindicalizarse* (esp AmL), sindicarse* (esp Esp)

organized /'ɔːrgənaɪzd || 'ɔːgənaɪzd/ *adj*

A (methodical, systematic) organizado; **I'm usually very ~** en general soy muy organizada; **his work is badly ~** su trabajo está mal organizado; **you've got to get ~** tienen que organizarse

B (Lab Rels) sindicalizado (esp AmL), sindicado (esp Esp); **~ labor** sindicatos *mpl*

C ‹*crime*› organizado

organizer /'ɔːrgənaɪzər || 'ɔːgənaɪzə(r)/ *n* organizador, -dora *m,f*; **she's a born ~** tiene un talento nato para organizar

organophosphate /ɔːr,gænəʊ'fɑːsfeɪt || ɔː,gænəʊ'fɒsfeɪt/ *n* fosfato *m* orgánico

orgasm /'ɔːrgæzəm || 'ɔːgæzəm/ *n* orgasmo *m*; **to have an ~** tener* un orgasmo; **to reach ~** llegar* al orgasmo

orgasmic /ɔːr'gæzmɪk || ɔː'gæzmɪk/ *adj* orgásmico

orgiastic /ˌɔːrdʒi'æstɪk || ˌɔːdʒi'æstɪk/ *adj* orgiástico

orgy /'ɔːrdʒi || 'ɔːdʒi/ *n* (*pl* **orgies**) orgía *f*; **a drunken ~** una bacanal

oriel (window) /'ɔːriəl/ *n* mirador *m*

orient¹, Orient /'ɔːriənt/ *n*: **the ~** (el) Oriente

orient² *vt* (esp AmE) orientar; **to ~ oneself** orientarse; **to ~ oneself (TO sth)** adaptarse (A algo)

oriental /ˌɔːri'entl/ *adj* oriental

Oriental *n* (dated) oriental *mf*

orientalist¹ /ˌɔːri'entələst || ˌɔːri'entəlɪst/ *n* orientalista *mf*

orientalist² *adj* orientalista

orientate /'ɔːrienteɪt/ *vt* (esp BrE) orientar; **to ~ oneself** orientarse

orientated /'ɔːrienteɪtəd || 'ɔːriənteɪtɪd/ *adj* (esp BrE) ▸**oriented**

orientation /ˌɔːrien'teɪʃən/ *n* [u] **1** (leanings, preference) tendencia *f* **2** (guidance) orientación *f*; (*before n*): **~ course** curso *m* de orientación **3** (adjustment) adaptación *f*

oriented /'ɔːrientəd || 'ɔːrɪentɪd/ *adj* **to be ~ TOWARD sth** orientarse HACIA algo

-oriented /'ɔːrientəd || 'ɔːrientɪd/, (esp BrE) **-orientated** /'ɔːriənteɪtəd || 'ɔːriənteɪtɪd/ *suff*: **user/student~** concebido en función de las necesidades del usuario/estudiante; **career~ women** mujeres para quienes la profesión es muy importante

orienteer¹ /ˌɔːrien'tɪr || ˌɔːrien'tɪər/ *n* participante *mf* en (carreras de) orientación

orienteer² *vi* practicar* la orientación

orienteering /ˌɔːrien'tɪrɪŋ || ˌɔːriən'tɪərɪŋ/ *n* [u] orientación *f*

orifice /'ɔːrəfəs || 'ɒrɪfɪs/ *n* orificio *m*

origami /ˌɔːrə'gɑːmi || ˌɒrɪ'gɑːmi/ *n* [u] origami *m*, papiroflexia *f*

origin /'ɔːrədʒən || 'ɒrɪdʒɪn/ *n* **1** (derivation, source) origen *m*; **of Dutch ~** de origen holandés; **country of ~** país *m* de origen *or* de procedencia; **of humble ~s** de origen *or* de cuna humilde **2** (Math) origen *m*

original¹ /ə'rɪdʒənl/ *adj*
A (first) ‹*version/plan*› original, originario; **the ~ inhabitants** los primeros habitantes, los habitantes originarios; **from an ~ idea by ...** (Cin, TV) basado en una idea de ...; **~ sin** pecado *m* original
B **1** (not copied) ‹*work/research/design*› original; **don't send ~ documents** no envíe originales **2** (unusual) ‹*person/gift/idea*› original

original² *n* **1** (Art) original *m*; (document) original *m*; **the remake isn't as good as the ~** la nueva versión no es tan buena como la original; **in the ~** en versión original; **the songs on the album are all ~s** los temas del álbum son todos nuevos **2** (unusual person): **she's an ~!** ¡es de lo más original!

originality /əˌrɪdʒə'næləti/ *n* [u] originalidad *f*

originally /ə'rɪdʒənli/ *adv* **1** (in the beginning) originariamente, al principio; **she's from Russia ~** es de origen ruso **2** (unusually) ‹*dress/write*› con originalidad, de manera original

originate /ə'rɪdʒəneɪt || ə'rɪdʒɪneɪt/ *vi* **1** (begin) «*custom*» originarse; «*fire*» empezar*, iniciarse; **the practice ~d in France** la costumbre se originó *or* tuvo su origen en Francia; **where did that idea ~?** ¿dónde se originó *or* de dónde surgió esa idea?; **the noise seemed to ~ from the first floor** el ruido parecía venir de la planta baja; **this ceremony ~s in an ancient ritual** la ceremonia tiene su origen en un antiguo rito **2** (AmE) salir* de; **the flight, which ~d in New York, stopped over in Chicago** el vuelo, procedente de *or* que venía de Nueva York, hizo escala en Chicago
■ **originate** *vt* ‹*idea/style*› crear

origination /əˌrɪdʒə'neɪʃən || əˌrɪdʒɪ'neɪʃən/ *n*
A **1** [u] (commencement) origen *m*, creación *f* **2** [u c] (setting up) iniciación *f*; (*before n*): **~ fee** (Fin) cargo *m* de iniciación *or* de apertura de un préstamo
B [u] (in printing) costo *m or* (Esp), coste de iniciación

originator /ə'rɪdʒəneɪtər || ə'rɪdʒɪneɪtə(r)/ *n* (of an idea, style) creador, -dora *m,f*; (of a proposal) autor, -tora *m,f*

oriole /'ɔːriəʊl/ *n* oropéndola *f*

Orkney Islands /'ɔːrkni || 'ɔːkni/, **Orkneys** /-z/ *pl n* (Islas *fpl*) Órcadas *fpl*

ormolu /'ɔːrməluː || 'ɔːməluː/ *n* [u] similor *m*

ornament¹ /'ɔːrnəmənt || 'ɔːnəmənt/ *n*
A **1** [c] (object) adorno *m* **2** [c u] (decoration) (frml) adorno *m*, ornamento *m* (frml); **the walls were bare of ~** las paredes estaban desnudas
B (Mus) (*usu pl*) floritura *f*

ornament² /'ɔːrnəment || 'ɔːnəment/ *vt* adornar, decorar

ornamental /ˌɔːrnə'mentl || ˌɔːnə'mentl/ *adj* ornamental, decorativo; **the handle is purely for ~ purposes** el asa es sólo decorativa *or* sólo sirve de adorno; **~ plant** planta *f* ornamental

ornamentation /ˌɔːrnəmen'teɪʃən || ˌɔːnəmən'teɪʃən/ *n* [u c] decoración *f*, ornamentación *f*

ornate /ɔːr'neɪt || ɔː'neɪt/ *adj* **1** ‹*decoration/vase*› ornamentado, elaborado; (pej) recargado **2** ‹*language/style*› florido; (pej) ampuloso

ornately /ɔːr'neɪtli || ɔː'neɪtli/ *adv* **1** ‹*decorate*› de manera ornamentada *or* elaborada; (pej) recargadamente **2** ‹*write*› en estilo florido; (pej) ampulosamente

ornery /'ɔːrnəri || 'ɔːnəri/ *adj* (AmE colloq) de mal genio, de malas pulgas (fam); **to be ~** tener* mal genio *or* (fam) malas pulgas

ornithological /ˌɔːrnəθə'lɑːdʒɪkəl || ˌɔːnɪθə'lɒdʒɪkəl/ *adj* ornitológico

ornithologist /ˌɔːrnə'θɑːlədʒəst || ˌɔːnɪ'θɒlədʒɪst/ *n* ornitólogo, -ga *m,f*

ornithology /ˌɔːrnə'θɑːlədʒi || ˌɔːnɪ'θɒlədʒi/ *n* [u] ornitología *f*

orphan¹ /'ɔːrfən || 'ɔːfən/ *n* huérfano, -na *m,f*; **to make/leave sb an ~** dejar huérfano a algn; **he was left an ~** quedó huérfano; (*before n*): **~ child** (niño) huérfano, (niña) huérfana *m,f*

orphan² *vt* (*usu pass*): **she was ~ed at the age of two** quedó huérfana a los dos años; **hundreds of children were ~ed by the accident** el accidente dejó huérfanos a cientos de niños

orphanage /'ɔːrfənɪdʒ || 'ɔːfənɪdʒ/ *n* orfanato *m*, orfelinato *m*

orphan drug *n* fármaco *m* no comercializado

Orpheus /'ɔːrfiəs || 'ɔːfiəs/ *n* Orfeo

ortanique /ˌɔːrtə'niːk || ˌɔːtə'niːk/ *n* bergamota *f*

orthodontic /ˌɔːrθə'dɑːntɪk || ˌɔːθə'dɒntɪk/ *adj*: **~ surgeon** ortodoncista *mf*; **~ treatment** ortodoncia *f*

orthodontics /ˌɔːrθə'dɑːtɪks || ˌɔːθə'dɒntɪks/ *n* (+ *sing vb*) ortodoncia *f*

orthodontist /ˌɔːrθə'dɑːntəst || ˌɔːθə'dɒntɪst/ *n* ortodoncista *mf*

orthodox /'ɔːrθədɑːks || 'ɔːθədɒks/ *adj* ortodoxo; **the Greek/Russian O~ Church** la Iglesia Ortodoxa griega/rusa

orthodoxy /'ɔːrθədɑːksi || 'ɔːθədɒksi/ *n* [c u] (*pl* **-xies**) ortodoxia *f*

orthographic /ˌɔːrθə'græfɪk || ˌɔːθə'græfɪk/, **-ical** /-ɪkəl/ *adj* ortográfico

orthography /ɔːr'θɑːgrəfi || ɔː'θɒgrəfi/ *n* [u] ortografía *f*

orthokeratology /ˌɔːrθə(ʊ)kerə'tɑːlədʒi || ˌɔːθə(ʊ)kerə'tɒlədʒi/ *n* [u] (Med) ortoqueratología *f*

orthopaedic *etc* ▸**orthopedic** *etc*

orthopedic, orthopaedic /ˌɔːrθə'piːdɪk || ˌɔːθə'piːdɪk/ *adj* ‹*device*› ortopédico; ‹*ward*› de ortopedia, de traumatología; **~ surgeon** ortopedista *mf*, traumatólogo, -ga *m,f*

orthopedics, orthopaedics /ˌɔːrθə'piːdɪks || ˌɔːθə'piːdɪks/ *n* [u] (+ *sing vb*) ortopedia *f*

orthopedist, orthopaedist /ˌɔːrθə'piːdəst || ˌɔːθə'piːdɪst/ *n* ortopedista *mf*, traumatólogo, -ga *m,f*

orthoptic /ɔːr'θɑːptɪk || ɔː'θɒptɪk/ *adj* ortóptico

orthoptics /ɔːr'θɑːptɪks || ɔː'θɒptɪks/ *n* (+ *sing vb*) ortóptica

orthoptist /ɔːr'θɑːptəst || ɔː'tɒptɪst/ *n* ortóptico, -ca *m,f*

orthorexia /ˌɔːrθə(ʊ)'reksiə || ˌɔːθə'reksiə/ *n* [u] (Med) ortorexia *f*

orthorexic¹ /ˌɔːrθə(ʊ)'reksɪk || ˌɔːθə'reksɪk/ *adj* (Med) ortoréxico

orthorexic² *n* (Med) ortoréxico, -ca *m,f*

OS¹ *adj* = **outsize**

OS² *n* **1** (Comput) (= **operating system**) SO *m* **2** (Naut) = **Ordinary Seaman** **3** (in UK) = **Ordnance Survey**

O/S = **out of stock**

Oscar /'ɑːskər || 'ɒskə(r)/ *n* Oscar *m*; **to be nominated for the ~** ser* nominado para el Oscar

> **Oscar awards**
>
> En la Oscar Ceremony, celebrada en Los Ángeles cada año desde 1929 por la *Academy of Motion Picture Arts and Sciences*, se otorgan los *Academy Awards*, apodados los *Oscars*, a aquellos artistas, directores, productores y guionistas de cine considerados por votación de sus colegas los mejores del año.

oscillate /'ɑːsəleɪt || 'ɒsɪleɪt/ *vi* **1** (Elec, Phys) oscilar **2** (fluctuate) (frml) «*prices/values*» oscilar, fluctuar*; «*person*» oscilar; **to ~ between depression and euphoria** oscilar entre la depresión y la euforia

oscillation /ˌɑːsə'leɪʃən || ˌɒsɪ'leɪʃən/ *n* [u c] **1** oscilación *f* **2** (wavering) oscilación *f*, fluctuación *f*

oscillator /'ɑːsəleɪtər || 'ɒsɪleɪtə(r)/ *n* oscilador *m*

oscillograph /ə'sɪləgræf || ə'sɪləgrɑːf/ *n* oscilógrafo *m*

oscilloscope /ə'sɪləskəʊp/ *n* osciloscopio *m*

osier /'əʊʒər || 'əʊziə(r)/ *n* **1** (tree) mimbrera *f* **2** (branch) mimbre *m*; (*before n*) ‹*basket/furniture*› de mimbre

Osiris /ə'saɪrəs || əʊ'saɪrɪs/ *n* Osiris

osmosis /ɑːz'məʊsəs || ɒz'məʊsɪs/ *n* [u] ósmosis *f*, osmosis *f*

osmotic /ɑːz'mɑːtɪk || ɒz'mɒtɪk/ *adj* osmótico

osprey /'ɑːspri, 'ɑːspreɪ || 'ɒspreɪ/ *n* águila *f*‡ pescadora, pigargo *m*

osseous /'ɑːsiəs || 'ɒsiəs/ *adj* óseo

ossification /ˌɑːsəfə'keɪʃən || ˌɒsɪfɪ'keɪʃən/ *n* [u] osificación *f*

ossify /'ɑːsəfaɪ || 'ɒsɪfaɪ/ **-fies, -fying, -fied** *vi* **1** (Physiol) osificarse* **2** (frml) «*institution/society/attitude*» anquilosarse
■ **ossify** *vt* (*usu pass*) **1** (Physiol) osificar* **2** (frml) ‹*attitude*› anquilosar

ossuary /'ɑːʃueri || 'ɒsjʊəri/ *n* (*pl* **-ries**) osario *m*

Ostend /ɑː'stend || ɒs'tend/ *n* Ostende *m*

ostensible /ɑː'stensəbəl || ɒ'stensəbəl/ *adj* aparente, pretendido

ostensibly /ɑː'stensəbli || ɒ'stensəbli/ *adv* aparentemente, en apariencia; **she came ~ to help** vino con el pretexto de ayudar

ostentation /ˌɑːstən'teɪʃən || ˌɒsten'teɪʃən/ *n* [u] ostentación *f*

ostentatious /ˌɑːstən'teɪʃəs || ˌɒsten'teɪʃəs/ *adj* ostentoso

ostentatiously /ˌɑːstən'teɪʃəsli || ˌɒsten'teɪʃəsli/ *adv* ostentosamente, con ostentación

ostentatiousness /ˌɑːstən'teɪʃəsnəs || ˌɒsten'teɪʃəsnɪs/ *n* [u] ostentación *f*

osteoarthritis /ˌɑːstiəʊɑːr'θraɪtəs || ˌɒstiəʊɑː'θraɪtɪs/ *n* [u] osteoartritis *f*

osteomyelitis /ˌɑːstiəʊmaɪə'laɪtəs || ˌɒstiəʊmaɪə'laɪtɪs/ *n* [u] osteomielitis *f*

O

osteopath /'ɑːstiəpæθ || 'ɒstiəpæθ/ *n* osteópata *mf*

osteopathic /,ɑːstiə'pæθɪk || ,ɒstiə'pæθɪk/ *adj* osteopático

osteopathy /,ɑːsti'ɑːpəθi || ,ɒsti'ɒpəθi/ *n* [u] osteopatía *f*

osteoporosis /,ɑːstiəʊpə'rəʊsɪs || ,ɒstiəʊpə'rəʊsɪs/ *n* [u] osteoporosis *f*

osteospermum /'ɑːstiəʊ'spɜːrməm || 'ɒstiəʊ'spɜːməm/ *n* (Bot) margarita *f* del cabo, caléndula *f* del cabo

ostler /'ɑːslər || 'ɒslə(r)/ *n* palafrenero *m*, mozo *m* de cuadra

ostmark /'əʊstmɑːrk || 'ɒstmɑːk/ *n* (Fin, Hist) marco *m* de la RDA

ostracism /'ɑːstrəsɪzəm || 'ɒstrəsɪzəm/ *n* [u] ostracismo *m*

ostracize /'ɑːstrəsaɪz || 'ɒstrəsaɪz/ *vt* ‹*person*› hacerle* el vacío a, aislar*; (Hist) condenar al ostracismo; ‹*nation*› aislar*; **she was ~d by her fellow workers** sus compañeros de trabajo le hacían el vacío

ostrich /'ɑːstrɪtʃ || 'ɒstrɪtʃ/ *n* avestruz *m*

Ostrogoth /'ɑːstrəgɑːθ || 'ɒstrəgɒθ/ *n* ostrogodo, -da *m,f*

OT 1 (AmE) **= overtime** 2 (**= Old Testament**) A.T. 3 **= occupational therapy**

OTC (**= over-the-counter**) *adj*: **~ medicines** medicinas *fpl* que se pueden comprar sin receta

OTE *pl n* **= on-target earnings**

other[1] /'ʌðər || 'ʌðə(r)/ *adj* 1 (different, alternative) otro, otra; (*pl*) otros, otras; **I wear ~ clothes/use ~ tools for work** para trabajar me pongo otra ropa/uso otras herramientas; **are there any ~ possibilities?** ¿hay alguna otra posibilidad?; **he doesn't relate easily to ~ people** no se relaciona fácilmente con los demás; **no ~ bread has fewer calories** no hay (otro) pan que tenga menos calorías; **some ~ time** en otro momento; **I'd take any ~ job but that one** haría cualquier (otro) trabajo menos ése; **we have no ~ choice but to accept** no tenemos más opción que aceptar, no nos queda más remedio que aceptar 2 (the remaining one or ones) otro, otra; (*pl*) otros, otras; **the ~ children are all older than me** los otros *or* los demás niños son todos mayores que yo 3 (in addition) otro, otra; (*pl*) otros, otras; **there was one ~ member present** había otro socio/otra socia presente; **answer Section A and two ~ questions** conteste la sección A y dos preguntas más *or* y otras dos preguntas 4 (recent): **the ~ day** el otro día; **the ~ evening** la otra noche

other[2] *pron* (*pl* **others**)

A 1 (different, alternative one or ones) otro, otra; **~s** otros, otras; **he's lost his job and has no ~ in prospect** perdió el trabajo y no tiene otro en perspectiva; **you will obey me and no ~** me obedecerás a mí y a nadie más; **I'll think of some excuse or ~** ya me inventaré alguna excusa (u otra); **somebody or ~ must be responsible** alguien tiene que ser el responsable; **something or ~ is bound to happen** tiene que pasar algo; **he was called Richard something or ~** se llamaba Richard no sé cuánto *or* no sé qué (fam) 2 (the remaining one or ones) otro, otra; **~s** otros, otras; **one brother lives here and the ~ in Oslo** un hermano vive aquí y el otro en Oslo; **she lives in one room and rents out the ~s** vive en una habitación y alquila las otras *or* las demás; **what do the ~s think?** ¿qué piensan los demás *or* los otros? 3 (additional one or ones) otro, otra; **~s** otros, otras; **answer the first three questions and one ~** conteste las tres primeras preguntas y otra *or* y una más; **I can take you and two ~s** te puedo llevar a ti y a otros dos *or* y a dos más

B **other than** (apart from) aparte de; (different from) distinto (*or* distinta *etc*) de *or* a; **~ than that, there's no problem** aparte de eso *or* fuera de eso, no hay problema; **~ than John, who's going to go with you?** ¿quién va a ir contigo aparte de John *or* además de John?; **the mission was carried out for reasons ~ than stated** la misión se llevó a cabo por razones distintas a las que se adujeron; **it was no ~ than uncle Bob** no era ni más ni menos que el tío Bob; **none ~ than you could have written this** nadie más que tú podría haber escrito esto; **she's never been ~ than polite with me** conmigo no ha sido más que cortés; **if it's anything ~ than perfect, she's not satisfied** tiene que estar ni más ni menos que perfecto para que se quede satisfecha

other[3] *adv*: **somehow or ~** de alguna manera, de algún modo; **somewhere/sometime or ~** en algún sitio *or* lugar/momento; **he has never behaved ~ than impeccably with me** conmigo siempre se ha portado intachablemente; **I could not have intervened ~ than when I did** no podría haber intervenido más que cuando lo hice; **where would you like to live? — anywhere ~ than London** ¿dónde te gustaría vivir? — en cualquier (otro) sitio *or* lugar menos en Londres, en cualquier sitio *or* lugar que no sea Londres

otherness /'ʌðərnəs || 'ʌðənɪs/ *n* [u] (liter) otredad *f* (liter)

otherwise /'ʌðərwaɪz || 'ʌðəwaɪz/ *adv*

A (if not) (*as linker*) si no; **we must go, we'll be late ~** tenemos que irnos, si no, vamos a llegar tarde; **you have to pay, ~ they'll send you to jail** tienes que pagar, si no *or* de lo contrario, te van a meter preso

B (in other respects) por lo demás, aparte de eso; **she mentioned her marriage; ~ she said nothing about herself** mencionó su matrimonio; por lo demás *or* aparte de eso no dijo nada sobre sí misma; **there were some exciting moments at the end, but ~ it was a dull game** hubo algunos momentos de emoción al final, pero por lo demás *or* aparte de eso fue un partido aburrido

C 1 (in a different way): **he could not have done ~** no podía haber hecho otra cosa *or* (frml) obrado de otro modo; **we all thought it was too dangerous, but she thought ~** todos pensamos que era demasiado peligroso, pero no así ella; **they seem unable to express themselves ~ than by violence** parecen incapaces de expresarse si no es empleando violencia; **they believe they are right and nothing will convince them ~** creen que están en lo cierto y nada los convencerá de lo contrario *or* de que no es así; **books must not be annotated or ~ defaced** en los libros no se debe escribir ni hacer marcas de ningún tipo; **unless ~ agreed, payments ...** a menos que se convenga otra cosa, los pagos ... 2 (other, different): **there are many problems, legal and ~** hay muchos problemas, legales y de otro tipo; **the effects, beneficial or ~, will not be known until later** los efectos, beneficiosos o no, no se harán notar hasta más tarde; **this applies to all children, legitimate or ~** esto se aplica a todo los niños, sean o no legítimos *or* ya sean legítimos o no; **how can it be ~?** ¿cómo no va a ser así?; **it could so easily have been ~** las cosas bien podrían haber sido distintas

otherworldliness /,ʌðər'wɜːrldlinəs || ,ʌðə'wɜːldlinɪs/ *n* [u] 1 (dreamlike quality) ensueño *m* 2 (spirituality) espiritualidad *f*

otherworldly /,ʌðər'wɜːrldli || ,ʌðə'wɜːldli/ *adj* 1 (dreamlike) ‹*atmosphere/look*› de otro mundo, de ensueño 2 (mystical) ‹*principles/faith*› místico, espiritual

otiose /'əʊʃiəʊs || 'əʊtiəʊs/ *adj* (liter) ocioso (liter), superfluo

OTT *adj* (BrE colloq) (**= over the top**) exagerado

otter /'ɑːtər || 'ɒtə(r)/ *n* nutria *f*; **sea ~** nutria de mar

Ottoman /'ɑːtəmən || 'ɒtəmən/ *n* (*pl* **-mans**) 1 (person) otomano, -na *m,f*; (*before n*): **the ~ Empire** el Imperio Otomano 2 **ottoman** (furniture) otomana *f*

OU *n* (in UK) (**= Open University**) **the ~** *la universidad a distancia del Reino Unido*, ≈ UNED *f* (*en Esp*)

ouch /aʊtʃ/ *interj* (colloq) ¡ay!

ought /ɔːt/ *v mod* **~ to + INF**

A (indicating obligation, desirability) debería (*or* deberías *etc*) + INF, debiera (*or* debieras *etc*) + INF; **you ~ to be grateful** deberías *or* debieras estar agradecido, tendrías que estar agradecido; **she ~ not** *o* **~n't to be so strict with her children** no debería *or* debiera ser tan severa con los niños; **she ~ not to have said that** no debería haber dicho eso, no tendría *or* no tenía que haber dicho eso; **you ~ to be ashamed of yourself!** ¡debería *or* debiera darte vergüenza!, ¡tendría que darte vergüenza!; **you ~ to have seen her face!** ¡tenías *or* tendrías que haber visto la cara que puso!

B (expressing logical expectation) debería (*or* deberías *etc*) + INF, debiera (*or* debieras *etc*) + INF; **she ~ to be here by now** ya debería *or* debiera estar aquí, ya tendría *or* tenía que estar aquí; **the meeting ~ not to take very long** la reunión no debería *or* debiera llevar mucho tiempo

Ouija board® /'wiːdʒə/ *n* (tablero *m* de) ouija *f*

ounce /aʊns/ *n*

A 1 ▸ p.630 (unit) onza *f* (*28,35 gramos*) 2 ▸ p.998 (AmE) ▸**fluid ounce** 3 (small quantity) (*no pl*): **if you had an ~ of decency/sense/courage ...** si tuvieras una pizca de vergüenza/sentido común/valor ...; **there's not an ~ of evidence** no existe la más mínima prueba; **with his last ~ of strength** con las últimas fuerzas que le quedaban

B (Zool) onza *f*

our /aʊr || 'aʊə(r)/ *adj*

> ⚠ The translation *nuestro* agrees in number and gender with the noun which it modifies; *our* is translated by *nuestro, nuestra, nuestros, nuestras*, depending on what follows: **our father/mother** nuestro padre/nuestra madre; **our books/magazines** nuestros libros/nuestras revistas. For *our* used with parts of the body, ▸ p.965

(*sing*) nuestro, -tra; (*pl*) nuestros, -tras; **~ son** nuestro hijo; **~ daughter** nuestra hija; **~ sons** nuestros hijos; **~ daughters** nuestras hijas; **~ children** nuestros hijos

ours /aʊrz || 'aʊəz/ *pron*

> ⚠ The translation *nuestro* reflects the gender and number of the noun it is standing for; *ours* is translated by *el nuestro, la nuestra, los nuestros, las nuestras*, depending on what is being referred to.

(*sing*) nuestro, -tra; (*pl*) nuestros, -tras; **all this is ~** todo esto es nuestro; **~ is blue** el nuestro/la nuestra es azul; **a friend of ~** un amigo nuestro; **a favorite of ~** uno de nuestros favoritos

ourselves /aʊr'selvz || ,aʊə'selvz, ɑː'selvz/ *pron* 1 (reflexive): **we behaved ~** nos portamos bien; **we thought only of ~** sólo pensamos en nosotros mismos/nosotras mismas; **we were by ~** estábamos solos/solas 2 (emphatic use): **we did it ~** lo hicimos nosotros mismos/nosotras mismas

oust /aʊst/ *vt* ‹*rival/leader*› desbancar*; ‹*government*› derrocar*, hacer* caer; **English has ~ed French as the language of diplomacy** el inglés ha desplazado *or* sustituido al francés como la lengua de la diplomacia; **she was ~ed from office** la destituyeron, la alejaron *or* la separaron del cargo (euf)

ouster /'aʊstər || 'aʊstə(r)/ *n* (AmE) expulsión *f*, destitución *f*

out[1] /aʊt/ *adv*

> ⚠ *out* often appears as the second element of certain verb structures in English (*come out, keep out, knock out*, etc). For translations, see the relevant verb entry (*come, keep, knock*, etc).

(Sense I)

A 1 (outside) fuera, afuera (esp AmL); **is the cat in or ~?** ¿el gato está (a)dentro *or* (a)fuera?; **is he still in the bathroom? — no, he's ~** ¿está todavía en el baño? — no, ya ha salido; **all the books on Dickens are ~** todos los libros sobre Dickens están prestados; **the jury is still ~** el jurado todavía está deliberando; **the jury's ~ on which will prove to be the right formula** está por ver(se) cuál será la fórmula correcta; *see also* **out of** 2 (not at home, work): **she's ~; can I take a message?** no está ¿quiere dejar un recado?; **he's ~ to** *o* **at lunch** ha salido a comer; **tell him I'm ~** dile que no estoy; **I was ~ most of the day** estuve (a)fuera casi todo el día; **we haven't had a night ~ for months** hace meses que no salimos de noche; **they had a day ~ in York** pasaron un día en York; **to eat** *o* (frml) **dine ~** comer fuera *or* (esp AmL) afuera; **~ and about**: **I don't like sitting in an office, I prefer to be ~ and about** no me gusta estar metido en una oficina, prefiero andar por ahí; **you must get ~ and about more** tienes que salir más; **it was some weeks before he was ~ and about again** pasaron semanas antes de que pudiera reanudar sus actividades; *see also* **go out**

B (removed): **I'm having my stitches ~ next week** la semana que viene me sacan los puntos; **the plug is ~** está desenchufado

C 1 (indicating movement, direction): **~!** ¡fuera!; Ⓢ **out** salida; **she went over to the window and looked ~** se acercó a la ventana y miró para afuera; **she ran ~ screaming** salió corriendo y gritando 2 (outstretched, projecting): **the dog had its tongue ~** el perro tenía la lengua fuera *or* (esp AmL) afuera; **arms ~, legs together** brazos extendidos, piernas juntas

D (indicating distance): **~ here in Japan** aquí en Japón; **they worked ~ in Brunei for a while** estuvieron un tiempo trabajando en Brunei; **we live ~ Brampton way** vivimos en la dirección de Brampton; **three days ~** (Naut) a los tres días de zarpar; **ten miles ~** (Naut) a diez millas de la costa

E 1 (ejected, dismissed): **any more foul language and she's ~!** ¡otra palabrota más y se va *or* la echo!; **he couldn't get the tenants ~** no pudo echar a los inquilinos 2 (from hospital, jail): **he's been ~ for a month now** ya hace un mes que salió 3 (out of office): **the socialists will be ~ next time** los socialistas van a perder las próximas elecciones; **Jones ~!** ¡fuera Jones!

F (in horseracing, athletics): **it's Kirk's second time ~ this season** es la segunda vez que Kirk corre esta temporada

G (Rad, Telec) (end of message) fuera

H (*in phrases*): **out for**: **he's just ~ for her money** lo único que quiere es su dinero; **Lewis was ~ for revenge** Lewis quería vengarse; **out to + INF**: **she's ~ to beat the record** está decidida a batir el récord; **they're only ~ to make money** su único objetivo es hacer dinero; **they're ~ to get you!** ¡andan tras de ti!, ¡van a por ti! (Esp); *see also* **out of**

Sense II

A 1 (displayed, not put away): **are the plates ~ yet?** ¿están puestos ya los platos?; **he left his toys ~ all over the room** dejó los juguetes tirados por la habitación 2 (in blossom) en flor 3 (shining): **when the sun's ~** cuando hay *or* hace sol; **the stars are ~** hay estrellas

B 1 (revealed, in the open): **it's ~ now and she'll have no peace from the media** ya se ha descubierto el secreto *or* el secreto ha salido a la luz y la prensa no la va a dejar en paz; **once the news was ~, she left the country** en cuanto se supo la noticia, se fue del país; **word was ~ that ...** corría el rumor de que ...; **~ with it! who stole the documents?** ¡dilo ya! ¿quién robó los documentos? 2 (published, produced): **a report ~ today points out that ...** un informe publicado hoy señala que ...; **there are no newspapers ~ today** hoy no ha salido ningún periódico; **their new album will be ~ by April** sacarán el nuevo disco para abril; **the results are due ~ next week** los resultados salen la semana que viene 3 (in existence) (colloq): **it's the fastest car ~** es el coche más rápido que hay (en el mercado)

C (clearly, loudly): **he read ~ the names of the winners** leyó (en voz alta) los nombres de los ganadores; **he said it ~ loud** lo dijo en voz alta; *see also* **call out**, **cry out**, **speak out** *etc*

out² *adj*

A (*pred*) 1 (extinguished): **to be ~** ‹‹*fire/light/pipe*›› estar* apagado 2 (unconscious) inconsciente, sin conocimiento; **he was ~ for five minutes** estuvo inconsciente durante cinco minutos; **after five vodkas she was ~ cold** con cinco vodkas, quedó fuera de combate (fam) 3 (not functioning): **our telephone is ~** no nos funciona el teléfono

B (*pred*) 1 (at an end): **before the day/month/year/summer is ~** antes de que acabe el día/mes/año/verano; **school's ~** (BrE) han terminado las clases 2 (out of fashion) pasado de moda; **sideburns are ~** las patillas están pasadas de moda *or* ya no se llevan; *see also* **go out G1** 3 (out of the question) (colloq): **smoking in the bedrooms is absolutely ~** ni hablar de fumar en los dormitorios (fam), está terminantemente prohibido fumar en los dormitorios

C (Sport) 1 (eliminated): **to be ~** quedar out *or* fuera; ‹*team*› quedar eliminado; *see also* **out of C1** 2 (unable to play) (*pred*): **she's ~ with a broken ankle** no puede jugar porque tiene el tobillo roto 3 (outside limit) (*pred*) fuera; **it was ~** cayó *or* fue fuera; **~!** (call by line-judge or umpire) ¡out!

D (inaccurate) (*pred*): **they were ~ in their calculations** se equivocaron en los cálculos; **the estimate was $900 ~** *o* **~ by $900** se equivocaron en 900 dólares en el cálculo; **you're not far ~** no andas muy descaminado; **you're way** *o* **a long way** *o* **miles ~** andas muy lejos *or* muy errado

E (without, out of) (colloq) (*pred*): **coffee? sorry, I'm completely ~** ¿café? lo siento, no me queda ni gota (fam); *see also* **out of F**

F ‹*homosexual*› declarado

out³ *prep*: **he looked ~ the window** miró (hacia afuera) por la ventana; **they threw him ~ the bar** lo echaron del bar; *see also* **out of**

out⁴ *n*

A 1 (in baseball) out *m*, hombre *m* fuera 2 (escape) (AmE colloq) escapatoria *f*; **he's looking for an ~** está buscando una escapatoria

B **outs** *pl* (AmE) 1 ***to be on the ~s with sb*** estar* enemistado con algn 2 (those not in power): **the ~s** los partidos de la oposición

out⁵ *vt* revelar la homosexualidad de

out- /'aʊt/ *pref*: **he can ~argue me any day** me puede ganar cualquier discusión sin problemas; **they've already ~spent their budget** ya han gastado más de lo que tenían presupuestado; *see also* **outgrow**, **outstay** *etc*

outage /'aʊtɪdʒ/ *n* corte *m*; **power ~** corte *m* de luz, apagón *m*

out-and-out /'aʊtn'aʊt/ *adj* (*as intensifier*) ‹*villain/idiot/bigot/liar*› consumado, redomado; ‹*radical/militant/feminist*› acérrimo; ‹*chaos/defeat/disgrace*› total, absoluto

outback /'aʊtbæk/ *n*: **the ~** el interior (*zona despoblada de Australia*)

outbid /aʊt'bɪd/ *vt* (*pres p* **-bidding**; *past* **-bid**; *past p* **-bid** *or* AmE also **-bidden**) **to ~ sb (FOR sth)** pujar *or* ofrecer* más que algn (POR algo)

outboard /'aʊtbɔ:rd || 'aʊtbɔ:d/ *n* 1 **~ (motor)** motor *m* fuera de borda, fueraborda *m* 2 (boat) lancha *f* con motor fuera de borda, fueraborda *m*

outbound /'aʊtbaʊnd/ *adj*: **~ flights from Dallas were delayed** los vuelos que partían de Dallas estaban saliendo con retraso; **~ passengers** los pasajeros que parten *or* salen (*or* partían *etc*)

outbox /aʊt'bɑ:ks || aʊt'bɒks/ *vt* derrotar, ganarle a

out-box /'aʊtbɑ:ks || 'aʊtbɒks/ *n* (Comput) bandeja *f* de salida

outbreak /'aʊtbreɪk/ *n* (of war) estallido *m*; (of hostilities) comienzo *m*; (of cholera, influenza) brote *m*; **at the ~ of the strike ...** al declararse *or* al estallar la huelga ...; **there were ~s of violence/protest** hubo brotes de violencia/protesta

outbuilding /'aʊt,bɪldɪŋ/ *n* edificación *f* anexa

outburst /'aʊtbɜ:rst || 'aʊtbɜ:st/ *n* (of emotion) arrebato *m*, arranque *m*; **an angry ~** un arrebato *or* arranque de ira; **I apologize for my ~** perdonen que perdiera los estribos; **there was a sudden ~ of shouting/applause** de repente se oyeron unos gritos/el público prorrumpió en aplausos

outcast /'aʊtkæst || 'aʊtkɑ:st/ *n* paria *mf*; **a social ~** un marginado de la sociedad; (*before n*) ‹*family/tribe/nation*› marginado

outclass /aʊt'klæs || aʊt'klɑ:s/ *vt* superar, aventajar

outcome /'aʊtkʌm/ *n* (result) resultado *m*; (consequences) consecuencias *fpl*

outcrop /'aʊtkrɑ:p || 'aʊtkrɒp/ *n* afloramiento *m*

outcry /'aʊtkraɪ/ *n* [u c] (*pl* **-cries**) protesta *f* (*enérgica*); **there was a public ~** hubo protestas generalizadas; **pressure groups raised an ~ about the planned development** grupos de presión manifestaron su indignación ante las obras planeadas

outdated /aʊt'deɪtəd || aʊt'deɪtɪd/ *adj* ‹*style/fashion/word/custom*› pasado de moda, anticuado; ‹*idea/theory*› anticuado, trasnochado

outdid /aʊt'dɪd/ *past of* **outdo**

outdistance /aʊt'dɪstəns/ *vt* dejar atrás, aventajar

outdo /aʊt'du:/ *vt* (*3rd pers sing pres* **-does**; *past* **-did**; *past p* **-done**) ‹*person/team*› superar, ganarle a; ‹*result/achievement*› mejorar, superar; **not to be outdone, she bought an even bigger one** para no ser menos, se compró uno aún más grande

outdoor /'aʊtdɔ:r || 'aʊtdɔ:(r)/ *adj* (*before n*) ‹*clothes*› de calle; (for winter) de abrigo; ‹*plants*› de exterior; ‹*swimming pool*› descubierto, al aire libre; **the ~ life** la vida al aire libre; **he's very much the ~ type** es el tipo de persona a la que le gusta la vida al aire libre; **~ antenna** *o* (BrE) **aerial** antena *f* exterior; **~ games** juegos *mpl* al aire libre; **~ pursuits** (BrE) actividades *fpl* al aire libre; **you may need a filter for ~ shots** quizás necesites un filtro para sacar fotos afuera

outdoors¹ /aʊt'dɔ:rz || aʊt'dɔ:z/ *adv* al aire libre; **why don't you play ~?** ¿por qué no vas a jugar al aire libre *or* afuera?

outdoors² *n*: **the great ~** el aire libre, la naturaleza

outer /'aʊtər || 'aʊtə(r)/ *adj* (*before n*) ‹*wall/layer*› exterior; **~ ear** oído *m* externo; **~ garments** prendas *fpl* exteriores; **the ~ islands/regions** las islas/regiones más alejadas *or* distantes; **~ space** el espacio sideral

outermost /'aʊtərməʊst || 'aʊtəməʊst/ *adj* exterior; **the ~ island in the archipelago** la isla más remota del archipiélago

outface /aʊt'feɪs/ *vt* hacerle* frente a

outfall /'aʊtfɔ:l/ *n* desagüe *m*

outfall pipe *n* emisario *m*

outfield /'aʊtfi:ld/ *n*: **the ~** (area) los jardines, las praderas (*el perímetro del campo de juego*); (players) (+ *sing or pl vb*) los jardineros

outfielder /'aʊt,fi:ldər || 'aʊt,fi:ldə(r)/ *n* jardinero, -ra *m,f* (*jugador en el perímetro del campo de juego*)

outfight /aʊt'faɪt/ *vt* (*past & past p* **-fought**) derrotar, ganarle a

outfit¹ /'aʊtfɪt/ *n* 1 (clothes) conjunto *m*, tenida *f* (Chi); **a Cinderella ~** un disfraz de Cenicienta 2 (equipment) equipo *m* 3 (organization, unit) (colloq): **they're a well-disciplined ~** son un equipo disciplinado; **they've set up a small electronics ~** han montado un pequeño negocio de electrónica

outfit² *vt* **-tt-** vestir*

outfitter /'aʊtfɪtər || 'aʊtfɪtə(r)/ *n*: Ⓢ **gentlemen's outfitters** confecciones *fpl* para caballeros; Ⓢ **sports outfitters** artículos *mpl* para el deportista

outflank /aʊt'flæŋk/ *vt* 1 (Mil) flanquear 2 (gain advantage over) ‹*competitor/rival*› aventajar

O

outflow /'aʊtfləʊ/ *n* (of water) desagüe *m*, flujo *m*; (of capital) fuga *f*; **cash ~s** salidas *fpl* de efectivo

outfought /aʊt'fɔːt/ *past & past p of* **outfight**

outgeneral /aʊt'dʒenrəl/ *vt*, (BrE) **-ll-** superar en táctica militar a

outgo /'aʊtgəʊ/ *n* [u c] (*pl* **-goes**) (AmE) salida *f*

outgoing /'aʊt,gəʊɪŋ/ *adj*

A (sociable) ‹*person/personality*› sociable, extrovertido

B (*before n*) [1] (outbound): **delays are reported on all ~ flights** todos los vuelos están saliendo con retraso; **all ~ mail to be ready by 4 o'clock** toda la correspondencia debe estar lista para despachar antes de las cuatro; **for ~ calls only** sólo para llamadas al exterior [2] ‹*president/administration*› saliente [3] **~ dishes** (AmE) comida *f* para llevar

outgoings /'aʊt,gəʊɪŋz/ *pl n* (esp BrE) gastos *mpl*, salidas *fpl*

outgrow /aʊt'grəʊ/ *vt* (*past* **-grew**; *past p* **-grown**) [1] (grow taller than): **you have ~n your father** estás más alto que tu padre [2] (grow too big for): **he's already ~n his new shoes** los zapatos nuevos ya le han quedado chicos *or* (Esp) ya se le han quedado pequeños; **he's ~n the disco phase** ya ha dejado atrás la etapa de las discotecas

outgrowth /'aʊtgrəʊθ/ *n* [1] [c] (offshoot) brote *m* [2] [c] (result) producto *m* [3] [u] (act, process) brote *m*

outguess /aʊt'ges/ *vt* anticiparse a, adelantarse a

outgun /aʊt'gʌn/ *vt* **-nn-** (surpass in firepower) sobrepasar en potencia de fuego; (defeat) derrotar

outhouse /'aʊthaʊs/ *n* [1] (building) (BrE) edificación *f* anexa [2] (outdoor privy) (AmE) excusado *m* exterior

outing /'aʊtɪŋ/ *n*

A excursión *f*, salida *f*; **to go on an ~** salir* de excursión

B [u] (of homosexual) outing *m* (*práctica de hacer pública la homosexualidad de una figura pública*)

outlaid /aʊt'leɪd/ *past & past p of* **outlay²**

outlander /'aʊtlændər || 'aʊtlændə(r)/ *n* (AmE) (foreigner) extranjero, -ra *m,f*; (stranger) desconocido, -da *m,f*

outlandish /aʊt'lændɪʃ/ *adj* ‹*clothes/expression*› extravagante, estrafalario; ‹*idea/suggestion*› descabellado

outlast /aʊt'læst || aʊt'lɑːst/ *vt* [1] (last longer than) durar más que [2] (survive) sobrevivir a; **she's young: she'll ~ us all** es joven, nos va a enterrar a todos (hum)

outlaw¹ /'aʊtlɔː/ *n* forajido, -da *m,f*, bandido, -da *m,f*, bandolero, -ra *m,f*

outlaw² *vt* ‹*activity/product*› prohibir*, declarar ilegal; ‹*organization*› proscribir*; ‹*person*› declarar fuera de la ley

outlay¹ /'aʊtleɪ/ *n* desembolso *m*; **~ ON sth** gasto *m or* inversión *m* EN algo

outlay² /'aʊtleɪ/ *vt* (*past & past p* **-laid**) desembolsar

outlet /'aʊtlet/ *n*

A [1] (for liquid, gas) salida *f*; (*before n*) ‹*valve*› de escape, de vaciado; **~ pipe** conducto *m* de desagüe; (discharging at sea) emisario *m* [2] (AmE) (Elec) toma *f* de corriente, tomacorriente *m* (AmL)

B (means of expression): **this frustration has to have an ~** esta frustración tiene que tener una válvula de escape; **she found an ~ for her feelings** encontró cómo canalizar sus sentimientos

C (Busn, Marketing) punto *m* de venta; **retail ~** tienda *f* al por menor; **the company must find new ~s for its products** la compañía debe hallar nuevas salidas de mercado para sus productos

outline¹ /'aʊtlaɪn/ *n*

A [1] (contour) contorno *m*; (*before n*): **~ sketch** esbozo *m*, bosquejo *m* [2] (shape) perfil *m*

B (summary): **make an ~ of the article before you start writing** haz un esquema del artículo antes de empezar a escribir; **a brief ~ of events so far** un breve resumen de lo sucedido hasta ahora; **here, in broad ~, is the plan** a grandes rasgos *or* en líneas generales, el plan es el siguiente; (*before n*): **the project has received ~ approval** el proyecto ha sido aprobado en principio; **~ plan** plano *m* preliminar

outline² *vt* [1] (sketch) ‹*shape*› bosquejar; ‹*map*› trazar*; **the trees stood ~d against the sky** el perfil de los árboles se recortaba contra el cielo; **eyes can be ~d with blue eyeliner** el contorno de los ojos puede acentuarse con delineador azul [2] (summarize) ‹*plan/situation*› esbozar*, explicar* resumidamente, dar* una idea general de

outlive /aʊt'lɪv/ *vt* sobrevivir a; **our alliance has ~d its usefulness** nuestra alianza ya no tiene razón de ser; **she'd ~d her usefulness, so he abandoned her** como ya no le servía, la dejó

outlook /'aʊtlʊk/ *n* [1] (attitude) punto *m* de vista; **~ ON sth** actitud *f* ANTE algo; **this has changed my ~ on life** esto ha cambiado mi actitud ante la vida; **to have a broad ~ on things** tener* amplitud de miras [2] (prospects) perspectivas *fpl*; **the ~ for tomorrow** (Meteo) la previsión del tiempo para mañana, las perspectivas para mañana; **the ~ for the industry is bleak** las perspectivas para la industria son desoladoras, el panorama para la industria es desolador [3] (view) (esp BrE) vista *f*, panorama *m*; **a wonderful ~ onto the river/over the city** un magnífico panorama del río/de la ciudad

outlying /'aʊt,laɪɪŋ/ *adj* (*before n*) ‹*villages/islands*› alejado, distante; ‹*area/hills/suburbs*› de la periferia

outmaneuver, (BrE) **outmanoeuvre** /,aʊtmə'nuːvər || ,aʊtmə'nuːvə(r)/ *vt* [1] ‹*opponent*› mostrarse* más hábil que [2] ‹*vehicle/plane*› ser* más maniobrable que

outmatch /aʊt'mætʃ/ *vt* superar; **we were completely ~ed** nos superaron totalmente, eran totalmente superiores a nosotros

outmoded /aʊt'məʊdəd || aʊt'məʊdɪd/ *adj* anticuado, pasado de moda

outnumber /aʊt'nʌmbər || aʊt'nʌmbə(r)/ *vt* superar en número a; **the players ~ed the spectators** había más jugadores que espectadores, los jugadores superaban en número a los espectadores; **we were heavily ~ed** ellos eran muchos más que nosotros; **they were ~ed (by) two to one** los doblaban en número; **British cars are ~ed three to one by imports** hay tres veces más coches importados que británicos

out of *prep*

A (from inside): **it fell ~ ~ her hand** se le cayó de la mano; **(come) ~ ~ there!** ¡salgan de ahí!; **to look ~ ~ the window** mirar (hacia afuera) por la ventana; **don't drink ~ ~ the bottle** no bebas de la botella; **they operate ~ ~ La Guardia airport** sus vuelos salen del aeropuerto de La Guardia

B [1] (outside): **I was ~ ~ the room for two minutes** estuve dos minutos fuera *or* (AmL tb) afuera de la habitación; **I want you ~ ~ those wet clothes/this office immediately** haz el favor de quitarte esa ropa mojada/salir de esta oficina inmediatamente; **you'll be ~ ~ the hospital soon** pronto saldrás del hospital [2] (distant from): **100 miles ~ ~ Murmansk** (Naut) a 100 millas de Murmansk; **they were four days ~ ~ port** llevaban cuatro días de navegación; **they live 15 miles ~ ~ the capital** viven a 15 millas de la capital

C [1] (eliminated, excluded): **Korea is ~ ~ the tournament** Corea ha quedado eliminada; **he's ~ ~ the running for the cup** ha quedado fuera de la competencia *or* (Esp) de la competición por la copa; **he was left ~ ~ the team** no lo incluyeron en el equipo [2] (not involved in): **I've been ~ ~ teaching for a year** hace un año que dejé la enseñanza; ***to be/feel ~ ~ it*** (colloq) sentirse* excluido

D [1] (indicating source, origin) de; **I got the idea ~ ~ a book** saqué la idea de un libro; **you look like something ~ ~ a horror movie** pareces salido de una película de terror [2] (indicating substance, makeup) de; **made ~ ~ steel/wood** hecho de acero/madera [3] (indicating motive) por; **~ ~ charity/envy/loyalty** por caridad/envidia/lealtad [4] (indicating mother) (Equ) de; **~ ~ the same mare** de la misma yegua

E (from among) de; **~ ~ all the children in the class, only two came** de todos los niños de la clase, sólo vinieron dos; **eight ~ ~ ten people** ocho de cada diez personas; **one ~ ~ every six** uno de cada seis

F (indicating lack): **we're ~ ~ bread** nos hemos quedado sin pan, no nos queda pan

out-of-body experience /'aʊtəvbɑːdi || 'aʊtəvbɒdi/ *n* experiencia *f* extracorporal

out-of-date /,aʊtəv'deɪt/ *adj* (*pred* **out of date**) ‹*ideas/technology*› desfasado, obsoleto, perimido (RPl); ‹*ticket/check*› caducado, vencido (AmL); ‹*clothes*› pasado de moda; **to be ~ ~ ~** estar* desfasado (*or* caducado *etc*)

out-of-door /,aʊtəʌ'dɔːr || ,aʊtəv'dɔː(r)/ *adj* (*pred* **out of door**) ►**outdoor**

out-of-doors *n* (AmE) (+ *sing vb*): **the ~** el aire libre, la naturaleza

out of doors *adv* ►**outdoors¹**

out-of-pocket /,aʊtəv'pɑːkət || ,aʊtəv'pɒkɪt/ *adj* (*pred* **out of pocket**) [1] (Busn) (*before n*): **~ expenses** desembolsos *mpl* varios [2] (*pred*): **we don't want you to be ~ ~ ~** no queremos que lo pongas de tu propio bolsillo; **the deal left them ~ ~ ~** perdieron dinero en el trato; **that leaves me $100 ~ ~ ~** así pierdo 100 dólares

out-of-state¹ /,aʊtəv'steɪt/ *adj* (*pred* **out of state**) (AmE) ‹*address/supplier*› de fuera del estado; **to be ~ ~ ~** estar* fuera del estado, estar* en otro estado

out-of-state² *adv* (AmE) (away) a un estado diferente; (in) en un estado diferente

out-of-state³ *n* [u] (AmE): **a girl from ~** una chica de fuera del estado *o* de otro estado

out-of-the-way /,aʊtəvðə'weɪ/ *adj* ‹*place/village*› apartado, poco conocido

out-of-town /,aʊtəv'taʊn/ *adj* (*pred* **out of town**) ‹*mall/shopping*› situado en las afueras (*de la ciudad*); ‹*visitor*› de fuera

out-of-towner /,aʊtəv'taʊnər || ,aʊtəv'taʊnə(r)/ *n* persona *f* que no vive en la ciudad

outpace /aʊt'peɪs/ *vt* dejar atrás

outpatient /'aʊt,peɪʃənt/ *n* paciente ambulatorio, -ria *m,f*, paciente externo, -na *m,f*

outpatients *n* (+ *sing vb*) consultas *fpl* (*para pacientes externos*)

outperform /,aʊtpər'fɔːrm || ,aʊtpə'fɔːm/ *vt* [1] (perform better than) ‹*employee/car*› superar [2] (be more profitable than) ‹*index/benchmark*› sobrepasar

outplacement /'aʊtpleɪsmənt/ *n* [u] outplacement *m* (*asesoría, apoyo y capacitación a los trabajadores que son despedidos a fin de que se reintegren al mercado laboral en el menor tiempo posible*)

outplay /aʊt'pleɪ/ *vt* jugar* mejor que

outpoint /aʊt'pɔɪnt/ *vt* ganarle por puntos a

outpost /'aʊtpəʊst/ *n* [1] (Mil) avanzada *f* [2] (settlement) puesto *m* de avanzada; **the hotel was the only ~ of civilization in the place** el hotel era el único reducto civilizado del lugar

outpouring /'aʊt,pɔːrɪŋ/ *n* emanación *f*; **in her latest ~, she blames the critics** en su última invectiva, culpa a los críticos; **the ~s of a tormented soul** el desahogo de un alma atormentada

output¹ /'aʊtpʊt/ *n* [u c]

A [1] (of factory) producción *f*; (of worker, machine) rendimiento *m*; **to increase industrial ~** incrementar la producción industrial [2] (literary, artistic) producción *f* [3] (Comput) salida *f*; (*before n*): **~ device** dispositivo *m or* unidad *f* de salida

B [1] (Elec) salida *f*; **power ~** potencia *f* de salida; (*before n*): **~ socket** toma *f* de salida [2] (of engine) potencia *f*

output² *vt* (*pres p* **-putting**; *past & past p* **-put** *or* **-putted**) imprimir*

outrage¹ /ˈaʊtreɪdʒ/ *n* [1] [c] (cruel act) atrocidad *f*; (terrorist act) atentado *m*; **the ~ left four dead** el atroz atentado dejó un saldo de cuatro muertos; **the attack is an ~ against our people** el ataque es un atropello contra nuestro pueblo *or* (frml) un ultraje a nuestro pueblo [2] [c] (scandal) escándalo *m*; **it is an ~ that ...** es un escándalo *or* es escandaloso que ...; **~ AGAINST sth/sb** atropello *m* CONTRA *or* A algo/algn [3] [u] (feeling) **~ (AT sth)** indignación *f* (ANTE algo); **she felt a strong sense of ~ at their indifference** se sintió ultrajada por su indiferencia (frml)

outrage² *vt* [1] (offend) indignar, ultrajar (frml); **to be ~d AT sth** indignarse ANTE algo [2] (scandalize) escandalizar* [3] (violate) (liter): **this ~s morality** esto es un atentado a la moral

outrageous /aʊtˈreɪdʒəs/ *adj* [1] (scandalous) ‹*behavior/state of affairs*› vergonzoso, escandaloso, atroz; ‹*injustice*› indignante, atroz; ‹*manners/language*› injurioso; ‹*demands/price*› escandaloso, exorbitante, abusivo; **how dare you! this is ~!** ¡cómo te atreves! ¡esto es intolerable!; **it is ~ that we should be expected to pay** es escandaloso que pretendan que paguemos nosotros [2] (unconventional) ‹*clothes*› extravagante, estrafalario; ‹*comedy*› graciosísimo; **he tries hard to be ~** se esfuerza por resultar atrevido *or* por escandalizar

outrageously /aʊtˈreɪdʒəsli/ *adv* [1] (scandalously): **they treated her ~** fue indignante *or* escandaloso cómo la trataron; **it's ~ expensive** es escandalosamente caro [2] (unconventionally) ‹*dress*› de modo extravagante *or* estrafalario; **an ~ funny play** una obra desternillante

outran /aʊtˈræn/ *past of* **outrun**

outrank /aʊtˈræŋk/ *vt* estar* jerárquicamente por encima de; **I gave my opinion, but I was ~ed** expresé mi opinión, pero hubo órdenes superiores

outré /uːˈtreɪ ‖ ˈuːtreɪ/ *adj* (liter) estrafalario, extravagante

outreach /ˈaʊtriːtʃ/ *n* [u] (extent of influence) alcance *m* ((*before n*)); **~ worker** (in UK) *funcionario de los Servicios Sociales cuyo cometido es promover la solicitud de ciertas prestaciones o ayudas sociales por parte de los individuos o grupos que tienen derecho a ellas*

outrider /ˈaʊtˌraɪdər ‖ ˈaʊtˌraɪdə(r)/ *n* escolta *mf*

outrigger /ˈaʊtˌrɪgər ‖ ˈaʊtˌrɪgə(r)/ *n* [1] (stabilizer) balancín *m* [2] (boat) canoa *f* con balancines

outright¹ /ˈaʊtraɪt/ *adj* (*before n*) [1] (complete, total) ‹*refusal/opposition*› rotundo, total, categórico; ‹*hostility*› declarado, abierto; ‹*contempt*› total, absoluto; ‹*majority*› claro; ‹*winner*› indiscutido; ‹*lie*› descarado; **he told an ~ lie** mintió descaradamente [2] ‹*ownership*› absoluto

outright² *adv* [1] (completely) ‹*refuse/reject*› rotundamente, categóricamente, terminantemente; ‹*ban*› totalmente; ‹*win*› indiscutiblemente [2] (directly, frankly) ‹*ask/say*› abiertamente, directamente [3] (in ownership): **she owns the house ~** la casa es suya (*sin gravámenes*); **they offered to buy the play ~** le propusieron comprarle todos los derechos de la obra [4] (instantly) ‹*kill*› en el acto

outrun /aʊtˈrʌn/ *vt* (*pres p* **-running**; *past* **-ran**; *past p* **-run**) ‹*competitor/pursuer*› dejar atrás; **house prices continue to ~ inflation** el incremento en el precio de la vivienda sigue superando a la tasa de inflación

outrush /ˈaʊtrʌʃ/ *vt* (in US football) sobrepasar (*en la carga*)

outsell /aʊtˈsel/ *vt* (*past and past p* **-sold**) ‹*product*› venderse más que

outsert /ˈaʊtsɜːrt ‖ ˈaʊtsɜːt/ *n*: *material de promoción que se pega en el exterior de un paquete*

outset /ˈaʊtset/ *n*: **from the ~** desde el principio *or* comienzo, de entrada; **she got married at the ~ of her career** se casó cuando su carrera estaba empezando

outshine /aʊtˈʃaɪn/ *vt* (*past & past p* **-shone**) eclipsar

outside¹ /aʊtˈsaɪd/ *n*
[A] [1] (exterior part) exterior *m*; (surface) parte *f* de fuera *or* (esp AmL) de afuera; **the house looks really nice from the ~** la casa parece muy bonita vista desde (a)fuera; **on the ~ she appeared very calm** aparentemente estaba muy tranquila, por fuera parecía muy tranquila [2] (of racetrack) *parte más alejada del centro*; (of road): **he overtook me on the ~** me adelantó por la izquierda; (in UK etc) me adelantó por la derecha
[B] **the ~** [1] (of group, organization): **we feel very much on the ~ of everything** nos sentimos excluidos de todo; **to be on the ~ looking in** ser* un mero espectador; **seen from the ~** visto desde fuera *or* (esp AmL) desde afuera [2] (of prison) (colloq) fuera, afuera (esp AmL); **he's got a friend on the ~** tiene un amigo (a)fuera
[C] **at the (very) ~** como máximo, como mucho, a lo sumo; **he can't be more than 40 at the ~** tendrá como máximo *or* como mucho *or* a lo sumo 40 años

outside² *adv* [1] (place) ‹*sit/remain/stand*› fuera, afuera (esp AmL); **wait ~** espere (a)fuera [2] (outdoors) ‹*sit/play/eat*› fuera, afuera (esp AmL); **what's it like ~?** ¿qué tiempo hace (a)fuera? [3] (indicating movement): **to run ~** salir* corriendo; **if you'd like to step ~** si me hace el favor de salir un momento

outside³ *prep* (of a place) [1] fuera de; **~ the boundary** fuera de los límites; **you wear the blouse ~ the skirt** la blusa se lleva por fuera (de la falda); **~ the USA** fuera de Estados Unidos; **it's just ~ London** está en las afueras de Londres; **it's five miles ~ Oxford** está a cinco millas de Oxford; **he was waiting ~ the door** estaba esperando en la puerta; **I'll see you ~ the theater** te veo en la puerta del teatro [2] (beyond) fuera de; **little known ~ literary circles** poco conocido fuera de los círculos literarios; **it's ~ my price range** está fuera de mi presupuesto; **sex ~ marriage** relaciones *fpl* sexuales extramatrimoniales *or* fuera del matrimonio; **he has few interests ~ his family** aparte de su familia *or* fuera de su familia, tiene pocos intereses; **it's ~ my responsibilities** no está dentro de mis responsabilidades [3] (in time): **~ office hours** fuera del horario de oficina; **only 2 seconds ~ the world record** sólo a 2 segundos del récord mundial

outside⁴ *adj* (*before n*)
[A] [1] (exterior, outward) ‹*appearance/wall/pocket*› exterior [2] (outdoor) ‹*toilet*› fuera de la vivienda, exterior; ‹*swimming pool*› descubierto, al aire libre [3] (outer) ‹*edge/track*› exterior; **the ~ lane** (Sport) la calle *or* (Andes, Ven) el carril número ocho (*or* seis *etc*); (Auto) el carril *or* (Chi) la pista *or* (Ur) la senda de la izquierda; (in UK etc) el carril *or* la pista *etc* de la derecha [4] (external) ‹*interference/pressure*› externo; **it would be prudent to get an ~ opinion** sería prudente buscar una opinión independiente; **the ~ world** el mundo exterior; **~ director** director externo, directora externa *m,f*; **~ examiner** examinador externo, examinadora externa *m,f*
[B] (remote) ‹*chance/possibility*› remoto

outside broadcast *n* (BrE) transmisión *f* de exteriores; (*before n*): **outside-broadcast unit** equipo *m* móvil

outside broadcasting *n* [u] transmisión *f* de exteriores

outside half *n* medio apertura *mf*

outside of *prep* (AmE colloq) [1] (with the exception of) fuera de; **~ ~ her interest in tennis** fuera de *or* aparte de su interés por el tenis [2] (beyond the limits of) fuera de; **~ ~ the law** fuera de la ley; **~ ~ the building** fuera del edificio

outsider /aʊtˈsaɪdər ‖ aʊtˈsaɪdə(r)/ *n* [1] (person not belonging) persona *f* de fuera, afuerano, -na *m,f*, afuerino, -na *m,f* (Chi), fuereño, -ña *m,f* (Méx); **an ~'s view of the situation** la opinión de alguien ajeno a la situación; **they made her feel like a complete ~** la hicieron sentirse como una verdadera intrusa [2] (in competition): **he was beaten by an ~** fue derrotado por un desconocido (*un competidor que se consideraba tenía pocas probabilidades de ganar*); **a rank ~** un segundón; **she's an ~ in this election** no está entre los favoritos en estas elecciones

outsize /ˈaʊtsaɪz/, (esp AmE) **out-sized** /-d/ *adj* [1] (Clothing) de talla *or* (RPl) talle gigante [2] (very large) gigantesco, enorme

outskirts /ˈaʊtskɜːrts ‖ ˈaʊtskɜːts/ *pl n* afueras *fpl*, alrededores *mpl*, extrarradio *m*

outsmart /aʊtˈsmɑːrt ‖ aʊtˈsmɑːt/ *vt* (esp AmE colloq) burlar; **to ~ oneself** pasarse de listo (fam)

outsold /aʊtˈsəʊld/ *past & past p of* **outsell**

outsource /aʊtˈsɔːrs ‖ aʊtˈsɔːs/ *vt* externalizar*; ‹*goods/components*› externalizar*, adquirir ... de fuentes externas

outsourcing /aʊtˈsɔːrsɪŋ ‖ aʊtˈsɔːsɪŋ/ *n* [u] externalización *f*

outspoken /aʊtˈspəʊkən/ *adj* ‹*criticism/person*› directo, franco; **he's very ~** es muy directo *or* franco, no tiene pelos en la lengua (fam); **he's an ~ critic of government policy** critica abiertamente *or* sin rodeos la política del gobierno; **she was ~ in her condemnation** fue categórica al expresar su condena

outspokenly /aʊtˈspəʊkənli/ *adj* abiertamente, sin rodeos

outspokenness /aʊtˈspəʊkənnəs ‖ aʊtˈspəʊkənnɪs/ *n* [u] franqueza *f*

outspread /aʊtˈspred/ *adj* ‹*wings*› extendido, desplegado; **with arms ~** con los brazos abiertos

outstanding /aʊtˈstændɪŋ/ *adj*
[A] [1] (excellent) ‹*ability/beauty*› extraordinario, excepcional; ‹*achievement/performer*› destacado; **a young composer of ~ talent** un joven compositor de excepcional *or* singular talento; **what did you think of it? — outstanding!** ¿qué tal te pareció? — ¡excepcional! [2] (prominent) (*before n*) ‹*feature/detail*› destacado
[B] [1] (unpaid) ‹*debt/account*› pendiente (de pago); **the amount ~ is $105** la deuda pendiente es de 105 dólares, quedan por pagar 105 dólares [2] (remaining) ‹*request/problem*› pendiente, por resolver [3] (AmE): **~ stock** *o* **shares** acciones *fpl* en circulación

outstandingly /aʊtˈstændɪŋli/ *adv* excepcionalmente, extraordinariamente

outstare /aʊtˈster ‖ aʊtˈsteə(r)/ *vt*: **she ~d him** lo miró fijamente hasta hacerlo apartar la vista

outstay /aʊtˈsteɪ/ *vt*: **to ~ one's welcome**: **I didn't want to ~ my welcome** no quería quedarme más de lo debido, no quería abusar de su hospitalidad; **I think we've ~ed our welcome** me parece que quieren que nos vayamos

outstretched /aʊtˈstretʃt/ *adj* extendido; **he sat on the sofa, his legs ~** se sentó en el sofá con las piernas estiradas *or* extendidas

outstrip /aʊtˈstrɪp/ *vt* **-pp-** [1] (run faster than): **to ~ a runner** tomarle la delantera a *or* aventajar a un corredor [2] (exceed) sobrepasar

outtake /ˈaʊtteɪk/ *n*: *toma eliminada de la versión final de una película*

out-think /ˌaʊtˈθɪŋk/ *vt* (*past & past p* **outthought**) ser* más inteligente *or* listo que

out-tray /ˈaʊttreɪ/ *n* bandeja *f* de salida

outvote /aʊtˈvəʊt/ *vt*: **to be ~d** perder* la votación; **the government was ~d** el gobierno perdió la votación; **you're ~d, so we're watching the game** has perdido: vamos a ver el partido, que es lo que quiere la mayoría

outward¹ /ˈaʊtwərd ‖ ˈaʊtwəd/ *adj* (*before n*) [1] ‹*appearance*› exterior; ‹*sign*› externo; **his ~ cheerfulness** su aparente buen humor [2] ‹*journey/flight*› de ida

outward², (BrE also) **outwards** /-z/ *adv* hacia afuera, hacia el exterior; Ⓢ **goods outward** (in UK) salida de mercancías

outward bound *adj*: **the ship was ~ ~** el barco hacía su viaje de ida

O

outward-looking /ˈaʊtwərd,lʊkɪŋ || ˈaʊtwəd ,lʊkɪŋ/ *adj* ‹*person*› de actitud abierta, sin prejuicios

outwardly /ˈaʊtwərdli || ˈaʊtwədli/ *adv* en apariencia, aparentemente

outweigh /aʊtˈweɪ/ *vt* ‹*disadvantage/risk*› ser* mayor que; **for him, religious principles ~ all other considerations** sus principios religiosos tienen para él más peso *or* pesan para él más que cualquier otra consideración; **the rewards far ~ the difficulties** la recompensa compensa con creces las dificultades

outwit /aʊtˈwɪt/ *vt* **-tt-** burlar; **they had been ~ted by their enemies** sus enemigos los habían burlado, sus enemigos habían sido más listos que ellos

outwith /aʊtˈwɪθ -ˈwɪð/ *prep* (Scot) ▸**outside**³

outwork /ˈaʊtwɜːrk || ˈaʊtwɜːk/ *n* **1** [c] **outworks** *pl* (Mil) defensa *f* (*fuera de la plaza fuerte principal*) **2** [u] (Busn) trabajo *m* a domicilio

outworker /ˈaʊtwɜːrkər || ˈaʊtwɜːkə(r)/ *n*: *trabajador que realiza sus labores fuera de la empresa o industria empleadora*

outworn /aʊtˈwɔːrn || aʊtˈwɔːn/ *adj* ‹*joke/slogan/metaphor*› trillado, manido; ‹*belief/custom*› desfasado, perimido (RPl)

ouzo /ˈuːzəʊ/ *n* [u] ouzo *m* (*anís griego*)

ova /ˈəʊvə/ *pl of* **ovum**

oval¹ /ˈəʊvəl/ *n* óvalo *m*

oval² *adj* ovalado, oval; **the O~ Office** (in US) el despacho oval, el despacho del presidente

ovarian /əʊˈveriən || əʊˈveəriən/ *adj* ovárico

ovary /ˈəʊvəri/ *n* (*pl* **-ries**) (Anat, Bot) ovario *m*

ovation /əʊˈveɪʃən/ *n* (frml) ovación *f* (frml); **he got a standing ~ from the delegates** los delegados se pusieron de pie para aplaudirlo *or* (frml) para ovacionarlo

oven /ˈʌvən/ *n* **1** (Culin) horno *m*; **gas ~** horno de *or* a gas; **~ baked** hecho al horno, horneado; **it's like an ~ in here!** (colloq) ¡esto es un horno! (fam); ***to have a bun in the ~*** (sl) estar* embarazada, venir* con premio (fam & hum); (*before n*): **~ dish** fuente *m* de horno; **~ glove** o **mitt** guante *m or* manopla *f* para el horno; **~ rack** o **shelf** parrilla *f* de horno; **~-to-table ware** vajilla *f* que puede llevarse del horno a la mesa; **~ tray** bandeja *f or* placa *f or* (RPl tb) chapa *f or* (Andes) lata *f* de hornear **2** (furnace) horno *m*

ovencloth /ˈʌvənklɔːθ || ˈʌvənklɒθ/ *n* (BrE) paño *m* (*para sacar cosas calientes del horno*)

ovenproof /ˈʌvənpruːf/ *adj* ‹*dish*› refractario, de horno; **these plates aren't ~** estos platos no son refractarios *or* no se pueden meter en el horno

oven-ready /,ʌvənˈredi/ *adj* listo para el horno

ovenware /ˈʌvənwer || ˈʌvənweə(r)/ *n* [u] vajilla *f* refractaria

over¹ /ˈəʊvər || ˈəʊvə(r)/

> ⚠ **over** often appears as the second element of certain verb structures in English (*blow over, knock over, pore over*, etc). For translations, see the relevant verb entry (*blow, knock, pore*, etc).

adv

Sense I

A **1** (across): **come ~ here!** ¡ven aquí!; **look ~ there!** ¡mira allí!; **he's looking ~ this way** está mirando hacia aquí; **he came ~ to say hello** vino *or* se acercó a saludar; **she called me ~** me llamó (desde el otro lado); **I'm just going ~ to the butcher's** voy a cruzar un momento a la carnicería; **could you take me ~ to Nick's?** ¿podrías llevarme a casa de Nick?; **you must come ~ sometime!** ¡tienes que venir un día!; **I'll be right ~** enseguida estoy allí; **I'd like to ask them ~ for dinner** quisiera invitarlos a cenar; **he made his way ~ to the exit** se dirigió a la salida; **he reached ~ and took the money** se estiró y tomó el dinero; **we looked ~ into the garden** miramos el jardín (*por encima de un muro etc*); **we can jump ~** podemos saltar por encima; **I can row you ~** yo te puedo llevar en bote al otro lado; **the journey ~ to/from France** el viaje hasta/desde Francia; **we didn't make it ~ to Ireland in the end** al final no cruzamos a Irlanda; **how did you come? — I drove/flew ~** ¿cómo viniste? — en coche/avión; **let's cross ~** crucemos (la calle) **2** (overhead) por encima; **a plane flies ~ every five minutes** pasa un avión cada cinco minutos

B **1** (in another place): **she was sitting ~ there/here** estaba sentada allí/aquí; **~ on the far bank** en la otra orilla; **he's ~ in England** está en Inglaterra; **she's ~ from London** ha venido de Londres; **how long are you ~ (here) for?** ¿cuánto tiempo te vas a quedar (aquí)?; ▸**come over, go over** **2** (on other page, TV station etc): **see ~** véase al dorso; **for the latest news, ~ to New York** para las últimas noticias, conectamos ahora con Nueva York **3** (Telec) corto; **~ and out!** corto y fuera

C **1** (out of upright position): **to knock sth ~** tirar *or* (Andes) botar algo (de un golpe); **to tip sth ~** volcar* algo **2** (onto other side): **let's get her ~ onto her back** pongámosla boca arriba; *see also* **turn over**

D (across entire surface): **to wipe sth ~** pasarle un trapo a algo; **scientists the world ~** los científicos de todo el mundo; **she's traveled the world ~** ha viajado por todo el mundo

Sense II

A (finished): **the film was ~ by 11 o'clock** la película terminó *or* acabó antes de las 11; **as soon as the war was ~** en cuanto terminó la guerra; **it's all ~ between us** lo nuestro se ha acabado, ya no hay nada entre nosotros; **it's all ~ with him** he (*or* ha *etc*) terminado *or* roto con él; **when the storm is ~** cuando haya pasado la tormenta; **the worst is ~** ya ha pasado lo peor; ***to be ~ (and done) with*** haber* terminado *or* acabado; **once the exams are ~ with** cuando hayan terminado *or* acabado los exámenes

B (remaining): **if you have any material ~** si te sobra *or* te queda tela; **3 into 10 goes 3 and 1 ~** 10 dividido (por) 3 cabe a 3 y sobra 1

C **1** (*as intensifier*): **twice/ten times ~** dos/diez veces; **she says everything three times ~** todo lo repite tres veces **2** (again) (AmE) otra vez; **we had to start ~** tuvimos que volver a empezar

D (more) más; **anyone earning $25,000 or ~** cualquiera que gane 25.000 dólares o más, los que ganan a partir de 25.000 dólares; **all words of six letters and ~** todas las palabras de seis letras o más

E (very, excessively) ‹*careful/aggressive*› demasiado

Sense III (*in phrases*)

A **all over** **1** (everywhere) por todas partes; **I've been looking all ~ for you** te he estado buscando por todas partes **2** (over entire surface): **the tabletop is scratched all ~** el tablero de la mesa está todo rayado; **the walls are spattered all ~ with paint** las paredes están todas salpicadas de pintura; **I'm aching/itching all ~** me duele/pica todo (el cuerpo); **she was trembling all ~** estaba temblando de pies a cabeza **3** (through and through) (colloq): **that's her/Dee all ~** eso es típico de ella/de Dee **4** (finished): **to be all ~** *see* **over**² *Sense* **I H**

B **(all) over again** (once more from beginning): **to start (all) ~ again** volver* a empezar (desde cero), empezar* de nuevo; **I had to type it (all) ~ again** tuve que volver a pasarlo a máquina, tuve que pasarlo a máquina otra vez

C **over against** **1** (next to) contra **2** (opposite) enfrente de **3** (compared with) (esp BrE) frente a

D **over and over** (repeatedly) una y otra vez; (rolling): **turning ~ and ~ as it fell** rodando al caer

over² *prep*

Sense I

A (across): **you can jump ~ the fence** puedes saltar (por encima de) la valla; **they built a bridge ~ the river** construyeron un puente sobre el río; **she helped him ~ the street** le ayudó a cruzar la calle; **she peered ~ his shoulder** atisbó por encima de su hombro; **to sling sth ~ one's arm/shoulder** colgarse* algo del brazo/hombro; **the village ~ the river** el pueblo al otro lado del río; **they live ~ the road/way** (BrE) viven en frente

B **1** (above) encima de; **the room ~ the kitchen** la habitación que está encima de *or* sobre *or* (AmL tb) arriba de la cocina; **the portrait hangs ~ the fireplace** el retrato está colgado encima de *or* (AmL tb) arriba de la chimenea; **the water was ~ my waist** el agua me llegaba por encima de la cintura; **a cold front ~ the Atlantic** un frente frío sobre el Atlántico **2** (Math) sobre

C (covering, on): **with just a blanket ~ her** con sólo una manta encima; **there are grilles ~ the windows** hay rejas en las ventanas; **she wears a patch ~ one eye** lleva un parche en un ojo; **snow was falling ~ the countryside** nevaba sobre la campiña; **you'll get oil ~ your shirt** te vas a salpicar la camisa de aceite; **my room looks out ~ the square** mi habitación da a la plaza; **he pulled his hat down ~ his eyes** se encasquetó el sombrero tapándose los ojos; **we just painted ~ the wallpaper** pintamos encima del papel; **he put a coat on ~ his pajamas** se puso un abrigo encima del pijama; **the sweater won't go ~ my head** el suéter no me pasa por la cabeza; **she held her hand ~ her glass** tapó la copa con la mano; **she hit me ~ the head with her stick** me dio con el bastón en la cabeza

D **1** (through, all around): **to show sb ~ a building/an estate** mostrarle* *or* (esp Esp) enseñarle un edificio/una finca a algn; **~ an area of 50km²** en un área de 50km²; **if you think back ~ recent weeks** si repasas mentalmente las últimas semanas; **I've been ~ the details with her** he repasado los detalles con ella; **we've been ~ and ~ what happened** hemos vuelto una y otra vez sobre lo que sucedió **2** (referring to experiences, illnesses): **is she ~ her measles yet?** ¿ya se ha repuesto del sarampión?; **it was a terrible blow, she isn't ~ it yet** fue un golpe muy duro y aún no se ha repuesto; **we're ~ the worst now** ya hemos pasado lo peor; **he isn't ~ her yet** todavía la quiere

E **1** (during, in the course of): **~ the years, the memory faded** con los años, se desvaneció el recuerdo; **~ the past/next few years** en *or* durante los últimos/próximos años; **we can discuss it ~ lunch/a drink** podemos hablarlo mientras comemos/tomamos una copa; **I've been three hours ~ this letter already** ya me he pasado tres horas con esta carta; **don't be too long ~ your shower/~ changing** no tardes mucho en ducharte/cambiarte **2** (throughout): **what are you doing ~ the weekend?** ¿qué vas a hacer el fin de semana?; **we'll be in Italy ~ the summer** pasaremos el verano en Italia; **spread (out) ~ six weeks/a six-week period** a lo largo de seis semanas, en un plazo de seis semanas; **if we spread the payments ~ a longer period** si espaciamos los pagos durante un período más largo

F (by the medium of) por; **to talk ~ the telephone** hablar por teléfono; **~ the radio/the loudspeaker** por la radio/el altavoz; **~ the satellite link** vía satélite

G (about, on account of): **to cry/laugh ~ sth** llorar/reírse* por algo; **they had an argument ~ money** discutieron por asuntos de dinero; **they were fighting ~ the doll** se estaban peleando por la muñeca

H **all over** **1** (over entire surface of): **there are black marks all ~ the floor** hay marcas negras por todo el suelo; **the oil went all ~ her** se manchó toda de aceite; ***to be all ~ sb*** (colloq) (defeat heavily) darle* una paliza a algn (fam); (be demonstrative toward): **the dog's all ~ me as soon as I sit down** en cuanto me siento, el perro se me echa encima; **they were all ~ each other** estaban de lo más acaramelados (fam) **2** (throughout): **all ~ town/the house** por toda la ciudad/la casa; **I've been all ~ the place looking for you** te he estado buscando por todas partes

Sense II

A **1** (more than) más de; **(well) ~ 7m** (bastante) más de 7m; **think of a number ~ 10** piensa en un número mayor de *or* que 10; **~ the rate of**

inflation por encima de la tasa de inflación **2** **over and above** (in addition to) además de; **~ and above the basic salary** además del salario base

B **1** (senior to) por encima de; **to be ~ sb** estar* por encima de algn **2** (indicating superiority) sobre; **to have control/power ~ sb/sth** tener* control/poder sobre algn/algo; **victory ~ sb/sth** victoria *f* sobre algn/algo

C **1** (in preference to): **why did she get promoted ~ me?** ¿por qué la ascendieron a ella pasándome por encima a mí? **2** (in comparison to): **sales are up 20% ~ last year** las ventas han aumentado un 20% con respecto al año pasado; **she has one great advantage ~ her rivals** tiene una gran ventaja sobre sus rivales

over[3] *n* (in cricket) over *m* (*serie de seis lanzamientos*)

over- /ˈəʊvər || ˈəʊvə(r)/ *pref* **1** (excessively) demasiado, excesivamente; **~generous** demasiado *or* excesivamente generoso; **they ~stress the importance of ...** ponen demasiado énfasis *or* hacen demasiado hincapié en la importancia de ...; *see also* **overeat, oversleep** *etc* **2** (in deliberate understatement): **she wasn't ~enthusiastic** no demostró mucho entusiasmo que digamos

overabundance /ˌəʊvərəˈbʌndəns/ *n* (*no pl*) **~ (OF sth)** superabundancia *f* (DE algo)

overabundant /ˌəʊvərəˈbʌndənt/ *adj* superabundante

overachieve /ˌəʊvərəˈtʃiːv/ *vi* rendir* más de lo esperado

overachievement /ˌəʊvərəˈtʃiːvmənt/ *n* [u] rendimiento *m* por encima de lo esperado

overachiever /ˌəʊvərəˈtʃiːvər || ˌəʊvərəˈtʃiːvə(r)/ *n: persona que rinde más de lo esperado*

overact /ˌəʊvərˈækt/ *vt* ‹*part*› interpretar sobreactuando

■ **overact** *vi* sobreactuar*

overactive /ˌəʊvərˈæktɪv/ *adj* ‹*imagination/mind*› febril; ‹*thyroid/gland*› hiperactivo

overage[1] /ˌəʊvərˈeɪdʒ/ *adj* demasiado mayor (*para desarrollar cierta actividad*)

overage[2] /ˈəʊvərɪdʒ/ *n*

A (in manufacturing) excedente *m* de mercancías

B (in expenditure) exceso *m* de gastos

overall[1] /ˈəʊvərɔːl/ *adj* (*before n*) ‹*length*› total; ‹*result/reduction/cost*› global; **the ~ impression** la impresión general *or* de conjunto; **he was the ~ winner** fue (el) campeón absoluto

overall[2] /ˌəʊvərˈɔːl/ *adv*: **she was third ~** quedó tercera en la clasificación general; **~, one could say that ...** (*indep*) en términos generales podría decirse que ...

overall[3] /ˈəʊvərɔːl/ *n*

A (protective garment) (esp BrE) bata *f*, túnica *f*

B **overalls** *pl* **1** (dungarees) (AmE) overol *m* (AmL), peto *m* (Esp), mameluco *m* (CS) **2** (boiler suit) (BrE) overol *m* (AmL), mono *m* (Esp)

overambitious /ˌəʊvəræmˈbɪʃəs/ *adj* demasiado ambicioso

overanxious /ˌəʊvərˈæŋkʃəs/ *adj* aprensivo; ‹*parent*› sobreprotector; **to be ~ to + INF** esforzarse* demasiado POR + INF

overarm /ˈəʊvərɑːrm || ˈəʊvərɑːm/ *adv* (esp BrE) por encima de la cabeza

overate /ˌəʊvərˈet/ *past of* **overeat**

overawe /ˌəʊvərˈɔː/ *vt* intimidar; **don't be ~d by ...** no te dejes intimidar por ...; **we were ~d** nos sentimos sobrecogidos

overbalance /ˌəʊvərˈbæləns || ˌəʊvəˈbæləns/ *vi* perder* el equilibrio

overbearing /ˌəʊvərˈberɪŋ || ˌəʊvəˈbeərɪŋ/ *adj* autoritario, dominante

overbid /ˌəʊvərˈbɪd || ˌəʊvəˈbɪd/ (*pres p* **-bidding**; *past & past p* **-bid**) *vi* (in bridge) declarar por encima de sus posibilidades

■ **overbid** *vt* **1** (in bridge): **to ~ one's hand** declarar por encima de sus posibilidades **2** ▸**outbid**

overblown /ˌəʊvərˈbləʊn || ˌəʊvəˈbləʊn/ *adj* **1** (inflated) ‹*rhetoric/melodrama/prose*› ampuloso, rimbombante **2** ‹*flower*› demasiado abierto

overboard /ˈəʊvərbɔːrd || ˈəʊvəbɔːd/ *adv* ‹*fall/jump*› al agua; **man ~!** ¡hombre al agua!; **they threw it ~** lo echaron por la borda; ***to go ~*** (colloq): **there's no need to go ~** no hay por qué exagerar, tampoco hay que pasarse (fam); **don't go ~!** no te pases (de la raya) (fam), que no se te vaya la mano

overbook /ˌəʊvərˈbʊk || ˌəʊvəˈbʊk/ *vt*: **the flight was ~ed** habían aceptado demasiadas reservas *or* (AmL tb) reservaciones para el vuelo

■ **overbook** *vi* sobrecontratar (*aceptar reservas por encima del número de plazas disponibles*)

overbooking /ˌəʊvərˈbʊkɪŋ || ˌəʊvəˈbʊkɪŋ/ *n* sobrecontratación *f*

overbudget /ˌəʊvərˈbʌdʒət || ˌəʊvəˈbʌdʒɪt/ *vt* ‹*expenses/spending*› presupuestar en exceso

■ **overbudget** *vi* presupuestar en exceso

overburden /ˌəʊvərˈbɜːrdn || ˌəʊvəˈbɜːdn/ *vt* **to ~ sb (WITH sth)**: **they ~ed her with work** la sobrecargaron de trabajo; **he's ~ed with responsibility** se siente agobiado *or* abrumado por tanta responsabilidad

overbuy /ˌəʊvərˈbaɪ || ˌəʊvəˈbaɪ/ *vt* (*past & past p* **overbought**) comprar más de lo necesario

overcame /ˌəʊvərˈkeɪm || ˌəʊvəˈkeɪm/ *past of* **overcome**

overcapacity /ˌəʊvərkəˈpæsəti || ˌəʊvəkəˈpæsəti/ *n* [u] sobrecapacidad *f*, capacidad *f* en exceso

overcapitalize /ˌəʊvərˈkæpətlaɪz || ˌəʊvəˈkæpɪtəlaɪz/ *vt* sobrecapitalizar*, capitalizar* en exceso

overcareful /ˌəʊvərˈkerfəl || ˌəʊvəˈkeəfəl/ *adj* excesivamente cuidadoso *or* prudente

overcast[1] /ˈəʊvərkæst || ˌəʊvəˈkɑːst/ ▸❶ **p.1878** *adj* ‹*sky*› cubierto; ‹*day*› nublado; **it was ~** estaba nublado

overcast[2] *vt* (*past & past p* **-cast**) sobrehilar

overcautious /ˌəʊvərˈkɔːʃəs || ˌəʊvəˈkɔːʃəs/ *adj* demasiado cauto *or* cauteloso

overcharge /ˌəʊvərˈtʃɑːrdʒ || ˌəʊvəˈtʃɑːdʒ/ *vt* **1** **to ~ sb (FOR sth)** ‹*customer*› cobrarle de más A algn (POR algo); **we were ~d (by) £50** nos cobraron cincuenta libras de más **2** (Elec) ‹*battery*› sobrecargar*

■ **overcharge** *vi* **to ~ (FOR sth)** cobrar de más (POR algo)

overcoat /ˈəʊvərkəʊt || ˈəʊvəkəʊt/ *n* abrigo *m*, sobretodo *m* (esp RPl)

overcome /ˌəʊvərˈkʌm || ˌəʊvəˈkʌm/ (*past* **-came**; *past p* **-come**) *vt* **1** ‹*opponent*› reducir*, vencer* **2** (overwhelm) invadir, apoderarse de; **a strange feeling overcame her** una extraña sensación la invadió *or* se apoderó de ella; **to be ~ BY sth**: **he was ~ by sleep/fatigue** lo venció el sueño/la fatiga; **she was ~ by laughter** no pudo contener la risa; **they were ~ by emotion** los embargó la emoción; **to be ~ WITH sth** ‹*with guilt/remorse*› sentirse* abrumado POR algo; **you've all been so kind to me: I'm quite ~** todos han sido tan buenos conmigo, realmente no sé qué decir **3** (prevail over) ‹*fear*› superar, dominar, vencer*; ‹*inhibitions*› vencer*; **she overcame the temptation** no sucumbió a la tentación

■ **overcome** *vi*: **we shall ~** venceremos

overcompensate /ˌəʊvərˈkɑːmpənseɪt || ˌəʊvəˈkɒmpenseɪt/ *vi* sobrecompensar; **to ~ FOR sth** sobrecompensar algo

overcompensation /ˌəʊvərˌkɑːmpənˈseɪʃən || ˌəʊvəˌkɒmpenˈseɪʃən/ *n* [u] sobrecompensación *f*

overconfidence /ˌəʊvərˈkɑːnfədəns || ˌəʊvəˈkɒnfɪdəns/ *n* [u] exceso *m* de confianza

overconfident /ˌəʊvərˈkɑːnfədənt || ˌəʊvəˈkɒnfɪdənt/ *adj* ‹*person/manner*› demasiado seguro de sí mismo, suficiente; ‹*prediction/forecast*› demasiado confiado

overcook /ˌəʊvərˈkʊk || ˌəʊvəˈkʊk/ *vt* cocinar demasiado, recocer*, dejar pasar; **these vegetables are ~ed** estas verduras están recocidas

overcritical /ˌəʊvərˈkrɪtɪkəl || ˌəʊvəˈkrɪtɪkəl/ *adj* ‹*person*› demasido crítico; ‹*remark*› censurador

overcrowded /ˌəʊvərˈkraʊdəd || ˌəʊvəˈkraʊdɪd/ *adj* ‹*area/corridor/beach*› abarrotado *or* atestado (de gente); ‹*country*› superpoblado; **our universities are ~** nuestras universidades están masificadas; **they live in severely ~ed conditions** viven hacinados; **this ~ed planet** este superpoblado planeta; **to be ~ WITH sth** estar* abarrotado *or* atiborrado DE algo

overcrowding /ˌəʊvərˈkraʊdɪŋ || ˌəʊvəˈkraʊdɪŋ/ *n* [u]: **this was done to relieve ~ on the platforms** esto se llevó a cabo para paliar el congestionamiento en los andenes; **they complained about the ~ on the trains** se quejaron de lo abarrotados que iban los trenes; **the severe ~ in our prisons** el hacinamiento en nuestras cárceles

overdeveloped /ˌəʊvərdɪˈveləpt || ˌəʊvədɪˈveləpt/ *adj* **1** (Phot) sobreprocesado, sobrerrevelado **2** ‹*muscles/imagination*› excesivamente desarrollado

overdo /ˌəʊvərˈduː || ˌəʊvəˈduː/ *vt* (*3rd pers sing pres* **-does**; *past* **-did**; *past p* **-done**)

A (exaggerate) ‹*hospitality/mannerism/makeup*› exagerar, pasarse con (fam); ***to ~ it, to ~ things***: ¡no te pases! (fam), ¡no exageres!; **I meant to shorten it a bit but I rather overdid it** quería acortarlo un poco pero se me fue la mano; **give yourself a rest, you've been ~ing it** *o* **~ing things lately** tómate un descanso, últimamente te has estado exigiendo demasiado

B (Culin) ‹*roast/vegetables*› cocinar demasiado, recocer*, dejar pasar

overdone /ˌəʊvərˈdʌn || ˌəʊvəˈdʌn/ *adj* **1** (exaggerated) ‹*role/drama*› exagerado **2** (Culin) ‹*meat/vegetables*› recocido

overdose[1] /ˈəʊvərdəʊs || ˈəʊvədəʊs/ *n* sobredosis *f*; **to take an ~** tomar una sobredosis

overdose[2] *vi* **to ~ ON sth** tomar una sobredosis DE algo

overdraft /ˈəʊvərdræft || ˈəʊvədrɑːft/ *n* descubierto *m*, sobregiro *m*; **to have an ~ of $200** *o* **a $200 ~** tener* un descubierto *or* un sobregiro de 200 dólares, estar* sobregirado en 200 dólares; (*before n*): **~ facility** crédito *m* al descubierto; **to grant sb ~ facilities** autorizarle* un descubierto a algn; **~ limit** límite *m* de descubierto *or* sobregiro

overdramatize /ˌəʊvərˈdræmətaɪz || ˌəʊvəˈdræmətaɪz/ *vt* exagerar

overdraw /ˌəʊvərˈdrɔː || ˌəʊvəˈdrɔː/ (*past* **-drew**; *past p* **-drawn**) *vt*

A (Fin): **I'm ~n** tengo un descubierto, estoy sobregirado; **customers who ~ their accounts** los clientes que giran al descubierto *or* que sobregiran su cuenta

B (exaggerate) (*usu pass*) ‹*description*› recargar*

■ **overdraw** *vi* (BrE) (Fin) girar al descubierto, sobregirarse

overdress /ˌəʊvərˈdres || ˌəʊvəˈdres/ *vi* vestirse* demasiado elegantemente *or* con ropa demasiado elegante

overdressed /ˌəʊvərˈdrest || ˌəʊvəˈdrest/ *adj* demasiado arreglado, con ropa demasiado elegante

overdrew /ˌəʊvərˈdruː || ˌəʊvəˈdruː/ *past of* **overdraw**

overdrive /ˈəʊvərdraɪv || ˈəʊvədraɪv/ *n* superdirecta *f*; **in ~** en superdirecta; **the body's immune system goes into ~** el sistema inmunológico del organismo se pone a trabajar a toda marcha

overdue /ˌəʊvərˈduː || ˌəʊvəˈdjuː/ *adj*: **the book is a month ~** el plazo de devolución del libro venció hace un mes; **payment is now ~** el plazo ha vencido y se requiere pago inmediato; **such measures are long ~** tales medidas deberían haberse adoptado mucho antes; **the flight is six hours ~** el vuelo debería haber llegado hace seis horas *or* lleva seis horas de retraso; **she's a week ~** debería haber dado a luz hace una semana, salió de cuentas hace una semana (Esp); **to be ~ FOR sth**: **you're ~ for promotion** hace tiempo que te deberían haber ascendido

overeager /ˌəʊvərˈiːgər || ˌəʊvərˈiːgə(r)/ *adj* excesivamente entusiasta

overeat /ˌəʊvərˈiːt/ (*past* **-ate**; *past p* **-eaten**) *vi* comer demasiado, sobrealimentarse

O

overeating /ˌəʊvər'iːtɪŋ/ *n* [u] sobrealimentación *f*, ingestión *f* excesiva de alimentos (frml); **~ is the major cause of the disease** la sobrealimentación *or* ingestión excesiva de alimentos es la principal causa de la enfermedad; **you must stop your ~** debes dejar de comer demasiado *or* de sobrealimentarte

overelaborate /ˌəʊvərɪ'læbərət/ *adj* ‹*decor/style*› abigarrado, recargado, sobrecargado; ‹*scheme/plot*› demasiado complicado

overemotional /ˌəʊvərɪ'məʊʃənl/ *adj* excesivamente emotivo, emotivo en exceso

overemphasis /ˌəʊvər'emfəsəs || ˌəʊvər'emfəsɪs/ *n* [u c] (*pl* **-ses** /-'siːz/) énfasis *m* excesivo

overemphasize /ˌəʊvər'emfəsaɪz/ *vt* exagerar, poner* demasiado énfasis en; **the need for caution cannot be ~d** no está de más insistir en la necesidad de ser prudentes

overenthusiastic /ˌəʊvərɪnˌθuːzi'æstɪk || ˌəʊvərɪnˌθjuːzi'æstɪk/ *adj* excesivamente entusiasta

overestimate¹ /ˌəʊvər'estəmeɪt || ˌəʊvər'estɪmeɪt/ *vt* ‹*cost/strength*› sobreestimar; ‹*importance*› exagerar; **she had ~d her audience** había esperado demasiado del público; **he rather ~s his ability** se cree más capaz de lo que es

overestimate² /ˌəʊvər'estəmət || ˌəʊvər'estɪmət/ *n* cálculo *m* excesivo

overexcited /ˌəʊvərɪk'saɪtəd || ˌəʊvərɪk'saɪtɪd/ *adj* sobreexcitado; **don't get ~** no te sobreexcites, no te enloquezcas (fam)

overexert /ˌəʊvərɪɡ'zɜːrt || ˌəʊvərɪɡ'zɜːt/ *v refl*: **to ~ oneself** hacer* un esfuerzo excesivo; **don't ~ yourself!** (iro) ¡cuidado, no te vayas a herniar! (iró)

overexpose /ˌəʊvərɪk'spəʊz/ *vt* **1** (Phot) ‹*photo/film*› sobreexponer* **2** (*usu pass*): **she's been ~d** «*entertainer/politician*» se la ha visto demasiado, la han quemado con tantas apariciones en público (fam)

overexposure /ˌəʊvərɪk'spəʊʒər || ˌəʊvərɪk'spəʊʒə(r)/ *n* [u] **1** (Phot) sobreexposición *f* **2** (in media) *aparición excesiva en los medios de comunicación*; **this issue is suffering from ~** el tema ha perdido interés por haber sido debatido hasta el cansancio

overextend /ˌəʊvərɪk'stend/ *v refl*: **to ~ oneself** contraer* demasiadas obligaciones financieras

overextended /ˌəʊvərɪk'stendəd || ˌəʊvərɪk'stendɪd/ *adj* ‹*person/company*› con obligaciones en exceso de sus ingresos/recursos

overfamiliar /ˌəʊvərfə'mɪljər || ˌəʊvəfə'mɪliə(r)/ *adj* **1** ‹*slogan/tune*› demasiado conocido; **to be ~ with sth** estar* demasiado familiarizado con algo **2** ‹*salesman*› que se toma demasiadas confianzas, confianzudo (esp AmL); ‹*manner/tone*› demasiado informal

overfeed /ˌəʊvər'fiːd || ˌəʊvə'fiːd/ *vt* (*past & past p* **-fed**) sobrealimentar

overfill /ˌəʊvər'fɪl || ˌəʊvə'fɪl/ *vt* llenar hasta desbordar

overfish /ˌəʊvər'fɪʃ || ˌəʊvə'fɪʃ/ *vt* pescar* en exceso en, sobrepescar* en; ‹*cod/tuna*› pescar* en exceso, sobrepescar*; **the North Sea has been ~ed for decades** durante décadas se ha pescado en exceso *or* se ha sobrepescado en el Mar del Norte

overflew /ˌəʊvər'fluː || ˌəʊvə'fluː/ *past of* **overfly**

overflow¹ /ˌəʊvər'fləʊ || ˌəʊvə'fləʊ/ *vi* **1** «*liquid*» derramarse, desbordarse; «*bucket/bath/river*» desbordarse; **the party had ~ed into the garden** la fiesta se había extendido al jardín; **~ing ashtrays** ceniceros rebosantes de colillas; **to fill sth to ~ing** llenar algo hasta el borde **2** (be more than full of) **to ~ WITH sth**: **the house is ~ing with junk** la casa está hasta el techo de cachivaches; **she was ~ing with happiness** estaba rebosante de felicidad

■ **overflow** *vt* **1** (flow over) desbordar; **the river ~ed its banks** el río desbordó su cauce *or* se salió de madre **2** (inundate, flood) (liter) inundar

overflow² /'əʊvərfləʊ || 'əʊvəfləʊ/ *n* **1** [u c] (excess): **we put a bowl there to catch the ~** pusimos un bol para recoger el líquido que se derramaba *or* que salía; **the ~ from the church stood outside** los que no cabían en la iglesia se quedaron fuera; (*before n*): **~ meeting** *reunión organizada para dar cabida al excedente de asistentes a la reunión principal*; **~ parking** estacionamiento *m or* (Esp) aparcamiento *m* extra **2** [c] (outlet) rebosadero *m*; (*before n*): **~ pipe** tubo *m* de desagüe **3** (Comput) desbordamiento *m*

overfly /ˌəʊvər'flaɪ || ˌəʊvə'flaɪ/ *vt* (*3rd pers sing pres* **-flies**; *pres p* **-flying**; *past* **-flew**; *past p* **-flown**) sobrevolar*

overfond /ˌəʊvər'fɑːnd || ˌəʊvə'fɒnd/ *adj* (*pred*) **to be ~ OF sth/-ING**: **she is rather ~ of gin** le gusta demasiado la ginebra, tiene debilidad por la ginebra; **I'm not ~ of fish** el pescado no me vuelve loco; **I can't say I'm ~ of him** no es santo de mi devoción

overgraze /ˌəʊvər'ɡreɪz || ˌəʊvə'ɡreɪz/ *vt*: *utilizar de forma excesiva para el pastoreo*

overground /'əʊvərɡraʊnd || 'əʊvəɡraʊnd/ *adj*

A (above ground) (*before n*) ‹*train/station*› de superficie

B (mainstream) (colloq) ‹*fashion/music/film*› convencional

overgrown /ˌəʊvər'ɡrəʊn || ˌəʊvə'ɡrəʊn/ *adj* **1** ‹*garden*› lleno de maleza, abandonado; **to be ~ WITH sth** estar* cubierto DE algo **2** (too big) demasiado grande; **you're just an ~ baby** en el fondo eres un niño

overhand /'əʊvərhænd || 'əʊvəhænd/ *adv* (AmE) por encima de la cabeza

overhang¹ /ˌəʊvər'hæŋ || ˌəʊvə'hæŋ/ (*past & past p* **-hung**) *vt* sobresalir* por encima de; **the crag that ~s the north face** el peñasco que sobresale por encima de la cara norte; **willow trees ~ the lake** unos sauces se inclinan sobre el lago

■ **overhang** *vi* sobresalir*; **he tried to grab an ~ing branch** trató de agarrarse de una rama que colgaba por encima

overhang² /'əʊvərhæŋ || 'əʊvəhæŋ/ *n* saliente *m or* (AmL) *f*; (of roof) alero *m*; (Auto) voladizo *m*

overhasty /ˌəʊvər'heɪsti || ˌəʊvə'heɪsti/ *adj* precipitado

overhaul¹ /ˌəʊvər'hɔːl || ˌəʊvə'hɔːl/ *vt*

A (examine and repair) ‹*machinery/car/system*› revisar, poner* a punto

B (overtake) superar, adelantarse a

overhaul² /'əʊvərhɔːl || 'əʊvəhɔːl/ *n* (of machinery, system) revisión *f* (general), puesta *f* a punto, overjol *m* (AmC)

overhead¹ /ˌəʊvər'hed || ˌəʊvə'hed/ *adv*: **the lights shone ~** las luces brillaban en lo alto; **the sun was directly ~** el sol caía de pleno; **a plane flew ~** pasó un avión

overhead² /'əʊvərhed || 'əʊvəhed/ *adj*

A **1** (high up) ‹*cable*› aéreo; ‹*railway*› elevado; **~ light** luz *f* interior; **~ locker** (Aviat) compartimiento *m* superior; **~ luggage rack** (Rail) rejilla *f* (portaequipajes) superior **2** (Auto): **~ camshaft** árbol *m* de levas en cabeza **3** (Sport) ‹*kick/pass/shot*› por encima de la cabeza

B (Busn, Fin) (*before n*) ‹*costs/charges*› indirecto, general, de estructura

overhead³ /'əʊvərhed || 'əʊvəhed/ *n* [c u] (BrE) (*usually pl*) gastos *mpl* indirectos *or* generales *or* de estructura

overhead projector *n* retroproyector *m*

overhear /ˌəʊvər'hɪr || ˌəʊvə'hɪə(r)/ *vt* (*past & past p* **-heard**) oír* (*por casualidad*); **I ~d her talking about me** la oí hablar de mí

■ **overhear** *vi*: **excuse me, but I couldn't help ~ing** perdone, pero no pude evitar escuchar lo que decía (*or* dijo *etc*)

overheat /ˌəʊvər'hiːt || ˌəʊvə'hiːt/ *vt* ‹*engine/machine/economy*› recalentar*; ‹*room/building*› caldear *or* calentar* demasiado

■ **overheat** *vi* «*engine/machine/economy*» recalentarse*

overheated /ˌəʊvər'hiːtəd || ˌəʊvə'hiːtɪd/ *adj* **1** ‹*engine/machine/economy*› recalentado **2** (excited, irritated) ‹*person/argument*› acalorado

overheating /ˌəʊvər'hiːtɪŋ || ˌəʊvə'hiːtɪŋ/ *n* [u] recalentamiento *m*

overhung *past & past p of* **overhang¹**

overindulge /ˌəʊvərɪn'dʌldʒ/ *vi* excederse; **I ~d last night** anoche me excedí *or* (fam) me pasé de la raya; **to ~ IN sth** abusar DE algo

■ **overindulge** *vt*: **my parents ~d me as a child** mis padres me consintieron *or* me mimaron demasiado cuando era niño; **I ~d my fondness for chocolate** comí todo el chocolate que se me antojó, me dejé llevar por mi pasión por el chocolate

overindulgence /ˌəʊvərɪn'dʌldʒəns/ *n* [u] **1** (lenience) consentimiento *m* (excesivo) **2** (having too much) **~ (IN sth)** ‹*in food/drink*› abuso *m* (DE algo)

overindulgent /ˌəʊvərɪn'dʌldʒənt/ *adj* demasiado blando, que lo consiente todo

overjoyed /ˌəʊvər'dʒɔɪd || ˌəʊvə'dʒɔɪd/ *adj* encantado, rebosante de alegría; **to be ~ AT/ABOUT sth**: **I was ~ at the news** la noticia me causó gran alegría; **she wasn't exactly ~ (about it)** no le hizo mucha gracia que digamos

overkill /'əʊvərkɪl || 'əʊvəkɪl/ *n* [u] **1** (Mil) *sobrecapacidad de exterminación* **2** (excess) exageración *f*

overlaid /ˌəʊvər'leɪd || ˌəʊvə'leɪd/ *past & past p of* **overlay¹**

overlain /ˌəʊvər'leɪn || ˌəʊvə'leɪn/ *past p of* **overlie**

overland /'əʊvərlænd || 'əʊvəlænd/ *adj/adv* por tierra

overlap¹ /ˌəʊvər'læp || ˌəʊvə'læp/ **-pp-** *vi* **1** «*tiles/planks*» estar* montados unos sobre otros, traslaparse **2** «*vacations/responsibilities*» coincidir en parte; **our vacations ~ by one week** durante una semana estamos los dos de vacaciones; **the two courses ~** los dos cursos tienen elementos en común

■ **overlap** *vt* ‹*boards/planks*› colocar* montados unos sobre otros, traslapar

overlap² /'əʊvərlæp || 'əʊvəlæp/ *n* [u c]: **there will be an inch ~ on either side** se traslaparán una pulgada por cada lado; **there are areas of ~ between the two books** partes de ambos libros tratan los mismos temas; **there will be a period of ~ between the two secretaries** las dos secretarias coincidirán durante un tiempo

overlay¹ /ˌəʊvər'leɪ || ˌəʊvə'leɪ/ *vt* (*past & past p* **-laid**) **to ~ sth WITH sth** recubrir* algo DE algo; **the wood is overlaid with silver** la madera está recubierta de plata; **words overlaid with emotive associations** palabras *fpl* cargadas de connotaciones emotivas

overlay² /'əʊvərleɪ || 'əʊvəleɪ/ *n* **1** (covering, layer) revestimiento *m*; **an ~ of cynicism** una capa de cinismo **2** (on map, diagram) lámina *f or* transparencia *f* superpuesta **3** (Print) alza *f*‡

overlay³ /ˌəʊvər'leɪ || ˌəʊvə'leɪ/ *past of* **overlie**

overleaf /ˌəʊvər'liːf || ˌəʊvə'liːf/ *adv* al dorso; **see ~** véase al dorso

overlie /ˌəʊvər'laɪ || ˌəʊvə'laɪ/ *vt* (*pres p* **-lying**; *past* **-lay**; *past p* **-lain**) recubrir*

overload¹ /ˌəʊvər'ləʊd || ˌəʊvə'ləʊd/ *vt* ‹*car/circuit/system*› sobrecargar*; **to ~ sth WITH sth** recargar* algo DE algo; **we are ~ed with work** estamos agobiados de trabajo

■ **overload** *vi* sobrecargarse*

overload² /'əʊvərləʊd || 'əʊvələʊd/ *n* [u] (Elec) sobrecarga *f*

overlong /ˌəʊvər'lɔːŋ || ˌəʊvə'lɒŋ/ *adj* excesivamente largo

overlook¹ /ˌəʊvər'lʊk || ˌəʊvə'lʊk/ *vt*

A **1** (not notice) ‹*detail/mistake/object*› pasar por alto **2** (disregard) ‹*fault/misdemeanor*› disculpar, dejar pasar **3** (pass over): **he was ~ed for promotion** no lo tuvieron en cuenta para el ascenso

B (have view over): **the room ~s the valley** desde la habitación se domina el valle; **a room ~ing the sea** una habitación con vista al mar *or* que da al mar; **the garden is not ~ed** el jardín no se ve desde ninguno de los edificios que lo rodean

overlook[2] /ˈəʊvərlʊk || ˈəʊvəlʊk/ *n* (AmE) vista *f*; **scenic ~** panorama *m*

overlord /ˈəʊvərlɔːrd || ˈəʊvəlɔːd/ *n* (journ) cacique *m*

overly /ˈəʊvərli || ˈəʊvəli/ *adv* demasiado; **I would not be ~ upset if she were to leave** la verdad es que no me disgustaría demasiado que se fuera

overmanned /ˌəʊvərˈmænd || ˌəʊvəˈmænd/ *adj* ‹*factory/office*› con demasiado personal; ‹*ship*› con excesiva tripulación; **to be ~** tener* demasiado personal/excesiva tripulación

overmanning /ˌəʊvərˈmænɪŋ || ˌəʊvəˈmænɪŋ/ *n* [u] exceso *m* de personal/tripulación

overmatch /ˌəʊvərˈmætʃ || ˌəʊvəˈmætʃ/ *vt* (AmE)
A (outclass) superar, aventajar
B (defeat) derrotar

overmuch[1] /ˌəʊvərˈmʌtʃ || ˌəʊvəˈmʌtʃ/ *adv* en exceso, en demasía (frml)

overmuch[2] *adj* (*before n*) excesivo

overnight[1] /ˌəʊvərˈnaɪt || ˌəʊvəˈnaɪt/ *adv* **1** (through the night): **to stay ~** quedarse a pasar la noche, hacer* noche; **we'll travel ~** viajaremos durante la noche; **there had been a heavy fall of snow ~** durante la noche había nevado mucho; **soak the chickpeas ~** ponga los garbanzos en remojo la noche anterior **2** (suddenly) ‹*change/disappear*› de la noche a la mañana

overnight[2] /ˈəʊvənaɪt || ˈəʊvənaɪt/ *adj* **1** (through the night) ‹*journey*› de noche; ‹*stay*› de una noche; **we made an ~ stop in London** paramos una noche en Londres, hicimos noche en Londres **2** (sudden) ‹*change/success*› repentino; **she became an ~ sensation** de la noche a la mañana, empezó a causar sensación

overnight[3] /ˌəʊvərˈnaɪt || ˌəʊvəˈnaɪt/ *vt* (convey at night) (AmE) transportar durante la noche
■ **overnight** *vi* (stay for the night) pasar la noche, hacer* noche, pernoctar (frml)

overnight bag *n* bolso *m* de viaje *or* de fin de semana, fin *m* de semana (Esp)

overoptimistic /ˌəʊvərˌɑːptəˈmɪstɪk || ˌəʊvər ˌɒptɪˈmɪstɪk/ *adj* demasiado optimista

overpaid[1] /ˌəʊvərˈpeɪd || ˌəʊvəˈpeɪd/ *past & past p of* **overpay**

overpaid[2] *adj*: **~ sportsmen** deportistas que reciben sueldos excesivos; **she's ~** le pagan demasiado; **he's vastly ~, considering what he does** le pagan un dineral para lo que hace

overparticular /ˌəʊvərpərˈtɪkjələr || ˌəʊvəpəˈtɪkjʊlə(r)/ *adj* muy quisquilloso

overpass /ˈəʊvərpæs || ˈəʊvəpɑːs/ *n* paso *m* elevado, paso *m* a desnivel (Méx)

overpay /ˌəʊvərˈpeɪ || ˌəʊvəˈpeɪ/ *vt* (*past & past p* **-paid**) **1** (deliberately) ‹*worker/staff*› pagarle* demasiado *or* en exceso a **2** (in error) pagarle* de más a; **the sum overpaid** el monto que se pagó de más

overpayment /ˌəʊvərˈpeɪmənt || ˌəʊvəˈpeɪmənt/ *n* [c u] pago *m* excesivo

overplay /ˌəʊvərˈpleɪ || ˌəʊvəˈpleɪ/ *vt* ‹*problem*› exagerar; **to ~ the importance of sth** darle* demasiada importancia a algo; **the government ~ed its hand in the affair** al gobierno se le fue la mano en el manejo del asunto

overpopulated /ˌəʊvərˈpɑːpjəleɪtəd || ˌəʊvəˈpɒpjʊleɪtɪd/ *adj* superpoblado, sobrepoblado (AmL)

overpopulation /ˌəʊvərˌpɑːpjəˈleɪʃən || ˌəʊvəˌpɒpjʊˈleɪʃən/ *n* [u] superpoblación *f*, sobrepoblación *f* (AmL)

overpower /ˌəʊvərˈpaʊər || ˌəʊvəˈpaʊə(r)/ *vt* **1** (render helpless) dominar; **they ~ed the guards and planted the bomb** maniataron (*or* dejaron sin sentido *etc*) a los guardias y pusieron la bomba; **we were ~ed by our attackers** los asaltantes pudieron más que nosotros **2** (affect greatly) ‹‹*sound*›› aturdir; ‹‹*smell*›› marear; ‹‹*heat*›› sofocar*, agobiar; ‹‹*emotion*›› abrumar; **he tends to ~ people at first** suele apabullar *or* intimidar a la gente al principio

overpowering /ˌəʊvərˈpaʊrɪŋ || ˌəʊvəˈpaʊərɪŋ/ *adj* **1** ‹*smell*› muy fuerte, embriagador (liter); ‹*heat*› aplastante, agobiante; ‹*thirst/desire*› irresistible, inaguantable; **the soup had an ~ taste of garlic** en la sopa predominaba un fuertísimo sabor a ajo **2** ‹*person*› apabullante, abrumador

overpoweringly /ˌəʊvərˈpaʊrɪŋli || ˌəʊvəˈpaʊərɪŋli/ *adv*: **it was ~ hot** hacía un calor agobiante

overprice /ˌəʊvərˈpraɪs || ˌəʊvəˈpraɪs/ *vt* ‹*product*› fijar un precio excesivo a; **the food is reasonable, but a little ~d** la comida no es mala, pero un poco cara para lo que es

overproduce /ˌəʊvərprəˈduːs || ˌəʊvəprəˈdjuːs/ *vi* sobreproducir*, producir* en exceso

overproduction /ˌəʊvərprəˈdʌkʃən || ˌəʊvəprəˈdʌkʃən/ *n* [u] sobreproducción *f*, superproducción *f*

overprotect /ˌəʊvərprəˈtekt || ˌəʊvəprəˈtekt/ *vt* sobreproteger*, proteger* demasiado

overprotective /ˌəʊvərprəˈtektɪv || ˌəʊvəprəˈtektɪv/ *adj* sobreprotector; **he is ~ toward** *o* **to his little brother** sobreprotege a su hermano pequeño

overqualified /ˌəʊvərˈkwɑːləfaɪd || ˌəʊvəˈkwɒlɪfaɪd/ *adj* ‹*candidate/applicant*› con más titulación de la requerida

overran /ˌəʊvərˈræn || ˌəʊvəˈræn/ *past of* **overrun**[1]

overrate /ˌəʊvərˈreɪt || ˌəʊvəˈreɪt/ *vt* ‹*book/movie/performance*› sobrevalorar, sobreestimar; **he ~s his own importance** se cree más importante de lo que es

overrated /ˌəʊvərˈreɪtəd || ˌəʊvəˈreɪtɪd/ *adj* sobrevalorado, sobreestimado; **their wines are ~** sus vinos tienen más fama de la que merecen

overreach /ˌəʊvərˈriːtʃ || ˌəʊvəˈriːtʃ/ *v refl*: **to ~ oneself** intentar hacer demasiado; **I ~ed myself trying to play that piece** fue demasiado ambicioso de mi parte intentar tocar esa pieza; **the company ~ed itself financially** la compañía contrajo demasiadas obligaciones financieras

overreacher /ˌəʊvərˈriːtʃər || ˌəʊvəˈriːtʃə(r)/ *n* (AmE) timador, -dora *m,f*, estafador, -dora *m,f*, tracalero, -ra *m,f* (Méx, Ven)

overreact /ˌəʊvərriˈækt || ˌəʊvəriˈækt/ *vi* reaccionar de forma exagerada; **I didn't tell him because I knew he'd ~** no se lo dije porque sabía que iba a hacer un drama; **to ~ TO sth**: **I ~ed to her insults** mi reacción frente a sus insultos fue exagerada

overreaction /ˌəʊvərriˈækʃən || ˌəʊvəriˈækʃən/ *n* [u c] reacción *f* exagerada; **a case of police ~** un caso de reacción exagerada por parte de la policía

overreliance /ˌəʊvərrɪˈlaɪəns || ˌəʊvərɪˈlaɪəns/ *n* [u] dependencia *f* excesiva; **~ ON sth/sb** dependencia *f* excesiva DE algo/algn

overreliant /ˌəʊvərrɪˈlaɪənt || ˌəʊvərɪˈlaɪənt/ *adj* excesivamente dependiente; **~ ON sth/sb** excesivamente dependiente DE algo/algn

override[1] /ˌəʊvərˈraɪd || ˌəʊvəˈraɪd/ *vt* (*past* **-rode**; *past p* **-ridden**) **1** ‹*decision/recommendation/order*› invalidar, anular; ‹*wishes/advice*› hacer* caso omiso de **2** ‹*program*› cancelar

override[2] /ˈəʊvərraɪd || ˈəʊvəraɪd/ *n* anulación *f* de automatismo; (*before n*) ‹*mechanism/device*› de anulación de automatismo

overriding /ˌəʊvərˈraɪdɪŋ || ˌəʊvəˈraɪdɪŋ/ *adj* **1** (most important) ‹*importance/need/consideration*› primordial; ‹*priority*› absoluto **2** (most powerful) ‹*influence*› preponderante; ‹*authority*› absoluto **3** ‹*clause*› derogatorio

overripe /ˌəʊvərˈraɪp || ˌəʊvəˈraɪp/ *adj* demasiado maduro, pasado

overrode /ˌəʊvərˈrəʊd || ˌəʊvəˈrəʊd/ *past of* **override**[1]

overrule /ˌəʊvərˈruːl || ˌəʊvəˈruːl/ *vt* ‹*decision/verdict*› anular, invalidar; ‹*objection*› rechazar*, no admitir; **I was ~d by my superiors** la decisión de mis superiores anuló *or* invalidó la mía

overrun[1] /ˌəʊvərˈrʌn || ˌəʊvəˈrʌn/ (*past* **-ran**; *past p* **-run**) *vt* **1** (invade, swarm over) invadir; **to be ~ WITH sth** estar* plagado DE algo; **the place was ~ with cockroaches** el lugar estaba plagado *or* infestado de cucarachas **2** (exceed) exceder
■ **overrun** *vi*: **the meeting overran by half an hour** la reunión se prolongó media hora más de lo previsto

overrun[2] /ˈəʊvərrʌn || ˈəʊvərʌn/ *n*: **we will not allow any budget ~s** no admitiremos que se exceda *or* se rebase el presupuesto; **the article had a 400-word ~** el artículo sobrepasaba en 400 palabras la longitud establecida

oversaw /ˌəʊvərˈsɔː || ˌəʊvəˈsɔː/ *past of* **oversee**

overseas[1] /ˌəʊvərˈsiːz || ˌəʊvəˈsiːz/ *adj* (*before n*) ‹*trade*› exterior; ‹*investments/branches*› en el exterior *or* extranjero; ‹*student/visitor*› extranjero; ‹*news*› del exterior; **~ aid** (BrE) ayuda *f* a los países en vías de desarrollo; **she got an ~ posting** la destinaron al extranjero

overseas[2] *adv* ‹*live*› en el extranjero; ‹*travel/send*› al extranjero; **he was stationed ~** estaba destinado en el extranjero

oversee /ˌəʊvərˈsiː || ˌəʊvəˈsiː/ *vt* (*past* **-saw**; *past p* **-seen**) supervisar

overseer /ˈəʊvərˌsɪr, -ˌsiːər || ˈəʊvəˌsɪə(r)/ *n* capataz *mf*, supervisor, -sora *m,f*

oversell /ˌəʊvərˈsel || ˌəʊvəˈsel/ *vt* (*past & past p* **-sold**) **1** ‹*goods*› sobrevender; **the market is oversold** el mercado está sobrevendido **2** (promote excessively) ‹*product*› exagerar los méritos de

oversensitive /ˌəʊvərˈsensətɪv || ˌəʊvəˈsensɪtɪv/ *adj* demasiado susceptible; **you're being ~** no seas tan susceptible

oversew /ˈəʊvərsəʊ || ˈəʊvəsəʊ/ (*past p* **-sewn** *or* **-sewed**) *vt* sobrehilar
■ **oversew** *vi* sobrehilar

oversexed /ˌəʊvərˈsekst || ˌəʊvəˈsekst/ *adj* hipersexuado; **he's ~, that's his problem** lo que le pasa es que es un obseso sexual

overshadow /ˌəʊvərˈʃædəʊ || ˌəʊvəˈʃædəʊ/ *vt* **1** (diminish) ‹*achievement/event/person*› eclipsar **2** (make gloomy) ‹*occasion*› ensombrecer*

overshoe /ˈəʊvərʃuː || ˈəʊvəʃuː/ *n* chanclo *m or* (CS) galocha *f*

overshoot /ˌəʊvərˈʃuːt || ˌəʊvəˈʃuːt/ *vt* (*past & past p* **-shot**) ‹*runway*› salirse* de; ‹*turning*› pasarse de; ‹*target/budget*› exceder, rebasar; **you can't ~ your deadline** no puedes pasarte del plazo establecido

oversight /ˈəʊvərsaɪt || ˈəʊvəsaɪt/ *n*
A [u c] (carelessness) descuido *m*; **the mistake was missed through ~** el error no fue advertido por descuido
B [u] (supervision) (frml) supervisión *f*

oversimplification /ˌəʊvərˌsɪmpləfəˈkeɪʃən || ˌəʊvəˌsɪmplɪfɪˈkeɪʃən/ *n* [u c] simplificación *f* excesiva

oversimplify /ˌəʊvərˈsɪmpləfaɪ || ˌəʊvəˈsɪmplɪfaɪ/ *vt* simplificar* excesivamente
■ **oversimplify** *vi* simplificar* excesivamente

oversize /ˈəʊvərsaɪz || ˈəʊvəsaɪz/, **oversized** /-d/ *adj* **1** (larger than normal) mayor de lo normal, extra grande **2** (too large) tremendo, descomunal

oversleep /ˌəʊvərˈsliːp || ˌəʊvəˈsliːp/ *vi* (*past & past p* **-slept**) quedarse dormido; **sorry I'm late, I overslept** perdón por llegar tarde, me quedé dormido *or* no me desperté a tiempo

overspecialize /ˌəʊvərˈspeʃəlaɪz || ˌəʊvəˈspeʃəlaɪz/ *vi* especializarse* demasiado

overspend[1] /ˌəʊvərˈspend || ˌəʊvəˈspend/ (*past & past p* **-spent**) *vi* gastar más de la cuenta; **I've overspent by £5** he gastado 5 libras de más
■ **overspend** *vt*: **to ~ one's income** gastar más de lo que uno ingresa

overspend[2] /ˈəʊvərspend || ˈəʊvəspend/ *n* (esp BrE) (*no pl*) déficit *m* presupuestario

O

overspill /ˈəʊvərspɪl || ˌəʊvəspɪl/ *n* [u] excedente *m* de población; (*before n*): ~ **town** ciudad *f* satélite *or* dormitorio

overstaffed /ˌəʊvərˈstæft || ˌəʊvəˈstɑːft/ *adj* con exceso de personal *or* (Esp tb) de plantilla; **they're** ~ tienen exceso de personal *or* (Esp tb) de plantilla

overstaffing /ˌəʊvərˈstæfɪŋ || ˌəʊvəˈstɑːfɪŋ/ *n* [u] exceso *f* de personal *or* (Esp tb) de plantilla

overstate /ˌəʊvərˈsteɪt || ˌəʊvəˈsteɪt/ *vt* exagerar

overstay /ˌəʊvərˈsteɪ || ˌəʊvəˈsteɪ/ *vt*: **I don't want to** ~ **my welcome** no quiero abusar de su hospitalidad; **I think we've** ~**ed our welcome** creo que nos hemos quedado más de la cuenta

oversteer /ˌəʊvərˈstɪr || ˌəʊvəˈstɪə(r)/ *vi* ‹‹*car*›› tener* la dirección muy sensible; ‹‹*driver*›› darle* demasiado al volante

overstep /ˌəʊvərˈstep || ˌəʊvəˈstep/ *vt* **-pp-** sobrepasar, rebasar, pasarse de; ▸**mark**[1] **D1**

overstimulate /ˌəʊvərˈstɪmjəleɪt || ˌəʊvəˈstɪmjʊleɪt/ *vt* **1** ‹*nerves/person/imagination*› sobreestimular **2** ‹*interest*› despertar* excesivamente

overstimulation /ˌəʊvərstɪmjəˈleɪʃən || ˌəʊvəstɪmjʊˈleɪʃən/ *n* [u] estimulación *f* excesiva

overstock[1] /ˌəʊvərˈstɑːk || ˌəʊvəˈstɒk/ *vt* abarrotar

■ **overstock** *vi* comprar de más

overstock[2] *n* excedentes *mpl* de stock, excedentes *mpl* de existencias; (*before n*): ~ **sale** liquidación *f* de excedentes de stock *or* de existencias

overstrain /ˈəʊvərstreɪn || ˈəʊvəstreɪn/ *vt* ‹*eyes*› forzar* demasiado; ‹*heart*› hacer* trabajar demasiado; ‹*metal/joint*› someter a excesivas presiones

overstretch /ˌəʊvərˈstretʃ || ˌəʊvəˈstretʃ/ *vt*: **the sales staff are** ~**ed** los vendedores están trabajando al máximo; **the already** ~**ed education system ...** el sistema educativo, cuyos recursos ya no dan más de sí ...; **the epidemic** ~**ed the country's medical system** la epidemia realmente puso a prueba el sistema de salud pública del país

oversubscribed /ˌəʊvərsəbˈskraɪbd || ˌəʊvəsəbˈskraɪbd/ *adj*: **the trip to London is already** ~ el viaje a Londres ya está sobrevendido, ya hay demasiada gente anotada para el viaje a Londres; **the issue was** ~ la demanda de acciones superó a la oferta; **the offer was 10 times** ~ la demanda de títulos fue 10 veces superior a la oferta

overt /əʊˈvɜːrt || əʊˈvɜːt/ *adj* ‹*hostility*› declarado, manifiesto; ‹*criticism*› abierto

overtake /ˌəʊvərˈteɪk || ˌəʊvəˈteɪk/ (*past* **-took**; *past p* **-taken**) *vt* **1** (go past) ‹*horse/runner*› adelantar, pasar, rebasar (Méx); **he overtook the truck** adelantó *or* pasó *or* (Méx) rebasó al camión **2** (surpass) superar, tomarle la delantera a **3** (come upon unexpectedly): **dusk overtook us when we were only halfway there** se nos hizo de noche cuando apenas estábamos a mitad de camino; **events have** ~**n us** los acontecimientos se nos han adelantado

■ **overtake** *vi* (BrE) (Auto) adelantar, rebasar (Méx)

overtaking /ˌəʊvərˈteɪkɪŋ || ˌəʊvəˈteɪkɪŋ/ *n* [u] (BrE) adelantamiento *m*, rebase *m* (Méx)

overtax /ˌəʊvərˈtæks || ˌəʊvəˈtæks/ *vt* **1** (strain) ‹*person/strength/patience*› poner* a prueba; ‹*kindness*› abusar de; **it won't** ~ **your intellect** (hum) no va a requerir un gran esfuerzo intelectual de tu parte (hum) **2** (Tax) gravar en exceso (*con impuestos*)

over-the-counter /ˌəʊvərðəˈkaʊntər || ˌəʊvəðəˈkaʊntə(r)/ *adj*: ~ **medicine** medicamento *m* que se puede comprar sin receta

overthrow[1] /ˌəʊvərˈθrəʊ || ˌəʊvəˈθrəʊ/ *vt* (*past* **-threw**; *past p* **-thrown**) (remove from power) ‹*emperor/government*› derrocar*

overthrow[2] /ˈəʊvərθrəʊ || ˈəʊvəθrəʊ/ *n* (of ruler, government) derrocamiento *m*

overtime /ˈəʊvərtaɪm || ˈəʊvətaɪm/ *n* [u]

A **1** (extra work hours) horas *fpl* extra(s), sobretiempo *m* (Chi, Per); **to work** ~ hacer* horas extra(s), trabajar sobretiempo (Chi, Per); **my brain was working** ~ mi cerebro estaba trabajando a toda máquina; (*before n*): ~ **ban** prohibición *f* de trabajar horas extras *or* (Chi, Per) de trabajar sobretiempo **2** (pay) horas *fpl* extra(s), sobretiempo *m* (Chi, Per)

B (AmE) (Sport) prórroga *f*, tiempo *m* suplementario

overtired /ˌəʊvərˈtaɪrd || ˌəʊvəˈtaɪəd/ *adj* agotado, rendido; **you mustn't let yourself get** ~ no debes agotarte

overtly /əʊˈvɜːrtli || əʊˈvɜːtli/ *adv* ‹*hostile/racist*› abiertamente

overtone /ˈəʊvərtəʊn || ˈəʊvətəʊn/ *n*

A (suggestion, hint) (*usu pl*) dejo *m*, deje *m* (Esp); **there was an** ~ **of hostility in his voice** había una nota *or* un dejo *or* (Esp) un deje de hostilidad en su voz; **the film had clear political** ~**s** la película tenía un claro trasfondo político

B (Mus) armónico *m*

overtook /ˌəʊvərˈtʊk || ˌəʊvəˈtʊk/ *past of* **overtake**

overture /ˈəʊvərtʃʊr || ˈəʊvətjʊə(r)/ *n*

A (Mus) obertura *f*

B **overtures** *pl* (approaches) (frml) (*sometimes sing*) intento *m* *or* tentativa *f* de acercamiento; (sexual) insinuación *f*; **she rejected his** ~**s** rechazó sus insinuaciones; **to make** ~**s to sb**: **he made** ~**s to several European leaders** intentó acercamientos con varios líderes europeos; **they did not respond to** ~**s from the union** no respondieron a las tentativas conciliatorias del sindicato

overturn /ˌəʊvərˈtɜːrn || ˌəʊvəˈtɜːn/ *vt* **1** (tip over) ‹*table/boat*› darle* la vuelta a, dar* vuelta (CS) **2** (depose) ‹*government*› derrocar*, derribar **3** (nullify) ‹*decision/ruling/judgment*› anular; ‹*theory*› invalidar

■ **overturn** *vi* ‹‹*vehicle*›› volcar*, dar* una vuelta de campana, capotar; ‹‹*box/barrel*›› darse* la vuelta, darse* vuelta (CS)

overuse[1] /ˌəʊvərˈjuːz || ˌəʊvəˈjuːz/ *vt* abusar de, usar demasiado

overuse[2] /ˌəʊvərˈjuːs || ˌəʊvəˈjuːs/ *n* [u] uso *m* excesivo

overvalue /ˌəʊvərˈvæljuː || ˌəʊvəˈvæljuː/ *vt* sobrevalorar

overview /ˈəʊvərvjuː || ˈəʊvəvjuː/ *n* perspectiva *f* general

overweening /ˌəʊvərˈwiːnɪŋ || ˌəʊvəˈwiːnɪŋ/ *adj* ‹*person*› soberbio, altanero; ‹*ambition/desire/pride*› desmesurado

overweight[1] /ˌəʊvərˈweɪt || ˌəʊvəˈweɪt/ *adj* **1** ‹*person*› demasiado gordo; **to be** ~ estar* demasiado gordo, pesar más de la cuenta; **I am 10lb** ~ peso 10 libras de más, tengo un sobrepeso de 10 libras (Chi, Méx) **2** (weighing more than allowed): **the parcel is** ~ el paquete pesa más de la cuenta

overweight[2] /ˈəʊvərweɪt || ˈəʊvəweɪt/ *n* [u] exceso *m* de peso

overwhelm /ˌəʊvərˈhwelm || ˌəʊvəˈwelm/ *vt* **1** (emotionally) abrumar; **I was** ~**ed by their generosity** su generosidad me dejó abrumado; **he** ~**ed me with his enthusiasm** su entusiasmo me abrumaba; **I was** ~**ed with rage** sentí una rabia incontenible **2** (defeat) ‹*army/post*› aplastar, arrollar **3** (swamp) inundar, anegar*; **to be** ~**ed WITH sth**: **they've been** ~**ed with applications/complaints** han recibido infinidad de solicitudes/quejas

overwhelming /ˌəʊvərˈhwelmɪŋ || ˌəʊvəˈwelmɪŋ/ *adj* ‹*grief*› inconsolable; ‹*urge*› irresistible; ‹*anger*› incontenible; ‹*boredom*› insoportable; ‹*defeat*› aplastante; ‹*majority*› abrumador; **the sight was quite** ~ el panorama era sobrecogedor; **an** ~ **80% voted against** un abrumador 80% votó en contra

overwhelmingly /ˌəʊvərˈhwelmɪŋli || ˌəʊvəˈwelmɪŋli/ *adv*: **they voted** ~ **against it** una abrumadora mayoría votó en contra; **an** ~ **superior force** una fuerza abrumadoramente superior; ~, **people are choosing this kind of insurance** (*indep*) en su inmensa mayoría, la gente opta por este tipo de seguro

overwind /ˌəʊvərˈwaɪnd || ˌəʊvəˈwaɪnd/ *vt* (*past & past p* **-wound** /-waʊnd/) dar* demasiada cuerda a

overwinter /ˌəʊvərˈwɪntər || ˌəʊvəˈwɪntə(r)/ *vi* ‹*person/animal*› pasar el invierno

■ **overwinter** *vt* ‹‹*plant*›› guardar durante el invierno

overwork[1] /ˌəʊvərˈwɜːrk || ˌəʊvəˈwɜːk/ *vt* **1** (physically) ‹*person/animal*› hacer* trabajar demasiado; **they claim they are** ~**ed and underpaid** dicen que los explotan **2** (overuse): **that is the most** ~**ed cliché in the language** es el cliché más manido *or* trillado de la lengua

■ **overwork** *vi* trabajar demasiado

overwork[2] *n* [u] agotamiento *m*

overwrite /ˌəʊvərˈraɪt || ˌəʊvəˈraɪt/ (*past* **-wrote**; *past p* **-written**) *vt* (Comput) **1** (write) **to** ~ **sth ON sth** superponer* algo A algo **2** (delete) machacar*, borrar

overwritten /ˌəʊvərˈrɪtn || ˌəʊvəˈrɪtn/ *adj* recargado, farragoso

overwrought /ˌəʊvərˈrɔːt || ˌəʊvəˈrɔːt/ *adj* **1** (agitated) alterado, exaltado **2** (elaborate) (pej) ‹*prose/style*› recargado

overzealous /ˌəʊvərˈzeləs || ˌəʊvəˈzeləs/ *adj* demasiado diligente

Ovid /ˈɑːvəd || ˈɒvɪd/ *n* Ovidio

oviform /ˈəʊvəfɔːrm || ˈəʊvɪfɔːm/ *adj* (frml) ovoide, oviforme

oviparous /əʊˈvɪpərəs/ *adj* ovíparo

ovoid /ˈəʊvɔɪd/ *adj* (frml) ovoide

ovulate /ˈɑːvjəleɪt || ˈɒvjʊleɪt/ *vi* ovular

ovulation /ˌɑːvjəˈleɪʃən || ˌɒvjʊˈleɪʃən/ *n* [u] ovulación *f*

ovule /ˈəʊvjuːl || ˈəʊvjuːl, ˈɒv-/ *n* óvulo *m*

ovum /ˈəʊvəm/ *n* (*pl* **ova**) óvulo *m*

ow /aʊ/ *interj* ¡ay!

o/w (BrE) = **one way**

owe /əʊ/ *vt*

A **1** (financially) deber, adeudar (frml); **he** ~**s his father money,, he** ~**s money to his father** le debe dinero a su padre; **I'll** ~ **it to you** te lo quedo debiendo; **how much do I** ~ **you?** ¿cuánto le debo?; **to** ~ **sb FOR sth** deberle algo A algn; **I still** ~ **you for the meal** todavía te debo la comida; **how much do I** ~ **you for the tickets?** ¿cuánto te debo por las entradas? **2** (be obliged to give, do) ‹*explanation/apology/favor*› deber; **I** ~ **it to my parents to get good marks** tengo que sacar buenas notas, se lo debo a mis padres; **take a break; you** ~ **it to yourself** tómate un descanso, te lo has ganado

B **1** (be indebted for) deber; **I** ~ **a lot/my life to her** le debo muchísimo/la vida; **to what do we** ~ **the pleasure of your company?** (hum) ¿a qué debemos el placer de tu compañía? (hum) **2** (be influenced by) deber; **her interpretation of history** ~**s a lot to Marx** su interpretación de la historia le debe mucho a Marx

■ **owe** *vi* **to** ~ **FOR sth** deber algo

owing /ˈəʊɪŋ/ *adj*

A (*pred*): **the money still** ~ el dinero que aún se debe *or* (frml) adeuda; **I still have some leave** ~ **to me** todavía (se) me deben unos días de vacaciones

B **owing to** (*as prep*) debido a

owl /aʊl/ *n* búho *m*, tecolote *m* (Méx); (*barn* ~) lechuza *f*; (*little* ~) mochuelo *m*; (*tawny* ~) cárabo *m*, antillo *m*; ***as wise as an*** ~ más sabio que Salomón

owlish /ˈaʊlɪʃ/ *adj*: **you look very** ~ **in those glasses** pareces muy sabiondo con esos anteojos

own[1] /əʊn/ *vt*

A (possess) ‹*property*› tener*, ser* dueño de, poseer* (frml); **they** ~ **all the surrounding land** son dueños de todas las tierras de alrededor; **she** ~**s several houses in the area** es dueña de *or* (frml) posee varias casas en la zona; **do you** ~ **the house?** ¿la casa es tuya?; **she acts as if she** ~**s the place** se comporta como si fuera

O

la dueña y señora del lugar; **the boat is partly ~ed by the school** el barco pertenece en parte a la escuela; **I ~ six pairs of shoes** tengo seis pares de zapatos
B (admit) (frml) reconocer*, admitir; **I'll ~ that I was mistaken** reconozco que estaba equivocado
■ **own** *vi* (frml) **to ~ TO sth** reconocer* algo; **I'm willing to ~ to my mistakes** estoy dispuesto a reconocer mis errores

Phrasal verb

• **own up** [v + adv]: **no one ~ed up** nadie reconoció *or* admitió tener la culpa; **come on, ~ up** anda, reconócelo *or* confiésalo; **to ~ up TO sth/-ING: no one would ~ up to having left the window open** nadie quiso reconocer *or* admitir que había sido quien dejó la ventana abierta

own² *adj*: **my/her/your** *etc* **~: she's started her ~ business** ha montado un negocio propio; **in our ~ house** en nuestra propia casa; **I saw it with my (very) ~ eyes** lo vi con mis propios ojos; **I'd like to have my ~ room** me gustaría tener una habitación para mí sola; **she makes her ~ clothes** se hace la ropa ella misma; **it's all my ~ work** lo hice todo yo; **I'll find my ~ way out** no hace falta que me acompañe hasta la salida

own³ *pron*: **my/her/your** *etc* **~: it isn't a company car: it's her ~** no es un coche de la empresa, es suyo (propio); **they looked after the baby as if he was their ~** cuidaron del niño como si fuera suyo; **I want to keep it for my (very) ~** lo quiero para mí solo; **she wanted a room of her (very) ~** quería una habitación para ella sola; **she has enough work of her ~ without helping you too** tiene bastante trabajo propio como para estar ayudándote a ti; **for reasons of her ~** por razones particulares; **Florence has a charm all (of) its ~** Florencia tiene un encanto muy particular; **on one's ~** solo; **don't leave the children on their ~** no dejes a los niños solos; **he can't climb the stairs on his ~** no puede subir las escaleras (por sí) solo; **she runs the office on her ~** lleva la oficina ella sola; **I can't handle three kids on my ~** yo sola no puedo con tres niños; **you're on your ~ from now on** de ahora en adelante te las arreglarás por tu cuenta; **to call sth one's ~: I can't call my house my ~ these days** me tienen invadida la casa últimamente; **I don't have a moment to call my ~** no tengo ni un minuto para mí; ***to come into one's ~*: a washing machine comes into its ~ when you have children** cuando tienes niños te das cuenta de lo que vale una lavadora; **she really comes into her ~ in the final act** en el último acto es cuando verdaderamente se luce; ***to get one's ~ back*** (colloq) desquitarse; **I can't wait to get my ~ back on him** no veo el momento de desquitarme *or* de hacérselas pagar; ***to hold one's ~*** saber* defenderse

own-brand /'əʊn'brænd/ *adj* (BrE): *de marca propia del supermercado o la tienda que lo vende*

-owned /əʊnd/ *suff*: **company/state~** de propiedad de la compañía/del estado; **foreign~** de propiedad extranjera

owner /'əʊnər || 'əʊnə(r)/ *n* dueño, -ña *m,f*; **who is the ~ of this shop/dog?** ¿quién es el propietario *or* dueño de esta tienda/el dueño de este perro?; **if you are a house/car/dog ~** si usted es propietario/tiene coche/tiene un perro

owner-occupied /,əʊnər'ɑːkjəpaɪd || ,əʊnər 'ɒkjʊpaɪd/ *adj* (BrE) habitado por el propietario

owner-occupier /,əʊnər'ɑːkjəpaɪər || ,əʊnər 'ɒkjʊpaɪə(r)/ *n* (BrE): *propietario que vive en la vivienda de su propiedad*

ownership /'əʊnərʃɪp || 'əʊnəʃɪp/ *n* [u] propiedad *f*; **the company is in private/state ~** la compañía es de propiedad privada/estatal; **on his death, ~ passes to the children** a su muerte, la propiedad pasa a los hijos; **under their ~, the business thrived** en sus manos, el negocio prosperó; **his ~ of the newspaper gives him ...** el hecho de ser propietario del periódico le da ...

own goal *n* autogol *m*, gol *m* en contra (CS); **to score an ~ ~** meter un autogol *or* (CS) un gol en contra

own-label /'əʊn,leɪbəl/ *adj* (BrE) ▸**own-brand**

ownsome /'əʊnsəm/ *n*: **all on one's ~** (BrE colloq & hum) más solo que la una (fam & hum)

owt /aʊt/ *pron* (BrE colloq & dial) algo; **you don't get ~ for nowt** nadie da nada por nada

ox /ɑːks || ɒks/ *n* (*pl* **oxen**) buey *m*; **a blow that would fell an ~** un golpe capaz de tirar a un toro; ***as strong as an ~*** fuerte como un toro *or* un roble

oxbow (lake) /'ɑːksbəʊ || 'ɒksbəʊ/ *n* (Geog) *lago que se forma en un meandro*

Oxbridge /'ɑːksbrɪdʒ || 'ɒksbrɪdʒ/ *n* (*no art*) (in UK) *las universidades británicas de Oxford y Cambridge*

> **Oxbridge**
>
> Un término para referirse conjuntamente a las dos universidades más antiguas y con más prestigio del Reino Unido, Oxford y Cambridge. Las clases altas, tradicionalmente, siempre han enviado a sus hijos a una u otra universidad. Se han hecho muchos esfuerzos en los últimos años para atraer a más estudiantes de todos los medios sociales y de colegios estatales ▸**state school**, muchos todavía provienen de los colegios privados ▸**public school**.

oxen /'ɑːksən || 'ɒksən/ *pl of* **ox**

oxeye (daisy) /'ɑːksaɪ || 'ɒksaɪ/ *n* margarita *f*

Oxfam /'ɑːksfæm || 'ɒksfæm/ *n* (*no art*) (= **Oxford Committee for Famine Relief**) Oxfam *f*

oxford, Oxford /'ɑːksfərd || 'ɒksfəd/ *n* (AmE) zapato *m* acordonado (*de hombre*)

Oxford bags *pl n*: *pantalones muy anchos estilo años 20*

Oxford blue *n*
A [u] (color) azul *m* oscuro
B [c] (Sport) ▸**blue² B**

oxidation /,ɑːksə'deɪʃən || ,ɒksɪ'deɪʃən/ *n* [u c] oxidación *f*

oxide /'ɑːksaɪd || 'ɒksaɪd/ *n* [u c] óxido *m*

oxidization /,ɑːksədə'zeɪʃən || ,ɒksɪdaɪ'zeɪʃən/ *n* [u] oxidación *f*

oxidize /'ɑːksədaɪz || 'ɒksɪdaɪz/ *vt* oxidar
■ **oxidize** *vi* oxidarse

oxidizing agent /'ɑːksədaɪzɪŋ || 'ɒksɪdaɪzɪŋ/ *n* agente *m* oxidante

oxlip /'ɑːkslɪp || 'ɒkslɪp/ *n* [c u] prímula *f* descollada

Oxon /'ɑːksən || 'ɒksən/ **1** (county) = **Oxfordshire** **2** (in degree titles) = **Oxford University**

oxtail /'ɑːksteɪl || 'ɒksteɪl/ *n* [u c] rabo *m* de buey; (*before n*): **~ soup** sopa *f* de rabo *or* (en algunas regiones), cola de buey

oxyacetylene /,ɑːksiə'setlən, -əliːn || ,ɒksiə 'setəliːn/ *n* [u] oxiacetileno *m*

oxygen /'ɑːksədʒən || 'ɒksɪdʒən/ *n* [u] oxígeno *m*; (*before n*): **~ bottle** tanque *m or* botella *f* de oxígeno; **~ mask** (Aviat, Med) mascarilla *f or* máscara *f* de oxígeno; **~ tent** cámara *f* de oxígeno

oxygenate /'ɑːksədʒəneɪt || 'ɒksɪdʒəneɪt/, **oxygenize** /-naɪz/ *vt* oxigenar

oxygenation /,ɑːksədʒə'neɪʃən || ,ɒksɪdʒə 'neɪʃən/ *n* [u] oxigenación *f*

oxygenator /'ɑːksədʒəneɪtər || 'ɒksɪdʒə neɪtə(r)/ *n*
A (Med) oxigenador *m*
B (Bot) planta *f* oxigenante

oxymoron /,ɑːksɪ'mɔːrɑːn || ,ɒksɪ'mɔːrɒn/ *n* [u c] oxímoron *m*

oyez /əʊ'jes/ *interj* (arch) ¡atención!

oyster /'ɔɪstər || 'ɔɪstə(r)/ *n* **1** [c] (Culin, Zool) ostra *f*, ostión *m* (Méx); **pearl ~** ostra perlífera; (*before n*) ‹*shell*› de ostra *or* (Méx) de ostión; **~ bar** (Culin) ostrería *f*; **~ bed** banco *m* de ostras *or* (Méx), ostiones, ostral *m*; **~ farm** vivero *m or* criadero *m* de ostras *or* (Méx), ostiones **2** [u] ▸ **p.1036** (color) color *m* perla; (*before n*) color perla *adj inv*

oystercatcher /'ɔɪstər,kætʃər || 'ɔɪstə ,kætʃə(r)/ *n* ostrero *m*

oz ▸ **p.630** = **ounce(s)**

Oz /ɑːz || ɒz/ *n* (Australia) (esp Austral sl) Australia *f*

ozone /'əʊzəʊn/ *n* [u] **1** (Chem) ozono *m*; (*before n*): **~ depletion** reducción *f* de la capa de ozono; **the ~ layer** la capa de ozono **2** (bracing air) (colloq) aire *m* puro

ozone-benign /,əʊzəʊnbɪ'naɪn/ *adj* ▸**ozone-friendly**

ozone-depleting /'əʊzəʊndɪ,pliːtɪŋ/ *adj* que reduce la capa de ozono

ozone-friendly /,əʊzəʊn'frendli/ *adj* que no daña la capa de ozono

ozone hole *n* agujero *m* (en la capa) de ozono

O

Pp

p, P /piː/ *n*
A p, P *f*; ***to mind one's Ps and Qs*** tener* mucho cuidado
B (Mus) (= **piano**) p
C (= **parking**) **S** **P** P, E
D (in UK) (= **penny/pence**) penique(s) *m(pl)*

p. (*pl* **pp.**) (= **page**) pág., p.; **pp. 12-48 missing** faltan págs. 12 a 48

P2P *n* (Comput) (= **peer to peer**) P2P *m or f*

P45 /ˈpiːˈfɔːrtiˈfaɪv || ˈpiːˈfɔːtiˈfaɪv/ *n* (in UK) *certificado que recibe un empleado al ser dado de baja de un empleo*

P60 /ˈpiːˈsɪksti/ *n* (in UK) *certificado de ingresos e impuestos pagados que recibe un empleado al final del año fiscal*

pa¹ /pɑː/ *n* (dial & dated) papá *m*

pa², p.a. /ˈpiːˈeɪ/ (= **per annum**) **a salary of $40,000 ~** un sueldo de 40.000 dólares anuales

PA *n* **1** /ˈpiːˈeɪ/ **~ (system) = public-address system** **2** /ˌpiːˈeɪ/ (BrE) **= personal assistant**

pace¹ /peɪs/ *n*
A **1** (stride) paso *m*; **to quicken one's ~** apretar* el paso **2** (of horse) paso *m*; ***to put a horse through its ~s*** ejercitar a un caballo; ***to put sb through her/his ~s*** poner* a algn a prueba, hacerle* demostrar a algn de lo que es capaz; ***to show one's ~s*** demostrar* sus (*or* mis *etc*) habilidades
B (speed) (*no pl*) ritmo *m*; **at a slow ~** a ritmo lento, lentamente; **we returned at a leisurely ~** regresamos tranquilamente; **at my own ~** a mi ritmo; **the ~ picks up in the second act** el ritmo se acelera en el segundo acto; **the film lacks ~** la película se hace pesada *or* lenta; **the ~ of city life** el ritmo de vida en la ciudad; **I can't keep ~ with her** no le puedo seguir el ritmo *or* (CS tb) el tren; **salaries have not kept ~ with inflation** los sueldos no han aumentado en la misma proporción que la inflación; **to set the ~** marcar* la pauta; ***to stay the ~*** aguantar el ritmo

pace² *vi*: **he ~d up and down impatiently** caminaba impaciente de arriba para abajo; **she ~d around the room** daba vueltas por la habitación
■ **pace** *vt*
A (walk across): **he ~d the room anxiously** caminaba preocupado de un lado a otro de la habitación
B (regulate speed of): **to ~ a runner** marcarle* el ritmo a un corredor; **to ~ the action/plot** darle* ritmo a la acción/trama; **to ~ oneself** controlarse el tiempo

(Phrasal verb)
• **pace out** [v + o + adv, v + adv + o] ‹*distance*› medir* a pasos

pace³ /ˈpeɪsi, ˈpɑːtʃeɪ/ *prep* (frml) con el respeto que me merece

pacemaker /ˈpeɪsˌmeɪkər || ˈpeɪsˌmeɪkə(r)/ *n* **1** (Sport) liebre *f* **2** (Med) marcapasos *m*

pacesetter /ˈpeɪsˌsetər || ˈpeɪsˌsetə(r)/ *n* **1** (Sport) liebre *f* **2** (pioneer) líder *mf*

pachyderm /ˈpækɪdɜːrm || ˈpækɪdɜːm/ *n* paquidermo *m*

pacific /pəˈsɪfɪk/ *adj* (liter) pacífico

Pacific /pəˈsɪfɪk/ *n*: **the ~ (Ocean)** el (Océano) Pacífico; (*before n*): **the ~ Rim** los países de la costa del Pacífico (*especialmente las pequeñas naciones al este de Asia*)

pacifier /ˈpæsəfaɪər || ˈpæsɪfaɪə(r)/ *n* (AmE) chupete *m*, chupón *m* (AmL exc CS), chupo *m* (Col), chupa *f* (Ven)

pacifism /ˈpæsəfɪzəm || ˈpæsɪfɪzəm/ *n* [u] pacifismo *m*

pacifist /ˈpæsəfəst || ˈpæsɪfɪst/ *n* pacifista *mf*

pacify /ˈpæsəfaɪ || ˈpæsɪfaɪ/ *vt* **-fies, -fying, -fied** **1** (satisfy) apaciguar*, calmar **2** (restore to peace) ‹*country/area*› pacificar*

pack¹ /pæk/ *n*
A [c] (bundle, load) fardo *m*; (rucksack) mochila *f*; (*before n*): **~ animal** bestia *f* de carga
B [c] **1** (packet, package) paquete *m*; **a ~ of cigarettes** (esp AmE) un paquete *or* una cajetilla *or* (RPl) una cajilla de cigarrillos; **you can buy a starter ~ for £549** te puedes comprar el equipo básico por 549 libras; **teaching ~** material *m* para el profesor (*para la enseñanza de un tema*) **2** (of cards) (BrE) baraja *f*, mazo *m* (de naipes *or* cartas) (esp AmL)
C [c] **1** (of animals): **a ~ of wolves** una manada de lobos; **a ~ of hounds** (Sport) una jauría; ***to run with the ~*** seguir* la corriente **2** (in race) pelotón *m* **3** (in rugby) delanteros *mpl*
D [c] (group, collection) (pej) partida *f* (pey), panda *f* (pey), manga *f* (CS fam & pey); **a ~ of thieves/incompetents** una partida de ladrones/de incompetentes (pey), una manga de ladrones/de incompetentes (CS fam & pey); **a ~ of lies** una sarta de mentiras
E [c] **1** (compress) compresa *f* **2** (cosmetic) mascarilla *f*
F [u] ▸ **pack ice**

pack² *vt*
A **1** (Busn) ‹*goods/products*› (put into container) envasar; (make packets with) empaquetar; (for transport) embalar **2** (put into suitcase, bag): **the goods are ~ed ready for shipping** las mercancías están embaladas y listas para ser despachadas; **I worked ~ing toys** trabajé embalando juguetes; **I ~ed my clothes and left** hice la maleta *or* (RPl) la valija y me fui, empaqué (mi ropa) y me fui (AmL); **have you ~ed your toothbrush?** ¿llevas el cepillo de dientes?; **I ~ed the kids' lunches** preparé el almuerzo *or* (esp Esp, Méx) la comida de los niños (*para llevar al colegio etc*) **3** (fill): **have you ~ed your suitcase yet?** ¿ya has hecho la maleta *or* (RPl) la valija?, ¿ya has empacado? (AmL); **she threatened to ~ her bags unless ...** amenazó con irse (*or* dejarlo *etc*) si no ...
B **1** (press tightly together): **~ the soil (down) firmly** apisone bien la tierra; **to ~ sth INTO sth**: **you certainly ~ed a lot into your vacation** no cabe duda de que aprovechaste bien las vacaciones **2** (cram full): **~ the gaps tightly** rellena bien los huecos; **the play ~ed the theater for months** la obra llenó *or* abarrotó el teatro durante meses; **the hall was ~ed with people** la sala estaba atestada *or* abarrotada de gente
C (carry, possess) (colloq) ‹*gun*› llevar
D (fill with sympathizers): **to ~ a jury** formar un jurado tendencioso
■ **pack** *vi*
A **1** (fill suitcase) hacer* las maletas *or* (RPl) las valijas, empacar* (AmL) **2** ‹‹*object*››: **the books ~ed neatly into the box** los libros cupieron muy bien en la caja; **the table ~s flat for storage** la mesa se puede guardar totalmente plegada; ▸ **send B**
B (squeeze) **to ~ INTO sth**: **the crowd ~ed into the station** el gentío se apiñó en la estación; **we can't all ~ into one car** no nos podemos meter todos en un coche

(Phrasal verbs)
• **pack away** [v + o + adv, v + adv + o] (for storage) ‹*clothes*› guardar; (for transport) ‹*equipment*› embalar; **I ~ed my winter clothes away in a trunk** guardé la ropa de invierno en un baúl
• **pack down** [v + adv] (Sport) formar la melé *or* el scrum
• **pack in** [v + o + adv, v + adv + o]
A (quit) (colloq) ‹*job*› dejar; **I'm going to ~ in smoking** voy a dejar de fumar; **she wants to ~ in university** quiere dejar *or* (fam) plantar la carrera; **~ it in!** ¡para ya! (fam), ¡ya párale! (Méx fam), ¡terminala! (RPl fam), ¡ya córtala! (Chi fam); **I'm ~ing it in for today** ya basta por hoy
B **1** (cram in): **we managed to ~ in 50 people** pudimos meter a 50 personas; **we were only there for a weekend, but we ~ed a lot in** sólo estuvimos un fin de semana pero hicimos un montón de cosas (fam); **we can't ~ anybody else in** ya no podemos meter a nadie más **2** (draw) ‹*crowds*› atraer* a; **the movie's ~ing them in** la película es un éxito de taquilla
• **pack off** [v + o + adv, v + adv + o] despachar, mandar; **she ~ed the children off to school** mandó a los niños al colegio
• **pack out** [v + o + adv, v + adv + o] (BrE) ‹*stadium/theater*› abarrotar, llenar de bote en bote; **the theater was ~ed out** el teatro estaba de bote en bote *or* estaba repleto
• **pack up**
A [v + adv] **1** (assemble belongings) liar* el petate, hacer* su itacate (Méx) **2** (stop) (colloq): **let's ~ up for the day** dejémoslo por hoy **3** (break down) (colloq) ‹‹*motor/radio*›› dejar de funcionar, descomponerse* (esp AmL), tronarse* (Méx fam); **the batteries ~ed up at the crucial moment** se acabaron las pilas en el momento crucial
B [v + o + adv, v + adv + o] **1** ‹*tools*› recoger*, guardar; **~ up your belongings** recoge tus bártulos **2** ▸ **pack in A**

package¹ /ˈpækɪdʒ/ *n*
A **1** (parcel) paquete *m* **2** (packet, carton) (esp AmE) paquete *m*
B **1** (collection, set) paquete *m*; **a software ~** un paquete de software; **a ~ of reforms** un paquete de reformas; (*before n*): **~ deal** acuerdo *m* global **2** (vacation) (BrE colloq) viaje *m* organizado; **a two-week ~ to Tenerife** (BrE) un viaje organizado de dos semanas a Tenerife; (*before n*): **~ tour** viaje *m* organizado; **~ vacation** *o* (BrE) **holiday** vacaciones *fpl* organizadas, viaje *m* organizado

package² *vt* **1** (pack) embalar, empaquetar **2** (Marketing): **the product is attractively ~d** la presentación del producto es atractiva; **she was ~d for the leadership** le crearon una imagen de líder **3** (Publ) *encargarse de la producción de un libro*

packager /ˈpækɪdʒər || ˈpækɪdʒə(r)/ *n* (Publ) *compañía que se encarga de la producción de libros para una editorial*

package store *n* (AmE) tienda *f* de bebidas alcohólicas

packaging /ˈpækɪdʒɪŋ/ *n* [u]
A **1** (packing) embalaje *m* **2** (Marketing) presenta-

ción *f*; **with the right ~, he could be a star** si se le crea la imagen apropiada, podría llegar al estrellato
B (wrapping) envoltorio *m*

pack drill *n* [u] servicio *m* especial con equipo completo; ***no names, no ~ ~*** en boca cerrada no entran moscas

packed /pækt/ *adj* ‹*hall/restaurant*› lleno *or* atestado de gente, de bote en bote, repleto; **the group played to ~ houses** el grupo tocó con llenos completos; **the book is ~ with useful information** el libro está lleno de información útil; **this fact-~ leaflet** este informativo folleto; **an action-~ movie** una película de mucha acción

packed lunch *n* almuerzo *m* frío *or* (esp Esp, Méx) comida fría en bolsa, packed lunch *m*; **she takes a ~ ~ to work** se lleva el almuerzo *o* (esp Esp, Méx) la comida al trabajo

packed out *adj* (*pred*) (BrE colloq) lleno hasta los topes (fam); **the stadium was ~ ~** el estadio estaba lleno hasta los topes (fam)

packer /'pækər || 'pækə(r)/ *n* **1** (in warehouse) embalador, -dora *m,f*, empacador, -dora *m,f* **2** (company) envasadora *f*; **a meat ~** una empresa de productos cárnicos, un frigorífico (RPl) **3** (of suitcase): **she's a good ~** sabe hacer las maletas *or* (RPl) las valijas, sabe empacar (AmL)

packet /'pækət || 'pækɪt/ *n*
A (container) (esp BrE) paquete *m*; **a ~ of biscuits** un paquete de galletas; **a ~ of cigarettes** (BrE) un paquete *or* una cajetilla *or* (RPl) una cajilla de cigarrillos; (*before n*) ‹*soup/cake mix*› de sobre
B (considerable sum) (BrE colloq) (*no pl*) dineral *m*, fortunón *m* (fam); **to cost/earn a ~** costar*/ganar un dineral *or* (fam) un fortunón
C **~ (boat)** (Naut) paquebote *m*
D (Comput) paquete *m*
E (male genitals) (colloq) paquete *m* (fam)

packetize /'pækətaɪz || 'pækɪtaɪz/ *vt* (Comput) empaquetar

packet switching /'swɪtʃɪŋ/ *n* [u] conmutación *f* de paquetes

packhorse /'pækhɔːrs || 'pækhɔːs/ *n* caballo *m* de carga

pack ice *n* [u] banco *m* de témpanos

packing /'pækɪŋ/ *n* [u] **1** (of suitcase): **to do one's ~** hacer* la(s) maleta(s) *or* (RPl) la(s) valija(s), empacar* (AmL) **2** (in factory) embalaje *m* **3** (wrapping material) embalaje *m*

packing case *n* caja *f* de embalaje

packing density *n* [u] densidad *f* de empaquetamiento

packing house, packing plant *n* (AmE) ▸**packer 2**

pack rat *n* neotoma *f*; **he's a real ~ ~** (AmE) es una urraca

packsack /'pæksæk/ *n* (AmE) mochila *f*

packsaddle /'pæk,sædl/ *n* albarda *f*

pact /pækt/ *n* pacto *m*; (Pol, Lab Rel) pacto *m*, convenio *m*; **suicide ~** pacto suicida; **non-aggression ~** pacto de no agresión; **to make a ~ with sb** pactar con algn, hacer* un pacto con algn; **he made a ~ with the devil** hizo un pacto con el diablo

pacy /'peɪsi/ *adj* (colloq) **1** ‹*thriller/movie*› rápido, con buen ritmo **2** ‹*sports car*› rápido **3** ‹*wing/quarterback*› rápido

pad¹ /pæd/ *n*
A (cushioning) almohadilla *f*; **shoulder ~s** hombreras *fpl*; **knee ~s** rodilleras *fpl*; **shin ~s** espinilleras *fpl*, canilleras *fpl*; **thigh ~s** musleras *fpl*
B (of paper) bloc *m*; **desk ~** bloc de notas
C (sl & dated) **1** (house, apartment) casa *f* (*or* apartamento *m etc*), bulín *m* (RPl fam) **2** (bed) (AmE) catre *m* (fam)
D (*launch ~*) plataforma *f* de lanzamiento

pad² **-dd-** *vt*
A **1** (line) ‹*seat/panel*› acolchar, enguatar (Esp); **to ~ a carpet** (AmE) colocarle* fieltro por debajo a una alfombra **2** **padded** *past p* ‹*armrests/jacket*› acolchado, enguatado (Esp); ‹*envelope*› acolchado; ‹*bra*› con relleno; **a coat with ~ded shoulders** un abrigo con hombreras; **~ded cell** celda *f* de aislamiento
B **~ (out)** (expand) ‹*essay/film/speech*› rellenar, meter* paja en (fam)
C (AmE) ‹*expenses*› cobrar ... de más, inflar; ‹*bill/invoice*› cobrar de más en, inflar
■ **pad** *vi* andar*, caminar (*con paso suave*); **he ~ded into the room** entró en la habitación sin hacer ruido

padding /'pædɪŋ/ *n* [u] **1** (material) relleno *m*, guata *f* (Esp); (for protection) almohadillas *fpl*; **carpet ~** (AmE) fieltro *m* **2** (in essay, speech) paja *f* (fam), hojarasca *f*

paddle¹ /'pædl/ *n*
A [c] **1** (oar) zagual *m*, pala *f*, remo *m* pequeño **2** **~ (wheel)** rueda *f* hidráulica de paletas **3** (on paddle wheel) paleta *f*
B **1** (stirrer) pala *f* **2** (for punishment) (AmE) palmeta *f*
C (flipper) aleta *f*
D (in table tennis) (esp AmE) pala *f*, paleta *f*
E (*no pl*): **to go for a ~** (standing) ir* a mojarse los pies; (playing) ir* a jugar *or* a chapotear en la orilla

paddle² *vi*
A (wet feet) mojarse los pies (*en la orilla*)
B **1** (in canoe) remar **2** (swim) «*duck/dog*» chapotear
■ **paddle** *vt* **1** ‹*boat/canoe*› llevar (*remando con pala o zagual*) **2** (beat) (AmE colloq) zurrar; (with paddle) darle* palmetazos a

paddle boat *n* **1** ▸**paddle steamer** **2** (pedalo) bote *m* de pedales, patín *m* (Esp)

paddle steamer *n* barco *m* de vapor con paletas

paddling pool /'pædlɪŋ/ *n* (BrE) (in park) estanque *m*; (inflatable) piscina *f or* (Méx) alberca *f* inflable (*para niños*)

paddock /'pædək/ *n* **1** (field) prado *m*, cercado *m*, potrero *m* **2** (at race course) paddock *m*

paddy /'pædi/ *n* (*pl* **-dies**)
A **~ (field)** arrozal *m*
B *also* **Paddy** (Irishman) (sl & often pej) irlandés *m*
C (tantrum) (BrE colloq) pataleta *f* (fam), rabieta *f* (fam); **he got into a ~** le dio una pataleta *or* una rabieta *or* un berrinche (fam)

paddy wagon *n* (AmE sl) furgón *m* policial, (coche *m*) celular *m*, canguro *m* (Esp fam), madrina *f* (Méx fam), julia *f* (Méx fam), cuca *f* (Chi fam), jaula *f* (Col fam)

padkos /'pɑːdkɑːs || 'pædkɒs, 'pætkɒs/ *pl n* (SAfr) (Culin) merienda *f* para el camino

padlock¹ /'pædlɑːk || 'pædlɒk/ *n* candado *m*

padlock² *vt* cerrar* con candado, echarle el candado a

padre /'pɑːdreɪ/ *n* capellán *m*

paean /'piːən/ *n* (liter) canto *m*, himno *m*; **he expected a ~ of praise** esperaba palabras de encomio, esperaba un panegírico

paediatric *etc* (BrE) ▸**pediatric** *etc*

paedophile *etc* (BrE) ▸**pedophile** *etc*

pagan¹ /'peɪgən/ *n* pagano, -na *m,f*

pagan² *adj* pagano

paganism /'peɪgənɪzəm/ *n* [u] paganismo *m*

page¹ /peɪdʒ/ *n*
A **1** (of book, newspaper) página *f*; **she turned the ~** volvió la página *or* la hoja; **the news has made the front ~** la noticia ha aparecido en primera plana *or* página; **the article takes up a full ~** el artículo viene publicado a toda página; **he took four ~s of notes** tomó cuatro páginas *or* carillas de apuntes; **a shameful ~ in our history** una página vergonzosa de nuestra historia; (*before n*): **~ number** número *m* de página; **~ numbering** paginación *f* **2** (Comput) página *f*; *see also* **home page, Web page**
B **1** (attendant) paje *m*; (in hotel) botones *m* **2** (in legislature) (in US) mensajero *m*

page² *vt* (over loudspeaker) llamar por megafonía; **paging Mr Nelson** aviso para el Sr Nelson

pageant /'pædʒənt/ *n* **1** (show, ceremony) festividades *fpl*; **beauty ~** (AmE) concurso *m* de belleza; **the ~ of history** el desfile de la historia **2** (historical show) *espectáculo histórico al aire libre*

pageantry /'pædʒəntri/ *n* [u] fausto *m*, pompa *f*, esplendor *m*

pageboy /'peɪdʒbɔɪ/ *n*
A ▸**page¹ B1**
B (hairstyle) peinado *m or* corte *m* a lo paje; **she wears her hair in a ~** lleva el pelo a lo paje

page break *n* salto *m* de página

page proof *n* prueba *f* de página

pager /'peɪdʒər || 'peɪdʒə(r)/ *n* buscapersonas *m*, localizador *m* (de personas), bip *m* (Méx fam), busca *m* (Esp fam), bíper *m* (Chi)

page set-up *n* configuración *f* de página

paginate /'pædʒəneɪt || 'pædʒɪneɪt/ *vt* paginar

pagination /,pædʒə'neɪʃən || ,pædʒɪ'neɪʃən/ *n* [u] paginación *f*

paging device /'peɪdʒɪŋ/ *n* ▸**pager**

pagoda /pə'gəʊdə/ *n* pagoda *f*

paid¹ /peɪd/ *past & past p of* **pay¹**

paid² *adj* **1** ‹*employment*› remunerado; ‹*worker*› asalariado; ‹*vacation*› (AmE) pagado; ‹*leave*› con goce de sueldo; ‹*informer*› a sueldo; ***to put ~ to sth*** (BrE) echar por tierra algo, acabar con algo **2** (AmE) que ha pagado su cuota de afiliación; **she's a ~ member of his fan club** es una de sus más fervientes admiradoras

paid-up /'peɪdʌp/ *adj* (*pred* **paid up**) **1** (BrE) ▸**paid² 2** **2** (Fin) ‹*capital*› desembolsado; ‹*shares*› liberado

pail /peɪl/ *n* balde *m*, cubo *m* (Esp), cubeta *f* (Méx)

paillasse /pæl'jæs || 'pæliæs/ *n* (AmE) jergón *m*

pain¹ /peɪn/ *n*
A **1** ▸**❶ p.965** [u c] (physical) dolor *m*; **she was in great ~** estaba muy dolorida *or* (AmL tb) adolorida, sentía mucho dolor; **I'm in constant ~** siento dolor permanentemente; **to cry out in** *o* **with ~** gritar de dolor; **to ease the ~** calmar el dolor; **I've got a ~ in my leg** me duele la pierna; **stomach/chest ~s** dolores *mpl* de estómago/de pecho; ***to be a ~ in the neck*** *o* (AmE vulg) ***ass*** *o* (BrE vulg) ***arse*** ser* un pesado, ser* insoportable, ser* un coñazo (Esp vulg); ***to be feeling no ~*** (AmE colloq) estar* como una cuba (fam), estar* bien pedo (Méx fam) **2** [u] (mental) dolor *m*, pena *f*; **the divorce caused me a lot of ~** sufrí mucho con el divorcio; **it takes the ~ out of accounting** hace más fácil la contabilidad **3** **on ~ of sth/-ING** (*as prep*) bajo *or* so pena de algo/+ INF
B **pains** *pl* (effort): **that's all you get for your ~s** así te pagan la molestia; **she was at great ~s to dissociate herself from ...** trató por todos los medios de dejar bien en claro que no tenía nada que ver con ...; **I took considerable ~s to explain it to them** puse mucho esmero *or* me esforcé mucho en explicárselo

pain² *vt*: **it ~s me to see that ...** me duele *or* me apena *or* me da pena ver que ...
■ **pain** *vi* (esp AmE): **my finger's/head's ~ing** me duele el dedo/la cabeza

pain clinic *n* centro *m or* clínica de tratamiento del dolor

pained /peɪnd/ *adj* afligido, apenado; ‹*expression*› de pena

pain-free /'peɪnfriː/ *adj* sin dolor, indoloro

painful /'peɪnfəl/ *adj* **1** (physically) doloroso; **is it very ~?** ¿duele mucho? **2** (mentally) ‹*task*› desagradable; ‹*reminder*› doloroso; **it is my ~ duty to inform you ...** tengo el doloroso deber de informarles ...; **it was ~ to watch her wasting away** daba pena *or* lástima *or* era doloroso ver como se consumía **3** (bad) (colloq) de pena (fam), pésimo; **his acting was really ~** su actuación daba vergüenza ajena

painfully /'peɪnfəli/ *adv*: **she dragged herself ~ along** se iba arrastrando con mucho dolor; **he's ~ slow** es tan lento que te exaspera; **she's ~ shy** es tan tímida que da pena; **I'm ~ aware of it** tengo plena conciencia de ello

painkiller /'peɪn,kɪlər || 'peɪn,kɪlə(r)/ *n* [u c] analgésico *m*, calmante *m* (*para el dolor*)

painkilling /'peɪn,kɪlɪŋ/ *adj* (*before n*) analgésico

painless /'peɪnləs || 'peɪnlɪs/ *adj* **1** (causing no pain) indoloro; **the operation is quite ~** la operación es indolora *or* no causa dolor; **~ childbirth** parto *m* sin dolor **2** (easy, pleasant) (colloq) ‹*method*› sencillo; **the experience was fairly ~** la experiencia fue bastante llevadera

painlessly /'peɪnləsli || 'peɪnlɪsli/ *adv* sin dolor

pain relief *n* [u] alivio *m* del dolor

painstaking /'peɪnz,teɪkɪŋ/ *adj* ‹*research/efforts*› concienzudo; ‹*person/personality*› meticuloso, minucioso; **he's terribly ~ about his work** no escatima esfuerzos en su trabajo

painstakingly /'peɪnz,teɪkɪŋli/ *adv* ‹*research*› minuciosamente, concienzudamente; **she was ~ precise** se esforzó mucho en ser precisa

paint¹ /peɪnt/ *n* [u c] pintura *f*; Ⓢ **wet paint** pintura fresca *or* (Esp) ojo, pinta; (*before n*): **~ gun** pistola *f* de pintura; **~ remover** quitapintura *m*; **~ roller** rodillo *m*; **~ shop** taller de pintura (*de una fábrica*); **~ stripper** (substance) quitapintura *m*; (scraper) raspador *m* de pintura; **~ thinner** disolvente *m*, diluyente *m*, tíner *m* (AmL)

paint² *vt* 1 (Art) ‹*portrait/landscape*› pintar; **these flowers were ~ed in by a later hand** estas flores se agregaron posteriormente 2 (apply paint to) ‹*wall/door/house*› pintar; **I ~ed the kitchen pink** pinté la cocina de rosa; **the door's freshly ~ed** la puerta está recién pintada; **I'll draw the outline and you ~ it in** yo dibujo el contorno y tú lo coloreas *or* pintas; **to ~ sth out, to ~ over sth** pintar encima de algo, tapar algo con pintura; **to ~ iodine on a wound, to ~ a wound with iodine** aplicar* yodo a una herida 3 (describe) pintar; **to ~ a glowing/gloomy picture of sth** pintar algo favorablemente/muy negro; ***as black as it's been ~ed***: **the situation isn't as black as it's been ~ed** la situación no es tan negra como la pintan; **the boss isn't as black as he's ~ed** el jefe no es tan fiero como lo pintan 4 (make up): **to ~ one's face** pintarse, maquillarse; **to ~ one's lips/nails** pintarse los labios/las uñas

■ **paint** *vi* pintar; **to ~ in oils/watercolors** pintar al óleo/a la acuarela

paintbox /'peɪntbɑːks || 'peɪntbɒks/ *n* caja *f* de acuarelas

paintbrush /'peɪntbrʌʃ/ *n* pincel *m*; (large, for walls) brocha *f*

painter /'peɪntər || 'peɪntə(r)/ *n*
A (Art, Const) pintor, -tora *m,f*; **portrait ~** retratista *mf*
B (Naut) amarra *f*, boza *f*

pain threshold *n* (Med) resistencia *f* al dolor, umbral *m* del dolor; **to have a high/low ~ ~** tener* mucha/poca resistencia al dolor, tener* el umbral del dolor elevado/bajo

painting /'peɪntɪŋ/ *n* 1 [c] (picture) cuadro *m*, pintura *f* 2 [u] (Art) pintura *f* 3 [u] (Const) pintura *f*

paintwork /'peɪntwɜːrk || 'peɪntwɜːk/ *n* [u] pintura *f*

pair¹ /per || peə(r)/ *n*
A 1 (of shoes, socks, gloves) par *m*; **a ~ of trousers** unos pantalones, un par de pantalones; **a ~ of scissors** unas tijeras; **a ~ of glasses** unas gafas, un par de lentes *or* anteojos (AmL); **I've only got one ~ of hands** sólo tengo dos manos; **you need a sharp ~ of eyes** tienes que tener vista de lince; ***to show a clean ~ of heels*** poner* pies en polvorosa 2 (in cards) pareja *f*, par *m*
B 1 (couple) pareja *f*; **the happy ~** la feliz pareja; **a ~ of rabbits** un casal de conejos; **the seats were arranged in ~s** los asientos estaban colocados de dos en dos *or* (AmL tb) de a dos 2 **pairs** *pl* (Sport) dobles *mpl*

pair² *vt* ‹*objects*› emparejar, formar pares con; **she was ~ed with Paul** le pusieron a Paul de pareja

■ **pair** *vi* (Zool) aparearse

Phrasal verbs

• **pair off**
A [v + o + adv, v + adv + o] ‹*pupils/dancers*› poner* en parejas; ‹*objects/words*› emparejar, formar pares con; **my friends tried to ~ me off with John** mis amigos me quisieron hacer gancho con John (fam)
B [v + adv] formar parejas

• **pair up**
A [v + o + adv, v + adv + o] ‹*objects*› emparejar, formar pares con; **each child was ~ed up with a partner** se puso a los niños en parejas
B [v + adv] formar parejas

pairing /'perɪŋ || 'peərɪŋ/ *n* 1 [u] (Zool) apareamiento *m* 2 [u c] (of people) emparejamiento *m* 3 [c] (group of two) pareja *f*, dúo *m*

paisley /'peɪzli/ *n* [u] estampado *m* de cachemir(a), estampado *m* búlgaro (RPl)

pajama, (BrE) **pyjama** /pə'dʒɑːmə/ *adj* (*before n*) ‹*top/bottom(s)*› del pijama, del *or* de la piyama (AmL); **~ case** funda *f* de pijama *or* (AmL tb) piyama

pajamas, (BrE) **pyjamas** /pə'dʒɑːməz/ *pl n* pijama *m*, piyama *m or f* (AmL); **a pair of ~** un pijama, unos pijamas, un *or* una piyama (AmL); ▸**cat¹ A**

Pakeha /'pɑːkɪhɑː/ *n* (NZ colloq) (Sociol) *neozelandés de origen europeo*

Paki /'pæki/ *n* (BrE sl & offensive) pakistaní *mf*, paquistaní *mf*

Pakistan /,pækɪ'stæn || ,pækɪ'stɑːn/ *n* Pakistán *m*, Paquistán *m*

Pakistani¹ /,pækɪ'stæni || ,pækɪ'stɑːni/ *adj* pakistaní, paquistaní

Pakistani² *n* pakistaní *mf*, paquistaní *mf*

pal /pæl/ *n* 1 (friend) (colloq) amigo *m*, compinche *m* (fam), cuate *m* (Méx fam); **we've been ~s for ages** hace años que somos amigos; **you're a ~!** ¡eso es un amigo! 2 (*as form of address*) compadre *or* (Esp) tío *or* (Méx) cuate

Phrasal verb

• **pal up**: **-ll-** [v + adv] (colloq) hacerse* amigos; **to ~ up WITH sb** hacerse* amigo DE algn

PAL /pæl/ *n* (= **phase alternation line**) PAL *m*

palace /'pæləs || 'pælɪs/ *n* palacio *m*; **the P~** la Casa Real

palace revolution *n* revolución *f* de palacio

paladin /'pælədən || 'pælədɪn/ *n* paladín *m*

palaeography *etc* (BrE) ▸**paleography** *etc*

palatable /'pælətəbəl/ *adj* agradable; **a very ~ wine** un vino de muy buen paladar; **he tried to make the figures more ~** trató de que las cifras resultaran más aceptables; **they present history to children in a ~ form** les presentan la historia a los niños de una manera agradable

palatal /'pælətl/ *adj* ‹*deformity*› del paladar; ‹*consonant/articulation*› palatal

palate /'pælət/ *n* 1 (Anat) paladar *m*; **soft ~** velo *m* del paladar; **hard ~** paladar duro; **cleft ~** paladar mellado 2 (sense of taste) paladar *m*; **a wine for the discerning ~** un vino para paladares exigentes

palatial /pə'leɪʃəl/ *adj* ‹*home*› palaciego; ‹*room*› grandioso; **your house is ~ compared with mine** comparada con la mía, tu casa es un palacio

palatinate /pə'lætnət || pə'lætɪnaɪt/ *n* palatinado *m*

palaver /pə'lævər || pə'lɑːvə(r)/ *n* [u] (colloq) 1 (bother) (esp BrE) jaleo *m* (fam), lío *m*, follón *m* (Esp fam), borlote *m* (Méx fam); **what a ~!** ¡qué jaleo (*or* follón *etc*)! (fam) 2 (discussion): **there's been a lot of ~ about it, but ...** se ha hablado mucho sobre el asunto, pero ...

pale¹ /peɪl/ *adj* 1 ‹*skin/person*› (naturally) blanco; (pallid) pálido; **you look rather ~** estás un poco pálido; **~ with rage/fright** pálido *or* lívido de rabia/de miedo; **to turn ~** palidecer*; **she turned ~ when I told her** palideció cuando se lo dije 2 ‹*blue/pink*› pálido; **a ~ imitation** una burda imitación

pale² *vi* 1 ‹‹*person*›› palidecer* 2 (seem minor) **to ~ BESIDE *o* BEFORE sb/sth** palidecer* JUNTO A algn/algo; **our problems ~ into insignificance beside theirs** nuestros problemas parecen nimios comparados con los suyos

pale³ *n*: ***beyond the ~*** intolerable, inaceptable; **his conduct is quite beyond the ~** su comportamiento es totalmente intolerable *or* inaceptable

pale ale *n* [u c]: *cerveza rubia suave*

paleface /'peɪlfeɪs/ *n* carapálida *mf or* (Esp) rostro *mf* pálido

pale-faced /'peɪlfeɪst/ *adj* pálido (de cara)

paleness /'peɪlnəs || 'peɪlnɪs/ *n* [u] palidez *f*

paleography, (BrE also) **palaeography** /,peɪli'ɑːgrəfi || ,pæli'ɒgrəfi/ *n* [u] paleografía *f*

Paleolithic, (BrE also) **Palaeolithic** /,peɪliə'lɪθɪk || ,pæliəʊ'lɪθɪk/ *adj* paleolítico

paleontologist, (BrE also) **palaeontologist** /,peɪliɑːn'tɑːlədʒəst || ,pæliɒn'tɒlədʒɪst/ *n* paleontólogo, -ga *m,f*

paleontology, (BrE also) **palaeontology** /,peɪliɑːn'tɑːlədʒi || ,pæliɒn'tɒlədʒi/ *n* [u] paleontología *f*

Palestine /'pæləstaɪn/ *n* Palestina *f*

Palestinian¹ /,pælə'stɪniən/ *adj* palestino

Palestinian² *n* palestino, -na *m,f*

palette /'pælət || 'pælɪt/ *n* 1 (board) paleta *f* 2 (range of color) gama *f*

palette knife *n* 1 (Art) espátula *f* 2 (AmE also **pallet knife**) (Culin) espátula *f*, paleta *f*

palfrey /'pɔːlfri/ *n* palafrén *m*

palimony /'pæləməʊni || 'pælɪməni/ *n* [u] (journ) *pensión alimenticia que se paga a un ex-concubino*

palimpsest /'pæləmsest, -əmp- || 'pælɪmpsest/ *n* palimpsesto *m*

palindrome /'pæləndrəʊm || 'pælɪndrəʊm/ *n* palíndromo *m*

paling /'peɪlɪŋ/ *n* 1 [u c] (fence) (*often pl*) empalizada *f* 2 [c] (stake) estaca *f*

palisade /,pælə'seɪd || ,pælɪ'seɪd/ *n* 1 (fence) empalizada *f*, palizada *f* 2 (cliff) (AmE) (*usu pl*) acantilado *m*

pall¹ /pɔːl/ *n* 1 (cloth) paño *m* mortuorio; **a ~ of smoke** una cortina de humo; ***to cast a ~ on o over sth*** empañar algo 2 (bier) (AmE) andas *fpl*, parihuelas *fpl*

pall² *vi* hacerse* pesado; **his jokes began to ~ on us** sus chistes empezaron a aburrirnos

Palladio /pə'lædiəʊ || pə'lɑːdiəʊ/ *n* Palladio

pallbearer /'pɔːl,berər || 'pɔːl,beərə(r)/ *n* portador, -dora *m,f* del féretro

pallet /'pælət || 'pælɪt/ *n* 1 (for forklift) paleta *f* 2 (bed) camastro *m*

pallet knife *n* (AmE) ▸**palette knife 2**

pallet truck *n* carretilla *f* elevadora

palliasse /pæl'jæs || 'pæliæs/ *n* jergón *m*

palliate /'pælieɪt/ *vt* (frml) 1 (alleviate) ‹*grief/boredom*› paliar, mitigar* 2 (excuse) ‹*offense/crime*› paliar

palliative¹ /'pælieɪtɪv || 'pæliətɪv/ *n* paliativo *m*

palliative² *adj* paliativo; **~ care** cuidados *mpl* paliativos, tanatología *f*

pallid /'pæləd || 'pælɪd/ *adj* pálido

pallor /'pælər || 'pælə(r)/ *n* [u] palidez *f*

pally /'pæli/ *adj* **-lier, -liest** (colloq) (*pred*) **to be ~ WITH sb** ser* muy amigo DE algn, tener* amistad CON algn; **you're ~ with Sue, aren't you?** eres muy amiga de Sue ¿no?; **he's very ~ with the boss** está íntimo con el jefe (fam), él y el jefe son muy cuates (Méx fam)

palm¹ /pɑːm/ *n*
A 1 **~ (tree)** palmera *f*; **date ~** palma *f* de dátiles, palmera *f* datilera; **coconut ~** cocotero *m*; (*before n*): **~ grove** palmeral *m*; **~ leaf** palma *f*; **~ oil** aceite *m* de palma 2 (leaf, branch) palma *f*; **P~ Sunday** Domingo *m* de Ramos 3 **~ (cross)** rama *f* de olivo, ≈ palma *f*, ≈ palmón *m* (*en Esp*)
B (Anat) palma *f*; **to read sb's ~** leerle* la mano a algn; ***to grease o oil sb's ~*** untarle la mano a algn; ***to have itchy o itching ~s*** ser* fácil de sobornar, ser* coimero (CS fam); ***to have sb in the ~ of one's hand***: **she's got him in the ~ of her hand** se lo ha metido en el bolsillo, hace lo que le da la gana con él

palm² *vt* 1 (hide in hand) ‹‹*conjuror*›› hacer* desaparecer 2 (steal) (BrE colloq) birlar (fam), volar* (fam) 3 (Sport) ‹*ball*› darle* con la mano a

Phrasal verb

• **palm off** [v + o + adv] **to ~ sth/sb off ON *o* ONTO sb** encajarle *or* enjaretarle algo/a algn a algn

p

(fam); **he's trying to ~ his girlfriend off on** o **onto me!** ¡me quiere enjaretar or encajar a su novia! (fam); **to ~ sb off WITH sth** quitarse a algn de encima CON algo; **I'll ~ him off with some excuse or other** ya me lo quitaré de encima con alguna excusa

palmcorder /'pɑ:mkɔ:rdər || 'pɑ:mkɔ:də(r)/ *n* videocámara *f* de bolsillo, palmcorder *f*

palmier /'pɑ:miər || 'pɑlmieɪ/ *n* palmera *f*, palmita *f* (RPl)

palmist /'pɑ:məst || 'pɑ:mɪst/ *n* quiromántico, -ca *m,f*

palmistry /'pɑ:məstri || 'pɑ:mɪstri/ *n* [u] quiromancia *f*

Palm Sunday *n* Domingo *m* de Ramos

palmtop /'pɑ:mtɑ:p || 'pɑ:mtɒp/ *n* computadora *f* or (Esp) ordenador *m* de mano, palm *m* or *f*

palmy /'pɑ:mi/ *adj* **-mier, -miest** glorioso

palomino /,pælə'mi:nəʊ/ *n* (*pl* **-nos**) *caballo claro con crin blanca*

palooka /pə'lu:kə/ *n* (AmE sl & dated) imbécil *mf*

palpable /'pælpəbəl/ *adj* 1 (evident) (frml) ‹*pride/anxiety*› palmario, palpable 2 (Med) ‹*tumor*› palpable

palpably /'pælpəbli/ *adv* (frml) a todas luces, a ojos vistas

palpate /'pælpeɪt || pæl'peɪt/ *vt* palpar

palpitate /'pælpəteɪt || 'pælpɪteɪt/ *vi* «*heart*» palpitar; **I waited, palpitating with excitement** esperé con el corazón palpitante de emoción

palpitation /,pælpə'teɪʃən || ,pælpɪ'teɪʃən/ *n* [u c] (Med) palpitación *f*; **I get ~s after running** después de correr me dan palpitaciones or me da taquicardia

palsy /'pɔ:lzi/ *n* [u] parálisis *f*

paltriness /'pɔ:ltrinəs || 'pɔ:ltrinɪs/ *n* [u] mezquindad *f*

paltry /'pɔ:ltri/ *adj* **-trier -triest** ‹*sum/amount*› mísero, mezquino; ‹*excuse*› malo; **for a ~ $5** por unos míseros cinco dólares

pampas /'pæmpəs/ *n* (+ *sing or pl vb*) pampa *f*; **the ~** la pampa, las pampas; **the P~** la Pampa

pampas grass *n* [u] cortadera *f*, paja *f* brava

pamper /'pæmpər || 'pæmpə(r)/ *vt* mimar

pampered /'pæmpərd || 'pæmpəd/ *adj* mimado, consentido

Pampers® /'pæmpərz || 'pæmpəz/ *pl n* pañales *mpl* desechables

pamphlet /'pæmflət || 'pæmflɪt/ *n* (informative) folleto *m*; (political) panfleto *m*, volante *m*

pamphleteer /,pæmflə'tɪr || ,pæmflɪ'tɪə(r)/ *n* panfletista *mf*

pan¹ /pæn/ *n*

A 1 (Culin) cacerola *f*; (large, with two handles) olla *f*; (small) cacerola *f*, cazo *m* (Esp); (*frying ~*) sartén *f*; **pots and ~s** cacharros *mpl* (fam), trastes *mpl* (Méx); **loaf ~** (AmE) molde *m* para pan 2 (for prospecting) batea *f* 3 (on scales) platillo *m*, bandeja *f*

B (of toilet) (BrE) taza *f*; ***to go down the ~*** (colloq) irse* al traste (fam)

pan² **-nn-** *vt*

A (Min) 1 ‹*gravel/soil*› cribar 2 ‹*gold*› separar cribando

B (Cin): **the camera ~s across to the two figures** la cámara recorre hasta enfocar en las dos figuras

C (criticize, condemn) (colloq) poner* por los suelos (fam)

■ **pan** *vi*

A (Min): **to ~ for gold** lavar oro

B (Cin): **he ~ned along the street** rodó una panorámica de la calle, recorrió la calle con la cámara

Phrasal verb

• **pan out** [v + adv] (colloq) salir*, resultar; **things didn't ~ out as they'd hoped** las cosas no salieron or no resultaron como esperaban

Pan /pæn/ *n* Pan

Pan- /pæn/ *pref* pan-

panacea /,pænə'si:ə/ *n* (frml) panacea *f*

panache /pə'næʃ/ *n* [u] garbo *m*, salero *m*

Pan-African /,pæn'æfrɪkən/ *adj* panafricano

Pan-Africanism /,pæn'æfrɪkənɪzəm/ *n* [u] panafricanismo *m*

Panama /'pænəmɑ:/ *n* 1 (Geog) Panamá *m*; (*before n*): **~ Canal** el Canal de Panamá; **~ City** Ciudad *f* de Panamá 2 **~ (hat)** or **panama (hat)** panamá *m*, (sombrero *m* de) jipijapa *m*

Panamanian¹ /,pænə'meɪniən/ *adj* panameño

Panamanian² *n* panameño, -ña *m,f*

Pan-American /,pænə'merɪkən/ *adj* panamericano

Pan-Americanism /,pænə'merɪkənɪzəm/ *n* [u] panamericanismo *m*

Pan-Asian /,pæn'eɪʒən, -'eɪʃən/ *adj* panasiático

pancake /'pænkeɪk/ ▸**Pancake Day** *n* [c] (Culin) crep(e) *m*, panqueque *m* (AmL), crepa *f* (Méx), panqué *m* (AmC, Col), panqueca *f* (Ven); ***as flat as a ~*** liso como una tabla; (*before n*): **P~ Day** o **Tuesday** martes *m* de Carnaval

Pan-Cake® /'pænkeɪk/ *n* [u] pancake *m*

> **Pancake Day**
>
> En Gran Bretaña, así se denomina el martes de Carnaval (también *Shrove Tuesday*) ocasión en que mucha gente come creps o panqueques. Tradicionalmente, éste era el último día en que se podía disfrutar de una buena comida antes de la Cuaresma (*Lent*).

pancake landing *n* aterrizaje *m* de panza

pancake roll *n* (BrE) ▸**spring roll**

panchromatic /,pænkrə'mætɪk/ *adj* pancromático

pancreas /'pæŋkriəs/ *n* páncreas *m*

pancreatic /,pæŋkri'ætɪk/ *adj* (*before n*) pancreático

pancreatitis /,pæŋkriə'taɪtəs || ,pæŋkriə'taɪtɪs/ *n* [u] pancreatitis *f*

panda /'pændə/ *n* (oso, osa *m,f*) panda *mf*; **giant ~** panda gigante

panda car *n* (BrE) coche *m* de policía

pandemic /pæn'demɪk/ *adj* pandémico

pandemonium /,pændə'məʊniəm/ *n* [u] pandemonio *m*, pandemónium *m*, caos *m*; **it was absolute ~** aquello era un verdadero pandemonio or el caos más absoluto

pander /'pændər || 'pændə(r)/ *vi*: **to ~ to sb's whims** consentirle* los caprichos a algn; **don't ~ to him like that!** ¡no lo consientas así!; **she is accused of ~ing to these pressure groups** la acusan de hacerles el juego a estos grupos de presión; **the paper ~s to popular prejudice** el periódico halaga y reafirma los prejuicios de la gente

p & h (AmE) = **postage and handling**

P & L *n* = **profit and loss account**

Pandora's Box /pæn'dɔ:rəz/ *n* caja *f* de Pandora

p & p /'pi:ən'pi:/ (BrE) = **postage and packing**

pane /peɪn/ *n* cristal *m*, (hoja *f* de) vidrio *m*

panegyric /,pænə'dʒɪrɪk/ *n* (frml) panegírico *m*

panel¹ /'pænl/ *n*

A 1 (of door, car body, plane wing) panel *m*; (of garment) pieza *f* 2 (*instrument ~*) tablero *m* or panel *m* (de instrumentos); (*control ~*) tablero *m* (de control) 3 (Art) tabla *f*

B 1 (in discussion, interview) panel *m* or (Col, Ven) pánel *m*; (in quiz, contest) equipo *m*; (in exam) mesa *f*, tribunal *m*, comisión *f* (Chi); (*before n*): **~ game** concurso *m* (*en el que participan equipos*) 2 **~ (discussion)** debate *m* 3 (Law) (list of jurors) *lista de personas de la cual se selecciona un jurado*; (jury) jurado *m*

panel² *vt*, (BrE) **-ll-** 1 ‹*room/wall*› revestir* con paneles 2 **paneled**, (BrE) **panelled** *past p* ‹*door*› de paneles; ‹*skirt*› de piezas; **an oak-~ed room** una habitación con paneles de roble

panel beater *n* (BrE) chapista *mf*, hojalatero, -ra *m,f* (Méx), latonero, -ra *m,f* (Col)

panel beating *n* (BrE) [u] 1 (work produced) chapistería *f*, hojalatería *f* (Méx), latonería *f* (Col) 2 (action) arreglo *m* de chapa

paneling, (BrE) **panelling** /'pænlɪŋ || 'pænəlɪŋ/ *n* [u] paneles *mpl*

panelist, (BrE) **panellist** /'pænləst || 'pænəlɪst/ *n* (in discussion, interview) miembro *mf* del panel or (Col, Ven) del pánel; (in quiz, contest) concursante *mf*, miembro *mf* del equipo

panel pin *n* (BrE) espiga *f*

panel truck *n* furgoneta *f*

Pan-European /,pæn,jʊrə'piən || ,pæn,jʊərə'piən/ *adj* paneuropeo

pan-fried /'pænfraɪd/ *adj* frito en sartén (*con poco aceite*)

pan-fry /'pænfraɪ/ *vt* freír en sartén (*con poco aceite*)

pang /pæŋ/ *n* punzada *f*; **~s of hunger** retortijones *mpl* or (Esp) retortijones *mpl* de hambre; **to feel ~s of remorse** sentir* remordimiento (de conciencia); **birth ~s** dolores *mpl* de parto

panhandle¹ /'pæn,hændl/ *n* (AmE): *faja estrecha de territorio de un estado que penetra en otro*

panhandle² *vi* (AmE colloq) pordiosear, mendigar*, limosnear (AmL)

■ **panhandle** *vt* mendigar*, pedir*

panhandler /'pæn,hændlər || 'pæn,hændlə(r)/ *n* (AmE colloq) mendigo, -ga *m,f*, pordiosero, -ra *m,f*, limosnero, -ra *m,f* (AmL)

panic¹ /'pænɪk/ *n*

A [u c] (fear, anxiety) pánico *m*; **there was widespread ~ on world financial markets** cundió el pánico en los mercados financieros del mundo; **people fled in ~** la gente huyó, despavorida or presa del pánico; **keep calm, don't get into a ~** calma, no te dejes llevar por el pánico; **when the lights went out, the whole crowd was thrown into a ~** cuando se apagaron las luces, cundió el pánico entre la gente; **the announcement spread ~ among the shoppers** el anuncio sembró el pánico entre la gente que se encontraba en la tienda; (*before n*): **the strike led to ~ food-buying** la gente se asustó con la huelga y se lanzó a comprar alimentos; **~ measure** medida *f* de emergencia (*en situaciones de pánico*); **that was a typical ~ reaction** ésa fue una reacción típica de un momento de pánico; **it was ~ stations** (colloq) reinaba el pánico

B [c] (funny person, thing) (AmE colloq): **he/the show is a ~** él/el espectáculo es divertidísimo or comiquísimo, él/el espectáculo es un plato (AmL fam)

panic² **-ck-** *vi* dejarse llevar por el pánico; **he ~ked and jumped out of the window** presa del pánico, se tiró por la ventana; **he ~ked and pressed the alarm bell** le entró el pánico y apretó la alarma; **don't ~!** ¡tranquilo!, ¡cálmate!; **calm down, there's no need to ~** calma, no hay por qué alarmarse

■ **panic** *vt* infundirle pánico a; **to ~ sb INTO sth**: **we were ~ked into a hasty decision** lo que nos dijeron (or lo que leímos *etc*) nos infundió pánico y tomamos una decisión precipitada

panic attack *n* ataque *m* de pánico or de ansiedad

panic button *n* botón *m* de alarma; ***to hit*** o ***push the ~ ~*** (colloq) ponerse* histérico (fam)

panic disorder *n* trastorno *m* de ansiedad

panicky /'pænɪki/ *adj* ‹*person*› muy nervioso; ‹*behavior/decision*› precipitado; **to get/grow ~** dejarse llevar por el pánico

panic-stricken /'pænɪk,strɪkən/ *adj* aterrorizado; **he was ~** estaba aterrorizado, era presa del pánico; **the ~ passengers** los aterrorizados pasajeros

panjandrum /pæn'dʒændrəm/ *n* (hum) archipámpano *m*

pannier /'pæniər || 'pæniə(r)/ *n* alforja *f*; (on cycle) maletero *m*

panoply /'pænəpli/ *n* (*pl* **-plies**) 1 (array) (frml) colección *f*; **there is already a whole ~ of laws to deal with such offenses** ya existe toda una colección de leyes que rigen tales delitos 2 (armor) (Hist) panoplia *f*

panorama /,pænə'ræmə || ,pænə'rɑ:mə/ *n* panorama *m*

panoramic /,pænə'ræmɪk/ *adj* panorámico

panpipes /'pænpaɪps/ *pl n* zampoña *f*, guaira *f* (AmC)

pansy /'pænzi/ *n* (*pl* **-sies**) 1 (Bot) pensamiento *m* 2 (effeminate male) (colloq & pej) mariquita *m* (fam & pey)

pant[1] /pænt/ *vi* **1** (breathe quickly) jadear, resollar; **to ~ for breath** tratar de recobrar el aliento; **I ~ed along behind the leaders** corría, jadeando, detrás de los primeros **2** (yearn) **to ~ FOR/AFTER sth/sb** suspirar POR algo/algn
■ **pant** *vt* decir* jadeando

pant[2] *n* jadeo *m*; *see also* **pants**

pantaloons /,pæntə'lu:nz/ *pl n* **1** (Hist) pantalón *m* (*ajustado, usado en los siglos XVIII y XIX*) **2** (baggy trousers) pantalones *mpl* bombachos

pantechnicon /pæn'teknɪkən/ *n* (BrE) camión *m* de mudanzas

pantheism /'pænθi:ɪzəm/ *n* [u] panteísmo *m*

pantheist[1] /'pænθiəst || 'pænθiɪst/ *adj* panteísta

pantheist[2] *n* panteísta *m,f*

pantheistic /,pænθi:'ɪstɪk/ *adj* panteísta

pantheon /'pænθi:ɑ:n || 'pænθiən/ *n* panteón *m*

panther /'pænθər || 'pænθə(r)/ *n* pantera *f*

pantie girdle /'pænti/ *n* ▸**panty girdle**

panties /'pæntiz/ *pl n* calzones *mpl* (AmL), bragas *fpl* (Esp), pantaletas *fpl* (Méx, Ven), bombacha *f* (RPl), calzoneta *f* (AmC)

pantihose *pl n* ▸**pantyhose**

panto /'pæntəʊ/ *n* [c u] (*pl* **-tos**) (BrE colloq) ▸**pantomime 2**

pantograph /'pæntəgræf || 'pæntəgrɑ:f/ *n* **1** (for drawing) pantógrafo *m* **2** (Elec, Rail) pantógrafo *m*

pantomime /'pæntəmaɪm/ *n* [c u] **1** (mime) pantomima *f* **2** (in UK) *comedia musical navideña, basada en cuentos de hadas*; **the whole thing is a ~** es todo una farsa

> **pantomime**
>
> Un tipo de representación teatral, dirigida a los niños y comúnmente conocida también como panto, que tradicionalmente presentan los teatros británicos durante la época navideña. El argumento suele ser una adaptación cómica de un cuento tradicional y cuenta con un número de personajes de características exageradas e increíbles. También requiere de un gran nivel de participación por parte del público.

pantry /'pæntri/ *n* (*pl* **-tries**) **1** (for storing food) despensa *f* **2** (*butler's ~*) antecocina *f*, office *m*

pants /pænts/ *pl n*
A (trousers) (AmE) pantalón *m*, pantalones *mpl*; **a pair of ~** un par de pantalones, unos pantalones, un pantalón; ***to bore the ~ off sb*** (also BrE colloq) matar a algn de aburrimiento; ***to scare the ~ off sb*** (also BrE colloq) darle* a algn un susto de muerte
B (underwear) (BrE) **1** (men's) calzoncillos *mpl*, calzones *mpl* (Méx), interiores *mpl* (Col, Ven); ***to catch sb with his ~ down*** (colloq) agarrar *or* (esp Esp) coger* a algn desprevenido **2** (women's) ▸**panties 3** (BrE sl) (nonsense) tonterías *fpl*, pendejadas *fpl* (AmL exc CS fam), chorradas *fpl* (Esp fam), pavadas *fpl* (RPl fam), leseras *fpl* (Chi fam) **4** (BrE colloq) (rubbish) porquería *f*; **the film was ~** la película fue una porquería

pantsuit /'pæntsu:t/, **pants suit** *n* (AmE) traje *m* de chaqueta y pantalón, traje *m* pantalón

panty girdle /'pænti/ *n* faja *f*, panti *m* (Esp), trusa *f* (RPl)

pantyhose /'pæntihəʊz/ *pl n* (AmE) medias *fpl*, panti(e)s *mpl or fpl*, pantimedias *fpl* (Méx), medias *fpl* bombacha (RPl) *or* (Col) pantalón *or* (Ven) panty; **a pair of ~** unos *or* unas panti(e)s, un par de medias *or* unas medias (*or* unas pantimedias *etc*)

panty liner *n* toallita *f* (higiénica) protectora

pantywaist /'pæntiweɪst/ *n* (AmE colloq) gallina *m* (fam)

panzer /'pænzər, 'pɑ:ntsər || 'pænzə(r), 'pæntsə(r)/ *n* panzer *m*; (*before n*): **~ division** división *f* panzer *or* blindada (alemana)

pap /pæp/ *n* [u] **1** (soft food) papilla *f* **2** /pʌp/ (SAfr) (Culin) (sweet porridge) *papilla de harina de maíz hervida* **3** (drivel): **this book/show is mindless ~!** este libro/espectáculo es una estupidez *or* una tontería

papa *n* **1** /'pɑ:pə/ (AmE) papá *m* **2** /pə'pɑ:/ (BrE dated) padre *m* (ant), papá *m*

papacy /'peɪpəsi/ *n* (*pl* **-cies**) papado *m*, pontificado *m*

papal /'peɪpəl/ *adj* (*before n*) papal, pontificio; **~ bull/cross** bula *f*/cruz *f* papal; **~ nuncio** nuncio *m* apostólico; **the P~ States** los Estados Pontificios *or* de la Iglesia

paparazzi /,pɑ:pə'rɑ:tsi || ,pæpə'rætsi/ *pl n* paparazzi *mpl*

papaw *n* (esp AmE)
A /pə'pɔ:/ (custard apple) asimina *f*
B /'pɔ:pɔ:/ ▸**papaya A**

papaya /pə'paɪə/ *n*
A **1** [c u] (fruit) papaya *f* **2** [c] **~ (tree)** papayo *m*
B (BrE) ▸**pawpaw A**

paper[1] /'peɪpər || 'peɪpə(r)/ *n*
A **1** [u] (material) papel *m*; **don't throw ~ on the floor** no tiren papeles al suelo; **it's made of ~** es de papel; **a sheet of ~** una hoja de papel; **a piece of ~** un papel; **I spent four years at college to get this piece of ~** me pasé cuatro años en la universidad para conseguir este papelito *or* (Chi) este cartón (fam); ***it's not worth the ~ it's printed*** o ***written on***: **this agreement/contract is not worth the ~ it's printed on** este acuerdo/contrato es papel mojado *or* no tiene el menor valor; ***on ~*** en teoría; **the scheme looks excellent on ~** en teoría *or* sobre el papel el plan es excelente; **on ~ he's very well qualified but ...** diplomas (*or* certificados *etc*) tiene muchos pero ...; ***to get*** o ***put sth down on ~*** poner* algo por escrito; (*before n*) ‹*towel/handkerchief*› de papel; **~ currency** papel *m* moneda; **~ cutter** guillotina *f*; **~ industry** industria *f* papelera; **~ knife** abrecartas *m*, cortapapeles *m*; **~ loss** (Fin) pérdida *f* no realizada; **~ mill** fábrica *f* de papel, papelera *f*; **~ money** papel *m* moneda; **~ profit** (Fin) beneficio *m* no realizado; **~ qualifications** títulos *mpl* **2** [c] (wrapper) (esp BrE) envoltorio *m*, papel *m* **3** [u] (*wall~*) papel *m* (pintado) **4** [c] (*cigarette ~*) papel *m* de fumar, sábana *f* (Méx)
B [c] (newspaper) diario *m*, periódico *m*; **I read/saw it in the ~** lo leí/lo vi en el diario *or* periódico; **what did the ~s say about it?** ¿qué salió en los diarios *or* periódicos al respecto?; (*before n*): **~ boy/girl** repartidor, -dora *m,f* de periódicos *or* diarios, diar(i)ero, -ra *m,f* (CS); **~ round** reparto *m* de diarios *or* periódicos; **~ shop** (BrE) tienda *f* de periódicos, ≈ quiosco *m* (*de periódicos*)
C [c] **1** (for journal) trabajo *m*, artículo *m*; (at conference) ponencia *f*, comunicación *f*; **a research ~** un trabajo de investigación; **to give** o **present a ~** presentar una ponencia *or* una comunicación **2** (student essay) trabajo *m* **3** (Govt) *see* **green paper**, **white paper**
D [c] (*exam ~*) (BrE) examen *m*; (part) parte *f*
E **papers** *pl* (documents) documentos *mpl*, papeles *mpl*; **he had to hand over his identity ~s** tuvo que entregar sus documentos de identidad *or* su documentación personal; **you have to carry your ~s at all time** hay que llevar siempre los documentos *or* los papeles encima; **his car ~s weren't in order** no tenía los papeles *or* documentos del coche en regla; **ship's ~s** documentación *f* del barco; ***to give sb her/his walking ~s*** (AmE colloq) poner* a algn de patitas en la calle (fam)
F [c] (Fin) papel *m* (comercial), documento *m* comercial

paper[2] *vt* **1** ‹*wall/room*› empapelar *or* (Méx tb) tapizar* **2** (Theat): **to ~ the house** regalar entradas

Phrasal verb
• **paper over** [v + o + adv, v + adv + o] ‹*hole/crack*› tapar con papel; ‹*rift/quarrel*› tapar, disimular

paperback /'peɪpərbæk || 'peɪpəbæk/ *n* libro *m* en rústica *or* (Méx) de pasta blanda; **available in ~** a la venta en (edición) rústica; **I bought a few ~s to take on vacation** me compré unos libros para las vacaciones; (*before n*) ‹*edition*› en rústica, de pasta blanda (Méx); ‹*writer*› para el gran público; **~ rights** derechos *mpl* de reedición (en rústica)

paper bag *n* bolsa *f* de papel; ***he couldn't fight his way out of a ~ ~*** (colloq) es un gallina (fam)

paper-based /'peɪpərbeɪst || 'peɪpəbeɪst/ *adj* en papel

paper chain *n* cadenita *f* de papel

paper chase *n*: *carrera a campo traviesa en la que los participantes deben seguir los papeles que otros han dejado como señuelo*

paperclip /'peɪpərklɪp || 'peɪpəklɪp/ *n* clip *m*, sujetapapeles *m*

paper cup *n* vaso *m* de papel, vaso *m* de cartón

paper fastener *n* sujetapapeles *m*

paper-feeder /'peɪpər,fi:dər || 'peɪpə,fi:də(r)/ *n* alimentador *m* de papel

paperhanger /'peɪpər,hæŋər || 'peɪpə,hæŋə(r)/ *n* (BrE) empapelador, -dora *m,f*

paperless /'peɪpərles || 'peɪpəlɪs/ *adj* sin papel; **the ~ office** la oficina electrónica

papermaking /'peɪpər,meɪkɪŋ || 'peɪpə,meɪkɪŋ/ *n* [u] fabricación *f* de papel

paper-pusher /'peɪpərpʊʃər || 'peɪpəpʊʃə(r)/ *n* (AmE colloq) chupatintas *mf* (fam), tinterillo, -lla *m,f* (fam), cagatintas *mf* (Esp fam), suche *mf* (Chi fam)

paper-pushing /'peɪpərpʊʃɪŋ || 'peɪpəpʊʃɪŋ/ *n* [u] trabajo *m* de oficina de baja calificación

paper-thin /,peɪpər'θɪn || ,peɪpə'θɪn/ *adj* delgadísimo, muy fino; **the slices of meat were ~** los trozos de carne eran delgadísimos *or* casi transparentes

paper tiger *n* tigre *m* de papel (*persona o institución que parece poderosa pero en realidad es débil o insignificante*)

paperweight /'peɪpərweɪt || 'peɪpəweɪt/ *n* pisapapeles *m*

paperwork /'peɪpərwɜ:rk || 'peɪpəwɜ:k/ *n* [u] (red tape) trámites *mpl* burocráticos, papeleo *m* (fam); (administrative work) papeleo *m* (fam)

papery /'peɪpəri/ *adj* ‹*substance/feel*› como de papel; ‹*look*› apergaminado, como de pergamino

papier maché /,peɪpərmə'ʃeɪ || ,pæpɪeɪ 'mæʃeɪ/ *n* [u] papel *m* maché, cartón *m* piedra (Esp)

papist /'peɪpəst || 'peɪpɪst/ *n* (pej) papista *mf*

papoose /pə'pu:s/ *n*: *bebé o niño indio norteamericano*

pappy /'pæpi/ *n* (*pl* **-pies**) (AmE dial) papá *m*, papi *m* (fam)

paprika /pə'pri:kə || 'pæprɪkə/ *n* [u] pimentón *m* dulce, paprika *f*

Pap smear, Pap test /pæp/ *n* (AmE) citología *f*, frotis *m*, Papanicolau *m* (AmL)

Papuan[1] /'pɑ:puən || 'pæpjʊən/ *adj* papú

Papuan[2] *n* papú *mf*

Papua New Guinea /'pɑ:puə || 'pæpjʊə/ *n* Papua Nueva Guinea *f*

papyrus /pə'paɪrəs/ *n* (*pl* **-ruses** *or* **-ri** /-raɪ/) papiro *m*

par /pɑ:r || pɑ:(r)/ *n* [u]
A **1** (equal level): **on a ~ (with sb/sth)**: **the two athletes are on a ~** los dos atletas son del mismo nivel; **the two systems are more or less on a ~** los dos sistemas son más o menos parecidos *or* equivalentes; **the new law puts us on a ~ with workers in other countries** la nueva ley nos pone en igualdad de condiciones *or* nos equipara con los trabajadores de otros países **2** (accepted standard): **his acting is not up to ~** su actuación no es del nivel adecuado; **his work was below ~ this month** este mes su trabajo no estuvo a la altura de lo que se esperaba; **not to be/feel up to ~, to be/feel below ~** (colloq) no estar*/sentirse* del todo bien
B (Fin) **1** **~ (of exchange)** tipo *m* de cambio **2** **~ (value)** valor *m* nominal; **at ~ (value)** a la par; **above/below ~ (value)** por encima/por debajo de la par
C (in golf) par *m*; **three under/over ~** tres bajo/

p

sobre par; ~ ***for the course*** (normal, standard) lo normal, lo habitual (lit: in golf) el par del recorrido

para /'pærə/ *n* (colloq) **1** (paragraph) párrafo *m* **2** (paratrooper) (BrE) paracaidista *m* (*del ejército*)

parable /'pærəbəl/ *n* parábola *f*

parabola /pə'ræbələ/ *n* (Math) parábola *f*

parabolic /,pærə'bɑːlɪk || ,pærə'bɒlɪk/ *adj* (Math) parabólico

paracetamol /,pærə'siːtəmɔːl || ,pærə 'setəmɒl, -'siːtəmɒl/ *n* [u c] (esp BrE) paracetamol *m*

parachute¹ /'pærəʃuːt/ *n* paracaídas *m*; (*before n*): ~ **drop** lanzamiento *m* en paracaídas; ~ **jump** salto *m* en *or* con paracaídas; ~ **regiment** brigada *f* paracaidista(s)

parachute² *vi* «*person*» saltar *or* lanzarse* en *or* con paracaídas

■ **parachute** *vt* ‹*troops/supplies*› lanzar* en *or* con paracaídas; **supplies were ~d into the area** hicieron llegar provisiones al área lanzándolas en paracaídas

parachutist /'pærəʃuːtəst || 'pærəʃuːtɪst/ *n* paracaidista *mf*

parade¹ /pə'reɪd/ *n* **1** (procession) desfile *m*; (Mil) desfile *m*, parada *f*; **fashion ~** desfile de modas *or* de modelos; **he made a ~ of his knowledge/wealth** (pej) estuvo haciendo alarde de sus conocimientos/su dinero **2** (assembly) (Mil) formación *f*; **to be on ~** (Mil) estar* formado *or* en formación; (on display) estar* en exposición *or* a la vista de todos; (*before n*): ~ **ground** plaza *f* de armas **3** (of shops) (BrE) hilera *f* de tiendas

parade² *vt* **1** (display) ‹*placards*› desfilar con; ‹*feelings/knowledge*› hacer* alarde *or* ostentación de, alardear de; ‹*wealth/jewelry*› hacer* ostentación de, ostentar; ‹*prisoner*› hacer* desfilar; **they ~d placards condemning the decision** desfilaron con pancartas que condenaban la decisión **2** (march, walk) ‹*streets*› desfilar por **3** (assemble) ‹*troops*› hacer* formar

■ **parade** *vi* **1** (march, walk) desfilar; **the boys ~d around, showing off to the girls** (pej) los muchachos se pavoneaban delante de las chicas; **to ~ up and down** «*soldier/model/child*» desfilar; (swagger, strut) andar* de aquí para allá pavoneándose **2** (masquerade): **self-interest parading as humanitarianism** el propio interés haciéndose pasar por humanitarismo **3** (assemble) (Mil) formar

paradigm /'pærədaɪm/ *n* **1** (model, example) (frml) paradigma *m*, ejemplo *m* **2** (Ling) paradigma *m*

paradigmatic /,pærədɪg'mætɪk/ *adj* paradigmático

paradise /'pærədaɪs/ *n* [u] **1** (heaven) paraíso *m*; **a pickpocket's ~** un paraíso para los carteristas; **that's my idea of ~** para mí eso es el paraíso *or* es paradisíaco **2** **Paradise** (Garden of Eden) Paraíso *m* (Terrenal)

paradox /'pærədɑːks || 'pærədɒks/ *n* [c u] paradoja *f*

paradoxical /,pærə'dɑːksɪkəl || ,pærə'dɒksɪkəl/ *adj* paradójico

paradoxically /,pærə'dɑːksɪkli || ,pærə 'dɒksɪkli/ *adv* (*indep*) paradójicamente

paraffin /'pærəfən || 'pærəfɪn/ *n* [u] **1** ~ **(wax)** parafina *f* **2** ~ **(oil)** (BrE) queroseno *m*, kerosene *m*, parafina *f* (Chi); (*before n*) ‹*lamp/stove*› de *or* a queroseno (or kerosene *etc*) **3** (*liquid* ~) (BrE) parafina *f* líquida, aceite *m* de parafina

paraglide /'pærəglaɪd/ *vi* hacer* *or* practicar* parapente

paraglider /'pærəglaɪdər || 'pærəglaɪdə(r)/ *n* **1** (device) parapente *m* **2** (person) parapentista *mf*

paragliding /'pærəglaɪdɪŋ/ *n* [u] parapente *m*

paragon /'pærəgɑːn || 'pærəgən/ *n*: **a ~ of virtue** (set phrase) un dechado de virtudes (fr hecha)

paragraph /'pærəgræf || 'pærəgrɑːf/ *n* **1** (subdivision) párrafo *m*; **period** (AmE) *o* (BrE) **full stop; new ~** punto y aparte **2** (in newspaper) artículo *m* corto **3** (symbol) símbolo *m* de punto y aparte

Paraguay /'pærəgwaɪ/ *n* Paraguay *m*

Paraguayan¹ /,pærə'gwaɪən/ *adj* paraguayo

Paraguayan² *n* paraguayo, -ya *m,f*

paraguayo /,pærə'gwaɪəʊ/ *n* (*pl* **-yoes** *or* **-yos**) (Bot, Culin) paraguayo *m*, paraguaya *f*

parakeet /'pærəkiːt/ *n* periquito *m*

paralegal¹ /,pærə'liːgəl/ *adj* (AmE); *relativo a los asistentes de los abogados*

paralegal² *n* (AmE) asistente *mf* de abogado, procurador, -dora *m,f* (CS)

paralinguistic /,pærəlɪŋ'gwɪstɪk/ *adj* paralingüístico

parallax /'pærəlæks/ *n* [u] paralaje *f or m*

parallel¹ /'pærəlel/ *adj*

A **1** ‹*streets/rows*› paralelo; ~ **lines** rectas *fpl* paralelas; ~ **TO sth** paralelo A algo; **the road runs ~ to the state border** la carretera va *or* corre (en dirección) paralela a la frontera del estado; **a ~ text edition** una edición bilingüe **2** (similar) paralelo, análogo

B (Mus) paralelo

C **1** (Comput) en paralelo; ~ **printer** impresora *f* en paralelo **2** (Electron) ‹*circuit*› paralelo

parallel² *n*

A **1** (Math) (line) paralela *f*; (plane) plano *m* paralelo **2** (Geog) paralelo *m*; **the 38th ~** el paralelo 38

B **1** (similarity): **to look at the ~s between two things** estudiar el paralelismo entre dos cosas; **one is struck by the ~s with contemporary Africa** llama la atención el paralelismo que existe con el África contemporánea; **without ~** sin parangón, sin paralelo **2** (comparison): **to draw a ~** establecer* un paralelismo *or* un paralelo; **the article draws a ~ between the two thinkers** el artículo establece un paralelo *or* un paralelismo entre los dos pensadores

C **in parallel** (together, simultaneously) paralelamente; (Elec) en paralelo

parallel³ *vt* **-l-** *or* (BrE also) **-ll-** (frml) ser* análogo *or* paralelo a

parallel bars *pl n* (barras *fpl*) paralelas *fpl*

parallel imports *pl n* importaciones *fpl* paralelas

parallelism /'pærəlelɪzəm/ *n* [u] (frml) paralelismo *m*

parallelogram /,pærə'leləgræm/ *n* paralelogramo *m*

parallel port *n* puerto *m* paralelo

parallel processing *n* [u] procesamiento *m* en paralelo

Paralympian¹ /,pærə'lɪmpiən/ *n* paralímpico, -ca *m,f*

Paralympian² *adj* (Sport) paralímpico

Paralympic /,pærə'lɪmpɪk/ *adj* paralímpico

Paralympic Games *pl n*: **the ~ ~** los juegos paralímpicos

Paralympics /,pærə'lɪmpɪks/ *pl n* juegos *mpl* paralímpicos

paralyse /'pærəlaɪz/ *vt* (BrE) ▸**paralyze**

paralysis /pə'ræləsəs || pə'ræləsɪs/ *n* (*pl* **-ses** /-siːz/) **1** [u c] (Med) parálisis *f*; **creeping ~** parálisis progresiva **2** [u] (inactivity, powerlessness) paralización *f*; **the strike has led to a complete ~ of the steel industry** la huelga ha llevado a una total paralización de la industria siderúrgica

paralytic¹ /,pærə'lɪtɪk/ *adj* **1** (Med) paralítico **2** (very drunk) (BrE colloq) como una cuba (fam)

paralytic² *n* paralítico, -ca *m,f*

paralyze /'pærəlaɪz/ *vt* **1** (Med) paralizar*; **she is ~d from the waist down** está paralizada *or* es paralítica de la cintura para abajo **2** (make inactive, powerless) ‹*person/industry/economy*› paralizar*; **he stood ~d with fear** se quedó paralizado de miedo

paramedic /,pærə'medɪk/ *n*: *profesional conectado con la medicina, como enfermero, kinesiólogo etc*

paramedical /,pærə'medɪkəl/ *adj* paramédico

parameter /pə'ræmətər || pə'ræmɪtə(r)/ *n* parámetro *m*

paramilitary /,pærə'mɪləteri || ,pærə'mɪlɪtəri/ *adj* paramilitar

paramotor® /'pærəməʊtər || 'pærəməʊtə(r)/ *n* paramotor® *m*

paramount /'pærəmaʊnt/ *adj* (frml) primordial; **of ~ importance** de primordial importancia

paramour /'pærəmʊr || 'pærəmʊə(r)/ *n* (arch *or* hum) amado, -da *m,f* (liter *o* hum)

paranoia /,pærə'nɔɪə/ *n* [u] **1** (Psych) paranoia *f* **2** (fear, suspicion) (colloq) manía *f*

paranoiac /,pærə'nɔɪæk/ *adj* paranoico

paranoid /'pærənɔɪd/ *adj* **1** (Psych) paranoico; ~ **schizophrenia** esquizofrenia *f* paranoide **2** (fearful, suspicious) **to be ~ ABOUT sth** estar* obsesionado CON algo

paranormal¹ /,pærə'nɔːrməl || ,pærə'nɔːməl/ *adj* paranormal

paranormal² *n* [u]: **the ~** lo paranormal

parapet /'pærəpət || 'pærəpɪt/ *n* (Archit) parapeto *m*, pretil *m*; (Mil) parapeto *m*

paraphernalia /,pærəfər'neɪljə || ,pærəfə 'neɪliə/ *n* [u] parafernalia *f*

paraphrase¹ /'pærəfreɪz/ *n* [c u] paráfrasis *f*

paraphrase² *vt* parafrasear

paraplegia /,pærə'pliːdʒə/ *n* [u] paraplejía *f*, paraplejia *f*

paraplegic¹ /,pærə'pliːdʒɪk/ *adj* parapléjico

paraplegic² *n* parapléjico, -ca *m,f*

paraprofessional /,pærəprə'feʃnəl/ *n* (AmE); *ayudante de un médico, dentista etc*

parapsychologist /,pærəsaɪ'kɑːlədʒəst || ,pærəsaɪ'kɒlədʒɪst/ *n* parapsicólogo, -ga *m,f*

parapsychology /,pærəsaɪ'kɑːlədʒi || ,pærəsaɪ'kɒlədʒi/ *n* [u] parapsicología *f*, parasicología *f*

paraquat /'pærəkwɑːt || 'pærəkwɒt/ *n* [u] herbicida *m*

parasail /'pærəseɪl/ *vi* hacer* parasail, hacer* paravela

parasailing /'pærəseɪlɪŋ/ *n* [u] parasail *m*, paravela *f*

parascending /'pærəsendɪŋ/ *n* [u] (BrE) parascending *m*

parasite /'pærəsaɪt/ *n* **1** (Bot, Zool) parásito *m* **2** (person) parásito *m*

parasitic /,pærə'sɪtɪk/, **parasitical** /,pærə 'sɪtɪkəl/ *adj* **1** ‹*animal/plant*› parásito; ‹*disease*› parasitario **2** ‹*person*› parásito

parasitology /,pærəsə'tɑːlədʒi, -saɪ- || ,pærəsɪ 'tɒlədʒi/ *n* parasitología *f*

parasol /'pærəsɔːl || 'pærəsɒl/ *n* sombrilla *f*, parasol *m*, quitasol *m*

parathyroid (gland) /,pærə'θaɪrɔɪd/ *n* (glándula *f*) paratiroides *f*

paratrooper /'pærə,truːpər || 'pærə,truːpə(r)/ *n* (Mil) paracaidista *mf* (*del ejército*)

paratroops /'pærətruːps/ *pl n* (Mil) paracaidistas *mpl* (*del ejército*)

paratyphoid /,pærə'taɪfɔɪd/ *n* [u] (fiebre *f*) paratifoidea *f*

parboil /'pɑːrbɔɪl || 'pɑːbɔɪl/ *vt* dar* un hervor a

parcel¹ /'pɑːrsəl || 'pɑːsəl/ *n*

A (package) (BrE) paquete *m*; **a ~ of books** un paquete de libros; **to do sth up in a ~** hacer* un paquete con algo; **pass the ~** *juego infantil que consiste en desenvolver poco a poco un paquete haciéndolo circular de mano en mano*; **they seem to be playing pass the ~ in the ministry** parece ser que en el ministerio se están pasando la bola los unos a los otros; (*before n*): ~ **bomb** paquete-bomba *m*; ~ **post** servicio *m* de paquetes postales *or* (AmL tb) de encomiendas; **~s office** departamento *m* de paquetes postales, oficina *f or* sección *f* de encomiendas (AmL)

B (of land) parcela *f*; ▸**part¹ A2**

parcel² *vt*, (BrE) **-ll-**: ~ **(up)** empaquetar

Phrasal verb

• **parcel out** [v + o + adv, v + adv + o] dividir, repartir; ‹*land*› parcelar, dividir en parcelas

parcel check *n* (AmE) consigna *f*

parch /pɑːrtʃ || pɑːtʃ/ *vt* **1** (make dry) (*usu pass*) resecar*, agostar **2** (Culin) ‹*corn*› tostar*

parched /pɑːrtʃt || pɑːtʃt/ *adj* 1 (very dry) ‹*earth/ground*› reseco, agostado; ‹*throat*› reseco 2 (very thirsty) (colloq) (*pred*): **to be ~** estar* muerto de sed (fam) 3 (Culin) (*before n*) ‹*corn*› tostado

Parcheesi® /pɑːr'tʃiːzi || pɑː'tʃiːzi/ *n* [u] (AmE) ludo *m or* (Esp) parchís *m or* (Col) parqués *m*

parchment /'pɑːrtʃmənt || 'pɑːtʃmənt/ *n* pergamino *m*

pardner /'pɑːrdnər || 'pɑːdnə(r)/ *n* (in Westerns) amigo *m*

pardon[1] /'pɑːrdn || 'pɑːdn/ *n*

A 1 [u] (forgiveness) perdón *m*; **to ask sb's ~** pedirle* perdón a algn; **he begged her ~** le rogó que lo perdonara 2 (*as interj*): **~?** *o* (frml) **I beg your ~?** (requesting repetition) ¿qué?, ¿cómo?, ¿cómo dice? (frml), ¿mande? (Méx); **I beg your ~** (apologizing) perdón, perdone (usted), disculpe; (AmL) (expressing disagreement) perdone, con perdón; **that's a lie — I** *beg* **your ~?** (expressing annoyance, shock) eso es mentira — ¿qué has dicho?

B [c] 1 (Law) indulto *m*; **to grant sb a ~** indultar a algn 2 (Relig) perdón *m*, indulgencia *f*

pardon[2] *vt*

A (forgive, excuse) perdonar; **to ~ sb sth** perdonarle algo a algn; **~ my impatience/curiosity** perdona que sea tan impaciente/curioso; **~ me for asking** *o* **~ my asking** perdone la pregunta, perdone que pregunte; **~ me, may I get by?** permiso, por favor; **~ me!** (apologizing) ¡perdón!, ¡ay, disculpe! (AmL); **~ me?** (requesting repetition) (esp AmE) ¿qué?, ¿cómo?, ¿cómo dice? (frml), ¿mande? (Méx)

B (Law) ‹*offender*› indultar

pardonable /'pɑːrdnəbəl || 'pɑːdnəbəl/ *adj* ‹*error/omission*› perdonable, comprensible

pare /per || peə(r)/ *vt* 1 (peel) pelar, mondar 2 (trim) ‹*nails*› cortar 3 ▸ **pare down**

Phrasal verb

- **pare down** [v + o + adv, v + adv + o] ‹*costs/spending*› reducir*, recortar; **to ~ sth down TO sth** reducir* algo A algo

parent /'perənt || 'peərənt/ *n*: **my/his ~s** mis/sus padres; **it has to be signed by a ~** tiene que firmarlo uno de los padres; **many of the children have only one ~** muchos de los niños provienen de hogares *or* familias monoparentales; **the responsibility of being a ~** la responsabilidad que conlleva el ser padre/madre *or* el tener hijos; **~s' day** día *m* de puertas abiertas para los padres; **~s' meeting** reunión *f* de padres, reunión *f* de padres y apoderados (Chi); (*before n*) ‹*plant/birds*› progenitor; ‹*cell*› madre; **~ company** *o* **corporation** sociedad *f or* empresa *f* matriz

parentage /'perəntɪdʒ || 'peərəntɪdʒ/ *n* (frml): **of humble/noble ~** de origen humilde/noble; **of unknown ~** de padres desconocidos

parental /pə'rentl/ *adj* de los padres

parentcraft /'perəntkræft || 'peərəntkrɑːft/ *n* [u] arte *m* de ser padres

parenthesis /pə'renθəsəs || pə'renθəsɪs/ *n* (*pl* **-theses** /-θəsiːz/) 1 (inserted phrase) (frml) paréntesis *m* 2 (round bracket) paréntesis *m*; **in parentheses** entre paréntesis

parenthetic /ˌpærən'θetɪk/ *adj* (frml) ‹*remark*› parentético (frml), entre paréntesis

parenthetically /ˌpærən'θetɪkli/ *adv* (frml) parentéticamente (frml), entre paréntesis

parenthood /'perənthʊd || 'peərənthʊd/ *n* [u]: **the responsibilities of ~** las responsabilidades que conlleva el ser padre/madre, las responsabilidades de la paternidad/maternidad; **planned ~** paternidad *f* responsable, planificación *f* familiar

parenting /'perəntɪŋ || 'peərəntɪŋ/ *n* [u] crianza *f* de los hijos

parent-teacher association /ˌperənt'tiːtʃər || ˌpeərənt'tiːtʃə(r)/ *n* asociación *f* de padres y maestros

par excellence /'pɑːrˌeksə'lɑːns/ *adj* (frml) (*after n*) por excelencia

parfait /pɑːr'feɪ || pɑː'feɪ, 'pɑːfeɪ/ *n* [u c]: *postre helado*

pariah /pə'raɪə/ *n* paria *mf*

parietal[1] /pə'raɪətl/ *adj* (*before n*)

A 1 (Anat, Biol) parietal; **~ bone** (hueso *m*) parietal *m*; **~ cell** célula *f* parietal; **~ lobe** lóbulo *m* parietal 2 (Bot) parietal

B (AmE) (Educ) ‹*regulations*› *see* **parietal**[2] **2**

parietal[2] *n* 1 (Anat) parietal *m* 2 **parietals** *pl* (AmE) (Educ) *normas que regulan las visitas de personas del sexo opuesto a los dormitorios de una residencia estudiantil*

paring knife /'perɪŋ || 'peərɪŋ/ *n* pelalegumbres *m*, cuchillo *m* de cocina (*pequeño*)

parings /'perɪŋz || 'peərɪŋz/ *pl n* 1 (of fruit, vegetables) cáscaras *fpl*, mondas *fpl*, mondaduras *fpl* 2 (of nails) trozos *mpl* (de uña)

pari passu /'pæri'pæsuː/ *adv* (frml) paralelamente

Paris /'pærəs || 'pærɪs/ *n* París *m*; (*before n*) parisino, parisiense, parisién

parish /'pærɪʃ/ *n*

A (Relig) 1 (area) parroquia *f*; (*before n*) ‹*newsletter/community*› parroquial; **~ church** parroquia *f*, iglesia *f* parroquial; **~ council** (in England) consejo *m* del distrito; **~ priest** (cura *m*) párroco *m* 2 (residents) parroquia *f*

B (Govt) distrito *m*

parishioner /pə'rɪʃənər || pə'rɪʃənə(r)/ *n* (Relig) feligrés, -gresa *m,f* (*de una parroquia*)

parish pump *n* (BrE): **the ~ ~** las noticias locales; (*before n*): **parish-pump politics** la política local; **a parish-pump mentality** una mentalidad pueblerina *or* provinciana

Parisian[1] /pə'rɪʒən || pə'rɪziən/ *adj* parisino, parisiense, parisién

Parisian[2] *n* parisino, -na *m,f*, parisiense *mf*, parisién *mf*

parity /'pærəti/ *n* (*pl* **-ties**)

A [u] (equality) (frml) igualdad *f*, paridad *f*

B (Fin) 1 [u c] (between currencies) paridad *f*; (rate of exchange) paridad *f*, tipo *m* de cambio 2 [u] (AmE) (Agr) *sistema de subsidios agropecuarios*

C (Phys, Math, Comput) paridad *f*; (*before n*): **~ bit** bit *m* de paridad; **~ check** prueba *f* de paridad

park[1] /pɑːrk || pɑːk/ *n*

A 1 (in town) parque *m*; (*before n*): **~ bench** banco *m or* (Méx) banca *f* (de plaza) 2 (in a private estate) jardines *mpl*

B 1 (stadium) (AmE) estadio *m* 2 (soccer field) (BrE colloq): **the ~** el campo de juego, la cancha (AmL)

C (Mil) parque *m*

park[2] *vt* 1 ‹*car*› estacionar (esp AmL), aparcar* (Esp), parquear (AmL); **I'm ~ed around the corner** tengo el coche estacionado (*or* aparcado *etc*) a la vuelta de la esquina 2 (put) (colloq) ‹*bags/books*› dejar, poner*; **~ yourself there next to granny** ponte ahí al lado de la abuela; **she was ~ed in front of the TV all afternoon** se pasó toda la tarde apoltronada frente al televisor

■ **park** *vi* (Auto) estacionar (esp AmL), aparcar* (Esp), parquear (AmL), estacionarse (Chi, Méx)

parka /'pɑːrkə || 'pɑːkə/ *n* parka *f*

parkade /pɑːr'keɪd || pɑː'keɪd/ *n* (Can) parking *m*, estacionamiento *m* (esp AmL), aparcamiento *m* (Esp), parqueadero *m* (Col)

park-and-ride /ˌpɑːrkn'raɪd || ˌpɑːkən'raɪd/ *n*: *sistema de estacionamiento en zonas adyacentes al centro, desde donde se puede utilizar el transporte colectivo*

parkin /'pɑːrkɪn || 'pɑːkɪn/ *n* [u]: *galleta de jengibre y avena*

parking /'pɑːrkɪŋ || 'pɑːkɪŋ/ *n* [u] 1 (act) estacionamiento *m* (esp AmL), aparcamiento *m* (Esp); Ⓢ **no parking** prohibido estacionar (esp AmL) *or* (Esp) aparcar *or* (AmL) parquear *or* (Chi, Méx) estacionarse; **~'s not a problem on Sundays** los domingos no hay problemas para estacionar (*or* aparcar *etc*); (*before n*): **~ attendant** guardacoches *mf*; **~ bay** plaza *f* de estacionamiento *or* (Esp) aparcamiento, cajón *m* de estacionamiento (Méx); **~ disc** disco *m* de estacionamiento *or* aparcamiento; **~ lights** luces *fpl* de estacionamiento; **we couldn't find a ~ place** *o* **space** no pudimos encontrar un lugar para estacionar (*or* aparcar *etc*); **~ ticket** multa *f* (por estacionamiento indebido) 2 (space) lugar *m* para estacionar (esp AmL) *or* (Esp) aparcar *or* (AmL) parquear *or* (Chi, Méx) estacionarse

parking brake *n* freno *m* de mano

parking garage *n* (AmE) parking *m*, estacionamiento *m* (esp AmL), aparcamiento *m* (Esp)

parking lot *n* (AmE) parking *m*, estacionamiento *m* (esp AmL), aparcamiento *m* (Esp), parqueadero *m* (Col)

parking meter *n* parquímetro *m*

Parkinson's Disease /'pɑːrkənsənz || 'pɑːkɪnsənz/ *n* [u] enfermedad *f or* mal *m* de Parkinson, Parkinson *m*, parálisis *f* agitante *or* temblorosa

park keeper *n* guardián, -diana *m,f* de parque, cuidador, -dora de parque (AmL)

parkland /'pɑːrklænd || 'pɑːklænd/ *n* [u] (surrounding mansion) jardines *mpl*; (public) parques *mpl*, zona *f* verde

park ranger *n* guardaparques *mf*, guardaparque *mf* (AmL)

parkway /'pɑːrkweɪ || 'pɑːkweɪ/ *n* (AmE) carretera *f* /avenida *f* ajardinada, paseo *m*

parky /'pɑːrki || 'pɑːki/ *adj* **-kier, -kiest** (BrE colloq) frío, fresco; **it's a bit ~ today** hoy hace bastante frío *or* está bastante fresco

parlance /'pɑːrləns || 'pɑːləns/ *n* [u] (frml) lenguaje *m*, habla *f*‡; **in legal ~** en el lenguaje *or* el habla legal, en la jerga legal (pey); **terms which are now in common ~** términos que ahora son de uso común

parlay[1] /'pɑːrleɪ || 'pɑːleɪ/ *vt* 1 (bet) apostar* (*lo que se ha ganado*) 2 (turn) **to ~ sth INTO sth**: **he ~ed a small investment into a fortune** hizo de una pequeña inversión una fortuna; **she ~ed her beauty into movie stardom** se valió de su belleza para alcanzar el estrellato

parlay[2] *n* (AmE) apuesta *f* acumulativa, redoblona *f* (RPl)

parley[1] /'pɑːrli || 'pɑːli/ *vi* **to ~ (WITH sb)** negociar *or* parlamentar (CON algn)

parley[2] *n* negociación *f*

parliament /'pɑːrləmənt || 'pɑːləmənt/ *n* 1 (assembly) parlamento *m* 2 **Parliament** (in UK etc — body) Parlamento *m*; (period) legislatura *f*; **to stand for P~** presentarse como candidato a parlamentario *or* diputado; **during this P~** durante esta legislatura

> **parliament**
>
> El Parlamento británico es el más alto organismo legislativo de Gran Bretaña y está formado por la Cámara de los Lores ▸**House of Lords** y la Cámara de los Comunes ▸**House of Commons.**

parliamentarian /ˌpɑːrləmen'teriən || ˌpɑːləmen'teəriən/ *n* 1 (Govt) parlamentario, -ria *m,f* 2 **Parliamentarian** (in UK history) parlamentario, -ria *m,f* (*defensor del Parlamento durante el reinado de Carlos I en la guerra civil*)

parliamentary /ˌpɑːrlə'mentəri || ˌpɑːlə'mentri/ *adj* parlamentario; **~ democracy** democracia *f* parlamentaria; **~ immunity/privilege** inmunidad *f* /inviolabilidad *f* parlamentaria; **~ privileges** fuero *m* parlamentario; **the P~ Labour Party** los diputados del Partido Laborista, la bancada laborista (AmL); **P~ Commissioner** (BrE) defensor *m* del pueblo, ombudsman *mf*

parlor, (BrE) **parlour** /'pɑːrlər || 'pɑːlə(r)/ *n*

A (dated) (in house) salón *m*, sala *f*

B (for business) (AmE) sala *f*; **billiard ~** (sala *f* de) billar *m*; **ice-cream ~** heladería *f*

parlor car *n* (AmE) ≈ vagón *m* de primera clase

parlor game, (BrE) **parlour game** *n* juego *m* de salón

parlour *n* (BrE) ▸**parlor**

parlous /'pɑːrləs || 'pɑːləs/ *adj* (frml *or* hum) lamentable, calamitoso

Parmesan (cheese) /'pɑːrməzɑːn || 'pɑːmɪzæn/ *n* [u c] (queso *m*) parmesano *m*

Parnassus /pɑːr'næsəs/ *n*: **(Mount) ~** el Parnaso

parochial /pə'rəʊkiəl/ *adj* 1 (narrow) (pej) ‹*person/attitude/outlook*› provinciano, pueblerino 2 (Relig) parroquial; **~ school** (AmE) colegio *m* privado religioso

parochialism /pəˈrəʊkiəlɪzəm/ *n* [u] lo pueblerino, lo provinciano, mentalidad *f* (*or* actitud *f etc*) pueblerina *or* provinciana

parodist /ˈpærədəst || ˈpærədɪst/ *n* parodista *mf*

parody¹ /ˈpærədi/ *n* (*pl* **-dies**) (Lit) parodia *f*; **the trial was a ~ of justice** el juicio fue una farsa

parody² *vt* **-dies, -dying, -died** ‹*novel/writer*› parodiar

parole¹ /pəˈrəʊl/ *n* [u]
A (Law) libertad *f* condicional; **to be (out) on ~** estar* en libertad condicional; **he was released on ~** fue dejado en libertad condicional; **to break one's ~** quebrantar las condiciones que impone la libertad condicional; (*before n*): **~ board** comité *m or* comisión *or* junta *f* de libertad condicional
B (Ling) habla *f*‡

parole² *vt* ‹*prisoner*› dejar en libertad condicional

paroxysm /ˈpærəksɪzəm/ *n* (Med) paroxismo *m*, acceso *m* violento; (outburst): **a ~ of anger** un ataque de furia; **in a ~ of grief** en el paroxismo del dolor; **the news sent them into ~s of laughter** la noticia los hizo desternillarse de risa

parquet /pɑːrˈkeɪ || ˈpɑːkeɪ/ *n* [u]
A (Const) parqué *m*, parquet *m*; (*before n*) ‹*floor*› de parqué *or* parquet
B (AmE) (Theat) platea *f*

parquetry /ˈpɑːrkətri || ˈpɑːkɪtri/ *n* [u] parqué *m*, parquet *m*

parricide /ˈpærəsaɪd || ˈpærɪsaɪd/ *n* (frml) **1** [u c] (act) parricidio *m* **2** [c] (person) parricida *mf*

parrot¹ /ˈpærət/ *n* (Zool) loro *m*, papagayo *m*, cotorra *f*; ***as sick as a ~*** (BrE colloq) muerto de rabia (fam); **I was** *o* **felt as sick as a ~** estaba que me moría de la rabia (fam)

parrot² *vt* (pej) ‹*words/opinions*› repetir* como un loro *or* papagayo

parrot-fashion /ˈpærət‚fæʃən/ *adv* (BrE) como un loro *or* papagayo

parrot-like¹ /ˈpærətlaɪk/ *adj* dicho como un loro

parrot-like² *adv* como un loro; **she recited it ~** lo recitó como un loro

parry¹ /ˈpæri/ **-ries, -rying, -ried** *vt* ‹*blow/thrust*› parar; ‹*attack*› rechazar*; ‹*question*› eludir
■ **parry** *vi* esquivar un golpe

parry² *n* (*pl* **-ries**) (in fencing, boxing) parada *f*

parse /pɑːrz || pɑːz/ *vt* (Educ) analizar* sintácticamente *or* gramaticalmente; (Comput) analizar* sintácticamente

parsec /ˈpɑːrsek || ˈpɑːsek/ *n* parsec *m*, pársec *m*

parser /ˈpɑːrzər || ˈpɑːzə(r)/ *n* parser *m*, analizador *m* sintáctico *or* de sintaxis

parsimonious /‚pɑːrsəˈməʊniəs || ‚pɑːsɪˈməʊniəs/ *adj* (frml) mezquino; **there's no need to be so ~ with the butter** no hay necesidad de ser tan mezquino con la mantequilla *or* (esp AmL) de mezquinar tanto la mantequilla

parsimoniously /‚pɑːrsəˈməʊniəsli || ‚pɑːsɪˈməʊniəsli/ *adv* (frml) con mezquindad

parsimony /ˈpɑːrsəməʊni || ˈpɑːsɪməni/ *n* [u] (frml) mezquindad *f*, excesiva frugalidad *f*

parsley /ˈpɑːrsli || ˈpɑːsli/ *n* [u] perejil *m*

parsnip /ˈpɑːrsnəp || ˈpɑːsnɪp/ *n* [c u] chirivía *f*, pastinaca *f*

parson /ˈpɑːrsn || ˈpɑːsn/ *n* clérigo *m*; (vicar) ≈ (cura *m*) párroco *m*

parsonage /ˈpɑːrsnɪdʒ || ˈpɑːsənɪdʒ/ *n* ≈ casa *f* del párroco

parson's nose *n* (BrE) rabadilla *f*

part¹ /pɑːrt || pɑːt/ *n*
A **1** [c] (section) parte *f*; **the book is funny in ~s** el libro tiene partes divertidas; **what ~ of France are you from?** ¿de qué parte de Francia eres?; **a lovely ~ of the world** una región *or* zona preciosa; **in my ~ of the world** en mi país (*or* región *etc*); **the funny ~ of it is that ...** lo gracioso del asunto es que ...; **the worst ~ of it was that ...** lo peor de todo fue que ...; **~ of me wants to forgive you** por un lado quisiera perdonarte; **for the best ~ of a week/month** durante casi una semana/un mes **2** [c] (integral constituent) (*no pl*) parte *f*; **I'm starting to feel (a) ~ of the village** empiezo a sentirme parte del pueblo; **it's all ~ of growing up** todo forma parte del proceso de maduración; ***to be ~ and parcel of sth*** formar parte de algo **3** (*in phrases*): **in part** en parte; **he is in ~ to blame** en parte tiene la culpa; **in great ~** en gran parte; **for the most part** en su mayor parte; **he was, for the most ~, friendly** en general era simpático; *see also* **part of speech**
B [c] (measure) parte *f*; **two ~s milk to one ~ water** dos partes de leche por cada parte de agua; **between 180 and 300 ~s per million** entre 180 y 300 partes por millón; **equal ~s of oil and vinegar** aceite y vinagre a *or* en partes iguales *or* en igual proporción
C [c] (component) pieza *f*; (*spare ~*) repuesto *m*, pieza *f* de recambio, refacción *f* (Méx)
D [c] **1** (in play) papel *m*; **a bit ~** un papel secundario, un papelito (fam); **he acted/played the ~ of Hamlet** representó/hizo el papel de Hamlet; **he's not sincere, he's merely acting a ~** no es sincero, está haciendo el papel *or* (CS fam) se está mandando la parte; **he just doesn't look the ~** no tiene el aspecto adecuado para el papel; **if you're a manager, you must act/look the ~** si eres director, tienes que actuar/vestir como tu rol lo exige **2** (role, share) papel *m*; **she had** *o* **played a major ~ in ...** tuvo *or* jugó *or* desempeñó un papel fundamental en ...; **that played no ~ in my decision** eso no influyó para nada en mi decisión; **I want no ~ in it** yo no quiero tener nada que ver con eso; **to take ~ in sth** tomar parte *or* participar en algo
E (side): **for my ~** por mi parte, por mi lado; **it was an error on his ~** fue un error de *or* por su parte, fue un error de *or* por parte suya; ***to take sb's ~*** ponerse* de parte *or* de lado de algn, tomar partido por algn; **she took my ~** se puso de mi parte *or* lado; ***to take sth in good ~*** tomarse algo bien, no tomarse algo a mal; **I must say he took it all in good ~** hay que decir que se lo tomó muy bien *or* no se lo tomó a mal
F [c] (section of book, play) parte *f*; (episode of TV, radio serial) episodio *m*; (Publ) fascículo *m*; **Henry IV P~ One** Enrique IV, primera parte; **buy ~ one and get ~ two free** compre el primer fascículo y recibirá el segundo gratis
G [c] (Mus) **1** (vocal, instrumental line) parte *f* **2** (written score) partitura *f*
H [c] (in hair) (AmE) raya *f*, carrera *f* (Col, Ven), partidura *f* (Chi); **center ~** raya al *or* (Esp) en medio, partidura al medio (Chi)
I **parts** *pl* **1** (area): **in/around these ~s** por aquí, por estos lares (arc), por estos pagos (fam); **in foreign ~s** en el extranjero; **she's not from these ~s** no es de por aquí **2** (capabilities): **a man of many ~s** un hombre de muchas facetas **3** (*private ~s*) (euph *or* hum) partes *fpl* pudendas (euf *o* hum), intimidades *fpl* (euf)

part² *vt* **1** (separate) separar; **till death us do ~** hasta que la muerte nos separe; **to ~ sb FROM sb/sth** separar a algn DE algn/algo **2** (divide): **she ~s her hair down the middle** se peina con raya al *or* (Esp) en medio, se peina con la carrera por el medio (Col, Ven), se peina con partidura al medio (Chi)
■ **part** *vi* **1** (separate) «*lovers/boxers*» separarse; **they ~ed as friends** quedaron como amigos **2** «*curtains/lips*» (open up) abrirse* **3** (break) «*rope/cable*» romperse*

Phrasal verb
• **part with** [v + prep + o] ‹*possession*› desprenderse *or* deshacerse* de; **I wouldn't ~ with it, however much you offered** por mucho que me ofrecieras, no me desprendería *or* desharía de él; **it's difficult to get them to ~ with their money** es difícil hacerles desembolsar *or* (fam) soltar dinero; **could you ~ with $20?** ¿me podrías dar 20 dólares?

part³ *adv* en parte; **I was ~ angry, ~ relieved** en parte *or* por un lado me dio rabia, pero al mismo tiempo fue un alivio; **he's ~ Chinese and ~ French** tiene sangre china y francesa; *see also* **part exchange**

part⁴ *adj* (*before n*) ‹*payment*› parcial; **~ owner** copropietario, -ria *m,f*

partake /pɑːrˈteɪk || pɑːˈteɪk/ *vi* (*past* **partook**; *past p* **partaken**)
A (consume) (frml *or* hum) **to ~ OF sth: he wouldn't ~ of the meal** no quiso aceptar la invitación a compartir la comida; **stay and ~ of the wine** quédate y bebe un poco de vino
B (take part) (liter) **to ~ IN sth** ser* partícipe DE algo (frml)

parterre /pɑːrˈter || pɑːˈteə(r)/ *n* **1** (AmE) (Theat) platea *f* **2** (esp BrE) (Hort) parterre *m*

part exchange *n* [u] (esp BrE): **we take your old washing machine in ~ ~** aceptamos su lavadora usada a cuenta *or* como parte del pago; **I offered them the Renault in ~ ~** les ofrecí el Renault como parte del pago

parthenogenesis /‚pɑːrθənəʊˈdʒenəsəs || ‚pɑːθɪnəʊˈdʒenəsɪs/ *n* [u] partenogénesis *f*

Parthenon /ˈpɑːrθənɑːn || ˈpɑːθənɒn/ *n*: **the ~** el Partenón

partial /ˈpɑːrʃəl || ˈpɑːʃəl/ *adj*
A (not complete) ‹*paralysis/solution/payment*› parcial; **a ~ success** un éxito a medias; **she made a ~ recovery** se recuperó parcialmente
B **1** (fond) (*pred*) **to be ~ TO sth** tener* debilidad POR algo **2** (biased) (frml) ‹*judge/arbiter*› parcial

partiality /‚pɑːrʃiˈæləti || ‚pɑːʃiˈæləti/ *n* [u] **1** (bias) parcialidad *f* **2** (fondness) **~ FOR sth** debilidad *f* POR algo; **his ~ for port** su afición al oporto, su debilidad por el oporto; **to have a ~ FOR sth** tener* debilidad POR algo, ser* aficionado A algo

partially /ˈpɑːrʃəli || ˈpɑːʃəli/ *adv* **1** (partly) parcialmente **2** (with bias) con parcialidad

partially sighted *adj* con visión parcial

partial verdict *n* veredicto *m* parcial

participant /pərˈtɪsəpənt, pɑːr- || pɑːˈtɪsɪpənt/ *n* participante *mf*; **of 117 ~s in the survey ...** de los 117 encuestados *or* entrevistados ...

participate /pərˈtɪsəpeɪt, pɑːr- || pɑːˈtɪsɪpeɪt/ *vi* **to ~ (IN sth)** participar *or* tomar parte (EN algo)

participation /pər‚tɪsəˈpeɪʃən, pɑːr- || pɑː‚tɪsɪˈpeɪʃən/ *n* [u] participación *f*; **worker/student/patient ~** participación obrera/estudiantil/del paciente

participatory /pərˈtɪsəpətɔːri, pɑːr- || pɑːˈtɪsəpətəri/ *adj* participativo; **~ democracy** democracia *f* participativa

participle /ˈpɑːrtəsɪpəl || pɑːˈtɪsɪpəl/ *n* participio *m*; **past/present ~** participio pasado *or* pasivo/activo *or* (de) presente

particle /ˈpɑːrtɪkəl || ˈpɑːtɪkəl/ *n*
A **1** (fragment, tiny piece) partícula *f*; **there wasn't a ~ of truth in what he said** no había un ápice de verdad en lo que dijo **2** (Nucl Phys) partícula *f*; (*before n*): **~ accelerator** acelerador *m* de partículas; **~ physics** física *f* de partículas
B (Ling) partícula *f*

parti-colored, (BrE) **parti-coloured** /ˈpɑːrti‚kʌlərd || ˈpɑːti‚kʌləd/ *adj* de varios colores, multicolor

particular¹ /pərˈtɪkjələr || pəˈtɪkjʊlə(r)/ *adj*
A (specific, precise): **this ~ model is out of stock** este modelo (en concreto) está agotado; **in this ~ instance** en este caso concreto *or* particular; **this ~ specimen** este ejemplar en concreto *or* en particular; **is there any ~ style you'd prefer?** ¿tiene preferencia por algún estilo determinado *or* en particular?; **it was her ~ wish to be buried here** fue su deseo expreso que la enterraran aquí; **why did you do it? — no ~ reason** ¿por qué lo hiciste? — por nada en especial *or* en particular
B (special) ‹*interest/liking/concern*› especial; **I want you to take ~ care with this** quiero que pongas especial cuidado en esto
C (fastidious) (*pred*) **to be ~ (ABOUT sth): just look at her kitchen, you can tell she's not very ~** mira cómo tiene la cocina, se nota que no le

importa mucho; **she's very ~ about what she eats** es muy especial *or* (pey) maniática con la comida, no se come cualquier cosa; **you can't afford to be too ~** no puedes ponerte a exigir demasiado, no puedes tener muchas pretensiones; **they were most ~ that he should come alone** hicieron hincapié *or* insistieron mucho en que tenía que ir solo

particular² *n*
A (detail) (frml) (*usu pl*) detalle *m*; **please send me full ~s** por favor envíeme información detallada; **before I go into ~s** antes de entrar en detalles *or* pormenores; **they were identical in every ~** *o* **in all ~s** eran idénticos en todo sentido; **just fill in your ~s on this form** (BrE) rellene este formulario con sus datos
B **1** (specific points): **from the general to the ~** de lo general a lo particular **2** **in particular** en particular, en especial; **the illustrations, in ~, are excellent** las ilustraciones, en particular, son excelentes; **he didn't want anything in ~** no quería nada en particular *or* en especial

particularity /pərˌtɪkjəˈlærəti || pəˌtɪkjʊˈlærəti/ *n* (*pl* **-ties**) (frml) **1** [u] (individual quality) particularidad *f*, singularidad *f* **2** [u] (fastidiousness): **a man of almost obsessive ~** un hombre terriblemente exigente *or* (pey) maniático

particularize /pərˈtɪkjələraɪz || pəˈtɪkjʊləraɪz/ *vi* pormenorizar*, particularizar*
■ **particularize** *vt* pormenorizar*

particularly /pərˈtɪkjələrli || pəˈtɪkjʊləli/ *adv* **1** (specifically) específicamente, en particular, en especial; **do you ~ need it today?** ¿lo necesitas hoy precisamente? **2** (especially) particularmente, especialmente; **this one's ~ suitable** éste es particularmente *or* especialmente apropiado; **I'm ~ fond of the little one** le tengo especial cariño al pequeño, le tengo mucho cariño al pequeño en particular *or* en especial; **are you cold? — not ~** ¿tienes frío? — no mucho; **he isn't ~ clever** no es que sea particularmente inteligente

parting¹ /ˈpɑːrtɪŋ || ˈpɑːtɪŋ/ *n*
A [u] (separation) despedida *f*; **so this is the ~ of the ways** así que ésta es la despedida definitiva
B [c] (in hair) (BrE) raya *f*, carrera *f* (Col, Ven), partidura *f* (Chi); **centre ~** raya al *or* (Esp) en medio, carrera por el medio (Col, Ven)), partidura al medio ((Chi)

parting² *adj* (*before n*) ‹*kiss/words*› de despedida; **her ~ shot was ...** lo último que dijo al despedirse fue ...

partisan¹ /ˈpɑːrtəzən || ˈpɑːtɪzæn/ *n* **1** (guerrilla) partisano, -na *m,f*, miembro *mf* de la resistencia **2** (supporter) partidario, -ria *m,f*

partisan² *adj* ‹*crowd/decision*› partidista; ‹*account*› parcial

partisanship /ˈpɑːrtəzənʃɪp || ˈpɑːtɪzænʃɪp/ *n* [u] partidismo *m*

partita /pɑːrˈtiːtə || pɑːˈtiːtə/ *n* partita *f*

partition¹ /pərˈtɪʃən, pɑːr- || pɑːˈtɪʃən/ *n*
A [c] **1** (screen) tabique *m*; **a glass ~** una mampara de vidrio *or* (Esp) de cristal **2** (divider) separador *m*
B [u c] (dividing) división *f*, partición *f*

partition² *vt* **1** ‹*country/territory*› dividir **2** ‹*room/corridor*› dividir con un tabique/con una mampara

Phrasal verb
• **partition off** [v + o + adv, v + adv + o] separar, dividir (*con un tabique, una mampara etc*)

partly /ˈpɑːrtli || ˈpɑːtli/ *adv* en parte; **he did it ~ for religious reasons** lo hizo en parte por razones religiosas; **it was ~ my fault** en parte fue culpa mía; **a ~ eaten bar of chocolate** una barra de chocolate a medio comer *or* empezada; **it's only ~ true** sólo es verdad en parte; **it was ~ destroyed** fue parcialmente destruido

partner¹ /ˈpɑːrtnər || ˈpɑːtnə(r)/ *n* **1** (in an activity) compañero, -ra *m,f*; (in dancing, tennis) pareja *f*; **the two countries are trading** *o* **trade ~s** los dos países mantienen relaciones comerciales **2** (Busn) socio, -cia *m,f*; **senior/junior ~** socio principal/comanditario; **~s in crime** cómplices *mpl or fpl*, compinches *mpl or fpl* (fam) **3** (in personal relationship) pareja *f*, compañero, -ra *m,f*; **marriage ~** cónyuge *mf* (frml), esposo, -sa *m,f*

partner² *vt* **1** (act as partner to): **he ~ed Moira** jugó (*or* bailó *etc*) en pareja con Moira; **we are being ~ed by a French firm in this enterprise** ésta es una empresa conjunta con una compañía francesa, esta empresa la llevaremos a cabo conjuntamente *or* en asociación con una compañía francesa **2** (pair) **to ~ sb WITH sb** poner* a algn CON algn (como pareja)

partnership /ˈpɑːrtnərʃɪp || ˈpɑːtnəʃɪp/ *n* **1** [u c] (relationship) asociación *f*; **a long and successful skating ~** una pareja de patinadores con años de éxito; **the teachers work in ~ with the parents** los profesores trabajan conjuntamente con los padres **2** [u c] (Busn) sociedad *f* (colectiva); **they've been in ~ for twenty years** llevan veinte años asociados; **he went into ~ with his brother-in-law** se asoció con su cuñado **3** [c] (position as partner): **he aspires to a ~ in the firm** aspira a ser socio de la empresa

part of speech *n* (*pl* **~s ~ ~**): **what ~ ~ ~ is it?** ¿qué función gramatical tiene?, ¿a qué categoría gramatical pertenece?; **the ~s ~ ~** las partes de la oración

partook /pɑːrˈtʊk || pɑːˈtʊk/ *past of* **partake**

part-own /ˈpɑːrtˈəʊn || ˌpɑːtˈəʊn/ *vt* compartir la titularidad de

part payment *n* pago *m* parcial; **he made another ~ ~ on the loan** hizo otro pago parcial del préstamo

partridge /ˈpɑːrtrɪdʒ || ˈpɑːtrɪdʒ/ *n* (*pl* **~s** *or* **~**) perdiz *f*

part song *n* canto *m* polifónico

part-time¹ /ˈpɑːrtˈtaɪm || ˌpɑːtˈtaɪm/ *adj* ‹*worker/job/student*› de medio tiempo (AmL), a tiempo parcial (Esp)

part-time² *adv* ‹*work/study*› de medio tiempo (AmL), a tiempo parcial (Esp)

part-timer /ˈpɑːrtˌtaɪmər || ˌpɑːtˈtaɪmə(r)/ *n* (worker) trabajador, -dora *m,f* de medio tiempo (AmL) *or* (Esp) a tiempo parcial; (student) estudiante *mf* a tiempo parcial

parturition /ˌpɑːrtʃəˈrɪʃən || ˌpɑːtjʊrɪʃən/ *n* [u] (frml) parto *m*

partway /ˈpɑːrtˌweɪ || ˌpɑːtˈweɪ/ *adv*: **this donation will go ~ toward the repairs** este donativo pagará parte de las obras de reparación; **the TV broke down ~ through the film** la televisión se estropeó al rato de empezar la película

part work *n* (esp BrE) (Publ) fascículo *m*

party¹ /ˈpɑːrti || ˈpɑːti/ *n*
A (event) fiesta *f*; **I was invited to a tea/dinner ~** me invitaron a un té/a una cena; **we're going to have** *o* (colloq) **throw a ~ to celebrate it** vamos a dar *or* hacer una fiesta para celebrarlo; **they gave her a ~** dieron una fiesta en su honor; **the ~'s over** se acabó la fiesta; (*before n*) ‹*mood*› festivo; ‹*game*› de salón; ‹*dress*› de fiesta; **~ animal** (colloq) parrandero, -ra *m,f* (fam), marchoso, -sa *m,f* (Esp fam), carretero, -ra *m,f* (Chi fam)
B (Pol) partido *m*; **to join a ~** afiliarse a un partido; (*before n*) ‹*member/worker/leader*› del partido; **the ~ line** la línea del partido; **~ politics** política *f* de partido; (pej) partidismo *m*
C (group) grupo *m*; **they were a small ~** eran un grupo pequeño, eran pocos; (in hunting) partida *f*; **are you one of our ~?** ¿usted forma parte de nuestro grupo?; **raiding ~** destacamento *m* de asalto
D (person or body involved) parte *f*; **a solution acceptable to both parties** una solución aceptable para ambas partes; **a third ~** un tercero; **all parties concerned** todos los interesados; **the guilty/innocent ~** el inocente/culpable; **the parties to the contract** los firmantes *or* las partes del contrato; **to be (a) ~ to a suit** ser* parte litigante; **to be (a) ~ to a crime/deception** ser* cómplice de un crimen/engaño; **I will not be (a) ~ to that** yo no me voy a prestar a eso, yo no me voy a hacer cómplice de eso; **it is in the hands of an unnamed private ~** está en manos de un particular anónimo

party² *vi* (colloq) (go to parties) ir* a fiestas; (have fun) divertirse*; **she loves to ~** le encanta ir a fiestas/divertirse; **let's ~!** ¡vámonos de juerga! (fam)

party-goer /ˈpɑːrtiˌɡəʊər || ˈpɑːtiˌɡəʊə(r)/ *n*: **several of the ~s were arrested** detuvieron a varios de los asistentes a la fiesta; **I'm not a great ~** no soy muy dado a ir a fiestas

party-going /ˈpɑːrtiɡəʊɪŋ || ˈpɑːtiɡəʊɪŋ/ *n* [u] asistencia *f* a fiestas

partying /ˈpɑːrtiɪŋ || ˈpɑːtiɪŋ/ *n* [u] **he loves ~** le gusta la parranda (fam), le va la marcha (Esp fam), le gusta el carrete (Chi fam)

party line *n*
A (Pol): **the ~ ~** la línea del partido
B (Telec) línea *f* colectiva (*línea telefónica compartida por dos o más abonados*)

party list *n* lista *f* de partido

party piece *n* [u] (BrE) numerito *m* (fam); **he was asked to perform his ~ ~** le pidieron que interpretara su número (fam), le pidieron que cantara su canción (*or* recitara su poema *etc*)

party political *adj* (BrE) de política de partido; **~ ~ broadcast** (TV) *emisión de propaganda de un partido político*

party pooper /ˈpuːpər || ˈpuːpə(r)/ *n* (colloq) aguafiestas *mf* (fam)

party popper *n*: *pequeño recipiente en forma de botella que está provisto de un cordel del que se tira para hacerlo explotar y así liberar su contenido de serpentinas como entretenimiento en fiestas*

party wall *n* (pared *f*) medianera *f*

parvenu /ˈpɑːrvənuː || ˈpɑːvənuː, -njuː/ *n* (frml & pej) advenedizo, -za *m,f* (pey)

paschal /ˈpæskəl || ˈpæskəl, ˈpɑːskəl/ *adj* pascual

pas de deux /ˌpɑːdəˈduː || ˌpɑːdəˈdɜː/ *n* (*pl* **~ ~ ~**) pas de deux *m*

pashmina /pæʃˈmiːnə/ *n* **1** [u] (material) pashmina *f* **2** [c] (shawl) chal *m* de pashmina, pashmina *m*; (scarf) bufanda *f* de pashmina

paso doble /ˌpɑːsəʊˈdəʊbleɪ || ˌpæsəʊˈdəʊbleɪ/ *n* (*pl* **~ ~s**) pasodoble *m*

pass¹ /pæs || pɑːs/ *n*
A [c] (document, permit) pase *m*; (ticket) abono *m*; **bus/rail ~** abono de autobús/tren; **press ~** pase de prensa; **24-hour ~** (Mil) permiso *m* de 24 horas
B [c] (in hills, mountains) (Geog) paso *m*; **mountain ~** paso *or* puerto *m* de montaña; (narrow) desfiladero *m*; ***to sell the ~*** traicionar a la causa
C [c] (in test, examination) (BrE) aprobado *m*; **to get a ~** sacar* un aprobado; (*before n*): **a ~ mark** un aprobado; **what's the ~ mark?** ¿cuál es la nota mínima para aprobar?; **~ rate** porcentaje *m* de aprobados
D [c] (Sport) pase *m*; **to make a ~** hacer* un pase
E [c] (sexual advance): **to make a ~ at sb** insinuársele* a algn, intentar ligarse a algn (Esp fam), tirarse un lance con algn (CS fam)
F (state of affairs) (*no pl*): **things had reached such a ~ that ...** las cosas habían llegado a tal extremo que ...; **things have come to a pretty ~** hay que ver a dónde hemos llegado
G [c] (sweep) pasada *f*; (of conjurer) pase *m*
H [c] (Games) pase *m*

pass² *vt*

Sense I
A **1** (go by, past) ‹*shop/house*› pasar por; **you'll ~ the station on your left** vas a pasar por la estación, a mano izquierda; **I ~ed him in the street this morning** esta mañana me crucé con él en la calle; **she ~ed me without saying a word** pasó de largo por mi lado sin decirme una palabra; **not a drop has ~ed my lips** no he bebido ni gota **2** (overtake) pasar, adelantar, rebasar (Méx); **he'll try to ~ us on this bend** nos va a querer pasar *or* (se) nos va a querer adelantar en esta curva
B **1** (cross, go beyond) ‹*limit*› pasar; ‹*frontier*› pasar, cruzar* **2** (surpass) sobrepasar
C (spend) ‹*time*› pasar; **to ~ the time (away)**

p

pasar el rato; **we played cards to ~ the time** jugamos a las cartas para pasar el rato; **to ~ the time of day with sb** intercambiar algunas palabras con algn; **they ~ed many a happy hour there** pasaron muchas horas felices allí

(Sense II)

A **1** (convey, hand over) **to ~ sb sth, to ~ sth** TO **sb** pasarle algo A algn; **~ (me) the sugar, please** ¿me pasas el azúcar, por favor?; **~ me up the hammer** pásame *or* alcánzame el martillo; **the document was ~ed around the table** el documento circuló por la mesa; **they ~ed the buckets along the line** pasaron los baldes de mano en mano a lo largo de la fila; **your papers have been ~ed to me** me han pasado tus papeles **2** (Sport) ‹*ball/puck*› pasar **3** (Law) ‹*forged banknotes*› pasar

B (move) pasar; **she ~ed the cloth over the table** pasó el trapo por la mesa; **~ a warm iron over it** pásale una plancha tibia; **he ~ed his hand across his face** se pasó la mano por la cara

C (Med) ‹*kidney stone*› expulsar; **to ~ water** orinar; **to ~ wind** expulsar *or* expeler ventosidad (frml), tirarse un pedo (fam); **he ~ed blood in his urine** orinó con sangre

D (utter) ‹*comment/remark*› hacer*; ‹*opinion*› expresar; **to ~ sentence** dictar sentencia, fallar

(Sense III)

A (succeed in) ‹*exam/test*› aprobar*, salvar (Ur); **all our products have to ~ a rigorous inspection** todos nuestros productos son sometidos a una rigurosa inspección; **it ~es all the safety requirements** cumple con todos los requisitos de seguridad

B (approve) ‹*candidate/work*› aprobar*; **he was ~ed fit for military service** fue declarado apto para el servicio militar

C ‹*law/measure/motion*› aprobar*

D (be approved by) pasar; **that scene will never ~ the censor** esa escena de ninguna manera va a pasar la censura

■ **pass** *vi*

(Sense I)

A (move, travel) pasar; **~ along the car, please** córranse *or* pasen adelante, por favor; **many letters ~ed between them** se intercambiaron muchas cartas; **the bus ~es by/in front of our house** el autobús pasa por casa/por la puerta de casa; **the liquid ~es down the tube** el líquido baja por el tubo; **he ~ed into a coma** entró *or* cayó en coma; **the word has ~ed into everyday usage** la palabra ha pasado al uso común; **her name ~ed into history/oblivion** su nombre pasó a la historia/fue relegado al olvido; **spring ~ed into summer** (liter) la primavera dejó paso al verano (liter); **we watched until he ~ed out of sight** nos quedamos mirando hasta que lo perdimos de vista; **we are now ~ing over Washington** estamos sobrevolando Washington; **the rope ~es through this ring** la cuerda pasa por esta anilla; **the car has ~ed through many hands** el coche ha pasado por muchas manos; **the book ~ed through several editions** hubo varias ediciones del libro; **the thought ~ed through my mind** la idea (se) me pasó por la cabeza; **the road ~es under a bridge** la carretera pasa por debajo de un puente

B **1** (go, move past) pasar; **I was just ~ing** pasaba por aquí; **they ~ed on the stairs** se cruzaron en la escalera; **they shall not ~** ¡no pasarán!; **his mistake ~ed unnoticed** su error pasó desapercibido; **it was a stupid remark, but let it ~** fue un comentario estúpido pero dejémoslo correr *or* no hagamos caso; **I can't let that ~** eso no lo puedo consentir **2** (overtake) adelantarse, rebasar (Méx); **let him ~** deja que se adelante *or* que nos pase; **Ⓢ no passing** (AmE) prohibido adelantar *or* (Méx) rebasar

C **1** (elapse) «*time*» pasar, transcurrir (frml); **time ~ed** pasó el tiempo; **many years ~ed** pasaron *or* (frml) transcurrieron muchos años **2** (disappear) «*feeling/pain*» pasarse; **lie down until it ~es** acuéstate hasta que se te pase

D (be transferred) «*title/estate/crown*» pasar; **to ~** TO **sb** pasar A algn

E (happen) (arch): **to come to ~** acaecer* (liter), acontecer (liter), suceder; **it came to ~ that ...** acaeció que ... *or* aconteció que ... (liter), sucedió que ...

F (decline chance to play) pasar; (*as interj*) ¡paso!; **I'll ~ on the dessert, thanks** no voy a tomar postre *or* (fam) voy a pasar del postre, gracias

G (Sport) **to ~ (**TO **sb)** pasar(le) la pelota (*or* el balón *etc*) (A algn)

H (rule) (AmE) **to ~** ON **sth** pronunciarse SOBRE algo

(Sense II)

A (be acceptable) pasar; **it's not brilliant, but it'll ~** (colloq) una maravilla no es, pero pasa; **that may ~ in the country, but it won't here** eso estará bien en el campo, pero aquí no; **to ~** AS **sth** pasar POR algo

B (in an exam) aprobar*, pasar, salvar (Ur)

C (be approved) «*bill/motion*» ser* aprobado

(Phrasal verbs)

• **pass away** [v + adv] (frml & euph) **1** (die) fallecer* (frml) **2** (cease to exist) desaparecer*

• **pass by**

A [v + adv] (go past) «*person*» pasar; **people ~ing by in the street** la gente que pasaba por la calle; **we were just ~ing by** pasábamos por aquí

B [v + o + adv] (not affect): **time had ~ed the village by** el tiempo no había pasado por el pueblo; **the economic recovery is ~ing this region by** esta región permanece al margen de la reactivación de la economía; **he felt life had ~ed him by** sentía que no había vivido; **don't let love ~ you by** no permitas que el amor te deje de lado

• **pass down** [v + o + adv, v + adv + o], (*often pass*) ‹*heirloom*› pasar; ‹*story/tradition*› transmitir; **a formula ~ed down from generation to generation** una fórmula que ha ido pasando de generación en generación; **this watch has been ~ed down to me through three generations** este reloj lo he heredado a través de tres generaciones

• **pass for** [v + prep + o] pasar por; **she could ~ for a woman of 30** podría pasar por una mujer de 30 años

• **pass off**

A [v + adv] **1** (take place): **the march ~ed off without incident** la marcha transcurrió *or* se llevó a cabo *or* se desarrolló sin incidentes; **the celebrations ~ed off very well** los festejos estuvieron muy bien **2** (cease) «*pain/depression*» pasarse, quitarse, irse*; **the headache ~ed off** se le (*or* me *etc*) pasó *or* quitó el dolor de cabeza, se le (*or* me *etc*) fue el dolor de cabeza

B [v + o + adv, v + adv + o] **1** (represent falsely) hacer* pasar; **he tried to ~ it off as a genuine Dalí** trató de hacerlo pasar por un Dalí auténtico; **she ~ed herself off as a journalist** se hizo pasar por periodista **2** (brush aside): **he ~ed it off as a bout of indigestion** le quitó importancia diciendo que no era más que una indigestión; **she tried to ~ off the entire episode as a coincidence** quiso dar la impresión de que todo había sido una simple casualidad

• **pass on**

A [v + o + adv, v + adv + o] **1** (transmit) ‹*information*› pasar, dar*; ‹*infection*› contagiar, pegar* (fam); **he must have ~ed on my name and address** tiene que haberles pasado *or* dado mi nombre y dirección; **the costs are ~ed on to the customer** los costos los paga el cliente, los costos se repercuten en *or* sobre el cliente; **we ~ these savings on to you!** (in advert) ¡usted se beneficia de estos ahorros!; **would you ~ the word on to the others?** ¿les podrías avisar a los demás?; **I don't want to ~ my cold on to you** no te quiero contagiar *or* (fam) pegar el resfriado **2** (put in contact with) **to ~ sb on** TO **sb**: **I'll ~ you on to my colleague** (on the phone) le paso *or* (Esp tb) le pongo *or* (CS tb) le doy con mi compañero; **~ him on to me** pásamelo a mí

B [v + adv] **1** **to ~ on** TO **sth** pasar A algo; **we ~ on to the third item on the agenda** pasamos al tercer punto del orden del día **2** ▸**pass away**

• **pass out**

A [v + adv] **1** (become unconscious) desmayarse, perder* el conocimiento; **I must have ~ed out** debo (de) haberme desmayado, debo (de) haber perdido el conocimiento; **I nearly ~ed out with fright** casi me desmayé del susto **2** (graduate) (BrE) «*cadet*» graduarse*

B [v + o + adv, v + adv + o] (distribute) repartir

• **pass over**

A [v + adv + o] **1** (omit) ‹*fact/detail*› pasar por alto; **you've ~ed over one very important fact** has pasado por alto algo muy importante **2** (overlook) ‹*remark/behavior*› pasar por alto, dejar pasar

B [v + o + adv] (disregard for promotion) (*usu pass*) pasarle por encima a; **he's been ~ed over three times now** ya le han pasado por encima tres veces, ya van tres veces que ascienden a otros pasando por encima de él

C ▸**pass away**

• **pass through**

A **1** [v + adv] pasar; **we're just ~ing through** estamos sólo de paso **2** [v + prep + o] ‹*town/area*› pasar por

B [v + prep + o] (experience) ‹*period/phase*› pasar por

• **pass up** [v + o + adv, v + adv + o] (colloq) ‹*opportunity*› dejar pasar, desperdiciar

passable /ˈpæsəbəl || ˈpɑːsəbəl/ *adj* **1** (adequate) pasable, aceptable **2** ‹*road/route*› transitable

passably /ˈpæsəbli || ˈpɑːsəbli/ *adv* pasablemente; **he sings ~ (well)** canta pasablemente; **a ~ good performance** una actuación pasable

passage /ˈpæsɪdʒ/ *n*

A [c] **1** (alleyway) callejón *m*, pasaje *m*; (narrow) pasadizo *m* **2** (corridor) (esp BrE) pasillo *m*, corredor *m*; **secret ~** pasadizo *m* secreto **3** (way): **the doctor forced a ~ through the crowd** el médico se abrió paso entre la gente **4** (Anat) conducto *m*; **back ~** (euph) recto *m*

B [u] **1** (right to pass) (frml) derecho *m* de tránsito; (movement) paso *m*; **the ~ of the bill through parliament** la discusión del proyecto en el parlamento **2** (transition) paso *m*; **the ~ from boyhood to manhood** el paso de la juventud a la madurez **3** (lapse): **the ~ of time** el paso *or* el transcurso del tiempo

C [c] (voyage) viaje *m*, travesía *f*; (fare) pasaje *m*; **the outward/homeward ~** el viaje de ida/vuelta; **to book a ~** reservar un pasaje (*en barco*); **to work one's ~** pagarse* el pasaje trabajando a bordo; ***to have a rough/easy ~***: **she had an easy ~ to the final** llegó a la final sin ninguna dificultad; **the opposition gave the bill a rough ~** la oposición puso muchas trabas al proyecto de ley

D [c] (extract) pasaje *m*, trozo *m*

passageway /ˈpæsɪdʒweɪ/ *n* pasillo *m*, corredor *m*; **secret ~** pasadizo *m* secreto

passbook /ˈpæsbʊk || ˈpɑːsbʊk/ *n* (Fin) libreta *f* de ahorros

passé /pæˈseɪ || ˈpæseɪ/ *adj* pasado de moda, démodé *adj inv* (fam)

passenger /ˈpæsndʒər || ˈpæsɪndʒə(r)/ *n* **1** (in vehicle) pasajero, -ra *m,f*; (*before n*) ‹*train/aircraft*› de pasajeros; **~ ferry** ferry *m* de pasajeros; **~ list** lista *f* de pasajeros; **~ mile** milla-pasajero *f*; **~ seat** asiento *m* del pasajero **2** (sb who doesn't contribute) (BrE colloq) persona *f* que no aporta nada; (stronger) parásito *m*

passenger door *n* **1** (of car — at front) puerta *f* del pasajero delantero, puerta *f* del copiloto; (— at back) puerta *f* trasera **2** (on plane) puerta *m* de pasajeros

passer-by /ˌpæsərˈbaɪ || ˌpɑːsəˈbaɪ/ *n* (*pl* **passers-by**) transeúnte *mf*

passim /ˈpæsəm || ˈpæsɪm/ *adv* passim

passing[1] /ˈpæsɪŋ || ˈpɑːsɪŋ/ *adj* (*before n*)

A (going past): **she hailed a ~ taxi** llamó a un taxi que pasaba

B **1** ‹*fad/fashion*› pasajero; ‹*glance*› rápido **2** (casual): **he made a ~ reference to ...** se refirió al pasar *or* de pasada a ...; **it was only a ~ thought** simplemente fue algo que se me ocurrió; **the subject was of more than ~ interest to him** estaba seriamente interesado en el tema

passing[2] *n* [u]

A (of person) (frml & euph) fallecimiento *m* (frml), defunción *f* (frml); (of custom) (frml) desaparición *f*

B **in passing** (incidentally) al pasar, de pasada; **she**

P

ℹ The Passive

Spanish has the same passive form as English, *ser + past participle*, which agrees in gender and number with the subject:

the houses were destroyed
= las casas fueron destruidas

However, use of the passive is much less common than in English and it is used more in written than in spoken language (although it does have broader use in Latin America than in Spain)

Spanish also uses the following to express the English passive:

■ the personal pronoun *se*

This is used either in the so-called *pasiva refleja*:

it was published in 1933
= se publicó en 1933

or in the impersonal form:

she was informed that...
= se le comunicó que...

it is known that...
= se sabe que...

This impersonal use frequently occurs when describing processes:

the pulp is then extracted
= luego se extrae la pulpa

Note however that if the agent of the passive construction is mentioned, the reflexive construction cannot be used:

it was written by a monk
= fue escrito por un monje
(*but not* se escribió por un monje)

■ the third person plural:

he was robbed
= le robaron

This sense of an unknown agent cannot be expressed by the third person plural in English, where the statement *they robbed him* would prompt the question *who?*

■ the active

This works in two ways. A phrase can simply be reworded in active form, e.g. the sentence *the novel was completed by her sister* might equally be expressed as *la novela fue terminada por su hermana* or *su hermana terminó la novela*

Alternatively, it works by keeping the subject the same but adding an 'extra' pronoun before the verb:

this expression is used a lot by Americans
= esta expresión la usan mucho los americanos

Some phrases may therefore be translated by a number of structures:

it was built in 1903
= fue construido en 1903 *or* se construyó en 1903 *or* lo construyeron en 1903

Nonetheless, the English speaker of Spanish needs to acquire a feel for which means of expressing the passive is most apt for the context being translated

Note also:

■ the use of relative clauses in Spanish to keep the sentence active rather than passive:

the context being translated
= el contexto que se traduce

■ the use of relative clauses in the subjunctive that switch subject:

she deserves to be promoted
= merece que la asciendan

■ the flexibility Spanish has in its use of infinitives, especially after *por, sin, para,* and *a*:

lo que queda por hacer
= what remains to be done

la carta está sin contestar
= the letter is unanswered

está listo para pintar
= it's ready to be painted

horario a convenir
= hours to be arranged

Where English requires a passive construction in the above examples, Spanish can use the normal infinitive

---

mentioned it in ~ lo mencionó al pasar *or* de pasada

passing[3] *adv* (arch) asaz (liter)

passing lane *n* (AmE) carril *m* de adelantamiento

passing-out /ˌpæsɪŋˈaʊt || ˌpɑːsɪŋˈaʊt/ *n* [u] (BrE) graduación *f*; (*before n*) ‹*ceremony/parade*› de graduación

passing place *n* **1** (on railroad) apartadero *m* **2** (in road) apartadero *m* **3** (in river) vado *m*

passing shot *n* tiro *m* pasado

passion /ˈpæʃən/ *n*
A [c u] **1** (emotion) pasión *f*; **he played with ~** tocó apasionadamente *or* con pasión; **she spoke with ~** habló con vehemencia *or* ardor; **~s were aroused by the controversy** la polémica exaltó los ánimos **2** (love, enthusiasm) pasión *f*; **crime of ~** crimen *m* pasional; **a night of ~** una noche de pasión; **golf is his ruling ~** el golf es su gran pasión *or* la pasión de su vida; **he has a ~ for music/Wagner** le apasiona la música/Wagner **3** (rage) ira *f*, cólera *f*; **to be in a ~** estar* fuera de sí; **to fly into a ~** montar en cólera; **in a fit of ~** en un arrebato de ira
B (Relig): **the Passion** la Pasión; **the St Matthew P~** la Pasión según San Mateo; (*before n*): **P~ play** misterio *m*; **P~ Sunday** Domingo *m* de Pasión

passionate /ˈpæʃənət/ *adj* ‹*love/affair/kiss/lover*› apasionado; ‹*hatred*› mortal; ‹*admirer/follower*› ardiente, ferviente; ‹*speech*› vehemente, ardoroso; **he has a ~ enthusiasm for horse-racing** le apasionan las carreras de caballos; **she's ~ about gardening** es una apasionada de la jardinería; **she was ~ in her defense of the party** fue vehemente en su defensa del partido

passionately /ˈpæʃənətli/ *adv* ‹*love/embrace/kiss*› apasionadamente; ‹*believe*› fervientemente; ‹*desire*› ardientemente, fervientemente; **I'm ~ in love with him** estoy perdidamente enamorada de él; **I hate you, he said ~** —te odio —dijo con vehemencia; **he was ~ committed to the cause** su entrega a la causa era total

passionflower /ˈpæʃənˌflaʊr || ˈpæʃənˌflaʊə(r)/ *n* pasionaria *f different varieties have names such as granadilla, maracuyá*

passion fruit *n* granadilla *f*, maracuyá *m*, parchita *f* (Ven)

passionless /ˈpæʃənləs || ˈpæʃənlɪs/ *adj* poco apasionado

passive[1] /ˈpæsɪv/ *adj* **1** ‹*person/attitude*› pasivo; **~ resistance** resistencia *f* pasiva **2** ▸ℹ **p.1506** (Ling): **~ voice** voz *f* pasiva

passive[2] ▸ℹ **p.1506** *n* voz *f* pasiva; **in the ~** en voz pasiva

passively /ˈpæsɪvli/ *adv* pasivamente

passiveness /ˈpæsɪvnəs || ˈpæsɪvnɪs/, **passivity** /pæˈsɪvəti/ *n* [u] pasividad *f*

passive smoker *n* fumador pasivo, fumadora pasiva *m,f*

passive smoking *n* [u] tabaquismo *m* pasivo

pass key *n* llave *f* maestra

Passover /ˈpæsəʊvər || ˈpɑːsəʊvə(r)/ *n* Pascua *f* (*judía*)

passport /ˈpæspɔːrt || ˈpɑːspɔːt/ ➡📖 *n* pasaporte *m*; **~ to sth**: **~ to fame** pasaporte a la fama; **hard work is the ~ to success** el esfuerzo es la llave que abre las puertas del éxito; **a degree is not an automatic ~ to employment** un título universitario no garantiza automáticamente un empleo; (*before n*): **~ control** control *m* de pasaportes; **~ holder** titular *mf* del pasaporte; **~ office** *organismo que expide pasaportes*; **~ picture** *o* (BrE also) **photograph** foto *f* de carné

pass-through /ˈpæsθruː || ˈpɑːsθruː/ *n* (AmE) ventanilla *f* de servir (*que comunica cocina y comedor*)

password /ˈpæswɜːrd || ˈpɑːswɜːd/ *n* **1** (Mil) contraseña *f*, santo *m* y seña **2** (Comput) contraseña *f* de acceso, clave *f* de acceso, palabra *f* de acceso, password *m*

past[1] /pæst || pɑːst/ *adj*
A **1** (former) ‹*attempts/occasions*› anterior; ‹*life*› pasado; (old) antiguo; **on ~ experience I should guess that ...** basándome en experiencias anteriores yo diría que ...; **she knew from ~ experience that ...** sabía por experiencia que ...; **in times ~** (liter) antaño (liter), años ha (liter), antiguamente; **~ members of the organization** antiguos *or* ex miembros de la organización; **prime ministers ~ and present** primeros ministros de ayer y hoy, antiguos y actuales primeros ministros **2** (most recent) ‹*week/month/year*› último; **in the ~ few days/three years** en los últimos días/tres años; **I've been very busy these ~ few days** he estado muy ocupado estos últimos días *or* últimamente; **the events of the ~ week** los acontecimientos de la última semana *or* de la semana pasada; **for some time ~** desde hace tiempo **3** (finished, gone) (*pred*): **what's ~ is ~** lo pasado, pasado; **that's all ~ now** todo eso ha quedado atrás; **all danger is now ~** ya ha pasado el peligro; **in days long ~** en tiempos remotos
B ▸ℹ **p.1506**, ▸ℹ **p.1550** (Ling): **the ~ tense** el pasado, el pretérito; **the ~ participle** el participio pasado *or* pasivo

past[2] *n*
A **1** [u] (former times) pasado *m*; **to live in the ~** vivir en el pasado; **steam trains are a thing of the ~** las locomotoras de vapor han pasado a la historia; **in the ~ women ...** antes *or* antiguamente *or* en otros tiempos las mujeres ...; **let's carry on as we have in the ~** sigamos como siempre *or* como antes; **that's all in the ~** eso forma parte del pasado, eso ya es historia **2** [c] (of person) pasado *m*; (of place) historia *f*; **a city/nation without a ~** una ciudad/nación sin historia; **a woman with a ~** una mujer con pasado
B ▸ℹ **p.1550** [u] (Ling) pasado *m*, pretérito *m*; **the ~ historic** el pasado histórico

past[3] *prep*
A **1** (by the side of): **I go ~ their house every morning** paso por (delante de) su casa todas las mañanas; **she walked straight ~ him** pasó de largo por su lado; **we drove ~ her shop** pasamos por delante de su tienda (con el coche) **2** (beyond): **it's just ~ the school** queda un poco más allá de la escuela, queda pasando la escuela; **how did you get ~ the guard?** ¿cómo hiciste para que el guardia te dejara pasar?; **he shoved ~ the doorman** pasó pegándole un

---

➡📖 *see* Living in a Spanish-speaking country

empujón al portero; **once we're ~ customs** una vez que hayamos pasado la aduana; **the second turning ~ the lights** la segunda calle después del semáforo

B **1** ▸ℹ **p.1798** (after) (esp BrE): **it's ten ~ six/half ~ two** son las seis y diez/las dos y media; **it's half/a quarter ~ one** es la una y media/y cuarto; **it was ~ eleven** eran las once pasadas; **it's long ~ midnight** son mucho más de las doce; **it starts at quarter ~** empieza a (las) y cuarto; **the party went on till ~ midnight** la fiesta siguió hasta después de la medianoche; **it's ~ your bedtime** ya deberías estar acostado **2** (older than): **once you get ~ 40 ...** después de los 40 ..., una vez pasados los 40 ...; **she must be ~ 50** debe tener más de 50; **I'm ~ the age/stage when ...** ya he pasado la edad/superado la etapa en que ...

C (outside, beyond): **it's ~ belief/endurance** es increíble/intolerable; **to be ~ -ING: those socks are ~ mending** ya no vale la pena zurcir esos calcetines; **they can do what they like, I'm ~ caring** por mí que hagan lo que quieran, ya no me importa; **I wouldn't put it ~ her** no me extrañaría que lo hiciera, la creo muy capaz de hacerlo; ***to be ~ it*** (colloq): **an athlete is ~ it at his age** a su edad un atleta está acabado, a su edad a un atleta ya se le pasó su cuarto de hora (AmS fam); **they think everyone over 40 is ~ it** piensan que cualquiera que tenga más de 40 ya está para cuarteles de invierno; **this carpet's ~ it** esta alfombra ya está para la basura

past⁴ *adv* **1** (with verbs of motion): **to fly/cycle/drive ~** pasar volando/en bicicleta/en coche; **he hurried ~** pasó a toda prisa; **I saw her as I walked ~** al pasar la vi; **we watched the troops march ~** vimos desfilar a las tropas **2** ▸ℹ **p.1798** (giving time) (esp BrE): **it's twenty-five ~** son y veinticinco; **I got there at five ~** llegué a y cinco; **is it eight yet? — a few minutes ~** ¿son las ocho ya? — y unos minutos *or* pasadas

pasta /ˈpɑːstə, ˈpæstə || ˈpæstə/ *n* [u] pasta(s) *f(pl)*; **~ is very filling** la pasta llena mucho, las pastas llenan mucho

paste¹ /peɪst/ *n* **1** [u c] (thick mixture) pasta *f*; **anchovy ~** pasta de anchoas; **meat/fish ~** (BrE) paté *m* de carne/pescado; **tomato ~** extracto *m or* concentrado *m* de tomate, pomarola® *f* (Chi), pomidoro *m* (Ur) **2** [u] (glue) engrudo *m*; (*flour-and-water ~*) engrudo *m*; (*wallpaper ~*) pegamento *m*, cola *f* **3** [u] (imitation gem) estrás *m*; **all her jewels are ~** todas sus joyas son de fantasía *or* bisutería; (*before n*): **~ diamond** estrás *m*

paste² *vt* **1** ‹*wallpaper*› aplicar* pegamento *or* cola a; **to ~ sth INTO/ONTO sth** pegar* algo EN algo **2** (beat) (sl): **he got ~d in the final set** en el último set lo hicieron polvo *or* (CS tb) bolsa (fam); **the critics ~d her novel** los críticos le pusieron la novela por el suelo *or* por los suelos, los críticos le hicieron bolsa la novela (CS fam) **3** (Comput) pegar*

(Phrasal verb)

- **paste up** [v + o + adv, v + adv + o] **1** ‹*poster/notice*› pegar* **2** (Publ) armar

pasteboard /ˈpeɪstbɔːrd || ˈpeɪstbɔːd/ *n* [u] cartón *m*

pastel /pæsˈtel || ˈpæstl/ *n*

A (Art) **1** (crayon) pastel *m*; **to work in ~(s)** trabajar con pasteles; (*before n*) ‹*drawing/portrait*› al pastel **2** (drawing) dibujo *m* al pastel

B (pale shade) tono *m* pastel; (*before n*) ‹*shades/tones/color*› pastel *adj inv*; ‹*clothes/furnishings*› en tonos pastel

pastern /ˈpæstərn || ˈpæstən/ *n* (Equ) cuartilla *f*

paste-up /ˈpeɪstʌp/ *n* (Journ, Publ) maqueta *f*; **design and ~** diseño y maquetación; (*before n*): **~ artist** maquetador, -dora *m,f*; **~ work** maquetación *f*

pasteurization /ˌpæstʃərəˈzeɪʃən || ˌpɑːstʃəraɪˈzeɪʃən/ *n* [u] pasteurización *f*, pasterización *f*

pasteurize /ˈpæstʃəraɪz || ˈpɑːstʃəraɪz/ *vt* pasteurizar*, pasterizar*; **~d milk** leche *f* pasteurizada *or* pasterizada

pastiche /pæsˈtiːʃ/ *n* [c u] imitación *f*, pastiche *m*

pastille /pæsˈtiːl || ˈpæstɪl/ *n* (Med) pastilla *f*; **throat ~s** pastillas para la garganta

pastime /ˈpæstaɪm || ˈpɑːstaɪm/ *n* pasatiempo *m*

pasting /ˈpeɪstɪŋ/ *n* (sl) paliza *f*; **the critics gave the play a sound ~** los críticos pusieron la obra por el suelo *or* por los suelos

pastis /pæsˈtiːs || ˈpæstɪs, pæsˈtiːs/ *n* [u c]: *anís que se bebe con agua*

pastor /ˈpæstər || ˈpɑːstə(r)/ *n* pastor, -tora *m,f*

pastoral¹ /ˈpæstərəl || ˈpɑːstərəl/ *adj*

A ‹*painting/scene*› pastoril, bucólico; **~ poem** poema *m* pastoril *or* bucólico, égloga *f*

B **1** (Relig) ‹*care/duties*› pastoral; **~ letter** (carta *f*) pastoral *f* **2** (BrE) (Educ): **he's in charge of ~ care** se ocupa del bienestar de los alumnos

pastoral² *n* [u c] (Lit) égloga *f*; (Art) escena *f* bucólica

pastoralism /ˈpæstərəlɪzəm || ˈpɑːstərəlɪzəm/ *n* [u] pastoralismo *m*

pastoralist /ˈpæstərələst || ˈpɑːstərəlɪst/ *n* pastoralista *mf*

past perfect *n* (pretérito *m*) pluscuamperfecto *m*

pastrami /pəˈstrɑːmi || pæˈstrɑːmi/ *n* [u] pastrami *m* (*fiambre de carne vacuna y especias*)

pastry /ˈpeɪstri/ *n* (*pl* **-tries**) **1** [u] (substance) masa *f*; (*before n*): **~ board** tabla *f* de amasar; **~ brush** pincel *m* de repostería; **~ case** molde *m* de masa *or* pasta; **~ cutter** cortapastas *m* **2** [c] (cake) pastelito *m or* (RPl) masa *f*

pastrycook /ˈpeɪstrikʊk/ *n* pastelero, -ra *m,f*, repostero, -ra *m,f*

pasture¹ /ˈpæstʃər || ˈpɑːstʃə(r)/ *n* **1** [u] (grazing land) pastos *mpl* **2** [c] (tract of grazing land) prado *m*, potrero *m* (AmL); (***fresh fields and***) **~*s new***: **she felt it was time to move on to ~s new** sintió la necesidad de cambiar de aires *or* de buscar nuevos horizontes; ***to put sb out to ~*** jubilar a algn (fam) **3** [u] (grass) pasto *m*, pastura *f*; (*before n*): **~ land** tierra *f* de pastoreo, pradera *f*

pasture² *vt* apacentar*, pastar
■ **pasture** *vi* pastar, pacer*

pasty¹ /ˈpeɪsti/ *adj* **-tier, -tiest** **1** (pale) ‹*complexion*› pálido **2** ‹*substance/consistency*› pastoso

pasty² /ˈpæsti/ *n* (*pl* **-ties**) (esp BrE) empanada *f* (AmL), empanadilla *f* (esp Esp); **Cornish ~** *empanada de papa, cebolla, nabo sueco y carne*

pasty-faced /ˌpeɪstiˈfeɪst/ *adj* pálido (y demacrado)

pat¹ /pæt/ *vt* **-tt-** ‹*dog/horse*› darle* palmaditas a; **he ~ted her on the shoulder** le dio unas palmaditas en el hombro; **~ the earth firm around the plant** apisone bien la tierra alrededor de la planta con las manos; **to ~ a ball** botar *or* (Chi) darle* botes a *or* (RPl) hacer* picar la pelota; **she ~ted down her hair** se atusó el pelo; ***to ~ sb on the back*** (congratulate) felicitar a algn; (lit) darle* una palmadita en la espalda a algn; **I ~ted myself on the back for remembering** me congratulé de haberlo recordado, me felicité por haberlo recordado

pat² *n*

A (tap) palmadita *f*, golpecito *m*; (touch) toque *m*; ***to give sb a ~ on the back*** (congratulate) felicitar a algn; (lit) darle* una palmadita en la espalda a algn; **you deserve a ~ on the back for that** mereces que te feliciten por eso

B (Culin) (of butter) porción *f*

pat³ *adj* (pej) ‹*answer*› fácil; **he always has some ~ excuse** siempre tiene una excusa preparada

pat⁴ *adv* **1** (by heart): **to have** *o* **know sth down** *o* (BrE) **off ~** saberse* algo al dedillo *or* de memoria; **to get** *o* **learn sth down** (AmE) *o* (BrE) **off ~** aprender algo de memoria; **the answer came ~** respondió inmediatamente *or* automáticamente **2** (AmE): **to stand ~** mantenerse* en sus (*or* mis *etc*) trece; (in poker) no querer* cambiar ninguna carta

pat⁵ (= patent) Pat.; **~ pending** Pat. solicitada *or* en trámite; **~ no 57143** nº de Pat. 57143

Patagonia /ˌpætəˈgəʊniə/ *n* la Patagonia

patch¹ /pætʃ/ *n*

A **1** (for mending clothes) remiendo *m*, parche *m*; (for reinforcing) refuerzo *m*; (on knee) rodillera *f*; (on elbow) codera *f*; (for a puncture, wound) parche *m*; ***not to be a ~ on sb/sth*** (BrE colloq) no tener* ni punto de comparación con algn/algo; (*before n*): **~ pocket** bolsillo *m* de plastrón *or* de parche **2** (*eye ~*) parche *m* (*en el ojo*) **3** (AmE) (Mil) insignia *f*

B **1** (area): **test the product on a small ~ of material** pruebe el producto en un pequeño trozo de tela; **she slipped on a ~ of ice/oil** resbaló en el hielo/en una mancha de aceite; **there were red ~es on his arms** tenía manchas rojas en los brazos; **a damp ~ on the ceiling** una mancha de humedad en el techo; **I've cleaned it, but there's still a sticky ~** lo he limpiado, pero todavía queda un pedazo pegajoso; **fog ~es will occur** habrá zonas de niebla; ***to go through a bad*** *o* ***rough*** *o* ***sticky ~*** (BrE) pasar por *or* atravesar* una mala racha **2** (small plot of land): **a vegetable ~** un huerto, una parcela para verduras **3** (territory) (BrE colloq): **my/his ~** mi/su territorio

C (Comput) parche *m*, patch *m*

patch² *vt* **1** (repair) remendar*, parchar (esp AmL); **it was ~ed together out of various scraps** estaba hecho de retazos *or* (Esp) retales; **he tried to ~ their relationship together again** intentó volver a arreglar las cosas entre ellos **2** (connect) (Comput, Rad, Telec) conectar

(Phrasal verb)

- **patch up** [v + o + adv, v + adv + o] **1** (mend) ‹*roof/furniture*› hacerle* un arreglo a (*provisionalmente*); ‹*clothes*› remendar*, parchar (esp AmL); ‹*hole*› ponerle* un parche a **2** (resolve, settle): **it will be difficult to ~ things up now** ahora va a ser difícil arreglar las cosas; **I tried to help ~ things up betweem them** quise ayudar para que hicieran las paces

patchboard /ˈpætʃbɔːrd || ˈpætʃbɔːd/ *n* ▸**patch panel**

patchily /ˈpætʃəli || ˈpætʃɪli/ *adv*: **the paintwork came up very ~** la pintura quedó dispareja; **he remembered it only ~** sólo recordaba algunos pasajes (*or* momentos *etc*); **he covers the subject very ~** (pej) trata el tema de forma muy incompleta

patchouli (oil) /ˈpætʃəli, pəˈtʃuːli || ˈpætʃuːli, pəˈtʃuːli/ *n* [u] (esencia *f* de) pachuli *m or* pachulí *m*

patch panel, patchboard *n* panel *m* de interconexiones

patchy /ˈpætʃi/ *adj* **-chier, -chiest** **1** (in appearance) ‹*paintwork/color*› disparejo, poco uniforme **2** (not complete) ‹*coverage*› incompleto; ‹*attendance/response*› irregular; ‹*recollection/description*› fragmentario **3** (mixed) ‹*results*› irregular; ‹*performance*› irregular, con altibajos; **the weather has been rather ~** el tiempo ha estado bastante variable

pate /peɪt/ *n* (dated & hum): **his bald ~** su calva, su pelada (CS fam)

pâté, pate /pɑːˈteɪ || ˈpæteɪ/ *n* [u c] paté *m*

patella /pəˈtelə/ *n* (*pl* **-las** *or* **-lae** /-liː/) rótula *f*

paten /ˈpætn/ *n* patena *f*

patent¹ /ˈpætnt || ˈpeɪtnt, ˈpætnt/ *n* patente *f*; **to take out a ~ on sth** patentar algo; Ⓢ **patent pending, patent applied for** patente solicitada *or* en trámite; (*before n*): **~ agent** agente *mf* de patentes; **~ attorney** (in US) abogado, -da *m,f* especialista en patentes; **~ law** derecho *m* de patentes; **P~ Office** Registro *m* de la propiedad industrial; **~ right** derecho *m* de patente

patent² /ˈpætnt || ˈpeɪt-, ˈpætnt/ *vt* patentar; **a ~ed design** un diseño patentado

patent³ *adj*

A /ˈpeɪtnt, ˈpæt- || ˈpeɪtnt/ (obvious) (frml) patente, evidente

B /ˈpætnt || ˈpeɪtnt/ **1** (patented) ‹*invention*› patentado; **~ medicine** especialidad *f* medicinal **2** ‹*shoes/handbag*› de charol

patentable /ˈpætntəbəl || ˈpeɪtntəbəl, ˈpætnt-/ *adj* patentable

patentee /ˌpætnˈtiː || ˌpeɪtnˈtiː, ˌpæt-/ *n* titular *mf* (*de una patente*)

p

patent leather /ˈpætnt || ˈpeɪtnt, ˈpæt-/ *n* [u] charol *m*; (*before n*): **patent-leather shoes** zapatos *mpl* de charol

patently /ˈpeɪtntli, ˈpæt- || ˈpeɪtntli/ *adv*: **it's ~ clear** *o* **obvious that ...** salta a la vista *or* está clarísimo que ...; **it's ~ untrue** es una mentira a todas luces, está clarísimo que no es cierto

patera /ˈpætərə/ *n*
A (Archit, Hist, Relig) (shallow dish) pátera *f*
B (Astron) (shallow crater) *cráter poco profundo de borde festoneado*

paterfamilias /ˌpætərfəˈmɪliəs, ˌpɑː- || ˌpeɪtəfəˈmɪlɪæs, pæ-/ *n* (frml) páter *m* familias, jefe *m* de familia

paternal /pəˈtɜːrnl || pəˈtɜːn/ *adj* **1** (fatherly) ‹*affection/interest/benevolence*› paternal; ‹*pride*› de padre; ‹*trait/inheritance*› paterno **2** (on father's side) (*before n*) por parte de padre; **~ grandmother** abuela *f* paterna, abuela *f* por parte de padre; **~ aunt** tía *f* por parte de padre

paternalism /pəˈtɜːrnlɪzəm || pəˈtɜːnəlɪzəm/ *n* [u] paternalismo *m*

paternalist[1] /pəˈtɜːrnləst || pəˈtɜːnəlɪst/ *n* paternalista *mf*

paternalist[2], **-istic** /-ˈɪstɪk/ *adj* paternalista

paternally /pəˈtɜːrnli || pəˈtɜːnəli/ *adv* de una manera paternal, paternalmente

paternity /pəˈtɜːrnəti || pəˈtɜːnəti/ *n* [u] (frml) paternidad *f*; **to acknowledge ~** reconocer* la paternidad; (*before n*): **~ leave** permiso *m or* (esp AmL) licencia *f* por paternidad; **~ suit** litigio *m* por paternidad; **~ test** (Law, Med) prueba *f* de investigación de la paternidad

paternoster /ˌpɑːtərˈnɑːstər || ˌpætəˈnɒstə(r)/ *n* padrenuestro *m*, paternóster *m*

path /pæθ || pɑːθ/ *n* **1** (track, walkway) sendero *m*, senda *f*, camino *m*; **they cleared a ~ through the jungle** abrieron un sendero (*or* una senda *etc*) a través de la selva; **to stray from the ~ of virtue** apartarse del camino de la virtud *or* del buen camino; **the ~ to success** el camino al éxito; ***to beat a ~ to sb's door*** asediar a algn; **the world has been beating a ~ to his door** ha habido un verdadero peregrinaje hasta su puerta; **▸hell A1** **2** (course of missile) trayectoria *f*; **the ~ of the sun** el recorrido *or* el trayecto del sol; **the raging waters swept away everything in their ~** las tempestuosas aguas arrasaron con todo a su paso; **he stepped into the ~ of the oncoming vehicle** se cruzó en el camino del vehículo que se acercaba; **the bullet was deflected from its ~** el proyectil fue desviado de su trayectoria; ***to cross sb's ~*** cruzarse* *or* toparse con algn; **if you cross my ~ again ...** si te me vuelves a cruzar en el camino ...; **after two years our ~s crossed again** dos años más tarde nos volvimos a encontrar **3** (course of action): **if you take that ~ ...** si optas por hacer eso ...

pathetic /pəˈθetɪk/ *adj* **1** (pitiful) ‹*sight/moan/gesture*› patético; ‹*poverty/misery*› conmovedor, lastimoso, digno de lástima **2** (feeble, inadequate) (colloq): **what a ~ excuse!** ¡qué excusa más pobre!; **his jokes are ~** sus chistes son pésimos; **a ~ performance** una pésima actuación, una actuación que daba pena; **you're ~!** ¡me sacas de quicio!; **don't be so ~!** ¡no seas tan pusilánime!

pathetically /pəˈθetɪkli/ *adv* **1** (pitiably) ‹*moan/weep*› lastimeramente; **he was ~ thin** era de una delgadez que daba pena; **I can't reach, she said ~** —no alcanzo —dijo con voz lastimera; **they were ~ grateful** su agradecimiento resultaba patético *or* penoso **2** (lamentably) (colloq): **our pay is ~ small** nos pagan una auténtica miseria (fam); **they played ~** jugaron que daba pena (fam)

pathetic fallacy *n* [u] falacia *f* patética

pathfinder /ˈpæθˌfaɪndər || ˈpɑːθˌfaɪndə(r)/ *n* **1** (explorer) explorador, -dora *m,f*; **she was a ~ in the field of genetic engineering** fue una pionera en el campo de la ingeniería genética **2** (Mil) *avión o paracaidista que señala el objetivo a los bombarderos*

pathname /ˈpæθneɪm || ˈpɑːθneɪm/ *n* nombre *m* de ruta

pathogen /ˈpæθədʒən/ *n* agente *m* patógeno

pathogenic /ˌpæθəˈdʒenɪk/ *adj* patógeno

pathological /ˌpæθəˈlɑːdʒɪkəl || ˌpæθəˈlɒdʒɪkəl/ *adj* **1** (Med) patológico **2** (compulsive) ‹*liar/fear*› patológico

pathologically /ˌpæθəˈlɑːdʒɪkli || ˌpæθəˈlɒdʒɪkli/ *adv* patológicamente; **he's ~ jealous** sus celos son patológicos

pathologist /pəˈθɑːlədʒəst || pəˈθɒlədʒɪst/ *n* patólogo, -ga *m,f*

pathology /pəˈθɑːlədʒi || pəˈθɒlədʒi/ *n* [u] patología *f*

pathos /ˈpeɪθɑːs || ˈpeɪθɒs/ *n* [u] patetismo *m*

pathway /ˈpæθweɪ || ˈpɑːθweɪ/ *n* camino *m*, sendero *m*

patience /ˈpeɪʃəns/ *n* [u]
A (quality) paciencia *f*; **to try sb's ~** poner* a prueba la paciencia de algn; **I lost my ~** perdí la paciencia; **my ~ is wearing thin/is exhausted** se me está acabando *or* agotando/se me ha acabado *or* agotado la paciencia; **I've no ~ with people like that** con gente así yo no tengo paciencia; **~ is a virtue** (set phrase) la paciencia es la madre de la ciencia (fr hecha); ***to have the ~ of Job/a saint*** tener* más paciencia que el santo Job/que un santo
B (cards) (BrE) solitario *m*; **to play ~** hacer* solitarios; **a game of ~** un solitario

patient[1] /ˈpeɪʃənt/ *adj* ‹*teacher/mother*› paciente; ‹*research/explanation*› hecho con paciencia y detenimiento; **to be ~** ser* paciente, tener* paciencia; **be ~ just a little longer** ten un poco más de paciencia; **to be ~ WITH sb** tener* paciencia CON algn

patient[2] *n* paciente *mf*; **chest/kidney ~s** enfermos *mpl* de pulmón/riñón; (*before n*): **~ care** cuidado *m* de pacientes

patiently /ˈpeɪʃəntli/ *adv* pacientemente

patina /pəˈtiːnə || ˈpætɪnə/ *n* **1** (on metal) pátina *f* **2** (liter & frml) (of age) pátina *f* (liter)

patio /ˈpætiəʊ/ *n* patio *m*

patois /ˈpætwɑː/ *n* (*pl* ~ /-wɑːz/) dialecto *m*

patriarch /ˈpeɪtriɑːrk || ˈpeɪtriɑːk/ *n* (Anthrop, Relig) patriarca *m*

patriarchal /ˌpeɪtriˈɑːrkəl || ˌpeɪtriˈɑːkəl/ *adj* patriarcal

patriarchy /ˈpeɪtriɑːrki || ˈpeɪtriɑːki/ *n* [u c] (*pl* **-chies**) patriarcado *m*

patrician[1] /pəˈtrɪʃən/ *adj* patricio

patrician[2] *n* patricio, -cia *m,f*

patricide /ˈpætrəsaɪd || ˈpætrɪsaɪd/ *n* **1** [u c] (crime) parricidio *m* (*asesinato del propio padre*) **2** [c] (person) parricida *mf*

patrilineal /ˌpætrəˈlɪniəl || ˌpætrɪˈlɪniəl/ *adj* (frml) por línea paterna

patrimony /ˈpætrəməʊni || ˈpætrɪməni/ *n* (*pl* **-nies**) (frml) patrimonio *m*

patriot /ˈpeɪtriət || ˈpætriət, ˈpeɪ-/ *n* patriota *mf*

patriotic /ˌpeɪtriˈɑːtɪk || ˌpætriˈɒtɪk, ˈpeɪ-/ *adj* patriótico

patriotism /ˈpeɪtriətɪzəm || ˈpætriətɪzəm, ˈpeɪ-/ *n* [u] patriotismo *m*

patrol[1] /pəˈtrəʊl/ *n*
A **1** [u c] (act) patrulla *f*, ronda *f*; **to be on ~** estar* patrullando, estar* de patrulla; **they were on foot ~** estaban patrullando la zona a pie; (*before n*): **~ boat** (lancha *f*) patrullera *f*; **~ car** coche *m* patrulla, patrullero *m* (RPl), auto *m* patrulla (Chi); **~ wagon** (AmE) furgón *m* policial, (coche *m*) celular *m* (Esp), patrulla *f* (Col, Méx) **2** (group) patrulla *f*; (person) patrulla *mf*
B (in Scouts) patrulla *f*

patrol[2] **-ll-** *vt* ‹*area/streets*› patrullar
■ **patrol** *vi* patrullar, estar* de patrulla

patrolman /pəˈtrəʊlmən/ *n* (*pl* **-men** /-mən/) **1** (policeman) (AmE) policía *m*, guardia *m* **2** (from motoring organization) (BrE) mecánico *m*

patrolwoman /pəˈtrəʊlwʊmən/ *n* (*pl* **-women**) (AmE) policía *f*, guardia *f*

patron /ˈpeɪtrən/ *n* **1** (sponsor) patrocinador, -dora *m,f*; **a ~ of the arts** un mecenas **2** (customer) (frml) cliente, -ta *m,f* **3** (patron saint) patrono, -na *m,f*

patronage /ˈpætrənɪdʒ ˈpeɪ-/ *n* [u]
A **1** (custom) clientela *f* **2** (sponsorship) patrocinio *m*, auspicio *m*; **under the ~ of the Miller Corporation** bajo *or* con el patrocinio de Miller Corporation, con los auspicios de Miller Corporation; **he is well known for his ~ of the arts** es muy conocido por su mecenazgo
B (Pol) influencia *f*

patroness /ˌpeɪtrəˈnes/ *n* patrocinadora *f*

patronize /ˈpeɪtrənaɪz, ˈpæ- || ˈpætrənaɪz/ *vt*
A (condescend to) tratar con condescendencia
B **1** (frequent) (frml) ‹*shop/hotel*› ser* cliente de; ‹*theater/cinema*› frecuentar **2** (sponsor) patrocinar, auspiciar

patronizing /ˈpeɪtrənaɪzɪŋ, ˈpæ- || ˈpætrənaɪzɪŋ/ *adj* condescendiente

patronizingly /ˈpeɪtrənaɪzɪŋli, ˈpæ- || ˈpætrənaɪzɪŋli/ *adv* con condescendencia

patronymic /ˌpætrəˈnɪmɪk/ *n* patronímico *m*

patsy /ˈpætsi/ *n* (*pl* **-sies**) (AmE sl) **1** (scapegoat) cabeza *mf* de turco, chivo *m* expiatorio; **I'm not going to be your ~** yo no pienso pagar el pato por ti (fam); **she escaped and I was the ~ who went to jail** ella se escapó y yo fui el pánfilo que fue a la cárcel (fam) **2** (easy victim) presa *f* fácil (fam), primo, -ma *m,f* (Esp fam)

patter[1] /ˈpætər || ˈpætə(r)/ *vi* «*rain*» golpetear, tamborilear; «*feet/person*» golpetear; **you could hear the mice ~ing behind the baseboard** se oía corretear a los ratones detrás del zócalo

patter[2] *n* [u]
A (sound) golpeteo *m*; **the soft ~ of the rain** el suave golpeteo *or* tamborileo de la lluvia; **the ~ of tiny feet** (hum) pasitos *mpl* de niño
B (talk): **the salesman gave me the usual ~** el vendedor me soltó el rollo de costumbre; **she had a very effective sales ~** tenía mucha labia para vender, sabía convencer al cliente; **an insurance agent's ~** el discursito típico de un vendedor de seguros

pattern[1] /ˈpætərn || ˈpætən/ *n*
A **1** (decoration) diseño *m*, dibujo *m*; (on fabric) diseño *m*, estampado *m*; **a floral ~** un motivo *or* diseño floral; **a geometric ~** un dibujo geométrico; **the waves left ripple ~s in the sand** las olas dibujaron ondas en la arena; **the ~ repeats every two feet** el dibujo se repite cada dos pies **2** (order, arrangement): **it follows the normal ~** sigue las pautas normales; **to set the ~** marcar* las pautas; **~s of consumption** pautas *fpl or* hábitos *mpl* de consumo; **behavior ~** (Psych) patrón *m* conductual *or* de conducta; **languages with similar syntax ~s** idiomas *mpl* con estructuras sintácticas similares; **a ~ is beginning to emerge** se están empezando a notar ciertas pautas regulares; **the familiar ~ of events repeated itself** volvió a repetirse la historia de siempre
B **1** (model) modelo *m* **2** (in dressmaking) patrón *m*, molde *m* (CS) **3** (sample) muestra *f*

pattern[2] *vt* **to ~ sth ON sth: the constitution was ~ed on the American one** la constitución fue redactada tomando como modelo la de los Estados Unidos; **their legal system is ~ed on the Napoleonic Code** su sistema legal está basado en el código napoleónico

pattern bombing *n* [u] bombardeo *m* sistemático

pattern book *n* **1** (of wallpaper, fabrics) muestrario *m* **2** (of dress designs) revista *f* de patrones *or* (CS) de moldes, figurín *m*

patterned /ˈpætərnd || ˈpætənd/ *adj* con dibujos *or* motivos; ‹*fabric*› estampado; **a brightly ~ carpet** una alfombra con un diseño en colores vivos

patty /ˈpæti/ *n* (*pl* **-ties**) **1** (small pie) empanada *f* (AmL), empanadilla *f* (Esp) **2** (of minced meat) hamburguesa *f*; (of chopped vegetables, fish) croqueta *f*

paua /ˈpaʊə, ˈpɑːwə/ *n* (NZ) (Culin, Zool)
A (edible mollusc) abulón *m*; oreja *f* marina *or* de mar; loco *m* (Chi)
B (mollusc shell) concha *f* de abulón *or* oreja marina *or* loco

paucity /ˈpɔːsəti/ *n* [u] (frml) escasez *f*, penuria *f*

paunch /pɔːntʃ/ *n* panza *f* (fam), barriga *f* (fam)

paunchy /ˈpɔːntʃi/ *adj* **-chier, -chiest** barrigón (fam), panzudo (fam)

pauper /ˈpɔːpər || ˈpɔːpə(r)/ *n* pobre *mf*, indigente *mf*; **~'s grave** fosa *f* común

pauperization /ˌpɔːpərəˈzeɪʃən || ˌpɔːpəraɪˈzeɪʃən/ *n* (frml) pauperización *f* (frml), empobrecimiento *m*

pauperize /ˈpɔːpəraɪz/ *vt* (frml) pauperizar* (frml), empobrecer*

pause¹ /pɔːz/ *n* **1** (gap, interval) pausa *f*; **without ~** sin interrupción; **there was a ~ in the conversation** hubo una pausa *or* se hizo un silencio en la conversación; **there will now be a ~ for light refreshments** ahora haremos una pausa para tomar un refrigerio; ***to give (sb) ~ (for thought)*** dar* que pensar (a algn) **2** (Mus) pausa *f*

pause² *vi* (in speech) hacer* una pausa; (in movement) detenerse*; **to ~ for breath** parar para recobrar el aliento

pause button *n* botón *m* de pausa

pave /peɪv/ *vt* (with concrete) pavimentar; (with flagstones) enlosar; (with stones) empedrar*, adoquinar; (with bricks) enladrillar; **they thought the streets were ~d with gold there** creían que allí ataban a los perros con longanizas (hum), creían que aquello era Jauja (fam); ***to ~ the way for sth*** allanar *or* preparar el terreno para algo

pavement /ˈpeɪvmənt/ *n* **1** [c u] (paved area) pavimento *m* **2** [u] ▸**paving 3** **3** [c] (beside road) (BrE) ▸**sidewalk**

pavement artist *n* (BrE) pintor, -tora *m,f* de aceras

pavement café *n* (BrE) café *m* con terraza

pavilion /pəˈvɪljən/ *n* **1** (at trade fair) pabellón *m* **2** (tent) pabellón *m* **3** (BrE) (Sport) caseta *f*

paving /ˈpeɪvɪŋ/ *n* [u] **1** (paved area) pavimento *m*; (of flagstones) enlosado *m*; (of tiles) embaldosado *m*; (of stones) empedrado *m*, adoquinado *m*; (of bricks) enladrillado *m* **2** (materials) materiales *mpl* de pavimentación; (*before n*): **~ slab** *o* **stone** losa *f* **3** (road surface) (AmE) calzada *f*

paw¹ /pɔː/ *n* **1** (Zool) pata *f*; (claw of lion, tiger) garra *f*, zarpa *f* **2** (hand) (colloq & pej) manaza *f* (fam & pey), zarpa *f* (fam & pey)

paw² *vt* **1** ‹‹*animal*›› tocar* con la pata; **to ~ the ground** ‹‹*horse*›› piafar **2** ‹‹*person*›› (pej) manosear (pey), toquetear (pey)

pawn¹ /pɔːn/ *n*
A [c] **1** (in chess) peón *m* **2** (manipulated person) títere *m*
B [c u] (pledge) prenda *f*; **to place sth in ~** empeñar algo, dejar algo en prenda; **to redeem sth from ~** desempeñar algo

pawn² *vt* empeñar

pawnbroker /ˈpɔːnˌbrəʊkər || ˈpɔːnˌbrəʊkə(r)/ *n* prestamista *mf*

pawnshop /ˈpɔːnʃɑːp || ˈpɔːnʃɒp/ *n* casa *f* de empeños, monte *m* de piedad

pawpaw /ˈpɔːpɔː/ *n*
A **1** [c u] (fruit) asimina *f* **2** [c] **~ (tree)** asimina *f*
B (BrE) ▸**papaya A**

pay¹ /peɪ/ (*past & past p* **paid**) *vt*
A **1** ‹*tax/rent*› pagar*; ‹*amount/fees*› pagar*, abonar (frml); ‹*bill*› pagar*, saldar; ‹*debt*› pagar*, saldar, cancelar; **I paid the amount in full** pagué *or* (frml) aboné el importe en su totalidad; **this account ~s 8% interest** esta cuenta da *or* produce un interés del 8%; **to ~ sth FOR sth/to + INF: how much did you ~ for the painting?** ¿cuánto te costó el cuadro?, ¿cuánto pagaste por el cuadro?; **I paid a fortune to have it cleaned** me costó un dineral hacerlo limpiar, me cobraron un dineral por limpiarlo; **to ~ sth INTO sth: they ~ my salary directly into the bank** me depositan *or* (esp Esp) me ingresan el sueldo directamente en el banco; **Ⓢ paid** pagado **2** ‹*employee/creditor/tradesperson*› pagarle* a; **they still haven't paid the builders** todavía no les han pagado a los albañiles; **you'll have to wait until I get paid** vas a tener que esperar hasta que cobre *or* me paguen; **we're paid by the hour** nos pagan por horas; **I wouldn't eat in that restaurant if you paid me** yo no comería en ese restaurante ni aunque me pagasen; **to ~ sb FOR sth** pagarle* algo A algn; **when are you going to ~ me for the tickets?** ¿cuándo me vas a pagar las entradas?; **I paid him £20 for the table** le di 20 libras por la mesa; **he was handsomely paid for his services** fue generosamente retribuido por sus servicios; ***to ~ one's way*: he paid his way through college** se pagó *or* se costeó él mismo los estudios; **I've never lived off him, I've always paid my own way** nunca he vivido a costa de él, siempre he pagado lo que me correspondía
B ‹*respects*› presentar; ‹*attention*› prestar; **to ~ sb a visit** *o* **call** hacerle* una visita a algn; **I must ~ a visit** *o* **a call before we leave** (BrE colloq & euph) tengo que pasar al baño antes de irnos; ▸**compliment¹ 1, heed¹, homage** *etc*

■ **pay** *vi*
A (with money) **1** ‹‹*person*›› pagar*; **she paid in advance** pagó por adelantado; **under-16s don't have to ~** los menores de 16 años no pagan; **to ~ FOR sth** pagar* algo; **that won't even ~ for the food** eso no da ni para la comida; **to ~ FOR sb (to + INF): I'll ~ for Matthew** yo pago lo de Matthew; **I'll ~ for you to go to Paris** yo te pago el viaje a París; **they'll ~ for you to stay in a top hotel** te pagarán la estadía *or* (Esp) estancia en un hotel de lujo **2** ‹‹*work/activity*›› pagarse*; **this type of work usually ~s by the hour** este tipo de trabajo normalmente se paga por horas; **teaching doesn't ~ very well** la enseñanza no está muy bien pagada *or* remunerada
B (suffer) **to ~ FOR sth** pagar* algo; **she paid dearly for her negligence** pagó muy cara su negligencia; **he paid for his mistake with his life** el error le costó la vida; **I'll make you ~** me las pagarás; ***there'll be hell*** *o* ***the devil to ~*** se va a armar la de San Quintín
C **paying** *pres p* **the ~ing public** el público; **~ing guest** huésped *mf* (*que paga el alojamiento*); **it's not a ~ing proposition** no es una propuesta rentable
■ *v impers* convenir*; **it ~s to read the instructions** conviene leer las instrucciones; **it ~s to be polite to people** merece la pena ser amable con la gente; **it would ~ her to learn a foreign language** le convendría aprender un idioma

(Phrasal verbs)

• **pay back** [v + o + adv, v + adv + o]
A (repay) ‹*money*› devolver*, reintegrar (frml), regresar (AmL exc CS); ‹*loan/mortgage*› pagar*; **when are they going to ~ us back?** ¿cuándo nos van a devolver *or* (AmL exc CS tb) regresar el dinero?; **to ~ sb back FOR sth: I must ~ her back for the meal** tengo que devolverle *or* (AmL exc CS tb) regresarle el dinero de la comida; **how can I ~ you back for your kindness/this favor?** ¿cómo puedo retribuir tu amabilidad/pagarte este favor?
B (take revenge on): **I'll ~ you back (one day)!** ¡ya me las vas a pagar!, ¡ya me las cobraré *or* me vengaré!

• **pay in**
A [v + o + adv, v + adv + o] (BrE) ‹*money*› depositar *or* (Esp) ingresar *or* (Col) consignar
B [v + adv] (BrE) hacer* un depósito *or* (Esp) un ingreso *or* (Col) una consignación

• **pay off**
A [v + o + adv, v + adv + o] **1** (settle, repay) ‹*debt*› cancelar, saldar, liquidar, pagar*; ‹*creditor*› pagarle* a **2** (discharge from service) ‹*worker*› liquidarle el sueldo (*or* jornal *etc*) a (*al despedirlo*) **3** (bribe) (colloq) ‹*blackmailer*› untarle la mano a (fam), coimear (CS fam), darle* una mordida a (Méx fam)
B [v + adv] **1** (prove worthwhile) ‹‹*caution/effort/hard work*›› valer* *or* merecer* la pena, tener* su compensación; ‹‹*gamble*›› resultar **2** (in gambling) ‹*slot machine/bookmaker*› (AmE) pagar*

• **pay out**
A [v + o + adv, v + adv + o] **1** (distribute) ‹*dividend/compensation/prize money*› pagar* **2** (spend) (colloq) desembolsar, aflojar (fam); **I had to ~ out a lot of money to fly to Europe** me gasté un dineral en el vuelo a Europa
B [v + o + adv, v + adv + o] (release gradually) ‹*rope/cable*› ir* soltando
C [v + adv] **1** ‹‹*insurance company*›› pagar* (*una indemnización etc*) **2** (spend) (colloq) **to ~ out (FOR/ON sth)** gastar (EN algo); **I'm tired of ~ing out for his clothes/on car repairs** estoy harta de tener que gastar en comprarle ropa/en arreglar el coche **3** (in gambling) ‹‹*slot machine/bookmaker*›› (BrE) pagar*

• **pay up**
A [v + adv] pagar*; **in the end the company paid up** al final la empresa le pagó lo que le debía (*or* la indemnizó *etc*)
B [v + adv + o] ‹*subscription/annual fee*› abonar (frml), pagar*; **to ~ up one's arrears** ponerse* al día en los pagos

pay² *n* [u] (of manual worker) paga *f*, salario *m* (frml); (for one day) jornal *m*; (of employee) sueldo *m*; **to strike over ~** ir* a la huelga por motivos salariales; **she was suspended on full ~** la separaron del cargo sin suspensión de sueldo; **equal ~** igualdad *f* salarial; **to be in sb's ~** estar* a sueldo de algn; (*before n*): **~ bargaining** negociación *f* salarial; **~ envelope** *o* (BrE) **packet** sobre *m* de la paga; **~ increase** aumento *m* *or* (frml) incremento *m* salarial; **~ scale** escala *f* salarial; **~ settlement** acuerdo *m* salarial; **~ talks** (BrE) negociaciones *fpl* salariales

payable /ˈpeɪəbəl/ *adj* (frml) (*pred*) pagadero; **~ to the bearer/on demand** pagadero al portador/a la vista; **the rent becomes ~ on the first of the month** el alquiler vence el primero de mes; **make the check ~ to Acme Holdings** extienda el cheque a nombre de *or* a favor de Acme Holdings

pay and display *n* [u] (BrE); *sistema de de estacionamiento limitado*; (*before n*): **~ parking** estacionamiento *m* en zona de estacionamiento limitado, aparcamiento *m* en zona azul (Esp)

pay as you earn *n* [u] (in UK) ▸**PAYE**

pay-as-you-go /ˌpeɪəzjəˈgəʊ/ *n* [u] (Fin, Telec) prepago *m*; **are you on contract or ~?** ¿tienes un plan contratado o usas el prepago?; **a ~ phone** teléfono *m* (con tarjeta) de prepago

payback /ˈpeɪbæk/ *n*
A [u] (on investment) recuperación *f*; (*before n*): **~ period** plazo *m* de recuperación (*de la inversión*)
B [c] (revenge) venganza *f*

pay bed *n* (in UK) *cama para paciente particular en un hospital público*

pay cable *n* (AmE) [u] ▸**cable television**

pay channel *n* canal *m* de pago

paycheck, (BrE) **pay cheque** /ˈpeɪtʃek/ *n* cheque *m* del sueldo *or* de la paga; (salary) sueldo *m*

payday /ˈpeɪdeɪ/ *n* día *m* de paga *or* de cobro; **Friday is ~** cobramos (*or* cobran *etc*) el viernes

pay dirt *n* [u] (AmE) filón *m*; **we hit ~ when we opened up that store** el día que abrimos la tienda dimos con un filón *or* con una mina de oro

PAYE /ˌpiːeɪwaɪˈiː/ ➜ *n* [u] (in UK) **= pay as you earn**; (*before n*) **the ~ system** *sistema de recaudación de impuestos por medio de retenciones sobre el salario*

payee /peɪˈiː/ *n* beneficiario, -ria *m,f* (*persona a cuyo nombre se extiende un cheque etc*)

payer /ˈpeɪər || ˈpeɪə(r)/ *n* pagador, -dora *m,f*

paying guest /ˈpeɪɪŋ/ *n* huésped *mf* de pago

paying-in book /ˌpeɪɪŋˈɪn/ *n* talonario *m* de (formularios de) depósitos (bancarios) (AmL), talonario *m* de ingresos (Esp)

paying-in slip /ˌpeɪɪŋˈɪn/ *n* (BrE) formulario *m* para depósitos (AmL), papeleta *f or* resguardo *m* de ingreso (Esp), boleta *f* de depósito (CS)

payload /ˈpeɪləʊd/ *n* **1** (load) (Aerosp, Transp) carga *f* útil **2** (explosive capacity) carga *f* explosiva

paymaster /ˈpeɪˌmæstər || ˈpeɪˌmɑːstə(r)/ *n* pagador, -dora *m,f* (*encargado de la nómina*); **the government is the major ~ for this research** el gobierno provee la mayor parte de los

➜ *ver* Vivir en un país de habla inglesa

P

fondos para esta investigación; **the ~s of these criminals were well-known industrialists** estos delincuentes estaban a sueldo de conocidos industriales

Paymaster General, paymaster general *n* (*pl* **~s** ~ *or* ~ **~s**) 1▸ (in US) *encargado del pago de los sueldos de las Fuerzas Armadas* 2▸ (in UK) *encargado del pago de sueldos y pensiones a funcionarios públicos*

payment /ˈpeɪmənt/ *n* 1▸ [u] (of debt, money, wage) pago *m*; **the goods will be delivered on ~ of the outstanding charges** los artículos se entregarán previo pago de las cantidades pendientes; **~ FOR sth**: **you can't expect ~ for such a small amount of work** no puedes pretender que te paguen por tan poco trabajo; **she offered her necklace as** *o* **in ~ for what she owed** ofreció el collar como *or* en pago por lo que debía; **he received no ~ for what he did** no recibió remuneración por lo que hizo (frml) 2▸ [c] (installment) plazo *m*, cuota *f* (AmL); **the first ~ is due on Monday** el primer plazo vence el lunes, el lunes hay que pagar la primera cuota (AmL); **they only accept cash ~s** sólo aceptan pagos en efectivo; **I've made the first ~ on the house** he pagado el primer plazo *or* (AmL) la primera cuota de la casa; **she made several ~s into her account** hizo varios depósitos *or* (esp Esp) ingresos *or* (Col) consignaciones en su cuenta 3▸ [u] (reward, thanks) pago *m*, recompensa *f*; **as** *o* **in ~ for my years of devoted service** como *or* en pago *or* como *or* en recompensa por mis años de abnegado servicio

pay-off /ˈpeɪɔːf || ˈpeɪɒf/ *n*
A 1▸ (final payment) pago *m*, ajuste *m* de cuentas; (of debt) liquidación *f* 2▸ (bribe) (colloq) soborno *m*, coima *f* (CS fam), mordida *f* (Méx fam) 3▸ (benefit) (colloq) compensación *f*, beneficios *mpl*
B (climax of story) (esp AmE colloq) desenlace *m*; **the ~ was my car wouldn't start either** el broche de oro fue que mi coche tampoco quiso arrancar

payola /peɪˈəʊlə/ *n* [u] (esp AmE colloq) soborno *m*, coima *f* (CS fam), mordidas *fpl* (Méx fam)

payout /ˈpeɪaʊt/ *n* pago *m*

pay-per-view /ˌpeɪpɜːrˈvjuː || ˌpeɪpɜːˈvjuː/ *n* [u] pay-per-view *m*, pagar para ver *m*, pago *m* por evento (AmL), pago *m* por visión (Esp), teletaquilla *f* (Esp); (*before n*): **~ service** servicio *m* de pay-per-view *or* de pagar para ver *or* (AmL) de pago por evento *or* (Esp) por visión, servicio de teletaquilla (Esp)

pay phone *n* teléfono *m* público, monedero *m* (público) (Ur)

payroll /ˈpeɪrəʊl/ *n* 1▸ (list) nómina *f*, planilla *f* (de sueldos) (AmL), plantilla *f* (Esp); **to be on the ~** estar* en planilla *or* (Esp) en plantilla; **the company has 50 employees on its ~** la empresa tiene 50 empleados en planilla *or* (Esp) en plantilla 2▸ (wages) nómina *f*; (*before n*): **~ tax** impuesto *m* sobre las remuneraciones

pay slip *n* nómina *f*, recibo *m* del sueldo

pay station *n* (AmE) ▸**pay phone**

pay television *n* [u] televisión *f* de pago

> **PBS - Public Broadcasting Service**
>
> Un servicio de radiodifusión estadounidense, financiado por el gobierno, famoso por la calidad de sus programas. Consiste en una asociación de emisoras locales que transmiten sin fines de lucro y sin publicidad.

pc = **per cent**

PC[1] *n*
A = **personal computer**
B (in UK) = **police constable**
C (in UK) = **Privy Councillor**

PC[2] *adj* = **politically correct**

pcm (BrE) (= **per calendar month**) p/mes

pct (AmE) = **per cent**

PCT *n*
A (Law) (= **Patent Cooperation Treaty**) PCT *m*
B (Med) (in UK) = **Primary Care Trust**

pd = **paid**

PD *n* (in US) = **Police Department**

PDA *n* (= **Personal Digital Assistant**) PDA *m*

PDF *n* (Comput) (= **Portable Document Format**) PDF *m*

PDQ *adv* (sl) (= **pretty damn quick**) rapidito (fam)

PE *n* [u] = **physical education**

pea /piː/ *n* arveja *f or* (Esp) guisante *m or* (AmC, Méx) chícharo *m*; ***as (a)like as two ~s in a pod*** como dos gotas de agua; (*before n*): **~ soup** sopa *f or* crema *f* de arvejas (*or* guisantes *etc*); **~ soup fog** niebla *f* espesa

peabrain /ˈpiːbreɪn/ *n* (colloq) cabeza *mf* de chorlito (fam), cerebro *m* de hormiga (fam)

pea-brained /ˈpiːbreɪnd/ *adj* (colloq) con cerebro de mosquito (fam)

peace /piːs/ *n* [u]
A 1▸ [u] paz *f*; **they live in** *o* **at ~ with their neighbors** viven en paz con sus vecinos; **the two nations have been at ~ for years** hace años que las dos naciones viven en paz; **to be at ~ with oneself** (liter) estar* en paz consigo mismo; **to be at ~ with the world** estar* satisfecho de la vida; **to make ~ with sb** hacer* las paces con algn; **they made their ~ after their mother's death** hicieron las paces tras la muerte de su madre; (*before n*) para la paz; ‹*proposal/initiative*› de paz; ‹*march/campaign*› por la paz; **~ conference** conferencia *f* de paz; **~ envoy** enviado, -da *m,f* de paz; **the ~ movement** el movimiento pacifista; **~ offering** (Relig) sacrificio *m* propiciatorio; **he brought her flowers as a ~ offering** le trajo flores en señal de reconciliación; **~ process** proceso *m* de paz; **~ settlement** acuerdo *m* de paz; **~ studies** estudios *mpl* de *or* para la paz; **~ talks** negociaciones *fpl or* conversaciones *fpl* por la paz; **~ treaty** tratado *m* de paz 2▸ [c] (treaty) paz *f*; **the P~ of Ryswick** la Paz de Ryswick
B (Law): **to keep the ~** ‹‹*police/troops*›› mantener* el orden; **to breach** *o* (BrE) **disturb the ~** alterar el orden público
C (quiet, tranquillity) paz *f*; **the ~ and quiet of the countryside** la paz y tranquilidad del campo; **I went to the library for some ~ and quiet** me fui a la biblioteca para poder estar tranquilo; **the ~ of mind that comes with old age** la serenidad que da la edad; **I turned off the gas for my own ~ of mind** apagué el gas para quedarme tranquilo; **to be at ~** descansar en paz; **rest in ~** que en paz descanse; **let me finish this in ~** déjame acabar esto en paz; **let me have a bit of ~** déjame tranquilo *or* en paz un momento; **he won't give you any ~ until he's got what he wants** no te va a dejar tranquila *or* en paz hasta que no se salga con la suya; ***to hold one's ~*** (frml & arch) guardar silencio; **speak now or forever hold your ~** que hable ahora o que calle para siempre

peaceable /ˈpiːsəbəl/ *adj* 1▸ ‹*person/nation*› amante de la paz 2▸ ‹*agreement/settlement*› pacífico

peaceably /ˈpiːsəbli/ *adv* pacíficamente

peace camp *n* campamento *m* por la paz

Peace Corps *n* (in US): **the ~ ~** el Cuerpo de Paz (de los EEUU)

> **Peace Corps**
>
> El Cuerpo de Paz, fundado en 1961, es una agencia federal de los EEUU, compuesta por voluntarios que trabajan principalmente en países en vías de desarrollo en esferas tales como la enseñanza, la salud, la agricultura o proyectos medioambientales.

peace dividend *n* dividendo *m* de (la) paz

peaceful /ˈpiːsfəl/ *adj* 1▸ (calm, quiet) ‹*animal*› pacífico; ‹*spot/place*› tranquilo; **a ~ Sunday afternoon** una tranquila tarde de domingo; **the patient spent a ~ night** el paciente pasó una buena noche *or* pasó la noche tranquilo; **the city is ~ again** vuelve a reinar la paz en la ciudad 2▸ (non-violent) ‹*protest/picketing*› pacífico, no violento; **~ coexistence** la coexistencia *or* convivencia pacífica; **the ~ use of nuclear power** el uso de la energía nuclear para fines pacíficos; **they are a ~ nation/people** son una nación/un pueblo amante de la paz

peacefully /ˈpiːsfəli/ *adv* 1▸ (serenely, quietly) ‹*sleep*› plácidamente; **he died ~** murió sin sufrir; (in obituary) ≈ murió en la paz del Señor; **she sat ~ reading in the garden** estaba leyendo tranquilamente sentada en el jardín 2▸ (without violence, aggression) ‹*picket/protest*› pacíficamente, de forma no violenta

peacefulness /ˈpiːsfəlnəs || ˈpiːsfəlnɪs/ *n* [u] 1▸ (serenity, quietness) paz *f*, tranquilidad *f* 2▸ (lack of violence) carácter *m* pacífico

peacekeeper /ˈpiːsˌkiːpər || ˈpiːsˌkiːpə(r)/ *n*: **the UN troops play the role of ~s** las tropas de las Naciones Unidas están encargadas de mantener la paz; **she has to play the role of ~ in the family** tiene que actuar como conciliadora en la familia

peacekeeping[1] /ˈpiːsˌkiːpɪŋ/ *adj* (*before n*): **~ forces** fuerzas *fpl* de paz, fuerzas *fpl* encargadas del mantenimiento de la paz; **~ operation** operación *f* para el mantenimiento de la paz

peacekeeping[2] *n* mantenimiento *m* de la paz

peace-loving /ˈpiːsˌlʌvɪŋ/ *adj* amante de la paz

peacemaker /ˈpiːsˌmeɪkər || ˈpiːsˌmeɪkə(r)/ *n* conciliador, -dora *m,f*

peacenik /ˈpiːsnɪk/ *n* (colloq) activista *mf* por la paz (*especialmente durante los años sesenta*)

peace officer *n* (AmE) agente *mf* de la autoridad

peace sign *n* señal *f* de paz

peacetime /ˈpiːstaɪm/ *n* [u] época *f or* tiempos *mpl* de paz

peach /piːtʃ/ *n*
A 1▸ (fruit) durazno *m*, melocotón *m* (Esp); (*before n*): **a ~es and cream complexion** un cutis de seda 2▸ **~ (tree)** duraznero *m or* (Esp) melocotonero *m* 3▸ ▸❶ **p.1036** (color) color *m* durazno *or* (Esp) melocotón; (*before n*) ‹*dress/sweater*› color durazno *or* (Esp) melocotón *adj inv*
B (sb, sth pleasing) (colloq & dated): **she's a ~ of a girl!** es un encanto; **a ~ of a goal** un gol de antología

peachy /ˈpiːtʃi/ *adj* **-chier, -chiest** 1▸ (healthy) (BrE) de seda 2▸ (excellent, fine) (AmE colloq): **everything's ~** todo va de perlas (fam)

peachy-keen /ˈpiːtʃikiːn/ *adj* (AmE colloq): **everything is ~** todo marcha sobre ruedas *or* a las mil maravillas

pea coat *n* ▸**pea jacket**

peacock /ˈpiːkɑːk || ˈpiːkɒk/ *n* pavo *m* real; **he was strutting around like a ~ in front of the mirror** se pavoneaba frente al espejo

peacock-blue /ˌpiːkɑːkˈbluː/ ▸❶ **p.1036** *adj* (*pred* **peacock blue**) azul eléctrico *adj inv*

peacock blue ▸❶ **p.1036** *n* [u] azul *m* eléctrico

pea-green /ˈpiːˈgriːn/ ▸❶ **p.1036** *adj* (*pred* **pea green**) verde manzana *adj inv*

pea green ▸❶ **p.1036** *n* [u] verde *m* manzana

peahen /ˈpiːhen/ *n* pava *f* real

pea jacket *n* chaquetón *m* (*de marinero*)

peak[1] /piːk/ *n* 1▸ (of mountain) cima *f*, cumbre *f*, cúspide *f* (frml *or* liter); (mountain) pico *m*; (of roof) arista *f*; (of cap) visera *f*; (on graph) pico *m*; **beat the eggwhites until they stand in stiff ~s** batir las claras a punto de nieve 2▸ (highest point): **the epidemic reached a ~ in June** la epidemia tuvo su punto crítico en el mes de junio; **production is now getting back to its pre-recession ~** la producción está volviendo a los niveles máximos de antes de la recesión; **at the ~ of her career** en el apogeo *or* la cúspide de su carrera

peak[2] *adj* (*before n*) 1▸ (maximum) ‹*level/power*› máximo; **to be in ~ condition** ‹‹*athlete/horse*›› estar* en plena forma 2▸ (busiest): **during ~ times** durante las horas de mayor demanda (*or* consumo *etc*); **~ advertising slots** espacio

p

m publicitario en las horas de máxima audiencia; ~ **viewing figures** cifras *fpl* de máxima audiencia; **the ~ hour for traffic** las horas pico *or* (Esp) punta; ~ **rate** tarifa *f* máxima; ~ **season** temporada *f* alta

peak[3] *vi* «*price/demand/production*» alcanzar* su nivel más alto *or* su punto máximo; «*career*» alcanzar* su apogeo; «*athlete*» alcanzar* su mejor momento

peaked /pi:kt/ *adj*
A 1 (pointy) (AmE) de pico 2 (with visor) (BrE) de *or* con visera
B /'pi:kəd || 'pi:kt/ (colloq) paliducho (fam)

peaktime /'pi:ktaɪm/ *n* (BrE) (TV) horas *fpl* de máxima audiencia; (*before n*): ~ **audience** número *m* de telespectadores a las horas de máxima audiencia

peaky /'pi:ki/ *adj* **-kier, -kiest** (BrE) ▸**peaked B**

peal[1] /pi:l/ *n*: ~ **of bells** (sound, musical pattern) repique *m* de campanas; (set) carillón *m*; **they burst into ~s of laughter** se empezaron a reír a carcajadas; **a ~ of thunder** un trueno

peal[2] *vi* ~ **(out)** (liter) «*bells*» repicar*, tocar* a vuelo
■ **peal** *vt* ‹*bells*› repicar*, tocar* a vuelo

peanut /'pi:nʌt/ *n* 1 (Agr, Culin) maní *m or* (Esp) cacahuete *m or* (Méx) cacahuate *m* 2 **peanuts** *pl* (small sum) (colloq) una miseria (fam); **we work for ~s** nos pagan una miseria (fam)

peanut butter *n* [u] mantequilla *f* de maní *or* (Esp) de cacahuete *or* (Méx) de cacahuate, manteca *f* de maní (RPl)

peapod /'pi:pɑ:d || 'pi:pɒd/ *n* vaina *f* (*de arveja, guisante o chícharo*)

pear /per || peə(r)/ *n* 1 (fruit) pera *f*; **~-shaped** con forma de pera 2 ~ **(tree)** peral *m*

pearl[1] /pɜ:rl || pɜ:l/ *n*
A 1 [c] perla *f*; **a string of ~s** un collar de perlas; ***to cast ~s before swine*** echarles margaritas a los cerdos; (*before n*) ‹*necklace/earrings*› de perlas; ~ **diver** pescador *m* de perlas 2 [u] (*mother-of-~*) nácar *m*, madreperla *f*, concha *f* nácar (Méx), concha *f* de perla (Chi); (*before n*) ‹*brooch/buttons*› de nácar (*or* de madreperla *etc*); ‹*lipstick/nail varnish*› nacarado, perlado; ~ **oyster** madreperla *f*, ostra *f* perlífera 3 [c] (thing of value, beauty) joya *f*; **~s of wisdom** sabias palabras *fpl*; (iro) joyitas *fpl* (iró); **Hawaii, ~ of the Pacific** Hawai, la perla del Pacífico
B ▸**purl**[1]

pearl[2] /pɜ:rl || pɜ:l/ *vt/vi* ▸**purl**[2]

pearl barley *n* [u] cebada *f* perlada

pearl bulb *n* bombilla *f* mate (esp Esp), bombita *f or* lamparita *f* (RPl) *or* (AmC) bujía *f* opaca, foco *m* (Méx) *or* (Col, Ven) bombillo *m* opaco, ampolleta *f* empavonada (Chi)

pearl-fishing /'pɜ:rlfɪʃɪŋ || 'pɜ:lfɪʃɪŋ/ *n* [u] pesca *f* de perlas

pearl-gray, (BrE) **pearl-grey** /'pɜ:rl'greɪ || 'pɜ:l'greɪ/ ▸❶ **p.1036** *adj* gris perla *adj inv*

pearl gray, (BrE) **pearl grey** ▸❶ **p.1036** *n* [u] gris *m* perla

pearly /'pɜ:rli || 'pɜ:li/ *adj* **-lier, -liest** ‹*finish/gloss*› nacarado, perlado; ~ **teeth** dientes *mpl* de perla; **the P~ Gates** (hum) las puertas del Paraíso

pear-shaped /'perʃeɪpt || 'peəʃeɪpt/ *adj* 1 (like a pear) con *or* en forma de pera 2 (of person) ancha de caderas; ***to go ~*** (BrE colloq) irse a pique *or* (fam) a la porra

peasant /'peznt/ *n* 1 (Agr) campesino, -na *m,f*; **the P~s' Revolt** la revuelta del campesinado; (*before n*) ‹*population*› campesino, rural; **a ~ farmer** un pequeño agricultor; **of ~ stock** de origen campesino; ~ **woman** campesina *f* 2 (uncultured person) (pej) ordinario, -ria *m,f*, palurdo, -da *m,f*

peasantry /'pezntri/ *n* (+ *sing or pl vb*) campesinado *m*

peashooter /'pi:ˌʃu:tər || 'pi:ˌʃu:tə(r)/ *n* canuto *m*, cerbatana *f*

pea souper /'su:pər || 'su:pə(r)/ *n* (esp BrE colloq) niebla *f* espesa

peat /pi:t/ *n* [u] turba *f*; (*before n*): ~ **bog** turbera *f*

peaty /'pi:ti/ *adj* **-tier, -tiest** ‹*soil*› de turba; ‹*taste*› a turba

pebble /'pebəl/ *n* 1 (smooth stone) guijarro *m*, piedrecita *f or* (esp AmL) piedrita *f*; ***not to be the only ~ on the beach*** (BrE): **he's not the only ~ on the beach** no es el único hombre (*or* candidato *etc*), hay mucho más donde elegir; (*before n*): ~ **beach** playa *f* de guijarros 2 (rock crystal) cristal *m* de roca; (*before n*) ‹*glasses*› de cristales gruesos, de culo *or* (Chi) de poto de botella (fam)

pebbledash[1] /'pebəldæʃ/ *n* [u] (BrE) *revestimiento rugoso para paredes exteriores*

pebbledash[2] *vt* (BrE) *revestir con*, ▸**pebbledash**[1]

pebbly /'pebli/ *adj* **-lier, -liest** ‹*beach*› de guijarros

pecan /pɪ'kæn, pɪ'kɑ:n || 'pi:kən, pɪ'kæn/ *n* 1 (nut) pacana *f*, nuez *f* (Méx) 2 (tree) pacana *f*, pacán *m*

peccadillo /ˌpekə'dɪləʊ/ *n* (*pl* **-loes** *or* **-los**) desliz *m*

peccary /'pekəri/ *n* (*pl* **-ries**) pécari *m*

peck[1] /pek/ *n*
A 1 (of bird) picotazo *m* 2 (kiss) beso *m*; **she gave me a ~ on the cheek** me dio un beso *or* me besó en la mejilla
B (measure) picotín *m*; ***a ~ of trouble*** (AmE) un buen lío

peck[2] *vt* picotear, picar*; **the bird ~ed my hand** *o* **~ed me on the hand** el pájaro me picoteó *or* me picó *or* me dio un picotazo en la mano
■ **peck** *vi* **to ~ (AT sth)** «*bird*» picar* *or* picotear (algo); (nibble) picotear *or* picar* (algo); **eat properly, don't ~!** ¡come bien, no picotees!; **she had barely ~ed at her food** apenas había tocado la comida

pecker /'pekər || 'pekə(r)/ *n*
A (AmE vulg) verga *f* (vulg), polla *f* (Esp vulg), pija *f* (RPl vulg), pico *m* (Chi vulg)
B (spirits, courage): **to keep one's ~ up** (BrE colloq & dated) no desanimarse; **keep your ~ up** no te desanimes, a mal tiempo buena cara

pecking order /'pekɪŋ/ *n* jerarquía *f*; **they were fighting for their place in the ~ ~** luchaban por hacerse un lugar en la jerarquía

peckish /'pekɪʃ/ *adj* (esp BrE colloq) (*pred*): **to be** *o* **feel ~** tener* un poco de hambre

pecs /peks/ *pl n* (colloq) pectorales *mpl*

pectin /'pektən || 'pektɪn/ *n* [u c] pectina *f*

pectoral /'pektərəl/ *adj* (Anat, Zool) pectoral; ~ **cross** pectoral *m*

pectorals /'pektərəlz/ *pl n* (músculos *mpl*) pectorales *mpl*

peculiar /pɪ'kju:ljər || pɪ'kju:liə(r)/ *adj*
A (strange) raro, extraño; **to feel ~** tener* una sensación extraña
B (particular, exclusive) peculiar, característico; **~ TO sth: a plant ~ to southern Africa** una planta que sólo se da en el sur de África; **an animal ~ to that region** un animal que sólo existe en esa región; **the ornate style ~ to the time** el estilo recargado característico *or* propio de la época; **the problem is not ~ to this country** el problema no es exclusivo *or* particular de este país

peculiarity /pɪˌkju:l'jærəti || pɪˌkju:li'ærəti/ *n* (*pl* **-ties**) 1 [c] (sth unusual) rasgo *m* singular; (oddity) rareza *f*; **he has his peculiarities** tiene sus rarezas 2 [u] (strangeness) lo raro *or* extraño 3 [c] (particular, exclusive quality) peculiaridad *f*, singularidad *f*

peculiarly /pɪ'kju:ljərli || pɪ'kju:liəli/ *adv* 1 (strangely) ‹*behave/react/walk*› de forma rara *or* extraña 2 (more than usually) ‹*difficult/sensitive*› especialmente, particularmente 3 (exclusively, distinctively) típicamente, peculiarmente

pecuniary /pɪ'kju:nieri || pɪ'kju:niəri/ *adj* (frml) ‹*motives/gain*› pecuniario (frml); ‹*difficulties*› monetario, financiero

pedagogic /ˌpedə'gɑ:dʒɪk || ˌpedə'gɒdʒɪk/, **-ical** /-ɪkəl/ *adj* (frml) pedagógico

pedagogue, (AmE also) **pedagog** /'pedəgɑ:g || 'pedəgɒg/ *n* 1 (educator) (frml) pedagogo, -ga *m,f* 2 (pedantic teacher) pedante *mf*

pedagogy /'pedəgəʊdʒi, -gɑ:dʒi || 'pedəgɒdʒi/ *n* [c u] (frml) pedagogía *f*

pedal[1] /'pedl/ *n* pedal *m*; **brake/accelerator ~** pedal del freno/acelerador; (*sustaining ~*) (Mus) pedal derecho *or* fuerte *or* de intensidad

pedal[2], (BrE) *vi* **-ll-** «*cyclist*» pedalear
■ **pedal** *vt* ‹*bicycle*› darle* a los pedales de

pedal bin *n* (BrE) tarro *m or* (Esp) cubo *m or* (CS) tacho *m or* (Méx) tambo *m or* (Col) caneca *f or* (Ven) tobo *m* de la basura (*con pedal*)

pedal boat *n* ▸**pedalo**

pedal car *n* cochecito *m* de pedales

pedalo /'pedləʊ/ *n* (*pl* **-los** *or* **-loes**) (BrE) bote *m* de pedales, patín *m* (Esp)

pedal pusher *n*
A (cyclist) (colloq) ciclista *mf*
B **pedal pushers** (*pl*) (Clothing) pantalón *m* pescador *or* (pantalones *mpl*) pescadores *mpl* (AmL), pantalón *m or* pantalones *mpl* capri (AmL), pantalón *m* pirata (Esp)

pedant /'pednt/ *n* pedante *mf*

pedantic /pɪ'dæntɪk/ *adj* pedante

pedantically /pɪ'dæntɪkli/ *adv* con pedantería

pedantry /'pedntri/ *n* [u c] (*pl* **-ries**) pedantería *f*

peddle /'pedl/ *vt* vender (*en las calles o de puerta en puerta*); **to ~ an ideology** hacer* proselitismo; **to ~ drugs** traficar* con drogas, pasar droga (arg)

peddler /'pedlər || 'pedlə(r)/ *n* vendedor, -dora ambulante *m,f*, mercachifle *mf* (pey); **a drug ~** un traficante de drogas, un camello (arg), un jíbaro (Col, Ven arg); **~s of subversive ideas** propagadores de ideas subversivas

pederast /'pedəræst/ *n* pederasta *m*

pederasty /'pedəræsti/ *n* [u] pederastia *f*

pedestal /'pedəstl/ *n* pedestal *m*; ***to knock sb off her/his ~*** bajarle los humos a algn; ***to put*** *o* ***set sb on a ~*** poner* a algn en un pedestal; (*before n*): ~ **lamp** lámpara *f* de pie; ~ **table** mesa *f* con pie central

pedestrian[1] /pə'destriən/ *n* peatón, -tona *m,f*; (*before n*): ~ **area** (BrE) zona *f* peatonal; ~ **crossing** paso *m* de peatones; ~ **mall** *o* (BrE) **precinct** zona *f* peatonal; ~ **zone** (AmE) zona *f* peatonal

pedestrian[2] *adj* pedestre

pedestrianize /pə'destriənaɪz/ *vt* (BrE) convertir* en zona (*or* calle *etc*) peatonal

pediatric, (BrE also) **paediatric** /ˌpi:di'ætrɪk/ *adj* ‹*hospital*› pediátrico; ‹*specialist*› en pediatría

pediatrician, (BrE also) **paediatrician** /ˌpi:diə'trɪʃən/ *n* pediatra *mf*

pediatrics, (BrE also) **paediatrics** /ˌpi:di'ætrɪks/ *n* (+ *sing vb*) pediatría *f*

pedicure /'pedɪkjʊr || 'pedɪkjʊə(r)/ *n* [u c]: **to have a ~** arreglarse/hacerse* arreglar los pies

pedicurist /'pedɪkjʊrəst || 'pedɪkjʊərɪst/ *n* (esp AmE) pedicuro, -ra *m,f*, podólogo, -ga (frml), callista *mf*

pedigree /'pedəgri: || 'pedɪgri:/ *n* 1 (ancestry — of animal) pedigrí *m*; (— of person) linaje *m*; (*before n*) ‹*bull/dog*› de raza 2 (certificate, document) pedigrí *m* 3 (diagram, tree) árbol *m* genealógico 4 (background, record) expediente *m*, historial *m*; (*before n*) ‹*wine*› selecto

pediment /'pedəmənt || 'pedɪmənt/ *n* frontón *m*

pedlar /'pedlər || 'pedlə(r)/ *n* (BrE) ▸**peddler**

pedometer /pɪ'dɑ:mətər || pɪ'dɒmɪtə(r)/ *n* podómetro *m*

pedophile, (BrE) **paedophile** /'pedəfaɪl || 'pi:dəfaɪl/ *n* pedófilo, -la *m,f*

pedophilia, (BrE) **paedophilia** /ˌpedə'fɪliə || ˌpi:də'fɪliə/ *n* [u] pedofilia *f*

pee[1] /pi:/ *vi* (*past & past p* **peed**) (colloq) hacer* pis *or* pipí (fam), hacer* del uno (Méx, Per fam & euf); **to ~ in one's pants** mearse encima (fam); **the cat ~d all over me** el gato se me meó encima (fam)

pee[2] *n* (*no pl*) pis *m* (fam), pipí *m* (fam); **to go for/have a ~** ir* a hacer/hacer* pis *or* pipí (fam); **I**

P

was dying for a ~ me estaba haciendo pis *or* pipí (fam)

peek¹ /pi:k/ *vi* **to ~ (AT sth/sb)** mirar (algo/a algn) (*a hurtadillas*), vichar (algo/a algn) (RPl fam); **we ~ed around the curtains** nos asomamos por detrás de las cortinas; **I'll just ~ in at the kids** voy a echarles un vistazo a los chicos, voy a vichar a los chicos (RPl fam)

peek² *n* **~ (AT sth/sb): may I have** o **take a ~ (at it)?** ¿puedo echar(le) una miradita? (fam), ¿puedo vichar? (RPl fam)

peekaboo¹ /ˈpi:kə,bu:/ *n* [u]: *juego que consiste en esconderse y reaparecer para hacer reír a un bebé*

peekaboo² *interj* ¡cucú!

peekaboo³ *adj* (AmE) (having openwork) calado; (transparent) transparente

peel¹ /pi:l/ *vt* **1** ‹*banana/apple/potato*› pelar **2** (remove): **the bark had been ~ed from the trees** habían descortezado los árboles; **as he lifted the dressing, he ~ed away a layer of skin** al quitar la venda arrancó *or* levantó una capa de piel; **he ~ed back the plastic film** quitó *or* despegó la película de plástico

■ **peel** *vi* «*person*» pelarse, despellejarse; «*paint*» desconcharse, salirse*; «*wallpaper*» despegarse*; **my nose is ~ing** se me está pelando *or* despellejando la nariz; **to ~ away** «*paint/plaster*» desconcharse

Phrasal verbs

• **peel off**

A [v + adv] **1** «*wallpaper/label*» despegarse*; ‹*paint*› desconcharse, salirse*; **my skin's ~ing off** me estoy pelando *or* despellejando **2** (Aviat) «*plane*» salirse* de la formación **3** (leave group) (colloq) «*person*» irse* por su lado, separarse del grupo

B [v + o + adv, v + adv + o] ‹*stamp/sticker/wallpaper*› despegar*, quitar; ‹*paint/bark*› quitar; **she ~ed off her clothes** se quitó la ropa

• **peel out** [v + adv] (AmE) (colloq) largarse* (fam)

peel² *n* [u] (of potato) piel *f*, cáscara *f*; (of apple) piel *f*, cáscara *f* (esp AmL); (of orange, lemon) cáscara *f*

peeler /ˈpi:lər || ˈpi:lə(r)/ *n* (*potato ~*)

A pelapapas *m or* (Esp) pelapatatas *m*

B (policeman) (BrE sl & dated) polizonte *m* (arg & ant)

peeling /ˈpi:lɪŋ/ *n*

A [u] (of skin) (Med) descamación *f*; (cosmetic treatment) peeling *m*; **use plenty of suntan oil to prevent ~** póngase mucho aceite solar para evitar pelarse *or* despellejarse

B peelings *pl* (Culin) cáscaras *fpl*, peladuras *fpl*, mondas *fpl*, mondaduras *fpl*

peep¹ /pi:p/ *vi*

A 1 (watch) espiar*, vichar (RPl fam); (look quickly) mirar (*a hurtadillas*), echar un vistazo, vichar (RPl fam); **don't ~!** no mires, no viches (RPl fam); **she went to the window and ~ed out** se acercó a la ventana y se asomó a mirar; **to ~ AT sb/sth: they were ~ing at me through the curtains** me espiaban *or* me atisbaban a través de las cortinas, me vichaban a través de las cortinas (RPl fam) **2** (show, stick out) «*tip/edge/corner*» asomar; **her petticoat was just ~ing from under her dress** (se) le asomaba la combinación por debajo del vestido; **my toes were ~ing out** (se) me asomaban los dedos

B (make high-pitched sound) «*bird*» piar*; «*horn/whistle*» sonar*; **he ~ed at them as he drove by** les tocó la bocina *or* les pitó al pasar

■ **peep** *vt* (colloq): **I ~ed the horn** toqué la bocina *or* el claxon

peep² *n*

A (quick or furtive look) vistazo *m*; **~ AT sth/sb: can I have a ~?** ¿puedo ver?, ¿a ver?, ¿puedo vichar? (RPl fam); **she had a quick ~ at the answer** le echó un vistazo a la respuesta, vichó la respuesta (RPl fam)

B (sound): **the ~, ~ of the canary** el pío, pío del canario; **the ~ of a car horn** el pitido de un claxon; **we haven't heard a ~ out of the baby all night** el niño no ha rechistado en toda la noche; **one more ~ out of you and there'll be trouble!** ¡como vuelvas a abrir la boca, ya vas a ver!; **we didn't hear another ~ from her all evening** no volvió a decir ni pío *or* ni mu en toda la noche (fam); **any news from your brother? — not a ~** ¿sabes algo de tu hermano? — ¡ni pío! (fam)

peephole /ˈpi:phəʊl/ *n* mirilla *f*

peeping Tom /,pi:pɪŋˈtɑ:m || ,pi:pɪŋˈtɒm/ *n* mirón *m*

peepshow /ˈpi:pʃəʊ/ *n* **1** (live show) *espectáculo de striptease* **2** (machine) cosmorama *m*, mundonuevo *m*

peeptoe /ˈpi:ptəʊ/ *adj* ‹*shoe*› sin puntera

peep-toed /ˈpi:ptəʊd/, **peep-toe,** (BrE) /ˈpi:ptəʊ/ *adj* abierto en la punta

peer¹ /pɪr || pɪə(r)/ ▸**peer** *n*

A 1 (equal) par *mf*, igual *mf*; **to be tried by one's ~s** ser* juzgado por sus iguales *or* pares; **he has few ~s as a biographer** como biógrafo pocos pueden equipararsele **2** (contemporary) coetáneo, -nea *m,f*; **she wasn't popular among her ~s** no gozaban de popularidad entre sus coetáneos *or* entre los de su edad

B (lord) (in UK) par *m*, lord *m*; **he's a life ~** tiene un título vitalicio

peer² *vi* **to ~ AT sth/sb** (with difficulty) mirar algo/a algn con ojos de miope; (closely) mirar algo/a algn detenidamente; **she ~ed shortsightedly at the sign** escudriñó el letrero con ojos de miope; **she ~ed at him over her glasses** lo miró detenidamente *or* con ojos escrutadores por encima de las gafas; **the old man ~ed up at me** el viejo levantó la vista hacia mí inspeccionándome; **he climbed the wall and ~ed over** se trepó al muro y atisbó por encima

> **peer**
>
> Hay dos clases de pares (*peers*) británicos: aquellos que heredan este título de nobleza (*hereditary peers*) y los que lo poseen de por vida (*life peers*) sin poder traspasarlo a su descendencia. Antiguamente ambas clases de pares tenían derecho a ocupar un escaño en la Cámara de los Lores ▸**House of Lords**, pero una reforma adoptada en 1999 limitó el número de los cargos hereditarios a 92. Se han propuesto otras medidas según las cuales un porcentaje de los lores serían elegidos directamente por el pueblo.

peerage /ˈpɪrɪdʒ || ˈpɪərɪdʒ/ *n* **1** (title, honor) título *m or* dignidad *f* de lord **2** (nobility, aristocracy): **the ~** la nobleza; **to raise** o **elevate sb to the ~** concederle a algn el título de lord **3** (book) nobiliario *m*

peeress /ˈpɪrəs || ˈpɪəres/ *n* (in UK) paresa *f*

peer group *n* grupo *m* paritario (frml); (*before n*): **peer-group pressure/influence** la presión/influencia que ejercen los compañeros *or* (frml) que ejerce el grupo paritario

peerless /ˈpɪrləs || ˈpɪəlɪs/ *adj* (liter) incomparable, sin igual, sin par (liter); **he is ~ in the role of King Lear** no hay quien lo iguale en el papel de King Lear, en el papel de King Lear no tiene par

peer pressure *n* [u] presión *f* del grupo

peer-review /ˈpɪrrə,vju: || ˈpɪərɪ,vju:/ *vt* **1** ‹*article/paper*› revisar colegiadamente **2** ‹*colleague*› revisar paritariamente

peer review *n* [u] **1** (of academic work) revisión *f* colegiada **2** (of colleague) revisión *f* paritaria

peer-to-peer /,pɪrtəˈpɪr || ,pɪətəˈpɪə(r)/ *adj* (Comput) peer to peer, de igual a igual

peeve¹ /pi:v/ *vt* fastidiar, darle* rabia a; **it ~s her that I earn more money than she does** le fastidia *or* le da rabia que yo gane más que ella

peeve² *n* manía *f*; **his current pet ~ is ...** ahora le ha dado la manía de ...

peeved /pi:vd/ *adj* ‹*expression/look*› de fastidio; **she sounded ~** se le notaba en la voz que estaba molesta *or* (fam) que estaba picada; **I feel rather ~ that they didn't invite me** estoy molesto *or* (fam) picado porque no me invitaron, me sentó mal que no me invitaran

peevish /ˈpi:vɪʃ/ *adj* ‹*remark/refusal*› desagradable, malhumorado; **the children were tired and ~** los niños estaban cansados y fastidiosos

peevishly /ˈpi:vɪʃli/ *adv* de mala manera; **... , she asked ~** ... —preguntó de mala manera *or* preguntó irritada

peevishness /ˈpi:vɪʃnəs || ˈpi:vɪʃnɪs/ *n* [u] irritación *f*

peewee /ˈpi:wi:/ *n* (AmE colloq) mocoso, -sa *m,f* (fam)

peewit /ˈpi:wɪt/ *n* avefría *f*‡

peg¹ /peg/ *n*

A 1 (in ground) estaca *f*; (in furniture, barrel) estaquilla *f*; (in mountaineering) clavija *f*; (on violin, guitar) clavija *f*; (*tent ~*) estaquilla *f*; (on board game) *pieza o ficha que encaja en un tablero*; ***a square ~ in a round hole***: **at college I felt like a square ~ in a round hole** en la universidad me sentía totalmente fuera de lugar *or* (fam) como gallina en corral ajeno *or* (Ven fam) como cucaracha en fiesta de gallina *or* (RPl fam) como sapo de otro pozo; ***to take*** o ***bring sb down a ~ (or two)*** bajarle los humos a algn, poner* a algn en su sitio **2** (*clothes ~*) (BrE) *see* **clothes-pin**

B (hook, hanger) colgador *m*, perchero *m*, gancho *m*; **the characters are just ~s on which to hang the narrative** los personajes sólo sirven de apoyo a la narrativa *or* (liter) son meras apoyaturas de la narrativa

peg² **-gg-** *vt*

A (attach, secure) sujetar, asegurar (*con estaquillas etc*); **to ~ the clothes (out)** (BrE) tender* la ropa; **the company is ~ging its hopes on the new model** la empresa ha cifrado sus esperanzas en el nuevo modelo

B (Econ, Fin) **1** (fix, limit) ‹*price/salary*› congelar **2** (link) **to ~ sth TO sth** vincular algo A algo; **the peso is ~ged to the dollar** el peso está vinculado al dólar

C (categorize) (AmE): **she hates to be ~ged as a feminist** no soporta que la etiqueten de *or* la encasillen como feminista; **their music is difficult to ~** su música es difícil de catalogar

Phrasal verbs

• **peg away** [v + adv] (colloq): **I've been ~ging away all morning** llevo toda la mañana dándole duro y parejo (fam); **keep ~ging away at your studies** sigue dándole al estudio (fam)

• **peg down** [v + o + adv, v + adv + o] **1** (secure, hold down) (BrE) ‹*tent*› sujetar (*con estaquillas*); ‹*prices/wages*› fijar **2** (pin down): **try to ~ him down to a definite date** trata de que te dé una fecha concreta

• **peg out**

A [v + adv] (colloq) **1** (die) estirar la pata (fam), palmarla (Esp fam), petatearse (Méx fam) **2** (collapse from exhaustion) desplomarse, tronar (Méx fam) **3** (break down) «*engine/car*» quedarse (fam), tronarse (Méx fam)

B [v + o + adv, v + adv + o] (stake) ‹*claim*› marcar* con estacas

Pegasus /ˈpegəsəs/ *n* Pegaso *m*

pegboard /ˈpegbɔ:rd || ˈpegbɔ:d/ *n* tablero *m* (*con agujeros para insertar las fichas*)

peg leg *n* (colloq) pata *mf* (de) palo (fam)

PEI = Prince Edward Island

pejorative /pɪˈdʒɔ:rətɪv || pɪˈdʒɒrətɪv/ *adj* peyorativo, despectivo

pejoratively /pɪˈdʒɔ:rətɪvli || pɪˈdʒɒrətɪvli/ *adv* peyorativamente, despectivamente

peke /pi:k/ *n* (colloq) pequinés, -nesa *m,f*

Pekinese /,pi:kəˈni:z || ,pi:kɪˈni:z/ (AmE) **Pekingese** /,pi:kɪŋˈi:z/ *n* pequinés, -nesa *m,f*

Peking /,pi:ˈkɪŋ/ *n* Pekín *m*; (*before n*): **~ duck** pato *m* lacado (*al estilo chino*)

pelican /ˈpelɪkən/ *n* pelícano *m*

pelican crossing *n* (BrE) paso *m* de peatones (*con semáforo*)

pellagra /pəˈlægrə, -ˈleɪ- || pɪˈlægrə, -ˈleɪ-/ *n* [u] pelagra *f*

pellet /ˈpelət || ˈpelɪt/ *n* **1** (of bread, paper) bolita *f* **2** (Zool) (of regurgitated food) bola *f*; (feces) cagadita *f* (fam) **3** (ammunition) perdigón *m*

pellicle /ˈpelɪkəl/ *n* (Biol, Phot) película *f*

pell-mell /,pelˈmel/ *adv* desordenadamente, sin orden ni concierto; **clothes were thrown ~ into suitcases** habían metido ropa en las maletas desordenadamente *or* sin orden ni concierto; **they rushed ~ into the sea** corrieron en tropel hacia el mar

pellucid /pəˈluːsəd || pəˈluːsɪd/ *adj* (liter) **1** (transparent) ‹*stream/water*› cristalino **2** (easy to understand) ‹*style/poem*› diáfano; ‹*argument/discussion*› de meridiana claridad

pelmet /ˈpelmət || ˈpelmɪt/ *n* (esp BrE) galería *f*, bastidor *m* (*que cubre la barra de donde cuelgan las cortinas*)

Peloponnese /ˌpeləpəˈniːz/ *n*: **the ~** el Peloponeso

Peloponnesian /ˌpeləpəˈniːʃən/ *adj*: **the ~ War(s)** la(s) guerra(s) del Peloponeso

pelt¹ /pelt/ *vt*: **to ~ sb with insults/questions** acribillar a algn a insultos/a preguntas; **to ~ sb with tomatoes** lanzarle* *or* tirarle tomates a algn; **to ~ sb with stones** apedrear a algn

■ **pelt** *vi* (colloq)
A (rush, race): **we ~ed up the road in the car** íbamos a toda máquina *or* (fam) como un bólido por la carretera; **she ~ed after the thief** salió disparada *or* a todo correr *or* (fam) como un bólido tras el ladrón
B (fall heavily): **it was ~ing with rain** llovía a cántaros *or* a mares; **we drove on through the ~ing rain** seguimos adelante bajo el aguacero *or* chaparrón; **the hail was ~ing down** estaba granizando fuertísimo

pelt² *n*
A (animal skin) piel *f*; (stripped) cuero *m*
B (pace) (esp BrE colloq): **at full ~** a toda máquina, a todo lo que da (fam)

pelvic /ˈpelvɪk/ *adj* pélvico

pelvis /ˈpelvəs || ˈpelvɪs/ *n* (*pl* **-vises**) pelvis *f*

pen¹ /pen/ *n* (*fountain ~*)
A pluma *f* estilográfica, pluma *f* fuente (AmL), estilográfica *f*, lapicera *f* fuente (CS), estilógrafo *m* (Col); (*ballpoint ~*) bolígrafo *m*, boli *m* (Esp fam), birome *f* (RPl), pluma *f* atómica (Méx), lápiz *m* de pasta (Chi); (*felt ~*) rotulador *m*; **he had never actually put** *o* **set ~ to paper** nunca se había puesto a escribir, nunca había escrito nada; **~ and ink sketch** boceto *m* a plumilla; ***the ~ is mightier than the sword*** más puede la pluma que la espada
B **1** (Agr) (*sheep ~*) redil *m*; (*cattle ~*) corral *m* **2** (prison) (AmE sl) cana *mf* (AmS arg), talego *m* (Esp arg), tanque *m* (Méx arg); **in the ~** a la sombra (fam)
C (Zool) (female swan) cisne *m* hembra

pen² **-nn-** *vt* ‹*letter/article*› redactar, escribir*; ‹*verse*› componer*

Phrasal verb

• **pen in** [v + o + adv, v + adv + o] ‹*animals*› encerrar*, cercar*; **they found themselves ~ned in by the enemy** se vieron cercados *or* acorralados por el enemigo

penal /ˈpiːnl/ *adj* penal; **~ offense** (AmE) delito *m* penal; **~ code** código *m* penal; **~ colony** penal *m*, colonia *f* penal *or* penitenciaria; **a ~ institution** un establecimiento penitenciario, una penitenciaría; **~ servitude** (BrE) (Hist) trabajos *mpl* forzados

penalize /ˈpiːnlaɪz || ˈpiːnəlaɪz/ *vt* **1** (punish) ‹*player*› sancionar, penalizar*; **candidates will be ~d for ...** (Educ) se quitarán puntos *or* se bajará la nota por ...; **heavily ~d offenses** delitos que son severamente castigados; **~d by law** penado por la ley **2** (affect disadvantageously) (frml) perjudicar*, colocar* en desventaja **3** (make punishable, illegal) penalizar*, penar

penalty /ˈpenlti/ *n* (*pl* **-ties**)
A **1** (punishment) pena *f*, castigo *m*; (fine) multa *f*; **the ~ for disobedience is death** la desobediencia está penada con la muerte; **on ~ of death** *o* **of their lives** bajo *or* so pena de muerte; **to pay the ~** pagar* las consecuencias; **the doctor paid the full ~ for his negligence** el médico pagó cara su negligencia; Ⓢ **penalty for improper use: $50** multa por uso indebido: $50; (*before n*): **~ clause** cláusula *f* penal *or* punitiva; **~ interest** interés *m* penal *or* de recargo **2** (disadvantage): **one of the penalties of fame** parte del precio que hay que pagar por ser famoso
B **1** (Games): **you have to pay a ~** hay que pagar una prenda; **we were given a five-point ~ for the wrong answer** perdimos *or* nos restaron cinco puntos por contestar mal; (*before n*): **~ point** punto *m* en contra **2** (Sport) (in rugby) penalty *m*, golpe *m* de castigo; (in US football) castigo *m*; **~ (kick)** (in soccer) penalty *m*, penalti *m*, penal *m* (AmL), pénal *m* (Andes); **to take a ~** cobrar un penalty (*or* penalti *etc*); (*before n*): **~ area** (in soccer) área *f*‡ de penalty *or* de castigo; **~ corner** (in hockey) penalty córner *m*; **~ goal** gol *m* de penalty (*or* penalti *etc*); **~ shoot-out** lanzamiento *m or* tanda *f* de penaltys (*or* penaltis *etc*); **~ spot** punto *m* de penalty (*or* penalti *etc*)

penalty box *n* **1** (in soccer) área *f*‡ de penalty *or* de castigo **2** (in ice hockey) banquillo *m* (*de castigo*)

penalty circle *n* (in hockey) área *f*‡ de penalty *or* de castigo

penance /ˈpenəns/ *n* [u c] **1** (Relig) penitencia *f*; **for ~ say three Hail Marys** como penitencia reza tres avemarías; **to do ~ for sth** hacer* penitencia por algo; **to perform a public ~** hacer* un acto de contrición público **2** (punishment) (hum) castigo *m*

pence /pens/ *n* **1** *pl of* **penny A1** **2** (penny) (BrE crit) penique *m*

penchant /ˈpentʃənt || ˈpɒŋʃɒŋ/ *n* (frml) **~ (FOR sth)** (liking) inclinación *f or* afición *f* (POR algo); (tendency) tendencia (A algo)

pencil¹ /ˈpensəl/ *n* **1** (for writing, drawing) lápiz *m*; **colored ~s** lápices de colores; **to draw/write in ~** dibujar a/escribir* con lápiz; **eyebrow/eye ~** lápiz de cejas/ojos; (*before n*): **~ drawing** dibujo *m* a lápiz; **~ skirt** falda *f* (de) tubo, pollera *f* justa (RPl) **2** (of light) rayo *m*; (of rays) haz *m*

pencil², (BrE) **-ll-** *vt* **1** (write, draw) ‹*notes/calculations*› anotar (*con lápiz*); ‹*outline*› hacer* un esbozo de **2** (with cosmetic) ‹*eyebrows*› perfilar, dibujar

Phrasal verb

• **pencil in** [v + o + adv, v + adv + o] ‹*appointment/date*› apuntar, anotar (*provisionalmente*)

pencil box *n* estuche *m* (para lápices), plumier *m* (Esp), cartuchera *f* (Arg), alcancía *f* (Ur)

pencil case *n* estuche *m* (para lápices), plumier *m* (Esp), chuspa *f* (Col), cartuchera *f* (RPl)

pencil crayon *n* (Can) lápiz *m* de color

pencil pusher *n* (AmE) ▸**pen pusher**

pencil sharpener *n* sacapuntas *m*, tajalápiz *m* (Col); (larger) afilalápices *m*, sacapuntas *m*

pen computer *n* computadora *f or* (Esp) ordenador *m* de pluma (*que utiliza un lápiz electrónico para introducir datos*)

pendant /ˈpendənt/ *n* colgante *m*; (*before n*) ‹*earrings*› largo

pending¹ /ˈpendɪŋ/ *adj* **1** (awaiting action) (*pred*): **to be ~** estar* pendiente; **patent ~** patente en trámite; **matters ~ will be considered at the next meeting** los asuntos que hayan quedado pendientes serán tratados en la próxima reunión; (*before n*): **~ tray** ≈ carpeta *f* de asuntos pendientes **2** (imminent) ‹*elections/retirement*› próximo; **our move has been ~ for six months now** hace seis meses que nos estamos por mudar

pending² *prep* (frml) en espera de

pendrive /ˈpendraɪv/ *n* (Comput) lápiz *m* de memoria

pendulous /ˈpendʒələs || ˈpendjʊləs/ *adj* (liter) ‹*ears*› colgante; ‹*breasts*› fláccido, flácido, caído

pendulum /ˈpendʒələm || ˈpendjʊləm/ *n* (*pl* **-lums**) péndulo *m*; **the ~ has swung the other way** las cosas se han ido al otro extremo

penetrable /ˈpenətrəbəl/ *adj* penetrable

penetrate /ˈpenətreɪt/ *vt*
A **1** ‹*membrane/defenses*› penetrar (en); ‹*clothing/armor*› atravesar*, traspasar; ‹*enemy lines*› adentrarse en **2** (gain entrance to) ‹*building/territory*› penetrar en; **the sound barely ~d his consciousness** apenas era consciente del ruido **3** (enter) ‹*organization*› infiltrarse en; ‹*market*› introducirse* *or* entrar en **4** (in sex act) penetrar
B (seep into) ‹‹*liquid*›› penetrar *or* calar (en)
C (see through, understand) ‹*secret/mystery/meaning*› penetrar (liter), entender*; ‹*thoughts*› penetrar en

■ **penetrate** *vi* **1** ‹‹*arrow/water/light*›› penetrar, entrar; **to ~ INTO sth** penetrar EN algo; **to ~ THROUGH sth** atravesar* algo; **the rain ~d right through to my skin** la lluvia me caló hasta los huesos; **to ~ deep behind enemy lines** adentrarse considerablemente en territorio enemigo **2** (sink in): **she explained it again, but it took a long time to ~** me lo volvió a explicar pero tardé (*or* tardó *etc*) en entenderlo

penetrating /ˈpenətreɪtɪŋ/ *adj* **1** ‹*voice/sound/gaze*› penetrante; ‹*rain*› que cala; **~ oil** aceite *m* lubricante **2** (cogent) ‹*insight/analysis*› penetrante, agudo, perspicaz

penetratingly /ˈpenətreɪtɪŋli/ *adv* de manera penetrante

penetration /ˌpenəˈtreɪʃən/ *n* [u]
A (act, process) penetración *f*; **in order to achieve greater market ~** para conseguir una mayor penetración en el mercado
B (insight) penetración *f*, perspicacia *f*, agudeza *f*

penetrative /ˈpenətreɪtɪv/ *adj*
A **1** ‹*movement/attack*› penetrante **2** ‹*intercourse*› con penetración
B ‹*survey/report*› penetrante

pen friend *n* (esp BrE) ▸**pen pal**

penguin /ˈpeŋgwən || ˈpeŋgwɪn/ *n* pingüino *m*

penguin suit *n* (colloq) traje *m* de pingüino

penholder /ˈpenˌhəʊldər || ˈpenˌhəʊldə(r)/ *n* (to hold pens) portalápices *m*; (to hold nib) portaplumas *m*

penicillin /ˌpenəˈsɪlən || ˌpenɪˈsɪlɪn/ *n* [u] penicilina *f*

peninsula /pəˈnɪnsələ || pəˈnɪnsjʊlə/ *n* península *f*

peninsular /pəˈnɪnsələr || pəˈnɪnsjʊlə(r)/ *adj* peninsular; **P~ Spanish** español *m* peninsular *or* europeo; **the P~ War** la Guerra de la Independencia

penis /ˈpiːnəs || ˈpiːnɪs/ *n* (*pl* **-nises** *or* **-nes** /-niːz/) pene *m*

penitence /ˈpenətəns || ˈpenɪtəns/ *n* [u] arrepentimiento *m*, penitencia *f* (frml)

penitent¹ /ˈpenətənt || ˈpenɪtənt/ *adj* arrepentido

penitent² *n* (Relig) penitente *mf*

penitential /ˌpenəˈtentʃəl || ˌpenɪˈtenʃəl/ *adj* penitencial

penitentiary /ˌpenəˈtentʃəri || ˌpenɪˈtenʃəri/ *n* (*pl* **-ries**) (AmE) prisión *f*, penitenciaría *f*

penknife /ˈpennaɪf/ *n* (*pl* **-knives**) navaja *f*, cortaplumas *m*

penlight /ˈpenlaɪt/ *n* linterna *f* de bolsillo

penmanship /ˈpenmənʃɪp/ *n* [u] **1** (art of handwriting) caligrafía *f* **2** (person's handwriting) caligrafía, letra *f*, escritura *f*

Penn, Penna = Pennsylvania

pen name *n* seudónimo *m*, nombre *m* de guerra *or* (AmL) de batalla

pennant /ˈpenənt/ *n* banderín *m*; (Naut) gallardete *m*

penniless /ˈpenɪləs || ˈpenɪlɪs/ *adj* ‹*artist/count*› pobre, sin un céntimo; **I'm absolutely ~** estoy sin un céntimo; **to leave sb ~** dejar a algn en la miseria

Pennines /ˈpenaɪnz/ *pl n* Montes *mpl* Peninos

pennon /ˈpenən/ *n* pendón *m*; (on lance) banderola *f*

Pennsylvania /ˌpensəlˈveɪnjə || ˌpensɪlˈveɪniə/ *n* Pensilvania *f*; (*before n*): **~ Dutch** *descendiente de los inmigrantes alemanes que se establecieron en Pensilvania en el siglo XVIII y su dialecto*

penny /ˈpeni/ *n*
A (in UK) (*pl* **pence**) **1** (value) penique *m*; **old ~** antiguo penique (*equivalente a 2,4 peniques actuales*) **2** (*pl* **pennies**) (coin) penique *m*
B (*pl* **pennies**) (cent coin) (in US, Canada) (colloq) (moneda *f* de un) centavo *m*
C (*pl* **pennies**) (small sum) céntimo *m*, centavo *m*;

P

she hasn't a ~ to her name no tiene un céntimo, no tiene donde caerse muerta (fam); **she cut him off without a ~** no le dejó (ni) un céntimo; **it's worth every ~** vale lo que cuesta; **you'll pay back every ~ you owe me** me pagarás hasta el último céntimo; **and not a ~ more/less!** ¡y ni un céntimo más/menos!; **pretty girls are ten** *o* **two a ~** (BrE) chicas bonitas hay a montones (fam); **a ~ for them** *o* **for your thoughts** ¿(en) qué estás pensando?; **to count the pennies** mirar el dinero, mirar la plata (AmS fam); ***he keeps turning up like a bad ~*** te lo encuentras hasta en la sopa (fam); ***the ~ (finally) dropped*** (BrE) al final se dio (*or* me di *etc*) cuenta; ***to be ~ wise and*** *o* ***but pound foolish*** gastar a manos llenas y hacer economías en nimiedades; ***to be worth/cost a pretty ~*** valer*/costar* un dineral; ***to spend a ~*** (BrE colloq) hacer* pis (fam); ***in for a ~, in for a pound*** (BrE) de perdidos, al agua *or* ya que estamos en el baile, bailemos; ***look after the pennies and the pounds will take care of*** *o* ***will look after themselves*** (BrE) a quien cuida la peseta nunca le falta un duro; ▸**honest 1, rub¹ 1**

penny-ante /'peni'ænti/ *adj* (AmE colloq) de poca monta, de pacotilla (fam)

penny arcade *n* salón *m* recreativo, sala *f* de juegos

penny dreadful *n* (BrE) *libro o revista sensacionalista*

penny farthing *n* velocípedo *m*

penny-pinching¹ /'peni,pɪntʃɪŋ/ *adj* ‹*person*› cicatero, tacaño, agarrado (fam), amarrete (AmS fam); ‹*policy*› cicatero

penny-pinching² *n* [u] cicatería *f*, tacañería *f*

penny-whistle /'peni,hwɪsəl || ,peni'wɪsəl/ *n* flautín *m*

penny wise *adj* (colloq) que mira mucho el dinero; *see also* **penny C**

pennyworth /'peniwɜ:rθ || 'peniwɜ:θ, 'penəθ/ *n*: **a ~ of pins** un penique de alfileres; ***to put in one's (two) ~*** (BrE colloq) meter baza *or* cuchara (fam)

penologist /pi:'nɑ:lədʒəst || pi:'nɒlədʒɪst/ *n* penalista *mf*, criminalista *mf*

penology /pi:'nɑ:lədʒi || pi:'nɒlədʒi/ *n* [u] criminología *f*, ciencia *f* penal

pen pal *n* (esp AmE) amigo, -ga *m,f* por correspondencia; **I have a ~ ~ in Japan** me escribo *or* me carteo con un chico/una chica de Japón

pen pusher *n* chupatintas *mf* (fam), tinterillo, -lla *m,f* (fam), suche *mf* (Chi fam)

pension /'pentʃən || 'penʃən/ *n*
A [c] (payment) pensión *f*; **retirement ~** pensión de jubilación, jubilación *f*, pensión *f*; **widow's** *o* **widower's ~** pensión de viudedad *or* de viudez, viudedad *f*; **personal/state/company ~** pensión personal/del estado/de la empresa; **to be on** *o* **draw a ~** cobrar una pensión/una jubilación; (*before n*): **~ book** (BrE) cartilla *f* de pensionista *or* pensionado; **~ contributions** aportaciones *fpl*, aportes *mpl* (esp AmL); **~ fund** fondo *m* de pensiones; **~ pot** alcancía *f* (AmL) *or* (Esp) hucha *de* pensiones; **~ rights** derechos *mpl* de pensión; **~ scheme** ▸**pension plan**
B /pɑ:ns'jəʊn || 'pɒŋsjɒŋ/ **1** [c] (guesthouse) pensión *f* **2** [u] (room and board) pensión *f*; **full ~** pensión completa; **half ~** media pensión

Phrasal verb
- **pension off** [v + o + adv, v + adv + o] jubilar

pensionable /'pentʃənəbəl || 'penʃənəbəl/ *adj* (BrE) jubilatorio, de jubilación *or* retiro; **~ service** antigüedad *f*; **this post is ~** este puesto da derecho a jubilación

pensioner /'pentʃənər || 'penʃənə(r)/ *n* pensionado, -da *m,f*, pensionista *mf*; (retired person) jubilado, -da *m,f*

pension plan *n* (Fin) plan *m* de pensiones; **final-salary ~ ~** plan de pensiones basado en el salario final

pensive /'pensɪv/ *adj* pensativo, meditabundo; **to be in a ~ mood** estar* pensativo *or* meditabundo

pensively /'pensɪvli/ *adv* de manera pensativa, pensativamente; **he said ~** dijo pensativo *or* meditabundo

pentagon /'pentəgɑ:n || 'pentəgən/ *n* **1** (Math) pentágono *m* **2** (in US): **the Pentagon** el Pentágono; (*before n*) ‹*officials/policy*› del Pentágono

> **Pentagon - The Pentagon**
>
> El edificio de forma pentagonal, situado en Washington, donde se encuentra la oficina central del Ministerio de Defensa y de las fuerzas armadas de EEUU. Fue blanco de uno de los atentados terroristas del 11 de septiembre de 2001. A menudo la prensa utiliza el término "The Pentagon" para referirse al Estado Mayor.

pentagonal /pen'tægənl/ *adj* pentagonal

pentagram /'pentəgræm/ *n* pentagrama *m*, estrella *f* de cinco puntas

pentahedron /,pentə'hi:drən/ *n* pentaedro *m*

pentameter /pen'tæmətər || pen'tæmɪtə(r)/ *n* pentámetro *m*

Pentateuch /'pentətu:k || 'pentətju:k/ *n*: **the ~** el Pentateuco

pentathlete /pen'tæθli:t/ *n* pentatleta *mf*

pentathlon /pen'tæθlɑ:n, -lən || pen'tæθlɒn, -lən/ *n* pentatlón *m*

pentatonic /,pentə'tɑ:nɪk || ,pentə'tɒnɪk/ *adj* pentatónico

Pentecost /'pentəkɔ:st || 'pentɪkɒst/ *n* Pentecostés *m*

Pentecostal /,pentə'kɔ:stəl || ,pentɪ'kɒstəl/ *adj* ‹*church/minister*› pentecostal

Pentecostalist /,pentə'kɔ:stləst || ,pentɪ'kɒstəlɪst/ *n* pentecostalista *mf*

penthouse /'penthaʊs/ *n* penthouse *m*, ático *m* (*gen de lujo*)

pent-up /'pent'ʌp/ *adj* (*pred* **pent up**) ‹*emotions/anger/frustration*› contenido, reprimido; ‹*energy*› acumulado

penuche /pə'nu:tʃi/ *n* [u] panocha *f*

penultimate /pɪ'nʌltəmət || pen'ʌltɪmət/ *adj* (*before n*) penúltimo

penumbra /pə'nʌmbrə/ *n* (*pl* **-bras** *or* **-brae** /-bri:/) penumbra *f*

penurious /pə'nʊriəs || pɪ'njʊəriəs/ *adj* (liter) mísero

penury /'penjəri || 'penjʊri/ *n* [u] (liter) penuria *f*, miseria *f*; **to live in ~** vivir en la penuria *or* en la miseria

peon /'pi:ən/ *n* (laborer) peón *m*; **she doesn't mix with the ~s** (AmE) no se trata con la plebe

peony /'pi:əni/ *n* (*pl* **-nies**) peonía *f*, peonia *f*

people¹ /'pi:pəl/ *n*
A (+ *pl vb, no art*) **1** (in general) gente *f*; **~ are tired of that** la gente está cansada de eso; **what will ~ say/think?** ¿qué dirá/pensará la gente?; **~ say that ...** dicen que ..., se dice que ...; **a lot of/very few ~** mucha/muy poca gente; **many/most ~ disagree** mucha gente/la mayoría de la gente no está de acuerdo; **some ~ don't like it** a algunos no les gusta, a algunas personas no les gusta, hay gente a la que no le gusta; **~ like her never learn** la gente como ella nunca aprende, las personas como ella nunca aprenden; **they are good ~** son buena gente *or* buenas personas; **we're ~, not machines!** somos personas, no máquinas **2** (individuals) personas *fpl*; **three ~ were injured** tres personas resultaron heridas; **the hall seats 200 ~** la sala tiene un aforo de 200 personas; **well, really, some ~!** ¡hay cada uno!; **you ~ don't understand** ustedes no entienden; **they've made her director, her of all ~!** ¡la han hecho directora, nada menos que a ella!; **you of all ~ ought to be grateful to me** tú más que nadie me deberías estar agradecido **3** (specific group): **tall/rich ~** la gente alta/rica, las personas altas/ricas, los altos/ricos; **young ~** los jóvenes, la juventud; **local ~** la gente del lugar, los lugareños; **business ~** (los) empresarios, (la) gente que se dedica a los negocios; **Chinese ~** los chinos; **my ~ are from Illinois** mi familia *or* (fam) mi gente es de Illinois; **he wasn't one of our ~** no era uno de los nuestros
B **1** (inhabitants) (+ *pl vb*): **the ~ of this country** la gente de este país, este pueblo; **she got to know the country and its ~** llegó a conocer bien el país y su(s) gente(s); **a town of 15,000 ~** una ciudad de 15.000 habitantes *or* personas **2** (citizens, nation) (+ *pl vb*): **the ~** el pueblo; **the American ~** los americanos, el pueblo americano; **the common ~** la gente corriente, la gente en general; **a man/an enemy of the ~** un hombre/un enemigo del pueblo; **a ~'s republic** una república popular; ***to go to the ~*** (BrE) llamar a elecciones, convocar* (a) elecciones, consultar al electorado **3** (race) (+ *sing vb*) pueblo *m*; **they are a proud ~** son un pueblo orgulloso

people² *vt* poblar*; **a land ~d by savage tribes** una tierra habitada por tribus salvajes

people carrier *n* monovolumen *m*

people management *n* [u] gestión *f* de recursos humanos; (*before n*): **~ ~ skills** capacidad *f* de gestión de recursos humanos

people power *n* [u] poder *m* del pueblo

people trafficker *n* (Sociol) traficante *mf* de personas

> **Peoria**
>
> Una pequeña ciudad en EEUU que se considera típica del país. Se piensa que la opinión de sus habitantes representa, en general, la de toda la nación.

Peoria /pi:'ɔ:rɪə/ ▸**Peoria**

pep /pep/ *n* [u] (colloq) energía *f*, vitalidad *f*

Phrasal verb
- **pep up**: **-pp-** [v + o + adv, v + adv + o] (colloq) ‹*person*› animar, levantarle el ánimo a; (physically) darle* energía a; ‹*conversation*› animar; ‹*drink*› hacer* más fuerte; **ideal for ~ping up casseroles and soups** ideal para hacer más sabrosos sus guisos y sopas

PEP /pep/ *n* (in UK) = **personal equity plan**

pepper¹ /'pepər || 'pepə(r)/ *n*
A **1** [u] (spice) pimienta *f*; **black/white ~** pimienta negra/blanca; (*before n*): **~ mill** *o* **grinder** molinillo *m* de pimienta; **~ shaker** (AmE) pimentero *m*; **~ steak** filete *m* a la pimienta **2** [c] **~ (plant)** pimentero *m*
B [c u] (capsicum fruit, plant) (*sweet* **~**) pimiento *m*, pimentón *m* (AmS exc RPl), ají *m* (RPl); **green ~** pimiento (*or* pimentón *etc*) verde; **red ~** pimiento (*or* pimentón *etc*) rojo *or* colorado, ají *m* morrón (RPl)

pepper² *vt* **1** (Culin) ponerle* *or* echarle pimienta a **2** (pelt) **to ~ sth/sb (WITH sth)** acribillar algo/a algn (A algo); **they ~ed him with questions** lo acribillaron a preguntas **3** (intersperse) **to ~ sth WITH sth** salpicar* algo DE algo; **the speech was ~ed with anecdotes** el discurso estuvo salpicado de anécdotas

pepper-and-salt /,pepərən'sɔ:lt/ *adj* (*before n*) ‹*coat*› moteado de blanco y negro; ‹*hair*› entrecano

peppercorn /'pepərkɔ:rn || 'pepəkɔ:n/ *n* grano *m* de pimienta; (*before n*): **~ rent** (BrE) alquiler *m* nominal

peppermint /'pepərmɪnt || 'pepəmɪnt/ *n* **1** [u] (plant) menta *f*; (*before n*) ‹*tea/oil*› de menta; ‹*flavor*› a menta **2** [c] (sweet) caramelo *m* de menta; (lozenge) pastilla *f* de menta

peppermint cream *n*: *caramelo de menta cubierto de chocolate*

pepperoni /,pepə'rəʊni/ *n* [u] salchichón *m*

pepperpot /'pepərpɑ:t || 'pepəpɒt/ *n* pimentero *m*

pepper spray *n* [c u] gas *m* pimienta

peppery /'pepəri/ *adj* **-rier, -riest** **1** (Culin) ‹*taste*› a pimienta; (hot) picante; **it's too ~** sabe demasiado a pimienta; (it's too hot) está demasiado picante **2** (irascible) ‹*person/temper*› cascarrabias *adj inv*

pep pill *n* (colloq) estimulante *m*; (amphetamine) anfeta *f* (fam), chocho *m* (Méx arg)

peppy /'pepi/ *adj* **-pier, -piest** (colloq) ‹*person*› lleno de vida, vivaz; ‹*engine*› con garra (fam)

pepsin /'pepsən || 'pepsɪn/ *n* [u] pepsina *f*

p

pep talk *n*: **he gave them a ~ ~** les habló para levantarles la moral (*or* infundirles ánimo *etc*)

peptic /'peptɪk/ *n* (*before n*) ‹*glands*› péptico; **~ ulcer** úlcera *f* péptica *or* estomacal

peptone /'peptəʊn/ *n* [u] peptona *f*

per /pɜːr || pɜː(r)/ *prep* (for each) por; **the meal cost £10 ~ head** la comida costó 10 libras por cabeza; **at $25 ~ kilo** a 25 dólares el kilo; **£20 ~ person ~ night** 20 libras por persona y noche; *see also* **as per**

peradventure /'pɜːrəd,ventʃər || ,pɜːrəd 'ventʃə(r)/ *adv* (arch) por ventura (liter)

perambulate /pə'ræmbjəleɪt || pə'ræm bjʊleɪt/ *vt* (frml o hum) ‹*area/countryside*› pasearse por

■ **perambulate** *vi* pasearse

perambulator /pə'ræmbjəleɪtər || pə'ræm bjʊleɪtə(r)/ *n* (BrE frml) cochecito *m*, carriola *f* (Méx)

per annum /pər'ænəm/ *adv* al año, por año

percale /pər'keɪl || pə'keɪl/ *n* [u] (Tex) percal *m*, percala *f* (Chi, Per)

per capita[1] /pər'kæpətə || pə'kæpɪtə/ *adj* (*before n*) ‹*income/expenditure*› per cápita

per capita[2] *adv* per cápita

perceive /pər'siːv || pə'siːv/ *vt* [1] (Psych) ‹*object/sound*› percibir; **so I ~** (frml) ya veo [2] (realize) percatarse de, notar, darse* cuenta de [3] (regard) ver*; **he is ~d as a latter-day Robin Hood** se lo ve *or* se lo considera como un Robin Hood moderno; **that is the ~d image of the organization** ésa es la imagen que se tiene de la organización

percent[1], **per cent** /pər'sent || pə'sent/ ▸❶ **p.1091** *n* (percentage) (*no pl*) porcentaje *m*; **what ~ of those questioned disagreed?** ¿qué porcentaje de los encuestados no estuvo de acuerdo?; **a half ~o a half of one ~** un cero coma cinco por ciento; (in stock exchange) un medio punto por ciento; **a five ~ discount** un descuento del cinco por ciento, un cinco por ciento de descuento

percent[2], **per cent** *adv* por ciento; **profits are up twenty ~** los beneficios han aumentado (en) un veinte por ciento; **I'm (a) hundred ~ certain** estoy cien por cien(to) seguro; **the team really gave one hundred and ten ~** el equipo dio más que al máximo; **I don't feel a hundred ~** no estoy lo que se dice bien del todo

percentage /pər'sentɪdʒ || pə'sentɪdʒ/ *n* ▸❶ **p.1091** [1] [c] (Math) porcentaje *m*; **translate the results into ~s** indique el resultado en forma de porcentajes; ***to play the ~s*** (colloq) sopesar las posibilidades; (*before n*): **~ error** porcentaje *m* de error; **~ increase/point** aumento *m* /punto *m* porcentual; **~ sign** signo *m* del tanto por ciento [2] [c] (part) porcentaje *m*; **she gets a ~ of the profits** recibe un tanto por ciento *or* un porcentaje de los beneficios; **a high ~ of the population** un alto porcentaje de la población [3] [u] (advantage) (AmE colloq): **what ~ is there in it for me?** ¿qué gano *or* saco yo con ello?; **there must be some ~ in it for him** él debe de sacar tajada (fam) [4] [c] (average) (AmE) promedio *m*

percentile /pər'sentaɪl || pə'sentaɪl/ *n* percentil *m*

perceptible /pər'septəbəl || pə'septəbəl/ *adj* ‹*difference/effect*› perceptible, apreciable; ‹*sound*› perceptible, audible

perceptibly /pər'septəbli || pə'septəbli/ *adv* ‹*improve/change/increase*› de manera perceptible *or* apreciable, perceptiblemente, apreciablemente; ‹*lighter/louder*› apreciablemente

perception /pər'sepʃən || pə'sepʃən/ *n*
A [u] (Psych) [1] (faculty) percepción *f*; **sense ~** percepción sensorial [2] (act) percepción *f*
B [c] (idea) idea *f*; (image) imagen *f*; **people's ~s of class differences** la idea que la gente tiene de las diferencias sociales; **the ~ of the President as ...** la imagen del Presidente como ...; **it is my ~ that ...** tengo la impresión de que ...
C [u] (insight) perspicacia *f*, agudeza *f*

perceptive /pər'septɪv || pə'septɪv/ *adj* ‹*person*› perspicaz, agudo; ‹*analysis*› perspicaz, penetrante, inteligente; **that's very ~ of you** (iro) ésa es una observación muy perspicaz (iró); pero ¿cómo te has dado cuenta de eso? (iró)

perceptively /pər'septɪvli || pə'septɪvli/ *adv* con agudeza *or* perspicacia

perceptiveness /pər'septɪvnəs || pə'sep tɪvnɪs/ *n* [u] perspicacia *f*, agudeza *f*

perceptual /pər'septʃuəl || pə'septjuəl/ *adj* (frml) ‹*problem*› de percepción; ‹*difficulty*› perceptivo, de percepción

perch[1] /pɜːrtʃ || pɜːtʃ/ *n*
A [1] (in birdcage) percha *f* [2] (high position) posición *f* privilegiada; **come off your ~!** ¡a ver si te bajas del pedestal!; ***to knock sb off her/his ~*** bajarle los humos a algn
B (*pl* **~** *or* **~es**) (fish) perca *f*

perch[2] *vi* «*bird*» posarse; **he ~ed on the edge of the table** se sentó en el borde de la mesa

■ **perch** *vt* **to ~ sth ON sth** colgar* algo DE algo; **she ~ed the child on her knee** se sentó al niño en las rodillas; **she ~ed herself on the arm of the chair** se sentó en el brazo del sillón; **she was ~ed on top of the stepladder** estaba encaramada en lo alto de la escalera; **the village is ~ed halfway up the mountainside** el pueblo está como colgado en mitad de la ladera

perchance /pər'tʃæns || pə'tʃɑːns/ *adv* (arch) (perhaps) tal vez; (by chance) por ventura (liter); **you don't ~ have five pounds, do you?** (hum) ¿no tendrás por un casual cinco libras? (fam)

percipient /pər'sɪpiənt || pə'sɪpiənt/ *adj* ▸ **perceptive**

percolate /'pɜːrkəleɪt || 'pɜːkəleɪt/ *vi* [1] (filter) **to ~ THROUGH sth** filtrarse A TRAVÉS DE algo; **to ~ through** filtrarse [2] (Culin) «*coffee*» hacerse*, filtrarse [3] (spread) «*news/idea*» difundirse, propagarse*; **her enthusiasm has ~d through to her team** le ha transmitido *or* contagiado su entusiasmo a su equipo

■ **percolate** *vt*: **to ~ coffee** hacer* café (*en una cafetera eléctrica*)

percolation /,pɜːrkə'leɪʃən || ,pɜːkə'leɪʃən/ *n* [u] [1] (of coffee) filtrado *m* [2] (of liquid) filtración *f* [3] (of news, ideas) difusión *f*, propagación *f*

percolator /'pɜːrkəleɪtər || 'pɜːkəleɪtə(r)/ *n* cafetera *f* eléctrica

percussion /pər'kʌʃən || pə'kʌʃən/ *n* [u] (Mus, Med) percusión *f*; **she plays ~** es percusionista; (*before n*) ‹*instrument/section*› de percusión

percussion cap *n* cápsula *f* fulminante

percussionist /pər'kʌʃənəst || pə'kʌʃənɪst/ *n* percusionista *mf*

perdition /pər'dɪʃən || pə'dɪʃən/ *n* [u] (liter) perdición *f*

peregrination /,perəgrə'neɪʃən || ,perɪgrɪ 'neɪʃən/ *n* [u c] (liter) peregrinación *f*, peregrinaje *m*

peregrine (falcon) /'perəgrən || 'perɪgrɪn/ *n* halcón *m* peregrino

peremptorily /pə'remptərəli/ *adv* ‹*order/demand*› en tono perentorio, imperiosamente

peremptory /pə'remptəri/ *adj* [1] ‹*person/manner*› autoritario, imperioso; ‹*order/tone*› perentorio, imperioso [2] (Law) perentorio; **~ plea** excepción *f* perentoria; **~ challenge** *derecho a pedir el cambio de algún miembro del jurado sin dar razones para ello*

perennial[1] /pə'reniəl/ *adj* [1] (Bot) perenne, vivaz [2] (recurring, everlasting) ‹*problem/shortage*› perenne, perpetuo, eterno; ‹*rival/topic*› eterno, de siempre; **his ~ complaint** su eterna queja, su queja de siempre

perennial[2] *n* planta *f* perenne *or* vivaz

perennially /pə'reniəli/ *adv* perennemente; **this singer seems to be ~ popular** la popularidad de este cantante parece ser perenne *or* eterna; **he's ~ coming to me with complaints** continuamente me está viniendo con quejas

perfect[1] /'pɜːrfɪkt || 'pɜːfɪkt/ *adj*
A [1] (precise, exact) ‹*circle/copy*› perfecto; **the dress was a ~ fit** el vestido le (*or* me *etc*) quedaba perfecto [2] (faultless) ‹*performance/accent*› perfecto, impecable; ‹*eyesight/teeth/complexion*› perfecto; ‹*gentleman/host/husband*› perfecto; **this watch keeps ~ time** este reloj funciona perfectamente; **he speaks ~ French** habla francés perfectamente *or* a la perfección; **I'm in ~ health** estoy perfectamente bien de salud; **in ~ condition** en perfectas condiciones; **I'm not/the world isn't ~** no soy/el mundo no es perfecto [3] (ideal) ‹*weather/day*› ideal, perfecto; ‹*example/crime/excuse*› perfecto; ‹*opportunity*› ideal; **this is the ~ tool for the job** ésta es la herramienta ideal para el trabajo; **one thirty would be ~ for me** la una y media me vendría perfecto *or* estupendamente
B (complete) (*before n*): **a ~ idiot** un perfecto idiota, un idiota redomado; **she has a ~ right to be here** tiene todo el derecho del mundo a estar aquí; **he's a ~ stranger to me** me es totalmente desconocido; **he's been a ~ darling** se ha portado divinamente
C [1] ▸❶ **p.1550** (Ling) ‹*tense*› perfecto [2] (Math) ‹*number*› perfecto [3] (Mus) ‹*interval/cadence*› perfecto

perfect[2] /pər'fekt || pə'fekt/ *vt* ‹*technique/knowledge*› perfeccionar

perfect[3] /'pɜːrfɪkt || 'pɜːfɪkt/ ▸❶ **p.1550** *n*: **the future/present ~** el futuro/pretérito perfecto; **the past ~** el pluscuamperfecto

perfectibility /pər,fektə'bɪləti || pə,fektə 'bɪləti/ *n* [u] perfectibilidad *f*

perfectible /pər'fektəbəl || pə'fektəbəl/ *adj* perfectible, perfeccionable

perfection /pər'fekʃən || pə'fekʃən/ *n* [u] [1] (state, quality) perfección *f*; **we don't expect ~** no esperamos la perfección absoluta; **to do sth to ~** hacer* algo a la perfección [2] (act) perfeccionamiento *m*

perfectionism /pər'fekʃənɪzəm || pə'fek ʃənɪzəm/ *n* perfeccionismo *m*

perfectionist /pər'fekʃənəst || pə'fekʃənɪst/ *n* perfeccionista *mf*

perfective[1] /pər'fektɪv || pə'fektɪv/ *adj* perfectivo

perfective[2] *n*: **the ~** el (aspecto) perfectivo

perfectly /'pɜːrfɪktli || 'pɜːfɪktli/ *adv*
A [1] (exactly) ‹*round/straight/smooth*› totalmente; **the two halves fit together ~** las dos mitades encajan perfectamente [2] (faultlessly) ‹*work/do*› perfectamente; **she speaks English ~** habla inglés perfectamente *or* a la perfección; **the fish is ~ cooked** el pescado está en su punto; **your arrival was ~ timed** llegaste en el momento justo; **she has ~ formed features** tiene unas facciones perfectas [3] (ideally) perfectamente; **it all worked out ~** todo salió perfectamente *or* a la perfección
B (completely, utterly) ‹*safe/ridiculous*› totalmente, absolutamente; **that's ~ obvious** eso está clarísimo, eso salta a la vista; **they are ~ suited** están hechos el uno para el otro; **a ~ chosen gift** un regalo muy acertado; **that's ~ true** tienes (*or* tiene *etc*) toda la razón; **I'm ~ well aware of that** tengo plena conciencia de eso; **she's ~ able to manage without my help** puede arreglárselas perfectamente sin mi ayuda; **it's ~ possible** es muy posible

perfect pitch *n* [u] oído *m* absoluto, oído *m* perfecto

perfidious /pər'fɪdiəs || pə'fɪdiəs/ *adj* (liter) pérfido (liter)

perfidiously /pər'fɪdiəsli || pə'fɪdiəsli/ *adv* (liter) pérfidamente (liter)

perfidiousness /pər'fɪdiəsnəs || pə'fɪdiəsnɪs/ *n* [u] (liter) perfidia *f* (liter)

perfidy /'pɜːrfədi || 'pɜːfɪdi/ *n* [u c] (*pl* **-dies**) (liter) perfidia *f* (liter)

perforate /'pɜːrfəreɪt || 'pɜːfəreɪt/ *vt* perforar

perforated /'pɜːrfəreɪtəd || 'pɜːfəreɪtɪd/ *adj* ‹*membrane/lung/ulcer*› perforado; ‹*edge*› con línea perforada de puntos

perforation /,pɜːrfə'reɪʃən || ,pɜːfə'reɪʃən/ *n* [1] [c] (hole) perforación *f*; **~s** (on sheet of stamps etc) perforado *m* [2] [u] (act) perforación *f*; (with row of holes) perforado *m*

P

perforce /pər'fɔːrs || pə'fɔːs/ *adv* (liter) ineludiblemente, forzosamente

perform /pər'fɔːrm || pə'fɔːm/ *vi*
A (Mus, Theat) ‹‹*actor/comedian*›› actuar*, trabajar; ‹‹*singer*›› cantar; ‹‹*musician*›› tocar*; ‹‹*dancer*›› bailar; **they'll be ~ing in London next month** el mes que viene se presentan (*or* actúan *etc*) en Londres
B (work, produce results) ‹‹*student/worker*›› rendir*, trabajar; ‹‹*team/athlete/vehicle*›› responder; ‹‹*company/stocks*›› rendir*; ‹‹*economy*›› marchar; **he ~ed well/badly in the local elections** obtuvo buenos/malos resultados en las elecciones locales; **the new system is ~ing as expected** el nuevo sistema está dando el resultado que se esperaba
■ **perform** *vt*
A (Mus, Theat) ‹*play*› representar, dar*; ‹*role*› interpretar, representar; ‹*aria*› interpretar, cantar; ‹*symphony*› tocar*, interpretar, ejecutar; ‹*somersault/pas de deux/trick*› ejecutar, hacer*; **she'd never ~ed Norma** nunca había interpretado *or* representado el papel de Norma
B (carry out, fulfill) ‹*function*› desempeñar, hacer*, cumplir; ‹*role*› desempeñar; ‹*task*› ejecutar, llevar a cabo; ‹*experiment*› realizar*; ‹*feat*› llevar a cabo, realizar*; ‹*ceremony*› celebrar; ‹*rites*› practicar*; **to ~ an operation** (Med) operar, practicar* una intervención quirúrgica (frml); **I'm expected to ~ miracles** esperan que haga milagros

performance /pər'fɔːrməns || pə'fɔːməns/ *n*
A [c] (Cin, Mus, Theat) **1** (session) (Theat) representación *f*, función *f*; (Cin) función *f*; (by circus, cabaret artist) número *m*, espectáculo *m*; **the band/trio will give no more ~s in Rome** el grupo/trío no volverá a presentarse en Roma; **the eight o'clock ~ is sold out** las entradas para la función de las ocho están agotadas; **in ~** (live) (actuando) en directo **2** (of symphony, song) interpretación *f*; (of play) representación *f*; **the twentieth ~ of the play** la vigésima representación de la obra; **the first ~ of the play** el estreno de la obra; **the first ~ of Hamlet by a black actor** la primera vez que un actor negro interpreta a Hamlet **3** (of actor) interpretación *f*, actuación *f*; (of pianist, tenor) interpretación *f*; (of entertainer) actuación *f*; **she won an Oscar for her ~ in the lead role** ganó un Oscar por su interpretación del papel protagónico *or* por su actuación en el papel protagónico
B [c u] (of employee) rendimiento *m*, desempeño *m* (AmL); (of student) rendimiento *m*; (of team, athlete) actuación *f*, desempeño *m*, performance *f* (AmL period); (of machine, vehicle) comportamiento *m*, performance *f* (AmL); (of company) resultados *mpl*; (of stocks) rendimiento *m*; **her ~ in the polls/oral exam was good** obtuvo buenos resultados en el sondeo/examen oral; **a high-~ engine** un motor de alto rendimiento; **we have improved our overseas ~** nuestros resultados en el extranjero han mejorado
C [u] (frml) (fulfillment — of function) ejercicio *m*, desempeño *m*; (— of task) ejecución *f*, realización *f*; **in the ~ of his duties** en el ejercicio *or* en el desempeño de sus funciones
D [c] (fuss, bother) (colloq): **it's such a ~ getting the children to bed** da tanto trabajo acostar a los niños; **what a ~!** ¡qué historia! (fam), ¡qué lata! (fam), ¡qué rollo! (Esp fam)
E [u] (Ling) actuación *f*

performance art *n* [u] performance art *m*, arte *m* de acción

performance artist *n* artista *mf* de performance

performance-enhancing /pər'fɔːrməns ɪn,hænsɪŋ || pə'fɔːmənsɪn,hɑːnsɪŋ/ *adj* anabolizante

performance-related /pər'fɔːrmənsrə ,leɪtəd || pə'fɔːmənsrɪ,leɪtɪd/ *adj* ‹*pay*› según rendimiento; ‹*bonus/incentive*› de productividad

performer /pər'fɔːrmər || pə'fɔːmə(r)/ *n* (Theat) actor, -triz *m,f*; (Cin) actor, -triz *m,f*, artista *mf*; (entertainer, artiste) artista *mf*; (of role, piece of music) intérprete *mf*; **all the ~s in the show** todas las personas que toman (*or* tomaban *etc*) parte en el espectáculo; **he is an impressive ~ in debates** siempre se luce en los debates, se desempeña admirablemente en los debates (AmL); **poor ~s who are paid too much** trabajadores (*or* ejecutivos *etc*) que rinden poco y ganan demasiado; **the new model is a lively ~** (Auto) el nuevo modelo tiene mucha garra (fam o period); **the firm has been one of this year's outstanding ~s** la compañía es de las que han obtenido mejores resultados este año

performing /pər'fɔːrmɪŋ || pə'fɔːmɪŋ/ *adj* (*before n*) **1** (Mus, Theat): **the ~ arts** las artes interpretativas; **~ artists** artistas *mpl* del espectáculo; **~ rights** derechos *mpl* de interpretación **2** ‹*seal/poodle*› amaestrado

perfume¹ /'pɜːrfjuːm || 'pɜːfjuːm/ *n* perfume *m*

perfume² /pər'fjuːm || 'pɜːfjuːm, pɜː'fjuːm/ *vt* perfumar; **~d soap** jabón *m* perfumado *or* de olor

perfumer /pər'fjuːmər || pə'fjuːmə(r)/ *n* perfumista *mf*

perfumery /pər'fjuːməri || pə'fjuːməri/ *n* (*pl* **-ries**) perfumería *f*

perfunctorily /pər'fʌŋktərəli || pə'fʌŋktrəli/ *adv* ‹*inspect*› someramente, superficialmente; ‹*mention*› de pasada, incidentalmente; ‹*greet/smile*› como por obligación, mecánicamente

perfunctory /pər'fʌŋktəri || pə'fʌŋktəri/ *adj* ‹*inspection/description*› somero, superficial; ‹*greeting*› mecánico; **he gave it a ~ glance** lo miró por encima *or* de pasada

pergola /'pɜːrgələ || 'pɜːgələ/ *n* pérgola *f*

perhaps /pər'hæps || pə'hæps/ *adv* quizá(s), tal vez; **~ they'll come later** tal vez *or* quizá(s) vengan más tarde, puede que vengan más tarde, a lo mejor vienen más tarde; **~ she didn't hear me** quizá(s) *or* tal vez *or* a lo mejor no me oyó, quizá(s) *or* tal vez *or* a lo mejor no me haya oído; **he waited for ~ half an hour** esperó, tal vez *or* quizá(s) media hora; **are you coming out tonight? — perhaps** ¿vas a salir esta noche? — quizá(s) *or* tal vez *or* a lo mejor

pericardium /,perɪ'kɑːrdiəm || ,perɪ'kɑːdiəm/ *n* (*pl* **pericardia** /,perɪ'kɑːrdiə || ,perɪ'kɑːdiə/) pericardio *m*

pericarp /'perəkɑːrp || 'perɪkɑːp/ *n* pericarpio *m*

perihelion /,perə'hiːliən || ,perɪ'hiːliən/ *n* (*pl* **-lia** /-liə/) perihelio *m*

peril /'perəl || 'perɪl/ *n* [c u] peligro *m*; **they are in great ~** corren un gran peligro; **he's in ~ of his life** su vida corre peligro; **do it at your ~** hazlo por tu cuenta y riesgo

perilous /'perələs || 'perɪləs, 'perələs/ *adj* peligroso, arriesgado; **it would be ~ for you to oppose their will** sería peligroso que te opusieras a su voluntad

perilously /'perələsli || 'perɪləsli, 'perələsli/ *adv* peligrosamente; **they were ~ close to death** corrieron serio riesgo de perder la vida; **she came ~ close to giving the game away** estuvo a punto de descubrirlo todo, por poco lo descubre todo; **their debt is at ~ high levels** su endeudamiento ha alcanzado niveles peligrosamente altos

perimeter /pə'rɪmətər || pə'rɪmɪtə(r)/ *n* **1** (Math) perímetro *m* **2** (boundary) perímetro *m*; (*before n*): **the ~ fence/wire** la valla/la alambrada que cerca el recinto

perinatal /,perɪ'neɪtl/ *adj* perinatal

perineum /,perɪ'niːəm/ *n* perineo *m*

period¹ /'pɪriəd || 'pɪəriəd/ *n*
A **1** (interval, length of time) periodo*m*, período *m*; (when specifying a time limit) plazo *m*; **a two-year ~** un período de dos años; **within a two-month ~** dentro de un plazo de dos meses; **she is away on business for long ~s** pasa mucho tiempo fuera *or* pasa largos períodos fuera en viajes de negocios; **for a ~ of five hours/12 months** por un espacio de cinco horas/período de 12 meses; **in such a short ~ (of time)** en un espacio/en un período tan corto de tiempo; **during her ~ in office** durante el tiempo *or* período en que desempeñó el cargo; **when he returned after a ~ of illness** cuando regresó tras una enfermedad *or* (AmL tb) luego de una enfermedad (frml) **2** (epoch) época *f*; **the Tudor ~** la época de los Tudor; **the holiday ~** (BrE) la época *or* temporada de vacaciones; **that ~ of my life** aquella época de mi vida; **the author accurately conveys the atmosphere of the ~** la escritora refleja fielmente el ambiente de la época *or* del período; **the postwar ~** la posguerra **3** (of artist) época *f*, período *m* **4** (Geol) período *m*
B (menstruation) período *m*, regla *f*; **to have a ~** tener* el período *or* la regla; **I missed a ~ last month** no me vino el período *or* la regla el mes pasado; (*before n*): **~ pain** (BrE) dolor *m* menstrual
C **1** (in school) hora *f* (*de clase*); **a double ~ of chemistry** (una clase de) dos horas de química **2** (Sport) tiempo *m*
D **1** (in punctuation) (AmE) punto *m*; (*as interj*) y punto, y sanseacabó (fam) **2** (sentence) período *m*
E (Astron, Math, Phys) período *m*

period² *adj* ‹*costume/furniture*› de época; **the house retains many ~ features** la casa conserva muchos detalles arquitectónicos de la época; **~ drama** *teatro ambientado en una determinada época histórica*; *see also* **period piece**

periodic /,pɪri'ɑːdɪk || ,pɪəri'ɒdɪk/ *adj*
A ‹*meetings/outbreaks*› periódico
B (Chem, Math) periódico; **~ table** tabla *f* periódica (de elementos)

periodical¹ /,pɪri'ɑːdɪkəl || ,pɪəri'ɒdɪkəl/ *n* publicación *f* periódica

periodical² *adj* ▸**periodic A**

periodically /,pɪri'ɑːdɪkli || ,pɪəri'ɒdɪkli/ *adv* periódicamente

periodicity /,pɪriə'dɪsəti || ,pɪəriə'dɪsəti/ *n* [u] periodicidad *f*

periodontal /,periə'dɑːntl || ,periə'dɒntl/ *adj* periodontal

periodontics /,periə'dɑːntɪks || ,periə'dɒntɪks/ *n* (+ *sing vb*) periodontología *f*

periodontitis /,periədɑːn'taɪtəs || ,periədɒn'taɪtɪs/ *n* [u] periodontitis *f*

period piece *n*: **the novel is of interest only as a ~ ~** la novela tiene sólo interés histórico; **his paintings are charming ~ ~s** sus cuadros son deliciosas estampas de época; **her car is a ~ ~** (hum) su coche es una pieza de museo (hum)

peripatetic /,perəpə'tetɪk || ,perɪpə'tetɪk/ *adj* **1** ‹*nurse/teacher*› que trabaja en más de un centro **2** **Peripatetic** (Phil) peripatético

peripeteia /,perəpə'tiːə, -'taɪə || ,perɪpɪ'tiːə, -'taɪə/ *n* peripecia *f*

peripheral¹ /pə'rɪfərəl/ *adj* **1** (minor, secondary) ‹*issue/event/character*› secundario; **these considerations are ~ to the debate** estas consideraciones son tangenciales al debate **2** (Comput) ‹*device/unit*› periférico **3** (Anat, Med) ‹*nerve/vision*› periférico

peripheral² *n* periférico *m*

periphery /pə'rɪfəri/ *n* (*pl* **-ries**) (frml) (of city) periferia *f*; (of society) margen *m*

periphrasis /pə'rɪfrəsəs || pə'rɪfrəsɪs/ *n* [c u] (*pl* **-rases** /-rəsiːz/) perífrasis *f*

periphrastic /,perə'fræstɪk || ,perɪ'fræstɪk/ *adj* perifrástico

periscope /'perəskəʊp || 'perɪskəʊp/ *n* periscopio *m*

perish /'perɪʃ/ *vi* **1** (die) (liter) perecer* (liter), morir*; **~ the thought!** ¡Dios nos libre! **2** (decay) ‹‹*rubber/leather*›› deteriorarse, picarse*; ‹‹*foodstuffs*›› echarse a perder, estropearse
■ **perish** *vt* ‹*rubber/leather*› deteriorar, picar*

perishable /'perɪʃəbəl/ *adj* perecedero

perishables /'perɪʃəbəlz/ *pl n* (Busn) productos *mpl* perecederos

perished /'perɪʃt/ *adj* **1** ‹*rubber/leather*› deteriorado, estropeado, picado **2** (BrE colloq) (*pred*): **to be ~ (with cold)** estar* muerto de frío (fam)

perisher /'perɪʃər || 'perɪʃə(r)/ *n* (BrE colloq & dated) tipo, -pa *m,f* (fam); (naughty child) pillo, -lla *m,f*; **you little ~!** ¡pilluelo!; **the ~ never stopped screaming** el condenado no paró de berrear (fam)

perishing /'perɪʃɪŋ/ *adj* (BrE) **1** (cold) (colloq): **it's ~!** ¡hace un frío que pela! (fam); **I'm ~** estoy

P

muerto de frío (fam); (*as adv*): **a ~ cold** un frío mortal (fam) [2] (as abuse) (colloq) condenado (fam), maldito (fam)

peristalsis /ˌperəˈstɔːlsəs || ˌperɪˈstælsɪs/ *n* [u] peristaltismo *m*, perístole *f*

peristaltic /ˌperəˈstɔːltɪk || ˌperɪˈstæltɪk/ *adj* peristáltico

peristyle /ˈperəstaɪl || ˈperɪstaɪl/ *n* peristilo *m*

peritoneum /ˌperətnˈiːəm || ˌperɪtəˈniəm/ *n* peritoneo *m*

peritonitis /ˌperətnˈaɪtəs || ˌperɪtəˈnaɪtɪs/ *n* [u] peritonitis *f*

periwig /ˈperɪwɪɡ/ *n* peluca *f*

periwinkle /ˈperɪwɪŋkəl/ *n* [1] (Zool) bígaro *m* [2] (Bot) hierba *f* doncella, vincapervinca *f*

perjure /ˈpɜːrdʒər || ˈpɜːdʒə(r)/ *v refl* (Law): **to ~ oneself** perjurar(se), cometer perjurio, jurar en falso

perjured /ˈpɜːrdʒərd || ˈpɜːdʒəd/ *adj* (Law) ‹*witness*› perjuro; **~ evidence** falso testimonio *m*

perjurer /ˈpɜːrdʒərər || ˈpɜːdʒərə(r)/ *n* perjuro, -ra *m,f*

perjury /ˈpɜːrdʒəri || ˈpɜːdʒəri/ *n* [u] perjurio *m*; **to commit ~** cometer perjurio, jurar en falso, perjurar(se)

perk[1] /pɜːrk || pɜːk/ *n* (colloq) (beneficio *m*) extra *m*; **there are no ~s with this job** en este trabajo no tienes ningún (beneficio) extra, en este trabajo cobras el sueldo pelado (fam); **one of the ~s of living/working here is that ...** una de las ventajas de vivir/trabajar aquí es que ...

perk[2] *vi* (colloq) «*coffee*» hacerse*, filtrarse

■ **perk** *vt* (colloq) ‹*coffee*› hacer* (*en una cafetera eléctrica*)

Phrasal verb

• **perk up**

[A] [v + adv] «*person*» animarse, reanimarse; «*business*» mejorar, repuntar; **she's ~ed up a bit today** hoy está un poco más animada; **if the weather ~s up** si mejora el tiempo

[B] [v + o + adv] (enliven) animar, reanimar

[C] [v + o + adv, v + adv + o] (raise sharply) (AmE) ‹*ears*› levantar, parar (AmL)

perkily /ˈpɜːrkəli || ˈpɜːkɪli/ *adv* (cheerfully) con alegría, alegremente; (jauntily) con desparpajo

perky /ˈpɜːrki || ˈpɜːki/ *adj* **-kier, -kiest** (cheerful) alegre, animado, lleno de vida; (pert) desenfadado

perm[1] /pɜːrm || pɜːm/ *n*

[A] (hairdressing) permanente *f*, permanente *m* (Méx); **to have a ~** hacerse* la *or* (Méx) un permanente

[B] (in football pools) (BrE) combinación *f*

perm[2] *vt*: **to have one's hair ~ed** hacerse* la *or* (Méx) un permanente; **I could ~ your hair** podría hacerle la *or* (Méx) un permanente

permaculture /ˈpɜːrməkʌltʃər || ˈpɜːməkʌltʃə(r)/ *n* [u] cultivo *m* sostenible

permafrost /ˈpɜːrməfrɔːst || ˈpɜːməfrɒst/ *n* [u] permafrost *m*

permanence /ˈpɜːrmənəns || ˈpɜːmənəns/ *n* [u] permanencia *f*, lo permanente

permanent[1] /ˈpɜːrmənənt || ˈpɜːmənənt/ *adj* ‹*address/job*› fijo, permanente; ‹*exhibition*› permanente; ‹*limp/bond/conflict*› permanente; ‹*damage*› irreparable; ‹*relationship*› estable; ‹*dye/ink*› indeleble; ‹*magnet*› permanente; ‹*tooth*› definitivo; **~ secretary** (in UK) secretario, -ria *m,f* permanente (*alto funcionario de un ministerio*); **~ wave** permanente *f*, permanente *m* (Méx); **she seems to have a ~ cold** parece que estuviera siempre resfriada

permanent[2] *n* (AmE) ▸ **perm**[1] **A**

permanently /ˈpɜːrmənəntli || ˈpɜːmənəntli/ *adv* ‹*work/settle*› permanentemente, de forma permanente; ‹*damaged*› irreparablemente; ‹*stained/marked/disfigured*› para siempre; **it was ~ etched on her memory** lo tenía grabado para siempre en la memoria, tenía un recuerdo indeleble de ello; **they decided to split up ~** decidieron separarse definitivamente *or* para siempre; **she looks ~ tired** siempre tiene cara de cansada, parece que estuviera siempre cansada

permanent-press /ˌpɜːrmənəntˈpres || ˌpɜːmənəntˈpres/ *adj* ‹*shirt/skirt*› inarrugable; ‹*trousers*› de raya permanente

permanganate /pərˈmæŋɡəneɪt || pəˈmæŋɡəneɪt/ *n* [u] permanganato *m*

permeability /ˌpɜːrmiəˈbɪləti || ˌpɜːmiəˈbɪləti/ *n* [u] permeabilidad *f*

permeable /ˈpɜːrmiəbəl || ˈpɜːmiəbəl/ *adj* **~ (TO sth)** permeable (A algo)

permeate /ˈpɜːrmieɪt || ˈpɜːmieɪt/ *vt* «*liquid*» calar, impregnar; «*smoke/smell*» impregnar; **this pessimism ~s his entire work** este pesimismo se evidencia *or* está presente en toda su obra

■ **permeate** *vi* **to ~ THROUGH/INTO sth** «*liquid/smell/smoke*» penetrar A TRAVÉS DE/EN algo

permissible /pərˈmɪsəbəl || pəˈmɪsəbəl/ *adj* (permitted) permisible, lícito; (acceptable) tolerable, aceptable

permission /pərˈmɪʃən || pəˈmɪʃən/ *n* [u] permiso *m*; **with/without my ~** con/sin mi permiso; **you'll need written ~** necesitas un permiso escrito; **she gave me ~** me dio (su) permiso; **you can't do it without asking (her) ~** no puedes hacerlo sin pedirle permiso; **you have my ~** te doy permiso; **~ to speak, sir?** (Mil) permiso para hablar, mi capitán (*or* mi teniente *etc*); **do I have your ~ to go ahead with the plan?** ¿me da su permiso *or* autorización para poner en marcha el plan?; **by ~ of the author** con permiso *or* autorización del autor

permissive /pərˈmɪsɪv || pəˈmɪsɪv/ *adj* ‹*parent/attitude*› permisivo, indulgente; **the ~ society** la sociedad permisiva

permissiveness /pərˈmɪsɪvnəs || pəˈmɪsɪvnɪs/ *n* [u] permisividad *f*

permit[1] /pərˈmɪt || pəˈmɪt/ **-tt-** *vt* permitir; **photography is not ~ted** no se permite tomar fotografías; **to ~ sb to + INF: I will not ~ you to insult my family like this** no te permito que insultes así a mi familia; **this will ~ us to increase production** esto nos permitirá aumentar la producción; **may I be ~ted to make a suggestion?** (frml) ¿me permiten que haga una sugerencia?

■ **permit** *vi*: **weather ~ting** si hace buen tiempo, si el tiempo no lo impide; **if time ~s** si hay tiempo

permit[2] /ˈpɜːrmɪt || ˈpɜːmɪt/ *n* permiso *m* (*por escrito*); **work/residence ~** permiso de trabajo/de residencia; **gun ~** (AmE) licencia *f* de armas; Ⓢ **permit holders only** estacionamiento *or* (Esp) aparcamiento reservado

permutate /ˈpɜːrmjuːteɪt || ˈpɜːmjuːteɪt/ *vt* permutar

permutation /ˌpɜːrmjʊˈteɪʃən || ˌpɜːmjʊˈteɪʃən/ *n* [1] [c] (arrangement) variante *f* [2] [u c] (Math) permutación *f* [3] [c] (in football pools) (BrE) combinación *f*

permute /pərˈmjuːt || pəˈmjuːt/ *vt* permutar

pernicious /pərˈnɪʃəs || pəˈnɪʃəs/ *adj* pernicioso; **~ anemia** anemia *f* perniciosa

pernickety /pərˈnɪkəti || pəˈnɪkəti/ *adj* (BrE) ▸ **persnickety 1**

peroration /ˌperəˈreɪʃən/ *n* perorata *f*

peroxide /pəˈrɑːksaɪd || pəˈrɒksaɪd/ *n* [u] peróxido *m*; **hydrogen ~** agua *f*‡ oxigenada; (*before n*): **a ~ blonde** una rubia teñida *or* oxigenada *or* (Esp fam) de bote

perpendicular[1] /ˌpɜːrpənˈdɪkjələr || ˌpɜːpənˈdɪkjʊlə(r)/ *adj* [1] (vertical) ‹*wall/surface*› perpendicular al horizonte [2] (Math) **~ TO sth** perpendicular A algo [3] **Perpendicular (style)** (Archit) gótico *m* tardío (*inglés*)

perpendicular[2] *n* perpendicular *f*; **to drop a ~** trazar* una perpendicular

perpetrate /ˈpɜːrpətreɪt || ˈpɜːpɪtreɪt/ *vt* (frml) perpetrar, cometer

perpetrator /ˈpɜːrpətreɪtər || ˈpɜːpɪtreɪtə(r)/ *n* (frml *or* hum) autor, -tora *m,f* (*de un crimen etc*)

perpetual /pərˈpetʃuəl || pəˈpetjʊəl/ *adj* ‹*problem/nuisance*› eterno, perpetuo; **she had a ~ scowl on her face** tenía el ceño fruncido permanentemente; **~ calendar** calendario *m* perpetuo; **~ motion** movimiento *m* continuo; **~ student** eterno estudiante, eterna estudiante *m,f*

perpetually /pərˈpetʃuəli || pəˈpetjʊəli/ *adv* permanentemente

perpetuate /pərˈpetʃueɪt || pəˈpetjʊeɪt/ *vt* perpetuar*

perpetuation /pərˌpetʃuˈeɪʃən || pəˌpetjʊˈeɪʃən/ *n* [u] perpetuación *f*

perpetuity /ˌpɜːrpəˈtuːəti || ˌpɜːpɪˈtjuːəti/ *n* [u] (frml) perpetuidad *f*; **in ~** (Law) a perpetuidad

perplex /pərˈpleks || pəˈpleks/ *vt* dejar perplejo, desconcertar*

perplexed /pərˈplekst || pəˈplekst/ *adj* ‹*audience*› perplejo; ‹*frown*› de perplejidad

perplexing /pərˈpleksɪŋ || pəˈpleksɪŋ/ *adj* desconcertante

perplexity /pərˈpleksəti || pəˈpleksəti/ *n* [u] perplejidad *f*

perquisite /ˈpɜːrkwəzət || ˈpɜːkwɪzɪt/ *n* (frml) (beneficio *m*) extra *m*, incentivo *m*

perry /ˈperi/ *n* [u] sidra *f* de peras

per se /ˌpɜːrˈseɪ || ˌpɜːˈseɪ/ *adv* en sí, per se

persecute /ˈpɜːrsɪkjuːt || ˈpɜːsɪkjuːt/ *vt* [1] (victimize) perseguir* [2] (pester, tease) molestar, incordiar (Esp fam)

persecution /ˌpɜːrsɪˈkjuːʃən || ˌpɜːsɪˈkjuːʃən/ *n* [u c] persecución *f*; (*before n*): **~ complex** manía *f* persecutoria *or* de persecución

persecutor /ˈpɜːrsɪkjuːtər || ˈpɜːsɪkjuːtə(r)/ *n* perseguidor, -dora *m,f*

Perseus /ˈpɜːrsiəs || ˈpɜːsiəs/ *n* Perseo

perseverance /ˌpɜːrsəˈvɪrəns || ˌpɜːsɪˈvɪərəns/ *n* [u] perseverancia *f*

persevere /ˌpɜːrsəˈvɪr || ˌpɜːsɪˈvɪə(r)/ *vi* perseverar; **I ~d, and it finally worked** seguí insistiendo y al final funcionó; **she ~d in her attempts/with her piano lessons** perseveró en su intento/con las clases de piano

persevering /ˌpɜːrsəˈvɪrɪŋ || ˌpɜːsɪˈvɪərɪŋ/ *adj* ‹*person/attitude*› perseverante, tenaz

Persia /ˈpɜːrʒə || ˈpɜːʃə/ *n* Persia *f*

Persian[1] /ˈpɜːrʒən || ˈpɜːʃən/ *adj* persa; **the ~ Gulf** el Golfo Pérsico; **a ~ carpet** una alfombra persa; **~ lamb** caracul *m*

Persian[2] *n*

[A] [1] [u] (language) persa *m* [2] [c] (person) persa *mf*

[B] [c] **~ (cat)** gato *m* persa

persiflage /ˈpɜːrsɪflɑːʒ || ˈpɜːsɪflɑːʒ/ *n* [u] (liter) chanzas *fpl*

persimmon /pərˈsɪmən || pɜːˈsɪmən/ *n* caqui *m*

persist /pərˈsɪst || pəˈsɪst/ *vi* [1] «*person*» (continue doggedly) **to ~ IN sth/-ING: they ~ed in the belief** *o* **in believing that ...** persistieron en la creencia de que ...; **the reporter ~ed in asking awkward questions** el reportero insistió en hacer preguntas embarazosas; **he will ~ in calling me 'darling'** insiste *or* se empeña en llamarme 'cariño' [2] «*belief/rumor/doubts*» persistir; **if the pain ~s, see your doctor** si persiste el dolor, consulte a su médico; **if the rain ~s ...** si continúa *or* sigue lloviendo ...

persistence /pərˈsɪstəns || pəˈsɪstəns/ *n* [u] [1] (tenacity) perseverancia *f*, tenacidad *f* [2] (continued existence) persistencia *f*

persistent /pərˈsɪstənt || pəˈsɪstənt/ *adj* [1] (unceasing) ‹*demands/warnings*› continuo, constante, repetido; ‹*cough/virus/fog*› persistente; ‹*rain*› continua, persistente [2] (undaunted) ‹*salesman/suitor*› insistente, persistente; **he's very ~** es muy persistente; **~ offender** reincidente *mf*

persistently /pərˈsɪstəntli || pəˈsɪstəntli/ *adv*: **he is ~ late** llega tarde continuamente; **he ~ denied it** persistió en su negativa, lo negó una y otra vez

persistent vegetative state *n* [u] estado *m* vegetativo persistente

persnickety /pərˈsnɪkəti || pəˈsnɪkəti/ *adj* (AmE) [1] (fussy) puntilloso, chinche (fam), mañoso (AmL fam); **you'd better get it right, he's very ~** procura no equivocarte, es muy puntilloso *or* detallista *or* (fam) chinche; **she's very ~ about her food** es muy exigente *or* (fam) chinche *or* (AmL tb fam) mañosa con la comida **2** (delicate, awkward) ‹*task*› que requiere minuciosidad

person /ˈpɜːrsn || ˈpɜːsn/ *n* (*pl* **people**)
A persona *f*; **he's/she's a charming ~** es una persona encantadora; **she's a mean ~** es una tacaña; **Sue's the ~ to ask** a quien hay que preguntarle es a Sue; **who is this Davies ~?** ¿quién es el tal Davies?; **per ~** por persona; **help arrived in the ~ of his father** su padre llegó en el momento más oportuno; *see also* **people¹ A2**
B (*pl* **persons**) **1** (individual) (frml) persona *f*; **~ or ~s unknown** (Law) persona o personas no identificadas; **juristic** *o* **artificial ~** (Law) persona jurídica; **the three ~s of the Holy Trinity** las tres personas de la Santísima Trinidad **2** (body) persona *f*; **to have a weapon on** *o* **about one's ~** (BrE frml) ser* portador de arma; **offenses against the ~** delitos *mpl* contra la persona; **in ~** en persona
C (Ling) (*pl* **persons**) persona *f*; **second ~ plural** segunda persona del plural; **in the first ~** en primera persona

persona /pərˈsəʊnə || pɜːˈsəʊnə/ *n* (*pl* **personas**) **1** (image) imagen *f* **2** (*pl* **personae** /-niː/) (character) personaje *m*

personable /ˈpɜːrsnəbəl || ˈpɜːsnəbəl/ *adj* agradable, afable

personage /ˈpɜːrsnɪdʒ || ˈpɜːsənɪdʒ/ *n* (frml) personaje *m*

personal¹ /ˈpɜːrsnəl || ˈpɜːsənl/ *adj*
A **1** (own) ‹*property*› privado; ‹*experience/preference*› personal; **she has a ~ helicopter** tiene helicóptero particular **2** (private) personal; **a letter marked '~'** una carta marcada 'personal'; **this is a ~ matter** éste es un asunto privado *or* personal; **he has retired for ~ reasons** se ha jubilado por razones personales; **no ~ calls are allowed** no se permite hacer llamadas particulares; **don't ask ~ questions** no hagas preguntas indiscretas; **he suffered a ~ tragedy** le ocurrió una desgracia en su vida privada; **~ effects** (frml) efectos *mpl* personales **3** (individual) ‹*account/loan*› personal; **a ~ touch** un toque personal; **she recorded a ~ best** (Sport) logró mejorar su marca; **she did it at great ~ risk** lo hizo con gran peligro para su persona; **~ identification number** número *m* de identificación personal, PIN *m*; **~ income** ingresos *mpl* personales; **~ income tax** impuesto *m* sobre la renta de las personas físicas
B **1** (in person) ‹*appearance/plea*› en persona **2** (physical) ‹*freshness/hygiene*› íntimo; ‹*appearance*› personal; **~ cleanliness** aseo *m* personal **3** (directed against individual): **~ abuse** personalismos *mpl*, insultos *mpl* (personales); **let's not get ~** no llevemos las cosas al plano personal; **it's nothing ~, but ...** no tengo nada contra ti (*or* ella *etc*), pero ...

personal² *n* (AmE) anuncio *m* personal

personal accident insurance *n* [u] seguro *m* personal de accidentes

personal ad *n* (colloq) anuncio *m* personal, aviso *m* personal (AmL)

personal assistant *n* (Busn) secretario, -ria *m,f* personal

personal chair *n* cátedra *f* honorífica

personal column *n* **1** (for contacts) sección *f* de anuncios personales **2** (for births, deaths, marriages) (BrE) sociales (y necrológicas)

personal computer *n* computadora *f* *or* (Esp tb) ordenador *m* personal

personal damages *pl n* indemnización *f* por daños personales

personal digital assistant *n* ayudante *m* digital personal

personal equity plan *n* (in UK) plan *m* (personal) de ahorro en acciones

personal injury *n* [u] daños *mpl* corporales

personality /ˌpɜːrsnˈæləti || ˌpɜːsəˈnæləti/ *n* (*pl* **-ties**)
A **1** [c] (nature, disposition) personalidad *f*; **split ~** personalidad múltiple; (*before n*): **~ clash** incompatibilidad *f* de caracteres; **~ test** test *m* de personalidad **2** [u] (personal appeal) personalidad *f*; **he's got a lot of ~** tiene mucha personalidad
B [c] **1** (public figure) personalidad *f*, figura *f*; (*before n*): **~ cult** culto *m* a la personalidad **2** **personalities** *pl* (personal abuse) personalismos *mpl*; **to descend to personalities** caer* en personalismos

personality disorder *n* trastorno *m* de personalidad

personalize /ˈpɜːrsnəlaɪz || ˈpɜːsnəlaɪz/ *vt* personalizar*, individualizar*; **~d stationery** papel *m* de carta con membrete; **~d service** servicio *m* personalizado

personally /ˈpɜːrsnəli || ˈpɜːsnəli/ *adv*
A **1** ‹*responsible/liable*› personalmente; **she wrote to me ~** me escribió personalmente *or* ella misma; **he feels ~ insulted** lo toma como un insulto personal; **I don't mean you ~** no me refiero a ti personalmente; ***to take sth ~*** ofenderse **2** (in person) personalmente; **do you know him ~?** ¿lo conoces personalmente?
B (*indep*) **1** (for my part) personalmente; **~, I can't stand him** yo, personalmente, no lo aguanto **2** (as a person) como persona

personal organizer *n* agenda *f* de uso múltiple, Filofax® *m*

personal pension plan *n* (in UK) plan *m* de personal de pensiones

personal secretary *n* secretario, -ria *m,f* personal

personal security *n* seguridad *f* personal; (*before n*): **~ ~ device** dispositivo *m* de seguridad personal; **~ ~ product** producto *m* de seguridad personal

personal shopper *n* **1** (representative, adviser) comprador, -dora *m,f* personal, auxiliar *mf* de compras **2** (purchaser in person) comprador, -dora *m,f* en persona

personal stereo *n* walkman® *m*

persona non grata /ˌnɑːnˈgrɑːtə || ˌnəʊn ˈgrɑːtə/ *n* (*pl* **personae non gratae** /pər ˈsəʊniːˌnɑːnˈgrɑːtiː || pəˈsəʊniːˌnɒnˈgrɑːtiː/) persona *f* non grata

personification /pərˌsɑːnəfəˈkeɪʃən || pə ˌsɒnɪfɪˈkeɪʃən/ *n* [u c] personificación *f*; **she's the ~ of generosity** es la generosidad personificada *or* en persona, es la personificación de la generosidad

personify /pərˈsɑːnəfaɪ || pəˈsɒnɪfaɪ/ *vt* **-fies, -fying, -fied** **1** (epitomize) personificar*; **she's kindness personified** es la bondad personificada *or* en persona, es la personificación de la bondad **2** (represent as person) personificar*

personnel /ˌpɜːrsnˈel || ˌpɜːsəˈnel/ *n* **1** (staff) (+ *pl vb*) personal *m*; (*before n*): **~ file** archivo *m* del personal; **~ management** administración *f* *or* gestión *f* de personal; **~ manager** jefe, -fa *m,f* de personal; **~ record** historial *m* del personal **2** **Personnel** (department) (+ *sing vb*) ((*no art*)) sección *f* de personal **3** (field) (+ *sing vb*) ((*no art*)) administración *f* *or* gestión *f* de personal

personnel carrier *n* vehículo *m* blindado (*para el transporte de tropas*)

person-to-person /ˈpɜːrsntəˈpɜːrsn || ˌpɜː səntəˈpɜːsən/ *adj* (Telec): **~ call** llamada *f* de persona a persona

person to person *adv* **1** (personally) ‹*talk/discuss*› personalmente **2** (Telec): **to call sb ~ ~ ~** llamar a algn de persona a persona

perspective /pərˈspektɪv || pəˈspektɪv/ *n* **1** [u] (Art) perspectiva *f*; **it's out of/in ~** no está/está en perspectiva; (*before n*): **~ drawing** dibujo *m* en perspectiva **2** [u c] (angle, view) perspectiva *f*; **from a historical ~** con una perspectiva histórica; **I'm going away for a while to get things into ~** me voy a ir por un tiempo para poder ver las cosas objetivamente; **you have to keep things in ~** no tienes que perder de vista la verdadera dimensión de las cosas; **that puts a different ~ on things** eso cambia el cariz de las cosas; **I tried to get a fresh/broader ~ on the issue** intenté enfocar el problema de una forma nueva/más amplia

Perspex® /ˈpɜːrspeks || ˈpɜːspeks/ *n* [u] (BrE) acrílico *m*, Plexiglas® *m* (Esp)

perspicacious /ˌpɜːrspəˈkeɪʃəs || ˌpɜːspɪ ˈkeɪʃəs/ *adj* (frml) perspicaz

perspicacity /ˌpɜːrspəˈkæsəti || ˌpɜːspɪ ˈkæsəti/ *n* [u] (frml) perspicacia *f*

perspicuity /ˌpɜːrspəˈkjuːəti || ˌpɜːspɪˈkjuːəti/ *n* [u] (frml) perspicuidad *f* (frml)

perspicuous /pərˈspɪkjuəs || pəˈspɪkjʊəs/ *adj* (frml) perspicuo (frml)

perspiration /ˌpɜːrspəˈreɪʃən || ˌpɜːspɪˈreɪʃən/ *n* [u] **1** (sweat) transpiración *f*, sudor *m*; **I wiped the ~ from my brow** me sequé el sudor de la frente **2** (process) transpiración *f*

perspire /pərˈspaɪr || pəˈspaɪə(r)/ *vi* transpirar

persuade /pərˈsweɪd || pəˈsweɪd/ *vt* ‹*person*› convencer*, persuadir; **she didn't need much persuading** no hubo que insistirle; **he's easily ~d** se deja convencer fácilmente; **to ~ sb to + INF: he tried to ~ her to cut costs** trató de convencerla de que había que reducir los costos; **they ~d him to give himself up** lo convencieron de que se entregara, lo persuadieron de *or* para que se entregara; **nothing would ~ her to change her mind** nada la haría cambiar de opinión; **to ~ sb THAT** convencer* a algn DE QUE; **I ~d myself that nothing was wrong** me autoconvencí de que todo iba bien; **to be ~d OF sth/THAT** (frml) estar* convencido DE algo/DE QUE

persuasion /pərˈsweɪʒən || pəˈsweɪʒən/ *n* **1** [u] (act) persuasión *f*; **I didn't need much ~ to take a vacation** no hubo que insistirme para que me tomara unas vacaciones; **use any means of ~ to get them to agree** persuádalos como sea para que acepten; **they used a little friendly ~ on him** (iro) le aplicaron sus sutiles métodos de persuasión (iró) **2** [c] (belief) (frml): **people of all ~s** (Relig) gente de todas las creencias; **and others of that/her ~** y otros que opinan así/como ella

persuasive /pərˈsweɪsɪv || pəˈsweɪsɪv/ *adj* ‹*person/manner*› persuasivo; ‹*argument*› convincente

persuasively /pərˈsweɪsɪvli || pəˈsweɪsɪvli/ *adv* persuasivamente

persuasiveness /pərˈsweɪsɪvnəs || pə ˈsweɪsɪvnɪs/ *n* [u] persuasión *f*

pert /pɜːrt || pɜːt/ *adj* ‹*hat/dress*› coqueto; ‹*reply*› descarado; **her ~ little nose** su naricilla respingona *or* (AmL tb) respingada; **a ~ little miss** una jovencita pizpireta

PERT /pɜːrt || pɜːt/ *n* = **project evaluation and review technique**

pertain /pɜːrˈteɪn || pɜːˈteɪn/ *vi* (frml) **to ~ TO sth** **1** (belong to) pertenecer* A algo; **the assets which ~ to the business** los bienes que pertenecen al negocio **2** (have to do with) concernir A algo

pertinacious /ˌpɜːrtnˈeɪʃəs || ˌpɜːtɪˈneɪʃəs/ *adj* (frml) pertinaz (frml)

pertinacity /ˌpɜːrtnˈæsəti || ˌpɜːtɪˈnæsəti/ *n* [u] (frml) pertinacia *f* (frml)

pertinence /ˈpɜːrtnəns || ˈpɜːtɪnəns/ *n* [u] (frml) pertinencia *f*

pertinent /ˈpɜːrtnənt || ˈpɜːtɪnənt/ *adj* (frml) pertinente; **to be ~ TO sth** guardar relación CON algo; **your remarks are not ~ to the matter in hand** sus observaciones no guardan relación con lo que estamos tratando, sus observaciones no vienen al caso

pertly /ˈpɜːrtli || ˈpɜːtli/ *adv* ‹*reply*› con descaro; ‹*smile*› con coquetería, pícaramente

perturb /pərˈtɜːrb || pəˈtɜːb/ *vt* (*usu pass*) perturbar

perturbing /pərˈtɜːrbɪŋ || pəˈtɜːbɪŋ/ *adj* perturbador

Peru /pəˈruː/ *n* (el) Perú

perusal /pəˈruːzəl/ *n* [u c] (frml) examen *m*; **careful ~ of the deeds revealed ...** un detenido examen *or* una detenida lectura de la escritura reveló ...; **I enclose the document for your ~** le adjunto el documento para que lo examine

peruse /pəˈruːz/ *vt* **1** (read through) (frml or hum) leer* detenidamente **2** (examine, study) (frml) examinar

Peruvian[1] /pə'ru:viən/ *adj* peruano

Peruvian[2] *n* peruano, -na *m,f*

perv /pɜ:rv || pɜ:v/ *n* (colloq) pervertido, -da *m,f*

pervade /pər'veɪd || pə'veɪd/ *vt* «*idea/mood*» dominar; «*smell*» llenar, haber* invadido; **images of death ~ his writing** las imágenes de la muerte son una constante en su obra; **her presence ~d his thoughts** su presencia dominaba sus pensamientos; **the scent of the flowers ~d the room** el aroma de las flores había invadido la habitación

pervasive /pər'veɪsɪv || pə'veɪsɪv/ *adj* ‹*smell*› penetrante, que todo lo invade; ‹*idea/mood*› dominante; **the ~ influence of Western culture** la influencia omnipresente de la cultura occidental

pervasiveness /pər'veɪsɪvnəs || pə'veɪsɪvnɪs/ *n* [u] onmipresencia *f*

perverse /pər'vɜ:rs || pə'vɜ:s/ *adj* (stubborn) obstinado, terco; (wayward, contrary) retorcido, avieso (liter); **she takes a ~ delight in upsetting me** siente un placer malsano dándome disgustos

perversely /pər'vɜ:rsli || pə'vɜ:sli/ *adv* con obstinación, porfiadamente, contra toda lógica

perversion /pər'vɜ:rʒən || pə'vɜ:ʃən/ *n* [c u] 1 (distortion): **~s of the truth** distorsiones *fpl* or tergiversaciones *fpl* de la verdad; **a ~ of justice** una deformación de la justicia 2 (Psych) perversión *f*

perversity /pər'vɜ:rsəti || pə'vɜ:səti/ *n* [u c] (*pl* **-ties**) obstinación *f* malsana

pervert[1] /pər'vɜ:rt || pə'vɜ:t/ *vt* 1 (corrupt) pervertir* 2 (misdirect) distorsionar

pervert[2] /'pɜ:rvɜ:rt || 'pɜ:vɜ:t/ *n* pervertido, -da *m,f*

perverted /pər'vɜ:rtəd || pə'vɜ:tɪd/ *adj* ‹*person/practice*› pervertido

perverter /pər'vɜ:rtər || pə'vɜ:tə(r)/ *n* 1 (of persons) pervertidor, -dora *m,f* 2 (of justice) prevaricador, -dora *m,f*

Pesach /'peɪsɑ:k || 'peɪsɑ:x/ *n* ▸**Passover**

peseta /pə'seɪtə/ *n* peseta *f*

pesky /'peski/ *adj* **-kier, -kiest** (AmE colloq) latoso (fam), molesto

peso /'peɪsəʊ/ *n* (*pl* **~s**) peso *m*

pessary /'pesəri/ *n* (*pl* **-ries**) (suppository) óvulo *m*, supositorio *m* vaginal, pesario *m*; (device) pesario *m*

pessimism /'pesəmɪzəm || 'pesɪmɪzəm/ *n* [u] pesimismo *m*

pessimist /'pesəməst || 'pesɪmɪst/ *n* pesimista *mf*

pessimistic /,pesə'mɪstɪk || ,pesɪ'mɪstɪk/ *adj* pesimista; **to be ~ ABOUT sth** ser* pesimista CON RESPECTO A algo

pessimistically /,pesə'mɪstɪkli || ,pesɪ'mɪstɪkli/ *adv* de forma pesimista

pest /pest/ *n* 1 (Agr, Hort) plaga *f*; (*before n*): **~ control** (of insects) lucha *f* contra los insectos; (of rats) desratización *f* 2 (person, thing) (colloq) peste *f* (fam)

pester /'pestər || 'pestə(r)/ *vt* molestar; **stop ~ing me!** ¡no me molestes más!, ¡deja ya de dar la lata! (fam); **is this man ~ing you?** ¿la está molestando este señor?; **he ~s me with questions** me acosa con preguntas; **to ~ sb FOR sth/to + INF: he keeps ~ing me for an ice-cream** no hace más que darme la lata para que le compre un helado (fam); **I hate having to ~ you to do it** no me gusta nada tener que estarte encima para que lo hagas

pesticide /'pestəsaɪd || 'pestɪsaɪd/ *n* [u c] pesticida *m*

pestiferous /pes'tɪfərəs/ *adj* (liter) pestilente

pestilence /'pestələns || 'pestɪləns/ *n* [c u] (liter) pestilencia *f*

pestilential /,pestə'lentʃəl || ,pestɪ'lenʃəl/ *adj* 1 (troublesome) (hum) pesado, cargante 2 (deadly) (liter) mortal

pestle /'pesəl/ *n* mano *f* de mortero

pesto sauce /'pestəʊ/ *n* [u] pesto *m*

pet[1] /pet/ *n*

A 1 (animal) animal *m* doméstico or de compañía, mascota *f*; **have you got any ~s?** ¿tienen animales en casa?, ¿tienen mascotas?; (*before n*): **~ food** comida *f* para animales; **~ owner** propietario, ria *m,f* de animal doméstico; **~ store** o (BrE) **shop** tienda *f* de animales domésticos 2 (favorite): **he's teacher's ~** es el niño mimado de la maestra 3 (term of endearment) (colloq) cielo (fam)

B (temper) (colloq): **to get into a ~** enfurruñarse

pet[2] *adj* (*before n*) 1 (kept as pet): **her ~ lamb** el corderito que tiene en casa or que tiene de mascota 2 (favorite) ‹*subject/theory*› favorito, preferido; **history is my ~ hate** le tengo manía a la historia, lo que más odio es la historia

pet[3] **-tt-** *vt* ‹*animal*› acariciar, mimar

■ **pet** *vi* acariciarse, tocarse*, manosearse (pey)

PET *n* (= **positron-emission tomography**) TEP *f*

petal /'petl/ *n* pétalo *m*

petard /pə'tɑ:rd || pɪ'tɑ:d/ *n*: ***to be hoist with one's own ~***: **he was hoist with his own ~** le salió el tiro por la culata

Pete /pi:t/ *n*: ***for ~'s sake!*** (colloq) ¡por (el amor de) Dios!

peter out /'pi:tər || 'pi:tə(r)/ [v + adv] «*enthusiasm*» decaer*, irse* apagando; «*supplies*» irse* agotando; «*engine*» parar, quedarse (AmL fam); «*conversation*» apagarse*; **the road ~ed ~ in the dunes** el camino se perdía entre las dunas; **we let our correspondence ~ ~** poco a poco dejamos de escribirnos

Peter Pan /,pi:tər'pæn || ,pi:tə'pæn/ *n* Peter Pan; **he's a real ~ ~** no quiere crecer

pethidine /'peθədɪn || 'peθɪdɪn/ *n* [u] petidina *f*

petit bourgeois[1] /'peti/ *n* (*pl* **~s ~**) pequeño burgués, pequeña burguesa *m,f*

petit bourgeois[2] *adj* pequeño burgués

petite /pə'ti:t/ *adj* ‹*woman*› chiquita, menuda; ‹*size*› para mujeres menudas

petit four /,peti'fɔ:r || ,peti'fɔ:(r)/ *n* (*pl* **~s ~s**) petit-four *m*, pastelillo *m*

petition[1] /pə'tɪʃən/ *n* 1 (written document) petición *f*; **to sign a ~** firmar una petición 2 (Law) demanda *f*; **a ~ for divorce, a divorce ~** una demanda de divorcio; **to file** o **lodge a ~** presentar una demanda 3 (prayer, entreaty) (frml) ruego *m*, súplica *f*

petition[2] *vt* (frml) elevar una petición a (frml), peticionar (AmL)

■ **petition** *vi* **to ~ FOR sth** elevar una petición solicitando algo (frml); **to ~ for divorce** (BrE) presentar una demanda de divorcio

petitioner /pə'tɪʃənər || pə'tɪʃənə(r)/ *n* 1 (frml) peticionario, -ria *m,f* (frml) 2 (Law) demandante *mf*

petit jury /'peti/ *n* (*pl* **-ries**) (in US) jurado *m* de juicio (*jurado que declara la culpabilidad o inocencia de una persona*)

petit point /'peti,pɔɪnt/ *n* [u] petit-point *m*

petits pois /,peti'pwɑ:/ *pl n* petits pois *mpl* or (Esp) guisantes *mpl* finos or (Méx) chícharos *mpl* (pequeños) or (AmS) arvejitas *fpl*

pet name *n* apodo *m*, sobrenombre *m*

Petrarch /'pi:trɑ:rk || 'petrɑ:k/ *n* Petrarca

petrel /'petrəl/ *n* petrel *m*

petrifaction /,petrə'fækʃən || ,petrɪ'fækʃən/ *n* [u] 1 (Geol) petrificación *f* 2 (terror) terror *m*

petrified /'petrəfaɪd || 'petrɪfaɪd/ *adj* 1 (terrified) muerto de miedo 2 (Geol) petrificado

petrify /'petrəfaɪ || 'petrɪfaɪ/ **-fies, -fying, -fied** *vt* 1 (terrify) aterrorizar* 2 (Geol) petrificar*

■ **petrify** *vi* (Geol) petrificarse*

petrifying /'petrəfaɪɪŋ || 'petrɪfaɪɪŋ/ *adj* aterrorizante

petrochemical /,petrəʊ'kemɪkəl/ *n* producto *m* petroquímico; (*before n*) ‹*industry/plant*› petroquímico

petrochemistry /,petrəʊ'keməstri || ,petrəʊ'kemɪstri/ *n* [u] petroquímica *f*

petrodollar /'petrəʊ,dɑ:lər || 'petrəʊ,dɒlə(r)/ *n* petrodólar *m*

petrol /'petrəl/ *n* [u] (BrE) gasolina *f*, bencina *f* (Andes), nafta *f* (RPl); (*before n*): **~ pump** surtidor *m*; **~ bomb** coctel *m* or (CS, Esp) cóctel *m* molotov; **~ (filler) cap** tapa *f* del depósito or tanque de gasolina; **~ engine** motor *m* de gasolina; **~ station** estación *f* de servicio, gasolinera *f*, bomba *f* (Andes, Ven), estación *f* de nafta (RPl), bencinera *f* (Andes), grifo *m* (Per); **~ tank** depósito *m* or tanque *m* de gasolina; **~ tanker** (BrE) camión *m* cisterna

petroleum /pə'trəʊliəm/ *n* [u] petróleo *m*; (*before n*) ‹*derivatives*› del petróleo; **~ jelly** vaselina *f*

petrology /pe'trɑ:lədʒi || pə'trɒlədʒi/ *n* [u] petrología *f*

petticoat /'petikəʊt/ *n* 1 (underskirt) enagua *f* or (Méx) fondo *m*; (*before n*): **~ government** (pej) gobierno *m* dominado por mujeres 2 (slip) (BrE) combinación *f*, viso *m*

pettifogging /'peti,fɔ:gɪŋ || 'peti,fɒgɪŋ/ *adj* ‹*lawyer*› pedante, puntilloso; ‹*paper work*› farragoso, latoso (fam); **~ details** detalles *mpl* insignificantes, nimiedades *fpl*

pettiness /'petinəs || 'petinɪs/ *n* [u] 1 (triviality) nimiedad *f*, pequeñez *f* 2 (smallmindedness) mezquindad *f*, pequeñez *f* de espíritu

petting /'petɪŋ/ *n* [u] caricias *fpl*, manoseo *m* (pey)

petty /'peti/ *adj* **-tier, -tiest** 1 (unimportant) ‹*details*› insignificante, nimio; **~ crime** delito *m* menor, falta *f*; **~ thief** ladronzuelo, -la *m,f*; **I will not be ordered about by some ~ clerk** no voy a dejar que me dé órdenes cualquier empleaducho de mala muerte 2 (small-minded) ‹*attitude*› mezquino; **come on, let's not be ~ about it** ¡no vamos a discutir por una nimiedad!; **it was rather ~ of you not to shake hands with her** no fue muy magnánimo de tu parte no querer darle la mano

petty cash *n* [u] caja *f* chica, dinero *m* para gastos menores; (*before n*): **~ ~ book** libro *m* de caja chica or de gastos menores

petty officer *n* suboficial *mf* de marina

petty sessions *n* (in UK) (Hist) *tribunal para delitos de poca importancia*

petty theft *n* hurto *m* menor

petulance /'petʃələns || 'petjʊləns/ *n* [u] mal genio *m*

petulant /'petʃələnt || 'petjʊlənt/ *adj* ‹*person*› de mal genio, irascible (frml); ‹*frown*› de niño caprichoso; **he became ~ because he couldn't get his way** se enfurruñó porque no se pudo salir con la suya

petulantly /'petʃələntli || 'petjʊləntli/ *adv*: **I'm not coming, he snapped ~** —yo no voy —dijo enfurruñado

petunia /pɪ'tu:njə || pɪ'tju:niə/ *n* petunia *f*

pew /pju:/ *n* banco *m* (*de iglesia*); **take a ~!** (BrE colloq & hum) ¡toma asiento!

pewter /'pju:tər || 'pju:tə(r)/ *n* [u] peltre *m*

peyote /peɪ'əʊti/ *n* peyote *m*

PFI *n* (BrE) = **Private Finance Initiative**

PG (= **parental guidance**) menores acompañados

PG-13 (in US) mayores de 13 años o menores acompañados

PGA *n* = **Professional Golfers' Association**

PGCE *n* (in UK) = **Postgraduate Certificate of Education**

pH *n* pH *m*; **it has a ~ of 7** tiene el pH 7

phagocyte /'fægəsaɪt/ *n* fagocito *m*

phalanx /'feɪlæŋks || 'fælæŋks/ *n* (*pl* **-anxes**)

A (Hist, Mil) falange *f*

B (*pl* **-anges** /-ændʒi:z/) (Anat) falange *f*

phallic /'fælɪk/ *adj* fálico; **~ symbol** símbolo *m* fálico

phallus /'fæləs/ *n* (*pl* **-luses** or **-li** /-laɪ/) falo *m*

phantasmagoria /fæn,tæzmə'gɔ:riə/ *n* fantasmagoría *f*

phantasmagoric /fæn,tæzmə'gɔ:rɪk || ,fæntæzmə'gɒrɪk/, **-ical** /-ɪkəl/ *adj* fantasmagórico

phantasy /'fæntəsi/ *n* ▸**fantasy**

phantom[1] /'fæntəm/ *n* (liter) **1** (ghost) fantasma *m* **2** (unreal thing): **a ~ of the mind** una fantasía

phantom[2] *adj* **1** (ghostly) (liter) (*before n*) ‹*shape*› fantasmal; ‹*horseman*› fantasma *adj inv* **2** (imaginary) ilusorio, imaginario; **~ (limb) pain** (Med) dolor *m* fantasma; **~ pregnancy** embarazo *m* psicológico *or* fantasma

Pharaoh /'ferəʊ || 'feərəʊ/ *n* faraón *m*

Pharisee /'færəsi:/ *n* **1** (Hist) fariseo *m* **2** (hypocritical person) fariseo, -sea *m,f*

pharm /fɑ:rm || fɑ:m/ *n* (colloq) *centro de cultivo y cría de transgénicos destinados a la fabricación de productos farmacéuticos*

pharma /'fɑ:rmə || 'fɑ:mə/ *n* (Pharm) **1** [u] (industry) industria *f* farmacéutica; **big ~** la gran industria farmacéutica **2** [c] (company) compañía *f* farmacéutica

pharmaceutical[1] /,fɑ:rmə'su:tɪkəl || ,fɑ:mə'sju:tɪkəl/ *adj* farmacéutico

pharmaceutical[2] *n* fármaco *m*, producto *m* farmacéutico

pharmacist /'fɑ:rməsəst || 'fɑ:məsɪst/ *n* farmacéutico, -ca *m,f*, farmaceuta *mf* (Col, Ven)

pharmacological /,fɑ:rməkə'lɑ:dʒɪkəl || ,fɑ:məkə'lɒdʒɪkəl/ *adj* farmacológico

pharmacologist /,fɑ:rmə'kɑ:lədʒəst || ,fɑ:mə'kɒlədʒɪst/ *n* farmacólogo, -ga *m,f*

pharmacology /,fɑ:rmə'kɑ:lədʒi || ,fɑ:mə'kɒlədʒi/ *n* [u] farmacología *f*

pharmacopeia, (BrE also) **pharmacopoeia** /,fɑ:rməkə'pi:ə || ,fɑ:məkə'pi:ə/ *n* farmacopea *f*

pharmacy /'fɑ:rməsi || 'fɑ:məsi/ *n* (*pl* **-cies**) **1** [u] (discipline) química *f* farmacéutica, farmacia *f* **2** [c] (dispensary) farmacia *f*

pharm animal *n* (colloq) animal *m* clónico transgénico

pharyngal /fə'rɪŋgəl/, **pharyngeal** /,færən'dʒi:əl/ *adj* faríngeo

pharynges /fə'rɪndʒi:z/ *pl of* **pharynx**

pharyngitis /,færən'dʒaɪtəs || ,færɪn'dʒaɪtɪs/ *n* [u] faringitis *f*

pharynx /'færɪŋks/ *n* (*pl* **-rynxes** *or* **-rynges**) faringe *f*

phase[1] /feɪz/ *n*

A **1** (stage) fase *f*, etapa *f*; (of an illness) fase *f*; (of insect development) fase *f*; **the ~s of the moon** las fases de la luna; **it's just a ~ you're going through** ya se te pasará **2** (state) fase *f*

B (synchronization): **to be out of/in ~** estar* desfasado/sincronizado

phase[2] *vt* **1** (do in stages) ‹*construction/development*› escalonar, realizar* por etapas **2** (coordinate) sincronizar* **3** **phased** *past p* ‹*withdrawal/increase*› progresivo, gradual; ‹*traffic signals*› sincronizado

Phrasal verbs

- **phase down** [v + o + adv, v + adv + o] (reduce) ‹*production*› reducir* paulatinamente; ‹*spending*› reducir* *or* recortar *or* disminuir* paulatinamente
- **phase in** [v + o + adv, v + adv + o] ‹*changes/new system*› introducir* paulatinamente
- **phase out** [v + o + adv, v + adv + o] ‹*service*› retirar paulatinamente; ‹*old model*› dejar de producir; **the old coins will be ~d out over six months** las monedas viejas se irán retirando de la circulación a lo largo de un período de seis meses

phase-out /'feɪzaʊt/, **phasing-out** /,feɪzɪŋ'aʊt/ *n* (*no pl*) supresión *f or* retirada *f* progresiva

phat /fæt/ *adj* (colloq) (excellent) super bien, chévere (AmL exc CS), padre (Méx fam), guay (Esp fam), taquilla (Chi fam)

phatic /'fætɪk/ *adj* fático

PhD *n* (award) doctorado *m*; (person) Dr., Dra.; **John Smith, ~** Dr. John Smith; **I've got a ~ in history** tengo un doctorado *or* soy doctor en historia

pheasant /'feznt/ *n* (*pl* **~s** *or* **~**) faisán *m*

phenol /'fi:nəʊl, -nɑ:l || 'fi:nɒl/ *n* [u] fenol *m*

phenomena /fɪ'nɑ:mənə || fə'nɒmɪnə/ *pl of* **phenomenon**

phenomenal /fɪ'nɑ:mənl || fə'nɒmɪnl/ *adj* (colloq) ‹*success/achievement*› espectacular, extraordinario; ‹*strength*› increíble

phenomenally /fɪ'nɑ:mənli || fə'nɒmɪnəli/ *adv* (colloq) super (fam), increíblemente

phenomenology /fɪ,nɑ:mə'nɑ:lədʒi || fə,nɒmɪ'nɒlədʒi/ *n* [u] fenomenología *f*

phenomenon /fɪ'nɑ:mənɑ:n || fə'nɒmɪnən/ *n* (*pl* **-mena**) **1** (fact, event) fenómeno *m* **2** (prodigy) fenómeno *m*

phenotype /'fi:nətaɪp || 'fi:nəʊtaɪp/ *n* fenotipo *m*

pheromone /'ferəməʊn/ *n* feromona *f*

phew /fju:/ *interj* (colloq) ¡uf!; **~, it's hot** ¡uf! ¡qué calor!

phial /'faɪəl/ *n* ampolla *f*

Phi Beta Kappa /'faɪ,beɪtə'kæpə || 'faɪ,bi:tə'kæpə/ *n* (in US) *asociación de personas que se han distinguido en sus estudios*

Philadelphia /,fɪlə'delfiə/ *n* Filadelfia *f*

philander /fə'lændər || fɪ'lændə(r)/ *vi* (pej) ir* *or* correr detrás de las mujeres; **a ~ing husband** un marido mujeriego

philanderer /fə'lændərər || fɪ'lændərə(r)/ *n* (pej) mujeriego *m* (pey), tenorio *m* (ant *o* hum)

philandering[1] /fə'lændərɪŋ || fɪ'lændərɪŋ/ *adj* mujeriego (pey)

philandering[2] *n* aventuras *fpl* amorosas

philanthropic /,fɪlən'θrɑ:pɪk || ,fɪlən'θrɒpɪk/ *adj* filantrópico

philanthropist /fə'lænθrəpəst || fɪ'lænθrəpɪst/ *n* filántropo, -pa *m,f*

philanthropy /fə'lænθrəpi || fɪ'lænθrəpi/ *n* (*pl* **-pies**) **1** [u] (charitableness) filantropía *f* **2** [c] (cause) (AmE) obra *f* benéfica

philatelist /fə'lætləst || fɪ'lætəlɪst/ *n* (frml) filatelista *mf*, filatélico, -ca *m,f*

philately /fə'lætli || fɪ'lætəli/ *n* [u] (frml) filatelia *f*

-phile /faɪl/ *suff* -filo; **Russophile** rusófilo

philharmonic /,fɪlər'mɑ:nɪk || ,fɪlhɑ:'mɒnɪk, ,fɪlɑ:-/ *adj* filarmónico; **the Vienna P~ (Orchestra)** la (Orquesta) Filarmónica de Viena

-philia /'fɪliə/ *suff* -filia

Philippine[1] /'fɪləpi:n || 'fɪlɪpi:n/ *adj* filipino

Philippine[2] *n* filipino, -na *m,f*

Philippines /'fɪləpi:nz || 'fɪlɪpi:nz/ *pl n*: **the ~** (las) Filipinas

philistine[1] /'fɪləsti:n, -aɪn || 'fɪlɪstaɪn/ *n* **1** (boor) ignorante *mf*, cernícalo, -la *m,f* **2** **Philistine** (Bib) filisteo, -tea *m,f*

philistine[2] *adj* (pej) ignorante

Phillips (head)® /'fɪləps || 'fɪlɪps/ *adj* ‹*screw/screwdriver*› de estrella, Parker®

philological /,fɪlə'lɑ:dʒɪkəl || ,fɪlə'lɒdʒɪkəl/ *adj* filológico

philologist /fə'lɑ:lədʒəst || fɪ'lɒlədʒɪst/ *n* filólogo, -ga *m,f*

philology /fə'lɑ:lədʒi || fɪ'lɒlədʒi/ *n* [u] filología *f*

philosopher /fə'lɑ:səfər || fɪ'lɒsəfə(r)/ *n* filósofo, -fa *m,f*; **the ~'s stone** la piedra filosofal

philosophic /,fɪlə'sɑ:fɪk || ,fɪlə'sɒfɪk/, **-ical** /-ɪkəl/ *adj* **1** ‹*study/thought/inquiry/argument*› filosófico; **~ works** obras *fpl* filosóficas *or* de filosofía **2** (resigned) ‹*person/attitude*› filosófico; **to be ~ ABOUT sth** tomarse algo con filosofía; **he's being ~ about it** se lo está tomando con filosofía

philosophically /,fɪlə'sɑ:fɪkli || ,fɪlə'sɒfɪkli/ *adv* **1** ‹*argue/demonstrate*› filosóficamente; ‹*sound/flawed*› desde el punto de vista filosófico, filosóficamente **2** (calmly, resignedly) ‹*say/accept*› con filosofía, filosóficamente

philosophize /fə'lɑ:səfaɪz || fɪ'lɒsəfaɪz/ *vi* **to ~ (ABOUT sth)** filosofar (SOBRE algo)

philosophizer /fə'lɑ:səfaɪzər || fɪ'lɒsəfaɪzə(r)/ *n* filosofador, -dora *m,f*

philosophy /fə'lɑ:səfi || fɪ'lɒsəfi/ *n* **1** [u] (subject) filosofía *f*; **the ~ of science** la filosofía de la ciencia **2** [c] (particular school, belief) filosofía *f*; **live and let live: that's my ~** mi filosofía es vive y deja vivir

philter, (BrE) **philtre** /'fɪltər || 'fɪltə(r)/ *n* (liter) filtro *m* (de amor) (liter)

phishing /'fɪʃɪŋ/ *n* [u] (Comput) phishing *m* (*modalidad de estafa por correo electrónico concebida con la finalidad de robar datos personales*)

phlebitis /flɪ'baɪtəs || flɪ'baɪtɪs/ *n* [u] flebitis *f*

phlegm /flem/ *n* [u] **1** (Physiol) flema *f* **2** (stoicism) flema *f*

phlegmatic /fleg'mætɪk/ *adj* flemático

phlox /flɑ:ks/ *n* (*pl* **~** *or* **~es**) polemonio *m*

-phobe /fəʊb/ *suff* -fobo; **Anglophobe** anglófobo

phobia /'fəʊbiə/ *n* fobia *f*; **I have a ~ about snakes/flying** les tengo fobia a las serpientes/los aviones

-phobia /'fəʊbiə/ *suff* -fobia

-phobic /'fəʊbɪk/ *suff* -fóbico

Phoenicia /fɪ'nɪʃə/ *n* Fenicia *f*

Phoenician[1] /fɪ'nɪʃən -'ni:ʃən/ *adj* fenicio

Phoenician[2] *n* fenicio, -cia *m,f*

phoenix /'fi:nɪks/ *n* Ave *f*‡ Fénix, fénix *m or f*; **to rise ~-like from the ashes** renacer* de sus cenizas cual Ave Fénix

phone[1] /fəʊn/ ➡ *n* teléfono *m*; **would you answer** *o* (colloq) **get the ~, please?** por favor contesta *or* atiende *or* (Esp fam) coge el teléfono; **the ~ hasn't stopped ringing** el teléfono no ha dejado de sonar ni un momento *or* ha estado sonando sin parar; **we arranged it by ~** *o* **over the ~** lo arreglamos por teléfono; **I don't want to discuss it over the ~** no quiero hablarlo por teléfono; **to be on the ~** (be speaking) estar* hablando por teléfono; (subscribe) (BrE) tener* teléfono; **she's on the ~ at the moment** está hablando por teléfono; **you're wanted on the ~** te llaman por teléfono; **I'll get on the ~ to her right away** ahora mismo la llamo (por teléfono); (*before n*) ‹*message*› telefónico; **~ call** llamada *f* (telefónica); **~ line** línea *f* telefónica *or* de teléfono; **~ number** (número *m* de) teléfono *m*

phone[2] *vt* **1** ‹*person*› llamar (por teléfono), telefonear, hablarle a (Méx); ‹*place/number*› llamar (por teléfono) a; **can I ~ you back later?** ¿te puedo llamar más tarde?; **he ~d me back at four** me llamó *or* me devolvió la llamada a las cuatro **2** (communicate): **she ~d the results to us** telefoneó para darnos los resultados; **I'll ~ you the information as soon as I get it** te llamaré con la información en cuanto la tenga; **I ~d my story through to the office** llamé a la oficina y les dicté el artículo por teléfono

■ **phone** *vi* llamar (por teléfono), telefonear; **have you ~d for a taxi?** ¿has llamado para pedir un taxi?; **he asked me to ~ back later** me pidió que llamara *or* telefoneara más tarde; **I ~d through to head office** llamé directamente a la casa central

Phrasal verbs

- **phone around**

A [v + adv] (make calls) hacer* unas (cuantas) llamadas; **I'll ~ around and see who's available** haré unas cuantas llamadas para ver quién está disponible

B [v + prep + o] (call people, places) ‹*members/hotels*› hacer* unas llamadas a

- **phone in** **1** [v + adv] llamar (por teléfono), telefonear; **she ~d in sick** llamó para dar parte de enferma, se reportó enferma (AmL); **it's the first time I've ~d in to your program** es la primera vez que llamo a su programa **2** [v + adv + o]: **someone ~d in a complaint about our last program** llamó alguien para quejarse del último programa; **I ~d in my order** llamé para hacer un pedido
- **phone out** [v + adv] llamar al exterior
- **phone through** [v + adv] (make a call) llamar por teléfono; **she ~d through with the news** llamó por teléfono para comunicar las noticias
- **phone through to** [v + adv + prep] (call, telephone) llamar por teléfono a; **she ~d through to reception** llamó por teléfono a recepción

➡ *see* Using the telephone

• **phone up** 1 [v + adv] llamar, telefonear 2 [v + adv + o, v + o + adv] llamar, telefonear

phone book *n* (colloq) guía *f* (telefónica *or* de teléfonos), directorio *m* (AmL exc CS)

phone booth, (BrE) **phone box** *n* cabina *f* telefónica *or* de teléfonos

phonecard /'fəʊnkɑːrd || 'fəʊnkɑːd/ *n* tarjeta *f* telefónica

phone-in /'fəʊnɪn/ *n: programa de radio o TV en el que el público participa por teléfono*

phoneme /'fəʊniːm/ *n* fonema *m*

phonemic /fə'niːmɪk/ *adj* fonémico

phone sex *n* [u] 1 (conversation) sexo *m* telefónico, teléfono *m* erótico 2 (service) servicio *m* de sexo telefónico, servicio *m* de teléfono erótico

phone-tapping /'fəʊntæpɪŋ/ *n* [u] intervención *m* del teléfono

phonetic /fə'netɪk/ *adj* fonético

phonetically /fə'netɪkli/ *adv* fonéticamente

phonetician /,fəʊnə'tɪʃən, ,fɑːnə- || ,fəʊnə'tɪʃən, ,fɒnə-/ *n* fonetista *mf*

phonetics /fə'netɪks/ *n* (+ *sing vb*) fonética *f*

phoney¹, (AmE also) **phony** /'fəʊni/ *adj* **-nier, -niest** (colloq & pej) ‹*name/address*› falso; **I can't stand that ~ British accent** no aguanto ese acento británico fingido; **a ~ deal** un tejemaneje (fam & pey), un chanchullo (fam & pey)

phoney², (AmE also) **phony** *n* (*pl* **-neys** *or* **-nies**) (colloq & pej) 1 (person) farsante *mf* (fam); **he's not a real count, he's a ~** no es un conde de verdad, es un impostor *or* un farsante 2 (thing) falsificación *f*

phoniness /'fəʊninəs || 'fəʊnɪnɪs/ *n* [u] falsedad *f*

phonograph /'fəʊnəgræf || 'fəʊnəgrɑːf/ *n* 1 (for records) (AmE) tocadiscos *m* 2 (Hist) fonógrafo *m*

phonological /,fəʊnl'ɑːdʒɪkəl, 'fɑːn- || ,fəʊnə'lɒdʒɪkəl, ,fɒnə-/ *adj* fonológico

phonology /fə'nɑːlədʒi || fə'nɒlədʒi/ *n* (*pl* **-gies**) 1 [u] (study) fonología *f* 2 [c] (sound system) fonología *f*

phony *n/adj* (AmE) ▸**phoney¹**, **phoney²**

phooey /'fuːi/ *interj* (colloq) ¡cuentos chinos! (fam)

phosgene /'fɑːzdʒiːn || 'fɒzdʒiːn/ *n* [u] fosgeno *m*

phosphate /'fɑːsfeɪt || 'fɒsfeɪt/ *n* 1 (Chem) fosfato *m* 2 **phosphates** *pl* (Agr) fertilizantes *mpl* a base de fosfatos 3 (drink) (AmE) gaseosa *f* (*con sabor a frutas*)

phosphor /'fɑːsfər || 'fɒsfə(r)/ *n* fósforo *m*

phosphoresce /,fɑːsfə'res || ,fɒsfə'res/ *vi* fosforecer, fosforescer

phosphorescence /,fɑːsfə'resns || ,fɒsfə'resns/ *n* [u] fosforescencia *f*

phosphorescent /,fɑːsfə'resnt || ,fɒsfə'resnt/ *adj* fosforescente

phosphoric /fɑːs'fɔːrɪk || fɒs'fɒrɪk/ *adj* fosfórico

phosphorous /'fɑːsfərəs || 'fɒsfərəs/ *adj* fosforoso

phosphorus /'fɑːsfərəs || 'fɒsfərəs/ *n* [u] fósforo *m*

photo /'fəʊtəʊ/ *n* (*pl* **-tos**) (colloq) foto *f*; **to take a ~** sacar* *or* tomar *or* (Esp tb) hacer* una foto; (*before n*): **~ booth** *máquina automática para sacarse fotos de carné,* fotomatón *m* (Esp)

photo- /'fəʊtəʊ/ *pref* 1 (relating to photographic processes) foto-; **~journalist** reportero gráfico, reportera gráfica *m,f* 2 (relating to light) foto-

photocall /'fəʊtəʊkɔːl/ *n* sesión *f* fotográfica para la prensa, foto *f* protocolaria

photocell /'fəʊtəʊsel/ *n* célula *f* fotoeléctrica

photochemical /,fəʊtəʊ'kemɪkəl/ *adj* fotoquímico

photocomposition /,fəʊtəʊkɑːmpə'zɪʃən || ,fəʊtəʊkɒmpə'zɪʃən/ *n* [u] fotocomposición *f*

photocopiable /'fəʊtəʊkɑːpiəbəl || 'fəʊtəʊkɒpiəbəl/ *adj* fotocopiable, que se puede fotocopiar

photocopier /'fəʊtəʊ,kɑːpiər || 'fəʊtəʊkɒpiə(r)/ *n* fotocopiadora *f*

photocopy¹ /'fəʊtəʊ,kɑːpi || 'fəʊtəʊ,kɒpi/ *n* (*pl* **-copies**) fotocopia *f*

photocopy² *vt* **-copies, -copying, -copied** fotocopiar

photocopying /'fəʊtəʊ,kɑːpiɪŋ || 'fəʊtəʊkɒpiɪŋ/ *n* [u]: **I've got loads of ~ to do** tengo que hacer un montón de fotocopias; **the ~ of official documents is strictly forbidden** está absolutamente prohibido fotocopiar documentos oficiales

photoelectric /,fəʊtəʊɪ'lektrɪk/ *adj* fotoeléctrico

photo finish *n* foto(-)finish *f*

Photofit® /'fəʊtəʊfɪt/ *n* (BrE): **~ (picture)** retrato *m* hablado *or* (Esp) robot *or* (Méx) reconstruido

photoflash /'fəʊtəʊflæʃ/ *n* 1 (light) destello *m*, flash *m* 2 (device) flash *m*

photog /fə'tɑːg || fə'tɒg/ *n* (AmE colloq) ▸**photographer**

photogenic /,fəʊtə'dʒenɪk/ *adj* fotogénico

photograph¹ /'fəʊtəgræf || 'fəʊtəgrɑːf/ *n* fotografía *f*, foto *f*; **I saw her ~ in the paper** vi su fotografía en el diario; **to take a ~ (of sb/sth)** sacarle* *or* tomarle *or* (Esp tb) hacerle* una foto *or* una fotografía (a algn/algo); (*before n*): **~ album** álbum *m* de fotos *or* de fotografías, álbum *m* fotográfico

photograph² *vt* fotografiar*, sacarle* *or* tomarle *or* (Esp tb) hacerle* una foto *or* una fotografía a

■ **photograph** *vi*: **to ~ well/badly** salir* bien/mal en las fotos *or* fotografías

photographer /fə'tɑːgrəfər || fə'tɒgrəfə(r)/ *n* fotógrafo, -fa *m,f*; **press ~** reportero gráfico, reportera gráfica *m,f*; **she's a keen ~** le gusta la fotografía *or* sacar fotos

photographic /,fəʊtə'græfɪk/ *adj* ‹*copy/evidence*› fotográfico; ‹*shop/equipment/magazine*› de fotografía; **~ memory** memoria *f* fotográfica; **~ paper** papel *m* fotográfico *or* de fotografía

photographically /,fəʊtə'græfɪkli/ *adv* fotográficamente

photography /fə'tɑːgrəfi || fə'tɒgrəfi/ *n* [u] fotografía *f*; **~ is my hobby** mi hobby es la fotografía; (*before n*) ‹*magazine/class*› de fotografía

photogravure /,fəʊtəʊgrə'vjʊr || ,fəʊtəʊgrə'vjʊə(r)/ *n* [u c] fotograbado *m*

photojournalism /,fəʊtəʊ'dʒɜːrnlɪzəm || ,fəʊtəʊ'dʒɜːnəlɪzəm/ *n* [u] periodismo *m* fotográfico, fotoperiodismo *m*

photolithography /,fəʊtəʊlɪ'θɑːgrəfi || ,fəʊtəʊlɪθɒgrəfi/ *n* [u] fotolitografía *f*

photometer /fə(ʊ)'tɑːmətər || fə(ʊ)'tɒmɪtə(r)/ *n* fotómetro *m*

photometry /fə(ʊ)'tɑːmətri || fə(ʊ)'tɒmɪtri/ *n* [u] fotometría *f*

photomontage /,fəʊtəmɑːn'tɑːʒ || ,fəʊtəʊ'mɒntɑːʒ/ *n* [u c] fotomontaje *m*

photomultiplier (tube) /,fəʊtəʊ'mʌltəplaɪər || ,fəʊtəʊ'mʌltɪplaɪə(r)/ *n* (tubo *m*) fotomultiplicador *m*

photon /'fəʊtɑːn || 'fəʊtɒn/ *n* fotón *m*

photo-op /'fəʊtəʊ'ɑːp || 'fəʊtəʊ'ɒp/ *n* (colloq) ▸**photocall**

photoopportunity /,fəʊtəʊɑːpər'tuːnəti || ,fəʊtəʊɒpə'tjuːnəti/ *n* ▸**photocall**

photoreconnaissance /,fəʊtəʊrə'kɑːnəzens, -səns || ,fəʊtəʊrɪ'kɒnɪsəns/ *n* [u] reconocimiento *m* fotográfico, fotoreconocimiento *m*

photoreportage /,fəʊtəʊrepɔːr'tɑːʒ || ,fəʊtəʊrepɔː'tɑːʒ/ *n* [u] reportaje *m* fotográfico, fotorreportaje *m*

photoscan /'fəʊtə(ʊ)skæn/ *n* foto *f* escaneada

photoscanner /'fəʊtə(ʊ)skænər || 'fəʊtə(ʊ)skænə(r)/ *n* escáner *m* de fotos

photosensitive /,fəʊtəʊ'sensətɪv/ *adj* fotosensible

photosensitivity /,fəʊtəʊsensə'tɪvəti/ *n* [u] fotosensibilidad *f*

photosetting /'fəʊtə(ʊ)setɪŋ/ [u] fotomecánica *f*

photo shoot *n* sesión *f* de fotos

photosphere /'fəʊtə(ʊ)sfɪr || 'fəʊtə(ʊ)sfɪə(r)/ *n* fotosfera *f*

photostat /'fəʊtəstæt/ *vt* **-tt-** *or* **-t-** fotocopiar

Photostat®, photostat /'fəʊtəstæt/ *n* 1 (copy) fotocopia *f* 2 (machine) fotocopiadora *f*

photosynthesis /,fəʊtəʊ'sɪnθəsəs || ,fəʊtəʊ'sɪnθəsɪs/ *n* [u] fotosíntesis *f*

photosynthesize /,fəʊtəʊ'sɪnθəsaɪz/ *vi* fotosintetizar*, hacer* (la) fotosíntesis

phototypeset /,fəʊtəʊ'taɪpset/ *adj* fotocompuesto

phototypesetter /,fəʊtəʊ'taɪpsetər || ,fəʊtəʊ'taɪpsetə(r)/ *n* 1 (machine) fotocomponedora *f* 2 (machine operator) fotocompositor, -tora *m,f*

phototypesetting /,fəʊtəʊ'taɪpsetɪŋ/ *n* [u] ▸**photosetting**

phrasal verb /'freɪzl/ *n* verbo *m* con partícula(s)

phrase¹ /freɪz/ *n* 1 (Ling) frase *f*, locución *f*; (sentence) frase *f*; **verb/noun ~** frase *f or* locución *f* verbal/sustantiva, sintagma *m* verbal/nominal; **teach them some useful ~s in French** enséñales algunas frases *or* expresiones útiles en francés; **artists who, in Picasso's ~, ...** artistas que, al decir de Picasso, ...; **to coin a ~** por así decirlo; (*before n*): **~ book** manual *m* de conversación, ≈ guía *f* de bolsillo para el viajero 2 (Mus) frase *f* (musical)

phrase² *vt* 1 (express) ‹*idea/suggestion/criticism*› expresar, formular; **I would have ~d it differently** yo lo hubiera expresado de otro modo; **a carefully ~d letter** una carta redactada con gran cuidado 2 (Mus) frasear

phraseology /,freɪzi'ɑːlədʒi || ,freɪzi'ɒlədʒi/ *n* [u] fraseología *f*

phrasing /'freɪzɪŋ/ *n* [u] 1 (Mus) fraseo *m* 2 (wording) expresión *f*; (in writing) redacción *f*

phreak¹ /friːk/ *n* (colloq) pirata telefónico, -ca *m,f*, hacker telefónico, -ca *m,f*

phreak² *vi* (colloq) piratear el teléfono

phrenologist /frɪ'nɑːlədʒəst || frə'nɒlədʒɪst/ *n* frenólogo, -ga *m,f*

phrenology /frɪ'nɑːlədʒi || frə'nɒlədʒi/ *n* [u] frenología *f*

Phrygia /'frɪdʒiə/ *n* Frigia *f*

phut /fʌt/ *adv* (BrE colloq): **to go ~** ‹‹*machine*›› estropearse, sonar* (CS fam); ‹‹*plans*›› frustrarse

phylloxera /,fɪlɑːk'sɪrə, fə'lɑːksərə || ,fɪlɒk'sɪərə, fɪ'lɒksərə/ *n* [c u] (*pl* **-ras** *or* **-rae** /-riː/) filoxera *f*

phylum /'faɪləm/ *n* (*pl* **-la** /-lə/) 1 (Biol) phylum *m*, tipo *m* 2 (Ling) grupo *m* de familias de lenguas

physiatrics /,fɪzɪ'ætrɪks/ *n* (+ *sing vb*) (AmE) ▸**physiotherapy**

physical¹ /'fɪzɪkəl/ *adj*

A 1 (bodily) ‹*disability/exercise*› físico; ‹*illness*› orgánico; ‹*love/attraction*› físico; **the ~ effects of alcohol consumption** los efectos del alcohol en el organismo; **Latin people tend to be more ~** los latinos recurren más al contacto físico para demostrar sus emociones; **he did not like ~ contact** no le gustaba el contacto físico; **~ examination** reconocimiento *m* médico, chequeo *m* (médico); **~ education** educación *f* física 2 (rough): **it was a very ~ game** jugaron muy duro; **it's very ~ work** es un trabajo que requiere mucho esfuerzo físico; **he threatened to get ~ if we didn't pay him** nos amenazó con recurrir a la fuerza física si no le pagábamos

B 1 (material) ‹*world*› material; **~ geography** geografía *f* física; **that's a ~ impossibility** eso es materialmente imposible 2 (relating to physics) físico; **~ chemistry** fisicoquímica *f*

physical² *n* reconocimiento *m* médico, chequeo *m* (médico)

physical jerks *pl n* (BrE colloq) gimnasia *f*

physically /'fɪzɪkli/ *adv* ‹*attractive*› físicamente; ‹*dangerous/demanding*› desde el punto de vista físico; **to be ~ fit** estar* en forma; **it's**

P

~ **impossible** es materialmente imposible; **he was ~ ejected from the club** lo sacaron a viva fuerza del club

physical therapist *n* (AmE) ▸**physiotherapist**

physical therapy *n* [c u] (*pl* **-pies**) (AmE) ▸**physiotherapy**

physician /fəˈzɪʃən || fɪˈzɪʃən/ *n* (frml) médico, -ca *m,f*

physician-assisted suicide /fəˌzɪʃənəˈsɪstəd || fɪˌzɪʃənəˈsɪstɪd/ *n* [u c] suicidio *m* asistido por un médico

physicist /ˈfɪzəsəst || ˈfɪzɪsɪst/ *n* físico, -ca *m,f*

physics /ˈfɪzɪks/ *n* (+ *sing vb*) física *f*

physio /ˈfɪziəʊ/ *n* (colloq) 1 [u] ▸**physiotherapy** 2 [c] ▸**physiotherapist**

physiognomy /ˌfɪziˈɑːgnəmi || ˌfɪziˈɒnəmi/ *n* [u] (liter) fisonomía *f*

physiological /ˌfɪziəˈlɑːdʒɪkəl || ˌfɪziəˈlɒdʒɪkəl/ *adj* fisiológico

physiologist /ˌfɪziˈɑːlədʒəst || ˌfɪziˈɒlədʒɪst/ *n* fisiólogo, -ga *m,f*

physiology /ˌfɪziˈɑːlədʒi || ˌfɪziˈɒlədʒi/ *n* [u] fisiología *f*

physiotherapist /ˌfɪziəʊˈθerəpəst || ˌfɪziəʊˈθerəpɪst/ *n* fisioterapeuta *mf*, kinesiólogo, -ga *m,f*

physiotherapy /ˌfɪziəʊˈθerəpi/ *n* [c u] (*pl* **-pies**) (discipline) kinesiología *f*; (treatment) fisioterapia *f*, kinesiterapia *f*

physique /fəˈziːk || fɪˈziːk/ *n* físico *m*

phytobiology /ˌfaɪtəʊbaɪˈɑːlədʒi || ˌfaɪtəʊbaɪˈɒlədʒi/ *n* [u] fitobiología *f*

phytoestrogen /ˌfaɪtəʊˈestrədʒən || ˌfaɪtəʊˈiːstrədʒən/ *n* (Biol, Culin) fitoestrógeno *m*

phytonutrients /ˌfaɪtəʊˈnuːtriənts || ˌfaɪtəʊˈnjuːtriənts/ *pl n* (Biol, Culin) fitonutrientes *mpl*

phytotoxic /ˌfaɪtəʊˈtɑːksɪk || ˌfaɪtəʊˈtɒksɪk/ *adj* (Biol) fitotóxico

pi /paɪ/ *n* (Math) pi *f*

pianissimo /ˌpiːəˈnɪsəməʊ || ˌpiːəˈnɪsɪməʊ/ *adj/adv* pianissimo

pianist /piˈænəst, ˈpiənəst || ˈpiənɪst/ *n* pianista *mf*; **concert ~** concertista *mf* en *or* de piano

piano[1] /piˈænəʊ/ *n* (*pl* **-os**) piano *m*; **to play/learn the ~** tocar* el/aprender piano; (*before n*) ‹*duet/concerto*› para piano; ‹*lesson/teacher*› de piano; **~ player** pianista *mf*; **~ stool** banqueta *f* or taburete *m* (del piano); **~ tuner** afinador, -dora *m,f* de pianos

piano[2] /piˈɑːnəʊ/ *adj/adv* piano

piano accordion *n* acordeón *m* piano

pianoforte /piˌænəˈfɔːrteɪ || piˌænəʊˈfɔːti/ *n* (frml) piano(forte) *m*

Pianola®, pianola /ˌpiəˈnəʊlə/ *n* pianola *f*, piano *m* mecánico

piazza /piˈætsə/ *n* 1 (square) plaza *f* 2 (veranda) (AmE) galería *f*, veranda *f*

pic /pɪk/ *n* (*pl* **~s** *or* AmE **pix**) (colloq) foto *f*

pica /ˈpaɪkə/ *n*

A (size — of printing type) cícero *m*; (— of typewriter type) pica *f*

B [u] (Med) malacia *f*, pica *f*

picador /ˈpɪkədɔːr || ˈpɪkədɔː(r)/ *n* picador, -dora *m,f*

picaresque /ˌpɪkəˈresk/ *adj* picaresco

picayune /ˌpɪkiˈuːn || ˌpɪkəˈjuːn/ *adj* (AmE) de poca monta, nimio

piccalilli /ˌpɪkəˈlɪli/ *n* [u]: *condimento a base de encurtidos picados y especias*

piccaninny *n* ▸**pickaninny**

piccolo /ˈpɪkələʊ/ *n* flautín *m*, piccolo *m*

pick[1] /pɪk/ *n*

A 1 ▸**pickax** 2 (*ice* ~) piolet *m* 3 (plectrum) púa *f*, plectro *m*, uñeta *f* (CS), uña *f* (Méx, Ven)

B 1 (choice) (*no pl*): **take your ~** elige *or* escoge el (*or* los *etc*) que quieras; **you can take your ~ of any dish on the menu** puedes elegir *or* escoger el plato que quieras del menú; **you have first ~** elige *or* escoge tú primero 2 (best): **the ~ of sth** lo mejor de algo; ***to be the ~ of the bunch*** ser* el mejor de todos 3 (tip) (AmE) pronóstico *m*, fija *f* (CS)

pick[2] *vt*

A 1 (choose, select) ‹*number/color*› elegir*, escoger*; ‹*team/crew*› seleccionar; **I don't know which one to ~** no sé cuál elegir *or* cuál escoger *or* con cuál quedarme; **to ~ a winner** (in racing) pronosticar* el ganador; (choose well) elegir* *or* escoger* bien; **you really ~ed a winner with that new secretary** la nueva secretaria fue una elección verdaderamente acertada; ***to ~ one's way*** andar* con mucho cuidado 2 (provoke): **to ~ a fight** buscar* pelea; **are you trying to ~ a quarrel with me?** ¿quieres que discutamos?

B (gather) ‹*flower*› cortar, coger* (esp Esp); ‹*fruit/cotton/tea*› recoger*, coger* (esp Esp), pizcar* (Méx); **he ~ed her a rose** cortó *or* (esp Esp) cogió una rosa para ella; **we went raspberry ~ing** fuimos a recoger* *or* (esp Esp) a coger* frambuesas

C 1 (remove matter from): **to ~ one's nose** meterse el dedo en la nariz, hurgarse* la nariz; **to ~ one's teeth** escarbarse los dientes; **don't ~ your spots** no te toques los granitos; **the vultures ~ed the bones clean** los buitres dejaron los huesos limpios 2 (steal from): **I had my pocket ~ed** me robaron la billetera (*or* las llaves *etc*) del bolsillo 3 (open) ‹*lock*› abrir* con una ganzúa (*or* una horquilla *etc*), forzar*

D (play) (colloq) ‹*banjo/guitar*› tocar*

■ **pick** *vi* 1 (be selective): **you can't (afford to) ~ and choose** no puedes (permitirte el lujo de) ser exigente *or* de andarte con remilgos 2 (peck, take bits): **the hens were ~ing about in the yard** las gallinas picoteaban en el patio; **they were ~ing through the rubbish** estaban escarbando en la basura

Phrasal verbs

- **pick at** [v + adv + o]

A ‹*spot/scab*› tocarse*, toquetearse (fam)

B ‹*food*› juguetear* con, picotear

C (criticize) (colloq): **he ~s at everything** a todo le encuentra *or* (Esp) saca faltas

D (AmE) ▸**pick on 2**

- **pick off** [v + o + adv, v + adv + o] (shoot) eliminar, liquidar (fam)

- **pick on** [v + prep + o] 1 (choose) elegir*, escoger*; **they ~ed on me to go and tell her** me encargaron a mí que se lo fuera a decir, me eligieron *or* escogieron a mí para ir a decírselo 2 (victimize) meterse con, agarrársela(s) con (AmL fam)

- **pick out** [v + o + adv, v + adv + o]

A (choose, select) elegir*, escoger*

B 1 (recognize, identify) reconocer* 2 (discern) distinguir*

C (highlight) destacar*, hacer* resaltar

D (play by ear) ‹*tune*› tocar* de oído

- **pick over** [v + o + adv, v + adv + o]: **wash and ~ over the lentils** lave y examine bien las lentejas; **he ~ed over the cherries to find the best ones** rebuscó entre las cerezas para encontrar las mejores; **the buffet looked pretty well ~ed over** (AmE) ya no quedaba nada bueno en el buffet

- **pick up**

Sense I [v + o + adv, v + adv + o]

A (raise) levantar; (off floor etc) recoger*; (take) tomar, agarrar (esp AmL), coger* (esp Esp); **~ me up, Daddy!** ¡levántame, papá!, ¡upa, papá! (fam); **~ that up immediately!** ¡recoge eso inmediatamente!; **I had to ~ him up when he fell over** tuve que levantarlo cuando se cayó; **he ~ed up a pencil and began to write** tomó *or* (esp AmL) agarró *or* (esp Esp) cogió un lápiz y se puso a escribir; **I ~ed the parcel up to see how heavy it was** levanté el paquete para ver cuánto pesaba; ***to ~ oneself up*** reponerse*; (lit: after falling) levantarse; ***to ~ up the tab*** *o* (BrE also) ***bill for sth*** cargar* con la cuenta, cargar* con el muerto (fam); **she ~ed up the check** (AmE) pagó ella

B 1 (learn) ‹*language*› aprender; ‹*idea*› sacar*; ‹*habit*› adquirir, agarrar (esp AmL), coger* (esp Esp); **it's not hard, you'll soon ~ it up** no es difícil, ya verás cómo enseguida le agarras la onda *or* (Esp) le coges el tranquillo (fam); **did you ~ up any news about Roger?** ¿te enteraste de qué tal está Roger?; **where do you ~ up all those jokes of yours?** ¿de dónde sacas todos esos chistes? 2 (acquire) ‹*bargain*› conseguir*, encontrar*; ‹*points/prizes*› ganar, sacar*; ‹*votes*› hacerse* con, conseguir* 3 (catch) ‹*illness*› pescar* (fam), pillar (fam)

C 1 (collect, fetch) ‹*person*› recoger*, pasar a buscar; **could you ~ up my coat from the cleaners?** ¿me puedes recoger el abrigo de la tintorería?; **could you ~ up some eggs for me?** ¿me traes unos huevos? 2 (take on board) ‹*passenger/hitchhiker*› recoger*, levantar; ‹*cargo/load*› cargar* 3 (rescue) rescatar 4 (arrest) ‹*suspect*› detener* 5 (colloq) ‹*man/woman*› ligarse* (fam), levantar (AmS fam)

D 1 (receive) ‹*signal*› captar, recibir; **I can now ~ up Radio Moscow** ahora puedo agarrar *or* (esp Esp) coger Radio Moscú 2 (detect) detectar 3 (notice): **she ~ed up the hint and left** se dio por aludida y se fue; **he didn't ~ up any of your references to his family** no se dio cuenta de que te estabas refiriendo a su familia

E 1 (resume) ‹*conversation*› reanudar; **to ~ up the thread** retomar el hilo 2 ‹*idea/remark*› volver* a; **I'd like to ~ up a point you made earlier** quisiera volver a algo que usted dijo antes

Sense II [v + adv + o]

A 1 (earn) (colloq) hacer* (fam), sacar* (fam); **he ~s up over a thousand a week** hace *or* saca más de mil por semana (fam) 2 (gain) ‹*velocity*› agarrar, coger* (esp Esp)

B (tidy) (AmE colloq) ordenar

Sense III [v + o + adv]

A (revive) reanimar

B (correct) corregir*; **he ~ed me up every time I made a mistake** me corregía cada vez que me equivocaba; **to ~ sb up ON sth**: **I must ~ you up on that** perdón, pero eso es discutible *or* eso no es así; **she ~ed him up on a few points of historical detail** le señaló algunos detalles históricos donde se había equivocado

Sense IV [v + adv]

A 1 (improve) ‹‹*prices/sales*›› subir, repuntar; ‹‹*economy/business*›› repuntar; ‹‹*invalid*›› mejorar, recuperarse; **it looks as though the weather's ~ing up** parece que está mejorando el tiempo 2 (resume) seguir*, continuar*

B (tidy up) **to ~ up AFTER sb**: **I'm fed up ~ing up after you all the time** estoy harto de ordenar lo que tú desordenas

C 1 (notice) (colloq) **to ~ up ON sth** darse* cuenta DE algo 2 (take advantage) **to ~ up ON sth** aprovechar algo, sacarle* jugo a algo (fam) 3 (start relationship) (colloq) **to ~ up WITH sb** empezar* a salir CON algn; **he's ~ed up with another girl** ha empezado a salir con otra (fam)

pickaback /ˈpɪkəbæk/ *n/adv* ▸**piggyback**[1], **piggyback**[2]

pick-and-mix /ˈpɪkən(d)ˈmɪks/ *adj* ‹*holiday*› con una variada gama de posiblidades; ‹*program*› variado; ‹*salad*› de elección variada

pickaninny, piccaninny /ˌpɪkəˈnɪni/ *n* (*pl* **-nies**) (dated & offensive) negrito, -ta *m,f*

pickax, (BrE) **pickaxe** /ˈpɪkæks/ *n* pico *m*, piqueta *f*

picker /ˈpɪkər || ˈpɪkə(r)/ *n* 1 (person) recolector, -tora *m,f* 2 (machine) recolectora *f*

pickerel /ˈpɪkərəl/ *n* [u c] (*pl* ~ *o* **~s**) lucio *m* americano

picket[1] /ˈpɪkət || ˈpɪkɪt/ *n*

A 1 (group) piquete *m*; **to mount a ~** formar un piquete; (*before n*): **~ duty** piquete *m* de guardia; **~ line** piquete *m* 2 (individual) *miembro de un piquete* 3 (Mil) (ant) piquete *m*

B (stake) estaca *f*; (*before n*): **~ fence** cerca *f*, valla *f*

picket[2] *vt* ‹*factory/workplace*› formar un piquete frente a, piquetear (esp AmL)

■ **picket** *vi* tomar parte en un piquete, piquetear (esp AmL)

picketing /ˈpɪkətɪŋ || ˈpɪkɪtɪŋ/ *n* [u]: **they were arrested for illegal ~** los detuvieron por tomar parte en un piquete ilegal

pickings /ˈpɪkɪŋz/ *pl n* 1 (profits) ganancias *fpl*; **rich ~ can be made in this business** se puede obtener suculentas ganancias con este

P

negocio [2] (food) sobras *fpl*, restos *mpl* (esp AmL), sobros *mpl* (AmC)

pickle[1] /'pɪkəl/ *n* [1] [c] (*dill* ~) (AmE) pepinillo *m* en vinagre al eneldo [2] [c] **~s** (esp BrE) (vegetables) encurtidos *mpl*, pickles *mpl* [3] [u] (relish) (BrE) *condimento a base de encurtidos en una salsa* [4] ***to be in a (pretty) ~*** estar* metido en un lío *or* en un berenjenal (fam)

pickle[2] *vt* ‹*vegetables*› conservar en vinagre *or* (Chi tb) en escabeche, encurtir; ‹*shellfish*› ≈ escabechar

pickled /'pɪkəld/ *adj* [1] (preserved) ‹*onions*› en vinagre, escabechado (Chi); ‹*herring*› ≈ escabechado [2] (drunk) (colloq) borracho, como una cuba (fam)

pick-me-up /'pɪkmiʌp/ *n* (colloq) estimulante *m*; **I had a brandy as a ~** me tomé un cognac para levantarme el ánimo

pick'n'mix /,pɪkən'mɪks/ *adj* (colloq) ▸**pick-and-mix**

pickpocket /'pɪk,pɑːkət || 'pɪk,pɒkɪt/ *n* carterista *mf*, bolsista *mf* (Méx)

pickup /'pɪkʌp/ *n*

A ~ **(truck)** camioneta *f or* furgoneta *f* (de reparto)

B (by taxi, bus, truck): **I've got two ~s to make** tengo que pasar a recoger dos paquetes (*or* a dos personas *etc*); (*before n*): **~ point** lugar *m* de recogida

C (recovery) (Econ) repunte *m*, mejora *f*

D (Audio, Mus) [1] (cartridge) (AmE) cápsula *f*, pastilla *f* [2] **~ (arm)** (BrE) pick-up *m*, brazo *m* (del tocadiscos), fonocaptor *m* (frml) [3] (on musical instrument) pastilla *f*

E (sexual) (sl) ligue *m* (fam), levante *m* (AmS fam); (*before n*): **~ joint** (colloq) bar *m* de ligue (fam)

picky /'pɪki/ *adj* **pickier, pickiest** (colloq) ‹*customer/eater*› quisquilloso, maniático

pick-your-own /,pɪkjə'rəʊn/ *adj* ‹*fruit/vegetable*› que recoge el propio cliente; ‹*farm*› donde cada uno recoge su propia fruta (*or* verdura etc)

picnic[1] /'pɪknɪk/ *n* picnic *m*; **to go for** *o* **on a ~** ir* de picnic; **we took a ~ with us** llevamos la merienda (*or* el almuerzo *etc*); ***it's no ~*** no es (ninguna) broma; (*before n*): **~ area** zona *f* de picnic; **~ basket** cesta *f or* (esp AmL) canasta *f* de picnic; **~ lunch** almuerzo *m or* (esp Esp, Méx) comida *f* campestre; **~ site** zona *f* para picnics *or* para comer al aire libre; **~ table** *mesa con bancos adosados*

picnic[2] *vi* **-ck-** (go on a picnic) ir* de picnic; (eat) comer; **we ~ked by the lake** comimos junto al lago

picnicker /'pɪknɪkər || 'pɪknɪkə(r)/ *n* excursionista *mf*

Pict /pɪkt/ *n* picto, -ta *m,f*

pictogram /'pɪktə(ʊ)græm/ *n* pictograma *m*

pictograph /'pɪktə(ʊ)græf || 'pɪktə(ʊ)grɑːf/ *n* pictografía *f*

pictorial /pɪk'tɔːriəl/ *adj* ‹*representation*› pictórico; ‹*account/history*› en imágenes, gráfico; ‹*magazine*› ilustrado

pictorially /pɪk'tɔːriəli/ *adv* por medio de imágenes, gráficamente

picture[1] /'pɪktʃər || 'pɪktʃə(r)/ *n*

A [1] (representation, drawing, diagram): **the book has no ~s** el libro no tiene ilustraciones; **to draw a ~ of sth** hacer* un dibujo de algo, dibujar algo; **one ~ is worth a thousand words** una imagen vale más que mil palabras [2] (painting) cuadro *m*, pintura *f*; (print) cuadro *m*, lámina *f*; (portrait) retrato *m*; **to paint a ~ of sth/sb** pintar algo/a algn; **he wants to paint our ~** nos quiere pintar *or* retratar; **the book paints a gloomy ~ of ...** el libro pinta un cuadro sombrío de ...; ***as pretty as a ~***: **the village was as pretty as a ~** el pueblo era de postal; **she's as pretty as a ~** es preciosa; (*before n*): **~ frame** marco *m*; **~ framer** enmarcador, -dora *m,f*; **~ gallery** (museum) pinacoteca *f*, museo *m*; (shop) galería *f* de arte; **~ hook** gancho *m* para cuadros; **~ library** archivo *m* de imágenes [3] (photo) foto *f*; **to take a ~ of sth/sb** sacarle* *or* tomarle *or* (Esp tb) hacerle* una foto a algo/algn; **we had our ~ in the paper** nuestra foto salió en el periódico

B (situation) panorama *m*; **it was a similar ~ across the border** el panorama era similar al otro lado de la frontera; **that's not the whole ~** ésa es una visión parcial del asunto; **the big ~** la gran prespectiva; ***to come into the ~***: **Bill wants to know where/how he comes into the ~** Bill quiere saber cuál es su papel en todo esto; **what she thinks doesn't come into the ~ at all** su opinión no viene al caso; ***to get the ~*** (colloq): **you're not welcome here, get the ~?** aquí no eres bienvenido ¿entiendes *or* te enteras?; **just read this, you'll soon get the ~** léete esto, enseguida te harás una idea; ***to put sb in the ~*** poner* a algn al tanto (de la situación)

C (idea) idea *f*; **you get a totally different ~ from these figures** estas cifras te dan una idea *or* una impresión totalmente distinta

D (TV) imagen *f*; (*before n*): **~ tube** tubo *m* de imagen

E (Cin) [1] (movie) película *f* [2] **pictures** *pl* (cinema) (BrE dated): **the ~s** el cine; **to go to the ~s** ir* al cine *or* (Col) a cine

F [1] (embodiment) imagen *f*; **he looks the very ~ of health** es la viva imagen de la salud [2] (beautiful sight) espectáculo *m*; **doesn't she look a ~?** ¿no está preciosa?

picture[2] *vt* [1] (imagine) imaginarse; **I can just ~ her** ya me la imagino, es como si la estuviera viendo; **I can't quite ~ myself with a baby** no me veo con un niño [2] (depict) (*usu pass*): **the minister, ~d here next to ...** el ministro, que aparece en la foto junto a ...

picture-book /'pɪktʃərbʊk || 'pɪktʃəbʊk/ *adj* (*before n*) ‹*cottage/setting*› de postal, de cine, de cuento de hadas

picture book *n* libro *m* ilustrado

picture card *n* (BrE) figura *f*

picture hat *n* (Clothing) pamela *f*

picture-perfect /,pɪktʃər'pɜːrfɪkt || ,pɪktʃə'pɜːfɪkt/ *adj* (AmE) de ensueño, ideal

picture-postcard /,pɪktʃər'pəʊstkɑːrd || ,pɪktʃə'pəʊstkɑːd/ *adj* (BrE) ▸**picture-book**

picture postcard *n* (BrE) (tarjeta *f*) postal *f*

picture rail *n* moldura *f* de madera para colgar cuadros

picture researcher *n* experto, -ta *m,f* en imágenes

picturesque /,pɪktʃə'resk/ *adj* [1] (pleasing, charming) ‹*scenery/village*› pintoresco [2] (vivid) ‹*language/description*› vívido [3] (eccentric) ‹*character/person*› pintoresco

picture window *n* ventanal *m*

piddle[1] /'pɪdl/ *vi* (BrE colloq) hacer* pis (fam)

piddle[2] *n* (BrE colloq): **to have a ~** hacer* pis (fam)

piddling /'pɪdlɪŋ/ *adj* (colloq & pej) ‹*amount/sum*› insignificante, mísero; ‹*matter/objections*› de poca monta

pidgin /'pɪdʒən || 'pɪdʒɪn/ *n* [c u]: *versión simplificada y rudimentaria de una lengua, usada como lengua franca*; (*before n*): **I tried to ask directions in my ~ Greek** traté de pedir indicaciones con las dos palabras que sé de griego

pie /paɪ/ *n* [u c] pastel *m*, pai *m* (AmC, Méx); (savory) empanada *f*, pastel *m*; **~ *in the sky*** castillos en el aire; ***to be as easy as ~*** ser* pan comido (fam), ser* un bollo (RPl fam); ***to eat humble ~*** morder* el polvo; (*before n*): **~ shell** (AmE) *base de masa para pasteles*

piebald[1] /'paɪbɔːld/ *adj* ‹*horse*› picazo

piebald[2] *n* picazo *m*, caballo *m* pinto blanco y negro

piece /piːs/ *n*

A [1] (part of sth broken, torn, cut, divided) pedazo *m*, trozo *m*; **a ~ of bread** un pedazo *or* un trozo de pan; **she ripped the letter into ~s** rompió la carta en pedacitos, hizo trizas la carta; **a ~ of land** un terreno, una parcela; **to come** *o* **fall to ~s** hacerse* pedazos; **she smashed the vase to ~s** hizo añicos el jarrón; **he was blown to ~s by a mine** una mina lo voló en pedazos; **the toy lay in ~s on the floor** el juguete estaba en el suelo, hecho pedazos; **her life in ~s, she made up her mind to ...** con la vida deshecha *or* en ruinas, decidió ...; ***in one ~***: **they got back in one ~** volvieron sanos y salvos; **I dropped it, but it's still in one ~** se me cayó, pero está intacto; ***to be a ~ of cake*** (colloq) ser* pan comido *or* (RPl tb) un bollo (fam); ***to go to ~s*** (be very upset) quedar deshecho *or* destrozado; (break down) perder* el control; **he went to ~s after his wife left him** quedó deshecho *or* destrozado cuando la mujer lo dejó; ***to pick up the ~s***: **he gets himself into trouble and expects me to pick up the ~s** se mete en líos y después pretende que yo le saque las castañas del fuego; **he's trying to pick up the ~s of his life** está tratando de rehacer su vida; ***to pull sth/sb to ~s*** destrozar* algo/a algn; **he pulled her essay to ~s** le destrozó el trabajo, le criticó duramente el trabajo [2] (component) pieza *f*, parte *f*; **he's taken the clock to ~s** ha desarmado *or* desmontado el reloj; **it comes to ~s** es desmontable; **we took the novel to ~s** analizamos la novela parte por parte; **a three-~ suit** un traje de tres piezas, un terno; **the ~s are starting to fall into place** las cosas se están empezando a aclarar

B (item): **a ~ of advice** un consejo; **500 ~s of artillery** 500 piezas de artillería; **a ~ of chewing gum** un chicle; **a ~ of clothing** una prenda (de ropa); **a ~ of fruit** una fruta, una pieza de fruta; **a ~ of furniture** un mueble; **a ~ of jewelry** una alhaja; **an absurd ~ of legislation** una norma (*or* disposición *etc*) absurda; **that was a ~ of luck!** ¡qué suerte!; **how many ~s of luggage do they have?** ¿cuántos bultos llevan?; **a ~ of news** una noticia; **a ~ of paper** un papel; **an excellent ~ of work** un trabajo excelente; **we sell the cutlery by the ~** (BrE) vendemos los cubiertos sueltos *or* por piezas; ***of a ~***: **they are all of a ~** están todos cortados por el mismo patrón; ***to be a nasty ~ of work*** (colloq) ser* una basura *or* (fam) una porquería; ***to give sb a ~ of one's mind*** cantarle las cuarenta *or* decirle* cuatro verdades a algn

C [1] (Mus): **a ~ (of music)** una pieza (de música) [2] (Theat) pieza *f* [3] (Journ) artículo *m* [4] (of poetry) poema *m*, poesía *f*; ***to say one's ~*** dar* su (*or* mi *etc*) opinión, opinar [5] (Art) pieza *f*

D (coin) moneda *f*, pieza *f*; **a 50 peso ~** una moneda de 50 pesos

E [1] (in board games) ficha *f*, pieza *f* [2] (in chess) figura *f*

F (handgun) (sl) pistola *f*, pipa *f* (Esp arg), fusca *f* (Méx arg)

G (distance) (AmE colloq): **a ~** un trecho; **that's a fair ~ from here** queda a un buen trecho de aquí, de aquí es un tirón (RPl fam)

H (sl) [1] (woman) tipa *f* (fam), tía *f* (Esp fam), mamacita *f* (Méx fam), mina *f* (CS arg) [2] (sexual partner) (AmE): **she's a terrific ~** es muy buena en la cama (fam)

Phrasal verb

- **piece together** [v + o + adv, v + adv + o] [1] ‹*events/facts*› reconstruir* [2] ‹*alibi*› idear; ‹*argument*› estructurar

pièce de résistance /pi,esdərezɪs'tɑːns || ,pjesdərе'zɪstɑːns/ *n* plato *m* fuerte

piecemeal[1] /'piːsmiːl/ *adj* poco sistemático; **in (a) ~ fashion** de manera poco sistemática

piecemeal[2] *adv* (gradually) poco a poco; (unsystematically) de manera poco sistemática; **development has proceeded ~** el desarrollo ha sido irregular; **I acquired my furniture ~** me fui haciendo con los muebles poco a poco

piece of eight *n* (*pl* **~s ~ ~**) real *m* de a ocho

piece rate *n* pago *m* por trabajo a destajo; **to work on ~ ~s** trabajar a destajo

piecework /'piːswɜːrk || 'piːswɜːk/ *n* [u] trabajo *m* a destajo; **to do ~** trabajar a destajo

pieceworker /'piːs,wɜːrkər || 'piːs,wɜːkə(r)/ *n* destajista *mf*, trabajador, -dora *m,f* a destajo

pie chart *n* gráfico *m or* gráfica *f* circular

piecrust /'paɪkrʌst/ *n* [c u] (bottom) base *f* de masa; (top) tapa *f* de masa; (*before n*): **~ pastry** masa *or* pasta *f* quebrada

pied /paɪd/ *adj* ‹*horse*› ruano; **the P~ Piper (of Hamelin)** el flautista de Hamelín

pied-a-terre /pi,eɪdɑː'ter || ,pjeɪdɑː'teə(r)/ *n*: *apartamento o casa en la ciudad que se tiene como segunda residencia*

P

Piedmont /ˈpiːdmɑːnt || ˈpiːdmɒnt/ *n* Piamonte *m*

pie-eyed /ˌpaɪˈaɪd/ *adj* (colloq) como una cuba (fam), mamado (fam)

pier /pɪr || pɪə(r)/ *n*
A 1 (landing place) embarcadero *m*, muelle *m* 2 (with amusements) *paseo con juegos y atracciones sobre un muelle*
B (Archit) 1 (pillar) pilar *m* 2 (section of wall) entrepaño *m*; (*before n*): ~ **glass** *espejo que se coloca entre dos ventanas*

pierce /pɪrs || pɪəs/ *vt* 1 (make a hole in) agujerear, perforar; (go through) atravesar*; ~ **the lid** haga un agujero en *or* agujeree la tapa; **shells that can ~ four-inch armor** proyectiles que pueden atravesar un blindaje de cuatro pulgadas; **a nail had ~d the tire** un clavo había pinchado el neumático; **the rib ~d his lung** la costilla le perforó el pulmón; **to ~ a hole in sth** hacer* un agujero en algo, agujerear algo; **she's had her ears ~d** se ha hecho hacer agujeros en las orejas 2 ‹‹*sound/light*›› (liter) rasgar* (liter); **it ~d him to the heart** le traspasó el corazón

piercing /ˈpɪrsɪŋ || ˈpɪəsɪŋ/ *adj* ‹*eyes/look*› penetrante; ‹*cold/wind*› cortante; ‹*scream*› desgarrador; ‹*wit/sarcasm*› hiriente, agudo

piercingly /ˈpɪrsɪŋli || ˈpɪəsɪŋli/ *adv* ‹*whistle*› en tono muy agudo; ‹*gaze*› de manera penetrante

pietà /ˌpiːeɪˈtɑː/ *n* piedad *f*

piety /ˈpaɪəti/ *n* (*pl* **-ties**) 1 [u] (devotion) piedad *f*, devoción *f* 2 [c] (act) devoción *f*

piffle /ˈpɪfəl/ *n* [u] (colloq) estupideces *fpl* (fam), paparruchas *f* (fam)

piffling /ˈpɪflɪŋ/ *adj* (colloq) ‹*affair/matter*› insignificante; ‹*sum/amount*› ridículo

pig[1] /pɪg/ *n*
A (Agr, Zool) cerdo *m*, chancho *m* (Andes, RPl); ***a ~ in a poke***: **you've bought yourself a ~ in a poke** te han dado gato por liebre; **you're expecting the electorate to buy a ~ in a poke** ustedes pretenden que el electorado los vote a ciegas *or* sin conocer su programa; ***~s might fly*** *o* ***if ~s had wings*** cuando las ranas críen pelo (fam), la semana de tres jueves (fam); ***to make a ~'s ear of sth*** (BrE colloq) hacer* algo muy mal *or* (CS fam) como la mona; ***to scream like a stuck ~*** gritar como un desaforado; ***to sweat like a ~*** (colloq) sudar a mares; (*before n*): ~ **farm** granja *f* de ganado porcino; ~ **farmer** criador, -dora *m,f* de cerdos *or* (Andes, RPl) chanchos
B 1 (obnoxious person) (colloq) cerdo, -da *m,f* (fam) 2 (glutton) (colloq) glotón, -tona *m,f*, angurriento, -ta *m,f* (CS fam); **to make a ~ of oneself** darse* un atracón (fam), ponerse* morado *or* ciego (Esp fam) 3 (sth difficult, unpleasant) (BrE colloq): **this is a ~ of a door to open** esta maldita puerta es muy difícil de abrir *or* (vulg) es jodida de abrir 4 (policeman) (pej & sl) policía *m*, mono *m* (Esp arg & pey), tombo *m* (Col, Ven fam & pey), paco *m* (Chi fam & pey), cana *m* (RPl arg & pey), tira *m* (Méx fam & pey); **the ~s** la poli (fam), la pasma *or* la bofia (Esp arg & pey), la cana (RPl arg & pey), la tira (Méx fam & pey) 5 (unattractive woman) (AmE sl) bagre *m* (fam) *or* (Esp fam) callo *m or* (Méx fam) charamusca *f*

pig[2] **-gg-** *vt*: ***to ~ it*** (colloq) 1 (share sleeping accommodation) (AmE) compartir la cama 2 (live in dirty, slovenly manner) (BrE) vivir como un cerdo *or* (AmL tb) un chancho (fam)

(Phrasal verb)
- **pig out** [v + adv] (eat to excess) (AmE colloq) **to ~ out (ON sth)** darse* un atracón DE algo (fam), ponerse* morado *or* ciego DE algo (Esp fam)

pigeon /ˈpɪdʒən || ˈpɪdʒɪn, ˈpɪdʒən/ *n* [c u] (Zool) paloma *f*; (Culin) pichón *m*; ***it's not my/your/their ~*** (BrE) no es asunto mío/tuyo/suyo; (*before n*): ~ **fancier** colombófilo, -la *m,f*; ~ **loft** palomar *m*; ~ **post** correo *m* de palomas mensajeras; ~ **racing** carreras *fpl* de palomas mensajeras

pigeon-chested /ˈpɪdʒənˌtʃestəd || ˌpɪdʒɪn ˈtʃestɪd/ *adj*: *con el pecho estrecho y saliente*

pigeonhole[1] /ˈpɪdʒənhəʊl || ˈpɪdʒɪnhəʊl/ *n* 1 (on wall, desk) casillero *m* 2 (category) casilla *f*; **to put sb/sth in a ~** encasillar a algn/algo

pigeonhole[2] *vt* 1 (classify) ‹*person/idea*› catalogar*, encasillar, etiquetar 2 (postpone) archivar, aplazar*, aparcar* (Esp)

piggery /ˈpɪgəri/ *n* (*pl* **-ries**) (BrE) 1 [c] (Agr) (farm) granja *f* porcina, criadero *m* de cerdos *or* (Andes, RPl tb) de chanchos; (pigsty) pocilga *f*, chiquero *m* (AmL) 2 [u] (greediness) (colloq) glotonería *f*

piggish /ˈpɪgɪʃ/ *adj* (colloq) 1 (greedy) ‹*person*› glotón, angurriento (CS fam) 2 (dirty, slovenly) cochino (fam), puerco (fam), chancho (AmL fam)

piggy[1] /ˈpɪgi/ *n* (*pl* **-gies**) (used to or by children) cerdito *m*, chanchito *m* (AmL)

piggy[2] *adj* **-gier, -giest** (pej) ‹*fingers*› regordete, rechoncho; **those ~ eyes** esos ojitos redondos y brillantes

piggyback[1] /ˈpɪgibæk/ *n*: **on ~** a cuestas, a caballo; **give me a ~!** ¡llévame a cuestas *or* a caballo!

piggyback[2] *adv* a cuestas, a caballo

piggybank /ˈpɪgibæŋk/ *n* alcancía *f* (AmL), hucha *f* (Esp) (*en forma de cerdito*), chanchito *m* (CS)

pigheaded /ˈpɪgˌhedəd || ˌpɪgˈhedɪd/ *adj* ‹*person*› terco, testarudo, cabezón (fam), cabeza dura (fam); ‹*attitude/refusal*› obstinado, empecinado

pigheadedly /ˈpɪgˌhedədli || ˌpɪgˈhedɪdli/ *adv* ‹*refuse/persist/insist*› tercamente, con terquedad

pigheadedness /ˈpɪgˌhedədnəs || ˌpɪg ˈhedɪdnɪs/ *n* [u] terquedad *f*, testarudez *f*

pig-ignorant /ˌpɪgˈɪgnərənt/ *adj* (colloq) requeteignorante (fam)

pig in the middle, piggy in the middle *n* [u]: *juego en el cual dos niños se tiran una pelota y un tercero, colocado entre ellos, trata de atraparla*; ***to be (the) ~ ~ ~ ~*** ser* el tercero en discordia

pig iron *n* [u] hierro *m* en lingotes

piglet /ˈpɪglət || ˈpɪglɪt/ *n* cochinillo *m*, lechón *m*, chanchito *m* (AmL)

pigman /ˈpɪgmæn/ *n* (*pl* **-men** /-men/) cebador *m* de cerdos

pigmeat /ˈpɪgmiːt/ *n* [u] (EU) carne *f* de cerdo

pigment[1] /ˈpɪgmənt/ *n* [c u] pigmento *m*

pigment[2] /pɪgˈment/ *vt* pigmentar

pigmentation /ˌpɪgmenˈteɪʃən/ *n* [u] pigmentación *f*

pigmy /ˈpɪgmi/ *n* ▸**pygmy**

pig-out /ˈpɪgaʊt/ *n* (AmE colloq) comilona *f* (fam), atracón *m* (fam)

pig-pen /ˈpɪgpen/ *n* (AmE) ▸**pigsty**

pigskin /ˈpɪgskɪn/ *n* 1 [u] (leather) piel *f* de cerdo (Esp) *or* (Andes, RPl) cuero *m* de chancho 2 [c] (AmE) (Sport) pelota *f*, balón *m*

pigsty /ˈpɪgstaɪ/ *n* (*pl* **-sties**) pocilga *f*, chiquero *m* (AmL); **this house is a ~!** ¡esta casa está hecha una pocilga *or* (AmL tb) un chiquero!

pigswill /ˈpɪgswɪl/ *n* [u] (BrE) bazofia *f*

pigtail /ˈpɪgteɪl/ *n* 1 (bunch) coleta *f*; **she wore/put her hair in ~s** llevaba/se hizo (dos) coletas *or* (Chi) chapes 2 (plait) trenza *f*; **she wore/put her hair in a ~** llevaba/se hizo una trenza

pigtailed /ˈpɪgteɪld/ *adj* con coleta

pigweed /ˈpɪgwiːd/ *n* [u] bledo *m* rojo

pike /paɪk/ *n* (*pl* ~) 1 (Zool) lucio *m* 2 (weapon) (Hist) pica *f* 3 (*turn~*) (AmE) carretera *f*; ***to come down the ~*** (colloq) acercarse*

piker /ˈpaɪkər || ˈpaɪkə(r)/ *n* (AmE sl) 1 (stingy person) roñoso, -sa *m,f* (fam), agarrado, -da *m,f* (fam), amarrete, -ta *m,f* (AmS fam) 2 (timid gambler) gallina *mf* (fam), agachón, -chona *m,f* (Méx fam)

pikestaff /ˈpaɪkstæf || ˈpaɪkstɑːf/ *n*: ***as plain as a ~*** (BrE) más claro que el agua, más claro échale *or* echarle agua

pilaf, pilaff /pɪˈlɑːf || pɪˈlæf/ *n* ▸**pilau**

pilaster /pɪˈlæstər || pɪˈlæstə(r)/ *n* pilastra *f*

Pilate /ˈpaɪlət/ *n* Pilato(s)

Pilates /pɪˈlɑːtiːz/ *n* [u] (Sport) Pilates *m*; **to go to ~** hacer* Pilates

pilau /pɪˈlaʊ/, **pilaw** /pɪˈlɔː/ *n*: *plato de arroz*

pilchard /ˈpɪltʃərd || ˈpɪltʃəd/ *n* sardina *f* (*grande*)

pile[1] /paɪl/ *n*
A [c] 1 (stack, heap) montón *m*, pila *f*; **there was nothing left of the house but a ~ of rubble** de la casa no quedaba más que un montón de escombros 2 (large amount, number) (BrE colloq) (*usu pl*) montón *m* (fam), pila *f* (fam), carrada *f* (RPl fam) 3 (fortune, money) (colloq) fortuna *f*; **that's how he made his ~** así hizo su fortuna *or* se enriqueció; **she made a ~ on the stock market** hizo un fortunón *or* (AmS tb) un platal en la bolsa (fam)
B [c u] (Tex) pelo *m*; **with a thick ~** de pelo tupido
C **piles** *pl* (BrE) (Med) hemorroides *fpl*, almorranas *fpl*
D [c] (Elec) pila *f*
E [c] (Const) pilote *m*
F [c] (large building) (hum) mole *f*

pile[2] *vt* amontonar, apilar, hacer* un montón *or* una pila con; **my desk was ~d high with boxes** había un montón *or* una pila enorme de cajas sobre mi escritorio; **he ~d more rice onto his plate** se sirvió otro montón de arroz; **we ~d all the luggage on the back seat** amontonamos todo el equipaje en el asiento trasero; **her hair was ~d on top of her head** llevaba el pelo recogido en alto

(Phrasal verbs)
- **pile in** [v + adv] (colloq) 1 (squeeze into space) meterse; **~ in, there's plenty of room** métanse, hay mucho sitio 2 (begin activity) lanzarse* al ataque
- **pile into** [v + prep + o] (colloq) 1 (squeeze into) meterse; **we all ~d into the car** nos metimos todos en el coche 2 (attack) arremeter contra; **police ~d into the demonstrators** la policía arremetió contra los manifestantes; **in her speech she ~d into the feminists** en su discurso arremetió contra las feministas; **she really ~d into him!** ¡se puso como una fiera con él!; **they all ~d into the sandwiches** todos se abalanzaron sobre los sandwiches 3 (crash into) ‹‹*vehicle*›› estrellarse contra
- **pile on** [v + o + adv, v + adv + o] 1 (add): **we had to ~ on more blankets** tuvimos que ponerle (*or* ponernos *etc*) más mantas encima; **she ~d on the mayonnaise** le puso un montón de mayonesa (fam); **they keep piling on the work** nos dan cada vez más trabajo 2 (exaggerate) (colloq) ‹*melodrama/indignation*› exagerar; **he does ~ it on** se pasa de dramático, exagera mucho
- **pile out** [v + adv] (colloq) bajarse en tropel (fam)
- **pile out of** [v + prep + adv] (colloq) bajarse en tropel de (fam)
- **pile up**
A [v + adv] 1 (accumulate) ‹‹*mail/problems*›› amontonarse, acumularse 2 (crash) ‹‹*cars*›› chocar* en cadena, hacer* carambola (Méx)
B [v + o + adv, v + adv + o] 1 (form pile) ‹*books/boxes*› apilar, amontonar 2 (collect) ‹*fortune*› amasar; ‹*sum*› juntar, reunir*; **they ~d up huge debts** se llenaron de deudas

pile driver *n* (Const) martinete *m*

pileup /ˈpaɪlʌp/ *n* choque *m* múltiple *or* en cadena, carambola *f* (Méx)

pilfer /ˈpɪlfər || ˈpɪlfə(r)/ *vt/vi* robar (*cosas de poco valor*), ratear, hurtar

pilferage /ˈpɪlfərɪdʒ/ *n* [u] robo *m*, ratería *f*, hurto *m*

pilferer /ˈpɪlfərər || ˈpɪlfərə(r)/ *n* ratero, -ra *m,f*

pilfering /ˈpɪlfərɪŋ/ *n* [u] robos *mpl*, raterías *fpl*, hurtos *mpl*

pilgrim /ˈpɪlgrəm || ˈpɪlgrɪm/ *n* peregrino, -na *m,f*; (*before n*): **the P~ Fathers** *los primeros colonizadores de Nueva Inglaterra*

Pilgrim Fathers - the Pilgrim Fathers

Se denomina así a las 102 personas que zarparon rumbo a América, en 1620, a bordo del Mayflower. El grupo incluía 35 puritanos cuyo objetivo era fundar una comunidad religiosa segura en el Nuevo Mundo y lejos de la persecución de la que habían sido objeto en Inglaterra. Probablemente atracaron en Plymouth Rock, Massachusetts, donde fundaron la colonia de Plymouth.

p

pilgrimage /ˈpɪlgrəmɪdʒ || ˈpɪlgrɪmɪdʒ/ *n* peregrinación *f*; **to go on a ~** ir* de peregrinación; **I made a ~ to my parents' old house** fui en peregrinación a la antigua casa de mis padres

pill /pɪl/ *n*
A [1] (tablet) pastilla *f*, píldora *f*; ***a bitter ~ to swallow*** un trago amargo; ***to sugar*** *o* ***sweeten the ~*** dorar la píldora [2] (contraceptive): **the P~** la píldora (anticonceptiva); **to be/go on the P~** tomar/empezar* a tomar la píldora
B (boring, ineffectual person) (AmE colloq & dated) pelmazo *m* (fam), pesado, -da *m,f*

pillage¹ /ˈpɪlɪdʒ/ *n* [u] pillaje *m*, saqueo *m*

pillage² *vt* saquear
■ **pillage** *vi* saquear, pillar

pillar /ˈpɪlər || ˈpɪlə(r)/ *n* [1] (column) pilar *m*, columna *f*; **a ~ of smoke** una columna de humo; **a ~ of salt** (Bib) una estatua de sal; ***from ~ to post*** de la ceca a la Meca [2] (exemplary member) pilar *m*, baluarte *m*; **he is a ~ of the community** es uno de los pilares *or* baluartes comunidad

pillar box *n* (BrE) buzón *m*

pillar-box red /ˈpɪlərbɑːks || ˈpɪləbɒks/ *n* [u] rojo *m* brillante; (*before n*): **~ hair/suit** pelo *m* /traje *m* rojo brillante

pillbox /ˈpɪlbɑːks || ˈpɪlbɒks/ *n* [1] (for pills) pastillero *m* [2] **~ (hat)** (worn by women) casquete *m*; (worn by soldiers, bellboys) gorra *f* [3] (Mil) fortín *m*

pillion¹ /ˈpɪljən || ˈpɪliən/ *n* (Auto) asiento *m* trasero (*de una moto*); (*before n*): **~ passenger** pasajero, -ra *m,f* de atrás

pillion² *adv* (Auto) ‹*go/travel/ride*› en el asiento trasero, de paquete (fam)

pillock /ˈpɪlək/ *n* (BrE colloq) imbécil *mf*

pillory¹ /ˈpɪləri/ *n* (*pl* **-ries**) picota *f*

pillory² *vt* **-ries, -rying, -ried** ridiculizar*, burlarse de

pillow¹ /ˈpɪləʊ/ *n* almohada *f*; (*before n*): **~ fight** lucha *f or* guerra *f* de almohadas; **~ talk** conversaciones *fpl* íntimas (*en la cama*)

pillow² *vt* recostar*, apoyar

pillowcase /ˈpɪləʊkeɪs/, (BrE also) **pillow slip** *n* funda *f*, almohadón *m* (Esp)

pill-popper /ˈpɪlpɑːpər || ˈpɪlpɒpə(r)/ *n* (colloq) [1] (pill-taker) adicto, -ta *m,f* a las pastillas [2] (barbiturate addict) adicto, -ta *m,f* a los barbitúricos

pilot¹ /ˈpaɪlət/ *n*
A (Aerosp, Aviat) piloto *mf*; **~'s license** licencia *f* de piloto; (*before n*): **~ error** falla *f* humana *or* del piloto (AmL), fallo *m* humano *or* del piloto (Esp); **~ officer** (Aviat) oficial *m* piloto
B (Naut) práctico *mf* (de puerto); (*before n*): **~ boat** lancha *f* del práctico
C (Rad, TV) programa *m* piloto; (Busn) producto *m* piloto *or* experimental
D ►**pilot light**

pilot² *adj* (*before n*) ‹*production/model*› piloto *adj inv*, experimental; **~ plant** planta *f* piloto; **~ program** programa *m* piloto; **~ study** estudio *m* piloto

pilot³ *vt*
A [1] (Aviat, Naut) pilotear, pilotar [2] (guide, lead) dirigir*; **to ~ a bill through Congress** lograr la aprobación de un proyecto de ley
B (test) ‹*product/scheme*› poner* a prueba

pilot burner *n* (AmE) ►**pilot light**

pilotfish /ˈpaɪlətfɪʃ/ *n* (*pl* **~** *or* **~es**) pez *m* piloto

pilot light *n* piloto *m*

pilot whale *n* ballena *f* piloto, calderón *m* común

pimento /pɪˈmentəʊ/, **pimiento** /pɪˈmjentəʊ/ *n* (*pl* **-tos**)
A (sweet pepper) pimiento *m or* (AmS exc RPl) pimentón *m* rojo *or* colorado, ají *m* morrón (RPl)
B (allspice) pimienta *f* de Jamaica

pimp¹ /pɪmp/ *n* proxeneta *m*, chulo *m* (de putas) (Esp fam), padrote *m* (Méx fam), cafiche *m* (CS fam)

pimp² *vi* **to ~ FOR sb** ser* el proxeneta DE algn

pimpernel /ˈpɪmpərnel || ˈpɪmpənel/ *n* murajes *mpl*

pimple /ˈpɪmpəl/ *n* grano *m*, espinilla *f* (AmL), pepa *f* (Ven fam)

pimply /ˈpɪmpli/ *adj* **-plier, -pliest** lleno de granos

pin¹ /pɪn/ *n*
A (for cloth, paper) alfiler *m*; **it was so quiet you could have heard a ~ drop** había tanto silencio que se podía oír el vuelo de una mosca; ***as clean as a (new) ~*** limpio como un jaspe *or* como los chorros del oro; ***for two ~s*** (colloq): **for two ~s I'd tell her what I think of her** tengo muchas ganas de decirle lo que pienso de ella; ***not to care*** *o* ***give two ~s*** (colloq): **I don't care two ~s what they think** me importa un bledo *or* un comino *or* un pepino lo que piensen
B (brooch, badge) (AmE) insignia *f*
C [1] (on grenade) anilla *f* [2] (on plug) (BrE) (Elec) clavija *f*, borne *m*, pata *f* (fam) [3] (peg) (Tech) perno *m* [4] (*clothes ~*) (AmE) pinza *f or* (Arg) broche *m or* (Ur) palillo *m or* (Chi) perrito *m or* (Col, Ven) gancho *m* (de la ropa) [5] (Med) clavo *m*
D [1] (in golf) banderín *m* [2] (in bowling) bolo *m*, pino *m* (Méx)
E **pins** *pl* (legs) (colloq) patas *fpl* (fam)

pin² **-nn-** *vt*
A (fasten, attach) ‹*dress/seam*› prender con alfileres; **I ~ned the papers together** sujeté los papeles con un alfiler; **she wore her hair ~ned up** llevaba el pelo recogido (con horquillas *or* (Méx) prendedores); **~ the list (up) on the board** pon la lista en el tablero de anuncios; **she had a flower ~ned on** *o* **to her dress** llevaba una flor prendida en el vestido; **I ~ned the clothes on the line** (AmE) colgué *or* tendí la ropa; **she had ~ned her hopes on him/on getting a scholarship** había cifrado sus esperanzas en él/en conseguir la beca; **they tried to ~ the blame on him** trataron de hacerle cargar con la culpa
B (hold motionless): **they ~ned him against the wall** lo inmovilizaron contra la pared; **she ~ned my arms to my sides** me sujetó los brazos a ambos lados

Phrasal verbs
• **pin back** [v + o + adv, v + adv + o] sujetar, fijar; **to have one's ears ~ned back** operarse de las orejas (para aplastarlas)
• **pin down** [v + o + adv, v + adv + o]
A (prevent from moving): **he was ~ned down by a fallen beam** quedó inmovilizado bajo una viga; **they ~ned him down** (se echaron sobre él y) lo inmovilizaron
B [1] (define) ‹*cause/identity*› definir, precisar; **something's wrong with me, but I can't ~ it down** algo tengo, pero no sabría decir exactamente qué; **ideologically, he is hard to ~ down** es difícil encasillarlo en una ideología [2] (force to state position): **it's useless trying to ~ politicians down** es inútil intentar que los políticos se definan; **to ~ sb down TO/ON sth**: **I managed to ~ him down to a definite date** conseguí que se comprometiera para una fecha concreta; **we couldn't ~ him down on the details of the plan** no logramos que precisara *or* que concretara los pormenores del plan

PIN /pɪn/ *n* (**= personal identification number**) PIN *m*

pinafore /ˈpɪnəfɔːr || ˈpɪnəfɔː(r)/ *n* [1] **~ (dress)** (sleeveless dress) jumper *m or* (Esp) pichi *m* [2] (apron) (BrE) delantal *m or* (esp Méx) mandil *m* (*con peto*) [3] (protective overdress) delantal *m*

pinball /ˈpɪnbɔːl/ *n* [u] (*before n*): **~ machine** flipper *m*

pince-nez /ˌpænsˈneɪ/ *n* (*pl* **~** /-z/) quevedos *mpl*

pincer /ˈpɪnsər || ˈpɪnsə(r)/ *n* [1] (Zool) pinza *f*; (*before n*): **~ movement** (Mil) movimiento *m* de tenazas [2] **pincers** *pl* (tool) tenazas *fpl*, tenaza *f*; **a pair of ~s** unas tenazas, una tenaza

pinch¹ /pɪntʃ/ *n* [1] (act) pellizco *m*; **to give sb a ~** pellizcar* *or* darle* un pellizco a algn; ***in*** *o* (BrE) ***at a ~*** (if necessary) si fuera necesario; (at the most) como máximo; ***to feel the ~*** estar* apretado (de dinero), pasar estrecheces; **we're going to feel the ~** vamos a estar más apretados (de dinero) [2] (small quantity) pizca *f*, pellizco *m*; **a ~ of salt** una pizca *or* un pellizco de sal; ►**salt¹ A1**

pinch² *vt*
A «*person*» pellizcar*; «*shoes*» apretar*; **~ the pastry to make little folds** hacer* un repulgo en la masa
B (colloq) [1] (steal) (BrE) ‹*wallet*› robar; ‹*boyfriend*› levantar (fam); ‹*idea*› robar, quitar [2] (arrest) (colloq) ‹*criminal*› atrapar, pescar*, agarrar
■ **pinch** *vi* [1] (be too tight) «*shoes*» apretar* [2] (be frugal): **to ~ and scrape** *o* **save** hacer* economías, privarse de cosas

pinched /pɪntʃt/ *adj* [1] (puckered, drawn): **she had a ~ look** tenía mala cara; **faces ~ with grief/bitterness** caras transidas de dolor/amargura [2] (having insufficient) (*pred*) **to be ~ (FOR sth)** estar* apretado DE algo, andar* escaso DE algo; **we're ~ for money/time** estamos apretados *or* andamos escasos de dinero/tiempo

pinch-hit /ˈpɪntʃˈhɪt/ *vi* **-tt-** [1] (in baseball) batear de emergencia [2] (act as substitute) (AmE colloq) **to ~ FOR sb** sustituir* A algn

pinch hitter *n* [1] (in baseball) bateador, -dora *m,f* de emergencia [2] (substitute) (AmE colloq) sustituto, -ta *m,f*

pincushion /ˈpɪnˌkʊʃən/ *n* alfiletero *m*, acerico *m*, almohadilla *f*

pine¹ /paɪn/ *n* [1] [c] **~ (tree)** pino *m*; (*before n*): **~ cone** piña *f*; **~ needle** hoja *f* de pino; **~ needles** (dry on ground) pinocha *f*, pinaza *f*; **~ nut** piñón *m* [2] [u] (wood) (madera *f* de) pino *m*; (*before n*) ‹*furniture*› de pino

pine² *vi* estar* triste, sufrir; **to ~ FOR sth** suspirar POR algo; **she was pining to see her family** suspiraba por ver a su familia, anhelaba ver a su familia; **the dog was pining for its master** el perro echaba muchísimo de menos a su amo

Phrasal verb
• **pine away** [v + adv]: **he ~d away in exile** languidecía *or* se consumía de añoranza en el exilio; **he had been pining away ever since she left** desde que se fue lloraba su ausencia desconsoladamente

pineal body, pineal gland /ˈpɪniəl/ *n* glándula *f* pineal

pineapple /ˈpaɪnˌæpəl/ *n* piña *f or* (esp RPl) ananá *f*

pine marten *n* marta *f*

pinewood /ˈpaɪnwʊd/ *n* [1] [c] (forest) (*often pl*) pinar *m*, bosque *m* de pinos [2] [u] ►**pine¹ 2**

ping¹ /pɪŋ/ *n* sonido *m* metálico; (of bullet) silbido *m*; **the bell goes ~ when the meal is cooked** el timbre suena *or* (fam) hace tin cuando la comida está lista

ping² *vi* «*bell*» sonar*, hacer* tin (fam)

Ping-Pong®, ping-pong /ˈpɪŋpɑːŋ || ˈpɪŋpɒŋ/ *n* [u] ping-pong *m*

pinhead /ˈpɪnhed/ *n* [1] (of pin) cabeza *f* de alfiler [2] (stupid person) (colloq) cabeza *f* de chorlito (fam), pedazo *m* de alcornoque (fam)

pinhole /ˈpɪnhəʊl/ *n* agujerito *m*

pinhole camera *n* cámara *f* estenopeica, cámara *m* pin-hole

pinion¹ /ˈpɪnjən/ *vt* [1] ‹*person*› inmovilizar* (*esp sujetándole los brazos*) [2] ‹*bird*› cortarle las alas a

pinion² *n* [1] (of bird) (poet) ala *f*‡ [2] (cogwheel) piñón *m*

pink¹ /pɪŋk/ *adj* **-er, -est** [1] ►❶ **p.1036** ‹*dress/paint/fabric*› rosa *adj inv*, rosado (AmL); ‹*cheeks*› sonrosado; **my face went bright ~** me puse colorada; **~ gin** pink gin *m*, ginebra *f* con angostura; ►**tickle¹ 2** [2] (slightly left-wing) (colloq) rojillo (fam)

pink² *n*
A ►❶ **p.1036** [u] (color) rosa *m*, rosado *m* (AmL); ***to be in the ~*** (in top form) estar* en plena forma; (happy) estar* feliz de la vida
B [c] (Bot) clavelina *f*
C [u] (*hunting ~*) casaca *f or* chaqueta *f* roja de caza

pink³ *vt* [1] (cut with pinking shears) ‹*cloth*› cortar con tijera dentada [2] (decorate with holes) ‹*leather/cloth*› calar [3] (in fencing) ‹*person/chest*› pinchar (*con el florete*)

■ **pink** *vi* (BrE) (Auto) «*engine*» picar*

pink-collar /ˌpɪŋk'kɑːlər || ˌpɪŋk'kɒlə(r)/ *adj* ‹*work*› desempeñado generalmente por una mujer; ‹*worker*› que realiza un trabajo desempeñado generalmente por mujeres

pinkeye /'pɪŋkaɪ/ *n* [u] (Med) conjuntivitis *f* aguda; (Vet Sci) queratitis *f* infecciosa

pinkie /'pɪŋki/ *n* (AmE, Scot colloq) meñique *m*

pinking shears /'pɪŋkɪŋ/ *pl n* tijeras *fpl* dentadas

pinkish /'pɪŋkɪʃ/ ▸❶ **p.1036** *adj* tirando a rosa; **a ~ orange/red** un naranja/rojo tirando a rosa

pinko[1] /'pɪŋkəʊ/ *n* (*pl* **-kos** *or* **-koes**) (colloq & pej) comunistoide *mf* (pey), rojillo, -lla *m,f* (fam)

pinko[2] *adj* (colloq & pej) comunistoide (pey), rojillo (fam)

pink salmon *n* [u c] salmón *m* rosado

pink slip *n* (AmE) notificación *f* de despido

pinky *n* (*pl* **-kies**) ▸**pinkie**

pin money *n* [u]: *dinero para gastos personales*; **she only works for ~ ~** sólo trabaja para tener dinero para sus gastos *or* (hum) sus vicios

pinnace /'pɪnəs || 'pɪnɪs/ *n* **1** (sailboat) pinaza *f* **2** (ship's boat) bote *m*

pinnacle /'pɪnɪkəl/ *n* **1** (Archit) pináculo *m*; **the ~ of fame** el pináculo de la fama **2** (mountain peak) cumbre *f*, cima *f*, cúspide *f*

pinnate /'pɪneɪt/ *adj* (**~** *leaf*) hoja *f* pinada

pinny /'pɪni/ *n* (*pl* **-nies**) (BrE colloq) ▸**pinafore 2**

pinochle /'piːnəkəl || 'piːnɒkəl/ *n* [u] pinacle *m*

pinpoint[1] /'pɪnpɔɪnt/ *vt* **1** (determine) ‹*position/aircraft*› localizar* *or* (AmL tb) ubicar* con exactitud; **to ~ the causes/origins of the problem** establecer* con exactitud cuáles son las causas/los orígenes del problema; **it's difficult to ~ the exact moment when ...** es difícil precisar exactamente en qué momento ... **2** (pick out) ‹*fact*› señalar

pinpoint[2] *n* puntito *m*; (*before n*): **~ accuracy** precisión *f* milimétrica

pinprick /'pɪnprɪk/ *n* **1** (sensation) pinchazo *m*; (hole) agujerito *m* **2** (minor irritation) pequeño inconveniente *m*

pins and needles *pl n* hormigueo *m*; **I've got ~ ~ ~ in my leg** tengo un hormigueo en la pierna; ***to be on ~ ~ ~*** estar* en ascuas

pinstripe[1] /'pɪnstraɪp/ *n* **1** (stripe) raya *f* fina **2** (cloth) tela *f* de raya diplomática **3** **~ (suit)** traje *m* oscuro de raya diplomática

pinstripe[2], **pinstriped** /-t/ *adj* de raya diplomática

pint /paɪnt/ *n* **1** ▸❶ **p.998** (measure) pinta *f* (*EEUU: 0,47 litros, RU: 0,57 litros*) **2** (of beer) (BrE colloq): **to go for a ~** salir* a tomar una cerveza *or* (Esp tb) una caña

pinta /'paɪntə/ *n* (BrE colloq) pinta *f* de leche

pinto[1] /'pɪntəʊ/ *adj* (AmE) pinto

pinto[2] *n* (*pl* **-tos**) (AmE) caballo *m* pinto

pinto bean *n* frijol *m* pinto *or* (Esp) alubia *f* pinta *or* (CS) poroto *m* pinto

pint-size /'paɪntsaɪz/, **pint-sized** /-d/ *adj* pequeñito (fam), chiquito (esp AmL fam)

pinup /'pɪnʌp/ *n* (photo) foto *f* (*de chica atractiva, actor famoso etc*); (*before n*): **~ girl** pin-up *f*

pinwheel /'pɪnhwiːl || 'pɪnwiːl/ *n* **1** (toy) (AmE) molinete *m*, molinillo *m*, remolino *m* (CS), rinhglete *m* (Col) **2** (firework) girándula *f*

pinyin /pɪn'jɪn/ *n* [u] (Ling) pinyin *m*

pioneer[1] /ˌpaɪə'nɪr || ˌpaɪə'nɪə(r)/ *n* **1** (originator, inventor) pionero, -ra *m,f*, precursor, -sora *m,f* **2** (settler) pionero, -ra *m,f*, colonizador, -dora *m,f* **3** (Mil) zapador, -dora *m,f*

pioneer[2] *vt* **1** ‹*policy*› promover*; ‹*technique*› ser* el primero (*or* la primera *etc*) en aplicar **2** **pioneering** *pres p* ‹*research*› que abre nuevos caminos, pionero; ‹*surgeon/economist*› innovador, pionero

pious /'paɪəs/ *adj* **1** (religious, devout) ‹*person*› piadoso; **~ hopes** esperanzas *fpl* infundadas **2** (sanctimonious, hypocritical) ‹*person*› beato, santurrón, pechoño (Chi); **they could only offer ~ platitudes** no dijeron más que perogrulladas de beato

piously /'paɪəsli/ *adv* **1** (religiously) piadosamente **2** (sanctimoniously) hipócritamente

pip[1] /pɪp/ *n*

A (seed) pepita *f*, semilla *f*

B **1** (on dice, domino) punto *m* **2** (BrE) (Mil) (on uniform) estrella *f*

C (BrE) (Rad, Telec) pitido *m*; **wait for the ~s** espere a oír la señal

D (Vet Sci): **the ~** *enfermedad infecciosa de las aves de corral*; ***to give sb the ~*** (BrE colloq) sacar* de quicio a algn

pip[2] *vt* **-pp-** (BrE colloq) **to ~ sb/sth (TO sth)**: **the Italian film was just ~ped to the prize** le arrebataron el premio a la película italiana; **he was ~ped at the (finishing) post** le ganaron adelantándosele a pocos pasos de la meta, perdió por un pelo (fam)

pipe[1] /paɪp/ *n*

A (for liquids, gases) tubo *m*, caño *m*, tubería *f*, cañería *f*

B (for tobacco) pipa *f*; **I smoke a ~** fumo en pipa; **the ~ of peace, the peace ~** la pipa de la paz; ***put that in your ~ and smoke it!*** (colloq) ¡chúpate ésa! (fam), ¡toma del frasco, Carrasco! (Esp fam); (*before n*): **~ bowl** cazoleta *f*; **~ cleaner** desatascador *m*; **~ rack** pipero *m*; **~ smoker** fumador, -dora *m,f* de pipa; **~ tobacco** tabaco *m* de pipa

C **1** (wind instrument) caramillo *m*; **the ~s of Pan** la flauta de Pan **2** (of organ) tubo *m*, cañón *m* **3** **pipes** *pl* gaita *f*; **to play the ~s** tocar* la gaita **4** (boatswain's whistle) pito *m*

pipe[2] *vt*

A (transport by pipe) (+ *adv compl*) ‹*water/gas/oil*› llevar (*por tuberías, gasoducto, oleoducto*)

B (play): **they were ~d in to dinner** entraron al comedor al son de una gaita; **the captain was ~d aboard** tocaron el silbato cuando el capitán subió a bordo

C **1** (Culin) ‹*cake*› decorar (*con manga de repostería*); **~ the cream onto the cake** decorar el pastel con la crema usando una manga de repostería **2** (Clothing) (*usu pass*) ribetear; **a red dress ~d with white** un vestido rojo ribeteado en blanco

Phrasal verbs

- **pipe down** [v + adv] (colloq) (*usu in imperative*) callarse la boca (fam); **~ down!** ¡cállate la boca! (fam), ¡cierra el pico! (fam)
- **pipe up** [v + adv] (colloq): **her friend ~d up and said she knew too** su amiga saltó con que ella también lo sabía (fam); **he always ~s up with some stupid comment** siempre sale con alguna tontería

piped music /paɪpt/ *n* [u] música *f* ambiental, hilo *m* musical (Esp)

pipe dream *n* quimera *f*, sueño *m*, sueño *m* guajiro (Méx)

pipeline /'paɪplaɪn/ *n* conducto *m*, ducto *m* (Méx); **a gas ~** un gasoducto; **an oil ~** un oleoducto; ***in the ~***: **it's in the ~** está proyectado, hay planes al respecto; **there are no changes in the ~** no tenemos (*or* no tienen *etc*) proyectado ningún cambio

pipe organ *n* órgano *m* de tubos

piper /'paɪpər || 'paɪpə(r)/ *n* gaitero, -ra *m,f*; ***he who pays the ~ calls the tune*** quien paga manda *or* elige

pipette /paɪ'pet || pɪ'pet/ *n* pipeta *f*

piping[1] /'paɪpɪŋ/ *n* [u]

A (pipe) cañería *f*, tubería *f*; **a length of lead ~** un tubo *or* un caño *or* una cañería *or* una tubería de plomo

B **1** (cord) ribete *m* (*con cordón*) **2** (cake decoration) *decoración hecha con la manga de repostería*

C (sound) trinar *m*

piping[2] *adj* aflautado

piping[3] *adv* (*as intensifier*): **~ hot** bien *or* muy caliente

pipit /'pɪpət || 'pɪpɪt/ *n* bisbita *f*

pippin /'pɪpən || 'pɪpɪn/ *n*

A (Bot) camuesa *f* (*tipo de manzana*)

B (AmE colloq) (excellent — person) cielo *m* (fam); (- thing) maravilla *f*

pipsqueak /'pɪpskwiːk/ *n* (colloq) mequetrefe *mf* (fam)

piquancy /'piːkənsi/ *n* [u] **1** (of situation) gracia *f*, interés *m* **2** (of sauce) lo sabroso, lo bien sazonado

piquant /'piːkənt, pɪ'kɑːnt || 'piːkənt, 'piːkɑːnt/ *adj* **1** ‹*contrast/irony*› punzante, agudo **2** ‹*sauce*› sabroso, bien sazonado; ‹*taste*› pronunciado, fuerte

pique[1] /piːk/ *n* [u] despecho *m*, resentimiento *m*; **he only said that in a fit of ~** lo dijo sólo por despecho

pique[2] *vt* **1** (irritate): **he was ~d by her lack of interest** se resintió por su falta de interés, su falta de interés lo hirió en su orgullo **2** (arouse) ‹*curiosity*› picar*; ‹*interest*› despertar*

piquet /pɪ'ket/ *n* [u] piquet *m* (*juego de naipes*)

piracy /'paɪrəsi/ *n* [u] **1** (at sea, in air) piratería *f*; **air ~** piratería aérea **2** (of copyrighted material) piratería *f*

piranha /pɪ'rɑːnə/ *n* piraña *f*

pirate[1] /'paɪrət/ *n* **1** (at sea) pirata *mf*; (*before n*) ‹*flag/ship/raid*› pirata *adj inv* **2** (of book, tape) pirata *mf*; (*before n*) ‹*tape/video/copy*› pirata *adj inv* **3** (in broadcasting) (*before n*): **~ radio station** radio *m or* (Esp, CS) *f* pirata, emisora *f* pirata, estación *f* (de radio) pirata (AmL)

pirate[2] *vt* ‹*book/tape/video*› piratear; **a ~d copy** una copia pirata

piratical /pɪ'rætɪkəl, paɪ- || paɪ'rætɪkəl/ *adj* de pirata

pirogue /'piːrəʊg || pɪ'rəʊg/ *n* piragua *f*

pirouette[1] /ˌpɪrə'wet || ˌpɪrʊ'et/ *n* giro *m*, vuelta *f*; (in ballet) pirouette *f*

pirouette[2] *vi* girar, dar* vueltas

Piscean[1] /'paɪsiən/ *n* (esp BrE) pisciano, -na *m,f*

Piscean[2] *adj* pisciano

Pisces /'paɪsiːz/ *n* **1** (constellation) (*no art*) Piscis **2** [c] (person) Piscis *or* piscis *mf*, pisciano, -na *m,f*; *see also* **Aquarius**

piss[1] /pɪs/ *n* (sl) **1** (act) (*no pl*) meada *f* (vulg); **he's gone for a ~** se ha ido a hacer pis (fam) *or* (vulg) a mear *or* (vulg) a echar una meada **2** [u] (urine) meados *mpl* (vulg); ***to be full of ~ and vinegar*** (AmE) ser* como la pólvora; ***to take the ~ out of sb*** (BrE) tomarle el pelo a algn (fam), cachondearse de algn ((Esp), fam)

piss[2] *vi* (sl) mear (vulg)

■ **piss** *vt* (sl) mear (vulg); ***to ~ oneself (laughing)*** (BrE) mearse de risa (vulg)

■ *v impers* (BrE sl): **it was ~ing down (with rain)** estaba lloviendo a cántaros *or* a chuzos

Phrasal verbs

- **piss about, piss around** (BrE sl)

A [v + adv] perder* el tiempo, hacerse* tarugos (Méx fam)

B [v + o + adv] tomarle el pelo a (fam), agarrar de puerquito (Méx fam), agarrar para el chuleteo (Chi fam); **I'm fed up with being ~ed about** estoy harto de que me tomen el pelo (*or* de que me agarren de puerquito *etc*) (fam)

- **piss away** [v + o + adv, v + adv + o] (sl) ‹*money*› derrochar, liquidarse (fam), feriarse (Méx fam)
- **piss off** (sl)

A [v + adv] (go away) (BrE): **~ off!** ¡vete a la mierda *or* al carajo! (vulg); **it's time we ~ed off** es hora de que nos larguemos (fam)

B [v + o + adv] (anger, bother): **it ~es me off** me revienta (fam), me cabrea (fam), me encabrona (Esp, Méx vulg)

piss artist *n* (BrE vulg) **1** (drunkard) borrachín, -china *m,f* (fam), bolo, -la *m,f* (AmC fam), curda *mf* (Esp, RPl fam), pedo, -da *m,f* (Méx fam), curdo, -da *m,f* (Ven) (fam), curado, -da *m,f* (Chi fam) **2** (time waster) vago, -ga *m,f* (fam)

pissed /pɪst/ *adj* (sl) **1** (AmE) (fed up) cabreado (fam); **to be ~** estar* cabreado (fam), estar* encabronado (Esp, Méx vulg), estar* choreado (Chi fam); **I'm really ~ at her** estoy cabreado con ella (fam), me tiene harto (fam), me tiene podrido (RPl fam) **2** (drunk) (BrE) mamado (fam: en algunas regiones vulg)

pissed-off /ˌpɪst'ɔːf || ˌpɪst'ɒf/ *adj* (*pred* **pissed off**) (BrE sl) cabreado (fam); **to be ~** estar* cabreado (fam), estar* encabronado (Esp, Méx vulg), estar* choreado (Chi fam); **I'm really**

P

~ ~ with her estoy cabreado con ella (fam), me tiene harto (fam), me tiene podrido (RPl fam)

pisshead /ˈpɪshed/ *n* ▸**piss artist 1**

pisspot /ˈpɪspɑːt || ˈpɪspɒt/ *n* (sl) bacinica *f* (fam), bacinilla *f* (fam)

piss-up /ˈpɪsʌp/ *n* (BrE sl) juerga *f* (fam) (*donde se bebe mucho*); ***he couldn't organize a ~ in a brewery*** (hum) es un negado, es de los que no dan pie con bola (fam)

pistachio /pɪˈstæʃiəʊ/ *n* **1** ~ **(nut)** pistacho *m*, pistache *m* (Méx) **2** (tree) pistacho *m*, pistache *m* (Méx)

piste /piːst/ *n* pista *f*; **to ski off-~** esquiar fuera de pista

pistil /ˈpɪstl/ *n* pistilo *m*

pistol /ˈpɪstl || ˈpɪstɪl/ *n* pistola *f*, revólver *m*; ***to hold a ~ to sb's head*** poner* a algn entre la espada y la pared, ponerle* un revólver en el pecho a algn (CS); (*before n*): **~ shot** disparo *m* de pistola

pistol-whip /ˈpɪstlhwɪp || ˈpɪstlwɪp/ *vt* **-pp-**: **to ~ sb** pegarle* a algn en la cara con una pistola

piston /ˈpɪstən/ *n* émbolo *m*, pistón *m*; (*before n*): **~ engine** motor *m* de émbolo *or* pistón; **~ ring** segmento *m or* aro *m* del émbolo; **~ rod** biela *f*; **~ stroke** carrera *f* del émbolo

pit¹ /pɪt/ *n*

A **1** (hole — in ground) hoyo *m*, pozo *m*; (— for burying) fosa *f*; (— as trap) trampa *f*, fosa *f*; (— for jumping) foso *m* (*de caída*); **(inspection) ~** (Auto) foso *m or* (RPl) fosa *f*; **the bear/snake ~** el foso de los osos/las serpientes; **the ~ of the stomach** la boca del estómago; ***a bottomless ~*** un pozo sin fondo; **eating again? you're a bottomless ~!** ¿otra vez comiendo? ¡tú eres un barril sin fondo! **2** (hell): **the ~** el abismo, el infierno

B **1** (coalmine) mina *f* (*de carbón*); (*before n*): **~ worker** minero *m* **2** (quarry) cantera *f*

C (Theat) (*orchestra ~*) **1** foso *m* orquestal *or* de la orquesta **2** (stalls) (Hist) platea *f*

D (in Stock Exchange) (AmE) parqué *m*

E **pits** *pl* **1** (in motor racing): **the ~s** los boxes, los pits **2** (the very worst) (sl): **the ~s** lo peor que hay (fam), un desastre

F (in fruit) (AmE) hueso *m*, cuesco *m*, carozo *m* (CS), pepa *f* (Col)

G (on face) marca *f*, cicatriz *f*

H (bed) (BrE sl) cama *f*

pit² **-tt-** *vt*

A (mark) ‹*surface/metal*› picar*, marcar*; **his face was ~ted by smallpox** tenía la cara picada de viruelas

B (remove stone) (AmE) ‹*fruit/olive*› quitarle el hueso *or* el cuesco *or* (CS) el carozo *or* (Col) la pepa a, deshuesar, descarozar* (CS); **~ted cherries** cerezas *fpl* deshuesadas *or* sin hueso *or* (CS tb) descarozadas

Phrasal verb

• **pit against** [v + o + prep + o] enfrentar a; **to ~ oneself against sb** enfrentarse a algn, medir* fuerzas con algn; **you'll be ~ting your wits against the experts** vas a estar compitiendo con los expertos; **they were ~ted against a powerful alliance** se veían enfrentados a una poderosa alianza

pita (bread), pitta (bread) /ˈpɪtə/ *n* [u] pan *m* árabe

pit-a-pat /ˌpɪtəˈpæt/ *n/adv/vi* ▸**pitter-patter¹, pitter-patter², pitter-patter³**

pitbull terrier /ˈpɪtbʊl/ *n*: *perro de la familia del bulterrier*

pitch¹ /pɪtʃ/ *n*

A **1** (level, degree) (*no pl*) punto *m*, extremo *m*, grado *m*; **to reach such a ~ that …** llegar* hasta tal punto *or* tal extremo que …, llegar* a un grado tal que …; **tension had risen to an unbearable ~** la tensión había aumentado hasta hacerse insoportable **2** [u c] (Mus) tono *m*

B (Sport) **1** [c] (in baseball) lanzamiento *m* **2** [c] (in golf) pitch *m*

C [c] (Sport) (playing area) (BrE) campo *m*, cancha *f* (AmL); (*before n*): **~ invasion** invasión *f* del campo *or* (AmL) de la cancha

D [c] **1** (position, site) (BrE) lugar *m*, sitio *m*; (in market, fair) puesto *m*; ***to queer sb's ~*** (BrE colloq) jorobar a algn (fam), serrucharle (RPl) *or* (Chi) aserrucharle el piso a algn (fam) **2** (*sales ~*) **he had a very effective sales ~** tenía buena labia para vender, sabía convencer al cliente con argumentos; **an insurance agent's ~** el discursito de un vendedor de seguros

E **1** [u] (movement) (Naut) cabezada *f* **2** [c] (angle) pendiente *f*, grado *m* de inclinación

F [u] (substance) brea *f*

pitch² *vt*

A (set up) ‹*tent*› armar, montar; ‹*camp*› montar, hacer*

B **1** (throw, toss) tirar, arrojar; **we were ~ed forward when the bus braked suddenly** el frenazo en seco que dio el autobús nos lanzó *or* nos arrojó hacia adelante; **she was ~ed off her horse** fue arrojada del caballo **2** (in baseball, cricket) ‹*ball*› lanzar*, pichear

C **1** (aim, set, address): **she doesn't know at what level to ~ her talk** no sabe qué nivel darle a la charla; **why don't you ~ your aspirations a little higher?** ¿por qué no das más vuelo a tus aspiraciones?, ¿por qué no picas un poco más alto? (fam); **they ~ed their opening offer at 3%** situaron su oferta inicial en un 3%; ***to ~ it a bit strong*** o ***high*** (colloq) recargar* las tintas **2** (Mus) ‹*note*› dar*; **her instrument was ~ed lower** su instrumento tenía un tono más bajo

■ **pitch** *vi*

A **1** (fall) (+ *adv compl*) caerse*; **he ~ed forward onto his face** se fue de bruces; **the boxes ~ed forward on top of me** las cajas se me vinieron encima **2** (lurch) «*ship/plane*» cabecear

B (Sport) **1** (in baseball) lanzar*, pichear **2** (in golf, cricket) «*ball*» caer*, dar*

C (campaign, fight) (AmE) **to ~ FOR sth** pelear POR algo; ***to be in there ~ing*** (colloq) estar* en la brecha *or* al pie del cañón

Phrasal verbs

• **pitch in** [v + adv] (colloq) **1** (join in) arrimar el hombro, dar* una mano; **if everyone ~es in** si todos arriman el hombro *or* dan una mano; **she ~ed in with the rest of them** se puso a trabajar a la par de los demás; **several people ~ed in with offers of help** varias personas se ofrecieron a ayudar **2** (start eating) atacar* (fam), entrarle (Méx fam)

• **pitch into** [v + prep + o] (colloq) **1** (set about): **to ~ into sth** ponerse* a hacer algo; **he ~ed into the paperwork** se puso a despachar el papeleo (fam) **2** (start eating) atacar* (fam), entrarle a (Méx fam) **3** (attack) arremeter contra

• **pitch up** [v + adv] (BrE) (colloq) aparecer* (fam), presentarse

pitch-and-putt /ˌpɪtʃənˈpʌt/ *n* minigolf *m*, golfito *m* (AmL)

pitch-and-toss /ˌpɪtʃənˈtɔːs || ˌpɪtʃənˈtɒs/ *n*: *juego similar al tejo*

pitch-black /ˈpɪtʃˈblæk/ ▸**❶ p.1036** *adj* ‹*night*› (oscuro) como boca de lobo (fam), muy oscuro; ‹*surface*› negro como el azabache; **it's ~ out there** allí fuera está (oscuro) como boca de lobo (fam)

pitchblende /ˈpɪtʃblend/ *n* [u] pechblenda *f*

pitch-dark /ˈpɪtʃˈdɑːrk || ˌpɪtʃˈdɑːk/ ▸**❶ p.1036** *adj* ▸**pitch-black**

pitched battle /pɪtʃt/ *n* batalla *f* campal

pitcher /ˈpɪtʃər || ˈpɪtʃə(r)/ *n*

A (for pouring) jarra *f*, jarro *m*, pichel *m* (AmC); (of clay) (BrE) cántaro *m*; ***little ~s have big ears*** hay moros en la costa

B (in baseball) lanzador, -dora *m,f*, pítcher *mf*

pitchfork¹ /ˈpɪtʃfɔːrk || ˈpɪtʃfɔːk/ *n* horca *f*, horquilla *f*, horqueta *f* (Chi)

pitchfork² *vt* (*usu pass*) **to be ~ed INTO/ONTO sth**: **I was ~ed into taking on extra responsibility** me vi obligado *or* forzado a aceptar más responsabilidades; **I was ~ed onto the committee** me metieron en la comisión

pitchman /ˈpɪtʃmæn/ *n* (*pl* **-men** /-men/) (AmE colloq); *persona que usa su labia para convencer, vender una idea, producto etc*

pitch pine *n* [c u] (tree, wood) pino *m* tea

pitch pipe *n* diapasón *m* (*de lengüeta*)

pitch shot *n* lanzamiento *m* al green

piteous /ˈpɪtiəs/ *adj* ‹*sound/cry*› lastimero; **in a ~ condition** en un estado lastimoso

piteously /ˈpɪtiəsli/ *adv* lastimeramente

pitfall /ˈpɪtfɔːl/ *n* (difficulty) dificultad *f*, escollo *m*; (risk) riesgo *m*; **his works contain many ~s for a Spanish translator** sus obras encierran muchas dificultades *or* muchos escollos para el traductor español; **'P~s of Japanese Grammar'** 'Problemas de gramática japonesa'; **one of the ~s of doing it without professional advice is …** uno de los riesgos de hacerlo sin asesorarse con un profesional es …

pith /pɪθ/ *n* [u] **1** (Bot) (of citrus fruit) *tejido blanco fibroso que recubre el interior de la cáscara de los cítricos*; (of palms, rushes) médula *f* **2** (of bone, feather, plant stem) médula *f* **3** (of argument, theory) meollo *m*

pithead /ˈpɪthed/ *n* bocamina *f* (*en una mina de carbón*); **~ ballot** *votación llevada a cabo a la salida de la mina*

pith helmet *n* salacot *m*

pithiness /ˈpɪθinəs || ˈpɪθinɪs/ *n* [u] concisión *f*

pithy /ˈpɪθi/ *adj* **pithier, pithiest** **1** ‹*remark/reply*› sucinto *or* conciso y expresivo **2** (Bot) medular

pitiable /ˈpɪtiəbəl/ *adj* (frml) **1** (arousing pity) lastimoso **2** (arousing contempt) lamentable

pitiful /ˈpɪtɪfəl/ *adj* **1** (arousing pity) ‹*cry/moan*› lastimero; ‹*sight*› lastimoso **2** (wretched, inadequate) lamentable; **you're ~!** ¡das pena *or* lástima!

pitifully /ˈpɪtɪfli ˈpɪtɪfəli/ *adv* **1** (pathetically) lastimosamente **2** (deplorably) lamentablemente

pitiless /ˈpɪtɪləs || ˈpɪtɪlɪs/ *adj* ‹*tyrant/regime*› despiadado; **the ~ desert sun** el implacable sol del desierto

pitilessly /ˈpɪtɪləsli || ˈpɪtɪlɪsli/ *adv* despiadadamente

pitman /ˈpɪtmæn/ *n* (*pl* **-men** /-men/) minero *m* del carbón

piton /ˈpiːtɑːn || ˈpiːtɒn/ *n* pitón *m*, clavo *m*

pit stop *n*

A (in motor racing) entrada *f* a los botes *or* pits

B (break) descanso *m* breve; **let's have a five-minute ~ ~** paremos cinco minutos para descansar

pitta (bread) *n* [u] ▸**pita (bread)**

pittance /ˈpɪtns/ *n* miseria *f*; **she earns a ~** gana una miseria

pitter-pat /ˈpɪtərpæt || ˈpɪtəpæt/ *adv* ▸**pitter-patter²**

pitter-patter¹ /ˈpɪtərˌpætər || ˈpɪtəˌpætə(r)/ *n* (of rain) golpeteo *m*, repiqueteo *m*; **the ~ of little feet** pasitos *mpl* de niño

pitter-patter² *adv*: **the rain went ~ on the window** la lluvia golpeteaba la ventana *or* repiqueteaba en la ventana; **his heart went ~ as he approached her door** el corazón le latía con fuerza al acercarse a su puerta

pitter-patter³ *vi* «*rain*» golpetear, repiquetear

pituitary (gland) /pəˈtuːəteri || pɪˈtjuːɪtəri/ *n* glándula *f* pituitaria

pity¹ /ˈpɪti/ *n*

A (*no pl*) (cause of regret) lástima *f*, pena *f*; **it's a ~ (THAT)** es una lástima *or* una pena QUE (+ *subj*); **it's a ~ you can't go** es una lástima *or* una pena que no puedas ir; **what a ~ you missed it!** ¡qué lástima *or* qué pena que te lo perdieras!; **more's the ~** es una lástima *or* una pena; **it's a thousand pities he isn't here to see it** ¡qué pena tan grande que él no esté aquí para verlo!

B [u] (compassion) piedad *f*, compasión *f*; **he showed no ~** se mostró implacable; **I don't want your ~** no quiero tu compasión *or* que me compadezcas; **to take ~ on sb/sth** apiadarse *or* compadecerse* de algn/algo; **to have ~ on sb** tener* piedad *or* compasión de algn; **I felt ~ for the poor creature** me dio lástima (de) la pobre criatura; **for ~'s sake!** ¡por (el) amor de Dios!

pity² *vt* **pities, pitying, pitied** tenerle* lástima a, compadecer*; **I ~ the poor thing** le tengo lástima *or* la compadezco a la pobre, la pobre me da lástima; **I think she pitied him more than she loved him** creo que más que quererlo le tenía lástima; **I ~ you if he finds out you've broken it** pobre de ti como descubra que lo has roto

pitying /ˈpɪtiɪŋ/ *adj* **1** (compassionate) ‹*gaze*› de lástima **2** (contemptuous) ‹*glance/tone*› de desdén

pivot¹ /ˈpɪvət/ *n* **1** (Tech) pivote *m* **2** (of play, plot) eje *m* central; **the ~ of the play is the mother** la madre es el eje central de la obra, la obra gira en torno al personaje de la madre **3** (Sport) (AmE) (key player) jugador, -dora clave; (in basketball) pívot *mf*

pivot² *vi* (Mech Eng) pivotar; **to ~ ON sth/sb**: **he ~ed on his heel** giró sobre sus talones; **the whole organization ~s on one man** la organización entera gira alrededor de un solo hombre

■ **pivot** *vt* hacer* girar

pivotal /ˈpɪvətl/ *adj* capital, fundamental

pixel /ˈpɪksel -səl/ *n* punto *m*, pixel *m* (*de imagen digital*)

pixie /ˈpɪksi/ *n* (elf) duendecillo *m*, elfo *m*; (fairy) hadita *f*

pixilated /ˈpɪksəleɪtəd || ˈpɪksɪleɪtɪd/ *adj* (AmE hum & dated) chiflado (fam)

pizazz /pəˈzæz || pɪˈzæz/ *n* [u] (colloq) dinamismo *m*

pizza /ˈpiːtsə/ *n* pizza *f*; (*before n*): **~ parlor** (AmE) pizzería *f*

pizzeria /ˌpiːtsəˈriːə/ *n* pizzería *f*

pizzicato /ˌpɪtsɪˈkɑːtəʊ/ *n* pizzicato *m*

pkg, pkge = package

pkt = packet

Pl = Place

placard¹ /ˈplækɑːrd || ˈplækɑːd/ *n* letrero *m*, cartel *m*; (at demonstration) pancarta *f*

placard² *vt* **1** (cover) ‹*walls/hoarding*› cubrir* de carteles **2** (advertise) anunciar (*con carteles*)

placate /ˈpleɪkeɪt, ˈplækeɪt || pləˈkeɪt, ˈplækeɪt/ *vt* apaciguar*, aplacar* la cólera de

placatory /ˈpleɪkətɔːri, ˈplæ- || pləˈkeɪtəri/ *adj* conciliatorio, apaciguador

place¹ /pleɪs/ *n*

A **1** [c] (spot, position, area) lugar *m*, sitio *m*; **the best ~ for that is ...** el lugar *or* el sitio más indicado para eso es ...; **we've come to the wrong ~** nos hemos equivocado de lugar *or* de sitio; **do you think this is the right ~?** ¿te parece que es aquí?; **she was in the right ~ at the right time and got the job** tuvo la suerte de estar allí en el momento oportuno y le dieron el trabajo; **this is the ~ where I left it** fue aquí donde lo dejé; **do you have a ~ to stay?** ¿tienes donde quedarte?; **the road is poor in ~s** algunos tramos *or* algunas partes de la carretera están en mal estado; **what a stupid ~ to leave the money!** ¡a quién se le ocurre dejar el dinero allí!; **I can't be in two ~s at once** no puedo estar en dos sitios *or* en dos partes al mismo tiempo; **there's no ~ like home** no hay nada como estar en casa; ***all over the*** **~** por todas partes, por todos lados; **I've looked all over the ~** he buscado por todas partes *or* por todos lados; **her ideas are all over the ~** sus ideas son un desbarajuste *or* un caos total; **they were all over the ~ in the scherzo** en el scherzo cada uno iba por su lado **2** [c] (town, region, country) lugar *m*, sitio *m*; **from ~ to ~** de un lugar *or* un sitio *or* un lado a otro; ***to go ~s***: **this boy will go ~s** este chico va a llegar lejos; **a new rock group that's really going ~s** un nuevo grupo de rock que viene pisando fuerte; **we like to go ~s, not just lie on the beach** nos gusta visitar distintos lugares, no simplemente estar tumbados en la playa **3** [c] (specific location) lugar *m*; **~ of birth** lugar de nacimiento; **~ of worship** lugar de culto **4** [u] (locality) lugar *m*; **time and ~** tiempo y lugar

B [c] **1** (building, shop, restaurant etc) sitio *m*, lugar *m*; **it's not the sort of ~ you'd take your maiden aunt** no es el tipo de sitio *or* de lugar adonde uno llevaría a una tía solterona; **Bas Bleus is still** *the* **~ in New Orleans** Bas Bleus aún es el sitio de moda en Nueva Orleans; **the hotel was a depressing ~** el hotel era deprimente; **they've moved to a bigger ~** se han mudado a un local (*or* a una casa) más grande; **there's a good hamburger/pizza ~ nearby** hay una buena hamburguesería/pizzería cerca **2** (home) casa *f*; **this is a palace compared to my ~** comparado con mi casa, esto es un palacio; **we went back to Jim's ~** después fuimos a (la) casa de Jim *or* (AmL tb) fuimos donde Jim *or* (RPl) a lo de Jim

C [c] **1** (correct, appropriate location) sitio *m*, lugar *m*; **put them all back in their (proper) ~s** ponlos todos en su sitio *or* lugar; **this is no ~ for a dog** éste no es un lugar apropiado para tener un perro; **there's a time and (a) ~ for everything** todo a su debido tiempo y en su debido lugar; **a ~ for everything (and everything in its ~)** un lugar para cada cosa y cada cosa en su lugar; ***to fall into*** **~** aclararse; **things were beginning to fall into ~** las cosas estaban empezando a aclararse **2** (*in phrases*): **in place**: **the window frames are in ~** ya han colocado los marcos de las ventanas; **when the new accounting system is in ~** cuando se haya implementado el nuevo sistema de contabilidad; **the new manager is not yet in ~** el nuevo director aún no ha entrado en funciones *or* no ha asumido el cargo; **to hold sth in ~** sujetar algo; **out of place**: **despite the wind she arrived with not a hair out of ~** a pesar del viento llegó impecable; **modern furniture would look out of ~ in this room** quedaría mal *or* no resultaría apropiado poner muebles modernos en esta habitación; **a small tip would not be out of ~** una pequeña propina no estaría fuera de lugar; **I felt very out of ~ there** me sentí totalmente fuera de lugar allí

D [c] **1** (position, role) lugar *m*; **she's back in her rightful ~ as party leader** vuelve a ocupar el lugar que le corresponde como líder del partido; **he will always have a special ~ in our hearts** siempre ocupará un lugar especial en nuestros corazones; **your ~ is helping out on the farm** tú donde debes estar es en la granja, ayudando; **what would you do in my ~?** ¿tú qué harías si estuvieras en mi lugar?; **if I were in your ~** yo en tu lugar, yo que tú; **put yourself in my ~** ponte en mi lugar; **it's not my ~ to interfere** yo no soy quién para meterme; **I feel it is my ~ to advise you** considero mi obligación aconsejarte; **the prince and his servant changed ~s** el príncipe y el criado se cambiaron los papeles; **I wouldn't change ~s with her for anything** no me cambiaría por ella por nada; **there is no ~ for authoritarianism in a democratic society** en una sociedad democrática no cabe el autoritarismo; **nobody can ever take your ~** nadie podrá jamás ocupar tu lugar *or* reemplazarte; ***a ~ in the sun*** una posición destacada; ***to know one's ~*** (dated *or* hum) saber* el lugar que le corresponde a uno; **I know my ~, madam** yo sé el lugar que me corresponde, señora; ***to put sb in her/his ~*** poner* a algn en su sitio, bajarle los humos a algn **2** **in place of** (*as prep*) en lugar de; **Mike's coming in Arthur's ~** va a venir Mike en lugar de Arthur **3** **to take place** (occur) ‹‹*meeting/concert/wedding*›› tener* lugar; **the ceremony took ~ last Friday** la ceremonia tuvo lugar el viernes pasado; **we don't know what took ~ that night** no sabemos qué ocurrió *or* qué sucedió aquella noche

E [c] **1** (seat): **save me a ~ next to you** guárdame un asiento *or* un sitio al lado del tuyo; **the conference hall has ~s for 500 people** la sala de conferencias tiene capacidad *or* cabida para 500 personas; **change ~s with Jan** cámbiale el asiento a Jan; **take your ~s, ladies and gentlemen** ocupen sus asientos, señoras y señores **2** (at table) cubierto *m*; **to lay/set a ~ for sb** poner* un cubierto para algn; (*before n*): **~ card** *tarjeta que indica el lugar que le corresponde a cada comensal en la mesa*

F [c] **1** (in contest, league) puesto *m*, lugar *m*; **he took first/second ~** obtuvo el primer/segundo puesto *or* lugar; **to hold one's ~** mantener* *or* conservar su (*or* mi *etc*) posición; ***to take second ~*** pasar a un segundo plano; **your social life will have to take second ~** tu vida social va a tener que pasar a un segundo plano **2** (in horseracing) *uno de los tres primeros puestos en las carreras de caballos*; (*before n*): **~ bet** apuesta *f* a placé *or* a colocado

G [c] (in book, script, sequence): **you've made me lose my ~** me has hecho perder la página (*or* la línea *etc*) por donde iba; **the audience laughed in all the right ~s** el público se rió cuando había que reírse

H [c] **1** (job) puesto *m*; **we have ~s for 20 workers** tenemos 20 puestos de trabajo *or* 20 vacantes; **to fill a ~** cubrir* una vacante; **to have friends in high ~s** tener* amigos influyentes **2** (BrE) (Educ) plaza *f*; **a school/university ~** una plaza en un colegio/en la Universidad **3** (on team) puesto *m*

I (in argument) lugar *m*; **in the first/second ~** en primer/segundo lugar; **you shouldn't have been there in the first ~!** en primer lugar *or* para empezar tú no deberías haber estado allí

J [c] (Math): **correct to three decimal ~s** correcto hasta tres decimales

K [c u] (space, room) sitio *m*, lugar *m*; **is there (a) ~ for one more suitcase?** ¿hay sitio *or* lugar para otra maleta?, ¿cabe otra maleta?; **to give ~ to sth** dar* paso a algo

place² *vt*

A (put, position) ‹*object*› poner*; (carefully, precisely) colocar*; ‹*guards/sentries*› poner*, apostar*, colocar*; **she ~d the book in his hand** le puso el libro en la mano; **I'm very badly ~d here to see what is happening** estoy en muy mal sitio *or* (AmL tb) estoy muy mal ubicado para ver lo que está pasando; **how are they ~d as regards finance?** ¿cuál es su situación a nivel financiero?; **I'm rather badly ~d for time at present** en este momento no dispongo de mucho tiempo; **this ~s them at a disadvantage** esto los coloca en una situación de desventaja; **we were ~d in an awkward position** nos pusieron en una situación muy violenta; **this ~s you under an obligation** esto te obliga *or* te compromete; **to ~ sb in custody** poner* a algn bajo custodia; **he's been ~d under observation** lo tienen en observación; **she's been ~d under house arrest** está bajo arresto domiciliario; **to ~ one's confidence** *o* **trust in sb/sth** depositar su (*or* mi *etc*) confianza en algn/algo; **I don't ~ much faith in the medical profession** no tengo mucha fe en los médicos; **he ~d the blame on the lawyer in charge of the case** responsabilizó *or* le echó la culpa al abogado que llevaba el caso; **her promotion ~d a great strain on their relationship** su ascenso provocó muchas tensiones en su relación; **he ~s a high value on originality** concede gran importancia a la originalidad, valora mucho la originalidad; **I ~d the matter in the hands of my lawyer** puse el asunto en manos de mi abogado; *see also* **well-placed**

B **1** (in hierarchy, league, race): **I wouldn't ~ money that high on the list of priorities** para mí el dinero no ocupa un lugar tan prioritario; **national security should be ~d above everything else** la seguridad nacional debería ponerse por encima de todo; **this victory ~s her among the top three** este triunfo la sitúa entre las tres primeras; **the team is currently ~d fourth** actualmente el equipo ocupa el cuarto puesto *or* lugar **2** (in horseracing): **to be ~d** llegar* placé *or* colocado (*en segundo o tercer lugar*)

C **1** (find a home, job for) colocar*; **they ~d her with a Boston firm** la colocaron *or* le encontraron trabajo en una empresa de Boston **2** ‹*advertisement*› poner*; ‹*phone call*› pedir*; ‹*goods/merchandise*› colocar*; ‹*shares/money*› (Fin) colocar*; **we ~d an order with Acme Corp** hicimos un pedido a Acme Corp

D **1** (identify) ‹*tune*› identificar*, ubicar* (AmL); **her face is familiar, but I can't quite ~ her** su cara me resulta conocida pero no sé de dónde *or* (AmL tb) pero no la ubico **2** (locate, estimate): **I would ~ the time of death at around eleven o'clock** estimo que su muerte se produjo alrededor de las once; **that would ~ (the date of) his arrival in Venice much further back** eso indicaría que su llegada a Venecia fue muy anterior

E (direct carefully) ‹*ball/shot*› colocar*
■ **place** *vi* (Sport): **to ~ fourth/ninth** quedar* en cuarto/noveno lugar; **his horse didn't even ~** su caballo no llegó ni placé *or* colocado

place-bet /ˈpleɪsbet/ *n* (in US) *apuesta a un caballo de que llegará en primer or segundo lugar*; (in UK) *apuesta a un caballo de que llegará en una de las tres primeras posiciones*

placebo /pləˈsiːbəʊ/ *n* (*pl* **~s** *or* **~es**) placebo *m*; (*before n*): **~ effect** efecto *m* placebo

placeholder /ˈpleɪshəʊldər || ˈpleɪshəʊldə(r)/ *n*
A (Math) **1** (zero) cero *m* a la derecha **2** (symbol) marcador *m* de posición
B (in sentence) (Ling) elemento *m* gramatical sin significado

place kick *n* (in American football, rugby) patada *f* fija; (in soccer) tiro *m* libre

place mat *n* (mantel *m*) individual *m*

placement /ˈpleɪsmənt/ *n* **1** [c] (in employment) colocación *f*; **the course included a year's ~ with a company** el curso incluía un año de prácticas en una empresa **2** [c u] (positioning) colocación *f*, ubicación *f* (esp AmL); (*before n*): **~ test** (AmE) test *m* de aptitud (*para determinar qué curso se ha de seguir*) **3** [u c] (in tennis) tiro *m* **4** [u c] (Fin) colocación *f*

place name *n* topónimo *m*, nombre *m* geográfico

placenta /pləˈsentə/ *n* (*pl* **~s** *or* **~e** /-tiː/) placenta *f*

place setting *n* **1** (on table) cubierto *m* **2** (cutlery set) juego *m* individual de cubiertos; (crockery set) juego *m* de vajilla para un comensal

placid /ˈplæsəd || ˈplæsɪd/ *adj* plácido, tranquilo, apacible

placidly /ˈplæsədli || ˈplæsɪdli/ *adv* plácidamente, tranquilamente, apaciblemente

placing /ˈpleɪsɪŋ/ *n* **1** [c] (position) (BrE) puesto *m* **2** [c u] (Fin) colocación *f*

plagiarism /ˈpleɪdʒərɪzəm/ *n* [u c] plagio *m*

plagiarist /ˈpleɪdʒərəst || ˈpleɪdʒərɪst/ *n* plagiario, -ria *m,f*

plagiarize /ˈpleɪdʒəraɪz/ *vt* plagiar
■ **plagiarize** *vi* cometer plagio

plague¹ /pleɪg/ *n* **1** [u c] (disease) peste *f*; ***to avoid sb like the ~*** huirle* a algn como a la peste; **he's such a bore, they avoid him like the ~** es tan pesado que le huyen como a la peste; **I avoid Saturday shopping like the ~** ni loco voy de compras un sábado (fam) **2** [c] (troublesome horde, mass) plaga *f*; **a ~ of locusts/mice/tourists** una plaga de langostas/ratones/turistas

plague² *vt* **1** (afflict continually): **a country ~d by strikes** un país asolado por constantes huelgas; **~d with problems** plagado de problemas; **~d by doubts and fears** acosado *or* atormentado por dudas y temores **2** (pester) acosar, asediar; **they ~d her with questions about her resignation** la acosaron *or* asediaron con preguntas sobre su dimisión

plaice /pleɪs/ *n* [c u] (*pl* ~) platija *f*

plaid /plæd/ *n* **1** [u] (pattern) cuadros *mpl* escoceses; (material) tela *f* escocesa; (*before n*) ‹*skirt/trousers/scarf*› escocés **2** [c] (garment) *banda que se lleva sobre el hombro en el traje escocés tradicional*

> **Plaid Cymru - The Party of Wales**
>
> Partido galés fundado en 1925 para hacer campaña a favor de la autonomía política, la recuperación de la lengua galesa ▸**Welsh** y la protección de la cultura de Gales. En las últimas décadas se ha convertido en partido de estampa más bien izquierdista y ecologista cuyo objetivo fundamental es conseguir para Gales "el pleno estatus nacional" dentro de la Unión Europea. Desde 1999 es el principal partido de la oposición en la Asamblea Nacional de Gales.

plain¹ /pleɪn/ *adj* **-er, -est**
A **1** (unadorned) ‹*decor/cooking*› sencillo; ‹*language/style*› sencillo, llano; ‹*envelope*› sin identificación externa; ‹*fabric/dress*› liso; **tell me in ~ English** dímelo en términos sencillos *or* (fam & hum) en cristiano; **just ~ water, thank you** agua nada más, gracias; **the ~ man's guide to economics** guía básica de economía; **his family are just ~ folk** su familia es gente sencilla; **just ~ Mike Reed, please** Mike Reed, sin más *or* (AmL tb) nomás, por favor **2** (Culin): **~ chocolate** (BrE) chocolate *m* sin leche; **~ flour** harina *f* común
B **1** (clear) claro; **to make sth ~** dejar algo (en) claro; **it's ~ from what you say that ...** por lo que me dices está claro que ...; **it's perfectly ~ to me that she's lying** para mí es obvio *or* está claro que está mintiendo; **the reasons are ~ to see** las razones saltan a la vista *or* son obvias **2** (blunt, straightforward): **the ~ truth** la pura verdad, la verdad lisa y llana; **I believe in ~ dealing** a mí me gustan las cosas claras; **~ speaking** franqueza *f*; **the time has come for some ~ speaking** ya es hora de que hablemos con franqueza *or* sin rodeos; **I told him in ~ terms that ...** le dije claramente *or* lisa y llanamente que ...; **I'll be ~ with you, Mr Andrews** seré franco *or* sincero con usted, señor Andrews
C (not good-looking) feo, poco agraciado; ***to be a ~ Jane*** ser* poco agraciada, ser* feúcha (fam)
D (downright) puro

plain² *adv* **1** (downright, simply) (*as intensifier*) ‹*wrong/ridiculous*› totalmente; **she's not incapable: she's just ~ lazy** no es que sea incapaz: lo que es es vaga; **it's just ~ absurd** es un absurdo total **2** (bluntly, honestly) ‹*tell*› claramente, francamente

plain³ *n*
A (Geog) llanura *f*; **the (Great) P~s** las grandes llanuras
B **1** (BrE) (Clothing) tela *f* lisa **2** (stitch) punto *m* del derecho

plainchant /ˈpleɪntʃænt || ˈpleɪntʃɑːnt/ *n* [u] ▸**plainsong**

plain clothes *pl n*: **in ~ ~** de civil *or* (Esp tb) de paisano *or* (RPl tb) de particular; (*before n*): **a plain-clothes policeman** un policía de civil *or* (Esp tb) de paisano *or* (RPl tb) de particular

plainly /ˈpleɪnli/ *adv* **1** (obviously, visibly) claramente; **~, this is not the solution** (*indep*) es obvio *or* está claro que ésta no es la solución, obviamente, ésta no es la solución **2** (clearly, distinctly) ‹*explain*› claramente; ‹*remember*› perfectamente **3** (honestly, bluntly) ‹*speak*› claramente, sin rodeos, claro **4** ‹*dress*› con sencillez

plainness /ˈpleɪnnəs || ˈpleɪnnɪs/ *n* [u]
A **1** (simplicity) sencillez *f* **2** (unattractiveness) fealdad *f*
B **1** (obviousness) lo obvio **2** (bluntness) franqueza *f*

plainsman /ˈpleɪnzmən/ *n* (*pl* **-men** /-mən/) habitante *m* del llano, llanero *m*

plainsong /ˈpleɪnsɔːŋ || ˈpleɪnsɒŋ/ *n* [u] canto *m* gregoriano *or* llano

plainspoken /ˌpleɪnˈspəʊkən/ *adj* franco, sincero

plaintiff /ˈpleɪntəf || ˈpleɪntɪf/ *n* demandante *mf*, actor, -tora *m,f*

plain time *n* [u] (BrE) horario *m* central

plaintive /ˈpleɪntɪv/ *adj* lastimero, quejumbroso

plaintively /ˈpleɪntɪvli/ *adv* lastimeramente

plait¹ /plæt/ *n* trenza *f*; **she wore her hair in ~s** llevaba trenzas

plait² *vt* trenzar*; **will you ~ my hair?** ¿me trenzas el pelo?, ¿me haces trenzas/una trenza?

plan¹ /plæn/ *n*
A **1** (diagram, map) plano *m*; **seating ~** disposición *f* de los comensales; **to draw up/draw a ~** hacer* un plano **2** (of book, essay) esquema *m*; **work out a ~ before you begin** hazte un esquema antes de empezar
B (arrangement, scheme) plan *m*; **to go according to ~** salir* conforme estaba planeado, salir* según el plan; **there are ~s for a building on the site** están planeando construir un edificio en el solar; **do you have any ~s for tonight?** ¿tienes algún plan *or* programa para esta noche?; **we're making ~s for the wedding** estamos planeando la boda; **it's not worth making long-term ~s** no vale la pena hacer planes *or* planear a largo plazo; **there's been a change of ~** ha habido un cambio de planes; **~ of action/attack/campaign** plan de acción/de ataque/de campaña; **a five-year ~** un plan quinquenal; **pension ~** plan de pensiones *or* de jubilación
C (of repayments) (Busn) plan *m*; **we bought it on an installment ~** lo compramos a plazos

plan² **-nn-** *vt* **1** ‹*journey/itinerary*› planear, programar; ‹*raid/assault*› planear; ‹*garden/house*› diseñar, proyectar; ‹*economy/strategies*› planificar*; ‹*essay*› hacer* un esquema de; **it's all ~ned out in advance** todo está planeado de antemano; **the visit went ahead as ~ned** la visita se realizó según lo planeado; **we arrived, as ~ned, at three o'clock** llegamos a las tres, tal y como estaba previsto *or* planeado **2** (intend): **I'm ~ning a trip to Mexico in August** pienso ir a México en agosto, tengo planeado *or* proyectado ir a México en agosto; **they're ~ning a surprise for her birthday** le están preparando una sorpresa para el cumpleaños; **to ~ to + INF**: **where are you ~ning to spend Christmas?** ¿dónde tienes planeado *or* pensado *or* dónde piensas pasar las Navidades?
■ **plan** *vi*: **to ~ ahead** planear las cosas de antemano; **to ~ FOR sth**: **we need to ~ for the future** tenemos que pensar en el futuro; **we hadn't ~ned for this** esto no lo habíamos previsto; **we're ~ning for about 50 guests** contamos con que vendrán unas 50 personas

(Phrasal verb)
• **plan on** [v + prep + o]
A (intend) pensar*; **I'd ~ned on going out** había pensado salir
B (expect, count on) contar* con; **I hadn't ~ned on having to look after her** no contaba con tener que cuidarla

plane¹ /pleɪn/ *n*
A (aircraft) avión *m*; **we went by ~** fuimos en avión; (*before n*) ‹*ticket*› de avión
B **~ (tree)** plátano *m*
C (tool) cepillo *m* de carpintero; (longer) garlopa *f*
D **1** (surface) plano *m* **2** (level) nivel *m*; **she is on a different ~** está a otro nivel, es de otra categoría

plane² *adj* (Art, Const, Math) plano; **~ geometry** geometría *f* plana

plane³ *vt* **1** (in woodwork) ‹*wood/surface*› cepillar; **to ~ sth down** desbastar algo **2** (transport by plane) (AmE journ): **supplies/troops had to be ~d in** hubo que enviar suministros/transportar tropas al lugar en avión
■ **plane** *vi* **1** (glide) ‹‹*boat/bird/aircraft*›› planear **2** (fly) (AmE colloq) ir* en avión

planeload /ˈpleɪnləʊd/ *n*: **~s of supplies** aviones *mpl* cargados de suministros; **tourists came by the ~** llegaba avión tras avión cargado de turistas

planet /ˈplænət || ˈplænɪt/ *n* planeta *m*

planetarium /ˌplænəˈteriəm || ˌplænɪˈteəriəm/ *n* planetario *m*

planetary /ˈplænəteri || ˈplænɪtəri/ *adj* (*before n*) **1** (Astron, Astrol) planetario **2** (Mech Eng): **~ gear** engranaje *m* planetario

plangent /ˈplændʒənt/ *adj* (liter) ‹*sound*› (mournful) plañidero; (deep, loud) retumbante

plank¹ /plæŋk/ *n*
A (board) tabla *f*, tablón *m*; **to walk the ~** pasear la tabla; ***to be as thick as two short ~s*** (BrE colloq) no tener* dos dedos de frente (fam), ser* más bruto que un arado (fam)
B (of policy) puntal *m*

plank² *vt* (AmE colloq) plantificar* (fam), poner*; **she ~ed herself down on the sofa** se desplomó en el sofá

(Phrasal verb)
• **plank down** [v + adv + o, v + o + adv] (AmE) plantar (fam), plantificar* (fam)

plankton /ˈplæŋktən/ *n* [u] plancton *m*

planned /plænd/ *adj* planeado; **the ~ visit did not take place** la visita que estaba planeada no se realizó; **~ economy** economía *f* dirigida;

p

~ **parenthood** (AmE) planificación *f* familiar, paternidad *f* responsable

planner /ˈplænər || ˈplænə(r)/ *n* 1 (of project, strategy) planificador, -dora *m,f* 2 (*town* ~) urbanista *mf*

planning /ˈplænɪŋ/ *n* [u] 1 (of project) planificación *f* 2 (*town* ~) urbanismo *m*; (*before n*) ‹*regulations/department*› de urbanismo; ~ **board** comisión *f or* comité *m* de planificación urbana

planning blight *n* [u] (BrE)
A (on land values) efecto *m* negativo sobre el valor de la propiedad (*por la incertidumbre de futura planificación urbana*)
B (excessive development) urbanización *f* excesiva (*por mala planificación*)

planning gain *n* [u] compensación *f* urbanística

planning permission *n* [u] (BrE) licencia *f* de obras, permiso *m* de obras

plant[1] /plænt || plɑːnt/ *n*
A [c] (Bot) planta *f*; (*before n*): ~ **food** (fertilizer) alimento *m* para plantas; (vegetable) alimento *m* vegetal; ~ **life** vida *f* vegetal, flora *f*; ~ **pot** maceta *f*, tiesto *m*, macetero *m* (AmS)
B 1 [c] (factory, installation) planta *f* 2 [u] (equipment) maquinaria *f*; **heavy** ~ (BrE) maquinaria *f* pesada; (*before n*): ~ **hire** alquiler *m* de maquinaria
C [c] 1 (incriminating item): **he said the knife was a** ~ dijo que el cuchillo se lo habían colocado para inculparlo 2 (spy, agent) infiltrado, -da *m,f*, agente *mf* enemigo (*or* de la oposición *etc*)

plant[2] *vt*
A 1 ‹*flower/trees*› plantar; ‹*seeds*› sembrar*; **he** ~**ed the seed of suspicion in her mind** sembró la sospecha en ella 2 ‹*garden/hillside*› **to** ~ **sth (WITH sth)** plantar algo (DE algo); **fields** ~**ed with wheat** campos plantados de trigo
B (place) ‹*flag*› plantar; ‹*bomb*› colocar*, poner*; **she** ~**ed a kiss on his cheek** le dio *or* (fam) le plantó un beso en la mejilla; **to** ~ **a punch on sb** (colloq) plantarle un puñetazo a algn (fam); **to** ~ **one's feet on the ground** plantar los pies en el suelo; **she** ~**ed herself right next to me** se me plantó *or* se me plantificó justo al lado (fam)
C (Law) 1 ‹*drugs/evidence*› colocar* (*con el propósito de inculpar a algn*); **to** ~ **sth ON sb** colocar(le)* algo A algn; **they had** ~**ed the gun on him** le habían colocado la pistola para inculparlo 2 ‹*agent/informer*› infiltrar, colocar*

■ **plant** *vi* plantar

Phrasal verb
• **plant out** [v + o + adv, v + adv + o] ‹*seedlings*› trasplantar (*a la intemperie*)

Plantagenet /plænˈtædʒənət/ *n* Plantagenet *mf*; **the** ~**s** los Plantagenet

plantain /ˈplæntn || ˈplæntɪn/ *n*
A [c] (fruit, tree) plátano *m* grande (*para cocinar*), plátano *m* (Col, Ven), plátano *m* macho (Méx)
B [u c] (weed) carmel *m*, llantén *m*

plantation /plænˈteɪʃən || plænˈteɪʃən, plɑːn-/ *n*
A (for specific crops) plantación *f*
B (settlement) asentamiento *m*, colonia *f*

planter /ˈplæntər || ˈplɑːntə(r)/ *n* 1 (owner of plantation) hacendado, -da *m,f*; (*before n*): **tea/tobacco** ~ dueño, -ña *m,f* de una plantación de té/tabaco 2 (machine) (Agr) sembradora *f* 3 (container) tiesto *m*, maceta *f* 4 (colonizer) colono, -na *m,f*

plaque /plæk/ *n*
A [c] (tablet) placa *f*; **commemorative** ~ placa *f* conmemorativa
B [u] (Dent) sarro *m*, placa *f* (dental)

plasma /ˈplæzmə/ *n* [u] (Physiol, Phys) plasma *m*; (*before n*): ~ **screen** pantalla *f* de plasma

plaster[1] /ˈplæstər || ˈplɑːstə(r)/ *n*
A [u] 1 (Const) (powder, mixture) yeso *m*; (on walls) revoque *m*, enlucido *m* 2 ~ **(of Paris)** (Art, Med) yeso *m*, escayola *f* (Esp); **to have one's leg in** ~ tener* la pierna enyesada *or* (Esp tb) escayolada; **to put sb's arm in** ~ enyesarle *or* (Esp tb) escayolarle el brazo a algn
B [c] (*sticking* ~) (BrE) ▸**Band-Aid**

plaster[2] *vt*
A (Const) ‹*wall/room*› revocar*, enlucir*; ‹*cracks*› rellenar con yeso
B 1 (cover): **they** ~**ed the wall with posters** cubrieron *or* empapelaron la pared de afiches; **she** ~**ed herself with make-up** se pintarrajeó toda 2 (smear) embadurnar
C (defeat) (AmE colloq) darle* una paliza a (fam); **we really** ~**ed them** les dimos una buena paliza

plasterboard /ˈplæstərbɔːrd || ˈplɑːstəbɔːd/ *n* [u] (Const) placa *f* de yeso, pladur® *m* (Esp)

plaster cast *n* 1 (Med) yeso *m or* (Esp tb) escayola *f*; **her leg is in a** ~ ~ tiene la pierna enyesada *or* (Esp tb) escayolada 2 (Art) molde *m or* vaciado *m* de yeso, escayola *f*

plastered /ˈplæstərd || ˈplɑːstəd/ *adj* (colloq) como una cuba (fam), borracho, bolo (AmC fam); **to get** ~ ponerse* como una cuba (fam), emborracharse, embolarse (AmC fam)

plasterer /ˈplæstərər || ˈplɑːstərə(r)/ *n* yesero, -ra *m,f*, enlucidor, -dora *m,f*

plastic[1] /ˈplæstɪk/ *n* 1 [u c] (substance) plástico *m*; **it is made of** ~ es de plástico; (*before n*) ‹*chair/cup/bag*› de plástico; ~ **bullet** bala *f* de plástico; ~ **card** tarjeta *f* de plástico; ~ **mac** (BrE) impermeable *m*, chubasquero *m*; ~ **money** (Fin) (colloq) dinero *m* de plástico (fam) 2 [u] (credit cards) (colloq) plástico *m* (fam), tarjetas *fpl* de crédito; **let's pay by** ~ paguemos con tarjeta

plastic[2] *adj*
A (bland, artificial) (pej) ‹*smile/people*› de plástico (pey)
B 1 (malleable) (Tech) plástico, moldeable; ~ **explosive** explosivo *m* plástico, goma(-)dos *f*; ~ **wood** pasta *f* de madera 2 (Art) plástico; **the** ~ **arts** las artes plásticas

Plasticine® /ˈplæstɪsiːn/ *n* [u] plastilina® *f*, plasticina® *f* (CS)

plasticity /plæsˈtɪsəti/ *n* [u] plasticidad *f*

plastic surgeon *n* cirujano plástico, cirujana plástica *m,f* (AmL), especialista *mf* en cirugía estética *or* plástica

plastic surgery *n* [u] cirugía *f* estética *or* plástica; **he had** ~ ~ **on his nose** le hicieron la cirugía estética en la nariz

plastic wrap *n* [u] (AmE) film *m or* película *f* adherente (*para envover alimentos*), Egapac® *m* (Méx)

Plata /ˈplɑːtə/ *n* (AmE): **the** ~ **(River)** el Río de la Plata

plate[1] /pleɪt/ *n*
A 1 [c] (dish) plato *m*; **he ate a whole** ~ **of rice** se comió un plato entero de arroz; **dinner at $100 a** ~ cena a 100 dólares el cubierto; ***to hand* o *give sth to sb on a*** ~ servirle* algo a algn en bandeja; ***to have a lot/too much on one's*** ~ tener* muchas/demasiadas cosas entre manos; **as if I didn't have enough on my** ~ como si no tuviera bastantes problemas; (*before n*): ~ **rack** escurreplatos *m*; ~ **warmer** calientaplatos *m* 2 [c] (Relig) (*collection* ~) platillo *m*, bandeja *f* (*de las limosnas*); (*Communion* ~) patena *f* 3 [c] (prize) trofeo *m* 4 [u] (dishes) vajilla *f* (*de plata u oro*) 5 [c] (on cooker) plato *m*
B 1 [c] (of metal) chapa *f*, placa *f*; (thin) lámina *f*; (of glass) placa *f* 2 [u] (coating) enchapado *m* 3 [c] (Geol) placa *f*; (*before n*): ~ **tectonics** tectónica *f* de placas
C [c] 1 (Phot) placa *f* 2 (Art, Print) plancha *f* 3 (illustration) ilustración *f*, lámina *f*
D [c] 1 (Auto): **(license** *or* (BrE) **number)** ~ matrícula *f*, placa *f* de matrícula, patente *f* (CS), chapa *f* (RPl) 2 (plaque) placa *f*
E [c] (Dent) (denture) dentadura *f* postiza, placa *f* (Chi); (in orthodontics) placa *f*
F [c] (*home* ~) (in baseball) (AmE) home (plate) *m*, pentágono *m*, plato *m* (Méx)

plate[2] *vt* 1 (coat) (Metall) **to** ~ **sth WITH sth** recubrir* algo DE algo; **gold-/silver-**~**d** enchapado en oro/en plata 2 (encase) ‹*machine/armored car*› blindar; ‹*ship*› acorazar*

plate armor, (BrE) **plate armour** *n* [u] armadura *f* de placas

plateau[1] /plæˈtəʊ || ˈplætəʊ/ *n* (*pl* **-teaus** *or* **-teaux** /-z/) 1 (Geog) meseta *f*; **high** ~ altiplanicie *f*, altiplano *m* 2 (stable level) (Educ) meseta *f*, período *m* de estancamiento; **she lost 8lbs, then reached a** ~ adelgazó 8 libras y se estancó

plateau[2] *vi* estancarse*

Phrasal verb
• **plateau out** [v + adv] estabilizarse*

plateful /ˈpleɪtfʊl/ *n* plato *m*; **it was so good I had two** ~**s** estaba tan bueno que me comí dos platos

plate glass *n* [u] vidrio *m or* (Esp tb) cristal *m* cilindrado

platelet /ˈpleɪtlət || ˈpleɪtlɪt/ *n* plaqueta *f*

platen /ˈplætən/ *n*
A (in letterpress) placa *f* de presión
B (roller in typewriter) carro *m*

platform /ˈplætfɔːrm || ˈplætfɔːm/ *n*
A 1 (raised structure) plataforma *f*; (for orator) estrado *m*, tribuna *f*; (for band) estrado *m* 2 (Rail) andén *m*; (*before n*): ~ **ticket** tique(t) *m* de (acceso al) andén 3 (on bus) plataforma *f*
B (Pol) 1 (opportunity to air views) plataforma *f*, tribuna *f* 2 (program) plataforma *f*, programa *m*
C 1 (on shoe) plataforma *f* 2 ~ **(shoe)** zapato *m* de plataforma, topolino *m* (Esp)
D (Comput) plataforma *f*

plating /ˈpleɪtɪŋ/ *n* (*no pl*) 1 (coating) baño *m*, (en)chapado *m* 2 (casing) coraza *f*

platinum /ˈplætnəm || ˈplætɪnəm/ *n* [u] platino *m*

platinum-blonde /ˌplætnəmˈblɑːnd || ˌplætɪnəmˈblɒnd/ *adj* (*pred* **platinum blonde**) rubio platino *or* platinado *adj inv*

platinum blonde *n* rubia *f* platino *or* platinada

platitude /ˈplætətuːd || ˈplætɪtjuːd/ *n* lugar *m* común, tópico *m*, perogrullada *f* (fam)

platitudinous /ˌplætəˈtuːdnəs || ˌplætɪˈtjuːdɪnəs/ *adj* (frml) ‹*speech*› lleno de lugares comunes *or* de tópicos; **a** ~ **remark** un lugar común, un tópico, un comentario perogrullesco *or* de Perogrullo

Plato /ˈpleɪtəʊ/ *n* Platón

Platonic /pləˈtɑːnɪk || pləˈtɒnɪk/ *adj* 1 (Phil) platónico 2 **platonic** platónico

Platonism /ˈpleɪtənɪzəm/ *n* platonismo *m*

platoon /pləˈtuːn/ *n* (Mil) sección *f*

platter /ˈplætər || ˈplætə(r)/ *n*
A (plate) fuente *f*; **salad** ~ (on menu) plato *m* de ensaladas variadas, surtido *m* de ensaladas; ***to be presented with sth on a (silver)*** ~: **he was presented with the opportunity on a silver** ~ la oportunidad se le presentó en bandeja (de plata)
B (record) (AmE colloq) disco *m*

platypus /ˈplætɪpəs/ *n* (*pl* ~**es**), (*duck-billed* ~) ornitorrinco *m*

plaudits /ˈplɔːdəts || ˈplɔːdɪts/ *pl n* (frml) aclamaciones *fpl*, aplausos *mpl*

plausibility /ˌplɔːzəˈbɪləti/ *n* [u] 1 (of excuse) verosimilitud *f* 2 (of person, manner) credibilidad *f*

plausible /ˈplɔːzəbəl/ *adj* 1 ‹*argument/story/excuse*› verosímil; **it's perfectly** ~ **that ...** es perfectamente posible que ..., cabe muy bien dentro de lo posible que ... 2 ‹*liar/salesman*› convincente

plausibly /ˈplɔːzəbli/ *adv* 1 ‹*explain*› de forma verosímil 2 ‹*act*› convincentemente

play[1] /pleɪ/ *n*
A 1 [u] (recreation) juego *m*; **they learn through** ~ aprenden jugando *or* a través del juego; **she watched them at** ~ los observaba mientras jugaban; ***to make great*** ~ ***of sth*** poner* gran énfasis en algo 2 [u] (Sport) juego *m*; ~ **was interrupted** se interrumpió el juego *or* el partido; **the ball is out of** ~ la pelota está fuera de juego; ***to bring sth/come into*** ~ poner* algo/entrar en juego 3 [c] (turn, move): **it's your** ~ **now** te toca (a ti) 4 [c] (AmE) (Sport) (maneuver) jugada *f*; ***to make a*** ~ ***for sb/sth*** (also BrE): **he made a** ~ **for her** trató de ganársela *or* de conquistársela; **the company made a** ~ **for ownership of ABC Industries** la compañía intentó hacerse con ABC Industries
B [u] (interplay) juego *m*; **the** ~ **of light and**

shadow el juego de luces y sombras
C [u] (slack) (Tech) juego *m*; **there's not enough ~ in the schedule** el plan de trabajo es demasiado apretado *or* no deja ningún margen; ***to give sth full ~*** dar* rienda suelta a algo
D [c] (Theat) obra *f* (de teatro), pieza *f* (teatral), comedia *f*; **radio ~** obra *f* radiofónica
E [c] (pun): **a ~ on words** un juego de palabras

play[2] *vt*

(Sense I)

A **1** ‹*hopscotch/leapfrog*› jugar* a; **let's ~ house** vamos a jugar a las madres *or* a las visitas; **to ~ a joke/trick on sb** hacerle* *or* gastarle una broma/una jugarreta a algn **2** ‹*football/chess*› jugar* (AmL exc RPl), jugar* a (Esp, RPl); ‹*set/tournament*› jugar*; **she ~s tennis** juega tenis *or* (Esp, RPl) al tenis
B **1** (compete against) ‹*opponent/team*› jugar* contra; **we're ~ing them in the finals** en la final jugamos contra ellos; **to ~ sb AT sth: I used to ~ her at chess** jugaba ajedrez *or* (Esp, RPl) al ajedrez con ella **2** ‹*ball*› pasar; ‹*card*› tirar, jugar*; ‹*piece*› mover* **3** (in particular position) ‹*inside left/quarterback*› jugar* de; **which position are you ~ing?** ¿en qué posición juegas?, ¿de qué juegas? **4** (use in game) ‹*reserve*› alinear, sacar* a jugar
C (gamble on) jugar* a; **to ~ the horses/dogs** (colloq) jugar* a los caballos/galgos; **to ~ the market** (Fin) jugar* a la bolsa
D (in angling) (Sport) ‹*fish*› agotar
E (treat) (liter): **to ~ sb fair** tratar bien a algn; **to ~ sb false** engañar a algn

(Sense II)

A (Theat) **1** ‹*villain/Hamlet*› representar el papel de, hacer* de, actuar* de; **don't ~ the clown!** ¡no (te) hagas el payaso!, ¡no hagas payasadas!; **don't ~ the innocent with me!** ¡no te me hagas el inocente! **2** ‹*drama*› representar, dar*; ‹*scene*› representar; ***to ~ it cool*** hacer* como si nada; ***to ~ (it) dumb*** hacerse* el tonto; ***to ~ (it) safe*** ir* a la segura, no arriesgarse*; ***to ~ (it) smart*** ser* listo; ***to ~ (it) straight*** ser* sincero *or* honesto; (Lit, Theat) representar el papel sin artificios, actuar* con naturalidad **3** ‹*theater/town*› actuar* en
B **1** ‹*instrument*› tocar*; **to ~ the piano/the clarinet** tocar* el piano/el clarinete **2** ‹*piece*› tocar*, interpretar (frml); ‹*note*› tocar*
C (Audio) ‹*tape/record*› poner*; **they only ~ classical music** (on radio) sólo tocan *or* pasan música clásica

(Sense III) (move) (+ *adv compl*): **to ~ the spotlight over the stage** recorrer el escenario con el reflector; **they ~ed the hoses over the blaze** movían las mangueras sobre las llamas

■ **play** *vi*

(Sense I)

A (amuse oneself) «*children*» jugar*; **we tried to persuade him but he wouldn't ~** (colloq) tratamos de convencerlo pero no quiso saber nada; **to ~ AT sth** jugar* A algo; **they were ~ing at cops and robbers** estaban jugando a ladrones y policías; **what are you ~ing at?** ¿a qué estás jugando?, ¿qué es lo que te propones?; **to ~ WITH sb/sth** jugar* CON algn/algo; **she ~ed with her toys/friends** jugaba con sus juguetes/amigos; **I ~ed with the idea** lo pensé, le di vueltas a la idea; **I feel you're just ~ing with me** me parece que sólo estás jugando conmigo *or* que te estás burlando de mí; **to ~ with words** jugar* con las palabras; **we don't have much time/money to ~ with** no disponemos de mucho tiempo/de mucho dinero; **to ~ with oneself** (euph) toquetearse (euf); ***to ~ fast and loose with sb/sth*** jugar* con algn/algo
B (Games, Sport) jugar*; **~!** ¡que empiece el juego!; **to ~ for money** jugar* por dinero; **whose turn is it to ~?** ¿a quién le toca (jugar)?; **the court is ~ing well today** la cancha está en buenas condiciones hoy; ***to ~ fair*** jugar* limpio; ***to ~ fair with sb*** ser* justo con algn; ***to ~ straight with sb*** ser* sincero con algn

(Sense II)

A **1** (Theat) «*cast*» actuar*, trabajar; «*show*» ser* representado; **the musical has been ~ing to packed houses** el musical ha estado llenando las salas **2** (pretend): **to ~ dead** hacerse* el muerto; ***to ~ hard to get*** hacerse* el (*or* la *etc*) interesante
B (Mus) «*musician*» tocar*; **he's going to ~ for us** nos va a tocar algo; **there was military music ~ing all day** (on radio) tocaron *or* pasaron música militar todo el día

(Sense III) (move): **lights ~ed across the night sky** un juego de luces recorrió el cielo nocturno; **a smile ~ed about his lips** un atisbo de sonrisa rondaba sus labios

(Phrasal verbs)

• **play about** [v + adv] (BrE) juguetear (fam & pey)
• **play along**
A [v + adv] (cooperate): **I refuse to ~ along with him/his schemes** me niego a hacerle el juego/a tener nada que ver con sus enjuagues (fam)
B [v + o + adv] (deceive, manipulate) manipular, utilizar*
• **play around** [v + adv] jugar*, juguetear (fam & pey); **I haven't got time to ~ around** no tengo tiempo para andar con jueguitos (fam); **I don't want them ~ing around with my stereo** no quiero que anden (jugando) con mi estéreo (fam); **he's ~ing around with other women** anda con otras (fam), tiene líos con otras (fam)
• **play back** [v + o + adv, v + adv + o] poner* (*una grabación*)
• **play down** [v + o + adv, v + adv + o] ‹*importance*› minimizar*; ‹*risk/achievement*› quitarle *or* restarle importancia a, minimizar*; **they tried to ~ down the seriousness of the situation** intentaron quitarle *or* restarle importancia a la gravedad de la situación, intentaron minimizar la gravedad de la situación
• **play in** [v + o + adv, v + adv + o]: **the guests were ~ed in by the band** los invitados hicieron su entrada al son de la música de la banda
• **play off** **1** [v + o + adv] oponer*; ***to ~ sb off against sb***: **she ~s her parents off against each other** hace pelear a sus padres para lograr sus propósitos **2** [v + adv] jugar* el desempate; **the two teams will ~ off to decide who's promoted** los dos equipos jugarán la promoción
• **play on** [v + adv + o] **1** ‹*fears/generosity*› aprovecharse de, explotar **2** ‹*words*› jugar* con **3** (disturb) ‹*nerves/health*› afectar
• **play out** [v + o + adv, v + adv + o] **1** (enact) (*usu pass*) interpretar **2** (finish) ‹*game*› terminar, acabar; **to ~ out time** (Sport) hacer* tiempo **3** (Mus) despedir* (*con música*)
• **play up**
A [v + adv] (BrE) **1** (cause trouble) (colloq) «*child*» dar* guerra (fam), portarse mal; **the car is ~ing up** el coche anda mal *or* (fam) está haciendo de las suyas; **my back has been ~ing up** la espalda me ha estado fastidiando *or* (fam) dando la lata **2** (flatter) **to ~ up TO sb** halagar* a algn, darle* coba A algn (Esp fam)
B [v + o + adv] (cause trouble) (BrE colloq) «*child*» darle* guerra a (fam); **my shoulder's ~ing me up** el hombro me está fastidiando *or* (fam) dando la lata
C [v + o + adv, v + adv + o] (exaggerate) exagerar
• **play upon** ▸ **play on**

playable /'pleɪəbəl/ *adj*: **the field is very wet, but it's still ~** el campo está muy mojado, pero se puede jugar (en él); **he bowled a fast ball that just wasn't ~** lanzó una bola rápida que no se podía devolver

play-act /'pleɪækt/ *vi* hacer* teatro

play-acting /'pleɪæktɪŋ/ *n* [u] histrionismo *m*, actitud *f* teatral

playback /'pleɪbæk/ *n* play-back *m*

playbill /'pleɪbɪl/ *n* cartel *m* (*de teatro*)

playbook /'pleɪbʊk/ *n* (AmE) cuarderno *m* de estrategias

playboy /'pleɪbɔɪ/ *n* playboy *m*

play-by-play[1] /,pleɪbaɪ'pleɪ/ *adj* (AmE) (Sport) (*before n*) jugada a jugada

play-by-play[2] *n* (AmE) (Sport) comentario *m* jugada a jugada

play dough *n* [u] masa *f* para jugar

played-out /,pleɪd'aʊt/ *adj* (*pred* **played out**) (colloq) acabado (fam), quemado (fam)

player /'pleɪər || 'pleɪə(r)/ *n*
A (Games, Sport) jugador, -dora *m,f*; **he's a keen tennis ~** le gusta mucho jugar tenis *or* (Esp, RPl) al tenis
B **1** (Mus) músico *mf*, músico, -ca *m,f*, instrumentista *mf*; **she's a really good guitar-~** es muy buena guitarrista **2** (actor) (arch *or* frml) actor, -triz *m,f*; **traveling ~s** cómicos *mpl* de la legua

player-coach /,pleɪər'kəʊtʃ || ,pleɪə'kəʊtʃ/ *n* ▸ **player-manager**

player-manager /,pleɪər'mænɪdʒər || ,pleɪə'mænɪdʒə(r)/ *n* jugador-entrenador, jugadora-entrenadora *m,f*, director técnico y jugador, directora técnica y jugadora *m,f* (AmL)

player piano *n* (AmE) pianola *f*, piano *m* mecánico

playfellow /'pleɪ,feləʊ/ *n* (dated) compañero, -ra *m,f* de juegos

playful /'pleɪfəl/ *adj* **1** (boisterous) ‹*kitten/dog/child*› juguetón **2** (not serious) ‹*look/smile*› pícaro, travieso; ‹*kiss/pat*› juguetón; **a ~ remark** un comentario hecho en broma

playfully /'pleɪfəli/ *adv* **1** (boisterously) juguetonamente, alegremente **2** (humorously) ‹*remark/slap*› en broma; ‹*smile*› juguetonamente

playfulness /'pleɪfəlnəs || 'pleɪfəlnɪs/ *n* [u] **1** **the ~ of the child/puppy** lo juguetón que era (*or* es) el niño/el perrito; **they were full of ~** tenían ganas de jugar **2** (of remark, smile) picardía *f*

playgoer /'pleɪgəʊər || 'pleɪgəʊə(r)/ *n* ▸ **theatergoer 1**

playground /'pleɪgraʊnd/ *n* **1** (in park) *área donde están los columpios, toboganes etc*; **let's go to the ~** vamos a los columpios *or* (AmL tb) a los juegos **2** (at school) (BrE) patio *m* (de recreo) **3** (resort): **Marbella, the ~ of the jet set** Marbella, lugar de diversiones del jet-set *or* (Esp) de la jet-set

playgroup /'pleɪgru:p/ *n*: *grupo de actividades lúdico-educativas para niños de edad preescolar*

playhouse /'pleɪhaʊs/ *n*
A (Theat) teatro *m*
B (for children) casa *f* de juguete

playing card /'pleɪɪŋ/ *n* naipe *m*, carta *f*; **a pack of ~s** una baraja, un mazo de naipes *or* cartas

playing field *n* (BrE) (*often pl*) campo *m* de juego, cancha *f* de deportes (esp AmL)

playleader /'pleɪ,li:dər || 'pleɪ,li:də(r)/ *n* (BrE) monitor, -tora *m,f*, animador, -dora *m,f*

playlet /'pleɪlət || 'pleɪlɪt/ *n* obra *f* breve

playlist /'pleɪlɪst/ *n* (Mus) lista *f* de reproducción

playmaker /'pleɪmeɪkər || 'pleɪmeɪkə(r)/ *n* creador, -dora *m,f* del juego, armador, -dora del juego (AmL)

playmate /'pleɪmeɪt/ *n* compañero, -ra *m,f* de juegos, amiguito, -ta *m,f* (fam)

playoff /'pleɪɔ:f || 'pleɪɒf/ *n* **1** (after a tie) desempate *m* **2** **the ~s** (in US football etc) las finales; (in soccer) la promoción

playpen /'pleɪpen/ *n* corral *m*, parque *m* (Esp)

playroom /'pleɪru:m -rʊm/ *n* cuarto *m* de los juguetes

playschool /'pleɪsku:l/ *n* (BrE) ▸ **playgroup**

plaything /'pleɪθɪŋ/ *n* juguete *m*; **she treats him like a ~** está jugando con él

playtime /'pleɪtaɪm/ *n* [u] (*no art*) (BrE) hora *f* del recreo, recreo *m*

playwright /'pleɪraɪt/ *n* dramaturgo, -ga *m,f*, autor, -tora *m,f* teatral

plaza /'plæzə || 'plɑ:zə/ *n* **1** (square) plaza *f*; (in front of large building) explanada *f* **2** (complex) (AmE) centro *m* comercial

plc, Plc (in UK) (**= public limited company**) ≈ S.A.

plea /pli:/ *n*
A (appeal) (frml) petición *f*; (in supplication) ruego *m*, súplica *f*; **despite ~s from local people** a pesar de las peticiones de los vecinos; **she listened to my ~** escuchó mis ruegos *or* súplicas; **~ FOR sth**: **she made a ~ for mercy** rogó *or* suplicó *or* imploró clemencia; **the play is a ~ for tolerance** la obra es un llamamiento *or*

P

(AmL tb) un llamado a la tolerancia
B (Law): **to enter a ~ of guilty/not guilty** declararse culpable/inocente; **to cop a ~** (AmE colloq) *declararse culpable para obtener una sentencia más leve*
C (excuse) (frml) pretexto *m*, excusa *f*; **she didn't come on the ~ of illness** no vino so pretexto de *or* pretextando estar enferma

plea bargaining *n* [u] (Law) *negociaciones entre el fiscal y la defensa en las que a cambio de que el acusado admita culpabilidad el fiscal acepta reducir los cargos en su contra*; **we could try ~ ~** podríamos intentar llegar a un acuerdo con el fiscal

plead /pli:d/ (*past & past p* **pleaded** *or* AmE also **pled**) *vt* **1** (give as excuse) alegar*; **he ~s ignorance of the whole affair** alega *or* aduce no saber nada del asunto; **to ~ self-defense** (Law) alegar* legítima defensa *or* defensa propia; **she ~ed a prior engagement** alegó tener un compromiso anterior; **nobody can ~ poverty** nadie puede decir que no le alcanza el dinero **2** (argue) defender*; **to ~ the rights of the oppressed** abogar* por *or* defender* los derechos de los oprimidos; **he ~ed the cause of the poor** abogaba en favor de los pobres; **to ~ the case for sth** abogar* en favor de algo; **to ~ sb's case** (Law) llevar el caso de algn; **to ~ the case for the prosecution** (Law) llevar la acusación
■ **plead** *vi* **1** (implore, beg) suplicar*; **to ~ FOR sth** suplicar* algo; **he ~ed for mercy** suplicó misericordia; **to ~ WITH sb to + INF** suplicarle* a algn QUE + SUBJ; **I ~ed with him to come** le supliqué que viniera **2** (Law): **to ~ guilty** declararse culpable; **to ~ not guilty** negar* la acusación; **to ~ on sb's behalf** representar a algn; **to ~ for the defendant** llevar la defensa

pleading¹ /'pli:dɪŋ/ *n* (*often pl*) **1** (begging) súplica *f* **2** (Law) alegato *m*; *see also* **special pleading**

pleading² *adj* suplicante

pleasant /'plezənt/ *adj* **-er, -est** **1** ‹*day/weather/smell/taste*› agradable, bueno; **what a ~ surprise!** ¡qué agradable *or* grata sorpresa!; **it makes a ~ change** es un cambio que resulta agradable; **~ dreams!** ¡que duermas bien!, ¡felices sueños! **2** (friendly, polite) ‹*person*› simpático, agradable; ‹*smile/manner*› agradable; **he's a very ~ young man** es un joven muy agradable; **try to be ~ this evening** esta noche trata de ser amable

pleasantly /'plezəntli/ *adv* ‹*say*› en tono agradable; ‹*smile*› con simpatía; **I was ~ surprised by the changes** los cambios me causaron una grata sorpresa; **the house is ~ situated** la casa está muy bien situada *or* está situada en un lugar muy agradable; **we passed the afternoon very ~** pasamos una tarde muy agradable, pasamos la tarde muy a gusto; **it's not exactly warm but ~ mild** no es que haga calor pero se está muy bien *or* muy a gusto

pleasantry /'plezəntri/ *n* [c] (*pl* **-ries**) **1** (polite remark) cumplido *m*, cortesía *f*; **they exchanged the usual (social) pleasantries** intercambiaron los cumplidos *or* las cortesías de rigor **2** (joking remark) gracia *f*, comentario *m* gracioso *or* jocoso

please¹ /pli:z/ *interj* por favor; **~ sit down** (por favor) siéntese; **pass the salt, ~** pásame la sal, por favor, ¿me pasas la sal?; **would you like another one? — yes, ~** ¿quieres otro? — sí, gracias; **may I read it? — ~ do!** ¿puedo leerlo? — ¡sí, cómo no! *or* ¡no faltaba más!; **say ~** ¿qué se dice?, las cosas se piden por favor; **don't tell her, ~** no se lo digas, (te lo pido) por favor; **stop it, ~!** ¡para ya, por Dios!

please² *vt* **1** (make happy) complacer*; (satisfy) contentar, complacer*; **we always try to ~ the customer** siempre tratamos de complacer al cliente; **her progress ~d her parents** sus padres estaban contentos con los progresos que hacía; **you're very hard to ~** eres muy difícil de contentar *or* de complacer; **she's easily ~d** *o* **easy to ~** se contenta con poco *or* con cualquier cosa; **you can't ~ everyone** no se puede tener contento *or* complacer *or* contentar a todo el mundo **2** (suit): **may it ~ Your Honor ...** (frml) tendría a bien Su Señoría ... (frml)
■ **please** *vi* **1** (satisfy): **we do our best to ~** hacemos todo lo posible por complacer al cliente (*or* a todo el mundo *etc*); **he's eager to ~** busca la aprobación de los demás **2** (choose) querer*; **don't dress up, just come as you ~** no hace falta que te pongas elegante, ven como quieras *or* como te parezca; **do exactly as you ~** haz lo que quieras *or* lo que te parezca *or* (fam) lo que te dé la gana; **just as you ~** como quieras; **I'll have no arguing, if you ~** haga el favor de no discutir; **and then, if you ~, she turns up with three friends** y luego ¿qué crees tú? va y se presenta con tres amigos
■ *v refl*: **to ~ oneself**: **~ yourself** haz lo que quieras *or* lo que te parezca *or* (fam) lo que te dé la gana; **now we can ~ ourselves** ahora sí podemos hacer lo que nos parezca *or* (fam) lo que nos dé la gana; **she can ~ herself whether she comes or not** (que haga lo que quiera:) si no quiere venir, que no venga

please³ *n*: **without so much as a ~ or thank-you** sin pedir por favor ni dar las gracias

pleased /pli:zd/ *adj* (satisfied) satisfecho; (happy) contento; **she is very ~ with the results** está muy contenta/satisfecha con los resultados; **I'm very ~ for you!** me alegro mucho por ti; **she was very ~ with herself** estaba muy ufana, estaba muy satisfecha consigo misma; **I am ~!** ¡cuánto me alegro!; **I'm so ~ you could come!** ¡(cuánto) me alegro de que hayas podido venir!; **to be ~ AT/ABOUT sth**: **I was ~ at the news** me alegré con la noticia; **they were ~ about her appointment** se alegraron de su nombramiento; **to be ~ to + INF**: **I'd be ~ to help you** te ayudaría con mucho gusto; **I am ~ to inform you that ...** (frml) tengo el placer de *or* me complace comunicarle que ... (frml); **~ to meet you** encantado (de conocerlo), mucho gusto

pleasing /'pli:zɪŋ/ *adj* **1** (pleasant) ‹*manners/sight/tune*› agradable; **~ to the ear** agradable *or* grato al oído **2** (gratifying) ‹*news*› grato; **the outcome will be ~ to head office** el resultado complacerá a la central

pleasingly /'pli:zɪŋli/ *adv* placenteramente; **its climate is ~ warm** su clima es placenteramente cálido

pleasurable /'pleʒərəbəl/ *adj* placentero, agradable

pleasure /'pleʒər || 'pleʒə(r)/ *n*
A [u] **1** (happiness, satisfaction) placer *m*; **the pursuit of ~** la búsqueda del placer; **it's a ~ to listen to her** es un placer *or* da gusto escucharla; **to find** *o* **take ~ in sth** disfrutar con algo; **to take ~ in hurting others** disfrutar *or* regodearse hiriendo a los demás; **I get a lot of ~ out of reading** disfruto muchísimo leyendo; (*before n*): **the ~ principle** (Psych) el principio de placer; **~ seeker** hedonista *mf* **2** (in polite formulas): **with ~** con mucho gusto; **it is with the greatest ~ that we ...** tenemos el gran placer de ...; **thank you — (it's) my ~** gracias — de nada *or* no hay de qué, ha sido un placer; **may I have the ~ of this dance?** ¿me concede esta pieza?; **I don't believe I've had the ~** no creo haber tenido el placer *or* el gusto; **Mr John Smith requests the ~ of your company at ...** John Smith tiene el placer de invitar a Vd a ...; **it gives me great ~ to introduce ...** es un placer para mí presentarles ..., me es muy grato poder presentarles ...; **it gives me no ~ to have to tell you this** lamento *or* siento mucho tener que decirte esto
B **1** [u] (recreation, amusement) placer *m*; **I play just for ~** toco sólo porque me gusta; (*before n*): **~ craft** embarcación *f* de recreo; **~ cruise** crucero *m* de placer; **~ garden** parque *m* de diversiones *or* (Esp) atracciones; **~ trip** viaje *m* de placer **2** [c] (source of happiness) placer *m*; **she introduced him to the ~s of good food** lo inició en los placeres de la buena mesa; **Jane is a real ~ to teach** da gusto *or* es un verdadero placer darle clases a Jane; **it's a great ~ having you back** estamos encantados de tenerlo una vez más entre nosotros; **it was a ~** fue un placer
C [u] (choice) (frml): **at your ~** cuando (usted) guste (frml); **to be detained during Her/His Majesty's ~** (in UK) (Law) *quedar detenido indefinidamente a discreción del Ministerio del Interior*

pleasure boat *n* **1** (steamer) barco *m* de recreo **2** (small craft) bote *m* de recreo

pleasure-loving /'pleʒərlʌvɪŋ || 'pleʒəlʌvɪŋ/ *adj* hedonista

pleasure-seeker /'pleʒərsi:kər || 'pleʒəsi:kə(r)/ *n* buscador, -dora *m,f* de placer

pleasure-seeking¹ /'pleʒərsi:kɪŋ || 'pleʒəsi:kɪŋ/ *adj* que busca el placer

pleasure-seeking² *n* [u] búsqueda *f* del placer

pleat¹ /pli:t/ *n* pliegue *m*; (wide) tabla *f*; (narrow, stitched) jareta *f or* (CS) alforza *f*

pleat² *vt* **1** ‹*skirt/material*› plisar; (in wider folds) tablear **2** **pleated** *past p* ‹*skirt*› plisado; (with wider folds) tableado

pleather /'pleðər || 'pleðə(r)/ *n* [u] (Tex) cuerina *f*

pleb /pleb/ *n* (colloq & pej)
A (BrE) ordinario, -ria *m,f*, naco, -ca *m,f* (Méx fam & pey), mersa *mf* (RPl fam & pey), roto, -ta *m,f* (Chi fam & pey)
B **the ~s** la chusma (fam & pey), la plebe (hum)

plebby /'plebi/ *adj* **-bier, -biest** (BrE colloq & pej) ordinario

plebeian¹ /plɪ'bi:ən/ *adj* **1** (lacking refinement) (pej) ordinario **2** (Hist) plebeyo

plebeian² *n* **1** (common person) (pej) ordinario, -ria *m,f* **2** (Hist) plebeyo, -ya *m,f*

plebiscite /'plebəsaɪt, -sət || 'plebɪsɪt, -saɪt/ *n* plebiscito *m*; **to hold a ~** celebrar un plebiscito

plectrum /'plektrəm/ *n* (*pl* **-trums** *or* **-tra** /-trə/) púa *f*, plectro *m* (frml), uñeta *f* (CS), uña *f* (Méx, Ven)

pled /pled/ (AmE) *past & past p of* **plead**

pledge¹ /pledʒ/ *vt*
A **1** (promise) ‹*support/funds*› prometer; **he ~d his word** dio su palabra; **to ~ sth TO sb** prometerle algo A algn; **he ~d not to come back until he found her** prometió no regresar hasta encontrarla **2** (commit) **to ~ oneself to + INF** comprometerse A + INF; **she is ~d to secrecy** ha jurado que guardará el secreto, ha dado su palabra de que guardará el secreto
B **1** (offer as guarantee) entregar* en garantía *or* en prenda; **they ~d their furniture to a moneylender** entregaron los muebles como garantía a un prestamista; **I'd be willing to ~ anything for his honesty** pondría las manos en el fuego por su honestidad **2** ‹*fraternity/sorority*› (AmE) aceptar ser miembro provisional de
C (toast) (frml) brindar por

pledge² *n*
A **1** (promise) promesa *f*; **a solemn ~** una promesa solemne; **election ~** compromiso *m* electoral; **the P~ of Allegiance** (in US) ≈ la jura de (la) bandera; **to honor** *o* **keep a ~** cumplir una promesa, cumplir con su (*or* mi *etc*) palabra; **to make a ~ to + INF** prometer + INF; **she made a ~ to repay all the money** prometió devolver todo el dinero; **to sign** *o* **take the ~** (Hist) *or* (hum) jurar no probar el alcohol **2** (of money) cantidad *f* prometida, donativo *m* prometido **3** (in fraternity, sorority) (AmE) *estudiante que se va a convertir en miembro*
B **1** (token) prenda *f*; **as a ~ of his love** como prenda de su amor, en señal de su amor **2** (collateral) garantía *f*, aval *m* **3** (pawned object) prenda *f*; **to redeem a ~** desempeñar una prenda

> **Pledge of Allegiance**
>
> Promesa de lealtad que los norteamericanos hacen a su bandera y a su patria. En muchos colegios, los niños la repiten cada mañana frente a la bandera y con una mano en el pecho.

plenary /'pli:nəri/ *adj* **1** ‹*session/meeting*› plenario **2** (unlimited): **~ powers** plenos poderes *mpl*; **~ indulgence** (Relig) indulgencia *f* plenaria

plenipotentiary¹ /ˌplenəpə'tentʃəri || ˌplenɪpə'tenʃəri/ *adj* plenipotenciario

plenipotentiary[2] *n* (*pl* **-ries**) plenipotenciario, -ria *m,f*

plenitude /ˈplenətu:d || ˈplenɪtju:d/ *n* (liter) plenitud *f*

plenteous /ˈplentiəs/ *adj* (liter) ‹*stock/harvest*› copioso (liter), abundante

plentiful /ˈplentɪfəl/ *adj* ‹*harvest/resources*› abundante; **pears are ~** *o* **in ~ supply at this time of year** en esta época del año hay peras en abundancia *or* hay abundancia de peras

plentifully /ˈplentɪfəli/ *adv* en abundancia; **we are ~ supplied with food** tenemos comida en abundancia

plenty[1] /ˈplenti/ *n* [u] abundancia *f*; **in ~** en abundancia

plenty[2] *pron*

A **1** (large, sufficient number) muchos, -chas; **he's the best actor I've seen and I've seen ~** es el mejor actor que he visto y he visto a muchos; **there are ~ more in here** aquí hay muchos/muchas más **2** **plenty of** muchos, -chas; **I wasn't bored, I had ~ of books** no me aburrí, tenía muchos libros; **we may not be much good, but there are ~ of us** no seremos demasiado buenos, pero somos muchos

B **1** (large, sufficient quantity) mucho, -cha; **there was ~ to eat** había comida en abundancia, había mucha comida; **there's ~ more in here** aquí hay mucho más; **$50 is ~** 50 dólares es más que suficiente **2** **plenty of** mucho, -cha; **we've got ~ of time** tenemos tiempo de sobra; **he's done ~ of studying for the exam** ha estudiado mucho para el examen; **the food wasn't very good, but there was ~ of it** la comida no era muy buena, pero había mucha; **you need rest and ~ of it** necesitas descansar, y mucho

plenty[3] *adv* (AmE colloq & dial) muy; **she must love him ~** debe quererlo mucho; **it's ~ good enough for me** está perfectamente bien para mí

plenum /ˈpli:nəm/ *n* (*pl* **-nums** *or* **-na** /-nə/) pleno *m*

pleonasm /ˈpli:ənæzəm/ *n* [u c] pleonasmo *m*

pleonastic /ˌpli:əˈnæstɪk/ *adj* pleonástico

plethora /ˈpleθərə/ *n* (*no pl*) **a ~ OF sth** una plétora DE algo

pleura /ˈplʊrə || ˈplʊərə/ *n* (*pl* **-rae** /-ri:/) pleura *m*

pleural /ˈplʊrəl || ˈplʊərəl/ *adj* pleural

pleurisy /ˈplʊrəsi || ˈplʊərəsi/ *n* [u] pleuresía *f*, pleuritis *f*

Plexiglas® /ˈpleksɪglæs || ˈpleksɪglɑ:s/ *n* [u] (AmE) acrílico *m*, plexiglás® *m* (Esp)

plexus /ˈpleksəs/ *n* (*pl* **~** *or* **~es**) plexo *m*

pliability /ˌplaɪəˈbɪləti/ *n* [u] **1** (of material) maleabilidad *f* **2** (of person) flexibilidad *f*

pliable /ˈplaɪəbəl/ *adj* **1** ‹*material/substance*› maleable **2** ‹*person/attitude*› flexible, acomodaticio (pey)

pliancy /ˈplaɪənsi/ *n* [u] ▸**pliability**

pliant /ˈplaɪənt/ *adj* ▸**pliable**

pliers /ˈplaɪərz || ˈplaɪəz/ *pl n* alicate(s) *m(pl)*, pinza(s) *f(pl)* (RPl); **a pair of ~** un(os) alicate(s), una(s) pinza(s) (RPl)

plight[1] /plaɪt/ *n* (*no pl*) situación *f* difícil; **our current economic ~** las dificultades económicas que nos afligen, la crisis (económica) que nos aflige

plight[2] *vt* (arch *or* frml) ‹*allegiance/loyalty*› jurar, prometer; **to ~ one's word** empeñar su (*or* mi *etc*) palabra (frml); **to ~ one's troth to sb** hacerle* promesa de matrimonio a algn (ant)

plimsoll /ˈplɪmsəl/ *n* (BrE) zapatilla *f* de lona, tenis *m*, playera *f* (Esp), champión *m* (Ur)

Plimsoll line /ˈplɪmsəl/ *n* (Naut) línea *f* de carga

plinth /plɪnθ/ *n* (of pillar, column) plinto *m*; (of building) zócalo *m*; (of statue) pedestal *m*

PLO *n* (**= Palestine Liberation Organization**) OLP *f*

plod[1] /plɑ:d || plɒd/ *vi* **-dd-** **1** (walk) caminar lenta y pesadamente; **dog-tired, he ~ded up the steps** rendido de cansancio, subió pesadamente la escalera; **the film ~s along** la película se hace lentísima **2** (work): **she's still ~ding away at her thesis** sigue lidiando *or* batallando con la tesis; **how's work going? — oh, ~ding along** ¿qué tal el trabajo? — ahí va, tirando *or* (AmL exc CS) jalando

plod[2] *n* (*no pl*) caminata *f*

plodder /ˈplɑ:dər || ˈplɒdə(r)/ *n*: **he's a ~** no es una lumbrera pero es de los que ponen empeño

plodding /ˈplɑ:dɪŋ || ˈplɒdɪŋ/ *adj* ‹*pace/step*› lento y pesado; ‹*student*› lento pero que pone empeño, lento pero empeñoso (AmL)

plonk[1] /plɑ:ŋk || plɒŋk/ *vt* (BrE colloq) plantificar* (fam), poner*; **she ~ed herself down on the sofa** se desplomó en el sofá

■ **plonk** *vi* (BrE) **1** (drop) caer* **2** (make plonking sound): **he ~ed away at the piano** aporreaba el piano

plonk[2] *n*

A [c] (sound) ¡pumba!, ¡plaf!

B [u] (mediocre wine) (colloq) vino *m* peleón (fam), vinacho *m* (fam)

plonk[3] *adv* ¡plaf!; **it fell ~ onto the floor** cayó ¡plaf! al suelo

plonker /ˈplɑ:ŋkər || ˈplɒŋkə(r)/ *n* (BrE) **1** (penis) (sl) ▸**cock**[1] **C** **2** (stupid person) (sl) imbécil *mf*

plop[1] /plɑ:p || plɒp/ *n* plaf *m*

plop[2] **-pp-** *vi* (colloq) **to ~ INTO/ONTO sth** hacer* plaf al caer en/sobre algo

■ **plop** *vt* (colloq) dejar caer; **she ~ped it in the water** lo dejó caer en el agua; **he ~ped himself down in the armchair** se dejó caer en el sillón

plosive[1] /ˈpləʊsɪv/ *n* oclusiva *f*

plosive[2] *adj* oclusivo

plot[1] /plɑ:t || plɒt/ *n*

A (conspiracy) complot *m*, conspiración *f*

B (story) argumento *m*, trama *f*; **the ~ thickens!** (set phrase) ¡la historia se complica!

C (piece of land) terreno *m*, solar *m*, parcela *f*

D (on graph) línea *f*

plot[2] **-tt-** *vt*

A (mark out) ‹*curve/graph*› trazar*; ‹*position*› determinar; ‹*point*› señalar, marcar*

B (plan) ‹*rebellion/revenge*› tramar

■ **plot** *vi* **to ~ (AGAINST sb)** conspirar (CONTRA algn); **to ~ to + INF** conspirar PARA + INF; **they ~ted to kill her** conspiraron para matarla

Phrasal verb

• **plot out** [v + adv + o]

A ‹*boundary/perimeter*› (de)marcar* con estacas

B ‹*trend/line*› trazar*

C ‹*plan/response*› preparar

plotter /ˈplɑ:tər || ˈplɒtə(r)/ *n* **1** (conspirator) conspirador, -dora *m,f* **2** (Comput, Tech) trazador *m* de gráficos

plotting /ˈplɑ:tɪŋ || ˈplɒtɪŋ/ *n* [u] **1** (scheming) conspiraciones *fpl* **2** (of route, flight) trazado *m*; (of position) determinación *f*

plough /plaʊ/ *n/vt/vi* (BrE) ▸**plow**[1], **plow**[2]

ploughman /ˈplaʊmən/ *n* (BrE) ▸**plowman**

ploughman's (lunch) /ˈplaʊmənz/ *n* (BrE) *plato de queso, pan y encurtidos*

plover /ˈplʌvər || ˈplʌvə(r)/ *n* (*pl* **~s** *or* **~**) chorlito *m*, frailecito *m* (AmL)

plow[1], (BrE) **plough** /plaʊ/ *n* **1** (Agr) arado *m*; **to bring the land under the ~** (liter) arar la tierra; (*before n*): **~ horse** caballo *m* de tiro **2** (Astron): **the Plow** la Osa Mayor, el Carro

plow[2], (BrE) **plough** *vt* ‹*land/field*› arar; ‹*waves/seas*› (liter) surcar* (liter); **to ~ a furrow** abrir* un surco con el arado; ***to ~ one's way through sth***: **she ~ed her way through the snow** se abrió camino con dificultad a través de la nieve; **he ~ed his way through a whole plate of spinach** consiguió terminarse, a duras penas, un plato entero de espinacas

■ **plow** *vi* **1** (Agr) arar la tierra **2** (proceed): **the ship ~ed through stormy seas** el buque surcaba el proceloso mar (liter); **to ~ on/ahead** seguir* adelante

Phrasal verbs

• **plow back,** (BrE), **plough back** [v + o + adv, v + adv + o] ‹*profits*› reinvertir*; **part of the profits was ~ed back into the business** parte de los beneficios se reinvirtió en el negocio

• **plow into,** (BrE), **plough into**

A [v + prep + o] (crash into) estrellarse contra

B [v + o + prep + o] (invest) invertir* en

• **plow through,** (BrE), **plough through** [v + prep + o] **1** ‹*mud/snow*› abrirse* camino a través de; **I'm still ~ing through the book** todavía estoy tratando de leer el libro, pero me cuesta **2** ‹*wall/fence*› arrasar

• **plow up,** (BrE), **plough up** [v + o + adv, v + adv + o] surcar*, arar; (causing damage) destrozar*

plowland, (BrE) **ploughland** /ˈplaʊlænd/ *n* [u] tierra *f* de labranza

plowman, (BrE) **ploughman** /ˈplaʊmən/ *n* (*pl* **-men** /-mən/) labrador *m*

plowshare, (BrE) **ploughshare** /ˈplaʊʃer || ˈplaʊʃeə(r)/ *n* reja *f* del arado

ploy /plɔɪ/ *n* treta *f*, ardid *m*, estratagema *f*

pluck[1] /plʌk/ *vt* **1** (pull feathers, hair from) ‹*chicken*› desplumar; **to ~ one's eyebrows** depilarse las cejas **2** (pull, pick) ‹*fruit/flower*› arrancar*; **to ~ sth/sb FROM sth** arrancar* algo/a algn DE algo; **he was ~ed from the bosom of his family** fue arrancado del seno de su familia; **to ~ sb from the jaws of death** arrancar* a algn de las garras de la muerte; **she ~ed a thorn from my finger** me sacó una espina del dedo **3** (Mus) ‹*string/guitar*› puntear

■ **pluck** *vi* **to ~ AT sth** tirar DE algo, jalar DE algo (AmL exc CS); **to ~ at a guitar** puntear la guitarra

pluck[2] *n* [u] (colloq) valor *m*, coraje *m*; **it takes real ~ to ...** hace falta valor *or* hay que tener coraje para ...

pluckily /ˈplʌkəli || ˈplʌkɪli/ *adv* corajudamente, con valentía

plucky /ˈplʌki/ *adj* **pluckier, pluckiest** ‹*person*› valiente, corajudo; ‹*team*› con garra (fam); ‹*attempt*› valeroso

plug[1] /plʌg/ *n*

A (stopper) tapón *m*; **to put in/pull out the ~** poner*/quitar *or* sacar* el tapón

B (Elec) **1** (attached to lead) enchufe *m*; (socket) toma *f* de corriente, enchufe *m*, tomacorriente(s) *m* (AmL); **a two-pin/three-pin ~** un enchufe de dos/tres clavijas; ***to pull the ~ on sth*** cancelar algo; **they pulled the ~ on the project** cancelaron el proyecto **2** (*spark ~*) bujía *f*

C (publicity) (colloq): **to give sth a ~** hacerle* propaganda a algo, darle* publicidad a algo, hacerle* la cuña a algo (Ven)

D (of tobacco) rollo *m*

E (*fire ~*) (AmE) boca *f* de incendio, grifo *m* (Chi)

plug[2] **-gg-** *vt*

A **1** (block, fill) ‹*hole/gap*› tapar, rellenar; **the new law will ~ these loopholes** la nueva ley eliminará estas lagunas; **to ~ a gap in the market** llenar un hueco en el mercado **2** (use as stopper) **to ~ sth INTO sth**: **straw had been ~ged into the gaps** los huecos se habían tapado *or* rellenado con paja

B (promote) ‹*record/book*› hacerle* propaganda a, darle* publicidad a, hacerle* la cuña a (Ven)

C (sl & dated) **1** (shoot) balear *or* (Méx) balacear, llenar de plomo (fam) **2** (hit) pegarle* *or* (fam) darle* a

Phrasal verbs

• **plug away** (colloq) [v + adv] **to ~ away (AT sth/sb)**: **I keep ~ging away at my French** sigo dándole duro al francés (fam); **you'll have to ~ away at him** tendrás que seguir insistiéndole *or* (fam) dándole la lata

• **plug in**

A [v + o + adv, v + adv + o] ‹*radio/headphones/guitar*› enchufar

B [v + adv] ‹‹*headphones/radio*›› enchufarse

• **plug into** **1** [v + o + prep + o]: **to ~ an appliance into a socket** enchufar un aparato **2** [v + prep + o]: **the microphone ~s into the amplifier** el micrófono se enchufa al amplificador

• **plug up** [v + o + adv, v + adv + o] tapar

plug-compatible /ˌplʌgkəmˈpætəbəl/ *adj* conectable directamente

plughole /ˈplʌghəʊl/ *n* (BrE) desagüe *m*

plug-in[1] /ˈplʌgɪn/ *adj*

A ‹*appliance/peripheral*› que se enchufa

P

B (Comput) ‹*module/software*› de plug-in, de extensión, adicional

plug-in² *n* (Comput) plug-in *m*, extensión *f*

plug-ugly¹ /'plʌg'ʌgli/ *adj* (colloq) (very ugly) feísimo; (with criminal features) patibulario

plug-ugly² *n* (AmE colloq) matón *m*, gorila *m* (fam), guarura *m* (Méx)

plum¹ /plʌm/ *n* **1** (Culin) ciruela *f*; ***to speak with a ~ in one's mouth*** (BrE) hablar como quien tiene una papa *or* (Esp) una patata caliente en la boca; (*before n*): **~ pudding** (BrE) plum pudding *m* (*budín de pasas y especias*) **2** **~ (tree)** ciruelo *m* **3** ▸ℹ **p.1036** (color) color *m* ciruela; (*before n*) color ciruela *adj inv*

plum² *adj* (colloq) (*before n*): **it's a ~ job** es un trabajo fantástico, es un chollo (Esp fam), es flor de trabajo (CS fam); **she got a ~ part in the play** le tocó un papelazo *or* (CS) le tocó flor de papel en la obra (fam)

plumage /'plu:mɪdʒ/ *n* [u] plumaje *m*

plumb¹ /plʌm/ *adv* (colloq) **1** (exactly, right) justo; **~ in the middle** justo en el centro, en el mero centro (AmC, Méx, Ven fam) **2** (totally) (AmE colloq & dated): **~ crazy/stupid** loco/tonto de remate

plumb² *vt*
A (fathom) ‹*mystery*› dilucidar
B **1** (Naut) sondar, sondear **2** (Const) aplomar

Phrasal verb
- **plumb in** [v + o + adv, v + adv + o] (BrE) instalar, conectar

plumb³ *adj* (*pred*) a plomo

plumb⁴ *n*
A [c] **1** (Naut) plomada *f* **2** (Const): **~ (bob)** plomada *f*
B [u] (vertical): **to be out of** *o* **off ~** no estar* a plomo

plumbago /plʌm'beɪgəʊ/ *n* (*pl* **-gos**) **1** [c] plumbaginácea *f* **2** [u] (Min) plombagina *f*

plumber /'plʌmər || 'plʌmə(r)/ *n* plomero, -ra *m,f* or (AmC, Esp) fontanero, -ra *m,f* or (Per) gasfitero, -ra *m,f* or (Chi) gásfiter *mf*

plumbing /'plʌmɪŋ/ *n* [u] **1** (pipes) cañerías *fpl*, tuberías *fpl*; (installation) instalación *f* de agua **2** (activity) plomería *f* or (AmC, Esp) fontanería *f* or (Chi, Per) gasfitería *f*

plumbline /'plʌmlaɪn/ *n* (Const, Naut) plomada *f*

plume¹ /plu:m/ *n* pluma *f*; (cluster of feathers) penacho *m*; **a ~ of smoke** una columna de humo

plume² *v refl*: **to ~ oneself** «*bird*» limpiarse las plumas; «*person*»: **to ~ oneself ON** *o* **UPON sth** (liter) vanagloriarse DE algo

plumed /plu:md/ *adj* ‹*helmet*› con penacho; ‹*hat*› con plumas; ‹*tail*› de plumas

plummet¹ /'plʌmət || 'plʌmɪt/ *vi* «*bird/aircraft*» caer* en picada *or* (Esp) en picado; «*prices/income*» caer* en picada *or* (Esp) en picado, desplomarse, irse* a pique; **~ing attendance forced many theaters to close** el brusco descenso de público obligó a cerrar a muchos teatros

plummet² *n* **1** (Const) plomada *f* **2** (in angling) plomada *f*

plummy /'plʌmi/ *adj* **-mier, -miest** **1** (posh) ‹*voice/accent*› (BrE colloq) de clase alta, popoff (Méx fam), pijo (Esp fam), de pituco (CS, Per fam) **2** ▸**plum²**

plump¹ /plʌmp/ *adj* **-er, -est** ‹*person/face*› (re)llenito, regordete; ‹*chicken/rabbit*› gordo

plump² *vt* **1** (put, set down) (colloq) (+ *adv compl*) plantificar* (fam) **2** (AmE) (Culin) hacer* hinchar (*poniendo en remojo*)
■ **plump** *vi* dejarse caer

Phrasal verbs
- **plump for** [v + prep + o] (colloq) decidirse *or* optar por
- **plump up** [v + o + adv, v + adv + o] ‹*pillow/cushion*› ahuecar*, sacudir; **soak the raisins to ~ them up** (AmE) ponga las pasas en remojo para que se hinchen

plumpness /'plʌmpnəs || 'plʌmpnɪs/ *n* [u] (of person) lo regordete *or* (re)llenito

plum tomato *n* tomate *m* (de) pera *or* (Arg) perita

plunder¹ /'plʌndər || 'plʌndə(r)/ *vt* **1** (steal from) ‹*village*› saquear; ‹*palace/larder*› saquear, desvalijar; ‹*literature/sb's ideas*› plagiar; **they ~ed the pyramid of most of its treasures** despojaron la pirámide de la mayor parte de sus tesoros **2** (steal) ‹*treasure/wealth*› robar

plunder² *n* [u] **1** (objects) botín *m*; **he escaped with his ~** se escapó con el botín **2** (action) saqueo *m*, rapiña *f*

plunge¹ /plʌndʒ/ *vt* **1** (immerse, thrust) **to ~ sth INTO sth** ‹*into liquid*› sumergir* *or* meter algo EN algo; **she ~d the knife into his heart** le hundió *or* le clavó el cuchillo en el corazón; **I ~d my hands deeper into my pockets** metí bien las manos en los bolsillos **2** (into state, condition): **the street was ~d into darkness** la calle quedó a oscuras *or* quedó sumida en la oscuridad; **the news ~d him into the depths of depression** la noticia lo sumió en una fuerte depresión; **the nation was ~d into war** la nación se vio precipitada a una guerra; **to ~ oneself into work/study/a cause** entregarse* al trabajo/al estudio/a una causa
■ **plunge** *vi*
A (dive) zambullirse; (fall) caer*; **he ~d into the pool** se zambulló en la piscina; **she ~d 50ft to her death** cayó 50 pies y encontró la muerte; **the car ~d over the cliff** el coche se precipitó por el acantilado; **she ~d into the New York social scene** se metió de cabeza en el mundillo social neoyorquino
B **1** (slope downward steeply) «*road/path*» descender* bruscamente; **the neckline ~s at the back** el escote se acentúa en la espalda **2** (drop) «*price/output/popularity*» caer* en picada *or* (Esp) en picado, desplomarse, irse* a pique
C (pitch) «*ship*» cabecear; «*horse*» corcovear

plunge² *n* **1** (in water) zambullida *f*, chapuzón *m*; ***to take the ~*** (take a risk) arriesgarse*, jugarse* el todo por el todo; (get married) casarse, dar* el paso **2** (fall) caída *f* **3** (of price, value) caída *f*; (of temperature) descenso *m*; **shares took a ~** las acciones se fueron a pique *or* cayeron en picada *or* (Esp) en picado **4** (of neckline) escote *m* (*profundo*)

plunger /'plʌndʒər || 'plʌndʒə(r)/ *n* **1** (for unblocking drain) desatascador *m*, chupona *f* (Esp), destapador *m* (de caño) (Méx), sopapa *f* (RPl), sopapo *m* (Chi), chupa *f* (Col), goma *f* (Ven) **2** (piston) émbolo *m*, pistón *m*; (*before n*): **~ pump** bomba *f* de émbolo *or* pistón **3** (in syringe) émbolo *m*

plunging /'plʌndʒɪŋ/ *adj* ‹*neckline*› muy profundo

plunk¹ /plʌŋk/ (AmE) *vt* poner*, plantificar* (fam); **she ~ed herself down onto the sofa** se desplomó en el sofá
■ **plunk** *vi* **1** (drop) caer* **2** (making harsh, heavy sound): **she ~ed away at the piano** aporreaba el piano (fam)

plunk² *n/adv* ▸**plonk² A, plonk³**

pluperfect¹ /ˌplu:'pɜ:rfɪkt || ˌplu:'pɜ:fɪkt/ *n* pluscuamperfecto *m*

pluperfect² *adj* pluscuamperfecto

plural¹ /'plʊrəl || 'plʊərəl/ *adj* **1** (Ling) ‹*noun/verb*› en plural; **~ form** plural *m* **2** (Pol, Sociol) ‹*society/economy*› pluralista

plural² *n* plural *m*; **in the ~** en plural

pluralism /'plʊrəlɪzəm || 'plʊərəlɪzəm/ *n* (Phil, Pol, Relig, Sociol) pluralismo *m*

pluralist¹ /'plʊrələst || 'plʊərəlɪst/ *n* pluralista *mf*

pluralist² *adj* pluralista

pluralistic /ˌplʊrə'lɪstɪk || ˌplʊərə'lɪstɪk/ *adj* pluralista

plurality /plʊ'ræləti || plʊə'ræləti/ *n* (*pl* **-ties**) **1** [u] pluralidad *f* **2** [c] (AmE) (Pol) mayoría *f* relativa

pluralize /'plʊrəlaɪz || 'plʊərəlaɪz/ *vt*
A (Ling) pluralizar*, poner* en plural
B ‹*society/culture*› pluralizar*
■ **pluralize** *vi* formar el plural

plural voting *n* [u] votación *f* múltiple

plus¹ /plʌs/ *n* (*pl* **~es** *or* **~ses**) **1** (sign) signo *m* de más, más *m* **2** (advantage, bonus) (colloq) ventaja *f*, pro *m*; **the ~es outweigh the minuses** son más los pros que los contras

plus² *adj* **1** (advantageous) (colloq) (*before n*) ‹*point*› positivo, a favor; **on the ~ side, it is very spacious** entre las ventajas *or* los pros está que es muy amplio **2** (positive) (*before noun*) ‹*ion/number*› positivo; **+2°** (*léase: plus two degrees*) +2° (*read as: dos grados sobre cero*) **3** (and more) (*pred*): **children aged 13 ~** niños de 13 años para arriba *or* de 13 años en adelante; **there must have been 100 ~ people there** debe de haber habido de cien personas para arriba **4** (Educ): **B+** (*léase: B plus*) *calificación entre A y B, más baja que A-*

plus³ *prep* más; **2 + 3 = 5** (*léase: two plus three equals five*) 2 + 3 = 5 (*read as: dos más tres es igual a cinco*); **£12 per hour ~ expenses** doce libras por hora más gastos; **~ the fact that …** aparte de que …

plus⁴ *conj* (crit) además de que

plus fours /fɔ:rz || fɔ:z/ *pl n* pantalones *mpl* bombachos *or* de golf

plush¹ /plʌʃ/ *n* [u] felpa *f*; (*before n*) ‹*toy*› de felpa *or* peluche

plush² *adj* lujoso

plushly /'plʌʃli/ *adv* lujosamente

plushness /'plʌʃnəs || 'plʌʃnɪs/ *n* [u] lujo *m*

plush velvet *n* [u] plush *m*; (*before n*) ‹*gown/dress/jacket*› de plush

plushy /'plʌʃi/ *adj* **-shier, -shiest** ▸**plush²**

plus sign *n* signo *m* (de) más

plus-size /'plʌsˌsaɪz/ *adj* (AmE) de talla grande

Pluto /'plu:təʊ/ *n* Plutón *m*

plutocracy /plu:'tɑ:krəsi || plu:'tɒkrəsi/ *n* (*pl* **-cies**) plutocracia *f*

plutocrat /'plu:təkræt/ *n* plutócrata *mf*

plutocratic /ˌplu:tə'krætɪk/ *adj* plutocrático

plutonium /plu:'təʊniəm/ *n* [u] plutonio *m*

pluvial /'plu:viəl/ *adj* pluvial

ply¹ /plaɪ/ *n* (*pl* **plies**) **1** [c] (layer — of wood) chapa *f*, lámina *f*; (— of paper) capa *f* **2** [c] (of wool, yarn) cabo *m*, hebra *f*; **three-~ wool** lana *f* de tres cabos *or* hebras **3** [u] (colloq) ▸**plywood**

ply² **plies, plying, plied** *vt* **1** (carry out): **to ~ one's trade** ejercer* su oficio **2** (use) ‹*oar*› mover*; ‹*tools*› manejar **3** (travel over) «*ship*» navegar* por, surcar* (liter)
■ **ply** *vi* (frml) **1** (travel a route) «*ship/plane/bus*» hacer* el trayecto **2** (BrE): **to ~ for hire** «*taxi*» recorrer las calles en busca de clientes

Phrasal verb
- **ply with** [v + o + prep + o]: **he kept ~ing me with whiskey** estaba constantemente sirviéndome whisky; **to ~ sb with questions** asediar *or* acosar a algn a preguntas; **she plied us with invitations to visit** insistió repetidamente en que fuéramos a visitarla

plywood /'plaɪwʊd/ *n* [u] contrachapado *m* (*tablero en varias capas*)

pm ▸ℹ **p.1798** (after midday) p.m.; **at 2 ~** a las 2 de la tarde, a las 14 h., a las 2 p.m.

PM, (BrE) *n* = **prime minister**

PMS *n* = **premenstrual syndrome**

PMT *n* [u] (BrE) = **premenstrual tension**

pneumatic /nʊ'mætɪk || nju:'mætɪk/ *adj* neumático; **~ drill** martillo *m* neumático; **~ brakes** frenos *mpl* neumáticos *or* de aire

pneumatically /nʊ'mætɪkli || nju:'mætɪkli/ *adv* neumáticamente

pneumonia /nʊ'məʊnjə || nju:'məʊniə/ *n* [u] pulmonía *f*, neumonía *f*

pneumothorax /ˌnʊməʊ'θɔ:ræks || ˌnju:məʊ'θɔ:ræks/ *n* neumotórax *m*

PO *n* **1** = **post office** **2** (= **purchase order**) orden *f* de compra **3** (Mil, Naut) = **Petty Officer** **4** (in UK) = **postal order**

poach /pəʊtʃ/ *vt*
A (Culin) ‹*egg*› escalfar; ‹*fish*› cocer* a fuego lento; **~ed egg** huevo *m* escalfado *or* (RPl) poché
B (steal) ‹*game*› cazar* furtivamente; ‹*personnel/ideas*› robar
■ **poach** *vi* **1** (hunt game) cazar* furtivamente

p

[2] (encroach): **to ~ on sb's territory** *o* **preserve** meterse en terreno de algn

poacher /'pəʊtʃər || 'pəʊtʃə(r)/ *n*
A (of game) cazador furtivo, cazadora furtiva *m,f*; ***to be a ~ turned gamekeeper*** (BrE) ser* como un ladrón que se ha vuelto policía
B (Culin) *sartén para escalfar huevos*

poaching /'pəʊtʃɪŋ/ *n* [u] caza *f* furtiva

POB *n* (= **post office box**) apdo, aptdo,, C.C. (CS)

PO box *n* Apdo. postal, Apdo. de correos, C.C. (CS)

pock /pɑ:k || pɒk/ *n* viruela *f*, pústula *f*

pocket[1] /'pɑ:kət || 'pɒkɪt/ *n*
A [1] (in garment) bolsillo *m or* (Méx tb) bolsa *f*; **back/top ~** bolsillo *or* (Méx tb) bolsa de atrás/superior; **with her hands in her ~s** con las manos (metidas) en los bolsillos; ***to be in sb's ~***: **they're all in the mayor's ~** el alcalde los tiene a todos metidos en el bolsillo; ***to have sb in one's ~*** tener* a algn (metido) en el bolsillo; ***to have sth in one's ~*** tener* algo asegurado *or* (Esp tb) en el bote; ***to line one's own ~s*** forrarse (fam); ***to live/be in each other's ~s*** (BrE) estar* uno encima del otro [2] (financial resources) bolsillo *m*; **prices to suit every ~** precios para todos los bolsillos; **to pay for sth out of** *o* **from one's own ~** pagar* algo de su propio bolsillo; *see also* **out-of-pocket** [3] (holder — in car door) portamapas *m*; (— inside, outside bag) bolsillo *m*; (— on billiard, snooker, pool table) tronera *f*
B (small area) bolsa *f*; **a ~ of gas** una bolsa de gas; **~s of resistance/unemployment** bolsas *fpl or* focos *mpl* de resistencia/desempleo
C (in US football) pocket *m* (*área protegida detrás de la línea de golpeo*)

pocket[2] *vt* [1] (put in pocket) meterse *or* guardarse en el bolsillo; **he ~ed the cards** se metió *or* se guardó las cartas en el bolsillo [2] (steal, gain) (colloq) embolsarse (fam); **she ~ed the change** se quedó con el cambio, se embolsó el cambio (fam) [3] (in snooker, pool) entronerar

pocket[3] *adj* (*before n*) ‹*camera/dictionary/calculator*› de bolsillo; **~ battleship** acorazado *m* de bolsillo

pocket bike *n* (esp AmE) (Auto) minimoto *f*

pocket billiards *n* [u] (+ *sing vb*) (AmE) billar *m*

pocketbook /'pɑ:kətbʊk || 'pɒkɪtbʊk/ *n* [1] (handbag) (AmE) cartera *f or* (Esp) bolso *m or* (Méx) bolsa *f* [2] (wallet) (AmE) cartera *f*, billetera *f*; ***to vote one's ~*** votar con el bolsillo [3] (paperback) (AmE) libro *m* en rústica [4] (notebook) (BrE) cuaderno *m*, libreta *f*

pocket calculator *n* calculadora *f* de bolsillo

pocketful /'pɑ:kətfʊl || 'pɒkɪtfʊl/ *n*: **he came back with ~s of coins** volvió con los bolsillos llenos de monedas

pocket handkerchief *n* pañuelo *m* (de bolsillo); **the garden is no bigger than a ~ ~** el jardín es un pañuelito *or* es diminuto

pocketknife /'pɑ:kətnaɪf || 'pɒkɪtnaɪf/ *n* (*pl* **-knives**) navaja *f*

pocket money *n* [u] [1] (spending money) dinero *m* para gastos personales [2] (for children) (BrE) dinero *m* de bolsillo, ≈ mesada *f* (AmL), domingo *m* (Méx), propina *f* (Per)

pocket-size /'pɑ:kətsaɪz || 'pɒkɪtsaɪz/, **pocket-sized** /-d/ *adj* de bolsillo

pocket veto *n* (in US) [1] (Pol) *veto que indirectamente aplica el presidente al no firmar un proyecto dentro de los diez días establecidos* [2] (delaying maneuver) maniobra *f* dilatoria

pockmark /'pɑ:kmɑ:rk || 'pɒkmɑ:k/ *n* [1] (on face, body) (marca *f* de) viruela *f*; **her face was covered with ~s** tenía la cara picada de viruela(s) [2] (pit, hole) agujero *m*, hoyo *m*

pockmarked /'pɑ:kmɑ:rkt || 'pɒkmɑ:kt/ *adj* [1] ‹*face/skin*› picado de viruela(s) [2] ‹*building/surface*› lleno de agujeros

pod[1] /pɑ:d || pɒd/ *n* [1] (Bot) (of peas, beans) vaina *f*; **cocoa ~** baya *f or* mazorca *f* del cacao [2] (Aerosp, Aviat) tanque *m*

pod[2] *vt* **-dd-** pelar

POD (= **pay on delivery**) cóbrese al entregar

podcast[1] /'pɑ:dkæst || 'pɒdkɑ:st/ *n* (Comput) podcast *m* (*archivo de sonido que se distribuye a través de la tecnología RSS*)

podcast[2] *vt* (Comput) hacer* un podcast de

podgy /'pɑ:dʒi || 'pɒdʒi/ *adj* **podgier, podgiest** (BrE colloq) rechoncho, regordete, gordinflón (fam); ‹*fingers*› regordete

podiatrist /pə'daɪətrəst || pə'daɪətrɪst/ *n* (AmE) pedicuro, -ra *m,f*, podólogo, -ga *m,f* (frml)

podiatry /pə'daɪətri/ *n* [u] (AmE) podología *f* (frml)

podium /'pəʊdiəm/ *n* [1] (platform) estrado *m*, podio *m* [2] (for column) podio *m* [3] (lectern) (AmE) atril *m*

poem /'pəʊəm || 'pəʊɪm/ *n* poema *m*, poesía *f*

poesy /'pəʊəzi -si/ *n* [u] (liter) gaya ciencia *f* (liter), gay saber *m* (liter), poesía *f*

poet /'pəʊət || 'pəʊɪt/ *n* poeta *mf*, poeta, -tisa *m,f*

poetaster /'pəʊə,tæstər || ,pəʊɪ'tæstə(r)/ *n* (liter & pej) poetastro, -tra *m,f* (pey)

poetess /'pəʊətəs || 'pəʊətes/ *n* (dated) poetisa *f*

poetic /pəʊ'etɪk/ *adj* ‹*language/description/scene*› poético; ‹*moment/beauty*› lleno de poesía; **there was ~ justice in it** fue de justicia, se hizo justicia; **~ license** licencia *f* poética; **to take ~ license with sth** interpretar algo muy libremente

poetical /pəʊ'etɪkəl/ *adj* poético

poetically /pəʊ'etɪkli/ *adv* poéticamente

poetics /pəʊ'etɪks/ *n* [u] (+ *sing vb*) (arte *f*‡) poética *f*

poet laureate, Poet Laureate *n* (*pl* **~s ~**) poeta laureado, poeta *or* poetisa laureada *m,f*

> **Poet Laureate**
>
> Un poeta designado oficialmente por la Casa Real inglesa desde 1616. Su tarea es escribir poemas para ocasiones oficiales tales como las bodas, nacimientos y defunciones reales. Conserva su título hasta su muerte. En EEUU desde 1986 los poetas laureados son designados por la ▸**Library of Congress**, pero sólo se mantienen en el cargo durante uno o dos años.

poetry /'pəʊətri || 'pəʊɪtri/ *n* [u] [1] (poems) poesía *f*; (*before n*) ‹*book*› de poesía(s) *or* poemas; **~ reading** recital *m* de poesía [2] (beauty) (liter) poesía *f* (liter); **she was ~ in motion** (set phrase) era pura poesía

po-faced /'pəʊfeɪst/ *adj* (BrE colloq & pej) con cara de desaprobación *or* (fam) de pocos amigos *or* (vulg) de culo; **stop looking so ~!** ¡no pongas esa cara!

pogey /'pəʊgi/ *n* [u] (Can colloq) prestaciones *fpl* sociales

pogo stick /'pəʊgəʊ/ *n*: *especie de zanco con resortes, con el que se avanza a saltos*

pogrom /'pəʊgrəm, 'pɑ:- || 'pɒgrəm/ *n* pogrom *m*, pogromo *m*

poignancy /'pɔɪnjənsi/ *n* [u] (of story, moment) lo conmovedor; (of look, plea) patetismo *m*, lo patético

poignant /'pɔɪnjənt/ *adj* ‹*story/moment*› conmovedor; ‹*look/plea*› patético; ‹*reminder*› doloroso, penoso

poignantly /'pɔɪnjəntli/ *adv* ‹*remind*› dolorosamente; ‹*express*› de manera conmovedora; **the story ends ~** la historia tiene un final conmovedor

Poindexter /'pɔɪndekstər || 'pɔɪndekstə(r)/ *n* (AmE colloq) ▸**nerd**

poinsettia /pɔɪn'setiə/ *n* poinsettia *f*, papagayo *m*, flor *f* de Pascua *or* de Navidad, estrella *f* federal (RPl)

point[1] /pɔɪnt/ *n*

(Sense I) [c]
A [1] (dot) punto *m* [2] ▸ⓘ **p.1091** (*decimal ~*) ≈ coma *f*, punto *m* decimal (AmL) (*the point is used instead of the comma in some Latin American countries*); **1.5** (*léase: one point five*) 1,5 (*read as: uno coma cinco*), 1.5 (*read as: uno punto cinco*) (AmL)
B [c] [1] (in space) punto *m*; **the southernmost/highest ~ of the island** el punto más meridional/alto de la isla; **the ~s of the compass** los puntos cardinales; **meeting ~** punto de encuentro; **customs ~** aduana *f*; **~ of contact** punto de contacto; **~ of departure** punto de partida; **~ of entry** (of bullet) orificio *m* de entrada; (of immigrant, goods) punto de entrada; **I've reached the ~ where I just don't care** he llegado a un punto en que ya no me importa; **things have reached such a ~ that ...** las cosas han llegado a tal punto *or* a tal extremo que ...; ***the ~ of no return***: **we've reached the ~ of no return** ahora ya no nos podemos echar atrás; (literal) ahora tenemos que seguir adelante, ahora ya no nos podemos volver [2] (on scale) punto *m*; **freezing/boiling ~** punto de congelación/ebullición; **the index rose three ~s** el índice subió tres enteros *or* puntos; **his nerves were at breaking ~** estaba a punto de estallar; **the trains were at bursting ~** los trenes iban repletos; **the children have reached saturation ~** los niños ya están saturados; **you're right, up to a ~** hasta cierto punto tienes razón; **she is reserved to the ~ of coldness** es tan reservada, que llega a ser fría; **his writing is untidy to the ~ of being illegible** tiene tan mala letra, que lo que escribe resulta ilegible; **we worked to the ~ of exhaustion** trabajamos hasta quedar agotados; **they tormented her to the ~ where her life became unbearable** la atormentaron hasta tal punto, que la vida se le hizo insoportable
C (in time) momento *m*; **at this ~ the doorbell rang** en ese momento *or* instante sonó el timbre; **at this ~ in the game** en este momento del juego; **at this ~ in time** en este momento; **at what ~ did you begin to suspect?** ¿en qué momento empezó a sospechar?; **at no ~ did they mention money** en ningún momento hablaron de dinero; **he was at the ~ of death** (frml) estaba agonizando; **from this ~ on** a partir de este momento; **to be on the ~ of sth/-ING** estar* a punto de + INF; **he was on the ~ of confessing** estaba a punto de confesar; **he was on the ~ of tears** estaba a punto de ponerse a llorar *or* estaba al borde de las lágrimas
D (in contest, exam) punto *m*; **set/match ~** (in tennis) bola *f* de set/partido; **break ~** (in tennis) punto *m* de ruptura; **to win on ~s** (in boxing) ganar por puntos; **to make ~s with sb** (AmE) hacer* méritos con algn; (*before n*): **~s victory** *o* **win** victoria *f* por puntos

(Sense II)
A [c] [1] (item, matter) punto *m*; **we discussed various ~s** tratamos diversos puntos *or* diversas cuestiones; **agreement was reached on the following ~s** se llegó a un acuerdo en los siguientes puntos; **the main ~s of the news** un resumen de las noticias más importantes del día; **~ of honor** cuestión *f* de honor *or* pundonor; **~ of order** moción *f* de orden; **to bring up** *o* **raise a ~** plantear una cuestión; **as a ~ of principle** por principio; **a ~ of law** una cuestión de derecho; **in ~ of fact** en realidad, de hecho, a decir verdad; ***not to put too fine a ~ on it*** hablando en plata *or* en buen romance; ***to make a ~ of sth/-ING***: **she always made a ~ of talking to everyone** siempre se preocupaba por *or* se proponía conversar con todo el mundo; **I'll make a ~ of watching them closely** me encargaré de vigilarlos de cerca; ***to stretch a ~*** hacer* una excepción [2] (argument): **Mike's ~ was a good one** Mike tenía razón en lo que dijo; **it was a ~ which had never occurred to me** era algo que nunca se me había ocurrido; **to make a ~**: **what ~ are you trying to make?** ¿qué estás tratando de decir?; **that was a very interesting ~ you made** lo que señalaste *or* planteaste *or* dijiste es muy interesante; **I'd like to make one more ~, if I may** quisiera hacer otra observación *or* señalar otra cosa, si me permiten; **she made the ~ that ...** observó que ...; **all right, you've made your ~!** sí, bueno, ya has dicho lo que querías decir; (conceding) sí, bueno, tienes razón; **I see your ~ about it**

being boring! ya veo lo que querías decir con lo de que era aburrido; **I take your ~ that ...** acepto que ...; **~ taken** de acuerdo; **I think he has a ~** yo creo que tiene razón *or* que no está tan errado; **you have a ~ there** tienes razón (en lo que dices); **to prove a ~**: **that proves my ~ that we need more staff** eso me da la razón en que necesitamos más personal; **she's doing it simply to prove a ~** no lo hace más que para demostrar que tiene razón

B **1** (central issue, meaning): **to come/get to the ~** ir* al grano; **to keep** *o* **stick to the ~** no irse* por las ramas, no salirse* del tema; **now, to get back to the ~, ...** bueno, volviendo al tema, ...; **she was brief and to the ~** fue breve y concisa; **I don't need a car and, more to the ~ ...** no necesito coche, y lo que es más ...; **that's beside the ~** eso no tiene nada que ver *or* no viene al caso; **the ~ is that it should have been ready yesterday** el hecho es que debería haber estado listo ayer; **that's not the ~** no se trata de eso; **that's just the ~!** ¡justamente!, ¡precisamente!; **Mr Mercer seems to have entirely missed the ~** el señor Mercer parece no haber entendido en absoluto de qué se trata **2** [u] (cogency) fuerza *f* (de convicción); **to give ~ to sth** darle* fuerza a algo

C [u] (purpose): **what's the ~ of going on?** ¿qué sentido tiene seguir?, ¿para qué vamos a seguir?; **I'm not voting: what's the ~?** yo no voto ¡para qué! *or* ¿qué sentido tiene?; **the whole ~ of my trip was to see you** justamente iba a viajar (*or* he viajado *etc*) nada más que para verte, el único propósito de mi viaje era verte a ti; **there's no ~** *o* **there isn't any ~ (in) feeling sorry for yourself** no sirve de nada compadecerse; **I can't see much ~ in a resumption of talks** no veo de qué va a servir que se reanuden las conversaciones; **there is some ~ to it** tiene su sentido *or* su razón de ser

D [c] **1** (feature, quality): **patience/music isn't one of my strong ~s** la paciencia/música no es mi fuerte; **she doesn't see his bad ~s** no le ve los defectos; **the good and bad ~s of the system** los pros y los contras del sistema; **these are the ~s to look for** éstos son los detalles en los que hay que fijarse **2** (of animal) característica *f*

(Sense III)

A [c] **1** (sharp end, tip) punta *f*; **to come to a ~** acabar en punta; **at the ~ of a gun** a punta de pistola **2** (promontory) (Geog) punta *f*, cabo *m*

B **points** *pl* **1** (Auto) platinos *mpl* **2** (BrE) (Rail) agujas *fpl* **3** (ballet): **on ~s** en punta(s) de pie

C [c] (socket) (BrE): **(electrical** *o* **power) ~** toma *f* de corriente, tomacorriente *m* (AmL), enchufe *m*

point² *vt*

A (aim, direct): **can you ~ us in the right direction?** ¿nos puede indicar por dónde se va?, ¿nos puede señalar el camino?; **the arrow ~ed the way to the exit** la flecha indicaba *or* señalaba el camino a la salida; **his example ~s the way for the whole nation** su ejemplo señala *or* apunta el camino que debe seguir la nación entera; **~ the aerosol away from you** apunta para otro lado con el aerosol; **to ~ sth AT sb/sth**: **he ~ed his finger at me** me señaló con el dedo; **she ~ed the gun at him** le apuntó con la pistola; **don't ~ the hose at the flowers** no apuntes directamente a las flores con la manguera

B (Const) ‹*brickwork/wall*› rejuntar (*con mortero*)

C **1** (mark) ‹*word/text*› puntuar* **2** (give emphasis) ‹*word/line*› recalcar*, poner* énfasis en

■ **point** *vi* **1** (with finger, stick etc) señalar; **it's rude to ~** es de mala educación señalar con el dedo; **the gun was ~ing in my direction** la pistola apuntaba hacia mí; **with her toes ~ing outward** con las puntas de los pies hacia afuera; **to ~ AT/TO sth/sb** señalar algo/a algn; **he ~ed to** *o* **at the clock on the wall** señaló el reloj que había en la pared; **the big hand is ~ing to six** el minutero señala el número seis; **to ~ TOWARD sth** señalar en dirección a algo **2** (call attention) **to ~ TO sth** señalar algo; **the report ~s to deficiencies in health care** el informe señala deficiencias en la asistencia sanitaria; **the company can ~ to excellent sales figures** la empresa puede señalar sus excelentes cifras de ventas **3** (indicate, suggest) **to ~ TO sth** ‹‹*facts/symptoms*›› indicar* algo; **it all ~s to suicide** todo indica *or* hace pensar que se trata de un suicidio; **the trends ~ to an early economic recovery** los indicios apuntan a una pronta reactivación de la economía; **his silence ~s to complicity** su silencio es señal de complicidad **4** (in hunting) ‹‹*dog*›› pararse

(Phrasal verbs)

• **point out** [v + o + adv, v + adv + o]

A (show) señalar; **to ~ sth/sb out TO sb**: **he ~ed out to me the house where Medina once lived** me señaló *or* me mostró la casa donde había vivido Medina; **I'll ~ her out to you if I see her** te la señalaré si la veo

B (make aware of) ‹*problem/advantage*› señalar; **but that was before my time, he ~ed out** —pero eso fue anterior a mi época —señaló; **he ~ed out to them that time was getting short** les señaló *or* les advirtió *or* les hizo notar que quedaba poco tiempo; **let me ~ out that ...** permítame señalar *or* observar que ...

• **point up** [v + o + adv, v + adv + o] poner* de relieve

point-and-click /ˌpɔɪntən(d)ˈklɪk/ *adj* ‹*command/access/software*› de apuntar y pulsar, de apuntar y hacer click, point-and-click

point-and-shoot /ˌpɔɪntən(d)ˈʃuːt/ *adj* de apuntar y disparar

point-blank /ˈpɔɪntˈblæŋk/ *adj* **1** (close) ‹*shot*› a quemarropa, a boca de jarro; **at ~ range** a quemarropa, a boca de jarro **2** (blunt, forceful) ‹*refusal*› rotundo, categórico; ‹*question*› directo

point blank *adv* **1** (at close range) ‹*shoot*› a quemarropa, a boca de jarro **2** (bluntly, forcefully) ‹*refuse/deny*› rotundamente, categóricamente, de plano; ‹*ask*› a boca de jarro

point-by-point /ˌpɔɪntbaɪˈpɔɪnt/ *adj* punto por punto

point duty *n* [u] (BrE): **to be on ~ ~** dirigir* la circulación *or* el tráfico

pointed /ˈpɔɪntəd || ˈpɔɪntɪd/ *adj*

A (with a point) ‹*stick/leaf*› acabado en punta, puntudo (Andes); ‹*roof/window*› apuntado; ‹*arch*› ojival; ‹*chin/nose*› puntiagudo, puntudo (Andes); ‹*shoe*› de punta, puntiagudo, puntudo (Andes); ‹*hat*› de pico

B (deliberate) ‹*remark/comment*› mordaz; **no one missed the ~ reference to her predecessor** a nadie se le escapó la clara *or* directa alusión a su antecesor; **his ~ exclusion from the list** la manera deliberada *or* intencionada en que se lo excluyó de la lista

pointedly /ˈpɔɪntədli || ˈpɔɪntɪdli/ *adv*: **she looked at the clock rather ~** miró el reloj de forma harto significativa; **she ~ avoided the subject** evitó el tema deliberadamente; **some of us did, she said ~** —algunos sí lo hicimos —dijo lanzándole una clara indirecta

pointer /ˈpɔɪntər || ˈpɔɪntə(r)/ *n*

A **1** (on dial, gage) aguja *f* **2** (rod) puntero *m*

B **1** (clue, signal) pista *f*; **~ TO sth** indicador *m* DE algo **2** (tip) idea *f*, sugerencia *f*

C (dog) perro, -rra *m,f* de muestra, pointer *m*

pointillism /ˈpɔɪntɪlɪzəm || ˈpwæntɪlɪzəm/ *n* [u] puntillismo *m*

pointing /ˈpɔɪntɪŋ/ *n* [u] **1** (process) rejuntado *m* (*de una pared de ladrillos*) **2** (joints) juntas *fpl*

pointing device *n* dispositivo *m* apuntador, dispositivo *m* señalador

pointless /ˈpɔɪntləs || ˈpɔɪntlɪs/ *adj* ‹*attempt*› vano, inútil; ‹*existence*› sin sentido; **I don't want to get involved in ~ arguments** no quiero meterme en discusiones absurdas *or* que no conducen a nada; **it's ~ arguing with him** no tiene sentido *or* no conduce a nada discutir con él; **I thought the violence in the movie was ~** la violencia de la película me pareció gratuita

pointlessly /ˈpɔɪntləsli || ˈpɔɪntlɪsli/ *adv* inútilmente, en vano

pointlessness /ˈpɔɪntləsnəs || ˈpɔɪntlɪsnɪs/ *n* [u] falta *f* de sentido, lo absurdo *or* inútil

point-of-sale /ˌpɔɪntəvˈseɪl/ *n* punto *m* de venta; (*before n*): **~ advertising/publicity** publicidad *f* en el punto de venta; **~ terminal** terminal *m* de punto de venta

point of sale *n* (*pl* **~s ~ ~**) punto *m* de venta

point of view *n* (*pl* **~s ~ ~**) punto *m* de vista; **to express one's ~ ~ ~** expresar su (*or* mi *etc*) punto de vista; **she looks at it from a different ~ ~ ~** ella lo ve desde otro punto de vista; **from the ~ ~ ~ of efficiency/the consumer** desde el punto de vista de la eficiencia/del consumidor

points duty *n* ▸**point duty**

pointsman /ˈpɔɪntsmən/ *n* (*pl* **-men** /-mən/) (BrE) guardagujas *m*

point-to-point /ˈpɔɪnt,təˈpɔɪnt/ *n*: *carrera de caballos a campo traviesa, gen de jinetes amateur*

pointy /ˈpɔɪnti/ *adj* **-tier, -tiest** (colloq) puntiagudo

pointy-headed /ˌpɔɪntiˈhedəd || ˌpɔɪntiˈhedɪd/ *adj* (AmE colloq) intelectualoide

poise¹ /pɔɪz/ *n* [u] **1** (bearing) porte *m*, elegancia *f* **2** (composure) desenvoltura *f*, aplomo *m*

poise² *vt* colocar*

■ *v refl*: **to ~ oneself**: **she ~d herself to jump** se colocó en disposición de saltar, se preparó para saltar

poised /pɔɪzd/ *adj*

A **1** (balanced, suspended): **~ in the air** suspendido en el aire; **they were waiting with pencils ~** esperaban, lápiz en mano; **~ on the brink of disaster** al borde del desastre; **her hand was ~ above the receiver** tenía la mano preparada para contestar el teléfono en cuanto sonara **2** (ready) listo, preparado; **the army was ~, ready to attack** el ejército estaba listo para atacar; **they are ~ to break into the Japanese market** están listos para irrumpir en el mercado japonés; **the jaguar was ~ for attack** el jaguar estaba agazapado, listo para atacar; **she is ~ for a political comeback** está lista para hacer su reaparición en la escena política; **he was ~ at the microphone** estaba preparado frente al micrófono

B (self-assured): **for an 18-year-old she is very ~** para una chica de 18 años tiene mucho aplomo *or* mucha desenvoltura

poison¹ /ˈpɔɪzn/ *n* [c u] veneno *m*; **rat ~** matarratas *m*; **to take ~** envenenarse; **to hate sb like ~** odiar a algn a muerte; **Spencer's name was ~ to him** no podía ni oír mencionar el nombre de Spencer; ***what's your ~?*** (colloq & hum) ¿qué vas a tomar?; (*before n*): **~ gas** gas *m* tóxico

poison² *vt* **1** ‹*person/animal*› (with poison) envenenar; (make ill) intoxicar* **2** (infect) ‹*blood*› envenenar; ‹*cut*› infectar **3** (pollute) ‹*river/soil*› contaminar **4** (make poisonous) envenenar; **a ~ed dart** un dardo envenenado **5** (corrupt) ‹*mind/society*› corromper; ‹*relationship/atmosphere*› dañar, estropear; **to ~ sb's mind against sb** indisponer* a algn contra algn

poisoner /ˈpɔɪznər || ˈpɔɪzənə(r)/ *n* envenenador, -dora *m,f*

poisoning /ˈpɔɪznɪŋ/ *n* **1** [u c] (of person, animal) envenenamiento *m*; **to die of ~** morir* envenenado; **arsenic ~** envenenamiento por arsénico; ▸**food poisoning**, **lead¹** **2** [u] (of relations) deterioro *m*

poison ivy *n* [u] **1** (plant) hiedra *f* venenosa **2** (rash) (AmE) urticaria *f*

poison oak *n* [u] **1** (plant) zumaque *m* venenoso **2** (rash) (AmE) urticaria *f*

poisonous /ˈpɔɪznəs/ *adj* **1** (containing poison) ‹*fruit/liquid/snake*› venenoso **2** (malicious, evil) ‹*remark/person*› venenoso, ponzoñoso; ‹*doctrine/ideas*› pernicioso; **she's ~** es una víbora; **a very ~ letter** una carta llena de ponzoña

poison-pen letter /ˌpɔɪznˈpen/ *n* anónimo *m* ponzoñoso

poison sumac *n* [u] zumaque *m* venenoso

poke¹ /pəʊk/ *vt*

A **1** (jab): **to ~ the fire** atizar* el fuego; **to ~ sb in the eye** (with finger) meterle el dedo en el ojo a algn; **to ~ sb's eye out** sacarle* un ojo a algn; **she ~d me in the ribs to make me shut up** (with elbow) me dio un codazo para que me callara; **he ~d me in the ribs with his umbrella** me clavó el paraguas en el costado; **stop poking me!** ¡deja ya de darme! **2** (thrust): **she ~d her head around the door** asomó la cabeza por la puerta; **he ~d his head out from under the sheets** sacó la cabeza de entre las sábanas; **to ~ sth AT sb/sth**: **stop poking that stick at me!** ¡deja ya de darme con el palo!; **~ a fork into the meat to see if it's done** pincha la carne con un tenedor a ver si está hecha; **he ~d his finger through the crack** metió el dedo por la ranura; **he ~d a hole in the bag** le hizo un agujero a la bolsa; **it's easy to ~ holes in their argument** es fácil echar por tierra su argumento; ▸**fun**[1], **nose**[1] **A**

B (punch) (AmE colloq): **to ~ sb in the nose** pegarle* un puñetazo *or* (fam) un mamporro en la nariz a algn

■ **poke** *vi* **1** (jab) **to ~ AT sth**: **he ~d at the mouse with a stick** le dio al ratón con un palo; **she ~d listlessly at her food** jugueteaba desganada con la comida **2** (project) asomar; **her feet were poking out of the sheets** los pies le asomaban por entre las sábanas; **a few shoots were poking up out of the soil** unos cuantos brotes asomaban en la tierra; **his elbows were poking out of his sweater** los codos le asomaban por los agujeros del suéter

Phrasal verbs

- **poke about, poke around** [v + adv] fisgonear, husmear
- **poke along** [v + adv] (colloq) ir* a paso de tortuga (fam)

poke[2] *n*
A **1** (jab) golpe *m*; (with elbow) codazo *m*; **she gave him a ~ in the ribs** le dio en el costado; (with elbow) le dio *or* le pegó un codazo en el costado; **to give the fire a ~** atizar* el fuego; **it's better than a ~ in the eye (with a sharp stick)** (set phrase) menos da una piedra, (algo es algo,) peor es nada **2** (punch) (AmE colloq) mamporro *m* (fam), puñetazo *m*; **to give sb a ~ on the nose** pegarle* un puñetazo *or* (fam) un mamporro en la nariz a algn
B (sexual act) (BrE vulg) polvo *m* (arg), cogida *f* (Méx, RPl vulg); **to have a ~** echarse un polvo (arg), coger* (Méx, RPl vulg), follar (Esp vulg)
C (AmE colloq) (purse) monedero *m*, chauchera *f* (Chi); (wallet) billetera *f*

poker /'pəʊkər || 'pəʊkə(r)/ *n*
A [c] (for fire) atizador *m*; ***as stiff as a ~*** más tieso que un palo (fam)
B [u] (game) póker *m*, póquer *m*; (*before n*): **~ school** círculo *m* de póker

poker face *n* (colloq) cara *f* de póker (fam); **what a ~ ~!** ¡qué cara de póker! (fam), ¡qué cara más inexpresiva!

poker-faced /'pəʊkərfeɪst || ˌpəʊkə'feɪst/ *adj* (colloq) ‹*person*› con cara de póker (fam); **she remained ~ in spite of all my jokes** siguió tan impasible *or* (fam) con cara de póker a pesar de mis bromas

pokey /'pəʊki/ *n* (*pl* **~s**) (esp AmE sl) ▸**slammer**

poky /'pəʊki/ *adj* **pokier, pokiest** (colloq) **1** (cramped) diminuto; **a ~ little apartment/office** un cuchitril (fam & pey), un sucucho (CS fam & pey); **a ~ little room** un cuartucho diminuto (pey) **2** (slow) (AmE) lerdo

pol /pɑːl || pɒl/ *n* (AmE colloq) político, -ca *m,f*, politicucho, -cha *m,f* (fam & pey)

Polack /'pəʊlɑːk || 'pəʊlæk/ *n* (AmE sl & offensive) polaco, -ca *m,f*

Poland /'pəʊlənd/ *n* Polonia *f*

polar /'pəʊlər || 'pəʊlə(r)/ *adj* **1** (Geog, Astron) polar; **~ expedition** expedición *f* al polo; **~ ice cap** casquete *m* polar **2** (*as intensifier*): **they are ~ opposites** son polos opuestos

polar bear *n* oso *m* polar

polar coordinates *pl n* coordenadas *fpl* polares

polarity /pəʊ'lærəti || pə'lærəti/ *n* [c u] (*pl* **-ties**) **1** (Chem, Elec, Phys) polaridad *f* **2** (sharp contrast) polaridad *f*

polarization /ˌpəʊlərə'zeɪʃən || ˌpəʊləraɪ'zeɪʃən/ *n* [u] **1** (Chem, Elec, Phys) polarización *f* **2** (divergence) polarización *f*

polarize /'pəʊləraɪz/ *vt* **1** (Chem, Elec, Phys) polarizar* **2** (divide) ‹*nation/opinion*› polarizar*
■ **polarize** *vi* **1** (Chem, Elec, Phys) polarizarse* **2** (divide) polarizarse*

Polaroid®[1], **polaroid** /'pəʊlərɔɪd/ *adj* (*before n*) polaroid® *adj inv*

Polaroid®[2], **polaroid** *n* (camera, photograph) polaroid® *f*

polar star *n* estrella *f* polar

polder /'pəʊldər || 'pəʊldə(r)/ *n* pólder *m*

pole[1] /pəʊl/ *n*
A **1** (fixed support) poste *m*; (*flag~*) mástil *m*; (*tent ~*) palo *m*, mástil *m*; (in fire station) barra *f* (de descenso); **telegraph ~** poste *m* telegráfico; ***to be up the ~*** (BrE colloq) estar* chiflado *or* (Esp tb) mochales (fam); **they're driving me up the ~!** ¡me están enloqueciendo!, ¡me están sacando de quicio! **2** (*ski ~*) bastón *m* (de esquí) **3** (for vaulting) garrocha *f or* (Esp) pértiga *f* **4** (for barge, punt) pértiga *f*
B **1** (Geog) polo *m*; **the North/South P~** el Polo Norte/Sur; ***to be ~s apart*** ser* polos opuestos **2** (Phys) polo *m*

pole[2] *vt* ‹*punt/barge*› impulsar (*con la pértiga*)

Pole /pəʊl/ *n* polaco, -ca *m,f*

poleax[1], (BrE) **poleaxe** /'pəʊlæks/ *n* **1** (battleax) hacha *f*‡ de guerra **2** (for slaughtering) hacha *f*‡

poleax[2], (BrE) **poleaxe** *vt* **1** (fell) tumbar, noquear **2** (dumbfound): **to be ~ed** quedarse de una pieza

polecat /'pəʊlkæt/ *n* **1** turón *m* **2** (AmE) ▸**skunk**[1]

pole dancing *n* [u] baile *f* del caño

polemic[1] /pə'lemɪk/ *n* [c u] **1** (attack) **~ (AGAINST sth/sb)** ataque *m or* invectiva *f* (CONTRA algo/algn) **2** (defense) **~ IN FAVOR OF sth/sb** defensa *f* DE algo/algn **3** (controversy) polémica *f*

polemic[2] /pə'lemɪk/, **-ical** /-ɪkəl/ *adj* polémico

polemicist /pə'leməsəst || pə'lemɪsɪst/ *n* polemista *mf*

polemics /pə'lemɪks/ *n* (+ *sing vb*) polémica *f*

polenta /pə'lentə/ *n* [u] **1** (flour) harina *f* de maíz **2** (dough) polenta *f*

pole position *n* **1** (Sport) (in motor racing) pole *f*, primera línea *f*, primera fila *f*; **to be in ~ ~** estar* en la pole, estar* en primera línea *or* fila en la parrilla de salida **2** (leading position) posición *f* de ventaja

polestar /'pəʊlstɑːr || 'pəʊlstɑː(r)/, (BrE) **Pole Star** *n* estrella *f* polar

pole-vault[1] /'pəʊlvɔːlt/ *n* salto *m* con garrocha *or* (Esp) con pértiga

pole-vault[2] *vi* saltar con garrocha *or* (Esp) con pértiga

pole-vaulter /'pəʊlˌvɔːltər || 'pəʊlˌvɔːltə(r)/ *n* saltador, -dora *m,f* con garrocha *or* (Esp) con pértiga, garrochista *mf* (AmL)

pole-vaulting /'pəʊlvɔːltɪŋ/ *n* [u] salto *m* con garrocha *or* (Esp) con pértiga

police[1] /pə'liːs/ *n* **1** (force) (+ *sing or pl vb*): **the ~** la policía; **to be in/join the ~** ser*/hacerse* policía; **to call the ~** llamar a la policía; **the riot ~** la policía antidisturbios; (*before n*) ‹*regulations/escort/patrol*› policial; **~ academy** academia *f* de policía(s); **~ brutality** brutalidad *f* policial *or* de la policía; **~ car** coche *m* patrulla *or* de policía; **~ chief** jefe, -fa *m,f* de policía; **~ college** escuela *f* superior de policía; **~ constable** (in UK) agente *mf*; **~ custody** custodia *f* policial; **~ department** (in US) distrito *m* policial; **the ~ force** la policía, las fuerzas del orden público (period); **the airport has its own ~ force** el aeropuerto tiene su propio cuerpo de vigilancia; **~ informer** informante *mf* de la policía; **~ inspector** (in UK) inspector, -tora *m,f* de policía; **~ message** comunicado *m* policial; **~ officer** agente *mf*, policía *mf*; **~ protection** protección *f* policial; **to have a ~ record** estar* fichado *or* (CS tb) prontuariado; **~ van** (BrE) furgón *m* policial, (coche *m*) celular *m* (Esp); **~ witness** testigo *mf* de la policía **2** (police officers) (*no art*, + *pl vb*) policías *mpl*; **~ outnumbered demonstrators** el número de policías superaba al de manifestantes

police[2] *vt* **1** (keep order in) ‹*streets*› patrullar; **the right to ~ the region** el derecho de mantener una fuerza policial en la región; **the demonstration was heavily ~d** hubo una gran presencia policial en la manifestación **2** (monitor) vigilar, supervisar; **UN troops will ~ the ceasefire** tropas de la ONU se encargarán de que se respete el alto al fuego **3** (clean up) (AmE) limpiar

police dog *n* perro *m* policía

policeman /pə'liːsmən/ *n* (*pl* **-men** /-mən/) policía *m*, agente *m*

police state *n* estado *m* policía

police station *n* comisaría *f*

policewoman /pə'liːsˌwʊmən/ *n* (*pl* **-women**) agente *f*, policía *f*, mujer *f* policía

policing /pə'liːsɪŋ/ *n* [u] **1** (keeping order) mantenimiento *m* del orden; **he criticized the ~ of the strike** criticó la actuación policial durante la huelga **2** (monitoring) vigilancia *f*, control *m*

policy /'pɑːləsi || 'pɒləsi/ *n* (*pl* **-cies**)
A [u c] **1** (Pol) política *f*; **economic/foreign ~** política económica/exterior; **they adopted a ~ of neutrality** adoptaron una política de neutralidad; **it is government ~ to reduce inflation** la reducción de la inflación es una de las directrices de la política gubernamental; **~ ON sth**: **their ~ on education** su política en materia de educación *or* en cuanto a educación; **this government has no ~ on wages** este gobierno no tiene una política salarial *or* de salarios; (*before n*): **~ decision** decisión *f* de política *or* de estrategia; **~ document** documento *m* normativo; **~ statement** declaración *f* de política **2** (standard practice, plan) (Busn) política *f*; **investment ~** política de inversión; **her ~ is to ignore him** su táctica es no hacerle ni caso; **it is good/bad ~** es/no es recomendable; **I always ask her first as a matter of ~** tengo por norma preguntarle primero a ella; **~ ON sth**: **company ~ on advertising** la política de la compañía *or* la línea que sigue la compañía en materia de publicidad
B [c] (*insurance ~*) (contract) seguro *m*; (document) póliza *f* de seguros; **he took out a new ~** se hizo un nuevo seguro

policyholder /'pɑːləsiˌhəʊldər || 'pɒləsiˌhəʊldə(r)/ *n* asegurado, -da *m,f*

policymaker /'pɑːləsiˌmeɪkər || 'pɒləsiˌmeɪkə(r)/ *n*: *encargado o responsable de formular la política de un partido, comité etc*

policymaking /'pɑːləsiˌmeɪkɪŋ || 'pɒləsiˌmeɪkɪŋ/ *n* [u]: *formulación de la política a seguir por un partido, comité etc*; (*before n*): **~ body** organismo *m* normativo

polio /'pəʊliəʊ/ *n* [u] polio *f*; (*before n*) ‹*vaccine*› contra la polio; ‹*epidemic*› de polio

poliomyelitis /ˌpəʊliəʊmaɪə'laɪtəs || ˌpəʊliəʊˌmaɪə'laɪtɪs/ *n* [u] poliomielitis *f*

polish[1] /'pɑːlɪʃ || 'pɒlɪʃ/ *n*
A **1** [u c] (*shoe ~*) betún *m*, pomada *f* (RPl), pasta *f* (Chi); (*furniture ~*) cera *f* para muebles, lustramuebles *m* (CS); (*metal ~*) limpiametales *m*; (*floor ~*) (esp BrE) abrillantador *m* (de suelos); (*wax ~*) cera *f* (abrillantadora); (*nail ~*) esmalte *m* (de uñas) **2** [c] (sheen, gloss) brillo *m*, lustre *m*; **high ~** gran brillo *or* lustre **3** (act) (*no pl*): **to give sth a ~** sacarle* brillo a algo, lustrar algo (esp AmL), darle* una lustrada a algo (AmS)
B [u] (refinement): **his style lacks ~** tiene que pulir su estilo; **this upbringing gave her a certain ~** haber sido criada así le dio un cierto barniz (de refinamiento)

polish[2] *vt* **1** ‹*floor/table/car*› darle* *or* sacarle* brillo a, lustrar (esp AmL); ‹*shoes*› limpiar, lustrar (esp AmL), bolear (Méx), embolar (Col); ‹*brass/chrome*› limpiar, darle* *or* sacarle* brillo a; ‹*lens/mirror*› limpiar; ‹*stone*› (by abrasion) pulir; **to ~ one's nails** pintarse las uñas **2** (refine) ‹*style/accent/performance*› pulir, perfeccionar

Phrasal verbs

- **polish off** [v + o + adv, v + adv + o] (colloq) ‹*food*› liquidarse (fam), despacharse (fam)

P

• **polish up** [v + o + adv, v + adv + o] ‹*skill/style*› pulir, perfeccionar; **he's gone to France to ~ up his French** se ha ido a Francia a perfeccionar *or* a mejorar el francés

Polish[1] /'pəʊlɪʃ/ *adj* polaco; **the ~ Corridor** el Pasillo de Dánzig

Polish[2] *n* [u]
A (language) polaco *m*
B the ~ los polacos

polished /'pɑːlɪʃt || 'pɒlɪʃt/ *adj* **1** (shiny) ‹*metal/marble*› pulido, bruñido; ‹*wood*› brillante, lustrado (esp AmL); **the silverware was highly ~** la plata estaba brillantísima **2** (refined) ‹*manners/accent*› refinado, elegante; ‹*performance/translation*› pulido; **he is a ~ actor** es un consumado actor; **the school play was a ~ production** la obra del colegio resultó muy pulida *or* lograda

polisher /'pɑːlɪʃər || 'pɒlɪʃə(r)/ *n* **1** (machine) enceradora *f* **2** (person) lustrador, -dora *m,f*

Politburo /'pɑːlət,bjʊrəʊ || 'pɒlɪt,bjʊərəʊ/ *n* Politburó *m*

polite /pə'laɪt/ *adj* **politer, politest 1** (correct, well-bred) ‹*manner/person*› cortés, educado, correcto; **the rules of ~ behavior** las reglas de cortesía; **they exchanged ~ greetings/compliments** intercambiaron los saludos/cumplidos de rigor; **they were making ~ conversation** conversaban tratando de ser agradables; **gut? the ~ word is stomach!** ¿tripa? ¡se dice estómago!; **always be ~ to customers** sé siempre cortés *or* educado con los clientes; **you don't mean it: you're only being ~** lo dices sólo por cortesía; **she was very ~ about my work, but I don't think she liked it** fue muy cortés al referirse a mi trabajo, pero no creo que le gustara; **it is ~ to wait till everyone is served** es de buena educación esperar a que todos estén servidos; **it's not ~ to shout** gritar es una falta de educación *or* es de mala educación **2** (refined): **in ~ society** en la buena sociedad; **you don't mention such things in ~ company** no se habla de eso entre gente educada *or* fina

politely /pə'laɪtli/ *adv* ‹*behave*› correctamente, cortésmente; ‹*ask/refuse*› con buenos modales, con educación

politeness /pə'laɪtnəs || pə'laɪtnɪs/ *n* cortesía *f*, (buena) educación *f*; **out of ~** por cortesía

politic /'pɑːlətɪk || 'pɒlətɪk/ *adj* (frml) diplomático; **leaving the meeting was hardly ~** que se fuera de la reunión fue muy poco diplomático; **it would not be ~ to refuse** no sería prudente *or* diplomático negarnos; **it would be ~ to follow their advice** te convendría seguir sus consejos

political /pə'lɪtɪkəl/ *adj* ‹*correspondent/prisoner/editor*› político; **~ asylum** asilo *m* político; **this strike is clearly ~** es obvio que esta huelga obedece a motivos políticos; **I'm not very ~, I'm not a ~ animal** no me interesa mucho la política

political correctness *n* [u] corrección *f* política, lo políticamente correcto

political economist *n* economista político, -ca *m,f*

political economy *n* [u] economía *f* política

political geography *n* [u] geografía *f* política

political incorrectness *n* [u] incorrección *f* política, lo políticamente incorrecto

politically /pə'lɪtɪkli/ *adv* políticamente; **~ aware** con conciencia política

politically correct *adj* políticamente correcto; **a ~ ~ term** un término políticamente correcto

politically incorrect *adj* políticamente incorrecto

political refugee *n* refugiado político, refugiada política *m,f*

political science *n* [u] ciencias *fpl* políticas

political scientist *n* politólogo, -ga *m,f*, cientista político, cientista política *m,f*

politician /,pɑːlə'tɪʃən || ,pɒlɪ'tɪʃən/ *n* político, -ca *m,f*

politicization /pə,lɪtəsə'zeɪʃən || pə,lɪtɪsaɪ'zeɪʃən/ *n* [u] politización *f*

politicize /pə'lɪtəsaɪz || pə'lɪtɪsaɪz/ *vt* politizar*; **to become ~d** politizarse*

politicking /'pɑːlətɪkɪŋ || 'pɒlətɪkɪŋ/ *n* [u] politiqueo *m* (fam), politiquería *f*

politico /pə'lɪtɪkəʊ/ *n* (*pl* **-cos** *or* **-coes**) político *mf*

politics /'pɑːlətɪks || 'pɒlətɪks/ *n*
A (+ *sing vb*) (science, activity) política *f*; **to go into** *o* **enter ~** dedicarse* a la política, meterse en política (fam); **a career in ~** una carrera política; **to talk ~** hablar de política
B (+ *pl vb*) **1** (political relations) política *f*; **national/international ~** política nacional/internacional; **I don't want to get involved in office ~** yo no quiero meterme en intrigas *or* (fam) trapicheos de oficina; **the ~ of medicine** la medicina en el contexto político **2** (political views) ideas *fpl* políticas; **I don't know what her ~ are** no sé qué ideas políticas tiene

polity /'pɑːləti || 'pɒləti/ *n* (*pl* **-ties**) sistema *m* de gobierno

polka /'pəʊlkə || 'pɒlkə, 'pəʊlkə/ *n* polca *f*, polka *f*

polka dot /'pəʊkə, pəʊlkə || 'pɒlkə, 'pəʊlkə/ *n* lunar *m*, topo *m* (Esp); (*before n*) ‹*material*› de lunares *or* (Esp) topos

poll[1] /pəʊl/ *n*
A 1 (ballot) votación *f*; **to take a ~ on sth** someter algo a votación; **he criticized the conduct of the ~** criticó la forma en que se había llevado a cabo la votación **2** (number of votes cast): **there has been a particularly low/heavy ~** pocos/muchos electores han acudido a las urnas; **there was a 62% ~** la participación electoral fue de un 62%; **the ~ for the candidate was 18,731** (BrE) el cómputo de votos para el candidato fue de 18.731 **3** (*opinion ~*) encuesta *f* (de opinión), sondeo *m* (de opinión)
B polls *pl* (polling stations): **the ~s: to go to the ~s** ir* *or* acudir a las urnas; **if she wins at the ~s** si gana las elecciones; **a defeat at the ~s** una derrota electoral; **the ~s have not yet closed** se continúa votando, las mesas electorales no han cerrado aún

poll[2] *vt*
A (Pol) ‹*votes*› (obtain) obtener*; (cast) emitir; **the Democratic candidate ~ed 88,052 votes** el candidato demócrata obtuvo 88.052 votos
B (question) ‹*electorate*› sondear, encuestar; **she ~ed the board of directors** sondeó *or* tanteó a la junta directiva; **a majority of those ~ed** la mayoría de los encuestados; **union members are to be ~ed on the proposal** la propuesta se va a someter a votación entre los miembros del sindicato
C (Agr) ‹*sheep/cattle*› descornar*
D (Comput) interrogar*
■ **poll** *vi* (BrE): **he ~ed better than expected** obtuvo más votos de lo que se esperaba

pollard[1] /'pɑːlərd || 'pɒləd/ *n* **1** (Hort) árbol *m* desmochado **2** (Zool) animal *m* descornado

pollard[2] *vt* desmochar

pollen /'pɑːlən || 'pɒlən/ *n* [u] polen *m*; (*before n*): **he suffers from a ~ allergy** padece de alergia al polen, padece de fiebre del heno; **~ count** *o* **index** índice *m* de concentración de polen en el aire

pollinate /'pɑːləneɪt || 'pɒlɪneɪt/ *vt* polinizar*

pollination /,pɑːlə'neɪʃən || ,pɒlɪ'neɪʃən/ *n* [u] polinización *f*

polling /'pəʊlɪŋ/ *n* [u] votación *f*; **~ closes at eight o'clock** la votación termina a las ocho; **most districts reported light ~** la mayoría de los distritos registraron una escasa participación; (*before n*): **~ booth** (esp BrE) cabina *f* de votación; **card** (in UK) ≈ tarjeta *f* de votantes; **~ clerk** escrutador, -dora *m,f*; **~ day** (BrE) día *m* de las elecciones; **~ place** *o* (BrE) **station** centro *m* electoral

polliwog /'pɑːliwɑːg || 'pɒliwɒg/ *n* (AmE colloq) renacuajo *m*

pollster /'pəʊlstər || 'pəʊlstə(r)/ *n* encuestador, -dora *m,f*

poll tax *n* impuesto *m* comunitario de capitación (*en Gran Bretaña sustituyó durante un tiempo a la contribución inmobiliaria*)

pollutant /pə'luːtnt/ *n* [c u] (agente *m*) contaminante *m*

pollute /pə'luːt/ *vt* **1** (Ecol) contaminar; **to become ~d** contaminarse **2** (corrupt) (frml) ‹*mind/justice*› corromper

polluter /pə'luːtər || pə'luːtə(r)/ *n* contaminador -dora *m,f*

pollution /pə'luːʃən/ *n* [u] **1** (Ecol) contaminación *f*, polución *f*; (*before n*): **~ levels** niveles *mpl* de contaminación **2** (corruption) corrupción *f*

pollution-free /pə,luːʃən'friː/ *adj* libre de contaminación

Polly /'pɑːli || 'pɒli/ *n*: **Pretty ~! (Pretty ~!)** ¡lorito bonito!, ¡lorito bonito!

Pollyanna /,pɑːli'ænə || ,pɒli'ænə/ *n* (AmE) eterna optimista *f*

pollywog *n* ▸ **polliwog**

polo /'pəʊləʊ/ *n* [u] polo *m*; (*before n*): **~ pony** caballo *m* de polo; **~ shirt** polo *m*

polo neck *n* (BrE) **1** (style of neck) cuello *m* alto **2** ▸ **polo neck sweater**

polo-necked /'pəʊləʊnekt/ *adj* (BrE) de cuello alto

polo neck sweater *n* (BrE) suéter *m* de cuello alto *or* cisne, polera *f* (RPl)

poltergeist /'pəʊltergaɪst || 'pɒltəgaɪst/ *n* poltergeist *m*

poltroon /pɑː'truːn || pɒl'truːn/ *n* (liter) cobarde *m*

poly /'pɑːli || 'pɒli/ *n* (*pl* **~s**) (BrE colloq) ▸ **polytechnic**

poly- /'pɑːli || 'pɒli/ *pref* poli-

polyandrous /,pɑːli'ændrəs || ,pɒli'ændrəs/ *adj* poliandro

polyandry /'pɑːliændri || 'pɒliændri/ *n* [u] poliandria *f*

polyanthus /,pɑːli'ænθəs || ,pɒli'ænθəs/ *n* (*pl* **~es**) prímula *f*

polycotton /,pɑːli'kɑːtn || ,pɒli'kɒtn/ *n* [u] polycotton *m*

polyester /'pɑːliestər || ,pɒlɪ'estə(r)/ *n* [u c] poliéster *m*

polyethylene /,pɑːli'eθəliːn || ,pɒli'eθəliːn/ *n* [u] (esp AmE) polietileno *m*

polygamist /pə'lɪgəməst || pə'lɪgəmɪst/ *n* polígamo, -ma *m,f*

polygamous /pə'lɪgəməs/ *adj* polígamo

polygamy /pə'lɪgəmi/ *n* [u] poligamia *f*

polyglot[1] /'pɑːliglɑːt || 'pɒliglɒt/ *adj* políglota, polígloto

polyglot[2] *n* políglota *mf*, polígloto, -ta *m,f*

polygon /'pɑːligɑːn || 'pɒligən/ *n* polígono *m*

polygonal /pə'lɪgənl/ *adj* poligonal

polygraph /'pɑːligræf || 'pɒligrɑːf/ *n* polígrafo *m*, detector *m* de mentiras

polyhedron /,pɑːli'hiːdrən || ,pɒli'hiːdrən/ *n* poliedro *m*

polymath /'pɑːlimæθ || 'pɒlimæθ/ *n* (frml) erudito, -ta *m,f*

polymer /'pɑːləmər || 'pɒlɪmə(r)/ *n* polímero *m*

polymerization /pə,lɪmərə'zeɪʃən, ,pɑːləmə- || ,pɒlɪməraɪ'zeɪʃən/ *n* [u] polimerización *f*

polymorphic /,pɑːli'mɔːrfɪk || ,pɒli'mɔːfɪk/ *adj* ▸ **polymorphous**

polymorphism /,pɑːli'mɔːrfɪzəm || ,pɒli'mɔːfɪzəm/ *n* [u] polimorfismo *m*

polymorphous /,pɑːli'mɔːrfəs || ,pɒli'mɔːfəs/ *adj* polimorfo

Polynesia /,pɑːlə'niːʒə || ,pɒlɪ'niːʒə/ *n* (la) Polinesia

Polynesian[1] /,pɑːlə'niːʒən || ,pɒlɪ'niːʒən/ *adj* polinesio

Polynesian[2] *n* polinesio, -sia *m,f*

polyp /'pɑːləp || 'pɒlɪp/ *n* (Zool, Med) pólipo *m*

polyphonic /,pɑːli'fɑːnɪk || ,pɒli'fɒnɪk/ *adj* polifónico

polyphony /pə'lɪfəni/ *n* [u] polifonía *f*

polypus /'pɑːləpəs || 'pɒlɪpəs/ *n* (BrE) (Med) pólipo *m*

polysemic /ˌpɑːli'siːmɪk || ˌpɒli'siːmɪk/ *adj* polisémico

polysemous /pə'lɪsɪməs, ˌpɑːlɪ'siːməs || ˌpɒlɪ'siːməs/ *adj* polisémico

polysemy /pə'lɪsəmi, 'pɑːlɪ'siːmi || ˌpɒlɪ'siːmi/ *n* polisemia *f*

polystyrene /ˌpɑːlɪ'staɪriːn || ˌpɒlɪ'staɪriːn/ *n* [u c] poliestireno *m*

polysyllabic /ˌpɑːlisə'læbɪk || ˌpɒlɪsɪ'læbɪk/ *adj* polisilábico

polysyllable /'pɑːliˌsɪləbəl || 'pɒlisɪləbəl/ *n* polisílabo *m*

polytechnic /ˌpɑːlɪ'teknɪk || ˌpɒlɪ'teknɪk/ *n* (formerly in UK) *institución de educación superior que otorgaba títulos de nivel universitario y distintos diplomas*

polytheism /'pɑːliθiːɪzəm || 'pɒliθiːɪzəm/ *n* [u] politeísmo *m*

polytheistic /ˌpɑːlɪθiː'ɪstɪk || ˌpɒliθiː'ɪstɪk/ *adj* politeísta

polythene /'pɑːləθiːn || 'pɒlɪθiːn/ *n* [u] (BrE) plástico *m*, polietileno *m* (téc); **a ~ bag** una bolsa de plástico

polyunsaturate /ˌpɑːliʌn'sætʃəreɪt || ˌpɒliʌn'sætʃəreɪt/ *n* poliinsaturado *m*

polyunsaturated /ˌpɑːliʌn'sætʃəreɪtəd || ˌpɒliʌn'sætʃəreɪtɪd/ *adj* poliinsaturado

polyurethane /ˌpɑːli'jʊrəθeɪn || ˌpɒli'jʊərəθeɪn/ *n* [u c] poliuretano *m*

pom /pɑːm || pɒm/ *n* (Austral sl & often offensive) inglés, -glesa *m,f*

pomade /pə'meɪd/ *n* [u] (Hist) pomada *f*

pomander /'pəʊmændər, pəʊ'mændər || pə'mændə(r)/ *n* poma *f* (*bola elaborada con hierbas y sustancias aromáticas*)

pomegranate /'pɑːməgrænət || 'pɒmɪgrænɪt/ *n* **1** (fruit) granada *f* **2** **~ (tree)** granado *m*

pommel¹ /'pʌməl/ *vt* ▸**pummel**

pommel² *n* **1** (of saddle) perilla *f* **2** (of sword) pomo *m*

pommy /'pɑːmi || 'pɒmi/ *n* (*pl* **-mies**) (Austral sl & often offensive) inglés, -glesa *m,f*

pomp /pɑːmp || pɒmp/ *n* [u] pompa *f*, fausto *m*; **~ and circumstance** pompa y solemnidad

Pompeii /pɑːm'peɪ, -'peɪiː || pɒm'peɪiː/ *n* Pompeya *f*

pompom /'pɑːmpɑːm || 'pɒmpɒm/ *n* **1** (on hat) borla *f*, pompón *m* **2** (for cheerleader) pompón *m* **3** (Mil) cañón *m* antiaéreo

pompon /'pɑːmpɑːn || 'pɒmpɒn/ *n* ▸**pompom**

pomposity /pɑːm'pɑːsəti || pɒm'pɒsəti/ *n* [u] pomposidad *f*

pompous /'pɑːmpəs || 'pɒmpəs/ *adj* ‹*person*› pomposo, pedante, presuntuoso; ‹*reply/word*› pomposo, ampuloso, grandilocuente; **he's a ~ fool** es un pedante y un imbécil

pompously /'pɑːmpəsli || 'pɒmpəsli/ *adv* pomposamente

'pon /pɑːn || pɒn/ *prep* (arch or poet) = **upon**

ponce /pɑːns || pɒns/ *n* (BrE sl & pej) **1** (pimp) proxeneta *m*, chulo *m* (Esp fam), padrote *m* (Méx fam), cafiche *m* (CS fam) **2** (effeminate man) mariquita *m* (fam & pey)

Phrasal verb

- **ponce about, ponce around** [v + adv] (BrE) (sl & pej) mariconear (arg & pey)

poncho /'pɑːntʃəʊ || 'pɒntʃəʊ/ *n* (*pl* **-chos**) poncho *m*

poncy /'pɑːnsi || 'pɒnsi/ *adj* **-cier, -ciest** (BrE sl) de mariquita (fam & pey)

pond /pɑːnd || pɒnd/ *n* (man-made) estanque *m*; (natural) laguna *f*

ponder /'pɑːndər || 'pɒndə(r)/ *vt* ‹*evidence/implications*› considerar, reflexionar *or* cavilar sobre; **~ing her fate** reflexionando *or* cavilando sobre su destino; **he was left to ~ whether he had made the right decision** quedó preguntándose si su decisión habría sido acertada

■ **ponder** *vi* reflexionar; **to ~ ON/OVER sth** reflexionar *or* cavilar SOBRE algo; **I have often ~ed on his true motives** más de una vez me he preguntado cuáles serían sus verdaderos motivos; **we were ~ing over the various alternatives** estábamos sopesando las diferentes alternativas

ponderosa /ˌpɑːndə'rəʊzə || ˌpɒndə'rəʊzə/, **ponderosa pine** *n* pino *m* ponderosa, pino *m* amarillo

ponderous /'pɑːndərəs || 'pɒndərəs/ *adj* **1** ‹*movement/gait*› lento y pesado **2** (laborious) ‹*explanation/speech*› pesado

ponderously /'pɑːndərəsli || 'pɒndərəsli/ *adv* **1** ‹*move*› pesadamente **2** ‹*write*› sin fluidez *or* agilidad

pond life *n* [u] vida *f* animal de un estanque/una laguna

pondweed /'pɑːndwiːd || 'pɒndwiːd/ *n* [u] espiga *f* de agua

pong¹ /pɑːŋ || pɒŋ/ *n* [c u] (BrE colloq) peste *f* (fam), tufo *m*

pong² *vi* (BrE colloq) apestar (fam)

pongy /'pɑːŋi || 'pɒŋi/ *adj* **-gier, -giest** (BrE colloq) apestoso (fam)

pontiff /'pɑːntəf || 'pɒntɪf/ *n* pontífice *m*

pontifical /pɑːn'tɪfɪkəl || pɒn'tɪfɪkəl/ *adj* **1** (Relig) (of the Pope) pontificio, pontifical; (of a bishop) pontifical **2** (pompous) pomposo, pedante

pontificate¹ /pɑːn'tɪfəkeɪt || pɒn'tɪfɪkeɪt/ *vi* pontificar*

pontificate² /pɑːn'tɪfɪkət || pɒn'tɪfɪkət/ *n* pontificado *m*

Pontius Pilate /ˌpɑːntʃəs'paɪlət || ˌpɒntjəs 'paɪlət/ *n* Poncio Pilato(s)

pontoon /pɑːn'tuːn || pɒn'tuːn/ *n*

A [c] (float) pontón *m*; (*before n*): **~ bridge** pontón *m*

B (BrE) (Games) **1** (game) veintiuna *f* **2** (hand) veintiuna *f*

pony /'pəʊni/ *n* (*pl* **ponies**)

A (Zool) poni *m*

B (drinking glass) copita *f*

C (sl) **1** (AmE) ▸**crib¹** **C1** **2** (BrE) *veinticinco libras*

Phrasal verb

- **pony up**: **-nies, -nying, -nied** (AmE colloq) **1** [v + adv + o] ‹*money*› aflojar (fam), soltar* (fam) **2** [v + adv] soltar* la plata *or* (Esp) la lana *or* (AmS tb) la pasta (fam)

pony express *n* correo *m* a caballo

ponytail /'pəʊniteɪl/ *n* cola *f* de caballo, coleta *f*; **to tie one's hair in a ~** hacerse* una cola de caballo *or* una coleta

ponytailed /'pəʊniteɪld/ *adj* con cola de caballo, con coleta

pony-trekker /'pəʊnitrekər || 'pəʊnitrekə(r)/ *n* excursionista *mf* a caballo

pony-trekking /'pəʊniˌtrekɪŋ/ *n* [u] (BrE) pony-trekking *m*, viaje-aventura *m* a caballo

poo¹ /puː/ *n* ▸**pooh¹**

poo² *vi* ▸**pooh²**

poo³ *interj* ▸**pooh³**

pooch /puːtʃ/ *n* (colloq) chucho *m* (fam), pichicho *m* (RPl fam)

poodle¹ /'puːdl/ *n* caniche *m*; **he was the President's ~** (pej) era el perrito faldero del Presidente (pey)

poodle² *vi* (BrE colloq): **I had to ~ down to the shops** tuve que hacerme una escapada hasta las tiendas (fam)

poof /pʊf/, **poofter** /'pʊftər || 'pʊftə(r)/ *n* (BrE sl & pej) maricón *m* (fam & pey)

pooh¹ /puː/ *n* (BrE colloq: used to or by children) caca *f* (fam); **to do a ~** hacer* caca (fam)

pooh² *vi* (BrE colloq: used to or by children) hacer* caca (fam)

pooh³ *interj* (expressing disgust) ¡puf!; (expressing scorn) ¡bah!

pooh-pooh /'puː'puː/ *vt* (colloq) reírse* de, desdeñar

pool¹ /puːl/ *n*

A [c] **1** (collection of water) charca *f*; **eyes like limpid ~s** ojos como lagos cristalinos **2** (*swimming ~*) piscina *f*, pileta *f* (RPl), alberca *f* (esp Méx); (*before n*): **~ attendant** encargado, -da *m,f* de la piscina **3** (puddle) charco *m*; **a ~ of blood** un charco de sangre; **a ~ of light** un foco de luz

B [c] (common reserve) (*typing ~*) sección *f* de mecanografía; **motor** *o* (BrE) **car ~** parque *m* or (AmL tb) flota *f* de automóviles; **a ~ of talent** una reserva de talento; **~ of resources** fuente *f* de recursos; **we each put some money in a ~** todos pusimos dinero en un fondo común

C [c] **1** (gambling stakes) pozo *m*, bote *m*; ***to scoop the ~*** (BrE) (in competition) barrer con *or* llevarse todos los premios; (in card game) llevarse el pozo *or* el bote **2** **pools** *pl* (BrE) ▸**football pools**

D [u] (billiards) billar *m* americano, pool *m*; **to play** *o* (AmE also) **shoot ~** jugar* al billar *or* al pool; ***dirty ~*** (AmE) juego *m* sucio; (*before n*): **~ hall** sala *f* de billar; **~ table** mesa *f* de billar

pool² *vt* ‹*resources/expertise*› hacer* un fondo común de; **they ~ed their money to buy a boat** hicieron fondo común para comprarse un barco

poolroom /'puːlruːm -rʊm/ *n* sala *f* de billar

poolside /'puːlsaɪd/ *n* área *f*‡ junto a la piscina; (*before n*) ‹*bar/barbecue*› junto a la piscina

poop¹ /puːp/ *n*

A [c] (Naut) **1** (stern) popa *f* **2** **~ (deck)** toldilla *f*, castillo *m* de popa

B [u] (information) (AmE sl): **the ~** la información, los datos; **did he give you the ~ on it?** ¿te puso al tanto?, ¿te dijo de qué va? (Esp fam); (*before n*): **~ sheet** folleto *m*

C [u] (excrement) (AmE euph) caca *f* (fam)

D (AmE colloq) (stupid person) ▸**nincompoop**

poop² *vi* (euph) ensuciarse (euf), hacerse* caca (fam)

Phrasal verb

- **poop out** [v + o + adv, v + adv + o] (AmE) (sl) dejar hecho polvo *or* reventado (fam), dejar de cama (AmL fam)

pooped (out) /puːpt/ *adj* (AmE sl) (*pred*) reventado (fam), hecho polvo (fam)

pooper-scooper /'puːpərˌskuːpər || 'puːpəˌskuːpə(r)/ *n* (colloq) (*pala para recoger excremento de perros en calles, jardines públicos etc*)

poor¹ /pʊr || pɔː(r), pʊə(r)/ *adj* **-er, -est**

A (not wealthy) pobre; **I'm really ~ at the moment** ando *or* estoy de lo más pobre; **materially rich but spiritually ~** rico en dinero pero pobre de espíritu; **sparkling wine is the ~ man's champagne** el vino espumoso es el champán de los pobres; **the standard model is a ~ relation of the coupé** el modelo estándar es el pariente pobre del cupé

B (unsatisfactory) ‹*harvest*› pobre, escaso; ‹*diet/quality*› malo; ‹*imitation*› burdo; **~ in vitamins** pobre en vitaminas; **the acting was ~** la interpretación fue pobre; **her vocabulary is very ~ for a child of six** tiene un vocabulario muy pobre para una niña de seis años; **my essay was graded '~'** me pusieron 'insuficiente' en el trabajo; **she has a ~ grasp of grammar** sus conocimientos de gramática no son buenos; **she's a ~ golfer** es una jugadora de golf bastante floja *or* mala; **theory is a ~ substitute for experience** la teoría no puede reemplazar a la experiencia; **you're setting a very ~ example for the others** les estás dando muy mal ejemplo a los demás; **a remark/joke in ~ taste** un comentario/chiste de mal gusto; **she's in very ~ health** está muy delicada *or* muy mal de salud; **the weather has been ~ all week** ha hecho mal tiempo toda la semana; **her father took a ~ view of the relationship** su padre no veía la relación con buenos ojos

C (unfortunate) (*before n*) pobre; **~ old Charles got soaked** el pobre Charles se empapó; **the ~ thing hadn't slept in two days** el pobrecito *or* el pobre llevaba dos días sin dormir; **you ~ thing!** ¡pobrecito!; **she's lost it, ~ thing** lo ha perdido, la pobre

poor² *pl n*: **the ~** los pobres

poor box *n* alcancía *f*, cepillo *m* (*para limosnas*)

poorly¹ /'pʊrli || 'pɔːli, 'pʊəli/ *adj* (*pred*) (esp BrE) mal; **to be/feel ~** estar*/sentirse* mal *or* (Esp fam) pachucho

poorly² *adv* **1** (badly) ‹*perform/play*› mal; **the servants were ~ treated** trataban mal a los sirvientes; **they were ~ paid** les pagaban muy poco; **she did very ~ in the exam** le fue muy

P

mal en el examen, sacó muy mala nota en el examen; **the street was very ~ lit** había muy poca luz en la calle **2** (showing signs of poverty) pobremente; **the children were ~ dressed** los niños iban pobremente vestidos

poor White *n: persona de raza blanca de bajo nivel socioeconómico*

poove /puːv/ *n* ▸**poof**

pop[1] /pɑːp || pɒp/ *n*
A (noise): **to go ~** hacer 'pum'; (burst) reventar*
B [u] (Mus) música *f* pop
C [u] (Culin) gaseosa *f*
D [c] (father) (AmE colloq) papá *m* (fam); **~** *o* **~s** (*as form of address*) papá (fam), papi (fam)
E (colloq) (time); **they cost $50 a ~** cuestan $50 por vez

pop[2] **-pp-** *vi*
A «*balloon*» estallar, reventar(se)*; «*cork*» saltar; **my ears ~ped** se me destaparon los oídos; **his button ~ped** se le saltó el botón; **a ~ping sound/noise** un ligero estallido
B (spring) saltar; **his eyes were ~ping (out of his head)** los ojos se le salían de las órbitas; **a head ~ped over the wall** se asomó una cabeza por encima del muro
C (go casually) (colloq): **I ~ped across the road for some milk** crucé un momento a comprar leche; **he just ~ped in to say hello** pasó un minuto a saludar; **could you ~ into my office on your way out?** ¿puedes pasar por mi oficina al salir?; **I'm ~ping out to get some cigarettes** voy a salir un momento a comprar cigarrillos

■ **pop** *vt*
A (burst) ‹*balloon*› reventar*, hacer* estallar
B (put quickly, casually): **she ~ped her head around the door** asomó la cabeza por la puerta; **~ it into your pocket** métetelo en el bolsillo; **~ your coat on** (BrE) ponte el abrigo; ▸**question**[1] **1**
C ‹*pill/drug*› (colloq) tragar*

Phrasal verbs

• **pop back**
A [v + adv] (return) (colloq) volver* *or* regresar un momento, devolverse* *or* regresarse un momento (AmL exc RPl)
B [v + o + adv] **1** (put back) (colloq) volver* a poner, poner* otra vez **2** (bring back) (colloq) devolver*, regresar (AmL exc CS)

• **pop off** [v + adv] (colloq) **1** (die) estirar la pata (fam), diñarla (Esp fam), petatearse (Méx fam) **2** (go) (esp BrE) salir*; **she's just ~ped off to the bank** acaba de salir para ir al banco

• **pop up** [v + adv] (colloq) **1** (rise) «*toast*» saltar; **his head ~ped up from behind the wall** asomó la cabeza por encima del muro **2** (appear) aparecer*; **new restaurants seem to be ~ping up all over the place** están apareciendo *or* surgiendo nuevos restaurantes por todos lados

pop[3] *adj* **1** (popular) ‹*sociology/culture*› popular; ‹*music/singer*› (AmE) popular, ligero; **~ art** pop-art *m*; **~ artist** artista *mf* pop; **~ concert** (AmE) concierto *m* popular; **~ festival** festival *m* de música pop **2** (BrE) (Mus) pop *adj inv*

pop[4] **(= population)** hab.

popcorn /ˈpɑːpkɔːrn || ˈpɒpkɔːn/ *n* [u] palomitas *fpl* (de maíz), esquites *mpl* (Méx), cabritas *fpl* (de maíz) (Chi), pororó *m* (RPl), pochoclo *m* (Arg), crispetas *fpl* (Col)

pope /pəʊp/ *n* papa *m*; **P~ Paul VI** el Papa Pablo VI

popemobile /ˈpəʊpməbiːl/ *n* (colloq) papamóvil *m*

popery /ˈpəʊpəri/ *n* [u] (pej) papismo *m*

pope's nose *n* (esp AmE) rabadilla *f*

popeyed /ˈpɑːpaɪd || ˈpɒpaɪd/ *adj*: **to be ~** (naturally) tener* los ojos saltones; (in surprise) mirar con los ojos desorbitados *or* fuera de las órbitas

popgun /ˈpɑːpgʌn || ˈpɒpgʌn/ *n* pistola *f* de juguete (*de aire comprimido*)

popinjay /ˈpɑːpəndʒeɪ || ˈpɒpɪndʒeɪ/ *n* (liter) presumido, -da *m,f*

popish /ˈpəʊpɪʃ/ *adj* (pej) papista

poplar /ˈpɑːplər || ˈpɒplə(r)/ *n* **1** [c] **~ (tree)** (white) álamo *m* (blanco); (black) álamo *m* negro, chopo *m* negro **2** [u] (wood) álamo *m*

poplin /ˈpɑːplən || ˈpɒplɪn/ *n* [u] popelina *f*, popelín *m* (Esp)

pop-out /ˈpɑːpaʊt || ˈpɒpaʊt/ *adj* (AmE) eyectable

popover /ˈpɑːpəʊvər || ˈpɒpəʊvə(r)/ *n* (AmE) popover *m*

poppa /ˈpɑːpə || ˈpɒpə/ *n* (AmE) ▸**pop**[1] **D**

poppadom, poppadum /ˈpɑːpədəm || ˈpɒpədəm/ *n* papadum *m*

popper /ˈpɑːpər || ˈpɒpə(r)/ *n* **1** (AmE) (Culin) *recipiente para hacer,* ▸**popcorn** **2** (Pharm) (sl) *cápsula o ampolla de nitrito amílico usada como estimulante* **3** (press stud) (BrE) broche *m or* botón *m* de presión (AmL), (cierre *m*) automático *m* (Esp)

poppet /ˈpɑːpət || ˈpɒpɪt/ *n*
A (term of endearment) (BrE) tesoro *m*, encanto *m*
B **~ valve** válvula *f* de vástago

poppy /ˈpɑːpi || ˈpɒpi/ *n* (*pl* **-pies**) amapola *f*, adormidera *f*; (*before n*): **P~ Day** (in UK) *domingo de noviembre en que se conmemora a los caídos en las dos guerras mundiales*

> **Poppy Day**
>
> En Gran Bretaña el nombre popular del *Remembrance Sunday*, el domingo más cercano al 11 de noviembre en el que se conmemora a los caídos de guerra llevando prendidas amapolas rojas de papel o de plástico. El beneficio de la venta de éstas se destina a las instituciones de caridad que proporcionan ayuda a los veteranos de guerra y a sus familiares. El nombre se debe a que durante la Primera Guerra Mundial había muchas amapolas en los campos de batalla de Flandes.

poppycock /ˈpɑːpikɑːk || ˈpɒpikɒk/ *n* [u] (colloq & dated) paparruchas *fpl* (fam), tonterías *fpl*; (*as interj*) ¡paparruchas!

poppyseed /ˈpɑːpisiːd || ˈpɒpisiːd/ *n* [u c] semilla *f* de amapola

Popsicle® /ˈpɑːpsɪkəl || ˈpɒpsɪkəl/ *n* (AmE) (iced) paleta *f* (helada) *or* (Esp) polo *m or* (RPl) palito *m or* (Andes) chupete *m* helado; (candy) pirulí *m*, chupachups® *m* (Esp), chupete *m* (Chi, Per), chupetín *m* (RPl), colombina *f* (Col)

popsie *n* ▸**popsy**

popsy /ˈpɑːpsi || ˈpɒpsi/ *n* (*pl* **-sies**) (BrE colloq) amiga *f*, ligue *m* (Méx, Esp fam), rollete *m* (Esp fam), pinche *m* (Chi fam)

pop-top /ˈpɑːptɑːp || ˈpɒptɒp/ *n* (AmE) anilla *f*; (*before n*): **~ can** lata *f* (*que se abre tirando de una anilla*)

populace /ˈpɑːpjələs || ˈpɒpjʊləs/ *n* (+ *sing o pl vb*) **the ~** **1** (common people) el pueblo **2** (population) la población

popular /ˈpɑːpjʊlər || ˈpɒpjʊlə(r)/ *adj*
A **1** (well-liked): **he's not very ~ around here** por aquí no le tienen mucha simpatía, por aquí no tiene muchos amigos; **he's a very ~ politician among the young** es un político muy popular entre los jóvenes; **to be ~ WITH sb: she is ~ with her students** goza de popularidad entre sus alumnos; **he's very ~ with the girls** tiene mucho éxito con las chicas; **I'm not very ~ with her at the moment** (colloq) últimamente no soy santo de su devoción (fam) **2** (frequently used) ‹*resort/restaurant*› muy frecuentado; **a list of the most ~ names** una lista de los nombres más comunes; **the most ~ reason cited by respondents** la respuesta más frecuente entre los encuestados **3** (cheap) ‹*line*› económico; ‹*price*› económico, popular
B **1** (not highbrow, specialist) ‹*music/literature*› popular; **the film was a great ~ success** la película tuvo mucho éxito entre el gran público; **the ~ press** la prensa popular **2** (of populace) ‹*feeling/resentment*› popular; ‹*rebellion*› del pueblo, popular; **the ~ vote** el voto popular; **by ~ demand/request** a petición *or* (AmL tb) a pedido del público **3** (widespread) ‹*belief/notion*› generalizado

popular front *n* frente *m* popular; **the P~ F~** (Hist) el Frente Popular

popularity /ˌpɑːpjəˈlærəti || ˌpɒpjʊˈlærəti/ *n* [u] popularidad *f*; **the program is growing in ~ among** *o* **with young people** el programa goza de una popularidad cada vez mayor entre los jóvenes; (*before n*): **~ poll** encuesta *f* de popularidad; **~ rating** índice *m* de popularidad

popularization /ˌpɑːpjələrəˈzeɪʃən || ˌpɒpjʊləraɪˈzeɪʃən/ *n* [u c] **1** [u] (making popular) popularización *f* **2** [u c] (making accessible) divulgación *f*, vulgarización *f*

popularize /ˈpɑːpjələraɪz || ˈpɒpjʊləraɪz/ *vt* **1** (make popular) popularizar*, hacer* popular **2** (make accessible) divulgar*, vulgarizar*

popularizer /ˈpɑːpjələraɪzər || ˈpɒpjʊləraɪzə(r)/ *n* divulgador, -dora *m,f*, vulgarizador, -dora *m,f*

popularly /ˈpɑːpjələrli || ˈpɒpjʊləli/ *adv*: **~ known as …** vulgarmente *or* corrientemente conocido como …; **~ priced goods** artículos a precios económicos *or* populares

populate /ˈpɑːpjəleɪt || ˈpɒpjʊleɪt/ *vt* poblar*; **densely ~d** densamente poblado; **sparsely ~d** con poca densidad de población

population /ˌpɑːpjəˈleɪʃən || ˌpɒpjʊˈleɪʃən/ *n*
A [c] **1** (number) población *f*; **what is the ~ of Thailand?** ¿cuántos habitantes *or* qué población tiene Tailandia?; **the working/student ~** la población activa/estudiantil; **built for a ~ of 5,000, the prison now houses 8,740** la cárcel, que fue construida para 5.000 reclusos, hoy alberga a 8.740; (*before n*): **~ control** control *m* demográfico *or* de la población; **~ density** densidad *f* demográfica *or* de población; **~ explosion** explosión *f* demográfica; **~ growth** crecimiento *m* demográfico **2** (individuals) (+ *sing o pl vb*) población *f*; **most of the country's ~ lives** *o* **live in abject poverty** la mayor parte de la población del país vive en la miseria más absoluta; **per head of ~** per cápita; **the entire ~ of the town turned out to welcome them** todo el pueblo salió a darles la bienvenida; (*before n*): **~ center** *o* (BrE) **centre** núcleo *m or* centro *m* poblado
B [u] (settling) población *f*

populism /ˈpɑːpjəlɪzəm || ˈpɒpjʊlɪzəm/ *n* [u] (appeal to masses) populismo *m*

populist[1] /ˈpɑːpjələst || ˈpɒpjʊlɪst/ *n* populista *mf*; (of the People's Party) *miembro del Partido Populista de los EEUU*

populist[2] *adj* populista

populous /ˈpɑːpjələs || ˈpɒpjʊləs/ *adj* populoso

pop-up[1] /ˈpɑːpʌp || ˈpɒpʌp/ *adj* (*before n*) ‹*book*› móvil, mecánico, con ilustraciones en relieve; ‹*toaster*› automático; ‹*menu*› (Comput) desplegable

pop-up[2] *n* (Comput) ventana *f* emergente

porcelain /ˈpɔːrsələn || ˈpɔːsəlɪn/ *n* [u] porcelana *f*; (*before n*) ‹*cup/ornament*› de porcelana

porch /pɔːrtʃ || pɔːtʃ/ *n* **1** (covered entrance) porche *m* **2** (veranda) (AmE) porche *m*, galería *f*

porcine /ˈpɔːrsaɪn || ˈpɔːsaɪn/ *adj* porcino

porcupine /ˈpɔːrkjəpaɪn || ˈpɔːkjʊpaɪn/ *n* puercoespín *m*

pore /pɔːr || pɔː(r)/ *n* poro *m*; **he was perspiring from every ~** transpiraba por todos los poros

pore over [v + prep + o] ‹*manuscript/evidence/report*› estudiar minuciosamente; **he found her poring over an atlas** la encontró enfrascada en un atlas

pork /pɔːrk || pɔːk/ *n* [u] (carne *f* de) cerdo *m*, (carne *f* de) puerco *m* (Méx), chancho *m* (Andes, RPl), marrano *m* (Col)

pork barrel *n* (AmE colloq) *asignación de fondos estatales para un proyecto que beneficia a cierta zona o grupo*

> **pork barrel**
>
> Término de uso coloquial en EEUU con el que se hace referencia a la fuente de dinero gubernamental con el que se financian los proyectos concebidos para ganar votos y no necesariamente para el beneficio público.

pork chop *n* chuleta *f* de cerdo *or* de chancho (Andes, RPl), marrano *m* (Col)

porker /ˈpɔːrkər || ˈpɔːkə(r)/ *n* cerdo *m* de matanza

pork sausage salchicha *f* de cerdo *or* de chancho (Andes, RPl), marrano *m*

porky¹ /ˈpɔːrki || ˈpɔːki/ *adj* **-kier, -kiest** (BrE colloq) gordo

porky² *n* (BrE colloq) mentira *f*, bola *f* (fam)

porn¹ /pɔːrn || pɔːn/ *n* [u] (colloq) pornografía *f*

porn², porno /ˈpɔːrnəʊ || ˈpɔːnəʊ/ *adj* (colloq) (*before n*) porno *adj inv*

pornographer /pɔːrˈnɑːgrəfər || pɔːˈnɒgrəfə(r)/ *n* pornógrafo, -fa *m,f*

pornographic /ˌpɔːrnəˈgræfɪk || ˌpɔːnəˈgræfɪk/ *adj* pornográfico

pornography /pɔːrˈnɑːgrəfi || pɔːˈnɒgrəfi/ *n* [u] pornografía *f*

porn shop *n* (colloq) tienda *f* porno

porosity /pəˈrɑːsəti, pɔː- || pɔːˈrɒsəti/ *n* [u] porosidad *f*

porous /ˈpɔːrəs/ *adj* poroso

porphyry /ˈpɔːrfəri || ˈpɔːfɪri/ *n* [u] pórfido *m*

porpoise /ˈpɔːrpəs || ˈpɔːpəs/ *n* marsopa *f*

porridge /ˈpɔːrɪdʒ || ˈpɒrɪdʒ/ *n* [u] **1** (Culin) avena *f* (*cocida*), gachas *fpl* (*de avena*) (Esp); (*before n*): **~ oats** copos *mpl* de avena **2** (imprisonment) (BrE sl): **to do ~** estar* a la sombra (fam) *or* en la cárcel

porringer /ˈpɔːrəndʒər || ˈpɒrɪndʒə(r)/ *n* escudilla *f*, tazón *m*

port¹ /pɔːrt || pɔːt/ *n*

A [c] (for ships) puerto *m*; **sea/inland ~** puerto marítimo/fluvial; **to enter ~** llegar* a *or* arribar a *or* tomar puerto; **to leave ~** zarpar; **~ of call** puerto *m* de escala; **our second ~ of call was the baker's** nuestra segunda parada fue en la panadería; **~ of entry** puerto *m* de entrada; **~ of registry** puerto de matrícula; **he has a girl in every ~** (colloq) tiene una novia en cada puerto; ***any ~ in a storm*** cuando hay hambre no hay pan duro, en tiempos de guerra cualquier hoyo es trinchera; (*before n*) ‹*authority/tax/regulation*› portuario

B [u] (left side) babor *m*; **to ~** a babor

C [c] (*~hole*) **1** ojo *m* de buey, portilla *f* **2** (for loading) (Aviat, Naut) porta *f* **3** (Comput) puerto *m*

D [u] (Culin) oporto *m*, vino *m* de Oporto

E (Mil): **to march at the ~** marchar con el fusil cruzado

port² *adj* (*before n*) ‹*lights*› de babor; **on the ~ side** a babor

port³ *vt*

A (Naut) ‹*ship*› virar; **~ the helm!** ¡virar a babor!

B (Mil) ‹*rifle*› cruzar*

portability /ˌpɔːrtəˈbɪləti || ˌpɔːtəˈbɪləti/ *n* [u] (of machine) transportabilidad *f*; (of programing language) portabilidad *f*; (of pension) (BrE) transferibilidad

portable¹ /ˈpɔːrtəbəl || ˈpɔːtəbəl/ *adj* ‹*television/typewriter*› portátil; ‹*programing language*› portátil; ‹*pension*› (BrE) transferible

portable² *n* (television) televisor *m* portátil; (typewriter) máquina *f* de escribir portátil

Portakabin® /ˈpɔːrtəkæbən || ˈpɔːtəkæbɪn/ *n* (BrE) caseta *f* prefabricada

portal¹ /ˈpɔːrtl || ˈpɔːtl/ *n*

A **1** (of building) portal *m* **2** (of tunnel) boca *f*

B (Comput) portal *m*

portal² *adj*: **~ vein** vena *f* porta

portcullis /pɔːrtˈkʌləs || pɔːtˈkʌlɪs/ *n* rastrillo *m*

portend /pɔːrˈtend || pɔːˈtend/ *vt* (liter) augurar, presagiar

portent /ˈpɔːrtent || ˈpɔːtent/ *n* **1** [c] (sign) augurio *m*, presagio *m* **2** [u] (significance) (liter): **a phenomenon of evil/good ~** una señal de mal/buen augurio *or* agüero

portentous /pɔːrˈtentəs || pɔːˈtentəs/ *adj* **1** ‹*remark/tone*› solemne **2** (significant) ‹*dream*› profético

porter /ˈpɔːrtər || ˈpɔːtə(r)/ *n*

A [c] (at station, airport) maletero *m*, mozo *m*, changador *m* (RPl); (on expedition) porteador *m*; (in hospital) (BrE) camillero *m*

B [c] **1** (in hotel, apartment block) portero *m* **2** (in college) (BrE) bedel *m* **3** (AmE) (Rail) (sleeping-car attendant) mozo *m*, camarero *m* (CS), porter *m* (Méx)

C [u] (Culin) *tipo de cerveza negra*

porterhouse (steak) /ˈpɔːrtərhaʊs || ˈpɔːtəhaʊs/ *n* [c u] (BrE) *bistec del costillar*

porter's lodge *n* ≈ conserjería *f*, ≈ garita

portfolio /pɔːrtˈfəʊliəʊ || pɔːtˈfəʊliəʊ/ *n* (*pl* **-lios**)

A **1** (case) portafolio(s) *m*, cartera *f* **2** (samples of work) carpeta *f* de trabajos

B (Pol) cartera *f*; **Minister without P~** ministro, -tra *m,f* sin cartera

C (Fin) cartera *f* de acciones; (*before n*): **~ investments** inversiones *fpl* de cartera

portfolio management *n* [u] gestión *f* de carteras

portfolio manager *n* gestor de cartera, gestora de cartera *m,f*

porthole /ˈpɔːrthəʊl || ˈpɔːthəʊl/ *n* (Naut) ojo *m* de buey, portilla *f*; (Aviat) ventanilla *f*; (gun opening) tronera *f*

portico /ˈpɔːrtɪkəʊ || ˈpɔːtɪkəʊ/ *n* (*pl* **-cos** *or* **-coes**) pórtico *m*

portion /ˈpɔːrʃən || ˈpɔːʃən/ *n*

A **1** (of food) porción *f* (esp AmL), ración *f* (esp Esp) **2** (share) parte *f*; **her ~ of the estate** su parte *or* porción de la herencia; **marriage ~** dote *f* **3** (part) parte *f*

B (fate) (liter) destino *m*, sino *m*

Phrasal verb

• **portion out** [v + o + adv, v + adv + o] repartir, dividir; **they ~ed out the land among themselves** se repartieron la tierra

portly /ˈpɔːrtli || ˈpɔːtli/ *adj* **-lier, -liest** ‹*figure/gentleman*› corpulento

portmanteau /pɔːrtˈmæntəʊ || pɔːtˈmæntəʊ/ *n* (*pl* **-teaux** *or* **-teaus** /-təʊz/) baúl *m* de viaje; (*before n*): **~ word** *compuesto formado por la yuxtaposición de dos vocablos*

portrait¹ /ˈpɔːrtrət, -treɪt || ˈpɔːtrɪt, -treɪt/ *n* (Art, Phot) retrato *m*; **(pen) ~** (Lit) retrato *m*; **to paint sb's ~** pintar *or* retratar a algn; (*before n*): **~ gallery** (Art) galería *f* de retratos, galería *f* iconográfica; **~ painter** retratista *mf*

portrait² *adj/adv* en formato vertical

portrait format *n* [u] formato *m* vertical

portraitist /ˈpɔːrtrətəst, -treɪtəst || ˈpɔːtreɪtɪst, -trɪtɪst/ *n* retratista *mf*, pintor, -tora *m,f* de retratos

portraiture /ˈpɔːrtrətʃʊr || ˈpɔːtreɪtʃə(r), -trətʃə(r)/ *n* [u] retrato *m*; **a collection of ~** una colección de retratos

portray /pɔːrˈtreɪ || pɔːˈtreɪ/ *vt* **1** (depict) representar; **this painting ~s the Last Supper** este lienzo representa la Última Cena **2** (describe, represent) ‹*person/scene*› describir*; **he attempted to ~ their appalling living conditions** trató de describir las condiciones terribles en que vivían; **a clichéd gangster as ~ed in the movies** un gángster típico, como los de las películas **3** (act) ‹*character*› interpretar

portrayal /pɔːrˈtreɪəl || pɔːˈtreɪəl/ *n* [u c] (Art) representación *f*, manera *f* de representar; (Lit) descripción *f*; (Theat) interpretación *f*

Portugal /ˈpɔːrtʃɪgəl || ˈpɔːtjʊgəl/ *n* Portugal *m*

Portuguese¹ /ˌpɔːrtʃəˈgiːz || ˌpɔːtjʊˈgiːz/ *adj* portugués

Portuguese² *n* (*pl* ~) **1** [u] (language) portugués *m* **2** [c] (person) portugués, -guesa *m,f*

Portuguese man-of-war *n* (Zool) *especie de medusa*

port wine stain *n* mancha *f* roja de nacimiento, mancha *f* de vino de oporto, antojo *m* (fam)

pos = positive

POS *n* **= point of sale**

pose¹ /pəʊz/ *vt*

A (present) ‹*threat*› representar; ‹*problem/question*› plantear

B (Art, Phot) ‹*model/subject*› hacer* posar

■ **pose** *vi* **1** (Art, Phot) posar **2** (put on an act) hacerse* el interesante **3** (pretend to be) **to ~ AS sb/sth** hacerse* pasar POR algn/algo

pose² *n* **1** (position of body) pose *f*, postura *f*; **she photographed him in a standing ~** lo fotografió de pie; **to strike a ~** ponerse* en pose **2** (assumed manner) pose *f*, afectación *f*; **it's just a ~** es pura pose *or* afectación

Poseidon /pəˈsaɪdn/ *n* Poseidón

poser /ˈpəʊzər || ˈpəʊzə(r)/ *n* **1** (question) pregunta *f* difícil; (problem) dilema *m* **2** (person) (BrE colloq) ▸**poseur**

poseur /pəʊˈzɜːr || pəʊˈzɜː(r)/ *n*: **he's a real ~** todo en él es pura pose *or* afectación; **the party was full of ~s** la fiesta estaba llena de gente que se las daba de interesante; **he doesn't really know anything about art, he's just a ~** no sabe nada de arte pero se las da de entendido *or* pero adopta poses de entendido

posh¹ /pɑːʃ || pɒʃ/ *adj* **-er, -est** (colloq) elegante, pijo (Esp fam), posudo (Col fam), pituco (CS fam), cheto (RPl fam), sifrino (Ven fam), popoff (Méx fam)

posh² *adv* (BrE colloq) de manera elegante (*or* pija *etc*)

posit /ˈpɑːzət || ˈpɒzɪt/ *vt* (frml) plantear, postular

position¹ /pəˈzɪʃən/ *n*

A [c] **1** (location) posición *f*, ubicación *f* (esp AmL); **can you give me your exact ~?** ¿puede darme su posición *or* (esp AmL) ubicación exacta?; **enemy ~s** posiciones *fpl* enemigas; Ⓢ **position closed** (BrE) ventanilla cerrada; **they took up their ~s in the parade** ocuparon sus puestos en el desfile; **policemen had taken up ~s around the building** los policías se habían apostado alrededor del edificio; **the castle occupies a commanding ~ above the town** el castillo domina la ciudad desde lo alto; **they changed ~** se cambiaron de lugar *or* de sitio; **to be in ~/out of ~** estar* en su sitio/fuera de lugar **2** (Sport) posición *f*

B [c] **1** (posture) posición *f*, postura *f* **2** (stance, point of view) postura *f*, posición *f*

C **1** [c] (in hierarchy) posición *f*; (in league) puesto *m*, lugar *m*; **in second/third ~** en segundo/tercer puesto *or* lugar **2** [c] (job, post) (frml) puesto *m*; **a ~ of responsibility/trust** un puesto de responsabilidad/confianza **3** [u] (social standing) posición *f*

D [c] (situation, circumstances) situación *f*; **our economic ~ has improved** nuestra situación económica ha mejorado; **the workforce is in a strong bargaining ~** los trabajadores están en una buena posición para negociar; **what's the current ~ with regard to deliveries?** ¿cuál es la situación con respecto a las entregas?; **it put us in a difficult/an awkward ~** nos puso en una situación difícil/delicada; **(if I were) in your ~** yo que tú, yo en tu lugar; **put yourself in my ~** ponte en mi lugar; **Jean's in the best ~ to know** Jean es quien mejor puede saberlo; **you're in no ~ to criticize** no eres la persona más indicada para criticar; **I'm not in a ~ to help them at the moment** en este momento no estoy en condiciones de prestarles ayuda; **I'm in the fortunate ~ of having a private income** tengo la suerte de disponer de rentas

position² *vt* colocar*, poner*; **police had been ~ed at both ends of the street** habían apostado policías a ambos extremos de la calle; **he ~ed himself between the two guests of honor** se situó *or* (AmL tb) se ubicó entre los dos invitados de honor

position paper *n*: *informe detallado en el que se hacen recomendaciones sobre un tema concreto*

positive¹ /ˈpɑːzətɪv || ˈpɒzɪtɪv/ *adj*

A **1** ‹*number/quantity*› positivo; ‹*electrode*› positivo; **~ ion** catión *m*, ión *m* positivo; **the test was ~** (Med) el análisis dio positivo **2** (Phot) ‹*image/print*› positivo **3** (Ling) ‹*degree/form*› positivo

B **1** (constructive) ‹*attitude*› positivo; ‹*criticism*› constructivo; **that's not the attitude, try ~ thinking** cambia de actitud, intenta ser más positivo; **look on the ~ side** mira lo positivo *or* el lado positivo; **~ discrimination** (BrE) discriminación *f* positiva **2** (for the good) ‹*influence/development*› positivo; **a ~ experience** una experiencia positiva

C (definite): **there is no ~ evidence** no hay pruebas concluyentes *or* definitivas *or* fehacientes; **the group still lacks a ~ identity** al grupo todavía le falta una identidad definida; **it was the first ~ sighting in the area** fue la primera

P

vez que categóricamente *or* decidicamente se lo avistó en la región
D (absolute) (*before n*) auténtico, verdadero; **it's a ~ disgrace** es una auténtica *or* verdadera vergüenza
E **1** (decisive) categórico; **she's very ~ in her likes and dislikes** es muy categórica en sus preferencias; **what we need is ~ leadership** lo que necesitamos es un liderazgo firme **2** (sure) (colloq) (*pred*): **are you sure? — positive** ¿estás seguro? — segurísimo *or* más que seguro; **I'm ~ I've met him before** estoy segurísima de que lo conozco; **she was ~ about the date/having seen him** estaba muy segura de la fecha/de haberlo visto

positive[2] *n*
A [u] (constructive element): **the ~** lo positivo, los aspectos positivos
B [c] **1** (Phot) positivo *m* **2** [c] (Math): **only one of these values is a ~** sólo uno de estos valores es positivo **3** [c] (Ling) positivo *m*

positive feedback *n* [u]
A (to idea, prototype) reacción *f* positiva
B (Biol) retroalimentación *f* positiva
C (Electron) realimentación *f* positiva

positively /ˈpɑːzətɪvli || ˈpɒzɪtɪvli/ *adv*
A (favorably, constructively): **we view teaching experience very ~** valoramos mucho *or* muy positivamente la experiencia docente; **to act ~** tener* una actitud positiva; **she contributes ~ to class discussions** participa activamente en clase
B **1** (definitely) ‹*prove*› de forma concluyente *or* fehaciente; **the body has not yet been ~ identified** todavía no se ha hecho una identificación definitiva del cadáver **2** (absolutely) ‹*delighted/furious*› verdaderamente; **the food is ~ awful** la comida es malísima; **this is ~ your last chance** decididamente, ésta es tu última oportunidad

positivism /ˈpɑːzətɪvɪzəm || ˈpɒzɪtɪvɪzəm/ *n* [u] positivismo *m*

positivist[1] /ˈpɑːzətɪvəst || ˈpɒzɪtɪvɪst/ *n* positivista *mf*

positivist[2] *adj* positivista

positron /ˈpɑːzətrɑːn || ˈpɒzɪtrɒn/ *n* positrón *m*

positron-emission tomography /ˌpɑːzətrɑːniːˈmɪʃən || ˌpɒzɪtrɒnɪˈmɪʃən/ *n* tomografía *f* por emisión de positrones, TEP *f*

poss /pɑːs || pɒs/ *adj* (colloq) ▸**possible**[1]

posse /ˈpɑːsi || ˈpɒsi/ *n* **1** (in US) partida *f* (*al mando de un sheriff*) **2** (group) grupo *m* numeroso; (gang) pandilla *f*

P

possess /pəˈzes/ *vt*
A (own, have) tener*, poseer* (frml); **the case contained all that she ~ed** la maleta contenía todo lo que tenía *or* todas sus pertenencias; **to be ~ed of sth** (frml) poseer* algo (frml)
B (grip, influence) «*anger/fear*» apoderarse de; **jealousy ~ed him** los celos se apoderaron de él, fue presa de los celos; **whatever can have ~ed him to do/say such a thing?** ¿qué lo habrá llevado a hacer/decir semejante cosa?

possessed /pəˈzest/ *adj* (*pred*): **to be ~ (by the devil)** estar* endemoniado, estar* poseído (por el demonio); **like/as one ~** como (un) endemoniado *or* un poseso

possession /pəˈzeʃən/ *n*
A **1** [c] (sth owned) bien *m*; **it's my most treasured ~** es mi bien más preciado; **health is the most important ~** la salud es el bien más precioso, no hay nada más precioso que la salud; **all my ~s** todo lo que tengo *or* (frml) poseo **2** [c] (territory) dominio *m*, posesión *f*
B [u] **1** (ownership) posesión *f*; (of arms) tenencia *f*; **she was charged with illegal ~ of arms** la acusaron de tenencia ilícita de armas; **to be in ~ of sth** estar* en posesión de algo; **she wasn't in full ~ of her faculties** no estaba en pleno uso de sus facultades mentales; **the documents are in his ~** los documentos están *or* (frml) obran en su poder; **how did you come into ~ of the necklace?** ¿cómo llegó el collar a su poder *or* a sus manos?; **to gain ~ of sth** apoderarse de algo; **to take ~ of sth** tomar posesión de algo; **~ *is nine parts* o *tenths of the law*** la posesión es lo que cuenta **2** (Sport) posesión *f* del balón *or* de la pelota; **the player in ~** el jugador en posesión del balón *or* de la pelota
C [u] (Occult) posesión *f*; **tales of demonic ~** historias de endemoniados *or* de posesiones demoníacas

possessive /pəˈzesɪv/ *adj*
A ‹*father/husband*› posesivo; **he's very ~ about his toys** es muy egoísta con sus juguetes
B (Ling) ‹*pronoun/adjective*› posesivo; **the ~ case** el genitivo

possessively /pəˈzesɪvli/ *adv*: **he seized her ~ by the arm** la agarró del brazo con ademán posesivo

possessiveness /pəˈzesɪvnəs || pəˈzesɪvnɪs/ *n* [u] actitud *f* posesiva

possessor /pəˈzesər || pəˈzesə(r)/ *n* dueño, -ña *m,f*, poseedor, -dora *m,f*

possibility /ˌpɑːsəˈbɪləti || ˌpɒsəˈbɪləti/ *n* **1** [u] (likelihood) posibilidad *f*; **it's not beyond (the bounds of) ~ that it will come back** cabe la posibilidad de que vuelva, está dentro de lo posible que vuelva; **is there any ~ you could lend me the money?** ¿hay alguna posibilidad de que me prestes el dinero?; **that ~ had never occurred to me** no se me había ocurrido esa posibilidad **2** [c] (sth possible) posibilidad *f*; **that's always a ~ if you can't afford a new one** siempre queda esa posibilidad si no se puede comprar uno nuevo **3** **possibilities** *pl* (potential) posibilidades *fpl*, potencial *m*

possible[1] /ˈpɑːsəbəl || ˈpɒsəbəl/ *adj* posible; **the text must be checked for any ~ mistakes** hay que revisar el texto por si hubiera algún error; **in the best ~ taste** con el mejor de los gustos; **is Tuesday ~ for you?** ¿le viene bien *or* le es posible el martes?; **the show was made ~ by their dedication** el espectáculo fue posible gracias a su dedicación; **good morning, is it ~ to speak to Heather Smith?** buenos días ¿podría hablar con Heather Smith?; **is it ~ she's already left?** ¿se habrá ido ya?; **it's just ~ that he may have survived** existe una remota posibilidad de que haya sobrevivido; **get here by eight if ~** llega antes de las ocho, si es posible *or* si puedes; **as far as ~ try to work on your own** en lo posible intenta trabajar sola; **they see each other as little as ~** se ven lo menos posible; **as soon as ~** lo antes posible; **we'll leave as early as ~** saldremos lo más pronto posible; **we'll help them in every way ~** los ayudaremos en todo lo (que sea) posible; **in the nicest way ~** de la mejor manera posible

possible[2] *n* **1** [c] (person) posible candidato, -ta *m,f* **2** [u] (what can be done): **the ~** lo posible

possibly /ˈpɑːsəbli || ˈpɒsəbli/ *adv* **1** (conceivably): **that can't ~ be true** eso no puede ser verdad; **if we ~ can** si podemos *or* si nos es posible; **I won't go if I can ~ help it** no iré si hay manera de evitarlo; **how could they ~ have known?** ¿cómo pudieron haberse enterado?; **they ran as fast as they ~ could** corrieron lo más rápido que pudieron; **I couldn't ~ eat any more** me es totalmente imposible comer nada más; **I couldn't ~ allow you to pay** de ninguna manera voy a permitir que usted pague; **could you ~ give me a hand with this?** ¿sería tan amable de ayudarme con esto? **2** (perhaps) (*indep*): **will it cost more than five dollars? — possibly** ¿va a costar más de cinco dólares? — puede ser *or* posiblemente

possum /ˈpɑːsəm || ˈpɒsəm/ *n* zarigüeya *f*, oposum *f*, comadreja *f* (CS), zorro *m* (AmC, Méx); ***to play ~*** (to pretend — to be dead) hacerse* el muerto; (— to be asleep) hacerse* el dormido

post[1] /pəʊst/ *n* [u]
A **1** [c] (pole) poste *m*; ***as deaf as a ~*** más sordo que una tapia **2** [u] (in horse racing) poste *m*; **the finishing/starting ~** el poste de llegada/salida, la meta/salida; ***to leave sb at the ~*** dejar a algn en el poste de salida; ***to pip sb at the ~*** (BrE) ganarle a algn por la mano *or* (RPl) de mano **3** [c] (*goal ~*) poste *m*, palo *m*
B **1** [u] (mail) (esp BrE) correo *m*; **to send sth by ~ o through the ~** mandar *or* enviar* algo por correo; **by return of ~** a vuelta de correo; **by separate ~** en sobre aparte *or* por separado; **first class ~** *correo de entrega más rápida*; **it must have got lost in the ~** se ha debido perder en el correo; **to drop sth in the ~** echar algo al correo *or* al buzón; **it's in the ~** ya ha sido enviado *or* está en camino; **this came for you in the ~** te llegó esto en el correo *or* por correo; **was there any ~ this morning?** ¿llegó alguna carta esta mañana?; **the first/second ~** (collection) la primera/segunda recogida; (delivery) el primer/segundo reparto; **to catch/miss the ~** llegar* a/perder* la recogida **2** [c] (coach) (Hist) posta *f*
C [c] **1** (job) puesto *m*, empleo *m*; **the ~ advertised in yesterday's paper** el puesto *or* empleo anunciado en el periódico de ayer; **to take up one's ~** entrar en funciones, empezar* a trabajar **2** (important position) cargo *m*; **to take up a ~** tomar posesión de un cargo, asumir un cargo, entrar en funciones; **the holder of the ~** el titular del cargo **3** (place of duty) puesto *m*
D [c] (station) puesto *m*; **a frontier/customs ~** un puesto fronterizo/de aduanas
E [u] (BrE) (Mil) (*first ~*) toque *m* de retreta, retreta *f*; (*last ~*) toque *m* de queda
F [c] (Comput) (Internet message) post *m*, mensaje *m* en Internet (*generalmente dentro de un foro o un blog*)

post[2] *vt*
A **1** (position) ‹*policeman/soldier*› apostar **2** (send) ‹*employee/diplomat*› destinar, mandar; **he was ~ed abroad** lo destinaron *or* mandaron al extranjero
B (mail) (esp BrE) ‹*letter/parcel*› echar al correo; (drop in postbox) echar al buzón; **could you ~ this off by tomorrow?** ¿podrías echar esto al correo antes de mañana?; **to ~ sth to sb** mandarle *or* enviarle* algo a algn (por correo); **I ~ed it to him last week** se lo mandé la semana pasada
C **1** (announce) ‹*meeting/reward*› anunciar; **to ~ sb missing** dar* a algn por desaparecido; ***to keep sb ~ed*** mantener* *or* tener* a algn al tanto *or* al corriente **2** **~ (up)** ‹*list/notice*› poner*, fijar; **Ⓢ post no bills** prohibido fijar carteles *or* anuncios **3** (on the Internet) postear; **~ed by Nick Davis** posteado por Nick Davis **4** (in ledger) ‹*sales/receipts*› anotar
D **1** (Busn) registrar; **the company ~ed losses of two million dollars** la compañía registró pérdidas de dos millones de dólares **2** (AmE) ‹*time/score*› (Sport) registrar, obtener*

post- /pəʊst/ *pref* post-, pos-

postage /ˈpəʊstɪdʒ/ *n* [u] franqueo *m*; **~ and handling** (AmE): **~ and packing** (BrE) gastos *mpl* de envío; **~ and packing free** franco de porte; **excess ~** o (BrE also) **~ due** franqueo *m* insuficiente; (*before n*): **~ meter** (AmE) (máquina *f*) franqueadora *f*, estampilladora *f* (AmL)

postage paid[1] *adj* ‹*envelope*› de franqueo pagado, de porte pagado

postage paid[2] *adv* con franqueo pagado, a porte pagado

postage stamp *n* (frml) sello *m* (de correos), estampilla *f* (AmL), timbre *m* (Méx); **a garden the size of a ~** un jardín como un pañuelito

postal /ˈpəʊstl/ *adj* (*before n*) ‹*zone/charges*› postal; ‹*service*› postal, de correos; ‹*booking*› (BrE) por correo; **~ ballot/vote** (BrE) votación *f* /voto *m* por correo; **~ worker** empleado, -da *m,f* de correos *or* (AmL), del correo; ***to go ~*** (AmE colloq) perder la chaveta (fam)

postal code *n* ▸**postcode**

postal order *n* (BrE) ≈ giro *m* postal

postbag /ˈpəʊstbæg/ *n* (BrE) **1** (sack) bolsa *f* del correo (AmL), saca *f* del correo (Esp) **2** (letters) correspondencia *f*; **the series has produced a large ~** ha llegado mucha correspondencia sobre la serie

postbox /ˈpəʊstbɑːks || ˈpəʊstbɒks/ *n* (BrE) buzón *m*

postcard /ˈpəʊstkɑːrd || ˈpəʊstkɑːd/ *n* tarjeta *f* postal, postal *f*

postcode /ˈpəʊstkəʊd/ *n* (BrE) código *m* postal

postcode lottery *n* (BrE) *situación en la cual la clase de tratamiento médico que se recibe depende del lugar donde se vive*

postcoital /ˌpəʊstˈkəʊətl || ˌpəʊstˈkəʊɪtl/ *adj* (de) después del coito

post-colonial /ˌpəʊstkə'ləʊniəl/ *adj* post colonial

postdate /ˌpəʊst'deɪt/ *vt* 1 ‹*contract/check*› posfechar, diferir* (RPI) 2 (occur after) tener* lugar después de; **settlement of the area ~s these fires** el asentamiento en la zona tuvo lugar después de estos incendios

poster /'pəʊstər || 'pəʊstə(r)/ *n* cartel *m*, póster *m*, afiche *m*

poste restante /ˌpəʊstre'stɑːnt/ *n* (BrE) lista *f* de correos, poste *f* restante (AmL)

posterior¹ /pɑː'stɪrɪər || pɒ'stɪərɪə(r)/ *n* (euph & hum) trasero *m* (fam & euf)

posterior² *adj*
A (Bot, Zool) posterior
B (subsequent) (frml) posterior

posterity /pɑː'sterəti || pɒ'sterəti/ *n* [u] posteridad *f*

poster paint *n* [u c] témpera *f*, gouache *m*

Post Exchange *n* (in US) economato *m or* cooperativa *f* militar

post-feminism /ˌpəʊst'femənɪzəm || ˌpəʊst 'femɪnɪzəm/ *n* [u] postfeminismo *m*

post-feminist¹ /ˌpəʊst'femənəst || ˌpəʊst 'femɪnɪst/ *adj* postfeminista

post-feminist² *n* postfeminista *mf*

post-free¹ /'pəʊst'friː/ *adj* (BrE) exento de franqueo

post-free² *adv* (BrE) exento de franqueo, sin necesidad de franqueo

postgrad /pəʊst'græd/ *n* (colloq) ▸**postgraduate**

postgraduate /ˌpəʊst'grædʒuət/ *n* (esp BrE) estudiante *mf* de postgrado, postgraduado, -da *m,f*; (*before n*) ‹*student/research/degree*› de postgrado

posthaste /'pəʊst'heɪst/ *adv* inmediatamente, con presteza (liter)

posthumous /'pɑːstʃəməs || 'pɒstjʊməs/ *adj* póstumo

posthumously /'pɑːstʃəməsli || 'pɒstjʊməsli/ *adv* ‹*famous/published*› póstumamente; ‹*awarded*› a título póstumo; **she was born ~** es/fue hija póstuma

postilion, postillion /pəʊ'stɪljən || pɒ 'stɪliən/ *n* (Hist) postillón *m*

postimpressionist¹ /ˌpəʊstɪm'preʃənəst || ˌpəʊstɪm'preʃənɪst/ *adj* postimpresionista

postimpressionist² *n* postimpresionista *mf*

post-industrial /ˌpəʊstɪn'dʌstriəl/ *adj* postindustrial; **a ~ society** una sociedad postindustrial

posting /'pəʊstɪŋ/ *n*
A (of an employee, military personnel) destino *m*
B (Internet message) posting *m*

Post-it /'pəʊstɪt/, **Post-it note®** *n* nota *f* autoadhesiva, nota *f* de quita y pon, (nota *f*) post-it® *m*

postman /'pəʊstmən/ *n* (*pl* **-men** /-mən/) (esp BrE) cartero *m*

postman's knock *n* [u] (BrE) ▸**post office 3**

postmark¹ /'pəʊstmɑːrk || 'pəʊstmɑːk/ *n* matasellos *m*

postmark² *vt* ‹*letter/parcel*› matasellar; **the envelope was ~ed York** el sobre llevaba matasellos de York *or* estaba matasellado en York

postmaster /'pəʊstˌmæstər || 'pəʊstˌmɑːstə(r)/ *n* jefe *m* de la oficina *or* sucursal de correos

postmaster general *n* (*pl* **~s ~**) director, -tora *m,f* general de correos

postmenopausal /ˌpəʊstmenə'pɔːzəl/ *adj* postmenopáusico

post meridiem /mə'rɪdiəm/ *adv* (frml) postmeridiano, post meridiem (frml)

postmistress /'pəʊstˌmɪstrəs || 'pəʊst ˌmɪstrɪs/ *n* jefa *f* de la oficina *or* sucursal de correos

postmodern /ˌpəʊst'mɑːdern || ˌpəʊst'mɒdn/ *adj* posmoderno

postmodernism /ˌpəʊst'mɑːdernɪzəm || ˌpəʊst'mɒdənɪzəm/ *n* posmodernismo *m*

postmodernist¹ /ˌpəʊst'mɑːdərnəst || ˌpəʊst 'mɒdənɪst/ *adj* posmoderno

postmodernist² *n* posmoderno, -na *m,f*

postmortem /ˌpəʊst'mɔːrtəm || ˌpəʊst'mɔːtəm/ *n* 1 (esp BrE) (Med): **~ (examination)** autopsia *f*; **to carry out/perform a ~ (examination)** llevar a cabo/realizar* una autopsia 2 (analysis) autopsia *f*; **they had a long ~ on their defeat** pasaron mucho tiempo haciéndole la autopsia a su derrota

postnatal /ˌpəʊst'neɪtl/ *adj* ‹*care/checkup*› postnatal, de posparto; **~ depression** depresión *f* posparto

post office *n* 1 [c] (place) oficina *f* de correos, correo *m* (AmL), estafeta *f* de correos (Esp); **could you take this down to the ~ ~ for me?** ¿me llevas esto al correo *or* (Esp) a correos? 2 [u] (institution): **the Post Office** ≈ la Dirección General de Correos (y Telégrafos); (*before n*) ‹*worker*› de correos, del correo (AmL); **P~ O~ savings account** (in UK) ≈ cuenta *f* de ahorro en la Caja Postal 3 (AmE) (Games) *juego infantil en el cual quien hace de cartero recibe un beso a cambio de una carta imaginaria*

post office box *n* apartado *m* postal *or* de correos, casilla *f* postal *or* de correo(s) (CS, Per)

postoperative /ˌpəʊst'ɑːprətɪv || ˌpəʊst 'ɒprətɪv/ *adj* (*before n*) posoperatorio

postpaid /'pəʊst'peɪd/ *adj/adv* ▸**postage paid¹, postage paid²**

postpartum /ˌpəʊst'pɑːrtəm || ˌpəʊst'pɑːtəm/ *adj* de posparto, postnatal

postpone /ˌpəʊs'pəʊn || pə'spəʊn/ *vt* aplazar*, posponer*, postergar* (esp AmL)

postponement /ˌpəʊs'pəʊnmənt || pə 'spəʊnmənt/ *n* [u c] aplazamiento *m*, postergación *f* (esp AmL)

postpositive /ˌpəʊst'pɑːzətɪv || ˌpəʊst'pɒzɪtɪv/ *adj* pospositivo

postprandial /ˌpəʊst'prændiəl/ *adj* (liter *or* hum) (*before n*) de después de comer

post room *n* (BrE) sala *f* del correo

postscript /'pəʊstskrɪpt/ *n* (to letter) postdata *f*; (to book) epílogo *m*; (to event, affair) epílogo *m*, colofón *m*

post-tax /pəʊst'tæks/ *adj* (Fin) después de impuestos

post-traumatic stress disorder /ˌpəʊstˌtrɔː'mætɪk/ *n* [u] trastorno *m* por estrés postraumático, TEPT *m*

postulant /'pɑːstʃələnt || 'pɒstjʊlənt/ *n* postulante *mf*

postulate¹ /'pɑːstʃəleɪt || 'pɒstjʊleɪt/ *vt* 1 (Math, Phil) postular 2 (assume) presuponer*, dar* por supuesto

postulate² /'pɑːstʃələt || 'pɒstjʊlət/ *n* 1 (Math, Phil) postulado *m* 2 (assumption) presupuesto *m*, premisa *f*

posture¹ /'pɑːstʃər || 'pɒstʃə(r)/ *n* 1 [u c] (of body) postura *f*; (intentional) postura *f*, pose *f*; **she has very bad ~** tiene muy mala postura; **in a relaxed ~** en una postura *or* pose relajada 2 [c] (attitude) (frml) postura *f*; **to adopt a neutral/disinterested ~** adoptar una postura neutral/desinteresada

posture² *vi* hacer* *or* adoptar poses

posturing /'pɑːstʃərɪŋ || 'pɒstʃərɪŋ/ *n* [u c]: **it was just ~** no eran más que poses; **his show of concern was held to be mere public ~** sus muestras de preocupación fueron vistas como un mero gesto hecho de cara a la galería

postviral syndrome /ˌpəʊst'vaɪrəl || ˌpəʊst 'vaɪərəl/ *n* síndrome *m* posvírico

postwar /ˌpəʊst'wɔːr || ˌpəʊst'wɔː(r)/ *adj* (*before n*) ‹*society/development*› de la posguerra; **the ~ years** los años de la posguerra, la posguerra

postwoman /'pəʊstwʊmən/ *n* (*pl* **-women**) (BrE) cartera *f*

posy /'pəʊzi/ *n* (*pl* **posies**) ramillete *m*

pot¹ /pɑːt/ *n*
A [c] (*cooking* ~) 1 olla *f*; **~s and pans** cacharros *mpl* (fam), trastes *mpl* (Méx); ***it's a case of the ~ calling the kettle black*** dijo la sartén al cazo: retírate que me tiznas; ***to go to ~*** (colloq) echarse a perder, venirse* abajo; ***to keep the ~ boiling*** mantener* el ambiente caldeado; ***a watched ~ never boils*** el que espera, desespera; ▸**gold¹ A2** 2 (for jam, honey etc) tarro *m*, bote *m* (Esp) 3 (*tea*~) tetera *f*; (*coffee*~) cafetera *f*; **a ~ of tea for two** té para dos 4 (in pottery) vasija *f* 5 (drinking vessel) (arch) jarro *m*
B [c] 1 (*flower*~) maceta *f*, tiesto *m* 2 ▸**chamber pot** 3 (*lobster* ~) nasa *f*
C (*no pl*) 1 (in card games) pozo *m*, bote *m* (esp Esp); **to win the ~** llevarse el pozo *or* (esp Esp) el bote; ***to sweeten the ~*** (in cards) subir el pozo *or* (esp Esp) el bote; **we can throw in the air conditioning to sweeten the ~** podemos incluir el aire acondicionado para hacer más atractiva la oferta 2 (kitty) fondo *m* común, bote *m* (esp Esp)
D [c] (large amount) (esp BrE) (*often pl*) (colloq): **he made ~s** *o* **a ~ of money** se forró (fam), hizo un montón de plata (AmS fam), hizo un montón *or* la tira de dinero (Esp fam)
E [c] (in snooker) (BrE) billa *f*
F [c] (potbelly) (colloq) panza *f* (fam), barriga *f* (fam)
G [c] ▸**potshot**
H [u] (marijuana) (colloq) hierba *f* (fam), maría *f* (Esp arg), mota *f* (Méx fam)

pot² *vt* **-tt-**
A ‹*plant*› plantar (*en una maceta*)
B (in snooker, billiards) (BrE) meter, entronerar
C ‹*rabbit/pheasant*› cobrar, cazar*

potable /'pəʊtəbəl/ *adj* (frml) potable

potash /'pɑːtæʃ || 'pɒtæʃ/ *n* [u] potasa *f*

potassium /pə'tæsiəm/ *n* [u] potasio *m*; (*before n*) ‹*chloride/cyanide*› potásico

potato /pə'teɪtəʊ/ *n* [u c] (*pl* **-toes**) 1 papa *f or* (Esp) patata *f*; (*before n*): **~ chips** *o* (BrE) **crisps** papas *fpl or* (Esp) patatas *fpl* fritas, papas *fpl* chip (Ur); **~ masher** pasapuré(s) *m*, puretera *f* (RPI); **~ peeler** pelapapas *m or* (Esp) pelapatatas *m*; **~ salad** ensalada *f* de papa(s) *or* (Esp) patata(s) 2 ▸**sweet potato**

potato beetle *n* escarabajo *m* de la papa *or* (Esp) patata, dorífora *m*

potato blight *n* [u] tizón *m or* añublo de la papa *or* (Esp) patata

potbellied /'pɑːtˌbelid || ˌpɒt'belid/ *adj* 1 ‹*person*› panzudo (fam), panzón (fam), barrigón (fam), guatón (Chi fam) 2 ‹*stove/jug*› panzudo

potbelly /'pɑːtˌbeli || ˌpɒt'beli/ *n* (*pl* **-lies**) barriga *f* (fam), panza *f* (fam), guata *f* (Chi fam); **you're getting a bit of a ~** estás echando barriga; **to have a ~** tener* barriga (*or* panza *etc*) (fam)

potboiler /'pɑːtˌbɔɪlər || 'pɒtˌbɔɪlə(r)/ *n* libro *m* de poca calidad (*escrito para hacer dinero*)

poteen /pə'tiːn || pɒ'tiːn/ *n* [u]: *en Irlanda, aguardiente o whisky destilado ilegalmente*

potency /'pəʊtnsi/ *n* [u]
A 1 (of drink) lo fuerte 2 (of symbol, spell) fuerza *f*, lo poderoso
B (*sexual* ~) potencia *f* sexual

potent /'pəʊtnt/ *adj*
A 1 (strong) ‹*drink*› fuerte 2 ‹*leader*› poderoso; ‹*argument*› poderoso, convincente; ‹*symbol*› poderoso; **her ~ imagination** su poderosa imaginación
B (Physiol) potente

potentate /'pəʊtnteɪt/ *n* potentado, -da *m,f*

potential¹ /pə'tentʃəl || pə'tenʃəl/ *n* [u]
A (capacity) potencial *m*; (possibilities) posibilidades *fpl*; **to develop one's ~** desarrollar su (*or* mi *etc*) potencial; **she never achieved her full ~** no llegó a desarrollar plenamente su potencial; **you've got ~** tienes aptitudes *or* posibilidades; **sales ~** potencial de ventas; **she showed great ~ as a singer** prometía mucho *or* era muy prometedora como cantante; **the ~ for expansion is unlimited** las posibilidades de expansión son ilimitadas; **he had the ~ to be a great athlete** tenía muchas aptitudes *or* tenía (el) potencial para llegar a ser un gran atleta
B (Elec) potencial *m* (eléctrico)
C (Ling) potencial *m*

potential² *adj* (*before n*)
A ‹*danger/improvement/failure*› potencial, posible; ‹*leader/star/winner*› en potencia
B (Ling) potencial

potential difference *n* diferencia *f* de potencial

potentiality /pə,tentʃi'æləti || pə,tenʃi'æləti/ *n* (*pl* **-ties**) (frml) posibilidad *f*

potentially /pə'tentʃəli || pə'tenʃəli/ *adv* potencialmente

potentiate /pə'tentʃieɪt || pə'tenʃieɪt/ *vt* (frml) potenciar

potentiometer /pə,tentʃi'ɑ:mətər || pə,tenʃi'ɒmɪtə(r)/ *n* potenciómetro *m*

pothead /'pɑ:thed || 'pɒthed/ *n* (sl) fumador, -dora *m,f* de marihuana, fumata *mf* (Esp arg), metelón, -lona *m,f* (Col, Ven fam)

potherb /'pɑ:tɜ:rb || 'pɒthɜ:b/ *n* hierba *f* aromática

potholder, pot holder /'pɑ:t,həʊldər || 'pɒthəʊldə(r)/ *n* agarrador *m*, agarradera *f* (AmL), tomaollas *m* (Chi)

pothole /'pɑ:thəʊl || 'pɒthəʊl/ *n* **1** (cave) cueva *f* subterránea, sima *f*; (hole) sima *f* **2** (in road) bache *m*

potholer /'pɑ:t,həʊlər || 'pɒt,həʊlə(r)/ *n* (BrE) espeleólogo, -ga *m,f*

potholing /'pɑ:t,həʊlɪŋ || 'pɒt,həʊlɪŋ/ *n* [u] (BrE) espeleología *f*

potion /'pəʊʃən/ *n* poción *f*, pócima *f*; **love ~** filtro *m* (de amor)

potluck /pɑ:t'lʌk || pɒt'lʌk/ *n* [u]: **to take ~** conformarse con lo que haya; (*before n*): **~ dinner** (esp AmE) *comida o cena a la que cada invitado aporta un plato*

potpie /'pɑ:tpaɪ || 'pɒtpaɪ/ *n* (AmE) (Culin) *estofado de carne y verduras cubierto de masa hojaldrada*

pot plant *n* planta *f* (*cultivada en una maceta*), mata *f* (Col, Ven)

potpourri /,pəʊpʊ'ri || ,pəʊ'pʊəri, ,pəʊpʊə'ri/ *n* (*pl* **~s**) **1** (of poems, tunes) popurrí *m* **2** (of flowers) popurrí *m*

pot-roast /'pɑ:trəʊst || 'pɒtrəʊst/ *vt* estofar

pot roast *n* [c u] **1** (dish) estofado *m*, carne *f* a la cacerola (AmL) **2** (cut of meat) carne *f* para estofar

potsherd /'pɑ:tʃɜ:rd || 'pɒtʃɜ:d/ *n* casco *m* or trozo *m* de cerámica, tiesto *m* (téc)

potshot /'pɑ:tʃɑ:t || 'pɒtʃɒt/ *n* (Dep) tiro *m* al azar; **to take ~s at sb/sth** disparar *or* tirar al azar *or* (fam) al tuntún contra algn/algo; **her new play takes a ~ at feminism** su nueva obra arremete contra el feminismo

pottage /'pɑ:tɪdʒ || 'pɒtɪdʒ/ *n* [u] (arch) potaje *m*; **for a mess of ~** (Bib) por un plato de lentejas

potted /'pɑ:təd || 'pɒtɪd/ *adj*
A (*before n*) **1** ‹*plant*› en maceta *or* tiesto; **a ~ bay tree** un laurel (plantado) en una maceta **2** (Culin): **~ meat/shrimps** *especie de paté de carne/camarones* **3** ‹*account/version*› resumido
B (drunk) (AmE colloq) borracho, cocido (fam), tomado (AmL fam)

potter¹ /'pɑ:tər || 'pɒtə(r)/ *n* alfarero, -ra *m,f*, ceramista *mf*; **~'s wheel** torno *m* de alfarero; **~'s clay** arcilla *f* (figulina)

potter² *vi* (BrE) (+ *adv compl*): **she loves ~ing around** *o* **about in the garden** le encanta entretenerse trabajando en el jardín; **I've been ~ing around the house all day** me he pasado el día haciendo un poco de esto y un poco de aquello en la casa

potter's field *n* cementerio *m* de pobres, ≈ fosa *f* común

pottery /'pɑ:təri || 'pɒtəri/ *n* (*pl* **-ries**) **1** [u] (vessels) cerámica *f* **2** [c] (workshop) alfarería *f*, taller *m* de cerámica **3** [u] (craft) alfarería *f*, cerámica *f*

potting compost /'pɑ:tɪŋ || 'pɒtɪŋ/ *n* [u] abono *m* vegetal, compost *m* (*para tiestos*)

potting shed *n* (BrE) cobertizo *m*, galpón *m* (RPl) (*para hacer trabajos de jardinería*)

potty¹ /'pɑ:ti || 'pɒti/ *n* (*pl* **-ties**) (colloq) orinal *m* (*para niños*) (fam), bacinica *f*, pelela *f* (CS fam); **he's ~-trained** ya no usa pañales

potty² *adj* **-tier, -tiest** (BrE colloq) chiflado (fam), chalado (fam); **him and his ~ ideas!** ¡él y sus chifladuras! (fam); **to go ~** chiflarse (fam); **to drive sb ~** poner* a algn frenético (fam); **to be ~ ABOUT sb/sth** estar* loco *or* chiflado POR algn /CON algo (fam)

pouch /paʊtʃ/ *n*
A **1** (small bag) bolsa *f*; **tobacco ~** petaca *f*; **hunter's ~** morral *m* de cazador **2** (under eyes) bolsa *f* **3** (for correspondence) (AmE) valija *f*
B (Anat, Zool) bolsa *f*

pouf, pouffe /pu:f/ *n*
A (seat) (BrE) puf *m*
B ▸ **poof**

poulterer /'pəʊltərər || 'pəʊltərə(r)/ *n* pollero, -ra *m,f*; **~'s** pollería *f*

poultice /'pəʊltəs || 'pəʊltɪs/ *n* cataplasma *f*, emplasto *m*

poultry /'pəʊltri/ *n* [u] **1** (birds) (+ *pl vb*) aves *fpl* de corral; (*before n*): **~ farm** granja *f* avícola; **~ farmer** criador, -dora *m,f* de aves de corral; **~ farming** cría *f* de aves de corral **2** [u] (meat) carne *f* de ave; (in recipe books) aves *fpl*, volatería *f*

pounce¹ /paʊns/ *vi* saltar; **to ~ ON/UPON sb/sth**: **the tiger ~d on its prey** el tigre se abalanzó *or* se lanzó sobre su presa; **he immediately ~d on my mistake** inmediatamente saltó para señalar mi error

pounce² *n* salto *m*

pound¹ /paʊnd/ *n*
A ▸ ❶ **p.630** (measure) libra *f* (*454 gramos*); **you've lost a few ~s** has adelgazado unos kilitos
B (Fin) libra *f*; **Egyptian/Israeli ~** libra egipcia/israelí; **~ sterling** libra esterlina; (*before n*): **a ~ coin** una moneda de (una) libra; **ten-~ note** (BrE) billete *m* de diez libras
C (enclosure — for cars) depósito *m*; (— for dogs) perrera *f*

pound² *vt* **1** ‹*corn/spices*› machacar*; ‹*garlic/chili*› majar, machacar*; ‹*dough*› trabajar; **~ the millet down to a fine powder** macháquese el mijo hasta reducirlo a un polvo fino **2** ‹*table/door*› aporrear, golpear; **he ~ed the pavement looking for work** pateó las calles en busca de trabajo (fam); **the waves ~ed the wall** las olas batían contra el muro **3** (Mil) ‹*defenses*› batir, bombardear; **mortars ~ed the village to rubble** los morteros redujeron el pueblo a escombros
■ **pound** *vi* **1** (strike, beat) aporrear, golpear; **he ~ed at the door/on the table** aporreó *or* golpeó la puerta/la mesa; **waves ~ed against the cliffs** las olas batían contra el acantilado; **he was ~ing away at the piano** estaba aporreando el piano; **the music ~ed away all night** la música retumbó toda la noche **2** «*heart*» palpitar, latir con fuerza; «*sound*» retumbar; **my head is ~ing** tengo la cabeza a punto de reventar *or* estallar, me martillea la cabeza **3** (move) (+ *adv compl*): **the trucks ~ed past** los camiones pasaban retumbando; **I could hear his feet ~ing down the corridor** oía sus pesados pasos por el pasillo

poundage /'paʊndɪdʒ/ *n* [u] **1** (weight) peso *m* en libras **2** (charge) *impuesto, tasa etc que se cobra por cada libra de peso*

pound-cost averaging *n* [u] (BrE) (Fin) *inversión periódica de un monto constante en valores o títulos*

pounding /'paʊndɪŋ/ *n* (*no pl*) **1** (of heart) fuertes latidos *mpl*; (of guns) martilleo *m*; **there was a loud ~ on the door** alguien aporreó la puerta con insistencia; **the ~ in my head** el martilleo que sentía en la cabeza; **the ~ of the waves** el embate de las olas **2** (beating) (colloq) paliza *f* (fam), vapuleo *m*; **the dollar took a ~** el dólar sufrió una fuerte caída; **our team took a ~** le dieron una paliza a nuestro equipo (fam)

pound sign *n*
A (AmE) (Comput, Telec) tecla *f* (del signo) de número, tecla *f* numeral, tecla *f* de almohadilla (Esp)
B (for pound sterling) *signo de la libra esterlina*

pour /pɔ:r || pɔ:(r)/ *vt* **1** (+ *adv compl*) ‹*liquid/cement*› verter*, echar; ‹*salt/rice/powder*› echar; **~ the oil into a bowl** vierta *or* eche el aceite en un bol; **she ~ed the tea down the sink** tiró el té por el fregadero; **money has been ~ed into the project** han invertido una gran cantidad de dinero en el proyecto; **she ~ed all her energy into her work** se volcó totalmente en su trabajo; **she ~ed scorn on his ambitions/efforts** se burló de sus ambiciones/esfuerzos **2** **~ (out)** (serve) ‹*drink*› servir*; **she ~ed herself a large brandy** se sirvió una copa grande de coñac
■ **pour** *vi* **1** (+ *adv compl*) «*blood*» manar, salir*; **people ~ed out of the stadium** grandes cantidades de personas salían del estadio; **words just ~ from her pen** las palabras fluyen de su pluma; **letters came ~ing in** llegó una avalancha de cartas; **money ~ed into the country** afluyó mucho dinero al país **2** (serve tea, coffee) servir*; **shall I ~?** ¿sirvo? **3** «*vessel/jug*» verter*
■ *v impers* ▸ ❶ **p.1878**; diluviar, llover* torrencialmente *or* a cántaros; **it's ~ing (down/with rain)** está diluviando

Phrasal verbs

- **pour forth** (liter)
A [v + o + adv, v + adv + o]: **he ~ed forth his complaints** desahogó a gusto sus quejas
B [v + adv] salir*; **a stream of blasphemies ~ed forth from his mouth** un torrente de blasfemias salió de su boca
- **pour off** [v + o + adv, v + adv + o] ‹*fat/cream*› quitar; **~ off the excess liquid** quita el exceso de caldo
- **pour out**
A [v + o + adv, v + adv + o] **1** ▸ **pour** *vt* **b** **2** **to ~ sth out (TO sb)**: **he ~ed out his feelings to her** le reveló sus sentimientos; **she ~ed her heart out to him** se desahogó con él, le abrió su pecho (liter)
B [v + adv] salir*; **people ~ed out into the streets** la gente salió en tropel a las calles; **all his troubles came ~ing out** desembuchó todos sus problemas

pourer /'pɔ:rər || 'pɔ:rə(r)/ *n* **1** (vessel) tetera *f* (*or* cafetera *etc*); **it's a poor ~** no vierte bien, se sale; **you need a better ~** necesitas una tetera *f* (*or* cafetera *etc*) que vierta mejor **2** (person — of wine) escanciador, -dora *m,f*; (— of tea): **you be the ~** sirve tú el té

pouring /'pɔ:rɪŋ/ *adj*: **~ cream** (BrE) crema *f* or (Esp) nata *f* líquida (*para verter sobre postres etc*); **a sauce of ~ consistency** una salsa no muy espesa; **he went out in the ~ rain** salió en medio de una lluvia torrencial

pout¹ /paʊt/ *vi* hacer* un mohín
■ **pout** *vt*: **I don't care, she ~ed** —no me importa —dijo haciendo un mohín

pout² *n* mohín *m*

poutine /pu:'ti:n/ *n* [u] (Can) (Culin) *plato a base de papas fritas, salsa de carne, y trozos de queso fresco similar a la cuajada*

poverty /'pɑ:vərti || 'pɒvəti/ *n* [u] pobreza *f*; **he has taken a vow of ~** ha hecho voto de pobreza; **~ of ideas/imagination/spirit** pobreza de ideas/imaginación/espíritu; **the ~ of the soil** la pobreza del suelo; (*before n*): **~ level** umbral *m* de la pobreza, nivel *m* de pobreza; **they live on the ~ line** tienen apenas el mínimo necesario para vivir

poverty-stricken /'pɑ:vərti,strɪkən || 'pɒvəti ,strɪkən/ *adj* pobrísimo, muy pobre, sumido en la pobreza

poverty trap *n* (BrE) trampa *f* de la pobreza

POW *n* = **prisoner of war**

powder¹ /'paʊdər || 'paʊdə(r)/ *n*
A [u] **1** (dust) polvo *m*; (*before n*): **in ~ form** en polvo **2** (snow) nieve *f* en polvo
B [u] (*gun ~*) pólvora *f*; ***to keep one's ~ dry*** (colloq) no gastar pólvora en gallinazos *or* (Esp) en salvas *or* (RPl) en chimangos; (*before n*): **~ horn** chifle *m*
C **1** [c] (Pharm) polvos *mpl*; ***to take a ~*** (AmE) poner* pies en polvorosa; (lit: take medication) tomar unos polvos **2** [u c] (*face ~*) polvo *m* or polvos *mpl* (de tocador); (*before n*): **~ compact** polvera *f*; **~ puff** borla *f*, cisne *m* (RPl) **3** [u c] (*talcum ~*) polvos *mpl* de talco, talco *m* (AmL)

powder² *vt*
A (cover) empolvar; **to ~ one's face** empolvarse la cara; **to ~ one's nose** retocarse* el maquillaje; **she's gone to ~ her nose** (euph) ha ido a lavarse las manos (euf); **flecks of gray ~ed his hair** tenía el pelo salpicado de gris
B **1** (grind, pulverize) pulverizar* **2** **powdered** *past p* ‹*milk/eggs*› en polvo; **~ed sugar** (AmE) azúcar *m* or *f* glas *or* glasé, azúcar *m* or *f* flor (Chi),

azúcar *m or f* impalpable (RPl), azúcar *m or f* en polvo (Col)
■ **powder** *vi* reducirse* a un polvo
powder-blue /ˌpaʊdər'bluː || ˌpaʊdə'bluː/ ▸ⓘ **p.1036** *adj (pred* **powder blue**) azul pastel *adj inv*
powder blue ▸ⓘ **p.1036** *n* [u] azul *m* pastel
powdering /'paʊdərɪŋ/ *n* [u] espolvoreo *m*
powder keg *n* barril *m* de pólvora; **politically, the region is a ~ ~** políticamente, la región es un polvorín
powder room *n* (euph) tocador *m* (euf); Ⓢ **powder room** señoras
powdery /'paʊdəri/ *adj* como polvo, pulverulento (frml)
power[1] /'paʊər || 'paʊə(r)/ *n*
A 1 [u] (control, influence) poder *m*; (of country) poderío *m*, poder *m*; **the ~ of the church** el poder de la iglesia; **sea ~ made us great** el dominio del mar *or* nuestro poderío marítimo nos hizo grandes; **real ~ lies with the military** en realidad son los militares los que detentan el poder; **you are in my ~** estás *or* te tengo en mi poder; **~ to the people** poder para el pueblo; **people ~** poder popular; **~ OVER sb/sth** poder SOBRE algn/algo; *(before n)* ‹*center*› de poder; **~ breakfast** desayuno *m* de trabajo; **~ broker** traficante *mf* de influencias; **~ dressing** *estilo de vestimenta adoptado por algunas mujeres ejecutivas para proyectar una imagen de autoridad y eficiencia*; **~ lunch** almuerzo *m or* (esp Méx, Esp) comida *f* de gente poderosa; **~ nap** siesta *f* reconstituyente; **~ politics** política *f* de poder; **~ structure** estructura *f* del poder; **~ struggle** lucha *f* por el poder 2 [u] (over country, nation) poder *m*; **to be in ~** estar* en *or* ocupar el poder; **balance of ~** equilibrio *m* de fuerzas; **to seize ~** tomar el poder, hacerse* con el poder; **to come to ~** llegar* *or* subir al poder; *(before n)*: **~ sharing** compartimiento *m* del poder 3 [u c] (official authority) poder *m*; **~ to + INF** poder PARA + INF; **they have no ~ to intervene** no tienen poder para intervenir; **special ~s** poderes extraordinarios; **~ of veto** derecho *m* de veto; **to exceed one's ~s** excederse en sus (*or* mis *etc*) poderes *or* atribuciones; **they were given full ~s to ...** les dieron plenos poderes para ...; **it's beyond his ~s** no es de su competencia
B [c] 1 (nation) potencia *f*; **a major industrial/naval ~** una potencia industrial/naval de primer orden; **a foreign ~** una potencia extranjera 2 (person, group): **he's a ~ to be reckoned with** es una fuerza con la que hay que contar; **the ~ behind the throne** el poder en la sombra, la eminencia gris; **the ~s that be** los que mandan, los que detentan el poder; **the ~s of darkness** las fuerzas del mal
C [u] 1 (physical strength, force) fuerza *f*; ***more ~ to your elbow*** (colloq) ¡bien hecho! 2 (of wind, sun) potencia *f*, fuerza *f*; (of drug, chemical) potencia *f*; (of engine, loudspeaker, transmitter, telescope) potencia *f*; **we have doubled our processing ~** hemos duplicado nuestra capacidad de procesamiento 3 (of tradition, love) poder *m*, fuerza *f*; (of argument) fuerza *f*, lo poderoso *or* convincente
D 1 [u] (ability, capacity): **I did everything in my ~** hice todo lo que estaba en mi(s) mano(s), hice todo lo que me era posible; **it doesn't lie within my ~** no está en mi(s) mano(s); **that's beyond my ~** eso está fuera de mis posibilidades; **she has the ~ to see into the future** es capaz de predecir el futuro 2 (specific faculty) *(often pl)*: **he lost the ~ of sight/hearing/speech** perdió la vista/el oído/el habla; **~(s) of concentration** capacidad *f or* poder *m* de concentración; **her ~(s) of persuasion** su(s) poder(es) de persuasión; **test your mental ~s** pon a prueba tu inteligencia *or* tus facultades mentales; **her creative/imaginative ~(s)** su capacidad creativa/imaginativa; **he was at the height of his ~(s)** estaba en su mejor momento *or* en la plenitud de sus facultades
E [u] 1 (Eng, Phys) potencia *f*; (particular source of energy) energía *f*; **the engine lacks ~** al motor le falta potencia; **nuclear/wave/solar ~** energía nuclear/mareomotriz/solar; *(before n)*: **~ brakes** servofrenos *mpl*; **~ drill** taladro *m* eléctrico; **~ saw** motosierra *f*; (electrical) sierra *f* eléctrica; **~ shovel** excavadora *f*; **~ steering** dirección *f* asistida; **~ tool** herramienta *f* eléctrica 2 (electricity) electricidad *f*; **to turn the ~ on/off** conectar/cortar la electricidad; *(before n)*: **~ cable** cable *m* de energía eléctrica; **~ failure** corte *m* del suministro eléctrico; **~ grid** (esp BrE) red *f* eléctrica; **~ lines** cables *mpl* de alta tensión; **~ point** (BrE) toma *f* de corriente, enchufe *m*, tomacorriente(s) *m* (AmS); **~ supply** abastecimiento *m* de energía; **~ tool** herramienta *f* eléctrica; **~ workers** (BrE) trabajadores *mpl* del sector eléctrico
F [u] (Math) potencia *f*; **10 to the ~ of 4/of 3** 10 (elevado) a la cuarta potencia/al cubo
G (a lot) (colloq): **to do sb a ~ of good** hacerle* a algn mucho bien; **your visit's done him a ~ of good** tu visita le ha hecho mucho bien
power[2] *vt*: **the plane is ~ed by four engines** el avión tiene cuatro motores, el avión está propulsado por cuatro motores; **it's ~ed by electricity** funciona con electricidad, es eléctrico; **steam-~ed** a *or* de vapor; **nuclear-~ed submarine** submarino *m* nuclear
■ **power** *vi* (move rapidly) (colloq) (+ *adv compl*): **we were ~ing along the highway** íbamos disparados por la carretera (fam)
Phrasal verb
• **power up** [v + adv + o, v + o + adv] ‹*computer/appliance*› encender*, prender (AmL)
power-assisted /ˌpaʊərə'sɪstəd || ˌpaʊərə'sɪstɪd/ *adj*: **~ steering** dirección *f* asistida
power base *n* zona *f* de influencia; **his ~ ~ is in the rural areas** donde tiene más influencia *or* apoyo es en las zonas rurales
powerboat /'paʊərbəʊt || 'paʊəbəʊt/ *n* lancha *f* a motor *or* de motor, lancha *f* motora (Esp)
powerboating /'paʊərˌbəʊtɪŋ || 'paʊəˌbəʊtɪŋ/ *n* [u] motonáutica *f*
power-crazed /'paʊərkreɪzd || 'paʊəkreɪzd/ *adj* obnubilado por el poder
power cut *n* apagón *m*, corte *m* de luz *or* de corriente *or* de electricidad
power dive *n* caída *f* en picada *or* (Esp) en picado (*con el motor a tope*)
power-driven /'paʊrdrɪvən || 'paʊədrɪvən/ *adj* eléctrico
powerful /'paʊərfəl || 'paʊəfəl/ *adj* 1 ‹*country/politician/landowner*› poderoso 2 ‹*serve/stroke*› potente; ‹*shoulders/arms/swimmer*› fuerte 3 ‹*performance/book/image*› impactante; ‹*argument*› poderoso, convincente; ‹*incentive*› poderoso 4 ‹*engine/loudspeaker/weapon*› potente; ‹*drug/detergent*› potente, fuerte; ‹*smell/current*› fuerte
powerfully /'paʊərfəli || 'paʊəfəli/ *adv* 1 ‹*hit/strike*› con fuerza; **he was ~ built** era de complexión fuerte 2 ‹*speak/argue*› convincentemente
powerhouse /'paʊərhaʊs || 'paʊəhaʊs/ *n* (Elec) central *f* eléctrica, usina *f* eléctrica (AmS); **they are the intellectual ~ of this college** son el alma máter *or* el motor intelectual de esta facultad; **the nerve center and ~ of the corporation** el centro neurálgico y motriz de la compañía; **she's a ~ of ideas and inspiration** es una fuente inagotable de ideas e inspiración; **he's the ~ of the team** es el puntal del equipo
powerless /'paʊərləs || 'paʊəlɪs/ *adj*: **we are completely ~** no podemos hacer nada en absoluto; **I felt completely ~** me sentí totalmente impotente; **they were ~ to prevent the violence** no pudieron hacer nada para impedir la violencia
powerlessly /'paʊərləsli || 'paʊəlɪsli/ *adv* con impotencia; **they watched ~ how** *o* **as he suffered** vieron impotentes *or* con impotencia cómo sufría
powerlessness /'paʊrləsnəs || 'paʊəlɪsnɪs/ *n* [u] impotencia *f*
power of attorney *n* (*pl* **~s ~ ~**) (Law) 1 [u] (authority) poder *m* (notarial); **he has my ~ ~ ~ to sell the house** le he otorgado poder para vender la casa 2 [c] (document) poder *m* (notarial)
power-operated /ˌpaʊr'ɑːpəreɪtəd || ˌpaʊə'ɒpəreɪtɪd/ *adj* que funciona con electricidad
power pack *n* (adaptor) transformador *m*; (battery) pila *f*
power plant *n* (AmE) ▸ **power station**
power play *n* [u] 1 (in ice hockey) *circunstancia de estar en superioridad numérica* 2 (maneuver) estrategia *f*, manejos *mpl*, maniobras *fpl*
power station *n* central *f* eléctrica, usina *f* eléctrica (AmS); **a nuclear ~ ~** una central nuclear
power-up /'paʊrʌp || 'paʊə(r)ʌp/ *n* [u] encendido *m*, prendido *m* (AmL)
powwow /'paʊwaʊ/ *n* (ceremony) asamblea *f* (*de indígenas norteamericanos*); **we need a family ~ to discuss this** vamos a tener que hacer un consejo de familia para hablarlo
pox /pɑːks || pɒks/ *n*: **the ~** (dated) (syphilis) la sífilis; (smallpox) la viruela; **~-ridden** sifilítico; **a ~ on you/him!** (arch) ¡mal rayo te/lo parta! (fam)
poxy /'pɑːksi || 'pɒksi/ *adj* **poxier, poxiest** (BrE sl) puñetero (fam), de mierda (vulg)
pp 1 (= **pianissimo**) pp. 2 (on behalf of) (BrE) (Corresp) p.a., p.o., p.p.
pp. (= **pages**) págs.
ppm (= **parts per million**) ppm
PPP *n* (in UK) 1 = **Personal Pension Plan** 2 = **Private Patients Plan** 3 = **Public-Private Partnership**
PPV (= **pay-per-view**) PPV *m*, PPE *m* (AmL)
PR[1] *n* [u] 1 = **public relations** 2 = **proportional representation**
PR[2] = **Puerto Rico**
practicability /ˌpræktɪkə'bɪləti/ *n* [u] viabilidad *f*, practicabilidad *f*
practicable /'præktɪkəbəl/ *adj* viable, factible, practicable
practical[1] /'præktɪkəl/ *adj*
A (not theoretical) práctico; **his discovery has no ~ use** su descubrimiento no tiene ninguna aplicación práctica; **for all ~ purposes** a efectos prácticos
B (suitable for a use) práctico; **white isn't a very ~ color** el blanco no es un color muy práctico
C 1 (sensible) ‹*plan/ideas*› práctico, realista; ‹*person*› práctico, sensato; **at least somebody has a ~ mind** menos mal que alguien tiene sentido práctico 2 (feasible) factible, viable
D (real, actual): **what would be the ~ outcome of such a scheme?** ¿qué supondría en la práctica un plan de ese tipo?; **the ~ effect wasn't what we anticipated** el resultado en la práctica no fue el que esperábamos
practical[2] *n* (Educ) práctica *f*
practicality /ˌpræktɪ'kæləti/ *n*
A [u] 1 (feasibility) lo práctico *or* factible 2 (personal quality) sentido *m* práctico
B [u] (usefulness) utilidad *f*
C **practicalities** *pl* aspectos *mpl* prácticos
practical joke *n* broma *f*; **to play a ~ ~ on sb** hacerle* *or* gastarle una broma a algn
practical joker *n* bromista *mf*; **he's a ~ ~** le gusta hacer *or* gastar bromas, es un bromista
practically /'præktɪkli/ *adv*
A (almost, virtually) casi, prácticamente; **in ~ every country in the world** en casi *or* prácticamente todos los países del mundo; **she ~ forced me** prácticamente *or* poco menos que me obligó; **he's ~ the only one she trusts** es prácticamente el único en quien confía, no confía en casi nadie más que en él; **he ~ broke my arm!** ¡casi *or* por poco me rompe el brazo!; **have you finished? — practically** ¿has terminado? — casi *or* me falta muy poco
B 1 (in a practical way) ‹*consider/think*› con sentido práctico 2 (by experience) con la práctica; **knowledge gained ~** conocimientos adquiridos con la práctica
practical nurse *n* (AmE) enfermero, -ra *m,f* auxiliar (*a veces sin título*)
practice[1] /'præktəs || 'præktɪs/ *n*
A [u] (training, repetition) práctica *f*; **musicians must keep in ~** los músicos tienen que practicar *or* ensayar continuamente; **he's out of ~** le falta práctica; **his serve needs more ~** tiene que

practicar más el saque; **piano ~** ejercicios *mpl* de piano; **target ~** prácticas *fpl* de tiro; **~ teaching** *o* (BrE) **teaching ~** prácticas *fpl* de magisterio; **~ *makes perfect*** la práctica hace al maestro; (*before n*) ‹*game*› de entrenamiento; **~ session** (Sport) sesión *f* de entrenamiento; (Mus) ensayo *m*

B [u] **1** (carrying out, implementing) práctica *f*; **theory and ~** la teoría y la práctica; **to put sth into ~** llevar algo a la práctica, poner* algo en práctica; **a good idea, but it'll never work in ~** una buena idea pero, en la práctica, no va a funcionar **2** (exercise of profession) ejercicio *m*; **he's been in ~ as a doctor/lawyer for 15 years** hace 15 años que ejerce de *or* como doctor/abogado, hace 15 años que ejerce la medicina/la abogacía; **he is in general ~** se dedica a medicina general

C [c u] (custom, procedure) costumbre *f*; **this is a common ~ nowadays** ésta es una costumbre muy común hoy en día; **we must respect their ~s** debemos respetar sus costumbres; **that's the common ~ in Spain** eso es lo que se suele *or* se acostumbra hacer en España; **it's our ~ to take up references** solemos *or* acostumbramos pedir referencias; **it is not good commercial ~** no es una práctica comercial recomendable; **working ~s** métodos *mpl* de trabajo; **he made a ~ of always consulting his subordinates** tenía como norma consultar a sus subordinados

D [c] (place) **1** (Med) consultorio *m*, consulta *f* **2** (Law) bufete *m*, estudio *m* jurídico (CS) **3** (of accountants) estudio *m* contable

practice², (BrE) **practise** *vt*

A **1** (rehearse) ‹*scales/piece*› practicar*; ‹*song/act*› ensayar **2** ‹*language*› practicar*; ‹*serve/tackles/kicks*› practicar*; **I ~d my Greek on him** aproveché para practicar griego con él

B **1** ‹*belief/Christianity*› practicar*; **he doesn't ~ what he preaches** no hace lo que predica, no predica con el ejemplo **2** (carry out, perform): **he ~d a deception on us** nos engañó; **he ~s black magic** practica magia negra **3** ‹‹*doctor/lawyer*›› ejercer*; **to ~ medicine** ejercer* la medicina; **he ~s law in London** ejerce de *or* como abogado en Londres, ejerce la abogacía en Londres

C **practicing** *pres p* **1** ‹*doctor/lawyer*› en ejercicio (de su profesión) **2** ‹*Catholic*› practicante **3** ‹*homosexual*› activo

■ **practice** *vi*

A (rehearse, train) practicar*

B (professionally) ejercer*; **to ~ as a lawyer/doctor** ejercer* de *or* como abogado/médico

(Phrasal verb)

• **practice on** (BrE), **practise upon** [v + prep + o] (frml) aprovecharse de

practiced, (BrE) **practised** /ˈpræktəst || ˈpræktɪst/ *adj* ‹*hand/eye*› experto; ‹*smile*› estudiado; ‹*liar*› consumado; **he is ~ in public speaking** tiene mucha práctica *or* experiencia como orador; **he was ~ in the art of deception** era un consumado embaucador

practise /ˈpræktəs || ˈpræktɪs/ *vt/vi* (BrE) ▸**practice²**

practised /ˈpræktəst || ˈpræktɪst/ *adj* (BrE) ▸**practiced**

practitioner /prækˈtɪʃnər || prækˈtɪʃnə(r)/ *n* **1** (of an art, skill) profesional *mf* **2** (doctor) médico, -ca *m,f*; **general ~** médico, -ca *m,f* de medicina general; (in relation to patient) médico, -ca *m,f* de cabecera

praesidium /prɪˈsɪdiəm/ *n* ▸**presidium**

praetor, pretor /ˈpriːtər || ˈpriːtə(r), ˈpriːtɔː(r)/ *n* pretor *m*

Praetorian Guard, Pretorian Guard /priːˈtɔːriən/ *n*: **the ~ ~** la guardia pretoriana

pragmatic /prægˈmætɪk/ *adj* **1** ‹*person/attitude/method*› pragmático **2** (Ling) ‹*use/expression*› pragmático

pragmatically /prægˈmætɪkli/ *adv* pragmáticamente, de forma pragmática; **he's the more ~ inclined of the two** es el más pragmático de los dos

pragmatics /prægˈmætɪks/ *n* **1** (Ling) (+ *sing vb*) pragmática *f* **2** (practicalities) (+ *pl vb*): **the ~ of the situation** los aspectos prácticos del asunto

pragmatism /ˈprægmətɪzəm/ *n* [u] pragmatismo *m*

pragmatist /ˈprægmətəst || ˈprægmətɪst/ *n* pragmatista *mf*

Prague /prɑːg/ *n* Praga *f*

prairie /ˈpreri || ˈpreəri/ *n* [c u] pradera *f*, llanura *f*; **the ~(s)** (in US) la Pradera

prairie chicken *n*: *tipo de urogallo de América del Norte*

prairie dog *n* perro *m* de las praderas

prairie oyster *n* **1** (drink) *bebida hecha con huevo crudo y vinagre para aliviar la resaca,* huevo *m* a la ostra (Chi) **2** (testicle) criadilla *f*

praise¹ /preɪz/ *n* [u] **1** (credit, applause) elogios *mpl*, alabanzas *fpl*; **he was full of ~ for her** se deshizo en elogios *or* en alabanzas para con ella; **I've nothing but ~ for him** no tengo más que elogios para él; **she spoke in ~ of her staff** habló elogiando *or* alabando a sus empleados; **her dedication is beyond ~** no hay palabras para elogiar su dedicación; **he was loud in his ~** *o* **~s of their heroism** hizo grandes elogios de su heroísmo; **to give ~ where ~ is due** (set phrase) elogiar a algn como se merece; ***to damn sth with faint ~***: **the reviewers damned the novel with faint ~** la parquedad de los elogios de los críticos fue una crítica indirecta de la novela; ***to sing the ~s of sth/sb*** poner* algo/a algn por las nubes, hacer* elogio de algo/algn **2** (Relig) alabanza *f*; **songs of ~** cánticos *mpl* de alabanza; **let us give ~ unto the Lord** alabemos al Señor; **~ be to God** alabado sea Dios; **~ be!** (*as interj*) ¡alabado sea Dios!

praise² *vt* **1** (compliment) elogiar, hacer* elogio de; **we ~d them for their efforts** los elogiamos por sus esfuerzos **2** (Relig) alabar; **~ the Lord!** (*as interj*) ¡alabado sea Dios!

praiseworthiness /ˈpreɪzˌwɜːrðinəs || ˈpreɪzˌwɜːðinɪs/ *n* [u] mérito *m*, lo loable

praiseworthy /ˈpreɪzˌwɜːrði || ˈpreɪzˌwɜːði/ *adj* ‹*person*› digno de elogio, meritorio; ‹*performance/deed*› digno de elogio, loable, encomiable

praline /ˈpreɪliːn || ˈprɑːliːn/ *n* praliné *m*

pram /præm/ *n* (BrE) cochecito *m*

prance /præns || prɑːns/ *vi* **1** ‹‹*horse*›› brincar*, hacer* cabriolas **2** (pej) ‹‹*person*››: **she ~d into the room wearing her new dress** entró meneándose *or* pavoneándose con el vestido nuevo; **he comes prancing in at any time he chooses** entra como Pedro *or* Perico por su casa cuando se le da la gana (fam)

(Phrasal verb)

• **prance about** **1** [v + adv] brincar* **2** [v + prep + o] brincar* en

prang /præŋ/ *vt* (BrE sl & dated) chocar* (con)

prank /præŋk/ *n* broma *f*; (of mischievous child) travesura *f*, diablura *f*; **to play a ~ on sb** gastarle una broma a algn

prankster /ˈpræŋkstər || ˈpræŋkstə(r)/ *n* bromista *mf*; **who's the ~ who did this?** ¿quién es el bromista *or* (iró) gracioso que hizo esto?

prat /præt/ *n* (BrE sl) imbécil *mf*

prate /preɪt/ *vi* **to ~ (ABOUT sth)** parlotear (SOBRE algo) (fam)

pratfall /ˈprætfɔːl/ *n* (esp AmE sl) **1** (humiliating failure) revés *m*, batacazo *m* (Esp fam) **2** (fall) porrazo *m* (fam), costalada *f* (fam), costalazo *m* (fam)

prattle¹ /ˈprætl/ *vi* ‹‹*adult*›› cotorrear (fam), chacharear (fam); ‹‹*child*›› balbucear; **he ~d on endlessly about his problems** estuvo horas dale que te dale hablando de sus problemas (fam)

prattle² *n* [u] (of adult) cháchara *f* (fam); (of child) balbuceo *m*, parloteo *m* (fam)

prawn /prɔːn/ *n* (large) langostino *m*, camarón *m* (AmL); (medium) camarón *m* (AmL), gamba *f* (esp Esp), langostino *m* (CS); (small) camarón *m*, quisquilla *f* (Esp); (*before n*): **~ cocktail** (BrE) *see* **cocktail 2**

prawn cracker *n* cortezas *fpl* con sabor a gambas

Praxiteles /prækˈsɪtəliːz/ *n* Praxíteles

pray¹ /preɪ/ *vi* rezar*, orar (frml); **let us ~** oremos (frml); **they ~ to many deities** rezan a muchos dioses; **to ~ FOR sb/sth** rezar* *or* rogar* POR algn/algo; **they ~ed for the victims/their souls** rezaron *or* rogaron por las víctimas/sus almas; **let us ~ to God for strength** pidámosle *or* roguémosle a Dios que nos dé fuerzas; **to ~ for rain** rezar* para que llueva; **let's ~ for an easy paper** recemos para que nos toque un examen fácil; ***to be past ~ing for*** no tener* salvación

■ **pray** *vt* **1** (Relig): **she ~ed that God might help them** rogó a Dios que los ayudara; **I ~ (to) God he's all right** Dios quiera que no le haya pasado nada **2** (beg, request) (arch) rogar*, suplicar*

pray² *interj* (arch): **~ be seated** por favor tomen asiento; **and what, ~ (tell), is the point of this?** ¿y qué sentido tiene esto, si se puede saber?

prayer /prer || preə(r)/ *n* **1** [u] (praying) oración *f*; **the power of ~** el poder de la oración; **the king was at ~** el rey estaba orando; (*before n*): **~ book** devocionario *m*; **the P~ Book** *devocionario tradicional de la Iglesia Anglicana*; **~ mat** alfombra *f or* (Col, Méx) tapete *m* de oración; **~ meeting** reunión *f* de oración, reunión *f* para orar **2** [c] (request, petition) oración *f*, plegaria *f*; **my ~s were answered** mis plegarias fueron atendidas *or* escuchadas; **the Lord's P~** el Padrenuestro; **to say one's ~s** rezar*, orar (frml); **to say a ~** rezar* una oración; **a ~ FOR sb/sth** una oración POR algn/algo; ***not to have a ~*** (colloq) no tener* ni la más mínima *or* remota posibilidad **3** (service): **Morning/Evening P~** oficio *m* de maitines/vísperas (*en la Iglesia Anglicana*)

praying mantis /ˌpreɪŋˈmæntəs || ˌpreɪŋˈmæntɪs/ *n* mantis *f* religiosa, mamboretá *m* (CS)

pre- /ˈpriː/ *pref* **1** (in advance): **~planned** planeado de antemano *or* con anticipación; *see also* **precook, prewash** *etc* **2** (before): **we had a ~dinner drink** tomamos una copa antes de cenar, tomamos un aperitivo

preach /priːtʃ/ *vt* **1** (Relig) predicar*; **to ~ the Gospel** predicar* el Evangelio; **to ~ a sermon** dar* un sermón **2** (advocate) ‹*doctrine/ideas*› preconizar*; **he's always ~ing its virtues** siempre está proclamando sus virtudes

■ **preach** *vi* **1** (deliver sermon) predicar*; ***to ~ to the converted*** gastar saliva (*convenciendo a los que ya están convencidos*) **2** (give advice) (pej) **to ~ (TO/AT sb)** dar(le)* un sermón (A algn) (pey), sermonear (a algn) (fam & pey)

preacher /ˈpriːtʃər || ˈpriːtʃə(r)/ *n* **1** (one who preaches) predicador, -dora *m,f* **2** (minister) (AmE) pastor, -tora *m,f* **3** (advocate of sth) preconizador, -dora *m,f*, defensor, -sora *m,f*

preachy /ˈpriːtʃi/ *adj* **-chier, -chiest** (AmE colloq) sermoneador (fam)

preadolescent¹ /ˌpriːədəˈlesnt/ *adj* preadolescente

preadolescent² *n* preadolescente *mf*

preamble /ˈpriːæmbəl/ *n* **1** preámbulo *m* **2** (Law) preámbulo *m*

preamplifier /priːˈæmpləfaɪər || priːˈæmplɪfaɪə(r)/ *n* preamplificador *m*

prearrange /ˌpriːəˈreɪndʒ/ *vt* **1** (arrange in advance) concertar* *or* acordar* de antemano **2** **prearranged** *past p* ‹*meeting*› concertado de antemano; ‹*signal/place/time*› convenido

prebendary /ˈprebənderi || ˈprebəndəri/ *n* (*pl* **-ries**) prebendado *m*

precancerous /priːˈkænsərəs/ *adj* precanceroso

precarious /prɪˈkeriəs || prɪˈkeəriəs/ *adj* ‹*situation/health/existence*› precario; **that vase/climber looks a bit ~ up there** ese florero/escalador no parece muy seguro allá arriba

precariously /prɪˈkeriəsli || prɪˈkeəriəsli/ *adv* peligrosamente, precariamente

precast /priːˈkæst || priːˈkɑːst/ *adj* prefundido

precast concrete *n* [u] prefabricado *m* de hormigón

precaution /prɪ'kɔːʃən/ *n* precaución *f*; **as a ~** por *or* como precaución; **~ AGAINST sb/sth** precaución CONTRA algn/algo; **she took the pills as a ~ against malaria** tomó las tabletas como precaución contra la malaria; **to take ~s** tomar precauciones; **to take the necessary ~s** tomar las precauciones necesarias *or* del caso; **are you taking ~s?** (euph) ¿te estás cuidando? (euf); **to take the ~ OF -ING** tener* la precaución DE + INF; **we took the ~ of bringing food** tuvimos la precaución de traer comida, fuimos previsores *or* precavidos y trajimos comida

precautionary /prɪ'kɔːʃəneri || prɪ'kɔːʃənəri/ *adj* preventivo, de precaución

precede /prɪ'siːd/ *vt* (frml) 1 (in time, space) preceder a, anteceder a; **in the months preceding the invasion** en los meses que precedieron *or* antecedieron a la invasión; **dismissal must be ~d by a warning** el despido debe ir precedido de un aviso; **the King was ~d by his courtiers** el rey iba precedido de sus cortesanos 2 (outrank) tener* prioridad *or* precedencia sobre

■ **precede** *vi* 1 (come before) preceder 2 **preceding** *pres p* ‹*day/year*› anterior; ‹*page/paragraph/chapter*› anterior, precedente

precedence /'presədəns/ *n* [u] precedencia *f*; **a problem which takes ~ over all others** un problema que tiene prioridad *or* precedencia sobre todos los demás; **dukes have ~ over earls** los duques tienen precedencia sobre los condes; **~ will be given to season ticket holders** se dará preferencia *or* precedencia a los abonados; **in order of ~** en orden de precedencia

precedent /'presədənt/ *n* [c u] precedente *m*; **legal ~** precedente legal; **to set a ~ (for sth)** sentar* precedente (para algo); **don't take this as a ~** que no sirva de precedente; **to break with ~** romper* con la tradición; **without ~** sin precedentes; **our legal system relies on ~** nuestro sistema legal se basa en la jurisprudencia

precept /'priːsept/ *n* precepto *m*

prechilled /'priːtʃɪld/ *adj* ‹*ingredient/vessel*› (pre)enfriado, enfriado previamente

precinct /'priːsɪŋkt/ *n*

A 1 (delimited zone): **shopping ~** centro *m* /zona *f* comercial; **pedestrian ~** zona *f* peatonal 2 (AmE) (police district) distrito *m* policial; (police station) comisaría *f* 3 (voting district) (AmE) distrito *m* electoral, circunscripción *f*

B **precincts** *pl* (of city) límites *mpl*; (of cathedral, castle, hospital) recinto *m*, predio(s) *m(pl)* (esp AmL); **within the ~s of the university** dentro del recinto universitario, en el predio *or* los predios de la universidad (esp AmL)

precious[1] /'preʃəs/ *adj*

A 1 (valuable) ‹*jewel/object*› precioso, valiosísimo; **~ metal** metal *m* precioso; **~ stone** piedra *f* preciosa; **capture those ~ moments with your camera** capte esos momentos tan preciados con su cámara fotográfica; **we lost ~ time** perdimos tiempo precioso 2 (dear) querido; **to be ~ TO sb**: **this necklace is very ~ to her** le tiene mucho cariño a este collar; **your friendship is very ~ to me** tengo en gran estima tu amistad, valoro mucho tu amistad 3 (iro): **her ~ son** su queridísimo hijo (iró); **you can keep your ~ ring** guárdate tu maldito anillo

B (affected) ‹*manner/speech/person*› preciosista, afectado

precious[2] *adv* (colloq) (*as intensifier*): **~ few** muy pocos, poquísimos; **she's done ~ little to help** bien poco ha hecho para ayudar

precious[3] *n* (*as form of address*) tesoro; **there, there, (my) ~, don't cry** vamos, no llores, (mi) tesoro

precipice /'presəpəs || 'presɪpɪs/ *n* precipicio *m*; **we are on the edge of a ~: war seems inevitable** estamos al borde del abismo: la guerra parece inevitable

precipitant /prɪ'sɪpətənt || prɪ'sɪpɪtənt/ *n* precipitante *m*

precipitate[1] /prɪ'sɪpəteɪt || prɪ'sɪpɪteɪt/ *vt*

A (bring about, hasten) (frml) ‹*crisis/event/incident*› precipitar; **the events which ~d his downfall** los acontecimientos que precipitaron su caída

B (hurl) (frml) precipitar, despeñar; **to ~ sth INTO sth**: **the events which ~d Europe into war** los hechos que precipitaron el estallido de la guerra en Europa; **I was ~d into making a decision** me empujaron a tomar una decisión precipitada

C 1 (Chem) precipitar 2 (Meteo) condensar

■ **precipitate** *vi* 1 (Chem) precipitarse 2 (Meteo) condensarse

precipitate[2] /prɪ'sɪpətət || prɪ'sɪpɪtət/ *adj* (liter) ‹*exit/departure*› precipitado; **let us not be ~** no nos precipitemos

precipitate[3] /prɪ'sɪpəteɪt || prɪ'sɪpɪteɪt/ *n* [c u] precipitado *m*

precipitately /prɪ'sɪpətətli || prɪ'sɪpɪtətli/ *adv* (liter) precipitadamente

precipitation /prɪˌsɪpə'teɪʃən || prɪˌsɪpɪ'teɪʃən/ *n* [u] 1 (Meteo) precipitaciones *fpl*; **there's very little ~ in the Sahara** las precipitaciones son escasas en el Sahara 2 (Chem) precipitación *f* 3 (haste) (frml) precipitación *f*

precipitous /prɪ'sɪpətəs || prɪ'sɪpɪtəs/ *adj* (frml) 1 ‹*drop/slope*› cortado a pico, escarpado; **a ~ fall in the price of coffee** una caída en picada *or* (Esp) en picado del precio del café 2 ‹*hasty*› precipitado

precipitously /prɪ'sɪpətəsli || prɪ'sɪpɪtəsli/ *adv* (frml) 1 (steeply): **the cliffs rise ~ from the shore** los escarpados acantilados se alzan imponentes desde la orilla; **to drop/increase ~** descender*/aumentar vertiginosamente 2 (hastily) precipitadamente

precis[1], **précis** /preɪ'siː, 'preɪsiː || 'preɪsiː/ *n* (*pl* ~ /-z/) resumen *m*

precis[2], **précis** *vt* resumir, sintetizar*, hacer* un resumen de

precise /prɪ'saɪs/ *adj* 1 (accurate) ‹*calculations/measurements*› exacto; ‹*description/instructions/estimate*› preciso 2 (specific) preciso; **at that ~ moment the phone rang** en ese preciso momento sonó el teléfono; **I have no ~ aim in mind** no me propongo nada específicamente; **you'll have to be more ~** tendrá que ser más preciso; **there were about 60, 59 to be ~** había unos 60, 59 para ser exacto *or* preciso 3 (meticulous) minucioso, meticuloso

precisely /prɪ'saɪsli/ *adv* 1 (accurately) ‹*calculate/measure/describe*› con precisión; **it had been very ~ worked out** se había calculado con toda precisión 2 (exactly): **we have ~ one hour left** tenemos exactamente una hora; **at two o'clock ~** a las dos en punto; **she was chosen ~ because of that** se la eligió a ella precisamente por eso; **but that means starting all over again — precisely!** pero eso significa empezar de nuevo — ¡exacto! *or* ¡justamente! 3 (meticulously) con minuciosidad, con sumo cuidado

precision /prɪ'sɪʒən/ *n* [u] precisión *f*; (*before n*) ‹*instrument/tool*› de precisión; **~ bombing** (Mil) bombardeo *m* de precisión; **~ engineering** ingeniería *f* de precisión; **~ timing** sincronización *f*

preclude /prɪ'kluːd/ *vt* (frml) ‹*possibility*› excluir*, descartar; **your decision ~s further action on our part** su decisión nos impide hacer nada más; **to ~ sb FROM -ING** impedirle* a algn + INF; **that should not ~ him from taking part** eso no debería impedirle tomar parte

precocious /prɪ'kəʊʃəs/ *adj* precoz

precociousness /prɪ'kəʊʃəsnəs || prɪ'kəʊʃəsnɪs/, **precocity** /prɪ'kɑːsəti || prɪ'kɒsəti/ *n* [u] precocidad *f*

precognition /ˌpriːkɑːg'nɪʃən || ˌpriːkɒg'nɪʃən/ *n* [u] (frml) precognición *f* (frml)

pre-Columbian /ˌpriːkə'lʌmbiən/ *adj* precolombino

preconceived /ˌpriːkən'siːvd/ *adj* (*before n*) preconcebido

preconception /ˌpriːkən'sepʃən/ *n* idea *f* preconcebida

precondition /ˌpriːkən'dɪʃən/ *n* condición *f* previa

precook /'priː'kʊk/ *vt* precocinar

precooked /'priː'kʊkt/ *adj* precocinado

precursor /prɪ'kɜːrsər || prɪ'kɜːsə(r)/ *n* (frml) precursor, -sora *m,f*

predate /priː'deɪt/ *vt* (frml) 1 (precede) ser* anterior a 2 ‹*document/letter*› antedatar (frml), poner* una fecha anterior en

predator /'predətər || 'predətə(r)/ *n* (animal) depredador *m*, predador *m*; (person) ave *f*‡ de presa *or* de rapiña

predatory /'predətɔːri || 'predətri/ *adj* ‹*animal*› predador, depredador; ‹*person*› rapaz

predatory pricing *n* [u] fijación *f* de precios *mpl* predatorios

pre-dawn /priː'dɔːn/ *adj* antes del amanecer

predecease /ˌpriːdɪ'siːs/ *vt* (frml) fallecer* antes que

predecessor /'predəsesər || 'priːdɪsesə(r)/ *n* predecesor, -sora *m,f*

predestination /ˌpriːdestə'neɪʃən || ˌpriːdestɪ'neɪʃən/ *n* [u] predestinación *f*

predestine /priː'destən || priː'destɪn/ *vt* predestinar; **to be ~d (to + INF/TO sth)** estar* predestinado (A + INF/A algo)

predetermine /ˌpriːdɪ'tɜːrmən || ˌpriːdɪ'tɜːmɪn/ *vt* 1 (foreordain) predeterminar 2 (arrange in advance) determinar de antemano; **a ~d date/time** una fecha/hora determinada de antemano 3 (work out in advance) prever*

predicament /prɪ'dɪkəmənt/ *n* aprieto *m*, apuro *m*; **to find oneself/be in a ~** verse*/estar* en un aprieto *or* en un apuro

predicate[1] /'predɪkət/ *n* predicado *m*

predicate[2] /'predəkeɪt || 'predɪkeɪt/ *vt* (frml) 1 (base) **to ~ sth ON sth** basar algo EN algo 2 (assert) afirmar; **to ~ sth OF sth/sb** atribuirle* algo A algo/algn

predicative /prɪ'dɪkətɪv/ *adj* predicativo

predicatively /prɪ'dɪkətɪvli/ *adv* predicativamente

predict /prɪ'dɪkt/ *vt* ‹*result*› predecir*, pronosticar*; **who could have ~ed his resignation?** ¿quién podría haber previsto *or* pronosticado su dimisión?, ¿quién habría dicho que dimitiría?; **oil prices are ~ed to fall** se prevé una baja en el precio del petróleo

predictability /prɪˌdɪktə'bɪləti/ *n* [u] previsibilidad, predicibilidad *f*, predictabilidad *f*

predictable /prɪ'dɪktəbəl/ *adj* ‹*result/outcome*› previsible; **I knew you'd say that, you're so ~** sabía que ibas a decir eso, siempre sales con lo mismo; **he got drunk — that was ~** se emborrachó — era de esperar

predictably /prɪ'dɪktəbli/ *adv* ‹*behave/react*› de manera previsible; **he gave a ~ stupid reply** respondió con una tontería, como era de esperar; **~, widely differing opinions were voiced** (*indep*) como era de esperar, se expresaron opiniones muy diversas

prediction /prɪ'dɪkʃən/ *n* 1 [c] (forecast) pronóstico *m*, predicción *f*; (prophecy) profecía *f*; **to make a ~ about sth** predecir* *or* pronosticar* algo 2 [u] (act) predicción *f*

predilection /ˌpredl'ekʃən, ˌpriː- || ˌpriːdɪ'lekʃən/ *n* (frml) predilección *f*, preferencia *f*; **to have a ~ FOR sth/sb/-ING** tener* predilección POR algo/algn/+ INF

predispose /ˌpriːdɪs'pəʊz/ *vt* (frml) predisponer*; **to ~ sb TO sth** predisponer* a algn A algo; **to ~ sb to + INF/-ING** predisponer* a algn A + INF

predisposition /ˌpriːdɪspə'zɪʃən/ *n* **~ TO sth** predisposición *f* *or* propensión *f* A algo

predominance /prɪ'dɑːmənəns || prɪ'dɒmɪnəns/ *n* [u] 1 (in amount, numbers) predominio *m*, preponderancia *f* 2 (in power, influence) primacía *f*, supremacía *f*

predominant /prɪ'dɑːmənənt || prɪ'dɒmɪnənt/ *adj* predominante, preponderante; **with green and brown being the ~ colors** con verde y marrón como colores predominantes

predominantly /prɪ'dɑːmənəntli || prɪ'dɒmɪnəntli/ *adv* predominantemente; **the members of the club are ~ young** los socios del club son predominantemente jóvenes *or* son jóvenes en su mayoría

predominate /prɪ'dɑːməneɪt || prɪ'dɒmɪneɪt/ *vi* 1 (in number, amount) predominar 2 (in influence) **to ~ (OVER sth/sb)** ejercer* primacía *or* supremacía (SOBRE algo/algn)

pre-eclampsia /ˌpriːɪˈklæmpsiə/ *n* [u] preeclampsia *f*

preemie, premie /ˈpriːmi/ *n* (AmE colloq) bebé *m* prematuro

pre-eminence /priːˈemənəns || priːˈemɪnəns/ *n* [u] (frml) preeminencia *f*; **a position of ~** un lugar preeminente *or* destacado

pre-eminent /priːˈemənənt || priːˈemɪnənt/ *adj* (frml) preeminente

pre-eminently /priːˈemənəntli || priːˈemɪnəntli/ *adv* (frml): **a post for which she is ~ suited** un puesto para el cual es idónea por excelencia; **his career as a director and, ~, as an actor** (*indep*) su carrera como director, y especialmente *or* sobre todo, como actor

pre-empt /priːˈempt/ *vt*
A (forestall) ‹*attack/move*› adelantarse a; **she ~ed their criticism by apologizing** evitó las críticas pidiendo excusas de antemano
B (AmE) ‹*land*› *ocupar terrenos del gobierno para conseguir el derecho preferente de compra*
C **1** (take over) apoderarse de **2** (Rad, TV) reemplazar*

pre-emption /priːˈempʃən/ *n* [u] (Law) derecho *m* preferente de compra

pre-emptive /priːˈemptɪv/ *adj* **1** ‹*attack/strike*› preventivo **2** ‹*right*› preferente

preen /priːn/ *vt* ‹*feathers*› arreglar con el pico
■ *v refl*: **to ~ oneself** «*bird*» arreglarse las plumas con el pico; «*person*» acicalarse; **to ~ oneself ON sth/-ING** vanagloriarse *or* pavonearse DE algo/+ INF
■ **preen** *vi* «*bird*» arreglarse las plumas con el pico; «*person*» acicalarse

pre-exist /ˌpriːɪgˈzɪst/ *vi* (frml) **1** preexistir **2** **pre-existing** *pres p* preexistente

pre-existent /ˌpriːɪgˈzɪstənt/ *adj* preexistente, previo

prefab /ˈpriːfæb/ *n* (colloq) vivienda *f* prefabricada

prefabricate /priːˈfæbrɪkeɪt/ *vt* **1** prefabricar* **2** **prefabricated** *past p* ‹*building/panel/unit*› prefabricado

preface[1] /ˈprefəs || ˈprefɪs/ *n* **~ (TO sth)** ‹*to book/speech*› prefacio *m or* prólogo *m* (DE algo); ‹*to event*› prólogo *m* (DE algo)

preface[2] *vt* ‹*book*› prologar*, escribir* el prefacio de; **the coup ~d a bloody civil war** (liter) el golpe de estado fue el prólogo de una sangrienta guerra civil; **she ~d this by saying that ...** a modo de introducción dijo que ..., dijo como preámbulo que ...

prefatory /ˈprefətɔːri || ˈprefətri/ *adj* (frml) (*before n*) preliminar, introductorio

prefect /ˈpriːfekt/ *n*
A (BrE) (Educ) *alumno encargado de la disciplina*, ≈ monitor, -tora *m,f*
B **1** (official) prefecto *m*; **~ of police** prefecto de policía **2** (Hist) prefecto *m*

prefecture /ˈpriːfektʃər || ˈpriːfektjʊə(r)/ *n* prefectura *f*

prefer /prɪˈfɜːr || prɪˈfɜː(r)/ *vt* **-rr-**
A (like better) preferir*; **which do you ~** ¿cuál prefieres?, ¿cuál te gusta más?; **to ~ sth TO sth** preferir* algo A algo; **I ~ cats to dogs** prefiero los gatos a los perros, me gustan más los gatos que los perros; **I ~ reading to watching TV** prefiero leer a ver televisión, me gusta más leer que ver televisión; **I ~ John to Bob** me gusta más John que Bob, me quedo con John antes que con Bob; **to ~ to + INF** preferir* + INF; **I ~ to live alone** prefiero vivir sola; **I'd ~ to stay at home** preferiría quedarme en casa; **to ~ sth/sb to + INF** preferir* QUE algo/algn + SUBJ; **I'd ~ it to rain now rather than during the game** preferiría que lloviese ahora y no durante el partido; **I won't go if you'd ~ me to stay** si prefieres que me quede, no iré; **to ~ THAT** preferir* QUE + SUBJ; **they ~ that it should not be discussed** prefieren que no se toque el tema; **I'd ~ it if you went now** preferiría que te fueras ahora
B (within church) (*often pass*) **to ~ sb TO sth** (appoint) nombrar a algn PARA algo; (promote) ascender* a algn A algo
C (Law): **to ~ charges (against sb)** presentar *or* formular cargos (en contra de algn)

preferable /ˈprefərəbəl/ *adj* preferible; **to be ~ TO sth/-ING** ser* preferible A algo/+ INF

preferably /ˈprefərəbli/ *adv* (*indep*) preferentemente, de preferencia; **do it soon, ~ today** hazlo pronto, preferentemente *or* de preferencia *or* si es posible hoy mismo; **I'd like a size 10, ~ in red** quisiera la talla 10, de ser posible en rojo

preference /ˈprefərəns/ *n*
A [c u] (liking, choice) preferencia *f*; **I've no particular ~** no tengo ninguna preferencia en especial; **~ FOR sth** preferencia POR algo; **my ~ would be for a middle-of-the-road policy** yo preferiría una política intermedia; **in order of ~** en *or* por orden de preferencia; **in ~ to sth/sb**: **I chose cash in ~ to a trip** preferí el dinero antes que un viaje; **I would walk in ~ to waiting for the bus** yo iría a pie antes que esperar el autobús
B [u] **1** (priority) preferencia; **most employers give ~ to people with practical experience** la mayoría de los empleadores dan preferencia a gente con experiencia práctica **2** (Econ, Fin) preferencia *f*; (*before n*): **~ shares** *o* **stock** acciones *fpl* privilegiadas *or* preferentes

preferential /ˌprefəˈrentʃəl || ˌprefəˈrenʃəl/ *adj* (*before n*) **1** ‹*treatment*› preferente, preferencial; **to give ~ treatment to sb/sth** dar* trato preferente *or* preferencial a algn/algo; **~ voting** (Pol) *sistema de votación en que se eligen candidatos en orden de preferencia* **2** ‹*tariff/trade/terms*› (Busn, Econ) preferencial, preferente; ‹*creditor/debt*› (Fin) privilegiado

preferentially /ˌprefəˈrentʃəli || ˌprefəˈrenʃəli/ *adv* de forma preferente *or* preferencial; **he was treated ~** fue objeto de trato preferente *or* preferencial

preferment /prɪˈfɜːrmənt || prɪˈfɜːmənt/ *n* [u c] (frml) promoción *f*, ascenso *m*

preferred /prɪˈfɜːrd || prɪˈfɜːd/ *adj* **1** (favorite) preferido **2** (preferential) ‹*creditor/debt*› privilegiado; **~ stock** acciones *fpl* privilegiadas *or* preferentes

prefigure /priːˈfɪgjər || priːˈfɪgə(r)/ *vt* (frml) **1** (represent) prefigurar **2** (imagine) prefigurarse, imaginar(se)

prefix[1] /ˈpriːfɪks/ *n* prefijo *m*

prefix[2] *vt* **1** (add at start) (frml) **to ~ sth TO sth** anteponer* algo A algo; **to ~ sth WITH sth** encabezar* algo CON algo **2** (Ling) adjuntar (un prefijo)

preggers /ˈpregərz || ˈpregəz/ *adj* (*pred*) (BrE colloq): **to be ~** estar* en estado (euf)

pregnancy /ˈpregnənsi/ *n* [u c] (*pl* **-cies**) (of woman) embarazo *m*, preñez *f* (frml); (of animal) preñez *f*; (*before n*): **~ test** prueba *f* del embarazo

pregnant /ˈpregnənt/ *adj*
A ‹*woman*› embarazada; ‹*cow/mare*› preñada; **she's five months ~** está embarazada de cinco meses; **to get ~ (by sb)** quedar *or* (esp Esp) quedarse embarazada (de algn); **I was ~ with Jane at the time** en esa época yo estaba embarazada de Jane *or* estaba esperando a Jane
B (liter) **1** (meaningful) ‹*pause/silence*› elocuente, cargado *or* (liter) preñado de significado **2** (full) (*pred*) **to be ~ WITH sth** estar* preñado *or* grávido DE algo (liter)

preheat /priːˈhiːt/ *vt* precalentar*

prehensile /priːˈhensəl || priːˈhensaɪl/ *adj* prensil

prehistoric /ˌpriːhɪˈstɔːrɪk || ˌpriːhɪˈstɒrɪk/ *adj* **1** ‹*animal/man*› prehistórico; **in ~ times** en tiempos prehistóricos **2** (out of date) ‹*object/machine/ideas*› antediluviano, prehistórico

prehistory /priːˈhɪstəri/ *n* [u] prehistoria *f*

pre-ignition /ˌpriːɪgˈnɪʃən/ *n* [u] preencendido *m*

pre-industrial /ˌpriːɪnˈdʌstriəl/ *adj* preindustrial

pre-install, pre-instal /ˌpriːɪnˈstɔːl/ *vt* **-ll-** preinstalar

prejudge /priːˈdʒʌdʒ/ *vt* prejuzgar*, emitir un juicio anticipado sobre

prejudice[1] /ˈpredʒədəs || ˈpredʒʊdɪs/ *n*
A [u c] (biased opinion) prejuicio *m*; **her lack of ~** su falta de prejuicios; **color ~** prejuicio(s) racial(es); **~ AGAINST sb/sth** prejuicios *mpl* CONTRA algn/algo
B [u] (injury, harm) (frml) perjuicio *m*; Ⓢ **without ~** sin perjuicio de los derechos de los firmantes (*or* declarantes *etc*); **without ~ to your claim** sin perjuicio de su derecho; **to the ~ of sth/sb** en perjuicio *or* en detrimento de algo/algn

prejudice[2] *vt*
A (influence) predisponer*; **to ~ sth/sb AGAINST/IN FAVOR OF sth/sb** predisponer* algo/a algn EN CONTRA/A FAVOR DE algo/algn
B (harm) ‹*case/claim*› perjudicar*

prejudiced /ˈpredʒədəst || ˈpredʒʊdɪst/ *adj* ‹*person*› lleno de prejuicios, prejuiciado (AmL); **to be ~ AGAINST/IN FAVOR OF sth/sb** estar* predispuesto EN CONTRA DE/A FAVOR DE algo/algn

prejudicial /ˌpredʒəˈdɪʃəl || ˌpredʒʊˈdɪʃəl/ *adj* (frml) (*pred*) **to be ~ TO sth** ser* perjudicial PARA algo; **this could be ~ to our interests** esto podría perjudicar nuestros intereses *or* ser perjudicial para nuestros intereses

prelate /ˈprelət/ *n* prelado *m*

preliminary[1] /prɪˈlɪməneri || prɪˈlɪmɪnəri/ *adj* ‹*investigation/remarks/measures*› preliminar; **the ~ rounds** (Sport) la etapa de clasificación previa, las *or* los preliminares (AmL)

preliminary[2] *n* (*pl* **-ries**) prolegómeno *m*; **let's dispense with the preliminaries and get straight down to business** omitamos los prolegómenos *or* preámbulos y vayamos al grano; **the preliminaries went on far too long** los prolegómenos se alargaron demasiado; **it was the ~ to the rationalization of the industry** fue el preludio de la racionalización de la industria

prelims /prɪˈlɪmz ˈpriːlɪmz/ *pl n* **1** (Publ) introducción *f* **2** (Sport) (early rounds) etapa *f* de clasificación previa, preliminares *mpl or fpl* (AmL) **3** (in UK) *primeros exámenes en algunas universidades inglesas*

preload /priːˈləʊd/ *vt* precargar*

prelude /ˈpreljuːd/ *n* **1** (introduction) **~ (TO sth)** preludio *m* (DE algo) **2** (Mus) preludio *m*

premarital /priːˈmærətl || priːˈmærɪtl/ *adj* prematrimonial; **~ agreement** capitulaciones *fpl* matrimoniales; **~ sex** relaciones *fpl* prematrimoniales

premature /ˌpriːməˈtʊr || ˈprematjʊə(r)/ *adj* ‹*birth/baby/baldness*› prematuro; ‹*senility*› precoz; **their victory celebration was ~** cantaron victoria antes de tiempo

prematurely /ˌpriːməˈtʊrli || ˈprematjʊəli/ *adv* prematuramente, antes de tiempo; **the baby was born ~** el niño fue prematuro

premed[1] /ˈpriːmed/ *n*
A (premedication) medicación *f* previa (*administrada antes de la anestesia general*)
B (Educ) *curso de preparación antes de empezar la carrera de medicina y estudiante que lo realiza*

premed[2] *adj* ‹*student/year*› relativo a ▸**premed**[1] **B**

premedical /ˌpriːˈmedɪkəl/ *adj* (frml) ‹*student/year*› *relativo a*, ▸**premed**[1] **B**

premedication /ˌpriːmedəˈkeɪʃən || ˌpriːmedɪˈkeɪʃən/ *n* (frml) medicación *f* previa (*administrada antes de la anestesia general*)

premeditated /priːˈmedəteɪtəd || priːˈmedɪteɪtɪd/ *adj* premeditado

premeditation /prɪmedəˈteɪʃən || prɪmedɪˈteɪʃən/ *n* [u] premeditación *f*

premenstrual /priːˈmenstruəl/ *adj* premenstrual; **~ syndrome/tension** síndrome *m* /tensión *f* premenstrual

premie /ˈpriːmiː/ *n* ▸**preemie**

premier[1] /prɪˈmɪr || ˈpremiə(r)/ *n* primer ministro, primera ministra *m,f*, premier *mf*

premier[2] *adj* (*before n*) principal; **of ~ importance** de primordial importancia

premiere[1], **première** /prɪˈmɪr || ˈpremɪˌeə(r)/ *n* estreno *m*, première *f* (period); **world/TV ~** estreno mundial/en TV

premiere[2], **première** *vt* ‹*play/film*› estrenar

■ **premiere** *vi* «*play/film*» estrenarse; «*actor*» debutar

Premier League *n* Primera División *f*

premiership /prɪˈmɪrʃɪp || ˈpremɪəʃɪp/ *n*
A **1** (period) mandato *m* (*de primer ministro*) **2** (office) cargo *m* de primer ministro
B (Sport) (in England): **the P~** la Primera División

premise /ˈpreməs || ˈpremɪs/ *n*
A (Phil) premisa *f*
B **premises** *pl* (building, site) local *m*; **they've moved to new ~s** se han mudado a un nuevo local (*or* a nuevas oficinas *etc*); **meals are cooked on the ~** las comidas se preparan en el mismo establecimiento; **to be consumed on/off the ~s** para consumir dentro/fuera del local; **animals may not be kept on these ~s** prohibido tener animales en este edificio; **they were escorted off the ~s** se los hizo salir del local; **licensed ~s** (BrE) *establecimiento autorizado para vender bebidas alcohólicas*

premiss /ˈpreməs || ˈpremɪs/ *n* ► **premise A**

premium[1] /ˈpriːmiəm/ *n* (Fin) **1** (*insurance ~*) prima *f* de seguro **2** (surcharge) recargo *m*; **to put a ~ on sth** hacer* hincapié en algo, darle* mucha importancia a algo; **Victorian furniture sells at a ~ these days** hoy en día los muebles victorianos están muy cotizados; ***to be at a ~*** (in short supply) escasear; (lit: above par) estar* por encima de la par; **when time is at a ~** cuando el tiempo apremia **3** (bonus) prima *f*

premium[2] *adj* (*before n*) de primera, de alta calidad; **~ grade gasoline** (AmE) gasolina *f or* (Andes) bencina *f or* (RPl) nafta *f* súper; **~ price/rate** precio *m* elevado; **~ product** producto *m* de superior calidad

Premium Bond *n* (in UK) *bono del Estado que permite ganar dinero participando en sorteos mensuales*

premolar /priːˈməʊlər || priːˈməʊlə(r)/ *n* premolar *m*

premonition /ˌpriːməˈnɪʃən ˈprem-/ *n* premonición *f*, presentimiento *m*; **she had a ~** tuvo una premonición *or* un presentimiento; **to have a ~ of sth/that ...** tener* el presentimiento de algo/de que ..., presentir* algo/que ...

prenatal /priːˈneɪtl/ *adj* (AmE) prenatal; **~ clinic** *consulta médica para mujeres embarazadas*

pre-nup /ˈpriːnʌp/ *n* (colloq) (Law) acuerdo *m* prematrimonial

prenuptial /priːˈnʌpʃəl/ *adj* ‹*courtship*› prenupcial; **~ agreement** acuerdo *m* prematrimonial

preoccupation /priːˌɑːkjəˈpeɪʃən || ˌpriːɒkjʊˈpeɪʃən/ *n*
A [c u] **1** (concern) preocupación *f*; **my main ~ was not to offend my parents** mi mayor preocupación era no ofender a mis padres; **she is only concerned with her own private ~s** no piensa nada más que en sus propias preocupaciones **2** (obsession) obsesión *f*; **~ WITH sth**: **she was criticized for her ~ with work** la criticaron por pensar demasiado en el trabajo; **his excessive ~ with hygiene** su manía *or* su obsesión con la higiene
B [u] (absorbed state of mind) preocupación *f*

preoccupied /priːˈɑːkjəpaɪd || priːˈɒkjʊpaɪd/ *adj* (absorbed) absorto, ensimismado; (worried) preocupado; **to be ~ WITH sth**: **he's ~ with trying to find a new job** no piensa en otra cosa que encontrar un nuevo trabajo; **I was so ~ with my own thoughts that ...** estaba tan absorto en mis pensamientos que ...

preoccupy /priːˈɑːkjəpaɪ || ˌpriːˈɒkjʊpaɪ/ *vt* **-pies, -pying, -pied** preocupar; **the problem preoccupied him for many weeks** le dio vueltas al problema durante varias semanas

pre-op[1] /ˈpriːɑːp || ˈpriːɒp/ *adj* ► **preoperative**

pre-op[2] *n* (colloq) tranquilizante *m* preoperatorio

preoperative /priːˈɑːpərətɪv || priːˈɒpərətɪv/ *adj* preoperatorio

preordain /ˌpriːɔːrˈdeɪn || ˌpriːɔːˈdeɪn/ *vt* predestinar, preordinar (frml)

preordained /ˌpriːɔːrˈdeɪnd || ˌpriːɔːˈdeɪnd/ *adj* ‹*course*› predestinado; ‹*course of action/outcome*› predeterminado; ‹*response*› predecretado

pre-owned /priːˈəʊnd/ *adj* (AmE) de ocasión *or* segunda mano

prep[1] /prep/ *n*
A [c] **1** (colloq) (in US) ► **preparatory school 1** **2** (student) alumno, -na *m,f* de un ► **preparatory school 1**
B [u] (BrE) **1** (homework) deberes *mpl*, tarea *f* **2** (period) (hora *f* de) estudio *m*

prep[2] **-pp-** *vi* (AmE colloq) **1** (attend prep school) asistir a un ► **preparatory school 1** **2** (prepare) **to ~ (FOR sth)** estudiar (PARA algo)

prepackaged /priːˈpækɪdʒd/ *adj* empaquetado, preempaquetado

prepacked /priːˈpækt/ *adj* ► **prepackaged**

prepaid /priːˈpeɪd/ *adj* ‹*envelope*› con franqueo pagado; ‹*advertisement/insertion*› pagado por adelantado; **~ postage** franqueo *m or* porte *m* pagado

preparation /ˌprepəˈreɪʃən/ *n*
A **1** [u] (act) preparación *f*; **titles in ~** próximos títulos **2** [c] **preparations** *pl* (arrangements) **~ (FOR sth)** preparativos *mpl* (PARA *or* DE algo); **the Christmas ~s** los preparativos para *or* de Navidad; **to make ~s for sth** hacer* preparativos para algo **3** **in preparation for**: **the buildings had been cleaned in ~ for the visit** se habían limpiado los edificios como parte de los preparativos para la visita; **I baked all afternoon in ~ for the party** me pasé toda la tarde haciendo pasteles para la fiesta
B [c u] (substance) preparado *m*

preparatory /prɪˈpærətɔːri || prɪˈpærətri/ *adj* **1** ‹*measures/work*› preparatorio, preliminar **2** **preparatory to** (*as prep*) antes de, como preparación para

preparatory school *n* (frml) **1** (in US) *colegio secundario privado* **2** (in UK) *colegio primario privado*

> **preparatory school**
>
> En EEUU los preparatory schools son colegios secundarios donde se les proporciona a los alumnos un régimen especial de enseñanza preuniversitaria.
>
> En Gran Bretaña, es un colegio privado, también llamado prep school, para alumnos de edades comprendidas entre siete y trece años. Algunos tienen régimen de internado y otros no, pero la mayoría son una mezcla de ambos. Normalmente no es un colegio mixto. Gran parte de los alumnos pasa, a continuación, a un colegio privado ► **public school**.

prepare /prɪˈper || prɪˈpeə(r)/ *vt*
A (make ready) ‹*room/equipment*› preparar; **our teacher is preparing us for the exam** la profesora nos está preparando para el examen; **I've been preparing myself for the interview** me he estado preparando para la entrevista; **~ yourself for a shock!** ¡prepárate!; **I ~d myself mentally** me preparé mentalmente; **to ~ the ground** *o* **the way for sth** preparar el terreno para algo
B (make, put together) ‹*speech/meal*› preparar; ‹*report*› redactar; **I'm preparing a paper for a conference** estoy preparando un trabajo para un congreso; **~d with the finest ingredients** preparado con los mejores ingredientes

■ **prepare** *vi* **to ~ (FOR sth)** prepararse (PARA algo); **I have to ~ for the exam** tengo que prepararme para el examen

prepared /prɪˈperd || prɪˈpeəd/ *adj* **1** (ready in advance) ‹*speech/statement*› preparado; **I wasn't ~ for the news** no estaba preparada para la noticia; **I wasn't ~ for this** no contaba con esto, esto no lo había previsto; **be ~** (scout motto) siempre listos; **be ~ to leave at any moment** estáte preparado para salir en cualquier momento **2** (willing) (*pred*) **to be ~ to + INF** estar* dispuesto A + INF; **I'm not ~ to put up with it** no estoy dispuesta a tolerarlo

preparedness /prɪˈperədnəs || prɪˈpeədnɪs/ *n* [u] preparación *f*

prepay /ˈpriːpeɪ/ *vt* (*past & past p* **prepaid**) pagar* por adelantado

prepayment /priːˈpeɪmənt/ *n* [u c] pago *m* anticipado *or* por adelantado

pre-planned /priːˈplænd/ *adj* ‹*route*› planeado con antelación; ‹*raid/schedule*› pensado con antelación

preponderance /prɪˈpɑːndərəns || prɪˈpɒndərəns/ *n* [u] (frml) preponderancia *f*, predominio *m*

preponderantly /prɪˈpɑːndərəntli || prɪˈpɒndərəntli/ *adv* (frml) preponderantemente, predominantemente

preponderate /prɪˈpɑːndəreɪt || prɪˈpɒndəreɪt/ *vi* (frml) preponderar, predominar

preposition /ˌprepəˈzɪʃən/ *n* preposición *f*

prepositional /ˌprepəˈzɪʃnəl || ˌprepəˈzɪʃənəl/ *adj* preposicional, prepositivo

prepossessing /ˌpriːpəˈzesɪŋ/ *adj* (frml) (*usu neg*) atractivo, agradable

preposterous /prɪˈpɑːstərəs || prɪˈpɒstərəs/ *adj* absurdo, ridículo; **don't be ~!** ¡no digas ridiculeces!; **what a ~ idea!** ¡qué ridiculez!

preposterously /prɪˈpɑːstərəsli || prɪˈpɒstərəsli/ *adv* **1** (outrageously) ‹*cheap/expensive*› escandalosamente; **it's decorated in a ~ ornate manner** está extravagantemente decorado **2** (irrationally) absurdamente; **she gets up ~ early** se levanta a una hora absurda

preppy[1], **preppie** /ˈprepi/ *adj* (AmE) de niño bien, pijo (Esp fam), popis *adj inv* (Méx fam), pituco (CS fam), de pije (Chi fam)

preppy[2], **preppie** *n* (*pl* **-pies**) (AmE) niño, -ña *m,f* bien, pijo, -ja *m,f* (Esp fam), popis *mf* (Méx fam), pituco, -ca *m,f* (CS fam), pije *mf* (Chi fam)

preprandial /priːˈprændiəl/ *adj* (liter) de antes de la comida; **a ~ drink** un aperitivo

preprocess /priːˈprɑːses, priːˈprəʊ- || priːˈprəʊses/ *vt* preprocesar

pre-production /ˌpriːprəˈdʌksən/ *n* [u] preproducción *f*; (*before n*) ‹*script*› de preproducción

preprogram, (BrE also) **preprogramme** /priːˈprəʊgræm/ *vt* preprogramar

preprogrammed, (AmE) *also* **preprogramed** /priːˈprəʊgræmd/ *adj* preprogramado

prep school *n* **1** (in US) ► **preparatory school 1** **2** (in UK) ► **preparatory school 2**

prepubescent /ˌpriːpjuːˈbesnt/ *adj* prepubescente

prepuce /ˈpriːpjuːs/ *n* prepucio *m*

Pre-Raphaelite[1] /priːˈræfəlaɪt/ *n* prerrafaelista *mf*, prerrafaelita *mf*; **the ~s** los prerrafaelistas, los prerrafaelitas

Pre-Raphaelite[2] *adj* prerrafaelita, prerrafaelista

prerecord /ˌpriːrɪˈkɔːrd || ˌpriːrɪˈkɔːd/ *vt* grabar con anterioridad, pregrabar

pre-recorded /ˌpriːrɪˈkɔːrdəd || ˌpriːrɪˈkɔːdɪd/ *adj* pregrabado

pre-release /ˌpriːrɪˈliːs/ *adj* (*before n*) **1** (before official release) ‹*version/software*› pre-release (*anterior a su distribución comercial*) **2** ‹*prisoner/detainee*› en periodo de pre-liberación

prerequisite[1] /priːˈrekwəzət || priːˈrekwɪzɪt/ *n* requisito *m* esencial, condición *f* sine qua non; **dedication is a ~ for success** la dedicación es una condición sine qua non para triunfar

prerequisite[2] *adj* (frml) ‹*condition*› sine qua non; **she lacks the ~ qualifications** no reúne los requisitos esenciales

prerogative /prɪˈrɑːgətɪv || prɪˈrɒgətɪv/ *n* **1** (right) prerrogativa *f*; **~ of mercy** derecho *m* de gracia; **I've changed my mind — that's your ~** he cambiado de opinión — estás en todo tu derecho **2** (exclusive property) patrimonio *m* exclusivo

Pres (title) = **President**

presage[1] /ˈpresɪdʒ/ *vt* (liter) presagiar

■ **presage** *vi*: **to ~ well/ill (for sth)** ser* un buen/mal presagio (para algo)

presage[2] *n* (liter) **1** (sign) presagio *m* **2** (feeling) presentimiento *m*, premonición *f*, presagio *m*

Presbyterian[1] /ˌprezbəˈtɪriən || ˌprezbɪˈtɪəriən/ *n* presbiteriano, -na *m,f*

P

ℹ Present/Perfect/Past in Spanish

The present perfect tense in Spanish (*pretérito perfecto*) is much more common in Spain than in Latin America, where the simple past tense (*pretérito*) is used instead:

has Sally arrived?
= ¿ha llegado Sally? (*in Spain*)
or ¿llegó Sally? (*in Latin America*)

he has died
= se ha muerto (*in Spain*)
or se murió (*in Latin America*)

This avoidance of the present perfect is very comprehensive in certain regions, such as the River Plate area, where *we haven't eaten yet* would be translated by *todavía no comimos* instead of *todavía no hemos comido*. Other regions use a mixture of both tenses in varying degrees

Note however that Peninsular Spanish may sometimes use the present perfect when English uses the simple past:

this morning I got up late and...
= esta mañana me he levantado tarde y...

after that I studied at Salamanca University
= después he estudiado en la universidad de Salamanca

In both of these cases Latin American Spanish would always use the simple past tense:

this morning I got up late and...
= esta mañana me levanté tarde y...

after that I studied at Salamanca University
= después estudié en la universidad de Salamanca

Presbyterian² *adj* presbiteriano

presbytery /ˈprezbəteri || ˈprezbɪtri/ *n* **1** (part of church) presbiterio *m* **2** (in Roman Catholic church) casa *f* parroquial **3** (in Presbyterian church) presbiterio *m*

preschool¹ /ˈpriːskuːl/ *adj* (*before n*) ‹*child*› de edad preescolar; ‹*education*› preescolar

preschool² *n* [c u] (AmE) jardín *m* de infancia, jardín *m* de niños (Méx), jardín *m* de infantes (RPl), jardín *m* infantil (Chi), kindergarten *m* (AmL)

prescience /ˈpreʃiəns, ˈpres- || ˈpresiəns/ *n* [u] (frml) presciencia *f* (frml)

prescient /ˈpreʃiənt, ˈpres- || ˈpresiənt/ *adj* (frml) profético, clarividente

prescribe /prɪˈskraɪb/ *vt* **1** ‹*drug/glasses*› recetar; ‹*rest*› recomendar*; **she ~d antibiotics for his ear infection** le recetó antibióticos para la infección en el oído; **the ~d dose** la dosis prescrita *or* recomendada **2** (order, require) (frml) prescribir* (frml); **~d reading** libros *mpl* de lectura obligatoria

■ **prescribe** *vi* recetar

prescription /prɪˈskrɪpʃən/ *n* **1** (for drug) receta *f*; (for glasses) receta *f*, fórmula *f*; **to make out a ~** extender* una receta; **to fill** *o* (BrE) **make up a ~** preparar una receta; **available on ~ only** en venta solamente bajo receta; (*before n*) ‹*glasses*› de fórmula, graduado; **~ charge** (in UK) *contribución del paciente al costo de las medicinas recetadas* **2** (recipe) (arch) receta *f*

prescription-only /prɪˌskrɪpʃənˈəʊnli/ *adj* (*before n*) de venta sólo con receta médica, de venta exclusivamente bajo receta médica (AmL)

prescriptive /prɪˈskrɪptɪv/ *adj* preceptivo; **~ grammar** gramática *f* normativa

presealed /priːˈsiːld/ *adj* presellado

preseason¹ /ˈpriːsiːzn/ *adj* de pretemporada

preseason² *n* (*no pl*) pretemporada *f*

preselect /ˌpriːsəˈlekt/ *vt* preseleccionar, programar

preselection /ˌpriːsəˈlekʃən/ *n* **1** (Pol) selección *f* previa, preselección *f* **2** (Tech) preselección *f*

presence /ˈprezns/ *n* **1** [u] (being present) presencia *f*; **in the ~ of sb** en presencia de algn; **I felt nervous in his ~** su presencia me ponía nerviosa; **don't mention it in his ~** no lo menciones delante de él *or* cuando esté él; **to make one's ~ felt** hacerse* sentir *or* notar **2** [u] (representation) presencia *f*; **their military ~ in the region** su presencia militar en la zona **3** [c] (spirit) espíritu *m* **4** [u] (charisma) presencia *f*

presence of mind *n* [u] presencia *f* de ánimo, aplomo *m*

present¹ /prɪˈzent/ *vt*

A **1** (give, hand over) **to ~ sth TO sb** entregarle* algo A algn, hacerle* entrega DE algo A algn (frml); **her daughter will ~ the bouquet to her** su hija le entregará el ramo de flores *or* (frml) le hará entrega del ramo de flores; **please ~ my respects to ...** (frml) por favor presente mis respetos a ... (frml); **to ~ sb WITH sth** obsequiar a algn CON algo (frml), obsequiarle algo A algn (esp AmL frml); **she was ~ed with a silver tray** la obsequiaron con una bandeja de plata (frml), le obsequiaron una bandeja de plata (AmL frml); **she ~ed him with a daughter** (dated) le dio una hija **2** (confront) **to ~ sb WITH sth**: **I was ~ed with a bill for £500** me pasaron una cuenta por *or* de 500 libras; **we were ~ed with a very difficult situation** nos vimos frente a una situación muy difícil; **it ~s me with a whole host of problems** esto me plantea toda una serie de problemas

B (proffer) ‹*ticket/passport/account/motion/bill*› presentar; ‹*argument/ideas*› presentar, exponer*; **the way it's ~ed is very important** la presentación es muy importante; **to ~ a petition to the authorities** presentar *or* (frml) elevar una petición a las autoridades; **to ~ a check for payment** presentar un cheque para el cobro

C **1** (constitute) ser*, constituir*; **they ~ed an easy target** eran un blanco fácil; **it may ~ an obstacle to future development** puede significar *or* constituir un obstáculo para el desarrollo futuro **2** (provide) ‹*view/perspective*› presentar, ofrecer*

D **1** (Cin, Theat) presentar **2** (Rad, TV) ‹*show*› presentar

E (introduce) (frml) presentar; **may I ~ my husband?** permítame presentarle a mi marido; **to be ~ed at court** ser* presentado en la corte; **to ~ sb TO sb** presentarle algn A algn; **I ~ed him to my parents** se lo presenté a mis padres

F (Mil): **~ arms!** ¡presenten armas!

■ *v refl* **1** (arise) «*problem/opportunity*» presentarse, surgir* **2** (appear) (frml) «*person*» presentarse; **to ~ oneself for interview/examination** presentarse a una entrevista/un examen; **to ~ oneself as a candidate** presentarse como candidato **3** (display, show) presentarse; **this is how the situation ~s itself to me** así es como yo veo la situación

■ **present** *vi* (Med) «*patient/disease*» presentarse; **the patient ~ed with symptoms of ...** el paciente se presentó con síntomas de ...; **the baby ~ed in the breech position** el niño venía de nalgas

present² /ˈpreznt/ *adj*

A (at scene) (*pred*): **to be ~** estar* presente; **she was ~ at the ceremony** estuvo presente en la ceremonia, asistió a la ceremonia; **all those ~** todos los presentes; **how many were ~?** ¿cuántas personas había?; **he was ~ at the scene of the accident** presenció el accidente; **you are ever ~ in my thoughts** te tengo siempre presente; **a protein ~ in blood** una proteína que se encuentra en la sangre; **all ~ and accounted for** *o* (BrE) **correct** (set phrase) todos presentes, somos todos los que estamos y estamos todos los que somos (hum)

B (*before n*) **1** (current) ‹*situation/salary/address*› actual; **at the ~ time** *o* **moment** en este momento; **in the ~ case** en este caso, en el caso que nos ocupa; **the ~ writer** (frml) quien esto escribe **2** ▸ℹ **p.1550** (Ling): **the ~ tense** el presente; **~ continuous** presente *m* continuo; **the ~ indicative** el presente de indicativo; **~ perfect** pretérito *m* perfecto; **~ simple** presente *m* simple; **the ~ subjunctive** el presente del subjuntivo; **the ~ participle** el participio activo *or* (de) presente

present³ /ˈpreznt/ *n*

A [u] **1** (current time): **the ~** el presente; **at ~** en este momento, actualmente; **for the ~** por ahora, por el momento; **to live for the ~** vivir el momento; **there's no time like the ~** (set phrase) no dejes para mañana lo que puedas hacer hoy **2** ▸ℹ **p.1550** (Ling): **the ~** el presente

B [c] (gift) regalo *m*, obsequio *m* (frml), presente *m* (frml); **it's (for) a ~** es (para) un regalo; **I got it as a ~** me lo regalaron; **to give sb a ~** regalarle algo a algn, hacerle* un regalo a algn

C **presents** *pl* (Law) (arch): **the parties ~s** las partes contratantes

presentable /prɪˈzentəbəl/ *adj* presentable; **I'd better make myself ~ before they arrive** más vale que me arregle un poco antes de que lleguen; **he's hardly ~ in polite society** es impresentable

presentably /prɪˈzentəbli/ *adv*: **you are ~ dressed** estás (vestido de manera) presentable

presentation /ˌpriːzenˈteɪʃən, ˈprez- || ˌprezənˈteɪʃən/ *n*

A **1** [u c] (of gift, prize) entrega *f*; **everyone is invited to the ~** todos están invitados a la (ceremonia de) entrega de premios (*or* medallas *etc*) **2** [c] (gift) (frml) obsequio *m* (frml), presente *m* (frml)

B **1** [u] (of document, bill, proposal) presentación *f*; **on ~ of this voucher** presentando *or* al presentar este vale **2** [c] (display) (Busn) presentación *f*, demostración *f* **3** [c] (show, production) producción *f*

C [u] (manner of presenting) presentación *f*; **~ is very important** la presentación es muy importante; (*before n*): **~ skills** dotes *mpl* de exposición

D [u c] (of baby) (Med) presentación *f*

present-day /ˌprezntˈdeɪ/ *adj* (*before n*) actual, de hoy (en) día

presenteeism /ˌprezənˈtiːɪzəm/ *n* [u] (Lab Rel) *situación en la cual un empleado, por temor a perder el trabajo, permanece trabajando fuera de horas normales o cuando está enfermo*

presenter /prɪˈzentər || prɪˈzentə(r)/ *n* (BrE) presentador, -dora *m,f*

presentiment /prɪˈzentəmənt || prɪˈzentɪmənt/ *n* (liter) presentimiento *m*, premonición *f*

presently /ˈpreznt li/ *adv* **1** (now) en este momento, actualmente; **we are ~ discussing the matter** en este momento *or* actualmente estamos discutiendo el problema **2** (soon): **I'll be with you ~** enseguida *or* en un momento estoy contigo; **~, he started to come round** pronto empezó a recobrar el conocimiento

preservation /ˌprezərˈveɪʃən || ˌprezəˈveɪʃən/ *n* [u] (of food) conservación *f*, (of specimens, bodies) conservación *f*, preservación *f*, (of leather, wood) conservación *f*, (of building, furniture) conservación *f*; **the violin is in a good state of ~** el violín está en buen estado de conservación; (*before n*): **~ order** (in UK) (on building) orden *f* de conservación; (on trees, natural habitat) orden *f* de preservación

preservationist /ˌprezərˈveɪʃənəst || ˌprezəˈveɪʃənɪst/ *n* conservacionista *mf*

preservative /prɪˈzɜːrvətɪv || prɪˈzɜːvətɪv/ *n* [u c] conservante *m*

preserve¹ /prɪˈzɜːrv || prɪˈzɜːv/ *vt*

A **1** (keep from decay) ‹*food*› conservar; ‹*specimen/organ/body*› conservar, preservar; ‹*leather/wood*› conservar **2** (Culin) ‹*fruit/vegetables*› hacer* conserva de, poner* en conserva **3** (maintain, keep) ‹*building/writings/traditions*› conservar; ‹*dignity/credibility*› conservar, mantener*

B **1** (save, protect) (liter) proteger*; **heaven ~ us!**

¡Dios nos ampare!; **to ~ sb FROM sth** proteger* a algn DE algo **2** (Sport) ‹*game/fish*› proteger*

preserve² *n*

A [c] **1** (exclusive privilege, sphere): **this is the ~ of experts** esto es del dominio exclusivo de los expertos; **that profession is a male ~** esa profesión es terreno *or* coto exclusivamente masculino, esa profesión es terreno vedado a las mujeres **2** (restricted area): **game ~** coto *m or* vedado *m* de caza; **wildlife ~** (AmE) reserva *f* de animales

B (Culin) **1** [u c] (jam, jelly) confitura *f*, mermelada *f* **2** [u c] (fruit in syrup) (BrE) conserva *f*

preset /ˈpriːset/ *vt* preprogramar, programar (con anterioridad)

preshrink /priːˈʃrɪŋk/ (*past* **preshrank** *or* **preshrunk**; *past p* **preshrunk** *or* **preshrunken**) *vt* preencoger*

preshrunk /priːˈʃrʌŋk/ *adj* preencogido

preside /prɪˈzaɪd/ *vi* presidir; **Mr Lane ~d** el señor Lane presidió la reunión (*or* sesión *etc*); **mother always ~d at the tea table** (frml) mamá siempre ocupaba la cabecera de la mesa a la hora del té; **to ~ OVER sth: he ~d over the meeting with tact** presidió la reunión con tacto; **his Government ~d over one of the worst economic crises this century** su gobierno fue responsable de una de las peores crisis económicas de este siglo

presidency /ˈprezədənsi || ˈprezɪdənsi/ *n* **1** (office) presidencia *f* **2** (period) presidencia *f*, mandato *m* (presidencial)

president /ˈprezədənt || ˈprezɪdənt/ ▸❶ **p.1213** ▸**President's Day** *n* **1** (of state) presidente, -ta *m,f*; **P~ of the European Commission** Presidente *mf* de la Comisión Europea **2** (of society) presidente, -ta *m,f* **3** (of bank, corporation) (esp AmE) director, -tora *m,f*, presidente, -ta *m,f* **4** (of university) (AmE) rector, -tora *m,f*

> **President**
>
> En Estados Unidos el Presidente puede gobernar un máximo de dos legislaturas (*terms*) de cuatro años cada una. Es el jefe del Estado, es responsable de la política exterior y es comandante en jefe de las fuerzas armadas.

presidential /ˌprezəˈdentʃəl || ˌprezɪˈdenʃəl/ *adj* (*before n*) presidencial

> **President's Day**
>
> Un día festivo en EEUU. Es el tercer lunes de febrero, cuando se celebra el cumpleaños de los famosos presidentes George Washington y Abraham Lincoln.

presiding officer /prɪˈzaɪdɪŋ/ *n* presidente, -ta *m,f* de la mesa electoral

presidium, praesidium /prɪˈsɪdiəm/ *n* (*pl* **-iums** *or* **-ia** /-iə/) presidium *m*

press¹ /pres/ *n*

A [u] **1** (newspapers, journalists) prensa *f*; **the ~** la prensa; **the freedom of the ~** la libertad de prensa; **the daily/specialist ~** la prensa diaria/especializada; **she agreed to meet the ~** aceptó recibir a la prensa *or* a los periodistas; (*before n*) ‹*box/gallery*› de (la) prensa; **~ agency** (BrE) agencia *f* de prensa; **~ agent** encargado, -da *m,f* de prensa; **~ briefing** rueda *f or* conferencia *f* de prensa; **~ card** pase *m* de periodista; **~ clipping** *o* (BrE) **cutting** recorte *m* de prensa; **~ corps** prensa *f* acreditada; **~ coverage** cobertura *f* periodística; **~ office** oficina *f* de prensa; **~ officer** agente *mf* de prensa; **~ pass** pase *m* de prensa; **~ photographer** reportero gráfico, reportera gráfica *m,f*; **~ release** comunicado *m* de prensa; **~ report** informe *m* de prensa; **~ room** (for printing) sala *f* de impresión; (for journalists) sala *f* de prensa; **~ run** (AmE) tirada *f*; **~ secretary** secretario, -ria *m,f* de prensa **2** (treatment by newspapers): **to get a good/bad ~** tener* buena/mala prensa, tener* buena/mala acogida por parte de la prensa

B [c] (*printing ~*) **1** prensa *f*, imprenta *f*; **to go to ~** entrar en prensa; **at the time of going to ~** al cierre de la edición; **hot off the ~(es)** recién salido de la imprenta **2** (publishing house) editorial *f*

C [c] **1** (for pressing — grapes, flowers, machine parts) prensa *f*; (— trousers) prensa *f* plancha-pantalones **2** (for racket) tensor *m*

D **1** (on button): **at the ~ of a button** apretando un botón **2** (with iron): **to give sth a ~** (esp BrE) planchar algo, pasarle la plancha a algo

E [u] (crush) agolpamiento *m*

F [c] (large cupboard) armario *m*, ropero *m*

press² *vt*

A (push) ‹*button/doorbell*› apretar*, pulsar; ‹*pedal/footbrake*› pisar; **to ~ the trigger** apretar* el gatillo; **the children ~ed their noses against the window** los niños tenían la nariz apretada contra la ventana; **we were ~ed up against the wall by the crowd** el gentío nos apretujó contra la pared

B **1** (squeeze) apretar*; **she ~ed my hand/arm** me apretó la mano/el brazo; **she ~ed the child to her** estrechó al niño contra su pecho **2** (in press) ‹*grapes/olives/flowers*› prensar **3** ‹*disk/album*› imprimir* **4** ‹*clothes*› planchar

C **1** (put pressure on): **I must ~ you on this point** debo insistirle sobre este punto; **when ~ed, she admitted it** cuando la presionaron, lo admitió; **they're being ~ed by creditors** los están acosando los acreedores; **if ~ed, I'd opt for the second plan** si tuviera que escoger, me inclinaría por el segundo plan; **to ~ sb FOR sth/to + INF: I ~ed him for an answer** insistí en que me diera una respuesta, exigí que me diera una respuesta; **they ~ed him to change his policy** ejercieron presión sobre él para que cambiara de política; **he ~ed us to stay for dinner** insistió en que nos quedáramos a cenar **2** (pursue): **she ~ed her case vigorously** insistió con vehemencia en sus argumentos; **they went on strike to ~ their demands** fueron a la huelga en apoyo de sus reivindicaciones; **to ~ charges against sb** presentar *or* formular cargos en contra de algn; **I didn't ~ the point** no insistí más

■ **press** *vi*

A **1** (exert pressure): **~ once for service** llame una vez para que lo atiendan; **position tile and ~ firmly** coloque el azulejo y presione *or* apriete con fuerza; **to ~ (down) ON sth** apretar* algo, hacer* presión SOBRE algo **2** (crowd, push) ‹‹*people*›› apretujarse, apiñarse; **he ~ed through the crowd** se abrió paso entre la multitud **3** (iron): **this suit ~es easily** este traje es fácil de planchar

B (urge, pressurize) presionar; **he kept ~ing until I agreed** siguió presionando *or* insistiendo hasta que accedí; **to ~ FOR sth: they've been ~ing for an inquiry** han estado presionando para que se haga una investigación; **time ~es** *o* **is ~ing** el tiempo apremia; **the problem is beginning to ~** el problema empieza a ser acuciante

Phrasal verbs

- **press ahead** [v + adv] **to ~ ahead (WITH sth)** seguir* adelante (CON algo)
- **press forward** [v + adv] **1** (move forward) ‹‹*crowd/person*›› avanzar* empujando hacia adelante **2** (continue): **to ~ forward WITH sth** seguir* adelante CON algo
- **press home** [v + o + adv, v + adv + o] ‹*advantage*› aprovechar
- **press on** [v + adv] **to ~ on (WITH sth)** seguir* adelante (CON algo)

press conference *n* rueda *f or* conferencia *f* de prensa

pressed /prest/ *adj* **1** (under pressure) (*pred*): **to be ~ for time/money** estar* *or* andar* escaso de tiempo/dinero; **we'll be hard ~ to replace him** nos va a resultar difícil *or* nos va a costar mucho reemplazarlo **2** (Culin) ‹*ham/chicken*› prensado

press-gang /ˈpresgæŋ/ *vt* **to ~ sb INTO sth/-ING** obligar* *or* forzar* a algn A algo/+ INF

press gang *n* (Hist) leva *f*, destacamento *m* de enganche

pressie /ˈprezi/ *n* (Bre colloq) ▸**present³ B**

pressing¹ /ˈpresɪŋ/ *adj* **1** ‹*engagements/concerns*› urgente; ‹*need/desire*› apremiante **2** ‹*request/invitation*› insistente

pressing² *n*

A (with iron) planchado *m*, planchada *f* (esp AmL)

B (batch of records) prensado *m*

pressman /ˈpresmæn || ˈpresmən/ *n* (*pl* **-men** /-men/) **1** (journalist) periodista *m* **2** (printing press operator) (AmE) tipógrafo *m*

press stud *n* (BrE) broche *m or* botón *m* de presión (AmL), (cierre *m*) automático *m* (Esp)

press-up /ˈpresʌp/ *n* (BrE) flexión *f* (de brazos *or* de pecho), fondo *m*, lagartija *f* (Méx)

pressure¹ /ˈpreʃər || ˈpreʃə(r)/ *n*

A [u c] **1** (Phys) presión *f*; **atmospheric ~** presión *f* atmosférica; **high/low ~** (Meteo) altas/bajas presiones; (*before n*): **~ gauge** manómetro *m* **2** (press, touch) presión *f*; **to put ~ on sth** hacer* presión sobre algo

B [u] (influence, force) presión *f*; **to work under ~** trabajar bajo presión; **they are under ~ to accept the offer** los están presionando para que acepten la oferta; **the government is under ~ from the unions** los sindicatos están presionando al gobierno; **he confessed under ~ from the police** confesó presionado por la policía; **to bring ~ to bear on sb** ejercer* presión sobre algn; **they are bringing ~ to bear on the government to reform the law** están ejerciendo presión sobre el gobierno para que reforme la ley; **to put ~ on sb** presionar a algn; **they are putting ~ on the workers to accept the offer** están presionando a los obreros para que acepten la oferta; **to put/pile on the ~** (colloq) apretar* los tornillos (fam)

C [u c] (demands, stress): **~ of work prevents me from coming** no puedo asistir por razones de trabajo; **the ~s of city life** las presiones *or* las tensiones a las que somete la vida urbana; **I've been under a lot of ~ recently** últimamente he estado muy agobiado; **the new road has taken the ~ off the town center** la nueva carretera ha descongestionado el centro de la ciudad

pressure² *vt* presionar; **to ~ sb to + INF** presionar a algn PARA QUE + SUBJ; **Congress is pressuring him to accept a compromise** el congreso lo está presionando para que transija; **to ~ sb INTO -ING: he was ~d into withdrawing from the competition** lo presionaron hasta que se retiró del concurso

pressure cabin *n* cabina *f* presurizada

pressure chamber *n* cámara *f* de presión

pressure-cook /ˈpreʃərkʊk || ˈpreʃəkʊk/ *vt* cocinar en olla a presión *or* (Esp tb) olla exprés *or* (Méx) olla presto

pressure cooker *n* olla *f* a presión *or* (Esp tb) olla *f* exprés *or* (Méx) olla *f* presto

pressure group *n* grupo *m* de presión

pressure hull *n* casco *m* presurizado

pressure pad *n* almohadilla *f* de presión

pressure pan *n* (AmE) ▸**pressure cooker**

pressure point *n* **1** (of vein, artery) punto *m* de presión **2** (of body) punto *m* doloroso **3** (of disturbances) foco *m* central

pressure sore *n* úlcera *f* por *or* de presión, llaga *f* de presión

pressure suit *n* traje *m* presurizado

pressure-test /ˈpreʃərtest || ˈpreʃətest/ *vt* probar* con presión

pressure test *n* prueba *m* por presión

pressure vessel *n* **1** (of boiler) recipiente *m* a presión **2** (in nuclear reactor) vasija *f* del reactor

pressurization /ˌpreʃərəˈzeɪʃən || ˌpreʃəraɪˈzeɪʃən/ *n* [u] (Aerosp, Aviat) presurización *f*

pressurize /ˈpreʃəraɪz/ *vt* **1** (Aerosp, Aviat) presurizar* **2** (urge) (BrE) ▸**pressure²**

pressurized /ˈpreʃəraɪzd/ *adj* ‹*air/fluid/gas*› presurizado; ‹*person*› presionado; ‹*job*› que se realiza bajo presión; ‹*situation*› de presión

pressurized water reactor /ˈpreʃəraɪzd/ *n* reactor *m* de agua a presión

prestige /preˈstiːʒ/ *n* [u] prestigio *m*

prestigious /preˈstɪdʒəs/ *adj* prestigioso

presto /ˈprestəʊ/ *see* **hey presto**

prestressed /ˈpriːstrest/ *adj* ‹*concrete*› pretensado

presumably /prɪˈzuːməbli || prɪˈzjuːməbli/ *adv* (*indep*): **you've taken the necessary steps, ~**

supongo *or* me imagino que habrás tomado las medidas pertinentes; **so we'll have the results tomorrow — presumably** entonces recibiremos los resultados mañana — me imagino *or* supongo *or* es de suponer (que sí)

presume /prɪ'zu:m || prɪ'zju:m/ *vt* 1 (assume) suponer*; **I ~ you know why I'm asking** supongo *or* me imagino que sabe por qué lo pregunto; **I ~ so** supongo *or* me imagino que sí; **missing, ~d dead** desaparecido, dado por muerto; **a defendant is ~d innocent until proved guilty** un acusado es inocente hasta que se demuestre lo contrario; **Mr Vidal, I ~?** usted debe (de) ser el señor Vidal, el señor Vidal ¿o me equivoco? 2 (dare) **to ~ to + INF** atreverse A + INF; **I would never ~ to question your authority** jamás me atrevería a poner en duda su autoridad

■ **presume** *vi*: **I have already ~d on/upon your generosity quite enough** ya he abusado bastante de su generosidad; **if I may ~, I believe that …** si me lo permite, creo que …

presumption /prɪ'zʌmpʃən/ *n* 1 [u] (boldness) atrevimiento *m*, osadía *f*, audacia *f*; **it was pure ~ on his part** fue un atrevimiento *or* una osadía de su parte; **the ~ of the man!** ¡qué atrevimiento!, ¡qué tupé! (fam) 2 [c u] (assumption) suposición *f*, presunción *f*; **the ~ is that one of them was a spy** se supone que uno de ellos era espía; **~ of innocence** (Law) presunción *f* de inocencia

presumptive /prɪ'zʌmptɪv/ *adj* 1 (expected) ‹*nominee/successor*› presunto; **heir ~** presunto heredero, presunta heredera *m,f* 2 (Law): **~ evidence** pruebas *fpl* basadas en presunciones

presumptuous /prɪ'zʌmptʃəs || prɪ'zʌmptʃʊəs/ *adj* impertinente; **I don't mean to be ~, but …** no quiero ser impertinente pero …; **it would be ~ of me to suggest anything** sería una impertinencia de mi parte hacer ninguna sugerencia

presumptuously /prɪ'zʌmptʃəsli || prɪ'zʌmptʃʊəsli/ *adv* con atreviminiento, atrevidamente, con osadía, osadamente

presumptuousness /prɪ'zʌmptʃəsnəs || prɪ'zʌmptʃʊəsnɪs/ *n* [u] impertinencia *f*

presuppose /ˌpri:sə'pəʊz/ *vt* presuponer*

presupposition /pri:ˌsʌpə'zɪʃən/ *n* suposición *f*, presunción *f*

pretax /'pri:tæks/ *adj* ‹*profit/income*› bruto, antes de impuestos

preteen¹ /'pri:'ti:n/ *adj* (*before n*) ‹*fashions/clothing*› para preadolescentes, para niños de 9 a 12 años; **they have many ~ members** tienen muchos socios de entre 9 y 12 años

preteen² *n* (AmE) preadolescente *mf*, niño, -ña *m,f* (*de 9 a 12 años*)

pretence *n* (BrE) ▸**pretense**

pretend¹ /prɪ'tend/ *vt*

A 1 (feign) ‹*ignorance/surprise*› fingir*, aparentar; **he ~ed he hadn't seen us** fingió que no nos había visto, hizo como si no nos hubiera visto; **he ~s he doesn't care, he ~s not to care** finge que no le importa, hace como si no le importara; **they ~ed to be students** se hicieron pasar por estudiantes, hicieron como si fueran estudiantes; **she's not as stupid as she ~s (to be)** no es tan tonta como quiere aparentar 2 **pretended** *past p* ‹*innocence*› falso, fingido

B (make believe): **let's ~ we're on a desert island** vamos a hacer (cuenta de) que estamos en una isla desierta; **let's ~ I'm the mother and you're the father** mira, yo era la mamá y tú eras el papá; **just ~ I'm not here** tú haz como si yo no estuviera, tú hazte cuenta de que yo no estoy

C (claim) pretender; **we've never ~ed that we had all the answers** nunca hemos pretendido que podíamos resolverlo todo; **I won't ~ to give you advice** no voy a pretender darte consejos

■ **pretend** *vi*

A (feign) fingir*; **stop ~ing!** ¡deja ya de fingir!

B (lay claim) (frml) **to ~ TO sth** pretender algo; **I don't ~ to any knowledge of …** no pretendo saber de …; **to ~ to the throne** pretender el trono

pretend² *adj* (*used to or by children*) ‹*money/gun*› de mentira (fam), de mentirijillas (fam); **it's not just ~ this time** esta vez no va de broma *or* no estoy jugando

pretender /prɪ'tendər || prɪ'tendə(r)/ *n* **~ (TO sth)** pretendiente *mf* (A algo)

pretense, (BrE) **pretence** /'pri:tens, prɪ'tens || prɪ'tens/ *n*

A [c u] (simulation, display): **her air of confidence is a ~** ese aire de seguridad suyo es fingido *or* no es más que una fachada; **let's drop this ~!** ¡vamos a dejarnos de fingir!; **I can't keep up the ~ any longer** no puedo seguir fingiendo *or* disimulando; **~ OF sth/-ING: he soon saw through their ~ of ignorance** no tardó en darse cuenta de que su ignorancia era fingida; **to make a ~ of sth** fingir* algo; **they made a ~ of being concerned** fingieron estar preocupados, hicieron como si les preocupara; **he made no ~ of impartiality** no disimuló su parcialidad; **under (the) ~ of wanting to help** con el pretexto de querer ayudar; **under false ~s** de manera fraudulenta

B (frml) 1 [c u] (claim) **~ (TO sth): a man with little ~ to genius** un hombre que dista mucho de ser un genio; **he makes no ~ to virtue** no pretende ser virtuoso, no se las da de virtuoso 2 [u] (pretentiousness) pretensión *f*; **she is totally lacking in ~** no es nada pretenciosa

pretension /prɪ'tentʃən || prɪ'tenʃən/ *n*

A [c] (claim) (*often pl*) pretensión *f*; **to have ~s to sth** tener* pretensiones de algo; **I have no ~s to being an authority on the subject** no pretendo ser *or* no tengo pretensiones de ser una autoridad en la materia

B [u] (frml) ▸**pretentiousness**

pretentious /prɪ'tentʃəs || prɪ'tenʃəs/ *adj* (trying to appear — profound, sophisticated) pretencioso, pedante, con pretensiones de intelectual (*or* culto *etc*); (— elegant, luxurious) presuntuoso, pretencioso, con pretensiones de elegancia (*or* refinamiento *etc*); (if also in bad taste) cursi *or* (Chi tb) siútico

pretentiously /prɪ'tenʃəsli/ *adv* pretenciosamente

pretentiousness /prɪ'tentʃəsnəs || prɪ'tenʃəsnɪs/ *n* [u] (of decor, furnishings) lo presuntuoso *or* ostentoso *or* pretencioso; (if in bad taste) lo cursi *or* (Chi tb) lo siútico; (of language, writing) pedantería *f*, ampulosidad *f*

preterit¹, (BrE) **preterite** /'pretərət/ *adj* ‹*tense/form*› pretérito

preterit², (BrE) **preterite** *n* pretérito *m*

preterm¹ /'pri:tɜ:rm || 'pri:tɜ:m/ *adj* prematuro

preterm² *adv* prematuramente

preternatural /ˌpri:tər'nætʃrəl || ˌpri:tə'nætʃərəl/ *adj* (liter) 1 (extraordinary) prodigioso 2 (supernatural) sobrenatural

preternaturally /ˌpri:tər'nætʃrəli || ˌpri:tə'nætʃərəli/ *adv* (liter) prodigiosamente

pretext /'pri:tekst/ *n* pretexto *m*; **on** *o* **under the ~ of** con el pretexto de, so pretexto de (frml); **he left early on** *o* **under the ~ of having another appointment** se fue antes con el pretexto de que tenía otro compromiso

pretor /'pri:tər || 'pri:tə(r), 'pri:tɔ:(r)/ *etc* ▸**praetor** *etc*

pretrial /'pri:traɪəl/ *adj* 1 ‹*hearing/work*› preliminar, previo al juicio 2 ‹*prisoner*› a la espera de juicio

prettify /'prɪtɪfaɪ/ *vt* **-fies, -fying, -fied** ‹*village*› adornar, engalanar; ‹*room*› adornar; **to ~ oneself** acicalarse (hum), emperifollarse (hum)

prettily /'prɪtli || 'prɪtɪli/ *adv* ‹*smile*› con gracia, atractivamente; ‹*sing*› con gracia, lindo (AmL); **she was ~ dressed** iba preciosa

prettiness /'prɪtinəs || 'prɪtɪnɪs/ *n* [u] lo bonito; **the ~ of the village surprised him** le sorprendió lo bonito que era el pueblo

pretty¹ /'prɪti/ *adj* **-tier, -tiest**

A (charming) ‹*girl/baby*› bonito, guapo, mono (fam), lindo (AmL); ‹*eyes/smile/name*› bonito, lindo (AmL); ‹*blouse/dress*› bonito, mono (fam), lindo (AmL); **doesn't she look ~ in that dress!** ¡qué bonita *or* guapa *or* preciosa *or* (AmL tb) linda está con ese vestido!; **she has the prettiest little nose** tiene una naricilla preciosa; **it wasn't a ~ sight** no era nada agradable *or* (AmL tb) lindo de ver; **say ~ please!** (*used to children*) ¡pídelo por favor!

B (considerable) (colloq) ‹*sum*› bonito (fam); ‹*profit*› pingüe; **a ~ mess you've got yourself into!** (iro) ¡en menudo lío te has metido! (iró)

Phrasal verb

- **pretty up**: **-ties, -tying, -tied** [v + o + adv, v + adv + o]: **this will help ~ up the room** con esto el cuarto quedará más bonito; **I'll go and ~ myself up** (hum) me voy a acicalar *or* emperifollar (hum); **the town square had been prettied up for the visit** habían adornado *or* engalanado la plaza del pueblo para la visita

pretty² *adv* (rather, quite) bastante; (emphatic) bien, muy; **~ good results** resultados bastante buenos; **that seems ~ unlikely** eso me parece muy poco probable; **I ~ soon realized that …** tardé bien *or* muy poco en darme cuenta de que …; **you have to be ~ stupid to believe that!** ¡hay que ser bien *or* muy tonto para creerse eso!; **~ much** más o menos; **it's ~ much what we'd expected** es más o menos lo que esperábamos; **they're facing ~ much the same problem** se ven enfrentados a más o menos *or* prácticamente el mismo problema; **they lost ~ well every game** perdieron casi *or* prácticamente todos los partidos; **you ~ nearly poked my eye out with that umbrella!** ¡casi me sacas el ojo con ese paraguas!

pretty-pretty /'prɪtiˌprɪti/ *adj* (colloq) cursi, siútico (Chi)

pretzel /'pretsəl/ *n* galleta *f* salada (*gen en forma de 8*)

prevail /prɪ'veɪl/ *vi*

A (triumph) «*justice/common sense*» prevalecer*, imponerse*; «*enemy*» imponerse*; **to ~ OVER/AGAINST sb/sth** prevalecer* SOBRE algn/algo

B (predominate) «*sunshine/winds*» predominar; «*attitude/pessimism*» preponderar, predominar, reinar; «*situation*» reinar, imperar

Phrasal verb

- **prevail on, prevail upon** [v + prep + o] (frml) convencer*; **he was not to be ~ed upon** no se dejó convencer; **I was able to ~ upon her to take some rest** logré convencerla de que tenía que descansar

prevailing /prɪ'veɪlɪŋ/ *adj* (*before n*) ‹*wind*› preponderante; ‹*trend/view*› imperante, preponderante; ‹*uncertainty*› reinante; **in the ~ economic climate** en el actual clima económico

prevalence /'prevələns/ *n* [u] 1 (widespread occurrence) preponderancia *f*; **the ~ of this opinion among the young** la preponderancia *or* el grado de difusión de esta opinión entre los jóvenes; **the increasing ~ of divorce/violent crime** el número cada vez mayor de divorcios/delitos de violencia 2 (predominance) predominio *m*; **~ OVER sth** predominio SOBRE algo

prevalent /'prevələnt/ *adj* frecuente, corriente; **in areas where the disease is ~** en zonas donde la enfermedad está extendida

prevaricate /prɪ'værəkeɪt || prɪ'værɪkeɪt/ *vi* 1 (not answer directly) andarse* con rodeos, recurrir a evasivas; **she ~d and didn't answer my question** me respondió con una evasiva, eludiendo la pregunta 2 (lie) (AmE) mentir*

prevarication /prɪˌværə'keɪʃən || prɪˌværɪ'keɪʃən/ *n* 1 [u] (misleading answers) evasivas *fpl* 2 [c] (lie) (AmE) mentira *f*

prevent /prɪ'vent/ *vt* 1 (hinder) ‹*departure/capture*› impedir*; **to ~ sb/sth (FROM) -ING, to ~ sb's/sth's -ING** impedir* QUE algn/algo + SUBJ; **they tried to ~ her (from) leaving** intentaron impedir que se fuera; **in order to ~ that (from) happening** para impedir que eso suceda (*or* sucediera); **she was ~ed from attending the conference by a sudden illness** una repentina enfermedad impidió que asistiera *or* le impidió asistir al congreso; **I've made up my mind to go, so don't try to ~ me** he decidido ir, así que no trates de impedírmelo 2 (forestall) ‹*crime/disease/accident*› prevenir*, evitar

preventable /prɪ'ventəbəl/ *adj* evitable

preventative /prɪ'ventətɪv/ *adj/n* ▸**preventive¹, preventive²**

prevention /prɪ'ventʃən || prɪ'venʃən/ *n* [u] prevención *f*; **crime ~** la prevención de la delincuencia; ***~ is better than cure*** más vale prevenir que curar

preventive¹ /prɪ'ventɪv/ *adj* ‹*measure/action*› preventivo; **~ medicine** medicina *f* preventiva

preventive² *n* **1** (measure) medida *f* preventiva **2** (Med) *fármaco que protege contra una enfermedad*

preview¹ /'priːvjuː/ *n* **1** (advance showing) preestreno *m*; **her latest play is now in ~s** (AmE) su última obra se ha estrenado para la crítica; **a ~ of next year's fashions** un anticipo de la moda del año próximo; (*before n*): **~ performance** función *f* de preestreno **2** (trailer) trailer *m*, avance *m*, sinopsis *f* (CS), colas *fpl* (Arg) **3** (foretaste) anticipo *m*, adelanto *m*

preview² *vt* **1** (see in advance) asistir al preestreno de **2** (give foretaste of): **this week's films are ~ed on page 18** en la página 18 hay una reseña de las películas de esta semana

previous /'priːviəs/ *adj* **1** (earlier) (*before n*) ‹*occasion/attempt/page*› anterior; ‹*experience/knowledge*› previo; **on the ~ day** el día anterior, la víspera; **I had a ~ engagement** ya tenía un compromiso, tenía un compromiso previo **2** (hasty) (colloq *or* hum) (*pred*): **to be ~** precipitarse **3** **previous to** (*as prep*) anterior a; **the period just ~ to the coup** el período inmediatamente anterior al golpe; **~ to this** anteriormente

previously /'priːviəsli/ *adv* antes; **his wife had died five years ~** su esposa había muerto cinco años antes; **~ we'd always stayed at the Plaza** (*indep*) antes *or* anteriormente siempre nos habíamos alojado en el Plaza

prevue /'priːvjuː/ *n* (AmE) preestreno *m*

prewar /priː'wɔːr || priː'wɔː(r)/ *adj* de antes de la guerra, de preguerra

prewash /priː'wɔːʃ || priː'wɒʃ/ *n* prelavado *m*

prey /preɪ/ *n* [u] **1** (animal, bird) presa *f* **2** (victim) presa *f*; **to fall ~ to disease** caer* enfermo; **he fell ~ to doubts** lo asaltaron las dudas, fue presa de la duda

(Phrasal verb)

- **prey on, prey upon** [v + prep + o] ‹*animal*› alimentarse de; **dealers who ~ on youngsters** traficantes que explotan a *or* se aprovechan de los jóvenes; **fear ~ed on her** (liter) el miedo hizo presa en ella (liter); ▸**mind¹ A**

prezzie /'prezi/ *n* (BrE colloq) ▸**present³ B**

price¹ /praɪs/ *n*

A (Busn, Fin) precio *m*; (of stocks) cotización *f*, precio *m*; **house ~s have risen** el precio de la vivienda ha aumentado, la vivienda ha aumentado de precio; **~s start at $99** desde 99 dólares; **what ~ did you pay for it?** ¿qué precio *or* cuánto pagaste por él?; **I got a good ~ for the car** vendí bien el coche; **the two brands are the same ~** las dos marcas valen *or* cuestan lo mismo; **two for the ~ of one** dos al *or* por el precio de uno; **at a ~ of £80** por 80 libras; **we couldn't afford it at today's ~s** (tal y) como están hoy los precios no podríamos comprarlo; **at half ~** a mitad de precio; **accommodation is available, at** *o* **for a ~** es posible encontrar alojamiento, pero sale *or* cuesta caro; **to go up/down in ~** subir/bajar de precio; **I didn't even have the ~ of a beer** no tenía ni para una cerveza; **I couldn't put a ~ on it** no sabría decir cuánto vale; **to put a ~ on sb's head** ponerle* precio a la cabeza de algn; **they still haven't named their ~!** todavía no han dicho cuánto quieren; **I'll take the job, if the ~ is right** aceptaré el trabajo si (me) pagan bien; **we pay top ~s for used cars** pagamos los mejores precios por su coche usado; (*before n*): **~ bracket** gama *f* de precios; **~ cut** rebaja *f* en el precio; **~ freeze** congelación *f* de precios; **~ increase** aumento *m or* subida *f* de precio; **~ limit** precio *m* límite *or* tope; **~ list** lista *f* de precios; **it's out of my ~ range** cuesta más de lo que puedo pagar; **a wide ~ range** una amplia gama de precios; **~ rise** subida *f or* (RPl tb) suba *f* de precios; **~s and incomes policy** política *f* de ingresos y precios

B (cost, sacrifice) precio *m*; **victory was won at a terrible ~** se pagó muy cara la victoria; **at (what) a ~!** ¡a qué precio!; **they want peace at any ~** quieren la paz cueste lo que cueste *or* a toda costa; **not at any ~!** ¡de ningún modo!, ¡por nada del mundo!; **what ~ peace?** ¿va a ser posible lograr la paz?; **what ~ the freedom of the press now?** en cualquier momento se acaba también la libertad de prensa; ***to pay a/the ~ for sth*** pagar* caro algo; **there will be a high ~ to pay in the future** lo pagaremos (*or* pagarán *etc*) muy caro en el futuro; **that's a small ~ to pay for independence** bien vale la pena ese sacrificio para ser independiente

C (value) (liter) precio *m*; **it's beyond** *o* **without ~** no tiene precio, es invalorable; **one cannot put a ~ on freedom** la libertad no tiene precio; **she sets a high ~ on loyalty** valora mucho la lealtad

price² *vt* **1** (fix price of) (*often pass*): **their products are reasonably/competitively ~d** sus productos tienen precios razonables/competitivos; **it was originally ~d at over $300** su precio original era de más de 300 dólares; **they have ~d themselves out of the market** han subido tanto los precios que se han quedado sin compradores (*or* clientes *etc*); **she warned workers against pricing themselves out of a job** advirtió a los trabajadores que no arriesgaran sus puestos exigiendo demasiado **2** (mark price on) ponerle* el precio a; **all items must be clearly ~d** todos los artículos deben llevar el precio claramente indicado

(Phrasal verbs)

- **price down**

A [v + o + adv, v + adv + o] ‹*products/range*› reducir* *or* rebajar el precio de

B [v + adv] reducir* *or* bajar los precios

- **price up**

A [v + o + adv, v + adv + o] ‹*products/range*› aumentar *or* subir el precio de

B [v + adv] aumentar *or* subir los precios

price-cutting /'praɪs,kʌtɪŋ/ *n* [u] rebaja *f* de precios

price discrimination *n* [u] discriminación *f* de precios

price-fixing /'praɪs,fɪksɪŋ/ *n* [u] (as commercial activity) fijación *f* de precios; (to eliminate competition) fijación *f* oligopolítica

price index *n* índice *m* de precios

priceless /'praɪsləs || 'praɪslɪs/ *adj* **1** (invaluable) inestimable, invalorable (CS) **2** (very amusing) (colloq) ‹*joke*› para morirse de risa (fam); **it was ~** fue para morirse de risa (fam), fue un plato (AmL fam)

price-rigging /'praɪs,rɪgɪŋ/ *n* [u] fijación *f* fraudulenta de precios

price ring *n* (esp BrE) cártel *m* de fijación de precios

price-sensitive /,praɪs'sensətɪv/ *adj*

A (influenced by price) ‹*product/import/export*› sensible a los precios

B (affecting prices) ‹*information/data*› que afecta los precios

price tag *n* **1** (label) etiqueta *f* (*del precio*) **2** (cost) (colloq): **a painting with a $2,500 ~ ~** un cuadro de 2.500 dólares; **the house is on the market with a ~ ~ of £800,000** la casa está en venta a 800.000 libras; **you can't put a ~ ~ on good health** la salud no tiene precio

pricey, pricy /'praɪsi/ *adj* **pricier, priciest** (colloq) ‹*dress/belt*› carito (fam); ‹*store*› carero (fam)

pricing /'praɪsɪŋ/ *n* [u] fijación *f* de precios; (*before n*): **~ policy** política *f* de precios

prick¹ /prɪk/ *vt*

A (pierce, wound) ‹*balloon/sausage*› pinchar, picar* (Méx); **I ~ed my finger on/with the needle** me pinché *or* (Méx) me piqué *or* (Col, Ven) me puyé el dedo con la aguja; **to ~ a hole in sth** hacerle* un agujero a algo; **to ~ a pattern** marcar* un diseño con agujeritos; **that ~ed his conscience** eso hizo que le remordiera la conciencia; **my conscience ~ed me** me remordió la conciencia, sentí el aguijón de la conciencia

B **~ (up)** ‹*ears*› «*dog*» levantar, parar (AmL); **she ~ed up her ears at the mention of France** aguzó el oído *or* (AmL fam) paró la oreja al oír hablar de Francia

■ **prick** *vi* **1** «*pin/thorn*» pinchar, picar (Méx); «*conscience*» remorder*; **it will ~ a little, that's all** vas a sentir sólo un pinchazo *or* (Méx) un piquete **2** «*eyes*» arder, escocer*; «*skin*» escocer*, arder (CS)

prick² *n*

A **1** (act) pinchazo *m*, piquete *m* (Méx); **to feel the ~ of conscience** tener* remordimientos de conciencia, sentir* el aguijón de la conciencia; ***to kick against the ~s*** dar* coces contra el aguijón, tener* una actitud rebelde **2** (mark) agujero *m*

B (vulg) **1** (penis) verga *f* (vulg), polla *f* (Esp vulg), pija *f* (RPl vulg), pico *m* (Chi vulg) **2** (as insult) pendejo *m* (AmL exc CS fam), huevón *m* (Andes, Ven vulg), gilipollas *m* (Esp) (fam *or* vulg), pelotudo *m* (AmS vulg), boludo *m* (Col, RPl vulg)

pricking /'prɪkɪŋ/ *n* [u] escozor *m*, ardor *m*

prickle¹ /'prɪkəl/ *n* **1** [c] (thorn) espina *f* **2** [c] (on hedgehog) púa *f* **3** [u] (sensation) picor *m*

prickle² *vi* «*wool*» picar*; «*beard*» pinchar, picar* (Méx); «*skin/scalp*» picar*; **a prickling sensation** un picor

■ **prickle** *vt*: **his beard ~d my cheek** me pinchó *or* (Méx) me picó la mejilla con la barba

prickly /'prɪkli/ *adj* **-lier, -liest**

A **1** (with prickles) ‹*plant*› espinoso; ‹*animal*› con púas **2** (scratchy) ‹*wool*› que pica; ‹*beard*› que pincha *or* (Méx) pica; **~ sensation** picor *m*

B (colloq) **1** ‹*person*› quisquilloso, difícil, irritable **2** ‹*issue/problem*› espinoso, peliagudo (fam)

prickly heat *n* [u] fiebre *f* miliar

prickly pear *n* **1** (fruit) higo *m* chumbo, tuna *f* **2** (plant) chumbera *f*, nopal *m*, tuna *f*

pride¹ /praɪd/ *n*

A [u] **1** (self-respect) orgullo *m*; **don't expect me to beg: I have my ~!** no pienses que te lo voy a rogar, yo tengo mi orgullo *or* mi amor propio; **false ~** vanidad *f*; **a source of ~** un motivo de orgullo; **to take (a) ~ in sth**: **she takes great ~ in her work** se toma muy en serio su trabajo; **we can take ~ in our success** podemos enorgullecernos *or* estar orgullosos de nuestro éxito; **you should take more ~ in your appearance** deberías preocuparte más por tu aspecto; ***to have** o **take ~ of place*** ocupar* el lugar de honor; ***to swallow** o **pocket one's ~*** tragarse* el orgullo *or* el amor propio **2** (conceit) orgullo *m*, soberbia *f*; ***~ goes before a fall*** más dura será la caída

B [c] **1** (source of pride) orgullo *m*; **she's her mother's ~ and joy** es el orgullo y la alegría de su madre; **the ~ of the collection** la joya *or* el orgullo de la colección **2** (finest part) (liter) flor *f* (liter)

C [c] (of lions) manada *f*

pride² *v refl* **to ~ oneself ON sth/-ING**: **we can ~ ourselves on having resisted that temptation** podemos enorgullecernos *or* estar orgullosos de no haber caído en esa tentación; **he ~s himself on his punctuality** se precia de ser puntual

prie-dieu /priː'djuː || priː'djɜː/ *n* (*pl* **prie-dieux** /-z/) reclinatorio *m*

priest /priːst/ ▸ⓘ **p.1213** *n* sacerdote *m*; (*parish ~*) cura *m* (párroco), párroco *m*; (in Orthodox Church) pope *m*

priestess /'priːstəs || 'priːstes/ *n* sacerdotisa *f*

priesthood /'priːsthʊd/ *n* [u] **1** (office) sacerdocio *m*; **to enter the ~** hacerse* sacerdote, ser* ordenado sacerdote **2** (clergy) clero *m*

priestly /'priːstli/ *adj* sacerdotal

prig /prɪg/ *n* mojigato, -ta *m,f*; **don't be such a ~!** ¡no seas tan mojigato *or* (iró) tan santito!

priggish /'prɪgɪʃ/ *adj* mojigato

priggishness /'prɪgɪʃnəs || 'prɪgɪʃnɪʃ/ *n* [u] mojigatería *f*

prim /prɪm/ *adj* **-mer, -mest** **1** (prudish) mojigato, gazmoño; (affected) remilgado, repipi (Esp fam); **that suit makes you look rather ~** con ese traje te ves muy formal *or* muy aseñorada; **I can't believe she said that: she's so ~ and proper!** no puedo creer que haya dicho eso, ella

P

que es tan correcta y formal **2** (neat) ‹*house/garden/uniform*› cuidado

prima ballerina /ˈpriːmə/ *n* primera bailarina *f*

primacy /ˈpraɪməsi/ *n*
A [u] (preeminence) (frml) primacía *f*
B [c u] (Relig) primacía *f*

prima donna /ˌpriːməˈdɑːnə/ *n* **1** (Mus) prima donna *f*, diva *f* **2** (actor, actress, singer) (pej) divo, -va *m,f* (pey); (*before n*): **~ ~ attitude** divismo *m*

primaeval *adj* (BrE) ▸**primeval**

prima facie[1] /ˌpraɪməˈferʃə ‖ ˌpraɪməˈferʃiː/ *adj* (frml): **there is ~ ~ evidence** (Law) existen presunciones de hecho; **to have a ~ ~ case** parecer* tener razón a primera vista

prima facie[2] *adv* (frml) a primera vista, prima facie (frml)

primal /ˈpraɪməl/ *adj* **1** (primitive) ‹*instinct*› primario; **the ~ scream** el primer llanto del recién nacido **2** (major) (frml) ‹*factor/concern/cause*› primordial

primarily /ˌpraɪˈmerəli ‖ ˈpraɪmərəli, ˌpraɪˈmerəli/ *adv* fundamentalmente, principalmente, ante todo, más que nada

primary[1] /ˈpraɪmeri ‖ ˈpraɪməri/ *adj*
A (principal) ‹*purpose/role/aim*› primordial, principal, fundamental
B **1** (first, basic) ‹*source*› primario; ‹*industry*› de base; primario; ‹*energy*› primario; **~ accent** *o* **stress** acento *m* primario *or* principal **2** ‹*education/school*› primario **3** (Elec) ‹*cell*› primario

primary[2] *n* (*pl* **-ries**)
A (in US) (Govt) primaria *f*
B **1** **~ (coil)** bobina *f* del circuito primario **2** **~ (color)** color *m* primario *or* fundamental **3** **~ (feather)** pluma *f* primaria
C **~ (school)** escuela *f* (de enseñanza) primaria; (*before n*): **~ (school) teacher** maestro, -tra *m,f* (de escuela)

> **primary - primary election**
>
> Las elecciones primarias (*primaries*) se celebran en EEUU para seleccionar candidatos para una elección principal, especialmente la presidencial. Los candidatos para Presidente ▸**President** se eligen después de una serie de primarias estatales. *Ver tb* ▸**elections.**

primary care, primary health care *n* [u] atención *f* sanitaria primaria, atención *f* primaria (de salud)

> **primary school**
>
> En Gran Bretaña, colegio estatal para niños cuyas edades están comprendidas entre los 5 y los 11 años.

primate *n*
A /ˈpraɪmeɪt/ (Zool) primate *m*
B /ˈpraɪmət ‖ -meɪt/ (Relig) primado *m*

prime[1] /praɪm/ *adj* (*no comp*) **1** (major) ‹*cause/factor/suspect*› principal; **safety is a/the ~ consideration** la seguridad es uno de los principales factores/es el principal factor a tener en cuenta; **to be of ~ importance** ser* de primordial *or* fundamental importancia **2** (first-rate) ‹*example/opportunity/location*› excelente; ‹*cut*› de primera (calidad); **in ~ condition** en óptimas condiciones, en excelente forma; ‹*car/antique*› en excelente estado; **of ~ quality** de primera calidad; **what a ~ idiot she is!** ¡es una idiota de marca mayor! **3** (Math) ‹*number*› primo

prime[2] *n*
A [u] (best time): **to be in one's ~** *o* **in the ~ of life** estar* en la flor de la vida *or* en la mejor edad; **he's past his ~** ya no es ningún jovencito; **they were cut down in their ~** murieron en la flor de la vida; **when Romanticism was in its ~** cuando el romanticismo estaba en su apogeo; **this bread is past its ~** (hum) este pan está algo pasadito
B *also* **Prime** (Relig) (*no art*) prima *f*
C [c] (Math) número *m* primo

prime[3] *vt* **1** (prepare for painting) ‹*wood/metal*› aplicar* una capa de imprimación *or* de base a; ‹*canvas*› preparar, aprestar **2** ‹*pump/gun*› cebar **3** (brief) preparar; **she was well ~d for the interview** iba muy bien preparada para la entrevista; **he'd obviously been ~d to say that** era obvio que le habían dicho que dijera eso **4** (with drink): **they were well ~d** se habían tomado unas cuantas (fam)

prime cost *n* costo *m or* (Esp) coste *m* de producción

prime meridian *n* primer meridiano *m*, meridiano *m* inicial *or* de origen, meridiano *m* cero

prime minister ▸ⓘ **p.1213** *n* primer ministro, primera ministra *m,f*; **~ ~'s questions** sesión *f* de interpelación al primer ministro

prime ministerial *adj* de primer ministro

prime ministership /ˈmɪnəstərʃɪp ‖ ˈmɪnɪstəʃɪp/ *n* (office) cargo *m* de primer ministro; (period) mandato *m* como primer ministro

prime mover *n* promotor, -tora *m,f*

primer /ˈpraɪmər ‖ ˈpraɪmə(r)/ *n*
A [c u] **1** (paint) imprimación *f*, base *f* **2** (explosive) cebo *m*
B [c] (textbook) manual *m*

prime rate *n* tipo *m* de interés preferencial *or* preferente

prime rib *n* lomo *m* alto

prime time *n* horas *fpl* de máxima *or* mayor audiencia; (*before n*): **prime-time television** programas *mpl* de las horas de máxima *or* mayor audiencia

primeval, (BrE) **primaeval** /ˌpraɪˈmiːvəl/ *adj* primigenio

priming /ˈpraɪmɪŋ/ *n* [u]
A **1** (paint) imprimación *f*, base *f* **2** (explosive) cebo *m*
B **1** (of surface) preparación *f* **2** (of gun, pump) cebadura *f*

primitive[1] /ˈprɪmətɪv ‖ ˈprɪmɪtɪv/ *adj* **1** (Anthrop) ‹*man/society*› primitivo **2** (unsophisticated) ‹*dwelling/weapon/method*› primitivo, rudimentario **3** ‹*urges/instincts*› primario **4** (Art) primitivo

primitive[2] *n* **1** (artist) primitivo, -va *m,f* **2** (painting) pintura *f* primitiva

primitivism /ˈprɪmətɪvɪzəm ‖ ˈprɪmɪtɪvɪzəm/ *n* [u] primitivismo *m*

primly /ˈprɪmli/ *adv* remilgadamente

primness /ˈprɪmnəs ‖ ˈprɪmnɪs/ *n* [u] lo formal y afectado

primo[1] /ˈpriːməʊ/ *adj* (AmE colloq) de primera; **the ~ team in the league** el equipo líder de la liga

primo[2] *n* (singer) primera voz *f*; (violinist) primer violín *mf*

primogeniture /ˌpraɪməʊˈdʒenətʃʊr ‖ ˌpraɪməʊˈdʒenɪtʃə(r)/ *n* [u] primogenitura *f*

primordial /ˌpraɪˈmɔːrdiəl ‖ praɪˈmɔːdiəl/ *adj* primigenio

primp /prɪmp/ *vi* acicalarse, arreglarse
■ **primp** *vt*: **to ~ one's hair** arreglarse el pelo; **to ~ oneself** acicalarse

primrose /ˈprɪmrəʊz/ *n* **1** [c] (Bot) primavera *f*, prímula *f* **2** ▸ⓘ **p.1036** [u] **~ (yellow)** amarillo *m* pálido

primrose-yellow /ˌprɪmrəʊzˈjeləʊ/ ▸ⓘ **p.1036** *adj* (*pred* **primrose yellow**) amarillo pálido *adj inv*

primula /ˈprɪmjələ ‖ ˈprɪmjʊlə/ *n* prímula *f*, primavera *f*

Primus® (stove) /ˈpraɪməs/ *n* hornillo *m* de queroseno, Primus® *m*, anafe *m*

prince /prɪns/ ▸ⓘ **p.1213** *n* príncipe *m*; **the P~ of Wales** el Príncipe de Gales; **~ consort/regent** príncipe consorte/regente; **~ royal**; *título conferido al hijo mayor de un monarca británico*; **the P~ of Peace** el Príncipe de la paz; **the P~ of Darkness** el ángel de las tinieblas

Prince Charming *n* el príncipe azul

princeling /ˈprɪnslɪŋ/ *n* principito *m*

princely /ˈprɪnsli/ *adj* ‹*bearing*› principesco; ‹*duties*› del príncipe; ‹*gift*› magnífico, espléndido; ‹*sum*› bonito

princess /ˈprɪnsəs ‖ ˈprɪnses/ ▸ⓘ **p.1213** *n* princesa *f*; **~ royal** *título conferido a la hija mayor de un monarca británico*

principal[1] /ˈprɪnsəpəl/ *adj* (*before n*) principal; **~ boy** (in pantomime) *papel de hombre joven representado por una mujer*; **~ tenor/actor** (Mus) primer tenor *m* /primer actor *m*; **~ parts** (Ling) *infinitivo, pasado y participio del verbo*

principal[2] *n*
A **1** ▸ⓘ **p.1213** (Educ) (of school) director, -tora *m,f*; (of university) rector, -tora *m,f* **2** (in UK civil service) jefe, -fa *m,f* de sección
B **1** (Theat) protagonista *mf* **2** (Mus) (violinist) primer violín *mf*, concertino *mf*; (tenor) primer tenor *m* **3** (Law) autor, -tora *m,f*
C (Fin) **1** (sum of money) capital *m*, principal *m* **2** (client) mandante *mf*

principality /ˌprɪnsəˈpæləti/ *n* (*pl* **-ties**) principado *m*

principally /ˈprɪnsəpli/ *adv* principalmente, más que nada, ante todo

principle /ˈprɪnsəpəl/ *n*
A [c] **1** (basic fact, law) principio *m*; **in ~** en principio; **I work on the ~ that nothing is impossible** yo parto de la base de que nada es imposible; **on that ~** sobre esa base, partiendo de esa base; **to start from first ~s** empezar* por lo básico *or* por los principios fundamentales; **to go back to first ~s** volver* a lo básico *or* a los principios fundamentales **2** (motive force) principio *m*; **the pleasure ~** el principio de placer
B [c u] (rule of conduct) principio *m*; **a man/woman of (high) ~** un hombre/una mujer de principios; **it was a matter of ~** era una cuestión de principios; **I never borrow money, on ~** *o* **as a matter of ~** nunca pido dinero prestado, por principio; **to have no ~s** no tener* principios; **it is against my ~s** va contra mis principios; **she's always lived up to her ~s** siempre ha sido consecuente con sus principios; **it's the ~ of the thing** es una cuestión de principios

principled /ˈprɪnsəpəld/ *adj* (*before n*) ‹*person*› de principios; ‹*objections*› por principio; **a less ~ person** una persona con menos principios

prink /prɪŋk/ *vt/vi* (BrE) ▸**primp**

print[1] /prɪnt/ *n*
A [u] (Print) **1** (lettering) letra *f*; **in large ~** en letra grande *or* en caracteres grandes; **the fine ~**(AmE) *o* (esp BrE) **small ~** la letra menuda *or* pequeña *or* (AmL tb) chica **2** (text, image): **a page of ~** una página impresa; **acres of ~ have been devoted to the subject** han corrido ríos de tinta sobre el tema; **the medium of ~** la letra impresa; **in ~** (published) publicado; (available) a la venta; **he hoped to see his work in ~** esperaba ver su trabajo publicado; **to get into/appear in ~** publicarse*; **he's just gone into ~** acaban de publicarle una obra; **out of ~** agotado; **to go out of ~** agotarse; (*before n*): **~ union** sindicato *m* de tipógrafos; **~ worker** tipógrafo, -fa *m,f*
B [c] **1** (picture) (Art, Print) grabado *m* **2** (Cin, Phot) copia *f*
C [c] (of foot, finger) huella *f*, marca *f*
D [c u] (fabric) estampado *m*; **a floral ~** un estampado de flores

print[2] *vt*
A **1** ‹*letter/text/design*› imprimir*; **the title is ~ed in red** el título está impreso en rojo; **~ed in London** impreso en Londres; **to ~ sth ON/ONTO sth** imprimir* algo EN algo **2** (print image on) ‹*fabric*› estampar **3** (publish) publicar*, editar **4** **printed** *past p* impreso; **~ed papers** *o* **matter** (Post) impresos *mpl*; **the ~ed word** la letra impresa; **~ed fabric** estampado *m*; **~ed circuit** circuito *m* impreso; **~ed circuitry** circuitos *mpl* impresos
B (write clearly) escribir* con letra de imprenta *or* de molde
C (Phot) ‹*negative*› imprimir*; **to ~ a copy from sth** sacar* una copia de algo
D (make impression) (*usu pass*): **the footmark was clearly ~ed in the sand** la huella del pie estaba claramente marcada en la arena; **the scene is ~ed on my memory** tengo la escena grabada en la memoria
■ **print** *vi* **1** (Print) ‹‹*printer/press/computer*›› imprimir*; **the book is ~ing** el libro está en la imprenta **2** (write clearly) escribir* con letra de imprenta *or* de molde **3** (Phot) salir*

(Phrasal verbs)
• **print off** [v + adv + o] imprimir*
• **print out** [v + adv + o, v + o + adv] imprimir*

p

printable /ˈprɪntəbəl/ *adj* 1 (fit for publication) publicable 2 (Print) que se puede imprimir

printer /ˈprɪntər || ˈprɪntə(r)/ *n*
A 1 (worker) tipógrafo, -fa *m,f*, impresor, -sora *m,f*; **~'s error** error *m* de imprenta; **~'s ink** tinta *f* de imprenta 2 (business) imprenta *f*
B (machine) impresora *f*

printhead /ˈprɪnthed/ *n* cabeza *f* de impresora

printing /ˈprɪntɪŋ/ *n*
A (Print) 1 [u] (act, process, result) impresión *f*; **the ~ is poor** la impresión es mala; **the invention of ~** la invención de la imprenta; (*before n*) ‹*ink/error*› de imprenta 2 [c] (quantity printed) edición *f*, tirada *f*; **the book is in its fifth ~** el libro va por la quinta edición 3 [u] (trade) imprenta *f*
B [u] (handwriting) letra *f* de imprenta *or* de molde

printing press *n* imprenta *f*, prensa *f*

printmaking /ˈprɪnt,meɪkɪŋ/ *n* [u] grabado *m*

printout /ˈprɪntaʊt/ *n* [u c] listado *m*

print preview *n* diseño *m* de impresión

print queue *n* cola *f* de impresión

print run *n* tirada *f*

print shop *n* 1 (workshop) (Print) imprenta *f*, taller *m* de impresión 2 (store) *tienda especializada en grabados*

printworks /ˈprɪntwɜːrks || ˈprɪntwɜːks/ *n* (+ *sing or pl vb*) fábrica *f* de estampados (de textiles)

prion /ˈpraɪən/ *n* prión *m*

prior[1] /ˈpraɪər || ˈpraɪə(r)/ *adj* (*before n*) ‹*knowledge/warning*› previo; **I had a ~ engagement** ya tenía un compromiso, tenía un compromiso previo; **without ~ notice** sin previo aviso; **prior to** (*as prep*) antes de; **two days ~ to departure** dos días antes de la partida; **~ to being attacked** antes de que lo atacaran

prior[2] *n* prior *m*

prioress /ˈpraɪərəs || ,praɪəˈres, ˈpraɪərəs/ *n* priora *f*

prioritization /praɪ,ɔːrətəˈzeɪʃən || praɪ,ɒrətaɪˈzeɪʃən/ *n* [u] priorización *f*

prioritize /,praɪˈɔːrətaɪz || ,praɪˈɒrətaɪz/ *vt* 1 (put in order of priority) decidir el orden de prioridad de, priorizar* 2 (give priority to) dar* prioridad a, priorizar*

priority /,praɪˈɔːrəti || ,praɪˈɒrɪti/ *n* (*pl* **-ties**) 1 [u] (precedence) prioridad *f*; **the problems were dealt with in order of ~** los problemas se trataron por orden de prioridad; **to give ~ to sth** dar* prioridad a algo, priorizar* algo; **they have given ~ to reducing inflation** le han dado prioridad a la reducción de la inflación; **this matter should be given top ~** esta cuestión debería tener prioridad absoluta; **to have/take ~ (over sth)** tener* prioridad (sobre algo); (*before n*) prioritario; **~ item/treatment** asunto *m* /tratamiento *m* prioritario 2 [c] (important matter, aim): **tax reform is (a) top ~** la reforma impositiva tiene prioridad absoluta; **my first/number one ~ is ...** para mí lo primero *or* lo más importante es ...; **that is important, but it's not my ~** eso es importante, pero para mí no es lo primero; **you have to get your priorities right** *o* **sort out your priorities** tienes que saber decidir qué es lo más importante 3 [u] (in traffic) (BrE) preferencia *f*

priory /ˈpraɪəri/ *n* (*pl* **-ries**) priorato *m*

prise /praɪz/ *vt* (BrE) ▸ **prize**[3] **B**

prism /ˈprɪzəm/ *n* prisma *m*

prismatic /prɪzˈmætɪk/ *adj* ‹*shape*› prismático; ‹*light*› centellante; **~ compass** brújula *f* topográfica *or* de agrimensor

prison /ˈprɪzn/ *n* 1 [c] (jail) prisión *f*, cárcel *f*; **she's in ~** está presa, está en la cárcel; **he was sent to ~ for ...** lo encarcelaron *or* lo metieron preso por ...; **her accomplice went to ~ for five years** su cómplice fue condenado a cinco años de prisión; **he was released from ~** fue puesto en libertad, fue excarcelado (frml); (*before n*) ‹*system/reform*› carcelario, penitenciario; ‹*yard*› de la prisión; **~ cell** celda *f*; **~ governor** (BrE) director, -tora *m,f* de una prisión; **~ guard** *o* (BrE) **warder** guardia *mf*, celador, -dora *m,f*; **~ officer** (BrE) funcionario, -ria *m,f* de prisiones; **~ population** reclusos *mpl*, población *f* penitenciaria; **~ staff** personal *m* penitenciario; **~ visitor** visitante *mf* de la cárcel 2 [u] (imprisonment) prisión *f*, cárcel *f*; **after 15 years of ~** después de 15 años de prisión *or* de cárcel; (*before n*): **~ sentence** *o* **term** pena *f* de prisión

prison camp *n* campo *m* de prisioneros

prisoner /ˈprɪznər || ˈprɪznə(r)/ *n* 1 (captive) prisionero, -ra *m,f*; **he is a ~ in his own house** no se puede mover de casa; **he is a ~ of his own ideology** es prisionero de sus ideas; **he was held ~** (by enemy forces) lo tuvieron prisionero; (by kidnappers) lo tuvieron secuestrado; **to take sb ~** tomar *or* (esp Esp) coger* a algn prisionero; **to take ~s** hacer* prisioneros; ***to take no ~s*** ejecutar a todos los cautivos 2 (in jail) preso, -sa *m,f*, recluso, -sa *m,f*; **a ~ of conscience** un preso de conciencia 3 (person arrested) detenido, -da *m,f* 4 (accused) reo *mf*, acusado, -da *m,f*

prisoner of war *n* (*pl* **~s ~ ~**) prisionero, -ra *m,f* de guerra; (*before n*): **prisoner-of-war camp** campamento *m* de prisioneros de guerra

prison riot *n* motín *m* en la cárcel

prison service *n* (in UK) servicio *m* de prisiones

prissy /ˈprɪsi/ *adj* **-sier, -siest** (colloq) remilgado, repipi (Esp fam)

pristine /ˈprɪstiːn -taɪn/ *adj* (frml & liter) 1 (perfect, unspoiled) ‹*whiteness*› inmaculado, impoluto (liter), prístino (liter); **in ~ condition** en perfecto *or* impecable estado 2 (original) prístino (liter)

privacy /ˈpraɪvəsi || ˈprɪvəsi/ *n* [u] privacidad *f*; **we have no ~ here** aquí no tenemos ninguna privacidad; **in the ~ of one's own home** en la intimidad del hogar; **to respect sb's ~** respetar la intimidad de algn

private[1] /ˈpraɪvət || ˈpraɪvɪt/ *adj*
A 1 (confidential) ‹*conversation*› privado; ‹*matter*› privado, confidencial; ‹*letter*› personal 2 **in private**: **she told me in ~** me lo dijo confidencialmente *or* en confianza; **can we talk in ~?** ¿podemos hablar en privado?; **what you do in ~ is your own affair** lo que hagas en la intimidad *or* en tu vida privada es cosa tuya; **the meeting was held in ~** la reunión se celebró en privado *or* a puertas cerradas
B 1 (restricted) ‹*showing*› privado; **~ view** (Art) vernissage *m*; **~ hearing** vista *f* a puerta cerrada; **they married in a ~ ceremony** celebraron la boda en la intimidad; Ⓢ **private** privado; (on envelope) personal 2 (for own use, in own possession) ‹*road/lesson/secretary*› particular; ‹*income*› personal; **for her ~ use** para su uso personal; **with ~ bathroom** con baño privado; **~ property/land** propiedad *f* privada; **a ~ hotel** un hotel particular (*no perteneciente a una cadena*); **a gentleman of ~ means** (frml) un señor que vive de las rentas; **~ income** rentas *fpl*
C 1 (not official) ‹*visit/correspondence*› privado; **a ~ citizen/individual** un particular; **the President sent a ~ message of sympathy** el Presidente mandó una nota personal de condolencia; **the bishop acted in a ~ capacity** el obispo actuó a título personal; **their ~ life** su vida privada; **in ~ life she's completely different** en la intimidad es totalmente distinta 2 (unconnected with the state) ‹*school*› privado, particular, de pago (Esp); ‹*ward*› reservado; ‹*patient*› particular; **~ bill** proyecto *m* de ley que afecta a una entidad; **~ company** sociedad *f* privada (*que no cotiza en Bolsa*); **~ enterprise** la empresa privada; **~ health care** servicio *m* médico privado; **~ health insurance** seguro *m* médico privado; **to be in ~ practice** (Med) ejercer* la medicina privada; (in US) (Law) ocuparse de asuntos civiles; **~ prosecution** querella *f*; **the ~ sector** el sector privado
D 1 (personal, inward) ‹*thoughts/doubts/grief*› íntimo; **time is set aside for ~ study** se establecen ciertas horas para que cada uno estudie por su cuenta; **it's a ~ joke between us** es un chiste que los dos entendemos 2 (retiring) ‹*person*› reservado

private[2] *n*
A (rank) soldado *mf* raso; **P~ Jones** el soldado Jones
B **privates** *pl* (genitals) (colloq & euph) partes *fpl* pudendas (euf & hum), intimidades *fpl* (euf & hum)

private detective *n* 1 (hired) detective *mf* privado, investigador privado, investigadora privada *m,f* 2 (bodyguard) guardaespaldas *m*, escolta *m*, guarura *m* (Méx)

private equity *n* [u] (Fin) capital *m* de riesgo privado; (*before n*): **~ ~ firm** private equity *m*, fondo *m* de capital de riesgo privado

privateer /,praɪvəˈtɪr || ,praɪvəˈtɪə(r)/ *n* (Hist) (ship, person) corsario *m*

private eye *n* (esp AmE colloq) sabueso *mf*

Private Finance Initiative *n* (in UK) *medida para complementar las inversiones en los servicios públicos con las finanzas del sector privado*

private investigator *n* ▸ **private detective 1**

private key *n* clave *f* privada

privately /ˈpraɪvətli || ˈpraɪvɪtli/ *adv*
A 1 (in private) en privado; **can I speak to you ~?** ¿puedo hablar contigo en privado *or* a solas?; **the interview was held ~** la entrevista se celebró en privado *or* a puertas cerradas 2 (not publically): **~ held views** opiniones *fpl* personales; **they agree ~ that inflation ...** extraoficialmente admiten que la inflación ...; **she didn't show it, but, ~, she was very disappointed** no lo demostró pero, en su fuero interno, se sintió muy decepcionada
B 1 (not by state or large concern): **~ educated** educado en colegio privado *or* particular; **she had the operation done ~** (BrE) la operaron en una clínica privada; **this land is ~ owned** esta tierra es de particulares; **the book was published ~ by the author** el autor financió personalmente la publicación del libro 2 (by private arrangement): **to sell sth ~** vender algo personalmente *or* sin intermediarios; **she also teaches ~** también da clases particulares

private member, Private Member *n* (in UK) diputado, -da *m,f*, representante *mf* (*sin cargo específico en el gobierno*); **~ ~'s bill** *proyecto de ley presentado por un representante a título personal, sin el respaldo de ningún partido*

private parts *pl n* (euph & hum) partes *fpl* pudendas (euf & hum), intimidades *fpl* (euf & hum)

private press *n* imprenta *f* particular

privation /,praɪˈveɪʃən/ *n* [u c] (frml) privación *f*; **they endured great ~** pasaron muchas privaciones

privatization /,praɪvətəˈzeɪʃən || ,praɪvɪtaɪˈzeɪʃən/ *n* [u] privatización *f*

privatize /ˈpraɪvətaɪz || ˈpraɪvɪtaɪz/ *vt* privatizar*

privet /ˈprɪvət || ˈprɪvɪt/ *n* [u c] ligustro *m*, alheña *f*

privilege /ˈprɪvəlɪdʒ/ *n* [c u] 1 (special right) privilegio *m*; **parliamentary/congressional ~** [u] inmunidad *f* parlamentaria 2 (honor) (*no pl*) privilegio *m*, honor *m*; **I had the ~ of speaking to her in person** tuve el privilegio *or* el honor de hablar con ella en persona; **it is my ~ to be able to introduce ...** tengo el honor *or* el privilegio de presentarles a ...

privileged /ˈprɪvəlɪdʒd/ *adj* 1 (having advantages) ‹*position*› privilegiado; **for the ~ few** para una minoría privilegiada 2 (honored) (*pred*) **to be ~ to + INF** tener* el privilegio *or* el honor DE + INF; **I was ~ to witness ...** tuve el privilegio de ser testigo de ... 3 (Law) ‹*document*› confidencial

privy[1] /ˈprɪvi/ *adj* 1 (frml) (*pred*) **to be ~ TO sth** tener* conocimiento DE algo; **I am not ~ to the President's intentions** no tengo conocimiento de las intenciones del Presidente, el Presidente no me ha confiado cuáles son sus intenciones 2 (private) (arch) privado

privy[2] *n* (dated) (*pl* **-vies**) retrete *m*, excusado *m*

Privy Council *n* (in UK): **the ~ ~** *comité asesor del monarca integrado por personas de reconocido prestigio*

Privy Councillor *n* (in UK) *consejero del monarca integrante del*, ▸ **Privy Council**

Privy Purse *n* (in UK): **the ~ ~** *dinero para los gastos personales del monarca*

prize[1] /praɪz/ *n*
A 1 (award) premio *m*; **the first ~ goes to Chris** el primer premio se lo lleva *or* lo ha ganado

Chris; **he won the Nobel P~** ganó *or* le dieron el Premio Nobel **2** (in lottery, competition) premio *m*; **she won first ~ in the lottery** (se) sacó *or* ganó *or* le tocó el primer premio *or* el gordo en la lotería; **no ~s for guessing where he comes from** adivina de dónde es (iró); (*before n*): **~ draw** o (AmE) **drawing** sorteo *m*
B (ship) presa *f*

prize² *adj* (*before n*) ‹*bull/essay*› premiado; **he's a ~ idiot** (colloq) es un idiota de marca mayor; **a ~ blunder** un error garrafal *or* de antología

prize³ *vt*
A (value) valorar (mucho), tener* en gran estima; **a ~d possession** un bien muy preciado
B (BrE) **prise to ~ sth FROM/OUT OF sth/sb**: **she managed to ~ the knife from his grasp** logró arrancarle el cuchillo de la mano; **to ~ information out of sb** sonsacarle* *or* arrancarle* información a algn; **he ~d the lid off the crate** le arrancó la tapa a la caja haciendo palanca; **he ~d the shell open with a knife** abrió la concha con un cuchillo

prize day *n* día *m* de entrega de premios

prizefight /'praɪzfaɪt/ *n* combate *m* de boxeo (*con premio en dinero*)

prizefighter /'praɪz,faɪtər || 'praɪz,faɪtə(r)/ *n* boxeador, -dora *m,f* profesional

prizefighting /'praɪzfaɪtɪŋ/ *n* [u] combate *m* de boxeo (*con premio en dinero*)

prize-giving /'praɪz,gɪvɪŋ/ *n* (BrE) entrega *f* de premios; (*before n*): **~ ceremony** (BrE) ceremonia *f* de entrega de premios

prize money *n* [u] premio *m* (*en metálico*)

prizewinner /'praɪz,wɪnər || 'praɪz,wɪnə(r)/ *n* ganador, -dora *m,f* (*de un premio*), premiado, -da *m,f*

prizewinning /'praɪz,wɪnɪŋ/ *adj* (*before n*) premiado, galardonado

pro¹ /prəʊ/ *n*
A (professional) (colloq) profesional *mf*; (Sport) (player) jugador, -dora *m,f* profesional; (coach) instructor, -tora *m,f*
B **pros** *pl* (advantages): **the ~s and cons** los pros y los contras; **to weigh up the ~s and cons** sopesar los pros y los contras

pro² *prep* (colloq) a favor de; **he's ~ women's lib/admitting more students** está a favor de la liberación de la mujer/de admitir más alumnos

pro- /prəʊ/ *pref* pro(-); **~government** pro(-)gobierno

pro-abortion /,prəʊə'bɔːrʃən || ,prəʊə'bɔːʃən/ *adj* proabortista, pro-abortista, en favor del aborto, pro-aborto, proaborto

pro-abortionist /,prəʊə'bɔːrʃənəst || ,prəʊə'bɔːʃənɪst/ *n* proabortista *mf*, pro-abortista *mf*

proactive /prəʊ'æktɪv/ *adj* proactivo

pro-am /'prəʊ'æm/ *adj* (esp AmE) de profesionales y amateurs

probability /,prɑːbə'bɪləti || ,prɒbə'bɪlɪti/ *n* [u c] (*pl* **-ties**) **1** (likelihood) probabilidad *f*; **in all ~ they will lose their jobs** es muy probable que pierdan su trabajo; **there is little ~ that she'll come** o **of her coming** es poco probable que venga, hay pocas probabilidades de que venga; **what are the probabilities for a Democratic victory?** (AmE) ¿qué probabilidades hay de una victoria democrática? **2** (Math) probabilidad *f*

probable /'prɑːbəbəl || 'prɒbəbəl/ *adj* ‹*outcome*› probable; ‹*reason*› posible; **it is ~ THAT** es probable QUE (+ *subj*)

probably /'prɑːbəbli || 'prɒbəbli/ *adv* (*indep*) probablemente (+ *subj*); **he'll ~ come today** probablemente venga hoy, es probable que venga; **she hasn't written? — she's ~ very busy** no ha escrito — estará muy atareada *or* probablemente esté muy atareada; **he ~ got on the wrong train** se habrá equivocado de tren, probablemente se haya equivocado de tren; **~ not** puede que no

probate¹ /'prəʊbeɪt/ *n* **1** [u] (process) *trámite para obtener la autenticación de un testamento*; **to grant sb ~** declarar a algn legítimo albacea **2** [c] **~ (copy)** *copia autenticada de un testamento*

probate² *vt* (esp AmE) ‹*will*› autenticar*, legalizar*

probation /prəʊ'beɪʃən || prə'beɪʃən/ *n* [u]
A (Law) libertad *f* condicional; **to be on ~** estar* en libertad condicional; **to put sb on ~** dejar *or* poner* a algn en libertad condicional; (*before n*): **~ officer** *asistente social que se ocupa del seguimiento de la persona en libertad condicional*
B (trial period) período *m* de prueba; **she's on ~** está cumpliendo su período de prueba

probationary /,prəʊ'beɪʃəneri || prə'beɪʃənəri/ *adj* ‹*period*› de prueba

probationer /,prəʊ'beɪʃnər || prə'beɪʃənə(r)/ *n*
A (Law) *persona en libertad condicional*
B (trainee) *maestro, empleado etc que está cumpliendo su período de prueba*

probe¹ /prəʊb/ *vt* **1** (physically) (Med, Tech) sondar **2** (investigate) ‹*finances/private life*› investigar*; ‹*public opinion*› sondear; ‹*mind/subconscious*› explorar; ‹*past*› rastrear
■ **probe** *vi* **1** (physically) introducir* una sonda **2** (investigate) investigar*; **to ~ INTO sth**: **police are probing into his business affairs** la policía está investigando sus actividades financieras; **they ~d more deeply into the mystery** continuaron tratando de esclarecer el misterio; **to ~ FOR sth**: **he ~d for information about her childhood** trató de sonsacarle información sobre su infancia

probe² *n* **1** (Med, Elec) sonda *f* **2** (*space ~*) sonda *f* espacial **3** (investigation) investigación *f*

probing /'prəʊbɪŋ/ *adj* ‹*question*› sagaz, perspicaz; ‹*study*› a fondo

probiotic /,prəʊbaɪ'ɑːtɪk, -bi- || ,prəʊbaɪ'ɒtɪk, -bi-/ *adj* (Biol, Culin) probiótico

probity /'prəʊbəti/ *n* [u] (frml) probidad *f*

problem /'prɑːbləm || 'prɒbləm/ *n* **1** (difficulty) problema *m*; **heart/back ~s** problemas de corazón/espalda; **he has a drink ~** bebe demasiado; **he has a weight ~** tiene problemas con el peso; **she's got boyfriend ~s** tiene problemas de amores; **we were faced with the ~ of what to say to her** nos vimos enfrentados al problema de qué decirle; **I'm having ~s deciding** no acabo de decidirme, me está costando decidirme; **any ~s, just call me** si hay algún problema, llámame; **getting another ticket was no ~** no hubo ninguna dificultad *or* ningún problema para conseguir otra entrada; **no ~!** (colloq) ¡no hay problema!; **this should present no ~s for an experienced musician** esto no le debería ofrecer ninguna dificultad a un músico con experiencia; **what's the ~?** ¿qué pasa?, ¿algún problema?; **that's their ~** es cosa suya; **money is not the ~** el problema no es el dinero; **your ~ is that you're bone idle** lo que pasa es que eres un gandul; (*before n*) ‹*family/child*› difícil; **~ case** caso *m* problemático; **~ drinker** persona *f* con problemas con el alcohol *or* la bebida; **~ drinking** problemas *mpl* con el alcohol *or* la bebida; **~ page** (BrE) (Journ) consultorio *m* (*de problemas sentimentales etc de los lectores*) **2** (Math) problema *m*

problematic /,prɑːblə'mætɪk || ,prɒblə'mætɪk/, **-ical** /-ɪkəl/ *adj* problemático, difícil

problem-solving /'prɑːbləm,sɑːlvɪŋ || 'prɒbləm,sɒlvɪŋ/ *n* [u] resolución *f* de problemas

proboscis /prə'bɑːsəs || prə'bɒsɪs/ *n* (*pl* **-cises** /-səsəz/ *or* **-cides** /-sɪdiːz/) (of insect, elephant) probóscide *f*

procedural /prə'siːdʒərəl || prə'siːdʒərəl, prə'siːdjərəl/ *adj* (frml) de procedimiento

procedure /prə'siːdʒər || prə'siːdjə(r), prə'siːdʒə(r)/ *n* **1** [u c] (practice) procedimiento *m*; (step) trámite *m*; **legal ~s** trámites *mpl* legales; **the ~ to be followed in such cases** el procedimiento a seguir en tales casos; **the normal ~ is to ...** lo que se hace normalmente es ...; **joining the library is a simple ~** el trámite para hacerse socio de la biblioteca es sencillo **2** [c] (Comput) procedimiento *m*

proceed /prəʊ'siːd, prə- || prə'siːd/ *vi*
A (move forward) (frml) ‹‹*person/vehicle*›› avanzar*; **I was ~ing along King Street when ...** circulaba por King Street cuando ...; **please ~ to gate five** les rogamos se dirijan a la puerta número cinco; **to ~ on one's way** seguir* adelante
B (continue) continuar*; **~, Mr. Thomas** continúe, Sr. Thomas; **to ~ TO sth** pasar A algo; **let us ~ to the next item on the agenda** pasemos al siguiente punto del orden del día; **to ~ (WITH sth)** seguir* adelante (CON algo); **do you intend to ~ with the case?** ¿piensas seguir adelante con el caso?; **to ~ to + INF**: **she ~ed to tell us why** pasó a explicarnos por qué; **he threatened to resign, then ~ed to do just that** amenazó con dimitir e ipso facto lo hizo; **he broke it and then ~ed to tell me it was my fault!** ¡lo rompe y va y me dice olímpicamente que es culpa mía!
C (act) (frml) proceder; **how does one ~ in such circumstances?** ¿cómo se debe proceder en tales circunstancias? (frml)
D (progress) marchar; **everything is ~ing according to plan** todo marcha conforme al plan
E (issue) (frml) **to ~ FROM sth** proceder DE algo
F (take legal action) (frml) **to ~ AGAINST sb** demandar a algn
■ **proceed** *vt* proseguir*; **well, he ~ed, it was like this ...** —bueno —siguió diciendo *or* prosiguió —fue así ...

proceedings /prəʊ'siːdɪŋz, prə- || prə'siːdɪŋz/ *pl n* **1** (events): **~ began late** la reunión (*or* el acto *etc*) empezó tarde; **rain interrupted ~ at a very tense moment in the game** la lluvia interrumpió el desarrollo del juego en un momento de gran tensión; **two teachers were there to keep an eye on ~** había dos profesores vigilando lo que sucedía **2** (measures) medidas *fpl*; **there will be no disciplinary ~** no se tomarán medidas disciplinarias; **to start** o (frml) **institute ~ against sb** entablarle juicio a algn **3** (minutes) actas *fpl*

proceeds /'prəʊsiːdz/ *pl n*: **the ~** (from charity sale, function) lo recaudado; **he sold the house and went to Jamaica on the ~** vendió la casa y con lo que sacó se fue a Jamaica

process¹ /'prɑːses, 'prəʊ- || 'prəʊses/ *n*
A **1** (series of actions, changes) proceso *m*; **the electoral/decision-making ~** el proceso electoral/de toma de decisiones; **the aging ~** el envejecimiento; **the peace ~** (journ) el proceso de paz; **the ~ of obtaining a permit** el trámite para obtener un permiso; **I am in the ~ of writing to him right now** en este preciso momento le estoy escribiendo; **we are in the ~ of buying the house** estamos con los trámites de la compra de la casa; **he made money, but lost a lot of friends in the ~** hizo dinero pero con ello perdió muchos amigos; **in ~** (AmE) en construcción **2** (method) proceso *m*, procedimiento *m*; **the compounds obtained using this ~** los compuestos que se obtienen mediante este procedimiento *or* proceso; **the material has to undergo various ~es** hay que someter el material a varios procesos
B **1** (proceedings) (frml) acción *f* judicial **2** (writ) demanda *f*
C (Anat, Bot, Zool) protuberancia *f*

process² *vt* **1** (treat) ‹*raw materials/waste*› procesar, tratar; ‹*film*› revelar **2** (deal with, handle) ‹*applications*› dar* curso a, ocuparse de, procesar; ‹*order*› tramitar, ocuparse de; ‹*candidates*› atender* **3** (Comput) ‹*information/data*› procesar
■ **process** *vi* /prə'ses/ (go in procession) (frml) desfilar; (Relig) ir* en procesión

process cheese *n* [u] (AmE) queso *m* fundido

processed /'prɑːsest, 'prəʊ- || 'prəʊsest/ *adj*: **~ vegetables** *verduras sometidas a un proceso industrial para su conservación*; **~ cheese** queso *m* fundido

processing /'prɑːsesɪŋ, 'prəʊ- || 'prəʊsesɪŋ/ *n* [u] **1** (treatment — of materials, waste) tratamiento *m*, procesamiento *m*; (— of film) revelado *m* **2** (of an order, an application) tramitación *f* **3** (Comput) procesamiento *m*; (*before n*): **~ unit** unidad *f* de proceso

procession /prə'seʃən/ *n* desfile *m*; (Relig) procesión *f*; **a funeral ~** un cortejo fúnebre; **an endless ~ of grey days** una interminable sucesión de días grises; **in ~** en procesión

processional /prə'seʃnəl || prə'seʃənl/ *adj* procesional

p

processor /'prɑːsesər, 'prəʊ- || 'prəʊsesə(r)/ *n* (*food* ~)
A robot *m* de cocina, multiusos *m*, procesador *m* de alimentos
B (Comput) procesador *m*, unidad *f* de proceso

pro-choice /prəʊ'tʃɔɪs/ *adj* a favor de la libre elección, pro-libre elección

proclaim /prəʊ'kleɪm, prə- || prə'kleɪm/ *vt* [1] (announce) (frml) ‹*independence*› proclamar, declarar; ‹*love*› declarar; ‹*law*› promulgar*; **they ~ed him emperor** lo proclamaron emperador [2] (reveal) (liter) revelar

proclamation /ˌprɑːklə'meɪʃən || ˌprɒklə'meɪʃən/ *n* [c u] (frml) proclamación *f*, proclama *f*

proclivity /ˌprəʊ'klɪvəti || prə'klɪvəti/ *n* (*pl* **-ties**) (frml) proclividad *f*, propensión *f*; **sexual proclivities** tendencias *fpl* sexuales; **to have a ~ FOR sth** ser* proclive A algo, tener* propensión A algo

procrastinate /ˌprəʊ'kræstəneɪt || prə'kræstɪneɪt/ *vi* dejar las cosas para más tarde; **don't ~, do it now** no lo dejes para más tarde, hazlo ahora

procrastination /prəʊˌkræstə'neɪʃən || prəˌkræstɪ'neɪʃən/ *n* [u]: **his ~ cost him the deal** perdió el contrato por no actuar de inmediato *or* por su falta de decisión

procreate /'prəʊkrieɪt/ *vi* (frml) procrear

procreation /ˌprəʊkri'eɪʃən/ *n* [u] (frml) procreación *f*

proctor /'prɑːktər || 'prɒktə(r)/ *n* [1] (exam supervisor) (AmE) *persona que supervisa un examen* [2] (university officer) (BrE) *encargado de la disciplina*

procurator /'prɑːkjəreɪtər || 'prɒkjʊreɪtə(r)/ *n* [1] (Hist) procurador *m* [2] (in Scotland): **~ fiscal** fiscal *mf*

procure /prə'kjʊr || prə'kjʊə(r)/ *vt* [1] (obtain) (frml) procurar (frml), obtener* (frml), conseguir*; (for oneself) procurarse (frml), obtener* (frml), conseguir* [2] (bring about) (frml) conseguir*, lograr; **to ~ the release of the hostages** conseguir* *or* lograr la libertad de los rehenes [3] (for sex): **he was accused of ~ing women for immoral purposes** lo acusaron de lenocinio *or* proxenetismo

procurement /prə'kjʊrmənt || prə'kjʊəmənt/ *n* [u] (frml) obtención *f*; (by purchasing) adquisición *f*

procurer /prə'kjʊrər || prə'kjʊərə(r)/ *n* (arch *or* frml) proxeneta *mf*, alcahuete, -ta *m,f*

prod¹ /prɑːd || prɒd/ **-dd-** *vt* [1] (poke — with elbow) darle* un codazo a; (— with sth sharp) pinchar; **he kept ~ding me to keep me awake** me daba codazos (*or* me pinchaba *etc*) para que no me durmiera [2] (encourage, remind): **you have to keep ~ding her or she forgets** tienes que estar constantemente recordándoselo para que no se olvide; **after some ~ding I agreed to take the job** acepté el trabajo, pero tuvieron que empujarme un poco
■ **prod** *vi* **to ~ AT sth: she ~ded at the cheese with her fork** pinchaba el queso con el tenedor; **she ~ded cautiously at the lump** se palpó el bulto con cuidado

prod² *n* [1] (poke — with elbow) codazo *m*; (— with sth sharp) pinchazo *m*; **he gave me a ~ in the ribs** me dio un codazo (*or* me pinchó) en las costillas [2] (stimulus): **you'll have to give him a ~** vas a tener que empujarlo *or* aguijonearlo [3] (for cattle) picana *f or* (Esp) aguijada *f*

prodigal¹ /'prɑːdɪgəl || 'prɒdɪgəl/ *adj* [1] (wasteful) pródigo, despilfarrador; **to be ~ WITH o** (frml) **OF sth** ser* pródigo CON algo, despilfarrar algo; **the ~ son** (Bib) el hijo pródigo [2] (lavish) (frml) pródigo; **to be ~ WITH o OF sth** ser* pródigo EN algo

prodigal² *n* (frml) despilfarrador, -dora *m,f*

prodigious /prə'dɪdʒəs/ *adj* ‹*amount/cost*› enorme, ingente (frml); ‹*efforts/strength*› prodigioso

prodigiously /prə'dɪdʒəsli/ *adv* ‹*fat/wealthy*› enormemente; **he eats ~** come una barbaridad

prodigy /'prɑːdədʒi || 'prɒdɪdʒi/ *n* (*pl* **-gies**) [1] (gifted person) prodigio *m*; **child ~** niño, -ña *m,f* prodigio [2] (unusual thing) prodigio *m*

produce¹ /prə'duːs || prə'djuːs/ *vt*
A [1] (manufacture, yield) ‹*cars/cloth*› producir*, fabricar*; ‹*coal/grain/beef*› producir*; ‹*fruit*› «*country/region*» producir*; «*tree/bush*» dar*, producir*; **these cows ~ better milk** estas vacas dan mejor leche [2] (create, give) ‹*energy/sound*› producir*; ‹*interest*› producir*, dar*, devengar*; **a university which has ~d many great scientists** una universidad que ha dado *or* de donde han salido muchos grandes científicos; **he ~s a novel a year** escribe una novela por año; **she ~s excellent work every time** su trabajo es invariablemente excelente [3] (cause) ‹*joy/reaction*› producir*, causar; ‹*effect*› surtir, producir*; **the statement ~d the desired effect/an angry response** la declaración surtió *or* produjo el efecto deseado/provocó una respuesta airada; **it ~d very little interest** suscitó muy poco interés [4] (give birth to) ‹*young*› tener*
B (show, bring out) ‹*ticket/document*› presentar; ‹*evidence/proof*› presentar, aportar; ‹*gun/knife*› sacar*; **he ~d the letter from his pocket** sacó la carta del bolsillo
C [1] (Cin, TV) producir*, realizar*; (Theat) ‹*play*› poner* en escena; ‹*show*› montar, poner* en escena [2] (Rad, Theat) (direct) dirigir*
D (in geometry) prolongar*
■ **produce** *vi*
A (manufacture) «*factory/industry*» producir*
B [1] (Cin, TV) encargarse* de la producción *or* realización; (Theat) encargarse* de la puesta en escena [2] (Rad) encargarse* de la dirección

produce² /'prɑːduːs || 'prɒdjuːs/ *n* [u] productos *mpl* (alimenticios); **Ⓢ produce of Spain** producto de *or* producido en España; **our chief ~** nuestro principal producto; **foreign/home-grown/farm ~** productos extranjeros/nacionales/de granja

producer /prə'duːsər || prə'djuːsə(r)/ *n*
A (manufacturer) fabricante *mf*, productor, -tora *m,f*
B [1] (Cin, TV, Theat) productor, -tora *m,f* [2] (Rad, Theat) (director) director, -tora *m,f*

-producing /prə'duːsɪŋ || prə'djuːsɪŋ/ *suff*: **coal~/oil~ country** país *m* productor de carbón/petróleo

product /'prɑːdəkt || 'prɒdʌkt/ *n*
A [1] (Busn, Marketing) producto *m*; (*before n*): **~ development** desarrollo *m* de productos; **~ liability** responsabilidad *f* civil (del fabricante); **~ lifecycle** ciclo *m* de vida de un producto; **~ line** línea *f* de productos; **~ manager** gerente *mf or* director, -tora *mf* de producto, product manager *mf*; **~ range** gama *f* de productos [2] (creation, result) producto *m*, fruto *m*; **it was all a ~ of his imagination** todo era producto *or* fruto de su imaginación; **she's a typical Harvard ~** es el típico producto de Harvard
B (Math) producto *m*

production /prə'dʌkʃən/ *n*
A [u] [1] (manufacture) fabricación *f*, producción *f*; **the car goes into ~ next year** el coche empezará a fabricarse el año entrante; **to take sth out of ~** dejar de fabricar algo; **we expect ~ to be in full swing by mid-January** pensamos estar en plena producción para mediados de enero; (*before n*) ‹*costs*› de producción; **~ manager** (in industry) director, -tora *m,f or* gerente *mf* de producción; (in show business) jefe, -fa de producción *or* realización; **~ model** modelo *m* de serie [2] (output) producción *f*; **car/coal ~** producción automovilística/de carbón
B [u] (showing) presentación *f*; **on ~ of the correct documents** al presentar la documentación correspondiente, previa presentación de la documentación correspondiente
C [c] (staging, version) (Theat, Cin) producción *f*; **the Broadway ~ of the show** la versión del espectáculo *or* la producción que se presentó en Broadway
D [u] [1] (act of producing) (Cin, TV) producción *f*; (Theat) puesta *f* en escena, producción *f* [2] (direction) (Rad, Theat) dirección *f*

production line *n* cadena *f* de fabricación *or* de producción; **the new model came off the ~ ~ in March** el último modelo salió en marzo; (*before n*): **production-line goods** artículos *mpl* fabricados en serie

productive /prə'dʌktɪv/ *adj* ‹*land/factory/mine*› productivo; ‹*meeting*› fructífero, productivo; **it's not a very ~ way to spend your time** no es una manera muy provechosa de pasar el tiempo; **I have/haven't had a very ~ day** hoy me ha dado mucho de sí/no me ha dado nada de sí; **to be ~ OF sth** (frml) generar algo

productively /prə'dʌktɪvli/ *adv* ‹*work/function*› productivamente; **I didn't spend my time in Spain very ~** no saqué buen partido del tiempo que pasé en España

productivity /ˌprəʊdʌk'tɪvəti || ˌprɒdʌk'tɪvəti/ *n* [u] productividad *f*; (*before n*): **~ bonus** prima *f* de *or* por productividad *or* rendimiento; **~ deal** acuerdo *m* sobre productividad

product placement *n* [u] colocación *f* de productos

pro-European¹ /ˌprəʊjʊrə'piːən || ˌprəʊjʊərə'piən/ *adj* proeuropeo

pro-European² *n* proeuropeo, -ra *m,f*

prof /prɑːf || prɒf/ *n* (colloq) profe *mf* (fam)

Prof /prɑːf || prɒf/ (title) = **Professor**

pro-family /prəʊ'fæmli, -'fæməli || prəʊ'fæmɪli, -'fæmli/ *adj* (AmE) defensor de la familia

profanation /ˌprɑːfə'neɪʃən || ˌprɒfə'neɪʃən/ *n* [u c] (frml) profanación *f*

profane¹ /prə'feɪn/ *adj* [1] (blasphemous) ‹*language*› irreverente, blasfemo [2] (secular) ‹*art/literature*› profano

profane² *vt* (frml) profanar

profanity /prə'fænəti/ *n* (*pl* **-ties**) [1] [u] (blasphemy, vulgarity) irreverencia *f*, blasfemia *f* [2] [c] (swear word) blasfemia *f*

profess /prə'fes/ *vt* [1] (claim) (frml) ‹*desire/outrage/belief*› manifestar*, expresar; **to ~ to + INF: I don't ~ to know anything about chemistry** no presumo de saber (nada) de química; **he ~ed to be an expert** se preciaba de ser un experto, pretendía ser un experto [2] (Relig) ‹*faith/religion*› profesar
■ *v refl*: **to ~ oneself** (frml): **to ~ oneself unhappy/satisfied** manifestarse* descontento/satisfecho

professed /prə'fest/ *adj* [1] (declared) ‹*socialist*› declarado; ‹*Christian*› profeso [2] (purported) ‹*friend*› supuesto, pretendido

professedly /prə'fesədli || prə'fesɪdli/ *adv* (frml) [1] (admittedly) declaradamente [2] (purportedly) supuestamente, pretendidamente

profession /prə'feʃən/ *n*
A [1] [c] (occupation) profesión *f*; **he is a journalist by ~** es periodista de profesión; **the oldest ~** el oficio más antiguo; **the ~s** las profesiones liberales [2] (members) (*no pl*): **the medical ~** el cuerpo médico, la clase médica; **the acting ~** los actores; **he's a disgrace to the ~** es una vergüenza para la profesión; **she wants to enter the teaching ~** quiere entrar en la enseñanza *or* en la docencia
B [u c] (declaration) (frml) profesión *f*; **a ~ of faith** una profesión de fe

professional¹ /prə'feʃnəl || prə'feʃənl/ *adj*
A (not amateur) (*before n*) ‹*musician/golfer*› profesional; ‹*soldier*› de carrera; **to go o turn ~** volverse* profesional; **~ foul** (in soccer) falta *f* profesional; **~ standing** prestigio *m* profesional
B [1] (done, given by professionals) (*before n*): **you ought to take ~ advice** deberías asesorarte con un profesional (*or* un experto, técnico *etc*); **the break-in was a ~ job** los que entraron eran profesionales del robo *or* ladrones profesionales [2] (befitting a professional): **she made a very ~ job of painting the room** pintó la habitación como un experto; **their attitude was extremely ~** se comportaron como profesionales serios; **criticizing colleagues isn't ~** criticar a los compañeros no demuestra seriedad profesional
C [1] (engaged in a profession) (*before n*): **a ~ person** un profesional (*que ejerce una profesión liberal*); **they are all ~ people** son todos profesionales [2] (connected with one's profession) profesional; **~ ethics** ética *f* profesional; **~ misconduct** mala conducta *f* profesional, negligencia *f* profesional; **~ qualification** título *m* profesional

professional[2] *n* [1] (not amateur) profesional *mf* [2] (person in a profession) profesional *mf* (*que ejerce una profesión liberal*); **a health ~** un profesional de la medicina [3] (competent person) experto, -ta *m,f*

professionalism /prəˈfeʃnəlɪzəm || prəˈfeʃənlɪzəm/ *n* [u] [1] (qualities of professional) profesionalidad *f*, seriedad *f* [2] (Sport) profesionalismo *m*

professionalize /prəˈfeʃnəlaɪz || prəˈfeʃənlaɪz/ *vt* profesionalizar*

professionally /prəˈfeʃnəli/ *adv* [1] (as livelihood) ‹*sing/act*› profesionalmente; **~ trained in medicine and psychology** titulado en medicina y psicología [2] (during, related to one's work): **I admire him ~** lo admiro como profesional; **I am known ~ by my maiden name** en el ámbito profesional se me conoce con el nombre de soltera [3] (by qualified person): **we had the job done ~** hicimos *or* mandamos hacer el trabajo por un experto (*or* por un pintor, albañil *etc*) [4] (in a professional way) ‹*work/act*› con profesionalidad; **you didn't behave very ~** no actuaste como un profesional íntegro

professor /prəˈfesər || prəˈfesə(r)/ ▸ℹ **p.1213** *n* (of the highest academic rank) catedrático, -ca *m,f*; (any university teacher) (AmE) profesor universitario, profesora universitaria *m,f*; **~ of physics** catedrático de física; **P~ Fitzpatrick said that ...** el profesor (*or* doctor *etc*) Fitzpatrick dijo que ...; **the typical absent-minded ~** el típico profesor distraído *or* despistado

professorial /ˌprəʊfəˈsɔːriəl || ˌprɒfɪˈsɔːriəl/ *adj* ‹*status/lecture*› de catedrático; ‹*figure*› magistral

professorship /prəˈfesərʃɪp || prəˈfesəʃɪp/ *n* cátedra *f*

proffer /ˈprɑːfər || ˈprɒfə(r)/ *vt* (frml) ‹*gift/flowers/apology*› ofrecer*; ‹*advice*› brindar, dar*; ‹*condolences*› presentar

proficiency /prəˈfɪʃənsi/ *n* [u] competencia *f*; **level of ~** nivel *m* de competencia; (*before n*): **~ pay** bono *m or* plus *m* de competencia; **~ test** prueba *f* de habilidad *or* competencia

proficient /prəˈfɪʃənt/ *adj* competente; **she is fully ~ in English** domina el inglés; **she is ~ in** *o* **at swimming** es una nadadora competente

proficiently /prəˈfɪʃəntli/ *adv* competentemente

profile[1] /ˈprəʊfaɪl/ *n*
A [1] (side view) perfil *m*; **in ~** de perfil [2] (outline) perfil *m*, contorno *m*
B (description) perfil *m*; (written) reseña *f*; **~s of several young authors** reseñas *fpl* sobre varios escritores jóvenes; **an accurate consumer ~** un perfil fiable del consumidor tipo; **psychological/DNA ~** perfil psicológico/del AND
C (status): **to raise the ~ of educational matters** dar* más relieve a las cuestiones relativas a la enseñanza; **the army had a high ~ in national life** el ejército tenía un papel preponderante *or* ocupaba un lugar destacado en la vida del país; ***to keep a low ~*** tratar de pasar desapercibido *or* de no llamar la atención

profile[2] *vt* ‹*situation*› hacer* un esbozo de; **to ~ sb's life** hacer* una reseña biográfica de algn; **the designer will be ~d in our next issue** el próximo número incluye una nota *or* reseña sobre el diseñador

profit[1] /ˈprɑːfət || ˈprɒfɪt/ *n* [c u] [1] (Busn, Econ) ganancias *fpl*, beneficios *mpl*, utilidades *fpl* (AmL); **they didn't make a ~** no sacaron ganancias, no obtuvieron beneficios *or* (AmL tb) utilidades; **to sell sth at a ~** vender algo con ganancia; **they sold their house at a good ~** hicieron bastante dinero con la venta de la casa; **this service does not operate at a ~** este servicio no es rentable; **we made a ~ of $2,000** obtuvimos beneficios *or* (AmL tb) utilidades de $2.000; **there's no ~ in farming these days** hoy en día la agricultura no es rentable *or* no da dinero; **to take ~s** realizar* beneficios *or* (AmL tb) utilidades; **with-~s insurance** seguro-ahorro *m*; (*before n*): **~ and loss account** cuenta *f* de ganancias y pérdidas; **~ forecast** predicción *f* de ganancias *or* beneficios; **~ margin** margen *m* de ganancias *or* de beneficios *or* (AmL tb) de utilidades; **the ~ motive** el lucro [2] (advantage) (*no pl*): **they turned the situation to their own ~** sacaron provecho de la situación; **there's no ~ to be had by arguing with him** no se saca *or* no se gana nada discutiendo con él

profit[2] *vi* **to ~ FROM sth** sacar* provecho DE algo, beneficiarse DE algo; **she ~ed greatly from the experience** sacó mucho provecho de la experiencia, la experiencia le aprovechó mucho

profitability /ˌprɑːfətəˈbɪləti || ˌprɒfɪtəˈbɪləti/ *n* [u] rentabilidad *f*

profitable /ˈprɑːfətəbəl || ˈprɒfɪtəbəl/ *adj* [1] (Busn) ‹*company/investment/crop*› rentable, redituable (frml), lucrativo; **sportswear is very ~** la ropa de deporte deja un buen beneficio *or* margen [2] ‹*day/journey*› provechoso, fructífero

profitably /ˈprɑːfətəbli || ˈprɒfɪtəbli/ *adv* [1] (Busn) ‹*trade/operate*› de manera rentable, con rentabilidad; ‹*sell*› con ganancia *or* beneficio [2] (fruitfully) provechosamente

profit centre *n* (BrE) centro *m* de ganancias

profiteer[1] /ˌprɑːfəˈtɪr || ˌprɒfɪˈtɪə(r)/ *n* especulador, -dora *m,f*

profiteer[2] *vi* especular

profiteering /ˌprɑːfəˈtɪrɪŋ || ˌprɒfɪˈtɪərɪŋ/ *n* [u] especulación *f*

profiterole /prəˈfɪtərəʊl/ *n* profiterol *m*

profit-making /ˈprɑːfətˌmeɪkɪŋ || ˈprɒfɪtˌmeɪkɪŋ/ *adj* (profitable) rentable, lucrativo; (which aims to make a profit) con fines lucrativos *or* de lucro

profit-related /ˈprɑːfətrəˌleɪtəd || ˈprɒfɪtrɪˌleɪtɪd/ *adj* proporcional a los beneficios; **~ pay/pay scheme** pago *m* /plan *m* de pago proporcional a los beneficios

profit-sharing /ˈprɑːfətˌʃerɪŋ || ˈprɒfɪtˌʃeərɪŋ/ *adj* de reparto de beneficios

profit sharing *n* [u] participación *f* en las ganancias *or* los beneficios *or* (AmL tb) las utilidades

profits warning *n* profit warning *m* (*advertencia sobre cambios en las expectativas de beneficios*); **to issue a ~ ~** emitir *or* lanzar* un profit warning

profit-taking /ˈprɑːfətˌteɪkɪŋ || ˈprɒfɪtˌteɪkɪŋ/ *n* [u] toma *f* de ganancias *or* beneficios, recogida *f* de ganancias *or* beneficios

profligacy /ˈprɑːflɪgəsi || ˈprɒflɪgəsi/ *n* [u] [1] (extravagance) derroche *m*, despilfarro *m* [2] (immorality) (frml) libertinaje *m*

profligate[1] /ˈprɑːflɪgət || ˈprɒflɪgət/ *adj* [1] (extravagant) derrochador, despilfarrador; **a ~ misuse of the country's resources** un despilfarro de los recursos del país [2] (immoral) (frml) disoluto, libertino

profligate[2] *n* (frml) [1] (immoral person) libertino, -na *m,f* [2] (spendthrift) derrochador, -dora *m,f*, despilfarrador, -dora *m,f*

pro forma /ˌprəʊˈfɔːrmə || ˌprəʊˈfɔːmə/ *adj* (frml) ‹*agreement/compliance*› meramente formal; **~ ~ invoice** factura *f* pro forma

profound /prəˈfaʊnd/ *adj* **-er, -est** [1] (showing understanding) profundo [2] (intense, great) ‹*silence/emotion/influence*› profundo; **she felt ~ contempt towards him** sentía por él un profundo desprecio

profoundly /prəˈfaʊndli/ *adv* [1] ‹*analyze/discuss*› en profundidad [2] ‹*affect/alter*› profundamente; **I apologize most ~** (frml) le ruego acepte mis más sinceras disculpas (frml); **~ ignorant people** gente de una ignorancia supina; **it's ~ uninteresting** no tiene el más mínimo interés [3] (deeply) ‹*sleep/sigh*› profundamente; **he's ~ deaf** es totalmente sordo, tiene sordera total

profundity /prəˈfʌndəti/ *n* (*pl* **-ties**) [1] [u] (of thought, silence) profundidad *f* [2] [c] (profound remark) observación *f* profunda

profuse /prəˈfjuːs/ *adj* profuso; ‹*bleeding*› intenso; **she was ~ in her apologies/compliments** se deshizo en disculpas/cumplidos; **I found her ~ thanks embarrassing** me agradeció tan efusivamente que me sentí incómoda

profusely /prəˈfjuːsli/ *adv* ‹*bleed*› profusamente; ‹*thank*› efusivamente; **he apologized ~** se deshizo en disculpas; **a ~ illustrated book** un libro profusamente ilustrado

profusion /prəˈfjuːʒən/ *n* [u c] profusión *f*, abundancia *f*; **they grow in ~ in the meadows** crecen en abundancia *or* profusión en los prados

prog /prɑːg || prɒg/ *n* (BrE colloq) ▸**program**[1] **C**

progenitor /ˌprəʊˈdʒenətər || ˌprəʊˈdʒenɪtə(r)/ *n* (frml) progenitor, -tora *m,f* (frml); **he is acknowledged as the ~ of the movement** se lo considera el padre *or* el precursor del movimiento

progeny /ˈprɑːdʒəni || ˈprɒdʒəni/ *n* (*pl* **-nies** (+ *sing o pl vb*)) (frml) progenie *f* (frml)

progesterone /ˌprəʊˈdʒestərəʊn/ *n* [u] progesterona *f*

prognosis /prɑːgˈnəʊsəs || prɒgˈnəʊsɪs/ *n* [c u] (*pl* **-ses** /-siːz/) pronóstico *m*

prognosticate /prɑːgˈnɑːstəkeɪt || prɒgˈnɒstɪkeɪt/ (frml) *vt* pronosticar*
■ **prognosticate** *vi* pronosticar*, hacer* un pronóstico

prognostication /prɑːgˌnɑːstəˈkeɪʃən || ˌprɒgnɒstɪˈkeɪʃən/ *n* [u c] (frml) (act) pronosticación *f*; (prognosis) pronóstico *m*

program[1], (BrE) **programme** /ˈprəʊgræm/ *n*
A [1] (schedule of events) programa *m*; **what's your ~ for tomorrow?** ¿qué programa *or* planes tienes para mañana? [2] (for a performance, concert) programa *m* [3] (esp AmE) (Educ) (course) curso *m*; (syllabus) programa *m*; **he went to Rome on an exchange ~** viajó a Roma en un programa de intercambio
B (plan) programa *m*; **a public health/research ~** un programa de salud pública/de investigación; **a long-term ~ for reforestation** un programa de reforestación a largo plazo
C (Rad, TV) (production) programa *m*
D (on household appliance) programa *m*; **wash/rinse ~** programa de lavado/enjuague *or* (Esp) aclarado
E **program** (Comput) programa *m*; (*before n*): **~ disk** disco *m* del programa; **~ library** colección *f* de programas

program[2] **-mm-** *or* **-m-** *vt*
A (BrE also) **programme** [1] (schedule) ‹*activities*› programar, planear [2] (instruct) ‹*washing machine/robot*› programar; **they have been ~ed to kill** están programados para matar
B (Comput) programar
■ **program** *vi* (Comput) programar

programmable /ˈprəʊgræməbəl/ *adj* programable

programme[1] /ˈprəʊgræm/ *n* (BrE) ▸**program**[1], **program**[2] **A**

programme[2] *vt* (BrE) ▸**program**[2] **A**

programmed, (AmE also) **programed** /ˈprəʊgræmd/ *adj* (Educ) programado

programmer, (AmE also) **programer** /ˈprəʊgræmər || ˈprəʊgræmə(r)/ *n* [1] (person) (Comput) programador, -dora *m,f*; (Rad, TV) encargado, -da *m,f* de programación [2] (device) programador *m*

programming, (AmE also) **programing** /ˈprəʊgræmɪŋ/ *n* [u] [1] (Comput) programación *f*; (*before n*): **~ language** lenguaje *m* de programación [2] (Rad, TV) programación *f*

program music, (BrE) **programme music** *n* [u] música *f* de programa

progress[1] /ˈprɑːgrəs || ˈprəʊgres/ *n* [u]
A (advancement) progreso *m*; (of situation, events) desarrollo *m*, evolución *f*; **the ~ of science** el progreso *or* los avances de la ciencia; **he's been following the patient's/the pupil's ~** ha estado siguiendo los progresos del paciente/del alumno; **she came to check on our ~** vino a ver qué tal íbamos *or* marchábamos; **to make ~** «*pupil*» adelantar, hacer* progresos, progresar; «*patient*» mejorar; **the talks have not made much ~** las conversaciones no han logrado avanzar demasiado; **I'm making good/slow ~ with my thesis** estoy avanzando bien/lentamente con la tesis; **the ~ of events in Germany** el desarrollo de los acontecimientos en Alemania; **the ~ of the disease was swift**

la enfermedad avanzó rápidamente, el desarrollo *or* la evolución de la enfermedad fue veloz; **to follow the ~ of a disease** seguir* el curso *or* el desarrollo *or* la evolución de una enfermedad; (*before n*): **~ chaser** (BrE) (Ind) *encargado de supervisar el cumplimiento de un programa de trabajo*; **~ report** (Adm, Busn) informe *m* sobre el avance *or* la marcha de los trabajos

B **in progress**: **talks are in ~ between the two parties** los dos partidos están manteniendo conversaciones; **the concert was already in ~** el concierto ya había comenzado; **S silence: examination in progress** silencio: examen

C (forward movement) avance *m*; **the bad weather halted their ~** el mal tiempo impidió su avance; **to make ~** avanzar*

progress² /prə'gres/ *vi* **1** (advance) ‹‹*work/science/technology*›› progresar, avanzar*, adelantar; **how is your new house ~ing?** ¿qué tal va la construcción de la casa?; **as the talks ~ed** a medida que iban avanzando *or* desarrollándose las conversaciones; **as the evening ~ed** a medida que pasaban las horas; **she quickly ~ed up the scale** rápidamente fue escalando posiciones (en el escalafón); **I never ~ed beyond elementary calculus** nunca pasé del cálculo elemental **2** (improve) ‹‹*patient*›› mejorar; **his Spanish is ~ing** va adelantando *or* haciendo progresos en español

progression /prə'greʃən/ *n* **1** [u c] (advance) evolución *f*; **her ~ from popular to classical music** su evolución de la música popular a la clásica; **it was a natural ~ for her to go on to higher education** para ella era un paso natural pasar a cursar estudios superiores; **his ~ up the scale** su ascenso en el escalafón **2** [c] (Math, Mus) progresión *f*

progressive¹ /prə'gresɪv/ *adj*

A ‹*attitude/thinker/measure*› progresista; **a ~ school** (Educ) una escuela activa

B (steadily increasing) ‹*deterioration/improvement*› progresivo

C (Ling) continuo

progressive² *n* progresista *mf*

progressively /prə'gresɪvli/ *adv*: **they became ~ disillusioned** se fueron desilusionando cada vez más; **his addiction has become ~ worse** su adicción se ha vuelto progresivamente más seria *or* se ha vuelto cada vez más seria; **she has moved ~ to the right in her views** se ha vuelto cada vez más derechista

progressivism /prə'gresɪvɪzəm/ *n* [u] progresismo *m*

progressivist /prə'gresəvəst || prə'gresəvɪst/ *adj* progresista

prohibit /prəʊ'hɪbɪt || prə'hɪbɪt/ *vt* **1** (forbid) prohibir*; **fishing in the lake is ~ed** está prohibido *or* se prohíbe pescar en el lago; **to ~ sb FROM -ING** prohibirle* a algn + INF; **the regulations ~ me from disclosing the results** el reglamento me prohíbe dar a conocer los resultados **2** (prevent) impedir*; **to ~ sb FROM -ING**: **the cost ~s many people from receiving treatment** el costo impide que mucha gente tenga acceso al tratamiento, el costo hace que el tratamiento resulte prohibitivo para mucha gente

prohibition /ˌprəʊə'bɪʃən || ˌprəʊhɪ'bɪʃən/ *n* **1** [u] (act) prohibición *f* **2** [c] (ban) prohibición *f*; **they placed a ~ on the importation of luxury goods** prohibieron la importación de artículos suntuarios **3** **Prohibition** (in US history) (*no art*) la Ley seca, la Prohibición

> **Prohibition**
>
> El período desde 1919 a 1933, durante el cual estaba prohibido en EEUU fabricar o vender alcohol o bebidas alcohólicas. La prohibición fue una medida muy impopular y resultaba demasiado oneroso hacer cumplir la ley. Por otra parte, hizo ganar una fortuna a gángsters como Al Capone que fabricaban y vendían alcohol en forma clandestina.

prohibitionist, Prohibitionist /ˌprəʊə'bɪʃnəst || ˌprəʊhɪ'bɪʃənɪst/ *n* (in US history) *partidario de la Prohibición*

prohibitive /prəʊ'hɪbətɪv || prə'hɪbətɪv/ *adj* ‹*price/cost*› prohibitivo; **the time involved is ~** el tiempo que requiere lo hace prohibitivo

prohibitively /prəʊ'hɪbətɪvli || prə'hɪbɪtɪvli/ *adv* prohibitivamente

prohibitory /prəʊ'hɪbətɔːri || prə'hɪbətəri/ *adj*

A ‹*regulation/law*› prohibitivo, prohibitorio

B ‹*price/cost*› prohibitivo

project¹ /'prɑːdʒekt || 'prɒdʒekt/ *n* **1** (scheme) proyecto *m*; (*before n*): **~ manager** director, -tora *m,f* de proyecto **2** (Educ) trabajo *m* **3** (*housing ~*) (in US) complejo *m* de viviendas subvencionadas

project² /prə'dʒekt/ *vt*

A **1** ‹*beam/shadow/image*› proyectar; **he ~ed the slides onto the wall** proyectó las diapositivas en la pared **2** (convey) ‹*personality/image/voice*› proyectar; **he doesn't ~ himself very well** no sabe presentarse *or* proyectarse **3** (Psych) **to ~ sth (ONTO sb/sth)** proyectar algo (EN algn/algo)

B (impel) (frml) ‹*missile*› lanzar*, proyectar; **upon impact they were ~ed forward** salieron proyectados *or* despedidos hacia adelante con el impacto

C **1** (extrapolate) ‹*expenditure/costs/trends*› hacer* una proyección de, extrapolar **2** (forecast) pronosticar*; **the final cost greatly exceeded the ~ed figure** el costo final sobrepasó en mucho la cifra prevista

D (Math) proyectar

■ **project** *vi* **1** (jut out) sobresalir*; **the land ~s out into the sea** la tierra se adentra en el mar **2** (come across) ‹‹*actor/orator*›› proyectarse

projected /prə'dʒektəd || prə'dʒektɪd/ *adj* proyectado; **he cancelled his ~ visit** canceló la visita que tenía proyectada *or* planeada; **the ~ route runs through ...** según los planes *or* según está previsto, la ruta pasaría por ...

projectile /prə'dʒektl || prə'dʒektaɪl/ *n* proyectil *m*

projection /prə'dʒekʃən/ *n*

A **1** [u] (of image, slide) proyección *f*; (*before n*): **~ booth** *o* **room** cabina *f* de proyección **2** [u] (Psych) proyección *f*

B [c] (forecast) proyección *f*, pronóstico *m*, extrapolación *f*

C [c] **1** (Math) proyección *f* **2** (*map ~*) proyección *f*

D [c] (protuberance) saliente *f or m*

projectionist /prə'dʒekʃənəst || prə'dʒekʃənɪst/ *n* operador, -dora *m,f*, proyeccionista *mf*

projector /prə'dʒektər || prə'dʒektə(r)/ *n* proyector *m*

prolapse /'prəʊlæps/ *n* [u c] prolapso *m*; **~ of the womb** prolapso *m* de útero

prolapsed /ˌprəʊ'læpst/ *adj*: **~ uterus** prolapso *m* de útero; **~ disc** hernia *f* de disco

prole /prəʊl/ *n* (esp BrE colloq) proletario, -ria *m,f*, proleta *mf* (fam); **the ~s** la plebe (fam), los proletas (fam)

proletarian¹ /ˌprəʊlə'terian || ˌprəʊlə'teəriən/ *adj* proletario

proletarian² *n* proletario, -ria *m,f*

proletariat /ˌprəʊlə'teriət || ˌprəʊlə'teəriət/ *n*: **the ~** el proletariado

pro-life /prəʊ'laɪf/ *adj* pro-vida

pro-lifer /prəʊ'laɪfər || prəʊ'laɪfə(r)/ *n* defensor, -sora *m,f* de la vida humana

proliferate /prə'lɪfəreɪt/ *vi* proliferar

proliferation /prəˌlɪfə'reɪʃən/ *n* [u c] (*no pl*) proliferación *f*; **nuclear ~** proliferación de armas nucleares

prolific /prə'lɪfɪk/ *adj* **1** (Biol) prolífico **2** ‹*author/artist*› prolífico

prolix /prəʊ'lɪks, 'prəʊlɪks || 'prəʊlɪks/ *adj* (frml) prolijo

prologue, (AmE also) **prolog** /'prəʊlɔːg || 'prəʊlɒg/ *n* **~ (TO sth)** prólogo *m* (DE algo)

prolong /prə'lɔːŋ || prə'lɒŋ/ *vt* ‹*conversation/visit/meeting*› prolongar*, alargar*, extender*; ‹*suspense*› prolongar*; **to ~ sb's life** prolongarle* *or* alargarle* la vida a algn

prolongation /ˌprəʊlɔːŋ'geɪʃən || ˌprəʊlɒŋ'geɪʃən/ *n* [c u] prolongación *f*

prolonged /prə'lɔːŋd || prə'lɒŋd/ *adj* prolongado

prom /prɑːm || prɒm/ ▸ **Proms** *n* **1** (ball) (in US) (colloq) baile *m* del colegio (*or* de la facultad *etc*) **2** (esplanade) (BrE colloq) ▸ **promenade¹** **A** **3** *also* **Prom** (in UK) (Mus) *concierto en el que parte del público está de pie*

> **Proms**
>
> Una serie de conciertos de música clásica que tienen lugar, en el *Albert Hall* de Londres, todos los años, en el verano. Fueron iniciados en 1895, por Sir Henry Wood y su nombre es la forma abreviada de "promenade concerts", es decir conciertos durante los cuales el público permanece de pie en una zona de la sala donde se han quitado los asientos. Los *Proms* se prolongan durante ocho semanas.

promenade¹ /ˌprɑːmə'neɪd, -'nɑːd || 'prɒmənɑːd, -neɪd/ *n*

A **1** (at seaside) (esp BrE) paseo *m* marítimo, malecón *m* (AmL), rambla *f* (Méx, RPl), costanera *f* (CS) **2** (stroll) (liter) paseo *m*; (*before n*): **~ deck** cubierta *f* de paseo

B (AmE) **1** (in square dancing) *figura de baile en la que las parejas dan una vuelta alrededor de la pista*, ≈ paseíto *m* (CS) **2** ▸ **prom 1**

promenade² *vi* **1** (stroll) pasear(se) **2** (in square dancing) dar* una vuelta (*alrededor de la pista*)

promenade concert *n* (BrE frml) ▸ **prom 3**

promenader /ˌprɑːmə'neɪdər, -'nɑːdər || ˌprɒmə'nɑːdə(r), -'neɪdə(r)/ *n* paseante *mf*

Prometheus /prə'miːθiəs/ *n* Prometeo

prominence /'prɑːmənəns || 'prɒmɪnəns/ *n* **1** [u] (conspicuousness) prominencia *f*; **they are printed in bold type to give them ~** están en negrita para que destaquen **2** [u] (eminence, importance) importancia *f*, prominencia *f*; **to come to ~** adquirir* importancia; **to have ~** tener* importancia; **to give ~ to sth** hacer* resaltar algo **3** [c] (small hill) (frml) loma *f*, prominencia *f*

prominent /'prɑːmənənt || 'prɒmɪnənt/ *adj* **1** (conspicuous) ‹*position*› destacado, prominente **2** (important) ‹*role/politician*› prominente, destacado, importante; **she was ~ in the campaign** desempeñó un papel prominente *or* destacado *or* importante en la campaña; **he was ~ in literary circles** era una figura destacada en el ambiente literario **3** ‹*jaw/nose*› prominente **4** ‹*ridge/ledge*› prominente, saliente

prominently /'prɑːmənəntli || 'prɒmɪnəntli/ *adv* **1** (conspicuously): **it was ~ displayed** estaba expuesto muy a la vista, ocupaba un lugar prominente *or* destacado **2** (importantly): **he figured ~ in the negotiations** desempeñó un papel prominente *or* importante *or* destacado en las negociaciones

promiscuity /ˌprɑːməs'kjuːəti || ˌprɒmɪ'skjuːəti/ *n* [u] promiscuidad *f*

promiscuous /prə'mɪskjuəs/ *adj* **1** (sexually) promiscuo **2** (indiscriminate) (frml) promiscuo

promiscuously /prə'mɪskjuəsli/ *adv* promiscuamente

promiscuousness /prə'mɪskjuəsnəs || prə'mɪskjuːəsnɪs/ *n* [u] ▸ **promiscuity**

promise¹ /'prɑːməs || 'prɒmɪs/ *n*

A [c] (pledge) promesa *f*; **he made a ~ that he would return** prometió que volvería; **I'll see what I can do, but I can't make any ~s** veré lo que puedo hacer, pero no puedo prometer nada; **to keep one's ~** cumplir (con) su (*or* mi *etc*) promesa; **you broke your ~** no cumpliste (con) tu promesa, faltaste a *or* rompiste tu promesa

B [u] (grounds for hope): **his work was full of** *o* **showed a lot of ~** su trabajo prometía mucho *or* era muy prometedor; **a runner who shows ~** un corredor que promete, un corredor prometedor; **the discovery held out the ~ of an eventual cure** el descubrimiento daba esperanzas de que se llegaría a encontrar una cura; **he didn't live up to his early ~** no estuvo a la altura de lo que prometía en un comienzo *or* de lo que se esperaba de él

promise² *vt*

A (pledge) prometer; **to ~ sb sth, to ~ sth TO sb** prometerle algo A algn; **they got the money**

P

∼d them recibieron el dinero (que les habían) prometido; **he ∼d himself a holiday** se prometió tomarse unas vacaciones; **they have been ∼d help** se les ha prometido ayuda; **she ∼d them (that) she wouldn't tell anybody** les prometió que no se lo diría a nadie; **I ∼d myself (that) I wouldn't let it happen again** me hice el firme propósito de que no volvería a suceder; **to ∼ to + INF** prometer + INF *or* prometer QUE + IND; **he ∼d to write every day** prometió escribir *or* que escribiría todos los días; **∼ not to tell anybody!** prométeme que no se lo dirás a nadie; **the P∼d Land** la Tierra Prometida *or* de Promisión

B (give indication of) prometer; **it ∼s to be an exciting week** promete ser una semana emocionante

■ **promise** *vi* prometer; (swear) jurar; **I did, I ∼!** ¡lo hice, te lo juro!; **I won't laugh, I ∼** no me voy a reír, te lo prometo; **but you ∼d!** ¡pero si me (*or* nos *etc*) lo prometiste!

promising /ˈprɑːməsɪŋ || ˈprɒmɪsɪŋ/ *adj* ‹*pupil/writer/career*› prometedor; ‹*future*› halagüeño, que promete; **it doesn't sound very ∼** no parece ser muy prometedor

promisingly /ˈprɑːməsɪŋli || ˈprɒmɪsɪŋli/ *adv* de manera prometedora; **the novel starts ∼ enough** el comienzo de la novela es bastante prometedor

promissory note /ˈprɑːməsɔːri || ˈprɒmɪsəri/ *n* pagaré *m*

promo /ˈprəʊməʊ/ *n* **1** (pop video) video *m or* (Esp) vídeo *m* promocional *or* de promoción **2** (AmE) (Rad, TV) anuncio *m* **3** (publicity campaign) (BrE) promoción *f*

promontory /ˈprɑːməntɔːri || ˈprɒməntri/ *n* (*pl* **-ries**) promontorio *m*

promote /prəˈməʊt/ *vt*

A **1** (raise in rank) ‹*employee*› ascender*; ‹*officer/public employee*› ascender*, promover*; **he was ∼d (to) supervisor/colonel** lo ascendieron a supervisor/coronel **2** (AmE) (Educ) promover*; **she was ∼d to fifth grade** pasó *or* fue promovida a quinto **3** (BrE) (Sport): **United were ∼d to the Second Division** United subió *or* ascendió a segunda división

B **1** (encourage) ‹*research/good relations*› promover*, fomentar, potenciar; ‹*peace/free trade*› promover*, fomentar; ‹*growth*› estimular **2** (advocate) promover*

C **1** ‹*product/service*› promocionar, dar(le)* publicidad a; **a tour to ∼ their latest album** una gira para dar(le) publicidad a *or* para promocionar su último álbum **2** ‹*concert/boxing match*› organizar*

promoter /prəˈməʊtər || prəˈməʊtə(r)/ *n* **1** (Busn) promotor, -tora *m,f* **2** (Sport) empresario, -ria *m,f*

promotion /prəˈməʊʃən/ *n*

A [u c] **1** (advancement in rank) ascenso *m*; (of officer, public employee) ascenso *m*, promoción *f*; **she got** *o* **was given ∼** la ascendieron, le dieron un ascenso; (*before n*): **∼ prospects** perspectivas *fpl* de ascenso **2** (Sport) ascenso *m*, promoción *f*

B [u] **1** (of research, peace, trade) promoción *f*, fomento *m* **2** (advocacy) promoción *f*

C **1** [u] (publicity) promoción *f*, publicidad *f*, propaganda *f*; (*before n*): **∼ drive** campaña *f* de promoción **2** [c] (campaign) promoción *f*, campaña *f* publicitaria *or* de promoción

promotional /prəˈməʊʃnəl || prəˈməʊʃənl/ *adj* de promoción, promocional, publicitario

promotions manager *n* jefe, -fa *m,f or* director, -tora *m,f* de promoción

prompt¹ /prɑːmpt || prɒmpt/ *vt*

A ‹*response/outcry/departure*› provocar*, dar* lugar a; **the incident ∼ed fears of a backlash** el incidente hizo temer una reacción violenta; **she was ∼ed by a desire for revenge** la animaba *or* empujaba el deseo de vengarse; **to ∼ sb to + INF** mover* *or* (frml) inducir* a algn A + INF; **hearing the news, I was ∼ed to write a letter of protest** la noticia me movió *or* (frml) me indujo a escribir una carta de protesta; **what ∼ed you to do that?** ¿qué fue lo que te movió a hacer eso?

B ‹*actor/orator*› **she ∼ed him** le apuntó *or* (fam) le sopló lo que tenía que decir

prompt² *adj* **-er, -est** ‹*delivery/reply*› rápido, pronto; **he must receive ∼ treatment** se lo debe tratar inmediatamente *or* sin demora; **they are usually ∼ in replying to my letters/in their payments** normalmente contestan mis cartas enseguida/pagan puntualmente; **∼ payment would be appreciated** se agradece la prontitud en el pago

prompt³ *adv* (BrE): **at ten o'clock ∼** a las diez en punto; **she turned up ∼ at three** llegó puntualmente a las tres

prompt⁴ *n* **1** (reminder) apunte *m*; **I had to give him a ∼** tuve que apuntarle *or* (fam) soplarle lo que tenía que decir **2** (prompter) (colloq) apuntador, -dora *m,f* **3** (Comput) presto *m*, mensaje *m* al operador

prompter /ˈprɑːmptər || ˈprɒmptə(r)/ *n* apuntador, -dora *m,f*; **∼'s box** concha *f* del apuntador

prompting /ˈprɑːmptɪŋ || ˈprɒmptɪŋ/ *n* [u] **she left without much ∼** se fue *or* se marchó de propia iniciativa; **after some ∼ he made a contribution** después de algunas insinuaciones contribuyó

promptly /ˈprɑːmptli || ˈprɒmptli/ *adv* **1** (on time) puntualmente; **the meeting started ∼ at six** la reunión empezó puntualmente a las seis **2** ‹*pay/deliver*› sin demora, rápidamente, con prontitud **3** (instantly) de inmediato, inmediatamente

promptness /ˈprɑːmptnəs || ˈprɒmptnɪs/ *n* [u] (speed) prontitud *f*, rapidez *f*; (punctuality) puntualidad *f*

prompt-note /ˈprɑːmptnəʊt || ˈprɒmptnəʊt/ *n* aviso *m* de pago, recordatorio *m* de pago

promulgate /ˈprɑːmlgeɪt || ˈprɒməlgeɪt/ *vt* (frml) **1** ‹*law*› promulgar* **2** ‹*idea/doctrine*› divulgar*

promulgation /ˌprɑːmlˈgeɪʃən || ˌprɒməlˈgeɪʃən/ *n* [u] (frml) **1** (of law, decree) promulgación *f* **2** (of idea, doctrine) divulgación *f*

prone¹ /prəʊn/ *adj*

A (liable, disposed) (*pred*) **to be ∼ TO sth/-ING/to + INF**: **the group most ∼ to heart attack** el grupo más propenso *or* proclive a los infartos; **she is ∼ to exaggeration/to making stupid remarks** es propensa *or* tiene tendencia a exagerar/a decir estupideces; **they were ∼ to believe anything you told them** tenían tendencia a creerse todo lo que les decían

B (face downward) (tendido) boca abajo, decúbito prono *adj inv* (frml)

prone² *adv* boca abajo, decúbito prono (frml)

prong /prɔːŋ || prɒŋ/ *n* diente *m*, punta *f*; **the two ∼s of the attack** los dos flancos del ataque

-pronged /prɔːŋd || prɒŋd/ *suff*: **a three∼ fork** un tenedor de tres dientes; **a two∼ attack** un ataque sobre dos flancos

pronghorn /ˈprɔːŋhɔːrn || ˈprɒŋhɔːn/ *n* (*pl* **∼s** *or* **∼**) antilocapra *f*

pronominal /prəʊˈnɑːmənl || prəʊˈnɒmɪnl/ *adj* pronominal

pronoun /ˈprəʊnaʊn/ *n* pronombre *m*; **personal ∼** pronombre personal

pronounce /prəˈnaʊns/ *vt* **1** ‹*sound/word/syllable*› pronunciar; **the 'e' is not ∼d** la 'e' no se pronuncia *or* es muda **2** ‹*judgment/sentence*› pronunciar, dictar **3** (declare) (frml): **the doctor ∼d him dead** el médico dictaminó que estaba muerto; **she tasted it and ∼d it excellent** lo probó y declaró que era excelente *or* su dictamen fue que era excelente; **he ∼d himself satisfied** se manifestó satisfecho

■ **pronounce** *vi* (deliver verdict) (frml) **to ∼ (ON sth)** pronunciarse (SOBRE algo)

pronounceable /prəˈnaʊnsəbəl/ *adj* pronunciable; **his name is easily ∼ for foreigners** su nombre es fácil de pronunciar para los extranjeros

pronounced /prəˈnaʊnst/ *adj* pronunciado, acusado, marcado

pronouncement /prəˈnaʊnsmənt/ *n* declaración *f*, dictamen *m*

pronto /ˈprɑːntəʊ || ˈprɒntəʊ/ *adv* (colloq) volando (fam), corriendo (fam)

pronuclear /prəʊˈnuːkliər || prəʊˈnjuːkliə(r)/ *adj* pronuclear

pronunciation /prəˌnʌnsiˈeɪʃən/ *n* [u] pronunciación *f*

proof¹ /pruːf/ *n*

A **1** [u c] (conclusive evidence) prueba *f*; **where's your ∼?** ¿qué pruebas tienes?; **we have no ∼ of that** no tenemos prueba(s) de eso; **you'll need ∼ of identity** necesitará un documento de identidad, necesitará algo que acredite su identidad; **∼ positive** prueba concluyente; **as a ∼ of** como prueba de; **by way of ∼** como prueba; **∼ of purchase** comprobante *m or* prueba de compra **2** [c] (test) (liter) prueba *f*; **to put sth to the ∼** poner* algo a prueba; ***the ∼ of the pudding is in the eating*** no se sabe si algo es bueno hasta que se lo pone a prueba; ***we shall see, the ∼ of the pudding is in the eating*** ya se verá a la hora de la verdad **3** [c] (Math) prueba *f*

B [c] **1** (Print) prueba *f* (de imprenta); (*before n*): **∼ copy** ejemplar *f* de prueba; **∼ stage** fase *f* de lectura de pruebas **2** (Phot) prueba *f*

C [u] (alcoholic strength) graduación *f* alcohólica (*nótese que el sistema británico difiere del norteamericano*); **70 ∼** (American system) ≈ 35% de alcohol *or* 35° (GL); **70 degrees ∼** (British system) ≈ 40% de alcohol *or* 40° (GL); **under ∼** ▸ **underproof**

proof² *adj* (*pred*) **to be ∼ AGAINST sth** ser* a prueba DE algo; **the shields are ∼ against most projectiles** los escudos son a prueba de la mayoría de los proyectiles; **she was ∼ against his flattery** era inmune *or* no era vulnerable a sus halagos

proof³ *vt* impermeabilizar*

-proof /pruːf/ *suff*: **bomb∼** a prueba de bombas; *see also* **childproof**, **foolproof** *etc*

proofmark /ˈpruːfmɑːrk || ˈpruːfmɑːk/ *n* signo *m* de corrección de pruebas

proofread /ˈpruːfriːd/ (*past & past p* **-read** /-red/) *vt* corregir*

■ **proofread** *vi* corregir* pruebas

proofreader /ˈpruːfˌriːdər || ˈpruːfˌriːdə(r)/ *n* corrector, -tora *m,f* de pruebas

proofreading /ˈpruːfˌriːdɪŋ/ *n* [u] corrección *f* de pruebas

prop¹ /prɑːp || prɒp/ *n*

A (holding up roof etc) puntal *m*; **she was his ∼ in times of crisis** ella era su apoyo *or* sostén en momentos de crisis

B (Cin, Theat) accesorio *m*, objeto *m* de utilería *or* (Esp, Méx) del attrezzo; **he uses his hat as a comic ∼** se vale del sombrero como elemento cómico; **she's in charge of ∼s** está a cargo de la utilería *or* (Esp, Méx) del attrezzo; (*before n*): **∼ o ∼s department** utilería *f or* (Esp, Méx) attrezzo *m*

C (in rugby) pilar *mf*

D (Aviat) (sl) hélice *f*

prop² **-pp-** *vt* **to ∼ sth AGAINST sth** apoyar algo EN *or* CONTRA algo; **it was ∼ped against the wall** estaba apoyado en *or* contra la pared; **the door was ∼ped open with a brick** un ladrillo mantenía la puerta abierta

Phrasal verb

• **prop up** [v + o + adv, v + adv + o] **1** (support) ‹*wall/building*› sostener*, apuntalar **2** (lean) apoyar; **he was ∼ped up in bed** estaba recostado en la cama; **I ∼ped the bicycle up against the wall** apoyé la bicicleta contra la pared **3** ‹*regime*› apoyar, ayudar a mantener en el poder; **the company is being ∼ped up by government loans** la compañía se mantiene a flote gracias a préstamos del gobierno; **they bought shares to ∼ up the price** compraron acciones para mantener la cotización *or* para evitar que bajara la cotización

prop. (Busn) ▸ **proprietor**

propaganda /ˌprɑːpəˈgændə || ˌprɒpəˈgændə/ *n* [u] propaganda *f*; (*before n*) ‹*campaign/war*› de propaganda; **∼ material** propaganda *f*; **it was used for ∼ purposes** lo usaron con fines propagandísticos

propagandist¹ /ˌprɑːpəˈgændəst || ˌprɒpəˈgændɪst/ *n* propagandista *mf*

propagandist² *adj* propagandístico

propagate /ˈprɑːpəgeɪt || ˈprɒpəgeɪt/ *vt* **1** ‹*species/race*› propagar*; ‹*disease*› propagar*

p

2▸ (Hort) propagar* (*crear nuevas plantas mediante injertos, esquejes etc*) 3▸ ‹*idea/belief/rumor*› propagar*, difundir 4▸ ‹*sound/radio waves*› transmitir

■ **propagate** *vi* «*plant/species*» propagarse*

propagation /ˌprɑːpəˈɡeɪʃən || ˌprɒpəˈɡeɪʃən/ *n* [u] 1▸ (Biol, Hort, Phys) propagación *f* 2▸ (of belief, rumor) propagación *f*, difusión *f*

propagator /ˈprɑːpəɡeɪtər || ˈprɒpəɡeɪtə(r)/ *n*
A (for seeds) propagador *m*
B (of ideas, theories) propagador, -dora *m,f*

propane /ˈprəʊpeɪn/ *n* [u] propano *m*

propel /prəˈpel/ *vt* **-ll-** 1▸ ‹*plane/ship*› propulsar, impulsar; **to ~ sb toward disaster** llevar *or* conducir* a algn hacia el desastre; **to ~ oneself** lanzarse* 2▸ (throw) lanzar*

propellant /prəˈpelənt/ *n* [u c] 1▸ (rocket fuel) propergol *m* 2▸ (in aerosol) propelente *m*

propeller /prəˈpelər || prəˈpelə(r)/ *n* hélice *f*; (*before n*): **~ blade** pala *m or* aspa *f‡* de la hélice; **~ shaft** (Auto) árbol *m* de transmisión; (Aviat, Naut) árbol *m* de hélice

propeller-head /prəˈpelərhed || prəˈpelehed/ *n* (colloq) obseso, -sa *m,f* de la tecnología (fam)

propelling pencil /prəˈpelɪŋ/ *n* (BrE) portaminas *m*, lapicero *m*, lápiz *m* mecánico *or* de mina, lanzaminas *m* (Arg)

propensity /prəˈpensəti/ *n* (*pl* **-ties**) (frml) **~ (TO sth)** propensión *f* (A algo); **he has a ~ to exaggerate** tiene propensión a exagerar, tiende *or* es dado a exagerar

proper¹ /ˈprɑːpər || ˈprɒpə(r)/ *adj*
A (correct) (*before n, no comp*) ‹*treatment/procedure*› apropiado, adecuado; ‹*answer/pronunciation*› correcto; **it's not in its ~ place** no está en su sitio *or* lugar; **that's not the ~ way to pronounce it** así no se pronuncia, ésa no es la pronunciación correcta; **the ~ tool for the job** la herramienta adecuada *or* apropiada para el trabajo; **this isn't the ~ moment to talk about that** éste no es el momento más indicado *or* oportuno para hablar de eso; **the ~ respect** el debido respeto
B (*before n, no comp*) 1▸ (genuine) verdadero; **they didn't give us a ~ chance** no nos dieron una verdadera oportunidad; **she never has a ~ meal** nunca hace una comida como es debido *or* como Dios manda 2▸ (BrE colloq) (*as intensifier*) verdadero, auténtico; **he's a ~ gent** es todo un caballero
C 1▸ ‹*behavior/person*› correcto; **we shall do as we think ~** haremos lo que nos parezca bien *or* correcto; **it is only (right and) ~ that he should have first choice** lo justo es que elija él primero; **I thought it ~ to ask your permission** me pareció que lo correcto era pedirle permiso 2▸ (overly decorous) recatado, remilgado
D 1▸ (in the strict sense) (*after n*) propiamente dicho; **we had still not reached the mountain ~** todavía no habíamos llegado a la montaña propiamente dicha 2▸ (Math): **~ fraction** fracción *f* propia 3▸ (belonging) (frml) (*pred*) **to be ~ TO sth** ser* propio DE algo

proper² *adv* (BrE) 1▸ (correctly) (colloq) como Dios manda 2▸ (dial) (*as intensifier*): **I was ~ chuffed, I was!** estaba contentísimo

properly /ˈprɑːpərli || ˈprɒpəli/ *adv* 1▸ ‹*write/spell*› correctamente, bien; ‹*fitted/adjusted*› correctamente, debidamente, bien; ‹*work/concentrate/eat*› bien, como es debido; **start again and do it ~** hazlo de nuevo como es debido *or* como Dios manda 2▸ (appropriately) apropiadamente, adecuadamente; **they don't pay us ~ for the work we do** no nos pagan lo que corresponde por el trabajo que hacemos; **his poetry isn't ~ appreciated** su poesía no se valora lo suficiente 3▸ (accurately, correctly): **he is more ~ known as the director of operations** el nombre correcto de su cargo es director de operaciones; **they very ~ complained about the quality** se quejaron, con toda la razón, de la calidad; **~ speaking, the tomato is a fruit** hablando con propiedad *or* para ser exactos el tomate es una fruta 4▸ (in seemly manner) correctamente, con corrección; **very ~, he asked for a deposit** con mucha corrección *or* de muy buenas maneras le pidió un depósito 5▸ (*as intensifier*) (BrE colloq) totalmente

proper name, proper noun *n* nombre *m* propio

propertied /ˈprɑːpərtid || ˈprɒpətid/ *adj* (*before n*) dueño de bienes raíces, adinerado, acaudalado

property /ˈprɑːpərti || ˈprɒpəti/ *n* (*pl* **-ties**)
A [u] 1▸ (possessions) propiedad *f*; **these vehicles are the ~ of the government** estos vehículos son propiedad del gobierno; **whose ~ is it?** ¿de quién es?, ¿a quién pertenece?; **don't damage other people's ~** no dañes las cosas ajenas; **it's my personal ~** es mío *or* (frml) de mi propiedad; **the government is selling off public ~** el gobierno está vendiendo bienes públicos; **the news has become public ~** la noticia es ya del dominio público; **a man of ~** un propietario acaudalado *or* adinerado 2▸ (ownership) propiedad *f*
B 1▸ [u] (buildings, land) propiedades *fpl*, bienes *mpl* raíces *or* inmuebles (frml); (*before n*): **~ developer** promotor inmobiliario, promotora inmobiliaria *m,f*; **~ insurance** seguro *m* inmobiliario *or* sobre la propiedad; **~ law** derecho *m* inmobiliario; **~ market** mercado *m* inmobiliario; **~ owner** propietario, -ria *m,f*; **~ pages** sección *f* de anuncios *or* (AmL) avisos inmobiliarios; **~ tax** (in US) impuesto *m* sobre la propiedad inmobiliaria 2▸ [c] (building) inmueble *m* (frml); (piece of land) terreno *m*, solar *m*, parcela *f*; **a ~ in need of renovation** un inmueble (frml) (*or* una casa, un apartamento *etc*) que necesita reformas 3▸ [c] (person, book, movie) (journ): **she's the hottest ~ in pop music** es el gran éxito del mundo de la música pop
C [c] (quality) propiedad *f*; **it has medicinal properties** posee propiedades medicinales
D [c] (Cin, Theat) accesorio *m*, objeto *m* de utilería *or* (Esp, Méx) del attrezzo; **properties** utilería *f or* (Esp, Méx), attrezzo *m*

prophecy /ˈprɑːfəsi || ˈprɒfəsi/ *n* [c u] (*pl* **-cies**) profecía *f*, vaticinio *m*

prophesy /ˈprɑːfəsaɪ || ˈprɒfəsaɪ/ **-sies, -sying, -sied** *vt* ‹*event/outcome*› predecir*, vaticinar; (Relig) profetizar*

■ **prophesy** *vi* profetizar*, hacer* profecías

prophet /ˈprɑːfət || ˈprɒfɪt/ *n* profeta, -tisa *m,f*; **the ~s of doom** los catastrofistas *or* agoreros

prophetic /prəˈfetɪk/ *adj* profético

prophetically /prəˈfetɪkli/ *adv* proféticamente

prophylactic¹ /ˌprəʊfəˈlæktɪk, ˌprɑː- || ˌprɒfɪˈlæktɪk/ *adj* profiláctico

prophylactic² *n* 1▸ (Med, Pharm) fármaco *m* profiláctico 2▸ (condom) profiláctico *m* (frml), preservativo *m*, condón *m*

prophylaxis /ˌprəʊfəˈlækses, ˌprɑː- || ˌprɒfɪˈlæksɪs/ *n* [u] profilaxis *f*

propinquity /prəˈpɪŋkwəti/ *n* [u] 1▸ (nearness) (liter) propincuidad *f* (liter), proximidad *f* 2▸ (in genealogy) (frml) consanguinidad *f*, parentesco *m*

propitiate /prəˈpɪʃieɪt/ *vt* propiciar; **to ~ the gods** propiciarse la voluntad de los dioses

propitiation /prəˌpɪʃiˈeɪʃən/ *n* [u] propiciación *f*

propitious /prəˈpɪʃəs/ *adj* ‹*moment/time*› propicio; ‹*omen/augury*› favorable

proponent /prəˈpəʊnənt/ *n* defensor, -sora *m,f*

proportion¹ /prəˈpɔːrʃən || prəˈpɔːʃən/ *n*
A (part) (*no pl*) parte *f*, porcentaje *m*; **a large** *o* **high ~ of the voters** gran parte de los votantes, un gran porcentaje de los votantes; **a ~ of the money raised** parte *or* un porcentaje del dinero recaudado
B [c u] (ratio) proporción *f*; **mix them in the ~ four to three** mézclelos en una proporción de cuatro partes por cada tres; **in equal ~s** por partes iguales; **to vary in direct/inverse ~ with sth** variar* en proporción directa/inversa a algo; **in ~ to sth** en proporción a algo
C [u] (proper relation) proporción *f*; **the head isn't in ~ to the body** la cabeza no está (bien) proporcionada *or* está desproporcionada con respecto al cuerpo; **let's keep things in ~** no exageremos; **to blow sth up out of all ~** exagerar algo desmesuradamente; **you're getting everything out of ~** estás exagerando las cosas *or* (Esp) sacando las cosas de quicio; **his salary is out of all ~ to his talent** su sueldo no guarda proporción con su talento; **he has no sense of ~** es un exagerado
D **proportions** *pl* (size) proporciones *fpl*, dimensiones *fpl*

proportion² *vt*: **~ the model on a scale of 1:100** haz la maqueta a escala 1:100; **the drawing is poorly ~ed** el dibujo está mal proporcionado *or* no está proporcionado; **a perfectly ~ed building** un edificio de proporciones perfectas; **a well-~ed room** una habitación de buenas proporciones

proportional /prəˈpɔːrʃnəl || prəˈpɔːʃənl/ *adj* proporcional; **~ representation** representación *f* proporcional; **to be ~ TO sth** ser* proporcional A algo

proportionally /prəˈpɔːrʃnəli || prəˈpɔːʃənəli/ *adv* proporcionalmente

proportionate /prəˈpɔːrʃnət || prəˈpɔːʃənət/ *adj* proporcional; **to be ~ TO sth** ser* proporcional A algo, estar* en proporción A algo

proportionately /prəˈpɔːrʃnətli || prəˈpɔːʃənətli/ *adv* proporcionalmente; **wages have not risen ~ to the cost of living** los sueldos no han aumentado proporcionalmente *or* en proporción al costo de vida

proposal /prəˈpəʊzəl/ *n* 1▸ [c] (suggestion) propuesta *f*; **to put** *o* **make a ~ to sb** hacerle* una propuesta a algn 2▸ [c] (of marriage) proposición *f or* propuesta *f* matrimonial *or* de matrimonio

propose /prəˈpəʊz/ *vt*
A 1▸ (suggest) proponer*; **to ~ a toast** proponer* un brindis; **do you know what he ~d to me?** ¿sabes qué me propuso?; **to ~ -ING/(THAT)** proponer* QUE + SUBJ; **I ~d giving them more incentives** propuse darles *or* que se les dieran más incentivos; **she ~d that we employ them both** propuso que las contratáramos a las dos; **what do you ~ we do?** ¿qué propones que hagamos? 2▸ **proposed** *past p* **the ~d cuts** los recortes que se proponen implementar, los recortes que se planean 3▸ (in meeting) ‹*amendment*› proponer*; ‹*motion*› presentar, proponer*; **I ~ that the meeting be adjourned** propongo que se levante la sesión; **she ~d Charles as chairman** propuso *or* (AmL tb) postuló a Charles como presidente; **you'll be ~d for membership at the next meeting** se te propondrá como candidato a socio en la próxima reunión
B (intend) **to ~ to + INF, to ~ -ING** pensar* + INF; **what do you ~ to do about it?** ¿qué piensas hacer al respecto?; **I ~ to go back home and wait** pienso volver a casa y esperar; **what do you ~ doing with that old trunk?** ¿qué piensas hacer con ese baúl viejo?

■ **propose** *vi* **to ~ TO sb** proponerle* matrimonio a algn; **he ~d to her** le pidió que se casara con él, le propuso matrimonio

proposer /prəˈpəʊzər || prəˈpəʊzə(r)/ *n* proponente *mf*

proposition¹ /ˌprɑːpəˈzɪʃən || ˌprɒpəˈzɪʃən/ *n*
A 1▸ (suggestion) propuesta *f*, proposición *f*; (offer) oferta *f*; **her ~ that we should work together** su propuesta *or* proposición de trabajar *or* de que trabajemos juntos; **they made me an attractive ~ concerning the house** me hicieron una oferta interesante por la casa 2▸ (sexual) proposición *f* deshonesta (euf), invitación *f* a la cama
B (Phil) proposición *f*; (argument) proposición *f*
C (prospect): **living alone was an inviting ~** le atraía la idea de vivir solo; **it's not a viable ~** no es viable; **that's a different ~** eso ya es otro cantar

proposition² *vt* hacerle* proposiciones deshonestas a (euf), invitar a la cama

propound /prəˈpaʊnd/ *vt* proponer*, presentar, postular

proprietary /prəˈpraɪəteri || prəˈpraɪətri/ *adj*
A (Busn) ‹*device/software/drug*› de marca registrada, patentado; **~ name** *o* **term** marca *f* registrada; **~ product** producto *m* de marca; **~ company** (in Australia, South Africa) sociedad *f* anónima
B ▸**proprietorial**

proprietor /prəˈpraɪətər || prəˈpraɪətə(r)/ *n* propietario, -ria *m,f*, dueño, -ña *m,f*

proprietorial /prəˌpraɪəˈtɔːriəl/ *adj* 1▸ ‹*rights*› de propietario 2▸ ‹*attitude/manner*›

P

de amo y señor; **he came into the office with a ~ air** entró en la oficina con aires de amo y señor del lugar

proprietress /prəˈpraɪətrəs/ *n* propietaria *f*

propriety /prəˈpraɪəti/ *n* **1** [u] (correctness) corrección *f*, decoro *m* **2** **proprieties** *pl* (conventions) convenciones *fpl*, normas *fpl*

propulsion /prəˈpʌlʃən/ *n* [u] propulsión *f*; **jet ~** propulsión a chorro

pro rata[1] /ˌprəʊˈrɑːtə/ *adj* ‹*payment/charge*› prorrateado; **on a ~ ~ basis** a prorrata, proporcionalmente

pro rata[2] *adv* a prorrata, proporcionalmente; **expenses will be charged ~ ~** los gastos se dividirán proporcionalmente *or* se prorratearán

prorate /prəʊˈreɪt/ *vt* (AmE) **1** prorratear **2** **prorated** *past p* prorrateado

prosaic /prəʊˈzeɪɪk/ *adj* prosaico

prosaically /prəʊˈzeɪɪkli/ *adv* prosaicamente

proscenium /prəˈsiːniəm/ *n* proscenio *m*

proscribe /prəʊˈskraɪb || prəˈskraɪb/ *vt* proscribir*

proscription /prəʊˈskrɪpʃən || prəˈskrɪpʃən/ *n* [u c] proscripción *f*

prose /prəʊz/ *n* **1** [u] (Lit) prosa *f*; (*before n*): **~ author** prosista *mf*; **~ style** estilo *m* prosístico; **~ works** obras *fpl* en prosa **2** [c u] (Educ) ejercicio *m* de traducción inversa

prosecute /ˈprɑːsɪkjuːt || ˈprɒsɪkjuːt/ *vt*
A (Law) **to ~ sb FOR sth** procesar *or* enjuiciar a algn POR algo
B (frml) ‹*inquiry/campaign*› llevar a cabo
■ **prosecute** *vi* **1** (bring action) iniciar procedimiento criminal, interponer* una acción judicial **2** (be prosecutor) llevar la acusación; **Johnson, prosecuting, said that ...** Johnson, por la acusación, dijo que ...; **prosecuting attorney** (in US) fiscal *mf*; **prosecuting counsel** (in UK) ▸**prosecutor**

prosecution /ˌprɑːsɪˈkjuːʃən || ˌprɒsɪˈkjuːʃən/ *n*
A (Law) **1** [u] (bringing to trial) interposición *f* de una acción judicial **2** [c] (court case) proceso *m*, juicio *m*; **to bring a ~ against sb** interponer* una acción judicial contra algn; **it's his second ~ for theft** es la segunda vez que lo procesan por robo **3** (prosecuting side): **the ~** la acusación; (*before n*): **~ case** acusación *f*; **~ witness** testigo *mf* de cargo *or* de la acusación
B (of campaign) (frml) prosecución *f*

prosecutor /ˈprɑːsɪkjuːtər || ˈprɒsɪkjuːtə(r)/ *n* fiscal *mf*, acusador, -dora *m,f*; (in private prosecutions) abogado, -da *m,f* de *or* por la acusación *or* la parte querellante

proselyte /ˈprɑːsəlaɪt || ˈprɒsəlaɪt/ *n* prosélito, -ta *m,f*

proselytize /ˈprɑːsələtaɪz || ˈprɒsəlɪtaɪz/ *vt* convertir*; **to try to ~ people** tratar de convertir a la gente, hacer* proselitismo entre la gente
■ **proselytize** *vi* hacer* proselitismo, ganar prosélitos

prosodic /prəˈsɑːdɪk || prəˈsɒdɪk/ *adj* prosódico

prosody /ˈprɑːsədi || ˈprɒsədi/ *n* [u] prosodia *f*

prospect[1] /ˈprɑːspekt || ˈprɒspekt/ *n*
A **1** [u] (possibility) posibilidad *f*; **is there any ~ that you'll finish this afternoon?** ¿hay alguna posibilidad de que termines esta tarde?; **~ OF sth** posibilidades *fpl* DE algo; **there is little ~ of promotion** hay pocas posibilidades de ascenso; **there isn't much ~ of my getting the job** no tengo *or* no hay muchas posibilidades de que me den el trabajo **2** [c] (situation envisaged) perspectiva *f*, panorama *m*; **it isn't an encouraging ~** no es una perspectiva alentadora *or* un panorama alentador; **the ~ of having to start again** la perspectiva de tener que volver a empezar **3** **prospects** *pl* (chances) perspectivas *fpl*; **employment/promotion ~s** perspectivas de empleo/de ascenso; **a young executive with ~s** un joven ejecutivo con perspectivas de futuro *or* con porvenir; **what are the ~s of it being finished on time?** ¿qué perspectivas hay de que se acabe a tiempo?
B [c] **1** (person): **he's a good ~ for the first race** tiene muchas probabilidades de ganar la primera carrera; **he's not a promising ~ as a writer** como escritor no es muy prometedor *or* no promete mucho **2** (potential customer) posible cliente, -ta *m,f*, candidato, -ta *m,f*
C (view) (frml) panorama *m*, vista *f*, perspectiva *f*
D (Min) *lugar donde se espera encontrar algún mineral*

prospect[2] /ˈprɑːspekt || prəˈspekt/ *vi* **to ~ FOR sth** buscar* algo; **we're ~ing for gold** estamos prospectando el terreno en busca de oro, estamos buscando oro
■ **prospect** *vt* ‹*area/river*› prospectar, explorar, catear (AmS)

prospective /prəˈspektɪv/ *adj* (*before n*) **1** (potential) ‹*customer/buyer*› posible, eventual **2** (future) ‹*husband/son-in-law*› futuro; **her ~ trip** el viaje que tiene en perspectiva

prospector /ˈprɑːspektər || prəˈspektə(r)/ *n* prospector, -tora *m,f*, cateador, -dora *m,f* (AmS)

prospectus /prəˈspektəs/ *n* (*pl* **~es**) **1** (Busn) prospecto *m* (*con las condiciones de emisión*) **2** (Educ) folleto *m* informativo

prosper /ˈprɑːspər || ˈprɒspə(r)/ *vi* **1** ‹‹*industry/business*›› prosperar **2** ‹‹*idea/motion*›› prosperar

prosperity /prɑːˈsperəti || prɒˈsperəti/ *n* [u] prosperidad *f*

prosperous /ˈprɑːspərəs || ˈprɒspərəs/ *adj* próspero; **a ~ new year** un próspero año nuevo

prostate (gland) /ˈprɑːsteɪt || ˈprɒsteɪt/ *n* próstata *f*

prosthesis /prɑːsˈθiːsəs || prɒsˈθiːsɪs/ *n* (*pl* **-ses** /-siːz/) prótesis *f*

prosthetic /prɑːsˈθetɪk || prɒsˈθetɪk/ *adj* (*before n*) ‹*limb*› ortopédico; **~ appliance** prótesis *f*

prostitute[1] /ˈprɑːstətuːt || ˈprɒstɪtjuːt/ *n* prostituta *f*; **male ~** prostituto *m*

prostitute[2] *vt* **1** (sexually) prostituir*; **to ~ oneself** prostituirse* **2** ‹*talent/ideals*› prostituir*; **she ~d her talent for fame** prostituyó su talento para alcanzar la fama; **to ~ oneself** prostituirse*

prostitution /ˌprɑːstəˈtuːʃən || ˌprɒstɪˈtjuːʃən/ *n* [u] prostitución *f*

prostrate[1] /ˈprɑːstreɪt || ˈprɒstreɪt/ *adj* postrado; **he fell ~ before the emperor** se postró ante el emperador; **he was ~ with exhaustion** estaba postrado de cansancio; **she is ~ with grief** está totalmente abatida por la pena

prostrate[2] /ˈprɑːstreɪt || prɒˈstreɪt/ *vt* ‹‹*illness*›› postrar; **the punch ~d him** el golpe lo tumbó
■ *v refl*: **to ~ oneself** postrarse

prostration /prɑːˈstreɪʃən || prɒˈstreɪʃən/ *n* **1** [u c] (in humility) postración *f* **2** [u] (from exhaustion) postración *f*, abatimiento *m*

prosy /ˈprəʊzi/ *adj* **-sier, -siest** pedestre y aburrido

protagonist /prəʊˈtægənəst || prəˈtægənɪst/ *n* **1** (Lit) protagonista *mf* **2** (of a cause) (frml) defensor, -sora *m,f*

protean /ˈprəʊtiən ˌprəʊˈtiːən/ *adj* (liter) proteico (liter)

protect /prəˈtekt/ *vt* ‹*person/animal*› proteger*; ‹*rights/interests*› proteger*, salvaguardar; **to ~ sth/sb FROM/AGAINST sth/sb** proteger* algo/a algn DE/CONTRA algo/algn; **to ~ tenants from unscrupulous landlords** proteger* a los inquilinos de los propietarios sin escrúpulos; **it ~s you against colds** te protege contra los resfriados; **a ~ed species** una especie protegida
■ **protect** *vi* **to ~ (FROM/AGAINST sth)** proteger* (DE/CONTRA algo)

protection /prəˈtekʃən/ *n* **1** [u] (act, state) **~ (FROM/AGAINST sb/sth)** protección *f* (CONTRA algn/algo); **police ~** protección policial; **to be under sb's ~** estar* bajo la protección de algn; (*before n*): **~ money** *dinero que se paga al chantajista para que no cause daños en un comercio*; **~ racket** chantaje *m* (*que se practica a propietarios de comercios*) **2** (safeguard) (*no pl*) **~ (AGAINST sth)** protección *f* (CONTRA algo)

protectionism /prəˈtekʃənɪzəm/ *n* [u] proteccionismo *m*

protectionist[1] /prəˈtekʃənəst || prəˈtekʃənɪst/ *adj* proteccionista

protectionist[2] *n* proteccionista *mf*

protective /prəˈtektɪv/ *adj* **1** ‹*headgear/covering*› protector; ‹*clothing*› de protección; **~ custody** *detención de una persona para su propia protección* **2** ‹*attitude/feelings*› protector; **he feels ~ toward them** tiene una actitud protectora para con ellos

protectively /prəˈtektɪvli/ *adv* de manera protectora

protective order *n* (Law) orden *f* de alejamiento

protector /prəˈtektər || prəˈtektə(r)/ *n*
A **1** (person) protector, -tora *m,f* **2** (object) protector *m*; **chest ~** peto *m*, chaleco *m* protector
B (ruler) regente *mf*

protectorate /prəˈtektərət/ *n* protectorado *m*; **the P~** (Hist) el Protectorado de Cromwell

protégé /ˈprəʊtəʒeɪ || ˈprɒtəʒeɪ/ *n* protegido, -da *m,f*

protégée /ˈprəʊtəʒeɪ || ˈprɒtəʒeɪ/ *n* protegida *f*

protein /ˈprəʊtiːn/ *n* [c u] proteína *f*; (*before n*) ‹*content*› proteínico

protein-rich /ˌprəʊtiːnˈrɪtʃ/ *adj* rico en proteínas

pro tem[1] /ˌprəʊˈtem/ *adv* por el momento

pro tem[2] *adj* interino

proteome /ˈprəʊtiəʊm/ *n* (Biol) proteome *m*

proteomics /ˌprəʊtiˈɑːmɪks || ˌprəʊtiˈɒmɪks/ *pl n* (Biol) proteómica *f*

protest[1] /ˈprəʊtest/ *n* **1** [u] (dissent) protesta *f*; **there was little ~ against the new measures** hubo pocas protestas *or* objeciones contra las nuevas medidas; **they left without ~** se fueron sin protestar; **in ~ (at/against sth)** en señal de protesta (por/contra algo); **under ~** bajo protesta; (*before n*) ‹*march/meeting*› de protesta; **~ song** canción *f* (de) protesta; **~ vote** voto *m* de protesta **2** [c] (complaint) protesta *f*; **to register/lodge a ~** dejar constancia de/presentar una protesta **3** [c] (demonstration) manifestación *f* de protesta

protest[2] /prəˈtest/ *vi* protestar; **to ~ AGAINST/ABOUT/AT sth** protestar CONTRA/ACERCA DE/POR algo; **to ~ TO sb** presentar una protesta ANTE algn; (to authorities, in writing) elevar una protesta A algn, presentar una protesta ANTE algn
■ **protest** *vt*
A **1** (complain) **to ~ (TO sb) THAT** quejarse (A algn) DE QUE, protestar (A algn) QUE **2** (object to) (AmE) ‹*decision/action*› protestar (contra)
B (assert) ‹*love*› declarar; ‹*innocence/loyalty*› hacer* protestas de; **she ~ed that she was totally blameless** afirmó *or* declaró enérgicamente que era inocente, hizo protestas de *or* protestó su inocencia

Protestant[1] /ˈprɑːtəstənt || ˈprɒtɪstənt/ *n* protestante *mf*

Protestant[2] *adj* protestante; **~ work ethic** ética *f* protestante del trabajo

Protestantism /ˈprɑːtəstəntɪzəm || ˈprɒtɪstəntɪzəm/ *n* [u] protestantismo *m*

protestation /ˌprɑːtəsˈteɪʃən || ˌprɒtɪˈsteɪʃən/ *n* [u c] (of love, friendship) declaración *f*; (of loyalty, innocence) protesta *f*

protester /prəˈtestər || prəˈtestə(r)/ *n* manifestante *mf*

proto- /ˈprəʊtəʊ/ *pref* proto-

protocol /ˈprəʊtəkɔːl || ˈprəʊtəkɒl/ *n* **1** [u] (etiquette) protocolo *m* **2** [c] (of contract, treaty) protocolo *m* **3** [c] (Comput) protocolo *m*

proton /ˈprəʊtɑːn || ˈprəʊtɒn/ *n* protón *m*

protoplasm /ˈprəʊtəplæzəm/ *n* [u] protoplasma *m*

prototype /ˈprəʊtətaɪp/ *n* **1** (model) prototipo *m*; (*before n*) ‹*model/system*› prototípico **2** (typical example) **~ OF sth** prototipo *m* DE algo

prototypical /ˌprəʊtəʊˈtɪpɪkəl/ *adj* prototípico

prototypically /ˌprəʊtəʊˈtɪpɪkli/ *adv* prototípicamente

protozoan, protozoon /ˌprəʊtəˈzəʊən/ *n* (*pl* **-zoa** /-ˈzəʊə/) protozoo *m*, protozoario *m*

protozoic /ˌprəʊtə'zəʊɪk/ *adj* protozoario

protozoology /ˌprəʊtəʊzəʊ'ɑːlədʒi || ˌprəʊtəʊzuː'ɒlədʒi, -zəʊ-/ *n* [u] protozoología *f*

protract /prə'trækt/ *vt* prolongar*

protracted /prə'træktəd || prə'træktɪd/ *adj* prolongado

protractor /prə'træktər || prə'træktə(r)/ *n* transportador *m*, semicírculo *m* (graduado)

protrude /prə'truːd/ *vi* (frml) **1** ⟪*nail/ledge*⟫ sobresalir*; **a wallet ~d from his pocket** una cartera le asomaba por el bolsillo **2** **protruding** *pres p* ⟨*chin*⟩ prominente; ⟨*teeth*⟩ salido; ⟨*nail*⟩ que sobresale; **protruding eyes** ojos *mpl* saltones

protrusion /prə'truːʒən/ *n* [u c] (frml) protuberancia *f*, prominencia *f*

protrusive /prə'truːsɪv/ *adj* (frml) ⟨*eyes*⟩ saltón; ⟨*teeth*⟩ salido

protuberance /prəʊ'tuːbərəns || prə'tjuːbərəns/ *n* [u c] (frml) protuberancia *f*

protuberant /prəʊ'tuːbərənt || prə'tjuːbərənt/ *adj* ⟨*stomach/lump*⟩ protuberante; ⟨*eyes*⟩ saltón

proud /praʊd/ *adj* **-er, -est**

A **1** (pleased, satisfied) ⟨*parent/winner*⟩ orgulloso; ⟨*smile/moment*⟩ de orgullo; **to be ~ OF sb/sth** estar* orgulloso DE algn/algo; **I'm very ~ of my son** estoy muy orgulloso de mi hijo; **that's nothing to be ~ of** no es como para enorgullecerse *or* estar orgulloso; **I hope you're ~ of yourself!** (iro) ¡me imagino que estarás muy orgulloso! (iró); **to be ~ to + INF: we are ~ to present that great singer ...** tenemos el honor de presentarles al gran cantante ...; **I am ~ to have been his friend** el hecho de haber sido amigo suyo me enorgullece *or* me llena de orgullo; **I would be ~ to present the prizes** sería un honor para mí hacer la entrega de los premios; **to be ~ THAT** estar* orgulloso DE QUE; **we are ~ that our son has been chosen** estamos *or* nos sentimos orgullosos de que nuestro hijo haya sido seleccionado; ***to do sb/oneself ~*** (colloq): **his workmates did him ~ at his leaving party** sus compañeros le organizaron una magnífica despedida; **they did us ~ at the hotel** nos trataron a cuerpo de rey en el hotel; **your performance was brilliant: you really did yourself ~** tu actuación fue genial, la verdad es que te luciste **2** (having self-respect) ⟨*nation/race*⟩ digno, altivo **3** (arrogant, haughty) ⟨*person*⟩ orgulloso, arrogante, altanero; **to be ~** ser* orgulloso; **she's too proud to admit her mistake** es demasiado orgullosa para reconocer su error; **he looked at them with ~ contempt** los miró con arrogante desprecio **4** (splendid) soberbio, imponente

B (protruding) (esp BrE) (*pred*): **to be ~** sobresalir*; **it's an inch ~ of the surface** sobresale una pulgada de la superficie

proudly /'praʊdli/ *adv* **1** (with pleasure, satisfaction) con orgullo; **Saula Productions ~ present ...** Saula Productions tiene el honor de presentar ... **2** (arrogantly) orgullosamente, arrogantemente, con arrogancia

prove /pruːv/ (*past* **proved**; *past p* **proved** *or* **proven**) *vt*

A (verify, demonstrate) ⟨*theory/statement*⟩ probar*; ⟨*theorem/innocence*⟩ probar*, demostrar*; ⟨*loyalty/courage*⟩ demostrar*; **they couldn't ~ that she was lying** no pudieron demostrar *or* probar que mentía; **to ~ one's point** demostrar* que uno tiene razón *or* está en lo cierto; **can you ~ where you were that night?** ¿tiene pruebas de dónde estaba usted aquella noche?; **to ~ sb right/wrong** demostrar* que algn tiene razón *or* está en lo cierto/está equivocado; **to ~ sth right/wrong** demostrar* que algo es/no es cierto; **tests ~d the drug (to be) effective** los experimentos demostraron que el medicamento era eficaz

B **1** (test) ⟨*weapon/system*⟩ probar* **2** (Law) ⟨*will*⟩ comprobar*, verificar*

■ *v refl*: **to ~ oneself**: **he was given three months to ~ himself** le dieron tres meses para que demostrara su valía; **the new system has not yet ~d itself in battle conditions** la eficacia del nuevo sistema en combate está aún por demostrarse; **he has ~d himself to be a great actor** ha demostrado ser un gran actor

■ **prove** *vi*

A (turn out) resultar; **his advice ~d useless** sus consejos resultaron (ser) inútiles; **it ~d to be very difficult** resultó ser muy difícil

B (Culin) ⟪*dough*⟫ levar, leudar

proven /'pruːvən/ *adj* ⟨*experience/ability/reliability*⟩ probado, comprobado; **a ~ method** un método de probada eficacia

provenance /'prɑːvənəns || 'prɒvənəns/ *n* [u] (frml) procedencia *f*

Provençal /ˌprɑːvən'sɑːl || ˌprɒvɒn'sɑːl/ *n* [u] provenzal *m*

Provence /prə'vɑːns || prɒ'vɒns/ *n* Provenza *f*

provender /'prɑːvəndər || 'prɒvɪndə(r)/ *n* [u] forraje *m*

proverb /'prɑːvɜːrb || 'prɒvɜːb/ *n* refrán *m*, proverbio *m*; **as the ~ goes** como dice el proverbio *or* refrán

proverbial /prə'vɜːrbiəl || prə'vɜːbiəl/ *adj* **1** (famous) proverbial; **their generosity is ~** su generosidad es proverbial; **he turned up wearing his ~ red tie** apareció con la consabida corbata roja **2** (relating to a proverb): **it's like looking for a needle in the ~ haystack** es como buscar una aguja en un pajar, como dice el proverbio *or* refrán

provide /prə'vaɪd/ *vt*

A (supply) **to ~ sb WITH sth** proveer* a algn DE algo, suministrarle *or* proporcionarle algo A algn; **we ~d them with food and blankets** los proveímos de comida y mantas, les suministramos *or* les proporcionamos comida y mantas; **the state ~s the orchestra with funds** el estado subvenciona la orquesta; **~ yourself with suitable clothing** provéase de *or* procúrese ropa adecuada; **to ~ sth (FOR/TO sb/sth): is accommodation ~d?** ¿nos (*or* les *etc*) dan alojamiento?; **textbooks will be ~d** se proporcionarán *or* facilitarán los libros de texto; **the garden ~s enough vegetables for the family** el huerto abastece a la familia de verduras; **the company ~s sports facilities for its staff** la compañía cuenta con instalaciones deportivas para uso del personal; **they are alleged to have ~d arms to the rebels** se dice que (les) suministraron armas a los rebeldes; **the meeting ~d an opportunity to put forward new proposals** la reunión ofreció *or* brindó la oportunidad de presentar nuevas propuestas; **the test results ~d some clues** los resultados de las pruebas dieron *or* proporcionaron algunas pistas

B (stipulate) (frml) ⟪*clause/treaty/contract*⟫ estipular

■ **provide** *vi* proveer*; **the Lord will ~** Dios proveerá

Phrasal verbs

- **provide against** [v + prep + o] ⟪*person*⟫ tomar precauciones contra, precaverse *or* prevenirse* contra; ⟪*policy*⟫ proporcionar cobertura contra
- **provide for** [v + prep + o] **1** (support) ⟨*family*⟩ mantener* **2** (make arrangements for): **he left them very well ~d for** los dejó en una situación económica holgada *or* con el porvenir asegurado; **I have to ~ for my old age** tengo que asegurarme el bienestar en la vejez; **every eventuality has been ~d for** se han tomado precauciones contra cualquier eventualidad, se han previsto todas las eventualidades **3** (Govt, Law) prever*

provided /prə'vaɪdəd || prə'vaɪdɪd/ *conj*: **~ (that)** siempre que (+ *subj*), siempre y cuando (+ *subj*); **~ (that) it doesn't snow** siempre que no nieve, siempre y cuando no nieve; **you may go, ~ (that) you're home by ten o'clock** puedes ir, siempre que *or* siempre y cuando estés de vuelta a las diez *or* a condición de que estés de vuelta a las diez

providence /'prɑːvədəns 'prɒvɪdəns/ *n* [u] **1** (Relig) providencia *f*; **divine ~** la Divina Providencia; **to trust in *o* to ~** confiar* en la providencia **2** (fate, chance): **it was sheer ~ that a passing motorist heard her cries** fue providencial que un automovilista que pasaba la oyera gritar; ▸**tempt 3** (foresight) (frml) previsión *f*

provident /'prɑːvədənt || 'prɒvɪdənt/ *adj* previsor, prudente

providential /ˌprɑːvə'dentʃəl || ˌprɒvɪ'denʃəl/ *adj* (frml) providencial

providentially /ˌprɑːvə'dentʃəli || ˌprɒvɪ'denʃəli/ *adv* (frml) providencialmente, afortunadamente

provident society *n* (BrE) ▸**friendly society**

provider /prə'vaɪdər || prə'vaɪdə(r)/ *n*: **when my father died I became the family ~** cuando mi padre murió, me convertí en el sostén (económico) de la familia; **the company is a major ~ of jobs in the area** la compañía es una de las más importantes fuentes de trabajo de la zona

providing /prə'vaɪdɪŋ/ *conj* ▸**provided**

province /'prɑːvəns || 'prɒvɪns/ *n*

A **1** (administrative unit) provincia *f* **2** (Relig) provincia *f*, arzobispado *m* **3** **provinces** *pl* **the ~s** las provincias; (in some Latin American countries) el interior (del país)

B **1** (area of knowledge, activity) terreno *m*, campo *m*; **that's outside my ~** ése no es mi terreno *or* campo **2** (area of responsibility) competencia *f*; **this isn't my ~** esto está fuera de mi competencia, esto no es de mi competencia

provincial[1] /prə'vɪntʃəl || prə'vɪnʃəl/ *adj*

A (Govt) ⟨*government/assembly*⟩ provincial

B **1** ⟨*town*⟩ de provincia(s); ⟨*fashions/accent*⟩ provinciano; **they're doing a ~ tour** están de gira por las provincias **2** (parochial) (pej) ⟨*outlook/attitude*⟩ provinciano, pueblerino

provincial[2] *n* provinciano, -na *m,f*

provincialism /prə'vɪntʃəlɪzəm || prə'vɪnʃəlɪzəm/ *n* [u] provincianismo *m*

proving ground /'pruːvɪŋ/ *n* terreno *m* de pruebas; **provincial journalism was her ~ ~** hizo sus primeras armas en periódicos de provincia

provision[1] /prə'vɪʒən/ *n*

A [u] **1** (of funding) provisión *f*; (of food, supplies) suministro *m*, aprovisionamiento *m* **2** (what is supplied): **educational ~ is inadequate** los recursos de que se dispone en materia de educación son insuficientes; **how can we improve existing social ~?** ¿cómo podríamos mejorar los servicios *or* las prestaciones sociales existentes?; **there is very good ~ for the elderly** las necesidades de los ancianos están muy bien atendidas

B [u] (preparatory arrangements) previsiones *fpl*; **to make ~ for the future** hacer* previsiones para el futuro; **inadequate ~ had been made for these cases** no se habían hecho previsiones adecuadas para estos casos; **~ has been made for bad debts** se han tomado medidas en previsión de deudas incobrables; **she made no ~ for him in her will** no le dejó nada en el testamento; **we've made ~ for all eventualities** hemos previsto cualquier eventualidad; **the policy makes no ~ against accidental loss** la póliza no cubre los casos de pérdida accidental

C [c] (stipulation) (Govt, Law) disposición *f*; **under *o* according to the ~s of the treaty ...** según lo que estipula el tratado ...; **I'll do it, subject to one ~** lo haré con una condición; **with the ~ that ...** con la condición de que ..., con tal de que ...

D **provisions** *pl* provisiones *fpl*, víveres *mpl*

provision[2] *vt* abastecer*, aprovisionar

provisional /prə'vɪʒnəl || prə'vɪʒənl/ *adj* provisional, provisorio (AmS); **~ driving licence** (BrE) licencia *or* (Esp) permiso *m* de conducción provisional; **the P~ IRA** el IRA provisional

provisionally /prə'vɪʒnəli/ *adv* provisionalmente, provisoriamente (AmS), de manera provisional *or* (AmS tb) provisoria

proviso /prə'vaɪzəʊ/ *n* (*pl* **-sos**) (stipulation) condición *f*; (Law) condición *f*; **with the ~ that** con la condición de que (+ *subj*); **with the ~ that I'm paid in advance** con la condición de que me paguen por adelantado; **it's slow, but with that ~, it's a useful machine** haciendo la salvedad de que es lenta, es una máquina útil

Provo /'prəʊvəʊ/ *n* (*pl* **-vos**) (colloq) *miembro del IRA provisional*

provocation /ˌprɑːvə'keɪʃən || ˌprɒvə'keɪʃən/ *n* [u c] provocación *f*; **he put up with a lot of ~**

aguantó muchas provocaciones; **she slapped me without any ~** me abofeteó sin ninguna provocación (de mi parte); **at the slightest ~** a la más mínima provocación

provocative /prəˈvɑːkətɪv || prəˈvɒkətɪv/ *adj* **1** (causing trouble) ‹*act/gesture*› provocador; **it was unnecessarily ~** fue una provocación innecesaria **2** (seductive) ‹*smile/dress*› provocativo **3** (thought-provoking) (frml) que hace reflexionar

provocatively /prəˈvɑːkətɪvli || prəˈvɒkətɪvli/ *adv* **1** (aggressively) ‹*gesture/jeer*› de modo provocador **2** (seductively) ‹*smile/dress*› de forma provocativa

provoke /prəˈvəʊk/ *vt*
A ‹*person/animal*› provocar*; **she is easily ~d** salta a la menor provocación *or* por cualquier cosa; **to ~ sb INTO -ING: they ~d him into losing his temper** le hicieron perder los estribos, lo provocaron y perdió los estribos; **I was ~d into hitting him** tanto me provocó, que le pegué; **to ~ sb to action/retaliation** incitar *or* empujar a algn a actuar/vengarse
B ‹*argument/revolt/criticism*› provocar*; ‹*discussion/debate*› motivar; ‹*interest/curiosity*› despertar*; **to ~ thought** dar* que pensar, hacer* pensar *or* reflexionar; **his best jokes could not ~ a smile from her** ni con el mejor de sus chistes logró arrancarle una sonrisa

provoking /prəˈvəʊkɪŋ/ *adj* irritante

provost /ˈprəʊvəʊst || ˈprɒvəst/ *n* **1** (in UK) (Educ) rector, -tora *m,f* **2** (in UK) (Relig) ≈ deán *m* **3** (in Scotland) (Govt) ≈ alcalde, -desa *m,f* **4** (in US) (Educ) ≈ rector, -tora *m,f*

> **Provost**
> ▸ **mayor.**

provost guard *n* (in US) destacamento *m* de soldados al mando de un jefe de la policía militar

provost marshal /ˈprəʊvəʊ || prəˈvəʊ/ *n* jefe *m* de la policía militar

prow /praʊ/ *n* proa *f*

prowess /ˈpraʊəs || ˈpraʊes/ *n* [u] destreza *f*, habilidad *f*; **he's always boasting about his sexual ~** se está jactando siempre de sus proezas sexuales

prowl[1] /praʊl/ *vi* merodear, rondar
■ **prowl** *vt* ‹*area/woods*› merodear *or* rondar por

prowl[2] *n* ronda *f*; **on his nightly ~s** en sus rondas nocturnas; **I'm going for a ~** me voy a dar una vuelta por ahí; **(to be) on the ~ (FOR sth)** (estar*) al acecho (DE algo); **the office Romeo's on the ~ again** el Don Juan de la oficina está al acecho otra vez

prowl car *n* (AmE colloq) radiopatrulla *m*

prowler /ˈpraʊlər || ˈpraʊlə(r)/ *n* merodeador, -dora *m,f*

proximity /prɑːkˈsɪməti || prɒkˈsɪməti/ *n* [u] (frml) proximidad *f*; **the two buildings are in close ~** los dos edificios están muy próximos (el uno del otro); **in the ~ of sth** en las proximidades de algo, cerca de algo

proximo /ˈprɑːksəməʊ || ˈprɒksɪməʊ/ *adv* (BrE) (Corresp) del mes próximo

proxy /ˈprɑːksi || ˈprɒksi/ *n* (*pl* **-xies**) **1** [c] (person) representante *mf*, apoderado, -da *m,f*; **to stand ~ for sb** representar a algn, obrar con poder de algn **2** [u] (authorization) poder *m*; **I gave him ~ to act on my behalf** le di poder(es) para que actuara en mi nombre; **to vote by ~** votar por poder *or* (Esp) por poderes; (*before n*) ‹*marriage/vote*› por poder *or* (Esp) por poderes **3** [c] (document) poder *m* (*de representación*)

prude /pruːd/ *n* mojigato, -ta *m,f*, gazmoño, -ña *m,f*

prudence /ˈpruːdns/ *n* [u] prudencia *f*; **~ suggests that ...** la prudencia aconseja que ...

prudent /ˈpruːdnt/ *adj* prudente

prudently /ˈpruːdntli/ *adv* prudentemente, con prudencia

prudery /ˈpruːdəri/ *n* [u] mojigatería *f*, gazmoñería *f*

prudish /ˈpruːdɪʃ/ *adj* mojigato, gazmoño

prudishness /ˈpruːdɪʃnəs || ˈpruːdɪʃnɪs/ *n* [u] mojigatería *f*, gazmoñería *f*

prune[1] /pruːn/ *n* **1** (Culin) ciruela *f* pasa *or* (CS) seca; **as wrinkled as a ~** como una pasa *or* pasita **2** (fool) (BrE colloq) tonto, -ta *m,f*

prune[2] *vt* **1** (Hort) ‹*rose/hedge/tree*› podar **2** ‹*essay/article*› pulir y acortar; ‹*costs/workforce*› reducir*, recortar

pruning /ˈpruːnɪŋ/ *n* [u c] **1** (Hort) poda *f*; (*before n*): **~ shears** tijeras *fpl* de podar; **~ knife** podadera *f* **2** (reduction) reducción *f*, recorte *m*

prurience /ˈprʊriəns || ˈprʊəriəns/ *n* [u] (frml) lascivia *f*

prurient /ˈprʊriənt || ˈprʊəriənt/ *adj* (frml) lascivo

Prussia /ˈprʌʃə/ *n* Prusia *f*

Prussian[1] /ˈprʌʃən/ *adj* prusiano

Prussian[2] *n* prusiano, -na *m,f*

Prussian blue ▸❶ **p.1036** *n* [u] azul *m* de Prusia

prussic acid /ˈprʌsɪk/ *n* [u] ácido *m* prúsico

pry /praɪ/ **pries, prying, pried** *vi* curiosear, husmear; **to ~ INTO sth** entrometerse EN algo; **I don't wish to ~, but ...** no quisiera entrometerme *or* ser indiscreto pero ...; **keep it away from ~ing eyes** escóndelo de miradas indiscretas
■ **pry** *vt* (esp AmE) (+ *adv compl*): **she pried the lid open** levantó la tapa (haciendo palanca); **I pried it out with a spoon** lo saqué con una cuchara; **I'll go with Jim, if I can ~ him away from the TV** iré con Jim si logro arrancarlo de delante del televisor

PS *n* (postscript) P.D.; **to write a ~** poner* *or* añadir* una posdata

psalm /sɑːm/ *n* salmo *m*; **in the book of P~s** en Salmos

psalter /ˈsɔːltər || ˈsɔːltə(r)/ *n* salterio *m*

psaltery /ˈsɔːltəri/ *n* (*pl* **-ries**) salterio *m*

psephology /siːˈfɑːlədʒi || seˈfɒlədʒi/ *n* [u] análisis *m* electoral

pseud /suːd || sjuːd/ *n* (BrE) intelectualoide *mf*

pseudo /ˈsuːdəʊ || ˈsjuːdəʊ/ *adj* (colloq) falso, fingido

pseudo- /ˈsuːdəʊ || ˈsjuːdəʊ/ *pref* (p)seudo-; **~science** (p)seudociencia *f*; **~scientific** (p)seudocientífico

pseudonym /ˈsuːdnɪm || ˈsjuːdənɪm/ *n* (p)seudónimo *m*

pseudonymous /suːˈdɑːnəməs || sjuːˈdɒnɪməs/ *adj* ‹*report/book*› escrito bajo (p)seudónimo; ‹*author*› que escribe bajo un (p)seudónimo

pshaw /pʃɔː/ *interj* (liter) ¡bah!

psi = pounds per square inch

psittacosis /ˌsɪtəˈkəʊsəs || ˌsɪtəˈkəʊsɪs/ *n* [u] psitacosis *f*

psoriasis /səˈraɪəsəs || səˈraɪəsɪs/ *n* [u] (p)soriasis *f*

psst /pst/ *interj* ¡chis!, ¡chist!, ¡pss!

PST (in US) **= Pacific Standard Time**

PSV *n* (BrE) **= public service vehicle**

psych, psyche /saɪk/ *vt* (colloq) **to ~ sb/oneself INTO -ING** mentalizar* a algn/mentalizarse* PARA + INF

(Phrasal verbs)
- **psych out, psyche out** [v + o + adv, v + adv + o] (AmE sl) **1** (disconcert) poner* nervioso **2** (understand) ‹*person*› calar (fam); **I soon ~ed out the situation** pronto me di cuenta de por dónde iban los tiros (fam)
- **psych up, psyche up** [v + o + adv, v + adv + o] (sl) mentalizar*; **to ~ oneself up** mentalizarse*

psyche /ˈsaɪki/ *n* psiquis *f*, psique *f*

psychedelic /ˌsaɪkəˈdelɪk/ *adj* (p)sicodélico

psychiatric /ˌsaɪkiˈætrɪk/ *adj* (p)siquiátrico; **~ social worker** asistente *or* (AmL) visitador *or* (Méx) trabajador social psiquiátrico, asistente *or* (AmL) visitadora *or* (Méx) trabajadora social psiquiátrica *m,f*

psychiatrist /səˈkaɪətrəst || saɪˈkaɪətrɪst/ *n* (p)siquiatra *mf*

psychiatry /səˈkaɪətri || saɪˈkaɪətri/ *n* [u] (p)siquiatría *f*

psychic[1] /ˈsaɪkɪk/ *adj* **1** (Occult) para(p)sicológico; **you must be ~!** (colloq) ¡eres adivino! **2** (Psych) (p)síquico; **~ disorder** trastorno *m* (p)síquico

psychic[2] *n* vidente *mf*, médium *mf*

psycho /ˈsaɪkəʊ/ *n* (*pl* **-chos**) (colloq) (p)sicópata *mf*

psychoactive /ˌsaɪkəʊˈæktɪv/ *adj* (Med) ‹*drug*› psicoactivo

psychoanalysis /ˌsaɪkəʊəˈnæləsəs || ˌsaɪkəʊəˈnæləsɪs/ *n* [u] (p)sicoanálisis *m*; **to undergo ~** (p)sicoanalizarse*

psychoanalyst /ˌsaɪkəʊˈænləst || ˌsaɪkəʊˈænəlɪst/ *n* (p)sicoanalista *mf*

psychoanalytic /ˌsaɪkəʊænəˈlɪtɪk/, **psychoanalytical** /-ɪkəl/ *adj* psicoanalítico

psychoanalyze /ˌsaɪkəʊˈænlaɪz || ˌsaɪkəʊˈænəlaɪz/ *vt* (p)sicoanalizar*

psychobabble /ˈsaɪkəʊbæbəl/ *n* [u] (colloq & pej) jerga *f* de la psicología popular

psychodrama /ˈsaɪkəʊˌdrɑːmə/ *n* **1** (Cin, Theat, TV) drama *m* (p)sicológico **2** (Psych) (p)sicodrama *m*

psychodynamics /ˌsaɪkəʊdaɪˈnæmɪks/ *n* (+ *sing vb*) psicodinámica *f*

psychokinesis /ˌsaɪkəʊkɪˈniːsɪs -kaɪˈniːsɪs/ *n* [u] psicoquinesis *f*

psycholinguistic /ˌsaɪkəʊlɪŋˈgwɪstɪk/ *adj* (p)sicolingüístico

psycholinguistics /ˌsaɪkəʊlɪŋˈgwɪstɪks/ *n* (+ *sing vb*) (p)sicolingüística *f*

psychological /ˌsaɪkəˈlɑːdʒɪkəl || ˌsaɪkəˈlɒdʒɪkəl/ *adj* (p)sicológico; **the ~ moment** el momento ideal *or* oportuno; **I suspect his headaches are ~** (colloq) sospecho que sus dolores de cabeza son psicosomáticos

psychologically /ˌsaɪkəˈlɑːdʒɪkli || ˌsaɪkəˈlɒdʒɪkli/ *adv* (p)sicológicamente

psychologist /saɪˈkɑːlədʒəst || saɪˈkɒlədʒɪst/ *n* (p)sicólogo, -ga *m,f*

psychologize /saɪˈkɑːlədʒaɪz/ *vt* psicologizar*, analizar* psicológicamente, hacer* un análisis psicológico de
■ **psychologize** *vi* psicologizar*

psychology /saɪˈkɑːlədʒi || saɪˈkɒlədʒi/ *n* (*pl* **-gies**) **1** (science) (p)sicología *f* **2** (mentality) psicología *f*, mentalidad *f* **3** (tact) (p)sicología *f*, diplomacia *f*

psychopath /ˈsaɪkəpæθ/ *n* (p)sicópata *mf*

psychopathic /ˌsaɪkəˈpæθɪk/ *adj* ‹*personality/disorder*› (p)sicopático; ‹*act*› propio de un (p)sicópata

psychopathology /ˌsaɪkəʊpəˈθɑːlədʒi || ˌsaɪkəʊpəˈθɒlədʒi/ *n* [u] (p)sicopatología *f*

psychosexual /ˌsaɪkəʊˈsekʃuəl/ *adj* psícosexual

psychosis /saɪˈkəʊsəs || saɪˈkəʊsɪs/ *n* (*pl* **-ses** /-siːz/) (p)sicosis *f*

psychosomatic /ˌsaɪkəsəˈmætɪk || ˌsaɪkəʊsəˈmætɪk/ *adj* (p)sicosomático

psychotherapeutic /ˌsaɪkəʊˌθerəˈpjuːtɪk/ *adj* psicoterapéutico

psychotherapist /ˌsaɪkəʊˈθerəpəst || ˌsaɪkəʊˈθerəpɪst/ *n* (p)sicoterapeuta *mf*

psychotherapy /ˌsaɪkəʊˈθerəpi/ *n* [c u] (*pl* **-pies**) (p)sicoterapia *f*

psychotic /saɪˈkɑːtɪk || saɪˈkɒtɪk/ *adj* (p)sicótico

psychotropic /ˌsaɪkəˈtrɑːpɪk || ˌsaɪkəˈtrɒpɪk/ *adj* psicotrópico; **~ drug** (p)sicofármaco *m*

pt **1** ▸❶ **p.998 = pint(s)** **2** (**= point(s)**) pto(s).

PT *n* [u] **= physical training**

p/t = part time

PTA *n* **= parent-teacher association**

ptarmigan /ˈtɑːrmɪgən || ˈtɑːmɪgən/ *n* perdiz *f* blanca

Pte (title) (BrE) (Mil) **= private**

pterodactyl /ˌterəˈdæktl || ˌterəˈdæktɪl/ *n* pterodáctilo *m*

PTO (**= please turn over**) sigue al dorso

Ptolemaic /ˌtɑːləˈmeɪɪk || ˌtɒləˈmeɪɪk/ *adj* tolemaico

Ptolemy /ˈtɑːləmi || ˈtɒləmi/ *n* Tolomeo
ptomaine /ˈtəʊmeɪn/ *n* (p)tomaína *f*
PTSD *n* (= **post-traumatic stress disorder**) TEPT *m*
ptyalin /ˈtaɪəlɪn/ *n* tialina *f*
PU /ˈpiːˈjuː/ *interj* (AmE colloq) ¡puf! (fam)
pub[1] /pʌb/ *n* (BrE) ≈ bar *m*; (*before n*): **to go on a ~ crawl** ir* de bar en bar tomando copas, ≈ ir* de tascas (*en Esp*); **~ food** *o* **grub** (colloq) comida *f* de pub; **~ lunch** almuerzo *m or* (esp Méx, Esp) comida *f* en el bar *or* pub
pub[2] 1 = **published** 2 = **publication** 3 = **publisher**
pube /pjuːb/ *n* (sl) pendejo *m* (arg)
puberty /ˈpjuːbərti || ˈpjuːbəti/ *n* [u] pubertad *f*; **to reach ~** llegar* a *or* alcanzar* la pubertad
pubes /ˈpjuːbiːz/ *n* 1 (region) pubis *m* 2 (hair) vello *m* púbico *or* pubiano
pubescent /pjuːˈbesnt/ *adj* pubescente
pubic /ˈpjuːbɪk/ *adj* ‹*region/bone*› pubiano; ‹*hair*› púbico, pubiano
public[1] /ˈpʌblɪk/ *adj* 1 (of people) público; **~ opinion is against it** la opinión pública está en contra; **it is a matter of ~ knowledge** es un asunto de dominio público *or* de pública notoriedad; **there is growing ~ concern over this issue** la gente está cada vez más preocupada sobre este tema; **it wouldn't be in the ~ interest** no beneficiaría a la ciudadanía; **to go ~** ‹‹*company*›› salir* a bolsa; **~ enemy number one** enemigo *m* público número uno; ▸**eye**[1] **A3** 2 (concerning the state) público; **it was built at ~ expense** se construyó con fondos públicos; **to hold ~ office** tener* un cargo público; **to retire from ~ life** retirarse de *or* abandonar la vida pública; **~ body** organismo *m* estatal *or* público; **~ works** obras *fpl* públicas 3 ‹*library/garden/footpath*› público; **let's go inside: it's too ~ out here** vayamos dentro, aquí no tenemos ninguna privacidad 4 (open, not concealed) ‹*announcement/protest*› público; **she is a well-known ~ figure** es un personaje conocido *or* una persona muy conocida; **~ speaking** oratoria *f*; **~ speaker** orador, -dora *m,f*; **to make sth ~** hacer* algo público; **to go ~** (journ) revelar algo a la prensa
public[2] *n* (+ *sing or pl vb*) 1 [u] (people in general): **the ~** el público; **open to the ~** abierto al público (en general) 2 [c] (audience) público *m* 3 **in public** en público

> **public access channel**
>
> Un canal de televisión en EEUU reservado para programas de personas y organizaciones que no persiguen fines de lucro.

public access television *n* [u] (AmE) televisión *f* de acceso público
public-address system /ˌpʌblɪkəˈdres/ *n* (sistema *m* de) megafonía *f*, altavoces *mpl*, altoparlantes *mpl* (AmL)
publican /ˈpʌblɪkən/ *n*
A (tax collector) (Bib) publicano *m*
B (landlord of pub) (BrE) dueño, -ña *m,f* de un bar
public assistance *n* [u] (AmE) *ayuda estatal a los sectores más necesitados de la población*; **to be on ~ ~** recibir ayuda estatal
publication /ˌpʌbləˈkeɪʃən || ˌpʌblɪˈkeɪʃən/ *n* [c u] publicación *f*; **date of ~, ~ date** fecha *f* de publicación
public bar *n* (BrE) bar *m*
public company *n* (in UK) sociedad *f* cotizada en bolsa
public convenience *n* (BrE frml) (*often pl*) aseos *mpl* públicos (frml)
public defender *n* (AmE) defensor, -sora *m,f* de oficio
public health *n* [u] salud *f or* sanidad *f* pública; (*before n*) ‹*authorities*› sanitario; **~ ~ inspector** inspector, -tora *m,f* de sanidad; **P~ H~ Service** (in US) *servicio de asistencia sanitaria de la Seguridad Social*, ≈ Servicio *m* Nacional de Salud
public holiday *n* fiesta *f* oficial, (día *m*) feriado *m* (AmL)
public house *n* (BrE) ≈ bar *m*
public housing *n* [u] (AmE); *viviendas de alquiler subvencionadas por el ayuntamiento*, ≈ viviendas *fpl* de protección oficial (*en Esp*), ≈ viviendas *fpl* de interés social (Méx), ≈ viviendas *fpl* económicas (*en RPl*)
public inquiry *n* (BrE) investigación *f* pública *or* oficial
publicist /ˈpʌbləsəst || ˈpʌblɪsɪst/ *n* publicista *mf*
publicity /pʌbˈlɪsəti/ *n* [u] 1 (attention) publicidad *f*; (*before n*): **~ stunt** ardid *m* publicitario 2 (Marketing) publicidad *f*; (*before n*) ‹*agent/manager/office*› de publicidad, publicitario; **~ campaign** campaña *f* publicitaria *or* de publicidad; **~ drive** esfuerzo *m* publicitario; **~ machine** maquinaria *f* publicitaria; **~ material** publicidad *f*, propaganda *f*; **~ photograph** fotografía *f* promocional *or* de promoción; **~ still** fotograma *m* publicitario
publicity-seeking /pʌbˈlɪsətiˌsiːkɪŋ/ *adj* (*before n*) que busca publicidad; **a ~ stunt** un ardid publicitario
publicize /ˈpʌbləsaɪz || ˈpʌblɪsaɪz/ *vt* 1 ‹*report/agreement*› hacer* público, dar* a conocer, divulgar*, publicitar 2 (Marketing) promocionar, publicitar
public key *n* clave *f* pública
public limited company *n* (in UK) sociedad *f* anónima (*con cotización en la bolsa*)
publicly /ˈpʌblɪkli/ *adv* 1 ‹*admit/criticize*› públicamente, en público; ‹*humiliated/exposed/executed*› públicamente; **the information is not yet ~ available** la información no se ha hecho aún pública *or* no está aún a disposición del público; **~ traded company** sociedad *f* cotizada en bolsa 2 (Govt) ‹*funded/maintained*› con fondos públicos
public opinion poll *n* ▸**opinion poll**
public-private finance initiative *n* plan *m* de financiación público-privado
public prosecutor *n* (esp in UK) fiscal *mf*
public relations *n* relaciones *fpl* públicas; (*before n*) ‹*department/work*› de relaciones públicas; **~ ~ officer** encargado, -da *m,f* de relaciones públicas; **it was just a ~ ~ exercise** fue sólo para hacer relaciones públicas
public school *n* 1 (in US) escuela *f* pública 2 (in UK) colegio *m* privado; (boarding school) internado *m* privado

> **public school**
>
> En Inglaterra y Gales, un colegio privado para alumnos de edades comprendidas entre 13 y 18 años. La mayor parte de los alumnos ha estudiado anteriormente en un ▸**preparatory school**. La mayoría de los *public schools* tiene régimen de internado y a menudo son mixtos. En Escocia y Estados Unidos el término public school se utiliza para referirse a un colegio estatal.

public sector *n* sector *m* público; **a job in the ~ ~** un trabajo en una empresa estatal *or* en el sector público; (*before n*): **public-sector employee** funcionario, -ria *m,f* (del Estado), empleado, -da *m,f* estatal *or* (del sector) público
public servant *n* funcionario, -ria *m,f* (del Estado)
public service *n*
A [u] (Govt): **to be in (the) ~ ~** ser* funcionario (del Estado)
B 1 [c] (communal provision) servicio *m* público; **cuts in ~ ~s** recortes *mpl* en los servicios públicos; (*before n*): **~ ~ announcement** *o* **message** anuncio *m* de interés público; **~ ~ broadcasting** servicio *m* público de radiodifusión/televisión; **~ ~ corporation** (AmE) empresa *f* de servicios públicos; **~ ~ vehicle** (BrE) vehículo *m* de transporte público 2 [c u] (serving the community): **a lifetime of selfless ~ ~** una vida de total entrega al servicio de la comunidad
public-spirited /ˌpʌblɪkˈspɪrətəd || ˌpʌblɪk ˈspɪrɪtɪd/ *adj* solidario, de espíritu cívico
public television *n* [u] (AmE) televisión *f* pública
public transport *n* [u] (BrE) transporte *m* público
public utility *n* empresa *f* de servicios públicos
publish /ˈpʌblɪʃ/ *vt* 1 ‹*book/newspaper*› publicar*, editar; ‹*article/dissertation*› publicar*; **the paper ~ed the text in full** el diario publicó el texto íntegro 2 (make known) hacer* público, divulgar*
■ **publish** *vi* publicar*
publishable /ˈpʌblɪʃəbəl/ *adj* publicable, que puede ser publicado
publisher /ˈpʌblɪʃər || ˈpʌblɪʃə(r)/ *n* 1 (company) editorial *f*; **I went to see my ~** *o* **~s** fui a ver a mis editores 2 (job title) editor, -tora *m,f* 3 (newspaper proprietor) (AmE) dueño, -ña *m,f* de un periódico
publishing /ˈpʌblɪʃɪŋ/ *n* [u] mundo *m or* campo *m* editorial; (*before n*): **~ company** editorial *f*, empresa *f or* compañía *f* editorial; **~ house** editorial *f*, casa *f* editorial *or* editora
puce[1] /pjuːs/ ▸❶ **p.1036** *adj* morado
puce[2] ▸❶ **p.1036** *n* [u] morado *m*
puck /pʌk/ *n* (in ice hockey) disco *m*, puck *m*
pucka /ˈpʌkə/ *adj* ▸**pukka**
pucker[1] /ˈpʌkər || ˈpʌkə(r)/ *vt* fruncir*, arrugar*; **the baby ~ed (up) its face and began to cry** el niño hizo pucheros *or* morritos y se echó a llorar
■ **pucker** *vi* arrugarse*; **her brow ~ed in a worried frown** frunció el ceño preocupada; **~ up!** (colloq) dame un beso
pucker[2] *n* (in fabric) arruga *f*, frunce *m*; (on brow, lips) fruncimiento *m*
puckish /ˈpʌkɪʃ/ *adj* picarón
pud /pʊd/ *n* [u c] (BrE colloq) ▸**pudding B**
pudding /ˈpʊdɪŋ/ *n* [c u]
A 1 (baked, steamed) budín *m*, pudín *m*, pudding *m*; **bread and butter ~** budín *or* pudín de pan 2 (cream): **chocolate ~** crema *f or* natillas *fpl* de chocolate; **rice ~** arroz *m* con leche 3 (with pastry crust) pastel *m*
B (dessert) (BrE) postre *m*; **what's for ~?** ¿qué hay de postre?; **don't sit there like a ~** no te quedes ahí como un pasmarote (fam)
pudding basin *n* (BrE) budinera *f*
puddinghead /ˈpʊdɪŋhed/ *n* (colloq) zopenco, -ca *m,f* (fam)
pudding stone *n* [u] pudinga *f*
puddle /ˈpʌdl/ *n* charco *m*
puddle jumper *n* (AmE colloq) avioneta *f*
pudenda /pjʊˈdendə/ *pl n* (frml) partes *fpl* pudendas (frml & euf)
pudge /pʌdʒ/ *n* [u] (AmE colloq) gordura *f* fofa
pudgy /ˈpʌdʒi/ *adj* **pudgier, pudgiest** rechoncho, regordete
pueblo /ˈpwebləʊ/ *n* (*pl* **-los**) (AmE)
A (of Pueblo Indians) asentamiento *m* indio
B (village) pueblo *m*
puerile /ˈpjʊrəl || ˈpjʊəraɪl/ *adj* pueril, infantil
puerperal fever /pjuːˈɜːrpərəl || pjuːˈɜːpərəl/ *n* [u] fiebre *f* puerperal
Puerto Rican[1] /ˌpwertəˈriːkən || ˌpwɜːtəʊˈriːkən/ *adj* portorriqueño, puertorriqueño
Puerto Rican[2] *n* portorriqueño, -ña *m,f*, puertorriqueño, -ña *m,f*
Puerto Rico /ˌpwertəˈriːkəʊ || ˌpwɜːtəʊˈriːkəʊ/ *n* Puerto Rico *m*
puff[1] /pʌf/ *n*
A [c] 1 (of wind, air) ráfaga *f*; **a ~ of smoke** una bocanada de humo; **all our plans went up in a ~ of smoke** todos nuestros planes quedaron en la nada 2 (action) soplo *m*, soplido *m*; (on cigarette) chupada *f*, pitada *f* (AmL), calada *f* (Esp); **she blew out all the candles with a single ~** apagó todas las velas de un soplo *or* soplido; **he took a few ~s on** *o* **at his cigarette** le dio unas chupadas al cigarrillo, dio unas pitadas *or* (Esp) caladas 3 (sound) resoplido *m*
B [u] (breath) (BrE colloq) aliento *m*; **to run out of ~** quedarse sin aliento
C [c] (Culin) pastelito *m* de hojaldre, milhojas *m*
D [c] (ornament) bullón *m*; (*before n*): **~ sleeves** mangas *fpl* abombadas *or* abullonadas
E [c] (favorable comment) (colloq): **to give sth a ~** darle* bombo a algo (fam)

P

puff² *vt*
A 1 (blow) soplar; **don't ~ cigarette smoke in my eyes** no me eches el humo del cigarrillo a los ojos 2 (smoke) ⟨*cigarette/cigar/pipe*⟩ dar* chupadas *or* (AmL tb) pitadas *or* (Esp tb) caladas a 3 (say): **what a lot of stairs, he ~ed** —¡cuántas escaleras! —dijo resoplando *or* bufando
B (praise) (colloq) darle* bombo a (fam)
■ **puff** *vi*
A 1 (blow) soplar 2 (smoke) **to ~ ON** *o* **AT sth** ⟨*on cigarette/cigar/pipe*⟩ dar* chupadas *or* (AmL tb) pitadas *or* (Esp tb) caladas A algo
B (pant) resoplar; **I ~ed up the stairs** subí las escaleras resoplando

Phrasal verbs
• **puff out**
A [v + o + adv, v + adv + o] (expand) ⟨*cheeks*⟩ inflar, hinchar (Esp); ⟨*feathers*⟩ erizar*
B [v + o + adv] (make out of breath) (BrE colloq) dejar sin aliento, dejar echando los bofes (fam)
• **puff up**
A [v + adv] (swell) hincharse
B [v + o + adv, v + adv + o] (inflate) (BrE colloq) inflar, hinchar (Esp)

puff adder *n* víbora *f* bufadora
puffball /'pʌfbɔːl/ *n* (Bot) bejín *m*, pedo *m* de lobo; (*before n*) ⟨*skirt*⟩ abombado, abullonado
puffed /pʌft/ *adj* 1 ⟨*sleeve*⟩ abombado, abullonado; **~ rice** copos *mpl* de arroz, arroz *m* inflado 2 **~ (out)** (out of breath) (BrE colloq) sin aliento (fam)
puffed-up /'pʌftʌp/ *adj* (*pred* **puffed up**) 1 (swollen) hinchado 2 (conceited) engreído, vanidoso
puffery /'pʌfəri/ *n* [u] (AmE) bombo *m* (fam)
puffin /'pʌfən || 'pʌfɪn/ *n* frailecillo *m*
puffiness /'pʌfinəs || 'pʌfinɪs/ *n* [u] hinchazón *f*
puff paste, (BrE) **puff pastry** *n* [u] hojaldre *m*
puff-puff /'pʌfpʌf/ *n* (BrE used to or by children) chucuchucu *m* (leng infantil), tren *m*
puffy /'pʌfi/ *adj* **-fier, -fiest** hinchado
pug /pʌg/ *n* (dog) doguillo *m*; (*before n*): **~ nose** nariz *f* chata
pugilism /'pjuːdʒəlɪzəm || 'pjuːdʒɪlɪzəm/ *n* [u] (journ) pugilismo *m* (frml), boxeo *m*
pugilist /'pjuːdʒələst || 'pjuːdʒɪlɪst/ *n* (journ) púgil *m* (frml), pugilista *m* (frml), boxeador *m*
pugilistic /,pjuːdʒə'lɪstɪk || ,pjuːdʒɪ'lɪstɪk/ *adj* pugilístico
pugnacious /pʌg'neɪʃəs/ *adj* (frml) pugnaz (frml), belicoso, agresivo
pugnaciously /pʌg'neɪʃəsli/ *adv* (frml) agresivamente, amenazadoramente
pugnacity /pʌg'næsəti/ *n* [u] (frml) pugnacidad *f* (frml), belicosidad *f*
pug-nosed /'pʌgnəʊzd/ *adj* de nariz chata, ñato (AmS)
puissance /'pwɪsns 'pjuːɪsns/ *n* (arch *or* liter) poder *m*, poderío *m*
puissant /'pwɪsnt 'pjuːɪsnt/ *adj* (arch *or* liter) poderoso
puke¹ /pjuːk/ *vi* (colloq) vomitar, devolver*; **it makes you want to ~** es asqueante, da asco (fam)
■ **puke** *vt* **~ (up)** vomitar
puke² *n* [u] (colloq) vomitona *f* (fam)
pukka /'pʌkə/ *adj* (BrE colloq & dated) genuino, auténtico, como Dios manda (fam)
pulchritude /'pʌlkrətuːd || 'pʌlkrɪtjuːd/ *n* [u] (liter) hermosura *f*, belleza *f*
Pulitzer Prize /'pʊlətsər || 'pʊlɪtsə(r)/

> **Pulitzer Prize**
> Un premio de gran prestigio establecido en 1917, por Joseph Pulitzer, director de periódico y editor, que se otorga anualmente por los éxitos más destacados en el mundo del periodismo, la literatura y la música norteamericanos. Cada año se entregan trece premios.

pull¹ /pʊl/ *vt*
A 1 (draw) tirar de, jalar (AmL exc CS); (drag) arrastrar; **the cart was ~ed by a donkey** un burro tiraba de *or* (AmL exc CS) jalaba la carreta 2 (in specified direction) (+ *adv compl*): **~ your chair closer to the fire** acerca *or* arrima la silla al fuego; **could you ~ the door to/the curtains, please?** por favor, cierra la puerta/corre las cortinas; **he was ~ed from the rubble alive** lo sacaron vivo de entre los escombros; **she ~ed him aside to talk to him** se lo llevó a un lado para hablar con él; **he ~ed his hat down firmly over his ears** se caló el sombrero hasta las orejas; **they ~ed him into the car** lo metieron en el coche de un tirón; **she was ~ing her suitcase behind her** arrastraba la maleta; **the current ~ed him under** la corriente lo arrastró *or* se lo llevó al fondo; ***to ~ the carpet** o **rug (out) from under sb** o **sb's feet*** fastidiarle los planes a algn, moverle* el tapete a algn (Méx fam), (a)serrucharle el piso a algn (CS fam)
B 1 (tug) tirar de, jalar (AmL exc CS); **~ the chain** tira de *or* (AmL exc CS) jala la cadena; **don't ~ my hair!** ¡no me tires del pelo *or* (AmL exc CS) no me jales el pelo!; **~ *the other one!*** (BrE colloq) me estás tomando el pelo (fam); ***to ~ strings** o **wires*** (use influence) tocar* todos los resortes *or* muchas teclas, utilizar* sus (*or* mis *etc*) influencias, mover* hilos; ***to ~ the strings** o **wires*** (be in control) tener* la sartén por el mango 2 (tear, detach): **she ~ed the toy to bits** rompió *or* destrozó el juguete; **we'll have to ~ all the old paper off the wall** vamos a tener que arrancar todo el papel viejo de la pared 3 (snag): **I've ~ed a thread in my sweater** me he enganchado el suéter
C 1 ⟨*weeds/nail*⟩ arrancar*; ⟨*tooth*⟩ sacar* 2 (take out) sacar*; **he ~ed out a $20 bill** sacó un billete de 20 dólares; **he ~ed a knife/gun on them** sacó un cuchillo/una pistola y los amenazó; *see also* **pull out** 3 (Culin) ⟨*chicken/goose*⟩ desplumar 4 ⟨*beer/pint*⟩ tirar
D (colloq) 1 ⟨*crowd/audience*⟩ atraer*; ⟨*votes*⟩ conseguir*, hacerse* con 2 (earn) embolsarse, ganar 3 ⟨*boy/girl*⟩ (BrE sl) ligarse* (fam), levantarse (AmS fam) 4 ⟨*program/show/game*⟩ cancelar
E (perform) (colloq): **don't you ever ~ a stunt like that on me again** no me vuelvas a hacer una faena así *or* una cosa semejante; **what are you trying to ~?** ¿a qué estás jugando? (fam), ¿qué es lo que pretendes?; **don't you ~ that stuff on me** no me vengas con historias (fam); ***to ~ a fast one on sb*** hacerle* una jugarreta a algn (fam), meterle la mula a algn (CS fam)
F 1 (Med) ⟨*muscle/tendon*⟩ desgarrarse 2 (Culin) ⟨*toffee/candy/dough*⟩ estirar
G (in golf) golpear hacia la izquierda
H (Print) ⟨*proof*⟩ tirar
■ **pull** *vi*
A 1 (drag, tug) tirar, jalar (AmL exc CS); ⓢ **pull** tirar (CS, Esp), jale *or* hale (AmL exc CS); **to ~ AT/ON sth** tirar DE *or* (AmL exc CS) jalar algo; **she was ~ing at my sleeve** me estaba tirando de *or* (AmL exc CS) jalando la manga; **I ~ed on the rope with all my might** tiré de *or* (AmL exc CS) jalé la cuerda con todas mis fuerzas; **the engine isn't ~ing very well** el motor no tira *or* (AmL exc CS) no jala bien 2 (suck) **to ~ ON** *o* **AT sth** ⟨*on pipe*⟩ darle* una chupada *or* (AmL tb) una pitada *or* (Esp tb) una calada A algo
B 1 «*vehicle*» (move) (+ *adv compl*): **to ~ off the road** salir* de la carretera; **to ~ into the station** entrar en la estación; **to ~ slowly up a hill** subir una cuesta despacio; *see also* **pull in, pull up** *etc* 2 (row) remar; **~ for the shore** rema hacia la orilla

Phrasal verbs
• **pull about** [v + o + adv] (mishandle) maltratar, tratar sin cuidado
• **pull ahead** [v + adv] tomar la delantera; **to ~ ahead OF sb** tomarle la delantera a algn
• **pull apart**
A [v + o + adv] 1 (separate) separar 2 (pull to pieces) destrozar*, hacer* pedazos
B [v + o + adv, v + adv + o] (criticize) ⟨*book/show*⟩ poner* por el suelo *or* por los suelos; ⟨*argument/theory*⟩ echar por tierra, demoler*
C [v + adv] (become separate) separarse; **the table ~s apart in three pieces** la mesa está hecha de tres partes desmontables
• **pull around**
A [v + o + adv] 1 (turn round) ⟨*boat/plane*⟩ darle* la vuelta a, dar* vuelta (CS) 2 (help recover) (BrE) reanimar
B [v + adv] (recover) (BrE) recuperarse, reponerse*
• **pull away** [v + adv] 1 (free oneself) soltarse*, zafarse 2 (move off) «*train/bus*» arrancar*; **the train was ~ing away from the station** el tren salía de la estación 3 (move ahead) adelantarse; **she began ~ing away from the rest of the runners** empezó a dejar atrás a los demás corredores
• **pull back**
A [v + adv] 1 (retreat) «*troops/enemy*» retirarse 2 (withdraw) echarse atrás; **they ~ed back from signing the contract** a la hora de firmar el contrato se echaron atrás; **they ~ed back from commmitting themselves** no quisieron comprometerse y se echaron atrás
B [v + o + adv, v + adv + o] ⟨*troops*⟩ retirar
• **pull down**
A [v + o + adv, v + adv + o] 1 (lower) ⟨*blind/flag/screen*⟩ bajar; *see also* **pull¹ A2** 2 (demolish) ⟨*building*⟩ echar *or* tirar abajo, tumbar (Méx) 3 (overthrow) ⟨*government*⟩ tirar abajo, derrocar*
B [v + o + adv] 1 (drag down) bajar; **the biology paper ~ed her overall grade down** el examen de biología le bajó la nota media 2 (depress) deprimir, tirar abajo (fam)
C [v + adv + o] (earn) (AmE colloq) sacar*, ganar
• **pull in**
Sense I [v + o + adv, v + adv + o]
A 1 (draw in) ⟨*nets/rope*⟩ recoger*; ⟨*claws*⟩ retraer*; **~ your stomach in!** ¡mete *or* entra esa panza! (fam) 2 (rein in) ⟨*horse*⟩ sujetar
B 1 (attract) ⟨*investments/customers*⟩ atraer*; **this show ~s in large audiences** este espectáculo atrae *or* (Méx tb) jala mucho público; **we've been ~ing in the orders** hemos conseguido muchos pedidos 2 (earn) (colloq) sacar*, ganar
C (arrest) (colloq) ⟨*suspect*⟩ detener*
Sense II [v + adv]
A (arrive) «*train/bus*» llegar* (*a la estación, terminal etc*)
B 1 (move over) «*ship/car*» arrimarse 2 (stop) (BrE) «*car/truck*» parar
• **pull off** [v + o + adv, v + adv + o]
A (remove) ⟨*cover/lid*⟩ quitar, sacar*; **he ~ed his boots off** se quitó las botas
B (achieve) (colloq) conseguir*, lograr; **it was a risky attempt, but she ~ed it off** era arriesgado, pero lo logró *or* lo consiguió; **they ~ed off the biggest bank job of the decade** llevaron a cabo el mayor asalto a un banco de la década
• **pull on** [v + o + adv, v + adv + o] ⟨*gloves/boots*⟩ ponerse*
• **pull out**
Sense I [v + adv]
A «*vehicle/driver*» 1 (depart) arrancar*; **the train ~ed out of the station** el tren salió de la estación 2 (enter traffic): **he ~ed out right in front of me** se me metió justo delante; **the car ~ed out from a side road** el coche salió de una calle lateral
B 1 (come out) «*supplement/section*» separarse 2 (extend) «*table*» alargarse*
C 1 (withdraw) «*troops/partner*» retirarse, irse*; **if they ~ out of the negotiations** si se retiran de las negociaciones, si abandonan las negociaciones; **we're not going to ~ out of the deal** no nos vamos a echar atrás 2 (recover) recuperarse; **to ~ out of the recession** salir* de *or* superar la recesión
Sense II [v + o + adv, v + adv + o]
A 1 (extract, remove) ⟨*tooth/nail/plug*⟩ sacar*; ⟨*weeds*⟩ arrancar*; **he ~ed out his wallet** sacó la cartera 2 (detach) ⟨*page*⟩ arrancar*
B (withdraw) ⟨*team/troops*⟩ retirar; **he had orders to ~ out the embassy staff** tenía órdenes de sacar al personal de la embajada del país
• **pull over**
A [v + adv] «*driver/car*» hacerse* a un lado; (to stop) acercarse* a la acera (*or* al arcén *etc*) y parar; **I ~ed over to let the ambulance by** me hice a un lado para que pasara la ambulancia
B [v + o + adv] parar; **the police ~ed me over** la policía me paró
• **pull through**
A [v + adv], [v + prep + o] 1 (recover) reponerse*; **to ~ through an illness** reponerse* de una enfermedad 2 (survive) salir* adelante; **to ~ through**

a crisis superar una crisis
B [v + o + adv], [v + o + prep + o] 1 (help recover) ayudar a recuperarse; **her nursing ~ed him through (his illness)** sus cuidados lo ayudaron a recuperarse (de la enfermedad) 2 (help survive) salvar, ayudar a superar
• **pull together**
A [v + o + adv, v + adv + o] 1 ‹*team/party*› volver* a unir 2 (organize, assemble) reunir*
B [v + adv] (cooperate) trabajar *or* esforzarse* juntos *or* codo con codo
C [v + o + adv] (control oneself): **to ~ oneself together** calmarse, recobrar la compostura; **~ yourself together!** ¡vamos, cálmate!
• **pull up**
A [v + o + adv, v + adv + o] 1 (draw up) levantar, subir; **to ~ one's socks/trousers up** subirse los calcetines/pantalones 2 (uproot) ‹*plant*› arrancar*
B [v + o + adv] 1 (improve): **this result will help to ~ you up overall** este resultado te ayudará a subir la nota media 2 (halt, check): **a shout ~ed her up sharply** un grito la hizo pararse en seco 3 (reprimand) **to ~ sb up (ON sth)** regañar *or* (CS) retar a algn (POR algo)
C [v + adv] 1 (stop) «*car/driver*» parar 2 (in race) adelantar; **he ~ed up to within a few yards of the leaders** se colocó a pocas yardas de los que iban en cabeza

pull² *n*
A [c] (tug) tirón *m*, jalón *m* (AmL exc CS); **I gave a ~ on the rope** le di un tirón *or* (AmL exc CS) un jalón a la cuerda; **each ~ of the oars took us further from the shore** cada golpe de remo nos alejaba más de la orilla
B [u] 1 (pulling force) fuerza *f*; **the ~ of gravity** la fuerza de la gravedad; **the ~ of the current** la fuerza de la corriente; **an actor with tremendous box-office ~** un actor muy taquillero; ***to go out on the ~*** (BrE colloq) salir* a ligar *or* (AmS) a levantar (fam) 2 (influence) influencia *f*
C [c] (on cigarette) chupada *f*, pitada *f* (AmL), calada *f* (Esp); (on drink) sorbo *m*
D [c] (difficult journey): **it was a hard ~ up the hill** la subida de la colina fue difícil
E [c] (in golf) golpe *m* a la izquierda

pullback /'pʊlbæk/ *n*
A (of troops) retirada *f*
B (reduction): **a ~ in prices/demand** una reducción en los precios/la demanda

pull-down /'pʊldaʊn/ *adj* 1 ‹*bed*› desplegable; ‹*screen*› desenrollable 2 (Comput): **~ menu** menú *m* desplegable

pullet /'pʊlət || 'pʊlɪt/ *n* polla *f* (*gallina de menos de un año*)

pulley /'pʊli/ *n* (*pl* **~s**) polea *f*

pulling power /'pʊlɪŋ/ *n* [u] 1 (ability to haul) fuerza *f* de tiro 2 (attractiveness) atractivo *m*, imán *m*

Pullman® /'pʊlmən/ *n*: **~ coach** *o* (AmE) **car** coche *m* pullman

pull-out /'pʊlaʊt/ *n* 1 (withdrawal) retirada *f* 2 (Journ) suplemento *m*, separata *f*; (*before n*): **~ supplement** suplemento *m*, separata *f*

pullover /'pʊləʊvər || 'pʊləʊvə(r)/ (AmE *also*) **pullover sweater** *n* ▸**sweater**

pull-ring /'pʊlrɪŋ/ *n* anilla *f*

pull-tab /'pʊltæb/ *n* 1 ▸**ringpull** 2 (on zipper) tirador *m*

pulmonary /'pʊlməneri || 'pʌlmənəri/ *adj* pulmonar; **~ artery/edema** arteria *f* /edema *m* pulmonar

pulp¹ /pʌlp/ *n*
A [u] 1 (of fruit, vegetable) pulpa *f*, carne *f*; (of wood, paper) pasta *f* (de papel), pulpa *f* (de papel) 2 (crushed material) pasta *f*; **to beat sb to a ~** hacer* papilla a algn (fam), darle* una paliza tremenda a algn 3 (Dent) pulpa *f* (dentaria)
B 1 [u] (worthless literature) literatura *f* barata, basura *f*; (*before n*) ‹*fiction/novel*› barato 2 [c] (magazine) (AmE) revista *f* barata

pulp² *vt* ‹*wood/paper/rags*› hacer* pasta *or* pulpa con; ‹*fruit/vegetables*› hacer* papilla *or* puré con

pulpit /'pʊlpɪt/ *n* púlpito *m*

pulpy /'pʌlpi/ *adj* **-pier, -piest** pastoso, carnoso

pulsar /'pʌlsɑːr || 'pʌlsɑː(r)/ *n* púlsar *m*

pulsate /'pʌlseɪt || pʌl'seɪt/ *vi* «*heart*» latir, palpitar; «*light/current*» oscilar; **the pulsating rhythm of the music** el ritmo palpitante de la música; **the university campus was pulsating with life** el campus universitario vibraba *or* palpitaba de vida

pulsation /pʌl'seɪʃən/ *n* [u c] (of artery) pulsación *f*; (of heart) latido *m*

pulse¹ /pʌls/ *n*
A 1 (Physiol) pulso *m*; **I could feel my ~ racing** sentía que el corazón me latía muy rápido; **to take sb's ~** tomarle el pulso a algn; ***to keep one's finger on the ~*** estar* al tanto de lo que pasa; (*before n*): **~ beat** ritmo *m* cardíaco; **~ rate** número *m* de pulsaciones 2 (throbbing) cadencia *f*, ritmo *m* 3 (Phys) pulsación *f*, impulso *m*
B (Agr) legumbre *f* (*como los garbanzos, las lentejas etc*)

pulse² *vi* «*heart/blood vessel*» latir; **the beam ~d twice a second** (Electron) el rayo emitía dos pulsaciones por segundo

pulse code *n* código *m* de impulsos; (*before n*): **~ modulation** modulación *f* por código de impulsos

pulse dialing, (BrE) **pulse dialling** *n* [u] marcado *m or* (AmL) discado por impulsos

pulverize /'pʌlvəraɪz/ *vt* pulverizar*; **he ~d his opponent** hizo polvo *or* pulverizó a su contrincante

puma /'puːmə || 'pjuːmə/ *n* puma *m*, león *m* (Chi, Méx)

pumice /'pʌməs || 'pʌmɪs/ *n* [u c]: **~ (stone)** piedra *f* pómez

pummel /'pʌməl/ *vt* BrE **-ll-** darle* una paliza a, aporrear

pummeling, (BrE) **pummelling** /'pʌməlɪŋ/ *n*: **to give sb a ~** darle* una paliza a algn; **to take a ~** recibir una paliza

pump¹ /pʌmp/ *n*
A 1 bomba *f*; **hand/foot ~** bomba de mano/de pie; (*bicycle ~*) bomba *f*, bombín *m*, inflador *m* (Bol, Per, RPl); (*gasoline* o BrE **petrol** *~*) surtidor *m*, bomba *f* (Andes, Ven); ***to prime the ~*** sacar* las cosas adelante 2 (act) bombeo *m*
B (Clothing) 1 (court shoe) (AmE) zapato *m* (de) salón 2 (gym shoe) (BrE dated) zapatilla *f* 3 (ballet shoe style) (BrE) bailarina *f*, manoletina *f* (Esp), chatita *f* (RPl)

pump² *vt*
A 1 (supply) bombear; **to ~ sth INTO sth** ‹*water/oil*› bombear algo A algo; **to ~ air into a tire** inflar *or* (Esp tb) hinchar un neumático; **they have ~ed cash into the project for years** llevan años invirtiendo dinero en el proyecto; **our teacher ~ed us full of dates** el profesor nos embutió una cantidad de fechas; **they ~ed him full of lead** (colloq) lo acribillaron a balazos 2 (drain) **to ~ sth OUT OF sth** sacar* algo de algo con una bomba; **to ~ sb's stomach out** hacerle* un lavado de estómago a algn; **to ~ sth dry** dejar algo seco; **to ~ sb dry** exprimir a algn 3 (ask) (colloq): **he was ~ing me for information/money** me estaba tratando de (son)sacar información/de sacar dinero
B ‹*handle/pedal/treadle*› mover* de arriba abajo; **he ~ed my hand** me dio un fuerte apretón de manos; **to ~ iron** (colloq) hacer* pesas
■ **pump** *vi* 1 «*machine/heart*» bombear 2 (move vigorously) moverse* con fuerza

Phrasal verb

• **pump up** [v + o + adv, v + adv + o] 1 (inflate) ‹*tire*› inflar, hinchar (Esp) 2 (psych up) (AmE) mentalizar*; **he's really ~ed up for the match** está totalmente mentalizado para el partido 3 (build up) exagerar, sacar* de quicio

pump-action /'pʌmp,ækʃən/ *adj* 1 ‹*shotgun*› de corredera *or* repetición manual 2 ‹*spray dispenser*› de acción manual

pump attendant *n* empleado, -da *m,f* de la gasolinera, gasolinero, -ra *m,f*, bencinero, -ra *m,f* (Andes)

pumper /'pʌmpər || 'pʌmpə(r)/ *n* (AmE) ▸**fire truck**

pumpernickel /'pʌmpərnɪkəl || 'pʌmpənɪkəl/ *n* [u]: *tipo de pan integral de centeno*

pumping station /'pʌmpɪŋ/ *n* estación *f* de bombeo

pumpkin /'pʌmpkən || 'pʌmpkɪn/ *n* [c u] calabaza *f*, zapallo *m* (CS, Per)

pun¹ /pʌn/ *n* juego *m* de palabras, albur *m* (Méx)

pun² *vi* **-nn-** hacer* juegos de palabras, alburear (Méx)

punch¹ /pʌntʃ/ *n*
A 1 [c] (blow) puñetazo *m*, piña *f* (fam); **to give sb a ~** darle* un puñetazo a algn; **a ~ on the nose/in the stomach** un puñetazo en la nariz/el estómago; ***to pack a ~*** «*speaker/play/cocktail*» pegar* fuerte (fam) (lit) «*boxer*» pegar* fuerte *or* duro; ***to pull (one's) ~es*** andarse* con miramientos *or* (fam) con chiquitas 2 [u] (vigor) garra *f* (fam), fuerza *f*
B [c] 1 (for paper) perforadora *f* 2 (for metal, leather) sacabocados *m*
C [u] (Culin) 1 ponche *m*; (*before n*): **~ bowl** ponchera *f* 2 (in US) refresco *m* de frutas
D **Punch** (name of puppet) Polichinela; **a P~ and Judy show** *tipo de función de títeres*; ***to be as pleased as P~*** estar* más contento que unas pascuas

punch² *vt*
A (hit) pegarle* a, darle* un puñetazo *or* (fam) una piña a
B (perforate) ‹*ticket*› picar*, perforar, ponchar (Méx); ‹*leather/metal*› perforar; **to ~ a hole in sth** hacerle* un agujero a algo; **to ~ the clock** *o* **card** fichar, marcar* *or* (Méx) checar* tarjeta; **~ed card/tape** (BrE) ficha *f* /cinta *f* perforada
C (AmE) (Agr) aguijonear, picanear (AmL)
■ **punch** *vi* «*boxer*» pegar*

Phrasal verbs

• **punch in**
A [v + o + adv, v + adv + o] 1 (key, type) ‹*data*› teclear, pasar (*a una computadora*) 2 (smash): **he ~ed the glass in** rompió el cristal de un puñetazo; **to ~ sb's face in** (colloq) partirle la cara a algn (fam)
B [v + adv] (at work) (AmE) fichar, marcar* *or* (Méx) checar* tarjeta (*al entrar al trabajo*)
• **punch out**
A [v + o + adv, v + adv + o] 1 (with die) troquelar; (on paper) perforar 2 (beat up) (AmE) darle* una paliza a (fam)
B [v + adv] (at work) (AmE) fichar, marcar* *or* (Méx) checar* tarjeta (*al salir del trabajo*)

punch bag *n* (BrE) ▸**punching bag**

punchball /'pʌntʃbɔːl/ *n* 1 [u] (game) *tipo de béisbol que se juega sin bate y con bola de goma* 2 [c] (BrE) ▸**punching ball**

punchboard /'pʌntʃbɔːrd || 'pʌntʃbɔːd/ *n* (AmE)
A (Games) *tablero grueso con perforaciones que contienen papeles con números que los participantes extraen rompiendo el sello que cubre cada perforación*
B (promiscuous woman) (sl & pej) putilla *f*, fulana *f* (fam), loca *f* (RPl fam), chusca *f* (Chi fam)

punch card *n* (AmE) ficha *f* perforada

punch-drunk /'pʌntʃdrʌŋk/ *adj* (transitory state) grogui (fam), atontado; (permanent condition) tocado, sonado

punching bag /'pʌntʃɪŋ/ *n* (AmE) 1 (Sport) saco *m* de arena 2 (helpless victim) chivo *m* expiatorio

punching ball *n* (AmE) punching(-)ball *m*, pera *f*

punch line *n* remate *m* (*de un chiste*); **I've forgotten the ~ ~** se me ha olvidado cómo acaba el chiste; **you've spoiled the ~ ~** has estropeado el chiste

punch-up /'pʌntʃʌp/ *n* (BrE colloq) pelea *f*, bronca *f* (fam); **they had a ~** se agarraron *or* (Esp tb) se liaron a golpes; **our family reunions always end in a verbal ~** nuestras reuniones familiares siempre terminan en una pelotera (fam)

punchy /'pʌntʃi/ *adj* **-chier, -chiest** 1 (forceful) ‹*article*› incisivo; ‹*campaign/slogan*› con garra (fam); ‹*musical number*› brioso 2 (exhausted) (AmE colloq) grogui (fam)

punctilious /pʌŋk'tɪliəs/ *adj* (fmrl) puntilloso, meticuloso

punctiliously /pʌŋk'tɪliəsli/ *adv* (fmrl) de manera puntillosa *or* meticulosa

P

punctual /ˈpʌŋktʃuəl || ˈpʌŋktjuəl, ˈpʌŋktʃʊəl/ *adj* puntual

punctuality /ˌpʌŋktʃuˈæləti || ˌpʌŋktjuˈæləti, ˌpʌŋktʃʊˈæləti/ *n* puntualidad *f*

punctually /ˈpʌŋktʃuəli || ˈpʌŋktjuəli, ˈpʌŋktʃʊəli/ *adv* puntualmente; **the train left ~** el tren salió puntualmente *or* a su hora

punctuate /ˈpʌŋktʃueɪt || ˈpʌŋktjueɪt, ˈpʌŋktʃʊeɪt/ *vt* 1 ‹*writing/text*› puntuar* 2 (intersperse) salpicar*; **a speech ~d with quotes from the classics** un discurso salpicado de citas de los clásicos; **the silence was ~d only by the occasional sob** el silencio se veía interrumpido tan sólo por algún sollozo

■ **punctuate** *vi* puntuar*

punctuation /ˌpʌŋktʃuˈeɪʃən || ˌpʌŋktjuˈeɪʃən, ˌpʌŋktʃʊˈeɪʃən/ *n* [u] puntuación *f*; (*before n*): **~ mark** signo *m* de puntuación

puncture¹ /ˈpʌŋktʃər || ˈpʌŋktʃə(r)/ *n* 1 (in tire, ball) pinchazo *m*, pinchadura *f* (AmL), ponchadura *f* (Méx); **we had a ~ on the way there** pinchamos por el camino, se nos ponchó una llanta por el camino (Méx); **my bike has a ~** mi bicicleta tiene una rueda pinchada *or* (Méx) una llanta ponchada; **it has a slow ~** pierde aire 2 (Med) punción *f*

puncture² *vt* ‹*tire/ball*› pinchar, ponchar (Méx); ‹*abscess/blister*› reventar*, puncionar (téc); ‹*pride/confidence*› minar, hacer* mella en; **~d lung** pulmón *m* perforado

■ **puncture** *vi* ‹‹*tire/ball*›› pincharse

pundit /ˈpʌndət || ˈpʌndɪt/ *n* experto, -ta *m,f*, entendido, -da *m,f*

pungency /ˈpʌndʒənsi/ *n* [u] (frml) (of taste, smell) acritud *f*; (of remark) mordacidad *f*

pungent /ˈpʌndʒənt/ *adj* ‹*taste/smell*› acre; ‹*remark/question*› mordaz, cáustico

Punic /ˈpjuːnɪk/ *adj* púnico; **the P~ Wars** las Guerras Púnicas

punish /ˈpʌnɪʃ/ *vt*
A (chastise) ‹*child*› castigar*; ‹*offender/offense*› castigar*, sancionar (frml); **he's been ~ed enough by having to miss the game** ya ha sido bastante castigo tener que perderse el partido
B (treat harshly) ‹*error/lapse*› aprovechar; ‹*ball/opponent*› castigar*; ‹*body/engine*› castigar*, exigirle* demasiado a

punishable /ˈpʌnɪʃəbəl/ *adj* punible; **~ BY sth** penado CON algo; **an offense ~ by life imprisonment** un delito penado con cadena perpetua

punishing¹ /ˈpʌnɪʃɪŋ/ *adj* ‹*schedule/treatment*› duro; ‹*pace*› agotador, extenuante

punishing² *n* (*no pl*): **the furniture has taken a real ~** han maltratado *or* (fam) baqueteado mucho los muebles; **his opponent took a ~** su rival se llevó una buena paliza (fam)

punishment /ˈpʌnɪʃmənt/ *n* 1 [c u] (chastisement) castigo *m*; **the ~ the criminal received** el castigo *or* la condena que recibió el delincuente; **he took his ~ like a man** sufrió el castigo sin quejarse; **let the ~ fit the crime** (set phrase) que el castigo sea acorde con la gravedad del delito 2 [u] (rough treatment): **it's taken a lot of ~** ha sido muy maltratado *or* (fam) baqueteado; **he took a lot of ~ in the seventh round** se llevó una buena paliza en el séptimo asalto (fam)

punitive /ˈpjuːnətɪv/ *adj* (frml) 1 ‹*expedition/force*› (Mil) punitivo (frml); **~ damages** (Law) *multa impuesta como castigo ejemplar* 2 (severe) ‹*interest rate/fine*› leonino, excesivamente gravoso

Punjab /pʌnˈdʒɑːb, ˈpʌndʒɑːb/ *n*: **the ~** el Pen(d)jab *or* Punjab

Punjabi¹ /pʌnˈdʒɑːbi/ *adj* de/del Pen(d)jab *or* Punjab

Punjabi² *n* 1 [u] (language) punjabí *m* 2 [c] (person) punjabí *mf*

punk¹ /pʌŋk/ *n*
A 1 [c] **~ (rocker)** punk *mf*, punki *mf* 2 [u] **~ (rock)** punk *m*
B [c] (young hoodlum) (AmE colloq) hooligan *mf*, gamberro, -rra *m,f* (Esp)

punk² *adj*
A (*before n*) ‹*hairstyle/culture*› punk *adj inv*, punki
B (rotten) (AmE colloq) de porquería (fam), berreta (RPl fam); **what a ~ thing to do!** ¡qué cosa más baja *or* rastrera de hacer!, ¡qué putada! (arg)

punker /ˈpʌŋkər || ˈpʌŋkə(r)/ *n* (AmE) ▸**punk**¹ A1

punnet /ˈpʌnət || ˈpʌnɪt/ *n* (BrE) cajita *f* (*para frutas*), barqueta *f* (Esp)

punster /ˈpʌnstər || ˈpʌnstə(r)/ *n*: *persona aficionada a los juegos de palabras*

punt¹ *n*
A /pʌnt/ (Sport) patada *f* de despeje
B /pʌnt/ (boat) batea *f*; (for duck shooting) patera *f*
C /pʊnt/ (Fin) libra *f* (irlandesa)

punt² *vi* 1 (Sport) despejar 2 (in boat): **to go ~ing** salir* de paseo en batea

■ **punt** *vt* ‹*ball*› despejar

punter /ˈpʌntər || ˈpʌntə(r)/ *n*
A (Sport) *jugador que despeja la pelota*
B (BrE colloq) 1 (in betting) apostador, -dora *m,f* 2 (customer) cliente, -ta *m,f*

puny /ˈpjuːni/ *adj* **punier, puniest** (pej) ‹*person*› enclenque, raquítico; ‹*impact*› insignificante; ‹*effort*› lastimoso, de pena (fam)

pup¹ /pʌp/ *n* (Zool) cría *f*; (of dog) cachorro, -rra *m,f*; **to be in ~** estar* preñada; ***to sell sb a ~*** (BrE) darle* *or* meterle gato por liebre a algn

pup² *vi* **-pp-** parir

pupa /ˈpjuːpə/ *n* (*pl* **pupas** *or* **pupae** /-piː/) crisálida *f*, pupa *f*

pupate /ˈpjuːpeɪt || pjuːˈpeɪt/ *vi* convertirse* en crisálida

pupil /ˈpjuːpəl || ˈpjuːpɪl/ *n*
A (Educ) alumno, -na *m,f*, educando, -da *m,f* (frml); **a ~ of Mozart** un discípulo de Mozart
B (of eye) pupila *f*

pupillage /ˈpjuːpəlɪdʒ || ˈpjuːpɪlɪdʒ/ *n* [u] (in UK) *período de prácticas que debe hacer un* ▸**barrister**

puppet /ˈpʌpət || ˈpʌpɪt/ *n*
A 1 (marionette) marioneta *f*, títere *m*; (*before n*): **~ show** espectáculo *m or* función *f* de marionetas *or* de títeres 2 (for hand) títere *m*
B (stooge) títere *m*; (*before n*): **~** títere

puppeteer /ˌpʌpəˈtɪr || ˌpʌpɪˈtɪə(r)/ *n* titiritero, -ra *m,f*

puppet-master /ˈpʌpətˌmæstər || ˈpʌpɪtˌmɑːstə(r)/ *n* titiritero, -ra *m,f*

puppetry /ˈpʌpətri || ˈpʌpɪtri/ *n* [u] arte *m* del titiritero

puppy /ˈpʌpi/ *n* (*pl* **-pies**) cachorro, -rra *m,f*, cría *f*

puppy fat *n* [u] (BrE) gordura *f* de la infancia

puppy love *n* [u] amor *m* adolescente

pup tent *n*: *tienda de campaña pequeña*

purblind /ˈpɜːrblaɪnd || ˈpɜːblaɪnd/ *adj* 1 (partly blind) (liter) cegato 2 (narrow-minded) ciego, miope

purchase¹ /ˈpɜːrtʃəs || ˈpɜːtʃəs/ *n*
A (frml) 1 [u c] (act) adquisición *f* (frml), compra *f*; **to make a ~** efectuar* una adquisición *or* una compra (frml), hacer* una compra; **~ ledger** (book) libro *m* de contabilidad mayor; (accounts keeping) contabilidad *f* mayor; **~ order** orden *f* de compra; **~ price** precio *m* de adquisición (frml) *or* compra; **~ tax** (BrE) impuesto *m* sobre las ventas 2 [c] (thing bought) adquisición *f* (frml), compra *f*
B (grip) (*no pl*): **to get ~ o a ~ on sth** agarrarse a *or* de algo

purchase² *vt* (frml) adquirir (frml), comprar; **to ~ sth (FROM sb)** comprarle algo (A algn); **we have ~d victory at a very high price** hemos pagado muy cara la victoria

purchaser /ˈpɜːrtʃəsər || ˈpɜːtʃəsə(r)/ *n* (frml) comprador, -dora *m,f*

purchasing /ˈpɜːrtʃəsɪŋ || ˈpɜːtʃəsɪŋ/ *n* [u] (frml) 1 (activity) compras *fpl* 2 *also* **purchasing** (department) (*no art*) compras *f*

purchasing power *n* [u] poder *m* adquisitivo

purdah /ˈpɜːrdə || ˈpɜːdə/ *n* [u] reclusión *f*; ***to go into ~*** recluirse*, enclaustrarse

pure /pjʊr || pjʊə(r)/ **purer** /ˈpjʊrər || ˈpjʊərə(r)/, **purest** /ˈpjʊrəst || ˈpjʊərɪst/
A 1 (unmixed) ‹*gold/alcohol/wool*› puro 2 (absolute) (*before n*) ‹*pleasure/nonsense/chance*› puro; **it was ~ accident that ...** fue por pura casualidad que ...; **it's negligence ~ and simple** se trata de negligencia, lisa *or* simple y llanamente 3 (not applied) (*before n*) ‹*science/mathematics*› puro
B 1 (clean) ‹*air/water*› puro 2 (morally) puro 3 (esthetically) ‹*style/diction/taste*› depurado

purebred /ˈpjʊrbred || ˈpjʊəbred/ *adj* ‹*animal*› de pura raza; **a ~ horse** un purasangre

puree¹, **purée** /pjʊˈreɪ || ˈpjʊəreɪ/ *n* [u c] puré *m*; **tomato ~** concentrado *m or* extracto *m or* puré *m* de tomate, pomidoro *m* (Ur), pomarola® *f* (Chi)

puree², **purée** *vt* **-rees, -reeing, -reed** ‹*vegetables/fruit*› hacer* un puré con, pisar (RPl, Ven)

purely /ˈpjʊrli || ˈpjʊəli/ *adv* ‹*decorative*› puramente, meramente; **a ~ personal matter** un asunto estrictamente personal; **~ by chance** por pura casualidad; **~ and simply** lisa *or* simple y llanamente

pureness /ˈpjʊrnəs || ˈpjʊənɪs/ *n* pureza *f*

purgation /pɜːrˈgeɪʃən || pɜːˈgeɪʃən/ *n* [u] (Med) purga *f*, purgación *f*; (Relig) purgación *f*

purgative¹ /ˈpɜːrgətɪv || ˈpɜːgətɪv/ *n* purgante *m*, laxante *m*

purgative² *adj* (Med) purgante, laxante; (cathartic, cleansing) catártico, depurador

purgatorial /ˌpɜːrgəˈtɔːriəl || ˌpɜːgəˈtɔːriəl/ *adj* purificador; (of purgatory) del purgatorio

purgatory /ˈpɜːrgətɔːri || ˈpɜːgətəri/ *n* [u] purgatorio *m*; **I went through ~** aquello fue un purgatorio *or* un calvario, pasé las de Caín (fam)

purge¹ /pɜːrdʒ || pɜːdʒ/ *vt* 1 (cleanse) ‹*bowels/body*› purgar*; ‹*pipe/boiler*› purgar*; **you must ~ this hatred from your soul, you must ~ your soul of this hatred** debes desterrar ese odio de tu alma 2 (Pol) ‹*party/government/committee*› hacer* una purga en, purgar*; **to ~ sth (OF sb/sth)** purgar* algo (DE algn/algo); **he ~d the armed forces of extremist elements** purgó las fuerzas armadas de elementos extremistas; **to ~ sb (FROM sth)** expulsar a algn (DE algo) 3 (atone for) ‹*guilt/sin*› purgar*, expiar*

purge² *n* (Med, Pol) purga *f*

purification /ˌpjʊrəfəˈkeɪʃən || ˌpjʊərɪfɪˈkeɪʃən/ *n* [u] 1 (of air) purificación *f*; (of water) depuración *f*, purificación *f*, potabilización *f*; (*before n*): **~ plant** planta *f* purificadora 2 (of spirit, body) purificación *f*

purifier /ˈpjʊrəfaɪər || ˈpjʊərɪfaɪə(r)/ *n* (of water) depurador *m*, purificador *m*; (of air) purificador *m*

purify /ˈpjʊrəfaɪ || ˈpjʊərɪfaɪ/ *vt* **-fies, -fying, -fied** 1 ‹*air*› purificar*; ‹*water*› depurar, purificar*, potabilizar* 2 ‹*soul/body*› purificar*, limpiar

purist /ˈpjʊrəst || ˈpjʊərɪst/ *n* purista *mf*

puritan¹ /ˈpjʊrətn || ˈpjʊərɪtən/ *n* 1 **Puritan** puritano, -na *m,f* 2 (morally) puritano, -na *m,f*

puritan² *adj* 1 **Puritan** puritano 2 (morally strict) puritano

puritanical /ˌpjʊrəˈtænɪkəl || ˌpjʊərɪˈtænɪkəl/ *adj* ‹*upbringing/society/attitude*› puritano

Puritanism /ˈpjʊrətnɪzəm || ˈpjʊərɪtənɪzəm/ *n* [u] puritanismo *m*

purity /ˈpjʊrəti || ˈpjʊərəti/ *n* [u] 1 (of substance) pureza *f* 2 (moral goodness) pureza *f* 3 (refinement) pureza *f*

purl¹ /pɜːrl || pɜːl/ *n* [u] punto *m* (al *or* del) revés

purl² *vt* tejer al *or* del revés; **knit one, ~ one** uno al *or* del derecho, uno al *or* del revés

■ **purl** *vi* 1 (in knitting) tejer al *or* del revés 2 (liter) ‹‹*stream/water*›› murmurar (liter)

purlieus /ˈpɜːrljuːz || ˈpɜːljuːz/ *pl n* alrededores *mpl*, inmediaciones *fpl*

purloin /pərˈlɔɪn || pəˈlɔɪn/ *vt* (frml) hurtar (frml), sustraer* (frml)

purple¹ /ˈpɜːrpəl || ˈpɜːpəl/ *adj* 1 ▸ⓘ **p.1036** (bluish) morado, violeta; (reddish) púrpura; **he turned ~ with rage** se puso lívido de ira 2 (overwritten) ‹*prose/passage*› grandilocuente

purple² ▸ⓘ **p.1036** *n* [u] (bluish) morado *m*, violeta *m*; (reddish) púrpura *m*; ***to be raised to the ~***

(liter) recibir la púrpura cardenalicia (liter), ser* elevado al purpurado (liter)

Purple Heart *n*
A (in US) *condecoración con la que se distingue a los heridos de guerra*
B **purple heart** (drug) (BrE sl) anfeta *f* (arg)

purplish /ˈpɜːrplɪʃ || ˈpɜːplɪʃ/ ▸❶ p.1036 *adj* (bluish) tirando a morado *or* violeta, violáceo; (reddish) purpúreo

purport¹ /pərˈpɔːrt || pɜːˈpɔːt/ *vt* (frml) **to ~ to + INF** pretender + INF; **a man ~ing to be a cousin of mine** un individuo que dice *or* afirma ser primo mío; **a biography which ~s to reveal all about ...** una biografía que, según se afirma, hace grandes revelaciones acerca de ...

purport² /ˈpɜːrpɔːrt || ˈpɜːpɔːt/ *n* [u] (frml) sentido *m* (general)

purportedly /pɜːrˈpɔːrtədli || pɜːˈpɔːtɪdli/ *adv* supuestamente

purpose¹ /ˈpɜːrpəs || ˈpɜːpəs/ *n*
A [c] **1** (intention, reason) propósito *m*, intención *f*; **what was your ~ in doing it?** ¿qué pretendías *or* qué te proponías con eso?; **I came here with the ~ of visiting my family** vine con el propósito *or* la intención de visitar a mi familia; **a woman with a ~ in life** una mujer con una meta *or* un norte en la vida; **for a ~: I left the door open for a ~** por algo *or* por alguna razón dejé la puerta abierta; **he is here for a ~** está aquí por una razón; **for one's own ~s** por su (*or* mi *etc*) propio interés; **the machine is good enough for our ~s** la máquina sirve para lo que nos proponemos hacer con ella; **for the ~s of this experiment** para este experimento, a los efectos de este experimento; **for all practical ~s** a efectos prácticos; **on ~** a propósito, adrede, ex profeso, aposta (Esp fam) **2** (use): **what's the ~ of this button?** ¿para qué sirve *or* qué función tiene este botón?; **it has no real ~, it's simply for decoration** no sirve para nada en especial, es simplemente decorativo; **to serve a (useful) ~** servir* de algo; **prolonging the debate would serve no useful ~** prolongar el debate no serviría de *or* para nada; **to no ~** inútilmente; **he complained, and to some ~, because later he was promoted** se quejó, y de algo sirvió, porque luego lo ascendieron
B [u] (resolution) determinación *f*; **she has great strength of ~** tiene gran determinación; **to have a/no sense of ~** tener*/no tener* una meta *or* un norte en la vida

purpose² *vt* (arch *or* liter) **to ~ to + INF** planear + INF

purpose-built /ˌpɜːrpəsˈbɪlt || ˌpɜːpəsˈbɪlt/ *adj* (BrE): **~ senior citizens' housing** viviendas *fpl* construidas especialmente para la tercera edad; **a car ~ for the European market** un coche diseñado especialmente para el mercado europeo; **a ~ flat** *un apartamento construido como tal, que no es parte de una antigua vivienda unifamiliar*

purposeful /ˈpɜːrpəsfəl || ˈpɜːpəsfəl/ *adj* ‹*person/stride*› resuelto, decidido; ‹*expression*› de determinación; ‹*life*› con sentido, con un norte

purposefully /ˈpɜːrpəsfəli || ˈpɜːpəsfəli/ *adv* con determinación, resueltamente

purposeless /ˈpɜːrpəsləs || ˈpɜːpəslɪs/ *adj* ‹*existence*› sin sentido, sin un norte; ‹*violence*› gratuito

purposely /ˈpɜːrpəsli || ˈpɜːpəsli/ *adv* ‹*facetious/hurtful*› deliberadamente, intencionadamente; ‹*say/do*› a propósito, ex profeso, adrede

purposive /ˈpɜːrpəsɪv || ˈpɜːpəsɪv/ *adj* (frml) intencional

purr¹ /pɜːr || pɜː(r)/ *vi* ronronear; **her Bentley ~ed up the drive** su Bentley entró con apenas un susurro del motor
■ **purr** *vt* susurrar, decir* en un arrullo

purr² *n* ronroneo *m*

purse¹ /pɜːrs || pɜːs/ *n*
A **1** (for money) monedero *m*, portamonedas *m*; ***you can't make a silk ~ out of a sow's ear*** no se le pueden pedir peras al olmo **2** (funds) fondos *mpl*; **that's beyond my ~** no me puedo permitir ese lujo; **the public ~** el erario público **3** (prize money) premio *m* (*en efectivo*)
B (handbag) (AmE) cartera *f or* (Esp) bolso *m or* (Méx) bolsa *f*

purse² *vt*: **to ~ one's lips** fruncir* la boca

purser /ˈpɜːrsər || ˈpɜːsə(r)/ *n* sobrecargo *mf*

purse snatcher /ˈsnætʃər || ˈsnætʃə(r)/ *n*: *persona que roba bolsos mediante el procedimiento del tirón*, tironero, -ra *m,f* (Esp)

purse strings *pl n*: **to hold** *o* **control the ~ ~** administrar el dinero; **to loosen/tighten the ~ ~** aumentar/recortar el presupuesto

pursuance /pərˈsuːəns || pəˈsjuːəns/ *n* [u] (frml): **in (the) ~ of sth: they went on strike in ~ of their wage claim** se declararon en huelga para que fueran satisfechas sus reivindicaciones salariales; **he was injured in (the) ~ of his duties** fue herido en el cumplimiento del deber

pursuant to /pərˈsuːənt || pəˈsjuːənt/ *prep* (frml) de conformidad con, con arreglo a

pursue /pərˈsuː || pəˈsjuː/ *vt*
A **1** (chase) perseguir*; **she's constantly ~d by her fans** se ve constantemente asediada *or* perseguida por sus fans; **she seems to be ~d by bad luck** parece que la persigue la mala suerte **2** (seek, strive for) ‹*pleasure/happiness*› buscar*; ‹*hopes/rights*› luchar por, reivindicar*
B (carry out, continue with) **1** ‹*policy/course of action*› continuar* con; ‹*research/study*› continuar* con, proseguir* (frml); **we can ~ the matter further in our next meeting** podemos continuar con el tema en la próxima reunión **2** ‹*profession*› ejercer*, dedicarse* al ejercicio de

pursuer /pərˈsuːər || pəˈsjuːə(r)/ *n* perseguidor, -dora *m,f*

pursuit /pərˈsuːt || pəˈsjuːt/ *n*
A [u c] **1** (chase) persecución *f*; (in cycling) (carrera *f* de) persecución *f*; **she set off in ~ of the thief** salió en persecución *or* a la caza del ladrón; **we saw him run past with two guards in hot ~** lo vimos pasar corriendo con dos guardias pisándole los talones; **they crossed the border in hot ~ of the insurgents** cruzaron la frontera tras *or* en pos de los insurgentes **2** (search, striving) **the ~ OF sth: the ~ of happiness** la búsqueda de la felicidad; **in the ~ of her goals** en su lucha por alcanzar sus objetivos
B [c] (pastime, activity) actividad *f*; **her leisure ~s** sus pasatiempos

purulence /ˈpjʊrələns || ˈpjʊərələns/ *n* [u] purulencia *f*

purulent /ˈpjʊrələnt || ˈpjʊərələnt/ *adj* purulento

purvey /pərˈveɪ || ˈpɜːveɪ/ *vt* (frml) proveer*, suministrar; **to ~ sth TO sb** proveer* *or* abastecer* a algn DE algo, suministrarle algo A algn

purveyor /pərˈveɪər || pɜːˈveɪə(r)/ *n* (frml) proveedor, -dora *m,f*, abastecedor, -dora *m,f*

purview /ˈpɜːrvjuː || ˈpɜːvjuː/ *n* (frml) ámbito *m*; **to lie outside/come within the ~ of sth** estar* fuera/dentro del ámbito de algo

pus /pʌs/ *n* [u] pus *m*

push¹ /pʊʃ/ *n*
A [c] **1** (gentle) empujoncito *m*; (violent) empujón *m*; **she gave me a hell of a ~** me dio tremendo empujón; **she gave the door a ~ and it opened** empujó la puerta y se abrió; **my car won't start; could you give me a ~?** el coche no me arranca ¿me empujas?; **at the ~ of a button** con sólo apretar un botón; ***to get the ~*** (BrE colloq): **he got the ~** (from job) lo pusieron de patitas en la calle (fam); (in relationship) ella lo dejó; ***to give sb the ~*** (BrE colloq) (from job) poner* a algn de patitas en la calle (fam); (in relationship) dejar a algn **2** (pressure) (colloq): **she needs a bit of a ~ now and again** de vez en cuando hay que apretarle las clavijas (fam); ***at a ~***: **at a ~, I could finish it by Friday** si me apuras *or* si fuera necesario, podría terminarlo para el viernes; ***if ~ comes to shove*** *o* (BrE) ***if it comes to the ~*** en último caso; **if ~ comes to shove** *o* (BrE) **if it comes to the ~, we can always sell the house** en último caso siempre podemos vender la casa; **when it came to the ~, she gave in** (BrE) a la hora de la verdad, cedió
B [c] **1** (effort) esfuerzo *m* **2** (offensive) (Mil) ofensiva *f* **3** (for sales) campaña *f*
C [u] (will to succeed) (colloq) empuje *m*, dinamismo *m*

push² *vt*
A **1** ‹*person/car/table*› empujar; **he ~ed him into the room** le dio un empujón para que entrara en la habitación; **he ~ed him into the swimming pool** lo tiró a la piscina de un empujón; **she ~ed him down the stairs** lo empujó escaleras abajo; **he ~ed us aside** *o* **out of the way** nos apartó de un empujón; **did she resign or was she ~ed?** ¿renunció o la renunciaron? (hum); **she ~ed her finger between the bars** metió el dedo por entre las rejas; **I ~ed the door to** *o* **shut** cerré la puerta empujándola; ***to ~ one's way*** abrirse* paso a empujones **2** (press) ‹*button*› apretar*, pulsar; ‹*lever*› darle* a, accionar (frml) **3** (force): **to ~ prices up/down** hacer* que suban/bajen los precios; **I tried to ~ the thought to the back of my mind** traté de no pensar en ello
B (put pressure on): **you're ~ing him/yourself too hard** le/te exiges demasiado; **to ~ sb to + INF/INTO sth: they're ~ing me to pay up** me están presionando *or* (fam) apretando para que pague; **she was ~ed into joining** la presionaron para que se hiciera socia; **why don't you leave? — don't ~ me!** ¿por qué no te vas? — ¡mira, no me tientes!; **you can only ~ people so far** todos tenemos un límite; **to be ~ed for time/money** (colloq) andar* escaso *or* (fam) corto de tiempo/de dinero; **you'd be ~ed to find a better one** difícilmente encontrarás uno mejor; ***that's ~ing it (a bit)*** (colloq): **you can do it in half an hour, but that's ~ing it** se puede hacer en media hora, pero eso está apurándolo un poco; **it might be ~ing it a bit to describe it as ...** puede que sea algo exagerado describirlo como ..., puede que sea pasarse un poco describirlo como ... (fam)
C **1** (promote) promocionar; **she used the appearance to ~ her novel** aprovechó la ocasión para promocionar su novela; **her aunt was really ~ing the idea** su tía insistía en la idea **2** (sell) (colloq) ‹*drugs*› pasar (fam), transar (CS arg), vender
D (approach) (colloq) (*only in -ing form*): **to be ~ing forty** rondar los cuarenta
■ **push** *vi*
A **1** (give a push) empujar **2** (move through crowd) empujar; **don't ~ at the back there!** ¡los de atrás que no empujen! **3** (in childbirth) pujar
B (apply pressure) presionar, insistir; **to ~ FOR sth: we're ~ing hard for an early decision** estamos presionando al máximo para que se decida pronto

Phrasal verbs

- **push about** (BrE) ▸ **push around**
- **push ahead** [v + adv] **to ~ ahead (WITH sth)** seguir* adelante (CON algo)
- **push along** [v + adv] (colloq) irse*, largarse* (fam)
- **push around** [v + o + adv] (colloq) **1** (physically) darle* empujones *or* empellones a **2** (bully) mandonear (fam) mangonear (fam)
- **push away** [v + o + adv, v + adv + o] apartar, hacer* a un lado
- **push back** [v + o + adv, v + adv + o] **1** (shove) ‹*person*› empujar **2** (force back) ‹*crowd/army*› hacer* retroceder **3** (extend) ‹*limits*› ampliar*, extender*
- **push forward**
A [v + adv] ‹‹*person/crowd/troops*›› avanzar*
B [v + o + adv, v + adv + o] **1** (force forward) ‹*person/object*› empujar hacia adelante **2** (call attention to): **you have to ~ yourself forward** tienes que hacerte valer; **she's always ~ing her daughter forward** siempre te pone por delante a su hija, siempre te mete a su hija por las narices (fam)
- **push in** [v + adv] colarse* (fam); **she ~ed in in front of me** se me coló (fam)
- **push off** [v + adv] **1** (in boat) desatracar*, salir* **2** (leave, go) (colloq) largarse* (fam)
- **push on** [v + adv] **1** (continue journey) seguir* viaje **2** (continue working) seguir* adelante
- **push out**
A [v + adv + o, v + o + adv] (make move outwards) ‹*person/animal/thing*› sacar* a empujones
B [v + adv] (in boat) desatracar* empujando
C [v + o + adv] (dismiss unfairly) ‹*director/employee*› echar, despedir*
- **push over** [v + o + adv, v + adv + o] ‹*fence/tree*›

p

echar abajo *or* derribar empujando; ‹*person*› tirar al suelo

- **push past** [1] [v + adv] entrar/salir* abriéndose paso *or* camino [2] [v + prep + o]: **she ~ed past the journalists** pasó haciendo a un lado a los periodistas
- **push through** [1] [v + o + adv, v + adv + o] ‹*legislation*› hacer* aprobar [2] [v + prep + o] ‹*crowd/bystanders*› abrirse* paso *or* camino entre; **she ~ed through the waiting journalists** pasó haciendo a un lado a los periodistas que la esperaban

push-bike /'pʊʃbaɪk/ *n* (BrE) bicicleta *f*

push broom *n* (AmE) escoba *f*

push-button /'pʊʃ,bʌtn/ *adj* (*before n*) ‹*controls/operation/telephone*› de botones

pushcart /'pʊʃkɑ:rt || 'pʊʃkɑ:t/ *n* carretilla *f* (de mano)

pushchair /'pʊʃtʃer || 'pʊʃtʃeə(r)/ *n* (BrE) sillita *f* (*de paseo*), carreola *f* (Méx)

pusher /'pʊʃər || 'pʊʃə(r)/ *n* (colloq) camello *mf* (fam), jíbaro *mf* (Col, Ven arg), conecte *mf* (Méx arg)

push fit *n* ajuste *m* de presión; (*before n*): **~ ~ joint** unión *f* con ajuste a presión

pushiness /'pʊʃinəs || 'pʊʃinɪs/ *n* [u] prepotencia *f*, actitud *f* avasalladora

pushover /'pʊʃ,əʊvər || 'pʊʃ,əʊvə(r)/ *n*: **to be a ~** «*task/game*» ser* pan comido (fam), estar* chupado (Esp fam), ser* un bollo (RPl fam), ser* chancaca (Chi fam); «*person*» ser* un incauto

pushpin /'pʊʃpɪn/ *n* (AmE) tachuela *f* *or* (AmC, Méx, RPl) chinche *f* *or* (Andes) chinche *m* *or* (Esp) chincheta *f* con cabeza de plástico de color

push poll *n*: *encuesta a base de preguntas tendeciosas concebida para influir en la opinión del encuestado a favor del candidato patrocinador de la misma*

push-pull /'pʊʃ'pʊl/ *adj* ‹*circuit/amplifier*› push-pull

pushrod /'pʊʃrɑ:d || 'pʊʃrɒd/ *n* empujador *m*

push-start[1] /'pʊʃ'stɑ:rt || 'pʊʃ'stɑ:t/ *vt* ‹*car*› arrancar* empujando

push-start[2] *n*: **to give sb a ~** ayudar a algn a arrancar empujando

push technology *n* [u] tecnología *f* push *or* de empuje, webtransmisión *f*

push-up /'pʊʃʌp/ *n* flexión *f* (de brazos *or* de pecho), fondo *m*, lagartija *f* (Méx)

pushy /'pʊʃi/ *adj* **pushier, pushiest** (colloq) prepotente, avasallador; **don't be so ~** no seas prepotente, no avasalles; **a ~ salesman** un vendedor agresivo; **a ~ careerist** un trepador

pusillanimity /,pju:sələ'nɪməti || ,pju:sɪlə'nɪmɪti/ *n* [u] (liter) pusilanimidad *f*

pusillanimous /,pju:sə'lænəməs || ,pju:sɪ'lænɪməs/ *adj* (liter) pusilánime

puss /pʊs/ *n* (colloq) [1] (cat) minino, -na *m,f* (fam), gatito, -ta *m,f* (fam) [2] (woman) tipa *f* (fam); **she's a bit of a sly ~** es bastante zorra (fam) [3] (face) (AmE) jeta *f* (fam)

Puss in Boots *n* el gato con botas

pussy /'pʊsi/ *n* (*pl* **-sies**) [1] [c] ▸**pussycat** [2] [c] (female genitals) (sl) coño *m* (vulg), conejo *m* (Esp fam), concha *f* (AmS vulg), panocha *f* (Col, Méx vulg), cola *f* (RPl fam)

pussycat /'pʊsikæt/ *n* (colloq) minino, -na *m,f* (fam), gatito, -ta *m,f* (fam)

pussyfoot /'pʊsifʊt/ *vi* (colloq): **they're just ~ing about** *o* **around** le están dando largas al asunto, están dando vueltas y más vueltas (fam)

pussyfooting /'pʊsi,fʊtɪŋ/ *adj* (colloq) indeciso

pussy willow *n* [c u] sauce *m* blanco

pustule /'pʌstʃu:l || 'pʌstju:l/ *n* pústula *f*

put /pʊt/ (*pres p* **putting**; *past & past p* **put**)

INDEX

■ **put** *verb transitive*

(Sense I)

[A] [1] to place
[2] to install, to fit
[B] [1] with parts of the body
[2] to send, to propel
[3] to put the shot
[C] [1] to rank
[2] in competitions, elections
[3] to estimate

(Sense II)

[A] to cause to be
[B] to cause to do something

(Sense III)

[A] [1] to assign
[2] to impose
[3] to add
[B] [1] to instil
[2] to cause to have something
[C] [1] to invest: money, effort
[2] to bet money on
[3] to contribute money to
[D] to put trust in

(Sense IV)

[A] to present: views, case etc
[B] to put in writing
[C] to express

■ **put** *verb intransitive*
to put to sea

(Phrasal verbs)

- **put about**
- **put across**
- **put aside**
- **put away**
- **put back**
- **put by**
- **put down**
- **put forth**
- **put forward**
- **put in**
- **put off**
- **put on**
- **put out**
- **put over**
- **put past**
- **put through**
- **put together**
- **put under**
- **put up**
- **put up to**
- **put up with**

vt

(Sense I)

[A] [1] (to place) poner*; (with care, precision etc) colocar*, poner*; (inside sth) meter, poner*; **~ the picture higher up** coloca *or* pon el cuadro más arriba; **she ~ the ornaments on the shelf** colocó *or* puso los adornos sobre el estante; **to ~ sth in the oven** poner* *or* meter algo en el horno; **where shall I ~ the suitcase?** ¿dónde pongo la maleta?; **where did I ~ that letter?** ¿dónde habré puesto esa carta?; **she ~ the documents in the safe** puso *or* guardó los documentos en la caja fuerte; **we ~ an ad in the paper** pusimos un anuncio en el periódico; **did you ~ salt in it?** ¿le pusiste *or* le echaste sal?; **she ~s sugar in her coffee** toma el café con azúcar; **he ~ his hand on my shoulder** me puso la mano en el hombro; **~ the lid on the box** ponle la tapa a la caja; **I ~ a coat of paint on the door** le di una mano de pintura a la puerta; **he ~ it in his mouth** se lo puso en la boca; **I ~ myself on the list** me apunté *or* me puse en la lista; **she ~ the bottle to her lips** se llevó la botella a los labios; **I've ~ you in the spare room** te he puesto en el cuarto de huéspedes; **I ~ her on the train** la acompañé hasta el tren; ***not to know where to ~ oneself*** *o* (AmE also) ***one's face*** (colloq) no saber* dónde ponerse *or* meterse; ***to ~ sth behind one*** olvidar *or* superar algo [2] (to install, to fit) poner*; **we ~ a shower in the bathroom** pusimos una ducha en el baño

[B] [1] (with parts of the body): **he ~ his arms around her** la abrazó; **she ~ her head around the door/out of the window** asomó la cabeza por la puerta/por la ventana; **he ~ his hand in(to) his pocket** se metió *or* se puso la mano en el bolsillo; **she ~ her head through the bars** sacó la cabeza por entre las rejas; **he ~ his hand up the pipe** metió la mano en el tubo [2] (to send, to propel): **he ~ the ball into the net** lanzó la pelota a la red; **one false move and I'll ~ a bullet in you!** (colloq) ¡un movimiento en falso y te meto una bala!; **they ~ a bullet through his head** le atravesaron la cabeza de un balazo; **she ~ a brick through the window** rompió la ventana con un ladrillo [3] (Sport): **to ~ the shot** lanzar* el peso

[C] [1] (to rank) poner*; **she ~s herself first** se pone ella primero *or* en primer lugar; **to ~ sth ABOVE/BEFORE sth**: **I ~ honesty above all other virtues** para mí la honestidad está por encima de todas las demás virtudes, valoro la honestidad por encima de todo; **he ~s his art before everything else** para él su arte está antes que nada *or* es lo primero, antepone su arte a todo [2] (in competitions, elections): **this victory ~s them into the lead** con esta victoria pasan a ocupar la delantera; **the final count ~ the Republicans second** luego del escrutinio final los Republicanos quedaron en segundo lugar [3] (to estimate): **he ~s the cost somewhat higher** calcula que el costo sería algo mayor; **to ~ sth AT sth**: **the organizers ~ the number of demonstrators at 200,000** según los organizadores, el número de manifestantes fue de 200.000; **I'd ~ the figure at closer to $40,000** yo diría que la cifra es más cercana a los 40.000 dólares

(Sense II)

[A] (to cause to be, cause to become) poner*; **the doctor ~ me on a diet** el doctor me puso a régimen; **he was ~ on guard duty** lo pusieron de guardia; **this ~s them at a disadvantage/in a difficult situation** esto los pone en desventaja/en una situación difícil; **it's not easy to ~ it into English** no es fácil traducirlo al inglés, no es fácil expresarlo en inglés; **she ~ her hair in a ponytail** se hizo una cola de caballo; **he ~s his time to good use** hace buen uso de su tiempo

[B] (to cause to do, to obligate) **to ~ sb TO sth**: **I don't want to ~ you to any trouble** no quiero causarle ninguna molestia; **he ~ us to a great deal of expense** nos causó *or* nos ocasionó muchos gastos; **I ~ her/them to work** la/los puse a trabajar; ▸**death A, shame[1] A, test[1] A3** *etc*

(Sense III)

[A] [1] (to assign, to attribute) **to ~ sth ON sth**: **I couldn't ~ a price on it** no sabría decir cuánto vale; **I ~ a high value on our friendship** valoro mucho nuestra amistad; **it's difficult to ~ a date on it** es difícil establecer de qué fecha data [2] (to impose) **to ~ sth ON sth/sb**: **the decision to ~ a special duty on these goods** la decisión de gravar estos artículos con un impuesto especial; **don't ~ the blame on me!** ¡no me eches la culpa a mí!, ¡no me culpes a mí!; **that ~ a great strain on their relationship** eso sometió su relación a una gran tensión; **they ~ pressure on him to accept the terms** lo presionaron para que aceptara las condiciones [3] (to add) (BrE) **to ~ sth ON sth/sb**: **this will ~ 20p on a bottle of wine** con esto una botella de vino va a costar 20 peniques más; **the experience ~ ten years on her** la experiencia la hizo envejecer diez años *or* le echó diez años encima

[B] [1] (to instil, to infect) **to ~ sth IN(TO) sth**: **who ~ that idea into your head?** ¿quién te metió esa idea en la cabeza?; **it was that remark that ~ the suspicion in her mind** fue ese comentario el que la hizo sospechar; **technically she's very good, but she doesn't ~ enough feeling into it** técnicamente es muy buena, pero le falta sensibilidad *or* sentimiento [2] (to cause to have) **to ~ sth ON sth**: **to ~ a shine on sth** sacarle* *or* darle* brillo a algo; **to ~ sth IN(TO) sth**: **the fresh air ~ some color into his cheeks** el aire fresco les dio un poco de color a sus mejillas; **she ~ a wave in my hair** me hizo una onda en el pelo; **you've ~ a hole in it** le has hecho un agujero; **I ~ a dent in the bumper** abollé el parachoques

[C] [1] (to invest) **to ~ sth INTO sth** ‹*money*› invertir* algo EN algo; **we've ~ $15 million into this project** hemos invertido 15 millones de dólares en este proyecto; **I've ~ a lot of time into it** le he dedicado mucho tiempo; **he ~s great effort into his work** se esfuerza mucho en su trabajo; **she had ~ a lot of thought into it** lo había pensado mucho, había cavilado mucho sobre el asunto; **you won't get much out of life unless you ~ a lot into it** no vas a sacar mucho de la vida si no te lo propones **2** (to bet, to stake) **to ~ sth ON sth** ⟨*money*⟩ apostar* *or* jugarse* algo A algo; **he ~ his whole salary on a horse** apostó *or* se jugó todo el sueldo a un caballo **3** (to contribute) **to ~ sth TOWARD sth** contribuir* CON *or* poner* algo PARA algo; **she ~ $50 toward the drinks** contribuyó con *or* puso 50 dólares para las bebidas

D (to place) **to ~ sth IN sb/sth: I ~ my trust in you** puse *or* (liter) deposité mi confianza en ti; **I don't ~ much faith in conventional medicine** no le tengo mucha fe a la medicina convencional

(Sense IV)

A (to present) ⟨*views/case*⟩ exponer*, presentar; ⟨*proposal*⟩ presentar; **to ~ sth BEFORE sb/sth: the plan will have to be ~ before the committee** habrá que presentar el plan ante la comisión; **I decided to ~ my complaint before the director** decidí presentar mi queja al director; **to ~ sth TO sb: to ~ a question to sb** hacerle* una pregunta a algn; **the employers' offer will be ~ to a mass meeting** la oferta de la patronal será sometida a votación en una asamblea; **I ~ it to you that ...** (frml) mi opinión es que ...; **I ~ it to him straight** (colloq) se lo dije sin rodeos

B (to write, to indicate, to mark) poner*; **what shall I ~?** ¿qué pongo?; **~ a comma here** pon una coma aquí; **did you ~ your address on the back of the envelope?** ¿puso su dirección en el reverso del sobre?; **she ~ a line through the word** tachó la palabra

C (to express) decir*; **as Jane ~s it** como dice Jane; **her designs are, how shall I ~ it, unusual** sus diseños son, cómo te diría, diferentes; **I don't know how to ~ this** no sé cómo decirlo; **let me ~ it another way** digámoslo de otro modo; **(let me) ~ it this way: I wouldn't invite him again** te digo lo siguiente: no lo volvería a invitar; **to ~ sth well/badly** expresar algo bien/mal; **it's very succinctly ~** está expresado de manera muy sucinta

■ **put** *vi* (Nautical): **to ~ to sea** hacerse* a la mar, zarpar; **we were forced to ~ back to port** nos vimos forzados a volver al puerto

(Phrasal verbs)

• **put about**

A [v + o + adv] **1** (Naut) ⟨*ship*⟩ hacer* virar en redondo **2** (spread) (colloq) ⟨*story/rumor*⟩ hacer* correr *or* circular; ***to ~ it about that ...*** hacer* correr la voz de que ...

B [v + adv] (Naut) virar en redondo, cambiar de borda

• **put across**

A [v + o + adv, v + adv + o] ⟨*idea/message*⟩ comunicar*; **to ~ sth across TO sb** hacerle* entender algo a algn; **how can I ~ it across to her that ... ?** ¿cómo puedo hacerle entender que ... ?; **she tries to ~ herself across as a liberated woman** quiere dar la impresión de que es una mujer liberada; **she has the knack of ~ting herself across to people** sabe comunicarse con la gente; **she ~s herself across very well in an interview** sabe presentarse muy bien *or* causar muy buena impresión en una entrevista

B ▸**put over B**

• **put aside** [v + o + adv, v + adv + o] **1** (lay to one side) dejar a un lado **2** (reserve) ⟨*money*⟩ guardar, ahorrar; ⟨*goods/time*⟩ reservar **3** (disregard, forget) ⟨*differences/quarrel*⟩ dejar de lado

• **put away** [v + o + adv, v + adv + o] **1** ⟨*dishes/tools/clothes*⟩ guardar **2** (save) ⟨*money*⟩ guardar, ahorrar **3** (consume) (colloq) ⟨*food/drink*⟩ zamparse (fam); **I've never seen anybody ~ it away like that** nunca he visto a nadie engullir de esa manera **4** (confine) (colloq) ⟨*criminal/lunatic*⟩ encerrar* **5** (AmE euph) ⟨*animal*⟩ sacrificar* (euf), matar

• **put back**

A [v + o + adv, v + adv + o] **1** (replace) volver* a poner; **~ it back where you found it** vuelve a ponerlo donde lo encontraste; **~ that back!** ¡deja eso! **2** (reset) ⟨*clocks*⟩ atrasar, retrasar **3** (delay, retard) ⟨*project*⟩ retrasar **4** (postpone) ⟨*event/date*⟩ posponer*, aplazar*, postergar* (AmL)

B [v + o + adv] (AmE): **he was ~ back a year** lo hicieron repetir el año

• **put by** [v + o + adv, v + adv + o] ⟨*money*⟩ ahorrar

• **put down**

(Sense I) [v + o + adv, v + adv + o]

A **1** (set down) ⟨*bag/pen*⟩ dejar; ⟨*telephone*⟩ colgar*; **she ~ the package down on the table** puso *or* depositó el paquete sobre la mesa; **it's one of those books you can't ~ down** es uno de esos libros que no se puede parar de leer **2** (lay) ⟨*tiles/carpet*⟩ poner*, colocar* **3** (lower) ⟨*blinds/hand*⟩ bajar **4** ⟨*passenger*⟩ dejar; **could you ~ me down on the corner?** ¿me deja en la esquina?

B **1** (suppress) ⟨*rebellion*⟩ sofocar*, aplastar **2** (destroy) (BrE euph) ⟨*animal*⟩ sacrificar* (euf), matar

C **1** (write down) ⟨*thoughts*⟩ anotar, escribir*; ⟨*name*⟩ poner*, escribir*; **have you ~ me down on the list?** ¿me has puesto *or* anotado *or* apuntado en la lista?; **~ it down on paper** escríbelo, ponlo por escrito; **they ~ the boy down for Eton at birth** inscribieron al niño en Eton cuando nació **2** (assess) **to ~ sb down AS sth** catalogar* a algn DE algo; **he immediately ~ her down as a snob** enseguida la catalogó de esnob **3** (attribute) **to ~ sth down TO sth** atribuirle* algo A algo; **I can only ~ it down to her shyness** sólo puedo atribuírselo a su timidez **4** (table) ⟨*motion*⟩ presentar

D (in part payment) ⟨*sum*⟩ entregar*, dejar (en depósito); ⟨*deposit*⟩ dejar; **to ~ money down as a deposit** dejar* un depósito; **to ~ sth down ON sth: we ~ down a 10% deposit on the painting** entregamos *or* dejamos un depósito del 10% para el cuadro

(Sense II)

A [v + o + adv] (belittle, humiliate) ⟨*person*⟩ rebajar; **I don't mean to ~ their efforts down, but ...** no quiero quitarle mérito a *or* menospreciar lo que han hecho, pero ...; **why are you always ~ting yourself down?** ¿por qué te menosprecias?

B [v + adv] (Aviat) ⟨⟨*aircraft/pilot*⟩⟩ aterrizar*

• **put forth** [v + adv + o] (liter) ⟨*buds/leaves*⟩ echar; **he ~ forth his hand** extendió la mano

• **put forward** [v + o + adv, v + adv + o] **1** (present) ⟨*theory/plan*⟩ presentar, proponer*; ⟨*suggestion*⟩ hacer*, presentar **2** (propose) ⟨*candidate*⟩ proponer*, postular (AmL) **3** (reset) ⟨*clocks*⟩ adelantar **4** (advance) ⟨*trip/meeting*⟩ adelantar

• **put in**

(Sense I) [v + o + adv, v + adv + o]

A **1** (install) ⟨*central heating/shower unit*⟩ poner*, instalar **2** (bring to power) ⟨*candidate/party*⟩ llevar al poder **3** (plant) ⟨*vegetables*⟩ plantar; ⟨*seeds*⟩ sembrar*

B (enter, submit) ⟨*claim/request/tender*⟩ presentar; **I've ~ myself in for the tournament** me he anotado *or* inscrito en el campeonato; ▸**appearance A1**

C (invest): **she ~s in a 60-hour week** trabaja *or* hace 60 horas por semana; **teachers ~ in many hours correcting homework** los maestros dedican muchas horas a corregir deberes; **they ~ $5 million in renovating the premises** invirtieron 5 millones de dólares en la renovación del local

D **1** (insert, add) ⟨*word/chapter/scene*⟩ poner*, agregar* **2** ⟨*remark*⟩ hacer*; **I agree, ~ in Joe** —yo estoy de acuerdo —terció Joe

(Sense II) [v + adv]

A (Naut) hacer* escala; **the ship ~ in at Buenos Aires** el barco hizo escala en Buenos Aires

B (apply) **to ~ in FOR sth** solicitar algo; **I ~ in for a transfer** solicité un traslado

• **put off**

(Sense I) [v + o + adv, v + adv + o]

A **1** (postpone) ⟨*meeting/visit/decision*⟩ aplazar*, posponer*, postergar* (AmL); **do it now, don't ~ it off until later** hazlo ahora, no lo dejes para más tarde; **to ~ off -ING: I keep ~ting off going to the dentist** siempre estoy aplazando ir al dentista; **they keep ~ting off signing the contract** siguen aplazando la firma del contrato, siguen dándole largas a la firma del contrato **2** (stall) ⟨*visitor/creditor*⟩ **if Saturday isn't convenient, I can ~ them off** si el sábado no es conveniente, puedo decirles que lo dejen para más adelante; **I'm not going to be ~ off any longer!** ¡no aceptaré más excusas!

B (turn off) (BrE) ⟨*light*⟩ apagar*

(Sense II) [v + o + adv, v + adv + o]

A (discourage): **I'd love to see them, but the thought of the journey ~s me off** me encantaría verlos, pero pensar en el viaje me quita las ganas; **people get ~ off by all the technical jargon** la gente se desanima con toda esa jerga técnica; **the smell was enough to ~ anyone off** tenía un olor que daba asco *or* que te quitaba las ganas de acercarte (*or* probarlo *etc*); **her accent ~s a lot of people off** su acento produce una reacción de rechazo en mucha gente; **once she's made her mind up, she's not easily ~ off** una vez que se ha decidido, no es fácil disuadirla *or* hacerla cambiar de idea; **are you trying to ~ me off her?** ¿estás tratando de que le tome antipatía?

B (distract) distraer*; (disconcert) desconcertar*; **he's trying to ~ me off my serve** está tratando de que falle en el saque

C (from bus) dejar; (force to get off) hacer* bajar

• **put on**

(Sense I) [v + o + adv, v + adv + o]

A ⟨*jacket/stockings/hat*⟩ ponerse*; ⟨*watch/perfume/makeup*⟩ ponerse*; **~ your coat on** ponte el abrigo; **you can ~ your clothes back on now** puede vestirse

B ⟨*light/radio/oven*⟩ encender*, prender (AmL); ⟨*music*⟩ poner*; **I'll ~ the soup on** voy a poner la sopa a calentar; **she suddenly ~ the brakes on** frenó de repente; **~ the handbrake on** pon el freno de mano

C (gain): **I've ~ on four kilos** he engordado cuatro kilos; **hasn't he ~ on weight!** ¡qué gordo está!, ¡cómo ha engordado!; **she's ~ ten years on in the last few months** ha envejecido diez años en estos últimos meses

D (produce, present) ⟨*exhibition*⟩ organizar*; ⟨*play/show*⟩ presentar, dar*, poner* en escena (frml)

E (assume) ⟨*expression*⟩ adoptar; **she ~ on a show of anger** fingió estar furiosa; **she ~s on such airs!** ¡se da unos aires!; **he's not hurt: he's just ~ting it on** no le pasa nada, está haciendo teatro *or* está fingiendo; **he ~ on a foreign accent** fingió tener acento extranjero

F (operate) ⟨*train/flight*⟩ poner*

(Sense II) [v + o + adv]

A (connect) (Telec): **Mr Jones to speak to you — ~ him on, would you?** el señor Jones quiere hablar con usted — pásemelo, por favor; **shall I ~ her on?** ¿le paso con ella?; **I'll ~ you on to the sales manager** le paso *or* lo comunico con el jefe de ventas

B **1** (alert) **to ~ sb on TO sb/sth: somebody had ~ the police on to them** alguien había puesto a la policía sobre su pista; **who ~ them on to the fraud?** ¿quién les dio la pista *or* (CS) les pasó el dato de que había habido fraude? **2** (introduce) **to ~ sb on TO sb/sth: I can ~ you on to someone who ...** puedo ponerte en contacto con una persona que ...; **she ~ me onto a shop where ...** me dijo de *or* (CS) me dio el dato de una tienda donde ...; **I've started yoga; it was Bob who ~ me on to it** he empezado a hacer yoga; fue Bob que me lo recomendó

C (tease) (AmE colloq) tomarle el pelo a (fam); **you're ~ting me on!** ¡me estás tomando el pelo! (fam)

• **put out**

(Sense I) [v + o + adv, v + adv + o]

A **1** (put outside) ⟨*washing*⟩ sacar*; **have you ~ the cat out?** ¿has sacado al gato? **2** (set out) disponer*, colocar* **3** (extend) ⟨*arm/tongue*⟩ sacar*; **she ~ out her hand** tendió *or* alargó la mano **4** (dislocate) dislocarse*, zafarse (Chi, Méx); **I ~ my shoulder out** me disloqué *or* (Chi, Méx tb) me zafé un hombro

B **1** (extinguish) ⟨*fire/light/cigarette*⟩ apagar* **2** (render unconscious) (colloq) dejar sin sentido; (before operation) dormir*, anestesiar; **that right hook ~ him out for the count** ese gancho de derecha lo dejó fuera de combate **3** (distort): **the new prices have ~ all our estimates out** los nuevos precios significan que nuestros cálculos son ahora erróneos; **this has ~ out all my plans** esto me ha desbaratado todos los planes **4** (in baseball) ⟨*hitter/runner*⟩ sacar*, poner* 'out'

C **1** (offend, upset) molestar, ofender; **she was most ~ out** se molestó *or* se ofendió mucho **2** (inconvenience) molestar; **don't ~ yourself**

out! ¡no te molestes!; **she's always ~ting herself out for other people** siempre se está molestando por los demás

D 1 (issue, publish) ‹*photograph/statement*› publicar*; **we'll be ~ting out a special issue** vamos a sacar *or* publicar un número especial; **they have ~ out a description of the suspect** han dado a conocer una descripción del sospechoso 2 (broadcast) transmitir

E 1 (pass on): **they ~ the work out to contract** subcontrataron el trabajo; **the contract is being ~ out to tender** van a llamar a concurso *or* a licitación para la 2 (lend) ‹*money*› prestar

F (generate) ‹*power*› producir*, generar

G (sprout) ‹*shoots/buds*› echar

(Sense II) [v + o + adv, v + adv + o] (expel) ‹*troublemaker*› echar; **the guard ~ him out of the building** el guardia lo sacó *or* lo echó del local; **you can ~ that idea out of your head** puedes sacarte esa idea de la cabeza

(Sense III) [v + adv]

A (Naut) salir*, zarpar; **to ~ out to sea** hacerse* a la mar

B (consent to have sex) (AmE sl) aflojar (fam)

- **put over**

A 1 ►**put across A** 2 (AmE) ►**put off Sense IA1**

B [v + o + adv] (trick): ***to ~ one over on sb*** (colloq) engañar a algn, pasar a algn (AmL fam)

- **put past** [v + o + prep + o]: ***not to ~ it past sb***, **do you think she'll tell them? — I wouldn't ~ it past her** ¿te parece que se lo dirá? — no me extrañaría nada *or* la creo muy capaz; **I wouldn't ~ it past him to ignore the rules** lo creo muy capaz de hacer caso omiso de las normas

- **put through**

A [v + o + prep + o] 1 (make undergo) someter a; ***to ~ sb through it*** (colloq) hacérselas* pasar (mal) a algn 2 (send to) mandar a; **they borrowed money to ~ her through college** se endeudaron para mandarla a la universidad

B [v + o + adv, v + adv + o] 1 (connect) (Telec): **if there's a call from Rome, ~ it straight through** si llaman de Roma, páseme la llamada enseguida; **she ~ me through to the manager** me comunicó *or* me pasó *or* (RPl tb) me dio con el gerente 2 (complete, achieve) ‹*reform/deal*› llevar a cabo

- **put together** [v + o + adv, v + adv + o]

A 1 (assemble) ‹*machine/piece of furniture*› armar, montar; ‹*collection*› reunir* 2 (create) ‹*team*› formar; ‹*documentary*› realizar*, producir*; ‹*magazine*› producir*; ‹*meal*› preparar, hacer*; (quickly) improvisar

B (combine) juntar, reunir*; **the necklace cost more than everything else ~ together** el collar costó más que todo lo demás junto

- **put under** [v + o + adv] dormir*, anestesiar

- **put up**

(Sense I) [v + o + adv, v + adv + o]

A 1 (build, erect) ‹*hotel*› levantar; ‹*tent*› armar; ‹*antenna*› poner* 2 (hang) ‹*decorations/curtains/notice*› poner* 3 ‹*umbrella*› abrir* 4 (raise) ‹*hand*› levantar; **she ~ up her collar** se subió *or* se levantó el cuello

B (increase) ‹*price/fare*› aumentar

C (propose) ‹*candidate*› proponer*, postular (AmL)

D (in accommodation) alojar; **we ~ up three of the students** alojamos a tres de los estudiantes, tres de los estudiantes se quedaron en casa; **I can ~ them up for the night** se pueden quedar a dormir en casa, pueden pasar la noche en casa

(Sense II) [v + adv + o]

A (present): **she ~ up a show of enthusiasm** hizo un alarde de entusiasmo; **the team ~ up a brave performance** el equipo jugó con arrojo *or* (fam) con garra; **to ~ up resistance** ofrecer* *or* oponer* resistencia; **he didn't ~ up a struggle** no se resistió, no ofreció *or* opuso resistencia; **she ~ up a good case for abolition** presentó poderosos argumentos a favor de la abolición

B (advance, provide) ‹*money/capital*› poner*, aportar

(Sense III) [v + adv]

A (stay) (AmE colloq) quedarse, alojarse

B (pay stake) (AmE colloq) pagar* (*el dinero apostado*); ***to ~ up or shut up*** actuar* o callarse *or* quedarse callado

(Sense IV) [v + o + adv] (offer): **to ~ sth up for sale** poner* algo en venta; **he ~ the painting up for auction** mandó el cuadro a la subasta *or* (AmL tb) al remate

- **put up to** [v + o + adv + prep + o]: **these kids aren't criminals: somebody must have ~ them up to it** estos chicos no son delincuentes: alguien debe haberles dado la idea *or* alguien debe haberlos incitado *or* empujado a ello; **she ~ him up to the idea of claiming the subsidy** ella le sugirió que pidiera la subvención, ella le dio la idea de que pidiera la subvención

- **put up with** [v + adv + prep + o] aguantar, soportar; **she'll have to ~ up with me the way I am** me va a tener que aguantar *or* soportar como soy

putative /ˈpjuːtətɪv/ *adj* (frml) (*before n*) supuesto; ‹*father*› putativo (frml)

put-down /ˈpʊtdaʊn/ *n* (colloq) desprecio *m*, desaire *m*

put-on[1] /ˈpʊtɑːn || ˈpʊtɒn/ *adj* (*pred* **put on**) (colloq) ‹*accent/interest*› fingido; **his headache is all ~ ~** lo del dolor de cabeza es puro cuento *or* puro teatro (fam)

put-on[2] *n* (colloq) 1 (pretense, façade) comedia *f*; **it's just a ~** es pura comedia *or* (fam) puro teatro 2 (hoax) cuento *m* (fam)

put out *adj* (*pred*): **to be ~ ~** molestarse, ofenderse; **don't be ~ ~** no te molestes, no te ofendas

putrefaction /ˌpjuːtrəˈfækʃən || ˌpjuːtrɪˈfækʃən/ *n* [u] putrefacción *f*

putrefy /ˈpjuːtrəfaɪ || ˈpjuːtrɪfaɪ/ *vi* **-fies, -fying, -fied** pudrirse*

putrescent /pjuːˈtresnt/ *adj* putrefacto

putrid /ˈpjuːtrəd || ˈpjuːtrɪd/ *adj* 1 (rotting) ‹*meat/corpse*› putrefacto, pútrido 2 (bad) ‹*smell*› hediondo, asqueroso; ‹*quality*› pésimo; **a ~ green/pink** un verde/rosa horroroso

putsch /pʊtʃ/ *n* golpe *m* de estado, putsch *m*

putt[1] /pʌt/ *vi* golpear la bola, potear (AmL)

■ **putt** *vt* golpear

putt[2] *n* putt *m*

puttee /ˈpʌti/ *n* polaina *f*

putter[1] /ˈpʌtər || ˈpʌtə(r)/ *n* (club) putter *m*

putter[2] *vi* (AmE) (+ *adv compl*): **she loves ~ing around** *o* **about in the garden** le encanta entretenerse trabajando en el jardín; **I've been ~ing around the house all day** me he pasado el día haciendo un poco de esto y de aquello en la casa

putti /ˈpuːti/ *pl of* **putto**

putting green /ˈpʌtɪŋ/ *n* putting green *m*

putto /ˈpʊtəʊ/ *n* (*pl* **-ti**) angelote *m*

putty[1] /ˈpʌti/ *n* [u] masilla *f*; ***to be (like) ~ in sb's hands***: **he's like ~ in her hands** hace con él lo que quiere; (*before n*): **~ knife** espátula *f* (*para masilla*)

putty[2] *vt* **-ties, -tying, -tied** poner* masilla en

put-up /ˈpʊtʌp/ *adj* (colloq) (*before n*) amañado (fam), arreglado, tamaleado (Méx fam); **the whole thing was a ~ job** era todo un montaje

put-upon /ˈpʊtəpɑːn || ˈpʊtəpɒn/ *adj* utilizado; **you needn't look so ~** no te hagas la víctima; **he loves to play the ~ husband** le encanta hacerse el marido sufrido

put-you-up /ˈpʊtʃuˌʌp || ˈpʊtjuːˌʌp/ *n* (BrE colloq) cama *f* plegable

putz /pʌts/ *n* (AmE colloq) ►**jerk**[2] **B**

puzzle[1] /ˈpʌzəl/ *n* 1 (game) rompecabezas *m*; (toy) rompecabezas *m*, puzzle *m*; (riddle) adivinanza *f*; **crossword ~** crucigrama *m*, palabras *fpl* cruzadas (CS), puzzle *m* (Chi); **jigsaw ~** rompecabezas *m*, puzzle *m*; (*before n*): **~ book** revista *f* de crucigramas *or* (CS) de palabras cruzadas *or* (Chi) de puzzles 2 (mystery) misterio *m*, enigma *m*

puzzle[2] *vt*: **there's one thing that still ~s me** hay algo que todavía no entiendo *or* que me tiene intrigado; **her reply ~d me** su respuesta me extrañó *or* me desconcertó *or* me dejó perplejo

■ **puzzle** *vi* **to ~ OVER sth** cavilar SOBRE algo, darle* vueltas A algo

(Phrasal verb)

- **puzzle out** [v + o + adv, v + adv + o] (BrE): **I can't ~ it out** no me lo explico, no logro entenderlo; **have you ~d out the answer yet?** ¿has dado con la solución?, ¿has resuelto el problema?; **she couldn't ~ out why he'd lied to her** no se explicaba por qué le había mentido

puzzled /ˈpʌzəld/ *adj* ‹*expression/tone*› de desconcierto, de perplejidad; **I'm ~** estoy perplejo *or* desconcertado; **you look ~** tienes cara de no entender *or* de estar confundido *or* extrañado; **the police were ~ about the robbery** el atraco tenía desconcertada a la policía

puzzlement /ˈpʌzəlmənt/ *n* [u] perplejidad *f*, desconcierto *m*

puzzler /ˈpʌzlər || ˈpʌzlə(r)/ *n* (colloq) enigma *m*, rompecabezas *m*

puzzling /ˈpʌzlɪŋ/ *adj* desconcertante

puzzlingly /ˈpʌzlɪŋli/ *adv* desconcertantemente

PVC *n* [u] PVC *m*; (*before n*) ‹*raincoat/sheeting*› de plástico *or* PVC

pvt (title) (AmE) = **private**

pw (esp BrE) (= **per week**) por semana, semanal

PWR *n* = **pressurized water reactor**

PX (store) *n* (in US) economato *m* (*militar*)

pygmy /ˈpɪgmi/ *n* (*pl* **-mies**) 1 **Pygmy** pigmeo, -mea *m,f* 2 (sb small) enano, -na *m,f*, pigmeo, -mea *m,f*; **an intellectual ~** un enano mental; (*before n*) ‹*deer/hippopotamus*› enano

pyjama /pəˈdʒɑːmə/ *adj* (BrE) ►**pajama**

pyjamas /pəˈdʒɑːməz/ *n* (BrE) ►**pajamas**

pylon /ˈpaɪlɑːn, -lən || ˈpaɪlɒn, -lən/ *n* 1 (for electrical cables) torre *f* de alta tensión 2 (marking approach to bridge) pilón *m*

pyorrhea, (BrE also) **pyorrhoea** /ˌpaɪəˈriːə/ *n* piorrea *f*

pyramid /ˈpɪrəmɪd/ *n* (Archit, Math) pirámide *f*; (*before n*): **~ selling** venta *f* piramidal

pyramidal /pəˈræmədl || pɪˈræmɪdl/ *adj* piramidal

pyre /paɪr || ˈpaɪə(r)/ *n* pira *f*

Pyrenean /ˌpɪrəˈniːən/ *adj* pirenaico

Pyrenees /ˈpɪrəniːz || ˌpɪrəˈniːz/ *pl n*: **the ~** los Pirineos, el Pirineo

Pyrex® /ˈpaɪreks/ *n* [u] pyrex® *m*, arcopal® *m*; (*before n*): **a ~ dish** una fuente de pyrex® *or* de arcopal®

pyrites /paɪˈraɪtiːz/ *n* [u] pirita *f*; **copper/iron ~** pirita de cobre/de hierro

pyromania /ˌpaɪrəʊˈmeɪniə/ *n* [u] piromanía *f*

pyromaniac /ˌpaɪrəʊˈmeɪniæk/ *n* pirómano, -na *m,f*

pyrotechnic /ˌpaɪrəˈteknɪk/ *adj* pirotécnico; **~ display** (frml) fuegos *mpl* artificiales

pyrotechnical /ˌpaɪrəˈteknɪk/ *adj* 1 ►**pyrotechnic** 2 ‹*performance/oration/address*› brillante, espectacular

pyrotechnics /ˌpaɪrəˈteknɪks/ *n* 1 (science) (+ *sing vb*) pirotecnia *f* 2 (fireworks) (+ *pl vb*) fuegos *mpl* artificiales; **verbal ~** (frml) artificio *m* retórico, lenguaje *m* rimbombante

Pyrrhic /ˈpɪrɪk/ *adj* pírrico

Pythagoras /pəˈθægərəs || paɪˈθægərəs/ *n* Pitágoras

Pythagorean /pəˌθægəˈriːən || paɪˌθægəˈriən/ *adj* pitagórico; **~ theorem** (esp AmE) teorema *m* de Pitágoras

python /ˈpaɪθɑːn || ˈpaɪθən/ *n* (Zool) (serpiente *f*) pitón *f*

pyx /pɪks/ *n* píxide *m*

pzazz /pəˈzæz/ *n* [u] ►**pizazz**

Qq

q, Q /kjuː/ *n* q, Q *f*
Qatar /'kʌtər || kæ'tɑː(r)/ *n* Qatar *m*
QB *n* (in US) = **quarterback**
QC *n* (in UK) = **Queen's Counsel**
QED (= **quod erat demonstrandum**) Q.E.D. (frml), que es lo que había que demostrar
Qld = **Queensland**
qt ▸ⓘ **p.998** = **quart(s)**
Q-Tip® /'kjuːtɪp/ *n* bastoncillo *m* de algodón, hisopo *m*
qty = **quantity**
qua /kwɑː/ *prep* (frml) en cuanto, como
quack[1] /kwæk/ *vi* «*duck*» graznar, hacer* cua cua
quack[2] *n*
A [1] (charlatan) curandero, -ra *m,f*, charlatán, -tana *m,f*; (*before n*) ‹*remedy*› de curandero; **~ doctor** curandero, -ra *m,f* [2] (doctor) (colloq & hum) matasanos *mf* (fam & hum)
B (of duck) graznido *m*
quackery /'kwækəri/ *n* [u] curanderismo *m*
quad /kwɑːd || kwɒd/ *n* (colloq)
A (quadruplet) cuatrillizo, -za *m,f*
B (of college) ▸**quadrangle A**
quad bike *n* quad *m*, moto *f* de cuatro ruedas
quad biking /'baɪkɪŋ/ *n* [u] montar *or* (AmL) ir* en quad *or* en moto cuatro ruedas
quadrangle /'kwɑːdræŋgəl || 'kwɒdræŋgəl/ *n*
A (BrE) (Archit) patio *m* interior
B (in US) (Geol) cuadrilátero *m*, cuadrángulo *m*
C (Math) ▸**quadrilateral**
quadrangular /kwɑː'dræŋgjələr || kwɒd'ræŋgjʊlə(r)/ *adj* cuadrangular
quadrant /'kwɑːdrənt || 'kwɒdrənt/ *n* (Math, Astron, Naut) cuadrante *m*
quadraphonic /ˌkwɑːdrə'fɑːnɪk || ˌkwɒdrə'fɒnɪk/ *adj* cuadrafónico
quadratic /kwɑː'drætɪk || kwɒ'drætɪk/ *adj* cuadrático; **~ equation** ecuación *f* cuadrática *or* de segundo grado
quadrilateral /ˌkwɑːdrə'lætərəl || ˌkwɒdrɪ'lætərəl/ *n* cuadrilátero *m*
quadrille /kwɑː'drɪl || kwɒ'drɪl/ *n* cuadrilla *f*
quadriplegia /ˌkwɑːdrə'pliːdʒə || ˌkwɒdrɪ'pliːdʒə/ *n* [u] tetraplejía *f*
quadriplegic /ˌkwɑːdrə'pliːdʒɪk || ˌkwɒdrɪ'pliːdʒɪk/ *n* tetrapléjico, -ca *m,f*
quadruped /'kwɑːdrəped || 'kwɒdrəped/ *n* cuadrúpedo *m*
quadruple[1] /kwɑː'druːpəl || kwɒ'druːpl, 'kwɒdrʊpl/ *adj* [1] (fourfold) cuádruple, cuádruplo [2] (with four parts) cuádruple, cuádruplo [3] (Mus) ‹*time*› de cuatro por cuatro
quadruple[2] *vi* cuadruplicarse*
■ **quadruple** *vt* cuadruplicar*
quadruplet /kwɑː'druːplət || 'kwɒdrʊplɪt/ *n* cuatrillizo, -za *m,f*
quad-speed /kwɑːd || kwɒd/ *adj* a velocidad quad
quaff /kwɑːf || kwɒf/ *vt* (hum) beberse, zamparse (fam); **he ~ed his wine with relish** se bebió el vino paladeándolo
quagmire /'kwægmaɪr, 'kwɑːg- || 'kwɒgmaɪə(r), 'kwæg-/ *n* [1] (bog) cenagal *m*, lodazal *m*, barrial *m* (AmL) [2] (situation) atolladero *m*
quail[1] /kweɪl/ *vi* temblar*; **she ~ed at the idea** la idea le daba pavor *or* la aterrorizaba
quail[2] *n* [c u] (*pl* **quails** *or* **quail**) codorniz *f*
quaint /kweɪnt/ *adj* **-er, -est** [1] (charming, picturesque) ‹*cottage/village/custom*› pintoresco [2] (odd) ‹*notion/garb*› extraño, curioso
quaintly /'kweɪntli/ *adv* [1] (oddly) de forma extraña *or* rara; **it is ~ titled …** lleva el curioso título de … [2] (charmingly) ‹*restored/decorated*› pintorescamente
quaintness /'kweɪntnəs || 'kweɪntnɪs/ *n* [u] [1] (charm) lo pintoresco [2] (oddness) lo curioso *or* raro
quake[1] /kweɪk/ *vi* temblar*; **he ~d at the knees** le temblaron las piernas
quake[2] *n* (earthquake) (colloq) temblor *m*; (more violent) terremoto *m*
Quaker /'kweɪkər || 'kweɪkə(r)/ *n* cuáquero, -ra *m,f*

> **Quaker**
>
> Un miembro de la *Society of Friends*, grupo religioso establecido en Inglaterra en el siglo XVII por George Fox. Su nombre deriva del hecho de que se observara a sus miembros temblar ("quake") de fervor religioso. Los cuáqueros creen en la iluminación interior y en sus reuniones se suele orar en silencio. Se oponen totalmente a la violencia y a la guerra y desempeñan un papel muy activo en la educación y en las obras de caridad.

Quakerism /'kweɪkərɪzəm/ *n* [u] cuaquerismo *m*
qualification /ˌkwɑːləfə'keɪʃən || ˌkwɒlɪfɪ'keɪʃən/ *n*
A [c] [1] (Educ): **she has a teaching ~** tiene título de maestra/profesora; **his ~s are very good** está muy bien calificado *or* (Esp) cualificado; **with all his ~s, he still couldn't get a job** a pesar de su excelente currículum *or* preparación, no pudo conseguir trabajo; **she has no paper ~s** no tiene títulos ni diplomas [2] (skill, necessary attribute) requisito *m*; **the essential ~ is enthusiasm** el requisito esencial *or* lo que hay que tener es entusiasmo
B [u] [1] (eligibility) derecho *m*; **their ~ for financial assistance** su derecho a percibir ayuda económica [2] (being accepted) clasificación *f*; **~ for the finals was all they hoped for** no esperaban más que clasificarse para la final
C [u c] [1] (reservation) reserva *f*; **to agree without ~** aceptar sin reservas *or* condiciones; **I should like to add a few ~s** quisiera hacer algunas salvedades *or* matizar algunos puntos [2] (to accounts) salvedad *f*, reparo *m*
D [u] (Ling) calificación *f*
qualified /'kwɑːləfaɪd || 'kwɒlɪfaɪd/ *adj*
A [1] (trained) ‹*doctor/teacher/engineer*› titulado; **a shortage of ~ personnel** una escasez de personal calificado *or* (Esp) cualificado; **a highly ~ candidate** un candidato muy preparado *or* con un excelente currículum; **~ to + INF: I am not ~ to teach in this country** no tengo la titulación necesaria para ejercer la docencia en este país [2] (competent) (*pred*) capacitado; **to be ~ to + INF** estar* capacitado PARA + INF; **I'm not ~ to speak on the subject** no estoy capacitado para hablar sobre el tema [3] (eligible) (*pred*) **to be ~ to + INF: he was not ~ to play for his country** no reunía los requisitos necesarios para jugar por su país; **you may be ~ to receive a grant** puede ser que tengas derecho a que te den una beca
B (limited) ‹*acceptance*› con reservas; **it was a ~ success** tuvo cierto éxito; **they gave their ~ approval to the plan** aprobaron el plan estipulando ciertas condiciones
qualified majority voting *n* [u] (EU) voto *m* de una mayoría calificada
qualifier /'kwɑːləfaɪər || 'kwɒlɪfaɪə(r)/ *n*
A (Sport) [1] (competitor, team) clasificado, -da *m,f* [2] (preliminary round) eliminatoria *f*
B (Ling) calificador *m*
qualify /'kwɑːləfaɪ || 'kwɒlɪfaɪ/ **-fies, -fying, -fied** *vt*
A (equip, entitle) **to ~ sb FOR sth/to + INF: his experience should ~ him for a better post** su experiencia debería permitirle acceder a un puesto mejor; **this degree qualifies you to practice anywhere in Europe** este título te habilita *or* te faculta para ejercer en cualquier parte de Europa; **their low income qualifies them for some benefits** sus bajos ingresos les dan derecho a recibir ciertas prestaciones
B [1] (limit): **I'd like to ~ the statement I made earlier** quisiera matizar lo que expresé anteriormente haciendo algunas salvedades (*or* puntualizaciones *etc*) [2] (Ling) calificar*
■ **qualify** *vi* [1] (gain professional qualification) terminar la carrera, titularse, recibirse (AmL); **to ~ AS sth** sacar* el título DE algo, recibirse DE algo (AmL); **he hopes to ~ as an architect next year** espera sacar el título de arquitecto *or* (AmL tb) recibirse de arquitecto el año que viene [2] (Sport) **to ~ (FOR sth)** clasificarse* (PARA algo) [3] (be entitled) **to ~ (FOR sth)** tener* derecho (A algo); **they ~ for help** tienen derecho a recibir asistencia [4] (count) (frml) **to ~ AS sth: he qualifies as a Romantic** puede considerárselo (como) un romántico
qualifying /'kwɑːləfaɪɪŋ || 'kwɒlɪfaɪɪŋ/ *adj* (*before n*)
A [1] (conferring entitlement) ‹*round/game*› eliminatorio; **after a ~ period you will be entitled to …** luego del período estipulado como requisito, tendrá derecho a … [2] (possessing entitlement): **all ~ households will receive …** todas las familias que tengan derecho a ello recibirán …
B (limiting): **a ~ remark** una matización *or* precisión
qualitative /'kwɑːləteɪtɪv || 'kwɒlɪtətɪv/ *adj* cualitativo
qualitatively /'kwɑːləteɪtɪvli || 'kwɒlɪtətɪvli/ *adv* ‹*judge/assess*› cualitativamente; **~, it leaves a lot to be desired** (*indep*) en cuanto a la calidad, deja mucho que desear
quality[1] /'kwɑːləti || 'kwɒləti/ *n* (*pl* **-ties**)
A [u c] (degree of excellence) calidad *f*; **of poor ~** de calidad inferior; **of excellent ~** de primera calidad; **the ~ of life** la calidad de vida; **good/poor ~ products** productos de buena calidad/de calidad inferior
B [1] [c] (characteristic) cualidad *f*; **leadership qualities** dotes *fpl* de mando *or* de liderazgo [2] [u] (nature) carácter *m* [3] [u] (of voice, sound) timbre *m*
C **qualities** *pl* (quality newspapers) (BrE colloq): **the qualities** la prensa seria, los periódicos serios
quality[2] *adj* (*before n*) ‹*product/plastic*› de calidad; ‹*newspaper*› serio; **the ~ press** la prensa seria

quality assurance *n* [u] aseguramiento *m* de calidad; (*before n*) ‹*commitee/manager*› de aseguramiento de calidad; (Busn): **~ ~ scheme/procedure** sistema *m*/procedimiento *m* de aseguramiento de calidad

quality control *n* [u] control *m* de calidad

quality time *n: tiempo dedicado exclusivamente a otra persona, especialmente el de los padres a los hijos*

qualm /kwɑːm/ *n* (*often pl*) 1 (scruple) reparo *m*, escrúpulo *m*; **to have no ~s about sth** no tener* ningún reparo *or* escrúpulo en algo; **I felt a slight ~ (of conscience)** me dio cierto cargo de conciencia; **without a ~** sin el menor reparo *or* escrúpulo 2 (misgiving) duda *f*; **he had ~s about the project** tenía dudas *or* sentía aprensión acerca del proyecto

quandary /ˈkwɑːndri || ˈkwɒndri/ *n* (*pl* **-ries**) (*usu sing*)) dilema *m*; **I was in a ~ as to what to do** estaba en un dilema, estaba que no sabía qué hacer; **this decision left them in a ~** esta decisión les planteó un dilema

quango /ˈkwæŋgəʊ/ *n* (*pl* **-gos**) organismo *m* or ente *m* semi-autónomo

quango

En el Reino Unido, el término corresponde a las siglas de "quasi-autonomous non-governmental organization". Son organismos independientes, financiados por el estado, que han sido creados para administrar una determinada área de la vida pública. Son ejemplos de *quangos*, el *Arts Council* y la ▸**Equal Employment Opportunities Commission - EEOC**.

quanta /ˈkwɑːntə || ˈkwɒntə/ *pl of* **quantum**¹

quantifiable /ˈkwɑːntəfaɪəbəl || ˈkwɒntɪfaɪəbəl/ *adj* cuantificable

quantifier /ˈkwɑːntəfaɪər || ˈkwɒntɪfaɪə(r)/ *n* (Ling) cuantificador *m*

quantify /ˈkwɑːntəfaɪ || ˈkwɒntɪfaɪ/ *vt* **-fies, -fying, -fied** cuantificar*

quantitative /ˈkwɑːntəteɪtɪv || ˈkwɒntɪtətɪv/ *adj* cuantitativo

quantitatively /ˈkwɑːntəteɪtɪvli || ˈkwɒntɪtətɪvli/ *adv* cuantitativamente; (*indep*) en términos cuantitativos

quantity /ˈkwɑːntəti || ˈkwɒntəti/ *n* (*pl* **-ties**)
A 1 [c u] (amount) cantidad *f*; **a large/small ~ of grain** una gran/pequeña cantidad de grano; **in ~** en grandes cantidades 2 **quantities** *pl* (lots) cantidades *fpl*
B [c] 1 (Math) cantidad *f*; ***an unknown ~*** una incógnita 2 (of word, syllable) cantidad *f*

quantity surveyor *n: ingeniero o técnico que se ocupa de mediciones y cálculo de materiales*

quantum¹ /ˈkwɑːntəm || ˈkwɒntəm/ *n* (*pl* **-ta**) 1 (amount) (frml) cuantía *f*; **the ~ of satisfaction** el grado de satisfacción 2 (Nucl Phys) cuanto *m*, quántum *m*; (*before n*) cuántico

quantum² *adj* (*before n*) mayúsculo, enorme

quantum computer *n* computadora *m* cuántica, ordenador *m* cuántico (Esp)

quantum jump *n*
A (Phys) salto *m* cuántico
B ▸**quantum leap**

quantum leap *n* salto *m* cuántico,, salto *m* gigante *or* espectacular

quarantine¹ /ˈkwɔːrəntiːn || ˈkwɒrəntiːn/ *n* [u] cuarentena *f*; **to be in ~** estar* en cuarentena

quarantine² *vt* ‹*animal/ship/person*› poner* en cuarentena

quark /kwɔːrk || kwɑːk/ *n*
A [c] (Nucl Phys) quark *m*
B [u] (BrE) (Culin) quark *m* (*tipo de queso fresco blanco*)

quarrel¹ /ˈkwɔːrl || ˈkwɒrl/ *n* 1 (argument) pelea *f*, riña *f*; **to have a ~ with sb** pelearse con algn; **to pick a ~** buscar* pelea *or* pleito, buscar* camorra (fam) 2 (disagreement) discrepancia *f*; **to have no ~ with sb/sth** no tener* nada en contra de algn/algo

quarrel² *vi*, (BrE) **-ll-** 1 (argue) pelearse, discutir; **to ~ WITH sb (ABOUT/OVER sth)**: **they were ~ing about whose turn it was** se estaban peleando *or* estaban discutiendo sobre a quién le tocaba; **he ~ed with his family over the inheritance** riñó *or* se peleó con su familia por cuestiones de herencia 2 (disagree) **to ~ WITH sth/sb** discrepar DE *or* CON algn/DE algo

quarrelsome /ˈkwɔːrəlsəm || ˈkwɒrəlsəm/ *adj* ‹*child*› peleador, peleón (Esp fam); ‹*group*› pendenciero, buscapleitos *adj inv*

quarry¹ /ˈkwɔːri || ˈkwɒri/ *n* (*pl* **-ries**)
A (excavation) cantera *f*; (*before n*): **~ tile** baldosa *f* sin vitrificar
B (prey) presa *f*

quarry² **-ries, -rying, -ried** *vt* ‹*stone/slate*› extraer* (*de una cantera*); ‹*land/hillside*› abrir* una cantera en; **to ~ sth FOR sth**: **the area has been quarried for quartz** se han abierto canteras en la zona para extraer cuarzo
■ **quarry** *vi* **to ~ FOR sth**: **they're ~ing for marble** han abierto una cantera para extraer mármol; **he's still ~ing for information** sigue recabando información

quart /kwɔːrt || kwɔːt/ ▸❶ **p.998** *n* cuarto *m* de galón (*EEUU: 0,94 litros, RU: 1,14 litros*); ***you can't get a ~ into a pint pot*** (BrE) no se puede meter a España en Portugal

quarter¹ /ˈkwɔːrtər || ˈkwɔːtə(r)/ *n*
A ▸❶ **p.1091** [c] 1 (fourth part) cuarta parte *f*, cuarto *m*; **to divide sth into ~s** dividir algo en cuatro partes; **a ~ of a mile/century** un cuarto de milla/siglo; **a ~ of (a pound of) ham** un cuarto de libra de jamón; **an inch and a ~** una pulgada y cuarta; **four and a** *o* **one ~ gallons** cuatro galones y cuarto; **I'll do it in a ~ of the time** lo haré en una *or* la cuarta parte del tiempo 2 (*as adv*): **it's a ~ full** queda un cuarto; **I'm a ~ French** tengo una cuarta parte de sangre francesa
B [c] 1 (US, Canadian coin) moneda *f* de 25 centavos 2 (of moon) cuarto *m*; **in its first/last ~** en cuarto creciente/menguante
C [c] 1 ▸❶ **p.1798** (in telling time) cuarto *m*; **a ~ of an hour** un cuarto de hora; **an hour and a ~** una hora y cuarto; **it's a ~ of** *o* (BrE) **to one** es la una menos cuarto *or* (AmL) un cuarto para la una; **a ~ after** *o* (BrE) **past one** la una y cuarto; **at (a) ~ after** *o* (BrE) **past** a las y cuarto 2 (three months) trimestre *m*; **to pay by the ~** pagar trimestralmente *or* por trimestres
D [c] 1 (district of town) barrio *m* 2 (area) parte *f*; **in all ~s of the earth/globe** en todos los rincones de la tierra/del globo; **from every ~** de todas partes *or* todos lados; **as is believed in some ~s** como se cree en ciertos ámbitos *or* círculos; ***at close ~s*** de cerca; **he seemed much older at close ~s** de cerca parecía mucho mayor
E [c] (Naut) 1 (direction of wind) dirección *f* 2 (of ship) aleta *f*; **on the port/starboard ~** por la aleta de babor/estribor
F **quarters** *pl* (accommodation): **the servants' ~s** las dependencias de servicio, las habitaciones de la servidumbre; **winter ~s** (Mil) cuartel *m* de invierno; **married ~** (Mil) viviendas *fpl* para familias
G [u] (mercy) (liter): **no ~ was asked and none given** fue una guerra sin cuartel; **he showed** *o* **gave the defeated enemy no ~** no tuvo clemencia para con los vencidos

quarter² *vt* (*often pass*)
A (divide) ‹*carcass/body*› descuartizar*; ‹*apple*› dividir en cuatro partes; **to be hung, drawn and ~ed** ser* ahorcado, destripado y descuartizado
B (lodge) (Mil) acuartelar, alojar

quarter³ *adj* cuarto; **a ~ pound** un cuarto de libra

quarterback¹ /ˈkwɔːrtərbæk || ˈkwɔːtəbæk/ *n* 1 (in US football) mariscal *mf* de campo, corebac *mf* (Méx) 2 (leader) (AmE) jefe *m* 3 (one wise after the event) (AmE): **the Monday morning ~s** los que siempre dicen 'yo ya sabía'

quarterback² *vt* 1 (in US football): **he ~s the Giants** es el mariscal de campo *or* (Méx tb) el corebac de los Giants 2 (lead, head) (AmE) dirigir*

quarter day *n* (esp BrE) *día de vencimiento de ciertos pagos al final de cada trimestre*

quarterdeck /ˈkwɔːrtərdek || ˈkwɔːtədek/ *n* (Naut) alcázar *m*

quarterfinal /ˌkwɔːrtərˈfaɪnl || ˌkwɔːtəˈfaɪnl/ *n* cuarto *m* de final

quarterfinalist /ˌkwɔːrtərˈfaɪnləst || ˌkwɔːtəˈfaɪnəlɪst/ *n* cuartofinalista *mf*

quarter-hour /ˌkwɔːrtərˈaʊr || ˌkwɔːtə(r)ˈaʊə(r)/ *n* 1 (fifteen minutes) cuarto *m* de hora; **it lasted scarcely a ~** duró apenas un cuarto de hora 2 **on the ~**: **trains leave on the ~** (before the hour) los trenes salen quince minutos antes de cada hora *or* (fam) salen a menos cuarto; (after the hour) los trenes salen quince minutos pasada cada hora *or* (fam) salen a y cuarto

quarter-hourly¹ /ˌkwɔːrtərˈaʊrli || ˌkwɔːtə(r)ˈaʊəli/ *adj*: **the ~ chime** la campanada de los cuartos de hora; **at ~ intervals** a intervalos de quince minutos; **a ~ news bulletin** un informativo de cada cuarto de hora

quarter-hourly² *adv* cada cuarto de hora

quarterlight /ˈkwɔːrtərlaɪt || ˈkwɔːtəlaɪt/ *n* (BrE) (Auto) *ventanilla triangular giratoria*

quarterly¹ /ˈkwɔːrtərli || ˈkwɔːtəli/ *adj* trimestral

quarterly² *adv* trimestralmente, cada tres meses

quarterly³ *n* (*pl* **-lies**) publicación *f* trimestral

quartermaster /ˈkwɔːrtərˌmæstər || ˈkwɔːtəˌmɑːstə(r)/ *n* intendente *m*; **the ~'s stores** la intendencia

quarter note *n* (AmE) (Mus) negra *f*

quarter panel *n* (AmE) guardabarros *m* or (Méx) salpicadera *f* or (Chi, Per) tapabarros *m*

quartet /kwɔːrˈtet || kwɔːˈtet/ *n*
A (Mus) (ensemble, piece) cuarteto *m*
B (group of four) cuarteto *m*

quartile /ˈkwɔːrtaɪl || ˈkwɔːtaɪl/ *n* cuartil *m*

quarto /ˈkwɔːrtəʊ || ˈkwɔːtəʊ/ *n* (*pl* **-tos**) libro *m* en cuarto; (*before n*) ‹*volume*› en cuarto; **~ sheet** cuartilla *f*

quartz /kwɔːrts || kwɔːts/ *n* [u] cuarzo *m*; (*before n*) ‹*ashtray/vase/watch*› de cuarzo; ‹*lamp/headlight*› de cuarzo

quartz crystal *n* cristal *m* de cuarzo

quartz-iodine /ˌkwɔːrtsˈaɪədaɪn || ˌkwɔːtsˈaɪədiːn, -dɪn/ *adj* de iodo

quasar /ˈkweɪzɑːr || ˈkweɪzɑː(r)/ *n* quásar *m*, cuasar *m*

quash /kwɑːʃ || kwɒʃ/ *vt* 1 (Law) ‹*verdict/sentence*› anular 2 (suppress) ‹*revolt*› sofocar*, aplastar; ‹*protest*› acallar

quasi- /ˈkweɪzaɪ, ˈkwɑːzi/ *pref* cuasi

quatercentenary /ˌkwɑːtərsenˈtenəri || ˌkwɔːtəsenˈtiːnəri/ *n* (*pl* **-ries**) (frml) cuarto centenario *m*; (*before n*): **the ~ celebrations** las celebraciones del cuarto centenario

quatrain /ˈkwɑːtreɪn || ˈkwɒtreɪn/ *n* estrofa *f* de cuatro versos (*como el cuarteto, la cuarteta etc*)

quaver¹ /ˈkweɪvər || ˈkweɪvə(r)/ *n* 1 (in voice) temblor *m*; **he spoke without a ~** habló sin que le temblara la voz 2 (BrE) (Mus) corchea *f*

quaver² *vi* 1 ‹*voice*› (in singing) vibrar; (in speech) temblar* 2 **quavering** *pres p* ‹*voice/tone*› trémulo, tembloroso
■ **quaver** *vt* decir* con voz trémula *or* temblorosa; **come in, ~ed the old lady** —pase —dijo la anciana con voz trémula *or* temblorosa

quavery /ˈkweɪvəri/ *adj* trémulo, tembloroso

quay /kiː/ *n* muelle *m*

quayside /ˈkiːsaɪd/ *n* muelle *m*

Que = **Quebec**

queasiness /ˈkwiːzinəs || ˈkwiːzinɪs/ *n* [u] (sensación *f* de) mareo *m*, náuseas *fpl*

queasy /ˈkwiːzi/ *adj* **-sier, -siest** 1 (sick) mareado; **the motion made him (feel) ~** se mareó con el movimiento; **my stomach's a bit ~** tengo el estómago revuelto 2 (uneasy) intranquilo

queen¹ /kwiːn/ ▸**Queen's Speech** *n*
A 1 ▸❶ **p.1213** (monarch) reina *f*; **Q~ Elizabeth** la reina Isabel; **she was ~ to Charles III** era la esposa del rey Carlos III 2 (in beauty contest)

reina *f* 3 (leading example) reina *f*; **the ~ of roses** la reina de las rosas 4 (Zool) reina *f*
B (in chess, cards) reina *f*
C (male homosexual) (sl) loca *f* (arg), marica *m* (fam & pey)

queen² *vt* (in chess) ‹*pawn*› coronar

queen bee *n* 1 (Zool) abeja *f* reina 2 (female organizer) mandamás *f*

queenly /'kwi:nli/ *adj* **-lier, -liest** 1 (regal) ‹*bearing*› regio, majestuoso 2 (of a queen) ‹*duties*› real, de reina

queen mother *n* reina *f* madre

Queen's Bench (Division) *n* (in UK): **the ~ ~ ~** *sección del* ▸**High Court** *que conoce de causas de derecho penal*

Queen's Counsel *n* (in UK) *título conferido a ciertos abogados de prestigio*

> **Queen's Speech**
>
> Un discurso preparado por los dirigentes del gobierno británico que esboza sus planes para el año siguiente. Es leído por la reina en la Cámara de los Lores ▸**House of Lords** en la ceremonia de apertura del Parlamento (*State Opening of Parliament*) que tiene lugar todos los años en otoño.

queer¹ /kwɪr || kwɪə(r)/ *adj*
A (odd) raro, extraño; **how ~!** ¡qué raro *or* extraño *or* curioso!; **I think he's a bit ~ in the head** creo que está un poco mal de la cabeza (fam); ***to be in ~ street*** (colloq & dated BrE) estar* agobiado de deudas (fam)
B (male homosexual) (colloq & sometimes pej) maricón (fam & pey), homosexual, gay
C (unwell) (BrE colloq) (*usu pred*) mal, indispuesto; **to feel ~** encontrarse* mal *or* indispuesto

queer² *n* (colloq & sometimes pej) maricón *m* (fam & pey), homosexual *m*, gay *m*; (*before n*): **~ bashing** (colloq) *ataques gratuitos a homosexuales*

queer³ *vt see* **pitch¹ D1**

queerly /'kwɪrli || 'kwɪəli/ *adv* ‹*behave/dress*› de un modo extraño *or* raro; **she looked at me ~** me miró con cara rara

queerness /'kwɪrnəs || 'kwɪənɪs/ *n* [u] lo raro, lo extraño

quell /kwel/ *vt* ‹*revolt/riot*› sofocar*, aplastar; ‹*criticism*› acallar, acabar con; ‹*fears*› disipar, acabar con

quench /kwentʃ/ *vt* 1 (satisfy) ‹*thirst*› quitar, saciar (liter); ‹*desire/passion*› satisfacer* 2 (put out) ‹*flames*› sofocar*, apagar* 3 (cool) ‹*steel/blade*› enfriar*

querulous /'kwerələs || 'kwerʊləs/ *adj* ‹*voice*› quejumbroso; ‹*person*› quejoso

querulously /'kwerələsli || 'kwerʊləsli/ *adv* quejumbrosamente

query¹ /'kwɪri || 'kwɪəri/ *n* (*pl* **-ries**) 1 (doubt) duda *f*; (question) pregunta *f*; **I have a ~** tengo una duda, quisiera hacer una pregunta; **she accepted it without ~** lo aceptó sin cuestionarlo 2 (question mark) (BrE) signo *m* de interrogación

query² *vt* **-ries, -rying, -ried** 1 (dispute) ‹*statement/right*› cuestionar; **I'm not ~ing your integrity** no estoy poniendo su integridad en duda *or* en tela de juicio; **I'd like to ~ this bill** me parece que hay un error en esta cuenta; **she's bound to ~ these figures** seguro que pide explicaciones sobre estas cifras; **I ~ whether they are solvent** tengo mis dudas acerca de su solvencia 2 (ask) preguntar, inquirir* (frml)

query language *n* [u] lenguaje *m* de consulta

query window *n* ventana *f* interactiva

quest¹ /kwest/ *n* búsqueda *f*; **~ FOR sth** búsqueda DE algo; **to go in ~ of sth** ir* en busca *or* (liter) en pos de algo

quest² *vi* (liter) **to ~ FOR** *o* **AFTER sth** ir* en busca *or* (liter) en pos de algo

question¹ /'kwestʃən/ *n* 1 [c] (inquiry) pregunta *f*; **to ask** *o* **put a ~** hacer* *or* (frml) formular una pregunta; **I asked you a ~** te hice una pregunta; **ask no ~s and I'll tell you no lies** (set phrase) mejor no preguntes; **a large reward will be paid, no ~s asked** se ofrece una cuantiosa recompensa, total discreción; **can you do it today? — no chance — ask a silly ~!** ¿lo puedes hacer hoy? — ¡ni soñar! — ¡no sé para qué pregunto!; ***to pop the ~*** (colloq): **he finally popped the ~** finalmente le pidió que se casara con él *or* (frml) le propuso matrimonio 2 [c] (in quiz, exam) pregunta *f*; ***the 64,000 dollar ~*** la pregunta del millón; (*before n*): **~ master** (BrE) presentador, -dora *m,f* de un programa concurso 3 [c] (issue, problem) cuestión *f*, asunto *m*, problema *m*; **this raises the ~ of finance** esto plantea el problema *or* el asunto *or* la cuestión de la financiación; **the person in ~** la persona en cuestión; **the Irish ~** el problema irlandés; **if it's a ~ of money ...** si es cuestión de dinero ..., si el problema es el dinero ..., si se trata de dinero ...; **that is not the ~** no se trata de eso; **a ~ of fact/law** una cuestión de hecho/derecho; ***to beg the ~*** (evade the issue) eludir el problema; (make unjustified assumption): **this begs a fundamental ~: do we really want to live in this kind of society?** esto da por sentado *or* tiene como premisa que éste es el tipo de sociedad en la que queremos vivir 4 [u] (doubt) duda *f*; **his integrity is beyond ~** su integridad está fuera de duda; **he would beyond** *o* **without ~ have died** no cabe la menor duda de que se hubiera muerto, sin duda se hubiera muerto; **it's an open ~ whether they'll get married** no se sabe si se casarán o no; **to call sth into ~** poner* algo en duda; **there is no ~ about** *o* **as to her talent** no hay duda de que tiene talento; **there's no ~ about it** no cabe duda; **there is no ~ but (that) a change of policy is due** (frml) no cabe duda de que se necesita un cambio de política; **the ~ remains: where ...?** sigue planteado el interrogante: ¿dónde ...? 5 [u] (possibility) posibilidad *f*; **there was no ~ of escaping** no había ninguna posibilidad de escapar; **it is completely out of the ~** es totalmente imposible; **that's totally out of the ~!** ¡ni hablar!; **how can there be any ~ of my leaving?** ¿cómo voy a irme?, ¿cómo puede siquiera plantearse de que me vaya?

question² *vt* 1 ‹*person*› hacerle* preguntas a; ‹‹*policeman/examiner*›› interrogar*; **his parents ~ed him about where he had been all night** sus padres le preguntaron dónde había estado toda la noche 2 (doubt) ‹*integrity/motives*› poner* en duda 3 (ask) preguntar

questionable /'kwestʃənəbəl/ *adj* 1 (debatable) ‹*value/assertion*› cuestionable, discutible; **a remark in ~ taste** un comentario de dudoso buen gusto; **it is ~ whether this is an original** es discutible que esto sea un original 2 (of dubious morality) ‹*behavior*› cuestionable

questioner /'kwestʃənər || 'kwestʃənə(r)/ *n* 1 (interrogator) interrogador, -dora *m,f*; (in Parliament, at meeting) interpelante *mf*; **she couldn't see her ~** no podía ver a quien le había hecho la pregunta 2 (doubting, challenging) contestatario, -ria *m,f*

questioning¹ /'kwestʃənɪŋ/ *adj* 1 (puzzled, doubting) ‹*glance/expression/voice*› inquisidor, inquisitivo 2 (challenging) ‹*mind*› inquisitivo; ‹*approach*› crítico

questioning² *n* 1 [u] (interrogation) interrogatorio *m* 2 [u c] (doubt, challenge) cuestionamiento *m*

questioningly /'kwestʃənɪŋli/ *adv* ‹*look/say*› de manera inquisidora *or* inquisitiva

question mark *n* signo *m* de interrogación; **the incident leaves a large ~ ~ against his loyalty** el incidente pone su lealtad en tela de juicio *or* plantea un interrogante sobre su lealtad

questionnaire /ˌkwestʃə'ner || ˌkwestʃə'neə(r)/ *n* cuestionario *m*

question tag *n* coletilla *f* interrogativa

question time *n* 1 (after lecture etc) sesión *m* de preguntas 2 (in UK) (Pol) *sesión en la Cámara de los Comunes destinada a que los parlamentarios interpelen a los ministros, incluido el primer ministro,* ≈ sesión *m* de control (Esp)

queue¹ /kju:/ *n* (BrE) cola *f*; **to form a ~** hacer* cola; **join the ~** póngase en la cola; **to jump the ~** colarse* (fam), brincarse* *or* saltarse la cola (Méx fam)

queue² **queues, queueing, queued** *vi* **~ (up)** (BrE) hacer* cola; **we ~d for hours** hicimos cola durante horas
■ **queue** *vt* poner* en la cola

queue-jump /'kju:dʒʌmp/ *vi* (BrE) colarse, saltarse *or* (Méx) brincarse* a cola
■ **queue-jump** *vt* ‹*waiting list/housing list*› saltarse

queue jumper *n* (BrE) *persona que se cuela*; **~ ~s make her furious** le da rabia que se le cuelen

queue jumping *n* [u] (BrE): **he accused me of ~ ~** me acusó de haberme colado *or* saltado la cola *or* de haberme brincado (Méx)

quibble¹ /'kwɪbəl/ *n* objeción *f* (*de poca monta*); **our only ~ is ...** la única queja que tenemos *or* la única objeción que podemos hacer es ...; **her criticisms are mere ~s** lo que critica son sutilezas *or* detalles

quibble² *vi* hacer* problemas por nimiedades; **ignore him; he just likes to ~** no le hagas caso, es un quisquilloso; **to ~ OVER** *o* **ABOUT sth**: **who's going to ~ over** *o* **about a dollar?** ¿quién va a protestar *or* se va a quejar por un dólar?; **to ~ WITH sth**: **I'm not quibbling with your assessment** no estoy cuestionando tu apreciación; **he ~s with everything I say** le pone peros a todo lo que digo

quiche /ki:ʃ/ *n* [c u] quiche *f*

quick¹ /kwɪk/ *adj* **quicker, quickest** 1 (speedy) ‹*action/movement*› rápido; **it's a lot ~er by car** se va mucho más rápido en coche; **he made a ~ recovery** se repuso rápidamente; **I'll be as ~ as I can** volveré (*or* lo haré *etc*) lo más rápido que pueda; **that was ~!** ¡qué rapidez!; **OK, but make it ~** bueno, pero rápido *or* date prisa *or* (AmL tb) apúrate; **they arrived in ~ succession** llegaron muy seguidos *or* uno detrás del otro; **to be ~ on one's feet** tener* buenos reflejos, ser* rápido de reflejos 2 (brief) (*before n, no comp*) ‹*calculation/question*› rápido; ‹*nod*› breve; **let me have a ~ look** déjame que eche un vistazo; **let's have a ~ swim** vamos a darnos un chapuzón; **he'd like a ~ word with you** quiere hablar contigo un momento; **shall we take a ~ vote?** ¿lo ponemos a votación?; **time for a ~ one?** ¿nos tomamos una copa? 3 (prompt): **she has a very ~ temper** tiene el genio vivo, tiene mucho genio, es una polvorita (fam); **he's ~ to take offense** se ofende por lo más mínimo *or* por cualquier nimiedad; **they were ~ to spot the problem** identificaron el problema rápidamente; **she was ~ to come to my assistance** vino rápidamente en mi ayuda *or* a ayudarme 4 (clever): **he has a ~ wit** es muy agudo; **she has a very ~ mind** es muy lista *or* rápida, las pilla *or* las caza al vuelo (fam); **to have a ~ eye (for sth)** darse* cuenta enseguida (de algo), ser* un lince (para algo)

quick² *adv* **quicker, quickest** rápido, rápidamente; **come ~** ven corriendo *or* rápido; **~, hide in here** rápido *or* corre, escóndete aquí; **get here as ~ as you can** ven lo más rápido *or* deprisa que puedas; **~ march!** (Mil) ¡paso ligero!

quick³ *n* 1 (flesh) (+ *sing vb*): **the ~: her nails were bitten to the ~** tenía las uñas en carne viva de mordérselas; ***to cut sb to the ~*** herir* a algn en lo más vivo 2 (living people) (+ *pl vb*): **the ~** (liter) los vivos

quick-acting /ˌkwɪk'æktɪŋ/ *adj* de efecto rápido

quick-and-dirty /ˌkwɪkən'dɜ:rti || ˌkwɪkən'dɜ:ti/ *adj pred* rápido y sucio

quick-change artist /ˌkwɪk'tʃeɪndʒ/ *n* transformista *mf*

quick-drying /'kwɪk'draɪɪŋ/ *adj* de secado rápido

quicken /'kwɪkən/ *vt* 1 ‹*rate/pulse*› acelerar; ‹*procedure*› agilizar*; **he ~ed his pace** apretó *or* aceleró el paso; **the ~ing pace of the changes** el ritmo cada vez más acelerado de

q

los cambios [2] ‹*interest*› despertar*; ‹*appetite*› estimular

■ **quicken** *vi*

[A] [1] «*rate/pulse*» acelerarse; «*procedure*» agilizarse*; **her heartbeats ~ed when she heard his voice** al oír su voz el corazón empezó a latirle con fuerza [2] «*interest/enthusiasm*» aumentar, acrecentarse* (frml)

[B] (liter) «*seeds/bulb*» brotar

quick-fire /'kwɪk'faɪr || 'kwɪk,faɪə(r)/ *adj* (*before n*): **he was famous for his ~ wit** era famoso por su vivo ingenio *or* su viveza de ingenio; **a series of ~ questions and answers** una ráfaga de preguntas y respuestas

quick-firing /'kwɪk'faɪrɪŋ || ,kwɪk'faɪərɪŋ/ *adj* ‹*gun/rifle*› de repetición

quick-freeze /'kwɪkfri:z/ (*past* **-froze**; *past p* **-frozen**) *vt* ultracongelar

■ **quick-freeze** *vi* ultracongelarse

quickie /'kwɪki/ *n* (colloq) uno rápido, una rápida; **just a ~** (question) sólo una preguntita; **let's have a ~** (drink) tomémonos una copita; (sex) echémonos un polvito (arg); (*before n*) ‹*divorce*› rápido

quicklime /'kwɪklaɪm/ *n* [u] cal *f* viva

quickly /'kwɪkli/ *adv* [1] (speedily) ‹*move/recover*› rápidamente, rápido; **she reads very ~** lee muy rápido [2] (promptly) ‹*understand/reply/discover*› pronto, enseguida; **I'll do it as ~ as I can** lo haré lo más pronto que pueda, lo haré cuanto antes

quickness /'kwɪknəs || 'kwɪknɪs/ *n* [u] [1] (of movement) rapidez *f*, velocidad *f*; **the ~ of the hand deceives the eye** (set phrase) la mano es más rápida que la vista [2] (of mind, reply) rapidez *f*; **his ~ of temper has lost him many friends** ha perdido muchos amigos por el mal genio *or* el mal carácter que tiene

quick-release /'kwɪkrɪli:s/ *adj* (*before n*) ‹*buckle*› de zafado rápido, de apertura rápida; ‹*hub cap/front wheel*› de desmontaje rápido; ‹*bindings*› de zafado rápido

quicksand /'kwɪksænd/ *n* (*often pl*) arenas *fpl* movedizas

quickset /'kwɪkset/ *adj* (BrE): **~ hedge** seto *m* vivo

quick-setting /,kwɪk'setɪŋ/ *adj* ‹*cement/glue*› rápido

quicksilver /'kwɪk,sɪlvər || 'kwɪk,sɪlvə(r)/ *n* [u] azogue *m*

quickstep /'kwɪkstep/ *n* quickstep *m*

quick-tempered /,kwɪk'tempərd || ,kwɪk 'tempəd/ *adj* ‹*person*› de genio vivo, de mucho genio, irascible; ‹*reaction*› malhumorado

quick time *n* [u] paso *m* corto

quick-witted /,kwɪk'wɪtəd || ,kwɪk'wɪtɪd/ *adj* agudo, ingenioso

quid /kwɪd/ *n* (*pl* ~)

[A] (pound) (BrE colloq) libra *f*; **three ~ each** tres libras cada uno; ***to be ~s in*** sacar* ganancia

[B] (lump): **he was chewing on a ~ of tobacco** estaba mascando tabaco; **~s of tobacco** tabaco *m* de mascar

quiddity /'kwɪdəti/ *n* (*pl* **-ties**) [1] [u] (Phil) esencia *f* [2] [c] (minor detail) (frml) sutileza *f*, nimiedad *f*

quid pro quo /'kwɪd'prəʊ'kwəʊ/ *n* (*pl* **~ ~ ~s**) retribución *f*; **if I do this for you, what's the ~ ~ ~?** si te hago eso ¿qué recibo yo en retribución *or* a cambio?

quiescence /,kwaɪ'esns, kwi- || kwi'esns/ *n* [u] (frml) inactividad *f*, quiescencia *f* (frml)

quiescent /,kwaɪ'esnt, kwɪ- || kwi'esnt/ *adj* (frml) ‹*state*› inactivo, quiescente (frml); ‹*period*› de inactividad

quiet[1] /'kwaɪət/ *adj*

[A] [1] (silent) ‹*street*› silencioso; **isn't it ~ in here!** ¡qué silencio hay aquí!; **be ~!** (to one person) ¡cállate!; (to more than one person) ¡cállense! *or* (Esp tb) ¡callaros *or* callaos!, ¡silencio!; **I couldn't keep the children ~** no logré que los niños mantuvieran silencio; **he gave them money to keep them ~** les pagó para que no hablasen *or* para que se callaran [2] (not loud) ‹*engine*› silencioso; **I don't mind them talking, but they have to keep it ~** no me importa que hablen, pero que lo hagan en voz baja; **he has a very ~ voice** habla muy bajo, tiene una voz muy suave [3] (not boisterous) ‹*manner*› tranquilo, sosegado; **you're very ~ today** hoy estás muy callada; **he's a ~ boy** es un chico muy callado; **we are lucky to have ~ neighbors** tenemos la suerte de tener unos vecinos muy tranquilos *or* que hacen poco ruido

[B] [1] (peaceful) tranquilo; **let's just go for a ~ drink** vamos a tomarnos tranquilamente una copa; **all ~ here** por aquí todo tranquilo *or* sin novedad; **I finally bought it for him: anything for a ~ life** al final se lo compré: ¡con tal de que me dejara en paz! [2] (calm, low-key) ‹*fury/irony*› contenido; ‹*scene*› tranquilo, lleno de calma; ‹*colors/shades*› discreto; **they had a ~ wedding** la boda se celebró en la intimidad; **she dresses with ~ good taste** es sobria y elegante en el vestir; **to lead a ~ life** llevar una vida tranquila [3] (not busy) ‹*day*› tranquilo; **the markets were very ~ yesterday** ayer no hubo mucho movimiento en la bolsa [4] (private) en privado; **I'd like a ~ word with you** me gustaría hablar contigo en privado; **I kept ~ about the bill** no dije nada de lo de la factura; **I'd like you to keep it ~** quisiera que no dijeras nada (de lo que te he dicho)

quiet[2] *n* [u] [1] (silence) silencio *m*; ***on the ~*** a escondidas, con disimulo, con sordina (fam) [2] (peace, tranquillity) tranquilidad *f*, calma *f*, sosiego *m*

quiet[3] *vt* (AmE) [1] (silence) ‹*uproar/protests*› acallar; ‹*class*› hacer* callar, imponer* silencio en [2] (calm) ‹*horse/person*› tranquilizar*; ‹*fear/suspicion*› disipar

■ **quiet** *vi* [1] «*music*» disminuir* *or* bajar de volumen; «*room*» quedarse en silencio [2] (become calmer) «*person/animal*» tranquilizarse*; «*wind/storm*» amainar, calmarse

(Phrasal verb)

• **quiet down** (AmE) ▸ **quieten down**

quieten /'kwaɪətn/ *vt* (esp BrE) ▸ **quiet**[3]

(Phrasal verb)

• **quieten down**

[A] [v + o + adv, v + adv + o] ‹*person/child/horse*› calmar; ‹*rumors/clamor*› acallar; **he asked them to ~ down the noise** les pidió que dejaran de hacer *or* de armar ruido

[B] [v + adv] «*person/child/horse*» calmarse; «*rumors*» acallarse; **the children gradually ~ed down** poco a poco los niños se calmaron *or* dejaron de alborotar; **we'll wait for things to ~ down a little before we venture out** esperaremos a que las cosas estén más tranquilas *or* se calmen un poco antes de arriesgarnos a salir; **she eventually matured and ~ed down** con el tiempo maduró y sentó cabeza

quietism /'kwaɪətɪzəm/ *n* [u] quietismo *m*

quietist[1] /'kwaɪətəst || 'kwaɪətɪst/ *n* quietista *mf*

quietist[2] *adj* quietista

quietly /'kwaɪətli/ *adv*

[A] (silently, not loudly) ‹*move/stand*› silenciosamente, sin hacer ruido; ‹*whisper/murmur/speak*› en voz baja; **to play ~** (Mus) tocar* con suavidad, tocar* piano (téc)

[B] [1] (peacefully) ‹*sleep/rest*› tranquilamente; **they live ~ in the country** llevan una vida tranquila en el campo [2] (unobtrusively, calmly) ‹*dress/mention*› discretamente; **a ~ determined woman** una mujer que persigue sus objetivos con callada resolución; **he ~ assumed responsibility** asumió calladamente la responsabilidad; **he ~ insinuated himself into their circle** poco a poco y sin atraer la atención se fue introduciendo en su círculo

quietness /'kwaɪətnəs || 'kwaɪətnɪs/ *n* [u] [1] (of voice, music) suavidad *f*; (of place, engine) lo silencioso [2] (peacefulness) tranquilidad *f*, sosiego *m* [3] (unobtrusiveness) discreción *f*; **the deceptive ~ of his manner** la engañosa suavidad *or* dulzura de sus modales

quietus /,kwaɪ'i:təs/ *n* (liter) descanso *m* eterno (liter); ***to give sb/sth her/his/its ~*** asestarle *or* darle* a algn/algo el golpe de gracia

quiff /kwɪf/ *n* (BrE) copete *m*, tupé *m* (Esp), jopo *m* (CS); (of baby) copete *m*, quiquirikí *m* (Esp)

quill /kwɪl/ *n*

[A] [1] **~ (pen)** pluma *f* (de oca *or* ganso), péñola *f* (arc) [2] (feather — from wing) remera *f*; (— from tail) timonera *f* [3] (part of feather) cañón *m*

[B] (of porcupine) púa *f*

quilt[1] /kwɪlt/ *n* edredón *m*, acolchado *m* (RPl), cobija *f* (Méx); **continental ~** edredón *m* (nórdico)

quilt[2] *vt* [1] ‹*bedspread*› acolchar, acolchonar, guatear (Esp) [2] **quilted** *past p* ‹*jacket/headboard*› acolchado, acolchonado, guateado (Esp)

■ **quilt** *vi* hacer* acolchado, enguatar (Esp)

quilting /'kwɪltɪŋ/ *n* [u] [1] (material) tela *f* acolchada *or* acolchonada, guata *f* (Esp) [2] (craft) acolchado *m*, acolchonado *m*, guateado *m* (Esp) [3] (quilted work) acolchado *m*, acolchonado *m*, guateado *m* (Esp)

quin /kwɪn/ *n* (BrE colloq) ▸ **quint**

quince /kwɪns/ *n* membrillo *m*; (*before n*): **~ jelly** (dulce *m* de) membrillo *m*

quincentenary /,kwɪnsen'tenəri || ,kwɪnsen 'ti:nəri/ *n* (*pl* **-naries**) quinto centenario *m*; (*before n*): **the ~ celebrations** las celebraciones del quinto centenario

quinine /'kwaɪnaɪn, 'kwɪni:n || kwɪ'ni:n, 'kwɪ ni:n/ *n* [u] quinina *f*

quinquennial /kwɪŋ'kweniəl/ *adj* quinquenal

quinsy /'kwɪnzi/ *n* [u] amigdalitis *f*, anginas *fpl*

quint /kwɪnt/ *n* (AmE colloq) quintillizo, -za *m,f*, quíntuple *mf* (Chi, Ven)

quintessence /kwɪn'tesns/ *n* **the ~ OF sth** la quintaesencia DE algo

quintessential /,kwɪntə'sentʃəl || ,kwɪntɪ 'senʃəl/ *adj* por excelencia *or* antonomasia; **the ~ gentleman** el caballero por excelencia *or* antonomasia

quintessentially /,kwɪntə'sentʃəli || ,kwɪntɪ 'senʃəli/ *adv* intrínsecamente, esencialmente

quintet /kwɪn'tet/ *n* quinteto *m*

quintillion /kwɪn'tɪljən/ *n* (AmE) trillón *m*

quintuple[1] /kwɪn'tu:pl || kwɪn'tjʊpl/ *vt* quintuplicar*

■ **quintuple** *vi* quintuplicarse*

quintuple[2] *adj* ‹*profit/dividend*› quíntuplo, quíntuple; ‹*division*› por cinco; **~ time** (Mus) compás *m* de cinco cuartos

quintuplet /kwɪn'tu:plət || kwɪn'tjʊplət/ *n* quintillizo, -za *m,f*, quíntuple *mf* (Chi, Ven)

quip[1] /kwɪp/ *n* ocurrencia *f*, salida *f*

quip[2] **-pp-** *vt* decir* bromeando *or* haciendo un chiste

■ **quip** *vi* bromear

quire /kwaɪr || 'kwaɪə(r)/ *n* mano *f* (*de papel*)

quirk /kw3:rk || kw3:k/ *n* [1] (of circumstance) singularidad *f*; **by a ~ of fate** por uno de esos caprichos del destino, por una de esas casualidades (de la vida); **a statistical ~** una anomalía estadística [2] (of person) rareza *f*, peculiaridad *f*

quirkiness /'kw3:rkinəs || 'kw3:kinɪs/ *n* [u] extravagancia *f*

quirky /'kw3:rki || 'kw3:ki/ *adj* **-kier, -kiest** extravagante, estrafalario

quirt /kw3:rt/ *n* (AmE) fusta *f*

quisling, Quisling /'kwɪzlɪŋ/ *n* colaboracionista *mf*

quit[1] /kwɪt/ (*pres p* **quitting**; *past & past p* **quit** *or* **quitted**) *vt* [1] (give up) (esp AmE) ‹*job/habit*› dejar; ‹*contest*› abandonar; **I've finally ~ the habit** finalmente he dejado de fumar (*or* beber *etc*); **~ it!** ¡para ya!, ¡basta ya!, ¡termínala! (RPl fam), córtala (Chi fam); **to ~ -ING** dejar DE + INF; **~ talking and listen!** ¡deja de hablar y escucha! [2] (leave) ‹*premises/town*› dejar, irse* *or* (esp Esp) marcharse de [3] (Comput) abandonar, salir* de

■ **quit** *vi* [1] (stop) (esp AmE) parar; **~ while you're ahead** (set phrase) retírate ahora que vas ganando; **I ~!** ¡me voy!; (from job) ¡yo renuncio! [2] (give in) abandonar; **don't ~ now** no abandones ahora [3] (leave): **notice to ~** notificación *f* de desahucio *or* desalojo [4] (Comput) abandonar, salir*

quit[2] *adj* (AmE) **to be ~ OF sb/sth** haberse* librado DE algn/algo; **at last we're ~ of them** por fin nos hemos librado de ellos

quite /kwaɪt/ *adv*

A **1** (completely, absolutely) completamente, totalmente; **are you sure? — yes, ~ sure** ¿estás seguro? — sí, completamente *or* totalmente (seguro); **he made her give it back — ~ right too!** se lo hizo devolver — ¡y con toda la razón!; **~ the most exquisite dress** el vestido más precioso que te puedas imaginar; **we ~ simply forgot** nos olvidamos, lisa y llanamente; **I can ~ believe it** no me cabe la menor duda; **I still can't ~ believe it** todavía no me lo creo del todo *or* no acabo de creérmelo; **I ~ appreciate your difficulty** comprendo perfectamente tu problema; **I ~ agree with you there** en eso estoy totalmente *or* completamente de acuerdo contigo; **this will only make matters worse — quite!** esto sólo va a empeorar las cosas — ¡exactamente!; **that's ~ enough!** ¡basta ya!; **is this what you wanted? — not ~** ¿es esto lo que buscaba? — no exactamente; **they're not ~ perfect** no son cien por ciento perfectos; **she's not ~ ten** todavía no ha cumplido los diez; **there's nothing ~ like champagne** realmente no hay como el champán; **~ the contrary** *o* **reverse** todo lo contrario; **he looks ~ the little man in his new suit** parece todo un hombrecito con su traje nuevo; **there were ~ 40 or 50 people present** (dated *or* liter) había por lo menos unas 40 o 50 personas **2** (*as intensifier*): **you'll have ~ a job persuading her** te va a costar lo tuyo *or* te va a dar mucho trabajo convencerla; **~ a few of them have already left** muchos de ellos ya se han ido; **that was ~ a match!** ¡fue un partidazo! (fam), ¡fue flor de partido! (CS fam)

B (fairly) (BrE) bastante; **it's ~ warm today** hoy hace bastante calor *or* (fam) bastante calorcito; **there were ~ a few** había bastantes, había unos cuantos; **we see them ~ often** los vemos bastante a menudo; **I ~ liked it — only ~?** me gustó bastante — ¿sólo bastante?; **it's ~ likely you've lost it** es muy probable que lo hayas perdido

quits[1] /kwɪts/ *adj* **to be/get ~ (WITH sb)** estar*/quedar en paz *or* (AmL) a mano (CON algn); **we're ~** estamos en paz *or* (AmL) a mano, no nos debemos nada; ***to call it ~***: **let's call it ~** (at cards) démoslo por empatado; **take the money and call it ~** toma el dinero y dejémoslo de una vez

quits[2] *n*: **double or ~** doble o nada

quitter /ˈkwɪtər || ˈkwɪtə(r)/ *n* (colloq) rajado, -da *m,f* (fam), persona *f* poco perseverante

quiver[1] /ˈkwɪvər || ˈkwɪvə(r)/ *vi* «*person/lips*» temblar*; «*leaves*» agitarse; «*air*» vibrar; **he was ~ing with fear/cold** temblaba *or* se estremecía de miedo/frío

quiver[2] *n*

A (for arrows) carcaj *m*, aljaba *f*

B (movement) temblor *m*, estremecimiento *m*

qui vive /ˈkiːˈviːv/ *n*: **to be on the ~ ~** estar* ojo avizor, estar* alerta

quixotic /kwɪkˈsɑːtɪk || kwɪkˈsɒtɪk/ *adj* quijotesco

quiz[1] /kwɪz/ *n* (*pl* **~es**) **1** (competition) concurso *m* **2** (on TV, radio) (esp BrE) concurso *m*; (*before n*): **~ night** noche *f* de concursos; **~ show** programa *m* concurso **3** (test) (AmE) prueba *f*

quiz[2] *vt* **-zz-** **1** (question) ‹*suspect/informant*› interrogar*, someter a un interrogatorio; **everyone ~zed her about her new boyfriend** todo el mundo le hacía preguntas sobre su nuevo novio **2** (test) (AmE) ‹*students/class*› poner* *or* hacer* una prueba a

quizmaster /ˈkwɪz,mæstər || ˈkwɪz,mɑːstə(r)/ *n* presentador *m* (*de un programa concurso*)

quizzical /ˈkwɪzɪkəl/ *adj* socarrón, burlón

quizzically /ˈkwɪzɪkli/ *adv* socarronamente, burlonamente

quoin /kwɔɪn, kɔɪn || kɔɪn/ *n* piedra *f* angular

quoit /kwɔɪt, kɔɪt || kɔɪt/ *n* aro *m*, herrón *m*

quoits /kwɔɪts, kɔɪts || kɔɪts/ *n* (+ *sing vb*): **to play ~** jugar* a los aros *or* al herrón

quondam /ˈkwɑːndæm || ˈkwɒndæm/ *adj* (liter) (*before n*) otrora (liter)

Quonset® (hut) /ˈkwɑːnsət || ˈkwɒnset/ *n* (AmE) cobertizo *m* prefabricado

quorate /ˈkwɔːrət, -eɪt/ *adj* (BrE) con quórum; **the meeting isn't ~** no hay quórum en la reunión

quorn® /kwɔːrn || kwɔːn/ *n* [u] quorn® *m*, *sustituto de la carne a base de proteínas vegetales*

quorum /ˈkwɔːrəm/ *n* [u] quórum *m*; **have we a ~?** ¿hay quórum?

quota /ˈkwəʊtə/ *n* (*pl* **~s**) (EU, Econ) cuota *f*, cupo *m*; **import/immigration ~s** cuotas *or* cupos de importación/inmigración; **I've done my ~** yo ya he hecho mi parte; **every group has its ~ of idlers** todo grupo tiene su cuota de ociosos; (*before n*): **~ system** sistema *m* de cuotas

quotable /ˈkwəʊtəbəl/ *adj* ‹*writer/remark*› citable, que se presta a ser citado; **what he said isn't ~ in polite company** lo que dijo no se puede repetir entre gente educada; **~ quotes** citas *fpl* citables

quotation /,kwəʊˈteɪʃən/ *n*

A **1** [c] (passage) cita *f*; **a dictionary of ~s** un diccionario de citas famosas **2** [u] (act): **the phrase lends itself to ~** la frase se presta a ser citada

B [c] **1** (estimate) presupuesto *m*; **he gave us the lowest ~** nos hizo el presupuesto más bajo **2** (statement of value) cotización *f*

quotation marks *pl n* comillas *fpl*; **he meant it in ~ ~** lo dijo entre comillas

quote[1] /kwəʊt/ *vt*

A **1** ‹*writer/passage*› citar; ‹*reference number*› indicar*; **you've been ~d as saying that ...** se ha afirmado que usted ha dicho que ...; **to ~ Scott: 'are the rich different?'** al decir de Scott: '¿los ricos son diferentes?'; **but don't ~ me on that** pero no estoy absolutamente seguro, pero no lo repitas **2** ‹*example*› dar*; ‹*instance*› citar; **they always ~d him as an example** siempre lo citaban *or* lo ponían como ejemplo

B **1** (Busn) ‹*price*› dar*, ofrecer*; ‹*date*› proponer*; **I've been ~d a lower price elsewhere** me han dado *or* ofrecido un precio más bajo en otro sitio **2** (Fin) cotizar*; **Acme is being ~d at 130p today** Acme (se) ha cotizado hoy a 130 peniques; **~d stocks** acciones *fpl* cotizadas *or* con cotización en Bolsa

■ **quote** *vi* (repeat, recite): **he was quoting from the Bible** citaba de la Biblia; **she can ~ from a wide range of writers** se sabe (de memoria) citas de un gran número de escritores de todo tipo; **she said, and I ~ ...** dijo, y lo repito textualmente ..., sus palabras textuales fueron ...

quote[2] *n* (colloq)

A (passage) cita *f*

B **1** (estimate) presupuesto *m*; **to ask for a ~** pedir* un presupuesto; **to give sb a ~** darle* *or* hacerle* un presupuesto a algn **2** (on stock market) cotización *f*

C **quotes** *pl* (quotation marks) comillas *fpl*; **in** *o* **between ~s** entre comillas

quote[3] *interj*: **he said, ~, 'I have a gun', unquote** dijo textualmente *or* sus palabras textuales fueron: 'tengo una pistola'; **both are ~ 'similar' unquote cases** ambos son casos, entre comillas *or* por así decirlo, 'parecidos'

quote unquote *adj* (AmE colloq) (*before n*) mal llamado

quoth /kwəʊθ/ *vt* (arch *or* hum): **say, ~ he/I** —habla —dijo él/dije yo

quotidian /kwəʊˈtɪdiən || kwɒˈtɪdiən/ *adj* (liter) cotidiano

quotient /ˈkwəʊʃənt/ *n* **1** (Math) cociente *m* **2** (rating) coeficiente *m*, grado *m*

qv (= quod vide) véase

qwerty /ˈkwɜːrti || ˈkwɜːti/ *adj* (*before n*) qwerty; **~ keyboard** teclado *m* qwerty

r, R /ɑːr || ɑː(r)/ *n* r, R *f*; **the three Rs** *lectura, escritura y aritmética* (in US) (Cin) (= **restricted**) menores acompañados

Ra /rɑː/ *n* Ra *m*

RA
A (AmE) = **Regular Army**
B (in UK) (= **Royal Academician**) *miembro de la Real Academia de arte británica*

rabbi /ˈræbaɪ/ *n* (*pl* **-bis**) rabino, -na *m,f*; (as title) rabí *mf*

rabbinic /rəˈbɪnɪk/, **rabbinical** /-ɪkəl/ *adj* rabínico; **R~ Hebrew** hebreo *m* rabínico

rabbit[1] /ˈræbət || ˈræbɪt/ *n* **1** [c] (Zool) conejo, -ja *m,f*; **to breed like ~s** multiplicarse* como (los) conejos; **~'s foot** pata *f* de conejo; (*before n*) ‹*fur/skin*› de conejo; **~ burrow** *o* **hole** madriguera *f* de conejo; **~ hutch** conejera *f*; **~ warren** madriguera *f* de conejos; **the old quarter is a real ~ warren** el barrio antiguo es un auténtico laberinto **2** [u] (meat) conejo *m* **3** [c] (in dog racing) (AmE) liebre *f* mecánica

rabbit[2] *vi* (BrE colloq) parlotear (fam), darle* a la sinhueso (fam); **what's he ~ing on about?** ¿qué dice, que no para de hablar?

rabbit ears *pl n* antena *f* interior, antena *f* de conejo

rabbit punch *n* golpe *m* en la nuca

rabble /ˈræbəl/ *n* [u] **1** (mob) muchedumbre *f* **2** (common people) (pej): **the ~** la chusma (pey), la plebe (pey)

rabble-rouser /ˈræbəl,raʊzər || ˈræbəl ,raʊzə(r)/ *n* **1** (person) agitador, -dora *m,f* **2** (speech) arenga *f*, soflama *f*

rabble-rousing /ˈræbəl,raʊzɪŋ/ *adj* (*before n*) ‹*politician*› agitador; **~ speech** arenga *f*, soflama *f*

Rabelaisian /,ræbəˈleɪʒən || ,ræbəˈleɪziən/ *adj* rabelesiano

rabid /ˈræbəd || ˈræbɪd/ *adj* **1** ‹*dog/fox*› rabioso **2** ‹*prejudice/hostility*› virulento, feroz; ‹*fascist/socialist*› furibundo, rabioso

rabidly /ˈræbədli || ˈræbɪdli/ *adv*: **he is ~ anti-European** es un anti-europeísta furibundo *or* rabioso

rabies /ˈreɪbiːz/ *n* [u] rabia *f*

RAC *n* (in UK) = **Royal Automobile Club**

raccoon, racoon /ræˈkuːn || rəˈkuːn/ *n* **1** [c] mapache *m* **2** [u] (fur) piel *f* de mapache

race[1] /reɪs/ *n*
A **1** (contest) carrera *f*; **cycle/car/horse ~** carrera ciclista/automovilística *or* de coches/de caballos; **boat ~** regata *f*; **to run in a ~** tomar parte en una carrera; **she ran a good ~** corrió bien; **a ~ against the clock/against time** una carrera contra reloj/contra el tiempo; **the ~ is on for the Republican nomination** ha empezado la contienda para la nominación republicana; **it was a ~ to finish before noon** tuvimos que hacerlo a la carrera para acabar antes del mediodía; **the presidential ~** la carrera presidencial; **the arms ~** la carrera armamentista *or* de armamentos **2** **races** *pl* (Equ): **the ~s** las carreras (de caballos); **to go to the ~s** ir* al hipódromo, ir* a las carreras
B **1** [c u] (Anthrop) raza *f*; **the black/white ~** la raza negra/blanca; **the human ~** el género humano; **he is of mixed ~** es mestizo; (of black and white descent) es mulato; ***to be a ~ apart*** ser* de otra casta; (*before n*): **~ discrimination** discriminación *f* racial; **~ hatred** odio *m* racial; **~ riot** disturbio *m* racial **2** (group) estirpe *f*; **the new ~ of young professionals** la nueva estirpe de jóvenes profesionales
C **1** (channel) canal *m*; (*mill ~*) caz *m* **2** (strong current) corriente *f*

race[2] *vi* **1** (rush) (+ *adv compl*): **she ~d down the hill on her bike** bajó la cuesta en bicicleta a toda velocidad; **I had to ~ to the store** tuve que ir corriendo a la tienda; **the time simply ~d by** el tiempo pasó volando; **he ~d through the ceremony** celebró la ceremonia a toda prisa **2** (in competition) correr, competir*; **he will not be racing in Monaco** no correrá *or* no competirá en Monaco; **let's ~ to that tree** vamos, te echo *or* (RPl) juego una carrera hasta aquel árbol **3** ‹‹*pulse/heart*›› latir aceleradamente; ‹‹*engine*›› acelerarse; **my mind was racing** las ideas se me agolpaban en la cabeza

■ **race** *vt* **1** (compete against) echarle *or* (RPl) jugarle* una carrera a; **I'll ~ you!** ¡te echo *or* (RPl) juego una carrera! **2** ‹*horse/car*› correr con; **I ~d a Ferrari last season** la temporada pasada corrí con un Ferrari **3** (make go too fast) ‹*engine*› acelerar

racecard /ˈreɪskɑːrd || ˈreɪskɑːd/ *n* programa *m* de carreras

racecourse /ˈreɪskɔːrs || ˈreɪskɔːs/ *n* **1** (stadium) hipódromo *m*; **Epsom ~** el hipódromo de Epsom **2** (track) pista *f* (de carreras)

racegoer /ˈreɪs,gəʊər || ˈreɪs,gəʊə(r)/ *n* aficionado, -da *m,f* a las carreras

racehorse /ˈreɪshɔːrs || ˈreɪshɔːs/ *n* caballo *m* de carrera(s)

racer /ˈreɪsər || ˈreɪsə(r)/ *n* **1** (bicycle) bicicleta *f* de carrera(s) **2** (animal) corredor, -dora *m,f*, caballo *m* (*or* perro *m etc*) de carrera(s)

race relations *pl n* relaciones *fpl* raciales; (*before n*): **~ ~ legislation** (BrE) legislación *f* en materia de relaciones raciales

racetrack /ˈreɪstræk/ *n* **1** (for cars) circuito *m* **2** (for runners) pista *f* de atletismo, estadio *m* **3** (for cycles) velódromo *m* **4** (for greyhounds) canódromo *m* **5** (AmE) ▸**racecourse**

raceway /ˈreɪsweɪ/ *n* (AmE)
A (channel — for water) canal *m*; (— for cables) tubería *f* de servicio
B (racecourse — for horses) pista *f* de carreras; (— for cars) autódromo *m*, circuito *m* de carreras *or* automovilístico

racial /ˈreɪʃəl/ *adj* ‹*type/classification*› racial; ‹*tension/discrimination*› racial; **~ integration** integración *f* racial; **~ pride** orgullo *m* de raza

racialism /ˈreɪʃəlɪzəm/ *n* [u] (BrE) racismo *m*

racialist[1] /ˈreɪʃələst || ˈreɪʃəlɪst/ *n* (BrE) racista *mf*

racialist[2] *adj* (BrE) racista

racially /ˈreɪʃəli/ *adv* **1** ‹*pure/mixed/motivated/prejudiced*› racialmente **2** (*indep*) desde un punto de vista racial

racing[1] /ˈreɪsɪŋ/ *n* [u] (*horse ~*) **1** carreras *fpl* de caballos; (*before n*) ‹*commentator/correspondent*› hípico; **in ~ circles** en círculos hípicos; ***to be a ~ certainty*** (BrE colloq) ser* de cajón (fam); ***it's a ~ certainty that he'll be there*** seguro que va a estar allí, es de cajón que va a estar allí (fam) **2** (sport, pastime) carreras *fpl*; **greyhound ~** carreras de galgos

racing[2] *adj* (*before n*) ‹*bicycle/car/dog*› de carrera(s); ‹*yacht*› de regata; de carreras, automovilístico; ‹*driver*› de carreras; ‹*pigeon*› mensajero, de carreras

racism /ˈreɪsɪzəm/ *n* [u] racismo *m*

racist[1] /ˈreɪsəst || ˈreɪsɪst/ *n* racista *mf*

racist[2] *adj* racista

rack[1] /ræk/ *n*
A (shelf) estante *m*; (for letters, documents) organizador *m*; (for baggage) rejilla *f*, portaequipajes *m*; (*bottle ~*) botellero *m*; (*clothes ~*) perchero *m*; (*tie ~*) corbatero *m*; (*drying ~*) tendedero *m*; *see also* **bicycle**[1], **magazine A1** *etc*
B (in pool, snooker) triángulo *m*
C (for torture) potro *m* (de tortura); ***to be on the ~*** estar* pasando las de Caín; ***to go to ~ and ruin*** venirse* abajo
D (Culin): **~ of lamb** costillar *m* de cordero

rack[2] *vt* **1** (shake) (*often pass*) sacudir; **to be ~ed WITH sth**: **to be ~ed with pain** sufrir dolores atroces; **to be ~ed with doubt/guilt** estar* atormentado por la duda/el remordimiento **2** **racking** *pres p* ‹*cough*› convulsivo; ‹*sobs*› incontrolable

(Phrasal verb)

• **rack up** [v + o + adv, v + adv + o] acumular

rack and pinion *adj* de cremallera y piñón; **~ ~ ~ steering** dirección *f* por cremallera

racket /ˈrækət || ˈrækɪt/ *n*
A (Sport) **1** [c] (bat) raqueta *f*; (*before n*): **~ press** prensa *f* de raquetas **2** [u] **rackets** (+ *sing vb*) (game) frontenis *m*
B (noise) (colloq) jaleo *m* (fam), bulla *f*, barullo *m*; **to make a ~** hacer* *or* armar bulla *or* barullo, armar jaleo (fam)
C (business) (colloq) tinglado *m* (fam), asunto *m*; **he's mixed up in a drugs ~** está metido en un tinglado *or* en un asunto de tráfico de drogas (fam)

racketeer /,rækəˈtɪr || ,rækəˈtɪə(r)/ *n* mafioso, -sa *m,f*

racketeering /,rækəˈtɪrɪŋ || ,rækəˈtɪərɪŋ/ *n* [u] crimen *m* organizado

rack railway *n* ferrocarril *m* (de) cremallera

rackrent /ˈrækrent/ *adj* ‹*properties*› con un alquiler exorbitante

raconteur /,rækɑːnˈtɜːr || ,rækɒnˈtɜː(r)/ *n* anecdotista *mf*; **he's a good ~** sabe contar anécdotas

racoon /ræˈkuːn || rəˈkuːn/ *n* ▸**raccoon**

racquet /ˈrækət || ˈrækɪt/ *n* ▸**racket A**

racquetball /ˈrækətbɔːl || ˈrækɪtbɔːl/ *n* [u]: *juego parecido al frontenis*

racy /ˈreɪsi/ *adj* **racier, raciest** **1** (lively) animado, brioso **2** (risqué) ‹*story/joke*› subido de tono, picante

rad /ræd/ *n* rad *m*

RADA /ˈrɑːdə/ *n* (in UK) (*no art*) = **Royal Academy of Dramatic Art**

radar /ˈreɪdɑːr || ˈreɪdɑː(r)/ *n* [u] radar *m*; ***to get under the ~*** no ser* detectado; (*before n*) ‹*scanner/station*› de radar; **~ speed detector** detector *m* de velocidad por radar; **~ trap** zona *f* de velocidad controlada por radar

raddled /ˈrædld/ *adj* 1 (heavily made up) (AmE) pintarrajeado (fam) 2 (haggard) (BrE) avejentado y demacrado

radial¹ /ˈreɪdiəl/ *adj* 1 ‹*pattern/form*› radial, radiado; **~ engine** motor *m* en estrella 2 ‹*fracture*› del radio, radial

radial² *n*: **~ (tire)** neumático *m* radial

radian /ˈreɪdiən/ *n* radián *m*

radiance /ˈreɪdiəns/ *n* [u] 1 (of sun, light) resplandor *m* 2 (of person, smile) lo radiante 3 (Phys) radiancia *f*

radiant /ˈreɪdiənt/ *adj* 1 ‹*smile/eyes/look*› radiante; **to be ~ with happiness** estar* radiante de felicidad; **to be ~ with health** estar* rebosante de salud 2 ‹*sun/blue*› resplandeciente, radiante 3 (Phys) ‹*energy/heat*› radiante

radiant heating *n* radiación *f* por suelo, losa *f* radiante

radiate /ˈreɪdieɪt/ *vt* 1 ‹*heat/light*› irradiar, emitir 2 ‹*charm/enthusiasm*› irradiar, rebosar (de)

■ **radiate** *vi* **to ~ FROM sth/sb**: **heat ~s from the sun** el sol irradia calor; **tenderness ~d from her face** su cara irradiaba ternura; **the streets ~ out from the main square** las calles salen en forma radial *or* radiada de la plaza principal

radiation /ˌreɪdiˈeɪʃən/ *n* [u]

A (Phys) radiación *f*; (*before n*) ‹*levels/leakage*› de radiación; **~ sickness** radiotoxemia *f*; **~ therapy** radioterapia *f*

B (process of radiating) irradiación *f*

radiator /ˈreɪdieɪtər || ˈreɪdieɪtə(r)/ *n* 1 (for heating) radiador *m*; **electric ~** radiador eléctrico 2 (Auto) radiador *m*; (*before n*): **~ grille** rejilla *f* del radiador, máscara *f* (del radiador) (Chi)

radical¹ /ˈrædɪkəl/ *adj* 1 (far-reaching) ‹*change/difference/reform*› radical; **~ surgery** cirugía *f* radical 2 ‹*politician/policy*› radical; ‹*writer*› de ideas radicales, de tendencia radical 3 (new and daring) ‹*technique/theory*› innovador, radicalmente nuevo

radical² *n*

A (person) radical *mf*

B (Chem) radical *m*

radical chic *n* [u] 1 (affectation) intelectualismo *m* izquierdista 2 (people): **the ~ ~** el radical chic

radicalism /ˈrædɪkəlɪzəm/ *n* [u] radicalismo *m*

radicalize /ˈrædɪkəlaɪz/ *vt* 1 (Pol, Sociol) ‹*party/community/workers*› radicalizar* 2 (change fundamentally) cambiar radicalmente

radically /ˈrædɪkli/ *adv* ‹*change*› radicalmente, de manera radical; ‹*new/different*› radicalmente

radices /ˈreɪdəsiːz/ *pl of* **radix**

radicle /ˈrædɪkəl/ *n* radícula *f*

radii /ˈreɪdiaɪ/ *pl of* **radius**

radio¹ /ˈreɪdiəʊ/ *n* (*pl* **-os**)

A [c] (receiver) radio *m* (AmL exc CS), radio *f* (CS, Esp); **portable ~** radio *m or* (CS, Esp) *f* portátil *or* a transistores, transistor *m* (Esp); **I heard it on the ~** lo oí por el *or* (CS, Esp) la radio

B [u] (broadcasting, medium) radio *f*, radiofonía *f* (frml); **to work in ~** trabajar en la radio; **R~ Luxembourg** Radio Luxemburgo; (*before n*) ‹*show/announcer*› de radio, radiofónico; ‹*receiver/signal*› de radio; ‹*documentary/program*› de radio; ‹*interview*› de *or* por radio; ‹*broadcast/contact/link*› por radio, radiofónico; **~ astronomer** radioastrónomo, -ma *m,f*; **~ astronomy** radioastronomía *f*; **~ beacon** radiofaro *m*, radiobaliza *f*; **~ beam** radioonda *f*, onda *f* radioeléctrica; **~ compass** radiocompás *m*; **~ frequency** radiofrecuencia *f*; **~ ham** radioaficionado, -da *m,f*; **~ mast** torre *f* de radio; **~ operator** radiotelegrafista *mf*, radiooperador, -dora *m,f* (AmL); **~ play** obra *f* radiofónica; **~ station** emisora *f or* (AmL tb) estación *f* (de radio); **~ telescope** radiotelescopio *m*; **~ transmitter** radiotransmisor *m*

radio² (*3rd pers sing pres* **radios**; *pres p* **radioing**; *past & past p* **radioed**) *vt* ‹*base/person*› llamar por radio; ‹*message*› transmitir por radio; **they ~ed that ...** comunicaron por radio que ...

■ **radio** *vi* llamar por radio; **to ~ for help** pedir* ayuda por radio

radioactive /ˌreɪdiəʊˈæktɪv/ *adj* radiactivo; **~ waste** residuos *mpl* radiactivos

radioactivity /ˌreɪdiəʊækˈtɪvəti/ *n* [u] radiactividad *f*

radio car *n* 1 (patrol car) radiopatrulla *m* 2 (Rad) coche *m* equipado con radiotransmisor

radiocarbon /ˌreɪdiəʊˈkɑːrbən || ˌreɪdiəʊˈkɑːbən/ *n* radiocarbono *m*, radioisótopo *m* del carbono; (*before n*): **~ dating** datación *f* por carbono 14 *or* por radiocarbono

radio-controlled /ˌreɪdiəʊkənˈtrəʊld/ *adj* ‹*model*› de control remoto, con radiomando, teledirigido; **~ taxi** radiotaxi *m*

radiogram /ˈreɪdiəʊgræm/ *n* 1 (Telec) radiograma *m*, radiotelegrama *m* 2 (BrE) (Audio) radiogramola *f*, radiogramófono *m* 3 ▸**radiograph**

radiograph /ˈreɪdiəʊgræf || ˈreɪdiəʊgrɑːf/ *n* radiografía *f*

radiographer /ˌreɪdiˈɑːgrəfər || ˌreɪdiˈɒgrəfə(r)/ *n* radiógrafo, -fa *m,f*

radiography /ˌreɪdiˈɑːgrəfi || ˌreɪdiˈɒgrəfi/ *n* [u] radiografía *f*

radioisotope /ˌreɪdiəʊˈaɪsətəʊp/ *n* radioisótopo *m*

radiologist /ˌreɪdiˈɑːlədʒəst || ˌreɪdiˈɒlədʒɪst/ *n* radiólogo, -ga *m,f*

radiology /ˌreɪdiˈɑːlədʒi || ˌreɪdiˈɒlədʒi/ *n* [u] radiología *f*

radio set *n* aparato *m* de radio, radio *m* (AmL exc CS), radio *f* (CS, Esp)

radio taxi *n* radiotaxi *m*

radiotelephone /ˌreɪdiəʊˈteləfəʊn/ *n* radioteléfono *m*

radiotherapist /ˌreɪdiəʊˈθerəpəst || ˌreɪdiəʊˈθerəpɪst/ *n* radioterapeuta *mf*

radiotherapy /ˌreɪdiəʊˈθerəpi/ *n* [c u] (*pl* **-pies**) radioterapia *f*

radish /ˈrædɪʃ/ *n* rabanito *m*, rábano *m*

radium /ˈreɪdiəm/ *n* [u] radio *m*

radius /ˈreɪdiəs/ *n* (*pl* **radiuses** *or* **radii** /-diaɪ/)

A 1 (Math) radio *m* 2 (area) radio *m*; **within a mile ~** en un radio de una milla

B (bone) radio *m*

radix /ˈreɪdɪks/ *n* (*pl* **radices**) raíz *f*

radome /ˈreɪdəʊm/ *n* (Aviat, Naut) radomo *m*

RAF /ˌɑːrˌeɪˈef/ (in UK) (= **Royal Air Force**) **the ~** la Fuerza Aérea británica

raffia /ˈræfiə/ *n* 1 [c] (plant): **~ (palm)** rafia *f* 2 [u] (fiber) rafia *f*

raffish /ˈræfɪʃ/ *adj* ‹*air/appearance*› de pillo *or* bribón *or* tunante

raffle¹ /ˈræfəl/ *n* rifa *f*, sorteo *m*; (*before n*): **~ ticket** número *m* de rifa

raffle² *vt* rifar, sortear

Phrasal verb

- **raffle off** [v + o + adv, v + adv + o] rifar, sortear

raft¹ /ræft || rɑːft/ *n*

A 1 (Naut) balsa *f*, almadía *f* 2 (anchored off beach) plataforma *f*

B (large amount) (AmE colloq) montón *m* (fam), pila *f* (AmL fam); **~s of trouble** montones *or* (AmL tb) pilas de problemas (fam), la tira de problemas (fam)

raft² *vi* ir* en balsa

rafter /ˈræftər || ˈrɑːftə(r)/ *n* viga *f*, par *m* (téc); **the ~s** las vigas del techo

rag¹ /ræg/ *n*

A 1 [c] (piece of cloth) trapo *m*; ***like a red ~ to a bull*** (colloq): **mentioning that to him is like a red ~ to a bull** mencionarle eso es pincharlo para que se enfurezca; ***to feel like a wet ~*** (colloq) estar* hecho un trapo *or* un guiñapo (fam); ***to have the ~ on*** *o* (BrE) ***be on the ~*** (sl) tener* la regla *or* el período; ***to lose one's ~*** (BrE colloq) explotar (fam), perder* los estribos; ▸**chew¹** 2 **rags** *pl* (tattered clothes) harapos *mpl*, andrajos *mpl*; **dressed in ~s** cubierto de harapos *or* andrajos, harapiento, andrajoso; ***from ~s to riches*** de la pobreza a la fortuna; **his was a classic ~s-to-riches story** el suyo fue el clásico caso del pobre que hace fortuna

B [c] (newspaper) (colloq & pej) periodicucho *m* (pey)

C (BrE) 1 [c] (**~ week**) *semana durante la cual se recaudan fondos para obras benéficas* 2 [c] (prank) (BrE dated) novatada *f*

D [c] (Mus) composición *f* de ragtime

rag² *vt* **-gg-** (BrE colloq & dated) tomarle el pelo a (fam)

ragamuffin /ˈrægəˌmʌfən || ˈrægəˌmʌfɪn/ *n* pilluelo, -la *m,f*, golfillo, -lla *m,f*

rag-and-bone man /ˌrægənˈbəʊnmæn/ *n* (*pl* **-men** /-men/) (BrE) ▸**ragman**

ragbag /ˈrægbæg/ *n* batiburrillo *m*, ensalada *f*, mezcolanza *f*

rag doll *n* muñeca *f* de trapo

rage¹ /reɪdʒ/ *n*

A 1 [u] (violent anger) furia *f*, cólera *f*; **a fit of ~** un ataque de furia; **he went purple with ~** se puso rojo de furia 2 [c] (fit of fury): **to be in a ~** estar* furioso; **to fly into a ~** ponerse* hecho una furia, enfurecerse*, montar en cólera

B [u] (fashion) (colloq) furor *m*, moda *f*; **to be (all) the ~** hacer* furor, ser* el último grito (de la moda)

rage² *vi* 1 «*storm/sea*» rugir*, bramar; «*fire*» arder furiosamente; **cholera ~d among the population** el cólera hizo estragos entre la población; **controversy ~s about** *o* **over the new law** sigue la encarnizada controversia en torno a la nueva ley; **the battle/fire ~d for three days** la encarnizada batalla/el furioso incendio se prolongó durante tres días 2 «*person*» expresar su (*or* mi *etc*) furia, rabiar; **to ~ against sth** protestar furiosamente contra algo 3 **raging** *pres p* ‹*storm*› rugiente; ‹*sea*› embravecido; ‹*headache*› enloquecedor; ‹*argument*› enconado, airado, virulento; **he was in a raging temper** estaba furioso; **he has a raging fever** tiene una fiebre que vuela

ragged /ˈrægəd || ˈrægɪd/ *adj* 1 ‹*clothes*› harapiento, andrajoso; ‹*papers/letter*› hecho jirones 2 (dressed in rags) harapiento, andrajoso 3 ‹*hair/beard*› desgreñado; ‹*singing/playing*› desigual, irregular; **I feel a bit ~ (around the edges) today** (colloq) hoy me siento un poco bajo de forma (fam); ***to run sb ~*** hacerle* sudar tinta *or* la gota gorda a algn 4 ‹*coastline*› recortado; ‹*edge*› irregular; **~ clouds** (liter) jirones *mpl* de nubes (liter)

ragged robin *n* [u c] flor *f* de cuclillo

raggle-taggle /ˈrægəlˌtægəl/ *adj* ▸**ragtag**

raglan sleeve /ˈræglən/ *n* manga *f* raglán

ragman /ˈrægmæn/ *n* (*pl* **-men** /-men/) (AmE) ropavejero *m*, trapero *m*, botellero *m* (CS)

ragout /ræˈguː/ *n* ragú *m*, estofado *m* (de carne)

rag-roll /ˈrægrəʊl/ *vt* ‹*wall/table*› dar* un efecto marmolado a

rag-rolling /ˈrægˌrəʊlɪŋ/ *n* [u] marmolado *m*

ragtag /ˈrægtæg/ *adj*: **a ~ crowd** una mezcolanza de gente, un grupo muy variopinto; **a ~ collection of ideas** un batiburrillo de ideas

ragtime /ˈrægtaɪm/ *n* [u] ragtime *m*

ragtop /ˈrægtɑːp || ˈrægtɒp/ *n* (AmE colloq) descapotable *m*, convertible *m* (AmL)

rag trade *n* (colloq): **the ~ ~** la industria *or* el ramo de la confección, el gremio de la aguja (fam)

ragweed /ˈrægwiːd/ *n* [c u] ambrosía *f*

ragwort /ˈrægwɜːrt || ˈrægwɜːt/ *n* [c u] zuzón *m*, hierba *f* cana

rah /rɑː/ *interj* (AmE colloq) ¡viva!, ¡hurra!

raid¹ /reɪd/ *n* 1 (Mil) asalto *m*, incursión *f* 2 (*air ~*) bombardeo *m* aéreo, ataque *m* aéreo 3 (by thieves) atraco *m*, asalto *m* 4 (by police) redada *f*, batida *f*, allanamiento *m* (AmL), razzia *f* (CS)

raid² *vt* 1 (Mil) asaltar 2 ‹*bank/supermarket*› asaltar, atracar*; **they ~ed the refrigerator**

(hum) tomaron por asalto el refrigerador (hum) 3 ⟨⟨*police*⟩⟩ hacer* una redada en, allanar (AmL) 4 (steal, poach) (AmE) ⟨*personnel/executives*⟩ llevarse, robar

raider /'reɪdər || 'reɪdə(r)/ *n* 1 (attacker) asaltante *mf* 2 (robber) asaltante *mf*, atracador, -dora *m,f* 3 (ship) lancha *f* de asalto 4 (Busn) tiburón *m*

rail¹ /reɪl/ *n*

A [c] 1 (bar) riel *m*, barra *f* 2 (*hand*~) pasamanos *m* 3 (barrier) baranda *f*, barandilla *f*; (*altar* ~) comulgatorio *m*

B 1 [c] (for trains, trams) riel *m*, raíl *m* (esp Esp); **the train came off the ~s** el tren descarriló; ***to go off the ~s*** (BrE colloq) (morally) descarriarse*, apartarse del buen camino; (mentally) enloquecerse*; **it was my mother who kept him on the ~s** fue mi madre quien impidió que se descarriara 2 [u] (railroad) ferrocarril *m*; **by ~** en *or* por ferrocarril; (*before n*) ⟨*service/link*⟩ ferroviario, de ferrocarril; **~ accident** accidente *m* ferroviario, trenazo *m* (Méx); **~ journey** viaje *m* en tren; **~ strike** huelga *f* de trenes *or* de ferroviarios *or* (Chi, Méx tb) de ferrocarrileros; **~ traffic** tráfico *m* ferroviario *or* (Chi, Méx tb) ferrocarrilero; **~ travel** los viajes en tren; **~ worker** (BrE) ferroviario, -ria *m,f*, ferrocarrilero, -ra *m,f* (Chi, Méx)

rail² *vi* 1 (frml) **to ~ AGAINST sth** clamar CONTRA algo (frml); **to ~ AT sb ABOUT sth** recriminar(le) algo a algn 2 (separate) cercar*, separar con una valla *or* cerca

railcar /'reɪlkɑːr || 'reɪlkɑː(r)/ *n* automotor *m*, autoferro *m* (Col), autovagón *m* (Per)

railcard /'reɪlkɑːrd || 'reɪlkɑːd/ *n* (in UK) tarjeta *f* de descuento (*para viajes en tren*)

railhead /'reɪlhed/ *n* cabeza *f* de línea

railing /'reɪlɪŋ/ *n* (*often pl*) reja *f*, verja *f*; **enclosed by iron ~s** cercado por una reja *or* verja de hierro

raillery /'reɪləri/ *n* [u c] (*pl* **-ries**) (liter) pullas *fpl*, chanzas *fpl*

railroad¹ /'reɪlrəʊd/ *n* (AmE) 1 (system) ferrocarril *m*; ***what a way to run a ~!*** ¡vaya manera de llevar las cosas!; (*before n*) ⟨*station/line*⟩ de ferrocarril, ferroviario; ⟨*timetable*⟩ de trenes; **~ bridge** puente *m* de ferrocarril; **~ network** red *f* ferroviaria *or* (Chi, Méx tb) ferrocarrilera; **~ yard** cochera *f*, depósito *m* (Chi) 2 (track) vía *f* férrea; (route) línea *f* de ferrocarril

railroad² *vt*

A (push, force) ⟨*bill/measures*⟩ tramitar rápidamente (*sin la debida discusión*); **to ~ sb INTO sth**: **they were ~ed into accepting the offer** los apremiaron *or* presionaron para que aceptaran la oferta

B (convict unfairly) (AmE) condenar injustamente

railroader /'reɪlrəʊdər || 'reɪlrəʊdə(r)/ *n* (AmE) ferroviario, -ria *m,f*, ferrocarrilero, -ra *m,f* (Chi, Méx)

railway /'reɪlweɪ/ *n* (BrE) ▸**railroad¹**

railway crossing *n* (BrE) ▸**level crossing**

railwayman /'reɪlweɪmən/ *n* (*pl* **-men** /-mən/) (BrE) ferroviario *m*, ferrocarrilero *m* (Chi, Méx)

raiment /'reɪmənt/ *n* [u] (arch *or* liter) vestiduras *fpl* (liter)

rain¹ /reɪn/ ▸ℹ **p.1878** *n* [u c] lluvia *f*; **singing in the ~** cantando bajo la lluvia; **I don't mind going out in the ~** no me importa salir cuando llueve; **come in out of the ~** entra, que te estás mojando; **we were** *o* **we got caught in the ~** nos agarró *or* (esp Esp) cogió la lluvia; **it looks like ~** parece que va a llover; **a heavy/light ~ began to fall** empezó a llover fuerte/a lloviznar; **the ~s** (la estación de) las lluvias; ***(come) ~ or (come) shine*** (whatever the weather) llueva o truene; (whatever the situation) pase lo que pase; **she's there every morning come ~ or shine** está ahí todas las mañanas llueva o truene; **we'll be there on Friday come ~ or come shine** estaremos ahí el viernes pase lo que pase; ***to be (as) right as ~*** estar* como nuevo *or* como si tal cosa; **the next day he was (as) right as ~** al día siguiente estaba como nuevo *or* como si tal cosa; (*before n*): **~ belt** zona *f* de lluvias; **~ cloud** nube *f* de lluvia

rain² ▸ℹ **p.1878** *v impers* llover*; **it's ~ing** está lloviendo, llueve; ***when it ~s, it pours*** *o* (BrE) ***it never ~s but it pours*** siempre llueve sobre mojado, las desgracias nunca vienen solas

■ *vt* llover*; **she ~ed insults on him** dejó caer una lluvia *or* una andanada de insultos sobre él

Phrasal verbs

• **rain down** [v + adv] ⟨⟨*blows/bombs/curses*⟩⟩ llover*; **to ~ down ON sb**: **insults ~ed down on them** les llovieron insultos

• **rain out,** (BrE) **rain off** [v + o + adv, v + adv + o]: **to be ~ed out** *o* (BrE) **off** suspenderse *or* cancelarse a causa de la lluvia

rainbow /'reɪnbəʊ/ *n* arco *m* iris; **all the colors of the ~** todos los colores del arco iris; (*before n*): **~ coalition** coalición *f* multicolor

rainbow trout *n* [c u] trucha *f* (arco iris)

rain check *n* (esp AmE) (Sport) *vale que se recibe al suspenderse un partido por mal tiempo etc*; ***to take a ~ ~ on sth*** (colloq) dejar algo para otro momento

raincoat /'reɪnkəʊt/ *n* impermeable *m*, piloto *m* (Arg), pilot *m* (Ur); (tailored) gabardina *f*, impermeable *m*, piloto *m* (Arg), pilot *m* (Ur)

rain dance *n* danza *f* de la lluvia

raindrop /'reɪndrɑːp || 'reɪndrɒp/ *n* gota *f* de lluvia

rainfall /'reɪnfɔːl/ *n* [u] (amount) precipitaciones *fpl*; (shower) precipitación *f*, lluvia *f*

rainfly /'reɪnflaɪ/ *n* (*pl* **-flies**) (AmE) toldo *m* impermeable (*de una tienda de campaña*)

rain forest *n* selva *f* tropical (húmeda), bosque *m* ecuatorial *or* pluvial

rain hat, rain hood *n* capa *f* para la lluvia

rainmaker /'reɪnmeɪkər || 'reɪnmeɪkə(r)/ *n*

A (creator of rain) hacedor, -dora *m,f* de lluvia

B (in business) (AmE colloq) triunfador, -dora *m,f* (*en los negocios*)

rainout /'reɪnaʊt/ *n* cancelación *f or* suspensión *f* por lluvia

rainproof /'reɪnpruːf/ *adj* impermeable

rain shadow *n* región *f* sin lluvias

rainstorm /'reɪnstɔːrm || 'reɪnstɔːm/ *n* temporal *m* de lluvias

rainswept /'reɪnswept/ *adj* ⟨*hillside/moors/beach*⟩ barrido por el viento y la lluvia

rainwater /'reɪnˌwɔːtər || 'reɪnˌwɔːtə(r)/ *n* [u] agua *f*‡ de lluvia

rainwear /'reɪnwer || 'reɪnweə(r)/ *n* [u] ropa *f* impermeable *or* para lluvia

rainy /'reɪni/ ▸ℹ **p.1878** *adj* **-nier, -niest** ⟨*weather/day*⟩ lluvioso; **~ season** estación *f* de las lluvias

raise¹ /reɪz/ *vt*

Sense I

A 1 (move upwards) ⟨*head/hand*⟩ levantar, alzar*; ⟨*eyebrows*⟩ arquear; ⟨*blind/window*⟩ subir; ⟨*flag*⟩ izar*; **they couldn't ~ the wreck** no pudieron sacar a flote los restos del barco; **to ~ a cloud of dust** levantar una nube de polvo; **he ~d his eyes from his book** levantó los ojos del libro; **he ~d his hat** se levantó el sombrero 2 (make higher) ⟨*shelf/level/hem*⟩ subir

B 1 (set upright) levantar; **she bent down and gently ~d him (up)** se agachó y lo levantó con cuidado; **Lazarus was ~d from the dead** Lázaro resucitó de entre los muertos 2 (erect) ⟨*monument/building*⟩ levantar, erigir* (frml)

C 1 (increase) ⟨*pressure/temperature*⟩ subir, aumentar, elevar; ⟨*price/salary*⟩ subir, aumentar; ⟨*volume*⟩ subir, aumentar; **she ~d her voice to me** me levantó la voz; **I'll ~ you $5** te subo *or* (Méx) reviro 5 dólares más; **to ~ a number to a power** (Math) elevar un número a una potencia; **to ~ the school-leaving age** extender* la escolaridad obligatoria 2 (improve, heighten) ⟨*consciousness/awareness*⟩ aumentar, acrecentar*; ⟨*standing/reputation*⟩ aumentar; **to ~ quality standards** mejorar el nivel de calidad; **don't ~ his hopes** no le des demasiadas esperanzas; **it ~d my spirits** me levantó el ánimo, me animó; **that gesture ~d him in my estimation** con ese gesto subió en mi estima

D (promote) **to ~ sb TO sth** ascender* *or* elevar a algn A algo; **he was ~d to the peerage** le concedieron un título nobiliario

Sense II

A 1 ⟨*money/funds*⟩ recaudar; **we ~d $20,000** recaudamos 20.000 dólares; **to ~ a loan (against sth)** conseguir* *or* obtener* un préstamo (poniendo algo como garantía); **to ~ an invoice** preparar una factura 2 ⟨*army/supporters*⟩ reclutar

B 1 ⟨*fears/doubt*⟩ suscitar, dar* lugar a; **he managed to ~ a smile** pudo sonreír; **it ~d a laugh** nos/los hizo reír; **to ~ the alarm** dar* la alarma 2 ⟨*rebellion*⟩ impulsar, provocar*

C ⟨*subject*⟩ sacar*; ⟨*objection/question*⟩ formular, hacer*, plantear; **there's a point I'd like to ~** hay un asunto que quisiera mencionar *or* plantear; **to ~ sth WITH sb** plantearle algo A algn, tratar algo CON algn; **there are a couple of matters I want to ~ with you** hay un par de asuntos que quisiera plantearle *or* que quisiera tratar con usted

D 1 ⟨*child/family*⟩ criar*, educar*; **I was ~d in Alabama** crecí *or* me crié en Alabama 2 ⟨*wheat/corn*⟩ cultivar; **they ~ cattle** se dedican a la cría de ganado

E 1 (by radio) ponerse* en contacto con 2 (Naut) ⟨*land*⟩ avistar

F ⟨*demon/spirit*⟩ invocar*

G (cause to form) ⟨*blisters/bumps*⟩ levantar

H (bring to an end) ⟨*siege*⟩ levantar

raise² *n* (AmE) aumento *m or* subida *f* de sueldo

raised /reɪzd/ *adj* 1 ⟨*platform*⟩ elevado; ⟨*lettering/carving*⟩ en relieve; **a ~ edge** un reborde 2 (Culin) hecho con levadura, leudado (esp AmL)

raisin /'reɪzn/ *n* (uva *f*) pasa *f*, pasa *f* (de uva) (CS); (*before n*) ⟨*bread/cake*⟩ de pasas

raising agent /'reɪsɪŋ/ *n* [c u] levadura *f*, agente *m* leudante (AmL)

raison d'être /ˌreɪzɔːn'detrə || ˌreɪzɒn'detrə/ *n* (*pl* **~s ~**) razón *f* de ser

Raj /rɑːdʒ/ *n*: **the (British) ~** el Imperio Británico en la India, el Raj

rajah /'rɑːdʒə/ *n* rajá *m*

rake¹ /reɪk/ *n*

A [c] 1 (garden tool) rastrillo *m*; ***as thin as a ~*** (colloq) flaco como un palillo *or* palo (fam) 2 (act, process) (esp BrE) rastrillado *m*; **to give the lawn a quick ~** pasar el rastrillo por el césped 3 (in casino) rastrillo *m*, raqueta *f* 4 (for ashes) rastrillo *m*, hurgón *m*

B [c] (man) vividor *m*, calavera *m*

C [u] (incline — of stage, seat) inclinación *f*; (— of mast) caída *f*

rake² *vt*

A 1 ⟨*leaves*⟩ recoger* con un rastrillo, rastrillar; ⟨*cinders*⟩ remover* con un rastrillo, rastrillar 2 (level, smooth) ⟨*garden/soil*⟩ rastrillar

B (sweep) barrer; **they ~d the enemy positions with their machine guns** pasearon las ametralladoras sobre las posiciones enemigas

■ **rake** *vi* 1 (search) **to ~ THROUGH sth** revolver* ENTRE algo 2 (slope) estar* inclinado 3 (Naut) caer*

Phrasal verbs

• **rake in** [v + o + adv, v + adv + o]: **they're raking it in** están haciendo mucho dinero, se están forrando (fam); **they ~ in millions from these taxes** sacan *or* (fam) se embolsan millones con estos impuestos

• **rake over** [v + adv + o] 1 ⟨*soil/flowerbed*⟩ rastrillar 2 ⟨*past events*⟩ volver* sobre

• **rake up** [v + o + adv, v + adv + o]

A 1 ⟨*leaves*⟩ rastrillar 2 ⟨*support*⟩ conseguir*

B 1 ⟨*fire*⟩ atizar* 2 ⟨*scandal/quarrel*⟩ sacar* a relucir; **to ~ up the past** remover* *or* desenterrar* el pasado

rake-off /'reɪkɔːf || 'reɪkɒf/ *n* (colloq) tajada *f* (fam), pellizco *m* (Esp fam); **to take** *o* **get a ~ from sth** sacar* tajada *or* (Esp tb) llevarse un pellizco de algo

rakish /'reɪkɪʃ/ *adj* 1 (casual, jaunty) desenfadado; **she wore the hat at a ~ angle** llevaba el sombrero ladeado con gracia *or* desenfado 2 (dissolute) libertino, tarambana 3 ⟨*ship/vessel*⟩ de líneas aerodinámicas

rakishly /ˈreɪkɪʃli/ *adv* con desenfado

rally¹ /ˈræli/ *n* (*pl* **-lies**)
A (mass meeting) concentración *f*; **political ~** mitin *m*, mítin *m*
B (Auto) rally *m*; (*before n*) ‹*car/driver*› de rally
C (in tennis, badminton) peloteo *m*
D 1 (renewed offensive) nueva acometida *f* or ofensiva *f* 2 (recovery) (Fin) repunte *m*, recuperación *f*; (Med) mejoría *f*

rally² **-lies, -lying, -lied** *vi*
A 1 (unite) unirse; (gather) congregarse*; **the whole country rallied to the support of the president** todo el país se unió en apoyo del presidente; **protestors rallied outside the embassy** un grupo de manifestantes se congregó frente a la embajada 2 **rallying** *pres p* ‹*call/point*› de concentración
B 1 (Mil) volver* a formar 2 (recover) «*person*» recuperarse, reponerse* 3 (Fin) «*currency/price*» repuntar, recuperarse
C (Auto) correr rallys/un rally
■ **rally** *vt*
A 1 ‹*support/vote*› conseguir* 2 ‹*people*› unir, cohesionar
B 1 (Mil) volver* a formar 2 ‹*strength/spirits*› recobrar
(Phrasal verb)
• **rally round**
A [v + adv]: **all the neighbors rallied round to help** todos los vecinos se juntaron para ayudar
B [v + adv + o]: **they all rallied round him** todos acudieron a ofrecerle apoyo

rallycross /ˈrælikrɔːs || ˈrælikrɒs/ *n* [u]: *carrera sobre un circuito sin asfaltar*

ram¹ /ræm/ *n*
A (Zool) carnero *m*
B 1 (Mech Eng) martillo *m* pilón, martinete *m*; **hydraulic ~** martillo *m* or ariete *m* hidráulico 2 (*battering ~*) ariete *m* 3 (on ship) espolón *m*

ram² **-mm-** *vt* 1 (force) (+ *adv compl*): **he ~med the stake into the ground** hincó or clavó la estaca en la tierra; **he ~med his hands into his pockets** se metió las manos con fuerza en los bolsillos; **don't ~ the clothes into the drawer** no aprietes la ropa en el cajón 2 (run into) embestir* contra; **he ~med his car into a tree** estrelló el coche contra un árbol
■ **ram** *vi* **to ~ INTO sth/sb** estrellarse or chocar* CONTRA algo/algn
(Phrasal verb)
• **ram home** [v + o + adv, v + adv + o] 1 (Mil) atacar*, apretar* 2 ‹*point/message*› hacer* entender

RAM *n* 1 [u] /ræm/ (Comput) (= **random access memory**) RAM *f*; (*before n*): **~ chip** chip *m* de RAM 2 /ˈɑːreɪˈem/ (in UK) = **Royal Academy of Music**

Ramadan /ˈræmədɑːn || ˈræmədæn/ *n* Ramadán *m*

ramble¹ /ˈræmbəl/ *n* paseo *m*, caminata *f*; (BrE) (Sport) excursión *f* (*a pie*), marcha *f* (Esp); **to go on** o **for a ~** ir* a dar un paseo; (Sport) ir* de excursión or (Esp tb) de marcha

ramble² *vi* 1 (walk) pasear; **to go rambling** (BrE) hacer* excursionismo, ir* de excursión or (Esp tb) de marcha; **the stream ~s through the valley** el arroyo serpentea por el valle 2 (in speech, writing) irse* por las ramas, divagar* 3 (of plant) crecer* descontroladamente
(Phrasal verb)
• **ramble on** [v + adv] **to ~ on (ABOUT sth)** divagar* (SOBRE algo)

rambler /ˈræmblər || ˈræmblə(r)/ *n* 1 (walker) excursionista *mf* 2 (plant) rosa *f* trepadora

rambling¹ /ˈræmblɪŋ/ *adj* 1 ‹*essay/lecture*› que se va por las ramas, que divaga 2 ‹*streets/town*› laberíntico, intrincado; **a ~ old house** una vieja casona llena de recovecos 3 ‹*rose*› trepador

rambling² *n* [u] 1 (BrE) (Sport) excursionismo *m*; (*before n*) ‹*club*› de excursionismo 2 (of speech, thought) (*usu pl*) divagación *f*

rambunctious /ræmˈbʌŋktʃəs || ræmˈbʌŋkʃəs/ *adj* (colloq) bravucón

ramekin /ˈræmɪkən || ˈræmɪkɪn/ *n* 1 (small dish) potecito *m* individual (*para el horno*) 2 (cheese savory) (BrE) tartaleta *f* de queso

ramification /ˌræməfəˈkeɪʃən || ˌræmɪfɪˈkeɪʃən/ *n* 1 [c] (*often pl*) (consequence) ramificación *f*, repercusión *f* 2 [u] (of plant, network) ramificación *f*

ramify /ˈræməfaɪ || ˈræmɪfaɪ/ *vi* **-fies, -fying** (frml) 1 (become complicated) ramificarse* 2 (form branches) ramificarse*

ramjet /ˈræmdʒet/ *n* estatorreactor *m*

ramp¹ /ræmp/ *n*
A 1 (slope) rampa *f*; **entrance** o **on ~** (AmE) vía *f* de acceso (*a una autopista*); **exit** o **off ~** (AmE) vía *f* de salida (*de una autopista*) 2 (on ship, aircraft) (for passengers) escalerilla *f*; (for vehicles) rampa *f* 3 (platform) elevador *m*; **hydraulic ~** elevador hidráulico 4 (hump) (BrE) desnivel *m*; **speed ~** ▸**speed bump**
B (swindle) (BrE sl) timo *m* (fam), robo *m* a mano armada (fam)

ramp² *vt* (BrE colloq) manipular
(Phrasal verb)
• **ramp up** [v + adv + o, v + o + adv]
A (BrE colloq) ▸**ramp²**
B ‹*production/prices*› aumentar

rampage¹ /ˈræmpeɪdʒ/ *n*: **to be/go on the ~**: **fans went on the ~ in the town** los hinchas arrasaron la ciudad; **they went on a ~ of looting** recorrieron el lugar saqueando y destrozando a su paso

rampage² /ræmˈpeɪdʒ/ *vi* pasar arrasando

rampant /ˈræmpənt/ *adj*
A (uncontrolled) ‹*inflation*› galopante; ‹*growth*› desenfrenado; ‹*crime*› endémico; **the ivy was running ~ over the garden** la hiedra crecía exuberante por todo el jardín; **disease was ~** proliferaban las enfermedades
B (in heraldry) (*after n*) rampante

rampart /ˈræmpɑːrt || ˈræmpɑːt/ *n* (bank) terraplén *m*; (wall) muralla *f*; **the ~s of the castle** las murallas or la fortificación del castillo

ram raid¹ *vt* asaltar (*rompiendo el escaparate con un vehículo*)

ram raid² *n* aluzinaje *m* (Esp arg), asalto *m* (*que se comete rompiendo el escaparate con un vehículo*)

ram-raider /ˈræmreɪdər || ˈræmreɪdə(r)/ *n* asaltante *mf* (*que entra en un negocio rompiendo el escaparate con un vehículo*), alunicero, -ra *m,f* (Esp)

ramrod /ˈræmrɑːd || ˈræmrɒd/ *n* (rod) baqueta *f*; **her back was as straight as a ~** tenía la espalda recta or erguida; ***as stiff as a ~*** más tieso que un palo de escoba (fam)

ramshackle /ˈræmʃækəl/ *adj* ‹*building/car*› destartalado; ‹*army*› maltrecho

ran /ræn/ *past of* **run¹**

ranch¹ /ræntʃ || rɑːntʃ/ *n*: **cattle ~** finca *f* (ganadera), hacienda *f* (ganadera) (esp AmL), rancho *m* ganadero (Méx), estancia *f* (RPl), fundo *m* (Chi); **poultry ~** (AmE) granja *f* avícola; (*before n*): **~ hand** trabajador, -dora *m,f* agrícola, peón *m* (esp AmL)

ranch² *vi* administrar un ▸**ranch¹**
■ **ranch** *vt* ‹*cattle/sheep*› criar*

rancher /ˈræntʃər || ˈrɑːntʃə(r)/ *n* hacendado, -da *m,f*, estanciero, -ra *m,f* (RPl), ranchero, -ra *m,f* (Méx), dueño, -ña *m,f* de fundo (Chi); **cattle ~** ganadero, -ra *m,f*

ranch house *n* 1 (on ranch) casa *f* (*en una finca*) 2 (type of house) (AmE) chalet *m* (*de una sola planta*), bungalow *m*

ranchman /ˈræntʃmən || ˈrɑːntʃmən/ *n* (*pl* **-men**) (owner) propietario *m* de un ▸**ranch¹** (hired worker) trabajador *m* agrícola, peón *m* (esp AmL)

rancid /ˈrænsəd || ˈrænsɪd/ *adj* rancio; **to go ~** ponerse* rancio

rancor, (BrE) **rancour** /ˈræŋkər || ˈræŋkə(r)/ *n* [u] rencor *m*

rancorous /ˈræŋkərəs/ *adj* ‹*person*› rencoroso; ‹*meeting/atmosphere*› hostil, lleno de rencor

rancour *n* (BrE) ▸**rancor**

rand /rænd/ *n* (*pl* **~**) rand *m*

R & B /ˈɑːrənˈbiː/ *n* [u] = **rhythm and blues**

R & D /ˈɑːrənˈdiː/ *n* [u] (= **research and development**) I & D

random /ˈrændəm/ *adj* 1 ‹*testing/choice*› al azar; ‹*shot*› hecho al azar; ‹*bullet*› perdido; ‹*sample*› aleatorio, seleccionado al azar; **~ error** error *m* aleatorio; **~ sample** muestra *f* aleatoria; **~ sampling** muestreo *m* aleatorio; **~ variable** variable *f* aleatoria 2 **at random** (*as adv*) al azar; **to hit out at ~** dar* golpes a diestra y siniestra or (Esp) a diestro y siniestro

random access *n* [u] acceso *m* aleatorio or directo; (*before n*): **random-access memory** memoria *f* de acceso aleatorio or directo

randomize /ˈrændəmaɪz/ *vt*
A (in statistics) aleatorizar*
B (Comput) *generar la implantación de números aleatorios en*

randomized /ˈrændəmaɪzd/ *adj* aleatorio

randomly /ˈrændəmli/ *adv* ‹*choose*› al azar

random number *n* número *m* aleatorio

R & R /ˈɑːrənˈɑːr || ˈɑːrənˈɑː(r)/ *n* [u] (AmE) = **rest and recreation** o **recuperation**

randy /ˈrændi/ *adj* **-dier, -diest** (colloq) caliente (fam), cachondo (Esp, Méx fam), arrecho (AmL fam)

rang /ræŋ/ *past of* **ring²**

range¹ /reɪndʒ/ *n*
A 1 (scope) ámbito *m*, campo *m*; **it's beyond the ~ of my study** está fuera del ámbito or del campo de mi estudio; **the ~ of her knowledge was vast** sus conocimientos eran amplísimos 2 (Mus) registro *m*; **he lacks ~** tiene un registro muy limitado 3 (bracket): **if your income is within that ~** si sus ingresos están dentro de esos límites or son de ese orden; **a house in the middle price ~** una casa dentro de un nivel medio de precios; **it's within/out of our price ~** está dentro de/fuera de nuestras posibilidades, está dentro de/es más de lo que queremos gastar; **children in a given ability ~** niños de un determinado nivel de aptitud
B 1 (variety) variedad *f*; **a wide ~ of colors/prices** una amplia gama or una gran variedad de colores/precios; **a wide ~ of possibilities** un amplio abanico de posibilidades; **I have a wide ~ of interests** mis intereses son múltiples y variados; **it has a limited ~ of applications** sus usos son limitados 2 (selection) línea *f*, gama *f*; **our summer ~ is in the shops now** (BrE) nuestra línea de verano está ya en los comercios
C 1 (of gun) alcance *m*; **a ~ of 200m** un alcance de 200m; **at close/long ~** de cerca/lejos; **at pointblank ~** a quemarropa; **to come/be within ~** ponerse*/estar* a tiro; **it was out of ~** estaba fuera del alcance del arma 2 (of vehicle, missile) autonomía *f*; **the aircraft has a ~ of 4,000 miles** el aparato tiene una autonomía de 4.000 millas; **long-~ missiles** misiles *mpl* de largo alcance 3 (sight, earshot): **wait until he's within ~** espera hasta que esté lo suficientemente cerca y pueda ver/oír 4 (Telec) (mobile telephony) cobertura *f*; **to be out of ~** estar* fuera de cobertura; **to be in ~** tener* cobertura
D (for shooting) campo *m* de tiro
E (chain) cadena *f*; **a mountain ~** una cordillera, una cadena de montañas; **a ~ of hills** una sierra
F (stove) cocina *f* económica
G 1 (grazing land) pradera *f* 2 (Bot, Zool) zona *f* de distribución (*donde se da una especie*)

range² *vi*
A (vary, extend) **to ~ FROM sth TO sth**: **their ages ~ from 12 to 20** son de edades comprendidas entre los 12 y los 20 años, tienen entre 12 y 20 años, sus edades oscilan entre los 12 y los 20 años; **the book ~s in time from the Middle Ages to the present day** el libro abarca desde la Edad Media hasta nuestros días or comprende el período entre la Edad Media y nuestros días; **estimates ~ up to $20,000** hay presupuestos de hasta 20.000 dólares; **the conversation ~d over many topics** o **~d widely** la conversación abarcó muchos temas
B 1 (wander) deambular; **they ~d far and wide in search of food** deambularon por todas partes en busca de comida; **the animals ~ through the woods** los animales vagan por los bosques 2 (Bot, Zool) extenderse*
■ **range** *vt*
A (line up, place) alinear; **they ~d themselves against the proposal** se alinearon en contra de la propuesta

r

B (wander over) ‹*seas*› surcar* (liter); ‹*plain/hills*› recorrer
C ‹*cattle*› pastar
rangefinder /ˈreɪndʒˌfaɪndər || ˈreɪndʒ ˌfaɪndə(r)/ *n* telémetro *m*
ranger /ˈreɪndʒər || ˈreɪndʒə(r)/ *n* **1** (in park, forest) guarda *mf* forestal **2** (soldier) (in US) soldado *m* de las tropas de asalto, ranger *m*
Rangoon /ræŋˈguːn/ *n* Rangún
rangy /ˈreɪndʒi/ *adj* **-gier, -giest** (AmE) largo y delgado, larguirucho (fam)
rani /ˈrɑːni rɑːˈniː/ *n* rani *f*, esposa *f* del rajá
rank¹ /ræŋk/ *n*
A [c] (line) fila *f*; **to break ~s** romper* filas; **to close ~s** cerrar* *or* estrechar filas; **a family should close ~s at a time of crisis** una familia debe mantenerse unida y solidaria en los momentos difíciles; **to reduce sb to the ~s** (Mil) degradar a algn; **General Sánchez rose from the ~s** el General Sánchez empezó como soldado raso; **there was some disquiet in the ~s** (Mil) había cierta inquietud entre las tropas; **to join the ~s of the unemployed** pasar a engrosar las filas del desempleo *or* (Esp tb) del paro
B [c u] (status) categoría *f*; (Mil) grado *m*, rango *m*; **the ~ of captain** el grado *or* rango de capitán; **officers and other ~s** (BrE) los oficiales y la tropa; **to be above/below sb in ~** ser* de rango superior/inferior a algn, estar* por encima/por debajo de algn (en rango *or* jerarquía); **a writer of the first ~** un escritor de primera categoría *or* de primera línea; **people of all social ~s** gente de todos los niveles sociales; ***to pull ~ on sb***: **she's not the type to pull ~ on anybody** no es de las que abusan de su autoridad *or* hacen valer sus privilegios
C [c] (*taxi ~*) (BrE) parada *f* de taxis, sitio *m* (Méx)
D [c] (on organ) registro *m*
rank² *vt*
A (class): **he's ~ed fourth among Americans** está clasificado (como el) cuarto entre los americanos; **I ~ him alongside Brahms** para mí es un compositor de la categoría *or* del nivel de Brahms; **he ~s it among the city's best restaurants** considera que está entre los mejores restaurantes de la ciudad
B (outrank) (AmE) estar* por encima de, ser* de rango superior a
C (range, line) (*usu pass*) alinear, colocar* en fila; **the soldiers were ~ed three deep** los soldados estaban alineados de tres en fondo
■ **rank** *vi* **1** (be classed) estar*; **it ~s among the best** está entre los mejores; **he ~s high in our esteem** lo tenemos en gran estima **2** (hold rank) **to ~ above/below sb** estar* por encima/por debajo de algn, ser* de rango superior/inferior a algn; **a high-/middle-~ing officer** un oficial de alto grado/de grado medio
rank³ *adj*
A (*before n*) (complete) ‹*beginner/amateur*› absoluto; ‹*injustice*› flagrante
B (overgrown): **the garden was ~ with weeds** el jardín estaba invadido por la maleza
C (unpleasantly strong) ‹*smell*› fétido; ‹*taste*› repugnante; **to smell ~** oler* muy mal, apestar (fam)
rank and file *n* (Mil) (+ *pl vb*) tropa *f*; **the ~ ~ ~ of the party/union** las bases del partido/del sindicato; (*before n*) ‹*support*› de las bases
ranker /ˈræŋkər || ˈræŋkə(r)/ *n* (BrE) (soldier) soldado *mf* raso; (officer) *oficial que empezó como soldado raso*
ranking¹ /ˈræŋkɪŋ/ *n* ranking *m*, clasificación *f*
ranking² *adj* (AmE) (*before n*) de grado superior *or* más alto
rankle /ˈræŋkəl/ *vi* **to ~** WITH **sb**: **the government's attitude ~s with the unions** los sindicatos están resentidos por la actitud del gobierno; **what still ~s with me is that ...** lo que no les (*or* le *etc*) puedo perdonar es que ...
■ **rankle** *vt* (AmE) herir*; **their humiliating defeat still ~s (them)** todavía les duele aquella humillante derrota, les ha quedado la espina de aquella humillante derrota

ransack /ˈrænsæk/ *vt* ‹*room/drawer*› revolver*; ‹*house/premises*› (search) registrar (*de arriba a abajo*); (pillage) saquear; ‹*music/literature*› plagiar, fusilarse (fam)
ransom¹ /ˈrænsəm/ *n* rescate *m*; **to hold sb to** *o* (AmE also) **for ~** exigir* un rescate por algn; **she says the army is holding the country to ~** dice que el ejército está chantajeando al país; (*before n*): **~ demand** nota *f* (*or* llamada *f etc*) exigiendo un rescate; **~ money** (dinero *m* del) rescate *m*; ►**king**
ransom² *vt* pagar* un rescate por
rant¹ /rænt/ *vi* despotricar*; **the old man was ~ing (on) about the youth of today** el viejo estaba despotricando *or* (fam) echando pestes contra la juventud de hoy; **my father ~ed and raved at me for half an hour** mi padre me echó un sermón *or* una perorata de media hora (fam)
rant² *n* sermón *m*, vituperio *m* (frml); **a ~ against sth** un sermón *or* (frml) vituperio en contra de algo; **to have a ~** despotricar*
rap¹ /ræp/ *n*
A [c] (blow) golpe *m*; **there was a ~ at the door** se oyó un golpe en la puerta; ***I don't care a ~*** (colloq) me importa un bledo *or* un pepino *or* un rábano *or* un comino (fam); ►**knuckle 1**
B (*no pl*) (AmE colloq) **1** (criticism) crítica *f*, acusación *f* **2** (conviction): **to pin a ~ on sb** endilgarle* las culpas a algn, acusar a algn; **to take the ~ for sth** cargar* con la culpa de algo, pagar* el pato (por algo) (fam); **to beat the ~** escabullirse*, quedar impune; (*before n*): **~ sheet** antecedentes *mpl* penales
C **1** [u] (chat) (colloq) charla *f*, cháchara *f* (fam); **we had a ~ about old times** estuvimos de cháchara rememorando los viejos tiempos (fam) **2** [c u] (Mus) rap *m*
rap² **-pp-** *vi*
A (knock) dar* un golpe; **to ~ at/on the door** llamar a la puerta
B (chat) (colloq) cotorrear (fam)
■ **rap** *vt* **1** (hit): **he ~ped my knuckles** me pegó en los nudillos; **he ~ped his gavel for silence** dio unos golpes con el martillo para que hicieran silencio; ►**knuckle 1** **2** (rebuke) (journ) amonestar, llamar al orden
Phrasal verb
• **rap out** [v + o + adv, v + adv + o] **1** ‹*order*› espetar, dar* en tono brusco; **so did you, he ~ped out** —tú también —le espetó **2** ‹*rhythm*› golpetear; **we used to ~ out messages on the pipes** nos mandábamos mensajes golpeando las tuberías
rapacious /rəˈpeɪʃəs/ *adj* (frml) ‹*person/character*› codicioso, avaricioso, rapaz; ‹*appetite/greed*› voraz; ‹*gaze*› ávido, rapaz
rapaciously /rəˈpeɪʃəsli/ *adv* (frml) con rapacidad
rapacity /rəˈpæsəti/ *n* [u] (frml) (of character) rapacidad *f*, codicia *f*, avaricia *f*; (of appetite) voracidad *f*
rape¹ /reɪp/ *n*
A **1** [u c] (sexual violation) violación *f*; (of a minor) estupro *m* **2** [u] (of the countryside, earth) (liter) expoliación *f* (liter) **3** [u c] (abduction) (arch) rapto *m*; **the R~ of the Sabine Women** el rapto de las Sabinas
B [u] **1** (plant) colza *f* **2** (grape pulp) orujo *m*, bagazo *m* de uva
rape² *vt* ‹*person*› violar; ‹*countryside*› (liter) expoliar (liter)
rape alarm *n* alarma *f* personal
rapeseed /ˈreɪpsiːd/ *n* [u] semilla *f* de colza; (*before n*): **~ oil** aceite *m* de colza
Raphael /ˈræfeɪəl/ *n* Rafael
rapid /ˈræpəd || ˈræpɪd/ *adj* rápido, veloz
rapid eye movement *n* [u] movimientos *mpl* oculares rápidos; (*before n*) ‹*sleep*› paradójico, con REM
rapid fire *n* [u] fuego *m* graneado
rapidity /rəˈpɪdəti/ *n* [u] rapidez *f*
rapidly /ˈræpədli || ˈræpɪdli/ *adv* rápidamente; **he works very ~** trabaja con mucha rapidez *or* muy rápidamente; **the road descends ~** la calle baja abruptamente; **a ~ changing world** un mundo que cambia con mucha rapidez
rapids /ˈræpədz || ˈræpɪdz/ *pl n* rápidos *mpl*
rapid transit *n* [u] línea *f* ferroviaria urbana
rapier /ˈreɪpiər || ˈreɪpiə(r)/ *n* estoque *m*; (*before n*): **~ thrust** estocada *f*
rapine /ˈræpaɪn/ *n* [u] (liter) rapiña *f*
rapist /ˈreɪpəst || ˈreɪpɪst/ *n* violador, -dora *m,f*
rappel /rəˈpel, ˈræpel || ræˈpel/ *vi* (AmE) descender* en rappel
rapper /ˈræpər || ˈræpə(r)/ *n* cantante *mf* de rap
rapping /ˈræpɪŋ/ *n*
A [c u] (knocking) golpeteo *m*
B [u] **1** (chatting) (colloq) cotorreo *m* (fam) **2** (Mus) rap *m*
rapport /ræˈpɔːr || ræˈpɔː(r)/ *n* [u] relación *f* de comunicación; **it is important to establish a good ~ with your students** es importante entablar una buena relación de comunicación con los alumnos; **a close ~ exists between them** están muy compenetrados, se entienden muy bien
rapprochement /ˌræprəʊʃˈmɑːn || ræˈprɒʃmɒŋ/ *n* [u c] (frml) acercamiento *m*
rapscallion /ræpˈskæljən/ *n* (arch *or* hum) tunante, -ta *m,f* (ant)
rapt /ræpt/ *adj* (liter) ‹*expression/smile*› embelesado; **they listened with ~ attention** escuchaban absortos *or* embelesados
raptor /ˈræptər || ˈræptə(r)/ *n* ave *f*‡ de rapiña, ave *f*‡ rapaz
rapture /ˈræptʃər || ˈræptʃə(r)/ *n* [u c] éxtasis *m*, arrobamiento *m* (liter), embeleso *m*; **to be in ~s over sth** estar* extasiado con algo; **she went into ~s over the painting** se deshizo en elogios para con el cuadro; **the novel sent the critics into ~s** la novela fue un gran éxito de crítica
rapturous /ˈræptʃərəs/ *adj* ‹*applause/welcome*› calurosísimo; ‹*expression*› embelesado, extasiado
rapturously /ˈræptʃərəsli/ *adv* ‹*greet*› efusivamente; ‹*applaud*› con frenesí; **she gazed at him ~** lo miraba embelesada *or* extasiada
rare /rer || reə(r)/ *adj* **rarer** /ˈrerər || ˈreərə(r)/, **rarest** /ˈrerəst || ˈreərɪst/
A **1** (uncommon) raro, poco común; **the bird is a ~ sight in this country** el ave rara vez se ve en este país; **with a few ~ exceptions** salvo raras excepciones; **it is ~ for this to happen during the summer** es raro que esto suceda durante el verano; **one of her ~ television appearances** una de sus poco frecuentes actuaciones en televisión **2** (unusually good) (liter) ‹*talent/beauty*› excepcional, singular **3** (fine, uncommon) (esp BrE colloq): **we had a ~ (old) time at the party** lo pasamos bomba en la fiesta (fam)
B **1** (rarefied) ‹*atmosphere*› enrarecido **2** (Culin) ‹*steak*› vuelta y vuelta, poco hecho (Esp), a la inglesa (Méx)
rarebit /ˈrerbɪt || ˈreəbɪt/ *n* [u c] ►**Welsh rabbit**
rare earth *n* tierra *f* rara
rarefaction /ˌrerəˈfækʃən || ˌreərɪˈfækʃən/ *n* [u] rarefacción *f*
rarefied /ˈrerəfaɪd || ˈreərɪfaɪd/ *adj* enrarecido
rarefy /ˈrerəfaɪ || ˈreərɪfaɪ/ *vt* **-fies, -fying, -fied** enrarecer*
■ **rarefy** *vi* enrarecerse*
rare gas *n* gas *m* raro
rarely /ˈrerli || ˈreəli/ *adv* rara vez, pocas veces, casi nunca; **we ~ go out** rara vez *or* pocas veces *or* casi nunca salimos
rareness /ˈrernəs || reənɪs/ *n* [u] ►**rarity 2**
rarified /ˈrerəfaɪd || ˈreərɪfaɪd/ *adj* ►**rarefied**
rarify /ˈrerəfaɪ || ˈreərɪfaɪ/ *vt/vi* ►**rarefy**
raring /ˈrerɪŋ || ˈreərɪŋ/ *adj*: **to be ~ to do sth** morirse* de ganas de hacer algo (fam), estar* deseando hacer algo; **she's ~ to try out her new skates** (está que) se muere de ganas de probar los nuevos patines; ***to be ~ to go***: **she starts tomorrow and is ~ to go** empieza mañana y está que ya no se aguanta; **she is**

r

always ~ to go es muy dinámica, está siempre deseosa de poner manos a la obra

rarity /ˈrerəti || ˈreərətɪ/ *n* (*pl* **-ties**) **1** [c] (sth rare) algo poco común *or* fuera de lo común; **an opera singer who can act is a ~** un cantante de ópera que sepa actuar es algo excepcional *or* fuera de lo común **2** [u] (of an occurrence) la poca frecuencia, lo raro; **its ~ makes it valuable** el hecho de que haya pocos lo hace valioso; (*before n*): **the coin has ~ value** la moneda es valiosa porque hay muy pocas

rascal /ˈræskəl || ˈrɑːskəl/ *n* granuja *mf*, pillo, -lla *m,f*

rascally /ˈræskəli || ˈrɑːskəli/ *adj* ‹*person*› pillo, pícaro; **~ trick** triquiñuela *f*

rash¹ /ræʃ/ *n* sarpullido *m*, erupción *f*; **he came out** *o* **broke out in a ~** le salió un sarpullido; **a ~ of strikes** una racha *or* un rosario de huelgas

rash² *adj* **-er, -est** ‹*person*› precipitado, impetuoso; ‹*action/decision*› precipitado, imprudente; **it was ~ of them to accept the offer without consideration** fue imprudente de su parte aceptar la oferta sin antes reflexionar; **in a ~ moment I promised her ...** en un arrebato le prometí ...

rasher /ˈræʃər || ˈræʃə(r)/ *n* loncha *f*, lonja *f*

rashly /ˈræʃli/ *adv* ‹*act*› precipitadamente, sin reflexionar; ‹*promise*› en un arrebato

rashness /ˈræʃnəs || ˈræʃnɪs/ *n* [u] precipitación *f*, irreflexión *f*; **the ~ of youth** la impetuosidad de la juventud

rasp¹ /ræsp || rɑːsp/ *n* escofina *f*

rasp² *vt* **1** (scrape) ‹*wood*› raspar, escofinar **2** (say): **the captain ~ed (out) the order** el capitán dio la orden con aspereza; **get out of here, he ~ed** —¡fuera de aquí! —bramó

■ **rasp** *vi* hacer* un ruido áspero

raspberry /ˈræz,beri || ˈrɑːzbəri/ *n* (*pl* **-ries**) **1** (fruit) frambuesa *f*; (*before n*): **~ bush** *o* **cane** frambueso *m* **2** (sound) (colloq) pedorreta *f* (fam); **to blow a ~ at sb** hacerle* una pedorreta a algn (fam), hacerle* una trompetilla a algn (Ven fam)

rasping /ˈræspɪŋ || ˈrɑːspɪŋ/ *adj* ‹*sound*› áspero; ‹*voice*› áspero, bronco; ‹*cough*› bronco, perruno (fam)

Rasta¹ /ˈræstə/ *n* (BrE colloq) rasta *mf* (fam)

Rasta² *adj* (BrE colloq) rasta (fam)

Rastafarian¹ /,ræstəˈferiən || ,ræstəˈfeəriən/ *n* rastafari *mf*

Rastafarian² *adj* rastafariano

raster image processor /ˈræstər || ˈræstə(r)/ *n* procesador *m* de imagen raster *or* de trama

rasterize /ˈræstəraɪz/ *vt* rasterizar*

rat /ræt/ *n* **1** (Zool) rata *f*; ***like a drowned ~*** (colloq) como un pollo mojado (fam); ***like ~s leaving a sinking ship*** como alma que lleva el diablo; ***to smell a ~*** oler(se)* algo sospechoso; **I could smell a ~** (me) olí algo sospechoso, me olió a gato encerrado; (*before n*): **~ poison** raticida *m*, matarratas *m* **2** (person) (colloq) rata *f* de alcantarilla (fam), canalla *mf* (fam)

ratable /ˈreɪtəbəl/ *adj* ▸ **rateable**

rat-a-tat-tat /ˈrætətætˈtæt/ *n* (*no pl*) golpeteo *m*

ratatouille /,rætəˈtuːi/ *n* [u] ≈ pisto *m* (*plato de berenjenas, tomates etc*)

ratbag /ˈrætbæg/ *n* (BrE colloq) cascarrabias *mf* (fam)

ratcatcher /ˈræt,kætʃər || ˈræt,kætʃə(r)/ *n* exterminador, -dora *m,f* de ratas

ratchet /ˈrætʃət || ˈrætʃɪt/ *n* trinquete *m*; (*before n*) ‹*wheel/bar/mechanism*› de trinquete; **~ screwdriver** destornillador *m* de chicharra *or* de carraca

rate¹ /reɪt/ *n*

A **1** (speed) velocidad; (rhythm) ritmo *m*; **~ of flow** velocidad *f or* ritmo *m* de flujo; **~ of climb** velocidad *f* de ascensión *or* de subida; **their vocabulary increases at a ~ of five words a day** su vocabulario aumenta a razón de cinco palabras por día; **I'm reading at a ~ of 100 pages a day** estoy leyendo a un ritmo de 100 páginas por día; **the runners set off at a tremendous ~** los corredores salieron a una velocidad vertiginosa; **at this ~** *o* **at the ~ we're going, it'll take weeks** a este paso *or* al ritmo que vamos, nos va a llevar semanas; ***at any ~*** (at least) por lo menos; (in any case) en todo caso; **most people agreed, or at any ~ a significant majority** casi todos estuvieron de acuerdo, o por lo menos la gran mayoría; **I don't think he has another brother; at any ~, Dan is the one I'm talking about** me parece que no tiene otro hermano; en todo caso es a Dan a quien me refiero **2** (level, ratio): **birth ~** índice *m* de natalidad; **death ~** índice *m or* tasa *f* de mortalidad, mortalidad *f*; **suicide ~** porcentaje *m* de suicidios; **literacy ~** nivel *m* de alfabetización; **~ of inflation** tasa *f* de inflación; **~ of interest** tipo *m or* tasa *f* de interés; **~ of exchange** tipo *m* de cambio; **~ of return** tasa *f* de rendimiento, rentabilidad *f*; **our campaign has had a high ~ of success** nuestra campaña ha tenido mucho éxito; **the drop-out ~ in schools** la tasa de abandono *or* (CS tb) de deserción escolar; **the failure ~ in this exam is too high** hay un porcentaje demasiado alto de reprobados *or* (Esp) suspensos en este examen; *see also* **first-rate** *etc* **3** (price, charge): **postal ~s** tarifas *fpl* postales; **peak/standard ~** tarifa *f* alta/normal; **❸ private tuition, reasonable rates** clases particulares, precios módicos; **the work is paid at a ~ of $20 per hour** el trabajo se paga a (razón de) 20 dólares por hora; **it is paid at an hourly ~ of ...** la hora se paga a ...; **that's the going ~** eso es lo que se suele pagar

B (local tax) (formerly in UK) (*often pl*) ≈ contribución *f* (municipal *or* inmobiliaria); **water ~s** (formerly in UK) *cuota que se paga por el servicio de agua corriente*

rate² *vt*

A **1** (rank, consider): **I ~ her work very highly** tengo una excelente opinión de su trabajo; **how would you ~ the book?** ¿qué opinión te merece el libro?; **to ~ sb/sth AS sth**: **I ~ her as the best woman tennis player** yo la considero la mejor tenista; **how do you ~ the film on a scale of 1 to 10?** ¿qué puntuación *or* (AmL) puntaje le darías a la película en una escala del 1 al 10?; **~d speed/power** (Tech) velocidad *f* /potencia *f* nominal **2** (consider good) (BrE colloq) (*usu neg*): **I don't ~ her chances** no creo que tenga muchas posibilidades

B (deserve) merecer*; (obtain): **I don't think this essay ~s an A** no creo que este trabajo merezca una A; **his death ~d barely a line in the paper** el periódico apenas dedicó una línea a la noticia de su muerte; **it didn't ~ a mention** no les pareció digno de mención

■ **rate** *vi* **1** (be classed) **to ~ AS sth** estar* considerado COMO algo; **he ~s as one of the world's top swimmers** está considerado como uno de los mejores nadadores del mundo **2** (measure up) **to ~ WITH sb** (AmE): **Florida doesn't ~ with me** para mí Florida no vale gran cosa

rateable /ˈreɪtəbəl/ *adj* (formerly, in UK) (Tax): **~ value** valor *m* catastral (*del cual depende la contribución inmobiliaria*)

ratepayer /ˈreɪt,peɪər || ˈreɪt,peɪə(r)/ *n* **1** (customer) (AmE) cliente *mf* de empresa de servicio público; (in UK) contribuyente *mf* **2** (taxpayer) (BrE) contribuyente *mf*

rather¹ /ˈræðər || ˈrɑːðə(r)/ *adv*

A **1** (stating preference): **I'd ~ walk than go by bus** prefiero andar a ir en autobús; **I'd ~ not** preferiría no hacerlo (*or* no ir *etc*); **I'd ~ you didn't smoke** preferiría que no fumaras; **I'd ~ not think about that** prefiero no pensar en eso; **which would you ~ have, an apple or an orange?** ¿qué prefieres, una manzana o una naranja?; **I'd do anything ~ than give up dancing** haría cualquier cosa antes que dejar de bailar; **I'd ~ die than ...** preferiría morir a ...; **~ you than me!** ¡menos mal que eres tú y no yo! **2** (more precisely): **we're acquaintances ~ than friends** somos conocidos, más que amigos, no somos amigos, más bien conocidos; **she has a shop, or ~ a stall** tiene una tienda, o mejor dicho un puesto **3** (instead): **he wasn't upset about it; ~, he was relieved** no estaba disgustado sino más bien aliviado

B (fairly) bastante; (somewhat) algo, un poco; **it's ~ a long way** queda bastante lejos; **it's ~ a** *o* **a ~ good book** el libro es bastante bueno *or* no está nada mal; **she looks ~ like Janet** se parece algo *or* un poco a Janet; **I ~ suspect you're right** yo diría que tienes razón; **I ~ think that ...** me da la impresión *or* tengo la sensación de que ...; **are you tired? — yes, I am, ~** ¿estás cansado? — sí, bastante

rather² /ræˈðɜːr, rɑːˈðɜːr || rɑːˈðɜː(r)/ *interj* (BrE colloq & dated) ¡ya lo creo!, ¡por supuesto!

ratification /,rætəfəˈkeɪʃən || ,rætɪfɪˈkeɪʃən/ *n* [u] (frml) ratificación *f*

ratify /ˈrætəfaɪ || ˈrætɪfaɪ/ *vt* **-fies, -fying, -fied** (frml) ratificar*

rating /ˈreɪtɪŋ/ *n*

A **1** [c u] (evaluation): **other polls give the party a better ~** otras encuestas dan al partido un mayor nivel de popularidad; **what ~ would you give this novel?** ¿qué opinión te merece esta novela?; **credit ~** clasificación *f* crediticia **2** **ratings** *pl* (Rad, TV) índice *m* de audiencia

B [c] (Tech) (class — of boat, vehicle) categoría *f*, clase *f*; (— of fuel) tipo *m*; **octane ~** octanaje *m*

C [c] (BrE) (Naut) marinero *m*

ratio /ˈreɪʃəʊ, -ʃiəʊ || ˈreɪʃiəʊ/ *n* (*pl* **ratios**) proporción *f*, ratio *m* (téc); **the ~ of girls to boys** la proporción de niñas con respecto a niños; **they have the best productivity ~ per person** tienen el mejor ratio de productividad por persona; **in a ~ of two to one** en una proporción *or* relación de dos a uno; **in inverse/direct ~ to sth** en razón inversa/directa a algo, de forma inversamente/directamente proporcional a algo; **a high pupil-teacher ~** un elevado número *or* (téc) ratio de alumnos por profesor

ratiocination /,rætiəʊsnˈeɪʃən || ,rætɪɒsɪˈneɪʃən/ *n* [u c] (frml) razonamiento *m*

ration¹ /ˈræʃən/ *n* **1** (allowance) ración *f*; (*before n*): **~ book** cartilla *f* de racionamiento; **~ coupon** cupón *m* de racionamiento **2** **rations** *pl* víveres *mpl*; **to put sb on short ~s** reducirle* la ración a algn

ration² *vt* ‹*food/goods*› racionar; **we were ~ed** nos racionaban la comida; **I'll have to ~ you to two slices of bread** te voy a tener que racionar el pan a dos rebanadas

Phrasal verb

• **ration out** [v + o + adv, v + adv + o] distribuir* en forma racionada

rational /ˈræʃnəl || ˈræʃənl/ *adj*

A **1** (able to reason) ‹*being*› racional **2** (sane, lucid): **to be ~** estar* en su (*or* mi *etc*) sano juicio, estar* cuerdo **3** (sensible) ‹*act/argument/suggestion*› razonable, lógico; **capable of ~ thought** capaz de razonar **4** (efficient) racional

B (Math) racional

rationale /,ræʃəˈnæl || ,ræʃəˈnɑːl/ *n* (*no pl*) base *f*, razones *fpl*; **what's the ~ behind your decision?** ¿en qué se basa su decisión?, ¿cuáles han sido sus motivos para tomar esta decisión?; **I can't see the ~ for this change** yo no le veo la lógica a este cambio

rationalism /ˈræʃnəlɪzəm/ *n* [u] racionalismo *m*

rationalist¹ /ˈræʃnələst || ˈræʃnəlɪst/, **rationalistic** /-ˈlɪstɪk/ *adj* racionalista

rationalist² *n* racionalista *mf*

rationality /,ræʃəˈnæləti/ *n* [u] racionalidad *f*

rationalization /,ræʃnələˈzeɪʃən || ,ræʃnəlaɪˈzeɪʃən/ *n* **1** [u c] (Psych, Math) racionalización *f* **2** [u c] (Busn) racionalización *f*, reconversión *f*

rationalize /ˈræʃnəlaɪz/ *vt* (Busn, Math, Psych) racionalizar*

rationally /ˈræʃnəli/ *adv* ‹*think*› racionalmente; ‹*behave*› con sensatez, razonablemente

rationing /ˈræʃənɪŋ/ *n* [u] racionamiento *m*

rat pack *n* (colloq) periodistas *mpl* y paparazzi

rat race *n*: **he wanted to escape the ~ ~** quería huir de la febril competitividad de la vida moderna

rat run *n* (Auto) atajo *m* (*para evitar el tráfico de una calle principal en horas punta*)
rats /ræts/ *interj* (colloq) ¡caray! (fam)
rats' tails *pl n* (BrE colloq) greñas *fpl*
rattan /rə'tæn || 'rætən/ *n* 1 [u] (plant, material) rota *f*, ratán *m* 2 [c] (walking-stick) roten *m*
rattle¹ /'rætl/ *n*
A (*no pl*) (noise) ruido *m*; (of train, carriage) traqueteo *m*; **there's a ~ somewhere in this car** algo está vibrando en el coche; **the ~ of hailstones** el golpeteo *or* tamborileo del granizo; **death ~** estertor *m* de la muerte
B [c] 1 (device): **(baby's) ~** sonajero *m*, sonaja *f* (Méx), cascabel *m* (Chi); **(football) ~** (BrE) carraca *f*, matraca *f* 2 (on rattlesnake) cascabel *m*, anillos *mpl* córneos (téc)
rattle² *vi* 1 (make noise) hacer* ruido; (vibrate) vibrar; **I heard a key ~ in the lock** oí el ruido de una llave en la cerradura; **the chain ~d in the wind** el viento hacía sonar la cadena; **something in this car ~s** hay algo en el coche que está haciendo ruido *or* vibrando; **your door's rattling** tu puerta vibra; **the hail ~d on the plastic** el granizo golpeteaba en *or* repiqueteaba sobre el plástico; **he started rattling at the door** empezó a sacudir la puerta 2 (move) (+ *adv compl*): **the carriage ~d over the cobblestones** el carruaje traqueteaba por el empedrado; **there's something rattling around in the back** hay algo suelto allí atrás
■ **rattle** *vt*
A (make rattle) hacer* sonar; **he was rattling coins in a box** agitaba una caja haciendo sonar las monedas que había dentro; **the ghost ~d its chains** el fantasma sacudía sus cadenas; **he started furiously rattling pots and pans** empezó, furioso, a hacer ruido con los cacharros; **he ~d the door until I opened it** sacudió la puerta hasta que le abrí
B (worry, scare) (colloq) poner* nervioso; **to get sb ~d** poner* nervioso a algn, hacerle* perder la calma a algn
Phrasal verbs
• **rattle off** [v + o + adv, v + adv + o] ‹*names/list*› recitar, decir* de un tirón
• **rattle on** [v + adv] hablar *or* (fam) parlotear sin parar
• **rattle through** [v + prep + o] ‹*speech*› decir* rápidamente, apurar (AmL); **they ~d through the rest of the performance** terminaron la actuación a las carreras (fam)
rattler /'rætlər || 'rætlə(r)/ *n* (AmE colloq) serpiente *f* (de) cascabel, cascabel *f*
rattlesnake /'rætlsneɪk/ *n* serpiente *f* (de) cascabel, cascabel *f*, crótalo *m*
rattletrap /'rætltræp/ *n* (colloq) carraca *f* (fam), cascarria *f* (CS fam), catramina *f* (RPl fam)
rattling /'rætlɪŋ/ *adv* (colloq) (*as intensifier*): **a ~ good yarn** una historia sensacional
rattrap /'rættræp/ *n* 1 (trap) ratonera *f* 2 (building) (AmE colloq) ratonera *f*; (*before n*) ‹*building/hotel*› destartalado, de mala muerte (fam)
ratty /'ræti/ *adj* **-tier, -tiest** (colloq)
A (shabby) (AmE colloq) raído, hecho pedazos (fam)
B (bad-tempered) (BrE) malhumorado; **to get ~** ponerse* de mal humor; **you ~ old bag!** ¡vieja cascarrabias! (fam)
raucous /'rɔːkəs/ *adj* (loud) estentóreo, escandaloso; (hoarse) ronco; (shrill) estridente
raucously /'rɔːkəsli/ *adv* (loudly) a voz en cuello, escandalosamente; (hoarsely) con voz ronca; (shrilly) estridentemente
raucousness /'rɔːkəsnəs || 'rɔːkəsnɪs/ *n* [u] (of music) lo escandaloso; (hoarseness) aspereza *f*
raunchy /'rɔːntʃi/ *adj* **-chier, -chiest** (colloq) 1 (earthy) ‹*clothes*› atrevido, provocativo; ‹*humor*› picante; ‹*joke*› escabroso 2 (shabby) (AmE) raído; **a ~ hotel** un hotelucho de mala muerte (fam)
ravage /'rævɪdʒ/ *vt* (plunder) saquear; **the army ~d the town** el ejército saqueó la ciudad; **a country ~d by war** un país asolado *or* devastado por la guerra; **a forest ~d by fire** un bosque arrasado por el fuego; **a body ~d by disease** un cuerpo en que la enfermedad ha (*or* había *etc*) hecho estragos
ravages /'rævɪdʒəz || 'rævɪdʒɪz/ *pl n* estragos *mpl*; **the ~ of war/disease** los estragos de la guerra/enfermedad; **his face was marked by the ~ of time** el tiempo había hecho estragos en su rostro
rave¹ /reɪv/ *vi* 1 (talk deliriously) delirar 2 (talk, write enthusiastically) **to ~ ABOUT sth/sb**: **the critics ~d about the new play** los críticos pusieron a la nueva obra por las nubes; **everybody's raving about my new haircut** a todos les ha encantado mi nuevo corte de pelo 3 (talk angrily) despotricar*
rave² *n* (colloq)
A (praise) alabanza *f*, elogio *m* (*muy entusiasta*); (*before n*): **~ reviews** críticas *fpl* muy favorables
B (BrE) 1 (party) *fiesta con música acid* 2 ► **rave-up**
ravel /'rævəl/ *vt*, (BrE) **-ll-** enredar
raven /'reɪvən/ *n* cuervo *m*; (*before n*): **~ hair** (liter) cabello *m* negro como el azabache (liter)
raven-haired /'reɪvən,herd || 'reɪvən,heəd/ *adj* (liter) de cabellos negros como el azabache (liter)
ravening /'rævənɪŋ/ *adj* (liter) voraz
ravenous /'rævənəs/ *adj* ‹*person/animal*› hambriento; ‹*appetite*› voraz; **I'm (absolutely) ~!** (colloq) ¡tengo un hambre devoradora *or* un hambre canina! (fam)
ravenously /'rævənəsli/ *adv* ‹*eat*› vorazmente, desaforadamente; **I was ~ hungry** tenía un hambre devoradora *or* canina (fam), estaba muerta de hambre
raver /'reɪvər || 'reɪvə(r)/ *n* (BrE sl) 1 (swinger) juerguista *mf*; **I bet she's a right little ~ really** estoy seguro de que le gusta la farra (fam) *or* (Esp arg) que le va la marcha *or* (Méx fam) que le da rienda a la hilacha 2 (Mus) *aficionado a la música acid*
rave-up /'reɪvʌp/ *n* 1 (music) (AmE colloq) música *f* rave (fam) 2 (BrE sl) (party) fiesta *f* rave, fiestorro *m* (Esp fam), reventón *m* (Méx fam), fiestichola *f* (RPl fam), fiestoca *f* (Chi fam), bonche *m* (Ven fam)
ravine /rə'viːn/ *n* barranco *m*, quebrada *f*, cajón *m* (Chi)
raving¹ /'reɪvɪŋ/ *adj* (colloq) (*before n, as intensifier*): **he's a ~ lunatic** está loco de atar (fam), está como una cabra (fam); **you're a ~ idiot** eres un tonto perdido (fam); **a ~ beauty** una belleza despampanante; (*as adv*): **he's ~ mad** está como una cabra (fam)
raving² *n* [u c] (*often pl*) desvarío *m*, delirio *m*; **his delirious ~(s)** sus desvaríos delirantes
ravioli /,rævi'əʊli/ *n* [u] ravioles *mpl*
ravish /'rævɪʃ/ *vt* (liter) ‹*woman*› violar; **music to ~ the senses** música que cautiva *or* embelesa
ravishing /'rævɪʃɪŋ/ *adj* ‹*beauty*› deslumbrante; ‹*view*› magnífico; ‹*melody*› cautivador; **a ~ dress** un vestido divino
ravishingly /'rævɪʃɪŋli/ *adv*: **she was ~ beautiful** era de una belleza deslumbrante
raw¹ /rɔː/ *adj*
A 1 (uncooked) ‹*meat/vegetables*› crudo 2 (unprocessed) ‹*silk*› crudo, salvaje; ‹*leather*› sin curtir, crudo; ‹*sugar*› sin refinar; ‹*sewage*› sin tratar; ‹*translation/piece of work*› sin pulir; **~ spirits** alcohol *m* puro; **~ notes** borrador *m*; **the ~ data** los datos en bruto; **~ milk** (AmE) leche *f* sin pasteurizar 3 (frank, truthful) ‹*style of writing*› crudo
B 1 (of weather) ‹*day*› crudo; ‹*wind*› cortante 2 (unfair): **it's a ~ deal** es una injusticia, es muy injusto; **he's had a ~ deal in life** la vida lo ha tratado muy mal
C (sore): **my fingers were ~ by the time I'd finished** tenía los dedos en carne viva cuando terminé
D (inexperienced) verde (fam); ‹*recruit*› novato, primerizo; **they're still very ~** todavía tienen muy poca experiencia, todavía están muy verdes (fam)
raw² *n*: ***in the ~*** (naked) en cueros (fam); (as sth really is): **nature in the ~** la naturaleza virgen; **you've never had to deal with life in the ~** tú no sabes lo cruda que puede ser la vida; ***to touch*** *o* ***get sb on the ~*** herir* a algn en lo más vivo
rawboned /'rɔːbəʊnd/ *adj* huesudo
rawhide /'rɔːhaɪd/ *n* 1 [u] (raw leather) cuero *m* crudo *or* sin curtir 2 [c] (whip) (AmE) látigo *m* (*de cuero crudo*)
Rawlplug®, rawlplug /'rɔːlplʌg/ *n* (BrE) taco *m* de plástico, Rawlplug® *m*
raw material *n* 1 [u c] (unrefined substance) (*usu pl*) materia *f* prima 2 [u] (basis) materia *f* prima
rawness /'rɔːnəs || 'rɔːnɪs/ *n* [u] 1 (of life, style etc) crudeza *f* 2 (of weather) crudeza *f* 3 (of recruit) inexperiencia *f*, falta *f* de experiencia
ray /reɪ/ *n*
A 1 (beam) rayo *m*; **a ~ of hope** un rayo *or* un resquicio de esperanza; **he's a little ~ of sunshine** es un sol 2 (line) (Math) radio *m*
B (Zool) raya *f*
C (Mus) re *m*
rayon /'reɪɑːn || 'reɪɒn/ *n* [u] rayón *m*
raze /reɪz/ *vt*: **to ~ sth (to the ground)** arrasar algo
razor /'reɪzər || 'reɪzə(r)/ *n* (*cutthroat ~*) 1 navaja *f* (de afeitar *or* (esp Méx) de rasurar), barbera *f* (Col); ***to be on a ~('s) edge*** pender de un hilo; (*before n*): **~ cut** corte *m* (de pelo) a la navaja 2 (*safety ~*) cuchilla *f or* máquina *f or* (Esp tb) maquinilla *f* de afeitar, rastrillo *m* (Méx); (*before n*): **~ blade** cuchilla *f*, hoja *f* de afeitar, gillette® *f* 3 (electric) máquina *f or* (Esp) maquinilla *f* de afeitar, máquina *f* de rasurar (esp Méx), afeitadora *f or* (esp Méx) rasuradora *f* (eléctrica)
razorback /'reɪzərbæk || 'reɪzəbæk/ *n* rorcual *m* (blanco)
razor cut *n* corte *m* a navaja
razor-sharp /'reɪzər,ʃɑːrp || ,reɪzə'ʃɑːp/ *adj* 1 ‹*blade/teeth*› muy afilado 2 ‹*wit/intellect*› muy agudo, agudísimo; **she's ~ today** hoy está agudísima
razor-thin /'reɪzər,θɪn || ,reɪzə'θɪn/ *adj* ‹*slice/layer*› delgadísimo, muy fino; **a ~ margin** un escasísimo margen
razor wire *n* [u] alambre *m* de cuchillas
razz¹ /ræz/ *n* 1 (derision) (AmE colloq): **to give sb the ~** tomarle el pelo a algn (fam), burlarse *or* reírse* de algn, hacerle* burla a algn 2 (BrE) ► **razzle**
razz² *vt* (AmE colloq) tomarle el pelo a (fam), vacilar (Esp, Méx fam), burlarse *or* reírse* de
razzle /'ræzəl/ *n* (BrE colloq): **to go out on the ~** salir* de juerga *or* de parranda (fam)
razzle-dazzle /'ræzəl,dæzəl/ *n* [u] ► **razzmatazz**
razzmatazz /,ræzmə'tæz/ *n* (colloq) bulla *f*, alboroto *m*; (publicity) alarde *m* publicitario, bombo *m*
RC *adj* (BrE) = **Roman Catholic**
RCMP *n* (= **Royal Canadian Mounted Police**) policía *f* montada del Canadá
Rd = **Road**
RDA *n* = **recommended daily allowance**
RDBMS *n* = **relational database management system**
re¹ /reɪ/ *n* (Mus) re *m*
re² /riː/ *prep* en relación con, con relación a, con referencia a; **re: visit of P.R. Thomas** asunto: visita de P.R. Thomas
RE *n* (BrE) (= **religious education**) religión *f*
re- /riː/ *pref* re-
reabsorb /,riːəb'sɔːrb || ,riːəb'zɔːb/ *vt* reabsorber
reaccustom /,riːə'kʌstəm/ *vt* reacostumbrar
reach¹ /riːtʃ/ *n*
A 1 [c] (distance) alcance *m*; **to have a long ~** tener* buen alcance 2 (*in phrases*): **within reach** a mi (*or* tu *etc*) alcance; **within arm's ~** al alcance de la mano; **I like to have my books within easy ~** me gusta tener los libros muy a mano; **within sb's ~, within the ~ of sb** al alcance de algn; **within the ~ of the average family** al alcance de la familia media; **within ~ of sth** cerca de algo; **the house is within**

r

easy ~ of the station la estación queda muy cerca de la casa, la casa está muy bien ubicada con respecto a la estación; **out of** *o* **beyond reach** fuera de su (*or* mi *etc*) alcance; **keep medicines out of the ~ of children** mantenga los medicamentos fuera del alcance de los niños; **put it out of** *o* **beyond her ~** ponlo fuera de su alcance *or* donde no pueda alcanzarlo; **beyond the ~ of the law** fuera del alcance de la ley; **we were living out of** *o* **beyond ~ of London** Londres quedaba muy lejos de donde vivíamos **3** (action) (*no pl*): **she made a ~ for the keys, but I got there first** trató de agarrar *or* (esp Esp) coger las llaves pero yo me le adelanté

B [c] (of river) tramo *m*; **the upper/lower ~es of the Clyde** la cuenca alta/baja del Clyde

reach² *vt*

A **1** (with hand) alcanzar*; **I stood on a box to ~ it** me subí a una caja para alcanzarlo; **can you ~ the top shelf?** ¿alcanzas al estante de arriba? **2** (extend to) llegar* a; **her feet didn't ~ the floor** los pies no le llegaban al suelo *or* hasta el suelo; **my daughter ~es my shoulder** mi hija me llega al hombro *or* por el hombro, mi hija me da por el hombro (Col)

B **1** (arrive at, come to) ‹*destination/recipient/limit*› llegar* a; ‹*stage/figure*› llegar* a, alcanzar*; **we'll ~ France by dawn** llegaremos a Francia antes de que amanezca; **the news ~ed his ears** la noticia llegó a sus oídos; **the news ~ed her next day** la noticia le llegó al día siguiente; **applications must ~ us by ...** las solicitudes deben ser recibidas antes de ...; **she's ~ed 21** ha llegado a *or* ha cumplido los 21; **I've ~ed the point where I don't care any more** he llegado a un punto en que ya me da igual; **inflation ~ed 30%** la inflación alcanzó el 30% *or* llegó al 30% **2** (achieve) ‹*agreement/compromise*› llegar* a, alcanzar*; **I've ~ed the conclusion that ...** he llegado a la conclusión de que ...

C **1** (contact) contactar *or* ponerse* en contacto con; **you can ~ me at my hotel** puede contactar conmigo *or* ponerse en contacto conmigo llamando a mi hotel; **where can I ~ you?** ¿dónde te puedo localizar *or* encontrar?, ¿cómo puedo ponerme en contacto contigo? **2** (gain access to) ‹*public/audience*› llegar* a; **his works ~ a very limited readership** sus obras llegan a un número muy limitado de lectores; **the party is trying to ~ the ethnic minorities** el partido está tratando de ganarse a las minorías étnicas **3** (bribe) sobornar, comprar

D (pass): **to ~ sb sth** alcanzarle* algo a algn; **could you ~ me down that book?** ¿me puedes alcanzar *or* bajar ese libro?

■ **reach** *vi* **1** (extend hand, arm): **she ~ed into her pocket and took out a coin** metió la mano en el bolsillo y sacó una moneda; **she ~ed across the table to shake hands** me (*or* le *etc*) tendió la mano desde el otro lado de la mesa; **to ~ FOR sth**: **I ~ed for the phone** traté de agarrar *or* (esp Esp) coger el teléfono; **he ~ed for another chocolate** alargó la mano para agarrar *or* (esp Esp) coger otro bombón; **~ for the sky!** (AmE) ¡manos arriba! **2** (stretch far enough) alcanzar*; **I can't ~!** ¡no alcanzo!, ¡no llego!; **to ~ TO sth** alcanzar* A *or* HASTA algo; **she can only ~ to the second shelf** sólo alcanza al *or* hasta el segundo estante **3** (extend) extenderse*; **the lake ~es as far as the border** el lago llega *or* se extiende hasta la frontera; **his influence ~es down through the centuries** su influencia se extiende a lo largo de los siglos; **the water ~ed (up) to our knees** el agua nos llegaba hasta las rodillas; **her dress ~ed (down) to her ankles** el vestido le llegaba a los tobillos

Phrasal verb

• **reach out**

A [v + adv] **1** (with hand) alargar* *or* extender* la mano; **to ~ out FOR sth**: **he ~ed out for the knife** alargó *or* extendió la mano para agarrar *or* (esp Esp) coger el cuchillo **2** (with thoughts, emotions) **to ~ out FOR sth/TO sb**: **they were ~ing out for friendship** estaban tendiendo la mano en busca de amistad; **to ~ out to the poor and oppressed** tenderles* la mano *or* tratar de llegar a los pobres y oprimidos

B [v + o + adv, v + adv + o] ‹*hand*› alargar*, extender*

reachable /ˈriːtʃəbəl/ *adj* **1** (able to be reached) accesible **2** (contactable) contactable

reach-me-down /ˈriːtʃmidaʊn/ *n* (BrE colloq) prenda *f* heredada; (*before n*) ‹*coat/jumper*› heredado

react /riˈækt/ *vi* reaccionar; **to ~ AGAINST sth** reaccionar CONTRA algo; **to ~ ON sth** afectar algo; **it ~s on the quality of work** afecta la calidad del trabajo; **to ~ TO sth**: **how did he ~ to the news?** ¿cómo reaccionó al oír la noticia?, ¿cómo reaccionó frente a *or* ante la noticia?; **he ~ed to the news with a shrug** al oír la noticia se encogió de hombros; **to ~ to light** reaccionar a la luz; **she ~ed badly to the drug** su organismo reaccionó mal al medicamento

reactance /riˈæktəns/ *n* reactancia *f*

reaction /riˈækʃən/ *n*

A [c u] **1** (response) reacción *f*; **~ TO sth**: **the rash must be a ~ to the drugs** el sarpullido debe de ser una reacción a los fármacos; **what was her ~ to the news?** ¿cómo reaccionó *or* cuál fue su reacción frente a *or* ante la noticia?; **her gut ~ was to pull out** su reacción instintiva fue echarse atrás; **after yesterday's rise in interest rates, there was a sharp ~ on Wall Street** la subida de los tipos de interés de ayer provocó una fuerte sacudida en Wall Street; (*before n*): **~ time** tiempo *m* de reacción **2** (Chem) reacción *f*; **chemical/nuclear ~** reacción química/nuclear

B [u] (Pol) (pej) reacción *f* (pey); **the forces of ~** las fuerzas reaccionarias *or* de la reacción (pey)

reactionary¹ /riˈækʃəneri ‖ riˈækʃənri/ *adj* (pej) reaccionario (pey)

reactionary² *n* (*pl* **-ries**) (pej) reaccionario, -ria *m,f* (pey)

reactivate /riːˈæktəveɪt ‖ riːˈæktɪveɪt/ *vt* reactivar

reactive /riˈæktɪv/ *adj* reactivo

reactor /riˈæktər ‖ riˈæktə(r)/ *n* (*nuclear ~*) **1** reactor *m* (nuclear) **2** (vessel) (Chem) reactor *m*

read¹ /riːd/ (*past & past p* **read** /red/) *vt*

A ‹*book/words/poem/lesson*› leer*; ‹*proofs*› corregir*; ‹*map/music/program*› leer*; **to ~ sb's lips** leerle* los labios a algn; **I can't ~ your writing** no te entiendo la letra; **I can ~ French, but not speak it** puedo leer en francés, pero no lo hablo; **for '800', ~ '80'** donde dice 800 léase 80; **to ~ sth TO sb, to ~ sb sth** leerle* algo A algn; **I ~ myself to sleep** leo hasta que me quedo dormido; ***to ~ sb's mind*** *o* ***thoughts*** adivinarle *or* leerle* el pensamiento a algn; ***to take sth as read*** /red/ (assume) dar* algo por sentado *or* por hecho; (lit) ‹*minutes*› dar* algo por leído

B **1** (interpret) ‹*sign/signal/mood/situation*› interpretar; **to ~ sth right** *o* **correctly** interpretar algo bien; **I ~ his attitude as one of deep hostility** su actitud me parece sumamente hostil; **to ~ sth INTO sth**: **he read deep significance into her every remark** a todo lo que decía le buscaba un significado profundo; **I think you're ~ing too much into it** creo que le estás dando demasiada importancia **2** (hear, receive) (Telec) (colloq): **do you ~ me, alpha?** ¿alfa, me recibe?; **I'm ~ing you loud and clear** te oigo perfectamente bien

C **1** ‹‹*sign/notice*›› decir*; **the sign ~ /red/ 'closed for repairs'** el letrero decía *or* ponía 'cerrado por reformas' **2** (indicate) ‹‹*thermometer/gauge*›› marcar* **3** (note indication) ‹*meter/thermometer/gauge*› leer*

D (Comput) leer*

E (BrE) (Educ) ‹*geography/classics*› estudiar (*en la universidad*)

■ **read** *vi*

A ‹‹*person*›› leer*; **can't you ~?** ¿no sabes leer?; **to ~ TO sb** leerle* A algn; **to ~ ABOUT sth/sb**: **I read /red/ about it in the paper** lo leí en el diario; **I like ~ing about film stars** me gusta leer (cosas) sobre la vida de las estrellas de cine; **you should ~ about the period first** primero deberías leer un poco acerca del período histórico; **to ~ THROUGH sth** leer* algo

B **1** (come across): **your article ~s well** tu artículo está bien escrito; **this sentence ~s rather awkwardly** esta oración no suena muy bien; **it ~s like a Victorian novel** tiene el estilo de una novela victoriana **2** (have as text) decir*; **his letter ~s as follows: ...** su carta dice lo siguiente *or* (frml) reza así: ...; **how does the last verse ~?** ¿qué dice *or* cómo es el último verso?

Phrasal verbs

• **read back** [v + o + adv, v + adv + o] volver* a leer; **~ it back to me, please** vuélvemelo a leer, por favor; **I read /red/ my notes back to myself** volví a leer *or* releí mis apuntes

• **read off** [v + o + adv, v + adv + o] ‹*numbers/names*› leer* (*uno por uno*)

• **read out**

A [v + o + adv, v + adv + o] (read aloud) leer* (*en voz alta*); **I read /red/ it out to them** se lo leí

B [v + o + adv] (expel) (AmE) echar; **he was read /red/ out of the club/party** lo echaron del club/de la fiesta

• **read over, read through** [v + o + adv] leer* (*por entero*)

• **read up**

A [v + adv] **to ~ up (ON sth)** estudiar (algo), investigar* (algo)

B [v + o + adv, v + adv + o] (BrE) ‹*subject*› estudiar; ‹*notes*› repasar

read² /riːd/ *n* (*no pl*): **it's a good ~** es ameno, es de lectura amena; **I settled down for a nice, long ~** me dispuse a pasar un rato agradable leyendo; **there was only time to give it a quick ~** apenas si hubo tiempo de hojearlo *or* de leerlo por encima

read³ /red/ *adj*: **to be widely** *o* **well ~** ser* muy leído, ser* de gran *or* amplia cultura; **you're better ~ in this subject than I am** tú sabes más que yo de este tema, tú estás más informado que yo sobre este tema

readability /ˌriːdəˈbɪləti/ *n* [u] (of handwriting) legibilidad *f*; (of style) amenidad *f*

readable /ˈriːdəbəl/ *adj* ‹*book/style*› ameno; ‹*writing*› legible

re-address /ˌriːəˈdres/ *vt* ‹*letter/parcel*› cambiar la dirección de

reader /ˈriːdər ‖ ˈriːdə(r)/ *n*

A **1** (person) lector, -tora *m,f*; **she's a fast ~** lee muy rápido; **he's a great ~** lee mucho, le encanta leer **2** (in library) lector, -tora *m,f*, usuario, -ria *m,f*

B (Educ, Publ) (schoolbook) libro *m* de lectura; (anthology) selección *f* de textos

C **1** (Publ) lector, -tora *m,f* (*en una editorial*) **2** (Educ) profesor adjunto, profesora adjunta *m,f*

D (device) lector *m*; **optical character ~** lector óptico

reader-friendly /ˌriːdərˈfrendli ‖ ˌriːdəˈfrendli/ *adj* fácil de leer

readership /ˈriːdərʃɪp ‖ ˈriːdəʃɪp/ *n*

A (readers) lectores *mpl*; **the magazine has a large** *o* **wide ~** la revista tiene muchos lectores; **a predominantly female ~** un público lector predominantemente femenino

B (Educ) cargo *m* de profesor adjunto

read head /riːd/ *n* cabezal *m* lector

readily /ˈredli ‖ ˈredɪli/ *adv* **1** (willingly, gladly): **he ~ helps all who are in need** siempre está dispuesto a ayudar a los necesitados; **she ~ agreed** accedió de buena gana; **I ~ admit that ...** no tengo inconveniente *or* reparos en admitir que ...; **I can ~ appreciate that ...** entiendo perfectamente que ... **2** (easily, quickly) ‹*understand*› fácilmente, inmediatamente; **they are ~ available** se pueden conseguir fácilmente *or* sin problemas; **~ to hand** bien a mano; **nothing springs very ~ to mind** de inmediato no se me ocurre nada

readiness /ˈredinəs ‖ ˈredinɪs/ *n* [u]

A (preparedness): **it is vital to maintain our ~ for war** es esencial que sigamos preparados para la guerra; **she cleaned the house in ~ for their arrival** limpió y dispuso *or* preparó la casa para su llegada; **the troops held themselves in ~ for further orders** las tropas se mantuvieron listas a la espera de nuevas órdenes

r

B (willingness, eagerness): **I admire his ~ to admit his mistakes** admiro su buena disposición para admitir sus errores; **she shows great ~ to learn** muestra una gran disposición para aprender
C (quickness): **~ of wit** viveza *f* de ingenio, agilidad *f* mental, agudeza *f*

reading /ˈriːdɪŋ/ *n*
A [u] **1** (material): **I like light ~** me gusta leer cosas fáciles y amenas; **this book makes good/interesting ~** este libro es muy ameno/ interesante; **it's easy ~** es fácil de leer **2** (study) lectura *f*; **a person of wide ~** una persona de amplia cultura *or* muy leída; **from my ~, I developed an interest in India** a través de mis lecturas empecé a interesarme por la India
B **1** [u] (activity, skill) lectura *f*; **Johnny's ~ is coming along nicely** Johnny lee cada vez mejor; **they gathered for the ~ of the will** se reunieron para dar lectura al testamento; (*before n*) ‹*glasses*› para leer, de lectura; **she has a ~ age of 10** lee al nivel de un niño de 10 años; **~ group** grupo *m* de lectura; **~ lamp** lámpara *f* portátil; **~ light** luz *f* de lectura; **~ list** lista *f* de lecturas recomendadas; **~ material** material *m* de lectura; **the ~ public** el público lector, los lectores; **~ room** sala *f* de lectura **2** [c] (event): **poetry ~** recital *m* de poesía **3** [c] (passage) lectura *f*
C [c] (on dial, gauge) lectura *f*; **the other thermometer gave a higher ~** el otro termómetro marcaba una temperatura *or* daba una lectura más alta; **to take a ~ of sth** leer* algo, ver* cuánto marca algo
D [c] (Govt) presentación *f*; **the bill has its second ~ tomorrow** mañana se debatirá por segunda vez el proyecto de ley
E [c] (interpretation) lectura *f*, interpretación *f*; **what's your ~ of the situation?** ¿cómo interpreta *or* cómo ve usted la situación?

readjust /ˌriːəˈdʒʌst/ *vt* ‹*thermostat/TV*› reajustar; ‹*price/tariff*› reajustar; ‹*views/attitude*› modificar*
■ **readjust** *vi* «*person*»: **to ~ (TO sth)** readaptarse *or* volver* a adaptarse (A algo)

readjustment /ˌriːəˈdʒʌstmənt/ *n* [c u] (of salaries) reajuste *m*; (of TV) reajuste *m*; (to circumstances) readaptación *f*

readmission /ˌriːədˈmɪʃən/ *n* [u c] readmisión *f*

readmit /ˌriːədˈmɪt/ *vt* **-tt-** readmitir

read-only memory /ˈriːdˌəʊnli/ *n* [u] memoria *f* ROM *or* de acceso aleatorio

readout /ˈriːdaʊt/ *n* lectura *f*

readvertise /riːˈædvərtaɪz || riːˈædvətaɪz/ *vt* volver* a anunciar

readvertisement /riːˈædvɜːrˌtaɪzmənt || ˌriːədˈvɜːtɪzmənt/ *n* repetición *f* de anuncio

read-write /ˈriːdˈraɪt/ *adj* (Comput) de lectura-escritura

ready[1] /ˈredi/ *adj* **-dier, -diest**
A **1** (having completed preparations) (*pred*): **to be ~** estar* listo, estar* pronto (Ur); **I'll be ~ in a minute** enseguida estoy (lista); **~ when you are!** ¡cuando quieras!; **we're ~ and waiting** estamos listos para lo que sea; **your documents are ~ and waiting** sus documentos están listos y a su disposición; **the doctor is ~ for you now** ya puede pasar a ver al doctor; **~ for press** listo para la imprenta; **to be ~ to + INF** estar* listo PARA + INF; **are they ~ to start?** ¿están listos para empezar?; **to get ~** prepararse, aprontarse (CS); (get dressed, made up etc) arreglarse, prepararse, aprontarse (CS); **(get) ~, (get) steady** *o* **set, go** preparados *or* en sus marcas *or* (Ur tb) prontos, listos ¡ya!; **to get sth/sb/oneself ~: I'm getting the meal ~** estoy preparando la comida; **it takes her ages to get herself/the children ~** tarda siglos en arreglarse/arreglar a los niños; **to make ~** prepararse; **to make sth ~** poner* algo a punto **2** (mentally prepared) (*pred*) **to be ~ FOR sth: I don't feel ~ for marriage** no me siento preparado para el matrimonio; **after the journey, I was ~ for bed** después del viaje lo que quería era irme a la cama; **I feel great, ~ for anything** me siento fenomenal, dispuesto a todo; **get ~ for a big surprise!** ¡prepárate, que te vas a llevar una gran sorpresa!; **let him pick a quarrel if he wants: I'm ~ for him** que busque pelea si quiere, aquí lo espero; **to be ~ to + INF: I'm not ~ to face him yet** todavía no estoy preparado para enfrentarme con él **3** (on point of) (colloq) **~ to + INF** a punto DE + INF; **the wall's ~ to collapse** la pared está a punto de venirse abajo; **she looks ~ to drop** tiene cara de estar agotada *or* de estar a punto de caerse muerta
B (willing) dispuesto; **~ and willing** dispuesto a todo; **to be ~ to + INF** estar* dispuesto A + INF; **they are ~ to die for their country** están dispuestos a morir por la patria; **she's too ~ to find fault** es muy dada a criticar; **they found a ~ market for their product** encontraron un mercado muy receptivo para su producto
C (easy, available): **he's a ~ source of useful tips** siempre tiene un consejo útil; **there is no ~ solution to this problem** el problema no tiene fácil solución; **do you have any ~ money** *o* **cash?** ¿tienes dinero (en efectivo)?; **~ to hand** a mano
D (quick) ‹*wit/intellect*› vivo, agudo

ready[2] *n* (*pl* **-dies**)
A **at the ~** listo; **with rifles at the ~** con los fusiles listos; **the reporters waited, pens at the ~** los periodistas esperaban, bolígrafo en ristre *or* en mano
B (cash) (BrE sl) (*often pl*): **readies** *o* **the ~** guita *f* (arg), lana *f* (AmL fam), plata *f* (AmS fam), pasta *f* (Esp fam), mosca *f* (Col fam)

ready[3] *vt* **-dies, -dying, -died** preparar

-ready /redi/ *suff*: **oven~/freezer~** listo para el horno/congelador

ready-cooked /ˌrediˈkʊkt/ *adj* precocinado

ready-made /ˌrediˈmeɪd/ *adj* ‹*suit*› de confección; ‹*soup/sauce*› preparado, precocinado; **you can buy ~ curtains** puedes comprar cortinas ya hechas *or* confeccionadas; **he acquired a ~ family** se hizo de una familia ya formada; **there are no ~ solutions** no hay soluciones fáciles; **there you have a ~ excuse** ahí tienes la excusa, no te la tienes que inventar

ready-mix /ˈredimɪks/, **ready-mixed** /-t/ *adj* ‹*cake/pudding*› de sobre, de paquete; ‹*concrete*› ya mezclado

ready reckoner /ˈrekənər || ˈrekənə(r)/ *n* baremo *m*, tabla *f*

ready-to-wear /ˌreditəˈwer || ˌreditəˈweə(r)/ *n* [u] ropa *f* de confección, prêt-à-porter *m*; (*before n*) ‹*clothes*› de confección

reaffirm /ˌriːəˈfɜːrm || ˌriːəˈfɜːm/ *vt* **1** (restate) reiterar, reafirmar; **he ~ed that no-one would be fired** reiteró que no habría despidos **2** (strengthen) (frml) consolidar, afianzar*

reaffirmation /ˌriːæfərˈmeɪʃən || ˌriːæfəˈmeɪʃən/ *n* [u c] reafirmación *f*

reafforest /ˌriːəˈfɔːrəst || ˌriːəˈfɒrɪst/ *vt* (BrE) reforestar

reafforestation /ˌriːəˌfɔːrəˈsteɪʃən || ˌriːəˌfɒrɪˈsteɪʃən/ *n* (BrE) reforestación *f*, repoblación *f* forestal

reagent /riˈeɪdʒənt/ *n* [c u] reactivo *m*

real[1] /riːl, rɪl || riːl, rɪəl/ *adj*
A **1** (actual, not imaginary) real, verdadero; **in ~ life** en la vida real; **the characters don't behave like ~ people** los personajes no se comportan como gente de verdad; **in the ~ world** en la realidad; **in the ~ sense of the word** en el verdadero sentido de la palabra; **the party that offers a ~ alternative** el partido que ofrece una verdadera *or* auténtica alternativa; **a job with ~ responsibility** un trabajo de mucha responsabilidad; **her first ~ success** su primer éxito de importancia; **for ~** (colloq) de verdad; **they were fighting for ~** estaban peleando de verdad; **this time it's for ~** esta vez va en serio; **is he for ~?** (AmE) ¿es posible que sea tan tonto (*or* ingenuo *etc*)?; **are you for ~?** (AmE) ¿me estás tomando el pelo? (fam) **2** (actual, not apparent) (*before n*) ‹*culprit/reason/name*› verdadero; **I never met my ~ mother** nunca conocí a mi verdadera madre; **she's the ~ boss around here** aquí la que manda de verdad es ella **3** (genuine, not fake) ‹*fur/leather*› auténtico, genuino; ‹*gold*› de ley; **is it ~ coffee or instant?** ¿es café café o café instantáneo?; **now, that's what I call ~ music!** ¡eso sí que es música!; **I met a ~(, live) princess** conocí a una princesa auténtica *or* de verdad; **a ~ man would have stood up to him** un hombre como Dios manda *or* de verdad se le hubiera enfrentado **4** (*as intensifier*) auténtico, verdadero; **it was a ~ nightmare** fue una auténtica *or* verdadera pesadilla
B **1** (Econ) ‹*income/cost/increase*› real; **in ~ terms, this means a 3% fall in output** en términos reales, esto representa una caída del 3% en la producción **2** (Math, Opt) real

real[2] *adv* (AmE colloq) (*as intensifier*) muy; **I'm ~ tired** estoy muy cansada, estoy cansadísima *or* (fam) super cansada; **I'm a ~ happy man** soy feliz de verdad, soy verdaderamente feliz; **be ~ careful, now** ojo, ten mucho cuidado; ***to get ~*** ser* realista **come on, get ~!** ¡vamos, sé realista!

real ale *n* [u] (BrE) cerveza *f* de elaboración tradicional (*que se extrae del tonel con bomba manual*)

real estate *n* [u] (esp AmE) bienes *mpl* raíces *or* inmuebles, propiedad *f* inmobiliaria; (*before n*): **~ ~ agent** agente *mf* inmobiliario *or* de la propiedad inmobiliaria, corredor, -dora *m,f* de fincas (Esp), corredor, -dora *m,f* de propiedades (Chi)

Real Estate Investment Trust *n* (Fin) fondo *m* de inversión inmobiliaria

realign /ˌriːəˈlaɪn/ *vt* ‹*currencies/positions*› realinear; ‹*salaries*› reajustar; ‹*team*› reestructurar; **you need to ~ the paper** hay que volver a centrar el papel
■ **realign** *vi* (Pol) **to ~ WITH sth** formar una alianza CON algo

realignment /ˌriːəˈlaɪnmənt/ *n* [u c] (of currencies) realineamiento *m*; (of salaries) reajuste *m*; (of political positions) realineamiento *m*; (of team) reestructuración *f*

realism /ˈriːəlɪzəm/ *n* [u] realismo *m*

realist /ˈriːələst || ˈriːəlɪst/ *n* realista *mf*

realistic /ˌriːəˈlɪstɪk/ *adj* **1** (sensible) ‹*person/target*› realista; ‹*price*› razonable; **be ~!** ¡sé realista!; **there's no ~ chance of ...** siendo realistas, no hay posibilidades de que ... **2** (Art, Lit) ‹*writer/portrayal*› realista

realistically /ˌriːəˈlɪstɪkli/ *adv* **1** (sensibly): **we must plan ~** tenemos que ser realistas a la hora de hacer planes; **looking at it ~ ...** siendo realistas ...; **~, it couldn't be finished before Friday** (*indep*) siendo realistas, es imposible acabar antes del viernes **2** (in lifelike manner) ‹*describe/represent*› de manera realista

reality /riˈæləti/ *n* (*pl* **-ties**)
A **1** [u] (real existence) realidad *f* **2** [c u] (actual circumstances) realidad *f*; **the realities of life** la realidad de la vida; **to become (a) ~** hacerse* realidad; **in ~** en realidad
B [u] (realism) realismo *m*

reality check *n* (colloq) chequeo *m* de la realidad, revisión *f* de la realidad

reality show *n* reality show *m*

reality TV *n* [u] televisión *f* basada en reality shows

realizable /ˈriːəlaɪzəbəl/ *adj* **1** (Fin) ‹*assets/property*› realizable **2** (achievable) ‹*dream/ambition*› alcanzable

realization /ˌriːələˈzeɪʃən || ˌrɪəlaɪˈzeɪʃən/ *n*
A [u c] (understanding) comprensión *f*; **suddenly, ~ dawned** de pronto me di cuenta *or* lo entendí todo; **make sure he has a full ~ of the dangers** asegúrate de que sea plenamente consciente del peligro; **I woke up to the terrible ~ that ...** al despertar comprendí horrorizado que ...
B [u] (of plan) realización *f*; **she died before the ~ of her dreams** murió antes de que sus sueños se hicieran realidad
C [u] (Fin) realización *f*, venta *f*

realize /ˈriːəlaɪz/ *vt*
A **1** (become aware of) darse* cuenta de, comprender, caer* en la cuenta de; **she ~d (that) ...** se dio cuenta de que ..., comprendió que ...; **I ~d who he was/what he wanted** me di cuenta de *or* comprendí quién era/qué quería **2** (know, be

r

aware of) saber*, darse* cuenta de; **I didn't ~ he was her brother** no me había dado cuenta de *or* no sabía que era su hermano; **do you ~ what time it is?** ¿tú te das cuenta de *or* tú sabes la hora que es?; **I ~ it's expensive, but it's worth it** reconozco que es caro, pero vale la pena
B (achieve) ‹*ambition*› hacer* realidad; ‹*potential*› desarrollar; ‹*plan*› llevar a cabo
C **1** (achieve) ‹*profit*› producir* **2** (turn into cash) ‹*assets*› realizar*
■ **realize** *vi* darse* cuenta; **didn't you ~?** ¿no te habías dado cuenta?

real-life /ˈriːlˈlaɪf, ˈrɪl- || ˌriːlˈlaɪf, ˌrɪəl-/ *adj* ‹*adventure/romance*› de la vida real; **a ~ spy** un espía auténtico; **her ~ husband** su marido en la vida real; **in a ~ situation** en la realidad, en una situación real

reallocate /riːˈæləkeɪt/ *vt* reasignar

really /ˈriːəli || ˈrɪəli/ *adv* **1** (in fact): **I ~ did see him!** ¡de verdad que lo vi!; **I ~ don't care** la verdad es que no me importa; **the tomato is ~ a fruit** el tomate en realidad *or* hablando con propiedad es una fruta; **it's sad ~** la verdad es que es una lástima; **do you like it? — not ~** ¿te gusta? — no mucho **2** (*as intensifier*): **it's ~ good/cheap/old** es buenísimo/baratísimo/viejísimo, es muy *or* (fam) super bueno/barato/viejo; **it was ~ hot** hacía mucho calor; **she's ~ excited about her new job** está entusiasmadísima con su nuevo trabajo; **you ~ should visit your mother** la verdad es que deberías ir a ver a tu madre; **~ and truly** de verdad; **now it's ~ and truly broken** ahora sí que está roto (de verdad) **3** (*as interj*): **she won a prize — (oh,) ~?** (expressing interest) ganó un premio — ¿ah sí?; **she's nearly 40 — really?** (expressing surprise) ronda los 40 — ¿de verdad? *or* ¡no me digas!; **you'll just have to wait — (well,) ~!** (expressing indignation) tendrá que esperar — ¡pero bueno!; **I mean, ~: he's got a nerve** es que, francamente ¡qué tipo tan descarado!; **no, ~, I do want to come** no, en serio, claro que quiero ir

realm /relm/ *n* **1** (kingdom) (frml) reino *m* **2** (sphere) (*often pl*): **that's outside** *o* **beyond the ~s of possibility** es totalmente imposible; **it belongs to the ~ of metaphysics** pertenece al campo *or* terreno de la metafísica

real property *n* ▸ **real estate**

real tennis *n* [u] (BrE) ▸ **court tennis**

real time *n* [u] (Comput) tiempo *m* real

realtor /ˈriːəltər || ˈrɪəltə(r)/ ➡ *n* (AmE) agente *mf* inmobiliario *or* de la propiedad inmobiliaria, corredor, -dora *m,f* de fincas (Esp), corredor, -dora *m,f* de propiedades (Chi)

realty /ˈriːəlti || ˈrɪəlti/ *n* [u] bienes *mpl* raíces *or* inmuebles, propiedad *f* inmobiliaria

ream¹ /riːm/ *n* **1** (measure) (Print) resma *f* **2** **reams** *pl* (great amount): **to write ~s** escribir* páginas y páginas

ream² *vt*
A ‹*hole*› escariar
B (AmE) (cheat) engañar; (swindle) estafar

reamer /ˈriːmər || ˈriːmə(r)/ *n* (AmE) exprimelimones *m*, exprimidor *m*

reap /riːp/ *vt* **1** (Agr) cosechar, recoger* **2** (gain, receive): **to ~ the benefits of sth** cosechar los beneficios de algo; **she is ~ing the rewards of her labors** está cosechando los frutos de su esfuerzo
■ **reap** *vi* cosechar; ***as ye sow, so shall ye ~*** se cosecha lo que se siembra, quien siembra vientos recoge tempestades

reaper /ˈriːpər || ˈriːpə(r)/ *n* **1** (person) cosechador, -dora *m,f*; **the (grim) ~** (liter) la Parca, la muerte **2** (machine) cosechadora *f*

reappear /ˌriəˈpɪr || ˌriəˈpɪə(r)/ *vi* volver* a aparecer, reaparecer*

reappearance /ˌriːəˈpɪrəns || ˌriəˈpɪərəns/ *n* [u c] reaparición *f*

reapply /ˌriːəˈplaɪ/ *vi* **-plies, -plying, -plied** volver* a presentarse *or* (Andes tb) aplicar
■ **reapply** *vt*
A (apply differently) ‹*rule/principle*› aplicar* en forma diferente
B (apply again) ‹*paint/sunscreen*› aplicar* de nuevo

reappoint /ˌriːəˈpɔɪnt/ *vt* volver* a nombrar, redesignar

reappraisal /ˌriːəˈpreɪzəl/ *n* [u c] revaluación *f*

reappraise /ˌriːəˈpreɪz/ *vt* revaluar*, volver* a evaluar

rear¹ /rɪr || rɪə(r)/ *n* **1** [u] (back part) parte *f* trasera *or* posterior *or* de atrás; **a room at** *o* (AmE also) **in the ~ of the building** una habitación en la parte trasera *or* en la parte de atrás del edificio; **the courtyard at** *o* (AmE also) **in the ~ of the building** el patio de detrás del edificio; **the ~ of the train** los últimos vagones del tren; **she sat in the ~** (Auto) iba sentada atrás *or* en el asiento trasero; **the people at** *o* (AmE also) **in the ~ couldn't hear** la gente que estaba al fondo no oía **2** [u] (of column, procession): **the ~** la retaguardia; **to bring up the ~** cerrar* la marcha **3** [c] (buttocks) (colloq) trasero *m* (fam)

rear² *adj* ‹*window/wheel*› de atrás, trasero; **the ~ entrance** la puerta de atrás; **~ lamp** *o* **light** (BrE) (Auto) luz *f* trasera *or* de atrás; **the ~ windows overlook a garden** las ventanas de atrás *or* del fondo dan a un jardín

rear³ *vt*
A (raise) ‹*child/cattle/horses*› criar*
B (lift) ‹*head*› levantar; ▸ **head¹ A**
■ **rear** *vi* ~ **(up) 1** «*horse*» empinarse, pararse en dos patas (AmL); (with anger, fear) encabritarse **2** (tower) erguirse*, alzarse*; **the mountains ~ed (up) before us** las montañas se erguían *or* se alzaban ante nosotros

rear admiral *n* contraalmirante *m*

rear end *n* (colloq) trasero *m* (fam)

rear-engined /ˌrɪrˈendʒənd || ˌrɪərˈendʒɪnd/ *adj* ‹*car*› con motor trasero

rearguard /ˈrɪrgɑːrd || ˈrɪəgɑːd/ *n* retaguardia *f*; (*before n*): **to fight a ~ action** (Mil) cubrir* la retirada; (make a final attempt) hacer* una última tentativa

rearm /riːˈɑːrm || riːˈɑːm/ *vt* rearmar
■ **rearm** *vi* rearmarse

rearmament /riːˈɑːrməmənt || riːˈɑːməmənt/ *n* [u] rearme *m*

rearmost /ˈrɪrməust || ˈrɪəməust/ *adj* ‹*marcher/rider*› último; **the ~ part of the train** la cola del tren

rearrange /ˌriːəˈreɪndʒ/ *vt* **1** (change position of): **she had ~d the furniture** había cambiado los muebles de lugar; **~ these letters to form the name of a city** ordena estas letras de manera que formen el nombre de una ciudad **2** (change time of) ‹*appointment*› cambiar la fecha de; **we ~d the meeting for a later date** pospusimos *or* (esp AmL) postergamos la fecha de la reunión

rearrangement /ˌriːəˈreɪndʒmənt/ *n* [u c] **1** (of system, plan) reorganización *f*; (of furniture) cambio *m* de lugar **2** (change in time) cambio *m* (*de fecha u hora*)

rear-view mirror /ˈrɪrvjuː || ˈrɪəvjuː/ *n* (espejo *m*) retrovisor *m*

rearward¹ /ˈrɪrwərd || ˈrɪəwəd/, (BrE also) **rearwards** /-z/ *adv* ‹*move/go*› hacia atrás

rearward² *adj* ‹*glance/movement*› hacia atrás; ‹*part/section*› posterior, de atrás

rear-wheel drive /ˈrɪrˈhwiːl || ˈrɪəˌwiːl/ *n* [u] tracción *f* trasera

reason¹ /ˈriːzn/ *n*
A [u c] (cause) razón *f*, motivo *m*; **the ~ that I'm telling you is ...** la razón por la que te lo digo es ..., el motivo por el que te lo digo es ...; **that was the main ~ I accepted** esa fue la razón principal por la que acepté; **there's no ~ why we should fail** no tenemos por qué fracasar; **I'd like to know the ~ why** quisiera saber por qué *or* el porqué; **I'll want to know the ~ why!** ¡me vas (*or* van *etc*) a tener que dar explicaciones!; **all the more ~ he should go** razón de más para que vaya; **I left it there for a ~** por algo lo dejé ahí; **for health ~s** por razones *or* motivos de salud; **with (good) ~** con razón; **for ~s best known to herself** por razones *or* motivos que sólo ella conoce, vete a saber por qué (fam); **she has good ~ to be upset** tiene razones *or* motivos para estar disgustada; **~ FOR sth** razón *or* motivo DE algo; **the ~ for the delay** la razón *or* el motivo del retraso; **what ~ did he give for leaving?** ¿qué razón *or* motivo dio para irse?; **~ to + INF: I have ~ to believe that ...** tengo razones *or* motivos para pensar que ...; **there's no ~ to worry** no hay por qué preocuparse; **should you have any ~ to complain** si usted tuviera algún motivo de queja; **you've no ~ to complain** no tienes motivos para quejarte
B [u] (faculty) razón *f*; **to reach the age of ~** alcanzar* la madurez; **the Age of R~** la Edad de la Razón, el Siglo de las Luces; **to lose one's ~** perder* la razón
C [u] (good sense): **there's some ~ in what she says** hay cierta lógica en lo que dice; **where's the ~ in starting over again?** ¿qué sentido tiene volver a empezar?; **to listen to ~** atender* a razones; **to make sb see ~** hacer* entrar en razón a algn; **he couldn't make her see ~** no pudo hacerla entrar en razón; **I'm prepared to do anything, within ~, to ...** estoy dispuesto a hacer cualquier cosa, dentro de lo razonable, para ...; ***it stands to ~*** es lógico

reason² *vt* pensar*
■ **reason** *vi* razonar, discurrir

Phrasal verbs

• **reason out** [v + o + adv, v + adv + o] entender* (*razonando*); **she just couldn't ~ it out** por más que pensaba *or* discurría, no lo podía entender
• **reason with** [v + prep + o] razonar* con

reasonable /ˈriːznəbəl/ *adj* **1** ‹*offer/request/person*› razonable; **what was the food like? — reasonable** ¿cómo era la comida? — aceptable; **it must be proved beyond ~ doubt** tiene que ser demostrado sin que quede lugar a duda; **you stand a ~ chance of winning** tienes bastantes posibilidades de ganar; **how are you feeling? — oh, ~** ¿qué tal te encuentras? — aquí ando, tirando (fam) **2** ‹*price/sum*› razonable, moderado; **their shoes are very ~** sus zapatos están muy bien de precio *or* no son nada caros

reasonableness /ˈriːznəbəlnəs || ˈriːznəbəlnɪs/ *n* (of demands, attitude) lo razonable

reasonably /ˈriːznəbli/ *adv* **1** (with reason) ‹*behave/argue*› razonablemente; **~ priced goods** artículos a precios razonables; **you can't ~ ask him to do that** no sería razonable pedirle eso; **she suggested, quite ~, that the expenses should be shared** (*indep*) sugirió, con toda (la) razón, que se compartieran los gastos **2** (adequately, fairly): **how did you get on? — reasonably** ¿qué tal te fue? — no muy mal; **I'm ~ certain it was him** estoy casi seguro de que era él; **it's a ~ secure job** es un trabajo bastante seguro(, dentro de lo que cabe)

reasoned /ˈriːznd/ *adj* razonado

reasoning /ˈriːznɪŋ/ *n* [u] razonamiento *m*, lógica *f*

reassemble /ˌriːəˈsembəl/ *vt* **1** ‹*people/group*› volver* a reunir, reunir* **2** ‹*parts/engine*› reensamblar, volver* a montar *or* armar *or* ensamblar
■ **reassemble** *vi* «*meeting/group*» volverse* a reunir, reunirse*

reassembly /ˌriːəˈsembli/ *n* **1** (of Parliament) reanudación *f* de las sesiones **2** (of parts, engine) reensamblaje *m*

reassert /ˌriːəˈsɜːrt || ˌriːəˈsɜːt/ *vt* ‹*authority*› reafirmar; ‹*claim*› reiterar

reassess /ˌriːəˈses/ *vt* ‹*chances/situation*› volver* a estudiar, reexaminar; ‹*taxes*› volver* a fijar; **his work has recently been ~ed** recientemente se ha hecho una nueva evaluación de su obra

reassessment /ˌriːəˈsesmənt/ *n* [c u] (of situation, issue) nuevo estudio *m*, reexaminación *f*; (of writings, paintings) nueva evaluación *f*

reassign /ˌriːəˈsaɪn/ *vt* **1** ‹*employee*› redesignar **2** ‹*resources/funds*› reasignar

reassurance /ˌriːəˈʃʊrəns || ˌriːəˈʃʊərəns, ˌriːəˈʃɔːrəns/ *n*

➡ *see* Living in a Spanish-speaking country; Vivir en un país de habla inglesa

A 1 [u] (feeling): **he drew ~ from his wife's words** lo que le dijo su mujer lo confortó *or* lo tranquilizó 2 [c u] (words, support): **he gave us countless ~s that there would be no danger** nos tranquilizó asegurándonos repetidamente que no habría peligro; **his ~s failed to lessen her anxiety** sus palabras tranquilizadoras nos consiguieron disminuir su angustia; **she needs constant ~ of your love** necesita que constantemente le demuestres tu amor
B [u] (Fin) reaseguro *m*

reassure /ˌriːəˈʃʊr || ˌriːəˈʃʊə(r), ˌriːəˈʃɔː(r)/ *vt*
A (allay anxiety) tranquilizar*; **he tried to ~ them that all was in order** trató de tranquilizarlos asegurándoles que todo estaba bien; **she felt ~d by his presence** su presencia la tranquilizó; **he was ~d to hear his father's voice** se sintió más tranquilo al oír la voz de su padre; **to ~ sb OF sth: she ~d him of her affection for him** le aseguró que lo quería; **the letter ~d me of his loyalty** la carta me dejó convencido de su lealtad
B (Fin) reasegurar

reassuring /ˌriːəˈʃʊrɪŋ || ˌriːəˈʃʊərɪŋ, ˌriːəˈʃɔːrɪŋ/ *adj* ‹*voice/manner/answer*› tranquilizador; **he was very ~** me (*or* lo *etc*) dejó mucho más tranquilo; **it's ~ to know that you're in charge** tranquiliza saber que tú estás al frente

reassuringly /ˌriːəˈʃʊrɪŋli || ˌriːəˈʃʊərɪŋgli, ˌriːəˈʃɔːrɪŋli/ *adv* ‹*smile/talk*› de modo tranquilizador; **she patted his hand ~** le dio unos golpecitos en la mano para tranquilizarlo; **he was ~ open** su franqueza inspiraba confianza

reawake /ˌriːəˈweɪk/ *vi* (*past* **-woke**; *past p* **-woken**) volver* a despertarse

reawaken /ˌriːəˈweɪkən/ *vt* (liter) volver* a despertar, hacer* renacer
■ **reawaken** *vi* volver* a despertar(se), renacer*

reawakening /ˌriːəˈweɪkənɪŋ/ *n* [u c] (liter) renacer *m* (liter), despertar *m* (liter); **the ~ of life in spring** el renacer *or* despertar de la vida en primavera (liter)

rebadge /riːˈbædʒ/ *vt* rebautizar*

rebarbative /rɪˈbɑːrbətɪv || rɪˈbɑːbətɪv/ *adj* (liter) repelente, repugnante

rebase /riːˈbeɪs/ *vt* establecer* una nueva base para calcular

rebate /ˈriːbeɪt/ *n* (repayment) reembolso *m*, devolución *f*; (discount) descuento *m*; **tax ~** reembolso *or* devolución de impuestos; **overcharged customers will receive a ~** los clientes a quienes se les ha cobrado de más, recibirán un reembolso

rebel¹ /ˈrebəl/ *n* 1 (dissident) rebelde *mf*; (*before n*) ‹*forces/army*› rebelde; **the ~ leader** el cabecilla rebelde 2 (nonconformist) rebelde *mf*; **he's a bit of a ~** es algo rebelde

rebel² /rɪˈbel/ *vi* **-ll- to ~ (AGAINST sth/sb)** rebelarse *or* sublevarse (CONTRA algo/algn)

rebellion /rɪˈbeljən/ *n* [c u] **~ (AGAINST sth/sb)** rebelión *f* (CONTRA algo/algn); **to rise (up) in ~** rebelarse, sublevarse

rebellious /rɪˈbeljəs/ *adj* 1 ‹*troops/province*› rebelde, insurrecto 2 ‹*senator*› rebelde; ‹*sentiment/speech*› de rebeldía 3 ‹*child/nature*› rebelde, díscolo

rebelliousness /rɪˈbeljəsnəs || rɪˈbeljəsnɪs/ *n* [u] rebeldía *f*

rebirth /riːˈbɜːrθ || riːˈbɜːθ/ *n* [u c] renacimiento *m*

reboot¹ /riːˈbuːt/ *vt* (Comput) reinicializar*, reiniciar

reboot² *n* (Comput) reinicialización *f*, reiniciación *f*

rebore¹ /riːˈbɔːr || riːˈbɔː(r)/ *vt* (Auto) rectificar*

rebore² /ˈriːbɔːr || ˈriːbɔː(r)/ *n* (Auto) rectificado *m*

reborn /riːˈbɔːrn || riːˈbɔːn/ *adj*: **to be ~** renacer*; **her old longing for exotic places was ~** renacieron en ella las ansias de conocer lugares exóticos; **their visit to India left them feeling spiritually ~** el viaje a la India los hizo renacer espiritualmente

rebound¹ /ˈriːbaʊnd/ *n* 1 (ricochet): **the ball hit him on the ~** la pelota le pegó de rebote *or* al rebotar; **he caught the ball on the ~** agarró *or* (esp Esp) cogió la pelota de rebote; **she married him on the ~** se casó con él por despecho 2 (recovery) recuperación *f*; **sales of his records enjoyed a ~** sus discos volvieron a venderse bien

rebound² /rɪˈbaʊnd/ *vi* 1 (bounce back) rebotar; **the ball ~ed off** *o* **from the wall into the street** la pelota rebotó en la pared y fue a dar a la calle 2 (backfire) **to ~ ON sb: their threats/plans ~ed on them** les salió el tiro por la culata con las amenazas/con los planes 3 (Econ) recuperarse, repuntar

rebrand /riːˈbrænd/ *vt* darle* una nueva imagen a

rebuff¹ /rɪˈbʌf/ *n*: **to meet with/receive a ~** ser* rechazado; **the party received a ~ at the polls** el partido sufrió un revés en las urnas

rebuff² *vt* 1 (snub) ‹*person/offer*› rechazar* 2 (repel) repeler

rebuild /riːˈbɪld/ *vt* (*past & past p* **rebuilt**) 1 ‹*building/bridge*› reconstruir*; ‹*economy*› reconstruir*; **her face was rebuilt by a plastic surgeon** un cirujano plástico le rehízo la cara; **he tried to ~ his life** intentó rehacer su vida; **she rebuilt the business from scratch** levantó el negocio de cero 2 (Auto) ‹*engine*› reacondicionar 3 (restore) ‹*trust/faith*› volver* a cimentar, restablecer* 4 (replenish) ‹*stocks*› reponer*
■ **rebuild** *vi* reconstruir*, reedificar*

rebuilding /riːˈbɪldɪŋ/ *n* [u] reconstrucción *f*; **the ~ of the economy** la reconstrucción de la economía

rebuke¹ /rɪˈbjuːk/ *vt* **to ~ sb (FOR sth/-ING)** reprender a algn (POR algo/+ INF); **he was severely ~d for having neglected his duty** se lo reprendió seriamente por haber sido negligente en sus obligaciones

rebuke² *n* reprimenda *f*

rebury /riːˈberi/ *vt* **-ries, -rying, -ried** volver* a enterrar

rebus /ˈriːbəs/ *n* (*pl* **~es**) jeroglífico *m*

rebut /rɪˈbʌt/ *vt* **-tt-** (frml) rebatir, refutar

rebuttal /rɪˈbʌtl/ *n* (frml) refutación *f*; **to produce evidence in ~ of the prosecution claims** presentar pruebas en descargo de las acusaciones

rec /rek/ *n* 1 [u] (recreation) (AmE colloq) recreo *m*; (*before n*): **~ room** habitación *f* de recreo 2 [c] (open space) (BrE) campo *m* de deportes y juegos

recalcitrance /rɪˈkælsətrəns || rɪˈkælsɪtrəns/ *n* [u] obstinación *f*, contumacia *f* (frml)

recalcitrant /rɪˈkælsətrənt || rɪˈkælsɪtrənt/ *adj* recalcitrante, contumaz (frml)

recalculate /riːˈkælkjəleɪt || riːˈkælkjʊleɪt/ *vt* volver* a calcular
■ **recalculate** *vi* volver* a hacer cálculos

recall¹ /rɪˈkɔːl ˈriːkɔːl/ *n*
A [u] (memory) memoria *f*; **I have little ~ of what happened** recuerdo muy vagamente lo que sucedió; **I have helped him times beyond ~** ni recuerdo las veces que lo he ayudado; **to have total ~** tener* una memoria excelente
B [u c] 1 (withdrawal of goods) retirada *f* (*del mercado*) 2 (summoning back): **they ordered the ~ of the ambassador** ordenaron la retirada del embajador; **the unexpected ~ of Parliament** la inesperada convocación del Parlamento (en sesión extraordinaria); **to sound the ~** (Mil) tocar* retreta 3 (in US) (Govt) destitución *f* (*de un funcionario del gobierno mediante voto popular*)

recall² /rɪˈkɔːl/ *vt*
A 1 (remember) **to ~ sth/sb** recordar* algo/a algn; **I can still ~ the day we met** todavía recuerdo el día en que nos conocimos; **do you ~ seeing this man before?** ¿recuerda haber visto antes a este hombre?; **I can't ~ what he said** no puedo recordar lo que dijo; **I don't ~ that we ever went there** no recuerdo que hayamos estado allí 2 (remind of) recordar*
B (call back) 1 ‹*faulty goods*› retirar (*del mercado*) 2 ‹*ambassador*› retirar; (temporarily) llamar; ‹*troops*› llamar
■ **recall** *vi* recordar*; **as far as I ~** que yo recuerde

recant /rɪˈkænt/ *vt* (frml) ‹*religion*› abjurar (de); ‹*belief/statement*› retractarse de
■ **recant** *vi* (withdraw statement) retractarse; (Relig) abjurar

recantation /ˌriːkænˈteɪʃən/ *n* [u c] (frml) (of religion) abjuración *f*; (of belief, statement) retractación *f*

recap¹ /ˈriːkæp/ *n*
A (summary) (colloq) resumen *m*
B (AmE) (Auto) ▸**retread**²

recap² /riːˈkæp/ **-pp-** *vt*
A (summarize) (colloq) resumir, recapitular
B (AmE) (Auto) ▸**retread**¹
■ **recap** *vi* (colloq) resumir; **shall I just ~ briefly?** ¿hago un resumen rápido?; **to ~** (*as linker*) en resumen, para resumir

recapitulate /ˌriːkəˈpɪtʃəleɪt || ˌriːkəˈpɪtjʊleɪt/ *vt* 1 (summarize) (frml) ‹*argument/points*› recapitular, resumir 2 (Mus) ‹*theme/passage*› repetir*
■ **recapitulate** *vi* 1 (summarize) recapitular, resumir; **to ~** (*as linker*) para recapitular *or* resumir, en resumen 2 (Mus) repetirse*

recapitulation /ˌriːkəˌpɪtʃəˈleɪʃən || ˌriːkəˌpɪtjʊˈleɪʃən/ *n* [c u] 1 (summing up) (frml) recapitulación *f*, resumen *m* 2 (Mus) repetición *f*

recapture¹ /riːˈkæptʃər || riːˈkæptʃə(r)/ *n* (of prisoner, animal) captura *f*; (of town) reconquista *f*

recapture² *vt* 1 ‹*convict/animal*› capturar; ‹*town/region*› volver* a tomar, recobrar 2 ‹*youth/beauty*› recuperar

recast /riːˈkæst || riːˈkɑːst/ *vt* (*past & past p* **recast**)
A 1 ‹*bell/canon*› refundir 2 (frml) ‹*sentence/paragraph*› volver* a escribir *or* redactar; ‹*system/project*› reestructurar
B (Theat): **the play has been ~** le han cambiado el reparto *or* el elenco a la obra, la obra tiene un nuevo reparto *or* elenco; **the part was ~** le dieron el papel a otro actor; **the major roles have been ~** han cambiado a los actores de los papeles principales

recce /ˈreki/ *n* (BrE) 1 (Mil) reconocimiento *m* 2 (glance) (colloq) vistazo *m* (fam); **to go on a ~** ir* a echar un vistazo (fam)

recd, rec'd *adj* = **received**

recede /rɪˈsiːd/ *vi* 1 (move back) ‹‹*tide*›› retirarse; **to ~ from view** ir* perdiéndose de vista; **as we drove away, the mountains ~d into the distance** a medida que nos alejábamos, las montañas se iban perdiendo en la distancia; **his hair was beginning to ~** ya tenía entradas 2 (become less likely) ‹‹*danger*›› alejarse; ‹‹*prospect*›› desvanecerse* 3 **receding** *pres p* ‹*chin*› hundido; **he has a receding hairline** tiene entradas

receipt¹ /rɪˈsiːt/ *n* 1 [c] (paper) recibo *m*; **to make out a ~** hacer* *or* (frml) extender* un recibo; **could I have a ~ please?** ¿me podría dar *or* (frml) extender un recibo, por favor? 2 [u] (act) recibo *m*, recepción *f*; **please acknowledge ~ of goods** por favor acuse recibo de la mercancía; **we are in ~ of your letter of April 16** (frml) obra en nuestro poder su carta del 16 de abril (frml); **we telephoned immediately on ~ of their letter** llamamos en cuanto recibimos su carta 3 **receipts** *pl* (Fin) ingresos *mpl*, entradas *fpl*

receipt² *vt* ‹*bill/invoice*› poner* el sello de 'pagado' en

receivable /rɪˈsiːvəbəl/ *adj* a *or* por cobrar

receivables /rɪˈsiːvəbəlz/ *pl n* cuentas *fpl* a *or* por cobrar

receive /rɪˈsiːv/ ▸**Received Pronunciation - RP** *vt*
A 1 ‹*letter/award/visit*› recibir; ‹*sacrament/absolution*› recibir; ‹*payment*› recibir, cobrar, percibir (frml); ‹*stolen goods*› comerciar con, reducir* (AmS); ‹*serve/ball*› recibir; **~d with thanks the sum of £30** recibí (conforme) la suma de 30 libras; **she ~s £9,000 annually** cobra *or* (frml) percibe 9.000 libras anuales; **he ~d multiple injuries** sufrió lesiones múltiples; **she ~d a blow to the head** recibió un golpe en la cabeza; **to ~ treatment** ser* tratado; **he ~d an honorary doctorate** le confirieron un doctorado honoris causa; **we finally ~d word of their**

r

safe arrival finalmente recibimos noticias de que habían llegado bien; **to ~ sentence** ser* sentenciado; **she ~d the death penalty** le aplicaron la pena de muerte; **a container is placed underneath to ~ the fluid** debajo se coloca un recipiente para recoger el líquido **2** (react to) ‹*proposal/news/idea*› recibir, acoger*; **the play was well ~d by the critics** la obra fue bien recibida *or* acogida por los críticos, la obra tuvo una buena acogida por parte de la crítica **3** **received** *past p* ‹*opinion*› generalmente aceptado; **he questioned the ~d wisdom that money doesn't lead to happiness** cuestionó la creencia popular de que el dinero no hace la felicidad; **R~d Pronunciation** pronunciación *f* estándar
B (welcome, admit) (frml) recibir, acoger*; **to be ~d into the Church** ser* admitido en el seno de la Iglesia; **he was ~d into the Franciscan order** entró en la orden de los Franciscanos
C (Rad, TV) ‹*signal*› recibir, captar; **are you receiving me?** ¿me recibes?, ¿me escuchas?
■ **receive** *vi* **1** (acquire): ***to be on the receiving end of sth*** ser* el blanco *or* la víctima de algo; ***it is better** o **more blessed to give than to ~*** más vale dar que recibir **2** (in tennis) recibir **3** (esp BrE) (Law) comerciar con mercancía robada **4** (play host) (frml & dated) recibir; **she doesn't ~ on Sundays** no recibe los domingos

Received Pronunciation - RP

La pronunciación estándar del inglés británico, que se basa en el habla educada del sur de Inglaterra. Sólo alrededor del 5% de los habitantes de las islas británicas hablan con una RP. Durante un largo tiempo los locutores de la BBC hablaron con una RP, también conocida como "BBC English".

receiver /rɪ'siːvər || rɪ'siːvə(r)/ *n*
A (Telec) auricular *m*, tubo *m* (RPl), fono *m* (Chi); **to lift** *o* **pick up the ~** levantar el auricular (*or* el tubo *etc*); **to replace** *o* **put down the ~** colgar* el auricular (*or* el tubo *etc*)
B (Rad, TV) receptor *m*; (*before n*): **~ dish** antena *f* parabólica
C (Busn, Law): **(official) ~** síndico *m* (de quiebras); **to call in the ~s** ≈ solicitar la suspensión *or* (CS) la cesación de pagos
D (in US football) (Sport) receptor, -tora *m,f*; **wide ~** receptor abierto, receptora abierta *m,f*
E (of stolen goods) comerciante *mf* de mercancía robada, reducidor, -dora *m,f* (AmS)

receivership /rɪ'siːvərʃɪp || rɪ'siːvəʃɪp/ *n* [u] sindicatura *f*; **to be placed in ~** ≈ ser* declarado en suspensión *or* (CS) en cesación de pagos; **to go into/be in ~** ≈ ser* declarado/estar* en suspensión *or* (CS) en cesación de pagos

receiving order /rɪ'siːvɪŋ/ *n* (in UK) *resolución que designa al síndico y ordena la incautación por éste de los bienes del deudor*

recension /rɪ'sentʃən || rɪ'senʃən/ *n* [c u] (frml) recensión *f* (frml)

recent /'riːsnt/ *adj* ‹*photograph/statement/survey*› reciente; **in ~ party history** en la historia reciente del partido; **in ~ years/months/times** en los últimos años/meses/tiempos; **in the ~ past** en los últimos tiempos

recently /'riːsntli/ *adv* recientemente; **they've ~ returned from abroad** han vuelto recientemente del extranjero, han vuelto del extranjero hace poco; **~ he's been much better** recientemente *or* últimamente *or* de un tiempo a esta parte ha estado mucho mejor; **as ~ as two days ago** hace apenas dos días; **as ~ as the 1980s** todavía en los años 80; **have you seen them? — not ~** ¿los has visto? — recientemente *or* últimamente no; **I had never even heard of him until quite ~** hasta hace bien poco ni siquiera había oído hablar de él

receptacle /rɪ'septɪkəl/ *n* **1** (container) (frml) recipiente *m*, receptáculo *m* **2** (Bot) receptáculo *m*

reception /rɪ'sepʃən/ *n*
A (response, reaction) (*no pl*) recibimiento *m*, acogida *f*; **what sort of ~ did you get?** ¿qué tal te recibieron?; **the project/book had a favorable ~** el proyecto/libro tuvo una acogida favorable *or* fue bien recibido
B [u] (admission) (frml) **~** INTO **sth** admisión *f* EN algo; (*before n*): **~ center** *o* (BrE) **centre** centro *m* de acogida; **~ class** (BrE) primer año *m* (*de un parvulario*); **~ committee** comité *m* de bienvenida *or* recepción
C (in hotel, office) (*no art*) recepción *f*; **leave your key at** *o* **in ~** deje la llave en (la) recepción; (*before n*): **~ desk** recepción *f*
D [c] (social event) recepción *f*
E [u] (Rad, TV) recepción *f*

receptionist /rɪ'sepʃənəst || rɪ'sepʃənɪst/ *n* recepcionista *mf*

reception room *n* **1** (in hotel) salón *m* **2** (in house) (BrE) *salón, comedor o cualquier habitación donde se puede recibir*

receptive /rɪ'septɪv/ *adj* receptivo; **to be in a ~ frame of mind** estar* dispuesto a escuchar; **to be ~** TO **sth** estar* abierto A algo

receptiveness /rɪ'septɪvnəs || rɪ'septɪvnɪs/ *n* [u] receptividad *f*; **she showed great ~ to new ideas** se mostró muy abierta a nuevas ideas

receptor /rɪ'septər || rɪ'septə(r)/ *n* (Zool) receptor *m*; (*before n*) ‹*cell/organ*› receptor

recess /'riːses/ *n*
A [u] **1** (of legislative body) receso *m* (AmL), suspensión *f* de actividades (Esp); (of committee etc) intermedio *m*, cuarto *m* intermedio (RPl); **the Senate is in ~ until fall** el Senado ha entrado en receso de verano *or* (Esp) ha suspendido sus actividades hasta el otoño; **the court is in ~ until tomorrow** el tribunal ha levantado la sesión *or* (RPl tb) ha pasado a cuarto intermedio hasta mañana **2** (AmE) (Educ) recreo *m*
B [c] **1** (alcove) hueco *m*, entrada *f* **2** (secluded place) lugar *m* escondido *or* oculto; **the ~es of the mind** los recovecos de la mente; **in the inmost ~es of the soul/memory** en los lugares más recónditos del alma/de la memoria

recessed /'riːsest/ *adj* empotrado

recession /rɪ'seʃn || rɪ'seʃən/ *n* **1** [c u] (Econ) recesión *f*; **to go into ~** entrar en recesión **2** [u] (receding) (frml) retroceso *m*

recessional /rɪ'seʃnəl || rɪ'seʃənl/ *n* himno *m* (*que se canta cuando se retira el celebrante*)

recessive /rɪ'sesɪv/ *adj* recesivo

recharge[1] /riː'tʃɑːrdʒ || riː'tʃɑːdʒ/ *vt* volver* a cargar, recargar*
■ **recharge** *vi* volverse* a cargar, recargarse*

recharge[2] /'riːtʃɑːrdʒ || 'riːtʃɑːdʒ/ *n*: **to give a battery a ~** recargar* una batería

rechargeable /riː'tʃɑːrdʒəbəl || riː'tʃɑːdʒəbəl/ *adj* recargable

recharger /riː'tʃɑːrdʒər || riː'tʃɑːdʒə(r)/ *n* recargador *m*

recherché /rəˌʃer'ʃeɪ || rə'ʃeəʃeɪ/ *adj* (liter) rebuscado

recidivism /rɪ'sɪdəvɪzəm || rɪ'sɪdɪvɪzəm/ *n* [u] (frml) reincidencia *f*

recidivist /rɪ'sɪdəvəst || rɪ'sɪdɪvɪst/ *n* (frml) reincidente *mf*

recipe /'resəpi/ *n* **1** (Culin) receta *f*; **a ~ for cheese soufflé** una receta para hacer soufflé de queso; (*before n*): **~ book** (published) libro *m* de cocina; (personal) cuaderno *m* de recetas (de cocina), recetario *m* **2** (formula) **~** FOR **sth** fórmula *f* PARA algo; **his ~ for success/happiness** su fórmula para alcanzar el éxito/la felicidad; **that's a ~ for disaster** eso es buscarse problemas

recipient /rɪ'sɪpiənt/ *n* (frml) (of letter) destinatario, -ria *m,f*; (of an organ) (Med) receptor, -tora *m,f*; **he was the ~ of much criticism** fue objeto de muchas críticas; **she was the ~ of an honorary doctorate** le confirieron un doctorado honoris causa; **universal ~** (Med) receptor, -tora *m,f* universal; (*before n*) ‹*body/organization*› beneficiado

reciprocal[1] /rɪ'sɪprəkəl/ *adj* recíproco, mutuo

reciprocal[2] *n* recíproco *m*

reciprocate /rɪ'sɪprəkeɪt/ *vt* ‹*compliment/kindness*› corresponder a, reciprocar* (AmL); **his love wasn't ~d** su amor no era correspondido; **to ~ an invitation** corresponder a *or* devolver* *or* (AmL tb) reciprocar* una invitación
■ **reciprocate** *vi* **1** (respond) corresponder, reciprocar* (AmL) **2** **reciprocating** *pres p* ‹*engine*› alternativo

reciprocation /rɪˌsɪprə'keɪʃən/ *n* [u] reciprocidad *f*, correspondencia *f*

reciprocity /ˌresə'prɑːsəti || ˌresɪ'prɒsəti/ *n* [u] (frml) reciprocidad *f*

recirculate /riː'sɜːrkjəleɪt || riː'sɜːkjʊleɪt/ *vt* hacer* circular de nuevo

recital /rɪ'saɪtl/ *n* **1** (performance) recital *m*; **a poetry/guitar ~** un recital de poesía/guitarra **2** (rendition of poem) recitado *m*, recitación *f* **3** (account) enumeración *f*, relación *f*

recitalist /rɪ'saɪtləst || rɪ'saɪtəlɪst/ *n* (Mus) concertista *mf*

recitation /ˌresə'teɪʃən || ˌresɪ'teɪʃən/ *n* [c u] recitado *m*, recitación *f*

recitative /ˌresətə'tiːv || ˌresɪtə'tiːv/ *n* [u c] (Mus) recitativo *m*

recite /rɪ'saɪt/ *vt* **1** (declaim) ‹*poem*› recitar **2** (list) enumerar
■ **recite** *vi* recitar

reckless /'rekləs || 'reklɪs/ *adj* ‹*plan/act*› imprudente, temerario; ‹*person*› imprudente, insensato, irresponsable; **he's ~ with money** derrocha *or* despilfarra el dinero; **~ endangerment** *o* (BrE) **driving** imprudencia *f* temeraria (al conducir)

recklessly /'rekləsli || 'reklɪsli/ *adv* imprudentemente, de modo temerario; **he spent money ~** derrochaba *or* despilfarraba el dinero

recklessness /'rekləsnəs || 'reklɪsnɪs/ *n* [u] imprudencia *f*, temeridad *f*

reckon /'rekən/ *vt* **1** (calculate) calcular; **I ~ the total to be £35** calculo que en total son 35 libras **2** (judge, consider) considerar; **he's ~ed to be one of his generation's finest writers** está considerado como uno de los mejores escritores de su generación **3** (think, guess) creer*; **she's gone off her chump, I ~** yo creo *or* a mí me parece que se ha vuelto loca; **he ~s he's a good player** se cree *or* se considera buen jugador; **what do you ~?** ¿tú qué opinas?, ¿y a ti qué te parece?; **I ~ (so)** creo *or* me parece que sí; **I ~ not** creo *or* me parece que no, no creo

Phrasal verbs

- **reckon in** [v + o + adv, v + adv + o] incluir*, tomar en cuenta
- **reckon on, reckon upon** [v + prep + o]: **we didn't ~ on quite such a big turn-out** no pensamos que vendría tanta gente, no contábamos con que vendría tanta gente; **to ~ on (sb/sth) -ING**: **we ~ on each customer spending about $10** calculamos que cada cliente gasta alrededor de 10 dólares; **we can ~ on arriving around noon** podemos calcular que llegaremos alrededor del mediodía; **I hadn't ~ed on having to pay for both of us** no contaba con *or* no esperaba que iba a tener que pagar por los dos; **I hadn't reckoned on that happening** no contaba con que pasara eso, no esperaba que sucediera eso
- **reckon up** [v + o + adv, v + adv + o] sumar, calcular
- **reckon with** [v + prep + o] **1** (face) vérselas* con; **you'll have me to ~ with** tendrás que vértelas conmigo **2** (anticipate, take into account) tener* en cuenta; **a factor to be ~ed with** un factor a tener en cuenta
- **reckon without** [v + prep + o] no tener* en cuenta; **but we had ~ed without the northern climate/his mother** pero no habíamos tenido en cuenta el clima del norte/a su madre; **we'll have to ~ without his help** no podremos contar con su ayuda

reckoner /'rekənər || 'rekənə(r)/ *n* tabla *f* de calcular

reckoning /'rekənɪŋ/ *n* [u] **1** (calculation, estimate) cálculos *mpl*; **by my ~** según mis cálculos; **he admitted he'd been a bit out in his ~** reconoció que se había equivocado en los cálculos *or* que había calculado mal; **to take sth into/leave sth out of the ~** considerar/no considerar algo, tener*/no tener* algo en cuenta **2** (assessment, opinion) opinión *f*; **in my**

~ en mi opinión, a mi juicio **3** (judgment) juicio *m*; **the final ~** la hora de la verdad; **the day of ~** el día del juicio final

reclaim[1] /rɪ'kleɪm/ *vt* **1** ‹*rights*› reclamar, reivindicar*; **we intend to ~ our freedom** pretendemos reclamar *or* reivindicar nuestra libertad; **I filled in a form to ~ tax** llené un formulario para que me devolvieran parte de los impuestos; **to ~ one's luggage** (Aviat) recoger* el equipaje; (at left luggage) (pasar a) retirar el equipaje; **items lost can be ~ed at ...** para reclamar objetos perdidos dirigirse a ... **2** (recover) recuperar; **built on ~ed land** construido en terreno ganado al mar **3** (reform) (liter) rescatar

reclaim[2] /'ri:kleɪm/ *n* [u]: **luggage ~** (BrE) recogida *f* de equipaje

reclaimable /ri:'kleɪməbəl/ *adj* ‹*tax/expense*› recuperable; ‹*waste*› reciclable

reclamation /,reklə'meɪʃən/ *n* [u] **1** (of land) rescate *m* **2** (of refuse, waste) recuperación *f*, reciclaje *m* **3** (of rights) reivindicación *f* **4** (of sinner) (liter) salvación *f*

reclassify /ri:'klæsəfaɪ || ri:'klæsɪfaɪ/ *vt* **-fies, -fying, -fied** reclasificar*

recline /rɪ'klaɪn/ *vi* **1** (lean back) recostarse*, reclinarse; (rest) apoyarse; **to ~ AGAINST sth** apoyarse EN algo, reclinarse CONTRA algo **2** «*chair/backrest*» reclinarse **3** **reclining** *pres p* ‹*chair/seat*› reclinable, abatible; ‹*figure*› yacente (liter), recostado

■ **recline** *vt* **1** (lean) ‹*body/back*› reclinar **2** ‹*chair/backrest*› reclinar, abatir

recliner /rɪ'klaɪnər || rɪ'klaɪnə(r)/ *n* asiento *m* (*or* sillón *m etc*) reclinable *or* abatible

recluse /rɪ'klu:s/ *n* ermitaño, -ña *m,f*; **he lives the life of a ~** lleva una vida de ermitaño *or* recluso, vive recluido

reclusive /rɪ'klu:sɪv/ *adj* ‹*person*› dado a recluirse, que lleva una vida recluida; ‹*tendency*› a recluirse

recoat /ri:'kəʊt/ *vt* ‹*surface/first application*› aplicar* otra capa *or* mano a

■ **recoat** *vi* (with paint/preservative) aplicar* otra capa *or* mano

recode /ri:'kəʊd/ *vt* recodificar*

recognition /,rekəg'nɪʃən/ *n* [u] **1** (identification) reconocimiento *m*; **he showed a glimmer of ~ when he saw me** cuando me vio dio muestras de haberme reconocido; **it has changed beyond** *o* **out of all ~** ha cambiado de tal manera que resulta irreconocible **2** (acknowledgment, acceptance) reconocimiento *m*; **the union is fighting for ~** el sindicato está luchando por obtener el reconocimiento oficial; **in ~ of services rendered** (frml) en reconocimiento a *or* por los servicios prestados (frml); **by your own ~** (frml) según usted mismo reconoce

recognizable /'rekəgnaɪzəbəl/ *adj* reconocible; **easily ~** fácilmente reconocible; **no longer ~** ya irreconocible; **there's a ~ difference in texture** hay una apreciable diferencia de textura

recognizably /'rekəgnaɪzəbli/ *adv* evidentemente

recognizance /rɪ'kɑ:gnəzəns || rɪ'kɒgnɪzəns/ *n* (Law) fianza *f*; **to enter into ~** constituir* *or* prestar fianza

recognize /'rekəgnaɪz/ *vt* **1** (identify) ‹*face/voice/person*› reconocer* **2** (acknowledge, accept) reconocer*, admitir; **they were forced to ~ the gravity of the situation** se vieron obligados a reconocer *or* a admitir la gravedad de la situación; **the island was ~d as an independent state** la isla fue reconocida como estado independiente **3** (grant right to speak) (AmE frml) concederle *or* darle* la palabra a; **the chair ~s the gentleman from ...** tiene la palabra el representante de ...

recognized /'rekəgnaɪzd/ *adj* reconocido; **always buy a ~ brand name** compre siempre una marca conocida

recoil[1] /rɪ'kɔɪl/ *vi* **1** (shrink back) retroceder; **she ~ed in fear** el miedo la hizo retroceder, retrocedió de miedo; **he ~ed at the sight of the corpses** retrocedió impresionado al ver los cadáveres; **to ~ FROM sth** rehuir* algo; **she ~ed from his embrace** rehuyó su abrazo; **the child ~ed from me as if afraid** el niño me rehuyó como si tuviera miedo **2** «*gun*» retroceder, dar* un culatazo

recoil[2] /'ri:kɔɪl/ *n* [u] retroceso *m*, culatazo *m*

recollect /,rekə'lekt/ *vt*

A (remember) recordar*; **I can ~ him vaguely** lo recuerdo vagamente; **I don't ~ seeing them there** no recuerdo haberlos visto allí

B ‹*thoughts*› ordenar; **he ~ed himself and was able to continue** recobró la compostura y pudo continuar

■ **recollect** *vi* recordar*; **as far as I can ~** que yo recuerde

recollection /,rekə'lekʃən/ *n* [u c] recuerdo *m*; **I have fond ~s of my childhood** tengo hermosos recuerdos de mi infancia; **to the best of my ~** si no me falla la memoria, si mal no recuerdo; **he has no ~ whatsoever of having seen you that day** no recuerda para nada haberte visto ese día; **my ~ of the incident is quite different** según lo que yo recuerdo las cosas fueron muy distintas, recuerdo lo que pasó de manera muy distinta

recolonize /ri:'kɑ:lənaɪz || ri:'kɒlənaɪz/ *vt* recolonizar*, volver* a colonizar

recombinase /ri:'kɑ:mbəneɪz || ri:'kɒmbɪneɪz/ *n* [u] (Biol) recombinasa *f*

recommence /,ri:kə'mens/ *vt* (frml) reanudar, reiniciar (frml)

■ **recommence** *vi* reanudarse, reiniciarse (frml)

recommend /,rekə'mend/ *vt* **1** (praise, declare acceptable) recomendar*; **the painkiller doctors ~** el analgésico que recomiendan los médicos; **would you ~ him for the job?** ¿lo recomendaría para el puesto?; **what do you ~?** ¿qué (me) recomienda?; **I ~ed the play to my parents** les recomendé la obra a mis padres; **the play has little/nothing to ~ it** la obra tiene poco/no tiene nada que se pueda recomendar **2** (advise) **to ~ sth/-ING** aconsejar *or* recomendar* algo/+ INF; **it's not to be ~ed** no es nada aconsejable *or* recomendable; **~ed dosage** dosis *f* recomendada; (on label) posología *f*; **~ed price** precio *m* de venta recomendado; **~ed reading** lecturas *fpl* recomendadas **3** (commit) (liter) **to ~ sth/sb TO sb** encomendar(le)* algo/algn A algn; **he ~ed his soul to God** (le) encomendó su alma a Dios

recommendable /,rekə'mendəbəl/ *adj* recomendable

recommendation /,rekəmen'deɪʃən/ *n* [u c] **1** (approval, praise) recomendación *f*; **a letter of ~** una carta de recomendación **2** (advice) recomendación *f*, sugerencia *f*; **on my father's ~** por recomendación *or* sugerencia de mi padre; **S chef's recommendation** sugerencia del chef

recommission /,ri:kə'mɪʃən/ *vt*

A (TV) ‹*program/series*› volver* a encargar

B ‹*ship/power station*› volver* a poner en servicio

recompense[1] /'rekəmpens/ *n* [u] (frml) **~ (FOR sth)** ‹*for damages/loss*› indemnización *f or* compensación *f* (POR algo); ‹*for efforts*› recompensa *f* (POR algo); **they received $1,000 in ~** recibieron 1.000 dólares como recompensa

recompense[2] *vt* (frml) **to ~ (sb FOR sth)** ‹*for damage/loss*› indemnizar* *or* compensar (a algn POR algo); ‹*for efforts*› recompensar (a algn POR algo)

recompile /ri:kəm'paɪl/ *vt* (Comput) recompilar

recon /rə'kɑ:n || 'ri:kɒn/ *n* (AmE) (Mil) reconocimiento *m*

reconcile /'rekənsaɪl/ *vt* **1** (make friendly) ‹*enemies/factions*› reconciliar; **they were finally ~d** finalmente se reconciliaron; **to ~ sb WITH sb**: **the tragedy helped to ~ him with his brother** la tragedia lo ayudó a reconciliarse con su hermano **2** (make consistent) **to ~ sth (WITH sth)** ‹*theories/ideals*› conciliar algo (CON algo) **3** (make resigned) **to become ~d TO sth** resignarse A algo, aceptar algo; **she gradually became ~d to the idea** poco a poco se fue resignando a la idea *or* fue aceptando la idea; **to ~ oneself to -ING** resignarse A + INF **4** ‹*accounts/figures*› hacer* cuadrar *or* coincidir, conciliar

reconciliation /,rekənsɪli'eɪʃən/ *n* **1** [c] (of people) **~ (WITH sb)** reconciliación *f* (CON algn) **2** [u] (of ideas, aims) **~ (WITH sth)** conciliación *f* (CON algo) **3** [c u] (of accounts) conciliación *f*

recondite /'rekəndaɪt/ *adj* (frml) abstruso, oscuro

recondition /,ri:kən'dɪʃən/ *vt* reacondicionar

reconditioned /,ri:kən'dɪʃənd/ *adj* reacondicionado

reconfirm /,ri:kən'fɜ:rm || ,ri:kən'fɜ:m/ *vt* reconfirmar

reconnaissance /rə'kɑ:nəzens, -səns || rɪ'kɒnɪsəns/ *n* [u c] (Mil) reconocimiento *m*; **air/ground ~** reconocimiento aéreo/del terreno; **to make a ~** hacer* un reconocimiento; (*before n*) ‹*mission/patrol*› de reconocimiento

reconnect /,ri:kə'nekt/ *vt* reconectar, volver* a conectar

reconnection /,ri:kə'nekʃən/ *n* reconexión *f*

reconnoiter, (BrE) **reconnoitre** /,ri:kə'nɔɪtər, 're- || ,rekə'nɔɪtə(r)/ *vt* reconocer*

■ **reconnoiter** *vi* hacer* un reconocimiento del terreno (*or* del área *etc*)

reconquer /ri:'kɑ:ŋkər || ri:'kɒŋkə(r)/ *vt* reconquistar

reconquest /ri:'kɑ:ŋkwest || ri:'kɒŋkwest/ *n* [u] reconquista *f*

reconsider /,ri:kən'sɪdər || ,ri:kən'sɪdə(r)/ *vt* reconsiderar

■ **reconsider** *vi* recapacitar

reconsideration /,ri:kən,sɪdə'reɪʃən/ *n* [u]: **I'll give the matter some ~** voy a reconsiderar la cuestión; **after ~ he decided ...** tras recapacitar decidió ...

reconstitute /ri:'kɑ:nstətu:t || ri:'kɒnstɪtju:t/ *vt* **1** ‹*dried food*› reconstituir* **2** ‹*society/company*› reorganizar*, reconstituir*

reconstruct /,ri:kən'strʌkt/ *vt* **1** ‹*town/building*› reconstruir*; **he set about ~ing his life** se dispuso a rehacer su vida **2** (visualize, re-enact) reconstruir*, reconstituir*; **they were able to ~ the crime** pudieron reconstruir *or* reconstituir el delito

reconstruction /,ri:kən'strʌkʃən/ *n* **1** [u] (rebuilding) reconstrucción *f*; **R~** *período, de 1865 a 1877, durante el cual se llevó a cabo la integración de los estados Sudistas con la Unión* **2** [c] (re-creation) reconstitución *f*; **the police staged a ~ of the crime** la policía efectuó una reconstitución del delito

record[1] /'rekərd || 'rekɔ:d/ *n*

A **1** [c] (document) documento *m*; (of attendances etc) registro *m*; (file) archivo *m*; (minutes) acta *f*‡; (note) nota *f*; **medical ~s** historial *m* médico; **he keeps a ~ of attendance at meetings** lleva un registro de asistencia a las reuniones; **keep a ~ of your expenses** anote sus gastos; **no ~ was taken of what was discussed** no se tomó nota de lo discutido, no se levantó acta; **there are no written ~s dating from that period** no hay documentos escritos que daten de ese período; **we have no ~ of having employed him** no consta en nuestros archivos que haya trabajado aquí; **according to our ~s** según nuestros datos; **please keep this copy for your ~s** conserve esta copia para su información; **the wettest March since ~s began** el marzo más lluvioso del que se tienen datos; **official ~s** documentos oficiales; **a photographic ~ of a vanishing way of life** un testimonio fotográfico de un estilo de vida en vías de extinción; **let the ~ show that ...** que conste en acta que ...; **it is a matter of ~ that ...** (frml) hay constancia de que ...; (*before n*): **~ keeping** archivado *m*, archivamiento *m* **2** (*in phrases*): **for the record**: **for the ~, I had no financial interest in the deal** yo no me beneficiaba con el acuerdo, que conste; **for the ~, their team finished third** a propósito, su equipo terminó en tercer lugar; **off the record**: **the minister spoke off the ~** el ministro habló extraoficialmente; **his off-the-~ remarks** sus declaraciones extraoficiales; **on record**: **the police kept their names**

r

on ~ la policía los fichó; **the hottest summer on ~** el verano más caluroso del que se tienen datos; **there are more than 50 instances on ~** se han registrado más de 50 casos; **it is on ~ that at the last committee meeting ...** consta en acta que en la última reunión de la comisión ...; **she is on ~ as saying that ...** ha declarado públicamente que ...; **to put** *o* **place sth on ~** dejar constancia de algo, hacer* constar algo; **to set** *o* **put the ~ straight, let me point out that ...** para poner las cosas en su lugar, permítame señalar que ...

B [c] **1** (of performance, behavior): **they'll have to fight the election on their economic ~** van a tener que basar su campaña electoral en sus logros en el plano económico; **a company with an excellent financial ~** una compañía con una excelente trayectoria financiera; **he has a good service/academic ~** tiene una buena hoja de servicios/un buen currículum *or* historial académico; **he has a poor ~ for timekeeping** en cuanto a puntualidad, su expediente no es bueno; **the country's human rights ~** la trayectoria del país en materia de derechos humanos; **our products have an excellent safety ~** nuestros productos son de probada seguridad **2** (*criminal ~*) antecedentes *mpl* (penales); **to have a ~** tener* antecedentes (penales) *or* (CS tb) prontuario; **she had a ~ as long as your arm** (colloq) tenía un historial *or* (CS tb) un prontuario más largo que un día sin pan (fam)

C [c] (highest, lowest, best, worst) récord *m*, marca *f*; **to break/set a ~** batir/establecer* un récord *or* una marca; **to hold the world ~** tener* *or* (frml) ostentar el récord *or* la marca mundial; **the high jump ~** el récord de salto de altura; **his latest movie has broken box-office ~s** su última película ha batido todos los récords de taquilla

D [c] (Audio, Mus) disco *m*; **to make** *o* **cut a ~** hacer* *or* grabar un disco; **on ~** en disco; (*before n*): **~ company** compañía *f* discográfica; **~ store** disquería *f*, tienda *f* de discos, casa *f* de música

record² /rɪ'kɔːrd || rɪ'kɔːd/ *vt*

A **1** ⟨⟨*person*⟩⟩ (write down) anotar; (in minutes) hacer* constar; **it was ~ed on his medical card** fue anotado *or* quedó registrado en su ficha médica; **these letters ~ the friendship that grew up between them** estas cartas documentan el desarrollo de la amistad que nació entre ellos; **the minutes ~ that ...** consta en el acta que ...; **history ~s that ...** cuenta la historia que ...; **the bloodiest battle ever ~ed** la batalla más sangrienta en los anales de la historia **2** (register) ⟨⟨*instrument*⟩⟩ registrar **3** (make known formally) ⟨*protest/opposition*⟩ dejar constancia de; ⟨*vote*⟩ emitir

B ⟨*song/program/album*⟩ grabar; **put** *o* **set the machine on ~** aprieta el botón de 'grabar'

■ **record** *vi* grabar

record³ /'rekərd || 'rekɔːd/ *adj* (*before n, no comp*) récord *adj inv*, sin precedentes; **they completed the work in ~ time** acabaron el trabajo en un tiempo récord

record-breaker /'rekərd,breɪkər || 'rekɔːd ,breɪkə(r)/ *n* (man) plusmarquista *m*, recordman *m*; (woman) plusmarquista *f*

record-breaking /'rekərd,breɪkɪŋ || 'rekɔːd ,breɪkɪŋ/ *adj* (*usu before n*) que bate todos los récords, sin precedentes

record card *n* ficha *f*

recorded /rɪ'kɔːrdəd || rɪ'kɔːdɪd/ *adj* **1** (Rad, TV) ⟨*music*⟩ grabado; ⟨*program*⟩ grabado (*para transmitir en diferido*) **2** (known, written down) ⟨*history*⟩ escrito, documentado; ⟨*amount*⟩ registrado; ⟨*fact*⟩ del que se tiene constancia

recorded delivery *n* [u c] (in UK) *servicio de envíos postales en el cual se exige la firma del destinatario como constancia de la entrega del envío*

recorder /rɪ'kɔːrdər || rɪ'kɔːdə(r)/ *n*

A (Mus) flauta *f* dulce

B (in UK) (Law) *abogado que actúa como juez a tiempo parcial*

recording /rɪ'kɔːrdɪŋ || rɪ'kɔːdɪŋ/ *n* **1** [c] (tape, record etc) grabación *f* **2** [u] (process) grabación *f*; (*before n*) ⟨*studio/session*⟩ de grabación; **they are known mainly as ~ artists** se los conoce más que nada por sus grabaciones; **~ engineer** técnico, -ca *m,f* de grabación; **~ equipment** equipo *m* de grabación; **~ level** nivel *m* de grabación

record library *n* (collection) discoteca *f*; (of institution) fonoteca *f*; (lending) discoteca *f* pública

record player *n* tocadiscos *m*

recount¹ /rɪ'kaʊnt/ *vt* narrar, contar*

recount² *n* recuento *m*, descripción *f*

re-count¹ /'riːkaʊnt/ *vt* volver* a contar, contar* de nuevo; ⟨*votes*⟩ hacer* un segundo escrutinio de, recontar*

re-count² /'riːkaʊnt/ *n* recuento *m*, segundo escrutinio *m*

recoup /rɪ'kuːp/ *vt* ⟨*costs*⟩ recuperar; ⟨*losses*⟩ resarcirse* de; **the expenses will be ~ed from the firm** la empresa reembolsará los gastos

recourse /'riːkɔːrs || rɪ'kɔːs/ *n* [u] **~ TO sth**: **the right of ~ to the courts** el derecho a recurrir a los tribunales; **to have ~ to sth/sb** recurrir a algo/algn; **without (having) ~ to violence** sin recurrir a la violencia

recover /rɪ'kʌvər || rɪ'kʌvə(r)/ *vt* **1** (regain) ⟨*consciousness/strength*⟩ recuperar, recobrar; ⟨*investment/position/lead*⟩ recuperar; **to ~ one's composure** recobrar la compostura; **he was on the point of losing his temper, but ~ed himself** estuvo a punto de perder los estribos, pero se contuvo **2** (retrieve) rescatar; **the black box was ~ed from the wreckage** la caja negra fue rescatada de los restos del avión siniestrado **3** (reclaim) ⟨*metal/glass/paper*⟩ recuperar **4** (Law): **to ~ damages** obtener* compensación *or* indemnización por daños y perjuicios, obtener* reparación judicial

■ **recover** *vi* **1** (from ill health, undesirable situation) **to ~ (FROM sth)** reponerse* *or* restablecerse* *or* recuperarse (DE algo) **2** ⟨⟨*economy/industry*⟩⟩ recuperarse, repuntar, reactivarse **3** (regain equilibrium) recuperar el equilibrio

re-cover /riː'kʌvər || riː'kʌvə(r)/ *vt* ⟨*chair/seat*⟩ retapizar*; ⟨*book*⟩ volver* a forrar

recoverable /rɪ'kʌvərəbəl/ *adj* recuperable

recovery /rɪ'kʌvəri/ *n* (*pl* **-ries**)

A [c u] **1** (return to health) recuperación *f*, restablecimiento *m* (frml); **she made a quick ~** se recuperó *or* se mejoró rápidamente; **to be on the road to ~** estar* en vías de recuperación; (*before n*): **~ room** sala *f* de recuperación; **~ time** tiempo *m* de recuperación **2** (of economy, industry) recuperación *f*, reactivación *f*, repunte *m*; (in profits, prices) mejora *f*, repunte *m*

B [u] (of stolen goods, missing documents) recuperación *f*; (retrieval) rescate *m*; **the ~ of long-standing debts** el cobro de deudas morosas; **to sue for ~ of costs** entablar juicio por daños y perjuicios; (*before n*): **~ service** (BrE) (Auto) servicio *m* de grúa; **~ vehicle** grúa *f*, remolcador *m*, remolque *m* (AmS)

re-create /,riːkri'eɪt/ *vt* recrear

recreation /,rekri'eɪʃən/ *n* **1** [u] (leisure) esparcimiento *m*; **what do you do for ~?** ¿qué haces en tu tiempo libre?; (*before n*): **~ ground** (BrE) campo *m* de deportes; **~ room** (AmE) sala *f* de juegos **2** [c] (pastime) forma *f* de esparcimiento, pasatiempo *m* **3** [u] (in school, prison) (BrE) recreo *m*

re-creation /,riːkri'eɪʃən/ *n* [c u] recreación *f*

recreational /,rekri'eɪʃnəl || ,rekri'eɪʃənl/ *adj* recreativo; **~ drug** droga *f* recreativa; **~ vehicle** vehículo *m* de recreo

recriminate /rɪ'krɪməneɪt || rɪ'krɪmɪneɪt/ *vt* recriminar, reprochar

recrimination /rɪ,krɪmə'neɪʃən || rɪ,krɪmɪ'neɪʃən/ *n* [c u] (*often pl*) recriminación *f*, reproche *m*

recriminatory /rɪ'krɪmənətɔːri || rɪ'krɪmɪnətəri/ *adj* recriminatorio

recrudescence /,riːkruː'desns/ *n* (frml) recrudecimiento *m*

recruit¹ /rɪ'kruːt/ *n* **1** (Mil) recluta *mf* **2** (new member): **the latest ~s to the club/staff** los nuevos socios del club/miembros del personal; **one of our latest ~s** una de nuestras últimas adquisiciones (hum)

recruit² *vt* **1** (Mil) reclutar **2** (take on, attract) ⟨*members/volunteers*⟩ reclutar; ⟨*staff*⟩ contratar; **they tried to ~ me into the party** trataron de convencerme para que me afiliara al partido

■ **recruit** *vi* **1** ⟨⟨*army*⟩⟩ alistar reclutas; ⟨⟨*company*⟩⟩ buscar* personal, reclutar gente **2** **recruiting** *pres p* ⟨*agent/office*⟩ de reclutamiento

recruitment /rɪ'kruːtmənt/ *n* [u] reclutamiento *m*; (*before n*): **~ agency** agencia *f* de trabajo *or* colocaciones *or* (AmL) empleos

recta /'rektə/ *pl of* **rectum**

rectal /'rektl || 'rektl/ *adj* rectal

rectangle /'rektæŋgəl/ *n* rectángulo *m*

rectangular /rek'tæŋgjələr || rek'tæŋgjʊlə(r)/ *adj* rectangular

rectifiable /'rektəfaɪəbəl || 'rektɪfaɪəbəl/ *adj* rectificable

rectification /,rektəfə'keɪʃən || ,rektɪfɪ'keɪʃən/ *n*

A [u c] (of mistake, statement) rectificación *f*, enmienda *f*

B [u] (Elec) rectificación *f*

rectifier /'rektəfaɪər || 'rektɪfaɪə(r)/ *n* rectificador *m*

rectify /'rektəfaɪ || 'rektɪfaɪ/ *vt* **-fies, -fying, -fied**

A (correct) ⟨*mistake/fault*⟩ rectificar*

B (Elec) rectificar*

rectilineal /,rektə'lɪniəl || ,rektɪ'lɪniəl/, **rectilinear** /-'lɪniər || -'lɪniə(r)/ *adj* rectilíneo

rectitude /'rektətuːd || 'rektɪtjuːd/ *n* [u] (frml) rectitud *f*

recto /'rektəʊ/ *n* (*pl* **-tos**) página *f* de la derecha

rector /'rektər || 'rektə(r)/ *n* **1** (Relig) rector, -tora *m,f*, ≈ párroco *m* **2** (in US) (Educ) rector, -ra *m,f*

rectory /'rektəri/ *n* (*pl* **-ries**) rectoría *f*, ≈ casa *f* del párroco

rectum /'rektəm/ *n* (*pl* **rectums** *or* **recta**) recto *m*

recumbent /rɪ'kʌmbənt/ *adj* (frml *or* hum) ⟨*figure/posture*⟩ recostado, reclinado; (in tombs) yacente (liter)

recuperate /rɪ'kuːpəreɪt/ *vi* **to ~ (FROM sth)** recuperarse *or* reponerse* *or* restablecerse* (DE algo)

■ **recuperate** *vt* (frml) ⟨*strength*⟩ recuperar

recuperation /rɪ,kuːpə'reɪʃən/ *n* [u] recuperación *f*, restablecimiento *m*

recuperative /rɪ'kuːpəreɪtɪv || rɪ'kuːpərətɪv/ *adj* ⟨*period*⟩ de recuperación; ⟨*rest/effect*⟩ recuperativo

recur /rɪ'kɜːr || rɪ'kɜː(r)/ *vi* **-rr-**

A **1** (occur again) ⟨⟨*incident/phenomenon*⟩⟩ volver* a ocurrir *or* a suceder, repetirse*; ⟨⟨*theme*⟩⟩ repetirse*, volver* a aparecer; ⟨⟨*symptom*⟩⟩ volver* a presentarse **2** (come to mind again): **the thought keeps ~ring that ...** no puedo dejar de pensar en que ...; **the image kept ~ring to him** volvía a ver la imagen una y otra vez **3** (Math) repetirse* (hasta el infinito) **4** **recurring** *pres p* ⟨*problem/theme/symptom/dream*⟩ recurrente; ⟨*decimal*⟩ periódico

B (refer back, return) (frml) **to ~ TO sth** volver* A algo

recurrence /rɪ'kɜːrəns || rɪ'kʌrəns/ *n* [c u] (of symptoms, theme) reaparición *f*; (of incident, dream) repetición *f*

recurrent /rɪ'kɜːrənt || rɪ'kʌrənt/ *adj* (*usu before n*) recurrente; **it's a ~ theme in his work** es un tema recurrente *or* que se repite en su obra

recyclable /riː'saɪkləbəl/ *adj* reciclable

recycle /riː'saɪkəl/ *vt* **1** ⟨*waste/bottles/scrap*⟩ reciclar **2** (reuse) reutilizar* **3** **recycled** *past p* ⟨*paper/waste*⟩ reciclado

recycling /riː'saɪklɪŋ/ *n* [u] reciclaje *m*, reciclado *m*; (*before n*): **~ plant** planta *f* de reciclaje

red¹ /red/ *adj* **redder, reddest**

A ▸❶ **p.1036** **1** ⟨*rose/dress*⟩ rojo, colorado (esp CS); ⟨*flag/signal*⟩ rojo; **her eyes/hands were ~** tenía los ojos enrojecidos *or* rojos/las manos

enrojecidas *or* rojas; **to go ~ in the face** (with anger, heat) ponerse* colorado *or* rojo; (with embarrassment) sonrojarse, ruborizarse*, ponerse* colorado *or* rojo; **there'll be a few ~ faces** a unos cuantos se les va a caer la cara de vergüenza; **I went bright ~** me puse colorado *or* rojo como un tomate; **he has ~ hair** es pelirrojo; **the (traffic) lights were ~** el semáforo estaba (en) rojo **2** ‹*meat*› rojo; ‹*wine*› tinto
B *also* **Red** (Pol) rojo; **the R~ Army** el Ejército Rojo

red² *n*
A ▸❶ **p.1036** [u] (color) rojo *m*, colorado *m* (esp CS); **underline it in ~** subráyelo con rojo; ***to see ~*** ponerse* hecho una furia *or* un basilisco; **that sort of remark makes me see ~** ese tipo de comentario me saca de quicio *or* de las casillas
B [c] *also* **Red** (colloq & pej) rojo, -ja *m,f* (fam); ***~s under the bed*** ¡que vienen los rojos *or* los comunistas!
C (debt): ***to be in/out of the ~*** estar*/no estar* en números rojos
D [c u] (wine) tinto *m*

red admiral *n* vanesa *f* roja

red ant *n* hormiga *f* roja

red blood cell, red blood corpuscle *n* glóbulo *m* rojo

red-blooded /ˌredˈblʌdəd || ˌredˈblʌdɪd/ *adj* (colloq) (*usu before n*) **1** (virile) (journ) ‹*male*› ardiente, fogoso, de pelo en pecho (fam & hum) **2** (enthusiastic) ‹*patriot/free-marketeer*› ferviente

redbrick /ˈredbrɪk/ *adj* (BrE) de ladrillo (rojo); **~ university** *universidad sin la tradición secular de las antiguas como Oxford o Cambridge*

redbud /ˈredbʌd/ *n* árbol *m* de Judas

redcap /ˈredkæp/ *n* (AmE colloq) mozo *m*, maletero *m*

red card *n* tarjeta *f* roja; ▸**card¹ A1**

red carpet *n*: **to roll out the ~ ~ for sb** recibir* a algn con *or* bombos y platillos *or* (Esp) a bombo y platillo; (*before n*): **they gave us the red-carpet treatment** nos trataron a cuerpo de rey

red cent *n* (AmE colloq): **it's not worth one ~ ~** no vale un céntimo, no vale un peso *or* centavo (AmL), no vale un duro (Esp fam)

redcoat, Redcoat /ˈredkəʊt/ *n*
A (Hist, Mil) casaca roja *m*
B (at holiday camp) (BrE) animador, -dora *m,f*

Red Crescent *n* [u] Media Luna *f* Roja

Red Cross *n* Cruz *f* Roja

redcurrant /ˈredˌkɜːrənt || ˈredˌkʌrənt/ *n* grosella *f* (roja)

red deer *n* ciervo *m*

redden /ˈredn/ *vi* «*skin/sky*» enrojecerse*, ponerse* rojo; (blush) ruborizarse*, ponerse* colorado *or* rojo, sonrojarse
■ **redden** *vt* enrojecer*

reddish /ˈredɪʃ/ ▸❶ **p.1036** *adj* rojizo

redecorate /riːˈdekəreɪt/ *vt* pintar; (repapering) pintar y empapelar
■ **redecorate** *vi* pintar (y empapelar)

redecoration /riːˌdekəˈreɪʃən/ *n* [u] pintura *f* (y empapelado *m*)

redeem /rɪˈdiːm/ *vt*
A **1** (make up for) ‹*fault/error*› compensar **2** (salvage, make acceptable) ‹*good name*› rescatar; **to ~ the situation** salvar la situación; **this policy is ~ed only by ...** lo único que salva *or* redime a esta política es ... **3** ‹*sinners*› redimir **4** **redeeming** *pres p* **Christ's ~ing love** el amor redentor de Cristo; **they have no ~ing features** no tienen ningún rasgo positivo *or* punto a su favor, no hay nada que los salve (fam)
B **1** (fulfil) ‹*promise/pledge*› (frml) cumplir **2** (pay off) (Fin) ‹*debt/mortgage*› pagar*, liquidar, cancelar **3** (cash in) ‹*trading stamps/coupons*› canjear **4** (recover from pawnshop) desempeñar
■ *v refl*: **to ~ oneself** reparar su (*or* mi *etc*) error

redeemable /rɪˈdiːməbəl/ *adj* ‹*property*› amortizable; ‹*stocks/shares*› reembolsable; ‹*coupon/voucher*› canjeable

redeemer /rɪˈdiːmər || rɪˈdiːmə(r)/ *n* redentor, -tora *m,f*; **the R~** el Redentor

redefine /ˌriːdɪˈfaɪn/ *vt* redefinir

redemption /rɪˈdempʃən/ *n* [u]
A (saving) salvación *f*; (Relig) redención *f*; **to be past** *o* **beyond ~** no tener* arreglo *or* remedio
B **1** (of debt) pago *m*, liquidación *f*, cancelación *f*, amortización *f* **2** (of trading stamps, coupons) canje *m*

redemptive /rɪˈdemptɪv/ *adj* (frml) redentor

redeploy /ˌriːdɪˈplɔɪ/ *vt* ‹*resources*› reorientar, dar* nuevo destino a; ‹*staff*› asignar un nuevo destino a, reubicar* (AmL); ‹*troops*› redesplegar

redeployment /ˌriːdɪˈplɔɪmənt/ *n* [u] (of resources) reorientación *f*; (of staff) reorganización *f*, reubicación *f* (AmL); (of troops) redespliegue *m*

redesign /ˌriːdɪˈzaɪn/ *vt* rediseñar

redevelop /ˌriːdɪˈveləp/ *vt* reurbanizar*

redevelopment /ˌriːdɪˈveləpmənt/ *n* [u c] reurbanización *f*

red-eye /ˈredaɪ/ *n* **1** [u] (Photo) ojo *m* rojo **2** [c] *also* **red-eye flight** (AmE colloq) vuelo *m* matutino **3** [u] (AmE colloq) (cheap whisky) whisky *m* barato

red-eyed /ˌredˈaɪd/ *adj* con los ojos enrojecidos *or* rojos; **she was ~ with weeping** tenía los ojos enrojecidos *or* rojos de llorar

red-faced /ˌredˈfeɪst/ *adj* (*usu pred*): **to be ~ with shame** tener* la cara colorada de vergüenza; **their refusal has left the President ~** su negativa ha dejado en evidencia al Presidente

red-haired /ˌredˈherd || ˌredˈheəd/ *adj* pelirrojo

red-handed /ˌredˈhændəd || ˌredˈhændɪd/ *adj*: ***to catch sb ~*** agarrar *or* (esp Esp) coger* a algn con las manos en la masa, agarrar *or* (esp Esp) coger* a algn in fraganti

redhead /ˈredhed/ *n* pelirrojo, -ja *m,f*

red-headed /ˈredˌhedəd || ˌredˈhedɪd/ *adj* ▸**red-haired**

red herring *n* (in detective story) pista *f* falsa; **they are using the issue as a ~ ~** usan el asunto para desviar la atención de la gente del verdadero problema

red-hot /ˈredˈhɑːt || ˌredˈhɒt/ *adj* (*pred* **red hot**)
A (glowing, very hot) al rojo vivo
B (colloq) **1** (sensational) ‹*story/pictures*› de candente actualidad, al rojo vivo **2** (knowledgeable) (*pred*) **to be red hot** (ON **sth**) estar* muy impuesto *or* ser* un experto (EN algo) **3** (excellent) brillante **4** (enthusiastic) ‹*Republican/supporter*› fanático

red-hot poker /ˈredˈhɑːt || ˈredˈhɒt/ *n* tritoma *f*

redial¹ /riːˈdaɪl || riːˈdaɪəl/ *vi/vt*, (BrE) **-ll-** volver* a marcar *or* (CS tb) a discar

redial² /ˈriːdaɪl/ *n* rellamada *f*; **automatic ~** rellamada automática; (*before n*): **~ button** tecla *f* de rellamada

Red Indian¹ *adj* (BrE) de los pieles rojas

Red Indian² *n* (BrE) piel *mf* roja

red ink *n* [u] (AmE colloq) deficit *m* presupuestario

redirect /ˌriːdəˈrekt, -daɪ- || ˌriːdaɪˈrekt, -dɪ-/ *vt* (*often pass*) ‹*letter/parcel*› enviar* a una nueva dirección; ‹*traffic*› desviar*

rediscover /ˌriːdɪˈskʌvər || ˌriːdɪˈskʌvə(r)/ *vt* redescubrir*, volver* a descubrir

rediscovery /ˌriːdɪˈskʌvəri/ *n* [u c] (*pl* **-ries**) redescubrimiento *m*

redistribute /ˌriːdɪˈstrɪbjət || ˌriːdɪˈstrɪbjuːt/ *vt* ‹*wealth/incomes/land*› redistribuir*

redistribution /riːˌdɪstrəˈbjuːʃən || ˌriːdɪstrɪˈbjuːʃən/ *n* [u c] redistribución *f*; **the ~ of wealth** la redistribución de la riqueza

redistributive /ˌriːdɪˈstrɪbjətɪv || ˌriːdɪˈstrɪbjʊtɪv/ *adj* redistributivo

red lead /led/ *n* [u] minio *m*

red-letter /ˈredˌletər || ˌredˈletə(r)/ *adj* (*before n*) muy especial, memorable

red light *n* luz *f* roja, semáforo *m* en rojo, alto *m* (Méx); **she drove through the ~ ~** no respetó la luz roja, se saltó *or* (fam) se comió la luz roja, se pasó el alto (Méx)

red-light district /ˈredˈlaɪt/ *n* zona *f* de tolerancia, zona *f* roja (AmL), barrio *m* chino (Esp)

red mullet *n* salmonete *m*

redneck /ˈrednek/ *n* (in US) (pej) *sureño reaccionario de la clase baja rural*

redness /ˈrednəs || ˈrednɪs/ *n* [u] rojez *f*

redo /riːˈduː/ *vt* (*3rd pers sing pres* **redoes**; *past* **redid**; *past p* **redone**) **1** (do again) ‹*work*› rehacer*, volver* a hacer; **the ironing will all have to be redone** se tendrá que volver a planchar todo **2** ▸**redecorate**

red ocher, (BrE) **red ochre** *n* [u] ocre *m* rojizo

redolence /ˈredləns || ˈredələns/ *n* [u] (liter) fragancia *f* (liter)

redolent /ˈredlənt || ˈredələnt/ *adj* (liter) **~ OF sth** (smelling of sth) con olor A *or* (liter) con fragancia DE algo; **his style is ~ of the Impressionists** su estilo recuerda el de los impresionistas; **the affair seemed ~ of fraud** el asunto olía a fraude

redouble¹ /riːˈdʌbəl/ *vt*
A (increase) ‹*efforts*› redoblar, intensificar*
B (in bridge) redoblar
■ **redouble** *vi* «*efforts*» redoblarse, intensificarse*; «*noise*» aumentar, intensificarse*

redouble² *n* (in bridge) redoblo *m*

redoubt /rɪˈdaʊt/ *n* reducto *m*; **the last ~ of the rebels** el último reducto *or* baluarte de los rebeldes

redoubtable /rɪˈdaʊtəbəl/ *adj* imponente, temible

redound /rɪˈdaʊnd/ *vi* (frml): **to ~ to sb's advantage** redundar en beneficio de algn; **it can only ~ to our credit** sólo puede aumentar nuestro prestigio *or* buen nombre

red pepper *n* **1** [u] (cayenne) pimienta *f* de cayena **2** [c u] (capsicum) *see* **pepper¹ B**

redraft¹ /riːˈdræft || riːˈdrɑːft/ *vt* volver* a redactar

redraft² /ˈriːdræft || ˈriːdrɑːft/ *n* nuevo borrador *m*; **it needs a complete ~** hay que volverlo a redactar

redraw /rɪˈdrɔː/ *vt* (*past* **redrew**; *past p* **redrawn**) ‹*boundary/map*› volver* a trazar; ‹*guidelines*› revisar

redress¹ /rɪˈdres/ *n* [u] (of a wrong) reparación *f*; (Law) reparación *f*, compensación *f*, resarcimiento *m*; **to seek ~ through the courts** tratar de obtener reparación *or* compensación *or* resarcimiento judicial; **you have no ~** no tienes derecho a ningún tipo de compensación; **right of ~** derecho *m* a presentar recurso

redress² *vt* ‹*error/wrong*› reparar, enmendar*; ‹*imbalance*› corregir*; ▸**balance¹ B2**

red ribbon *n* (AmE) cinta *f* roja (*premio por obtener el segundo lugar en un certamen*)

Red Riding Hood *n* Caperucita *f* Roja

red salmon *n* [u c] salmón *m* rojo

Red Sea *n*: **the ~ ~** el Mar Rojo

red setter *n* (BrE) setter *m* irlandés

redshank /ˈredʃæŋk/ *n* archibebe *m*

redskin /ˈredskɪn/ *n* (colloq) piel *mf* roja

red snapper /ˈsnæpər || ˈsnæpə(r)/ *n* pargo *m*, huachinango *m* (Méx)

Red Square *n* Plaza *f* Roja

red squirrel *n* ardilla *f* roja

redstart /ˈredstɑːrt || ˈredstɑːt/ *n* (in US) candelita *m*; (in UK) colirrojo *m*

red tape *n* [u] (bureaucracy) trámites *mpl* burocráticos, papeleo *m* (fam)

red-top /ˈredtɑːp || ˈredtɒp/ *n* (BrE) (Journ) tabloide *m*, periódico *m* popular; (*before n*) ‹*journalism*› de tabloide, popular; ‹*newspaper*› popular

reduce /rɪˈduːs || rɪˈdjuːs/ *vt*
A **1** (lessen, lower) ‹*number/amount*› reducir*; ‹*tension/pressure*› disminuir*, reducir*; ‹*price/taxes/rent*› reducir*, rebajar; ‹*pain*› aliviar; Ⓢ **reduce speed now** disminuya la velocidad **2** (bring down price of) ‹*goods*› rebajar **3** (make smaller) ‹*photograph/image*› reducir* **4** (Culin)

‹sauce› hacer* reducir **5** (Med) ‹fracture/dislocated limb/hernia› reducir*
B **1** (break down, simplify) **to ~ sth TO sth** reducir* algo A algo **2** (Math) ‹fraction/division sum› simplificar*
C (bring to undesirable state) **to ~ sth/sb TO sth** (*often pass*): **their policies have ~d the country to poverty** sus políticas han sumido al país en la pobreza; **they ~d the city to ruins** dejaron la ciudad en ruinas; **they were ~d to slavery/begging** se vieron reducidos a la esclavitud/obligados a mendigar; **he was ~d to tears by her harsh words** sus duras palabras lo hicieron llorar; **he was ~d to the ranks** (Mil) lo degradaron a soldado raso
D (Chem) reducir*
■ **reduce** *vi* (AmE) adelgazar*, rebajar (RPl)

reduced /rɪ'du:st || rɪ'dju:st/ *adj*
A **1** (lower, lesser) ‹numbers/size/weight› reducido; ‹price› reducido, rebajado; **at a much ~ speed** a una velocidad mucho menor; **they will maintain only a ~ presence in the area** mantendrán un número reducido de efectivos en la zona; **~-price tickets** entradas *fpl* a precios reducidos *or* más bajos **2** (smaller) ‹scale/image/copy› reducido
B (impoverished) (frml & euph): **they are living in much ~ circumstances** ahora están pasando estrecheces *or* están muy apretados de dinero

reducible /rɪ'du:səbəl || rɪ'dju:səbəl/ *adj* (*pred*) **to be ~ TO sth** ser* reductible *or* reducible A algo

reduction /rɪ'dʌkʃən/ *n*
A [c u] **1** (in numbers, size, spending) reducción *f* **2** (in prices, charges) rebaja *f*; **a ~ of 5%** una rebaja *or* un descuento del 5% **3** (Phot) copia *f* en tamaño reducido **4** (Med) reducción *f*
B [u] **1** (simplification) reducción *f* **2** (to undesirable condition) reducción *f*; **~ to the ranks** degradación *f* **3** (Math) simplificación *f*
C [u] (Chem) reducción *f*

reductionism /rɪ'dʌkʃənɪzəm/ *n* [u] reduccionismo *m*

reductionist /rɪ'dʌkʃənəst || rɪ'dʌkʃənɪst/ *adj* reduccionista

reductive /rɪ'dʌktɪv/ *adj* reduccionista

redundancy /rɪ'dʌndənsi/ *n* (*pl* **-cies**)
A **1** [u c] (superfluity) (frml) superfluidad *f*; **the apparent ~ of this appendix** la aparente superfluidad *or* inutilidad de este apéndice **2** [u] (Ling) redundancia *f* **3** [u] (Aerosp, Comput) redundancia *f*
B (BrE) (Lab Rel) [u c] (loss of job) despido *m*, cese *m*; **voluntary ~** retiro *m* voluntario *or* (Esp) baja *f* voluntaria; (with incentives) retiro *m* incentivado *or* (Esp) baja *f* incentivada; (*before n*): **~ money** *o* **pay** *o* **payment** indemnización *f* (por despido *or* cese), desahucio *m* (por despido *or* cese) (Chi)

redundant /rɪ'dʌndənt/ *adj*
A **1** (superfluous) superfluo **2** (Ling) redundante **3** (Aerosp, Comput) ‹system/circuitry› redundante
B (esp BrE) (Lab Rel): **she was made ~** la despidieron por reducción de planilla *or* (Esp) de plantilla, quedó cesante

reduplicate /rɪ'du:plɪkeɪt || rɪ'dju:plɪkeɪt/ *vt* **1** (repeat) repetir* **2** (Ling) reduplicar*

reduplication /rɪ,du:plɪ'keɪʃən || rɪ,dju:plɪ'keɪʃən/ *n* [u] **1** (repetition) duplicación *f* **2** (Ling) reduplicación *f*

redwing /'redwɪŋ/ *n* (American bird) coronel *m*, acolchichi *m* (Méx); (European bird) tordo *m* alirrojo, malvís *m*

redwood /'redwʊd/ *n* secoya *f*, secuoya *f*

reecho /ri:'ekəʊ/ **reechoes, reechoing, reechoed** *vi* ‹‹sound/voice›› resonar*
■ **reecho** *vt* ‹opinion› repetir*, hacerse* eco de; ‹theme› repetir*

reed /ri:d/ *n*
A (Bot) carrizo *m*, junco *m*; ***a broken ~*** (liter) una persona poco de fiar
B (Mus) **1** (in instrument) lengüeta *f* **2** **~ (instrument)** instrumento *m* de lengüeta

reed bed *n* cañaveral *m*

reedit /ri:'edət || ri:'edɪt/ *vt* **1** (edit again) ‹text› volver* a corregir; ‹tape/film› reeditar **2** (make new edition of) preparar una nueva edición de

reeducate /ri:'edʒəkeɪt || rɪ:'edjʊkeɪt/ *vt* ‹population› reeducar*; ‹offender› rehabilitar

reeducation /ri:,edʒə'keɪʃən || ,ri:edjʊkeɪʃən/ *n* [u] reeducación *f*; (of offender) rehabilitación *f*

reed warbler *n* carricero *m* (común)

reedy /'ri:di/ *adj* **-dier, -diest**
A ‹voice› aflautado, atiplado
B (overgrown with reeds) poblado de juncos

reef[1] /ri:f/ *n*
A **1** (Geog) arrecife *m*; (seen as hazard) escollo *m*, arrecife *m*; **a coral ~** un arrecife de coral **2** (Min) veta *f*
B (Naut) banda *f* de rizo

reef[2] *vt* arrizar*

reefer /'ri:fər || 'ri:fə(r)/ *n* (sl & dated) canuto *m or* (Méx) toque *m or* (Col) varillo *m or* (Chi) pito *m* (fam)

reef knot *n* nudo *m* de rizo, lasca *f*

reek[1] /ri:k/ *vi* **1** (stink) **to ~ (OF sth)** apestar *or* heder* (A algo) **2** (have air of) **to ~ OF sth** oler* A algo **3** **reeking** *pres p* ‹gutters/breath› maloliente, hediondo

reek[2] *n* [u] hedor *m*

reel[1] /ri:l/ *n*
A **1** (for wire, thread, tape) carrete *m*, reel *m* (RPl); **a cotton ~** (BrE) un carrete *or* (RPl) un carretel de hilo **2** (of film) rollo *m* **3** (fishing) carrete *m*, carretel *m*, reel *m* (RPl)
B (dance) *baile de origen escocés*

reel[2] *vi*
A **1** (move unsteadily) tambalearse; **he came ~ing out of the room** salió de la habitación tambaleándose *or* dando tumbos; **she ~ed back from the blow** el golpe la echó hacia atrás **2** (feel impact): **they were still ~ing from the last price rise** todavía no se habían recuperado del impacto de la última subida de precios **3** **reeling** *pres p* ‹motion/gait› tambaleante
B ‹‹room/walls›› (move in circles) dar* vueltas; **my head was ~ing** todo me daba vueltas
■ **reel** *vt* enrollar

Phrasal verbs
• **reel in** [v + o + adv, v + adv + o] ‹line› enrollar, recoger*; ‹fish› sacar* del agua enrollando el sedal
• **reel off** [v + o + adv, v + adv + o] recitar de un tirón

reelect /,ri:ə'lekt || ,ri:ɪ'lekt/ *vt* reelegir*; **she was ~ed as treasurer** fue reelegida como tesorera

reelection /,ri:ə'lekʃən || ,ri:ɪ'lekʃən/ *n* [u] reelección *f*; **to stand for ~** volver* a presentarse como candidato

reel-to-reel /'ri:ltə'ri:l/ *adj* ‹tape recorder› de carrete

reemerge /,ri:ə'mɜ:rdʒ || ,ri:ɪ'mɜ:dʒ/ *vi* **1** (reappear) volver* a salir, reaparecer* **2** (regain prominence) resurgir*

re-emergence /,ri:ɪ'mɜ:rdʒəns || ,ri:ɪ'mɜ:dʒəns/ *n* [u c] (of disease, infection) reaparición *m*; (of ideology) resurgimiento *m*, renacimiento *m*

re-emergent /,ri:ɪ'mɜ:rdʒənt || ,ri:ɪ'mɜ:dʒənt/ *adj* ‹diseases/infections› que reaparece; ‹democracies/economies› resurgiente, renaciente

re-employ /,ri:ɪm'plɔɪ/ *vt* volver* a emplear, reemplear

reemployment /,ri:ɪm'plɔɪmənt/ *n* [u] reempleo *m*

reenact /,ri:ə'nækt || ,ri:ɪ'nækt/ *vt* ‹historical event› recrear, representar; ‹crime› reconstruir*, reconstituir*

reenactment /,ri:ə'næktmənt || ,ri:ɪ'næktmənt/ *n* [c u] (of historical event) recreación *f*, representación *f*; (of crime) reconstrucción *f*, reconstitución *f*

reengage /,ri:ən'geɪdʒ || ,ri:ɪn'geɪdʒ/ *vt* **1** (Mech Eng) ‹lever/gear/clutch› volver* a meter **2** ‹employee› volver* a contratar

re-enlist /,ri:ɪn'lɪst/ *vi* realistarse

reenter /ri:'entər || ri:'entə(r)/ *vt* ‹country/building› volver* a entrar en *or* (esp AmL) a; **to ~ society** reintegrarse en la sociedad
■ **reenter** *vi* **1** (go in, come in) volver* a entrar; **~ Romeo** (Theat) reaparece Romeo **2** (register again): **to ~ for an exam** volver* a presentarse a un examen; **to ~ for a race** volver* a inscribirse para participar en una carrera

reentry /ri:'entri/ *n* [u c] (*pl* **-tries**) **1** (into country) reingreso *m*; (into society) reintegración *f*; (*before n*) ‹permit/visa› de reingreso **2** (Aerosp) reingreso *m* **3** (Theat) reaparición *f* (en escena)

reequip /,ri:ɪ'kwɪp/ **-pp-** *vt* renovar* el equipo de
■ **reequip** *vi* renovar* su (*or* nuestro *etc*) equipo

reestablish /,ri:ɪ'stæblɪʃ/ *vt* ‹order/custom/contact› restablecer*; ‹friendship› renovar*; **to ~ oneself** volverse* a establecer

reestablishment /,ri:ɪ'stæblɪʃmənt/ *n* [u] restablecimiento *m*; **his ~ as leader/in the post** su restitución como líder/en el cargo

reevaluate /,ri:ɪ'væljueɪt/ *vt* reconsiderar, volver* a evaluar

reeve /ri:v/ *n* **1** (in UK) (Hist) alguacil *mf* **2** (in Canada) presidente *mf* del concejo

reexamination /,ri:ɪg,zæmə'neɪʃən || ,ri:ɪg,zæmɪ'neɪʃən/ *n* [u] (of facts, evidence) segundo examen *m*; (of patient) segundo reconocimiento *m*; (of witness) segundo interrogatorio *m*

reexamine /,ri:ɪg'zæmən || ,ri:ɪg'zæmɪn/ *vt* ‹facts/evidence/student/patient› volver* a examinar; ‹witness› volver* a interrogar, someter a un segundo interrogatorio

re-export[1] /,ri:ek'spɔ:rt || ,ri:ek'spɔ:t/ *vt* reexportar

re-export[2] /ri:'ekspɔ:rt || ri:'ekspɔ:t/ *n* **1** [u] (action) reexportación *f* **2** [c] (commodity) producto *m* destinado a la reexportación

ref[1] /ref/ *n* (colloq) árbitro, -tra *m,f*, réferi *mf* (AmL)

ref[2] /ref/ (= **reference**) ref.; **our ~: HYZ** N/ref. HYZ; **your ~: XYZ** S/ref. XYZ

reface /ri:'feɪs/ *vt* ‹wall› renovar* el revestimiento de; ‹building› renovar* la fachada de

refectory /rɪ'fektəri/ *n* (*pl* **-ries**) refectorio *m*

refer /rɪ'fɜ:r || rɪ'fɜ:(r)/ *vt* **-rr-** **1** (direct — to source of information) remitir; (— to place) enviar*, mandar; **the reader is ~red to ...** se remite al lector a ...; **I kept being ~red from one office to another** me estuvieron enviando *or* mandando de una oficina a otra; **to ~ sb to a specialist** (Med) mandar *or* (AmL) derivar a algn a un especialista **2** (submit) ‹problem/proposal› remitir; **I shall ~ your proposal to the board** remitiré su propuesta a la junta, someteré su propuesta a la consideración de la junta; *see also* **refer to**

Phrasal verbs
• **refer back to**
A [v + adv + prep + o] ‹earlier chapter› hacer* referencia a; **I'll have to ~ back to my notes** tendré que volver a consultar mis apuntes
B [v + o + adv + prep + o]: **I was ~red back to the specialist** me volvieron a mandar *or* (AmL) derivar al especialista; **the matter was ~red back to the committee** el asunto se volvió a remitir a la comisión
• **refer to** [v + prep + o] **1** (mention) hacer* referencia a, aludir a; **she didn't ~ to the subject** no hizo referencia al tema, no aludió al tema **2** (allude to) referirse* a; **are you ~ring to me, by any chance?** ¿te refieres a mí, por casualidad?; **I ~ to your letter of 18th March** con relación a su carta del 18 de marzo **3** (apply to, concern) ‹‹regulations/orders›› atañer* a; **this criticism does not ~ to you** esta crítica no va por ti **4** (consult) consultar, remitirse a; **~ to the manual** consulte el manual, remítase al manual; **I shall have to ~ to my notes** tendré que consultar mis apuntes; **S refer to drawer** (on check) devolver* al librador (*por falta de fondos*)

referee[1] /,refə'ri:/ *n*
A **1** (Sport) árbitro, -tra *m,f*, réferi *mf* (AmL) **2** (in dispute) árbitro *mf*
B (BrE) **1** (for job candidate): **you need two ~s** necesitas el aval de dos personas, necesitas dos personas que puedan dar referencias sobre ti **2** (assessor) evaluador, -dora *m,f*

referee[2] *vt* arbitrar
■ **referee** *vi* arbitrar, hacer* de árbitro

r

reference /'refrəns, 'refərəns/ *n*
A [c u] (allusion) ~ (**to sth/sb**) alusión *f or* referencia *f* (A algo/algn); **to make ~ to sth/sb** hacer* alusión *or* referencia a algo/algn, mencionar algo/a algn; **with ~ to sth** con referencia *or* relación a algo, en relación con algo
B **1** [u] (consultation) consulta *f*; **for future ~** para futura(s) consulta(s); **for future ~, you ought to get authorization first** de aquí en adelante tenga en cuenta que primero hay que pedir autorización; **for ease of ~** para facilitar la consulta; **she did it without ~ to me** lo hizo sin consultarme; (*before n*): **~ book/library** obra *f* /biblioteca *f* de consulta *or* de referencia; **~ group** grupo *m* de estudio; **~ point** punto *m* de referencia; **for ~ use only** para consultar en sala **2** [c] (indicator) referencia *f*; **our ~: FMH/cs** nuestra referencia: FMH/cs; (*before n*): **~ mark** llamada *f*; **~ number** número *m* de referencia
C [u] **1** (scope, remit): **this matter lies outside the ~ of the committee** este asunto está fuera de las atribuciones *or* la competencia del comité; **that's outside the terms of ~ of the investigation** eso está fuera del ámbito de la investigación; **point of ~** punto *m* de referencia **2** (relation) ~ **TO sth** relación *f* CON algo; **to bear/have ~ to sth** tener* relación con algo
D [c] **1** (testimonial) referencia *f*, informe *m*; **can you provide ~s?** ¿puede facilitarnos referencias?; **they didn't even take up ~s** ni siquiera pidieron referencias *or* informes **2** (person giving testimonial) (AmE): **you need two ~s** necesitas el aval de dos personas

referendum /,refə'rendəm/ *n* (*pl* **-dums** *or* **-da** /-də/) ~ (**ON sth**) referéndum *m or* referendo *m or* plebiscito *m* (SOBRE algo); **to call a ~** convocar* un referéndum (*or* referendo *etc*); **to hold a ~** celebrar un referéndum (*or* referendo *etc*); **to hold a ~ on sth** plebiscitar algo, someter algo a referéndum (*or* referendo *etc*)

referent /'refərənt/ *n* referente *m*

referral /rɪ'fɜːrəl/ *n* [c u]: **I asked for (a) ~ to a specialist** pedí que me mandaran *or* (AmL) me derivaran a un especialista; **we had 600 ~s last month** el mes pasado nos enviaron 600 casos/pacientes

referred pain /rɪ'fɜːrd || rɪ'fɜːd/ *n* [u] dolor *m* reflejo

refill¹ /'riːfɪl/ *n* **1** (for pen, deodorant) repuesto *m*, recambio *m*; (for lighter) carga *f*; (*before n*) ‹*pack/pad*› de repuesto, de recambio **2** (drink): **would you like a ~?** ¿quieres más?, ¿te sirvo otra copa? **3** (Auto): **I need a ~** tengo que poner más gasolina *or* (Andes) bencina, tengo que cargar nafta (RPl)

refill² /riː'fɪl/ *vt* ‹*glass/bottle/tank*› volver* a llenar, rellenar; **S this prescription may not be ~ed** (AmE) ≈ venta exclusiva bajo receta

refillable /riː'fɪləbəl/ *adj* recargable

refinance /,riːfə'næns, -faɪ- || riː'faɪnæns/ *vt* refinanciar

refine /rɪ'faɪn/ *vt* **1** ‹*sugar/oil*› refinar **2** (improve) ‹*design/style*› pulir, perfeccionar

Phrasal verb
• **refine on, refine upon** [v + prep + o] pulir, mejorar

refined /rɪ'faɪnd/ *adj* **1** ‹*person/manners*› refinado, fino **2** ‹*technique/analysis*› refinado; ‹*style/language*› pulido **3** ‹*sugar/oil*› refinado

refinement /rɪ'faɪnmənt/ *n* **1** [u] (gentility, elegance) refinamiento *m*, finura *f* **2** [u c] (subtlety) refinamiento *m*, delicadeza *f*; **~s of cruelty** formas *fpl* retorcidas *or* rebuscadas de crueldad **3** [c u] (improvement) mejora *f* **4** [u] (of raw material) refinado *m*

refinery /rɪ'faɪnəri/ *n* (*pl* **-ries**) refinería *f*

refinish /riː'fɪnɪʃ/ *vt* (AmE) renovar* el acabado de

refit¹ /'riːfɪt/ *n* (Naut) reparación *f*; (Const) reacondicionamiento *m*; **the vessel is under ~** el barco está en reparaciones

refit² /riː'fɪt/ *vt* **-tt-** ‹*ship*› reparar; ‹*building*› reacondicionar

reflate /riː'fleɪt/ *vt* reflacionar
■ **reflate** *vi* experimentar una reflación

reflation /riː'fleɪʃən/ *n* [u] reflación *f*

reflationary /riː'fleɪʃəneri || riː'fleɪʃənri/ *adj* reflacionario

reflect /rɪ'flekt/ *vt*
A **1** ‹*light/heat/sound*› reflejar; **her face was ~ed in the mirror** su cara se reflejaba en el espejo **2** ‹*situation/feeling/mood*› reflejar; **this is ~ed in her work** esto se refleja en su trabajo
B (think) reflexionar, meditar
■ **reflect** *vi*
A (think) **to ~ (ON sth)** reflexionar *or* meditar (SOBRE algo)
B «*light/heat*» reflejarse

Phrasal verb
• **reflect on, reflect upon** [v + prep + o]: **what you say will ~ on the group as a whole** lo que digas repercutirá en la imagen de todo el grupo; **her behaviour ~s well on her parents** su comportamiento crea una buena impresión de su padres; **your conduct ~s badly on the company** su conducta da una mala imagen de *or* (frml) va en descrédito de la compañía

reflection /rɪ'flekʃən/ *n*
A **1** [u] (Opt, Phys) reflexión *f* **2** [c] (image) reflejo *m* **3** [c] (of situation, feeling) reflejo *m*; **it's not an accurate ~ of the situation** no es (un) reflejo fiel de la situación
B **1** [u] (contemplation) reflexión *f*; **on** *o* **upon ~, it doesn't seem such a good idea** pensándolo bien, no parece tan buena idea; **after serious ~, I have decided to accept** después de pensarlo *or* meditarlo seriamente, he decidido aceptar **2** [c] (thought) reflexión *f*, (comment) observación *f*
C (disparagement) (*no pl*) **to be a ~ ON sth/sb**: **it's a sad ~ on human nature that nobody would help him** que nadie lo ayudara no dice mucho a favor de la humanidad; **this is no ~ on you, but ...** yo sé que no es culpa tuya, pero ..., no te estoy reprochando, pero ...

reflective /rɪ'flektɪv/ *adj* **1** (Phys) ‹*material/paint/surface*› reflectante **2** (pensive) reflexivo, meditabundo **3** (representative) (frml) (*pred*) **to be ~ OF sth** reflejar algo; **this is ~ of public interest** esto refleja el interés del público

reflectively /rɪ'flektɪvli/ *adv* pensativamente

reflectivity /,rɪflek'tɪvəti/ *n* [u] índice *m* de reflexión

reflector /rɪ'flektər || rɪ'flektə(r)/ *n* **1** (Phys) reflector *m* **2** (of light, heat) reflector *m*; (Auto) catafaros *m*; (*before n*) ‹*strip/stud*› reflectante

reflex /'riːfleks/ *n*
A **1** (Physiol) reflejo *m*; **conditioned ~** reflejo *m* condicionado; (*before n*): **~ action** acto *m* reflejo **2** (automatic reaction) reflejo *m*; (*before n*) ‹*response/refusal*› instintivo, automático
B (Phot): **single-lens ~** (cámara *f*) réflex *f*

reflex angle *n* ángulo *m* cóncavo

reflexion /rɪ'flekʃən/ *n* [u c] (BrE) ▸ **reflection**

reflexive /rɪ'fleksɪv/ *adj* ‹*pronoun/verb*› reflexivo

reflexively /rɪ'fleksɪvli/ *adv* de forma reflexiva

reflexologist /,riːflek'sɑːlədʒəst || ,riːflek'sɒlədʒɪst/ *n*
A (practitioner of reflexology) reflexólogo, -ga *m,f*, reflexoterapeuta *mf*
B (Psych) reflexólogo, -ga *m,f*

reflexology /,riːflek'sɑːlədʒi || ,riːflek'sɒlədʒi/ *n* [u]
A (system of massage) reflexología *f*
B (Psych) reflexología *f*

reflexotherapy /rɪ,fleksəʊ'θerəpi/ *n* [c u] (*pl* **-pies**) reflexoterapia *f*

refloat /riː'fləʊt/ *vt* ‹*ship*› desencallar, reflotar, sacar* a flote

reflux /'riːflʌks/ *n* [u] reflujo *m*

reforest /riː'fɔːrəst || riː'fɒrɪst/ *vt* reforestar

reforestation /riː,fɔːrə'steɪʃən || riː,fɒrɪ'steɪʃən/ *n* [u] reforestación *f*, repoblación *f* forestal

reform¹ /rɪ'fɔːrm || rɪ'fɔːm/ *n* **1** [u c] (of system) reforma *f*; (*before n*): **~ law** ley *f* reformadora *or* de reforma; **~ movement** movimiento *m* de reforma **2** [u] (in character) reforma *f*; **he was beyond all hope of ~** no había la menor esperanza de que se reformara

reform² *vt* **1** ‹*system/institution*› reformar **2** (morally) reformar
■ **reform** *vi* reformarse

Reform /rɪ'fɔːrm || rɪ'fɔːm/ *adj* ‹*synagogue/rabbi*› reformista

re-form /riː'fɔːrm || riː'fɔːm/ *vt* ‹*organization/regiment/ranks*› volver* a formar, reagrupar
■ **re-form** *vi* volver* a formarse, reagruparse

reformat /riː'fɔːrmæt || riː'fɔːmæt/ *vt* reformatear

reformation /,refər'meɪʃən || ,refə'meɪʃən/ *n* **1** (of character) reforma *f* **2** (Relig): **the Reformation** la Reforma

reformatory /rɪ'fɔːrmətɔːri || rɪ'fɔːmətəri/ *n* (*pl* **-ries**) (in US) reformatorio *m*

reformed /rɪ'fɔːrmd || rɪ'fɔːmd/ *adj* **1** (morally) reformado; **he's a ~ character** es otra persona **2** **the R~ Church** la Iglesia Reformada

reformer /rɪ'fɔːrmər || rɪ'fɔːmə(r)/ *n* reformador, -dora *m,f*

reformism /rɪ'fɔːrmɪzəm || rɪ'fɔːmɪzəm/ *n* [u] reformismo *m*

reformist¹ /rɪ'fɔːrməst || rɪ'fɔːmɪst/ *adj* reformista

reformist² *n* reformista *mf*

reform school *n* (in UK) (Hist) reformatorio *m*, correccional *f or* (Esp) correccional *m* (de menores)

reformulate /riː'fɔːrmjəleɪt || riː'fɔːmjʊleɪt/ *vt* ‹*question/proposal*› replantear, volver* a formular

reformulation /riː,fɔːrmjə'leɪʃən || riː,fɔːmjʊ'leɪʃən/ *n* [u c] replanteamiento *m*

refract /rɪ'frækt/ *vt* (*often pass*) refractar
■ **refract** *vi* refractarse

refracting telescope /rɪ'fræktɪŋ/ *n* telescopio *m* refractor

refraction /rɪ'frækʃən/ *n* [u] refracción *f*

refractive index /rɪ'fræktɪv/ *n* índice *m* de refracción

refractor /rɪ'fræktər || rɪ'fræktə(r)/ *n* refractor *m*

refractory /rɪ'fræktəri/ *adj* **1** (unmanageable) (frml) ‹*person/mood*› obstinado y difícil **2** (Med) **to be ~ TO sth** no responder A algo **3** (Tech) ‹*clay/metal*› refractario

refrain¹ /rɪ'freɪn/ *vi* (frml) **to ~ (FROM sth/-ING)** abstenerse* (DE algo/+ INF); **I ~ed from criticizing him** me abstuve de criticarlo; **I tried to ~ from laughing** traté de contener la risa; **kindly ~ from smoking** se ruega no fumar

refrain² *n* (Lit, Mus) estribillo *m*; **you have to try harder, came the familiar ~** me salió con el estribillo *or* la cantinela de siempre: tienes que esforzarme más

refreeze /riː'friːz/ (*past* **-froze**; *past p* **-frozen**) *vt*, recongelar, volver* a congelar
■ *vi* volver* a congelarse

refresh /rɪ'freʃ/ *vt* **1** «*drink/shower*» refrescar*; **he felt ~ed after his vacation** se sentía como nuevo después de las vacaciones; **to ~ sb's memory** refrescarle* la memoria a algn **2** (Comput) actualizar*

refresher /rɪ'freʃər || rɪ'freʃə(r)/ *n* **1** (Educ): **this book serves as a useful ~** este libro ayuda a ponerse al día en la materia; (*before n*): **~ course** curso *m* de actualización *or* de reciclaje **2** (fee) (BrE) (Law) honorarios *mpl* adicionales

refreshing /rɪ'freʃɪŋ/ *adj* ‹*taste/drink/bath*› refrescante; ‹*sleep*› reparador; ‹*enthusiasm/honesty*› reconfortante; **it's a ~ change to see a woman in charge** es alentador *or* da gusto ver que por una vez es una mujer la que está al frente

refreshingly /rɪ'freʃɪŋli/ *adv*: **it's ~ cool in here** aquí hace un fresco muy agradable; **he's ~ enthusiastic** da gusto ver lo entusiasta que es; **she spoke in a ~ candid way** habló con inusual y bienvenida franqueza

refreshment /rɪ'freʃmənt/ *n* **1** [u] (act): **the breeze provided some ~** la brisa daba algo de frescor; **anyone ready for liquid ~?** ¿quién se apunta a una copa? (fam); (*before n*): **~ stall** *o* **stand** puesto *m* de refrescos **2** **refreshments** *pl* refrigerio *m*; **light ~s will be**

served se servirá un pequeño refrigerio

refried beans /ˈriːfraɪd/ *pl n* frijoles *mpl* refritos

refrigerant /rɪˈfrɪdʒərənt/ *n* refrigerante *m*; (*before n*) ‹*liquid/gas/effect*› refrigerante

refrigerate /rɪˈfrɪdʒəreɪt/ *vt* refrigerar

refrigeration /rɪˌfrɪdʒəˈreɪʃən/ *n* [u] refrigeración *f*; **store under ~** mantener refrigerado; (*before n*): **~ plant** planta *f* frigorífica *or* de refrigeración

refrigerator /rɪˈfrɪdʒəreɪtər ‖ rɪˈfrɪdʒə reɪtə(r)/ *n* nevera *f*, refrigerador *m* (AmL), frigorífico *m* (Esp), heladera *f* (RPl); (*before n*) ‹*ship/truck*› frigorífico

refuel, (BrE) **-ll-** /riːˈfjuːəl/ *vt* 1▸ ‹*plane/ship*› reabastecer* de combustible 2▸ ‹*emotions*› reavivar; ‹*speculation*› intensificar*

■ **refuel** *vi* «*plane/ship*» repostar, reabastecerse* de combustible; «*driver*» poner* gasolina *or* (Andes) bencina, cargar* nafta (RPl)

refueling, (BrE) **refuelling** /riːˈfjuːəlɪŋ/ *n* [u c] repostaje *m*, reabastecimiento *m* de combustible; (*before n*): **~ stop** escala *f* técnica *or* de repostaje

refuge /ˈrefjuːdʒ/ *n* 1▸ (safe place) refugio *m*; **to seek ~ from sth/sb** refugiarse de algo/algn; **to take ~** refugiarse; **we took ~ under a tree** nos guarecimos *or* nos refugiamos bajo un árbol 2▸ (for battered women) refugio *m* (para mujeres maltratadas) 3▸ (on mountain) refugio *m* (de montaña) 4▸ (bird sanctuary) (AmE) reserva *f* ornitológica 5▸ (traffic island) (BrE) isla *f* (peatonal *or* de peatones)

refugee /ˌrefjʊˈdʒiː/ *n* refugiado, -da *m,f*; (*before n*): **~ camp** campamento *m* de refugiados; **~ status** estatus *m* de refugiado

refulgence /rɪˈfʌldʒəns/ *n* [u] (liter) fulgor *m*, refulgencia *f* (liter)

refulgent /rɪˈfʌldʒənt/ *adj* (liter) refulgente (liter)

refund[1] /rɪˈfʌnd/ *vt* ‹*payment*› devolver*, reintegrar (frml); ‹*expenses/postage*› reembolsar; **they wouldn't ~ me the full amount** no quisieron devolverme el importe total; **to ~ sb FOR sth** reembolsarle algo A algn; **you will be ~ed for your expenses** se le reembolsarán los gastos

refund[2] /ˈriːfʌnd/ *n* (of expenses, deposits) reembolso *m*; **they refused to give her a ~** no le quisieron devolver el dinero; **full cash ~ if not satisfied** le devolvemos el importe total si no queda satisfecho; ⊗ **no refunds** no se admiten devoluciones

refundable /rɪˈfʌndəbəl/ *adj* reembolsable

refurbish /rɪːˈfɜːrbɪʃ ‖ riːˈfɜːbɪʃ/ *vt* renovar*, hacer* reformas en; (restore) restaurar

refurbishment /rɪːˈfɜːrbɪʃmənt ‖ riːˈfɜːbɪʃmənt/ *n* [u] renovación *f*, acondicionamiento *m*

refurnish /riːˈfɜːrnɪʃ ‖ riːˈfɜːnɪʃ/ *vt* renovar* el mobiliario de

refusal /rɪˈfjuːzəl/ *n* 1▸ (of permission, request) denegación *f*; (of offer) rechazo *m*; (to do sth) negativa *f*; **you are allowed two ~s** puedes negarte dos veces; **I was surprised by his ~ of my offer** me sorprendió que no aceptara *or* que rechazara mi oferta; **his ~ to cooperate** su negativa a cooperar, el hecho de que se niegue (*or* se negara *etc*) a cooperar; **our proposal/offer met with a flat ~** rechazaron de plano nuestra propuesta/oferta; ***to give sb first ~*** darle* a algn la primera opción (de compra); **can I have first ~?** ¿me lo ofrece primero a mí?, ¿me da la primera opción? 2▸ (Equ) plante *m*

refuse[1] /rɪˈfjuːz/ *vt* 1▸ (decline) ‹*offer/gift*› rechazar*, no aceptar, rehusar*; **he has been refusing food for several days** lleva varios días rechazando la comida; **they ~d her request** se negaron a complacerla; **to ~ sb sth** negarle* *or* (frml) denegarle* algo a algn; **she was ~d permission** le negaron *or* no le concedieron el permiso; **they were ~d permission to land** les negaron *or* no les concedieron autorización para aterrizar; **you can't ~ her anything** no se le puede negar nada; **after Gladys ~d him, he was a broken man** cuando Gladys lo rechazó, quedó destrozado; **she applied for a job but was ~d** solicitó un puesto pero la rechazaron; **I will not be ~d!** no aceptaré una negativa; **to ~ to + INF** negarse* A + INF; **he ~d to help** se negó a ayudar; **she ~s to listen to reason** no quiere atender a razones 2▸ (Equ) ‹*jump*› rehusar*

■ **refuse** *vi* 1▸ (decline) negarse*; **how can I ~?** ¿cómo voy a negarme?, ¿cómo voy a decir que no? 2▸ (Equ) rehusar*

refuse[2] /ˈrefjuːs/ *n* [u] residuos *mpl*, desperdicios *mpl*; **household ~** residuos *mpl* domésticos, basura *f*; **industrial ~** residuos *mpl* *or* desechos *mpl* industriales; (*before n*): **~ bin** cubo *m or* (CS, Per) tacho *m or* (Méx) bote *m or* (Chi) tarro *m or* (Col) caneca *f or* (Ven) tobo *m* de la basura; **~ chute** vertedor *m*, ducto *m* (Ur); **~ collector** basurero, -ra *m,f*; **~ collection** recogida *f* de basuras; **~ disposal** trituración *f* de basura; **~ disposal unit** triturador *m* de basuras; **~ dump** *o* **tip** basurero *m*, vertedero *m* (de basuras), basural *m* (AmL); **~ skip** (BrE) contenedor *m* de basura

refusenik /rɪˈfjuːznɪk/ *n* refusenik *mf*

refutable /rɪˈfjuːtəbəl/ *adj* refutable

refutal /rɪˈfjuːtl/ *n* refutación *f*

refutation /ˌrefjʊˈteɪʃən/ *n* [u c] refutación *f*

refute /rɪˈfjuːt/ *vt* 1▸ (disprove) refutar, rebatir 2▸ (deny) (crit) negar*

regain /rɪˈgeɪn ˈriːgeɪn/ *vt* 1▸ (recover) ‹*strength/territory/freedom*› recuperar, recobrar; **to ~ consciousness** volver* en sí, recobrar el conocimiento; **to ~ one's composure** recobrar la compostura; **to ~ the lead** volver* a ponerse en cabeza 2▸ (return to) ‹*shore*› llegar* a, alcanzar*

regal /ˈriːgəl/ *adj* ‹*bearing*› majestuoso, regio; **the dinner was a truly ~ affair** la cena fue fastuosa *or* principesca

regale /rɪˈgeɪl/ *vt* **to ~ sb WITH sth** ‹*with food/drink*› agasajar *or* obsequiar a algn CON algo; **he ~d us with hilarious anecdotes** nos hizo reír con unas anécdotas divertidísimas; **I was ~d with the full details of her complaint** (iro) me hizo el obsequio de explicarme su dolencia con lujo de detalles (iró)

regalia /rɪˈgeɪljə ‖ rɪˈgeɪliə/ *pl n* ropajes *mpl*, vestiduras *fpl*; **the mayor was wearing his full ~** el alcalde llevaba el traje de ceremonia; **you're in full ~ today, I see** (hum) así que hoy vamos de gala *or* de tiros largos ¿eh?

regard[1] /rɪˈgɑːrd ‖ rɪˈgɑːd/ *vt*

A 1▸ (consider) considerar; **to ~ sth/sb AS sth: they ~ her as a genius** la consideran un genio; **I ~ it as my duty to warn you** considero (que es) mi deber advertirte; **they ~ it as vital that ...** consideran fundamental que ...; **initially, they ~ed her with suspicion** al principio recelaban de ella, al principio les inspiraba desconfianza; **how do you ~ the situation there today?** ¿qué opinión le merece *or* cómo ve usted la situación actual allí?; **her employers ~ her very highly** sus jefes tienen muy buena opinión de ella *or* la tienen en gran estima; **a highly ~ed university** una universidad muy respetada *or* de gran reputación 2▸ **as regards** en lo que se refiere a, en lo que atañe a, en cuanto a

B (look at) (liter) contemplar

C (heed) (*usu neg*) considerar, tener* en cuenta

regard[2] *n*

A [u] 1▸ (esteem): **to have a high ~ for sb** tener* muy buen concepto *or* muy buena opinión de algn, tener* a algn en gran estima; **I have a great ~ for her professional judgment** respeto mucho su criterio profesional; **the company holds your work in high ~** la empresa tiene muy buena opinión de su trabajo 2▸ (consideration) consideración *f*; **they have no ~ for other people's feelings** no tienen ninguna consideración por los sentimientos de los demás; **~ FOR sb/sth: she shows little ~ for convention** respeta muy poco las convenciones, las convenciones la tienen *or* la traen sin cuidado; **without ~ for her own safety** sin pensar en el riesgo que corría; **they paid no ~ to my wishes** hicieron caso omiso de mis deseos

B **regards** *pl* (greeting) saludos *mpl*, recuerdos *mpl*; **please give Tom my ~s** dale saludos *or* recuerdos de mi parte a Tom; **Sheila sends her ~s** Sheila manda saludos *or* recuerdos; **kind ~s, John** saludos, John

C (*in phrases*): **with regard to** (con) respecto a, con relación a, en relación con; **with ~ to your application** (con) respecto a *or* con relación a *or* en relación con su solicitud; **with particular ~ to Third World countries** especialmente en lo que se refiere a los países del Tercer Mundo; **in this/that regard** en este/ese aspecto; **she is fortunate in one ~** tiene suerte en un aspecto; **you need have no worries in that ~** en ese sentido *or* aspecto no tiene por qué preocuparse

regarding /rɪˈgɑːrdɪŋ ‖ rɪˈgɑːdɪŋ/ *prep* (frml) en lo que concierne a, en lo que respecta a, en lo que se refiere a, (con) respecto a

regardless /rɪˈgɑːrdləs ‖ rɪˈgɑːdlɪs/ *adv* 1▸ (in spite of everything): **I told her not to do it, but she carried on ~** le dije que no lo hiciera pero no me hizo caso *or* (fam) siguió como si tal cosa; **she'll have her say, ~** siempre tiene que dar su opinión, pese a quien pese *or* pase lo que pase 2▸ **regardless of** (*prep*): **we must leave tonight, ~ of the cost/consequences** tenemos que salir esta noche, cueste lo que cueste/pase lo que pase; **~ of what people say** a pesar de lo que diga la gente; **~ of her feelings on the matter** sin tener en cuenta lo que ella pudiera (*or* pueda *etc*) pensar; **we'll go ~ of the weather** iremos llueva o truene

regatta /rɪˈgætə/ *n* regata *f*

regd = **registered**

regency /ˈriːdʒənsi/ *n* [c u] (*pl* **-cies**) regencia *f*

Regency /ˈriːdʒənsi/ *adj* ‹*period/house*› *de la epoca de la regencia del príncipe de Gales en Gran Bretaña (1811-1820) o del duque de Orleans en Francia (1715-1723)*

regenerate /riːˈdʒenəreɪt/ *vt* 1▸ (revive) revitalizar* 2▸ (Biol) regenerar

■ **regenerate** *vi* (Biol) regenerarse

regeneration /riːˌdʒenəˈreɪʃən/ *n* [u] 1▸ (improvement) renovación *f*; **a program of urban ~** un programa de rehabilitación y revitalización urbanas 2▸ (Biol) regeneración *f*

regenerative /rɪˈdʒenərətɪv/ *adj* ‹*medicine/capacity/therapy*› regenerativo

regent[1] /ˈriːdʒənt/ *n* 1▸ (ruler) regente *mf* 2▸ (AmE) (Educ) *miembro del consejo rector de una institución educativa*

regent[2] *adj* (*after n*) regente; **prince/queen ~** príncipe *m* /reina *f* regente

reggae /ˈregeɪ/ *n* [u] reggae *m*

regicide /ˈredʒəsaɪd ‖ ˈredʒɪsaɪd/ *n* 1▸ [u c] (crime) regicidio *m* 2▸ [c] (person) regicida *mf*

regime, régime /reɪˈʒiːm/ *n* 1▸ (rule) régimen *m*; **the Somoza ~** el régimen de Somoza 2▸ (system) sistema *m*; **prison ~** régimen *m* penitenciario 3▸ ▸**regimen**

regime change *n* (Pol) cambio *m* de régimen político (*generalmente por fuerzas internas o externas*)

regimen /ˈredʒəmən ‖ ˈredʒɪmen/ *n* régimen *m*

regiment[1] /ˈredʒəmənt ‖ ˈredʒɪmənt/ *n* regimiento *m*; **this is enough to feed a ~** con esto se puede dar de comer a un batallón *or* a un regimiento

regiment[2] /ˈredʒəment ‖ ˈredʒɪment/ *vt* 1▸ (organize) reglamentar; **school life was too ~ed** la vida en el colegio estaba demasiado reglamentada, la disciplina del colegio era demasiado estricta 2▸ (Mil) regimentar

regimental /ˌredʒəˈmentl ‖ ˌredʒɪˈmentl/ *adj* (*before n*) ‹*mascot/band/tradition*› del regimiento

regimentation /ˌredʒəmənˈteɪʃən ‖ ˌredʒɪmenˈteɪʃən/ *n* [u] reglamentación *f*, disciplina *f* (estricta)

region /ˈriːdʒən/ *n* 1▸ (Anat, Geog) (area) región *f*, zona *f*; **an agricultural/industrial ~** una región *or* zona agrícola/industrial; **the London ~ will get some snow today** hoy nevará en Londres y sus alrededores; **the ~s** (BrE) las provincias, el resto del país; **a pain in the lumbar ~** un dolor en la región lumbar **2** **in the region of** alrededor de; **it will cost in the ~ of $5,000** costará alrededor de 5.000 dólares *or* unos 5.000 dólares; **a sum in the ~ of ...** una suma del orden de ...

> **region**
> La unidad administrativa más grande de Escocia entre 1975 y 1996. Existían nueve y cada una tenía su propio ayuntamiento ▸**council**.

regional /ˈriːdʒənl/ *adj* ‹*costume/dialect/autonomy/government*› regional; **~ aid** ayuda *f* regional; **~ development** desarrollo *m* regional; **~ planning** planificación *f* regional

regionalism /ˈriːdʒənlɪzəm/ *n* **1** [u] (Pol) regionalismo *m*, autonomismo *m* **2** [u] (regional patriotism) regionalismo *m* **3** [c] (Ling) regionalismo *m*

regionalist¹ /ˈriːdʒənləst ‖ ˈriːdʒənəlɪst/ *adj* (Pol) regionalista, autonomista

regionalist² *n* (Pol) regionalista *mf*, autonomista *mf*

regionalize /ˈriːdʒənlaɪz/ *vt* regionalizar*

regionally /ˈriːdʒənəli/ *adv* regionalmente

register¹ /ˈredʒəstər ‖ ˈredʒɪstə(r)/ *n*

A (record, list) registro *m*; (in school) (BrE) lista *f*; **electoral ~** padrón (m) (AmL) *or* (Esp) censo *m or* (Chi, Ven) registro *m or* (Col) planilla *f* electoral; **parish ~** registro *m* parroquial; **to sign the ~** firmar el (libro de) registro; **to strike sb off the ~** (BrE) (Med) expulsar a algn del colegio de médicos; **to take** *o* **call the ~** (BrE) (Educ) pasar lista

B (Mus) registro *m*

C (Ling) registro *m* (idiomático); **differences in ~** diferencias *fpl* de registro

D (*cash ~*) caja *f* (registradora)

E (Comput) registro *m*

register² *vt*

A (record) ‹*death/birth*› inscribir*, registrar; ‹*ship/car*› matricular; **are you ~ed with Dr Adams?** (BrE) ¿está inscrito *or* registrado como paciente del Dr Adams?

B (Post) ‹*letter/package*› mandar certificado *or* (Méx) registrado *or* (Col, Ur) recomendado

C registered *past p* **1** (Fin): **~ed charity** (BrE) organización *f* benéfica registrada; **~ed company** compañía *f* registrada; **~ed office** (BrE) domicilio *m* social, sede *f*; **~ed share** acción *f* nominativa; **~ed shareholder** titular *mf*; **~ed trademark** marca *f* registrada **2** (Adm): **~ed nurse** enfermero titulado, enfermera titulada *m,f*; **a Panamanian-~ed ship** un barco de matrícula panameña **3** (Post) ‹*letter/package/mail*› certificado *or* (Méx) registrado *or* (Col, Ur) recomendado; **to send sth ~ed** mandar algo certificado *or* (Méx) registrado *or* (Col, Ur) recomendado

D **1** (make known) ‹*protest*› hacer* constar; ‹*complaint*› presentar **2** (show): **her face ~ed no emotion** su cara no acusó *or* denotó emoción alguna; **the dial ~ed 700 volts** la aguja registraba *or* marcaba 700 voltios

E (detect) detectar; (realize) darse* cuenta de, caer* en la cuenta de

■ **register** *vi*

A (enroll) inscribirse*; (Educ) matricularse, inscribirse*; (at a hotel) registrarse; **to ~ with a doctor** (BrE) inscribirse* en la lista de pacientes de un médico; **to ~ to vote** inscribirse* para votar (AmL), censarse (para votar) (Esp); **to ~ as a Democrat/Republican** (in US) inscribirse* como votante demócrata/republicano

B **1** (show up) ser* detectado **2** (be understood, remembered): **she did tell me her name, but it didn't ~** me dijo su nombre, pero no lo retuve *or* no me quedó; **eventually it ~ed who he was** al final caí en la cuenta de quién era; **we're losing our jobs, has that ~ed with you?** nos vamos a quedar sin trabajo, a ver si te enteras de una vez

Registered General Nurse *n* (in UK) *enfermero que ha cursado estudios de tres años*

register office *n* (in UK) ▸**registry office**

registrar /ˈredʒəstrɑːr ‖ ˌredʒɪsˈtrɑː(r), ˈredʒɪstrɑː(r)/ *n* **1** (Soc Adm) *funcionario encargado de llevar los registros de nacimientos, defunciones, etc* **2** (in university, college) secretario, -ria *m,f* de admisiones **3** (Med) (in UK) jefe, -fa *m,f* de admisiones **4** (Busn) secretario, -ria *m,f*

registration /ˌredʒəˈstreɪʃən ‖ ˌredʒɪˈstreɪʃən/ *n*

A **1** [u c] (enrollment) inscripción *f*, matrícula *f*; (Educ) inscripción *f*, matriculación *f*; (of trademark) registro *m*; (*before n*): **~ document** documento *m* de matriculación, padrón *m* (Chi); **~ fee** cuota *f* de inscripción, matrícula *f*; **~ mark** (número *m* de) matrícula *f*; **~ plate** *o* **tag** (AmE) matrícula *f*, (placa *f* de) matrícula *f*, patente *f* (CS), chapa *f* (RPl) **2** [u c] (at school) (BrE): **~ is at 9** se pasa lista a las 9; **I missed ~** llegué cuando ya habían pasado lista **3** [u c] (BrE) (Auto) *letra en la matrícula de un vehículo que indica el año de matriculación*; **a K-~ Volvo** un Volvo del 92/93; (*before n*): **~ number** (número *m* de) matrícula *f*

B [u] (Print) registro *m*

registry /ˈredʒəstri ‖ ˈredʒɪstri/ *n* (*pl* **-tries**) **1** [c] (place) registro *m*; (at university) secretaría *f*; (at church) ≈ sacristía *f* **2** [u] (act) (frml) registro *m*

registry office *n* (in UK) ≈ juzgado *m* (de paz), notaría *f* (Col); **we got married in a ~ ~** nos casamos por lo civil *or* (Per, RPl, Ven) por civil *or* (Chi, Méx) por el civil

regress /rɪˈgres/ *vi* **1** (get worse) experimentar un retroceso **2** (Psych) experimentar una regresión **3** (Math): **to ~ to the mean** regresar a la media

■ **regress** *vt* (Psych) retrotraer*

regression /rɪˈgreʃən/ *n* **1** [u c] (decline) retroceso *m* **2** [u] (Psych) regresión *f* **3** [u] (Math) regresión *f*

regressive /rɪˈgresɪv/ *adj* **1** (Psych) regresivo **2** (Pol) retrógrado

regret¹ /rɪˈgret/ *vt* **-tt-** ‹*decision/mistake*› arrepentirse* de, lamentar; **I ~ted it as soon as I'd said it** me arrepentí en cuanto lo dije; **don't do anything you might ~** no hagas nada de lo que te puedas arrepentir; **we ~ any inconvenience caused** rogamos disculpen las molestias (que hayamos podido ocasionar); **you'll ~ this!** ¡te vas a arrepentir de esto!; **I may live to ~ this, but ...** es probable que luego me arrepienta, pero ...; **to ~ -ING** arrepentirse* DE, lamentar + INF; **I ~ not having kept in touch with them** me arrepiento de *or* lamento no haber mantenido el contacto con ellos; **I ~ that I shall be unable to attend** lamento no poder asistir; **to ~ to + INF** lamentar tener QUE + INF; **we ~ to announce that ...** lamentamos tener que anunciar que ...; **we ~ to inform you that your application has been unsuccessful** lamentamos comunicarle *or* informarle que en esta ocasión su solicitud no ha prosperado; **it is to be ~ted that ...** es lamentable que ... (+ *subj*)

regret² *n* **1** [u c] (sadness) pesar *m*; (remorse) arrepentimiento *m*; **to his everlasting ~** para su eterno pesar; **it is with ~ that we announce ...** lamentamos tener que anunciar que ...; **my biggest/one ~ is that I didn't have children** lo que más lamento/lo único que lamento es no haber tenido hijos; **do you have any ~s about your life?** ¿hay algo de lo que te arrepientes?; **I've no ~s about leaving** no me arrepiento de haberme ido **2** **regrets** *pl* excusas *fpl*; **to send one's ~s** presentar sus (*or* mis *etc*) excusas

regretful /rɪˈgretfəl/ *adj* ‹*expression/note*› de pesar; **she felt very ~ about it** lo lamentaba mucho, estaba muy apenada por ello

regretfully /rɪˈgretfəli/ *adv* con pesar; **~, we must say no** muy a nuestro pesar *or* lamentablemente, tenemos que decir que no

regrettable /rɪˈgretəbəl/ *adj* lamentable; **it is ~ that ...** es lamentable que ... (+ *subj*)

regrettably /rɪˈgretəbli/ *adv* lamentablemente; **there was a ~ poor turnout** lamentablemente asistió muy poca gente

regroup /riːˈgruːp/ *vi* reagruparse

■ **regroup** *vt* reagrupar

regrowth /riːˈgrəʊθ/ *n* **1** [u] (of vegetation) rebrote *m*; (of skin, tissue) regeneración *m*; (of hair) nuevo crecimiento *m* **2** [u c] (new growth) rebrote *m*

regt = regiment

regular¹ /ˈregjələr ‖ ˈregjʊlə(r)/ *adj*

A **1** (evenly spaced) regular; **at ~ intervals** (in time) con regularidad; (in space) a intervalos regulares; **his pulse is ~** su pulso es regular; **to keep ~ hours** llevar una vida ordenada *or* metódica **2** (consistent, habitual) ‹*customer/reader/contributor*› habitual, asiduo; **don't be surprised, that's a ~ occurrence** no te sorprendas, eso es muy frecuente *or* pasa con mucha frecuencia; **to be in ~ employment** tener* empleo fijo; **the ~ staff** el personal permanente; **~ troops** tropas *fpl* regulares; **one of the ~ features of the paper** uno de los artículos regulares del periódico; **on a ~ basis** con regularidad, regularmente **3** (Med): **to be ~** (in bowel habits) hacer* de vientre con regularidad; (in menstrual cycles) ser* regular **4** (customary) habitual; **the ~ procedure** el procedimiento usual *or* habitual; **my ~ dentist** mi dentista, el dentista que (siempre) me atiende; **in the ~ course of events** en circunstancias normales

B (even, symmetrical) ‹*shape/outline/polygon*› regular; ‹*teeth*› regular, parejo (AmL)

C **1** ‹*size/model*› normal; **~ or large?** ¿normal o grande?; **~ grade gasoline** (AmE) gasolina *f or* (Andes) bencina *f or* (RPl) nafta *f* normal **2** (Ling) ‹*verb/plural*› regular

D (colloq) **1** (*as intensifier*) verdadero; **he's a ~ comedian** es muy gracioso; **a ~ idiot** un idiota redomado; **to be a ~ genius** ser* una verdadera lumbrera **2** (straightforward) (AmE): **he's a ~ guy** es un gran tipo (fam), es un tío majo (Esp fam)

E (Mil) ‹*soldier/officer*› de carrera; **the ~ army** el ejército profesional

regular² *n*

A (customer) cliente *mf* habitual, asiduo, -dua *m,f*; **he is now a team ~** ahora es parte integrante del equipo; **party ~** (AmE) (Pol) militante *mf* del partido; **she's a talk-show ~** aparece mucho *or* con frecuencia en programas de entrevistas

B (Mil) militar *mf* de carrera

regularity /ˌregjəˈlærəti ‖ ˌregjʊˈlærəti/ *n* [u] regularidad *f*

regularize /ˈregjələraɪz ‖ ˈregjʊləraɪz/ *vt* regularizar*

regularly /ˈregjələrli ‖ ˈregjʊləli/ *adv* **1** (at fixed intervals) con regularidad, regularmente **2** (frequently) a menudo, con frecuencia; **this train is ~ late** este tren llega tarde a menudo *or* con frecuencia **3** ‹*attend/exercise*› con regularidad, regularmente **4** (Ling) regularmente

regulate /ˈregjəleɪt ‖ ˈregjʊleɪt/ *vt* **1** ‹*speed/temperature/prices*› regular; **to ~ one's life** poner* orden en su (*or* mi *etc*) vida **2** (Law) ‹*industry/profession*› regular; **the laws that ~ the sale of alcohol** la legislación que regula *or* reglamenta la venta de bebidas alcohólicas **3** ‹*apparatus/instrument*› regular

regulation /ˌregjəˈleɪʃən ‖ ˌregjʊˈleɪʃən/ *n*

A [c] (rule) norma *f*, regla *f*; **traffic/safety ~s** normas *fpl* de circulación/seguridad; **it's against (the) ~s** va contra el reglamento; **it's a ~ that staff must wear a helmet** el reglamento obliga al personal a llevar casco; (*before n*) ‹*dress/haircut*› reglamentario

B [u] **1** (control) regulación *f* **2** (policing) (Law) regulación *f*, reglamentación *f* **3** (adjustment) reglaje *m*, regulación *f*

regulator /ˈregjəleɪtər ‖ ˈregjʊleɪtə(r)/ *n* **1** (mechanism) regulador *m* **2** (person, body) *persona u organismo que regula una institución* **3** (clock) reloj *m* patrón

regulatory /ˈregjələtɔːri ‖ ˈregjʊlətəri/ *adj* regulador

regulo /ˈregjələʊ/ *n* (BrE) *indicación de temperatura en hornos de gas*

regurgitate /rɪˈgɜːrdʒəteɪt ‖ rɪˈgɜːdʒɪteɪt/ *vt* **1** ‹*food*› regurgitar **2** ‹*information/facts*› repetir* mecánicamente *or* (fam) como un loro

regurgitation /rɪˌgɜːrdʒəˈteɪʃən ‖ rɪˌgɜːdʒɪˈteɪʃən/ *n* [u] **1** (by bird, animal) regurgitación *f* **2** (of information, facts) repetición *f* mecánica

rehab¹ /ˈriːhæb/ *n* [u] (colloq) ▸**rehabilitation**

rehab[2] *vt* **-bb-** (colloq) ▸**rehabilitate**

rehabilitate /ˌriːhəˈbɪlәteɪt, ˌriːә- || ˌriːhəˈbɪlɪteɪt, ˌriːә-/ *vt* 1 (return to society) ‹*ex-prisoners/ex-addicts*› rehabilitar, reinsertar en la sociedad; ‹*disabled person*› rehabilitar 2 ‹*building*› rehabilitar, renovar* 3 ‹*image/reputation*› rehabilitar

rehabilitation /ˌriːhəˌbɪlәˈteɪʃən, ˌriːә- || ˌriːhəˌbɪlɪˈteɪʃən, ˌriːә-/ *n* [u] 1 (of ex-prisoners, ex-addicts) rehabilitación *f*, reinserción *f* social; (of disabled) rehabilitación *f*; (*before n*): ~ **center** centro *m* de rehabilitación 2 (return to favor, prestige) rehabilitación *f* 3 (of buildings) rehabilitación *f*, renovación *f*

rehash[1] /ˈriːhæʃ/ *n* (colloq) refrito *m*

rehash[2] /ˈriːˈhæʃ/ *vt* (colloq) ‹*old songs/plot*› hacer* un refrito de

rehearsal /rɪˈhɜːrsəl || rɪˈhɜːsəl/ *n* [c u] 1 (practice, repetition) ensayo *m*; **this play needs a lot of ~** esta obra hay que ensayarla mucho *or* necesita mucho ensayo; **to put a production into ~** empezar* los ensayos de una producción 2 (enumeration) (frml) repetición *f*

rehearse /rɪˈhɜːrs || rɪˈhɜːs/ *vt*
A 1 ‹*play/concert/speech*› ensayar 2 ‹*dancers/musicians*› hacer* ensayar a
B (enumerate, recount) (frml) ‹*arguments/grievances*› enumerar, repetir*
■ **rehearse** *vi* ensayar

reheat /riːˈhiːt/ *vt* recalentar*

reheel /riːˈhiːl/ *vt* ‹*shoes*› cambiarles las tapas a

rehouse /riːˈhaʊz/ *vt* realojar

reification /ˌriːәfәˈkeɪʃən, ˌreɪәfәˈkeɪʃən || ˌreɪɪfɪˈkeɪʃən, ˌriːɪfɪˈkeɪʃən/ *n* [u c] (frml) reificación *f* (frml), cosificación *f*

reify /ˈriːәfaɪ, ˈreɪәfaɪ || ˈreɪɪfaɪ, ˈriːɪfaɪ/ *vt* **-fies, -fying, -fied** (frml) reificar* (frml), cosificar*

reign[1] /reɪn/ *n* reinado *m*; **during the ~ of King John** durante *or* bajo el reinado del rey Juan; **his ~ as world champion is over** su reinado *or* hegemonía como campeón del mundo ha concluido; **the R~ of Terror** el Terror

reign[2] *vi* 1 «*monarch*» reinar; **to ~ OVER sb/sth** reinar SOBRE algn/algo 2 (liter) «*chaos/peace*» reinar; **the Bears ~ed supreme in the 80s** los Bears eran invencibles *or* no tenían rival en la década de los 80; **the tendency that ~ed supreme in the 19th century** la tendencia imperante *or* que imperaba en el siglo XIX 3 **reigning** *pres p* ‹*monarch*› reinante; **she is the ~ing champion** es la campeona actual; **he was then the ~ing champion** en ese momento era el campeón

reignite /ˌriːɪgˈnaɪt/ *vt* ‹*interest*› hacer* renacer, reavivar; ‹*debate*› reavivar
■ **reignite** *vi* ‹*fire*› volverse* a prender

reimburse /riːɪmˈbɜːrs || riːɪmˈbɜːs/ *vt* ‹*expenses/cost*› reembolsar; **we'll ~ you later** los gastos le serán reembolsados más tarde, más tarde se le hará un reintegro; **to ~ sb FOR sth** reembolsarle algo A algn; **the company will ~ you for the repairs** la empresa le reembolsará los gastos de reparación

reimbursement /ˌriːɪmˈbɜːrsmənt || ˌriːɪmˈbɜːsmənt/ *n* [c u] reembolso *m*

reimport[1] /ˌriːɪmˈpɔːrt || ˌriːɪmˈpɔːt/ *vt* reimportar

reimport[2] /riːˈɪmpɔːrt || riːˈɪmpɔːt/ *n* 1 [u] (action) reimportación *f* 2 [c] (item) producto *m* reimportado

reimpose /ˌriːɪmˈpəʊz/ *vt* volver* a imponer

rein /reɪn/ *n* 1 (Equ) rienda *f*; **to hold/take the ~s** llevar/tomar las riendas; ***to give free ~ to sb*** darle* carta blanca a algn; ***to give free ~ to sth*** dar* rienda suelta a algo; ***to keep a tight ~ on sth/sb***: **to keep a tight ~ on expenses** llevar un estricto control de los gastos; **his wife keeps a tight ~ on his drinking** su mujer le tiene controlada la bebida; **he kept a tight ~ on the horse** llevaba el caballo corto de rienda 2 **reins** *pl* (for children) (BrE) arnés *m*, andaderas *fpl*, andadores *mpl*

Phrasal verbs
• **rein back** ▸**rein in A1**
• **rein in**
A [v + o + adv, v + adv + o] 1 ‹*horse*› frenar 2 (restrain, curb) frenar, refrenar
B [v + adv] detenerse*, parar

reincarnate /ˌriːɪnˈkɑːrneɪt || ˌriːɪnˈkɑːneɪt/ *vt* (*usu pass*) **to be ~d (AS sb/sth)** reencarnarse (EN algn/algo)

reincarnation /ˌriːɪnkɑːrˈneɪʃən || ˌriːɪnkɑːˈneɪʃən/ *n* [u c] reencarnación *f*

reindeer /ˈreɪndɪr || ˈreɪndɪə(r)/ *n* (*pl* ~) reno *m*

reinfect /ˌriːɪnˈfekt/ *vt* (Med) reinfectar

reinfection /ˌriːɪnˈfekʃən/ *n* [u c] reinfección *f*

reinforce /ˌriːɪnˈfɔːrs || ˌriːɪnˈfɔːs/ *vt* 1 ‹*material/structure*› reforzar*; ‹*garrison*› enviar* refuerzos a; **~d concrete** hormigón *m or* (AmL tb) concreto *m* armado 2 ‹*argument/prejudice*› reafirmar

reinforcement /ˌriːɪnˈfɔːrsmənt || ˌriːɪnˈfɔːsmənt/ *n*
A [u] (of wall) refuerzo *m*; (of prejudice) reafirmación *f*, consolidación *f*
B 1 [u c] (sth that reinforces) refuerzo *m* 2 [c] (for paper) (arandela *f* de) refuerzo *m*, ojalillo *m*
C [u c] (Psych) refuerzo *m*
D **reinforcements** *pl* refuerzos *mpl*

reinsert /ˌriːɪnˈsɜːrt || ˌriːɪnˈsɜːt/ *vt* volver* a insertar

reinstall /riːɪnˈstɔːl/ *vt* ‹*program/machinery/telephone*› reinstalar
■ **reinstall** *vi* volver* a hacer la instalación

reinstallation /riːˌɪnstәˈleɪʃən/ *n* (Comput) reinstalación *f*

reinstate /ˌriːɪnˈsteɪt/ *vt* 1 ‹*worker*› reintegrar, reincorporar; ‹*official*› restituir* *or* rehabilitar en el cargo 2 ‹*law*› reinstaurar; ‹*service*› restablecer* 3 ‹*word/paragraph*› volver* a incluir

reinstatement /ˌriːɪnˈsteɪtmənt/ *n* 1 (of worker) reintegro *m*, reincorporación *f*; (of official) restitución *f or* rehabilitación *f* en el cargo 2 (of law) reinstauración *f*; (of service) restablecimiento *m*

reinsurance /ˌriːɪnˈʃʊrəns || ˌriːɪnˈʃʊərəns, ˌriːɪnˈʃɔːrəns/ *n* [u] reaseguro *m*

reinsure /ˌriːɪnˈʃʊr || ˌriːɪnˈʃʊə(r), ˌriːɪnˈʃɔː(r)/ *vt* reasegurar

reintegrate /riːˈɪntәgreɪt || riːˈɪntɪgreɪt/ *vt* reintegrar; **they must be ~d into society** es preciso reinsertarlos en la sociedad

reintegration /riːˌɪntәˈgreɪʃən || ˌriːɪntɪˈgreɪʃən/ *n* [u] reintegración *f*; (into society) reinserción *f* social

reinterpret /ˌriːɪnˈtɜːrprәt || ˌriːɪnˈtɜːprɪt/ *vt* reinterpretar

reinterpretation /ˌriːɪnˌtɜːrprәˈteɪʃən || ˌriːɪnˌtɜːprɪˈteɪʃən/ *n* [c u] reinterpretación *f*

reintroduce /ˌriːɪntrәˈduːs || ˌriːɪntrәˈdjuːs/ *vt* 1 ‹*bill/proposal*› volver* a presentar; ‹*plant/animal*› reintroducir*; **the theme is ~d in the second movement** el tema se retoma en el segundo movimiento 2 ‹*regulation/concession*› reintroducir*, restablecer* 3 (reacquaint) **to ~ sb TO sth** volver* a familiarizar a algn con algo

reintroduction /ˌriːɪntrәˈdʌkʃən/ *n* [u] (of practice) reintroducción *f*; (of disease) reaparición *f*

reinvent /ˌriːɪnˈvent/ *vt* reinventar; **to ~ oneself** reinventarse a sí mismo

reinvest /ˌriːɪnˈvest/ *vt* reinvertir*

reinvigorate /ˌriːɪnˈvɪgәreɪt/ *vt* ‹*campaign*› darle* nuevo ímpetu a; ‹*sales effort*› intensificar*; ‹*economy/trade*› revigorizar*

reissue[1] /riːˈɪʃuː/ *vt* ‹*stamp/coin*› volver* a emitir; ‹*book/record*› reeditar; (from library) renovar* el préstamo de; ‹*document*› volver* a expedir, reexpedir*

reissue[2] *n* (of stamp, coin) nueva emisión *f*; (of book, record) nueva edición *f*, reedición *f*; (of document) reexpedición *f*

REIT /riːt/ *n* (Fin) (= **Real Estate Investment Trust**) REIT *m*

reiterate /riːˈɪtәreɪt/ *vt* (frml) reiterar, repetir*

reiteration /riːˌɪtәˈreɪʃən/ *n* [u c] (frml) reiteración *f*, repetición *f*

reject[1] /rɪˈdʒekt/ *vt* 1 ‹*suggestion/offer/application/candidate*› rechazar*, no aceptar; **the machine ~s damaged coins** la máquina no acepta las monedas en mal estado; **the appeal was ~ed** (Law) el recurso de apelación fue denegado *or* rechazado *or* desestimado; **to feel ~ed** sentirse* rechazado 2 (turn against) rechazar* 3 (Med) ‹*tissue/organ*› rechazar*

reject[2] /ˈriːdʒekt/ *n* 1 (flawed product) artículo *m* (*or* producto *m etc*) defectuoso; (*before n*): ~ **shop** tienda *f* de artículos defectuosos 2 (person): **a ~ of society** un marginado social *or* de la sociedad

rejection /rɪˈdʒekʃən/ *n* 1 [u c] (refusal) rechazo *m*; **I sent off ten applications and I've had three ~s** mandé diez solicitudes y he recibido tres respuestas negativas; **to meet with (a) ~** ser* rechazado; **fear of ~ stops me asking her out** el miedo a que me rechace es lo que me impide invitarla a salir 2 [u] (spurning) rechazo *m*; **they feel their ~ by society** sienten el rechazo de la sociedad 3 [u] (Med) rechazo *m*

rejection slip *n* nota *f* de rechazo

rejig /riːˈdʒɪg/ *vt* **-gg-** (BrE) 1 ‹*factory/plant*› readaptar 2 (colloq) ‹*schedule/proposal/budget*› hacerle* ajustes a

rejoice /rɪˈdʒɔɪs/ *vi* alegrarse mucho, regocijarse (liter); **she ~d at the news** la noticia la llenó de alegría, se alegró mucho con la noticia; **to ~ to + INF: we ~d to see her alive** nos alegramos inmensamente de verla con vida; **to ~ THAT** (liter) alegrarse DE QUE (+ *subj*)
■ **rejoice** *vt* (liter) alegrar

rejoicing /rɪˈdʒɔɪsɪŋ/ *n* [u] (festivities) celebraciones *fpl*; (emotion) júbilo *m*; **the latest figures are no cause for ~** las últimas cifras no son ningún motivo de júbilo *or* de celebración

rejoin /riːˈdʒɔɪn/ *vt*
A 1 ‹*regiment/team*› reincorporarse a; ‹*firm*› reincorporarse a, reintegrarse a; **we ~ed the highway at Jackson** volvimos a tomar la autopista en Jackson 2 (reconnect) volver* a unir
B /rɪˈdʒɔɪn/ (reply) (frml) replicar* (frml)
■ **rejoin** *vi* (Law) duplicar*

rejoinder /rɪˈdʒɔɪndәr || rɪˈdʒɔɪndә(r)/ *n* 1 (reply) réplica *f* (frml) 2 (Law) (escrito *m* de) dúplica *f*

rejuvenate /rɪˈdʒuːvәneɪt/ *vt* rejuvenecer*
■ **rejuvenate** *vi* rejuvenecer*

rejuvenating /rɪˈdʒuːvәneɪtɪŋ/ *adj* rejuvenecedor

rejuvenation /rɪˌdʒuːvәˈneɪʃən/ *n* rejuvenecimiento *m*

rekey /riːˈkiː/ *vt* ‹*text/data*› reintroducir*, reteclear

rekindle /riːˈkɪndl/ *vt* 1 ‹*flame/fire*› reavivar 2 (liter) ‹*desire/interest*› reavivar, volver* a despertar; ‹*hope*› hacer* renacer

relabel, (BrE) **-ll-** /riːˈleɪbәl/ *vt* reetiquetar

relapse[1] /ˈriːlæps/ *n* recaída *f*; **to have** *o* **suffer a ~** tener* *or* sufrir una recaída

relapse[2] /rɪˈlæps/ *vi* recaer*, tener* *or* sufrir una recaída; **to ~ INTO sth: to ~ into unconsciousness** volver* a perder el conocimiento; **to ~ into apathy** volver* a caer en la apatía; **to ~ into silence** volver* a sumirse en el silencio; **to ~ into bad habits** volver* a los malos hábitos

relapsing fever /rɪˈlæpsɪŋ/ *n* [u] fiebre *f* recidiva

relate /rɪˈleɪt/ *vt*
A (link) **to ~ sth TO sth** relacionar algo CON algo; **the report ~s crime to drug abuse** el informe relaciona la delicuencia y el consumo de drogas; **wealth is seldom ~d to happiness** la riqueza va raramente unida a la felicidad
B (tell) (frml) ‹*story/adventures*› relatar, contar*, referir* (liter); **he went on to ~ to her how ...** pasó a relatarle *or* referirle cómo ...; **and, strange to ~, ...** y, aunque parezca mentira, ...
■ **relate** *vi*
A 1 (be connected with) **to ~ TO sth** estar* relacionado CON algo; **he's only interested in what ~s to himself** sólo le interesa lo que le atañe

r

(a él) 2 **relating to** (*as prep*) relativo a, relacionado con

B 1 **to ~ TO sb** (interact, empathize) sintonizar* CON algn, tener* una buena relación CON algn; **some adults can't ~ to children** algunos adultos no saben relacionarse con los niños 2 (understand, respond) **to ~ TO sth** identificarse* CON algo; **they don't speak in a way young people can ~ to** no utilizan un lenguaje con el cual los jóvenes puedan identificarse; **I can't ~ to his work** no me identifico con su obra; **I can ~ to that!** te comprendo perfectamente

related /rɪ'leɪtəd || rɪ'leɪtɪd/ *adj* 1 (of same family) (*pred*) **to be ~ (TO sb)** ser* pariente (DE algn), estar* emparentado (CON algn); **John and I are distantly ~** John y yo somos parientes lejanos; **she's ~ to them by marriage** es parienta política suya, es parienta suya por afinidad (frml) 2 ‹*ideas/questions/subjects*› relacionado, afín; **the two incidents are ~** los dos incidentes están relacionados (entre sí); **Slovak and ~ languages** el eslovaco y lenguas afines *or* lenguas de la misma familia; **the squid is ~ to the octopus** el calamar y el pulpo pertenecen a una misma familia

-related /rɪ'leɪtəd || rɪ'leɪtɪd/ *suff*: **stress~** relacionado con el estrés; **profit~** que depende de los beneficios obtenidos; **drug~ crimes** delitos *mpl* relacionados con la droga

relation /rɪ'leɪʃən/ *n*

A [c] (relative) pariente *mf*, pariente, -ta *m,f*, familiar *mf*; **he's no ~ (of mine)** no es pariente mío, no estamos emparentados; **pictured are John Hull and James Hull (no ~)** en la fotografía aparecen John Hull y James Hull, quienes no están emparentados; **what ~ is she to you?** ¿qué parentesco tiene contigo?, ¿a ti qué te toca? (Esp fam)

B 1 [u c] (connection) relación *f*; **there is a close ~ between poverty and ill health** hay una relación muy estrecha entre la pobreza y la mala salud; **to bear no ~ to sth** no guardar ninguna relación con algo 2 **in relation to** (*as prep*) en relación con, con relación a

C **relations** *pl* relaciones *fpl*; **to establish/break off/restore ~s (with sb/sth)** establecer*/romper*/restablecer* relaciones (con algn/algo); **to have sexual ~s with sb** tener* relaciones sexuales con algn

relational /rɪ'leɪʃnəl || rɪ'leɪʃənl/ *adj* relacional

relational database *n* base *f* de datos relacional

relationship /rɪ'leɪʃənʃɪp/ *n*

A [c] (between people) relación *f*; **to have a good ~ with sb** llevarse bien con algn; **we have a good working ~** trabajamos bien juntos, tenemos *or* mantenemos una buena relación de trabajo

B [c u] (between things, events) relación *f*; **a causal ~** una relación causa-efecto

C [u] (kinship) **~ (TO sb)** parentesco *m* (CON algn); **she claimed ~ with the Queen** decía estar emparentada con la reina

relationship marketing *n* [u] (Busn) márketing *m* relacional

relative[1] /'relətɪv/ *n* pariente *mf*, pariente, -ta *m,f*, familiar *m*; **friends and ~s** parientes *or* familiares y amigos; **a close o near/distant ~** un pariente *or* un familiar cercano/lejano

relative[2] *adj*

A 1 (comparative): **we must consider the ~ merits of both systems** debemos comparar los pros y los contras de ambos sistemas 2 (not absolute) relativo; **with ~ safety** con relativa seguridad; **it's all ~, everything's ~** (set phrase) todo es relativo (fr hecha) 3 (Tech, Meteo, Phys) relativo 4 **relative to** (in relation to) en relación con, con relación a; (compared to) en comparación con; **their positions ~ to each other** sus posiciones relativas

B (relevant) (frml) (*pred*) **to be ~ TO sth** concernir* A algo (frml)

C 1 (Ling) ‹*pronoun*› relativo; **a ~ clause** una (oración) subordinada relativa *or* de relativo 2 (Mus) relativo

relative address *n* dirección *f* relativa (téc)

relatively /'relətɪvli/ *adv* relativamente; **it will affect ~ few people** afectará a un número relativamente pequeño de personas; **~ speaking, it's not very important** tiene, relativamente, muy poca importancia

relativism /'relətɪvɪzəm/ *n* [u] relativismo *m*

relativist[1] /'relətɪvəst || 'relətɪvɪst/ *n* relativista *mf*

relativist[2] *adj* relativista

relativity /,relə'tɪvəti/ *n* [u] relatividad *f*; **the theory of ~** la teoría de la relatividad

relativize /'relətɪvaɪz/ *vt* relativizar*, hacer* relativo

relaunch[1] /ri:'lɔ:ntʃ/ *vt* 1 ‹*ship*› botar por segunda vez 2 ‹*product/publication*› relanzar*

relaunch[2] /'ri:lɔ:ntʃ/ *n* 1 (of ship) segunda botadura *f* 2 (of product, publication) relanzamiento *m*

relax /rɪ'læks/ *vi* 1 «*person*» relajarse; **she plays the guitar to ~** toca la guitarra para relajarse *or* como esparcimiento, la guitarra le sirve de relax; **I find it hard to ~ in their company** no me encuentro del todo cómodo *or* a gusto con ellos, me cuesta relajarme cuando están ellos; **~, I'll take care of everything** quédate tranquilo que yo me encargo de todo 2 «*muscle/features*» relajarse; **his grip on her ~ed slightly** dejó de sujetarla con tanta fuerza

■ **relax** *vt* 1 ‹*person*› relajar 2 ‹*muscles/rules/discipline*› relajar; **she ~ed her grip** sujetó con menos fuerza; **he didn't ~ his concentration** continuó muy concentrado; **we will not ~ our efforts** no cejaremos en nuestro empeño

relaxant /rɪ'læksənt/ *n* [c u] relajante *m*

relaxation /,ri:læk'seɪʃən/ *n* 1 [u c] (recreation) esparcimiento *m*, distracción *f*; (rest) relax *m*; **what do you do for ~?** ¿qué haces para relajarte *or* descansar?; **chess is her chief ~** el ajedrez es su principal forma de esparcimiento *or* de relax 2 [u] (of muscles, rules, vigilance) relajación *f*; (*before n*): **~ classes** clases *fpl* de relajación

relaxed /rɪ'lækst/ *adj* ‹*manner/person*› relajado, tranquilo; ‹*atmosphere/party*› informal; **they have a very ~ attitude to it all** se lo toman todo con mucha tranquilidad; **she seems very ~ about the exam** no parece demasiado preocupada por el examen

relaxing /rɪ'læksɪŋ/ *adj* ‹*bath/massage*› relajante; **at least we had a ~ time** al menos descansamos; **we spent a ~ few days in the country** pasamos unos días de descanso en el campo; **she's hardly a ~ person to be with** con ella siempre se está en tensión

relay[1] /'ri:leɪ/ *n* 1 (team — of people) relevo *m*; (— of horses) posta *f*; **to work in ~s** trabajar en *or* por relevos, ir* relevándose (*para hacer algo*); **we'll have to go in ~s** tendremos que ir por turnos *or* tandas 2 **~ (race)** (Sport) carrera *f* de relevos *or* (AmL tb) de postas 3 (Rad) repetidor *m*; **by ~** por medio de un repetidor; (*before n*): **~ station** estación *f* repetidora 4 (Electron) relé *m*

relay[2] /'ri:leɪ, rɪ'leɪ/ *vt* 1 ‹*information/instructions*› transmitir 2 (Rad, TV) (re)transmitir

re-lay /ri:'leɪ/ *vt* (*past & past p* **re-laid**) ‹*carpet*› volver* a colocar; ‹*cable*› volver* a tender

relearn /ri:'lɜ:rn || ri:'lɜ:n/ *vt* (*past & past p* **relearned** *or* BrE *also* **relearnt**) reaprender*

release[1] /rɪ'li:s/ *vt*

A 1 ‹*prisoner/hostage/captive*› poner* en libertad, soltar*, liberar; **he was ~d on bail** lo pusieron en libertad bajo fianza; **the animals will be ~d back into the wild** los animales serán devueltos a la naturaleza; **to ~ sb FROM sth: she was ~d from jail** fue puesta en libertad, salió de la cárcel, fue excarcelada (frml); **she ~d him from his promise** lo eximió de cumplir con su promesa; **they ~d him from the contract** le condonaron las obligaciones emanadas del contrato (frml) 2 (unleash) desatar; **the ban ~d a flood of protest** la prohibición desató una oleada de protestas 3 ‹*funds/personnel/player*› ceder; **he was ~d from his normal duties** lo dispensaron de sus tareas habituales

B ‹*information/figures/statement/report*› hacer* público, dar* a conocer; ‹*record/book*› sacar* (a la venta); ‹*movie*› estrenar

C (emit, disseminate) ‹*gas*› despedir*; **plants ~ oxygen through their leaves** las plantas liberan *or* desprenden oxígeno a través de las hojas

D 1 (let go) ‹*bomb*› arrojar; **he ~d his grip on her** la soltó 2 ‹*brake/clutch*› soltar*; **to ~ the shutter** (Phot) disparar

E (Law) ‹*title/right*› ceder

release[2] *n*

A [u] 1 (from prison, captivity) puesta *f* en libertad, liberación *f*; **he negotiated his ~ from the contract** gestionó que se le condonaran las obligaciones emanadas del contrato; **his death was a merciful ~** su muerte fue una bendición 2 (of funds, personnel) cesión *f* 3 (of claim, right) cesión *f*

B 1 [u] (of book) publicación *f*; (of record) puesta *f* en venta; (of movie) estreno *m*; **in o** (BrE) **on general ~** en todos los cines; **press ~** comunicado *m* de prensa 2 [c] (record, movie): **new ~s** (records) novedades *fpl* discográficas; (movies) últimos estrenos *mpl*, salida *f* al mercado

C [u] (of gas) escape *m*

D (Mech Eng) 1 [u] (action): **the ~ of the brakes** la acción de soltar el freno; **the ~ of the clutch** el desembrague 2 [c] (mechanism) (Phot) disparador *m*; **margin ~** tecla *f* libra margen

relegate /'reləgeɪt || 'relɪgeɪt/ *vt* 1 (consign, demote) **to ~ sth/sb TO sth** relegar* algo/a algn A algo 2 (BrE) (Sport) (*usu pass*): **the team was ~d to the third division** el equipo descendió *or* bajó a tercera división

relegation /,relə'geɪʃən || ,relɪ'geɪʃən/ *n* [u] 1 (demotion) relegación *f* 2 (BrE) (Sport) descenso *m*

relent /rɪ'lent/ *vi* «*person*» transigir*; «*storm*» amainar

relentless /rɪ'lentləs || rɪ'lentlɪs/ *adj* ‹*enemy/pursuer*› implacable; ‹*pursuit*› incesante, sin tregua; ‹*criticism*› despiadado

relentlessly /rɪ'lentləsli || rɪ'lentlɪsli/ *adv* ‹*torture/tease*› implacablemente, despiadadamente; ‹*exercise/continue*› sin cesar; **the sun beat down ~** el sol pegaba implacable; **they pursued him ~** lo persiguieron sin darle tregua

relevance /'reləvəns/, **relevancy** /'reləvənsi/ *n* [u] (connection) relación *f*; (importance) relevancia *f*, significación *f*; **that has no ~ to what we were discussing** eso no guarda relación alguna con lo que estábamos tratando, eso no viene al caso

relevant /'reləvənt/ *adj* ‹*document/facts*› pertinente, relevante; **applicants should have ~ experience** los candidatos deberán poseer experiencia en el sector; **a message that is still ~ today** un mensaje que todavía hoy tiene validez; **the ~ authorities** las autoridades competentes; **that's not ~ to this discussion** eso no guarda relación con lo que estamos discutiendo, eso no viene al caso en esta discusión; **I don't see how that's ~** no veo qué relación tiene eso

reliability /rɪ,laɪə'bɪləti/ *n* [u] (of worker) formalidad *f*, responsabilidad *f*; (of sources, data) fiabilidad *f*; (of vehicle) fiabilidad *f*; **I doubt his ~ as a witness** como testigo no me inspira mucha confianza

reliable /rɪ'laɪəbəl/ *adj* 1 ‹*information*› fidedigno; ‹*source*› fidedigno, solvente; ‹*witness*› fiable, confiable (esp AmL); **my memory's none too ~ these days** últimamente mi memoria no es muy de fiar 2 ‹*worker*› responsable, de confianza; ‹*vehicle*› fiable, que no falla; **he's a very ~ person** es una persona muy formal *or* responsable, es una persona de confianza *or* en la que se puede confiar

reliably /rɪ'laɪəbli/ *adv* 1 (credibly): **I am ~ informed that ...** sé de fuentes fidedignas que ..., sé de buena fuente que ... 2 (predictably, dependably): **the car performs ~** el coche es fiable

reliance /rɪ'laɪəns/ *n* [u] 1 (dependence) **~ ON sth/sb** dependencia *f* DE algo/algn; **their ~ on foreign aid** su dependencia de la ayuda extranjera **2** (trust) confianza *f*; **to place ~ on sb** depositar su (*or* mi *etc*) confianza en algn

reliant /rɪˈlaɪənt/ *adj* (*pred*) **to be ~ ON sth/sb** depender DE algo/algn; **we are still ~ on them for money** seguimos dependiendo de ellos económicamente

relic /ˈrelɪk/ *n* **1** (object) reliquia *f*; **the ceremony is a ~ from medieval times** la ceremonia es un vestigio de una tradición medieval; **are you still driving that old ~?** (colloq) ¿todavía tienes esa cascarria antediluviana? (fam) **2** (Relig) reliquia *f*

relief /rɪˈliːf/ *n*

A [u] (from worry, pain) alivio *m*; **a sigh/feeling of ~** un suspiro/una sensación de alivio; **what a ~!** ¡qué alivio!; **to my great ~, she forgot all about it** para mi gran alivio, se olvidó completamente del asunto; **the concert had not sold out, much to my ~** por suerte todavía quedaban entradas para el concierto; **it's a ~ that the rain's stopped/to sit down at last** menos mal que ha parado de llover/que al fin puedo sentarme; **the news came as a great ~ to us** respiramos aliviados *or* tranquilos al oír la noticia; **it will be a ~ for your parents** tus padres se quedarán tranquilos, será un alivio *or* una tranquilidad para tus padres; **he provides comic ~ in a gloomy movie** relaja la tensión con una nota cómica en una película bastante pesimista; **I went to the movies for light ~** fui al cine para distraerme; **I wanted some ~ from the daily routine** quería escapar un poco de la rutina diaria; **to give ~ from pain** calmar *or* aliviar el dolor

B [u] (aid) ayuda *f*, auxilio *m* (*de emergencia*); **famine ~** ayuda para paliar la hambruna; **to be on ~** (AmE) recibir prestaciones de la seguridad social; (*before n*): **~ agency/fund** *organismo/fondo de ayuda a los damnificados de una catástrofe*; **~ effort** gestión de ayuda; **~ organization** organización *f* de socorro; **~ work** trabajo *m* de socorro; **~ worker** miembro *m* del equipo de socorro

C [c] **1** (Mil) liberación *f* (*de una plaza sitiada*) **2** (replacement) relevo *m*; (*before n*) ‹*driver/crew*› de relevo; **~ road** vía *f* de descongestión *or* (Méx) de libramiento

D [u c] **1** (esp BrE) (Tax) desgravación *f* **2** (redress) (Law) desagravio *m*

E **1** [u] (effect) relieve *m*; **carved in high/low ~** tallado en alto/bajo relieve; **to stand out in ~** resaltar; **to bring** *o* **throw sth into ~** poner* algo de relieve **2** [c] (piece of work) relieve *m* **3** [u] (Geog) relieve *m*; (*before n*): **~ map** mapa *m* físico *or* orográfico; (three-dimensional) mapa *m* en relieve

relieve /rɪˈliːv/ *vt*

A **1** ‹*pain*› calmar, aliviar, mitigar* (liter); ‹*tension*› aliviar, relajar; ‹*monotony/uniformity*› romper*; **allow me to ~ you of your coat** permítame que me ocupe de su abrigo; **they successfully ~ tourists of their cash** (hum) despluman a los turistas (hum); **to ~ sb of responsibility for sth** eximir a algn de la responsabilidad de algo; **if you could ~ me of some of the workload** si pudieras ayudarme con parte del trabajo, si pudieras hacerte cargo de parte del trabajo; **to ~ sb of his/her duties/command** relevar a algn de su cargo/del mando **2** (dispel worry of) tranquilizar*

B ‹*town/fortress*› liberar

C ‹*guard/sentry*› relevar

■ *v refl*: **to ~ oneself** (euph) orinar

relieved /rɪˈliːvd/ *adj* aliviado; **to feel ~** sentir* un gran alivio, sentirse* aliviado; **I'm so ~ that it's all over** menos mal que ya ha pasado todo; **we were all ~ to hear that ...** a todos nos tranquilizó enterarnos de que ...

relight /riːˈlaɪt/ *vt* (*past & past p* **relighted** *or* **relit**) volver* a encender

religion /rɪˈlɪdʒən/ *n* **1** [c] (system of belief) religión *f*; **to be against sb's ~** ir* contra los principios religiosos de algn; **I enjoy fishing, but I don't make a ~ of it** me gusta pescar, pero no soy fanático **2** [u] (subject) religión *f*; **she's got ~** (colloq) está hecha una chupacirios (fam & pey) **3** [u] (religious life): **to enter in ~** entrar en religión, entrar en una orden religiosa; **his name in ~ is ...** su nombre religioso *or* de religión es ...

religiosity /rɪlɪdʒiˈɑːsəti ‖ rɪlɪdʒiˈɒsəti/ *n* [u] (Relig) religiosidad *f*

religious[1] /rɪˈlɪdʒəs/ *adj* **1** ‹*ceremony/hymn/education*› religioso; **~ freedom** libertad *f* de culto; **~ observance** observancia *f* religiosa; **the ~ life** la vida religiosa **2** ‹*person*› religioso **3** ‹*exactitude*› esmerado, minucioso; **you must be ~ about doing it every day** tienes que hacerlo todos los días religiosamente; **he does it with ~ care** lo hace con gran esmero

religious[2] *n* (*pl* **~**) **1** (monk) religioso *m*; (nun) religiosa *f* **2** **religious** *pl* (pious people): **the ~** las personas religiosas

religiously /rɪˈlɪdʒəsli/ *adv* **1** (Relig) con religiosidad; **I'm not ~ inclined** no tengo inclinaciones religiosas **2** (scrupulously) religiosamente

relinquish /rɪˈlɪŋkwɪʃ/ *vt* **1** ‹*possession/claim/throne/right*› renunciar a; **to ~ sth TO sb** ceder le algo A algn **2** (release) (liter): **she ~ed her grip on my arm** me soltó el brazo; **he is ~ing his grip on reality** está perdiendo contacto con la realidad

reliquary /ˈreləkweri ‖ ˈrelɪkwəri/ *n* (*pl* **-ries**) relicario *m*

relish[1] /ˈrelɪʃ/ *vt*: **they won't ~ having to walk** no les va a hacer ninguna *or* ni pizca de gracia tener que ir a pie; **I don't ~ the thought/prospect of ...** no me entusiasma *or* no me hace ninguna gracia la idea/perspectiva de ...; **if you like horror movies, you'll ~ this one** si te gustan las películas de terror, ésta te va a encantar *or* disfrutarás muchísimo de ésta; **she smiled, ~ing her moment of triumph** se sonrió, saboreando su momento de triunfo

relish[2] *n*

A (Culin) **1** [c u] (condiment) salsa *f* (*para condimentar*) **2** [c u] (accompaniment) (AmE) guarnición *f* (*gen a base de frutas fritas o confitadas*) **3** [u] (flavor) sabor *m*

B [u] (enjoyment): **with ~** con gusto, con fruición; ‹*read/listen to*› con placer, con deleite; ‹*work*› con entusiasmo, con gusto; **to have a ~ for sth** disfrutar mucho de algo

relit /riːˈlɪt/ *past & past p of* **relight**

relive /riːˈlɪv/ *vt* ‹*past/experience*› revivir

reload /riːˈləʊd/ *vt* ‹*truck/gun*› volver* a cargar; ‹*program*› (Comput) recargar*

■ **reload** *vi* recargarse*

relocate /ˌriːləʊˈkeɪt/ *vt* ‹*factory/office/employee*› (in the same labor market) trasladar; (to a cheaper labor market) deslocalizar*; ‹*refugees/slum dwellers*› reasentar*, realojar

■ **relocate** *vi* «*company*» trasladarse; **would you be prepared to ~ if offered the job?** ¿estaría dispuesto a trasladarse de domicilio *or* a mudarse si le ofreciéramos el puesto?

relocation /ˌriːləʊˈkeɪʃən/ *n* [u c]

A (of employees, assets) traslado *m*

B (to a cheaper labor market) deslocalización *f*

relocation package *n* ayuda *f* de traslado

reluctance /rɪˈlʌktəns/ *n* [u] renuencia *f* (frml); **they agreed, but with great ~** accedieron, pero a regañadientes; **they showed ~ to cooperate** no se mostraron muy dispuestos a cooperar; **he displayed a marked ~ to intervene** no parecía en absoluto deseoso de intervenir; **their ~ to sign the treaty is understandable** es comprensible que se muestren reacios *or* reticentes a firmar el tratado

reluctant /rɪˈlʌktənt/ *adj* reacio, renuente; **he's a ~ teetotaler/vegetarian** es abstemio/vegetariano a su pesar *or* a regañadientes; **they gave their ~ consent to the proposal** accedieron a la propuesta con grandes reservas; **to be ~ to + INF**: **they were ~ to admit they had been wrong** les costaba admitir que se habían equivocado; **she seemed very ~ to tell us what had happened** parecía muy reacia *or* renuente a decirnos qué había pasado, no parecía muy dispuesta a decirnos qué había pasado; **I'm ~ to sell this chair** me resisto a deshacerme de esta silla

reluctantly /rɪˈlʌktəntli/ *adv* a su (*or* mi *etc*) pesar, a regañadientes, de mala gana

rely /rɪˈlaɪ/ *vi* **relies, relying, relied** **1** (trust, have confidence) **to ~ ON sb/sth** confiar* EN algn/algo; **quality you can ~ on** calidad en la que usted puede confiar; **I wouldn't ~ on him** yo no confiaría en él, yo no me fiaría de él; **you can't ~ on the weather/buses** no puedes fiarte del tiempo/de los autobuses; **to ~ on sb to + INF**: **can we ~ on him to keep his mouth shut?** ¿podemos confiar en que no va a decir nada *or* en que no diga nada? **2** (be dependent) **to ~ ON sth** basarse EN algo; **to ~ on sb/sth FOR sth**: **we ~ on the spring for our water** dependemos del manantial para el suministro de agua; **never ~ on him for help** nunca cuentes con que él te va a ayudar; **to ~ on sb/sth to + INF**: **I was ~ing on you to lend me the money/on the device to work** contaba con que tú me prestarías el dinero/con que el dispositivo funcionaría

REM /rem/ *n* [u] (= **rapid eye movement**) REM *m*; (*before n*): **~ sleep** sueño *m* paradójico *or* con REM

remain /rɪˈmeɪn/ *vi*

A (+ *adj or adv compl*) **1** (continue to be) seguir*, continuar*; (stay) quedarse, permanecer* (frml); **her condition ~s critical** su estado sigue siendo crítico, continúa en estado crítico; **these laws will ~ in force** estas leyes continuarán *or* permanecerán en vigor; **the best thing is to ~ silent** lo mejor es quedarse callado *or* es callarse; **he ~ed cheerful despite everything** a pesar de todo no perdía el buen humor; **if the weather ~s fine** si sigue haciendo buen tiempo; **the mystery ~ed unsolved** el misterio no se llegó a resolver *or* quedó sin resolver(se); **he ~ed standing** se quedó de pie; **please ~ seated** por favor no se levanten, por favor permanezcan en sus asientos (frml); **I ~, yours faithfully** (Corresp) (frml) le saluda atentamente **2** (stay) quedarse, permanecer* (frml); **~ here until I call you** quédese aquí hasta que lo llame; **how long do you intend to ~ in the country?** ¿cuánto tiempo piensa quedarse *or* (frml) permanecer en el país?

B **1** (be left) quedar; **this is all that ~s of the city** esto es todo lo que queda de la ciudad; **a few crumbs were all that ~ed** sólo quedaban unas migajas; **there are less than five minutes ~ing** quedan menos de cinco minutos; **let me enjoy the few pleasures that ~ (to me)** déjame que disfrute de los pocos placeres que me quedan; **the fact ~s that ...** el hecho es que ..., sigue siendo cierto que ...; **to ~ to + INF**: **what still ~s to be done?** ¿qué falta hacer?, ¿qué queda por hacer?; **certain questions ~ to be answered** hay ciertos puntos que hay que aclarar aún; **that ~s to be seen** eso está por verse; **it only ~s for us to say goodbye** ya sólo nos queda despedirnos; **all that ~s is for this last restriction to be lifted** lo único que falta *or* (frml) resta es que se levante esta última restricción; **to ~ behind** quedarse **2** **remaining** *pres p* **they spent the ~ing day in Paris** pasaron el día que les quedaba en París; **the ~ing ten pounds can be paid later** las diez libras restantes *or* que quedan *or* que faltan pueden pagarse más adelante

remainder[1] /rɪˈmeɪndər ‖ rɪˈmeɪndə(r)/ *n* **1** (amount, number): **the ~** el resto; **the ~ of the bread** el resto *or* lo que quedaba (*or* queda *etc*) del pan; **they spent the ~ of the evening playing chess** pasaron el resto de la noche *or* lo que quedaba de la noche jugando al ajedrez; **we have three of the tickets, but the ~ are missing** tenemos tres de las entradas, pero faltan las restantes *or* las demás *or* falta el resto **2** (Math) resto *m* **3** (Publ) resto *m* de edición

remainder[2] *vt*: **to ~ books** liquidar restos de edición

remains /rɪˈmeɪnz/ *pl n* restos *mpl*; **they finished off the ~ of the meal** se terminaron las sobras *or* los restos *or* lo que quedaba de la comida; **mortal ~** (liter) restos mortales

remake[1] /ˈriːmeɪk/ *n* nueva versión *f*

remake[2] /riːˈmeɪk/ *vt* (*past & past p* **remade**) **1** (sth done badly) volver* a hacer, rehacer* **2** (in light of new circumstances) ‹*plans*› rehacer*, cambiar **3** (Cin): **to ~ a movie** hacer* una nueva versión de una película

remand[1] /rɪˈmænd ‖ rɪˈmɑːnd/ *vt* **1** **to be ~ed on bail** quedar en libertad bajo fianza; **he**

was ~ed in custody se decretó su prisión preventiva **2** (to lower court) (AmE) remitir a un tribunal inferior

remand² *n*: **to be on ~** (in detention) estar* en prisión preventiva; **to be (out) on ~** (on bail) estar* en libertad bajo fianza

remand centre *n* (in UK) *centro para menores en prisión preventiva*

remand home *n* (BrE) centro *m* tutelar de menores, correccional *f* or (Esp) *m* (de menores), retén *m* (Ven)

remark¹ /rɪ'mɑːrk || rɪ'mɑːk/ *n*

A [c] (comment) comentario *m*, observación *f*; **to make a ~** hacer* un comentario *or* una observación; **she passed some ~ about my appearance** hizo algún comentario sobre mi aspecto, dijo no sé qué cosa sobre mi aspecto; **stop making rude ~s** déjate de decir groserías; **personal ~s** comentarios insolentes; **the chairwoman's opening/closing ~s** las palabras con las que la presidenta abrió/cerró la reunión; **I've made a few ~s in the margin** he puesto unos comentarios *or* unas notas al margen

B [u] (attention) (frml *or* liter): **to be worthy of ~** ser* digno de mención (frml); **to escape ~** pasar desapercibido *or* inadvertido

remark² *vi* **to ~ ON *o* UPON sth**: **he ~ed on how young she looked** comentó lo joven que parecía; **nobody has ~ed upon the fact that ...** nadie ha mencionado el hecho de que ...

■ **remark** *vt* **1** (comment) observar, comentar; **you look tired, she ~ed** pareces cansado — observó; **to ~ THAT** comentar QUE, observar QUE **2** (notice) (arch) observar

remarkable /rɪ'mɑːrkəbəl || rɪ'mɑːkəbəl/ *adj* ‹*ability/intelligence/event/likeness*› notable; ‹*achievement*› sorprendente; ‹*coincidence*› extraordinario; **she's a truly ~ woman** es una mujer realmente excepcional; **it is ~ that this has never been challenged** es sorprendente que esto nunca haya sido cuestionado; **to be ~ FOR sth** destacar(se)* POR algo

remarkably /rɪ'mɑːrkəbli || rɪ'mɑːkəbli/ *adv* **1** (surprisingly) sorprendentemente; **he is ~ ignorant** su ignorancia es sorprendente; **she's ~ well, considering what she's been through** está increíblemente bien para lo que acaba de pasar **2** (exceptionally) ‹*talented*› extraordinariamente; ‹*stupid*› increíblemente

remarriage /riː'mærɪdʒ/ *n* **1** [c] (instance) nuevo casamiento *m or* matrimonio *m* **2** [u] (practice) el volver a casarse

remarry /riː'mæri/ **-ries, -rying, -ried** *vi* volver* a casarse

■ **remarry** *vt* volver* a casarse con; **she remarried her first husband** volvió a casarse con su primer marido

rematch /'riːmætʃ/ *n* desquite *m*, revancha *f*

remedial /rɪ'miːdiəl/ *adj* (*usu before n*) **1** (Educ) ‹*teacher/classes*› de recuperación; **he teaches ~ English** da clases de recuperación de inglés; **~ teaching/education** enseñanza *f* /educación *f* compensatoria **2** (Med) ‹*treatment/exercises*› de rehabilitación **3** ‹*action/measures*› de saneamiento

remedy¹ /'remədi/ *n* (*pl* **-dies**) **1** (medicament, treatment) remedio *m*; **~ FOR sth** remedio PARA algo **2** (solution, cure) remedio *m*; **to be beyond *o* past ~** [u] no tener* (ya) remedio **3** (Law) (method) recurso *m*, remedio *m*; (redress) reparación *f*; **to seek ~** [u] **for sth** exigir* reparación por algo

remedy² *vt* **-dies, -dying, -died** ‹*mistake/problem/situation*› remediar; ‹*injustice/evil*› reparar; **your troubles are easily remedied** tus problemas tienen fácil remedio *or* solución

remember /rɪ'membər || rɪ'membə(r)/ *vt*

A (recall) ‹*person/name/fact*› acordarse* de, recordar*; **don't you ~ me?** ¿no te acuerdas de mí?; **I can't ~ where I put it** no me acuerdo de *or* no recuerdo dónde lo puse; **I can't ~ if *o* whether I locked the door** no recuerdo si cerré la puerta con llave; **I always ~ faces** nunca olvido una cara; **here's a little something to ~ me by** toma, un detalle para que te acuerdes de mí *or* para que tengas de recuerdo; **I ~ him as a young man *o* when he was a young man** lo recuerdo de joven, me acuerdo de él cuando era joven; **this year will be ~ed as a turning point in our history** este año se recordará como un hito en nuestra historia; **he ~ed me in his will** me dejó algo en su testamento; **she ~ed him as (being) a shy young man** lo recordaba como un joven tímido, el recuerdo que tenía de él era el de un joven tímido; **it was an evening to ~** fue una noche memorable; **to ~ -ING**: **she ~s leaving her watch on the table** se acuerda de *or* recuerda haber dejado el reloj encima de la mesa; **I ~ed having read it when I was young** me acordé de *or* recordé que lo había leído cuando era joven; **to ~ sb/sth -ING**: **I ~ him saying something about a meeting** me acuerdo de *or* recuerdo que dijo algo de una reunión; **she ~s the car coming toward her** se acuerda de *or* recuerda cuando el coche se le vino encima

B **1** (be mindful of, not forget): **~ your manners** no olvides tus modales; **I'll ~ you if anything comes up** te tendré presente *or* me acordaré de ti si surge algo; **~ where you are/who you're talking to!** ¡recuerda dónde estás/con quién estás hablando!; **to ~ to + INF** acordarse* DE + INF; **did you ~ to water the plants?** ¿te acordaste de regar las plantas?

2 (commemorate) ‹*dead*› recordar*; **he has asked to be ~ed in our prayers** nos ha pedido que lo tengamos presente en nuestras oraciones **3** (send regards) **to ~ sb TO sb**: **~ me to your mother** dale recuerdos *or* saludos a tu madre (de mi parte); **Peter asked to be ~ed** Peter te manda recuerdos *or* saludos

■ **remember** *vi* **1** (recall) acordarse*, recordar*; **I used to sit next to you at school, ~?** me sentaba a tu lado en la escuela ¿recuerdas *or* te acuerdas?; **as far as I ~** que yo recuerde, por lo que recuerdo; **for as far back as I can ~** desde que tengo memoria; **as I ~, you promised to pay me back today** me parece recordar que *or* que yo recuerde prometiste devolverme el dinero hoy; **if I ~ correctly *o* right(ly)** si mal no recuerdo, si la memoria no me falla; **try to ~!** ¡haz memoria! **2** (be mindful, not forget) no olvidarse; **I'll try to ~** trataré de no olvidarme *or* de que no se me olvide

remembrance /rɪ'membrəns/ *n* [u c] (liter *or* frml) recuerdo *m*, remembranza *f* (liter); **I have no ~ of that** no tengo memoria de tal cosa (frml); **in ~ of sth/sb** en memoria de algo/algn; **do this in ~ of me** (Relig) haced esto en memoria mía; (*before n*): **R~ Sunday *o* Day** (BrE) *domingo de noviembre en que se conmemora a los caídos en las guerras*

> **Remembrance Sunday**
> ▸ Poppy Day.

remind /rɪ'maɪnd/ *vt* recordarle* a, hacerle* acordar a (RPl); **he needed no ~ing** no hizo falta recordárselo; **don't ~ me!** (colloq) ¡no me lo recuerdes!, ¡no me hagas acordar! (RPl); **which ~s me, ...** lo que me recuerda ...; **oh, that ~s me ...** ¡ah! por cierto ..., y a propósito ...; **passengers are ~ed that ...** se recuerda a los señores pasajeros que ...; **to ~ sb to + INF** recordarle* A algn QUE + SUBJ, hacerle* acordar A algn DE QUE + INF (RPl); **~ me to water the plants** recuérdame que riegue las plantas, haceme acordar de regar las plantas (RPl); **to ~ sb about sth**: **please ~ her about the meeting** por favor recuérdale lo de la reunión; **he ~ed me about my last attempt** me recordó mi último intento; **to ~ sb OF sth/sb**: **your comments ~ me of something somebody said to me years ago** tus comentarios me recuerdan lo que alguien me dijo hace años; **she ~ed him of that summer in Paris** le recordó aquel verano en París; **I am ~ed of the time when ...** eso me recuerda cuando ...; **she ~ed him of his responsibilities** le recordó sus responsabilidades; **just a few flowers to ~ you of me** unas flores para que te acuerdes de mí; **he ~s me of my grandfather** me recuerda a mi abuelo, me hace acordar a mi abuelo (RPl)

reminder /rɪ'maɪndər || rɪ'maɪndə(r)/ *n* **1** (note, object, action): **I'll write a ~ on my notepad** pondré una nota en el bloc para acordarme *or* no olvidarme; **a painful ~** un triste recordatorio; **the monument serves as a constant ~ of all those who died** el monumento nos recuerda constantemente a aquellos que murieron; **~s of the occupation** vestigios *mpl* que recuerdan la ocupación; **could you give him a gentle ~?** ¿podrías recordárselo discretamente? **2** (requesting payment) recordatorio *m* de pago; **a final ~** un último recordatorio de pago

reminisce /ˌremə'nɪs || ˌremɪ'nɪs/ *vi* rememorar *or* recordar* los viejos tiempos; **to ~ ABOUT sth** rememorar algo

reminiscence /ˌremə'nɪsns || ˌremɪ'nɪsns/ *n* **1** [u] (act of remembering) recuerdo *m*, remembranza *f* (liter) **2** [c] **reminiscences** *pl* recuerdos *mpl*, memorias *fpl*; **we swapped ~s over a bottle of port** rememoramos los viejos tiempos mientras dábamos cuenta de una botella de oporto; **cutting short his friend's ~s** interrumpiendo las evocaciones de su amigo (liter)

reminiscent /ˌremə'nɪsnt || ˌremɪ'nɪsnt/ *adj* **1** (similar) (*pred*) **to be ~ OF sb/sth** recordar* a algn/(a) algo; **his voice is ~ of his father's** su voz me recuerda (a) la de su padre; **a smell vaguely ~ of almonds** un olor que recuerda vagamente al *or* el de las almendras; **a speech ~ of Churchill** un discurso con reminiscencias de Churchill **2** (nostalgic) (*before n*) ‹*sigh/smile/mood*› nostálgico, reminiscente (liter)

remiss /rɪ'mɪs/ *adj* (frml) (*pred*) negligente, descuidado; **you have been very ~** ha sido usted muy negligente, ha faltado usted a su obligación; **it was ~ of him not to let her know** fue negligente de su parte no hacérselo saber

remission /rɪ'mɪʃən/ *n* [u] **1** (forgiveness) (Relig) remisión *f*; **the ~ of sins** la remisión de los pecados **2** (of sentence) (Law) remisión *f*; **two months' ~ for good behavior** dos meses de remisión de pena por buena conducta **3** (easing of illness, pain) remisión *f*; **to be in/go into ~** estar*/entrar en remisión

remit¹ /rɪ'mɪt/ *vt* **-tt-** (frml)

A (send) ‹*money/goods/payment*› remitir (frml), enviar*

B (transfer) (Law) remitir; **to ~ a case to a lower court** remitir un caso a un tribunal inferior

C **1** (cancel) ‹*fine/debt*› perdonar, condonar (frml); ‹*sentence*› perdonar, condonar (frml); **the judge ~ted six months of his sentence** el juez le redujo la pena en seis meses **2** (forgive) ‹*sins*› perdonar

D (relax) ‹*efforts*› moderar; ‹*vigilance*› aflojar

remit² /'riːmɪt/ *n* (BrE) (instructions) instrucciones *fpl*; (area of authority) competencia *f*, atribuciones *fpl*; **they have no ~ to examine ...** no tienen instrucciones de investigar ...; **to fall within/outside sb's ~** estar*/no estar* dentro de las atribuciones *or* la competencia de algn; **the commission's ~ is to examine ...** el cometido de la comisión es investigar ...

remittance /rɪ'mɪtns/ *n* (frml) **1** [c] (sum) remesa *f*, envío *m* (*de dinero*) **2** [u] (act of payment) pago *m*; (*before n*): **~ advice** aviso *m* de envío *or* (frml) remisión de fondos

remittent /rɪ'mɪtnt/ *adj* (frml) ‹*fever/illness*› que está remitiendo

remnant /'remnənt/ *n* **1** (left-over) restos *mpl*; **the ~s of Napoleon's army** lo que quedaba del ejército napoleónico; **a ~ of the past** una reliquia *or* un vestigio del pasado; **the last ~s of her self-respect** los últimos rastros de su amor propio **2** (Tex) retazo *m*, retal *m* (Esp)

remodel /riː'mɑːdl || riː'mɒdl/ *vt* BrE **-ll-** **1** (reshape) ‹*sculpture*› remodelar; ‹*nose*› arreglar **2** (AmE) (Const) reformar **3** (reorganize) ‹*society/constitution*› reorganizar*, modificar*; ‹*conception/ideas*› modificar*, reestructurar

remodeling /riː'mɑːdlɪŋ || riː'mɒdlɪŋ/ *n* [u] (AmE) reforma *f*; **the premises are closed for ~** el local está cerrado por reformas

remold, (BrE) **remould** /riː'məʊld/ *vt* (change, correct) ‹*argument/ideas/character*› cambiar

remonstrance /rɪ'mɑːnstrəns || rɪ'mɒnstrəns/ *n* [c u] (frml) (protest) protesta *f*;

(reproach) reproche *m*, reconvención *f* (frml)

remonstrate /rɪˈmɑːnstreɪt, ˈremən- || ˈremənstreɪt/ *vi* protestar, quejarse; **to ~ WITH sb**: **they were furiously remonstrating with each other** estaban discutiendo acaloradamente; **she ~d with him over his selfish attitude** le reprochó su actitud egoísta, lo reconvino por su actitud egoísta (frml)

remonstration /rɪˌmɑːnˈstreɪʃən, ˈremən- || ˌremənˈstreɪʃən/ *n* [u c] (frml) protestas *fpl*

remorse /rɪˈmɔːrs || rɪˈmɔːs/ *n* [u] remordimiento *m*; **he was full of ~** sentía un gran remordimiento, le remordía la conciencia; **the murderer was entirely without ~** el asesino no sentía el menor remordimiento; **tears of ~** lágrimas *fpl* de arrepentimiento

remorseful /rɪˈmɔːrsfəl || rɪˈmɔːsfəl/ *adj* arrepentido, con cargo de conciencia

remorsefully /rɪˈmɔːrsfəli || rɪˈmɔːsfəli/ *adv* con gran remordimiento

remorseless /rɪˈmɔːrsləs || rɪˈmɔːslɪs/ *adj* ‹hatred/criticism› despiadado, implacable; ‹cruelty› feroz, despiadado; **she was ~ in her drive against corruption** era implacable en su lucha contra la corrupción

remorselessly /rɪˈmɔːrsləsli || rɪˈmɔːsləsli/ *adv* ‹persecute/campaign/question› implacablemente, sin piedad

remortgage[1] /riːˈmɔːrgɪdʒ || riːˈmɔːgɪdʒ/ *vt* **1** (with additional mortgage) constituir* una segunda (*or* tercera *etc*) hipoteca sobre **2** (with different lender) *subrogar* a la entidad crediticia en la hipoteca que grava la propiedad*

remortgage[2] *n* **1** (additional mortgage) segunda (*or* tercera *etc*) hipoteca **2** (with different lender) *subrogación de la entidad crediticia en la hipoteca que grava la propiedad*

remote /rɪˈməʊt/ *adj* **-ter, -test**

A **1** ‹star/galaxy› remoto; ‹village/province/island› remoto; **~ FROM sth** apartado DE algo **2** ‹cause/connection› remoto; **ideals ~ from everyday reality** ideales alejados de la realidad cotidiana **3** (aloof, abstracted) distante

B **1** (in time) ‹past/antiquity› remoto; **in ~ times** en tiempos remotos; **in the ~ future** en un futuro lejano **2** (of relationships) ‹ancestor› lejano

C (slight) ‹possibility/hope› remoto; ‹resemblance› remoto, vago, muy ligero; **I haven't the ~st idea** no tengo ni la más remota idea

D (Comput, Telec) (*before n*) ‹keyboarding/text processing› a distancia; ‹terminal› remoto; **~ access** acceso *m* remoto

remote control *n* **1** [u] (method of control) mando *m* a distancia, control *m* remoto; **by ~ ~** a *or* por control remoto, con mando a distancia; (*before n*): **a remote-control TV** un televisor con mando a distancia *or* con control remoto **2** [c] (unit) (TV) mando *m* a distancia, control *m* remoto

remote-controlled /rɪˌməʊtkənˈtrəʊld/ *adj* (*pred* **remote controlled**) ‹TV/hi-fi› con mando a distancia *or* con control remoto; ‹model/robot› de control remoto, con radiomando, teledirigido

remote learning *n* [u] enseñanza *f* remota, enseñanza *f* a distancia

remotely /rɪˈməʊtli/ *adv* **1** (at all, in the least) (*usu with neg*) remotamente; **he wasn't even ~ interested** no estaba ni remotamente interesado; **it is ~ possible he'll come** existe una remota posibilidad de que venga **2** (distantly) ‹situated› en un lugar apartado; **the two events are not even ~ connected** no hay ni la más remota conexión entre los dos hechos; **we're ~ related** somos parientes muy lejanos

remoteness /rɪˈməʊtnəs || rɪˈməʊtnɪs/ *n* [u] **1** (isolation, distance): **the ~ of the place** la lejanía *or* lo remoto *or* lo apartado del lugar; **his expression took on an air of ~** su expresión se volvió distante *or* lejana **2** (in time): **the ~ of the period** lo lejano que está el período (de nuestros días, *etc*)

remote sensing /ˈsensɪŋ/ *n* [u] detección *f* a distancia

remould[1] /riːˈməʊld/ *vt* (BrE) (Auto) ▸**retread**[1]

remould[2] /ˈriːməʊld/ *n* (BrE) (Auto) ▸**retread**[2]

removable /rɪˈmuːvəbəl/ *adj* ‹collar/sleeve/hood/lining› de quita y pon; ‹handle/shelf/partition› desmontable; **the covers are ~** las fundas se pueden quitar *or* son de quita y pon

removal /rɪˈmuːvəl/ *n*

A [u] **1** (extraction — of contents) extracción *f*; (— of appendix, tonsils) extirpación *f* **2** (of word, paragraph, item) supresión *f* **3** (taking off): **the ~ of the lid/cover** el quitar la tapa/cubierta; **we recommend the ~ of contact lenses for swimming** recomendamos quitarse los lentes de contacto *or* (Esp) las lentillas para nadar

B [u] **1** (of stain, unwanted hair) eliminación *f*; **for the ~ of makeup** para desmaquillarse *or* para quitarse el maquillaje **2** (of threat, problem) eliminación *f*

C **1** [u] (moving, taking away) traslado *m* **2** [u c] (from house to house) (BrE) mudanza *f*, trasteo *m* (Col); **furniture ~(s)** transporte *m* de muebles; Ⓢ **J. Hall Removals** Mudanzas J. Hall, Transportes J. Hall; (*before n*): **~ expenses** gastos *mpl* de traslado; **~ man** operario *m* de mudanzas; **~(s) van** camión *m* de mudanzas **3** (dismissal) **~ FROM sth** remoción *f* DE algo; **her ~ from office** su remoción del cargo, su destitución

remove[1] /rɪˈmuːv/ *vt*

A **1** (take off) quitar, sacar*; **she ~d her gloves** se quitó los guantes; **the radio can be easily ~d** la radio se saca fácilmente; **to ~ sth FROM sth: the nurse ~d the bandage from his arm** la enfermera le quitó la venda del brazo; **~ the lid from the box** quítele *or* sáquele la tapa a la caja, destape la caja; **she ~d a piece of fluff from his collar** le quitó una pelusa del cuello **2** (take out) ‹contents› sacar*; ‹tonsils/appendix› extirpar (frml); ‹gallstones/bullet› extraer* (frml) **3** (edit out) **to ~ sth (FROM sth)** ‹word/paragraph/item› suprimir *or* excluir* algo (DE algo)

B **1** (get rid of) ‹stain/ink/grease› quitar; **a cream to ~ unwanted hair** una crema para eliminar el vello superfluo **2** (eliminate) ‹problem/difficulty› eliminar, acabar con; ‹doubt/suspicion› disipar; ‹threat/obstacle› eliminar

C (take away, move) **to ~ sth (FROM sth)** ‹object› quitar algo (DE algo); **to ~ sb (FROM sth)** sacar* a algn (DE algo); **can you ~ this from here?** ¿podrías quitar esto de aquí?; (out of the way) ¿podrías quitar esto de en medio?; **the police forcibly ~d him from the premises** la policía lo sacó del local por la fuerza; **the inhabitants/valuables had been ~d to a place of safety** los habitantes/los objetos de valor habían sido trasladados a un lugar seguro; **to ~ oneself** (frml *or* liter) retirarse (frml), irse*, marcharse (esp Esp)

D (dismiss) **to ~ sb FROM sth** ‹from post/position› destituir* a algn DE algo

■ **remove** *vi* (change address) (BrE frml) mudarse, trasladarse

remove[2] *n*: **to be at one ~ from sth** estar* a un paso de algo; **his statement was at several ~s from the truth** su declaración distaba mucho de la verdad; **genius is but one ~ from madness** de la genialidad a la locura no hay más que un paso

removed /rɪˈmuːvd/ *adj* (*pred*): **to be far ~ from sth** estar* muy lejos de algo; **a state of confusion not far ~ from anarchy** un estado de confusión que no distaba mucho de la anarquía; ▸**cousin**

remover /rɪˈmuːvər || rɪˈmuːvə(r)/ *n*

A [u] **stain ~** quitamanchas *m*; **hair ~** depilatorio *m*; **makeup ~** desmaquillador *m*; **nail polish ~** quitaesmalte *m*

B [c] (removal man) (BrE) mozo *m* de mudanzas, empleado *m* de una compañía de mudanzas; **when the ~s arrived** cuando llegaron los de la mudanza *or* (Col) los del trasteo

remunerate /rɪˈmjuːnəreɪt/ *vt* (frml) **to ~ sb (FOR sth)** remunerar a algn (POR algo) (frml)

remuneration /rɪˌmjuːnəˈreɪʃən/ *n* [u] (frml) **~ (FOR sth)** remuneración *f* (POR algo)

remunerative /rɪˈmjuːnərətɪv/ *adj* (frml) remunerativo, bien remunerado

Remus /ˈriːməs/ *n* Remo

renaissance /ˈrenəsɑːns || rɪˈneɪsəns/ *n* **1** **Renaissance** Renacimiento *m*; (*before n*): **R~ art/architecture** arte *m* /arquitectura *f* renacentista *or* del Renacimiento; **R~ Europe/Italy** la Europa/la Italia renacentista *or* del Renacimiento **2** (revival, upsurge) (liter) renacimiento *m*, nuevo despertar *m*

renal /ˈriːnl/ *adj* renal; **~ failure** insuficiencia *f* renal

rename /riːˈneɪm/ *vt* dar* un nuevo nombre a; **Octavius ~d himself Augustus** Octavio adoptó el nombre de Augusto

renascence /rɪˈnæsns/ *n* (frml) ▸**renaissance 2**

renascent /rɪˈnæsnt/ *adj* (frml) (*before n*) renaciente

rend /rend/ *vt* (*past & past p* **rent**) (liter *or* arch) **1** (tear, tear apart) ‹clothes› rasgar*, desgarrar; ‹flesh› desgarrar; **a nation rent by racial strife** una nación desgarrada por las luchas raciales; **a cry rent the air** un grito desgarró *or* (liter) hendió el aire **2** (wrest, snatch) (*usu pass*) **to be rent FROM sth** ser* arrancado DE algo

render /ˈrendər || ˈrendə(r)/ *vt*

A (make): **to ~ sth useless/superfluous/obsolete** hacer* que algo resulte inútil/superfluo/obsoleto; **the communications systems were ~ed useless by the enemy** el enemigo inutilizó los sistemas de comunicación; **he was ~ed unfit for active service by ...** fue incapacitado para el servicio activo por ...; **this clause ~s the contract void** esta cláusula invalida el contrato

B (give, proffer) (frml) ‹homage› rendir*; ‹thanks› dar*; ‹assistance› prestar; **for services ~ed** por servicios prestados; **to ~ an account** presentar una factura; **~ therefore unto Caesar the things which are Caesar's** dad pues al César lo que es del César

C **1** (interpret) ‹piece of music› interpretar; **these nuances cannot be ~ed in French** estos matices no pueden reflejarse en francés **2** (translate) traducir*; **to ~ sth INTO sth** traducir* algo A algo

D (Const) enlucir*

E ‹fat› derretir*

Phrasal verbs

- **render down** [v + o + adv, v + adv + o] ‹fat› derretir*
- **render up** [v + o + adv, v + adv + o] (liter) ‹town/hostage› entregar*

rendering /ˈrendərɪŋ/ *n*

A [c] **1** (peformance) interpretación *f* **2** (version) versión *f*; (translation) **~ (INTO sth)** traducción *f* (A algo)

B [u] (Const) (plaster) enlucido *m*

rendezvous[1] /ˈrɑːndeɪvuː || ˈrɒndɪvuː, -deɪvuː/ *n* (*pl* ~ /-z/) (meeting) encuentro *m*, cita *f*; (place): **she made her way to the ~** se dirigió al lugar señalado para el encuentro *or* la cita; **to fix a ~ with sb** darse* cita con algn, concertar* una cita con algn; **a ~ with destiny** una cita con el destino

rendezvous[2] *vi* **-vous** /-vuːz/ **-vousing** /-vuːɪŋ/ **-voused** /-vuːd/ **to ~ (WITH sb)** encontrarse* (CON algn)

rendition /renˈdɪʃən/ *n* interpretación *f*; **he gave us an excellent ~ of the piece** nos ofreció una excelente interpretación de la pieza

renegade[1] /ˈrenɪgeɪd/ *n* renegado, -da *m,f*

renegade[2] *adj* (*before n*) ‹soldier/communist› renegado

renege /rɪˈniːg, rɪˈneg || rɪˈniːg, rɪˈneɪg/ *vi* **1** **to ~ ON sth** ‹on commitment/agreement› incumplir algo; **he ~d on his promise** faltó a su promesa, no cumplió su promesa **2** (revoke) (AmE) (Games) renunciar

renegotiate /ˌriːnɪˈgəʊʃieɪt/ *vt* renegociar

renegotiation /ˌriːnɪˌgəʊʃiˈeɪʃən/ *n* [u] renegociación *f*

renew /rɪˈnuː || rɪˈnjuː/ *vt* **1** (reinvigorate) ‹enthusiasm/interest/hope› renovar* **2** (extend) ‹lease/passport/subscription› renovar*; ‹library book› renovar* **3** (take up again) ‹vow/promise› renovar*; ‹efforts/attempts/friendship› reanudar; **they ~ed their attack on the minister** volvieron a arremeter contra el ministro **4** **renewed** *past p* ‹interest/hope› renovado; ‹efforts/attempts› nuevo; **with ~ed energy** con renovadas energías; **there have been ~ed calls for**

an inquiry se ha vuelto a pedir que se lleve a cabo una investigación; ~**ed outbreaks of rioting** nuevos brotes de disturbios

renewable /rɪ'nu:əbəl ‖ rɪ'nju:əbəl/ *adj* 1 ‹*contract/lease/bill of exchange*› renovable 2 (Ecol) ‹*energy/resources*› renovable, inagotable

renewal /rɪ'nu:əl ‖ rɪ'nju:əl/ *n* 1 [u] (revival) renovación *f*; **spiritual ~** renovación espiritual; **a ~ of hope/faith/enthusiasm** un renacimiento de la esperanza/de la fe/del entusiasmo 2 [u c] (of contract, lease, subscription) renovación *f*

renminbi /'renmɪnbi/ *n* [u] (Fin) renminbi *m*

rennet /'renət ‖ 'renɪt/ *n* [u] cuajo *m*

rennin /'renən ‖ 'renɪn/ *n* [u] rennina *f*

renounce /rɪ'naʊns/ *vt* 1 (cede) (frml) ‹*claim/title/right*› renunciar a 2 (reject) ‹*cause/ideology/religion*› renunciar a, abjurarse de; ‹*devil/sin/world*› renunciar a

renovate /'renəveɪt/ *vt* ‹*house/building*› renovar*; ‹*painting/furniture*› restaurar

renovation /,renə'veɪʃən/ *n* [u c] 1 (of building) renovación *f* 2 (of painting, furniture) restauración *f*

renovator /'renəveɪtər ‖ 'renəveɪtə(r)/ *n*
A (person) restaurador, -dora *m,f*
B (liquid) (líquido *m*) renovador *m*

renown /rɪ'naʊn/ *n* [u] renombre *m*, fama *f*; **to win ~** adquirir* renombre; **of great** *o* **high ~** de gran renombre; **of international ~** de renombre internacional

renowned /rɪ'naʊnd/ *adj* ‹*painter/poet/historian*› de renombre, renombrado, conocido; **we visited Malaga, ~ birthplace of Picasso** visitamos Málaga, la célebre cuna de Picasso; **to be ~ FOR sth**: **the museum is ~ for its collection of ...** el museo es famoso por su colección de ...; **he is ~ for having discovered penicillin** es célebre por haber descubierto la penicilina; **she is not ~ for her generosity** no tiene fama de generosa precisamente

rent[1] /rent/ ➡📖 *n*
A [u c] 1 (for accommodations, office) alquiler *m*, arrendamiento *m*, arriendo *m*, renta *f* (esp AmL); **how much is their ~?** ¿cuánto pagan de alquiler (*or* de arrendamiento *etc*)?; **it pays the ~** (set phrase) me da de comer, me da para vivir; (*before n*): **~ book** *libreta donde se anotan las cantidades satisfechas por el inquilino*; **~ collector** cobrador, -dora *m,f* de alquileres; **~ control** control *m* sobre los alquileres; **~ tribunal** (in UK) *tribunal que entiende de causas entre propietarios e inquilinos* 2 (for boat, suit) (esp AmE) alquiler *m*, arriendo *m* (Andes), renta *f* (Méx); Ⓢ **for rent** se alquila *or* (Andes tb) se arrienda *or* (Méx tb) se renta; Ⓢ **cars for rent** alquiler de coches, se alquilan *or* (Andes tb) se arriendan coches, renta de coches (Méx)
B [c] (tear, rip) (liter) rasgadura *f* (liter), rasgón *m*

rent[2] ➡📖 *vt* 1 (pay for) **to ~ sth (FROM sb)** ‹*house/office/land*› alquilarle *or* arrendarle* *or* (Méx tb) rentarle algo (A algn); ‹*television/vehicle*› alquilarle *or* (Andes tb) arrendarle* *or* (Méx tb) rentarle algo (A algn); ‹*boat/suit*› (esp AmE) alquilarle *or* (Andes tb) arrendarle* *or* (Méx tb) rentarle algo (A algn) 2 **rented** *past p* ‹*accommodations/rooms/property*› alquilado, arrendado, rentado (Méx) 3 ▸**rent out**

■ **rent** *vi* 1 (use in exchange for payment) alquilar, arrendar*, rentar (Méx) 2 (cost to rent) (AmE): **this house ~s for $1200 a week** el alquiler *or* el arriendo *or* (esp AmL) la renta de esta casa es de 1200 dólares a la semana

(Phrasal verb)

• **rent out** [v + o + adv, v + adv + o] alquilar, arrendar*, rentar (Méx); **to ~ sth out TO sb** alquilarle *or* arrendarle* *or* (Méx tb) rentarle algo A algn

rent[3] *past & past p of* **rend**

rent-a-crowd /'rentəkraʊd/ *n* [u] (hum & pej) *personas que acuden a una reunión pública o manifestación con el solo fin de aumentar el número de asistentes y crear la impresión de apoyo espontáneo a una causa*

rental /'rentl/ *n* 1 [u c] (act of renting) alquiler *m*, arriendo *m*; **car ~** el alquiler *or* (Méx tb) la renta *or* (Andes tb) el arriendo de coches; **TV ~** el alquiler *or* (Méx tb) la renta *or* (Andes tb) el arriendo de televisores 2 [c] (charge) alquiler, renta *f* (esp AmL), arriendo *m* (Andes); **a fixed/yearly ~** un alquiler (*or* arriendo *etc*) fijo/anual 3 [c] (thing rented) (AmE): **this car is a ~** este es un coche de alquiler *or* (Méx tb) un coche rentado *or* (Andes tb) un coche arrendado

rent boy *n* (BrE sl) puto *m* (arg), chapero *m* (Esp arg), chichifo *m* (Méx arg)

renter /'rentər ‖ 'rentə(r)/ *n*
A (of house, car) arrendatario, -ria *m,f*
B (rented thing — car) (AmE) coche *m* de alquiler; (— video) video *m or* (Esp) vídeo *m* de alquiler

rent-free[1] /'rent'fri:/ *adj* exento de alquiler *or* (esp AmL) renta

rent-free[2] *adv* sin pagar alquiler *or* (esp AmL) renta

rent officer *n* (in UK) *funcionario encargado de controlar los alquileres*

rent strike *n*: *huelga en que los inquilinos dejan de pagar el alquiler*

renumber /ri:'nʌmbər ‖ ri:'nʌmbə(r)/ *vt* ‹*pages/chapters*› volver* a numerar; **they've ~ed the houses** han cambiado la numeración de las casas

renunciation /rɪ,nʌnsi'eɪʃən/ *n* [u] (frml) 1 (of ideology) abjuración *f*, rechazo *m*; (of faith) rechazo *m*; (of claim) renuncia *f*; (of person) repudio *m* 2 (abstinence, asceticism) renuncia *f*; **an act of ~** un acto de renuncia

reoccupation /,ri:ɑ:kjə'peɪʃən ‖ ,ri:ɒkjʊ'peɪʃən/ *n* reocupación *f*

reoccupy /,ri:'ɑ:kjəpaɪ ‖ ,ri:'ɒkjʊpaɪ/ *vt* (Law, Mil) ‹*premises/territory/country*› reocupar

reoccur /,ri:ə'kɜ:r ‖ ,ri:ə'kɜ:(r)/ *vi* **-rr-** reaparecer*

reoccurrence /,ri:ə'kɜ:rəns ‖ ,ri:ə'kʌrəns/ *n* [u c] reaparición *f*

reoffend /,ri:ə'fend/ *vi* reincidir, volver* a delinquir

reoffender /,ri:ə'fendər ‖ ,ri:ə'fendə(r)/ *n* reincidente *mf*

reopen /ri:'əʊpən/ *vt* 1 (recommence) ‹*negotiations/hostilities*› reanudar; **the police have decided to ~ the case** la policía ha decidido reabrir *or* volver a abrir el caso 2 (for public use) ‹*store/road/bridge*› volver* a abrir; **they are trying to ~ lines of communication with the area** están tratando de reestablecer las comunicaciones con la zona 3 (physically) ‹*window/book/eyes*› volver* a abrir

■ **reopen** *vi* 1 (recommence) «*talks/hostilities*» reanudarse 2 (for public use) «*store/hospital/school*» abrir* de nuevo (sus puertas)

reopening /ri:'əʊpnɪŋ/ *n* 1 (of talks, negotiations) reapertura *f*, reanudación *f* 2 (of store, school, hospital) reapertura *f*; **Grand R~ on July 25th** Gran Reapertura el 25 de julio

reorder /ri:'ɔ:rdər ‖ ri:'ɔ:də(r)/ *vt*
A ‹*paragraphs/files/hierarchy*› reorganizar*, volver* a ordenar
B ‹*goods/supplies*› volver* a pedir *or* encargar

reorganization /ri:,ɔ:rgənə'zeɪʃən ‖ ri:,ɔ:gənaɪ'zeɪʃən/ *n* [u c] reorganización *f*

reorganize /ri:'ɔ:rgənaɪz ‖ ri:'ɔ:gənaɪz/ *vt* ‹*company/structure/seating*› reorganizar*

■ **reorganize** *vi* «*army/party*» reorganizarse*

reorient /ri:'ɔ:rient/ (BrE also) **reorientate** /ri:'ɔ:rienteɪt/ *vt* 1 (redirect, change focus) ‹*policy/thinking/lifestyle*› darle* una nueva orientación a, reorientar 2 ‹*spacecraft/satellite dish*› cambiar la orientación de

■ **reorient** *vi* (AmE) cambiar de orientación, reorientarse

reorientation /ri:,ɔ:rien'teɪʃən/ *n* [u] cambio *m* de orientación, reorientación *f*

rep /rep/ *n*
A [c] (*sales ~*) 1 representante *mf or* agente *mf* (comercial) 2 (person responsible): **safety/childcare/sports ~** responsable *mf* de seguridad/del cuidado de los niños/de deportes; **a union ~** un representante *or* (Esp) un enlace sindical
B [u] (BrE) (Theat) compañía *f* de repertorio; **to be/act/work in ~** trabajar en una compañía de repertorio

Rep 1 (US title) = **Representative** 2 (AmE) = **Republican**

repackage /ri:'pækɪdʒ/ *vt* 1 (package again, differently) reempaquetar 2 (present differently) presentar de forma diferente

repaginate /ri:'pædʒəneɪt ‖ ri:'pædʒɪneɪt/ *vt* repaginar

repaint /ri:'peɪnt/ *vt* repintar

repair[1] /rɪ'per ‖ rɪ'peə(r)/ *vt* 1 (mend) ‹*machinery/clock/roof*› arreglar, reparar; ‹*shoes/clothes*› arreglar 2 (redress) ‹*error/harm/wrong*› reparar

■ **repair** *vi* (retire, withdraw) (liter *or* hum) **to ~ TO** retirarse A; **they ~ed to their rooms** se retiraron a sus aposentos (frml o hum)

repair[2] *n* [u c] arreglo *m*, reparación *f*; **they do bicycle/watch/shoe ~s** arreglan bicicletas/relojes/zapatos; **dental ~s** arreglos de prótesis dentales; **~s while you wait** reparaciones al minuto; **the museum is closed for ~s** el museo está cerrado por obras; **my watch is in for ~** me están arreglando el reloj; **the engine/wall is damaged beyond ~** el motor/la pared no tiene arreglo; **in a good/bad state of ~, in good/bad ~** en buen/mal estado; (*before n*): **a ~ job** un arreglo; **a bicycle ~ shop** un taller de reparación de bicicletas

repairable /rɪ'perəbəl ‖ rɪ'peərəbəl/ *adj* reparable

repairer /rɪ'perər ‖ rɪ'peərə(r)/ *n* técnico, -ca *m,f*; **watch ~** (BrE) relojero, -ra *m,f*

repairman /rɪ'permæn ‖ rɪ'peəmæn/ *n* (*pl* **-men** /-men/) técnico, -ca *m,f*; **watch ~** (AmE) relojero, -ra *m,f*

reparation /,repə'reɪʃən/ *n* 1 [u] (amends) (frml) reparación *f* (frml); **to demand ~ for sth** exigir* reparación por algo; **the judge ordered the tenants to make ~s to the landlord** el juez ordenó a los inquilinos que indemnizaran al propietario 2 **reparations** *pl* (Pol) indemnización *f*

repartee /,repər'teɪ ‖ ,repɑ:'ti:/ *n* [u] 1 (conversation) conversación *f*, plática *f*; **we listened to their witty ~** escuchamos su ingenioso intercambio 2 (reply) respuesta *f*, réplica *f* (frml o liter)

repast /rɪ'pæst ‖ rɪ'pɑ:st/ *n* (liter) ágape *m* (liter o hum), comida *f*

repatriate /ri:'peɪtrieɪt, ri:'pætrieɪt/ *vt* ‹*immigrants/prisoners of war*› repatriar; **to ~ foreign earnings** hacer* ingresar al país beneficios percibidos en el extranjero

repatriation /ri:,peɪtri'eɪʃən, ri:,pætri'eɪʃən/ *n* [u] repatriación *f*

repay /ri:'peɪ/ *vt* (*past & past p* **repaid**) 1 ‹*money/loan*› devolver*; ‹*debt*› pagar*, cancelar; **I have to ~ him** tengo que devolverle el dinero 2 ‹*kindness/hospitality/favor*› pagar*, corresponder a; **how can I ever ~ you your generosity?** no sé cómo voy a poder corresponder a su generosidad; **this is how you ~ me!** ¡así me lo pagas!; **the novel is difficult to read, but it ~s the effort** la novela es difícil de leer pero vale la pena el esfuerzo *or* te resarce del esfuerzo; **to ~ sb FOR sth**: **I'd like to ~ them for their kindness** quisiera corresponder a su amabilidad

repayable /ri:'peɪəbəl/ *adj* (frml) (pred) ‹*deposit/loan*› (refundable) reintegrable, reembolsable; **the loan is ~ within three years** el préstamo es a tres años

repayment /ri:'peɪmənt/ *n* 1 [u] (act of repaying) pago *m*; (*before n*) ‹*plan/terms*› de pago; **~ mortgage** *préstamo hipotecario en el que se va amortizando el capital al mismo tiempo que se pagan los intereses* 2 [c] (installment) plazo *m*, cuota *f* (AmL) 3 [u c] (recompense) pago *m*, recompensa *f*

repeal[1] /rɪ'pi:l/ *vt* (Govt, Law) revocar*

repeal[2] *n* [u] revocación *f*

repeat[1] /rɪ'pi:t/ *vt*
A 1 (say again) ‹*sound/word/sentence*› repetir*; **could you ~ the question?** ¿podría repetir la pregunta? 2 (divulge) contar*; **don't ~ this, will you, but ...** no lo vayas a contar, pero ...

➡📖 *see* Living in a Spanish-speaking country

r

3 (recite) (AmE) ‹lesson/poem› repetir*, recitar
B (do again) ‹procedure/movement/experiment› repetir*; ‹year/course› (Educ) repetir*; ‹bar/chorus/phrase› (Mus) repetir*; **it was an experience I wouldn't care to ~** fue una experiencia que no desearía repetir; **the design is ~ed every two inches** el dibujo se repite cada dos pulgadas; **the store is ~ing its special offer on Brazilian coffee** la tienda vuelve a tener una oferta especial de café brasileño; **one of our most popular serials ever is to be ~ed** vuelve una de nuestras series más populares; **this episode will be ~ed on Sunday** (Rad, TV) el episodio se volverá a emitir *or* transmitir el domingo
■ *v refl*: **to ~ oneself** repetirse*; **history ~s itself** la historia se repite
■ **repeat** *vi*
A (stressing instruction, statement) repetir*; **~ after me** repitan lo que digo; **this is not, (I) ~, *not* an exercise** esto *no es* un simulacro, repito, *no es* un simulacro
B «food»: **to ~ ON sb**: **onions ~ on me** la cebolla me repite
C **repeating** *pres p* ‹rifle› de repetición; ‹clock/watch› de repetición
D (recur) repetirse*

repeat² *n* 1 (repetition) repetición *f*; **we want to avoid a ~ of last year's fiasco** queremos evitar que se repita el desastre del año pasado; (*before n*): **~ offender** (delincuente *mf*) reincidente *mf*; **~ performance** (Theat) repetición *f*; **it's a ~ performance of last year's crisis** se repite la misma historia que cuando la crisis del año pasado; **a ~ visit** una nueva visita 2 (Rad, TV) (of program) repetición *f*; (of a series) reposición *f*, retransmisión *f* 3 (Mus) repetición *f*; (*before n*): **~ sign** doble barra *f* de repetición 4 (on wallpaper, fabric): **pattern ~: three inches** el dibujo se repite cada tres pulgadas

repeated /rɪ'pi:təd || rɪ'pi:tɪd/ *adj* (*before n*) ‹instances/warnings/attempts› repetido, reiterado; ‹requests/demands› reiterado; ‹criticism/insistence› constante

repeatedly /rɪ'pi:tədli || rɪ'pi:tɪdli/ *adv* ‹ask/urge/request› repetidamente, reiteradamente, repetidas veces; **they hit him over the head ~** le pegaron repetidas veces en la cabeza; **he was ~ absent** faltó repetidamente *or* repetidas veces

repeater /rɪ'pi:tər || rɪ'pi:tə(r)/ *n*
A 1 (rifle) rifle *m* de repetición 2 (watch, clock) reloj *m* de repetición
B (repeat offender) (AmE) reincidente *mf*

repeat rate *n* (Educ) repitencia *f*

repel /rɪ'pel/ *vt* **-ll-** 1 (drive back) ‹enemy/army› repeler; ‹advance/attack› repeler, rechazar* 2 (ward off) ‹insects/sharks› repeler, ahuyentar 3 (disgust) repeler, repugnar; **I was ~led by the sight of so much blood** me repugnó ver tanta sangre 4 (by magnetism) repeler

repellant /rɪ'pelənt/ *n* [u c]: **insect ~** repelente *m* para insectos

repellent¹ /rɪ'pelənt/ *adj* 1 (disgusting) repelente; **to be ~ TO sb** resultarle repelente A algn 2 (against insects, sharks) ‹spray/cream/pellets› repelente; **an insect-~ spray** un spray repelente de insectos 3 (impermeable) impermeable; **this fabric is ~ to water** esta tela repele el agua, esta tela es impermeable

repellent² *n* ▸ **repellant**

repent /rɪ'pent/ *vi* arrepentirse*; **to ~ OF sth** (liter) arrepentirse* DE algo
■ **repent** *vt* ‹sins/deeds/impiety› arrepentirse* de

repentance /rɪ'pentns/ *n* [u] arrepentimiento *m*

repentant /rɪ'pentnt/ *adj* ‹sinner› arrepentido; **he is thoroughly ~** está profundamente arrepentido; **~ FOR sth** arrepentido DE algo

repercussion /,ri:pər'kʌʃən || ,ri:pə'kʌʃən/ *n* 1 **repercussions** *pl* (consequences) repercusiones *fpl*; **to have ~s on sth/sb** tener* repercusiones en algo/en algn, repercutir en algo/algn; **what you've done is bound to have ~s** lo que has hecho sin duda tendrá repercusiones 2 [u] (of sound) (Phys) repercusión *f*

repertoire /'repərtwa:r || 'repətwa:(r)/ *n* repertorio *m*

repertory /'repərtɔ:ri || 'repətəri/ *n* [u] (system) repertorio *m*; **to be/work in ~** trabajar en una compañía de repertorio; (*before n*) ‹actor/company/theater› de repertorio

repetition /,repə'tɪʃən/ *n* [u c] repetición *f*; **we don't want a ~ of what happened yesterday** no queremos que se repita lo de ayer

repetitious /,repə'tɪʃəs/ *adj* ‹person/speech/essay› repetitivo; **he tends to be ~** suele repetirse mucho

repetitive /rɪ'petətɪv/ *adj* 1 (involving repetition) repetitivo 2 (repetitious) repetitivo, reiterativo

repetitive strain injury, repetitive stress injury *n* [u c] lesión *f* por esfuerzo *or* movimiento repetitivo

rephrase /ri:'freɪz/ *vt* ‹statement› expresar de otra manera; ‹request› reformular; **sorry, I'll ~ that** perdón, mejor dicho ...

repine /rɪ'paɪn/ *vi* (liter) afligirse*, atribularse (liter); **to ~ AT/AGAINST sth** lamentarse DE algo

replace /rɪ'pleɪs/ *vt*
A 1 (be, act as replacement for) ‹secretary/teacher› sustituir*, reemplazar*; **nobody can ever ~ you, my darling** nadie podrá nunca ocupar tu lugar, cariño 2 (provide replacement for): **she had to ~ the cups she had broken** tuvo que reponer las tazas que había roto; **incompetent managers are quickly ~d** los directores incompetentes son sustituidos rápidamente 3 (change) cambiar; **the batteries need replacing every few months** cada pocos meses hay que cambiar las pilas; **to ~ sth WITH sth** cambiar algo POR algo; **the frames were ~d with plastic ones** cambiaron los marcos por unos de plástico; **to ~ a man with a machine** sustituir* *or* reemplazar* a un hombre por una máquina
B (put back) volver* a poner *or* colocar; **she ~d the book on the shelf** volvió a poner *or* a colocar el libro en el estante; **~ the receiver and redial** cuelgue el auricular y vuelva a marcar

replaceable /rɪ'pleɪsəbəl/ *adj* reemplazable, sustituible; **the cups are easily ~** las tazas se pueden reponer fácilmente; **she knows she's ~** sabe que no es irreemplazable *or* insustituible; **human beings are not ~ by robots** los robots no pueden reemplazar *or* sustituir al ser humano

replacement /rɪ'pleɪsmənt/ *n* 1 [u] (act) sustitución *f*, reemplazo *m*; (*before n*): **~ value** (Fin) valor *m* de reposición 2 [c] (person) sustituto, -ta *m,f*; **we're looking for a ~ for Helen** estamos buscando un sustituto para Helen, estamos buscando a alguien para sustituir *or* reemplazar a Helen 3 [c] (object): **I'll buy you a ~** te compraré uno nuevo, te compraré otro; (*before n*) ‹doors/windows› modular; **~ parts** repuestos *mpl*, piezas *fpl* de recambio *or* de repuesto, refacciones *fpl* (Méx)

replay¹ /ri:'pleɪ/ *vt*
A (Sport) ‹game/match› volver* a jugar, repetir*
B (Audio, Video) ‹record/tape› volver* a poner; **the incident was ~ed in slow motion** el incidente se volvió a pasar en cámara lenta *or* (Esp) a cámara lenta

replay² /'ri:pleɪ/ *n* (Sport) (*action ~*)
A repetición *f* (de la jugada)
B (rematch) repetición *f* (*de un partido*)

replenish /rɪ'plenɪʃ/ *vt* ‹stock› reponer*; **we have to ~ our fuel supplies** tenemos que reabastecernos de combustible; **may I ~ your glass?** ¿te vuelvo a llenar la copa?, ¿me permite servirle otra copa? (frml)

replenishment /rɪ'plenɪʃmənt/ *n* [u] (frml) reabastecimiento *m* (frml), reaprovisionamiento *m* (frml)

replete /rɪ'pli:t/ *adj* (liter) **~ WITH sth** repleto DE algo, ahíto DE algo (liter)

repletion /rɪ'pli:ʃən/ *n* (liter): **full to ~** lleno hasta la saciedad, ahíto (liter); **he gorged himself to ~** devoró hasta saciarse; **nitrogen ~** saturación *f* de nitrógeno

replica /'replɪkə/ *n* (*pl* **-cas**) réplica *f*, reproducción *f*

replicate /'replɪkeɪt/ *vt*
A ‹experiment/result› (frml) reproducir*
B (Comput) replicar*
■ *v refl*: **to ~ itself** «virus/amoeba/cell» duplicarse*
■ **replicate** *vi* duplicarse*

reply¹ /rɪ'plaɪ/ *n* (*pl* **replies**) 1 (spoken, written) respuesta *f*, contestación *f*; **I phoned her but there was no ~** la llamé pero no contestó nadie *or* (Esp) nadie cogió el teléfono; **~ TO sth/sb** respuesta A algo/algn; **in ~ to your letter of July 15** en respuesta a su carta del 15 de julio; **I didn't know what to say in ~** no supe cómo responder; **in ~ to his criticism** como réplica *or* en respuesta a sus críticas 2 (action, response) reacción *f*, respuesta *f*; **I expected a corresponding effort in ~** a cambio, esperaba que correspondiera con el mismo esfuerzo

reply² **replies, replying, replied** *vi* 1 (answer) responder, contestar; **he replied that he hadn't seen me** contestó *or* respondió que no me había visto; **to ~ to sth** contestar algo, responder A algo; **he didn't ~ to my letter** no contestó mi carta, no respondió a mi carta; **to ~ TO sb** responderle *or* contestarle A algn 2 (respond) responder
■ **reply** *vt* responder, contestar, replicar* (liter)

reply coupon *n* boletín *m* de respuesta

reply-paid envelope /rɪ,plaɪ'peɪd/ *n* (BrE) sobre *m* a franquear en destino

repo /'ri:pəʊ/ *n* (*pl* **-pos**) (colloq)
A (Busn) pacto *m* de recompra
B (repossessed item) (AmE) objeto *m* embargado

repoint /ri:'pɔɪnt/ *vt* rejuntar (*con mortero*)

repopulate /ri:'pɑ:pjəleɪt || ri:'pɒpjʊleɪt/ *vt* repoblar*

report¹ /rɪ'pɔ:rt || rɪ'pɔ:t/ ➔ *n*
A [c] 1 (account) informe *m*; (piece of news) noticia *f*; (in newspaper) reportaje *m*, crónica *f*; **~s are coming in of a coup** están llegando noticias de un golpe de estado; **latest ~s indicate that ...** las últimas informaciones indican que ... 2 (evaluation) informe *m*, reporte *m* (Méx); **medical ~** parte *m* médico; **(school) ~** boletín *m* de calificaciones *or* notas, libreta *f* de calificaciones (AmL), reporte *m* (Méx); **she got a good/bad ~** tuvo buenas/malas calificaciones *or* notas; **annual ~** memoria *f* (anual); **official/Government ~** informe *m* oficial/del Gobierno; **Law R~s** (in UK) relación *f* de pleitos y causas, actas *fpl* de procesos 3 (school assignment — written) (AmE) redacción *f*; **a book ~** una reseña sobre un libro; **to give an oral ~ on sth** exponer* *or* reseñar algo oralmente
B [u] (liter) 1 (hearsay) rumor *m*; **~ has it** *o* **according to ~** según se dice 2 (reputation): **of good/evil ~** de buena/mala reputación *or* fama
C [c] (sound) estallido *m*, detonación *f* (frml)

report² *vt*
A 1 (relate, announce): **several people ~ed seeing the tiger** varias personas dijeron haber visto al tigre; **he is ~ed to own several wells** se dice que es dueño de varios pozos de petróleo; **many companies ~ed increased profits** muchas empresas anunciaron un incremento en sus beneficios 2 (Journ) «reporter/media» informar sobre, reportear (Andes, Méx); **the news was widely ~ed** la noticia fue ampliamente divulgada
B 1 (notify) ‹accident› informar *or* dar* parte de; ‹crime› denunciar, dar* parte de, reportar (AmL); **nothing to ~** nada que informar; **to ~ sth TO sb** dar* parte DE algo A algn; **to ~ sth stolen/sb missing** denunciar *or* (AmL tb) reportar el robo de algo/la desaparición de algn, dar* parte del robo de algo/de la desaparición de algn 2 (denounce) **to ~ sb (TO sb)** denunciar *or* (AmL tb) reportar a algn (A algn); **I will ~ you to the authorities** lo denunciaré *or* (AmL tb) lo reportaré a las autoridades
■ **report** *vi*
A 1 (Journ) «reporter» informar; **Alice Jones ~ing from Kabul** Alice Jones, desde Kabul; **she ~s for the Post** es corresponsal del Post; **to ~ ON sth** informar SOBRE algo, reportear algo (Andes, Méx) 2 (present report) «committee» presentar un informe
B 1 (present oneself) presentarse, reportarse

➔ *see* Effective Spanish

r

(AmL); **Private Wood ~ing for duty, sir!** soldado Wood se presenta, mi teniente (*or* sargento *etc*); **to ~ sick** dar* parte de enfermo; **~ to the reception desk/your supervisor** preséntese en recepción/a su supervisor **2** (be accountable) (Busn) **to ~ TO sb** estar* bajo las órdenes de algn, reportar a algn; **you will ~ to the finance director** estará bajo las órdenes del director financiero, reportará al director financiero

Phrasal verbs

- **report back** [v + adv] **1** (return): **to ~ back (to base)** regresar a la base **2** (give report) **to ~ back (TO sb)** presentar un informe (A algn)
- **report out** [v + o + adv, v + adv + o] (AmE) *devolver (un proyecto de ley) acompañado de un informe*

reportage /ˌrepɔːrˈtɑːʒ || ˌrepɔːˈtɑːʒ/ *n* [u] reportaje *m*; **the movie is largely ~** la película es esencialmente un documental

report card *n* (Educ) boletín *m* de calificaciones *or* notas

reportedly /rɪˈpɔːrtədli || rɪˈpɔːtɪdli/ *adv* (*indep*): **the minister had ~ agreed to it** según se informa, el ministro había *or* (period) habría dado su consentimiento; **~, she is quite different in private life** se dice que en su vida privada es muy diferente

reported speech /rɪˈpɔːrtəd || rɪˈpɔːtɪd/ *n* [u] estilo *m* indirecto

reporter /rɪˈpɔːrtər || rɪˈpɔːtə(r)/ *n* **1** (journalist) periodista *mf*, reportero, -tera *m,f*; **our ~ in Washington** nuestro corresponsal en Washington; **sports/crime ~** periodista deportivo/de sucesos **2** (Law) ≈ relator, -tora *m,f*

reporting /rɪˈpɔːrtɪŋ || rɪˈpɔːtɪŋ/ *n* [u] cobertura *f*; **her ~ of the crisis** su cobertura de la crisis; (*before n*): **~ restrictions** restricciones *fpl* informativas

report stage *n* (in UK) *fase durante la cual se debaten los informes de las comisiones especializadas sobre un proyecto de ley*

repose¹ /rɪˈpəʊz/ *n* [u] (liter) reposo *m*; **in ~** en reposo

repose² *vi* (liter) reposar (liter), descansar; **to ~ ON sth** descansar SOBRE algo, apoyarse EN algo

■ **repose** *vt* **to ~ sth IN sb/sth** depositar algo EN algn/algo (frml); **to ~ trust in sb** depositar su (*or* mi *etc*) confianza en algn

repository /rɪˈpɑːzətɔːri || rɪˈpɒzɪtəri/ *n* (*pl* **-ries**) **1** (store) depósito *m*, almacén *m*, bodega *f* (Andes, Méx); **furniture ~** depósito de muebles, guardamuebles *m* **2** (person, group) depositario, -ria *m,f*

repossess /ˌriːpəˈzes/ *vt* ‹*car/house*› recuperar la posesión de

repossession /ˌriːpəˈzeʃən/ *n* [u] recuperación *f* (*de un artículo o inmueble no pagado*)

repot /riːˈpɑːt || riːˈpɒt/ *vt* ‹*plant*› cambiar de maceta

repoussé /rəˌpuːˈseɪ || rəˈpuːseɪ/ *adj* repujado

reprehend /ˌreprɪˈhend/ *vt* reprender

reprehensible /ˌreprɪˈhensəbəl/ *n* reprensible, censurable

represent /ˌreprɪˈzent/ *vt*

A (stand for, constitute, depict) representar; **the dove ~s peace** la paloma representa la paz; **this ~s a radical change in policy** esto representa *or* constituye un radical cambio de política

B (act as representative for) ‹*client/president*› representar; ‹*company*› (Busn) ser* representante *or* agente de

C (frml) **1** (describe) presentar; **the press has ~ed him as an ogre** la prensa lo ha presentado como un ogro; **he ~ed her as (being) his daughter** la hacía pasar por su hija **2** (in protest, remonstrance) (frml): **they ~ed their grievances to the board** elevaron sus protestas a la junta; **~ to the manager how important this matter is** hágale presente al gerente la importancia de este asunto

re-present /ˌriːprɪˈzent/ *vt* volver* a presentar

representation /ˌreprɪzenˈteɪʃən/ *n*

A **1** [u] (in government, on board) representación *f*; **legal ~** representación legal; **proportional ~** representación proporcional **2** [c] (reflection) representación *f*, reflejo *m* **3** [u c] (presence) representación *f* **4** [c] (Busn) representación *f*

B [u c] (portrayal) representación *f*

C **representations** *pl* (complaint) (frml) protesta *f* formal; **to make ~s to sb** elevar una protesta a algn (frml); **their ambassador made ~s to the government** su embajador elevó una protesta al gobierno (frml)

representational /ˌreprɪzenˈteɪʃnəl || ˌreprɪzenˈteɪʃənl/ *adj* figurativo

representative¹ /ˌreprɪˈzentətɪv/ *n* **1** representante *mf* **2** (AmE) (Govt) representante *mf*, diputado, -da *m,f* **3** (*sales ~*) representante *mf or* agente *mf* comercial

representative² *adj* **1** (typical) ‹*sample/cross section*› representativo; **to be ~ OF sth** ser* representativo DE algo **2** (Pol) ‹*assembly*› representativo

> **Representative**
>
> Un miembro de la Cámara de Representantes ▸**House of Representatives** de Estados Unidos.

repress /rɪˈpres/ *vt* **1** (restrain) reprimir **2** (hold back) ‹*emotion/desire*› reprimir; ‹*laugh/sneeze*› contener*, reprimir

repressed /rɪˈprest/ *adj* ‹*person/desire*› reprimido

repression /rɪˈpreʃən/ *n* [u] represión *f*; **political/sexual ~** represión *f* política/sexual

repressive /rɪˈpresɪv/ *adj* represivo

reprieve¹ /rɪˈpriːv/ *n* **1** (postponement) aplazamiento *m*; **he was granted a ~ of three days** se le concedieron tres días de gracia; **the building has been given a ~** la demolición del edificio ha sido aplazada **2** (Law) (commutation) indulto *m*, conmutación *f* (*esp de la pena de muerte*); **he refused to grant** *o* **give a ~** se negó a conceder el indulto, se negó a conmutar la pena

reprieve² *vt* indultar; **he was ~d** fue indultado, le fue conmutada la pena; **the firm has been ~d for the time being** por el momento, la empresa se salva del cierre

reprimand¹ /ˈreprəmænd || ˈreprɪmɑːnd/ *n* reprimenda *f*

reprimand² *vt* reprender

reprint¹ /ˈriːprɪnt/ *n* **1** (Publ) reimpresión *f* **2** (Phot) copia *f*

reprint² /riːˈprɪnt/ *vt* **1** (Publ) reimprimir* **2** (Phot) ‹*photograph*› hacer* una copia de

■ **reprint** *vi* «*book*» ser* reimpreso

reprisal /rɪˈpraɪzəl/ *n* represalia *f*; **for fear of ~s** por temor a represalias; **to take ~s against sb/sth** tomar represalias contra algn/algo; **in ~ for sth** en represalia por algo

reprise /rɪˈpriːz/ *n* (Mus) repetición *f*

reproach¹ /rɪˈprəʊtʃ/ *vt* **to ~ sb FOR -ING/WITH sth**: **he ~ed her for not having written to him** le reprochó que no le hubiera escrito; **I have nothing to ~ myself with** no tengo nada que reprocharme; **Tom is continually ~ing me for being extravagant/with extravagance** Tom me reprocha continuamente (el) que gaste tanto

reproach² *n* **1** [u c] (blame, rebuke) reproche *m*; **words/a look of ~** palabras/una mirada de reproche; **above** *o* **beyond ~** irreprochable, intachable **2** (discredit) (frml): **to be a ~ to sb/sth** ser* un oprobio *or* una deshonra para algn/algo (frml)

reproachful /rɪˈprəʊtʃfəl/ *adj* ‹*look/words*› (lleno) de reproche

reproachfully /rɪˈprəʊtʃfəli/ *adv* ‹*say*› en tono de reproche; **he looked at me ~** me miró lleno de reproche

reprobate¹ /ˈreprəbeɪt/ *n* (frml) réprobo, -ba *m,f* (liter), depravado, -da *m,f*

reprobate² *adj* (frml) disoluto (frml), depravado

reprocess /riːˈprɑːses || riːˈprəʊses/ *vt* ‹*nuclear waste*› reprocesar

reprocessing plant /riːˈprɑːsesɪŋ || riːˈprəʊsesɪŋ/ *n* planta *f* de reprocesado

reproduce /ˌriːprəˈduːs || ˌriːprəˈdjuːs/ *vt* reproducir*

■ **reproduce** *vi* (Biol) reproducirse*

■ *v refl*: **to ~ oneself** reproducirse*

reproduction /ˌriːprəˈdʌkʃən/ *n*

A [u] (Biol) reproducción *f*

B **1** [u] (copying) reproducción *f*; **sound ~** reproducción del sonido **2** [c] (copied article) reproducción *f*; (*before n*): **~ furniture** muebles *mpl* de reproducción

reproductive /ˌriːprəˈdʌktɪv/ *adj* reproductor

reprogram, (BrE also) **reprogramme** /riːˈprəʊɡræm/ *vt* reprogramar

reprographics /ˌriːprəˈɡræfɪks/ *n* (+ *sing vb*) reprografía *f*

reprography /rɪˈprɑːɡrəfi || rɪˈprɒɡrəfi/ *n* [u] reprografía *f*

reproof¹ /rɪˈpruːf/ *n* [u c] (frml) reprobación *f*; **a look of ~** una mirada reprobatoria *or* de reprobación; **she received a ~ for her negligence** fue reprendida *or* (frml) reconvenida por su negligencia

reproof² /riːˈpruːf/ *vt* reimpermeabilizar*

reprove /rɪˈpruːv/ *vt* (frml) **to ~ sb (FOR sth)** reprender *or* recriminar *or* (frml) reconvenir* a algn (POR algo)

reproving /rɪˈpruːvɪŋ/ *adj* (frml) reprobatorio, recriminatorio

reprovingly /rɪˈpruːvɪŋli/ *adv* (frml) ‹*speak*› en tono reprobatorio; **he looked at her ~** le lanzó una mirada reprobatoria *or* recriminatoria

reptile /ˈreptl, -taɪl || ˈreptaɪl/ *n* **1** (Zool) reptil *m* **2** (person) ser *m* abyecto

reptilian /repˈtɪliən/ *adj* **1** (Zool) de los reptiles **2** (like a reptile) (liter) ‹*features/smile*› de reptil

republic /rɪˈpʌblɪk/ *n* república *f*

republican¹ /rɪˈpʌblɪkən/ *adj* **1** (of a republic) republicano **2** **Republican** (in US) republicano; **the R~ Party** el Partido Republicano

republican² *n* **1** (supporter of republic) republicano, -na *m,f* **2** **Republican** (AmE) republicano, -na *m,f*

> **Republican Party**
>
> Uno de los dos principales partidos políticos de EEUU. Aunque el Partido Republicano fue fundado en 1854, por los que deseaban abolir la esclavitud, se considera más conservador que el Partido Demócrata ▸**Democratic Party**, el otro partido.

republicanism /rɪˈpʌblɪkənɪzəm/ *n* **1** (movement) republicanismo *m* **2** **Republicanism** (in US) republicanismo *m*

repudiate /rɪˈpjuːdieɪt/ *vt* **1** (reject, deny) ‹*charge/accusation*› rechazar*, negar* **2** (refuse to acknowledge, disown) ‹*liability/debt*› negarse* a reconocer; ‹*violence/teaching*› repudiar; ‹*wife/family*› repudiar

repudiation /rɪˌpjuːdiˈeɪʃən/ *n* [u] **1** (rejection, denial) rechazo *m* **2** (refusal to acknowledge, disowning) repudio *m*, repulsa *f* (frml)

repugnance /rɪˈpʌɡnəns/ *n* [u] repugnancia *f*

repugnant /rɪˈpʌɡnənt/ *adj* repugnante; **to be ~ TO sb** repugnarle *or* serle* repugnante A algn; **racism is ~ to us** el racismo nos repugna *or* nos es repugnante

repulse¹ /rɪˈpʌls/ *vt* repeler, rechazar*

repulse² *n* rechazo *m*

repulsion /rɪˈpʌlʃən/ *n* [u] **1** (distaste) (frml) repulsión *f* **2** (Phys) repulsión *f*

repulsive /rɪˈpʌlsɪv/ *adj* **1** (disgusting) ‹*sight/smell*› repulsivo, repugnante, asqueroso; **I think she's ~** la encuentro repulsiva *or* repelente **2** (Phys) ‹*forces*› que se repelen

repulsively /rɪˈpʌlsɪvli/ *adv* repulsivamente

repulsiveness /rɪˈpʌlsɪvnəs || rɪˈpʌlsɪvnɪs/ *n* [u] lo repulsivo *or* repelente

repurchase /riːˈpɜːrtʃəs || riːˈpɜːtʃɪs/ *n* (Busn) recompra *f*, readquisición *f*; (*before n*): **~ agreement** pacto *m* de recompra

reputable /ˈrepjətəbəl || ˈrepjʊtəbəl/ *adj* ‹*firm/dealer/professional*› serio, de confianza, acreditado (frml), reputado (frml)

reputation /ˌrepjəˈteɪʃən || ˌrepjʊˈteɪʃən/ *n* reputación *f*, fama *f*; **to have a good/bad ~** tener* buena/mala reputación *or* fama; **~ AS sth** reputación *or* fama DE algo; **a ~ FOR sth** fama DE algo; **she has a ~ for hard work/for being good with children** tiene fama de trabajadora/de saber tratar a los niños; **it lives up to its ~ as the country's best orchestra** su fama de ser la mejor orquesta del país es justificada; **he's trying to live up to the ~ he got at Harvard** trata de estar a la altura de la reputación que adquirió en Harvard; **she's made quite a ~ for herself** ha adquirido mucha fama; **to save one's ~** salvar su (*or* mi *etc*) reputación; **he's got quite a ~ with the ladies** tiene fama de Don Juan *or* de tenorio

repute /rɪˈpjuːt/ *n* [u] (frml) reputación *f*, fama *f*; **of ~** de renombre; **a make of good ~** una marca acreditada (frml); **house of ill ~** casa *f* de mala fama; **to hold sth/sb in high ~** tener* algo/a algn en mucha estima; **I only know him by ~** sólo lo conozco de oídas

reputed /rɪˈpjuːtəd || rɪˈpjuːtɪd/ *adj* **1** (supposed, considered): **the ~ size of her fortune** el presunto *or* supuesto tamaño de su fortuna; **he is the ~ mastermind behind the plot** se dice que él fue el cerebro del complot; **to be ~ to + INF: this car is ~ to be very cheap to run** este coche tiene fama de ser muy económico; **she is ~ (to be) the best in the world** está considerada como la mejor del mundo **2** (highly esteemed) acreditado (frml), reputado (frml); **to be highly ~** tener* muy buena reputación; **to be ~ FOR sth** ser* famoso *or* conocido POR algo

reputedly /rɪˈpjuːtədli || rɪˈpjʊtɪdli/ *adv* (*indep*) según se dice *or* cree; **she's ~ the world's richest woman** se la tiene por la mujer más rica del mundo, se dice que es la mujer más rica del mundo

requalify /riːˈkwɑːləfaɪ || riːˈkwɒlɪfaɪ/ **-fies, -fying, -fied** recalificarse*

request¹ /rɪˈkwest/ *n* **1** (polite demand) petición *f*, pedido *m* (esp AmL), solicitud *f* (frml); **to make a ~** hacer* *or* presentar una petición *or* (frml) una solicitud; **~ FOR sth** petición (*or* pedido *etc*) DE algo; **a ~ for assistance** una petición *or* (esp AmL) un pedido de ayuda; **they came with the ~ that ...** vinieron a pedirnos *or* (frml) a solicitarnos que ...; **at her/Mary's ~** a petición suya/de Mary, a pedido suyo/de Mary (esp AmL); **by popular ~** a petición *or* (esp AmL) a pedido del público; **Ⓢ price lists available on request** solicite nuestras listas de precios; (*before n*): **~ stop** (BrE) parada *f* discrecional **2** (for record, song) petición *f*, pedido *m* (esp AmL); **to play a ~ for sb** tocar* algo a petición *or* (esp AmL) a pedido de algn; (*before n*): **~ program** programa *m* con peticiones *or* (esp AmL) pedidos de los oyentes

request² *vt* **1** ‹*help/loan*› pedir*, solicitar (frml); **Mr & Mrs Tuthill ~ the pleasure of your company at ...** (frml) los señores Tuthill tienen el agrado de invitar a usted a ... (frml); **to ~ sb to + INF/THAT** pedir(le)* a algn QUE + SUBJ; **I ~ed them to leave** les pedí que se fueran; **customers are ~ed not to touch the displays** se ruega a los señores clientes no tocar las mercancías expuestas (frml); **he ~ed that he be allowed to see his client** (frml) solicitó que se le permitiera ver a su cliente (frml) **2** ‹*song/record*› pedir*, solicitar (frml)

requiem /ˈrekwiəm/ *n* **1** **~ (mass)** misa *f* de réquiem **2** (hymn for the dead) réquiem *m*

require /rɪˈkwaɪr || rɪˈkwaɪə(r)/ *vt*

A **1** (need) necesitar; (call for) ‹*patience/dedication*› requerir*, exigir*; **you can withdraw cash (as and) when ~d** puede retirar dinero según lo necesite *or* según le sea necesario; **how many copies do you ~?** ¿cuántos ejemplares necesita *or* precisa?; **all I ~ now is your signature** todo lo que hace falta ahora es que usted firme; **this work ~s great concentration** este trabajo requiere *or* exige mucha concentración; **your presence is ~d at reception** (frml) se le requiere en recepción (frml); **add salt as ~d** salar a gusto; **we can supply the screws if ~d** podemos suministrar los tornillos si usted así lo desea **2** (demand) **to ~ sb/sth to + INF** requerir* que algn/algo + SUBJ; **applicants are ~d to have experience** se requiere que los candidatos tengan experiencia; **to ~ that: the law ~s that you wear a helmet** la ley le obliga a llevar *or* exige que lleve casco; **to ~ sth OF sb: all that is ~d of you is that you observe the rules** todo lo que se te exige es que cumplas con el reglamento; **I shall do all that is ~d of me** haré todo lo que me corresponda

B **required** *past p* **1** ‹*dose/amount*› necesario; **within the ~d limits** dentro de los límites establecidos *or* fijados; **cut the ~d number of squares** corte el número de cuadrados que haga falta *or* que sea necesario **2** (compulsory) ‹*reading/viewing*› obligado

requirement /rɪˈkwaɪrmənt || rɪˈkwaɪəmənt/ *n* **1** (*usu pl*) (need) necesidad *f*; **choose a car that suits your ~s** elija un coche adecuado a sus necesidades; **what are your ~s?** ¿qué necesita usted?; **to meet sb's ~s** satisfacer* las necesidades de algn **2** (demand, condition) requisito *m*; **you must satisfy these ~s** debe llenar *or* satisfacer estos requisitos

requisite¹ /ˈrekwəzət || ˈrekwɪzɪt/ *n* (frml): **we can supply every ~ for your new home** disponemos de todo lo necesario para su nuevo hogar; **toilet/smoker's ~s** (BrE) artículos *mpl* de tocador/para fumadores

requisite² *adj* (frml) necesario, requerido

requisition¹ /ˌrekwəˈzɪʃən || ˌrekwɪˈzɪʃən/ *vt* ‹*supplies*› requisar; ‹*services*› requerir*

requisition² *n* (demand) solicitud *f* (frml); (taking over) requisa *f*, requisición *f*

requital /rɪˈkwaɪtl/ *n* [u] (liter) retribución *f*; **in ~ for their services** en recompensa por sus servicios

requite /rɪˈkwaɪt/ *vt* (liter) ‹*love*› corresponder (a); **to ~ evil with good** devolver* bien por mal

reread /riːˈriːd/ *vt* (*past & past p* **reread** /riːˈred/) releer*

rerecord /ˌriːrɪˈkɔːrd || ˌriːrɪˈkɔːd/ *vt* regrabar

rerecording /ˌriːrɪˈkɔːrdɪŋ || ˌriːrɪˈkɔːdɪŋ/ *n* **1** [c] (rerecorded tape, record etc) regrabación *f* **2** [u] (process) regrabación *f*

reredos /ˈrerədɑːs || ˈrɪədɒs/ *n* (*pl* **-doses**) retablo *m*

reregister /riːˈredʒəstər || riːˈredʒɪstə(r)/ *vi* volver* a registrarse

■ **reregister** *vt* volver * a registrar

reregistration /ˌriːredʒəˈstreɪʃən || ˌriːredʒɪˈstreɪʃən/ *n* [u c] re-registro *m*

rerelease¹ /ˌriːrɪˈliːs/ *vt* ‹*movie*› reestrenar; ‹*record*› relanzar*

rerelease² *n* [u c] (of movie) reestreno *m*; (of record) relanzamiento *m*

reroute /riːˈruːt/ *vt* desviar*

rerun¹ /ˈriːrʌn/ *n* **1** (Cin, TV) reposición *f*; **the series is in ~s** (AmE) se está reponiendo la serie, están volviendo a dar la serie **2** (repeat) repetición *f* **3** (of race) (Sport) repetición *f*

rerun² /riːˈrʌn/ *vt* (*pres p* **rerunning**; *past* **reran**; *past p* **rerun**) **1** ‹*film/series*› reponer* **2** (Comput) ‹*program*› volver* a pasar *or* ejecutar **3** ‹*race*› repetir*

resale /riːˈseɪl || ˈriːseɪl/ *n* reventa *f*; **Ⓢ not for resale** prohibida la venta, muestra gratis; (*before n*): **it has a low ~ value** de segunda mano tiene poco valor *or* no se vende bien; **~ price** precio *m* de reventa

reschedule /riːˈskedʒuːl || riːˈʃedjuːl/ *vt* **1** (Fin) ‹*debt/repayments*› renegociar **2** ‹*project/work*› volver* a planificar; ‹*meeting*› cambiar la hora/fecha de; ‹*bus service*› cambiar el horario de

rescind /rɪˈsɪnd/ *vt* (frml) ‹*contract*› rescindir, anular; ‹*order/ruling*› revocar*; ‹*law*› derogar*, abolir*

rescue¹ /ˈreskjuː/ *n* [u c] rescate *m*; **to come/go to the/sb's ~: they went to his ~** acudieron a socorrerlo (liter), fueron *or* (liter) acudieron en su auxilio; **if you hadn't come to my ~, I'd have been stuck with him all night** si no hubieras venido a socorrerme *or* en mi auxilio no me lo habría podido sacar de encima en toda la noche; **Mum came to the ~ and paid my phone bill** Mama me salvó al pagar la cuenta del teléfono; **to the ~!** ¡al rescate!; (*before n*) ‹*services/team*› de rescate *or* salvamento; **~ attempt** intento *m* de rescate; **~ party** equipo *m* de rescate; **~ work was hampered by the weather** el tiempo entorpeció la operación *or* las labores de rescate *or* de salvamento

rescue² *vt* rescatar, salvar; **to ~ sb/sth FROM sth/-ING: he was ~d from drowning** lo salvaron de morir ahogado; **the bank ~d the company from bankruptcy** el banco salvó a la empresa de la quiebra; **to ~ sb from captivity** rescatar a algn del cautiverio

rescue package *n* paquete *m* de medidas de urgencia

rescuer /ˈreskjuər || ˈreskjʊə(r)/ *n* salvador, -dora *m,f*

reseal /riːˈsiːl/ *vt* ‹*envelope*› volver* a cerrar; ‹*grave/door*› volver* a precintar; ‹*can/jar*› volver* a cerrar herméticamente

resealable /riːˈsiːləbəl/ *adj* ‹*envelope*› que se puede volver a cerrar; ‹*can/jar*› que se puede volver a cerrar herméticamente

research¹ /rɪˈsɜːrtʃ, ˈriːsɜːrtʃ || rɪˈsɜːtʃ, ˈriːsɜːtʃ/ *n* [u] investigación *f*; **a piece of ~** una investigación, un trabajo de investigación; **scientific/literary ~** investigación científica/literaria; **~ has shown that ...** las investigaciones han demostrado que ...; **~ INTO/ON sth** investigación SOBRE algo; **to do/carry out ~** hacer*/llevar a cabo una investigación; **~ and development** investigación y desarrollo; **picture ~** investigación gráfica; (*before n*) ‹*establishment/work*› de investigación; **~ grant** beca *f* de investigación; **~ laboratory** laboratorio *m* de investigación; **~ student** *estudiante de posgrado que hace trabajos de investigación*; **~ worker** investigador, -dora *m,f*

research² *vi* investigar*; **to ~ INTO/ON sth** investigar* algo, hacer* una investigación SOBRE algo

■ **research** *vt* ‹*causes/problem*› investigar*, estudiar; **to ~ an article/a book** hacer* una investigación que servirá de base a un artículo/a un libro, reunir* los datos necesarios para escribir un artículo/un libro; **the company is ~ing investment proposals** la compañía está investigando *or* estudiando propuestas de inversión; **this article is well ~ed** este artículo está bien documentado

researcher /rɪˈsɜːrtʃər || rɪˈsɜːtʃə(r)/ *n* investigador, -dora *m,f*

resell /riːˈsel/ *vt* (*past & past p* **resold**) revender

resemblance /rɪˈzembləns/ *n* **1** [u] (likeness) parecido *m*, semejanza *f*; **~ TO sb/sth** parecido CON algn/algo; **it bears no ~ to yours** no tiene (ni) el más remoto parecido con el tuyo, no se parece en absoluto al tuyo; **she bears a strong ~ to her mother** tiene un gran parecido con su madre, se parece mucho a su madre; **his story bears little ~ to the facts** su historia tiene poco que ver con la realidad **2** [c] (point of likeness) similitud *f*

resemble /rɪˈzembəl/ *vt* parecerse* a, asemejarse a (liter); **they ~ each other** se parecen, son parecidos

resent /rɪˈzent/ *vt*: **he ~ed her success** le molestaba que ella tuviera éxito, se sentía contrariado por su éxito; **I ~ the suggestion that ...** no puedo admitir *or* me ofende que se insinúe que ...; **I've always ~ed my sister** siempre he tenido celos de mi hermana; **to ~ -ING: I ~ having to help him** me molesta tener que ayudarle; **he ~s me** *o* **my telling him what to do** le sienta mal que le diga lo que tiene que hacer

resentful /rɪˈzentfəl/ *adj* ‹*person*› resentido, rencoroso; ‹*air/look*› de resentimiento; **he felt very ~ when ...** se resintió mucho cuando ...; **she was ~ at the way she'd been treated** estaba resentida por cómo la habían tratado; **I've always been ~ of my sister/her success** siempre he sentido celos de mi hermana/de su éxito

resentfully /rɪˈzentfəli/ *adv* con resentimiento

r

resentment /rɪ'zentmənt/ *n* [u] resentimiento *m*, rencor *m*; **to feel ~ toward sb** guardarle rencor a algn

reservation /ˌrezər'veɪʃən || ˌrezə'veɪʃən/ *n*
A [c u] (booking) reserva *f*, reservación *f* (AmL); **to make a ~** hacer* una reserva *or* (AmL tb) una reservación; (*before n*): **~ desk** (BrE) mostrador *m* de reservas
B [c] (doubt, qualification) reserva *f*; **to have (one's) ~s about sb/sth** tener* sus (*or* mis *etc*) reservas acerca de algn/algo; **to accept/agree without ~** aceptar/acceder sin reservas
C [c] (land) (in US) reserva *f*, reservación *f* (AmL)
D [c] (*central* **~**) (BrE) (Transp) mediana *f*, bandejón *m* (central) (Chi), camellón *m* (Méx)

reserve¹ /rɪ'zɜːrv || rɪ'zɜːv/ *n*
A [c] (stock) reserva *f*; **gold/oil ~s** reservas de oro/petróleo; **I'm keeping this money in ~ for emergencies** este dinero lo tengo reservado *or* de reserva para cualquier emergencia; (*before n*): **~ gas** *o* (BrE) **petrol tank** tanque *m or* depósito *m* (de gasolina) de reserva
B [c] **1** **the Reserve** (Mil) la reserva **2** (Sport) (substitute player) reserva *mf*, suplente *mf*; (*before n*) ‹*goalkeeper/referee*› de reserva; **~ team** reserva *f*
C **reserves** *pl* **1** (Mil) reservas *fpl* **2** (BrE) (Sport) reserva *f*
D [c] (land) coto *m*, reserva *f*; (*game* **~**) coto *m* de caza; (*nature* **~**) reserva *f* natural
E [u] **1** (self-restraint) reserva *f*, cautela *f* **2** (qualification): **without ~** sin reserva

reserve² ➡ *vt* **1** (book) ‹*room/seat/table*› reservar **2** (keep, save) **to ~ sth (FOR sth)** reservar *or* guardar algo (PARA algo); **to ~ (one's) judgment** reservarse la opinión; **the company ~s the right to change ...** la compañía se reserva el derecho de cambiar ...; Ⓢ **all rights reserved** reservados todos los derechos

reserve currency *n* divisa *f* de reserva

reserved /rɪ'zɜːrvd || rɪ'zɜːvd/ *adj* **1** (reticent) reservado **2** (booked) ‹*seat/table*› reservado

reserve fund *n* fondo *m* de reserva

reserve price *n* **1** (at auction) (BrE) precio *m* mínimo (*fijado para un lote de una subasta*) **2** (EU) precio *m* mínimo garantizado *or* de intervención

reservist /rɪ'zɜːrvəst/ *n* reservista *mf*

reservoir /'rezərvwɑːr || 'rezəvwɑː(r)/ *n* **1** (of water) embalse *m*, presa *f*, represa *f* (AmS) **2** (supply, source) mina *f* **3** (tank, container) tanque *m*, depósito *m* **4** (Biol) cavidad *f*

reset /riː'set/ *vt* (*pres p* **resetting** *past & past p* **reset**)
A ‹*alarm clock*› (volver* a) poner*; ‹*counter/dial*› volver* a cero; **~ button/switch** botón *m* /interruptor *m* de reposición
B **1** (Med) ‹*bone*› colocar*, componer* (Andes) **2** (gem) volver* a engarzar *or* engastar
C (Print) ‹*type/book*› recomponer*

resettle /riː'setl/ *vt* **1** ‹*refugees/population*› reasentar* **2** ‹*area/land*› repoblar*
■ **resettle** *vi* «*refugees/population*» reestablecerse*

resettlement /riː'setlmənt/ *n* [u] **1** (of people) reasentamiento *m* **2** (of land) repoblación *f*, nueva colonización *f*

reshape /riː'ʃeɪp/ *vt* ‹*text*› dar* nueva forma a; ‹*organization*› reestructurar; ‹*policy*› reformar

reshoot /riː'ʃuːt/ *vt* (*past & past p* **-shot**) ‹*scene/sequence*› volver* a filmar

reshuffle¹ /riː'ʃʌfəl/ *vt* **1** ‹*cards/pack*› volver* a barajar **2** ‹*cabinet*› remodelar; ‹*responsibilities*› redistribuir*; ‹*management*› reorganizar*; **he kept reshuffling his lineup** (Sport) cambió varias veces la alineación del equipo

reshuffle² *n* reorganización *f*; **cabinet ~** remodelación *f* del gabinete

reside /rɪ'zaɪd/ *vi* (frml) **1** (live) residir (frml) **2** «*power/authority*» (be invested) **to ~ IN** *o* **WITH sb/sth** residir EN algn/algo **3** (lie) **to ~ (IN sth)** radicar* *or* (frml), residir (EN algo)

residence /'rezədəns || 'rezɪdəns/ *n*
A [u] **1** (in a country) residencia *f*; **to take up ~** fijar su (*or* mi *etc*) residencia, establecerse*; (*before n*): **~ permit** permiso *m* de residencia **2** (in building) (frml) residencia *f*; **to take up ~** instalarse; **the Queen is in ~ at the Palace** la Reina está en palacio; **the artist/doctor in ~** el artista/médico residente **3** **~ hall** (AmE), **hall of ~** (BrE) residencia *f* universitaria *or* de estudiantes, colegio *m* mayor (Esp)
B [c] (home) residencia *f*; **his official/London ~** su residencia oficial/de Londres; **this attractive Victorian ~ is situated ...** esta encantadora residencia de época victoriana está situada ...

residency /'rezədənsi || 'rezɪdənsi/ *n* **1** (AmE) (Med) internado *m*, residencia *f* (AmL) **2** (of musician, band) (BrE) *período de actuaciones contratadas por un local*

resident¹ /'rezədənt || 'rezɪdənt/ *n* **1** (in country) residente *mf* **2** (inhabitant — of district) vecino, -na *m,f*; (— of building) residente *mf*, vecino, -na *m,f*; (— of hotel) huésped *mf*; (— of institution) residente *mf*, interno, -na *m,f* **3** (AmE) (Med) médico interno, médica interna *m,f*

resident² *adj* **1** (in country) (*pred*): **to be ~** ser* residente; **the country in which you are ordinarily ~** el país del que es residente habitual **2** (living on premises) ‹*physician/chaplain*› residente; **Julie is our ~ comedian** Julie es la cómica de la casa (*or* de la familia *etc*)

residential /ˌrezə'dentʃəl || ˌrezɪ'denʃl/ *adj* **1** ‹*area/suburb*› residencial **2** (with accommodation) ‹*ward*› para pacientes a largo plazo; ‹*course/conference*› con alojamiento para los asistentes; **~ school** internado *m*

residual¹ /rɪ'zɪdʒuəl || rɪ'zɪdjuəl/ *adj* ‹*amount/profit/value*› residual; ‹*insecticide*› de acción residual; **~ unemployment** desempleo *m* residual; **some ~ decency** algunos restos *or* vestigios de decencia

residual² *n* **1** (Math) variancia *f* residual **2** **residuals** *pl* (Law, TV) derechos *mpl* de redifusión

residuary /rɪ'zɪdʒueri || rɪ'zɪdjʊəri/ *adj*: **~ estate** bienes *mpl* residuales; **~ legatee** legatario, -ria *m,f* del remanente

residue /'rezəduː || 'rezɪdjuː/ *n* **1** (remnant) residuo *m*, resto *m* **2** (Tech) residuo *m*

resign /rɪ'zaɪn/ *vi* dimitir, renunciar, presentar su (*or* mi *etc*) dimisión *or* renuncia; **there were shouts of 'resign!'** se alzaron voces pidiendo su dimisión *or* su renuncia; **to ~ FROM sth** dimitir algo, renunciar A algo; **I ~ed from the committee** renuncié a *or* dimití mi cargo en la comisión
■ **resign** *vt* **1** ‹*position*› dimitir, renunciar a, presentar su (*or* mi *etc*) dimisión *or* renuncia a **2** (forfeit) ‹*right/claim*› renunciar a
■ *v refl* **to ~ oneself (TO sth/-ING)** resignarse (A algo/+ INF)

resignation /ˌrezɪg'neɪʃən/ *n*
A **1** [c u] (from job, position) renuncia *f*, dimisión *f*; **to tender one's ~** (frml) presentar su (*or* mi *etc*) dimisión *or* su renuncia; **to accept sb's ~** aceptar la dimisión *or* la renuncia de algn; **the entire cabinet offered its ~** todos los miembros del gabinete pusieron sus cargos a disposición del primer ministro; **~ FROM sth: his ~ from the Cabinet/directorship** su dimisión de *or* su renuncia a su puesto en el gabinete/en la dirección **2** [u] (of claim, right) (frml) renuncia *f*
B [u] (acceptance, submission) resignación *f*

resigned /rɪ'zaɪnd/ *adj* ‹*expression/air*› resignado, de resignación; **to be ~ TO sth/-ING** estar* resignado A algo/+INF; **I've become ~ to that** me he resignado a eso

resignedly /rɪ'zaɪnədli/ *adv* con resignación, resignadamente

resilience /rɪ'zɪljəns || rɪ'zɪliəns/ *n* [u] **1** (of person) capacidad *f* de recuperación, resistencia *f* **2** (of material) elasticidad *f*

resilient /rɪ'zɪljənt || rɪ'zɪliənt/ *adj* **1** ‹*person/character*› fuerte, con capacidad de recuperación **2** ‹*material*› elástico

resin /'rezn || 'rezɪn/ *n* [u] (Bot, Chem) resina *f*

resinous /'reznəs || 'rezɪnəs/ *adj* resinoso

resist /rɪ'zɪst/ *vt* **1** (fight against) ‹*attack/enemy*› resistir; ‹*change/plan*› oponer* resistencia a; **the window ~ed all attempts to open it** la ventana resistió todos los intentos de abrirla **2** (not give way to) ‹*temptation*› resistir; **I had to buy it, I couldn't ~ it** tuve que comprarlo, no me pude resistir; **she found him hard to ~** le costaba resistirse a sus encantos; **I can't ~ chocolate** el chocolate me vuelve loco; **to ~ -ING** resistirse A + INF; **I couldn't ~ telling her** no pude resistirme a decírselo, no pude aguantar las ganas de decírselo **3** (withstand, endure) ‹*heat/cold/corrosion*› resistir
■ **resist** *vi* **1** (fight, oppose) «*troops*» resistir, oponer* resistencia; **she wanted to make changes, but the board ~ed** quería introducir cambios pero la junta se resistía *or* se oponía **2** (not give way) resistirse, contenerse*

resistance /rɪ'zɪstəns/ *n*
A [u] **1** (opposition) **~ (TO sth/sb)** resistencia *f* (A algo/algn); **~ to change** resistencia al cambio; **to put up ~** oponer* resistencia; **to meet with ~ (from sb/sth)** encontrar* resistencia (por parte de algn/algo); ***to take*** *o* ***follow the line*** *o* ***path of least ~*** seguir* el camino más fácil **2** (movement) (+ *sing or pl vb*): **the ~** la resistencia; **the (French) R~** la Resistencia francesa; (*before n*) ‹*fighter*› de la resistencia; **the ~ movement** la resistencia
B [u] (Biol) **~ (TO sth)** resistencia *f* (A algo); **the body's natural ~ to disease** la resistencia natural del cuerpo a las enfermedades
C **1** [u] (to movement) resistencia *f*; **wind ~** la resistencia del viento **2** (Elec) resistencia *f*

resistant /rɪ'zɪstənt/ *adj*
A (opposed) (*pred*) **to be ~ TO sth/-ING** resistirse *or* oponer* resistencia A algo/+ INF
B (Biol) **~ (TO sth)** resistente (A algo)

-resistant /rɪ'zɪstənt/ *suff*: **crease~** inarrugable; **stain~** que no se mancha; **water~ ink** tinta *f* indeleble

resistor /rɪ'zɪstər || rɪ'zɪstə(r)/ *n* resistencia *f*

resit¹ /riː'sɪt/ (*pres p* **resitting** *past & past p* **resat** /riː'sæt/) *vt* (BrE) ‹*examination*› volver* a presentarse a
■ **resit** *vi* volver* a examinarse

resit² /'riːsɪt/ *n* (BrE): **to do a ~** volver* a presentarse a un examen, volver* a examinarse

resite /riː'saɪt/ *vt* recolocar*, reubicar* (AmL)

resize /riː'saɪz/ *vt* redimensionar

reskill /riː'skɪl/ *vt* reciclar, recapacitar

reskilling /riː'skɪlɪŋ/ *n* [u] reciclaje *m*, recapacitación *f*, reconversión *f*

resold /riː'səʊld/ *past & past p of* **resell**

resole /riː'səʊl/ *vt* ‹*shoe*› ponerle* suela a, remontar (Col); **I had my boots ~d** les hice poner suelas a las botas

resolute /'rezəluːt/ *adj* resuelto, decidido; **the government remained ~ in the face of opposition protests** el gobierno se mantuvo firme ante las protestas de la oposición; **to be ~** ser* firme *or* resuelto, actuar* con resolución *or* decisión

resolutely /'rezəluːtli/ *adv* ‹*act*› con resolución *or* decisión, resueltamente; ‹*refuse*› con firmeza; **to be ~ opposed to sth** oponerse* firmemente a algo; **she remained ~ opposed to the idea** se mantuvo firme en su oposición a la idea

resoluteness /'rezəluːtnəs || 'rezəluːtnɪs/ *n* [u] resolución *f*, determinación *f*

resolution /ˌrezə'luːʃən/ *n*
A [c] **1** (decision) determinación *f*, propósito *m*; **she made a ~ to give up smoking** tomó la determinación de dejar de fumar, hizo el propósito de dejar de fumar; **I hope you keep to your ~** espero que te mantengas firme en tus propósitos; **New Year's ~s** buenos propósitos de Año Nuevo **2** (proposal) moción *f*; **to put a ~** presentar una moción; **to adopt** *o* **pass a ~** aprobar* una moción **3** (in US, passed by legislature) resolución *f*
B [u] (resoluteness) resolución *f*, determinación *f*
C [u] (of problem, difficulty) solución *f*
D [u] (Opt) resolución *f*, definición *f*
E [u] (Mus) resolución *f*
F [u] (Med) desinflamación *f*, resolución *f*

resolvable /rɪ'zɑːlvəbəl || rɪ'zɒlvəbəl/ *adj* soluble; **this dispute is ~ if ...** la disputa tiene solución *or* es soluble si …

resolve[1] /rɪ'zɑːlv || rɪ'zɒlv/ *n* [1] [u] (resoluteness) resolución *f*, determinación *f* [2] [c] (decision) decisión *f*, determinación *f*; **she made a firm ~ to …** tomó la decisión *or* determinación de …, hizo el firme propósito de …

resolve[2] *vt* [1] (clear up) ‹*problem/difficulty*› resolver*; ‹*doubt/misunderstanding*› aclarar [2] (decide) resolver*; **to ~ to + INF** resolver* *or* decidir + INF; **she ~d to do it herself** resolvió *or* decidió hacerlo ella misma [3] (Adm, Govt) resolver*, acordar* [4] (Med) ‹*inflammation*› resolver*, bajar [5] (Mus) ‹*chord/note*› resolver*

Phrasal verbs

- **resolve into**

[A] [v + o + prep + o] ‹*light/force*› (Phys) descomponer* en; ‹*issue/problem*› dividir en

[B] [v + prep + o] (Phys) descomponerse* en; ‹‹*issue/problem*›› dividirse en

- **resolve on, resolve upon** [v + prep + o] (frml): **the committee ~d on a subsidy for the group** la comisión resolvió *or* decidió otorgar una subvención al grupo; **he ~d on completing the task alone** resolvió *or* decidió terminar el trabajo solo

resolved /rɪ'zɑːlvd || rɪ'zɒlvd/ *adj* (*pred*) **to be ~ (to + INF)** estar* resuelto *or* decidido (A + INF); **to be ~ ON sth**: **we're ~ on this point: he must apologize** en esto no vamos a transigir: tiene que disculparse

resonance /'reznəns || 'rezənəns/ *n* resonancia *f*

resonant /'reznənt || 'rezənənt/ *adj* ‹*voice/drum*› resonante, retumbante; ‹*room/chamber*› resonante; **the house was ~ with the sound of laughter** la casa retumbaba *or* resonaba con ecos de risas

resonate /'rezneɪt || 'rezəneɪt/ *vi* resonar*

resonator /'rezneɪtər || 'rezəneɪtə(r)/ *n* resonador *m*

resort /rɪ'zɔːrt || rɪ'zɔːt/ *n*

[A] [1] (for vacations) centro *m* turístico *or* vacacional; **a seaside ~** un centro turístico costero, un balneario (AmL); **a ski ~** una estación de esquí, un centro de esquí (CS) [2] (haunt): **a ~ of intellectuals and artists** un lugar frecuentado por intelectuales y artistas

[B] (recourse) recurso *m*; **as a/the last ~** como último recurso; **in the last ~ we'll have to sell the house** en último caso tendremos que vender la casa; **without ~ to threats/lying** sin recurrir a amenazas/mentiras

Phrasal verb

- **resort to** [v + prep + o]: **to ~ to force/violence** recurrir a la fuerza/violencia; **I've ~ed to cycling to work now** he tenido que empezar a ir al trabajo en bicicleta; **they had to ~ to strike action** no les quedó más remedio que ir a la huelga

resound /rɪ'zaʊnd/ *vi* [1] (reverberate) ‹‹*sound/voice/explosion*›› retumbar, resonar*; **the hall ~ed with the sound of a thousand voices** la sala resonaba *or* retumbaba con ecos de mil voces [2] ‹‹*fame*›› resonar*; ‹‹*protest*›› hacerse* oír

resounding /rɪ'zaʊndɪŋ/ *adj* (*before n*) [1] (reverberating) ‹*voice/explosion*› retumbante, resonante [2] (unequivocal) ‹*success/failure/victory*› rotundo; **a ~ no/yes** un no/sí rotundo

resource /'riːsɔːrs || rɪ'sɔːs/ *n*

[A] [c] (sth useful, helpful) recurso *m*; **natural/mineral ~s** recursos naturales/minerales; **human ~s** recursos humanos; **the hospital is starved of ~s** el hospital sufre una carencia absoluta de recursos *or* medios; **the new center is a valuable ~ for the community** el nuevo centro es un valioso servicio para la comunidad; **teaching ~s** material *m* didáctico; **left to their own ~s** librados a sus propios medios *or* recursos; (*before n*): **~ center** *centro que suministra información, asesoramiento etc*; (Educ) centro *m* de material didáctico

[B] [u] (ingenuity) (frml) recursos *mpl*; **a woman of considerable ~** una mujer de muchos recursos

resourceful /rɪ'sɔːrsfəl || rɪ'sɔːsfəl/ *adj* ‹*person*› de recursos, recursivo (Col); ‹*plan/solution*› ingenioso, hábil

resourcefully /rɪ'sɔːrsfəli || rɪ'sɔːsfəli/ *adv* hábilmente, demostrando ser persona de recursos *or* ser persona con inventiva

resourcefulness /rɪ'sɔːrsfəlnəs || rɪ'sɔːsfəlnɪs/ *n* [u] recursos *mpl*, inventiva *f*

resourcing /'riːsɔːrsɪŋ || riː'sɔːsɪŋ/ *n* [u] dotación *f*, provisión *f* de recursos *or* medios

respect[1] /rɪ'spekt/ *n*

[A] [1] [u] (esteem) respeto *m*; **she earned the ~ of her students** se ganó el respeto de sus alumnos; **she lost our ~ when …** le perdimos el respeto cuando …; **she should show him some ~** debería tenerle más respeto, debería ser *or* mostrarse más respetuosa con él; **he is held in ~ by all his colleagues** es muy respetado por sus colegas, todos sus colegas lo respetan; **to command ~** infundir *or* imponer* respeto; **with all due ~** con el debido respeto; **with ~, I cannot accept your argument** con todo respeto debo decir que no puedo aceptar su argumento [2] [u] (consideration) consideración *f*, respeto *m*; **out of ~ for her feelings** por consideración *or* respeto hacia sus sentimientos; **she has no ~ for his wishes** no tiene para nada en cuenta sus deseos, no respeta sus deseos [3] **respects** *pl* respetos *mpl*; **to pay one's ~s to sb** presentarle sus (*or* mis *etc*) respetos a algn; **he went to pay his last ~s** fue a presentar sus últimos respetos; **give my ~s to your parents** saluda *or* dales saludos a tus padres de mi parte

[B] [1] [c] (way, aspect) sentido *m*, respecto *m*; **in some/many ~s** en algún sentido/en muchos sentidos *or* respectos; **in all ~s, in every ~** desde todo punto de vista, en todo sentido; **in this ~** en cuanto a esto, en lo que a esto se refiere, en este sentido [2] (*in phrases*): **in respect of** (frml) con respecto a, en relación con, con relación a; **with respect to** (frml) (introducing subject) en lo que concierne a (frml), por lo que respecta a (frml), en cuanto a; (in relation to) con respecto a, con relación a, en relación con

respect[2] *vt* [1] (hold in esteem) ‹*person/ability/achievement*› respetar; **I ~ him as a writer** lo respeto como escritor [2] (have consideration for) ‹*feelings/wishes*› respetar, tener* en cuenta [3] (obey) ‹*law/rule/authority*› respetar, acatar

respectability /rɪˌspektə'bɪləti/ *n* [u] [1] (social acceptability) decencia *f* [2] (worthiness) respetabilidad *f*

respectable /rɪ'spektəbəl/ *adj*

[A] [1] (socially acceptable) ‹*person/conduct*› decente, respetable; ‹*clothes*› decente [2] (unobjectionable) ‹*theory/writer*› respetable; ‹*motives*› legítimo, respetable, honorable

[B] [1] (quite large) ‹*amount/profit*› respetable, considerable, importante [2] (reasonably good) ‹*performance/score*› digno, aceptable

respectably /rɪ'spektəbli/ *adv* respetablemente; **~ dressed** decentemente vestido

respected /rɪ'spektəd || rɪ'spektɪd/ *adj* respetado

respecter /rɪ'spektər || rɪ'spektə(r)/ *n* (frml): **the law is no ~ of persons** todos somos iguales ante la ley, la ley no hace distinción de personas

respectful /rɪ'spektfəl/ *adj* [1] (deferential) ‹*person/conduct/words*› respetuoso; **~ TOWARD sb** respetuoso CON algn [2] (considerate) (frml) **~ OF sth** respetuoso DE algo

respectfully /rɪ'spektfəli/ *adv* respetuosamente, con respeto

respectfulness /rɪ'spektfəlnəs || rɪ'spektfəlnɪs/ *n* [u] respetuosidad *f*

respecting /rɪ'spektɪŋ/ *prep* (frml) en lo que concierne a (frml), con respecto a

respective /rɪ'spektɪv/ *adj* (*before n*) respectivo; **their ~ spouses** sus respectivos cónyuges

respectively /rɪ'spektɪvli/ *adv* respectivamente

respiration /ˌrespə'reɪʃən || ˌrespɪ'reɪʃən/ *n* [u] respiración *f*

respirator /'respəreɪtər || 'respɪreɪtə(r)/ *n* [1] (Med) respirador *m* [2] (mask) máscara *f* de oxígeno

respiratory /'respərətɔːri || rɪ'spɪrətəri/ *adj* respiratorio; **~ system** vías *fpl* respiratorias; **the ~ tract** las vías respiratorias

respire /rɪ'spaɪr || rɪ'spaɪə(r)/ *vi* (frml) respirar

respite /'respət || 'respaɪt/ *n* [1] [c u] (*no pl*) (break — from work, worry) respiro *m*, descanso *m*; (— from pain) alivio *m*, tregua *f*; **we worked for weeks without (a) ~** trabajamos semanas enteras sin (un) respiro *or* sin descansar; **she gets no ~ from the constant pain** el dolor no le da tregua, nunca siente alivio del dolor [2] [c] (reprieve) prórroga *f*

resplendent /rɪ'splendənt/ *adj* resplandeciente, resplendente (liter)

respond /rɪ'spɑːnd || rɪ'spɒnd/ *vi* [1] (reply) responder, contestar; **to ~ TO sth** responder *or* contestar A algo; **to ~ to an advertisement** responder *or* contestar a un anuncio [2] (react) responder, reaccionar; **to ~ TO sth** responder A algo; **they ~ed quickly to the emergency call** respondieron con rapidez a la llamada de urgencia; **the patient is ~ing to treatment** el paciente está respondiendo (bien) al tratamiento; **plants ~ to light** las plantas son sensibles a la luz

respondent /rɪ'spɑːndənt || rɪ'spɒndənt/ *n* [1] (Law) demandado, -da *m,f*; (in an appeal) apelado, -da *m,f* [2] (to questions) encuestado, -da *m,f*

response /rɪ'spɑːns || rɪ'spɒns/ *n* [1] (reply) respuesta *f*; **her only ~ was to shake her head** sacudió la cabeza por toda respuesta; **~ TO sth** respuesta A algo; **in ~ to your letter/request** en respuesta a su carta/a su solicitud; **she made no ~ to his invitation** no contestó a su invitación [2] (Relig) responso *m* [3] (reaction) **~ (TO sth)**: **I asked the president for his ~ to the news** le pregunté al presidente cuál era su reacción ante la noticia; **their actions met with a violent ~** su conducta tuvo una respuesta violenta; **public ~ to the campaign was very generous** la respuesta del público a la campaña fue muy generosa; **the muscle showed no ~ to the stimulus** el músculo no reaccionó frente al estímulo; (*before n*): **~ time** tiempo *m* de reacción

responsibility /rɪˌspɑːnsə'bɪləti || rɪˌspɒnsə'bɪləti/ *n* (*pl* **-ties**) [1] [c] (task, duty) responsabilidad *f*; **that's her ~** eso es responsabilidad suya; **the child is my ~** el niño está bajo mi responsabilidad; **it's his ~ to order the stationery** él es el encargado de hacer los pedidos de papelería; **we have a ~ toward our readers to …** tenemos la responsabilidad *or* somos responsables ante nuestros lectores de …; **they're taking on a great ~** están asumiendo una gran responsabilidad; **you have to face up to your responsibilities** tienes que afrontar tus responsabilidades [2] [u] (authority, accountability) responsabilidad *f*; **the ~ attached to the post** la responsabilidad que conlleva el puesto; **I'm willing to take on more ~** estoy dispuesto a asumir más responsabilidades; **to take ~ for sth** responsabilizarse* *or* encargarse* *or* hacerse* cargo de algo [3] [u] (liability, blame) responsabilidad *f*; **he denied all ~ in the matter** negó toda responsabilidad en el asunto; **the ~ was laid at his door** lo hicieron responsable, lo culparon a él; **they took full ~ for the disaster** aceptaron ser responsables del desastre; **no terrorist group has claimed ~ for the killings** los asesinatos no han sido reivindicados por ningún grupo terrorista [4] [u] (trustworthiness) responsabilidad *f*, formalidad *f*; **she has a sense of ~** tiene sentido de la responsabilidad, es formal

responsible /rɪ'spɑːnsəbəl || rɪ'spɒnsəbəl/ *adj* [1] (accountable) (*pred*) **to be ~ (FOR sth)**: **the window is broken: who's ~?** la ventana está rota: ¿quién es el responsable?; **those ~ will be punished** los responsables serán castigados; **a build-up of gas was ~ for the explosion** una acumulación de gas fue la causa de la explosión; **who was ~ for the flower arrangements?** ¿quién se encargó de los arreglos florales?; **to hold sb ~ for sth** responsabilizar* *or* hacer* responsable a algn de algo; **~ TO sb** responsable ANTE algn; **they are ~ to the committee** son responsables ante el comité [2] (in charge) (*pred*) **to be ~ FOR sth** ser* responsable

r

DE algo; **they're all ~ for cleaning their own rooms** cada uno es responsable del aseo de su habitación; **each nurse is ~ for five patients** cada enfermera tiene cinco pacientes a su cargo; **he will be ~ for maintenance** se hará cargo del mantenimiento **3** (trustworthy) ‹*person/worker/attitude*› responsable, formal; **that's not a very ~ thing to do** hacer eso demuestra falta de responsabilidad **4** (important) (*before n*) ‹*post*› de responsabilidad

responsibly /rɪ'spɑːnsəbli || rɪ'spɒnsɪbli/ *adv* con responsabilidad, responsablemente

responsive /rɪ'spɑːnsɪv || rɪ'spɒnsɪv/ *adj* ‹*brakes/engine*› sensible; ‹*person/nature*› receptivo; **~ TO sth/sb**: **the orchestra was very ~ to the conductor** la orquesta le respondió muy bien al director; **the public was not very ~ to the campaign** el público no respondió bien a la campaña

responsiveness /rɪ'spɑːnsɪvnəs || rɪ'spɒnsɪvnɪs/ *n* [u] receptividad *f*; **the car's ~ is very good** el coche responde muy bien

rest¹ /rest/ *n*

Sense I

A **1** [c] (break) descanso *m*; **to have a ~** tomarse un descanso; **~ FROM sth**: **we went to the country for a ~ from city life** fuimos al campo para descansar de la vida de ciudad; **I need a ~ from cooking** necesito descansar de la cocina; ***to give sth a ~*** (colloq) dejar de hacer algo; **I wish he'd give the self-pity a ~** ojalá dejara de autoconmiserarse; **give it a ~!** ¡basta ya!, ¡cambia de disco! (fam) **2** [u] (relaxation) descanso *m*, reposo *m*; **Sunday is my day of ~** el domingo es mi día de descanso *or* de reposo; **try to get some/a good night's ~** trata de descansar un poco/de dormir bien esta noche; **those children give me no ~** esos niños no me dan tregua *or* respiro; **to lay sb to ~** (euph) enterrar* *or* (frml) dar* sepultura a algn; ***to lay sth to ~*** enterrar* algo; (*before n*) ‹*day/period*› de descanso

B [u] (motionlessness) reposo *m*; **a body at ~** un cuerpo en reposo; **to come to ~** detenerse*; **his eyes came to ~ on the letter** sus ojos se posaron sobre la carta (liter)

C [c] **1** (in billiards) soporte *m*, diablo *m* **2** (support) apoyo *m*

D [c] **1** (Mus) silencio *m* **2** (in poetry) pausa *f*

Sense II (remainder): **the ~**: **the ~ of the money is mine** el resto del dinero es mío, el dinero restante es mío; **the ~ of them have finished** los demás han terminado; **the ~ of the children** los demás niños, los otros niños; **the ~ of the world/time/class** el resto del mundo/del tiempo/de la clase; **we decided on the dates and the travel agent did the ~** nosotros escogimos las fechas y el agente de viajes se encargó del resto *or* de lo demás; **and all the ~ of it** y todo eso, etcétera, etcétera; **I kept one photo and sent the ~ to my sister** me quedé con una foto y el resto se lo mandé *or* las demás se las mandé a mi hermana; **he'll have to pay like the ~ of us** va a tener que pagar como todos los demás

rest² *vi*

A **1** (relax) descansar; **don't disturb him: he's ~ing** no lo molestes, que está descansando; **he could not ~ until he knew she was safe** no se tranquilizó hasta saber que estaba a salvo; **to ~ easy** estar* tranquilo; **since the Broadway show I've been ~ing** (Theat) desde la actuación en Broadway no he trabajado **2** (lie buried) (liter) descansar (liter); **may she ~ in peace** que en paz descanse

B **1** (be supported) **to ~ ON sth**: **his head ~ed on my shoulder** tenía la cabeza recostada en *or* apoyada sobre mi hombro; **her hand ~ing on the Bible** con la mano sobre la Biblia; **the structure ~s on eight massive pillars** la estructura descansa sobre ocho columnas gigantescas; **a heavy responsibility ~s on him** una gran responsabilidad pesa sobre sus hombros; **to ~ AGAINST sth**: **the broom was ~ing against the wall** la escoba estaba apoyada contra la pared **2** (be based, depend) **to ~ ON sth** ⟨⟨*argument/theory*⟩⟩ estar* basado *or* basarse EN algo, descansar SOBRE algo; **now everything ~s on their goodwill** ahora todo depende de su buena voluntad **3** (stop) **to ~ ON sth/sb** ⟨⟨*eyes/gaze*⟩⟩ detenerse* *or* (liter) posarse SOBRE algo/algn

C **1** (remain): **~ assured that ...** quédese tranquilo *or* no se preocupe, que ..., tenga la seguridad de que ...; **let the matter ~** mejor no decir (*or* hacer *etc*) nada más; **it would have ~ed there if ...** eso habría sido todo *or* el asunto habría quedado ahí si ... **2** (be responsibility of) **to ~ WITH sb** ⟨⟨*responsibility*⟩⟩ recaer* SOBRE algn; **it ~s with us to decide** la decisión es responsabilidad nuestra, nos corresponde a nosotros decidir **3** (Law): **the prosecution/defense ~s** ha terminado el alegato del fiscal/de la defensa

■ **rest** *vt*

A (relax) descansar; **I stopped for a while to ~ my feet/eyes** paré un rato para descansar los pies/ojos; **we stopped to ~ the horses** paramos para que descansaran los caballos; **God ~ his soul** que Dios lo tenga en su gloria, que en paz descanse; ▸**case¹ E**

B **1** (place for support) apoyar; **to ~ sth ON/AGAINST sth** apoyar algo EN *or* SOBRE/CONTRA algo **2** (let linger) (liter): **to ~ one's eyes/gaze on sb/sth** posar los ojos/la mirada en *or* sobre algn/algo (liter)

Phrasal verb

• **rest up** [v + adv] (AmE) descansar

rest area *n* (AmE) ▸**rest stop 2**

restart¹ /riː'stɑːrt || riː'stɑːt/ *vt* ‹*activity/work*› reanudar, reiniciar; ‹*engine/machine*› volver* a poner en marcha; ‹*race*› (from beginning) volver* a empezar; (after interruption, break) reiniciar, reanudar

■ **restart** *vi* ⟨⟨*activity/work*⟩⟩ reanudarse; ⟨⟨*engine/machine*⟩⟩ volver* a ponerse en marcha; ⟨⟨*computer*⟩⟩ rearrancar*

restart² /'riːstɑːrt || 'riːstɑːt/ *n* **1** (from beginning) vuelta *f* a empezar **2** (after interruption, break) reanudación *f*; **the power station has been near capacity since its ~** la central eléctrica está operando casi al máximo desde que empezó a funcionar de nuevo; (*before n*) ‹*button/switch*› de reencendido

restate /riː'steɪt/ *vt* **1** (repeat) ‹*argument/opinion*› repetir* **2** (reformulate) ‹*theory/position*› replantear

restatement /riː'steɪtmənt/ *n* **1** (reaffirmation) reafirmación *f*, repetición *f* **2** (reformulation) nuevo planteamiento *m*

restaurant /'restərɑːnt || 'restrɒnt/ *n* restaurante *m*, restorán *m*

restaurant car *n* (BrE) coche-comedor *m*, vagón *m* restaurante

restaurateur /ˌrestərə'tɜːr || ˌrestərə'tɜː(r)/ *n* restaurador, -dora *m,f* (period) (*propietario de un restaurante*)

rest cure *n* cura *f* de reposo

rested /'restəd || 'restɪd/ *adj* (*pred*): **to be/feel ~** estar*/sentirse descansado

restful /'restfəl/ *adj* ‹*place/music*› tranquilo, apacible; ‹*color*› relajante

rest home *n* hogar *m or* residencia *f* de ancianos *or* de la tercera edad, casa *f* de reposo (Chi)

resting place /'restɪŋ/ *n* (euph): **his last** *o* **final ~ ~** su última morada (euf)

restitution /ˌrestə'tuːʃən || ˌrestɪ'tjuːʃən/ *n* [u] **1** (return) (frml) restitución *f* (frml), devolución *f* **2** (compensation) (Law) indemnización *f*

restive /'restɪv/ *adj* **1** ‹*horse*› nervioso, intranquilo **2** (dissatisfied) ‹*unions/voters*› impaciente, descontento; **to get** *o* **become ~** impacientarse

restless /'restləs || 'restlɪs/ *adj* **1** (unsettled) ‹*person/manner*› inquieto; ‹*waves/wind*› (liter) agitado; **the children get ~ on long journeys** los niños se ponen muy inquietos en los viajes largos; **the patient had a ~ night** el paciente pasó mala noche *or* no descansó bien **2** (impatient) impaciente; **to get** *o* **become ~** impacientarse; **she already feels ~ in that job** ya tiene ganas de cambiar de trabajo

restlessly /'restləsli || 'restlɪsli/ *adv* **1** (impatiently) ‹*pace/behave*› nerviosamente; **they shifted ~ in their seats** se revolvían nerviosamente *or* nerviosos *or* inquietos en sus asientos **2** (ceaselessly) (liter) sin descanso *or* (liter) sin sosiego

restlessness /'restləsnəs || 'restlɪsnɪs/ *n* [u] **1** (overactiveness) inquietud *f* **2** (impatience, dissatisfaction) agitación *f*, descontento *m*

restock /riː'stɑːk || riː'stɒk/ *vt* ‹*stores/larder*› reaprovisionar; ‹*lake/pond*› repoblar*

restorable /rɪ'stɔːrəbəl/ *adj* restaurable

restoration /ˌrestə'reɪʃən/ *n*

A [u] **1** (of democracy) restauración *f*, reinstauración *f*, restablecimiento *m*; (of order, peace) restablecimiento *m*; **her ~ to full health will take time** su total recuperación *or* restablecimiento llevará tiempo **2** (to throne, power) restauración *f*, reinstauración *f*; **the R~** (Hist) la Restauración (*de la monarquía británica en 1660*) **3** (of sth lost, stolen) (frml) restitución *f* (frml), devolución *f*

B [u c] (of building, painting) restauración *f*; (of text, piece of music) reconstrucción *f*

restorative¹ /rɪ'stɔːrətɪv/ *adj* reconstituyente

restorative² *n* reconstituyente *m*

restore /rɪ'stɔːr || rɪ'stɔː(r)/ *vt*

A **1** (reestablish, bring back) ‹*order/peace*› restablecer*; ‹*confidence/health*› devolver*; ‹*links/communications*› restablecer*; ‹*monarchy/king*› restaurar, reinstaurar; **good food and fresh air will ~ your energy** la buena comida y el aire fresco te devolverán las energías; **her sight was miraculously ~d** recuperó *or* recobró la vista milagrosamente; **to ~ sb TO sth**: **to ~ a country to democratic government** reinstaurar *or* restablecer* la democracia en un país; **the coup ~d him to power** el golpe lo colocó nuevamente en el poder; **to ~ sb to health** devolverle* la salud a algn; **to ~ sth to life** hacer* revivir algo **2** (give back) (frml) ‹*goods/property*› restituir* (frml); ‹*money*› restituir* (frml), reintegrar (frml); **to ~ sth TO sb** restituir(le)* algo A algn (frml)

B (repair) ‹*building/painting*› restaurar; **to ~ sth to its former glory** restituir* algo a su antigua grandeza

restorer /rɪ'stɔːrər || rɪ'stɔːrə(r)/ *n* **1** [c] (person) restaurador, -dora *m,f* **2** [u c] (*hair ~*) regenerador *m* de cabello

restrain /rɪ'streɪn/ *vt* ‹*prisoner/dog/maniac*› contener*; ‹*desire/anger*› dominar, contener*, refrenar; **to ~ sb FROM sth**: **I had a hard time ~ing my husband from hitting him** me costó trabajo impedir que mi marido le pegara *or* contener a mi marido para que no le pegara; **an order ~ing the company from building on the site** una orden judicial que prohíbe a la compañía construir en el predio

■ *v refl*: **to ~ oneself** contenerse*, refrenarse; **I was so furious, I just couldn't ~ myself** estaba tan furioso que no pude contenerme *or* refrenarme; **I can't ~ myself: I must have a cigarette** no aguanto más, tengo que fumarme un cigarrillo

restrained /rɪ'streɪnd/ *adj* ‹*person/behavior/words*› moderado, comedido, medido (CS); ‹*colors/style*› sobrio; **he is very ~ in the way he dresses** es muy sobrio en el vestir, viste con mucha sobriedad

restraining order *n* (Law) orden *f* de alejamiento

restraint /rɪ'streɪnt/ *n* **1** [u] (self-control) compostura *f*, circunspección *f*; **you have to exercise/show ~** hay que guardar la compostura *or* contenerse/mostrarse comedido; **he exercised admirable ~** se contuvo de manera admirable; **to speak without ~** hablar libremente; **to cry without ~** llorar dando rienda suelta a las emociones **2** [c] (restriction) limitación *f*, restricción *f*; **a policy of wage ~** una política de moderación en las reivindicaciones salariales; **~ of trade** (on company) limitación *f* al libre comercio; (on person) limitación *f* a la libertad de oficio **3** [u] (confinement) encierro *m*; **he has to be kept under ~** lo tienen que tener encerrado **4** [c] (*head ~*) (Auto) reposacabezas *m*, apoyacabezas *m*

restrict /rɪ'strɪkt/ *vt* ‹*numbers*› limitar; ‹*power/freedom/access*› restringir*, limitar; ‹*imports/movements*› restringir*; **to ~ sth/sb TO sth**: **speeches were ~ed to five minutes each** la duración de cada discurso estaba limitada a *or* no podía exceder de cinco minutos; **discussion was ~ed to one issue** la discusión se limitó a un solo asunto; **access is ~ed to authorized personnel** sólo se permite la entrada al personal autorizado; **she ~ed herself to one glass** se limitó a tomarse una sola copa; **they were ~ed to barracks** (AmE) (Mil) estaban detenidos en el cuartel, estaban arrestados

restricted /rɪ'strɪktəd || rɪ'strɪktɪd/ *adj* 1 (limited) ‹*power/freedom*› restringido, limitado; ‹*number/circulation*› limitado; ‹*space*› limitado, reducido; ‹*existence/outlook*› limitado; **~ area** (Auto) zona *f* con límite de velocidad 2 (only for particular group) ‹*document/information*› confidencial; **~ area** (Mil) zona *f* restringida; **there is ~ access to the building** sólo ciertas personas tienen libre acceso al edificio

restriction /rɪ'strɪkʃən/ *n* [c u] restricción *f*; **water ~s were introduced** se impusieron restricciones en el consumo de agua; **subject to ~s** sujeto a restricciones; **without ~** sin restricciones; **speed ~s were imposed** se redujo el límite de velocidad; **reporting ~s were lifted** se levantó el bloqueo informativo, se permitió informar sobre el caso; **~ ON sth**: **there is no ~ on the amount you can buy** no hay ninguna restricción *or* ningún límite en cuanto a la cantidad que se puede comprar; **there are ~s on imports** las importaciones están restringidas; **to place ~s on sth** imponer* restricciones a algo, restringir* algo

restrictive /rɪ'strɪktɪv/ *adj* restrictivo; **~ clause** (Ling) cláusula *f* restrictiva; **~ practice** práctica *f* restrictiva (*que protege a los miembros de un sindicato etc*)

restring /riː'strɪŋ/ *vt* (*past & past p* **restrung**) ‹*violin/guitar*› cambiarle las cuerdas a, volver* a encordar*; ‹*racket*› (Sport) volver* a encordar*; ‹*necklace/pearls*› reensartar, reenhebrar

rest room *n* (AmE) baño *m*, servicio(s) *m(pl)*

restructure /riː'strʌktʃər || riː'strʌktʃə(r)/ *vt* ‹*economy/company/course*› reestructurar; ‹*argument*› replantear; ‹*liabilities/debt*› reestructurar, renegociar

restructuring /riː'strʌktʃərɪŋ || riː'strʌktʃərɪŋ/ *n* [u] reestructuración *f*; (of a debt) reestructuración *f*, renegociación *f*

rest stop *n* 1 (period) parada *f* de descanso 2 (place) (AmE) área *f*‡ de reposo

restyle /riː'staɪl/ *vt* 1 (style differently) ‹*car/magazine*› rediseñar; **she's had her hair ~d** se ha cambiado el (estilo del) peinado 2 (redesignate) redesignar, renombrar

resubmit /ˌriːsəb'mɪt/ *vt* volver* a presentar

result[1] /rɪ'zʌlt/ *n*

A [c u] 1 (consequence) resultado *m*; **our attempts had little ~** nuestros intentos dieron poco resultado; **the end ~s** los resultados finales; **the accident was a direct ~ of his incompetence** el accidente fue consecuencia directa de su incompetencia; **the company collapsed, with the ~ that ...** la compañía quebró, y como consecuencia ...; **without any ~** sin ningún resultado 2 (of calculation, test, exam, election) resultado *m*; **he had a poor ~ in physics** sacó mala nota en física; **the election ~(s)** los resultados de las elecciones 3 **results** *pl* (favorable consequences): **to get ~s** obtener* resultados

B 1 **as a result** (*as linker*) por consiguiente, por ende (frml); **the harvest was bad and coffee prices are high as a ~** la cosecha fue muy pobre y por consiguiente *or* (frml) por ende los precios del café están altos 2 **as a result of** (*as prep*) a raíz de, como consecuencia de; **he died as a ~ of these injuries** murió a raíz de *or* como consecuencia de estas lesiones; **as a ~ of the article an inquiry was launched** a raíz del artículo se inició una investigación

result[2] *vi*: **a considerable saving would ~** se obtendría como resultado un ahorro considerable; **if we tell her, heaven knows what will ~** sabe Dios qué puede pasar si se lo decimos; **to ~ IN/FROM sth**: **this ~ed in increased productivity** esto tuvo como resultado *or* esto resultó en *or* esto se tradujo en un aumento de la productividad; **it could ~ in his dismissal** podría ocasionar *or* acarrear su despido, podría tener como resultado que lo despidieran; **what could ~ from this decision?** ¿qué resultado podría tener esta decisión?, ¿qué podría resultar de esta decisión?

resultant[1] /rɪ'zʌltənt/ *n* resultante *f*

resultant[2], **resulting** /rɪ'zʌltɪŋ/ *adj* (*before n*) consiguiente, resultante

resume /rɪ'zuːm || rɪ'zjuːm/ *vt*

A (continue) ‹*work/journey*› reanudar

B (take again) ‹*power/post*› reasumir, volver* a asumir; **to ~ one's place** volver* a ocupar su (*or* mi *etc*) lugar; **he ~d his seat** se volvió a sentar; **to ~ possession of sth** recobrar la posesión de algo

■ **resume** *vi* ‹‹*negotiations/work*›› reanudarse, continuar*; **we stopped for lunch and ~d an hour later** paramos para almorzar y reanudamos el trabajo (*or* la sesión *etc*) al cabo de una hora

resumé /'rezəmeɪ, ˌrezə'meɪ || 'rezjʊmeɪ/ ➡📖 *n* 1 (summary) resumen *m*, reseña *f* 2 (AmE) (of career) currículum *m* (vitae), currículo *m*, historial *m* personal, hoja *f* de vida (Col)

resumption /rɪ'zʌmpʃən/ *n* [u] reanudación *f*

resupply /ˌriːsə'plaɪ/ *vt* (**-plies, -plying, -plied**) reabastecer*

■ **resupply** *vi* reabastecerse*

resurface /riː'sɜːrfəs || riː'sɜːfɪs/ *vt* repavimentar

■ **resurface** *vi* 1 (from water) ‹‹*diver/submarine*›› volver* a salir a la superficie 2 (re-emerge) ‹‹*doubt/trend*›› resurgir*, volver* a surgir

resurgence /rɪ'sɜːrdʒəns || rɪ'sɜːdʒəns/ *n* [u] resurgimiento *m*, renacer *m*

resurgent /rɪ'sɜːrdʒənt || rɪ'sɜːdʒənt/ *adj* renaciente

resurrect /ˌrezə'rekt/ *vt* ‹*law/tradition*› desenterrar*, resucitar; ‹*hope*› renovar*, resucitar; **they have ~ed some old songs for their new album** han desenterrado *or* desempolvado algunas viejas canciones para su nueva álbum

■ **resurrect** *vi* resucitar

resurrection /ˌrezə'rekʃən/ *n* [u] 1 (from death) resurrección *f*; **the R~** la Resurrección 2 (revival) resurrección *f*

resuscitate /rɪ'sʌsəteɪt || rɪ'sʌsɪteɪt/ *vt* 1 (Med) resucitar 2 (revive) ‹*career/marriage*› revitalizar*

resuscitation /rɪˌsʌsə'teɪʃən/ *n* [u] 1 (Med) resucitación *f* 2 (revival) renacer *m*

ret (= **retired**) (R), (r)

retail[1] /'riːteɪl/ *vt* 1 (sell) vender al por menor *or* al detalle *or* al detall *or* al detal 2 /rɪ'teɪl/ (pass on) repetir*

■ **retail** *vi* venderse al por menor *or* al detalle *or* al detall *or* al detal; **it ~s at $85** su precio al público es de 85 dólares, se vende al por menor a 85 dólares

retail[2] *n* [u] venta *f* al por menor *or* al detalle *or* al detall *or* al detal; (*before n*): **~ price** precio *m* de venta al público, precio *m* al por menor; **~ price maintenance** fijación *f* del precio de venta por parte del fabricante; **~ outlet** punto *m* de venta al por menor *or* al público; **~ park** (AmE) parque *m* comercial; **~ therapy** terapia *f* de compras; **the ~ trade** el comercio minorista

retail[3] *adv* al por menor, al detalle, al detall, al detal; **can you get these goods ~?** ¿estos productos se pueden comprar al por menor (*or* al detalle *etc*)?

retailer /'riːteɪlər || 'riːteɪlə(r)/ *n* minorista *mf*, detallista *mf*

retail price index *n* índice *m* de precios al consumo

retain /rɪ'teɪn/ *vt* 1 (keep) ‹*property/money*› quedarse con; ‹*authority/power*› retener*; ‹*color/taste/heat*› conservar; ‹*moisture/water*› retener*; ‹*charge*› (Elec) conservar 2 (remember) ‹*information*› retener*; **I don't ~ figures** no retengo números, los números no me quedan (fam) 3 (hold back) ‹*water/earth*› contener*; ‹*urine*› retener* 4 (employ) contratar

retainer /rɪ'teɪnər || rɪ'teɪnə(r)/ *n* 1 (fee) iguala *f* (*cuota fija que se paga para retener los servicios de algn*) 2 (servant) (dated) criado, -da *m,f*

retaining fee /rɪ'teɪnɪŋ/ *n* ▸ **retainer 1**

retaining wall /rɪ'teɪnɪŋ/ *n* muro *m* de contención

retake[1] /riː'teɪk/ *vt* (*past* **retook**; *past p* **retaken**) 1 (recapture) ‹*town/fort*› retomar, volver* a tomar; ‹*prisoner*› volver* a capturar 2 (Cin, TV) ‹*scene*› volver* a rodar *or* filmar 3 (Educ) ‹*exam/test*› volver* a presentarse a

retake[2] /'riːteɪk/ *n* 1 (Cin, TV) nueva toma *f*; **to do a ~** repetir* una toma 2 (of exam): **to do a ~** volver* a examinarse

retaliate /rɪ'tælieɪt/ *vi* 1 (Mil) tomar represalias, contraatacar* 2 (respond) responder; **he ~d by cutting her allowance** respondió quitándole la mesada; **the team ~d by scoring two goals within a minute** el equipo reaccionó *or* respondió convirtiendo dos goles en menos de un minuto; **to ~ AGAINST sb/sth** tomar represalias CONTRA algn/algo

retaliation /rɪˌtæli'eɪʃən/ *n* [u] represalias *fpl*; **in ~ for the bombing** en *or* como represalia por el bombardeo; **the opposition party's ~ was swift** la respuesta *or* el contraataque de la oposición no se hizo esperar

retaliatory /rɪ'tæljətɔːri || rɪ'tæliətri/ *adj*: **~ measures** represalias *fpl*; **they made a ~ strike on the city** atacaron la ciudad en *or* como represalia

retard[1] /rɪ'tɑːrd || rɪ'tɑːd/ *vt* ‹*growth*› retardar; ‹*progress*› retrasar

retard[2] /'riːtɑːrd || 'riːtɑːd/ *n* (AmE colloq & pej) tarado, -da *m,f* (fam)

retarded[1] /rɪ'tɑːrdəd || rɪ'tɑːdɪd/ *adj* (pej) retrasado; **he is mentally ~** es (un) débil *or* retrasado mental

retarded[2] *pl n*: **the ~** (pej) los retrasados (mentales)

retch /retʃ/ *vi* hacer* arcadas; **the sight of it made her ~** verlo la hizo hacer arcadas, al verlo le dieron arcadas

retd (= **retired**) (R), (r)

retell /riː'tel/ *vt* (*past & past p* **retold**) volver* a contar, contar* de nuevo; **retold in English by J. H. Shepherd** versión y adaptación inglesa de J. H. Shepherd

retention /rɪ'tentʃən || rɪ'tenʃən/ *n* [u] 1 (of heat, moisture) retención *f*, conservación *f*; **water ~** retención de líquidos 2 (of system, law) mantenimiento *m*, conservación *f* 3 (of property, money) retención *f* 4 (mental faculty) retentiva *f*

retentive /rɪ'tentɪv/ *adj* 1 ‹*memory/mind*› retentivo; **young children are very ~** los niños pequeños tienen mucha retentiva *or* gran poder de retención 2 **to be ~ OF sth** (frml) retener* *or* conservar algo; **heat-~ material** material *m* que retiene *or* conserva el calor

rethink[1] /riː'θɪŋk/ *vt* (*past & past p* **rethought**) reconsiderar, replantearse

rethink[2] /'riːθɪŋk/ *n* (*no pl*) replanteamiento *m*; **we're having a ~** lo estamos reconsiderando

reticence /'retəsəns/ *n* [u] reticencia *f*

reticent /'retəsənt || 'retɪsənt/ *adj* reticente; **to be ~ ABOUT sth**: **he is understandably ~ about his bankruptcy** es comprensible que se muestre reticente a hablar de la quiebra; **she is ~ about her emotional life** es reservada en cuanto a su vida afectiva

reticle /'retɪkəl/ *n* retículo *m*

reticulated /rɪ'tɪkjəleɪtəd || rɪ'tɪkjʊleɪtɪd/ *adj* reticular

retina /'retnə || 'retɪnə/ *n* (*pl* **-nas** *or* **-nae** /-niː/) retina *f*; **detached ~** desprendimiento *m* de retina

retinal scanner /'retənl || 'retɪnl/ *n* (Biol, Law) escáner *m* de rétina

retinitis /ˌretɪ'naɪtəs/ *n* [u] retinitis *f*

retinoic acid /ˌretɪ'nəʊɪk/ *n* [u] (Pharm) ácido *m* retinóico

retinue /'retnuː || 'retɪnjuː/ *n* séquito *m*, comitiva *f*

➡📖 *see* Correspondence

r

retire /rɪ'taɪr || rɪ'taɪə(r)/ *vi*
A (from job, occupation) «*teacher/civil servant*» jubilarse, retirarse; «*soldier*» retirarse (del servicio activo); «*athlete/footballer*» retirarse; **they ~d to Florida** cuando se jubilaron se fueron a vivir a Florida; **she ~d from public life** se alejó de la vida pública; **she's planning to ~ from the stage** piensa dejar la actividad teatral; **the retiring treasurer was given a gold watch** el tesorero saliente *or* que se retiraba fue obsequiado con un reloj de oro
B **1** (retreat, withdraw) (frml) retirarse **2** (Mil) «*troops*» retirarse, replegarse*, batirse en retirada **3** (from sporting contest): **he ~d with an injured ankle** abandonó el campo de juego con un tobillo lesionado; **Stephens ~d with clutch problems** Stephens abandonó (la carrera) por problemas de embrague **4** (go to bed) (frml *or* hum) acostarse*, retirarse a sus (*or* mis *etc*) aposentos (frml *o* hum)
■ **retire** *vt* **1** (from job) jubilar; **everyone over 60 was compulsorily ~d** obligaron a jubilarse a todos los mayores de 60 años **2** (Fin) ‹*shares/bonds*› redimir **3** (in baseball) ‹*batter*› retirar

retired /rɪ'taɪrd || rɪ'taɪəd/ *adj* ‹*teacher/civil servant*› jubilado, retirado; ‹*general*› retirado; **I met a ~ couple from Bristol** conocí a una pareja de jubilados de Bristol; **how long have you been ~?** ¿cuánto tiempo hace que está jubilado *or* que se jubiló?

retiree /rɪ,taɪ'riː || rɪ,taɪə'riː/ *n* (AmE) jubilado, -da *m,f*

retirement /rɪ'taɪrmənt || rɪ'taɪəmənt/ ➡📖 *n* **1** [u c] (from job) jubilación *f*, retiro *m*; (from the military) retiro *m*; **he took up pottery in his ~** cuando se jubiló empezó a hacer cerámica; **early/compulsory ~** jubilación anticipada/obligatoria; **he took early ~** se jubiló anticipadamente; **he's coming up to** *o* **for ~** le falta poco para jubilarse; **she went into ~ after the Olympic Games** se retiró después de las Olimpíadas; **the old engines were brought out of ~** volvieron a poner en servicio los viejos motores; (*before n*): **~ age** edad *f* para jubilarse; (Mil) edad *f* de retiro; **~ benefit** prestación *f* por jubilación; **~ community** (AmE) *complejo habitacional para jubilados* **2** [u c] (from race, match) abandono *m* **3** [u] (of troops) retirada *f*, repliegue *m*

retiring /rɪ'taɪrɪŋ || rɪ'taɪərɪŋ/ *adj* (shy) ‹*person/nature*› retraído; *see also* **retire A**

retitle /riː'taɪtl/ *vt* retitular

retool /riː'tuːl/ *vt*
A (reequip) ‹*plant/factory*› reequipar
B (adapt) (AmE) adaptar

retort¹ /rɪ'tɔːrt || rɪ'tɔːt/ *vt* replicar* (liter), contestar

retort² *n*
A (reply) réplica *f* (liter), contestación *f*
B **1** (Chem) retorta *f* **2** (Metall) crisol *m*

retouch /riː'tʌtʃ/ *vt* ‹*photograph/painting*› retocar*; **to ~ one's makeup** retocarse* el maquillaje

retrace /riː'treɪs/ *vt* **1** (go back over): **to ~ one's steps** volver* sobre sus (*or* mis *etc*) pasos; **they ~d the path of the earlier expedition** siguieron la misma ruta de la expedición anterior **2** ‹*events*› volver* sobre

retract /rɪ'trækt/ *vt* **1** (withdraw) ‹*allegation/statement/offer*› retirar **2** (draw back) ‹*undercarriage/wheels*› replegar*, levantar; ‹*claws*› retraer*
■ **retract** *vi* **1** (withdraw statement) retractarse, desdecirse* **2** «*undercarriage*» retraerse*, replegarse*; «*claws*» retraerse*

retractable, retractible /rɪ'træktəbəl/ *adj* ‹*wheels*› retráctil, replegable

retractile /rɪ'træktl || rɪ'træktaɪl/ *adj* ‹*claws*› retráctil

retraction /rɪ'trækʃən/ *n* **1** [u c] (of evidence, statement) retractación *f* **2** [u] (of claws) retracción *f*; (of wheels) repliegue *m*

retrain /riː'treɪn/ *vt* reciclar, recapacitar, reconvertir*
■ **retrain** *vi* hacer* un curso de reciclaje *or* recapacitación *or* reconversión

retraining /riː'treɪnɪŋ/ *n* [u] reciclaje *m*, recapacitación *f*, reconversión *f*

retread¹ /riː'tred/ *vt* (*past and past p* **~ed**) ‹*tire*› recauchutar, recauchar, reencauchar (AmC, Col, Ven), renovar* (Méx)

retread² /'riːtred/ *n* neumático *m* recauchutado *or* recauchado, llanta *f* recauchutada *or* recauchada (AmL), llanta *f* reencauchada (AmC, Col, Ven), llanta *f* renovada (Méx)

retreat¹ /rɪ'triːt/ *vi* «*forces/army*» batirse en retirada, retirarse, replegarse*; **management ~ed from their position** la dirección dio marcha atrás en cuanto a su postura; **the waters are ~ing** las aguas están bajando; **winter is ~ing before the warmth of spring** el invierno está cediendo paso a la primavera

retreat² *n*
A (Mil) retirada *f*, repliegue *m*; **they were ambushed on the ~** les tendieron una emboscada cuando se batían en retirada; **such attitudes are now on the ~** tales actitudes están desapareciendo; **our forces are in ~** nuestras tropas se están batiendo en retirada; **morality is in ~** vivimos un período de decadencia moral; ***to beat a ~*** batirse en retirada, retirarse; **when I saw him, I beat a hasty ~** en cuanto lo vi, puse pies en polvorosa (fam)
B **1** (place) refugio *m*; **their country ~** su refugio en el campo **2** (Relig) retiro *m* espiritual, ejercicios *mpl* espirituales; **to go on a ~** hacer* un retiro espiritual

retrench /rɪ'trentʃ/ *vi* **to ~ (ON sth)** economizar* *or* hacer* economías (EN algo)
■ **retrench** *vt* ‹*expenses/personnel*› reducir*

retrenchment /rɪ'trentʃmənt/ *n* [u c] reducción *f* *or* racionalización *f* de gastos

retrial /riː'traɪəl/ *n* nuevo juicio *m*, ≈ revisión *f* de la causa

retribution /,retrə'bjuːʃən || ,retrɪ'bjuːʃən/ *n* [u] castigo *m*; **(divine) ~ was visited upon them** (frml) recibieron su merecido, Dios los castigó; **in ~, they executed all the prisoners** como represalia, ejecutaron a todos los prisioneros

retributive /rɪ'trɪbjətɪv || rɪ'trɪbjʊtɪv/ *adj* (frml) punitivo

retrievable /rɪ'triːvəbəl/ *adj* **1** (accessible) ‹*object/data*› recuperable **2** (remediable) ‹*mistake*› subsanable, remediable, reparable

retrieval /rɪ'triːvəl/ *n* [u] **1** (of object, data) recuperación *f* **2** (of situation, mistake) reparación *f*, remedio *m*; **it's not beyond ~** no es irreparable *or* irremediable

retrieve /rɪ'triːv/ *vt* **1** (recover) ‹*object/data*› recuperar; **a dog trained to ~ game** (Sport) un perro entrenado para cobrar la caza; **she just managed to ~ the ball** (in tennis) apenas si logró devolver la pelota **2** (salvage) ‹*furniture/jewels*› rescatar, salvar; ‹*situation*› salvar **3** (put right) ‹*loss/damage*› reparar
■ **retrieve** *vi* «*gundog*» cobrar

retriever /rɪ'triːvər || rɪ'triːvə(r)/ *n* perro *m* cobrador

retro¹ /'retrəʊ/ *adj* retro *adj inv*

retro² *n* [u] retro *m*

retro- /'retrəʊ/ *pref* retro-

retroactive /,retrəʊ'æktɪv/ *adj* retroactivo; **a ~ increase** un aumento retroactivo *or* con efecto retroactivo *or* con retroactividad

retroactively /,retrəʊ'æktɪvli/ *adv* retroactivamente, con retroactividad, con efecto retroactivo; **the increase will be paid ~ from June** el aumento se pagará con retroactividad *or* con efecto retroactivo desde junio

retrograde /'retrəgreɪd/ *adj* **1** ‹*attitude*› retrógrado; ‹*measure/policy*› retrógrado, que constituye un retroceso *or* un paso hacia atrás; **a ~ step** un paso hacia atrás **2** (Astron) ‹*motion/orbit*› retrógrado

retrogress /,retrə'gres/ *vi* (frml) (get worse) empeorar; (go back) retroceder

retrogressive /,retrə'gresɪv/ *adj* ▸**retrograde 1**

retrorocket /'retrəʊrɑːkət || 'retrəʊrɒkɪt/ *n* retrocohete *m*

retrospect /'retrəspekt/ *n*: **in ~** mirando hacia atrás, en retrospectiva; **it was, in ~, a wonderful opportunity** mirando hacia atrás me doy cuenta de que fue una magnífica oportunidad, ahora, en retrospectiva, me doy cuenta de que fue una magnífica oportunidad

retrospective¹ /,retrə'spektɪv/ *adj* **1** (looking back) ‹*insight*› retrospectivo; ‹*exhibition/season*› retrospectivo **2** ▸**retroactive**

retrospective² *n* (exposición *f*) retrospectiva *f*

retrospectively /,retrə'spektɪvli/ *adv* **1** (with hindsight) en retrospectiva, mirando hacia atrás **2** ▸**retroactively**

retroussé /,retruː'seɪ || rə'truːseɪ/ *adj* respingón, respingado (AmL)

retroviral /'retrəʊvaɪrəl/ *adj* retroviral, retrovírico

retrovirus /'retrəʊ,vaɪrəs || 'retrəʊ,vaɪərəs/ *n* (*pl* **-ruses**) retrovirus *m*

retry /riː'traɪ/ *vt* **retries, retrying, retried** (Law) ‹*defendant*› volver* a juzgar; (Comput) ‹*procedure*› volver* a intentar

retune /riː'tjuːn/ *vt* **1** (Mus) ‹*instrument*› reafinar **2** (Rad, TV) resintonizar*

returf /riː'tɜːrf || riː'tɜːf/ *vt* (BrE) cambiar el césped *or* (AmL) pasto *m* *or* (AmC, Ven) grama de

return¹ /rɪ'tɜːrn || rɪ'tɜːn/ *vi* **1** (go back) **to ~ (TO sth)** (to a place) volver* *or* regresar (A algo); (to former activity, state) volver* (A algo); **he ~ed to Spain** volvió *or* regresó a España; **they ~ed home late** volvieron *or* regresaron tarde a casa; **the series will be ~ing to our screens soon** la serie volverá pronto a nuestras pantallas; **she never ~ed to the game** nunca volvió a jugar; **they ~ed to the task with renewed energy** volvieron a la tarea *or* reanudaron la tarea con renovadas energías; **to ~ to what we were saying earlier, …** volviendo a lo que decíamos anteriormente, … **2** (reappear) «*symptom*» volver* a aparecer, presentarse de nuevo; «*doubts/suspicions*» resurgir*; **the child's cheerfulness ~ed** el niño recuperó la alegría
■ **return** *vt*
A **1** (give back) devolver*, regresar (AmL exc CS), restituir* (frml); **to ~ sth TO sb** devolverle* *or* (frml) restituirle* algo A algn, regresarle algo A algn (AmL exc CS); **she ~ed the letter to the file** volvió a poner la carta en el archivo **2** (reciprocate) ‹*affection*› corresponder a; ‹*blow/favor*› devolver*; ‹*greeting*› devolver*, corresponder a; **to ~ sb's call** devolverle* la llamada a algn; **to ~ fire** devolver* el fuego; **to ~ good for evil** (liter) devolver* bien por mal **3** (Sport) ‹*ball*› devolver*; (in tennis) devolver*, restar (Esp) **4** (in cards) devolver*
B (reply) (liter) replicar* (liter)
C (Law) ‹*verdict*› emitir; **the jury ~ed a verdict of guilty** el jurado emitió un veredicto de culpabilidad, el jurado lo (*or* la *etc*) declaró culpable
D (Fin) ‹*profit/income*› producir*, dar*
E (Govt) ‹*candidate*› (reelect) reelegir*; (elect) (BrE) elegir*

return² *n*
A [u] **1** (to place) regreso *m*, vuelta *f*, retorno *m* (frml *o* liter); **the ~ to school** el regreso *or* la vuelta al colegio; **on his ~** a su regreso, a su vuelta; **the ~ of this series to our screens** el retorno de la serie a nuestras pantallas (frml) **2** (to former activity, state) vuelta *f*, retorno *m* **3** (reappearance) reaparición *f*; **the ~ of the symptoms** la reaparición de los síntomas; **his words brought a ~ of my earlier doubts** sus palabras hicieron resurgir mis dudas iniciales; **many happy ~s of the day!** ¡feliz cumpleaños!, ¡que cumplas muchos más!
B **1** [u c] (to owner) devolución *f*, regreso *m* (AmL exc CS); (of thing bought) devolución *f*; **thanks for the ~ of the coat** muchas gracias por devolverme *or* (AmL exc CS) regresarme el abrigo; **this book is due for ~ next week** hay que devolver *or* (AmL exc CS) regresar este libro la semana que viene **2** [c] (sth given back) devolución *f*; **the show is sold out, but you may be able to get ~s** (BrE) (Theat) las localidades están agotadas, pero quizás consigas alguna devolución; ➎

➡📖 *see* Living in a Spanish-speaking country

please place returns here (in library) se ruega dejar aquí los libros devueltos
C (*in phrases*): **by return (of post)** (BrE) a vuelta de correo; **in return** a cambio; **I can offer you nothing in ~** no te puedo ofrecer nada a cambio; **in ~ FOR sth** a cambio DE algo; **they offered him a share in ~ for his silence** le ofrecieron una parte a cambio de su silencio
D [u c] (profit) **~ (ON sth)** rendimiento *m* (DE algo); **we expect a good ~ on our investments** esperamos un buen rendimiento de nuestras inversiones; **the rate of ~ has been disappointing** la tasa de rendimiento ha sido decepcionante; **the law of diminishing ~s** la ley de los rendimientos decrecientes; **we haven't seen much ~ on our efforts** nuestros esfuerzos no se han visto muy recompensados
E [c] (*tax* ~) **1** declaración *f* (de la renta *or* (esp AmL) de impuestos) **2** (reply) declaración *f*; **the analysis is based on the ~s of over 1,000 people** el análisis se basa en las declaraciones de más de 1.000 personas **3** **returns** *pl* (data) datos *mpl*; (figures) cifras *fpl*; **we won't know who's won until all the ~s are in** no se sabrá quién ganó hasta que no hayan llegado todos los resultados
F [c] (Sport) devolución *f*; **~ of serve** (in tennis) devolución del servicio *or* saque, resto *m* (Esp)
G [c] (ticket) (BrE) boleto *m or* (Esp) billete *m or* (Col) tiquete *m* de ida y vuelta, boleto *m* de viaje redondo (Méx)
H [c] (*carriage* ~) interlineación *f*

return³ *adj* (*before n*) **1** ‹*journey/flight*› de vuelta, de regreso; ‹*ticket/fare*› (BrE) de ida y vuelta, de viaje redondo (Méx); **by ~ mail** (AmE) a vuelta de correo; **~ key** tecla *f* de interlineación **2** (Sport) de vuelta; **the ~ game** el partido de vuelta, la revancha

returnable /rɪ'tɜːrnəbəl || rɪ'tɜːnəbəl/ *adj* ‹*deposit*› reembolsable, reintegrable; ‹*bottle*› retornable

returnee /rɪ,tɜːr'niː || rɪ,tɜː'niː/ *n* retornado, -da *m,f*

returning officer /rɪ'tɜːrnɪŋ || rɪ'tɜːnɪŋ/ *n* (BrE) *funcionario que tiene a su cargo el escrutinio de los votos y el anuncio del resultado de una votación en determinada circunscripción*, ≈ escrutador, -dora *m,f*

reunification /riː,juːnəfə'keɪʃən || ,riːjuːnɪfɪ'keɪʃən/ *n* [u] reunificación *f*

reunify /riː'juːnəfaɪ || riː'juːnɪfaɪ/ *vt* **-fies, -fying, -fied** reunificar*

reunion /riː'juːnjən/ *n* [c u] reunión *f*, reencuentro *m*; **a family/college ~** una reunión familiar/de exalumnos

reunite /,riːjʊ'naɪt/ *vt* **1** (make united again) ‹*family/party*› volver* a unir **2** (be, come together again): **she was ~d with him after many years** se reencontró con él después de muchos años; **Phil and Sally are ~d** Phil y Sally están de nuevo juntos; **a meeting was arranged to ~ father and son** se organizó una reunión para que padre e hijo se reencontraran
■ **reunite** *vi* reunirse*; (reconcile) reconciliarse

reupholster /,riːʌp'həʊlstər || ,riːʌp'həʊlstə(r)/ *vt* retapizar*

reusable /riː'juːzəbəl/ *adj* reutilizable, que puede utilizarse *or* usarse de nuevo

reuse /riː'juːz/ *vt* reutilizar*, volver* a usar

reutilize /riː'juːtlaɪz || riː'juːtɪlaɪz/ *vt* reutilizar*

rev¹ /rev/ *n* revolución *f*; (*before n*): **~ counter** cuentarrevoluciones *m*, tacómetro *m*

rev² **-vv- ~ (up)** *vt* ‹*engine/car*› acelerar (*sin desplazarse*)
■ **rev** *vi*: **I could hear the car ~ing (up) outside** oía como aceleraban el coche afuera

Rev (= **Reverend**) Rvdo., Rdo.

revaluation /riː,væljuː'eɪʃən/ *n* [u c] **1** (of currency) revalorización *f*, revaluación *f* (esp AmL) **2** (reestimation) reevaluación *f*, revaloración *f*

revalue /riː'væljuː/ (AmE) **revaluate** /-jueɪt/ *vt* **1** ‹*currency*› revalorizar*, revaluar* (esp AmL) **2** ‹*reputation/worth*› reevaluar*, revalorar

revamp¹ /riː'væmp/ *vt* ‹*building/interior*› reformar, arreglar; (modernize) modernizar*; ‹*strategy/image*› cambiar, poner* al día

revamp² /'riːvæmp/ *n* reforma *f*, modernización *f*; **our image needs a complete ~** necesitamos un cambio radical de imagen; **to give sth a ~** reformar *or* modernizar* algo

revarnish /riː'vɑːrnɪʃ || riː'vɑːnɪʃ/ *vt* rebarnizar*

Revd (= **Reverend**) Rvdo., Rdo.

reveal /rɪ'viːl/ *vt* **1** (disclose, make known) ‹*secret/fact/identity/truth*› revelar, desvelar, develar (AmL); **I didn't want to ~ my ignorance** no quise poner de manifiesto mi ignorancia; **be patient and all will be ~ed** (set phrase) ten paciencia que ya te enterarás; **to ~ sth TO sb** revelarle algo A algn; **to ~ sth/sb AS sth: the structure was ~ed as (being) unsafe** se puso de manifiesto que la estructura no era segura; **this ~ed him to us as a coward/hero** esto nos demostró que era un cobarde/héroe **2** (bring to view) dejar ver; **the door opened to ~ an untidy kitchen** se abrió la puerta dejando ver una cocina desordenada; **the deep scar on her cheek was ~ed** la profunda cicatriz que tenía en la mejilla quedó al descubierto **3** **revealed** *past p* (Relig) ‹*religion/truth*› revelado

revealing /rɪ'viːlɪŋ/ *adj* **1** ‹*document/statement/conduct*› revelador; **the letters are highly ~ of her state of mind at the time** las cartas dicen mucho acerca de su estado mental en ese momento **2** ‹*neckline/garment*› atrevido, revelador

revealingly /rɪ'viːlɪŋli/ *adv* de manera reveladora

reveille /'revəli || rɪ'væli/ *n* diana *f*, toque *m* de diana

revel /'revəl/ *vi* BrE **-ll-** **1** (enjoy greatly) **to ~ IN sth** deleitarse CON *or* EN algo; **to ~ IN + -ing** deleitarse + GER; **she positively ~s in making us feel inferior** realmente se deleita haciéndonos sentir inferiores **2** (make merry) divertirse*

revelation /,revə'leɪʃən/ *n* [c u] **1** (disclosure) revelación *f* **2** (Relig): **(the Book of) Revelation** el Apocalipsis

reveler, (BrE) **reveller** /'revələr || 'revələ(r)/ *n* (liter) parrandero, -ra *m,f* (fam), juerguista *mf* (fam)

revelry /'revəlri/ *n* [u c] (*pl* **-ries**) jolgorio *m*

revels /'revəlz/ *pl n* fiestas *fpl*, festividades *fpl*

revenge¹ /rɪ'vendʒ/ *n* [u] venganza *f*; **to seek ~** buscar* venganza; **to take (one's) ~** vengarse*, desquitarse; **in ~ for the death of his father** como venganza por la muerte de su padre, para vengar la muerte de su padre; **~ is sweet!** (set phrase) el placer de la venganza

revenge² *vt* ‹*insult/defeat*› vengar*; **to be ~d (ON sb)** vengarse* (DE algn); **at last I am ~d!** ¡por fin me he vengado!; **I'll be ~d on you for this!** ¡me vengaré de ustedes por esto!
■ *v refl* **to ~ oneself (ON sb)** vengarse* (DE algn); **I'll ~ myself on him for what he's done** me voy a vengar de él por lo que ha hecho

revengeful /rɪ'vendʒfəl/ *adj* vengativo

revenue /'revənuː || 'revənjuː/ *n* **1** [u] (Tax) rentas *fpl* públicas; (*before n*): **~ stamp** timbre *m* fiscal; *see also* **Inland Revenue**, **Internal Revenue Service** **2** **revenues** *pl* ingresos *mpl*; **oil ~s** ingresos provenientes del petróleo

reverberate /rɪ'vɜːrbəreɪt || rɪ'vɜːbəreɪt/ *vi* **1** «*sound*» retumbar, resonar*; **the place ~d with the sound of their laughter** el lugar retumbaba con sus risotadas **2** (have effect) tener* repercusiones

reverberation /rɪ,vɜːrbə'reɪʃən || rɪ,vɜːbə'reɪʃən/ *n* [c u] resonancia *f*, retumbo *m*; **the ~s of the financial crisis** las repercusiones de la crisis financiera

revere /rɪ'vɪr || rɪ'vɪə(r)/ *vt* (frml) ‹*person/quality/work*› venerar, reverenciar (frml)

reverence /'revrəns, 'revərəns/ *n* **1** [u] (veneration) veneración *f*, reverencia *f*; **to hold sb/sth in ~** tener* veneración *or* reverencia por algn/algo **2** (Relig) (*as form of address*): **Your Reverence** Reverencia **3** [c] (bow) reverencia *f*

reverend /'revrənd, 'revərənd/ *n* (colloq) (Protestant) pastor *m*; (Catholic) sacerdote *m*, padre *m*

Reverend ▸ⓘ **p.1213** *adj* (in titles) reverendo; **the Right ~/Most ~ Paul Snow** el ilustrísimo (obispo/arzobispo) Paul Snow; **~ Mother** Reverenda Madre

reverent /'revrənt, 'revərənt/ *adj* reverente

reverential /,revə'rentʃəl || ,revə'renʃəl/ *adj* reverencial

reverie /'revəri/ *n* [u c] ensueño *m*; **he was lost in (a) ~ and didn't see her** estaba absorto y no la vio

revers /rɪ'vɪr || rɪ'vɪə(r)/ *n* (*pl* ~ /-z/) solapa *f*

reversal /rɪ'vɜːrsəl || rɪ'vɜːsəl/ *n* [c u]
A (inversion) inversión *f*; **role ~** inversión de papeles *or* roles
B (of trend, policy) cambio *m* completo *or* total; (of sentence) revocación *f*; **we appealed for a ~ of the decision** apelamos para que se revocara la decisión
C (setback) (frml) revés *m*; **her plans suffered a serious ~** sus planes sufrieron un serio revés; **a ~ of fortune** un revés de fortuna

reverse¹ /rɪ'vɜːrs || rɪ'vɜːs/ *n*
A [c] (of picture, paper) reverso *m*, dorso *m*; (of cloth, garment) revés *m*; (of coin) reverso *m*; **endorse the check on the ~** endose el cheque al dorso
B **1** (opposite): **the ~: are you upset? — quite the ~** ¿estás disgustada? — no, al contrario *or* no, todo lo contrario; **the results are the ~ of what I expected** los resultados son todo lo contrario de lo que esperaba **2** (reverse order): **in ~** a la inversa, al revés
C **1** **~ (gear)** (*no art*) marcha *f* atrás, reversa *f* (Col, Méx); **to engage ~ (gear)** meter (la) marcha atrás, meter reversa (Col, Méx); **he came around the corner in ~ (gear)** dobló la esquina dando marcha atrás *or* (Col, Méx) en reversa **2** [c] (movement) (esp BrE colloq): **to do a ~** dar* marcha atrás, dar* (una) reversa (Col, Méx)
D [c u] (setback) (frml) revés *m*
E [c] (Sport) (in US football) reversible *f*

reverse² *vt*
A **1** (transpose) ‹*roles/functions/positions*› invertir*; **to ~ the charges** (BrE) (Telec) llamar a cobro revertido *or* (Chi, Méx) por cobrar **2** (invert) ‹*order/process*› invertir*
B (undo, negate) ‹*policy*› cambiar radicalmente; ‹*trend*› invertir* el sentido de; ‹*verdict/decision/ruling*› revocar*
C (move backward) ‹*vehicle*› **she ~d her car around the corner/into the garage** dobló la esquina/entró en el garaje dando marcha atrás *or* (Col, Méx) en reversa
■ **reverse** *vi*
A «*vehicle/driver*» dar* marcha atrás, meter reversa (Col, Méx)
B **1** «*roles/positions/functions*» invertirse* **2** «*order/process*» invertirse*

reverse³ *adj* (*before n*) **1** (back): **the ~ side** *o* **face** (of coin) el reverso; **the ~ side** (of cloth) el revés; (of paper) el reverso, el dorso **2** (backward, opposite) ‹*movement/direction/trend*› contrario, inverso; **in ~ order** en orden inverso; **~ thrust** empuje *m* inverso

reverse-charge call /rɪ,vɜːrs'tʃɑːrdʒ || rɪ,vɜːs'tʃɑːdʒ/ *n* (BrE) llamada *f* a cobro revertido *or* (Chi, Méx) por cobrar

reverse-engineer /rɪ,vɜːrsendʒə'nɪr || rɪ,vɜːsendʒɪ'nɪə(r)/ *vt* aplicar la retroingeniería *or* la ingeniería invertida a

reverse engineering *n* [u] retroingeniería *f*, ingeniería *f* invertida

reverse takeover *n*: *operación financiera en la que una empresa pequeña se hace con el control de una más grande*

reversible /rɪ'vɜːrsəbəl || rɪ'vɜːsəbəl/ *adj* **1** ‹*jacket/coat*› reversible **2** ‹*decision/verdict*› revocable

reversing lights /rɪ'vɜːrsɪŋ || rɪ'vɜːsɪŋ/ *pl n* (BrE) luces *fpl or* faros *mpl* de marcha atrás *or* (Col, Méx) de reversa

reversion /rɪ'vɜːrʒən || rɪ'vɜːʃən/ *n*
A [u c] (to former state, practice) vuelta *f*, reversión *f*

r

(frml); ~ **to type** (Biol) reversión *or* regresión *f* al tipo original

B [c] (Law) reversión *f*

revert /rɪ'vɜ:rt || rɪ'vɜ:t/ **to** ~ **TO** 1 (to former state, actions) volver* A; **to** ~ **to normal** volver* a la normalidad, volver* a normalizarse; **the land is ~ing to desert** la tierra está volviendo a desertizarse *or* a convertirse en desierto; **to** ~ **to type** (Biol) revertir* al tipo original, dar* un salto atrás en la cadena genética; **he soon ~ed to type** pronto volvió a ser el mismo de siempre 2 (to subject, topic) (frml) volver* A 3 (Law) ‹‹*land/possessions*›› revertir* A

review¹ /rɪ'vju:/ *n*

A [c] 1 (of book, film) crítica *f*, reseña *f*; **to get good ~s** ser* ponderado por la crítica; (*before n*): ~ **copy** ejemplar *m* para la prensa; ~ **editor** crítico, -ca *m,f* 2 (report, summary) resumen *m*, reseña *f* 3 (magazine) revista *f*, publicación *f* 4 (show) revista *f*

B 1 [c u] (reconsideration) revisión *f*; **salary** ~ revisión salarial; **salary under** ~ el sueldo está en estudio; **my salary comes up for** ~ **next month** el mes que viene me toca la revisión salarial; **working methods are under** ~ los métodos de trabajo están siendo reexaminados; (*before n*): ~ **body** comisión *f* inspectora 2 [c] (Mil) revista *f* 3 [c] (for exam) (AmE) repaso *m*

review² *vt*

A 1 (consider) ‹*situation/prospects*› examinar, estudiar 2 (reconsider) ‹*policy/case*› reconsiderar, reexaminar; ‹*salary*› reajustar

B 1 (summarize) ‹*news/events*› resumir, reseñar 2 (criticize) ‹*book/play*› hacer* (*or* escribir* *etc*) la crítica de, reseñar

C (Mil) ‹*troops*› pasar revista a

D (for exam) (AmE) repasar

■ **review** *vi* 1 (work as critic): **she ~s for the Seattle Post** es crítica de arte (*or* de cine *etc*) del Seattle Post 2 (for exam) (AmE) repasar

reviewer /rɪ'vju:ər || rɪ'vju:ə(r)/ *n* crítico, -ca *m,f*

revile /rɪ'vaɪl/ *vt* (frml) injuriar (frml), vilipendiar (frml)

revise /rɪ'vaɪz/ *vt*

A 1 (alter) ‹*policy/plan/figures/estimate*› modificar*; **to** ~ **costs upward/downward** ajustar *or* revisar los costos al alza/a la baja; **many people will have to** ~ **their opinions** mucha gente tendrá que reconsiderar *or* replantearse la cuestión; **I had to** ~ **my opinion of her** tuve que cambiar de opinión respecto de ella 2 (Publ) ‹*proofs*› corregir*, revisar; **third edition, ~d and expanded** tercera edición, corregida y aumentada; **the R~d Version** *la versión revisada en 1885 de la Biblia anglicana*; **the R~ Standard Version** *la versión norteamericana de la Biblia anglicana publicada en 1953*

B (BrE) (for exam) ‹*subject/notes*› repasar

■ **revise** *vi* (BrE) repasar

revision /rɪ'vɪʒən/ *n*

A 1 [u c] (alteration) modificación *f* 2 [u c] (of text) corrección *f* 3 [c] (text) edición *f* corregida

B [u] (for exam) (BrE) repaso *m*

revisionism /rɪ'vɪʒənɪzəm/ *n* [u] revisionismo *m*

revisionist¹ /rɪ'vɪʒənəst || rɪ'vɪʒənɪst/ *adj* revisionista

revisionist² *n* revisionista *mf*

revisit /ri:'vɪzɪt/ *vt* volver* a visitar

revitalize /ri:'vaɪtlaɪz/ *vt* vigorizar*, darle* vitalidad a; **to** ~ **the economy** estimular *or* reactivar la economía

revival /rɪ'vaɪvəl/ *n*

A [c u] 1 (renewal, upsurge): **there has been a** ~ **of interest in fifties music** ha habido un renovado interés por la música de los años cincuenta; **a religious/spiritual** ~ un renacer *or* un renacimiento religioso/espiritual; **economic** ~ reactivación *f* económica; **investors await a** ~ **in demand** los inversores esperan la recuperación de la demanda 2 (restoration) restablecimiento *m*, reinstauración *f* 3 (Med) reanimación *f*, resucitación *f*

B [c] (Theat) reestreno *m*, reposición *f*

revivalism /rɪ'vaɪvəlɪzəm/ *n* [u] (Relig) evangelismo *m*

revivalist¹ /rɪ'vaɪvələst || rɪ'vaɪvəlɪst/ *adj* ‹*meeting/movement*› evangelista

revivalist² *n* evangelista *mf*

revive /rɪ'vaɪv/ *vt* 1 (revitalize) ‹*conversation*› reanimar; ‹*economy*› reactivar, estimular; ‹*hope/interest/friendship*› hacer* renacer, reavivar; **plans to** ~ **decaying inner cities** planes para reactivar las zonas urbanas deprimidas 2 (Med) reanimar, resucitar 3 (reintroduce, restore) ‹*custom*› restablecer*; ‹*law/claim*› restablecer*; **fifties styles have been ~d** vuelve la moda de los años cincuenta 4 (Theat) ‹*play/musical*› reestrenar, reponer*

■ **revive** *vi* ‹‹*industry/trade*›› reactivarse, repuntar (esp AmL); ‹‹*hope/interest*›› renacer*, resurgir*; ‹‹*patient*›› reanimarse; (come to) recobrar el sentido, volver* en sí; **I'll soon** ~ **after a little rest** después de descansar un rato estaré como nueva

revocation /ˌrevə'keɪʃən/ *n* (frml) revocación *f*

revoke /rɪ'vəʊk/ *vt* ‹*edict/license/parole*› revocar*

■ **revoke** *vi* (in cards) renunciar

revolt¹ /rɪ'vəʊlt/ *n* [u c] revuelta *f*, levantamiento *m*, sublevación *f*; **to rise up in** ~ **against sb/sth** sublevarse *or* alzarse* contra algn/algo; **it was a gesture of** ~ **against her parents** fue un gesto de rebeldía contra sus padres

revolt² *vi*

A (Pol) **to** ~ **(AGAINST sb/sth)** sublevarse *or* rebelarse *or* alzarse* (CONTRA algn/algo)

B (feel revulsion) (liter) **to** ~ **AT sth**: **my insides ~ed at the thought** se me revolvía el estómago de sólo pensarlo, la mera idea me resultaba repugnante

■ **revolt** *vt* darle* asco a; **she was ~ed by the smell** el olor le dio asco *or* le repugnó

revolting /rɪ'vəʊltɪŋ/ *adj* 1 (nauseating) ‹*sores/tortures*› repugnante 2 (horrible) (colloq) ‹*color/food*› asqueroso, horrible

revolution /ˌrevə'lu:ʃən/ *n*

A 1 [c u] (Pol) revolución *f*; **come the** ~ (set phrase) cuando venga la revolución 2 (radical change) revolución *f*

B [c] (Astron, Mech Eng) revolución *f*; **45/33 ~s per minute** 45/33 revoluciones por minuto; (*before n*): ~ **counter** cuentarrevoluciones *mpl*, tacómetro *m*

revolutionary¹ /ˌrevə'lu:ʃəneri || ˌrevə'lu:ʃənəri/ *adj* 1 (radically different) ‹*design/system/idea*› revolucionario 2 (Pol) ‹*army/leader*› revolucionario

revolutionary² *n* (*pl* **-ries**) revolucionario, -ria *m,f*

revolutionize /ˌrevə'lu:ʃənaɪz/ *vt* revolucionar, cambiar radicalmente

revolve /rɪ'vɑ:lv || rɪ'vɒlv/ *vi* 1 (rotate) ‹‹*wheel*›› girar; **her words continued to** ~ **in my mind** sus palabras siguieron dándome vueltas en la cabeza; **to** ~ **AROUND sth** girar ALREDEDOR DE *or* EN TORNO A algo 2 **revolving** *pres p* ‹*chair/door/stage*› giratorio 3 (center on) **to** ~ **AROUND sth/sb** girar ALREDEDOR DE *or* EN TORNO A algo/algn; **the world doesn't** ~ **around you, you know** no te creas que eres el centro del mundo

■ **revolve** *vt* ‹*wheel*› hacer* girar

revolver /rɪ'vɑ:lvər || rɪ'vɒlvə(r)/ *n* revólver *m*

revue /rɪ'vju:/ *n* [c u] revista *f*

revulsion /rɪ'vʌlʃən/ *n* [u] repugnancia *f*, asco *m*

reward¹ /rɪ'wɔ:rd || rɪ'wɔ:d/ *n* 1 [c u] (recompense) recompensa *f*; **after all I've done for you, is this my** ~? ¿así es como me pagas todo lo que he hecho por ti?; **the financial ~s are very attractive** desde el punto de vista económico bien vale la pena; **seeing you happy is** ~ **enough** con verte contento ya me doy por pagado, no necesito más recompensa que verte contento; **your** ~ **will be in heaven** Dios te lo pagará, en el cielo tendrás tu recompensa; **teaching has its ~s** la enseñanza puede ser gratificante; **as a** ~, **they were allowed to go out** como premio los dejaron salir 2 [c] (sum of money) recompensa *f*; **to offer/get a** ~ ofrecer*/recibir una recompensa

reward² *vt* 1 (recompense) premiar, recompensar; **she ~ed him with a smile** lo premió con una sonrisa; **their efforts were ~ed** sus esfuerzos se vieron recompensados *or* premiados 2 (with money) recompensar; **the finder will be ~ed** se recompensará *or* se dará una recompensa a quien lo encuentre

rewarding /rɪ'wɔ:rdɪŋ || rɪ'wɔ:dɪŋ/ *adj* ‹*job/experience*› gratificante; **the book is hard to get into, but quite** ~ el libro resulta difícil al principio, pero vale la pena hacer el esfuerzo; **the job is not very** ~ **financially** el trabajo no está muy bien remunerado

rewind /ri:'waɪnd/ *vt* (*past & past p* **rewound**) rebobinar; ~ **button** botón *m* de rebobinado

rewire /ri:'waɪr || ri:'waɪə(r)/ *vt* ‹*house*› renovar* la instalación eléctrica de

reword /ri:'wɜ:rd || ri:'wɜ:d/ *vt* ‹*question*› formular de otra manera; ‹*statement*› volver* a redactar; **I think I'd better** ~ **that** creo que debería expresarlo de otra manera

rework /ri:'wɜ:rk || ri:'wɜ:k/ *vt* 1 (use in altered form) utilizar* una adaptación de 2 (revise) cambiar, adaptar

reworking /ri:'wɜ:rkɪŋ || ri:'wɜ:kɪŋ/ *n* [c u] 1 (adaptation) adaptación *f* 2 (revision) revisión *f*

rewound /ri:'waʊnd/ *past & past p of* **rewind**

rewritable /ri:'raɪtəbəl/ *adj* reescribible

rewrite¹ /ri:'raɪt/ *vt* (*past* **rewrote**; *past p* **rewritten**) 1 (alter) volver* a escribir *or* redactar; **to** ~ **history** enfocar* la historia desde una nueva perspectiva 2 (copy out) volver* a escribir, escribir* otra vez

rewrite² /'ri:raɪt/ *n* nueva versión *f*; **to be in ~(s)** (AmE) estar* en proceso de revisión; (*before n*): ~ **man** (AmE) (Journ) corrector *m* de estilo

rezone /ri:'zəʊn/ *vt* (in US) reclasificar*; **the area has been ~d as strictly residential** la zona ha sido reclasificada como exclusivamente residencial

RFD (in US) = **Rural Free Delivery**

RFP *n* (AmE) = **request for proposal**

RFU *n* (in UK) = **Rugby Football Union**

RGN *n* (in UK) = **Registered General Nurse**

Rh /'ɑ:r'eɪtʃ/ *n* (= **rhesus**) Rh *m*; (*before n*): ~ **factor** factor *m* Rh

Rhamadhan /'ræmədɑ:n || 'ræmədæn/ *n* Ramadán *m*

rhapsodic /ræp'sɑ:dɪk || ræp'sɒdɪk/ *adj* 1 (Mus) rapsódico 2 (ecstatic, high-flown) (Lit) ‹*style/eulogy*› ditirámbico, de tono lírico arrebatado; **she was positively** ~ **about French cuisine** habló extasiada *or* con gran entusiasmo de la cocina francesa

rhapsodize /'ræpsədaɪz/ *vi* **to** ~ **ABOUT** *o* **OVER sth/sb** hablar extasiado *or* con gran entusiasmo DE algo/algn

rhapsody /'ræpsədi/ *n* (*pl* **-dies**) 1 (Mus) rapsodia *f* 2 (ecstasy): **to go into rhapsodies over** *o* **about sth** extasiarse hablando de algo

RHD *n* [u] = **right-hand drive**

rhea /'ri:ə/ *n* ñandú *m*

rheostat /'ri:əstæt/ *n* reóstato *m*

Rhesus /'ri:səs/ *n* [u] (*before n*): ~ **factor** factor *m* Rhesus *or* Rh

rhesus (monkey) *n* rhesus *m*, macaco *m* de la India

Rhesus baby *n*: *neonato con trastornos sanguíneos hemolíticos producidos por anticuerpos resultantes de padre Rh positivo y madre Rh negativa*

rhesus negative *adj* (Med) ‹*blood/person*› Rh negativo, Rhesus negativo; **to be** ~ ~ ser* Rh *or* Rhesus negativo

rhesus positive *adj* (Med) ‹*blood/person*› Rh positivo, Rhesus positivo; **to be** ~ ~ ser* Rh *or* Rhesus positivo

rhetoric /'retərɪk/ *n* [u] retórica *f*

rhetorical /rɪ'tɔ:rɪkəl || rɪ'tɒrɪkəl/ *adj* retórico; ~ **question** *pregunta que se hace por su efecto retórico, a la que no se espera contestación*

rhetorically /rɪ'tɔ:rɪkli || rɪ'tɒrɪkli/ *adv* retóricamente

rheumatic[1] /ru:ˈmætɪk/ *adj* ‹*joints/hands*› reumático; **she's ~** sufre de reuma *or* (esp Esp) reúma

rheumatic[2] *n* 1 (person) reumático, -ca *m,f* 2 **rheumatics** *pl* (BrE colloq) reuma *m*, reúma *m* (esp Esp)

rheumatic fever *n* [u] fiebre *f* reumática

rheumatism /ˈru:mətɪzəm/ *n* [u] 1 reumatismo *m* 2 ▸**rheumatoid arthritis**

rheumatoid arthritis /ˈru:mətɔɪd/ *n* [u] artritis *f* reumatoidea

rheumatologist /ˌru:məˈtɑ:lədʒəst || ˌru:məˈtɒlədʒɪst/ *n* reumatólogo, -ga *m,f*

rheumatology /ˌru:məˈtɑ:lədʒi || ˌru:məˈtɒlədʒi/ *n* [u] reumatología *f*

rheumy /ˈru:mi/ *adj* ‹*eyes*› lagañoso, legañoso

Rhine /raɪn/ *n*: **the ~** el Rin

Rhineland /ˈraɪnlænd/ *n*: **the ~** Renania *f*

rhinestone /ˈraɪnstəʊn/ *n* [u c] estrás *m*

rhino /ˈraɪnəʊ/ *n* (*pl* **~** *or* **~s**) rinoceronte *m*

rhinoceros /raɪˈnɑ:srəs, -sərəs || raɪˈnɒsərəs, -srəs/ *n* (*pl* **-oses** *or* **~**) rinoceronte *m*

rhizome /ˈraɪzəʊm/ *n* rizoma *m*

Rh-negative /ˈɑ:rˈeɪtʃˈnegətɪv/ *adj* Rh negativo

Rhodes /rəʊdz/ *n* Rodas *f*

Rhodesia /ˌrəʊˈdi:ʒə -ʃə -ziə/ *n* (Hist) Rodesia *f*

Rhodesian /ˌrəʊˈdi:ʒən -ʃən -ziən/ *adj* (Hist) rodesiano

rhododendron /ˌrəʊdəˈdendrən/ *n* rododendro *m*

rhomb /rɑ:m, rɑ:mb || rɒm, rɒmb/ *n* ▸**rhombus**

rhombic /ˈrɑ:mbɪk || ˈrɒmbɪk/ *adj* rombal, rómbico

rhomboid[1] /ˈrɑ:mbɔɪd || ˈrɒmbɔɪd/ *n* romboide *m*

rhomboid[2], **rhomboidal** /-dl/ *adj* romboidal

rhombus /ˈrɑ:mbəs || ˈrɒmbəs/ *n* (*pl* **-buses** *or* **-bi** /-baɪ/) rombo *m*

Rhone /rəʊn/ *n*: **the ~** el Ródano

Rh-positive /ˌɑ:rˌeɪtʃˈpɑ:zətɪv || ˌɑ:rˌeɪtʃˈpɒzɪtɪv/ *adj* Rh positivo

rhubarb /ˈru:bɑ:rb || ˈru:bɑ:b/ *n*
A [c u] (Bot, Culin) ruibarbo *m*
B 1 [c] (quarrel) (AmE sl) pelotera *f* (fam) 2 [u] (simulating conversation) (BrE hum): **~, ~ (,~)!** bla, bla, bla

rhumba /ˈrʌmbə/ *n/vi* ▸**rumba**[1], **rumba**[2]

rhyme[1] /raɪm/ *n* 1 [u c] (correspondence of sound) rima *f*; **~ or reason** (*usu neg*): **without ~ or reason** sin ton ni son; **there's no ~ or reason to the decision** la decisión no tiene ni pies ni cabeza 2 [c] (word): **can you think of a ~ for 'mansion'?** ¿se te ocurre una palabra que rime con 'mansión'? 3 [c] (poem) rima *f*, poema *m* 4 [u] (rhymed verse) verso *m* (*en rima*); **in ~** en verso

rhyme[2] *vi* 1 (form a rhyme) **to ~ (WITH sth)** rimar (CON algo); **rhyming couplets** versos *mpl* pareados 2 (write verse) (liter) escribir* rimas
■ **rhyme** *vt* rimar; **~d verse** verso *m* rimado

rhyming slang /ˈraɪmɪŋ/ *n* [u]: *argot en el que se sustituye una palabra determinada por otra palabra o locución que rime con ella*

rhythm /ˈrɪðəm/ *n* [u c] ritmo *m*; (*before n*): **~ guitar** guitarra *f* de acompañamiento; **~ section** sección *f* rítmica

rhythmic /ˈrɪðmɪk/, **-mical** /-mɪkəl/ *adj* rítmico

rhythmically /ˈrɪðmɪkli/ *adv* rítmicamente

rhythmic gymnastics *n* (+ *sing vb*) gimnasia *f* rítmica

rhythm method *n*: *método anticonceptivo, como el de Ogino-Knaus, basado en la abstinencia sexual conforme al ciclo periódico de la mujer*

RI 1 = **Rhode Island** 2 (BrE) = **religious instruction**

rial /ri:ˈɑ:l/ *n* rial *m*

rib[1] /rɪb/ *n*
A 1 [c] (Anat) costilla *f*; **she gave him a dig in the ~s** le dio un codazo en el costado 2 [c u] (Culin) costilla *f*; (*before n*): **~ roast** (AmE) *carne de vaca de junto a las costillas*
B [c] 1 (of vault, arch) nervio *m*; (of hull) (Naut) costilla *f*, cuaderna *f*; (of umbrella) ballena *f*, varilla *f*; (of wing) (Zool) nervio *m*; (Aviat) nervadura *f*; (of leaf) nervio *m* 2 (ridge — along gun barrel) estría *f*; (— on spine of book) nervio *m* 3 (in knitted garment) elástico *m*, canalé *m*, resorte *m* (AmC, Col, Méx); **in ~** [u] en punto elástico (*or* en canalé *etc*) 4 (joke) (AmE) broma *f*

rib[2] *vt* **-bb-** (colloq) tomarle el pelo a (fam)

RIBA *n* (in UK) = **Royal Institute of British Architects**

ribald /ˈrɪbəld/ *adj* ‹*comments/humor*› procaz, picaresco; ‹*person*› desfachatado, procaz

ribaldry /ˈrɪbəldri/ *n* [u] procacidades *fpl*

riband /ˈrɪbənd/ *n* (arch) cinta *f*

ribbed /rɪbd/ *adj* ‹*neck/sleeves*› en punto elástico, en canalé, en resorte (AmC, Col, Méx); ‹*soles*› estriado; **~ vault** bóveda *f* nervada *or* de crucería

ribbing /ˈrɪbɪŋ/ *n* 1 [u] (Clothing) elástico *m*, canalé *m*, resorte *m* (AmC, Col, Méx) 2 [c] (teasing) (colloq): **to give sb a ~** tomarle el pelo a algn (fam)

ribbon /ˈrɪbən/ *n* 1 (strip of fabric) cinta *f*, listón *m* (Méx) 2 (as insignia, award) galón *m* 3 (of typewriter, printer etc) cinta *f* 4 (narrow strip) (liter) franja *f*, faja *f* 5 **ribbons** *pl* (shreds) jirones *mpl*; **her jacket hung in ~s** tenía la chaqueta hecha jirones

ribbon development *n* [u] (BrE) *desarrollo urbano en corredores a lo largo de una carretera*

ribcage /ˈrɪbkeɪdʒ/ *n* caja *f* torácica, tórax *m*

riboflavin /ˌraɪbəˈfleɪvən || ˌraɪbəʊˈfleɪvɪn/ *n* [u] riboflavina *f*

ribonucleic acid /ˌraɪbəʊnu:ˈkleɪɪk || ˌraɪbəʊnju:ˈkli:ɪk/ *n* [u] ácido *m* ribonucleico

rice[1] /raɪs/ *n* [u] arroz *m*; **brown/white ~** arroz integral/blanco; **~-growing area** zona *f* arrocera; (*before n*) ‹*crop/grower*› de arroz; ‹*dish/cake*› de arroz; **~ pudding** arroz con leche

rice[2] *vt* (AmE) ‹*potatoes*› pasar por el pasapurés *or* (RPl) por la puretera

ricefield /ˈraɪsfi:ld/ *n* arrozal *m*

rice paper *n* [u] papel *m* de arroz

ricer /ˈraɪsər || ˈraɪsə(r)/ *n* (in US) pasapurés *m*, puretera *f* (RPl)

rich[1] /rɪtʃ/ *adj* **-er, -est**
A 1 (wealthy) rico; **to become ~** enriquecerse*, hacerse* rico 2 (opulent) ‹*banquet*› suntuoso, opulento; ‹*furnishings*› lujoso, suntuoso 3 (abundant) ‹*harvest/supply/reserves*› abundante; ‹*reward*› generoso; ‹*history/experience*› rico; **~ IN sth**: **~ in vitamins/nitrates** rico en vitaminas/nitratos; **her autobiography is ~ in anecdotes** su autobiografía abunda *or* es profusa en anécdotas
B 1 ‹*wine*› generoso; ‹*food*› *con alto contenido de grasas, huevos, azúcar etc*; **avoid ~ foods** evite las comidas pesadas *or* indigestas; **a really ~ sauce** una salsa muy cremosa (*or* dulce, sustanciosa *etc*); **I found the dessert too ~** el postre me pareció empalagoso 2 ‹*soil/pasture*› rico, fértil; ‹*fuel mixture*› de alto octanaje; ‹*color*› cálido e intenso, brillante; ‹*voice*› sonoro
C (laughable) (colloq) cómico, gracioso; **that's ~ coming from you!** ¡tiene gracia que tú digas eso! (iró), ¡mira quién habla!

rich[2] *pl n*: **the ~** los ricos; **it affects ~ and poor alike** afecta tanto a los ricos como a los pobres

-rich /rɪtʃ/ *suff*: **protein~/vitamin~** rico en proteínas/vitaminas

riches /ˈrɪtʃəs || ˈrɪtʃɪz/ *pl n* riquezas *fpl*

richly /ˈrɪtʃli/ *adv* 1 (opulently) ‹*decorated/furnished*› lujosamente, suntuosamente 2 (abundantly): **they were ~ rewarded** recibieron una generosa recompensa; **they received the punishment they so ~ deserved** recibieron su bien merecido castigo; **the most ~ endowed country in the region** el país con más abundantes recursos de la región; **a ~ detailed biography** una biografía rica en detalles *or* con profusión de detalles

richness /ˈrɪtʃnəs || ˈrɪtʃnɪs/ *n* [u]
A 1 (opulence) riqueza *f*, lujo *m*, suntuosidad *f* 2 (of culture, experience) riqueza *f*
B 1 (of food) *alto contenido de grasas, huevos, azúcar etc* 2 (of soil) riqueza *f*, fertilidad *f*; (of fuel mixture) alto octanaje *m*; (of color) brillantez *f*; (of voice) sonoridad *f*

Rich Text Format *n* [u] (Comput) formato *m* RTF

rick[1] /rɪk/ *n* (*hay~*) (esp BrE) almiar *m*

rick[2] *vt*
A (Agr) ‹*hay*› amontonar en almiares
B (BrE) (twist, sprain) ‹*neck*› torcerse*, hacer* un mal movimiento con

rickets /ˈrɪkəts || ˈrɪkɪts/ *n* (+ *sing vb*) raquitismo *m*

rickety /ˈrɪkəti/ *adj* desvencijado, destartalado

rickrack (braid) /ˈrɪkræk/ *n* [u] cinta *f* zigzag

rickshaw, ricksha /ˈrɪkʃɔ:/ *n*: *calesa oriental de dos ruedas tirada por un hombre*

ricochet[1] /ˈrɪkəʃeɪ/ *vi* **-chets** /-ʃeɪz/ **-cheting** /-ʃeɪɪŋ/ **-cheted** /-ʃeɪd/ ‹‹*bullet*›› rebotar, retachar (Méx); **the bullet ~ed off the wall** la bala rebotó *or* (Méx tb) retachó en la pared

ricochet[2] *n*: **the bullet was sent across the street in a ~** la bala cruzó la calle de rebote *or* (Méx tb) de retacho; **he was hit in the leg by a ~** una bala le dio de rebote *or* (Méx tb) de retacho en la pierna

rictus /ˈrɪktəs/ *n* (*pl* **-tuses**) (liter) rictus *m*

rid /rɪd/ *vt* (*pres p* **ridding** *past & past p* **rid**): **we ~ the house of mice** eliminamos una plaga de ratones de la casa; **he wants to ~ the city of beggars** quiere limpiar la ciudad de mendigos; **they finally ~ the country of corruption** al fin libraron al país de la corrupción; **he ~ them of their fears/doubts** (frml) les quitó el miedo/las dudas, disipó su miedo/sus dudas; **I can't seem to ~ myself of this cold** no me puedo quitar de encima este resfriado, este resfriado no se me quiere quitar; **to get ~ of sth/sb** (of unwanted object) deshacerse* de; (sell) deshacerse* de, vender; (of boring person) quitarse de encima; (kill) deshacerse* de; **I'd like to get ~ of this old cupboard** quisiera deshacerme de este armario viejo; **I got ~ of the shares** me deshice de *or* vendí las acciones; **I can't get ~ of these spots on my face** estos granos de la cara no se me quitan con nada; **it gets ~ of unpleasant smells** elimina los malos olores; **she started talking and I couldn't get ~ of her** se puso a hablar y no me la podía quitar de encima; **he knew too much, so they got ~ of him** como sabía demasiado, lo eliminaron; **to be ~ of sth/sb**: **the region is now ~ of the disease** la zona está ya libre de la enfermedad; **I'm glad to be ~ of the responsibility** me alegro de habérme librado de *or* quitado de encima esa responsabilidad; **you're well ~ of him** estás mejor sin él

riddance /ˈrɪdns/ *n* [u]: **good ~ (to bad rubbish)!** (colloq) ¡adiós y buen viaje! (fam & iró); **that was the last we saw of him and it was good ~ as far as I was concerned** ésa fue la última vez que lo vimos, de lo cual me alegro; **good-bye and good ~!** ¡adiós y hasta nunca!

ridden[1] /ˈrɪdn/ *past p of* **ride**[1]

ridden[2] *adj* (*pred*) **~ WITH sth**: **~ with debt** cargado de deudas; **he was ~ with doubt** la duda lo tenía atormentado; **she is ~ with remorse** le remuerde terriblemente la conciencia, el remordimiento la tiene atormentada

-ridden /ˌrɪdn/ *suff*: **conflict~** muy conflictivo; **guilt~** atormentado por los remordimientos; **a complex~ childhood** una niñez llena de complejos

riddle[1] /ˈrɪdl/ *n*
A 1 (puzzle) adivinanza *f*, acertijo *m*; **to speak in ~s** hablar en clave 2 (mystery) enigma *m*, misterio *m*
B (sieve) criba *f*, tamiz *m*

riddle[2] *vt*
A (perforate) (*often pass*) **to be ~d WITH sth**: **his**

r

body was ~d with bullets lo habían acribillado a balazos, tenía el cuerpo lleno de plomo (fam); **she was ~d with cancer** tenía cáncer por todo el cuerpo, estaba cundida de cáncer (Méx); **the chairs are ~d with woodworm** las sillas están llenas de carcoma *or* todas carcomidas; **the organization is ~d with corruption** la corrupción ha llegado a todos los niveles de la organización; **her explanation is ~d with inconsistencies** su explicación está plagada de incongruencias

B (sieve) cribar

ride¹ /raɪd/ (*past* **rode**; *past p* **ridden**) *vt*

A 1 (as means of transport) ‹*animal*› **he ~s his horse to school** va a la escuela a caballo; **do you want to ~ my horse?** ¿quieres montar mi caballo?; **I've never ridden a horse/an elephant** nunca he montado *or* (AmL tb) he andado a caballo/nunca he montado en un elefante; **he was riding his father's horse/a camel** montaba el caballo de su padre/un camello; **he rode his horse into the river** se metió en el río con el caballo; **Paradise Boy, ridden by G. Moffatt** Paradise Boy, jineteado por G. Moffatt *or* con G. Moffatt en la monta 2 ‹*bicycle/motorbike*› **he ~s a bike to work** va al trabajo en bicicleta; **I can't ~ a bike** no sé montar *or* (AmL tb) andar en bicicleta; **let him ~ your bike** préstale la bicicleta; **she rode her bike down the steps** bajó los escalones con la bicicleta 3 (AmE) ‹*bus/subway/train*› ir* en; **we rode the bus downtown** fuimos al centro en autobús

B 1 (traverse on horseback) ‹*countryside/plains*› recorrer a caballo 2 (run) ‹*race*› correr

C 1 (be carried upon) ‹*waves/wind*› dejarse llevar por 2 (absorb impact of) ‹*blow/bump*› aguantar; **sterling is riding the crisis with ease** la libra está aguantando *or* sobrellevando bien la crisis

D (AmE colloq) (harass) tenerla* tomada con (fam)

■ **ride** *vi*

A 1 (on animal): **to ~ on horseback** montar *or* (AmL tb) andar* a caballo; **she learned to ~ in Argentina** aprendió a montar *or* (AmL tb) a andar a caballo en Argentina; **shall we drive or ~?** ¿vamos en coche o a caballo?; **Carson rode to victory again today** hoy Carson volvió a ganar la carrera; **he ~s under 120lb** pesa menos de 120 libras (*un jockey*); **Dusty ~s again** (title) el retorno de Dusty; **Victorian morality ~s again** (hum) vuelve a salir a relucir la moral victoriana; **to go riding** ir* a montar *or* (AmL tb) a andar a caballo, ir* a hacer equitación; **we rode over to Garsville** fuimos a Garsville a caballo; **they rode over the moors** iban a caballo *or* (liter) cabalgaban por los páramos; **he rode away at a gallop** se alejó al galope; **they rode off into the sunset** cabalgaron hacia el horizonte a la luz del atardecer; **she rode up on a gray mare** llegó montada en *or* a lomos de una yegua gris; **a boy riding on a dolphin/donkey** un niño montado en un delfín/burro 2 (on bicycle, in vehicle) ir*; **we rode into town** fuimos al centro en bicicleta (*or* en moto *etc*); **a bodyguard rode on the running board** un guardaespaldas iba en el estribo; **can I ~ with you, John?** (esp AmE) ¿puedo ir contigo en el coche, John?; **she couldn't ~ up the hill** no pudo subir la cuesta pedaleando; **she let me ~ on her bike** me prestó la bicicleta

B (run, go) ‹‹*horse*›› correr; ‹‹*vehicle*›› andar*, marchar

C (be carried along, borne up) **to ~ ON sth**: **the gulls were riding on the waves/wind** las gaviotas se dejaban llevar por las olas/el viento; **they ~ on the backs of the working population** viven a costa de la clase trabajadora; ***to be riding high*** estar* en la cresta de la ola; ***to let sth ~***: **let it ~** déjalo correr *or* pasar; **we'll have to let things ~ for a while** vamos a tener que dejar que las cosas sigan su curso por un tiempo

(Phrasal verbs)

- **ride about** [v + adv] ▸**ride around**
- **ride around** [v + adv] (in car) pasearse en coche; (on horse) pasearse a caballo; (on motorbike) pasearse en moto
- **ride behind** [v + adv] (be mounted behind) ir* montado en la grupa, ir* en ancas (AmL)
- **ride down** [v + o + adv, v + adv + o] 1 (trample) atropellar (*con el caballo*) 2 (catch up with) alcanzar* (*a caballo*)
- **ride on** [v + prep + o] depender de; **a lot ~s on these elections for the Liberals** para los liberales hay mucho en juego en estas elecciones
- **ride out** [v + o + adv, v + adv + o] aguantar, sobrellevar
- **ride up** [v + adv] subirse; **my skirt ~s up** se me sube la falda

ride² *n*

A (on horse, in vehicle etc): **let's go for a ~ on our bikes/ponies/horses** vamos a dar una vuelta *or* un paseo en bicicleta/en pony/a caballo; **we went for a ~ in his new car** fuimos a dar una vuelta *or* un paseo en su coche nuevo; **will you give me a ~ on your back?** ¿me llevas a cuestas?; **it's only a short bus/taxi ~ from here** queda a poca distancia de aquí en autobús/taxi; **it's a ten-minute train ~** queda a diez minutos en tren, es un trayecto de diez minutos en tren; **it was a long ~ and we were exhausted when we arrived** fue un viaje largo y llegamos agotados; **it wasn't a smooth ~** no fue un viaje cómodo; **it was a bumpy ~ over the sand dunes** nos zarandeamos mucho por los médanos; **the firm has had a bumpy ~ recently** las cosas no han marchado muy bien para la empresa últimamente; **from then on, it was a smooth ~** de ahí en adelante, todo marchó sobre ruedas; **the audience gave her a rough ~** el público le hizo pasar un mal rato; **the bill had an easy ~ through Parliament** el proyecto no encontró gran oposición en el Parlamento; **the ~ of the Valkyries** la cabalgata de las valkirias; **we were trying to hitch a ~** (esp AmE) estábamos haciendo dedo *or* auto-stop, estábamos pescando aventón (Méx); **she gave us a ~ into town** (esp AmE) nos llevó al centro en coche, nos acercó al centro, nos dio un aventón (Méx) *or* (Col fam) una palomita al centro; **I went along for the ~** aproveché el viaje, aproveché el aventón (Méx) *or* (Col fam) la palomita; ***to take sb for a ~*** (colloq) tomarle el pelo a algn (fam), llevar a algn al baile (Méx fam), agarrar a algn de punto (RPl fam)

B 1 [c] (at amusement park): **we went on all the ~s** nos subimos a todos los aparatos *or* (AmL tb) los juegos; **everything was £1 a ~** todo costaba una libra la vuelta 2 [c] (path) vereda *f*, sendero *m*

C (motor vehicle) (AmE colloq) coche *m*, carro *m* (AmL exc CS), auto *m* (esp CS)

D (person giving a lift) (AmE) persona *f* que lleva a algn en coche (*or* carro *etc*), persona *f* que da (un) aventón (Col, Méx)

(Phrasal verbs)

rider /ˈraɪdər || ˈraɪdə(r)/ *n*

A 1 (on horseback) jinete *mf* 2 (on bicycle) ciclista *mf*; (on motorbike) motociclista *mf*, motorista *mf* 3 (of subway, bus) (AmE) pasajero, -ra *m,f*, usuario, -ria *m,f*

B 1 (appended statement) cláusula *f* adicional; (condition) condición *f* 2 (Law) recomendación *f* (*del jurado*)

riderless /ˈraɪdərləs || ˈraɪdəlɪs/ *adj* sin jinete

ridership /ˈraɪdərʃɪp || ˈraɪdəʃɪp/ *n* [u] (AmE) número *m* de usuarios del transporte público

ridge¹ /rɪdʒ/ *n* 1 (in plowed field) caballón *m*; (on wall) resalto *m*, protuberancia *f* 2 (of hills) cadena *f*; (hilltop) cresta *f*; (on ocean floor) arrecife *m* 3 (on roof) caballete *m*; (*before n*): **~ tile** teja *f* de caballete 4 (Meteo): **a ~ of high pressure** un sistema de altas presiones

ridge² *vt* ‹*ground*› acaballonar

ridgepole /ˈrɪdʒpəʊl/ *n* parhilera *f*, cumbrera *f*

ridge tent *n* tienda *f or* (AmL) carpa *m* canadiense

ridgetree /ˈrɪdʒtriː/ *n* ▸**ridgepole**

ridicule¹ /ˈrɪdəkjuːl || ˈrɪdɪkjuːl/ *n* [u] burlas *fpl*; **he's laying himself open to ~** se está exponiendo a hacer el ridículo *or* a que se burlen de él; **she became an object of ~** se convirtió en el hazmerreír de todos *or* en el centro de todas las burlas; **to hold sth/sb up to ~** ridiculizar* algo/a algn

ridicule² *vt* ridiculizar*, burlarse *or* reírse* de; **she was ~d for her ideas** se reían *or* se burlaban de ella por sus ideas

ridiculous /rɪˈdɪkjələs || rɪˈdɪkjʊləs/ *adj* ‹*appearance/situation*› ridículo; ‹*idea*› absurdo, ridículo; **I know it sounds ~** ya sé que parece ridículo; **she made me look ~** me hizo quedar en ridículo; **they're asking a ~ price** es ridículo lo que piden; **furniture at ~ prices** muebles a precios de risa

ridiculously /rɪˈdɪkjələsli || rɪˈdɪkjʊləsli/ *adv* ‹*behave/dress*› de forma ridícula; **it's ~ expensive** es terriblemente caro, es ridículo lo caro que es; **he gets up ~ early** se levanta a una hora ridícula, es ridículo lo temprano que se levanta

ridiculousness /rɪˈdɪkjələsnəs || rɪˈdɪkjʊləsnɪs/ *n* [u] lo ridículo

riding /ˈraɪdɪŋ/ *n* [u] equitación *f*; (*before n*) ‹*school/lesson*› de equitación; ‹*breeches/boots*› de montar; **~ crop** fusta *f*, fuete *m* (AmL exc CS); **~ stables** caballerizas *fpl*

rife /raɪf/ *adj* (*pred*) 1 (widespread) extendido; **disease is ~** cunden las enfermedades; **corruption is ~** reina la corrupción 2 (full) **to be ~ WITH sth**: **the book is ~ with errors** el libro está plagado de errores; **a region ~ with unrest** una zona de gran malestar social; **the village is ~ with gossip** corren innumerables rumores por el pueblo

riff /rɪf/ *n* (Mus) riff *m*

riffle /ˈrɪfl/ *vt* 1 (gently ruffle): **the breeze ~d the feathers on her hat** la brisa acariciaba suavemente las plumas de su sombrero 2 (shuffle) ‹*cards*› barajar, mezclar (*intercalando dos montones de naipes colocados sobre la mesa*)

■ **riffle** *vi* **to ~ THROUGH sth**: **she ~d through the pages of the book** hojeó el libro

riffraff /ˈrɪfræf/ *n* [u] (+ *sing or pl vb*) chusma *f*, gentuza *f*

rifle¹ /ˈraɪfəl/ *n* 1 (gun) rifle *m*, fusil *m*; (*before n*) ‹*regiment*› de fusileros; **~ butt** culata *f* de rifle; **~ fire** fuego *m* de fusil; **~ range** polígono *m* de tiro; (at fairground) tiro *m* al blanco 2 (groove) estría *f*

rifle² *vt*

A 1 (plunder) ‹*safe/drawers*› desvalijar; **they ~d her jewel box in search of the ring** le revolvieron el joyero en busca del anillo 2 ‹*money/valuables*› robar

B ‹*gun barrel*› estriar*; **a ~d barrel** un cañón estriado

■ **rifle** *vi* (search) **to ~ THROUGH sth (FOR sth)**: **she ~d through the contents of the briefcase** revolvió en el maletín; **he ~d through the papers** buscó entre los papeles, revolvió los papeles

rifleman /ˈraɪfəlmən/ *n* (*pl* **-men** /-mən/) (Mil) fusilero *m*

rifle shot *n* 1 [u c] (shot fired from rifle) disparo *m* de rifle 2 [u] (range of rifle) acance *m* de tiro de un rifle 3 [c] (marksman) tirador, -dora *m,f* de rifle

rifling /ˈraɪflɪŋ/ *n* [u] (in gun barrel) estriado *m*

rift /rɪft/ *n* 1 (in rock) fisura *f*, grieta *f* 2 (in cloud) (liter) claro *m* 3 (within party) escisión *f*, división *f*; (between people) distanciamiento *m*; (between countries) ruptura *f*

rig¹ /rɪg/ *n* (*oil ~*)

A plataforma *f* petrolífera *or* petrolera; (derrick) torre *f* de perforación

B (Naut) aparejo *m*

C 1 (uniform, outfit) (colloq) atuendo *m* 2 (equipment) (sl) equipo *m*

D (truck) (AmE sl) camión *m*

rig² *vt* **-gg-**

A (Naut) aparejar

B (fix) ‹*election/contest*› amañar, trinquetear (Méx fam); ‹*fight*› arreglar

(Phrasal verbs)

- **rig out** [v + o + adv, v + adv + o] (colloq) equipar; **the studio is ~ged out with ...** el estudio está equipado con *or* provisto de ...; **to ~ the kids out for school** equipar a los niños para el colegio; **he was ~ged out in full dress uniform** estaba ataviado con el uniforme de gala
- **rig up** [v + o + adv, v + adv + o] 1 (set up) ‹*equip-*

ment› instalar **2▸** (improvise) improvisar, armar

rigamarole /ˈrɪɡəmərəʊl/ *n* (AmE) ▸**rigmarole**

rigger /ˈrɪɡər || ˈrɪɡə(r)/ *n* **1▸** (Naut) aparejador, -dora *m,f* **2▸** (Aviat) montador, -dora *m,f*

rigging /ˈrɪɡɪŋ/ *n* [u]

A (Naut) jarcia(s) *f(pl)*; **standing/running ~** jarcia(s) fija(s) *or* muerta(s)/de labor

B (in elections) fraude *m*, pucherazo *m* (fam), trinquete *m* (Méx fam)

right[1] /raɪt/ *adj*

A (correct) ‹*answer/interpretation/translation*› correcto; **you made the ~ choice** elegiste bien; **you made the ~ decision by not telling her** hiciste bien en no decírselo; **are we going in the ~ direction?** ¿vamos bien?; **are you sure this is the ~ house?** ¿estás seguro de que ésta es la casa *or* de que es aquí?; **make sure you put it back in the ~ box** ten cuidado y ponlo en la caja que corresponde, ten cuidado y no te equivoques de caja; **did you press the ~ button?** ¿apretaste el botón que debías?; **you didn't press the ~ button** te equivocaste de botón, apretaste el botón que no era; **do you have the ~ change?** ¿tienes el cambio justo?; **do you have the ~ time?** ¿tienes hora (buena)?; **are we on the ~ train?** ¿no nos habremos equivocado de tren?, ¿será éste nuestro tren *or* el tren que teníamos que tomar?; **is that the ~ time?** ¿está bien ese (*or* tu *etc*) reloj?

B **1▸** **to be ~** «*person*» tener* razón, estar* en lo cierto; «*clock/thermometer*» estar* bien; **you were ~ when you said that ...** tenías razón *or* estabas en lo cierto cuando dijiste que ...; **you'd like to borrow some money: am I ~?** quieres que te preste dinero ¿me equivoco?; **the customer is always ~** (set phrase) el cliente siempre tiene razón *or* lleva la razón (fr hecha); **how ~ she was!** ¡cuánta razón tenía!, ¡si habrá tenido razón!; **I hope you're ~** ojalá no te equivoques; **am I ~ or am I ~?** (hum) ¿sí o sí? (hum); **what he said was ~** lo que dijo era cierto, tenía razón en lo que dijo; **if my calculations are ~** si mis cálculos son correctos, si no me equivoco en los cálculos; **the date is ~** la fecha está bien; **that can't be ~!** ¡no puede ser!; **to be ~ ABOUT sth/sb** tener* razón EN CUANTO A algo/algn; **she was ~ about Dan** tenía razón en cuanto a Dan; **to be ~ IN sth: am I ~ in thinking this has happened before?** si no me equivoco esto ya había pasado antes ¿no?; **you were ~ in suspecting her of dishonesty** tenías razón *or* no te equivocaste al sospechar de su honradez; **to be ~ to + INF: you're ~ to complain** haces bien en quejarte; **to get sth ~: you got two answers ~** acertaste dos respuestas; **I got his age ~** le acerté la edad, adiviné *or* acerté cuántos años tenía; **did I get your name ~?** ¿entendí bien tu nombre?; **I can't get the rhythm ~** no me sale bien el ritmo; **you should get your facts ~ before you criticize people** antes de criticar deberías informarte bien de las cosas; **that's ~: hold it firmly** eso es *or* muy bien, sujétalo fuerte; **I guess you're Bobby — that's ~!** tú tienes que ser Bobby — ¡el mismo! *or* ¡así es!; **you know she's nearly 50? — is that ~?** ¿sabes que tiene casi 50 años? — ¿de verdad? *or* ¡no me digas!; **Alice agrees with me, isn't that ~, Alice?** Alice está de acuerdo conmigo, ¿no es verdad, Alice?; **two o'clock tomorrow, ~? — right!** a las dos mañana ¿de acuerdo? — ¡de acuerdo! *or* (esp Esp fam) ¡vale!; **you just shut up, ~?** tú te callas ¿eh? *or* ¿estamos?; **~ you are, sir!** ¡cómo no, señor!, ¡como usted diga, señor! **2▸** **to put sb ~** sacar* a algn del error; **put me ~ if I'm wrong** corrígeme *or* dime si me equivoco; **I thought it was allowed but she soon put me ~** yo pensé que se podía pero ella enseguida me sacó del error; **I'd have ended up in Watford if that policeman hadn't put me ~** (esp BrE) si el policía no me hubiera indicado el camino, habría ido a parar a Watford; **to put the clock ~** poner* el reloj en hora

C (good, suitable) ‹*size/tool/attitude/word*› adecuado, apropiado; **it's important to roast it at the ~ temperature** es importante asarlo a la temperatura adecuada; **were the curtains the ~ length?** ¿estaban bien de largo las cortinas?; **the ~ side of the material** el derecho de la tela; **if the price is ~** si el precio es razonable, si está bien de precio; **the color is just ~** el color es perfecto; **the climate is just ~ for growing tomatoes** el clima es ideal para el cultivo de tomates; **this knife is just ~ for cutting vegetables** este cuchillo es perfecto para cortar verduras; **I like everything to be just ~** me gusta que todo esté perfecto; **not now, I'm not in the ~ mood** ahora no, no estoy de humor *or* no tengo ganas; **I can't find the ~ key** no encuentro la llave que corresponde; **I doubt whether she did it for the ~ reasons** dudo que lo haya hecho por los motivos debidos; **she wasn't wearing the ~ clothes** no estaba vestida para la ocasión, no llevaba la ropa adecuada; **he knows all the ~ people** tiene muy buenos contactos; **you said all the ~ things** dijiste todo lo que tenías que decir; **this isn't the ~ time** éste no es el momento (apropiado); **you came just at the ~ time** llegaste justo en el momento oportuno; **I don't think she's the ~ person for the job** no me parece que sea la persona adecuada *or* indicada para el trabajo; **those shoes don't look ~ with the coat** esos zapatos no quedan bien con el abrigo; **he's still on the ~ side of forty** todavía no tiene cuarenta; **that job is just ~ for him** el trabajo está hecho a su medida; **that hat's just ~ for you** ese sombrero te queda que ni pintado; **is the stool the ~ height for you?** ¿el taburete está bien de alto para ti?; **they're just ~ for each other** están hechos el uno para el otro; **we want to do what is ~ for the child** queremos hacer lo que sea mejor para el niño; **this isn't the ~ climate for ferns** éste no es buen clima para los helechos

D (just, moral) (*pred*): **to be ~** ser* justo; **what they did wasn't ~** lo que hicieron estuvo mal *or* no fue justo; **it's not ~ to do this to people** es injusto *or* no está bien que le hagan esto a la gente; **it's ~ and proper** es de justicia

E (*pred*) **1▸** (in order): **the steering isn't ~** la dirección no está bien; **it's too quiet: something's not ~** hay demasiado silencio, algo pasa; **something isn't ~ with the thermostat** algo le pasa al termostato; **what's wrong with it? — what's ~ with it?** ¿qué le pasa? — ¡más bien di qué es lo que no le pasa!; **to put sth ~** arreglar algo; **they put ~ their earlier mistake** subsanaron su error anterior; **he thinks he can make everything ~ by apologizing** se cree que con pedir perdón ya está todo arreglado **2▸** (fit, healthy) (colloq) bien; **she's not quite ~ in the head** no está muy bien de la cabeza

F (complete, utter) (BrE colloq) (*before n*): **he's a ~ idiot** es un idiota redomado *or* de marca mayor; **he got himself into a ~ mess** se metió en un tremendo lío (fam); **we got a ~ soaking** nos empapamos

G (Math): **~ angle** ángulo *m* recto; **~ triangle** (AmE) triángulo *m* rectángulo

H (opposite of left) (*before n*) ‹*side/ear/shoe*› derecho; **take the next ~ turn** tome *or* (Esp tb) coja la primera a la derecha; **~ turn!** (Mil) ¡media vuelta a la derecha!

right[2] *adv*

A (correctly, well) ‹*answer/pronounce*› bien, correctamente; **I had guessed ~** había adivinado, no me había equivocado; **she's not wearing the hat ~** no lleva bien puesto el sombrero; **nothing goes ~ for them** todo les sale mal, nada les sale bien; **you did ~ to tell me this** hiciste bien en decírmelo; ***to do ~ by sb*** portarse bien con algn; ***to see sb ~*** (BrE colloq) velar por algn; **his father will see him ~** su padre velará por él, su padre siempre estará allí para ayudarlo; ▸**serve**[1] **B**

B **1▸** (all the way, completely): **the ball flew ~ over the fence** la pelota fue a parar al otro lado de la valla; **the road goes ~ along the coast** la carretera bordea toda la costa; **~ from the start** desde el principio; **~ down to the last details** hasta el último detalle; **he put it ~ at the back** lo puso bien al fondo (de todo); **she filled it ~ up** lo llenó hasta el borde; **it's soaked ~ through** está empapado; **the bullet went ~ through the wall** la bala atravesó la pared de lado a lado; **they kept hoping ~ up until the last moment** no perdieron las esperanzas hasta el último momento **2▸** (directly): **they live in the apartment ~ above ours** viven en el apartamento justo encima del nuestro; **I live ~ next door** vivo justo al lado; **it's ~ in front of you** lo tienes allí delante *or* (fam) delante de las narices; **the ball landed ~ in the puddle/on her head** la pelota cayó justo en medio del charco/le dio en plena cabeza; **he was ~ here/there** estaba aquí mismo/allí mismo; **~ now** ahora mismo; **~ then** en ese preciso momento **3▸** (immediately): **~ after lunch** inmediatamente después de comer; **I got home and went ~ back out again** llegué a casa y salí otra vez inmediatamente; **I'll be ~ back** vuelvo enseguida; **no need to knock: go ~ in** no hace falta llamar, entra directamente *or* (AmL tb) entra nomás **4▸** (BrE dial) (*as intensifier*): **it was ~ tasty** estaba buenísimo *or* riquísimo; **it's ~ cold in here!** ¡qué frío hace aquí!

C ▸❶ **p.1110** (to the right) ‹*turn/face*› a la derecha; ***~ and left*** a diestra y siniestra *or* (Esp) a diestro y siniestro

right[3] *n*

A **1▸** [c u] (entitlement) derecho *m*; **~ TO sth/+ INF** derecho A algo/+ INF; **the ~ to privacy** el derecho a la intimidad; **you had no ~ to ask her** no tenías derecho a preguntárselo; **the public has a/the ~ to know** el público tiene derecho a estar informado; **it's your ~ to refuse** tiene derecho a negarse, está en su derecho si se niega; **~ OF sth** derecho A algo; **they refused her the ~ of reply** le negaron el derecho a responder; **in her/his/its own ~: she is Queen in her own ~** es Reina a título propio *or* por derecho propio; **she is also a composer in her own ~** ella también es compositora; **the title is his by ~** el título le corresponde a él; **by ~ of birth** por derecho de nacimiento; **by what ~?** ¿con qué derecho?; **they've come to expect it as of ~** han llegado a considerar que es su derecho **2▸** **rights** *pl* derechos *mpl*; **women's/workers' ~s** los derechos de la mujer/los trabajadores; **grazing ~s** derechos de pasto; **performing/translation ~s** derechos de representación/traducción; **film ~s** derechos cinematográficos; **Ⓢ all rights reserved** reservados todos los derechos; ***to be within one's ~s*** estar* en su (*or* mi *etc*) derecho; ***bang to ~s, dead to ~s*** con las manos en la masa; **to be caught bang** *o* **dead to ~s** ser* pillado con las manos en la masa

B [u c] (what is correct): **he doesn't know ~ from wrong** no sabe distinguir lo que está bien de lo que está mal; **to be in the ~: she's in the ~, you know** ella tiene razón *or* lleva la razón *or* está en lo cierto ¿sabes?; **you were in the ~, the other driver should have waited** tú no tuviste la culpa *or* tú hiciste lo correcto, el otro conductor debería haber esperado; **by ~s you should have asked my permission first** lo que correspondía era que me pidieras permiso antes; **to put** *o* **set sth to ~s** (esp BrE) arreglar algo; **to set the world to ~s** arreglar el mundo; **these pills will soon set you to ~s** con estas pastillas te pondrás bien enseguida

C **1▸** [u] (opposite the left) derecha *f*; **can't you tell your left from your ~?** ¿no sabes cuál es tu izquierda y cuál tu derecha?; **your cup is the one on the ~** tu taza es la de la derecha; **to drive on the ~** manejar *or* (Esp) conducir* por la derecha; **move the picture to the ~** corre el cuadro hacia la derecha; **keep (to the) ~** mantenga su derecha; **on** *o* **to the ~ of the president, on** *o* **to the president's ~** a la derecha del presidente; **on** *o* **to my/your ~** a mi/tu derecha; **from ~ to left** de derecha a izquierda **2▸** (right turn): **take the next ~** tome *or* (Esp) coja la próxima a la derecha; **to make** *o* (BrE) **take a ~** girar *or* torcer* *or* doblar a la derecha **3▸** (Sport) (hand) derecha *f*; (blow) derechazo *m*

D [u] (Pol) **1▸** **the ~** (right wing) la derecha; **she is to the ~ of her colleagues** es más derechista que sus compañeros, está a la derecha de sus compañeros **2▸** *also* **the Right** (body of people) (+ *sing or pl vb*) la derecha; **the R~ is** *o* **are divided** la derecha está dividida

right[4] *vt* 1 (set upright) enderezar* 2 (put in order) arreglar 3 (redress) ‹*injustice*› reparar; **to ~ a wrong** reparar un daño

right[5] *interj* (colloq) ¡bueno!

right angle *n* ángulo *m* recto; **the two lines intersect at ~ ~s** las dos líneas se cortan formando ángulo recto

right-angled /ˈraɪt,æŋgəld/ *adj* en ángulo recto; **~ triangle** (BrE) triángulo *m* rectángulo

right away *adv* enseguida, altiro (Chi fam); **I'll do it ~ ~** enseguida *or* ahora mismo *or* (Chi fam) altiro lo hago; **I noticed ~ ~ that …** enseguida *or* inmediatamente *or* (Chi fam) altiro me di cuenta de que …

right-click[1] /ˈraɪtˈklɪk/ *vi* hacer* clic *or* (fam) cliquear con el botón derecho *or* secundario del ratón en el icono

right-click[2] *n*: **do a ~ on the icon** haz clic *or* (fam) cliquea con el botón derecho *or* secundario del ratón

righteous[1] /ˈraɪtʃəs/ *adj* 1 (justified) ‹*indignation*› justificado 2 ‹*person*› recto, honrado 3 (self-righteous): **her ~ tone antagonized her colleagues** su tono de superioridad moral provocó el antagonismo de sus colegas

righteous[2] *pl n*: **the ~** los justos

righteously /ˈraɪtʃəsli/ *adv*: **he was ~ indignant** su indignación era justificada, estaba indignado y con razón

righteousness /ˈraɪtʃəsnəs ‖ ˈraɪtʃəsnɪs/ *n* [u] rectitud *f*; **to stray from the path of ~** apartarse del buen camino

right field *n* (in baseball) 1 (area) jardín *m* derecho 2 (position): **to play ~ ~** jugar* de jardinero derecho

right-footed /,raɪtˈfʊtəd ‖ ,raɪtˈfʊtɪd/ *adj* ‹*kick*› con el pie derecho; ‹*person*› diestro de pie

rightful /ˈraɪtfəl/ *adj* (*before n*) ‹*owner/successor/heir*› legítimo; ‹*share/reward*› justo

rightfully /ˈraɪtfəli/ *adv*: **the title is ~ hers** el título le corresponde a ella (por legítimo derecho); **she is ~ acknowledged as …** con justicia se la reconoce como …

right half *n* medio *m* derecho

right-hand /ˈraɪthænd/ *adj* (*before n*): **on the ~ side** a la derecha, a mano derecha; **in the ~ column** en la columna de la derecha; **in the bottom ~ corner** en el ángulo inferior derecho; **the car has ~ drive** el coche tiene el volante a la derecha

right-handed /ˈraɪtˈhændəd ‖ ,raɪtˈhændɪd/ *adj* ‹*person*› diestro; ‹*stroke*› con la (mano) derecha; ‹*guitar*› para músico que toca con la derecha; ‹*thread*› en el sentido de las agujas del reloj; **he's ~** escribe (*or* juega *etc*) con la derecha, es diestro; **a ~ blow** un derechazo

right-hander /ˈraɪtˈhændər ‖ ,raɪtˈhændə(r)/ *n: jugador, músico etc que no es zurdo*

right-hand man /ˈraɪthænd/ *n* brazo *m* derecho; **he became the Duke's ~ ~** llegó a ser el brazo derecho del duque

rightism /ˈraɪtɪzəm/ *n* [u] derechismo *m*

rightist[1] /ˈraɪtəst ‖ ˈraɪtɪst/ *n* derechista *mf*

rightist[2] *adj* derechista, de derecha *or* (Esp) de derechas

rightly /ˈraɪtli/ *adv* 1 (correctly, accurately): **if I remember ~** si mal no recuerdo; **as you ~ say** como usted bien *or* correctamente dice; **I can't ~ say** (colloq) no sabría decir exactamente; **I don't ~ know** (colloq) no sé bien; **~ or wrongly, she decided to accept** para bien o para mal, decidió aceptar 2 (justly) ‹*refuse/demand/accuse*› con toda la razón; **she was annoyed and ~ so** estaba enojada y con toda la razón; **~ or wrongly** justa o injustamente, con razón o sin ella

right-minded /,raɪtˈmaɪndəd ‖ ,raɪtˈmaɪndɪd/ *adj* sensato

righto, right-oh /raɪtˈəʊ ˈraɪtəʊ/ *interj* (BrE colloq) ¡muy bien!, ¡vale! (esp Esp fam)

right off *adv* de inmediato

right of way *n* (*pl* **~s ~ ~**)

A [u] (precedence in traffic) preferencia *f*; **to have (the) ~ ~ ~** tener* preferencia; **it's my ~ ~ ~** tengo preferencia yo; **to yield the ~ ~ ~** (AmE) ceder el paso

B [c] 1 (across private land) servidumbre *f or* derecho *m* de paso 2 (path) sendero *m*

right-on /ˈraɪtˈɑːn ‖ ,raɪtˈɒn/ *adj* (BrE colloq & hum) progre (fam)

right on[1] *adj* (AmE colloq) (*pred*): **his analysis was ~ ~** su análisis era muy acertado *or* (fam) daba justo en el clavo

right on[2] *interj* ¡de acuerdo!

rights issue *n: emisión de acciones con derechos preferentes de suscripción para los accionistas existentes*

right-thinking /ˈraɪt,θɪŋkɪŋ/ *adj* consciente

right-to-life /,raɪttəˈlaɪf/ *adj* (*before n*) ‹*group/movement*› antiabortista

right triangle *n* (AmE) triángulo *m* rectángulo

rightward[1] /ˈraɪtwərd ‖ ˈraɪtwəd/ *adj* a *or* hacia la derecha

rightward[2], (BrE also) **rightwards** /-z/ *adv* a *or* hacia la derecha

right-wing /ˈraɪtˈwɪŋ/ *adj* derechista, de derecha *or* (Esp) de derechas

right wing *n*

A (Pol) (ala *f*‡) derecha *f*

B (Sport) ala *f*‡ derecha

right-winger /ˈraɪtˈwɪŋər ‖ ,raɪtˈwɪŋə(r)/ *n* 1 (Pol) derechista *mf* 2 (Sport) ala *mf* ‡ derecha, puntero *mf* derecho (AmS)

rigid /ˈrɪdʒəd ‖ ˈrɪdʒɪd/ *adj* 1 (stiff) rígido; **they were ~ with fear** estaban paralizados de miedo; **I was bored ~** (BrE colloq) me aburrí como una ostra (fam) 2 (strict, rigorous) ‹*discipline*› estricto, riguroso; ‹*person/principles*› inflexible, rígido

rigidity /rɪˈdʒɪdəti/ *n* [u] 1 (stiffness) rigidez *f* 2 (strictness) rigidez *f*, falta *f* de flexibilidad

rigidly /ˈrɪdʒədli ‖ ˈrɪdʒɪdli/ *adv* 1 (stiffly) rígidamente 2 (strictly) con rigidez, estrictamente

rigmarole /ˈrɪgmərəʊl/ *n* (colloq) 1 (procedure) lío *m* (fam), follón *m* (Esp fam) 2 (talk) historia *f* (fam)

rigor, (BrE) **rigour** /ˈrɪgər ‖ ˈrɪgə(r)/ *n* 1 (strictness) rigor *m*; **with the full ~ of the law** con todo el rigor de la ley 2 (hardship) (*often pl*) rigor *m*; **the ~(s) of army life** los rigores de la vida militar

rigor mortis /,rɪgərˈmɔːrtəs ‖ ,rɪgəˈmɔːtɪs/ *n* [u] rigidez *f* cadavérica; **~ ~ had set in** el cuerpo ya estaba rígido

rigorous /ˈrɪgərəs/ *adj* 1 (strict, thorough) riguroso 2 (harsh) ‹*climate*› riguroso

rigorously /ˈrɪgərəsli/ *adv* rigurosamente, con rigor

rigour *n* (BrE) ▸**rigor**

rig-out /ˈrɪgaʊt/ *n* (BrE colloq) atuendo *m*

rile /raɪl/ *vt* (colloq) irritar; **it ~s me that he gets all the credit** me irrita *or* (fam) me revienta que se lleve todos los méritos; **don't let it ~ you** no te hagas mala sangre por eso; **to get ~d** cabrearse (fam), mosquearse (fam)

Riley /ˈraɪli/ *n*: ***to live the life of ~*** darse* la gran vida

rill /rɪl/ *n* (liter) riachuelo *m*, arroyuelo *m*

rim /rɪm/ *n* (of cup, bowl) borde *m*; (of spectacles) montura *f*, armazón *m or f*; (of wheel) (Auto) llanta *f*, rin *m* (AmL); (of bicycle wheel) aro *m*

rime /raɪm/ *n*

A [c u] (arch) ▸**rhyme**[1]

B [u] (frost) escarcha *f*

rimless /ˈrɪmləs ‖ ˈrɪmlɪs/ *adj* ‹*spectacles*› sin montura *or* armazón

-rimmed /ˈrɪmd/ *suff*: **gold~/steel~** con montura *or* armazón de oro/de acero

rind /raɪnd/ *n* [u c] (of lemon, orange) cáscara *f*, corteza *f*; (of cheese) corteza *f*; (of bacon) piel *f*, borde *m*

ring[1] /rɪŋ/ *n*

A [c] 1 (on finger) anillo *m*; (woman's) anillo *m*, sortija *f*; (for nose, ear) aro *m*; **diamond ~** anillo *or* sortija de brillantes *or* diamantes; (*before n*): **~ finger** (dedo *m*) anular *m* 2 (circular object): **the bull had a ~ through its nose** el toro tenía un aro en la nariz *or* una nariguera; **he had a ~ in his ear** tenía un aro en la oreja; **a curtain ~** una argolla *or* anilla; **there was a ~ around the pigeon's foot** la paloma tenía una anilla en la pata; **napkin ~** servilletero *m* 3 (circular shape) círculo *m*; **to stand in a ~** hacer* un corro, formar un círculo; **(growth) ~** (Bot) anillo *m*; **a dirty ~ around the bathtub** un cerco de suciedad *or* de mugre en la bañera; **the ~s of Saturn** los anillos de Saturno; **she put a ~ around the date/advertisement** marcó con un círculo la fecha/el anuncio; **to have ~s around one's eyes** tener* ojeras; ***to run ~s around sth/sb*** darle* mil vueltas a algo/algn, darle* sopas con honda(s) a algo/algn (Esp fam), bailarse algo/a algn (Col fam) 4 (burner) (BrE) quemador *m*, hornilla *f* (AmL exc CS), hornillo *m* (Esp), hornalla *f* (RPl)

B [c] 1 (in boxing, wrestling) cuadrilátero *m*, ring *m*; ***to throw o toss one's cap o hat into the ~*** echarse *or* lanzarse* al ruedo, entrar en liga; **my hat is in the ~** estoy en la contienda 2 (in circus) pista *f* 3 (*bull ~*) ruedo *m* 4 (at race course) (in UK) recinto *m* para apuestas 5 (in livestock market) corral *m* de exposición

C [c] 1 (of criminals) red *f*, banda *f*; **vice/drug ~** red de corrupción/de narcotráfico; **spy ~** red de espionaje 2 (Busn) cártel *m*

D 1 [c] (sound of bell): **there was a ~ at the door** sonó el timbre de la puerta; **a loud ~ was heard** se oyó un timbrazo 2 [u] (sound, resonance): **the ~ of the smith's hammer** el martilleo del herrero; **the ~ of horses' hooves on cobbles** el sonido de los cascos de los caballos en los adoquines; **his voice/the language has a harsh ~** su voz/el idioma tiene un timbre áspero; **the name has a ~ to it** el nombre suena bien; **a name with a familiar ~ to it** un nombre muy conocido *or* que suena mucho; **a story with a ~ of truth** una historia verosímil 3 (telephone call) (BrE) (*no pl*): **to give sb a ~** llamar (por teléfono) a algn, telefonear a algn, darle* *or* pegarle* un telefonazo a algn (fam), hablarle a algn (Méx)

E [c] (set of bells) juego *m* de campanas

ring[2] (*past* **rang**; *past p* **rung**) *vi*

A 1 (make sound) «*church bell*» sonar*, repicar*, tañer* (liter); «*doorbell/telephone/alarm/alarm clock*» sonar* 2 (operate bell) «*person*» tocar* el timbre, llamar al timbre; **to ~ at the door** tocar* el timbre, llamar a la puerta *or* al timbre; **you rang, sir?** ¿ha llamado, señor?; **to ~ FOR sb/sth**: **you have to ~ for service** tiene que llamar al timbre para que lo atiendan; **she rang for the butler** hizo sonar el timbre/la campanilla para llamar el mayordomo

B (telephone) (BrE) llamar (por teléfono), telefonear, hablar (Méx); **to ~ FOR sb/sth**: **she rang for a cab/doctor** llamó un taxi/al médico

C 1 (resound) resonar*; **their shouts still rang in our ears** todavía oíamos sus gritos, sus gritos aún resonaban en nuestros oídos (liter); **the house rang with the laughter of children** la casa resonaba con risas infantiles; **the air rang with these shouts of joy** sus gritos de alegría resonaban en el aire; **the whole office rang with talk of the boss's wedding** en la oficina no se hablaba sino de la boda del jefe; **to ~ true** ser* *or* sonar* convincente; **the characters ~ false** los personajes no son convincentes; **her laughter rang hollow** su risa sonaba forzada; **their boasts/threats rang hollow** sus alardes/amenazas no convencían a nadie 2 «*ears*» zumbar

■ **ring** *vt*

A 1 (operate) ‹*doorbell/handbell/church bell*› tocar* 2 (telephone) (BrE) llamar (por teléfono), telefonear, hablarle a (Méx); **~ the doctor** llama al médico

B (*past & past p* **ringed**) 1 (surround) cercar*, rodear 2 (with pen, pencil) marcar* con un círculo, encerrar* en un círculo 3 ‹*bird*› anillar; **to ~ a bull** ponerle* un aro en el hocico a un toro, ponerle* una nariguera a un toro

Phrasal verbs

• **ring around**, (BrE) **ring round**

A [v + adv] llamar a varios lugares *or* sitios

B [v + prep + o] hacer* varias llamadas a

• **ring back** (BrE)

A [v + adv] volver* a llamar; **could you ~ back in**

half an hour? ¿podría volver a llamar dentro de media hora?
B [v + o + adv] (ring again) volver* a llamar; (return call) llamar; **would you ask her to ~ me back?** ¿le podría decir que me llame?
• **ring in**
A [v + adv] (telephone) (BrE) llamar; **to ~ in sick** llamar para dar parte de enfermo
B [v + o + adv, v + adv + o] ▸**ring up A2**
C [v + adv + o] ▸**ring out B**
• **ring off** [v + adv] (BrE) colgar*, cortar (CS)
• **ring out**
A [v + adv] «*shot/voice*» oírse*, resonar*; «*bells*» sonar*, resonar*
B [v + adv + o]: ***to ~ out the old (year) and ~ in the new*** despedir* al año viejo y recibir al nuevo (al son de las campanas)
• **ring up**
A [v + o + adv, v + adv + o] 1 (on cash register) ‹*amount*› marcar*, registrar 2 (notch up) ‹*triumphs/victories*› anotarse 3 (telephone) (BrE) ▸**ring[2] A2**
B [v + adv] (BrE) ▸**ring[2] B**

ring-around-the-rosy /ˌrɪŋəˌraʊndðə ˈrəʊzi/, **ring-a-ring-o'-roses** /ˌrɪŋəˌrɪŋə ˈrəʊzɪz/ (BrE) *n* [u]: *corro infantil tradicional*

ring binder *n* archivador *m*, carpeta *f* de anillos *or* (Esp) de anillas

ringdove /ˈrɪŋdʌv/ *n* paloma *f* torcaz

ringer /ˈrɪŋər || ˈrɪŋə(r)/ *n* 1 (double): **to bring in a ~** (sl) *sustituir un caballo, coche de carreras etc por otro similar pero capaz de mejor desempeño*; **to be a (dead) ~ for sb** (colloq) ser* idéntico a algn, ser* un doble de algn 2 (*bell ~*) campanero, -ra *m,f*

ring-fence /ˈrɪŋfens/ *vt* 1 (enclose) cercar *or* vallar totalmente 2 (guard securely) ‹*jobs/company*› proteger* 3 (guarantee) ‹*budget/funds*› garantizar*

ring fence *n* 1 (enclosing fence) cerca *f*, valla *f*, cerco *m* 2 (barrier, protection) barrera *f*

ring file *n* (BrE) ▸**ring binder**

ringing[1] /ˈrɪŋɪŋ/ *adj* 1 (of, like bell): **she had a ~ noise in her ears** le zumbaban los oídos 2 (resounding) ‹*declaration*› grandilocuente, altisonante; ‹*denunciation*› categórico, rotundo; ‹*voice*› sonoro, resonante

ringing[2] *n* [u] 1 (of bell) repique *m*, toque *m*, tañido *m* (liter); (of handbell) toque *m* 2 (of doorbell, telephone) timbre *m* 3 (in ears) zumbido *m*

ringing tone *n* tono *m* de llamada

ringleader /ˈrɪŋˌliːdər || ˈrɪŋˌliːdə(r)/ *n* cabecilla *mf*

ringlet /ˈrɪŋlət || ˈrɪŋlɪt/ *n* tirabuzón *m*, rizo *m*

ring main *n*
A (Elec) (electrical supply) red *f* de abastecimiento eléctrico
B (system of pipes) red *f* de tuberías

ringmaster /ˈrɪŋˌmæstər || ˈrɪŋˌmɑːstə(r)/ *n* maestro, -tra *m,f* de ceremonias

ringpull /ˈrɪŋpʊl/ *n* anilla *f*; (*before n*): **~ can** (BrE) lata *f* (*que se abre tirando de una anilla*)

ring road *n* (BrE) carretera *f or* ronda *f* de circunvalación, periférico *m* (Méx)

ringside /ˈrɪŋsaɪd/ *n*: **at the ~** junto al cuadrilátero *or* ring; (*before n*): **~ seat** (at boxing match) asiento *m* junto al cuadrilátero *or* ring; (at other events) asiento *m or* butaca *f* de primera fila

ringtone /ˈrɪŋtəʊn/ *n* (Telec) tono *m* de llamada, ringtone *m*

ringworm /ˈrɪŋwɜːrm || ˈrɪŋwɜːm/ *n* [u] tiña *f*

rink /rɪŋk/ *n* (*ice ~*) pista *f* de hielo; (*skating ~*) pista *f* de patinaje

rinky-dink /ˈrɪŋkidɪŋk/ *adj* (AmE colloq) de ínfima categoría; ‹*street*› sórdido, cutre (Esp fam)

rinse[1] /rɪns/ *vt* 1 (wash) ‹*cutlery/hands*› enjuagar*; ‹*rice/mushrooms*› lavar; **~ the tealeaves down the sink** echa las hojas de té por el desagüe y deja correr el agua 2 (to remove soap) ‹*clothes/hair*› enjuagar* *or* (Esp), aclarar; ‹*dishes*› enjuagar*
■ **rinse** *vi* enjuagar*
(Phrasal verbs)
• **rinse down** [v + o + adv, v + adv + o] enjuagar*
• **rinse off** [v + o + adv, v + adv + o] 1 ‹*suds/dirt*› quitar 2 ‹*plate*› enjuagar*
• **rinse out** [v + o + adv, v + adv + o] 1 ‹*clothes*› (to remove soap) enjuagar* *or* (Esp) aclarar; ‹*cups/pans*› enjuagar*; **to ~ out one's mouth** enjuagarse* la boca 2 ‹*dirt/soap/shampoo*› quitar

rinse[2] *n* 1 (wash) enjuague *m*; **to give sth a ~** enjuagar* algo, darle* un enjuague a algo 2 (to remove soap — from clothes) enjuague *m or* (Esp) aclarado *m*; (— from dishes) enjuague *m* 3 (tint) tintura *f* (*no permanente*); **she's had a blue ~** se ha dado reflejos azules

Rio (de Janeiro) /ˌriːəʊ(ˌdeɪʒəˈnerəʊ) || ˌriːəʊ(ˌdədʒəˈnɪərəʊ)/ *n* Río (de Janeiro) *m*

riot[1] /ˈraɪət/ *n* 1 (disorder) disturbio *m*; (mutiny) motín *m*; **there were ~s in the streets** hubo disturbios *or* desórdenes callejeros; **the prisoners who took part in the ~** los presos que participaron en el motín *or* en el amotinamiento; ***to run ~***: **the fans ran ~ after the game** los hinchas se descontrolaron *or* (fam) se desmadraron a la salida del partido; **weeds had run ~ in the garden** la maleza se había adueñado del jardín *or* había invadido el jardín; **she let her imagination run ~** dio rienda suelta a su imaginación; (*before n*) ‹*gear/shield*› antidisturbios *adj inv*, antimotines *adj inv*; **the ~ squad** la brigada antidisturbios **~ control** control *m* de disturbios; **~ police** policía *f* antidisturbios 2 (hilarious occasion) (colloq) desmadre *m* (fam); **the party was an absolute ~** la fiesta fue un desmadre total (fam) 3 (funny person) (colloq): **she's a ~** es comiquísima, es un plato (AmL fam), es la monda (Esp fam) 4 (profusion): **a ~ of color** un derroche *or* una profusión de color

riot[2] *vi* causar disturbios *or* desórdenes; «*prisoners*» amotinarse

riot act *n*: ***to read the ~ ~*** leer* *or* cantar la cartilla

rioter /ˈraɪətər || ˈraɪətə(r)/ *n* alborotador, -dora *m,f*, revoltoso, -sa *m,f*

rioting /ˈraɪətɪŋ/ *n* [u] disturbios *mpl*, desórdenes *mpl*; **~ in the streets** disturbios *or* desórdenes callejeros

riotous /ˈraɪətəs/ *adj* 1 (disorderly) ‹*person/crowd/behavior*› descontrolado, desenfrenado; **~ assembly** (Law) alteración *f* del orden público 2 (wild) ‹*occasion/living*› desenfrenado; **we had a ~ time** nos divertimos muchísimo *or* (fam) de lo lindo 3 (very amusing) ‹*story*› comiquísimo, para morirse de risa

riotously /ˈraɪətəsli/ *adv* 1 (wildly) ‹*behave*› descontroladamente 2 (hysterically): **it was ~ funny** fue comiquísimo, fue para morirse *or* desternillarse de (la) risa

rip[1] /rɪp/ **-pp-** *vt* 1 (tear) ‹*cloth*› rasgar*, romper*; **I've ~ped my skirt** me he hecho un roto en la falda; **he ~ped the photograph (in)to pieces** rompió la foto en mil pedazos; **she ~ped the letter open** abrió la carta de un rasgón; **the explosion ~ped the building apart** la explosión destrozó el edificio; **they ~ped the posters down** arrancaron los carteles; **the seats were ~ped out by the explosion** la explosión arrancó de cuajo los asientos; **he ~ped the newspaper from my hands** me arrebató *or* me arrancó el periódico de las manos; **I ~ped out the page** arranqué la página 2 ‹*wood*› (a)serrar* siguiendo la veta
■ **rip** *vi*
A (tear) «*paper/cloth*» rasgarse*; **as I lifted my arm, I heard something ~** al levantar el brazo, oí un desgarrón *or* rasgón
B (move fast): **the incoming tide ~s along the narrow channel** la marea sube a toda prisa por el estrecho canal; ***to let ~*** (colloq): **then the group really let ~** entonces el grupo se desató, entonces el grupo se lanzó con todo (fam); **she let ~ with a torrent of abuse** soltó una sarta de insultos; **she really let ~ at me** me dijo de todo; **let it ~!** ¡métele a fondo *or* a todo gas!
(Phrasal verbs)
• **rip off** [v + o + adv, v + adv + o]
A (remove) ‹*wrapping paper/door handle/clothes*› arrancar*
B (sl) 1 ‹*customer/employee/company*› (cheat) timar, estafar, tracalear (Ven fam); (exploit) explotar 2 (steal) ‹*ten dollars/car/jacket*› afanar (arg), robar; ‹*song/idea*› fusilar(se) (fam) 3 (AmE) (rob) ‹*person/bank*› asaltar; ‹*writer/musician*› fusilar(se) (fam)
• **rip up** [v + o + adv, v + adv + o] romper*, hacer* pedazos

rip[2] *n*
A rasgón *m*, desgarrón *m*
B (fraud, swindle) (AmE) estafa *f* (fam), timo *m* (fam), tranza *f* (Méx fam)

RIP /ˈɑːrˈaɪˈpiː/ (**= rest in peace**) R.I.P.

rip cord *n* cordón *m* de apertura

rip current *n* corriente *f* de retorno

ripe /raɪp/ *adj* 1 ‹*fruit/vegetables*› maduro; ‹*cheese*› a punto; **to live to a ~ old age** vivir muchos años 2 (ready) **to be ~ FOR sth**: **the fruit was ~ for picking** la fruta estaba lista para ser cosechada; **the law is ~ for reform** es el momento propicio *or* oportuno para reformar la ley; **we will act when the time is ~** actuaremos cuando sea el momento *or* cuando sea oportuno; **the time is ~ for change** están dadas las circunstancias para un cambio 3 (full, rounded) ‹*lips*› carnoso; ‹*breasts*› turgente (liter) 4 (pungent) (colloq) ‹*smell*› fuerte; **those socks are a bit ~** esos calcetines huelen que apestan *or* (Esp tb) huelen que alimentan (fam)

ripen /ˈraɪpən/ *vi* «*fruit*» madurar
■ **ripen** *vt* hacer* madurar

rip-off /ˈrɪpɔːf || ˈrɪpɒf/ *n* (colloq) 1 (con) timo *m*, estafa *f*; (theft) robo *m* 2 (copy) plagio *m*

riposte /rɪˈpəʊst || rɪˈpɒst/ *n* 1 (retort) (frml) réplica *f* (frml) 2 (in fencing) estocada *f*

ripper /ˈrɪpər || ˈrɪpə(r)/ *n*: **Jack the R~** Jack el destripador

ripping /ˈrɪpɪŋ/ *adj* (BrE colloq & dated) estupendo; **~ yarns** historias *fpl* entretenidísimas *or* muy amenas

ripple[1] /ˈrɪpəl/ *n* 1 [c] (on water) onda *f*; **the tide had left ~s on the sand** la marea había dejado ondulaciones en la arena; **the breeze made ~s in the grass** la brisa mecía la hierba; (*before n*): **~ effect** onda *f* expansiva; **this had a ~ effect throughout the country** esto provocó una reacción que se fue extendiendo por todo el país 2 [c] (of feeling, mood) oleada *f*; **a ~ of excitement ran through the crowd** una oleada de entusiasmo recorrió la multitud 3 [c] (sound): **a ~ of applause** un breve aplauso; **a ~ of laughter** una cascada de risas 4 [u c] (ice cream): **raspberry/chocolate ~** helado *m* de vainilla con vetas de frambuesa/chocolate

ripple[2] *vi* 1 (move) «*water*» rizarse*; «*wheat/grass*» mecerse*; «*muscles*» tensarse; **the lake/wheatfield ~d in the breeze** la brisa rizaba *or* ondulaba la superficie del lago/trigal (liter) 2 **rippling** *pres p* ‹*muscles*› tensado 3 (make sound) «*water/waves*» susurrar (liter), murmurar (liter)
■ **ripple** *vt* ‹*water*› rizar*; ‹*grass/corn*› mecer*; ‹*muscles*› tensar

riproaring /ˈrɪpˌrɔːrɪŋ/ *adj* (journ) ‹*party*› animadísimo, bullicioso; ‹*success*› apoteósico, clamoroso

ripstop /ˈrɪpstɑːp || ˈrɪpstɒp/ *n* [u] ripstop *m*, tela *m* anti-rasgadura *or* antidesgarro

riptide /ˈrɪptaɪd/ *n* corriente *f* de resaca

rise[1] /raɪz/ *n*
A 1 (upward movement — of tide, level) subida *f*; (— in pitch) elevación *f*; ***to get a ~ out of sb*** (colloq) conseguir* que algn se fastidie; **he's only trying to get a ~ out of you** te está toreando (fam); ***to take the ~ out of sb*** (colloq) tomarle el pelo a algn (fam), mamarle gallo a algn (Col fam) 2 (increase — in prices, interest rates) subida *f*, aumento *m*, alza *f*‡ (frml), suba *f* (RPl); (— in pressure, temperature) aumento *m*, subida *f*; (— in number, amount) aumento *m*; **to be on the ~** ir* en aumento, estar* aumentando 3 (in pay) (BrE) aumento *m*, incremento *m* (frml); **a pay ~** un aumento *or* (frml) un incremento salarial; **to be given a ~** recibir un aumento 4 (improvement) mejora *f*; **a ~ in living standards** una mejora en el nivel de vida
B (advance) ascenso *m*, ascensión *f*; **the ~ of Man-**

r

chester as an industrial city el surgimiento de Manchester como ciudad industrial; **her meteoric ~ to stardom** su meteórico ascenso *or* su meteórica ascensión al estrellato; **the party's ~ to power** el ascenso *or* la ascensión al poder del partido; **the ~ and fall of sb/sth** la grandeza y decadencia de algn/algo, el auge y (la) caída de algn/algo; ***to give ~ to sth*** dar* origen *or* lugar a algo; ‹*to problem/dispute*› ocasionar *or* causar algo; ‹*to ideas/interest*› suscitar algo

C **1** (slope) subida *f*, cuesta *f* **2** (hill) colina *f*

rise² *vi* (*past* **rose**; *past p* **risen** /'rɪzn/)

A **1** (come, go up) ‹‹*water/tide/level*›› subir; ‹‹*smoke/aircraft/balloon*›› subir, elevarse (frml); ‹‹*mist*›› levantarse; ‹‹*sun/moon*›› salir*; ‹‹*dough*›› crecer*, subir; ‹‹*cake*›› subir; **the curtain ~s at eight o'clock** la función empieza a las ocho; **the curtain ~s on a Paris street scene** cuando se levanta el telón, estamos en una calle de París; **leave the dough to ~** dejar crecer *or* subir la masa; **his eyebrows rose in astonishment** arqueó *or* enarcó las cejas asombrado; **a few eyebrows rose when ...** más de uno se mostró sorprendido cuando ...; **the fish weren't rising** los peces no picaban; **to ~ to the surface** salir* *or* subir a la superficie; **their anger now rose to the surface** entonces afloró su ira; **the color rose to her cheeks** se le subieron los colores, se ruborizó **2** (increase) ‹‹*price/temperature/pressure*›› subir, aumentar; ‹‹*wage*›› aumentar; ‹‹*number/amount*›› aumentar; ‹‹*tension/anger*›› crecer*, aumentar; **the price has ~n by $200/by 8%** el precio ha subido *or* aumentado 200 dólares/en un 8%; **the euro rose slightly against the dollar** el euro subió ligeramente en relación con el dólar; **to ~ in price** subir *or* aumentar de precio; **the property has ~n in value** la propiedad se ha (re)valorizado; **the level of violence has ~n dramatically** ha habido una escalada de violencia; **a feeling of rage rose (up) within him** lo invadió la ira; **the wind was rising** el viento estaba arreciando **3** ‹‹*sound*›› (become louder) aumentar de volumen; (become higher) subir de tono; **the shouting rose** el griterío fue aumentando; **her voice never rose above a whisper** su voz no se elevó por encima de un susurro; **a few voices rose in protest** se alzaron algunas voces de protesta **4** (improve) ‹‹*standard*›› mejorar; **their spirits rose** se les levantó el ánimo, se animaron

B **1** (slope upward) ‹‹*ground/land*›› elevarse **2** (extend upwards) ‹‹*building/hill*›› levantarse, alzarse*, erguirse* (liter); **the mountain rose up before them** la montaña se alzaba ante ellos; **the city rose up out of the mist** la ciudad surgió de entre la niebla

C **1** (stand up) ‹‹*person/audience*›› (frml) ponerse* de pie, levantarse, pararse (AmL); **please ~ for the national anthem** por favor pónganse de pie para escuchar el himno nacional; **to ~ to one's feet** ponerse* de pie, levantarse; **to ~ from the table/one's chair** levantarse de la mesa/silla **2** (out of bed) levantarse; **~ and shine!** (colloq) ¡vamos, arriba y a espabilarse! (fam); **to ~ from the dead** resucitar de entre los muertos

D (in position, status): **he rose to the rank of general** ascendió al rango de general; **she has ~n in my estimation** ha ganado en mi estima

E (adjourn) (BrE) ‹‹*court/parliament*›› levantar la sesión

F **~ (up)** (revolt) **to ~ up (AGAINST sb/sth)** levantarse *or* alzarse* (CONTRA algn/algo)

G (originate) ‹‹*river*›› (frml) nacer*

Phrasal verbs

- **rise above** [v + prep + o] ‹*disability*› sobreponerse* a; ‹*difficulty*› superar; ‹*jealousy/prejudice*› estar* por encima de
- **rise to** [v + prep + o] **1** (respond to): **to ~ to the challenge** aceptar el reto; **to ~ to the demands of the situation** estar* a la altura de las circunstancias **2** (be provoked by) ‹*taunt/insult*› reaccionar frente a

risen /'rɪzn/ *adj*: **the ~ Christ** Cristo resucitado; **Christ is ~** Cristo ha resucitado

riser /'raɪzər || 'raɪzə(r)/ *n* **1** (person): **to be an early/late ~** ser* madrugador/dormilón **2** (of stair) contrahuella *f*

risible /'rɪzəbəl/ *adj* (frml) risible, hilarante (frml)

rising¹ /'raɪzɪŋ/ *n* **1** (rebellion) levantamiento *m* **2** (movement) subida *f*; **the ~ of the sun** (liter) la salida del sol

rising² *adj* (*before n*) **1** (moving upwards) ‹*tide/level*› creciente; **the ~ sun** el sol naciente **2** (increasing) ‹*number/rate*› creciente; ‹*prices/interest rates*› en alza *or* en aumento; ‹*temperature/pressure*› creciente, en aumento; ‹*fears/tension*› creciente, cada vez mayor; **the country is faced with ~ unemployment/violence** el país se ve enfrentado a cifras de desempleo cada vez más altas/a una escalada de violencia **3** (advancing) ‹*figure/star*› nuevo; **she's one of the ~ stars on the left** es una de las nuevas promesas *or* uno de los valores en alza de la izquierda **4** (sloping) ‹*ground*› en pendiente

rising³ *adv* (BrE): **he's ~ 40 and still single** raya en los cuarenta y sigue soltero; **the school accepts (the) ~ fives** el colegio admite a los niños que están por cumplir los cinco años

rising damp *n* [u] humedad *f* (*que sube de los cimientos por las paredes*)

rising main *n* (BrE) tubería *f or* cañería *f* ascendente

risk¹ /rɪsk/ *n* **1** [c u] (danger) riesgo *m*; **the benefits outweigh the ~s** los beneficios superan los riesgos; **the ~s are too great** hay demasiados riesgos; **the ~s involved are enormous** los riesgos que implica son enormes; **there's an element of ~ in any investment** toda inversión implica *or* encierra un cierto riesgo; **the ~ of infection is slight** el riesgo *or* peligro de infección es mínimo; **there's no ~ of anyone knowing you here** no hay riesgo *or* peligro de que alguien te conozca aquí; **will we lose our jobs? — there's little ~ of that** ¿nos vamos a quedar sin trabajo? — es muy poco probable que eso suceda; **at the ~ of -ING** a riesgo de + INF; **at the ~ of repetition** a riesgo de repetirme; **is there any ~ that she'll say 'no'?** ¿hay algún peligro de que se niegue?; **there's always the ~ that he'll forget** siempre existe el riesgo *or* el peligro de que se (le) olvide; **those most at ~ from the disease** los que corren mayor riesgo *or* peligro de contraer la enfermedad; **our jobs are at ~** nuestros trabajos están en *or* corren peligro; **at one's own ~** por su (*or* mi *etc*) cuenta y riesgo, bajo su (*or* mi *etc*) propia responsabilidad; **that's a ~ we'll just have to take** no tenemos más remedio que correr ese riesgo; **you must be prepared to take ~s** hay que estar dispuesto a arriesgarse *or* a correr riesgos; **you're running the ~ of offending him** te estás arriesgando a *or* corres el riesgo de que se ofenda; **it isn't worth the ~** no vale la pena arriesgarse *or* correr el riesgo; **a health ~** un peligro para la salud; **that is a fire ~** eso podría causar un incendio; (*before n*): **the ~ factor increases if ...** el riesgo *or* peligro es mayor si ... **2** (Fin) riesgo *m*; **to be a good/bad ~** constituir* un riesgo aceptable/inaceptable; **an insurable/uninsurable ~** un riesgo asegurable/no asegurable; **are you insured for all ~s?** ¿estás asegurado contra *or* (Esp tb) a todo riesgo?; **to spread the ~** diversificar* las inversiones para minimizar los riesgos; **high-/low-~ investment** inversión *f* de alto/bajo riesgo; (*before n*): **~ capital** capital-riesgo *m*; **~ management** gestión *f or* administración *f or* gerencia *f* de riesgos; **~ manager** gestor, -tora *m,f or* gerente *mf* de riesgos

risk² *vt* **1** (put in danger) ‹*reputation/health*› arriesgar*, poner* en peligro; **she's prepared to ~ everything** está dispuesta a arriesgarlo todo; **to ~ one's life for sb** arriesgar* *or* poner* en peligro su (*or* mi *etc*) vida por algn **2** (expose oneself to) arriesgarse* a, correr el riesgo de; **we ~ defeat** corremos el riesgo de *or* nos exponemos a una derrota; **are you going to take your umbrella? — no, I think I'll ~ it** ¿vas a llevar el paraguas? — no, creo que me voy a arriesgar; **to ~ -ING** arriesgarse* A *or* correr el riesgo DE + INF; **you ~ being late** te arriesgas a *or* corres el riesgo de llegar tarde

risk-free /'rɪsk'friː/ *adj* ‹*investment/surgical operation*› exento *or* libre de riesgo; ‹*environment*› sin riesgo

riskily /'rɪskəli || 'rɪskɪli/ *adv* arriesgadamente, de manera arriesgada

risky /'rɪski/ *adj* **-kier, -kiest** arriesgado, riesgoso (AmL); **speaking your mind can be a ~ business** decir lo que piensas puede ser peligroso

risotto /rɪ'zɔːtəʊ || rɪ'zɒtəʊ/ *n* [c u] (*pl* **-tos**) risotto *m*, ≈ arroz *m* a la cazuela

risqué /rɪ'skeɪ || 'rɪskeɪ, rɪs'keɪ/ *adj* atrevido, subido de tono

rissole /'rɪsəʊl/ *n* ≈ croqueta *f*

rite /raɪt/ *n* rito *m*; **funeral ~s** ritos *mpl* fúnebres; **initiation ~** rito *m* iniciático *or* de iniciación

rite of passage *n* (*pl* **~s ~ ~**) rito *m* iniciático *or* de iniciación; (*before n*): **rite(s)-of-passage** iniciático

ritual¹ /'rɪtʃuəl/ *n* [u c] ritual *m*

ritual² *adj* ‹*slaughter/dance*› ritual; **his ~ mid-morning cup of coffee** su consabida taza de café de media mañana; **the ~ greetings** los saludos formularios *or* de rigor

ritualism /'rɪtʃuəlɪzəm/ *n* [u] ritualismo *m*

ritualistic /,rɪtʃuə'lɪstɪk/ *adj* ritualista

ritualize /'rɪtʃuəlaɪz/ *vt*: **a tribe which ~s hunting** una tribu que hace de la caza un ritual; **an audience with the King was a ~d occasion** una audiencia con el rey era (todo) un ritual

ritually /'rɪtʃuəli 'rɪtʃ(əw)əli/ *adv* ritualmente, de manera ritual

ritzy /'rɪtsi/ *adj* **-zier, -ziest** lujoso

rival¹ /'raɪvəl/ *n* rival *mf*; **they were ~s for her affection** competían por su cariño; **~ TO sb/sth** rival DE algn/algo; **she hadn't meant to set herself up as a ~ to him** nunca pretendió convertirse en una rival de él; **the newspaper/product has several ~s** el periódico/producto tiene mucha competencia

rival² *adj* (*before n*) ‹*company*› rival, competidor; **the tourists stayed at ~ hotels** los turistas se alojaron en hoteles de la competencia; **they brought out a ~ product** sacaron un producto que les (*or* nos *etc*) va a hacer la competencia

rival³ *vt*, BrE **-ll- his voice ~s that of the lead singer** su voz no tiene nada que envidiarle a la del cantante principal; **I can't ~ that** con eso no puedo competir; **to ~ sb/sth FOR/IN sth**: **the old machine can't ~ the new one for speed and efficiency** la máquina vieja no se puede comparar con la nueva en (cuanto a) velocidad y eficacia; **no one can ~ this runner for determination and stamina** nadie puede competir con este corredor en (cuanto a) determinación y resistencia; **they ~ each other in intelligence/looks** rivalizan en inteligencia/en belleza

rivalry /'raɪvəlri/ *n* [u c] (*pl* **-ries**) rivalidad *f*, competencia *f*; **there's a great deal of ~ between them** hay una gran rivalidad entre ellos

riven /'rɪvən/ *past p* (liter) dividido; **the party was ~ by in-fighting** el partido estaba dividido por luchas intestinas; **the sky was ~ by lightning** un rayo hendió el firmamento (liter)

river /'rɪvər || 'rɪvə(r)/ *n* río *m*; **the Hudson R~** el río Hudson; **the R~ Thames** el (río) Támesis; **by the/a ~** a la orilla del/de un río; **up/down ~** río arriba/abajo; **~s of blood/lava** (liter) ríos de sangre/lava (liter); ***to sell sb down the ~*** traicionar a algn; (*before n*) ‹*traffic/port*› fluvial; ‹*mouth/basin*› del río; ‹*fish*› de río *or* de agua dulce

riverbank /'rɪvərbæŋk || 'rɪvəbæŋk/ *n* ribera *f*, margen *f* (*de un río*)

riverbed /'rɪvərbed || 'rɪvəbed/ *n* lecho *m* (*de un río*)

river blindness *n* [u] ceguera *f* de los ríos, oncocerosis *f* (téc)

riverboat /'rɪvərbəʊt || 'rɪvəbəʊt/ *n* embarcación *f* fluvial

riverfront /ˈrɪvərfrʌnt || ˈrɪvəfrʌnt/ *n* orilla *f* del río; (*before n*) ‹*property/restaurant*› a orillas *or* la orilla del río

riverine /ˈrɪvəraɪn/ *adj* (frml) ribereño

River Plate /ˈpleɪt/ *n* Río *m* de la Plata; (*before n*): **~ ~ accent** acento *m* rioplatense

river salmon *n* [u c] (*pl* ~ ~) salmón *m* de río

riverside /ˈrɪvərsaɪd || ˈrɪvəsaɪd/ *n* ribera *f*, margen *f* (*de un río*); (*before n*) ‹*house/cafe*› a orillas del río

river trout *n* [u c] (*pl* ~ ~) trucha *f* común *or* de río

rivet¹ /ˈrɪvət || ˈrɪvɪt/ *n* remache *m*, roblón *m*; (*before n*): **~ gun** remachadora *f*

rivet² *vt* **1** (attach) remachar; **to ~ sth TO sth** unir algo A algo con remaches; **the metal plates are ~ed (together)** las planchas de metal están remachadas *or* unidas con remaches **2** (fix) (*usu pass*) **to be ~ed TO/ON sth: my eyes were ~ed to the screen** estaba absorto, con los ojos clavados en la pantalla; **I was ~ed to the spot with fear** me quedé clavado donde estaba, paralizado de miedo; **their eyes were ~ed on her** no le quitaban los ojos de encima **3** (fascinate) (*usu pass*) fascinar; **the audience was ~ed** el público estaba fascinado

riveter /ˈrɪvətər || ˈrɪvɪtə(r)/ *n* **1** (person) remachador, -dora *m,f* **2** (tool) remachadora *f*

riveting /ˈrɪvətɪŋ || ˈrɪvɪtɪŋ/ *adj* fascinante

Riviera /ˌrɪviˈerə || ˌrɪviˈeərə/ *n*: **the (French) ~** la Costa Azul; **the Italian ~** la Riviera

rivulet /ˈrɪvjələt || ˈrɪvjʊlɪt/ *n* (liter) **1** (stream) arroyo *m*, riachuelo *m* **2** (trickle) gotas *fpl*

Riyadh /riˈjɑːd/ *n* Riad, Riyad *m*

riyal /riˈjɑːl/ *n* riyal *m*

RMT *n* (in UK) = **National Union of Rail, Maritime and Transport Workers**

RN *n* **1** (in US) = **Registered Nurse** **2** (in UK) (= **Royal Navy**) **Capt R. Welsh, ~** ≈ Capitán de Navío R. Welsh

RNA *n* [u] (= **ribonucleic acid**) RNA *m*, ARN *m*

RNIB *n* (in UK) = **Royal National Institute for the Blind**

RNID *n* (in UK) = **Royal National Institute for the Deaf**

RNLI *n* (in UK) = **Royal National Lifeboat Institution**

roach /rəʊtʃ/ *n*

A (fish) (*pl* ~ *or* **~es**) **1** (American) carpa *f* **2** (European) rubio *m*

B (*cock~*) (AmE) cucaracha *f*

C (butt of marijuana cigarette) (sl) colilla *f* de canuto *or* de porro (fam), pito *m* (Chi fam), chicharra *f* (Col fam), bacha *f* de toque (Méx fam)

road /rəʊd/ *n*

A (for vehicles — in town) calle *f*; (— out of town) carretera *f*; (— minor) camino *m*; **is this the ~ to Boston?** ¿éste es el camino/la carretera que va a Boston?, ¿por aquí se va a Boston?; **the Cambridge ~** la carretera (que va) a Cambridge, la carretera de Cambridge; **five miles down the ~** a cinco millas siguiendo la carretera/el camino; **a factory just down the ~ (from here)** una fábrica que hay aquí muy cerca *or* (AmL tb) aquí nomás; **there's a baker's over** *o* **across the ~** enfrente *or* al otro lado de la calle hay una panadería; **the people from over the ~** (BrE) los de enfrente; **the house is set back a mile or so from the ~** la casa está como a una milla de la carretera; **a major/minor ~** una carretera principal/secundaria; **a dirt ~** un camino sin pavimentar; **it's good ~ all the way now** de aquí en adelante el camino es bueno; **by ~** por carretera, por tierra; **my car's off the ~** (BrE) tengo el coche fuera de circulación *or* averiado; **to take to the ~** empezar* a vagar por los caminos; **Ⓢ road closed** carretera cerrada; **Ⓢ road narrows** estrechamiento de calzada *or* carretera; ***to have one for the ~*** (colloq) tomarse la del estribo *or* la penúltima; ***all ~s lead to Rome*** todos los caminos conducen *or* llevan a Roma; (*before n*) ‹*accident*› de tráfico *or* (AmL tb) de tránsito; **~ junction** cruce *m* de carreteras; **~ manager** organizador, -dora *m,f* de una gira; **~ mender** peón *m* caminero; **~ metal** grava *f*, gravilla *f*; **~ noise** ruido *m* del tráfico; **~ racing** (in car) carreras *fpl* automovilísticas (*en carretera*) (on foot) carrera *f* a pie por carretera; **~ repairs** obras *fpl* en la carretera; **~ safety** seguridad *f* en la carretera; **~ sense** instinto *m* de conductor; **~ sign** señal *f* vial *or* de tráfico *or* (AmL tb) de tránsito; **there were no ~ signs** no había señalización; **~ tax** impuesto *m* de rodaje, patente *f* (CS), tenencia *f* (Méx); **~ traffic accident** accidente *m* de circulación,, accidente de tráfico *or* (AmL) tránsito; **~ transport** transporte *m* por carretera

B (route, way) camino *m*; **the ~ to peace** el camino *or* (liter) el sendero hacia la paz; **we're on the right ~** vamos por buen camino *or* bien encaminados; **this could mean the end of the ~ for the company** esto podría acabar con la compañía *or* causar la quiebra de la compañía; **he is taking the country down the ~ to bankruptcy** está llevando el país camino a la bancarrota; **the economy is on the ~ to recovery** la economía está en vías de recuperación; **his agent put** *o* **set** *o* **started him on the ~ to stardom** su agente lo encaminó hacia el estrellato *or* lo puso en camino al estrellato

C **on the road: the car's been on the ~ for ten years** el coche tiene diez años de uso; **a rattletrap like that shouldn't be on the ~** un cacharro como ese no debería estar en circulación; **he shouldn't be on the ~** no debería manejar *or* (Esp) conducir; **we've been on the ~ for four days** llevamos cuatro días viajando; **they were on the ~ before six** se pusieron en camino antes de las seis, antes de las seis ya estaban en camino; **the exhibition will go on the ~ in March** la exposición iniciará una gira en marzo; **to take a circus/band on the ~** llevar un circo/un grupo de gira; **let's get this show on the ~** (colloq) pongamos manos a la obra, pongámonos en movimiento

D **roads** *pl* ▸**roadstead**

roadbed /ˈrəʊdbed/ *n* **1** [u] (material) firme *m* **2** (of road) (AmE) calzada *f*

roadblock /ˈrəʊdblɑːk || ˈrəʊdblɒk/ *n* control *m* (de carretera)

road bridge *n* puente *m* (de) carretera

road haulage *n* [u] transporte *m* por carreteras; (*before n*): **~ ~ contractor** transportista *mf*

road haulier *n* (BrE) **1** (person) transportista *mf* por carretera **2** (business) transporte *m* por carretera

road hog *n* (colloq) loco, -ca *m,f* del volante (fam); **he cut right in in front of me, the ~ ~!** ¡se me metió delante el animal *or* la bestia! (fam)

roadholding /ˈrəʊdˌhəʊldɪŋ/ *n* [u] (esp BrE) agarre *m*

roadhouse /ˈrəʊdhaʊs/ *n*: *restaurante o bar al lado de la carretera*

road hump *n* ▸**speed bump**

roadie /ˈrəʊdi/ *n*: *persona encargada de transportar y montar el equipo de un grupo musical en gira*

roadman /ˈrəʊdmæn -mən/ *n* (*pl* **-men** /-men -mən/)

A (cyclist) ciclista *mf* de carrera de fondo en carretera

B (workman) (arch) peón *m* caminero

roadmap /ˈrəʊdmæp/ *n*

A (Geog) mapa *m* de carreteras

B (peace plan) hoja *f* de ruta

road rage *n* [u] (Auto) agresión *f* (*provocada por el estrés que supone conducir en condiciones difíciles*)

roadroller /ˈrəʊdrəʊlər || ˈrəʊdrəʊlə(r)/ *n* apisonadora *f*, aplanadora *f* (AmL)

roadrunner /ˈrəʊdˌrʌnər || ˈrəʊdˌrʌnə(r)/ *n* correcaminos *m*

road show *n* (Rad) *programa de emisiones del equipo móvil desde distintas localidades*; (Theat) *gira de una compañía de teatro*; **the President's election-year ~ ~** la gira del Presidente en su campaña electoral

roadside /ˈrəʊdsaɪd/ *n* borde *m* de la carretera/del camino; **at the ~** al borde de la carretera/del camino, a la vera del camino (liter); (*before n*): **~ inn** hostal *m or* hostería *f* de carretera; **~ repairs** auxilio *m* en carretera

roadstead /ˈrəʊdsted/ *n* fondeadero *m*, rada *f*

roadster /ˈrəʊdstər || ˈrəʊdstə(r)/ *n* (dated) *coche de dos plazas sin capota*

road sweeper /ˈrəʊdˌswiːpər || ˈrəʊdˌswiːpə(r)/ *n* **1** (person) barrendero, -ra *m,f* **2** (machine) barredera *f*, barredora *f*

road-test /ˈrəʊdtest/ *vt* ‹*vehicle*› someter a una prueba de carretera

road test *n* prueba *f* de carretera

road user *n* (BrE) usuario, -ria *m,f* de la vía pública

roadway /ˈrəʊdweɪ/ *n* calzada *f*

roadwork /ˈrəʊdwɜːrk || ˈrəʊdwɜːk/ *n*

A [u] (Sport) *parte del entrenamiento de un deportista que consiste en trotar por carretera*

B **roadworks** *pl* (BrE) obras *fpl* (de vialidad); **Ⓢ roadworks (ahead)** obras; **delays due to ~s** retrasos debido a obras en la carretera

roadworthiness /ˈrəʊdˌwɜːrðinəs || ˈrəʊdˌwɜːðɪnɪs/ *n* [u]: *condición de apto para circular*; **certificate of ~** *certificado que acredita un vehículo como apto para circular*

roadworthy /ˈrəʊdˌwɜːrði || ˈrəʊdˌwɜːdi/ *adj* **-thier, -thiest** ‹*vehicle*› apto para circular

roam /rəʊm/ *vt* ‹*region/city*› vagar* *or* deambular por; **to ~ the streets** vagar* *or* deambular por las calles; **they ~ed the seven seas** surcaron los siete mares (liter)

■ **roam** *vi* vagar*, errar* (liter); **tigers ~ freely in the jungle** tigres deambulan en libertad por la selva; **to ~ AROUND** *o* (BrE also) **ABOUT sth: she spent the week ~ing around Paris** pasó la semana dando vueltas por París; **I'm not having you ~ing around the streets** no quiero que andes deambulando *or* vagando por las calles; **nomadic tribes ~ed over the continent** tribus nómadas recorrían el continente

roaming /ˈrəʊmɪŋ/ *n* [u] (Telec) itinerancia *f*

roan¹ /rəʊn/ *n* (caballo *m*) ruano *m*

roan² *adj* ruano

roar¹ /rɔːr || rɔː(r)/ *vi* **1** (make sound) «*lion/tiger/engine*» rugir*; «*sea/wind/fire*» bramar, rugir*; «*cannon*» tronar*; **to ~ with laughter** reírse* a carcajadas **2** (move): **the planes ~ overhead every two minutes** cada dos minutos se oye el estruendo de los aviones que pasan; **the trucks ~ed past** los camiones pasaron con un estruendo; **he ~ed away** *o* **off on his motorbike** se alejó en la moto haciendo un ruido infernal

■ **roar** *vt*: **the sergeant ~ed the order** el sargento dio la orden a gritos; **how dare you! he ~ed** —¡cómo se atreve! —rugió *or* bramó; **the fans ~ed their appreciation** los hinchas manifestaron su aprobación a voz en cuello

roar² *n* [c u] (of lion, tiger) rugido *m*; (of person) rugido *m*, bramido *m*; (of thunder) fragor *m*, estruendo *m*; (of traffic, engine, guns) estruendo *m*; **the ~ of the crowd** el clamor de la multitud; **a ~ of laughter** una sonora carcajada; **a ~ of pain** un rugido *or* bramido de dolor

roaring /ˈrɔːrɪŋ/ *adj* (*before n*) **1** ‹*waves*› rugiente; ‹*traffic*› estruendoso; **we soon had a ~ fire in the hearth** a los pocos minutos el fuego ardía que daba gusto en la chimenea; **he was ~ drunk** estaba borracho perdido **2** (very brisk): **the fruitsellers were doing a ~ trade** los vendedores de frutas estaban haciendo su agosto; **we're doing a ~ trade in postcards** estamos vendiendo postales como pan caliente *or* como rosquillas

Roaring Forties *pl n*: **the ~ ~** *zona de fuertes vientos en el hemisferio Sur entre las latitudes 40 y 50*

roaring twenties *pl n*: **the ~ ~** los locos años veinte

roast¹ /rəʊst/ *adj* ‹*pork/chicken/potatoes*› asado (*al horno*); ‹*coffee*› tostado, torrefacto; ‹*corn/chestnuts*› (in US) asado, a la(s) brasa(s); **~ beef** rosbif *m*, rosbeef *m*

roast² *n*

A **1** (roasted meat) asado *m* (*al horno*); **Sunday ~** *asado que se come tradicionalmente los domingos en*

r

Gran Bretaña acompañado de verduras etc [2] (uncooked meat) trozo *m* de carne para asar **B** (grilling, teasing) (AmE colloq): **the club holds an annual ~ of one of its members** cada año el club le gasta una broma pesada a uno de sus socios

roast³ *vt* [1] (cook) ‹*meat/potatoes/chestnuts*› asar; ‹*coffee beans*› tostar*, torrefaccionar; ‹*peanuts*› tostar*; **to be ~ed alive** quemarse vivo [2] (reprimand): **they were ~ed for smoking** les dieron un buen sermón por fumar, se llevaron una buena bronca por fumar (fam) [3] (AmE) (ridicule) ‹*person*› ridiculizar*

■ **roast** *vi* [1] «*meat*» asarse [2] (colloq) (be hot) asarse (de calor) (fam); **I'm ~ing in this sweater** me estoy asando *or* (fam) achicharrando con este suéter

roaster /ˈrəʊstər || ˈrəʊstə(r)/ *n* [1] (chicken) asador *m* [2] (pan) (AmE) fuente *f* de horno (*para asados*), asadera *f* (RPl)

roasting¹ /ˈrəʊstɪŋ/ *n* [1] [u] (Culin) (*before n*) ‹*chicken/meat*› para asar; **~ pan** *o* (BrE) **dish** *o* **tin** fuente *f* de horno (*para asados*), asadera *f* (RPl); **~ spit** asador *m*, espetón *m*, spiedo *m* (CS) [2] (*no pl*) (colloq) (scolding) sermón *m*, bronca *f* (fam); **to give sb a real ~** darle* un buen sermón a algn, echarle una buena bronca a algn (fam)

roasting² *adj* (colloq): **it's absolutely ~** hace un calor que te asas (fam)

rob /rɑːb || rɒb/ *vt* **-bb-** [1] (steal from) ‹*bank*› asaltar, atracar*, robar; ‹*person*› robarle a; **I've been ~bed!** ¡me han robado!; **to ~ sb OF sth** robarle algo A algn; **she was ~bed of all her savings** le robaron todos los ahorros [2] (deprive) **to ~ sb/sth OF sth** privar a algn/algo DE algo; **the last-minute goal ~bed them of the championship** el gol de último momento les birló el campeonato

robber /ˈrɑːbər || ˈrɒbə(r)/ *n* ladrón, -drona *m,f*; **bank ~** atracador, -dora *m,f or* asaltante *mf* de bancos; **grave ~** profanador, -dora *m,f* de tumbas; (*before n*): **~ baron** *capitalista inescrupuloso de finales del siglo XIX en EEUU*

robbery /ˈrɑːbəri || ˈrɒbəri/ *n* [u c] (*pl* **-ries**) robo *m*, asalto *m*; **I'm not paying two hundred: it's sheer** *o* **daylight ~!** (colloq) no pienso pagar doscientos, es un auténtico robo; **armed ~** asalto *m or* atraco *m* a mano armada; **bank ~** asalto *m or* atraco *m* a un banco

robe¹ /rəʊb/ *n*
A [1] (worn by magistrates, academics) (*often pl*) toga *f*; **the mayor's ~ of office** el traje de ceremonias del alcalde; **ceremonial ~s** vestiduras *fpl* ceremoniales [2] (worn by students) (AmE) toga *f*
B (worn in house) bata *f*, salto *m* de cama (CS)

robe² *vt* (frml *or* liter) **to ~ sb (IN sth)** vestir* a algn (DE algo)

■ **robe** *vi* «*judge*» ponerse* la toga; «*bishop*» ponerse* las vestiduras

robin /ˈrɑːbən || ˈrɒbɪn/ *n* (European) petirrojo *m*; (N. American) ceón *m*, tordo *m* norteamericano

Robin Hood /ˈrɑːbən,hʊd || ˌrɒbɪnˈhʊd/ *n* Robin Hood

robot /ˈrəʊbɑːt || ˈrəʊbɒt/ *n*
A (machine) robot *m*; **he acts like a ~** se comporta como un autómata
B (traffic lights) (SAfr) semáforo *m*

robotic /rə(ʊ)ˈbɑːtɪk || rə(ʊ)ˈbɒtɪk/ *adj* [1] ‹*machine/device*› robótico [2] ‹*person*› robotizado; ‹*movement*› robótico, robotizado

robotics /rəʊˈbɑːtɪks || rəʊˈbɒtɪks/ *n* (+ *sing vb*) robótica *f*

robust /rəʊˈbʌst/ *adj* ‹*person/animal*› robusto, fuerte; ‹*health*› de hierro; ‹*appetite*› bueno; ‹*material/construction*› resistente, sólido, fuerte; ‹*defense*› enérgico, vigoroso; ‹*faith*› sólido; **a ~ sense of humor** un saludable sentido del humor

robustly /rəʊˈbʌstli/ *adv* ‹*built*› sólidamente; ‹*defend/argue*› vigorosamente, enérgicamente

robustness /rəʊˈbʌstnəs || rəʊˈbʌstnɪs/ *n* (physical) robustez *f*; (of material) solidez *f*; (of defense) vigor *m*; (of faith) solidez *f*

rock¹ /rɑːk || rɒk/ *n*
A [u] (substance) roca *f*; **igneous/volcanic ~** roca ígnea/volcánica; **a great lump of ~** una roca enorme; **hewn from the ~** tallado en la roca viva; ***as hard as ~*** duro como una piedra; (*before n*): **~ formation** formación *f* rocosa
B [c] [1] (crag, cliff) peñasco *m*, peñón *m*; **my wife was like a ~ throughout that time** mi esposa fue mi puntal durante toda esa época; **the R~ (of Gibraltar)** el Peñón (de Gibraltar); ***as solid as a ~*** firme *or* sólido como una roca [2] (in sea) roca *f*, escollo *m*; **the ship ran onto the ~s** el barco encalló en las rocas; ***on the ~s*: Scotch on the ~s** whisky con hielo; **their marriage is on the ~s** su matrimonio anda muy mal; **the business went on the ~s when she left** el negocio se fue a pique cuando ella se fue [3] (boulder) roca *f*; **S** **danger falling rocks** desprendimiento de rocas, zona de derrumbe [4] (stone) piedra *f*; **to throw ~s** tirar piedras; ***to get one's ~s off*** (AmE sl) tirar (arg), coger* (Méx, RPl, Ven vulg), follar (Esp vulg); ***to have ~s in one's head*** (AmE sl) faltarle a algn un tornillo
C [c] (jewel) (sl) piedra *f*
D [u] (BrE) (Culin) *barra de caramelo de colores*
E [u] (music) rock *m*; **heavy/soft ~** rock duro/blando; (*before n*) ‹*band/singer/star/concert*› de rock; ‹*music*› rock; **~ festival** festival *m* de rock

rock² *vt* [1] (gently) ‹*cradle*› mecer*; ‹*child*› acunar; **she ~ed the child in her arms** acunó al niño en sus brazos; **he ~ed Louise to sleep** acunó a Louise hasta que se durmió [2] (violently) sacudir, estremecer*; **the scandal ~ed New York** el escándalo convulsionó *or* conmocionó a Nueva York

■ **rock** *vi*
A [1] (gently) mecerse*, balancearse; **the boat ~ed gently on the waves** el barco se mecía suavemente en las olas [2] (violently) «*building/ground*» sacudirse, estremecerse*; **to ~ with laughter** desternillarse de risa
B (Mus) rocanrolear, bailar rock

Phrasal verb

• **rock up** [v + adv] (colloq) aparecer*, llegar*

rock and roll *n* [u] ▸ **rock'n'roll**

rockbottom¹ /ˌrɑːkˈbɑːtəm || ˌrɒkˈbɒtəm/ *adj*: **~ prices** precios *mpl* bajísimos *or* de saldo

rockbottom² *n*: **to hit/reach ~** tocar* fondo; **our morale has reached ~** nuestra moral ha tocado fondo, tenemos la moral por los suelos

rock cake *n* (in UK) *bollo con frutos secos*

rock candy *n* [u] (AmE) *barra de caramelo de colores*

rock climber *n* escalador, -dora *m,f* (*de rocas*)

rock climbing *n* [u] escalada *f* en roca

rock crystal *n* [u] cristal *m* de roca

rocker /ˈrɑːkər || ˈrɒkə(r)/ *n*
A [1] (under chair, cradle) balancín *m*; ***to be off one's ~*** (colloq) estar* chiflado *or* chalado (fam); ***to go off one's ~*** perder* la chaveta (fam) [2] (rocking chair) mecedora *f* [3] (Auto) (**~ arm**) balancín *m*
B [1] (rock performer) rockero, -ra *m,f*; (fan) rockero, -ra *m,f*, rocanrolero, -ra *m,f* [2] (song) rock *m*

rockery /ˈrɑːkəri || ˈrɒkəri/ *n* (*pl* **-ries**) *jardín o parte de un jardín con rocas y plantas alpestres*

rocket¹ /ˈrɑːkət || ˈrɒkɪt/ *n*
A [c] [1] (spacecraft) cohete *m* espacial; (*before n*): **~ attack** ataque *m* con cohetes [2] (missile) cohete *m*, misil *m*; (*before n*): **~ launcher** lanzacohetes *m*, lanzamisiles *m* [3] (engine) cohete *m* [4] (firework) cohete *m*, volador *m*, cuete *m* (AmL); ***to give sb a ~*** (BrE colloq) echarle una bronca a algn (fam)
B [u] (Bot) rúcula *f*, rucola *f*, oruga *f*

rocket² *vi* [1] (rise) «*price*» dispararse, ponerse* por las nubes; **she ~ed to stardom** se convirtió en una estrella *or* llegó al estrellato de la noche a la mañana [2] **rocketing** *pres p* (*inflation*) galopante; **~ing prices** precios que se disparan *or* que suben vertiginosamente [3] (move rapidly): **the truck ~ed past** el camión pasó como una bala *or* como un bólido

■ **rocket** *vt*: **the movie ~ed him to stardom** la película lo lanzó al estrellato

rocket-propelled /ˌrɑːkətprəˈpeld || ˌrɒkɪtprəˈpeld/ *adj* propulsado por un cohete *or* por cohetes

rocketry /ˈrɑːkətri || ˈrɒkɪtri/ *n* [u] cohetería *f*

rocket science *n* [u] (AmE colloq): **it's scarcely ~ ~** no hay que ser un genio para entenderlo (*or* usarlo *etc*)

rocket scientist *n* (AmE colloq) lumbrera *f*; **he's no ~ ~** no es ninguna lumbrera (fam)

rockface /ˈrɑːkfeɪs || ˈrɒkfeɪs/ *n* pared *f* rocosa

rockfall /ˈrːkfɔːl/ *n* [1] [u] (descent of rocks) desprendimientos *mpl* de rocas [2] [c] (fallen rock) roca *f* (desprendida)

rock garden *n* ▸ **rockery**

rock-hard /ˈrɑːkˈhɑːrd || ˌrɒkˈhɑːd/ *adj* (duro) como una piedra

Rockies /ˈrɑːkiz || ˈrɒkiz/ *pl n*: **the ~** las (Montañas) Rocallosas *or* Rocosas

rocking chair /ˈrɑːkɪŋ || ˈrɒkɪŋ/ *n* mecedora *f*

rocking horse *n* caballito *m* mecedor *or* de balancín

rock'n'roll /ˌrɑːkənˈrəʊl || ˌrɒkənˈrəʊl/ *n* [u] rocanrol *m*, rock and roll *m*

rock'n'roller /ˌrɑːkənˈrəʊlər || ˌrɒkənˈrəʊlə(r)/ *n* ▸ **rocker B1**

rock plant *n* planta *f* rupestre

rockpool /ˈrɑːkpuːl || ˈrɒkpuːl/ *n* posa *f* (*charco que queda en las rocas al bajar la marea*)

rockrose /ˈrɑːkrəʊz || ˈrɒkrəʊz/ *n* jara *f*

rock salmon *n* [u] (BrE) cazón *m*

rock salt *n* [u] sal *f* gema *or* de grano

rock-solid /ˌrɑːkˈsɑːləd || ˌrɒkˈsɒlɪd/ *adj* (*pred* **rock solid**) sólido como una piedra; **~ faith** una fe sólida como una roca, una fe a toda prueba; **the other states are ~ Republican** los otros distritos son sólidamente republicanos

rocky /ˈrɑːki || ˈrɒki/ *adj* **rockier, rockiest**
A (covered with, full of rock) ‹*ground/soil*› rocoso; ‹*path*› pedregoso
B (unsteady) [1] ‹*start*› incierto; ‹*period*› de incertidumbre; ‹*base*› nada sólido, tambaleante [2] ‹*furniture*› inestable, poco firme; **this chair's a bit ~** esta silla se bambolea *or* no está muy firme

Rocky Mountains *pl n*: **the ~ ~** las Montañas Rocallosas *or* Rocosas

rococo¹ /rəˈkəʊkəʊ/ *n* [u] rococó *m*

rococo² *adj* rococó *adj inv*

rod /rɑːd || rɒd/ *n*
A [1] (bar) varilla *f*, barra *f*; (in engine) vástago *m*; (*connecting ~*) biela *f* [2] (*fishing ~*) caña *f* (de pescar) [3] (for punishment) vara *f*, férula *f*; ***to force sb to kiss the ~*** obligar* a algn a bajar *or* doblar la cerviz; ***to make a ~ for one's own back*** crearse problemas; ***to rule with a ~ of iron*** *o* ***an iron ~*** gobernar* con mano de hierro; ***spare the ~ and spoil the child*** la letra con sangre entra [4] (in eye) bastoncillo *m*
B (unit of measure) *antigua medida de longitud equivalente a 5,029m*

rode /rəʊd/ *past of* **ride¹**

rodent /ˈrəʊdnt/ *n* roedor *m*

rodeo /ˈrəʊdiəʊ rəˈdeɪəʊ/ *n* (*pl* **-os**) rodeo *m*

roe /rəʊ/ *n*
A [u c] (of fish) hueva *f*; **hard ~** hueva *f*; **soft ~** lecha *f*
B [c] **~ (deer)** corzo, -za *m,f*

roebuck /ˈrəʊbʌk/ *n* (*pl* **~s** *or* **~**) corzo *m*

roentgen /ˈrentgən, ˈrənt- || ˈrʌntjən, ˈrɜnt-/ *n* roentgen *m*, roentgenio *m*

roentgenium /ˈrʌntdʒəniəm/ *n* [u] (Chem) roentgenio *m*

roger¹ /ˈrɑːdʒər || ˈrɒdʒə(r)/ *interj* (Telec) ¡comprendido!, ¡roger!

roger² *vt* (vulg) ▸ **screw² B1**

■ **roger** *vi* (vulg) ▸ **screw² B**

rogue¹ /rəʊg/ *n* pícaro, -ra *m,f*, pillo, -lla *m,f*, bribón, -bona *m,f*; **you little ~!** ¡granuja!, ¡picarón!, ¡pilluelo!; **~s' gallery** fichero *m* de delincuentes

rogue² *adj* (*before n*) [1] ‹*elephant/male*› solitario, que vive apartado de la manada

2 ‹*trader/company*› deshonesto

rogue state *n* (Pol) estado *m* villano

roguish /'rəʊgɪʃ/ *adj* ‹*wink/grin*› pícaro, lleno de picardía; ‹*child*› pícaro, pillo

roguishly /'rəʊgɪʃli/ *adv* con picardía

roister /'rɔɪstər || 'rɔɪstə(r)/ *vi* jaranear (fam), parrandear (fam)

roisterer /'rɔɪstərər || 'rɔɪstərə(r)/ *n* juerguista *mf* (fam), jaranero, -ra *m,f* (fam), parrandero, -ra *m,f* (fam)

role, rôle /rəʊl/ *n* 1 (Cin, Theat) papel *m*; **to play** *o* **interpret a ~** hacer* *or* interpretar un papel; **she was cast in the ~ of the daughter** le dieron el papel de la hija; **title/star/leading/supporting ~** papel protagónico/estelar/principal/secundario; **~-playing games** juegos *mpl* de rol 2 (function) papel *m*, rol *m*; **what ~ does she play in the company?** ¿qué papel desempeña *or* cuál es su rol en la compañía?; **in a reversal of their usual ~s** cambiándose los papeles; (*before n*): **~ reversal** inversión *f* de papeles *or* roles 3 (Psych, Sociol) rol *m*; (*before n*): **~ model** modelo *m* de conducta

role-play¹ /'rəʊlpleɪ/ *vi* hacer* teatro improvisado; (in training and teaching) realizar* un juego de roles

role-play² *n* [c u] juego *m* de roles

roll¹ /rəʊl/ *n*

A (Culin): **(bread) ~** pancito *m or* (Esp) panecillo *m or* (Méx) bolillo *m*

B (of paper, wire, fabric) rollo *m*; (of banknotes) fajo *m*; **a ~ of film** un rollo *or* un carrete (de fotos), una película; **a ~ of hundred-dollar bills** un fajo de billetes de cien dólares; **~s of fat** rollos *mpl*; (around waist) rollos *mpl*, michelines *mpl* (fam), llantas *fpl* (AmL fam)

C 1 (rocking) balanceo *m*, bamboleo *m* 2 (turning over) voltereta *f* 3 (frolic): **the dogs ran off for a ~ in the dry leaves** los perros salieron corriendo a retozar entre las hojas secas; ***a ~ in the hay*** (colloq & euph) un revolcón (fam & euf)

D (sound — of drum) redoble *m*; (— of thunder) retumbo *m*

E (list) lista *f*; **the electoral ~** el padrón (AmL) *or* (Esp), el censo *or* (Chi, Ven), el registro *or* (Col) la planilla electoral; **the problem of falling ~s** (BrE) (Educ) el problema de la disminución del número de alumnos; **they have 700 on ~** tienen 700 alumnos inscritos; **to call the ~** pasar lista; **to strike sb off the ~** *excluir a algn de la lista de profesionales habilitados para ejercer*; **honor ~** *o* (BrE) **~ of honour** (Mil) lista *f* de honor; (Educ) cuadro *m* de honor

F (of dice) tirada *f*; ***to be on a ~*** (AmE colloq) estar* de buena racha

roll² *vi*

A 1 (rotate) «*ball/barrel*» rodar*; **to ~ downhill** rodar cuesta abajo; **the bottle was ~ing around inside the crate** la botella rodaba dentro del cajón; **the bag split and the oranges ~ed out** la bolsa se rompió y las naranjas salieron rodando 2 (turn over): **the car ~ed over three times** el coche dio tres vueltas de campana; **~ (over) onto your stomach/back** ponte boca abajo/boca arriba, date la vuelta *or* (CS) date vuelta; **we ~ed over and over in the sand** nos revolcamos en la arena; **they all ~ed around laughing** todos se revolcaron de risa; ***to be ~ing in money*** *o* ***in it*** (colloq) estar* forrado (de oro) (fam), estar* podrido en plata (AmS fam), estar* podrido de dinero (Esp fam) 3 (sway) «*ship/car/plane*» balancearse, bambolearse

B 1 (move) (+ *adv compl*): **she watched the column of trucks ~ by** miró como pasaban los camiones, uno detrás del otro; **the car began to ~ down the hill** el coche empezó a deslizarse cuesta abajo; **tanks ~ed into the capital at dawn** los tanques entraron en la capital al amanecer; **tears ~ed down his cheeks** las lágrimas le corrían por las mejillas; **huge waves came ~ing in** llegaban unas olas enormes; **the engines ~ off the production line at a rate of 20 a week** producen *or* fabrican 20 motores por semana; **his name doesn't ~ off the tongue** su nombre es difícil de pronunciar; **the phrase ~s off the tongue** la frase es musical y fluida 2 (extend): **the hills ~ away into the distance** las colinas se pierden en el infinito

C (begin operating) «*camera*» empezar* a rodar; «*press*» ponerse* en funcionamiento; **everything's ready to ~** (colloq) ya está todo listo; **let the good times ~!** ¡que vengan los buenos tiempos!

D (make noise) «*drum*» redoblar; «*thunder*» retumbar

E **rolling** *pres p* ‹*countryside/hills*› ondulado; ‹*gait*› bamboleante; ‹*tones/oratory*› vibrante; ‹*contract/schedule*› renovable; ‹*strikes/power cuts*› escalonado; continuado

■ **roll** *vt*

A 1 ‹*ball/barrel*› hacer* rodar; ‹*dice*› tirar; **I'll ~ you for it** (AmE) vamos a echarlo a los dados; **you need to ~ a four** tienes que sacar un cuatro 2 (turn over): **the nurse ~ed me over onto my side** la enfermera me puso de costado *or* de lado 3 **to ~ one's eyes** poner* los ojos en blanco

B ‹*cigarette*› liar*; **the hedgehog ~ed itself into a ball** el erizo se hizo un ovillo *or* una bola; **a circus, museum and craft fair all ~ed into one** un circo, un museo y una feria de artesanía, todo en uno; **the architect ~ed the plans out on the table** el arquitecto desenrolló los planos sobre la mesa; **she ~ed up her sleeves** se arremangó; **I ~ed up the rug** enrollé la alfombra

C (flatten) ‹*lawn*› pasarle el rodillo a; ‹*dough/pastry*› estirar

D (Ling): **to ~ one's 'r's** hacer* vibrar las erres

E (sl) 1 (have sex with) pasar por las armas (fam), tirarse (arg) 2 (AmE) (rob) asaltar; **they ~ed him for everything he had** le robaron todo lo que tenía

Phrasal verbs

- **roll back** [v + o + adv, v + adv + o] 1 (push back) ‹*enemy*› hacer* retroceder 2 (AmE) (reduce) ‹*prices/wages*› bajar, reducir*
- **roll by** ▸**roll on 1**
- **roll down** [v + adv + o, v + o + adv] ‹*blinds/car window*› bajar; ‹*sleeves*› bajarse
- **roll in** [v + adv] 1 (arrive in large quantities) llegar* en grandes cantidades, llover*; **offers have been ~ing in** nos (*or* les *etc*) han llovido ofertas 2 (arrive late): **he ~ed in at eleven** apareció a las once
- **roll on** [v + adv] 1 (pass) «*time/months*» pasar 2 (arrive) (colloq): **~ on vacation time!** ¡que lleguen pronto las vacaciones!
- **roll out**

A [v + o + adv, v + adv + o] ‹*dough/pastry*› estirar; ‹*new product/system*› introducir*, presentar, lanzar*

B [v + adv] (AmE colloq) levantarse (de la cama)

- **roll over** [v + o + adv, v + adv + o] ‹*loan/repayments*› refinanciar; *see also* **roll² A2**
- **roll up** [v + adv] (arrive) (colloq) aparecer*; **they finally ~ed up, late as usual** finalmente aparecieron, tarde como de costumbre; **~ up, ~ up!** (BrE) ¡acérquense y miren!; *see also* **roll² B**

rollaway /'rəʊləweɪ/ *n* (AmE) cama *f* rodante, cama *f* con ruedas

rollback /'rəʊlbæk/ *n*

A (reduction) (AmE) reducción *f* (*a un nivel anterior*)

B [u c] (Comput) rollback *m*, anulación *f* de una transacción

rollbar /'rəʊlbɑːr || 'rəʊlbɑː(r)/ *n* barra *f* protectora antivuelco

roll call *n* 1 (calling of roll): **~ is 9 a.m.** pasan lista a las nueve de la mañana 2 (list) lista *f*

rolled /rəʊld/ *adj* ‹*newspaper*› enrollado; ‹*umbrella*› cerrado; **~ gold** metal *m* (en)chapado en oro; **~ oats** copos *mpl* de avena, Quáker® *m* (CS); **a ~ 'r'** una erre fuerte *or* vibrante

roller /'rəʊlər || 'rəʊlə(r)/ *n*

A (for lawn, in machine, for applying paint) rodillo *m*

B (for hair) rulo *m*, rulero *m* (Per, RPl), marrón *m* (Col), chino *m* (Méx), tubo *m* (Chi, Méx); **to put one's hair in ~s** ponerse* rulos (*or* ruleros *etc*)

C (for moving sth) 1 (cylinder) rodillo *m* 2 (caster) ruedecita *f*, ruedita *f* (esp AmL), rodachina *f* (Col)

D (wave) ola *f* grande

rollerball /'rəʊlərbɔːl || 'rəʊləbɔːl/ *n*

A (ballpoint pen) bolígrafo *m* de punta fina

B (Comput) ratón *m* de bola, rollerball *m*

roller bearing *n* cojinete *m* de rodillos, rulemán *m* (RPl)

rollerblade /'rəʊlərbleɪd || 'rəʊləbleɪd/ *vi* patinar (con patines) en línea

Rollerblade®, rollerblade *n* patín *m* en línea

rollerblader /'rəʊlər,bleɪdər || 'rəʊlə,bleɪdə(r)/ *n* patinador, -dora *m,f* en línea

rollerblading /'rəʊlər,bleɪdɪŋ || 'rəʊlə,bleɪdɪŋ/ *n* [u] patinaje *m* (con patines) en línea

roller blind *n* persiana *f or* cortina *f* de enrollar, estor *m* (Esp)

roller coaster *n* montaña *f* rusa

roller derby *n* (AmE) carrera *f* de patinaje (sobre ruedas)

roller rink *n* pista *f* de patinaje (sobre ruedas)

roller-skate /'rəʊlərskeɪt || 'rəʊləskeɪt/ *vi* patinar (*sobre ruedas*); **to go roller-skating** ir* a patinar

roller skate *n* patín *m* (de ruedas)

roller skater *n* patinador, -dora *m,f* (*sobre ruedas*)

roller skating *n* [u] patinaje *m* (*sobre ruedas*)

roller towel *n* toalla *f* de rodillo

rollicking /'rɑːlɪkɪŋ || 'rɒlɪkɪŋ/ *adj* alegre, divertido; **we had a ~ (good) time** nos divertimos como locos (fam)

rolling mill /'rəʊlɪŋ/ *n* taller *m* de laminado de metal

rolling pin *n* rodillo *m*, palo *m or* palote *m* de amasar (RPl), rollo *m* pastelero (Esp), uslero *m* (Chi)

rolling stock *n* [u] material *m* rodante *or* móvil

rollmop (herring) /'rəʊlmɑːp || 'rəʊlmɒp/ *n*: *filete de arenque encurtido*

rollneck /'rəʊlnek/ *n* (BrE) 1 **~ (collar)** cuello *m* vuelto *or* (RPl) volcado 2 **~ (sweater)** suéter *m* de cuello vuelto *or* (RPl) volcado

roll-on¹ /'rəʊlɑːn || 'rəʊlɒn/ *adj* (*before n*) ‹*deodorant*› de bola

roll-on² *n* 1 (deodorant) desodorante *m* de bola 2 (girdle) faja *f* (*tubular*)

roll-on/roll-off /,rəʊl'ɑːnrəʊl,ɔːf || ,rəʊl'ɒnrəʊl,ɒf/ *adj* (*before n*) ‹*ferry*› roro, ro-ro, de autotransbordo

rollout /'rəʊlaʊt/ *n* [u]

A (of a new product) lanzamiento *m*, presentación *f* pública

B (of aircraft) rodaje *m* por la pista de aterrizaje

rollover /'rəʊləʊvər || 'rəʊləʊvə(r)/ *n*

A [u c] (of debt) refinanciación *f*; (*before n*): **~ credit** crédito *m* refinanciable

B [u c] (in lottery) pozo m, bote *m*; (*before n*): **~ jackpot** pozo *m or* bote *m* acumulativo

C [u c] (of vehicle) (colloq) vuelco *m*

D [c] (Comput) rollover *m cambio de imagen al pasar el puntero del ratón por encima*

roll-top /'rəʊltɑːp || 'rəʊltɒp/ *adj* (*before n*) ‹*desk/breadbin*› de tapa corrediza

roll-up¹ /'rəʊl,ʌp/ *n* (BrE colloq) cigarrillo *m* liado a mano

roll-up² *vt* (BrE) acumular, reinvertir*

roll-your-own¹ /,rəʊljə'rəʊn/ *adj* (*before n*) ‹*cigarettes/tobacco*› liado a mano, enrollado a mano

roll-your-own² *n* (colloq) cigarrillo *m* liado a mano, cigarrillo *m* enrollado a mano

roly-poly¹ /,rəʊli'pəʊli/ *n* (*pl* **-lies**) 1 [u c] (Culin) *especie de brazo de gitano cocido al vapor* 2 [c] (fat person) (BrE colloq) gordito, -ta *m,f*, gordinflón, -flona *m,f* (fam)

roly-poly² *adj* (colloq) gordinflón (fam), regordete

ROM /rɑːm || rɒm/ *n* [u] (= **read-only memory**) ROM *f*; (*before n*): **~ card** tarjeta *f* ROM; **~ chip** chip *m* ROM

romaine /rəʊ'meɪn || rə'meɪn/ *adj* (AmE): **~ lettuce** lechuga *f* romana

Roman¹ /'rəʊmən/ *adj* 1 (of, from Rome) romano; **the ~ Empire** el imperio romano; **a**

r

~ **nose** un perfil romano **2** (Relig) católico **3** **roman** romano; ‹*alphabet*› latino; **roman type** letra *f* redonda

Roman² *n* romano, -na *m,f*

Roman Catholic¹ *n* católico, -ca *m,f*

Roman Catholic² *adj* católico

Roman Catholicism *n* [u] catolicismo *m*

romance¹ /rəˈmæns, ˈrəʊmæns || rəʊˈmæns/ *n*

A **1** [c] (affair) romance *m*, idilio *m*; **he/she was my first ~** él/ella fue mi primer amor **2** [u] (feeling) romanticismo *m* **3** [u] (attractive quality) lo romántico, lo poético **4** [u] (sex) (AmE) sexo *m*

B [c u] (Lit) **1** (love story) novela *f* romántica *or* de amor, novela *f* rosa (fam) **2** (tale of chivalry) novela *f* de caballerías, romance *m*

C [u] **Romance** (Ling) romance *m*

romance² *vi* **1** (have love affair) tener* amores **2** (fantasize) fantasear, soñar*

Romance /rəˈmæns, ˈrəʊmæns || rəʊˈmæns/ *adj* ‹*languages*› romance, románico

Romanesque /ˌrəʊməˈnesk/ *adj* (Archit, Art) románico

Romania /ˌrəʊˈmeɪniə/ *n* Rumania *f*, Rumanía *f*

Romanian¹ /rəʊˈmeɪniən/ *adj* rumano

Romanian² *n* **1** [u] (language) rumano *m* **2** [c] (person) rumano, -na *m,f*

Romanize, romanize /ˈrəʊmənaɪz/ *vt* **1** (make like Romans) romanizar* **2** (transliterate) *transcribir una lengua usando el alfabeto latino*

Romansch, Romansh /rəʊˈmɑːntʃ, -ˈmænʃ || rəʊˈmænʃ/ *n* [u] romanche *m*, rético *m*

romantic¹ /ˌrəʊˈmæntɪk rə-/ *adj*

A **1** (sentimental) romántico; **you're not very ~** no eres muy romántico **2** (dashing, melodramatic) romántico **3** (idealized, unrealistic) romántico; **she has a ~ view of the world** tiene una idea romántica del mundo

B *also* **Romantic** (Art, Lit, Mus) romántico

romantic² *n* **1** (sb romantically inclined) romántico, -ca *m,f* **2** *also* **Romantic** (Art, Lit, Mus) romántico, -ca *m,f*

romantically /rəʊˈmæntɪkli rə-/ *adv* de manera romántica; **to be ~ inclined** ser* romántico; **they have been ~ linked by several columnists** varios periodistas han hablado de un romance entre ellos

romanticism /rəʊˈmæntəsɪzəm, rə- || rəʊˈmæntɪsɪzəm/ *n* [u] **1** *also* **Romanticism** (Art, Lit, Mus) romanticismo *m* **2** (romantic nature) romanticismo *m*

romanticize /rəʊˈmæntəsaɪz, rə- || rəʊˈmæntɪsaɪz/ *vt* idealizar*

■ **romanticize** *vi* ver* las cosas de color de rosa

Romany¹ /ˈrɑːməni, ˈrəʊ- || ˈrɒməni, ˈrəʊ-/ *adj* gitano

Romany² *n* (*pl* **-nies**) **1** [c] (person) gitano, -na *m,f* **2** [u] (language) romaní *m*

Rome /rəʊm/ *n* Roma *f*; **Ancient ~** la Roma antigua; **the Church of ~** la Iglesia Católica (Apostólica Romana); **the Treaty of ~** el Tratado de Roma; ~ ***wasn't built in a day*** no se ganó Zamora en una hora; ***when in ~, do as the Romans (do)*** donde fueres haz lo que vieres; ▸**road A**

Romeo /ˈrəʊmiəʊ/ *n* Romeo; **~ and Juliet** Romeo y Julieta; **the office ~** el Don Juan de la oficina

romp¹ /rɑːmp || rɒmp/ *n* **1** (frolic) retozo *m*; **the children dashed off for a ~ in the snow** los niños salieron a retozar en la nieve **2** (sexual) revolcón *m* (fam) **3** (play, film, novel) (journ) *obra divertida y sin pretensiones* **4** (easy victory) carrera *f* fácil

romp² *vi* **1** (frolic) retozar* **2** (move boisterously) correr alegremente **3** (move with ease) (+ *adv compl*): **she ~ed through the exam** no tuvo problemas para hacer el examen; **he has ~ed into a spectacular lead** ha conseguido sin dificultad una ventaja espectacular

Phrasal verb

- **romp home, romp in** [v + adv] (colloq) ganar fácilmente

rompers /ˈrɑːmpərz || ˈrɒmpəz/ *pl n* (BrE) **romper suit** /ˈrɑːmpər || ˈrɒmpə(r)/ *n* mameluco *m* (AmL), pelele *m* (Esp), enterito *m* (RPl), osito *m* (Chi)

Romulus /ˈrɑːmjələs || ˈrɒmjʊləs/ *n* Rómulo

rondo /ˈrɑːndəʊ || ˈrɒndəʊ/ *n* (*pl* **-dos**) rondó *m*

roneo /ˈrəʊniəʊ/ *vt* (BrE) mimeografiar*, multicopiar

Roneo® /ˈrəʊniəʊ/ *n* (*pl* **-os**) (BrE) **1** (machine) mimeógrafo *m*, multicopista *f* **2** (copy) copia *f* de mimeógrafo *or* multicopista

roo /ruː/ *n* (Austral colloq) ▸**kangaroo**

roo bar *n* (Austral) ▸**bull bar**

rood screen /ruːd/ *n*: *mampara ornamentada que separa el coro de la nave*

roof¹ /ruːf/ *n* (*pl* **~s** /ruːfs ruːvz/) **1** (of building) tejado *m*, techo *m* (esp AmL); **terraced ~** terraza *f*, azotea *f*; **she found herself without a ~ over her head** se quedó sin techo; **families without a ~ over their head** familias sin techo *or* sin hogar; **while you're under my ~, you'll do as I say** mientras vivas en mi casa harás lo que yo diga; **they found it impossible to live under the same ~** no podían vivir bajo el mismo techo; ***to go through/hit the ~*** ‹‹*prices*›› dispararse, ponerse* por las nubes; ‹‹*person*›› ponerse* furioso, explotar (fam); **she almost went through the ~** casi *or* por poco explota (fam); ***to raise the ~*** poner* el grito en el cielo; (*before n*): **~ garden** terraza *f or* azotea *f* ajardinada; **~ restaurant** restaurante *m* panorámico (*en lo alto de un edificio*) **2** (of car) techo *m*; (*before n*): **~ rack** baca *f*, portaequipajes *m*, parrilla *f* (AmL) **3** (of cave, tunnel) techo *m* **4** **the ~ of the mouth** el paladar

roof² *vt* techar; **a house ~ed with** *o* **in slate** una casa con tejado *or* (esp AmL) techo de pizarra

Phrasal verb

- **roof in, roof over** [v + o + adv, v + adv + o] techar

roofing /ˈruːfɪŋ/ *n* [u] **1** (task): **to do the ~** hacer* el tejado *or* (esp AmL) el techo **2** (roof) techumbre *f*, tejado *m*, techo *m* (esp AmL) **3** (materials) materiales *mpl* para techar; (*before n*): **~ felt** fieltro *m* para tejado

roofscape /ˈruːfskeɪp/ *n* vista *f* de los tejados

rooftop /ˈruːftɑːp || ˈruːftɒp/ *n* tejado *m*, techo *m* (esp AmL); ***to shout sth from the ~s*** proclamar algo a los cuatro vientos

rook¹ /rʊk/ *n* **1** (Zool) grajo *m* **2** (in chess) torre *f*

rook² *vt* (colloq) estafar; **to ~ sb OF sth** estafarle algo a algn

rookery /ˈrʊkəri/ *n* (*pl* **-ries**) **1** (colony of rooks) colonia *f* de grajos **2** (breeding place) lugar *m* de cría, colonia *f*

rookie /ˈrʊki/ *n* (colloq) **1** (novice) novato, -ta *m,f*, principiante *mf*, bisoño, -ña *m,f*; (*before n*) ‹*journalist/golfer*› novato, bisoño **2** (military recruit) recluta *m*

room¹ /ruːm rʊm/ *n*

A [c] (in house, building) habitación *f*, pieza *f* (esp AmL); (bedroom) habitación *f*, dormitorio *m*, cuarto *m*, pieza *f* (esp AmL), recámara *f* (esp Méx); **a two-/four-~ house** una casa de dos/de cuatro habitaciones *or* (CS tb) ambientes; **we'll hire a ~ for the meeting/reception** alquilaremos una sala para la reunión/recepción; **single/double ~** habitación individual/doble; **the smallest ~ (in the house)** (euph & hum) el (cuarto de) baño; **S rooms to hire** *o* **for rent** *o* (BrE also) **to let** se alquilan habitaciones; **~ and board** pensión *f* completa; (*before n*): **~ temperature** temperatura *f* ambiente

B [u] (space) espacio *m*, lugar *m*, sitio *m*; **there's ~ for one more** cabe uno más, hay espacio *or* sitio *or* lugar para uno más; **there's no ~ for anything else** no cabe nada más, no hay sitio *or* lugar *or* espacio para nada más; **they made ~ for me** me hicieron sitio; **this table takes up too much ~** esta mesa ocupa demasiado espacio *or* lugar; **there's still ~ for improvement** todavía se puede mejorar; **she's improved a lot — there was ~!** ha mejorado mucho — ¡y buena falta le hacía!; **there is no ~ for delay/error** uno no puede atrasarse/equivocarse, no hay ningún margen para retrasos/errores; **I need ~ to breathe** necesito mi espacio vital; ▸**cat**¹ **A1**

room² *vi*: **I'm ~ing with another student** vivo con *or* comparto una habitación (*or* un apartamento *etc*) con otro estudiante; **Smith ~s alone** Smith tiene una habitación *or* un cuarto para él solo

room clerk *n* (AmE) recepcionista *mf*

roomer /ˈruːmər, ˈrʊ- || ˈruːmə(r), ˈrʊ-/ *n* (AmE) inquilino, -na *m,f*

roomette /ruːˈmet/ *n* (AmE) **1** (in rail car) cochecama *m*, coche *m* dormitorio (CS) **2** (in house) habitación *f* de alquiler

roomful /ˈruːmfʊl ˈrʊm-/ *n*: **a ~ of people/furniture** una habitación llena de gente/muebles

roomie /ˈruːmi ˈrʊmi/ *n* (AmE colloq) compañero, -ra *m,f* de habitación *or* de cuarto

roominess /ˈruːminəs, ˈrʊm- || ˈruːmɪnɪs/ *n* [u] amplitud *f*, espaciosidad *f*

rooming house /ˈruːmɪŋ ˈrʊm-/ *n* (AmE) pensión *f*

roommate /ˈruːmmeɪt ˈrʊm-/ *n* (sharing room) compañero, -ra *m,f* de habitación *or* de cuarto; (sharing apartment) compañero, -ra *m,f* de apartamento *or* (Esp) de piso

room service *n* [u] servicio *m* a las habitaciones

roomy /ˈruːmi ˈrʊmi/ *adj* **-mier, -miest** ‹*house/car*› amplio, espacioso; ‹*coat/trousers*› amplio, holgado; ‹*handbag/pocket*› amplio

roost¹ /ruːst/ *n* percha *f*, palo *m*; ***to rule the ~*** llevar la batuta, dirigir* el cotarro (Esp fam)

roost² *vi* posarse (*para pasar la noche*); ***to come home to ~***: **her extravagance is really coming home to ~** ahora sí que está pagando las consecuencias de su despilfarro; **they've neglected the problem for years and now the chickens are coming home to ~** llevan años sin ocuparse del problema y ahora están pagando las consecuencias

rooster /ˈruːstər || ˈruːstə(r)/ *n* (esp AmE) gallo *m*

root¹ /ruːt/ *n*

A **1** (Bot) raíz *f*; **to pull a plant up by the** *o* **its ~s** arrancar* una planta de raíz; **to take ~** ‹‹*plant*›› echar raíces, arraigar*; ‹‹*idea*›› arraigarse*; **to put down ~s** ‹‹*person*›› echar raíces, afincarse*; ***to destroy sth ~ and branch*** acabar con algo de raíz *or* por completo; **a root-and-branch purge of the party** una purga radical del partido; (*before n*): **~ crop** cultivo *m* de tubérculos; **~ system** raíces *fpl*; **~ vegetable** *raíz o tubérculo comestible como la zanahoria, el boniato etc* **2** (of hair, tooth) raíz *f*; (*before n*): **~ canal treatment** endodoncia *f*

B **1** (origin) raíz *f*; **to get to the ~ of a problem** llegar* a la raíz de un problema; **drink is (at) the ~ of all his troubles** la bebida es la causa de todos sus problemas; (*before n*): **~ cause** causa *f* fundamental **2** **roots** *pl* (family, background) raíces *fpl*; **she has no ~s** no tiene raíces

C (Ling) raíz *f*

D (Math) raíz *f*; **square/cube ~** raíz cuadrada/cúbica; (*before n*): **~ sign** radical *m*

root² *vi*

A (search, forage) ‹‹*pig*›› hozar*; **I don't want him ~ing through my desk** no quiero que ande hurgando en mi escritorio; **she was ~ing around in the attic for her racket** estaba hurgando entre las cosas del desván buscando su raqueta

B (Bot) echar raíces, arraigar*

Phrasal verbs

- **root for** [v + prep + o] (support) ‹*team*› animar, alentar, cinchar por (RPl fam), hacerle* barra a (Andes); ‹*candidate/party*› hacer* campaña por; **good luck with the test: I'll be ~ing for you!** que te vaya bien en el examen: estaré pensando en ti y deseándote suerte
- **root out** [v + o + adv, v + adv + o] **1** (remove) ‹*corruption*› arrancar* de raíz, erradicar* **2** (find) ‹*cause/reason/truth*› averiguar*; **I'll see if I can ~ out some books for him to read** voy a ver si encuentro algún libro para que lea

• **root up** [v + o + adv, v + adv + o] ‹*plant*› arrancar* de raíz

root beer *n* [u c] (in US) *refresco hecho con distintas raíces*

root directory *n* directorio *m* raíz

rooted /ˈruːtəd || ˈruːtɪd/ *adj* arraigado; **he stood there, ~ to the spot** se quedó como clavado *or* paralizado donde estaba; **a deeply ~ prejudice** un prejuicio profundamente arraigado; **to be ~ IN sth** originarse *or* tener* sus orígenes EN algo

rooter /ˈruːtər || ˈruːtə(r)/ *n* (AmE colloq) hincha *mf* (fam)

rootless /ˈruːtləs || ˈruːtlɪs/ *adj* desarraigado

rope¹ /rəʊp/ *n* [c u] cuerda *f*, soga *f*; (Naut) cabo *m*; **a ~ of climbers** una cordada; **the ~** (hanging) la horca; **a ~ of pearls** un collar de perlas (*de varias vueltas entrelazadas*); ***give them enough ~ and they'll hang themselves*** déjalos hacer lo que quieran y ya verás cómo se cavan su propia fosa; ***to be on the ~s*** estar* contra las cuerdas; ***to show sb/know the ~s***: **Mike will show you the ~s** Mike te enseñará cómo funciona todo; **ask Helen, she knows the ~s** pregúntale a Helen, que está muy al tanto de todo

rope² *vt* 1 (tie) atar, amarrar (AmL exc RPl) (*con una cuerda*) **the climbers ~d themselves together** los escaladores formaron una cordada 2 (AmE) (lasso) ‹*steer/cattle*› enlazar* *or* (Méx) lazar* *or* (Chi) lacear

Phrasal verbs

• **rope in** [v + o + adv, v + adv + o] (colloq) (recruit) (*usu pass*) agarrar (fam); **I got ~d in to help** *o* **into helping** me agarraron para ayudar (fam)

• **rope off** [v + o + adv, v + adv + o] ‹*area*› acordonar

• **rope up** [v + adv] «*climbers*» encordarse*

rope bridge *n* puente *m* colgante de cuerdas

rope ladder *n* escala *f or* escalera *f* de cuerda *or* de soga

rope-walk /ˈrəʊpwɔːk/ *n* funambulismo *m*

ropey, ropy /ˈrəʊpi/ *adj* **ropier, ropiest** (BrE colloq): **I feel a bit ~ today** hoy me siento bastante mal, hoy estoy bastante pachucho (Esp fam); **the wine was very ~** el vino era muy malo; **he gave the same ~ old excuse** salió con la misma excusa burda de siempre

ro-ro /ˈrəʊrəʊ/ *adj* (BrE) (*before n*) roro, ro-ro, de autotransbordo

rort¹ /rɔːrt || rɔːt/ *n* (Austral colloq) estafa *f*; timo *m* (fam)

rort² *vi* (Austral colloq) valerse de artimañas

■ **rort** *vt* ‹*ballot/records*› amañar, arreglar, trinquetear (Méx fam); ‹*system*› explotar, sacarle* el jugo a; **they ~ the benefit system** explotan *or* le sacan el jugo al sistema de la seguridad social

rosary /ˈrəʊzəri/ *n* (*pl* **-ries**) rosario *m*; **to say the ~** rezar* el rosario

rose¹ /rəʊz/ *past of* **rise²**

rose² *n*

A (Bot) (flower) rosa *f*; (plant) rosal *m*; **life's not all ~s** la vida no es un lecho de rosas; **the mountain air put the ~s back in his cheeks** el aire de la montaña devolvió el color a sus mejillas (liter); **she's an English ~** es la típica belleza inglesa con cutis de porcelana; **the Wars of the R~s** la Guerra de las Dos Rosas; ***everything's coming up ~s*** todo está saliendo a pedir de boca; (*before n*): **~ bush** rosal *m*; **~ garden** rosaleda *f*, rosedal *m*

B 1 (on watering can, shower) roseta *f*, alcachofa *f*, flor *f* (RPl), piña *f* (Méx) 2 (design, decoration) rosetón *m*; (*before n*): **~ window** rosetón *m*

rosé¹ /rəʊˈzeɪ || ˈrəʊzeɪ/ *adj* rosado

rosé² *n* [u c] (vino *m*) rosado *m*

rosebed /ˈrəʊzbed/ *n* arriate *m or* (RPl) cantero *m* de rosas

rosebud /ˈrəʊzbʌd/ *n* capullo *m or* pimpollo *m* de rosa

rose-colored, (BrE) **rose-coloured** /ˈrəʊzˌkʌlərd || ˈrəʊzˌkʌləd/ ▸❶ **p.1036** *adj* ▸**rose-tinted**

rosehip /ˈrəʊzhɪp/ *n* escaramujo *m*

rosemary /ˈrəʊzˌmeri || ˈrəʊzməri/ *n* [u] romero *m*

rose-tinted /ˈrəʊzˌtɪntəd || ˈrəʊzˌtɪntɪd/ ▸❶ **p.1036** *adj* rosado, de color de rosa; ***to see things through ~ glasses*** *o* ***spectacles*** ver* las cosas de color de rosa

rosette /rəʊˈzet/ *n* 1 (worn on lapel) escarapela *f* 2 (rose window) rosetón *m*

rosewater /ˈrəʊzˌwɔːtər || ˈrəʊzˌwɔːtə(r)/ *n* [u] agua *f‡* de rosas

rosewood /ˈrəʊzwʊd/ *n* [u] palo *m* de rosa, palisandro *m*

Rosh Hashana(h) /ˌrəʊʃhəˈʃɑːnə || ˌrɒʃhəˈʃɑːnə, ˌrɒʃhɑːˈʃɑːnɑː/ *n* el Año Nuevo judío

rosin /ˈrɑːzn || ˈrɒzɪn/ *n* [u] colofonia *f*

roster¹ /ˈrɑːstər || ˈrɒstə(r)/ *n* (*duty* ~) 1 lista *f* de turnos 2 (list) lista *f*

roster² *vt* (BrE) (*usu pass*): **he's ~ed for Wednesday afternoon** le toca trabajar *or* está de turno el miércoles por la tarde

rostrum /ˈrɑːstrəm || ˈrɒstrəm/ *n* (*pl* **-trums** *or* **-tra** /-trə/) (for public speaking) tribuna *f*, estrado *m*; (for orchestra conductor) podio *m*

rosy /ˈrəʊzi/ *adj* **rosier, rosiest** ‹*cheeks*› sonrosado; ‹*prospects/outlook*› halagüeño, optimista

rot¹ /rɑːt || rɒt/ *n* [u] 1 (Biol) podredumbre *f*, putrefacción *f*; **the ~ set in** las cosas empezaron a decaer *or* a venirse abajo; **we must stop the ~** hay que tomar medidas para cortar por lo sano 2 (nonsense) (esp BrE colloq) tonterías *fpl*, paparruchas *fpl* (fam)

rot² **-tt-** *vi* «*plant/flesh*» pudrirse*; **to ~ away** pudrirse*; **to ~ down** «*compost*» descomponerse*; **to ~ in jail** pudrirse* en la cárcel; **she was ~ting (away) in a dead-end job** se estaba pudriendo en un trabajo sin futuro

■ **rot** *vt* ‹*wood/tree*› pudrir*; **sugar ~s the teeth** el azúcar pica *or* caria los dientes

rota /ˈrəʊtə/ *n* (BrE) lista *f* (de turnos); **we have a dishwashing ~ in our house** en casa nos turnamos para lavar los platos

Rotarian /rəʊˈteriən || rəʊˈteəriən/ *n* rotario, -ria *m,f*

rotary¹ /ˈrəʊtəri/ *adj* ‹*motion/movement*› rotatorio, rotativo; ‹*mower*› rotatorio; **~ press** rotativa *f*

rotary² *n* (*pl* **-ries**)

A (machine) máquina *f* rotatoria

B (traffic circle) (AmE) rotonda *f*, glorieta *f*

Rotary Club /ˈrəʊtəri/ *n* Club *m* de Rotarios, Rotary Club *m*

Rotary International *n* Rotary Club *m* Internacional

rotate /ˈrəʊteɪt || rəʊˈteɪt/ *vi* 1 (turn about axis) girar, dar* vueltas, rotar; **rotating blade** cuchilla *f* giratoria *or* rotatoria 2 (take turns) turnarse, rotarse; «*crops*» alternarse; **members ~ in the role of chairman** los miembros se van turnando *or* (se) van rotando para ocupar la presidencia; **on a rotating basis** por turnos

■ **rotate** *vt* 1 (turn, spin) (hacer*) girar, dar* vueltas a 2 (alternate) ‹*crops*› alternar, rotar; ‹*employees*› cambiar de puesto periódicamente, hacer* rotar

rotation /rəʊˈteɪʃən/ *n* 1 [u c] (turning) rotación *f* 2 [u] (alternation) rotación *f*; **the ~ of crops** la rotación de cultivos; **~ in office** rotación en el cargo; **we deal with the calls in strict ~** atendemos las llamadas por estricto orden de llegada

rotavate /ˈrəʊtəveɪt/ *vt* (BrE) ▸**rototill**

rotavator /ˈrəʊtəveɪtər || ˈrəʊtəveɪtə(r)/ *n* (BrE) motocultor *m*

rote /rəʊt/ *n*: **to learn/recite sth by ~** aprender/recitar algo de memoria; (*before n*): **~ learning** memorización *f*

rotgut /ˈrɑːtgʌt || ˈrɒtgʌt/ *n* [u] (colloq) matarratas *m* (fam & hum)

rotisserie /ˌrəʊˈtɪsəri/ *n* 1 (restaurant) asador *m*, grill *m* (CS), asadero *m* (Col) 2 (spit) asador *m*, spiedo *m* (CS)

rotor /ˈrəʊtər || ˈrəʊtə(r)/ *n* rotor *m*

rotor arm *n* (brazo *m*) rotor *m*

rotor blade *n* pala *f or* paleta *f* del rotor

rototill /ˈrəʊtətɪl/ *vt* (AmE) ‹*soil/land*› roturar (*con un motocultor*)

Rototiller® /ˈrəʊtəˌtɪlər || ˈrəʊtəˌtɪlə(r)/ *n* (AmE) motocultor *m*

rotovate /ˈrəʊtəveɪt/ *vt* (BrE) ▸**rototill**

Rotovator® /ˈrəʊtəˌveɪtər || ˈrəʊtəˌveɪtə(r)/ *n* (BrE) motocultor *m*

rotproof /ˈrɑːtpruːf || ˈrɒtpruːf/ *adj* imputrescible, a prueba de putrefacción

rotten /ˈrɑːtn || ˈrɒtn/ *adj* 1 (decayed) ‹*wood/fruit*› podrido; ‹*tooth*› picado, cariado; **he's ~ to the core** está corrompido hasta la médula; **to spoil sb ~** mimar demasiado a algn, malcriar* a algn 2 (colloq) (bad): **what ~ weather!** ¡qué tiempo más horrible *or* asqueroso!; **that's a ~ thing to do** eso es una maldad; **that was really ~ of her** eso fue una maldad de su parte; **don't be so ~ to her** no seas tan malo *or* (fam) asqueroso con ella; **he's a ~ singer** canta pésimo; **I'm ~ at French** en francés soy un desastre; **to feel ~** (ill) sentirse* mal *or* (fam) fatal; (guilty) sentirse* culpable

rotter /ˈrɑːtər || ˈrɒtə(r)/ *n* (BrE colloq & dated) asqueroso, -sa *m,f* (fam), sinvergüenza *mf*

rotund /rəʊˈtʌnd/ *adj* 1 (rounded) (frml) redondeado 2 (corpulent) (hum & euph) voluminoso, rechoncho

rotunda /rəʊˈtʌndə/ *n* (*pl* **-das**) rotonda *f*

rotundity /rəʊˈtʌndəti/ *n* [u] 1 (shape) (frml) redondez *f* 2 (corpulence) (hum & euph) corpulencia *f* (euf), gordura *f*

rouble /ˈruːbəl/ *n* (BrE) rublo *m*

roué /ruːˈeɪ || ˈruːeɪ/ *n* libertino *m*

rouge¹ /ruːʒ/ *n* [u] colorete *m*

rouge² *vt* ‹*cheeks/face*› ponerse* colorete en

rough¹ /rʌf/ *adj* **-er, -est**

A 1 (not smooth) ‹*surface/texture/skin*› áspero, rugoso; ‹*cloth*› basto; ‹*hands*› áspero, basto; ***to take the ~ with the smooth*** estar* a las duras y a las maduras 2 (uneven) ‹*ground/road*› desigual, lleno de baches; ‹*terrain*› agreste, escabroso 3 ‹*sea*› agitado, picado, encrespado; ‹*weather*› tempestuoso, tormentoso; **we had a ~ crossing** el barco se movió mucho durante la travesía 4 ‹*sound/voice*› áspero, ronco; ‹*wine*› áspero

B (colloq) 1 (unpleasant, hard) ‹*life/existence*› duro; **she had a ~ time of it when she was young** lo pasó muy mal cuando era joven; **to be ~ ON sb** ser* duro CON algn; **don't be too ~ on the kid** no seas duro con el chico; **the critics have been ~ on her recent work** la crítica ha sido dura con sus últimas obras; **it's a bit ~ on her to be left with all the responsibility** es un poco injusto que le dejen toda la responsabilidad a ella 2 (ill): **he feels a bit ~ today** hoy no está muy bien, hoy se siente bastante mal

C (not gentle) ‹*child/game*› brusco; ‹*neighborhood*› peligroso; **you'll break the doll if you're too ~ with it** vas a romper la muñeca si no la tratas con más cuidado; **she got a ~ handling from her interviewers** los entrevistadores le tiraron a matar; **we want a clean game, no ~ stuff** (colloq) queremos que jueguen limpio, nada de violencia

D 1 (crude, unpolished) ‹*peasant*› tosco, rudo; **a ~ sketch** un esbozo; **a ~ draft** un borrador; **all ~ working must be shown** se debe entregar todos los borradores; **~ paper/book** (BrE) papel *m* /cuaderno *m* de borrador; **precious stones in their ~ state** piedras preciosas en bruto; **it was ~ justice** el castigo fue duro pero justo *or* merecido 2 (approximate) ‹*calculation/estimate/translation*› aproximado; **can you give me a ~ idea how much it'll cost?** ¿me puede dar más o menos una idea de lo que costará?; **it would take six months, at a ~ guess** calculo que llevaría unos seis meses más o menos *or* aproximadamente

rough² *adv* 1 ‹*sleep*› *a la intemperie o sin las comodidades más básicas*; **he'd been sleeping ~ for over a week** llevaba más de una semana durmiendo donde podía *or* sin tener donde pasar la noche 2 (violently): **if he won't agree, they'll play it ~** si no acepta, se van a poner duros; ***to cut up ~*** (colloq) ponerse* hecho una fiera (fam)

rough[3] *n*
A **1** (in golf): **the ~** el rough **2** (draft) borrador *m*; **in the ~** en borrador
B (hooligan) (BrE) matón, -tona *m,f*, gamberro, -rra *m,f* (Esp); **she likes a bit of ~** (colloq) le gustan los machotes rudos (fam)

rough[4] *vt*: ***to ~ it*** (colloq) pasar sin comodidades

Phrasal verbs
- **rough in** [v + o + adv, v + adv + o] ‹*figures/shapes*› bosquejar, esbozar*
- **rough out** [v + o + adv, v + adv + o] ‹*drawing*› bosquejar, esbozar*, hacer* un bosquejo *or* esbozo de; ‹*speech/schedule*› preparar en borrador
- **rough up** [v + o + adv, v + adv + o] (colloq) darle* una paliza a

roughage /ˈrʌfɪdʒ/ *n* [u] fibra *f* (*de los alimentos*)

rough-and-ready /ˌrʌfənˈredi/ *adj* improvisado

rough-and-tumble /ˌrʌfənˈtʌmbəl/ *n* [u]: **kids enjoy a bit of ~** a los niños les gustan los juegos bruscos; **the ~ of politics** el turbulento mundo de la política

roughcast /ˈrʌfkæst || ˈrʌfkɑːst/ *n* [u]: *revestimiento tosco para exteriores*

roughen /ˈrʌfən/ *vt* poner* áspero; **~ both surfaces before applying the adhesive** raspar ambas superficies antes de aplicar el pegamento
■ **roughen** *vi* «*hands/surface*» ponerse* áspero; **their skin had ~ed through exposure to the sun** tenían el cutis curtido por el sol

rough-hewn /ˈrʌfˈhjuːn/ *adj* (liter) toscamente labrado

roughhouse[1] /ˈrʌfhaʊs/ *n* jaleo *m* (fam), alboroto *m*

roughhouse[2] *vi* armar jaleo (fam)

roughly /ˈrʌfli/ *adv* **1** (approximately) aproximadamente; **they are ~ the same length** miden aproximadamente *or* más o menos lo mismo de largo; **I'll explain ~ how it works** explicaré, en líneas generales, cómo funciona; **~ speaking, the organ acts as a filter** el órgano se comporta como un filtro, por así decirlo; **~, what we plan to do is this** en líneas generales, lo que pensamos hacer es lo siguiente **2** (not gently) ‹*play*› bruscamente, de manera violenta; **to treat sb ~** maltratar *or* tratar mal a algn **3** (crudely) toscamente

roughneck /ˈrʌfnek/ *n* (colloq) **1** (rough man) (pej) matón *m* **2** (oil worker) *trabajador de un pozo petrolífero*

roughness /ˈrʌfnəs || ˈrʌfnɪs/ *n* [u]
A **1** (of texture) aspereza *f* **2** (of terrain) lo agreste *or* escabroso **3** (of sea) lo agitado **4** (of sound) aspereza *f*
B (violence) brusquedad *f*, violencia *f*

roughrider /ˈrʌfˌraɪdər || ˈrʌfˌraɪdə(r)/ *n* (AmE) **1** (skilled rider) domador, -dora *m,f* de caballos **2** **Roughriders** *pl* (in US history) *regimiento de caballería fundado por Theodore Roosevelt*

roughshod /ˈrʌfʃɑːd || ˈrʌfʃɒd/ *adv*: ***to ride ~ over sth/sb***: **he rides ~ over other people's feelings** no tiene la menor consideración para con los sentimientos de los demás; **she will ride ~ over anyone that stands in her way** se llevará por delante a quien se interponga en su camino; **they've ridden ~ over our recommendations** han hecho caso omiso de nuestras recomendaciones

rough trade *n* [u] (sl): **he likes a bit of ~ ~** le gustan los machotes rudos (fam)

roulade /ruːˈlɑːd/ *n*
A [u c] (Culin) roulade *f*, rulada *f*
B [c] (Mus) roulade *m*

roulette /ruːˈlet/ *n* [u] ruleta *f*; (*before n*): **~ wheel** ruleta *f*

Roumania /ruːˈmeɪniə/ *etc* ▸**Romania** *etc*

round[1] /raʊnd/ *adj*
A **1** (circular) redondo; ‹*eyes/face*› redondo; **~ arch** arco *m* de medio punto; **~ tower** torre *f* circular **2** (spherical) redondo **3** (not angular) ‹*corner*› curvo; **she has very ~ shoulders** es muy cargada de espaldas, es muy encorvada
B (whole) ‹*number*› redondo; **let's bring it up to a ~ 50** digamos 50 para redondear; **she's inherited a nice ~ sum** (colloq) ha heredado una buena cantidad de dinero
C **1** (Ling) ‹*vowel*› redondeado **2** (sonorous) sonoro

round[2] *n*
A [c] (circle) círculo *m*, redondel *m*, redondela *f* (Chi, Per); **theater in the ~** teatro *m* circular
B [c] **1** (series) serie *f*; **the latest ~ of tax cuts** la última serie de recortes impositivos; **one long ~ of problems** una larga serie *or* sucesión de problemas; **~ of talks** ronda *f* de conversaciones; **the daily ~** el día a día; **the daily ~ of meetings and phone calls** la rutina diaria de reuniones y llamadas telefónicas **2** (burst): **a ~ of applause** un aplauso; **let's have a ~ of applause for ...** un aplauso para ...; **she got a huge ~ of applause** la aplaudieron mucho, recibió un gran aplauso *or* (frml) una gran ovación
C [c] (Sport, Games) **1** (of tournament, quiz) vuelta *f*; **the second ~** la segunda vuelta *or* eliminatoria **2** (in boxing, wrestling) round *m*, asalto *m*; (in golf) vuelta *f*, recorrido *m*; (in showjumping) recorrido *m*; **he managed a clear ~** (Equ) hizo un recorrido sin faltas **3** (in card games — hand) mano *f*; (— game) partida *f*
D **1** (of visits) (*often pl*): **the doctor is off making his ~s** *o* (BrE) **is on his ~s at the moment** el doctor está haciendo visitas a domicilio *or* visitando pacientes en este momento; **the nurse does her ~ of the wards at midday** la enfermera hace la ronda de las salas a mediodía; **we had to make** *o* (BrE) **do** *o* **go the ~s of all the relatives** tuvimos que ir de visita a casa de todos los parientes; **his manuscript has made** *o* (BrE) **done** *o* **gone the ~s of most of the publishers in town** su manuscrito ha circulado por la mayoría de las editoriales de la ciudad **2** [c] (of watchman) ronda *f*; (BrE) (of postman, milkman) recorrido *m*; **he's doing his paper ~** está haciendo el reparto de periódicos
E [c] (of drinks) ronda *f*, vuelta *f*, tanda *f* (Col, Méx); **this is my ~** esta ronda *or* vuelta *or* (Col, Méx tb) tanda la pago yo; **it's your ~** te toca a ti invitar
F [c] (shot) disparo *m*; (bullet) bala *f*; **they fired ten ~s into the car** dispararon diez veces sobre el coche; **he only had two ~s of ammunition left** sólo le quedaban dos balas (*or* cartuchos *etc*)
G [c u] (cut of meat) *corte de carne del cuarto trasero*
H [c] (of bread) (BrE): **a ~ of toast** una tostada *or* (Méx) un pan tostado; **a ~ of sandwiches** un sándwich
I [c] (Mus) **1** (canon) canon *m* **2** **~ (dance)** *danza que se baila en corro*

round[3] *vt* **1** (go around) ‹*corner*› doblar, dar* la vuelta a **2** (make round) ‹*edge/corner*› redondear **3** ‹*number*› redondear

Phrasal verbs
- **round down** [v + o + adv, v + adv + o] ‹*price/total*› redondear (*por defecto*)
- **round off**
A [v + o + adv, v + adv + o] **1** ‹*sharp edge*› redondear, alisar **2** (end suitably) ‹*day/meal*› terminar, rematar; **the award ~ed off a brilliant career** el galardón fue el broche de oro de una carrera brillante **3** ‹*number*› redondear
B [v + adv] concluir*, terminar; **to ~ off I'd like to say that ...** para concluir *or* terminar quisiera decir que ...
- **round on** [v + prep + o] volverse* contra
- **round out**
A [v + o + adv, v + adv + o] (make fuller) ‹*plot/sketch*› redondear
B [v + adv] (become fatter) engordar
- **round up** [v + o + adv, v + adv + o] **1** ‹*price/total*› redondear (*por exceso*) **2** (collect) ‹*sheep/cattle*› rodear, reunir*; ‹*criminals*› hacer* una redada de; ‹*people*› reunir* **3** (summarize) ‹*news*› hacer* un resumen de

round[4] *adv* (esp BrE)
A **1** (in a circle): **we walked all the way ~** dimos toda la vuelta; **they ran ~ and ~** dieron vueltas y vueltas corriendo; **all year ~** durante todo el año **2** (so as to face in different direction): **the wind veered ~** el viento cambió de dirección; *see also* **turn round** **3** (on all sides) alrededor; **everyone crowded ~** todo el mundo se apiñó alrededor
B **1** (from one place, person to another): **we went inside and had a look ~** entramos y echamos un vistazo; **the curator took us ~** el conservador nos mostró *or* nos enseñó el museo (*or* la colección *etc*); **a list was handed ~** se hizo circular una lista; **I phoned ~ to find a cheaper flight** hice unas cuantas llamadas tratando de encontrar un pasaje más barato; **she prefers to travel ~ on her own** prefiere viajar sola; *see also* **ask round** **2** (at, to different place): **I expect she's ~ at Ed's** supongo que estará en casa de Ed *or* (AmL tb) donde Ed *or* (RPl tb) en lo de Ed; **we dashed ~ to the bank** fuimos corriendo al banco; **he brought his girlfriend ~** trajo a su novia; **we're having friends ~ for a meal** hemos invitado a unos amigos a comer; *see also* **call round** **3** **all round** (in every respect) en todos los sentidos; (for everybody) a todos; **their team was better all ~** su equipo era mejor en todos los sentidos; **congratulations all ~!** ¡felicitaciones a todos!; **he bought drinks all ~** compró bebidas para todos

round[5] *prep* (esp BrE)
A (encircling) alrededor de; **they built a wall ~ the garden** construyeron un muro alrededor del jardín; **the wall ~ the garden** el muro que rodea el jardín; **~ the corner** a la vuelta (de la esquina)
B **1** (in the vicinity of) cerca de, en los alrededores de; **there are several antique shops ~ the canal** cerca *or* en los alrededores del canal hay varios anticuarios; **she lives ~ here** vive por aquí; **~ about 5 o'clock** alrededor de las cinco **2** (within, through): **he does odd jobs ~ the house** hace arreglitos en la casa; **we had a look ~ the old town** dimos una vuelta por el casco viejo de la ciudad; **she spent six months cycling ~ Ireland** pasó seis meses viajando en bicicleta por Irlanda

round- /raʊnd/ *pref*: **~eyed/~faced** de ojos redondos/cara redonda; **~shouldered** cargado de espaldas, encorvado

roundabout[1] /ˈraʊndəbaʊt/ *n* (BrE) **1** ▸**merry-go-round** **2** (in park) tiovivo *m* **3** (Transp) rotonda *f*, glorieta *f*, óvalo *m* (Per)

roundabout[2] *adj* ‹*route*› indirecto; **we came a rather ~ way** vinimos dando un rodeo; **he said it in a very ~ way** lo dijo con muchos rodeos *or* circunloquios

rounded /ˈraʊndəd || ˈraʊndɪd/ *adj*
A **1** (curved) ‹*edge/object/surface*› redondeado **2** (plump) ‹*face/cheeks/figure*› relleno, rellenito (fam) **3** (Culin) ‹*teaspoon/tablespoon*› colmado
B **1** ‹*view/report*› equilibrado **2** (flowing) ‹*style*› pulido, fluido **3** (Ling) ‹*vowel*› redondeado

rounder /ˈraʊndər || ˈraʊndə(r)/ *n* carrera *f* (*en el juego de* ▸**rounders**)

rounders /ˈraʊndərz || ˈraʊndəz/ *n* (in UK) (+ *sing vb*) *juego parecido al béisbol*

roundly /ˈraʊndli/ *adv* **1** (bluntly, strongly) ‹*assert/condemn/deny*› rotundamente, categóricamente; **his behavior was ~ criticized** su comportamiento fue duramente criticado **2** (thoroughly) ‹*defeat*› completamente, de manera aplastante

roundness /ˈraʊndnəs || ˈraʊndnɪs/ *n* [u] redondez *f*

round robin *n* **1** (petition, protest) *petición o protesta colectiva en la cual los nombres de los firmantes forman un círculo* **2** (circular, memo) circular *f* **3** (tournament) (AmE) torneo *m* (*en el que cada participante se enfrenta con cada uno de los demás*)

roundsman /ˈraʊndzmən/ *n* (*pl* **-men** /-mən/) (BrE) repartidor *m*

round table *n* **1** (forum for discussion) mesa *f* redonda; (*before n*): **round-table discussion** mesa *f* redonda **2** **the Round Table** (of King Arthur) la Mesa Redonda (*del Rey Arturo*) **3** **Round Table** *club social para profesionales jóvenes que promueven obras benéficas, organizan actividades sociales etc*

round-the-clock /ˌraʊndðəˈklɑːk || ˌraʊndðəˈklɒk/ *adj* (*pred* **round the clock**) de 24 horas

round the clock *adv* ‹*operate/work*› las 24 horas, día y noche

round-the-world /ˈraʊndðəˈwɜːrld || ˈraʊndðəˈwɜːld/ *adj* (*pred*) **round the world** ‹*ticket*› para dar la vuelta al mundo; ‹*trip/race*› alrededor del mundo; ‹*yachtsman*› que da (*or* dio *etc*) la vuelta al mundo

round trip *n* **1** (there and back) (viaje *m* de) ida *f* y vuelta, viaje *m* redondo (Méx) **2** (return fare) (AmE) tarifa *f* de ida y vuelta *or* (Méx) de viaje redondo; (*before n*): **round-trip ticket** pasaje *m* *or* (Esp) billete *m* de ida y vuelta, boleto *m* redondo (Méx) **3** (circular route) (BrE) circuito *m*

round-up /ˈraʊndʌp/ *n* **1** (of livestock) rodeo *m* **2** (by police, army) redada *f* **3** (summary) resumen *m*, síntesis *f*

roundworm /ˈraʊndwɜːrm || ˈraʊndwɜːm/ *n* [u c] lombriz *f* intestinal; **he's got ~** tiene lombrices (intestinales) *or* (fam) gusanos

rouse /raʊz/ *vt* **1** (wake, stir) **to ~ sb (FROM *o* OUT OF sth)** despertar* a algn (DE algo); **we tried to ~ him out of his sleep** tratamos de despertarlo **2** (arouse) provocar*; **the lion is dangerous when ~d** el león es peligroso si se lo provoca; **to ~ sb TO sth**: **his speech ~d the crowd to a frenzy** su discurso enardeció *or* enfervorizó a la multitud; **her constant teasing ~d him to fury** sus constantes burlas lo enfurecieron; **his criticism ~d me to action** sus críticas me movieron a hacer algo

rousing /ˈraʊzɪŋ/ *adj* ‹*words/speech*› vehemente, enardecedor; ‹*cheers/applause*› caluroso, entusiasta, clamoroso

roustabout /ˈraʊstəbaʊt/ *n* **1** (in oilfield) trabajador *m* no calificado *or* (Esp) no cualificado **2** (on farm) (Austral) trabajador, -dora *m,f* agrícola, peón *m* (esp AmL) **3** (Naut) (deckhand) grumete *m*; (docker) estibador *m*

rout[1] /raʊt/ *n* (defeat) derrota *f* aplastante; (flight) huida *f* en desbandada; **they put the enemy to ~** pusieron en fuga al enemigo

rout[2] *vt* (defeat) derrotar *or* vencer* de forma aplastante; (put to flight) poner* en fuga

Phrasal verb

• **rout out** [v + o + adv, v + adv + o] **1** (chase) hacer* salir; **they were ~ed out of their hiding places** los hicieron salir de sus escondites **2** (find) encontrar*; (look for) buscar*; **remind me to ~ out that record you wanted** recuérdame que busque ese disco que querías

route[1] /ruːt, raʊt || ruːt/ *n* **1** (way) camino *m*, ruta *f*; (of bus) ruta *f*, recorrido *m*; **that's not my normal ~** ese no es el camino que suelo tomar; **air/sea ~** ruta aérea/marítima; **it's near the number fourteen bus ~** está cerca de la ruta *or* del recorrido del 14; **if you want to go that ~** (AmE colloq) si quieres hacerlo de esa manera **2** (highway) (AmE) carretera *f*, ruta *f* (RPl) **3** (delivery round) (AmE) recorrido *m*; **she does a newspaper ~** hace un reparto de periódicos **4** (Med): **via the oral/anal ~** por vía oral/anal

route[2] *vt* (*pres p* **routing** *or* BrE also **routeing**) enviar*; **the supplies were ~d through France** enviaron las provisiones a través de Francia; **the plane was ~d through Frankfurt to avoid the fog** desviaron el avión a Francfort debido a la niebla

route man *n* (*pl* **~ men**) (AmE) repartidor *m*

route march *n* marcha *f* de entrenamiento

router *n*

A /ˈraʊtə(r)/ (in carpentry) acanalador *m*

B /ˈraʊtər || ˈruːtə/ (Comput) router *m*, enrutador *m*, encaminador *m* (*sistema que transfiere información entre dos redes que usan el mismo protocolo*)

routine[1] /ruːˈtiːn/ *n*

A **1** [c u] (regular pattern) rutina *f*; **the daily ~** la rutina diaria *or* cotidiana; **he soon settled into the office ~** pronto se adaptó a la rutina de la oficina; **as a matter of ~** como rutina; **it had become a matter of ~** se había convertido en algo rutinario *or* de rutina **2** [u] (repetitive activity) rutina *f*; **the daily ~** el día a día

B [c] **1** (of gymnast, skater, comedian) número *m*; **let's go through that ~ again** volvamos a ensayar ese número **2** (formula, patter): **don't give me that old ~** no me vengas con la misma cantinela (fam); **the usual sales ~** el típico discurso de vendedor

C (Comput) rutina *f*

routine[2] *adj* **1** (regular, usual) ‹*procedure/inquiries/investigation*› de rutina; **the prescription of tranquilizers became ~** recetar calmantes se convirtió en algo habitual **2** (ordinary, dull) rutinario

routinely /ruːˈtiːnli/ *adv* como rutina, rutinariamente; **all new products are ~ tested** todos los productos nuevos son automáticamente sometidos a una prueba

routing, (BrE also) **routeing** /ˈruːtɪŋ, ˈraʊtɪŋ || ˈruːtɪŋ/ *n* [c u] elección *f* de rutas

roux /ruː/ *n* [u c] (*pl* **~** /-z/) roux *m* (*base de salsa compuesta de harina y mantequilla*)

rove /rəʊv/ *vt* ‹*area/town*› recorrer, vagar* *or* (liter) errar* por

■ **rove** *vi* «*eyes/gaze*» recorrer; **to ~ OVER sth** recorrer algo

rover /ˈrəʊvər || ˈrəʊvə(r)/ *n* trotamundos *mf*

roving[1] /ˈrəʊvɪŋ/ *adj* (*before n*) ‹*gang/animals*› errante; **~ ambassador** embajador, -dora *m,f* itinerante; **he was given a ~ commmission** se le dio carta blanca para trasladarse donde considerase necesario; **~ reporter** periodista *mf* sin destino fijo; ▸**eye**[1] **A1**

roving[2] *n* [u] vida *f* errante

row[1] *n*

Sense I /rəʊ/

A **1** (straight line) hilera *f*; (of people) fila *f*; (of seats) fila *f*; **the trees were planted in a ~** los árboles estaban plantados en hilera; **a ~ of houses** una hilera de casas; **they lined up in ~s** hicieron filas *or* se formaron en fila; **a seat in the front/fifth ~** un asiento en primera fila/en la quinta fila; ***to have a hard ~ to hoe*** tener* una vida muy dura **2** (in knitting) pasada *f*, carrera *f*, vuelta *f*, corrida *f* (Chi)

B (succession) serie *f*; **he experienced a ~ of failures** sufrió una serie de fracasos, sufrió fracaso tras fracaso; **four times in a ~** cuatro veces seguidas; **three days in a ~** tres días seguidos

C (Leisure, Sport): **we went for a ~** fuimos *or* salimos a remar *or* a dar un paseo en bote

Sense II /raʊ/

A (noisy argument) pelea *f*, riña *f*; **a family ~** una rencilla familiar; **to have a ~ with sb** pelearse *or* reñir* con algn

B (about a public matter) disputa *f*

C (noise) (*no pl*) ruido *m*, bulla *f* (fam); **they were making a hell of a ~** (colloq) estaban armando *or* haciendo tremenda bulla (fam), estaban armando mucho jaleo (fam)

row[2] /rəʊ/ *vt*: **he ~ed the boat towards the shore** remó hacia la orilla; **we ~ed them/the supplies across the river** los llevamos/llevamos las provisiones hasta la otra orilla a remo; **they ~ed her out to the ship** la llevaron en bote hasta el barco

■ **row** *vi*

A /rəʊ/ remar; **to go ~ing** salir* *or* ir* a remar; **to ~ across a river** cruzar* un río a remo

B /raʊ/ pelearse, reñir*

rowan /ˈrəʊən/ *n*: **~ (tree)** serbal *m*

rowboat /ˈrəʊbəʊt/ (BrE) **rowing boat** *n* bote *m* a remo *or* de remos

rowdiness /ˈraʊdinəs || ˈraʊdinɪs/ *n* [u] lo escandaloso; **they were thrown out of the bar for ~** los echaron del bar por escandalosos *or* alborotadores

rowdy[1] /ˈraʊdi/ *adj* **-dier, -diest** ‹*person*› escandaloso, alborotador; (quarrelsome) pendenciero; ‹*place*› bullicioso; ‹*meeting*› tumultuoso; **there were ~ scenes** hubo desmanes

rowdy[2] *n* (*pl* **-dies**) alborotador, -dora *m,f*; (picking a fight) camorrista *mf*, pendenciero, -ra *m,f*

rowdyism /ˈraʊdiɪzəm/ *n* [u] (journ) desorden *m* público, desmanes *mpl*

rower /ˈrəʊər || ˈrəʊə(r)/ *n* remero, -ra *m,f*

row house /ˈrəʊ/ *n* (AmE) *casa adosada en una hilera de casas idénticas*

rowing *n* [u]

A /ˈrəʊɪŋ/ (Sport) remo *m*; (*before n*): **~ club** club *m* de remo; **~ machine** máquina *f or* aparato *m* de remo

B /ˈraʊɪŋ/ (quarrelling) peleas *fpl*, riñas *fpl*

rowing boat *n* (BrE) ▸**rowboat**

rowlock /ˈrɑːlək || ˈrɒlək/ *n* (BrE) tolete *m*, escálamo *m*

royal[1] /ˈrɔɪəl/ *adj* **1** (monarchic) real; **the ~ assent** (in UK) la sanción real; **princess ~** *título conferido a veces a la hija mayor de un monarca británico*; **the ~ we** el plural mayestático; **~ warrant** (in UK) *autorización a un comerciante para proveer a miembros de la familia real* **2** (magnificent) espléndido, regio **3** (AmE colloq) (*as intensifier*) soberano (fam); **he was given a ~ kicking** le dieron una soberana pateadura (fam)

royal[2] *n* (journ) miembro *mf* de la familia real

Royal Academy (of Arts) *n* (in UK): **The ~ ~ (~ ~)** la Real Academia de Bellas Artes británica

royal-blue /ˌrɔɪəlˈbluː/ ▸ⓘ **p.1036** *adj* (*pred* **royal blue**) azul real *adj inv*

royal blue ▸ⓘ **p.1036** *n* [u] azul *m* real

Royal Commission *n* (in UK) *comisión investigadora nombrada por el gobierno*

royal flush *n* (in poker) escalera *f* real, flor *f* imperial

Royal Highness ▸ⓘ **p.1213** *n*: **Her/Your ~ ~** Su/Vuestra Alteza Real

royal icing *n* [u] (BrE) glacé *m* real (*glaseado duro para pasteles*)

royalist[1] /ˈrɔɪəlɪst/ *n* monárquico, -ca *m,f*

royalist[2] *adj* monárquico

royal jelly *n* [u] jalea *f* real

royally /ˈrɔɪəli/ *adv* **1** ‹*entertain/welcome*› espléndidamente, magníficamente, con mucha pompa **2** (AmE colloq) (*as intensifier*) soberanamente, olímpicamente

Royal Society *n* (in UK): **The ~ ~** la Real Academia de Ciencias británica

royalty /ˈrɔɪəlti/ *n*

A **1** (people) (+ *sing or pl vb, no art*): **when ~ is** *o* **are in residence** cuando algún miembro de la familia real está en palacio; **is she ~?** ¿es miembro de la realeza *or* de la familia real?; **we were treated like ~** nos trataron a cuerpo de rey **2** [u] (status) realeza *f*

B (payment) (*often pl*) derechos *mpl* de autor, regalías *fpl*, royalties *mpl*

RPI *n* (in UK) (= **retail price index**) IPC *m*

rpm (= **revolutions per minute**) r.p.m.

RR (AmE) = **railroad**

RRP *n* (BrE) (= **recommended retail price**) P.V.P. *m* recomendado

RRSP *n* (Can) (Fin) = **Registered Retirement Savings Plan**

RSI *n* = **repetitive strain injury, repetitive stress injury**

RSM *n* (in UK) = **regimental sergeant major**

RSPCA *n* (in UK) (= **Royal Society for the Prevention of Cruelty to Animals**) ≈ Asociación *f* protectora de animales

RSVP (please reply) s.r.c., se ruega contestación, R.S.V.P. (esp AmL)

rte = **route**

RTF *n* = **rich text format**

Rt Hon (UK title) = **Right Honourable**

Rt Rev (title) = **Right Reverend**

RU *n* = **rugby union**

rub[1] /rʌb/ **-bb-** *vt* **1** (with hand, finger) frotar; (firmly) restregar*, refregar*; (massage) masajear, friccionar; **she ~bed the glass clean** frotó el cristal hasta que quedó limpio; **don't ~ your eye!** no te restriegues *or* refriegues el ojo; **to ~ one's hands together** frotarse las manos; **they will be ~bing their hands together (with glee) as they watch their shares soar** estarán frotándose las manos al ver cómo suben sus acciones; **~ the oil into your skin** frótese (la piel) *or* hágase fricciones con el aceite; **~ the cream on your skin** aplíquese frotando la crema en la piel; **~ the fat into the flour** mezclar la grasa y la harina con los

r

dedos; ~ **your hair dry with this towel** sécate el pelo con esta toalla; ***not to have two farthings*** *o* ***halfpennies*** *o* ***pennies to ~ together*** (BrE) no tener* donde caerse muerto (fam); ***to ~ sb the wrong way*** (AmE) caerle* mal a algn 2 (clean, polish) frotar; **she ~bed the silver until it shone** frotó la plata hasta que quedó reluciente

■ **rub** *vi* **to ~** AGAINST/ON **sth**: **these shoes ~ against** *o* **on my heels** estos zapatos me rozan los talones; **the cat ~bed against my legs** el gato se me restregó contra las piernas

Phrasal verbs

• **rub along** [v + adv] (BrE) 1 (get on): **we ~ along (together)** nos llevamos bastante bien 2 (manage): **how are you? — I'm ~bing along** ¿qué tal estás? — voy tirando (fam)

• **rub down** [v + o + adv, v + adv + o] 1 ‹*horse*› almohazar*; ~ **yourself down well with a towel** séquese bien frotándose *or* dándose fricciones con una toalla 2 (sandpaper) ‹*wall/paintwork*› lijar

• **rub in** [v + o + adv, v + adv + o] ‹*cream/lotion*› aplicar* frotando; ~ **in the butter** mezcle la mantequilla deshaciéndola con los dedos; ***to ~ it in*** refregarle* algo a algn por la nariz *or* las narices; **there's no need to ~ it in!** no hace falta que me (*or se etc*) lo refriegues por la nariz *or* las narices

• **rub off**

A [v + o + adv, v + adv + o] ‹*dirt/marks*› quitar frotando *or* restregando *or* refregando; ‹*word/sentence*› (from blackboard) (BrE) borrar

B [v + adv] 1 (come off) ‹‹*dirt/stain*›› salir* (*al frotar*) 2 (wear off) ‹‹*glory/sparkle*›› desvanecerse*, esfumarse

• **rub off on** [v + adv + prep + o]: **I keep hoping his luck will ~ off on me** vivo con la esperanza de que se me contagie *or* (fam) se me pegue su suerte; **their good manners haven't ~bed off on you** a ti no se te han contagiado *or* (fam) pegado sus buenos modales

• **rub out**

A [v + o + adv, v + adv + o] 1 (remove) ‹*writing*› borrar; ‹*stain*› quitar, sacar* (esp AmL) 2 (kill) (AmE sl) pasaportar (arg), liquidar (fam)

B [v + adv] ‹‹*writing/ink*›› (esp BrE) borrarse; ‹‹*stain*›› salir*, quitarse

• **rub up** [v + o + adv, v + adv + o] ‹*metal*› pulir, sacarle* brillo a; ‹*wood*› lustrar, sacarle* brillo a; ***to ~ sb up the wrong way*** caerle* mal a algn

• **rub up against** [v + adv + prep + o] 1 ‹‹*cat*›› frotarse *or* restregarse* contra 2 (meet) (colloq) conocer*

rub[2] *n*

A 1 (act): **he gave his knee a good ~** se frotó bien la rodilla; **give your hair a quick ~** sécate un poco el pelo con la toalla; **give my feet a ~** masajéame los pies 2 (polish): **give it a ~ to make it shine** frótalo (con un paño) para sacarle brillo

B (difficulty): **the ~** el problema; **there's the ~** ahí está el problema, ésa es la cuestión

rubato /ruːˈbɑːtəʊ/ *adj/adv* (Mus) rubato

rubber /ˈrʌbər ‖ ˈrʌbə(r)/ *n*

A 1 [u] (substance) goma *f*, caucho *m*, hule *m* (Méx); (*before n*): ~ **band** goma *f* (elástica), gomita *f* (RPl), banda *f* elástica (Ven), elástico *m* (Chi), caucho *m* (Col), liga *f* (Méx); ~ **boots** botas *fpl* de goma; ~ **bullet** bala *f* de goma; ~ **check** *o* (BrE) **cheque** (colloq) cheque *m* sin fondos, cheque de goma *or* elástico (Méx) *or* (Col) chimbo (fam), chirimoyo *m* (Chi fam); ~ **dinghy** bote *m* neumático *or* inflable; ~ **gloves** guantes *mpl* de goma; ~ **goods** artículos *mpl* de goma; ~ **plantation** plantación *f* (de árboles) de caucho *or* (Méx) de hule; ~ **ring** flotador *m*, salvavidas *m*; ~ **solution** disolución *f* de goma 2 [c] (eraser) (BrE) goma *f* (de borrar), borrador *m*; **ink/pencil** ~ goma *or* borrador de tinta/lápiz 3 **rubbers** *pl* (AmE) chanclos *mpl or* (CS) galochas *fpl* 4 [c] (condom) (esp AmE sl) globo *m* (fam), paracaídas *m* (fam), goma *f* (Esp fam), forro *m* (RPl fam)

B [c] 1 (in bridge, whist) rubber *m* 2 (Sport) serie *f* de partidos

rubberize /ˈrʌbəraɪz/ *vt* ‹*fabric*› aplicar* una capa de goma *or* caucho sobre

rubberneck /ˈrʌbərnek ‖ ˈrʌbənek/ *vi* (AmE sl) 1 (snoop) (pej) curiosear, fisgonear (fam) 2 (sightsee) hacer* turismo

rubbernecker /ˈrʌbərˌnekər ‖ ˈrʌbəˌnekə(r)/ *n* (AmE sl) 1 (staring, gaping person) (pej) mirón, -rona *m,f* (fam) 2 (sightseer, tourist) turista *mf*

rubber plant *n* ficus *m*, gomero *m* (CS), caucho *m* (Col)

rubber-stamp /ˌrʌbərˈstæmp ‖ ˌrʌbəˈstæmp/ *vt* 1 ‹*paper/invoice*› sellar 2 (approve) ‹*decision/proposal/application*› autorizar*

rubber stamp *n* 1 (device) sello *m*, tampón *m* 2 (approval) visto *m* bueno; **it got** *o* **was given the ~ ~** le dieron el visto bueno; **the Assembly was merely a ~ ~ for his policies** la Asamblea no tenía otra función que la de refrendar sus políticas

rubber tree *n* árbol *m* del caucho, caucho *m* (Col), hule *m* (Méx)

rubbery /ˈrʌbəri/ *adj* 1 ‹*texture*› gomoso; ‹*material*› parecido a la goma *or* al caucho *or* (Méx) al hule 2 (chewy, tough) ‹*meat/cheese*› correoso 3 ‹*lips*› grueso, carnoso

rubbing /ˈrʌbɪŋ/ *n* 1 [u] (action) frotamiento *m*, fricción *f* 2 [c] (Art) *calco obtenido pasando carboncillo sobre imágenes grabadas en metal, monedas etc*

rubbish[1] /ˈrʌbɪʃ/ *n* [u] 1 (refuse) basura *f*; **household ~** residuos *mpl* domésticos; (*before n*): ~ **bag** bolsa *f* de la basura; ~ **bin** (BrE) cubo *m or* (CS) tacho *m or* (Cu) latón *m or* (Méx) bote *m or* (Ven) tobo *m or* (Col) caneca *f* de la basura; ~ **chute** vertedor *m*, ducto *m* (Ur); ~ **collection** (BrE) recogida *f* de basuras; ~ **dump** *o* **tip** (BrE) vertedero *m* (de basuras), basurero *m*, basural *m* (AmL); ~ **heap** montón *m* de basura 2 (junk) (colloq) porquerías *fpl* (fam); **they only eat ~** sólo comen porquerías (fam) 3 (nonsense) (colloq) tonterías *fpl*, estupideces *fpl*, chorradas *fpl* (Esp fam), pavadas *fpl* (RPl fam); **to talk ~** decir* estupideces (*or* tonterías *etc*); **that's a load of (old) ~** son puras tonterías (*or* estupideces *etc*); **I'm too old to play tennis — rubbish!** (*as interj*) estoy muy viejo para jugar al tenis — ¡no digas tonterías (*or* estupideces *etc*)!

rubbish[2] *vt* (BrE) poner* por los suelos

rubbish[3] *adj* (BrE colloq) pésimo, de porquería (AmS fam); **the new carpenter's ~** el nuevo carpintero es un desastre

rubbishy /ˈrʌbɪʃi/ *adj* 1 (worthless) ‹*novel/movie*› pésimo, de porquería (AmS fam); ‹*souvenirs*› de pacotilla 2 (nonsensical) ‹*excuse/story*› ridículo, estúpido

rubble /ˈrʌbəl/ *n* [u] escombros *mpl*; **to be reduced to ~** quedar reducido a escombros; **to clear a site of ~** desescombrar un solar; (*before n*): ~ **clearance** desescombro *m*

rub-down /ˈrʌbdaʊn/ *n* fricción *f*, friega *f*; **to give sb a ~** darle* una friega *or* fricción a algn; **to give a horse a ~** almohazar* un caballo; **I gave myself a good ~ with a towel** me sequé frotándome *or* dándome fricciones con una toalla

rube /ruːb/ *n* (AmE sl) pueblerino, -na *m,f*, paleto, -ta *m,f* (Esp fam & pey), pajuerano, -na *m,f* (RPl fam & pey), indio, -dia *m,f* (Méx fam), huaso, -sa *m,f* (Chi) (pey *o* hum), montañero, -ra *m,f* (Col) (pey *o* hum)

Rube Goldberg /ˌruːbˈgəʊldbɜːrg ‖ ˌruːb ˈgəʊldbɜːg/ *adj* (AmE) (*before n*) complicado y estrambótico

rubella /ruːˈbelə/ *n* [u] rubeola *f*, rubéola *f*

Rubicon /ˈruːbəkɑːn ‖ ˈruːbɪkɒn/ *n* Rubicón *m*; ***to cross the ~*** cruzar* *or* atravesar* el Rubicón

rubicund /ˈruːbɪkənd/ *adj* (liter) rubicundo

ruble, (BrE) **rouble** /ˈruːbəl/ *n* rublo *m*

rubric /ˈruːbrɪk/ *n* 1 (heading) título *m*, epígrafe *m*, rúbrica *f* 2 (introduction, explanation) *instrucciones impresas en un examen* 3 (Relig) rúbrica *f*

ruby /ˈruːbi/ *n* (*pl* **rubies**) 1 [c] (gem) rubí *m*; (*before n*): ~ **wedding (anniversary)** bodas *fpl* de rubí 2 ▸ⓘ **p.1036** [u] ~ **(red)** rojo *m* rubí; (*before n*) ‹*lips*› de rubí (liter)

ruby-red /ˌruːbiˈred/ ▸ⓘ **p.1036** *adj* (*pred* **ruby red**) rojo rubí *adj inv*

RUC *n* (Hist) = **Royal Ulster Constabulary**

ruche[1] /ruːʃ/ *n*: *tira de tela plisada o fruncida*

ruche[2] *vt* (gather) fruncir*; (pleat) plisar

ruck /rʌk/ *n*

A (pucker) pliegue *m*; (wrinkle) arruga *f*

B 1 (mass): **the (general) ~** el montón (fam), las masas 2 (in rugby) melé *f*, scrum *m* 3 (brawl) (BrE sl) bronca *f* (fam), trifulca *f*

Phrasal verb

• **ruck up** [v + adv] arrugarse*

rucksack /ˈrʌksæk, ˈrʊk-/ *n* mochila *f or* (Col, Ven) morral *m*

ruckus /ˈrʌkəs/ *n* (*pl* **-uses**) (colloq) jaleo *m* (fam), follón *m* (Esp fam); **to raise a ~** armar un jaleo *or* (Esp tb) un follón (fam)

ructions /ˈrʌkʃənz/ *pl n* (colloq) jaleo *m* (fam), follón *m* (Esp fam); **there'll be ~** se va a armar un jaleo *or* (Esp tb) un follón (fam), se va a armar la gorda (fam); **don't cause ~** no armes jaleo (fam)

rudder /ˈrʌdər ‖ ˈrʌdə(r)/ *n* timón *m*

rudderless /ˈrʌdərləs ‖ ˈrʌdəlɪs/ *adj* sin timón

ruddiness /ˈrʌdinəs ‖ ˈrʌdinɪs/ *n* [u] rubicundez *f*

ruddy /ˈrʌdi/ *adj* **-dier, -diest**

A (reddish) ‹*cheeks/complexion/face*› rubicundo; ‹*glow/light/sunset/sky*› rojizo

B (BrE colloq & dated) (*as intensifier*) maldito (fam), condenado (fam); **where's my ~ wallet?** ¿dónde está mi maldita *or* condenada billetera? (fam); **that was a ~ stupid thing to do** (*as adv*) fue una solemne estupidez

rude /ruːd/ *adj*

A 1 (impolite, bad-mannered) ‹*person*› maleducado, grosero, guarango (CS, Ven fam); ‹*remark*› grosero, descortés; **they were very ~ about my cooking** hicieron comentarios muy poco amables sobre la comida que había preparado; **to be ~** TO **sb** ser* grosero CON algn; **don't be so ~ to your grandmother** no seas grosero con tu abuela, no le faltes al respeto a tu abuela; **she was very ~ to me** fue *or* estuvo muy grosera conmigo; **it's ~ to speak with your mouth full** es (de) mala educación hablar con la boca llena; **it was ~ of him not to say hello** fue una descortesía *or* una grosería de su parte no saludar 2 (vulgar) (esp BrE) grosero; **he said a ~ word** dijo una grosería *or* una palabrota *or* una mala palabra, dijo una guarangada (RPl fam)

B (liter) 1 ‹*tools*› rudimentario 2 ‹*person*› tosco, basto

C (harsh) brusco; **that was a ~ reminder that we're getting old** eso nos recordó cruelmente que estamos envejeciendo; ▸ **awakening**

D (robust) (liter): **to be in ~ health** gozar* de muy buena salud, vender salud

rudely /ˈruːdli/ *adv*

A (impolitely) ‹*behave/speak/stare*› groseramente

B (primitively) (liter) rudimentariamente

C (abruptly) bruscamente

rudeness /ˈruːdnəs ‖ ˈruːdnɪs/ *n* [u]

A 1 (impoliteness) grosería *f*, mala educación *f* 2 (vulgarity) (BrE) ordinariez *f*

B (primitiveness, simplicity) tosquedad *f*, lo rudimentario

rudiment /ˈruːdəmənt ‖ ˈruːdɪmənt/ *n* **rudiments** *pl* 1 (first principles) rudimentos *mpl*, nociones *fpl* elementales 2 (Biol) rudimento *m*

rudimentary /ˌruːdəˈmentri ‖ ˌruːdɪˈmentri/ *adj* 1 (basic) ‹*knowledge/principle*› rudimentario 2 (partially developed) rudimentario

rue[1] /ruː/ *vt* lamentar, arrepentirse* de; **he ~d the day that he had told her** lamentó habérselo dicho; **I ~ the day I set eyes on him!** ¡maldita la hora en que lo conocí!

rue[2] *n* [u] ruda *f*

rueful /ˈruːfəl/ *adj* atribulado, compungido

ruefully /ˈruːfəli/ *adv* con arrepentimiento

ruff[1] /rʌf/ *n*

A 1 (collar) gorguera *f* 2 (on animal, bird) collar *m*

B (in cards) triunfo *m*

ruff[2] *vt/vi* matar (*con un triunfo*)

ruffian /ˈrʌfiən/ *n* rufián *m*, villano *m*

ruffle¹ /ˈrʌfəl/ *n* 1 [c] (frill) volante *m or* (RPl) volado *m or* (Chi) vuelo *m* 2 (ripple) (*no pl*): **the breeze caused a slight ~ on the smooth waters** la brisa agitó *or* (liter) rizó levemente las aguas tranquilas

ruffle² *vt* 1 (disturb, mess) ‹*hair*› alborotar, despeinar; ‹*feathers*› erizar*; ‹*clothes*› arrugar*; ‹*water*› agitar, rizar* (liter) 2 (irritate, upset) ‹*person*› alterar, contrariar; **to ~ sb's pride** herir* el orgullo de algn

ruffled /ˈrʌfəld/ *adj*

A 1 (crumpled, messed) ‹*hair*› alborotado, despeinado; ‹*feathers*› erizado; ‹*clothes/fabric*› arrugado; ‹*water*› agitado 2 (irritated, discomposed) alterado; **to get ~** alterarse

B (with ruffles) ‹*dress/shirt/hem*› con volantes *or* (RPl) volados *or* (Chi) vuelos

rug /rʌg/ *n* 1 (small carpet) alfombra *f*, alfombrilla *f*, tapete *m* (Col, Méx); **Persian ~** alfombra persa; ▸**bug¹ A1**, **bug¹ A2** 2 (blanket) manta *f* de viaje 3 (toupee) (AmE colloq) peluquín *m*, tupé *m*

rugby (football) /ˈrʌgbi/ *n* [u] rugby *m*; (*before n*): **~ player** jugador *m* de rugby

rugby

En el rugby, los equipos tratan de llevar la pelota, de forma ovalada, o darle con el pie hacia la línea de gol del equipo contrario a fin de marcar un ensayo (*try*). Pueden obtener más puntos con una conversión (*conversion*), es decir, lanzando la pelota con el pie por entre los postes de la portería contraria. También se pueden ganar más puntos con los *penalty goals* y los *drop goals* o puntos marcados tirando a la portería con el pie, durante el juego. Los dos sistemas, el de la *Rugby League* y el de la *Rugby Union*, difieren ligeramente en cuanto a las normas y al tanteo. Los equipos de la primera, están compuestos por trece jugadores, los de la segunda por quince. Los jugadores de *Rugby League* siempre han sido profesionales, mientras que en la *Rugby Union* el profesionalismo fue aceptado sólo en 1995.

rugby league *n* [u]: *rugby que se juega con trece jugadores en cada equipo*

rugby union *n* [u]: *rugby que se juega con quince jugadores en cada equipo*

rugged /ˈrʌgəd ‖ ˈrʌgɪd/ *adj* 1 (jagged, rough) ‹*rocks/mountains/coast*› escarpado; ‹*terrain*› accidentado, escabroso 2 (tough) ‹*construction/engine*› fuerte, resistente; ‹*determination/willpower*› inquebrantable; ‹*conditions/existence*› duro 3 (strong-featured) ‹*face*› de facciones duras 4 (unrefined) ‹*manners/style*› tosco, basto

ruggedness /ˈrʌgədnəs ‖ ˈrʌgɪdnɪs/ *n* [u] 1 (of mountains, rocks) lo escarpado; (of terrain) lo escabroso 2 (toughness — of construction, engine) lo resistente; (— of life) lo duro 3 (strong features) facciones *fpl* duras

rugger /ˈrʌgər ‖ ˈrʌgə(r)/ *n* (BrE) rugby *m*

ruin¹ /ˈru:ən ‖ ˈru:ɪn/ *n* 1 (sth ruined) (*often pl*) ruina *f*; **we visited the ~(s)** visitamos las ruinas; **the town lay in ~s** la ciudad estaba en ruinas; **his life/career was in ~s** su vida/carrera estaba arruinada 2 (cause) (*no pl*) ruina *f*, perdición *f*; **drink will be the ~ of her** la bebida será su ruina *or* perdición, la bebida la va a perder 3 [u] (state) ruina *f*; **he's heading for financial ~** va derecho a la ruina *or* a la bancarrota; **the venture ended in ~** la empresa zozobró *or* fracasó; **the castle has fallen into ~** el castillo está en ruinas

ruin² *vt*

A (destroy) ‹*city/building*› destruir*; ‹*career/life*› arruinar, acabar con; ‹*health*› acabar con; ‹*hopes*› destruir*, echar por tierra; ‹*plans*› arruinar, echar por tierra; **the recession ~ed the company** la compañía quebró debido a la recesión; **he was ~ed by the lengthy court case** los costos de un juicio tan largo lo arruinaron *or* lo dejaron en la bancarrota

B (spoil) ‹*dress/carpet/toy*› estropear; ‹*evening/surprise*› echar a perder, estropear, arruinar; ‹*child*› echar a perder

ruination /ˌru:əˈneɪʃən ‖ ˌru:ɪˈneɪʃən/ *n* [u] destrucción *f*

ruined /ˈru:ənd ‖ ˈru:ɪnd/ *adj* ‹*building/city*› en ruinas; ‹*reputation/career*› arruinado; ‹*plans*› frustrado

ruinous /ˈru:ənəs ‖ ˈru:ɪnəs/ *adj* ‹*decision/policy/debt*› ruinoso; **a ~ war** una guerra ruinosa; **the investment proved ~ to the company** la inversión resultó ruinosa para la compañía

ruinously /ˈru:ənəsli ‖ ˈru:ɪnəsli/ *adv* ‹*expensive/costly*› ruinosamente

rule¹ /ru:l/ *n*

A [c] (regulation, principle) regla *f*, norma *f*; **to observe/break the ~s** observar *or* acatar/infringir* las reglas *or* normas; **a set of ~s** un reglamento; **the ~s of tennis** el reglamento del tenis; **it's against the ~s to take photographs in here** está prohibido sacar fotos aquí; **~s and regulations** reglamento *m*; **to bend** *o* **stretch the ~s** apartarse un poco de las reglas; **the ~s of the game** las reglas del juego; **the ~ of three** la regla de tres; **to work to ~** (Lab Rel) hacer* huelga de celo, trabajar a reglamento (CS); **~ *of thumb*** regla general; **as a ~ of thumb** como regla general; **my ~ of thumb would be ...** como regla general yo diría que ...

B (general practice, habit) (*no pl*): **as a ~** por lo general, generalmente; **the general ~ is that I get home first** por regla general *or* generalmente soy yo quien llega primero a casa; **corruption seems to be the ~ these days** la corrupción parece ser la norma hoy en día; **I make it a ~ to reply promptly to letters** tengo por norma contestar las cartas enseguida

C [u] (government) gobierno *m*; (of monarch) reinado *m*; **it was under foreign/Ottoman ~** estaba bajo dominio extranjero/bajo el dominio otomano; **the ~ of law** el imperio de la ley; **they moved from military to civilian ~** pasaron de un gobierno militar a uno civil; **the ~ of the Tudors** el reinado de los Tudor; ▸**majority A1**

D [c] (measure) regla *f*

rule² *vt*

A (govern, control) ‹*country*› gobernar*, administrar; ‹*person*› dominar; ‹*emotion*› controlar; **you mustn't let that ~ your life** no debes permitir que tu vida quede supeditada a eso

B (pronounce) dictaminar; **the committee ~d that there were no grounds for dismissal** la comisión dictaminó que no había causal de despido

C (draw) ‹*line*› trazar* con una regla; **~d paper** papel *m* con renglones

■ **rule** *vi*

A 1 (govern) gobernar*; ‹‹*monarch*›› reinar; **to ~ OVER sb** gobernar* a algn, reinar SOBRE algn; **United ~s OK** (BrE) ¡viva *or* arriba (el) United! 2 (predominate, be current) imperar

B (pronounce) **to ~ (ON sth)** fallar *or* resolver* (EN algo); **the court is expected to ~ (on the case) this week** se espera que el tribunal falle *or* resuelva (en el caso) esta semana; **to ~ against/in favor of sb/sth** fallar *or* resolver* en contra/a favor de algn/algo

Phrasal verbs

- **rule off** [v + o + adv, v + adv + o] separar con una línea
- **rule out** [v + o + adv, v + adv + o] ‹*possibility*› descartar; ‹*course of action*› hacer* imposible; **his resignation cannot be ~d out** no se puede descartar la posibilidad de que dimita; **their financial problems ~d out any expansion** sus problemas financieros hacían imposible cualquier tipo de expansión; **his injury ~s him out for tomorrow's game** su lesión lo excluye del partido de mañana

rulebook /ˈru:lbʊk/ *n* reglamento *m*; **to do sth by the ~** hacer* algo de acuerdo a las normas (establecidas)

ruler /ˈru:lər ‖ ˈru:lə(r)/ *n*

A (leader) gobernante *mf*; (sovereign) soberano, -na *m,f*

B (measure) regla *f*

ruling¹ /ˈru:lɪŋ/ *n* fallo *m*, resolución *f*; **to give** *o* **make a ~ that ...** fallar *or* resolver* que ...

ruling² *adj* (*before n*) 1 (in power) ‹*monarch*› reinante; **the ~ Party** el partido en el poder; **the ~ classes** las clases dirigentes 2 (dominant) ‹*principle/factor*› dominante 3 (current) (Fin) ‹*price/rate*› vigente

rum¹ /rʌm/ *n* [c u] ron *m*; **light** *o* (BrE) **white ~** ron blanco; (*before n*): **~ baba** (BrE) (bizcocho *m*) borracho *m*

rum² *adj* (BrE dial *or* arch) raro, extraño

Rumania /ru:ˈmeɪniə/ *etc* ▸**Romania** *etc*

rumba¹ /ˈrʌmbə/ *n* rumba *f*; **to do** *o* **dance the ~** bailar la rumba

rumba² *vi* bailar la rumba

rumble¹ /ˈrʌmbəl/ *n*

A (sound) ruido *m* sordo; (of thunder) estruendo *m*; (of stomach) ruido *m* de tripas (fam); **a ~ of disapproval** un murmullo de desaprobación

B (fight) (AmE sl & dated) pelea *f*

rumble² *vi* ‹‹*guns/drums*›› hacer* un ruido sordo; ‹‹*thunder*›› retumbar; **my stomach's rumbling** me suenan las tripas (fam); **a truck ~d past** un camión pasó con gran estruendo

■ **rumble** *vt* (BrE colloq) descubrir*; ‹*person*› calar (fam)

rumble strip *n* banda *f* sonora

rumbling /ˈrʌmblɪŋ/ *n* [c u] (sound) ruido *m* sordo; (of thunder) estruendo *m*; **there were ~s of discontent/disapproval** hubo muestras de descontento/desaprobación; **there were ~s about protest action** se hablaba de tomar medidas de protesta

rumbustious /rʌmˈbʌstʃəs/ *adj* (BrE) ruidoso, bullicioso

ruminant¹ /ˈru:mənənt ‖ ˈru:mɪnənt/ *n* rumiante *m*

ruminant² *adj* 1 (Zool) rumiante 2 (meditative) (frml) ‹*pose/expression*› meditabundo

ruminate /ˈru:məneɪt ‖ ˈru:mɪneɪt/ *vi* 1 (Zool) ‹‹*cow/giraffe*›› rumiar 2 (ponder) **to ~ ON/ABOUT sth** cavilar SOBRE algo, rumiar algo

■ **ruminate** *vt* 1 (Zool) rumiar 2 (ponder) cavilar sobre, rumiar

rumination /ˌru:məˈneɪʃən ‖ ˌru:mɪˈneɪʃən/ *n* [u] 1 (Zool) rumia *f* 2 (deep thought) (*often pl*) cavilación *f*, reflexión *f*; **a loud crash disturbed his ~** *o* **~s** un gran estrépito interrumpió sus cavilaciones *or* reflexiones

ruminative /ˈru:mənеɪtɪv ‖ ˈru:mɪnətɪv/ *adj* (liter) meditabundo

rummage¹ /ˈrʌmɪdʒ/ *vi* hurgar*; **he ~d among those old books** rebuscó *or* hurgó entre esos libros viejos; **I ~d in my pockets for my keys** hurgué en mis bolsillos buscando las llaves, me esculqué los bolsillos para encontrar las llaves (Col, Méx); **I ~d through the cupboards trying to find it** hurgué en *or* (Col, Méx) esculqué los armarios buscándolo; **she ~d around** *o* **about in the drawer** revolvió (en) *or* hurgó en el cajón

rummage² *n* 1 (action) (*no pl*): **I had a ~ through my old things** rebusqué entre mis cosas viejas 2 [u] (odds and ends) (AmE) cosas *fpl* viejas; (*before n*): **~ sale** *mercadillo de beneficencia donde se venden artículos de segunda mano*

rummy /ˈrʌmi/ *n* [u] rummy *m*

rumor¹, (BrE) **rumour** /ˈru:mər ‖ ˈru:mə(r)/ *n* rumor *m*; **~ has it (that) ...** se rumorea que ..., corre el rumor de que ...

rumor², (BrE) **rumour** *vt* 1 (*usu pass*) rumorear; **it is ~ed that ...** se rumorea que ..., corre el rumor de que ...; **she is ~ed to be very beautiful** se dice que es muy bonita 2 **rumored** *past p* ‹*marriage/departure*› rumoreado

rumormonger, (BrE) **rumourmonger** /ˈru:mərˌmʌŋgər ‖ ˈru:məˌmʌŋgə(r)/ *n* (pej) propagador, -dora *m,f* de rumores

rump /rʌmp/ *n* 1 [c] (of horse) grupa *f*, ancas *fpl*; (of bird) rabadilla *f* 2 [u] (Culin) cadera *f*, cuadril *m* (RPl); (*before n*): **~ steak** filete *m* de cadera, churrasco *m* de cuadril (RPl) 3 [c] (bottom) (colloq & hum) trasero *m* (fam), culo *m* (fam: en algunas regiones vulg), traste *m* (fam) 4 [c] (remnant) resto *m*; **the ~ of the defeated army** lo que quedaba del ejército derrotado; **there was just a**

r

~ **left** quedaban sólo unos pocos

rumple /'rʌmpəl/ *vt* ~ **(up)** ‹*fabric/paper*› arrugar*

rumpled /'rʌmpəld/ *adj* arrugado

rumpus /'rʌmpəs/ *n* (*pl* **~es**) lío *m*, escándalo *m*, jaleo *m* (fam); **to cause a ~** armar un lío *or* un escándalo; **to kick up** *o* **make a ~ about sth** armar un lío *or* un escándalo sobre algo; (*before n*): ~ **room** (AmE) cuarto *m* de juegos

run[1] /rʌn/ (*pres p* **running**; *past* **ran**; *past p* **run**)

vi

(Sense I)

A (literally: to move fast) correr; **I had to ~ for the train** tuve que correr para no perder el tren; **she ran to meet them** corrió a su encuentro; **I heard the sound of ~ning feet** oí a alguien que corría; **to ~ across the street** cruzar* la calle corriendo; **she ran back to the house for her gloves** volvió a la casa corriendo a buscar los guantes; **he ran downstairs/indoors** bajó/entró corriendo; **they ran out into the yard** salieron al patio corriendo; **~ for your lives!** ¡sálvese quien pueda!; **to ~ for cover** correr a ponerse a cubierto

B (colloq) **1** (to go quickly) correr; **~ and fetch me my pipe** corre a buscarme la pipa; **I'll have to ~ home and change** tendré que ir corriendo *or* rápido a casa a cambiarme; **he ~s to the doctor with every little thing** va corriendo al médico por cualquier tontería; **don't come ~ning to me afterward if things go wrong** luego no me vengas a mí corriendo si hay problemas **2** (to go by car) ir* (*en coche*); **I ~ down/over/up to Birmingham most weekends** la mayoría de los fines de semana voy a Birmingham; **it's the ideal car for ~ning around town in** es el coche ideal para ir *or* (esp AmL) andar por la ciudad

C **1** (to go) «*vehicles*»: **the truck ran into the ditch/over the cliff** el camión cayó en la cuneta/se despeñó por el acantilado; **the wagons ~ on tracks** los vagones corren sobre rieles; **the drawer ~s very smoothly** el cajón abre y cierra muy bien; **she let the line ~ through her hands** dejó que la cuerda se deslizara entre sus manos **2** (Transport) ‹*trains, services*› **the trains ~ every half hour** hay trenes cada media hora; **this service ~s only on weekdays** este servicio funciona solamente los fines de semana **3** (Nautical): **to ~ aground** encallar; **the frigate ran back into port** la fragata volvió a puerto; **to ~ before the wind** navegar* con viento en popa

D **1** (to flow) «*water/oil*» correr; (drip) gotear; **drops of sweat ran down his face** le corrían gotas de sudor por la cara; **she let the sand ~ through her fingers** dejó correr la arena por entre los dedos; **the water ran hot/cold** empezó a salir agua caliente/fría; **the river ~s through the town/into the sea** el río pasa por la ciudad/desemboca en el mar; **the tide is ~ning out** está bajando la marea; **she left the water ~ning** dejó la llave abierta *or* (Esp) el grifo abierto *or* (RPl) la canilla abierta *or* (Per) el caño abierto; **my nose is ~ning** me gotea la nariz; **his face was ~ning with perspiration** tenía la cara bañada en sudor; **the streets ran with blood** corrían ríos de sangre por las calles **2** (to pass) pasar; **the rope ~s over this pulley** la cuerda pasa por esta polea

E (to travel): **our thoughts were ~ning along** *o* **on the same lines** nuestros pensamientos iban por el mismo camino; **the news ran through the building** la noticia corrió *or* se extendió por el edificio; **a shiver ran down my spine** me dio un escalofrío; **his finger ran down the list** recorrió la lista con el dedo

F (Politics) «*candidates*» presentarse, postularse (AmL); **he is ~ning for Governor again** se va a volver a presentar *or* (AmL tb) a postular como candidato a Gobernador; **will you be ~ning as a candidate in the elections?** ¿se va a presentar *or* (AmL tb) a postular como candidato a las elecciones?; **she'll be ~ning against two other candidates** se enfrentará a otros dos candidatos; **he's ~ning on an ecology ticket** se presenta con una plataforma ecologista

G **1** (to migrate) «*salmon*» emigrar **2** (to hunt) «*wolves*» cazar*

(Sense II) (to operate, to function): **with the engine ~ning** con el motor encendido *or* en marcha *or* (AmL tb) prendido; **it ~s off batteries/on gas** funciona con pilas *or* (esp AmL) a pila/a gas; **the talks have been ~ning smoothly** las conversaciones han marchado sobre ruedas; **if everything ~s according to plan ...** si todo sale según lo previsto ...; **the work is ~ning six months behind schedule** el trabajo lleva seis meses de retraso

(Sense III)

A (to extend) **1** (in space): **the streets ~ parallel to each other** las calles corren paralelas; **the balcony ~s the length of the building** el balcón se extiende de un extremo al otro del edificio; **the path ~s across the field/around the lake** el sendero atraviesa el campo/bordea el lago; **the crack ~s from top to bottom** la grieta va de arriba abajo; **the lane ~s into the main street** el callejón da *or* sale a la calle principal; **this idea ~s through the whole book** esta idea se repite *or* está presente a lo largo del libro; **the cable ~s underground** el cable va bajo tierra **2** (in time): **the film ~s for 95 minutes** la película dura 95 minutos; **the show will ~ for 10 weeks** el espectáculo estará en cartel 10 semanas; **this one will ~ and ~** (set phrase) éste va a ser el cuento de nunca acabar; **the treaty has a year left to ~** al tratado le queda un año de validez; **the contract ~s for a year** el contrato es válido por un año *or* vence al cabo de un año; **she received two eight-year sentences to ~ concurrently/consecutively** le impusieron dos condenas de ocho años cada una, que se cumplirán simultáneamente/sucesivamente

B **1** (to be, to stand): **feelings are ~ning high** los ánimos están caldeados; **inflation is ~ning at 4%** la tasa de inflación es del 4%; **earnings are ~ning behind inflation** los sueldos no se están manteniendo al nivel de la inflación; **it ~s in the family** es de familia, le (*or* me *etc*) viene de familia; **the true cause ~s deeper** la verdadera causa es más profunda; **the problem ~s deeper** el problema tiene raíces más profundas; ▸**water**[1] **A 2** (to become + adj) *see* **dry**[1] **A3**, **low**[1] **C**, **short**[2] **B**; **to ~ to sth** *see* **fat**[2] **2**, **seed**[1] **A2**

C (of stories, sequences) decir*; **how did that line ~?** ¿cómo decía *or* era esa línea?; **I can't remember how the chorus ~s** no me acuerdo de qué dice el estribillo; **the argument ~s as follows** el argumento es el siguiente; **the sentence ~s more smoothly if ...** la frase queda *or* suena mejor si ...

D (to turn liquid) «*butter/cheese/icing*» derretirse*; «*paint/makeup*» correrse; «*color*» desteñir*, despintarse (Méx); **will this shirt ~ in the wash?** ¿esta camisa desteñirá *or* (Méx) se despintará al lavarla?; **these colors will not ~** estos colores son inalterables *or* no destiñen

E «*stockings*» hacerse* carreras en, correrse (AmL)

■ **run** *vt*

(Sense I)

A **1** ‹*race/marathon*› correr, tomar parte en; **she ~s five miles every day** corre cinco millas todos los días; **to ~ errands** hacer* recados *or* (esp AmL) mandados **2** (to chase): **to ~ sb close** seguir* a algn de cerca, ir* pisándole los talones a algn; **the Green candidate ran them a close third** el candidato de los verdes quedó en tercer lugar a muy poca distancia de ellos; **they were ~ out of town** los hicieron salir del pueblo, los corrieron del pueblo (AmL fam)

B **1** (to move through)‹*fingers/comb*› pasar; **~ your fingers across the surface/the vacuum cleaner over the rug** pasa la mano por la superficie/la aspiradora por la alfombra; **he ran his fingers absent-mindedly through his beard** se mesaba distraídamente la barba; **she ran her finger down the list** recorrió la lista con el dedo; **~ a comb through your hair** pásate un peine (por el pelo) **2** (to drive, to transport) ‹*person*› (colloq) llevar (*en coche*); **I'll ~ you home/to the airport** te llevo a casa/al aeropuerto; **he ran the truck into the ditch** se metió con el camión en la cuneta; **to ~ a ship aground** hacer* encallar un barco

C (to cause to flow): **~ some hot water over it** échale agua caliente; **to ~ a bath** preparar un baño; **to ~ sth under the tap** (BrE) hacer* correr agua sobre algo

D **1** (to extend) ‹*cable/wire*› tender* **2** (to pass) (hacer*) pasar

E **1** (to smuggle) ‹*guns*› contrabandear, pasar (de contrabando) **2** (to get past) ‹*blockade*› burlar; **to ~ a (red) light** (AmE) saltarse un semáforo (en rojo), pasarse un alto (Méx)

F (to enter in competition) ‹*horse*› presentar; ‹*candidate*› presentar, postular (AmL)

(Sense II)

A (to operate) ‹*engine*› hacer* funcionar; ‹*program*› (Comput) pasar, ejecutar; **it's not worth ~ning the washing machine** no vale la pena poner la lavadora; **you can also ~ the hairdryer off**

r

batteries el secador también funciona con pilas *or* (esp AmL) a pila

B (to manage) ‹*business/organization/department*› dirigir*, llevar; **she ~s her own publishing business** dirige *or* lleva *or* tiene su propia editorial; **a family-~ business** un negocio familiar; **the state-~ television network** la cadena de televisión estatal *or* del Estado; **the company ~s a pension plan for its employees** la empresa tiene un plan de pensión para los empleados; **who's ~ning this business?** ¿aquí quién es el que manda?; **we need someone to ~ the financial side of the business** necesitamos alguien que se encargue *or* se ocupe del aspecto financiero del negocio; **I can ~ my own life** soy capaz de tomar mis propias decisiones; **he ran 15 agents** tenía a 15 agentes bajo su mando *or* a su cargo

C [1] (Transport) ‹*flight*› tener*; **we ~ regular buses to the airport** tenemos un servicio regular de autobuses al aeropuerto; **several companies ~ daily flights to Hong Kong** varias compañías tienen vuelos diarios a Hong Kong; **they ~ extra trains on Saturdays** los sábados ponen más trenes [2] (to maintain, to have) tener*; **she ~s her own car** ella tiene su propio coche; **I can't afford to ~ a car** no puedo mantener un coche; **it's very cheap to ~** es muy económico; **they ~ a permanent trade deficit with the EU** tienen un déficit permanente en la balanza de pagos con la UE

D [1] (to conduct) ‹*tests/survey*› realizar*, llevar a cabo [2] (to organize) ‹*classes/concerts*› organizar*; **the paper ran a series of interviews with ...** el periódico publicó una serie de entrevistas con ...; ▸**fever A1**, **risk¹ 1**

(Phrasal verbs)

- **run about** ▸**run around 1**
- **run across** [v + prep + o] [1] (meet) ‹*person*› encontrarse* *or* toparse con [2] (find) ‹*object*› encontrar*
- **run after** [v + prep + o] [1] (pursue): **he went ~ning after her** salió corriendo detrás de ella *or* tras ella; **she's been ~ing after him for months** hace meses que anda detrás de él *or* que lo persigue [2] (be a servant to): **if he thinks I'm going to ~ (around) after him all day he's very much mistaken** si cree que le voy a hacer de sirvienta todo el día, está muy equivocado
- **run along** [v + adv] irse*; **~ along now, it's late** bueno, vete, que es tarde; **I told them to ~ along home** les dije que se fueran a su casa
- **run around** [v + adv] [1] (play, busy oneself): **the children are ~ning around in the garden** los niños están correteando por el jardín; **I was ~ning around like a mad thing all day yesterday** ayer anduve todo el día dando vueltas *or* de un lado para otro como un loco; **why should I ~ around after you?** ¿por qué tengo que estar haciéndote de sirvienta?, ¿por qué tengo que estar yo atendiéndote a ti? [2] (keep company) (colloq) salir*; **who's she ~ning around with now?** ¿ahora con quién sale? [3] (drive around): **I often see her ~ning around in her dad's car** a menudo la veo por ahí en el coche de su padre
- **run at** [v + prep + o] [1] (attack) ‹*person*› abalanzarse* sobre [2] (in order to jump): **you can clear the ditch if you ~ at it** puedes saltar la zanja si tomas carrera *or* (Esp) carrerilla
- **run away** [v + adv]

A (escape) ‹‹*prisoner*›› huir*, escaparse, fugarse*; **he threw the stone and ran away** tiró la piedra y salió corriendo *or* huyó; **she ran away from school** se escapó de la escuela; **you can't ~ away from your responsibility/from reality** no puedes evadirte de tu responsabilidad/de la realidad; **don't ~ away, I want to ask you something** no te escapes, quiero preguntarte algo; **don't ~ away with the idea that ...** no te vayas a creer que ...; **don't ~ away with the wrong idea** no me malentiendas

B [1] (extend into distance) ‹‹*track/road*›› perderse* (de vista) [2] ‹‹*liquid*›› irse*

- **run away with** [v + adv + prep + o]

A [1] ‹*race/contest*› ganar fácilmente, alzarse* con [2] (take over): **she lets her enthusiasm/imagination ~ away with her** se deja llevar por el entusiasmo/la imaginación; **he lets his temper ~ away with him** no se sabe controlar

B [1] (steal) ‹*money/jewels*› robarse, alzarse* con [2] (elope with) ‹*person/lover*› escaparse *or* fugarse* *or* irse* con, huirse* con (Méx) [3] (use up) ‹*money*› comer(se), liquidar (fam); **the project ran away with all my savings** el proyecto me comió *or* (fam) me liquidó todos los ahorros

- **run back** [v + o + adv, v + adv + o] [1] (rewind) ‹*video/tape*› rebobinar [2] (in car) ‹*person*› llevar (*en coche*)
- **run down**

(Sense I) [v + o + adv, v + adv + o]

A [1] (exhaust) ‹*battery*› (Auto) descargar*; (in radio, shaver etc) gastar [2] (reduce) ‹*staff/services*› ir* recortando *or* reduciendo; ‹*production*› ir* restringiendo [3] (deplete) ‹*stocks/supplies*› agotar

B (disparage) (colloq) criticar*, hablar mal de

C (knock over) ‹*pedestrian*› atropellar

D ‹*fugitive/criminal*› darle* caza a

(Sense II) [v + adv]

A ‹‹*battery*›› (Auto) descargarse*; (in radio, shaver etc) gastarse, agotarse

B ‹‹*business/factory*›› venirse* abajo

C ‹‹*stocks/supplies*›› agotarse

- **run in** [v + o + adv] [1] (BrE) (Auto) hacer* el rodaje de; **Ⓢ running in, please pass** en rodaje, en ablande (RPl) [2] (arrest) (colloq) llevar preso
- **run into** [v + prep + o] [1] (collide with) ‹*vehicle*› chocar* con; ‹*wall/tree*› chocar* *or* darse* contra [2] (meet by chance) encontrarse* *or* toparse con [3] (encounter) ‹*opposition/problem*› toparse *or* tropezar* con, encontrar*; **20 miles out of port we ran into a storm** a 20 millas del puerto nos topamos con una tormenta [4] (amount to, extend to): **the cost ~s into millions of dollars** el costo asciende a millones de dólares; **the weeks ran into months** las semanas se convirtieron en meses
- **run off**

A [v + o + adv, v + adv + o] [1] (produce) ‹*copies*› tirar; ‹*photocopies*› sacar*; **he ran the play off in a week** escribió la obra en una semana [2] ‹*liquid*› sacar*

B [v + adv] [1] (depart) salir* corriendo; **she saw me and ran off** me vio y salió corriendo [2] ‹‹*liquid*›› correr

- **run off with** [v + adv + prep + o] ▸**run away with B1**, **run away with B2**
- **run on**

A [v + adv] [1] (continue running) seguir* corriendo; (run ahead): **you ~ on, I'll catch you up** tú ve delante, que ya te alcanzaré; **she ran on ahead to get the tickets** fue corriendo delante para sacar las entradas [2] (continue, last): **the game ran on into overtime** *o* (BrE) **extra time** el partido tuvo prórroga *or* tiempo suplementario; **the meeting ran on till nine o'clock** la reunión siguió *or* se alargó hasta las nueve [3] (extend) ‹‹*road/path*›› extenderse*, prolongarse* [4] (follow without a break): **each track ~s on from the one before** los temas van uno detrás del otro, sin interrupción; **~ on** (in proofreading) (Print) unir líneas

B [v + o + adv] ‹*sentence/paragraph*› unir

- **run out**

A [v + adv] [1] (exhaust supplies): **I went to make some tea, but I found we'd ~ out** fui a hacer té, pero me encontré con que se nos había acabado; **to ~ out OF sth** quedarse SIN algo; **we've/they've ~ out of money** nos hemos/se han quedado sin dinero, se nos/se les ha acabado el dinero; **I'm ~ning out of patience** estoy perdiendo la paciencia [2] (become exhausted) ‹‹*money*›› acabarse; ‹‹*supplies/stock*›› acabarse, agotarse; ‹‹*lease/policy*›› vencer*, caducar*; **her luck ran out** la abandonó la suerte, se le acabó la suerte; **time is ~ning out for them** les queda poco tiempo, se les está acabando el tiempo [3] ‹‹*rope*›› desenrollarse

B [v + o + adv] [1] ‹*rope*› ir* soltando [2] (in cricket) *eliminar (al bateador) cuando está entre las bases*

- **run out on** [v + adv + prep + o] abandonar, dejar plantado (fam)
- **run over**

A [v + o + adv, v + adv + o] (knock down) ‹*pedestrian*› atropellar

B [v + adv] [1] (overflow) ‹‹*liquid*›› derramarse; ‹‹*container*›› desbordarse, rebosar [2] (exceed time limit) excederse *or* pasarse del tiempo previsto

C [v + prep + o] (review) ‹*main points/arrangements*› repasar, volver* sobre; **let's ~ over that scene again** ensayemos otra vez esa escena, volvamos otra vez sobre esa escena

- **run through**

A [v + prep + o] [1] (rehearse) ensayar [2] ▸**run over C** [3] ‹*money*› (use up) gastarse, liquidar (fam); (squander) derrochar, despilfarrar [4] (Rail) ‹*station*› pasar por (*sin parar*); ‹*signals*› saltarse

B [v + o + adv] (with sword) atravesar*

- **run to** [v + prep + o] [1] (amount to): **the report ~s to 614 pages** el informe ocupa 614 páginas; **the film ~s to over four hours** la película dura más de cuatro horas; **his working day can ~ to 12 hours** puede llegar a trabajar hasta 12 horas al día [2] (extend to): **if your taste ~s to something a little more exotic ...** si sus gustos son algo más exóticos ...; **his enthusiasm won't ~ to giving up his weekends** su entusiasmo no llega al extremo de sacrificar sus fines de semana [3] (suffice for) (BrE) ‹‹*income/resources*›› alcanzar* para, dar* para (fam); **I don't think it will ~ to a second cup** no creo que alcance *or* (fam) que dé para otra taza [4] (afford) (BrE) permitirse; **I'm afraid we can't ~ to hotel accommodation** lo siento pero no podemos permitirnos pagar un hotel
- **run up**

A [v + adv + o] [1] (build up) ‹*account/total/debts*› ir* acumulando; **she'd ~ up quite a bill in the restaurant** debía bastante dinero en el restaurante [2] (hoist) ‹*flag*› izar*

B [v + o + adv, v + adv + o] (put together) ‹*dress*› hacer* (*rápidamente*)

- **run up against** [v + adv + prep + o] ‹*difficulty/obstacle*› toparse *or* tropezar* con

run² *n*

A (on foot): **she goes for a short ~ every day** todos los días sale a correr un poco *or* a hacer un poco de footing; **he does everything at a ~** todo lo hace (deprisa y) corriendo *or* a la(s) carrera(s); **to break into a ~** echar a correr; ***on the ~***: **I usually grab a cup of coffee on the ~** por lo general me tomo un café a la(s) carrera(s) *or* (deprisa y) corriendo; **the children keep her on the ~ all day** los niños la tienen todo el día en danza; **after seven years on the ~ (from the law)** después de estar siete años huyendo de la justicia, después de siete años como fugitivo; **to have sb on the ~** tener* dominado a algn; ***to give sb a (good) ~ for her/his money*** hacerle* sudar tinta a algn; ***to have a good ~ for one's money***: **he was champion for six years, he had a good ~ for his money** fue campeón durante seis años, no se puede quejar; **she lived to 91, she had a good ~ for her money** vivió hasta los 91, que no es moco de pavo; ***to have the ~ of sth*** tener* libre acceso a algo, tener* algo a su (*or* mi *etc*) entera disposición; **we were given the ~ of the house** pusieron la casa a nuestra entera disposición; ***to make a ~ for it*** escaparse

B [1] (trip, outing) vuelta *f*, paseo *m* (*en coche*); **let's go for a ~ in the car** vamos a dar una vuelta en coche [2] (journey): **the outward ~** el trayecto *or* viaje de ida; **the London to Edinburgh ~ is the most profitable** la línea que va de Londres a Edimburgo es la más rentable; **it's only a short/10-mile ~** está muy cerca/sólo a 10 millas; **it's no more than a day's ~** no hay más de un día de camino [3] (Aviat) misión *f*

C [1] (sequence): **a ~ of good/bad luck** una racha de buena/mala suerte, una buena/mala racha; **a ~ of coincidences** una serie de coincidencias [2] (period of time): **in the long ~** a la larga; **in the short ~** a corto plazo

D (tendency, direction) corriente *f*; **the ~ of opinion** la corriente de opinión; **out of the common ~** fuera de lo corriente *or* común; **the ~ of the tide/current** la dirección de la marea/corriente; **in the normal ~ of events** normalmente, en el curso normal de los acontecimientos

E (heavy demand) **~ ON sth**: **there's been a ~ on these watches** estos relojes han estado muy solicitados *or* han tenido mucha demanda; **a**

~ **on sterling** una fuerte presión sobre la libra; **a ~ on the banks** una corrida bancaria, un pánico bancario

F **1** (Cin, Theat) temporada *f*; **the London/Broadway ~** la temporada en Londres/Broadway; **the longest ~ in theatrical history** la más larga permanencia en cartel en la historia del teatro **2** (Comput) pasada *f*

G (Ind) serie *f*; (Publ) (*print* ~) tirada *f*; **a ~ of 20,000 copies** una tirada de 20.000 ejemplares

H **1** (track) pista *f*; **ski ~** pista de esquí **2** (for animals) corral *m*

I (in stocking, knitted garment) carrera *f*

J (Mus) carrerilla *f*

K (in baseball, cricket) carrera *f*

L **the runs** *pl* (diarrhea) (colloq) diarrea *f*, cagalera *f* (vulg), churrias *fpl* (Col fam); **to have the ~s** tener* diarrea, estar* churriento (Col) *or* (Chi) churrete (fam), tener* cagalera (Esp vulg)

runabout /'rʌnəbaʊt/ *n* (Auto) (colloq) cochecito *m* (fam)

runaround /'rʌnəraʊnd/ *n*: ***to give sb the ~*** (colloq) jugar* con algn, tomarle el pelo a algn (fam); **she's giving him the ~** está jugando con él, le está tomando el pelo (fam)

runaway[1] /'rʌnəweɪ/ *n* fugitivo, -va *m,f*; (naughty child) pilluelo, -la *m,f*

runaway[2] *adj* (*before n*) **1** ‹*slave/prisoner*› fugitivo **2** ‹*train/truck*› fuera de control; ‹*horse*› desbocado **3** ‹*inflation*› galopante, desenfrenado; ‹*spending*› desmedido; ‹*success*› clamoroso, arrollador; **trying to curb ~ prices** tratando de frenar los precios que se disparaban (*or* se disparan *etc*); **a ~ victory** una victoria aplastante

rundown /'rʌndaʊn/ *n* **1** (summary) resumen *m*; **give me a ~ on the situation** ponme al corriente de la situación **2** (reduction) reducción *f*; **a ~ of staff** una reducción de personal *or* (Esp tb) de plantilla; **the planned ~ of the department** la racionalización del departamento que se está planeando

run-down /,rʌn'daʊn/ *adj* (*pred* **run down**) **1** (tired, sickly) (*usu pred*): **to be/feel ~** estar*/sentirse* cansado *or* débil; **to look ~** tener* mala cara **2** (dilapidated) ‹*district/hotel*› venido a menos, en decadencia; **the whole place has a ~ air** el lugar tiene aspecto de abandono **3** (worn out) ‹*battery*› descargado

rune /ru:n/ *n* **1** (character) runa *f* **2** (omen) augurio *m*

rung[1] /rʌŋ/ *past p of* **ring**[2]

rung[2] *n* **1** (of ladder, chair, stool) travesaño *m* **2** (in career, organization) peldaño *m*; **the lower ~s of the ladder** los niveles más bajos del escalafón; **to move up a ~** ascender* un peldaño en el escalafón

run-in /'rʌnɪn/ *n*

A (confrontation) (colloq) ~ **WITH sb/sth** roce *m* CON algn/algo

B **1** (preparatory period) (BrE) ~ **TO sth** período *m* previo A algo **2** (trial run) prueba *f*, ensayo *m*

runner /'rʌnər || 'rʌnə(r)/ *n*

A **1** (in race) corredor, -dora *m,f*; (taking messages) mensajero, -ra *m,f*; **I'm not a fast ~** no corro rápido **2** (smuggler) contrabandista *mf* **3** (horse) caballo *m* (*que corre en una carrera*) **4** (in baseball) corredor, -dora *m,f* **5** (BrE colloq) (car): **it's a good ~** es un buen coche

B **1** (on sled) patín *m* **2** (for drawer) riel *m*, guía *f*

C (on table) tapete *m*; (carpet) alfombrilla *f* (*de pasillo*), caminero *m* (RPl)

D (Bot) estolón *m*

E ***to do a ~*** (BrE colloq) (escape) salir* corriendo, tomar(se) las de Villadiego (fam), largarse* (fam)

F (Can) (Clothing) zapatilla *f* de deporte, tenis *m*

runner bean *n* (esp BrE) habichuela *f or* (Esp) judía *f* verde *or* (Chi) poroto *m* verde *or* (RPl) chaucha *f or* (Ven) vainita *f or* (Méx) ejote *m*

runner-up /,rʌnər'ʌp/ *n* (*pl* **runners-up**): **Smith was ~ with 23 points** Smith quedó en segundo lugar *or* puesto con 23 puntos; **the top ten runners-up will receive ...** los participantes que queden en los diez primeros puestos después del ganador recibirán ...

running[1] /'rʌnɪŋ/ *n* [u] **1** (jogging) jogging *m*, footing *m*; **~ is a good form of exercise** correr *or* el jogging *or* el footing es muy buen ejercicio; ***to be in/out of the ~ (for sth)***: **there are five candidates in the ~ for the post** hay cinco candidatos compitiendo *or* en liza por el puesto; **this has put him out of the ~ for the nomination** esto lo ha dejado fuera de combate en lo que a la nominación se refiere, esto descarta la posibilidad de que sea nominado; ***to make (all) the ~*** (Sport) ir* en cabeza; **you can't expect him to make** *o* **do all the ~** no puedes pretender que él lo haga todo *or* tome todas las iniciativas; **Japanese products are making most of the ~ as regards technical innovation** los productos japoneses van en cabeza en cuanto a innovaciones técnicas; **his company has taken up the ~** su compañía ha tomado la delantera; (*before n*) ‹*shorts*› de deporte; **~ shoes** zapatillas *fpl* de deporte; **~ track** pista *f* de atletismo **2** (of machine) funcionamiento *m*, marcha *f* **3** (management) gestión *f*, dirección *f*; **his ~ of the organization** su gestión al frente de la organización, su gestión como director (*or* presidente *etc*) de la organización

running[2] *adj* (*before n, no comp*)

A **1** (done on the run): **he took a ~ catch** la atajó corriendo; **protestors were involved in a ~ battle with the police** hubo escaramuzas *or* refriegas entre la policía y los manifestantes; **~ game** (in US football) ofensiva *f* terrestre; **to take a ~ jump** saltar tomando carrera *or* (Esp) carrerilla; **go take a ~ jump!** (colloq) ¡anda y vete por ahí! (fam), ¡vete por un tubo! (Méx fam) **2** (continuous, ongoing) ‹*translation*› simultáneo; ‹*joke*› continuo; **I don't need a ~ commentary on each news item!** ¡no necesito que me comentes todas las noticias a medida que las dan!; **I keep a ~ total** llevo la cuenta del total, voy actualizando el total; **~ water** agua *f*‡ corriente; **~ stitch** bastilla *f*

B (discharging) ‹*sore*› supurante

running[3] *adv*: **the third day ~** el tercer día consecutivo *or* seguido; **this is the fourth meeting ~ he's been late** es la cuarta vez consecutiva que llega tarde a la reunión

running board *n* estribo *m*

running costs *pl n* **1** (of machine, car) gastos *mpl* de mantenimiento **2** (of company) costos *mpl or* (Esp) costes *mpl* corrientes *or* de operación

running head *n* titulillo *m*, título *m* de página, folio *m*

running mate *n* compañero, -ra *m,f* de candidatura; (of presidential candidate) candidato, -ta *m,f* a la vicepresidencia

running repairs *pl n* reparaciones *fpl* de mantenimiento

runny /'rʌni/ *adj* **-nier, -niest** **1** ‹*eyes*› lloroso; **I've got a ~ nose** me gotea la nariz, no hago más que moquear **2** ‹*sauce*› líquido, chirle (RPl); **the omelet was ~ in the middle** la tortilla no estaba cuajada en el centro; **the ice cream is going ~** el helado se está derritiendo

run-off /'rʌnɔ:f || 'rʌnɒf/ *n*

A [c] (Pol) segunda votación *f*; (Sport) eliminatoria *f*

B [u] (by-product, excess liquid) residuo *m* líquido

C [u] (process) escorrentía *f*; (water) agua *f*‡ de escorrentía

run-of-the-mill /,rʌnəvðə'mɪl/ *adj* (*pred* **run of the mill**) ‹*job/car*› común *or* normal y corriente, corriente y moliente (Esp); ‹*acting/singing*› mediocre, nada destacado

run-on /'rʌnɑ:n || 'rʌnɒn/ *n*: **is this addition a ~ or a new paragraph?** ¿esta añadidura va seguida o es un párrafo aparte?

runproof /'rʌnpru:f/ *adj* **1** ‹*pantihose*› indesmallable, indemallable (CS) **2** ‹*mascara*› que no se corre

runt /rʌnt/ *n* **1** (Agr) *animal más pequeño de una camada* **2** (puny person) alfeñique *m*, mequetrefe *m*

run-through /'rʌnθru:/ *n* (rehearsal) ensayo *m*, práctica *f*; **let's have one more ~** repasémoslo una vez más

run time *n* [u c] tiempo *m* de ejecución

run-up /'rʌnʌp/ *n* **1** (preparatory period) ~ **TO sth** período *m* previo A algo; **during the ~ to the election/opening** en el período previo a las elecciones/la inauguración **2** (Sport) carrera *f*, carrerilla *f* (Esp) (*antes de saltar, lanzar la jabalina etc*)

runway /'rʌnweɪ/ *n* **1** (Aviat) pista *f or* (Chi tb) cancha *f* de aterrizaje; (*before n*): **~ lights** luces *fpl or* balizas *fpl* de la pista de aterrizaje **2** (for fashion models) (AmE) pasarela *f*

rupee /'ru:pi: ru:'pi:/ *n* rupia *f*

rupture[1] /'rʌptʃər || 'rʌptʃə(r)/ *n* **1** [u c] (break) ruptura *f* **2** [c] (hernia) hernia *f*

rupture[2] *vt*

A ‹*casing/container*› romper*; ‹*blood vessel/membrane*› romper*, reventar*; **don't lift that; you'll ~ yourself!** ¡no levantes eso que te vas a herniar!

B ‹*relations*› romper*

■ **rupture** *vi* «*organ*» desgarrarse; «*appendix*» reventarse*

rural /'rʊrəl || 'rʊərəl/ *adj* ‹*area/setting*› rural; **he loves the ~ life** le encanta la vida del campo

ruse /ru:z/ *n* artimaña *f*, treta *f*, estratagema *f*

rush[1] /rʌʃ/ *n*

A **1** (haste) (*no pl*) prisa *f*, apuro *m* (AmL); **in all the ~, I forgot my umbrella** con la prisa *or* (AmL) con el apuro, se me olvidó el paraguas; **what's (all) the ~?** ¿a qué viene tanta prisa?, ¿que prisa hay?, ¿qué apuro hay? (AmL); **I'm in a real ~** tengo mucha prisa, ando *or* estoy muy apurado (AmL); **to do something in a ~** hacer* algo deprisa y corriendo *or* a la(s) carrera(s) *or* a todo correr; **we had a terrible ~ to get here on time** corrimos como locos para llegar a tiempo; **everything happened in a ~** todo pasó de repente; **is there any ~ for the report?** ¿corre prisa el informe?, ¿hay apuro por el informe? (AmL) **2** [c] (movement): **a ~ of air** una ráfaga de aire; **a ~ of water** un torrente de agua; **there was a ~ for the exit** todo el mundo se precipitó hacia la salida; **the weekend ~ for the coast** la desbandada general hacia la playa del fin de semana; **several people were hurt in the ~** varias personas resultaron heridas en el tumulto **3** (Sport) ataque *m*; (in US football) carga *f* **4** [c] (burst of activity): **there's a mad ~ on to meet the deadline** estamos trabajando como locos tratando de terminar a tiempo (fam); **the Christmas ~** el gran movimiento del período de las fiestas de fin de año en los comercios; **an unexpected ~ for tickets** una repentina demanda de localidades; **a ~ of orders** una avalancha de pedidos

B [c u] (Bot) junco *m*; (*before n*): **~ mat** estera *f*

C **rushes** *pl* (Cin) fragmentos *mpl*, rushes *mpl*

rush[2] *vi* **1** (run) (+ *adv compl*): **she ~ed after him** corrió tras él; **they ~ed to the window** corrieron a la ventana; **they came ~ing up/down the stairs** subieron/bajaron las escaleras corriendo *or* a todo correr *or* a toda prisa; **she ~ed in/out** entró/salió corriendo; **he heard the water ~ing in/out** oyó como el agua entraba/salía rápidamente; **as soon as I heard, I ~ed straight back home** en cuanto me enteré, volví a casa corriendo *or* a todo correr *or* a toda prisa; **to ~ around** *o* (BrE also) **about** ir* de acá para allá, correr de un lado para otro; **just a minute: don't ~ off!** espera un minuto, no salgas corriendo; **she saw him ~ up to the guard** lo vio correr a donde estaba el guardia **2** (hurry, be hasty) darse* prisa, apurarse (AmL); **there's no need to ~** no hay prisa, no hay apuro (AmL); **don't ~!** ¡con calma!, ¡despacio!; **you'll have to ~** vas a tener que darte prisa *or* (AmL tb) que apurarte; **thousands ~ed to take advantage of the offer** miles de personas corrieron a aprovechar la oferta; **give yourself time: don't ~ at the question** tómate el tiempo que necesites, no te precipites a responder la pregunta; **don't ~ to conclusions** no te precipites a sacar conclusiones; **she ~ed to his aid** corrió en su ayuda; **the train ~ed into the tunnel** el tren entró en el túnel a toda velocidad; **she ~ed through the first course** se comió el primer plato a todo correr *or* a la(s) carrera(s); **they ~ed through the rest of the movement** tocaron el resto del movimiento a todo correr *or* a la(s) carrera(s) **3** (surge, flow): **water ~ed through the hole** el agua entraba/salía con fuerza por el agujero; **blood ~ed to his face** (from embarrassment) se puso colorado *or* como la grana *or* como un tomate; (from anger) se le subió la sangre a la cabeza; **doubts ~ed into his mind** lo asaltaron las dudas

■ **rush** *vt*

A **1** ‹*job/preparation*› hacer* a todo correr *or* a la(s) carrera(s), hacer* deprisa y corriendo; ‹*person*› meterle prisa a, apurar (AmL); **they ~ their meals** comen a todo correr *or* a la(s) carrera(s) *or* deprisa y corriendo; **don't ~ me** no me metas prisa, no me apures (AmL); **to ~ sb INTO sth/-ING: I don't want to be ~ed into (making) a decision** no quiero que me hagan tomar una decisión precipitada; **I'm a bit ~ed at the moment** en este momento estoy muy ocupado **2** (send, take hastily): **supplies were ~ed out to the area** se enviaron suministros urgentemente a la zona; **she was ~ed to hospital** la trasladaron (frml) *or* llevaron rápidamente al hospital; **an attempt to ~ the bill through Parliament** un intento de acelerar la aprobación del proyecto de ley por el Parlamento; **please ~ me your latest catalog** le ruego me remita *or* me envíe su último catálogo a *or* con la mayor brevedad (posible) **3** (attack) ‹*guards/sentry*› abalanzarse* sobre; ‹*enemy positions*› asaltar, atacar*

B **1** (AmE colloq) (try to recruit): **he was being ~ed by every fraternity on campus** se lo disputaban todas las asociaciones universitarias **2** (BrE sl) (charge) clavar (arg), fajar (RPl arg), afo-rrar (Chi fam)

Phrasal verbs

- **rush into** [v + prep + o]: **don't ~ into anything** no te precipites, no tomes ninguna decisión precipitada; *see also* **rush² A1**
- **rush out** [v + o + adv, v + adv + o] ‹*report/edition*› sacar* rápidamente

rushed /rʌʃt/ *adj* ‹*decision*› precipitado; ‹*repair/work*› hecho a todo correr *or* a la(s) carrera(s); **to feel ~** estar* muy estresado; **~ job** ▸**rush job**

rush hour *n* hora *f* pico (AmL), hora *f* punta (Esp); (*before n*): **we got caught in the rush-hour traffic** nos agarró el tráfico de la hora pico (AmL), nos pilló el tráfico de la hora punta (Esp)

rush job *n* (colloq): **I can't take on any ~ ~s at the moment** en este momento no puedo aceptar ningún trabajo urgente; **it's full of mistakes; it was obviously a ~ ~** está lleno de errores, está claro que se hizo a todo correr *or* deprisa y corriendo *or* a la(s) carrera(s)

rusk /rʌsk/ *n* galleta *f* (*dura, para bebés*)

russet /ˈrʌsət || ˈrʌsɪt/ ▸ⓘ **p.1036** *n* [u] color *m* rojizo; (*before n*) ‹*leaves/hair*› rojizo

Russia /ˈrʌʃə/ *n* Rusia *f*

Russian¹ /ˈrʌʃən/ *adj* ruso

Russian² *n* **1** [u] (language) ruso *m* **2** [c] (person) ruso, -sa *m,f*

Russian doll *n* muñeca *f* rusa

Russian Federation *n* Federación *f* Rusa

Russian roulette *n* [u] ruleta *f* rusa

Russky /ˈrʌski/ *n* (*pl* **-kies**) (sl & offensive) ruso, -sa *m,f*

rust¹ /rʌst/ *n* [u]

A **1** (on metal) óxido *m*, herrumbre *f*, orín *m* **2** ▸ⓘ **p.1036** (color) de color orín, de color óxido *or* herrumbre

B (Bot) roya *f*

rust² *vi* «*metal/lock/vehicle*» oxidarse, herrumbrarse

■ **rust** *vt* ‹*metal/lock/vehicle*› oxidar, herrumbrar

Phrasal verbs

- **rust through** [v + adv] «*bolt/panel*» oxidarse *or* herrumbrarse totalmente
- **rust up** [v + adv] «*padlock/window*» oxidarse, herrumbrarse

Rust Belt

El nombre coloquial de la región central de EEUU (*Midwest*) y los estados del norte, donde han cerrado gran parte de las fábricas. Algunas de sus antiguas industrias, tales como la del acero, ya casi han desparecido y muchos trabajadores se han trasladado al ▸**Sunbelt**.

rust bucket *n* (Auto, Naut) (colloq) montón *m* de chatarra (fam)

rust-colored, (BrE) **rust-coloured** /ˈrʌst ˌkʌlərd || ˈrʌstˌkʌləd/ *adj* de color orín, de color óxido *or* herrumbre

rustic¹ /ˈrʌstɪk/ *adj* ‹*charm/pleasures*› rústico; ‹*manners*› rústico, tosco; ‹*accent*› de pueblo, del campo

rustic² *n* pueblerino, -na *m,f*

rusticate /ˈrʌstɪkeɪt/ *vt* (BrE dated) expulsar temporalmente (*de la universidad*), suspender (AmL)

rusticated /ˈrʌstɪkeɪtəd || ˈrʌstɪkeɪtɪd/ *adj* al que (*or* a la que *etc*) se ha dado aspecto rústico

rustle¹ /rʌsəl/ *vi* «*leaves*» susurrar; «*paper*» crujir; «*silk*» hacer* frufrú

■ **rustle** *vt*

A (make sound): **the wind was rustling the leaves** el viento hacía susurrar las hojas; **he ~d the sheets of paper on his desk impatiently** movió impaciente los papeles que tenía en el escritorio

B (steal) ‹*cattle/horses*› robar

Phrasal verb

- **rustle up** [v + o + adv, v + adv + o] preparar, improvisar; **he can ~ up a meal in next to no time** te prepara una comida en un abrir y cerrar de ojos

rustle² *n* (of leaves) susurro *m*; (of paper) crujido *m*; (of silk) frufrú *m*

rustler /ˈrʌslər || ˈrʌslə(r)/ *n* ladrón, -drona *m,f* de ganado, cuatrero, -ra *m,f*

rustling /ˈrʌslɪŋ/ *n* [u] robo *m* (*de ganado*), cuatrerismo *m*

rustproof¹ /ˈrʌstpruːf/ *adj* ‹*surface/metal/bucket*› inoxidable; ‹*coating*› anticorrosivo, antioxidante

rustproof² *vt* tratar con un producto anticorrosivo

rusty /ˈrʌsti/ *adj* **-tier, -tiest** **1** ‹*nail/lock*› oxidado, herrumbrado; **to get** *o* (BrE also) **go ~** oxidarse, herrumbrarse; **my German is a bit ~** tengo muy olvidado el alemán **2** ▸ⓘ **p.1036** (in color) ‹*brown/red*› ladrillo *adj inv*

rut¹ /rʌt/ *n*

A [c] (groove) surco *m*, rodada *f*; ***to be in a ~***: **I changed jobs because I felt I was in a ~** cambié de trabajo porque me di cuenta de que me estaba anquilosando; **it's very easy to get into a ~** es muy fácil estancarse en la rutina *or* volverse rutinario; **you need to get out of your ~** tienes que salir de esa rutina sofocante

B [u] (Zool) celo *m*

rut² **-tt-** *vt* (furrow) dejar surcos en

■ **rut** *vi* estar* en celo

rutabaga /ˌruːtəˈbeɪgə/ *n* [u] (AmE) nabo *m* sueco

ruthless /ˈruːθləs || ˈruːθlɪs/ *adj* ‹*enemy*› despiadado, implacable; ‹*persecution*› implacable, inexorable; ‹*determination*› firme, inflexible

ruthlessly /ˈruːθləsli || ˈruːθlɪsli/ *adv* ‹*oppress/exterminate*› sin piedad *or* misericordia; ‹*criticize*› despiadadamente; **she is ~ efficient/determined** es de una eficiencia/determinación que no se detiene ante nada

ruthlessness /ˈruːθləsnəs || ˈruːθlɪsnɪs/ *n* [u] falta *f* de piedad *or* misericordia, crueldad *f*

rutted /ˈrʌtɪd/ *adj* lleno de surcos *or* (Chi, Per) calamina

RV *n* (AmE) = **recreational vehicle**

Rwanda /ruˈændə/ *n* Ruanda *f*

Rwandan¹ /rʊˈændən/ *adj* ruandés

Rwandan² *n* ruandés, -desa *m,f*

rye /raɪ/ *n* [u] **1** (plant, grain) centeno *m* **2** **~ (bread)** pan *m* de centeno **3** **~ (whiskey)** whisky *m* de centeno

Ss

s, S /es/ *n*
A s, S *f*
B (Geog) (= **south**) S
C (Clothing) (= **small**) P
D (Hist) (in UK, Commonwealth, etc) (= **shilling(s)**) chelín *m* /chelines *mpl*
SA **1** = **South Africa** **2** = **South Australia** **3** (AmE) = **South America**
Saar /sɑːr || sɑː(r)/ *n*: **the ~** el Sarre
Saarland /'sɑːrlænd || 'sɑːlænd/ *n* Sarre *m*
sabbat /'sæbət/ *n* aquelarre *m*
Sabbatarian[1] /ˌsæbə'teriən || ˌsæbə'teəriən/ *n* sabatario, -ria *m,f*
Sabbatarian[2] *adj* sabatario
Sabbath /'sæbəθ/ *n* (Jewish) sábado *m*; (Christian) domingo *m*
sabbatical[1] /sə'bætɪkəl/ *n* (year) año *m* sabático; (period) período *m* sabático; **to go on ~, to take a ~** tomarse un año/un período sabático
sabbatical[2] *adj* **1** (Educ) ‹*year*› sabático **2** (Relig) sabatino, sabático
saber, (BrE) **sabre** /'seɪbər || 'seɪbə(r)/ *n* **1** sable *m*; ***to rattle one's ~*** lanzar* amenazas, bravuconear **2** (in fencing) sable *m*
saber rattling, (BrE) **sabre-rattling** /'seɪbərˌrætlɪŋ || 'seɪbəˌrætlɪŋ/ *n* [u] belicosidad *f*, bravuconería *f*
saber saw *n* (AmE) sierra *f* de puñal, sierra *f* de vaivén
saber-toothed tiger, (BrE) **sabre-toothed** /'seɪbərtuːθt || 'seɪbətuːθt/ *n* macairodo *m*
sable /'seɪbəl/ *n* (*pl* **~s** *or* **~**) **1** [c] (animal) marta *f* cibelina *or* cebellina **2** [u] (fur) marta *f* cibelina *or* cebellina; (*before n*) ‹*coat/fur*› de marta; **~ brush** pincel *m* de pelo de marta **3** (in heraldry) sable *m*; (black) (liter) (negro *m*) azabache *m*; (*before n*) ‹*night/hair*› azabache *adj inv*
sabot /sə'bəʊ, 'sæbəʊ || 'sæbəʊ/ *n* zueco *m*
sabotage[1] /'sæbətɑːʒ/ *n* [u] sabotaje *m*; **an act of ~** un (acto de) sabotaje
sabotage[2] *vt* sabotear
saboteur /ˌsæbə'tɜːr || ˌsæbə'tɜː(r)/ *n* saboteador, -dora *m,f*
sabre *n* (BrE) ▸**saber**
sac /sæk/ *n* saco *m*; **pollen ~** saco *m* polínico; **ink/poison ~** bolsa *f* de tinta/veneno
saccharide /'sækəraɪd/ *n* [u c] sacárido *m*
saccharin /'sækərən || 'sækərɪn/ *n* [u] sacarina *f*
saccharine /'sækərən || 'sækərɪn, -riːn/ *adj* **1** (sickly sweet) ‹*smile/charm/tones*› empalagoso, almibarado **2** (sweet-tasting) dulce
sacerdotal /ˌsækər'dəʊtl || ˌsækə'dəʊtl/ *adj* sacerdotal
sachet /sæ'ʃeɪ || 'sæʃeɪ/ *n* (of shampoo, cream, perfume) sachet *m*; (of powder, sugar) (BrE) sobrecito *m*, bolsita *f*; **a ~ of lavender** una bolsita de lavanda
sack[1] /sæk/ *n*
A [c] **1** (large bag) saco *m*, costal *m* **2** (paper bag) (AmE) bolsa *f* (de papel)
B (dismissal) (colloq): **to give sb the ~** echar a algn (del trabajo), botar a algn (del trabajo) (AmL fam); **they all got the ~** los echaron a todos, los botaron a todos (AmL fam)
C (bed) (colloq): **the ~** la cama, el sobre (fam), la piltra (Esp fam); ▸**hit[1]**
D (pillage): **the ~ of Rome** el saqueo de Roma; **the town was put to the ~** saquearon la ciudad
E (Sport) (in baseball) almohadilla *f*, base *f*
sack[2] *vt*
A (dismiss) (colloq) ‹*person/employee*› echar (del trabajo), botar (del trabajo) (AmL fam)
B (destroy) ‹*town/city*› saquear
Phrasal verb
• **sack out** [v + adv] (AmE) (colloq) irse* al catre *or* al sobre *or* (Esp tb) a la piltra (fam), acostarse*
sackable /'sækəbəl/ *adj* (BrE) penalizado con el despido
sackbut /'sækbʌt/ *n* sacabuche *m*
sackcloth /'sækklɔːθ || 'sækklɒθ/ *n* [u] arpillera *f*; ***to wear ~ and ashes*** darse* golpes de pecho
sackful /'sækfʊl/ *n* saco *m*, costal *m*; **I bought three ~s of onions** compré tres sacos *or* costales de cebollas; **letters were arriving by the ~** llegaban cartas a montones
sacking /'sækɪŋ/ *n*
A [u c] (dismissal) (colloq) despido *m*; **the reason for his ~** el motivo de su despido, la razón por la cual lo echaron (del trabajo)
B [u] (material) arpillera *f*
sack race *n* carrera *f* de sacos *or* de costales *or* (RPl) de embolsados *or* (Chi) de ensacados
sacra /'seɪkrə/ *pl of* **sacrum**
sacral /'seɪkrəl/ *adj* sacro
sacrament /'sækrəmənt/ *n* **1** (ceremony) sacramento *m*; **the last ~s** los últimos sacramentos **2** **Sacrament** (Eucharist): **the (Blessed** *o* **Holy) S~** el Santísimo Sacramento; **to receive the Holy S~** recibir la Eucaristía *or* el Santísimo Sacramento
sacramental /ˌsækrə'mentl/ *adj* sacramental
sacred /'seɪkrəd || 'seɪkrɪd/ *adj* **1** (blessed, holy) ‹*ground/site/animal*› sagrado; **to swear by all that's ~** jurar por lo más sagrado; **~ TO sb/sth** consagrado A algn/algo; **a temple ~ to Apollo** un templo consagrado a Apolo; **~ to the memory of ...** consagrado *or* dedicado a la memoria de ...; **is nothing ~ any more?** ¿ya no se respeta nada? **2** (with religious subject) ‹*text*› sagrado; ‹*music*› sacro
sacred cow *n* vaca *f* sagrada
sacrifice[1] /'sækrəfaɪs || 'sækrɪfaɪs/ *n*
A (Occult, Relig) **1** [u] (practice, act) sacrificio *m*; **the ~ of the mass** el santo sacrificio (de la misa) **2** [c] (offering) ofrenda *f*, víctima *f* (propiciatoria); **the customary ~ was a goat** solían sacrificar una cabra
B [u c] (giving up) sacrificio *m*; **to sell sth at a ~** (colloq) malvender algo, vender algo con pérdida; **to make ~s** hacer* sacrificios, sacrificarse*; **I managed it at great personal ~** lo logré a costa de grandes sacrificios; **the supreme ~** el supremo sacrificio
C [c] (in baseball) sacrificio *m*
sacrifice[2] *vt* **1** (offer as sacrifice) sacrificar* **2** (give up) sacrificar*; **he ~d his future/life for the sake of his family** sacrificó su futuro/su vida por su familia; **we'll have to ~ the new car** tendremos que renunciar al coche nuevo
■ **sacrifice** *vi* (in baseball) sacrificarse*
sacrificial /ˌsækrə'fɪʃəl || ˌsækrɪ'fɪʃəl/ *adj* ‹*victim/offering*› expiatorio, propiciatorio; **the minister is just a ~ lamb** el ministro es sólo un chivo expiatorio
sacrificially /ˌsækrə'fɪʃəli || ˌsækrɪ'fɪʃəli/ *adv* ‹*offer/slaughter*› en sacrificio
sacrilege /'sækrəlɪdʒ || 'sækrɪlɪdʒ/ *n* [u] sacrilegio *m*; **it would be ~ to demolish the building** sería un sacrilegio derribar el edificio
sacrilegious /ˌsækrə'lɪdʒəs || ˌsækrɪ'lɪdʒəs/ *adj* sacrílego
sacristan /'sækrəstən || 'sækrɪstən/ *n* sacristán, -tana *m,f*
sacristy /'sækrəsti || 'sækrɪsti/ *n* (*pl* **-ties**) sacristía *f*
sacrosanct /'sækrəʊsæŋkt/ *adj* sacrosanto
sacrum /'seɪkrəm/ *n* (*pl* **sacra**) sacro *m*
sad /sæd/ *adj* **-dd-** **1** (unhappy) ‹*person/face*› triste; ‹*expression*› triste, de tristeza; **to feel ~** estar* *or* sentirse* triste; **I was very ~ at the news of his death** la noticia de su muerte me entristeció *or* me apenó mucho; **he came away a ~der but wiser person** la triste experiencia le sirvió de lección **2** (causing grief) ‹*news/loss*› triste; **how ~!** ¡qué pena! **3** (regrettable, deplorable) (*before n*): **he made a ~ mistake when he married her** cometió un error lamentable al casarse con ella; **the ~ fact is that ...** la triste realidad es que ...; **this has been a ~ day for sportsmanship** ha sido un día triste *or* aciago para el deporte; **it's a very ~ state of affairs** es una situación lamentable; **~ to say** desgraciadamente, lamentablemente **4** (poor, feeble) ‹*showing/effort/performance*› que deja mucho que desear, bastante malo; **he made a rather ~ attempt at a joke** quiso hacer un chiste y le salió mal **5** (drab) ‹*color*› triste, apagado
SAD *n* [u] (= **seasonal affective disorder**) TAE *m*
sadden /'sædn/ *vt* entristecer*, apenar
saddle[1] /'sædl/ *n*
A [c] (on horse) silla *f* (de montar), montura *f*; (on bicycle) sillín *m*, asiento *m*; ***to be in the ~***: **with a new man in the ~, things will be very different** las cosas van a cambiar con alguien nuevo al mando; **she's back in the ~ now** ha vuelto a tomar *or* (esp Esp) coger las riendas; **Blue Velvet has a new rider in the ~ today** otro jinete monta hoy a Blue Velvet, Blue Velvet corre hoy con un nuevo jinete en la monta; (*before n*): **~ horse** caballo *m* de silla
B [c] (of hill) ensillada *f*, collado *m*
C [u c] (cut of meat) cuarto *m* trasero, silla *f*; **~ of lamb** silla de cordero
D [c] (of shoe) empeine *m*
saddle[2] *vt* **1** **~ (up)** ‹*horse/camel*› ensillar **2** (burden) (colloq) cargar*; **to ~ sb WITH sth/sb**: **to ~ oneself with obligations** cargarse* de obligaciones; **we're ~d with this responsibility/with him** tenemos que cargar con la responsabilidad/con él; **in the end I got ~d with the job** al final me encajaron *or* me endilgaron el trabajito a mí (fam)
Phrasal verb
• **saddle up**
A [v + adv] ensillar
B [v + o + adv, v + adv + o] ▸**saddle[2] 1**
saddle-back /'sædlbæk/, **saddle-backed** /-t/ *adj* ensillado

saddle-bag /ˈsædlbæg/ *n* (on horse) alforja *f*; (on bicycle) maletero *m*

saddlecloth /ˈsædlklɔːθ || ˈsædlklɒθ/ *n* sudadera *f*, sudadero *m*

saddler /ˈsædlər || ˈsædlə(r)/ *n* talabartero, -ra *m,f*, guarnicionero, -ra *m,f*

saddlery /ˈsædləri/ *n* (*pl* **-ries**) **1** [u] (equipment) guarniciones *fpl*, arreos *mpl* **2** [c] (shop) talabartería *f*, guarnicionería *f*

saddle sore *adj*: **to be ~ ~** estar* dolorido de tanto montar

saddo /ˈsædəʊ/ *n* (*pl* **-dos**) (BrE colloq) pobre desgraciado *m* (fam)

sadism /ˈseɪdɪzəm/ *n* [u] sadismo *m*

sadist /ˈseɪdəst || ˈseɪdɪst/ *n* sádico, -ca *m,f*

sadistic /səˈdɪstɪk/ *adj* sádico

sadistically /səˈdɪstɪkli/ *adv* sádicamente, con sadismo

sadly /ˈsædli/ *adv* **1** (sorrowfully) ‹*smile/speak*› tristemente, con tristeza; **the flowers drooped ~ in their pots** las flores languidecían en las macetas **2** (regrettably): **the garden had been ~ neglected** habían descuidado el jardín de manera lamentable; **he is ~ lacking in tact** lamentablemente no tiene nada de tacto; **you are ~ mistaken** estás totalmente equivocado, cometes un grave error **3** (unfortunately) (*indep*) lamentablemente, desgraciadamente; **~, he doesn't have the experience** lamentablemente, no tiene experiencia

sadness /ˈsædnəs || ˈsædnɪs/ *n* **1** [u] (emotion, state) tristeza *f* **2** [c] (source of emotion) pesar *m*; **one of the ~es of her old age** uno de los pesares de su vejez

sadomasochism /ˌseɪdəʊˈmæsəkɪzəm/ *n* [u] sadomasoquismo *m*

sadomasochist /ˌseɪdəʊˈmæsəkəst || ˌseɪdəʊˈmæsəkɪst/ *n* sadomasoquista *mf*

sadomasochistic /ˌseɪdəʊˌmæsəˈkɪstɪk/ *adj* sadomasoquista

sad sack *n* (AmE colloq) inútil *mf*

sae, SAE *n* (BrE) = **stamped, addressed envelope** ▸**SASE**

safari /səˈfɑːri/ *n* [c u] safari *m*; **to be/go on ~** estar*/ir* de safari; (*before n*): **~ jacket** sahariana *f*; **~ park** safari-park *m*, reserva *f*

safe¹ /seɪf/ *adj* **safer, safest**

A **1** (secure from danger) (*pred*) seguro; **the money will be ~ here** el dinero estará seguro aquí; **his reputation is ~** su reputación está a salvo; **you are not ~ here** corres peligro aquí; **keep these documents ~** guarda estos documentos en un lugar seguro; **your secret is ~ with me** puedes confiar en que guardaré tu secreto; **to be ~ FROM sb/sth**: **at least we're ~ from the threat of dismissal** por lo menos no corremos peligro de que nos despidan; **we'll be ~ from prying eyes/from him here** aquí estaremos a salvo de curiosos/de él; **she's ~ from any immediate danger** está fuera de peligro inmediato; **no one is ~ from her sharp tongue** nadie está a salvo *or* nadie se salva de su lengua mordaz; **~ *pair of hands*** persona en la que se puede confiar **2** (unharmed) (*pred*): **they were found ~ and well** *o* **~ and sound** los encontraron sanos y salvos; **thank God you're ~** gracias a Dios no te ha pasado nada; **all the passengers are ~** ningún pasajero resultó herido, todos los pasajeros resultaron ilesos **3** (offering protection) ‹*haven/refuge*› seguro; **keep the medicine in a ~ place** guarde la medicina en (un) lugar seguro

B (not dangerous) seguro; **that ladder isn't very ~** esa escalera no es muy segura; **is the water ~ to drink?** ¿se puede beber el agua sin peligro?; **do you think it's ~ to go out now?** ¿crees que ya no hay peligro y se puede salir?; **have a ~ journey** (que tengas) buen viaje

C (not risky) ‹*investment*› seguro, sin riesgo; ‹*method/contraceptive*› seguro, fiable; **he's a very ~ driver** conduce con prudencia; **it's a pretty ~ bet that he will win** (de) seguro que gana él; **it's ~ to say that ...** se puede decir sin temor a equivocarse que ...; **they opted for the ~ choice** fueron a lo seguro; **~ sex** sexo *m* seguro *or* sin riesgo; **a ~ seat** (Govt) *una circunscripción donde la victoria está prácticamente asegurada*; **buy six bottles to be on the ~ side** compra seis botellas para que no vaya a faltar *or* para mayor seguridad; **we'd better leave at four o'clock to be on the ~ side** mejor salgamos a las cuatro por si acaso *or* por las dudas; ***better (to be) ~ than sorry*** más vale prevenir que curar; ▸**play² vi Sense I A**

safe² *n*

A (for valuables) caja *f* fuerte, caja *f* de caudales; (*before n*): **~ cracker** *o* (BrE) **breaker** ladrón, -drona *m,f or* desvalijador, -dora *m,f* de cajas fuertes

B (condom) (AmE colloq) globo *m* (fam), paracaídas *m* (fam), condón *m*, forro *m* (RPl fam)

safe-conduct /ˌseɪfˈkɑːndʌkt || ˌseɪfˈkɒndʌkt/ *n* **1** [u] (protection) protección *f* **2** [c] (document) salvoconducto *m*

safe-deposit /ˌseɪfdɪˈpɑːzət || ˌseɪfdɪˈpɒzɪt/ *n* **1** (vaults) cámara *f* acorazada **2** **~ (box)** caja *f* de seguridad

safeguard¹ /ˈseɪfgɑːrd || ˈseɪfgɑːd/ *n* salvaguarda *f*, garantía *f*; **~ AGAINST sth** garantía *or* salvaguarda CONTRA algo; **as a ~** como medida preventiva

safeguard² *vt* salvaguardar, defender*, proteger*

■ **safeguard** *vi* **to ~ AGAINST sth** proteger* CONTRA algo

safe haven *n* refugio *m* seguro

safe house *n* piso *m* franco, enterradero *m* (RPl)

safekeeping /seɪfˈkiːpɪŋ/ *n* [u]: **he gave her the watch for ~** le dio el reloj para que lo guardara en lugar seguro *or* (esp Esp frml) para que lo pusiera a buen recaudo

safelight /ˈseɪflaɪt/ *n* (Phot) luz *f* roja

safely /ˈseɪfli/ *adv*

A **1** (without mishap, unharmed): **we got home ~** llegamos a casa sin novedad *or* sin ningún percance; **they made it ~ to port despite the bad weather** llegaron a buen puerto a pesar del mal tiempo **2** (without danger) sin peligro, con tranquilidad; **drive ~** conduzca con prudencia *or* cuidado; **it's a job which can ~ be left to your assistant** es un trabajo que puedes confiar a tu ayudante sin ningún problema

B (in a safe place, securely): **put it away ~ so you don't lose it** guárdalo bien, no se te vaya a perder; **keep medicines ~ out of reach of children** guarde los medicamentos fuera del alcance de los niños; **he's ~ behind bars** está entre rejas, donde no puede hacer daño; **once the children are ~ tucked up in bed, we can ...** una vez que los niños estén metiditos en la cama, podemos ...; **my savings are ~ invested** tengo mis ahorros en inversiones seguras *or* sin riesgos; **with her husband ~ out of the way ...** con la tranquilidad de que su marido no estaba ...

C (with certainty) ‹*say/assume*› sin temor a equivocarse (*or* equivocarnos) *etc*

safeness /ˈseɪfnəs || ˈseɪfnɪs/ *n* [u] **1** (of design, experiment) seguridad *f*; **no one questions the ~ of the design/structure** nadie cuestiona la seguridad que ofrece el diseño/la estructura **2** (reliability) seguridad *f*, fiabilidad *f*

safe period *n*: **the ~ ~** los días seguros (*para no quedar embarazada*)

safety /ˈseɪfti/ *n* (*pl* **-ties**)

A [u] **1** (security) seguridad *f*; **your personal ~ is at risk** peligra tu seguridad; **for ~'s sake, we'd better stick together** para más *or* mayor seguridad es mejor que no nos separemos; **they reached the ~ of the port/shore** llegaron al abrigo del puerto/de la costa; **we made a dash for ~** corrimos para ponernos a salvo *or* a cubierto; **there's ~ in numbers** se está más seguro en un grupo grande **2** (freedom from risk) seguridad *f*; **~ is an important feature of the design** la seguridad es una característica importante del diseño; **~ first** la seguridad ante todo; **~ first campaign** campaña *f* de prevención de accidentes; **~ first tactics** (Sport) tácticas *fpl* cautelosas *or* defensivas; (*before n*) ‹*device/fuse/precautions*› de seguridad; **~ factor** factor *m* de seguridad; **~ measures** precauciones *fpl*, medidas *fpl* de seguridad; **~ rail** barandilla *f*; **~ regulations** normas *f* de seguridad; **it has a good ~ record** es de probada seguridad

B [u] (certainty) seguridad *f*; **I think we can say with complete ~ that ...** creo que podemos decir con total seguridad *or* con absoluta certeza que ...

C [c] **~ (catch)** (on gun) seguro *m*

D [c] (in US football) (AmE) (player) safety *m*

safety belt *n* cinturón *m* de seguridad

safety chain *n* cadena *f* de seguridad

safety curtain *n* telón *m* anti-incendios *or* de seguridad

safety-deposit box /ˌseɪftidɪˈpɑːzət || ˌseɪftidɪˈpɒzɪt/ *n* (AmE) caja *f* de seguridad

safety glass *n* [u] vidrio *m or* (Esp) cristal *m* inastillable *or* de seguridad

safety harness *n* arnés *m* de seguridad

safety helmet *n* casco *m* de seguridad, casco *m* protector

safety lamp *n* lámpara *f* de seguridad

safety match *n* fósforo *m or* (Esp) cerilla *f or* (AmC, Méx tb) cerillo *m* de seguridad

safety mechanism *n* [u c] mecanismo *m* de seguridad, dispositivo *m* de seguridad

safety net *n* **1** (for acrobats) red *f* de seguridad **2** (protection) protección *f*

safety pin *n* imperdible *m*, gancho *m* (Andes), alfiler *m* de gancho (CS, Ven), gancho *m* de nodriza (Col), seguro *m* (Méx)

safety razor *n* maquinilla *f or* (AmL) maquinita *f* de afeitar

safety valve *n* **1** (Mech Eng) válvula *f* de seguridad **2** (outlet) válvula *f* de escape

safflower /ˈsæflaʊr || ˈsæflaʊə(r)/ *n* alazor *m*, cártamo *m*

saffron /ˈsæfrən/ *n* [u] **1** (Bot, Culin) azafrán *m*; (*before n*): **~ rice** arroz *m* con *or* al azafrán **2** ▸❶ **p.1036** (color) color *m* azafrán; (*before n*) ‹*robe/dress*› color azafrán *adj inv*; ‹*hue*› azafranado

saffron-yellow /ˌsæfrənˈjeləʊ/ ▸❶ **p.1036** *adj* (*pred* **saffron yellow**) amarillo azafrán *adj inv*

saffron yellow ▸❶ **p.1036** *n* [u] amarillo *m* azafrán

sag¹ /sæg/ *vi* **-gg-**

A **1** «*beams/ceiling*» combarse; **the bed ~ged in the middle** la cama se hundía en el medio; **the branches ~ged under the weight of the apples** las ramas se combaban con el peso de las manzanas **2** (hang down, droop): **~ging breasts** pechos *mpl* caídos

B **1** «*spirits/courage/resolution*» flaquear, decaer* **2** (decline) «*prices/rates*» caer*, bajar; «*production*» decaer*

sag² *n* (*no pl*)

A (of ceiling) combadura *f*

B (in prices, profits) caída *f*, baja *f*

saga /ˈsɑːgə/ *n* **1** (exciting tale) saga *f*; **the Icelandic ~s** las sagas de Islandia **2** (long story) historia *f*, saga *f*

sagacious /səˈgeɪʃəs/ *adj* (frml) ‹*judge/chief*› sagaz; ‹*advice*› sagaz, astuto

sagaciously /səˈgeɪʃəsli/ *adv* (frml) sagazmente, con sagacidad

sagacity /səˈgæsəti/ *n* [u] (frml) sagacidad *f*

sage¹ /seɪdʒ/ *n*

A [u] **1** (Bot, Culin) salvia *f* **2** ▸❶ **p.1036**; (color): **~ (green)** verde *m* salvia

B [c] (wise man) sabio *m*

sage² *adj* **sager, sagest** (frml) sabio

sagebrush /ˈseɪdʒbrʌʃ/ *n* [u c] artemisa *f*

sage-green /ˈseɪdʒˈgriːn/ ▸❶ **p.1036** *adj* (*pred* **sage green**) verde salvia *adj inv*

sagely /ˈseɪdʒli/ *adv* (frml) sabiamente, con sabiduría

Sagittarian¹ /ˌsædʒəˈteriən || ˌsædʒɪˈteəriən/ *n* (esp BrE) sagitariano, -na *m,f*, Sagitario *or* sagitario *mf*

Sagittarian² *adj* sagitariano, de los (de) Sagitario

Sagittarius /ˌsædʒəˈteriəs || ˌsædʒɪˈteəriəs/ *n* **1** (constellation) (*no art*) Sagitario **2** [c] (person) Sagitario *or* sagitario *mf*, sagitariano, -na *m,f*; *see also* **Aquarius**

sago /ˈseɪgəʊ/ *n* [u] sagú *m*

sago palm *n* sagú *m*

Sahara /səˈhærə || səˈhɑːrə/ *n*: **the ~** el Sahara *or* (Esp) el Sáhara

sahib /ˈsɑːhɪb/ *n* señor *m*; **colonel ~** señor coronel

said[1] /sed/ *past & past p of* **say**[1]

said[2] *adj* (frml) (*before n*): **the ~ Jean Smith** la citada Jean Smith (frml), la susodicha Jean Smith (frml o hum); **the ~ property/lady** dicha propiedad/señora (frml)

sail[1] /seɪl/ *n*

A (Naut) **1** [c u] (of ship, boat) vela *f*; **in the days of ~** en la época de los barcos de *or* a vela; **in full ~** con las velas desplegadas; **under ~** a vela; **to hoist ~** izar* velas; **to take in ~** reducir* velas; **to set ~** (start journey) zarpar, hacerse* a la mar; ‹‹*yacht/galleon*›› hacerse* a la vela; ***to trim sb's ~s*** cortarle las alas a algn **2** (trip) (*no pl*) viaje *m* en barco (*or* en velero *etc*); **to go for a ~** salir* a navegar; **it's at least a day's ~ away** queda por lo menos a un día en barco *or* de navegación **3** [c] (*pl* ~) (ship) velero *m*; **a dozen ~** una docena de veleros

B [c] (of windmill) aspa *f*‡

sail[2] *vt* **1** (control) ‹*boat/ship*› gobernar*, manejar; **he ~ed the vessel too close to the shore** llevó la embarcación demasiado cerca de la costa; **his job is ~ing yachts for wealthy owners** trabaja como patrón de yates de gente rica **2** (travel, cross): **to ~ the seven seas** navegar* por todos los océanos, surcar* los siete mares (liter); **she intends to ~ the Atlantic single-handed** piensa cruzar el Atlántico en solitario

■ **sail** *vi*

A **1** (travel) ‹‹*ship/boat*›› navegar*; ‹‹*person/passenger*›› ir* en barco, navegar*; **we watched as the yacht/cruiser ~ed slowly out to sea** miramos como el yate/crucero se hacía lentamente a la mar; **how long does it take to ~ to New York?** ¿cuánto se tarda en ir a Nueva York en barco?; **to ~ around the world** dar* la vuelta al mundo en barco; **I love to go ~ing** me encanta salir a navegar **2** (depart) ‹‹*person/ship*›› zarpar, salir*

B (move effortlessly): **to ~ into/out of a room** entrar en/salir* de una habitación con aire majestuoso; **a swan ~ed majestically by** un cisne pasó deslizándose majestuosamente; **the weeks just seem to ~ past** las semanas van pasando sin que uno se dé cuenta

Phrasal verbs

- **sail into** [v + prep + o] (colloq) arremeter contra
- **sail through** [v + prep + o]: **you'll ~ through the exam** aprobarás el examen con los ojos cerrados *or* sin ningún problema; **he ~ed through the interview** la entrevista le resultó muy fácil

sailboard /ˈseɪlbɔːrd || ˈseɪlbɔːd/ *n* tabla *f* a vela *or* de windsurf

sailboarder /ˈseɪlˌbɔːrdər || ˈseɪlˌbɔːdə(r)/ *n* windsurfista *mf*

sailboarding /ˈseɪlˌbɔːrdɪŋ || ˈseɪlˌbɔːdɪŋ/ *n* [u] windsurf *m*, windsurfing *m*

sailboat /ˈseɪlbəʊt/ *n* (AmE) velero *m*, barco *m* de vela

sailcloth /ˈseɪlklɔːθ || ˈseɪlklɒθ/ *n* [u] lona *f*

sailing /ˈseɪlɪŋ/ *n* **1** [u] (skill) navegación *f*; ***to be (all) plain ~*** ser* muy fácil *or* sencillo, ser* coser y cantar **2** [u] (Sport) vela *f*, yachting *m*, navegación *f* a vela; **~ is an expensive hobby** la vela es una afición cara; **to take up ~** empezar* a practicar la vela **3** [c] (departure) salida *f*; **is there another ~ this week?** ¿va a salir otro barco esta semana?; (*before n*) ‹*time/date*› de salida

sailing boat *n* (BrE) ▸**sailboat**

sailing ship *n* velero *m*, barco *m* *or* buque *m* de vela

sailor /ˈseɪlər || ˈseɪlə(r)/ *n* **1** (seaman) marinero *m*; (officer) marino *m*; **to be a bad/good ~** marearse/no marearse con facilidad; (*before n*): **~ hat** gorra *f* de marinero; **~ suit** traje *m* de marinero **2** (Sport) navegante *mf*

sailplane /ˈseɪlpleɪn/ *n* planeador *m*

saint /seɪnt/ *n*

> ⚠ Although the usual translation for *saint* as a title is *san* for a man or *santa* for a woman, *santo* is used before *Domingo*, *Tomás*, *Tomé*, and *Toribio*.

1 (canonized person) santo, -ta *m,f*; **she was made a ~ in 1912** la canonizaron en 1912 **2** **Saint** /seɪnt || sənt/; (*before name*) san, santa; **S~ Patrick's Day** el día *or* la fiesta de San Patricio **3** (unselfish person) santo, -ta *m,f*; **he's no ~** no es ningún santito (fam)

sainted /ˈseɪntəd || ˈseɪntɪd/ *adj* (*before n*) ‹*martyr*› canonizado; ‹*wife/mother*› santo; **my ~ aunt!** (BrE colloq & dated) ¡Dios Santo *or* bendito!

Saint Helena /ˈseɪntlˈiːnə || ˌsɒntɪˈliːnə/ *n* Santa Elena

sainthood /ˈseɪnthʊd/ *n* [u] santidad *f*

Saint Kitts /ˌseɪntˈkɪts || ˌsəntˈkɪts/ *n* San Cristóbal

Saint Lawrence (River) /ˌseɪntˈlɔːrəns || ˌsəntˈlɒrəns/ *n*: **the ~ (~)** el (río) San Lorenzo; (*before n*): **the ~ ~ Seaway** el canal de San Lorenzo

saintlike /ˈseɪntlaɪk/ *adj* ‹*behavior/appearance*› de santo

saintliness /ˈseɪntlinəs || ˈseɪntlinɪs/ *n* [u] santidad *f*

Saint Lucia /ˌseɪntˈluːʃə || ˌsəntˈluːʃə/ *n* Santa Lucía *f*

saintly /ˈseɪntli/ *adj* **-lier, -liest** ‹*person*› santo; ‹*life*› piadoso; ‹*expression/smile*› angelical

Saint Petersburg /ˌseɪntˈpiːtərzbɜːrg || ˌsəntˈpiːtəzbɜːg/ *n* San Petersburgo *m*

saint's day *n* (*pl* **saints' days**) día *m* *or* fiesta *f* de un santo; (name day) día *m* del santo, onomástica *f*, onomástico *m*; **my ~ ~** el día de mi santo, mi onomástica *or* onomástico

sake[1] /seɪk/ *n* **1** (benefit, account): **don't do it just for my ~** no lo hagas sólo por mí; **for your own ~** por tu propio bien; **for all our ~s, just go!** ¡por lo que más quieras, vete!; **those who died for their country's ~** los que murieron por (el bien de) la patria; **they're staying together for the ~ of the children** siguen juntos por los niños; **not even for old times' ~?** ¿ni siquiera por nuestra vieja amistad *or* por los viejos tiempos? **2** (purpose, end): **he argues for arguing's ~** discute por discutir; **art for art's ~** el arte por el arte; **why spend money just for the ~ of it?** ¿por qué gastar dinero porque sí *or* (AmL tb) porque sí nomás?; **for the ~ of argument** *o* **for argument's ~, let's assume he's guilty** pongamos por caso que fuera culpable **3** (*in interj phrases*): **for goodness'** *o* **heaven's ~, stop arguing!** ¡por Dios! *or* ¡por favor! ¡no discutan!; **for God's ~, hurry up!** ¡por el amor de Dios, date prisa!; **but why, for Pete's ~?** (colloq) ¿pero por qué, caramba? (fam)

sake[2] /ˈsɑːki/ *n* [u] sake *m*, saki *m*

salaam[1] /səˈlɑːm/ *n* **1** (bow) zalema *f*, reverencia *f* **2** (greeting) ¡salve!

salaam[2] *vi* hacer* una zalema *or* reverencia

salability /ˌseɪləˈbɪləti/ *n* [u] ▸**saleability**

salable /ˈseɪləbəl/ *adj* ▸**saleable**

salacious /səˈleɪʃəs/ *adj* (frml) ‹*mind/grin*› salaz (frml), lascivo; ‹*book/joke*› obsceno

salaciously /səˈleɪʃəsli/ *adv* (frml) salazmente (frml), lascivamente

salaciousness /səˈleɪʃəsnəs || səˈleɪʃəsnɪs/ *n* [u] (frml) salacidad *f* (frml), lascivia *f*

salad /ˈsæləd/ *n* [u c] ensalada *f*; (*before n*): **~ bar** bufé *m* de ensaladas; **~ bowl** ensaladera *f*; **~ dressing** aliño *m* para ensalada; **~ servers** utensilios *mpl* para (servir) ensalada

salad cream *n* [u] (BrE) *aliño para ensalada parecido a la mayonesa*

salad days *pl n* años *mpl* mozos (ant), juventud *f*

salamander /ˈsæləmændər || ˈsæləmændə(r)/ *n* (Myth, Zool) salamandra *f*

salami /səˈlɑːmi/ *n* [u c] (*pl* **-mis**) salami *or* (CS) salame *m*

sal ammoniac /ˌsæləˈməʊniæk/ *n* [u] sal *f* amoníaca

salaried /ˈsælərid/ *adj*: **~ staff** empleados *mpl* (*que reciben un sueldo mensual, por oposición a los obreros que reciben un jornal, paga semanal etc*); **to be in ~ employment** ser* un empleado, tener* un trabajo remunerado

salary /ˈsæləri/ *n* (*pl* **-ries**) sueldo *m*; **~ negotiable** (in job advertisement) remuneración *f* a convenir (frml); **what is her ~?** ¿cuánto gana?; **she earns a good ~** gana un buen sueldo; (*before n*) ‹*increase/review*› salarial; **~ bracket** banda *f* salarial; **~ earner** empleado, -da *m,f*; **~ scale** escala *f* salarial; **~ structure** estructura *f* salarial

sale /seɪl/ *n*

A **1** [u] (act of selling) venta *f* **2** [c] (individual transaction) venta *f*; **to make a ~** vender algo; **I haven't had a single ~ this morning** no he vendido absolutamente nada esta mañana; ⓢ **all sales final** (AmE) no se aceptan devoluciones **3** [u] (demand, market): **there's no ~ for that kind of thing here** ese tipo de cosa aquí no tiene salida *or* no se vende bien **4** [c] (auction) subasta *f*, remate *m* (AmL)

B (*in phrases*): **for sale**: ⓢ **for sale** se vende; **that vase is not for ~** ese jarrón no está en venta *or* no se vende; **to put sth up for ~** poner* algo en venta *or* a la venta; **on sale** (AmE) (at reduced price): **toys are on ~ this week** esta semana los juguetes están rebajados *or* en liquidación; **I bought the dress on ~** compré el vestido rebajado; **on ~ for $25, reduced from $45** rebajado de 45 a 25 dólares; (BrE) (offered for sale): **antique dolls will be on ~** se venderán muñecas antiguas; **on ~ now at leading stores** ya está a la venta en los principales comercios; **the collection goes on ~ next month** (at auction) la colección se subastará *or* (AmL tb) se rematará el mes que viene; **the new model goes on ~ this week** el nuevo modelo sale a la venta esta semana; **(on) sale or return** (BrE) en depósito, en consignación; **the goods are supplied (on) ~ or return** entregan las mercancías en depósito *or* en consignación

C (clearance) rebajas *fpl*, liquidación *f*; **end of season ~** rebajas *or* liquidación de fin de temporada; **going-out-of-business** *o* (BrE) **closing-down ~** rebajas por liquidación del negocio, liquidación por cierre; **I bought it at a ~** *o* **in the ~s** lo compré en una liquidación *or* en las rebajas; (*before n*) ‹*price*› de liquidación; **~ items** *o* **goods** artículos *mpl* de liquidación

D **sales** **1** *pl* (volume sold) (*sometimes sing*) (volumen *m* de) ventas *fpl*; (*before n*): ‹*figures/promotion/campaign*› de ventas; **~s forecast** previsión *f* de ventas **2** (department) (+ *sing o pl vb*) ventas (+ *sing vb*); **she works in ~s** trabaja en ventas; (*before n*) ‹*department/manager/executive*› de ventas; **the ~s force** el personal de ventas, los vendedores; **~s prospect** candidato, -ta *m,f*, posible cliente, -ta *m,f*; **~s target** objetivo *m* de ventas

saleability /ˌseɪləˈbɪləti/ *n* [u] lo vendible

saleable /ˈseɪləbəl/ *adj* vendible; **a highly ~ article** un artículo muy vendible

saleroom /ˈseɪlruːm -rʊm/ *n* (BrE) ▸**salesroom 1**

sales account *n* (cuenta *f*) ventas *fpl*

salesclerk /ˈseɪlzklɜːrk || ˈseɪlzklɑːk/ *n* (AmE) vendedor, -dora *m,f*, dependiente, -ta *m,f*

sales conference *n* conferencia *f* de ventas

sales engineer *n* ingeniero, -ra *m,f* en ventas

salesgirl /ˈseɪlzgɜːrl || ˈseɪlzgɜːl/ *n* vendedora *f*, dependienta *f*

saleslady /ˈseɪlzˌleɪdi/ *n* (*pl* **-ladies**) vendedora *f*, dependienta *f*

salesman /ˈseɪlzmən/ *n* (*pl* **-men** /-mən/) **1** (in shop) vendedor *m*, dependiente *m*; **a used-car ~** un vendedor de coches usados *or*

S

de ocasión *or* de segunda mano **2** (representative) representante *m*, viajante *m*, corredor *m* (RPl); **a pharmaceutical ~** un visitador médico

salesmanship /'seɪlzmənʃɪp/ *n* [u] arte *m or* habilidad *f* para vender; **high pressure ~** técnica *f or* táctica *f* de venta agresiva

salesperson /'seɪlz,pɜ:rsn || 'seɪlz,pɜ:sən/ *n* **1** (in shop) vendedor, -dora *m,f*, dependiente, -ta *m,f* **2** (representative) representante *mf*

sales pitch *n* [u c] discurso *m*, argumentos *mpl* (*de un vendedor*)

sales rep *n* representante *mf or* agente *mf* comercial

sales representative *n* representante *mf or* agente *mf* comercial

salesroom /'seɪlzru:m -rʊm/ *n* (AmE) **1** (for auctions) sala *f* de subastas, sala *f* de remates (AmL) **2** (showroom) salón *m* de exposición (y ventas)

sales slip *n* (AmE) recibo *m*, comprobante *m* (de compra *or* venta), boleta *f* (CS)

sales talk *n* [u] palabrería *f* de vendedor; **they saw through the politicians' ~ ~** no se dejaron engañar por la labia de los políticos

sales tax *n* [u] impuesto *m* sobre las ventas

saleswoman /'seɪlz,wʊmən/ *n* (*pl* **-women**) **1** (in shop) vendedora *f*, dependienta *f* **2** (representative) representante *f*, corredora *f* (RPl); **a pharmaceutical ~** una visitadora médica

sale value *n* valor *m* en el mercado, valor *m* de venta

salient /'seɪliənt/ *adj* **1** (striking) (frml) (*before n*) destacado, notable **2** (projecting) saliente

saline /'seɪli:n, -laɪn || 'seɪlaɪn/ *adj* salino; **a ~ solution** una solución salina

salinity /ser'lɪnəti, sə- || se'lɪnəti/ *n* [u] salinidad *f*

saliva /sə'laɪvə/ *n* [u] saliva *f*

salivary /'sæləveri || sə'laɪvəri/ *adj* salival; **~ gland** glándula *f* salival

salivate /'sæləveɪt || 'sælɪveɪt/ *vi* salivar; **they are salivating at the prospect** se les hace agua la boca *or* la boca agua ante la perspectiva

salivation /,sælə'veɪʃən || ,sælɪ'veɪʃən/ *n* [u] salivación *f*

sallow /'sæləʊ/ *adj* **-er, -est** cetrino, amarillento

sallowness /'sæləʊnəs || 'sæləʊnɪs/ *n* [u] color *m* amarillento

sally /'sæli/ *n* (*pl* **-lies**) **1** (Mil) misión *f*; **to make a ~ into enemy territory** hacer* una incursión en territorio enemigo **2** (trip, excursion) (colloq) salida *f*, escapada *f* **3** (verbal) salida *f*, agudeza *f*

Phrasal verb

- **sally forth**: **-lies, -lying, -lied** [v + adv] (arch *or* hum) salir*, hacer* una salida

Sally Army *n* (BrE colloq) Ejército *m* de Salvación

salmon /'sæmən/ *n* (*pl* ~) **1** [c u] (Culin, Zool) salmón *m*; (*before n*) ‹*river/industry*› salmonero; **~ farm** criadero *m* de salmones; **~ fishing** pesca *f* del salmón; **~ run** ruta *f* del salmon; **~ steak** filete *m* de salmon **2** ▸**i p.1036** [u] (color) color *m* salmón; (*before n*) ‹*silk/walls*› (de) color salmón, color salmón *adj inv*

salmonella /,sælmə'nelə/ *n* (*pl* ~ *or* **-llae** /-li:/) salmonella *f*; (*before n*): **~ poisoning** intoxicación *f* por salmonella, salmonelosis *f*

salmon-pink /,sæmən'pɪŋk/ ▸**i p.1036** *adj* (*pred* **salmon pink**) rosa salmón *or* asalmonado *adj inv*

salmon pink ▸**i p.1036** *n* [u] rosa *m* salmón *or* asalmonado

salmon trout *n* [c u] (*pl* ~ ~) trucha *f* asalmonada

Salome /sə'ləʊmi/ *n* Salomé

salon /sə'lɑ:n || 'sælɒn/ *n* **1** (business): **hairdressing ~** peluquería *f*; **beauty ~** salón *m* de belleza **2** (gathering) salón *m* **3** *also* **Salon** (exhibition) salón *m*, exposición *f*

saloon /sə'lu:n/ *n*
A **1** (bar) (AmE) bar *m*, taberna *f* **2** ~ **(bar)** (lounge bar) (BrE) bar *m* (*de mayor categoría*)
B ~ **(car)** (BrE) sedán *m*, turismo *m*
C (large room — on ship) salón *m*; (— for entertainment) (BrE) sala *f*; **billiard ~** sala de billar

salopettes /,sælə'pets/ *pl n* pantalones *mpl* de esquiar

salsa /'sælsə/ *n*
A **1** [u] (Mus) salsa *f* **2** [u c] (dance) salsa *f*
B [u c] (Culin) salsa *f* picante de tomate

salsify /'sælsəfi || 'sælsɪfi/ *n* [u] salsifí *m*, barba *f* cabruna

salt[1] /sɔ:lt/ *n*
A **1** [u] (Culin) sal *f*; **pass the ~, please** pásame la sal, por favor; **have you put ~ on the meat?** ¿le has puesto *or* echado sal a la carne?; ***the ~ of the earth*** la sal de la tierra; ***(to be) worth one's ~***: **any teacher worth her ~** toda maestra que se precie de tal, toda maestra digna de ese nombre; ***to rub ~ into the wound(s)*** hurgar* en la herida; ***to take sth with a pinch*** o ***grain of ~*** no creerse* algo al pie de la letra, tomar algo con pinzas (CS); **I should take anything he says with a pinch of ~** no se puede creer lo que él dice al pie de la letra, todo lo que él diga hay que tomarlo con pinzas (CS) **2** [u] (interest, zest) gracia *f* **3** [c] (Chem) sal *f*
B **salts** *pl* **1** (*smelling ~s*) sales *fpl* (aromáticas) **2** (laxative) sulfato *m* de magnesia; **Epsom ~s** sal *f* de Epsom
C [c] (sailor) (colloq): **an old ~** un (viejo) lobo de mar

salt[2] *vt* **1** (put salt on) ‹*vegetables/meat*› salar, ponerle* *or* echarle sal a; ‹*road*› echar sal en **2** **salted** *past p* salado; **~ed butter** mantequilla *f* salada *or* con sal **3** (cure) ‹*pork/herring*› salar; ‹*cabbage*› curar con sal **4** (enliven) (*often pass*) ‹*conversation/speech*› sazonar

Phrasal verb

- **salt away** [v + o + adv, v + adv + o] (colloq) ‹*money/profits*› guardar; **he must have a few thousand ~ed away somewhere** debe tener unos cuantos miles guardaditos *or* metiditos en algún lado (fam)

salt[3] *adj* **1** (salted) (*before n*) ‹*butter*› salado; ‹*meat/cod*› salado, en salazón **2** (saline) (*before n*) ‹*pond/lake*› salobre, de agua salada; **~ marsh** marisma *f*, terreno *m* salobreño; **~ meadow** (AmE) marisma *f*, terreno *m* sabroleño **3** ‹*air*› salobre; ‹*taste*› salado, a sal

SALT /sɔ:lt/ *n* [u] **(= Strategic Arms Limitations Talks)** SALT *fpl*

salt beef *n: carne de vaca curada en salmuera*

saltbox /'sɔ:ltbɑ:ks || 'sɔ:ltbɒks/ *n* (in US) *casa antigua de dos pisos*

salt cellar *n* salero *m*

salt flats *pl n* salinas *fpl*

salt-free /'sɔ:lt'fri:/ *adj* sin sal

saltine /sɔ:l'ti:n/ *n* galleta *f* salada

saltiness /'sɔ:ltinəs || 'sɔ:ltinɪs/ *n* [u] (of water) salinidad *f*; (of food) sabor *m* salado

salt lick *n* **1** (artificial) bloque *m* de sal **2** (natural) salegar *m*

saltmine /'sɔ:ltmaɪn/ *n* mina *f* de sal, salina *f*; **back to the ~(s)!** (hum) ¡vuelta al yugo *or* al tajo! (hum)

salto /'sæltəʊ/ *n* (*pl* **-tos**) salto *m* mortal en el aire

salt pan *n* salina *f*

saltpeter, (BrE) **saltpetre** /,sɔ:lt'pi:tər || ,sɔ:lt'pi:tə(r)/ *n* [u] salitre *m*, nitrato *m* de potasio *or* de Chile

salt pork *n* tocino *m*

saltshaker /'sɔ:lt,ʃeɪkər || 'sɔ:lt,ʃeɪkə(r)/ *n* salero *m*

salt tablet *n* pastilla *f* de sal

saltwater /'sɔ:lt,wɔ:tər || 'sɔ:lt,wɔ:tə(r)/ *adj* ‹*lake*› de agua salada, salobre; ‹*fish*› de mar, de agua salada

saltworks /'sɔ:ltwɜ:rks || 'sɔ:ltwɜ:ks/ *n* (*pl*, ~ (+ *sing o pl vb*)) salinas *fpl*, refinería *f* de sal

salty /'sɔ:lti/ *adj* **-tier, -tiest** **1** (full of salt) ‹*food/taste*› salado **2** (earthy) ‹*language*› salado, picante; ‹*wit*› mordaz

salubrious /sə'lu:briəs/ *adj* **1** (healthy) (frml) ‹*climate/region/air*› saludable, salubre, sano **2** (wholesome) (*usu neg*) ‹*company*› sano, edificante; **not a very ~ district** un barrio muy poco recomendable

salubriousness /sə'lu:briəsnəs || sə'lu:briəsnɪs/ *n* [u] (frml) (of climate, air) salubridad *f*, lo sano

salutary /'sæljəteri || 'sæljʊtəri/ *adj* saludable, beneficioso

salutation /,sæljə'teɪʃən || ,sælju:'teɪʃən/ *n* [u c] (frml) **1** (greeting) saludo *m*, salutación *f* (liter) **2** (in letter) fórmula *f* de encabezamiento

salute[1] /sə'lu:t/ *n* **1** [c] (gesture) saludo *m*, venia *f* (RPl); **to take the ~** (on dais) presidir el desfile **2** [c] (firing of guns) salva *f*; **a 21-gun ~** una salva de 21 cañonazos **3** (tribute) (*no pl*) homenaje *m*, reconocimiento *m*

salute[2] *vt* **1** (Mil) ‹*officer*› saludar; **to ~ the flag** saludar la bandera **2** (acknowledge, pay tribute) (frml) ‹*courage/achievement*› rendir* homenaje a; **I can only ~ your singlemindedness** no puedo sino aplaudir su determinación **3** (greet) (frml) ‹*friend/person/event*› saludar

■ **salute** *vi* (Mil) **to ~ (TO sb)** hacerle* el saludo *or* (RPl) la venia (A algn)

Salvadoran[1] /,sælvə'dɔ:rən/ *adj* ▸**Salvadorean**[1]

Salvadoran[2] *n* ▸**Salvadorean**[2]

Salvadorean[1], **Salvadorian** /,sælvə'dɔ:riən/ *adj* salvadoreño

Salvadorean[2], **Salvadorian** *n* salvadoreño, -ña *m,f*

salvage[1] /'sælvɪdʒ/ *vt* **1** ‹*goods/valuables*› salvar, rescatar; **the paintings were ~d from the fire** los cuadros fueron rescatados del incendio **2** ‹*pride/self-respect/reputation*› salvar, rescatar; **how can he ~ his career now?** ¿cómo va a salvar su carrera ahora?

salvage[2] *n* [u] **1** (rescue) salvamento *m*, rescate *m*, salvataje *m* (CS); **the ~ of the wreck/cargo** el salvamento del naufragio/del cargamento **2** (property, goods saved) objetos *mpl* salvados; **the ~ did not amount to much** no fue mucho lo que se rescató *or* se recuperó; **architectural ~** material *m* de derribo **3** (compensation) (Fin, Naut) derecho *m* de salvamento

salvage operation *n* operación *f* de rescate *or* (Náut) de salvamento

salvation /sæl'veɪʃən/ *n* [u] **1** (deliverance) salvación *f* **2** (person, thing) salvación *f*; **she has been his ~** ella ha sido su salvación

Salvation Army *n* Ejército *m* de Salvación

salvationist /sæl'veɪʃənəst || sæl'veɪʃənɪst/ *n* **1** (evangelist) evangelista *mf* **2** **Salvationist** (of Salvation Army) salvacionista *mf*, miembro *mf* del Ejército de Salvación

salve[1] /sæv || sælv/ *n* **1** [u c] (ointment) bálsamo *m*, ungüento *m* **2** [c] (comfort) (*no pl*) **a ~ TO sth** un bálsamo PARA algo

salve[2] *vt*: **to ~ one's conscience** acallar la voz de su (*or* mi *etc*) conciencia

salver /'sælvər || 'sælvə(r)/ *n* bandeja *f*

salvo /'sælvəʊ/ *n* (*pl* **-vos** *or* **-voes**) salva *f*; **the first ~ in a publicity/election campaign** el primer aldabonazo de una campaña publicitaria/electoral; **a ~ of applause** una salva de aplausos; **this was greeted with a fresh ~ (of cheers)** esto fue saludado con renovados vítores

sal volatile /,sælvə'lætli/ *n* [u] sales *fpl* (aromáticas), sal *f* de amonio

SAM /sæm/ *n* **= surface-to-air missile**

Samaritan /sə'mærətn || sə'mærɪtən/ *n* **1** (Bib) samaritano, -na *m,f*; **the good ~** el buen samaritano **2** *also* **samaritan** (helpful person) buen samaritano, buena samaritana *m,f* **3** **the ~s** (charitable organization) los samaritanos

samba[1] /'sæmbə/ *n* (*pl* **-bas**) samba *f or m*

samba[2] *vi* **-bas, -baing, -baed** bailar la *or* el samba

sambo /'sæmbəʊ/ *n* (*pl* **-bos**) (sl & offensive) negro, -gra *m,f*; (*as form of address*) negro, -gra *m,f* (pey)

same[1] /seɪm/ *adj (before n)* mismo, misma; **they live at the ~ address** viven en la misma dirección; **don't make the ~ mistake again** no vuelvas a cometer el mismo error; **the two boxes are exactly the ~** las dos cajas son exactamente iguales; **you men are all the ~** todos los hombres son *or* (Esp) sois iguales; **she's not the ~ person** ya no es la misma; **this place won't be the ~ without you** esto no va a ser lo mismo sin ti; **these shoes will never be the ~ again** (colloq & hum) estos zapatos ya no volverán a ser lo que eran (hum); **it's always the ~** siempre pasa lo mismo; **the ~ AS sth: we're in the ~ position as before/as you** estamos igual que antes/en tu misma situación; **how are things? — ~ as ever/as usual** ¿qué tal te va? — como siempre/como de costumbre; **the village is much the ~ as it was 50 years ago** el pueblo está prácticamente como estaba hace 50 años; **his last book is much the ~** su último libro es por el estilo; **that dress is the ~ as mine** ese vestido es igual al mío; **the ~ woman as** *o* **that I spoke to yesterday** la misma mujer con quien hablé ayer; **(the) ~ old faces/people** las mismas caras/los mismos de siempre; **I'm fed up with doing the ~ old thing every day** estoy harto de hacer siempre lo mismo; **she always comes out with the ~ excuses** siempre sale con las mismas excusas; **is he the ~ one you were telling me about?** ¿es el mismo de quien me hablabas?; **the ~ thing happened to me** a mí me pasó lo mismo; **it all amounts** *o* **comes to the ~ thing** todo viene a ser lo mismo; **~ time, ~ place** a la misma hora en el mismo sitio; **I feel the ~ way about you** siento lo mismo por ti; **I'm glad you see things the ~ way (as) I do** me alegro de que veas las cosas como yo; **they are one and the ~ (person/thing)** son la mismísima persona/cosa; **on that very ~ day** ese mismísimo día

same[2] *pron* [1] **the ~** lo mismo; **thanks, I'll do the ~ for you sometime** gracias, algún día haré lo mismo por ti; **I wish I could say the ~** ¡ojalá pudiera decir lo mismo!; **are you Arthur Biggs? — the (very) ~** (hum) ¿es usted Arthur Biggs?— ¡el mismo que viste y calza! (hum), el mero (AmC, Méx, Ven); **I'll have the ~** para mí lo mismo; **the ~ goes for you** también va por ti; **I'm starving/I've had enough — ~ here!** (colloq) me muero de hambre/ya estoy harto — ya somos dos (fam); **have a nice vacation! — ~ to you!** ¡felices vacaciones! — ¡igualmente! *or* ¡lo mismo digo!; **I found the hotels were excellent — yes, we found the ~** los hoteles nos parecieron excelentes — sí, a nosotros también [2] **all the same, just the same** igual; *(as linker)* de todas formas *or* maneras, así y todo, sin embargo, no obstante (frml); **it wasn't her fault, but she was punished all the ~** no fue culpa suya, pero igual la castigaron; **I love him all the ~** a pesar de todo, lo quiero; ***it's all the ~ to me/you/them*** me/te/les da lo mismo, me/te/les da igual; **it's all the ~ to me whether they come or not** me da igual que vengan o no; **if it's all the ~ to you, I'd rather not go** si no te importa, preferiría no ir; **bullfinch, chaffinch, it's all the ~ to me** camachuelo, pinzón vulgar, para mí todos son iguales [3] (Busn) mismo, -ma; **with reference to your order and delivery of ~** con relación a su pedido y a la entrega del mismo; **to dismantling clutch and repairing ~** por desmontar el embrague y repararlo

same[3] *adv*: **the ~** igual; **they're written differently but pronounced the ~** se escriben distinto, pero se pronuncian igual; **how do you feel? — about the ~** ¿qué tal estás? — más o menos igual; **I still feel the ~ about her** sigo sintiendo lo mismo por ella; **I treat all my students exactly the ~** trato exactamente igual a todos mis alumnos; **I felt scared, (the) ~ as everybody else** estaba asustada, como todos los demás

same-again /'seɪmə'gen, -ə'geɪn/ *adj (before n)* sin variación

same-day /'seɪm'deɪ/ *adj ‹service/cleaning/delivery›* en el día

sameness /'seɪmnəs || 'seɪmnɪs/ *n* [u] (identity) identidad *f*; (monotony) monotonía *f*, uniformidad *f*

same-sex /'seɪm'seks/ *adj ‹partner/couple›* del mismo sexo; *‹marriage/relationship›* entre personas del mismo sexo; *‹school›* sólo para niños/niñas

samey /'seɪmi/ *adj* (BrE colloq & pej): **her books are very ~** sus libros son todos muy parecidos; **the food's edible, but it's so ~** la comida es pasable, pero es siempre el mismo tipo de cosa

samizdat /'sæməzdæt || 'sæmɪzdæt/ *n* samizdat *m (literatura o publicación clandestina)*

samosa /sə'məʊsə/ *n* (Culin) samosa *f*

samovar /'sæməvɑːr || 'sæməvɑː(r)/ *n* samovar *m*

sampan /'sæmpæn/ *n* sampán *m*

sample[1] /'sæmpəl || 'sɑːmpəl/ *n* [1] (specimen) muestra *f*; **a blood/urine ~** (Med) una muestra de sangre/orina; **a rock/soil ~** (Geol) una muestra de roca/suelo; *(before n)*: **~ question/paper** pregunta *f* /examen *m* tipo; **we looked at a few ~ cases** estudiamos algunos ejemplos [2] (Busn) muestra *f*; **a free/factory ~** una muestra gratuita *or* gratis/de fábrica; *(before n) ‹goods›* de muestra; **~ case/book** muestrario *m*; **~ pack** paquete *m* de muestras [3] (for statistics) muestra *f*; **a representative ~** una muestra representativa; **we took a random ~** hicimos un muestreo aleatorio; *(before n)*: **in 16 ~ libraries** en 16 bibliotecas tomadas como muestra

sample[2] *vt ‹food›* degustar, gustar, probar*; **~ the delights of traditional Greek hospitality** descubra las delicias de la tradicional hospitalidad griega

sampler /'sæmplər || 'sɑːmplə(r)/ *n* [1] (embroidery) dechado *m* [2] (collection) muestra *f* (representativa), selección *f* [3] (machine) sacamuestras *f* [4] (person) muestrero, -ra *m,f* [5] (Mus) sámpler *m*

sampling /'sæmplɪŋ || 'sɑːmplɪŋ/ *n* [1] (sample) muestra *f* [2] [u] (taking samples) muestreo *m*; *(before n) ‹method/technique›* de muestreo

samurai /'sæmərаɪ || 'sæmʊraɪ/ *n (pl* **-rai** *or* **-rais)** samurai *m*

sanatorium /ˌsænə'tɔːriəm/ *n (pl* **-riums** *or* **-ria** /-riə/) sanatorio *m (para convalecientes)*

sanctification /ˌsæŋktəfə'keɪʃən || ˌsæŋktɪfɪ'keɪʃən/ *n* [u] santificación *f*

sanctify /'sæŋktəfaɪ || 'sæŋktɪfaɪ/ *vt* **-fies, -fying, -fied** santificar*; **an arrangement sanctified by custom** una práctica consagrada por la costumbre

sanctimonious /ˌsæŋktə'məʊniəs || ˌsæŋktɪ'məʊniəs/ *adj* (frml) *‹attitude/comment›* moralista, gazmoño, mojigato

sanctimoniously /ˌsæŋktə'məʊniəsli || ˌsæŋktɪ'məʊniəsli/ *adv* (frml) *‹declare/criticize›* sentando cátedra moral

sanction[1] /'sæŋkʃən/ *n*

A [u] (authorization) autorización *f*, sanción *f*; **the article was copied without the author's ~** copiaron el artículo sin la autorización del autor

B [c] **sanctions** *pl* [1] (coercive measures) sanciones *fpl*; **to impose ~s against sb** imponer* sanciones contra algn; **economic/military ~s** sanciones económicas/militares [2] (penalty) sanción *f* [3] (restraint) freno *m*

sanction[2] *vt ‹act/initiative›* sancionar (frml), dar* su (*or* mi *etc*) sanción a (frml), aprobar*; *‹injustice›* consentir*, tolerar

sanctions busting /'bʌstɪŋ/ *n* [u] incumplimiento *f* de las sanciones (impuestas)

sanctity /'sæŋktəti/ *n* [u] [1] (inviolability) inviolabilidad *f*; **the ~ of marriage** la inviolabilidad *or* lo sagrado del vínculo matrimonial [2] (holiness) santidad *f*

sanctuary /'sæŋktʃueri || 'sæŋktjʊəri/ *n (pl* **-ries)**

A [1] [u] (protection, safety) asilo *m*, refugio *m*; **to seek/find ~** buscar*/encontrar* refugio; **to take ~** refugiarse; (in church) acogerse* a sagrado [2] [c] (place of refuge) santuario *m*, refugio *m* [3] [c] (for animals) reserva *f*; **a bird/wildlife ~** una reserva ornitológica/natural

B [c] [1] (Archit, Relig) presbiterio *m* [2] (Bib) santuario *m*, sancta *f*; (tabernacle) tabernáculo *m*

sanctum /'sæŋktəm/ *n (pl* **-tums** *or* **-ta** /-tə/) (frml) [1] (holy place) sagrario *m*; **the inner ~** el sanctasanctórum [2] (private place) santuario *m*, sanctasanctórum *m*

sand[1] /sænd/ *n* [1] [u] arena *f*; **~-colored** color arena [2] [c] (expanse of sand) *(often pl)* arena *f*; **the burning ~s of the desert** las ardientes arenas del desierto; ***to build on ~*** hacer* castillos de arena; ***to run into the ~(s)*** estancarse*; **the talks ran into the ~(s)** las conversaciones se estancaron; **the ~s are running out for him** tiene los días contados

sand[2] *vt* **~ (down)** (make smooth) *‹wood/furniture›* lijar; *‹floor›* pulir

sandal /'sændl/ *n* sandalia *f*; **a pair of ~s** un par de sandalias

sandaled, (BrE) **sandalled** /'sændld/ *adj*: **~ feet** pies *mpl* calzados en sandalias

sandalwood /'sændlwʊd/ *n* [u] sándalo *m*

sandbag[1] /'sændbæg/ *n* saco *m* de arena, saco *m* terrero

sandbag[2] **-gg-** *vt*

A (barricade) proteger* con sacos de arena *or* sacos terreros

B (bully) (AmE colloq) forzar*, obligar* con *or* por medio de amenazas

C (deceive) (AmE sl): **he was ~ging me** no estaba jugando a tope, para engañarme

■ **sandbag** *vi* (AmE sl) dejarse ganar

sandbank /'sændbæŋk/ *n* banco *m* de arena

sandbar /'sændbɑːr || 'sændbɑː(r)/ *n* barra *f* (de arena)

sandblast /'sændblæst || 'sændblɑːst/ *vt ‹stonework/building›* pulir *or* limpiar *(con un chorro de arena)*

sandbox /'sændbɑːks || 'sændbɒks/ *n* [1] (AmE) cajón *m* de arena *(en parques y jardines)* [2] (Rail) arenero *m*

sandboy /'sændbɔɪ/ *n* (BrE): ***to be as happy as a ~*** estar* como unas Pascuas, estar* de lo más contento

sandcastle /'sændˌkæsəl || 'sændˌkɑːsəl/ *n* castillo *m* de arena

sand dollar *n: especie de erizo de mar de forma discoide*

sand dune *n* duna *f*

sander /'sændər || 'sændə(r)/ *n* [1] (machine) lijadora *f* [2] (truck) camión *m (que esparce arena)*

sand flea *n* pulga *f* de mar

sand fly *n* jején *m*, mosquito *m*

sand grouse *n* ganga *f*

Sandhurst /'sændhɜːrst || 'sændhɜːst/ *n* (in UK) (la academia militar de) Sandhurst

sandiness /'sændɪnəs || 'sændɪnɪs/ *n* [u] arenosidad *f*

sanding disc /'sændɪŋ/ *n* disco *m* de lija

sandlot /'sændlɑːt || 'sændlɒt/ *n* (AmE) *solar utilizado para deportes*; *(before n) ‹baseball/team›* de barrio, amateur

S & M *n* [u] = **sadomasochism**

sandman /'sændmæn/ *n*: **the ~** *el personaje del folclor que hace dormir a los niños poniéndoles arena en los ojos*

sand martin *n* avión *m* zapador, golondrina *f* parda chica (AmL)

sandpaper[1] /'sændˌpeɪpər || 'sændˌpeɪpə(r)/ *n* [u] papel *m* de lija

sandpaper[2] *vt* lijar

sandpiper /'sændˌpaɪpər || 'sændˌpaɪpə(r)/ *n* lavandera *f*, andarríos *m*

sandpit /'sændpɪt/ *n* (BrE) ▸**sandbox 1**

sandshoe /'sændʃuː/ *n* (BrE) alpargata *f*

sand smelt *n* pejerrey *m (europeo)*

sandstone /'sændstəʊn/ *n* [u] arenisca *f*

sandstorm /'sændstɔːrm || 'sændstɔːm/ *n* tormenta *f* de arena

sand trap *n* (in golf) (AmE) bunker *m*

sandwich[1] /'sænwɪtʃ || 'sændwɪdʒ/ *n (pl* **-wiches)** [1] sándwich *m*, emparedado *m*,, ≈ bocadillo *m* (Esp); **a ham ~** un sándwich de jamón; **toasted ~** sándwich *m* caliente, (sándwich *m*) tostado *m*; *(before n)*: **~ bar** sandwichería *f*; **~ box** fiambrera *f*, lonchera *f* (AmL);

~ **loaf** (BrE) pan *m* de molde; ~ **toaster** sandwichera *f* 2 (cake) (BrE) bizcocho *m or* (CS) bizcochuelo *m* relleno

sandwich² *vt* (*usu pass*): **a small house ~ed between the church and the library** una casita metida *or* encajonada entre la iglesia y la biblioteca; **I was ~ed between two fat women** estaba apretujado entre dos gordas; **I had to ~ my vacation between two business trips** tuve que tomarme las vacaciones entre dos viajes de negocios

sandwich board *n* cartelones *mpl* (*que lleva un hombre-anuncio*)

sandwich course *n* (BrE) *curso durante el cual se alterna el aprendizaje con el trabajo práctico*

sandwich man /mæn/ *n* (*pl* **men** /men/) hombre-anuncio *m*

sandy /'sændi/ *adj* **-dier, -diest** 1 ‹*beach/path*› de arena; ‹*soil*› arenoso; **the towels were all ~** las toallas estaban llenas de arena 2 ▸❶ **p.1036** (in color) ‹*hair*› rubio rojizo *adj inv*

sand-yachting /'sænd,jɑːtɪŋ || 'sænd,jɒtɪŋ/ *n* [u] navegación *f* a vela sobre arena

sandy-haired /'sændi'herd || 'sændi'heəd/ *adj* de pelo color arena

sane /seɪn/ *adj* **saner, sanest** 1 (not mad) cuerdo; **I began to wonder whether he was entirely ~** empecé a preguntarme si estaba en sus cabales *or* en su sano juicio; **it's the only thing that keeps me ~** es lo que impide que me vuelva loco 2 (sensible) ‹*views/advice/judgment*› sensato

sang /sæŋ/ *past of* **sing**

sangfroid /,sɑːŋ'frwɑː/ *n* [u] sangre *f* fría

sangria /sæŋ'griːə/ *n* [u] sangría *f*

sanguinary /'sæŋgwəneri || 'sæŋgwɪnəri/ *adj* (frml) ‹*war/revenge*› sangriento; ‹*tyrant/regime*› sanguinario

sanguine /'sæŋgwən || 'sæŋgwɪn/ *adj* (frml) 1 (optimistic) ‹*disposition/attitude*› confiado, optimista 2 (ruddy) ‹*complexion*› sanguíneo, rubicundo

sanitarium /,sænə'teriəm || ,sænɪ'teəriəm/ *n* 1 (AmE) ▸**sanatorium** 2 (health resort) clínica *f*

sanitary /'sænəteri || 'sænɪtri/ *adj* 1 (concerning health) (*before n*) ‹*conditions/regulations*› sanitario, de salubridad; ‹*engineer/engineering*› de saneamiento, sanitario; ‹*inspector*› de sanidad 2 (hygienic) higiénico, salubre

sanitary belt *n*: *cinturón utilizado para sujetar una compresa*

sanitary napkin, (BrE) **sanitary towel** *n* compresa *f*, paño *m* higiénico

sanitation /,sænə'teɪʃən || ,sænɪ'teɪʃən/ *n* [u] 1 (hygiene) condiciones *fpl* de salubridad 2 (waste disposal system) servicios *mpl* sanitarios

sanitation department *n* (AmE) *servicio de limpieza y recogida de basuras*

sanitation worker *n* (AmE) empleado, -da *m,f* del servicio de recogida de basuras, basurero, -ra *m,f*, recolector, -tora *m,f* de residuos (RPl frml)

sanitize /'sænətaɪz || 'sænɪtaɪz/ *vt* 1 (disinfect) desinfectar 2 (make inoffensive) (pej) hacer* potable; **a ~d version** una versión aséptica

sanity /'sænəti/ *n* [u] 1 (mental health) razón *f*, cordura *f*; **to lose one's ~** perder* la razón *or* el juicio 2 (good sense) sensatez *f*

sank /sæŋk/ *past of* **sink¹**

sans /sænz/ *prep* (arch *or* hum) sin, desprovisto de (frml)

sanserif /sæn'serəf || sæn'serɪf/ *n* [u] palo *m* bastón (*tipo de letra impresa*)

Sanskrit /'sænskrɪt/ *n* [u] sánscrito *m*

Santa Claus /'sæntəklɔːz/ *n* Papá Noel, San Nicolás, Santa Claus, Viejo *m* Pascuero (Chi)

saola /'saʊlə || 'ʃaʊlɑː/ *n* (Zool) saola *f*

sap¹ /sæp/ *n*

A [u] savia *f*

B [c] (fool) (colloq & dated) infeliz *mf*, inocentón, -tona *m,f* (fam); **those poor ~s** esos pobres diablos

C [c] (trench) zapa *f*

sap² *vt* **-pp-** 1 (drain, weaken) ‹*strength/energy/enthusiasm*› minar, socavar; ‹*confidence/health*› minar; ‹*faith*› hacer* tambalear 2 (Mil) ‹*wall/fortification*› zapar, socavar

sapling /'sæplɪŋ/ *n* plantón *m*, árbol *m* joven

sapper /'sæpər || 'sæpə(r)/ *n* 1 (Mil) zapador, -dora *m,f* 2 *also* **Sapper** (in Brit army) *soldado del cuerpo de ingenieros*

sapphic, Sapphic /'sæfɪk/ *adj* sáfico

sapphire /'sæfaɪr || 'sæfaɪə(r)/ *n* 1 [c] (gem) zafiro *m* 2 ▸❶ **p.1036** [u] (color) azul *m* zafiro; (*before n*) ‹*eyes/sea/dress*› azul zafiro *adj inv*; ~ **blue** azul *m* zafiro

sappy /'sæpi/ *adj* **-pier, -piest** (AmE colloq) (silly) bobo (fam); (sentimental) ñoño (fam)

SAR *n* = **search and rescue**

Saracen /'særəsən/ *n* sarraceno, -na *m,f*

Saragossa /,særə'gɑːsə || ,særə'gɒsə/ *n* Zaragoza *f*

Saran Wrap® /sə'ræn/ *n* [u] (AmE) film *m* transparente (*para envolver alimentos*)

sarcasm /'sɑːrkæzəm || 'sɑːkæzəm/ *n* 1 [u] sarcasmo *m*; **wonderful, he said, with heavy ~** —qué maravilla —dijo con gran sarcasmo *or* sorna 2 [c] (remark) sarcasmo *m*

sarcastic /sɑːr'kæstɪk || sɑː'kæstɪk/ *adj* ‹*person/remark*› sarcástico, mordaz

sarcastically /sɑːr'kæstɪkli || sɑː'kæstɪkli/ *adv* sarcásticamente, con sarcasmo *or* sorna

sarcoma /sɑːr'kəʊmə || sɑː'kəʊmə/ *n* (*pl* **-mas** *or* **-mata** /-mətə/) sarcoma *m*

sarcophagus /sɑːr'kɑːfəgəs || sɑː'kɒfəgəs/ *n* (*pl* **-guses** *or* **-gui** /-gaɪ/) sarcófago *m*

sardine /sɑːr'diːn || sɑː'diːn/ *n* 1 (Culin, Zool) sardina *f*; **canned** *o* (BrE) **tinned ~s** sardinas en lata *or* enlatadas; ***to be packed like ~s*** ir*/estar* como sardinas en lata 2 **sardines** (party game) (+ *sing vb*) escondite *m*, escondidas *fpl* (AmL) (*en el que los que juegan terminan apiñados en un espacio reducido*)

Sardinia /sɑːr'dɪniə || sɑː'dɪniə/ *n* Cerdeña *f*

Sardinian¹ /sɑːr'dɪniən || sɑː'dɪniən/ *adj* sardo

Sardinian² *n* 1 (person) sardo, -da *m,f* 2 (language) sardo *m*

sardonic /sɑːr'dɑːnɪk || sɑː'dɒnɪk/ *adj* sardónico, sarcástico y burlón

sardonically /sɑːr'dɑːnɪkli || sɑː'dɒnɪkli/ *adv* sardónicamente

Sargasso Sea /sɑːr'gæsəʊ sɑː'gæsəʊ/ *n*: **the ~ ~** el Mar de los Sargazos

sarge /sɑːrdʒ || sɑːdʒ/ *n* (colloq) sargento *mf*; (*as form of address*) jefe (fam)

sari /'sɑːri/ *n* (*pl* **~s**) sari *m*

sarkiness /'sɑːrki || 'sɑːki/ *n* [u] (BrE colloq) sorna *f*

sarky /'sɑːrki || 'sɑːki/ *adj* (BrE colloq) sarcástico, mordaz

sarnie /'sɑːrni || 'sɑːni/ *n* (BrE colloq) sándwich *m*, bocata *f* (Esp fam)

sarong /sə'rɑːŋ || sə'rɒŋ/ *n* sarong *m*

SARS /sɑːrz || sɑːz/ *n* (Med) (= **severe acute respiratory syndrome**) SRAS *m*; SARS *m*

sarsaparilla /,sæspə'rɪlə || ,sɑːspə'rɪlə/ *n* zarzaparrilla *f*

sartorial /sɑːr'tɔːriəl || sɑː'tɔːriəl/ *adj* (liter *or* hum): **renowned for his ~ elegance** famoso por su elegancia en el vestir

SAS (in UK) (= **Special Air Service**) *regimiento especializado en operaciones clandestinas*, ≈ GEO *mpl* (*en Esp*)

SASE *n* (AmE) = **(self-addressed stamped envelope)**: **I enclose an ~** adjunto sobre franqueado (a mi nombre)

sash /sæʃ/ *n*

A 1 (on dress) faja *f* 2 (on uniform — around waist) fajín *m*; (— over shoulder) banda *f*

B (of window) marco *m*; (*before n*): **~ window** ventana *f* de guillotina; **~ cord/fastener** cuerda *f*/cierre *m* de ventana de guillotina

sashay /sæ'ʃeɪ || 'sæʃeɪ/ *vi* (AmE colloq) andar* pavoneándose *or* (fam) dándose aires; **she ~ed around the hall in her mink coat** se pavoneaba por la sala con su abrigo de visón

Sask = **Saskatchewan**

sass¹ /sæs/ *n* [u] (AmE colloq) frescura *f* (fam), descaro *m*

sass² *vt* (AmE colloq) hablarle descaradamente a; **don't you ~ me, young man!** ¡más respeto, jovencito!

sassafras /'sæsəfræs/ *n* sasafrás *m*

Sassenach /'sæsənæk/ *n* (Scot often pej) inglés, -glesa *m,f*

sassy /'sæsi/ *adj* **-sier, -siest** (AmE colloq) 1 (impertinent) caradura (fam), fresco (fam) 2 (brash, jazzy) ‹*hat/style*› llamativo y atrevido

sat /sæt/ *past & past p of* **sit**

Sat ▸❶ **p.1085** (= **Saturday**) sáb.

SAT *n* 1 (AmE) = **Scholastic Aptitude Test** 2 (BrE) = **Standard Assessment Task** *o* **Test**

> **SAT**
>
> En EEUU, corresponde a las siglas de *Scholastic Aptitude Test*, una prueba de aptitud, que se hace normalmente en el último año del ▸**high school**. Hay que aprobarlo para entrar a la mayor parte de las universidades. En Inglaterra y Gales, significa *Standard Assessment Test* o *Task*, prueba que se hace a los alumnos de todos los colegios, a los 7, 11, y 14 años, a fin de evaluar su progreso.

Satan /'seɪtn/ *n* Satanás, Satán

satanic /sə'tænɪk/ *adj* satánico

Satanism /'seɪtnɪzəm || 'seɪtənɪzəm/ *n* [u] satanismo *m*

satchel /'sætʃəl/ *n* cartera *f* (*de colegial*)

sate /seɪt/ *vt* (liter) (*usu pass*) ‹*appetite/lust*› saciar (liter); **to be ~d WITH sth** estar* ahíto DE algo (liter)

sateen /sæ'tiːn/ *n* [u] satén *m*, raso *m* de algodón

satellite /'sætlaɪt || 'sætəlaɪt/ *n*

A 1 (Aerosp) satélite *m* (artificial); **a weather/spy/communications ~** un satélite meteorológico/espía/de comunicaciones; **to broadcast sth by ~** retransmitir algo vía satélite; (*before n*) ‹*communications/broadcasting*› vía satélite; **~ channel** canal *m* vía satélite; **~ dish** antena *f* parabólica; **~ link** conexión *f* vía satélite; **~ operator** operador *m* de satélite; **~ pictures** imágenes *fpl* de satélite; **~ receiver** receptor *m* de satélite; **~ technology** tecnología *f* de las comunicaciones vía satélite; **~ TV** televisión *f* por *or* vía satélite 2 (Astron) satélite *m*

B 1 (dependent body, state) satélite *m*; (*before n*): **a ~ country/state** un país/estado satélite 2 **~ (town)** ciudad *f* satélite 3 (minion) (pej) adlátere *mf* (pey)

satiate /'seɪʃieɪt/ *vt* (liter) ‹*person*› llenar hasta el hastío; ‹*desire/appetite/lust*› saciar (liter); **to be ~d with food/pleasure** estar* ahíto de comida/hastiado de placer (liter)

satiation /,seɪʃi'eɪʃən/ *n* [u] (liter) saciedad *f*; **to (the point of) ~** hasta la saciedad

satin /'sætn || 'sætɪn/ *n* [u c] satén *m*, raso *m*, satín *m* (AmL); ***as smooth as ~*** suave como la seda; (*before n*) satinado; **a ~ finish** un acabado satinado

satinwood /'sætnwʊd || 'sætɪnwʊd/ *n* 1 [u] (wood) madera *f* satinada, satén *m* 2 [c] **~ (tree)**

satire /'sætaɪr || 'sætaɪə(r)/ *n* 1 [c] (composition) **a ~ (ON sth)** una sátira (DE *or* A algo) 2 [u] (genre, mode) sátira *f*; **with a note of ~ in her voice** con un retintín de burla, con un tonillo satírico

satirical /sə'tɪrɪkəl/ *adj* ‹*author/poem/review*› satírico; ‹*tone/comment*› satírico

satirically /sə'tɪrɪkli/ *adv* satíricamente

satirist /'sætərəst || 'sætərɪst/ *n* escritor satírico, escritora satírica *m,f*

satirize /'sætəraɪz/ *vt* satirizar*

satisfaction /,sætəs'fækʃən/ *n* [u]

S

A (contentment) satisfacción *f*; **with a look of ~ on her face** con cara de satisfacción; **~ AT sth/-ING** satisfacción POR algo/+ inf; **I felt great ~ at having solved the problem** sentí una gran satisfacción por haber resuelto el problema; **he expressed his ~ at the outcome of the negotiations** expresó su satisfacción por el resultado de las negociaciones; **~ WITH sth** satisfacción CON algo; **~ guaranteed or your money back** si no queda satisfecho, le devolvemos el dinero; **if the product does not give full ~ ...** si el producto no le satisface plenamente ...; **this result is a great ~/no great ~ to me** este resultado me produce una gran satisfacción/no me satisface; **I had the ~ of seeing them humiliated** tuve la satisfacción de verlos humillados; **I get no ~ out of** *o* **from seeing them punished** no me produce ninguna satisfacción que los castiguen; **the job has not been done to my ~** no estoy satisfecho con el trabajo; **the matter was settled to everybody's ~** el asunto quedó solucionado a plena satisfacción de todos; **was everything to your ~, sir?** ¿estaba todo a gusto del señor? (frml); **to prove/show to sb's ~ that ...** probar*/mostrar* a plena *or* entera satisfacción de algn que ... (frml)

B (frml) **1** (fulfillment — of desire, needs) satisfacción *f*; (— of terms, conditions, claim) cumplimiento *m* **2** (reparation) satisfacción *f*, reparación *f*; **to demand/receive ~** exigir*/recibir satisfacción

satisfactorily /ˌsætəsˈfæktrəli || ˌsætɪsˈfæktərɪli/ *adv* ‹*perform/work/explain*› satisfactoriamente, de manera satisfactoria

satisfactory /ˌsætəsˈfæktri || ˌsætɪsˈfæktəri/ *adj* satisfactorio; **his condition is said to be ~** (journ) su estado ha sido calificado de satisfactorio (period)

satisfiable /ˈsætəsfaɪəbəl || ˈsætɪsfaɪəbəl/ *adj* satisfacible

satisfied /ˈsætəsfaɪd || ˈsætɪsfaɪd/ *adj* ‹*expression*› satisfecho; ‹*smile*› de satisfacción; **he gave a ~ chuckle** soltó una risita de satisfacción; **another ~ customer** otro cliente satisfecho; **(to be) ~ WITH sb/sth** (estar*) satisfecho CON algn/algo; **if you are not totally ~ with your purchase ...** si no queda plenamente satisfecho con su compra ...; **you'll have to be ~ with what you've got** tendrás que conformarte con lo que tienes; **they seem perfectly ~ just to sit and watch** parece que se contentan con sentarse y mirar; **she's never ~** nunca se queda contenta *or* está satisfecha; **I won't be ~ until every problem has been solved** no me daré por satisfecho hasta que (no) se hayan resuelto todos los problemas

satisfy /ˈsætəsfaɪ || ˈsætɪsfaɪ/ **-fies, -fying, -fied** *vt*

A **1** (please, gratify) ‹*person/customer*› satisfacer*; ‹*desire/need/curiosity*› satisfacer*; **a sandwich doesn't really ~ me** con un sándwich no me quedo satisfecho **2** (meet, comply with) ‹*requirements*› llenar, reunir*; ‹*demand*› satisfacer*; **if you ~ the basic criteria** si llena *or* reúne los requisitos básicos; **we can't produce enough to ~ the demand** no podemos producir lo suficiente para satisfacer la demanda; **to ~ the examiners** (BrE) (Educ) ser* aprobado (por los examinadores) **3** (Fin) ‹*debt*› saldar, liquidar, satisfacer*; ‹*creditor*› satisfacer* **4** (Math) ‹*equation*› satisfacer*

B (convince) (*often pass*) **to ~ sb OF sth** convencer* a algn DE algo; **I'm not satisfied of her innocence** *o* **that she is innocent** no estoy convencido de su inocencia *or* de que es inocente; **I had to ~ myself that he was right** tuve que asegurarme de que tenía razón

■ **satisfy** *vi* **1** (please) satisfacer* **2** (suffice) bastar, ser* suficiente

satisfying /ˈsætəsfaɪɪŋ || ˈsætɪsfaɪɪŋ/ *adj* **1** (pleasing) ‹*result/job*› satisfactorio **2** (filling) ‹*meal*› que llena, que deja satisfecho; **sandwiches aren't as ~ as a meal** los sándwiches no llenan *or* no dejan tan satisfecho como una comida

SATNAV /ˈsætnæv/ *n* (Auto) (**= satellite navigation system**) SATNAV *m*

satsuma /sætˈsuːmə/ *n* satsuma *f* (*tipo de mandarina*)

saturate /ˈsætʃəreɪt/ *vt*

A (drench) ‹*cloth*› empapar; ‹*person*› (colloq) empapar; **we were ~d** nos empapamos; **the downpour had ~d the playing field** el aguacero había encharcado el terreno de juego; **she had ~d herself in perfume** se había bañado en perfume (fam)

B (fill) ‹*market/mind/place*› saturar

C **1** (Chem, Phys) saturar **2** **saturated** *past p* ‹*solution/acid/fats*› saturado

saturation /ˌsætʃəˈreɪʃən/ *n* [u]

A (Busn, Marketing) saturación *f* (*before n*) ‹*coverage/publicity*› (Journ, Marketing) exhaustivo; (*before n*): **~ bombing** bombardeo *m* por *or* de saturación; **~ point** punto *m* de saturación

B (Chem, Phys) saturación *f*

C (soaking) (frml) inmersión *f*, remojo *m*

D (Opt, Phot) saturación *f*; (*before n*): **~ control** (TV) control *m* de saturación

Saturday /ˈsætərdeɪ, -di || ˈsætədeɪ, -di/ ▸❶ **p.1085** *n* sábado *m*; (*before n*): **~ night special** (in US) (colloq) pistola *f* (*barata y fácil de conseguir*); *see also* **Monday**

Saturn /ˈsætərn || ˈsætən/ *n* Saturno *m*

saturnine /ˈsætərnaɪn || ˈsætənaɪn/ *adj* (liter) ‹*person/expression*› taciturno, saturnino (liter)

satyr /ˈseɪtər || ˈsætə(r)/ *n* **1** (Myth) sátiro *m* **2** (lecher) (liter *or* hum) sátiro *m*

sauce /sɔːs/ *n*

A [c u] (Culin) salsa *f*; **white ~** salsa blanca, bechamel *f*; **apple ~** compota *f or* (esp AmL) puré *m* de manzana (*que se sirve gen con carne de cerdo*); ***what's ~ for the goose is ~ for the gander*** si está bien que uno lo haga, está bien que lo haga cualquiera

B [u] (impudence) cara *f* (fam), frescura *f* (fam)

sauceboat /ˈsɔːsbəʊt/ *n* salsera *f*

sauced /sɔːst/ *adj* (AmE colloq): **to be ~** estar* borracho, tener* una curda (fam), estar* en curda (fam RPl fam), andar* *or* estar* con la mona (Chi fam)

saucepan /ˈsɔːspæn || ˈsɔːspən/ *n* cacerola *f*, cazo *m* (Esp); (large) olla *f*

saucer /ˈsɔːsər || ˈsɔːsə(r)/ *n* platillo *m*; **with eyes like ~s** con (los) ojos como platos

saucily /ˈsɔːsəli, ˈsæsəli || ˈsɔːsɪli/ *adv* descaradamente, con descaro, con frescura (fam)

saucy /ˈsɔːsi, ˈsæsi || ˈsɔːsi/ *adj* **-cier, -ciest** **1** (impudent) descarado, insolente, fresco (fam) **2** (lively) (AmE colloq) lleno de vida **3** (with sauce) (AmE) con salsa **4** (risqué) (BrE) picante, colorado (Méx)

Saudi[1] /ˈsaʊdi/ *adj* saudita, saudí

Saudi[2] *n* saudita *mf*, saudí *mf*

Saudi Arabia *n* Arabia *f* Saudita, Arabia *f* Saudí

Saudi Arabian *adj* saudita, saudí

sauerkraut /ˈsaʊrkraʊt || ˈsaʊəkraʊt/ *n* [u] choucroute *f*, chucrut *m*

sauna /ˈsɔːnə/ *n* sauna *f*, sauna *m* (AmL); **to have a ~** darse* una sauna *or* (AmL) un sauna

saunter[1] /ˈsɔːntər || ˈsɔːntə(r)/ *vi* pasear; **we ~ed along the road, taking in the view** paseamos por el camino, contemplando el paisaje; **she ~ed in/out** entró/salió andando despacio; (nonchalantly) entró/salió con aire despreocupado *or* (fam) como si tal cosa; **he ~ed up to the counter** se acercó al mostrador con paso despreocupado

saunter[2] *n* paseo *m*, vuelta *f*; **to go for a ~** ir* a dar un paseo *or* una vuelta

saurian /ˈsɔːriən/ *adj* de saurio

sausage /ˈsɔːsɪdʒ || ˈsɒsɪdʒ/ *n* [c u] (Culin) salchicha *f*; **German ~** embutido *m* al estilo alemán; **you silly ~!** (BrE) ¡anda, tontorrón *or* tontito! (fam); ***not a ~*** (BrE colloq) nada de nada (fam); (*before n*): **~ machine** máquina *f* de hacer salchichas; **~ meat** carne *f* de salchicha

sausage dog *n* (BrE colloq) perro, -rra *m,f* salchicha

sausage roll *n* (BrE) *salchicha envuelta en hojaldre*

sauté /sɔːˈteɪ, səʊˈteɪ || ˈsəʊteɪ/ *vt* **-tés, -téeing** *or* **-téing, -téed** *or* **-téd** saltear, sofreír*

savage[1] /ˈsævɪdʒ/ *adj* **1** (fierce, wild) ‹*beast/attack*› salvaje, feroz; ‹*blow*› violento; ‹*persecution/criticism*› feroz, despiadado; ‹*cuts/reductions*› salvaje; **to have a ~ temper** tener* un carácter violento **2** (uncivilized) ‹*tribe/people*› salvaje

savage[2] *n* salvaje *mf*; **noble ~** salvaje de alma noble

savage[3] *vt* atacar* salvajemente *or* con fiereza a; **the lion ~d the deer to death** el león atacó al ciervo con fiereza y lo mató; **the movie was ~d by the critics** los críticos pusieron la película por los suelos, los críticos se ensañaron con la película

savagely /ˈsævɪdʒli/ *adv* ‹*attack/fight*› salvajemente, ferozmente; ‹*bite*› fieramente; ‹*criticize*› despiadadamente, ferozmente; **services have been ~ cut** han recortado los servicios de una manera salvaje

savageness /ˈsævɪdʒnəs || ˈsævɪdʒnɪs/ *n* ▸**savagery 1**

savagery /ˈsævɪdʒri/ *n* [u] **1** (ferocity — of attack, blow) ferocidad *f*, violencia *f*; (— of criticism) ferocidad *f*, fiereza *f*; (— of cuts, reductions) severidad *f*, lo salvaje **2** (primitiveness) salvajismo *m*; **in a state of ~** en estado salvaje

savanna, savannah /səˈvænə/ *n* [c u] sabana *f*

savant /sæˈvɑːnt || ˈsævnt/ *n* (liter) erudito, -ta *m,f*

save[1] /seɪv/ *vt*

A **1** (rescue, preserve) salvar; **new investment could ~ 500 jobs** una nueva inversión podría salvar 500 puestos de trabajo; **she wants to ~ her reputation/marriage** quiere salvar su reputación/matrimonio; **rescue workers ~d 20 people from the burning house** los trabajadores del servicio de salvamento rescataron a 20 personas del incendio; **to ~ sth/sb FROM sth/-ING** salvar algo/a algn DE algo/ + INF; **to ~ sb from defeat/disaster** salvar a algn de la derrota/del desastre; **you ~d me from drowning/falling** me salvaste de ahogarme/caerme; **you ~d me from making a fool of myself** gracias a ti no hice el ridículo; **to ~ sb from herself/himself** impedir* que algn siga haciéndose daño; **God ~ the King/Queen!** ¡Dios salve *or* guarde al Rey/a la Reina!; **to ~ the situation** salvar la situación; ***to ~ one's bacon*** *o* ***neck*** *o* ***skin*** (colloq) salvar el pellejo (fam); **he'd do anything to ~ his own neck** *o* **skin** *o* **bacon** haría cualquier cosa con tal de salvar el pellejo; ***save it!*** (AmE colloq) ¡olvídalo! **2** (redeem) ‹*soul/sinner*› salvar, redimir

B **1** (be economical with) ‹*money/fuel/space*› ahorrar; **it ~s (me) a lot of time/work** (me) ahorra mucho tiempo/trabajo; **you can ~ a lot of money buying a season ticket** se ahorra mucho dinero comprando un abono **2** (spare, avoid) ‹*trouble/expense/embarrassment*› ahorrar, evitar; **these machines ~ labor** estas máquinas ahorran trabajo; **to ~ (sb) sth/-ING**: **she recorded the lecture to ~ having to take notes** grabó la conferencia para ahorrarse tener que tomar apuntes; **drip-drying the shirts ~s ironing them** si dejas escurrir las camisas, te evitas *or* te ahorras tener que plancharlas; **it will ~ you a journey** *o* **your having to make another journey** te ahorrarás un viaje *or* tener que hacer otro viaje

C **1** (keep, put aside) guardar; ‹*money*› ahorrar; **we've ~d $5,000 so far** hasta ahora hemos ahorrado 5.000 dólares; **don't eat it now; ~ it for later** no te lo comas ahora; déjalo para luego; **~ a slice for me, ~ me a slice** guárdame un trozo; **I'm saving this dress for best** este vestido lo reservo para las ocasiones especiales; **~ my place** guárdame el sitio; **~ me some space at the bottom of the page** déjame sitio al final de la página; **I'm saving the tokens** colecciono *or* estoy juntando los vales; **to ~ oneself for sb/sth** reservarse para algn/algo; **to ~ one's energy/strength** guardarse las energías/las fuerzas; **to ~ sth till (the) last** dejar algo para el final; ***to ~ one's breath*** (colloq) no gastar saliva (fam) **2** (Comput) guardar, almacenar

D (Sport) ‹*shot/penalty*› detener*, salvar

■ **save** *vi*

A **1** (put money aside) ahorrar **2** (economize) ahorrar; **to ~ ON sth** ahorrar algo; **to ~ on fuel** ahorrar combustible

S

B (redeem) salvar, redimir
C **1** (wait) (colloq) ‹‹*work/task/news*›› esperar; **will it ~ for a few days?** ¿puede esperar unos días? **2** (keep) (AmE) ‹‹*food*›› aguantar (fam)

Phrasal verb

- **save up**

A [v + adv] ahorrar; **I'm saving up for a car/to buy a car** estoy ahorrando para (comprarme) un coche
B [v + o + adv, v + adv + o] ahorrar

save² *n* parada *f*; **to make a ~** hacer* una parada

save³ *prep* (frml) **1** (apart from): **~ (for)** salvo, excepto, con excepción de **2** **~ for** (if it were not for): **he would have died, ~ for the fact that ...** se habría muerto, si no hubiera sido porque ... *or* de no haber sido porque ...

save⁴ *conj* (arch): **~ that** de no haber sido porque

saveloy /'sævəlɔɪ/ *n* (BrE) ≈ sobrasada *f*

saver /'seɪvər || 'seɪvə(r)/ *n* ahorrador, -dora *m,f*, ahorrista *mf* (RPl), ahorrante *mf* (Chi)

saving¹ /'seɪvɪŋ/ *n*
A **1** [u] (accumulation) ahorro *m*; **~ is difficult nowadays** hoy en día es difícil ahorrar **2** **savings** *pl* ahorros *mpl*; **he lost his life ~s** perdió los ahorros de toda una vida; (*before n*): **~s account** cuenta *f* de ahorros; **~s book** libreta *f* de ahorros
B [c] (economy) ahorro *m*; **~s** *o* **a ~ of $1,000 a week** un ahorro de 1.000 dólares por semana; **to make ~s** hacer* economías, economizar*; **huge ~s on furniture at our winter sale** ahorre muchísimo dinero al comprar sus muebles en nuestra liquidación de invierno
C [u] (preservation) conservación *f*

saving² *adj* (*before n*): **he's rather boring but he has a ~ sense of humor** es algo aburrido pero se salva por su sentido del humor, es algo aburrido pero su sentido del humor lo salva; ▸**grace¹ B3**

saving³ *prep* salvo, excepto, con excepción de

-saving /ˌseɪvɪŋ/ *suff*: **money~/time~** que ahorra dinero/tiempo

savings and loan *n*: **~ ~ ~ (association/company)** (AmE) sociedad *f* de ahorro y préstamos

savings bank *n* caja *f* de ahorros

savior, (BrE) **saviour** /'seɪvjər || 'seɪvjə(r)/ *n* **1** (rescuer — person) salvador, -dora *m,f*; (— thing) salvación *f* **2** **Savior** (Relig): **the/our S~** el/nuestro Salvador

savoir-faire /ˌsævwɑːr'fer || ˌsævwɑː'feə(r)/ *n* [u] savoir-faire *m*; **she has no ~** no tiene savoir-faire *or* mundo

savor¹, (BrE) **savour** /'seɪvər || 'seɪvə(r)/ *vt* ‹*food/wine*› saborear, paladear; ‹*experience/feeling*› saborear; ‹*sight/memory*› recrearse en; **I ~ed the sweet taste of revenge/success** saboreé el placer de la venganza/las mieles del éxito

■ **savor** *vi* (frml) **to ~ OF sth** tener* un dejo DE algo

savor², (BrE) **savour** *n* **1** (taste) sabor *m* **2** (smell) aroma *m* **3** (hint, trace) dejo *m* **4** (character) sabor *m*

savoriness, (BrE) **savouriness** /'seɪvəri nəs || 'seɪvərinɪs/ *n* [u] lo sabroso

savory¹ /'seɪvəri/ *n* [u c] (*pl* **-ries**) (Bot, Culin) ajedrea *f*

savory², (BrE) **savoury** /'seɪvəri/ *adj*
A (tasty) sabroso
B (wholesome) (*usu with neg*) limpio; **his activities don't seem to be very ~** sus actividades no parecen ser muy limpias; **it doesn't make very ~ reading** no es una lectura muy sana

savour *vt/n* (BrE) ▸**savor¹**, **savor²**

savoury¹ /'seɪvəri/ *n* (*pl* **-ries**) (BrE) *platillo salado que se sirve al final de una comida*

savoury² *adj* (BrE) **1** ▸**savory² 2** (not sweet) ‹*pancake/snack*› salado; **I like ~ things** me gusta lo salado

Savoy /sə'vɔɪ/ *n* Saboya *f*

savoy (cabbage) /sə'vɔɪ/ *n* [c u] repollo *m* rizado *or* de Milán, col *f* rizada *or* de Milán

savvy¹ /'sævi/ *n* [u] (colloq) sentido *m* común; **where's your ~?** ¿dónde está tu sentido común?; **you need a bit of technical ~ for this job** se necesita un poco de habilidad técnica para este trabajo

savvy² *adj* **-vier, -viest** (AmE colloq) espabilado (fam), despabilado (fam)

savvy³ *vi* (sl) entender*; **I don't want you around, ~?** no quiero verte por aquí ¿entiendes? *or* ¿entendido?

saw¹ /sɔː/ *past of* **see¹**

saw² *n*
A (manual) sierra *f*; (with one handle) serrucho *m*, serrote *m* (Méx); (power-driven) sierra *f* mecánica
B (saying) dicho *m*

saw³ (*past p* **sawed** *or* esp BrE **sawn**) *vt* ‹*wood/branch*› cortar (*con sierra*), serrar*, aserrar*; (with handsaw) cortar (*con serrucho*), serruchar (AmL), aserruchar (Chi); **we ~ed down the trees** talamos los árboles con la sierra; **to ~ sth off** cortar algo con una sierra; **to ~ sth up** cortar algo en trozos con una sierra

■ **saw** *vi* **1** ‹‹*person*›› cortar (*con sierra*), serrar*; (with handsaw) cortar (*con serrucho*), serruchar (AmL), aserruchar (Chi) **2** ‹‹*wood*›› serrarse*, cortarse

sawbones /'sɔːbəʊnz/ *n* (*pl* **~**) (hum & dated) matasanos *mf* (fam & hum)

sawbuck /'sɔːbʌk/ *n* (AmE)
A ▸**sawhorse**
B (ten-dollar bill) (sl) (billete *m* de) diez dólares *mpl*

sawdust /'sɔːdʌst/ *n* [u] serrín *m*, aserrín *m* (esp AmL)

sawed-off /'sɔːdɔːf || 'sɔːdɒf/ (BrE) **sawn-off** /'sɔːnɔːf || 'sɔːnɒf/ *adj*: **~ shotgun** escopeta *f* recortada, escopeta *f* de cañón recortado *or* de cañones recortados

sawfish /'sɔːfɪʃ/ *n* (*pl* **~** *or* **~es**) pez *m* sierra

sawhorse /'sɔːhɔːrs || 'sɔːhɔːs/ *n* caballete *m*, burro *m* (*para serrar*)

sawmill /'sɔːmɪl/ *n* **1** (factory) aserradero *m*, aserrío *m* (Col) **2** (machine) aserrador *m*

sawn /sɔːn/ *past p of* **saw³**

sawn-off *adj* (BrE) ▸**sawed-off**

sawyer /'sɔːjər || 'sɔːjə(r)/ *n* aserrador, -dora *m,f*

sax /sæks/ *n* (colloq) saxo *m* (fam)

Saxon¹ /'sæksən/ *adj* sajón

Saxon² *n* sajón, -jona *m,f*

Saxony /'sæksəni/ *n* Sajonia *f*

saxophone /'sæksəfəʊn/ *n* saxofón *m*, saxófono *m*; (*before n*): **~ player** saxofonista *mf*

saxophonist /'sæksəfəʊnəst || sæk'sɒfənɪst/ *n* saxofonista *mf*

say¹ /seɪ/ *vt* (*pres* **says** /sez/; *past & past p* **said** /sed/)
A (utter, express in speech) ‹*word/sentence/mass*› decir*; ‹*prayer*› rezar*; **to ~ good morning to sb** darle* los buenos días a algn; **I said yes/no** dije que sí/no; **he said yes/no to my proposal** aceptó/rechazó mi propuesta; **go away, she said** —vete —dijo; **he didn't ~ a word throughout the whole meeting** no dijo ni una palabra *or* (fam) ni pío durante toda la reunión; **well said!** ¡bien dicho!; **now, ~ after me: I, Paul Hurst, ...** ahora repita conmigo: yo, Paul Hurst, ...; **to ~ sth TO sb** decirle* algo A algn; **what exactly did she ~ to you?** ¿qué te dijo exactamente?; **so I said to myself ...** así que me dije ...; **I *said* (that) we shouldn't have come** ya decía yo que no deberíamos haber venido; **I can't ~ I laughed much** no me reí mucho, que digamos; **I must ~ it looks very nice** la verdad es que es muy bonito; **don't ~ you forgot!** ¡no me digas que se te olvidó!; **she said (I was) to give you her love** me dijo que te diera recuerdos (de su parte); **I can't ~ when they'll be back** no sé cuándo volverán; **who shall I ~ is calling?** ¿de parte de quién?; **well, what can I ~?** ¿y qué quieres que te diga?; **it was, how** *o* **what shall I ~, a tricky situation** fue, cómo te (lo) diría, una situación delicada; **if you disagree, ~ so** si no está de acuerdo, dígalo; **why didn't you ~ so before?** haberlo dicho antes; **I should ~ so** (emphatic agreement) eso digo yo; (probability) yo diría que sí; **that's to ~** es decir; **she's very self-assured, not to ~ arrogant** es muy segura de sí misma, por no decir arrogante; **she's better than he is, but that's not ~ing much** ella es mejor que él, lo que no es mucho decir; **it doesn't ~ much for ...** no dice mucho de ...; **there's a lot to be said for waiting** hay muchas razones por las que bien vale la pena esperar; **there's nothing more to be said!** ¡no hay más que decir!; **it will mean a lot of money, to ~ nothing of time** supondrá mucho dinero, y no digamos ya tiempo; **to ~ the least** como mínimo; **what have you got to ~ for yourself?** a ver, explícate; **she hasn't a lot to ~ for herself** es muy sosa; **enough said, I'll see what I can do about it** está bien, veremos lo que se puede hacer; **the less said about it, the better** cuanto menos se hable del asunto, mejor; **~ no more** no me digas más; **you can ~ that again!** ¡y que lo digas!; **it goes without ~ing that ...** huelga decir que ..., ni que decir tiene que ..., por supuesto que ...; **that goes without ~ing** (eso) no hay ni que decirlo, eso se da por sentado; **though I ~ it myself** modestia aparte, no es por decirlo; **that's easier said than done** del dicho al hecho hay mucho trecho; **no sooner said than done** dicho y hecho; **when all's said and done** al fin y al cabo; ***before you could ~ knife*** *o* ***Jack Robinson*** en un santiamén, en un abrir y cerrar de ojos; ***least said soonest mended*** cuanto menos se diga, mejor
B **1** (state) decir*; **it said in the paper that ...** el periódico decía *or* ponía que ...; **it ~s nothing in the contract about overtime** el contrato no dice *or* no pone nada de horas extraordinarias; **her smile of triumph ~s it all** su sonrisa triunfal lo dice todo **2** (register) ‹‹*watch/dial*›› marcar*; **what (time) does your watch ~?** ¿qué hora marca tu reloj?, ¿tú qué hora tienes?
C **1** (suppose) (colloq) suponer*, poner*, decir*; **(let's) ~ that ...** supongamos *or* pongamos *or* digamos que ...; **~ she doesn't come, then what do we do?** pongamos (por caso) que no viene ¿entonces qué hacemos?; **shall we ~ tomorrow?** ¿qué tal mañana? (fam) **2** (estimate) decir*
D **1** (allege) decir*; **they ~ she jilted him** dicen *or* se dice que lo plantó; **it's said he'll have to resign** se dice que tendrá que renunciar; **he's been ill, or so he ~s** ha estado enfermo, al menos eso es lo que dice; **never ~ I didn't warn you** luego no digas que no te avisé; **to be said to + INF: she's said to be very mean/strict** dicen que es muy tacaña/severa; **never let it be said that I don't care** que no se diga que no me importa **2** (decide, pronounce) decir*; **that's really not for me to ~** eso no me corresponde a mí decirlo
E (respond to suggestion) (colloq): **what do** *o* **would you ~ to a cup of tea** ¿quieres *or* (esp Esp) te apetece una taza de té?, ¿qué te parece si nos tomamos un té?; **that's what I think; now, what do you ~?** eso es lo que yo pienso ¿y a ti qué te parece? *or* ¿y tú que dices?; **I won't ~ no** no te digo que no; **I wouldn't ~ no to a drink** no rechazaría una copa; **what ~ we go halves?** ¿qué tal si vamos a medias? (fam)

■ **say** *vi* decir*; **I'd rather not ~** prefiero no decirlo; **it's hard to ~** es difícil decirlo; **you were ~ing?** ¿(qué) decías?; **who ~s** *o* **~s who?** (colloq) ¿quién lo dice?; **~s you!** (colloq) ¡eso es lo que tú dices!; **you don't ~!** (colloq) ¡no me digas!, ¡qué me dices!; **I ~!** (BrE colloq): **I ~! what a lovely dress!** ¡pero qué vestido más bonito!; **I ~, can you hear me over there?** ¡eh! *or* ¡ey! ¿me oyen ahí?

say² *interj* (AmE colloq) ¡oye! (fam); **~, that's a great idea!** ¡oye, qué buena idea! (fam); **~, buddy** ¡eh, amigo!

say³ *n* (*no pl*) **1** (statement of view): **to have one's ~** dar* su (*or* mi *etc*) opinión; **let him have his ~ now** ahora déjalo hablar, ahora deja que dé su opinión **2** (share) **~ (IN sth): I have no ~ in the matter** yo no tengo ni voz ni voto en el asunto; **they want a ~ in the decision making** quieren participar en la toma de decisiones; **to have the final ~ (in sth)** tener* la

S

última palabra (en algo)

SAYE /ˌesˌeɪˌwaɪ'iː/ *n* [u] (in UK) **= save as you earn**

saying /'seɪɪŋ/ *n* refrán *m*, dicho *m*; **as the ~ goes** como dice el refrán *or* dicho

say-so /'seɪsəʊ/ *n* (*no pl*) (colloq) visto bueno *m*; **I can't act without the boss's ~** no puedo hacer nada sin el visto bueno *or* sin la aprobación del jefe; **wait for her ~ before going ahead** espera a que te dé el visto bueno antes de empezar; **I'm not going to do it just on your ~** no voy a hacerlo sólo porque tú lo digas

S-bend /'esbend/ *n* (BrE) sifón *m*

SC = South Carolina

scab /skæb/ *n*

A [c] (on wound) costra *f*, postilla *f*

B [c] (strike breaker) (pej) esquirol *mf* (pey), rompehuelgas *mf* (pey), carnero, -ra *m,f* (RPl fam & pey)

C [u] (disease) roña *f*, sarna *f* (*del ganado*)

scabbard /'skæbərd || 'skæbəd/ *n* vaina *f* (*de una espada*), funda *f*

scabby /'skæbi/ *adj* **-bier, -biest** **1** ‹*skin*› postilloso, lleno de costras **2** (diseased) ‹*animal*› roñoso, sarnoso

scabies /'skeɪbiːz/ *n* [u] sarna *f*

scabious[1] /'skeɪbiəs/ *adj* (Med) sarnoso

scabious[2] *n* (Bot) escabiosa *f*

scabrous /'skæbrəs, 'skeɪbrəs/ *adj* (frml) ‹*joke/speech*› escabroso

scads /skædz/ *pl n* (AmE colloq): **~ of money/food/people** montones *mpl or* (AmS tb) pilas *fpl* de dinero/comida/gente (fam)

scaffold /'skæfəld, -fəʊld/ *n* **1** (Const) andamio *m* **2** (for execution) patíbulo *m*, cadalso *m*

scaffolding /'skæfəldɪŋ, 'skæfəʊldɪŋ/ *n* [u] **1** (structure) andamiaje *m*, andamios *mpl* **2** (materials) andamiaje *m*

scalable /'skeɪləbəl/ *adj* (Comput) escalable

scalawag /'skæləwæg/ (esp BrE) **scallywag** /'skælɪwæg/ *n* (colloq) pillo, -lla *m,f* (fam)

scald[1] /skɔːld/ *vt* **1** (burn) ‹*person/skin*› escaldar; **I ~ed my hand in the steam** me escaldé la mano con el vapor **2** (treat with hot water) ‹*instrument*› esterilizar* (*con agua hirviendo*); ‹*vegetables/meat*› escaldar **3** (heat) ‹*milk*› calentar* (*sin que llegue al punto de ebullición*)

scald[2] *n* escaldadura *f*

scalding /'skɔːldɪŋ/ *adj* ‹*liquid/tea*› hirviendo; **the soup is ~ hot** la sopa está hirviendo

scale[1] /skeɪl/ *n*

(Sense I)

A (*no pl*) **1** (extent, size) escala *f*; **the ~ of the disaster/problem** la escala *or* magnitud *or* envergadura del desastre/problema; **global/national in ~** a escala global/nacional; **on a large/small ~** en gran/pequeña escala; **on a massive ~** en gran escala; **we weren't expecting casualties on this ~** no esperábamos un número de bajas de estas proporciones; **the famine is on a ~ with** *o* **on the same ~ as that in Ethiopia** la hambruna alcanza las mismas proporciones que la de Etiopía **2** (of map, diagram) escala *f*; **to draw/make sth to ~** dibujar/hacer* algo a escala; **❸ not to scale** no está a escala; (*before n*) ‹*model/drawing*› a escala

B [c] **1** (on measuring instrument) escala *f*; **the Richter ~** la escala de Richter; **how would you grade it on a ~ of 1 to 10?** ¿cuánto le darías en una escala del 1 al 10? **2** (table, ranking) escala *f*; **wage/social ~** escala salarial/social; **~ of charges** tarifa *f* de precios (*or* honorarios *etc*) **3** (promotion ladder) escalafón *m* **4** (ruler) regla *f*

C [c] (Mus) escala *f*

D [c] **1** (for weighing) (*usu pl*) balanza *f*, pesa *f*; **a pair of kitchen ~s** una balanza *or* una pesa de cocina, un peso; **bathroom ~s** una báscula *or* pesa (de baño); **he tipped** *o* **turned the ~s at 95 kilos** pesó 95 kilos **2** (pan) platillo *m*

(Sense II)

A [c] **1** (on fish, snake) escama *f*; ***the ~s fell from my/her/their eyes*** se me/le/les cayó la venda de los ojos **2** (flake — of skin) escama *f*; (— of paint) escama *f*, cascarilla *f*

B [u] (deposit — in kettle, pipes) sarro *m*; (— on metal) oxidación *f*

scale[2] *vt*

A ‹*mountain/wall/rock face*› escalar; ‹*ladder*› subir

B **1** ‹*fish*› escamar, quitarle las escamas a **2** ‹*kettle*› quitarle el sarro a

(Phrasal verbs)

- **scale back** [v + adv + o] ‹*expenditure/production*› reducir*; ‹*activities*› reducir* el número de
- **scale down** [v + o + adv, v + adv + o] ‹*model/drawing*› reducir* (a escala); ‹*operation/investment*› recortar, disminuir*; **a ~d-down model/version** una maqueta/versión a escala (reducida)
- **scale up** [v + o + adv, v + adv + o] ‹*drawing/model*› agrandar (a escala); ‹*operation/investment*› ampliar*

scalene /'skeɪliːn/ *adj* (Math) escaleno

scallion /'skæljən/ *n* (AmE) **1** (young onion) cebolleta *f*, cebollino *m*, cebolla *f* de verdeo (RPl), cebollín *m* (Chi) **2** (shallot) chalote *m*, chalota *f*

scallop[1] /'skæləp/ *n*

A (shellfish) vieira *f*, ostión *m* (CS), callo *m* de hacha (Méx); (*before n*): **~ shell** concha *f* de vieira *or* (CS) de ostión *or* (Méx) de callo de hacha, venera *f*

B (curve) festón *m*

scallop[2] *vt* festonear

scalloped /'skæləpt/ *adj*

A (wavy) festoneado

B (Culin): **~ potatoes** papas *fpl or* (Esp) patatas *fpl* gratinadas *or* al gratén

scallywag /'skælɪwæg/ *n* (BrE) ▸**scalawag**

scalp[1] /skælp/ *n* **1** (Anat) cuero *m* cabelludo **2** (as trophy) cabellera *f*; ***to be after sb's ~*** ir* por *or* (Esp tb) a por algn

scalp[2] *vt*

A ‹*person*› **to ~ sb** arrancarle* la cabellera a algn; **I'll ~ him!** ¡lo voy a matar!

B (colloq) ‹*tickets/stocks/securities*› revender

scalpel /'skælpəl/ *n* bisturí *m*, escalpelo *m*

scalper /'skælpər || 'skælpə(r)/ *n* (AmE colloq) revendedor, -dora *m,f*

scaly /'skeɪli/ *adj* **-lier, -liest** **1** ‹*fish/skin*› escamoso **2** ‹*kettle/boiler*› lleno de sarro

scam /skæm/ *n* (colloq) chanchullo *m* (fam)

scamp /skæmp/ *n* (colloq) bribón, -bona *m,f* (fam), granuja *mf*; **you little ~!** ¡bribonzuelo! (fam), ¡picarón! (fam)

scamper /'skæmpər || 'skæmpə(r)/ *vi* «*children/puppy*» corretear; **she ~ed off** se fue correteando

scampi /'skæmpi/ *pl n* langostinos *mpl* (*gen rebozados*)

scamtho /'skæmθəʊ/ *n* [u] (SAfr) (Ling) ▸**isicamtho**

scan[1] /skæn/ *vt* **-nn-** (examine) ‹*horizon*› escudriñar; ‹*noticeboard*› recorrer con la vista; (Med) ‹*brain*› hacer* un escáner de; (with ultrasound scanner) hacer* una ecografía de; ‹*radar*› explorar; (Lit) medir*, escandir; (Comput) ‹*document*› escanear

■ **scan** *vi* (Lit) **his poetry doesn't ~** su poesía no se atiene a las reglas de la métrica

(Phrasal verb)

- **scan in** [v + o + adv] escanear

scan[2] *n*

A (Med) escáner *m*, scanner *m*, escanograma *m*; (ultrasound) ecografía *f*

B (Astron, Comput, Mil) exploración *f*

scandal /'skændl/ *n*

A [c] (outrage) escándalo *m*; **to cause a ~** provocar* un escándalo; **the state of the roads is an absolute ~** el estado de las carreteras es verdaderamente escandaloso *or* es un verdadero escándalo; **it's a ~ that ...** es un escándalo *or* una vergüenza que ... (+ *subj*)

B [u] (gossip) chismorreo *m*; **I've got a juicy bit of ~ for you** te traigo un chisme jugoso; **she's always up on the latest ~** siempre está al día con el último chisme

scandalize /'skændlaɪz/ *vt* escandalizar*; **they were ~d** se escandalizaron

scandalmonger /'skændlˌmɑːŋgər || 'skændlˌmʌŋgə(r)/ *n* chismoso, -sa *m,f*

scandalous /'skændləs/ *adj* ‹*conduct/story*› escandaloso; ‹*price*› escandaloso, de escándalo; **a ~ waste of public money** un escandaloso despilfarro de los fondos públicos; **it's ~ the way she's been treated** es un escándalo *or* es una vergüenza *or* es vergonzoso cómo la han tratado

scandalously /'skændləsli/ *adv* ‹*treat*› de forma escandalosa *or* vergonzosa; ‹*expensive*› escandalosamente; **we are ~ underpaid** es un escándalo lo mal pagados que estamos

Scandinavia /ˌskændə'neɪviə || ˌskændɪ'neɪviə/ *n* Escandinavia *f*

Scandinavian[1] /ˌskændə'neɪviən || ˌskændɪ'neɪviən/ *adj* escandinavo

Scandinavian[2] *n* escandinavo, -va *m,f*

scanner /'skænər || 'skænə(r)/ *n* **1** (Med) escáner *m*, scanner *m*, escanógrafo *m*; (ultrasound) ecógrafo *m* **2** (Comput) analizador *m* de léxico, explorador *m*

scansion /'skænʃən/ *n* [u] análisis *m* métrico, escansión *f*

scant /skænt/ *adj* **1** (inadequate) (*usu before n*) escaso; **a subject which has received ~ attention** un tema que ha recibido escasa atención **2** (mere, bare) (*before n*) escaso; **a ~ six or seven minutes** seis o siete minutos escasos; **it happened a ~ decade ago** pasó hace escasamente una década; **a ~ cup of flour** una taza escasa de harina

scantily /'skæntli || 'skæntɪli/ *adv* ‹*populated*› escasamente; ‹*supplied/equipped*› insuficientemente; **~ clad** ligero de ropa; **they're ~ provided with food and water** tienen una escasa provisión de comida y agua

scantiness /'skæntinəs || 'skæntinɪs/ *n* [u] (of resources, provision) escasez *f*; (of meal) frugalidad *f*

scanty /'skænti/ *adj* **-tier, -tiest** ‹*knowledge/information*› insuficiente, escaso; ‹*meal*› poco abundante, frugal; ‹*bikini*› breve; **his ~ hair was snow white** el poco pelo que tenía era blanco como la nieve

scapegoat /'skeɪpgəʊt/ *n* chivo *m* expiatorio, chivo *m* emisario, cabeza *f* de turco; **they made him a** *o* **the ~ for the failure of the negotiations** lo convirtieron en el chivo expiatorio (*or* chivo emisario *etc*) del fracaso de las negociaciones

scapula /'skæpjələ || 'skæpjʊlə/ *n* (*pl* **-las** *or* **-lae** /-liː/) omoplato *m*, omóplato *m*, escápula *f*

scar[1] /skɑːr || skɑː(r)/ *n* **1** (on skin — from cut, burn, operation) cicatriz *f*; (— from smallpox, vaccination) marca *f*, señal *f*; **the countryside bore the ~s of war** el campo mostraba las huellas de la guerra; **the ~s left by an unhappy childhood** las cicatrices *or* la marca que deja una infancia infeliz; (*before n*): **~ tissue** tejido *m* de cicatriz **2** (on plant, tree) marca *f*

scar[2] **-rr-** *vt* ‹*tree/stem*› dejar una marca en; **the operation ~red him** la operación le dejó (una) cicatriz; **his face was badly ~red** tenía la cara cubierta de cicatrices; **a landscape ~red by war** un paisaje marcado por la guerra; **she'll be ~red for life** (physically) le va a quedar (la) cicatriz; (emotionally) va a quedar marcada; **she has been badly ~red by the experience** la experiencia la ha dejado muy marcada

■ **scar** *vi* (Med) cicatrizar*

scarab /'skærəb/ *n* escarabajo *m*

scarce[1] /skers || skeəs/ *adj* escaso; **squandering their ~ reserves of oil** dilapidando sus exiguas *or* escasas reservas de petróleo; **to be ~** escasear; **when food is ~** cuando escasean los alimentos; **copies of the book were very ~** había muy pocos ejemplares del libro; ***to make oneself ~*** esfumarse (fam), desaparecer* del mapa (fam)

scarce[2] *adv* (liter) apenas; **I could ~ believe it** apenas podía creerlo

scarcely /'skersli || 'skeəsli/ *adv* **1** (barely) apenas; **I could ~ understand what he was saying** apenas podía entender lo que decía; **I ~ know what to answer** no sé muy bien qué responder; **there are ~ any supplies left**

apenas (si) quedan provisiones **2** (definitely not) ni mucho menos; **she's ~ a pauper** no es pobre ni mucho menos, de pobre no tiene nada

scarceness /'skersnəs || 'skeəsnɪs/ *n* [u] ▸**scarcity**

scarcity /'skersəti || 'skeəsəti/ *n* [c u] (*pl* **-ties**) (shortage) escasez *f*, carestía *f*; (infrequency) lo poco común; (*before n*): **it has ~ value** es valioso por lo escaso

scare¹ /sker || skeə(r)/ *vt* ‹*person/animal*› asustar; **I wasn't the least bit ~d by it** no me asustó nada, no me dio nada de miedo; **you ~d me!** ¡qué susto me diste!

■ **scare** *vi* asustarse; **she doesn't ~ easily** no se asusta fácilmente

(Phrasal verbs)

• **scare away, scare off** [v + o + adv, v + adv + o] ‹*animal*› espantar, ahuyentar; **these problems have ~d away** *o* **off the tourists** estos problemas han ahuyentado a los turistas; **he puts on this manner to ~ people off** actúa así para que la gente no se le acerque *or* para asustar a la gente

• **scare up** [v + o + adv, v + adv + o] (AmE colloq) (improvise) improvisar; (get) conseguir*, agenciarse (fam); **we can ~ something up for supper** podemos improvisar algo para la cena; **Mom ~d up some costumes from the attic** mamá se agenció algunos disfraces en el desván (fam)

scare² *n* **1** (fright, shock) susto *m*; **to give sb a ~** darle* un susto a algn; **you gave me the ~ of my life!** ¡me diste un susto de padre y señor mío! **2** (panic) (Journ): **bomb ~** amenaza *f* de bomba; **the AIDS ~ spread very rapidly** el pánico del sida cundió muy rápidamente; (*before n*): **~ campaign** campaña *f* intimidatoria; **~ story** historia *f* alarmista; **don't try and use ~ tactics on us** no intenten infundirnos *or* (fam) meternos miedo

scarecrow /'skerkrəʊ || 'skeəkrəʊ/ *n* espantapájaros *m*; (person) (colloq) espantajo *m* (fam)

scared /skerd || skeəd/ *adj* asustado; **I'm ~** tengo miedo, estoy asustada; **don't be ~** no tengas miedo, no te asustes; **she's ~ to death** está que se muere de miedo, está con un miedo *or* un susto que se muere; **to be ~ OF sth/sb** tenerle* miedo A algo/algn; **I'm ~ of rats** las ratas me dan miedo, les tengo miedo a las ratas; **I think she's ~ of him** me parece que le tiene miedo; **to be ~ OF -ING** tener* miedo DE + INF; **they're ~ of losing their jobs** tienen miedo de perder sus puestos; **to be ~ to + INF: she's ~ to go out at night** le da miedo salir de noche; **to run ~** (colloq) pasar miedo (fam)

scaredy-cat /'skerdikæt || 'skeədikæt/ *n* (colloq) miedoso, -sa *m,f*, miedica *mf* (Esp fam)

scaremonger /'sker,mɑːŋgər || 'skeə,mʌŋgə(r)/ *n* alarmista *mf*

scaremongering /'sker,mɑːŋgərɪŋ || 'skeə,mʌŋgərɪŋ/ *n* alarmismo *m*

scarf¹ /skɑːrf || skɑːf/ *n* (*pl* **~s** *or* **scarves**) **1** (muffler) bufanda *f* **2** (square) pañuelo *m*

scarf² *vt* (AmE colloq) zamparse*

(Phrasal verb)

• **scarf down, scarf up** [v + adv+ o, v + o + adv] ‹*food*› zamparse* (fam)

scarify /'skærəfaɪ || 'skærɪfaɪ/ *vt* **-fies, -fying, -fied** escarificar*

scarlet¹ /'skɑːrlət || 'skɑːlət/ ▸ⓘ **p.1036** *adj* (rojo) escarlata *adj inv*; **to turn/flush ~** ponerse* colorado; **a ~ woman** (dated *or* hum) una mujer de la vida (hum)

scarlet² ▸ⓘ **p.1036** *n* [u] rojo *m* escarlata

scarlet fever *n* [u] escarlatina *f*

scarlet pimpernel *n* (Bot) pimpinela *f*

scarp /skɑːrp || skɑːp/ *n* escarpado *m*, escarpa *f*, escarpadura *f*

scarper /'skɑːrpər || 'skɑːpə(r)/ *vi* (BrE sl) largarse* (fam), rajar (Bol, CS fam)

scarves /skɑːrvz || skɑːvz/ *pl of* **scarf¹**

scary /'skeri || 'skeəri/ *adj* **-rier, -riest** (colloq) ‹*film*› de miedo, de terror; **it was a ~ experience for us** pasamos mucho miedo; **it's ~ here in the dark** ¡qué miedo da esto tan oscuro!

scat /skæt/ *interj* (colloq) ¡fuera (de aquí)!

scathing /'skeɪðɪŋ/ *adj* ‹*criticism/condemnation*› mordaz, feroz; ‹*irony/wit/sarcasm*› mordaz, cáustico; **he was very ~ about my efforts** hizo comentarios muy cáusticos sobre mis intentos; **he can be very ~** puede ser muy mordaz *or* cáustico

scathingly /'skeɪðɪŋli/ *adv* ‹*criticize*› mordazmente, ferozmente; ‹*speak*› en tono mordaz *or* cáustico

scatological /,skætl'ɑːdʒɪkəl || ,skætə'lɒdʒɪkəl/ *adj* escatológico

scatology /skæ'tɑːlədʒi || skæ'tɒlədʒi/ *n* escatología *f*

scatter¹ /'skætər || 'skætə(r)/ *vt*

A ‹*salt/grit*› esparcir*; ‹*seeds*› sembrar* (a voleo); **the bag burst, ~ing her purchases** la bolsa se rompió y se le desparramaron todas las compras; **~ some cushions around on the floor** esparce *or* desparrama unos cuantos cojines por el suelo; **to ~ sth OVER/ON sth: clothes lay ~ed all over the room** había ropa desparramada *or* tirada por toda la habitación; **we ~ed the ashes on the garden** esparcimos las cenizas por el jardín; **to ~ the floor with sand** esparcir* arena por el suelo

B **1** (disperse) ‹*crowd/group*› dispersar; **the gunfire ~ed the birds** el tiro desperdigó a los pájaros; **they are now ~ed all over the country** ahora están desperdigados *or* diseminados por todo el país **2** (Phys) ‹*light/beam*› dispersar

■ **scatter** *vi* «*crowd/light*» dispersarse

scatter² *n* (Phys) dispersión *f*

scatterbrain /'skætərbreɪn || 'skætəbreɪn/ *n* (colloq) cabeza *mf* de chorlito (fam), despistado, -da *m,f*, atolondrado, -da *m,f*

scatterbrained /'skætərbreɪnd || 'skætəbreɪnd/ *adj* ‹*person*› atolondrado, despistado; **it's one of his ~ ideas** es una de sus chifladuras (fam), es una de sus ideas descabelladas

scatter cushion *n* cojín *m*, almohadón *m*

scattered /'skætərd || 'skætəd/ *adj* (*before n*) ‹*fighting*› aislado, disperso; ‹*applause/outbreak*› aislado; ‹*community*› diseminado; **~ showers** chubascos *mpl* aislados; **he traced his ~ family** localizó a su familia, dispersa *or* desperdigada por todas partes

scattergun /'skætərgʌn || 'skætəgʌn/ *n* (AmE colloq) escopeta *f*

scattering /'skætərɪŋ/ *n* **1** (amount): **a ~ of guests** unos cuantos invitados desperdigados; **a ~ of cloud** unas cuantas nubes aisladas; **a ~ of sugar** un poco de azúcar **2** (Phys) dispersión *f*

scattershot /'skætərʃɑːt || 'skætəʃɒt/ *adj* (AmE) (*before n*) amplio y disperso

scatty /'skæti/ *adj* **-tier, -tiest** (BrE colloq) **1** (scatterbrained) atolondrado, despistado **2** (crazy) chiflado (fam), chalado (fam)

scavenge /'skævəndʒ/ *vi* **to ~ FOR sth** escarbar *or* hurgar* en busca de algo; **dogs ~ for food in the garbage** los perros escarban *or* hurgan en la basura en busca de comida

■ **scavenge** *vt* rescatar (*de la basura*)

scavenger /'skævəndʒər || 'skævɪndʒə(r)/ *n* **1** (animal, bird) carroñero, -ra *m,f* **2** (person) *persona que busca comida etc hurgando en los desperdicios*

scenario /sə'neriəʊ, -'næ- || sɪ'nɑːriəʊ/ *n* (*pl* **-os**) **1** (Cin, TV) guión *m* **2** (of future) perspectiva *f*, panorama *m*, escenario *m* (period); **she outlined the best-/worst-case ~** esbozó el mejor/peor de los panoramas

scene /siːn/ *n*

A **1** (place): **Golden Square, the ~ of violent demonstrations** Golden Square, escenario de violentas manifestaciones; **the ~ of the crime** la escena *or* el lugar del crimen; **the police were on the ~ within minutes** la policía llegó al lugar de los hechos en pocos minutos; **to appear** *o* **come on the ~** aparecer*, llegar*; **a change of ~** un cambio de aires *or* de ambiente; **to set the ~ (for sth)** situar* la escena (de algo); **a meeting to set the ~ for the conference** una reunión para sentar las bases de la conferencia **2** (view, situation) escena *f*; **she paints country ~s** pinta escenas campestres; **~s from everyday life** escenas de la vida cotidiana

B (in play, book etc) escena *f*; **Act One, S~ Three** acto primero, escena tercera; **the balcony ~ in Romeo and Juliet** la escena del balcón en Romeo y Julieta

C (stage setting) decorado *m*; ***behind the ~s*** entre bastidores; (*before n*): **~ change** cambio *m* de decorado

D (fuss, row) escena *f*; **to make** *o* **create a ~** hacer* una escena, armar un escándalo, montar un número (Esp fam); **I hate ~s** odio las escenas en público

E (sphere) ámbito *m*; **the political ~** el ámbito político; **the (gay) ~** el ambiente (gay), la movida gay; **the Madrid ~** la movida madrileña; **the drug ~** el mundo de la droga; **it's not my ~** (colloq) no es lo mío

scenery /'siːnəri/ *n* [u]

A (surroundings) paisaje *m*; **I might go to Chicago for a change of ~** quizás vaya a Chicago para cambiar de aires *or* de ambiente

B (Theat) escenografía *f*, decorado *m*

scene shifter, sceneshifter /'siːn,ʃɪftər || 'siːn,ʃɪftə(r)/ *n* tramoyista *mf*

scenic /'siːnɪk/ *adj* **1** (picturesque) ‹*drive/road/view*› pintoresco **2** (Cin, Theat) ‹*shot/backdrop*› panorámico **3** (depicting scene) ‹*photograph/painting*› de un paisaje

scent¹ /sent/ *n* **1** [c u] (fragrance) perfume *m*, fragancia *f*, aroma *m*; (of food) aroma *m*; **a soap with little/no ~** un jabón con poco/sin perfume; **the ~ of roses/lavender** la fragancia *or* el aroma *or* el perfume de las rosas/la lavanda; **the ~s of many different spices** el aroma de muchas especias diferentes; (*before n*): **~ bottle** frasco *m* de esencia; **~ spray** esencia *f* en espray **2** [c u] (perfume) (BrE) perfume *m*; **a bottle of ~** un frasco de perfume **3** (trail) rastro *m*; **the hounds soon picked up the ~** los perros pronto encontraron el rastro; **police admitted that they had lost the ~** la policía admitió que había perdido el rastro *or* la pista; **that letter put** *o* **threw investigators off the ~** esa carta despistó a los detectives; **a chance discovery put them back on the ~ again** un descubrimiento fortuito volvió a ponerlos sobre la pista; **a false** *o* **wrong ~** una pista falsa **4** [u] (sense of smell) olfato *m*

scent² *vt* **1** (smell) «*animal*» olfatear, oler*; «*person*» oler* **2** (sense) ‹*danger/victory*› intuir*, presentir* **3** (perfume) ‹*air/room/skin*› perfumar **4** **scented** *past p* ‹*writing paper*› perfumado; ‹*rose*› fragante

scentless /'sentləs || 'sentlɪs/ *adj* sin perfume, sin olor

scepter, (BrE) **sceptre** /'septər || 'septə(r)/ *n* cetro *m*

sceptic *etc* (BrE) ▸**skeptic** *etc*

sceptre *n* (BrE) ▸**scepter**

sch = school

schedule¹ /'skedʒuːl || 'ʃedjuːl/ *n*

A (plan) programa *m*, calendario *m*; **a ~ of meetings** un programa *or* un calendario de reuniones; **the day's ~** el programa del día; **a work/production ~** un programa *or* un calendario de trabajo/de producción; **we are falling behind ~** nos estamos atrasando con respecto al programa *or* al calendario; **the work is on/ahead of ~** llevamos el trabajo al día/adelantado; **we finished ahead of ~** terminamos antes del plazo establecido en el programa; **the flight is due to arrive on ~** el vuelo llegará a la hora prevista; **everything is going according to ~** todo está yendo *or* saliendo según lo previsto *or* como estaba planeado; **the singer has a very tight ~** el cantante tiene un calendario muy apretado *or* una agenda muy apretada

B [c] **1** (list) (frml) lista *f*; **~ of prices** lista *f* de precios, tarifa *f*; **~ of conditions** lista *f* de condiciones; **~ of charges** (Law) pliego *m* de cargos **2** (appendix) anexo *m*, apéndice *m* **3** (AmE) (timetable — for transport) horario *m*;

(—for classes) horario *m* (de clases)

schedule² *vt*

A (timetable, plan) (*usu pass*) programar; **additional meetings have been ~d** se han fijado *or* programado más reuniones; **I am responsible for scheduling shipments of coal** me encargo de organizar los envíos de carbón; **to be ~d to + INF: the conference is ~d to take place in August** la conferencia está planeada para el mes de agosto; **he was ~d to visit England last week** tenía previsto *or* programado visitar Inglaterra la semana pasada; **to be ~d FOR sth: the building is ~d for demolition** está prevista la demolición del edificio; **the new model is ~d for introduction this autumn** el lanzamiento del nuevo modelo está previsto para el otoño; **the movie is not ~d for today** la película no está programada para hoy

B (insure individually) (AmE) asegurar

scheduled /'skedʒu:ld || 'ʃedju:ld/ *adj* (*before n*) [1] (planned) ‹*meeting/visit/stop*› previsto, programado; **the ~ time of arrival/departure is ten o'clock** la hora de llegada/salida es a las diez; **at the ~ time** a la hora prevista *or* programada [2] (not chartered) ‹*flight/service*› regular [3] (listed) (BrE) protegido (*por su interés histórico o arquitectónico*)

scheduling /'skedʒu:lɪŋ || 'ʃedju:lɪŋ/ *n* [u] [1] (Busn) organización *f*, planeamiento *m* [2] (TV, Rad) programación *f* [3] (Comput) planificación *f*

schema /'ski:mə/ *n* (*pl* **-mata** /-mətə/) esquema *m*

schematic /skɪ'mætɪk/ *adj* esquemático

schematically /skɪ'mætɪkli/ *adv* esquemáticamente

scheme¹ /ski:m/ *n* [1] (design): **the ~ of the novel/symphony** el esquema de la novela/de la sinfonía; **rhyme ~** rima *f*; **man's place in the ~ of things** el lugar del hombre en el (orden del) universo [2] (plan) plan *m*; (underhand) ardid *m*; (plot) confabulación *f*, conspiración *f*; **a clever ~ to defraud his employers** un hábil plan para estafar a sus patrones [3] (project) (BrE) plan *m*; **a savings/pension ~** un plan de ahorro/de pensiones

scheme² *vi* intrigar*; (plot) conspirar; **she's always scheming** siempre está intrigando, siempre está tramando algo; **they were scheming against the chairman** estaban conspirando contra el presidente, estaban confabulados contra el presidente; **she was scheming to get his job** estaba intrigando *or* armando intrigas para quedarse con su puesto

schemer /'ski:mər || 'ski:mə(r)/ *n* intrigante *mf*

scheming¹ /'ski:mɪŋ/ *adj* (*usu before n*) ‹*character/politician*› intrigante, maquinador; **that ~ woman is after his money** esa intrigante sólo quiere su dinero; **his underhand ~ ways** sus tejemanejes (fam)

scheming² *n* [u] maquinaciones *fpl*, intrigas *fpl*

scherzo /'skertsəʊ || 'skeətsəʊ/ *n* (*pl* **-zos** *or* **-zi** /-tsi:/) scherzo *m*

schilling /'ʃɪlɪŋ/ *n* chelín *m* (austríaco)

schism /'sɪzəm, 'skɪzəm/ *n* [u c] cisma *m*; **it produced ~s within the group** creó escisiones en el grupo

schismatic¹ /sɪz'mætɪk, skɪz-/ *adj* cismático

schismatic² *n* cismático, -ca *m,f*

schist /ʃɪst/ *n* [u c] esquisto *m*

schizo /'skɪtsəʊ/ *n* (*pl* **-os**) (sl) esquizo, -za *m,f* (fam), esquizofrénico, -ca *m,f*

schizoid¹ /'skɪtsɔɪd/ *n* esquizoide *mf*

schizoid² *adj* esquizoide

schizophrenia /,skɪtsə'fri:niə/ *n* [u] esquizofrenia *f*

schizophrenic¹ /,skɪtsə'frenɪk, -'fri:nɪk/ *n* esquizofrénico, -ca *m,f*

schizophrenic² *adj* esquizofrénico

schlemiel /ʃlə'mi:l/ *n* (AmE sl & pej) pobre infeliz *mf*

schlep, schlepp /ʃlep/ **-pp-** *vi* (AmE colloq): **I'm not going to ~ across town to see him** no me voy a pegar la paliza de cruzar la ciudad sólo para verlo (fam)

■ **schlep** *vt* ‹*shopping/furniture*› arrastrar

schlock /ʃlɑ:k || ʃlɒk/ *n* (AmE colloq) porquerías *fpl* (fam)

schmaltz, schmalz /ʃmɔ:lts/ *n* [u] (colloq) sensiblería *f*

schmaltzy, schmalzy /'ʃmɔ:ltsi/ *adj* **-zier, -ziest** (colloq) sensiblero, sentimentaloide

schmooze¹ /ʃmu:z/ *vi* (AmE colloq)

A (gossip) chismear (fam), chismorrear (fam), cotillear (Esp fam), chismosear (Col, CS fam)

B (at social function) darle* a la lengua (fam), chacharear (fam); **to ~ WITH sb** hacerle* el artículo *or* (Méx) la barba *or* (Chi) la pata A algn (fam), darle* jabón A algn (Esp fam)

■ **schmooze** *vt* (ingratiate oneself with) hacerle* el artículo a (fam), darle* jabón a (Esp fam), hacerle* la barba a (Méx fam), hacerle* la pata a (Chi fam); **he ~ed his way to promotion** con labia y zalamerías logró que lo ascendieran

schmooze² *n* [u] (colloq) labia *f* para crear contactos

schmoozer /'ʃmu:zər || 'ʃmu:zə(r)/ *n* (colloq) *persona que usa la labia para crear contactos*

schmuck /ʃmʌk/ *n* (esp AmE) pendejo *m* (AmL exc CS) *or* (Esp) gilipollas *m or* (AmS) pelotudo *m or* (Andes, Ven) huevón *m* (vulg)

schnapps /ʃnæps/ *n* [u]: *tipo de aguardiente*

schnitzel /'ʃnɪtsəl/ *n* [c u] [1] (cutlet) escalope *m or* (Chi) escalopa *f* [2] ▸**wiener schnitzel**

scholar /'skɑ:lər || 'skɒlə(r)/ *n* [1] (learned person) erudito, -ta *m,f*, estudioso, -sa *m,f*; **a Bible ~** un especialista en textos bíblicos; **Arabic ~** arabista *mf*; **Latin ~** latinista *mf*; **Oriental ~** orientalista *mf*; **~s have been unable to agree on a date** los especialistas *or* estudiosos no se han puesto de acuerdo en la fecha [2] (holder of scholarship) becario, -ria *m,f* [3] (pupil) (liter) alumno, -na *m,f*, escolar *mf*

scholarliness /'skɑ:lərlinəs || 'skɒləlinɪs/ *n* [u] erudición *f*

scholarly /'skɑ:lərli || 'skɒləli/ *adj* [1] ‹*person*› erudito, docto; ‹*attainments*› en el campo académico; **a thoroughly ~ edition/translation** una edición/traducción de gran erudición [2] ‹*appearance*› de intelectual

scholarship /'skɑ:lərʃɪp || 'skɒləʃɪp/ *n*

A [c] (grant) beca *f*; **she's won a ~ to Oxford** ha obtenido una beca para estudiar en Oxford; **athletic ~** (AmE) beca *f* deportiva

B [u] (scholarliness) erudición *f*

scholastic /skə'læstɪk/ *adj* (*before n*) [1] (Educ) (frml) ‹*achievement/profession/opinion*› académico [2] *also* **Scholastic** (Phil, Relig) escolástico

scholasticism, Scholasticism /skə'læstəsɪzəm || skə'læstɪsɪzəm/ *n* [u] escolástica *f*, escolasticismo *m*

school¹ /sku:l/ *n*

A [c u] [1] (in primary, secondary education) colegio *m*, escuela *f*; **to go to ~** ir* al colegio *or* a la escuela; **are you still at** o (AmE) **in school?** ¿todavía vas al colegio?; **he began ~ in 1950** empezó el colegio en 1950; **when he left ~** cuando terminó el colegio; **when do the children go back to ~?** ¿cuándo empiezan las clases?, ¿cuándo vuelven los niños al colegio?; **he teaches ~** (AmE) es maestro; **I had to read it out in front of the whole ~** tuve que leerlo delante de todo el colegio; **~'s out** (colloq) se acabaron las clases, se acabó el cole (fam); **I'll see you after ~** te veo después de clase; **I had to stay behind after ~** (as punishment) me tuve que quedar castigado después de clase; **I missed ~ yesterday** ayer falté a clase *or* al colegio; (*before n*) ‹*uniform/rules/yard*› del colegio; ‹*bus/inspector*› escolar; **children of ~ age** niños *mpl* en edad escolar; **~ attendance** asistencia *f* al colegio; **~ board** (in US) consejo *m* escolar; **~ district** (in US) distrito *m* escolar; **~ fees** *cuotas que se pagan en un colegio particular*, colegiatura *f* (Méx); **~ vacations** o (BrE) **holidays** vacaciones *fpl* escolares; **~ hours** horas *fpl* de colegio; **~ life** vida *f* escolar; **~ lunch** o **dinner** (BrE) comida *f* escolar; **~ outing** excursión *f* del colegio; **~ playground** (BrE) patio *m* del colegio; **~ report** (BrE) boletín *m or* (Méx) boleta *f* de calificaciones *or* notas; **~ trip** excursión *f* del colegio; **~ year** año *m* escolar *or* lectivo [2] (college, university) (AmE) universidad *f*; **where did you go to ~?** ¿en qué universidad estudiaste?, ¿a qué universidad fuiste? [3] (department) facultad *f*; **he graduated from law/medical ~** se licenció en derecho/medicina, se recibió de abogado/médico (AmL); **the S~ of Law/Dentistry** la Facultad *or* (Chi tb) la Escuela de Derecho/Odontología

B [c u] [1] (other training establishment) academia *f*, escuela *f*; **driving ~** academia *f or* escuela *f* de conductores *or* de choferes (AmL), autoescuela *f*, escuela *f* de manejo (Méx); **language ~** academia *f or* escuela *f* de idiomas; **riding ~** escuela *f* de equitación [2] (source of experience): **the ~ of life** la escuela de la vida

C [c] (tendency, group) escuela *f*; **the Dutch/Impressionist/Marxist ~** la escuela holandesa/impresionista/marxista; **there are several ~s of thought on this issue** sobre este tema hay varias corrientes de opinión; **a politician of the old ~** un político de la vieja escuela *or* de la vieja guardia

D [c] (of fish) cardumen *m*, banco *m*; (of dolphins, whales) grupo *m*

school² *vt* ‹*animal*› adiestrar; ‹*person*› instruir*; (train) capacitar; **he was ~ed in the art of conversation** dominaba el arte de la conversación; **he had been well ~ed in Latin and Greek** le habían impartido sólidos conocimientos de latín y griego (frml)

schoolbag /'sku:lbæg/ *n* cartera *f* (*de colegial*), bolsón *m* (Chi)

schoolbook /'sku:lbʊk/ *n* libro *m* de texto

schoolboy /'sku:lbɔɪ/ *n* colegial *m*, escolar *m*; (*before n*) ‹*slang/humor*› de niños (de colegio); **he has a ~ passion for astronomy** la astronomía le apasiona como a un niño

schoolchild /'sku:ltʃaɪld/ *n* (*pl* **-children**) colegial, -giala *m,f*, escolar *mf*

schooldays /'sku:ldeɪz/ *pl n* tiempos *mpl or* años *mpl* de colegio

schoolfriend /'sku:lfrend/ *n* amigo, -ga *m,f* del colegio

schoolgirl /'sku:lgɜ:rl || 'sku:lgɜ:l/ *n* colegiala *f*, escolar *f*; (*before n*): **she had a ~ crush on her history teacher** se enamoró como una loca del profesor de historia

schoolhouse /'sku:lhaʊs/ *n* escuela *f*

schooling /'sku:lɪŋ/ *n* [u] educación *f*, estudios *mpl*; **they paid for his ~** le pagaron la educación *or* los estudios; **he has no formal ~** no tiene estudios propiamente dichos

schoolkid /'sku:lkɪd/ *n* (colloq) niño, -ña *m,f* (*que va al colegio*); **you're like an overgrown ~** pareces un niño malcriado

school-leaver /'sku:l,li:vər || 'sku:l,li:və(r)/ *n* (BrE) joven *mf* que termina el colegio

school-leaving age /'sku:l,li:vɪŋ/ *n* (BrE) *edad hasta la cual es obligatoria la escolaridad*

schoolmarm, schoolma'am /'sku:lmɑ:rm || 'sku:lmɑ:m/ *n* (colloq) maestra *f*; **she had something of the ~ about her** (pej) parecía una institutriz de las antiguas

schoolmaster /'sku:l,mæstər || 'sku:l,mɑ:stə(r)/ *n* (BrE frml) (in primary school) maestro *m*; (in secondary school) profesor *m*

schoolmasterly /'sku:l,mæstərli || 'sku:l,mɑ:stəli/ *adj* ‹*demeanor/manner*› adusto, severo

schoolmate /'sku:lmeɪt/ *n* compañero, -ra *m,f* de colegio; **he was a ~ of mine** era compañero de colegio mío

schoolmistress /'sku:l,mɪstrəs || 'sku:l,mɪstrɪs/ *n* (BrE frml) (in primary school) maestra; (in secondary school) profesora *f*

schoolmistressy /'sku:l,mɪstrəsi/ *adj* ‹*demeanor/manner*› propio de una persona adusta *or* severa

schoolroom /'sku:lru:m -rʊm/ *n* aula *f*‡ clase *f*

schoolteacher /'sku:l,ti:tʃər || 'sku:l,ti:tʃə(r)/ *n* (in primary school) maestro, -tra *m,f*; (in secondary school) profesor, -sora *m,f*

schoolteaching /'sku:l,ti:tʃɪŋ/ *n* [u] enseñanza *f*, docencia *f*

schoolwork /'sku:lwɜ:rk || 'sku:lwɜ:k/ *n* [u] trabajo *m* escolar; **she is behind with her ~** va atrasada con el trabajo escolar

schooner /'sku:nər || 'sku:nə(r)/ *n*
A (Naut) goleta *f*
B **1** (glass for beer) (AmE) jarra *f or* bock *m or* (Méx) tarro *m* de cerveza **2** (glass for sherry) (BrE) copa *f* de jerez

schuss¹ /ʃʊs/ *n: descenso en línea recta a gran velocidad*

schuss² *vi: descender en línea recta a gran velocidad*

schwa /ʃwɑ:/ *n: vocal central neutra que se da en sílabas no acentuadas y su representación gráfica*

sciatic /saɪ'ætɪk/ *adj* ‹*nerve/pain*› ciático

sciatica /saɪ'ætɪkə/ *n* [u] ciática *f*

science /'saɪəns/ *n* **1** [u] (in general) ciencia *f*; **a man of ~** un científico; ***to blind sb with ~*** (hum) deslumbrar a algn con sus (*or* tus *etc*) conocimientos; **don't blind me with ~, please!** ¡no me apabulles con tanta sabiduría! (hum) **2** [u c] (academic subject) ciencia *f*; **the ~s** las ciencias; **weather forecasting is not an exact ~** el pronóstico del tiempo no es una ciencia exacta; **understanding the manual is a ~ in itself** entender el manual es toda una ciencia

science fiction *n* [u] ciencia ficción *f*

science park *n: polígono de desarrollo tecnológico vinculado a una universidad*

scientific /,saɪən'tɪfɪk/ *adj* científico; **they were ~ in the way they approached the problem** enfocaron el problema de una manera científica

scientifically /,saɪən'tɪfɪkli/ *adv* científicamente

scientist /'saɪəntəst || 'saɪəntɪst/ *n* científico, -ca *m,f*; **research ~** investigador científico, investigadora científica *m,f*; **most of my college friends were ~s** la mayoría de mis amigos de la universidad estudiaban ciencias

Scientologist /,saɪən'tɑ:lədʒəst || ,saɪən'tɒlədʒɪst/ *n* cientólogo, -ga *m,f*

Scientology /,saɪən'tɑ:lədʒi || ,saɪən'tɒlədʒi/ *n* [u] Cientología *f*

sci-fi /'saɪ'faɪ/ *n* [u] (colloq) ciencia ficción *f*

Scilly Isles /'sɪli/, **Scillies** /'sɪliz/ *pl n*: **the ~ ~** las islas Scilly *or* Sorlingas

scimitar /'sɪmətər || 'sɪmɪtə(r)/ *n* cimitarra *f*, alfanje *m*

scintillate /'sɪntleɪt || 'sɪntɪleɪt/ *vi* «*star/jewels*» (liter) centellear, destellar, fulgurar (liter)

scintillating /'sɪntleɪtɪŋ || 'sɪntɪleɪtɪŋ/ *adj* **1** (liter) ‹*star/jewel*› centelleante, fulgurante (liter) **2** ‹*wit/conversation*› chispeante; **it was a ~ performance** fue una actuación brillante

scintillation /,sɪntl'eɪʃən || ,sɪntɪ'leɪʃən/ *n* [u c] (frml) centelleo *m*, destelleo *m*, fulguración *f* (liter)

scion /'saɪən/ *n* **1** (descendant) (frml) descendiente *mf*, vástago *m* (liter) **2** (Bot, Hort) injerto *m*, esqueje *m*

scissors /'sɪzərz || 'sɪzəz/ *n*
A (+ *pl vb*) tijeras *fpl*, tijera *f*; **a pair of ~** unas tijeras, una tijera
B (Sport) (+ *sing vb*) **1** **~ (jump)** (in high jump, skating) (salto *m* de) tijera *f* **2** **~ (hold)** (in wrestling) (llave *f* de) tijera *f* **3** **~ (kick)** (in football) tijereta *f*, (tiro *m* de) tijera *f*, chilena *f* (AmL); (in gymnastics) tijereta *f*, tijeras *fpl*; (in swimming) *patada con movimiento de tijera*

scissors-and-paste /,sɪzərzən'peɪst || ,sɪzəzən'peɪst/ *adj* (BrE pej) (*before n*): **this book is just a ~ job** este libro no es más que un refrito (fam & pey)

sclerosis /sklə'rəʊsəs || sklɪə'rəʊsɪs/ *n* [u c] (*pl* **-ses** /-si:z/) esclerosis *f*

sclerotic /sklə'rɑ:tɪk || sklɪə'rɒtɪk/ *adj* esclerótico; **a ~ economy/administration** una economía/administración anquilosada

scoff¹ /skɑ:f/ *vi* **to ~ (AT sb/sth)** burlarse *or* mofarse (DE algn/algo); **you may ~** búrlate todo lo que quieras, puedes burlarte *or* reírte si quieres

■ **scoff** *vt* (eat greedily) (BrE colloq) engullirse*, zamparse, morfarse (RPl arg); **he's ~ed the lot!** ¡se lo ha engullido *or* zampado todo!

scoff² *n* burla *f*, mofa *f*; **his remarks were greeted with ~s and jeers** sus comentarios fueron recibidos con burlas y abucheos

scoffer /'skɑ:fər || 'skɒfə(r)/ *n* burlón, -lona *m,f*

scofflaw /'skɑ:flɔ: || 'skɒflɔ:/ *n* (AmE) *persona que hace caso omiso de las leyes, esp de las que regulan el tráfico*

scold¹ /skəʊld/ *vt* reprender, regañar, reñir* (Esp, Méx), retar (CS), rezongar* (AmC, Ur fam); **go and tidy your room this minute, she ~ed** —ordena tu cuarto ya mismo —le ordenó; **the squirrels/birds ~ed him from the tree** las ardillas/los pájaros le chirriaban desde el árbol

scold² *n* gruñona *f*, regañona *f*

scolding /'skəʊldɪŋ/ *n* reprimenda *f*, regañina *f* (fam), regañiza *f* (Méx fam), reto *m* (CS); **I gave her a good ~** la reprendí severamente, le eché una buena regañina (fam)

scollop /'skɑ:ləp || 'skɒləp/ *n/vt* ▸**scallop¹**, **scallop²**

sconce /skɑ:ns || skɒns/ *n* aplique *m*, apliqué *m*

scone /skəʊn, skɑ:n || skɒn, skəʊn/ *n* (in UK) *bollito que se suele servir caliente untado de mantequilla, mermelada etc,* scone *m* (CS), bísquet *m* (Méx)

scoop¹ /sku:p/ *n*
A **1** (for grain, flour) pala *f*, poruña *f* (Chi); (for ice-cream) pala *f*, cuchara *f*; (Med) cucharilla *f* **2** (measure) (of ice-cream) bola *f*; (of mashed potatoes) cucharada *f*
B **1** (Journ) primicia *f*, pisotón *m* (Esp fam) **2** (lucky gain) (BrE colloq) logro *m* financiero, batacazo *m* (RPl fam), batatazo *m* (Chi fam) **3** (information) (AmE colloq); **the ~** la información; **what's the ~?** ¿qué hay? (fam), ¿cuál es la onda? (AmL fam)

scoop² *vt*
A (pick up): **he ~ed some rice from the bag** (with a scoop) sacó un poco de arroz de la bolsa con una pala *or* (Chi) con una poruña; (with hand) sacó un puñado de arroz de la bolsa; **they ~ed the water out of the boat** achicaron el agua del bote
B **1** (gain) (colloq) ganar; **he ~ed the major awards** acaparó *or* se llevó los premios más importantes, barrió con los premios más importantes; **they are ~ing $10 million a year** están sacando 10 millones de dólares al año **2** (Journ): **they ~ed the rest of the national press** se adelantaron a los demás periódicos nacionales con la primicia *or* la exclusiva

Phrasal verbs
• **scoop out**
A [v + o + adv, v + adv + o] ‹*flour/rice/soil*› sacar* (*con pala, cuchara etc*)
B [v + adv + o] (hollow) ‹*hole/tunnel*› excavar; **~ out the flesh of the melon** vacíe el melón, quítele la pulpa al melón
• **scoop up** [v + o + adv, v + adv + o] ‹*rice/sand/liquid*› recoger* (*con pala, cuchara etc*); **she ~ed the child up in her arms** levantó al niño en brazos

scoot /sku:t/ *vi* (colloq) salir* pitando (fam), irse* a toda prisa; **we'll have to ~ to get there in time** vamos a tener que salir pitando si queremos llegar a tiempo (fam); **go on, ~!** ¡anda, lárgate! (fam)

scooter /'sku:tər || 'sku:tə(r)/ *n* (*motor* ~) **1** escúter *m*, Vespa® *f* **2** (toy) patinete *m*, patín *m* del diablo (Méx), monopatín *m* (CS, Ven)

scope¹ /skəʊp/ *n* [u] **1** (of law, regulations, reform) alcance *m*; (of influence) ámbito *m*, esfera *f*; (of investigation, activities) campo *m*; **few can rival him in the ~ of his learning** pocas personas pueden competir con él en la amplitud de sus conocimientos; **those concepts are beyond the ~ of a child's mind** esos conceptos no están al alcance de la inteligencia de un niño **2** (opportunity, room) posibilidades *fpl*; **the job offers tremendous ~ for a person with initiative** el puesto ofrece enormes posibilidades a una persona con iniciativa; **there is still ~ for improvement** aún se pueden mejorar las cosas; **students must have ~ to develop their own ideas** los alumnos deben tener libertad de acción para desarrollar sus propias ideas

scope² *vt* (colloq) ‹*area/surroundings*› registrar; ‹*project*› estudiar

Phrasal verb
• **scope out** [v + o + adv] (esp AmE)
A (colloq) ‹*guys/girls*› mirar, relojear (RPl fam); ‹*competition*› sopesar
B ‹*project*› elaborar

scoping meeting /'skəʊpɪŋ/ *n* (Busn) reunión *f* de determinación de alcances y objetivos

scorch¹ /skɔ:rtʃ || skɔ:tʃ/ *vt* ‹*fabric*› chamuscar*, quemar; «*sun*» quemar, agostar, abrasar; **the sun had ~ed the fields/grass** el sol había agostado *or* abrasado los campos/la hierba; **it was so hot I ~ed my tongue** estaba tan caliente que me quemé *or* me abrasé la lengua; **the iron ~ed her sleeve** la plancha le chamuscó *or* le quemó la manga; **~ed-earth policy** *estrategia militar que consiste en arrasar todo lo que puede serle útil al enemigo*

■ **scorch** *vi*
A (become scorched) «*fabric*» chamuscarse*; «*food*» quemarse
B (go fast) «*person/vehicle*» ir* a toda velocidad, ir* a todo lo que da *or* a toda mecha (fam)

scorch² *n* quemadura *f* superficial; (*before n*): **~ mark** marca *f* de quemadura superficial

scorcher /'skɔ:rtʃər || 'skɔ:tʃə(r)/ *n* (colloq) **1** (hot day) día *m* abrasador *or* de mucho calor; **it looks like being a ~ today** parece que hoy va a hacer un calor infernal **2** (sth very powerful): **her speech was a real ~** su discurso fue un auténtico bombazo (fam); **a ~ of a shot** un tiro (*or* lanzamiento *etc*) potente

scorching /'skɔ:rtʃɪŋ || 'skɔ:tʃɪŋ/ *adj* **1** ‹*sun*› abrasador; ‹*heat/day*› infernal, abrasador; **it was ~!** (colloq) hacía un calor infernal *or* abrasador; **the sand's ~** la arena está que arde *or* está hirviendo; (*as adv*): **it was ~ hot** hacía un calor achicharrante **2** (fierce) ‹*attack/glance/comment*› feroz

score¹ /skɔ:r || skɔ:(r)/ *n*
A **1** (in game): **the final ~** el resultado final; **there was no ~** no hubo goles (*or* tantos *etc*); **what's the ~?** ¿cómo van?, ¿cómo va el marcador?; **what was the ~?** ¿cómo terminó el partido (*or* encuentro *etc*)?; **after 20 minutes the ~ was 2:1 to United** a los 20 minutos de juego el United ganaba (por) 2 a 1, a los 20 minutos de juego iban 2 a 1 en favor del United; **to keep (the) ~** llevar la cuenta de los tantos (*or* goles *etc*); (*before n*): **~ draw** (BrE) empate *m*; **no-~ draw** (BrE) ▸**scoring draw** **2** (point, goal) tanto *m*; **they need a ~ quickly** tienen que marcar (*or* meter un gol *etc*) ya **3** (in competition, test etc) puntuación *f*, puntaje *m* (AmL); **he got a perfect ~** obtuvo la máxima puntuación *or* (AmL tb) el máximo puntaje; **what was your ~ on the test?** (AmE) ¿qué puntuación *or* (AmL tb) puntaje sacaste en la prueba?
B **1** (account): **I have no worries on that ~** en ese sentido *or* a ese respecto no me preocupo, en lo que a eso se refiere, no me preocupo; ***to have a ~ to settle*** tener* una cuenta pendiente; **to have a ~ to settle with sb** tener* que arreglar cuentas con algn, tener* que ajustarle las cuentas a algn; ***to pay off*** *o* ***settle old ~s*** ajustar *or* saldar (las) cuentas pendientes **2** (situation) (colloq): **I told him about my past, so he knows the ~** le hablé de mi pasado, así que está al tanto de la situación; **what's the ~? are we going out or not?** ¿qué pasa? *or* ¿en qué quedamos? ¿salimos o no salimos?; **this is the ~: I'll do it for $200 or not at all** la cosa es así: o lo hago por 200 dólares o no lo hago
C (Mus) **1** (notation) partitura *f*; **he conducts without a ~** dirige sin partitura; **to follow the ~** seguir* la partitura **2** (music for show, movie) música *f*

S

D (notch) marca *f*, muesca *f*
E (twenty) veintena *f*; **she lived to be four ~ years and ten** (liter) vivió hasta los 90 años; **there were ~s of people there** había muchísima gente, había montones de gente (fam)

score[2] *vt*
A **1** (Sport) ‹*goal*› marcar*, meter, hacer*, anotar(se) (AmL); **to ~ a basket** encestar; **you ~ 20 points for that** eso te da *or* (AmL tb) con eso te anotas 20 puntos; **he ~d three homeruns** hizo *or* (AmL tb) anotó tres jonrones **2** (in competition, test) «*person*» sacar*; **I ~d 70%** saqué 70 sobre 100; **he ~d the highest marks** sacó *or* obtuvo la mejor puntuación *or* (AmL tb) el puntaje más alto; **correct answers ~ five points each** cada respuesta correcta vale *or* da cinco puntos **3** (win) ‹*triumph/success*› lograr, conseguir*; **to ~ a political victory** lograr *or* conseguir* una victoria política
B **1** (cut, mark) ‹*meat/fish/bread*› hacer* unos cortes en; ‹*surface/paper*› marcar*; **the text had been heavily ~d with underlinings** el texto estaba lleno de subrayados; **age had ~d his face with lines** el paso del tiempo le había surcado el rostro de arrugas **2** (criticize) (AmE journ) criticar*
C (Mus) ‹*piece*› (write) escribir*, componer*; (arrange) hacer* un arreglo de
■ **score** *vi*
A **1** (Sport) marcar*, anotar(se) un tanto; **a high/low-scoring game** un partido en el que se marcaron *or* se hicieron muchos/pocos goles (*or* tantos *etc*) **2** (in competition, test): **he ~d well in the exam** obtuvo *or* sacó una buena puntuación *or* (AmL tb) un puntaje alto en el examen; **team A ~d very high in the first round** el equipo A consiguió *or* (AmL tb) (se) anotó muchos puntos en la primera vuelta
B (do well) destacar(se)*; **this car ~s in terms of economy** este coche (se) destaca por lo económico; **to ~ OVER sth/sb** aventajar *or* superar A algo/algn; **this is where our product ~s over its rivals** en esto es en lo que nuestro producto supera *or* aventaja a sus rivales
C (obtain drugs) (sl) conseguir* droga *or* (CS, Per fam) pichicataq, conectar (Méx arg)
D (have sex) (sl): **did you ~ with her?** ¿te acostaste con ella?, ¿te la tiraste? (vulg), ¿te la llevaste al huerto? (fam)

Phrasal verb
- **score out, score through** [v + o + adv, v + adv + o] (BrE) ‹*letter/paragraph*› tachar

scoreboard /'skɔːrbɔːrd || 'skɔːbɔːd/ *n* marcador *m*

scorecard /'skɔːrkɑːrd || 'skɔːkɑːd/ *n* tarjeta *f* (*en que se anota la puntuación en deportes como el boxeo y el golf*); **late again! — are you keeping a ~?** (AmE) ¡otra vez tarde! — ¿ es que llevas la cuenta?

scorekeeper /'skɔːr,kiːpər || 'skɔː,kiːpə(r)/ *n: persona encargada del marcador*

scoreless /'skɔːrləs || 'skɔːlɪs/ *adj* sin goles, empatado a cero; **~ tie** empate *m* sin goles, empate *m* a cero

scorer /'skɔːrər || 'skɔːrə(r)/ *n* **1** (player) *jugador que marca uno o más tantos*; **who were the ~s?** ¿quiénes marcaron (*or* hicieron los goles *etc*)?, ¿quiénes fueron los anotadores? (AmL); **the highest goal ~ this season** el máximo goleador de esta temporada **2** (scorekeeper): **who's going to be ~?** ¿quién se va a encargar del marcador?, ¿quién va a llevar la cuenta de los tantos?

scoring /'skɔːrɪŋ/ *n* [u]
A **1** (of goals etc): **to open the ~** inaugurar el marcador; **~ was not easy** no fue fácil marcar (*or* meter goles *etc*) **2** (scorekeeping) puntuación *f*, tanteo *m*
B (Mus) orquestación *f*

scoring draw *n* (BrE) partido *m* empatado (*en el que se han marcado goles*)

scorn[1] /skɔːrn || skɔːn/ *n* **1** [u] (contempt) desdén *m*, desprecio *m*; **to pour ~ on sth** desdeñar *or* menospreciar algo; **she laughed my suggestion to ~** ridiculizó mi sugerencia **2** (object of contempt): **to be the ~ of sb** ser* despreciado por algn; **he was the ~ of his colleagues** era despreciado por sus colegas

scorn[2] *vt* **1** (reject) ‹*offer/advice*› desdeñar; **she ~s to seek help** (liter) no se digna a considerar la idea de pedir ayuda **2** (despise) ‹*person/attempts/efforts*› desdeñar, despreciar, menospreciar

scornful /'skɔːrnfəl || 'skɔːnfəl/ *adj* ‹*person/manner/laughter*› desdeñoso; **he was ~ of my attempts** menospreció *or* desdeñó mis intentos

scornfully /'skɔːrnfəli || 'skɔːnfəli/ *adv* con desdén, desdeñosamente

Scorpio /'skɔːrpiəʊ || 'skɔːpiəʊ/ *n* (*pl* **-os**) **1** (constellation) (*no art*) Escorpio, Escorpión **2** [c] (person) Escorpio *mf or* escorpio *mf*, Escorpión *mf or* escorpión *mf*, escorpiano, -na *m,f*; *see also* **Aquarius**

scorpion /'skɔːrpiən || 'skɔːpiən/ *n* escorpión *m*, alacrán *m*

Scot /skɑːt || skɒt/ *n* escocés, -cesa *m,f*

scotch[1] /skɑːtʃ || skɒtʃ/ *vt* ‹*plan/efforts*› echar por tierra, frustrar; ‹*rumors*› acallar, poner* fin a

scotch[2], **Scotch** *n* [u c] whisky *m or* güisqui *m* (escocés); **a glass of ~** un (vaso de) whisky *or* güisqui

Scotch /skɑːtʃ || skɒtʃ/ *adj* ‹*person/tune/town*› (crit) escocés; **~ whisky** whisky *m or* güisqui *m* escocés

Scotch broth *n* [u]: *sopa de cordero, papas y cebada*

Scotch egg *n: huevo duro envuelto en carne de salchicha y rebozado*

Scotch mist *n* [u] (BrE) **1** (wet mist) bruma *f* **2** (fantasy, mirage): **their plans are just so much ~ ~** sus planes son castillos en el aire; **what's this, ~ ~?** ¿y esto qué es, no tienes ojos en la cara?

Scotch pine, (BrE) **Scots pine** *n* [c u] pino *m* albar

scotchtape /'skɑːtʃteɪp || 'skɒtʃteɪp/ *vt* (AmE) pegar* con cinta Scotch® (*or* cel(l)o *etc*)

Scotch tape® *n* [u] (AmE) cinta *f* Scotch®, cel(l)o® *m* (Esp), (cinta *f*) durex® *m* (AmL)

Scotch terrier *n* ▸ **Scottish terrier**

scot-free /'skɑːt'friː || ,skɒt'friː/ *adj* (*pred*): **to get away ~** (without suffering injury) salir* ileso *or* sin un rasguño; (without punishment) quedar impune *or* sin castigo; **the judge let them off ~** el juez no les impuso ninguna pena

Scotland /'skɑːtlənd || 'skɒtlənd/ *n* Escocia *f*; (*before n*) ‹*team*› escocés; ‹*player*› (del equipo) escocés

Scotland Yard *n* (in UK) Scotland Yard (*jefatura central de la policía londinense*)

Scots[1] /skɑːts || skɒts/ *adj* (*before n*) **1** (Geog) escocés **2** (Ling) escocés

Scots[2] *n* [u]: *inglés que se habla en Escocia*

Scotsman /'skɑːtsmən || 'skɒtsmən/ *n* (*pl* **-men** /-mən/) escocés *m*

Scots pine *n* (BrE) ▸ **Scotch pine**

Scotswoman /'skɑːts,wʊmən || 'skɒts,wʊmən/ *n* (*pl* **-women**) escocesa *f*

Scottie (dog) /'skɑːti || 'skɒti/ *n* ▸ **Scottish terrier**

Scottish /'skɑːtɪʃ || 'skɒtɪʃ/ *adj* escocés; **~ National Party** Partido *m* Nacionalista Escocés; **~ nationalism** nacionalismo *m* escocés; **the ~ Parliament** el Parlamento Escocés; **~ Secretary** ministro, -tra *m,f* para Escocia

> **Scottish Certificate of Education**
>
> El certificado más importante del sistema educativo escocés, que se obtiene al terminar el colegio. El examen de nivel inferior (*Standard*) se hace a los 16 años y es el equivalente al ▸ **GCSE - General Certificate of Secondary Education** de Inglaterra y Gales. El de nivel superior (*Higher*) se hace a los 17 años y es el equivalente al ▸ **A level - Advanced level**.

> **Scottish National Party - SNP**
>
> El Partido Nacionalista Escocés, establecido en 1934, se define hoy como partido democrático de izquierda y tiene como objetivo lograr la independencia para Escocia como miembro de la Unión Europea. En 2007 formó gobierno por primera vez, pero sin mayoría absoluta. ▸ **Scottish Parliament**.

> **Scottish Parliament**
>
> El Parlamento escocés, establecido en 1999, se reúne en Edimburgo, capital de Escocia. Tiene competencia legislativa y ejecutiva respecto a los asuntos internos de Escocia, y a diferencia de la Asamblea Nacional de Gales ▸ **Welsh Assembly - National Assembly for Wales (NAfW)** posee limitados poderes para variar el tipo básico del impuesto sobre la renta. De los 129 diputados (*Members of the Scottish Parliament* o *MSPs*), 73 son elegidos directamente por mayoría relativa y los 56 (*Additional Members*) restantes de acuerdo con el sistema de representación proporcional.

Scottish terrier *n* terrier *m* escocés

scoundrel /'skaʊndrəl/ *n* (dated) sinvergüenza *mf*, bribón, -bona *m,f*, pillo, -lla *m,f*

scour /skaʊr || 'skaʊə(r)/ *vt*
A **1** (rub hard) ‹*surface/pan*› fregar*, restregar*; **the rockface was ~ed by glaciers** la roca había sido erosionada por los glaciares; **to ~ sth down/out** fregar* *or* restregar* algo **2** **~ away** *o* **off** (remove) ‹*dirt/grease*› quitar
B (search thoroughly) ‹*area/building*› registrar, dar* una batida en; **we ~ed the shops for the finest ingredients** recorrimos las tiendas buscando los mejores ingredientes

Phrasal verb
- **scour around,** (BrE also), **scour about** [v + adv] dar* una batida

scourer /'skaʊrər || 'skaʊərə(r)/ *n* (BrE) ▸ **scouring pad**

scourge[1] /skɜːrdʒ || skɜːdʒ/ *n* **1** (cause of suffering) azote *m*; **the ~ of war/famine** el azote *or* el flagelo de la guerra/del hambre; **he was the ~ of crooked union bosses** era el azote de los dirigentes sindicales deshonestos **2** (whip) (liter) azote *m*

scourge[2] *vt* **1** (afflict) azotar; **a region ~d by famine/disease** una región azotada por la hambruna/la enfermedad **2** (whip) (arch & liter) ‹*person*› azotar

scouring pad /'skaʊrɪŋ || 'skaʊərɪŋ/ *n* estropajo *m*, esponja *f*, esponjilla *f* (*metálica o plástica para fregar las cacerolas*)

scouring powder *n* [c u] polvo *m* limpiador, limpiador *m* en polvo, pulidor *m* (RPl)

scouse[1] /skaʊs/ *n* (BrE colloq) **1** [u] (Ling) dialecto *m* de Liverpool **2** [c] **Scouse** (person) oriundo, -da *m,f* de Liverpool **3** [u c] (stew) *guiso de papas, zanahorias y sobras de carne, típico de Liverpool*

scouse[2] *adj* (BrE colloq) de Liverpool

scout[1] /skaʊt/ *n*
A **1** (person) explorador, -dora *m,f*, escucha *mf*; (unit) patrulla *f* de reconocimiento, avanzada *f*; (vehicle) vehículo *m* (*or* avión *m etc*) de reconocimiento **2** (look, search) (*no pl*): **to have a ~ around (the area)** explorar *or* recorrer la zona, hacer* un reconocimiento de la zona
B *also* **Scout,** (*boy* ~) explorador *m*, (boy) scout *m*; (*girl* ~) exploradora *f*, (girl) scout *f*; (*before n*): **the ~ movement** el escutismo, el movimiento de los scouts
C (*talent* ~) cazatalentos *mf*
D (at Oxford University) criado *m*

scout[2] *vi* **1** (Mil) reconocer* el terreno **2** (search) **to ~ FOR sth** andar* en busca de algo; **he was ~ing for work** andaba en busca de trabajo

Phrasal verbs
- **scout around** [v + adv] **to ~ around (FOR sth)** buscar* (algo)
- **scout out** [v + adv + o] vigilar

scout car *n* vehículo *m* de reconocimiento

scouting /'skaʊtɪŋ/ *n* [u]
A (Cin, Sport, Theat, TV) caza *f or* búsqueda *f* de talentos

S

B **Scouting** (movement) escutismo *m*, movimiento *m* de los scouts

scoutmaster /'skaʊt,mæstər || 'skaʊt,mɑːstə(r)/ *n*: *jefe de un grupo de scouts*

scowl¹ /skaʊl/ *n* ceño *m* fruncido; **there was a ~ on her face** tenía el ceño fruncido; **he gave us an unfriendly ~** nos puso cara de pocos amigos

scowl² *vi* fruncir* el ceño, poner* mala cara; **she sat ~ing all through dinner** toda la cena estuvo con ceño fruncido; **to ~ AT sb** mirar a algn con el ceño fruncido; **he ~ed at me** me miró con el ceño fruncido

scrabble /'skræbəl/ *vi* ‹‹*dog/chicken*›› escarbar; **they were scrabbling in the dust for the coins** escarbaban en la tierra buscando las monedas; **I was scrabbling frantically for a foothold** buscaba desesperadamente un lugar donde apoyar el pie; **I was scrabbling about in the dark looking for my key** estaba buscando la llave a tientas en la oscuridad

scrag (end) /skræg/ *n* [u] (BrE) pescuezo *m*

scragginess /'skræginəs || 'skræginis/ *n* [u] **1** (of person) flacura *f* **2** (of meat) mala calidad *f*

scraggy /'skrægi/ *adj* **-gier, -giest** **1** (scrawny) esmirriado, flaco, escuálido **2** (tough) ‹*meat*› duro, malo

scram /skræm/ *vi* **-mm-** (colloq) ‹‹*person*›› largarse* (fam), rajar (CS fam), pirárselas (Esp fam); **go on, ~!** ¡fuera *or* largo de aquí! (fam)

scramble¹ /'skræmbəl/ *n*

A (*no pl*) **1** (chaotic rush): **several people were hurt in the ~** varias personas salieron lastimadas en el barullo *or* la confusión *or* la rebatiña; **there was a ~ to complete all the work in time** hubo grandes prisas *or* (AmL tb) un gran apuro para terminar el trabajo a tiempo; **~ FOR sth: there was a last-minute ~ for tickets** a último momento hubo una rebatiña para conseguir entradas **2** (difficult climb) subida *f* *or* escalada *f* difícil

B [c] (BrE) (Sport) carrera *f* de motocross

scramble² *vi*

A **1** (clamber) (+ *adv compl*): **to ~ to one's feet** levantarse, ponerse* de pie (*apresuradamente o con dificultad*); **I ~d out of the wreckage** salí como pude del vehículo siniestrado; **we ~d through the bushes** nos abrimos paso con dificultad a través de los arbustos; **he ~d up the rocks** subió las rocas gateando **2** (struggle, compete) **to ~ FOR sth** pelearse POR algo, andar* a la rebatiña POR algo; **the boys were scrambling for sweets** los niños se peleaban por los caramelos

B (Aviat, Mil) despegar* (*con urgencia*); **the squadron was ready to ~** el escuadrón estaba listo para despegar *or* recibir la orden de despegue

■ **scramble** *vt*

A **1** (mix) mezclar; **let's ~ all the letters/numbers** mezclemos las letras/los números; **to ~ eggs** hacer* huevos revueltos **2** ‹*message*› codificar*, cifrar

B (Sport) ‹*goal/run*› hacer* a duras penas; **a defender ~d the ball away/back** un defensa a duras penas despejó/devolvió la pelota

scrambled egg /'skræmbəld/ *n* **1** [c u] (Culin) huevos *mpl* revueltos *or* (Col) pericos **2** [u] (gold braid) (BrE sl: used by soldiers) galón *m* dorado

scramble net *n* **1** (Naut) (for escape) red *f* de salvamento **2** (of climbing frame) *estructura de barras con una red para juegos infantiles*

scrambler /'skræmblər || 'skræmblə(r)/ *n* scrambler *m* (*dispositivo que codifica una señal de manera que sólo pueda ser interpretada con un descodificador*)

scrambling /'skræmblɪŋ/ *n* [u]

A (Sport) (BrE) motocross *m* de montaña (*o sobre terreno escarpado*)

B (of messages) codificación *f* (*con scrambler*)

scrap¹ /skræp/ *n*

A **1** [c] (of paper, cloth, leather) pedacito *m*, trocito *m*; **~s of fabric** retazos *mpl or* (Esp) retales *mpl*; **she's just a ~ of a kid** es un renacuajo (fam), es un escuincle (Méx fam); **she ate every last ~** se comió hasta el último bocado **2** (single bit) (*with neg, no pl*): **there's not a ~ of truth in the rumor** no hay ni (una) pizca *or* ni un ápice de verdad en el rumor; **she hasn't done a ~ of work** no ha movido un dedo, no ha hecho absolutamente nada, no ha dado golpe (Esp fam); **it doesn't make a ~ of difference what you think** lo que tú pienses no importa en lo más mínimo

B **scraps** *pl* **1** (leftover food) sobras *fpl*, sobros *mpl* (AmC) **2** (cracklings) (AmE) chicharrones *mpl*, cortezas *fpl* de cerdo (Esp)

C [u] (reusable waste): **is that paper (for) ~?** ¿ese papel es para borrador?; **we sold our car for ~** vendimos el coche como chatarra; (*before n*): **~ dealer** chatarrero, -ra *m,f*; **~ iron** *o* **metal** chatarra *f*; **~ merchant** chatarrero, -ra *m,f*; **~ paper** papel *m* para borrador; **he sold the car for its ~ value** vendió el coche como chatarra

D [c] (fight) (colloq) agarrada *f* (fam), pelea *f*; **to have a ~ with sb** tener* una agarrada con algn (fam)

scrap² **-pp-** *vt* **1** (abandon, cancel) ‹*idea*› desechar, descartar; ‹*plan*› abandonar; ‹*regulation*› abolir* **2** (convert to scrap) ‹*car/ship/machinery*› desguazar* *or* (Méx) deshuesar *or* (Chi) desarmar **3** (throw away) tirar a la basura, botar (AmL exc RPl)

■ **scrap** *vi* (colloq) pelearse

scrapbook /'skræpbʊk/ *n* álbum *m* de recortes

scrape¹ /skreɪp/ *n*

A **1** (act): **to give sth a ~** raspar algo **2** (sound) chirrido *m*

B (predicament) (colloq) lío *m* (fam), apuro *m*; **to get into a ~** meterse en un lío (fam); **they helped me out of a ~** me sacaron de un apuro *or* (fam) de un lío

C (BrE) (Med) (colloq) legrado *m*, raspado *m or* (CS) raspaje *m*

scrape² *vt*

A **1** (rub against) rozar*; (grate against) rascar*; **it just ~d the surface** apenas rozó la superficie; **he ~d the bow across the strings** rascó las cuerdas con el arco; **don't ~ your chair on the floor** no arrastres la silla **2** (damage, graze) ‹*paintwork*› rayar; ‹*knee/elbow*› rasparse, rasguñarse

B **1** (clean) ‹*toast*› raspar; ‹*carrot/potato*› pelar; ‹*woodwork*› raspar, rascar*, rasquetear; **to ~ sth OFF o FROM sth: the mud off your boots** quítales el barro a las botas (*con un cuchillo, contra una piedra etc*); **she ~d the mold off the cheese** raspó el moho del queso; **he ~d away the layer of varnish** le quitó la capa de barniz raspando *or* rasqueteando **2** **~ (out)** ‹*bowl/pan*› fregar*, restregar*; ‹*hole*› escarbar; **he ~d the plate clean** rebañó el plato, dejó el plato limpio

C (narrowly achieve): **to ~ a pass** aprobar* raspando *or* arañando; **to ~ a majority** apenas alcanzar* una escasa mayoría

■ **scrape** *vi*

A (rub, grate) rozar*; (make a noise) chirriar; **the roof ~d against the bridge** el techo rozó el puente

B **1** (manage with difficulty): **the car barely ~d past the oncoming truck** el coche pasó casi rozando el camión que venía; **the team ~d home** el equipo ganó por los pelos *or* por un pelo (fam) **2** (save) hacer* economías, ahorrar

Phrasal verbs

- **scrape along** [v + adv]: **we barely manage to ~ along** apenas nos alcanza para vivir; **they ~d along on their pension** se las arreglaban como podían con su pensión
- **scrape by** [v + adv] arreglárselas, apañárselas (Esp fam); **he hadn't studied for the exam, but he ~d by** no había estudiado para el examen, pero se las arregló para aprobar raspando
- **scrape in** [v + adv]: **the party ~d in** el partido ganó raspando *or* (fam) por los pelos *or* por un pelo
- **scrape through** [v + adv], [v + prep + o] ‹*exam*› aprobar* raspando *or* (Ur) arañando *or* (fam) por los pelos *or* por un pelo; **the team ~d through into the semi-finals** el equipo pasó a las semifinales por los pelos *or* por un pelo (fam)
- **scrape together** [v + o + adv, v + adv + o] ‹*money*› juntar *or* reunir* a duras penas; ‹*support*› conseguir* (*con dificultad*)
- **scrape up** [v + o + adv, v + adv + o] **1** ‹*dirt/mud*› quitar raspando **2** ‹*money*› juntar *or* reunir* a duras penas; ‹*helpers/support*› conseguir* (*con dificultad*)

scraper /'skreɪpər || 'skreɪpə(r)/ *n* **1** (tool) rasqueta *f*, espátula *f* **2** (for shoes) limpiabarros *m*

scraperboard /'skreɪpərbɔːrd || 'skreɪpəbɔːd/ *n* [u] pizarra *f* mágica

scrapheap /'skræphiːp/ *n*: **to throw sth on the ~** desechar *or* descartar algo; **at 50 he found himself on the ~** a los 50 años se vio sin trabajo y sin perspectivas de futuro

scrapie /'skreɪpi/ *n* [u] scrapie *m or f*, encefalopatía *f* espongiforme ovina (téc), tembladera *f* (del cordero) (fam)

scrapings /'skreɪpɪŋz/ *pl n*: **carrot ~** peladuras *fpl* de zanahoria; **paint/metal ~** raspaduras *fpl* de pintura/metal

scrapper /'skræpər || 'skræpə(r)/ *n* (AmE journ) luchador, -dora *m,f*

scrappy /'skræpi/ *adj* **-pier, -piest**

A **1** ‹*report/presentation*› deshilvanado; **my knowledge of German is very ~** mis conocimientos de alemán son muy rudimentarios **2** ‹*match/game*› irregular

B (full of fight) (AmE journ) luchador

scrapyard /'skræpjɑːrd || 'skræpjɑːd/ *n* chatarrería *f*; (for cars) cementerio *m* de automóviles, desguace *m or* (Méx) deshuesadero *m or* (Chi) desarmaduría *f*

scratch¹ /skrætʃ/ *n*

A [c] **1** (injury) rasguño *m*, arañazo *m*; **it's just a ~** no es más que un rasguño; **he escaped without a ~** resultó ileso, salió sin un rasguño; (*before n*): **~ mark** arañazo *m*, rasguño *m* **2** (on paint, record, furniture) rayón *m* **3** (sound) chirrido *m* **4** (act) (*no pl*): **to have a ~** rascarse*; **can you give my back a ~?** ¿me rascas la espalda?

B [u] (money) (AmE sl) guita *f* (arg), lana *f* (AmL fam), pasta *f* (Esp fam)

C (*in phrases*): **from scratch: he learned German from ~ in six months** aprendió alemán en seis meses empezando desde cero; **did you make the mayonnaise from ~?** ¿hiciste la mayonesa tú mismo?, ¿la mayonesa es casera?; **I had to start from ~** tuve que empezar desde cero; **up to scratch** (colloq): **he's simply not up to ~** simplemente no da la talla *or* no es lo suficientemente bueno; **if his work comes up to ~** si su trabajo es del nivel requerido

scratch² *vt*

A **1** (damage) ‹*paint/record/furniture*› rayar **2** (with claws, nails) arañar; **the cat has ~ed all the chairs** el gato ha arañado todas las sillas; **she ~ed my face** me arañó la cara **3** ‹*name/initials*› marcar*, grabar **4** (to relieve itch) ‹*bite/rash*› rascarse*; **could you ~ my back for me?** ¿me rascas la espalda?; **he ~ed his head** se rascó la cabeza; **we're all ~ing our heads, trying to think of a solution** nos estamos devanando los sesos buscando una solución; ***you ~ my back and I'll ~ yours*** favor con favor se paga, hoy por ti, mañana por mí

B **1** (strike out, cancel) ‹*word/sentence*› tachar **2** (withdraw) (Sport) ‹*horse/athlete*› retirar

C (scribble hurriedly) garabatear

■ **scratch** *vi*

A **1** (damage, wound) arañar **2** (rub) ‹‹*wool/sweater*›› raspar, picar* **3** (to relieve itching) rascarse*; **don't ~!** ¡no te rasques! **4** (make scratching sound) rascar*; **it's the cat ~ing at the door** es el gato, que está arañando la puerta

B (withdraw) (Sport) retirarse

Phrasal verbs

- **scratch about**, (BrE also) **scratch around** [v + adv] **to ~ about (FOR sth)** ‹‹*animal*›› escarbar (buscando algo); **I spent hours ~ing about** *o* **around for ideas** pasé horas tratando de inspirarme
- **scratch out** [v + o + adv, v + adv + o] **1** (gouge): **to ~ sb's eyes out** sacarle* los ojos a algn **2** (strike out) ‹*name/sentence*› tachar; (on ticket) rascar*, raspar
- **scratch together** ▸**scrape together**

S

- **scratch up** ▸ **scrape up 2**

scratch[3] *adj* (*before n*) **1** (Sport) ‹*player/runner*› de primera **2** (haphazard, motley) ‹*team/meal*› improvisado

scratch card *n* número *m* de la lotería (*con sección que se raspa*)

scratchings /ˈskrætʃɪŋz/ *pl n* chicharrones *mpl*

scratch line *n* (AmE) (Sport) línea *f* de salida

scratch pad *n*
A (notepad) (AmE) bloc *m* de notas
B (Comput) scratch pad *m*, bloc *m* de notas de rápido acceso

scratch paper *n* [u] (AmE) papel *m* para borrador

scratch test *n* prueba *f* de la tuberculina

scratchy /ˈskrætʃi/ *adj* **scratchier, scratchiest** **1** ‹*wool/sweater*› áspero, que raspa *or* pica; **your beard's ~** tu barba pincha **2** ‹*record*› rayado; ‹*pen/nib*› que raspa; **some rather ~ violins** unos violines algo chirriantes **3** ‹*writing/drawing*› garabateado

scrawl[1] /skrɔːl/ *n* **1** [c] (mark) garabato *m* **2** [u] (handwriting) garabatos *mpl*; **the signature was just a ~** la firma era un garabato; **I recognized your ~ on the envelope** reconocí tus garabatos en el sobre

scrawl[2] *vt* garabatear
■ **scrawl** *vi* garabatear, hacer* garabatos

scrawny /ˈskrɔːni/ *adj* **-nier, -niest** ‹*person*› esquelético, escuálido, canijo; ‹*arms/legs*› esquelético, descarnado

scream[1] /skriːm/ *n* **1** (loud cry) grito *m*, chillido *m*; (louder) alarido *m*; **a ~ of terror** un grito *or* un alarido de terror; **~s of laughter** carcajadas *fpl*, risotadas *fpl*; **the ~ of the seagulls** el chillido de las gaviotas **2** (sth, sb funny) (colloq) (*no pl*): **she's a real ~** ¡es graciosísima!, ¡es un caso!, ¡es un plato! (CS fam); **it was a ~ when she fell** estuvo divertidísimo *or* fue para morirse de risa cuando se cayó, fue un plato cuando se cayó (CS fam)

scream[2] *vi* «*person*» gritar, chillar; «*baby*» llorar a gritos, berrear; «*wind*» (liter) aullar*; **let go of me or I'll ~** suéltame o me pongo a gritar *or* a chillar (liter); **to ~ with pain/fear** gritar de dolor/de miedo; **they were ~ing with laughter** se estaban riendo a carcajadas; **she ~ed with laughter** soltó una risotada; **to ~ AT sb** gritarle A algn; **she ~ed at him to get out of the way** le gritó para que se apartara; **those yellow walls really ~ at you** esas paredes amarillas hacen daño a la vista *or* son terriblemente chillonas; **the headline ~ed (out) at her** el titular inmediatamente atrajo su atención; **to ~ FOR sth**: **he ~ed for help** gritó pidiendo ayuda; **she was ~ing (out) for attention** pedía atención a gritos, clamaba por atención
■ **scream** *vt* ‹*insult*› gritar, soltar*; ‹*command*› dar* a voces *or* a gritos; **they ~ed abuse at him** lo insultaron a voz en cuello; **she ~ed out his name** gritó su nombre; **to ~ sth AT sb** gritarle algo A algn; **the headlines ~ed: general mobilization** los titulares anunciaban en grandes caracteres: movilización general; **to ~ oneself hoarse** gritar hasta enronquecer

screamingly /ˈskriːmɪŋli/ *adv*: **~ funny** (colloq) para llorar de la risa (fam), para morirse de risa (fam)

scree /skriː/ *n* [u] pedregal *m* (*en una ladera*)

screech[1] /skriːtʃ/ *n* (of terror, pain) alarido *m*, grito *m*; (of joy) chillido *m*, grito *m*; (of brakes) chirrido *m*, rechinón *m* (Méx); (of siren) pitido *m*, aullido *m*; **she gave a ~ of pain** soltó un alarido de dolor; **we heard their ~es of delight** oímos sus chillidos de alegría; **~es of laughter** risotadas *fpl*, carcajadas *fpl*

screech[2] *vi* «*person/animal*» chillar; «*brakes/tires*» chirriar*; «*siren*» aullar*; **to ~ with pain** aullar* de dolor; **she ~ed with laughter** soltó una carcajada estridente; **the car ~ed to a halt** el coche paró en seco con un chirrido *or* (Méx tb) con un rechinón
■ **screech** *vt* chillar

screech owl *n* lechuza *f*

screed /skriːd/ *n*
A (Const) capa *f* de mortero de cemento (*para nivelar el suelo*)
B (lengthy discourse) (BrE): **she wrote ~s and ~s** escribió páginas y páginas

screen[1] /skriːn/ *n*
A **1** (movable device) pantalla *f*; (folding) biombo *m*; (as partition) mampara *f* **2** (at window) mosquitero *m* **3** (protective, defensive) cortina *f*; **a ~ of bushes/trees** una cortina de arbustos/árboles; **behind a ~ of indifference** tras una máscara de indiferencia
B **1** (Cin, Phot) pantalla *f*; **to write for the ~** escribir* para el cine; **a legend of the silver ~** una leyenda del cine *or* (period) del celuloide; **the big ~** la pantalla grande; (*before n*) ‹*adaptation*› al cine, a la pantalla grande; **~ actor** actor *m* de cine; **~ actress** actriz *f* de cine; **~ rights** derechos *mpl* de adaptación al cine **2** (Comput, TV) pantalla *f*; **the small ~** la pequeña pantalla, la pantalla chica (AmL); **radar ~** pantalla de radar
C (sieve) criba *f*, cedazo *m*

screen[2] *vt*
A **1** (conceal) ocultar, tapar; **to ~ sth/sb FROM sth**: **the trees ~ the house from the road** los árboles no dejan ver la casa desde la carretera; **we were ~ed from view by the wall** la pared impedía que nadie nos viera, la pared nos tapaba **2** (protect) proteger*; **to ~ sth/sb FROM sth** proteger* algo/a algn DE algo; **the building ~ed them from enemy fire** el edificio los protegía del fuego enemigo; **she ~ed her eyes from the sun** se protegió los ojos del sol
B ‹*TV program*› emitir; ‹*film*› proyectar
C **1** (check, examine) ‹*blood donor*› someter a una revisión (médica) *or* a un chequeo; ‹*applicants/candidates*› someter a una investigación de antecedentes; **to ~ sb/sth FOR sth**: **they were ~ed for weapons** los registraron para ver si llevaban armas; **the cans are being ~ed for possible contamination** se están examinando las latas por si estuvieran contaminadas; **to ~ sb for cancer** someter a algn a un chequeo para el diagnóstico precoz del cáncer **2** (sieve) ‹*coal/ore*› cribar

Phrasal verbs

- **screen off** [v + o + adv, v + adv + o] ‹*area/bed/patient*› aislar*, separar (*con un biombo o una mampara*)
- **screen out** [v + o + adv, v + adv + o] eliminar (*habiendo hecho una investigación*)

screen-based /ˈskriːnbeɪst/ *adj* por pantalla

screen capture *n* [u c] captura *f* de pantalla

screen door *n* puerta *f* mosquitera

screen dump *n* volcado *m* de pantalla

screen editing *n* [u] edición *f* en pantalla

screen editor *n* editor *m* en pantalla

screening /ˈskriːnɪŋ/ *n*
A [c u] (Cin) proyección *f*; (TV) emisión *f*
B [c u] (examination) (Med) revisión *f* (médica), chequeo *m* (*esp para detección precoz*); (of candidates) investigación *f* de antecedentes
C [u] (on window, door) tejido *m* metálico, malla *f* metálica

screen pass *n* pase *m* de pantalla

screenplay /ˈskriːnpleɪ/ *n* guión *m*

screen-print /ˈskriːnprɪnt/ *vt* serigrafiar

screen print *n* serigrafía *f*

screen-printing /ˈskriːnˌprɪntɪŋ/ *n* serigrafiado *m*

screen saver *n* (Comput) protector *m* de pantalla, salvapantalla *m*

screenshot /ˈskriːnʃɑːt || ˈskriːnʃɒt/ *n* captura *f* de pantalla

screen-test /ˈskriːntest/ *vt* hacerle* una prueba (cinematográfica) a

screen test *n* prueba *f* (cinematográfica)

screenwash /ˈskriːnwɔːʃ || ˈskriːnwɒʃ/ *n* [u] líquido *m* limpiaparabrisas

screenwriter /ˈskriːnˌraɪtər || ˈskriːnˌraɪtə(r)/ *n* guionista *mf*

screw[1] /skruː/ *n*
A **1** (Const, Tech) tornillo *m*; ***to have a ~ loose*** (colloq & hum): **he's/you've got a ~ loose** le/te falta un tornillo (fam & hum); ***to put the ~s on sb*** apretarle* las tuercas *or* las clavijas a algn; ***to turn the ~*** dar* otra vuelta de tuerca **2** (action) (*no pl*) vuelta *f*; **give it another ~** dale otra vuelta; (*before n*) ‹*lid/top*› de rosca **3** (Aviat, Naut) hélice *f*
B (sexual intercourse) (vulg) (*no pl*): **to have a ~** echar un polvo (arg), coger* (Méx, RPl, Ven vulg), follar (Esp vulg), culear (Andes vulg)
C (prison guard) (sl) guardia *m*, madero *m* (Esp arg)
D (wage) (BrE sl & dated) (*no pl*) sueldo *m*; **he earns a good ~** gana bastante guita (arg), gana buena lana *or* (Esp) buena pasta (fam)

screw[2] *vt*
A **1** (Const, Tech) atornillar; **the hooks were firmly ~ed in** los ganchos estaban bien atornillados; **~ the lid on tight** enrosca bien la tapa; **the plaque was ~ed (on)to the wall** la placa estaba asegurada a la pared con tornillos; **to ~ sth down (securely)** atornillar (bien) algo **2** (twist) **to ~ sth INTO sth**: **he ~ed the letter into a ball** hizo una bola con la carta; **she ~ed her face into a grin** hizo una mueca, torció el gesto
B **1** (vulg) (have sex with): **to ~ sb** tirarse a algn (vulg), coger* a algn (Méx, RPl, Ven vulg), follar a algn (Esp vulg), culearse a algn (Andes vulg) **2** (*in interj phrases*): **~ you!** ¡vete a la mierda *or* (Méx) a la chingada! (vulg), ¡andá a cagar! (RPl vulg); **~ what she says!** ¡me cago en lo que diga ella! (vulg)
C (sl) **1** (exploit, cheat) esquilmar, hacer* guaje (Méx fam); **she's ~ing him for everything she can get** lo está exprimiendo al máximo, le está chupando la sangre **2** (extort) **to ~ sth OUT OF sb/sth** sacarle* algo A algn/algo; **he ~ed every penny out of her** le sacó hasta el último centavo
■ **screw** *vi*
A (Const): **to ~ in/on** atornillarse
B (have sex) (vulg) echar un polvo (arg), coger* (Méx, RPl, Ven vulg), follar (Esp vulg)

Phrasal verbs

- **screw around** [v + adv] **1** (have sex) (sl) ser* promiscuo, acostarse* con todo el mundo (fam) **2** (fool around) (AmE colloq) payasear
- **screw together**
A [v + adv] ir* unidos con tornillos; **the two parts ~ together** las dos piezas van unidas con tornillos
B [v + o + adv, v + adv + o] **1** (using the thread) atornillar; **~ them together** atornílleIos **2** (with screws) unir con tornillos; **~ the two pieces together** una la dos piezas con tornillos
- **screw up**
Sense I [v + o + adv, v + adv + o]
A (tighten) ‹*bolt*› apretar*; ***to ~ oneself up to do sth*** armarse de valor para hacer algo
B **1** (crumple) ‹*letter/piece of paper*› arrugar*, estrujar; **he ~ed the envelope up into a ball** hizo una bola con el sobre **2** (wrinkle): **I ~ed up my eyes against the glare** cerré apretadamente los ojos para protegerme del resplandor; **he ~ed up his face** hizo una mueca
C (make nervous, confused) (colloq) (*usu pass*) poner* neurótico (fam); **to get ~ed up about sth** ponerse* neurótico por algo (fam); **he's very ~ed up** (permanent characteristic) tiene muchos traumas
D (spoil, ruin) (sl) fastidiar (fam), joder (vulg); **I really ~ed up the exam** de verdad que metí la pata (fam) *or* (vulg) la cagué en el examen; **you've really ~ed things up now!** ¡ahora sí que la has fastidiado *or* (AmS) la has embarrado! (fam), ¡ahora sí que la has cagado *or* jodido! (vulg)
Sense II [v + adv] (bungle) (sl) cagarla* (vulg)

screwball /ˈskruːbɔːl/ *n*
A (eccentric person) (AmE colloq) excéntrico, -ca *mf*, chiflado, -da *m,f* (fam); (*before n*) ‹*idea/plan*› descabellado, disparatado
B (in baseball) torniquete *m*, tirabuzón *m*

screwdriver /ˈskruːˌdraɪvər || ˈskruːˌdraɪvə(r)/ *n*
A (Const) destornillador *m*, desatornillador *m* (AmC, Chi, Méx)
B (cocktail) destornillador *m*, desatornillador *m* (AmC, Chi, Méx), desarmador *m* (Méx)

screw-in /ˈskruːˌɪn/ *adj* ‹*lightbulb/handle*› de rosca

S

screw-off /'skru:,ɔ:f || 'skru:,ɒf/ *adj* ‹*lid/cap*› que se desenrosca

screw-on /'skru:,ɑ:n || 'skru:,ɒn/ *adj* ‹*lid/cap/handle*› que se enrosca

screw thread *n* hilo *m or* filete de la rosca

screw-top /'skru:tɑ:p || 'skru:tɒp/ *adj* ‹*bottle*› con tapón de rosca; ‹*jar*› con tapa de rosca

screw top *n* (for jar) tapa *f* de rosca; (for bottle) tapón *m* de rosca

screw-up /'skru:ʌp/ *n* (AmE sl) **1** (blunder, mess) lío *m* (fam), metedura *f or* (AmL tb) metida *f* de pata (fam) **2** (person) inútil *mf*, nulo, -la *m,f*

screwy /'skru:i/ *adj* **screwier, screwiest** (colloq) ‹*idea/plan*› descabellado, disparatado; ‹*person*› chiflado (fam)

scribble¹ /'skrɪbəl/ *n* [c u] garabato *m*; **I couldn't read his ~** no pude entender sus garabatos

scribble² *vt* garabatear; **he ~d a hurried note to her** le escribió una notita a las corridas *or* a las carreras (fam); **I ~d (down) a few ideas on a scrap of paper** anoté algunas ideas en un papel

■ **scribble** *vi* garabatear, hacer* garabatos

scribbler /'skrɪblər || 'skrɪblə(r)/ *n* (pej) escritorzuelo, -la *m,f* (pey)

scribblings /'skrɪblɪŋz/ *pl n* garabatos *mpl*

scribe /skraɪb/ *n* **1** (Hist) (copyist) amanuense *mf* **2** *also* **Scribe** (Bib) escriba *m* **3** (clerk) escribiente *mf* **4** (writer, journalist) (hum) escribidor, -dora *m,f* (hum)

scrimmage¹ /'skrɪmɪdʒ/ *n* **1** (struggle) refriega *f* **2** (in US football) escaramuza *f*; **line of ~** línea *f* de golpeo *or* de contacto

scrimmage² *vi* hacer* la línea de golpeo *or* de contacto

scrimp /skrɪmp/ *vi* **to ~ ON sth** escatimar EN algo; **to ~ and save** cuidar mucho el dinero, hacer* grandes economías

scrip /skrɪp/ *n* [u c] **1** (Fin) vale *m* canjeable **2** *also* **land ~** (in land purchase) (AmE) *certificado que da derecho a su titular a comprar tierras estatales*

scrip issue *n* (Fin) emisión *f* liberada de acciones

script¹ /skrɪpt/ *n*

A **1** [u] (handwriting) letra *f* **2** [c] (style of writing) caligrafía *f* **3** [c] (alphabet) escritura *f*, alfabeto *m*

B [c] **1** (text — of film, broadcast) guión *m*; (— of speech) texto *m*; **television/film ~** guión (de televisión/cine); **~ by Harold Pinter** guión de Harold Pinter **2** (BrE) (Educ) examen *m* **3** (Comput) (program, instructions) script *m*, secuencia *f* de comandos

script² *vt* **1** ‹*play/film*› escribir* el guión de; ‹*speech*› redactar **2** (Comput) ‹*program/solution*› escribir* **3** **scripted** *past p* ‹*discussion/talk*› preparado de antemano

scriptural /'skrɪptʃərəl/ *adj* ‹*reference/evidence*› bíblico; **that isn't S~** eso no es lo que dicen las Escrituras

scripture /'skrɪptʃər || 'skrɪptʃə(r)/ *n* [u c] **1** (Relig): **the (Holy) S~s** las (Sagradas) Escrituras; **Buddhist ~s** escritos *mpl* sagrados budistas **2** (Educ) religión *f*

scriptwriter /'skrɪpt,raɪtər || 'skrɪpt,raɪtə(r)/ *n* guionista *mf*

scrofula /'skrɔ:fjələ || 'skrɒfjʊlə/ *n* [u] (Med) (dated) escrófula *f*

scrofulous /'skrɔ:fjələs || 'skrɒfjʊləs/ *adj* (Med) (dated) escrofuloso

scroll¹ /skrəʊl/ *n* **1** (of paper, parchment) rollo *m*; (award) pergamino *m*; **the Dead Sea S~s** los rollos *or* manuscritos del Mar Muerto **2** (Archit) voluta *f*

scroll² *vi*: **to ~ up/down** hacer* avanzar/retroceder el texto que aparece en pantalla

■ **scroll** *vt* desplazar*; **it ~s the text horizontally** desplaza el texto horizontalmente

scrollable /'skrəʊləbəl/ *adj* (Comput) desplazable

scroll arrow *n* flecha *f* de desplazamiento

scroll bar *n* (Comput) barra *f* de enrollar

scrolling /'skrəʊlɪŋ/ *n* [u] desplazamiento *m*

scroll key *n* tecla *f* de desplazamiento

scrooge /skru:dʒ/ *n* (colloq) tacaño, -ña *m,f*

scrotum /'skrəʊtəm/ *n* (*pl* **-tums** *or* **-ta** /-tə/) escroto *m*

scrounge¹ /skraʊndʒ/ (colloq) *vt* **to ~ sth FROM/OFF sb** ‹*food/cigarette/money*› gorronearle *or* gorrearle *or* (RPl) garronearle *or* (Chi) bolsearle algo A algn (fam); **she managed to ~ a ride** consiguió que alguien la llevara

■ **scrounge** *vi* gorronear *or* gorrear *or* (RPl) garronear *or* (Chi) bolsear (fam); **to ~ around for sth** andar* pidiendo algo

scrounge² *n* (colloq) (*no pl*): **she's always on the ~** vive gorroneando *or* gorreando *or* (RPl) garroneando *or* (Chi) bolseando (fam)

scrounger /'skraʊndʒər || 'skraʊndʒə(r)/ *n* (colloq) gorrón, -rrona *m,f or* (RPl) garronero, -ra *m,f or* (Chi) bolsero, -ra *m,f* (fam); (from welfare state) parásito, -ta *m,f* (fam)

scrub¹ /skrʌb/ *n*

A [u] (vegetation) matorrales *mpl*, maleza *f*

B (act) (*no pl*): **he gave the floor a good ~** fregó bien el piso (*con cepillo*); **give your knees a good ~** restriégate *or* refriégate bien las rodillas; (*before n*): **~ brush** (AmE) cepillo *m* de fregar

C [c] (AmE) (Sport) reserva *mf*; (*before n*) ‹*player/team*› de reserva

scrub² *vt* **-bb-**

A (scour) ‹*floor/table*› fregar*; ‹*knees/hands*› restregar*, refregar*; **to ~ a stain off** quitar una mancha fregando

B (BrE colloq) **1** (cancel) ‹*event/game/meeting*› cancelar **2** (drop) ‹*team member*› echar (fam)

■ **scrub** *vi* ‹*person*› restregarse*, refregarse*

Phrasal verbs

- **scrub down** [v + o + adv, v + adv + o] ‹*walls/doors*› limpiar con cepillo
- **scrub out** [v + o + adv, v + adv + o] **1** (clean) ‹*pan/oven/sink*› fregar* con cepillo **2** (erase) ‹*mark/line/stain*› quitar con cepillo
- **scrub round** [v + prep + o] (BrE colloq) ‹*problem*› obviar*, evitar
- **scrub up** [v + adv] ‹‹*doctor/nurse*›› lavarse (*antes de una operación*)

scrubber /'skrʌbər || 'skrʌbə(r)/ *n* **1** (scourer) estropajo *m* **2** (BrE sl) (promiscuous woman) putona *f* (fam)

scrubbing /skrʌbɪŋ/ *n* ▸**scrub¹ B**

scrubbing brush *n* cepillo *m* de fregar

scrubby /'skrʌbi/ *adj* **-bier, -biest** **1** (covered by scrub) ‹*land/field*› cubierto de maleza **2** (stunted) ‹*tree/animal*› achaparrado

scrubland /'skrʌblænd/ *n* monte *m* (bajo), matorral *m*

scruff /skrʌf/ *n*

A (person) (BrE colloq) *persona desaliñada*; **he's such a ~!** anda siempre con una(s) facha(s) *or* una(s) pinta(s) (fam)

B **by the ~ of the neck** por el pescuezo, por el cogote

scruffiness /'skrʌfinəs || 'skrʌfinɪs/ *n* [u] (colloq) (of person, appearance) dejadez *m*, desaliño *m*; (of building, place) abandono *m*

scruffy /'skrʌfi/ *adj* **-fier, -fiest** (colloq) ‹*person*› dejado, desaliñado; **I'm too ~ to go in there** no puedo entrar ahí en esta(s) facha(s) *or* con esta facha *or* con esta(s) pinta(s) (fam); **your handwriting is getting very ~** tienes la letra cada vez peor; **a ~-looking building** un edificio de aspecto destartalado

scrum /skrʌm/ *n* **1** (in rugby) melé *f* (ordenada), scrum *m* **2** (melee) (BrE) avalancha *f*, marabunta *f* (fam & hum)

Phrasal verb

- **scrum down** [v + adv] hacer* una melé cerrada

scrum half *n* medio melé *mf*

scrummage¹ /'skrʌmɪdʒ/ *n* ▸**scrum**

scrummage² *vi* ▸**scrum down**

scrumptious /'skrʌmpʃəs/ *adj* (colloq) ‹*meal*› para chuparse los dedos (fam), de rechupete (fam)

scrunch /skrʌntʃ/ *vt* (colloq) **1** (crunch) ‹*snow/gravel*› hacer* crujir **2** (crush) **~ (up) she ~ed the paper (up) into a ball** estrujó el papel y lo hizo una pelota; **they were ~ed together on the back seat** estaban todos apretujados en el asiento de atrás

■ **scrunch** *vi* crujir

scrunchie, scrunchy /'skrʌntʃi/ *n* (*pl* **-chies**) *banda elástica circular para sujetar el pelo*

scruple¹ /'skru:pəl/ *n* (*usu pl*) escrúpulo *m*; **he's completely without ~** *o* **~s** no tiene ningún escrúpulo; **she'd have no ~s about firing you** te echaría sin ningún miramiento

scruple² *vi* (frml) **not to ~ to + INF** no tener* ningún escrúpulo EN + INF, no vacilar EN + INF

scrupulous /'skru:pjələs || 'skru:pjʊləs/ *adj* **1** (honest) ‹*person/honesty*› escrupuloso **2** (meticulous) ‹*accuracy/research*› escrupuloso; **she pays ~ attention to detail** es muy detallista; **he isn't too ~ about personal hygiene** no es muy cuidadoso en cuanto a su higiene personal

scrupulously /'skru:pjələsli || 'skru:pjʊləsli/ *adv* **1** ‹*honest/fair*› escrupulosamente **2** ‹*exact*› escrupulosamente; **~ clean** impecable

scrupulousness /'skru:pjələsnəs || 'skru:pjʊləsnɪs/ *n* [u] **1** (honesty) escrúpulos *mpl* **2** (meticulousness) meticulosidad *f*

scrutineer /'skru:tn'ɪr || ,skru:tɪ'nɪə(r)/ *n* (BrE) (Pol) escrutador, -dora *m,f*

scrutinize /'skru:tnaɪz || 'skru:tɪnaɪz/ *vt* ‹*document*› inspeccionar, examinar; **she ~d his face for some sign of sorrow** le escudriñó el rostro buscando alguna señal de dolor

scrutiny /'skru:tni || 'skru:tɪni/ *n* (*pl* **-nies**) **1** [c u] (close examination) examen *m*; **his methods will not bear close ~** sus métodos no resistirán un examen riguroso; **the report is now under ~** el informe está siendo analizado minuciosamente **2** [c] (BrE) (Pol) escrutinio *m*

scuba /'sku:bə/ *n* [c] equipo *m* de submarinismo; (*before n*): **~ diver** submarinista *mf*; **~ diving** submarinismo *m*; **to go ~ diving** hacer* submarinismo

scuba-dive /'sku:bədaɪv/ *vi* hacer* submarinismo

scud /skʌd/ *vi* **-dd-**: **the boat ~ded (along) before the fresh breeze** el barco se deslizaba empujado por la brisa; **the clouds ~ded across the sky** las nubes cruzaban raudas el firmamento (liter)

scuff¹ /skʌf/ *n* **1** (mark): **a ~-resistant floor** un suelo que no se marca; (*before n*): **~ mark** marca *f*, rozadura *f* **2** (slipper) (AmE) pantufla *f*

scuff² *vt* ‹*floor*› dejar marcas en; ‹*leather*› raspar; **he's already ~ed his new shoes** ya ha raspado el cuero de los zapatos nuevos

scuffle¹ /'skʌfəl/ *n* refriega *f*, escaramuza *f*

scuffle² *vi* **1** (have skirmish) enfrentarse; **police and demonstrators ~d** hubo una escaramuza entre policías y manifestantes **2** (move quickly) correr; **mice scuffling around in the attic** ratones correteando por el desván

scull¹ /skʌl/ *n* espadilla *f*

scull² *vi* remar (*con espadilla*)

■ **scull** *vt* ‹*boat*› impulsar remando (*con espadilla*)

scullery /'skʌləri/ *n* (*pl* **-ries**) *habitación anexa a la cocina donde se fregaba, se preparaban las verduras etc*; (*before n*): **~ maid** fregona *f*

sculpt /skʌlpt/ *vt* esculpir

■ **sculpt** *vi* esculpir

sculptor /'skʌlptər || 'skʌlptə(r)/ *n* escultor, -tora *m,f*

sculptress /'skʌlptrəs || 'skʌlptrɪs/ *n* escultora *f*

sculptural /'skʌlptʃərəl/ *adj* ‹*work/technique*› escultórico; ‹*exhibition*› de escultura

sculpture¹ /'skʌlptʃər || 'skʌlptʃə(r)/ *n* **1** [u] (art, practice) escultura *f* **2** [c u] (statue, carving) escultura *f*

sculpture² *vt* **1** (form, shape) esculpir; **to ~ sth out of stone** esculpir algo en piedra **2** **sculptured** *past p* ‹*features*› bien cincelado

S

scum /skʌm/ *n*
A [u] (on liquid) capa *f* de suciedad; **a ~ of green slime on the pond** una capa de verdín en el estanque; **remove the ~ from the stock** espumar el caldo
B (colloq) 1 (people) escoria *f*; **the ~ of the earth** la escoria de la sociedad 2 (individual): **you ~!** ¡cerdo! (fam), ¡canalla!; **he's just ~** es una basura

scumbag /'skʌmbæg/ *n* (sl) cerdo, -da *m,f* (fam)

scummy /'skʌmi/ *adj*
A (covered in scum) ‹*liquid/container*› cubierto de una capa espumosa
B (low-grade) (colloq) ‹*person/place*› asqueroso (fam)

scupper[1] /'skʌpər || 'skʌpə(r)/ *n* (Naut) imbornal *m*

scupper[2] *vt* (BrE) ‹*ship*› hundir; ‹*plan/talks*› echar por tierra; **now we're ~ed** (colloq) estamos acabados (fam)

scurf /skɜ:rf || skɜ:f/ *n* [u] caspa *f*

scurrilous /'skɜ:rələs || 'skʌrɪləs/ *adj* difamatorio, insidioso

scurrilously /'skɜ:rələsli || 'skʌrɪləsli/ *adv* insidiosamente

scurry[1] /'skɜ:ri || 'skʌri/ *n*: **we heard the ~ of feet** oímos un correteo

scurry[2] *vi*: **he scurried away** *o* **off** salió disparado; **she scurried around to get the meal ready** corría de aquí para allá preparando la comida; **they could hear mice ~ing around in the attic** oían corretear ratones en el desván

scurvy[1] /'skɜ:rvi || 'skɜ:vi/ *n* [u] (Med) escorbuto *m*

scurvy[2] *adj* (arch *or* hum) vil

scut /skʌt/ *n* rabito *m*

scutcheon /'skʌtʃən/ *n* ▸ **escutcheon**

scuttle[1] /'skʌtl/ *n* (*coal* ~) 1 cubo *m* para el carbón 2 (Naut) escotilla *f*

scuttle[2] *vt* (Naut) ‹*ship*› hundir; **the government ~d the inquiry** el gobierno saboteó la investigación
■ **scuttle** *vi*: **the children ~d away** *o* **off** los niños se escabulleron rápidamente

scuttlebutt /'skʌtlbʌt/ *n* [u] (AmE colloq) rumores *mpl*

scuzz /skʌz/ *n* (AmE colloq) 1 [u] (vileness) porquería *f* 2 [c] (person) asqueroso, -sa *m,f* (fam); **that guy's a complete ~** ese tipo *or* (Esp) tío es un verdadero asco (fam)

scuzzball /'skʌzbɔ:l/ *n* (AmE colloq) canalla mf, crápula *mf* (AmL fam)

scuzzy /'skʌzi/ *adj* **-zier, -ziest** (colloq) 1 (dirty, murky) ‹*water/clothes*› asqueroso, que da asco 2 (sleazy) ‹*person*› con mala pinta (fam); ‹*bar/club*› de mala fama, cutre (Esp fam)

scythe[1] /saɪð/ *n* guadaña *f*

scythe[2] *vt* segar* (*con guadaña*), guadañar
■ **scythe** *vi* guadañar

SD, S Dak = South Dakota

SDI *n* = **Strategic Defense Initiative**

SDLP *n* (in N Ireland) = **Social Democratic and Labour Party**

> **SDLP - Social Democratic and Labour Party**
>
> Partido de Irlanda del Norte cuyo objetivo es conseguir la igualdad de derechos para los católicos y la reunificación a largo plazo de Irlanda del Norte y de la República de Irlanda, con el consentimiento de una mayoría de los habitantes de la primera.

SE (= **southeast**) SE

sea /si:/ *n*
A [c] 1 (*often pl*) (ocean) mar *m* [*The noun* ▸ **mar** *is feminine in literary language and in some set idiomatic expressions*] **at the bottom of the ~** en el fondo del mar; **a house by the ~** una casa a orillas del mar, una casa junto al mar; **to go/travel by ~** ir*/viajar en barco; **the window looks out to ~** la ventana da al mar; **out on the open ~** en mar abierto; **on the high ~s** en alta mar; **to go to ~** (as profession) entrar en la marina; **to put (out) to ~** hacerse* a la mar; ***at ~***: **this left him feeling completely at ~** esto lo confundió totalmente; **at first I was all at ~** al principio me sentí totalmente perdido *or* confundido; **we've been at ~ for a month** hace un mes que estamos embarcados *or* que zarpamos; **to dump waste at ~** verter* desechos en el mar; ***to sail the seven ~s*** (liter) surcar* los siete mares (liter); (*before n*) ‹*route/transport*› marítimo; ‹*battle*› naval; ‹*god*› del mar; ‹*nymph*› marino; **the ~ air/breeze** el aire/la brisa del mar; **I don't like ~ bathing** (BrE) no me gusta bañarme en el mar; **~ crossing** travesía *f*; **~ defenses** *o* (BrE) **defences** defensas *fpl* marítimas; **~ fish** pez *m* de mar; **~ fishing** pesca *f* marítima *or* en el mar; **~ mist** bruma *f*; **~ monster** monstruo *m* marino; **~ view** vista *f* al mar 2 (inland) mar *m*
B (swell, turbulence) (*usu pl*): **heavy** *o* **rough ~s** mar *f* gruesa, mar *m* agitado *or* encrespado *or* picado
C (large mass, quantity) (*no pl*): **a ~ of blood** un mar de sangre; **a ~ of mud** un barrizal; **a ~ of faces** una multitud de rostros, miles de rostros; **a ~ of people** una riada de gente

sea anemone *n* (Zool) anémona *f or* ortiga *f* de mar

sea bass /bæs/ *n* lubina *f*, corvina *f* (CS)

seabed /'si:bed/ *n*: **the ~** el lecho marino, el fondo del mar

sea bird *n* ave *f*‡ marina

seaboard /'si:bɔ:rd || 'si:bɔ:d/ *n* costa *f*, litoral *m*; (*before n*): **~ town** pueblo *m* costero *or* del litoral

seaborne /'si:bɔ:rn || 'si:bɔ:n/ *adj* ‹*goods*› transportado por vía marítima; ‹*invasion/attack*› naval

sea bream *n* pargo *m*

sea captain *n* capitán *m* de barco

sea change *n* cambio *m* radical; **to undergo a ~ ~** experimentar un cambio radical

seacoast /'si:kəʊst/ *n* costa *f*, litoral *m*

sea cow *n* vaca *f* marina, manatí *m*

sea cucumber *n* cohombro *m* de mar

sea dog *n* (liter & hum) lobo *m* de mar (liter)

sea elephant *n* elefante *m* marino

seafarer /'si:ˌferər || 'si:ˌfeərə(r)/ *n* marino *m*, navegante *m*

seafaring /'si:ˌferɪŋ || 'si:ˌfeərɪŋ/ *adj* (liter) ‹*people*› marinero; ‹*man*› de mar

seafloor /'si:flɔ:r || 'si:flɔ:(r)/ *n* [u] lecho *m* marino, fondo *m* del mar

seafood /'si:fu:d/ *n* [u] mariscos *mpl*, marisco *m* (Esp); (*before n*) ‹*cocktail*› de mariscos *or* (Esp) de marisco; **~ restaurant** marisquería *f*

seafront /'si:frʌnt/ *n* paseo *m* marítimo, malecón *m* (AmL), rambla *f* (Méx, RPl), costanera *f* (CS); (*before n*) ‹*hotel/restaurant*› frente al mar

seagoing /'si:ˌgəʊɪŋ/ *adj* ‹*vessel*› de altura

sea-green /'si:'gri:n/ ▸ⓘ **p.1036** *adj* (*pred* **sea green**) verde mar *adj inv*

sea green ▸ⓘ **p.1036** *n* [u] verde *m* mar

seagull /'si:gʌl/ *n* gaviota *f*

seahorse /'si:hɔ:rs || 'si:hɔ:s/ *n* caballito *m* de mar

seal[1] /si:l/ *n*
A [c] (implement, impression) sello *m*; **the king's/queen's ~** el sello real; **given under my hand and ~** sellado y firmado de mi puño y letra; **the ~ of quality** el sello de calidad; **he gave the plan his ~ of approval** dio su aprobación al plan; **it has the prince's ~ of approval** cuenta con la aprobación del príncipe; **they put the formal ~ on the agreement** sellaron formalmente el acuerdo; **the ~ of the confessional** el secreto de confesión; ***to set the ~ on sth*** ratificar* algo
B [c] 1 (security device) precinto *m* 2 (airtight closure) cierre *m* hermético; (on glass jar) aro *m* de goma; (around window) burlete *m*
C (Zool) 1 [c] (animal) foca *f* 2 [u] (skin) (piel *f* de) foca *f*; (*before n*) ‹*coat/jacket*› de (piel de) foca

seal[2] *vt*
A 1 ‹*envelope/parcel*› cerrar*; (with tape) precintar; (with wax) lacrar; **~ed with a kiss** sellado con un beso; **my lips are ~ed** (set phrase) soy una tumba, prometo no decir nada 2 ‹*jar/container*› cerrar* herméticamente; ‹*tomb/door*› precintar; **~ the wood before applying paint** sellar la madera antes de pintar; **~ the meat before roasting** (BrE) dorar la carne antes de asarla 3 ‹*joint/crack*› rellenar
B **sealed** *past p* **~ed orders** órdenes *fpl* secretas; **a ~ed carriage** un vagón cerrado
C (affix seal to) ‹*document/treaty*› sellar; **signed, ~ed and delivered** firmado y sellado
D (decide, determine) ‹*victory/outcome*› decidir; **their fate was ~ed** su destino estaba escrito

Phrasal verbs
- **seal in** [v + o + adv, v + adv + o] conservar
- **seal off** [v + o + adv, v + adv + o] 1 ‹*area/road/building*› acordonar; ‹*exit*› cerrar* 2 ‹*fireplace*› condenar, cerrar*
- **seal up** [v + o + adv, v + adv + o] 1 ‹*window/door*› condenar, cerrar* 2 ‹*crack*› tapar, rellenar 3 ‹*letter/parcel*› cerrar*; (with wax) sellar; (with tape) precintar

sea-lane /'si:leɪn/ *n* ruta *m* marítima

sealant /'si:lənt/ *n* sellador *m*

sea legs *pl n*: **to find** *o* **get one's ~ ~** (colloq) acostumbrarse al movimiento de un barco

sealer /'si:lər || 'si:lə(r)/ *n*
A (paint, varnish) tapaporos *m*
B (Naut) (person) cazador, -dora *m,f* de focas

sea level *n* nivel *m* del mar; **above/below ~ ~** sobre/bajo el nivel del mar

sealing wax /'si:lɪŋ/ *n* [u] lacre *m*

sea lion *n* león *m* marino

sealskin /'si:lskɪn/ *n* [u] piel *f* de foca; (*before n*) ‹*hat/coat*› de piel de foca

seam[1] /si:m/ *n*
A 1 (stitching) costura *f*; **your ~s aren't straight** llevas las medias torcidas; ***to be bursting at the ~s*** ‹‹*building/suitcase*›› estar* hasta el tope *or* hasta los topes; **his shirt was bursting at the ~s** la camisa le quedaba a punto de estallar; ***to come apart at the ~s*** ‹‹*organization/setup*›› venirse* abajo; **her skirt was coming apart at the ~s** se le estaba descosiendo la falda 2 (join) juntura *f* 3 (scar, suture) (Med) sutura *f*
B 1 (of coal, gold) veta *f*, filón *m* 2 (Geol) grieta *f*

seam[2] *vt* 1 (join) coser 2 (mark, line) (*usu pass*): **a face ~ed by grief** un rostro marcado por el dolor

seamail /'si:meɪl/ *n* [u] correo *m* por vía marítima

seaman /'si:mən/ *n* (*pl* **-men** /-mən/) (sailor) marinero *m*; (officer) marino *m*

seamanlike /'si:mənlaɪk/ *adj* de buen marino

seamanship /'si:mənʃɪp/ *n* [u] arte *m* de navegar *or* de la navegación

sea mile *n* milla *f* marina

seamless /'si:mləs || 'si:mlɪs/ *adj* ‹*stockings/knitting*› sin costuras; ‹*steel tube/roof panel*› de una pieza; ‹*blend/performance*› perfecto

seamlessly /'si:mləsli || 'si:mlɪsli/ *adv* a la perfección

seamstress /'si:mstrəs || 'semstrɪs/ *n* costurera *f*

seamy /'si:mi/ *adj* **-mier, -miest** sórdido; **the ~ side of life** el lado sórdido de la vida

seance /'seɪɑ:ns/ *n* sesión *f* de espiritismo

seaplane /'si:pleɪn/ *n* hidroavión *m*

seaport /'si:pɔ:rt || 'si:pɔ:t/ *n* puerto *m* marítimo

sea power *n* 1 [c] (country) potencia *f* naval 2 [u] (might) poderío *m* naval

seaquake /'si:kweɪk/ *n* maremoto *m*

sear /sɪr || sɪə(r)/ *vt* 1 ‹*flesh/arm*› quemar, chamuscar*; ‹*meat*› (Culin) *dorar rápidamente a fuego muy vivo*; ‹*wound*› (Med) cauterizar* 2 (wither) ‹‹*heat*›› secar*, achicharrar, abrasar; ‹‹*frost/wind*›› secar* 3 (mark, scar) marcar*

search[1] /sɜ:rtʃ || sɜ:tʃ/ *vt* ‹*building*› registrar, catear (Méx), esculcar* (AmL exc CS); ‹*person*› cachear, registrar, catear (Méx), requisar (Col);

⟨*luggage*⟩ registrar, revisar (AmL), esculcar* (AmL exc CS); ⟨*records/files*⟩ buscar* en, examinar; **to ~ one's memory** hacer* memoria; **to ~ one's conscience** examinar su (*or* mi *etc*) conciencia, hacerse* un examen de conciencia; **to ~ sth/sb FOR sth: she ~ed the attic from top to bottom for the letters** revolvió todo el ático buscando las cartas; **we ~ed the archives for conclusive evidence** examinamos los archivos en busca de pruebas concluyentes; **I ~ed his face for a glimmer of recognition** busqué en su rostro algún indicio de que me reconocía; **they ~ed him for drugs** lo cachearon (*or* registraron etc) para ver si tenía drogas; **they ~ed the woods for the missing child** registraron el bosque en busca del niño desaparecido; **~ *me!*** (colloq) ¡yo qué sé! (fam)

■ **search** *vi* buscar*; **we ~ed everywhere** buscamos *or* miramos en todas partes; **to ~ FOR sth/sb** buscar* algo/a algn; **they are ~ing for a way to ...** están buscando la manera de ...; **they ~ed (around** *o* **about) for the missing ticket** buscaron la entrada que faltaba por todas partes; **to ~ THROUGH sth: we must ~ through his belongings** tenemos que buscar entre sus cosas; **she ~ed through his papers for his will** buscó su testamento entre sus papeles; **to ~ AFTER sth** ⟨*after wealth/fulfillment*⟩ ir* en busca de algo, perseguir* algo (liter)

Phrasal verb

• **search out** [v + o + adv, v + adv + o] ⟨*reason*⟩ averiguar*, tratar de descubrir

search² *n* 1 (hunt, quest) **~ (FOR sth/sb)** búsqueda *f* (DE algo/algn); **the ~ for the child continues** continúa la búsqueda de la niña; **after a fruitless ~** tras una búsqueda infructuosa; **we went in ~ of a policeman** fuimos a buscar un policía; **they set off in ~ of adventure** partieron en busca de aventuras; **we're in ~ of new premises** estamos buscando un nuevo local 2 (examination, scrutiny — of building, pockets) registro *m*, esculque *m* (AmL exc CS); (— of records, documents) inspección *f*, examen *m*; **body ~** cacheo *m*, requisa *f* (AmL), cateo *m* (Méx); **house ~** registro *m* domiciliario, allanamiento *m* (AmL); **they made a ~ of the building** registraron *or* (Col, Méx) esculcaron el edificio 3 (Comput) búsqueda *f*; (*before n*) ⟨*time/operation*⟩ de búsqueda 4 (BrE) (Law) *investigación del título de propiedad de un inmueble en el catastro*

searchable /ˈsɜːrtʃəbəl || ˈsɜːtʃəbəl/ *adj* buscable

search and replace *n* [u] búsqueda *f* y sustitución

search engine *n* (Comput) buscador *m*

searcher /ˈsɜːrtʃər || ˈsɜːtʃə(r)/ *n*: *miembro de una partida de rescate*; **~s are looking for the injured climber** una partida de rescate busca al montañista accidentado

searching /ˈsɜːrtʃɪŋ || ˈsɜːtʃɪŋ/ *adj* ⟨*look*⟩ inquisitivo, escrutador; ⟨*question*⟩ perspicaz

searchingly /ˈsɜːrtʃɪŋli || ˈsɜːtʃɪŋli/ *adv*: **to look at sth ~** escrutar *or* escudriñar algo; **to look at sb ~** mirar a algn inquisitivamente

searchlight /ˈsɜːrtʃlaɪt || ˈsɜːtʃlaɪt/ *n* reflector *m*

search party *n* partida *f* de rescate

search warrant *n* orden *f* de registro *or* (AmL) de allanamiento *or* (Chi, Méx) de cateo

searing /ˈsɪrɪŋ || ˈsɪərɪŋ/ *adj* ⟨*pain*⟩ punzante, agudo; ⟨*heat*⟩ abrasador; ⟨*indictment/attack*⟩ virulento

sea salt *n* [u] sal *f* marina, sal *f* de mar

seascape /ˈsiːskeɪp/ *n* marina *f*

Sea Scout *n* scout *m* marino

sea shanty *n* canción *f* de marineros

seashell /ˈsiːʃel/ *n* concha *f* (de mar)

seashore /ˈsiːʃɔːr || ˈsiːʃɔː(r)/ *n* [u] orilla *f* del mar; **a walk along the ~** un paseo a orillas del mar, un paseo por la playa

seasick /ˈsiːsɪk/ *adj* mareado; **to be ~** estar* mareado; **do you get ~?** ¿te mareas (en los viajes por mar)?

seasickness /ˈsiːsɪknəs || ˈsiːsɪknɪs/ *n* [u] mareo *m* (*en los viajes por mar*); **she suffers from ~** se marea con facilidad; (*before n*): **~ pill** *o* **tablet** pastilla *f* contra el mareo

seaside /ˈsiːsaɪd/ *n* [u] costa *f*; **we spent two weeks at the ~** pasamos dos semanas en la costa *or* en la playa; **do you prefer to go to the ~ or to the mountains?** ¿prefieres ir al mar *or* a la playa o a la montaña?; (*before n*) ⟨*hotel*⟩ de la costa; ⟨*town*⟩ de la costa, costero; **a ~ resort** un centro de veraneo costero, un balneario (AmL)

sea snail *n* 1 (mollusc) caracol *m* marino 2 (snail fish) liparis *m*

sea snake *n* serpiente *f* marina

season¹ /ˈsiːzn/ *n*

A (division of year) estación *f*; **the four ~s** las cuatro estaciones

B 1 (for specific activity, event, crop) temporada *f*; **the soccer ~** la temporada de fútbol; **the harvest ~** la cosecha; **the mating ~** el celo; **the cherry ~** la época *or* la temporada de las cerezas; **the Christmas ~, the ~ of goodwill** las Navidades, la época navideña; **S~'s greetings!** ¡Felices fiestas!; **the end of ~ sales** las rebajas *or* liquidaciones de fin de temporada 2 (Tourism) temporada *f*; **the tourist ~** la temporada turística; **at the height of the ~** en plena temporada; **high/low ~** temporada alta/baja 3 (in social calendar): **the ~** *temporada en la que tienen lugar los acontecimientos sociales más destacados del año*

C (Cin, Mus, Theat, TV) temporada *f*; **after a ~ in Brighton, the play moved to London** después de una temporada en Brighton, la obra fue llevada a Londres; **a ~ of Buñuel films** un ciclo de películas de Buñuel; **an Australian ~** un ciclo de películas (*or* obras *etc*) australianas

D (*in phrases*): **in season** (of female animal) en celo; (of fresh food, game): **cherries are in ~** es época *or* temporada de cerezas, las cerezas están en temporada; **fruits in ~** fruta *f* del tiempo; **venison is not in ~** no es temporada de venado; **off season** (Tourism) fuera de temporada, en temporada baja; (*before n*): **off-season prices** precios *mpl* de temporada baja; **out of season** (of fresh food) fuera de temporada; (Tourism) fuera de temporada, en temporada baja

season² *vt*

A (Culin) condimentar, sazonar; (with salt and pepper) salpimentar*

B ⟨*wood*⟩ secar*, curar

seasonable /ˈsiːznəbəl/ *adj* 1 ⟨*weather/temperatures*⟩ propio de la época del año *or* de la estación 2 ⟨*advice/time*⟩ oportuno

seasonal /ˈsiːznəl/ *adj* ⟨*variations/fluctuations*⟩ estacional; ⟨*vegetables*⟩ del tiempo, de temporada; ⟨*demand*⟩ de estación *or* temporada, estacional; **~ worker** temporero, -ra *m,f*, temporalero, -ra *m,f* (Méx); **the figures after ~ adjustments** las cifras desestacionalizadas

seasonal affective disorder *n* [u] trastorno *m* afectivo estacional, TAE *m*

seasoned /ˈsiːznd/ *adj*

A (experienced) ⟨*troops/traveler*⟩ avezado, experimentado, baquiano (RPl); **a ~ campaigner for human rights** un veterano de las campañas por los derechos humanos

B ⟨*wood*⟩ seco, curado

C ⟨*food*⟩ condimentado, sazonado; **highly ~** muy condimentado

seasoning /ˈsiːznɪŋ/ *n* 1 [u c] (Culin) condimento *m*, sazón *f* 2 [u] (of wood) secado *m*, curación *f*

season ticket *n* abono *m* (de temporada); (*before n*): **~ ~ holders** las personas en posesión de un abono; (Theat) los abonados, las personas en posesión de un abono

seat¹ /siːt/ *n*

A (place to sit) asiento *m*; (on bicycle) asiento *m*, sillín *m*; (in theater) asiento *m*, butaca *f*; **please have** *o* **take a ~** tome asiento, por favor (frml), siéntese, por favor; **please take your ~s for dinner** pasen a la mesa, por favor; **I took a ~ at the back** me senté en el fondo; **I had a window ~** me tocó un asiento junto a la ventanilla; **I've got two ~s for tonight's performance** tengo dos entradas para la función de esta noche; **there aren't any ~s left** (in cinema) no quedan localidades; (in bus) no quedan asientos; **he kindly gave me his ~** muy amablemente me cedió el asiento; **can you keep my ~ for me?** ¿me guardas el lugar *or* el asiento?; ***to take a back ~*** mantenerse* al margen, dejar que otros asuman las responsabilidades (*or* tomen las decisiones *etc*)

B 1 (of chair) asiento *m* 2 (of garment) fondillos *mpl*, fundillos *mpl* (AmS); ***to fly by the ~ of one's pants*** dejarse guiar por el instinto 3 (buttocks) (euph) trasero *m* (fam) 4 (of rider): **to have a good ~** montar bien; **to lose one's ~** caerse* del caballo

C 1 (Govt) escaño *m*, banca *f* (RPl), curul *m* (Col); **the Republicans won/lost the ~** los republicanos obtuvieron/perdieron el escaño (*or* la banca *etc*); **to have a ~ on a committee** ser* miembro de una comisión 2 (constituency) (BrE) distrito *m* electoral

D 1 (center) sede *f*; **the ~ of government** la sede del gobierno; **universities and other ~s of learning** las universidades y otros centros de enseñanza *or* (liter) templos del saber 2 (of family) residencia *f*, casa *f* solariega

seat² *vt*

A 1 ⟨*child*⟩ sentar*; **the usher will ~ you** el acomodador le indicará su asiento; **please be ~ed** (frml) tomen asiento, por favor (frml); **to remain ~ed** permanecer* sentado; **to ~ oneself** (frml) tomar asiento (frml), sentarse* 2 (have room for) «*auditorium*» tener* cabida *or* capacidad para; **how many does the bus ~?** ¿cuántas plazas *or* cuántos asientos tiene el autobús?; **this table ~s 6** en esta mesa caben seis personas

B 1 (locate) (*usu pass*): **a concept deeply ~ed in the national psyche** un concepto muy arraigado en la idiosincracia nacional 2 (fit, fix) asentar*

■ **seat** *vi* (BrE) «*trousers/skirt*» hacer* bolsa (*en los fondillos*)

seat belt *n* cinturón *m* de seguridad; **to fasten one's ~ ~** (Aviat) abrocharse el cinturón de seguridad; **to put one's ~ ~ on** (Auto) ponerse* el cinturón de seguridad

-seater /ˈsiːtər || ˈsiːtə(r)/ *suff*: **a four~ (car/sofa)** un coche/sofá de cuatro plazas *or* asientos

seating /ˈsiːtɪŋ/ *n* [u] número *m* de asientos; (*before n*): **~ arrangements** distribución *f* de los asientos; **~ capacity** aforo *m*; **I'll draw up a ~ plan** yo planearé la disposición de los comensales (*or* invitados *etc*)

SEATO /ˈsiːtəʊ/ *n* = **South-East Asia Treaty Organization** OTASE *f*

sea trout *n* trucha *f* marina

sea urchin *n* erizo *m* de mar

sea wall *n* malecón *m*, espigón *m*, tajamar *m* (CS)

seaward¹ /ˈsiːwərd || ˈsiːwəd/ *adj* ⟨*direction*⟩ al mar; ⟨*side*⟩ que da al mar; **~ wind** viento *m* que sopla del mar

seaward², (BrE also) **seawards** /-z/ *adv* hacia el mar

seawater /ˈsiːˌwɔːtər || ˈsiːˌwɔːtə(r)/ *n* [u] agua *f*‡ de mar, agua *f*‡ salada

seaway /ˈsiːweɪ/ *n* 1 (route) ruta *f* marítima 2 (waterway) canal *m* (*para embarcaciones de gran calado*)

seaweed /ˈsiːwiːd/ *n* [u] alga *f*‡ marina

seaworthiness /ˈsiːˌwɜːrðinəs || ˈsiːˌwɜːðinɪs/ *n* navegabilidad *f*

seaworthy /ˈsiːˌwɜːrði || ˈsiːˌwɜːði/ *adj* ⟨*ship*⟩ en condiciones de navegar, marinero; **in ~ condition** en condiciones de navegar

sebaceous /sɪˈbeɪʃəs/ *adj* sebáceo; **~ cyst** quiste *m* sebáceo

sec¹ (*pl* **secs**) (= **second**) seg.

sec² /sek/ *n* (colloq) segundo *m*; **just a ~** (espera) un segundo *or* momentito

SEC *n* (in US) = **Securities and Exchange Commission**

secant /ˈsiːkənt/ *n* secante *f*

secateurs /ˌsekəˈtɜːrz || ˌsekəˈtɜːz/ *pl n* (BrE) tijeras *fpl* de podar (*de tipo yunque*)

secede /sɪˈsiːd/ *vi* **to ~ (FROM sth)** «*province*» separarse (DE algo); «*faction*» escindirse (DE algo)

S

secession /sɪˈseʃən/ *n* [u c] ~ **(FROM sth)** secesión *f or* separación *f* (DE algo)

secessionist /sɪˈseʃnəst || sɪˈseʃənɪst/ *n* secesionista *mf*, separatista *mf*; (*before n*) ‹*demands/movement*› secesionista, separatista

seclude /sɪˈkluːd/ *vt* aislar*; **to ~ oneself** recluirse*, aislarse*

secluded /sɪˈkluːdəd || sɪˈkluːdɪd/ *adj* ‹*house/area*› apartado, aislado; ‹*life/existence*› solitario

seclusion /sɪˈkluːʒən/ *n* [u] **1** (state) aislamiento *m*; **to live in ~** vivir recluido *or* aislado **2** (act) reclusión *f*

second¹ /ˈsekənd/ ▸❶ **p.1085**, ▸❶ **p.1465** *adj*

A **1** segundo; **the ~ time he rang me** la segunda vez que me llamó; **her ~ husband** su segundo marido; **he had a ~ cup of tea** se tomó otra taza de té; **he's already had a ~ helping** ya ha repetido *or* (Chi) se ha repetido; **he won't do that a ~ time** no lo volverá a hacer; **to give sb a ~ chance** darle* a algn otra oportunidad; **every ~ Tuesday/week** cada dos martes/semanas, martes/semana por medio (CS, Per); **~ generation** segunda generación *f*; **~ home** segunda vivienda *f*; **~ language** segundo idioma *m*; **~ mortgage** segunda hipoteca *f*, hipoteca *f* en segundo grado **2** (in seniority, standing) segundo; **the country's ~ city** la segunda ciudad del país; **our service is ~ to none** nuestro servicio es insuperable

B (elliptical use): **I leave on the ~ (of the month)** me voy el (día) dos

second² *adv* **1** (in position, time, order) en segundo lugar; **United finished ~ to Rovers in the championship** el United quedó en segundo lugar en la clasificación después del Rovers; **work comes ~, family first** la familia está antes que el trabajo **2** (secondly) en segundo lugar **3** (second class) (Rail) ‹*travel*› en segunda (clase) **4** (with superl): **the ~ tallest boy in the class** el chico que le sigue al más alto de la clase; **the ~ highest building** el segundo edificio en altura; **it's the ~ largest city in the world** ocupa el segundo lugar entre las ciudades más grandes del mundo

second³ ▸❶ **p.1085**, ▸❶ **p.1465**, ▸❶ **p.1798** *n*

A **1** (of time) segundo *m*; (*before n*): **~ hand** segundero *m* **2** (moment) segundo *m*; **it doesn't take a ~** no lleva ni un segundo, es cosa de un segundo **3** (of angle) segundo *m*

B **1** **~ (gear)** (Auto) (*no art*) segunda *f* **2** (in competition): **he finished a good/poor ~** quedó en un honroso/deslucido segundo lugar **3** (BrE) (Educ): **upper/lower ~** *segunda y tercera nota de la escala de calificaciones de un título universitario*

C (attendant — in boxing, wrestling) segundo *m*; (— in dueling) padrino *m*

D (substandard product) artículo *m* con defectos de fábrica

E **seconds** *pl* (second helping) (colloq): **can I have ~s?** ¿puedo repetir *or* (Chi) repetirme?

F (Mus) segunda *f*

second⁴ *vt*

A (support) ‹*motion/candidate*› secundar, apoyar

B /sɪˈkɑːnd || sɪˈkɒnd/ (attach) (BrE) **to ~ sb (TO sth)** trasladar a algn temporalmente (A algo)

secondarily /ˌsekənˈderəli || ˈsekəndrəli/ *adv*: **I'm only ~ concerned with winning new supporters** ganar nuevos adeptos es para mí algo secundario

secondary /ˈsekənderi || ˈsekəndri/ *adj*

A **1** (subordinate) ‹*matter*› de interés secundario; ‹*road*› secundario; **~ stress** *o* **accent** (Ling) acento *m* secundario; **that's of ~ importance** eso es de importancia secundaria; **to be ~ TO sth** ser* de menor importancia QUE algo **2** (not primary, original) ‹*source*› de segunda mano; ‹*industry*› derivado; ‹*infection*› secundario; ‹*strike/action/picketing*› de solidaridad *or* apoyo; ‹*tumor*› secundario, metastásico; ‹*infection*› secundario **3** (Elec) ‹*current/coil/voltage*› secundario

B (Educ) ‹*teacher/pupils*› de enseñanza secundaria; **~ education** enseñanza *f* secundaria, segunda enseñanza *f*

secondary color, (BrE) **secondary colour** *n* color *m* secundario

secondary glazing *n* [u] doble vidrio *m*, doble cristalamiento *m*

secondary health care *n* [u] atención *f* sanitaria secundaria, atención *f* secundaria (de salud)

secondary modern (school) *n* (formerly in UK) *instituto de enseñanza secundaria con énfasis en los conocimientos técnicos y prácticos*

secondary school *n* instituto *m or* colegio *m* de enseñanza secundaria *or* de segunda enseñanza, liceo *m* (CS, Ven)

second-best /ˌsekəndˈbest/ *adj*: **my ~ result** mi segundo mejor resultado; **I've always been ~** siempre he sido un segundón; **she wanted to be a doctor: for her, nursing is only ~** quería ser médica: para ella la enfermería es sólo una segunda alternativa

second best¹ *n* [u]: **I was top of the class, he was the ~ ~** yo era el primero *or* mejor de la clase, él era el segundo; **he won't accept ~ ~** sólo se conforma con lo mejor; **don't settle for ~ ~: choose ...** no se conforme con menos *or* con algo inferior: elija ...

second best² *adv*: **to come off ~ ~ (to sb)** quedar en segundo puesto (después de algn)

second chamber *n* cámara *f* alta

second childhood *n* segunda infancia *f*

second-class /ˌsekəndˈklæs || ˌsekəndˈklɑːs/ *adj* (*pred* **second class**) **1** (inferior) ‹*goods/service*› de segunda (clase *or* categoría), de calidad inferior **2** (Post): **~ matter** (in US) impresos *mpl*; **~ mail** (in UK) *servicio regular de correos, que tarda más en llegar a destino que el de primera clase* **3** (in UK) (Transp) ‹*travel/ticket/compartment*› de segunda (clase) **4** (BrE) (Educ): **~ degree** *título calificado con la segunda o tercera nota que es posible obtener*

second class¹ *adv* **1** (Transp) ‹*travel/go*› en segunda (clase) **2** (of mail — in US) con tarifa para impresos; (— in UK) por correo regular

second class² *n* (in UK) (Transp) segunda *f* (clase *f*)

Second Coming *n*: **the ~ ~** el segundo Advenimiento

second cousin *n* primo segundo, prima segunda *m,f*

second-degree burn /ˌsekənddɪˈgriː/ *n* quemadura *f* de segundo grado

seconder /ˈsekəndər || ˈsekəndə(r)/ *n*: *persona que secunda or apoya una moción o propuesta*; **is there a ~ for the proposal?** ¿alguien secunda *or* apoya la propuesta?

second-guess /ˌsekəndˈges/ *vt* **1** (criticize with hindsight) cuestionar a posteriori **2** (anticipate reaction) (BrE) anticiparse *or* adelantarse a

second half *n* (Sport) segundo tiempo *m*

second-hand¹ /ˌsekəndˈhænd/ *adj* (*pred* **second hand**) **1** (not new) ‹*car/clothes*› de segunda mano, usado; ‹*bookstore*› de viejo; ‹*shop*› de artículos de segunda mano **2** (not original) ‹*account/information*› de segunda mano

second-hand² *adv*: **to buy sth ~** comprar algo de segunda mano; **to learn sth ~** enterarse de algo por terceros

second-in-command /ˌsekəndɪnkəˈmænd || ˌsekəndɪnkəˈmɑːnd/ *n* (*pl* **seconds-in-command**) número dos *mf* (*persona directamente por debajo de la autoridad máxima de una organización, departamento etc*); **meet John, my ~** te presento a John, mi asistente (*or* vice *etc*)

second lieutenant *n* **1** (in army) alférez *m,f*, subteniente *m,f* (*en Arg, Col*) **2** (in US Air Force) alférez *m,f*

secondly /ˈsekəndli/ *adv* en segundo lugar

secondment /sɪˈkɑːndmənt || sɪˈkɒndmənt/ *n* (BrE): **she's on ~ to the research institute** ha sido enviada *or* trasladada en comisión al instituto de investigación

second-rate /ˌsekəndˈreɪt/ *adj* mediocre

second reading *n* segunda lectura *f*

second sight *n* [u] clarividencia *f*; **to be gifted with ~ ~** tener* el don de la clarividencia, ser* clarividente

second strike *n* ataque *m* de represalia, represalia *f* nuclear

second-string /ˌsekəndˈstrɪŋ/ *adj* de reserva, suplente

secrecy /ˈsiːkrəsi/ *n* [u] secreto *m*; **the ~ surrounding their activities** el secreto *or* misterio que rodea sus actividades; **~ is vital** es fundamental que todo se mantenga en secreto; **the meeting was held in ~** la reunión se llevó a cabo en secreto; **I was told in (the) strictest ~** me lo dijeron muy confidencialmente

secret¹ /ˈsiːkrət || ˈsiːkrɪt/ *n* secreto *m*; **in ~** en secreto; **can you keep a ~?** ¿sabes guardar un secreto?; **is she in on the ~?** ¿lo sabe?, ¿está al corriente?; **our decision must remain a ~** tenemos que mantener en secreto la decisión; **their affair is an open ~** su relación es un secreto a voces; **her age is a ~** su edad es un misterio; **he kept it a ~ from her for years** se lo ocultó durante años; **to let sb in on a ~** contarle* un secreto a algn; **he had no ~s from her** no tenía secretos para ella; **it's no ~ that he's an alcoholic** no es ningún secreto que es alcohólico; **to make no ~ of sth** no esconder *or* ocultar algo; **the ~ of success** el secreto del éxito

secret² *adj* ‹*organization/door/ballot*› secreto; **negotiations must remain ~** las negociaciones deben mantenerse en secreto; **I'm a ~ admirer of hers** soy un secreto admirador suyo; **to keep sth ~ from sb** ocultarle algo a algn

secret agent *n* agente *mf* secreto

secretarial /ˌsekrəˈteriəl || ˌsekrəˈteəriəl/ *adj* ‹*job*› de oficina, de secretaria/secretario; **she has no ~ skills** no sabe mecanografía ni taquigrafía (*or* procesamiento de textos *etc*); **~ course** curso *m* de secretariado

secretariat /ˌsekrəˈteriæt || ˌsekrəˈteəriət/ *n* secretaría *f*

secretary /ˈsekrəteri || ˈsekrətri/ *n* (*pl* **-ries**)

A (in office, of committee, of society) secretario, -ria *m,f*

B (Govt) ministro, -tra *m,f*, secretario, -ria *m,f* (Méx); **S~ of the Interior** Ministro, -tra *m,f* del Interior; **S~ of the Treasury** Ministro, -tra *m,f* de Hacienda

secretary bird *n* secretario *m*, serpentario *m*

secretary-general /ˌsekrəteriˈdʒenrəl || ˌsekrətriˈdʒenrəl/ *n* (*pl* **secretaries-general**) secretario, -ria *m,f* general

Secretary of State *n* (*pl* **-ries ~ ~**) (Govt) **1** (in US) secretario, -ria *m,f* de Estado (de los Estados Unidos) **2** (in UK) ministro, -tra *m,f*, secretario, -ria *m,f* (Méx)

secrete /sɪˈkriːt/ *vt*

A (Biol, Physiol) segregar*, secretar

B (hide) (frml) ocultar

secretion /sɪˈkriːʃən/ *n* [u c] secreción *f*

secretive /ˈsiːkrətɪv/ *adj* ‹*person/behavior*› reservado, hermético; **to be ~ ABOUT sth/sb** ser* reservado en lo que respecta a algo/algn

secretively /ˈsiːkrətɪvli/ *adv* con mucho secreto

secretly /ˈsiːkrətli || ˈsiːkrɪtli/ *adv* ‹*meet/plan*› secretamente, en secreto, a escondidas; **I ~ shared his opinion** en el fondo *or* aunque no lo admitía, yo estaba de acuerdo con él

secret police *n* [u] policía *f* secreta

secret service *n* **1** (intelligence service) servicio *m* secreto, servicio(s) *m(pl)* de inteligencia **2** **the Secret Service** (in US) *organización cuyas funciones incluyen la protección del Presidente y evitar la falsificación de moneda*

secret weapon *n* arma *f*‡ secreta

sect /sekt/ *n* secta *f*

sectarian¹ /sekˈteriən || sekˈteəriən/ *adj* ‹*views/ideology/violence*› sectario; ‹*schooling/school*› confesional

sectarian² *n* sectario, -ria *m,f*

sectarianism /sekˈteriənɪzəm || sekˈteəriənɪzəm/ *n* [u] sectarismo *m*

section¹ /ˈsekʃən/ *n*

A **1** (of object, newspaper, orchestra) sección *f*; (of machine, piece of furniture) parte *f*; (of road) tramo *m*; (of city, population, public opinion) sector *m*; (of orange) gajo *m*; **the first ~ of the book** la primera parte del libro; **~ two, subsection one** (of document) artículo dos, punto *or* inciso primero **2** (unit of land measurement) (AmE) *640 acres o 2,59km²*

B **1** (department) sección *f*; **the design ~** la sección de diseño; (*before n*) ‹*manager/supervisor*› de sección **2** (Mil) sección *f*

C (in geometry, drawing) sección *f*, corte *m*; **a vertical/horizontal ~** una sección *or* un corte vertical/horizontal

D **1** (thin slice) sección *f* **2** (in surgery) sección *f*

section² *vt*

A (divide) ‹*map/area*› dividir; ‹*line*› segmentar; **they ~ed off part of the office** separaron parte de la oficina con una mampara (*or* tabique *etc*)

B (cut through) ‹*prism/rock*› seccionar, hacer* un corte de

C (BrE) (Med) internar en un hospital siquiátrico

sectional /ˈsekʃnəl || ˈsekʃənl/ *adj* **1** ‹*quarrel/rivalry*› entre facciones; ‹*interests*› de grupo **2** ‹*diagram/view*› en sección *or* corte **3** ‹*furniture*› modular

section mark *n* párrafo *m*

sector /ˈsektər || ˈsektə(r)/ *n*

A **1** (part) sector *m*; **the private/public ~** el sector privado/público; **~s of the population** sectores de la población **2** (Mil) sector *m*; **the American ~ of the city** el sector americano de la ciudad

B (of circle) sector *m*

secular /ˈsekjələr || ˈsekjʊlə(r)/ *adj* **1** (not religious) ‹*education*› laico, secular; ‹*society/art*› secular **2** (Relig) ‹*clergy/priest*› seglar

secularism /ˈsekjələrɪzəm || ˈsekjʊlərɪzəm/ *n* [u] laicismo *m*, secularismo *m*

secularize /ˈsekjələraɪz || ˈsekjʊləraɪz/ *vt* ‹*society/education*› secularizar*

secure¹ /sɪˈkjʊr || sɪˈkjʊə(r)/ *adj*

A **1** (safe) ‹*fortress/hideaway*› seguro; **his future is ~** tiene el futuro asegurado; **to make sth ~ against sth** proteger* algo contra algo **2** (emotionally) ‹*childhood/home/relationship*› estable; **children who don't feel emotionally ~** los niños que no tienen seguridad *or* estabilidad en el plano afectivo; **he was ~ in the knowledge that he'd done his best** tenía la certidumbre de que había hecho todo lo que podía **3** (assured, guaranteed) ‹*job/income/investment*› seguro; **I want to be financially ~** quiero tener seguridad económica

B (firm, firmly fastened) ‹*foothold/shelf*› firme; ‹*foundation*› sólido; **is the rope ~?** ¿está bien sujeta la cuerda?; **to make sth ~** asegurar algo

secure² *vt*

A (obtain) ‹*ticket/job/votes/support*› conseguir*, obtener* (frml); **to ~ sb's release** conseguir* la libertad de algn

B (fasten, fix firmly) ‹*door/gate/shelf*› asegurar; **the boat was ~d with a thick rope** el bote estaba bien amarrado con una soga; **she ~d her hair with pins** se sujetó el pelo con horquillas

C **1** (ensure) asegurar; (make safe from risk) salvaguardar **2** (Fin) ‹*loan*› garantizar*; **a ~d loan** un préstamo con garantía; **a ~d creditor** un acreedor garantizado *or* asegurado

D (make safe) **to ~ sth (AGAINST sth)** ‹*area/building*› proteger* *or* fortificar* algo (CONTRA algo)

■ **secure** *vi* **to ~ AGAINST sth** protegerse* CONTRA algo

secure accommodation *n* [u] (Law) (BrE) centro *m* de detención (*en instituciones penales y psiquiátricas o dentro de las zonas que éstas abarcan*)

securely /sɪˈkjʊrli || sɪˈkjʊəli/ *adv* bien; **make sure it's ~ tied/fastened** asegúrese de que está bien atado/bien sujeto

secure unit *n* (BrE) **1** (in prison) pabellón *m* de seguridad **2** (in mental hospital) pabellón *m* de aislamiento, área *f*‡ de aislamiento

securitization /sɪˌkjʊrətəˈzeɪʃən || sɪˌkjʊərɪtaɪˈzeɪʃən/ *n* [u] titulización *f*

securitize /sɪˈkjʊrətaɪz || sɪˈkjʊərətaɪz/ *vt* titulizar*

security /sɪˈkjʊrəti || sɪˈkjʊərəti/ *n* (*pl* **-ties**)

A [u] **1** (against crime, espionage etc) seguridad *f*; **national ~** la seguridad nacional; **a breach of ~** una infracción de las normas de seguridad; **tight ~ was in force** se habían extremado las medidas de seguridad; (*before n*): **~ alarm** alarma *f* de seguridad; **~ forces** fuerzas *fpl* de seguridad; **~ guard** guarda jurado, guarda jurada *m,f*; **there's been a ~ leak** ha habido una filtración; **~ measures** medidas *fpl* de seguridad; **~ officer** encargado, -da *m,f* de seguridad; **~ precaution** medida *f* de precaución; **a ~ risk** un peligro para la seguridad; **~ system** sistema *m* de seguridad **2** (department) (+ *sing o pl vb*) departamento *m* de seguridad

B [u] **1** (safety, certainty) seguridad *f*; **children need emotional ~** los niños necesitan seguridad *or* estabilidad en el plano afectivo; **job ~** seguridad profesional; **financial ~** seguridad económica **2** (protection) seguro *m*, garantía *f*; **my ~ against want** mi seguro *or* garantía contra la necesidad

C (Fin) **1** [u] (guarantee) garantía *f*; **to stand ~ for sb** salir* garante *or* fiador de algn, servirle* *or* (RPl) salirle* de garantía a algn; (*before n*): **~ agreement** contrato *m* de garantía **2** **securities** *pl* (Fin) valores *mpl*, títulos *mpl*; **government securities** bonos *mpl* del Estado; (*before n*): **the securities market** el mercado de valores; **securities portfolio** cartera *f* de valores

security check *n* **1** (of person's identity) comprobación *f* de la identidad **2** (search of area, person) control *m* de seguridad

Security Council *n*: **the (United Nations) ~ ~** el Consejo de Seguridad (de las Naciones Unidas)

Secy (= **Secretary**) Secr., Srio., Sria.

sedan /sɪˈdæn/ *n*

A (car) (AmE) sedán *m*

B **~ (chair)** palanquín *m*, silla *f* de manos

sedate¹ /sɪˈdeɪt/ *adj* ‹*person/lifestyle/pace*› reposado, tranquilo; ‹*color/decor*› sobrio

sedate² *vt* (Med) ‹*patient/animal*› sedar, administrar sedantes a; **she was heavily ~d** le habían administrado un fuerte sedante

sedately /sɪˈdeɪtli/ *adv* ‹*walk/move*› reposadamente, con calma; ‹*dressed/furnished*› sobriamente

sedateness /sɪˈdeɪtnəs || sɪˈdeɪtnɪs/ *n* [u] (of behavior) calma *f*; (of clothing, decor) sobriedad *f*; **the ~ of her bearing** su compostura

sedation /sɪˈdeɪʃən/ *n* [u] sedación *f*; **to be under ~** estar* bajo el efecto de los sedantes; **to put sb under ~** sedar *or* administrarle un sedante a algn

sedative¹ /ˈsedətɪv/ *n* sedante *m*

sedative² *adj* sedante

sedentary /ˈsednteri || ˈsedntri/ *adj* sedentario

sedge /sedʒ/ *n* [u] juncia *f*

sediment /ˈsedəmənt || ˈsedɪmənt/ *n* [u] **1** (in wine, coffee) poso *m*, concho *m* (Chi), cuncho *m* (Col) **2** (Geol) sedimento *m*

sedimentary /ˌsedəˈmentəri, -tri || ˌsedɪˈmentəri, -tri/ *adj* sedimentario

sedimentation /ˌsedəmənˈteɪʃən || ˌsedɪmenˈteɪʃən/ *n* [u] sedimentación *f*

sedition /sɪˈdɪʃən/ *n* [u] sedición *f*

seditious /sɪˈdɪʃəs/ *adj* sedicioso

seduce /sɪˈduːs || sɪˈdjuːs/ *vt* **1** (sexually) seducir* **2** (tempt) seducir*, tentar*; **~d by the idea** seducido por la idea; **to ~ sb INTO -ING** tentar* a algn A/+ INF; **I was ~d into buying it** me tentaron a comprarlo; **to ~ sb (away) FROM sth**: **she was ~d (away) from her job by the promise of a higher salary** dejó el trabajo atraída por la promesa de un sueldo mejor

seducer /sɪˈduːsər || sɪˈdjuːsə(r)/ *n* seductor, -tora *m,f*

seduction /sɪˈdʌkʃən/ *n* [u c] **1** (sexual) seducción *f* **2** (temptation) tentación *f*

seductive /sɪˈdʌktɪv/ *adj* ‹*manner/clothing/person*› seductor; ‹*offer*› tentador, atrayente

seductively /sɪˈdʌktɪvli/ *adv* seductoramente, de manera seductora

seductiveness /sɪˈdʌktɪvnəs || sɪˈdʌktɪvnɪs/ *n* [u] (of manner, appearance) seducción *f*; (of offer, salary) lo tentador *or* atrayente

seductress /sɪˈdʌktrəs || sɪˈdʌktrɪs/ *n* seductora *f*

sedulous /ˈsedʒələs || ˈsedjʊləs/ *adj* (frml) ‹*worker*› diligente; ‹*student*› aplicado, diligente

sedulously /ˈsedʒələsli || ˈsedjʊləsli/ *adv* (frml) ‹*work*› con diligencia; ‹*study*› con aplicación *or* diligencia

see¹ /siː/ *vt* (*past* **saw**; *past p* **seen**)

Sense I

A **1** ver*; **I can't ~ a thing!** ¡no veo nada!; **you can ~ the whole city from here** desde aquí se ve *or* se puede ver toda la ciudad; **we haven't ~n her for a while** hace un tiempo que no la vemos; **there wasn't a policeman to be ~n** no había ningún policía; **to ~ sb/sth + INF**: **I didn't ~ her arrive** no la vi llegar; **we'll be sorry to ~ her go** nos va a dar pena que se vaya; **to ~ sb/sth -ING**: **I can ~ somebody coming this way** veo venir a alguien; **I saw them walking hand in hand** los vi pasear *or* paseando tomados de la mano; **now ~ what you've done!** ¡mira lo que has hecho!; **I thought I was ~ing things** pensé que estaba viendo visiones; **when you've ~n one Greek temple, you've ~n them all!** (hum) con ver un templo griego ya es suficiente; **I'll believe it when I ~ it** hasta que no lo vea no lo creo; ***to be glad to ~ the back of sb*** alegrarse de que algn se vaya **2** (witness) ver*; **I saw the accident** vi *or* (frml) presencié el accidente, fui testigo del accidente; **justice must be ~n to be done** es necesario que la gente vea que se ha hecho justicia; **they're going to close it down — I'd like to ~ them try!** lo van a cerrar — ¡que lo intenten si se atreven!; **I won't stand by and ~ you insulted** no pienso permitir que te insulten; ***I'll ~ you damned*** *o* ***dead*** *o* ***hanged*** *o* ***in hell first!*** ¡ni muerto! **3** ‹*film/play*› ver*; **do you want to come and ~ the game?** ¿quieres venir a ver el partido? **4** (look at, inspect) ver*; **I want to ~ what you've written** quiero ver qué has escrito; **~ over/page 20** ver al dorso/ver página 20; **may I ~ your ticket?** ¿me permite su entrada (*or* boleto *etc*)?

B **1** (perceive, notice) ver*; **I can ~ you want to get rid of me** ya veo que quieres librarte de mí; **she's so in love, she can't ~ his faults** está tan enamorada que no le ve los defectos; **I don't know what she ~s in him** no sé qué es lo que le ve *or* qué es lo que ve en él; **you can hardly ~ the join** apenas se nota la unión; **anyone can ~ she's upset** cualquiera se da cuenta de que está disgustada **2** (learn from reading, hearing): **I ~ Mrs Baker's retiring** así que se jubila la señora Baker; **I ~ from your application form that ...** he leído en su solicitud que ...

C (understand) ver*; **I don't ~ any point in going** no veo qué sentido tiene ir; **he didn't ~ the joke** no entendió el chiste; **he's taking winter clothes, but I can't ~ the point** va a llevar ropa de invierno, pero no veo para qué; **I can ~ no reason to worry** yo no veo que haya ningún motivo para preocuparse; **do you ~ what I mean?** ¿entiendes?, ¿te das cuenta?; **I fail to ~ what's so funny** yo no le veo la gracia *or* no veo qué tiene de gracioso; **you'll have to apologize — I don't ~ why I should** vas a tener que pedir perdón — no veo por qué; **I can ~ (that) you're in a difficult position, but ...** me doy cuenta de *or* comprendo que estás en una situación difícil, pero ...

D (consider, regard) ver*; **try to ~ things from my point of view** trata de ver las cosas desde mi punto de vista; **the way I ~ it, as I ~ it** a mi modo de ver, tal como yo lo veo, a mi entender; **I ~ her more as a friend than a teacher** la veo más como amiga que como maestra; **I ~ nothing wrong in it** yo no le encuentro nada de malo

E **1** (visualize): **me, a writer? I can't ~ it, somehow!** ¿un autor, yo? ¡me cuesta imaginármelo!; **can you ~ him as a teacher?** ¿te lo imaginas de profesor?; **I can still ~ her face when she**

S

heard the news es como si estuviera viendo la cara que puso cuando se enteró 2 (envisage, foresee): **I can ~ there'll be problems** veo que va a haber problemas; **to ~ sth/sb -ING: I can't ~ it working** no creo que vaya a funcionar; **I can't ~ him being able to persuade her** no creo que la vaya a poder convencer; **I saw it coming** me lo vi venir 3 (accept) (AmE colloq): **we could move Johnson over to Sales — OK, I can ~ that** podríamos pasar a Johnson a Ventas — bueno, eso me parece bien

F 1 (find out, determine) ver*; **I went to ~ what was happening/what she wanted** fui a ver qué pasaba/qué quería; **I'll have to ~ what I can do** tendré que ver qué puedo hacer; **we'll have to (wait and) ~** habrá que esperar y ver; **that remains to be ~n** eso está por verse 2 (ensure) **to ~ THAT: the umpire's job is to ~ (that) there's fair play** la tarea del árbitro es asegurarse de que el juego sea limpio; **~ (that) you're there on time** no vayas a llegar tarde; **~ that it doesn't happen again** que no vuelva a suceder

G 1 (experience, undergo): **I doubt if I'll live to ~ it** no creo que yo llegue a verlo *or* que yo llegue a ver el día; **she won't ~ 40 again** ya no vuelve a cumplir los 40; **I don't think he'll ~ 60** no creo que llegue a cumplir 60; **I want to travel and ~ (a bit of) life** quiero viajar y ver mundo; **his hair looks like it's never ~n a brush!** (colloq & hum) parece que se hubiera peleado con el peine (hum) 2 (be the occasion of) (journ): **in a week which has ~n the start of ...** en una semana que ha visto el inicio de ...; **after 24 hours of violence which saw several people dead** después de 24 horas de violencia que arrojó un saldo de varios muertos; **next Thursday ~s the launch of the new model** el próximo jueves es la fecha señalada para el lanzamiento del nuevo modelo

(Sense II)

A 1 (meet) ver*; **I'm ~ing him on Tuesday** lo voy a ver el martes; **when can I ~ you again?** ¿cuándo nos podemos volver a ver?; **do you ~ a lot of them?** ¿los ves a menudo? 2 (go out with) (colloq) salir* con; **they've been ~ing each other for two months** hace dos meses que salen juntos 3 (saying goodbye) (colloq): **~ you!** ¡hasta luego!, ¡hasta la vista!; **~ you around!** ¡nos vemos!; **~ you later/tonight/soon/on Saturday!** ¡hasta luego/esta noche/pronto/el sábado!; **(I'll) be ~ing you!** ¡hasta pronto!

B (visit) 1 (socially) ver* 2 (for consultation) ver*; **you should ~ a specialist** deberías ver a *or* ir a un especialista; **I want to ~ the manager** quisiera ver al gerente *or* hablar con el gerente; **to ~ sb ABOUT sth: you should ~ a doctor about that nail** deberías hacerte ver esa uña por un médico; **can I ~ you about something privately?** ¿podría hablar con usted de un asunto privado?; **I went to ~ her about the loan** fui a hablar con ella por lo del préstamo; **~ your travel agent** consulte a su agente de viajes

C (receive) ver*, atender*; **the doctor will ~ you now** el doctor lo verá *or* lo atenderá ahora

D 1 (escort, accompany) acompañar; **to ~ sb to the door** acompañar a algn a la puerta; **to ~ sb home** acompañar a algn a su casa 2 (bring, last) (colloq): **$500 should ~ you to the end of the month** con 500 dólares debería alcanzarte *or* te deberías poder arreglar hasta fin de mes; **that's enough to ~ me till tomorrow** con eso me alcanza hasta mañana

E (in poker): **I'll ~ your five, and raise five more** voy tus cinco y subo otros cinco; **I'll ~ you** te veo

■ **see** *vi*

A 1 ver*; **I can ~ better from here** desde aquí veo mejor; **can you ~ inside?** ¿ves algo adentro?; **to ~ into the future** ver* el futuro; **~ing is believing** ver para creer 2 (look, inspect) ver*; **let me ~!** ¡déjame ver!, ¿a ver?; **~ for yourself!** ¡compruébalo tú mismo!

B (understand, realize) ver*; **can't you ~ he loves you?** ¿no te das cuenta de *or* no ves que te quiere?; **as far as I can ~** por lo que yo veo; **I ~** (expressing realization) ya veo; (accepting explanation) entiendo; **he's deaf, you ~** es que es sordo ¿sabes?; **it works like this, you ~?** funciona así ¿ves?; **now ~ here, I'm not going to let you get away with that** (colloq) mira, eso no te lo voy a permitir

C (consider, think) ver*; **let's ~** vamos a ver, veamos; **will you let me go? — we'll ~** ¿me vas a dejar ir? — veremos *or* vamos a ver; **I'll ~, but I can't promise anything** voy a ver, pero no te puedo prometer nada

D (find out) ver*; **will the car start? — I'll ~** ¿arrancará el coche? — vamos a ver; **will it work? — try it and ~** ¿funcionará? — prueba a ver; **what's going on? — you'll soon ~** ¿qué pasa? — ya lo verás

(Phrasal verbs)

- **see about** [v + prep + o] (colloq) 1 (deal with): **a man came to ~ about the leaking roof** vino un hombre por lo de la gotera; **don't worry, *I'll* ~ about it** no te preocupes, yo me encargaré del asunto; **so you refuse to do it: well, we'll soon ~ about that!** con que te niegas a hacerlo: ya lo veremos ... 2 (consider, decide): **may I borrow the car? — I'll have to ~ about that** ¿me prestas el coche? — tendré que pensarlo
- **see around**, (BrE also) **see round** [v + prep + o] ‹*exhibition/palace*› recorrer
- **see in** [v + o + adv, v + adv + o]: **we stayed up to ~ the New Year in** nos quedamos levantados para recibir *or* esperar el Año Nuevo; **I don't suppose I'll live to ~ in the next century** no creo que llegue a ver el nuevo siglo
- **see into** [v + prep + o] investigar*, estudiar
- **see off** [v + o + adv, v + adv + o]

A (say goodbye to) despedir*, despedirse* de; **I'll come and ~ you off** vendré a despedirte *or* a despedirme de ti

B 1 (get rid of) deshacerse* de; **the dog saw them off** el perro los ahuyentó 2 (defeat) (BrE colloq) derrotar

- **see out** [v + o + adv, v + adv + o]

A (show out) ‹*person*› acompañar (hasta la puerta); **I'll ~ you out** te acompaño hasta la puerta; **I can ~ myself out** no hace falta que me acompañes

B ‹*old year*› despedir*

C (last, survive): **I don't think the roof will ~ out the winter** no creo que el techo aguante hasta el fin del invierno; **I reckon she'll ~ us all out** creo que nos va a enterrar a todos

- **see over** [v + prep + o] ‹*property/house*› visitar, recorrer
- **see round** [v + prep + o] (BrE) ▸ **see around**
- **see through**

A [v + prep + o] (not be deceived by): **anyone could ~ through that story** ese cuento no se lo creía nadie; **I can ~ through your little game** te conozco el juego; **I saw through him from the start** lo calé desde el primer momento (fam)

B [v + o + adv], [v + o + prep + o] 1 (support): **his support saw me through** su apoyo me mantuvo a flote; **his optimism saw him through the crisis** su optimismo lo ayudó a sobrellevar la crisis 2 (last): **$20 won't ~ me through the week** 20 dólares no me van a alcanzar hasta el fin de semana; **make sure this ~s you through** con esto te tiene que alcanzar

C [v + o + adv] (carry to completion) terminar; **he saw the term through** terminó el semestre; **I'll ~ this thing through if it kills me!** ¡voy a llevar esto buen a término aunque me mate!

- **see to** [v + prep + o] ocuparse de; **I'm too busy to ~ to everything myself** estoy muy atareada y no puedo ocuparme de *or* encargarme de todo; **there's a customer out there: could you ~ to him for me?** hay un cliente allí ¿podrías ocuparte de él *or* podrías atenderlo?; **at his age, he ought to be able to ~ to his own breakfast** a su edad debería ser capaz de hacerse el desayuno; **to ~ to it (that): you must ~ to it that the doors are locked** debes asegurarte de que cierren las puertas con llave; **I'll finish by Friday — ~ to it that you do** para el viernes lo termino — asegúrate de que así sea; **are you sure she'll come? — I'll ~ to it myself** ¿estás seguro de que vendrá? — yo me encargo de ello; **we didn't get a moment's peace, the children saw to that!** no tuvimos un momento de paz ¡de eso se encargaron los niños!

see[2] *n*

A [c] (diocese) sede *f*; **the Holy S~** la Santa Sede

B (look) (colloq) (*no pl*): **let's have a ~!** ¡déjame ver!, ¿a ver?

seed[1] /si:d/ *n*

A 1 [c] (of plant) semilla *f*, simiente *f* (liter); (of orange, grape) (AmE) pepita *f*, semilla *f*; **sunflower ~s** semillas *fpl* de girasol, pipas *fpl* (Esp); ▸**sow**[1] **1** 2 [u] (collectively) semillas *fpl*, simiente *f*; **I grew these tomatoes from ~** estos tomates los planté en almácigo; **the plant is in ~** la planta ha granado; ***to go*** *o* ***run to ~*** (lit) «*plant*» granar; (deteriorate): **you've run to ~ since you stopped jogging** te has abandonado desde que dejaste de hacer footing; **a great actor gone to ~** un gran actor en decadencia; (*before n*): **~ capital** capital *m* simiente *or* iniciador; **~ potatoes** papas *fpl or* (Esp) patatas *fpl* de siembra; **~ tray** almácigo *m* en bandeja (*or* caja *etc*)

B [c] (origins) (*often pl*) germen *m*, semilla *f*; **the ~s of the rebellion** el germen *or* la semilla de la revuelta; **to sow the ~s of doubt** sembrar* (el germen de) la duda

C [c] (Sport) cabeza *mf* de serie, sembrado, -da *m,f* (Méx); **the first/second ~** el primer/segundo cabeza de serie, el clasificado número uno/dos para el torneo, el sembrado en primer/segundo lugar (Méx)

D (liter) 1 [u] (sperm) simiente *f* (liter) 2 [c u] (offspring, descendants) (+ *sing o pl vb*) progenie *f* (liter), descendencia *f*

seed[2] *vt*

A 1 (sow) (Agr, Hort) **to ~ sth WITH sth** sembrar* algo DE algo; **to ~ a field with barley** sembrar un campo de cebada 2 (remove seeds from) ‹*fruit*› quitarle las pepitas *or* semillas a 3 (Meteo) ‹*cloud*› bombardear

B (Sport) (*usu pass*): **a ~ed player** un jugador cabeza de serie, un sembrado (Méx)

■ **seed** *vi* 1 (form seeds) «*plant*» granar 2 (plant seeds) sembrar*

seedbed /'si:dbed/ *n* (Agr, Hort) semillero *m*, almácigo *m*

seedcake /'si:dkeɪk/ *n* [u c] 1 (Culin) *torta de semillas de alcaravea* 2 (Agr) *concentrado para la alimentación del ganado*

seediness /'si:dinəs || 'si:dinɪs/ *n* [u] sordidez *f*

seedless /'si:dləs || 'si:dlɪs/ *adj* ‹*grapes/oranges*› sin pepitas *or* semillas

seedling /'si:dlɪŋ/ *n* planta *f* de semillero *or* almácigo

seed pearl *n* aljófar *m*

seed pod *n* vaina *f*

seedy /'si:di/ *adj* **-dier, -diest** 1 (shabby, disreputable) ‹*nightclub/bar*› sórdido, de mala muerte (fam), cutre (Esp fam); ‹*appearance*› desastrado, abandonado; ‹*apartment/resort*› sórdido; **some ~ characters** unos individuos con mala pinta 2 (run-down) (colloq): **to feel ~** sentirse* mal, estar* pachucho (Esp fam); **you're looking a bit ~** tienes mala cara

seeing /'si:ɪŋ/ *conj* (colloq): **~ (that)** *o* **~ as** *o* (crit) **~ as how: ~ (that) you're here, you may as well help** ya que estás aquí, nos puedes ayudar; **~ as nobody turned up, we went home** en vista de que no venía nadie, nos fuimos a casa

seek /si:k/ *vt* (*past & past p* **sought**) 1 (search for) (frml) ‹*person/object*› buscar*; **they set sail to ~ a new route to the Indies** zarparon en busca de una nueva ruta a las Indias; **the reason is not far to ~** (liter) el motivo es obvio 2 (try to obtain) ‹*work/shelter/companionship*› buscar*; ‹*solution/explanation*› tratar de encontrar, buscar*; **she was ~ing revenge** quería vengarse; **he went to London to ~ his fortune** se fue a Londres a probar fortuna; **she's always ~ing attention** siempre está tratando de llamar la atención 3 (request) ‹*approval/help*› pedir*; **we had to ~ the advice of a specialist** tuvimos que asesorarnos con un especialista, tuvimos que consultar a un especialista 4 (try to bring about) (frml) ‹*reconciliation*› buscar*, tratar de lograr; **to ~ to + INF** tratar DE + INF, intentar + INF; **they sought to overthrow the government** trataron de *or* intentaron derrocar al gobierno 5 (move towards) buscar*; **plants ~ the light** las plantas buscan la luz

S

■ **seek** *vi* (frml) buscar*; **to ~ FOR/AFTER sth** ir* en pos de algo (liter), ir* en busca de algo

Phrasal verb

- **seek out** [v + o + adv, v + adv + o] ‹*person*› buscar*; ‹*opinion*› pedir*

seeker /'siːkər || 'siːkə(r)/ *n*: **treasure ~s** buscadores *mpl* de tesoros; **a ~ after truth** una persona en busca de *or* (liter) en pos de la verdad; **he's an attention ~** siempre trata de llamar la atención *or* de ser el centro de atención

seem /siːm/ *vi*

A (give impression) parecer*; **she ~s friendly** parece simpática; **you don't ~ very sure/happy** no pareces (estar) muy seguro/contento; **things aren't always what they ~** las apariencias engañan; **it certainly ~s that way** eso parece *or* así parece, por cierto; **I thought he ~ed a total idiot** me pareció un verdadero imbécil; **you ~ a completely different person** no pareces el mismo; **you must do what ~s best** debes hacer lo que mejor te parezca; **strange as it may ~** por raro que parezca, aunque no lo parezca; **to ~ to + INF: she ~s to like you** parece que le caes bien; **he didn't ~ to be expecting us** me dio la impresión de que no nos esperaba; **you ~ to find it very amusing!** ¡por lo visto a ti te hace mucha gracia!; **she ~s not** *o* **doesn't ~ to have noticed** no parece haberse dado cuenta; **it ~s (that) they were worried** parece (ser) que estaban preocupados; **it now ~s certain that ...** ahora parece seguro que ...; **it ~s as if** *o* **as though they're ready** parece (ser) que están listos; **so it ~s, so it would ~** eso parece, así parece; **it ~s not** parece que no; **to ~ like sth: we waited for what ~ed like an eternity** esperamos lo que nos pareció una eternidad; **that ~s like a good idea** ésa me parece una buena idea; **it ~s like years since I saw you** parece que hiciera años que no te veo; **are they having a good time? — (it) ~s like it** ¿lo están pasando bien? — eso parece *or* así parece; **he ~s very like his father** se parece mucho a su padre

B **1** (get impression) **to ~ to + INF: I ~ed to hear voices in the kitchen** me pareció oír voces en la cocina; **I ~ to remember that you ...** creo recordar que tú ...; **I ~ to have been here before** me da la impresión de que he estado aquí antes **2** (in sb's opinion) parecer*; **it ~s to me/him/them that ...** me/le/les parece que ...; **it doesn't ~ right to me** a mí no me parece bien; **it may ~ silly to you, but ...** a tí te parecerá una tontería, pero ...; **how does it ~ to you?** ¿a ti que te parece? **3** (toning down statement) parecer*; **there would ~ to be no alternative** parece que *or* al parecer *or* según parece, no queda otra alternativa; **we ~ to be lost** parece (ser) que nos hemos perdido; **I can't ~ to remember where I put it** no logro acordarme de dónde lo puse; **they don't ~ to be here** no parecen estar aquí, parece que no están aquí; **it ~s to be closed** parece que está cerrado; **what ~s to be the trouble?** veamos ¿de qué se trata?

seeming /'siːmɪŋ/ *adj* (*before n*) aparente

seemingly /'siːmɪŋli/ *adv* **1** ‹*honest/complicated*› aparentemente; **two ~ contradictory facts** dos hechos aparentemente *or* en apariencia contradictorios **2** (*indep*) al parecer, según parece; **~, there is no alternative** parece que *or* al parecer *or* según parece, no queda otra alternativa

seemliness /'siːmlinəs || 'siːmlinɪs/ *n* [u] (frml) lo correcto *or* apropiado

seemly /'siːmli/ *adj* **-lier, -liest** (frml) ‹*behavior/dress*› correcto, apropiado; **it was not considered ~ for a woman to appear unveiled in public** no estaba bien visto que una mujer apareciera sin velo en público

seen /siːn/ *past p of* **see**[1]

seep /siːp/ *vi* «*liquid/moisture*» filtrarse; **water was ~ing into her shoes** el agua le estaba calando los zapatos; **his energy was slowly ~ing away** las fuerzas lo iban abandonando poco a poco; **to ~ in** irse* filtrando, ir* penetrando; **water was ~ing in between the tiles** el agua se iba filtrando *or* iba penetrando por entre las tejas

seepage /'siːpɪdʒ/ *n* [u] (of water) filtración *f*; (of gas) fuga *f*, escape *m*

seer /sɪr || sɪə(r)/ *n* (liter) profeta *mf*, vidente *mf*

seersucker /'sɪrˌsʌkər || 'sɪəˌsʌkə(r)/ *n* [u] cloqué *m*

seesaw[1] /'siːsɔː/ *n* **1** (in playground) balancín *m*, subibaja *m* **2** (of opinion, prices) vaivén *m*, oscilación *f*; (*before n*): **~ motion** balanceo *m*, movimiento *m* oscilante *or* de vaivén

seesaw[2] *vi* «*prices/emotions*» oscilar; **to ~ between despair and euphoria** oscilar entre la desesperación y la euforia

seethe /siːð/ *vi* **1** (be agitated) bullir*; **the crowd ~d around the platform** la multitud bullía en el andén; **the square was a seething mass of demonstrators** la plaza era un hervidero de manifestantes; **to ~ WITH sth: her mind was seething with images** las imágenes bullían en su cerebro; **the town was seething with tourists** la ciudad estaba plagada de turistas **2** (be angry) estar* furioso; **I was absolutely seething** me hervía la sangre, estaba furioso, estaba que ardía; **she ~d with indignation/anger/rage** hervía de indignación/de cólera/de rabia

see-through /'siːθruː/ *adj* transparente

segment[1] /'segmənt/ *n* **1** (Math) (of circle, sphere, line) segmento *m* **2** (of citrus fruit) gajo *m* **3** (of worm) segmento *m* **4** (section) sector *m*

segment[2] /'segment || seg'ment/ *vt* ‹*circle/line*› segmentar; ‹*fruit*› dividir en gajos

segmentation /ˌsegmən'teɪʃən/ *n* [u] **1** (of job, market) división *f* **2** (Zool) segmentación *f*

segregate /'segrɪgeɪt/ *vt* ‹*races/sexes*› segregar*; ‹*rival groups*› mantener* aparte; **they are kept ~d from the rest of the prisoners** los mantienen aislados del resto de los presos; **~d school** *escuela en la que se practica la segregación racial*

segregation /ˌsegrɪ'geɪʃən/ *n* [u] segregación *f*

> **segregation**
>
> La política de separar a ciertos grupos del resto de la comunidad, especialmente en razón de su raza. En EEUU la política de segregación, especialmente en los estados del sur, privó a los afroamericanos de sus derechos y los obligó a asistir a colegios, utilizar hoteles, restaurantes y cines etc., separados de los blancos. La campaña en favor de los derechos civiles llevó a la aprobación de la *Civil Rights Act of 1964*, que obligó a los estados del sur a terminar con esta práctica.

segregationist[1] /ˌsegrɪ'geɪʃənəst || ˌsegrɪ'geɪʃənɪst/ *n* segregacionista *mf*

segregationist[2] *adj* segregacionista

Seine /seɪn/ *n*: **the ~** el Sena

seine (net) /seɪn/ *n* arte *m or f*‡ de cortina *or* cerco

seismic /'saɪzmɪk/ *adj* (Geol) sísmico

seismic wave *n* onda *f* sísmica

seismograph /'saɪzməgræf || 'saɪzməgrɑːf/ *n* sismógrafo *m*

seismography /saɪz'mɑːgrəfi || saɪz'mɒgrəfi/ *n* [u] sismografía *f*

seismologist /saɪz'mɑːlədʒəst || saɪz'mɒlədʒɪst/ *n* sismólogo, -ga *m,f*

seismology /saɪz'mɑːlədʒi || saɪz'mɒlədʒi/ *n* [u] sismología *f*

seize /siːz/ *vt*

A (grab, snatch) ‹*hand/object*› agarrar; ‹*opportunity*› aprovechar; ‹*power*› tomar, hacerse* con; **he ~d me by the shoulder** me agarró del hombro; **I ~d the handrail** me agarré *or* me así de la barandilla; **she ~d the book from his hands** le arrebató el libro de las manos

B **1** (capture) ‹*town/fortress*› tomar, apoderarse de; ‹*person*› detener* **2** (confiscate) ‹*assets/property*› confiscar*; (impound) embargar*; ‹*cargo/contraband*› confiscar*, decomisar; ‹*drugs/arms*› incautar, incautarse de; ‹*copies of book*› secuestrar

C (overcome) (*usu pass*): **she was ~d with panic** fue presa del pánico; **they were ~d by foreboding** les dio un presentimiento; **he was ~d with the desire to ...** lo acometió el deseo de ..., sintió garas de ...

Phrasal verbs

- **seize on, seize upon** [v + prep + o] ‹*chance*› aprovechar; **her remarks were ~d on by the opposition** la oposición se apresuró a sacar partido de sus declaraciones; **he ~d on the plan as the only viable solution** se aferró al plan como única solución posible
- **seize up** [v + adv] «*engine*» agarrotarse, fundirse (AmL); «*muscles*» agarrotarse; «*traffic*» paralizarse*

seizure /'siːʒər || 'siːʒə(r)/ *n*

A **1** [u] (of power) toma *f* **2** [u] (capture) toma *f* **3** [u c] (of property) confiscación *f*; (impoundment) embargo *m*; (of cargo, contraband) confiscación *f*, decomiso *m*; (of arms, drugs) incautación *f*

B [c] (Med) ataque *m*; **an epileptic ~** un ataque epiléptico

seldom /'seldəm/ *adv* rara vez, pocas veces, casi nunca; **she ~ goes out now** rara vez *or* pocas veces *or* casi nunca sale ahora

select[1] /sɪ'lekt/ *vt* ‹*gift/book/wine*› elegir*, escoger*, seleccionar; ‹*candidate/team member*› seleccionar; **you have been ~ed from over 200 applicants** ha sido usted seleccionado de entre 200 candidatos; **the towns were ~ed at random** las ciudades fueron elegidas al azar; **reductions on ~ed models** rebajas en una selección de modelos

select[2] *adj* **1** (exclusive) ‹*school*› de élite, exclusivo; ‹*district*› distinguido, exclusivo **2** (choice) ‹*fruit/wine*› selecto, de primera (calidad) **3** (especially chosen) ‹*group*› selecto; **only the ~ few** sólo los escogidos; **a ~ audience** una selecta concurrencia

select committee, Select Committee *n* (in UK) *comisión investigadora compuesta por diputados del gobierno y la oposición*

selectee /səˌlek'tiː/ *n* **1** (selected person) persona *f* seleccionada, seleccionado, -da *m,f* **2** (conscript) (AmE) recluta *mf*, conscripto, -ta *m,f* (AmL)

selection /sɪ'lekʃən/ *n*

A [u c] (act, thing chosen) selección *f*, elección *f*; **to make a ~** hacer* una selección; **he read a ~ of his poems** leyó una selección de sus poemas; **the ~ for Saturday's game** la alineación para el partido del sábado; (*before n*) ‹*board/committee/procedure*› de selección; **~ process** proceso *m* de selección

B [u c] (Busn) (of chocolates, buttons, yarns) surtido *m*; **a wide ~ of new and used cars** una amplia gama de coches nuevos y usados

selective /sɪ'lektɪv/ *adj* **1** ‹*control/recruitment*› selectivo; ‹*weedkiller/pesticide*› selectivo; ‹*school*› *que emplea un procedimiento selectivo para la admisión de alumnos*; ‹*quotation/reporting*› parcial; **~ service** (AmE) servicio *m* militar obligatorio, conscripción *f* (AmL); **you've got a conveniently ~ memory** sólo te acuerdas de lo que te conviene **2** (discriminating) (*pred*): **to be ~: we can't invite everyone, we'll have to be ~** no podemos invitarlos a todos, tendremos que elegir *or* escoger a quién; **he's fairly ~ about who he mixes with** elige *or* escoge mucho sus amistades; **you have to be ~ in what you watch** tienes que elegir *or* escoger con criterio lo que vas a ver **3** (Electron) selectivo

selectively /sɪ'lektɪvli/ *adv* **1** (with discrimination) con criterio selectivo; **he reads very ~** escoge muy bien lo que lee **2** (in part) parcialmente

selectivity /ˌsɪlek'tɪvəti/ *n* [u]

A (discrimination) criterio *m* selectivo

B (Electron) selectividad *f*

selectman /sɪ'lektmæn/ *n* (*pl* **-men** /-men/) (AmE) concejal *m* (*en Nueva Inglaterra*)

selector /sɪ'lektər || sɪ'lektə(r)/ *n*

A (Sport) seleccionador, -dora *m,f*

B (Telec) selector *m*

selenium /sɪ'liːniəm/ *n* [u] selenio *m*

self /self/ *n* (*pl* **selves**)

A [c] (person, personality): **she puts her whole**

S

~ **into those paintings** vuelca todo su ser en esos cuadros; **she's her old ~ again** vuelve a ser la de antes; **you're not your usual cheerful ~** no estás tan alegre como de costumbre; **her better ~** su lado bueno; **the ~** (Phil, Psych) el yo

B (*no pl*) (self-interest): **she thinks only of ~** sólo piensa en sí misma

self- /self/ *pref* **1** (concerning the self) auto-; **~disgust/~doubt** asco *m*/duda *f* de sí mismo; *see also* **self-confident, self-control** *etc* **2** (of automatic devices): **~loading** de carga automática **3** (with no outside agency) auto-; **~financing** autofinanciado

self-abasement /ˌselfəˈbeɪsmənt/ *n* [u] autodegradación *f*

self-absorbed /ˌselfəbˈsɔːrbd || ˌselfəbˈzɔːbd/ *adj* ensimismado

self-absorption /ˌselfəbˈsɔːrpʃən || ˌselfəbˈzɔːpʃən/ *n* [u] ensimismamiento *m*

self-abuse /ˌselfəˈbjuːs/ *n* [u] **1** (self-harm) autolesión *f* **2** (masturbation) (euph) masturbación *f*

self-addressed /ˌselfəˈdrest/ *adj: con el nombre y la dirección del remitente*; **send a ~ envelope to ...** envíe un sobre con su nombre y dirección a ...

self-adhesive /ˌselfədˈhiːsɪv/ *adj* autoadhesivo

self-adjusting /ˌselfəˈdʒʌstɪŋ/ *adj* autoajustable

self-advancement /ˌselfədˈvænsmənt || ˌselfədˈvɑːnsmənt/ *n* [u] propio avance *m*, autoavance *m*

self-aggrandizement /ˌselfəˈgrændəzmənt || ˌselfəˈgrændɪzmənt/ *n* [u] propio engrandecimiento *m*, autobombo *m* (fam)

self-analysis /ˌselfəˈnæləsəs || ˌselfəˈnælɪsɪs/ *n* [u] autoanálisis *m*

self-appointed /ˌselfəˈpɔɪntəd || ˌselfəˈpɔɪntɪd/ *adj* ‹*spokesperson/chief*› autoproclamado; **he became the ~ champion of ...** se autoproclamó defensor de ..., se erigió en defensor de ...

self-appraisal /ˌselfəˈpreɪzəl/ *n* [u c] autoevaluación *f*

self-approbation /ˌselfˌæprəˈbeɪʃən/ *n* [u] autoaprobación *f*

self-assembly /ˌselfəˈsembli/ *n* [u] (BrE): **kits for ~** kits *mpl* para armar uno mismo

self-assertiveness /ˌselfəˈsɜːrtɪvnəs || ˌselfəˈsɜːtɪvnɪs/ *n* [u] autoasertividad *f*

self-assessment /ˌselfəˈsesmənt/ *n* [u c] autoevaluación *f*

self-assurance /ˌselfəˈʃʊrəns || ˌselfəˈʃʊərəns, ˌselfəˈʃɔːrəns/ *n* [u] seguridad *f* en sí mismo

self-assured /ˌselfəˈʃʊrd || ˌselfəˈʃʊəd, ˌselfəˈʃɔːd/ *adj* seguro de sí mismo

self-aware /ˌselfəˈwer || ˌselfəˈweə(r)/ *adj* consciente de sí mismo

self-awareness /ˌselfəˈwernəs || ˌselfəˈweənɪs/ *n* [u] conciencia *f* de sí mismo

self-betterment /ˌselfˈbetərmənt || ˌselfˈbetəmənt/ *n* [u] autosuperación *f*, automejoramiento *m*

self-catering /ˌselfˈkeɪtərɪŋ/ *adj* (BrE) sin servicio de comidas

self-centered, (BrE) **self-centred** /ˌselfˈsentərd || ˌselfˈsentəd/ *adj* egocéntrico

self-certification /ˌselfˌsɜːrtəfəˈkeɪʃən || ˌselfˌsɜːtɪfɪˈkeɪʃən/ *n* [u] **1** (by company) autocertificación *f* **2** (in UK by employee) certificado *m* extendido por el empleador

self-cleaning /ˌselfˈkliːnɪŋ/ *adj* autolimpiante

self-composed /ˌselfkəmˈpəʊzd/ *adj* sereno, compuesto

self-composure /ˌselfkəmˈpəʊʒər || ˌselfkəmˈpəʊʒə(r)/ *n* [u] compostura *f*, serenidad *f*

self-confessed /ˌselfkənˈfest/ *adj* (*before n*) confeso; **he's a ~ admirer of ...** se confiesa admirador de ..., es un admirador confeso de ...

self-confidence /ˌselfˈkɑːnfədəns || ˌselfˈkɒnfɪdəns/ *n* [u] confianza *f* en sí mismo

self-confident /ˌselfˈkɑːnfədənt || ˌselfˈkɒnfɪdənt/ *adj* seguro de sí mismo; **to be ~** tener* confianza en sí mismo, ser* seguro de sí mismo

self-confidently /ˌselfˈkɑːnfədəntli || ˌselfˈkɒnfɪdəntli/ *adv* con mucha seguridad

self-congratulation /ˌselfkəngrætʃəˈleɪʃən || ˌselfkəngrætjʊˈleɪʃən/ *n* [u] autofelicitación *f*, autocongratulación *f*

self-congratulatory /ˌselfkənˈgrætʃələtɔːri || ˌselfkənˈgrætjʊlətəri/ *adj* de autofelicitación, de autocongratulación

self-conscious /ˌselfˈkɑːntʃəs || ˌselfˈkɒnʃəs/ *adj*

A (shy, embarrassed) ‹*person/manner*› tímido; **she's very ~ about her nose** tiene complejo *or* está muy acomplejada por su nariz; **she felt very ~** se sintió muy cohibida; **he became rather ~ when I mentioned her name** se cohibió cuando la mencioné

B **1** (unspontaneous, unnatural) (pej) afectado; ‹*acting/delivery*› afectado, acartonado **2** (self-aware) ‹*group*› con conciencia de la propia identidad; ‹*artist/writer*› autorreflexivo

self-consciously /ˌselfˈkɑːntʃəsli || ˌselfˈkɒnʃəsli/ *adv*

A (shyly) ‹*behave/speak*› con timidez

B **1** (unspontaneously) (pej) ‹*behave/speak*› de manera afectada **2** (with self-awareness) conscientemente

self-consciousness /selfˈkɑːntʃəsnəs || selfˈkɒnʃəsnɪs/ *n* [u]

A (shyness) timidez *f*, inhibición *f*

B **1** (affectation) afectación *f* **2** (self-awareness) conciencia *f* de la propia identidad

self-contained /ˌselfkənˈteɪnd/ *adj* **1** ‹*district/village*› *que dispone de todos los servicios necesarios*; ‹*flat*› (BrE) *con cocina y cuarto de baño propios* **2** ‹*person*› (independent) independiente; (reserved) reservado; ‹*couple*› que no necesita de nadie más

self-contradictory /ˌselfˌkɑːntrəˈdɪktəri || ˌselfˌkɒntrəˈdɪktəri/ *adj* contradictorio; **it's ~** es contradictorio, es un contrasentido

self-control /ˌselfkənˈtrəʊl/ *n* [u] dominio *m* de sí mismo, autocontrol *m*; **to exercise ~** autocontrolarse, dominarse, contenerse*

self-controlled /ˌselfkənˈtrəʊld/ *adj* ‹*person/manner*› sereno, ecuánime; ‹*remarks*› ponderado

self-correcting /ˌselfkəˈrektɪŋ/ *adj* autocorrector

self-critical /ˌselfˈkrɪtɪkəl/ *adj* autocrítico

self-criticism /ˌselfˈkrɪtəsɪzəm || ˌselfˈkrɪtɪsɪzəm/ *n* [u] autocrítica *f*

self-deception /ˌselfdɪˈsepʃən/ *n* [u] autoengaño *m*; **that's just ~** eso es engañarse a sí mismo

self-defeating /ˌselfdɪˈfiːtɪŋ/ *adj* contraproducente

self-defense, (BrE) **self-defence** /ˌselfdɪˈfens/ *n* [u] **1** (Law): **to act in ~** actuar* en defensa propia; **the right of ~** el derecho de legítima defensa **2** (fighting technique) defensa *f* personal; (*before n*): **~ classes** curso *m* de defensa personal

self-delusion /ˌselfdɪˈluːʒən/ *n* [u c] autoengaño *m*

self-denial /ˌselfdɪˈnaɪəl/ *n* [u] abnegación *f*, sacrificio *m*

self-denying /ˌselfdɪˈnaɪɪŋ/ *adj* ‹*person*› abnegado, sacrificado; ‹*action*› de abnegación *or* sacrificio

self-deprecating /ˌselfˈdeprɪkeɪtɪŋ/ *adj* de autodesaprobación

self-destruct /ˌselfdɪˈstrʌkt/ *vi* autodestruirse*

self-destruction /ˌselfdɪˈstrʌkʃən/ *n* [u] autodestrucción *f*

self-destructive /ˌselfdɪˈstrʌktɪv/ *adj* autodestructivo

self-determination /ˌselfdɪˌtɜːrməˈneɪʃən || ˌselfdɪˌtɜːmɪˈneɪʃən/ *n* [u] autodeterminación *f*

self-diagnosis /ˌselfˌdaɪəgˈnəʊsəs || ˌselfˌdaɪəgˈnəʊsɪs/ *n* [u] autodiagnóstico *m*

self-discipline /ˌselfˈdɪsəplən || ˌselfˈdɪsɪplɪn/ *n* [u] autodisciplina *f*

self-disciplined /ˌselfˈdɪsəplənd || ˌselfˈdɪsɪplɪnd/ *adj* autodisciplinado

self-discovery /ˌselfdɪsˈkʌvəri/ *n* [u] autodescubrimiento *m*

self-drive /ˈselfˈdraɪv/ *adj* (BrE): **we hire out ~ cars** alquilamos coches sin chofer *or* (Esp) sin chófer

self-educated /ˌselfˈedʒəkeɪtəd || ˌselfˈedjʊkeɪtɪd/ *adj* autodidacta

self-effacing /ˌselfɪˈfeɪsɪŋ/ *adj* (modest) modesto; (diffident) retraído

self-employed /ˌselfɪmˈplɔɪd/ *adj* autónomo, por cuenta propia; **to be ~** trabajar por cuenta propia, ser* trabajador autónomo

self-employment /ˌselfɪmˈplɔɪmənt/ *n* [u] trabajo *m* autónomo *or* por cuenta propia, autoempleo *m*

self-esteem /ˌselfɪˈstiːm/ *n* [u] autoestima *f*, amor *m* propio

self-evident /ˌselfˈevədənt || ˌselfˈevɪdənt/ *adj* ‹*truth*› manifiesto; ‹*conclusion*› evidente, obvio

self-evidently /ˌselfˈevədəntli || ˌselfˈevɪdəntli/ *adv* manifiestamente, evidentemente

self-examination /ˌselfɪgˌzæməˈneɪʃən || ˌselfɪgˌzæmɪˈneɪʃən/ *n* [u] **1** (of one's motivations) autoexamen *m* **2** (of one's body) autoexploración *f*, autoexamen *m*

self-explanatory /ˌselfɪkˈsplænətɔːri || ˌselfɪkˈsplænətri/ *adj* autoexplicativo; **the instructions are ~** las instrucciones son autoexplicativas *or* muy fáciles de entender

self-expression /ˌselfɪkˈspreʃən/ *n* [u] expresión *f* personal

self-fertilization /ˌselfˌfɜːrtləˈzeɪʃən || ˌselfˌfɜːtɪlaɪˈzeɪʃən/ *n* [u] autofertilización *f*

self-financed /ˌselfˌfəˈnænst, -ˈfaɪnænst || ˌselfˈfaɪnænst, ˌselfˌfaɪˈnænst/ *adj* autofinanciado

self-fulfilling /ˌselfˌfʊlˈfɪlɪŋ/ *adj* ‹*prophecy/prediction*› que acarrea su propio cumplimiento

self-fulfillment, (BrE) **self-fulfilment** /ˌselfˌfʊlˈfɪlmənt/ *n* [u] realización *f* (personal); **to achieve ~** realizarse*, llegar* a sentirse realizado

self-glorification /ˌselfˌglɔːrəfəˈkeɪʃən || ˌselfˌglɔːrɪfɪˈkeɪʃən/ *n* [u] autoglorificación *f*

self-governing /ˌselfˈgʌvərnɪŋ || ˌselfˈgʌvənɪŋ/ *adj* autónomo

self-government /ˌselfˈgʌvərnmənt || ˌselfˈgʌvənmənt/ *n* [u] autogobierno *m*, autonomía *f*

self-harm[1] /ˌselfˈhɑːrm || ˌselfˈhɑːm/ *n* [u] (Psych) autolesión *f*, autodaño *m*

self-harm[2] *vi* (Psych) autolesionarse, autodañarse

self-hatred /ˌselfˈheɪtrəd || ˌselfˈheɪtrɪd/ *n* [u] odio *m* a sí mismo, autoodio *m*

self-help /ˈselfˈhelp/ *n* [u] autoayuda *f*; (Econ) autofinanciación *f*, autofinanciamiento *m*; (*before n*): **~ group** grupo *m* de apoyo mutuo

self-hypnosis /ˌselfhɪpˈnəʊsəs || ˌselfhɪpˈnəʊsɪs/ *n* [u] autohipnosis *f*

self-image /ˌselfˈɪmɪdʒ/ *n* imagen *f* de sí mismo

self-importance /ˌselfɪmˈpɔːrtns || ˌselfɪmˈpɔːtns/ *n* [u] (auto)suficiencia *f*, engreimiento *m*, presunción *f*

self-important /ˌselfɪmˈpɔːrtnt || ˌselfɪmˈpɔːtnt/ *adj* (auto)suficiente, engreído, presumido

self-imposed /ˌselfɪmˈpəʊzd/ *adj* ‹*exile/task*› voluntario, autoimpuesto; ‹*rules/punishment*› autoimpuesto

self-improvement /ˌselfɪmˈpruːvmənt/ *n* [u] autosuperación *f*

self-induced /ˌselfɪnˈduːst || ˌselfɪnˈdjuːst/ *adj* **1** ‹*trance/illness*› autoprovocado **2** (Elec) ‹*voltage*› autoinducido

self-induction /ˌselfɪnˈdʌkʃən/ *n* [u] (Elec) autoinducción *f*

self-indulgence /ˌselfɪnˈdʌldʒəns/ *n* [u c] **1** (self-gratification): **buying that car was an act of ~** comprarse ese coche fue permitirse un capricho *or* un exceso; **her later work is marked by ~** su obra posterior se caracteriza por un exceso de florituras estilísticas **2** (self-pity) autocompasión *f*

self-indulgent /ˌselfɪnˈdʌldʒənt/ *adj* **1** (self-gratifying) demasiado indulgente consigo mismo, que se permite excesos **2** (self-pitying) autocompasivo

self-inflicted /ˌselfɪnˈflɪktəd || ˌselfɪnˈflɪktɪd/ *adj* autoinfligido; **his injuries were ~** se había producido él mismo las heridas, sus heridas eran autoinfligidas

self-interest /ˌselfˈɪntrəst/ *n* [u] interés *m* (personal); **she was driven by pure ~** actuaba por puro interés (personal)

selfish /ˈselfɪʃ/ *adj* egoísta

selfishly /ˈselfɪʃli/ *adv* egoístamente

selfishness /ˈselfɪʃnəs || ˈselfɪʃnɪs/ *n* [u] egoísmo *m*

self-justification /ˌselfˌdʒʌstəfəˈkeɪʃən || ˌselfˌdʒʌstɪfɪˈkeɪʃən/ *n* [u] autojustificación *f*

self-knowledge /ˌselfˈnɑːlɪdʒ || ˌselfˈnɒlɪdʒ/ *n* [u] conocimiento *m* de sí mismo

selfless /ˈselfləs || ˈselflɪs/ *adj* desinteresado

selflessly /ˈselfləsli || ˈselflɪsli/ *adv* desinteresadamente

selflessness /ˈselfləsnəs || ˈselflɪsnɪs/ *n* [u] desinterés *m*

self-locking /ˌselfˈlɑːkɪŋ || ˌselfˈlɒkɪŋ/ *adj* de cierre automático

self-love /ˈselfˈlʌv/ *n* [u] amor *m* a sí mismo, autoamor *m*

self-made /ˈselfˈmeɪd/ *adj* (*before n*) ‹*man/woman*› que ha alcanzado su posición gracias a sus propios esfuerzos, self-made

self-medicate /ˌselfˈmedəkeɪt || ˌselfˈmedɪkeɪt/ *vi* (Med) automedicarse

self-medication /ˌselfˌmedəˈkeɪʃən || ˌselfˌmedɪˈkeɪʃən/ *n* [u] automedicación *f*

self-mockery /ˌselfˈmɑːkəri || ˌselfˈmɒkəri/ *n* [u] burla *f* de sí mismo, autoburla *f*

self-motivated /ˌselfˈməʊtəveɪtəd || ˌselfˈməʊtɪveɪtɪd/ *adj* automotivado

self-motivation /ˌselfˌməʊtəˈveɪʃən || ˌselfˌməʊtɪˈveɪʃən/ *n* [u] automotivación *f*

self-mutilation /ˌselfˌmjuːtlˈeɪʃən || ˌselfˌmjuːtɪˈleɪʃən/ *n* [u] automutilación *f*

self-neglect /ˌselfnɪˈglekt/ *n* [u] autoabandono *m*

self-opinionated /ˌselfəˈpɪnjəˌneɪtəd || ˌselfəˈpɪnjəˌneɪtɪd/ *adj* engreído, presuntuoso

self-parody /ˌselfˈpærədi/ *n* [u c] autoparodia *f*, parodia *f* de sí mismo

self-perpetuating /ˌselfpərˈpetʃueɪtɪŋ || ˌselfpəˈpetjʊeɪtɪŋ/ *adj* ‹*situation/activity/problem*› que se autoperpetúa

self-pity /ˌselfˈpɪti/ *n* [u] autocompasión *f*

self-pitying /ˌselfˈpɪtiɪŋ/ *adj* autocompasivo

self-pollination /ˌselfˌpɑːləˈneɪʃən || ˌselfˌpɒlɪˈneɪʃən/ *n* [u] autopolinización *f*

self-portrait /ˌselfˈpɔːrtrət || ˌselfˈpɔːtrɪt/ *n* autorretrato *m*

self-possessed /ˌselfpəˈzest/ *adj* ‹*person*› dueño de sí (mismo), sereno

self-preservation /ˌselfˌprezərˈveɪʃən || ˌselfprezəˈveɪʃən/ *n* [u]: **the instinct of ~** el instinto de conservación *or* supervivencia

self-proclaimed /ˌselfprəˈkleɪmd/ *adj* (frml) ‹*leader/anarchists*› autoproclamado, sedicente

self-professed /ˌselfprəˈfest/ *adj* autodeclarado

self-propelled /ˌselfprəˈpeld/ *adj* autopropulsado

self-protection /ˌselfprəˈtekʃən/ *n* [u] autoprotección *f*

self-publicist /ˌselfˈpʌbləsəst || ˌselfˈpʌblɪsɪst/ *n* autopublicista *mf*, publicista *mf or* propagandista *mf* de sí mismo

self-raising /ˌselfˈreɪzɪŋ/ *adj* (BrE) ▸**self-rising**

self-referential /ˌselfrefəˈrenʃəl/ *adj* autorreferencial, autorreferente

self-regard /ˌselfrɪˈgɑːrd || ˌselfrɪˈgɑːd/ *n* [u] **1** (self-respect) consideración *f* por sí mismo **2** (vanity) (pej) engreimiento *m*

self-regarding /ˌselfrɪˈgɑːrdɪŋ || ˌselfrɪˈgɑːdɪŋ/ *adj* **1** (self-respecting) de consideración por sí mismo **2** (vain) (pej) engreído

self-regulating /ˌselfˈregjəleɪtɪŋ || ˌselfˈregjʊleɪtɪŋ/ *adj* autoregulador

self-regulation /ˌselfregjəˈleɪʃən || ˌselfregjʊˈleɪʃən/ *n* autorregulación *f*

self-reliance /ˌselfrɪˈlaɪəns/ *n* [u] independencia *f*

self-reliant /ˌselfrɪˈlaɪənt/ *adj* independiente

self-reproach /ˌselfrɪˈprəʊtʃ/ *n* [u] autoreproche *m*

self-respect /ˌselfrɪˈspekt/ *n* [u] dignidad *f*, amor *m* propio

self-respecting /ˌselfrɪˈspektɪŋ/ *adj* (*before n*): **no ~ editor would work for them** ningún editor que se precie trabajaría para ellos

self-restraint /ˌselfrɪˈstreɪnt/ *n* [u] ▸**self-control**

self-righteous /ˌselfˈraɪtʃəs/ *adj* ‹*person*› con pretensiones de superioridad moral, farisaico; ‹*tone*› de superioridad moral

self-righteously /ˌselfˈraɪtʃəsli/ *adv* ‹*talk/criticize*› en tono de superioridad moral

self-righteousness /ˌselfˈraɪtʃəsnəs || ˌselfˈraɪtʃəsnɪs/ *n* [u] pretensiones *fpl* de superioridad moral, fariseísmo *m*

self-righting /ˌselfˈraɪtɪŋ/ *adj* autoadrizante (*que vuelve a su posición normal si se vuelca*)

self-rising /ˌselfˈraɪzɪŋ/ (BrE) **self-raising** *adj* (AmE) con polvos de hornear (AmL), con levadura (Esp), leudante (RPl)

self-rule /ˈselfˈruːl/ *n* [u] autogobierno *m*

self-sacrifice /ˌselfˈsækrəfaɪs || ˌselfˈsækrɪfaɪs/ *n* [u] sacrificio *m*

self-sacrificing /ˌselfˈsækrəfaɪsɪŋ || ˌselfˈsækrɪfaɪsɪŋ/ *adj* ‹*person/life*› abnegado, sacrificado

selfsame /ˈselfseɪm/ *adj* (*before n*) ‹*person/day/place*› mismísimo; **every day it's the ~ thing** todos los días la misma historia (fam)

self-satisfaction /ˌselfˌsætəsˈfækʃən || ˌselfˌsætɪsˈfækʃən/ *n* [u] autosatisfacción *f*

self-satisfied /ˌselfˈsætəsfaɪd || ˌselfˈsætɪsfaɪd/ *adj* ufano, satisfecho de sí mismo, (auto)suficiente; ‹*expression/grin*› de (auto)suficiencia

self-sealing /ˌselfˈsiːlɪŋ/ *adj* **1** (that seals automatically) ‹*tire/fuel tank*› de autosellado **2** (self-adhesive) ‹*envelope*› autoadhesivo

self-seeking /ˌselfˈsiːkɪŋ/ *adj* egoísta, interesado

self-service[1] /ˌselfˈsɜːrvəs || ˌselfˈsɜːvɪs/ (esp AmE) **self-serve** /-ˈsɜːrv/ *adj*: **~ restaurant** autoservicio *m*, self-service *m*; **~ store** autoservicio *m*, supermercado *m*

self-service[2] *n* [u] autoservicio *m*

self-serving /ˌselfˈsɜːrvɪŋ || ˌselfˈsɜːvɪŋ/ *adj* interesado

self-starter /ˌselfˈstɑːrtər || ˌselfˈstɑːtə(r)/ *n* persona *f* con iniciativa

self-study /ˈselfˈstʌdi/ *n* autoestudio *m*; (*before n*): **~ skills** técnicas *fpl* de autoestudio

self-styled /ˈselfˈstaɪld/ *adj* (*before n*) ‹*anarchist/revolutionary*› sedicente, supuesto, autollamado

self-sufficiency /ˌselfsəˈfɪʃənsi/ *n* [u] independencia *f*; (Econ) autosuficiencia *f*, autarquía *f*

self-sufficient /ˌselfsəˈfɪʃənt/ *adj* ‹*person*› independiente; ‹*country*› autosuficiente, autárquico; **to be ~ IN sth** autoabastecerse* DE algo; **the country is ~ in oil** el país se autoabastece de petróleo

self-supporting /ˌselfsəˈpɔːrtɪŋ || ˌselfsəˈpɔːtɪŋ/ *adj* ‹*student*› económicamente independiente; ‹*organization*› autofinanciado

self-taught /ˈselfˈtɔːt/ *adj* ‹*pianist/artist/carpenter*› autodidacta, autodidacto; **he was ~ in French** aprendió francés solo *or* por su cuenta

self-test[1] /ˈselfˈtest/ *n* **1** (test of oneself) autotest *m*; (*before n*): **~ questions/exercises** preguntas *fpl*/ejercicios *mpl* de autotest **2** (Comput) autocomprobación *f*

self-test[2] *vi* (Comput) autocomprobarse

self-torment /ˌselfˈtɔːrment || ˌselfˈtɔːment/ *n* [u] autotormento *m*

self-treatment /ˌselfˈtriːtmənt/ *n* [u] autotratamiento *m*

self-understanding /ˌselfˌʌndərˈstændɪŋ || ˌselfˌʌndəˈstændɪŋ/ *n* [u] autoentendimiento *m*

self-will /ˈselfˈwɪl/ *n* [u] terquedad *f*, obstinación *f*

self-willed /ˈselfˈwɪld/ *adj* terco, obstinado

self-winding /ˌselfˈwaɪndɪŋ/ *adj* de cuerda automática; **~ watch** reloj *m* de cuerda automática

self-worth /ˈselfˈwɜːrθ || ˈselfˈwɜːθ/ *n* [u] autoestima *f*

sell[1] /sel/ (*past & past p* **sold**) *vt*

A **1** ‹*goods/house/shares/player/insurance*› vender; **we don't ~ batteries** no vendemos pilas; **S sell by 11.4.04** fecha límite de venta: 11-4-04; **to ~ one's body** vender el cuerpo; **to ~ sth TO sb, to ~ sb sth** venderle algo A algn; **to ~ one's soul to the devil** venderle el alma al diablo; **to ~ sth FOR sth** vender algo EN *or* POR algo; **they sold the painting for $2,000** vendieron el cuadro en *or* por 2.000 dólares; **to ~ sth AT sth: they are ~ing it at half price/at $320/at a discount** lo están vendiendo a mitad de precio/a 320 dólares/con descuento; **to ~ sth at a loss** vender algo perdiendo dinero; **they ~ them at a profit** sacan un margen de ganancia al venderlos; ***to ~ sb short*: he's been sold short** (unfairly treated) no lo han tratado como merece; (ripped off) lo han timado; **don't ~ yourself short** tienes que hacerte valer, tienes que darte el lugar que te corresponde **2** (achieve sales figure of): **her novel sold a million in a year** se vendieron un millón de ejemplares de su novela en un año **3** (promote) vender; **big stars ~ movies** las grandes estrellas venden películas; **it's quality that ~s our products** es la calidad lo que hace que nuestros productos se vendan

B (colloq) (make acceptable) **to ~ sth TO sb, to ~ sb sth** convencer* a algn DE algo; **she tried to ~ me some story about ...** trató de convencerme de que ..., trató de hacerme tragar que ... (fam); **it will be difficult for him to ~ his austerity measures to the nation** le va a costar que la gente acepte sus medidas de austeridad; **you really have to ~ yourself at interviews** en una entrevista tienes que convencer al entrevistador de tu valía; ***to be sold on sth*: I'm not sold on this plan** este plan no me convence; **he's completely sold on the idea** está convencido de que es una magnífica idea

C (betray) vender; **the press accused them of ~ing their country** la prensa los acusó de vender a su país; ▸**river**

■ **sell** *vi* **1** ‹‹*person/company*›› vender; **we ~ direct to the public** vendemos directamente al público; **buying and ~ing** operaciones *fpl* de compra y venta **2** (be sold) ‹‹*product*›› venderse; **to ~ AT/FOR sth** venderse A/POR algo; **it ~s at about £8 a bottle** se vende *or* lo venden a 8 libras la botella **3** ‹‹*theory*›› (prove convincing) (colloq) tener* aceptación

Phrasal verbs

- **sell off** [v + o + adv, v + adv + o] vender; (cheaply) liquidar
- **sell on** [v + o + adv, v + adv + o] (BrE) (Busn) revender
- **sell out**

A [v + adv + o] **1** (sell all of) ‹*stock*› agotar; ‹*article*› agotar las existencias de **2** (dispose of) ‹*shares/holding*› vender, deshacerse* de

B [v + adv] **1** (sell all stock) ‹‹*shop*››: **to ~ out (OF sth)**: **we've** *o* **we're sold out of bread** no nos queda pan, se nos ha agotado el pan **2** (be sold) ‹‹*stock/tickets*›› agotarse; **the red ones had/were sold out by Saturday** el sábado ya se habían agotado los rojos *or* ya no quedaban

S

en rojo; ⑤ **sold out** (Cin, Theat) agotadas las localidades [3] (dispose of holding) vender *or* liquidar el negocio [4] (be traitor) «*leader/artist*» venderse; **to ~ out TO sb/sth** venderse A algn/algo

C [v + o + adv, v + adv + o] (betray) ‹*companions/supporters*› vender

• **sell up** (esp BrE)

A [v + adv + o] ‹*business*› liquidar, vender

B [v + adv] vender el negocio (*or* la casa *etc*)

sell² *n* [1] venta *f* [2] (deception) (BrE colloq & dated) estafa *f*, engaño *m*, camelo *m* (Esp fam)

sell-by date /'selbaɪ/ *n* (BrE) fecha *f* límite de venta; **this food is past its ~ ~** esta comida ya se pasó de la fecha límite

seller /'selər || 'selə(r)/ *n*

A (person, company) vendedor, -dora *m,f*; **a ~'s market** un mercado favorable al vendedor

B (product): **to be a good/poor ~** venderse bien/mal

sell-in /'sel,ɪn/ *n* [u c] venta *f* a minoristas

selling /'selɪŋ/ *n* [u] ventas *fpl*; (*before n*): **~ price** precio *m* de venta; **its biggest ~ point is ...** el mayor atractivo que ofrece al comprador es ...

sell-off /'sel,ɔ:f || 'sel,ɒf/ *n* venta *f* generalizada de activos (*lo que empuja hacia abajo los precios*)

sellotape /'selәteɪp/ *vt* (BrE) ▸**scotchtape**

Sellotape® *n* [u] (BrE) ▸**Scotch tape**

sell-out /'selaʊt/ *n*

A (performance) éxito *m* de taquilla; **it was an instant ~** enseguida se agotaron las localidades

B (betrayal) capitulación *f*

sell-through /'sel,θru:/ *n* [u c]

A [u] (retail sales) volumen *m* de facturación

B [1] [u] (retail sale) venta *f* directa [2] [c] (video for retail sale) video *m* para venta directa

seltzer (water) /'seltsər || 'seltsə(r)/ *n* [u] agua *f*‡ de Seltz

selvage, selvedge /'selvɪdʒ/ *n* orillo *m*

selves /selvz/ *pl of* **self**

semantic /sɪ'mæntɪk/ *adj* semántico

semantically /sɪ'mæntɪkli/ *adv* semánticamente

semantics /sɪ'mæntɪks/ *n* (+ *sing vb*) semántica *f*; **let's not argue over ~** no discutamos sobre matices de significado

semaphore¹ /'seməfɔ:r || 'seməfɔ:(r)/ *n* [1] [u] (code) código *m* de señales [2] [c] **~ (signal)** semáforo *m*

semaphore² *vt* transmitir por semáforo

semblance /'sembləns/ *n* [u] (frml) **~ OF sth** apariencia *f* DE algo; **they managed to maintain some ~ of order** lograron mantener cierta apariencia de orden; **there isn't even a ~ of a plot in the novel** no hay ni asomos de un argumento en la novela, no hay nada que se parezca a un argumento en la novela; **they put on a ~ of unity** se mostraron unidos

semen /'si:mən/ *n* [u] semen *m*

semester /sə'mestər || sɪ'mestə(r)/ *n* (Educ) semestre *m* (*lectivo*); (*before n*): **~ hour** *unidad en que se mide el valor de cada hora semanal de clase*

semi /'semi/ *n* (colloq) [1] (truck) (AmE) ▸**semitrailer 1** [2] (house) (BrE) casa *f* pareada *or* adosada

semi- /'semi, 'semaɪ || 'semi/ *pref* semi-

semiautomatic¹ /,semi,ɔ:tə'mætɪk/ *adj* ‹*gearbox/weapon*› semiautomático

semiautomatic² *n* arma *f*‡ semiautomática

semiautonomous /,semiɔ:'tɑ:nəməs || ,semiɔ:'tɒnəməs/ *adj* semiautónomo

semibold /,semi'bəʊld/ *adj* en seminegrita

semibreve /'semibri:v/ *n* (BrE) redonda *f*, semibreve *f*

semicircle /'semi,sɜ:rkəl || 'semi,sɜ:kəl/ *n* semicírculo *m*

semicircular /,semi'sɜ:rkjələr || ,semi'sɜ:kjʊlə(r)/ *adj* semicircular

semicolon /'semi,kəʊlən || ,semi'kəʊlən/ *n* punto y coma *m*

semicomatose /,semi'kəʊmətəʊs/ *adj* semicomatoso

semiconductor /,semikən'dʌktər || ,semi kən'dʌktə(r)/ *n* semiconductor *m*

semiconscious /,semi'kɑ:ntʃəs || ,semi 'kɒnʃəs/ *adj* semiconsciente; **I was only ~ when the phone rang** cuando sonó el teléfono estaba medio dormido *or* no estaba muy despierto que digamos

semidarkness /,semi'dɑ:rknəs || ,semi'dɑ:knɪs/ *n* [u] penumbra *f*; **the room was in ~** la habitación estaba en penumbra

semidetached /,semidɪ'tætʃt/ *adj*: **a ~ house** una casa pareada *or* adosada

semifinal /,semi'faɪnl/ *n* semifinal *f*

semifinalist /,semi'faɪnləst || ,semi'faɪnlɪst/ *n* semifinalista *mf*

semi-independent /,semiɪndɪ'pendənt/ *adj* semiautónomo

semiliterate /,semi'lɪtərət/ *adj* [1] (with low competence) ‹*person/society*› semialfabetizado [2] (poorly written) ‹*essay/text*› mal escrito, de poco nivel

seminal /'semənl || 'semɪnl/ *adj* (frml) ‹*book/idea*› fundamental, de gran influencia

seminal fluid *n* [u] líquido *m* seminal

seminar /'semənɑ:r || 'semɪnɑ:(r)/ *n* seminario *m*; (*before n*): **~ room** sala *f* de seminarios

seminarian /,semə'neriən || ,semɪ'neəriən/, **seminarist** /-nərəst || -nərɪst/ *n* seminarista *m*

seminary /'seməneri || 'semɪnəri/ *n* (*pl* **-ries**) seminario *m*

semiofficial /,semiə'fɪʃəl/ *adj* semioficial

semiology /,semi'ɑ:lədʒi || ,semi'ɒlədʒi/ *n* [u] semiología *f*

semiotic /,semi'ɑ:tɪk || ,semi'ɒtɪk/ *adj* semiótico

semiotics /,semi'ɑ:tɪks || ,semi'ɒtɪks/ *n* (+ *sing vb*) semiótica *f*

semiprecious /,semi'preʃəs/ *adj* semiprecioso

semiprofessional¹ /,semiprə'feʃnəl/ *adj* semiprofesional

semiprofessional² *n* semiprofesional *mf*

semiquaver /'semi,kweɪvər || 'semi,kweɪvə(r)/ *n* (BrE) semicorchea *f*

semiretired /,semirɪ'taɪrd || ,semirɪ'taɪəd/ *adj* jubilado parcialmente, semijubilado

semiretirement /,semɪrɪ'taɪrmənt || ,semɪrɪ'taɪəmənt/ *n* [u] jubilación *f* parcial, semijubilación

semiskilled /,semi'skɪld/ *adj* semicalificado *or* (Esp) semicualificado

semiskimmed /,semi'skɪmd/ *adj*: **~ milk** leche *f* semidescremada *or* (Esp tb) semidesnatada

Semite /'semaɪt/ *n* semita *mf*

Semitic /sə'mɪtɪk/ *adj* semita, semítico

semitone /'semitəʊn/ *n* semitono *m*

semitrailer /'semi,treɪlər || 'semi,treɪlə(r)/ *n* (AmE) [1] (truck) camión *m* articulado, tráiler *m* (Méx), trailer *m* (Méx) [2] (trailer) remolque *m*, acoplado *m* (CS)

semivowel /'semi,vaʊəl/ *n* semivocal *f*

semolina /,semə'li:nə/ *n* [u] [1] (wheat flour) (AmE) sémola *f* [2] (for dessert) (BrE) crema *f* de sémola

sempiternal /,sempɪ'tɜ:rnl || ,sempɪ'tɜ:nl/ *adj* (liter) sempiterno (liter)

Semtex /'semteks/ *n* [u] Semtex *m*

Sen (in US — person) = **Senator**; (— institution) = **Senate**

SEN *n* (in UK) = **State Enrolled Nurse**

senate /'senət/ *n* [1] (Govt): **the Senate** el senado *or* Senado [2] (of university) ≈ rectorado *m*, junta *f* de gobierno (Méx) (*junta integrada por el rector y algunos profesores*)

> **Senate**
>
> El Senado es la cámara alta del Congreso ▸**Congress** de Estados Unidos. Está formado por 100 senadores ▸**Senator**, dos por cada estado y son elegidos por períodos de seis años. Toda nueva ley debe ser aprobada por el Senado y la Cámara de Representantes ▸**House of Representatives**, pero el Senado tiene responsabilidad especial en asuntos relacionados con la política exterior ▸**President**.

senator /'senətər || 'senətə(r)/ ▸❶ **p.1213**, *n* senador, -dora *m,f*; **S~ John Doe** el senador John Doe

> **Senator**
>
> Un miembro del Senado ▸**Senate** de Estados Unidos.

senatorial /,senə'tɔ:riəl/ *adj* ‹*office/rank*› de senador, senatorial; **~ courtesy** (in US) *práctica por la cual el senado no ratifica un nombramiento hecho por el presidente si el candidato no cuenta con la aprobación de los senadores de su estado*

send /send/ (*past & past p* **sent**) *vt*

A (dispatch) ‹*letter/telegram/parcel/flowers/greetings*› mandar, enviar*; **to ~ sth by post** mandar *or* enviar* algo por correo; **I'm having some money sent by cable** me van a mandar *or* enviar un giro; **Mike ~s his regards/apologies** Mike manda saludos/pide que lo disculpen; **~ her my love** mándale saludos *or* recuerdos de mi parte; **they sent word of his arrival** avisaron que había llegado, mandaron (a) decir que había llegado (AmL)

B (direct, cause to go) ‹*messenger/envoy/reinforcements*› mandar, enviar*; **to ~ sb on an errand/a course** mandar a algn a hacer un recado *or* mandado/un curso; **we'll ~ a car to pick you up** mandaremos un coche a recogerlo; **they've sent Bill across to help** han mandado a Bill para que nos ayude; **~ him along to see me this afternoon** dígale que venga a verme esta tarde, mándemelo esta tarde; **to ~ sb FOR sth**: **he sent me for some beer** me mandó a comprar cerveza, me mandó a por cerveza (Esp fam); **to ~ sb to prison/the gallows** mandar a algn a la cárcel/al cadalso; **to ~ sb to her/his death** enviar* a algn a la muerte; ***to ~ sb packing*** mandar a algn a freír espárragos (fam)

C [1] (propel, cause to move): **he sent the ball over the fence** mandó la pelota al otro lado del cerco; **high winds sent the ship off course** fuertes vientos desviaron la nave de su rumbo; **the assassination sent shock waves around the world** el asesinato conmocionó al mundo; **the thought of it sent a shiver down my spine** me dio un escalofrío de sólo pensarlo; **the news sent prices up/down/soaring** la noticia hizo subir/bajar/disparar los precios; **the blow sent him reeling** el golpe lo dejó tambaleándose; **she sent everything flying** lo hizo saltar todo por los aires [2] (transmit) ‹*signal/current*› enviar*, mandar

D [1] ‹*person*› (+ *compl*): **her remark sent him into a rage/fits of laughter** su comentario lo puso furioso/lo hizo morir de risa; **the kind of voice that ~s you to sleep** el tipo de voz que te hace dormir [2] (carry away) (sl & dated) transportar; **this music ~s me** esta música me transporta *or* (fam) me mata *or* me chifla

E (cause to happen) «*God*» enviar*, mandar; **these things are sent to try us** (set phrase) Dios nos pone a prueba con estas cosas

■ **send** *vi*: **mother sent to say that ...** mamá mandó a que nos avisaran que ..., mamá mandó (a) decir que ... (AmL); **we'll have to ~ to the States for spares** tendremos que encargar repuestos de Estados Unidos, tendremos que mandar (a) pedir repuestos a Estados Unidos (AmL)

Phrasal verbs

• **send after** [1] [v + o + prep + o]: **~ somebody after them** mande a alguien (que vaya) tras ellos [2] [v + prep + o] (dated) hacer* llamar; **she sent after me to inform me of her decision** me hizo llamar *or* (AmL tb) me mandó (a) buscar para comunicarme su decisión

• **send around** [v + o + adv, v + adv + o] [1] (send over) ‹*person/car/item*› mandar, enviar* [2] (circulate) ‹*letter/papers*› hacer* circular

• **send away**

A [v + o + adv, v + adv + o] [1] (dismiss): **don't ~ me away** no me digas que me vaya; **she sent the beggar away empty-handed** despachó al mendigo con las manos vacías [2] (send elsewhere) mandar, enviar*; **the film has to be sent away for processing** hay que mandar *or* enviar la película a revelar

B [v + adv] ▸**send off C**

S

- **send back** [v + o + adv, v + adv + o] ‹*purchase*› devolver*, mandar de vuelta; ‹*person*› hacer* volver
- **send down** [v + o + adv, v + adv + o] (BrE) 1 (from university) (*usu pass*) expulsar 2 (to prison) (colloq) meter preso
- **send for** [v + prep + o] 1 (ask to come) ‹*priest/doctor/ambulance*› mandar a buscar, mandar llamar (AmL); **they sent for reinforcements** pidieron que enviaran refuerzos; **stay there until you are sent for** quédate allí hasta que manden a alguien a buscarte, quédate allí hasta que te manden llamar (AmL) 2 (order) ‹*catalog/application form*› pedir*; ‹*books/tapes/clothes*› encargar*, pedir*
- **send forth** [v + o + adv, v + adv + o] (liter) 1 (send out) ‹*army*› enviar* 2 (emit) ‹*heat/light*› emitir, dar*
- **send in** [v + o + adv, v + adv + o] 1 ‹*troops*› enviar*, mandar 2 ‹*substitute*› (Sport) hacer* entrar 3 (by post) ‹*entry/coupon/application*› mandar, enviar* 4 (into room) ‹*person*› hacer* pasar; **~ him in** hágalo pasar
- **send off**

A [v + o + adv, v + adv + o] (dispatch) ‹*letter/parcel/goods*› despachar, mandar, enviar*; ‹*person*› mandar; **he sent me off to mail the letter** me mandó a echar la carta; **I like to ~ them off with a good breakfast** me gusta que tomen un buen desayuno antes de salir

B [v + o + adv, v + adv + o], [v + o + prep + o] (BrE) (Sport) expulsar, echar; **how many players were sent off?** ¿a cuántos jugadores expulsaron *or* echaron?; **he was sent off the pitch** lo echaron del campo de juego

C [v + adv] **to ~ off FOR sth**: **I sent off for a brochure** escribí pidiendo un folleto, mandé pedir un folleto (AmL)

- **send on** [v + o + adv, v + adv + o] 1 (in advance) ‹*luggage*› enviar* *or* mandar por adelantado; **they sent him on (ahead) with the message** lo mandaron delante *or* (esp AmL) adelante con el mensaje 2 (forward) ‹*mail*› hacer* seguir, remitir (frml) 3 (BrE) (Sport) hacer* salir a jugar
- **send out**

A [v + o + adv, v + adv + o] 1 (emit) ‹*heat*› despedir*, irradiar; ‹*signal/rays/radio waves*› emitir 2 (on errand) mandar; **we sent the boys out for a pizza** mandamos a los chicos a comprar una pizza, mandamos a los chicos a por una pizza (Esp fam); **I sent him out to get some stamps** lo mandé a comprar sellos *or* (Esp tb) a por sellos 3 ‹*scouts/emissaries*› mandar, enviar* 4 (by post) ‹*leaflets/invitations*› mandar, enviar*

B [v + o + adv (+ prep + o)] (ask to leave): **the teacher sent me out for talking** el profesor me echó de clase por hablar; **they sent me out of the room while they discussed it** me hicieron salir de la habitación *or* me mandaron afuera mientras lo discutían

C [v + adv] **to ~ out FOR sth**: **we sent out for coffee** mandamos comprar café (AmL), mandamos a alguien a por café (Esp fam)

- **send round** (esp BrE) ▸**send around**
- **send up** [v + o + adv, v + adv + o]

A (to prison) (AmE) meter preso

B (satirize) (BrE colloq) parodiar, burlarse de

sender /ˈsendər || ˈsendə(r)/ *n* remitente *mf*; Ⓢ **return to sender** devuélvase al remitente

send-off /ˈsendɔːf || ˈsendɒf/ *n* (colloq) despedida *f*

send-up /ˈsendʌp/ *n* (BrE colloq) parodia *f*; **he does a really good ~ of the boss** imita muy bien al jefe

Senegal /ˌsenɪˈgɔːl/ *n* (el) Senegal

Senegalese[1] /ˌsenɪgəˈliːz/ *adj* senegalés

Senegalese[2] *n* (*pl* ~) senegalés, -lesa *m,f*

senescence /sɪˈnesns/ *n* [u] (liter) senectud *f* (liter)

senile /ˈsiːnaɪl/ *adj* senil, chocho (fam); **grandma's going a bit ~** la abuela chochea un poco *or* está un poco chocha (fam)

senile dementia *n* [u] demencia *f* senil

senility /sɪˈnɪləti/ *n* [u] senilidad *f*

senior[1] /ˈsiːnjər || ˈsiːniə(r)/ *adj*

A 1 (superior in rank): **those in ~ positions** quienes ocupan puestos de responsabilidad; **I need to ask advice from a ~ colleague** tengo que consultar a un superior; **I'd like to speak to someone more ~** quisiera hablar con un superior suyo; **a ~ officer in the Army** un oficial de alto rango del Ejército; **~ editor** editor, -tora *m,f*, redactor, -tora *m,f* sénior; **~ lecturer** (BrE) profesor adjunto, profesora adjunta *m,f* ≈agregado, -da *m,f* a cátedra; **~ partner** socio mayoritario, socia mayoritaria *m,f*; **the S~ Service** (BrE) la armada británica; **~ tutor** *profesor tutor a cargo de los planes de enseñanaza*; **~ TO sb**: **she's ~ to him** es su superior, está por encima de él 2 (older): **Robert King, S~** (esp AmE) Robert King, padre *or* sénior; **the ~ members of a club** los socios más antiguos de un club

B 1 (Educ): **~ school** (in UK) colegio *m* secundario; **the ~ boys** los chicos mayores *or* de los últimos cursos; **~ year** (in US) último año *or* curso 2 (Sport) sénior *adj inv*

senior[2] *n*

A 1 (older person): **he's five years my ~** me lleva cinco años, es cinco años mayor que yo 2 (person of higher rank) superior *m*; **you'll have to speak to my ~** va a tener que hablar con mi superior

B 1 (Educ) estudiante *mf* del último año *or* curso 2 (AmE) ▸**senior citizen**

senior certificate *n* (SAfr) (Educ) *certificado final de escolaridad para los que aprueban un conjunto de exámenes al terminar el 12° grado*

senior citizen *n* persona *f* de la tercera edad

senior high (school) *n* (in US) *colegio donde se imparten los tres últimos cursos de la enseñanza secundaria*

seniority /siːnˈjɔːrəti || ˌsiːniˈɒrəti/ *n* [u] 1 (in age): **his ~ gave him the right to speak first** era su derecho hablar primero por ser el mayor 2 (in rank) jerarquía *f* 3 (in length of service) antigüedad *f*

senna /ˈsenə/ *n* 1 [c] (plant) sena *f*, sen *m* 2 [u] (drug) diasén *m*

sensation /senˈseɪʃən/ *n*

A 1 [c u] (feeling, impression) sensación *f*; **a strange ~** una sensación extraña; **he had no ~ in his arm** no sentía nada en el brazo, tenía el brazo insensible 2 [u] (ability to feel) sensibilidad *f*

B [c] 1 (furor) sensación *f*; **to cause** *o* **create a ~** causar sensación, hacer* furor 2 (success): **the play was a ~ on Broadway** la obra fue todo un éxito *or* (fam) un exitazo en Broadway

sensational /senˈseɪʃnəl || senˈseɪʃənl/ *adj* 1 (causing furor) que causa sensación 2 (overdramatic) ‹*paper/reporting*› sensacionalista 3 (very good) (colloq) sensacional (fam)

sensationalism /senˈseɪʃnəlɪzəm || senˈseɪʃənlɪzəm/ *n* [u] sensacionalismo *m*

sensationalist /senˈseɪʃnələst || senˈseɪʃənlɪst/ *adj* sensacionalista

sensationalize /senˈseɪʃnəlaɪz || senˈseɪʃənlaɪz/ *vt* sensacionalizar*

sensationally /senˈseɪʃnəli || senˈseɪʃənli/ *adv* 1 ‹*write/report*› de manera sensacionalista 2 (very well) (colloq) sensacionalmente, sensacional (fam) 3 (*as intensifier*) ‹*good/bad*› extremadamente

sense[1] /sens/ *n*

A 1 [c] (physical faculty) sentido *m*; **the ~ of hearing/smell/taste/touch** el (sentido del) oído/olfato/gusto/tacto; **the ~ of sight** (el sentido de) la vista; (*before n*) ‹*data/impressions*› sensorial; **~ organ** órgano *m* sensorial 2 **senses** *pl* (rational state): **no one in his (right) ~s would do something like that** una persona en su (sano) juicio *or* en sus cabales no haría una cosa así; **at last she came to her ~s and went back** por fin entró en razón y volvió; **I tried to bring her to her ~s** intenté hacerla entrar en razón; **when I came to my ~s, I found myself in hospital** cuando recobré el conocimiento *or* volví en mí, me di cuenta de que estaba en un hospital; ***to be out of one's ~s*** no estar* en sus (*or* mis *etc*) cabales, estar* loco; ***to take leave of one's ~s*** perder* el juicio, volverse* loco; **have you taken leave of your ~s?** ¿tú has perdido el juicio?, ¿tú te has vuelto loco?

B 1 (impression) (*no pl*) sensación *f*; **the mirror gives the room a ~ of space** el espejo le da una sensación de espacio *or* de amplitud a la habitación; **I felt a ~ of belonging/betrayal** me sentí aceptado/traicionado; **she has an exaggerated ~ of her own importance** se cree más importante de lo que es 2 [c u] (awareness) sentido *m*; **~ of direction/rhythm/color** sentido de la orientación/del ritmo/del color; **she has a good ~ of balance** tiene mucho equilibrio; **the Irish have a strong ~ of history** los irlandeses tienen un arraigado sentido de la historia; **she has no ~ of fear** no sabe lo que es el miedo, no es nada miedosa; **she has no ~ of decency** no tiene vergüenza; **he has no ~ of occasion** es muy inoportuno; **Christmas this year lacked a ~ of occasion** no hubo ambiente navideño esta Navidad; **I lost all ~ of time** perdí completamente la noción del tiempo; **~ of humor** sentido *m* del humor; **she has a great ~ of fun** sabe verle el lado divertido a las cosas; **his lack of business ~** su falta de visión para los negocios

C [u] 1 (*common ~*) sentido *m* común; **use a bit of ~!** usa la cabeza *or* tu sentido común; **have you no ~?** ¿eres tonto o qué?; **she had the (good) ~ to leave her phone number** tuvo la sensatez *or* el tino de dejar su número de teléfono; **he didn't have the ~ to tell me** no se le ocurrió avisarme, no tuvo el tino de avisarme; **I have more ~ than to contradict my boss** no soy tan tonto como para contradecir a mi jefe; **to knock** *o* **beat some ~ into sb** hacer* entrar en razón a algn; **the new Minister talks a lot of ~** el nuevo ministro dice muchas cosas sensatas; **I can't make him see ~** no puedo hacerlo entrar en razón; ***you haven't got the ~ you were born with*** no tienes ni pizca de sentido común 2 (point, value) sentido *m*; **there's not much ~ in doing it again** no tiene mucho sentido volver a hacerlo; **what's the ~ of staying at home?** ¿qué sentido tiene quedarse en casa?

D [c] 1 (meaning) sentido *m*, significado *m*; **in the true ~ of the word** en el verdadero sentido de la palabra; **in every ~ of the word** en todo sentido; **what is the ~ of this sentence?** ¿qué significa *or* cuál es el significado de esta oración?; **the different ~s of the word** las distintas acepciones *or* los distintos significados de la palabra; **in the figurative/literal ~ of the word** en el sentido figurado/literal de la palabra *or* del término; **he is a professional in the full ~ (of the term)** es un profesional en toda la extensión de la palabra 2 (aspect, way): **in a ~ they're both correct** en cierto modo *or* sentido ambos tienen razón; **they would be better off in many ~s/in every ~ if they stayed** saldrían ganando en muchos aspectos/en todo sentido si se quedaran; **it must in no ~ be taken as the final offer** no debe de ningún modo *or* de ninguna manera interpretarse como la oferta final

E **to make ~** 1 (be comprehensible) tener* sentido; **this sentence doesn't make much ~** esta frase no tiene mucho sentido; **you're not making ~** lo que dices no tiene sentido; ***to make ~ of sth*** entender* algo; **I can't make ~ of this letter** no logro entender esta carta; **he writes in order to try and make ~ of his own experience** escribe para tratar de interpretar sus propias experiencias 2 (be sensible): **I thought that what he said made a lot of ~** me pareció que lo que dijo era muy razonable *or* sensato; **it makes ~ to invest in gold** conviene invertir en oro; **it makes no ~ to hire more staff now** no tiene mucho sentido contratar más personal en este momento; **it doesn't make economic ~** no es recomendable desde el punto de vista económico

F (opinion) (frml) consenso *m* de opinión, opinión *f* general

sense[2] *vt* 1 (be aware of) sentir*, notar; **I ~d that they weren't very happy** sentí *or* intuí que no estaban muy contentos 2 (detect) (Tech) detectar 3 (understand) darse* cuenta de

senseless /ˈsensləs || ˈsenslɪs/ *adj*

A (pointless) ‹*act/destruction/murder*› sin sentido; **it would be ~ for us to buy it** no tendría sentido que lo compráramos

S

B (unconscious) inconsciente, sin sentido; **they beat him ~** lo golpearon hasta dejarlo inconsciente *or* sin sentido, lo golpearon hasta hacerle perder el conocimiento

senselessly /'sensləsli || 'senslɪsli/ *adv* sin ningún sentido

senselessness /'sensləsnəs || 'senslɪsnɪs/ *n* [u] falta *f* de sentido

sensibility /,sensə'bɪləti/ *n* **1** [u] (artistic feeling) sensibilidad *f* **2** **sensibilities** *pl* (finer feelings) sensibilidad *f*; **to offend sb's sensibilities** herir* la sensibilidad *or* la susceptibilidad de algn

sensible /'sensəbəl/ *adj*

A **1** ‹*person/approach/attitude*› sensato; ‹*decision*› prudente; ‹*choice*› acertado; ‹*price*› razonable; **she's a ~ girl** es una chica sensata *or* de criterio; **be ~, you can't do it all on your own** sé razonable, no lo puedes hacer todo tú solo; **I think that's the most ~ thing to do** me parece que es lo más sensato *or* razonable; **quality goods at ~ prices** artículos de calidad a precios razonables **2** ‹*clothes/shoes*› cómodo y práctico

B **1** (aware, appreciative) (frml) **to be ~ OF sth** ser* *or* (Chi, Méx tb) estar* consciente DE algo; **I am ~ of the honor you have done me** soy consciente del honor que me han hecho **2** (detectable) (frml) apreciable, perceptible

sensibleness /'sensəbəlnəs || 'sensəbəlnɪs/ *n* [u] sensatez *f*

sensibly /'sensəbli/ *adv* **1** ‹*act*› con sensatez, con tino; **~ priced meals** comidas a precios razonables; **he very ~ refused to comment on the matter** con muy buen criterio se negó a comentar el asunto **2** ‹*dressed*› con ropa cómoda y práctica

sensitive /'sensətɪv/ *adj*

A **1** (emotionally responsive) ‹*person*› sensible; ‹*performance/account*› lleno de sensibilidad; **to be ~ TO sth: to be ~ to music** tener* sensibilidad para la música; **to be ~ to sb's needs/problems** ser* *or* (Chi, Méx tb) estar* muy consciente de las necesidades/los problemas de algn, tener* muy presentes las necesidades/los problemas de algn **2** (touchy) ‹*person*› susceptible; **~ ABOUT/TO sth: he's very ~ to criticism** es muy susceptible a la crítica; **he's very ~ about his spots** vive preocupado por los granitos

B (physically responsive) ‹*skin*› sensible, delicado; ‹*teeth*› sensible; ‹*instrument/film*› sensible; **~ TO sth** sensible A algo; **to be ~ to temperature changes** ser* sensible a los cambios de temperatura

C **1** (secret) ‹*document/information*› confidencial; **he holds a ~ post in the Ministry** ocupa un puesto de absoluta confianza en el Ministerio **2** (requiring tact) ‹*topic/issue*› delicado; **the ~ border region** la conflictiva zona fronteriza

sensitive data *n* (Pol) datos *mpl* sensibles

sensitively /'sensətɪvli/ *adv* con sensibilidad

sensitiveness /'sensətɪvnəs || 'sensətɪvnɪs/ *n* ▸**sensitivity**

sensitive plant *n* sensitiva *f*

sensitivity /,sensə'tɪvəti/ *n* [u]

A **1** (emotional responsiveness) **~ (TO sth)** sensibilidad *f* (FRENTE A algo) **2** (touchiness) **~ (TO sth)** susceptibilidad *f* (A algo)

B (physical responsiveness) **~ (TO sth)** sensibilidad *f* (A algo)

C (of information) confidencialidad *f*; (of issue) lo delicado

sensitize /'sensətaɪz || 'sensɪtaɪz/ *vt* sensibilizar*; (to a social problem) concientizar* *or* (Esp) concienciar; **to ~ sb TO sth: we must ~ people to the problem** debemos sensibilizar a la población acerca del problema, debemos hacer que la población tome conciencia del problema; **a highly ~d photographic film** una película de alta sensibilidad

sensor /'sensər || 'sensə(r)/ *n* sensor *m*

sensory /'sensəri/ *adj* sensorial

sensory deprivation *n* [u] privación *f* sensorial, aislamiento *m* sensorial

sensual /'sentʃuəl || 'senʃʊəl/ *adj* sensual

sensuality /,sentʃu'æləti || ,senʃʊ'æləti/ *n* [u] sensualidad *f*

sensually /'sentʃuəli || 'senʃʊəli/ *adv* sensualmente

sensuous /'sentʃuəs || 'sensjʊəs/ *adj* sensual

sensuously /'sentʃuəsli || 'sensjʊəsli/ *adv* con sensualidad, sensualmente

sensuousness /'sentʃuəsnəs || 'sensjʊəsnɪs/ *n* [u] sensualidad *f*

sent /sent/ *past & past p of* **send**

sentence[1] /'sentns || 'sentəns/ *n*

A (Ling) oración *f*; **I couldn't finish the ~** no pude terminar la oración *or* frase; (*before n*): **~ structure** estructura *f* de la oración

B (Law) sentencia *f*; **he's serving a life ~** está cumpliendo una condena a cadena perpetua; **the death ~** la pena de muerte; **the court gave her a two-year ~** el tribunal la sentenció *or* la condenó a dos años de prisión, el tribunal le impuso una pena de dos años de prisión; **to pass ~ (on sb)** dictar *or* pronunciar sentencia (contra algn), sentenciar (a algn); **she is under ~ of death** la han condenado a (la pena de) muerte

sentence[2] *vt* **to ~ sb (TO sth)** condenar *or* sentenciar a algn (A algo); **they have been ~d to death** los han condenado a (la pena de) muerte, los han sentenciado a muerte

sententious /sen'tentʃəs || sen'tenʃəs/ *adj* (frml) sentencioso

sententiously /sen'tentʃəsli || sen'tenʃəsli/ *adv* (frml) ‹*phrased/worded*› sentenciosamente; ‹*say*› en tono sentencioso

sententiousness /sen'tentʃəsnəs || sen'tenʃəsnɪs/ *n* [u] (frml) tono *m* sentencioso

sentient /'sentʃənt, 'sentiənt || 'senʃənt, 'sentiənt/ *adj* (frml) sensible, sensitivo

sentiment /'sentɪmənt/ *n*

A **1** [u] (feeling) sentir *m*, sentimiento *m*; **an upsurge in nationalist ~** un renacimiento del sentir *or* del sentimiento nacionalista **2** [c] (view) opinión *f*, parecer *m*; **to voice** *o* **express one's ~s** expresar su (*or* mi *etc*) opinión *or* parecer *or* sentir; **he echoed the ~s of the majority** se hizo eco del sentir de la mayoría; **my ~s exactly** *o* **entirely** estoy totalmente de acuerdo, eso es exactamente lo que pienso yo

B [u] (sentimentality) sensiblería *f*, sentimentalismo *m*

sentimental /,sentɪ'mentl/ *adj* **1** (emotional) ‹*person/movie/song*› sentimental; **let's not get ~ about it** no nos pongamos sentimentales **2** (concerning emotions) (*usu before n*): **it had ~ value** tenía (un) valor sentimental; **a ~ journey to the town where he was born** un viaje nostálgico a su pueblo natal

sentimentalism /,sentɪ'mentlɪzəm/ *n* [u] sentimentalismo *m*

sentimentalist /,sentɪ'mentləst || ,sentɪ'mentəlɪst/ *n* sentimental *mf*

sentimentality /,sentɪmen'tæləti/ *n* [u] sentimentalismo *m*; **cloying ~** sensiblería *f*

sentimentalize /,sentɪ'mentlaɪz || ,sentɪ'mentəlaɪz/ *vt* dar* una visión sentimental de

■ **sentimentalize** *vi* ponerse* sentimental; **he has a tendency to ~** tiende a ponerse sentimental

sentimentally /,sentɪ'mentəli/ *adv* ‹*written*› de una manera sentimental; **I'm ~ attached to my old car** le tengo mucho cariño a mi viejo coche

sentinel /'sentnəl || 'sentɪnl/ *n* (liter) centinela *m*; **army officers stood ~ over the grave** oficiales del ejército montaron guardia junto a la tumba

sentry /'sentri/ *n* (*pl* **-tries**) centinela *m*; (*before n*): **to be on ~ duty** estar* de guardia

sentry box *n* garita *f*, puesto *m* de guardia

Seoul /səʊl/ *n* Seúl *m*

Sep ▸❶ **p.1085 (= September)** sept., sep.

SEPA *n* (EU, Fin) **(= Single Euro Payments Area)** SEPA *f*

sepal /'sepəl/ *n* sépalo *m*

separable /'seprəbəl 'sepərəbəl/ *adj* separable

separate[1] /'sepərət/ *adj* **1** (individual) (*usu before n*) ‹*beds/rooms/bank accounts*› separado; **they're taking ~ vacations this year** este año cada uno se va de vacaciones por separado; **they live in the same house but lead ~ lives** viven en la misma casa pero hacen vida aparte, viven juntos pero no revueltos (hum); ***to go our/their ~ ways*** irse* cada uno por su lado; **after the divorce, they went their ~ ways** después del divorcio cada uno se fue por su lado **2** (physically apart) aparte *adj inv*; **the gym is in a ~ building** el gimnasio está en un edificio aparte *or* en otro edificio; **could I have the salad on a ~ plate?** ¿me podría servir la ensalada en un plato aparte *or* en otro plato?; **~ FROM sth** separado DE algo; **keep your passport ~ from your wallet** no guarde juntos el pasaporte y la billetera **3** (distinct, different): **this word has three ~ meanings** esta palabra tiene tres significados distintos *or* diferentes; **answer each question on a ~ sheet of paper** conteste cada pregunta en una hoja aparte; **the subject deserves ~ treatment** el tema merece ser tratado por separado; **send it under ~ cover** mándelo por separado

separate[2] /'sepəreɪt/ *vt* **1** (set apart) separar; **to ~ sth/sb FROM sth/sb** separar algo/a algn DE algo/algn; **~ the yolk from the white** separar la yema de la clara **2** (keep apart) separar; **the issues that ~ the two sides** los temas que separan a ambos bandos; **to be ~d FROM sb** estar* separado DE algn; **he was ~d from his family for months** durante meses estuvo separado de su familia **3** (distinguish) distinguir*, diferenciar; **to ~ sth FROM sth** distinguir* *or* diferenciar algo DE algo; **she finds it difficult to ~ fact from fiction** encuentra difícil distinguir *or* diferenciar lo real de lo ficticio **4** (Tech) extraer*

■ **separate** *vi* **1** (divide) separarse; **the sauce ~d** la salsa se cortó **2** (move apart) separarse **3** «*couple*» separarse

Phrasal verbs

• **separate off** [v + o + adv, v + adv + o] ‹*area/section/group*› separar

• **separate out**

A [v + adv] «*elements/ingredients*» separarse; «*mixture/emulsion*» disgregarse*

B [v + o + adv, v + adv + o] ‹*elements/ingredients*› separar; ‹*mixture/emulsion*› disgregar*; ‹*considerations/factors*› distinguir*

separated /'sepəreɪtəd || 'sepəreɪtɪd/ *adj* separado; **she is ~ from her husband** está separada del marido

separately /'seprətli, 'sepərətli/ *adv* **1** (apart) por separado; **I'll send the book ~** mandaré el libro aparte *or* por separado **2** (individually) separadamente, por separado

separates /'sepərəts/ *pl n: prendas de vestir femeninas que se venden sueltas y se pueden combinar entre sí para formar conjuntos*

separation /,sepə'reɪʃən/ *n*

A **1** [u] (division) separación *f*; **~ of powers/of church and state** separación de poderes/entre Iglesia y Estado **2** [c] (gap) separación *f*

B [c] **1** (time of being apart) separación *f* **2** (estrangement) separación *f*; **judicial ~** separación *f* legal

separatism /'seprətɪzəm, 'sepərətɪzəm/ *n* [u] separatismo *m*

separatist /'seprətəst, 'sepə- || 'sepərətɪst, 'seprə-/ *n* separatista *mf*; (*before n*) ‹*group/movement*› separatista

separator /'sepəreɪtər || 'sepəreɪtə(r)/ *n* separador *m*

Sephardi[1] /sə'fɑːrdi || sɪ'fɑːdi/ *n* (*pl* **-dim** /-dɪm/) sefardí *mf*, sefardita *mf*

Sephardi[2] *adj* sefardí, sefardita

Sephardic /sə'fɑːrdɪk || sɪ'fɑːdɪk/ *adj* sefardí, sefardita

sepia /'siːpiə/ *n* [u] sepia *m*; (*before n*) ‹*print/photograph*› en sepia

sepoy /'siːpɔɪ/ *n* cipayo *m*

sepsis /'sepsəs || 'sepsɪs/ *n* [u] sepsis *f*

Sept ▸❶ **p.1085 (= September)** sept., sep.

September /sep'tembər || sep'tembə(r)/ ▸❶ **p.1085** *n* septiembre *m*, setiembre *m*; *see also* **January**

S

septet /sep'tet/ *n* septeto *m*

septic /'septɪk/ *adj* séptico; **the wound turned** *o* **went** ~ la herida se infectó; ~ **poisoning** septicemia *f*

septicemia, (BrE) **septicaemia** /ˌseptə'siːmiə || ˌseptɪ'siːmiə/ *n* [u] septicemia *f*

septic tank *n* pozo *m* séptico *or* ciego *or* negro, fosa *f* séptica, cámara *f* séptica (CS)

septuagenarian¹ /ˌseptuədʒə'neriən || ˌseptjʊədʒə'neəriən/ *n* septuagenario, -ria *m,f*

septuagenarian² *adj* septuagenario

septuplet /sep'tuːplət || sep'tjuːplɪt/ *n* **1** (baby) septillizo, -za *m,f* **2** (Mus) septillo *m*

sepulcher, (BrE) **sepulchre** /'sepəlkər || 'sepəlkə(r)/ *n* (liter) sepulcro *m*; **the Holy S~** el Santo Sepulcro; ***a whited*** ~ un sepulcro blanqueado

sepulchral /sə'pʌlkrəl/ *adj* sepulcral

sequel /'siːkwəl/ *n* **1** (Cin, Lit, TV) ~ **(TO sth)** continuación *f* (DE algo) **2** (later events) ~ **(TO sth)** secuela *f or* consecuencia *f* (DE algo)

sequence /'siːkwəns/ *n*

A (order): **a logical** ~ un orden lógico, una secuencia lógica; **the police established the** ~ **of events** la policía estableció cómo se sucedieron los hechos; **the** ~ **of tenses** (Ling) la concordancia de los tiempos verbales; **it's better to look at the pictures in** ~ es mejor ver las fotos en *or* por orden; **in historical** ~ en *or* por orden cronológico, cronológicamente

B **1** (series) serie *f* **2** (Math, Mus) secuencia *f* **3** (of cards) escalera *f*, corrida *f* (Méx)

C (Cin, TV) secuencia *f*

sequential /sɪ'kwentʃəl || sɪ'kwenʃəl/ *adj* (frml) ‹*processes*› consecutivo, secuencial; ~ **search** (Comput) búsqueda *f* secuencial

sequester /sɪ'kwestər || sɪ'kwestə(r)/ *vt*

A (Law) (in contempt case) embargar*; ‹*property in litigation*› secuestrar

B (isolate) (liter) aislar*

sequestered /sɪ'kwestərd || sɪ'kwestəd/ *adj* (liter) ‹*place*› aislado, retirado; ‹*life*› recluido

sequestrate /'siːkwəstreɪt || 'siːkwɪstreɪt/ *vt* ▸**sequester A**

sequestration /ˌsiːkwəs'treɪʃən || ˌsiːkwɪ'streɪʃən/ *n* [u] (in contempt case) embargo *m*; (of property in litigation) secuestro *m*

sequestrator /'siːkwəsˌtreɪtər || 'siːkwɪsˌtreɪtə(r)/ *n* (in contempt case) embargador, -dora *m,f*; (of property in litigation) depositario, -ria *m,f*

sequin /'siːkwən || 'siːkwɪn/ *n* lentejuela *f*

sequined, sequinned /'siːkwənd || 'siːkwɪnd/ *adj* cubierto de lentejuelas

sequoia /sɪ'kwɔɪə/ *n* secoya *f*, secuoya *f*

sera /'sɪrə || 'sɪərə/ *pl of* **serum**

seraglio /sə'rɑːljəʊ || sə'rɑːliəʊ/ *n* (*pl* **-glios**) serrallo *m*

seraph /'serəf/ *n* (*pl* **-aphim** *or* **-aphs**) serafín *m*

seraphic /sə'ræfɪk/ *adj* (liter) seráfico, angelical

seraphim /'serəfɪm/ *pl of* **seraph**

Serb /sɜːrb || sɜːb/ *adj/n* ▸**Serbian¹, Serbian²**

Serbia /'sɜːrbiə || sɜːbiə/ *n* Serbia *f*, Servia *f*

Serbia and Montenegro *n* (Geog) Serbia y Montenegro

Serbian¹ /'sɜːrbiən || 'sɜːbiən/ *adj* serbio, servio

Serbian² *n* serbio, -bia *m,f*, servio, -via *m,f*

Serbo-Croat /ˌsɜːrbəʊ'krəʊæt || ˌsɜːbəʊ'krəʊæt/, **Serbo-Croatian** /-krəʊ'eɪʃən/ *n* [u] serbocroata *m*

serenade¹ /ˌserə'neɪd/ *n* serenata *f*

serenade² *vt* darle* (una) serenata a

serendipity /ˌserən'dɪpəti/ *n* [u] serendipia *f* (*don de descubrir cosas sin proponérselo*)

serene /sə'riːn/ *adj* **1** (calm) ‹*person/beauty/sky*› sereno **2** (in title): **His/Her S~ Highness** Su Alteza Serenísima

serenely /sə'riːnli/ *adv* ‹*smile*› serenamente, con serenidad; **he remained** ~ **indifferent** ni se inmutó; **she felt** ~ **confident that ...** sentía la serena confianza de que ...

serenity /sə'renəti/ *n* [u] serenidad *f*

serf /sɜːrf || sɜːf/ *n* siervo, -va *m,f*

serfdom /'sɜːrfdəm || 'sɜːfdəm/ *n* [u] servidumbre *f*

serge /sɜːrdʒ || sɜːdʒ/ *n* [u] sarga *f*

sergeant /'sɑːrdʒənt || 'sɑːdʒənt/ *n* sargento *mf*; **first** ~ (in US Army, Marines) sargento *mf* primero; **yes, S~** sí, mi sargento

sergeant at arms *n* (*pl* **~s** ~ ~) *funcionario que mantiene el orden en el parlamento, en los juzgados etc*

sergeant major *n* ≈ brigada *mf*

serial¹ /'sɪriəl || 'sɪəriəl/ *adj* **1** (in series) consecutivo; ~ **killer** asesino, -na *m,f* en serie, asesino, -na *m,f* múltiple **2** (in episodes) ‹*thriller*› seriado, en capítulos; **published in** ~ **form** publicado por entregas **3** (Comput) ‹*input/access/interface*› en serie; ~ **printer** impresora *f* serial *or* en serie

serial² *n* **1** (Rad, TV) serie *f*, serial *m or* (CS) serial *f* **2** (Publ): **it was published as a** ~ se publicó por entregas

serialization /ˌsɪriələ'zeɪʃən || ˌsɪəriəlaɪ'zeɪʃən/ *n* [c u] serialización *f*

serialize /'sɪriəlaɪz || 'sɪəriəlaɪz/ *vt* serializar*, seriar

serially /'sɪriəli || 'sɪəriəli/ *adv* **1** (Publ, Rad, TV): **to publish** ~ publicar* por entregas; **to broadcast** ~ transmitir por capítulos *or* en forma de serial *or* serie **2** (Comput) en serie

serial number *n* número *m* de serie

sericulture /'serɪkʌltʃər || 'serɪkʌltʃə(r)/ *n* [u] sericultura *f*

series /'sɪriːz || 'sɪəriːz/ *n* (*pl* ~) **1** (succession) serie *f*, sucesión *f*; **she made a** ~ **of mistakes** cometió una serie *or* una sucesión de errores; **arithmetical/geometrical** ~ serie aritmética/geométrica **2** (set, group): **a TV/radio** ~ una serie *or* un serial *or* (CS) una serial de televisión/radio; **a** ~ **of concerts/lectures** un ciclo *or* un programa de conciertos/conferencias; **a** ~ **of coins/stamps** una serie de monedas/sellos **3** (in baseball, cricket) serie *f* **4** (Elec): **in** ~ en serie

serif /'serɪf/ *n* serifa *f*

serious /'sɪriəs || 'sɪəriəs/ *adj*

A **1** (in earnest, sincere) serio; **I'm not joking, I'm** ~ no estoy bromeando, lo digo en serio *or* de veras; **you can't be** ~**!** ¡estás loco!, ¡me estás tomando el pelo! (fam); **come on now, be** ~**!** vamos, vamos, más formalidad; **on a more** ~ **note** pasando a un tema más serio; **to be** ~**, I don't think it's feasible** hablando en serio, no creo que eso sea posible; **to give** ~ **thought/consideration to sth** pensar*/considerar algo seriamente; **to be** ~ **ABOUT sth/-ING: I'm** ~ **about this** lo digo en serio; **she's not** ~ **about our relationship** no se toma lo nuestro en serio; **are you** ~ **about wanting to change your job?** ¿en serio quieres cambiar de trabajo? **2** (thoughtful) serio; **she suddenly put on a** ~ **face** de repente se puso seria *or* puso cara seria; **don't look so** ~ no te pongas tan serio **3** (committed) (*before n*) ‹*student/worker*› dedicado; **I haven't much time for** ~ **study** no tengo tiempo para estudiar en serio **4** (not lightweight) (*before n*) ‹*newspaper/play/music*› serio

B **1** (grave, severe) ‹*injury/illness/accident*› grave; **a** ~ **mistake** un grave *or* serio error; **the water shortage is getting** ~ la escasez de agua se está convirtiendo en un problema serio; **things are getting** ~ las cosas se están poniendo serias **2** (of importance, major): **it doesn't need** ~ **alterations** no necesita grandes arreglos; **I have** ~ **doubts about him** tengo mis serias dudas acerca de él; **the only** ~ **opposition to the proposal** la única oposición a la propuesta digna de ser tenida en cuenta; **now they've gone we can get down to some** ~ **drinking** ahora que se han ido podemos empezar a tomar *or* beber en serio; **we're talking** ~ **money here** (colloq) no estamos hablando de dos centavos

seriously /'sɪriəsli || 'sɪəriəsli/ *adv*

A **1** (not frivolously) seriamente, con seriedad; **he looked at me** ~ me miró serio; **don't take it** ~ no te lo tomes en serio; **I find it hard to take him** ~ me resulta difícil tomarlo en serio; **she takes herself so** ~ se da mucha importancia; ~ **though** (*indep*) hablando en serio, fuera de broma; ~**, when do you plan to leave?** (*indep*) (hablando) en serio ¿cuándo te vas? **2** (genuinely, sincerely): **you can't** ~ **mean that** no lo puedes estar diciendo en serio; **are you** ~ **suggesting that I must pay now?** ¿así que lo dices en serio? ¿tengo que pagar ahora?; **I'm** ~ **interested in the subject** estoy muy interesada en *or* tengo un gran interés en el tema

B (gravely) ‹*ill/injured*› gravemente; **the scandal has** ~ **undermined the government's credibility** el escándalo ha perjudicado seriamente la credibilidad del gobierno; **these figures are** ~ **misleading** estas cifras son muy engañosas

seriousness /'sɪriəsnəs || 'sɪəriəsnɪs/ *n* [u]

A (earnestness, sincerity) seriedad *f*; **he said it in all** ~ lo dijo muy en serio

B (gravity) gravedad *f*, seriedad *f*; **it depends on the** ~ **of the injuries** depende de la gravedad de las lesiones

sermon /'sɜːrmən || 'sɜːmən/ *n* **1** (Relig) sermón *m*; **who preached the** ~**?** ¿quién dio el sermón?, ¿quién predicó?; **the S~ on the Mount** el Sermón de la Montaña **2** (moralizing talk) (colloq) sermón *m* (fam); **I got another** ~ **from my father** mi padre me dio *or* me soltó otro sermón (fam)

sermonize /'sɜːrmənaɪz || 'sɜːmənaɪz/ *vi* sermonear

serotonin /ˌserə'təʊnɪn/ *n* [u] serotonina *f*

serous /'sɪrəs || 'sɪərəs/ *adj* seroso

serpent /'sɜːrpənt || 'sɜːpənt/ *n* **1** (snake) (liter) sierpe *f* (liter), serpiente *f* **2** (Mus) serpentón *m*

serpentine¹ /'sɜːrpəntiːn || 'sɜːpəntaɪn/ *adj* (liter) ‹*path*› serpeante (liter), serpenteante

serpentine² *n* [u] serpentina *f*

SERPS /sɜːrps || sɜːps/ *n* (in UK) = **State Earnings-Related Pension Scheme**

serrated /'sereɪtəd || sə'reɪtɪd/ *adj* ‹*edge/blade/knife*› serrado, dentado; ‹*leaf*› dentado

serration /sə'reɪʃən/ *n* [u] (on blade, edge) dientes *mpl*; (on leaf) borde *m* dentado

serried /'serid/ *adj* (*before n*) (frml) apretado

serum /'sɪrəm || 'sɪərəm/ *n* (*pl* **-rums** *or* **-ra**) **1** [u] (*blood* ~) (Physiol) suero *m* (sanguíneo) **2** [u c] (antitoxin) suero *m*

servant /'sɜːrvənt || 'sɜːvənt/ *n* **1** (employee) criado, -da *m,f*, sirviente, -ta *m,f*; **I'm not your** ~**!** ¡no soy tu criada *or* sirvienta!; ~**s' quarters** las habitaciones del servicio *or* de la servidumbre; **your humble** ~ (Corresp) (frml & dated) su seguro servidor (frml & ant) **2** (sb, sth that serves): **a faithful** ~ **of the cause** un leal servidor de la causa; **the law center is the** ~ **of the community** la asesoría jurídica está al servicio de la comunidad

serve¹ /sɜːrv || sɜːv/ *vt*

A (work for) ‹*God/monarch/party*› servir* a; **he has** ~**d his country/firm faithfully** ha servido fielmente a la patria/a su compañía; **she has** ~**d the company for over 25 years** lleva más de 25 años al servicio de la compañía

B (help, be useful to) servir*; **his experience** ~**d him well** la experiencia le sirvió de mucho *or* le fue muy útil; **if (my) memory** ~**s me right** si la memoria me es fiel, si la memoria no me falla; **it** ~**s a variety of purposes** sirve para varias cosas; **it** ~**s no useful purpose** no sirve para nada (útil); **to** ~ **sb AS sth** servirle* a algn DE algo; **the knife** ~**d him as a screwdriver** el cuchillo le sirvió de destornillador; ***to*** ~ ***sb right*** (colloq): **it** ~**s her right!** ¡se lo merece!, ¡lo tiene bien merecido!, ¡le está bien empleado! (Esp); **it** ~**s you right for ignoring me** lo tienes bien merecido por no hacerme caso, te está bien empleado por no hacerme caso (Esp)

C **1** (Culin) ‹*food/drink*› servir*; **go ahead,** ~ **yourselves!** ¡adelante, sírvanse!; **we don't** ~ **children here** no se admiten niños; **who's serving our table?** (BrE) ¿quién nos atiende?;

S

this cake ~s six este pastel es para seis; Ⓢ **serves four** (in recipe) para cuatro personas; (on packet) cuatro raciones *or* porciones; **dinner is ~d** (frml) la cena está servida; **can I ~ you some more fish?** ¿le sirvo más pescado? **2** (in shop) (BrE) ‹*customer*› atender*; **are you being ~d?** ¿lo atienden?; **I'm being ~d, thank you** me están atendiendo, gracias

D **1** (supply) ‹*person/area*› abastecer*; **to ~ sth/sb WITH sth** abastecer* a algo/algn DE algo **2** (Transp): **the village is not ~d by public transport** el pueblo no tiene (servicio de) transporte público; **the bus route serving Newtown** el servicio *or* la línea de autobuses que va a Newtown; **Riem airport ~s Munich** Riem es el aeropuerto de Munich

E (Law) ‹*summons/notice/order*› entregar*, hacer* entrega de; **to ~ sth ON sb, to ~ sb WITH sth**: **they ~d a summons on all the directors** todos los directivos recibieron una citación judicial *or* fueron citados para comparecer ante el juez; **she was ~d with divorce papers** recibió notificación *or* fue notificada de la demanda de divorcio

F (complete) ‹*apprenticeship*› hacer*; ‹*sentence*› cumplir; **he had ~d only a month of his presidency** sólo había cumplido un mes de su mandato presidencial; **he ~d ten years for armed robbery** cumplió diez años de condena por robo a mano armada

G (Sport): **to ~ the ball/shuttlecock** sacar*; **to ~ a double fault** hacer* una doble falta

H (Agr) ‹*mare/cow*› cubrir*, montar

■ **serve** *vi*

A **1** (be servant) (liter) servir* **2** (in shop) (BrE) atender* **3** (distribute food) servir*; **who's going to ~?** ¿quién va a servir?; **to ~ at table** servir* la mesa

B (spend time, do duty): **to ~ in the army** servir* en el ejército; **to ~ on a committee** integrar una comisión, ser* miembro de una comisión; **to ~ as mayor** ser* alcalde; **the serving president** el presidente en ejercicio *or* en funciones

C (have effect, function) **to ~ to + INF** servir* PARA + INF; **it only ~d to heighten tension** sólo sirvió para aumentar la tensión; **let this ~ as a warning** que esto te (*or* les *etc*) sirva de advertencia; **it will ~ as an example** servirá de ejemplo; **it's not perfect, but it'll ~ for now** no es perfecto, pero de momento puede servir

D (Relig): **to ~ at Mass** ayudar en misa, hacer* de monaguillo (en la misa)

E (Sport) sacar*, servir*; **it's your turn to ~** te toca a ti sacar *or* servir

(Phrasal verbs)

• **serve out** [v + o + adv, v + adv + o]

A (distribute) ‹*portion/course*› servir*

B (complete) ‹*apprenticeship/sentence*› cumplir

• **serve up** [v + o + adv, v + adv + o] **1** (distribute) ‹*food*› servir* **2** (present, offer) (pej) ofrecer*

serve² *n* servicio *m*, saque *m*; **she broke his ~** le rompió el servicio

server /'sɜːrvər || 'sɜːvə(r)/ *n*

A **1** (utensil) cubierto *m* de servir **2** (dish) fuente *f*; (tray) bandeja *f* **3** (in restaurant) (AmE) camarero, -ra *m,f*, mesero, -ra *m,f* (AmL), mozo, -za *m,f* (CS), mesonero, -ra *m,f* (Ven)

B (Sport) *jugador que tiene el saque*

C (Relig) monaguillo *m*, acólito *m*

D (Comput) servidor *m*

service¹ /'sɜːrvəs || 'sɜːvɪs/ *n*

A [u] **1** (duty, work) servicio *m*; **a life of ~ to others** una vida al servicio de los demás; **she did voluntary ~** trabajó como voluntaria; **on active ~** (Mil) en servicio activo; **five years' (length of) ~** cinco años de antigüedad *or* de trabajo **2** (as domestic servant): **she was in ~ with a duke** servía en casa de un duque; **he went into ~ in 1932** se puso a trabajar como criado en 1932 **3** (given by a tool, machine): **you'll get years of ~ from this iron** esta plancha le durará años; **this car has given (me) good ~ over the years** este coche me ha prestado muy buen servicio a lo largo de los años; **these boots have seen a lot of ~** estas botas tienen mucho trote (fam); **the photocopier is out of ~** la fotocopiadora no funciona; **to come into ~** entrar en servicio *or* en funcionamiento

B [u c] (of professional, tradesman, company) servicio *m*; **24-hour emergency ~** servicio de emergencia (durante) las 24 horas del día; **goods and ~s** bienes *mpl* y servicios; **to offer one's ~s** ofrecer* sus (*or* mis *etc*) servicios; **we no longer require your ~s** ya no precisamos sus servicios; **it's all part of the ~** (set phrase) todo es parte del servicio; Ⓢ **services 1 mile** (BrE) área de servicio a 1 milla

C [c u] (assistance) servicio *m*; **she has done us all a ~** nos ha hecho a todos un favor *or* servicio; **my staff are at your ~** mis empleados están a sus órdenes *or* a su entera disposición *or* a su servicio; **David Andrews at your ~** David Andrews, para servirla *or* a sus órdenes; **I'd like to be of ~, but ...** me gustaría poder ayudar, pero ...; **how can I be of ~ to you?** ¿en qué puedo ayudarlo *or* servirlo?; **your advice was of great ~ to me** (frml) su consejo me fue sumamente útil

D [c] (organization, system) servicio *m*; **telephone/postal ~** servicio telefónico/postal; **the bus/rail ~** el servicio de autobuses/trenes; **there's a daily/an hourly ~ to Boston** hay un servicio diario/un tren (*or* autobús *etc*) cada hora a Boston; **a new scheduled ~ to Dubai** un nuevo servicio regular a Dubai; **this ~ terminates here** éste es el final del trayecto; **the emergency ~s** los servicios de emergencia

E (Mil): **the (armed) ~s** las fuerzas armadas; **which ~ was he in?** ¿en qué cuerpo estaba?; **the senior ~** la marina; (*before n*) ‹*chief/life*› militar; ‹*wife/family*› de militar, de miembro de las fuerzas armadas

F [u] (in shop, restaurant) servicio *m*; Ⓢ **service not included** servicio no incluido; **table** *o* (BrE) **waiter ~** servicio de camarero *or* (Col, Méx) de meseros *or* (CS, Per) de mozos *or* (Ven) de mesoneros

G [c u] (overhaul, maintenance) revisión *f*, servicio *m* (AmL), service *m* (RPl); **the annual ~** la revisión *or* (AmL) el servicio *or* (RPl) el service anual; (*before n*) ‹*contract/package*› de mantenimiento; **~ engineer** técnico, -ca *m,f* de mantenimiento

H [c] (Relig) oficio *m* religioso; **funeral ~** funeral *m*; **wedding ~** ceremonia *f* de boda

I [c] (in tennis) servicio *m*, saque *m*; **you should improve your ~** deberías mejorar el servicio *or* saque; **first/second ~!** ¡primer/segundo saque *or* servicio!; **~ Pombo** servicio de Pombo; **to break sb's ~** romper* el servicio de algn, romperle* el servicio a algn; (*before n*) ‹*line*› de servicio, de saque; **~ break** ruptura *f* de servicio

J [c] (*dinner* ~) vajilla *f*; **tea/coffee ~** juego *m or* servicio *m* de té/café

K [u] (of writ) notificación *f*; (of summons) citación *f*

service² *vt*

A (overhaul, maintain) ‹*car*› hacerle* una revisión *or* (AmL) un servicio *or* (RPl) un service a; ‹*machine/appliance*› hacerle* el mantenimiento a

B (Fin) **1** ‹*debt/loan*› pagar* los intereses de, atender* el servicio de (frml) **2** (look after) ocuparse de

C (Agr) ‹*mare/sow*› cubrir*, montar

serviceable /'sɜːrvəsəbəl || 'sɜːvɪsəbəl/ *adj* **1** (usable): **it's old, but still perfectly ~** está viejo pero todavía sirve *or* se puede usar perfectamente **2** (durable) resistente, duradero **3** (practical) práctico

service area *n* área *f*‡ de servicio

service bay *n* (Auto) (AmE) taller *m* de servicio

service center, (BrE) **service centre** *n* centro *m* de servicios

service charge *n* **1** (in restaurant) servicio *m*; **there is a ~ ~ of 10%** se cobra un 10% de servicio **2** (in banking) comisión *f* **3** (for maintenance — of apartment) gastos *mpl* comunes *or* (Esp) de comunidad; (— of office) gastos *mpl* de mantenimiento

service economy *n* economía *f* basada en el sector servicios

service elevator *n* (AmE) montacargas *m*

service entrance *n* entrada *f* de servicio

service flat *n* (BrE) apartamento *m* (*con servicio de limpieza*)

service industry *n* **1** [u] (sector) sector *m* (de) servicios; (*before n*): **service-industry company** empresa *f* de servicios **2** [c] (company) empresa *f* de servicios

service lift *n* (BrE) montacargas *m*

serviceman /'sɜːrvəsmən || 'sɜːvɪsmən/ *n* (*pl* **-men** /-mən/) militar *m*, soldado *m*

service mark *n* marca *f* de servicio

service module *n* módulo *m* de servicio

service pipe *n*: *tubería de empalme a la red de suministro*

service provider *n* (Comput) proveedor *m* de servicios de Internet

service road *n* vía *f* de acceso

service sector *n* sector *m* de servicios, sector *m* terciario

service station *n* estación *f* de servicio

servicewoman /'sɜːrvəs,wʊmən || 'sɜːvɪs,wʊmən/ *n* (*pl* **-women**) militar *f*, soldado *f*

serviette /,sɜːrvi'et || ,sɜːvi'et/ *n* (BrE) servilleta *f*; (*before n*): **~ ring** servilletero *m*

servile /'sɜːrvəl || 'sɜːvaɪl/ *adj* servil

servility /sɜːr'vɪləti || sɜː'vɪləti/ *n* [u] servilismo *m*

serving /'sɜːrvɪŋ || 'sɜːvɪŋ/ *n* porción *f*, ración *f*; (*before n*): **~ dish** fuente *f*; **~ spoon** cuchara *f* de servir

servitude /'sɜːrvətuːd || 'sɜːvɪtjuːd/ *n* [u] servidumbre *f*

servo /'sɜːrvəʊ || 'sɜːvəʊ/ *n* [u] servo *m*; (*before n*): **~ brakes** servofrenos *mpl*; **~ cylinder** servocilindro *m*

servo- /'sɜːrvəʊ || 'sɜːvəʊ/ *pref* servo-

servoassisted /,sɜːrvəʊə'sɪstəd || ,sɜːvəʊə'sɪstɪd/ *adj* servoasistido

servomechanism /'sɜːrvəʊ,mekənɪzəm || 'sɜːvəʊ,mekənɪzəm/ *n* servomecanismo *m*

servomotor /'sɜːrvəʊ,məʊtər || 'sɜːvəʊ,məʊtə(r)/ *n* servomotor *m*

sesame /'sesəmi/ *n* [u] **1** ajonjolí *m*, sésamo *m*; (*before n*) ‹*oil/seed*› de ajonjolí *or* sésamo **2** (Lit): **open ~!** ¡ábrete sésamo!; **an open ~ to the world of publishing** una puerta abierta al mundo editorial

sessile /'sesaɪl/ *adj* (Bot) sésil

session /'seʃən/ *n*

A (Adm, Govt, Law) **1** (single meeting) sesión *f*; **to be in ~** estar* en sesión, estar* reunido, estar* sesionando (esp AmL); **the court is now in ~** el tribunal está reunido *or* en sesión *or* (esp AmL) está sesionando; **the meeting went into closed ~** la reunión pasó a celebrarse a puertas cerradas **2** (series of meetings — of Congress, Parliament) sesión *f*; (— of negotiations, talks) ronda *f*, tanda *f*

B (period of time) sesión *f*; **a photo/recording ~** una sesión fotográfica/de grabación

C (Educ) **1** (academic year) curso *m*, año *m* académico **2** (term) trimestre *m*; (semester) semestre *m* **3** (lesson) hora *f* de clase

session man *n* músico *m* de sesión

session musician *n* músico, -ca *m,f* de sesión

set¹ /set/ *n*

A [c] **1** (of tools, golf clubs, bowls, pens, keys) juego *m*; (of books, records) colección *f*; (of stamps) serie *f*; **a ~ of cutlery** un juego de cubiertos, una cubertería; **a ~ of saucepans** una batería de cocina; **a ~ of bedroom furniture** un juego de dormitorio; **a matching ~ of sheets and pillowcases** un juego de cama; **~ of dentures** una dentadura postiza; **a ~ of headphones** unos auriculares *or* (AmL tb) audífonos; **a boxed presentation ~** un juego en estuche para obsequio; **I need four more to make up the ~** me faltan cuatro para completar el juego (*or* la colección *etc*); **coffee/tea ~** juego de café/té **2** (Math) conjunto *m*; (*before n*): **~ theory** teoría *f* de conjuntos

B [c] (+ *sing o pl vb*) **1** (group, clique): **she was never at ease with their ~** nunca se sintió cómoda en su círculo *or* en ese ambiente; **he goes around with an odd ~** anda con un grupo de gente rara; **the county ~** (BrE) la aristocracia menor de provincias **2** (BrE) (Educ)

S

grupo de estudiantes seleccionados de acuerdo a sus aptitudes

C [c] (TV) aparato *m*, televisor *m*; (Rad) aparato *m*, receptor *m*

D [c] (in tennis, squash) set *m*; **he won in straight ~s** ganó sin perder *or* sin conceder ningún set; (*before n*): **~ point** bola *f* de set, punto *m* para set (Méx), set point *m* (CS)

E [c] (performance) (Mus) actuación *f*, serie *f* (*de canciones etc*)

F [c] (in square dancing) *disposición de las parejas y serie de figuras de la danza*

G [c] [1] (Theat) (stage) escenario *m*; (scenery) decorado *m* [2] (Cin) plató *m*; **to be on ~** estar* en el plató

H [c] (in hairdressing) marcado *m*; **shampoo and ~** lavado *m* y marcado

I [u] [1] (posture, angle): **the ~ of her shoulders** su postura; **the ~ of his cap** la manera en que lleva puesta la gorra; **the ~ of the sails** (Naut) la posición de las velas; ***to make a dead ~ at sb/sth***: **he's making a dead ~ at the presidency** se ha propuesto obtener la presidencia; **she made a dead ~ at David** trató de conquistarse *or* (fam) ligarse a David [2] (fit): **the ~ of the collar is wrong** el cuello está mal colocado *or* no asienta bien [3] (of wind, current) dirección *f*

J [c] (Hort): **onion ~** *cebollitas usadas como simiente*

K ▸**sett**

set² *adj*

A (established, prescribed) ‹*wage/price*› fijo; **meals are at ~ times** las comidas son a determinadas horas; **there are no ~ times for visiting** no hay horas de visita establecidas; **there isn't a ~ procedure for doing it** no hay un procedimiento establecido para hacerlo; **his mornings usually follow a ~ pattern** tiene una rutina establecida para las mañanas; **one of the ~ books** (Educ) una de las obras prescritas, una de las obras del programa; **~ phrase** frase *f* hecha; **we ordered the ~ menu/lunch** (BrE) pedimos el menú del día *or* el menú a precio fijo

B (*pred*) [1] (ready, prepared): **to be ~** estar* listo, estar* pronto (RPl); **is everything ~ for the meeting?** ¿está todo preparado *or* listo *or* (RPl) pronto para la reunión?; **we're all ~ for action** estamos listos para la batalla; **all ~ (to go)?** ¿listos? [2] (likely, about to) (journ) **to be ~ to + INF** llevar camino de + INF; **the problem seems ~ to deepen** el problema lleva camino de recrudecer *or* agravarse [3] (determined, resolute): **she seems ~ for a comeback** parece estar decidida *or* resuelta a hacer su reaparición; **he was all ~ to walk out** estaba totalmente decidido *or* resuelto a irse; **she's absolutely ~ on that bicycle** está empeñada en que tiene que ser esa bicicleta; **he's dead ~ on going to college** está resuelto *or* decidido a ir a la universidad sea como sea

C [1] (rigid, inflexible) ‹*smile/expression*› forzado, falto de espontaneidad; **to be ~ in one's ways** tener* costumbres muy arraigadas, estar* muy acostumbrado a hacer las cosas de determinada manera; **a man of very ~ opinions** un hombre inflexible en sus opiniones; **he is firmly ~ against innovation** se opone totalmente a toda innovación [2] (solid) ‹*yoghurt/custard/jelly*› cuajado

set³ (*pres p* **setting** *past & past p* **set**) *vt*

A (put, place) poner*, colocar*; **he ~ a pitcher of cider before us** nos puso una jarra de sidra delante; **we ~ the proposal before the committee** le presentamos *or* planteamos la propuesta a la comisión; **she ~ a match to the papers** prendió fuego a los papeles con un fósforo *or* (Esp) una cerilla *or* (Méx) un cerillo; **he ~ his signature to the document** le estampó su firma al documento; **I ~ honesty above all other virtues** antepongo la honestidad a todas las demás virtudes

B [1] (cause to be, become): **to ~ sb free** poner* en libertad *or* liberar a algn; **to ~ sb loose** soltar* a algn; **to ~ sb at ease** hacer* que algn se sienta a gusto; **to ~ fire to sth, to ~ sth on fire** prenderle fuego a algo; **to ~ a poem to music** ponerle* música a un poema [2] (make solid, rigid) ‹*jelly/cheese*› cuajar; ‹*cement*› hacer* fraguar; **his face was grimly ~** tenía una expresión adusta *or* ceñuda [3] (make fast) ‹*dye*› fijar

C [1] (prepare) ‹*trap*› tender*; ‹*table*› poner*; **~ three places for dinner** pon cubiertos para tres para la cena [2] (Med) ‹*bone/dislocated joint*› encajar, componer* (AmL) [3] ‹*hair*› marcar* [4] (Print) ‹*type*› componer*

D (adjust) poner*; **I ~ the oven at the highest temperature** puse el horno a la temperatura más alta; **I ~ my watch by the radio** puse el reloj en hora por la radio; **I forgot to ~ the alarm clock** me olvidé de poner el despertador

E [1] (arrange, agree on) ‹*date/time*› fijar, acordar*; ‹*agenda*› establecer*, acordar* [2] (impose, prescribe) ‹*target*› establecer*; ‹*rules/conditions*› establecer*, imponer* [3] (allot) ‹*task*› asignar; ‹*homework*› mandar, poner*; ‹*exam/test/problem*› poner*; ‹*text*› prescribir* [4] (establish) ‹*precedent*› sentar*; ‹*record/standard*› establecer*; ‹*fashion*› dictar, imponer*; **you have to ~ a good example** tienes que dar buen ejemplo; **this ruling ~s a precedent** este dictamen sienta jurisprudencia *or* sienta un precedente jurídico; **this ~ the tone for the rest of the day** esto marcó las pautas que se seguirían el resto del día [5] (fix, assign) ‹*price/bail*› fijar; **it's impossible to ~ a value on life** es imposible ponerle precio a la vida; **we ~ a very high value on accuracy** valoramos mucho *or* damos mucha importancia a la precisión

F (cause to do, start): **she ~ them to work in the garden** los puso a trabajar en el jardín; **he ~ the dogs after them** azuzó a los perros para que los persiguieran; **to ~ sb/sth -ING**: **this will ~ people thinking/talking** esto hará reflexionar/dará que hablar a la gente; **the news ~ my pulse racing** la noticia hizo que se me disparara el pulso; **to ~ sb laughing** hacer* reír a algn; **to ~ sth going** poner* algo en marcha

G (*usu pass*) [1] ‹*book/film*› ambientar; **the novel is ~ in Japan** la novela está ambientada en el Japón; **the action is ~ in Victorian England** la acción se desarrolla *or* tiene lugar en la Inglaterra victoriana [2] (locate) ‹*building*› situar*; **the mansion is ~ amid acres of parkland** la mansión está situada *or* enclavada en medio de un vasto parque

H (mount, insert) ‹*gem*› engarzar*, engastar; ‹*stake*› hincar*, clavar; **the posts are ~ in concrete** los postes están puestos en hormigón; **the crown is ~ with rubies** la corona tiene incrustaciones de rubíes; **his eyes are ~ deep in his face/too close together** tiene los ojos hundidos/demasiado juntos

I (turn, direct): **we ~ our course for the nearest island** pusimos rumbo a la isla más cercana; **our course is ~ eastward** llevamos rumbo al este

J (Hort) ‹*seed*› replantar

K (*pres p* **setting** *past & past p* **setted**) (BrE) (Educ) *dividir en grupos según su aptitud para la asignatura*

■ **set** *vi*

A (go down) «*sun/moon*» ponerse*

B [1] (become solid, rigid) «*jelly*» cuajar(se); «*cement*» fraguar*; **her face ~ in a grimace** la cara se le contrajo en una mueca; **his expression ~ in a frozen smile** se le heló la sonrisa en los labios [2] (become fast) «*dye*» fijarse [3] (Med) «*bone*» soldarse*

C (in dancing): **~ to your partners** colóquense enfrente de su pareja

D (in hunting) «*gundog*» pararse

E (Hort) «*seed/fruit/plant*» dar* fruto

Phrasal verbs

- **set about** [v + prep + o] [1] (begin, tackle): **I spent a long time deciding how to ~ about the task** me llevó mucho tiempo decidir cómo acometer la tarea; **we ~ about cleaning the room** nos pusimos a limpiar la habitación; **how does one ~ about applying for the job?** ¿qué hay que hacer para solicitar el trabajo? [2] (attack) atacar*, agredir; **they ~ about him with sticks** empezaron a darle *or* a golpearlo con palos

- **set against** [v + o + prep + o]

A (cause to quarrel) poner* en contra de, enemistar con; **to ~ father against son** poner* al padre en contra del hijo, enemistar al padre con el hijo

B (balance, compare): **the advantages must be ~ against the disadvantages** hay que contraponer *or* sopesar los pros y los contras; **~ against other estimates, your company's offer ...** comparada con otros presupuestos, la oferta de su compañía ...; **these costs can be ~ against your total income** (Tax) estos gastos pueden deducirse de sus ingresos, estos gastos desgravan

- **set apart** [v + o + adv] (make different) distinguir*, hacer* distinto *or* diferente; **what ~s this novel apart is ...** lo que distingue a esta novela es ..., lo que hace a esta novela distinta *or* diferente es ...; **her extraordinary talent ~s her apart from the other children** su extraordinario talento la hace distinta *or* diferente de los otros niños

- **set aside** [v + o + adv, v + adv + o] [1] (save, reserve) ‹*food/goods*› guardar, apartar, reservar; ‹*time*› dejar; ‹*money*› guardar, ahorrar [2] (put to one side, shelve) ‹*book/task/project*› dejar (de lado); **boil for five minutes and ~ aside** dejar hervir durante cinco minutos y apartar *or* poner a un lado [3] (disregard) ‹*hostility/bitterness*› dejar de lado; ‹*rules/formality*› prescindir de; ‹*judgment/verdict*› anular

- **set back**

A [v + o + adv, v + adv + o] [1] (delay) ‹*progress*› retrasar, atrasar; ‹*clock*› atrasar; **this has ~ the project back several months** esto ha retrasado el proyecto varios meses [2] (place at a distance) (*usu pass*): **the house is ~ well back from the road** la casa está bastante apartada *or* retirada de la carretera

B [v + o + adv] (cost) (colloq): **the trip ~ her back £100** el viaje le costó *or* le salió (por) 100 libras

- **set by** [v + o + adv, v + adv + o] ‹*supplies*› guardar, reservar, apartar; ‹*money*› guardar, ahorrar

- **set down**

A [v + o + adv, v + adv + o] [1] (put down) ‹*object*› poner*, colocar*; (emphatically) depositar [2] ‹*passenger*› dejar; **he ~ me down near my house** me dejó cerca de casa [3] (record in writing): **she ~ down her experiences in her autobiography** escribió *or* relató sus experiencias en su autobiografía; **all the facts you need are ~ down in this book** todos los datos que necesitas están en este libro [4] (prescribe) ‹*rule/condition*› establecer*, fijar [5] (assess) clasificar*, catalogar*; **I've already ~ him down as work-shy** ya lo tengo clasificado *or* catalogado como perezoso [6] (attribute) **to ~ sth down TO sth** atribuir(le)* *or* achacar(le)* algo A algo; **I ~ his rudeness down to nerves** (le) atribuyo *or* (le) achaco su grosería a los nervios

B [v + adv] [1] (land) aterrizar* [2] (drop off passengers) (BrE): **this train stops to ~ down only** este tren para sólo para que se bajen *or* (frml) se apeen los pasajeros

- **set forth**

A [v + adv] (depart) (liter) partir (liter), salir*

B [v + o + adv, v + adv + o] (outline, present) (frml) ‹*argument/theory*› exponer*; ‹*aims/policies/proposition*› presentar; **the details are ~ forth in this document** los detalles están expuestos *or* se exponen en este documento

- **set in**

A [v + adv] (gain hold) «*infection*» declararse; **if rust/decay ~s in** una vez que empieza a oxidarse/deteriorarse; **after the operation complications ~ in** después de la operación surgieron complicaciones; **at last a thaw seems to be ~ting in** parece que por fin empieza el deshielo

B [v + adv + o, v + o + adv] (in sewing) ‹*pocket*› poner*; ‹*sleeve*› pegar*, poner*

- **set off**

A [v + adv] (begin journey) salir*; **when do you ~ off on your trip?** ¿cuándo sales *or* te vas de viaje?; **I ~ off for France** salí para Francia

B [v + o + adv, v + adv + o] [1] (activate) ‹*bomb/mine*› hacer* explotar *or* estallar; ‹*alarm*› hacer* sonar; ‹*firework*› lanzar*, tirar [2] (start) ‹*speculation*› dar* lugar a; ‹*strike*› desencadenar; **every time she looked at him, it ~ her off again** cada vez que lo miraba, empezaba otra vez; **the photographs ~ us off reminiscing**

S

las fotos nos hicieron empezar a rememorar; **you'll ~ her off on one of her stories** le estás dando pie para que se ponga a contar uno de sus cuentos **3** (enhance) hacer* resaltar, darle* realce a; **the painting was ~ off by the dark background** el fondo oscuro hacía resaltar el cuadro, el fondo oscuro le daba realce al cuadro **4** (offset) **to ~ sth off AGAINST sth** deducir* algo DE algo; **these expenses can be ~ off against income** (Tax) estos gastos se pueden deducir de los ingresos, estos gastos son desgravables **5** (separate off) **to ~ sth off (FROM sth)** separar algo (DE algo)

- **set on**

A [v + prep + o] (attack) atacar*, agredir*; **he was ~ on by thieves** fue atacado por ladrones
B [v + o + prep + o]: **we ~ the dogs on him** le echamos *or* le lanzamos los perros; **she ~ a private detective on him** contrató a un detective privado para que lo siguiera

- **set out**

A [v + adv] **1** ▸**set off A 2** (begin, intend): **I didn't ~ out with that intention** no empecé con esa intención; **to ~ out to + INF**: **I didn't ~ out to offend him** no era mi intención ofenderlo, no quería ofenderlo; **she had failed in what she had ~ out to achieve** no había logrado lo que se había propuesto
B [v + o + adv, v + adv + o] **1** (expound) ‹*argument/theory*› exponer* **2** (display, arrange) ‹*chess pieces*› colocar*; ‹*goods*› exponer*; **the children's work was ~ out on the tables** el trabajo de los niños estaba expuesto *or* dispuesto sobre las mesas **3** (plant) ‹*seedlings*› plantar a la intemperie

- **set to**

A [v + adv] **1** (begin) empezar*; **we ~ to with a will** empezamos *or* nos pusimos a trabajar con ganas **2** (begin fighting): **they ~ to with their fists** se empezaron a dar puñetazos
B [v + prep + o]: **to ~ to work** ponerse* a trabajar

- **set up**

(Sense I) [v + o + adv, v + adv + o]
A **1** (erect, assemble) ‹*monument*› levantar, erigir* (frml); ‹*tent*› montar, armar; ‹*machine/equipment*› montar, armar; ‹*type*› (Print) componer*; **they ~ up (their) camp near the river** acamparon cerca del río **2** (arrange, plan) ‹*meeting*› convocar* a, llamar a; ‹*kidnapping*› planear; **have we got anything ~ up for next week?** ¿tenemos algo previsto *or* planeado para la semana que viene?; **we hope to ~ up a deal with them** esperamos llegar a un trato *or* acuerdo con ellos
B **1** (institute, found) ‹*committee/commission*› crear; ‹*inquiry*› abrir*; ‹*school/charity*› fundar; **he ~ up his own business** montó su propio negocio **2** (establish) ‹*record*› establecer*
C (establish): **he ~ her up in an apartment** le puso un departamento *or* (Esp) un piso; **she ~ herself up as a photographer** se estableció como fotógrafa; **he ~ his son up as a farmer** le compró una granja a su hijo; **she's now ~ up for life** ahora tiene todos los problemas resueltos, ahora tiene el porvenir asegurado, se paró para toda la vida (RPl fam)
D (colloq) **1** (frame) tenderle* una trampa a **2** (rig) arreglar; **the fight was ~ up** la pelea estaba arreglada
E (colloq) (provide drinks): **~ them up, Jack!** ¡sírvenos, Jack!

(Sense II) [v + o + adv]
A (invigorate, restore health of) reanimar
B **to ~ sb/oneself up AS sth** **1** (invest with power) erigir* a algn/erigirse* EN algo; **they ~ him up as their leader** lo erigieron en caudillo **2** (represent as, claim to be): **she's been ~ up as something remarkable** la han pintado como algo fuera de serie; **what right have you to ~ yourself up as our judge?** ¿qué derecho tienes a erigirte en nuestro juez?

(Sense III) [v + adv + o]
A (raise) ‹*howl/cheer*› lanzar*; **the crowd ~ up a commotion** la muchedumbre armó un alboroto
B (cause) ‹*irritation/infection*› producir*

(Sense IV) [v + adv]
A (establish in business) **to ~ up AS sth** establecerse* COMO algo
B (claim to be): **you shouldn't ~ up to be something you're not** no deberías dártelas de lo que no eres (fam)

- **set upon** ▸**set on A**

set-aside /'setəsaɪd/ *n* [u] **1** (AmE) *política de repartir determinada cantidad de trabajo a compañías administradas por minorías (étnicas)* **2** (EU, Agr) *also* **~ policy**; congelación *f* de tierras

setback /'setbæk/ *n* revés *m*, contratiempo *m*; **our plans have suffered a major ~** nuestros planes han sufrido un gran revés

set-in /'set'ɪn/ *adj* (*before n*) ‹*sleeve/pocket*› montado

set piece *n* **1** (Mus) *pieza que se suele tocar en determinadas ocasiones*; (for music exam) pieza *f* obligatoria; **she delivered her ~ ~ on the ills of capitalism** soltó su discurso de siempre sobre los males del capitalismo **2** (Sport) jugada *f* preparada, jugada *f* prefabricada *or* de laboratorio

set screw *n* tornillo *m* de presión

set square *n* escuadra *f*; (with two equal sides) cartabón *m*

sett /set/ *n*
A (of badger) tejonera *f*, madriguera *f* de tejón
B (paving stone) adoquín *m*

settee /se'ti:/ *n* sofá *m*

settee bed *n* sofá-cama *m*

setter /'setər || 'setə(r)/ *n*
A (dog) setter *mf*
B (person): **~ of type** tipógrafo, -fa *m,f*; **machine ~** montador, -dora *m,f*

setting /'setɪŋ/ *n*
A (of dial, switch) posición *f*; **leave the heater on its lowest ~** deja el calentador en el mínimo
B **1** (of novel, movie) escenario *m*; **post-war Berlin provides the ~ for her latest play** su última obra está ambientada en *or* tiene como escenario el Berlín de la posguerra **2** (surroundings) marco *m*, entorno *m* **3** (for gem) engarce *m*, engaste *m*, montura *f*
C (*place ~*) cubierto *m*
D (Mus) arreglo *m*, versión *f*
E (Print) composición *f*

setting lotion *n* [u c] fijador *m*

settle[1] /'setl/ *vt*
A **1** ‹*price/terms/time*› acordar*, fijar; **the next game should ~ the championship** el próximo partido debería decidir el campeonato; **we've ~d where to go** hemos decidido a dónde vamos; **it's all been ~d, we're going to Miami** ya está (todo) decidido *or* arreglado, nos vamos a Miami; **to ~ one's affairs** poner* sus (*or* mis *etc*) asuntos en orden; **that's ~d then, we'll meet at seven** bueno, pues entonces ya está, nos vemos a las siete; **that ~s it: I never want to see him again** ya no me cabe duda: no lo quiero volver a ver **2** (resolve) ‹*dispute/problem*› resolver*, solucionar; **it's about time they ~d their differences** ya es hora de que resuelvan *or* arreglen sus diferencias; **the issue is far from ~d** el asunto no está ni mucho menos resuelto **3** (put an end to) ‹*foolishness/nonsense*› (colloq) acabar con; **that should ~ him!** ¡así aprenderá!
B ‹*bill/account*› pagar*; ‹*debt*› saldar, liquidar
C **1** ‹*country/region*› colonizar*, poblar* **2** ‹*colonists*› establecer*
D **1** (establish) **to ~ sb (IN sth)**: **he ~d his son in banking** colocó a su hijo en un banco; **he ~d his mother in a house by the sea** instaló a su madre en una casa en la costa; **we won't visit you until you're ~d** no iremos a verte hasta que no estés instalado **2** (make comfortable) ‹*patient/child*› poner* cómodo; **she ~d herself deep in the sofa** se arrellanó en el sofá
E (make calm) ‹*child*› calmar; ‹*doubts*› disipar; ‹*weather*› arreglar, asentar*; ‹*stomach*› asentar*; **that will ~ his mind** eso lo tranquilizará; **a brandy will ~ your digestion/nerves** un coñac te ayudará a hacer la digestión/te calmará (los nervios)
F (cause to sink) ‹*dust*› asentar*; ‹*sediment*› depositar

■ **settle** *vi*
A **1** (come to live) establecerse*, afincarse*; **they ~d in Iowa** se establecieron *or* se afincaron en Iowa **2** (come to lie) «*dust*» asentarse*; «*snow*» cuajar; «*bird*» posarse
B (become calm) «*person*» tranquilizarse*, calmarse; «*weather*» asentarse*; «*stomach*» asentarse*, arreglarse; «*wind*» amainar
C **1** (sink) «*soil/foundations*» asentarse*; «*sediment*» depositarse, precipitarse; **the wheels ~d deeper and deeper into the mud** las ruedas se enterraban cada vez más en el barro **2** (make oneself comfortable) ponerse* cómodo; **I had just ~d into bed** acababa de ponerme cómodo en la cama; **I ~d deeper into the armchair** me arrellané *or* me puse cómodo en el sillón
D **1** (pay) saldar la cuenta (*or* la deuda *etc*), pagar*; **you can ~ with me tomorrow** podemos arreglar las cuentas mañana **2** (Law): **to ~ out of court** resolver* una disputa extrajudicialmente, llegar* a una transacción *or* a un acuerdo extrajudicial, transar extrajudicialmente (AmL)

(Phrasal verbs)

- **settle back** [v + adv] (recline) recostarse*; (relax): **just ~ back and enjoy yourselves** pónganse cómodos y diviértanse; **he's only too likely to ~ back into his old ways** lo más probable es que vuelva a las andadas
- **settle down**

A [v + adv] **1** (become calm): **things seem to have ~d down after the riots** parece que las cosas se han apaciguado *or* calmado después de las revueltas; **~ down please, children** niños, por favor, tranquilos **2** (get comfortable): **they ~d down for a long wait** se prepararon para una larga espera; **we ~d down to listen** nos dispusimos a escuchar; **we ~d down for the night** nos acomodamos para pasar la noche; **he had ~d down to watch the game** se había instalado cómodamente para mirar el partido **3** (apply oneself): **~ down to your work** ponte a trabajar **4** (in place, activity): **she's settling down well in her new school** se está adaptando bien a su nueva escuela; **you should get a job and ~ down** deberías conseguirte un trabajo y establecerte *or* echar raíces en algún sitio **5** (become more responsible) sentar* (la) cabeza
B [v + o + adv] **1** (make calm) calmar, tranquilizar* **2** (place comfortably) acomodar; **we ~d the patient down in bed** acomodamos al paciente en la cama

- **settle for** [v + prep + o] conformarse con; **why ~ for less?** ¿por qué conformarse con menos?
- **settle in** [v + adv]: **I'll come and see you when you've ~d in** te vendré a ver cuando estés instalado; **she's settling in well in her new job** se está adaptando bien a su nuevo trabajo
- **settle into** [v + prep + o] ‹*school/job*› adaptarse a; ‹*routine*› acostumbrarse *or* hacerse* a
- **settle on** [v + prep + o] ‹*date/place*› decidirse por
- **settle up** [v + adv] (colloq) arreglar (las) cuentas; **can we ~ up later?** ¿podemos arreglar (las) cuentas después?; **have you ~d up with the butcher for the turkey?** ¿le has pagado el pavo al carnicero?

settle[2] *n: banco de madera de respaldo alto y, a veces, con un arcón en el asiento*

settled /'setld/ *adj* **1** (established, unchanging) ‹*habits/life*› ordenado; ‹*order*› estable; **these tribes now live in ~ communities** estas tribus viven ahora en asentamientos permanentes **2** ‹*weather*› estable **3** (colonized) ‹*area/region*› colonizado, poblado

settlement /'setlmənt/ *n*
A [c] **1** (agreement) acuerdo *m*, convenio *m*; **to reach/achieve a ~** llegar* a/lograr un acuerdo *or* convenio; **wage ~** (agreement) convenio *m* (laboral), acuerdo *m* salarial; (increase) aumento *m* (salarial); **wage ~s of over 5%** aumentos salariales de más del 5% **2** (payment) pago *m*; **they offered her an out of court ~ of £20,000** extrajudicialmente le ofrecieron 20.000 libras para que se desistiera de su demanda; *see also* **marriage A2** **3** (village) asentamiento *m*, poblado *m*
B [u] **1** (of account, bill) pago *m*; (of debt) liquidación *f*, satisfacción *f*; Ⓢ **prompt settlement appreciated** se agradece la prontitud en el pago **2** (of dispute) (re)solución *f*; **~ out of court**

(re)solución *f* extrajudicial, transacción *f* extrajudicial [3] (of people) establecimiento *m*, asentamiento *m* [4] (of country, region) colonización *f*, población *f*

C [c] (institution) (AmE) *organismo que presta diversos servicios a una población*

settler /ˈsetlər || ˈsetlə(r)/ *n* colono, -na *m,f*, poblador, -dora *m,f*, colonizador, -dora *m,f*

set-to /ˈsettu:/ *n* (colloq) bronca *f* (fam), agarrada *f* (fam); **to have a ~ with sb** tener* una bronca *or* agarrada con algn (fam), pelearse con algn

set-top box /ˈset'tɑ:p || ˈset'tɒp/ *n* decodificador *m* de señal digital, set-top box *m*

set-up /ˈsetʌp/ *n* (colloq)

A (situation, arrangement) sistema *f*, organización *f*; (pej) tinglado *m* (fam & pey), montaje *m* (fam & pey)

B (fixed contest): **the fight was a ~** la pelea estaba amañada (fam), en la pelea hubo tongo (fam)

seven[1] ▶ⓘ **p.888**, ▶ⓘ **p.1465**, ▶ⓘ **p.1798** /ˈsevən/ *n* siete *m*; *see also* **four**[1]

seven[2] ▶ⓘ **p.888**, ▶ⓘ **p.1465**, ▶ⓘ **p.1798** *adj* siete *adj inv*; **we're open ~ days a week** abrimos todos los días (de la semana); *see also* **four**[2]

sevenfold /ˈsevənfəʊld/ *adj/adv see* **-fold**

sevens /ˈsevənz/ *n* [u] (BrE) (+ *sing or pl vb*) *torneo de rugby con equipos de siete jugadores*

seventeen /ˌsevən'ti:n/ ▶ⓘ **p.888**, ▶ⓘ **p.1465**, ▶ⓘ **p.1798** *adj/n* diecisiete *adj inv/m*

seventeenth[1] /ˌsevən'ti:nθ/ ▶ⓘ **p.1085**, ▶ⓘ **p.1465** *adj* decimoséptimo; *see also* **fifth**[1]

seventeenth[2] *adv* en decimoséptimo lugar; *see also* **fifth**[2]

seventeenth[3] ▶ⓘ **p.1085**, ▶ⓘ **p.1091**, ▶ⓘ **p.1465** *n* [1] (Math) diecisieteavo *m* [2] (part) diecisieteava parte *f*

seventh[1] /ˈsevənθ/ ▶ⓘ **p.1085**, ▶ⓘ **p.1091**, ▶ⓘ **p.1465** *adj* séptimo; *see also* **fifth**[1]

seventh[2] *adv* en séptimo lugar; *see also* **fifth**[2]

seventh[3] ▶ⓘ **p.1085**, ▶ⓘ **p.1091**, ▶ⓘ **p.1465** *n* [1] (Math) séptimo *m* [2] (part) séptima parte *f* [3] (Mus) séptima *f*

Seventh-day Adventist /ˌsevənθdeɪ ˈædventəst, -æd'ven- || ˌsevənθder'ædvəntɪst/ *n* adventista *mf* del Séptimo Día

seventieth[1] /ˈsevəntiəθ/ ▶ⓘ **p.1465** *adj* septuagésimo; *see also* **fifth**[1]

seventieth[2] *adv* en septuagésimo lugar; *see also* **fifth**[2]

seventieth[3] ▶ⓘ **p.1091**, ▶ⓘ **p.1465** *n* [1] (Math) setentavo *m* [2] (part) setentava *or* septuagésima parte *f*

seventy /ˈsevənti/ ▶ⓘ **p.888**, ▶ⓘ **p.1465** *adj/n* setenta *adj inv/m*; **there were ~ people** había setenta personas; **there were ~ of us** éramos setenta; **during the seventies** en la década de los setenta, en los (años) setenta; **he's in his seventies** tiene unos setenta y tantos años, tiene setenta y pico de años (fam); **temperatures in the lower/upper seventies** temperaturas de entre setenta y setenta y cinco/de entre setenta y cinco y ochenta grados Fahrenheit; (*before n*): **seventies fashions/music** modas *fpl* /música *f* de los (años) setenta

seventy-eight /ˌsevənti'eɪt/ *n* [c u] setenta y ocho *m*, disco *m* de 78 rpm

sever /ˈsevər || ˈsevə(r)/ *vt* [1] (cut) ‹*rope/chain*› cortar; **the saw ~ed his finger** la sierra le cortó *or* le amputó *or* (frml) le cercenó el dedo; **his leg was ~ed in the accident** perdió la pierna en el accidente [2] (break off) ‹*communications*› cortar; ‹*relations*› romper*, cortar; **he has ~ed all links with them** ha roto *or* cortado totalmente con ellos, ya no tiene ninguna relación con ellos

■ **sever** *vi* romperse*, cortarse

several[1] /ˈsevrəl/ *adj*

A (some) varios, -rias; **they visited us ~ times** nos visitaron varias *or* unas cuantas veces

B (frml) (*before n*) diverso, distinto; **experts in their ~ fields** expertos en sus diversos *or* distintos campos

several[2] *pron* varios, varias; **do you have any questions? — yes, ~** ¿tienen alguna pregunta? — sí, varias

severally /ˈsevrəli/ *adv* (frml) por separado, individualmente

severance /ˈsevərəns/ *n* [u] [1] (of relations, links) ruptura *f* [2] (Lab Rel) cese *m*; (*before n*): **~ pay** indemnización *f* por cese

severe /sə'vɪr || sɪ'vɪə(r)/ *adj* **severer, severest**

A [1] (strict, harsh) ‹*punishment/judge*› severo; ‹*discipline*› riguroso, estricto; **don't be too ~ on him** no seas muy severo *or* duro con él; **they were given a ~ warning** se les hizo una seria *or* severa advertencia [2] (austere) ‹*style/colors*› austero

B [1] (serious, bad) ‹*illness/injury*› grave; ‹*pain*› fuerte, grande; ‹*problem*› serio, grave; ‹*winter*› severo, duro; ‹*weather*› inclemente; **~ loss of blood** gran pérdida de sangre; **the building is in ~ danger of collapse** el edificio corre serio riesgo de derrumbarse; **there is a ~ food shortage** hay una gran *or* seria escasez de alimentos [2] (difficult, rigorous) ‹*test*› duro, difícil; ‹*conditions*› estricto, riguroso

severely /sə'vɪrli || sɪ'vɪəli/ *adv*

A [1] (strictly, harshly) ‹*punish/criticize*› con severidad, severamente [2] (austerely) austeramente

B [1] (seriously) ‹*ill*› gravemente; **~ injured** herido de gravedad, gravemente herido; **a ~ disturbed child** un niño con graves trastornos emocionales; **the crop was ~ damaged** la cosecha sufrió grandes daños [2] (rigorously): **it ~ tested the contestants** fue *or* supuso una dura prueba para los participantes

severity /sə'verəti || sɪ'verəti/, **severeness** /sə'vɪrnəs || si'vɪənɪs/ *n* [u]

A [1] (strictness, harshness) severidad *f*; **the ~ of the winter** el rigor *or* la severidad del invierno [2] (austerity) austeridad *f*

B [1] (of illness, injury) gravedad *f*; (of pain) intensidad *f* [2] (of test, examination) lo difícil

Seville /sə'vɪl/ *n* Sevilla *f*

Seville (orange) *n* naranja *f* amarga

sew /səʊ/ (*past* **sewed**; *past p* **sewn** *or* **sewed**) *vt* coser; ‹*seam/hem*› hacer*; **to ~ sth on** coser *or* pegar* algo; **~ the sleeve onto the bodice** cosa *or* pegue la manga al cuerpo; **can you ~ this button on for me, please?** ¿me puedes coser *or* pegar este botón, por favor?

■ **sew** *vi* coser

Phrasal verb

- **sew up** [v + o + adv, v + adv + o] [1] (close) ‹*tear/opening*› coser; ‹*cut/wound*› coser, suturar; **they opened him up and just ~ed him up again** lo abrieron y lo cerraron [2] (clinch) (colloq) (*usu pass*): **I thought the deal was already ~n up** yo creía que el trato ya era un hecho *or* ya estaba arreglado; **one more win and they've got the championship all ~n up** una victoria más y tienen el campeonato en el bolsillo *or* (Esp) en el bote *or* (Méx) en la bolsa

sewage /ˈsu:ɪdʒ || ˈsu:ɪdʒ, ˈsju:ɪdʒ/ *n* [u] aguas *fpl* negras *or* residuales, aguas *fpl* servidas (CS); (*before n*): **~ disposal** tratamiento *m* de aguas residuales (*or* negras *etc*); **~ farm** *o* **works** planta *f* de tratamiento de aguas residuales (*or* negras *etc*); **~ system** red *f* de alcantarillado

sewer /ˈsu:ər || ˈsu:ə(r), ˈsju:ə(r)/ *n* [1] (underground) alcantarilla *f*, cloaca *f*; ***to have a mind like a ~*** tener* la mente como una cloaca [2] (drain) (AmE) boca *f* de (la) alcantarilla, sumidero *m*, coladera *f* (Méx)

sewerage /ˈsu:ərɪdʒ || ˈsu:ərɪdʒ, ˈsju:ərɪdʒ/ *n* [u] [1] (system) alcantarillado *m* [2] ▸ **sewage**

sewing /ˈsəʊɪŋ/ *n* [u] [1] (activity) costura *f*; (*before n*): **~ basket** costurero *m* [2] (sth sewn) labor *f*, costura *f*; **she put her ~ down** dejó la labor *or* la costura

sewing machine *n* máquina *f* de coser

sewn /səʊn/ *past p of* **sew**

sex[1] /seks/ *n*

A [u] [1] (sexual matters) sexo *m*; (*before n*) ‹*film/magazine*› de sexo; **~ act** acto *m* sexual; **~ appeal** sex-appeal *m*; **~ attack** agresión *f* sexual; **~ crime** delito *m* sexual; **~ drive** libido *f*, líbido *f*; **~ education** educación *f* sexual; **~ goddess** diosa *f* sexual; **~ industry** industria *f* del sexo; **~ kitten** gatita *f*; **~ life** vida *f* sexual; **~ maniac** maníaco, -ca *m,f* sexual; **~ object** objeto *m* sexual; **~ offense** *o* (BrE) **offence** delito *m* de sexual; **~ offender** delicuente *mf* sexual; **~ partner** pareja *f* sexual, compañero, -ra *m,f* de cama (fam); **~ scandal** escándalo *m* (*de índole sexual*); **~ scene** escena *f* de sexo; **~ shop** sex-shop *m or f*; **~ show** espectáculo *m* sexual *or* de sexo; **~ symbol** sex symbol *mf*; **~ therapist** sexólogo, -ga *m,f*, sexoterapeuta *mf*; **~ therapy** terapia *f* sexual; **~ tourism** turismo *m* sexual; **~ tourist** turista *mf* sexual [2] (intercourse) relaciones *fpl* sexuales; **to have ~ with sb** tener* relaciones sexuales con algn, acostarse* con algn

B [1] [c u] (gender) sexo *m*; (*before n*) ‹*chromosome/hormone/organs*› sexual; **~ change operation** operación *f* de cambio de sexo [2] [c] (men, women collectively) sexo *m*; **the opposite ~** el sexo opuesto; **the fair/weaker ~** (dated) el bello sexo/sexo débil (ant); (*before n*): **~ discrimination** discriminación *f* sexual

sex[2] *vt* sexar

Phrasal verb

- **sex up** [v + prep + o] (colloq) ‹*report/dossier/facts*› maquillar, inflar

sexagenarian /ˌseksədʒə'neriən || ˌseksədʒə'neəriən/ *n* sexagenario, -ria *m,f*

sexed /sekst/ *adj* (Biol, Zool) sexuado; **to be highly ~** tener* una libido *or* líbido muy fuerte

sexily /ˈseksəli || ˈseksɪli/ *adv*: **she pouted/he dresses ~** hizo un mohín/viste muy sexy

sexiness /ˈseksinəs || ˈseksinɪs/ *n* [u] atractivo *m* sexual

sexism /ˈseksɪzəm/ *n* [u] sexismo *m*; (toward women) machismo *m*, sexismo *m*

sexist[1] /ˈseksəst || ˈseksɪst/ *n* sexista *mf*; (toward women) machista *mf*, sexista *mf*

sexist[2] *adj* ‹*attitude/joke*› sexista; (toward women) machista, sexista

sexless /ˈseksləs || ˈsekslɪs/ *adj* asexual, asexuado

sex-mad /ˈseks'mæd/ *adj* (colloq) loco por el sexo (fam)

sexology /sek'sɑ:lədʒi || sek'sɒlədʒi/ *n* [u] sexología *f*

sexpert /ˈsekspɜ:rt || ˈsekspɜ:t/ *n* (colloq) experto, -ta *m,f* en asuntos sexuales

sexpot /ˈsekspɑ:t || ˈsekspɒt/ *n* (journ) chica *f* muy sexy

sex-starved /ˈseksstɑ:rvd || ˈseks,stɑ:vd/ *adj* hambriento de contacto sexual

sextant /ˈsekstənt/ *n* sextante *m*

sextet /seks'tet/ *n* [1] (players) sexteto *m* [2] (music) sexteto *m*

sexton /ˈsekstən/ *n* sacristán *m*

sextuplet /seks'tu:plət || seks'tju:plɪt/ *n* sextillizo, -za *m,f*

sexual /ˈsekʃuəl/ *adj* ‹*attraction/stereotype*› sexual; **~ abuse** abusos *mpl* deshonestos; (rape) violación *f*; **the ~ act** el acto sexual, el coito; **~ assault** agresión *f* sexual; **~ harassment** acoso *m or* hostigamiento *m* sexual; **~ intercourse** relaciones *fpl* sexuales; **~ organs** órganos *mpl* sexuales

sexuality /ˌsekʃu'æləti/ *n* [u] sexualidad *f*

sexualization /ˌsekʃuələ'zeɪʃən || ˌsekʃuəlaɪ'zeɪʃən/ *n* [u] sexualización *f*

sexualize /ˈsekʃuəlaɪz/ *vt* sexualizar*

sexually /ˈsekʃuəli/ *adv* sexualmente; **they were never ~ involved** nunca tuvieron relaciones sexuales; **a ~ transmitted disease** una enfermedad de transmisión sexual

sexual orientation *n* [u] inclinación *f* sexual, orientación *f* sexual ; **to discriminate on the grounds of ~ ~** discriminar sobre la base de la inclinación *or* orientación sexual

sexual politics *pl n* (+ *sing vb*) política *f* sexual

sexy /ˈseksi/ *adj* **sexier, sexiest** [1] (sexually attractive) sexy [2] (erotic) ‹*book/film/talk*› erótico [3] (exciting, interesting) (sl) excitante

SF *n* [u] = **science fiction**

SGML *n* (= **Standard Generalized Markup Language**) SGML *m*

SGP *n* (EU) (= **Stability and Growth Pact**) PEC *m*

Sgt (title) (= **Sergeant**) Sgto.

sh /ʃ/ *interj* ¡sh!, ¡chitón!

shabbily /ˈʃæbəli || ˈʃæbɪli/ *adv* 1 (dowdily): **they were ~ dressed** iban mal *or* pobremente vestidos, llevaban ropa vieja y gastada; **a ~ furnished room** una habitación con muebles muy viejos 2 (badly, unfairly) ‹*treat/behave*› mal

shabby /ˈʃæbi/ *adj* **-bier, -biest** 1 ‹*carpet/sofa/jacket*› gastado, muy usado; (threadbare) raído; **they are ~-genteel** es gente bien venida a menos 2 (bad, unfair): **a ~ trick** una mala pasada; **what a ~ way to treat him** qué manera más fea de tratarlo

shack /ʃæk/ *n* choza *f*, casucha *f*, rancho *m* (AmL), jacal *m* (Méx), bohío *m* (AmC, Col)

Phrasal verb

- **shack up** [v + adv] (colloq) **to ~ up WITH sb** irse* a vivir *or* (fam) arrejuntarse CON algn

shackle /ˈʃækəl/ *vt* 1 ‹*prisoner*› ponerle* grilletes a, encadenar 2 (hamper, restrict) coartar, constreñir*

shackles /ˈʃækəlz/ *pl n*

A 1 (fetters) grilletes *mpl* 2 (constraints) ataduras *fpl*, trabas *fpl*; **to cast off the ~** romper* las ataduras *or* cadenas

B (for rope, chain) argolla *f*

shad /ʃæd/ *n* [c u] sábalo *m*; (*before n*): **~ roe** (Culin) huevas *fpl* de sábalo

shade¹ /ʃeɪd/ *n*

A [u] 1 (dark place) sombra *f*; **we sat in the ~** nos sentamos a la sombra; **is there any ~?** ¿hay sombra?; **25°C in the ~** 25°C a la sombra; **to give ~** dar* sombra; ***to put sth/sb in the ~*** hacerle* sombra a algo/algn, eclipsar algo/a algn 2 (in painting, drawing) sombra *f*

B [c] (*lamp~*) 1 pantalla *f* 2 (over window) (AmE) persiana *f*, estor *m* (Esp) 3 (*eye~*) visera *f*

C 1 [c] (of color) tono *m*; **a lighter/darker ~ of green** un tono más claro/más oscuro de verde; **in pastel ~s** en tonos pastel 2 [c] (degree of difference, nuance): **varying ~s of meaning** diferentes matices de significado; **every ~ of opinion** toda clase de opiniones, opiniones de todas clases; **there is not a ~ of difference between ...** no hay la menor diferencia *or* ni sombra de diferencia entre ... 3 (slight amount) (colloq) (*no pl*) poquitín *m* (fam), pizca *f* (fam); **a ~ (too) long/short** un poquitín *or* una pizca largo/corto (fam); **he's a ~ too confident** se tiene un poquitín demasiada confianza (fam)

D [c] (ghost) (liter) fantasma *m*

E **shades** *pl* 1 (sl) ▸**sunglasses** 2 (on being reminded of sth): **~s of my schooldays!** ¡eso me recuerda cuando estaba en el colegio!; **~s of Watergate!** ¡uno no puede menos que acordarse de Watergate!

shade² *vt*

A 1 (protect from sun, light) ‹*eyes/face*› proteger* del sol/de la luz; **a large tree ~d the garden** un gran árbol daba sombra al jardín; **her seat was ~d from the sun** su asiento estaba resguardado del sol 2 (screen) ‹*light*› tamizar*; **you should ~ the bulb a little** deberías tapar un poco la bombilla

B (Art) **~ (in)** ‹*background/area*› sombrear

C (defeat narrowly) (AmE colloq) ganarle por muy poco a, ganarle por un pelo *or* por los pelos a (fam)

■ **shade** *vi*: **the colors ~ into one another** los colores se funden unos con otros; **the yellow ~s (off) into orange** el amarillo se va convirtiendo en naranja

shadiness /ˈʃeɪdinəs || ˈʃeɪdinɪs/ *n* [u]

A (being in shade) sombra *f*; **the pleasant ~ of the garden** la agradable sombra del jardín

B (doubtful nature) lo turbio; **the ~ of their dealings** lo turbio de sus manejos

shading /ˈʃeɪdɪŋ/ *n* [u] sombreado *m*

shadow¹ /ˈʃædəʊ/ ▸**Cabinet** *n*

A [c u] (unlit area) sombra *f*; **the trees cast long ~s across the road** los árboles proyectaban su larga sombra hacia el otro lado del camino; **he walked along keeping to the ~s** caminó sin apartarse de la sombra; **the ~ of war** la sombra de la guerra; **the kitten was chasing its own ~** el gatito trataba de atrapar su sombra; **to have ~s under one's eyes** tener* ojeras; **his five o'clock ~ was very noticeable** ya se le empezaba a notar mucho la barba; **she had a ~ of a mustache** tenía una sombra de bigote; ***to be afraid of one's own ~*** tener* miedo hasta de su propia sombra; ***to cast a ~ over sth*** ensombrecer* *or* empañar algo; ***to cast a long ~ over sth*** ensombrecer* algo; **her death cast a long ~ over the festivities** su muerte ensombreció las festividades; ***to live in the ~ of sb*** vivir eclipsado por algn

B 1 [c] (remnant, vestige) sombra *f*; **she was a ~ of her former self** no era ni sombra de lo que había sido; ***to wear oneself to a ~*** agotarse trabajando 2 (trace) (*no pl*): **a ~ of hope** un atisbo de esperanza; **without the slightest ~ of (a) doubt** sin la más mínima (sombra de) duda

C [c] (person, detective) *persona que sigue a algn de cerca*; **to put a ~ on sb** hacer* seguir a algn

D [c] (BrE) (Pol) (*before n*): **the ~ cabinet** el gabinete fantasma *or* en la sombra; **~ Chancellor** (in UK) portavoz *mf* de la oposición en asuntos de Economía y Hacienda; **he was ~ Education Secretary** era el portavoz de la oposición para asuntos de educación

shadow² *vt*

A (darken) (*often pass*) ‹*garden/house*› ensombrecer*

B (follow) ‹*suspect*› seguir* de cerca a

> **Shadow Cabinet**
>
> ▸**Cabinet.**

shadowbox /ˈʃædəʊbɑːks || ˈʃædəʊbɒks/ *vi*: *entrenarse boxeando con un adversario imaginario*

shadow-boxing /ˈʃædəʊˌbɑːksɪŋ || ˈʃædəʊˌbɒksɪŋ/ *n* [u]: *práctica de boxeo con un adversario imaginario*; **the usual political ~** el mismo teatro de siempre por parte de los políticos

shadowy /ˈʃædəʊi/ *adj* 1 (indistinct) ‹*form/outline/figure*› impreciso, vago 2 (elusive, little known) ‹*character*› misterioso, enigmático; ‹*organization/activities*› misterioso, con fines poco claros 3 (full of shadows) ‹*place/forest*› oscuro, umbrío (liter)

shady /ˈʃeɪdi/ *adj* **-dier, -diest** 1 (giving shade) ‹*place/garden*› sombreado, donde hay sombra; ‹*tree*› que da mucha sombra, umbroso (liter); **it's shadier over here** aquí hay más sombra 2 (disreputable) (colloq) ‹*deal/business*› turbio; ‹*character*› sospechoso

shaft¹ /ʃæft || ʃɑːft/ *n*

A 1 (of arrow, spear) asta *f*‡ astil *m*; (of feather) cañón *m*; (of hammer, ax) mango *m*; (of cart) vara *f* 2 (poet) (arrow) saeta *f* (liter); (spear) venablo *m* (liter); **a ~ of wit** una agudeza; **his ~s of sarcasm** sus salidas sarcásticas 3 (of light) rayo *m*

B (Mech Eng) eje *m*

C (AmE vulg): ***to give sb the ~*** joder a algn (vulg); **he got the ~** lo jodieron (vulg); (he was fired) lo echaron, le dieron la patada (fam)

D (of elevator) hueco *m*; (of mine) pozo *m*, tiro *m*

shaft² *vt* (AmE vulg) 1 (betray) ‹*person*› joder (vulg); **I knew I'd ~ed myself** me di cuenta de que había metido la pata (fam) *or* (vulg) de que la había cagado 2 (fire) echar, darle* la patada a (arg)

shag¹ /ʃæg/ *n*

A [u] (tobacco) picadura *f*, tabaco *m* picado

B [c] (bird) cormorán *m*

C [c] (act of sexual intercourse) (BrE vulg): **to have a ~** echarse un polvo (arg), tirar (vulg), follar (Esp vulg), coger* (Méx, RPl, Ven vulg), culear (Andes vulg)

shag² *vt* **-gg-**

A (Sport) (AmE colloq) fildear; **to ~ flies** fildear elevados

B (BrE) 1 (have sex with) (vulg) tirarse a (vulg), follar (Esp vulg), coger* (Méx, RPl, Ven vulg), culearse a (Andes vulg) 2 **shagged** *past p* ▸**shagged out**

■ **shag** *vi*

A (Sport) (AmE colloq) recoger* pelotas/bolas

B (BrE vulg) tirar (vulg), follar (Esp vulg), coger* (Méx, RPl, Ven vulg), culear (Andes vulg)

shag³ *adj* ▸**shag-pile**

shagged out /ʃægd/ *adj* (BrE sl) (*pred*): **to be ~ ~** estar* reventado *or* hecho polvo (fam)

shaggy /ˈʃægi/ *adj* **-gier, -giest** 1 ‹*dog*› lanudo, peludo; ‹*beard/hair*› enmarañado, greñudo 2 (Tex) ‹*carpet/rug*› peludo

shaggy dog story *n* (colloq) chiste *m* malo (*largo*)

shag-pile /ˈʃægpaɪl/ *adj*: **~ carpet** alfombra *f* de pelo largo

shake¹ /ʃeɪk/ (*past* **shook**; *past p* **shaken**) *vt*

A 1 (cause to move, agitate) ‹*bottle/cocktail*› agitar; ‹*person*› sacudir, zarandear; ‹*building/foundations*› sacudir, hacer* temblar; ‹*dice*› agitar, revolver* (AmL); Ⓢ **shake well before use** agítese bien antes de usar; **the dog shook himself energetically** el perro se sacudió con fuerza; **she shook herself free from him** se liberó de él de una sacudida; **to ~ sth OFF/FROM sth**: **we shook the fruit from the branch** sacudimos la rama para que cayese la fruta; **I shook the dust off** *o* **from my coat** me sacudí el polvo del abrigo; **to ~ sth OUT OF sth**: **he shook the beads out of the bag onto the table** sacudió la bolsa para que las cuentas cayeran a la mesa; **she shook the sand out of the towel** sacudió la toalla para quitarle la arena; **I shook the creases out of my shirt** sacudа la camisa para quitarle las arrugas; **to ~ hands** darse* la mano, darse* un apretón de manos; **to ~ hands with sb** darle* *or* estrecharle la mano a algn; **to ~ sb's hand, to ~ sb by the hand** darle* *or* estrecharle la mano a algn, darle* un apretón de manos a algn; **he shook me warmly by the hand** me dio un caluroso apretón de manos; **to ~ hands on a deal** cerrar* un trato con un apretón de manos; **to ~ one's head** decir* que no *or* negar* con la cabeza 2 (brandish) ‹*sword/stick*› agitar, blandir; **to ~ one's fist at sb** amenazar* a algn con el puño

B 1 (undermine, impair) ‹*courage/nerve*› hacer* flaquear; ‹*faith*› debilitar; **the scandal has ~n the financial world** el escándalo ha conmocionado al mundo de las finanzas 2 (shock, surprise) ‹*person*› impresionar, afectar; **she was badly ~n by the news of his death** la noticia de su muerte la impresionó *or* la afectó muchísimo; **to ~ sb rigid** (colloq) dejar a algn helado (fam); **he needs to be ~n out of his apathy** necesita un revulsivo que lo saque de su apatía

C ▸**shake off**

■ **shake** *vi*

A (move, tremble) «*earth*» temblar*; «*hand/voice*» temblar*; **the branches shook in the wind** las ramas se agitaban con el viento; **he was shaking with laughter** se sacudía de la risa; **he was shaking with fear/cold/rage** estaba temblando de miedo/frío/rabia; **her voice shook slightly** le temblaba ligeramente la voz

B (shake hands) (colloq): **let's ~ on it** ¡choca esos cinco! (fam), ¡chócala(s)! (fam); **they shook on it** sellaron el acuerdo con un apretón de manos

Phrasal verbs

- **shake down** (colloq)

A [v + adv] 1 (settle in): **to ~ down in a job/town** acostumbrarse *or* hacerse* a un trabajo/una ciudad 2 (live temporarily) quedarse

B [v + o + adv] (AmE) 1 (extort money): **they shook me down for a couple of hundred dollars** me sacaron *or* (fam) me hicieron largar doscientos dólares 2 (search) ‹*person*› cachear, registrar; ‹*building*› registrar 3 (put through trials) ‹*ship/plane*› probar*

- **shake off** [v + o + adv, v + adv + o] ‹*pursuer/reporter*› deshacerse* *or* zafarse de, quitarse *or* (fam) sacudirse de encima; ‹*habit*› quitarse; ‹*cold*› quitarse de encima; **she couldn't ~ off her depression** no podía salir de su depresión

- **shake out** [v + o + adv, v + adv + o] 1 ‹*cloth/mat/bag*› sacudir 2 ‹*contents*› **she seized the bag and shook out several coins** agarró la bolsa, la sacudió y salieron varias monedas

• **shake up** [v + o + adv, v + adv + o]
A 1 ‹*liquid*› agitar 2 ‹*cushion/pillow*› sacudir
B (colloq) ‹*industry/personnel*› reorganizar* totalmente; **he'll ~ the team up** le va a dar una buena sacudida al equipo (fam); **your ideas need shaking up!** ¡tienes que aclarar tus ideas!
C (disturb, shock) (colloq): **she was ~n up by the news** la noticia la impresionó *or* la afectó mucho; **is he hurt? — no, just a bit ~n up** ¿se ha hecho daño? — no, se ha llevado un susto (y está un poco alterado)

shake² *n*
A (act) sacudida *f*; (violent) sacudida *m* violenta, sacudón *m* (AmL); **I gave the dice a good ~** les di una buena sacudida a los dados; **he gave my hand a firm ~** me dio un fuerte apretón de manos; **he replied with a ~ of the head** contestó negando con la cabeza; ***in two ~s (of a lamb's tail), in a couple*** o ***brace of ~s*** (colloq) en un periquete *or* en un santiamén *or* en una patada (fam); ***to be no great ~s*** (colloq) no ser* gran cosa (fam), no ser* nada del otro mundo *or* nada del otro jueves (fam); **so far he has proved no great ~s as a leader** hasta el momento no ha demostrado ser gran cosa como líder (fam), hasta el momento no ha demostrado ser nada del otro mundo *or* nada del otro jueves como líder (fam)
B (*milk ~*) (AmE) batido *m*, (leche *f*) malteada *f* (AmL), licuado *m* con leche (AmL), merengada *f* (Ven)
C **shakes** *pl* (trembling) (colloq): **to have the ~s** estar* temblequeando (fam); **he got the ~s** le dio *or* le entró la tembladera *or* el tembleque *or* (Méx) la temblorina (fam)
D (deal, treatment) (AmE colloq) (*no pl*): **a fair ~** un trato justo
E (Const) listón *m*

shakedown /ˈʃeɪkdaʊn/ *n*
A (AmE colloq) 1 (extortion) timo *m* (fam), estafa *f*; **$100 a ticket? that's a ~!** ¿$100 la entrada? ¡qué robo! (fam) 2 (search): **let's give this place one hell of a ~** vamos a revisar bien esto 3 (trials) prueba *f*; (*before n*) ‹*period/flight*› de prueba
B 1 (action) sacudida *f* 2 (bed) (BrE) camastro *m*, catre *m*

shaken /ˈʃeɪkən/ *past p of* **shake¹**

shaken baby syndrome *n* [u] (Med) síndrome *m* del bebé sacudido, síndrome *m* del niño sacudido

shakeout /ˈʃeɪkaʊt/ *n* reorganización *f*, racionalización *f*; **a ~ in the financial markets** una conmoción en los mercados financieros

shaker /ˈʃeɪkər || ˈʃeɪkə(r)/ *n*
A 1 (for cocktails) coctelera *f* 2 (for salt) salero *m*; (for pepper) pimentero *m*; (for sugar) azucarero *m* 3 (for dice) cubilete *m*, cacho *m* (Andes)
B **Shaker** (member of sect) (Relig) shaker *mf*

Shakespearean, Shakespearian /ʃeɪkˈspɪriən || ʃeɪkˈspɪəriən/ *adj* shakesperiano

shake-up /ˈʃeɪkʌp/ *n* (colloq) gran reorganización *f or* remodelación *f*; **to give sth a good ~** reorganizar* *or* remodelar algo totalmente

shakily /ˈʃeɪkəli || ˈʃeɪkɪli/ *adv* ‹*hold/point*› temblorosamente, con mano temblorosa; ‹*walk*› con paso tembloroso; ‹*speak*› con voz temblorosa *or* (liter) trémula; **the play started ~** el principio de la obra fue flojo

shakiness /ˈʃeɪkinəs || ˈʃeɪkinɪs/ *n* [u] 1 (of hands, voice) temblor *m*, tembleque *m* (fam) 2 (of theory, evidence) falta *f* de solidez; **the ~ of her position** la inestabilidad *or* lo precario de su posición

shaky /ˈʃeɪki/ *adj* **-kier, -kiest** 1 (trembling) ‹*hands/voice*› tembloroso, tembleque (fam); ‹*writing*› de trazo poco firme 2 (unsteady) ‹*table*› poco firme; ‹*structure*› tambaleante, poco firme *or* sólido; ‹*health*› delicado; ‹*currency/government*› débil; ‹*theory/start*› flojo; **the country's ~ economy** la inestabilidad económica del país; **I still feel a bit ~** todavía no me siento del todo bien

shale /ʃeɪl/ *n* [u] esquisto *m*, pizarra *f*

shall /ʃæl *weak forms* /ʃl ʃəl/ *v mod* (*past* **should**)
A (*with 1st person*) 1 (in statements about the future): **I/we ~ be very interested to see what happens** tendré/tendremos mucho interés en ver qué sucede; **I said we should have to economize** dije que tendríamos que economizar; **we shan't be able to come** (BrE) no podremos *or* no vamos a poder venir; **Jenny, pick up your toys — shan't!** (BrE) Jenny, recoge los juguetes — ¡no quiero! 2 (making suggestions, asking for assent) [*The present tense is used in this type of question in Spanish*] **~ I open/close the window?** ¿abro/cierro la ventana?, ¿quieres (*or* quiere *etc*) que abra/cierre la ventana?; **~ we go out tonight?** ¿qué te (*or* le *etc*) parece si salimos esta noche?; **~ we dance?** ¿bailamos?; **I'll ask him, ~ I?** le pregunto ¿sí? *or* ¿te (*or* le *etc*) parece?; **let's try again, ~ we?** intentémoslo otra vez ¿sí? *or* ¿te (*or* le *etc*) parece?; **whatever ~ we do?** (BrE) ¿qué podemos hacer?
B (*with 2nd and 3rd persons*) (in commands, promises etc): **they ~ not pass** no pasarán; **thou shalt not steal** (Bib) no robarás

shallot /ʃəˈlɑːt || ʃəˈlɒt/ *n* chalote *m*, chalota *f*

shallow /ˈʃæləʊ/ *adj* **-er, -est** 1 (not deep) ‹*water/pond/river*› poco profundo; ‹*dish*› llano, plano, bajo (Chi); **~ breathing** respiración *f* superficial; **~ roof** tejado *m* de poca *or* baja pendiente; **a ~ grave** una tumba poco profunda 2 (superficial) ‹*person*› superficial; ‹*conversation*› frívolo, banal

shallow-fry /ˈʃæləʊˈfraɪ/ *vt* freír* con poco aceite

shallowness /ˈʃæləʊnəs || ˈʃæləʊnɪs/ *n* [u] 1 (of water) poca profundidad *f*; (of breathing) superficialidad *f* 2 (superficiality) superficialidad *f*

shallows /ˈʃæləʊz/ *pl n* bajío *m*, bajo *m*

shalt /ʃælt/ (arch) *2nd pers sing pres indic of* **shall B**

sham¹ /ʃæm/ *n* 1 [c u] (pretense) farsa *f*, parodia *f*; **his grief was all ~** o **all a ~** su pena era pura comedia *or* puro teatro (fam) 2 [c] (impostor) farsante *mf*

sham² *adj* (pej) (*no comp*) ‹*emotion/interest/sympathy*› fingido, falso; ‹*antiques/diamonds*› falso, de imitación; **it was a ~ election/trial** las elecciones fueron/el juicio fue una farsa *or* una parodia

sham³ **-mm-** *vt* ‹*enthusiasm/grief/illness*› fingir*, simular
▪ **sham** *vi* «*person*» fingir*; **she's not ill; she's just ~ming** no está enferma; está haciendo teatro (fam)

shaman /ˈʃɑːmən, ˈʃeɪmən/ *n* 1 (Relig) chamán *m* 2 (witch doctor) hechicero *m*, brujo *m*

shamble /ˈʃæmbəl/ *vi* 1 «*person*» caminar arrastrando los pies; **he ~d off** se fue arrastrando los pies 2 **shambling** *pres p* ‹*figure/gait*› desgarbado, desgalichado

shambles /ˈʃæmbəlz/ *n* (+ *sing vb*) caos *m*, desquicio *m* (RPl); **the meeting was a terrible ~** la reunión fue el caos *or* (RPl tb) el desquicio más absoluto; **they left the place a ~** lo dejaron todo patas arriba (fam)

shambolic /ʃæmˈbɑːlɪk || ʃæmˈbɒlɪk/ *adj* (BrE colloq) caótico; **a ~ mess** un desastre, un desquicio (RPl)

shame¹ /ʃeɪm/ *n*
A 1 [u] (feeling) vergüenza *f*, pena *f* (AmL exc CS); **he blushed with ~** se puso colorado de vergüenza; **she feels no ~ for** o **about what she did** no le da vergüenza *or* (AmL exc CS) pena lo que hizo; **have you no (sense of) ~?** ¿es que has perdido la vergüenza?, ¿es que no tienes vergüenza?; **oh, the ~ of it!** ¡qué vergüenza *or* bochorno!, ¡qué pena! (AmL exc CS); **her actions brought ~ on the family** lo que hizo fue la vergüenza de la familia; **~ on you!** ¡qué vergüenza!, ¡debería darte vergüenza!; ***to put sb to ~***: **she's so good at chess, she puts me to ~** juega tan bien al ajedrez que me pone en evidencia *or* me hace pasar vergüenza 2 (*no pl*) (cause of shame) vergüenza *f*
B (pity) (*no pl*) lástima *f*, pena *f*; **what a ~!** ¡qué lástima *or* pena!; **it's a great ~ you can't come** es una verdadera lástima *or* pena que no puedas venir; **it would be a ~ to miss that opportunity** sería una lástima *or* una pena perder esa oportunidad

shame² *vt* avergonzar*, apenar (AmL exc CS); **to ~ sb INTO -ING**: **they ~d us into paying** nos hicieron avergonzarnos de tal manera que al final pagamos

shamefaced /ˈʃeɪmfeɪst || ʃeɪmˈfeɪst/ *adj* avergonzado, abochornado, apenado (AmL exc CS)

shamefacedly /ˈʃeɪmˌfeɪsədli || ˌʃeɪmˈfeɪsɪdli/ *adv* con vergüenza, con pena (AmL exc CS)

shameful /ˈʃeɪmfəl/ *adj* ‹*conduct/ignorance*› vergonzoso, bochornoso; **the ~ truth** la ignominiosa verdad; **the house was in a ~ condition** la casa estaba hecha una vergüenza

shamefully /ˈʃeɪmfəli/ *adv* ‹*treat/deceive*› de manera vergonzosa, vergonzosamente; ‹*ignorant/indifferent*› vergonzosamente; **she is ~ underpaid** es vergonzoso lo que le pagan

shamefulness /ˈʃeɪmfəlnəs || ˈʃeɪmfəlnɪs/ *n* [u] lo bochornoso *or* vergonzoso

shameless /ˈʃeɪmləs || ˈʃeɪmlɪs/ *adj* ‹*lie/exploitation*› descarado; ‹*liar/cheat*› desvergonzado, sinvergüenza; **he's quite ~ about arriving late** no le da ninguna vergüenza llegar tarde

shamelessly /ˈʃeɪmləsli || ˈʃeɪmlɪsli/ *adv* descaradamente, con todo descaro

shamelessness /ˈʃeɪmləsnəs || ˈʃeɪmlɪsnɪs/ *n* [u] desvergüenza *f*, descaro *m*

shaming /ˈʃeɪmɪŋ/ *adj* vergonzoso, bochornoso

shammy leather /ˈʃæmi/ *n* gamuza *f*

shampoo¹ /ʃæmˈpuː/ *n* (*pl* **-poos**) 1 (product) champú *m*; **herbal ~** champú de hierbas; **carpet ~** champú *or* detergente *m* para alfombras 2 (act) lavado *m*; **~ and set** lavado *m* y marcado

shampoo² *vt* **-poos, -pooing, -pooed** 1 ‹*hair*› lavar; **I'm going to have my hair ~ed** voy a ir a lavarme el pelo *or* la cabeza a la peluquería 2 ‹*carpet/upholstery*› limpiar

shamrock /ˈʃæmrɑːk || ˈshæmrɒk/ *n* [u c] trébol *m*

shamus /ˈʃɑːməs, ˈʃeɪ- || ˈʃeɪməs/ *n* (AmE sl & dated) investigador privado, investigadora privada *m,f*

shandy /ˈʃændi/ *n* [u c] (*pl* **-dies**) (BrE) cerveza *f* con limonada, ≈ clara *f* (*en Esp*)

shanghai /ʃæŋˈhaɪ/ *vt* **-hais, -haiing, -haied** (Naut) (colloq) *embarcar (a alguien) por la fuerza como tripulante de un barco mercante*; **I got ~ed into volunteering** me presionaron para que me ofreciera a hacerlo

Shangri-la /ˌʃæŋgriˈlɑː/ *n* paraíso *m* (terrenal)

shank /ʃæŋk/ *n*
A 1 (shin) espinilla *f*, canilla *f*; (leg) (dated *or* hum) pierna *f*, pata *f* (fam); ***(on) S~'s pony*** o ***mare*** (BrE colloq & hum) en el coche de San Fernando (un rato a pie y un rato andando) (fam & hum), a golpe de calcetín (fam & hum), a pata (fam), en el once (RPl fam & hum) 2 (Culin) pierna *f*; **~ of lamb** pierna de cordero
B (Tech) (of tool) mango *m*; (of key, anchor) tija *f*; (of screw) vástago *m*, tallo *m*, varilla *f*; (of nail) espiga *f*

shan't /ʃænt || ʃɑːnt/ **= shall not**

shantung /ʃænˈtəŋ || ʃænˈtʌŋ/ *n* [u] shantung *m*

shanty /ˈʃænti/ *n* (*pl* **-ties**)
A (hut) casucha *f*, rancho *m* (AmL), chabola *f* (Esp)
B (*sea ~*) (BrE) canción *f* de marineros

shantyman /ˈʃæntimæn/ *n* (*pl* **-men** /-men/) (AmE) leñador *m*

shantytown /ˈʃæntitaʊn/ *n* barriada *f* (AmL), chabolas *fpl* (Esp), población *f* callampa (Chi), villa *f* miseria (Arg), ciudad *f* perdida (Méx), cantegril *m* (Ur), ranchos *mpl* (Ven), invasión *f* (Col)

shape¹ /ʃeɪp/ *n*
A 1 [c] (visible form) forma *f*; **it is triangular in ~** tiene forma triangular; **in the ~ of a cross** en forma de cruz; **what ~ shall I make the opening?** ¿de que forma quieres que haga la abertura?; **they come in all ~s and sizes** los hay de muy diversos tipos; **the sweater's lost its ~** el suéter se ha deformado; **to be out of ~**

S

estar* deformado [2] [u] (general nature, outline) conformación *f*, configuración *f*; **the ~ of things to come** lo que nos espera; **to take ~** tomar forma [3] [c] (unidentified person, thing) figura *f*, bulto *m*

B [u] (guise): **her reply took the ~ of a 15-page letter** su respuesta consistió en una carta de 15 folios; **a third bidder emerged in the ~ of Acme Inc** surgió una tercera oferta, presentada por Acme Inc; **assistance in the ~ of food stamps** ayuda consistente en vales canjeables por comida; **I won't tolerate bribery in any ~ or form** no pienso tolerar sobornos de ningún tipo; **help in any ~ or form is most welcome** una ayuda, sea del tipo que sea *or* de cualquier forma que sea, siempre es bien recibida

C [u] (condition, order): **for her age, she's in pretty good ~** para su edad, está bastante bien (de salud); **the old man's in pretty bad ~** el viejo anda *or* está muy mal; **he's in great ~ for the tournament** está en muy buena forma para el torneo; **I was in no ~ to put up a fight** no estaba en condiciones de pelear; **we've got to get you into better ~** tenemos que ponerte en forma; **to keep** *o* **stay in ~** mantenerse* en forma; ***to get bent out of ~*** (AmE sl) resentirse*, molestarse; ***to knock*** *o* ***lick sth/sb into ~*** poner* algo/a algn a punto *or* en forma

D [c] (mold, pattern) molde *m*

shape² *vt*

A (make in given form) ‹*object/material*› darle* forma a; **to ~ sth INTO sth**: **she ~d the dough into a ring** formó un anillo con la masa

B (influence) ‹*events*› determinar; ‹*person/character/ideas*› formar; **incidents that ~d history** incidentes que forjaron la historia

■ **shape** *vi* **~ (up)** ‹‹*project*›› tomar forma; ‹‹*plan*›› desarrollarse; **how's the team shaping (up)?** ¿qué tal marcha *or* va el equipo?; **it is shaping (up) to be the closest championship for years** se está perfilando como el campeonato más reñido de los últimos años

(Phrasal verb)

• **shape up** [v + adv] [1] ▸**shape²** [2] (improve, pull oneself together) entrar en vereda (fam); **~ up or ship out!** ¡o entras en vereda o te largas! (fam)

shaped /ʃeɪpt/ *adj*: **an oddly ~ object** un objeto de forma extraña; **to be ~ like sth** tener* forma de algo; **it is ~ like a cross** tiene forma de cruz

-shaped /ʃeɪpt/ *suff*: **L~/heart~** con *or* en forma de L/corazón

shapeless /ˈʃeɪpləs || ˈʃeɪplɪs/ *adj* informe, sin forma

shapeliness /ˈʃeɪplinəs || ˈʃeɪplinɪs/ *n* [u] agradables proporciones *fpl*, belleza *f* de formas

shapely /ˈʃeɪpli/ *adj* **-lier, -liest** ‹*figure*› bien modulado, hermoso; ‹*legs*› torneado, bien proporcionado; **a ~ blonde** una rubia curvilínea

shard /ʃɑːrd || ʃɑːd/ *n* casco *m*, fragmento *m*

share¹ /ʃer || ʃeə(r)/ *n*

A [c] (portion) parte *f*; **I've already paid my ~** yo ya he pagado mi parte *or* lo que me corresponde; **how much is my ~ of the bill?** ¿cuánto me toca pagar a mí?; **she must take her ~ of the blame** debe aceptar que tiene parte de la culpa; **he's had his ~ of bad luck** ha tenido *or* le ha tocado bastante mala suerte *or* su buena cuota de mala suerte; **I only want my fair ~** sólo quiero lo que en justicia me corresponde; **they've had more than their fair ~ of attention** han recibido más atención de la que les correspondía; **I've done my ~ of covering up for her** yo ya la he encubierto bastante; ***to go ~s on sth*** (colloq): **let's go ~s on a taxi** tomemos un taxi y lo pagamos a medias (*or* entre los tres *etc*); ***to work on ~s*** (AmE) trabajar como socios

B (Busn, Fin) [1] (held by partner) (*no pl*) participación *f*; **I own a half ~ in a fishing boat** soy copropietario de un pesquero [2] [c] (held by shareholder) acción *f*; **to hold ~s in a company** tener* acciones en una compañía; **an issue of 50,000 ~s** una emisión de 50.000 títulos *or* acciones; (*before n*): **~ capital** capital *m* social; **~ certificate** (título *m or* certificado *m* de) acción *f*; **~ index** índice *m* de cotización en bolsa; **~ options** opciones *f* sobre acciones; **~ portfolio** cartera *f* de acciones; **~ prices** cotización *f* de las acciones

C [c] (*plow~*) reja *f* del arado

share² *vt*

A [1] (use jointly) **to ~ sth (WITH sb)** compartir algo (CON algn) [2] (have in common) ‹*optimism/interest/opinion*› compartir; ‹*characteristics*› tener* en común; **they ~d the credit for its discovery** compartieron el mérito de su descubrimiento; **peoples which ~ a common ancestry** pueblos de la misma extracción *or* con antepasados comunes; **we ~ the same star sign** somos del mismo signo del zodíaco

B [1] (divide) dividir; **the inheritance was ~d equally between the children** la herencia se dividió a partes iguales entre los hijos; **we agreed to ~ all expenses** decidimos compartir todos los gastos [2] (communicate) ‹*experience/knowledge*› intercambiar; **I'd like to ~ my feelings with you on this happy day** quisiera hacer a todos partícipes de mi felicidad en este día; **come on, ~ the joke** vamos, cuéntalo, así nos reímos todos

■ **share** *vi* [1] (use jointly) compartir; **you may have to ~ with somebody** puede ser que tengas que compartir la habitación (*or* el despacho *etc*) con algn; **to ~ and ~ alike** compartir las cosas [2] (have a part) **to ~ IN sth** compartir algo, participar DE algo

(Phrasal verb)

• **share out** [v + o + adv, v + adv + o] ‹*profits/food*› repartir, distribuir*; **the money was ~d out among the five children** el dinero se repartió *or* se distribuyó entre los cinco hijos

sharecropper /ˈʃerˌkrɑːpər || ˈʃeəˌkrɒpə(r)/ *n* aparcero, -ra *m,f*

sharecropping /ˈʃerˌkrɑːpɪŋ || ˈʃeəˌkrɒpɪŋ/ *n* [u] aparcería *f*

shareholder /ˈʃerˌhəʊldər || ˈʃeəˌhəʊldə(r)/ *n* accionista *mf*; **~s' meeting** asamblea *f or* junta *f* de accionistas

shareholding /ˈʃerˌhəʊldɪŋ || ˈʃeəˌhəʊldɪŋ/ *n* [1] [u] (possession of shares) accionariado *m* [2] [c] (stake) participación *f*

share-out /ˈʃeraʊt || ˈʃeəraʊt/ *n* reparto *m*, distribución *f*

shareware /ˈʃerwer || ˈʃeəweə(r)/ *n* [u] shareware *m programa cuyo autor solicita una retribución después de un periodo de evaluación*

shark /ʃɑːrk || ʃɑːk/ *n* [1] (Zool) tiburón *m* [2] (person) (colloq) explotador, -dora *m,f*

shark-infested /ˈʃɑːrkɪnˌfestəd || ˈʃɑːkɪnˌfestɪd/ *adj* infestado de tiburones

sharkskin /ˈʃɑːrkskɪn || ˈʃɑːkskɪn/ *n* [u] (leather) zapa *f or* piel *f* de tiburón; (material) imitación *f* de piel de tiburón

sharp¹ /ʃɑːrp || ʃɑːp/ *adj* **-er, -est**

A [1] ‹*knife/edge/scissors*› afilado, filoso (AmL), filudo (Chi, Per); ‹*features*› anguloso, muy marcado; **the ~ edge** el filo; **it has a ~ point** es muy puntiagudo; **have you got a ~er pencil?** ¿tienes un lápiz con más punta?; ***at the ~ end*** (BrE) en la línea de combate [2] ‹*pain*› agudo, fuerte [3] ‹*wind*› cortante; ‹*frost*› crudo, fuerte [4] ‹*noise/cry*› agudo; ‹*crack*› seco [5] ‹*taste*› ácido; **a ~ cheese** un queso fuerte *or* muy curado

B [1] (abrupt, steep) ‹*bend/angle*› cerrado; ‹*turn*› brusco; ‹*rise/fall/descent*› brusco [2] (sudden) repentino, súbito

C [1] (keen) ‹*eyesight*› agudo, bueno; ‹*hearing*› fino, agudo, bueno; **keep a ~ lookout** mantén los ojos bien abiertos; **keep a ~ eye on those two over there** no les quites el ojo de encima a esos dos de ahí; **he's got a ~ nose for business** tiene mucho ojo para los negocios; **the article takes a ~ look at the world of finance** el artículo hace un penetrante *or* perspicaz análisis del mundo de las finanzas [2] (acute) ‹*wit/mind*› agudo, perspicaz; **he's very ~ for his age** es muy despierto *or* avispado para su edad [3] (intense) ‹*desire*› intenso, fuerte; ‹*urge*› imperioso; ‹*regret*› hondo, profundo; **competition is ~** hay una intensa competencia

D (clear, unblurred) ‹*photo/TV picture*› nítido; ‹*outline*› definido; ‹*impression*› claro; ‹*contrast/distinction*› marcado; **this has brought the divisions in the country into ~ focus** esto ha puesto de relieve las divisiones existentes en el país

E (harsh, severe) ‹*rebuke/criticism*› duro, severo; ‹*retort*› cortante, áspero; **to have a ~ tongue** ser* muy mordaz, tener* una lengua muy afilada

F [1] (clever, shrewd) ‹*person*› listo, astuto, vivo (fam); ‹*move*› astuto [2] (elegant) (colloq): **he's a ~ dresser** tiene mucho estilo para vestirse

G (Mus) [1] (referring to key) sostenido [2] (too high): **you're ~** estás desafinando (*por cantar o tocar demasiado alto*)

sharp² *adv*

A (exactly): **at six o'clock ~** a las seis en punto

B (abruptly): **turn ~ right** gire a la derecha en curva cerrada; **to pull up ~** pararse en seco; **look ~** (BrE colloq) ¡acelera! (fam), ¡date prisa!, ¡apúrate! (AmL)

C (Mus): **to sing/play ~** cantar/tocar* demasiado alto

sharp³ *n*

A (Mus) [1] (note) sostenido *m*, diesi(s) *f* [2] (sign) sostenido *m*

B (AmE) ▸**sharper**

sharp⁴ *vt* (AmE) (Mus) *elevar el tono de una nota*

sharp-edged /ˌʃɑːrpˈedʒd || ˌʃɑːpˈedʒd/ *adj* [1] ‹*tool*› afilado, filoso (AmL), filudo (Chi, Per); ‹*object*› de bordes afilados [2] (incisive, trenchant) mordaz, punzante

sharpen /ˈʃɑːrpən || ˈʃɑːpən/ *vt* [1] ‹*knife/blade/claws*› afilar; **to ~ a pencil** sacarle* punta a un lápiz [2] (make keener) ‹*feeling/interest*› agudizar*, avivar; ‹*appetite*› abrir* [3] (BrE) (Mus) ▸**sharp⁴**

(Phrasal verb)

• **sharpen up**

A [v + adv] (colloq) espabilarse (fam), avivarse (AmL fam), apiolarse (RPl fam); **come on, ~ up!** ¡vamos, espabílate (*or* avívate *etc*)! (fam); **they were told to ~ up or risk losing orders** se les dijo que hicieran las cosas como Dios manda *o* se arriesgaban a perder pedidos

B [v + adv + o, v + o + adv] [1] ‹*pencil*› sacarle* punta a [2] (colloq) ‹*skills/processes*› pulir

sharpener /ˈʃɑːrpnər || ˈʃɑːpnə(r)/ *n* (*knife ~*) [1] afilador *m* [2] (*pencil ~*) sacapuntas *m*

sharper /ˈʃɑːrpər || ˈʃɑːpə(r)/ *n* (*card~*) [1] fullero, -ra *m,f*, tramposo, -sa *m,f* [2] (swindler) estafador, -dora *m,f*

sharp-eyed /ˌʃɑːrpˈaɪd || ˌʃɑːpˈaɪd/ *adj* con ojo de lince

sharpish /ˈʃɑːrpɪʃ || ˈʃɑːpɪʃ/ *adv* (BrE colloq) prontito (fam); **we need it ~** lo necesitamos prontito (fam)

sharply /ˈʃɑːrpli || ˈʃɑːpli/ *adv*

A [1] (steeply, abruptly) ‹*drop/fall/increase*› bruscamente; ‹*bend*› repentinamente, de pronto; **they've moved ~ to the left** han dado un brusco giro a la izquierda [2] (suddenly, swiftly) de repente, repentinamente; **he turned ~ on his heel and walked out** giró en seco sobre sus talones y se marchó; **they moved ~ to counter this threat** actuaron inmediatamente para prevenirse contra esta amenaza

B [1] (acutely) ‹*aware/conscious*› tremendamente; **a ~ developed sense of justice** un aguzado sentido de lo que es justo; **his wit is ~ perceptive** es de una percepción agudísima [2] (clearly, starkly) ‹*outlined/defined*› claramente, nítidamente; **two ~ contrasting styles** dos estilos en marcado contraste

C (harshly) ‹*answer/speak/criticize*› con dureza *or* severidad *or* acritud

sharpness /ˈʃɑːrpnəs || ˈʃɑːpnɪs/ *n* [u]

A (of knife) lo afilado *or* (AmL tb) lo filoso *or* (Chi, Per tb) lo filudo; (of point) lo puntiagudo; (of pain) agudeza *f*, lo agudo; (of cry, sound) lo agudo; (of features) lo anguloso; **there was an autumnal ~ in the air** se sentía un frescor otoñal; **the ~ of the lemon sauce** la acidez *or* lo ácido de la salsa de limón

B (abruptness) brusquedad *f*; **the ~ of the bend** lo cerrado de la curva

C [1] (acuteness) agudeza *f*; **the ~ of his intellect/mind** su perspicacia; **the ~ of his reflexes/reactions** su rapidez de reflejos/para reaccionar [2] (intensity) intensidad *f*

D (clarity) nitidez *f*

E (harshness) brusquedad *f*; **he's well-known for**

S

the ~ of his tongue es famoso por su mordacidad

sharp practice *n* [u c] artimañas *fpl*, triquiñuelas *fpl*

sharpshooter /ˈʃɑːrpˌʃuːtər || ˈʃɑːpˌʃuːtə(r)/ *n* tirador, -dora *m,f* de primera

sharp-tempered /ˌʃɑːrpˈtempərd || ˌʃɑːp ˈtempəd/ *adj* de genio vivo, de mucho genio, irascible; **he's very ~** tiene el genio muy vivo, es muy irascible

sharp-tongued /ˈʃɑːrpˈtʌŋd || ˌʃɑːpˈtʌŋd/ *adj* ‹*criticism*› mordaz; ‹*person*› de lengua mordaz *or* afilada

sharp-witted /ˌʃɑːrpˈwɪtəd || ˌʃɑːpˈwɪtɪd/ *adj* listo, agudo

shat /ʃæt/ *past and past p of* **shit²**

shatter /ˈʃætər || ˈʃætə(r)/ *vt*

A **1** (break) ‹*window/plate*› hacer* añicos *or* pedazos; **the stone ~ed the glass** la piedra dejó el cristal hecho añicos; **she ~ed four world records** echó abajo cuatro récords mundiales **2** (destroy) ‹*health/nerves*› destrozar*; ‹*confidence/hopes*› destruir*, echar por tierra; ‹*silence/calm*› romper*

B (*usu pass*) **1** (shock): **she was ~ed by the news** la noticia la dejó destrozada **2** (exhaust) (BrE colloq): **that walk has ~ed me** la caminata me ha dejado hecha polvo *or* (AmL tb) de cama (fam); **I arrived home feeling completely ~ed** llegué a casa hecho polvo *or* muerto de cansancio (fam)

■ **shatter** *vi* «*window/glass*» hacerse* añicos *or* pedazos; **the cup ~ed as it hit the ground** la taza se hizo añicos al caer al suelo; **the windscreen ~ed into a thousand pieces** el parabrisas estalló *or* se astilló en mil pedazos

shattering /ˈʃætərɪŋ/ *adj* **1** (devastating) ‹*blow/loss*› tremendo, terrible; ‹*defeat*› aplastante; ‹*experience*› demoledor, terrible **2** (exhausting) (BrE colloq) agotador, mortal (fam)

shatterproof /ˈʃætərpruːf || ˈʃætəpruːf/ *adj* inastillable

shave¹ /ʃeɪv/ *vt*

A ‹*person*› afeitar *or* (esp Méx) rasurar; **she ~s her legs** se afeita *or* (esp Méx) se rasura las piernas; **to ~ o** (BrE also) **to ~ off one's beard/mustache** afeitarse *or* (esp Méx) rasurarse la barba/el bigote

B **1** (slice off) recortar; (in carpentry) cepillar; **~ off some pieces of chocolate for the decoration** corte unas láminas bien delgadas de chocolate para la decoración; **they ~d 0.42 seconds off the old record** batieron el récord anterior por sólo 0,42 segundos **2** (reduce slightly) ‹*costs/expenses*› recortar

C (touch in passing) rozar*

■ **shave** *vi* «*person*» afeitarse *or* (esp Méx) rasurarse; «*razor*» afeitar; **it ~s even closer** le da un afeitado más al ras *or* (Esp tb) más apurado

shave² *n* afeitada *f or* (esp Méx) rasurada *f*; **to have a ~** afeitarse *or* (esp Méx) rasurarse; ***a close*** o ***narrow ~*** (colloq): **we won in the end, but it was a pretty close ~** al final ganamos, pero por los pelos *or* por un pelo (fam)

shaven /ˈʃeɪvən/ *adj* ‹*chin/face*› afeitado *or* (esp Méx) rasurado; ‹*head*› rapado

shaver /ˈʃeɪvər || ˈʃeɪvə(r)/ *n* (*electric ~*)

A máquina *f* de afeitar, afeitadora *f or* (esp Méx) rasuradora *f*; (*before n*): **~ point** *or* **socket** enchufe *m* para afeitadora *or* (Méx) rasuradora *f* (eléctrica)

B (boy) (colloq & dated) mozalbete *m* (fam & ant)

Shavian /ˈʃeɪviən/ *adj: relativo a G.B. Shaw*

shaving /ˈʃeɪvɪŋ/ *n* **1** [u] (of face etc) afeitado *m or* (esp Méx) rasurado *m*; (*before n*) ‹*cream/soap/foam*› de afeitar *or* (esp Méx) de rasurar; **~ brush** brocha *f* (de afeitar); **~ mirror** espejo *m* de afeitar *or* (Méx) rasurar; **~ stick** jabón *m* de afeitar *or* (Méx) rasurar **2** [c] **shavings** *pl* (pieces) virutas *fpl*; **wood/metal ~s** virutas de madera/metal

shawl /ʃɔːl/ *n* chal *m*, mantón *m*

she¹ /ʃiː *weak form* /ʃi/ *pron*

> ⚠ Although *ella* is given as the main translation of *she*, it is in practice used only for emphasis, or to avoid ambiguity: **she went to the theater** fue al teatro; **she went to the theater, he went to the cinema** ella fue al teatro y él fue al cine; **she did it** ella lo hizo.

A (person) ella; **~'s a writer/my sister** es escritora/mi hermana; **~ didn't say it, I did** no fue ella quien lo dijo, sino yo; **don't ask me, ~'s the expert** no me preguntes a mí, la experta es ella; **Lisa Swenson? who's ~?** ¿Lisa Swenson? ¿quién es Lisa Swenson?; **could I speak to Mary, please? — this is ~** (AmE) ¿podría hablar con Mary, por favor? — al aparato *or* habla con ella; **he's as tall as ~ is** o (frml) **as tall as ~** es tan alto como ella

B (ship, boat): **~'s a sturdy vessel** es un barco sólido

she² *n* (colloq): **it's a ~** (of baby) es niña *or* (AmL tb) nena; (of animal) es hembra

she- /ʃiː/ *pref*: **~bear** osa *f*, hembra *f* de oso; **~goat** cabra *f*; **~wolf** loba *f*, hembra *f* de lobo

s/he (= **he or she**) él/ella

sheaf /ʃiːf/ *n* (*pl* **sheaves**) **1** (Agr) gavilla *f* **2** (of notes) fajo *m*; (of arrows) haz *m*

shear /ʃɪr || ʃɪə(r)/ *vt* (*past* **sheared**; *past p* **shorn**)

A ‹*sheep*› esquilar, trasquilar; ‹*hair/curls*› cortar; **her hair was shorn (off)** le cortaron el pelo; **the shorn heads of the prisoners** las cabezas rapadas de los presos; **to be shorn OF sth** (frml) ser* despojado DE algo (frml)

B (*past p* **sheared**) (break) ‹*bolt/shaft*› romper*

■ **shear** *vi* (*past p* **sheared**) **1** (cut) **to ~ THROUGH sth** atravesar* algo **2** (break) romperse*; **to ~ off** romperse*

shearer /ˈʃɪrər || ˈʃɪərə(r)/ *n* esquilador, -dora *m,f*, trasquilador, -dora *m,f*

shearing /ˈʃɪrɪŋ || ˈʃɪərɪŋ/ *n* [u] **1** (process) esquila *f*, esquileo *m*; (*before n*): **the ~ season** la esquila, el esquileo **2** **shearings** *pl* (wool) vellón *m*

shears /ʃɪrz || ʃɪəz/ *pl n* (for grass, hedge) podaderas *fpl*, tijeras *fpl* de podar; (for metal) cizallas *fpl*; (for shearing sheep) tijeras *fpl* de esquilar; (for hair) tijeras *fpl* de peluquero (*grandes*)

sheath /ʃiːθ/ *n* (*pl* **~s** /ʃiːðz/)

A **1** (for sword) funda *f*, vaina *f*; (for knife) funda *f*; (for wiring) cubierta *f* **2** (Bot) vaina *f*

B (contraceptive) (BrE) preservativo *m*, condón *m*

C **~ (dress)** (Clothing) vestido *m* tubo

sheathe /ʃiːð/ *vt* **1** (put into sheath) ‹*sword*› envainar, enfundar **2** (cover) ‹*cable/wire/pipes*› revestir* **3** (retract) ‹*claws*› retraer*

sheathing /ˈʃiːðɪŋ/ *n* [u] cubierta *f*

sheath knife *n* cuchillo *m* de monte

sheaves /ʃiːvz/ *pl of* **sheaf**

shebang /ʃɪˈbæŋ/ *n* (colloq): **the whole ~** todo el tinglado *or* el cotarro (fam)

shebeen /ʃəˈbiːn/ *n* (IrE & SAfr)

A (bar) bar *m* ilegal

B (still) destilería *f* ilegal

shed¹ /ʃed/ (*pres p* **shedding** *past & past p* **shed**) *vt*

A **1** ‹*tears/blood*› derramar; **without ~ding blood** sin derramamiento de sangre **2** ‹*leaves/horns/skin*› mudar; ‹*clothing*› quitarse, despojarse de (frml); **the truck ~ its load on the road** (BrE) el camión perdió la carga en la carretera **3** ‹*cares/inhibitions*› liberarse de; ‹*workers/jobs*› deshacerse* de; **he's ~ 33 lbs** ha adelgazado 33 libras, ha perdido 33 libras de peso

B (send out) ‹*fragrance*› despedir*; ‹*light*› emitir

C (repel, disperse) ‹*water*› repeler

■ **shed** *vi* «*dog/cat*» pelechar, mudar de pelo

shed² *n* **1** (hut) cabaña *f*; (*wood~*) leñera *f*; (*coal~*) (BrE) carbonera *f*; (*garden ~*) cobertizo *m*, galpón *m* (RPl) **2** (larger building) nave *f*, galpón *m* (CS); **a cattle ~** un establo

she'd /ʃiːd/ **1** = **she would** **2** = **she had**

sheen /ʃiːn/ *n* [u] brillo *m*, lustre *m*

sheep /ʃiːp/ *n* (*pl* **~**) oveja *f*; **to follow sb like ~** seguir* a algn como borregos; ***one may as well be hung for a ~ as a lamb*** de perdidos, al río; ***to count ~*** contar* ovejas *or* corderitos; ***to make ~'s eyes at sb*** hacerle* ojitos *or* caídas de ojos a algn; ***to separate the ~ from the goats*** separar el grano de la paja, separar las churras de las merinas (fam); (*before n*): **~ farm** granja *f* de ovejas, granja *f* ovina *or* de ganado ovino; **~ farmer** ganadero ovino, ganadera ovina *m,f*; **~ farming** cría *f* de ganado ovino *or* lanar

sheep-dip /ˈʃiːpdɪp/ *n* **1** [c] (bath) baño *m* desinfectante (*para el ganado lanar*) **2** [u] (liquid) desinfectante *m* (*para el ganado lanar*)

sheepdog /ˈʃiːpdɔːg || ˈʃiːpdɒg/ *n* perro *m* pastor *or* ovejero

sheepfold /ˈʃiːpfəʊld/ *n* redil *m*

sheepish /ˈʃiːpɪʃ/ *adj* avergonzado

sheepishly /ˈʃiːpɪʃli/ *adv* con vergüenza, tímidamente

sheepmeat /ˈʃiːpmiːt/ *n* [u] (EC) cordero *m*

sheepshearer /ˈʃiːpˌʃɪrər || ˈʃiːpˌʃɪərə(r)/ *n* **1** (person) esquilador, -dora *m,f* **2** (machine) esquiladora *f*

sheepskin /ˈʃiːpskɪn/ *n*

A **1** [c u] (skin) piel *f* de borrego *or* de cordero, corderito *m* (RPl); **~-lined gloves** guantes *mpl* forrados de piel de borrego *or* de cordero **2** [c] (garment) abrigo *m* de piel de borrego *or* de cordero, gamulán® *m* (RPl)

B [c] (diploma) (AmE colloq & hum) diploma *m*, cartón *m* (fam)

sheep tick *n* garrapata *f* de las ovejas, garrapata *f* ovina

sheer¹ /ʃɪr || ʃɪə(r)/ *adj* **sheerer,, sheerest**

A (pure, absolute) (*as intensifier*) puro; **he did it out of ~ desperation/necessity** lo hizo por pura desesperación/necesidad; **by ~ coincidence** por pura casualidad; **it was ~ bad luck that ...** fue por pura mala suerte que ...; **his ~ ignorance** su ignorancia supina; **it's ~ nonsense to suggest that ...** es un verdadero disparate decir que ..., no es más que un disparate decir que ...; **that would be ~ lunacy** eso sería una auténtica locura; **he succeeded by ~ hard work** lo logró a fuerza de trabajar sin tregua; **they were overwhelmed by the ~ size of the problem** los abrumaba la mera magnitud del problema

B (vertical) ‹*drop*› a pique, vertical; ‹*cliff*› escarpado, cortado a pico *or* a pique

C (fine) ‹*stockings/nylon/fabric*› muy fino, transparente

sheer² *adv* **1** (vertically): **the cliffs rise ~ out of the sea** los acantilados se yerguen verticalmente sobre el mar; **it falls ~ in the sea** cae a pico *or* a pique hasta el mar **2** (completely) (*as intensifier*) totalmente, completamente

sheer³ *vi* (Naut) desviarse*

■ **sheer** *vt* desviar*

Phrasal verbs

- **sheer away** [v + adv] «*ship/plane*» desviarse*; **a topic which most people tend to ~ away from** un tema que la mayoría de la gente tiende a evitar *or* eludir
- **sheer off** [v + adv] desviarse*, cambiar de rumbo

sheerness /ˈʃɪrnəs || ˈʃɪənɪs/ *n* [u] **1** (of cliff) lo escarpado **2** (of fabric) lo fino, transparencia *f*

sheet /ʃiːt/ *n*

A (on bed) sábana *f*; **the bottom/top ~** la sábana bajera *or* de abajo/encimera *or* de arriba; **a fitted ~** una sábana ajustable *or* (Méx) de cajón; ***as white as a ~*** blanco como el papel; **her face went as white as a ~ when she heard the news** se puso blanca como el papel cuando oyó la noticia; ***between the ~s*** en la cama

B **1** (of paper) hoja *f*; (of wrapping paper) pliego *m*, hoja *f*; (of stamps) pliego *m*; **information** o **fact ~** folleto *m*; **in ~s** (Print) en capillas, sin encuadernar; ***to start with a clean ~*** hacer* borrón y cuenta nueva **2** (newspaper) (colloq) periódico *m*

C **1** (of metal) chapa *f*, plancha *f*, lámina *f*; **a ~ of glass** un vidrio, una placa de vidrio; (*before n*): **~ glass** vidrio *m* plano **2** (of ice) capa *f*; **a ~ of flame** una cortina de llamas; **the rain was coming down in ~s** estaba cayendo una cortina de agua, llovía a cántaros; (*before n*): **~ lightning** relámpagos *mpl* difusos

D (Naut) **1** (rope) escota *f*; ***to be three ~s to the wind*** estar* como una cuba (fam) **2** **sheets** *pl* (space) *espacios a proa y a popa de una embarcación*

Phrasal verb

- **sheet down** [v + adv] llover* a cántaros

sheet anchor *n* 1 (Naut) ancla *f*‡ de la esperanza 2 (person, thing) áncora *f*‡ (de salvación)

sheet bend *n* nudo *m* de escota

sheet feeder *n* alimentador *m* de papel

sheeting /'ʃi:tɪŋ/ *n* [u] (Tex) tela *f* (*para hacer sábanas*); **steel/plastic ~** acero *m* /plástico *m* en planchas *or* chapas

sheet metal *n* metal *m* en planchas *or* chapas

sheet music *n* [u] partituras *fpl*

Sheetrock® /'ʃi:tra:k || 'ʃi:trɒk/ *n* [u] (AmE) placa *f* de yeso, pladur® *m* (Esp)

sheik, sheikh /ʃi:k || ʃeɪk/ *n* jeque *m*

sheikdom, sheikhdom /'ʃi:kdəm || 'ʃeɪkdəm/ *n*: *territorio gobernado por un jeque*

sheila /'ʃi:lə/ *n* (Austral, NZ colloq) tipa *f* (fam), tía *f* (Esp fam), vieja *f* (Col, Méx, Ven fam), mina *f* (CS argot)

shekel /'ʃekəl/ *n* 1 (Israeli monetary unit) shekel *m*, siclo *m* 2 **shekels** *pl* (money, riches) (colloq & hum) plata *f* (AmL fam), parné *m* (Esp fam), lana *f* (AmL fam)

sheldrake /'ʃeldreɪk/ *n* tadorna *f* macho

shelduck /'ʃeldʌk/ *n* tadorna *f* hembra

shelf /ʃelf/ *n* (*pl* **shelves**)

A 1 (in cupboard, bookcase) estante *m*, balda *f* (Esp); (on wall) estante *m*, anaquel *m*, repisa *f*, balda *f* (Esp); (in oven) parrilla *f*; **a set of shelves** unos estantes, una estantería; ***to be left on the ~*** quedarse para vestir santos 2 **off the shelf**: **you can buy it off the ~** se puede comprar hecho

B (Geol) banco *m*, bajo *m*, arrecife *m*; **continental ~** plataforma *f* continental

shelf life *n* [u]: *tiempo que puede conservarse un producto perecedero sin que se deteriore*; **he's past his ~ ~** (hum) está acabado, ya se le pasó el cuarto de hora (AmS fam)

shelf mark *n* (BrE) número *m* *or* código *m* de clasificación, signatura *f*

shelf space *n* [u] espacio *m* en los estantes *or* las estanterías

shell[1] /ʃel/ *n*

A 1 (of egg, nut) cáscara *f*; (of sea mollusk) concha *f*; (of tortoise, turtle, snail, crustacean) caparazón *m or f*, carapacho *m*; **pastry ~** (Culin) base *f* (*de masa*); ***to come out of one's ~*** salir* del cascarón; ***to go back*** *o* ***retreat into one's ~*** retraerse* 2 (of building) estructura *f*, armazón *m or f*, esqueleto *m*; (of vehicle) armazón *m or f*; (of ship) casco *m*

B (Mil) 1 (for artillery) proyectil *m*, obús *m* 2 (for small arms) cartucho *m*

C (in rowing) *bote estrecho y ligero*

shell[2] *vt*

A (Culin) ‹*peas*› pelar, desvainar; ‹*nuts/eggs*› pelar; ‹*mussel/clam*› quitarle la concha a, desconchar; **~ed walnuts** nueces *fpl* peladas *or* sin cáscara

B (Mil) ‹*position/troops/city*› bombardear

■ **shell** *vi* (Mil) bombardear

Phrasal verb

- **shell out** (colloq)

A [v + o + adv, v + adv + o] ‹*money*› aflojar (fam), soltar* (fam), apoquinar (fam)

B [v + adv] soltar* *or* aflojar (la mosca) (fam), apoquinar (fam)

she'll /ʃi:l *weak form* /ʃɪl/ = **she will**

shellac[1] /ʃə'læk || ʃə'læk, 'ʃelæk/ *n* [u] laca *f*

shellac[2] *vt* **-lacs, -lacking, -lacked**

A (varnish) lacar*, laquear

B (AmE colloq) darle* una paliza a (fam)

shellacking /ʃə'lækɪŋ || ʃə'lækɪŋ, 'ʃelækɪŋ/ *n* (AmE colloq) paliza *f* (fam)

shell company *n* (colloq) empresa *f* fantasma

shellfire /'ʃelfaɪr || 'ʃelfaɪə(r)/ *n* [u] fuego *m* de artillería; **they came under ~** los empezaron a bombardear

shellfish /'ʃelfɪʃ/ *n* (*pl* ~) 1 [c] (creature) marisco *m* 2 [u] (collectively) mariscos *mpl*, marisco *m* (Esp); **to eat ~** comer mariscos *or* (Esp tb) marisco

shelling /'ʃelɪŋ/ *n* [u c] bombardeo *m*

shellshock /'ʃelʃa:k || 'ʃelʃɒk/ *n* [u] neurosis *f* de guerra

shellshocked /'ʃelʃa:kt || 'ʃelʃɒkt/ *adj* traumatizado por la guerra

shell suit *n* equipo *m or* (Esp) chándal *m or* (Chi, Per) buzo *m or* (Méx) pants *mpl or* (Col) sudadera *f* de nylon

shelter[1] /'ʃeltər || 'ʃeltə(r)/ *n*

A [c] (building) refugio *m*; **bomb** *o* **air-raid ~** refugio antiaéreo; **nuclear fall-out ~** refugio atómico; **a ~ for battered women** un refugio para mujeres maltratadas

B [u] 1 (protection): **to run for ~** correr a refugiarse; **a wall provided ~ from the wind** una pared les (*or* nos *etc*) sirvió de protección contra el viento; **to take ~** refugiarse, guarecerse*; **they took ~ from the rain in the barn** se refugiaron *or* se guarecieron de la lluvia en el granero 2 (accommodations) alojamiento *m*; **to give ~ to sb** acoger* a algn, darle* alojamiento a algn; **to seek ~ for the night** buscar* donde pasar la noche; **they need food, ~ and clothing** necesitan alimentos, albergue y ropa

shelter[2] *vt* **to ~ sth/sb (FROM sth)** resguardar *or* proteger* algo/a algn (DE algo); **the convent ~ed her from the reality of the outside world** el convento la protegía de la realidad del mundo exterior

■ **shelter** *vi* **to ~ (FROM sth)** refugiarse *or* guarecerse* *or* resguardarse (DE algo); **he ~ed behind his diplomatic immunity** se escudó *or* se amparó en su inmunidad diplomática

shelter belt *n* cinturón *m* de protección (*de cultivos*)

sheltered /'ʃeltərd || 'ʃeltəd/ *adj* ‹*valley/harbor*› abrigado; ‹*life*› protegido; **she had a ~ upbringing** creció muy protegida de la realidad de la vida, fue criada entre algodones (pey); **~ industry** industria *f* protegida (*de la competencia extranjera*); **~ accommodation** *o* **housing** (BrE) *viviendas vigiladas para ancianos y minusválidos*, viviendas *fpl* tuteladas (Esp); **~ workshop** (BrE) *taller para la readaptación de minusválidos*

shelve /ʃelv/ *vt*

A (postpone) ‹*plan/project*› archivar, aparcar*, darle* carpetazo a

B 1 (place on shelf) ‹*books*› colocar* en estantes 2 (install shelving in) ‹*room/wall/cupboard*› poner* estantes *or* (Esp tb) baldas en

■ **shelve** *vi* bajar, descender*

shelves /ʃelvz/ *pl of* **shelf**

shelving /'ʃelvɪŋ/ *n* [u] 1 (sets of shelves) estantería *f* 2 (material used to make shelves) tablas *fpl* /maderas *fpl* para estantes

shenanigans /ʃə'nænɪgənz/ *pl n* (colloq) 1 (trickery) chanchullos *mpl* (fam) 2 (mischief) travesuras *fpl*

shepherd[1] /'ʃepərd || 'ʃepəd/ *n* 1 pastor *m*; **the Good S~** el Buen Pastor 2 (*German* ~) (AmE) pastor *m or* (CS tb) ovejero *m* alemán

shepherd[2] *vt* conducir*, guiar*

shepherdess /'ʃepərdəs || ˌʃepə'des/ *n* pastora *f*

shepherd's pie *n* [u c]: *plato de carne picada cubierta con puré*, pastel *m* de papas *or* de carne (CS)

shepherd's purse *n* (Bot) pan y quesillo *m*

sherbet /'ʃɜ:rbət || 'ʃɜ:bət/ *n* 1 (sorbet) (AmE) sorbete *m*, helado *m* de agua (CS), nieve *f* (Méx) 2 (powder) (BrE) *polvos efervescentes con sabor a frutas*, sidral® *m* (Esp)

sherd /ʃɜ:rd || ʃɜ:d/ *n* ▸ **shard**

sheriff /'ʃerəf || 'ʃerɪf/ *n* 1 (in US) sheriff *mf* 2 (in England and Wales) *representante de la corona* 3 (in Scotland) *juez principal de un distrito*

Sherpa /'ʃɜ:rpə || 'ʃɜ:pə/ *n* sherpa *mf*

sherry /'ʃeri/ *n* [u c] (*pl* **-ries**) jerez *m*; **sweet/dry/medium ~** jerez dulce/seco/semidulce; (*before n*): **~ glass** copa *f* de jerez

she's /ʃi:z *weak form* /ʃɪz/ 1 = **she is** 2 = **she has**

Shetland Isles /'ʃetlənd/, **Shetlands** /'ʃetləndz/ *pl n*: **the ~ ~** las islas Shetland

Shetland pony /'ʃetlənd/ *n* pony *m* (de) Shetland

Shetland wool *n* [u] lana *f* (de) Shetland

shew /ʃəʊ/ (*past p* **shewn** /ʃəʊn/) *vt* (arch) ▸ **show**[1]

Shia[1], **Shiah** /'ʃi:ə/ *n* 1 (person) chiíta *mf*, shií *mf* 2 (sect) (+ *pl vb*): **the ~** los chiítas *or* shiíes

Shia[2], **Shiah** *adj* chiíta, shií

shiatsu /ʃi:'a:tsu: || ʃi:'ætsu:/ *n* digitopuntura *f*, shiatsu *m*

shibboleth /'ʃɪbələθ/ *n* 1 (idea) dogma *m* 2 (distinguishing characteristic) (liter) rasgo *m* distintivo 3 (password) santo *m* y seña

shield[1] /ʃi:ld/ *n*

A 1 (Hist, Mil) escudo *m*; **riot ~** escudo *m* antidisturbios 2 (escutcheon) escudo *m* 3 (badge) escudo *m*, insignia *f*, distintivo *m* 4 (trophy) (BrE) placa *f* (*en forma de escudo*)

B (protective cover — on machine) revestimiento *m*; (— of animal) caparazón *m or f*; **eye ~** visera *f* protectora; (*before n*): **~ law** (in US) *ley que establece que los periodistas no están obligados a revelar fuentes de información*

shield[2] *vt* **to ~ sth/sb (FROM sb/sth)** proteger* algo/a algn (DE algn/algo); **to ~ sb from reality** proteger* a algn de la realidad; **the bushes ~ed them from view** los matorrales los ocultaban; **~ed cable** cable *m* blindado

shift[1] /ʃɪft/ *vt*

A 1 (change position of) ‹*object/furniture*› correr, mover*; **to ~ the scenery** (Theat) cambiar el decorado; **the election has ~ed the balance of power toward the right** las elecciones han inclinado el equilibrio político hacia la derecha; **he keeps ~ing his ground** cambia constantemente de posición 2 (transfer, switch): **the war ~ed attention away from domestic problems** la guerra distrajo la atención de los problemas internos; **to ~ resources from the public to the private sector** traspasar *or* transferir* recursos del sector público al privado; **they tried to ~ the responsibility onto us** trataron de cargarnos la responsabilidad

B (BrE colloq) 1 (move, remove): **~ yourself, will you!** ¡quítate de ahí!; **I can't ~ this nail/cork** este clavo/tapón no hay quien lo saque; **it's impossible to ~ him now he's made up his mind** ahora que se ha decidido, no hay quien lo haga cambiar de opinión 2 (get rid of) ‹*stain*› quitar, sacar* (esp AmL); ‹*cold/allergy*› quitarse de encima

C (sell) ‹*stock*› vender

■ **shift** *vi*

A 1 (change position, direction) ‹‹*cargo*›› correrse; ‹‹*wind*›› cambiar; **he ~ed uneasily in his chair** se movía intranquilo en la silla; **she ~ed onto her back** se puso boca arriba; **public opinion ~ed in favor of disarmament** la opinión pública se inclinó a favor del desarme; **the emphasis has ~ed away from translation to speaking the language** ahora se pone énfasis en hablar el idioma y no en traducirlo 2 (switch, change over): **the scene ~s and we are in a garden** hay un cambio de escena y estamos en un jardín; **the focus of attention has ~ed to Europe** el foco de atención ha pasado a Europa 3 **shifting** *pres p* ‹*opinion/moods*› cambiante; **~ing sands** arenas *fpl* movedizas

B (BrE) 1 (move) (colloq): **~ up/along a bit** córrete un poco 2 (budge) ceder, transigir*; **he won't ~ from his position** no va a cambiar su postura *or* posición

C (manage): **to ~ for oneself** arreglárselas solo

D (change gear) (AmE) cambiar de marcha *or* de velocidad

E (go fast) (BrE colloq) volar* (fam)

shift[2] *n*

A 1 (change in position) cambio *m*; **a ~ in the wind** un cambio en la dirección del viento; **there was a ~ in public opinion** hubo un cambio *or* un viraje en la opinión pública; **a ~ of attitude** un cambio de actitud; **a major population ~** un desplazamiento masivo de población; **a ~ away from isolationism** un alejamiento de la política aislacionista; ***to make ~ with/without sth*** arreglárselas con/sin algo 2 (Ling) mutación *f*; **vowel/consonant ~** mutación *f* vocálica/consonántica

3▸ (Comput) desplazamiento *m*
B (work period) turno *m*; **to work the day/night ~** hacer* el turno de día/de noche; **I work the early/late ~** hago el primer/último turno; **to work (in) ~s** trabajar por turnos; (*before n*): **~ work/worker** trabajo *m* /trabajador, -dora *m,f* por turnos
C 1▸ (undergarment) enagua *f* **2▸** (dress) vestido *m* suelto
D (AmE) (Auto) palanca *m* de cambio *or* (Méx) de velocidades

shiftily /ˈʃɪftəli || ˈʃɪftɪli/ *adv* ‹*behave*› de manera sospechosa; ‹*mutter*› furtivamente

shift key *n* tecla *f* de las mayúsculas

shiftless /ˈʃɪftləs || ˈʃɪftlɪs/ *adj* holgazán, haragán

shift lever *n* (AmE) palanca *f* de cambios

shift lock *n* tecla *f* fijamayúsculas

shifty /ˈʃɪfti/ *adj* **-tier, -tiest** ‹*expression/eyes*› furtivo; ‹*appearance*› sospechoso

Shiite, Shi'ite[1] /ˈʃiːaɪt/ *n* chiíta *mf*, shií *mf*

Shiite, Shi'ite[2] *adj* chiíta, shií

shillelagh /ʃəˈleɪli || ʃɪˈleɪli/ *n* cachiporra *f*

shilling /ˈʃɪlɪŋ/ *n* (Hist) chelín *m*; ***to take the King's/Queen's ~*** (BrE dated) alistarse en el ejército

shilly-shally[1] /ˈʃɪli,ʃæli/ *vi* **-lies, -lying, -lied** titubear, vacilar; **you've shilly-shallied over this quite long enough** ya le has dado demasiadas vueltas al asunto; **stop ~ing!** ¡déjate de titubeos!, ¡resuélvete de una vez!

shilly-shally[2], **shilly-shallying** *n* [u] titubeos *mpl*, dudas *fpl*

shimmer[1] /ˈʃɪmər || ˈʃɪmə(r)/ *n* brillo *m*, resplandor *m*

shimmer[2] *vi* «*water/silk*» brillar; «*lights*» titilar; (in water) rielar (liter)

shimmering /ˈʃɪmərɪŋ/ *adj* brillante, reluciente

shimmy[1] /ˈʃɪmi/ *n* (*pl* **-mies**)
A [c] (dance) shimmy *m*
B [u] (Auto) vibración *f*
C (chemise) (AmE colloq) vestido *m* suelto

shimmy[2] *vi* **-mies, -mying, -mied**
A (Auto) vibrar
B (dance) bailar el shimmy

shin[1] /ʃɪn/ *n* **1▸** (Anat) espinilla *f*, canilla *f*; (*before n*): **~ guard/pad** espinillera *f* **2▸** (of beef) (BrE) jarrete *m*

shin[2] *vi* **-nn-**: **he ~ned up the tree** se trepó al árbol; **she ~ned down the rope** se deslizó por la cuerda

shinbone /ˈʃɪnbəʊn/ *n* tibia *f*

shindig /ˈʃɪndɪɡ/ *n* **1▸** (lively party) (colloq) fiesta *f*, juerga *f* (fam) **2▸** ▸**shindy 1**

shindy /ˈʃɪndi/ *n* (*pl* **-dies**) **1▸** (fight, argument) (colloq) lío *m* (fam), escándalo *m*; **to kick up a ~** (BrE) armar un lío (fam), armar la de Dios es Cristo (fam) **2▸** ▸**shindig 1**

shine[1] /ʃaɪn/ *n* [u] brillo *m*; **he polished the table to a ~** limpió la mesa hasta hacerla brillar; **to give one's shoes a ~** limpiarse *or* (esp AmL) lustrarse *or* (Col) embolarse *or* (Méx) bolearse los zapatos; ***to take a ~ to sth/sb*** (colloq): **they really took a ~ to each other** quedaron prendados el uno del otro; **you seem to have taken a ~ to my watch** parece que te ha gustado mi reloj; **she took an immediate ~ to the dress** enseguida le echó el ojo al vestido (fam); ***to take the ~ off sth*** deslucir* *or* empañar algo; ▸**rain**[1]

shine[2] *vi* (*past & past p* **shone**) **1▸** (gleam, glow) «*star/sun*» brillar; «*metal/glass/shoes*» relucir*, brillar; «*eyes*» brillar; **the moon shone down on us** la luna nos iluminaba; **his sincerity ~s through his every word** sus palabras traslucen sinceridad; **his face shone with sweat** le brillaba la cara de sudor; **her face shone with joy** su rostro resplandecía de alegría **2▸** (excel) **to ~ (AT sth)** destacar(se*) (EN algo); **the promotion gave her a chance to ~** el ascenso le dio la oportunidad de destacar(se) *or* de brillar

■ **shine** *vt* (*past & past p* **shone**)
A (point) (+ *adv compl*): **to ~ a light on sth** alumbrar algo con una luz; **he shone the flashlight right in my eyes** me encandiló con la linterna
B (*past & past p* **shined**) (polish) ‹*brass/furniture*› sacarle* brillo a, lustrar (esp AmL); ‹*shoes*› limpiar *or* (esp AmL) lustrar *or* (Col) embolar *or* (Méx) bolear

Phrasal verb
• **shine out** [v + adv] «*light/sun/integrity*» brillar

shiner /ˈʃaɪnər || ˈʃaɪnə(r)/ *n* (colloq) ojo *m* morado *or* en tinta, ojo *m* a la funerala (Esp fam), ojo *m* en compota (CS fam), ojo *m* moro (Méx)

shingle[1] /ˈʃɪŋɡəl/ *n*
A [u] (stones) guijarros *mpl*; (*before n*): **~ beach** playa *f* de guijarros
B [c] (Const) *teja plana y delgada, gen de madera*
C [c] (signboard) (AmE) placa *f*; ***to put*** o ***hang up one's ~*** (colloq) abrir* una consulta (*or* bufete *etc*)
D [c] **~ (cut)** (haircut) corte *m* a la *or* a lo garçonne *or* garçon; *see also* **shingles**

shingle[2] *vt*
A ‹*roof*› cubrir* con guijarros
B ‹*hair*› cortar a la *or* a lo garçonne *or* garçon

shingles /ˈʃɪŋɡəlz/ *n* (Med) (+ *sing vb*) herpes *m*, culebrilla *f*

shining /ˈʃaɪnɪŋ/ *adj* ‹*eyes*› brillante, luminoso; ‹*hair/metal*› brillante, reluciente, lustroso; **they arrived in a ~ white car** llegaron en un coche blanco reluciente; **this is a ~ example of how …** éste es un magnífico ejemplo de cómo …, esto ilustra a la perfección cómo …

shinny[1] /ˈʃɪni/ *vi* **-nies, -nying, -nied** (AmE) ▸**shin**[2]

shinny[2] *n* [u] (AmE) (Sport) *deporte parecido al hockey sobre hierba*

Shinto /ˈʃɪntəʊ/ *n* [u] (Relig) sintoísmo *m*

Shintoism /ˈʃɪntəʊɪzəm/ *n* [u] (Relig) sintoísmo *m*

Shintoist[1] /ˈʃɪntəʊəst || ˈʃɪntəʊɪst/ *adj* (Relig) sintoísta

Shintoist[2] *n* (Relig) sintoísta *mf*

shinty /ˈʃɪnti/ *n* [u] (BrE) (Sport) ▸**shinny**[2]

shiny /ˈʃaɪni/ *adj* **-nier, -niest** ‹*hair/fabric/plastic*› brillante; ‹*shoe*› brillante, lustroso; **a ~ new coin** una moneda nueva y reluciente; **the seat of his trousers was ~ with wear** los fondillos de los pantalones estaban brillantes *or* (CS) lustrosos de tan gastados

ship[1] /ʃɪp/ *n* barco *m*, buque *m*, embarcación *f* (frml); **a sailing ~** un velero; **a passenger ~** un barco *or* un buque de pasajeros; **a container ~** un buque portacontenedores; **on board ~** a bordo; **to abandon ~** abandonar el barco; **a ~ of the line** (arch) un buque de guerra; **the ~'s company** la tripulación; **the ~'s doctor** el médico de a bordo; ***like ~s that pass in the night*** como extraños; ***to run a tight ~*** ser* muy eficiente; ***when my ~ comes in*** o ***home*** cuando me toque la lotería; (*before n*): **~ canal** canal *m* navegable

ship[2] **-pp-** *vt*
A 1▸ (send by sea) enviar* *or* mandar por barco; **I'm having my trunk ~ped out** voy a mandar el baúl por barco **2▸** (send) enviar*, despachar; **we ~ goods anywhere in the country** enviamos *or* despachamos mercancías a cualquier parte del país
B (take on board) ‹*passengers/goods*› embarcar*; **to ~ oars** (in rowing) subir *or* levantar los remos; **to ~ water** hacer* agua

■ **ship** *vi* (serve aboard a ship) trabajar como tripulante; **I ~ped aboard as second mate in Singapore** me embarqué como segundo oficial en Singapur

Phrasal verbs
• **ship off** [v + o + adv, v + adv + o] **1▸** ‹*goods/freight*› despachar, expedir* **2▸** (send away) ‹*son/daughter*› despachar (fam)
• **ship out**
A [v + o + adv, v + adv + o] enviar* *or* mandar por barco
B [v + adv] embarcar(se)*; **he ~ped out to Hawaii** (se) embarcó para Hawai

shipboard /ˈʃɪpbɔːrd || ˈʃɪpbɔːd/ *n*: **on ~** a bordo

shipbreaker /ˈʃɪp,breɪkər || ˈʃɪp,breɪkə(r)/ *n* desguazador, -dora *m,f*

shipbroker /ˈʃɪp,brəʊkər || ˈʃɪp,brəʊkə(r)/ *n* agente marítimo, -ma *m,f*

shipbuilder /ˈʃɪp,bɪldər || ˈʃɪp,bɪldə(r)/ *n* constructor, -tora *m,f* naval

shipbuilding /ˈʃɪp,bɪldɪŋ/ *n* [u] construcción *f* naval

shipload /ˈʃɪpləʊd/ *n* cargamento *m*; **by the ~, in ~s** a montones (fam)

shipmate /ˈʃɪpmeɪt/ *n* camarada *mf* de a bordo

shipment /ˈʃɪpmənt/ *n* **1▸** [c] (goods) envío *m*, remesa *f*, consignación *f*; **overseas ~s** envíos *mpl* al extranjero **2▸** [u] (act): **ready for ~** listo para el embarque; **lost in ~** perdido durante el transporte

shipowner /ˈʃɪp,əʊnər || ˈʃɪp,əʊnə(r)/ *n* (person) armador, -dora *m,f*; (company) naviera *f*

shipper /ˈʃɪpər || ˈʃɪpə(r)/ *n* **1▸** (sender) consignador, -dora *m,f* **2▸** (exporter) exportador, -dora *m,f*; **a firm of wine/grain ~s** una empresa exportadora de vinos/granos

shipping /ˈʃɪpɪŋ/ *n* [u] **1▸** (ships) barcos *mpl*, embarcaciones *fpl* (frml); **attention all ~!** ¡atención todas las embarcaciones!; **the canal is open to ~** el canal está abierto a la navegación; (*before n*) ‹*lane/route*› de navegación; **~ agent** consignatario, -ria *m,f* **2▸** (transportation of freight) transporte *m*; **~ by air/rail/road/sea** transporte aéreo/por ferrocarril/por carretera/marítimo; (*before n*): **~ bill** certificado *m* de embarque; **~ charge** gastos *mpl* de envío *or* de expedición; **~ forecast** (in UK) pronóstico *m* marítimo

ship's boy *n* grumete *m*

shipshape /ˈʃɪpʃeɪp/ *adj* (*pred*) limpio y ordenado; ***(all) ~ and Bristol fashion*** (esp BrE) limpio y ordenado

ship-to-ship /,ʃɪptəˈʃɪp/ *adj* de barco a barco

ship-to-shore /,ʃɪptəˈʃɔːr || ,ʃɪptəˈʃɔː(r)/ *adj* ‹*radio/telephone/link*› de barco a tierra

shipworm /ˈʃɪpwɜːrm || ˈʃɪpwɜːm/ *n* broma *f*

shipwreck[1] /ˈʃɪprek/ *n* naufragio *m*; **the ~ of sb's hopes/dreams** (liter) el naufragio de las esperanzas/de los sueños de algn (liter)

shipwreck[2] *vt* (*usu pass*): **~ed sailors** marineros *mpl* náufragos; **to be ~ed** naufragar*; **they were ~ed on a desert island** acabaron en una isla desierta tras naufragar

shipyard /ˈʃɪpjɑːrd || ˈʃɪpjɑːd/ *n* (*often pl*) astillero *m*

shire /ʃaɪr || ʃaɪə(r)/ *n* **1▸** (in UK): **the Shires** *los condados rurales de Inglaterra* **2▸** (in Australia) distrito *m* rural

shire horse *n*: *caballo de tiro parecido al percherón*

shirk /ʃɜːrk || ʃɜːk/ *vt* ‹*task/duty/responsibility*› eludir, rehuir*
■ **shirk** *vi* haraganear

shirker /ˈʃɜːrkər || ˈʃɜːkə(r)/ *n* haragán, -gana *m,f*, vago, -ga *m,f*

shirr /ʃɜːr || ʃɜː(r)/ *vt* fruncir* (*con elástico*); **a ~ed bodice** un corpiño elastizado

shirred egg /ʃɜːrd || ʃɜːd/ *n* (AmE) huevo *m* al plato

shirring /ˈʃɜːrɪŋ/ *n* [u] fruncido *m*

shirt /ʃɜːrt || ʃɜːt/ *n* (man's) camisa *f*, (woman's) camisa *f*, blusa *f* (camisera); ***to give sb the ~ off one's back*** darle* hasta la camiseta a algn; **he'd give you the ~ off his back** es capaz de darte hasta la camiseta *or* hasta lo que no tiene; ***to have*** o ***take the ~ off sb's back***: **he'd have the ~ off your back if you let him** ése es capaz de robarle a su madre; ***keep your ~ on!*** (colloq) ¡no te sulfures! (fam); ***to lose one's ~*** perder* hasta la camisa *or* la camiseta (fam); ***to put one's ~ on sth/sb*** jugarse* hasta la camisa *or* la camiseta (fam); (*before n*): **~ collar** cuello *m* de la camisa

shirtdress /ˈʃɜːrtdres || ˈʃɜːtdres/ *n* (vestido *m*) camisero *m*, chemisier *m* (RPl)

shirtfront /ˈʃɜːrtfrʌnt || ˈʃɜːtfrʌnt/ *n* pechera *f*

shirting /ˈʃɜːrtɪŋ || ˈʃɜːtɪŋ/ *n* tela *f* (*para hacer camisas*)

S

shirtsleeve /'ʃɜ:rtsli:v || 'ʃɜ:tsli:v/ *n* manga *f* de camisa; **in (one's) ~s** en mangas de camisa

shirttail /'ʃɜ:rt,teɪl || 'ʃɜ:t,teɪl/ *n* faldón *m* (*de camisa*)

shirtwaist /'ʃɜ:rt,weɪst || 'ʃɜ:t,weɪst/ (BrE) **shirtwaister** /,ʃɜ:rt'weɪstər || ,ʃɜ:t 'weɪstə(r)/ *n* ▸ **shirtdress**

shirty /'ʃɜ:rti || 'ʃɜ:ti/ *adj* **-tier, -tiest** (colloq) agresivo, borde (Esp fam); **to get ~** sulfurarse (fam), cabrearse (fam), ponerse* borde (Esp fam)

shit¹ /ʃɪt/ *n* (vulg)

A **1** [u] (feces) mierda *f* (vulg); ***in the ~*** (esp BrE): **now we've really landed in the ~** *o* **now we really are in the ~** ahora sí que estamos jodidos (vulg); **he really landed me in the ~** realmente me jodió *or* me cagó (vulg); ***to beat the ~ out of sb*** moler* a algn a palos (fam), sacarle* la mugre a algn (AmL fam), hacer* mierda a algn (Méx vulg), cagar* a algn a golpes (RPl vulg); ***to scare the ~ out of sb*** hacer* que algn se cague de miedo (vulg), acojonar a algn (Esp vulg); ***when the ~ hits the fan*** cuando la mierda empiece a salpicar (vulg); ▸ **creek 1** **2** (act) (*no pl*): **to take** *o* (BrE) **have a ~** cagar* (vulg) **3** **shits** *pl* (diarrhea): **the ~s** cagalera *f or* (CS tb) cagadera *f* (vulg); **he/I got the ~s** le/me dio cagalera *or* (CS tb) cagadera (vulg)

B **1** [u] (nonsense) imbecilidades *fpl*, gilipolleces *fpl* (Esp vulg), pendejadas *fpl* (AmL exc CS vulg), huevadas (Andes, Ven vulg), boludeces *fpl* (Col, RPl vulg) **2** [u] (lies, exaggeration): **he's full of ~** es un mentiroso de mierda (vulg); **no ~!** (AmE) (*as interj*) ¡no jodas! (vulg), ¡no chingues! (Méx vulg); ***to shoot the ~*** (AmE) darle* a la sinhueso (fam)

C **1** [u c] (sth worthless) mierda *f* (vulg); **his books are (a load of) ~** sus libros son una mierda (vulg); **you paid $100 for this (piece of) ~!** ¡pagaste 100 dólares por esta mierda! (vulg); ***not to give a ~***: **she doesn't give a ~ what anyone thinks** le importa un carajo *or* (Méx) una chingada lo que piensen los demás (vulg), le vale madres lo que piensen los demás (Méx vulg) **2** [c] (person) mierda *mf* (vulg)

shit² (*pres p* **shitting**; *past & past p* **shit** *or* **shat**) (vulg) *vi* cagar* (vulg); ***to ~ on sb*** (inform on) delatar a algn; (harm) joder *or* cagar* *or* (Méx tb) chingar* a algn (vulg)

■ **shit** *vt*: **he ~ted his pants** se cagó encima (vulg)

■ *v refl*: **to ~ oneself** (involuntarily) cagarse* (encima) (vulg); (be very scared) cagarse* de miedo (vulg)

shit³ *interj* (vulg) ¡carajo! (vulg), ¡mierda! (vulg)

shit⁴ *adv* (vulg) (*as intensifier*): **she's ~ scared** está cagada de miedo (vulg); **he's ~ hot at his job** es un fenómeno *or* un as en su trabajo; **if that's what he wants, he's ~ out of luck** (AmE) si eso es lo que quiere, que se joda *or* (Méx tb) que se chingue (vulg)

shit⁵ *adj* (vulg) (*before n*) de mierda (vulg)

shithouse /'ʃɪthaʊs/ *n* (sl & vulg) **1** (toilet) cagadero *m* (vulg) **2** (unpleasant place) lugar *m* de mierda (vulg)

shitless /'ʃɪtləs || 'ʃɪtlɪs/ *adv* (vulg): **to be scared ~** estar* cagado de miedo (vulg); **he scared them ~** los hizo cagar(se) de miedo (vulg)

shit-scared /'ʃɪt'skerd || 'ʃɪt'skeəd/ *adj* (sl & vulg) cagado de miedo (vulg); **she was ~ of what was going to happen** estaba cagada de miedo por lo que iba a pasar (vulg); **he's ~ of flying** se caga de miedo si tiene que volar (vulg)

shit stirrer *n* (sl & vulg) revuelvemierda *mf* (vulg)

shitty /'ʃɪti/ *adj* **-tier, -tiest** (sl) ‹*weather/work*› de mierda (vulg); **I'm feeling really ~ today** hoy estoy muy jodido (vulg); **it was a ~ thing to do** fue una putada (vulg)

Shiva /'ʃi:və/ *n* Siva

shiver¹ /'ʃɪvər || 'ʃɪvə(r)/ *n*

A **1** (tremor) escalofrío *m*, estremecimiento *m*; **the scream sent ~s** *o* **a ~ down my spine** el grito me produjo escalofríos **2** **shivers** *pl* **to have the ~s** tener* escalofríos, tener* chuchos (de frío) (RPl fam); **just the thought of it gives me the ~s** de sólo pensarlo me dan escalofríos

B (splinter) (liter) fragmento *m*

shiver² *vi* (with cold) temblar*, tiritar; (with fear) temblar*; (with anticipation) estremecerse*

shivery /'ʃɪvəri/ *adj*: **to feel ~** tener* escalofríos

shlemiel *n* ▸ **schlemiel**

shlep, shlepp *vi* ▸ **schlep**

shlock /ʃlɑ:k || ʃlɒk/ *n* (colloq) porquerías *fpl* (fam)

shmaltz, shmalz *etc* ▸ **schmaltz**

shmuck *n* ▸ **schmuck**

shoal¹ /ʃəʊl/ *n*

A **1** (of fish) cardumen *m*, banco *m* **2** (large number) montón *m* (fam)

B (sandbank) bajío *m*, banco *m* de arena

shoal² *adj* (AmE) poco profunda

shock¹ /ʃɑ:k || ʃɒk/ *n*

A [c] **1** (of impact) choque *m*, impacto *m*; (of earthquake, explosion) sacudida *f* **2** (*electric ~*) descarga *f* (eléctrica), golpe *m* de corriente; **I got a ~** me dio una descarga *or* un golpe de corriente, me dio corriente, me dio (un) calambre; (*before n*): **~ therapy** electrochoque *m*, electroshock *m*

B **1** [u] (Med) shock *m*; **to be in (a state of) ~** estar* en estado de shock; **they were taken to hospital suffering from ~** los llevaron al hospital en estado de shock **2** [u c] (distress, surprise) shock *m*, impresión *f*; **to get a ~** llevarse un shock *or* una impresión; **I nearly died of ~** por poco me muero del shock *or* de la impresión; **the ~ of her death** el shock *or* el golpe de su muerte; **the news came as no great ~ to us** la noticia no nos sorprendió demasiado; **he's in for a ~ when he finds out** se va a llevar un shock cuando se entere; **~, horror!** (BrE hum) ¡qué horror!, ¡horror de horrores!; (*before n*) (journ): **a ~ announcement** un anuncio sorprendente, un bombazo (fam) **3** (scare) susto *m*; **to get a ~** llevarse un susto; **what a ~ you gave me!** ¡qué susto me diste *or* me pegaste!

C [c] **1** (bushy mass): **a ~ of hair** una mata de pelo **2** (Agr) gavilla *f*

D (Auto) (colloq) ▸ **shock absorber**

shock² *vt* **1** (stun, appal) horrorizar*; (scandalize) escandalizar*, horrorizar*; (scare) asustar; **he was ~ed by what he saw** quedó horrorizado *or* impactado *or* (Chi) choqueado con lo que vio; **the country was ~ed by the news of his death** la noticia de su muerte sacudió *or* conmocionó al país; **my mother is easily ~ed** mi madre se escandaliza *or* se horroriza por cualquier cosa; **it ~ed me into being more careful** me asustó realmente y ahora tengo más cuidado **2** (Med): **to be ~ed** sufrir un shock

■ **shock** *vi* impactar, impresionar

shockable /'ʃɑ:kəbəl || 'ʃɒkəbəl/ *adj*: **she's easily/not easily ~** se escandaliza/no se escandaliza fácilmente

shock absorber /əb'sɔ:rbər || əb'zɔ:bə(r)/ *n* amortiguador *m*

shocked /ʃɑ:kt || ʃɒkt/ *adj* **1** (appalled) horrorizado; **a ~ silence greeted the announcement** la gente quedó muda de asombro al oír el anuncio; **we were ~ at their callousness** nos horrorizó su crueldad **2** (scandalized) ‹*whispers*› escandalizado, de indignación; **letters from ~ viewers** cartas de telespectadores indignados *or* escandalizados; **I was ~ to hear that ...** me indigné cuando me enteré de que ...

shocker /'ʃɑ:kər || 'ʃɒkə(r)/ *n* (colloq): **he's a ~** es tremendo; **her work/the match was a ~** su trabajo/el partido fue un desastre *or* fue de lo peor; **his marriage came as a real ~** (AmE) su boda fue un bombazo (fam)

shockheaded /'ʃɑ:k,hedəd || 'ʃɒk,hedɪd/ *adj* (liter) melenudo, greñudo

shocking /'ʃɑ:kɪŋ || 'ʃɒkɪŋ/ *adj* **1** ‹*news/report*› espeluznante, horrible, horroroso **2** ‹*weather/cough*› espantoso, horrible; **she looked ~** estaba espantosa **3** ‹*behavior/language*› escandaloso, vergonzoso; **it's ~, the prices they charge** es un escándalo *or* es escandaloso lo que cobran

shockingly /'ʃɑ:kɪŋli || 'ʃɒkɪŋli/ *adv* **1** (badly) de una manera espantosa, terriblemente mal **2** (*as intensifier*) ‹*bad/negligent/expensive*› terriblemente, increíblemente

shocking-pink /,ʃɑ:kɪŋ'pɪŋk || ,ʃɒkɪŋ'pɪŋk/ ▸ **i** **p.1036** *adj* (*pred* **shocking pink**) rosa fosforito *or* shocking *adj inv*

shocking pink ▸ **i** **p.1036** *n* [u] rosa *m* fosforito *or* shocking

shock jock *n* (AmE) *locutor que busca entretener o tratar temas polémicos siendo provocador u ofensivo con las personas que llaman a su programa*

shockproof /'ʃɑ:kpru:f || 'ʃɒkpru:f/ *adj* ‹*watch/mechanism*› a prueba de golpes

shock-resistant /'ʃɑ:krɪ,zɪstənt || 'ʃɒkrɪ ,zɪstənt/ *adj* ‹*watch/mechanism*› a prueba de golpes

shock tactics *pl n* tácticas *fpl* de choque

shock troops *pl n* tropas *fpl* de asalto *or* de choque

shock wave *n* **1** (Phys) onda *f* expansiva **2** (disturbance, reaction): **his brutal murder sent a ~ ~ through the nation** su brutal asesinato conmocionó *or* sacudió al país

shod /ʃɑ:d || ʃɒd/ *past & past p of* **shoe²**

shoddily /'ʃɑ:dəli || 'ʃɒdɪli/ *adv* **1** (poorly) ‹*made/furnished/decorated*› muy mal **2** (meanly) ‹*behave/react*› de manera despreciable

shoddiness /'ʃɑ:dinəs || 'ʃɒdinɪs/ *n* [u] mala calidad *f*

shoddy¹ /'ʃɑ:di || 'ʃɒdi/ *adj* **-dier, -diest** **1** (of inferior quality) ‹*goods/workmanship*› de muy mala calidad; **~ work** chapuza *f* **2** (mean) ‹*behavior/treatment*› bajo, mezquino

shoddy² *n* [u] lana *f* regenerada

shoe¹ /ʃu:/ *n* **1** ▸ **i** **p.788** (Clothing) zapato *m*; **a pair of ~s** un par de zapatos; **put your ~s on** ponte los zapatos, cálzate; **high-heeled ~s** zapatos de tacón *or* (CS) de taco (alto); **they sell ~s** venden zapatos *or* (frml) calzado; ***to be in sb's ~s***: **I wouldn't like to be in her ~s** no me gustaría estar en su lugar *or* (fam) en su pellejo; **in his ~s I'd be worried** yo en su lugar *or* yo que él, estaría preocupado; ***to fit like an old ~*** (AmE) sentar* como un guante; ***to know where the ~ pinches*** saber* dónde aprieta el zapato; ***to shake*** *o* ***tremble*** *o* ***quake in one's ~s*** temblar* de miedo; ***to step into sb's ~s*** pasar a ocupar el puesto de algn; ***to wait for dead men's ~s*** (BrE) esperar a que se muera algn; (*before n*): **~ cream** crema *f* para zapatos; **the ~ industry** la industria del calzado; **~ mender** zapatero, -ra *m,f*; **~ polish** betún *m*, pomada *f* (RPl) *or* (Chi) pasta *f* de zapatos; **~ repairs** arreglos *mpl* de zapatos, reparación *f* de calzado; **~ shop** zapatería *f*; **~ size** número *m* de zapato **2** (for horse) herradura *f* **3** (*brake ~*) zapata *f*

shoe² *vt* (*pres* **shoes** *pres p* **shoeing** *past & past p* **shod**) ‹*horse*› herrar*; **to be well/badly shod** ir* bien/mal calzado

shoeblack /'ʃu:blæk/ *n* limpiabotas *mf*, lustrabotas *mf* (AmS), bolero, -ra *m,f* (Méx), embolador, -dora *m,f* (Col)

shoebox /'su:bɑ:ks || 'ʃu:bɒks/ *n* **1** (box for shoes) caja *f* de zapatos **2** (room) cuarto *m*, caja *f* de zapatos (fam)

shoebrush /'ʃu:brʌʃ/ *n* cepillo *m* de los zapatos

shoehorn /'ʃu:hɔ:rn || 'ʃu:hɔ:n/ *n* calzador *m*

shoelace /'ʃu:leɪs/ *n* cordón *m* (de zapato), agujeta *f* (Méx), pasador *m* (Per); **to tie one's ~s** atarse *or* (AmL exc RPl) amarrarse los cordones de los zapatos (*or* las agujetas *etc*); **your ~ is undone** tienes un cordón desamarrado (*or* una agujeta desamarrada *etc*)

shoe leather *n* cuero *m* para zapatos; **to save ~ ~** (colloq) ahorrarse en suelas de zapato (fam); **I wore out a lot of ~ ~ looking for somewhere to live** (colloq) caminé mucho buscando un sitio para vivir

shoepack, shoepac /'ʃu:pæk/ *n* (AmE) *bota impermeable acordonada*

shoeshine /'ʃuːʃaɪn/ *n* 1 (polish): **could I have a ~?** ¿me limpia *or* (esp AmS) me lustra los zapatos?, ¿me bolea los zapatos? (Méx), ¿me embola los zapatos? (Col) 2 **~ (boy)** (polisher) (AmE) limpiabotas *m*, lustrabotas *m* (AmS), bolero *m* (Méx), embolador *m* (Col)

shoestring /'ʃuːstrɪŋ/ *n* (Clothing) 1 ▸**shoelace** 2 ***on a ~*** con poquísimo dinero; **they live on a ~** viven con poquísimo dinero *or* apretadísimos; (*before n*): **a ~ budget** un presupuesto muy reducido

shoetree /'ʃuːtriː/ *n* horma *f*

shone /ʃəʊn, ʃɑːn ‖ ʃɒn/ *past & past p of* **shine²**

shoo¹ /ʃuː/ *interj* ¡fuera!, ¡zape!, ¡úscale! (Méx)

shoo² *vt* **shoos, shooing, shooed**: **I ~ed the birds off** *o* **away** espanté *or* ahuyenté a los pájaros; **she ~ed the cats off the sofa** echó a los gatos del sofá; **I ~ed the children into the house** hice entrar a los niños en la casa

shoo-in /'ʃuːɪn/ *n* (AmE colloq): **the election is a ~ for the Democrats** los demócratas tienen las elecciones aseguradas, para los demócratas las elecciones van a ser coser y cantar (fam)

shook /ʃʊk/ *past of* **shake¹**

shoot¹ /ʃuːt/ *n*

A (Bot) (bud, young leaf) brote *m*, retoño *m*, renuevo *m*; (from seed, potato) brote *m*

B 1 (shooting party) partida *f* de caza; (expedition) cacería *f*; **pheasants reared for the ~** faisanes criados para caza 2 (land) (BrE) coto *m or* vedado *m* (de caza)

C (Cin) rodaje *m*, filmación *f*

shoot² (*past & past p* **shot**) *vt*

A 1 ‹*person/animal*› pegarle* un tiro *or* un balazo a; **they shot him three times in the legs** le pegaron tres tiros en las piernas; **I've been shot!** ¡me han herido!; **she was shot in the arm** recibió un balazo en el brazo; **they shot him dead** lo mataron a tiros/de un tiro; (by firing squad) lo fusilaron; **to ~ oneself** pegarse* un tiro; **he got** *o* **was shot while filming the riots** recibió un balazo mientras filmaba los disturbios; **you'll get shot for that!** (colloq) ¡te van a matar! (fam); **you'll get me shot!** (colloq) ¡me van a matar por tu culpa! (fam); **he deserves to be shot** ¡es (como) para matarlo! (fam); **to ~ sth to pieces** *o* **bits** hacer* añicos *or* pedazos algo; ***to ~ the breeze*** *o* ***bull*** (AmE) darle* a la lengua *or* a la sinhueso (fam) 2 (hunt) ‹*duck/rabbit/deer*› cazar*

B 1 (fire) ‹*bullet*› disparar, tirar; ‹*arrow/missile*› lanzar*, arrojar; **she shot him a suspicious glance** le lanzó una mirada recelosa; **to ~ questions at sb** acribillar a algn a preguntas 2 (eject, propel) lanzar*, despedir*, arrojar; **the passengers were shot out of their seats** los pasajeros salieron despedidos de sus asientos

C (pass swiftly): **to ~ the rapids** salvar los rápidos; **to ~ the lights** (BrE colloq) saltarse la luz roja *or* (Méx tb) pasarse los altos

D 1 (Sport) ‹*ball/puck*› lanzar*; ‹*goal*› marcar*, anotar(se) (AmL); **Nelson shot 66 yesterday** (in golf) Nelson hizo ayer el recorrido en 66 golpes; **he shot four baskets** encestó cuatro veces 2 (play) (AmE) jugar* a; **to ~ craps/billiards** jugar* a los dados/al billar

E (Cin) rodar*, filmar

F (inject) (sl) ‹*heroin/cocaine*› chutarse (arg), picarse* (arg), pincharse (fam)

■ **shoot** *vi*

A 1 (fire weapon) disparar; **don't move or I'll ~!** ¡no se mueva o disparo!; **to ~ wide/straight** disparar desviado/certeramente; **to ~ to kill** disparar *or* tirar a matar; **to ~ AT sb/sth** dispararle A algn/A algo; **they shot at the crowd** le dispararon a la muchedumbre, dispararon sobre la muchedumbre 2 (hunt) cazar*; **to go ~ing** ir* de caza 3 (proceed) (colloq): **can I ask you something? — sure, ~!** ¿te puedo preguntar algo? — claro ¡dispara! *or* (AmL) ¡pregunta nomás!

B (move swiftly): **their record shot straight to number one** su disco subió directamente al número uno; **we were ~ing along at 100mph** íbamos como una bala *or* como un bólido a 100 millas por hora (fam); **she shot past, almost knocking me over** pasó como una bala *or* como un bólido y casi me atropella (fam); **the days shot by** los días pasaron volando; **he shot out of his seat** saltó del asiento

C (Sport) tirar, disparar, chutar, chutear (CS); **to ~ at goal** tirar al arco *or* (Esp) a puerta

D (Cin) rodar*, filmar

E (Bot) «*plant*» brotar; «*seed*» germinar

Phrasal verbs

- **shoot down** [v + o + adv, v + adv + o] 1 ‹*plane*› derribar, abatir 2 ‹*argument*› rebatir
- **shoot for** [v + prep + o] (AmE) aspirar a
- **shoot off** [v + adv] 1 (leave quickly) irse* *or* salir* disparado *or* (fam) como un bólido 2 (ejaculate) (BrE vulg) venirse* (vulg), correrse (Esp vulg), acabar (AmS arg), derramarse (Col vulg)
- **shoot out**

A [v + adv] (emerge quickly) salir* disparado *or* (fam) como un bólido

B [v + o + adv, v + adv + o] (put out) sacar* (*rápidamente*); ***to ~ it out (with sb)***: **the terrorists shot it out with the police** los terroristas y la policía la emprendieron a tiros

- **shoot up**

A [v + adv] 1 (grow tall) crecer* mucho; **he's really shot up** ha crecido muchísimo, ha pegado tremendo estirón (fam) 2 (go up quickly) «*prices/temperature*» dispararse; «*flames*» alzarse*; «*object*» salir* disparado; «*buildings*» aparecer* (de la nada); **several hands shot up** inmediatamente se alzaron varias manos 3 (inject drugs) (sl) chutarse (arg), picarse* (arg), pincharse (fam)

B [v + o + adv, v + adv + o] (colloq) (with machine gun) ametrallar; (with hand gun) tirotear, balear (AmL), balacear (Méx)

shoot³ *interj* (AmE colloq) ¡miércoles! (fam & euf), ¡mecachis! (fam & euf)

shoot-'em-up /'ʃuːtəmʌp/ *n* (colloq) 1 (movie) película *f* de pistoleros (fam) 2 (video game) shoot-'em-up *m* (*juego de video de acción y disparos*)

shooter /'ʃuːtər ‖ 'ʃuːtə(r)/ *n* (sl) pistola *f*, chata *f* (Esp arg), hierro *m* (Ven arg)

shooting /'ʃuːtɪŋ/ *n*

A 1 [u] (exchange of fire) tiroteo *m*, balacera *f* (AmL), baleo *m* (Chi); (shots) tiros *mpl*, disparos *mpl* 2 [u c] (killing) asesinato *m*; (execution) fusilamiento *m*

B 1 [u] (hunting) caza *f* 2 [c] (land) (BrE) coto *m or* vedado *m* de caza

C [u] (Cin) rodaje *m*, filmación *f*

shooting box *n* (BrE) pabellón *m* de caza

shooting gallery *n* 1 (at fair) barraca *f or* puesto *m* de tiro al blanco 2 (for drug-taking) (sl) *lugar que utilizan los drogadictos para inyectarse*

shooting lodge *n* (BrE) ▸**shooting box**

shooting match *n*: **the whole ~ ~** (colloq) todo el tinglado (fam); **the whole ~ ~ went up in flames** se quemó absolutamente todo

shooting party *n* partida *f* de caza

shooting range *n* campo *m* de tiro

shooting star *n* estrella *f* fugaz

shooting stick *n* bastón *m* taburete

shootist /'ʃuːtəst ‖ 'ʃuːtɪst/ *n* (AmE colloq) tirador, -dora *m,f*

shoot-out /'ʃuːtaʊt/ *n* tiroteo *m*, balacera *f* (AmL), baleo *m* (Chi)

shop¹ /ʃɑːp ‖ ʃɒp/ *n*

A 1 [c] (retail outlet) tienda *f*, negocio *m* (CS), comercio *m* (frml); **to go to the ~s** ir* de compras; **what time do the ~s close?** ¿a qué hora cierran las tiendas?; ***all over the ~*** (BrE colloq) por todas partes 2 (business) (colloq): **to set up ~ as a doctor** abrir* una consulta, establecerse* como médico; **to shut up ~** cerrar*; **business got so bad we had to shut up ~** nos iba tan mal, que tuvimos que cerrar (el negocio); ***to talk ~*** hablar del trabajo

B (*work~*) 1 taller *m* 2 [u] (AmE) (Educ) taller *m*, manualidades *fpl*

shop² **-pp-** *vi* hacer* compras, comprar; **to go ~ping** ir* de compras *or* de tiendas; **I have no time to ~ during the week** no tengo tiempo de hacer compras durante la semana; **I don't ~ there** yo no compro allí; **we spent the whole afternoon ~ping** pasamos toda la tarde haciendo compras; **to ~ FOR sth**: **we were ~ping for Christmas presents** estábamos comprando los regalos de Navidad; **she went ~ping for a winter coat** salió a buscar un abrigo de invierno

■ **shop** *vt*

A (inform on) (BrE sl) vender

B (visit store) (AmE) recorrer

Phrasal verb

- **shop around** [v + adv] (colloq) mirar tiendas y comparar precios; **~ around for the best deal before buying life insurance** antes de sacarse un seguro de vida, investigue qué compañía le ofrece más ventajas

shopaholic /,ʃɑːpə'hɔːlɪk ‖ ,ʃɒpə'hɒlɪk/ *n* (colloq) adicto, -ta *m,f* a las compras, comprador compulsivo, compradora compulsiva *m,f*

shop assistant *n* (BrE) dependiente, -ta *m,f*, empleado, -da *m,f* (de tienda) (AmL), vendedor, -dora *m,f* (CS)

shop-bought /'ʃɑːp,bɔːt ‖ 'ʃɒp,bɔːt/ *adj* comprado

shopfitter /'ʃɑːp,fɪtər ‖ 'ʃɒp,fɪtə(r)/ *n* (BrE) instalador, -dora *m,f* comercial, diseñador, -dora *m,f* de espacios comerciales

shop floor *n* (part of factory) taller *m*; (workers) obreros *mpl*, trabajadores *mpl*; (as union members) bases *fpl* sindicales; **she worked her way up from the ~ ~** empezó desde abajo; **the angry mood on the ~ ~** el descontento entre los trabajadores *or* obreros

shop front *n* (BrE) fachada *f* (*de una tienda*)

shopgirl /'ʃɑːpgɜːrl ‖ 'ʃɒpgɜːl/ *n* (BrE dated) dependienta *f*, vendedora *f* (de tienda)

shopkeeper /'ʃɑːp,kiːpər ‖ 'ʃɒp,kiːpə(r)/ *n* comerciante *mf*, tendero, -ra *m,f*

shoplifter /'ʃɑːp,lɪftər ‖ 'ʃɒp,lɪftə(r)/ *n* ladrón, -drona *m,f* (*que roba en las tiendas*), mechero, -ra *m,f* (arg)

shoplifting /'ʃɑːp,lɪftɪŋ ‖ 'ʃɒp,lɪftɪŋ/ *n* [u] hurto *m* (*en las tiendas*)

shopper /'ʃɑːpər ‖ 'ʃɒpə(r)/ *n* comprador, -dora *m,f*; **he's not a good ~** no sabe comprar

shopping /'ʃɑːpɪŋ ‖ 'ʃɒpɪŋ/ *n* [u] 1 (act): **to do the ~** hacer* la compra *or* (AmS) las compras, hacer* el mercado (Col, Ven); **I've got some ~ to do** tengo que hacer algunas compras; (*before n*) ‹*basket*› de la compra *or* (AmS) de las compras; **to go on a ~ spree** ir* de expedición a las tiendas; **one of London's main ~ streets** una de las calles comerciales más importantes de Londres; **~ trip** viaje *m* de compras 2 (purchases) compras *fpl*

shopping bag *n* 1 (given by store) (AmE) bolsa *f* (*de plástico, papel etc*); (*before n*): **shopping-bag lady** vagabunda *f* 2 (owned by customer) (BrE) bolsa *f* (de la compra *or* (AmS) de las compras)

shopping basket *n* ▸**shopping cart B**

shopping cart *n*

A (AmE) (in supermarket) carrito *m* (de la compra *or* (AmS) de las compras)

B (on the Internet) cesta *f* de la compra, cesto *m* de la compra, carrito *m* (de la compra *or* (AmS) de las compras)

shopping center, (BrE) **shopping centre** ▸**shopping mall**

shopping list *n* lista *f* de las compras *or* (Esp) de la compra *or* (Col, Ven) del mercado *or* (Méx) del mandado; **they drew up a ~ ~ of their requirements** prepararon una lista de lo que necesitaban

shopping mall *n* (esp AmE) centro *m* comercial

shopping trolley *n* (BrE) 1 ▸**shopping cart** 2 (bag on wheels) carrito *m*, changuito *m* (RPl)

shop-soiled /'ʃɑːpsɔɪld ‖ 'ʃɒpsɔɪld/ *adj* deteriorado

shop steward *n* representante *mf or* (Esp) enlace *mf* sindical

shoptalk /'ʃɑːptɔːk ‖ 'ʃɒptɔːk/ *n* [u]: *conversación sobre el trabajo*; **there's to be no ~** que no se hable del trabajo

shop window *n* escaparate *m*, vitrina *f* (AmL), aparador *m* (AmC, Col, Méx), vidriera *f* (RPl)

shopworker /ˈʃɑːp,wɜːrkər || ˈʃɒp,wɜːkə(r)/ *n* empleado, -da *m,f* de tienda

shopworn /ˈʃɑːpwɔːrn || ˈʃɒpwɔːn/ *adj* (AmE) deteriorado; ‹*clichés*› gastado, manido; **a ~, old-style politician** un político de ideas trasnochadas

shore[1] /ʃɔːr || ʃɔː(r)/ *n*

A [c] **1** (of sea, lake) orilla *f*; **we walked along the ~** caminamos por la orilla; **we were swimming close to (the) ~** nadábamos cerca de la orilla; **they have a house by the ~** tienen una casa a la orilla del mar/lago **2** (coast) costa *f*, ribera *f*; **the ship was a mile off ~** el barco estaba a una milla de la costa

B **1** [u] (land): **to go on ~** bajar a tierra (firme) **2** **shores** *pl* (country) (liter) tierras *fpl*; **on these ~s** en estas tierras

C [c] (prop) puntal *m*

shore[2] *vt* ▸ **shore up**

Phrasal verb

• **shore up** [v + o + adv, v + adv + o] ‹*building/wall*› apuntalar; ‹*argument/case*› reforzar*, apoyar; ‹*share price*› sostener*, apuntalar

shore dinner *n* (AmE) ≈ mariscada *f*

shore leave *n* [u] permiso *m* para bajar a tierra

shoreline /ˈʃɔːrlaɪn || ˈʃɔːlaɪn/ *n* costa *f*, ribera *f*

shoreward /ˈʃɔːrwərd || ˈʃɔːwəd/ (BrE also) **shorewards** /-z/ *adv* hacia la costa

shorn /ʃɔːrn || ʃɔːn/ *past p of* **shear A**

short[1] /ʃɔːrt || ʃɔːt/ *adj* **-er, -est**

A (of length, height, distance) ‹*hair/skirt/grass*› corto; ‹*person*› bajo; **that dress is too ~ for her** ese vestido le queda demasiado corto; **he's ~er than her** él es más bajo que ella; **what's the ~est route to town?** ¿cúal es el camino más corto a la ciudad?; **you were still in ~ pants** *o* (BrE) **trousers** aún llevabas pantalones cortos *or* andabas de pantalón corto; **they only live a ~ way off** *o* **away** viven muy cerca; **we've only got a ~ way to go** ya nos falta poco (para llegar); ***to get sb by the ~ hairs*** *o* (BrE also) ***by the ~ and curlies*** (colloq) pillar *or* agarrar *or* pescar* a algn (fam); ***to have sb by the ~ hairs*** *o* (BrE also) ***by the ~ and curlies*** (colloq) tener* agarrado a algn (fam)

B **1** (brief) ‹*visit/vacation/trip*› corto; **the days are getting ~er** los días van acortándose; **they're striking for ~er hours** están de huelga porque quieren una reducción de la jornada laboral; **a ~ time ago** hace poco (tiempo); **a ~ while ago** hace poco rato, hace un ratito (fam); **we've only lived here for a ~ time** *o* **while** hace poco (tiempo) que vivimos aquí; **in just a few ~ years** en pocos años; **to have a ~ memory** tener* mala memoria; **the ~ answer to that is no** en una palabra: no; **Liz is ~ for Elizabeth** Liz es el diminutivo de Elizabeth; **we call him Rob for ~** lo llamamos Rob para abreviar; **I'll keep this ~ and to the point** iré al grano; **~ and sweet** (set phrase): **her visit was ~ and sweet** su visita fue corta: lo bueno si breve dos veces bueno … **2** (Ling) ‹*vowel/syllable*› breve **3** **in short** (briefly) (*as linker*) en resumen, resumiendo

C (brusque, impatient) ‹*manner*› brusco, cortante; **he was very ~ with me** estuvo muy brusco *or* cortante conmigo; **she has a very ~ temper** tiene muy mal genio

D (inadequate, deficient) escaso; **the troops were on ~ rations** las raciones de las tropas eran escasas; **to be in ~ supply** escasear; **he was fined for giving ~ weight** lo multaron por no dar el peso exacto; **time is getting ~** queda poco tiempo, se está acabando el tiempo; **I'm a bit ~ just now** ando algo corto *or* escaso *or* apurado de dinero en este momento; **we're/they're still six people ~** *o* (AmE also) **~ six people** todavía nos/les faltan seis personas; **the throw was ~ by several meters** el tiro se quedó corto varios metros; **(to be) ~ OF sth/sb: we're very ~ of time** estamos muy cortos *or* escasos de tiempo, tenemos muy poco tiempo; **they were ~ of staff** no tenían suficiente personal; **do you get ~ of breath?** ¿se queda sin aliento?; **five miles ~ of our destination** a cinco millas de nuestro destino; **we're still a long way ~ of our target** estamos todavía muy lejos de nuestro objetivo; **he's just ~ of six feet tall** mide poco menos de seis pies; **it would be nothing ~ of a miracle** sería un verdadero *or* un auténtico milagro; **nothing ~ of a miracle can save us now** sólo un milagro nos puede salvar; **it would be nothing ~ of disastrous** no sería ni más ni menos que un desastre; **nothing ~ of a full apology will satisfy him** sólo con una disculpa como Dios manda se quedará satisfecho; **~ of asking him outright, I don't know how you can find out** salvo que *or* a menos que le preguntes directamente, no sé cómo podrás averiguarlo; **to be ~ ON sth** (colloq): **he's a bit ~ on brains** es algo corto (de entendederas) (fam); **they're not ~ on enthusiasm** no les falta entusiasmo

E (Culin) ‹*pastry*› que se deshace fácilmente (*por contener mucha mantequilla o grasa*)

F (Fin) **1** ‹*sale*› al descubierto **2** ‹*bill*› a corto plazo

short[2] *adv*

A (suddenly, abruptly): **he cut me ~** me interrumpió, no me dejó terminar; **he cut ~ his vacation** interrumpió sus vacaciones; **he stopped ~ when he saw me** se paró en seco cuando me vio; **the train stopped just ~ of the obstruction** el tren se paró justo antes del obstáculo; **they stopped ~ of firing him** les faltó poco para echarlo; **he was brought up ~ by what she said** lo que ella dijo lo dejó helado; ***to be caught ~***: **we were caught ~ by an unexpected influx of visitors** la inesperada llegada de turistas nos pilló *or* (esp Esp) nos cogió desprevenidos; ***to be caught*** *o* (BrE also) ***taken ~*** (need toilet) (colloq): **I was caught ~ at the station** me entraron unas ganas terribles de ir al baño *or* al servicio en la estación

B (below target, requirement): **to fall ~** «*shell/arrow*» quedarse corto; **where they fall ~ is …** en lo que fallan es …; **to fall ~ OF sth: we fell ~ of our target** no alcanzamos nuestro objetivo; **their quality falls ~ of our requirements** la calidad de sus productos está por debajo de nuestras exigencias *or* no está a la altura de lo que exigimos; **to fall … ~ OF sth: the arrow fell several meters ~ of its target** la flecha cayó a varios metros del blanco; **his performance fell well ~ of our expectations** su actuación estuvo muy por debajo de lo que esperábamos; **to go ~ (OF sth): we never went ~ of food** nunca nos faltó la comida; **her parents never let her go ~ (of money)** sus padres no permiten que le falte nada/que le falte dinero; **I went ~ of many things to pay that bill** tuve que privarme de muchas cosas para pagar esa cuenta; **my patience is running ~** se me está acabando *or* agotando la paciencia; **we're running ~ of coffee** se nos está acabando el café, nos estamos quedando sin café; ▸ **sell**[1] **A1**

short[3] *n*

A (Elec) cortocircuito *m*, corto *m*

B (Cin) cortometraje *m*, corto *m*

C (drink) (BrE) *copa de bebida alcohólica de las que se sirven en pequeñas cantidades, como el whisky o el coñac*

D **shorts** *pl* **1** (short trousers) shorts *mpl*; **a pair of ~s** unos shorts; **bathing ~s** traje *m* de baño, shorts *mpl* de baño, bañador *m* (Esp) **2** (men's underwear) (AmE) calzoncillos *mpl*

short[4] *vi* (Elec) hacer* un cortocircuito

■ **short** *vt* provocar* un cortocircuito en

Phrasal verb

• **short out** (AmE) (Elec)

A [v + adv] «*fuse*» fundirse; «*iron/hairdryer*» hacer* (un) cortocircuito

B [v + o + adv, v + adv + o] ‹*fuse*› fundir

shortage /ˈʃɔːrtɪdʒ || ˈʃɔːtɪdʒ/ *n* [c u] **~ (OF sth/sb)** falta *f or* escasez *f* (DE algo/algn); **there were food ~s** había escasez de alimentos; **the housing ~** el problema *or* la escasez de la vivienda; **a severe ~ of spare parts** una gran escasez de repuestos; **there is no ~ of helpers/ideas** no faltan colaboradores/ideas

short-arse /ˈʃɔːrt,ɑːrs || ˈʃɔːt,ɑːs/ *n* (colloq & pej) enano, -na *m,f* (pey), petiso, -sa *m,f* (AmS fam), tarugo *mf* (Chi fam)

shortbread /ˈʃɔːrtbred || ˈʃɔːtbred/ *n* [u]: *galleta dulce de mantequilla*

shortcake /ˈʃɔːrtkeɪk || ˈʃɔːtkeɪk/ *n* **1** [u c] *tarta de fruta* **2** [u] (BrE) *tipo de* ▸ **shortbread**

short-change /,ʃɔːrtˈtʃeɪndʒ || ,ʃɔːtˈtʃeɪndʒ/ *vt* **1** (in shop): **he ~d me** me dio mal el cambio *or* (AmL tb) el vuelto, me dio de menos **2** (deprive of due) (colloq) no ser* justo con; **he felt ~d by society** le parecía que la sociedad no había sido justa con él

short-circuit /,ʃɔːrtˈsɜːrkət || ,ʃɔːtˈsɜːkɪt/ *vt* **1** (Elec) provocar* un cortocircuito en **2** (shorten) ‹*system/process*› evitar parte de, acortar tomando un atajo

■ **short-circuit** *vi* (Elec) hacer* (un) cortocircuito

short circuit *n* cortocircuito *m*

shortcoming /ˈʃɔːrt,kʌmɪŋ || ˈʃɔːt,kʌmɪŋ/ *n* defecto *m*, deficiencia *f*, punto *m* flaco (fam)

shortcrust (pastry) /ˈʃɔːrtkrʌst || ˈʃɔːt krʌst/ *n* [u] (BrE) pasta *f* quebradiza (*tipo de masa para empanadas, tartas etc*)

short cut *n* **1** (route) atajo *m*; **to take a ~ ~** tomar un atajo, (a)cortar camino **2** (time-saving method): **there are no ~ ~s to success** no hay fórmulas mágicas para el éxito; **a handy ~ ~ to producing perfect ice cream** un método fácil y rápido para que los helados resulten perfectos **3** (Comput) acceso *m* directo; (*before n*): **short-cut key** atajo *m* de teclado, tecla *f* de acceso directo

short-dated /ˈʃɔːrt,deɪtəd || ˈʃɔːt,deɪtɪd/ *adj* (Fin) ‹*bill/stock*› a corto plazo

shorten /ˈʃɔːrtn || ˈʃɔːtn/ *vt* **1** (make shorter) ‹*skirt/sleeves*› acortar; ‹*text/report*› acortar, abreviar; **plans to ~ the working week** planes para reducir la jornada laboral; **to ~ sail** (Naut) reducir* velas; **to ~ the odds** aumentar las probabilidades **2** (Culin) ‹*pastry*› agregarle* mantequilla (*or* grasa *etc*) a

■ **shorten** *vi* «*days/nights*» acortarse; **the odds have ~ed** las probabilidades han aumentado

shortening /ˈʃɔːrtnɪŋ || ˈʃɔːtnɪŋ/ *n* [u] (Culin) *mantequilla, margarina, manteca etc que se utiliza para hacer masa*

shortfall /ˈʃɔːrtfɔːl || ˈʃɔːtfɔːl/ *n* **~ (IN sth)**: **a ~ of 7% in revenues** un déficit de 7% en los ingresos; **this year there's been a ~ in science graduates** este año el número de licenciados en ciencias ha estado por debajo de lo esperado; **this led to a ~ in production** esto hizo que no se alcanzaran las metas de producción

short-haired /ˈʃɔːrtherd || ˈʃɔːtheəd/ *adj* ‹*terrier/cat/breed*› de pelo corto

shorthand /ˈʃɔːrthænd || ˈʃɔːthænd/ *n* [u] **1** (method of writing) taquigrafía *f*; **to take sth down in ~** escribir* algo en taquigrafía **2** (abbreviation) jerga *f*; **'the immigration issue' is ~ for a whole series of problems** 'la cuestión de la inmigración' es una manera conveniente de referirse a toda una serie de problemas

short-handed /,ʃɔːrtˈhændəd || ,ʃɔːtˈhændɪd/ *adj*: **we are ~** no tenemos mano de obra/personal suficiente

shorthand typing *n* [u] taquimecanografía *f*

shorthand typist *n* (BrE) taquimecanógrafo, -fa *m,f*, taquimeca *mf* (fam)

short-haul /ˈʃɔːrthɔːl || ˈʃɔːthɔːl/ *adj* (*before n*) ‹*flight*› corto, de corto recorrido; ‹*route*› de vuelos cortos

shortie[1] /ˈʃɔːrti || ˈʃɔːti/ *adj* (*before n*) cortito

shortie[2] *n* ▸ **shorty**

short-list /ˈʃɔːrtlɪst || ˈʃɔːtlɪst/ *vt* preseleccionar; **he wasn't ~ed for the job** no fue preseleccionado, no fue incluido en la lista de candidatos a entrevistar

short list *n* lista *f* de candidatos preseleccionados

short-lived /,ʃɔːrtˈlɪvd || ,ʃɔːtˈlɪvd/ *adj* ‹*success/enthusiasm*› efímero, fugaz; ‹*recovery*› pasajero; **her happiness was ~** la felicidad le duró poco

S

shortly /ˈʃɔːrtli || ˈʃɔːtli/ *adv* 1 (soon) dentro de poco; **he'll be leaving ~ for Paris** saldrá dentro de poco *or* (frml) en breve para París; **I'll be with you ~** enseguida estoy con usted, no tardaré en atenderlo; **~ before/after midnight** poco antes/después de la medianoche 2 (briefly) en una palabra 3 (curtly) bruscamente, de modo *or* de manera cortante

shortness /ˈʃɔːrtnəs || ˈʃɔːtnɪs/ *n* [u]
A 1 (of hair, skirt) lo corto; (of person) baja estatura *f*; (of distance) lo corto; (of message) brevedad *f* 2 (of visit, trip) brevedad *f*, lo breve 3 (brusqueness) brusquedad *f*
B (deficiency) **~ OF sth** ‹*of time/money/staff*› falta *f* DE algo; **~ of breath** falta *f* de aliento

short-order /ˈʃɔːrtˌɔːrdər || ˌʃɔːtˈɔːdə(r)/ *adj* (*before n*) ‹*cook*› que prepara platos sencillos y rápidos, de minutas (RPl)

short-range /ˈʃɔːrtreɪndʒ || ˈʃɔːtreɪndʒ/ *adj* ‹*missile/weapon*› de corto alcance; ‹*aircraft/balloon*› de autonomía limitada, de corto radio de acción; ‹*forecast/prediction*› a corto plazo

short sight *n* [u] miopía *f*; **he's had ~ ~ since birth** es miope de nacimiento

shortsighted /ˈʃɔːrtˌsaɪtəd || ˌʃɔːtˈsaɪtɪd/ *adj* 1 (Med) miope, corto de vista 2 ‹*attitude/policy*› corto de miras, miope, con poca visión de futuro

shortsightedly /ˈʃɔːrtˌsaɪtədli || ˌʃɔːtˈsaɪtɪdli/ *adv* 1 (Med) ‹*peer/grope*› como un miope 2 ‹*act/decide*› con poca visión de futuro

shortsightedness /ˈʃɔːrtˌsaɪtədnəs || ˌʃɔːtˈsaɪtɪdnɪs/ *n* [u] 1 (Med) miopía *f* 2 (of action, policy) falta *f* de visión (de futuro), miopía *f*

short-sleeved /ˌʃɔːrtˈsliːvd || ˌʃɔːtˈsliːvd/ *adj* de manga corta

short-staffed /ˌʃɔːrtˈstæft || ˌʃɔːtˈstɑːft/ *adj*: **they/we were ~** les/nos faltaba personal, no tenían/no teníamos personal suficiente

short-stay /ˈʃɔːrtsteɪ || ˈʃɔːtsteɪ/ *adj* (*before n*) (BrE): **~ car park** estacionamiento *m* or (Esp) aparcamiento *m* para períodos cortos; **~ accommodation** alojamiento *m* por poco tiempo; **~ patients** pacientes *mpl* hospitalizados por poco tiempo

shortstop /ˈʃɔːrtstɑːp || ˈʃɔːtstɒp/ *n* (in baseball — position) short stop *m*, paracorto *m* (Col, Ven), paradas *fpl* cortas (Méx); (— player) torpedero, -ra *m,f*, parador, -dora *m,f* en corto (Méx)

short story *n* cuento *m*, narración *f* corta, relato *m* breve; (*before n*): **short-story writer** cuentista *mf*

short-tempered /ˌʃɔːrtˈtempərd || ˌʃɔːt ˈtempəd/ *adj* de mal genio, irascible; **he's so ~ with his children** tiene tan poca paciencia con los hijos

short-term /ˈʃɔːrttɜːrm || ˈʃɔːttɜːm/ *adj* 1 ‹*planning/stratagem/benefits*› a corto plazo; **~ memory** memoria *f* a corto plazo; **~ parking lot** (AmE) estacionamiento *m* or (Esp) aparcamiento *m* para períodos cortos 2 (Fin) ‹*debt/bill/investment*› a corto plazo

short time *n* [u] (BrE) jornada *f* reducida *or* de horario reducido; **to be on ~ ~** trabajar jornadas reducidas

short-waisted /ˈʃɔːrtˌweɪstəd || ˌʃɔːtˈweɪstɪd/ *adj* ‹*person*› corto de talle; ‹*coat/dress*› de talle alto

shortwave /ˈʃɔːrtweɪv || ˈʃɔːtweɪv/ *n* [u] onda *f* corta; **to transmit on ~** transmitir en onda corta

short-winded /ˌʃɔːrtˈwɪndəd || ˌʃɔːtˈwɪndɪd/ *adj* corto de resuello

shorty /ˈʃɔːrti || ˈʃɔːti/ *n* (colloq & pej) enano, -na *m,f* (fam), petiso, -sa *m,f* (CS fam), chaparro, -rra *m,f* (Méx fam)

shot¹ /ʃɑːt || ʃɒt/ *past & past p of* **shoot²**

shot² *n*
A [c] 1 (from gun, rifle) disparo *m*, tiro *m*, balazo *m*; (from cannon) cañonazo *m*; **she fired three ~s** disparó tres veces; **a ~ across the bows** (Naut) un cañonazo de advertencia; **an exchange of ~s** un tiroteo; ***a ~ in the dark*** un palo de ciego; ***like a ~***: **if they offered it to me, I'd take it like a ~** si me lo ofrecieran, no dudaría un minuto en aceptarlo (fam); **she was off like a ~** salió disparada *or* (fam) como un bólido; **he was there like a ~** en medio minuto se plantó allí (fam); ***parting ~*** palabras *fpl* de despedida; **do it yourself, was her parting ~** —háztelo tú— me lanzó como despedida; ***to call the ~s*** mandar, tener* la última palabra; ***to have a ~ in the/one's locker*** (BrE) tener* una carta en la manga, tener* una baza guardada; **the government still has some ~s (left) in its locker** al gobierno aún le queda alguna carta *or* baza por jugar 2 (marksman): **a good/poor ~** un buen/mal tirador; **he's no ~: he can't hit anything** tiene muy mala puntería; nunca da en el blanco
B (colloq) 1 [c] (attempt, try): **it costs $50 a ~** son 50 dólares por vez; **~ AT sth/-ING: I'd like another ~ at it** me gustaría volver a intentarlo *or* volver a hacer la tentativa; **she had another ~ at convincing them** nuevamente trató de convencerlos; **have a ~ at it** ¿por qué no lo intentas?, haz la prueba; **he gave it his best ~** lo hizo lo mejor que pudo 2 (chance) (*no pl*): **an 8 to 1 ~** una probabilidad entre 8; ***a long ~***: **it's a very long ~, but it might just work** es una posibilidad muy remota pero quizás resulte; ***not by a long ~*** ni por asomo, ni mucho menos; **he's not as good as she is, not by a long ~** él no es, ni por asomo, tan bueno como ella, él no es tan bueno como ella ni mucho menos
C [c] 1 (Phot) foto *f* 2 (Cin) toma *f*; **location ~s** exteriores *mpl*
D 1 [c] (projectile) proyectil *m*, bala *f* 2 [u] (pellets): **(lead) ~** perdigones *mpl* 3 [c] (used in shotput) bala *f*, peso *m* (Esp); **to put the ~** lanzar* la bala *or* (Esp) el peso
E [c] (in soccer) disparo *m*, tiro *m*, chut *m*, chute *m*; (in basketball) tiro *m*, tirada *f*; (in golf, tennis) tiro *m*
F [c] 1 (injection) inyección *f*; ***a ~ in the arm*** una ayuda, un estímulo 2 (of drink) poquito *m*

shot³ *adj*
A 1 (variegated): **~ silk** seda *f* tornasolada; **her hair was already ~ with grey** tenía ya algunas canas, ya tenía el pelo entrecano 2 (pervaded, permeated): **to be ~ through with sth** estar* plagado de algo; **the whole argument was ~ through with inconsistencies** todo el razonamiento estaba plagado de faltas de coherencia
B (worn-out) (esp AmE colloq) deshecho, hecho polvo (fam)
C (rid) (BrE colloq): **to get ~ of sth/sb** sacarse* *or* quitarse algo/a algn de encima, deshacerse* de algo/algn

shotgun /ˈʃɑːtɡʌn || ˈʃɒtɡʌn/ *n* escopeta *f*; **to ride ~** viajar como guardia armado; (*before n*): **they had a ~ wedding** se tuvieron que casar, se casaron de penalty (Esp) *or* (Méx) de emergencia *or* (RPl) de apuro *or* (Chi) apurados (fam)

shotput /ˈʃɑːtpʊt || ˈʃɒtpʊt/ *n* 1 (event) lanzamiento *m* de bala *or* (Esp) de peso 2 (throw) lanzamiento *m*

shot-putter /ˈʃɑːtˌpʊtər || ˈʃɒtˌpʊtə(r)/ *n* lanzador, -dora *m,f* de bala *or* (Esp) de peso

should¹ /ʃʊd/ *past of* **shall**

should² *v mod*
A (expressing desirability) debería (*or* deberías *etc*), debiera (*or* debieras *etc*); **you ~ be studying** deberías *or* debieras estar estudiando, tendrías que estar estudiando; **she ~n't treat her friends like that** no debería *or* debiera tratar así a sus amigos; **you ~ have thought of that before** deberías *or* debieras haber pensado en eso antes, tendrías *or* tenías que haber pensado en eso antes; **I've brought you some flowers — oh, you ~n't have** te he traído unas flores — ¡no te deberías *or* debieras haber molestado! *or* ¡no te tenías *or* tendrías que haber molestado!; **shall I invite them? — I think you ~** ¿los invito? — creo que deberías hacerlo; **that is as it ~ be** así es como debe ser; **you ~'ve seen the look on her face!** ¡tenías *or* tendrías que haber visto la cara que puso!; **I didn't have any breakfast — you ~'ve said!** no desayuné — ¡me lo hubieras dicho! *or* ¡habérmelo dicho!
B (indicating probability, logical expectation) debería (*or* deberías *etc*) (de), debiera (*or* debieras *etc*) (de); **it ~ add up to 100** tendría que *or* debería (de) *or* debiera (de) dar *or* sumar 100; **how ~ I know?** ¿cómo quieres que sepa?, ¿cómo voy a saber (yo)?; **why ~ they want to come here?** ¿por qué han *or* habrían de querer venir aquí?
C (*with first person only*) 1 (conditional use) (BrE frml): **I ~ like to see her** me gustaría verla; **I ~n't have mentioned it if he hadn't asked me to** no lo habría *or* hubiera mencionado si él no me hubiera preguntado; **I ~n't be surprised if they didn't turn up** no me sorprendería que no aparecieran; **I ~ be grateful if you would send me the details** (Corresp) le agradecería (que) tuviera la gentileza de enviarme la información 2 (venturing a guess) (BrE): **I ~n't think the chairs are very old** no me parece que las sillas sean muy antiguas; **I ~ think she must be over 80** yo diría que debe tener más de 80; **will they be finished by Friday? — I ~n't think so** ¿terminarán antes del viernes? — no creo *or* no me parece; **she's a little upset — I ~ think she is, poor thing** está un poco disgustada — y es lógico, pobrecita 3 (expressing indignation): **he said he was sorry — I ~ think so too!** pidió perdón — ¡faltaría más! *or* ¡era lo menos que podía hacer!; **she won't be asking us for any money — I ~ think not!** no nos va a pedir dinero — ¡faltaría más! *or* ¡sería el colmo!
D (subjunctive use) (*with all persons*): **it is essential that you ~ be present** es indispensable que estés presente; **it's natural that he ~ want to go with her** es natural *or* lógico que quiera ir con ella; **I'm sorry he ~ see it like that** siento que él lo vea de esa manera; **if you ~ happen to pass a bookshop …** si pasaras *or* si llegaras a pasar por una librería …
E 1 (expressing amused surprise): **and who ~ turn up but her ex-husband!** ¿y quién te parece que apareció? ¡su ex-marido!; **what ~ she come out with at the critical moment but … ?** ¿y no va y en el momento crítico sale con que … ? 2 (in exclamations) (iro): **he said she drinks too much — *he* ~ talk!** dijo que ella bebe demasiado — ¡mira quién habla!; **they ~ complain! I was waiting twice as long as them** ¡yo sí que me puedo quejar, que estuve esperando el doble que ellos!

shoulder¹ /ˈʃəʊldər || ˈʃəʊldə(r)/ *n*
A 1 ▸ ❶ p.965 (Anat) hombro *m*; **the dress can be worn off the ~(s)** el vestido puede llevarse con los hombros al descubierto; **to have broad ~s** ser* ancho de hombros *or* de espaldas; **to shrug one's ~s** encogerse* de hombros; **the responsibility for it was placed entirely on his ~s** le cargaron toda la culpa; **that will take** *o* **lift a burden off our ~s** eso nos va a quitar un peso de encima; **to look over one's ~** mirar por encima del hombro; **I keep feeling there's someone looking over my ~** tengo la sensación de que me están vigilando; **to stand ~ to ~** estar* hombro con hombro; **we must stand ~ to ~ on this issue** tenemos que estar codo con codo en este asunto; **to cry** *o* **weep on sb's ~** desahogarse* con algn; **a ~ to cry on** un paño de lágrimas; ***straight from the ~*** sin rodeos; **give it to them straight from the ~** díselo sin rodeos; ***to give sb the cold ~*** hacerle* el vacío a algn; ***to put*** *o* ***set one's ~ to the wheel*** arrimar el hombro; ***to rub ~s with sb*** codearse con algn 2 (Clothing) hombro *m*; **a jacket with padded ~s** una chaqueta con hombreras 3 (Culin) paletilla *f*, paleta *f*
B (of road) (AmE) arcén *m*, berma *f* (Andes), acotamiento *m* (Méx), banquina *f* (RPl), hombrillo *m* (Ven)

shoulder² *vt* 1 (place on shoulder) ‹*knapsack*› ponerse* *or* echarse al hombro; ‹*blame/responsibility*› cargar* con; **~ arms!** ¡al hombro, ar! 2 (push) empujar con el hombro; **I was ~ed aside** me hicieron a un lado a empujones; ***to ~ one's way*** abrirse* paso a empujones

shoulder bag *n* bolso *m* or (CS) cartera *f* or (Méx) bolsa *f* (*con correa larga para colgar del hombro*)

shoulder blade *n* omóplato *m*

shoulder-charge /ˈʃəʊldərˌtʃɑːrdʒ || ˈʃəʊldəˌtʃɑːdʒ/ *vt* empujar con el hombro; **he ~d his way through the group at the entrance** se abrió paso empujando con el hombro al grupo que estaba en la entrada

shoulder flash *n* (BrE) charretera *f*

shoulder-high[1] /ˌʃəʊldərˈhaɪ || ˌʃəʊldəˈhaɪ/ *adv*: **to carry sb ~** llevar a algn en *or* a hombros, llevar a algn en volandas *or* (CS) andas

shoulder-high[2] *adj*: **to stand ~ to sb** llegarle* al hombro a algn; **the shelf is ~** el estante está a la altura del hombro

shoulder holster *n* pistolera *f*

shoulder joint *n* articulación *f* del hombro

shoulder-length /ˈʃəʊldərˌleŋθ || ˌʃəʊldəˌleŋθ/ *adj*: **~ hair** pelo *m or* melena *f* hasta los hombros

shoulder pad *n* hombrera *f*

shoulder patch *n* insignia *f*

shoulder strap *n* **1** (of garment) tirante *m or* (CS) bretel *m* **2** (of bag) correa *f*

shoulder title *n* (BrE) insignia *f*

shouldn't /ˈʃʊdnt/ = **should not**

should've /ˈʃʊdəv/ = **should have**

shout[1] /ʃaʊt/ *n* grito *m*; **to give a ~ of joy/pain** dar* un grito de alegría/dolor; **give me a ~ when you're ready** (colloq) avísame cuando estés listo, pégame un grito cuando estés listo (fam)

shout[2] *vi* gritar; **there's no need to ~** no hace falta que grites; **don't all ~ out at once** no griten todos a la vez; **to ~ AT sb** gritarle A algn; **don't ~ at me** ¡no me grites!; **to ~ TO sb** gritarle A algn; **he ~ed to her to come back** le gritó que volviese; **to ~ FOR sb** llamar a algn a gritos; **to ~ FOR sth** pedir* algo a gritos; **to ~ for help** pedir* auxilio a gritos; **to ~ for joy** gritar de alegría; **how was your weekend? — oh, nothing to ~ about** ¿qué tal el fin de semana? — bah, nada especial *or* nada del otro mundo

■ **shout** *vt* gritar; **go away! he ~ed** —¡váyanse!— gritó; **I ~ed (out) a warning** les (*or* le *etc*) grité advirtiéndoles (*or* advirtiéndole *etc*); **to ~ abuse at sb** insultar a algn a gritos

■ *v refl*: **to ~ oneself hoarse** gritar hasta quedarse ronco *or* afónico

Phrasal verbs

• **shout down** [v + o + adv, v + adv + o] hacer* callar a gritos

• **shout out**

A [v + o + adv, v + adv + o] ‹*answer*› gritar, dar* a gritos; **they walked along ~ing out slogans** caminaban gritando *or* coreando consignas; **he ~ed out his displeasure** manifestó a gritos su descontento

B [v + adv] dar* *or* pegar* un grito

shouting /ˈʃaʊtɪŋ/ *n* [u] griterío *m*, vocerío *m*; ***it's all over but*** *o* (BrE) ***bar the ~*** esto ya es cosa hecha *or* asunto concluido; (*before n*): **the discussion degenerated into a ~ match** la discusión terminó a grito pelado (fam)

shove[1] /ʃʌv/ *vt* **1** (push roughly) empujar; **he tried to embrace her, but she ~d him away** trató de abrazarla pero lo apartó de un empujón; **they ~d her out of the way** la quitaron de en medio a empellones *or* a empujones; **we ~d the table to one side** empujamos la mesa a un lado; **~ the bed up against the wall** empuja la cama contra la pared; ***to ~ one's way*** abrirse* paso a empujones **2** (put) (colloq) poner*, meter; **he tried to ~ the blame onto me** me quiso cargar el muerto (fam), me quiso echar la culpa; ***~ it*: I told him he could ~ it** le dije dónde se lo podía meter (fam), le dije que se lo metiera (por) donde le cupiese (fam)

■ **shove** *vi* empujar; **stop shoving!** ¡no empujes!; **everyone was pushing and shoving** todo el mundo andaba a (los) empujones *or* a (los) empellones; **they ~d at the door, but it wouldn't open** empujaron la puerta pero no se abrió

Phrasal verbs

• **shove about** [v + o + adv] ▸**shove around**

• **shove around** [v + o + adv] (colloq) **1** (physically) darle* empujones *or* empellones a **2** (bully) mandonear (fam), mangonear (fam)

• **shove off** [v + adv] **1** (Naut) desatracar* **2** (leave) (colloq) largarse* (fam); **~ off, I'm trying to read** lárgate, estoy tratando de leer (fam)

• **shove over** [v + adv] (colloq) correrse un poco; **~ over** *o* **up a bit, will you?** ¿te puedes correr un poco (para allá)?

• **shove up** [v + adv] ▸**shove over**

shove[2] *n* empujón *m*, empellón *m*; **to give sth/sb a ~** darle* un empujón a algo/a algn

shove-halfpenny /ˈʃʌvˈheɪpni/ *n* [u] (in UK) *juego parecido al tejo*

shovel[1] /ˈʃʌvəl/ *n*

A (spade) pala *f*; **a ~ of earth** una palada de tierra

B (*power ~*) **1** excavadora *f* **2** (scoop) pala *f*

shovel[2], (BrE) **-ll-** *vt* ‹*coal*› palear; ‹*snow*› espalar; **they ~ed a path through the snow** abrieron un camino con la pala en la nieve; **to ~ sand into a pile** amontonar arena con una pala; **he ~ed his food down** (colloq) engulló *or* se zampó la comida

shovelful /ˈʃʌvəlfʊl/ *n* palada *f*

show[1] /ʃəʊ/ (*past* **showed**; *past p* **shown** *or* **showed**)

INDEX

■ **show** *verb transitive*

A **1** photograph, scar, passport
2 feelings etc
3 to allow to be seen

B **1** to depict, to present
2 to register: barometer, dial etc

C **1** to demonstrate: truth, importance
2 to teach

D to indicate the way

E **1** to screen: movie etc
2 to exhibit: paintings etc

F to give: cause, reason

■ **show** *verb intransitive*

A to be visible: dirt, stains etc

B **1** to be screened
2 to exhibit

C to turn up

D in horse racing

■ **show** *reflexive verb*

1 to show oneself
2 to prove to be

Phrasal verbs

• **show off**
• **show up**

vt

A **1** ‹*photograph/scar/passport*› mostrar*, enseñar; ‹*scar*› mostrar*; **to ~ sb sth, to ~ sth TO sb** mostrarle* algo A algn; **I ~ed Ellen my new dress** le mostré *or* le enseñé mi vestido nuevo a Ellen; **~ me the letter** muéstrame *or* enséñame la carta; **~ me where it hurts** indíqueme *or* muéstreme dónde le duele; **to ~ one's teeth** «*dog*» mostrar* *or* enseñar los dientes; «*person/government*» mostrar* *or* enseñar los dientes *or* las uñas; ***to have nothing/something to ~ for sth*: they had little/nothing to ~ for their years of work** vieron poco/no vieron recompensados sus años de trabajo; **she has something to ~ for her efforts/sacrifices** sus esfuerzos/sacrificios han dado fruto *or* le han reportado algo **2** ‹*feelings*› demostrar*, exteriorizar*, expresar; ‹*interest/enthusiasm/taste*› demostrar*, mostrar*; **she ~ed great courage** demostró (tener) gran valor; **she ~ed them no kindness** no se mostró nada amable con ellos; **he ~s her no respect** no le tiene ningún respeto, le falta al respeto; **could you ~ me the way to the station?** ¿me podría indicar cómo se llega a la estación?; **to ~ signs of sth**: **he began to ~ signs of fatigue** empezó a dar muestras de estar agotado; **the government ~s every sign of capitulating** todo parece indicar que el gobierno va a claudicar; **the economy ~s no sign(s) of improvement** la economía no da señales de recuperarse **3** (to allow to be seen): **this carpet ~s every mark** en esta alfombra se notan todas las marcas; **a color that ~s the dirt** un color muy sucio *or* delicado; **he's started to ~ his age** se le han empezado a notar los años

B **1** (to depict, to present): **this photo ~s her working in her garden** en esta foto está trabajando en el jardín; **does the map ~ places of interest?** ¿están señalados *or* marcados en el mapa los lugares de interés?; **as ~n in fig. 2** como se indica *or* se muestra en la figura 2 **2** (to register) «*barometer/dial/indicator*» marcar*, señalar, indicar*; ‹*profit/loss*› arrojar; **the fuel light's ~ing red** la luz del combustible está en rojo

C **1** (to demonstrate) ‹*truth/importance*› demostrar*; **you have to ~ that you understand** tienes que demostrar que entiendes; **independent research has ~n that ...** estudios independientes han demostrado que ...; **it just goes to ~ how wrong you can be about people** eso te demuestra cómo te puedes equivocar con la gente; ***to ~ what one is made of*** demostrar* lo que se vale; **now's your chance to ~ them what you're made of** ésta es tu oportunidad de demostrarles lo que vales **2** (to teach) enseñar; **I ~ed her how to do it** le enseñé cómo se hacía; **I'll ~ them!** (colloq) ¡ya van a ver!

D (to indicate the way) (+ *adv compl*): **he ~ed us to our seats** nos llevó *or* nos acompañó hasta nuestros asientos; **to ~ sb in** hacer* pasar a algn; **to ~ sb out** acompañar a algn a la puerta; **I'll ~ myself out** no hace falta que me acompañes; **she ~ed him into the office/out of the house** lo hizo pasar a la oficina/lo acompañó hasta la salida; **to ~ sb over a building** mostrarle* *or* enseñarle a algn un edificio; **they ~ed us around the church** nos mostraron el interior de la iglesia, recorrieron la iglesia con nosotros

E **1** (to screen) ‹*movie*› dar*, pasar, proyectar (frml), poner* (Esp); ‹*program*› dar*, poner* (Esp), emitir (frml); ‹*slides*› pasar, proyectar (frml); **they ~ed the game on TV** dieron el partido por televisión; **when the movie was first ~n** cuando se estrenó la película **2** (to exhibit) ‹*paintings/sculpture*› exponer*, exhibir; ‹*fashions*› presentar; ‹*horse/dog*› presentar, exponer*

F (to give) ‹*cause/reason*› alegar*; ‹*proof*› presentar

■ **show** *vi*

A (to be visible) «*dirt/stains*» verse*, notarse; «*emotions/scars*» notarse; **a small dimple ~ed when he smiled** se le hacía un hoyuelo en la mejilla cuando sonreía; **doubt ~ed on his face** se le notó que no estaba muy convencido; **your/her slip is ~ing** se te/le ve la combinación; **you let your feelings ~ too much** dejas transparentar demasiado lo que sientes; **I painted the door in a hurry — yes, it ~s!** pinté la puerta deprisa y corriendo — ¡sí, se nota! *or* ¡sí, y así quedó!; **to ~ through** verse*

B **1** (to be screened) (Cin): **it's ~ing at the Trocadero** la están dando en el Trocadero, la ponen en el Trocadero (Esp); **now ~ing all over London** ahora en salas de todas las zonas de Londres **2** (to exhibit) «*artists*» exponer*, exhibir; «*fashion designer*» presentar su colección

C (to turn up) (colloq) aparecer*

D (Equestrianism) (in horse racing) llegar* en tercer lugar

■ *v refl*: **to ~ oneself** **1** (to become visible) «*person*» asomarse, dejarse ver; «*defect*» notarse **2** (to prove to be) demostrar* ser; (to turn out to be) resultar ser; **he ~ed himself to be a great player** demostró ser un gran jugador, se reveló como un gran jugador; **she ~ed herself (to be) totally unscrupulous** resultó ser una persona sin escrúpulos de ningún tipo

Phrasal verbs

• **show off**

A [v + adv] lucirse*; **he loves ~ing off in front of the girls** le encanta lucirse delante de las chicas; **stop ~ing off** déjate de hacer tonterías *or* gracias

B [v + o + adv, v + adv + o] **1** (display for admiration) ‹*wealth/talent/knowledge*› presumir de, hacer* alarde de; **he wanted to ~ off his new car** quería lucirse con su coche nuevo, quería fardar (Esp) *or* (Col, Ven) pantallear con su coche nuevo (fam); **to ~ sth off TO sb** mostrarle* *or* enseñarle orgullosamente algo A algn **2** (display to advantage) ‹*beauty/complexion*› hacer* resaltar, realzar*; **the paintings are not**

~n off to their best advantage los cuadros no lucen todo lo que podrían

• **show up**

A [v + o + adv, v + adv + o] 1 (reveal) ‹*mistake/deception*› poner* de manifiesto (frml); **the incident ~ed him up to be a coward** o **as a coward** el incidente lo mostró como un cobarde *or* demostró que era un cobarde 2 (embarrass) ‹*parents/friends/colleagues*› poner* en evidencia, hacer* quedar mal; **try not to ~ me up in front of the boss** procura no ponerme en evidencia *or* hacerme quedar mal delante del jefe 3 (lead upstairs) ‹*visitor/guest*› hacer* subir

B [v + adv] 1 (be visible) «*imperfection*» notarse 2 (be revealed) «*trend/fact*» revelarse, ponerse* de manifiesto 3 (arrive) (colloq) aparecer* (fam)

show² *n*

A [c] (exhibition) (Art) exposición *f*; **agricultural ~** feria *f* agrícola y ganadera, exposición *f* rural (RPl); **air ~** exhibición *f* acrobática aérea; **boat ~** salón *m* náutico; **fashion ~** desfile *m or* pase *m* de modelos; **flower ~** exposición *f* floral; **horse ~** concurso *m* hípico; **to be on ~** estar* expuesto *or* en exhibición; **she felt very much on ~** se sentía observada por todos; **to put sth on ~** exponer* algo; (*before n*): **~ house** o **home** (BrE) casa *f* piloto

B [c] 1 (stage production) espectáculo *m*; **to put on a ~** montar un espectáculo; **on with the ~!** ¡que empiece/siga la función!; ***the ~ must go on*** hay que seguir adelante; ***to get the ~ on the road*** (colloq) poner* manos a la obra; **let's get this ~ on the road!** ¡manos a la obra!; **we need more money to keep the ~ on the road** necesitamos más dinero para poder seguir adelante; ***to steal the ~*** «*actor*» robarse el espectáculo, llevarse todos los aplausos; ***to stop the ~***: **that line stopped the ~** con esa frase el teatro se vino abajo; **she'll stop the ~ in that outfit** vestida así va a parar el tráfico (fam) 2 (on television, radio) programa *m*; **comedy ~** programa *m* cómico; **quiz ~** programa *m* concurso, concurso *m* televisivo/radiofónico; **the Olga Winters S~** el show de Olga Winters

C (spectacle) (*no pl*) espectáculo *m*; **in summer her garden makes a colorful ~** en verano su jardín es una explosión de color

D (*no pl*) 1 (display) muestra *f*, demostración *f*; **a ~ of force** un despliegue *or* una demostración de fuerza; **to vote by a ~ of hands** votar a mano alzada 2 (outward appearance): **I made a ~ of enthusiasm** fingí estar entusiasmado; **his concern's all ~** su preocupación es puro teatro *or* pura apariencia; **you put on a good ~** hiciste un buen papel 3 (ostentation) alarde *m*; **she made a great ~ of her generosity** hizo gran alarde de su generosidad; **their plush office is simply for ~** su elegante oficina es sólo para darse tono; **with a great ~ of indignation** con grandes muestras de indignación

E (colloq) (*no pl*) 1 (activity, organization) asunto *m*; **it's my ~, so don't interfere** es asunto mío, así que no te metas; **to run the ~** llevar la voz cantante, llevar la batuta (fam), ser* el amo del cotarro (fam) 2 (performance) (BrE): **to put up a good/poor ~** hacer* un buen/mal papel, defenderse* bien/mal; **good ~!** ¡espléndido!, ¡bravo!; **poor ~!** ¡qué mal!

F [c] (Med) desprendimiento *m* del tapón mucoso

G [c] (third place) (AmE) (Equ) tercer premio *m*

show-and-tell /ˌʃəʊən'tel/ *n* [u] (AmE) *actividad escolar que consiste en llevar objetos a la escuela y hablar acerca de ellos*

showbiz /'ʃəʊbɪz/ *n* [u] (colloq) mundo *m* del espectáculo, farándula *f* (period); (*before n*) ‹*personality/news*› del mundo del espectáculo

showboat¹ /'ʃəʊbəʊt/ *n* 1 (Theat) *barco donde se dan representaciones teatrales* 2 (AmE) ▸**show-off**

showboat² *vi* (AmE colloq) fanfarronear, fardar (Esp fam), mandarse la parte (RPl) *or* (Chi) las partes (fam), pantallear (Col, Ven fam)

show business *n* [u] mundo *m* del espectáculo, farándula *f* (period)

showcase¹ /'ʃəʊkeɪs/ *n*

A 1 (advantageous setting): **the series is simply a ~ for its stars** la serie no es más que un vehículo para el lucimiento de sus estrellas 2 (spectacular example) escaparate *m*; **he turned the country into a ~ of capitalism** convirtió al país en un escaparate del capitalismo

B (cabinet) vitrina *f*

showcase² *vt* (AmE) exhibir

showdown /'ʃəʊdaʊn/ *n* enfrentamiento *m*, confrontación *f*; **to have a ~ with sb** enfrentarse con algn, tener* una agarrada *or* (AmL tb) un agarrón con algn (fam)

shower¹ /'ʃaʊər || 'ʃaʊə(r)/ *n*

A (in bathroom) ducha *f*, regadera *f* (Méx); **he's in the ~** se está duchando *or* bañando; **to take** o (BrE) **have a ~** ducharse, darse* una ducha, bañarse; (*before n*): **~ attachment** *ducha de plástico que se empalma a los grifos de la bañera*; **~ cap** gorro *m* de ducha; **~ curtain** cortina *f* de ducha; **~ gel** gel *m* de baño; **~ head** alcachofa *f* de la ducha, regadera *f* (Col, Cu, Méx, Ven); **~ stall** o (BrE) **cabinet** ducha *f*; **~ tray** plato *m or* plataforma *f* de ducha; **~ unit** cabina *f* de ducha

B ▸ⓘ **p.1878** (Meteo) chaparrón *m*, chubasco *m*; (heavier) aguacero *m*; **scattered ~s** chubascos aislados; **it's only a ~** sólo es un chaparrón; **snow/sleet ~s** chubascos de nieve/aguanieve; **hail ~** granizada *f*; **a ~ of arrows/bullets/stones** una lluvia de flechas/balas/piedras; **a ~ of sparks** una lluvia de chispas; **a ~ of abuse** una lluvia *or* un aluvión de insultos

C (people) (BrE colloq) (*no pl*) panda *f or* (CS) manga *f* de inútiles (*or* pesados *etc*) (fam)

D (party) (AmE) *fiesta en la que los invitados obsequian a la homenajeada con motivo de su próxima boda, el nacimiento de su niño etc*

shower² *vt* 1 (spray) regar*; **the volcano ~ed ash on the town** el volcán regó la ciudad de cenizas, el volcán arrojó cenizas sobre la ciudad; **to ~ sb WITH sth** tirarle algo A algn; **the bride and groom were ~ed with rice** les tiraron arroz a los novios 2 (bestow lavishly) **to ~ sth ON sb**: **congratulations were ~ed (up)on the winner** le llovieron felicitaciones al ganador; **to ~ sb WITH sth**: **the country ~ed him with honors** el país lo colmó de honores

■ **shower** *vi* 1 (wash) ducharse, darse* una ducha, bañarse 2 (be sprayed) «*water/leaves/stones*» caer*; «*letters/congratulations/protests*» llover*

■ *v impers* ▸ⓘ **p.1878**; llover*, caer* un chaparrón

showerproof /'ʃaʊərpru:f || 'ʃaʊəpru:f/ *adj* semi-impermeable

showery /'ʃaʊəri/ ▸ⓘ **p.1878** *adj* ‹*weather/day*› lluvioso, de lluvia; **~ intervals** lluvias *fpl* aisladas, chubascos *mpl* aislados

showgirl /'ʃəʊgɜ:rl || 'ʃəʊgɜ:l/ *n* corista *f*

showground /'ʃəʊgraʊnd/ *n* recinto *m* ferial, real *m* de la feria

showily /'ʃəʊəli || 'ʃəʊɪli/ *adv* de manera llamativa *or* extravagante

showiness /'ʃəʊinəs || 'ʃəʊinɪs/ *n* [u] lo llamativo *or* extravagante

showing /'ʃəʊɪŋ/ *n*

A (performance) actuación *f*; **their poor ~ in the last elections** el pobre resultado que obtuvieron en las últimas elecciones; **to make a good/poor ~** hacer* (un) buen/mal papel; **on her present ~** tal como está ahora; **by** o **on one's own ~**: **on** o **by her own ~** según ella misma reconoce; **on its own ~, the administration has no chance of balancing the budget** la misma información oficial demuestra que el gobierno no podrá nivelar el presupuesto; **on any ~** se mire como se mire

B 1 (Cin, TV) proyección *f*, pase *m*; **a private ~** *una proyección para la prensa, invitados especiales etc*; **this is the second ~ of the serial** ésta es la segunda vez que dan la serie; **four ~s a day** (Cin) cuatro sesiones *or* funciones *or* proyecciones al día 2 (Art) exposición *f* 3 (Clothing) desfile *m*, pase *m*

show jumper *n* 1 (male) jinete *m*; (female) amazona *f*, jinete *f* 2 (horse) caballo *m* de salto

show jumping *n* [u] concursos *mpl* hípicos; (*before n*): **show-jumping tournament** concurso *m* hípico

showman /'ʃəʊmən/ *n* (*pl* **-men** /-mən/) (entertainer) artista *m*, showman *m*; (producer) empresario *m*, hombre *m* del espectáculo

showmanship /'ʃəʊmənʃɪp/ *n* [u] sentido *m* de la teatralidad

shown /ʃəʊn/ *past p of* **show¹**

show-off /'ʃəʊɔ:f || 'ʃəʊɒf/ *n* (colloq) fanfarrón, -rrona *m,f*, fantasma *mf* (Esp fam), fardón, -dona *m,f* (Esp fam)

showpiece /'ʃəʊpi:s/ *n* (in exhibition) joya *f*; (of country, régime) escaparate *m*, orgullo *m*; **the hospital was built as a ~** el hospital se construyó como un modelo en su género

showplace /'ʃəʊpleɪs/ *n* lugar *m or* sitio *m* de interés turístico

showroom /'ʃəʊru:m -rʊm/ *n* (*often pl*) salón *m* de exposición (y ventas); (*before n*): **in ~ condition** como nuevo, flamante

show-stopper /'ʃəʊˌstɑ:pər || 'ʃəʊˌstɒpə(r)/ *n* (colloq): **to be a (real) ~** causar sensación; **his cousin's a real ~** su prima es de las que paran el tráfico (fam)

show-stopping /'ʃəʊˌstɑ:pɪŋ || 'ʃəʊˌstɒpɪŋ/ *adj* (colloq) que causa sensación

show trial *n*: *juicio llevado a cabo como demostración de poderío*

showy /'ʃəʊi/ *adj* **showier, showiest** 1 (gaudy) ‹*clothes*› llamativo; ‹*behavior*› extravagante; ‹*person*› fanfarrón 2 (attractive) ‹*clothes/plumage/flowers*› vistoso, llamativo

shrank /ʃræŋk/ *past of* **shrink¹**

shrapnel /'ʃræpnl/ *n* [u] metralla *f*

shred¹ /ʃred/ *n* (of paper, fabric) tira *f*, trozo *m*; (of tobacco) brizna *f*, hebra *f*; **not a (single) ~ of evidence** ni una (sola) prueba; **without a ~ of proof** sin la más mínima prueba; **not a ~ of truth** ni pizca de verdad; **to be in ~s** «*clothes/fabric*» estar* hecho jirones *or* tiras; «*argument/reputation*» estar* destrozado *or* hecho trizas; **to tear sth to ~s** hacer* trizas algo; ‹*argument/reputation*› destrozar* algo, hacer* trizas algo; **to tear sb to ~s** hacer* trizas a algn, desollar* (vivo) a algn

shred² *vt* **-dd-** ‹*cabbage/lettuce*› cortar en tiras; ‹*carrots*› cortar en juliana; (grate) rallar; ‹*documents*› destruir*, triturar

shredded wheat /'ʃredəd || 'ʃredɪd/ *n* [u]: *tipo de cereal para desayuno*

shredder /'ʃredər || 'ʃredə(r)/ *n* (for paper) trituradora *f*; (for vegetables) cortadora *f*

shrew /ʃru:/ *n* 1 (Zool) musaraña *f* 2 (woman) arpía *f*, bruja *f*, fiera *f*; **The Taming of the S~** La fierecilla domada

shrewd /ʃru:d/ *adj* **-er, -est** ‹*person*› astuto, sagaz, vivo (fam); ‹*move/investment*› hábil, inteligente; ‹*argument/assessment*› hábil, perspicaz, sagaz; ‹*remark*› perspicaz; **he's a ~ observer of the scene** es un sagaz *or* agudo *or* perspicaz observador de la situación; **a ~ decision** una decisión muy acertada; **he's a ~ businessman** es un lince para los negocios; **to have a ~ idea** estar* casi seguro, tener* una idea bastante aproximada; **I've got a ~ idea (of) where she's gone** estoy casi seguro de dónde ha ido

shrewdly /'ʃru:dli/ *adv* ‹*act/invest*› hábilmente, con astucia *or* inteligencia *or* sagacidad; **she ~ guessed that ...** fue muy perspicaz y se dio cuenta de que ...; **a ~ worded contract** un contrato redactado muy hábilmente

shrewish /'ʃru:ɪʃ/ *adj* ‹*person*› de mal genio; ‹*comment/disposition*› malicioso

shriek¹ /ʃri:k/ *n* grito *m*, chillido *m*; **to let out a ~** dar* *or* pegar* un grito *or* chillido; **a ~ of pain** un grito *or* alarido de dolor; **a ~ of delight/terror** un grito *or* chillido de placer/terror; **the ~ of a train whistle** el agudo pitido de un tren; **with a ~ of tires** con un chirrido de neumáticos; **we could hear ~s of laughter** oíamos risotadas

shriek² *vi* gritar, chillar; **to ~ with pain** gritar de dolor; **to ~ with laughter** reírse* histéricamente; **to ~ AT sb** gritarle *or* chillarle A algn; **stop ~ing at me!** ¡no me chilles!

■ **shriek** *vt* gritar, chillar

shrift /ʃrɪft/ *n* [u]: **to give sb/get short ~**: **they gave him short ~ when he suggested it** lo

S

echaron con cajas destempladas cuando lo sugirió; **she gave the advisers' recommendations short ~** desestimó *or* desechó de plano las recomendaciones de los asesores; **the idea got short ~** la idea fue desestimada *or* desechada de plano; **he got short ~ when he asked for extra help** lo echaron con cajas destempladas cuando pidió ayuda adicional

shrike /ʃraɪk/ *n* alcaudón *m*

shrill[1] /ʃrɪl/ *adj* **-er, -est** ‹*whistle/cry/laugh*› agudo, estridente; ‹*voice*› agudo, chillón, estridente; ‹*criticism*› frenético, estridente

shrill[2] *vi* «*whistle*» pitar; «*alarm*» sonar*

shrillness /'ʃrɪlnəs || 'ʃrɪlnɪs/ *n* [u] (of sound) tono *m* agudo, estridencia *f*; (of criticism) estridencia *f*

shrilly /'ʃrɪlli/ *adv* estridentemente

shrimp[1] /ʃrɪmp/ *n* (*pl* ~ *or* BrE also ~**s**)
A (large) (AmE) langostino *m*, camarón *m* (AmL); (medium) camarón *m* (AmL), gamba *f* (esp Esp), langostino *m* (CS); (small) (BrE) camarón *m*, quisquilla *f* (Esp); (*before n*): ~ **cocktail** ▸**cocktail 2**: ~ **sauce** salsa *f* rosa *or* americana, salsa *f* golf (RPl)
B (*pl* ~**s**) (small person) (colloq & pej) renacuajo, -ja *m,f* (fam & pey), enano, -na *m,f* (fam & pey)

shrimp[2] *vi*: **to go ~ing** ir* a pescar camarones (*or* gambas *etc*)

shrine /ʃraɪn/ *n* **1** (holy place) santuario *m*, santo lugar *m*; (chapel) capilla *f*; (in out-of-the-way place) ermita *f*; **a ~ to the dead star** un altar *or* santuario a la desaparecida estrella **2** (alcove) hornacina *f* **3** (tomb) sepulcro *m* **4** (reliquary) relicario *m*

shrink[1] /ʃrɪŋk/ *vi* (*past* **shrank** *or* **shrunk**; *past p* **shrunk** *or* **shrunken**)
A (diminish in size) «*clothes/fabric*» encoger(se)*; «*meat*» achicarse*; «*wood/metal*» contraerse*; «*area*» reducirse*, verse* reducido (frml); «*amount/number*» reducirse*, disminuir*, verse* reducido (frml); «*person*» achicarse*; **the blouse shrank in the wash** la blusa (se) encogió al lavarla; **the total has shrunk to two/by ten per cent** el total se ha reducido *or* (frml) se ha visto reducido a dos/en un diez por ciento; **the veal/spinach will ~ away to nothing** la ternera/espinaca va a quedar reducida a nada
B (recoil) retroceder, recular (fam); **to ~ back** *o* **away from sth/sb** echarse atrás *or* retroceder ante algo/algn; **to ~ FROM sth/-ING**: **I will not ~ from the truth** no me voy a acobardar ante la verdad; **she shrank from actually telling him he was fired** no se atrevió a decirle que estaba despedido; **he will not ~ from doing his duty** no rehuirá cumplir con su obligación
■ **shrink** *vt* ‹*clothes/fabric*› encoger*; ‹*costs*› reducir*, recortar; **to ~ heads** reducir* cabezas; **to ~ sth on** (Tech) montar algo en caliente

shrink[2] *n* (colloq) loquero, -ra *m,f* (fam), psiquiatra *mf*

shrinkage /'ʃrɪŋkɪdʒ/ *n* [u] **1** (of clothes, fabric) encogimiento *m*; (of wood, metal) contracción *f*; (of amount, number) reducción *f* **2** (stock losses) (Busn) fugas *fpl*, pérdidas *fpl*

shrinkfit /'ʃrɪŋkfɪt/ *adj* (*before n*) *que se encoge al tamaño deseado después del primer lavado*

shrink-fit /'ʃrɪŋkfɪt/ *adj*
A (Clothing) *before n* ‹*pants/skirt*› preencogido
B (Mech Eng) *before n* ‹*alloy/connector*› ajustado por contracción; ‹*tool*› enmangado por contracción

shrink-proof /'ʃrɪŋkpruːf/ *adj* que no encoge, inencogible

shrink-resistant /'ʃrɪŋkrɪˌzɪstənt/ *adj* que no encoge, inencogible

shrink-wrap /'ʃrɪŋkræp/ *vt* **-pp-** retractilar

shrink wrap, shrink-wrapping /'ʃrɪŋk ˌræpɪŋ/ *n* [u] **1** (material) (film *m*) retractil *m* **2** (process) retractilado *m*

shrink-wrapped /'ʃrɪŋkræpt/ *adj*
A (in shrink-wrapping) ‹*goods*› retractilado
B (Comput) de paquetes

shrive /ʃraɪv/ *vt* (*past* **shrove** *or* **shrived**; *past p* **shriven** *or* **shrived**) (Relig) (arch) confesar*

shrivel /'ʃrɪvəl/ (BrE) **-ll-** ~ **(up)** *vi* «*leaf/plant*» marchitarse, secarse*; «*fruit/vegetables*» resecarse* y arrugarse*, perder* frescura; «*skin*» ajarse, arrugarse*, apergaminarse; **a ~ed old man** un viejo arrugado y consumido
■ **shrivel** *vt* ‹*leaf/plant*› secar*, resecar*, marchitar; ‹*skin*› ajar, arrugar*, apergaminar

shriven /'ʃrɪvən/ *past p of* **shrive**

shroud[1] /ʃraʊd/ *n* **1** (for corpse) mortaja *f*, sudario *m*; **a ~ of mystery/secrecy** (journ) un velo de misterio/silencio **2** (Naut) obenque *m*

shroud[2] *vt* envolver*; **to be ~ed IN sth**: **the town was ~ed in fog/gloom** (liter) un velo de niebla/de tristeza envolvía la ciudad (liter); **a case ~ed in mystery** (journ) un caso envuelto en un velo de misterio, un caso rodeado de misterio

shrove /ʃrəʊv/ *past of* **shrive**

Shrove Tuesday /ʃrəʊv/ *n* martes *m* de Carnaval

> **Shrove Tuesday**
> ▸**Pancake Day.**

shrub /ʃrʌb/ *n* arbusto *m*, mata *f*

shrubbery /'ʃrʌbəri/ *n* (*pl* **-beries**) **1** [u] (mass of shrubs) arbustos *mpl*, matas *fpl* **2** [c] (part of garden) (esp BrE) macizo *m* de arbustos

shrug[1] /ʃrʌg/ *n*
A (movement): **with a ~ (of her shoulders)** encogiéndose de hombros; **to give a ~ (of indifference)** encogerse* de hombros (con indiferencia)
B (Clothing) bolero *m*

shrug[2] **-gg-** *vi* encogerse* de hombros
■ **shrug** *vt*: **to ~ one's shoulders** encogerse* de hombros

Phrasal verb
• **shrug off** [v + o + adv, v + adv + o] ‹*misfortune/disappointment*› superar, sobreponerse* a; ‹*criticism*› hacer* caso omiso de, no dejarse afectar por

shrunk /ʃrʌŋk/ *past & past p of* **shrink**[1]

shrunken[1] /'ʃrʌnkən/ *past p of* **shrink**[1]

shrunken[2] *adj* ‹*body*› consumido, empequeñecido; ‹*territory*› reducido, empequeñecido; ‹*dimensions*› reducido, disminuido; **a ~ head** una cabeza reducida

shtick, shtik /ʃtɪk/ *n* [u] (AmE colloq) truco *m*

shtuck /ʃtʊk/ *n* [u] (BrE sl): ***to be in (dead) ~*** estar* jodido (vulg), estar* arreglado (fam)

shuck[1] /ʃʌk/ *n* (pod) vaina *f*; (husk) cascarilla *f*; (shell) concha *f*

shuck[2] *vt* **1** ‹*pea*› pelar, desenvainar; ‹*clam*› abrir*, desbullar **2** ~ **(off)** (AmE colloq) quitarse; ‹*boyfriend*› plantar (fam), botar (AmL exc RPl fam); ‹*career*› abandonar, plantar (fam), dejar botado (AmL exc RPl fam); **the snake has ~ed (off) its skin** la serpiente ha mudado *or* cambiado la piel

shucks /ʃʌks/ *interj* (AmE colloq) ¡caray! (fam), ¡caramba! (fam); **~, why can't I ever get it right!** ¡caray! ¿por qué no me saldrá nunca bien? (fam); **~, it's nothing; you can use it anytime** (no) faltaba más, hombre; úsalo cuando quieras

shudder[1] /'ʃʌdər || 'ʃʌdə(r)/ *vi* **1** «*person*» estremecerse*; **he ~ed at the thought** se estremeció al pensarlo; **I ~ to think what she might be doing** tiemblo de *or* con sólo pensar qué estará haciendo; **~ing with fear** temblando de miedo; **I ~ to think!** ¡no quiero ni pensar!, ¡me dan escalofríos de sólo pensarlo! **2** «*bus/train/plane*» dar* sacudidas *or* bandazos, zarandearse (de un lado al otro); «*building*» temblar*; «*machine*» vibrar; **to ~ to a halt** pararse abruptamente

shudder[2] *n* **1** (of person) estremecimiento *m*, escalofrío *m*; **a ~ ran down my spine** un escalofrío me recorrió la espalda; **with a ~ of horror** estremeciéndose de terror; **with a ~ of distaste** con un repeluzno **2** (of vehicle, engine) sacudida *f*; **a ~ went through the whole house as he slammed the door** pegó un portazo que hizo temblar toda la casa

shuffle[1] /'ʃʌfəl/ *vt*
A **to ~ one's feet** arrastrar los pies
B **1** ‹*cards*› barajar; ‹*dominoes*› remover*, revolver*, mezclar; ‹*papers*› barajar, revolver* **2** (redeploy) ‹*personnel*› cambiar de puesto, mover*; ‹*funds*› mover*
■ **shuffle** *vi* caminar *or* andar* arrastrando los pies; **she ~d into/out of the room** entró en/salió de la habitación arrastrando los pies; **to ~ in one's seat** revolverse* en el asiento; **his shuffling gait** su andar pesado

Phrasal verb
• **shuffle off**
A [v + o + adv, v + adv + o]: **she tried to ~ off the blame onto her colleagues** trató de echarles la culpa a sus colegas
B [v + adv] irse* (*arrastrando los pies*)

shuffle[2] *n*
A **1** (gait) (*no pl*): **he walks with a ~** camina *or* anda arrastrando los pies **2** (dance) *baile parecido al claqué*
B **1** (of cards): **to give the cards a ~** barajar las cartas; ***to be o get lost in the ~*** (AmE) «*object*» perderse* en la confusión; **the idea of helping the poor seems to have been lost in the ~** la idea de ayudar a los pobres parece que ha quedado relegada al olvido **2** (of personnel) reestructuración *f*, reorganización *f*

shun /ʃʌn/ *vt* **-nn-** ‹*person/society*› rechazar*, rehuir*; ‹*publicity/limelight*› evitar, rehuir*; **she felt ~ned by her colleagues** se sentía rechazada por sus colegas, sentía que sus colegas la rehuían *or* le hacían el vacío

shunt[1] /ʃʌnt/ *vt* **1** (Rail) cambiar de vía **2** (move, divert) (+ *adv compl*): **he was ~ed into the B team** lo relegaron al equipo B; **they ~ed him off to the Rocha office** se lo quitaron de en medio mandándolo a la oficina de Rocha; **they ~ed us from one window to another** nos mandaban de una ventanilla a la otra
■ **shunt** *vi* (+ *adv compl*): **the buses ~ to and fro between the airport and the town** los autobuses van y vienen del aeropuerto a la ciudad

shunt[2] *n*
A **1** (Rail) (*no pl*) empujón *m* **2** (crash) (colloq) choque *m*
B (Elec) derivación *f*

shunting engine /'ʃʌntɪŋ/ *n* (BrE) locomotora *f* de maniobras

shunting yard *n* (BrE) estación *f* de maniobras

shush /ʃʊʃ/ *vt* acallar, hacer* callar
■ **shush** *vi* (*usu in imperative*) callarse; **~!** ¡chitón!, ¡silencio!; **will you ~ now?** ¡cállense *or* (Esp) callaos de una vez!

shut[1] /ʃʌt/ (*pres p* **shutting**; *past & past p* **shut**) *vt*
A **1** ‹*window/book/eyes*› cerrar*; **I ~ the drawer on my finger** me agarré *or* me pillé el dedo en el cajón; **she ~ her finger in the door** se agarró *or* se pilló el dedo en la puerta; **they ~ the door in my face** me dieron con la puerta en las narices; **to ~ one's ears to sth** hacer* oídos sordos a algo; **to ~ one's mind to sth** no querer* saber nada de algo; **~ your mouth!** (colloq) ¡cállate la boca! (fam), ¡cierra el pico! (fam) **2** ‹*store/business*› cerrar*
B (confine) encerrar*; **I ~ myself in my bedroom and refused to come out** me encerré en mi habitación y me negué a salir; **the cat had been ~ inside** el gato había quedado encerrado
■ **shut** *vi*
A «*door/window*» cerrar(se)*; **it ~s easily** cierra con facilidad; **the door ~ behind them** la puerta se cerró tras ellos; **his eyes were ~ting** se le cerraban los ojos; **I'm trying to get this case to ~** estoy intentando cerrar la maleta
B (esp BrE) (cease business — for day) cerrar*; (— permanently) cerrar* (sus puertas); **what time do you ~ on Saturdays?** ¿a qué hora cierran los sábados?

Phrasal verbs
• **shut away** [v + o + adv, v + adv + o] ‹*papers/valuables*› guardar bajo llave; ‹*person*› encerrar*; **to ~ oneself away** encerrarse*; **you can't ~ yourself away from society for ever** no puedes vivir como un recluso toda la vida
• **shut down**
A [v + adv] «*factory/business*» cerrar*; «*machinery*» apagarse*, desconectarse

S

B [v + o + adv, v + adv + o] ‹*factory/business*› cerrar*; ‹*machinery*› apagar*, desconectar; **the strike has ~ down all rail services** la huelga ha paralizado totalmente el ferrocarril

• **shut in** [v + o + adv, v + adv + o] (confine, enclose) encerrar*; **I'm ~ in all day with the kids** estoy todo el día encerrado *or* enclaustrado con los niños; **the village is ~ in on all sides by mountains** el pueblo está rodeado de montañas por todas partes; **close the door to ~ the heat in** cierra la puerta para que no se vaya el calor

• **shut off**

A [v + o + adv, v + adv + o] **1** (stop, interrupt) ‹*water/electricity*› cortar; ‹*engine*› apagar*, desconectar **2** (isolate) (*often pass*) ‹*place/person*› aislar*; **we're ~ off from modern society** vivimos aislados de la sociedad moderna

B [v + adv] «*water/electricity*» cortarse; «*engine*» apagarse*, desconectarse

• **shut out** [v + o + adv, v + adv + o] **1** (prevent from entering) ‹*person/animal*› dejar (a)fuera; ‹*light/heat*› no dejar entrar; **to ~ oneself out** quedarse (a)fuera; **try to ~ out those thoughts** trata de no pensar en eso *or* de ahuyentar esos pensamientos **2** (AmE) (Sport) ganarle a (*sin conceder ni un gol o carrera etc*)

• **shut up**

A [v + o + adv, v + adv + o] **1** (close) ‹*house/office*› cerrar* **2** (confine) ‹*dog/person*› encerrar*; ‹*papers*› guardar bajo llave

B [v + o + adv] (silence) (colloq) ‹*person*› hacer* callar, cerrarle* la boca a

C [v + adv] **1** (close business) cerrar* **2** (stop talking) (colloq) callarse; **~ up, Emily!** ¡cállate (la boca), Emily!, ¡cierra el pico, Emily! (fam)

shut² *adj* (*pred*) **1** **to be ~** «*box/window/book*» estar* cerrado; **the door slammed ~** la puerta se cerró de un portazo **2** (not trading) (esp BrE): **to be ~** estar* cerrado; **sorry, we're ~** lo siento, ya hemos cerrado

shutdown /ˈʃʌtdaʊn/ *n* (of hospital, college) cierre *m*; (of power) corte *m*; (of services) paralización *f*

shut-eye /ˈʃʌtaɪ/ *n* [u] (colloq): **to get a bit of ~** echarse un sueñecito *or* (esp AmL) un sueñito (fam); **I need a couple of hours' ~** necesito dormir un par de horas

shut-in¹ /ˈʃʌtɪn/ *adj* **1** (confined) enclaustrado, encerrado **2** (housebound) (AmE) confinado en casa

shut-in² *n* (AmE) *enfermo confinado en casa*

shut-off /ˈʃʌtɔːf || ˈʃʌtɒf/ *n* **1** (stoppage) suspensión *f* **2** (valve) válvula *f* de cierre, interruptor *m*

shutout /ˈʃʌtaʊt/ *n* (AmE) *partido ganado sin que marque el contrario*; **a 4-0 ~** un partido ganado cuatro a cero

shutter /ˈʃʌtər || ˈʃʌtə(r)/ *n*

A (on window — inner) postigo *m*, contraventana *f*; (— outer) postigo *m*, persiana *f*; ***to put up the ~s*** bajar la cortina, cerrar* el negocio

B (Phot) obturador *m*; (*before n*): **~ release** disparador *m*; **~ speed** tiempo *m* de exposición

shuttered /ˈʃʌtərd || ˈʃʌtəd/ *adj* (with shutters closed) con los postigos cerrados; (with shutters) con postigos

shuttering /ˈʃʌtərɪŋ/ *n* encofrado *m*

shuttle¹ /ˈʃʌtl/ *n*

A (Tex) (in loom, sewing machine) lanzadera *f*

B **1** (Aviat) puente *m* aéreo; (bus, train service) servicio *m* (regular) de enlace; **I took the nine o'clock ~ from Boston to New York** tomé el puente aéreo de las nueve de Boston a Nueva York; (*before n*): **~ bus** autobús *m* de enlace; **~ diplomacy** diplomacia *f* al estilo Kissinger; **~ flight** puente *m* aéreo; **~ service** servicio *m* de enlace; (Aviat) puente *m* aéreo; **~ train** tren *m* de enlace **2** (*space ~*) transbordador *m or* lanzadera *f* espacial

C ▸**shuttlecock**

shuttle² *vi* (by plane) volar* (regularmente); (by bus, train) viajar (regularmente); **diplomats ~d between Washington and Moscow** los diplomáticos iban y venían entre Washington y Moscú; **to ~ back and forth** ir* y venir*, ir* de acá para allá

■ **shuttle** *vt* ‹*passengers*› transportar, llevar; **the injured were ~d to the hospital** los heridos fueron trasladados al hospital

shuttlecock /ˈʃʌtlkɑːk || ˈʃʌtlkɒk/ *n* volante *m*, plumilla *f*, rehilete *m*, gallito *m* (Col, Méx)

shy¹ /ʃaɪ/ *adj* **shyer, shyest**

A **1** ‹*person*› tímido, vergonzoso; ‹*smile*› tímido; ‹*animal*› huraño, asustadizo; **I felt very ~ in front of all those people** me sentía cohibido delante de toda esa gente; **don't be ~** no seas tímido, que no te dé vergüenza; **he's very ~ with women** es muy tímido con las mujeres; **he's ~ about undressing** le da vergüenza desnudarse; **don't be ~ about asking me for money** no debe darte vergüenza pedirme dinero **2** (wary, cautious) (*pred*) **to be ~ of -ING**: **don't be ~ of telling her what you think** no tengas miedo de decirle lo que piensas; **I'd be ~ of getting involved in that** yo me cuidaría de meterme en eso, yo me lo pensaría dos veces antes de meterme en eso

B (lacking) (AmE colloq) (*pred, no comp*): **to be ~ of sth**: **we were ~ of funds** andábamos escasos *or* (fam) cortos de fondos; **he was four years ~ of being eligible to retire** le faltaban cuatro años para poder jubilarse; **she came up ~ (of victory) by only a few votes** no ganó por unos pocos votos, le faltaron unos pocos votos para ganar

shy² **shies, shying, shied** *vi* respingar*, asustarse; **her horse shied when the gun went off/at the noise** el caballo respingó al dispararse la pistola/al oír el ruido

■ **shy** *vt* tirar, aventar* (Col, Méx, Per)

(Phrasal verb)

• **shy away** [v + adv] **to ~ away (FROM sth)**: **he tends to ~ away from emotional involvement** tiende a rehuir los compromisos sentimentales; **we mustn't ~ away from making a decision** no debemos tener miedo de tomar una decisión

shyly /ˈʃaɪli/ *adv* tímidamente, con timidez

shyness /ˈʃaɪnəs || ˈʃaɪnɪs/ *n* [u] (of person) timidez *f*; (of animal) lo asustadizo

shyster /ˈʃaɪstər || ˈʃaɪstə(r)/ *n* (colloq) sinvergüenza *mf*, granuja *mf*; (lawyer) picapleitos *mf* (fam)

SI *adj* (*before n*) ‹*nomenclature*› del sistema S.I.

Siam /saɪˈæm/ *n* (Hist) Siam *m*

Siamese /ˌsaɪəˈmiːz/ *n* (*pl* ~) **1** [u] (language) siamés *m* **2** [c] (person) siamés, -mesa *m,f* **3** [c] **~ (cat)** gato *m* siamés

Siamese twins *pl n* (hermanos) siameses *mpl*, (hermanas) siamesas *fpl*

Siberia /saɪˈbɪriə || saɪˈbɪəriə/ *n* Siberia *f*

Siberian¹ /saɪˈbɪriən || saɪˈbɪəriən/ *adj* siberiano

Siberian² *n* siberiano, -na *m,f*

sibilant¹ /ˈsɪbələnt || ˈsɪbɪlənt/ *n* sibilante *f*

sibilant² *adj* **1** (hissing) (liter) sibilante **2** (Ling) sibilante

sibling /ˈsɪblɪŋ/ *n* (frml) (brother) hermano *m*; (sister) hermana *f*; **children who have younger ~s** los niños que tienen hermanos o hermanas menores; (*before n*): **~ rivalry** rivalidad *f* entre hermanos

sibyl /ˈsɪbəl/ *n* sibila *f*

sic¹ /sɪk siːk/ *adv* (frml) sic; **he said ... (~)** dijo ... (sic) *or* (cita textual)

sic² /sɪk/ *vt* **-ck-** *or* AmE also **-cc-** **1** (cause to attack): **to ~ a dog on sb** echarle un perro a algn **2** (attack) (*only in imperative*): **~'em, boy!** ¡muerde, muerde!, ¡chúmbale! (RPl)

Sicilian¹ /səˈsɪljən || sɪˈsɪliən/ *adj* siciliano

Sicilian² *n* siciliano, -na *m,f*

Sicily /ˈsɪsəli || ˈsɪsɪli/ *n* Sicilia *f*

sick¹ /sɪk/ *adj* **-er, -est**

A (ill) enfermo; **to get ~** (AmE) caer* enfermo, enfermar, enfermarse (AmL); **to report ~** dar* parte de enfermo *or* de enfermedad; **to be off ~** estar* ausente por enfermedad; **they are ~ with food poisoning** tienen intoxicación, están intoxicados; **~ building syndrome** síndrome *m* del edificio enfermo; ***to make sb look ~*** hacer* quedar a algn a la altura del betún *or* (RPl) de un felpudo *or* (Chi) del unto (fam)

B (nauseated) (*pred*): **to feel ~** (dizzy, unwell) estar* mareado; (about to vomit) tener* ganas de vomitar *or* de devolver, tener* náuseas; **to be** *o* **get ~** vomitar, devolver*; **have you been ~?** (BrE) ¿ha tenido vómitos?; **it makes me ~ to my stomach** me da ganas de vomitar *or* de devolver; **you make me ~!** ¡me das asco!; **it makes me ~ the way she gets away with it** me da rabia *or* (AmL tb) me enferma cómo se sale con la suya; **he's been promoted — makes you ~, doesn't it?** (colloq) lo han ascendido — da rabia ¿no?

C **1** (disturbed, sickened) (*pred*): **to be ~ with fear/worry** estar* muerto de miedo/preocupación; **to be ~ at heart** (liter) estar* muy angustiado **2** (weary, fed up) **to be ~ OF sth/-ING** estar* harto DE algo/+ INF; **I'm ~ and tired** *o* **~ to death of hearing that** estoy absolutamente harto *or* (fam) hasta la coronilla de oír eso; **I'm ~ of the sight of that woman** esa mujer me tiene harto

D (gruesome) ‹*person/mind*› morboso; ‹*humor/joke*› de muy mal gusto

(Phrasal verb)

• **sick up** (BrE colloq)

A [v + o + adv, v + adv + o] ‹*food/meal*› devolver*, vomitar

B [v + adv] devolver*, vomitar, lanzar* (fam)

sick² *n*

A **the ~** (+ *pl vb*) los enfermos

B [u] (vomit) (BrE colloq) vómito *m*; **a pool of ~** un vómito

sick bag *n* (BrE) bolsa *f* para el mareo

sick bay *n* enfermería *f*

sickbed /ˈsɪkbed/ *n* (liter) lecho *m* de enfermo (liter)

sick benefit *n* [u] (colloq) ▸**sickness benefit**

sick call *n* (AmE) *llamado para presentarse a dar parte de enfermo a enfermería*

sick day *n* (AmE) día *m* de permiso *or* (Esp) de baja *or* (RPl) de licencia por enfermedad

sicken /ˈsɪkən/ *vt* dar* rabia, enfermar (AmL); (stronger) asquear; **it ~s me to see how ...** me da rabia/me asquea ver cómo ..., me enferma ver cómo ... (AmL)

■ **sicken** *vi* **1** (become sick) (liter) caer* enfermo, enfermar **2** (show symptoms) (BrE) **to be ~ing FOR sth** estar* incubando algo; **I think she's ~ing for measles** creo que está incubando el sarampión

sickening /ˈsɪkənɪŋ/ *adj* **1** (disgusting, discouraging): **it's ~, isn't it?** da mucha rabia ¿no?; (stronger) da asco ¿no?, es asqueante ¿no? ; **her toadying to the bosses was absolutely ~** daba asco *or* era asqueante cómo adulaba a los jefes **2** (nauseating, shocking) ‹*smell/sight*› nauseabundo; ‹*thud/crash/crunch*› escalofriante, horrible

sickeningly /ˈsɪkənɪŋli/ *adv* ‹*obsequious/condescending*› asquerosamente; **~ sweet** empalagoso, hostigoso (Andes); **she's ~ clever/efficient** es tan inteligente/eficiente que da rabia

sick headache *n* jaqueca *f*, migraña *f*

sickie /ˈsɪki/ *n* (BrE colloq) permiso *m or* (Esp) baja *f or* (RPl) licencia *f* por enfermedad sin estarlo; **to throw/pull a ~** dar* parte de *or* (AmL) reportarse enfermo sin estarlo

sickle /ˈsɪkəl/ *n* hoz *f*

sick leave *n* [u] permiso *m or* (Esp) baja *f or* (RPl) licencia *f* por enfermedad

sickle-cell anemia, (BrE) **sickle-cell anaemia** /ˈsɪkəlsel/ *n* [u] anemia *f* drepanocítica, drepanocitosis *f*

sickly¹ /ˈsɪkli/ *adj* **-lier, -liest** **1** (unhealthy) ‹*complexion/appearance*› enfermizo; ‹*child*› enfermizo **2** (cloying) ‹*taste/smell*› empalagoso; ‹*color/green*› horrible, asqueroso; ‹*grin/smile/expression*› forzado

sickly² *adv*: **~ sweet** demasiado empalagoso *or* (Andes tb) hostigoso; **a ~ green carpet** una alfombra de un verde horrible *or* asqueroso; **a ~ sentimental ballad** una balada sensiblera

sick-making /ˈsɪkˌmeɪkɪŋ/ *adj* (colloq) **1** (sickening) ‹*scene/account*› asqueante, repugnante **2** (sentimental) ‹*movie/portrayal*› sentimentaloide (fam), cebollento (Chi fam)

sickness /ˈsɪknəs || ˈsɪknɪs/ *n* **1** [c] (disease) (liter) enfermedad *f*; (*before n*): ~ **insurance** seguro *m* de enfermedad **2** [u] (being ill): **inform your employer of your ~ as soon as possible** dé parte de enfermo lo antes posible, comunique a su empleador que está enfermo lo antes posible **3** [u] (nausea) náuseas *fpl*; (vomiting) vómitos *mpl*; **a feeling of ~** una sensación de náusea(s); **car/air/travel ~** mareo *m* (*al viajar en coche, avión etc*)

sickness benefit *n* subsidio *m* de enfermedad

sick note *n* (BrE) certificado *m* de enfermedad, baja *f* (Esp)

sick nurse *n* (dated) enfermero, -ra *m,f*

sicko /ˈsɪkəʊ/ *n* (*pl* **-os**) (AmE colloq & pej) enfermo, -ma *m,f* mental, psicópata *mf*

sick-out /ˈsɪkaʊt/ *n* (AmE); *forma de protesta laboral en la que los trabajadores dan parte de enfermedad en forma colectiva*

sick pay *n* [u]: *salario que se percibe mientras se está con permiso por enfermedad*

sickroom /ˈsɪkruːm, -rʊm/ *n* **1** (in house) *habitación de un enfermo* **2** (in school, factory) (BrE) enfermería *f*

side[1] /saɪd/ *n*

A [c] (surface — of cube, record, coin, piece of paper) lado *m*, cara *f*; (— of building, cupboard) lado *m*, costado *m*; (— of mountain, hill) ladera *f*, falda *f*; **S this side up** este lado hacia arriba; **we laid the wardrobe on its ~** colocamos el armario de costado *or* de lado; **they threw him over the ~** lo arrojaron por la borda; **the reverse ~ of the form** el reverso del impreso; **1,000 words is about three ~s** 1.000 palabras son más o menos tres carillas; **the right/wrong ~ of the fabric** el derecho/revés de la tela; **you've got it wrong ~ out** lo tienes al revés; ▸**coin**[1] **1**

B [c] (boundary, edge): **he left it on the ~ of his plate** lo dejó en el plato, a un lado *or* (RPl) a un costado; **they were playing by the ~ of the pool** estaban jugando junto a *or* al lado de la piscina; **the house is by the ~ of a lake** la casa está a orillas de un lago; **a hamburger with salad on the ~** (AmE) una hamburguesa con una guarnición de ensalada; **write it here at the ~** escríbalo aquí al margen

C [c] (of person) costado *m*; (of animal) ijada *f*, ijar *m*; **he sleeps on his ~** duerme de costado *or* de lado; **a ~ of beef** media res *f*; **a ~ of pork** medio cerdo *m*; **Roy stood at her ~** Roy estaba a su lado; **he flew in from Washington to be at her ~** voló desde Washington para estar con ella *or* para acompañarla; **they sat ~ by ~** estaban sentados uno junto al otro *or* uno al lado del otro; **the houses were built ~ by ~** las casas estaban construidas una al lado de la otra; **various ethnic groups live ~ by ~ here** varios grupos étnicos conviven aquí; **to work ~ by ~ with sb** trabajar codo con codo con algn; ***to get on the wrong ~ of sb*** ganarse la antipatía de algn; ***to stay*** o ***keep on the right ~ of sb*** no predisponer* a algn en contra de uno

D [c] (contrasted area, part, half) lado *m*; **the driver's/passenger's ~** el lado del conductor/pasajero; **they drive on the left-hand ~ of the road** conducen por la izquierda; **the church is on the left-hand ~** la iglesia está a mano izquierda; **put it on the far ~ of the table** ponlo en el otro extremo *or* en la otra punta de la mesa; **shut up, he snarled out of the ~ of his mouth** —cállate —masculló; **from ~ to ~** de un lado al otro; **on both ~s/either ~ of sth** a ambos lados/a cada lado de algo; **Mary sat on one ~ of him and Helen on the other** tenía a Mary sentada de un lado y a Helen del otro; **to move to one ~** hacerse* a un lado; **move this box to one ~** corre la caja hacia un lado; **to take sb to one ~** llamar a algn aparte; **to put sth on/to one ~**: **I'll put it to one ~ until I have more time** lo voy a dejar hasta que tenga más tiempo; **if you pay a deposit, we'll put it to one ~ for you** si nos deja un depósito se lo reservamos *or* se lo guardamos; **they live the other ~ of the border** viven al otro lado de la frontera; **he swam to the other ~ of the river** nadó hasta la otra orilla *or* hasta el otro lado del río; **she walked past on the other ~ of the street** pasó por la acera de enfrente; **this ~ of sth**: **the bank is this ~ of the station** el banco está antes de llegar a la estación; **you won't find a better goulash this ~ of Budapest** sólo en Budapest podrá comer un 'goulash' mejor que éste; **it won't happen this ~ of the election** no sucederá antes de las elecciones; **he's the right/wrong ~ of 40** tiene menos/más de 40 años; **she received support from all ~s** recibió apoyo de todos los sectores; ***on the ~***: **he repairs cars on the ~** arregla coches como trabajo extra; **he was having an affair on the ~** tenía una amante; ▸**track**[1] **F1**

E **1** [c] (faction): **to change ~s** cambiarse de bando; **to take ~s** tomar partido; **to take sb's ~** ponerse* de parte *or* del lado de algn; **whose ~ are you on?** ¿tú de parte de quién estás?; **representatives from the union/management ~** representantes del sindicato/de la patronal; **she worked for the other ~** trabajó para el enemigo; **he came down on the ~ of the union** falló a favor del sindicato **2** [c] (Sport) equipo *m* **3** (part): **on my/his ~** por mi/su parte *or* lado

F [c] (area, aspect) lado *m*, aspecto *m*; **the seamy ~ of New York life** el lado *or* aspecto sórdido de la vida neoyorquina; **the changes have their positive ~** los cambios tienen su lado *or* aspecto positivo; **to see only one ~ of the question** ver sólo un aspecto del asunto; **a woman with many ~s to her character** una mujer polifacética *or* de muchas facetas; **my brother deals with that ~ of the business** mi hermano se ocupa de esa parte *or* de ese aspecto del negocio; **you must listen to both ~s of the story** hay que oír las dos versiones *or* las dos campanas; **this is only one ~ of the problem** éste no es sino un aspecto del problema; **we've kept our ~ of the bargain** nosotros hemos cumplido con nuestra parte del trato; **it's a little on the short/expensive ~** es un poco corto/caro; **the price was a bit on the high ~** el precio era más bien tirando a caro; ***to look on the bright*** o ***sunny/gloomy*** o ***black ~ of sth*** ver* el lado positivo *or* bueno/negativo *or* malo de algo; **let's look on the bright ~; he may still come** seamos optimistas, quizás todavía venga

G [c] (line of descent): **on her father's ~** por parte de su padre *or* por el lado paterno; **she gets her temper from her father's ~** el mal genio le viene de la familia del padre, sacó el mal genio de la familia del padre

(Phrasal verb)

- **side with** [v + prep + o] ponerse* de parte *or* del lado de, tomar partido por

side[2] *adj* (*before n, no comp*) **1** ‹*door/entrance/wall*› lateral; **a ~ street** una calle lateral, una lateral **2** (incidental, secondary) ‹*benefit*› indirecto, secundario; ‹*issue*› secundario **3** (Culin): **~ dish** acompañamiento *m*, guarnición *f*; **a ~ order of vegetables** una porción de verduras como acompañamiento *or* guarnición; **a ~ salad** una ensalada (*como acompañamiento*)

sidearm[1] /ˈsaɪdɑːrm || ˈsaɪdɑːm/ *adj* (AmE) que se efectúa sin levantar el brazo por encima del hombro

sidearm[2] *adv* (AmE) sin levantar el brazo por encima del hombro

side arm *n*: *arma que se lleva en el costado o colgada del cinturón*

sideboard /ˈsaɪdbɔːrd || ˈsaɪdbɔːd/ *n*

A (piece of furniture) aparador *m*, seibó *m* (Ven)

B **sideboards** *pl* (BrE) ▸**sideburns**

sideburns /ˈsaɪdbɜːrnz || ˈsaɪdbɜːnz/ *pl n* (*sometimes sing*) patillas *fpl*

side-by-side /ˈsaɪdbaɪˈsaɪd/ *adj* (*pred* **side by side**) ‹*comparison/bench test*› uno al lado del otro

sidecar /ˈsaɪdkɑːr || ˈsaɪdkɑː(r)/ *n* sidecar *m*

-sided /ˈsaɪdəd || ˈsaɪdɪd/ *suff*: **many~** de muchos lados; **a three~ figure** una figura de tres lados, una figura trilátera

side drum *n* tambor *m* (*con bordón*)

side effect *n* **1** (Pharm) efecto *m* secundario **2** (incidental result) consecuencia *f* indirecta

side elevation *n* (Archit) alzado *m* lateral

side-foot /ˈsaɪdfʊt/ *vt* (AmE) golpear con la parte interior del pie

side glance *n* mirada *f* de soslayo

side impact *n* impacto *m* lateral; (*before n*): **side-impact bars** barras *fpl* de protección lateral

side issue *n* tema *m* secundario

sidekick /ˈsaɪdkɪk/ *n* (colloq) adlátere *mf*, compañero, -ra *m,f*

sidelight /ˈsaɪdlaɪt/ *n* **1** (incidental information) detalle *m* (incidental), anécdota *f* **2** (BrE) (Auto) luz *f* de posición, piloto *m* (Esp), cocuyo *m* (Col, Ven)

sideline[1] /ˈsaɪdlaɪn/ *n*

A (Sport) **1** (line) línea *f* de banda **2** **sidelines** *pl* (area) *zona que rodea el campo de juego*; **it's easy to criticize from the ~s** desde afuera es fácil criticar; **to remain on the ~s** mantenerse* al margen, no intervenir*; **he had been on the ~s of public life for years** hacía años que se mantenía al margen de la vida pública

B (subsidiary activity) actividad *f* suplementaria

sideline[2] *vt* (AmE) (*often pass*) dejar fuera del equipo; ‹*politician*› marginar

sidelong /ˈsaɪdlɔːŋ || ˈsaɪdlɒŋ/ *adj* (*before n*) ‹*glance/look*› de reojo, de soslayo, de refilón

side-on[1] /ˈsaɪdˈɑːn || ˈsaɪdˈɒn/ *adj* (*before n, no comp*) ‹*photograph*› tomado desde un lado; ‹*shot*› filmado desde un lado

side-on[2] *adv* (from the side) por el lado; (on its side) de lado

side plate *n* plato *m* para el acompañamiento (*or* el pan *etc*)

sidereal /ˌsaɪˈdɪriəl || ˌsaɪˈdɪəriəl/ *adj* (*usu before n*) sideral, sidéreo

side road *n* carretera *f* secundaria

sidesaddle[1] /ˈsaɪdˌsædl/ *n* silla *f* de mujer

sidesaddle[2] *adv* ‹*ride/sit*› a mujeriegas (*con las dos piernas hacia el mismo lado*)

side shoot *n* brote *m* lateral

sideshow /ˈsaɪdʃəʊ/ *n* (at fair) puesto *m*, barraca *f*; **the southern campaign was merely a ~** la campaña del sur fue totalmente secundaria

sideslip /ˈsaɪdslɪp/ *n* (Aviat) deslizamiento *m* lateral

sidesplitting /ˈsaɪdˌsplɪtɪŋ/ *adj* comiquísimo, divertidísimo, para morirse de risa

sidestep /ˈsaɪdstep/ **-pp-** *vt* ‹*blow/opponent*› esquivar; ‹*problem/issue/question*› eludir, esquivar

■ **sidestep** *vi* hacerse* a un lado

side step *n* paso *m* hacia un lado

sidestroke /ˈsaɪdstrəʊk/ *n* [u]: *estilo de natación de costado*

sideswipe[1] /ˈsaɪdswaɪp/ *n* **1** (remark) crítica *f*, ataque *m* (*hecho al pasar*); **he took a ~ at the government** de paso criticó al gobierno **2** (glancing blow) roce *m*

sideswipe[2] *vt* rozar*

side table *n* mesa *f* auxiliar

sidetrack[1] /ˈsaɪdtræk/ *vt*

A **1** (from subject) hacer* desviar del tema; **he refused to be ~ed by the interviewer** no dejó que el entrevistador lo desviara del tema **2** (from purpose): **sorry, I got ~ed** perdón, me entretuve *or* me distraje haciendo otra cosa

B (AmE) llevar a un apartadero, llevar a una vía muerta

sidetrack[2] *n* **1** (path, road) camino *m* secundario **2** (Rail) (AmE) apartadero *m*, vía *f* muerta

side view *n* vista *f* lateral, vista *f* de costado

side-view mirror /ˈsaɪdvjuː/ *n* espejo *m* lateral, retrovisor *m* lateral

sidewalk /ˈsaɪdwɔːk/ *n* (AmE) acera *f*, banqueta *f* (Méx), andén *m* (AmC, Col), vereda *f* (CS, Per)

sidewall /ˈsaɪdwɔːl/ *n* (of tire) flanco *m*

sideward[1] /ˈsaɪdwərd || ˈsaɪdwəd/ (BrE esp) **sidewards** /-z/ *adv* ▸**sideways**[1] **1**

sideward[2] *adj* ▸**sideways**[2]

sideways[1] /ˈsaɪdweɪz/ *adv* **1** ‹*glance*› de reojo, de soslayo, de refilón; ‹*walk*› de lado/de costado **2** (with side part forward) de lado; **it'll only fit in ~** sólo cabe de lado *or* de costado; **it**

will only go through ~ on sólo va a pasar de lado *or* de costado; **it was ~ on to the wall** estaba perpendicular a la pared

sideways² *adj* ‹*look*› de reojo, de soslayo, de refilón; ‹*movement*› lateral, de lado; **she wasn't promoted, it was a ~ move** no la ascendieron, pasó a ocupar un puesto de igual jerarquía

side wind *n* viento *m* de costado

sidewinder /'saɪd,waɪndər || 'saɪd,waɪndə(r)/ *n: tipo de serpiente de cascabel*

siding /'saɪdɪŋ/ *n*

A [c] (Rail) 1▸ (beside main track) apartadero *m*, vía *f* muerta 2▸ (access to mine, quarry) vía *f* de acceso

B [u] (for building) (AmE) revestimiento *m* exterior

sidle /'saɪdl/ *vi* moverse* *or* desplazarse* sigilosamente *or* furtivamente; **to ~ up to sb** acercársele* sigilosamente *or* furtivamente a algn

SIDS *n* (**= sudden infant death syndrome**) SMIS *m*

siege /si:dʒ/ *n* sitio *m*; **the city was under ~** la ciudad estaba sitiada; **state of ~** estado *m* de sitio; **to raise** *o* **lift a ~** levantar un sitio; **to lay ~ TO sth/sb**: **to lay ~ to a castle** sitiar un castillo; **the press laid ~ to the newlyweds** los periodistas asediaron a los recién casados; (*before n*) ‹*economy/mentality*› de sitio, de asedio

sienna /si'enə/ ▸ⓘ **p.1036** *n* [u] (earth) tierra *f* de Siena; (color) siena *m*

Sierra Leone /si,erəli'əʊn/ *n* Sierra Leona *f*

siesta /si'estə/ *n* siesta *f*; **to take** *o* **have a ~** dormir* *or* echarse una siesta

sieve¹ /sɪv/ *n* (Culin) (for flour etc) tamiz *m*, cedazo *m*, cernidor *m*; (for liquids) colador *m*; (Hort, Min) criba *f*, harnero *m*; **to pass sth through a ~** pasar algo por un tamiz (*or* cedazo *etc*); ***to leak like a ~*** tener* más agujeros que un colador; ▸**memory A1**

sieve² *vt* ‹*flour*› (BrE) tamizar*, cernir*, cerner*; ‹*earth*› cribar, harnear (Andes, Méx)

sievert /'si:vɜ:rt || 'si:vɜ:t/ *n* sievert *m*

sift /sɪft/ *vt* 1▸ ‹*sugar/flour*› tamizar*, cernir*, cerner*; (sprinkle) espolvorear 2▸ ‹*facts/evidence*› pasar por el tamiz *or* la criba

■ **sift** *vi*: **we'll have to ~ through all the applications carefully** vamos a tener que pasar todas las solicitudes por el tamiz *or* la criba

sifter /'sɪftər || 'sɪftə(r)/ *n* tamiz *m*

sigh¹ /saɪ/ *vi* suspirar; **to ~ FOR sth/sb** (liter) suspirar POR algo/algn; **to ~ WITH sth**: **he ~ed with relief/contentment** suspiró aliviado/satisfecho, dio un suspiro de alivio/satisfacción; **the wind ~ed in the trees** (liter) el viento susurraba entre los árboles (liter)

sigh² *n* suspiro *m*; **to heave a ~** dar* un suspiro, suspirar; **she breathed** *o* **heaved a ~ of relief** dio un suspiro de alivio, suspiró aliviada

sight¹ /saɪt/ *n*

A [u] (*eye~*) 1▸ vista *f*; **to lose one's ~** perder* la vista *or* la visión; **to have poor ~** tener* mala vista, ver* mal 2▸ (eyes): **in sb's ~**: **to be equal in the ~ of the Law** ser* iguales ante la ley; **in our ~, he was a hero** para nosotros, era un héroe

B [u] (range of vision): **to come into ~** aparecer*; **to lose ~ of sth/sb** perder* algo/a algn de vista; **he lost ~ of her in the crowd** la perdió de vista entre la muchedumbre; **they've lost ~ of the most important thing** han perdido de vista lo más importante; **the finishing line was now in ~** ya se veía la meta; **we were within ~ of victory, victory was within ~** la victoria estaba cercana; **as soon as we were out of ~, we began to run** cuando ya no nos veían, empezamos a correr; **she watched until they were out of ~** los siguió con la mirada hasta que los perdió de vista; **(get) out of my ~!** ¡fuera de aquí!; **you'd better keep out of her ~ for a while** va a ser mejor que no te vea por un rato; **keep it out of their ~** que no lo vean; **I daren't let him out of my ~ for a second** no me atrevo a dejarlo solo ni un minuto; ***out of ~, out of mind*** ojos que no ven, corazón que no siente

C (act of seeing, view) (*no pl*): **at first ~, she looks younger than Fred** a primera vista parece más joven que Fred; **I took a dislike to him at first ~** me cayó mal desde el primer momento; **it was love at first ~** (set phrase) fue amor a primera vista, fue un flechazo; **at the ~ of blood** al ver sangre; **to catch ~ of sth/sb**: **we caught ~ of them going up the mountain** los vimos *or* los avistamos subiendo la montaña; **as he opened the drawer, I caught ~ of the gun** cuando abrió el cajón, pude ver el revólver; **to know sb by ~** conocer* a algn de vista; **to play at** *o* **by ~** (Mus) tocar* a primera vista; **deserters will be shot on ~** los desertores serán fusilados en el acto; **the ~ of a cat drives the dog wild** el perro se enloquece en cuanto ve un gato; **I can't stand the ~ of him** (colloq) no lo puedo ver (fam); **he bought the goods ~ unseen** compró los artículos sin haberlos visto antes

D [c] 1▸ (thing seen): **the sparrow is a familiar ~ in our gardens** el gorrión se ve con frecuencia en nuestros jardines; **it's not a pretty ~** (colloq) no es un espectáculo muy agradable; ***it is/it was a ~ for sore eyes*** da/daba gusto verlo; **your smiling face is a ~ for sore eyes** da gusto ver tu cara sonriente 2▸ (of untidy or absurd appearance): **a ~** (colloq): **I look a ~!** ¡estoy horrorosa!, ¡qué parezco!; **she looks a ~ in that dress** ese vestido le queda espantoso; **your room's a real ~** tu habitación es un desastre (fam) 3▸ **sights** *pl* (famous places): **the ~s** los lugares de interés; **to see** *o* (colloq) **do the ~s** visitar los lugares de interés

E 1▸ [c] (of gun) mira *f*; **she had the hare in her ~s** tenía la liebre en la mira 2▸ **sights** *pl* (ambition): **to have sth in one's ~s, to have one's ~s on sth** tener* la mira puesta en algo; **she's set her ~s on the gold** tiene la mira puesta en la medalla de oro; **you have to raise your ~s** tienes que aspirar a más *or* (fam) apuntar más alto

F (lot) (colloq): **a (far** *o* **damn) ~ happier/richer** muchísimo más feliz/rico; **it's a (far** *o* **damn) ~ better** es muchísimo mejor; **he's a ~ too clever** se pasa de listo

sight² *vt*

A ‹*land/ship*› divisar, avistar; ‹*person/animal*› ver*

B ‹*gun/bow*› ajustar la mira de

sight deposit *n* (Fin) depósito *m* a la vista

sight draft, (BrE) **sight bill** *n* letra *f* *or* efecto *m* a la vista

sighted¹ /'saɪtəd || 'saɪtɪd/ *adj* vidente; **he's partially ~** tiene visión parcial

sighted² *pl n*: **the ~** las personas videntes

sighting /'saɪtɪŋ/ *n*: **there have been numerous ~s of UFOs** se han visto OVNIs en numerosas ocasiones

sightless /'saɪtləs || 'saɪtlɪs/ *adj* (liter) ciego; **his ~ eyes** sus ojos sin vida (liter)

sightly /'saɪtli/ *adj* (*usu with neg*) agradable a la vista

sight-read /'saɪtri:d/ (*past & past p* **-read** /-red/) *vt* ‹*song/sonata*› repentizar*

■ **sight-read** *vi* repentizar*

sightseeing /'saɪt,si:ɪŋ/ *n* [u]: **to go ~** ir* a visitar los lugares de interés; (*before n*): **a ~ tour** una excursión por los lugares de interés

sightseer /'saɪt,si:ər || 'saɪt,si:ə(r)/ *n* turista *mf*, visitante *mf*

sight test *n* (BrE) examen *m* de vista

sign¹ /saɪn/ *n*

A 1▸ [c u] (indication) señal *f*, indicio *m*; **~s of improvement** señales *or* indicios de mejoría; **I'm hungry — that's a good ~!** tengo hambre — es (una) buena señal; **all the ~s are that ...** todo parece indicar que ...; **it was a sure ~ of trouble ahead** era una señal inequívoca de que se avecinaban problemas; **that's a sure ~ of rain** eso significa que sin duda va a llover; **he showed ~s of wanting to leave** dio muestras de querer irse; **he showed little ~ of enthusiasm at the news** demostró muy poco entusiasmo por la noticia; **there's no ~ of life upstairs yet** (hum) arriba nadie ha dado señales de vida todavía (hum); **there's no ~ of them yet** todavía no han llegado; **there was no ~ of him anywhere** no estaba por ninguna parte, no había ni rastro de él; **it's a ~ of the times** es un indicio de los tiempos que corren 2▸ [c] (omen) presagio *m*

B [c] (gesture) seña *f*, señal *f*; **to make a ~ to sb** hacerle* una seña *or* una señal a algn; **he made ~s to us to shut up** nos hizo señas para que nos calláramos; **to make the ~ of the cross** hacerse* la señal de la cruz, santiguarse*

C [c] 1▸ (notice, board) letrero *m*, cartel *m*; (in demonstration) pancarta *f* 2▸ (*road ~*) señal *f* (vial)

D [c] 1▸ (symbol) símbolo *m*; (Math) signo *m*; **plus/minus ~** signo (de) más/menos 2▸ (Astrol) signo *m*; **the ~s of the zodiac** los signos del zodíaco; **what ~ are you?** ¿de qué signo eres?

sign² *vt* 1▸ (write signature on) ‹*check/contract/petition*› firmar; ‹*autograph*› firmar; **the nations who ~ed the treaty** los países que firmaron *or* (frml) suscribieron *or* rubricaron el tratado, los países signatarios del tratado (frml); **to ~ one's name** firmar; **a ~ed copy** un ejemplar firmado por el autor; **a ~ed confession** una confesión por escrito; **the merger is now effectively ~ed and sealed** la fusión ya se ha formalizado; **I want a proper contract, ~ed, sealed and delivered** quiero un contrato con todas las de la ley 2▸ (hire) ‹*actor*› contratar; ‹*player*› fichar, contratar

■ **sign** *vi*

A 1▸ (write name) firmar; **~ here, please** firme aquí, por favor; **I'll ~ for the delivery** yo le firmo el recibo 2▸ (Busn) **to ~ (WITH sb)** firmar un contrato (CON algn); **to ~ with a club** (Sport) firmar un contrato con un club, fichar por un club (Esp)

B 1▸ (gesture) **to ~ TO sb to + INF**: **she ~ed to me to start/sit down** me hizo una seña *or* una señal para que empezara/me sentara 2▸ (use sign language) comunicarse* por señas

■ *v refl*: **to ~ oneself** firmarse; **she ~ed herself (as) M. Bell** se firmaba M. Bell, firmaba con el nombre de M. Bell

Phrasal verbs

- **sign away** [v + o + adv, v + adv + o] ‹*rights/property*› ceder, firmar la renuncia a; **he was ~ing his future away** estaba renunciando a su futuro
- **sign for** [v + prep + o] ‹*goods/parcel*› firmar el recibo de
- **sign in**

A [v + adv] ‹‹*resident/visitor*›› firmar el registro (*al llegar*)

B [v + o + adv, v + adv + o] ‹*guest*› firmar por; **~ the book in** firme el registro al devolver el libro

- **sign off** [v + adv] 1▸ (Rad, TV) despedirse*, cerrar* la transmisión 2▸ (in letter) despedirse* 3▸ (BrE) (Soc Adm) darse* de baja
- **sign off (on) sth** [v + prep + o] ‹*accounts/proposal*› dar* el visto bueno firmando, firmar aprobando
- **sign on**

A [v + adv] 1▸ (enlist) ‹‹*recruit*›› alistarse, enrolarse, enlistarse (AmC, Col, Ven) 2▸ (BrE) (Soc Adm) *anotarse para recibir el seguro de desempleo*, fichar (Esp), sellar (Esp)

B [v + o + adv, v + adv + o] (hire) ‹*workers*› contratar; ‹*soldiers*› reclutar

- **sign out**

A [v + adv] ‹‹*resident/visitor*›› firmar el registro (*al salir*)

B [v + o + adv, v + adv + o]: **~ the book out** firme el registro al retirar el libro

- **sign over** [v + o + adv, v + adv + o] ‹*rights*› firmar cediendo; **he ~ed everything over to her** lo puso todo a nombre de ella
- **sign up**

A [v + adv] (for a course) inscribirse*, matricularse, anotarse (RPl); ‹‹*soldiers*›› alistarse, enrolarse, enlistarse (AmC, Col, Ven)

B [v + o + adv, v + adv + o] ‹*soldiers*› reclutar; ‹*player*› fichar, contratar; ‹*worker*› contratar

signage /'saɪnɪdʒ/ *n* [u] señalización *f*

signal¹ /'sɪgnl/ *n*

A (agreed sign, indication) señal *f*; **the busy ~** (AmE) (Telec) el tono *or* la señal de ocupado *or* (Esp) de comunicando; **wait till I give (you) the ~** espera a que te dé la señal; **to send/receive a ~** enviar*/recibir una señal; **to call the ~s** (AmE) (Sport) llamar las señales, decir* la jugada;

I call the ~s around here (AmE) aquí quien manda soy yo, aquí yo soy quien llevo la voz cantante; (*before n*): **~ flag** bandera *f* de señales
B (Rail) señal *f*
C (Electron) señal *f*; **a weak ~** una señal débil
signal², (BrE) **-ll-** *vt* **1** (indicate) señalar; **her resignation ~ed the end of an era** su dimisión señaló *or* marcó el final de toda una época **2** (Auto): **she ~ed a left turn** señalizó *or* indicó que iba a doblar a la izquierda **3** (gesture) (AmE) hacerle* señas/una seña a; **he ~ed her for the check** le hizo señas/una seña para que le trajera la cuenta
■ **signal** *vi* **1** (gesture) **to ~ (TO sb)** hacer(le)* señas/una seña (a algn); **she ~ed to us to leave** nos hizo señas/una seña para que nos fuéramos; **to ~ FOR sth**: **he ~ed for quiet** hizo una seña para que la gente se callara **2** (Auto) señalizar*, poner* el intermitente *or* (Col, Méx) la direccional *or* (CS) el señalizador; **he turned right without ~ing** dobló a la derecha sin señalizar *or* sin poner el intermitente *or* (Col, Méx) la direccional *or* (CS) el señalizador; **she ~ed for a right turn** (AmE) señalizó que iba a doblar a la derecha
signal³ *adj* (*before n*) (frml) ‹*achievement/service*› señalado, insigne, destacado; ‹*characteristic*› señalado, notable; ‹*failure*› rotundo
signal box *n* (BrE) garita *f* de señales
signally /ˈsɪgnəli/ *adv* (frml) ‹*improve/worsen*› notablemente; **he has ~ failed to prove it** ha fracasado rotundamente al tratar de demostrarlo
signalman /ˈsɪgnlmən/ *n* (*pl* **-men** /-mən/) **1** (Rail) guardavía *m* **2** (Mil, Naut) encargado *m* de señales
signal red *n* [u] rojo *m*
signatory¹ /ˈsɪgnətɔːri || ˈsɪgnətəri/ *n* (*pl* **-ries**) firmante *mf*, signatario, -ria *m,f* (frml); **the signatories to the agreement** los firmantes *or* (frml) los signatarios del acuerdo
signatory² *adj* firmante, signatario (frml)
signature /ˈsɪgnətʃər || ˈsɪgnətʃə(r)/ *n*
A (written name) firma *f*, rúbrica *f* (frml); **to put one's ~ to a letter/petition** firmar una carta/una petición
B (Mus): **key ~** accidental *m*, alteración *f*; **time ~** compás *m*, tiempo *m*
C (on prescription) (AmE) indicaciones *fpl* para el paciente
D (Print) **1** (binding guide) signatura *f* **2** (section) pliego *m*
signature file *n* archivo *m* de firma
signature tune *n* (BrE) sintonía *f*, cortina *f* musical (CS)
signboard /ˈsaɪnbɔːrd || ˈsaɪnbɔːd/ *n* **1** (of business) letrero *m* **2** (on guidepost) (AmE) señal *f*
signee /saɪˈniː/ *n* firmante *mf*
signet ring /ˈsɪgnət || ˈsɪgnɪt/ *n* (anillo *m or* sortija *f* de) sello *m*
significance /sɪgˈnɪfɪkəns/ *n* [u] importancia *f*, trascendencia *f*, relevancia *f*; **to attach ~ to sth** darle* importancia a algo; **it's of no ~** no tiene ninguna importancia
significant /sɪgˈnɪfɪkənt/ *adj* **1** (important, considerable) importante **2** (meaningful) ‹*look/smile*› expresivo, elocuente; ‹*fact/remark*› significativo; **~ other** (spouse) esposo, -sa *m,f*, media naranja *f* (fam); (partner) pareja *f* **3** (indicative) **to be ~ OF sth** (frml) ser* indicativo DE algo
significantly /sɪgˈnɪfɪkəntli/ *adv* **1** (considerably, notably) ‹*improve/change/increase*› considerablemente, apreciablemente; **they're ~ different** hay una diferencia apreciable entre ellos **2** (meaningfully): **he glanced ~ at her** le lanzó una mirada expresiva *or* elocuente; **~, they obtained the highest score** (*indep*) obtuvieron la puntuación más alta, lo cual es significativo
signification /ˌsɪgnəfəˈkeɪʃən || ˌsɪgnɪfɪˈkeɪʃən/ *n* [c u] (frml) significado *m*
signify /ˈsɪgnəfaɪ || ˈsɪgnɪfaɪ/ **-fies, -fying, -fied** *vt* **1** (denote, mean) significar*, querer* decir **2** (indicate) ‹*approval/consent/pleasure*› expresar
■ **signify** *vi* tener* importancia
signing /ˈsaɪnɪŋ/ *n* **1** (act of signing) firma *f*, rúbrica *f* (frml) **2** (Sport) fichaje *m*; (person engaged) persona *f* contratada, adquisición *f*
sign language *n* [u c] lenguaje *m* gestual *or* mímico *or* de gestos; **to talk in ~ ~** hablar por señas
sign-off /ˈsaɪnɔːf || ˈsaɪnɒf/ *n* (AmE) **1** (end of day's broadcasting) cierre *m* de emisión **2** (speech, music) *pieza musical o palabras de despedida*
sign-painter /ˈsaɪnˌpeɪntər || ˈsaɪnˌpeɪntə(r)/ *n* rotulista *mf*
signpost¹ /ˈsaɪnpəʊst/ *n* señal *f*, poste *m* indicador
signpost² *vt* **1** (point to) señalar; (draw attention to) destacar* **2** (BrE) (Auto) señalizar*; **places of interest are well ~ed** los lugares de interés están bien señalizados
signwriter /ˈsaɪnˌraɪtər || ˈsaɪnˌraɪtə(r)/ *n* rotulista *mf*
signwriting /ˈsaɪnraɪtɪŋ/ *n* [u] rotulación *f*
Sikh¹ /siːk/ *n* sij *mf*
Sikh² *adj* sij *adj inv*
silage /ˈsaɪlɪdʒ/ *n* [u] ensilaje *m*, ensilado *m* (*forraje fermentado en silos*)
silence¹ /ˈsaɪləns/ *n* **1** [u] (stillness, absence of sound) silencio *m*; **a deathly ~** un silencio sepulcral; **to break the ~** romper* el silencio **2** [u] (no talking) silencio *m*; **in ~** en silencio; **to reduce sb to ~** dejar a algn sin habla; **to take a vow of ~** (Relig) hacer* voto de silencio; **to call for ~** pedir* silencio; **~!** ¡silencio!, ¡hagan silencio!; **~ in court!** ¡silencio en la sala!; **~ *is golden*** el silencio es oro **3** [c] (pause) silencio *m*; **he proposed a two-minute ~** propuso guardar dos minutos de silencio **4** [u] (failure to speak) silencio *m*; **to break the ~** romper* el silencio; **to buy sb's ~** comprar el silencio de algn; **~ gives consent** quien calla *or* el que calla otorga; **to pass over sth in ~** silenciar algo
silence² *vt* **1** ‹*cries/voice*› acallar; ‹*child/animal*› hacer* callar, acallar **2** ‹*opposition/criticism/press*› silenciar, amordazar*; ‹*conscience/fears*› (liter) acallar
silencer /ˈsaɪlənsər || ˈsaɪlənsə(r)/ *n* **1** (on gun) silenciador *m* **2** (on car) (BrE) silenciador *m*, mofle *m* (AmC, Méx)
silent /ˈsaɪlənt/ *adj* **1** (noiseless, still) ‹*night/forest*› silencioso **2** (not speaking): **she was ~ for a moment** se quedó callada un momento; **the hall fell ~** se hizo silencio en la sala; **he asked us to be ~** nos pidió que nos calláramos *or* que hiciéramos silencio; **you have the right to remain ~** no está obligado a contestar; **we must remain ~ during the ceremony** debemos guardar silencio durante la ceremonia; **the administration remained ~ over the affair** el gobierno no rompió su silencio sobre el asunto; **the law is ~ on this matter** la ley no se pronuncia en esta materia; **a ~ order** (Relig) una orden religiosa que observa voto de silencio; **a ~ movie** una película muda **3** ‹*prayer*› silencioso; ‹*gesture/protest*› mudo; **he gave a ~ cheer** —¡hurra! —dijo para sí **4** ‹*consonant*› mudo; **the 'h' is ~** la hache es muda, la hache no se pronuncia
silently /ˈsaɪləntli/ *adv* **1** (noiselessly) ‹*creep/glide/enter*› silenciosamente **2** (without speaking) ‹*pray/stand/listen*› en silencio, calladamente
silent partner *n* socio, -cia *m,f* capitalista
Silesia /saɪˈliːʒə || saɪˈliːziə, saɪˈliːʒə/ *n* Silesia *f*
silhouette¹ /ˌsɪluˈet/ *n* **1** (outline) silueta *f*; **to see sth in ~** ver* la silueta de algo **2** (Art) silueta *f*
silhouette² *vt* (*usu pass*) **to be ~d AGAINST sth** perfilarse *or* recortarse CONTRA *or* SOBRE algo (liter)
silica /ˈsɪləkə || ˈsɪlɪkə/ *n* [u] sílice *f*
silicate /ˈsɪləkeɪt || ˈsɪlɪkət/ *n* [c u] silicato *m*
silicon /ˈsɪləkən || ˈsɪlɪkən/ *n* [u] silicio *m* (*before n*) (Comput) ‹*chip/wafer*› de silicio, silíceo

> **Silicon Valley**
>
> Así se apoda el Valle de Santa Clara, en California, donde se concentra un gran número de compañías de electrónica e informática. El nombre deriva del uso del silicio (*silicon*) en la electrónica.

silicone /ˈsɪləkəʊn || ˈsɪlɪkəʊn/ *n* [u] silicona *f*, silicón *m* (Méx); (*before n*) ‹*implant/injection*› de siliconas *or* (Méx) silicones
silicosis /ˌsɪləˈkəʊsəs || ˌsɪlɪˈkəʊsɪs/ *n* [u] silicosis *f*
silk /sɪlk/ *n* [u]
A seda *f*; **raw/artificial/pure ~** seda cruda/artificial/natural; **sewing ~** hilo *m* de seda; (*before n*): **~ industry** industria *f* de la seda; **~ thread** hilo *m* de seda; ▸**purse¹ A1**, **smooth A1**
B [c] (in UK) (Law) ▸**Queen's Counsel**; ***to take ~*** ser* nombrado **Queen's Counsel**
C **silks** *pl* (Equ) colores *mpl* (*de la cuadra*)
silken /ˈsɪlkən/ *adj* (liter) **1** (of silk) ‹*gown/shirt*› de seda **2** (like silk) ‹*hair/skin*› sedoso, como la seda **3** (suave) ‹*tones/voice*› suave, aterciopelado
silkily /ˈsɪlkəli || ˈsɪlkɪli/ *adv* suavemente
silk-like /ˈsɪlklaɪk/ *adj* ‹*sheen*› como de seda; ‹*fabric/hair*› sedoso
silkmoth /ˈsɪlkmɔːθ || ˈsɪlkmɒθ/ *n* mariposa *f* de la seda
silk-screen /ˈsɪlkskriːn/ *vt* ‹*fabric/design*› serigrafiar*, estampar por serigrafía
silk screen *n* [u] serigrafía *f*; (*before n*) ‹*printing/technique*› serigráfico; **~ ~ print** serigrafía *f*
silk-stocking /ˌsɪlkˈstɑːkɪŋ || ˌsɪlkˈstɒkɪŋ/ *adj* (AmE) (*before n*) aristocrático, de clase alta
silkworm /ˈsɪlkwɜːrm || ˈsɪlkwɜːm/ *n* gusano *m* de seda
silky /ˈsɪlki/ **-kier, -kiest** *adj* **1** (like silk) ‹*fabric/fur*› sedoso, como de seda; **~ smooth** (*as adv*) suave como la seda **2** ▸**silken 3**
sill /sɪl/ *n* (*window~*) **1** alféizar *m*, antepecho *m* **2** (in window) pieza *f* de apoyo; (in door) umbral *m* **3** (on vehicle) solera *f* de puerta
sillabub *n* [c u] ▸**syllabub**
silliness /ˈsɪlinəs || ˈsɪlinɪs/ *n* [u] tontería *f*; **the ~ of the idea** lo tonto de la idea; **stop this ~** déjate de tonterías
silly¹ /ˈsɪli/ *adj* **-lier, -liest**
A (foolish) ‹*person*› tonto, bobo (fam); ‹*remark/idea*› tonto; ‹*name/hat*› ridículo; ‹*grin/laugh*› tonto, estúpido; **you ~ fool!** ¡imbécil!; **you ~ girl!** ¡tonta!; **that was a very ~ thing to say/do** lo que dijiste/hiciste fue una tontería; **they were ~ (little) mistakes** eran errores muy tontos; **don't do anything ~ while Daddy's out** no hagas tonterías mientras papá no está; **I felt a bit ~ when she told me who she was** me sentí de lo más tonto cuando me dijo quién era; **you look ~ in that hat!** ¡estás ridícula con ese sombrero!; **to make sb look ~** dejar en ridículo a algn; **how ~ of me to forget!** ¡qué tonta soy! ¿cómo me pude olvidar?; **~ me!** (colloq) ¡si seré tonto!, ¡cómo soy menso! (Méx fam); **the ~ season** (Journ) *período del verano en que los periódicos, al no haber actividad política, llenan sus páginas de noticias triviales*
B (out of one's senses) (colloq) (*after n*): **to scare sb ~** darle* un susto de muerte a algn; **the blow knocked me ~** el golpe me dejó atontado *or* alelado; **I drank myself ~** me agarré una borrachera de padre y señor mío (fam)
silly², **silly-billy** /ˌsɪliˈbɪli/ *n* (*pl* **-lies**) (BrE colloq) bobo, -ba *m,f* (fam), tonto, -ta *m,f*
silo /ˈsaɪləʊ/ *n* (*pl* **-los**) **1** (Agr) silo *m* **2** (for missile) silo *m*
silt /sɪlt/ *n* [u] cieno *m*, limo *m*, légamo *m*
Phrasal verb
• **silt up**
A [v + adv] encenagarse*
B [v + o + adv, v + adv + o] encenagar*
silvan /ˈsɪlvən/ *adj* (poet) nemoroso (liter)
silver¹ /ˈsɪlvər || ˈsɪlvə(r)/ *n*
A [u] (metal) plata *f*
B **1** [u] (household items) platería *f*, plata *f*; **to clean the ~** limpiar la platería *or* la plata; **~ medal** medalla *f* de plata **2** [u] (coins) monedas *fpl* (*de plata, aluminio etc*) **3** [c] (medal) medalla *f* de plata
C ▸ⓘ **p.1036** [u] (color) (color *m*) plata *m*
silver² *adj* **1** (made of silver) ‹*bracelet/tray/knife*› de plata **2** ▸ⓘ **p.1036** (in color) plateado; ‹*hair*› canoso, cano (liter), de plata (liter)

S

[3] (representing 25 years) (*before n*): ~ **anniversary/jubilee** el vigésimo quinto aniversario; ~ **wedding** bodas *fpl* de plata

silver[3] *vt* [1] ‹*metal*› dar*(le) un baño de plata a, platear; ‹*mirror*› azogar* [2] (turn silver-colored) (liter): **age had ~ed her hair** los años le habían teñido el pelo de plata (liter)

silver birch *n* abedul *m*

silver fir *n* abeto *m* blanco, abeto *m* plateado

silverfish /'sɪlvərfɪʃ || 'sɪlvəfɪʃ/ *n* (*pl* ~) lepisma *f*

silver foil *n* [u] [1] (BrE) (Culin) papel *m* de aluminio *or* de plata [2] (Metall) hoja *f* de plata [3] ▸**silver paper 1**

silver fox *n* [1] [c] (Zool) zorro *m* plateado [2] [u] (fur) piel *f* de zorro plateado

silver gilt *n* plata *f* dorada

silver-haired /'sɪlvər'herd || 'sɪlvə'heəd/ *adj* de pelo plateado

silver mine *n* mina *f* de plata

silver paper *n* (colloq) [1] (wrapping) papel *m* de plata *or* plateado *or* de estaño [2] (BrE) papel *m* metalizado

silver-plate /,sɪlvər'pleɪt || ,sɪlvə'pleɪt/ *vt* dar*(le) un baño de plata a, platear

silver plate *n* [u] [1] (plating) plateado *m* [2] (articles) *objetos plateados o con baño de plata*

silver plating *n* [u] [1] (action) plateado *m* [2] (coating) baño *m* de plata

silver polish *n* [u c] limpiador *m* de plata, limpiaplata *m*

silver screen *n* pantalla *f* de cine, pantalla *f* cinematográfica; **the** ~ ~ la pantalla *f* grande

silver service *n* [u] servicio *m* exquisito; (*before n*) **silver-service** ‹*restaurant*› de servicio exquisito; ‹*staff*› de atención exquisita

silverside /'sɪlvərsaɪd || 'sɪlvəsaɪd/ *n*
[A] (fish) pejerrey *m* (*americano*)
[B] [u] (BrE) (Culin) *corte de carne vacuna del cuarto trasero*

silversmith /'sɪlvərsmɪθ || 'sɪlvəsmɪθ/ *n* platero, -ra *m,f*, orfebre *mf*

silver surfer *n* (colloq) internauta *mf* maduro, surfeador maduro, surfeadora madura *m,f* (AmL)

silver-tongued /'sɪlvər,tʌŋd || 'sɪlvə,tʌŋd/ *adj* elocuente

silverware /'sɪlvərwer || 'sɪlvəweə(r)/ *n* [u] platería *f*, plata *f*

silvery /'sɪlvəri/ *adj* [1] ‹*voice/laugh*› argentino (liter) [2] ▸**i** **p.1036**; ‹*sheen/patch*› plateado; ‹*hair*› canoso, cano (liter), plateado (liter)

silviculture /'sɪlvə,kɜːltʃər || 'sɪlvɪ,kʌltʃə(r)/ *n* silvicultura *f*

SIM card /sɪm/ *n* tarjeta *f* SIM

simian[1] /'sɪmiən/ *adj* simiesco, de simio

simian[2] *n* simio *m*

similar /'sɪmələr || 'sɪmɪlə(r)/ *adj* [1] (alike) similar, parecido, semejante; **the two cars are very ~ in design** los dos coches se parecen mucho en el diseño, los dos coches tienen un diseño muy similar *or* parecido; **to be ~ TO sth** parecerse* A algo, ser* parecido *or* similar A algo; **it's ~ to the one I have** se parece al que yo tengo, es parecido *or* similar al que yo tengo; **it's ~ in size to a sparrow** es de tamaño parecido al de un gorrión [2] (Math) semejante

similarity /,sɪmə'lærəti || ,sɪmɪ'lærəti/ *n* (*pl* **-ties**) [1] [u] (likeness — between things) similitud *f*, parecido *m*, semejanza *f*; (— between persons) parecido *m*; **I noticed his ~ to his father** noté el parecido con su padre; **any ~ to actual persons or events is entirely coincidental** cualquier parecido con la realidad es pura coincidencia [2] [c] (common feature) semejanza *f*, similitud *f*, elemento *m* en común

similarly /'sɪmələrli || 'sɪmɪləli/ *adv* [1] (in a similar way) de modo parecido *or* similar [2] (equally) igualmente [3] (*as linker*) asimismo, del mismo modo

simile /'sɪməli || 'sɪmɪli/ *n* [c u] símil *m*

SIMM /sɪm/ *n* (= **single in-line memory module**) SIMM *m*

simmer[1] /'sɪmər || 'sɪmə(r)/ *vi* «*liquid*» hervir* a fuego lento; «*controversy/dispute*» fermentar; **she was ~ing with resentment/anger** estaba a punto de estallar de resentimiento/ira
■ **simmer** *vt* ‹*liquid/food*› hervir* a fuego lento

Phrasal verb

• **simmer down** [v + adv] (colloq) tranquilizarse*, calmarse; **give her time to ~ down** espera a que se tranquilice *or* se calme, espera a que se le pase

simmer[2] *n* (*no pl*): **to keep sth at a** *o* **on the ~** dejar que algo hierva a fuego lento; **bring it to a ~ and add the carrots** cuando rompa el hervor, añada las zanahorias

simony /'saɪməni 'sɪ-/ *n* [u] simonía *f*

simp /sɪmp/ *n* (AmE sl) pánfilo, -la *m,f* (fam)

simper[1] /'sɪmpər || 'sɪmpə(r)/ *vi* sonreír(se)* como un tonto/una tonta
■ **simper** *vt* decir* con una sonrisa tonta

simper[2] *n* sonrisa *f* tonta

simple /'sɪmpəl/ *adj* **simpler** /-plər || -plə(r)/ **simplest** /-pləst/
[A] (uncomplicated) ‹*task/problem/method*› sencillo, simple; **then you add salt: what could be ~r?** luego añades sal: no hay cosa más sencilla *or* simple; **the machine is very ~ to use** la máquina es de fácil manejo *or* es fácil de manejar; **it's not as ~ as it looks** no es tan sencillo *or* simple como parece; **keep it ~** no lo compliques
[B] (straightforward) (*usu before n*): **this is nepotism pure and ~** esto es pura y simplemente *or* es lisa y llanamente nepotismo; **the ~ truth is (that) ...** la pura verdad es que ...; **it's a ~ statement of fact** es simplemente *or* meramente la constatación de un hecho; **for the ~ reason that I disagree** por la sencilla razón de que no estoy de acuerdo
[C] (plain, unpretentious) ‹*dress/food/style*› sencillo, simple; **the ~ life** la vida sencilla
[D] [1] (unsophisticated, humble) simple; **I am but a ~ shepherd** no soy más que un simple pastor [2] (naive) ingenuo, simple [3] (retarded) simple, corto de alcances
[E] ‹*equation*› de primer grado; ‹*fraction*› simple; ‹*eye*› simple, ocelado; ‹*interest*› simple; ‹*machine/motion*› simple

simple-minded /,sɪmpəl'maɪndəd || ,sɪmpəl'maɪndɪd/ *adj* [1] (unsophisticated) ingenuo, simple [2] (retarded) simple, corto de alcances

simple tense *n* tiempo *m* simple

simpleton /'sɪmpəltən/ *n* [1] (retarded person) (pej) simplón, -plona *m,f* [2] (foolish person) bobo, -ba *m,f* (fam), bobalicón, -cona *m,f* (fam)

simplex /'sɪmpleks/ *adj* símplex

simplicity /sɪm'plɪsəti/ *n* [u]
[A] [1] (easiness) simplicidad *f*, sencillez *f*; **it's ~ itself** es de lo más simple *or* sencillo [2] (plainness) simplicidad *f*, sencillez *f*
[B] (naivety) ingenuidad *f*, simpleza *f*

simplification /,sɪmpləfə'keɪʃən || ,sɪmplɪfɪ'keɪʃən/ *n* [u c] simplificación *f*

simplify /'sɪmpləfaɪ || 'sɪmplɪfaɪ/ *vt* **-fies, -fying, -fied** [1] ‹*explanation/problem/process*› simplificar* [2] (Math) ‹*equation/expression/quantity*› simplificar*

simplistic /sɪm'plɪstɪk/ *adj* simplista

simplistically /sɪm'plɪstɪkli/ *adv* de manera simplista

simply /'sɪmpli/ *adv*
[A] [1] (only, merely) simplemente, sencillamente; **they ~ have no right to the land** simplemente *or* sencillamente no tienen derecho a la tierra; **to receive a free sample, ~ fill in the form** para recibir una muestra gratis no tiene más que llenar el cupón; **they were not chosen ~ on merit** no se los eligió sólo por sus méritos; **I ~ wanted to help** simplemente *or* solamente quería ayudar [2] (absolutely, really) ‹*wonderful/delightful/awful*› sencillamente; **I was ~ furious!** estaba realmente *or* francamente furioso; **it ~ isn't fair** sencillamente, no es justo; **it is quite ~ the worst novel I've ever read** realmente *or* francamente, es la peor novela que he leído en mi vida
[B] [1] (plainly) con sencillez *or* simplicidad, sencillamente [2] (in simple language) ‹*explain/describe*› simplemente, sencillamente

simulate /'sɪmjəleɪt || 'sɪmjʊleɪt/ *vt* [1] (reproduce) simular; **a ~d attack** un simulacro de ataque [2] (feign) ‹*indignation/enthusiasm*› simular, aparentar, fingir* [3] **simulated** *past p* simulado; **~d fur** piel *f* sintética; **~d pearls** perlas *fpl* artificiales

simulation /,sɪmjə'leɪʃən || ,sɪmjʊ'leɪʃən/ *n* [1] [c u] (reproduction) simulacro *m*, simulación *f* [2] [u] (pretense): **his ~ of surprise was unconvincing** su simulada *or* fingida sorpresa fue poco convincente

simulator /'sɪmjəleɪtər/ *n* simulador *m*

simultaneous /,saɪməl'teɪniəs || ,sɪməl'teɪniəs/ *adj* simultáneo; **~ broadcast** transmisión *f* simultánea *or* en cadena; **~ equation** (Math) ecuación *f* simultánea; **~ translation** interpretación *f* simultánea

simultaneously /,saɪməl'teɪniəsli || ,sɪməl'teɪniəsli/ *adv* simultáneamente, a la vez

sin[1] /sɪn/ *n* [c u] pecado *m*; **mortal/venial ~** pecado mortal/venial; **the seven deadly ~s** los siete pecados capitales; **it's a ~ to waste food** es un crimen *or* un pecado tirar la comida; **for my ~s** (hum) para mi castigo (hum); **to live in ~** (dated *or* hum) vivir en concubinato *or* (ant) amancebado; ***to be as miserable as ~*** ser* un/una cascarrabias; ***to be as ugly as ~*** ser* más feo que pegarle a Dios *or* que Picio (fam); ▸**wage**[1]

sin[2] *vi* **-nn-** pecar*; **to ~ AGAINST sth/sb** pecar* CONTRA algo/algn; **more ~ned against than ~ning** más bien el ofendido que el ofensor

Sinai /'saɪnaɪ/ *n* [1] (peninsula) (el) Sinaí [2] (mountain): **(Mount) ~** el (monte) Sinaí

sinbin /'sɪnbɪn/ *n* (Sport) banquillo *m* *or* (AmL tb) banca *f* de los expulsados

since[1] /sɪns/ *conj*
[A] ▸**i** **p.1682** (in time) desde que; **~ we've owned a yacht/I've been doing yoga ...** desde que tenemos yate/hago yoga ...; **~ coming to London** desde que vino (*or* vine *etc*) a Londres; **it's years ~ I've been to France** hace años que no voy a Francia; **it's years ~ I enjoyed myself so much** hacía años que no me divertía tanto
[B] (introducing a reason): **~ you can't go, can I have your ticket?** ya que no puedes ir ¿me das tu entrada?; **I didn't call him ~ it was already quite late** no lo llamé porque ya era bastante tarde, como ya era bastante tarde, no lo llamé; **~ that is not the case ...** como no es así, puesto que no es ése el caso ... (frml)

since[2] ▸**i** **p.1682** *prep* desde; **they've worked there (ever) ~ 1970** han trabajado allí desde 1970; **~ the party he's only seen her twice** desde la fiesta sólo la ha visto dos veces; **I've been living here ~ March** desde marzo pasado que vivo aquí; **how long is it ~ your operation?** ¿cuánto (tiempo) hace de tu operación?; **~ when have you been giving the orders?** ¿desde cuándo eres tú el que da las órdenes?

since[3] *adv* [1] ▸**i** **p.1682** (from then till now) desde entonces; **we had an argument last week and she's been very cool ~** tuvimos una discusión la semana pasada y desde entonces ha estado muy fría; **she has lived here ever ~** desde entonces que vive aquí; **... but she had ~ remarried** ... pero (en el ínterin) ella se había vuelto a casar; **she was sacked last year but has been reinstated ~** la despidieron el año pasado, pero más tarde fue restituida en su cargo [2] (ago): **long ~** (colloq) hace mucho; **he gave up trying long ~** hace mucho que dejó de intentarlo; **they left not long ~** no hace mucho que se fueron

sincere /sɪn'sɪr || sɪn'sɪə(r)/ **sincerer, sincerest** *adj* sincero; **she was ~ in her praise** fue sincera en sus elogios; **please accept our ~st apologies** le rogamos que acepte nuestras más sinceras disculpas

sincerely /sɪn'sɪrli || sɪn'sɪəli/ ➜▯ *adv* sinceramente; **I ~ hope so!** ¡eso espero!; **~ (yours)** *o* (BrE) **yours ~** (saluda) a usted atentamente, atentamente

---

➜▯ *see* Correspondence

S

ℹ Since

In expressions of time

As a preposition

Since when used as a preposition is usually translated by *desde*:

since the war/1994
= desde la guerra/1994

■ Where the sentence contains the idea of continuous action up to the present, the tenses used in Spanish often differ from those used in English

Where English uses the present perfect tense, Spanish uses the present tense:

I've been here since March
= estoy aquí desde marzo

I've been waiting since 3 o'clock
= estoy esperando desde las 3

In some contexts Spanish uses the present perfect tense:

he has been working since 6 a.m.
= ha estado trabajando desde las seis de la mañana

Where English uses the pluperfect tense, Spanish also uses the pluperfect:

I had been waiting since 3 o'clock
= había estado esperando desde las 3

we had been living there since 1983
= habíamos vivido allí desde 1983

■ In negative sentences, the tenses used in Spanish are usually the same as in English:

I haven't seen him since Friday
= no lo he visto desde el viernes

■ Where there is no idea of continuous action up to the present, but of actions within a time scale to the present, the tenses in Spanish are also the same as in English:

she has only competed three times since 2002
= sólo ha competido tres veces desde 2002

we had been there twice since Christmas
= habíamos estado allí dos veces desde Navidad

■ If the sentence in Spanish begins with *desde*, then the verb patterns do not coincide in any circumstances. *Que* is also added later in the sentence:

I've been here since March
= desde marzo que estoy aquí

I've been waiting since 3 o'clock
= desde las tres que estoy esperando

As a conjunction

When *since* is used as a conjunction in expressions of time, it is usually translated by *desde que*. The tenses used in Spanish are the same as those used with the preposition:

he has lived alone since he got divorced
= vive solo desde que se divorció
or desde que se divorció que vive solo

■ In formal or literary language, the past tense following *desde que* is often replaced by the imperfect subjunctive:

since she arrived in this country
= desde que llegara a este país

■ In negative sentences the tense pattern is sometimes the same as in English:

I haven't seen her since she moved
= no la he visto desde que se mudó
or no la veo desde que se mudó
or desde que se mudó que no la veo

■ Note also the use of (*desde*) *hace ... que + no*:

it's ages since I saw him
= (desde) hace mucho tiempo que no lo veo

it was years since the whole family got together
= hacía años que no se reunía toda la familia

■ Where possible, Spanish prefers to use the preposition *desde + noun* to translate *since + verb*:

since his wife died
= desde la muerte de su esposa

since I was a child
= desde niño

since she arrived
= desde su llegada

As an adverb

When *since* as an adverb means *from then until now*, it is usually translated by *desde entonces*:

he hasn't been seen since
= no se lo ha visto desde entonces
or desde entonces que no se lo ve

For more examples and particular usages see the entries for **since**

---

sincerity /sɪn'serəti || sɪn'serɪti/ *n* [u] sinceridad *f*; **he spoke with ~** habló sinceramente *or* con sinceridad; **in all ~** con toda sinceridad *or* franqueza

sine /saɪn/ *n* (Math) seno *m*

sinecure /'saɪnɪkjʊr, 'sɪn- || 'saɪnɪkjʊə(r), 'sɪn-/ *n* sinecura *f*

sine qua non /'sɪneɪˌkwɑː'nəʊn/ *n* (frml) condición *f or* requisito *m* sine qua non

sinew /'sɪnjuː/ *n* **1** [c] (tendon) tendón *m*; (in meat) nervio *m* **2** [c] (mainstay) pilar *m* **3** [u] (force, vigor) (liter) fuerza *f*, vigor *m*

sine wave *n* sinusoide *m*, onda *f* sinusoidal

sinewy /'sɪnjuːi/ *adj* **1** ‹*arms*› nervudo **2** (vigorous) (liter) ‹*prose*› enérgico, vigoroso

sinful /'sɪnfəl/ *adj* ‹*person*› pecador; ‹*act*› pecaminoso

sinfulness /'sɪnfəlnəs || 'sɪnfəlnɪs/ *n* [u] lo pecaminoso

sing /sɪŋ/ (*past* **sang**; *past p* **sung**) *vi*

A **1** «*person/bird*» cantar; **to ~ alto/bass** tener* voz de tenor/de bajo; **a mother was ~ing to her child** una madre le cantaba a su hijo; **she ~s to (the accompaniment of) the guitar** canta acompañada de la guitarra **2** «*wind/kettle*» silbar; **my ears are ~ing** me zumban *or* me silban los oídos

B (turn informer) (sl) cantar (arg), desembuchar (arg)

■ **sing** *vt* **1** ‹*song/tune/chorus*› cantar, entonar; **~ me a song** cántame una canción; **to ~ sb to sleep** cantarle a algn para que se duerma, arrullar a algn cantando; **a sung mass** una misa cantada; ***to ~ a different song*** o ***tune***: **if you were seventy, you'd be ~ing a different tune** si tuvieras setenta años, no opinarías lo mismo **2** (celebrate) (poet) ‹*hero/exploits/beauty*› cantar

(Phrasal verbs)

• **sing along** [v + adv] **to ~ along (WITH sb)** cantar (CON algn)

• **sing of** [v + prep + o] (poet) cantar (liter)

• **sing out**

A [v + adv] «*person/choir*» cantar (*fuerte y claramente*)

B [v + o + adv, v + adv + o] (colloq) ‹*instruction*› dar*; **to ~ out sb's name** llamar a algn

sing-along /'sɪŋəlɔːŋ || 'sɪŋəlɒŋ/ *n* (colloq) **1** (occasion) sesión *f* de canto improvisado *or* repentizado **2** (song) canción *f* a coro

Singapore /'sɪŋgəpɔːr || ˌsɪŋə'pɔː(r)/ *n* Singapur *m*

Singaporean /ˌsɪŋgə'pɔːriən/ *adj* de Singapur

singe¹ /sɪndʒ/ *vt* **singes, singeing, singed** ‹*garment/cloth*› chamuscar*, quemar; **to ~ one's beard/eyebrows** chamuscarse* *or* quemarse la barba/las cejas

singe² *n* quemadura *f* (*superficial*)

singer /'sɪŋər || 'sɪŋə(r)/ *n* cantante *mf*; **he's not a bad ~** no canta mal; **a pop/an opera ~** un cantante pop/de ópera

singer-songwriter /ˌsɪŋər'sɔːŋraɪtər || ˌsɪŋə'sɒŋraɪtə(r)/ *n* cantautor, -tora *m,f*

Singhalese /ˌsɪŋə'liːz/, **Sinhalese** /ˌsɪnhə'liːz/ *n* (*pl* ~) **1** [u] (language) cingalés *m* **2** [c] (person) cingalés, -lesa *m,f*

singing /'sɪŋɪŋ/ *n* [u] **1** (of person, bird) canto *m*; **she teaches ~** enseña canto; **I can hear ~** oigo cantar; **during the ~ of the national anthem** mientras se entonaba/se entona *or* se cantaba/se canta el himno nacional; (*before n*) ‹*lesson/teacher*› de canto; **a good ~ voice** una buena voz (para el canto) **2** (noise — of kettle) silbido *m*; (— in ears) zumbido *m*, silbido *m*

single¹ /'sɪŋgəl/ *adj*

A (just one) (*before n*) solo; **a ~ issue dominated the talks** un solo *or* único tema dominó las conversaciones; **will it fit on a ~ page?** ¿cabrá en una (sola) página?; **it's the ~ most important issue** es el tema más importante *or* de mayor importancia; **the largest ~ shareholder** el mayor accionista individual; **every ~ day** todos los días sin excepción, todos los santos días (fam); **every ~ copy of the book was destroyed** se destruyeron absolutamente todos los ejemplares del libro; **you disagree with every ~ thing I say** todo lo que digo *or* cada cosa que digo te parece mal; (*with neg*): **not a ~ house was left standing** no quedó ni una sola casa en pie; **there's not a ~ thing I like** no hay nada que me guste, no hay ni una sola cosa que me guste; **I haven't found a ~ mistake** no he encontrado ni un solo error

B (*before n*) **1** (for one person) ‹*room*› individual; ‹*bed/sheet*› individual, de una plaza (AmL); **a ~ portion (of food)** una ración *or* porción individual **2** (not double) ‹*lens/engine/line*› solo; ‹*flower/tulip*› simple; **in ~ file** en fila india *or* de a uno; **~ figures** cifras *fpl* de un solo dígito **3** (one-way) (BrE) (Transp) de ida, sencillo

C (unmarried) soltero; **I'm ~** soy *or* (Esp tb) estoy soltero; **to remain ~** quedarse soltero; **the ~ life** la vida de soltero/soltera, la soltería; *see also* **single parent**

(Phrasal verb)

• **single out** [v + o + adv, v + adv + o]: **I can't ~ out any individual** no puedo señalar a nadie en particular; **she was ~d out for criticism** se la criticó a ella en particular; **he was ~d out to receive the award** se lo eligió para recibir el galardón; **she ~d out heart disease as the biggest killer** señaló *or* individualizó a las enfermedades cardíacas como las causantes del mayor número de muertes

single² *n*

A (Audio, Mus) single *m*, (disco *m*) sencillo *m*; **a 7-inch/12-inch ~** un single/maxi-single

B **1** (ticket) (BrE) boleto *m or* (Esp) billete *m* de ida **2** (room) (habitación *f*) individual *f or* sencilla *f*

C (unmarried person) soltero, -ra *m,f*; (unattached adult) *persona sin pareja estable*

S

D (Sport) **1** (in baseball) sencillo *m* **2** (in cricket) tanto *m*; *see also* **singles**
E (dollar bill) (AmE) billete *m* de un dólar

single- /'sɪŋgəl/ *pref*: **~masted** con un solo mástil

single-breasted /,sɪŋgəl'brestəd || ,sɪŋgəl 'brestɪd/ *adj* ‹*jacket/coat*› de una fila de botones, derecho (AmL)

single-cell /'sɪŋgəl'sel/, **single-celled** /'sɪŋgəl'seld/ *adj* ‹*organism/plant*› unicelular

single combat *n* [u]: **in ~ ~** en combate singular

single cream *n* (BrE) crema *f* líquida, nata *f* líquida (Esp)

single-decker /,sɪŋgəl'dekər || ,sɪŋgəl 'dekə(r)/ *n* autobús *m* de un piso

single-engined /,sɪŋgəl'endʒɪnd/ *adj* monomotor, con un solo motor

single entry *n* partida *f* simple; (*before n*): **single-entry bookkeeping** contabilidad *f* por partida simple

Single Euro Payments Area *n* (EU) Zona *f* Única de Pagos en Euros

single European currency *n* (EU) moneda *f* única europea

single European market *n* (EU) mercado *m* único europeo

single-figure /'sɪŋgəl,fɪgjər || 'sɪŋgəl,fɪgə(r)/ *adj* (*before n*): **~ inflation** inflación *f* de menos del 10%, inflación *f* por debajo del 10%

single-handed[1] /,sɪŋgəl'hændəd || ,sɪŋgəl 'hændɪd/ *adj*: **a ~ yacht race** una regata de yates tripulados en solitario; **her ~ reorganization of the administration** la reorganización administrativa que llevó a cabo sola *or* sin la ayuda de nadie

single-handed[2] *adv* sin (la) ayuda de nadie

single-handedly /,sɪŋgəl'hændədli || ,sɪŋgəl 'hændɪdli/ *adv* sin (la) ayuda de nadie; **she sailed round the world ~** dio la vuelta al mundo navegando en solitario

single-line /,sɪŋgəl'laɪn/ *adj* (BrE) (Rail) ▸ **single-track 1**

single market *n* mercado *m* único

single-minded /,sɪŋgəl'maɪndəd || ,sɪŋgəl 'maɪndɪd/ *adj* decidido, resuelto; **his ~ devotion to duty** su inquebrantable devoción al deber; **her ~ pursuit of fame** la determinación con que buscaba la fama

single-mindedly /,sɪŋgəl'maɪndədli || ,sɪŋgəl 'maɪndɪdli/ *adv* con gran determinación, resueltamente

single-mindedness /,sɪŋgəl'maɪndədnəs || ,sɪŋgəl'maɪndɪdlnɪs/ *n* [u] determinación *f*, resolución *f*

singleness /'sɪŋgəlnəs || 'sɪŋgəlnɪs/ *n* [u]: **~ of purpose** determinación *f*, resolución *f*

single parent *n*: **he's/she's a ~ ~** es un padre/una madre que cría a su(s) hijo(s) sin pareja; (*before n*): **single-parent family** familia *f* monoparental

singles /'sɪŋgəlz/ *pl n* (Sport) individuales *mpl*, singles *mpl* (AmL); **the men's/ladies' ~** los individuales masculinos/femeninos, los singles de caballeros/de damas (AmL); (*before n*) ‹*final/title/match*› de individuales, de singles (AmL)

singles bar *n* (AmE) bar *m* de solteros, bar *m* de ligue (fam)

single-seater /,sɪŋgəl'si:tər || ,sɪŋgəl'si:tə(r)/ *n* monoplaza *m*

single-sex /'sɪŋgəlseks/ *adj*: **~ school** escuela *f* sólo para niños/niñas

single-sided disk /'sɪŋgəl'saɪdəd || 'sɪŋgəl 'saɪdɪd/ *n* disco *m* de una cara

single-space /,sɪŋgəl'speɪs/ *vt* mecanografiar* a espacio simple *or* sencillo; **the document should be ~d** el documento debe ser mecanografiado a espacio simple *or* sencillo

single spacing *n* espacio *m* simple *or* sencillo; **in ~ ~** a espacio simple *or* sencillo

singlet /'sɪŋglət || 'sɪŋglɪt/ *n* (BrE) camiseta *f*

singleton /'sɪŋgəltən/ *n*
A (in bridge) semifallo *m*, singleton *m*
B (unmarried person) (colloq) soltero, -ra *m,f*

single-track /,sɪŋgəl'træk/ *adj* **1** (Rail) de vía única; **a ~ railroad** una vía única **2** (BrE) de un solo carril

single transferable vote *n* (sistema *m* de) voto *m* único transferible

single-use /'sɪŋgəl'ju:s/ *adj* de un solo uso, no reutilizable

single-user /,sɪŋgəl'ju:zər || ,sɪŋgəl'ju:zə(r)/ *adj* ‹*computer/system*› monousuario

singly /'sɪŋgli/ *adv*
A (separately) individualmente, separadamente, por separado, uno por uno
B (single-handedly) (AmE) sin (la) ayuda de nadie

singsong[1] /'sɪŋsɔ:ŋ || 'sɪŋsɒŋ/ *n* **1** (tone) (*no pl*) sonsonete *m*; **to talk in a ~** cantar al hablar, hablar cantando *or* con voz cantarina **2** (singing session) (BrE): **they had a ~ on the train** se pusieron a cantar en el tren

singsong[2] *adj* ‹*accent/tones*› cantarín; **he has a ~ voice** canta al hablar, habla cantando, tiene una voz cantarina

singular[1] /'sɪŋgjələr || 'sɪŋgjʊlə(r)/ *adj*
A (Ling) singular; **the ~ form of the word** el singular de la palabra; **the second person ~ of the verb** la segunda persona del singular del verbo
B (frml) (*usu before n*) **1** (exceptional) ‹*beauty/achievement*› singular (frml) **2** (unusual) ‹*adventure/appearance/occurrence*› raro, extraño, singular

singular[2] *n* [u c] singular *m*; **in the ~** en singular

singularity /,sɪŋgjə'lærəti || ,sɪŋgjʊ'lærəti/ *n* (*pl* **-ties**) (frml)
A **1** [u] (strangeness) singularidad *f*, rareza *f*, lo raro *or* extraño *or* singular **2** [c] (trait) particularidad *f*, singularidad *f*
B [u] (Phys) singularidad *f*

singularly /'sɪŋgjələrli || 'sɪŋgjʊləli/ *adv* (*as intensifier*) ‹*attractive/inept*› particularmente, singularmente; **~ gifted** excepcionalmente dotado; **~ colorful** de singular colorido (frml)

Sinhalese /,sɪnhə'li:z/ *n* ▸ **Singhalese**

sinister /'sɪnɪstər || 'sɪnɪstə(r)/ *adj*
A (threatening evil) siniestro
B (in heraldry) (*after n*) siniestro

sink[1] /sɪŋk/ (*past* **sank**; *past p* **sunk**) *vi*
A **1** (in water) «*ship/stone*» hundirse; **the sediment ~s to the bottom of the jar** el sedimento se deposita en el fondo del frasco; ***to leave sb to ~ or swim*** abandonar a algn a su suerte; **we're both in this and we ~ or swim together** los dos estamos metidos en esto así que, o salimos a flote, o nos hundimos juntos **2** (subside) **to ~ (INTO sth)** «*building/foundations*» hundirse (EN algo); **he sank back into the chair** se arrellanó en el sillón; **I sank (down) onto a bench** me dejé caer en un banco; **he sank to his knees** cayó de rodillas; **she sank to the floor** se desplomó en el suelo; **the cliffs sank below the horizon** los acantilados se perdieron en el horizonte **3** (lapse) «*person*»: **to ~ INTO sth** hundirse EN algo; **the family had sunk into poverty** la familia se había hundido en la miseria; **she sank into a coma** entró en coma; **she sank back into obscurity** volvió a caer en el olvido
B (fall, drop) «*water/level*» descender*, bajar; «*price/value*» caer* a pique; «*attendance/output/morale*» decaer*, bajar; **her voice sank to a whisper** su voz se convirtió en un susurro; **the pound has sunk to an all-time low** la libra ha alcanzado el nivel más bajo en la historia; **she has sunk in my estimation** ha bajado en mi estima
C **1** (decline) declinar; **she's ~ing fast** se está apagando rápidamente **2** (degenerate) degradarse; **I'd never ~ so low** nunca caería tan bajo **3** (be discouraged): **my heart sank** se me cayó el alma a los pies; **he walked toward her with (a) ~ing heart** acongojado, se dirigió hacia donde estaba ella; **that ~ing feeling** (BrE) esa desazón, ese desaliento

■ **sink** *vt*
A **1** ‹*ship*› hundir; ‹*object/body*› hundir, sumergir* **2** (ruin) ‹*plan/business*› hundir, hacer* naufragar, acabar con; ‹*person*› hundir, acabar con **3** (immerse) **to ~ sb IN sth** sumir a algn EN algo; **the news sank us all in gloom** la noticia nos sumió a todos en la tristeza
B (bury, hide) ‹*pipe/cable*› enterrar*, esconder
C **1** (drive in) **to ~ sth IN/INTO sth**: **the dog sank its teeth into my thigh** el perro me clavó *or* me hincó los dientes en el muslo; **she sank the knife into his back** le hundió *or* le clavó el cuchillo en la espalda **2** (excavate) ‹*shaft*› abrir*, excavar; ‹*well*› perforar, abrir*
D (invest) **to ~ sth IN/INTO sth** invertir* algo EN algo
E **1** (Sport) ‹*ball/putt*› meter (*en el hoyo*); **he sank two baskets** encestó dos veces **2** (drink) (BrE colloq) tragarse* (fam), zamparse (fam)
F (forget) olvidar, dejar a un lado; **to ~ one's differences** olvidar *or* dejar a un lado sus (*or* nuestras *etc*) diferencias

Phrasal verb

• **sink in** [v + adv] (colloq): **I can't believe we've won, it hasn't sunk in yet** todavía no me convenzo de que hayamos ganado; **it finally sank in that we weren't going to get paid** finalmente nos dimos cuenta *or* caímos en la cuenta de que no nos iban a pagar; **it still hasn't sunk in that he's dead** todavía no ha (*or* han *etc*) asumido el hecho de que ha muerto

sink[2] *n*
A **1** (in kitchen) fregadero *m*, lavaplatos *m* (Andes), pileta *f* (RPl); **~ unit** *módulo de cocina con fregadero* **2** (washbasin) (AmE) lavabo *m*, lavamanos *m*, lavatorio *m* (CS), pileta *f* (RPl)
B (evil place) (liter): **a ~ of wickedness** un antro de perdición

sinker /'sɪŋkər || 'sɪŋkə(r)/ *n*
A (in angling) (pesa *f* de) plomo *m*
B (doughnut) (AmE colloq) donut *m*, rosquilla *f*

sink estate *n* (BrE) (Sociol) *viviendas de alquiler subvencionadas por el ayuntamiento y que sirven de techo a personas de la clase baja y frecuentemente a los que buscan asilo*

sinkhole /'sɪŋkhəʊl/ *n*
A (drain in a sink) orificio *m* del desagüe (*del fregadero*)
B (Geog) dolina *f*
C (AmE) (in city) antro *m*; **the city is a ~ of corruption** la ciudad es un antro de corrupción
D (AmE) (loss maker) elefante *m* blanco

sinking /'sɪŋkɪŋ/ *n* [c u] hundimiento *m*

sinking fund *n* fondo *m* de amortización

sinner /'sɪnər || 'sɪnə(r)/ *n* pecador, -dora *m,f*

Sinn Fein /'ʃɪn'feɪn/ *n* el Sinn Fein

> **Sinn Fein**
>
> Partido político fundado en 1905 cuyo objetivo es la reunificación de los 32 condados de Irlanda dentro de la República establecida en 1949. Durante mucho tiempo se le consideró como la rama política del IRA, aunque siempre negó todo vínculo orgánico con dicho movimiento paramilitar. A pesar de su histórica hostilidad mutua, ha llegado a un acuerdo con el *Ulster Democratic Unionist Party* bajo el cual los dos partidos comparten el poder en el Northern Ireland Assembly.

Sino- /'saɪnəʊ/ *pref* sino-; **~Soviet** sino-soviético

sinologist /saɪ'nɑ:lədʒəst || saɪ'nɒlədʒɪst/ *n* sinólogo, -ga *m,f*

sinology /saɪ'nɑ:lədʒi || saɪ'nɒlədʒi/ *n* [u] sinología *f*

sinuous /'sɪnjuəs/ *adj* (frml) sinuoso, serpenteante

sinus /'saɪnəs/ *n* (*pl* **-nuses**) seno *m*

sinusitis /,saɪnjə'saɪtəs, ,saɪnə- || ,saɪnə'saɪtɪs/ *n* [u] sinusitis *f*

Sioux /su:/ *n* (*pl* **~**) siux *mf*, sioux *mf*

sip[1] /sɪp/ **-pp-** *vt* ‹*drink*› sorber, beber *or* tomar a sorbos

■ **sip** *vi* **to ~ (AT sth)** beber *or* tomar algo a sorbos

sip[2] *n* sorbo *m*; **in ~s** a sorbos; **to have/take a ~ of sth** tomar un sorbo de algo; **give me a ~** dame un sorbito

siphon[1] /'saɪfən/ *n* **1** (tube) sifón *m* **2** (container) sifón *m*; **soda ~** sifón de soda

S

siphon² *vt* ‹*liquid/fuel*› sacar* con sifón; **they ~ the liquid out of the barrel into the bottles** usan un sifón para trasvasar el líquido del barril a las botellas

(Phrasal verb)

• **siphon off** [v + o + adv, v + adv + o] 1 ‹*liquid/fuel*› sacar* con sifón, trasvasar 2 ‹*money*› desviar*

SIPP /sɪp/ *n*
A (Comput) **= Single In-line Pin Package**
B (BrE) (Fin) **= Self-Invested Pension Plan**

sir /sɜːr || sɜː(r)/ *n*
A 1 ▸ⓘ **p.1213** (as form of address — to male customer) señor, caballero; (— to male teacher) (BrE) profesor, señor; **have they arrived, sergeant? — yes, ~** ¿ya han llegado, sargento? — sí, mi teniente (*or* mi capitán *etc*); **Private Atkins! — Sir!** (BrE) ¡soldado Atkins! — ¡a la orden mi teniente (*or* mi sargento *etc*)! 2 (Corresp): **Dear Sir/S~s,** De mi mayor consideración:, Muy señor mío/señores míos:; **S~,** (to editor of paper) Señor Director 3 (*as intensifier*) (colloq): **yes/no ~!** ¡sí,/no, señor! (fam); **he made it, yes ~!** ¡sí, señor! lo logró
B **Sir** (as title) sir *m*; **S~ Lancelot** el caballero Lanzarote; **S~ George Payne** sir George Payne
C (BrE) 1 (teacher) (used by children) el profe (fam) 2 (person in authority) (hum) el jefe

sire¹ /saɪr || saɪə(r)/ *n*
A (Zool) padre *m*; (Equ) padre *m*, padrón *m* (AmL), padrillo *m* (CS)
B ▸ⓘ **p.1213** *also* **Sire** (*as form of address*) Señor

sire² *vt* «*animal*» ser* el padre de, padrear; «*man*» (liter *or* hum) engendrar

siren /ˈsaɪrən/ *n*
A (device) sirena *f*
B (Myth) sirena *f*; (*before n*): **the ~ call** *o* **song of sth** el seductor atractivo de algo

sirloin /ˈsɜːrlɔɪn || ˈsɜːlɔɪn/ *n* [u c]: *preciado corte de carne vacuna del cuarto trasero*; **chopped ~** (AmE) carne *f* molida *or* (Esp, RPl) picada

sirocco /səˈrɑːkəʊ || sɪˈrɒkəʊ/ *n* (*pl* **-cos**) siroco *m*

sirree /səˈriː/ *n* (AmE colloq) (*as intensifier*): **yes/no ~!** ¡sí,/no, señor!

sirup *n* (AmE) ▸**syrup**

sirupy *adj* (AmE) ▸**syrupy**

sis /sɪs/ *n* (colloq) hermanita *f*

sisal /ˈsaɪsəl/ *n* [c u] (plant) henequén *m*, agave *f*‡ sisalana; (fiber) sisal *m*, pita *f*, cabuya *f* (Col)

sisi /ˈsɪsi/ *n* (SAfr colloq) chica *f*; **hello ~, how was your weekend?** hola chica, ¿qué tal tu fin de semana?

sissy¹ /ˈsɪsi/ *n* (*pl* **-sies**) (colloq & pej) mariquita *mf* (fam)

sissy² *adj* **-sier, -siest** (colloq & pej) mariquita (fam)

sister /ˈsɪstər || ˈsɪstə(r)/ *n*
A 1 (sibling) hermana *f*; (*before n*): **~ city** (AmE) ciudad *f* hermana; ‹*company*› afiliado, asociado; **~ nation** nación *f* hermana; **our ~ newspaper** un periódico de nuestro grupo; **~ ship** buque *m* gemelo 2 (woman comrade) compañera *f*, camarada *f*; (in feminist context) hermana *f*, compañera *f* 3 (*as form of address*) (AmE sl) hermana, tía (Esp fam), mana (Méx fam), piba (RPl fam), galla (Chi fam)
B 1 (nun) hermana *f*, monja *f*; (before name) hermana, Sor; **S~ Petra** la hermana Petra, Sor Petra; **the S~s of Mercy** las Hermanas de la Caridad 2 (nurse) (BrE) enfermera *f* jefe *or* jefa (*a cargo de una o más salas*), nurse *f* (Ur)

sisterhood /ˈsɪstərhʊd || ˈsɪstəhʊd/ *n* 1 [c] (association of women) asociación *f* de mujeres 2 [c] (Relig) congregación *f* 3 [u] (sisterly relationship) solidaridad *f* (*entre mujeres*)

sister-in-law /ˈsɪstərənlɔː || ˈsɪstərɪnlɔː/ *n* (*pl* **sisters-in-law**) cuñada *f*

sisterly /ˈsɪstərli || ˈsɪstəli/ *adj* (propio) de hermana

Sisyphus /ˈsɪsəfəs || ˈsɪsɪfəs/ *n* Sísifo

sit /sɪt/ (*pres p* **sitting** *past & past p* **sat**) *vi*
A 1 (sit down) sentarse*; **come and ~ beside me** ven y siéntate a mi lado *or* junto a mí; **there was nowhere to ~** no había donde sentarse; **~!** (command to dog) ¡siéntate!; **she sat on my knee** se me sentó en las rodillas 2 (be seated) estar* sentado; **she sat there, staring into space** estaba allí sentada, con la mirada perdida; **that's where the boss ~s** ahí se sienta el jefe; **you're ~ting on my hat!** ¡estás sentado encima de mi sombrero!; **I have to ~ at home while she's out enjoying herself** yo me tengo que quedar entre estas cuatro paredes mientras ella se divierte por ahí; **he spent the whole day ~ting in front of the television** se pasó todo el día sentado delante del televisor; **don't just ~ there: do something!** ¡no te quedes ahí sentado: haz algo!; **~ still!** ¡quédate quieto!; ***to be ~ting pretty*** (colloq) estar* bien situado *or* (fam) colocado; ***to ~ tight*** (colloq): **you ~ tight, I'll call a taxi** no te muevas *or* quédate aquí tranquila, que yo llamo un taxi; **the company thinks it can ~ tight till better days** la empresa cree que puede aguantar hasta que vengan tiempos mejores
B 1 (Art) **to ~ (FOR sb/sth)** ‹*for artist/portrait/photograph*› posar (PARA algn/algo) 2 (BrE) (Educ): **to ~ for an exam** presentarse a un examen 3 (Adm, Govt): **to ~ in Congress/the Commons** tener* un escaño en el Congreso/en la Cámara de los Comunes, ser* diputado/senador/parlamentario; **he ~s for Fulham** (frml) representa a Fulham, es diputado por Fulham; *see also* **sit on A** 4 (be in session) «*committee/court/parliament*» reunirse* en sesión, sesionar (esp AmL); **they have been ~ting all day** han estado todo el día en sesión *or* reunidos (en sesión), han estado todo el día sesionando (esp AmL)
C (be situated) «*building/village*» estar* (situado), estar* ubicado (esp AmL); **it had been ~ting on my desk all the time** había estado todo el tiempo encima de mi escritorio
D 1 (fit) «*clothes*» caer*, sentar*; **the jacket ~s well** la chaqueta cae bien *or* sienta bien 2 (weigh): **the curry sat heavily on her stomach** el curry le cayó pesado *or* le sentó mal; **his crime sat heavy on his conscience** el crimen le pesaba en la conciencia
E (brood) «*hen/bird*» empollar; **to ~ on the eggs** empollar (los huevos)
F **sitting** *pres p* ‹*figure*› sentado; **in a ~ting position** sentado; **the ~ting member** (BrE) (Govt) el representante *or* diputado actual; **~ting tenant** (BrE) inquilino, -na *m,f* (*a quien no se puede desalojar*)

■ **sit** *vt*
A 1 (cause to be seated) ‹*person*› sentar*; ‹*object*› poner*, colocar* (*en posición vertical*); **they sat me next to Julia** me sentaron junto a Julia; **~ yourself beside me** siéntate a mi lado *or* junto a mí 2 (accommodate): **the auditorium ~s a hundred (people)** el auditorio tiene cabida *or* capacidad para cien personas, en el auditorio caben cien personas; **the table ~s eight (people)** la mesa es para ocho personas; **the back seat ~s three comfortably** en el asiento de atrás caben cómodamente tres personas
B (BrE) (Educ): **to ~ an exam** dar* *or* hacer* *or* (CS) rendir* *or* (Méx) tomar un examen, examinarse (Esp); **she's ~ting history tomorrow** mañana da *or* hace *or* (CS) rinde *or* (Méx) toma el examen de historia, mañana se examina de historia (Esp); **she did not ~ the exam** no se presentó al examen

(Phrasal verbs)

• **sit around** [v + adv]: **he ~s around all day doing nothing** se pasa el día sentado sin hacer nada *or* holgazaneando; **you can't ~ around waiting for someone to offer you work** no puedes esperar sentado a que alguien venga a ofrecerte trabajo

• **sit back** [v + adv] (colloq) 1 (lean back) recostarse*; (relax): **just ~ back and listen** ponte cómodo y escucha; **then you ~ back and let the machine do the work** después usted simplemente deja que la máquina haga el trabajo 2 (fail to act) cruzarse* de brazos

• **sit down**
A [v + adv] (take a seat) sentarse*; **please ~ down** siéntese *or* (frml) tome asiento, por favor; **wait till they're all ~ting down** espera a que estén todos sentados; **she sat down in that armchair/on that chair** se sentó en ese sillón/en esa silla; **to ~ down to dinner** sentarse* a cenar
B [v + o + adv] (cause to be seated) ‹*child/doll*› sentar*; **come in and ~ yourself down** pasa y siéntate

• **sit in** [v + adv] 1 (attend) **to ~ in (ON sth/sb): he sat in on some of their rehearsals** asistió a *or* estuvo presente en algunos de sus ensayos; **he used to ~ in on my classes** asistía a mis clases como oyente (*or* observador *etc*); **I don't like people ~ting in (on me) while I'm practicing** no me gusta que haya nadie presente cuando practico 2 (as protest) hacer* una sentada *or* (Méx) un sitin

• **sit in for** [v + adv + prep + o] sustituir*, reemplazar*

• **sit on** [v + prep + o]
A (be member of) ‹*committee/jury*› formar parte de, ser* miembro de
B (colloq) 1 (withhold) ‹*information/document*› mantener* oculto 2 (fail to deal with) ‹*application/claim*› no dar* trámite a, retener*; **the banks like to ~ on foreign currency** los bancos suelen retener las divisas el mayor tiempo posible; **they've been ~ting on my letter for weeks** hace semanas que recibieron mi carta y no han hecho nada al respecto
C (colloq) 1 ‹*proposal/plan*› rechazar* 2 ‹*person/employee*› (crush) bajarle los humos a (fam), poner* en su lugar *or* en su sitio; (silence) hacer* callar

• **sit out** [v + o + adv, v + adv + o] 1 (wait until end of) ‹*siege*› aguantar; **to ~ out the storm** esperar a que amaine; ***to ~ it out*** aguantarse 2 (not participate in) ‹*dance*› no bailar; ‹*game*› no tomar parte en

• **sit through** [v + prep + o]: **I sat through two boring lectures** me escuché dos conferencias aburridas (de cabo a rabo); **one of the worst plays I've ever had to ~ through** una de las peores obras que jamás haya tenido que soportar *or* aguantar

• **sit up**
A [v + adv] 1 (in upright position) «*person/patient*» incorporarse; «*dog*» sentarse* sobre las patas traseras; **they are beginning to ~ up and take notice of our warnings** están empezando a hacer caso de nuestras advertencias; **that should make them ~ up and take notice** eso debería alertarlos 2 (with straight back) ponerse* derecho, enderezarse*; **~ up (straight)** ponte derecho, enderézate 3 (not go to bed): **we sat up till one o'clock talking** nos quedamos (levantados) conversando hasta la una; **she sat up night after night with the sick girl** pasó noche tras noche en vela cuidando a la niña enferma; **don't ~ up for me** no me esperes levantado
B [v + o + adv] ‹*child/doll*› sentar*

sitar /ˈsɪtɑːr || ˈsɪtɑː(r)/ *n* sitar *m*

sitcom /ˈsɪtkɑːm || ˈsɪtkɒm/ *n* (colloq) ▸**situation comedy**

sit-down¹ /ˈsɪtdaʊn/ *n* 1 (Lab Rel, Pol) sentada *f*, sitin *m* (Méx) 2 (rest) (BrE) (*no pl*): **I must just have a ~, I'm exhausted** tengo que sentarme un rato, estoy agotado

sit-down² *adj* (*before n*): **~ dinner** cena *f* servida en la mesa; **~ protest/demonstration** sentada *f*, sitin *m* (Méx); **~ strike** huelga *f* de brazos caídos

site¹ /saɪt/ *n*
A 1 (location) emplazamiento *m* (frml); (piece of land) terreno *m*, solar *m*; **built on the ~ of a Roman temple** construido en el lugar que ocupaba un templo romano; **this is the ~ of the battle** este lugar fue el escenario de la batalla 2 (*building ~*) obra *f*; **on ~** in situ, en la obra 3 (*archeological ~*) yacimiento *m or* emplazamiento *m* (arqueológico); **this is a Greek ~** éste es un emplazamiento griego; **a burial ~** una necrópolis 4 (*camp~*) camping *m*
B (Med) (of fracture) lugar *m*, punto *m*; (of infection) zona *f*
C (on Internet) sitio *m*; (*before n*): **~ map** mapa *m* del sitio

site² *vt* (*often pass*) ‹*building/factory*› situar*, ubicar* (esp AmL), emplazar* (frml)

sit-in /ˈsɪt.ɪn/ *n* (demonstration) sentada *f*, sitin *m* (Méx); (strike) encierro *m*, ocupación *f or* toma *f* (*del lugar de trabajo*)

sits vac /ˈsɪts ˈvæk/ *pl n* (BrE colloq) ofertas *fpl* de empleo

sitter /ˈsɪtər || ˈsɪtə(r)/ *n* 1 (Art) modelo *mf* 2 (hen) gallina *f* clueca 3 (*baby*~) baby sitter *mf*, canguro *mf* (Esp)

sitting /ˈsɪtɪŋ/ *n* 1 (for meal etc) turno *m*; **I watched three movies at** *o* **in a single** ~ vi tres películas de una sentada *or* de un tirón (fam) 2 (of committee, parliament) sesión *f*; **an all-night** ~ una sesión que duró (*or* dura *etc*) toda la noche 3 (for painter, photographer) sesión *f*

sitting duck, sitting target *n* (colloq) presa *f* fácil, blanco *m* seguro

sitting room *n* (BrE) sala *f*, salón *m*, living *m* (esp AmS)

sitting target *n* ▸ **sitting duck**

situate /ˈsɪtʃueɪt || ˈsɪtjʊeɪt/ *vt* (locate) (*often pass*) ‹*building/factory/town*› situar*, ubicar* (esp AmL), emplazar* (frml); **the hotel is** ~**d off the main square** el hotel está situado *or* (esp AmL) ubicado muy cerca de la Plaza Mayor; **the house is well** ~**d** la casa está bien situada *or* (esp AmL) bien ubicada; **you're well** ~**d to make a judgment** estás en (una) buena posición para juzgar; **how are you** ~**d (for money)?** ¿cuál es tu situación (económica)?, ¿cómo estás de dinero?; **we're better** ~**d than we were a year ago** estamos mejor situados *or* en mejor situación que hace un año

situation /ˌsɪtʃuˈeɪʃən || ˌsɪtjuˈeɪʃən/ *n*
A (circumstances, position) situación *f*; **the police have the** ~ **under control** la policía tiene controlada la situación; **the international economic/political** ~ la situación económica/política internacional; **a crisis** ~ una (situación de) crisis; **in the classroom** ~**, children ...** en el ámbito de la clase, los niños ...; **to save the** ~ salvar la situación
B (job) (frml) empleo *m*; Ⓢ **situations vacant/wanted** ofertas/demandas de empleo
C (setting) situación *f*, ubicación *f* (esp AmL), emplazamiento *m* (frml)

situation comedy *n* [c u] comedia *f* (*acerca de situaciones de la vida diaria*)

sit-up /ˈsɪtʌp/ *n* (ejercicio *m*) abdominal *m or f* (*levantando el torso del suelo*); **to do** ~**s** hacer* abdominales

six[1] /sɪks/ ▸❶ **p.888**, ▸❶ **p.1465**, ▸❶ **p.1798** *n* seis *m*; (in ice hockey) equipo *m*; ***it's*** ~ ***of one (and half a dozen of the other)*** (colloq): **shall we do it today or tomorrow? — it's** ~ **of one and half a dozen of the other** ¿lo hacemos hoy o mañana? — da lo mismo; **was it her fault? — it was** ~ **of one and half a dozen of the other** ¿tuvo la culpa ella? — los dos tuvieron parte de la culpa; ***to be (all) at*** ~***es and sevens*** (colloq) estar* hecho un lío (fam), estar* muy embrollado (fam); ***to give sb*** ~ ***of the best*** darle* unos azotes a algn; ***to knock sb for*** ~ (BrE) tumbar a algn; **the news really knocked him for** ~ la noticia lo dejó pasmado; ***to knock sth for*** ~ (BrE) tirar algo al suelo; **that's knocked that idea for** ~ eso ha echado por tierra el plan; *see also* **four**[1]

six[2] ▸❶ **p.888**, ▸❶ **p.1465**, ▸❶ **p.1798** *adj* seis *adj inv*; *see also* **four**[2]

sixfold /ˈsɪksfəʊld/ *adj/adv see* **-fold**

six-footer /ˌsɪksˈfʊtər || ˌsɪksˈfʊtə(r)/ *n*: *persona de seis pies de estatura*; **he/she is a** ~ ≈ mide más de un metro ochenta

six-gun /ˈsɪksgʌn/ *n* ▸ **six-shooter**

six-pack /ˈsɪkspæk/ *n*
A (in packaging) paquete *m* de seis unidades
B (abdominal muscles) (colloq) músculos *mpl* abdominales marcados, tableta *f* de chocolate (Esp fam)

sixpence /ˈsɪkspəns/ *n*: *moneda de seis peniques antiguos*

six-shooter /ˈsɪksˌʃuːtər || ˈsɪksˌʃuːtə(r)/ *n* (AmE colloq) revólver *m* (*con seis cámaras*)

sixteen /sɪksˈtiːn/ ▸❶ **p.888**, ▸❶ **p.1465**, ▸❶ **p.1798** *adj/n* dieciséis *adj inv/m*

sixteenth[1] /sɪksˈtiːnθ/ ▸❶ **p.1085**, ▸❶ **p.1465** *adj* decimosexto; *see also* **fifth**[1]

sixteenth[2] *adv* en decimosexto lugar; *see also* **fifth**[2]

sixteenth[3] ▸❶ **p.1085**, ▸❶ **p.1091**, ▸❶ **p.1465** *n* 1 (Math) dieciseisavo *m* 2 (part) dieciseisava parte *f*

sixteenth note *n* (AmE) semicorchea *f*

sixth[1] /sɪksθ/ ▸❶ **p.1085**, ▸❶ **p.1465** *adj* 1 sexto 2 (elliptical use): **the upper/lower** ~ (in UK) el último/penúltimo año de la enseñanza secundaria; *see also* **fifth**[1]

sixth[2] *adv* en sexto lugar; *see also* **fifth**[2]

sixth[3] ▸❶ **p.1085**, ▸❶ **p.1091**, ▸❶ **p.1465** *n* 1 (Math) sexto *m* 2 (part) sexta parte *f*, sexto *m* 3 (Mus) sexta *f*

sixth form *n* (in UK) *los dos últimos años de la enseñanza secundaria*

sixth-form college /ˈsɪksθˈfɔːm || ˈsɪksθˈfɔːm/ *n* (in UK) *institución que imparte cursos para los dos últimos años de la enseñanza secundaria*

sixth former *n* (in UK) *alumno de uno de los dos últimos años de la enseñanza secundaria*

sixth sense *n* sexto sentido *m*

sixtieth[1] /ˈsɪkstiəθ/ ▸❶ **p.1465** *adj* sexagésimo; *see also* **fifth**[1]

sixtieth[2] *adv* en sexagésimo lugar; *see also* **fifth**[2]

sixtieth[3] ▸❶ **p.1091**, ▸❶ **p.1465** *n* 1 sesentavo *m* 2 (part) sesentava *or* sexagésima parte *f*

sixty /ˈsɪksti/ ▸❶ **p.888**, ▸❶ **p.1465** *adj/n* sesenta *adj inv/m*; **the Swinging Sixties** los movidos años sesenta; *see also* **seventy**

sixty-fourth note /ˌsɪkstiˈfɔːrθ || ˌsɪkstiˈfɔːθ/ *n* (AmE) semifusa *f*

sixtyish /ˈsɪkstiɪʃ/ *adj* (in age) de unos sesenta años, sesentón; (in style) de los (años) sesenta

sizable /ˈsaɪzəbəl/ *adj* ‹*fortune/investment/quantity*› considerable; ‹*building/property*› de proporciones considerables; ‹*problem/risk*› importante, considerable

size[1] /saɪz/ *n*
A (dimensions) tamaño *m*; (of problem, task, operation) magnitud *f*, envergadura *f*; **what** ~ **is it?** ¿de qué tamaño es?, ¿qué tamaño tiene?, ¿cómo es de grande?; **it was the** ~ **of a walnut** era del tamaño *or* (Chi tb) del porte de una nuez; **their house is half/twice the** ~ **of ours** su casa es la mitad/el doble de grande que la nuestra; **just look at the** ~ **of that dog!** ¡mira qué perro más enorme!; **to cut glass/cloth to** ~ cortar vidrio/tela a (la) medida; ***that's about the*** ~ ***of it*** (colloq) de eso se trata; (as answer) tú lo has dicho, así es; ***to cut sb down to*** ~ poner* a algn en su sitio, bajarle los humos a algn (fam)
B ▸❶ **p.630**, ▸❶ **p.788** (of clothes) talla *f or* (RPl) talle *m*; (of shoes, gloves) número *m*; **what** ~ **do you take?** ¿qué talla *or* (RPl) talle tiene *or* usa?; **I take (a)** ~ **10 in shoes** calzo *or* (Esp tb) gasto el número 10; **can I try the next** ~ **up?** ¿me puedo probar una talla *or* (RPl) un talle más grande?; **try this one on for** ~ pruébese éste a ver cómo le queda la talla *or* (RPl) el talle; **try this for** ~**: you go and I stay** (colloq) ¿qué tal si vas tú y yo me quedo? (fam)
C [u] (Const) (for plaster, paper) cola *f*; (for cloth) apresto *m*

size[2] *vt*
A (classify according to size) ponerle* la talla *or* (RPl) el talle a
B (glaze, seal) ‹*wall/paper*› encolar; ‹*cloth*› aprestar

Phrasal verb

- **size up** [v + o + adv, v + adv + o] (colloq) ‹*problem*› evaluar*; **he immediately** ~**d up the situation** enseguida evaluó la situación *or* se hizo una composición de lugar; **she** ~**d him up straight away** enseguida lo caló (fam); **they** ~**d each other up warily** se miraron recelosamente, como midiéndose

-size /saɪz/, **-sized** /saɪzd/ *suff*: **medium**~ de tamaño mediano; **a good**~ **helping** una buena porción, una porción generosa

sizeable *adj* ▸ **sizable**

-sized /saɪzd/ *suff* ▸ **-size**

sizzle[1] /ˈsɪzəl/ *vi* «*bacon/sausage*» chisporrotear, crepitar; **she was sizzling with rage** estaba que echaba chispas (fam)

sizzle[2] *n* [u] chispa *f*; **the idea doesn't have any** ~ la idea no tiene chispa

sizzler /ˈsɪzlər || ˈsɪzlə(r)/ *n* 1 (hot day) (colloq) día *m* de muchísimo calor 2 (as intensifier) (colloq): **a** ~ **of a match** un partidazo (fam), flor de partido (CS fam)

sizzling /ˈsɪzlɪŋ/ *adj* 1 ‹*fat/sausages*› muy caliente; **I heard a** ~ **noise** oí algo que chisporroteaba *or* crepitaba, oí un chisporroteo; (*as adv*): **a** ~ **hot day** un día de muchísimo calor, un día de calor abrasador 2 (very good) (colloq) ‹*shot/performance*› fabuloso

skag /skæg/ *n* [u] (AmE colloq) caballo *m* (arg)

skanky /ˈskæŋki/ *adj* **-kier, -kiest** (colloq) ‹*clothes/dress/shirt*› asqueroso, guarro (Esp fam); ‹*girl/girlfriend/bride*› con pinta de putilla (fam); ‹*bar/motel/pub/toilet*› de mala muerte, cutre (Esp fam), rasca (CS fam), chafa (Méx fam)

skate[1] /skeɪt/ *n*
A [c] (*ice* ~) 1 patín *m* (*para patinaje sobre hielo*); ***to get*** *o* ***put one's*** ~***s on*** (BrE) darse* prisa, apurarse (AmL) 2 (*roller* ~) patín *m* (*de ruedas*)
B [u c] (*pl* ~ *or* ~**s**) (Culin, Zool) raya *f*

skate[2] *vi* patinar; **to go skating** ir* a patinar

Phrasal verbs

- **skate around**, (BrE also) **skate round** [v + prep + o] (colloq) ‹*problem/difficulty*› esquivar
- **skate over** [v + prep + o] ‹*problem/issue*› tratar muy por encima

skateboard /ˈskeɪtbɔːrd || ˈskeɪtbɔːd/ *n* monopatín *m*, patineta *f* (AmL)

skateboarder /ˈskeɪtbɔːrdər || ˈskeɪtbɔːdə(r)/ *n* monopatinador, -dora *m,f*, patinador, -dora *m,f* de patineta (AmL)

skateboarding /ˈskeɪtˌbɔːrdɪŋ || ˈskeɪtˌbɔːdɪŋ/ *n* [u] deporte *m* del monopatín *or* (CS, Ven) de la patineta

skatepark /ˈskeɪtpɑːrk || ˈskeɪtpɑːk/ *n* parque *m* de monopatín, parque *m* de patineta (AmL)

skater /ˈskeɪtər || ˈskeɪtə(r)/ *n* patinador, -dora *m,f*

skating /ˈskeɪtɪŋ/ *n* [u] (*ice* ~) patinaje *m* sobre hielo; (*roller* ~) patinaje *m* sobre ruedas; (*before n*): ~ **rink** pista *f* de patinaje

skedaddle /skɪˈdædl/ *vi* (colloq) largarse* (fam), poner* pies en polvorosa (fam)

skein /skeɪn/ *n*
A (of yarn) madeja *f*
B (of geese) bandada *f*

skeletal /ˈskelətl || ˈskelɪtl/ *adj* 1 ‹*deformity/remains*› óseo 2 ‹*structure/frame*› escueto; **the** ~ **branches of the trees** las ramas desnudas de los árboles 3 (emaciated) ‹*appearance/person*› esquelético

skeleton[1] /ˈskelətn || ˈskelɪtn/ *n* 1 (Anat) esqueleto *m*; **she's a walking** ~ está hecha un esqueleto, está esquelética, está en los huesos (fam); ***a*** ~ ***in sb's closet*** *o* (BrE) ***cupboard*** *un secreto vergonzoso que se intenta mantener oculto*; **she found several** ~**s in the family cupboard** encontró que la familia tenía unos cuantos trapos sucios que ocultar 2 (of building, vehicle) armazón *m or f*, estructura *f*; (of leaf) nervadura *f*; (of book, report) esquema *f*, esbozo *m*

skeleton[2] *adj* (*before n*) ‹*service*› mínimo, básico; ‹*crew/staff*› reducido

skeleton key *n* llave *f* maestra

skeptic, (BrE) **sceptic** /ˈskeptɪk/ *n* escéptico, -ca *m,f*; **she's a bit of a** ~ es algo escéptica

skeptical, (BrE) **sceptical** /ˈskeptɪkəl/ *adj* ‹*person/attitude*› escéptico; **to be** ~ OF *o* ABOUT **sb/sth** tener* dudas ACERCA DE *or* CON RESPECTO A algn/algo; **I'm highly** ~ **about him/his chances** tengo mis serias dudas acerca de *or* con respecto a él/sus posibilidades; **the board remains** ~ **of the proposal** la junta continúa mostrándose escéptica acerca de la propuesta

skeptically, (BrE) **sceptically** /ˈskeptɪkli/ *adv* con escepticismo

skepticism, (BrE) **scepticism** /ˈskeptɪsɪzəm/ *n* [u] escepticismo *m*

sketch[1] /sketʃ/ *n*
A 1 (drawing) bosquejo *m*, esbozo *m*; (for painting, sculpture etc) boceto *m*, bosquejo *m*, esbozo *m*; **to**

S

make a ~ of sth bosquejar *or* esbozar* algo; (*before n*): **~ map** croquis *m* **2** (outline) esbozo *m*, bosquejo *m*, esquema *m*
B **1** (Theat, TV) sketch *m*, apunte *m* **2** (Lit) *breve ensayo o composición literaria*

sketch[2] *vt* **1** (draw) ‹*scene/person*› hacer* un bosquejo de, bosquejar **2** (outline) ‹*idea/plot/situation*› esbozar*, bosquejar
■ **sketch** *vi* hacer* bosquejos *or* bocetos

Phrasal verbs

- **sketch in** [v + o + adv, v + adv + o] **1** (Art) hacer* un bosquejo de, bosquejar **2** (in speech, writing) esbozar*, bosquejar; (add) agregar* un esbozo de
- **sketch out** [v + o + adv, v + adv + o] **1** (Art) bosquejar **2** (in speech, writing) esbozar*, bosquejar

sketchbook /'sketʃbʊk/ *n* cuaderno *m* de bocetos

sketchily /'sketʃəli || 'sketʃɪli/ *adv* muy por encima, de manera muy superficial

sketching /'sketʃɪŋ/ *n* [u]: **to do some ~** hacer* algunos bosquejos

sketchpad /'sketʃpæd/ *n* bloc *m* de dibujo

sketchy /'sketʃi/ *adj* **-chier, -chiest** ‹*account/treatment*› muy superficial; ‹*memories*› vago; ‹*knowledge*› muy básico *or* elemental; ‹*piece of work*› demasiado esquemático

skew[1] /skju:/ *n* **1** [c u] (in statistics) sesgo *m* **2** **on the skew** al sesgo; **this hat should be worn on the ~** este sombrero se debe llevar ladeado

skew[2] *adj* **1** (twisted, crooked) torcido, chueco (AmL) **2** (in statistics) ‹*curve/distribution*› sesgado

skew[3] *vt* **1** (cause to curve) ‹*line*› torcer*; ‹*ball*› desviar* **2** (bias): **to be ~ed** estar* sesgado **3** (distort) ‹*facts/results*› presentar de manera sesgada
■ **skew** *vi*: **to ~ off course** desviarse*

skewbald[1] /'skju:bɔ:ld/ *adj* pío

skewbald[2] *n* caballo *m* pío

skewer[1] /'skju:ər || 'skju:ə(r)/ *n* pincho *m*; (for kebabs etc) pincho *m*, brocheta *f*, brochette *f* (RPl)

skewer[2] *vt* ‹*meat/kebabs/fish*› ensartar en un pincho (*or* brocheta *etc*)

skew-whiff /ˌskju:'hwɪf || ˌskju:'wɪf/ *adj* (BrE colloq) (*pred*): **to be ~** estar* torcido, estar* chueco (AmL)

ski[1] /ski:/ *n* (Sport) esquí *m*; (Aviat) esquí *m*; (*before n*): **~ boots/suit** botas *fpl* /traje *m* de esquiar; **~ instructor** monitor, -tora *m,f* de esquí; **~ mask** verdugo *m*, pasamontañas *m*; **~ mountaineering** esquí *m* de travesía *or* de montaña; **~ pants** *o* (BrE) **trousers** pantalones *mpl* de esquí, pantalones *mpl* fuseau; **~ pass** pase *m* de esquí, forfait *m* (es Esp); **~ pole** *o* (BrE) **stick** bastón *m* (de esquí); **~ run** pista *f* de esquí

ski[2] *vi* esquiar*; **to go ~ing** ir* a esquiar; **we ~ed all the way down the mountain** bajamos la montaña esquiando

ski-bob /'ski:bɑ:b || 'ski:bɒb/ *n* skibob *m* (*especie de bicicleta con esquís en lugar de ruedas*)

skid[1] /skɪd/ *n*
A (slide) (Auto) patinazo *m*, derrape *m*, derrapaje *m*, patinada *f* (AmL); **to go into a ~** patinar, derrapar; (*before n*): **~ marks** marcas *fpl or* huellas *fpl* de un patinazo
B (for moving goods) rastra *f*; ***to be on the ~s*** (colloq) ir* cuesta abajo; **to hit the ~s** empezar* a ir cuesta abajo; ***to put the ~s under sb*** hacerle* *or* (Esp) ponerle* la zancadilla a algn, (a)serrucharle el piso a algn (CS); **that put the ~s under our proposals** eso dio al traste con nuestras propuestas
C (support) (AmE) larguero *m*
D (brake) freno *m*

skid[2] *vi* **-dd-** «*car/plane/wheels*» patinar, derrapar; «*person*» resbalarse; «*object*» deslizarse*; **the car ~ded on the ice** el coche patinó *or* derrapó en el hielo; **we ~ded off the road/into a tree** patinamos *or* derrapamos y nos salimos de la carretera/y chocamos contra un árbol; **the vehicle ~ded to a halt** el vehículo se detuvo tras dar un patinazo; **I ~ded across the kitchen floor** (me) resbalé y me fui de un lado al otro de la cocina

skid lid *n* (BrE colloq) casco *m* (protector)

skidpad /'skɪdpæd/ *n* (AmE) *pista de prácticas para conductores de vehículos pesados*

skidpan /'skɪdpæn/ *n* (BrE) ▸**skidpad**

skid row *n* [u] (AmE colloq) barrios *mpl* bajos; **he's heading for ~ ~** va a terminar mal

skier /'ski:ər || 'ski:ə(r)/ *n* esquiador, -dora *m,f*

skiff /skɪf/ *n* esquife *m*

skiffle /'skɪfəl/ *n* [u]: *amalgama de música folclórica americana, jazz y rock*

skiing /'ski:ɪŋ/ *n* [u] esquí *m*; **cross-country ~** esquí *m* de fondo; (*before n*): **~ holiday** vacaciones *fpl* en la nieve, vacaciones *fpl* de esquí; **~ instructor** instructor, -tora *m,f* de esquí

skijump /'ski:dʒʌmp/ *n* **1** (ramp) trampolín *m*, pista *f* de salto **2** (action) salto *m* con esquís

skijumping /'ski:jʌmpɪŋ/ *n* [u] saltos *mpl* de esquí

skilful *etc* (BrE) ▸**skillful** *etc*

skilift /'ski:lɪft/ *n* telesquí *m*

skill /skɪl/ *n* **1** [u] (ability) habilidad *f*; **technical ~** destreza *f*; **her ~ as a negotiator** su habilidad para negociar; **she showed little organizational ~** no demostró tener habilidad *or* aptitudes para organizar; **a high degree of ~ is required for driving big trucks** se necesita mucha destreza para manejar *or* (Esp) conducir camiones grandes; **game of ~** juego *m* de ingenio; **~ IN/AT sth**: **her ~ at (doing) crosswords** su habilidad para hacer crucigramas *or* para los crucigramas; **the post requires ~ in administration** el puesto requiere dotes *or* aptitudes administrativas **2** [c] (technique): **typing is a very useful ~ to have** saber escribir a máquina es muy útil; **the course develops your analytical ~s** el curso desarrolla su capacidad analítica; **we need somebody with research ~s** necesitamos a alguien con experiencia en investigación; **she has no secretarial ~s** no sabe taquigrafía ni mecanografía (*or* procesamiento de textos *etc*); **the basic ~s of graphic design** las técnicas básicas del diseño gráfico; **social ~s** don *m* de gentes

skilled /skɪld/ *adj* ‹*negotiator*› hábil, experto; ‹*pilot*› diestro, experto; ‹*worker/labor*› calificado *or* (Esp) cualificado; ‹*work*› de especialista, especializado

skillet /'skɪlət || 'skɪlɪt/ *n* **1** (frying pan) sartén *f or* (AmL tb) sartén *m* **2** (saucepan) (BrE) *cacerola pequeña con mango largo*

skillful, (BrE) **skilful** /'skɪlfəl/ *adj* ‹*liar/tactics/play*› hábil; ‹*surgeon/mechanic*› diestro; (at sewing, craftwork) habilidoso, diestro, hábil; **they're very ~ at avoiding confrontations** son muy hábiles *or* tienen mucha habilidad para evitar enfrentamientos; **he's pretty ~ with a needle and thread** es bastante habilidoso para la costura, se da bastante maña para coser

skillfully, (BrE) **skilfully** /'skɪlfəli/ *adv* hábilmente, con habilidad

skillfulness, (BrE) **skilfulness** /'skɪlfəlnəs || 'skɪlfəlnɪs/ *n* [u] habilidad *f*

skim /skɪm/ **-mm-** *vt*
A (Culin) ‹*milk*› descremar, desnatar (Esp); ‹*soup*› espumar; **to ~ sth OFF sth**: **~ the fat off the stock** quítele la grasa al caldo
B **1** (glide over) ‹*water/treetops*› pasar casi rozando; **the ducks ~med the surface of the pond** los patos volaron casi rozando la superficie del estanque; **he did no more than ~ the surface of the problem** no hizo más que tocar el problema muy por encima **2** (throw): **to ~ stones** hacer* cabrillas, hacer* patitos (CS, Méx), hacer* pan y quesito (Col)
C (read quickly) ‹*book/article/page*› leer* por encima, echarle una ojeada *or* un vistazo a
D (Fin) ‹*credit card/debit card*› clonar
■ **skim** *vi*
A (glide): **the speedboat ~med over the sea** la lancha apenas rozaba la superficie del mar
B (read quickly) leer* por encima; **my eye ~med down the page** le eché una ojeada *or* un vistazo a la página; **to ~ THROUGH sth** leer* algo por encima, echarle una ojeada *or* un vistazo a algo

skimmer /'skɪmər || 'skɪmə(r)/ *n* **1** (spoon) espumadera *f* **2** (for swimming pool) *utensilio para recoger hojas etc de la superficie de una piscina* **3** (bird) rayador *m*, picotijera *m*

skim milk, (BrE) **skimmed milk** /skɪmd/ *n* [u] leche *f* descremada *or* (Esp tb) desnatada

skimobile /'ski:məbi:l/ *n* (AmE) motoesquí *m* (*de nieve*), esquimóvil *m*

skimp /skɪmp/ *vi* (colloq) **to ~ (ON sth)** escatimar (algo), cicatear (algo) (fam), mezquinar (algo) (esp AmL)

skimpily /'skɪmpəli || 'skɪmpɪli/ *adv*: **~ dressed** ligero de ropas; **~ made** hecho con escasez de materiales; **she deals rather ~ with this topic** trata este tema muy superficialmente

skimpy /'skɪmpi/ *adj* **-pier, -piest** ‹*meal/portion*› mezquino, pobre; ‹*funds*› escaso; ‹*treatment*› superficial; **a ~ nightdress** un brevísimo camisón

skin[1] /skɪn/ *n*
A **1** [u] (of person) piel *f*; (esp of face; in terms of quality, condition) cutis *m*, piel *f*; (in terms of color) tez *f*, piel *f*; **I can't wear wool next to my ~** no puedo soportar la lana en contacto con la piel; **she has good/bad ~** tiene muy buen/mal cutis; **his dark ~** su tez *or* piel oscura; **they're sisters under the ~** en el fondo son muy parecidas; **he really gets inside the ~ of his characters** se identifica totalmente con sus personajes; ***by the ~ of one's teeth*** por un pelo (fam), por los pelos (fam); **she caught the plane by the ~ of her teeth** no perdió el avión por un pelo *or* por los pelos (fam); ***it's no ~ off my nose*** a mí me trae sin cuidado, ¿a mí qué me importa?; **it's no ~ off her nose** *o* **back if you don't see a doctor** no es ella la que se perjudica si tú no vas al médico; ***to be all ~ and bones*** estar* hecho un esqueleto, estar* en los huesos; ***to get under sb's ~*** (colloq) crisparle los nervios a algn, sacar* a algn de quicio; ***to have a thick ~*** ser* insensible a las críticas; ***to have a thin ~*** ser* muy susceptible a las críticas; ***to have sb under one's ~*** (colloq) estar* loco por algn (fam); ***to give sb some skin*** (AmE) chocar* las manos con algn (*para celebrar*); ***to jump*** *o* ***leap*** *o* ***be frightened out of one's ~***: **I nearly jumped out of my ~ when ...** casi me muero del susto cuando ..., me llevé tremendo susto cuando ... (fam); (*before n*) ‹*cream*› para la piel; ‹*disease*› de la piel, cutáneo; **~ cancer** cáncer *m* de piel; **~ care** cuidado *m* de la piel *or* del cutis; **~ graft** injerto *m* (cutáneo); **~ test** cutirreacción *f*; **~ wound** herida *f* superficial; ▸**save**[1] **A1** **2** [u c] (of animal, bird, fish) piel *f* **3** [u c] (of tomatoes, plums) piel *f*; (of potatoes, bananas) piel *f*, cáscara *f* **4** [u c] (of sausage) piel *f* **5** [u] (on milk, custard) nata *f*; (on paint) capa *f* dura
B [u] (of vehicle, plane, ship, building) revestimiento *m*
C [c] (for water, wine) odre *m*, pellejo *m*
D [c] (stencil) cliché *m*
E [c] (Comput) skin *m* (*conjunto de imágenes o archivo que permiten cambiar la apariencia de un programa*)

skin[2] *vt* **-nn-** **1** ‹*animal*› despellejar, desollar*; **to ~ sb alive** desollar* vivo a algn, arrancarle* la piel a tiras a algn; **~ the tomatoes** quíteles la piel a los tomates, pele los tomates **2** (scrape) ‹*knee/elbow*› despellejar, pelar

skindeep /skɪn'di:p/ *adj* (*pred*): **to be ~** ser* superficial

skindive /'skɪndaɪv/ *vi* hacer* submarinismo, bucear; **to go skindiving** ir* a hacer submarinismo, ir* a bucear

skindiver /'skɪnˌdaɪvər || 'skɪnˌdaɪvə(r)/ *n* buzo *m*, submarinista *mf*

skindiving /'skɪnˌdaɪvɪŋ/ *n* [u] submarinismo *m*, buceo *m*

skin flick *n* (sl) película *f* porno (fam)

skinflint /'skɪnflɪnt/ *n* (colloq) roñoso, -sa *m,f* (fam), tacaño, -ña *m,f*, amarrete, -ta *m,f* (AmS fam), pichirre *mf* (Ven fam)

skinful /'skɪnfʊl/ *n*: ***to have had a ~*** (colloq) estar* como una cuba (fam)

S

skinhead /ˈskɪnhed/ *n* cabeza *mf* rapada

skinless /ˈskɪnləs || ˈskɪnlɪs/ *adj* ‹*chicken/sausage*› sin piel

-skinned /ˈskɪnd/ *suff*: **smooth~/red~** de piel suave/roja

skinny¹ /ˈskɪni/ *adj* **-nier, -niest**
A ‹*person/arms*› flaco, flacucho (fam); (AmE colloq) ‹*space*› estrecho, angosto (esp AmL)
B (colloq) ‹*coffee/latte/mocha*› con leche descremada *or* (Esp) desnatada

skinny² *n* [u] (AmE colloq): **the ~** la información confidencial

skinny-dipping /ˈskɪni,dɪpɪŋ/ *n* [u] (colloq): **to go ~** ir* a bañarse en cueros (fam)

skinnyrib /ˈskɪnirɪb/ *adj* (BrE) acanalado y ceñido

skint /skɪnt/ *adj* (BrE colloq) (*pred*): **to be ~** estar* pelado (fam), estar* pato (CS fam), estar* pelando gajos (Ven fam)

skintight /skɪnˈtaɪt/ *adj* muy ceñido, muy ajustado

skin trade *n* (sl) negocio *m* del porno (fam)

skip¹ /skɪp/ *n*
A (jump) brinco *m*, saltito *m*
B (BrE) **1** (container) contenedor *m* (*para escombros, basura etc*) **2** (cage) montacargas *m*
C (esp BrE) ▸**skipper¹**

skip² **-pp-** *vi*
A **1** (move lightly and quickly): **he ~ped along the path** iba brincando *or* dando saltitos por el camino **2** (with rope) (BrE) ▸**skip² B 3** (go): **I'd just ~ped out to Nancy's** había salido un momentito a casa de Nancy; **we ~ped over to Paris for a couple of days** nos hicimos una escapada a París a pasar un par de días
B (in writing, speaking, reading) saltar; **the writer ~s (about) from subject to subject** el escritor salta de un tema a otro; **to ~ over sth** saltarse *or* (RPl) saltearse algo
C (depart) (AmE colloq) largarse* (fam)
■ **skip** *vt*
A **1** (omit) ‹*page/chapter*› saltarse, saltearse (RPl); **I think I'll ~ dinner today** creo que hoy no voy a cenar *or* (fam) voy a pasar de cenar; **you mustn't ~ any meals** no debes saltarte *or* (RPl) saltearte ninguna comida; **I think I'll ~ dessert/the first course** creo que no voy a comer postre/el primer plato, creo que voy a pasar del postre/del primer plato (fam); **his heart ~ped a beat** le dio un vuelco el corazón; **~ it!** (colloq) ¡déjalo!, ¡olvídalo! **2** (not attend) ‹*class/meeting*› faltar a
B (jump) (AmE): **to ~ rope** saltar a la cuerda *or* (Esp tb) a la comba, saltar (al) lazo (Col), saltar al cordel (Chi)
C **to ~ town** (leave) (AmE) desaparecer* del mapa (fam)

Phrasal verb
• **skip off** [v + adv] (colloq) largarse* (fam)

skipper¹ /ˈskɪpər || ˈskɪpə(r)/ *n* (colloq) **1** (of boat) patrón, -trona *m,f*, capitán, -tana *m,f*; (of plane) capitán, -tana *m,f* **2** (Sport) (coach) entrenador, -dora *m,f*; (captain) capitán, -tana *m,f*; (*as form of address*) jefe, -fa (fam); **morning, ~** ¡buenas, jefe! (fam)

skipper² *vt* (colloq) ‹*boat/plane*› capitanear; **he ~ed the team to victory in 1948** condujo al equipo a la victoria en 1948

skip rope, (BrE) **skipping rope** /ˈskɪpɪŋ/ *n* ▸**jump rope**

skirl /skɜːrl || skɜːl/ *n* [u]: **the ~ of the bagpipes** el son de las gaitas

skirmish¹ /ˈskɜːrmɪʃ || ˈskɜːmɪʃ/ *n* (Mil) escaramuza *f*, refriega *f*

skirmish² *vi*: **demonstrators ~ed with the police** hubo escaramuzas *or* refriegas entre los manifestantes y la policía

skirt¹ /skɜːrt || skɜːt/ *n*
A [c] **1** (garment) falda *f*, pollera *f* (CS) **2** (of dress) falda *f*, pollera *f* (CS); (of jacket) faldón *m*
B (woman) (sl): **a ~** *o* (BrE) **bit of ~** una falda *or* (CS tb) pollera; **to chase ~s** *o* (BrE) **~** andar* detrás de las faldas *or* (CS tb) polleras
C [u] (cut of beef) (BrE) falda *f*, matambre *m* (RPl)

skirt² *vt* **1** (run alongside) ‹*town/mountain/forest*› bordear; **the road ~s the lake** la carretera bordea el lago **2** ▸**skirt around**

Phrasal verb
• **skirt around,** (BrE also) **skirt round** [v + prep + o] **1** (pass around) ‹*mountain/lake*› bordear **2** (evade) ‹*issue/problem*› eludir, orillar

skirting /ˈskɜːrtɪŋ || ˈskɜːtɪŋ/ *n* (BrE) ▸**skirting board**

skirting board *n* [c u] (BrE) zócalo *m*, rodapié *m*, guardapolvo *m* (Chi)

skit /skɪt/ *n* (Theat) sketch *m* satírico; (Lit) obra *f* satírica, sátira *f*; **~ ON sb/sth** sátira *or* parodia DE algn/algo; **a ~ on the president** una sátira *or* parodia del presidente

skitter /ˈskɪtər || ˈskɪtə(r)/ *vi*: **the dog ~ed across the ice** el perro corría resbalando sobre el hielo; **the stone ~ed over the water** la piedra pasó rozando la superficie del agua

skittish /ˈskɪtɪʃ/ *adj* **1** (capricious) ‹*person*› voluble, veleidoso **2** (nervous) ‹*horse*› asustadizo

skittishly /ˈskɪtɪʃli/ *adv* **1** (capriciously) veleidosamente **2** (nervously) nerviosamente

skittle /ˈskɪtl/ *n* bolo *m*

skittle alley *n* bolera *f*, bowling *m*

skittles /ˈskɪtlz/ *n* (+ *sing vb*) bolos *mpl*; **to have a game of ~** jugar* a los bolos

skive /skaɪv/ *vi* (BrE colloq) **1** (not work) holgazanear, gandulear (fam), sacar* la vuelta (Chi fam), hacer* sebo (RPl fam) **2** ▸**skive off A2**

Phrasal verb
• **skive off** (BrE colloq)
A [v + adv] **1** (disappear) escurrir el bulto (fam), escaparse, pirarse (Esp fam) **2** (stay away — from school) hacer novillos (fam), hacerse* la rata *or* la rabona (RPl fam), irse* de pinta (Méx fam), hacer* la cimarra (Chi fam), capear (clases) (Chi fam), capar clase (Col fam), jubilarse (Ven fam); (— from work) no ir* a trabajar, capear (Chi) *or* (Col) capar trabajo (fam)
B [v + adv + o]: **he ~d off work** no fue a trabajar, capeó (Chi) *or* (Col) capó trabajo (fam); **she ~d off school** hizo novillos (fam), hizo la rata *or* la rabona (RPl fam), se fue de pinta (Méx fam), hizo la cimarra *or* capeó clases (Chi fam), capó clase (Col fam), se jubiló (Ven fam)

skiver /ˈskaɪvər || ˈskaɪvə(r)/ *n* (BrE colloq) vago, -ga *m,f* (fam), haragán, -gana *m,f*, capeador, -ora *m,f* (Chi fam)

skivvy /ˈskɪvi/ *n* (*pl* **-vies**)
A (servant) (BrE colloq) fregona *f* (pey), sirvienta *f*
B **skivvies®** *pl* (underwear) (AmE colloq) ropa *f* interior; **in his skivvies** en paños menores (fam & hum)

skua /ˈskjuːə/ *n* págalo *m*

skulduggery, skullduggery /skʌlˈdʌgəri/ *n* [u] trapicheo *m* (fam), tejemanejes *mpl*

skulk /skʌlk/ *vi*: **I saw him ~ing in the background** lo vi al fondo, tratando de pasar desapercibido; **what are you doing ~ing around in here?** ¿qué haces merodeando por aquí?; **he's ~ed off to the barn** se ha ido a esconder al granero

skull /skʌl/ *n* cráneo *m*; **the ~ and crossbones** la bandera pirata con la calavera; **can't you get it into your thick ~ that ... ?** (colloq) ¿no te entra en la mollera que ... ? (fam); **he must be out of his ~** (colloq) debe (de) estar mal de la cabeza

skullcap /ˈskʌlkæp/ *n* casquete *m*; (Relig) solideo *m*

skullduggery *n* [u] ▸**skulduggery**

skunk¹ /skʌŋk/ *n* **1** (Zool) mofeta *f*, zorrillo *m* (AmL), zorrino *m* (CS), mapurite *m* (AmC, Ven); ***to be as drunk as a ~*** (AmE colloq & hum) estar* como una cuba (fam) **2** (unpleasant person) (colloq) canalla *mf*

skunk² *vt* (AmE colloq) darle* una paliza a (fam), hacer* papilla (fam)

sky /skaɪ/ *n* [u c] (*pl* **skies**) cielo *m*, firmamento *m* (liter); ***the ~'s the limit*** todo es posible; ***to praise sth/sb to the skies*** poner* algo/a algn por las nubes; ***red ~ at night, shepherd's*** *o* (AmE also) ***sailor's delight*** el cielo rojo por la noche anuncia buen tiempo

sky-blue /skaɪˈbluː/ ▸ℹ **p.1036** *adj* (*pred* **sky blue**) (dark) azul cielo *adj inv*; (light) azul celeste *adj inv*, celeste (AmL)

sky blue ▸ℹ **p.1036** *n* [u] (dark) azul *m* cielo; (light) azul *m* celeste, celeste *m* (AmL)

sky-blue pink *n* [u] (BrE hum) rosa *f* como el azul del cielo (hum)

skybox /ˈskaɪbɑːks || ˈskaɪbɒks/ *n* (AmE) palco *m* VIP, palco *m* preferencial

skycap /ˈskaɪkæp/ *n* (AmE) maletero *m* *or* (RPl) changador *m* (*de aeropuerto*)

skydive /ˈskaɪdaɪv/ *vi* hacer* paracaidismo acrobático

skydiver /ˈskaɪdaɪvər || ˈskaɪdaɪvə(r)/ *n* paracaidista *mf* acrobático

skydiving /ˈskaɪ,daɪvɪŋ/ *n* [u] paracaidismo *m* acrobático

skyhigh¹ /skaɪˈhaɪ/ *adv*: **he kicked the ball ~** mandó la pelota por los aires; **house prices have gone ~** el precio de la vivienda se ha disparado *or* se ha puesto por las nubes

skyhigh² *adj*: **prices are ~** los precios están por las nubes *or* son astronómicos; **he's ~ on his chances of election** (AmE) cree que tiene la victoria asegurada

skyjack /ˈskaɪdʒæk/ *vt* secuestrar (*un avión*)

skyjacker /ˈskaɪ,dʒækər || ˈskaɪdʒækə(r)/ *n* pirata aéreo, -rea *m,f*

skylark¹ /ˈskaɪlɑːrk || ˈskaɪlɑːk/ *n* alondra *f*

skylark² *vi* (colloq) payasear (fam)

skylight /ˈskaɪlaɪt/ *n* tragaluz *m*, claraboya *f*

skyline /ˈskaɪlaɪn/ *n* **1** (horizon) (línea *f* del) horizonte *m* **2** (of city): **the Manhattan ~** los edificios de Manhattan recortados *or* perfilados contra el horizonte

sky pilot *n* (sl: used in armed forces) capellán *m*

skyrocket¹ /ˈskaɪ,rɑːkət || ˈskaɪ,rɒkɪt/ *n* cohete *m*

skyrocket² *vi* (colloq) ‹‹*prices/costs*›› dispararse

skyscraper /ˈskaɪ,skreɪpər || ˈskaɪ,skreɪpə(r)/ *n* rascacielos *m*

skyward /ˈskaɪwərd || ˈskaɪwəd/ (BrE also) **skywards** /-z/ *adv* hacia el cielo

skyway /ˈskaɪweɪ/ *n* (AmE) ruta *f* de vuelo, ruta *f* aérea

skywriting /ˈskaɪ,raɪtɪŋ/ *n* [u] publicidad *f* aérea

slab /slæb/ *n* **1** (of stone) losa *f*; (of concrete) bloque *m*; (of wood) tabla *f*; (of cake, bread) pedazo *m*, trozo *m* (*grueso*); **a marble ~** una placa de mármol; **a ~ of chocolate** una tableta de chocolate **2** (in mortuary) (colloq): **the ~** la mesa de autopsias

slab bacon *n* [u] (AmE) tocino *m*

slack¹ /slæk/ *adj* **-er, -est**
A (loose) ‹*rope/cable*› flojo; ‹*muscle*› fláccido, flojo; **the rope went ~** la cuerda se aflojó
B (lax, negligent) ‹*student*› poco aplicado; ‹*piece of work*› flojo; ‹*prose/style*› descuidado; **discipline is terribly ~** hay muy poca disciplina; **security is very ~ here** aquí tienen muy descuidada la seguridad; **they're very ~ about paying on time** son muy negligentes en cuanto a pagar puntualmente
C **1** (not busy) ‹*period*› de poca actividad, de poco movimiento; **business/demand is very ~** hay muy poco trabajo/muy poca demanda **2** (slow) ‹*wind*› flojo; ‹*water*› manso; ‹*pace*› relajado

slack² *n*
A [u] (rope, wire): **there's not enough/there's too much ~ in the rope** la cuerda está demasiado tensa/floja; ***to cut sb some ~*** (AmE colloq) dejarle pasar algo a algn; ***to take up the ~ in sth*** (use spare capacity) aprovechar la capacidad de algo al máximo; (tighten) tensar algo
B [u] (coal) cisco *m*
C **slacks** *pl* pantalones *mpl* (de sport)

slack³ *vi* (colloq) haraganear, flojear (fam), hacer* el vago (Esp fam)

Phrasal verb
• **slack off** ▸**slacken off**

slacken /ˈslækən/ *vi* **1** (become looser) ‹‹*rope/wire*›› aflojarse **2** (diminish) ▸**slacken off A**

S

■ **slacken** *vt* **1** (loosen) ▸**slacken off B** **2** (reduce) ‹*speed*› reducir*; ‹*pace*› aflojar

(Phrasal verb)

• **slacken off**

A [v + adv] «*wind*» amainar, aflojar; «*traffic*» disminuir*; «*student*» aflojar el ritmo de trabajo; «*speed/rate/effort*» disminuir*; «*trade/demand*» decaer*, disminuir*

B [v + o + adv, v + adv + o] (loosen) ‹*rope/wire*› aflojar

slacker /'slækər || 'slækə(r)/ *n* (colloq) vago, -ga *m,f* (fam), flojo, -ja *m,f* (fam)

slackly /'slækli/ *adv* **1** (loosely): **the rope hung ~** la cuerda colgaba floja *or* suelta; **his clothes hung ~** la ropa le quedaba muy holgada **2** (laxly) descuidadamente

slackness /'slæknəs || 'slæknɪs/ *n* [u] **1** (in rope, wire) falta *f* de tensión **2** (laxness) dejadez *f*, abandono *m*, negligencia *f* **3** (of business, market) falta *f* de actividad *or* movimiento

slag /slæg/ *n*

A [u] (Metall) escoria *f*; (Min) escombro *m*, escoria *f*; (Geol) escoria *f*; (*before n*): **~ heap** escorial *m*, escombrera *f*

B [c] (promiscuous woman) (BrE sl & pej) putilla *f* (fam & pey), fulana *f* (fam & pey), pingo *m* (Esp fam & pey)

(Phrasal verb)

• **slag off** [v + o + adv, v + adv + o] (BrE sl) ‹*person*› hablar pestes de (fam); ‹*record/film*› poner* por los suelos

slain[1] /sleɪn/ *past p of* **slay**

slain[2] *n*: **the ~** los caídos

slake /sleɪk/ *vt*

A (satisfy) (liter) ‹*thirst*› saciar, aplacar*; ‹*desire/curiosity*› satisfacer*, saciar

B (Chem) ‹*lime*› apagar*; **~d lime** cal *f* muerta

slalom /'slɑːləm/ *n* slalom *m*

slam[1] /slæm/ **-mm-** *vt*

A **1** (close violently): **to ~ the door** dar* un portazo; **to ~ the door shut** cerrar* la puerta de un portazo; **to ~ the window shut** cerrar* la ventana de un golpe; **she ~med the door in my face** me dio con la puerta en las narices **2** (put with force): **she ~med the book down on the table** tiró el libro sobre la mesa; **he ~med his fist through the door** atravesó la puerta de un puñetazo; **he ~med the ball into the net** (in soccer etc) marcó de un trallazo; (in tennis etc) incrustó la pelota en la red; **to ~ on the brakes** pegar* un frenazo

B **1** (criticize) (journ) atacar* violentamente **2** (defeat) (colloq) ‹*team/opponent*› darle* una paliza a (fam)

■ **slam** *vi* «*door*» cerrarse* de un portazo *or* de golpe; «*window*» cerrarse* de golpe

slam[2] *n*

A (sound) (*no pl*): **the door shut with a ~** la puerta se cerró de un portazo; **she closed the book with a ~** cerró el libro de un golpe

B [c] (in bridge) slam *m*

slam-bang[1] /'slæm'bæŋ/ *adj* (AmE colloq) movido (fam)

slam-bang[2] *adv* ▸**slap-bang 2**

slam-dancing /'slæm,dænsɪŋ || 'slæm,dɑːnsɪŋ/ *n* [u] (AmE) slam dancing *m* (*baile en que los participantes chocan deliberadamente unos con otros al son de la música rock*)

slam dunk *n* (in basketball) clavada *f* (*canasta marcada metiendo el balón con fuerza desde arriba*)

slammer /'slæmər || 'slæmə(r)/ *n* (sl) cárcel *f*, chirona *f* (fam), cana *f* (AmS arg), trullo *m* (Esp arg), bote *m* (Méx arg), guandoca *f* (Col fam)

slander[1] /'slændər || 'slɑːndə(r)/ *n* [u c] calumnia *f*, difamación *f*; **to sue sb for ~** querellarse contra algn por injuria; (when criminal act has been alleged) demandar a algn por calumnia; **to spread ~s about sb** levantar calumnias contra algn

slander[2] *vt* ‹*person*› calumniar, difamar; ‹*name*› deshonrar

slanderer /'slændərər || 'slɑːndərə(r)/ *n* calumniador, -dora *m,f*, difamador, -dora *m,f*

slanderous /'slændərəs || 'slɑːndərəs/ *adj* calumnioso, difamatorio

slang /slæŋ/ *n* [u] argot *m*; **army/student ~** argot *m or* jerga *f* militar/estudiantil; (*before n*) ‹*term/expression*› argótico

slanging match /'slæŋɪŋ/ *n* (BrE colloq) bronca *f* (fam), intercambio *m* de insultos

slangy /'slæŋi/ *adj* **-gier, -giest** (colloq) argótico

slant[1] /slænt || slɑːnt/ *n*

A [u] (slope) inclinación *f*; (of roof, floor) pendiente *f*; **on a** *o* **the ~** inclinado

B [c] (point of view) enfoque *m*; (bias) sesgo *m*

slant[2] *vi* **1** «*handwriting*» inclinarse **2** **slanting** *pres p* ‹*roof/handwriting*› inclinado; ‹*eyes*› rasgado, almendrado

■ **slant** *vt* **1** (slope) ‹*plant/handwriting*› inclinar **2** ‹*account/report*› darle* un sesgo a; (give bias to) presentar tendenciosamente

slanted /'slæntəd || 'slɑːntɪd/ *adj* **1** (sloping) ‹*roof/handwriting*› inclinado **2** (biased) ‹*account/opinion*› tendencioso, sesgado

slap[1] /slæp/ **-pp-** *vt*

A **1** (hit): **to ~ sb** (on face) pegarle* *or* darle* una bofetada *or* (AmL tb) una cachetada a algn, abofetear a algn, cachetear a algn (AmL); (on arm, leg) pegarle* *or* darle* una palmada a algn; **to ~ sb on the back** darle* una palmada *or* una palmadita a algn en la espalda **2** ‹*ball*› darle* a

B **1** (put with force) tirar; **she ~ped the contract down on the desk** tiró *or* (fam) plantó el contrato en el escritorio **2** (put, apply carelessly): **she ~ped the food onto my plate** me tiró la comida en el plato; **he ~ped some paint on it** le dio una mano de pintura rápidamente; **~ on lots of butter** échale *or* ponle bastante mantequilla; **she ~ped cream all over her face** se embadurnó la cara de crema **3** (impose) (colloq) **to ~ sth ON sb/sth**: **they ~ped another 5% on the price** le encajaron un 5% de aumento al precio (fam); **they ~ped on a massive surcharge** hicieron un recargo brutal (fam); **to ~ sb WITH sth** (AmE): **we've been ~ped with a large fine** nos han encajado *or* metido un multazo (fam)

■ **slap** *vi* golpear

(Phrasal verb)

• **slap down** [v + o + adv, v + adv + o] (colloq) bajarle los humos a (fam)

slap[2] *n* (on face) bofetada *f*, cachetada *f* (AmL); (on back, leg) palmada *f*; **to give sb a ~** darle* una bofetada *or* (AmL tb) una cachetada a algn; **to get a ~** llevarse una bofetada *or* (AmL tb) una cachetada; **he gave me a ~ on the back** me dio una palmada *or* una palmadita en la espalda; ***a ~ in the face*** (rebuff, insult) una bofetada; ***a ~ on the wrist*** un tirón de orejas (fam), un palmetazo

slap[3] *adv* (colloq): **the ball struck him ~ in the face** la pelota le dio en plena cara *or* de lleno en la cara; **she walked ~ into the tree** se dio de narices contra el árbol; **I arrived ~ in the middle of the meeting** llegué justo en plena reunión

slap-bang /'slæp'bæŋ/ *adv* (colloq) **1** (directly) justo; **it's ~ in the center of town** está justo en el centro *or* en pleno centro *or* (Méx tb) en el mero centro de la ciudad **2** (violently): **the truck crashed ~ through the wall** el camión se llevó el muro por delante ¡paf! (fam); **he went ~ into the door** se dio de narices contra la puerta ¡paf! (fam)

slapdash /'slæpdæʃ/ *adj* ‹*work*› chapucero (fam)

slaphappy /'slæp,hæpi/ *adj* **-pier, -piest** (colloq) **1** (foolish) (AmE) tocado (fam) **2** (careless) (BrE) despreocupado; ‹*work*› descuidado; **she's very ~ about getting to work on time** se toma con mucha tranquilidad *or* muy a la ligera eso de llegar puntual al trabajo

slaphead /'slæphed/ *n* (BrE colloq & pej) pelón, -ona *m,f* (fam), pelado, -da *m,f* (CS fam)

slapjack /'slæpdʒæk/ *n* (AmE) ▸**flapjack 1**

slapper /'slæpər || 'slæpə(r)/ *n* (BrE colloq & pej) puta *f* (vulg & pey)

slapstick /'slæpstɪk/ *n* [u] bufonadas *fpl*, payasadas *fpl*; (*before n*): **~ comedy** astracanada *f*

slap-up /'slæpʌp/ *adj* (BrE colloq): **a ~ meal** una comilona (fam), un banquetazo (fam)

slash[1] /slæʃ/ *n*

A **1** (cut — on body) cuchillada *f*, tajo *m*; (— in tire, cloth) raja *f*, corte *m*; (*before n*): **~ wound** herida *f* de arma blanca **2** (Clothing) cuchillada *f*; (*before n*): **~ pocket** bolsillo *m* de ojal

B (oblique) barra *f* (oblicua)

C (BrE sl): **to go for a ~** ir* a mear (vulg); **to have a ~** echar una meada (vulg)

slash[2] *vt*

A **1** (with knife, blade) ‹*person/face*› acuchillar, tajear (AmL); ‹*tires/coat*› rajar; **he ~ed his wrists** se cortó las venas **2** (Clothing) (for decoration) acuchillar

B (reduce) ‹*prices/taxes*› rebajar drásticamente; ‹*budget*› recortar drásticamente; **S prices slashed** espectaculares rebajas

■ **slash** *vi* **to ~ AT sth/sb** golpear algo/a algn; **a ~ing blow** un golpe como un latigazo

slash-and-burn /'slæʃən(d)'bɜːrn || 'slæʃən(d)'bɜːn/ *adj* (*before n*)

A (Agr) de talar y quemar

B (ruthless) implacable, despiadado

slat /slæt/ *n* (of wood) listón *m*, tablilla *f*; (of other materials) tira *f*

slate[1] /sleɪt/ *n*

A **1** [u] (rock) pizarra *f*; (*before n*) ‹*roof*› de pizarra, empizarrado **2** [c] (roof tile) pizarra *f*

B [c] (for writing on) pizarra *f*; ***to have a clean ~*** no tener* borrones en la hoja de servicios; **to wipe the ~ clean** hacer* borrón y cuenta nueva; ***to put sth on the ~*** (BrE) apuntar algo en la cuenta; **can you put it on the ~?** ¿me lo apunta en la cuenta?, ¿me lo fía?; **she had quite a lot on the ~ at the corner shop** debía bastante dinero en la tienda de la esquina

C [c] (list of candidates) (AmE) lista *f* de candidatos

D [c] (listed items) (AmE) lista *f* de ofertas

slate[2] *vt*

A ‹*roof*› empizarrar

B (criticize) ‹*book/film/writer*› poner* por los suelos; **the novel was ~d by the critics** los críticos pusieron la novela por los suelos

C (AmE): **to be ~d** **1** (scheduled): **the convention is ~d for March** la convención está programada para marzo; **they are ~d to testify next week** tienen que prestar declaración la semana próxima; **the site is ~d to become a marina** existen planes para convertir el lugar en un puerto deportivo **2** (chosen, destined): **he's ~d to replace the director** es el candidato para sustituir al director

slate-colored, (BrE) **slate-coloured** /'sleɪt,kʌlərd || 'sleɪt,kʌləd/ *adj* (de color) negro pizarra

slate-gray, (BrE) **slate-grey** /'sleɪt'greɪ/ ▸**i p.1036** *adj* ‹*sky/hills*› gris pizarra *adj inv*

slate gray, (BrE) **slate grey** ▸**i p.1036** *n* [u] gris *m* pizarra

slater /'sleɪtər || 'sleɪtə(r)/ *n* pizarrero, -ra *m,f*

slather /'slæðər || 'slæðə(r)/ *n* (AmE colloq) (*usu pl*) montón *m* (fam), mogollón *m* (Esp fam)

slatted /'slætəd || 'slætɪd/ *adj* ‹*shutters/fence*› de listones

slattern /'slætərn || 'slætən/ *n* (liter) abandonada *f*

slatternly /'slætərnli || 'slætənli/ *adj* (liter) abandonado

slaughter[1] /'slɔːtər || 'slɔːtə(r)/ *n* [u] **1** (of animals) matanza *f*; **ritual ~** sacrificio *m* (ritual) **2** (massacre) masacre *f*, matanza *f*, carnicería *f*

slaughter[2] *vt* **1** (kill) ‹*pig/cattle*› matar, carnear (CS); ‹*civilians/troops*› matar salvajemente, masacrar **2** (defeat) (colloq) ‹*opponent/team*› darle* una paliza a (fam); **we were ~ed in the final** nos dieron una paliza en la final (fam)

slaughterhouse /'slɔːtərhaʊs || 'slɔːtəhaʊs/ *n* matadero *m*

Slav /slɑːv/ *n* eslavo, -va *m,f*

slave[1] /sleɪv/ *n* esclavo, -va *m,f*; **he was sold as a ~** lo vendieron como esclavo; **I'm not your ~!** ¡yo no soy tu criado *or* sirviente!; **to be a ~ TO sth** ser* esclavo DE algo; **she's a ~ to alcohol** es esclava del alcohol; (*before n*): **~ ship** barco *m* negrero; **~ state** (in US history) estado *m* esclavista; **~ trade** comercio *m or* trata *f* de esclavos; **~ trader** negrero, -ra *m,f*

slave[2] *vi* (colloq): **he's been slaving away all day** ha estado trabajando como un negro *or* como un burro todo el día (fam); **to ~ AT o OVER sth: he's been slaving (away) at** *o* **over the report for days** lleva días trabajando como un negro *or* como un burro con el informe (fam); **I've been slaving over a hot stove all afternoon and you say you're not hungry!** ¡me he estado matando en la cocina toda la tarde y me dices que no tienes hambre!

slave driver *n* (colloq) negrero, -ra *m,f* (fam)

slave labor, (BrE) **slave labour** *n* [u] **1** (ill-paid work): **this job is just ~ ~** en este trabajo te explotan, aquí son unos negreros (fam) **2** (Hist): **roads built by ~ ~** carreteras construidas con el trabajo de los esclavos

slaver[1] *n*
A [c] /ˈsleɪvər || ˈsleɪvə(r)/ **1** (ship) barco *m* negrero **2** (person) negrero, -ra *m,f*
B [u] /ˈslævər || ˈslævə(r)/ (saliva) baba *f*

slaver[2] /ˈslævər || ˈslævə(r)/ *vi* babear; **to ~ OVER sb/sth: he was ~ing over the girls in their bikinis** se le caía la baba mirando a las chicas en bikini

slavery /ˈsleɪvəri/ *n* [u] esclavitud *f*; **he was sold into ~** lo vendieron como esclavo; **the abolition of ~** la abolición de la esclavitud

Slavic /ˈslɑːvɪk/ *adj* eslavo

slavish /ˈsleɪvɪʃ/ *adj*
A (unoriginal) falto de originalidad; **they're ~ reproductions of classical designs** son simples reproducciones de diseños clásicos
B (servile) ‹*attitude*› servil; ‹*devotion*› ciego, incondicional

slavishly /ˈsleɪvɪʃli/ *adv*
A (unoriginally) ‹*follow/copy*› ciegamente
B (subserviently) ‹*agree/accept*› servilmente; ‹*loyal/obedient*› servilmente

slavishness /ˈsleɪvɪʃnəs || ˈsleɪvɪʃnɪs/ *n* [u]
A (unoriginality) falta *f* de originalidad
B (subservience) servilismo *m*

Slavonic /sləˈvɑːnɪk || sləˈvɒnɪk/ *adj* eslavo

slaw /slɔː/ *n* [u] (AmE) *ensalada de repollo, zanahoria y cebolla con mayonesa*

slay /sleɪ/ *vt* (*past* **slew**; *past p* **slain**) **1** (kill) (liter *or* journ) asesinar, dar* muerte a; **he was slain on the field of battle** (liter) fue muerto en el campo de batalla; **earthquake ~s hundreds** (AmE journ) terremoto se cobra cientos de vidas (period) **2** (amuse greatly) (colloq & dated): **that'll ~ them!** ¡se van a desternillar *or* morir de risa con eso!

slayer /ˈsleɪər || ˈsleɪə(r)/ *n* (liter *or* journ) asesino, -na *m,f*

SLD *n* (formerly in UK) = **Social and Liberal Democrats**

sleaze /sliːz/ *n* **1** [u] sordidez *f*; **the ~ factor was decisive in his defeat** su pasado turbio (*or* su affaire *etc*) fue un factor decisivo en su derrota **2** [c] (corrupt person) (AmE colloq) sinvergüenza *mf*, chueco, -ca *m,f* (Chi, Méx fam)

sleazebag /ˈsliːzbæg/, **sleazeball** /ˈsliːz bɔːl/ *n* (AmE colloq) canalla *mf*

sleazy /ˈsliːzi/ *adj* **-zier, -ziest** ‹*district/bar*› sórdido; ‹*character/type*› de mala pinta

sled[1] /sled/ *n* (AmE) **1** (for children) trineo *m* **2** (dog sled) trineo *m* (*tirado por perros*)

sled[2] **-dd-** *vi* (AmE) ir* en trineo; **the children were ~ding down the slope** los niños se deslizaban en trineo por la ladera
■ **sled** *vt* transportar en trineo

sledding /ˈsledɪŋ/ *n* [u] (AmE): ***to be hard/easy* ~: so far, the negotiations have been hard ~** hasta el momento las negociaciones han sido muy difíciles *or* peliagudas; **from here on, it's easy ~** de aquí en adelante la cosa será más fácil

sledge[1] /sledʒ/ *n*
A (sled) trineo *m*
B ▸**sledgehammer**

sledge[2] *vt/vi* ▸**sled**[2]

sledgehammer /ˈsledʒˌhæmər || ˈsledʒˌhæmə(r)/ *n* mazo *m*, almádena *f*

sleek[1] /sliːk/ *adj* **-er, -est** **1** (glossy) ‹*hair/fur*› lacio y brillante **2** (well-groomed) acicalado, pulcro **3** (stylish, elegant) de líneas elegantes

sleek[2] *vt*: **to ~ one's hair down** alisarse el pelo; **he wore his hair ~ed back with brilliantine** se peinaba hacia atrás con brillantina

sleekness /ˈsliːknəs || ˈsliːknɪs/ *n* [u] **1** (of hair, fur) brillo *m* **2** (of appearance) pulcritud *f* **3** (of design) elegancia *f*

sleep[1] /sliːp/ *n*
A [u c] sueño *m*; **I need my eight hours' ~** yo necesito mis ocho horas de sueño; **her eyes were heavy with ~** se le caían los ojos de sueño; **to go to ~** dormirse*; **she went to ~ almost immediately** se durmió *or* se quedó dormida casi inmediatamente; **my foot has gone to ~** se me ha dormido el pie; **to get to ~** dormirse*; **I can't get to ~** no puedo dormirme, no puedo conciliar el sueño; **try and get some ~** trata de dormir un poco; **I didn't get any ~ last night** anoche no dormí nada *or* no pude dormir; **he is suffering from (a) lack of ~** lo que tiene es falta de sueño; **I'm not tired: I had a ~ on the train** no estoy cansado, dormí un poco en el tren; **I haven't had a decent night's ~ in weeks** hace semanas que no duermo una noche entera; **to put sb to ~: I'll give you an injection to put you to ~** le voy a dar una inyección para dormirlo; **the cat had to be put to ~** (euph) hubo que sacrificar al gato (euf); **to send sb to ~** (hacer*) dormir* a algn; **the motion of the car sent her to ~** el movimiento del coche la hizo dormir *or* la durmió; **his conversation sends me to ~** su conversación me duerme, su conversación me resulta soporífera; **to wake sb out of her/his ~** despertar* a algn; **to walk in one's ~** ser* sonámbulo; **to talk in one's ~** hablar dormido; **deep ~** (Physiol) sueño *m* profundo; **the big ~** (euph) el sueño eterno (euf); ***not to lose any ~ over sb/sth*** no perder* el sueño *or* no preocuparse por algn/algo; **he's not worth losing any ~ over** no vale la pena perder el sueño por él; ***to sleep the ~ of the just*** dormir* el sueño de los justos
B [u] (in eyes) lagañas *fpl*, legañas *fpl*; **to rub the ~ from one's eyes** quitarse *or* limpiarse las lagañas *or* legañas

sleep[2] (*past & past p* **slept**) *vi* dormir*; **to ~ well/badly** dormir* bien/mal; **he was ~ing soundly when we left** dormía profundamente cuando nos fuimos; **she slept on despite the noise** siguió durmiendo a pesar del ruido; **to ~ late** dormir* hasta tarde; **goodnight, ~ tight!** hasta mañana, que duermas bien *or* que descanses; **his bed had not been slept in** no había dormido en su cama; **New York, the city that never ~s** Nueva York, la ciudad que nunca duerme; ***to ~ like a log*** *o* ***a baby*** *o* (BrE) ***a top*** (colloq) dormir* como un tronco *or* como un lirón *or* como un bendito (fam)
■ **sleep** *vt*: **the hotel ~s 200 guests** el hotel tiene 200 camas *or* puede alojar a 200 personas

Phrasal verbs

- **sleep around** [v + adv] (colloq & pej) acostarse* con cualquiera
- **sleep in** [v + adv] **1** (sleep late) quedarse en la cama, dormir* hasta tarde **2** «*servant/nurse*» vivir en (la) casa (*or* hospital *etc*)
- **sleep off** [v + o + adv, v + adv + o]: **he's still ~ing it off** (colloq) todavía está durmiendo la mona (fam); **they had a huge meal and went to bed to ~ it off** se atiborraron de comida y se fueron a dormir para reponerse
- **sleep on** [v + prep + o] ‹*decision/problem*› consultar con la almohada; **I'll ~ on it** lo consultaré con la almohada
- **sleep out** [v + adv] **1** (outdoors) dormir* al aire libre **2** «*nurse/warden/servants*» vivir fuera
- **sleep over** [v + adv] (AmE) quedarse a dormir
- **sleep through**

A [v + prep + o]: **he slept through the alarm clock** no oyó el despertador y siguió durmiendo; **she'll ~ through anything** es capaz de seguir durmiendo aunque haya mucho ruido; **he slept through the whole film** durmió durante toda la película
B [v + adv] seguir* durmiendo

- **sleep together** [v + adv] (euph) tener* relaciones (sexuales)
- **sleep with** [v + prep + o] (euph) acostarse* con (euf)

sleeper /ˈsliːpər || ˈsliːpə(r)/ *n*
A (person): **to be a heavy/light ~** tener* el sueño pesado/ligero; **we're lucky with the baby, he's a good ~** hemos tenido suerte con el bebé, duerme muy bien
B (Rail) **1** (berth) litera *f*, cama *f* **2** (sleeping car) coche *m* cama, coche *m* dormitorio (CS) **3** (train) tren *m* con coches camas *or* (CS) coches dormitorio
C (on track) (Rail) durmiente *m or* (Esp) traviesa *f*
D **1** (unexpected success) *producto que resulta ser un éxito inesperado* **2** (in bill, contract) *cláusula que tiene efectos inesperados*
E (earring) (esp BrE) arete *m or* aro *m or* (Esp) pendiente *m* (*en forma de bolita*), tornillo *m* (Ur)
F (spy) *espía que no entra en actividad hasta pasado cierto tiempo*
G **sleepers** *pl* (AmE) (Clothing) pelele *m*, osito *m* (CS)

sleepily /ˈsliːpəli || ˈsliːpɪli/ *adv*: **yes, she answered ~** —sí —contestó medio dormida *or* con voz somnolienta *or* soñolienta

sleep-in /ˈsliːpˌɪn/ *n* **1** (by employee) estancia *f* nocturna; (*before n*): **~ nanny/housekeeper** residente **2** (by protesters) dormida *f*

sleepiness /ˈsliːpinəs || ˈsliːpinɪs/ *n* [u] **1** (drowsiness) somnolencia *f*, soñolencia *f* **2** (of place) letargo *m*, adormecimiento *m*

sleeping /ˈsliːpɪŋ/ *n* [u] sueño *m*; (*before n*): **what are the ~ arrangements for tonight?** ¿dónde *or* cómo vamos a dormir esta noche?; **the servants'/students' ~ quarters** los dormitorios de la servidumbre/de los estudiantes

sleeping bag *n* saco *m or* (RPl) bolsa *f* de dormir

Sleeping Beauty *n* la Bella Durmiente (del Bosque)

sleeping car *n* (Rail) coche *m* cama, coche *m* dormitorio (CS)

sleeping partner *n* (BrE) (Busn) socio, -cia *m,f* capitalista

sleeping pill *n* somnífero *m*, pastilla *f* para dormir

sleeping policeman *n* (BrE) ▸**speed bump**

sleeping sickness *n* [u] enfermedad *f* del sueño

sleeping suit *n* (BrE) ▸**sleeper G**

sleeping tablet *n* (BrE) ▸**sleeping pill**

sleepless /ˈsliːpləs || ˈsliːplɪs/ *adj*: **I had another ~ night** pasé otra noche en blanco *or* sin poder dormir; **we lay ~ on our bed** estábamos en la cama desvelados *or* sin poder dormir

sleeplessness /ˈsliːpləsnəs || ˈsliːplɪsnɪs/ *n* [u] insomnio *m*

sleep mode *n* [u] modo *m* de reposo

sleep-out /ˈsliːpˌaʊt/ *n*
A (protest) dormida *f* (*en la calle*)
B (veranda) (Austral) galería, veranda *f*; (outbuilding) dependencias *fpl* exteriores

sleepover /ˈsliːpəʊvər || ˈsliːpəʊvə(r)/ *n* (AmE) **1** (by employee — at place of work) permanencia *f* nocturna en el lugar de trabajo; (— on business trip) viaje *m* de negocios con estancia nocturna **2** (of guest) estancia *f* nocturna

sleep-talk /ˈsliːptɔːk/ *vi* hablar dormido *or* en sueños

sleepwalk /ˈsliːpwɔːk/ *vi* caminar dormido; **I used to ~ as a child** de pequeña era sonámbula *or* solía caminar dormida

sleepwalker /ˈsliːpˌwɔːkər || ˈsliːpˌwɔːkə(r)/ *n* sonámbulo, -la *m,f*

sleepwalking /ˈsliːpˌwɔːkɪŋ || ˈsliːpˌwɔːkɪŋ/ *n* [u] sonambulismo *m*

sleepy /ˈsliːpi/ *adj* **-pier, -piest** **1** (drowsy) ‹*expression*› adormilado, somnoliento, soñoliento; ‹*eyes*› de dormido; **to be/feel ~** tener* sueño; **to look ~** tener* cara de sueño; **I always get ~ in the afternoons** siempre me entra *or* me da sueño por la tarde **2** (slow-moving, inactive) ‹*town/atmosphere*› aletargado **3** (inducing sleep) ‹*afternoon/day/climate*› que aletarga *or* amodorra

sleepyhead /ˈsliːpihed/ *n* (colloq) dormilón, -lona *m,f* (fam)

sleet[1] /sliːt/ ▸ⓘ **p.1878** *n* [u] aguanieve *f*

S

sleet[2] ▸ ❶ p.1878 *v impers*: **it is/was ~ing** cae/caía aguanieve

sleeve /sliːv/ *n* 1 (of garment) manga *f*; **long/short ~s** mangas *fpl* largas/cortas; **to roll up one's ~s** arremangarse*; ***to have sth up one's ~*** (colloq) tener* algo planeado; ***to keep sth up one's ~*** reservarse un recurso; **I'm sure she's got a trick up her ~** estoy seguro de que algo se trae entre manos; **I still have a card up my ~** todavía no me he jugado la última carta, todavía me queda una baza; **observe, ladies and gentlemen, there is nothing up my ~s** como ven, damas y caballeros, nada por aquí, nada por allá; ***to laugh up one's ~*** reírse* disimuladamente de algn; **they were laughing up their ~s at us** entre ellos se reían de nosotros 2 (of record) (BrE) funda *f*, carátula *f*; **inner ~** funda *f* interior 3 (Tech) manguito *m*

-sleeved /sliːvd/ *suff*: **long/short~** de manga larga/corta

sleeveless /'sliːvləs || 'sliːvlɪs/ *adj* sin mangas

sleigh[1] /sleɪ/ *n* trineo *m*; (*before n*): **~ bell** cascabel *m*

sleigh[2] *vi*: **to go ~ing** ir* a pasear en trineo

sleight of hand /slaɪt/ *n* [u] prestidigitación *f*, juegos *mpl* de manos; **by ~ ~ ~** por arte de magia

slender /'slendər || 'slendə(r)/ *adj* **-derer, -derest** 1 ‹*person/figure*› delgado, esbelto; ‹*waist/neck*› fino, delgado; ‹*pillar/stalk*› fino 2 ‹*means/resources*› escaso, exiguo; ‹*majority*› estrecho; ‹*hope*› remoto; **by a ~ margin** por un estrecho margen; **she has only the ~est chance of winning** sus posibilidades de ganar son mínimas

slenderize /'slendəraɪz/ *vt* (AmE) adelgazar*

slenderness /'slendərnəs || 'slendənɪs/ *n* [u] 1 (slimness) delgadez *f*, esbeltez *f*; **the ~ of her fingers** la finura de sus dedos 2 (inadequacy) escasez *f*, estrechez *f*

slept /slept/ *past & past p of* **sleep**[2]

sleuth /sluːθ/ *n* sabueso *mf*, detective *mf*

slew[1] /sluː/ *past of* **slay**

slew[2], (AmE also) **slue** /sluː/ *vt* (+ *adv compl*): **to ~ the car/boat around** *o* **round** dar* la vuelta, cambiar de dirección; **she ~ed the car to the right to avoid the child** dio un giro brusco a la derecha para esquivar al niño

■ **slew** *vi* (skid) patinar; **the car ~ed to the left** el coche dio un giro brusco a la izquierda

slew[3], (AmE also) **slue** *n* (colloq): **a (whole) ~ of people/letters** un montón *or* (AmS tb) una pila de gente/cartas (fam), la tira de gente/cartas (fam)

slewed /sluːd/ *adj* (BrE colloq) (*pred*): **to be ~** estar* mamado *or* como una cuba (fam)

slice[1] /slaɪs/ *n*

A [c] 1 (piece — of bread) rebanada *f*; (— of cake) trozo *m*, pedazo *m*; (— of cheese) trozo *m*, pedazo *m*, tajada *f*; (— of lemon, cucumber) rodaja *f*; (— of meat) tajada *f*; (— of ham) tajada *f*, loncha *f*, lonja *f*, feta *f* (RPl); (— of melon) raja *f*; ***a ~ of life***: **the play is a ~ of life from working-class New York** la obra es una estampa realista de la vida de la clase obrera neoyorquina 2 (of money, business, territory) parte *f*

B [c] (implement) (BrE) pala *f*; **cake ~** pala *f* de servir; **fish ~** pala *f* para servir

C (Sport) 1 (spin on ball) (*no pl*) efecto *m* 2 [c] (shot — in tennis) tiro *m* cortado *or* con efecto; (— in golf) slice *m*

slice[2] *vt*

A 1 (cut into slices) ‹*bread*› cortar (en rebanadas); ‹*meat*› cortar (en tajadas); ‹*cake*› cortar (en trozos); ‹*lemon/cucumber*› cortar (en rodajas); ‹*ham*› cortar (en lonchas); **to ~ sth in two** *o* **in half** cortar algo en dos *or* por la mitad; **to ~ sth OFF sth**: **~ the fat off the meat** córtele *or* quítele la grasa a la carne; **he ~d off a piece of meat** cortó una tajada de carne; **they've ~d $500,000 off the budget** han recortado el presupuesto en $500.000; ***any way you ~ it*** (AmE colloq) lo mires por donde lo mires, sea como sea 2 **sliced** *past p* **~d bread** pan de molde cortado en rebanadas; **thinly ~d tomatoes** tomates *mpl* en rodajas finas

B ‹*ball*› (in tennis) cortar, darle* con efecto a; (in golf) darle* oblicuamente a

■ **slice** *vi* 1 (cut): **the spade ~d into the soft clay** la pala se hundió en la tierra blanda; **the ship ~d through the waves** (liter) el barco surcaba las olas (liter) 2 (be cut): **this bread/ham doesn't ~ very well** este pan/jamón es muy difícil de cortar *or* no se puede cortar bien

Phrasal verb

• **slice up** [v + adv + o, v + o + adv] ‹*bread*› cortar en rebanadas; ‹*salami*› cortar en lonchas; ‹*land*› seccionar

slice-of-life /'slaɪsəv'laɪf/ *adj* realista

slicer /'slaɪsər || 'slaɪsə(r)/ *n*: **bread ~** (máquina *f*) rebanadora *f* de pan; **cheese ~** pala *f* para cortar queso; **meat ~** máquina *f* de cortar fiambre

slick[1] /slɪk/ *adj* **-er, -est**

A 1 (superficial) ‹*book/program*› ingenioso pero insustancial 2 ‹*person*› (glib) de mucha labia; (clever) hábil; ‹*reply*› fácil 3 (professional, smart) ‹*performance/production*› muy logrado *or* pulido; **he's a ~ dresser** viste con mucho estilo

B 1 (slippery) (AmE) resbaladizo, resbaloso (AmL) 2 (glossy) ‹*hair*› lacio y brillante

slick[2] *n* 1 (smooth patch) superficie *f* resbaladiza; (*oil ~*) marea *f* negra 2 (Auto, Sport) neumático *m* sin dibujo

slick[3] *vt*: **to ~ one's hair down** alisarse el pelo; **his sleek, ~ed-back hair** su pelo lacio y brillante peinado hacia atrás

slicker /'slɪkər || 'slɪkə(r)/ *n* (AmE)

A ▸**raincoat**

B ▸**city slicker**

slickly /'slɪkli/ *adv* ‹*reply/say*› con fluidez y soltura; **they manage the transition from one setting to the next very ~** los cambios de escena son muy ágiles

slickness /'slɪknəs || 'slɪknɪs/ *n* [u] 1 (superficiality) superficialidad *f* 2 (glibness) labia *f*; (skill) habilidad *f* 3 (of performance, production) lo logrado *or* pulido

slide[1] /slaɪd/ (*past & past p* **slid** /slɪd/) *vi*

A (slip) (deliberately) deslizarse*; (accidentally) deslizarse*, resbalar(se); **she slid down the rope** se deslizó por la cuerda; **the plate slid (off) onto the floor** el plato (se) resbaló y cayó al suelo; **stock prices continued to ~** las cotizaciones siguieron bajando; ***to let things ~*** dejar que las cosas se vengan abajo; **I've let things ~ in the garden** tengo el jardín bastante abandonado

B 1 (move smoothly, glide) (+ *adv compl*): **the curtain ~s smoothly along the rail** la cortina corre *or* se desliza con suavidad por el riel; **the door ~s open/shut** la puerta se abre/se cierra corriéndola; **she slid quietly out of the room** salió sigilosamente de la habitación; **the days slid by** *o* **past without our noticing** los días transcurrieron sin que nos diéramos cuenta 2 **sliding** *pres p* **sliding door** puerta *f* corredera *or* (de) corredera

■ **slide** *vt* (+ *adv compl*): **she slid the book across the table toward him** le pasó el libro deslizándolo por la mesa; **he slid his hand along the wall** pasó la mano por la pared; **to ~ the bolt back** correr el cerrojo; **he slid the letter back into his pocket** se volvió a meter la carta en el bolsillo; **she slid a coin into his hand** le pasó disimuladamente una moneda

slide[2] *n*

A 1 (in playground, pool) tobogán *m*, resbaladilla *f* (Méx), rodadero *m* (Col), resbalín *m* (Chi) 2 (on ice, slope) rampa *f*

B 1 (action — accidental) resbalón *m*, resbalada *f* (AmL); (— deliberate) deslizamiento *m* 2 (decline — in prices) bajón *m*, caída *f*; (— in standards) decadencia *f*; **the ~ in stock prices** la caída *or* la baja de las cotizaciones

C 1 (Phot) diapositiva *f*, transparencia *f*, filmina *f*; **to show ~s** pasar *or* proyectar diapositivas (*or* transparencias *etc*); (*before n*): **~ magazine** (rectangular) bandeja *f*; (circular) carrusel *m*; **~ projector** proyector *m* de diapositivas; **a ~ show** una proyección de diapositivas 2 (for microscope — glass plate) portaobjetos *m*; (— specimen) muestra *f*

D (for hair) (BrE) ▸**barrette**

E (Mus) 1 (sequence of notes) apoyatura *f* doble 2 (on instrument) vara *f* corredera

F **~ (control)** (Audio, Elec) control *m*

slide fastener *n* (AmE) cierre *m* de cremallera, zíper *m* (AmC, Cu, Méx, Ven), cierre *m* relámpago (CS, Per), cierre *m* eclair (Chi)

slide rule *n* regla *f* de cálculo

slide trombone *n* trombón *m* de varas

sliding scale /'slaɪdɪŋ/ *n* escala *f* móvil

slight[1] /slaɪt/ *adj* **-er, -est**

A 1 ‹*improvement/smell/accent*› ligero, leve; **she has a ~ temperature** tiene un poco de fiebre; **there has been a ~ change of plan** ha habido un pequeño cambio de planes; **she walks with a ~ limp** cojea ligeramente; **there was a ~ tremor in her voice** le temblaba levemente la voz; **without the ~est hesitation** sin dudarlo un instante; **he gets upset at the ~est thing** se molesta por la menor tontería *or* por cualquier nimiedad; **I haven't the ~est idea** no tengo (ni) la menor *or* (ni) la más remota idea; **do you mind? — not in the ~est** ¿te importa? — en absoluto *or* para nada; **he's not in the ~est bit interested** no le interesa en lo más mínimo *or* en absoluto *or* para nada 2 (minimal) escaso; **hopes of finding her alive are ~** las esperanzas de encontrarla con vida son escasas *or* remotas; **their chances are ~** tienen muy pocas posibilidades 3 (flimsy, inadequate) ‹*foundation/grounds*› poco firme; **his second novel is a rather ~ work** su segunda novela es de poca monta *or* es una obra menor

B (slim) delgado, menudo; **of ~ build** de complexión delgada *or* menuda

slight[2] *vt* (frml) 1 (offend, ignore) desairar, hacerle* un desaire *or* un desprecio a; **he felt ~ed** se sintió ofendido *or* desairado, sintió que le habían hecho un desaire 2 (belittle) ‹*work/contribution*› hablar con desdén de

slight[3] *n* (frml) desaire *m*, desprecio *m*; **a ~ ON sb** un desprecio PARA CON *or* HACIA algn; **a ~ ON sth** un desprecio A algo

slighting /'slaɪtɪŋ/ *adj* despectivo, despreciativo, desdeñoso

slightingly /'slaɪtɪŋli/ *adv* despectivamente, despreciativamente, de manera despectiva *or* despreciativa

slightly /'slaɪtli/ *adv*

A (a little) ‹*improve/change*› ligeramente, levemente, un poco; ‹*rain/snow*› ligeramente; ‹*different/damp*› ligeramente; **you look ~ like my sister** te pareces un poco a mi hermana, tienes un ligero parecido a *or* con mi hermana; **it will sting ~** te va a escocer un poco; **it tastes/smells ~ of almonds** tiene un ligero sabor/olor a almendras, sabe/huele ligeramente a almendras; **I know him only ~** apenas si lo conozco; **you put in ~ too much sugar** se te fue un poco la mano con el azúcar

B (slimly): **~ built** de complexión delgada *or* menuda

slightness /'slaɪtnəs || 'slaɪtnɪs/ *n* [u] 1 (of person) delgadez *f*, lo menudo 2 (triviality) insignificancia *f*, poca monta *f*

slim[1] /slɪm/ *adj* **-mm-** 1 (thin) ‹*person/figure*› esbelto, delgado; ‹*waist*› fino; ‹*volume/column*› fino; **the industry is now considerably ~mer** la industria se ha racionalizado considerablemente 2 (scant) ‹*chance/hope*› escaso; ‹*profit*› exiguo, pequeño; ‹*majority*› estrecho; **on the ~mest of pretexts** con el más mínimo pretexto

slim[2] **-mm-** *vi* 1 **~ (down)** (become slimmer) ‹‹*person*›› adelgazar*, bajar de peso; ‹‹*industry*›› racionalizarse* 2 (BrE) (diet) hacer* régimen *or* dieta; **I'm ~ming** estoy a régimen *or* a dieta

■ **slim** *vt* **~ (down)** ‹*hips/thighs*› adelgazar*, reducir*; ‹*business*› racionalizar*; **they submitted a ~med down budget** presentaron un presupuesto más reducido

slime /slaɪm/ *n* [u] 1 (thin mud) limo *m*, cieno *m*; **he's ~** (AmE colloq) es un canalla 2 (of snail, slug etc) baba *f*

slimeball /'slaɪmbɔːl/ *n* (AmE colloq) canalla *mf*

sliminess /'slaɪminəs || 'slaɪmɪnɪs/ *n* [u] 1 (of substance, surface) viscosidad *f* 2 (of person,

S

character) obsequiosidad *f* excesiva

slimline /ˈslɪmlaɪn/ *adj* 1 (slim) ‹*briefcase/calculator*› plano, delgado 2 (low-calorie) (BrE) light *adj inv*, bajo en calorías, dietético

slimmer /ˈslɪmər || ˈslɪmə(r)/ *n* (BrE) *persona que está a régimen*; **~s' chocolate** chocolate *m* dietético *or* light *or* de bajas calorías

slimming¹ /ˈslɪmɪŋ/ *n* [u] (BrE) adelgazamiento *m*; (*before n*): **to be on a ~ diet** estar* a régimen *or* a dieta (para adelgazar); **~ magazine** *revista con consejos dietéticos, ejercicios para adelgazar etc*; **~ pill** pastilla *f* para adelgazar

slimming² *adj* (BrE): **salads are very ~** las ensaladas son muy buenas para adelgazar; **a black dress is very ~** un vestido negro te hace parecer más delgada; **~ foods** alimentos *mpl* de bajo contenido calórico

slimness /ˈslɪmnəs || ˈslɪmnɪs/ *n* [u] 1 (of person) delgadez *f*, esbeltez *f*; (of object) lo fino *or* delgado 2 (of hopes) lo remoto; **the ~ of their chances** las poquísimas posibilidades que tienen

slimy /ˈslaɪmi/ *adj* **-mier, -miest** 1 (slippery) ‹*substance/surface*› viscoso 2 ‹*person/manner/compliment*› excesivamente obsequioso, falso, falluto (RPl fam)

sling¹ /slɪŋ/ *n*

A 1 (Med) cabestrillo *m*; **to have one's arm in a ~** llevar el brazo en cabestrillo 2 (for carrying — rifle) portafusil *m*; (— baby) canguro *m* 3 (for lifting) eslinga *f* 4 (weapon) honda *f*; **the ~s and arrows of outrageous fortune** (set phrase) las adversidades de la vida

B (drink): **gin/rum ~** ginebra *f* /ron *m* con tónica

sling² (*past & past p* **slung**) *vt* (colloq) 1 (throw) tirar, lanzar*, arrojar, aventar* (Col, Méx, Per); **~ me (over) that book** tírame *or* (Col, Méx, Per tb) aviéntame el libro; **I'll just ~ on a few clothes** enseguida me pongo algo 2 (throw away) (colloq) tirar (a la basura), botar (a la basura) (AmL exc RPl); **~ it (out)** tíralo (a la basura), bótalo (a la basura) (AmL exc RPl) 3 (hang) ‹*line/hammock*› colgar*, guindar (Col, Ven fam); **he wore his coat slung over his shoulders** llevaba el abrigo echado por encima de los hombros; **with the rifle slung over his shoulder** con el rifle en bandolera

Phrasal verb

- **sling out** [v + o + adv, v + adv + o] (BrE colloq)

A 1 (get rid of) tirar (a la basura), botar (a la basura) (AmL exc RPl) 2 (reject, dismiss) ‹*plan/proposal*› rechazar*

B (expel) ‹*person*› echar

slingback¹ /ˈslɪŋbæk/ *adj*: **~ shoe** ► **slingback²**

slingback² *n* sandalia *f* /zapato *m* de tacón (*con el talón descubierto*)

slingshot /ˈslɪŋʃɑːt || ˈslɪŋʃɒt/ *n* (AmE) honda *f*; (Y-shaped) tirachinas *m*, honda *f* (CS, Per), cauchera *f* (Col), resortera *f* (Méx), china *f* (Ven)

slink /slɪŋk/ *vi* (*past & past p* **slunk**) (+ *adv compl*): **he slunk upstairs to his room** subió a su habitación sigilosamente *or* a hurtadillas; (with shame, embarrassment) subió avergonzado a su habitación, subió a su habitación con el rabo entre las piernas; **to ~ off** *o* **away** escabullirse*, escaparse

slinky /ˈslɪŋki/ *adj* **-kier, -kiest** ‹*dress*› ceñido, ajustado; ‹*walk*› provocativo, sensual

slip¹ /slɪp/ *n*

A [c] 1 (slide) resbalón *m*, resbalada *f* (AmL); ***to give sb the ~*** (colloq) lograr zafarse de algn; **he gave us the ~** se nos escapó, logró zafarse de nosotros 2 (decline) baja *f*, caída *f*

B [c] (mistake) error *m*, equivocación *f*; **to make a ~** cometer un error, equivocarse*; **a ~ of the tongue/pen** un lapsus (linguae/cálami); **a Freudian ~** un acto fallido; ***there's many a ~ twixt cup and lip*** del dicho al hecho hay mucho trecho

C [c] (of paper): **I wrote it on a ~ of paper** lo anoté en un papelito *or* papel; (*sales* **~**) recibo *m*, ticket *m*, boleta *f* (CS); ► **deposit² A1, paying-in slip, withdrawal D**

D [c] 1 (undergarment) combinación *f*, enagua *f*, viso *m*, fondo *m* (Méx); **your ~ is showing** se te ve la combinación (*or* la enagua *etc*) 2 (*pillow* **~**) funda *f*

E [c] (of person): **a ~ of a girl** una chiquilla, una chiquilina (AmL)

F [c] (Hort) esqueje *m*, gajo *m* (RPl), pie *m* (Col), patilla *f* (Chi)

G [u] **slips** *pl* (Theat): **the ~s** ≈ la galería

H [u] (in pottery) barbotina *f*

slip² **-pp-** *vi*

A 1 (slide, shift position) «*person*» resbalar(se); «*knot*» correrse; «*clutch*» patinar; **she ~ped and fell** (se) resbaló y se cayó; **my foot ~ped** se me fue el pie; **the knife ~ped and he cut himself** se le fue el cuchillo y se cortó; **the tires are ~ping on the ice** las ruedas patinan sobre el hielo; **it just ~ped out of my hands** se me resbaló de las manos 2 «*standards/morals/service*» decaer*, empeorar; **you're ~ping** tu trabajo (*or* aplicación *etc*) ya no es lo que era; **they ~ped to third place in the league** bajaron al tercer lugar de la liga; **production is ~ping (back)** la producción está decayendo *or* bajando; **it's easy to ~ into bad habits** es fácil caer en malos hábitos

B 1 (move unobtrusively) (+ *adv compl*): **he ~ped into/out of the room without being observed** entró en/salió de la habitación sin que lo vieran; **she ~ped into bed** se metió en la cama; **we managed to ~ past the guards** logramos pasar sin que nos vieran los guardias; **some errors have ~ped into the text** se han deslizado algunos errores en el texto 2 (escape, be lost): **to let ~ an opportunity, to let an opportunity ~** dejar escapar una oportunidad; **they let the contract ~ through their fingers** se dejaron quitar el contrato de las manos; **I didn't mean to say that: it just ~ped out** no quería decirlo pero se me escapó *or* salió; **the secret ~ped out** se me (*or* le *etc*) escapó el secreto; **I let (it) ~ that ...** se me escapó que ... 3 (go quickly): **he's just ~ped out to the bank** ha salido un momento al banco; **I'll ~ back and get the list** vuelvo en un momento *or* en una escapada a buscar la lista 4 (change): **she ~ped out of her dress** se quitó el vestido; **I'll just ~ into something more comfortable** me voy a poner algo más cómodo

■ **slip** *vt*

A 1 (put unobtrusively) (+ *adv compl*) poner*, meter, deslizar*; **he ~ped the letter into the drawer** metió la carta en el cajón; **she ~ped a coin into his hand** le pasó disimuladamente una moneda; **he ~ped his arm around her waist** le pasó el brazo por la cintura; **she ~ped the ring onto/off her finger** se puso/quitó el anillo; **an additional clause had been ~ped into the agreement** subrepticiamente le habían agregado una cláusula al acuerdo 2 (pass) **to ~ sth TO sb** pasarle algo A algn; **I ~ped him a $50 bill** le pasé un billete de 50 dólares disimuladamente

B 1 (break loose from): **don't let the dog ~ its leash** no dejes que se suelte el perro; **the boat ~ped its moorings** el bote se soltó, las amarras se soltaron; **to ~ anchor** levar anclas; **to ~ *sb's mind*** *o* ***memory*: it completely ~ped my mind** me olvidé *or* se me olvidó por completo 2 (Auto): **to ~ the clutch** mantener* el pedal del embrague deprimido 3 (release) ‹*catch/lock*› (des)correr 4 (in knitting) ‹*stitch*› pasar sin tejer

C (Med): **he's ~ped a disc** tiene una hernia de disco

Phrasal verbs

- **slip away** «*person/opportunity*» escabullirse*; «*hours/time*» pasar
- **slip by** [v + adv] «*years/time/days*» pasar, transcurrir
- **slip down** [v + adv] 1 «*drink*»: **it ~s down a treat** baja muy bien 2 (fall down, sink) bajarse; **her stockings had ~ped down** se le habían bajado las medias 3 (go quickly) ir* de una carrera; **I'll just ~ down to the store** iré de una carrera a la tienda
- **slip in** [v + o + adv, v + adv + o] ‹*comment/reference*› incluir*, agregar*
- **slip off**

A [v + o + adv, v + adv + o] ‹*clothes/shoes*› quitarse

B [v + adv] escabullirse*

- **slip on** [v + o + adv, v + adv + o] ‹*clothes/shoes*› ponerse*
- **slip past** ► **slip by**
- **slip up** [v + adv] (make mistake) equivocarse*, cometer un error; (put one's foot in it) meter la pata (fam)

slipcover /ˈslɪpˌkʌvər || ˈslɪpˌkʌvə(r)/ *n* funda *f*

slipknot /ˈslɪpnɑːt || ˈslɪpnɒt/ *n* nudo *m* corredizo

slip-on¹ /ˈslɪpɑːn || ˈslɪpɒn/ *n*

A (pullover) *suéter sin mangas*

B **slip-ons** *pl* (shoes) zapatos *mpl* sin cordones

slip-on² *adj* ‹*shoes*› sin cordones

slipover /ˈslɪpˌəʊvər || ˈslɪpˌəʊvə(r)/ *n* (BrE) suéter *m* sin mangas

slippage /ˈslɪpɪdʒ/ *n* 1 [u c] (in standards, schedule) baja *f*, bajón *m* 2 [u] (Tech) patinaje *m*

slipped disc /slɪpt/ *n* hernia *f* de disco

slipper /ˈslɪpər || ˈslɪpə(r)/ *n* 1 zapatilla *f*, pantufla *f* (esp AmL), chancla *f* (Col) 2 (for dancing) zapatilla *f* (de ballet)

slipper sock *n* zapatilla *f or* (esp AmL) pantufla *f or* (Col) chancla *f* calcetín

slippery /ˈslɪpəri/ *adj* 1 ‹*surface/ground*› resbaladizo, resbaloso (AmL); ‹*fish/soap*› resbaladizo, escurridizo, resbaloso (AmL) 2 (elusive) escurridizo, evasivo 3 (untrustworthy) que no es de fiar

slippy /ˈslɪpi/ *adj* ► **slippery 1**

slip-road /ˈslɪprəʊd/ *n* (BrE) vía *f* de acceso (*a una autopista*), vía *f* de salida (*de una autopista*)

slipshod /ˈslɪpʃɑːd || ˈslɪpʃɒd/ *adj* chapucero (fam), descuidado

slipstitch /ˈslɪpstɪtʃ/ *n* [u c] punto *m* de dobladillo

slipstream¹ /ˈslɪpstriːm/ *n* estela *f*

slipstream² *vt* ir* justo detrás de

slip-up /ˈslɪpʌp/ *n* error *m*, descuido *m*, metedura *f* de pata (fam)

slipway /ˈslɪpweɪ/ *n* grada *f*

slit¹ /slɪt/ *n* (opening) rendija *f*, hendidura *f*; (cut) raja *f*, tajo *m*; **to make a ~ in sth** hacer* un corte *or* una raja *or* un tajo en algo

slit² *vt* (*pres p* **slitting** *past & past p* **slit**) cortar, rajar (Méx); **to ~ sb's throat** degollar* a algn, cortarle el pescuezo a algn (fam); **the dress is ~ to the thigh** el vestido tiene una raja *or* (CS) un tajo hasta el muslo

slit-eyed /ˈslɪtˈaɪd/ *adj* de ojos achinados

slither /ˈslɪðər || ˈslɪðə(r)/ *vi* «*snake*» deslizarse*; **the car ~ed to a halt** el coche patinó hasta detenerse; **we ~ed down the slope** nos resbalamos por la pendiente

slit trench *n* trinchera *f*

sliver /ˈslɪvər || ˈslɪvə(r)/ *n* 1 (of glass, wood) astilla *f*; (of shrapnel) esquirla *f* 2 (thin slice) tajada *f* (*or* rodaja *f etc*) fina; *see also* **slice¹ A1**

Sloane (Ranger) /sləʊn/ *n* (in UK) ≈ niño, -ña *m,f* bien (*de Londres*), ≈ niño, -ña *m,f* de Serrano (*en Esp*), ≈ pituco, -ca *m,f* (*en CS*)

slob /slɑːb || slɒb/ *n* (colloq) vago, -ga *m,f* (fam), dejado, -da *m,f*, atorrante *mf* (CS fam); **you fat ~!** ¡cerdo! (fam)

slobber¹ /ˈslɑːbər || ˈslɒbə(r)/ *vi* babear, babosear; **to ~ OVER sth/sb**: **they're always ~ing all over each other** (pej) están siempre besuqueándose; **they were ~ing over the pictures** (pej) se les caía la baba mirando las fotos

slobber² *n* [u] baba *f*

slobbery /ˈslɑːbəri || ˈslɒbəri/ *adj* ‹*kiss*› baboso

slobbish /ˈslɑːbɪʃ || ˈslɒbɪʃ/ *adj* (colloq) desaliñado, atorrante (CS fam)

slobby /ˈslɑːbi || ˈslɒbi/ *adj* (colloq) desaliñado, atorrante (CS fam)

sloe /sləʊ/ *n* 1 (fruit) endrina *f* 2 (bush) endrino *m*

sloe-eyed /ˈsləʊaɪd/ *adj* (liter) de ojos de azabache (liter)

sloe gin *n* [u] licor *m* de endrina

slog¹ /slɑːg || slɒg/ *n* (colloq) (*no pl*)

A (struggle, toil): **it was a long ~ up the hill** subir la cuesta fue un gran esfuerzo *or* nos (*or* les *etc*) costó mucho; **we've got a long ~ ahead of us** tenemos un largo y arduo camino por delante

B (blow) golpe *m*; **he gave the ball a hard ~** bateó (*or* pateó *etc*) la pelota con fuerza

slog² **-gg-** *vi* caminar trabajosamente; **we ~ged up the hill** subimos la colina con dificultad *or* con gran esfuerzo

■ **slog** *vt* golpear; ***to ~ it out*** (fight to the end) luchar hasta el final; (fight) pelear a puñetazos; **they were ~ging it out on the street** estaban peleando a puñetazos en la calle; **they're ~ging it out for control of the market** están luchando todo lo que pueden por conseguir el control del mercado

(Phrasal verb)

• **slog away** [v + adv] (BrE colloq) sudar tinta (fam), trabajar duro (esp AmL)

slogan /'sləʊgən/ *n* (Busn) slogan *m*, eslogan *m*; (Pol) lema *m*, consigna *f*; **protesters chanted ~s** los manifestantes coreaban consignas

sloganeer¹ /ˌsləʊgə'nɪr || ˌsləʊgə'nɪə(r)/ *n* (AmE) creador, -dora *m,f* de eslóganes

sloganeer² *vi* (AmE) crear eslóganes

sloganeering /ˌsləʊgə'nɪrɪŋ || ˌsləʊgə'nɪərɪŋ/ *n* [u] (AmE) retórica *f* vacía

slogger /'slɑːgər || 'slɒgə(r)/ *n* (colloq) trabajador esforzado, trabajadora esforzada *m,f*

slo-mo /'sləʊməʊ/ *n* [u] (colloq): **to play sth in ~** poner* algo a velocidad lenta

sloop /sluːp/ *n* balandro *m*

slop¹ /slɑːp || slɒp/ **-pp-** *vi* (colloq) 1 (spill) derramarse, volcarse*; **the water ~ped out onto the floor** el agua se derramó por el suelo 2 (splash): **to ~ around** *o* **about** ‹‹*person*›› chapotear; ‹‹*water*›› agitarse haciendo ruido 3 (slouch): **to ~ around** *o* **about** andar* *or* deambular por ahí

■ **slop** *vt* 1 (spill) (colloq) derramar, volcar* 2 (pour) echar

(Phrasal verb)

• **slop out** [v + adv] (BrE) *vaciar el recipiente que el preso usa como retrete en su celda*

slop² *n*

A (disgusting food) (colloq & pej) bazofia *f*, porquería *f*

B (colloq) (sentimental rubbish) sensiblería *f*

C **slops** *pl* 1 (waste liquid) *líquido de desecho* 2 (excrement) (BrE used in prison): **to empty out the ~s** vaciar* el orinal

slop basin, slop bowl *n* (BrE) *recipiente para echar los posos del té*

slope¹ /sləʊp/ *n*

A [c] 1 (sloping ground) cuesta *f*, pendiente *f*, gradiente *f* (AmL); **a steep/gentle ~** una cuesta empinada/poco pronunciada; ***the slippery ~***: **gambling set her on the slippery ~ to ruin** el juego fue su perdición; **they are on the slippery ~ to bankruptcy** van camino de la bancarrota 2 (of mountain) ladera *f*, falda *f* 3 (for skiing) pista *f* de esquí, cancha *f* de esquí (CS)

B [c u] (incline, angle) pendiente *f*, inclinación *f*; **holding a rifle at the ~** (BrE) con el rifle al hombro

C (Chinese person) (AmE sl & pej) chino, -na *m,f*

slope² *vi*: **her handwriting ~s backward/forward** tiene la letra inclinada hacia atrás/adelante; **the ground ~s away on either side of the road** hay una pendiente a ambos lados de la carretera; **the road begins to ~ downward** el camino empieza a descender

■ **slope** *vt* ‹*road*› construir* en declive; **~ arms!** (BrE) (Mil) ¡armas al hombro!

(Phrasal verb)

• **slope off** [v + adv] (esp BrE colloq) escabullirse*, darse* el bote (Esp arg), tomárselas (RPl arg)

sloping /'sləʊpɪŋ/ *adj* ‹*field/ground/floor*› en declive; ‹*roof/handwriting*› inclinado; **he has ~ shoulders** tiene los hombros caídos

sloppily /'slɑːpəli || 'slɒpɪli/ *adv*

A (carelessly) descuidadamente, con dejadez, de cualquier manera, así nomás (AmL)

B (sentimentally) (colloq) de manera sensiblera *or* empalagosa

sloppiness /'slɑːpinəs || 'slɒpinɪs/ *n* [u]

A (carelessness) falta *f* de cuidado, dejadez *f*

B (sentimentality) (colloq) sensiblería *f*

sloppy /'slɑːpi || 'slɒpi/ *adj* **-pier, -piest**

A (careless) ‹*manners/work*› descuidado; ‹*presentation*› descuidado, desprolijo (CS); ‹*English/research*› pobre; **he's such a ~ dresser** viste tan mal, anda tan desaliñado *or* desarreglado

B 1 ‹*kiss*› baboso 2 (sentimental) (colloq) ‹*film*› sensiblero, sentimentaloide

slosh /slɑːʃ || slɒʃ/ *vt*

A (splash) echar

B (hit) (BrE colloq) cascar* (fam)

■ **slosh** *vi*: **to ~ around** *o* **about** ‹‹*person*›› chapotear; ‹‹*liquid*›› agitarse haciendo ruido

sloshed /slɑːʃt || slɒʃt/ *adj* (colloq) (*pred*): **to be ~** estar* borracho, estar* como una cuba (fam); **to get ~** emborracharse, agarrarse *or* (Esp) cogerse* un pedo (fam)

slot¹ /slɑːt || slɒt/ *n*

A 1 (opening) ranura *f*; **to put a coin in the ~** meter una moneda en la ranura 2 (groove) ranura *f*, muesca *f*

B 1 (job) puesto *m*, plaza *f* 2 (Rad, TV) espacio *m*; **the band has a regular ~ in that bar** el grupo toca regularmente en ese bar

slot² **-tt-** *vt* 1 (insert) **to ~ sth INTO sth** meter *or* encajar algo EN algo 2 **slotted** *past p* **~ted screw** tornillo *m* de cabeza ranurada; **~ted spoon** espumadera *f*

■ **slot** *vi* **to ~ INTO sth** encajar EN algo

(Phrasal verbs)

• **slot in**

A [v + adv] ‹‹*shelf/part*›› encajar

B [v + o + adv, v + adv + o] ‹*component*› hacer* encajar; **I can ~ you in at 3 o'clock this afternoon** le puedo hacer un hueco esta tarde a las 3

• **slot together**

A [v + adv] ‹‹*parts/items*›› encajar (*unos con otros*)

B [v + o + adv] ‹*pieces/objects*› hacer* encajar

sloth /sləʊθ/ *n* 1 [c] (Zool) perezoso *m* 2 [u] (laziness) (frml) pereza *f*

slothful /'sləʊθfəl/ *adj* (frml) perezoso, indolente

slot machine *n* 1 (vending machine) distribuidor *m* automático, máquina *f* expendedora 2 (for gambling) máquina *f* tragamonedas *or* (Esp tb) tragaperras; **to play** *o* (BrE also) **work a ~ ~** jugar* a las máquinas (tragamonedas *or* tragaperras)

slot meter *n* (for gas, electricity) (BrE) contador *m* *or* (AmL tb) medidor *m* (*que funciona con monedas*)

slouch¹ /slaʊtʃ/ *vi* 1 (droop shoulders): **don't ~!** ¡ponte derecho!; **he was sitting/standing ~ed over his drink** estaba sentado/de pie inclinado sobre el vaso; **I found her ~ed in an armchair** la encontré repatingada *or* (Esp) repantigada en un sillón 2 (walk) (+ *adv compl*): **he ~ed into/out of the room** entró en/salió de la habitación arrastrando los pies; **she ~ed off down the street** se marchó calle abajo arrastrando los pies

slouch² *n*

A (of posture): **he walks with a ~** camina con los hombros caídos

B (of person) (colloq): **to be no ~** no ser* manco (fam); **she's no ~ when it comes to ...** no se queda atrás *or* (fam) no es manca cuando se trata de ...

slouch hat *n*: *sombrero flexible*

slough¹ *n*

A /sluː || slaʊ/ (liter) 1 (swamp) cenagal *m* 2 (state of despair): **the ~ of despond** el abismo de la desesperación

B /slʌf/ 1 (of snake) (Zool) piel *f*, camisa *f*; **it is an attempt to cast off the ~ of the old order** (liter) es un intento de abandonar las viejas prácticas 2 (dead tissue) escara *f*

slough² /slʌf/ *vt* (Zool) ‹*skin*› mudar de

(Phrasal verb)

• **slough off** [v + adv + o] 1 (Zool) ‹*skin*› mudar de 2 ‹*responsibility*› librarse de; ‹*characteristic*› deshacerse* de; **to ~ off a habit** abandonar una costumbre

Slovak /'sləʊvæk/ *n* 1 [c] (person) eslovaco, -ca *m,f* 2 [u] (language) eslovaco *m*

Slovakia /sləʊ'vɑːkiə || sləʊ'vækiə/ *n* Eslovaquia *f*

Slovakian¹ /slə(ʊ)'vɑːkiən || slə(ʊ)'vækiən, slə(ʊ)'vɑːkiən/ *adj* eslovaco

Slovakian² *n* 1 [c] (person) eslovaco, -ca *m,f* 2 [u] (language) eslovaco *m*

sloven /'slʌvən/ *n* (liter) (untidy) dejado, -da *m,f*, desaliñado, -da *m,f*; (lazy) haragán, -gana *m,f*

Slovene /'sləʊviːn/ *n* 1 [c] (person) esloveno, -na *m,f* 2 [u] (language) esloveno *m*

Slovenia /sləʊ'viːnjə/ *n* Eslovenia *f*

Slovenian¹ /slə(ʊ)'viːniə/ *adj* esloveno

Slovenian² *n* 1 [c] (person) esloveno, -na *m,f* 2 [u] (language) esloveno *m*

slovenliness /'slʌvənlinəs || 'slʌvənlinɪs/ *n* [u] (of dress, appearance, person) desaliño *m*; (of work) falta *f* de cuidado, negligencia *f*

slovenly /'slʌvənli/ *adj* **-lier, -liest** ‹*work/grammar*› descuidado; ‹*person*› desaliñado, desaseado

slow¹ /sləʊ/ *adj* **-er, -est**

A ‹*tempo/rate/reactions*› lento; **it's ~ work stripping furniture** quitarles la pintura a los muebles lleva mucho tiempo; **she's a ~ learner** tiene problemas de aprendizaje, le cuesta aprender; **oak trees are very ~ growers** los robles crecen muy despacio; **I'm a ~ reader** leo despacio; **he's ~, but he gets the job done** es lento *or* trabaja despacio, pero termina las cosas; **in a ~ oven** en horno tibio; **a ~ poison** un veneno de efecto retardado *or* que tarda en hacer efecto; **it has a ~ leak** *o* (BrE) **puncture** pierde aire; **to be ~ to + INF** tardar EN + INF; **the authorities were ~ to react** las autoridades tardaron en reaccionar; **she wasn't ~ to point out the defects** no tardó en encontrarle defectos; **he was ~ to anger** tenía mucha paciencia; ▸ **mark¹ D2**

B 1 (not lively) ‹*novel/plot*› lento; **business is ~** no hay mucho movimiento (en el negocio); **life here is very ~** el ritmo de vida aquí es muy lento 2 (stupid) (euph) poco despierto (euf), corto (de entendederas) (fam)

C (of clock, watch): **the kitchen clock is ~** el reloj de la cocina (se) atrasa *or* está atrasado; **my watch is five minutes ~** mi reloj está cinco minutos atrasado

D (Sport) ‹*surface/pitch*› lento

slow² *vi*: **growth/inflation has ~ed considerably** el ritmo de crecimiento/el índice de inflación ha disminuido considerablemente; **the train ~ed to a stop** el tren fue disminuyendo la velocidad hasta detenerse

■ **slow** *vt*: **we ~ed our pace to allow them to catch up** aflojamos el paso *or* aminoramos la marcha para que pudieran alcanzarnos; **bad weather ~ed their progress** el mal tiempo los retrasó; **alcohol ~s your reactions** el alcohol entorpece sus reflejos

(Phrasal verbs)

• **slow down**

A [v + adv] 1 (go more slowly) ‹‹*walker/runner*›› aflojar el paso, aminorar la marcha; ‹‹*vehicle/driver*›› reducir* la velocidad; ‹‹*speaker*›› hablar más despacio; **she's ~ing down as she gets older** se está haciendo más lenta a medida que envejece 2 (be less active) (colloq) tomarse las cosas con más calma

B [v + o + adv, v + adv + o] 1 ‹*process*› hacer* más lento, ralentizar*, enlentecer*; **the weight he is carrying ~s him down** el peso que lleva lo hace ir más lento 2 ‹*vehicle/engine*› reducir* la velocidad de

• **slow up** ▸ **slow down**

slow³ *adv* lentamente, despacio; **my watch runs ~** mi reloj (se) atrasa; **S slow!** despacio; **nice and ~** despacio y con cuidado; **to go ~** ‹‹*driver/walker*›› avanzar* lentamente, ir* despacio; (take things easy) tomarse las cosas con calma; ‹‹*workers*›› (BrE) trabajar a reglamento, hacer* huelga de celo (Esp), hacer* una operación tortuga (Col)

slow- /sləʊ/ *pref*: **~acting** de efecto retardado; **~burning** de combustión lenta; **~growing** de crecimiento lento

slow burn *n*: **to do a ~ ~** (AmE) montar en cólera

slowcoach /'sləʊkəʊtʃ/ *n* (BrE colloq) tortuga *f* (fam)

slow cooker *n: olla eléctrica para guisos de cocimiento lento*

slowdown /ˈsləʊdaʊn/ *n* **1** (slackening off) disminución *f*, ralentización *f* **2** (AmE) (Lab Rel) trabajo *m* a reglamento, huelga *f* de celo (Esp), operación *f* tortuga (Col)

slow handclap *n* aplausos *mpl* de desaprobación

slow lane *n* (Auto) (BrE) carril *m or* (Chi) pista *f or* (RPI) senda *f* para vehículos lentos

slowly /ˈsləʊli/ *adv* lentamente, despacio; **~ but surely** sin prisa pero sin pausa

slow motion *n* [u] cámara *f* lenta; **in ~ ~** en *or* (Esp) a cámara lenta

slow-moving /ˌsləʊˈmuːvɪŋ/ *adj* **1** ‹*animal/person/vehicle*› lento **2** ‹*plot/play/novel*› lento

slowness /ˈsləʊnəs || ˈsləʊnɪs/ *n* [u] **1** (lack of speed) lentitud *f* **2** (dullness) pesadez *f* **3** (stupidity) torpeza *f*

slowpoke /ˈsləʊpəʊk/ *n* (AmE colloq) tortuga *f* (fam)

slow train *n* (BrE); *tren que para en todas las estaciones*

slow-witted /ˌsləʊˈwɪtəd || ˌsləʊˈwɪtɪd/ *adj* corto de entendederas (fam), torpe

slowworm /ˈsləʊwɜːrm || ˈsləʊwɜːm/ *n* lución *m*

SLR = single lens reflex

sludge /slʌdʒ/ *n* **1** (mud) lodo *m*, fango *m*, barro *m* **2** (waste oil) (Auto) sedimento(s) *m(pl)* **3** (sewage) *sedimentos de las aguas residuales*

slue /sluː/ *vt/vi/n* (AmE) ▸**slew²**, **slew³**

slug¹ /slʌg/ *n*

A (Zool) babosa *f*

B **1** (bullet) bala *f*, posta *f* **2** (for slot machine) (AmE) ficha *f*

C **1** (drink) (colloq) trago *m* **2** (blow) (colloq) tortazo *m* (fam)

slug² *vt* **-gg-** (colloq) pegarle* un tortazo a (fam), darle* un mamporro a (fam); ***to ~ it out*** agarrarse a tortazos (fam)

sluggard /ˈslʌgərd || ˈslʌgəd/ *n* gandul, -la *m,f*, haragán, -gana *m,f*

sluggardly /ˈslʌgərdli || ˈslʌgədli/ *adj* haragán

slugger /ˈslʌgər || ˈslʌgə(r)/ *n* (AmE colloq) (in boxing) buen pegador *m*; (in baseball) *bateador que golpea muy fuerte la bola*

sluggish /ˈslʌgɪʃ/ *adj* **1** (slow-moving) lento; ‹*stream/river*› de aguas mansas; **the car's very ~** el coche no está respondiendo bien; **the drug makes you feel ~** el fármaco te aletarga **2** ‹*growth*› lento; ‹*market*› inactivo; ‹*economy*› deprimido

sluggishly /ˈslʌgɪʃli/ *adv* lentamente, con lentitud

sluggishness /ˈslʌgɪʃnəs || ˈslʌgɪʃnɪs/ *n* [u] **1** (slowness) lentitud *f*; (lethargy) aletargamiento *m* **2** (of trading) ritmo *m* lento; (of market) atonía *f*

sluice¹ /sluːs/ *n*

A **1** (barrier) presa *f*, represa *f* (AmS) **2** (sluicegate) compuerta *f* **3** (sluiceway) canal *m* de desagüe

B (quick wash) (BrE): **to give sth a ~ (down)** lavar *or* enjuagar* algo con abundante agua

sluice² *vt*: **to ~ sth down/out** lavar *or* enjuagar* algo con abundante agua

■ **sluice** *vi* correr a raudales

sluicegate /ˈsluːsgeɪt/ *n* compuerta *f*

sluiceway /ˈsluːsweɪ/ *n* canal *m* de desagüe

slum¹ /slʌm/ *n* **1** (*often pl*) (poor urban area) barrio *m* bajo, barriada *f* (AmL exc CS), barrio *m* de conventillos (CS); (*before n*): **~ clearance** demolición *f* de viviendas insalubres; **~ dweller** barriobajero, -ra *m,f*; **~ dwelling** tugurio *m*; **~ landlord** *propietario de viviendas en los barrios bajos* **2** (filthy place) (colloq & pej) pocilga *f*, chiquero *m* (AmL)

slum² **-mm-** *vi*: **to go ~ming** visitar los barrios bajos (*or* las barriadas *etc*)

■ **slum** *vt*: ***to ~ it*** vivir a lo pobre

slumber¹ /ˈslʌmbər || ˈslʌmbə(r)/ *n* (liter) (*often pl*) sueño *m*; **deep ~** sueño profundo

slumber² *vi* (liter) dormir*; **the village lay ~ing in the afternoon heat** el pueblo dormía apaciblemente en el bochorno de la tarde (liter)

slumber party *n* (AmE dated) *fiesta para niñas en la que las invitadas se quedan a dormir*

slummy /ˈslʌmi/ *adj* **-mier, -miest** (colloq) ‹*area/district/conditions*› miserable, sórdido

slump¹ /slʌmp/ *n* **1** (economic depression) depresión *f*; **to be in a ~** estar* pasando por una aguda crisis económica; **the S~** la Gran Depresión **2** (in prices, sales) caída *f or* baja *f* repentina, caída *f* en picada *or* (Esp) en picado, bajón *m*; (in attendance, interest) disminución *f*, bajón *m*; **a ~ in morale** un bajón de ánimo

slump² *vi*

A (collapse) (+ *adv compl*) desplomarse; **they found her ~ed over her desk** la encontraron desplomada sobre su escritorio; **he ~ed into a chair** se dejó caer en un sillón

B **1** «*prices/output/sales*» caer* *or* bajar repentinamente, caer* en picada *or* (Esp) en picado **2** «*morale/interest*» sufrir un bajón

slung /slʌŋ/ *past & past p of* **sling²**

slunk /slʌŋk/ *past & past p of* **slink**

slur¹ /slɜːr || slɜː(r)/ *n*

A (insult, stigma) difamación *f*; **a racist/cowardly ~** un comentario racista/infamante; **to cast a ~ on sb** injuriar *or* difamar a algn; **that's a ~ on my family's name** eso es una afrenta a la honor de mi familia

B (in speech) dificultad *f* al hablar

C (Mus) ligado *m*; (mark) ligadura *f*

slur² *vt* **-rr-**

A (pronounce unclearly): **he tends to ~ his words (together)** tiende a arrastrar las palabras

B (Mus) ligar*

C (slander) ‹*name/reputation*› manchar, mancillar (liter); ‹*person*› difamar, calumniar

slurp¹ /slɜːrp || slɜːp/ *vt* sorber (*haciendo ruido*); **don't ~ your milk like that!** ¡bébete la leche sin hacer ruido!

■ **slurp** *vi* hacer* ruido al beber

slurp² *n* sorbetón *m*

slurred /slɜːrd || slɜːd/ *adj* **1** (indistinct): **you could tell she was drunk from her ~ speech** te dabas cuenta de que estaba borracha por la manera como arrastraba las palabras **2** (Mus) ligado

slurry /ˈslɜːri || ˈslʌri/ *n* [u] **1** (of mud, cement) *compuesto acuoso de lodo, cemento etc* **2** (Agr) estiércol *m* líquido

slush /slʌʃ/ *n* [u]

A (melted snow) nieve *f* fangosa *or* medio derretida

B (sentimental trash) sensiblería *f*

slush fund *n* fondo *m* de reptiles, fondo *m* para sobornos

slushy /ˈslʌʃi/ *adj* **-shier, -shiest**

A (wet) ‹*street*› cubierto de nieve medio derretida; ‹*snow*› fangoso, medio derretido

B (sentimental) sentimentaloide, sensiblero

slut /slʌt/ *n* **1** (slovenly woman) puerca *f* (fam), guarra *f* (Esp fam) **2** (immoral woman) putilla *f* (fam), fulana *f* (fam)

sluttish /ˈslʌtɪʃ/ *adj* **1** (untidy) sucio, dejado **2** (tarty) ‹*ways/looks*› de putilla (fam), de fulana (fam)

sly /slaɪ/ *adj* **-er, -est** **1** (cunning) ‹*person*› astuto, ladino, taimado; **you're a ~ one** ¡qué pillo eres!, ¡eres un zorro!; ***on the ~*** a escondidas, a hurtadillas **2** (roguish) ‹*look/grin*› malicioso, travieso, pícaro

slyboots /ˈslaɪbuːts/ *n* (+ *sing vb*) pillo, -lla *m,f*, zorro, -rra *m,f*

slyly /ˈslaɪli/ *adv* **1** (cunningly) con astucia, astutamente **2** (roguishly) ‹*look/grin/wink*› maliciosamente, con picardía

slyness /ˈslaɪnəs || ˈslaɪnɪs/ *n* [u] **1** (cunning) astucia *f*; **he has the ~ of a fox** es astuto como un zorro, tiene la astucia de un zorro **2** (roguishness) malicia *f*, picardía *f*

SM **1** (title) **= Sergeant Major** **2** /ˈesənˈem/ **= sadomasochism**

smack¹ /smæk/ *n*

A [c] **1** (slap, blow) manotazo *m*, manotada *f*, palmada *f* (AmL); **a ~ on the bottom** un azote; **a ~ in the face** (colloq) una bofetada, una cachetada (AmL); **you'll get a ~!** mira que te van a pegar **2** (sound) chasquido *m* **3** (kiss) besote *m* (fam), beso *m* sonoro *or* (Méx) tronado

B [c] (boat) barca *f* de pesca

C [u] (heroin) (sl) caballo *m* (arg), heroína *f*

smack² *vt* **1** (slap) ‹*child*› pegarle* a (*con la mano*); **he ~ed him really hard** le pegó fuerte (con la mano); **you'll get your bottom ~ed** te voy a dar una paliza *or* (AmL) unas palmadas *or* (Méx) una nalgada; **he ~ed the ball into the crowd** de un manotazo mandó la pelota a la tribuna **2** (punch) (colloq) darle* un puñetazo *or* una piña a (fam); **so I ~ed him one** así que le di un puñetazo (fam) **3** **to ~ one's lips** relamerse

■ **smack** *vi* **to ~ OF sth** oler* A algo

smack³, (AmE also) **smack dab** *adv* (colloq): **she lives ~ in the center of town** vive justo en el centro *or* en pleno centro de la ciudad; **she kissed him ~ on the mouth** lo besó en la mismísima boca; **~ in the middle** justo en el medio; **he went ~ into a tree** se dio contra un árbol

smacker /ˈsmækər || ˈsmækə(r)/ *n* (colloq & dated)

A **1** (kiss) besote *m* (fam) **2** (mouth) boca *f*, jeta *f* (AmL fam), trompa *f* (AmS fam)

B **1** (dollar) (AmE) dólar *m*, verde *m* (fam) **2** (pound) (BrE) libra *f*

small¹ /smɔːl/ *adj* **-er, -est**

A **1** (in size) pequeño, chico (esp AmL); **a ~ doll** una muñeca pequeña *or* (esp AmL) chica, una muñequita; **cut it up ~** córtalo en trocitos (pequeños); **he's got very ~ feet indeed** tiene los pies pequeñísimos *or* (esp AmL) muy chiquitos; **she's got a ~ waist** tiene una cintura muy estrecha; **she's ~ for her age** es muy chiquita *or* (Esp) está muy pequeña para su edad; **~ letters** letras *fpl* minúsculas; **he's a conservative with a ~ 'c'** es de ideas conservadoras en el sentido amplio de la palabra; **~ capitals** (Print) versalitas *fpl*; **the ~est room** (euph) el excusado (euf); **the ~ screen** la pequeña pantalla, la pantalla chica (AmL); ***to be ~ beer*** *o* (AmE also) **~ *potatoes***: **for him $2,000 is ~ potatoes** para él 2.000 dólares no son nada *or* son poca cosa; **we're ~ beer in the eyes of the bosses** para los jefes somos poca cosa *or* no somos nadie **2** (in number, amount, value) ‹*family*› pequeño, chico (esp AmL); ‹*sum/price*› módico, reducido; **a ~ quantity** una pequeña cantidad; **he's a ~ eater** come poco, no es de mucho comer; **that is due in no ~ measure to his generous support** eso se debe en gran medida a su generoso apoyo; **that was no ~ achievement/success** ése fue un logro/éxito considerable **3** (not much): **they have ~ chance/hope of succeeding** tienen pocas probabilidades/esperanzas de lograrlo; **I hear you've passed — yes, ~ thanks to you** veo que has aprobado — no será gracias a ti; **~ wonder!** no es de extrañar, no me extraña

B (in scale) pequeño; **the ~ investor/businessman** el pequeño inversionista/empresario

C **1** (unimportant, trivial) ‹*mistake/problem*› pequeño, de poca importancia; **there are still a few ~ points to be cleared up** todavía quedan algunos puntos de poca importancia por aclarar **2** (humble, modest): **they started in a ~ way** empezaron de forma muy modesta; **I'd like to help in some ~ way** me gustaría ayudar de alguna manera; **start exercising in a ~ way** empiece a hacer ejercicio poco a poco; **to feel ~** sentirse* insignificante *or* (fam) poca cosa; **I won't do it again, he said in a ~ voice** —no lo volveré a hacer— dijo en un hilo de voz

small² *adv* **-er, -est** (of size): **she writes so ~** escribe tan pequeñito *or* (esp AmL) chiquito, tiene la letra tan menuda; **the virtue of thinking ~** la ventaja de no pensar a lo grande; **start ~** empieza por poco *or* por cosas pequeñas

small³ *n*

A **the ~ of the back** *región baja de la espalda, que corresponde al segmento dorsal de la columna vertebral*

B **smalls** *pl* (BrE colloq & dated) ropa *f* interior, paños *mpl* menores (hum)

small ad *n* (BrE) anuncio *m* (clasificado), aviso *m* (clasificado) (AmL); **I put in a ~ ~** puse un anuncio *or* (AmL tb) un aviso en el periódico

small arms *pl n: armas de bajo calibre*

small-boned /'smɔːl'bəʊnd/ *adj* ‹*person/frame*› de huesos finos

small-bore /'smɔːlbɔːr || 'smɔːlbɔː(r)/ *adj* de bajo calibre

small change *n* [u] cambio *m*, (dinero *m*) suelto *m*, sencillo *m* (AmL), feria *f* (Méx fam)

small claims court *n* (in UK) *tribunal que conoce de causas de mínima cuantía*

smallholder /'smɔːl,həʊldər || 'smɔːl,həʊldə(r)/ *n* (BrE) pequeño agricultor, pequeña agricultora *m,f*; (Econ, Pol) minifundista *mf*

smallholding /'smɔːl,həʊldɪŋ/ *n* (BrE) granja *f* pequeña, parcela *f*, chacra *f* (CS, Per); (Econ, Pol) minifundio *m*

small hours *pl n*: **the (wee) ~ ~ (of the morning)** la madrugada; **they sat up into the ~ ~ talking** se quedaron hablando hasta la madrugada *or* hasta altas horas de la noche

small intestine *n* intestino *m* delgado

smallish /'smɔːlɪʃ/ *adj* (*no comp*) ‹*person*› más bien menudo; ‹*room/town*› tirando a pequeño *or* (esp AmL) a chico, más bien pequeño *or* (esp AmL) chico

small letter *n* letra *f* minúscula

small-minded /,smɔːl'maɪndəd || ,smɔːl'maɪndɪd/ *adj* cerrado, de miras estrechas

small-mindedness /,smɔːl'maɪndədnəs || ,smɔːl'maɪndɪdnɪs/ *n* [u] estrechez *f* de miras

smallness /'smɔːlnəs || 'smɔːlnɪs/ *n* [u] lo pequeño, lo chico (esp AmL); **the ~ of her waist** la estrechez de su cintura; **the ~ of the print** la pequeñez de la letra, lo pequeño *or* menudo de la letra

smallpox /'smɔːlpɑːks || 'smɔːlpɒks/ *n* [u] viruela *f*; (*before n*): **~ vaccination** vacuna *f* antivariólica

small print *n* [u] (BrE): **the ~ ~** la letra pequeña *or* menuda, la letra chica (esp AmL)

small-scale /'smɔːlskeɪl/ *adj* **1** ‹*map/model*› a *or* en pequeña escala **2** (limited) ‹*operation/project*› de poca monta *or* envergadura; **a ~ war** una guerra en pequeña escala

small talk *n* [u]: **I'm hopeless at making ~ ~** no sirvo para la charla *or* la conversación sobre temas triviales

small-time /'smɔːltaɪm/ *adj* de poca monta *or* importancia

small-town /'smɔːltaʊn/ *adj* pueblerino, de pueblo

smarm /smɑːrm || smɑːm/ (BrE colloq) *vi*: **to ~ (all) over sb** adular *or* (fam) darle* coba a algn, chuparle las medias a algn (RPl fam), hacerle* la pata a algn (Chi fam), hacerle* la barba a algn (Méx fam)

■ **smarm** *vt*: **he ~ed his way into her confidence** se ganó su confianza adulándola (*or* dándole coba *etc*)

smarmy /'smɑːrmi || 'smɑːmi/ *adj* **-mier, -miest** (colloq) ‹*voice*› meloso; **he's a ~ individual** es un adulón *or* (Esp tb) un pelota *or* (Méx tb) un barbero *or* (CS, Ven tb) un chupamedias *or* (Chi tb) un patero (fam)

smart¹ /smɑːrt || smɑːt/ *adj* **-er, -est**

A **1** (neat, stylish) ‹*appearance/dress/shoes*› elegante; **you're looking very ~ today** hoy estás muy elegante; **they have a really ~ house** tienen una casa muy bien puesta; **his room looks very ~** su habitación está muy bien (arreglada) **2** (chic) ‹*hotel/neighborhood*› elegante, fino; **the ~ set** la gente bien, la gente de buen tono

B (clever, shrewd) ‹*businessman/child*› listo, vivo; ‹*answer/comment*› inteligente, agudo; ‹*trick*› hábil; **she's made some very ~ business moves** ha hecho algunas operaciones muy inteligentes *or* acertadas; **he's just a ~ talker** (pej) lo que tiene es mucha labia; **he's a bit too ~ if you ask me** para mí se pasa de listo; **to get ~** espabilar(se), despabilar(se), avivarse (AmL fam), apiolarse (RPl fam); **don't get ~ with me!** ¡no te hagas el vivo *or* el listo conmigo!

C **1** (brisk, prompt) ‹*pace*› rápido **2** (forceful) ‹*blow/rap/tap*› seco, fuerte

D (Electron) (automated) ‹*machine/terminal*› inteligente, domótico

smart² *vi* **1** (sting) «*eyes*» escocer*, picar*, arder; «*wound*» escocer*, arder (CS); **the memory of her words still ~ed** sus palabras le seguían doliendo *or* lo seguían mortificando **2** (be distressed) **to ~ FROM sth** resentirse* DE algo; **they're still ~ing from their defeat in the elections** todavía se resienten de su derrota electoral; **to ~ UNDER sth**: **she ~ed under his cruel irony** su ironía hiriente la hacía sufrir

Phrasal verb

• **smart off** [v + adv] (AmE colloq) ser* insolente; **don't ~ off to your mother!** ¡no seas insolente *or* no te insolentes con tu madre!

smart alec, (BrE also) **smart aleck** /'ælɪk/ *n* (colloq) sabihondo, -da *m,f* (fam), sabelotodo *mf* (fam), listo, -ta *m,f*; (*before n*): **a smart-alec lawyer** un abogado que se las sabe todas

smart-ass /'smɑːrtæs || 'smɑːtæs/ (BrE) **smart-arse** /'smɑːrtɑːs || 'smɑːtɑːs/ *n* (sl) ▸**smart alec**

smart bomb *n* bomba *f* inteligente

smart card *n* tarjeta *f* electrónica

smart drug *n* droga *f* inteligente

smarten /'smɑːrtn || 'smɑːtn/ *vt* ▸**smarten up A**

Phrasal verb

• **smarten up**

A [v + o + adv, v + adv + o] ‹*house/town*› arreglar; **he's made an effort to ~ himself up** ha hecho un esfuerzo por arreglarse *or* adecentarse *or* mejorar su aspecto; **he'll have to ~ his ideas up** va a tener que (d)espabilarse

B [v + adv] «*person*» mejorar su (*or* mi *etc*) aspecto

smartly /'smɑːrtli || 'smɑːtli/ *adv*

A (stylishly) elegantemente; **she dresses so ~** se viste muy elegante; **the children were all ~ groomed** los niños iban muy bien arreglados

B **1** (briskly, promptly) ‹*walk/march*› a paso rápido; **he replied/acted ~ when he heard the news** respondió/reaccionó rápidamente cuando oyó la noticia **2** (forcefully) ‹*hit/knock*› con fuerza

C (cleverly) ‹*reply/answer*› inteligentemente, con agudeza

smart money *n* [u]: **the ~ ~** (investors) los inversionistas *or* inversores inteligentes, los entendidos; (money) el dinero de los inversionistas *or* inversores inteligentes, el dinero de los entendidos

smart-mouth /'smɑːrtmaʊθ || 'smɑːtmaʊθ/ *vt* (AmE colloq) insolentarse con

smartness /'smɑːrtnəs || 'smɑːtnɪs/ *n* [u]

A **1** (neatness): **~ is essential in this job** en este trabajo es imprescindible la buena presencia; **he was not dressed with his usual ~** no iba vestido con el cuidado de siempre, no iba tan arreglado como de costumbre **2** (chic) elegancia *f*

B (cleverness, shrewdness) agudeza *f*, viveza *f*

C (briskness) lo vigoroso *or* rápido

D (forcefulness) fuerza *f*

smarts /smɑːrts || smɑːts/ *n* [u] (AmE colloq) cacumen *m* (fam), coco *m* (fam); **to have the ~ to do sth** tener* cacumen para hacer algo

smarty /'smɑːrti || smɑːti/ *n* (*pl* **-ties**) (colloq) ▸**smart alec**

smartypants /'smɑːrtipænts || 'smɑːtipænts/ *n* (*pl* ~) (colloq) ▸**smart alec**

smash¹ /smæʃ/ *n*

A **1** (sound) estrépito *m*, estruendo *m*; **there was a loud ~ as he dropped the plates** los platos se le cayeron con gran estrépito; **the ~ of the waves on the rocks** el ruido de las olas al romper contra las rocas **2** (collision) (BrE) choque *m*

B **1** (blow) golpe *m*; **I gave him a ~ on the jaw with my fist** le di un puñetazo en la mandíbula **2** (in tennis, badminton, squash) smash *m*, remate *m*, remache *m*

C (success) (colloq) exitazo *m* (fam); **her latest single is a ~** su último disco es un exitazo (fam)

smash² *vt*

A (break) ‹*furniture*› romper*, destrozar*; ‹*car*› destrozar*; ‹*glass*› romper*; (into small pieces) hacer* añicos

B (destroy) ‹*rebellion/revolution*› aplastar, sofocar*; ‹*drug racket/spy ring*› acabar con, desarticular; ‹*hopes/illusions*› echar por tierra, destruir*; **~ racism!** ¡abajo el racismo!; **he ~ed the world record** batió *or* rompió el record mundial

C **1** (hit, drive forcefully): **he ~ed his fist into my face** me pegó un puñetazo en la cara; **I ~ed my fist through the window** rompí la ventana de un puñetazo **2** (in tennis, badminton, squash) rematar, remachar

■ **smash** *vi*

A (shatter) «*glass/wood*» hacerse* pedazos; **it ~ed into a thousand pieces** se hizo añicos, se rompió en mil pedazos

B (crash) **to ~ AGAINST/INTO sth** «*car/waves*» estrellarse *or* chocar* CONTRA algo

C (Sport) rematar, remachar

Phrasal verbs

• **smash in** [v + o + adv, v + adv + o] ‹*door*› tirar abajo; ‹*window/glass*› romper*; **he threatened to ~ my face in** (colloq) me amenazó con partirme *or* romperme la cara (fam)

• **smash up** [v + o + adv] (colloq) destrozar*

smash-and-grab raid /,smæʃən'græb/ *n* (BrE) robo *m* (*en el que se rompe el escaparate de una tienda*)

smashed /smæʃt/ *adj* (*after n*) (sl): **to be ~** estar* borracho, estar* pedo *or* (RPl) en pedo (arg), estar* cuete (Méx fam), estar* pedado (Col fam), estar* curado (CS fam); **to get ~** emborracharse, agarrarse un pedo (arg), encuetarse (Méx fam), pegarse* una peda (Col fam), curarse (CS fam)

smasher /'smæʃər || 'smæʃə(r)/ *n* (BrE colloq): **to be a ~** estar* buenísimo (fam), estar* como un tren (Esp fam)

smash hit *n* (colloq) exitazo *m* (fam); (*before n*): **a smash-hit movie** una película supertaquillera; **a smash-hit record** un disco (de) superventas, un superventas, un hit

smashing /'smæʃɪŋ/ *adj* (BrE colloq) fantástico, super bueno (fam), chévere (AmL exc CS fam), macanudo (CS, Per fam); **he's a ~ bloke** es un tipo *or* (Esp tb) un tío genial (fam), es un tipo chévere (AmL exc CS fam) *or* (CS, Per fam) macanudo; (*as interj*): **~!** ¡genial!, ¡fantástico!, ¡chévere! (AmL exc CS fam), ¡macanudo! (CS, Per fam)

smash-up /'smæʃʌp/ *n* (colloq) choque *m* violento, colisión *f*; **he was in a ~** tuvo un accidente

smattering /'smætərɪŋ/ *n* **1** (slight knowledge) (*no pl*) nociones *fpl*, conocimientos *mpl* rudimentarios; **I have a ~ of German** tengo nociones *or* conocimientos rudimentarios de alemán, chapurreo el alemán (fam) **2** (small amount): **there's a ~ of humor in the play** hay una pizca de humor en la obra; **there was a ~ of applause** hubo algunos aplausos

smear¹ /smɪr || smɪə(r)/ *n*

A (stain) mancha *f*; **there was a ~ of lipstick on his collar** tenía una mancha *or* una marca de lápiz labial en el cuello

B (slander, slur) calumnia *f*; **he was the subject of an attempted ~** intentaron difamarlo *or* desprestigiarlo; (*before n*): **~ campaign** campaña *f* difamatoria *or* de desprestigio

C (Med) **1** (sample) frotis *m* **2** **~ (test)** citología *f*, frotis *m* cervical, Papanicolau *m* (AmL)

smear² *vt*

A **1** (spread, daub) **to ~ sth ON(TO)/OVER sth** ‹*paint/grease*› embadurnar algo DE algo; ‹*butter*› untar algo CON algo; **the child ~ed paint all over the mirror** el niño embadurnó todo el espejo de pintura; **he ~ed the butter thinly on the bread** untó el pan con una capa fina de mantequilla; **to ~ sth WITH sth**: **she ~ed her face with cream** se embadurnó la cara de *or* con crema; **the walls were ~ed with filth** las paredes estaban cubiertas de mugre; **her face was ~ed with blood** tenía la cara manchada de sangre, tenía la cara ensangrentada **2** (smudge) ‹*make-up/ink/paint*› correr; **don't ~ my lipstick** ¡no me corras el lápiz de labios!

B (slander, libel) difamar, desprestigiar

■ **smear** *vi* «*paint/ink/lipstick*» correrse

smeary /ˈsmɪri || ˈsmɪəri/ *adj* **-rier, -riest** lleno de marcas *or* manchas; **my glasses are all ~** tengo las gafas sucias *or* llenas de marcas; **the letters were ~** las letras estaban borrosas

smell¹ /smel/ *n* **1** [c] (odor) olor *m*; **a nice ~** un olor agradable *or* un buen olor *or* (AmL tb) un rico olor; **an unpleasant ~** un olor desagradable; **these roses have no ~** estas rosas no tienen perfume; **there's a strong ~ of garlic/burning in here** huele mucho a ajo/a quemado, hay mucho olor a ajo/a quemado; **this cheese has a funny ~** este queso huele raro *or* tiene un olor raro; **there's a ~ of defeat in the air** el derrotismo se respira en el aire; **the sweet ~ of success** la seducción del éxito **2** (sniff) (colloq) (*no pl*): **to have** *o* **take a ~ at** *o* **of sth** oler* algo, tomarle el olor a algo (AmL); **get a ~ of that cheese!** ¡cómo apesta ese queso! **3** [u] (sense of smell) olfato *m*; **a keen/good sense of ~** un fino/buen (sentido del) olfato

smell² (*past & past p* **smelled** *or* BrE also **smelt**) *vt* **1** (sense) oler*; **I can ~ freshly baked bread** hay olor a pan recién hecho, huele a pan recién hecho, siento olor a pan recién hecho (esp AmL); **we could ~ burning** olía a quemado, había olor a quemado **2** (sniff at) «*person*» oler*; «*animal*» olfatear; **the dog ~ed my shoes** el perro me olfateó los zapatos **3** (recognize): **to ~ danger** olfatear el peligro; **she can ~ trouble a mile off** se huele los problemas desde lejos

■ **smell** *vi* **1** (give off odor) oler*; **that ~s good!** ¡qué bien huele!, ¡qué rico olor! (AmL); **it ~s strong/delicious** huele fuerte/delicioso, tiene un olor muy fuerte/un olor delicioso; **it ~s off** huele a podrido, tiene olor a podrido; **it ~s in here** ¡qué mal huele aquí!, ¡qué mal olor hay aquí! (CS); **your breath ~s** tienes mal aliento; **his feet ~** le huelen los pies; **he ~s!** huele mal; **frankly, this whole business ~s** (colloq & pej) este asunto huele mal *or* (fam) huele a chamusquina; **her perfume ~s like roses** su perfume huele a rosas *or* tiene olor a rosas; **to ~ OF sth** oler* A algo; **the room ~ed of damp** la habitación olía a humedad, había olor a humedad en la habitación (AmL); **they ~ of money** (colloq) están forrados (de dinero) (fam), están podridos en plata *or* (Esp) podridos de dinero (fam) **2** (sniff) «*person*» oler*; «*animal*» olfatear **3** (sense) oler*; **I can't ~: I've got a cold** no huelo nada, estoy resfriado

Phrasal verbs

- **smell out** [v + o + adv, v + adv + o] **1** (detect) «*dog*» olfatear; ‹*trouble*› olerse* **2** (cause to smell) (BrE colloq) ▸ **smell up**
- **smell up** [v + adv + o, v + o + adv] (AmE) (colloq) ‹*place*› (hacer*) apestar, dejar hediondo

smelling salts /ˈsmelɪŋ/ *pl n* sales *fpl* (aromáticas)

smelly /ˈsmeli/ *adj* **-lier, -liest 1** (odorous) que huele mal; (stronger) hediondo, apestoso; **that ~ French cheese** ese queso francés que huele tan fuerte; **leave those ~ shoes outside** deja esos zapatos apestosos *or* hediondos fuera; **it's ~ in here** aquí huele mal, hay mal olor aquí (CS) **2** (horrid) (BrE colloq): **I don't want your ~ record; you can keep it** puedes quedarte con tu roñoso *or* apestoso disco, no lo quiero (fam); **the ~ old cow wouldn't let me** la asquerosa ésa no me dejó (fam)

smelt¹ /smelt/ (BrE) *past & past p of* **smell²**

smelt² *vt* fundir

smelt³ *n* (*pl* **~s** *or* ~) eperlano *m*

smelter /ˈsmeltər || ˈsmeltə(r)/ *n* **1** (establishment) fundición *f*, altos hornos *mpl* **2** (person) fundidor, -dora *m,f*

smidge(o)n, smidgin /ˈsmɪdʒən || ˈsmɪdʒɪn/ *n* (colloq) pizca *f*; **would you like more cake? — just a ~** ¿quieres más pastel? — un pedacito *or* un trocito *or* una pizca

smile¹ /smaɪl/ *n* sonrisa *f*; **a welcoming ~** una sonrisa de bienvenida; **to give sb a ~** sonreírle* a algn; **she gave him the sweetest of ~s** le sonrió muy dulcemente, le dedicó la mejor de sus sonrisas; **come on! give us a ~!** vamos, sonríe; **he had a ~ on his face when he said that** lo dijo sonriente *or* con una sonrisa en los labios; **he had a big ~ on his face** sonreía de oreja a oreja; **the good news certainly put a ~ on her face** por cierto que la buena noticia la alegró mucho; **take that ~ off your face** ¡déjate de sonrisitas!; **we'll soon wipe that ~ off your face** se te van a acabar pronto las ganas de reír; **she had a bit of a tantrum but now she's all ~s again** le dio una rabieta pero ya está otra vez que es un encanto

smile² *vi* **1** sonreír*; **~, please!** sonríe, por favor; **what are you smiling about?** ¿de qué te ríes?, ¿a qué viene esa sonrisa?; **keep smiling!** ¡que no decaiga el ánimo!; **to ~ with joy/pleasure** sonreír* de felicidad/placer; **to ~ AT sb** sonreírle* A algn; **to ~ AT sth: she ~d at her daughter's pranks** veía con indulgencia las travesuras de su hija; **he ~d at danger** se reía del peligro; **to ~ ON sb** sonreírle A algn; **fortune/Heaven ~d on us** la fortuna/el cielo nos sonrió *or* nos fue favorable; ***to come up smiling*** salir* bien parado **2** **smiling** *pres p* ‹*face/eyes/person*› sonriente

■ **smile** *vt*: **she ~d her thanks** dio las gracias sonriendo *or* con una sonrisa; **welcome! she ~d** —¡bienvenidos! —dijo sonriendo *or* sonriente; **to ~ a smile of resignation** sonreír(se)* con resignación; **she ~d a sad/bitter smile** sonrió tristemente/amargamente

smiley /ˈsmaɪli/ *adj* (colloq) sonriente

smilingly /ˈsmaɪlɪŋli/ *adv* con una sonrisa

smirk¹ /smɜːrk || smɜːk/ *n* sonrisita *f* (*de suficiencia, de complicidad, etc*)

smirk² *vi* sonreírse* (*con suficiencia, complicidad etc*)

smite /smaɪt/ *vt* (*past* **smote**; *past p* **smitten**) (liter *or* arch) (strike) golpear; **he smote his forehead with his palm** se golpeó la frente con la palma de la mano; **her conscience smote her** le remordía la conciencia, su conciencia la atormentaba

smith /smɪθ/ *n* herrero, -ra *m,f*

smithereens /ˌsmɪðəˈriːnz/ *pl n*: **to blow sth/sb to ~** hacer* saltar algo/a algn en pedazos; **to smash sth to ~** hacer* algo pedazos *or* añicos *or* trizas; **the vase was smashed to ~** el jarrón se hizo añicos *or* trizas

Smithsonian Institution /smɪθˈsəʊniən/ *n* (in US): **the ~ ~** el Instituto Smithsoniano

> **Smithsonian Institution**
>
> Una institución nacional en EEUU que está compuesta de varios museos y centros de investigación en Washington DC.
> Comúnmente se la suele llamar "the nation's attic" ("el desván de la nación")

smithy /ˈsmɪθi || ˈsmɪði/ *n* (*pl* **-thies**) herrería *f*, forja *f*

smitten¹ /ˈsmɪtn/ *past p of* **smite**

smitten² *adj* (*pred*) **1** (afflicted) (liter *or* hum): **to be ~ with the plague** sufrir el azote de la peste; **to be ~ with remorse** estar* afligido por el remordimiento; **she was ~ with fear/shame** sintió *or* le dio mucho miedo/mucha vergüenza; **~ with the flu** aquejado de gripe (frml *o* hum) **2** (keen): **we are quite ~ with the idea** estamos muy entusiasmados con la idea; **it seems she's really ~ with him** parece que está verdaderamente loca por él; **he's definitely ~ this time** esta vez sí que está locamente enamorado

smock¹ /smɑːk || smɒk/ *n* **1** (of fisherman, farmer, artist) blusón *m*, bata *f* **2** (dress) vestido *m* amplio; (for pregnancy) vestido *m* premamá *or* de futura mamá *or* (Chi) maternal; (for children): **~ (dress)** *vestido con canesú de nido de abeja*

smock² *vt* bordar con nido de abeja

smocking /ˈsmɑːkɪŋ || ˈsmɒkɪŋ/ *n* [u] nido *m* de abeja

smog /smɑːg || smɒg/ *n* [u] smog *m*, niebla *f* tóxica

smoke¹ /sməʊk/ *n*

A [u] **1** (from fire) humo *m*; **the ~-filled room** la habitación llena *or* cargada de humo; **to go up in ~** «*hopes*» esfumarse, desvanecerse*; «*ambitions/plans*» quedar en agua de borrajas; «*books/papers*» quemarse; ***there's no ~ without fire, where there's ~ there's fire*** cuando el río suena … (piedras lleva *or* agua lleva *or* (RPl) agua trae *or* (Chi) piedras trae), donde hay humo hay fuego; (*before n*): **~ blue** azul *m* grisáceo; **~ gray** gris *m* humo **2** (London) (BrE colloq & dated): **the Smoke** Londres

B **1** [c] (cigarette) (colloq) cigarrillo *m*, pitillo *m*, pucho *m* (AmL fam) **2** (act) (*no pl*): **to have a ~** fumarse un cigarrillo; **I must have a ~** me muero por fumarme un cigarrillo **3** [u] (marijuana) (sl) maría *f* (arg), hierba *f* (arg), mota *f* (AmC, Méx arg)

smoke² *vi*

A «*person*» fumar; **do you ~?** ¿fumas?; **do you mind if I ~?** ¿te molesta que fume *or* si fumo?

B (give off smoke) echar humo, humear; **the fire was still smoking** todavía salía humo de la hoguera, la hoguera todavía humeaba; **the chimney was smoking in the distance** se veía a lo lejos el humo de la chimenea; **that wood is smoking badly** esa madera echa mucho humo

■ **smoke** *vt*

A ‹*cigarettes/tobacco*› fumar; **I ~ ten a day** (me) fumo diez al día; **he ~s a pipe** fuma en pipa; **do you mind if I ~ my pipe?** ¿te molesta si enciendo *or* (AmL tb) prendo la pipa?

B (cure) ‹*fish/meat/cheese*› ahumar*

Phrasal verbs

- **smoke out** [v + o + adv, v + adv + o] **1** (flush out) ‹*animal/person*› hacer* salir (*ahumando su guarida etc*); ‹*dissident/mole*› poner* al descubierto **2** (fill with smoke) (BrE) ▸ **smoke up**
- **smoke up** [v + adv + o, v + o + adv] (AmE) ‹*beehive*› ahumar*; ‹*room/house*› llenar de humo, ahumar*

smoke alarm *n* detector *m* de humo

smoke-bomb /ˈsməʊkbɑːm || ˈsməʊkbɒm/ *n* bomba *f* de humo

smoked /sməʊkt/ *adj* **1** (cured) ‹*cheese/meat/fish*› ahumado **2** (darkened) ‹*glass/lens*› ahumado

smoke detector *n* detector *m* de humo

smoke-dried /ˈsməʊkdraɪd/ *adj* ahumado

smoke-filled /ˈsməʊkfɪld/ *adj* lleno de humo

smoke-free /ˈsməʊkˈfriː/ *adj* ‹*policy*› contra la emisión de humos; ‹*office/zone*› donde no se puede fumar

smokeless /ˈsməʊkləs || ˈsməʊklɪs/ *adj* ‹*fuel*› que arde sin humo; **~ zone** (in UK) *zona donde está prohibido usar combustibles que produzcan humo*

smoker /ˈsməʊkər || ˈsməʊkə(r)/ *n* **1** (person) fumador, -dora *m,f*; **he's a heavy ~** fuma mucho; **~'s cough** tos *f* de fumador **2** (Rail) compartimento *m* /vagón *m or* carro *m* de fumadores; **is this a ~?** ¿se puede fumar aquí?

smoke-ring /ˈsməʊkrɪŋ/ *n* anillo *m or* (Méx) bolita *f* de humo; **to blow ~s** hacer* anillos *or* (Méx) bolitas de humo

smokescreen /ˈsməʊkskriːn/ *n* cortina *f* de humo; **it's just a ~ to conceal the truth** es sólo una cortina de humo para ocultar la verdad

smoke signal *n* señal *f* de humo

smokestack /ˈsməʊkstæk/ *n* **1** (on factory) chimenea *f*; (*before n*) ‹*industry*› pesado **2** (on train, ship) (AmE) chimenea *f*

smoking /ˈsməʊkɪŋ/ *n* [u]

A (of cigarettes): **no smoking** prohibido fumar; **~ is harmful to your health** fumar es perjudicial para la salud; **the ~ of marijuana is widespread** (el) fumar marihuana está muy extendido; **to give up** *o* **stop ~** dejar de fumar

B (Culin) ahumado *m*

smoking car *n* (AmE) vagón *m or* (Chi, Méx) carro *m* de fumadores

smoking compartment *n* compartimento *m* de fumadores

smoking jacket *n* batín *m*

smoking-related /ˈsməʊkɪŋrɪˌleɪtəd || ˈsməʊkɪŋrɪˌleɪtɪd/ *adj* relacionado con el tabaco

smoking room *n* salón *m* para fumadores

smoky /ˈsməʊki/ *adj* **-kier, -kiest** 1 (emitting smoke) ‹*fire/fireplace/chimney*› que echa humo, humeante 2 (like smoke) ‹*taste/flavor/tang*› a humo, como a ahumado; **there was a ~ haze over the fields** había una neblina que parecía humo sobre los potreros; **~ blue** azul *m* grisáceo 3 (full of smoke) ‹*room*› lleno de humo; ‹*atmosphere*› cargado de humo

smolder, (BrE) **smoulder** /ˈsməʊldər || ˈsməʊldə(r)/ *vi* 1 «*fire*» arder (*sin llama*); «*eyes*» arder; **the building was still ~ing the next day** el edificio seguía ardiendo lentamente al día siguiente; **his passion ~ed (on) for years** la pasión siguió consumiéndolo durante años; **her eyes ~ed with passion** sus ojos ardían de pasión (liter) 2 **smoldering** *pres p* ‹*gaze/look*› provocativo, seductor, ardiente; ‹*eyes*› ardiente de pasión (liter); ‹*passion/hatred*› que consume; ‹*ruin/ashes*› humeante

smooch¹ /smuːtʃ/ *vi* (colloq) besuquearse; **a good song to ~ to** una buena canción para bailar amartelados

smooch² *n* (colloq) 1 (kiss) (AmE) beso *m* 2 (kiss and close embrace) (BrE) (*no pl*): **to have a ~ (with sb)** besuquearse (con algn)

smoochy /ˈsmuːtʃi/ *adj* **-chier, -chiest** (colloq) romántico

smooth¹ /smuːð/ *adj* **-er, -est**

A 1 ‹*texture/stone*› liso, suave; ‹*skin*› suave, terso; ‹*tire*› liso; ‹*sea/lake*› tranquilo, en calma; **this razor gives a ~ shave** esta navaja afeita muy al ras *or* (Esp tb) da un afeitado muy apurado; **the steps are worn ~** los peldaños están lisos por el uso; ***as ~ as a baby's bottom*** suave como la piel de un bebé; ***as ~ as silk/velvet*** suave como la seda/el terciopelo; ▸**millpond**, **rough¹ A1** 2 (of consistency) ‹*batter/sauce*› sin grumos, homogéneo; **beat/whisk until ~ and creamy** batir hasta que esté cremoso y sin grumos 3 (of taste) ‹*wine/whiskey/tobacco*› suave

B 1 (of movement) ‹*acceleration/landing/take-off*› suave; ‹*flight*› cómodo, bueno; **it was a ~ crossing** el mar estaba en calma, fue una buena travesía; **the car came to a ~ stop** el coche se detuvo suavemente 2 (trouble-free) ‹*journey*› sin complicaciones *or* problemas; ‹*transition/passage*› poco conflictivo, sin problemas *or* obstáculos

C 1 (easy, polished) ‹*style/performance*› fluido; **he presented a ~, unruffled exterior** tenía un aspecto desenvuelto y seguro de sí mismo 2 (glib, suave) (pej) poco sincero; **don't fall for his ~ talk!** ¡no te dejes engañar por su labia!; **he's a ~ talker** tiene mucha labia, tiene un pico de oro; ▸**operator B2**

smooth² *vt* 1 ‹*dress*› alisar, arreglar; ‹*hair*› alisar, arreglar; ‹*tablecloth/sheet*› alisar 2 (polish) pulir 3 (ease): **to ~ sb's path** *o* **way** allanarle el camino *or* el terreno a algn

Phrasal verbs

- **smooth away** [v + o + adv, v + adv + o] ‹*wrinkles*› hacer* desaparecer; ‹*skin*› suavizar*; ‹*difficulties*› allanar
- **smooth down** [v + o + adv, v + adv + o] 1 (make flat) ‹*hair/clothes*› alisar 2 (calm, soothe) ‹*feelings/offended person*› aplacar*; **to ~ down sb's wounded pride** restañar el orgullo herido de algn
- **smooth out** [v + o + adv, v + adv + o] 1 (make smooth) ‹*sheets/creases/clothes*› alisar 2 (remove, deal with) ‹*difficulties/problems*› resolver*, allanar; **I tried to ~ things out** traté de limar asperezas *or* de arreglar las cosas
- **smooth over** [v + o + adv, v + adv + o] ‹*differences*› dejar de lado

smoothie /ˈsmuːði/ *n*

A (colloq & pej) (person) *individuo de mucha labia, de modales muy pulidos y/o muy atildado en el vestir*

B (Culin) (fruit drink) smoothie *m*

smoothly /ˈsmuːðli/ *adv*

A 1 (of movement) ‹*land/take off/drive*› suavemente 2 (without problems) sin problemas, sin complicaciones; **everything went (off) very ~** todo salió muy bien, no hubo contratiempos; **the business is running very ~** el negocio marcha sobre ruedas 3 (easily) con facilidad, con soltura; **the words flowed ~ from her pen** las palabras fluían de su pluma

B (glibly, suavely) (pej) ‹*talk*› con mucha labia

smoothness /ˈsmuːðnəs || ˈsmuːðnɪs/ *n* [u]

A 1 (of surface) suavidad *f*; (of skin) homogeneidad *f*, tersura *f* 2 (of consistency) suavidad *f*, cremosidad *f* 3 (of taste) suavidad *f*

B 1 (of movement) suavidad *f*, lo suave 2 (of passage, transition) lo poco conflictivo

C 1 (ease, polish) soltura *f*, desenvoltura *f* 2 (glibness, suaveness) (pej) falsedad *f*

smooth-running /ˌsmuːðˈrʌnɪŋ/ *adj* que funciona bien

smooth-shaven /ˌsmuːðˈʃeɪvən/ *adj* bien afeitado

smooth-spoken /ˌsmuːðˈspəʊkən/ *adj* (pej) con mucha labia

smooth-talk /ˈsmuːðtɔːk/ *vt* (colloq) ‹*person*› hacerle* el artículo a (fam), darle* jabón a (Esp fam), hacerle* la barba a (Méx fam), hacerle* la pata a (Chi fam); **he ~ed his way out of the fine** con labia y zalamerías logró que no le aplicaran la multa

smooth-talking /ˌsmuːðˈtɔːkɪŋ/ *adj* (pej) persuasivo

smooth-tongued /ˌsmuːðˈtʌŋd/ *adj* (liter & pej) con mucha labia

smoothy *n* (*pl* **-thies**) ▸**smoothie**

smote /sməʊt/ *past of* **smite**

smother /ˈsmʌðər || ˈsmʌðə(r)/ *vt* 1 (stifle) ‹*person*› asfixiar, ahogar*; ‹*flames*› sofocar*, extinguir*, apagar* 2 (suppress) ‹*report*› silenciar, echar tierra sobre; ‹*fear/jealousy*› dominar, reprimir; ‹*doubts*› acallar; ‹*yawn/giggle*› reprimir, contener*; **all opposition was ~ed by the regime** el régimen acalló toda oposición; **he tried to ~ his anger** trató de contenerse *or* dominarse 3 (cover profusely) **to ~ sb/sth WITH/IN sth**: **they ~ed us with kindness** nos colmaron de atenciones; **she ~ed him with kisses** lo cubrió de besos; **he ~s everything in tomato sauce** todo lo come bañado en salsa de tomate

■ **smother** *vi* «*person*» asfixiarse, ahogarse*; **the baby ~ed (to death)** el niño murió asfixiado

smoulder *vi* (BrE) ▸**smolder**

SMS ➡ *n* (= **Short Message** *or* **Messaging Service**)

smudge¹ /smʌdʒ/ *n*

A 1 (smear, blot) mancha *f*, manchón *m*; **a ~ of grease** una mancha de grasa, un lamparón (fam); **he had a ~ of lipstick on his collar** tenía una marca de lápiz de labios *or* (AmL tb) lápiz labial en el cuello; **ink ~** borrón *m* (de tinta) 2 (blurred shape) mancha *f* borrosa

B (AmE) (Agr) *fuego cuyo humo permite proteger los campos de las heladas y de los insectos*; (*before n*): **~ pot** brasero *m*

smudge² *vt* ‹*ink/outline*› correr, emborronar; (deliberately) difuminar

■ **smudge** *vi* «*paint/lipstick/ink*» correrse

smudgy /ˈsmʌdʒi/ *adj* **smudgier, smudgiest** ‹*page/writing*› emborronado, sucio; ‹*outline*› borroso

smug /smʌg/ *adj* **-gg-** ‹*expression/smile*› de suficiencia, petulante; ‹*person*› pagado de sí mismo, petulante

smuggle /ˈsmʌgəl/ *vt* ‹*tobacco/drugs*› contrabandear, pasar de contrabando, hacer* contrabando de; **they were ~d out of the country** los sacaron clandestinamente del país; **he ~d the watches past** *o* **through customs** pasó los relojes de contrabando; **I ~d her into my room** la hice entrar a mi habitación a escondidas

smuggler /ˈsmʌglər || ˈsmʌglə(r)/ *n* contrabandista *mf*; **drug ~** traficante *mf* (de drogas)

smuggling /ˈsmʌglɪŋ/ *n* [u] contrabando *m*; (*before n*) ‹*ring/syndicate/racket*› de contrabandistas

smugly /ˈsmʌgli/ *adv* con aire de suficiencia, con petulancia

smugness /ˈsmʌgnəs || ˈsmʌgnɪs/ *n* [u] suficiencia *f*, petulancia *f*

smut /smʌt/ *n* 1 [u] (offensive material) inmundicia *f*, indecencia *f*; **she declared the program pure ~** dijo que el programa era una inmundicia *or* una indecencia 2 [c] (dirt, soot) mancha *f* de tizne, tiznajo *m*, tizne *m* 3 [u] (fungus) tizón *m*, añublo *m*

smuttiness /ˈsmʌtinəs || ˈsmʌtinɪs/ *n* [u] indecencia *f*

smutty /ˈsmʌti/ *adj* **-tier, -tiest** 1 ‹*film/joke*› indecente, inmundo, obsceno 2 ‹*clothes/washing/face*› tiznado

snack¹ /snæk/ *n* tentempié *m*, refrigerio *m* (frml); **to have a ~** comer algo ligero *or* (esp AmL) liviano, tomar(se) un tentempié *or* (frml) un refrigerio; **ideas for quick ~s** ideas para comidas rápidas; (*before n*) ‹*meal/lunch*› ligero, liviano (esp AmL), rápido

snack² *vi* comer algo ligero *or* (esp AmL) liviano, tomar(se) un tentempié *or* (frml) un refrigerio; **to ~ ON sth**: **we ~ed on apples** nos comimos unas manzanas

snack bar *n* bar *m*, cafetería *f*

snaffle /ˈsnæfəl/ *vt* (BrE colloq) afanar (arg), birlar (fam)

snaffle (bit) *n* bridón *m*

snafu¹ /snæˈfuː ˈsnæfuː/ *adj* (sl) (*pred*): **everything went ~** todo salió como el culo (vulg)

snafu² *n* (AmE sl) metedura *f* de pata (fam), cagada *f* (vulg)

snag¹ /snæg/ *n* 1 (difficulty) inconveniente *m*, problema *m*, pega *f* (Esp fam); **I don't see what the ~ is** no veo cuál es el inconveniente *or* el problema; **if you run into any ~s, let me know** si tienes algún problema *or* tropiezas con alguna dificultad, házmelo saber 2 (in fabric, stocking) enganchón *m*, enganche *m* (CS), jalón *m* (Méx) 3 (obstruction): **his fishing line got caught on a ~** se le enganchó la línea en una rama (*or* piedra *etc*); **the boat hit a ~ as it was turning** la barca dio con un escollo al dar la vuelta 4 (Austral colloq) (Culin) salchicha *f*

snag² **-gg-** *vt* enganchar; **you'll ~ your sweater on those brambles** te vas a enganchar el suéter con esas zarzas

■ **snag** *vi* engancharse

snail /sneɪl/ *n* caracol *m*; **at a ~'s pace** a paso de tortuga

snail mail *n* [u] (colloq) 1 (system) correo *m* normal *or* no electrónico 2 (letters) correo *m*

snake¹ /sneɪk/ *n* 1 (Zool) culebra *f*, serpiente *f*; (poisonous) víbora *f*; ***a ~ in the grass*** un traidor, un judas; **some ~ in the grass told on us** nos delató algún judas; (*before n*): **~ pit** nido *m* de víboras 2 (Econ, EC): **the Snake** la Serpiente (*antiguo sistema regulador financiero de la Comunidad Europea*)

snake² *vi* «*river/road*» serpentear; «*person*» arrastrarse, reptar

snakebite /ˈsneɪkbaɪt/ *n* [c u] mordedura *f* de serpiente

snake charmer *n* encantador, -dora *m,f* de serpientes

snakes and ladders *n* (BrE) (+ *sing vb*) serpientes y escaleras *fpl*; **let's play (a game of) ~ ~ ~** vamos a jugar a las serpientes y las escaleras

snakeskin /ˈsneɪkskɪn/ *n* [u] piel *f* de serpiente, cuero *m* de víbora (RPl), cuero *m* de culebra (Chi)

snap¹ /snæp/ *n*

A [c] (sound) chasquido *m*, ruido *m* seco; **the ~ of the whip** el chasquido *or* restallido del látigo; **with a ~ of his fingers** con un chasquido de los dedos

B **~ (fastener)** (AmE) 1 (on clothes) broche *m* *or* botón *m* de presión, (cierre *m*) automático *m* (Esp) 2 (on handbag, necklace) broche *m*

C [u] (energy) (colloq) vida *f*, energía *f*, brío *m*

D [c] (photo) (colloq) foto *f*, instantánea *f*

E [c] (Meteo): **a cold ~** una ola de frío

F [u] (BrE) 1 (card game) *juego de baraja en el que se canta 'snap' cada vez que aparecen dos cartas iguales* 2 (*as interj*) (colloq): **I got 83% — ~! (so did**

S

➡ *see* SMS (electronic text messaging)

I) yo saqué un 83% — ¡chócate ésa *or* chócatela *or* chócala (, yo también)!
G (easy task) (AmE colloq) (*no pl*): **it's a ~** es facilísimo, está tirado (fam), es una papa *or* un bollo (RPl fam), es chancaca (Chi fam)

snap² **-pp-** *vt*
A **1** (break) partir **2** (make sharp sound): **she ~ped the lid/book shut** cerró la tapa/el libro de un golpe; ▸**finger¹ A**
B (utter sharply) decir* bruscamente; **shut up, he ~ped** —cállate— dijo bruscamente
C (photograph) ‹*person/thing*› sacarle* una foto a; **he ~ped the whole family in the garden** le sacó una foto a toda la familia en el jardín
■ **snap** *vi*
A (bite): **be careful: he ~s** ten cuidado, que muerde; **the dog ~ped at my ankles** el perro me quiso morder los tobillos; **the fish are ~ping today** hoy pican los peces
B **1** (break) «*twigs/branch*» romperse*, quebrarse* (esp AmL); «*elastic*» romperse*; **it just ~ped off in my hand** se me partió *or* (esp AmL) se me quebró en la mano; **the plank ~ped in two** la tabla se partió en dos; **his nerves finally ~ped** al fin explotó; **my patience ~ped** se me acabó la paciencia **2** (click): **to ~ shut** cerrarse* (con un clic)
C (speak sharply) hablar con brusquedad; **sorry, I didn't mean to ~** perdona, no quise saltar así; **no need to ~!** no hace falta que te pongas así; **to ~ AT sb** hablarle con brusquedad A algn
D (move quickly): **the soldier ~ped to attention** el soldado se cuadró; **come on, ~ to it!** ¡vamos, rápido *or* muévete!; ***to ~ out of it*** (of depression) animarse, reaccionar; (of lethargy, inertia) espabilarse; **~ out of it!** ¡anímate!, ¡reacciona!

(Phrasal verbs)
- **snap back** [v + adv] (AmE) (colloq) recuperarse
- **snap up** [v + o + adv, v + adv + o] ‹*offer*› no dejar escapar; ‹*bargain*› llevarse; **they'll ~ it up at that price** a ese precio te lo quitarán de las manos; **~ it up!** (AmE colloq) ¡date prisa!, ¡apúrate! (AmL), ¡metele! (RPl fam)

snap³ *adj* ‹*decision/judgment/move*› precipitado, repentino; **to call a ~ election** convocar* elecciones anticipadas

snap⁴ *adv*: **to go ~** romperse*

snapdragon /ˈsnæpˌdræɡən/ *n* dragón *m*, boca *f* de dragón, perrito *m* (AmL), conejito *m* (Arg), boca *f* de sapo (Ur)

snap-off /ˈsnæpˈɔːf || ˈsnæpˈɒf/ *adj* (*before n*) que se quita levantándolo

snap-on /ˈsnæpɑːn || ˈsnæpɒn/ *adj* (*before n*) que se cierra con un clic

snapper /ˈsnæpər || ˈsnæpə(r)/ *n*
A **1** (turtle) (Zool) tortuga *f* mordedora **2** (fish) pargo *m*, huachinango *m* (Méx)
B (photographer) (colloq) fotógrafo, -fa *m,f*
C (in US football) centro *mf*

snappish /ˈsnæpɪʃ/ *adj* ‹*person/character*› irritable, irascible; ‹*dog*› que muerde

snappy /ˈsnæpi/ *adj* **-pier, -piest** **1** ‹*dog*› que muerde; ‹*person*› irascible, irritable; ‹*retort*› brusco, cortante **2** (brisk, lively) (colloq) ‹*tune*› alegre; ‹*pace*› ágil, brioso; ‹*conversation*› animado, vivaz; **look ~!** ¡muévete! (fam), ¡date prisa!; **put your uniform on and make it ~!** ponte el uniforme ¡y rápido! **3** (concise, punchy) (colloq) ‹*phrase/style*› conciso y vigoroso; **a ~ slogan** un eslogan con gancho (fam) **4** (stylish) (colloq) elegante

snapshot /ˈsnæpʃɑːt || ˈsnæpʃɒt/ *n* foto *f*, instantánea *f*

snare¹ /sner || sneə(r)/ *n*
A **1** (to catch animals) trampa *f*, cepo *m* **2** (ploy, plan) trampa *f*; **it's just a ~ and a delusion** no es más que un engaño
B **1** (of drum) bordón *m* **2** **~ (drum)** tambor *m* (*con bordón*)

snare² *vt* ‹*rabbit/bird*› atrapar; **how did he manage to ~ such a pretty wife?** ¿cómo pudo cazar *or* atrapar a una mujer tan bonita?

snarl¹ /snɑːrl || snɑːl/ *n* gruñido *m*

snarl² *vi* gruñir*; **to ~ AT sb** gruñirle* a algn; **the dog ~ed at us** el perro nos gruñó
■ **snarl** *vt*
A (say) gruñir*; **leave me alone, he ~ed** —déjame en paz —gruñó; **she ~ed a reply** contestó con un gruñido
B ▸**snarl up**

(Phrasal verb)
- **snarl up** [v + adv + o], (*usu pass*) ‹*ball of wool*› enmarañar, enredar; ‹*traffic*› atascar*; **the city center was ~ed up** el tráfico estaba paralizado en el centro de la ciudad; **the fishing line got ~ed up** el sedal se enredó *or* se hizo una maraña

snarl-up /ˈsnɑːrlʌp || ˈsnɑːlʌp/ *n* (BrE colloq) lío *m* (fam), embrollo *m*; (in traffic) atasco *m*, embotellamiento *m*

snatch¹ /snætʃ/ *vt*
A **1** (grab): **he ~ed (up) the case and ran out** agarró *or* (esp Esp) cogió rápidamente la maleta y salió corriendo; **he ~ed the child to safety** agarró al niño y lo puso a salvo; **she ~ed the letter out of my hand** me arrancó la carta de las manos; **to ~ sth FROM sb** arrebatarle algo A algn; **he ~ed the letter from me** me arrebató la carta, me quitó la carta de un manotazo **2** (steal) (colloq & journ) robar (*arrebatando*); **my case was ~ed** me robaron la maleta de un tirón *or* (AmL exc CS) de un jalón **3** (kidnap) (journ) secuestrar, raptar
B **1** (take hurriedly): **he ~ed forty winks during the sermon** se echó una cabezadita durante el sermón; **I'll try and ~ a bite to eat between meetings** trataré de comerme algo rápidamente entre una reunión y la otra; **they ~ed a kiss** aprovecharon para besarse; **she ~ed the opportunity** no dejó pasar la oportunidad, aprovechó la oportunidad sin titubear **2** ‹*victory*› hacerse* con; ‹*goal*› meter; **to ~ the lead** tomar la delantera; **he ~ed the job from under my nose** me quitó el trabajo en mis propias narices
■ **snatch** *vi* arrebatar; **you mustn't ~** no debes arrebatar, no debes quitar las cosas de mala manera; **to ~ AT sth**: **he ~ed at the keys** trató de agarrar *or* (esp Esp) de coger las llaves; **to ~ at a chance** aprovechar una ocasión

(Phrasal verb)
- **snatch away** [v + o + adv, v + adv + o] arrebatar

snatch² *n*
A **1** (grab): **to make a ~ at sth** tratar de agarrar *or* (esp Esp) coger algo **2** (robbery) (BrE journ) robo *m* **3** (kidnapping) (journ) secuestro *m*, rapto *m* **4** (in weightlifting) arrancada *f*
B **1** (fragment) fragmento *m*; **I could only hear ~es of their conversation** sólo oía fragmentos de su conversación; **I heard a ~ of melody** oí unos compases **2** (brief spell) rato *m*; **to sleep in ~es** dormir* (de) a ratos; **I did my shopping in ~es** fui haciendo las compras poco a poco

snatch squad *n: grupo de policías o soldados cuyo objetivo es detener a los alborotadores en una multitud*

snazzy /ˈsnæzi/ *adj* **-zier, -ziest** (colloq) ‹*dress*› vistoso *or* llamativo y elegante; ‹*design/car*› llamativo; **they have a ~ office** tienen una oficina súper elegante (fam)

sneak¹ /sniːk/ (*past & past p* **sneaked** *or* AmE also **snuck**) *vt* **1** (smuggle) (+ *adv compl*): **he ~ed it through customs** lo pasó de contrabando (por la aduana); **I ~ed the bottle into the room under my coat** entré en la sala con la botella escondida bajo el abrigo; **he ~ed the files out of the office** sacó los archivos de la oficina a escondidas *or* a hurtadillas; **she was caught trying to ~ him in without paying** la pillaron tratando de colarlo sin pagar **2** (take furtively): **we caught him ~ing a drink** lo pillamos bebiendo a escondidas; **to ~ a look at sth/sb** mirar algo/a algn con disimulo *or* subrepticiamente
■ **sneak** *vi*
A (go furtively) (+ *adv compl*): **to ~ in/out** entrar/salir* a hurtadillas *or* con disimulo *or* (fam) de extranjis; **to ~ away** escabullirse*; **he managed to ~ past the guard** logró pasar sin que el guardia se diera cuenta
B (tell tales) (BrE colloq) acusar, ir* con cuentos (fam), chivarse (Esp fam); **to ~ ON sb** acusar a algn, chivarse DE algn (Esp fam)

(Phrasal verb)
- **sneak up** [v + adv] **to ~ up (ON sb)**: **don't ~ up on me like that!** ¡no te me aparezcas así, de repente!; **old age just ~s up on you** uno va envejeciendo sin darse cuenta; **I ~ed up behind him** me acerqué a él sigilosamente *or* a hurtadillas por detrás

sneak² *n* (BrE colloq) soplón, -plona *m,f* (fam), acusete *mf* (fam), acusón, -sona *m,f* (AmL fam), chivato, -ta *m,f* (Esp fam)

sneak³ *adj* (*before n*) ‹*visit/attack*› sorpresa *adj inv*; **~ preview** (Cin, TV) preestreno *m*; **a ~ preview of this year's autumn fashions** un anticipo de la moda de otoño de este año

sneakers /ˈsniːkərz || ˈsniːkəz/ *pl n* zapatillas *fpl* (de deporte), tenis *mpl*, playeras *fpl* (Esp), deportivas *fpl* (Esp), championes *mpl* (Ur)

sneaking /ˈsniːkɪŋ/ *adj* (*before n, no comp*) ‹*wish*› secreto; **he had always felt a ~ admiration for her** en el fondo siempre la había admirado; **I have a ~ suspicion that ...** tengo la leve sospecha de que ..., me late (Méx) *or* (Chi) me tinca *or* (RPl) me palpita que ... (fam); **she had a ~ feeling that ...** tenía la sensación *or* impresión de que ...

sneak thief *n* ratero, -ra *m,f*

sneaky /ˈsniːki/ *adj* **-kier, -kiest** (colloq) ‹*person*› artero, taimado, cuco (Esp fam); ‹*way/behavior*› solapado

sneer¹ /snɪr || snɪə(r)/ *vi* adoptar un aire despectivo; **to ~ AT sb/sth**: **he ~ed at his challengers** miró desdeñosamente a sus contrincantes; **she ~ed at my attempts** se burló de mis intentos
■ **sneer** *vt* decir* con sorna *or* desdén

sneer² *n* **1** (expression) expresión *f* desdeñosa; **he told me with a ~ that ...** me dijo con desdén *or* sorna que ... **2** (remark) comentario *m* desdeñoso *or* despectivo, burla *f*

sneering /ˈsnɪrɪŋ || ˈsnɪərɪŋ/ *adj* ‹*remark*› desdeñoso, despectivo; ‹*smile/laugh*› socarrón, sobrador (CS)

sneeze¹ /sniːz/ *vi* estornudar; ***it's not to be ~d at*** (colloq) no es de despreciar *or* desdeñar, no es para hacerle ascos (fam)

sneeze² *n* estornudo *m*

snick¹ /snɪk/ *vt* hacer* un corte *or* una muesca en

snick² *n* corte *m*, muesca *f*

snicker /ˈsnɪkər || ˈsnɪkə(r)/ *vi* ▸**snigger²**

snide /snaɪd/ *adj* ‹*remark/comment*› insidioso, malicioso

sniff¹ /snɪf/ *vt*
A **1** (smell) «*person*» oler*; «*animal*» olfatear, olisquear **2** ‹*glue*› inhalar, esnifar (arg)
B (say scornfully) decir* con desdén *or* desdeñosamente
■ **sniff** *vi* **1** «*animal*» husmear, olfatear, olisquear; «*person*»: **stop ~ing!** ¡no hagas ese ruido con la nariz!, ¡no te sorbas la nariz!; **I miss him, she said ~ing** —lo echo de menos —dijo, tratando de no llorar; **she ~ed audibly when I told her how much it had cost** resopló cuando le dije cuánto había costado; **to ~ AT sth** «*person*» oler* algo; «*animal*» olfatear *or* olisquear algo **2** (be dismissive) **to ~ AT sth/sb** despreciar *or* desdeñar algo/a algn; **it's not to be ~ed at** no es de despreciar *or* desdeñar, no es para hacerle ascos (fam)

(Phrasal verb)
- **sniff out** [v + adv + o] **1** «*dog*» descubrir* husmeando *or* olfateando **2** ‹*crime/danger*› olerse*

sniff² *n* **1** (act, sound): **I heard sobs and ~s coming from her bedroom** oí sollozos y resuellos que venían de su habitación; **she gave a ~ to clear her nose** aspiró fuerte para despejarse la nariz; **she gave a ~ and turned her back on me** dio un resoplido y me volvió la espalda; **to have a ~ of sth** oler* algo; **have a ~ of this** huele esto; **one ~ of the gas and he felt drowsy** con una inhalación del gas ya se sintió adormecido **2** (smell) olor *m*, olorcillo *m*

sniffer /ˈsnɪfər || ˈsnɪfə(r)/ *n* (colloq)
A (person) esnifador, -dora *m,f* (arg)

S

B (detector — of radiation) detector *m* de radiación; (— of gas) detector *m* de escapes
C (nose) (colloq) napia(s) *f(pl)* (fam)
D (Comput) *also* ~ **program** programa *m* husmeador

sniffer dog /ˈsnɪfər || ˈsnɪfə(r)/ *n* (BrE) perro *m* rastreador *or* de rastreo

sniffle¹ /ˈsnɪfəl/ *vi* (due to cold) sorberse la nariz *or* los mocos (fam); (when crying) gimotear

sniffle² *n* **1** (sniff): **I'm not feeling very well, she said with a ~** —no me siento muy bien —dijo, sorbiéndose la nariz **2** (cold) (colloq) resfriado *m*, resfrío *m* (esp AmS); **to have a ~** *o* **the ~s** estar* resfriado, tener* moquera (AmL fam)

sniffy /ˈsnɪfi/ *adj* **-fier, -fiest** (colloq) ‹*person/attitude*› desdeñoso, altanero; **to be ~ ABOUT sth/sb** mirar algo/a algn en menos, desdeñar algo/a algn

snifter /ˈsnɪftər || ˈsnɪftə(r)/ *n* **1** (colloq) copita *f* (fam), traguito *m* (fam) **2** (brandy glass) (AmE) copa *f* de coñac

snigger¹ /ˈsnɪgər || ˈsnɪgə(r)/ *n* risilla *f*, risita *f*

snigger² *vi* reírse* (*por lo bajo*); **to ~ AT** *o* **ABOUT sth** reírse* *or* burlarse DE algo

snip¹ /snɪp/ *n*
A **1** (act) tijeretazo *m*, corte *m* **2** (sound) tijereteo *m* **3** (piece) recorte *m*, pedazo *m*
B **1** (young woman) (AmE colloq & pej) mocosa *f* (fam & pey) **2** (insignificant person) (AmE colloq) papanatas *mf* (fam), pendejo, -ja *m,f* (AmL exc CS fam)
C (bargain) (BrE colloq) ganga *f* (fam), chollo *m* (Esp fam), pichincha *f* (RPl fam); **it was a real ~ at that price** era una verdadera ganga (*or* pichincha *etc*) a ese precio

snip² **-pp-** *vt* cortar (*con tijera*); **to ~ sth off** cortar algo; **~ the end off it** córtale la punta

snipe¹ /snaɪp/ *n* (*pl* **~s** *or* **~**) agachadiza *f*, becacina *f*

snipe² *vi* **1** (Mil) **to ~ (AT sb)** disparar (SOBRE algn), dispararle a algn (*desde un escondite*) **2** (criticize) **to ~ (AT sth/sb)** criticar* (algo/a algn)

sniper /ˈsnaɪpər || ˈsnaɪpə(r)/ *n* francotirador, -dora *m,f*

sniper fire *n* [u] fuego *m* de francotirador

snippet /ˈsnɪpət || ˈsnɪpɪt/ *n* (of conversation) trozo *m*, fragmento *m*; **we have only been able to get ~s of information** sólo hemos podido conseguir algunos datos aislados

snippy /ˈsnɪpi/ *adj* **-pier, -piest** (AmE colloq) atrevido, insolente; **to get ~ with sb** insolentarse con algn

snitch /snɪtʃ/ *vt* (colloq) birlar, afanar (arg), mangar* (Esp fam)
■ **snitch** *vi* (colloq) ir* con el cuento (fam), chivarse (Esp fam); **to ~ ON sb** acusar a algn, chivarse DE algn (Esp fam)

snivel /ˈsnɪvəl/ *vi* BrE **-ll-** lloriquear, gimotear; **give that ~ing child a handkerchief** dale un pañuelo a ese llorón *or* (Esp fam) llorica

sniveling, (BrE) **snivelling** /ˈsnɪvəlɪŋ/ *n* [u] lloriqueo *m*, gimoteo *m*

snob /snɑːb || snɒb/ *n* (e)snob *mf*; **she's a music/wine ~** se las da de entendida en música/vinos; (*before n*): **~ value** cachet *m*

snobbery /ˈsnɑːbəri || ˈsnɒbəri/ *n* [u] (e)snobismo *m*; **out of pure ~** por puro (e)snobismo

snobbish /ˈsnɑːbɪʃ || ˈsnɒbɪʃ/ *adj* (e)snob

snobbishness /ˈsnɑːbɪʃnəs || ˈsnɒbɪʃnɪs/ *n* [u] (e)snobismo *m*

snobby /ˈsnɑːbi || ˈsnɒbi/ *adj* **-bier, -biest** ▸**snobbish**

snog¹ /snɑːg || snɒg/ *vi* **-gg-** (BrE colloq) besuquearse, darse* *or* pegarse* el lote (Esp fam), chapar (RPl fam), fajar (Méx fam), atracar* (Chi fam)
■ **snog** *vt* besuquear, darse* *or* pegarse* el lote con (Esp fam), atracar* con (Chi fam)

snog² *n* (BrE colloq): **to have a ~** ▸**snog¹**

snood /snuːd/ *n* redecilla *f*

snook /snuːk/ *n*: ***to cock a ~ at sb*** (make gesture) hacerle* burla a algn (*llevándose el pulgar a la nariz*) (express contempt) burlarse de algn; **he cocks a ~ at convention** se burla *or* se ríe de las convenciones

snooker¹ /ˈsnʊkər || ˈsnuːkə(r)/ *n* snooker *m* (*modalidad de billar que se juega con 15 bolas rojas y 6 de otro color*)

snooker² *vt* **1** (Sport) *interponer una bola en la línea de tiro del contrincante* **2** (put in awkward position) (BrE colloq) poner* en un jaque *or* en un brete *or* en un apuro; **we've missed the train, now we're really ~ed** hemos perdido el tren, ahora sí que estamos arreglados

snoop¹ /snuːp/ *vi* (colloq) husmear, curiosear, fisgonear; **to ~ around** *o* **about** husmear, fisgonear; **don't ~ into things that don't concern you** no te metas en lo que no te importa, no metas las narices en lo que no te importa (fam)

snoop² *n* (colloq) **1** (person) fisgón, -gona *m,f* **2** (act) (*no pl*): **to have a ~ around**: **he had a good ~ around while you were out** estuvo husmeando *or* curioseando *or* fisgoneando por ahí mientras no estabas; **I'll have a ~ around for her keys** voy a echar una mirada por ahí a ver si encuentro sus llaves

snooper /ˈsnuːpər || ˈsnuːpə(r)/ *n* (colloq) fisgón, -gona *m,f*

snootily /ˈsnuːtli || ˈsnuːtɪli/ *adv* (colloq): **she ~ turned down the invitation** despreciativamente, rechazó la invitación; **undoubtedly, she answered ~** —sin lugar a dudas —contestó con aires de superioridad

snooty /ˈsnuːti/ *adj* **-tier, -tiest** (colloq) ‹*person*› estirado (fam), altanero; ‹*attitude*› altanero, de superioridad; **a ~ French restaurant** un restaurante francés de lo más pretencioso; **they're terribly ~ about tourists** son muy despreciativos con los turistas

snooze¹ /snuːz/ *vi* (colloq) dormitar, echar una cabezada (fam), echarse un sueñecito *or* (esp AmL) un sueñito (fam), echarse una siestecita *or* (esp AmL) siestita (fam)

snooze² *n* (colloq) sueñecito *m* (fam), sueñito *m* (esp AmL fam), siestecita *f* (fam), siestita *f* (esp AmL fam); **to have a ~** echar una cabezada (fam), echarse un sueñecito (*or* sueñito *etc*) (fam); (*before n*) ‹*alarm*› de repetición; botón *m* de repetición (*de alarma*)

snore¹ /snɔːr || snɔː(r)/ *vi* roncar*

snore² *n* ronquido *m*

snorer /ˈsnɔːrər || ˈsnɔːrə(r)/ *n* persona *f* que ronca, roncador, -dora *m,f*

snoring /ˈsnɔːrɪŋ/ *n* [u] ronquidos *mpl*

snorkel¹ /ˈsnɔːrkəl || ˈsnɔːkəl/ *n* **1** (for swimmer) esnórkel *m* **2** (on submarine) esnórkel *m*

snorkel² *vi* BrE **-ll-** bucear (*con esnórkel*)

snort¹ /snɔːrt || snɔːt/ *vi* bufar, resoplar; **he ~ed with anger/impatience** dio un resoplido de rabia/impaciencia; **she ~ed with laughter** soltó una risotada
■ **snort** *vt* **1** (utter) bramar, gruñir*; **never again, she ~ed** —nunca más —bramó *or* gruñó **2** (inhale) (sl) ‹*cocaine*› esnifar (arg)

snort² *n* **1** (sound) bufido *m*, resoplido *m* **2** (drink) (colloq) trago *m* (fam) **3** (of cocaine) (sl) raya (arg); **to take a ~ of cocaine** esnifar una raya de cocaína (arg)

snorter /ˈsnɔːrtər || ˈsnɔːtə(r)/ *n* (esp BrE colloq & dated): **the bank sent me a ~ (of a letter)** el banco me mandó una carta tremebunda *or* una carta de aquéllas (fam)

snot /snɑːt || snɒt/ *n* **1** [u] (vulg) (mucus) mocos *mpl* **2** [c] (person) (colloq & pej) mocoso, -sa *m,f* (fam & pey)

snot-nosed /ˈsnɑːtnəʊzd || ˈsnɒtnəʊzd/ *adj* (colloq) **1** ‹*child*› mocoso **2** (uppity) (BrE) estirado (fam); ‹*attitude*› de superioridad, altanero

snot rag *n* (colloq) moquero *m* (fam)

snotty /ˈsnɑːti || ˈsnɒti/ *adj* **-tier, -tiest** (colloq) **1** ‹*handkerchief*› lleno de mocos; ‹*child*› mocoso **2** (snooty) ‹*person*› estirado (fam); ‹*attitude*› de superioridad, altanero

snotty-nosed /ˌsnɑːtiˈnəʊzd || ˌsnɒtiˈnəʊzd/ *adj* (BrE) ▸**snot-nosed**

snout /snaʊt/ *n*
A [c] **1** (of animal) hocico *m*, morro *m* **2** (of person) (colloq) narizota *f* (fam)
B [u] (tobacco) (BrE sl: used by prisoners) tabaco *m*
C [c] (informer) (BrE sl) soplón, -plona *m,f* (fam), chivato, -ta *m,f* (Esp fam)

snow¹ /snəʊ/ *n*
A ▸ⓘ **p.1878** **1** [u] nieve *f*; ***as pure as the driven ~*** puro y virginal; ***as white as ~*** blanco como la nieve, níveo (liter); (*before n*): **~ shower** nevada *f*, precipitación *f* de nieve (period) **2** [c] (snowfall) nevada *f*
B [u] (TV, Video) nieve *f*
C [u] (sl) (cocaine) nieve *f* (arg)

snow² *v impers* ▸ⓘ **p.1878**; nevar*; **it never ~s here** aquí nunca nieva
■ *vt* (AmE) (overwhelm) (sl) apabullar; (persuade) convencer*, camelar (Esp fam); **don't let them ~ you into buying another one** no los dejes convencerte de que tienes que comprar otro

Phrasal verbs

- **snow in** [v + o + adv]: **to be ~ed in** estar* aislado por la nieve
- **snow off** [v + o + adv, v + adv + o] (BrE): **to be ~ed off** suspenderse *or* cancelarse a causa de la nieve
- **snow under** [v + o + adv]: **I'm ~ed under with work** estoy agobiada *or* desbordada de trabajo; **we're ~ed under with applications** hemos recibido innumerables solicitudes, nos han llovido las solicitudes (fam)
- **snow up** (BrE) ▸**snow in**

snowball¹ /ˈsnəʊbɔːl/ *n*
A (Meteo) bola *f* de nieve; ***not to have*** *o* ***stand a ~'s chance in hell*** no tener* ni la más mínima posibilidad; (*before n*): **~ effect** efecto *m* bola de nieve; **~ fight** pelea *f* con bolas de nieve
B (Culin) **1** (dessert) (AmE) granizado *m*, raspado *m* (Col, Méx) **2** (drink) (BrE) *licor de huevo con gaseosa*

snowball² *vi* «*problems*» agravarse, aumentar; **the movement ~ed into a vast organization** el movimiento creció hasta convertirse en una organización gigantesca
■ **snowball** *vt* tirarle bolas de nieve a

> **Snow Belt**
>
> Término de uso coloquial con el que se hace referencia a los estados del norte de EEUU y a aquellos de la región central (*Midwest*) que tienen inviernos fríos y con nieve.

snow-blind /ˈsnəʊblaɪnd/ *adj*: *afectado de* ▸**snow blindness**

snow blindness *n* [u]: *ceguera pasajera causada por el resplandor de la nieve*

snowblower /ˈsnəʊbləʊər || ˈsnəʊbləʊə(r)/ *n* soplanieves *m*

snowboard¹ /ˈsnəʊbɔːrd || ˈsnəʊbɔːd/ *n* snowboard *m*

snowboard² *vi* hacer* snowboard

snowboarder /ˈsnəʊbɔːrdər || ˈsnəʊbɔːdə(r)/ snowboarder *mf*

snowboarding /ˈsnəʊbɔːrdɪŋ || ˈsnəʊbɔːdɪŋ/ *n* [u] snowboard *m*

snow boot *n* bota *f* de nieve

snowbound /ˈsnəʊbaʊnd/ *adj* bloqueado *or* aislado por la nieve

snow cannon *n* cañón *m* de nieve artificial

snow-capped /ˈsnəʊkæpt/ *adj* nevado, coronado de nieve (liter)

snow chains *pl n* cadenas *fpl* (*para la nieve*)

snow-clad /ˈsnəʊklæd/ *adj* (liter) nevado, cubierto de un manto de nieve (liter)

snow-covered /ˈsnəʊˌkʌvərd || ˈsnəʊˌkʌvəd/ *adj* (*before n*) nevado, cubierto de nieve

snowdrift /ˈsnəʊdrɪft/ *n*: *nieve acumulada durante una ventisca*

snowdrop /ˈsnəʊdrɑːp || ˈsnəʊdrɒp/ *n* campanilla *f* de invierno

snowfall /ˈsnəʊfɔːl/ *n* [c u] nevada *f*

snowfield /ˈsnəʊfiːld/ *n* campo *m* de nieve

snowflake /ˈsnəʊfleɪk/ *n* copo *m* de nieve

snow job *n* (AmE colloq) cuento *m* (chino) (fam), bola *f* (Esp fam)

snow leopard *n* onza *f*

snow line *n* límite *m* de las nieves perpetuas

snow machine *n* máquina *f* de nieve

S

snowman /ˈsnəʊmæn/ *n* (*pl* **-men** /-men/) muñeco *m or* (Chi) mono *m* de nieve

snowmelt /ˈsnəʊmelt/ *n* [u] (AmE) deshielo *m*

snowmobile /ˈsnəʊməbiːl/ *n* (sleigh) trineo *m* a motor; (motor vehicle) moto *f* de nieve, motonieve *f*

snow pea *n* (AmE) tirabeque *m*, arveja *f or* (Esp) guisante *m or* (esp Méx) chícharo *m* mollar

snowplow, (BrE) **snowplough** /ˈsnəʊplaʊ/ *n* quitanieves *m*

snowscape /ˈsnəʊskeɪp/ *n* paisaje *m* nevado

snowshoe /ˈsnəʊʃuː/ *n* raqueta *f*

snowstorm /ˈsnəʊstɔːrm ‖ ˈsnəʊstɔːm/ *n* tormenta *f* de nieve, ventisca *f*, nevazón *m* (CS)

snowsuit /ˈsnəʊsuːt/ *n: traje de invierno para niño*

snow-white /ˈsnəʊˈhwaɪt ‖ ˈsnəʊˈwaɪt/ ▸ⓘ **p.1036** *adj* blanco como la nieve, níveo (liter)

Snow White *n* Blancanieves

snowy /ˈsnəʊi/ *adj* **snowier, snowiest** 1 ▸ⓘ **p.1878**; ‹*day*› nevoso, de nieve; ‹*weather*› nevoso; ‹*landscape/path*› nevado 2 ▸ⓘ **p.1036** (liter) (white) blanco como la nieve, níveo (liter)

SNP *n* (in UK): **the ~ = the Scottish National Party**

Snr = Senior

snub[1] /snʌb/ *vt* **-bb-** 1 ‹*person*› desairar; (by looking the other way) voltearle *or* (Esp) volverle* la cara a, darle* vuelta la cara a (CS); **they felt ~bed** se sintieron desairados; **I tried to talk to her and she ~bed me** le quise hablar y me volteó la cara *or* (Esp) me volvió la cara *or* (CS) me dio vuelta la cara 2 (reject) ‹*proposal/plan/offer*› desdeñar, rechazar*

snub[2] *n* desaire *m*

snub[3] *adj* (*usu before n*) ‹*nose*› respingón, respingado (AmL)

snub-nosed /ˈsnʌbnəʊzd/ *adj* ‹*person*› de nariz respingona *or* (AmL tb) respingada, ñato (AmS); ‹*pistol/automatic*› corto

snuck /snək/ (AmE colloq) *past and past p of* **sneak**[1]

snuff[1] /snʌf/ *n* [u] 1 (for inhaling) rapé *m*; **to take ~** tomar rapé 2 (*dipping ~*) (AmE) tabaco *m* de mascar

snuff[2] *vt*

A 1 ‹*wick*› cortar; **to ~ it** (BrE colloq) estirar la pata (fam), diñarla (Esp fam), petatearla (Méx fam), cantar para el carnero (RPl arg) 2 ▸ **snuff out 1**

B (sniff) olfatear

Phrasal verb

- **snuff out** [v + o + adv, v + adv + o] 1 ‹*candle*› apagar* 2 ‹*rebellion*› sofocar*; ‹*hopes*› acabar con, hacer* perder

snuffbox /ˈsnʌfbɑːks ‖ ˈsnʌfbɒks/ *n* caja *f* de rapé

snuffer /ˈsnʌfər ‖ ˈsnʌfə(r)/ *n* 1 (cone) apagavelas *m* 2 **snuffers** *pl* (shears) despabiladeras *fpl*

snuffle[1] /ˈsnʌfəl/ *vi* 1 (person) ▸ **sniffle**[1] 2 «*dog/badger*» resoplar

snuffle[2] *n* ▸ **sniffle**[2]

snuff movie *n* (colloq) película *f* snuff (*película que muestra asesinatos reales*)

snug[1] /snʌg/ *adj* 1 (cozy, comfortable) ‹*room/cottage*› cómodo y acogedor; **she felt very ~ by the fire** se sentía muy a gusto junto al fuego; **he was ~ and warm in bed** estaba cómodo y calentito en la cama; ▸ **bug**[1] **A1** 2 (close-fitting) ceñido, ajustado; **the jacket was a ~ fit** la chaqueta le (*or* me *etc*) ceñía muy bien; **the joints must be ~** (in woodwork) las uniones *or* ensambladuras deben ajustar perfectamente

snug[2] *n* (bar) (BrE) *sala pequeña en un pub o en una casa particular*

snuggle /ˈsnʌgəl/ *vi* acurrucarse*; **we ~d (down) under the blankets** nos acurrucamos bajo las mantas; **I found them ~d (up) on the settee** los encontré acurrucados en el sofá; **he ~d up against her** se le arrimó

snugly /ˈsnʌgli/ *adv* 1 (cosily) ‹*furnished*› de manera cómoda y acogedora; **~ tucked up in bed** cómodo y abrigado en la cama 2 (tightly): **the joints fit very ~** (in woodwork) las uniones *or* ensambladuras ajustan perfectamente; **the trousers fit ~** los pantalones ciñen *or* ajustan muy bien

so[1] /səʊ/ *adv*

A 1 (very, to a great extent) (*before adj and adv*) tan; (*with verb*) tanto; **he's ~ very English** es tan inglés; **I'm ~, ~ tired** estoy tan, pero tan cansado; **he did it ~ quickly** lo hizo tan rápido; **you're ~ right** tienes tanta razón; **I'm ~ glad to meet you** me alegro tanto de conocerte; **there's ~ much work to do** hay tanto (trabajo) que hacer; **thank you ~ much** muchísimas gracias; **I love him ~** lo quiero tanto; **I did ~ hope/wish they could come** tenía tantas esperanzas/ganas de que vinieran 2 (as much as that) (*before adj and adv*) tan; (*with verb*) tanto; **why are you ~ stubborn?** ¿por qué eres tan terco?; **don't upset yourself ~** no te preocupes tanto 3 (*in comparisons*) **not ~ … as: we've never been ~ busy as we are now** nunca hemos estado tan ocupados como ahora; **Paul's not ~ confident as he looks** Paul no tiene tanta confianza en sí mismo como parece; **it's not ~ much a hobby as an obsession** no es tanto un hobby como una obsesión 4 (such a) tan; **~ foolish a mistake as the one John made** un error tan tonto como el que cometió John; **how could ~ gifted a poet stop writing?** ¿cómo pudo dejar de escribir un poeta con tanto talento?

B 1 (up to a certain point, limit): **I can only eat ~ fast** no puedo comer más rápido; **we can admit just ~ many and no more** sólo podemos dejar entrar a equis cantidad de gente y no más; **I can take just ~ much and then I explode** puedo aguantar hasta cierto punto pero después exploto 2 (unspecified amount): **they charge us ~ much a day** nos cobran tanto por día; **~ many rolls of this, ~ many boxes of that** tantos rollos de esto, tantas cajas de aquello 3 (the amount indicated): **the fish was ~ long** el pescado era así de largo; **I've known him since he was ~ high** lo conozco desde que era así 4 **or so** más o menos; **we'll need 20 or ~ chairs** nos harán falta unas 20 sillas (más o menos)

C (with clauses of result or purpose) **~ … (that)** tan … que; **he was ~ rude (that) she slapped him** fue tan grosero, que le dio una bofetada; **~ confused was she that …** (liter) tan confundida estaba que …; **he ~ hated the job, he left** odiaba tanto el trabajo, que lo dejó; **the buildings are ~ designed that …** los edificios están diseñados de tal manera que *or* de manera tal que …; **~ … as to + INF: I'm not ~ stupid as to believe him** no soy tan tonta como para creerle; **I was ~ fortunate as to know her personally** tuve la suerte de conocerla personalmente; **would you be ~ kind as to explain this to me?** (frml) ¿tendría la gentileza de explicarme esto?

D 1 (thus, in this way): **the street was ~ named because …** se le puso ese nombre a la calle porque …; **if you feel ~ inclined** si tienes ganas, si te apetece (esp Esp); **if that's what you want, then ~ be it, but …** si eso es lo que quieres, muy bien (*or* así se hará *etc*), pero …; **hold the bat like ~** agarra el bate así *or* de esta manera 2 (as stated) así; **is that really ~?** ¿de veras?, ¿realmente es así?; **that is ~** (frml) así es; **I know quite a bit about that — is that ~?** yo sé bastante de eso — ¡no me digas!; **not ~** no es cierto, no es así; **perhaps ~** quizá(s), en una de ésas; **if ~, they're lying** si es así *or* de ser así, están mintiendo 3 (as desired): **everything has to be just/precisely ~** todo tiene que estar justamente/precisamente como ella (*or* él *etc*) quiere 4 **and so on** *o* **and so forth** etcétera; **and ~ on and ~ forth** etcétera, etcétera

E 1 (*replacing clause, phrase, word*): **… and I'm sure they've done ~/they'll do ~** … y estoy segura de que lo han hecho/de que lo harán; **he left the country and by doing ~ he caused great problems** abandonó el país y, al hacerlo, causó muchos problemas; **he put the books on the table and in ~ doing knocked the vase off the edge** al poner los libros sobre la mesa tiró el florero; **he thinks she's gifted and I think ~ too** él cree que tiene talento y yo también *or* y yo opino lo mismo; **is he coming tomorrow? — it seems ~** ¿viene mañana? — así *or* eso parece; **will he be pleased? — I expect ~** ¿estará contento? — me imagino que sí; **I got a bit dirty — ~ I see** me ensucié un poco — sí, ya veo; **you said ~ yesterday** eso dijiste ayer; **I told you ~** ¿no te lo dije?; **~ saying, he put on his coat and left** y con estas palabras *or* diciendo esto, se puso el abrigo y se fue; **this will never work — how ~?** esto no va a funcionar — ¿por qué no?; **why ~?** ¿por qué?; **is she interested? — very much ~** ¿le interesa? — sí, y mucho; **our relations are good and I want to keep them ~** nuestras relaciones son buenas y quiero que sigan así *or* que sigan siéndolo; **she's like her mother in that, only more ~** en eso es como la madre, pero más todavía 2 (contradicting) (used esp by children): **she wasn't there — she was ~!** no estaba allí — ¡sí que estaba!

F (*with v aux*) 1 (also, equally): **the children are tired and ~ am I/are you/is Peter** los niños están cansados y yo/y tú/y Peter también; **Peter agrees and ~ does Bill/and ~ do I** Peter está de acuerdo y Bill/y yo también; **speed is important, but ~ too is quality** la rapidez es importante, pero también lo es la calidad 2 (indeed): **she claims she's talented and ~ she is** asegura que tiene talento y, la verdad, lo tiene; **I want to go and ~ I shall** quiero ir e iré; **you promised — ~ I did!** lo prometiste — ¡es verdad! *or* ¡tienes razón!

G 1 (indicating pause or transition) bueno; **~ here we are again** bueno, aquí estamos otra vez 2 (introducing new topic): **~ you're getting married, I hear?** ¿así que te casas?; **~ what's new with you?** y ¿qué hay *or* qué cuentas de nuevo? 3 (querying, eliciting information): **~ now what do we do?** ¿y ahora qué hacemos?; **~ he intends to stay, it seems?** así que *or* entonces parece que piensa quedarse ¿no? 4 (summarizing, concluding) así que; **~ now you know** así que ya sabes 5 (expressing surprised reaction) así que, conque; **~ that's what he's after!** ¡así que *or* conque eso es lo que quiere! 6 (challenging): **but she's not a Catholic — so?** pero no es católica — ¿y qué (hay)?; **~ what?** ¿y qué?

so[2] *conj*

A (*in clauses of purpose or result*) 1 **so (that)**: **she said it slowly, ~ (that) we'd all understand** lo dijo despacio, para que *or* de manera que todos entendiéramos; **she said it slowly, ~ (that) we all understood** lo dijo despacio, así que *or* de manera que todos entendimos; **we took a taxi, ~ (that) we wouldn't be late** tomamos un taxi para no llegar tarde; **we took a taxi, ~ (that) we got there early** tomamos un taxi, así que *or* de manera que llegamos temprano; ***not ~ (as) you'd notice*** (colloq): **has he cleaned in here? — not ~ as you'd notice** ¿ha limpiado aquí? — pues si ha limpiado, no lo parece 2 **so as to + INF** para + INF; **they set off early ~ as to get good seats** salieron temprano para conseguir buenas localidades

B (therefore, consequently) así que, de manera que; **he wasn't at home, ~ I called again later** no estaba en casa, así que *or* de manera que volví a llamar más tarde; **~ *there!*** ¡para que sepas!

C (in parallel processes): **as … so: (just) as she loves it, ~ I detest it** así como a ella le encanta, yo lo detesto; **as we grow older, ~ we grow more tolerant** a medida que envejecemos, nos vamos haciendo más tolerantes

so[3] *n* ▸ **soh**

SO, S/O *n* (BrE) **= standing order**

soak[1] /səʊk/ *vt*

A 1 ‹*lentils/clothes*› (immerse) poner* en *or* a remojo, dejar remojando; (leave immersed) dejar en *or* a remojo; **they ~ed themselves in the atmosphere of the ancient city** se empaparon de la atmósfera de la antigua ciudad; **to ~ sth off** despegar* *or* quitar algo remojándolo 2 (drench) empapar; **to be ~ed (to the skin)** estar* empapado, estar* calado hasta los huesos

B (charge heavily) (colloq) clavar (fam), desplumar (fam)

■ **soak** *vi* 1 (lie in liquid): **the sheets will have to ~** va a haber que dejar las sábanas en *or* a remojo; **to leave sth to ~** dejar algo en *or* a remojo, dejar algo remojando; **I like to ~ in a hot bath** me gusta darme un buen baño caliente 2 (penetrate) (+ *adv compl*): **to ~ into/through sth** calar algo; **water had ~ed through my shoes** el agua me había calado los zapatos; **wipe it up before it ~s in** límpialo antes de que se absorba

Phrasal verb

- **soak up** [v + o + adv, v + adv + o] 1 ‹*water/blood/ink*› absorber, embeber 2 ‹*sun/atmosphere*› empaparse de; ‹*knowledge/information*› absorber; **she can really ~ up the booze!** ¡cómo chupa! (fam), bebe como una esponja

soak[2] *n*
A (in liquid): **to give sth a ~** poner* algo en *or* a remojo; **the lawn needs a good ~** el césped necesita un buen remojón; **to be in ~** estar* en *or* a remojo
B (drunkard) (colloq) borrachín, -china *m,f* (fam)

soakaway /'səʊkəweɪ/ *n* (BrE) pozo *m* de absorción

soaking[1] /'səʊkɪŋ/ *n*: **to give sth a ~** poner* algo en *or* a remojo; **to get a ~** empaparse; **he gave me a ~** me empapó

soaking[2] *adj* empapado; **you're ~** estás empapada, estás calada hasta los huesos; (*as adv*): **it's ~ wet** está empapado *or* chorreando

so-and-so /'səʊənsəʊ/ *n* (colloq)
A [u] (unspecified person) (*no art*) fulano, -na *m,f*; **Mr S~** don *or* señor Fulano (de Tal); **Mrs S~** doña *or* señora Fulana (de Tal); **~ wants this, ~ wants that** fulano quiere esto, mengano quiere aquello
B [c] (unpleasant person) (euph): **which ~ has used up all the hot water?** ¿quién fue el hijo de su (santa) madre *or* (Méx) el tal para cual *or* (Chi) el tal por cual que me dejó sin agua caliente? (euf); **you ~s!** ¡canallas!, ¡sinvergüenzas!, ¡tales para cuales! (Méx), ¡tales por cuales! (Chi)

soap[1] /səʊp/ *n*
A [u c] jabón *m*; **toilet ~** jabón de tocador; **liquid ~** jabón líquido; **a box of ~s** una caja de jabones *or* de pastillas de jabón; ***no* ~** (AmE): **we tried to persuade her, but it was no ~** tratamos de convencerla, pero no hubo forma *or* (AmL tb) no hubo caso; (*before n*): **~ dish** jabonera *f*
B ▸ **soap opera**

soap[2] *vt* enjabonar, jabonar; **to ~ one's hands/face** enjabonarse *or* jabonarse las manos/la cara

soapbox /'səʊpbɑːks || 'səʊpbɒks/ *n*: *cajón que sirve de tarima a un orador callejero*; **he's on his ~ again** ya está otra vez pontificando; **to get up on one's ~** ponerse* a pontificar; **to get down off one's ~** dejar de pontificar

soapflakes /'səʊpfleɪks/ *pl n* jabón *m* en escamas

soap opera *n* [c u] (TV) telenovela *f*, culebrón *m*; (Rad) radionovela *f*, comedia *f* (AmL)

> **soap opera**
>
> Nombre humorístico del culebrón o telenovela. Su nombre se debe al hecho de que las primeras *soap operas* (óperas de jabón) emitidas por radio en EEUU eran financiadas por compañías de jabón.

soap powder *n* [u c] (BrE) jabón *m* en polvo, detergente *m* (*en polvo*)

soapstone /'səʊpstəʊn/ *n* [u] esteatita *f*

soapsuds /'səʊpsʌdz/ *pl n* espuma *f* (*de jabón*)

soapy /'səʊpi/ *adj* **-pier, -piest** 1 (lathery) ‹*water*› jabonoso; ‹*cloth/hands*› enjabonado 2 (like soap) ‹*smell/taste*› a jabón

soar /sɔːr || sɔː(r)/ *vi*
A 1 (fly) «*bird*» volar* alto; «*glider*» planear 2 (rise) «*bird/kite*» elevarse, remontarse, remontar el vuelo; «*prices/costs*» dispararse; «*hopes*» aumentar, renacer*; «*popularity*» aumentar; **their spirits ~ed** se les levantó el ánimo 3 (tower) «*skyscraper/mountain*» alzarse*, elevarse, erguirse* (liter); **the building ~s above downtown Chicago** el edificio se alza *or* se eleva *or* (liter) se yergue sobre el centro de Chicago
B **soaring** *pres p* ‹*inflation*› galopante, de ritmo vertiginoso; ‹*popularity*› en alza; **a ~ing dollar** un dólar en alza; **caused by ~ temperatures** causado por una subida vertiginosa de las temperaturas; **the ~ing flight of the eagle** el planeo del águila

soaring /'sɔːrɪŋ/ *n* (AmE) vuelo *m* sin motor

sob[1] /sɑːb || sɒb/ **-bb-** *vi* sollozar*; **to ~ with relief** sollozar* de alivio
■ **sob** *vt* decir* sollozando *or* entre sollozos; **I lost it, she ~bed** —lo perdí —dijo sollozando *or* entre sollozos; **she ~bed out her story to them** les contó lo que le había pasado entre sollozos; **to ~ oneself to sleep** sollozar* hasta quedarse dormido; **to ~ one's heart out** llorar a lágrima viva

sob[2] *n* sollozo *m*

SOB *n* (sl) = **son of a bitch**

sober /'səʊbər || 'səʊbə(r)/ *adj*
A (not drunk) sobrio; **I am perfectly ~** estoy perfectamente sobrio *or* despejado; **we'll talk about it when you're ~** lo hablaremos cuando estés sobrio *or* cuando se te haya pasado la borrachera *or* cuando te hayas despejado
B 1 (serious, grave) ‹*expression*› grave; ‹*young man*› serio, formal; ‹*occasion*› formal 2 (rational, moderate) ‹*attitude/view*› sobrio, sensato; **the ~ facts** los hechos tal cual son 3 (subdued) ‹*dress/colors/decor*› sobrio

Phrasal verbs

- **sober down** [v + adv] serenarse, calmarse
- **sober up**

A [v + adv] 1 «*drunk person*»: **come back when you've ~ed up** vuelve cuando estés sobrio *or* cuando se te haya pasado la borrachera *or* cuando te hayas despejado 2 (become serious) sentar* cabeza
B [v + o + adv, v + adv + o] 1 ‹*drunk person*› despejar 2 (make serious) hacer* sentar cabeza

sobering /'səʊbərɪŋ/ *adj* ‹*experience*› aleccionador; **the accident had a ~ effect on many drivers** el accidente fue aleccionador *or* fue un revulsivo para muchos conductores; **it's a ~ thought** te hace pensar

soberly /'səʊbərli || 'səʊbəli/ *adv* 1 (seriously, gravely) con seriedad 2 (rationally, moderately) sobriamente, sensatamente 3 (in a subdued manner) ‹*dress/decorate*› sobriamente, con sobriedad

soberness /'səʊbərnəs || 'səʊbənɪs/ *n* ▸ **sobriety**

sobersided /,səʊbər'saɪdəd || ,səʊbə'saɪdɪd/ *adj* serio

sobersides /'səʊbərsaɪdz || 'səʊbəsaɪdz/ *n* (AmE colloq) soso, -sa *m,f* (fam)

sobriety /səʊ'braɪəti, sə- || sə'braɪəti/ *n* [u] 1 (seriousness, gravity) seriedad *f*, sensatez *f* 2 (of decor) sobriedad *f* 3 (not being drunk) (*before n*): **~ test** (AmE) prueba *f* del alcohol *or* de la alcoholemia

sobriquet /'səʊbrɪkeɪ/ *n* (frml) sobrenombre *m*

sob sister *n* 1 (journalist) *periodista que lleva un consultorio sentimental* 2 (actress) *actriz especialista en papeles sentimentales*

sob story *n* (colloq) dramón *m* (fam), tragedia *f*

SOCA /'sɑːkə 'sɒkə/ *n* (BrE) (Law) = **Serious Organised Crime Agency**

so-called /'səʊ'kɔːld/ *adj* (*usu before n*) 1 (commonly named) (así) llamado *or* denominado 2 (indicating skeptical attitude) ‹*expert/do-gooder*› supuesto, presunto; **this ~ improvement** esta supuesta *or* pretendida mejora, esta dizque mejora (AmL)

soccer /'sɑːkər || 'sɒkə(r)/ *n* [u] fútbol *m or* (AmC, Méx) futbol *m*; (*before n*): **~ player** futbolista *mf*; **~ season** temporada *f* de fútbol; **~ team** de fútbol *or* (AmC, Méx) de futbol

sociability /,səʊʃə'bɪləti/ *n* [u] sociabilidad *f*

sociable /'səʊʃəbəl/ *adj* ‹*person*› sociable; **come on, have a drink, just to be ~** vamos, tómate algo, para acompañarnos; **to feel ~** estar* expansivo *or* sociable

sociably /'səʊʃəbli/ *adv* ‹*behave/say*› afablemente

social[1] /'səʊʃəl/ *adj*
A 1 (relating to human society) ‹*change/reform/unrest*› social; **the ~ contract** (Phil) el contrato social; (in UK) (Pol) ≈ el acuerdo económico y social 2 (relating to rank, status) ‹*class/status*› social; **among ~ equals** entre gente de su misma clase (social); **a ~ climber** un arribista, un trepador; **~ climbing** (pej) arribismo *m* (pey); **~ elite** élite *f or* elite *f* social
B 1 (relating to social activity) ‹*gathering/function*› social; **the ~ event of the year** el acontecimiento social del año; **~ engagements** compromisos *mpl* sociales; **~ evening** velada *f* social; **~ gathering** reunión *f* social; **he has no ~ graces** no sabe alternar en sociedad; **an appalling ~ blunder** una gaffe horrorosa; **~ life** vida *f* social; **I'm only a ~ drinker** sólo bebo cuando estoy con gente; **~ column** (BrE) (Journ) columna *f* de ecos de sociedad, columna *f* de sociales 2 (sociable) ‹*person*› sociable; **I'm not feeling very ~ this evening** esta noche no estoy muy sociable
C (living in groups) social; **man is a ~ animal** el hombre es un animal social

social[2] *n* (colloq) reunión *f* (social)

social anthropologist *n* socioantropólogo, -ga *m,f*

social anthropology *n* [u] socioantropología *f*, antropología *f* social

Social Chapter, Social Charter *n* (EU) Carta *f* Social

social club *n* (BrE) centro *m* social

social democracy, Social Democracy *n* [u] socialdemocracia *f*, democracia *f* social

social democrat, Social Democrat *n* socialdemócrata *mf*

social disease *n* 1 (venereal disease) (euph) enfermedad *f* venérea 2 (caused by social factors) enfermedad *f* social

social exclusion *n* [u] (Pol, Sociol) exclusión *f* social

social fund *n* (in UK) fondo *m* social

social historian *n* historiador, -dora *m,f* social

social history *n*
A 1 [u] (subject) historia *f* social 2 [c] (account) historia *f* social, sociohistoria *f*
B [c] (of individual) (Soc Adm) historial *m* social

social housing *n* [u] viviendas *fpl* subvencionadas, viviendas *fpl* de protección oficial (*en Esp*); ≈ viviendas *fpl* de interés social (*en Méx, Per*); ≈ viviendas *fpl* económicas (*en RPl*)

social insurance *n* [u] seguro *m* social

socialism /'səʊʃəlɪzəm/ *n* [u] socialismo *m*

socialist[1], **Socialist** /'səʊʃələst || 'səʊʃəlɪst/ *adj* socialista

socialist[2], **Socialist** *n* socialista *mf*

socialistic /,səʊʃə'lɪstɪk/ *adj* ‹*policies/organization*› de tendencia socialista, socialistoide (pey); ‹*leanings/bias*› socialista, socialistoide (pey)

socialite /'səʊʃəlaɪt/ *n*: *persona que figura mucho en sociedad*

socialization /,səʊʃələ'zeɪʃən || ,səʊʃəlaɪ'zeɪʃən/ *n* [u]
A (Psych, Sociol) socialización *f*
B (AmE) (Pol) nacionalización *f*

socialize /'səʊʃəlaɪz/ *vt*
A (Psych) socializar*
B (AmE) (Pol) nacionalizar*; **~d medicine** medicina *f* social
■ **socialize** *vi* alternar; (at party) circular; (chat) (AmE) charlar; **they don't ~ much** no alternan *or* no salen mucho, no hacen mucha vida social; **he doesn't ~ with his employees** no tiene trato social con sus empleados

socially /'səʊʃəli/ *adv* 1 (relating to the community) ‹*divisive/useful*› socialmente; **~ concerned** con conciencia social; (*indep*) desde el punto de vista social 2 (in social situations): **we don't meet ~** no tenemos trato social, no alternamos en los mismos círculos; **it's not ~ acceptable** está mal visto, no se considera correcto; **he's hopeless ~** (*indep*) es negado para el trato social

social mobility *n* [u] (Sociol) mobilidad *f* social

S

social science *n* [u c] ciencia *f* social

social scientist *n* científico, -ca *m,f or* (CS tb) cientista *mf* social

social secretary *n* **1** (personal secretary) secretario, -ria *m,f* social **2** (of club, organization) secretario, -ria *m,f* social

social security ➡ *n* [u] (BrE) seguridad *f* social; **to live on ~ ~** vivir de la seguridad social; (*before n*) ‹*contributions*› a la seguridad social; **~ ~ benefit** subsidio *m* de la seguridad social

social security number

Un número de identificación que toda persona debe tener en EEUU. En un principio fue un requisito para poder trabajar y recibir prestaciones de la seguridad social. Sin embargo, en 1987 el gobierno decidió que también los niños debían tenerlo. En la actualidad el número tiene una gran variedad de usos: aparece en cheques de banco, licencias de conducir y es el número de cada estudiante en los establecimientos de enseñanza superior.

social service *n* **1** [u] (welfare work) (AmE) asistencia *f or* trabajo *m* social **2** [c] (in UK) servicio *m* social; **the ~ ~s** los servicios sociales

social studies *pl n*: *historia, geografía y otras asignaturas afines*

social welfare *n* [u] bienestar *m* social

social work *n* [u] asistencia *f* social

social worker *n* (Soc Adm) asistente, -ta *m,f* social, visitador, -dora *m,f* social (AmL), trabajador, -dora *m,f* social (Méx)

societal /sə'saɪətl/ *adj* (frml) social

society /sə'saɪəti/ *n* (*pl* **-ties**)

A **1** [u c] (community) sociedad *f*; **a danger to ~** un peligro para la sociedad; **in literary ~** en círculos literarios; **in polite/middle-class ~** entre la gente educada/de clase media **2** [u] (fashionable elite) (alta) sociedad *f*; **in New York ~** en la (alta) sociedad neoyorquina; **to enter ~** entrar *or* ser* presentado en sociedad; (*before n*) ‹*party/wedding*› de sociedad

B [c] (association, club) sociedad *f*; **a literary ~** una sociedad literaria, un círculo literario; **a charitable ~** una asociación *or* sociedad *or* organización benéfica; **a chess ~** un club *or* círculo de ajedrez

C [u] (company) (frml) compañía *f*; **to enjoy/seek sb's ~** disfrutar de/buscar* la compañía de algn

socio- /'səʊsiəʊ 'səʊʃiəʊ/ *pref* socio-

sociobiology /ˌsəʊsiəʊbaɪ'ɑːlədʒɪ, -ʃiəʊ- || ˌsəʊsiəʊbaɪ'ɒlədʒɪ, -ʃiəʊ-/ *n* [u] sociobiología *f*

socioeconomic /ˌsəʊsiəʊˌekə'nɑːmɪk, -ʃiəʊ- || ˌsəʊsiəʊˌiːkə'nɒmɪk, -ʃiəʊ-/ *adj* socioeconómico

sociolinguistic /ˌsəʊsiəʊlɪŋ'gwɪstɪk, -ʃiəʊ- || ˌsəʊsiəʊlɪŋ'gwɪstɪk, -ʃiəʊ-/ *adj* sociolingüístico

sociolinguistics /ˌsəʊsiəʊlɪŋ'gwɪstɪks, -ʃiəʊ- || ˌsəʊsiəʊlɪŋ'gwɪstɪks, -ʃiəʊ-/ *n* sociolingüística *f*

sociological /ˌsəʊsiə'lɑːdʒɪkəl, -ʃiəʊ- || ˌsəʊsiə'lɒdʒɪkəl, -ʃiəʊ-/ *adj* sociológico

sociologically /ˌsəʊsiə'lɑːdʒɪkli, -ʃiə- || ˌsəʊsiə'lɒdʒɪkli, -ʃiəʊ-/ *adv* sociológicamente

sociologist /ˌsəʊsi'ɑːlədʒəst, -ʃi- || ˌsəʊsi'ɒlədʒɪst, -ʃiəʊ-/ *n* sociólogo, -ga *m,f*

sociology /ˌsəʊsi'ɑːlədʒi, -ʃi- || ˌsəʊsi'ɒlədʒi, -ʃiəʊ-/ *n* [u] sociología *f*

sociopolitical /ˌsəʊsiəʊpə'lɪtɪkəl, -ʃiəʊ- || ˌsəʊsiəʊpə'lɪtɪkəl, -ʃiəʊ-/ *adj* sociopolítico

sock[1] /sɑːk || sɒk/ *n*

A **1** (for foot) calcetín *m*, media *f* (AmL); **ankle ~s** calcetines cortos, soquetes *mpl* (CS); **knee-length ~s** calcetines largos, medias hasta la rodilla (AmL); ***to pull one's ~s up*** (BrE) esforzarse*, poner* empeño; ***to put a ~ in it*** (esp BrE colloq) cerrar* el pico (fam) **2** (inner sole) plantilla *f*

B (punch) (colloq) puñetazo *m*, piña *f* (fam), trompada *f* (AmS fam), combo *m* (Chi, Per fam)

C [u] (force) (AmE colloq) garra *f*

sock[2] *vt* (colloq) pegarle* un puñetazo *or* (fam) una piña a, pegarle* una trompada a (AmS fam), pegarle* un combo a (Chi, Per fam); **to ~ sb one** darle* una a algn (fam); ***to ~ it to sb*** (colloq): **she was furious and really ~ed it to him** estaba furiosa y le dijo de todo; **go out there on stage and ~ it to 'em!** ¡sube al escenario y demuéstrales quién eres!

socket /'sɑːkət || 'sɒkɪt/ *n* **1** (Anat) (of eye) cuenca *f*, cavidad *f*, órbita *f*; (of joint) fosa *f*, hueco *m*; (of tooth) alvéolo *m*; **you nearly pulled my arm out of its ~** casi me desencajas *or* me sacas el brazo **2** (Elec) (for plug) enchufe *m*, toma *f* de corriente, tomacorriente *m* (AmL); (for light bulb) portalámparas *m* **3** (Tech) encaje *m*; (*before n*): **~ wrench** llave *f* de tubo

Socrates /'sɑːkrətiːz || 'sɒkrətiːz/ *n* Sócrates

Socratic /səʊ'krætɪk || sɒ'krætɪk/ *adj* socrático

sod[1] /sɑːd || sɒd/ *n*

A [c u] (ground) tierra *f*, suelo *m*; (turf) césped *m*; (piece of turf) tepe *m*, champa *f* (Andes); **beneath the ~** (liter) bajo (la) tierra

B [c] (BrE) **1** (obnoxious person) (vulg) cabrón, -brona *m,f* (vulg); **he's a selfish/stupid ~** es un egoísta/imbécil de mierda (vulg) **2** (fellow) (sl): **I feel sorry for the poor ~** me da lástima el pobre tipo *or* el pobre diablo (fam); **you lucky ~!** ¡qué potra tienes! (fam), ¡qué suertudo eres! (AmL fam), ¡qué culo tenés! (RPl arg) **3** (sth difficult, unpleasant) (vulg) joda *f* (AmL vulg), coñazo *m* (Esp vulg); **these windows are real ~s to clean** estas ventanas son una joda *or* (Esp) un coñazo para limpiar (vulg); ***not to give a ~*** (BrE vulg): **I don't give a ~** me importa un carajo *or* un huevo (vulg); **~ *all*** (BrE vulg): **there's ~ all you can do** no puedes hacer un carajo (vulg); **he's done ~ all** no ha hecho un carajo (vulg)

sod[2] *vt*

A (cover with turf) (AmE) cubrir* de césped

B (BrE vulg): **oh ~ it! I forgot to go to the bank!** ¡mierda! *or* ¡carajo! ¡me olvidé de ir al banco!; **~ them/him!** ¡que se vayan/vaya a la mierda! (vulg); **~ this!** ¡a la mierda con esto! (vulg)

Phrasal verb

• **sod off** [v + adv] (BrE) (vulg) (*usu in imperative*): **~ off!** ¡déjate de joder! (vulg), ¡vete *or* (RPl) andáte a la mierda! (vulg), ¡vete a tomar por culo! (Esp vulg)

soda /'səʊdə/ *n*

A **1** [u] (soda water) soda *f*, agua *f*‡ de seltz; **Scotch and ~** whisky *m* con soda *or* sifón **2** [c u] (flavored) (AmE) refresco *m*, fresco *m* (AmL); **orange ~** naranjada *f* **3** [c] (ice-cream soda) (AmE) ice-cream soda *m* (AmL) (*refresco con helado*)

B [u] (Chem) soda *f*, sosa *f*; (*before n*): **~ ash** soda *f or* sosa *f* Solvay; **~ bread** *pan hecho con levadura química o polvo de hornear*; **~ cracker** (AmE) galletita *f* salada

soda fountain *n* (AmE) fuente *f* de sodas, ≈ heladería *f*

soda lake *n* lago *m* salado

soda pop *n* (AmE) refresco *m*

soda water *n* [u] soda *f*, agua *f*‡ de seltz

sodden /'sɑːdn || 'sɒdn/ *adj* ‹*clothes/ground*› empapado; **~ with drink** como una cuba (fam)

sodding /'sɑːdɪŋ || 'sɒdɪŋ/ *adj* (BrE sl) (*as intensifier*) puñetero (fam), maldito (fam)

sodium /'səʊdiəm/ *n* [u] sodio *m*

sodium bicarbonate *n* [u] bicarbonato *m* sódico *or* de sodio

sodium carbonate *n* [u] carbonato *m* sódico *or* de sodio

sodium chloride *n* [u] cloruro *m* sódico *or* de sodio

sodium hydroxide *n* [u] hidróxido *m* sódico *or* de sodio

Sodom /'sɑːdəm || 'sɒdəm/ *n* Sodoma *f*

sodomite /'sɑːdəmaɪt || 'sɒdəmaɪt/ *n* sodomita *m*

sodomize /'sɑːdəmaɪz || 'sɒdəmaɪz/ *vt* sodomizar*

sodomy /'sɑːdəmi || 'sɒdəmi/ *n* sodomía *f*

Sod's Law *n* (BrE colloq & hum) ▸**Murphy's Law**

sofa /'səʊfə/ *n* sofá *m*; (*before n*): **~ bed** sofá-cama *m*

soft /sɔːft || sɒft/ *adj* **-er, -est**

A **1** (not hard) ‹*cushion/mattress*› blando, mullido; ‹*ground/snow*› blando, mullido; ‹*dough/clay/butter*› blando; ‹*wood/pencil*› blando; ‹*metal*› maleable, dúctil; ‹*brush/toothbrush*› blando; **a book in ~ covers** un libro en rústica *or* en pasta blanda; **~ cheese** (BrE) queso *m* blando; **to go ~** ablandarse **2** (smooth) ‹*fur/hair/fabric*› suave; ‹*skin*› suave, terso

B **1** (light) suave; **a ~ landing** un aterrizaje suave **2** (mild, subdued) ‹*breeze*› suave; ‹*light/color*› suave, tenue **3** (quiet) ‹*music*› suave; **in a ~ voice** en voz baja; **the radio is too ~** la radio está demasiado baja **4** (Art, Cin, Phot) ‹*edge/outline*› difuminado

C **1** (weak, lenient) blando, indulgente; **to be ~ ON** *o* **WITH sb** ser* blando *or* indulgente CON algn; **they accuse the government of going ~ on immigration** acusan al gobierno de aflojar demasiado la mano con la inmigración; **to take a ~er line on sth** adoptar una actitud menos intransigente sobre algo **2** (out of condition) ‹*person/muscles*› flojo, fláccido **3** (feeble-minded) (colloq): **to be ~ (in the head)** ser* estúpido

D **1** (easy) (colloq) ‹*life/time*› fácil; **a ~ job** un trabajito cómodo (fam), un chollo (Esp fam); **the ~ option** el camino fácil; **a ~ target** un blanco fácil **2** (Busn, Fin) blando; **a ~ loan** un préstamo *or* crédito blando; **~ sell** venta *f* blanda (*venta sin técnicas agresivas*)

E **1** (kind) ‹*answer/smile/nature*› dulce; ‹*words*› amable, tierno **2** (emotionally attached): **to be ~ on sb** tener* debilidad por algn

F **1** ‹*drugs*› blando; ‹*pornography*› blando; ‹*pop/rock*› (Mus) blando **2** ‹*evidence*› no concluyente **3** (unstable) (Fin) ‹*money/currency*› débil, blando; ‹*market*› flojo; **the price of crude is currently very ~** el precio del crudo está muy débil actualmente

G (Chem) ‹*water*› blando

H ‹*consonant*› débil

softball /'sɔːftbɔːl || 'sɒftbɔːl/ *n* [u] softball *m* (*especie de béisbol que se juega con pelota blanda*)

soft-boiled /'sɔːftbɔɪld || 'sɒftbɔɪld/ *adj* ‹*egg*› pasado por agua

softbound /'sɔːftbaʊnd || 'sɒftbaʊnd/ *n* ▸**softcover**

soft-centered, (BrE) **soft-centred** /ˌsɔːft 'sentərd || ˌsɒft'sentəd/ *adj* **1** ‹*candies/chocolates*› con relleno blando **2** (sentimental) sentimental

soft copy *n* [u c] copia *f* temporal

soft-core /'sɔːftkɔːr || 'sɒftkɔː(r)/ *adj* ‹*pornography*› blando

softcover /'sɔːftˌkʌvər || 'sɒftˌkʌvə(r)/ *n* libro *m* en rústica *or* en pasta blanda; (*before n*) ‹*edition*› en rústica, en pasta blanda

soft drink *n* [c u] refresco *m* (*bebida no alcohólica*)

soften /'sɔːfən || 'sɒfən/ *vt*

A **1** (make less hard) ‹*dough/clay/butter*› ablandar; ‹*leather*› ablandar; ‹*skin*› suavizar* **2** (make less harsh) ‹*light/color*› suavizar*; ‹*contours/edges*› difuminar

B (mitigate) ‹*shock*› suavizar*; ‹*effect*› atenuar*, mitigar*; **to ~ the blow** suavizar* *or* amortiguar* el golpe; **to ~ one's position** adoptar una postura menos intransigente

C (Chem) ‹*water*› ablandar, descalcificar*

■ **soften** *vi*

A **1** (become less hard) «*dough/clay/butter*» ablandarse; «*leather*» ablandarse; «*skin*» suavizarse* **2** (become less harsh) «*light/color*» suavizarse*

B **1** (become gentler) «*person/heart*» ablandarse; «*voice*» suavizarse*, dulcificarse* **2** (become quieter) bajar (*de volumen*) **3** (become more moderate) volverse* menos intransigente

Phrasal verb

• **soften up**

A [v + o + adv, v + adv + o] **1** (make soft) ablandar **2** ‹*town/fortress*› debilitar **3** ‹*person*› ablandar

B [v + adv] **1** (become soft) ablandarse **2** (relent)

➡ *see* Living in a Spanish-speaking country

S

«*person*» ablandarse, suavizarse*; **to ~ up on sb/sth**: **they've ~ed up on crime** se han vuelto más tolerantes ante la delincuencia; **don't ~ up on him** no le aflojes (fam), no te pongas blando con él

softener /ˈsɔːfnər || ˈsɒfnə(r)/ *n* **1** (for water) descalcificador *m* **2** (for fabric) suavizante *m*

softening /ˈsɔːfnɪŋ || ˈsɒfnɪŋ/ *n* [u] (of attitude, position) relajamiento *m*, moderación *f*

softening of the brain *n* [u] (Med) reblandecimiento *m* cerebral

soft fruit *n* [u] (esp BrE) *frutas como las frambuesas, moras, fresas etc*

soft furnishings *pl n* (BrE) *artículos como almohadones, cortinas, alfombras etc*

soft goods *pl n* tejidos *mpl*, géneros *mpl* textiles

softheaded /ˈsɔːftˌhedəd || ˌsɒftˈhedɪd/ *adj* (colloq) bobo (fam)

softhearted /ˈsɔːftˌhɑːrtəd || ˌsɒftˈhɑːtɪd/ *adj* bueno

soft hyphen *n* guión *m* automático

softie *n* ▸ **softy**

softly /ˈsɔːftli || ˈsɒftli/ *adv* **1** (gently) ‹*touch/move*› suavemente; **branches ~ swaying in the breeze** ramas meciéndose suavemente con la brisa; **~ lit** iluminado con luz tenue **2** (quietly) ‹*utter*› bajito; ‹*creep/move*› sin hacer ruido, con cuidado; **I whispered ~ in her ear** le susurré bajito al oído **3** (tenderly) dulcemente

softly-softly /ˈsɔːftliˈsɔːftli || ˈsɒftliˈsɒftli/ *adj* (colloq) ‹*approach*› cauteloso; **~ tactics** mano *f* blanda

softness /ˈsɔːftnəs || ˈsɒftnɪs/ *n* [u]

A **1** (of mattress, cushion) lo blando *or* mullido, blandura *f*; (of dough, clay, butter) lo blando; **a pencil of maximum ~** un lápiz lo más blando posible **2** (of fabric, suede, hair) suavidad *f*; (of skin) suavidad *f*, tersura *f*

B **1** (of breeze) suavidad *f*, lo suave; (of color) lo tenue **2** (of music, voice, knock) lo bajo

C (leniency) blandura *f*; (moral weakness) debilidad *f*

soft-nosed bullet /ˈsɔːftnəʊzd || ˈsɒftnəʊzd/ *n* bala *f* expansiva

soft palate *n* velo *m* del paladar, paladar *m* blando

soft-pedal /ˌsɔːftˈpedl || ˌsɒftˈpedl/ BrE **-ll-** *vt* **1** (Mus) usar el pedal suave **2** (play down) (journ) ‹*subject/issue*› restarle importancia a, minimizar*

■ **soft-pedal** *vi* (journ) tratar de no llamar la atención

soft pedal *n* pedal *m* suave

soft shoulder *n* (AmE) arcén *m* blando *or* de tierra, berma *f* de tierra (Andes), banquina *f* de tierra (RPl), acotación *f* de tierra (Méx), hombrillo *m* de tierra (Ven)

soft skills *pl n* (Lab Rel) habilidades *fpl* interpersonales

soft-soap /ˌsɔːftˈsəʊp || ˌsɒftˈsəʊp/ *vt* (colloq) halagar*, hacerle* el artículo a (fam), darle* jabón a (Esp fam); **to ~ sb INTO -ING**: **he managed to ~ her into doing it** logró engatusarla para que lo hiciera

soft soap *n* [u] (colloq): **to give sb ~ ~** halagar* a algn, hacerle* el artículo a algn (fam), darle* jabón a algn (Esp fam)

soft-spoken /ˌsɔːftˈspəʊkən || ˌsɒftˈspəʊkən/ *adj* de voz suave

soft top *n* (AmE) **1** (car) descapotable *m*, convertible *m* (AmL) **2** (roof) capota *f*

soft toy *n* (BrE) *muñeco de peluche o trapo*

software /ˈsɔːftwer || ˈsɒftweə(r)/ *n* software *m*; **to download a piece of ~** descargar un software; (*before n*): **~ developer** desarrollador *m* (de software); **~ engineer** ingeniero, -ra *m,f* de software; **~ engineering** ingeniería *f* de software; **~ house** compañía *f* de software

softwood /ˈsɔːftwʊd || ˈsɒftwʊd/ *n* **1** [u] (wood) madera *f* de coníferas **2** [c] (tree) conífera *f*

softy /ˈsɔːfti || ˈsɒfti/ *n* (*pl* **-ties**) (colloq) blandengue *mf* (fam)

sogginess /ˈsɑːginəs || ˈsɒgɪnɪs/ *n* [u] (of ground) lo empapado *or* saturado; (of potatoes) lo pasado

soggy /ˈsɑːgi || ˈsɒgi/ *adj* **-gier, -giest** ‹*ground/grass*› empapado, saturado; ‹*vegetables*› pasado

soh /səʊ/ *n* (Mus) sol *m*

soigné, soignée /swɑːnˈjeɪ || ˈswɑːnjeɪ/ *adj* (frml) muy arreglado

soil[1] /sɔɪl/ *n*

A **1** [u c] (earth) tierra *f*; **good/poor ~** buena/mala tierra *f* **2** (farming life) (liter): **the ~** la tierra **3** (country, homeland) (liter) tierra *f*; **my native ~** mi tierra natal; **on foreign ~** en tierra extranjera; **on British ~** en suelo británico

B [u] (filth, dirt) (AmE) suciedad *f*

soil[2] *vt* ‹*sheet/linen/collar*› ensuciar, manchar; **you have ~ed the family's honor/reputation** has manchado el honor/la reputación de la familia

■ **soil** *vi* «*fabric/clothes*» ensuciarse

soiled /sɔɪld/ *adj* ‹*linen*› sucio; ‹*goods*› dañado; ‹*sanitary napkin*› usado

soilless culture /ˈsɔɪlˌləs || ˈsɔɪlˌlɪs/ *n* [u c] cultivo *m* sin tierra

soil pipe *n* (BrE) desagüe *m* (*del wáter*)

soil science *n* [u] ciencia *f* del suelo

soiree, soirée /swɑːˈreɪ || ˈswɑːreɪ/ *n* (frml) soirée *f*, velada *f*

sojourn[1] /ˈsəʊdʒɜːrn || ˈsɒdʒən/ *n* (liter) estadía *f* (AmL), estancia *f* (Esp, Méx)

sojourn[2] *vi* (liter) pasar una temporada

sol /səʊl || sɒl/ *n* ▸ **soh**

solace[1] /ˈsɑːləs || ˈsɒlɪs/ *n* (liter) **1** [u] (comfort) solaz *m* (liter), consuelo *m*; **he sought ~ in the bottle** se consolaba bebiendo **2** [c] (source of comfort) consuelo *m*

solace[2] *vt* (liter) consolar*

solar /ˈsəʊlər || ˈsəʊlə(r)/ *adj* solar; **~ energy** energía *f* solar; **~ constant** constante *f* solar **~ eclipse** eclipse *m* solar; **~ flare** erupción *f* solar

solar farm *n* huerta *f* solar

solarium /səʊˈleriəm || səˈleəriəm/ *n* (*pl* **-riums** *or* **-ria** /-riə/) **1** (sun terrace) solárium *m*, solario *m*, solana *f* **2** (sun bed) cama *f* solar *f*

solar plexus *n*: **the ~ ~** el plexo solar

solar-powered /ˈsəʊlərˌpaʊərd || ˈsəʊləˌpaʊəd/ *adj* (de alimentación) solar

solar system *n*: **the ~ ~** el sistema solar

sold /səʊld/ *past & past p of* **sell**[1]

solder[1] /ˈsɑːdər || ˈsəʊldə(r)/ *n* [u] soldadura *f*

solder[2] *vt* soldar*; **~ed joint** juntura *f* soldada

solder gun, soldering gun /ˈsɑːdərɪŋ || ˈsəʊldərɪŋ/ *n* (AmE) pistola *f* de soldar

soldering-iron /ˈsɑːdərɪŋˌaɪərn || ˈsəʊldərɪŋˌaɪən/ *n* soldador *m*, cautín *m* (Chi)

soldier[1] /ˈsəʊldʒər || ˈsəʊldʒə(r)/ *n* **1** soldado *mf*; (officer) militar *mf*; **an old ~** un ex-combatiente; **old ~s never die** (set phrase) los viejos soldados nunca mueren; **be a brave little ~** pórtate como un valiente; **to be a good ~** (AmE) ser* leal y disciplinado; **a ~ of fortune** un mercenario; **to play (at) ~s** jugar* a la guerra; **tin ~** soldadito *m* de plomo **2** (Zool) soldado *m* **3** (BrE) (Culin) (colloq): **~s** *trozos de pan tostado que se comen con huevos pasados por agua*

soldier[2] *vi* (liter) servir* como soldado

Phrasal verb

• **soldier on** [v + adv] (BrE) (colloq) seguir* al pie del cañón *or* en la brecha; **to ~ on with sth** seguir* adelante con algo, seguir* dándole a algo (fam)

soldier ant *n* hormiga *f* soldado

soldierly /ˈsəʊldʒərli || ˈsəʊldʒəli/ *adj* ‹*bearing*› marcial, militar

sole[1] /səʊl/ *n*

A **1** (of foot) planta *f* **2** (of shoe) suela *f*

B (fish) (*pl* **~** *or* **~s**) lenguado *m*; **Dover ~** lenguado *m* (*fino*)

sole[2] *adj* (*before n*) **1** (only) único **2** (exclusive) ‹*rights*› exclusivo; ‹*owner*› único; **they are ~ agents for ...** tienen la representación exclusiva de ...

sole[3] *vt* (*usu pass*): **to have one's shoes ~d and heeled** hacerles* poner suelas y tacones *or* (CS) tacos a los zapatos

solecism /ˈsɑːləsɪzəm || ˈsɒlɪsɪzəm/ *n* (frml) **1** (grammatical mistake) solecismo *m* **2** (faux pas) incorrección *f*

solely /ˈsəʊlli/ *adv* **1** (wholly) únicamente, exclusivamente; **he's ~ responsible** es el único responsable; **it is ~ owned by Mr Jones** su único dueño es Mr Jones **2** (only, simply) sólo, solamente, únicamente

solemn /ˈsɑːləm || ˈsɒləm/ *adj* **1** (serious, formal) ‹*occasion/plea/silence*› solemne; **to make** *o* **give a/one's ~ promise/oath/vow** hacer* una promesa/un juramento/un voto solemne **2** (grave, over-serious) ‹*person*› serio; ‹*face*› solemne **3** (somber, dark) ‹*color*› oscuro, fúnebre

solemnity /səˈlemnəti/ *n* (*pl* **-ties**) **1** [u] (seriousness) solemnidad *f* **2** [u] (ceremonial) solemnidad *f*, ceremonia *f*; **she was buried with (all) due ~** fue enterrada con la debida solemnidad **3** **solemnities** *pl* (ceremony) ceremonial *m sing*

solemnization /ˌsɑːləmnəˈzeɪʃən || ˌsɒləmnaɪˈzeɪʃən/ *n* [u] (frml & liter) solemnización *f* (frml)

solemnize /ˈsɑːləmnaɪz || ˈsɒləmnaɪz/ *vt* (frml) ‹*marriage*› solemnizar* (frml)

solemnly /ˈsɑːləmli || ˈsɒləmli/ *adv* **1** (formally) ‹*swear/promise/warn*› solemnemente **2** (gravely) ‹*say/look/nod*› con aire de gravedad

solenoid /ˈsəʊlənɔɪd/ *n* solenoide *m*; **~ switch** interruptor *m* de solenoide

sole proprietor, (BrE) **sole trader** *n* sociedad *f* unipersonal

sol-fa /ˈsəʊlˈfɑː || ˌsɒlˈfɑː/ *n* [u] solfa *f*

solicit /səˈlɪsət || səˈlɪsɪt/ *vt* **1** (accost) «*prostitute*» abordar (*buscando clientes*) **2** (request, ask for) (frml) ‹*information/help*› solicitar (frml), pedir*; **he sent out leaflets ~ing business** envió folletos ofreciendo sus servicios; **to ~ sb FOR sth** solicitarle algo A algn (frml), pedirle* algo A algn

■ **solicit** *vi* **1** «*prostitute*» ejercer* la prostitución callejera (*abordando a posibles clientes*) **2** «*beggar*» pedir*, mendigar* **3** (collect money) (AmE) *pedir dinero para obras de caridad* **4** (AmE) (Busn) *tratar de obtener pedidos para una empresa*

soliciting /səˈlɪsətɪŋ || səˈlɪsɪtɪŋ/ *n* [u] ejercicio *m* de la prostitución callejera (*abordando a posibles clientes*)

solicitor /səˈlɪsətər || səˈlɪsɪtə(r)/ *n* **1** (in US and in UK) *abogado responsable de los asuntos legales de un municipio o de un departamento gubernamental* **2** (in UK) abogado, -da *m,f* (*que prepara causas legales y desempeña también funciones de notario*)

Solicitor General *n* (*pl* **~s ~**) (in US) ≈ Subsecretario de Justicia; (in UK) *adjunto del Procurador General de la Nación*

solicitous /səˈlɪsətəs || səˈlɪsɪtəs/ *adj* (frml) ‹*concern/person*› solícito; ‹*inquiry*› lleno de interés; **to be ~ ABOUT sth/sb** estar* preocupado POR algo/algn; **to be ~ OF sth** estar* pendiente DE algo

solicitude /səˈlɪsətuːd || səˈlɪsɪtjuːd/ *n* [u] (frml) solicitud *f*; **~ FOR sb/sth** preocupación *f* POR algn/algo

solid[1] /ˈsɑːləd || ˈsɒlɪd/ *adj* **-er, -est**

A **1** (not liquid or gaseous) sólido; **~ food** alimentos *mpl* sólidos; **to become ~** solidificarse*; **at what temperature does carbon dioxide become ~?** ¿a qué temperatura se solidifica el anhídrido carbónico?; **to freeze ~** congelarse por completo **2** (not hollow) ‹*rubber ball/tire*› macizo **3** (Math) tridimensional; **~ figure** cuerpo *m* geométrico

B **1** (unbroken) ‹*line/row*› continuo, ininterrumpido; **a ~ mass** una masa compacta; **the traffic's ~ all the way from here to town** la caravana de coches va desde aquí hasta la ciudad **2** (continuous) (colloq) ‹*month/year*› seguido; **for four ~ hours** durante cuatro horas seguidas; **it was ~ rain for another hour** llovió sin parar una hora más **3** (Ling): **~ compound** *palabra compuesta escrita sin espacio ni guión*

C **1** (physically sturdy) ‹*furniture/house/bridge*› sólido; ‹*meal*› consistente; **a man of ~ build**

S

un hombre de complexión robusta; **to have/build ~ foundations** tener*/crear una base sólida **2** (substantial, valuable) ‹*knowledge/defense/reason*› sólido; **a ~ business** un negocio sólido; **~ work** trabajo *m* concienzudo; **a good ~ worker** un trabajador serio y responsable **3** (firm, definite) ‹*offer*› en firme; ‹*conviction/commitment*› firme

D **1** (pure) ‹*metal/wood*› macizo, puro; ‹*rock*› vivo; **touch this arm, ~ muscle!** toca este brazo ¡puro músculo! **2** (unanimous) ‹*support/vote/agreement*› unánime; **we're absolutely ~ on that point** sobre ese punto estamos en absoluta unanimidad; **to be ~ for/against sth** estar* unánimemente a favor/en contra de algo

solid² *n*

A **1** (Chem, Phys) sólido *m*; **~s and liquids** los sólidos y los líquidos **2** (Math) sólido *m*

B **solids** *pl* **1** (in, from liquid) sólidos *mpl*, sustancias *fpl* sólidas; **milk ~s** sólidos lácteos; **blood/plasma ~s** corpúsculos *mpl* de la sangre/del plasma **2** (food) alimentos *mpl* sólidos

solid³ *adv* (colloq): **to be packed/jammed ~** estar* lleno hasta el tope *or* hasta los topes

solidarity /ˌsɑːləˈdærəti || ˌsɒlɪˈdærəti/ *n* [u] **~ (WITH sb/sth)** solidaridad *f* (CON algn/algo)

solid fuel *n* [u c] **1** (coal) carbón *m*; (*before n*): **solid-fuel central heating** calefacción *f* central de *or* a carbón **2** (rocket fuel) combustible *m* sólido

solid geometry *n* [u] geometría *f* de los cuerpos sólidos

solidification /səˌlɪdəfəˈkeɪʃən || səˌlɪdɪfɪˈkeɪʃən/ *n* [u] solidificación *f*

solidify /səˈlɪdəfaɪ || səˈlɪdɪfaɪ/ **-fies, -fying, -fied** *vi* solidificarse*
■ **solidify** *vt* solidificar*

solidity /səˈlɪdəti/ *n* [u] solidez *f*; **her use of light and shade gives an impression of ~** su uso de luces y sombras crea una impresión de volumen

solidly /ˈsɑːlədli || ˈsɒlɪdli/ *adv* **1** (sturdily) ‹*joined/fixed/grounded*› firmemente; ‹*made*› sólidamente; **a ~ built house** una casa de construcción sólida; **he's ~ built** es de complexión robusta **2** (thoroughly) ‹*reasoned/argued*› concienzudamente **3** (unanimously) unánimemente; **to be ~ behind sth/sb** apoyar algo/a algn unánimemente **4** (continuously) (BrE) sin parar

solid-state /ˈsɑːlədsteɪt || ˈsɒlɪdsteɪt/ *adj* (*before n*) **1** (Phys): **~ physics** física *f* del estado sólido **2** (Electron) ‹*component/stereo-system/radio*› de estado sólido

soliloquize /səˈlɪləkwaɪz/ *vi* (liter) monologar*

soliloquy /səˈlɪləkwi/ *n* (*pl* **-quies**) soliloquio *m*, monólogo *m*

solipsism /ˈsəʊləpsɪzəm, ˈsɑː- || ˈsɒlɪpsɪzəm/ *n* [u] solipsismo *m*

solipsist /ˈsəʊləpsəst, ˈsɑː- || ˈsɒlɪpsɪst/ *n* solipsista *mf*

solipsistic /ˌsəʊləpˈsɪstɪk, ˌsɑː- || ˌsɒlɪpˈsɪstɪk/ *adj* solipsista

solitaire /ˈsɑːləter || ˌsɒlɪˈteə(r)/ *n*

A [c] **~ (diamond)** solitario *m*

B [u] (Games) solitario *m*; **to play ~** hacer* solitarios

solitary¹ /ˈsɑːləteri || ˈsɒlɪtəri/ *adj* **1** (alone) ‹*person/disposition/life/journey*› solitario; **a ~ place** un lugar solitario *or* apartado **2** (single) (*before n*) solo; **not a (single) ~ person has written to me** no me ha escrito ni una sola persona; **they haven't a ~ piece of evidence** no tienen ni una sola prueba; **there was one ~ case** hubo un único *or* solo caso **3** (Bot, Zool) ‹*bee/elephant/bird*› solitario

solitary² *n* (*pl* **-ries**) **1** [u] (solitary confinement) (colloq) incomunicación *f*; **he's been in ~ for five days** hace cinco días que está incomunicado **2** [c] (recluse) (liter) solitario, -ria *m,f*

solitary confinement *n* [u] incomunicación *f*; **he's been put in/he's in ~ ~** lo han incomunicado

solitude /ˈsɑːlətuːd || ˈsɒlɪtjuːd/ *n* [u] soledad *f*

solo¹ /ˈsəʊləʊ/ *n* (*pl* **-los**) **1** [c] solo *m*; **a ~ for piano** un solo para piano; **a violin/piano ~** un solo de violín/piano; **to perform a ~** ejecutar un solo **2** [u] **~ (whist)** whist *m* (*en el que cada uno de los cuatro jugadores se enfrenta a los otros tres*)

solo² *adj* **1** (Mus) ‹*violin/voices*› solista; ‹*album*› en solitario; ‹*piece*› para voz/instrumento solista; **to go ~** lanzarse* como solista **2** (Aviat) ‹*attempt/flight*› en solitario; **~ climber** escalador solitario, escaladora solitaria *m,f*; **~ climbing** escalada *f* en solitario

solo³ *adv* en solitario; **to fly ~** volar* en solitario

soloist /ˈsəʊləʊəst || ˈsəʊləʊɪst/ *n* solista *mf*

Solomon /ˈsɑːləmən || ˈsɒləmən/ *n* Salomón

Solomon Islands *pl n*: **the ~ ~** las Islas Salomón

so long *interj* (colloq) hasta luego, hasta la vista

solstice /ˈsɑːlstəs || ˈsɒlstɪs/ *n* solsticio *m*; **summer/winter ~** solsticio de verano/invierno

solubility /ˌsɑːljəˈbɪləti || ˌsɒljʊˈbɪləti/ *n* [u] solubilidad *f*

soluble /ˈsɑːljəbəl || ˈsɒljʊbəl/ *adj*

A (of substance) soluble; **~ IN sth** soluble EN algo; **water-/fat-~ vitamins** vitaminas *fpl* hidrosolubles/liposolubles

B ‹*problem/mystery*› soluble; **it is not an easily ~ problem/question** no es un problema/una cuestión de fácil solución

solution /səˈluːʃən/ *n*

A **1** [c] (to problem) **~ (TO sth)** solución *f* (A algo); **to think of/find a ~** pensar* en/encontrar* una solución; **Sally came up with a ~** a Sally se le ocurrió una solución; **the ~ to all your problems** la solución a todos sus problemas; **it does not admit of ~, it is incapable of ~** [u] (frml) no admite solución, es insoluble **2** [c] (Math) solución *f*

B [c u] (Chem) solución *f*; **to make a ~ of sth** hacer* una solución de algo; **the aspirin works faster if you take it in ~** la aspirina actúa más rápidamente si se la disuelve

solvable /ˈsɑːlvəbəl || ˈsɒlvəbəl/ *adj* ‹*crime/problem/puzzle*› soluble, que tiene solución

solve /sɑːlv || sɒlv/ *vt* ‹*mystery/equation*› resolver*; ‹*conflict/problem*› solucionar; ‹*crossword puzzle*› sacar*; **to ~ a crime** esclarecer* un crimen; **to ~ a riddle** encontrar* la solución a una adivinanza/un enigma

solvency /ˈsɑːlvənsi || ˈsɒlvənsi/ *n* [u] solvencia *f*

solvent¹ /ˈsɑːlvənt || ˈsɒlvənt/ *adj*

A ‹*company/person*› solvente

B (Chem) disolvente, solvente

solvent² *n* disolvente *m*, solvente *m*; (*before n*): **~ abuse** (frml) inhalación *f* de disolventes

Somali¹ /səˈmɑːli/ *adj* somalí

Somali² *n* **1** [c] (person) somalí *mf* **2** [u] (language) somalí *m*

Somalia /səˈmɑːliə/ *n* Somalia *f*

somatic /səʊˈmætɪk, sə- || səˈmætɪk/ *adj* (Med, Psych) somático

somber, (BrE) **sombre** /ˈsɑːmbər || ˈsɒmbə(r)/ *adj* **1** (dark) ‹*color/clothes*› sombrío, oscuro y apagado, triste **2** (melancholy) ‹*mood/thought*› sombrío; ‹*music*› lúgubre

somberly, (BrE) **sombrely** /ˈsɑːmbərli || ˈsɒmbəli/ *adv* **1** (gloomily, darkly) sombríamente; **she hated the ~ painted room** odiaba los colores sombríos de la habitación **2** (with gravity) con gravedad

somberness, (BrE) **sombreness** /ˈsɑːmbərnəs || ˈsɒmbənɪs/ *n* [u] **1** (darkness, dullness) lo sombrío **2** (gravity) gravedad *f*

sombrero /səmˈbrerəʊ || sɒmˈbreərəʊ/ *n* (*pl* **-ros**) sombrero *m* mexicano

some¹ /sʌm *weak form* /səm/ *adj*

A **1** (unstated number or type) (+ *pl n*) unos, unas; **~ tourists asked me the way to the station** unos turistas me preguntaron cómo se llegaba a la estación; **there were ~ boys/girls in the park** había unos *or* algunos niños/unas *or* algunas niñas en el parque; **she obtained ~ interesting results** obtuvo (algunos *or* unos) resultados interesantes; **we met ~ Italians** conocimos a unos italianos; **I need ~ new shoes/scissors** necesito (unos) zapatos nuevos/una tijera nueva; **would you like ~ cherries?** ¿quieres (unas) cerezas?; **there are ~ good restaurants around here** por aquí hay buenos restaurantes **2** (unstated quantity or type) (+ *uncount n*): **~ paint fell on my head** me cayó (un poco de) pintura en la cabeza; **I found ~ money in the street** me encontré dinero en la calle; **you'll need ~ Canadian currency** vas a necesitar algo de dinero canadiense; **I can give you ~ information** te puedo dar (alguna) información; **let's go home and have ~ dinner** vayamos a casa a cenar; **I played ~ tennis while I was at college** cuando estaba en la universidad jugué un poco al tenis; **they played ~ Debussy/jazz** tocaron algo de Debussy/un poco de jazz; **I will require ~ further proof** voy a necesitar más pruebas; **would you like ~ coffee?** ¿quieres café?; **could you do ~ typing for me?** ¿podrías pasarme algo/algunas cosas a máquina?

B (a, one) (+ *sing count noun*) algún, -guna; **they owe us ~ sort of explanation** nos deben algún tipo de explicación; **~ compromise may still be found** todavía puede llegarse a un acuerdo; **there must be ~ way to reach him** alguna manera tiene que haber de ponerse en contacto con él; **~ day I'll get my revenge** ya me vengaré algún día; **~ day soon** un día de éstos; **~ guy came up to me** se me acercó un tipo; **~ idiot left the window open** algún *or* un idiota dejó la ventana abierta

C **1** (particular, not all) (+ *pl n*) algunos, -nas; **I like ~ modern artists** algunos artistas modernos me gustan; **unlike ~ other beaches along the coast** a diferencia de algunas otras playas de la costa; **in ~ ways** en cierto modo; **I work hard, unlike ~ people I could mention** yo trabajo mucho, no como algunos *or* como ciertas personas que yo conozco; **~ people never learn** hay gente que no aprende nunca **2** (part of, not whole) (+ *uncount n*): **~ German wine is red, but most is white** Alemania produce algunos vinos tintos pero la mayoría son blancos; **~ Shakespeare is very rarely performed** algunas obras de Shakespeare no se representan casi nunca; **I enjoy ~ of her music, but not all** me gustan algunas de sus composiciones, pero no todas

D **1** (not many, a few) algunos, -nas; **buy ~ apples, but not too many** compra algunas manzanas, pero no demasiadas **2** (not much, a little) un poco de; **I'd like ~ meat, but not too much** quisiera un poco de carne, pero no demasiada; **you could show ~ consideration!** ¡podrías tener un poco de consideración!

E **1** (several, many): **she's been bed-ridden for ~ years now** hace años que está postrada en cama; **~ few problems remain to be discussed** (frml) quedan bastantes problemas por tratar **2** (large amount of): **we've known each other for quite ~ time now** ya hace mucho (tiempo) que nos conocemos; **it's ~ distance from here** queda a un buen trecho *or* a bastante distancia de aquí; **there'll be ~ celebrating in Wales tonight** esta noche sí que habrá fiesta en Gales

F (colloq) **1** (expressing appreciation): **that's ~ car you've got!** ¡vaya coche que tienes!, ¡qué cochazo tienes!; **that was ~ party!** ¡ésa sí que fue una fiesta!, fue una señora fiesta (fam), fue flor de fiesta (CS fam) **2** (stressing remarkable, ridiculous nature): **that was ~ exam!** ¡vaya examen!; **the journey was quite ~ experience** el viaje fue toda una experiencia; **you do ask ~ questions!** ¡haces cada pregunta! **3** (expressing irony): **~ present! I had to pay for it!** ¡qué regalo ni qué regalo! ¡lo tuve que pagar yo!; **~ friend you are!** ¡qué buen amigo eres! (iró); **do you think he'll pay us? — ~ chance** *o* **hope!** ¿crees que nos va a pagar? — ni (te) lo sueñes

some² *pron*

A **1** (a number of things or people) algunos, -nas; **have you seen any taxis? — yes, I saw ~ near the station** ¿has visto algún taxi? — sí, vi algunos cerca de la estación; **there are no carrots left; we'll have to buy ~** no quedan

zanahorias; vamos a tener que comprar (algunas) [2] (an amount): **there's no salt left; we'll have to buy ~** no queda sal; vamos a tener que comprar; **if you need money, I can lend you ~** si necesitas dinero, yo te puedo prestar (un poco)
[B] [1] (a number of a group) algunos, -nas; **~ are mine and the others belong to Peter** algunos son míos y los otros son de Peter; **I've washed the cherries: would you like ~?** he lavado las cerezas: ¿quieres (algunas)?; **~ of the cups are chipped** algunas de las tazas están cascadas [2] (part of an amount): **~ of what I've written** algo *or* parte de lo que he escrito; **the coffee's ready: would you like ~?** el café está listo: ¿quieres?; **she earns twice as much as me and then ~** (colloq) gana más del doble de lo que gano yo; **~ of my equipment is still in Tulsa** parte de mi equipo está todavía en Tulsa; **~ of it reminds me of Shakespeare** en partes me recuerda a Shakespeare
[C] (certain people) algunos, -nas; **~ say that ...** algunos dicen que ...; **for ~, money is all-important** para algunos, el dinero es lo más importante

some[3] *adv*
[A] (colloq) [1] (a little, a certain amount) un poco; **we waited till after dark and then ~** esperamos hasta bien entrada la noche [2] (a lot) mucho; **that car can certainly go ~** ese coche sí que corre; **she's certainly grown ~ in the last few months** ha crecido muchísimo en los últimos meses
[B] (approximately) unos, unas; alrededor de; **there were ~ fifty people there** había unas cincuenta personas, había alrededor de cincuenta personas

somebody[1] /ˈsʌmbɑːdi || ˈsʌmbədi/ *pron* alguien; **~'s coming** viene alguien; **~ important/younger** alguien importante/más joven; **shut the door, ~!** ¡que alguien cierre la puerta!; **there's always got to be ~ who disagrees** siempre tiene que haber alguien *or* uno que no está de acuerdo; **~ else got the job** le dieron el trabajo a otro *or* a otra persona; **there was ~ lying on the floor** había una persona tumbada en el suelo; **there's ~ I'd like you to meet** quiero presentarte a un amigo (*or* compañero *etc*); **he needs ~ to talk to** necesita a alguien con quien hablar; **he's not ~ I'd confide in** no es una persona a quien yo le confiaría ningún secreto; **~ or other must have dropped it** se le debe de haber caído a alguien; **who was it? — John ~** ¿quién era? — John algo *or* John no sé cuánto (fam)

somebody[2] *n* (*no pl*): **to be (a) ~** ser* alguien; **she's really ~** es todo un personaje

somehow /ˈsʌmhaʊ/ *adv* [1] (by some means) de algún modo, de alguna manera *or* de alguna forma; **~ they managed to persuade her** de algún modo *or* de alguna manera *or* forma lograron convencerla; **we'll manage ~, don't worry about us** ya nos las arreglaremos *or* de alguna manera nos las arreglaremos, no te preocupes por nosotros; **~ or other he managed to repay his debts** de algún modo u otro, pudo pagar sus deudas [2] (in some way, for some reason): **it isn't the same, ~** no sé por qué, pero no es lo mismo; **~ it just didn't add up** había algo que no cuajaba

someone /ˈsʌmwʌn/ *pron* ▸**somebody[1]**

someplace /ˈsʌmpleɪs/ *adv* (AmE) ▸**somewhere[1] A**

somersault[1] /ˈsʌmərsɔːlt || ˈsʌməsɒlt/ *n* (on ground) voltereta *f*, vuelta *f* (de) carnero (CS); (from height) (salto *m*) mortal *m*; (of car) vuelta *f* de campana; **to perform/execute a ~** realizar*/ejecutar un mortal; **to turn ~s** hacer* volteretas, dar* vueltas (de) carnero (CS)

somersault[2] *vi* (on ground) hacer* volteretas, dar* vueltas (de) carnero (CS); (from height) dar* un (salto) mortal; **she ~ed across the room** cruzó la habitación haciendo volteretas; **the car ~ed over the edge of the cliff** el coche se despeñó por el acantilado dando vueltas en el aire

something[1] /ˈsʌmθɪŋ/ *pron*
[A] algo; **~ different/interesting** algo distinto/interesante; **~ has happened to her** algo le ha pasado; **~ must be broken** debe de haber algo roto; **have ~ to eat/drink** come/bebe algo; **give him ~ to eat/drink** dale algo de comer/beber; **may I ask you ~?** ¿puedo preguntarte algo *or* una cosa?; **have you considered trying ~ else?** ¿has pensado en probar con otra cosa?; **do you know ~? I think we're lost** ¿sabes una cosa *or* sabes qué? creo que nos hemos perdido; **he caught sight of ~ white** vio una cosa blanca; **it sounded like ~ out of a novel** parecía de novela; **she looks like ~ out of a fashion magazine** parece salida de una revista de modas; **or ~ of the kind** o algo por el estilo; **there may be ~ in what she says** puede ser que tenga algo de razón; **it's not ~ to be proud of** no es como para estar orgulloso; **that was ~ I hadn't expected** eso no me lo esperaba; **is it ~ I said?** ¿qué pasa? ¿qué he dicho?; **it must be ~ you ate** te habrá sentado mal algo (que comiste); **it's not much, but it's ~** no es mucho, pero algo es
[B] [1] (in vague statements or approximations): **in eighteen hundred and ~** en mil ochocientos y pico *or* y algo; **she's 30 ~, I reckon** digo yo que tendrá unos 30 y tantos años *or* (fam) unos 30 y pico (fam); **he said it was because of the traffic or ~** dijo que era por el tráfico o qué se yo; **didn't she say she was going to France or ~?** ¿no dijo que se iba a Francia o no sé dónde?; **have you gone mad or ~?** ¿te has vuelto loco o qué?, ¿es que te has vuelto loco?; **~ in the region of $50,000** alrededor de 50.000 dólares; **it was ~ over 12m long** medía algo más de 12 metros [2] **something like**: **~ like 200 spectators** unos 200 espectadores; **the leaves taste ~ like spinach** las hojas saben como a espinacas; **he looks ~ like his brother** se parece algo a su hermano [3] **something of** (rather): **she's ~ of an eccentric** es algo excéntrica; **the quartet has earned itself ~ of a reputation** el cuarteto se ha ganado una cierta reputación; **he became ~ of a hermit** se convirtió en una especie de ermitaño; **it came as ~ of a surprise** me (*or* nos *etc*) sorprendió un poco; **it's ~ of a drawback** no deja de ser un inconveniente
[C] (sth special): **it was quite ~ for a woman to reach that position** era todo un logro *or* (fam) no era moco de pavo que una mujer alcanzara esa posición; **that party was ~ else!** (colloq) ¡la fiesta estuvo genial *or* fue demasiado! (fam); **she's quite ~, isn't she?** (in looks) está bien ¿eh?; (in general) ¡qué mujer (*or* chica *etc*)! ¿no?; **there's ~ about him** tiene algo, tiene un no sé qué; ***to have (got) ~*** (be talented) tener* algo; (perceive sth significant): **I think you might have ~ there** puede que tengas razón

something[2] *n* (*no pl*): **won't you have a little ~ (to eat/drink)?** ¿no quieres comer/beber algo?; **I've prepared a little ~, so I hope you're hungry** he preparado alguna cosita, así que espero que tengas hambre; **she has that certain ~** tiene ese no sé qué

something[3] *adv* (colloq): **my back's playing me up ~ chronic** ¡la espalda me tiene ... !, la espalda me está fastidiando de mala manera

-something *suff*: **a twenty/thirty~** una persona de veinte/treinta y tantos años, una persona de veinte/treinta años y pico (fam); **a thirty~ couple** una pareja de treinta y tantos años, una pareja de treinta años y pico (fam)

sometime[1] /ˈsʌmtaɪm/ *adv* (at unspecified time): **I'll get around to it ~** ya lo haré en algún momento; **we'll have to finish it ~ or another** algún día habrá que terminarlo, tarde *or* temprano habrá que terminarlo; **you'll have to come and stay with us ~** a ver cuándo vienes a pasar unos días con nosotros; **~ next week/last summer** un día de la semana que viene/del verano pasado; **let's do it ~ soon/after Christmas** hagámoslo pronto/después de Navidad; **we met/I bought it ~ last summer** nos conocimos/lo compré el verano pasado, no recuerdo cuándo

sometime[2] *adj* (*before n*) [1] (former) (frml) ex, antiguo [2] (occasional) (AmE) ocasional

sometimes /ˈsʌmtaɪmz/ *adv* a veces, algunas veces

someway /ˈsʌmweɪ/ *adv* (AmE) ▸**somehow**

somewhat[1] /ˈsʌmhwɑːt || ˈsʌmwɒt/ *adv* algo, un tanto; **the situation is ~ confused** la situación es algo *or* un tanto confusa; **he seemed ~ at a loss for an answer** dio la impresión de no saber muy bien qué contestar

somewhat[2] *pron*: **the book is ~ of a classic** el libro es una especie de clásico *or* en cierto modo un clásico

somewhere[1] /ˈsʌmhwer || ˈsʌmweə(r)/ *adv*
[A] (in, at, to a place): **I want to go ~ hot for my vacation** quiero ir a algún lugar *or* sitio donde haga calor para mis vacaciones; **it must be ~ in your office** tiene que estar en tu despacho, en algún lado *or* sitio *or* lugar; **shall we go ~ else?** ¿vamos a otro sitio *or* lugar *or* lado?; **it's hidden ~ (where) they'll never find it** está escondido en un sitio *or* lugar donde jamás lo encontrarán; ***to get ~*** avanzar*, adelantar; **now we feel we're getting ~** ahora tenemos la sensación de que estamos avanzando *or* adelantando
[B] (in approximations): **it happened ~ around Easter** sucedió alrededor de Semana Santa; **we spent ~ around $10,000** gastamos cerca de *or* alrededor de 10.000 dólares; **~ between the hours of six and seven in the morning** en algún momento entre las seis y las siete de la mañana; **he's ~ in his sixties** tiene unos sesenta y tantos años *or* (fam) unos sesenta años y pico

somewhere[2] *pron*: **will there be ~ open?** ¿habrá algo (*or* algún sitio *etc*) abierto?; **she's found ~ to live** ha encontrado casa (*or* habitación *etc*); **it's not ~ I know well** no es un lugar que yo conozca bien; **the library's not ~ you go to have a chat** a la biblioteca no se va a hablar; **she comes from ~ near Boston** es de cerca de Boston

somnambulant[1] /sɑːmˈnæmbjələnt || sɒmˈnæmbjʊlənt/ *adj* ‹*person*› sonámbulo; ‹*manner*› como de sonámbulo

somnambulant[2] *n* sonámbulo, -la *m,f*

somnambulism /sɑːmˈnæmbjəlɪzəm || sɒmˈnæmbjʊlɪzəm/ *n* [u] (frml) sonambulismo *m*

somnambulist /sɑːmˈnæmbjələst || sɒmˈnæmbjʊlɪst/ *n* (frml) sonámbulo, -la *m,f*

somnolence /ˈsɑːmnələns || ˈsɒmnələns/ *n* [u] (liter) somnolencia *f*

somnolent /ˈsɑːmnələnt || ˈsɒmnələnt/ *adj* (liter) ‹*eyes*› somnoliento, soñoliento; ‹*heat*› que adormece; ‹*mood*› aletargado

son /sʌn/ *n* [1] (male child) hijo *m*; **her youngest/eldest ~** su hijo menor/mayor; **she has two ~s** tiene dos hijos; **he's his father's/mother's ~** es digno hijo de su padre/madre; **the ~ and heir** el heredero; **the S~ of Man/God** el Hijo del Hombre/de Dios; **God, the S~** Dios Hijo [2] (*as form of address*) hijo; **my ~** hijo mío

sonar /ˈsəʊnɑːr || ˈsəʊnɑː(r)/ *n* sónar *m*

sonata /səˈnɑːtə/ *n* (*pl* **-tas**) (Mus) sonata *f*; **piano/violin ~** sonata para piano/violín

son et lumière /ˌsəʊneɪˌluːmˈjer || ˌsɒneɪˈluːmɪeə(r)/ *n* (esp BrE) espectáculo *m* de luz y sonido

song /sɔːŋ || sɒŋ/ *n* [1] [c] (piece) canción *f*; **sing/give us a ~!** ¡cántanos una canción!, ¡cántanos algo!; **to burst into ~** [u] ponerse* a cantar; **the S~ of S~s, the S~ of Solomon** (Bib) el Cantar de los Cantares, el Cantar de Salomón; ***to buy/sell sth for a ~*** (colloq) comprar/vender algo por una bicoca (fam); ▸**sing 1** [2] [u] (of bird) canto *m*; **the ~ of the nightingale** el canto del ruiseñor [3] (digression) (AmE colloq) vaguedad *f*

song and dance *n* [u] número *m* musical de variedades; ***to make a ~ ~ ~ about sth*** (colloq) hacer* muchos aspavientos por algo; **have you seen the new play there's been such a ~ ~ ~ about?** ¿has visto la nueva obra que ha causado tanto revuelo?; **she gave me a long ~ ~ ~ about how busy she was** (AmE) me soltó un rollo sobre la cantidad de trabajo que tenía (fam); (*before n*): **song-and-dance act/man** número *m*, artista de variedades *m*

songbird /ˈsɔːŋbɜːrd || ˈsɒŋbɜːd/ *n* pájaro *m* cantor

songbook /ˈsɔːŋbʊk || ˈsɒŋbʊk/ *n* cancionero *m*

song cycle *n* ciclo *m* de canciones

songster /ˈsɔːŋstər || ˈsɒŋstə(r)/ *n* **1** (singer, poet) (liter) rapsoda *mf* (liter) **2** (bird) (frml) pájaro *m* cantor

song thrush *n* tordo músico *m*, zorzal *m*

songwriter /ˈsɔːŋˌraɪtər || ˈsɒŋˌraɪtə(r)/ *n* compositor, -tora *m,f* (*de canciones*)

sonic /ˈsɑːnɪk || ˈsɒnɪk/ *adj* sónico

sonic boom *n* estruendo *m* (*que se produce al romper la barrera del sonido*)

son-in-law /ˈsʌnɪnlɔː/ *n* (*pl* **sons-in-law**) yerno *m*, hijo *m* político

sonnet /ˈsɑːnət || ˈsɒnɪt/ *n* soneto *m*

sonny /ˈsʌni/ *n* (colloq) (*as form of address*) hijito (fam), nene (fam), mijito (AmL fam)

son of a bitch *n* (*pl* **sons of bitches**) (esp AmE sl) **1** (person) hijo *m* de puta, hijo *m* (Méx) de la chingada (vulg); **how are you, you old ~ ~ ~ ~?** ¿qué tal, cabrón? (arg) **2** (object) condenado, -da *m,f* (fam); **I can't get the ~ ~ ~ ~ to start!** ¡el condenado no quiere arrancar! (fam), ¡esta mierda no quiere arrancar! (vulg) **3** (*as interj*): **~ ~ ~ ~! who's taken my wallet?** ¡carajo! ¿quién me robó la cartera? (vulg)

son of a gun *n* (colloq & dated) sinvergüenza *m*, granuja *m*; **you ~ ~ ~ ~!** ¡sinvergüenza!, ¡hijo de tu madre! (fam & euf); **that lucky ~ ~ ~ ~** el suertudo ése (AmL), la suerte que tiene el tío (Esp fam); (*as interj*): **well, ~ ~ ~ ~!** ¡hay que ver!

sonority /səˈnɔːrəti || səˈnɒrəti/ *n* [u c] (*pl* **-ties**) (liter) sonoridad *f*

sonorous /ˈsɑːnərəs || ˈsɒnərəs/ *adj* (liter) **1** ‹*sound/music*› sonoro **2** ‹*speech*› grandilocuente, sonoro

sonorously /ˈsɑːnərəsli || ˈsɒnərəsli/ *adv* (liter) **1** ‹*sing/play*› con gran sonoridad **2** ‹*speak*› con grandilocuencia; **~ written lines** líneas rimbombantes *or* grandilocuentes

sonorousness /ˈsɑːnərəsnəs || ˈsɒnərəsnɪs/ *n* [u] (liter) sonoridad *f*

soon /suːn/ *adv* **-er, -est**

A (shortly, after a while) pronto, dentro de poco; **~ the days will be growing longer** pronto *or* dentro de poco empezarán a hacerse más largos los días; **I left ~ afterward** yo me fui poco después; **it'll ~ be spring** ya falta poco para (que empiece) la primavera; **they're coming ~ after eight** vienen poco después de las ocho; **we shall ~ know her answer** pronto sabremos su respuesta; **see you ~** hasta pronto; **~er or later** tarde o temprano; **~er or later they will have to give in** tarde o temprano tendrán que ceder

B **1** (early, quickly) pronto; **how ~ can you be here?** ¿cuándo puedes llegar?, ¿qué tan pronto puedes llegar? (AmL); **I finished ~er than I expected** terminé antes de lo que esperaba; **how ~ can you have it ready? — Tuesday at the ~est** ¿para cuándo me lo puedes tener listo? — para no antes del martes; **all too ~ the holidays were over** las vacaciones pasaron volando; **none too ~, not a minute** *o* **moment too ~** no antes de tiempo; **to speak too ~** hablar antes de tiempo; **thank God she's gone — don't speak too ~** gracias a Dios que se ha ido — no cantes victoria; **it'll be here tonight — as ~ as that?** estará aquí esta noche — ¿tan pronto?; **as ~ as possible** lo antes posible, cuanto antes, a la brevedad (Corresp) (frml); **the ~er the better** cuanto antes mejor; **the property becomes yours in ten years or upon my death, whichever is the ~er** la propiedad pasa a ser tuya dentro de diez años o cuando yo me muera, lo que ocurra primero; **she'd steal your purse as ~ as look at you** no tendría ningún escrúpulo en robarte el monedero **2** (*as conj*): **as ~ as** en cuanto, tan pronto como; **as ~ as he told me** en cuanto me lo dijo, tan pronto como me lo dijo; **as ~ as you've finished, you can go** en cuanto hayas terminado *or* tan pronto como hayas terminado, te puedes ir; **no ~er had we set out than it began to rain** apenas nos habíamos puesto en camino cuando empezó a llover, no bien nos pusimos en camino, empezó a llover; **no ~er said than done** dicho y hecho

C (*in phrases*): **as soon ... (as)**: **we'd as ~ you didn't tell our father** preferiríamos que no se lo dijeses a papá; **I'd as ~ quit as work under a boss like that** antes que trabajar con un jefe así, me voy; **I'd just as ~ stay at home (as go out)** no me importaría quedarme en casa, tanto me da quedarme en casa (como salir); **sooner ... (than)**: **I'd ~er not go, to be honest** a decir verdad, preferiría no ir; **~er than go against her principles, she handed in her notice** antes que actuar en contra de sus principios, prefirió dimitir; **~er you than me!** mejor tú que yo, me alegro de no ser yo el que tiene que hacerlo

soot /sʊt/ *n* [u] hollín *m*; **covered in ~** cubierto de hollín; ***as black as* ~** negro como el carbón

sooth /suːθ/ *n* (arch): **in ~** en verdad

soothe /suːð/ *vt* **1** (calm) ‹*person*› calmar, tranquilizar*; ‹*nerves*› calmar; ‹*longing*› aplacar*; **to ~ sb's vanity** halagarle* la vanidad a algn; **to ~ sb's fears** tranquilizar* a algn, disipar los temores de algn (liter) **2** (relieve) ‹*pain/cough*› aliviar, calmar

■ **soothe** *vi* aliviar

soothing /ˈsuːðɪŋ/ *adj* **1** (calming) ‹*voice/words*› tranquilizador; ‹*music/bath*› relajante; **she's such a ~ person** la suya es una presencia tranquilizadora **2** (pain-relieving) ‹*ointment/syrup*› balsámico; ‹*medicine*› calmante

soothingly /ˈsuːðɪŋli/ *adv* ‹*speak/sing/whisper*› con voz tranquilizadora; ‹*sing*› con dulzura

soothsayer /ˈsuːθˌseɪər || ˈsuːθˌseɪə(r)/ *n* (arch) adivino, -na *m,f*

sooty /ˈsʊti/ *adj* cubierto de hollín; **the carpet's all ~** la alfombra está toda tiznada

sop /sɑːp || sɒp/ *n*

A (concession) concesión *f*; **~ TO sth/sb**: **as a ~ to sb's feelings/pride** para no herir los sentimientos/el amor propio de algn; **she gave him the job as a ~ to her conscience** le dio el empleo para acallar su conciencia

B **sops** *pl* (of bread etc) sopas *fpl*

Phrasal verb

• **sop up** [v + o + adv, v + adv + o] rebañar

SOP *n* [u c] (esp AmE) = **standard operating procedure**

sophism /ˈsɑːfɪzəm || ˈsɒfɪzəm/ *n* [u c] sofisma *m*

sophist /ˈsɑːfəst || ˈsɒfɪst/ *n* sofista *mf*; **the S~s** los sofistas

sophistic /səˈfɪstɪk/, **sophistical** /-tɪkəl/ *adj* sofista

sophisticate /səˈfɪstəkət/ *n* sofisticado, -da *m,f*

sophisticated /səˈfɪstəkeɪtəd || səˈfɪstɪkeɪtɪd/ *adj* **1** (urbane, worldly-wise) ‹*taste/appearance/clothes/person*› sofisticado; **she's ~ for her age** (AmE euph & pej) tiene mucha experiencia para su edad (euf & pey) **2** (complex) ‹*machine/technique/system*› complejo, altamente desarrollado *or* perfeccionado **3** (subtle, clever) ‹*discussion/novel*› sutil

sophistication /səˌfɪstəˈkeɪʃən || səˌfɪstɪˈkeɪʃən/ *n* [u] **1** (urbanity) sofisticación *f* **2** (complexity) complejidad *f* **3** (subtlety, cleverness) sutileza *f*

sophistry /ˈsɑːfəstri || ˈsɒfɪstri/ *n* [u c] (*pl* **-ries**) sofistería *f*

Sophocles /ˈsɑːfəkliːz || ˈsɒfəkliːz/ *n* Sófocles

sophomore /ˈsɑːfəmɔːr || ˈsɒfəmɔː(r)/ *n* (AmE) estudiante *mf* de segundo curso (*en una universidad o colegio secundario estadounidense*)

sophomoric /ˌsɑːfəˈmɔːrɪk || ˌsɒfəˈmɒrɪk/ *adj* (AmE) petulante e inmaduro

soporific[1] /ˌsɑːpəˈrɪfɪk || ˌsɒpəˈrɪfɪk/ *adj* ‹*music/speech/drug*› soporífero

soporific[2] *n* somnífero *m*

sopping[1] /ˈsɑːpɪŋ || ˈsɒpɪŋ/ *adj* empapado, calado

sopping[2] *adv* (*as intensifier*): **~ wet** (of people) calado hasta los huesos, hecho una sopa; (of clothes) chorreando

soppy /ˈsɑːpi || ˈsɒpi/ *adj* **-pier, -piest** (BrE colloq) sentimentaloide, sensiblero; **he's completely ~ about** *o* **on her** se le cae la baba por ella (fam)

soprano[1] /səˈprænəʊ || səˈprɑːnəʊ/ *n* (*pl* **-nos**) soprano *mf*; **boy ~** niño *m* soprano

soprano[2] *adj* ‹*voice/recorder/saxophone*› soprano; ‹*part/role*› de soprano

sorbet /ˈsɔːrbeɪ, ˈsɔːrbət || ˈsɔːbeɪ/ *n* [u c] sorbete *m*, helado *m* de agua (CS), nieve *f* (Méx)

sorbitol /ˈsɔːrbətɔːl || ˈsɔːbɪtɒl/ *n* [u] sorbitol *m*

sorcerer /ˈsɔːrsərər || ˈsɔːsərə(r)/ *n* (liter) hechicero *m*, brujo *m*; **the ~'s apprentice** el aprendiz de brujo

sorceress /ˈsɔːrsərəs || ˈsɔːsərɪs/ *n* (liter) hechicera *f*, bruja *f*

sorcery /ˈsɔːrsəri || ˈsɔːsəri/ *n* [u] (liter) hechicería *f*, brujería *f*

sordid /ˈsɔːrdəd || ˈsɔːdɪd/ *adj* **1** (base) ‹*murder/motive/film*› sórdido; ‹*method/deal*› vergonzoso, infame; **do you want all the ~ details?** (colloq) ¿te interesan los detalles escabrosos? **2** (squalid, dirty) ‹*hotel/conditions/surroundings*› sórdido, miserable

sordidness /ˈsɔːrdədnəs || ˈsɔːdɪdnɪs/ *n* [u] **1** (baseness) sordidez *f*, bajeza *f* **2** (squalidness) sordidez *f*, miseria *f*

sore[1] /sɔːr || sɔː(r)/ *adj* **sorer** /ˈsɔːrər || ˈsɔːrə(r)/ **sorest** /ˈsɔːrəst || ˈsɔːrɪst/ **1** (painful) ‹*finger/foot/muscle*› dolorido, adolorido; ‹*eye*› irritado; ‹*lips*› reseco; **my legs are ~** tengo las piernas doloridas *or* adoloridas, me duelen las piernas; **I'm ~ everywhere** me duele todo; **she has a ~ throat** le duele la garganta; **it's good for a ~ throat** es bueno para el dolor de garganta; ***a ~ point/subject*** un punto/tema delicado; **you touched on a ~ spot there** pusiste el dedo en la llaga **2** (angry) (AmE colloq) **to be ~ AT** *o* **WITH sb** estar* picado CON algn (fam); **he got real ~ at me** se picó muchísimo conmigo **3** (great) (liter) enorme; **to be in ~ need of sth** tener* necesidad acuciante de algo

sore[2] *n* llaga *f*, úlcera *f*; ***a running/festering* ~** (chronic problem) una herida abierta; (lit) una llaga supurante/purulenta

sore[3] *adv* (arch *or* liter) harto; **and they were ~ afraid** y sintieron un gran temor; **we were ~ pressed to get the book out on time** tuvimos enormes dificultades para sacar el libro a tiempo

sorehead /ˈsɔːrhed || ˈsɔːhed/ *n* (AmE colloq) amargado, -da *m,f*, cascarrabias *mf* (fam)

sorely /ˈsɔːrli || ˈsɔːli/ *adv* **1** (*as intensifier*): **he'll be ~ missed** lo echaremos (*or* echarán *etc*) muchísimo de menos; **my patience has been ~ tried by her inefficiency** su ineptitud ha puesto muy a prueba mi paciencia; **to be ~ tempted (to do sth)** estar* muy tentado de (hacer algo); **to be ~ in need of sth** necesitar algo urgentemente, tener* necesidad acuciante de algo **2** (severely) (liter) ‹*afflicted/offended*› profundamente

soreness /ˈsɔːrnəs || ˈsɔːnɪs/ *n* [u] **1** (pain) dolor *m* **2** (resentment) (AmE) resentimiento *m*, amargura *f*

sorghum (wheat) /ˈsɔːrgəm || ˈsɔːgəm/ *n* [u] sorgo *m*, zahína *f*

sorority /səˈrɔːrəti || səˈrɒrəti/ *n* (*pl* **-ties**) (AmE) hermandad *f* femenina de estudiantes (*en universidades norteamericanas*); **~ house** residencia *f* universitaria (*para estudiantes de una hermandad femenina*)

> **sorority**
>
> Una hermandad de mujeres en muchos establecimientos de la enseñanza superior en EEUU. Sus miembros comparten una *sorority house*. El nombre de cada *sorority* está compuesto de dos o tres letras griegas, tales como *Chi Omega* o *Kappa Kappa Gamma* . Suelen hacer obras de caridad y trabajos comunitarios. Algunas *sororities* también son organizaciones académicas o profesionales. *Ver tb* ►**fraternity**.

sorrel[1] /ˈsɔːrəl || ˈsɒrəl/ *n*

A [u] (Bot, Culin) **1** (used in cooking) acedera *f*, hierba

f salada **2▸** (*wood* ~) pan *m* de cuclillo, acederilla *f*
B [c] (horse) alazán *m*
sorrel² *adj* alazán
sorrow¹ /'sɑːrəʊ || 'sɒrəʊ/ *n* **1▸** [u c] (sadness, grief) ~ (AT *o* OVER sth) pesar *m or* pena *f or* dolor *m* (POR algo); **he felt great ~ at** *o* **over the death of his friend** sintió un gran dolor por la muerte de su amigo; **more in ~ than in anger** con más pena que enojo; **life with all its joys and ~s** la vida, con todas sus alegrías y sus penas *or* pesares; ***to drown one's ~s*** (colloq) ahogar* las penas **2▸** [u] (regret) ~ (FOR/AT sth) pesar (POR algo); **much to my ~** muy a mi pesar **3▸** [c] (cause of sadness) disgusto *m*; **it was a great ~ to me that ...** fue un gran disgusto para mí que ...; **he's been a great ~ to his mother** le ha dado muchos disgustos a su madre
sorrow² *vi* (liter) **to ~ (AT/OVER/FOR sth): he ~ed over his wife's death for years** lloró muchos años a su mujer; **to ~ for the dead** llorar a los muertos
sorrowful /'sɑːrəʊfəl || 'sɒrəʊfəl/ *adj* ‹*voice/face/eyes*› afligido, triste, apesadumbrado
sorrowfully /'sɑːrəʊfəli || 'sɒrəʊfəli/ *adv* **1▸** ‹*say/gaze*› con tristeza **2▸** (AmE) (*indep*) lamentablemente; **~, it was not to be** lamentablemente, no pudo ser
sorry /'sɑːri || 'sɒri/ *adj* **-rier, -riest**
A (*pred*) **1▸** (grieved, sad): **I'm ~** lo siento; **oh, I** ***am*** **~; when did it happen?** ¡cuánto lo siento!; ¿cuándo ocurrió?; **I'm very ~, but I can't help you** lo siento mucho *or* lo siento en el alma, pero no te puedo ayudar; **to feel** *o* **be ~ FOR sb: I feel so ~ for you/him** te/lo compadezco; **I felt** *o* **was so ~ for him when he got turned down** me dio mucha pena *or* lástima cuando lo rechazaron; **to feel ~ for oneself** lamentarse de su (*or* tu *etc*) suerte; **he was looking very ~ for himself** tenía un aspecto muy triste *or* abatido; **to be ~ ABOUT sb/sth: I'm very ~ about what happened** siento *or* lamento mucho lo que ocurrió; **I'm ~ about Clara having to have that operation** siento que Clara tenga que operarse; **to be ~ to + INF: I'm ~ to hear you didn't get the job** siento que no te hayan dado el puesto; **I wasn't ~ to see the back of him** no me apenó *or* no lamenté que se fuera; **I'm ~ to have to tell you that ...** siento tener que decirte que ...; **to be ~ (THAT)** sentir* QUE + SUBJ; **I'm ~ you can't come** siento *or* lamento que no puedas venir **2▸** (apologetic, repentant): **to say ~** pedir* perdón, disculparse; **I'm ~, I didn't mean to offend you** perdóname *or* lo siento *or* disculpa, no fue mi intención ofenderte; **~ to bother you, but ...** perdone *or* disculpe que lo moleste, pero ...; **to be ~ FOR/ABOUT sth** arrepentirse* DE algo; **you'll be ~ (for this)!** ¡te arrepentirás (de esto)!, ¡me las vas a pagar!; **aren't you the least bit ~ for what you've done?** ¿no sientes ningún remordimiento por lo que has hecho?; **I'm** ***really*** **~ about the dull meal** siento mucho que la comida sea tan pobre; **I'm very/terribly/awfully ~ about last night** siento muchísimo lo de anoche, mil perdones por lo de anoche; **to be ~ (THAT): I'm ~ I didn't make it to your party** siento no haber podido ir a tu fiesta; **I'm only ~ I didn't leave sooner** lo único que lamento es no haberme ido antes
B (*as interj*) **1▸** (expressing apology) perdón, siento; **(awfully/so) ~!** (BrE) ¡perdone!, ¡disculpe!; **~, I didn't realize it was you** perdona *or* perdóname *or* disculpa *or* discúlpame, no me había dado cuenta de que eras tú **2▸** (asking speaker to repeat) (BrE) ¿cómo (dice)?; **~? I didn't quite catch that** ¿cómo? no le he oído bien **3▸** (expressing disagreement) lo siento; **(I'm) ~, but I disagree** lo siento pero no estoy de acuerdo
C (pitiful, miserable, regrettable) (*before n*) ‹*tale*› lamentable, lastimoso; **he was a ~ sight** tenía un aspecto lamentable, daba pena verlo; **the house was in a ~ state when we got back** la casa estaba en un estado lamentable cuando volvimos
sort¹ /sɔːrt || sɔːt/ *n*
A (kind, type) **1▸** (of things) tipo *m*, clase *f*; **all ~s of adventures** todo tipo *or* toda clase de aventuras, aventuras de todo tipo *or* de toda clase, todo género *or* toda suerte de aventuras (liter); **what ~ of car is it?** ¿qué tipo *or* clase de coche es?; **it's definitely my ~ of film/book** decididamente, éste es el tipo *or* la clase de película/libro que a mí me gusta; **it's a nice enough place, if you like that ~ of thing** es un sitio bastante agradable, si te gusta ese tipo de cosa; **and all that ~ of thing** y todo eso; **you know the ~ of thing I mean** ya sabes a lo que me refiero; **I believe he's a musician or something of the ~** creo que es músico o algo por el estilo; **what ~ of time do you call this to be coming home?** ¿qué horas son éstas de llegar a casa?; **behavior of that ~ will not be tolerated** no se tolerará ese tipo de comportamiento; **don't tell lies: I didn't say anything of the ~** no digas mentiras: no dije nada semejante; **I expected him to be arrogant, but he was nothing of the ~** creía que iba a ser arrogante, pero no lo era en absoluto; **you'll do nothing of the ~!** ¡ni se te ocurra! **2▸** (of people): **she's not the ~ to let you down** no es de las que te fallan; **I'm not that ~ of girl** yo no soy de ésas; **they're not our ~ (of people) at all** no son gente como uno; **that's the ~ of person he is** él es así; **I know your ~** (BrE) ya sé de qué pie cojeas; **a bad/good ~** (BrE) una mala/buena persona; ***it takes all ~s (to make a world)*** hay de todo en la viña del Señor **3▸** (approximating to): **a ~ of** *o* **~ of a** una especie de; **he's a ~ of painter** *o* **he's ~ of a painter** es una especie de pintor; **it's ~ of a bluish-green color** es una especie de verde azulado
B (*in phrases*): **of sorts, of a sort: he gave us a meal of ~s** nos dio una comida, si se le puede llamar comida; **you could say he was a friend of a ~, I suppose** supongo que se lo podría calificar de amigo; **sort of** (colloq): **I do ~ of think we should do something** creo que quizás deberíamos hacer algo; **it's ~ of sad to think of him all alone** da como pena pensar que está solo (fam); **do you want to go? — well, ~ of** ¿quieres ir? — bueno, en cierto modo sí; **this is what you wanted, isn't it? — well, ~ of** es lo que querías ¿no? — bueno, más o menos; **out of sorts** mal, pachucho (Esp fam); **I'm feeling a bit out of ~s** no me encuentro muy bien
sort² *vt* **1▸** (classify) ‹*papers/stamps/letters/parcels*› clasificar*; **we were ~ed into groups according to our level** nos pusieron en grupos de acuerdo a *or* según nuestro nivel; **~ the ones with job experience from the ones without** divídelos en dos grupos según tengan o no experiencia laboral **2▸** (mend) arreglar
■ **sort** *vi* (accord) (liter): **to ~ ill/well with sth** no concordar*/concordar* con algo

Phrasal verbs

• **sort out** [v + o + adv, v + adv + o]
A **1▸** (put in order) ‹*books/photos*› ordenar, poner* en orden; ‹*desk/room*› ordenar; ‹*finances*› organizar*; **I needed the break to ~ myself out** necesitaba el respiro para poner mis pensamientos en orden **2▸** (separate out) separar; **~ out the new ones from the old ones** separa los nuevos de los viejos; **~ out the ones you want to keep** aparta *or* separa los que quieras conservar
B **1▸** (arrange) (BrE) ‹*date*› fijar; ‹*deal/compromise*› llegar* a; **have you ~ed out your holiday yet?** ¿ya tienes las vacaciones organizadas?, ¿ya has arreglado tus vacaciones? **2▸** (resolve) ‹*problem/dispute*› solucionar; ‹*misunderstanding/muddle*› aclarar; **things will ~ themselves out** ya se arreglará todo; **I haven't yet ~ed out what I'm going to do** todavía no he decidido qué voy a hacer
C (deal with) (BrE colloq): **the new teacher soon ~ed them out** el nuevo profesor enseguida los metió en cintura *or* los hizo entrar en vereda (fam); **leave him to me, I'll ~ him out!** déjame a mí, que yo ya lo voy a arreglar (fam)
• **sort through** [v + prep + o] ‹*papers/files*› revisar
sorta /'sɔːrtə || 'sɔːtə/ *adv* (AmE colloq) (= **sort of**) *see* **sort**¹ **B**
sort code *n* (BrE) ▸**sorting code**
sorted /'sɔːrtəd || 'sɔːtɪd/ *adj* (BrE colloq) **1▸** (settled) arreglado **2▸** (well-balanced) con la cabeza bien puesta (fam); **he seems quite ~** parece tener la cabeza bien puesta (fam)
sorter /'sɔːrtər || 'sɔːtə(r)/ *n* **1▸** (person) clasificador, -dora *m,f* **2▸** (machine) clasificadora *f*
sortie /'sɔːrti || 'sɔːti/ *n* **1▸** (Mil) salida *f*; (Aviat) misión *f* de combate **2▸** (excursion) salida *f*, escapada *f* (fam); **it's her first ~ into the field of science** es su primera incursión en el campo de la ciencia
sorting code /'sɔːrtɪŋ || 'sɔːtɪŋ/ *n* (BrE) (of bank branch) número *m* de sucursal
sorting office /'sɔːrtɪŋ || 'sɔːtɪŋ/ *n* oficina *f* de clasificación del correo
sort key *n* llave *f* de ordenamiento
sort-out /'sɔːrtaʊt || 'sɔːtaʊt/ *n* (BrE colloq) (*no pl*): **to have a ~** ordenar, hacer* una limpieza
SOS *n* S.O.S. *m*; **to send out an ~** mandar un S.O.S.; (*before n*): **~ message/call** S.O.S. *m*
sosatie /sɔː'sɑːti/ *n* (SAfr) (Culin) pincho *m*, brocheta *f* (Esp) (Méx), brochette *f* (RPl), anticucho *m* (Bol) (Chi) (Per)
so-so¹ /'səʊsəʊ/ *adj* (colloq) así así (fam), así asá (fam), mediocre; **what's that novel like? — oh, ~** ¿qué tal es esa novela? — ni fu ni fa (fam)
so-so² *adv* (colloq) así así (fam), así asá (fam), más o menos, regular
sot /sɑːt || sɒt/ *n* (dated) borrachín, -china *m,f* (fam)
sotto voce /ˌsɑːtəʊ'vəʊtʃi || ˌsɒtəʊ'vəʊtʃi/ *adv* sotto voce, en voz baja
soubriquet /'suːbrɪkeɪ/ *n* (frml) sobrenombre *m*
soufflé /suː'fleɪ, 'suːfleɪ || 'suːfleɪ/ *n* [u c] suflé *m*
sought /sɔːt/ *past & past p of* **seek**
sought-after /'sɔːtˌæftər || 'sɔːtˌɑːftə(r)/ *adj* (*pred* **sought after**) ‹*product*› solicitado, en demanda; ‹*prize*› codiciado; ‹*area*› en demanda
souk /suːk/ *n* zoco *m*
soul /səʊl/ *n*
A **1▸** [c] (Relig) alma *f*‡; **she was wandering around like a lost ~** vagaba por ahí como alma en pena; **to sell one's ~ to the devil** venderle el alma al diablo; **learning Greek irregular verbs is good for the ~** (hum) aprenderse los verbos irregulares griegos fortalece el espíritu (hum); **my mother, God rest her ~, loved this house** mi madre, que en paz descanse *or* que en gloria esté, le tenía mucho cariño a esta casa; **upon my ~!** (*as interj*) (dated) ¡Dios Santo!; **(God) bless my ~!** (*as interj*) (dated) ¡Dios me ampare! **2▸** [c] (spirit, essence) alma *f*‡; **she put her heart and ~ into the task** se entregó a la tarea en cuerpo y alma **3▸** [u] (feeling, spirituality): **these modern buildings have no ~** estos edificios modernos no tienen personalidad *or* carácter; **it's obvious you've got no ~** está claro que no tienes sensibilidad; **he's/she's got ~** (AmE sl) tiene muy buena onda (arg)
B [c] (person): **I won't tell a (living) ~** no se lo diré a nadie; **there wasn't a ~ about** no había ni un alma; **a village of 200 ~s** (liter) un pueblo de 200 almas (liter); **poor old ~! she can hardly walk** ¡pobrecilla! *or* ¡pobrecita! casi no puede caminar
C (personification): **the ~ of discretion/kindness** la discreción/la amabilidad personificada
D [u] **~ (music)** soul *m*
soul brother *n* (AmE sl) hermano *m*
soul-destroying /'səʊldɪˌstrɔɪɪŋ/ *adj* desmoralizador
soul food *n* (AmE) *comida tradicional de los negros del Sur de los Estados Unidos*
soulful /'səʊlfəl/ *adj* enternecedor, conmovedor
soulfully /'səʊlfəli/ *adv* enternecedoramente
soulless /'səʊlləs || 'səʊllɪs/ *adj* ‹*building*› frío e impersonal, falto de carácter; ‹*routine/job*› tedioso; ‹*person*› desalmado
soulmate /'səʊlmeɪt/ *n* alma *f*‡ gemela

S

soul-searching /'səʊl,sɜːrtʃɪŋ || 'səʊl,sɜːtʃɪŋ/ *n* [u] introspección *f*; **after a great deal of ~** después de mucho meditarlo, después de un profundo examen de conciencia

soul sister *n* (AmE sl) hermana *f*

sound[1] /saʊnd/ *n*

(Sense I)

A [u c] **1** (noise) sonido *m*; (unpleasant, disturbing) ruido *m*; **we heard the ~ of footsteps** oímos (unos) pasos; **we were woken by the ~ of her crying/of traffic** nos despertó su llanto/el ruido del tráfico; **don't make a ~!** ¡no hagas ni el menor ruido!; **there wasn't a ~ to be heard** no se oía absolutamente nada; **she left the stage to the ~ of wild applause** abandonó el escenario en medio de un torrente de aplausos; **he is very fond of the ~ of his own voice** le encanta escucharse; **~ and fury** revuelo *m* **2** (of music, instrument) sonido *m*; **we danced all night to the ~ of Bill Haley** bailamos toda la noche al son *or* al compás de la música de Bill Haley **3** (of voice) sonido *m* **4** (Ling) sonido *m*; **a vowel ~** un sonido vocálico; (*before n*): **~ shift** (Ling) mutación *f* fonética

B [u] **1** (Phys) sonido *m*; **at the speed of ~** a la velocidad del sonido; **their home is within ~ of the cathedral bells** desde su casa se pueden oír las campanas de la catedral; (*before n*): **the ~ barrier** la barrera del sonido; **a ~ wave** una onda sonora **2** (Audio, Rad, TV) sonido *m*; **the picture's good, but the ~'s lousy** la imagen es buena, pero el sonido es malísimo; **turn the ~ up/down** sube/baja el volumen; (*before n*): **~ archives** fonoteca *f*; **~ effects** efectos *mpl* sonoros; **~ engineer** ingeniero, -ra *m,f* de sonido

C (impression conveyed) (colloq) (*no pl*): **his questions had a threatening ~** sus preguntas sonaban a amenazas; **I rather like the ~ of him** parece agradable por lo que dices (*or* dicen *etc*); **I don't like the ~ of that at all** eso no me huele nada bien; **by** *o* **from the ~ of it, everything's going very well** parece que *or* por lo visto todo marcha muy bien

(Sense II) [c] (Geog)

A (channel) paso *m*, estrecho *m*

B (inlet) brazo *m*

(Sense III) (Med) sonda *f*

sound[2] *vi*

A **1** (give impression) sonar*; **your voice ~s** *o* **you ~ different on the phone** tu voz suena distinta por teléfono; **she ~ed relieved/surprised** sonó aliviada/sorprendida; **their names ~ foreign** sus nombres suenan extranjeros; **you ~ as if** *o* **as though you could do with a rest** me da la impresión de que no te vendría mal un descanso; **it ~s as if** *o* **as though they're here now** (por el ruido) parece que ya están aquí; **when you talk like that you ~ just like your father** cuando dices esas cosas es como si estuviera oyendo a tu padre; **that ~s like Susan now** ésa debe (de) ser Susan; **it ~ed like somebody coughing** era un ruido como de alguien tosiendo **2** (seem) parecer*; **we'll leave at ten; how does that ~ to you?** saldremos a las diez ¿qué te parece?; **he ~s a nice guy** por lo que dices (*or* dicen *etc*) parece que es un buen tipo (fam); **it ~s as if** *o* **as though you had a great time** parece que lo pasaste fenomenal; **you ~ like someone who knows his own mind** pareces saber muy bien lo que quieres; **you make it ~ like a chore** hablas de ello como si fuera una tarea pesada; **~s like fun!** (colloq) ¡qué divertido!; **it ~s like a good idea** me parece muy buena idea

B (make noise, resound) ‹‹*footsteps/bell/alarm*›› sonar*

■ **sound** *vt*

A **1** ‹*trumpet/horn*› tocar*, hacer* sonar; **to ~ the retreat** tocar* (a) retreta, tocar* a retirada; **the chairman ~ed a note of warning in his speech** en su discurso, el presidente llamó a la cautela; **the results ~ed a warning to investors** los resultados alertaron a los inversores **2** (articulate) ‹*letter/consonant*› pronunciar

B (Med) **1** ‹*chest/lungs*› auscultar **2** ‹*cavity*› sondar

C (Naut) ‹*channel/water*› sondar

D ▸**sound out**

(Phrasal verbs)

- **sound off** [v + adv] **1** (give opinions) (colloq) **to ~ off (ABOUT sth)** pontificar* *or* sentar* cátedra (SOBRE algo) **2** (speak loudly) (AmE) hablar fuerte
- **sound out** [v + o + adv, v + adv + o] tantear, sondear; **I tried to ~ her out about it** la tanteé para ver qué pensaba, traté de averiguar qué pensaba

sound[3] *adj* **-er, -est**

A **1** (healthy) sano; ‹*constitution*› sano, fuerte; **safe and ~** sano y salvo; **I, Peter Smith, being of ~ mind ...** (frml) yo, Peter Smith, (estando) en pleno uso de mis facultades ... (frml) **2** (in good condition) ‹*structure/basis/foundation*› sólido, firme; ‹*timber*› en buenas condiciones; **the business is basically ~** el negocio es esencialmente sólido; **to put the economy back on a ~ footing** sanear la economía

B **1** (valid) ‹*reasoning/argument/knowledge*› sólido; ‹*advice/decision*› sensato; **a ~ case** un caso irrebatible **2** (reliable) ‹*colleague/staff*› responsable, formal; **to be ~ ON sth** ser* competente EN algo, ser* de fiar EN CUANTO A algo; **the book is very ~ on the details of his upbringing** el libro está muy documentado en los detalles de su educación

C **1** (deep) ‹*sleep*› profundo **2** (hard, thorough): **a ~ beating** una buena paliza

sound[4] *adv* **-er, -est**: **~ asleep** profundamente dormido; **I'll sleep the ~er for knowing you're home** dormiré mejor sabiendo que estás en casa

sound and light show *n* (esp AmE) espectáculo *m* de luz y sonido

sound bite *n* (Journ, Pol) cita *f* corta (*que suena bien en los titulares*)

soundboard /'saʊndbɔːrd || 'saʊndbɔːd/ *n* ▸**sounding board 2, sounding board 3**

sound box *n* (Mus) caja *f* de resonancia

sound card *n* tarjeta *f* de sonido

sounding /'saʊndɪŋ/ *n* [u c] **1** (test of opinion) sondeo *m*; **to make** *o* **take a ~** hacer* *or* llevar a cabo un sondeo **2** (Naut) sondeo *m*

-sounding /,saʊndɪŋ/ *suff*: **pleasant~** de sonido agradable; **a foreign~ name** un nombre que suena (*or* sonó *etc*) extranjero

sounding board *n* **1** (for ideas) caja *f* de resonancia **2** (over platform, stage) tornavoz *m* **3** (on instrument) tabla *f* armónica resonante, secreto *m*

soundless /'saʊndləs || 'saʊndlɪs/ *adj* (liter) ‹*cry/scream*› sordo; **she moved her lips in ~ agony** movió los labios en muda agonía (liter); **the ~ tread of the intruder** el paso quedo del intruso (liter)

soundlessly /'saʊndləsli || 'saʊndlɪsli/ *adv* quedamente (liter), silenciosamente

soundly /'saʊndli/ *adv*

A **1** (deeply) ‹*sleep*› profundamente **2** (thoroughly): **she was ~ scolded/spanked** se llevó una buena regañina/paliza

B (solidly, validly) sólidamente; **a ~ reasoned case for privatization** una sólida argumentación a favor de la privatización

sound mixer *n* (equipment) mezclador *m* de sonido; (person) mezclador, -dora *m,f* de sonido

soundness /'saʊndnəs || 'saʊndnɪs/ *n* [u] **1** (of ship, timber) buen estado *m*; (of economy, currency) solidez *f*; **thanks to the ~ of his constitution** gracias a su fortaleza **2** (of argument) solidez *f*; (of advice) sensatez *f*

soundproof[1] /'saʊndpruːf/ *adj* insonorizado, con aislamiento acústico

soundproof[2] *vt* insonorizar*

soundproofing /'saʊndpruːfɪŋ/ *n* [u] insonorización *f*, aislamiento *m* acústico

sound system *n* equipo *m* de sonido

soundtrack /'saʊndtræk/ *n* banda *f* sonora

soup /suːp/ *n* sopa *f*; **clear ~** caldo *m*, consomé *m*; **~ of the day** sopa del día; ***from ~ to nuts*** (AmE) de cabo a rabo; ***in the ~*** (colloq) en un brete (fam), en la olla (Méx fam); (*before n*): **~ plate** plato *m* sopero *or* hondo *or* de sopa; **~ spoon** cuchara *f* sopera *or* de sopa; **~ tureen** sopera *f*

(Phrasal verb)

- **soup up** [v + o + adv, v + adv + o] (colloq) ‹*engine/car*› trucar* (fam)

soupçon /suːp'səʊn || 'suːpsɒn/ *n* (of pepper, saffron) pizca *f*; (of cream, whiskey) gotita *f*; (of irony, sarcasm) pizca *f*, dejo *m*

souped-up /'suːpdʌp/ *adj* (colloq) **1** (Auto) ‹*engine/car*› trucado (fam) **2** (improved): **this film is a ~ reworking of his first one** esta película es un refrito de su primer filme

soup kitchen *n* comedor *m* de beneficencia, olla *f* popular *or* común

sour[1] /saʊr || 'saʊə(r)/ *adj* **sourer, sourest** **1** (sharp, acid) ‹*fruit/wine*› ácido, agrio; ‹*soil*› ácido **2** (spoiled) ‹*milk*› agrio, cortado; **to go** *o* **turn ~** ‹‹*milk*›› cortarse, agriarse; ‹‹*relationship/plan*›› estropearse, echarse a perder; **the job/marriage had begun to go ~ on her** el trabajo/su matrimonio había empezado a decepcionarla **3** (bad-tempered, disagreeable) ‹*comment/disposition*› agrio, avinagrado; ‹*face*› avinagrado, de vinagre

sour[2] *vt* **1** ‹*milk*› agriar **2** ‹*relationship/occasion*› amargar*; ‹*attitude*› agriar

■ **sour** *vi* **1** ‹‹*milk/cream*›› agriarse, cortarse **2** ‹‹*person/disposition*›› avinagrarse

source /sɔːrs || sɔːs/ *n*

A **1** (origin, supply) fuente *f*; **my only ~ of income** mi única fuente de ingresos; **the ~ of infection** el foco de la infección; **to trace a problem to its ~** encontrar* el origen *or* la raíz de un problema; **tax will be deducted at ~** los impuestos se descontarán directamente del sueldo; (*before n*): **the ~ materials/documents** las fuentes; **~ language** lengua *f* de origen **2** (of river) nacimiento *m*

B (providing information) **1** (person) (journ) fuente *f*; **police/government/reliable ~s** fuentes policiales/gubernamentales/fidedignas **2** (text, document) fuente *f*

source code *n* [u] código *m* fuente

source program *n* programa *m* fuente

sour cream, (BrE also) **soured cream** /saʊrd/ *n* [u] crema *f or* (Esp tb) nata *f* agria

sourdough /'saʊrdəʊ || 'saʊədəʊ/ *n* [u] (AmE) masa *f* fermentada (*para hacer pan*)

sour-faced /,saʊr'feɪst || ,saʊə'feɪst/ *adj* (colloq) con cara avinagrada *or* de pocos amigos (fam)

sourly /'saʊrli || 'saʊəli/ *adv* agriamente

sourness /'saʊrnəs || 'saʊənɪs/ *n* [u] **1** (of fruit, wine) acidez *f*; (of milk) sabor *m* agrio; (of soil) acidez *f* **2** (bitterness) amargura *f*, resentimiento *m*

sourpuss /'saʊrpʊs || 'saʊəpʊs/ *n* (colloq) amargado, -da *m,f*

sousaphone /'suːzəfəʊn/ *n*: *gran tuba circular*

souse /saʊs/ *vt* **1** (marinade) marinar, macerar; **~d herrings** ≈ arenques en escabeche; ***to be ~d*** (sl & dated) estar* como una cuba (fam) **2** (drench) **to ~ sth (IN sth)** empapar algo EN algo; **the salad was ~d in oil** la ensalada nadaba en aceite; **to ~ sb WITH sth** empapar a algn CON algo

soutane /suː'tɑːn/ *n* sotana *f*

south[1] /saʊθ/ *n* [u]

A **1** (point of the compass, direction) sur *m*; **the ~, the S~** el sur, el Sur; **it lies to the ~ of the city** está al sur de la ciudad; **the wind is blowing from** *o* **is in the ~** el viento sopla *or* viene del sur *or* del Sur; **the house faces the ~** la casa da *or* mira al sur; **~ by east** sur cuarta al sudeste *or* sureste; **~-~east** sursudeste; **~-~west** sursudoeste **2** (region): **the ~, the S~** el sur; **a town in the ~ of Texas** una ciudad del sur *or* en el sur de Texas

B **the South** (in US history) el Sur, los estados sudistas

C **South** (in bridge) Sur *m*

south[2] *adj* (*before n*) ‹*wall/face*› sur *adj inv*, meridional; ‹*wind*› del sur

south[3] *adv* al sur; **the house faces ~** la casa da *or* mira al sur; **he headed ~** se dirigió hacia el sur; **~ OF sth** al sur DE algo; **it is ~ of New York** está al sur de Nueva York; **down ~: they**

live down ~ viven en el sur; **let's go down** ~ vayamos al sur

South Africa ➡▭ *n* Sudáfrica *f*, Suráfrica *f*

South African[1] *adj* sudafricano, surafricano

South African[2] *n* sudafricano, -na *m,f*, surafricano, -na *m,f*

South America *n* América *f* del Sur *or* del Sud, Sudamérica *f*, Suramérica *f*

South American[1] *adj* sudamericano, suramericano

South American[2] *n* sudamericano, -na *m,f*, suramericano, -na *m,f*

southbound /ˈsaʊθbaʊnd/ *adj* ‹*traffic/train*› que va (*or* iba *etc*) hacia el sur *or* en dirección sur

southeast[1], **Southeast** /ˌsaʊθˈiːst/ *n* [u]: **the** ~ 1 (direction) el sudeste *or* Sudeste, el sureste *or* Sureste 2 (region) el sudeste, el sureste

southeast[2] *adj* sudeste *adj inv*, sureste *adj inv*, del sudeste *or* sureste, sudoriental

southeast[3] *adv* hacia el sudeste *or* sureste, en dirección sudeste *or* sureste

southeasterly[1] /ˌsaʊθˈiːstərli ‖ ˌsaʊθˈiːstəli/ *adj* ‹*wind*› del sudeste *or* sureste

southeasterly[2] *n* (*pl* **-lies**) viento *m* del sudeste, sureste *m*

southeastern /ˌsaʊθˈiːstərn ‖ ˌsaʊθˈiːstən/ *adj* sudeste *adj inv*, sureste *adj inv*, del sudeste *or* sureste, sudoriental

southeastward[1] /ˌsaʊθˈiːstwərd ‖ ˌsaʊθˈiːstwəd/ (BrE) **southeastwards** /-z/ *adj* dirección sudeste *or* sureste

southeastward[2], (BrE) **southeastwards** *adv* hacia el sudeste *or* sureste

southerly[1] /ˈsʌðərli ‖ ˈsʌðəli/ *adj* ‹*wind*› del sur; ‹*latitude*› sur *adj inv*; **in a** ~ **direction** hacia el sur, en dirección sur

southerly[2] *n* (*pl* **-lies**) viento *m* del sur

southern /ˈsʌðərn ‖ ˈsʌðən/ *adj* ‹*region*› del sur, meridional, sur *adj inv*; ‹*country*› del sur, meridional; **the** ~ **areas of the country** las zonas sur *or* del sur *or* meridionales del país; **floods over** ~ **Italy** inundaciones en el sur de Italia; **the** ~ **states** (in US) los estados del sur; ~ **Europe** Europa *f* meridional, el Sur de Europa; **the S**~ **Hemisphere** el hemisferio austral *or* sur; **the** ~ **lights** la aurora austral

Southern Cone *n*: **the** ~ ~ el Cono Sur

Southern Cross *n*: **the** ~ ~ la Cruz del Sur

Southerner, southerner /ˈsʌðərnər ‖ ˈsʌðənə(r)/ *n* sureño, -ña *m,f*; **the** ~**s** los del sur del país (*or* de la región *etc*), los sureños, los meridionales

southern-fried /ˌsʌðərnˈfraɪd ‖ ˌsʌðənˈfraɪd/ *adj* (AmE) frito, (rebozado) con harina, huevo y pan rallado

southernmost /ˈsʌðərnməʊst ‖ ˈsʌðənməʊst/ *adj* (*before n*) ‹*town/island*› más meridional; **the** ~ **point of the country** el extremo sur del país; **the** ~ **city in the world** la ciudad más austral del mundo

south-facing /ˈsaʊθˈfeɪsɪŋ/ *adj* ‹*room/wall*› orientado al sur; ‹*window*› que da al sur; ‹*slope/bank*› sur

South Korea *n* Corea *f* del Sur

South Ossetia /ɑːˈsiːʃə ‖ ɒˈsiːʃə/ *n* (Geog) Osetia *f* del sur

southpaw /ˈsaʊθpɔː/ *n* (colloq) zurdo, -da *m,f*

South Sea Islands *pl n*: **the** ~ ~ ~ las islas del Pacífico Sur

South Seas *pl n*: **the** ~ ~ los mares del (hemisferio) Sur

South Vietnam *n* (Hist) Vietnam *m* del Sur

southward[1] /ˈsaʊθwərd ‖ ˈsaʊθwəd/, **southwardly** /-li/ *adj* (*before n*): **in a** ~ **direction** hacia el sur, en dirección sur

southward[2], (BrE also) **southwards** /-z/ *adv* hacia el sur; ~ **OF sth** al sur DE algo

southwest[1], **Southwest** /ˌsaʊθˈwest/ *n* [u]: **the** ~ 1 (direction) el sudoeste *or* Sudoeste, el suroeste *or* Suroeste 2 (region) el sudoeste *or* suroeste

southwest[2] *adj* sudoeste *adj inv*, suroeste *adj inv*, del sudoeste *or* suroeste

southwest[3] *adv* hacia el sudoeste *or* suroeste, en dirección sudoeste *or* suroeste

southwesterly[1] /ˌsaʊθˈwestərli ‖ ˌsaʊθˈwestəli/ *adj* ‹*wind*› del sudoeste *or* suroeste

southwesterly[2] *n* (*pl* **-lies**) viento *m* del sudoeste *or* suroeste

southwestern /ˌsaʊθˈwestərn ‖ ˌsaʊθˈwestən/ *adj* sudoccidental, sudoeste *adj inv*, suroeste *adj inv*, del sudoeste *or* suroeste

southwestward[1] /ˌsaʊθˈwestwərd ‖ ˌsaʊθˈwestwəd/ (BrE) **southwestwards** /-z/ *adj* dirección sudoeste *or* suroeste

southwestward[2], (BrE) **southwestwards** *adv* hacia el sudoeste *or* suroeste

souvenir /ˈsuːvənɪr ‖ ˌsuːvəˈnɪə(r)/ *n* ~ (**OF sth**) recuerdo *m or* souvenir *m* (DE algo); **I kept the menu as a** ~ guardé el menú de recuerdo; (*before n*): ~ **shop** tienda *f* de recuerdos

sou'wester /saʊˈwestər ‖ saʊˈwestə(r)/ *n* 1 (Clothing) sueste *m* 2 (Meteo) garbino *m*

sovereign[1] /ˈsɑːvrən ‖ ˈsɒvrɪn/ *n*

A (monarch) soberano, -na *m,f*

B (coin) soberano *m*, libra *f* (de oro)

sovereign[2] *adj* soberano

sovereign debt *n* (Fin) deuda *f* soberana

sovereignty /ˈsɑːvrənti ‖ ˈsɒvrənti/ *n* [u] 1 (control, rule) dominio *m*, soberanía *f* 2 (autonomy) soberanía *f*

Soviet[1] /ˈsəʊviet, ˈsɑːviət ‖ ˈsəʊviət/ *adj* (Hist) soviético; ~ **Russia** la Unión Soviética

Soviet[2] *n* (Hist) 1 (person) jerarca *m* soviético 2 **soviet** (council) soviet *m*

Sovietologist /ˌsəʊviəˈtɑːlədʒəst ‖ ˌsəʊviəˈtɒlədʒɪst/ *n* sovietólogo, -ga *m,f*

Soviet Union *n* (Hist): **the** ~ ~ la Unión Soviética

sow[1] /səʊ/ (*past* **sowed**; *past p* **sowed** *or* **sown**) *vt* 1 (Agr, Hort) ‹*seeds/barley/field*› sembrar*; **to** ~ **a field with wheat** sembrar* un campo de trigo; **to** ~ **(the seeds of) discord/hatred** sembrar* la discordia/el odio; **to** ~ **(the seeds of) doubt in sb's mind** sembrar* (la semilla de) la duda en algn 2 ‹*mines*› plantar, poner*; **to** ~ **a field with mines** sembrar* un campo de minas

■ **sow** *vi* sembrar*; ***as you*** ~, ***so shall you reap*** (Bib) lo que siembres cosecharás

sow[2] /saʊ/ *n*

A (Agr, Zool) cerda *f*, puerca *f*

B (Metall) 1 (channel) canal *m* 2 (block of iron) galápago *m*

sower /ˈsəʊər ‖ ˈsəʊə(r)/ *n* 1 (person) sembrador, -dora *m,f* 2 (machine) sembradora *f*

sown /səʊn/ *past p of* **sow**[1]

sox /sɑːks ‖ sɒks/ (AmE colloq) *pl of* **sock**[1]

soy /sɔɪ/ (BrE) **soya** /ˈsɔɪə/ *n* [u] soya *f* (AmL), soja *f* (Esp)

soy bean, (BrE) **soya bean** *n* soya *f* (AmL), soja *f* (Esp)

soy milk, (BrE) **soya milk** *n* [u] leche *f* de soya *or* (Esp) soja

soy oil, (BrE) **soya oil** *n* [u] aceite *m* de soya *or* (Esp) soja

soy sauce, (BrE) **soya sauce** *n* [u] salsa *f* de soya *or* (Esp) soja

sozzled /ˈsɑːzəld ‖ ˈsɒzəld/ *adj* (BrE colloq) (*pred*): **to be** ~ estar* mamado (fam); **to get** ~ mamarse (fam)

SP *n* = **starting price**

spa /spɑː/ *n* 1 (resort) balneario *m*; (with hot springs) termas *fpl*, balneario *m* 2 (spring) manantial *m* (*de agua mineral*) 3 (health club) (AmE) gimnasio *m* 4 (hot tub) (AmE) *bañera comunitaria utilizada como método de relax*

space[1] /speɪs/ *n*

A [u] 1 (Phys) espacio *m*; **time and** ~ tiempo y espacio; **to stare into** ~ mirar al vacío; **he sat staring into** ~ estaba sentado mirando al vacío, estaba sentado con la mirada perdida 2 (Aerosp) espacio *m*; **the conquest of** ~ la conquista del espacio; (*before n*) ‹*station/program/vehicle*› espacial; ~ **helmet/suit** casco *m* /traje *m* espacial; ~ **exploration** exploración *f* espacial; ~ **flight** (journey) viaje *m* espacial; (travel) viajes *mpl* espaciales; ~ **industry** [u] industria *f* espacial; ~ **invaders** (Games) marcianitos *mpl*; ~ **platform** plataforma *f* espacial, estación *f* espacial; ~ **science** ciencia *f* espacial; ~ **scientist** científico, -ca *m,f* espacial; ~ **shot** lanzamiento *m* de un vehículo espacial; ~ **telescope** telescopio *m* espacial

B 1 [u] (room) espacio *m*, sitio *m*, lugar *m*; **leave some** ~ **for dessert** deja un lugarcito para el postre; **to take up** ~ ocupar espacio; **advertising** ~ espacio publicitario 2 [c] (empty area) espacio *m*; **wide open** ~**s** amplios espacios abiertos; **in a confined** ~ en un espacio restringido; **fill in the** ~**s with the answers** escriba las respuestas en los espacios en blanco; **is there a** ~ **for this in the case?** ¿cabe esto en la maleta?, ¿hay lugar para esto en la maleta?; **a parking** ~ un sitio *or* lugar para estacionar *or* (Esp) aparcar; **watch this** ~ **for further developments** los mantendremos informados; **let's clear a** ~ **for it first** hagámosle (un) sitio primero 3 [u] (for individual self-expression) espacio *m* vital

C (of time) (*no pl*) espacio *m*; **within a short** ~ **of time** en un breve espacio de tiempo, en un breve lapso; **in the** ~ **of one hour** en el espacio *or* lapso de una hora

D [c] (Print) espacio *m*; (*before n*): ~ **bar** espaciador *m*

space[2] *vt* ~ **(out)** espaciar; ~ **the words/letters evenly** espacie las palabras/las letras uniformemente; ***to be*** ~***d out*** (colloq) estar* drogado, estar* volado *or* colocado (Esp fam), estar* hasta atrás (Méx fam)

-space /speɪs/, **-spaced** /speɪst/ *suff*: **double**~ a doble espacio

space-age /ˈspeɪseɪdʒ/ *adj* ‹*technology*› futurista, espacial

space age *n*: **the** ~ ~ la era espacial

space cadet *n*

A (trainee astronaut) cadete *mf* espacial

B (drug user) (colloq) drogadicto, -ta *m,f*, pichicatero, -ra *m,f* (CS, Per)

space capsule *n* cápsula *f* espacial

spacecraft /ˈspeɪskræft ‖ ˈspeɪskrɑːft/ *n* (*pl* ~) nave *f* espacial

spaced-out /ˌspeɪsdˈaʊt/ *adj* (colloq) (on drugs) drogado, pacheco (Méx arg), colocado (Esp fam); **I always feel a bit** ~ **after I've slept for too long** siempre me siento como un zombi cuando he dormido mucho

space heater *n* (AmE) calentador *m*

spaceman /ˈspeɪsmæn/ *n* (*pl* **-men** /-men/) astronauta *m*, cosmonauta *m*

space probe *n* sonda *f* espacial

space race *n* (Hist): **the** ~ ~ la carrera espacial

space sales *n* venta *f* de espacio publicitario

space-saving /ˈspeɪsˌseɪvɪŋ/ *adj* ‹*device/equipment*› que ocupa poco espacio, que economiza espacio

spaceship /ˈspeɪsʃɪp/ *n* nave *f* espacial, astronave *f*

space shuttle *n* lanzadera *f or* transbordador *m* espacial

space-time /ˈspeɪsˈtaɪm/ *n* [u] espacio-tiempo *m*; (*before n*) ‹*continuum/coordinates*› espacio-temporal

space travel *n* viajes *mpl* por el espacio

space-walk /ˈspeɪswɔːk/ *vi* pasear por el espacio

space walk *n* paseo *m* espacial

space woman /ˈspeɪsˌwʊmən/ *n* (*pl* **women**) astronauta *f*, cosmonauta *f*

spacey /ˈspeɪsi/ *adj* **spacier, spaciest** (AmE colloq) en babia (fam)

spacing /ˈspeɪsɪŋ/ *n* [u] (Print) espaciado *m*; **in** *o* **with double** ~ a doble espacio

spacious /ˈspeɪʃəs/ *adj* ‹*house/room*› amplio, espacioso; ‹*park*› grande, extenso

➡▭ *ver* Variedades del inglés

spade /speɪd/ *n*
A (tool) pala *f*; ***to call a ~ a ~*** llamar al pan, pan y al vino, vino, llamar a las cosas por su nombre
B 1 (card) pica *f* 2 **spades** *pl* (suit) (+ *sing or pl vb*) picas *fpl*; **~s are** *o* **is trumps** triunfan picas; ***in ~s*** (AmE colloq): **you have our support, in ~s** te apoyamos cien por ciento; **we'll have trouble in ~s if this gets back to the boss** vamos a tener problemas en cantidad *or* (Esp tb) a punta pala si se entera el jefe (fam)
C (offensive & dated) (black man) negro *m*; (black woman) negra *f*

spadeful /'speɪdfʊl/ *n* palada *f*; **by the ~** a montones (fam)

spadework /'speɪdwɜːrk || 'speɪdwɜːk/ *n* [u] trabajo *m* preparatorio

spag bog /spæg'bɑːg || spæg'bɒg/, **spag bol** /spæg'bɑːl || spæg'bɒl/ *n* (BrE colloq) (Culin) espaguetis *mpl* a la boloñesa

spaghetti /spə'geti/ *n* [u] espaguetis *mpl*, spaghetti *mpl*; (*before n*): **~ Bolognese** espaguetis *mpl* a la boloñesa

spaghetti western *n* spaghetti western *m*

Spain /speɪn/ *n* España *f*

spake /speɪk/ (arch) *past of* **speak**

spam[1] /spæm/ *n* [u]
A (Comput) (colloq) spam *m*, correo *m* basura, correo *m* masivo no solicitado
B (meat product) ▸ **Spam**

spam[2] *vt* (colloq) enviarle spam *or* correo basura a

Spam® /spæm/ *n* [u]: *fiambre enlatado hecho con carne de cerdo*

spammer /'spæmər || 'spæmə(r)/ *n* (colloq) persona *f* que envía spam *or* correo basura

spamming /'spæmɪŋ/ *n* [u] (colloq) envío *m* de spam *or* correo basura

span[1] /spæn/ *n*
A 1 (full extent — of hand) palmo *m*; (— of wing) envergadura *f*; (— of bridge, arch) luz *f* 2 (part of bridge) arco *m* 3 (of time) lapso *m*, espacio *m*, período *m* 4 (range): **at this age children have a short attention ~** a esta edad los niños no pueden mantener la atención por períodos prolongados; **the whole ~ of American history** la historia americana en toda su extensión; ▸ **life span**
B (of horses) tronco *m*; (of oxen) yunta *f*

span[2] *vt* **-nn-** 1 (extend over) abarcar*; **a career that ~ned 60 years** una carrera que abarcó 60 años *or* que se extendió a lo largo de 60 años; **a story ~ning four generations** una historia que transcurre a lo largo de cuatro generaciones *or* que abarca cuatro generaciones 2 (cross): **the bridge that ~s the Tagus** el puente que se extiende sobre el Tajo *or* que cruza el Tajo; **to ~ a river with a bridge** tender* un puente sobre un río

span[3] (arch) *past of* **spin**[2]

spangle /'spæŋgəl/ *n* (Clothing) lentejuela *f*; **~s of light** destellos *mpl* de luz

spangled /'spæŋgəld/ *adj* (Clothing) con lentejuelas; **to be ~ WITH sth: the sky was ~ with stars** (liter) el cielo estaba tachonado de estrellas (liter); **a meadow ~ with flowers** (liter) un prado salpicado de flores (liter)

Spanglish /'spæŋglɪʃ/ *n* [u] (hum) espanglés *m* (hum)

Spaniard /'spænjərd || 'spænjəd/ *n* español, -ñola *m,f*

spaniel /'spænjəl/ *n* spaniel *m*

Spanish[1] /'spænɪʃ/ *adj* español; (Ling) castellano, español

Spanish[2] *n* 1 [u] (language) castellano *m*, español *m* 2 (people) (+ *pl vb*): **the ~** los españoles; (Hispanics) los hispanos

Spanish America *n* Hispanoamérica *f*

Spanish American[1] *adj* hispanoamericano

Spanish American[2] *n* hispanoamericano, -na *m,f*

Spanish guitar *n* guitarra *f* española *or* clásica

Spanish Main *n*: **the ~ ~** la cuenca del Caribe

Spanish omelette *n* tortilla *f* de papas *or* (Esp) patatas, tortilla *f* española

Spanish-speaking /'spænɪʃ,spiːkɪŋ/ *adj* hispanoparlante, hispanohablante

spank /'spæŋk/ *vt* pegarle* a, darle* unas palmadas a (*en las nalgas*); **she ~ed me** me pegó, me dio una paliza *or* zurra; **I'll ~ your bottom!** ¡mira que te voy a dar unas palmadas en el trasero! (fam)

spanking[1] /'spæŋkɪŋ/ *n* paliza *f*, zurra *f* (*en las nalgas*); **he deserves a good ~** se merece (que le den) una buena paliza *or* zurra

spanking[2] *adj* (dated) (*usu before n*) ‹*pace*› rápido, brioso; **a ~ breeze** una brisa fuerte

spanking[3] *adv* (dated) (*as intensifier*): **~ new** flamante, nuevísimo; **~ clean** limpísimo; **to have a ~ good time** divertirse* en grande (fam), pasarlo bomba (fam)

spanner /'spænər || 'spænə(r)/ *n* BrE (*adjustable ~*) llave *f* inglesa; (*box ~*) llave *f* de tubo; (*plug ~*) llave *f* de bujías; ***to throw a ~ in the works*** (BrE) fastidiarlo todo

spar[1] /spɑːr || spɑː(r)/ *n*
A [c] (Naut) palo *m*
B [u] (Min) espato *m*

spar[2] *vi* **-rr-** 1 (in boxing) entrenarse 2 (argue) discutir

spare[1] /sper || speə(r)/ *adj*
A 1 (not in use) de más; **have you got a ~ umbrella you could lend me?** ¿tienes un paraguas de más que me puedas prestar?; **have you got any ~ paper** *o* (BrE also) **any paper ~?** ¿tienes un poco de papel que no te haga falta?; **there's a ~ seat in the bus** sobra un asiento *or* queda un asiento libre en el autobús; **there was not an ounce of ~ flesh on him** no le sobraba ni un gramo de grasa; ***to go ~*** (BrE colloq) (become distraught) enloquecerse*, volverse* loco; (lit: be available) sobrar; **there are two tickets going ~ for tonight's performance** sobran dos entradas para la función de esta noche 2 (in case of need) (*before n*) ‹*key/cartridge*› de repuesto; **take a ~ change of clothes, just in case** llévate una muda de más, por si acaso 3 (free) libre; **in my ~ moments** en mis ratos libres; **if you've got a ~ minute** si tienes un minuto (libre); *see also* **spare time**
B (liter) 1 (lean) ‹*person/build*› enjuto (liter), cenceño (liter) 2 (austere) sobrio

spare[2] *n*
A 1 (reserve): **I'll take a ~ just in case** llevaré uno de repuesto por si acaso; **I'm always losing my key; I think I'll have a ~ made** siempre estoy perdiendo la llave, creo que haré un duplicado para tener de repuesto 2 **spares** *pl* (spare parts) (BrE) repuestos *mpl or* (Méx) refacciones *fpl*
B (in bowling) semipleno *m*

spare[3] *vt*
A 1 (do without): **can you ~ your dictionary for a moment?** ¿me permites el diccionario un momento, si no lo necesitas?; **we'd like to help you out, but we can't ~ the staff** nos gustaría ayudarlos, pero no podemos prescindir del personal; **if you can ~ the time** si tienes *or* dispones de tiempo 2 (give) **to ~ (sb) sth: can you ~ me a pound?** ¿tienes una libra que me prestes/des?; **can you ~ me a few minutes?** ¿tienes unos minutos?; **he ~d us an hour from his busy schedule** nos concedió *or* dedicó una hora de su apretado programa; **to ~ a thought for sb** pensar* un momento en algn 3 **to spare** (*as adj*): **there's food to ~** hay comida de sobra; **have you got a few minutes to ~?** ¿tienes unos minutos?; **we arrived at the station with half an hour/seconds to ~** llegamos a la estación con media hora de anticipación/con el tiempo justo; **is there enough? — yes, enough and to ~** ¿hay suficiente? — sí, basta y sobra
B 1 (keep from using, stint) (*usu neg*): **to ~ no effort** no escatimar *or* ahorrar esfuerzos; **to ~ no expense** no reparar en gastos; **a no-expense-~d production** una producción a lo grande *or* por todo lo alto 2 (save, relieve) **to ~ sb sth** ‹*trouble/embarrassment*› ahorrarle algo A algn, evitarle algo A algn; **I'm only trying to ~ you the bother of having to do it again** sólo estoy tratando de ahorrarte la molestia de tener que hacerlo de nuevo; **~ me the details/sarcasm** ahórrate los detalles/el sarcasmo 3 (show mercy, consideration toward) perdonar; **to ~ sb's life** perdonarle la vida a algn; **not to ~ oneself** ser* muy exigente consigo mismo; **the epidemic ~d no one** la epidemia no perdonó a nadie; **to ~ sb's feelings** no herir* los sentimientos de algn

spare part *n* repuesto *m or* (Méx) refacción *f*

spare-part surgery /,sper'pɑːrt || ,speə'pɑːt/ *n* [u] (colloq) cirujía *f* de transplantes

sparerib /'sperrɪb || 'speərɪb/ *n* costilla *f* (*con poca carne*)

spare room *n* cuarto *m* de huéspedes *or* (Esp) de los invitados *or* (Chi) de los alojados

spare time *n* [u] tiempo *m* libre; **in my ~ ~** en mi tiempo libre, en mis ratos libres; (*before n*): **spare-time activities** actividades *fpl* recreativas

spare tire, (BrE) **spare tyre** *n* 1 (Auto) rueda *f* de repuesto *or* (Esp tb) de recambio, llanta *f* de refacción (Méx), auxiliar *f* (RPl) 2 (fat around waist) (colloq) michelines *mpl* (fam), llanta *f* (fam), rollo *m*

spare wheel *n* (BrE) ▸ **spare tire 1**

sparing /'sperɪŋ || 'speərɪŋ/ *adj* moderado; **a ~ use of additives/foreign words** un uso restringido *or* moderado de aditivos/extranjerismos; **be a bit ~ with the sugar, we have very little left** no derroches azúcar *or* trata de economizar azúcar, que nos queda muy poca; **he's certainly ~ with his money** (euph) ése sí que mira el dinero (euf); **to be ~ of praise** (liter) ser* parco en alabanzas, escatimar elogios

sparingly /'sperɪŋli || 'speərɪŋli/ *adv* ‹*eat*› con moderación, frugalmente; ‹*use*› con moderación, en pequeñas cantidades

spark[1] /spɑːrk || spɑːk/ *n*
A 1 [c] (from fire, flint) chispa *f*; **it was the ~ which rekindled my love for her** fue la chispa que volvió a encender mi amor por ella; ***to make ~s fly*** armar una bronca (fam); **~s will fly when he finds out** la que se va a armar cuando se entere (fam) 2 [c] (Elec) chispa *f* 3 (Auto): **the ~** el encendido, la chispa
B 1 [u] (liveliness) chispa *f*; **she's lost some of her ~** ya no tiene la chispa *or* la gracia de antes 2 [c] (trace) pizca *f*; **if you had a ~ of decency/intelligence about you** si tuvieras una pizca de decencia/inteligencia

spark[2] *vt* (BrE also) **spark off** hacer* estallar, desencadenar, desatar; ‹*interest*› suscitar, despertar*; ‹*criticism*› provocar*
■ **spark** *vi* «*fire*» chisporrotear, echar chispas, chispear; «*electrode/spark plug*» echar *or* despedir* chispas

sparking plug /'spɑːrkɪŋ || 'spɑːkɪŋ/ *n* (BrE) ▸ **spark plug**

sparkle[1] /'spɑːrkəl || 'spɑːkəl/ *vi* 1 (shine) «*gem/glass*» centellear, destellar, brillar; «*eyes*» brillar; **their eyes ~d with happiness** los ojos les brillaban de alegría 2 (be lively) «*party*» estar* muy animado; «*conversation*» ser* chispeante

sparkle[2] *n* 1 (*no pl*) (of gem, glass) destello *m*, brillo *m*; (of eyes) brillo *m* 2 [u] (animation) chispa *f*, brillo *m*

sparkler /'spɑːrklər || 'spɑːklə(r)/ *n* 1 (firework) luz *f* de Bengala, bengala *f* 2 (diamond) (colloq & dated) brillante *m*

sparkling /'spɑːrklɪŋ || 'spɑːklɪŋ/ *adj* 1 (shining) ‹*gems/stars*› centelleante, brillante; ‹*eyes*› chispeante, brillante 2 (lively) ‹*wit/conversation*› chispeante 3 (effervescent) ‹*wine*› espumoso *or* (CS) espumante; **~ water** agua *f*‡ mineral con gas

spark plug *n* bujía *f*, chispero *m* (AmC)

sparks /spɑːrks || spɑːks/ *n* (sl) (+ *sing vb*) 1 (radio operator) radiotelegrafista *mf* 2 (electrician) electricista *mf*

sparring-partner /'spɑːrɪŋ,pɑːrtnər || 'spɑːrɪŋ,pɑːtnə(r)/ *n* 1 (Sport) sparring *m* 2 (in argument) antagonista *mf*, contrincante *mf*; **they were old ~s** eran viejos antagonistas

S

sparrow /'spærəʊ/ *n* gorrión *m*

sparrowhawk /'spærəuhɔ:k/ *n* gavilán *m*

sparse /spɑ:rs || spɑ:s/ *adj* ‹*population/vegetation*› escaso, poco denso; ‹*furniture*› escaso; ‹*beard/hair*› ralo

sparsely /'spɑ:rsli || 'spɑ:sli/ *adv*: **the area was ~ populated** la zona estaba escasamente *or* muy poco poblada, la zona tenía baja densidad de población; **the room is ~ furnished** la habitación tiene pocos *or* escasos muebles

sparseness /'spɑ:rsnəs || 'spɑ:snɪs/ *n* [u] (of vegetation, population) lo poco denso; (of furnishings) escasez *f*

Sparta /'spɑ:rtə || 'spɑ:tə/ *n* Esparta *f*

Spartan[1] /'spɑ:rtn || 'spɑ:tn/ *adj* [1] (of, from Sparta) espartano [2] *also* **spartan** espartano, austero

Spartan[2] *n* espartano, -na *m,f*

spasm /'spæzəm/ *n* [1] (Med) espasmo *m*; **to go into ~** contraerse* espasmódicamente [2] (sudden burst) ataque *m*, acceso *m*; **a ~ of coughing/pain** un ataque *or* acceso de tos/dolor; **~s of laughter** ataques *or* accesos de risa; **in a ~ of rage/enthusiasm** en un arrebato de ira/entusiasmo; **in ~s** a rachas, por momentos

spasmodic /spæz'mɑ:dɪk || spæz'mɒdɪk/ *adj* [1] ‹*growth/activity*› irregular, discontinuo [2] (Med) ‹*pain/jerks/cough*› espasmódico

spasmodically /spæz'mɑ:dɪkli || spæz'mɒdɪkli/ *adv* de manera irregular *or* discontinua, a rachas

spasmolytic /ˌspæzmə'lɪtɪk/ *adj* ‹*agent/action*› espasmolítico

spastic[1] /'spæstɪk/ *adj* [1] (Med) espástico [2] (incompetent, pathetic) (sl) tarado (fam)

spastic[2] *n* [1] (person with cerebral palsy) espástico, -ca *m,f* [2] (clumsy, incompetent person) (sl) tarado, -da *m,f* (mental) (fam)

spat[1] /spæt/ *n*
A (quarrel) (colloq) rencilla *f*, discusión *f*
B (Zool) hueva *f* de ostra
C **spats** *pl* (Clothing) polainas *fpl*

spat[2] *past & past p of* **spit**[2]

spate /speɪt/ *n* (of orders, letters, inquiries) avalancha *f*, aluvión *m*, torrente *m*; (of robberies, accidents) racha *f*, serie *f*; ***to be in (full)* ~** (BrE) «*river*» estar* crecido

spatial /'speɪʃəl/ *adj* (*before n*) espacial, del espacio

spatter[1] /'spætər || 'spætə(r)/ *vt* ‹*mud/paint/blood*› salpicar*; **it exploded and ~ed oil over us** explotó y nos salpicó de aceite; **a passing truck ~ed mud onto my dress** un camión que pasaba me salpicó el vestido de barro; **to ~ sth/sb WITH sth** salpicar* algo/a algn DE algo; **the wall was ~ed with blood** la pared estaba salpicada de sangre
■ **spatter** *vi* «*mud/paint/blood*» salpicar*

spatter[2] *n* [1] (stain) salpicadura *f*, manchita *f* [2] (small amount) (*no pl*): **it's only a ~ of rain** son sólo unas gotitas *or* chispas; **a ~ of applause** algunos aplausos aislados

spattering /'spætərɪŋ/ *n* ▸**spatter**[2] **2**

spatula /'spætʃələ || 'spætjʊlə/ *n* [1] (Culin) (for turning, serving) pala *f* (de servir); (for scraping out bowls) espátula *f* [2] (Pharm, Med) espátula *f*

spawn[1] /spɔ:n/ *n* [u] [1] (of fish) hueva(s) *f(pl)*; (of frogs) huevos *mpl* [2] (human) (liter & pej) prole *f* [3] (Bot) micelio *m*

spawn[2] *vt* (journ) generar, producir*
■ **spawn** *vi* «*frogs/fish*» desovar

spawning ground /'spɔ:nɪŋ/ *n* [1] (Zool) lugar *m* de desove [2] (breeding place) semillero *m*; **a ~ ~ for crime** un semillero de delincuentes

spay /speɪ/ *vt* ‹*cat/bitch*› esterilizar* (*extirpando los ovarios*)

spaza /'spɑ:zɑ:/ *n* (SAfr) (Busn) *pequeña tienda informal, a veces situada en la casa del dueño*

SPCA *n* (in US) (= **Society for the Prevention of Cruelty to Animals**) ≈ Asociación *f* protectora de animales

SPCC *n* (in US) (= **Society for the Prevention of Cruelty to Children**) ≈ Asociación *f* de proteccíon a la infancia

speak /spi:k/ (*past* **spoke** *or* (arch) **spake**; *past p* **spoken**) *vi*
A [1] (say sth) hablar; **sorry, did you ~?** perdón ¿dijiste algo? *or* ¿me hablaste?; **to ~ TO** *o* (esp AmE) **WITH sb** hablar CON algn, hablarle A algn; **could I ~ to** *o* **with you for a moment?** ¿puedo hablar contigo un momento?, ¿puedo hablarte un momento?; **wake up Mark, ~ to me!** ¡Mark despierta, di algo!; **he doesn't ~ to me** no me habla, no me dirige la palabra; **they are not ~ing (to each other)** no se hablan, no se dirigen la palabra; **I don't know her to ~ to** sólo la conozco de vista; **I'll have to ~ to her about her behavior** tendré que hablar con ella acerca de su comportamiento, tendré que llamarle la atención sobre su comportamiento; **I've often heard her ~ about it** a menudo la he oído hablar de eso; **to ~ OF sth/sb/-ING** hablar DE algo/algn/+ INF; **people still ~ of him with enormous respect** aún hoy la gente habla de él con mucho respeto; **you spoke once of making way for someone younger** una vez mencionaste la idea *or* hablaste de dejarle el camino libre a alguien más joven; **you never spoke of this to anyone?** ¿nunca hablaste de esto con nadie?, ¿nunca le mencionaste esto a nadie?; **his face spoke of terrible suffering** su rostro tenía la huella de enormes sufrimientos; **the meeting is on Friday, ~ing of which ...** la reunión es el viernes, y a propósito ...; **they don't have much money to ~ of** no tienen mucho dinero, que digamos; **to ~ well/ill of sb** hablar bien/mal de algn; **~ing personally, I think ...** personalmente, creo que ...; **~ing as a parent/teacher, I think ...** como padre/maestro, creo que ..., en mi calidad de padre/maestro, creo que ...; **roughly/generally ~ing** en términos generales; **he's not, strictly ~ing, a member** no es, en realidad, socio, no es un socio en el sentido estricto de la palabra; **legally/morally ~ing** desde el punto de vista legal/moral; **so to ~** por así decirlo [2] (on telephone): **hello, accounts department, Jones ~ing** buenos días, contaduría, Jones al habla; **hello, Barbara Mason ~ing, could you ...** buenas tardes, habla *or* (Esp tb) soy Barbara Mason ¿podría ... ?; **could I ~ to Mrs Hodges, please? — ~ing!** ¿podría hablar con la Sra. Hodges, por favor? — con ella (habla); **who's ~ing, please?** (to caller) ¿de parte de quien?; (to person answering a call) ¿con quién hablo?
B (make speech) hablar; **then the chairman spoke** luego habló el presidente, luego hizo uso de la palabra el presidente (frml); **he spoke for two hours** habló durante dos horas; **the delegate rose to ~** el delegado se levantó para hacer uso de la palabra (frml); **I'm a bit worried about ~ing in public** la idea de hablar en público me pone un poco nerviosa; **to ~ ON** *o* **ABOUT sth** hablar ACERCA DE *or* SOBRE algo; **she spoke for** *o* **in favor of/against capital punishment** habló a favor/en contra de la pena de muerte
C (address) **to ~ TO sb/sth** dirigirse* A algn/algo; **lines that ~ to the heart** líneas que apelan a los sentimientos
■ **speak** *vt* [1] (say, declare): **nobody spoke a word** nadie dijo nada, nadie abrió la boca (fam); **to ~ one's lines** decir* *or* recitar su (*or* mi etc) parlamento; **to ~ one's mind** *o* **thoughts** hablar claro *or* con franqueza; **to ~ the truth** decir* la verdad [2] ‹*language*› hablar; **do you ~ English?** ¿habla inglés?; ⓢ **English spoken** se habla inglés

Phrasal verbs

• **speak for**
A [v + prep + o] hablar por; **I think I ~ for all of us when I say that ...** creo que hablo por todos *or* en nombre de todos al decir que ...; **we'd love to meet him — ~ for yourself!** nos encantaría conocerlo — ¡eso lo dirás por ti! *or* ¡a mí no me incluyas!; **I can't ~ for the others, but I ...** no sé los demás, pero yo ...; **the facts ~ for themselves** los hechos son elocuentes
B **to be spoken for** (engaged) (dated *or* hum) estar* comprometido; (reserved) estar* reservado

• **speak out** [v + adv]: **I decided it was time to ~ out** resolví que había llegado el momento de expresar mi opinión (*or* declarar mi postura *etc*); **to ~ out FOR/AGAINST sth**: **he spoke out against corruption** denunció la corrupción existente; **she spoke out for the strikers** defendió a los huelguistas

• **speak up** [v + adv] [1] (speak loudly, clearly) hablar más fuerte *or* más alto [2] (speak boldly) decir* lo que se piensa; **to ~ up FOR sb** defender* a algn; **to ~ up FOR sth** hablar A FAVOR DE algo

-speak /spi:k/ *suff* (hum): **official~/commentator~** jerga *f* oficial/de los comentaristas

speakeasy /'spi:kˌi:zi/ *n* (*pl* **-easies**) (in US) bar *m* clandestino

speaker /'spi:kər || 'spi:kə(r)/ *n*
A [1] (person who speaks): **all eyes turned to the ~** todas las miradas se volvieron hacia quien hablaba [2] (in public) orador, -dora *m,f*; **he's a good ~** es muy buen orador [3] (of language) hablante *mf*; **a native ~ of Spanish, a Spanish native ~** un hablante nativo de español, un hispanohablante [4] (Govt) presidente, -ta *m,f*; **Mr S~** Señor Presidente; **Madam S~** Señora Presidente
B (Audio) [1] (loudspeaker) altavoz *m*, (alto)parlante *m* (AmS) [2] (of hi-fi) baf(f)le *m*, parlante *m* (AmS)

> **Speaker**
>
> La persona que preside los debates en la Cámara de los Comunes ▸**House of Commons.** Decide quién tiene la palabra en cada debate y en general hace que se acaten las normas establecidas y se guarde el orden. Es elegida por los parlamentarios ▸**MP - Member of Parliament** de todos los partidos políticos a los que debe dar un trato equitativo durante las sesiones.

> **Speaker of the House**
>
> En EEUU, es la persona encargada de presidir la mayoría de las actividades de la Cámara de Representantes ▸**House of Representatives.** Es responsable de mantener el orden durante los debates, de nombrar a los miembros de los comités y de remitirles los proyectos de ley. Es elegida por el partido mayoritario dentro de la Cámara, partido del cual es uno de sus dirigentes. Es la persona que sigue al Vicepresidente en la sucesión a la presidencia.

speakerphone /'spi:kərfəʊn || 'spi:kəfəʊn/ *n* (AmE) teléfono *m* de manos libres

> **Speakers' Corner**
>
> Situado en la esquina noreste del Hyde Park en Londres, es el lugar donde, desde el siglo diecinueve, la gente pronuncia discursos sobre cualquier tema de su elección. El contenido de éstos muchas veces da origen a discusiones con los miembros del público.

speaking[1] /'spi:kɪŋ/ *n* [u] oratoria *f*

speaking[2] *adj* (*before n*) [1] (involving speech): **a good ~ voice** una voz muy clara (*or* potente *etc*); **a ~ part** (Theat) un papel hablado; **to be on ~ terms with sb** estar* en buenas relaciones con algn; **he's not on ~ terms with his brother** no se habla con el hermano, está peleado con el hermano [2] (expressive, striking) (liter): **a ~ look** una mirada expresiva *or* elocuente; **a ~ likeness** un gran parecido

-speaking /ˌspi:kɪŋ/ *suff* -hablante, -parlante; **Spanish~** hispanohablante, hispanoparlante; **Catalan~** catalanohablante, catalanoparlante; **French~** francófono; **German~** hablante de alemán

speaking clock *n* (BrE) servicio *m* grabado de información horaria, hora *f* oficial

spear[1] /spɪr || 'spɪə(r)/ *n*
A [1] (weapon) lanza *f* [2] (for fishing) arpón *m*
B (of grass) brizna *f*; **asparagus ~s** espárragos *mpl*

spear[2] *vt* ‹*fish*› arponear; **I ~ed the meat with my fork** pinché la carne con el tenedor; **he was ~ed to death** lo mataron atravesándolo con una lanza

speargun /ˈspɪrgʌn || ˈspɪəgʌn/ *n* arpón *m* (submarino)

spearhead¹ /ˈspɪrhed || ˈspɪəhed/ *n* 1 (of spear) punta *f* de lanza 2 (leading troops) vanguardia *f* 3 (of attack, campaign etc) punta *f* de lanza; **the ~ of the revolution** la punta de lanza de la revolución

spearhead² *vt* 1 (Mil) encabezar* 2 (take leading role in) (journ) encabezar*, ser* la punta de lanza de

spearmint /ˈspɪrmɪnt || ˈspɪəmɪnt/ *n* [u] menta *f* verde

spec /spek/ *n*: **on ~** (colloq) por si las moscas (fam), por si acaso; **I called on ~** la llamé por si acaso (estuviera) *or* (fam) por si las moscas

special¹ /ˈspeʃəl/ *adj* 1 (exceptional) (*before n*) ‹*favor/treatment/request*› especial; **a ~ offer** una oferta especial; **a ~ price** un precio especial *or* de ocasión; **I wear this dress only on ~ occasions** me pongo este vestido sólo en ocasiones especiales 2 (for specific purpose) (*before n*) ‹*arrangements/instructions/fund*› especial; **~ powers** (Govt) poderes *mpl* extraordinarios; **a ~ diet** una dieta especial; **a ~ edition** una edición *or* un número especial; **a ~ feature** (Journ) un artículo *or* una nota especial; (of product) una característica especial; **our ~ correspondent** nuestro enviado especial 3 (particular, individual) especial, particular; **I have no ~ reason for asking** no tengo ningún motivo en especial *or* en particular para preguntar; **my ~ interest is medieval poetry** me interesa especialmente *or* en especial *or* en particular la poesía medieval; **each contestant is tested on his ~ subject** se examina a cada concursante en el tema de su especialidad; **children with ~ needs** (Educ) niños que requieren una atención diferenciada; **have you anybody ~ in mind?** ¿se te ocurre alguien en especial *or* en particular *or* en concreto?; **what are you doing tonight? — nothing ~** ¿qué haces esta noche? — nada en especial *or* en particular 4 (better than ordinary): **today is a very ~ day for me** hoy es un día muy especial para mí; **a very ~ friend** un amigo muy querido; **please take ~ care of him** te pido encarecidamente que lo atiendas muy bien; **she's a very ~ person** es una persona extraordinaria; **he makes me feel ~** me hace sentir muy apreciada; **what's so ~ about Steve?** ¿qué tiene Steve de especial?

special² *n*

A (train) tren *m* especial

B **~ (constable)** (in UK) *civil que en determinadas situaciones cumple tareas de policía*

C (broadcast) programa *m* especial

D (Journ) número *m* extraordinario

E 1 (Culin) plato *m* especial; **the chef's ~** especialidad *f* del día 2 (special offer) oferta *f* especial; **on ~** (AmE) de *or* en oferta

special agent *n* agente *mf* especial

Special Branch *n* (in UK) *departamento policial encargado de velar por la seguridad del Estado*

special delivery *n* [u] correo *m* exprés *or* expreso

special education *n* [u] educación *f or* pedagogía *f* especial *or* diferencial

special effects *pl n* efectos *mpl* especiales

special envoy *n* enviado, -da *m,f* especial

Special Forces *pl n* Fuerzas *fpl* Especiales

special interest group *n* (AmE) grupo *m* de presión

special interest holiday *n* vacaciones *fpl* temáticas

specialism /ˈspeʃəlɪzəm/ *n* (frml) especialidad *f*, especialización *f*

specialist /ˈspeʃələst || ˈspeʃəlɪst/ *n* 1 (expert) especialista *mf*; (*before n*) ‹*knowledge/dictionary/shop*› especializado 2 (Med) especialista *mf*; **you should go and see a ~** tendrías que consultar a un especialista; **heart ~** especialista *mf* de corazón, cardiólogo, -ga *m,f*

speciality /ˌspeʃiˈæləti/ *n* (*pl* **-ties**) (BrE) ▸**specialty¹**

specialization /ˌspeʃələˈzeɪʃən || ˌspeʃəlaɪˈzeɪʃən/ *n* 1 [u] (specializing) **~ (IN sth)** especialización *f* (EN algo) 2 [c] (special subject) especialidad *f*, especialización *f*

specialize /ˈspeʃəlaɪz/ *vi* **to ~ (IN sth)** especializarse* (EN algo)

specialized /ˈspeʃəlaɪzd/ *adj* especializado; **~ knowledge** conocimientos *mpl* especializados

special licence *n* (BrE) *dispensa para contraer matrimonio sin cumplir algún requisito legal*

specially /ˈspeʃəli/ *adv* 1 (specifically) especialmente, expresamente; **I bought it ~ for you** lo compré especialmente *or* expresamente para ti 2 (for special purpose) especialmente, expresamente; **music composed ~ for the occasion** música compuesta especialmente *or* expresamente para la ocasión 3 (especially) ‹*long/difficult*› particularmente; **why did you choose that one ~?** ¿por qué escogió ése precisamente *or* en particular?

special measures *pl n* (BrE) (Educ) *medidas especiales impuestas por las autoridades educacionales a un colegio a fin de que éste asegure su viabilidad mejorando su enseñanza, sus recursos e instalaciones*

special needs /niːdz/ *pl n* (Educ) educación *f* especial, educación *f* diferencial; (*before n*): **~ ~ school** escuela *f or* colegio *m* de educación especial *or* diferencial

special pleading *n* [u] argucias *fpl*

special school *n* escuela *f or* colegio *m* de educación especial *or* diferencial

specialty¹ /ˈspeʃəlti/ *n* (*pl* **-ties**) (AmE)

A 1 (special interest, skill) especialidad *f* 2 (product) especialidad *f*; **chef's ~** especialidad *f* del día; **lace is a ~ of the region** el encaje es una de las artesanías típicas de la región

B **specialties** *pl* (sundries): **advertising specialties** artículos *mpl* publicitarios; **party specialties** artículos *mpl* de cotillón

specialty² *adj* (AmE) (*before n: no comp*) especializado

specie /ˈspiːʃiː/ *n* [u] (Fin) monedas *fpl*; **in ~** en monedas

species /ˈspiːʃiːz/ *n* (*pl* ~) (Biol) especie *f*; **protected ~** especie protegida; **an endangered ~** una especie en vías de extinción

specific¹ /spəˈsɪfɪk/ *adj*

A 1 (particular, individual) específico; **this happened in one ~ case** esto ocurrió en un caso específico *or* en un caso en particular; **give ~ examples** dé ejemplos concretos; **have you a ~ reason for asking?** ¿me preguntas por algún motivo en particular *or* en especial?; **~ TO sth/sb** específico *or* propio DE algo/algn; **these problems are not ~ to one region** estos problemas no son específicos *or* propios de una sola región 2 (explicit, unambiguous) explícito, preciso 3 (exact, precise) preciso; **at two fifteen, to be more ~** a las dos y cuarto, para ser más preciso

B (Med) ‹*disease/remedy*› específico

C (Biol) ‹*name/difference*› de la especie, específico

specific² *n*

A (Pharm) específico *m*

B **specifics** *pl* (details) detalles *mpl*; **let's get down to ~s** pasemos a los detalles

specifically /spəˈsɪfɪkli/ *adv* 1 (explicitly) ‹*state/mention*› explícitamente, expresamente 2 (specially, particularly) específicamente, expresamente; **the houses were built ~ with disabled people in mind** las viviendas fueron construidas específicamente *or* expresamente para discapacitados 3 (more precisely) en concreto, concretamente; **certain colleagues, ~ Jones and Brown, have expressed their misgivings** algunos colegas han expresado sus dudas, concretamente *or* en concreto los señores Jones y Brown

specification /ˌspesəfəˈkeɪʃən || ˌspesɪfɪˈkeɪʃən/ *n*

A [u] (act of specifying) especificación *f*

B (*often pl*) 1 (detailed plan) especificación *f*; **the ~s for the new machinery** las especificaciones para la nueva maquinaria 2 (requirement) especificación *f*; **furniture made to your own ~(s)** muebles hechos según sus especificaciones 3 (condition) requisito *m*

specific gravity *n* peso *m* específico

specify /ˈspesəfaɪ || ˈspesɪfaɪ/ **-fies, -fying, -fied** *vt* 1 (state exactly) especificar*; **he didn't ~ a particular time** no especificó *or* no precisó la hora; **they didn't ~ exactly what they wanted** no especificaron exactamente qué querían; **answer all questions, unless otherwise specified** conteste todas las preguntas, a menos que se especifique *or* se indique lo contrario 2 (stipulate, lay down) especificar*; **the architect specified stone** el arquitecto especificó que se usara piedra; **the contract specifies a month's notice** el contrato especifica *or* estipula un mes de preaviso; **the regulations ~ that uniforms must be worn** el reglamento especifica *or* establece que se debe llevar uniforme

■ **specify** *vi*: **I'm not sure when they're starting: they didn't ~** no sé cuándo van a empezar, no lo especificaron *or* no dieron una fecha concreta

specimen /ˈspesəmən || ˈspesɪmən/ *n* 1 (sample — of rock, plant, tissue) muestra *f*, espécimen *m*; (— of blood, urine) muestra *f*; (— of work, handwriting) muestra *f*; (*before n*) de muestra; **~ copy** ejemplar *m* de muestra; **~ signature** espécimen *m* de firma 2 (individual item, example) ejemplar *m*, espécimen *m*; **the healthiest ~s are chosen for export** se escogen los ejemplares *or* especímenes más sanos para la exportación 3 (person) (hum) espécimen *m* (hum); **he's a strange ~** es un bicho raro (fam)

specious /ˈspiːʃəs/ *adj* (frml) especioso (frml), engañoso

speck¹ /spek/ *n* 1 (spot, stain) manchita *f*; **I watched them until they were ~s in the sky** me quedé mirándolos hasta que no eran más que unos puntos en el cielo 2 (particle, tiny bit) mota *f*; **a ~ of dust/soot** una mota de polvo/hollín; **the wool has ~s of red and blue in it** la lana tiene motitas *or* pintitas rojas y azules 3 (trace) pizca *f*; **add just a ~ of sugar/milk** agregue una pizca de azúcar/una gota de leche; **there's not a ~ of truth in the rumor** no hay ni pizca de verdad en el rumor

speck² *vt* (*usu pass*): **the blanket was ~ed with blood** la manta estaba salpicada de sangre, la manta tenía manchitas de sangre; **his beard is ~ed with gray** tiene la barba entrecana

speckle¹ /ˈspekəl/ *n* motita *f*, pintita *f*; **the plumage is brown with black ~s** el plumaje es marrón con motitas *or* pintitas negras

speckle² *vt* (*usu pass*) motear; **it's gray ~d with green** es gris moteado de verde; **a ~d hen** una gallina pinta *or* (RPl) bataraza

specs /speks/ *pl n*

A (specifications) (colloq) especificaciones *fpl*

B (spectacles) (colloq & dated) ▸**spectacle B**

spectacle /ˈspektɪkəl || ˈspektəkəl/ *n*

A 1 (public show) espectáculo *m*; ***to make a ~ of oneself*** dar* un *or* el espectáculo (fam), poner* en ridículo 2 (sight) espectáculo *m*; **a sad ~** un triste espectáculo

B **spectacles** *pl* gafas *fpl*, anteojos *mpl* (esp AmL), lentes *mpl* (esp AmL); **a pair of ~s** un par de gafas (*or* anteojos *etc*), unas gafas (*or* unos anteojos *etc*)

spectacle case *n* (BrE) estuche *m* de gafas (*or* anteojos *etc*)

spectacled /ˈspektɪkəld || ˈspektəkəld/ *adj* 1 (wearing spectacles) (esp BrE) con *or* de gafas (*or* anteojos *etc*) 2 (Zool) *con pelaje característico alrededor de los ojos*

spectacular¹ /spekˈtækjələr || spekˈtækjʊlə(r)/ *adj* ‹*scenery/display*› espectacular, impresionante; ‹*success/result/change*› espectacular; **a ~ fall** una caída espectacular

spectacular² *n* programa *m* especial

spectacularly /spekˈtækjələrli || spekˈtækjʊləli/ *adv* ‹*increase/improve*› de modo *or* de forma espectacular, espectacularmente; **the coast is ~ beautiful** la costa es de una belleza espectacular *or* impresionante; **it's been a ~ bad week for the government** ha sido una semana realmente atroz para el gobierno

spectate /ˈspekteɪt || spekˈteɪt/ *vi* (colloq) mirar; **I'm only going to ~** sólo voy a mirar, sólo voy de espectador

spectator /ˈspekteɪtər || spekˈteɪtə(r)/ *n* espectador, -dora *m,f*; **the ball landed among the**

S

~**s** la pelota cayó entre los espectadores *or* entre el público; (*before n*): ~ **sport** deporte *m* espectáculo

specter, (BrE) **spectre** /'spektər || 'spektə(r)/ *n* 1 (ghost) (liter) espectro *m* 2 (disturbing prospect) fantasma *m*, espectro *m*; **the ~ of famine has been raised once again** el fantasma *or* el espectro de la hambruna amenaza una vez más

spectra /'spektrə/ *pl of* **spectrum**

spectral /'spektrəl/ *adj*
A (ghostly) (liter) ‹*glow/voice/figure*› espectral
B (of the spectrum) (Phys) espectral; **a ~ color** un color del espectro solar *or* del iris, un color elemental

spectre /'spektər || 'spektə(r)/ *n* (BrE) ▸ **specter**

spectrometer /spek'trɑːmətər || spek 'trɒmɪtə(r)/ *n* espectrómetro *m*

spectrometry /spek'trɑːmətri || spek 'trɒmətri/ *n* espectrometría *f*

spectroscope /'spektrəskəʊp/ *n* espectroscopio *m*

spectroscopic /ˌspektrə'skɑːpɪk || ˌspektrə 'skɒpɪk/ *adj* espectroscópico

spectroscopy /spek'trɑːskəpi || spek 'trɒskəpi/ *n* [u] espectroscopia *f*

spectrum /'spektrəm/ *n* (*pl* **-tra**)
A 1 (Opt) espectro *m* 2 (Phys) espectro *m*; **the electromagnetic/ultraviolet ~** el espectro electromagnético/ultravioleta
B (range) espectro *m*, gama *f*; **a broad ~ of people** un amplio espectro *or* una amplia gama de gente; **the political ~** el espectro político; **a whole ~ of opinion** todo un espectro *or* toda una gama de opiniones; **at the other end of the ~** al otro extremo del espectro

spectrum analysis *n* análisis *m* espectral

specula /'spekjələ || 'spekjʊlə/ *pl of* **speculum**

speculate /'spekjəleɪt || 'spekjʊleɪt/ *vi*
A (Fin) especular; **to ~ in gold** especular en *or* con oro; **to ~ on the stock market** jugar* a la bolsa
B (guess, conjecture) **to ~ (ON *o* ABOUT sth)** hacer* conjeturas *or* especular (SOBRE algo)

speculation /ˌspekjə'leɪʃən || ˌspekjʊ'leɪʃən/ *n* [u c]
A (Fin) especulación *f*; **~ in copper/on the stock market** especulación en *or* con cobre/en la bolsa; **to buy sth as a ~** comprar algo para especular; **property ~** especulación en *or* con bienes raíces
B (reflection, conjecture) especulación *f*; **there has been ~ about a merger** se ha especulado sobre la posibilidad de una fusión; **that's pure ~** es pura especulación, son sólo conjeturas *or* suposiciones; **there is mounting ~ about it** se intensifican las especulaciones al respecto

speculative /'spekjələtɪv || 'spekjʊlətɪv/ *adj*
A (Fin) ‹*venture/purchase/sale*› especulativo
B (theoretical) ‹*ideas/conclusions*› especulativo; **~ philosophy** filosofía *f* especulativa; **all this is purely ~** todo esto es meramente especulativo, éstas no son más que conjecturas

speculator /'spekjəleɪtər || 'spekjʊleɪtə(r)/ *n* (Fin) especulador, -dora *m,f*; **a property ~** un especulador en bienes raíces

speculum /'spekjələm || 'spekjʊləm/ *n* (*pl* **-lums** *or* **-la**) espéculo *m*

sped /sped/ *past & past p of* **speed²**

speech /spiːtʃ/ *n*
A 1 [u] (act) habla *f*‡; **we communicate through ~** nos comunicamos mediante el habla; **freedom of ~** libertad *f* de expresión *or* de palabra 2 [u] (faculty) habla *f*‡; **to recover one's ~** recuperar el habla; **to lose the power of ~** perder* el habla; (*before n*): **~ defect** defecto *m* del habla *or* de pronunciación; **~ impediment** impedimento *m* del habla 3 [u] (manner of speaking) forma *f* de hablar 4 [u c] (language, dialect) habla *f*‡; **in casual ~** en el habla coloquial; (*before n*): **a ~ community** una comunidad lingüística
B [c] 1 (oration) discurso *m*, alocución *f* (frml); **the Queen's/King's ~** *discurso pronunciado por el monarca en el que se detallan los planes del Gobierno*; **~! ~!** (hum) ¡que hable! ¡que hable!; **to make** *o* (frml) **deliver a ~ (on** *o* **about sth)** dar* *or* (frml) pronunciar un discurso (sobre *or* acerca de algo) 2 (Theat) parlamento *m*
C (Ling): **direct/indirect** *o* **reported ~** estilo *m or* discurso *m* directo/indirecto

speech act *n* acto *m* de habla

speech balloon, speech bubble *n* ▸ **balloon¹ 3**

speech clinic *n* centro *m* de foniatría, centro *m* de logopedia

speech day *n* (BrE) día *m* de entrega de premios

speechify /'spiːtʃəfaɪ || 'spiːtʃɪfaɪ/ *vi* **-fies, -fying, -fied** (hum & pej) perorar (fam), discursear (fam)

speechless /'spiːtʃləs || 'spiːtʃlɪs/ *adj*: **she was ~ with rage** enmudeció de rabia; **their rudeness left us ~** su grosería nos dejó mudos *or* estupefactos *or* sin habla; **I'm ~!** no sé qué decir; **they gazed at it in ~ wonder** lo miraban estupefactos *or* boquiabiertos

speechmaking /'spiːtʃˌmeɪkɪŋ/ *n* [u] (speeches) discursos *mpl*; **the art of ~** el arte de la oratoria; **I'm not much good at ~** no soy muy buen orador

speech recognition *n* [u] reconocimiento *m* de voz

speech synthesizer *n* sintetizador *m* de voz

speech therapist *n* foniatra *mf*, logopeda *mf*

speech therapy *n* [c u] (*pl* **-pies**) foniatría *f*, logopedia *f*

speech writer *n*: *persona que escribe discursos para políticos etc*

speed¹ /spiːd/ *n*
A 1 [c u] (rate of movement, progress) velocidad *f*; **what ~ were you doing?** ¿a qué velocidad ibas?; **what is its top ~?** ¿cuál es la velocidad máxima (que da)?; **they set off at top/high ~** salieron a toda/alta velocidad, salieron a todo lo que da; **at a ~ of ...** a una velocidad de ...; **if you carry on at this ~ we'll never finish** si sigues a este paso, no vamos a terminar nunca; **the car performs well at high ~** el coche responde muy bien a altas velocidades; **to pick up** *o* **gather ~** cobrar *or* ganar *or* (esp Esp) coger* velocidad; **to lose ~** perder* velocidad; **the ~ of light/sound** la velocidad de la luz/del sonido; ***to be up to ~*** (performing as expected) estar* funcionando como se esperaba; (be fully informed) estar* al tanto; ***to bring sb up to ~*** poner* a algn al tanto 2 (relative quickness) rapidez *f*; **the ~ with which the matter was resolved** la rapidez con la que se resolvió el asunto; **the ~ of the players** la rapidez de los jugadores 3 [c] (in shorthand, typing) velocidad *f*
B [c] (Phot): **film ~** sensibilidad *f* de la película; **shutter ~** tiempo *m* de exposición
C [c] (gear) velocidad *f*, marcha *f*; **a five-~ gearbox** una caja de cambios de cinco marchas *or* velocidades *f*; **a ten-~ bicycle** una bicicleta con diez marchas *or* velocidades
D [u] (amphetamine) (sl) anfetas *fpl* (fam)

speed² *vi* (*past & past p* **sped**) 1 (go, pass quickly) (+ *adv compl*): **the car sped off** *o* **away around the corner** el coche se alejó doblando la esquina a toda velocidad; **he sped by** *o* **past in his new sports car** nos pasó a toda velocidad con su nuevo coche deportivo; **the boats sped over the water** los botes se deslizaban sobre el agua a toda velocidad; **the hours sped by** las horas pasaron volando 2 (*past & past p* **speeded**) (drive too fast) ‹‹*car/motorist*›› ir* a exceso de velocidad; **he was fined for ~ing** lo multaron por exceso de velocidad

■ **speed** *vt* (*past & past p* **speeded**) 1 (hasten) acelerar; **to ~ work/production along** acelerar el trabajo/la producción; **helicopters are being used to ~ supplies to the area** están usando helicópteros para hacer llegar los suministros rápidamente a la zona 2 (*past + past p* **speeded**) **to ~ sb on his/her way** despedir* a algn, desearle feliz viaje a algn 3 (*past & past p* **sped**) (grant success) (arch): **God ~** vaya (usted) con Dios

Phrasal verb

• **speed up** (*past & past p* **speeded**)
A [v + adv] 1 (move faster) ‹‹*vehicle/driver*›› acelerar; ‹‹*walker*›› apretar* el paso 2 ‹‹*process/production*›› acelerarse; **we'll have to ~ up** tendremos que darnos prisa, tendremos que apurarnos (AmL)
B [v + o + adv, v + adv + o] 1 ‹*vehicle*› acelerar 2 ‹*work/production/process*› acelerar; ‹*person*› meterle prisa a, apurar (AmL)

speedball /'spiːdbɔːl/ *n*
A (drug) (colloq) speedball *m*
B (in boxing) punching(-ball) *m*, pera *f*

speedboat /'spiːdbəʊt/ *n* (lancha *f*) motora *f*

speed bump *n* badén *m*, guardia *m* tumbado (Esp), tope *m* (Méx), policía *m* acostado (Col), lomo *m* de burro (RPl), baden *m* (Chi)

speed camera *n* radar *m* (fijo), fotorradar *m* (Chi)

speed dating *n* [u] citas *fpl* rápidas, multicitas *fpl*, speed dating *m*

speed-dial¹ /'spiːdˌdaɪl || 'spiːdˌdaɪəl/ *n* marcado *m* rápido; (*before n*): **~ button/facility** botón *m*/función *f* de marcado rápido

speed-dial² *vi* marcar* mediante la función de marcado rápido

speedily /'spiːdli || 'spiːdɪli/ *adv* rápidamente, rápido, con toda prontitud

speeding offense, (BrE) **speeding offence** /'spiːdɪŋ/ *n* infracción *f* por exceso de velocidad

speed limit *n* velocidad *f* máxima, límite *m* de velocidad; **a 60mph ~ ~** *o* **~ ~ of 60mph** una velocidad máxima *or* un límite de velocidad de 60 millas por hora; **to exceed** *o* **break the ~ ~** sobrepasar la velocidad permitida *or* el límite de velocidad

speed merchant *n* (BrE colloq) corredor, -dora *m,f*

speedo /'spiːdəʊ/ *n* (*pl* **-dos**) (BrE colloq) velocímetro *m*

speedometer /spɪ'dɑːmətər || spiː'dɒmɪtə(r)/ *n* velocímetro *m*, indicador *m* de velocidad

speedreading /'spiːdˌriːdɪŋ/ *n* [u] lectura *f* rápida

speed restriction *n* límite *m* de velocidad

speed skater *n* patinador, -dora *m,f* de velocidad

speed skating *n* [u] patinaje *m* de velocidad

speedster /'spiːdstər || 'spiːdstə(r)/ *n* 1 (fast car, boat) bólido *m* (fam) 2 (reckless driver) conductor, -tora *m,f* imprudente

speed trap *n* control *m* de velocidad (*por radar*)

speed-up /'spiːdʌp/ *n* aceleración *f*, agilización *f*

speedway /'spiːdweɪ/ *n* 1 [u] (sport) carreras *fpl* de motocicletas 2 [c] **~ (track)** pista *f*, circuito *m* 3 [c] (AmE) (Transp) autopista *f*

speedwell /'spiːdwel/ *n* [c u] verónica *f*

Speedwriting® /'spiːdˌraɪtɪŋ/ *n* [u]: *sistema de taquigrafía*

speedy /'spiːdi/ *adj* **-dier, -diest** 1 (prompt) ‹*reply/delivery/decision*› rápido; ‹*solution*› pronto, rápido; **to wish sb a ~ recovery** desearle una pronta mejoría a algn 2 (fast moving, rapid) ‹*journey/progress*› rápido

speleologist /ˌspiːli'ɑːlədʒəst || ˌspiːli 'ɒlədʒɪst/ *n* espeleólogo, -ga *m,f*

speleology /ˌspiːli'ɑːlədʒi || ˌspiːli'ɒlədʒi/ *n* [u] espeleología *f*

spell¹ /spel/ *n* (*magic* ~)
A encanto *m*, hechizo *m*, encantamiento *m*; **evil ~** maleficio *m*; **to cast a ~ over** *o* **to put a ~ on sth/sb** hechizar* *or* embrujar algo/a algn; **to break the ~** romper* el encanto *or* el hechizo; **she was under the ~ of the witch** estaba bajo el hechizo de la bruja; **she is completely under his ~** la tiene totalmente embelesada *or* encandilada; **generations of children have fallen under the ~ of his stories** sus cuentos han fascinado a los niños de varias generaciones

S

B 1 (of weather) período *m*; **a ~ of wet weather** un período de lluvia(s); **we had a very cold ~ last month** el mes pasado tuvimos unos días *or* una racha *or* un período de mucho frío 2 (period of time) período *m*, temporada *f*; **we've had a very busy ~ in the office** hemos tenido un período *or* una temporada de mucho trabajo en la oficina; **after a short ~ in journalism** tras trabajar una breve temporada como periodista; **I was going through a bad ~** estaba pasando por una mala racha; **come and sit down for a ~** (AmE) ven y siéntate un rato; **I'll take a ~ at the wheel now** ahora voy a manejar *or* (Esp) conducir yo un rato, me toca a mí sentarme al volante ahora 3 (Med) (*dizzy ~*) mareo *m*; (*coughing ~*) acceso *m* de tos

spell² (*past & past p* **spelled** *or* BrE also **spelt**) *vt*

A (write) escribir*; (orally) deletrear; **how do you ~ Kazakhstan?** ¿cómo se escribe Kazajstán?; **could you ~ it for me?** ¿me lo deletrea?; **~ 'ridiculous'** deletrea la palabra 'ridiculous'

B (mean) significar*; (foretell) anunciar, augurar; **this measure could ~ the end of the organization** esta medida podría significar el fin de la organización; **rising inflation ~s trouble for the government** la creciente inflación anuncia *or* augura problemas para el gobierno; **it ~ed disaster for the project** resultó nefasto *or* desastroso para el proyecto

■ **spell** *vi*: **he can't ~** tiene mala ortografía, no sabe escribir correctamente; (orally) no sabe deletrear

(Phrasal verb)

• **spell out** [v + o + adv, v + adv + o] 1 ‹*word*› deletrear 2 (explain) explicar* en detalle; **the problem is ~ed out in the letter** el problema está explicado en detalle en la carta; **don't you understand? do I have to ~ it out?** ¿no entiendes? ¿te lo tengo que decir letra por letra?; **she has to have everything ~ed out in detail** hay que explicarle todo letra por letra *or* con lujo de detalles

spellbinding /ˈspel,baɪndɪŋ/ *adj* ‹*speech/film*› fascinante; **as an orator he was absolutely ~** como orador cautivaba al público

spellbound /ˈspelbaʊnd/ *adj* embelesado, maravillado, cautivado; **she held her audience ~** mantuvo al público embelesado *or* cautivado

spell-check *vt* corregir* las faltas de ortografía de

spell check *n* corrector *m* ortográfico

spell checker *n* corrector *m* ortográfico

spell-checking /ˈspel,tʃekɪŋ/ *n* [u] corrección *f* ortográfica

speller /ˈspelər || ˈspelə(r)/ *n* 1 (person): **she/he is a good/poor ~** tiene buena/mala ortografía 2 (book) *glosario de palabras de ortografía difícil*

spelling /ˈspelɪŋ/ *n* 1 [u] (system, ability) ortografía *f*; **to be good/bad at ~** tener* buena/mala ortografía; (*before n*): **~ bee** concurso *m* de ortografía; **~ checker** corrector *m* ortográfico; **~ mistake** falta *f* de ortografía, error *m* ortográfico 2 [c] (of a word) grafía *f*, ortografía *f*; **there are several ~s of this word** esta palabra tiene varias grafías *or* ortografías, esta palabra se escribe de varias maneras

spelling checker *n* ▸ **spell checker**

spelt /spelt/ (BrE) *past & past p of* **spell²**

spelunker /spɪˈlʌŋkər || spɪˈlʌŋkə(r)/ *n* (AmE) espeleólogo, -ga *m,f*

spelunking /spɪˈlʌŋkɪŋ/ *n* [u] (AmE) espeleología *f*

spend /spend/ (*past & past p* **spent**) *vt*

A 1 ‹*money*› gastar; **to ~ sth on sb/sth** gastar algo EN algn/algo; **she doesn't mind ~ing $250 on a pair of shoes** no le importa gastar(se) 250 dólares en un par de zapatos 2 (expend) **to ~ sth (on sth)** dedicarle* algo A algo, invertir* algo EN algo; **they spent a lot of time and energy on the project** le dedicaron mucho tiempo y muchas energías al proyecto, invirtieron mucho tiempo y muchas energías en el proyecto; **she spent two months on that painting** (se) pasó dos meses con ese cuadro, le dedicó dos meses a ese cuadro; **don't ~ too long on each question** no le dediquen mucho tiempo a cada pregunta; **~ your time wisely** emplea bien el tiempo

B (pass) ‹*period of time*› pasar; **where did you ~ Christmas/your vacation?** ¿dónde pasaste la Navidad/tus vacaciones?; **I spent the morning working/shopping** (me) pasé la mañana trabajando/de compras; **I spent five years as a salesman** (me) pasé cinco años trabajando como vendedor

C (exhaust) agotar; **the hurricane had spent its force/itself** el huracán había agotado *or* perdido su fuerza/se había extinguido

■ **spend** *vi* gastar

spender /ˈspendər || ˈspendə(r)/ *n*: **he's a big ~** gasta mucho dinero; **it cost me $2 — the last of the big ~s** (iro) me costó dos dólares — ¡no te vayas a arruinar! (iró)

spending /ˈspendɪŋ/ *n* [u] gastos *mpl*; **I've had to cut back on my ~** he tenido que reducir mis gastos; **public ~ has increased since last year** el gasto público ha aumentado desde el año pasado; **~ ON sth**: **~ on defense** los gastos de defensa; **they promise more ~ on schools and hospitals** prometen invertir más en escuelas y hospitales; (*before n*): **~ cut** recorte *m* presupuestario; **~ limit** límite *m* de gastos; **~ power** poder *m* adquisitivo *or* de compra; **to go on a ~ spree** salir* a gastar dinero; **she went on a mad ~ spree** salió a gastar como loca

spending money *n* [u] 1 (allowance) dinero *m* para gastos personales, asignación *f* 2 (for trip etc): **I'm taking $400 ~ ~** me llevo 400 dólares para mis gastos

spendthrift¹ /ˈspendθrɪft/ *n* despilfarrador, -dora *m,f*, derrochador, -dora *m,f*, gastador, -dora *m,f*, botarate *mf*

spendthrift² *adj* ‹*policies/habits*› de despilfarro *or* derroche; ‹*person/organization*› despilfarrador, derrochador

spent¹ /spent/ *past & past p of* **spend**

spent² *adj* 1 (used) ‹*cartridge/match/ammunition*› usado 2 (exhausted): **as a painter she was ~ at 50** como pintora estaba acabada a los cincuenta; **the storm was ~** la tormenta había perdido *or* agotado su fuerza; **this movement is already a ~ force** este movimiento ya ha entrado en decadencia *or* ya ha perdido su vigor

sperm /spɜːrm || spɜːm/ *n* (*pl* **~** *or* **~s**) 1 [u] (seminal liquid) semen *m*, esperma *m or f*; (*before n*): **~ bank** banco *m* de semen *or* de esperma 2 [c] (gamete) espermatozoide *m*, espermatozoo *m*, espermio *m*; (*before n*): **~ count** cuenta *f* espermática

spermatozoon /spɜːr,mætəˈzəʊɑːn || ,spɜːmətəʊˈzəʊɒn/ *n* (*pl* **-zoa** /-ˈzəʊə/) espermatozoide *m*, espermatozoo *m*

spermicidal /,spɜːrməˈsaɪdl || ,spɜːmɪˈsaɪdl/ *adj* espermicida

spermicide /ˈspɜːrməsaɪd || ˈspɜːmɪsaɪd/ *n* [c u] espermicida *m*, espermaticida *m*

sperm whale *n* cachalote *m*

spew /spjuː/ *vi* 1 ‹‹*water*›› salir* a borbotones; **lava ~ed forth from the volcano** el volcán arrojaba *or* vomitaba lava 2 (vomit) (BrE sl) vomitar, arrojar, lanzar* (fam); **you make me want to ~** me asqueas, me das asco

■ **spew** *vt* ‹*lava*› arrojar, vomitar; ‹*flames*› arrojar; **the chimneys were ~ing (out) clouds of smoke** las chimeneas arrojaban *or* escupían humaredas

SPF *n* **(= sun protection factor)** FPS *m*

sphere /sfɪr || sfɪə(r)/ *n*

A 1 (globe) esfera *f* 2 (Astron, Hist) esfera *f*; **the celestial ~** la bóveda *or* esfera celeste

B (field, circle) esfera *f*, ámbito *m*; **within the ~ of politics** en el ámbito *or* campo político, en la esfera política; **~ of influence** esfera *f* de influencia; **that's outside my ~** eso no es de mi competencia

spherical /ˈsfɪrɪkəl || ˈsferɪkəl/ *adj* esférico

spheroid¹ /ˈsfɪrɔɪd || ˈsfɪərɔɪd/ *n* esferoide *m*

spheroid² *adj* esferoide

sphincter /ˈsfɪŋktər || ˈsfɪŋktə(r)/ *n* esfínter *m*

sphinx /sfɪŋks/ *n* esfinge *f*

Sphinx /sfɪŋks/ *n*: **the ~** la Esfinge; **the riddle of the ~** el enigma de la Esfinge

spic, spik /spɪk/ *n* (AmE sl & offensive) hispano, -na *m,f*

spice¹ /spaɪs/ *n* 1 [c u] (seasoning) especia *f*; **the ~s used in Indian cookery** las especias utilizadas en la cocina india; (*before n*): **~ rack** especiero *m*; **~ trade/islands** comercio *m* /islas *fpl* de las especias 2 [u] (zest, interest) sabor *m*; **to add ~ to a story** hacer* un relato más sabroso; (with sexual connotations) hacer* un relato más picante; ▸ **variety A1**

spice² *vt* 1 (Culin) (*often pass*) condimentar, sazonar*; **I don't like highly ~d food** (seasoned) no me gusta la comida demasiado condimentada; (hot, peppery) no me gusta la comida picante 2 (add excitement to) darle* sabor a; **to ~ up a story** darle* más sabor a un relato; (with sexual connotations) hacer* un relato más picante

spiciness /ˈspaɪsinəs || ˈspaɪsɪnɪs/ *n* [u] 1 (of food, drink) lo sazonado *or* condimentado; (of peppery food) lo picante 2 (of story) lo sabroso; (with sexual connotations) lo picante

spick-and-span /,spɪkənˈspæn/ *adj* (colloq) (*pred*): **she likes to keep her room ~** le gusta tener la habitación limpia y ordenada, le gusta tener la habitación como una tacita de plata (fam); **he's always very ~** siempre anda impecable *or* de punta en blanco

spicy /ˈspaɪsi/ *adj* **-cier, -ciest** 1 ‹*sauce/food*› (highly seasoned) muy condimentado; (with spices) con muchas especias; (hot, peppery) picante 2 (racy) ‹*story/account*› sabroso; (with sexual connotations) picante

spider /ˈspaɪdər || ˈspaɪdə(r)/ *n*

A (Zool) araña *f*; **~** *o* (BrE) **~'s web** telaraña *f*, tela *f* de araña

B (Comput) araña *f*

C (Sport) (rest for a cue) diablo *m*

spider crab *n* centolla *f*, centollo *m*

spider monkey *n* mono *m* araña

spider plant *n* cinta *f*, malamadre *f* (Méx, Ven), lazo *m* de amor (RPl)

spidery /ˈspaɪdəri/ *adj*: **~ handwriting** letra *f* de trazos delgados e inseguros

spiel /spiːl || ʃpiːl, spiːl/ *n* (colloq) perorata *f* (fam), rollo *m* (fam)

spiffing /ˈspɪfɪŋ/ *adj* (BrE colloq & dated) fantástico, sensacional

spigot /ˈspɪgət/ *n* 1 (faucet) (AmE) llave *f or* (Esp) grifo *m or* (RPl) canilla *f or* (Per) caño *m or* (AmC) paja *f* 2 (bung) tapón *m* (*de barril*) 3 (tap on cask) espita *f*

spik *n* ▸ **spic**

spike¹ /spaɪk/ *n*

A 1 (pointed object) punta *f*, púa *f*, pincho *m or* (Arg) pinche *m*; (on track shoes) clavo *m or* (Chi, Ven) púa *f or* (Col) carramplón *m* 2 (Elec Eng, Phys) pico *m* 3 (BrE) (for papers) pinchapapeles *m* 4 **~ (heel)** (AmE) ▸ **stiletto B**

B **spikes** *pl* (running shoes) zapatillas *fpl* de clavos *or* (Chi, Ven) de púas *or* (Col) con carramplones, picos *mpl* (Méx)

C 1 (antler) pitón *m* 2 (Bot) (type of bloom) (inflorescencia *f* de) espiga *f*; (ear of grain) espiga *f*

D (in volleyball) remate *m*, remache *m*

E (sharp increase) aumento *m* brusco; **a ~ in production/demand** un aumento brusco de la producción/demanda

spike² *vt*

A (pierce) pinchar, clavar; **I ~d my hand on those railings** me pinché la mano en esa reja; ▸ **gun¹ A**

B 1 (suppress) ‹*rumor*› silenciar, acallar 2 (BrE) (discard, reject) ‹*article/story*› rechazar*

C (add sth to) (colloq): **my drink was ~d** le echaron algo a mi bebida; **they ~d his lemonade with vodka** le echaron vodka en la limonada; **a comedy ~d with black humor** una comedia salpicada de humor negro

D (Sport) ‹*ball*› (in volleyball) rematar, remachar; (in US football) lanzar* contra el suelo

■ **spike** *vi* aumentar bruscamente

spiked /spaɪkt/ *adj* 1 (having spikes) ‹*helmet/railings*› con puntas *or* púas *or* pinchos 2 (colloq)

S

‹*drink*› *con alcohol o droga o veneno*

spiky /'spaɪki/ *adj* **-kier, -kiest**
A **1** (having spikes) con puntas *or* púas *or* pinchos **2** (sharp, pointed) puntiagudo, picudo, pinchudo, puntudo (Col, CS) **3** ‹*hair*› de punta
B (caustic, sharp) ‹*wit*› mordaz, hiriente, punzante
C (touchy) ‹*person*› (BrE colloq) susceptible, quisquilloso, puntudo (Chi fam)

spill[1] /spɪl/ *vt* (*past & past p* **spilled** *or* **spilt**) ‹*liquid*› derramar, verter*; (knock over) volcar*; **she carried the tea upstairs without ~ing a drop** subió el té sin derramar *or* verter una gota; **don't ~ tea over the tablecloth** no manches el mantel de té, no derrames té sobre el mantel; **to ~ blood** (liter) derramar sangre (liter)

■ **spill** *vi* «*liquid*» derramarse; **the coins ~ed onto the floor** las monedas cayeron al suelo; **people ~ed (out) into the streets** la gente se volcó *or* se echó a las calles

Phrasal verb
• **spill over** [v + adv] «*container*» desbordarse; «*liquid*» rebosar, derramarse; «*fighting/conflict*» extenderse*; **wicker baskets ~ing over with ivy** cestas de mimbre rebosantes de hiedra; **the guests ~ed over onto the terrace** algunos de los invitados pasaron a ocupar la terraza; **this dispute could ~ over into other sectors of industry** este conflicto podría extenderse a otros sectores de la industria; **frustration on both sides ~ed over into scenes of violence** la frustración por ambas partes produjo estallidos de violencia

spill[2] *n*
A (fall) (colloq) caída *f*; **to take a ~** caerse*, sufrir una caída
B (for lighting fires — of wood) astilla *f*; (— of paper) papel *m* enrollado
C ▸**spillage**

spillage /'spɪlɪdʒ/ *n* [u c] vertido *m*, derrame *m*; **there was a ~ of poisonous substances** se vertieron *or* se derramaron sustancias venenosas; **tanker ~ is ruining our beaches** los vertidos de los petroleros están arruinando nuestras playas

spillover /'spɪl,əʊvər || 'spɪl,əʊvə(r)/ *n* [u c]: **the ~ from the urban centers** el excedente de población de los centros urbanos; **there's been a ~ of violence into these suburbs** la violencia se ha extendido a estos barrios; (*before n*) ‹*effect*› indirecto

spillway /'spɪlweɪ/ *n* (canal *m* de) desagüe *m*

spilt /spɪlt/ *past & past p of* **spill**[1]

spim /spɪm/ *n* [u] (colloq) (Comput) spim *m* (*correo basura enviado a través de la mensajería instantánea*); (*before n*): **~ messages** mensajes *mpl* spim

spin[1] /spɪn/ *n*
A **1** (act): **to give sth a ~** hacer* girar algo; **I'll give his new hit a ~ later** (colloq) dentro de un rato les voy a pasar *or* poner *or* (Esp fam) pinchar su último hit **2** [c] (in washing machine): **give the sheets a ~** centrifuga las sábanas; **this load's on its final ~** esta carga está en el último ciclo de centrifugado; (*before n*) ‹*speed/program*› de centrifugado **3** [u] (on ball) (Sport) efecto *m*, chanfle *m* (AmL); **to put ~ on the ball** lanzar* la pelota con efecto, darle* chanfle a la pelota (AmL)
B [c] **1** (of aircraft) barrena *f*, caída *f* en espiral; **to go into a ~** entrar en barrena; ***to be in a (flat) ~*** estar* muy confuso *or* confundido, estar* sin saber qué hacer *or* qué pensar **2** (Auto) trompo *m*; **he went into a ~ on lap 16** sufrió un trompo en la vuelta 16
C [c] (ride) (colloq): **to go for a ~** ir* a dar un paseo *or* una vuelta en coche (*or* en moto *etc*), ir* a dar un garbeo (Esp fam)
D [u] (bias) interpretación *f* favorable (*no imparcial*)

spin[2] *vt* (*pres p* **spinning**; *past* **spun** *or* (arch) **span**; *past p* **spun**)
A **1** (turn) ‹*wheel*› hacer* girar; ‹*top*› hacer* girar *or* bailar; **he spun the coin on the table** hizo girar la moneda (sobre su canto) sobre la mesa **2** ‹*washing*› centrifugar* **3** ‹*ball*› darle* efecto a, darle* chanfle a (AmL)
B **1** ‹*wool/cotton*› hilar **2** ‹*web*› tejer
C **1** ‹*tale/story*› contar*; **he ~s a good tale** sabe contar cuentos **2** (interpret with bias) ‹*news/event*› darle* una sesgo positivo a, sesgar* favorablemente

■ **spin** *vi*
A **1** (rotate) «*wheel*» girar; «*top*» girar, bailar; **the rear wheels spun in the mud** las ruedas de atrás giraban en falso en el barro; **she spun on her heel** giró sobre sus talones; **my head is ~ning** la cabeza me da vueltas **2** «*washing machine*» centrifugar* **3** (move rapidly) (+ *adv compl*) dar* vueltas; **it spun through the air** dio vueltas por el aire; **the glass spun across the table** el vaso fue rodando por la mesa; **the blow sent her ~ning across the room** el golpe la mandó dando tumbos al otro lado de la habitación; **the car spun out of control** el coche sufrió un trompo, el coche empezó a dar vueltas sin control **4** (Aviat) caer* en barrena
B (Tex) hilar

Phrasal verbs
• **spin along** [v + adv] «*vehicle*» rodar
• **spin out**
A [v + o + adv, v + adv + o] ‹*money/salary*› estirar; ‹*meeting/vacation/story*› alargar*, prolongar*
B [v + adv] «*car/driver*» (AmE colloq) dar* un patinazo

spina bifida /,spaɪnə'bɪfədə || ,spaɪnə'bɪfɪdə/ *n* [u] espina *f* bífida

spinach /'spɪnɪtʃ || 'spɪnɪdʒ, -ɪtʃ/ *n* [u] (Bot) espinaca *f*; (Culin) espinaca(s) *f(pl)*

spinal /'spaɪnl/ *adj* de la columna vertebral; **~ anesthesia** anestesia *f* epidural *or* pidural; **he suffered a ~ injury** sufrió una lesión en la columna vertebral; **~ nerve** nervio *m* raquídeo *or* espinal; **~ tap** punción *f* lumbar

spinal column *n* columna *f* vertebral, espina *f* dorsal

spinal cord *n* médula *f* espinal

spindle[1] /'spɪndl/ *n* **1** (Mech Eng) eje *m* **2** (Tex) huso *m* **3** (for papers) (AmE) pinchapapeles *m*

spindle[2] *vt* (AmE) clavar en el pinchapapeles

spindly /'spɪndli/ *adj* **-dlier, -dliest** ‹*legs*› largo y flaco; ‹*person*› larguirucho (fam); ‹*plant*› alto y débil

spin doctor *n* (esp Pol) porta voz *mf* (*contratado para dar a la prensa, TV, etc, una interpretación favorable de los hechos*)

spin drier *n* centrifugadora *f* (*de ropa*)

spindrift /'spɪndrɪft/ *n* [u] espuma *f* (*del mar*)

spin-dry /,spɪn'draɪ/ *vt* **-dries, -drying, -dried** centrifugar*

spin dryer *n* ▸**spin drier**

spine /spaɪn/ *n*
A **1** (Anat) columna *f* (vertebral), espina *f* dorsal; ***to send a chill up*** *o* ***shivers down sb's ~*** producirle* escalofríos a algn; **the very idea sends shivers down my ~** me dan escalofríos *or* (RPl fam) chuchos de frío de sólo pensarlo; **a shiver ran down my ~** un escalofrío me recorrió la espalda **2** (of book) lomo *m*
B (on animal) púa *f*; (on plant) espina *f*

spine-chiller /'spaɪn,tʃɪlər || 'spaɪn,tʃɪlə(r)/ *n* (movie) película *f* espeluznante *or* de terror; (book) libro *m* espeluznante *or* de terror

spine-chilling /'spaɪn,tʃɪlɪŋ/ *adj* espeluznante, escalofriante

spineless /'spaɪnləs || 'spaɪnlɪs/ *adj* **1** (cowardly, weak) débil, sin carácter **2** (Zool) invertebrado

spinet /'spɪnət, spɪ'net || spɪ'net/ *n* espineta *f*

spinnaker /'spɪnəkər || 'spɪnəkə(r)/ *n* spinnaker *m*

spinner /'spɪnər || 'spɪnə(r)/ *n* **1** (Tex) hilandero, -ra *m,f* **2** (drier) centrifugadora *f* **3** (in fishing) cucharilla *f*, chispa *f* (Chi)

spinney /'spɪni/ *n* (*pl* **-neys**) (BrE) bosquecillo *m*, soto *m*

spinning /'spɪnɪŋ/ *n* [u] (Tex) hilado *m*

spinning top *n* trompo *m*, peonza *f*

spinning wheel *n* rueca *f*

spinny /'spɪni/ *adj* (Can colloq) chiflado (fam)

spin-off /'spɪnɔːf || 'spɪnɒf/ *n* (product) producto *m* derivado; (result) resultado *m* indirecto; (*before n*): **~ benefit** beneficio *m* indirecto

spinster /'spɪnstər || 'spɪnstə(r)/ *n* soltera *f*; (pej) solterona *f* (pey)

spiny /'spaɪni/ *adj* **-nier, -niest** ‹*plant*› espinoso; ‹*animal*› con púas

spiracle /'spɪrɪkəl, 'spaɪ- || 'spaɪərəkəl/ *n* (of whale, dolphin) orificio *m or* abertura *f* nasal; (of shark, ray) espiráculo *m*; (of insect) estigma *m*, espiráculo *m*

spiral[1] /'spaɪrəl || 'spaɪərəl/ *n* **1** (shape) espiral *f* **2** (movement) espiral *f*; **inflationary ~** espiral *f* inflacionaria **3** (of smoke) voluta *f*, espiral *f*

spiral[2] *adj* ‹*shape*› de espiral, acaracolado; ‹*descent*› en espiral; **~ staircase** escalera *f* de caracol; **~ notebook** cuaderno *m* de espiral

spiral[3] *vi* BrE **-ll-** **1** (increase) «*unemployment*» escalar; «*prices*» dispararse; **~ing prices** precios *mpl* que se disparan *or* que suben vertiginosamente **2** (move) (+ *adv compl*): **to ~ up/down** subir/bajar en espiral; **the leaf ~ed (down) to the ground** la hoja cayó al suelo describiendo una espiral; **smoke ~ed up from the chimney** volutas de humo salían de la chimenea

spiral-bound /,spaɪrəl'baʊnd || ,spaɪərəl'baʊnd/ *adj* de espiral

spiral galaxy *n* galaxia *f* espiral

spire /spaɪr || 'spaɪə(r)/ *n* aguja *f*, chapitel *m*

spirit[1] /'spɪrət || 'spɪrɪt/ *n*
A **1** [u] (life force, soul) espíritu *m*; **the needs of the ~** las necesidades espirituales *or* del espíritu; **I'll be with you in ~** estaré contigo en espíritu, te tendré presente (en mis pensamientos); **the ~ is willing but the flesh is weak** a pesar de las buenas intenciones, la carne es débil **2** [c] (Occult) espíritu *m*; **evil ~s** espíritus malignos
B [c] (person) persona *f*; **a free ~** una persona a quien no preocupan los convencionalismos; **one of the leading ~s of the age** una de las figuras más destacadas de la época; **they realized they were kindred ~s** se dieron cuenta de que eran almas gemelas
C [u] (vigor, courage) espíritu *m*, temple *m*; **a man of ~** un hombre de mucho espíritu *or* de mucho temple; **this horse/child has plenty of ~** este caballo/esta niña tiene mucho brío; **to break sb's ~** quebrantarle el espíritu a algn; **put some ~ into it** pon más alma *or* más brío en lo que haces; **he tried to put ~ into his team** intentó infundirles ánimo a los jugadores; **they showed their ~ in the hour of defeat** mostraron su entereza *or* temple a la hora de la derrota
D **1** (mental attitude, mood) (*no pl*) espíritu *m*; **the party/Christmas ~** el espíritu festivo/navideño; **team/community ~** espíritu de equipo/de comunidad; **the ~ of the age/times** el espíritu de la época/de los tiempos; **the match was played in a ~ of sportsmanship** el partido se jugó con espíritu deportivo; **in a great ~ of self-sacrifice** con gran espíritu de sacrificio; **that's the ~!** ¡así se hace!, ¡así me gusta!; **he took what I said in the wrong ~** (se) tomó a mal lo que dije; **she entered into the ~ of things** entró en ambiente **2** (deeper meaning): **the ~ of the law** el espíritu de la ley
E **spirits** *pl* (emotional state): **to be in good/bad ~s** estar* animado/abatido, tener* la moral alta/baja; **to be in high ~s** estar* muy animado *or* de muy buen humor; **to be in low ~s** estar* decaído *or* alicaído *or* desanimado; **to keep sb's ~s up** animar a algn, darle* ánimos a algn; **I began to whistle to keep my ~s up** empecé a silbar para darme ánimos; **keep your ~s up** ¡arriba ese ánimo *or* esos ánimos!; **his ~s rose/fell** se animó/se desanimó *or* se desmoralizó; **she failed to raise** *o* **lift their ~s** no pudo levantarles el ánimo *or* la moral, no pudo animarlos
F **spirits** *pl* (alcohol) bebidas *fpl* alcohólicas (*de alta graduación*), licores *mpl*; **I never drink ~s** nunca tomo bebidas fuertes *or* licores
G (Chem) alcohol *m*; **~s of wine** espíritu *m* de vino; (*before n*): **~ burner** mechero *m* de alcohol

spirit[2] *vt*: **to ~ sth away** hacer* desaparecer algo como por arte de magia; **the prisoner**

S

was ~ed away during the night el prisionero desapareció *or* se esfumó durante la noche como por arte de magia; **it's gone, as if it was just ~ed away** desapareció misteriosamente *or* como por arte de magia

spirited /ˈspɪrətəd || ˈspɪrɪtɪd/ *adj* ‹*horse/child*› brioso, lleno de vida; ‹*reply*› enérgico; ‹*defense*› ardiente, vehemente; **a ~ rendition of the national anthem** el himno nacional interpretado con brío; **the team gave a ~ performance** el equipo jugó con garra *or* brío; **the debate was really ~** el debate estuvo de lo más animado

spirit lamp *n* lámpara *f* de alcohol

spiritless /ˈspɪrətləs || ˈspɪrɪtlɪs/ *adj* sin brío *or* garra

spirit level *n* nivel *m* (de burbuja *or* de aire)

spiritual[1] /ˈspɪrɪtʃuəl || ˈspɪrɪtjʊəl/ *adj* **1** (Relig) ‹*life/needs/leader*› espiritual; **the lords ~** (in UK) *obispos de la Iglesia anglicana que ocupan escaños en la Cámara de los Lores* **2** (connected in spirit) ‹*home/heir*› espiritual

spiritual[2] *n* (*negro ~*) espiritual *m* (negro)

spiritualism, Spiritualism /ˈspɪrɪtʃuəlɪzəm || ˈspɪrɪtjʊəlɪzəm/ *n* [u] **1** (Occult) espiritismo *m* **2** (Phil) espiritualismo *m*

spiritualist, Spiritualist /ˈspɪrɪtʃuələst || ˈspɪrɪtjʊəlɪst/ *n* **1** (Occult) espiritista *mf* **2** (Phil) espiritualista *mf*

spirituality /ˌspɪrɪtʃuˈæləti || ˌspɪrɪtjʊˈæləti/ *n* [u] espiritualidad *f*

spiritually /ˈspɪrɪtʃuəli || ˈspɪrɪtjʊəli/ *adv* espiritualmente, desde el punto de vista espiritual

spirituous /ˈspɪrɪtʃuəs || ˈspɪrɪtjʊəs/ *adj* (frml) ‹*liquor/drink*› espirituoso

spit[1] /spɪt/ *n*

A [u] (saliva) saliva *f*; **~ *and polish*** (attention to neatness, appearance) pulcritud *f*; **all that table needs is a bit of ~ and polish** lo que le hace falta a esa mesa es una buena limpieza; ***to be the (dead) ~ of sb*** ser* el vivo retrato de algn, ser* clavado a algn (fam); ▸**image**[1] **C1**

B [c] (for roasting) asador *m* (*en forma de varilla*), espetón *m*, spiedo *m* (CS)

C [c] (of sand) barra *f*, banco *m*; (of land) punta *f*, lengua *f*

D (AmE) *juego de la baraja en el que se canta 'spit' cada vez que aparecen dos cartas iguales*

spit[2] *vi* (*pres p* **spitting**; *past & past p* **spat** *or* AmE esp **spit**) **1** «*person/animal*» escupir; **to ~ IN/ON sth** escupir EN algo; **she spat in his face** le escupió a *or* en la cara; **he spat on the ground** escupió en el suelo; **to ~ AT sb** escupirle A algn; **she spat at him** le escupió; **it's within ~ting distance of here** está a dos pasos *or* a un paso de aquí; **she came within ~ting distance of winning** no ganó por un pelo (fam); ▸**image**[1] **C1** **2** «*fire/fat*» chisporrotear; **the oil was ~ting in the pan** el aceite chisporroteaba en la sartén **3** «*cat*» bufar

■ **spit** *vt* (*past & past p* **spat**)

A ‹*food/blood*› escupir; **the volcano was still ~ting ash and lava** el volcán todavía arrojaba *or* escupía ceniza y lava; **she spat curses and obscenities at the guards** les soltó una sarta de maldiciones y obscenidades a los guardias

B (*past & past p* **spitted**) ‹*meat/carcass*› ensartar en el asador *or* en el espetón *or* (CS) en el spiedo

■ *v impers* ▸**i** **p.1878** (colloq): **it's ~ting (with rain)** caen algunas gotas (de lluvia), está chispeando (fam)

Phrasal verb

- **spit out** [v + o + adv, v + adv + o] ‹*food/drink*› escupir; ‹*insults*› soltar*; **~ *it out!*** (colloq) ¡desembucha! (fam), ¡suéltalo (ya)! (fam)

spitball /ˈspɪtbɔːl/ *n* (AmE) **1** (chewed paper) bola *f* de papel (*usada como proyectil*), bodoque *m* (Col) **2** (in baseball) bola *f* ensalivada

spite[1] /spaɪt/ *n* [u]

A (malice) maldad *f*; (resentment) rencor *m*, resentimiento *m*; **she did it out of** *o* **from sheer ~** lo hizo por pura maldad/por puro rencor *or* resentimiento

B **in spite of** (*as prep*) a pesar de; **in ~ of everything** a pesar de todo, pese a todo, a pesar de los pesares (fam); **in ~ of the fact that ...** a pesar de que ..., pese a que ...; **she did it in ~ of herself** lo hizo a pesar de que no era ésa su intención

spite[2] *vt* molestar, fastidiar; **he only does it to ~ me** lo hace sólo para molestarme *or* (fam) fastidiarme; (stronger) lo hace sólo para herirme *or* mortificarme; **she's only spiting herself by not going to the party** la única que se fastidia no yendo a la fiesta es ella (fam)

spiteful /ˈspaɪtfəl/ *adj* ‹*remark*› malicioso; ‹*person*› malo; (resentful) rencoroso; **it was ~ of you to blame her** fue una maldad echarle la culpa a ella; **don't be so ~ to your brother** no seas tan malo con tu hermano

spitefully /ˈspaɪtfəli/ *adv* (maliciously) con maldad; (resentfully) con rencor, por despecho

spitfire /ˈspɪtfaɪr || ˈspɪtfaɪə(r)/ *n* mujer *f* colérica, fiera *f* (fam)

spit-roast /ˈspɪtˈrəʊst/ *vt* asar con espetón, asar a lo spiedo (CS)

spit roast *n* asado *m* con espetón, asado *m* a lo spiedo (CS)

spittle /ˈspɪtl/ *n* [u] baba *f*

spittoon /spɪˈtuːn/ *n* escupidera *f*

spiv /spɪv/ *n* (BrE sl) vivales *m* (fam), avivado *m* (CS fam)

splash[1] /splæʃ/ *n*

A **1** [c u] (spray) salpicadura *f*; ***to make a ~*** (make an impression) producir* *or* causar un revuelo; (lit: in liquid) salpicar* **2** [c] (sound): **it fell into the lake with a loud ~** cayó ruidosamente al lago, cayó al lago con un sonoro plaf (fam); **we heard a ~** oímos el ruido de algo al caer al agua; **~!** **he fell in** ¡plaf! *or* ¡zas! se cayó al agua **3** (paddle, swim) (*no pl*) chapuzón *m*; **we had a quick ~ (around) in the sea** nos dimos un chapuzón en el mar

B **1** (small quantity) (*no pl*): **a ~** un poco; **just a ~ of orange juice in the vodka** un poco *or* un chorrito de zumo de naranja en el vodka; **a ~ of paint and it'll be as good as new** con un poco de pintura quedará como nuevo **2** [c] (mark, patch) salpicadura *f*, mancha *f*, manchón *m*

C [c] (Journ): **they've done a front-page ~ on it** lo han puesto a toda plana en la primera página

splash[2] *vt*

A (with liquid) salpicar*; **stop ~ing me!** ¡no me salpiques!; **to ~ sth ON/OVER sth/sb** salpicar* algo DE algo; **he ~ed acid on my clothes** me salpicó la ropa de *or* con ácido; **I had mud ~ed all over me by a passing car** un coche que pasó me salpicó toda de barro; **he ~ed cologne on his face** se echó colonia en la cara; **to ~ sth/sb WITH sth** salpicar* algo/a algn DE algo; **the car was ~ed with mud** el coche estaba salpicado de barro; **careful you don't ~ yourself with oil** ten cuidado, no vayas a salpicarte de aceite

B (in newspaper): **the scandal was ~ed all over the front page** el escándalo venía a toda plana en la primera página

■ **splash** *vi* **1** «*water/paint*» salpicar*; **coffee ~ed all over the tablecloth** el mantel se salpicó *or* se manchó de café **2** «*person/animal*» chapotear; **the children were ~ing (around) in the water** los niños chapoteaban en el agua

Phrasal verbs

- **splash around** (BrE also), **splash about** [v + o + adv] **1** (spend freely) ‹*money*› derrochar, despilfarrar, tirar **2** (publicize) divulgar*, hacer* público **3** ▸**splash**[2] **2**
- **splash down** [v + adv] amarizar*, amerizar*
- **splash out** (BrE colloq)

A [v + adv] darse* un lujo; **to ~ out ON sth** gastar(se) un dineral EN algo (fam)

B [v + o + adv, v + adv + o] (buying a treat) gastarse; (squander) derrochar, despilfarrar; **we ~ed out $1,000 on a new camera** nos gastamos 1.000 dólares en una cámara nueva

splashdown /ˈsplæʃdaʊn/ *n* (Aerosp) amarizaje *m*, amerizaje *m*

splashguard /ˈsplæʃgɑːrd || ˈsplæʃgɑːd/ *n* (AmE) guardabarros *m*, guardafangos *m*, salpicadera *f* (Méx), tapabarros *m* (Chi, Per)

splashy /ˈsplæʃi/ *adj* **-shier, -shiest** (AmE colloq) ostentoso

splat /splæt/ *adv* (colloq): **to go ~** hacer* ¡paf! (fam)

splatter[1] /ˈsplætər || ˈsplætə(r)/ *vt/vi* ▸**spatter**[1]

splatter[2] *n* ▸**spatter**[2] **1**

splay /spleɪ/ *vt* **1** **~ (out)** (spread apart) ‹*fingers*› abrir*, separar; **to ~ one's legs** abrirse* de piernas, despatarrarse (fam); **the front wheels of the car were badly ~ed** las ruedas delanteras del coche estaban muy desalineadas **2** (Archit, Const) ‹*door/window*› construir* con derrame *or* derramo

■ **splay** *vi* **~ (out)** «*legs/fingers*» separarse

splayfoot /ˈspleɪfʊt/ *n* [u] pie *m* plano

spleen /spliːn/ *n* [c u] **1** (Anat) bazo *m* **2** (anger) (liter) ira *f*, cólera *f*; **to vent one's ~ (on sb)** desahogar* su (*or* mi *etc*) ira *or* cólera (contra algn)

splendid /ˈsplendəd || ˈsplendɪd/ *adj* **1** (very good) ‹*idea/opportunity/meal*› espléndido, magnífico, maravilloso; **that's (absolutely) ~, congratulations to you both** ¡cuánto me alegro! los felicito; **so you're going to Rome? ~!** ¿con que te vas a Roma? ¡qué bien! *or* ¡cuánto me alegro! **2** (grand, imposing) ‹*clothes/building*› magnífico; ‹*ceremony*› lleno de esplendor

splendidly /ˈsplendədli || ˈsplendɪdli/ *adv* **1** (very well) maravillosamente, magníficamente, espléndidamente **2** (grandly, impressively) espléndidamente, magníficamente, con gran esplendor

splendiferous /splenˈdɪfərəs/ *adj* (hum) magnífico, maravilloso, fantástico

splendor, (BrE) **splendour** /ˈsplendər || ˈsplendə(r)/ *n* **1** [u] (magnificence) esplendor *m*, magnificencia *f* **2** **splendors** *pl* (liter) maravillas *fpl*

splenetic /splɪˈnetɪk/ *adj* (liter) ‹*person*› iracundo, colérico; ‹*outburst*› de ira *or* cólera

splice[1] /splaɪs/ *vt* **~ (together)** ‹*ropes*› (Naut) coser, ayustar; ‹*tape/film*› unir, empalmar; ‹*wood*› ensamblar; ***to get ~d*** (colloq & hum) matrimoniarse (fam & hum)

splice[2] *n* (in rope) (Naut) costura *f*, ayuste *m*; (in tape, film) unión *f*, empalme *m*; (in wood) ensambladura *f*

splint[1] /splɪnt/ *n* tablilla *f*; **to put a ~ on sth/sb** entablillar algo/a algn; **they put a ~ on his leg** le entablillaron la pierna; **his arm is in ~s** tiene el brazo entablillado

splint[2] *vt* entablillar

splinter[1] /ˈsplɪntər || ˈsplɪntə(r)/ *n* (of wood) astilla *f*; (of glass, bone, metal) esquirla *f*, astilla *f*; (*before n*): **~ group** grupo *m* escindido; **~ party** fracción *f* de partido

splinter[2] *vi* **1** (break into pieces) «*wood/bone*» astillarse; **some bits of metal ~ed off** se desprendieron algunos trocitos de metal **2** «*political party/society*» escindirse, dividirse; **the left wing ~ed off to form a new party** el ala izquierda se separó *or* se escindió para formar un nuevo partido

■ **splinter** *vt* ‹*wood/bone*› astillar

split[1] /splɪt/ *n*

A **1** (in garment, cloth — in seam) descosido *m*; (— part of design) abertura *f*, raja *f*, tajo *m* (CS) **2** (in wood, glass) rajadura *f*, grieta *f*

B **1** (Pol) escisión *f*; (Relig) cisma *m*, escisión *f*; **there is a three-way ~ in the party on this issue** en el partido hay tres corrientes de opinión al respecto **2** (breakup) ruptura *f*, separación *f*, escisión *f* **3** (share-out, distribution): **a six-way ~ would give everyone $1,500** si se dividiera la suma en seis partes, cada uno se llevaría $1.500; **a good/bad ~** (Games) una buena/mala mano

C **splits** *pl* **to do the ~s** abrirse* completamente de piernas, hacer* el spagat (Esp)

D (bottle) (AmE) *botella individual de vino o champán*

E (tie) (Sport) (AmE) empate *m*

split[2] *adj*

A **1** (damaged) ‹*wood*› rajado, partido; ‹*lip*› partido; **her trousers were ~ at the seams** tenía

S

las costuras de los pantalones descosidas **2** (cleft): ~ **pea** arveja *f* seca *or* (Esp) guisante *m* seco *or* (esp Méx) chícharo *m* seco; ~ **pin** chaveta *f*; ~ **rail** (AmE) valla *f* de troncos (*partidos a lo largo*)
B **1** (divided): ~ **decision** decisión *f* no unánime; ~ **infinitive** (Ling) *infinitivo con un complemento adverbial intercalado entre la partícula 'to' y el verbo*; ~ **personality** doble personalidad *f*; ~ **shift** horario *m* (de trabajo) partido *or* no corrido; **the problem of having a ~ site** el problema de trabajar con dos locales (*or* centros *etc*) separados **2** (in factions) dividido; **to be ~ three ways** estar* dividido en tres

split³ (*pres p* **splitting** *past & past p* **split**) *vt*
A **1** (break) ‹*wood/stone*› partir; **to ~ the atom** fisionar *or* desintegrar el átomo; **to ~ sth in two/in half** partir algo en dos/por la mitad **2** (burst): **she borrowed my skirt and ~ the seams** se puso mi falda y le abrió las costuras; **he bent down and ~ his pants** se agachó y reventó los pantalones; **she ~ her head open** se partió *or* se abrió la cabeza; ***to ~ one's sides (laughing)*** partirse *or* troncharse *or* desternillarse de risa **3** (divide into factions) ‹*nation/church*› dividir, escindir; **this issue has ~ public opinion** este asunto ha dividido a la opinión pública
B (divide, share) ‹*money/cost/food*› dividir; **we'll ~ the cost three ways** dividimos el gasto en tres; **do you want to ~ a bottle?** ¿nos tomamos una botella a medias?; **they ~ them into three groups** los dividieron *or* separaron en tres grupos; **to ~ one's ticket/ballot** (AmE) *votar a candidatos de distintos partidos para distintos cargos*

■ **split** *vi*
A (crack, burst) «*wood/rock*» partirse, rajarse; «*leather/seam*» abrirse*, romperse*; **his bag ~ (open)** se le rompió *or* rajó la bolsa; **my head is ~ting** la cabeza me va a estallar; **I've got a ~ting headache** tengo un dolor de cabeza espantoso, me duele muchísimo la cabeza
B «*political party/church*» dividirse, escindirse; **to ~ INTO sth** dividirse *or* escindirse EN algo
C (leave) (sl) abrirse* (arg), largarse* (fam), tomarse las de Villadiego (fam)
D (denounce) (BrE colloq) **to ~ ON sb** acusar *or* (Méx fam) rajar a algn, chivarse DE algn (Esp fam)

Phrasal verbs
- **split away, split off** [v + adv] **1** «*stem/branch*» romperse*, desprenderse **2** «*faction/group*»: **to ~ away** *o* **off FROM sth** escindirse *or* separarse DE algo
- **split up**
A [v + adv] «*couple/band*» separarse; «*crowd*» dispersarse; **to ~ up INTO sth: let's ~ up into groups** dividámonos en grupos; **the party ~ up into warring factions** el partido se escindió en facciones hostiles
B [v + o + adv, v + adv + o] ‹*wrestlers/boxers*› separar; ‹*lovers*› hacer* que se separen; **~ them up into groups** divídelos en grupos

split end *n* **1** (of hair): **I've got ~ ~s** tengo las puntas abiertas *or* (CS) florecidas, tengo horquilla (Col) *or* (Méx) orzuela *or* (Ven) horquetillas **2** (in US football) ala *f* ‡ abierta

split-level /ˈsplɪtˈlevəl/ *adj* **1** ‹*apartment*› en dos niveles **2** ‹*cooker*› (BrE) *con grill en la parte superior*

split screen *n* [c u] (Cin, Comput, TV) pantalla *f* dividida; (*before n*): **split-screen facility** función *f* de pantalla partida

split second *n* fracción *f* de segundo; **it was all over in a ~ ~** se acabó en un abrir y cerrar de ojos, en menos de un segundo todo había acabado; (*before n*): **split-second reaction** reacción *f* instantánea; **split-second timing** sincronización *f* perfecta

split skirt *n* falda *f* con una abertura *or* una raja *or* (CS tb) un tajo

split ticket *n* (AmE) voto *m* fraccionado

split-up /ˈsplɪtʌp/ *n* (of family) separación *f*; (of assets) división *f*; (of monopoly) escisión *f*

splodge¹ /splɑːdʒ || splɒdʒ/ *n* (BrE colloq) manchón *m*

splodge² *vt* (BrE colloq) tirar, echar

splosh¹ /splɑːʃ || splɒʃ/ *vt* (colloq) (incompetently) ‹*paint*› hacer* una chambonada *or* (Esp) chapuza con (fam); (accidentally) ‹*drink/soup*› derramar
■ **splosh** *vi* «*child/dog*» chapotear; «*water/paint*» salpicar*

splosh² *n*
A [c] **1** (sound): **we heard a ~** oímos el ruido de algo al caer al agua **2** (of liquid) salpicadura *f*
B [u] (money) (dated) ▸ **dough B**

splurge¹ /splɜːrdʒ || splɜːdʒ/ *n* (colloq) derroche *m*; **I had a real ~ and spent it all** me lo gasté todo en un derroche loco (fam); **to go on a ~** salir* a gastar a lo loco (fam); **the occasional ~ does one good** darse un gusto de vez en cuando es muy sano

splurge² *vt* (colloq) **1** (spend) ‹*money*› derrochar, despilfarrar; **she ~d it all on a vacation** lo derrochó *or* despilfarró todo en unas vacaciones **2** (display, spread) (BrE): **the story was ~d across the front page of The Globe** la historia venía a toda plana en la primera página de The Globe

splutter¹ /ˈsplʌtər || ˈsplʌtə(r)/ *n* **1** (noise — of flames, fat) chisporroteo *m*; (— of engine) resoplido *m* **2** (of speech): **he replied with a ~ of rage** contestó barbotando *or* farfullando de rabia

splutter² *vi* **1** «*fire/fat*» chisporrotear, crepitar; «*engine*» resoplar **2** «*person*» resoplar; (in anger, embarrassment etc) farfullar, barbotar; **he was ~ing with indignation** farfullaba *or* barbotaba de indignación; **she finally surfaced, ~ing and gasping for breath** finalmente salió a la superficie, resoplando y tratando de recobrar el aliento
■ **splutter** *vt* ‹*reply/threat*› mascullar, farfullar

spoil¹ /spɔɪl/ (*past & past p* **spoiled** *or* BrE also **spoilt**) *vt*
A **1** ‹*party/evening*› echar a perder, estropear, arruinar; **these buildings have ~ed the town/coastline** estos edificios han afeado la ciudad/la costa; **I don't want to ~ your fun but ...** no les quiero aguar la fiesta pero ...; **the incident ~ed her chances of promotion** el incidente dio al traste con sus perspectivas de ascenso; **it will ~ your appetite** te quitará el apetito; **that will ~ your appetite for dinner** si comes eso, luego no vas a tener ganas de cenar **2** (invalidate) anular; **~ed** *o* (BrE also) **~t papers** papeletas *fpl* nulas
B (overindulge) ‹*child*› consentir*, malcriar*, mimar demasiado; **go on, ~ yourself** vamos, date un gusto; **there was so much to do that we were ~ed for choice** había tantas cosas para hacer que no sabíamos qué elegir
■ **spoil** *vi*
A «*food/meal*» echarse a perder, estropearse
B (be eager) (colloq) **to be ~ing FOR sth** estar* *or* andar* buscando algo; **he's ~ing for trouble/a fight** anda buscando camorra/pelea

spoil² *n*
A (*usu pl*) botín *m*; **the division of the ~(s)** el reparto del botín; **the ~s of war** el botín *or* el trofeo de guerra; **the ~s of office** las prebendas del puesto
B (waste) ▸ **slag**

spoilage /ˈspɔɪlɪdʒ/ *n* [u] **1** (action) deterioro *m* **2** (waste) desperdicio *m*

spoiled /spɔɪld/ (BrE also) **spoilt** /spɔɪlt/ *adj* mimado, malcriado, consentido

spoiler /ˈspɔɪlər || ˈspɔɪlə(r)/ *n*
A (Auto, Aviat) spoiler *m*, alerón *m*
B (AmE) (Pol) *candidato o equipo que no tiene posibilidades de ganar pero puede impedir que otro gane*
C (Journ): *artículo periodístico destinado a reducir el impacto de otra publicación*

spoilsport /ˈspɔɪlspɔːrt || ˈspɔɪlspɔːt/ *n* (colloq) aguafiestas *mf* (fam)

spoils system /spɔɪlz/ *n* (AmE) tráfico *m* de influencias, amiguismo *m*, clientelismo *m* (AmL)

> **spoils system**
>
> En EEUU, hace referencia a la práctica de que el ganador de una elección otorgue puestos en el gobierno a las personas que han trabajado por su partido o lo han apoyado.

spoilt¹ /spɔɪlt/ (BrE) *past & past p of* **spoil¹**

spoilt² *adj* (BrE) ▸ **spoiled**

spoke¹ /spəʊk/ *n* rayo *m* (*de una rueda*); ***to put a ~ in sb's wheel*** (BrE colloq) fastidiarle los planes a algn (fam)

spoke² /spəʊk/ *past of* **speak**

spoken¹ /ˈspəʊkən/ *past p of* **speak**

spoken² *adj* (*before n*) hablado, oral

-spoken /ˈspəʊkən/ *suff*: **rough~** de habla poco educada; **soft~** que habla suavemente *or* con suavidad

spoken-word /ˈspəʊkənˈwɜːrd || ˈspəʊkənˈwɜːd/ *adj* (*before n*) ‹*cassette/artist/performer*› de voz hablada; ‹*album/performance*› hablado

spokeshave /ˈspəʊkʃeɪv/ *n* raedera *f*

spokesman /ˈspəʊksmən/ *n* (*pl* **-men** /-mən/) portavoz *m*, vocero *m* (esp AmL); **~ FOR sth** portavoz *m or* vocero *m* DE algo

spokesperson /ˈspəʊksˌpɜːrsn || ˈspəʊksˌpɜːsn/ *n* portavoz *mf*, vocero, -ra *m,f* (esp AmL)

spokeswoman /ˈspəʊksˌwʊmən/ *n* (*pl* **-women**) portavoz *f*, vocera *f* (esp AmL)

spoliation /ˌspəʊliˈeɪʃən/ *n* [u] (frml) **1** (despoiling) devastación *f*, destrucción *f* **2** (plunder) saqueo *m*

spondaic /spɑːnˈdeɪɪk || spɒnˈdeɪɪk/ *adj* espondaico

spondee /ˈspɑːndiː || ˈspɒndiː/ *n* espondeo *m*

sponge¹ /spʌndʒ/ *n*
A **1** [c] (Zool) esponja *f* **2** [c] (for bath) esponja *f*; ▸ **throw in 3** **3** (wipe) (colloq) (*no pl*): **give your face a quick ~** pásate una esponja (*or* una toalla húmeda *etc*) por la cara
B [c u] (Culin): **~ (cake)** bizcocho *m*, bizcochuelo *m* (CS); (*before n*): **~ pudding** (BrE) budín *m or* pudín *m* de bizcocho

sponge² *vt*
A (clean) pasar una esponja (*or* una toalla húmeda *etc*) por; **~ your face** pásate una esponja (*or* una toalla húmeda *etc*) por la cara; **to ~ the dirt off sth** limpiar algo con una esponja/con un trapo
B (scrounge) (colloq & pej) ‹*money*› gorronear (fam), gorrear (fam), garronear (RPl fam), bolsear (Chi fam); **to ~ a living** vivir a costillas de los demás, vivir de gorra *or* (RPl) de garrón (fam)
■ **sponge** *vi* gorronear (fam), gorrear (fam), garronear (RPl fam), bolsear (Chi fam); **he lives by sponging on** *o* **off his relatives** vive a costillas de sus parientes

Phrasal verbs
- **sponge down** [v + o + adv, v + adv + o] ‹*person/horse*› pasarle una esponja mojada a; ‹*wall*› limpiar con una esponja mojada
- **sponge up** [v + o + adv, v + adv + o] ‹*liquid/spillage*› limpiar (*con una esponja*)

sponge bag *n* (BrE) neceser *m*, bolsa *f* del aseo

sponge finger *n* (BrE) plantilla *f or* (Esp) soletilla *f or* (Arg) vainilla *f or* (Chi) galleta *f* de champaña

sponger /ˈspʌndʒər || ˈspʌndʒə(r)/ *n* (colloq & pej) gorrón, -rrona *m,f* (fam), gorrero, -ra *m,f* (fam), garronero, -ra *m,f* (RPl fam), bolsero, -ra *m,f* (Chi fam)

sponge rubber *n* [u] espuma *f* de goma, gomaespuma *f*

spongiform /ˈspʌndʒəfɔːrm || ˈspʌndʒɪfɔːm/ *adj* espongiforme

spongiform encephalopathy /enˌsefəˈlɑːpəθi, -ˌkefə- || enˌkefəˈlɑːpəθi, -ˌkefə-/ *n* [u] encefalopatía *f* espongiforme

sponginess /ˈspʌndʒinəs || ˈspʌndʒɪnɪs/ *n* [u] esponjosidad *f*

spongy /ˈspʌndʒi/ *adj* **-gier, -giest** ‹*cake/bread*› esponjoso; ‹*carpet*› mullido

sponsor¹ /ˈspɑːnsər || ˈspɒnsə(r)/ *n* **1** (of program, show) patrocinador, -dora *m,f*; (of sporting event) patrocinador, -dora *m,f*, espónsor *mf*, sponsor *mf*; (for the arts) mecenas *mf* **2** (for membership): **you need two members to act as ~s** te tienen que presentar dos socios **3** (of bill, motion) proponente *mf* **4** (Relig) (male) padrino *m*; (female) madrina *f*

sponsor² *vt* **1** (promote) ‹*program/event/festival*› patrocinar, auspiciar; ‹*research/expedition/*

S

studies› subvencionar, financiar; **~ed swim/walk** (BrE) *evento en el cual los participantes reciben donativos para una obra benéfica de acuerdo a la distancia recorrida* 2 ‹*applicant/application*› apoyar, respaldar 3 ‹*bill/motion*› (present) presentar, proponer*; (support) apoyar

sponsorship /ˈspɑːnsərʃɪp || ˈspɒnsəʃɪp/ *n* 1 (financing) patrocinio *m*, auspicio *m*; (of the arts) mecenazgo *m*; (of sports) patrocinio *m*, esponsorización *f*; **under their ~** bajo sus auspicios; **well-known for their ~ of the arts** muy conocidos por su mecenazgo 2 (of application) respaldo *m* 3 (of bill, motion) respaldo *m*, apoyo *m*

spontaneity /ˌspɑːntəˈniːəti, -ˈneɪ- || ˌspɒntəˈneɪəti/ *n* [u] espontaneidad *f*

spontaneous /spɑːnˈteɪniəs || spɒnˈteɪniəs/ *adj* 1 ‹*act/gesture/person*› espontáneo 2 ‹*growth/movement*› espontáneo; **~ combustion** o **ignition** combustión *f* espontánea; **~ generation** (Biol) generación *f* espontánea

spontaneously /spɑːnˈteɪniəsli || spɒnˈteɪniəsli/ *adv* 1 ‹*act/say/smile*› espontáneamente, con espontaneidad 2 ‹*move/generate*› espontáneamente

spoof¹ /spuːf/ *n* (colloq) 1 (parody) parodia *f*, burla *f* 2 (hoax) broma *f*

spoof² *vt* parodiar

■ **spoof** *vi* bromear

spook¹ /spuːk/ *n* (colloq)

A (ghost) fantasma *m*, espectro *m*

B (secret policeman, policewoman) (AmE colloq & pej) agente *mf* de la policía secreta, tira *mf* (AmL arg & pey), secreta *mf* (Esp fam)

C (a spy) espía *mf*

spook² *vt* (AmE) asustar, pegarle* un susto a

spooky /ˈspuːki/ *adj* **-kier, -kiest** (colloq) espeluznante, que da miedo; **it was really ~ in the cave** daba mucho miedo estar en la cueva

spool /spuːl/ *n* (of tape, film) carrete *m*, carretel *m*, reel *m* (RPl); (in fishing) carrete *m*, carretel *m*, reel *m* (RPl); **a ~ of thread** (AmE) un carrete *or* una bobina *or* (RPl tb) un carretel de hilo

spoon¹ /spuːn/ *n* 1 (piece of cutlery) cuchara *f*; (small) cucharita *f*, cucharilla *f*; **a soup/serving ~** una cuchara sopera/de servir; **a wooden ~** una cuchara de madera *or* de palo; ***to be born with a silver ~ in one's mouth*** nacer* en cuna de oro; ***to get*** o ***win the wooden ~*** (esp BrE colloq) quedar en último lugar, llevarse el premio de consolación *or* (CS) el premio (de) consuelo 2 (spoonful) (colloq) cucharada *f*; (small) cucharadita *f* 3 (in fishing) cucharilla *f*, cucharita *f*

spoon² *vt*: **to ~ food into sb's mouth** darle* de comer a algn en la boca; **~ the juices over the meat** rocíe la carne con su jugo; **~ the filling into the tomatoes** rellene los tomates con una cuchara; **she ~ed the carrots onto my plate** me sirvió las zanahorias

■ **spoon** *vi* (dated *or* hum) «*lovers*» besuquearse (fam)

spoonbill /ˈspuːnbɪl/ *n* cuchareta *f*, espátula *f*

spoonerism /ˈspuːnərɪzəm/ *n*: *transposición, de efecto cómico, de los sonidos iniciales de dos palabras*

spoonfeed /ˈspuːnfiːd/ *vt* (*past & past p* **-fed**) 1 ‹*baby/invalid*› darle* de comer en la boca a 2 (Educ): **she ~s her students** se lo da todo mascado *or* todo digerido a sus alumnos

spoonful /ˈspuːnfʊl/ *n* (*pl* **~s** *or* **spoonsful**) cucharada *f*; (small) cucharadita *f*

spoor /spʊr || spʊə(r)/ *n* rastro *m*, pista *f*

sporadic /spəˈrædɪk/ *adj* esporádico; **~ fighting** combates esporádicos *or* aislados

sporadically /spəˈrædɪkli/ *adv* ‹*occur/visit*› esporádicamente; ‹*effective/sparkling*› por momentos

spore /spɔːr || spɔː(r)/ *n* espora *f*

sporran /ˈspɔːrən || ˈspɒrən/ *n* (in Scotland) escarcela *f* (*bolsa que se lleva sobre la falda escocesa*)

sport¹ /spɔːrt || spɔːt/ *n*

A 1 [c u] deporte *m*; **he enjoys ~s** o (BrE) **~** le gustan los deportes, le gusta el deporte; **tennis is a popular ~** el tenis es un deporte con muchos adeptos; **the ~ of kings** el deporte de los reyes, la hípica 2 **sports** *pl* (BrE) (athletics meeting) competencia *f or* (Esp) competición *f* deportiva

B 1 (person): **to be a good ~** (to be sporting) tener* espíritu deportivo; (to be understanding) ser* comprensivo; **come on, be a ~ and lend it to us** (colloq) anda, sé bueno y préstanoslo, andá, sé pierna y prestánoslo (RPl fam) 2 (Austral colloq) (*as form of address*) amigo, -ga

C [u] (dated) (amusement) solaz *m* (liter), diversión *f*; **it was all done in ~** fue todo en broma

sport² *vt* ‹*clothes/diamonds/hairstyle*› lucir*; **he came in ~ing a black eye** apareció luciendo un ojo morado (hum)

■ **sport** *vi* (liter) «*animals/people*» retozar* (liter)

sport³ *adj* (AmE) 1 (Sport) ‹*equipment*› de deportes 2 (casual) ‹*clothes*› sport *adj inv*, de sport

sportcoat /ˈspɔːrtkəʊt || ˈspɔːtkəʊt/ *n* (AmE) chaqueta *f or* (AmL tb) saco *m* sport, americana *f*

sporting /ˈspɔːrtɪŋ || ˈspɔːtɪŋ/ *adj*

A (fair, sportsmanlike) ‹*spirit*› deportivo; **it's very ~ of you to offer to help** es muy amable de su parte ofrecerse a ayudar; **you have a ~ chance of winning** tienes bastantes posibilidades *or* (AmL tb) una buena chance de ganar

B (*no comp*) 1 (relating to sport) ‹*press/interests*› deportivo; **well known ~ celebrities** figuras destacadas del mundo del deporte 2 (relating to hunting, shooting) ‹*dog/scene/party*› de caza; **a well-known ~ man** un conocido cazador

sportingly /ˈspɔːrtɪŋli || ˈspɔːtɪŋli/ *adv* (in sportsmanlike way) con espiritu deportivo; **she ~ offered to help** muy amablemente se ofreció a ayudar

sportive /ˈspɔːrtɪv || ˈspɔːtɪv/ *adj* (arch *or* liter) retozón (liter), juguetón

sports /spɔːrts || spɔːts/ *adj* 1 (Sport) ‹*page/program*› de deportes; **~ channel** canal *m* deportivo; **~ club** club *m* deportivo *or* de deportes; **~ commentator** comentarista deportivo, -va *m,f*; **~ complex** polideportivo *m*; **the ~ desk** la redacción de deportes; **~ drink** bebida *f* isotónica; **~ editor** editor, -ra *m,f* de la sección deportiva *or* de deportes; **~ facilities** instalaciones *fpl* deportivas; **~ page** sección *f* deportiva *or* de deportes; **~ writer** cronista deportivo, -va *m,f* 2 (casual) ‹*clothes/shirt*› sport *adj inv*, de sport

sports bra *n* sostén *m or* (Esp) sujetador *m or* (Col, Méx) brasier *m or* (RPl) corpiño *m or* (Ur) soutien *m* deportivo

sports car *n* coche *m* deportivo, carro *m* sport (AmL exc CS), auto *m* sport *or* deportivo (CS)

sportscast /ˈspɔːrtskæst || ˈspɔːtskɑːst/ *n* (AmE) transmisión *f* deportiva, retransmisión *f* deportiva (Esp)

sportscaster /ˈspɔːrtsˌkæstər || ˈspɔːtsˌkɑːstə(r)/ *n* (AmE) comentarista deportivo, -va *m,f*, narrador deportivo, narradora deportiva *m,f* (Col, Ven)

sports center, (BrE) **sports centre** polideportivo *m*, centro *m* deportivo *or* de deportes

sports coat *n* ▸**sportcoat**

sports day *n* (BrE) *día en que se celebran los encuentros deportivos en un colegio*

sportsfield /ˈspɔːrtsfiːld || ˈspɔːtsfiːld/, **sportsground** /ˈspɔːrtsgraʊnd || ˈspɔːtsgraʊnd/ *n* campo *m* de deportes

sports hall *n* (BrE) gimnasio *m*

sports jacket *n* (BrE) ▸**sportcoat**

sportsman /ˈspɔːrtsmən || ˈspɔːtsmən/ *n* (*pl* **-men** /-mən/) 1 (athlete) deportista *m* 2 (fair person) caballero *m* 3 (hunter) cazador *m*

sportsmanlike /ˈspɔːrtsmənlaɪk || ˈspɔːtsmənlaɪk/ *adj* deportivo, de buen deportista

sportsmanship /ˈspɔːrtsmənʃɪp || ˈspɔːtsmənʃɪp/ *n* [u] espíritu *m* deportivo, deportividad *f*

Sports Utility Vehicle *n* (Auto) vehículo *m* deportivo utilitario, SUV *m*

sportswear /ˈspɔːrtswer || ˈspɔːtsweə(r)/ *n* [u] (Sport) ropa *f* de deporte; (casual) ropa *f* (de) sport

sportswoman /ˈspɔːrtsˌwʊmən || ˈspɔːtsˌwʊmən/ *n* (*pl* **-women**) deportista *f*

sport utility *n* vehículo *m* deportivo (*con motor de alto rendimiento*)

sporty /ˈspɔːrti || ˈspɔːti/ *adj* **-tier, -tiest** 1 ‹*person*› deportista, aficionado a los deportes 2 ‹*trousers/clothes/attire*› deportivo 3 (Auto) deportivo

spot¹ /spɑːt || spɒt/ *n*

A [c] 1 (dot — on material) lunar *m*, mota *f*, pepa *f* (Col, Ven fam); (— on animal's skin) mancha *f*; **a blue tie with white ~s** una corbata azul a *or* con lunares blancos (*or* con motas blancas *etc*); **I keep seeing ~s before my eyes** veo como manchas; ***to knock ~s off sth/sb*** (colloq) darle* cien *or* cien mil vueltas a algo/algn (fam), darle* sopas con honda(s) a algo/algn (Esp fam) 2 (blemish, stain) mancha *f*; **~s of ink** manchas de tinta; **a reputation without ~ or stain** (liter) una reputación impecable *or* (liter) sin tacha 3 (pimple) (BrE) grano *m*, espinilla *f* (AmL), pepa *f* (Ven fam); **she broke out** o **came out in ~s** le salieron granos 4 (*beauty ~*) lunar *m*

B 1 [c] (location, place) lugar *m*, sitio *m*; **a delightful ~ by the river** un lugar *or* un sitio precioso a orillas del río; **extra police were rushed to the ~** refuerzos policiales fueron enviados con urgencia al lugar de los disturbios (*or* del siniestro *etc*); **don't move from that ~ until I get back** no te muevas de ahí hasta que vuelva; ***on the ~***: **firemen were quickly on the ~** los bomberos se presentaron sin demora en el lugar del siniestro; **and now a report from our woman on the ~** y ahora un informe de nuestra enviada especial (desde el lugar de los hechos); **he had to decide on the ~** tuvo que decidir en ese mismo momento; **she was fired on the ~** la despidieron en el acto; **they were killed on the ~** los mataron allí mismo; **on-the-~ fine** *multa que se paga en el acto*; ***to be rooted to the ~*** quedarse clavado en el sitio *or* paralizado 2 (difficult situation): **in a (tight) ~** en apuros, en un lío, en un aprieto; **we're in a bit of a ~ here** estamos metidos en un apuro *or* lío *or* aprieto; **to help sb out of a tight ~** sacar* a algn de un apuro *or* aprieto; ***to put sb on the ~*** poner* a algn en un apuro *or* aprieto

C [c] (of character, personality) punto *m*; **science is my weak ~** las ciencias son mi punto débil *or* no son mi fuerte; **you've touched a rather sore ~ there** has puesto el dedo en la llaga; ***to have a soft ~ for sb/sth*** (colloq) tener* debilidad por algn/algo; ***to hit the ~*** (esp AmE) caer* muy bien

D 1 (drop) gota *f* 2 (small amount) (BrE colloq) (*no pl*): **do you fancy a ~ of supper?** ¿quieres cenar algo?; **we had a ~ of trouble with the car** tuvimos un problemita *or* un pequeño contratiempo con el coche; **the garden could do with a ~ of rain** al jardín le vendría bien que lloviera un poco

E [c] (Rad, TV) 1 (time) espacio *m*; **a weekly ~ on TV** un espacio semanal en televisión; **a commercial ~** un spot publicitario, una cuña publicitaria, un anuncio 2 (part) papel *m*; **he had a guest ~ in the program** apareció como invitado en el programa

F [c] (position, job) (AmE) puesto *m*

G (Sport) 1 (in billiards) punto *m* 2 (in soccer) (*penalty ~*) punto *m* de penalty *or* (AmL tb) de penal

H ▸**spotlight**¹ **1**

I (note) (AmE sl) billete *m*; **a ten-/five-~** un billete de diez/cinco

spot² **-tt-** *vt*

A ‹*error*› descubrir*; ‹*bargain*› encontrar*; **he finally ~ted her in the crowd** al final la vio *or* la divisó *or* (AmL tb) la ubicó entre el gentío; **he's good at ~ting talent** sabe reconocer talento donde lo hay; **see if you can ~ the difference** a ver si te das cuenta de cuál es la diferencia; **you didn't ~ half the mistakes** dejaste pasar *or* no descubriste más de la mitad de las faltas; **he always ~s the winner** siempre adivina quién/cuál va a ganar

B (mark) (*usu pass*) manchar; **his tie was ~ted with blood** tenía la corbata manchada *or* salpicada de sangre

■ **spot** *vi* «*material/surface*» mancharse

■ *v impers* (BrE) lloviznar, chispear; **it's ~ting with rain** está lloviznando *or* (fam) chispeando,

S

están cayendo unas gotas

spot³ *adj* ‹*market/price*› del momento, spot *adj inv*; ~ **cash paid for your car** dinero al contado y en el acto por su coche

spot-check /ˈspɑːttʃek || ˈspɒttʃek/ *vt*: **police were ~ing drivers at the frontier** en la frontera la policía estaba realizando controles al azar entre los automovilistas

spot check *n*: *control o inspección realizada al azar*; ~ **~s on cars revealed that …** inspecciones realizadas al azar en varios vehículos revelaron que …

spot height *n* altura *f* acotada (*en un mapa*)

spotless /ˈspɑːtləs || ˈspɒtlɪs/ *adj* 1 ‹*clothes*› impecable; ‹*house*› limpísimo, impecable 2 ‹*reputation/record*› intachable

spotlessly /ˈspɑːtləsli || ˈspɒtlɪsli/ *adv*: **they left the house ~ clean** dejaron la casa impecable *or* limpísima *or* (Esp tb) como los chorros del oro

spotlight¹ /ˈspɑːtlaɪt || ˈspɒtlaɪt/ *n* 1 (in theater) foco *m*; (on building) reflector *m*; (in house) spot *m*, luz *f* direccional 2 (attention): **this week we turn the ~ on young designers** esta semana centraremos nuestra atención en los diseñadores jóvenes; **he likes to be in the ~** le gusta estar en primer plano *or* ser el centro de atención

spotlight² *vt* (*past & past p* **-lit** (*usu pass*)) 1 ‹*building*› iluminar con reflectores; ‹*painting*› iluminar con spots *or* luces direccionales 2 (*past & past p* **-lighted**) ‹*difficulties/problems*› poner* de relieve, destacar*

spot-on¹ /ˈspɑːtˈɑːn || ˈspɒtɒn/ *adj* (BrE colloq) exacto; **his estimate was ~** su cálculo fue exacto; **what Martha said was absolutely ~** Martha dio en el clavo con lo que dijo (fam)

spot-on² *adv* (BrE colloq): **you got it ~ first time** diste en el clavo de primera (fam); **we arrived ~** llegamos en el momento preciso

spotted /ˈspɑːtəd || ˈspɒtɪd/ *adj* ‹*tie/material*› de *or* a lunares *or* motas, de pepas (Col, Ven fam); **a ~ dog** un perro con manchas; **a ~ cow** una vaca pintada

spotted dick, spotted dog *n* [u] (in UK) (Culin) *budín con frutos secos cocido al vapor*

spotter /ˈspɑːtər ˈspɒtə(r)/ *n* 1 (Aviat, Mil) observador, -dora *m,f*; (*before n*): ~ **plane** avión *m* observador 2 (as hobby): **train ~** *persona que tiene como hobby anotar y coleccionar números de locomotoras y vagones*

spotty /ˈspɑːti || ˈspɒti/ *adj* **-tier, -tiest** 1 (colloq) ‹*performance/distribution*› irregular, desigual 2 (BrE) lleno de granos; ‹*youth/teenager*› con la cara llena de granos; **he's very ~** tiene muchos granos

spot-weld /spɑːtˈweld || spɒtˈweld/ *vt* soldar* por puntos

spot-welder /ˈspɑːtˌweldər || ˈspɒtˌweldə(r)/ *n* aparato *m* de soldadura por puntos

spouse /spaʊs/ *n* (frml *or* hum) cónyuge *mf* (frml), consorte *mf* (frml o hum)

spout¹ /spaʊt/ *n* 1 (of teapot, kettle) pico *m*, pitorro *m* (Esp) 2 (pipe — on gutter) canalón *m*; (— on fountain, gargoyle) caño *m*; ***up the ~*** (BrE colloq): **our plans are up the ~** los planes se nos han ido al garete (fam); **that's another £200 up the ~** ¡otras 200 libras que se van a la basura!; **he's really up the ~ now** ahora sí que se ha metido en un lío (fam) 3 (jet) chorro *m*

spout² *vt* 1 ‹*oil/liquid/steam*› arrojar *or* expulsar chorros de 2 (say pompously) soltar*; **he's always ~ing nonsense about religion** anda siempre soltando paparruchas sobre religión

■ **spout** *vi* 1 «*liquid*» salir* a chorros; «*whale*» expulsar chorros de agua 2 «*person*» perorar, soltar* peroratas

sprain¹ /spreɪn/ *n* esguince *m*, distensión *f*

sprain² *vt* ‹*wrist/ankle*› hacerse* un esguince en, distenderse*

sprang /spræŋ/ *past of* **spring¹**

sprat /spræt/ *n* espadín *m* (*pez de la familia de los arenques*); ***to set a ~ to catch a mackerel*** (BrE) dar* un gallo para recibir un caballo

sprawl¹ /sprɔːl/ *vi* 1 «*person*» sentarse* (*or* tumbarse *etc*) de forma poco elegante *or* (fam) todo despatarrado; **he was ~ing all over the sofa** estaba tumbado en el sofá todo despatarrado (fam); **he sent him ~ing with one punch** lo tumbó de un golpe 2 «*city/town/vine*»: **to ~ ACROSS/OVER sth** extenderse* POR algo; **her large handwriting ~ed across the page** su letra de trazos grandes y desgarbados cubría la página

sprawl² *n* 1 [u] (of built-up area) expansión *f*; **urban ~** expansión urbana descontrolada 2 (of person) (*no pl*): **she lay on the bed in a ~** estaba toda despatarrada en la cama (fam); **he fell in a ~** cayó cuan largo era

sprawling /ˈsprɔːlɪŋ/ *adj* (*usu before n*): **a city with ~ suburbs** una ciudad con barrios periféricos de crecimiento descontrolado

spray¹ /spreɪ/ *vt* 1 ‹*liquid*› pulverizar*, aplicar* con atomizador; ‹*paint*› aplicar* con pistola pulverizadora; **she ~ed a little perfume on her wrists** se puso *or* se echó un poco de perfume en las muñecas 2 ‹*plants*› rociar* (*con atomizador*); **~ the affected area twice daily** pulverizar* sobre la zona afectada dos veces al día; **to ~ the fruit trees with insecticide** fumigar* los árboles frutales con insecticida; **they ~ed the car with bullets** acribillaron el coche a balazos

■ **spray** *vi* «*liquid*» rociar*; **the mud ~ed out from under the wheels** las ruedas lo salpicaban todo de barro; **be careful it doesn't ~ all over the place!** ¡ten cuidado de no rociarlo todo!

spray² *n*

A 1 [u c] (fine drops) rocío *m* 2 (act) (*no pl*) rociada *f*; (of crops etc — with insecticide) fumigación *f*; (— for irrigation) riego *m* por aspersión 3 [c] (liquid in spray form) espray *m*; (*before n*) ‹*deodorant/polish*› en aerosol, en espray, en atomizador 4 (implement) rociador *m*

B [c] (bunch) ramillete *m*; **a ~ of flowers** un ramillete de flores

spray can *n* (lata *f* de) (e)spray *m*

sprayer /ˈspreɪər || ˈspreɪə(r)/ *n* 1 ▸**spray²** A4 2 ▸**spray gun**

spray gun *n* pistola *f* pulverizadora

spray-on /ˈspreɪɑːn || ˈspreɪɒn/ *adj* en aerosol, en espray, en atomizador

spray-paint /ˈspreɪˌpeɪnt/ *vt* pintar con (e)spray

spray paint *n* [u] (pintura *f* en) (e)spray *m*

spread¹ /spred/ (*past & past p* **spread**) *vt*

A (extend) 1 (in space) ‹*arms/legs*› extender*; ‹*map/sails/wings*› desplegar*; ‹*fan*› abrir*; **the peacock ~ its tail** el pavo real desplegó la cola *or* hizo la rueda; **I like to have room to ~ myself** me gusta tener espacio para estar a mis anchas 2 (in time): **the plan allows you to ~ the cost over five years** el plan le permite pagar el costo a lo largo de cinco años

B 1 ‹*paint/glue*› extender*; ‹*seeds/sand*› esparcir*; **to ~ butter on a piece of toast** untar una tostada con mantequilla, ponerle* mantequilla a una tostada; **the papers were ~ all over the desk** los papeles estaban esparcidos por todo el escritorio; **our resources are thinly ~** hemos tenido que estirar nuestros recursos al máximo; **she has ~ herself too thinly** ha tratado de abarcar demasiado 2 ‹*knowledge/news*› difundir, propagar*, divulgar*; ‹*influence*› extender*; ‹*rumor*› hacer* correr, difundir; ‹*disease*› propagar*; ‹*fear*› sembrar*; ‹*ideas/culture*› diseminar, divulgar*, difundir; **she's not one to ~ gossip (around)** no es de las que andan con chismes; **to ~ the word** hacer* correr la voz

C (cover): **to ~ a piece of toast with butter** untar una tostada con mantequilla, ponerle* mantequilla a una tostada; **~ the surface thickly with adhesive** unte *or* embadurne la superficie con abundante pegamento, aplique abundante pegamento sobre la superficie

■ **spread** *vi*

A «*disease*» propagarse*; «*fire/liquid*» extenderse*; «*ideas/culture*» diseminarse, divulgarse*; «*panic/fear*» cundir; «*influence/revolt*» extenderse*; **the news ~ like wildfire** la noticia corrió como un reguero de pólvora; **the fashion ~ across the entire continent** *o* **throughout the continent** la moda se extendió por todo el continente; **the plague ~ to Europe** la plaga se extendió a Europa

B (extend) 1 (in space) «*plain/coast*» extenderse*; **their empire ~ from … to …** su imperio se extendía desde … hasta … 2 (in time) extenderse*; **the period ~s over three years** el período se extiende a lo largo de tres años

C «*butter/paint*» extenderse*

Phrasal verb

- **spread out** [v + adv] 1 (move apart) «*troops*» desplegarse* 2 (extend) extenderse*

spread² *n*

A [u] (diffusion — of disease) propagación *f*; (— of education) extensión *f*; (— of ideas) difusión *f*, divulgación *f*, diseminación *f*; (— of nuclear weapons) proliferación *f*

B [u] 1 (of wings, sails) envergadura *f* 2 (range, extent): **a broad ~ of opinion** un amplio abanico *or* espectro de opiniones; **five schools have been chosen, to give a representative ~** para ofrecer una muestra representativa, se han tomado cinco colegios

C [c] (Fin) margen *m*, diferencial *m*

D [c] (Culin) 1 (meal) (colloq) festín *m*, banquete *m*; **what a marvelous ~** ¡qué festín *or* banquete más espléndido! 2 (paste) *pasta para extender sobre pan, tostadas etc*; **cheese ~** queso *m* cremoso para untar; **sardine ~** pasta *f* de sardinas

E [c] (Journ, Print): **it was advertised in a double-page** *o* **two-page ~/a full-page ~** venía anunciado a doble página/a plana entera

F [c] (ranch) (AmE colloq & dial) finca *f*, hacienda *f* (AmL), estancia *f* (RPl), fundo *m* (Chi)

spread betting *n* [u] *modalidad de apuesta en que lo que se gana o pierde depende de la cantidad en que difiere lo apostado de los resultados en algún acontecimiento deportivo*

spread-eagle /ˌspredˈiːgəl/ *vt* (colloq) darle* una paliza a (fam)

spread-eagled /ˈspredˌiːgəld/ *adj* con los brazos y piernas abiertos *or* extendidos

spreader /ˈspredər || ˈspredə(r)/ *n* 1 (spatula) espátula *f*, aplicador *m* 2 (Agr, Hort) esparcidor *m*

spreadsheet /ˈspredʃiːt/ *n* hoja *f* de cálculo; (*before n*): **~ program** hoja *f* electrónica

spree /spriː/ *n*: **out on a drinking ~** de juerga (fam), de parranda (fam); **he went on a spending ~** salió a gastar dinero a lo loco (fam); **they went on a killing ~** salieron a matar a todo el que se les pusiera por delante

sprig /sprɪg/ *n* ramito *m*

sprightliness /ˈspraɪtlinəs || ˈspraɪtlinɪs/ *n* [u] (mental) vivacidad *f*; (physical) agilidad *f*

sprightly /ˈspraɪtli/ *adj* **-lier, -liest** ‹*person*› lleno de brío, vivaz; ‹*walk/step*› ágil; ‹*music/dance*› vivaz, alegre

spring¹ /sprɪŋ/ (*past* **sprang** *or esp* AmE **sprung** *past p* **sprung**) *vi*

A 1 (leap) saltar; **I sprang out of bed** salté de la cama; **he sprang over the wall** saltó el muro; **the cat sprang up onto the table** el gato se subió a la mesa de un salto; **to ~ to one's feet** levantarse *or* ponerse* de pie de un salto *or* como movido por un resorte; **to ~ to attention** ponerse* firme; **to ~ into action** entrar en acción; **the engine sprang into life** de pronto el motor se puso en marcha; **tears sprang to his eyes** se le llenaron los ojos de lágrimas; **to ~ to sb's aid** correr *or* acudir en ayuda de algn; **nothing ~s to mind** no se me ocurre nada; **the branch sprang back and hit me in the face** la rama saltó como un látigo y me dio en la cara; **the door sprang open/shut** la puerta se abrió/se cerró de golpe 2 (pounce): **the tiger was poised to ~** el tigre estaba agazapado, listo para atacar; **to ~ AT sb/sth: the dog sprang at his throat** el perro se le tiró al cuello; **she suddenly sprang at him** de pronto se le tiró encima *or* se abalanzó sobre él

B 1 (liter) «*stream*» surgir*, nacer*; «*shoots*» brotar; **to ~ into existence** aparecer* de la noche a la mañana; **where did you ~ from?** (colloq) ¿y tú de dónde has salido? 2 **to ~ FROM sth** «*ideas/doubts*» surgir* DE algo; «*problem*» provenir* DE algo; **his aggression ~s from his inadequacy** su agresividad es producto *or* resultado de su ineptitud

■ **spring** *vt*

A **1** (produce suddenly) **to ~ sth ON sb**: **they did rather ~ it on us** nos lo soltaron así, de buenas a primeras *or* (fam) de golpe y porrazo; **he sprang a surprise on them** les dio una sorpresa **2** ‹*mechanism*› accionar; **to ~ a trap on sb** sorprender a algn con una trampa **3** **to ~ a leak** empezar* a hacer agua

B ‹*fence/gate*› saltar, saltar por encima de

C (colloq) ‹*prisoner*› sacar* de la cárcel, ayudar a fugarse

Phrasal verb

• **spring up** [v + adv] ‹‹*stores/housing estates*›› surgir*; ‹‹*plant*›› brotar; ‹‹*wind*›› levantarse; ‹‹*relationship/friendship*›› surgir*, nacer*; **she sprang up from her seat** se levantó del asiento de un salto *or* como movida por un resorte

spring[2] *n*

A [u c] (season) primavera *f*; **in (the) ~** en primavera; (*before n*) ‹*weather/showers*› primaveral, de primavera

B **1** [c] (Geog) manantial *m*, fuente *f* **2** (origin) (frml) (*often pl*) origen *m*

C [c] (jump) salto *m*, brinco *m*

D **1** [c] (in watch, toy) resorte *m*; (in mattress) muelle *m*, resorte *m* (AmL) **2** (elasticity) (*no pl*) elasticidad *f*; **to walk with a ~ in one's step** caminar con brío *or* energía

spring binder *n* archivador *m* de resorte

springboard /ˈsprɪŋbɔːrd ‖ ˈsprɪŋbɔːd/ *n* **1** (Sport) trampolín *m*; (*before n*): **~ dive** salto *m* de trampolín; **~ diver** saltador, -dora *m,f* de trampolín, clavadista *mf* de trampolín (AmL) **2** (point of departure) trampolín *m*; **this post is just a ~ to higher things** este puesto no es más que un trampolín para escalar posiciones

springbok /ˈsprɪŋbɑːk ‖ ˈsprɪŋbɒk/ *n* springbok *m*

spring break *n* (AmE) vacaciones *fpl* de Semana Santa

spring chicken *n* pollo *m* pequeño y tierno; ***she's no ~ ~*** ya no es ninguna niña

springclean /ˈsprɪŋˈkliːn/ *vt* (BrE) ‹*house*› hacer* una limpieza general en

■ **springclean** *vi* hacer* limpieza general

springcleaning /ˈsprɪŋˈkliːnɪŋ/ (BrE also) **springclean** *n* (*no pl*) limpieza *f* general

spring fever *n* [u] (colloq) fiebre *f* de primavera; **it must be a touch of ~ ~** ≈ la primavera la sangre altera

spring greens /ˈɡriːnz/ *pl n: hojas de una variedad de col que no desarrolla cogollo*

springiness /ˈsprɪŋinəs ‖ ˈsprɪŋinɪs/ *n* [u] (of mattress) lo mullido; **the ~ of her step** su paso ágil *or* brioso, lo ágil *or* brioso de su andar

springlike /ˈsprɪŋlaɪk/ *adj* primaveral

spring-loaded /ˌsprɪŋˈləʊdəd ‖ ˌsprɪŋˈləʊdɪd/ *adj* a resorte

spring lock *n* cerradura *f* de golpe, cerradura *f* de resbalón

spring mattress *n* colchón *m* de muelles *or* (AmL tb) de resortes

spring onion *n* (BrE) cebolleta *f*, cebollino *m*, cebolla *f* de verdeo (RPl), cebollín *m* (Chi)

spring roll *n* rollito *m* (de) primavera (*plato de la cocina china*)

springtide /ˈsprɪŋtaɪd/ *n* (liter) ▸**springtime**

spring tide *n* marea *f* viva

springtime /ˈsprɪŋtaɪm/ *n* primavera *f*; **in ~** en primavera

springy /ˈsprɪŋi/ *adj* **-gier, -giest** ‹*mattress/grass*› mullido; ‹*floor*› elástico; ‹*step*› ágil, ligero

sprinkle[1] /ˈsprɪŋkəl/ *vt* **1** (scatter) **to ~ sth ON sth**: **to ~ water on the plants** rociar* las plantas con agua; **to ~ sugar on sth** espolvorear algo con azúcar; **~ the almonds on top** esparza las almendras por encima **2** (cover) **to ~ sth/sb WITH sth**: **~ the board with flour** espolvoree la tabla con harina; **he ~d the congregation with holy water** roció a los fieles con agua bendita; **the sky was ~d with stars** el cielo estaba salpicado *or* tachonado de estrellas (liter); **they were sprinkling the roads with salt** estaban echando sal en las carreteras

sprinkle[2] *n* ▸**sprinkling**

sprinkler /ˈsprɪŋklər ‖ ˈsprɪŋklə(r)/ *n* **1** (on hose) aspersor *m*, válvula *f*; (for sugar, salt, flour) espolvoreador *m*; (on shower, watering can) (BrE) roseta *f*, alcachofa *f*, regadera *f* (Col, Méx, Ven), flor *f* (RPl) **2** (*garden ~*) aspersor *m* **3** (for firefighting) (*usu pl*) rociador *m*; (*before n*): **~ system** sistema *m* de rociadores

sprinkling /ˈsprɪŋklɪŋ/ *n*: **a ~ of vinegar** unas gotas de vinagre; **add a ~ of sugar** espolvoree con un poco de azúcar; **we only got a ~ of snow/rain** sólo cayeron unos cuantos copos de nieve /unas gotas de lluvia; **there was a ~ of children in the audience** había algunos niños entre el público; **his story was enlivened by a ~ of anecdotes** amenizó su relato salpicándolo de anécdotas

sprint[1] /sprɪnt/ *n* **1** (fast run) (e)sprint *m*; **to make a ~ for the bus** pegarse* *or* echarse una carrera para alcanzar el autobús; (*before n*): **~ finish** (e)sprint *m* **2** (short race) (Sport) carrera *f* corta; **the 200m ~** los 200 metros planos *or* (Esp) lisos *or* (RPl) llanos

sprint[2] *vi* **1** (Sport) (e)sprintar **2** (run fast): **I had to ~ to catch the train** tuve que correr *or* echarme una carrera para alcanzar el tren; **I ~ed after him** salí corriendo tras él a toda velocidad

sprinter /ˈsprɪntər ‖ ˈsprɪntə(r)/ *n* (e)sprínter *mf*, velocista *mf*

sprite /spraɪt/ *n* duendecillo *m*

spritsail /ˈsprɪtsəl -seɪl/ *n* vela *f* tarquina *or* de abanico

sprocket /ˈsprɑːkət ‖ ˈsprɒkɪt/ *n* **1** (tooth) diente *m* **2** **~ (wheel)** rueda *f* dentada, piñón *m* **3** (for film) carrete *m* receptor, tambor *m* dentado

sprog /sprɑːɡ ‖ sprɒɡ/ *n* (BrE sl & hum) ▸**kid**[1] **A1**

sprout[1] /spraʊt/ *vt* ‹*leaves/shoots*› echar; **the plant's ~ing new shoots** la planta está echando retoños *or* está retoñando; **it's ~ing horns** le están saliendo cuernos; **a part of town which is always ~ing new restaurants** una parte de la ciudad en la que surgen restaurantes como hongos

■ **sprout** *vi* **1** (Bot) ‹‹*plant*›› echar retoños, retoñar; ‹‹*leaf*›› brotar, salir*; ‹‹*seeds*›› germinar **2** **~ (up)** (appear, spring up) ‹‹*buildings/hotels*›› surgir* *or* aparecer* (como hongos)

sprout[2] *n*

A (new growth) brote *m*, retoño *m*

B (*Brussels ~*) **1** col *f or* (AmS) repollito *m* de Bruselas **2** (shoot) brote *m*; **alfalfa ~s** brotes de alfalfa **3** ▸**beanshoot**

spruce[1] /spruːs/ *n* **1** [c] (tree) picea *f*, abeto *m* falso **2** [u] (wood) picea *f*

Phrasal verb

• **spruce up** [v + o + adv, v + adv + o] ‹*garden/room*› arreglar; **to ~ oneself up** arreglarse, acicalarse (hum)

spruce[2] *adj* **sprucer, sprucest** ‹*person*› arreglado, prolijo (RPl); ‹*appearance*› cuidado, acicalado; ‹*garden*› cuidado, arreglado; **she was looking very ~** estaba muy arreglada *or* (hum) peripuesta

sprucely /ˈspruːsli/ *adv* ‹*dressed*› de punta en blanco

sprung[1] /sprʌŋ/ *past p* & (esp AmE) *past of* **spring**[1]

sprung[2] *adj* ‹*mattress*› de muelles, de resortes (AmL)

spry /spraɪ/ *adj* **-er, -est** lleno de vida, dinámico

spud /spʌd/ *n* (colloq) papa *f or* (Esp) patata *f*; (*before n*): **~ bashing** (BrE colloq) *castigo en el ejército que consiste en pelar papas*

spume /spjuːm/ *n* [u] (liter) espuma *f*

spun[1] /spʌn/ *past & past p of* **spin**[2]

spun[2] *adj* ‹*silk/cotton*› hilado; **~ silver/gold** hilo *m* de plata/oro; **~ sugar** caramelo *m* hilado

spunk /spʌŋk/ *n* [u] **1** (courage) (colloq) agallas *fpl* (fam) **2** (semen) (BrE vulg) leche *f* (vulg)

spunky /ˈspʌŋki/ *adj* **-kier, -kiest** (colloq) con agallas (fam), agalludo (AmL fam)

spur[1] /spɜːr ‖ spɜː(r)/ *n*

A **1** espuela *f*; ***on the ~ of the moment*** sin pensarlo; **it was a ~-of-the-moment decision** fue una decisión del momento, lo decidí (*or* decidió *etc*) sin pensarlo *or* de improviso; ***to win* o *gain one's ~s*** demostrar* su (*or* mi *etc*) valía **2** (stimulus) acicate *m*, aguijón *m*; **driven by the ~ of ambition/passion** acicateado *or* aguijoneado por la ambición/pasión **3** (Zool) espolón *m*

B **1** (Geog) espolón *m*, ramal *m* **2** **~ (track)** (of railway, road) ramal *m*

spur[2] **-rr-** *vt* **1** (Equ) ‹*horse*› espolear **2** **~ (on)** (urge on) ‹*person/team*› estimular, alentar*; **this should ~ them (on) to greater efforts** esto debería estimularlos *or* alentarlos a esforzarse más; **~red (on) by dreams of wealth** aguijoneado *or* acicateado por sueños de riqueza

■ **spur** *vi* (arch) apretar* el paso

spur gear *n* ▸**spur wheel**

spurious /ˈspjʊriəs ‖ ˈspjʊəriəs/ *adj* **1** (not genuine) ‹*document*› falso, espurio **2** (dubious) ‹*argument/conclusion*› falaz, espurio

spuriously /ˈspjʊriəsli ‖ ˈspjʊəriəsli/ *adv* falsamente

spuriousness /ˈspjʊriəsnəs ‖ ˈspjʊəriəsnɪs/ *n* [u] lo espurio

spurn /spɜːrn ‖ spɜːn/ *vt* desdeñar, rechazar*

spurt[1] /spɜːrt ‖ spɜːt/ *n* **1** (of speed, activity): **she works in ~s** trabaja por rachas; **a final ~ won him the race** con un esfuerzo *or* (e)sprint final, ganó la carrera; **to put on a ~** acelerar, pisar el acelerador **2** (jet) chorro *m*; **~s of flame** llamaradas *fpl* (de fuego)

spurt[2] *vi* **1** ‹‹*runner*›› acelerar **2** ‹‹*liquid/steam*›› salir* a chorros

■ **spurt** *vt* ‹*liquid*› escupir

spur wheel *n* engranaje *m* cilíndrico

sputter /ˈspʌtər ‖ ˈspʌtə(r)/ *vi* ‹‹*engine*›› petardear; ‹‹*candle/fat*›› chisporrotear; **she was ~ing with rage/indignation** farfullaba de rabia/indignación

sputum /ˈspjuːtəm/ *n* [u] esputo *m*

spy[1] /spaɪ/ *n* (*pl* **spies**) espía *mf*; (*before n*) ‹*plane/satellite/ship*› espía *adj inv*; ‹*story*› de espías, de espionaje; **~ ring** red *f* de espionaje

spy[2] **spies, spying, spied** *vi* **1** (watch secretly) espiar*; **to ~ ON sb** espiar* a algn; **he used to ~ on them** solía espiarlos **2** (work as spy) espiar*; **he spied for both sides** espiaba para ambos bandos; **to ~ ON sth/sb** espiar* algo/a algn

■ **spy** *vt* descubrir*, ver*; **to play 'I ~'** (BrE) jugar* al veo-veo; **I ~ with my little eye something beginning with 's'** (BrE) veo, veo una cosa que empieza con 's'

Phrasal verb

• **spy out** [v + adv + o] ‹*activities*› investigar*; ‹*person*› espiar*

spyglass /ˈspaɪɡlæs ‖ ˈspaɪɡlɑːs/ *n* catalejo *m*

spyhole /ˈspaɪhəʊl/ *n* mirilla *f*, ojo *m* mágico (AmL)

spy-in-the-cab /ˌspaɪɪnðəˈkæb/ *n* (BrE colloq) ▸**tachograph**

spymaster /ˈspaɪˌmæstər ‖ ˈspaɪˌmɑːstə(r)/ *n* jefe, -fa *m,f* de espías

spyware /ˈspaɪwer ‖ ˈspaɪweə(r)/ *n* [u] (Comput) programa *m* espía

sq ▸ⓘ **p.1757** *adj* (**= square**) **220 ~ m** 220 m²

Sq (**= Square**) Pza.

SQL = Structure Query Language

squabble[1] /ˈskwɑːbəl ‖ ˈskwɒbəl/ *vi* pelear(se), reñir*; **to ~ ABOUT o OVER sth** pelear(se) *or* reñir* POR algo

squabble[2] *n* pelea *f*, riña *f*

squabbling /ˈskwɑːblɪŋ ‖ ˈskwɒblɪŋ/ *n* [u] peleas *fpl*, riñas *fpl*

squad /skwɑːd ‖ skwɒd/ *n* **1** (Mil) pelotón *m*; (of workmen) cuadrilla *f*, brigada *f* **2** (of policemen) brigada *f*; **bomb ~** artificieros *mpl*, grupo *m* de desactivación de explosivos; **death**

S

~ escuadrón *m* de la muerte; **drug** *o* **narcotics** ~ brigada *f* antidroga *or* de estupefacientes **3** (Sport) equipo *m*

squad car *n* (AmE) coche *m or* (AmL tb) auto *m* patrulla, patrullero *m* (CS, Per)

squaddie /'skwɑːdi || 'skwɒdi/ *n* (BrE colloq) soldado *m* raso, guripa *m* (Esp arg)

squadron /'skwɑːdrən || 'skwɒdrən/ *n* **1** (Mil) escuadrón *m* **2** (Naut) escuadra *f* **3** (Aviat) escuadrón *m*

squadron leader *n* (BrE) mayor *m or* (Esp) comandante *m* (*en la fuerza aérea*)

squalid /'skwɑːləd || 'skwɒlɪd/ *adj* **1** (dirty, rundown) ‹*existence/house*› miserable **2** (sordid) ‹*story/business*› sórdido

squall[1] /skwɔːl/ *n*
A (storm) borrasca *f*, turbión *m*; **~s of rain** chubascos *mpl*, aguaceros *mpl*; **there are ~s ahead** va a haber problemas
B (cry) chillido *m*, berrido *m*

squall[2] *vi* «*baby/child*» chillar, berrear

squally /'skwɔːli/ *adj* **1** (weather) borrascoso **2** ‹*cry/voice*› chillón **3** ‹*meeting*› borrascoso, turbulento

squalor /'skwɑːlər || 'skwɒlə(r)/ *n* [u] miseria *f*; **to live in ~** vivir en la miseria

squander /'skwɑːndər || 'skwɒndə(r)/ *vt* ‹*money*› despilfarrar, derrochar; ‹*fortune*› dilapidar; ‹*opportunity/time*› desaprovechar, desperdiciar

square[1] /skwer || skweə(r)/ *n*
A **1** (shape) cuadrado *m*; (in fabric design) cuadro *m* **2** (of cloth, paper) (trozo *m*) cuadrado *m*; **a silk (head) ~** un pañuelo de seda cuadrado **3** (on chessboard) casilla *f*, escaque *m*; (in crossword) casilla *f*; ***to go back to ~ one*** volver* a empezar desde cero
B **1** (in town, city) plaza *f* **2** (in barracks) patio *m*
C (Math) cuadrado *m*; **the ~ of 5 is 25** el cuadrado de 5 es 25
D (instrument) escuadra *f*
E (conventional person) (colloq) soso, -sa *m,f* (fam), carroza *mf* (Esp fam), zanahorio, -ria *m,f* (Col, Ven fam)

square[2] *adj* **squarer, squarest**
A **1** ‹*box/table/block*› cuadrado; **the room is 15 feet ~** la habitación mide 15 (pies) por 15 (pies) **2** (having right angles) ‹*corner/side/edges*› en ángulo recto, a escuadra; **to cut sth on the ~** cortar algo a escuadra; ‹*cloth*› cortar algo al hilo; **to be out of ~** estar* en falsa escuadra; ***to be on the ~*** «*person*» ser* honrado, ser* derecho (fam); «*contract/papers*» estar* en regla **3** (of body) ‹*face*› cuadrado; ‹*jaw*› angular, cuadrado; **of ~ build** de complexión fornida *or* robusta
B ▸❶ **p.1757** (Math) (*before n*) ‹*yard/mile*› cuadrado; **fifty ~ kilometers** cincuenta kilómetros cuadrados
C **1** (fair, honest): **he'll give you a ~ deal** no te va a engañar; **to be ~ WITH sb** ser* franco CON algn; **I'll be ~ with you** voy a ser franco contigo **2** (large and wholesome) (*before n*) ‹*meal*› decente; **he hasn't had a ~ meal for days** hace días que no come como Dios manda *or* que no hace una comida decente **3** (even) (*pred*): **let's call it all ~** digamos que estamos en paz *or* (AmL tb) a mano; **the teams were (all) ~** los equipos iban empatados *or* iguales; **to get ~ with sb** ajustarle las cuentas a algn
D (Sport) ‹*pass*› cruzado
E (conventional) (colloq) soso (fam), rígidamente convencional, carroza (Esp fam), zanahorio (Col, Ven fam)

square[3] *adv*: **~ in the middle of sth** justo en el medio de algo, en pleno centro de algo; **he hit me ~ on the mouth** me dio de lleno en la boca, me dio en plena boca; **to look sb ~ in the eye** mirar a algn (directamente) a los ojos

square[4] *vt*
A **1** (make square) ‹*angle/side*› cuadrar; **he ~d his shoulders** se puso derecho **2** (mark squares on) (*usu pass*) cuadricular
B (Math) elevar al cuadrado
C **1** (settle, make even) ‹*debts/accounts*› pagar*, saldar; **to ~ sth WITH sb** arreglar algo CON algn **2** (Sport) ‹*match/game*› igualar **3** (reconcile) ‹*facts/principles*› conciliar; **to ~ sth WITH sth** conciliar algo CON algo; **I couldn't ~ it with my conscience** mi conciencia no me lo permitía

■ **square** *vi* «*ideas/arguments*» concordar*; **to ~ WITH sth** concordar* *or* cuadrar CON algo

(Phrasal verbs)

• **square off**
A [v + o + adv, v + adv + o] **1** (make square) ‹*wood/corner*› cuadrar **2** (divide into squares) ‹*paper*› cuadricular
B [v + adv] (esp AmE) ▸**square up A2**

• **square up**
A [v + adv] **1** (settle debts) (colloq) **to ~ up (WITH sb)** arreglar cuentas (CON algn) **2** (prepare to fight) ponerse* en guardia
B [v + o + adv, v + adv + o] **1** ‹*account/debt*› saldar, pagar* **2** (colloq) ‹*disagreement/problem*› arreglar

• **square up to** [v + adv + prep + o] ‹*person/responsibilities*› hacer* frente a; **no one had the guts to ~ up to him** nadie se atrevía a hacerle frente *or* a enfrentársele

square-bashing /'skwer,bæʃɪŋ || 'skweə,bæʃɪŋ/ *n* [u] (BrE) (Mil) (colloq) *ejercicios de instrucción en el patio*

square brackets *pl n* (BrE) corchetes *mpl*, paréntesis *mpl* cuadrados *or* rectangulares

squared /skwerd || skweəd/ *adj* **1** ‹*paper*› cuadriculado **2** (Math) (*after n*) (elevado) al cuadrado

square dance *n* cuadrilla *f*

square-eyed /'skwer'aɪd || 'skweə(r)'aɪd/ *adj* (BrE hum) de ojos cuadrados

square-jawed /'skwer'dʒɔːd || ,skweə'dʒɔːd/ *adj* de mandíbula angular *or* cuadrada

square knot *n* (AmE) nudo *m* de rizo, lasca *f*

squarely /'skwerli || 'skweəli/ *adv* **1** (directly): **the blow hit him ~ on the nose** el golpe le dio de lleno en la nariz, el golpe le dio en plena nariz; **she looked him ~ in the face** lo miró directamente a la cara; **blame was placed ~ on the police** se culpó directamente a la policía **2** (honestly) ‹*deal/treat*› como es debido

square measure *n* medida *f* de superficie

Square Mile *n*: **the ~ ~** la City (*zona donde está situado el centro financiero de Londres*)

square number *n* número *m* (elevado al) cuadrado

square-rigged /'skwer'rɪgd || ,skweə'rɪgd/ *adj* con aparejo redondo *or* de cruz

square rigger *n* buque *m* con aparejo redondo *or* de cruz

square root *n* raíz *f* cuadrada

square-toed /'skwer'təʊd || ,skweə'təʊd/ *adj* de punta *or* puntera cuadrada

squash[1] /skwɑːʃ || skwɒʃ/ *n*
A (crush) (*no pl*): **it was quite a ~ fitting everybody in** hubo que apretarse *or* apretujarse mucho para que todos cupieran; **it was a terrible ~ on the train** íbamos (*or* iban *etc*) terriblemente apretados *or* apretujados en el tren
B [u] (Sport) squash *m*; **a game of ~** un partido de squash; (*before n*): **~ court** cancha de squash (AmL), pista *f* de squash (Esp); **~ racket** raqueta *f* de squash
C [u] (drink) (BrE) *refresco a base de extractos*; **orange ~** naranjada *f*
D [c u] (Bot, Culin) *nombre genérico de varios tipos de calabaza, zapallo, cidra etc*

squash[2] *vt*
A **1** (crush) ‹*package/fruit/insect*› aplastar, espachurrar (fam), apachurrar (AmC, Andes fam), espichar (Col); **his hat got ~ed (flat)** se le aplastó el sombrero **2** (squeeze) meter (*apretando*); **we can ~ one more into the back** podemos meter a uno más atrás; **we were all ~ed (up) against the wall** estábamos todos apiñados *or* apretujados contra la pared
B (suppress, silence) (colloq) ‹*protests/rumors*› acallar; **he needs to be ~ed now and then** de vez en cuando hay que bajarle los humos; **she ~ed Tom's arguments flat** echó por tierra los argumentos de Tom

■ **squash** *vi* (+ *adv compl*): **we all ~ed into his study** nos metimos todos en su despacho; **could I ~ in?** ¿quepo yo también?, ¿me puedo meter yo también?; **to ~ up** apretarse*; **ask them to ~ up a bit** diles que se aprieten un poco

squash racquets *n* (Sport) (+ *sing vb*) squash *m*

squashy /'skwɑːʃi || 'skwɒʃi/ *adj* **-shier, -shiest** ‹*fruit*› blando; ‹*ground*› húmedo y mullido

squat[1] /skwɑːt || skwɒt/ *vi* **-tt-**
A (crouch) agacharse, ponerse* en cuclillas; **two children ~ting behind the bushes** dos niños agachados *or* en cuclillas detrás de los arbustos; **he ~ted (down) on his heels** se sentó en cuclillas
B (in building, on land) *ocupar un inmueble ajeno sin autorización*

squat[2] *n*
A (Sport) flexión *f* de piernas
B (BrE) **1** (place) *vivienda o tierra ocupada sin autorización* **2** (action) ocupación *f* ilegal

squat[3] *adj* **-tt-** ‹*person*› rechoncho y bajo, retacón (RPl); ‹*building/tower/church*› achaparrado

squatter /'skwɑːtər || 'skwɒtə(r)/ *n* **1** (in building, on land) ocupante *mf* ilegal, ocupa *or* okupa *mf* (Esp), paracaidista *mf* (Méx); **to claim ~'s right** *o* (BrE) **rights** *alegar derechos de propiedad por haber ocupado un inmueble durante determinado período de tiempo* **2** (Hist) (AmE & Austral) colono, -na *m,f* ilegal

squat thrust *n*: *ejercicio que consiste en ponerse de rodillas con las manos en el suelo y estirar alternadamente cada pierna hacia atrás*

squaw /skwɔː/ *n* india *f* (*de tribu norteamericana*)

squawk[1] /skwɔːk/ *n* **1** (of bird) graznido *m*; **she gave** *o* **let out a ~** pegó un chillido **2** (complaint) (colloq) queja *f*; **what's your ~?** (AmE) ¿por qué gruñes *or* rezongas?, ¿de qué te quejas?

squawk[2] *vi* **1** (cry) «*bird*» graznar; «*person*» chillar **2** (complain) (colloq) gruñir, rezongar*

squawk box *n* (AmE colloq) altavoz *m or* (AmL tb) (alto)parlante *m* (*de sistema de intercomunicación*)

squeak[1] /skwiːk/ *n*
A (of animal, person) chillido *m*; (of hinge, pen) chirrido *m*; (of shoes) crujido *m*; **to give** *o* **let out a ~** pegar* un chillido; **any messages from New York? — not a ~** ¿algún mensaje de Nueva York? — ni una palabra *or* (fam) ni pío; **I don't want to hear a ~ out of anyone** (colloq & hum) no quiero que se oiga ni el vuelo de una mosca
B (escape) (colloq): **a narrow** *o* (AmE also) **close ~**: **we got there in time, but it was a narrow ~** llegamos a tiempo, pero por un pelo *or* por los pelos (fam); **she's never actually had an accident, but she's had several narrow ~s** nunca ha llegado a tener un accidente pero se ha salvado por un pelo *or* por los pelos varias veces (fam)

squeak[2] *vi* **1** «*animal/person*» chillar; «*hinge/pen*» chirriar*; «*shoes*» crujir **2** (pass by a narrow margin): **to ~ past/through** pasar raspando (fam)

■ **squeak** *vt* chillar, gritar

(Phrasal verbs)

• **squeak in** [v + adv] salir* elegido por un margen muy estrecho *or* (fam) por un pelo

• **squeak out** [v + adv + o] (AmE) ‹*win/victory*› conseguir* por un pelo (fam)

squeaker /'skwiːkər || 'skwiːkə(r)/ *n*
A (for parties) matasuegras *f*
B (in competitions) (AmE colloq): **the game was a real ~** el partido se perdió/ganó por los pelos *or* (AmL) por un pelo (fam)

squeaky /'skwiːki/ *adj* **-kier, kiest** ‹*hinge/pen*› chirriante; ‹*voice*› chillón, de pito; **~ clean** limpísimo, super limpio (fam)

squeal[1] /skwiːl/ *vi* **1** (make noise) «*person/animal*» chillar; «*brakes/tires*» chirriar*, rechinar **2** (inform) (colloq) cantar (fam), chivarse (Esp fam), sapear (Ven fam); **to ~ ON sb** delatar a algn,

S

sapear a algn (Ven fam) **3** (protest) chillar, quejarse
■ **squeal** *vt* chillar, gritar

squeal² *n* (of animal) chillido *m*; (of person) grito *m*, chillido *m*; (of brakes, tires) chirrido *m*; **with ~s of laughter/delight** con carcajadas/gritos *or* chillidos de regocijo; **~s of protest** gritos de protesta; **~s of pain** gritos *or* chillidos *or* alaridos de dolor

squeamish /'skwi:mɪʃ/ *adj* **1** (affected by the sight of blood etc) impresionable, aprensivo; (fastidious) delicado, remilgado; **I couldn't be a doctor: I'm too ~** no podría ser médico, soy demasiado impresionable *or* aprensivo; **I'll clean it up, I'm not ~** yo lo limpio, a mí no me da asco *or* yo no soy delicado; **don't be so ~!** ¡no seas tan delicado *or* remilgado!; **I'm ~ about eating snails** me da aprensión *or* asco comer caracoles **2** (morally) escrupuloso

squeamishness /'skwi:mɪʃnəs ‖ 'skwi:mɪʃnɪs/ *n* [u] **1** (physical) aprensión *f*; (fastidiousness) remilgos *mpl*; (revulsion) repugnancia *f*, asco *m* **2** (moral) escrúpulos *mpl*

squeegee, (BrE also) **squeegee mop** /'skwi:dʒi:/ *n*: *escobilla de goma para secar superficies*, perezoso *m* (Arg), lampazo *m* (Ur)

squeeze¹ /skwi:z/ *n*
A [c] **1** (application of pressure) apretón *m*; **he gave her hand a reassuring ~** le dio un apretón de manos tranquilizador; **to put the ~ on sb** (colloq) apretar* a algn **2** (restrictions): **a credit ~** una restricción crediticia; **a housing ~** recortes *mpl* en el presupuesto para la vivienda; **a ~ ON sth**: **they are planning a ~ on health and education spending** piensan recortar el presupuesto destinado a salud y educación **3** (embrace) apretón *m* **4** (small amount — of toothpaste, glue) poquito *m*, pizca *f*; (— of lemon) gota *f*, chorrito *m*
B (confined, restricted condition) (colloq) (*no pl*): **it will be a (tight** *o* **narrow) ~, but there's room for one more** vamos (*or* van *etc*) a estar apretados, pero cabe uno más; **we'll be in a tight ~ for a while financially** vamos a estar apretados (de dinero) *or* vamos a pasar aprietos por tiempo

squeeze² *vt* **1** (press) ‹*tube/pimple*› apretar*, espichar (Col); ‹*lemon*› exprimir; **he ~d her hand/arm** le apretó la mano/el brazo; **to ~ the trigger** apretar* el gatillo; **to ~ a cloth (out)** retorcer* *or* escurrir un trapo; ***to ~ sb dry*** exprimir a algn, dejar seco a algn (fam) **2** (extract) ‹*liquid/juice*› extraer*, sacar*; **he tried to ~ more money out of them** trató de sacarles más dinero; **the company has been ~d out by foreign competition** la compañía se ha visto desplazada por la competencia extranjera **3** (apply constraints to): **manufacturers say they are being ~d too hard** los industriales se quejan de que los están asfixiando; **profit margins have been ~d** los márgenes de ganancia se han visto reducidos considerablemente **4** (force, fit) meter; **I can ~ one more into the car** yo puedo meter *or* hacerle sitio a uno más en el coche; **a small house ~d (in) between two huge buildings** una casita metida *or* apretada entre dos edificios enormes; **I can ~ you in tomorrow morning** le puedo hacer un huequito mañana por la mañana; ***to ~ one's way*** abrirse* camino con dificultad
■ **squeeze** *vi*: **we ~d in as the doors were closing** nos metimos cuando se cerraban las puertas; **they ~d in through the hole** se metieron por el agujero; **if you move up, I can ~ in** si te corres, quepo yo también *or* me puedo meter yo también; **they ~d through to the semi-finals** pasaron raspando a las semifinales (fam)

squeeze bottle *n* botella *f* exprimible, botella *f* de plástico blando

squeeze box *n* (colloq) (accordion) acordeón *m*; (concertina) concertina *f*

squeezer /'skwi:zər ‖ 'skwi:zə(r)/ *n* (esp BrE) exprimidor *m*

squelch¹ /skweltʃ/ *vi* «*shoes/hooves*» *hacer* un ruido como de succión*; **they went ~ing through the mud** iban chapoteando por el barro
■ **squelch** *vt* (AmE colloq) aplastar, sofocar*; ‹*person*› bajarle los humos a

squelch² *n*
A (noise) *ruido como de succión*
B (retort) (AmE colloq) contestación *f* aplastante

squib /skwɪb/ *n* **1** (firework) (esp BrE) petardo *m*, buscapiés *m*, vieja *f* (Chi); ***a damp ~*** (BrE colloq) un fiasco **2** (lampoon) sátira *f*

squid /skwɪd/ *n* (*pl* **~**) calamar *m*; (small) chipirón *m*; **fried ~** calamares a la romana

squiffed /skwɪft/ *adj* (AmE colloq) achispado (fam), entonado (Chi fam)

squiffy /'skwɪfi/ *adj* **-fier, -fiest** (BrE colloq & dated) achispado (fam), alegre (euf); **to get ~** achisparse (fam)

squiggle¹ /'skwɪgəl/ *n* **1** (line) garabato *m* **2** (movement) culebreo *m*

squiggle² *vi* (AmE) retorcerse*

squiggly /'skwɪgli/ *adj* **-glier, -gliest** ‹*writing/signature*› garabateado, garrapatoso; ‹*line*› serpenteante

squint¹ /skwɪnt/ *n* (condition) bizquera *f*, estrabismo *m*; **to have a slight ~** ser* un poco bizco, tener* un poco de estrabismo; ***to have*** *o* ***take a ~ at sth*** (colloq) echarle una miradita a algo (fam); **let's have a ~** ¿a ver?

squint² *vi* **1** (attempting to see) entrecerrar* los ojos; **he ~ed down the barrel of the gun** miró por el cañón de la escopeta entrecerrando los ojos; **to ~ AT sth/sb** mirar algo/a algn entrecerrando los ojos **2** (be cross-eyed) bizquear, torcer* la vista; **he has a tendency to ~** tiene tendencia a bizquear *or* a torcer la vista

squint-eyed /'skwɪntaɪd/ *adj* bizco, estrábico, turnio (esp Chi)

squire¹ /skwaɪr ‖ 'skwaɪə(r)/ *n* **1** (Hist, Mil) escudero *m*; **a knight and his ~** un caballero y su escudero **2** (in UK: landowner) señor *m*; **the local ~** el señor del lugar; **he lives the life of a country ~** vive como un hacendado *or* señorito **3** (*as form of address*) (BrE colloq) jefe

squire² *vt* (dated *or* hum) escoltar

squirearchy /'skwaɪrɑ:rki ‖ 'skwaɪərɑ:ki/ *n* (*pl* **-chies**) pequeña aristocracia *f* rural

squirm /skwɜ:rm ‖ skwɜ:m/ *vi* **1** (move) retorcerse*; **he ~ed out through the bars** se escurrió por entre los barrotes; **he'll try to ~ out of doing it** va a tratar de librarse de hacerlo, va a tratar de hurtarle *or* (AmL tb) de sacarle el cuerpo **2** (feel embarrassed): **I still ~ when I remember** aún hoy me quiero morir (de vergüenza) cuando me acuerdo; **her voice makes me ~** su voz me pone los pelos de punta (fam); **she ~ed with embarrassment** le dio mucha vergüenza, no sabía dónde meterse de la vergüenza

squirrel /skwɜ:rl ‖ 'skwɪrəl/ *n* ardilla *f*

Phrasal verb
• **squirrel away -ll-** [v + o + adv, v + adv + o] poner* a buen recaudo, guardar

squirt¹ /skwɜ:rt ‖ skwɜ:t/ *n*
A (stream) chorrito *m*; **add a ~ of soda** agréguele un chorrito de soda
B (person) (colloq) mequetrefe *m* (fam)

squirt² *vt* ‹*liquid*› echar un chorro de; **he ~ed some soda into his wine** le echó un chorro de soda al vino; **they ~ed him with water** lo rociaron con agua
■ **squirt** *vi* «*liquid*» salir* a chorros

squirt gun *n* (AmE) ▸**water pistol**

squishy /'skwɪʃi/ **-shier, -shiest** *adj* ‹*ground*› fangoso; ‹*fruit*› blando

Sr (= **Senior**) Sr.

SRAM *n* (= **static random access memory**) SRAM *m*

Sri Lanka /sri:'lɑ:ŋkə, ʃri:- ‖ srɪ'læŋkə, ʃrɪ-/ *n* Sri Lanka *m*

Sri Lankan¹ /sri:'lɑ:ŋkən, ʃri:- ‖ srɪ'læŋkən, ʃrɪ-/ *adj* esrilanqués

Sri Lankan² *n* esrilanqués, -quesa *m,f*

SRN *n* (in UK) = **State Registered Nurse**

SRO **1** (in US) = **single room occupancy** **2** = **standing room only**

SS **1** (Naut) = **steamship** **2** (in Nazi Germany) SS *f* **3** (Relig) (= **saints**) Stos., Stas.

SSE (= **south-southeast**) SSE

SSRC *n* (in UK) = **Social Science Research Council**

SSSI *n* (in UK) = **Site of Special Scientific Interest**

SSW (= **south-southwest**) SSO

St **1** (= **Saint**) S(an), Sta. **~ Thomas** Sto. Tomás **2** (= **Street**) c/; **21 Washington ~** c/ Washington 21

stab¹ /stæb/ *n* **1** (with knife) puñalada *f*, cuchillada *f*, navajazo *m*; **he made a ~ at me with his knife** intentó apuñalarme *or* acuchillarme; ***a ~ in the back*** una puñalada trapera *or* por la espalda; ***to have*** *o* ***make*** *o* ***take a ~ at sth*** intentar algo; (*before n*): **~ wound** herida *f* de arma blanca, puñalada *f*, cuchillada *f* **2** (sudden sensation): **a ~ of pain** una punzada de dolor, un dolor punzante *or* agudo; **she felt a sudden ~ of guilt/regret** la acometió un sentimiento de culpabilidad/de arrepentimiento

stab² -bb- *vt* (with knife) apuñalar, acuchillar; **he had been ~bed to death** había muerto apuñalado *or* acuchillado, lo habían matado a puñaladas *or* a cuchilladas *or* a navajazos; **he ~bed the air with his finger as he spoke** hendía el aire con el índice mientras hablaba; **he ~bed the needle into my arm** me clavó la aguja en el brazo; ***to ~ sb in the back*** darle* una puñalada trapera *or* por la espalda a algn
■ **stab** *vi* **1** **to ~ AT sth/sb**: **the pain is like a knife ~bing at the muscle** el dolor es como un cuchillo que se te clava en el músculo; **he ~bed at the letter with his finger** señalaba la carta golpeándola con el dedo **2** **stabbing** *pres p* ‹*pain/sensation*› punzante

stabbing /'stæbɪŋ/ *n* apuñalamiento *m*

stability /stə'bɪləti/ *n* [u] **1** (of situation, temperament) estabilidad *f* **2** (Aerosp, Auto, Chem) estabilidad *f*

Stability and Growth Pact *n* (EU) Pacto *m* de Estabilidad y Crecimiento

stabilization /ˌsteɪbələ'zeɪʃən ‖ ˌsteɪbəlaɪ'zeɪʃən/ *n* [u] estabilización *f*

stabilize /'steɪbəlaɪz ‖ 'steɪbəlaɪz/ *vt* estabilizar*
■ **stabilize** *vi* estabilizarse*

stabilizer /'steɪbəlaɪzər ‖ 'steɪbɪlaɪzə(r)/ *n*
A (steadying device — on ship) estabilizador *m*; (— on plane, spaceship) estabilizador *m*, empenaje *m*; (— on bicycle) estabilizador *m*
B **1** (Chem) estabilizador *m* **2** (Culin) estabilizante *m*

stable¹ /'steɪbəl/ *adj* **-bler, -blest** **1** (firm, steady) ‹*structure/platform*› estable, sólido; ‹*relationship/government*› estable; ‹*economy/currency*› estable; **the patient's condition is ~** el estado del paciente es estacionario **2** (Psych) equilibrado **3** (Chem, Phys) estable

stable² *n*
A (building) (*often pl*) (for horses) caballeriza *f*, cuadra *f*; (for other livestock) establo *m*; **Jesus was born in a ~** Jesús nació en un pesebre *or* establo; (*before n*): **~ boy** *o* **lad/girl** mozo *m* /moza *f* de cuadra; ▸**door 1**
B (training establishment) cuadra *f*; **another movie from the same ~ as ...** otra película de la productora de ...

stable³ *vt* poner* *or* guardar en la cuadra

stable companion *n* ▸**stablemate**

stablemate /'steɪbəlmeɪt/ *n* (horse) compañero, -ra *m,f* de cuadra; (person) colega *mf*; **the new model is larger than its ~s** el nuevo modelo es más grande que los demás de su línea

staccato¹ /stə'kɑ:təʊ/ *adj* (Mus) staccato; ‹*voice/delivery*› entrecortado

staccato² *adv* staccato

stack¹ /stæk/ *n*
A **1** (pile — of wood, books, plates) montón *m*, pila *f*; (— of wheat, hay) almiar *m*; (— of rifles) pabellón *m* (de fusiles) **2** (many, much) (colloq) (*often pl*) montón *m* (fam), pila *f* (AmS fam); **I've got ~s** *o* **a ~ of homework** tengo montones *or* un montón de deberes, tengo pilas *or* una pila de deberes (AmS fam)
B (*chimney* ~) **1** (cañón *m* de) chimenea *f*

S

2 (*smoke* ~) columna *f* de humo; ▸**blow² C3** **3** (Geol) risco *m*
C **1** (in library) (*often pl*) estantería *f* **2** (Comput) pila *f*

stack² *vt*
A **1** ~ **(up)** (pile up) ‹*boxes/books/chairs*› amontonar, apilar **2** (load, fill) **to ~ sth WITH sth**: **he ~ed the shelves with the cans** llenó los estantes de latas, colocó las latas sobre los estantes; **the table was ~ed high with crockery** sobre la mesa había un montón de loza
B **1** (prearrange): **to ~ the deck** *o* (BrE) **cards** arreglar la baraja; **the cards** *o* **odds are ~ed against them** las circunstancias les son desfavorables, llevan las de perder **2** ‹*jury/meeting*› amañar, arreglar
■ **stack** *vi*: **do the chairs ~?** ¿se pueden colocar las sillas unas sobre otras?

stack system *n* torre *f*, equipo *m* de música

stadium /ˈsteɪdiəm/ *n* (*pl* **-diums** *or* **-dia** /-diə/) estadio *m*

staff¹ /stæf || stɑːf/ *n*
A **1** (as group) (+ *sing o pl vb*) personal *m*; **our ~ is** *o* **are at your service** nuestro personal está a su servicio; **the teaching ~** el personal docente, el profesorado; **the editorial ~** los redactores, la redacción; **a member of ~** un empleado; **she has been on the ~ for years** hace años que forma parte del personal *or* de la planta *or* (Esp) de la plantilla; **he joined the ~ in May** se incorporó al personal *or* (Esp tb) a la plantilla en mayo; (*before n*): **~ association** asociación *f* de empleados; **~ canteen** cantina *f or* comedor *m or* (Chi) casino *m* del personal; **~ discount** descuento *m* para el personal; **~ meeting** (Educ) reunión *f* de profesores; **~ training** formación *f or* capacitación *f* del personal **2** (as individuals) BrE (*pl* ~) (+ *pl vb*) empleados *mpl*; **some ~ are unhappy about the changes** algunos (de los) empleados no están contentos con los cambios **3** (Mil) (+ *sing o pl vb*) Estado *m* Mayor; (*before n*) ‹*officer*› del Estado Mayor
B (*pl* **staffs** *or* **staves** /steɪvz/) **1** (stick) bastón *m*; (of bishop) báculo *m*, cayado *m*; **~ of office** bastón *m* de mando; **the ~ of life** (hum) el pan de cada día **2** (*flag* ~) asta *f*‡
C (Mus) ▸**stave B**

staff² *vt* ‹*department/school/shop*› proveer* *or* dotar de personal; **the restaurant is very well ~ed** el restaurante está muy bien provisto de personal

staffer /ˈstæfər || ˈstɑːfə(r)/ *n* empleado, -da *m,f* de planta *or* (Esp) de plantilla

staffing /ˈstæfɪŋ || ˈstɑːfɪŋ/ *n* [u] dotación *f* de personal; (*before n*): **to reduce ~ levels** reducir* el número de empleados, reducir* la plantilla (Esp)

staff nurse *n* (BrE) enfermero, -ra *m,f* jefe

staff-pupil ratio /ˈstæfˈpjuːpəl || ˈstɑːfˈpjuːpɪl/ *n* proporción *f* personal-alumnos

staffroom /ˈstæfrʊm, -ruːm || ˈstɑːfruːm, -rʊm/ *n* (BrE) sala *f* de profesores

Staffs = **Staffordshire**

staff sergeant *n*: *oficial de rango superior al de sargento*

stag¹ /stæg/ *n*
A (Zool) ciervo *m*, venado *m*
B (BrE) (Fin) *especulador al alza que compra valores de una nueva emisión para obtener beneficios rápidos*

stag² *adj* (colloq) (*before n, no comp*) sólo para hombres; *see also* **stag night**, **stag party**

stag³ *adv* (colloq) ‹*go/dine*› sin mujeres

stag⁴ *vt*: *comprar (valores de una nueva emisión) para obtener beneficios rápidos*

stag beetle *n* ciervo *m* volante *or* volador

stage¹ /steɪdʒ/ *n*
A **1** (platform) tablado *m*; (in theater) escenario *m*; **to go on ~** salir* a escena *or* al escenario; **to hold the ~** cautivar al público; **an important figure on the world/international ~** una importante figura de la escena mundial/internacional; ***to set the ~ for sth*** crear el marco para algo; (*before n*): **~ costumes** vestuario *m*; **~ designer** escenógrafo, -fa *m,f*; **~ director** director, -tora *m,f* de escena; **~ door** entrada *f* de artistas; **~ effects** efectos *m* escénicos; **~ lighting** iluminación *f* escénica; **~ presence** presencia *f* escénica; **~ set** decorado *m*, escenografía *f*; **~ show** función *f or* representación *f* teatral **2** (medium): **the ~** el teatro; **he doesn't write exclusively for the ~** no escribe sólo obras de teatro; **his ambition was to appear on the London ~** su ambición era actuar en los escenarios londinenses; (*before n*): **~ adaptation** adaptación *f* teatral *or* para la escena **3** (profession): **the ~** el teatro, las tablas (period); **to go on the ~** hacerse* actor/actriz; **to leave the ~** dejar el teatro, abandonar las tablas (period); (*before n*) ‹*actress*› de teatro; **~ name** nombre *m* artístico
B (in development, activity) fase *f*, etapa *f*; **the project is in its final ~(s)** el proyecto está en su última fase *or* etapa; **the various ~s of development of the fetus** las distintas fases *or* etapas *or* (frml) los distintos estadios del desarrollo embrionario; **the early/late ~s of pregnancy** los primeros/últimos meses del embarazo; **at a later ~** más adelante; **at this late ~, there is little we can do** a estas alturas, poco es lo que podemos hacer; **we'll need to discuss this at some ~** en algún momento vamos a tener que hablar de esto; **at this ~ in the game** a esta altura del partido; **I'd reached the ~ where I didn't care any more** había llegado a un punto en que ya no me importaba; **by this ~, we were all exhausted** a esas alturas, ya estábamos todos agotados; **it's just a ~ she's going through** no es más que una etapa que está atravesando; **to do sth in ~s** hacer* algo por etapas; **French grammar in** *o* **by ~s** la gramática francesa paso a paso
C (of rocket) fase *f*; **a three-~ rocket** un cohete de tres fases
D (stagecoach) (arch) diligencia *f*

stage² *vt*
A **1** (carry out, hold) ‹*festival/event*› organizar*, montar; ‹*strike/demonstration*› hacer*; ‹*attack*› llevar a cabo, perpetrar; ‹*coup*› dar*; **the team ~d a dramatic recovery** el equipo se rehabilitó de forma espectacular; **she ~d a comeback five years later** hizo su reaparición cinco años más tarde **2** (engineer, arrange) arreglar, orquestar; **the interview was obviously ~d** la entrevista fue obviamente arreglada *or* orquestada
B (Theat) ‹*play*› poner* en escena, representar

stagecoach /ˈsteɪdʒkəʊtʃ/ *n* diligencia *f*

stagecraft /ˈsteɪdʒkræft || ˈsteɪdʒkrɑːft/ *n* [u] técnica *f* escénica, escenotecnia *f*

stage direction *n* acotación *f*

stage fright *n* [u] miedo *m* escénico, miedo *m* a salir a escena

stagehand /ˈsteɪdʒhænd/ *n* tramoyista *mf*

stagemanage /ˈsteɪdʒˌmænɪdʒ/ *vt* ‹*event/demonstration*› orquestar, arreglar; ‹*play*› dirigir*

stage manager *n* director, -tora *m,f* de escena

stagestruck /ˈsteɪdʒstrʌk/ *adj*: **to be ~** sentirse* fascinado por el mundo del teatro

stage whisper *n* aparte *m*

stagey *adj* ▸**stagy**

stagflation /stægˈfleɪʃən/ *n* [u] estagflación *f*, estanflación *f*

stagger¹ /ˈstægər || ˈstægə(r)/ *vi* tambalearse; **she ~ed into the room/to the bed** entró en la habitación/se acercó a la cama tambaleándose *or* haciendo eses
■ **stagger** *vt*
A (amaze) dejar estupefacto *or* helado *or* pasmado
B ‹*shifts/payments*› escalonar; ‹*joints/spokes*› (*oft pass*) alternar

stagger² *n* (*no pl*) tambaleo *m*; **he gave a ~** se tambaleó

staggered /ˈstægərd || ˈstægəd/ *adj*
A (amazed) estupefacto, helado, pasmado; **when she told me, I was absolutely ~** me quedé estupefacto *or* helado *or* pasmado cuando me lo dijo
B (alternating): **~ junction** *o* **crossroads** empalmes *mpl* contrarios sucesivos; **~ working hours** horario *m* escalonado

staggering /ˈstægərɪŋ/ *adj* asombroso, sorprendente; **they paid a ~ 2 million** pagaron la pasmosa suma *or* la friolera de 2 millones

staging /ˈsteɪdʒɪŋ/ *n*
A (Theat) **1** [c] (production) puesta *f* en escena, montaje *m* **2** [u] (stagecraft) técnica *f* escénica, escenotecnia *f*
B [u] (scaffolding) andamiaje *m*

staging area *n* (AmE) ▸**staging post**

staging post *n* escala *f*, parada *f*

stagnant /ˈstægnənt/ *adj* **1** ‹*water*› estancado; ‹*pool*› de agua estancada **2** ‹*economy/industry*› estancado, paralizado

stagnate /ˈstægneɪt || stægˈneɪt/ *vi* **1** «*water*» estancarse* **2** «*economy/industry*» estancarse* **3** «*person*» anquilosarse; **I'd been in the job ten years and I was stagnating** llevaba diez años en el mismo trabajo y me estaba anquilosando

stagnation /stægˈneɪʃən/ *n* [u] **1** (of water) estancamiento *m* **2** (of economy, industry) estancamiento *m*

stag night *n* **1** (for men only): **Thursday is ~ ~ at Harry's Bar** los jueves abren sólo para hombres en Harry's Bar; **they got together for a ~ ~** se juntaron para salir de juerga (fam) **2** ▸**stag party 1**

stag party *n* **1** (before wedding) despedida *f* de soltero **2** (all-male celebration) fiesta *f* para hombres, noche *f* de cuates (Méx)

stagy /ˈsteɪdʒi/ *adj* **-gier, -giest** efectista, excesivamente teatral

staid /steɪd/ *adj* **-er, -est** serio, formal; ‹*clothes*› serio, sobrio; (pej) aburrido

staidness /ˈsteɪdnəs || ˈsteɪdnɪs/ *n* seriedad *f*, formalidad *f*

stain¹ /steɪn/ *n* **1** (dirty mark) mancha *f*; **blood ~** mancha de sangre; **I couldn't get the ~ out** no pude quitar la mancha, la mancha no salió **2** (dye) tintura *f*, tinte *m* **3** (on character) mancha *f*, mácula *f* (liter)

stain² *vt* **1** (mark) ‹*clothes/skin*› manchar; **to be ~ed WITH sth** estar* manchado DE algo; **a badly ~ed tablecloth** un mantel muy manchado **2** (dye) ‹*wood*› teñir*; ‹*cells/specimen*› teñir*
■ **stain** *vi* **1** «*wine/tea*» manchar **2** «*fabric*» mancharse **3** (Biol) «*cell*» teñirse*; **to ~ blue/red** teñirse* de azul/rojo

-stained /steɪnd/ *suff*: **ink~/sweat~** manchado de tinta/sudor

stained glass /steɪnd/ *n* [u] vidrio *m or* cristal *m* de colores; (*before n*): **~ ~ window** vitral *m*, vidriera *f* (de colores)

stainless¹ /ˈsteɪnləs || ˈsteɪnlɪs/ *adj* sin tacha, sin mancha

stainless² *n* [u] (AmE colloq) acero *m* inoxidable

stainless steel *n* [u] acero *m* inoxidable; (*before n*) ‹*blade/cutlery*› de acero inoxidable

stain remover *n* [c u] quitamanchas *m*

stair /ster || steə(r)/ *n* **stairs** *pl* **1** (flight of stairs) escalera(s) *f(pl)*; **to fall down the ~s** caerse* por la(s) escalera(s); **at the foot of the ~s** al pie de la(s) escalera(s); **he shouted from the top of the ~s** gritó desde arriba; **life below ~s** (BrE) la vida de la servidumbre **2** (stairway) escalera(s) *f(pl)* **3** (single step) escalón *m*, peldaño *m*; (*before n*): **~ carpet** alfombra *f* de escalera; **~ rail** barandilla *f*, baranda *f*; **~ rod** varilla *f* (*que sujeta la alfombra de la escalera*)

staircase /ˈsterkeɪs || ˈsteəkeɪs/ *n* escalera(s) *f(pl)*

stairclimber /ˈsterklaɪmər || ˈsteəklaɪmə(r)/ *n* (Sport) (máquina) *f* escaladora *f*

stairgate /ˈstergeɪt || ˈsteəgeɪt/ *n* puerta *f* de protección (*en una escalera*)

stairlift /ˈsterlɪft || ˈsteəlɪft/ *n* salvaescaleras *m*, subescaleras *m*

stairway /ˈsterweɪ || ˈsteəweɪ/ *n* escalera(s) *f(pl)*

stairwell /ˈsterwel || ˈsteəwel/ *n* caja *f or* hueco *m or* (Méx) cubo *m* de la escalera

stake¹ /steɪk/ *n*
A (pole) estaca *f*; **to die/be burned at the ~**

morir*/ser* quemado en la hoguera; ***to pull up* ~*s*** (AmE colloq) levantar campamento

B **1** (bet) apuesta *f*; **the ~s are high** es mucho lo que está en juego; **they are playing for high ~s** tienen mucho en juego, están arriesgando mucho; **to be at ~** estar* en juego; **she has too much at ~** se juega demasiado en ello, le va demasiado en ello **2** (interest): **to have a ~ in a company** tener* participación *or* intereses en una compañía; **they have a ~ in the success of the venture** les interesa que la empresa sea un éxito; **we parents naturally have a ~ in our children's future** como padres, es natural que nos incumba el futuro de nuestros hijos

C **stakes** *pl* (race) (+ *sing o pl vb*) *carrera en la cual los dueños de los caballos que compiten contribuyen al monto del premio*; **she's second in the popularity ~s** ocupa el segundo lugar en el índice de popularidad; **they have fallen behind in the salary ~s** se han quedado atrás (con respecto a otras profesiones) en cuanto a remuneración

stake² *vt*

A (risk) ‹*money/reputation/life*› jugarse*; **to ~ sth ON sth**: **I'd ~ my last dime on it** me jugaría hasta el último centavo a que es así; **she ~d her reputation on the result of the experiment** su reputación dependía del resultado del experimento

B **1** (mark with stakes) marcar* con estacas, estacar*; **the government was quick to ~ its claim** el gobierno se apresuró a reclamar su parte *or* a reivindicar su derecho **2** (support with stakes) ‹*tree/plant*› arrodrigar* **3** (tether) ‹*goat*› atar a un poste

Phrasal verb

- **stake out** [v + o + adv, v + adv + o] (colloq) mantener* vigilado

stakeholder /ˈsteɪk,həʊldər || ˈsteɪk ,həʊldə(r)/ *n* **1** (in gambling) depositario, -ria *m,f* de una apuesta; (in purchases) depositario, -ria *m,f* de una entrega *or* (AmL) cuota inicial, depositario, -ria *m,f* de una entrada (Esp), depositario, -ria *m,f* de un pie (Chi) **2** (interested party) interesado, -da *m,f*

stakeholder pension *n* (in UK) plan *m* de pensiones privado

stakeout /ˈsteɪkaʊt/ *n* (sl) operación *f* de vigilancia

stalactite /stəˈlæktaɪt, ˈstælək- || ˈstæləktaɪt/ *n* estalactita *f*

stalagmite /stəˈlægmaɪt, ˈstæləg- || ˈstæləg maɪt/ *n* estalagmita *f*

stale /steɪl/ *adj* **staler, stalest** **1** ‹*bread*› no fresco, añejo (fam); (hard) duro; ‹*butter/cheese*› rancio; ‹*beer*› pasado; ‹*air*› viciado **2** (hackneyed) ‹*joke/news*› añejo, viejo; ‹*ideas*› trasnochado **3** (jaded): **I changed jobs because I was getting ~** cambié de trabajo porque me estaba anquilosando

stalemate¹ /ˈsteɪlmeɪt/ *n* [u c] (in chess) tablas *fpl* (*por ahogar al rey*); **to be at a ~** estar* en un punto muerto *or* en un impasse, estar* paralizado; **negotiations reached ~** las negociaciones llegaron a un punto muerto *or* a un impasse

stalemate² *vt*: **the game was ~d** la partida quedó en tablas (*por haber sido ahogado uno de los reyes*); **the negotiations are ~d** las negociaciones están en un punto muerto *or* en un impasse

staleness /ˈsteɪlnəs || ˈsteɪlnɪs/ *n* [u] **1** (of cheese) lo rancio; (of bread) lo viejo; (of air) lo viciado **2** (of news, joke) lo añejo *or* viejo **3** (of person) anquilosamiento *m*

Stalin /ˈstɑːlən || ˈstɑːlɪn/ *n* Stalin

Stalinist¹ /ˈstɑːlənəst || ˈstɑːlɪnɪst/ *n* estalinista *mf*

Stalinist² *adj* estalinista

stalk¹ /stɔːk/ *n*

A **1** (of plant) tallo *m*; (of leaf, flower) pedúnculo *m*, tallo *m*; (of fruit) rabillo *m*, cabito *m* (RPl); (of cabbage, lettuce) troncho *m*, tronco *m*; **asparagus ~s** espárragos *mpl*; **she's got legs like ~s** tiene las piernas como palillos *or* (Méx) popotes; **his eyes stood out on ~s** se le salían los ojos de las órbitas **2** (BrE) (Auto) palanca *f*

B (in hunting) acecho *m*

stalk² *vt* **1** ‹*prey/game*› acechar; **famine ~s the land** (liter) la hambruna asola la región (*or* el país *etc*) **2** (persecute) asediar, acosar, acechar

■ **stalk** *vi*: **she ~ed off without a word** se fue muy ofendida (*or* indignada *etc*) sin decir palabra

stalker /ˈstɔːkər || ˈstɔːkə(r)/ *n* **1** (of animals) acechador, -dora *m,f* **2** (of person) asediador, -dora *m,f*, acosador, -dora *m,f*, acechador, -dora *m,f*

stalking horse /ˈstɔːkɪŋ/ *n* **1** (pretext) pretexto *m* **2** (Pol) *candidato presentado para favorecer a otro, dividir a la oposición etc*

stall¹ /stɔːl/ *n*

A [c] (in market) puesto *m*, tenderete *m*

B [c] **stalls** *pl* **1** (in theater, movie house) (BrE) platea *f*, patio *m* de butacas, luneta *f* (Col, Méx) **2** (in church): **the choir ~s** la sillería del coro

C [c] (in stable) compartimiento *m*

D [u c] (Aviat) pérdida *f* de sustentación; **the plane went into a ~** el avión entró en pérdida

stall² *vi*

A «*engine/car*» pararse, ahogarse, calarse (Esp), atascarse* (Méx); «*plane*» (Aviat) entrar en pérdida

B (come to standstill) «*talks*» estancarse*, llegar* a un punto muerto *or* a un impasse

C (play for time) (colloq): **when I asked to see him, she ~ed** cuando dije que quería verlo, me entretuvo para ganar tiempo; **quit ~ing** no andes con rodeos *or* con evasivas; **~ing tactics** maniobras *fpl* dilatorias

■ **stall** *vt*

A ‹*engine/car*› parar, ahogar*, calar (Esp), atascar* (Méx); ‹*plane*› hacer* entrar en pérdida

B (bring to standstill) ‹*negotiations/growth*› paralizar*

C (delay) (colloq) entretener*; **try and ~ her** trata de entretenerla

stallholder /ˈstɔːl,həʊldər || ˈstɔːl,həʊldə(r)/ *n* (esp BrE) puestero, -ra *m,f* (AmL) (*persona que tiene un puesto en un mercado*)

stallion /ˈstæljən/ *n* semental *m*

stalwart¹ /ˈstɔːlwərt || ˈstɔːlwət/ *adj* **1** ‹*supporter*› incondicional, fiel; ‹*faith*› inquebrantable **2** (in body) fornido, robusto

stalwart² *n* incondicional *mf*

stamen /ˈsteɪmən/ *n* estambre *m*

stamina /ˈstæmənə || ˈstæmɪnə/ *n* [u] resistencia *f*; **tired already? you've got no ~!** ¿ya estás cansado? ¡qué poca resistencia *or* qué poco aguante tienes!

stammer¹ /ˈstæmər || ˈstæmə(r)/ *n* tartamudeo *m*; **to speak with a ~** tartamudear; **he has a bad ~** tartamudea mucho

stammer² *vi* tartamudear

■ **stammer** *vt* ‹*reply/apology*› balbucear, farfullar; **he ~ed (out) his thanks** dio las gracias con la voz entrecortada

stammerer /ˈstæmərər || ˈstæmərə(r)/ *n* tartamudo, -da *m,f*

stamp¹ /stæmp/ *n*

A (*postage ~*) **1** sello *m*, estampilla *f* (AmL), timbre *m* (Méx); (*before n*): **~ album** álbum *m* de sellos (or estampillas *etc*); **~ collecting** filatelia *f*; **~ collection** colección *f* de sellos (or estampillas *etc*); **~ collector** coleccionista *mf* de sellos (*or* estampillas *etc*), filatelista *mf*; **~ dealer** comerciante filatélico, comerciante filatélica *m,f* **2** (*trading ~*) cupón *m*, vale *m* **3** (*revenue ~*) timbre *m*

B **1** (instrument) sello *m*, timbre *m* (Chi); (*rubber ~*) sello *m* or (Chi tb) timbre *m* (de goma); **metal ~** cuño *m*, sello *m* **2** (printed mark) sello *m*; **visa ~** sello de visado

C (character) impronta *f*; **his work bears the ~ of genius** su obra lleva la impronta *or* el sello (distintivo) de la genialidad; **a principal who left her ~ on the institute** una directora que dejó su impronta *or* huella en el instituto; **a woman of that ~** (frml) una mujer como ella

D (sound): **we could hear the ~ of marching feet** oíamos pasos de marcha

stamp² *vt*

A (with foot) ‹*ground*› dar* una patada en; **to ~ one's foot** dar* una patada en el suelo; **to ~ sth down** apisonar algo

B ‹*letter/parcel*› franquear, ponerle* sellos (*or* estampillas *etc*) a, estampillar (AmL), timbrar (Méx); **send a self-addressed ~ed envelope** envíe un sobre franqueado *or* (AmL tb) estampillado *or* (Méx) timbrado con su dirección

C **1** ‹*passport/ticket*› sellar; **he ~ed the invoice with the date** selló la factura con la fecha **2** ‹*coin*› acuñar, troquelar; **the words were ~ed on her memory** tenía las palabras grabadas en la memoria; **she ~ed her personal style on the company** dejó su impronta en la compañía, le imprimió su sello personal a la compañía

■ **stamp** *vi* **1** (with foot) «*person*» dar* patadas en el suelo; «*horse*» piafar **2** (walk): **she ~ed upstairs/out of the room** subió la escalera/salió de la casa pisando fuerte

Phrasal verbs

- **stamp on** [v + prep + o] ‹*proposal*› rechazar* de plano; ‹*attempt*› sofocar*, aplastar; ‹*person*› cortarle las alas a
- **stamp out** [v + o + adv, v + adv + o] **1** ‹*fire*› apagar* (con los pies) **2** (suppress) ‹*resistance*› aplastar; ‹*rebellion*› sofocar*; ‹*crime*› erradicar*, acabar con **3** (punch out) ‹*shape*› troquelar; ‹*coins*› acuñar, troquelar

stamp duty *n* [u c] (BrE) timbrado *m or* sellado *m* fiscal

stampede¹ /stæmˈpiːd/ *n* estampida *f*, desbandada *f*; **there was a ~ toward the exit/to buy shares** la gente se precipitó hacia la salida/se lanzó a comprar acciones

stampede² *vt* **1** ‹*cattle/horses*› hacer* salir en estampida *or* desbandada **2** (force, push) empujar; **they were ~d into a hasty decision** los empujaron a tomar una decisión precipitada

■ **stampede** *vi* «*herd/crowd*» salir* en estampida *or* desbandada

stamping ground /ˈstæmpɪŋ/ *n* (colloq) territorio *m*; **that used to be my old ~ ~ in my student days** por ahí solía andar mucho yo en mi época de estudiante, ése era mi territorio en mi época de estudiante

stamp tax *n* [u c] (AmE) timbrado *m or* sellado *m* fiscal

stance /stæns || stɑːns/ *n* **1** (attitude, viewpoint) postura *f*, posición *f*; **to take a tough ~ on sth** adoptar una postura *or* posición firme (con) respecto a algo **2** (physical) postura *f*

stanch¹ /stɔːntʃ/ *vt* ‹*bleeding*› contener*, estancar*; ‹*cut*› restañar

stanch² *adj* ▸**staunch¹**

stanchion /ˈstæntʃən || ˈstænʃən/ *n* montante *m*

stand¹ /stænd/ *n*

A **1** (position) lugar *m*, sitio *m*; **I took (up) my ~ at the entrance** ocupé mi lugar *or* me coloqué en mi sitio en la entrada **2** (attitude) postura *f*, posición *f*; **~ ON sth**: **what is your ~ on this issue?** ¿cuál es su postura *or* posición en cuanto a este problema?; **to take a ~ on sth** adoptar una postura *or* posición con respecto a algo; **she took a ~ against the merger** adoptó una postura *or* posición contraria a la fusión **3** (resistance) resistencia *f*; **to make a ~ against sth** oponer* resistencia a algo; **she'd had enough and decided to make a ~** ya estaba harta y decidió ponerse firme; **Custer's Last S~** la última batalla de Custer

B **1** (pedestal, base) pie *m*, base *f* **2** (for sheet music) atril *m* **3** (for coats, hats) perchero *m*

C (at fair, exhibition) stand *m*, caseta *f*; (larger) pabellón *m*; **newspaper/fruit ~** puesto *m* de periódicos/frutas

D (for spectators) (*often pl*) tribuna *f*

E (witness box) (AmE) estrado *m*; **to take the ~** subir al estrado

F (of trees) grupo *m*; **a ~ of poplars** una alameda; **a ~ of wheat** un trigal

stand² (*past & past p* **stood**)

INDEX

■ **stand** *verb intransitive*

A **1** to be, to remain upright
2 to get to one's feet
3 to measure in height

B **1** to move, to take up position
2 Nautical

C **1** to be situated, located
2 to hold a position

S

3 to stand on sth
D 1 to stop, to remain still
2 to stay undisturbed
3 to survive, to last
E to stay in force
F 1 to be
2 to be currently
3 to stand to
G 1 to take on the role of
2 in elections

■ **stand** *verb transitive*
A to place
B 1 to tolerate, to bear
2 to withstand: heat, strain
C to pay for: drink etc

(Phrasal verbs)
- stand apart
- stand back
- stand by
- stand down
- stand for
- stand in
- stand off
- stand out
- stand over
- stand to
- stand up
- stand up for
- stand up to

vi

A 1 (to be, to remain upright) ⟨⟨*person*⟩⟩ estar* de pie, estar* parado (AmL); **he was tired of ~ing** estaba cansado de estar de pie *or* (AmL tb) de estar parado; **she had to ~ for the whole of the journey** tuvo que hacer todo el viaje de pie *or* (AmL tb) parada; **I was so tired I could hardly ~** estaba tan cansado que apenas podía tenerme en pie; **they left no stone ~ing** no dejaron piedra sobre piedra 2 (to get to one's feet) levantarse, ponerse* de pie, pararse (AmL); **she tried to ~** trató de levantarse *or* ponerse de pie *or* (AmL tb) pararse; **her hair stood on end** se le pusieron los pelos de punta, se le pararon los pelos (AmL); *see also* **stand up** 3 (to measure in height): **he ~s 1.90m in his socks** mide 1,90 sin zapatos; **the tower ~s 30 meters high** la torre tiene *or* mide 30 metros de altura

B 1 (to move, to take up position) ponerse*, pararse (AmL); **~ over there** ponte *or* (AmL tb) párate allí; **~ clear!** ¡apártense!; **he stood on a chair** se subió a *or* (AmL tb) se paró en una silla; **to ~ aside** hacerse* a un lado, apartarse; **she's not one to ~ aside and let a rival take the prize** no es de las que se hacen a un lado para que un rival se lleve el premio; **can you ~ on your head?** ¿sabes pararte de cabeza *or* (Esp) hacer el pino?; **you stood on my toe!** ¡me pisaste!; **I had to ~ on the brakes** (colloq) tuve que pisar el freno a fondo 2 (Nautical): **to ~ for Calais** ir* en dirección a *or* con rumbo a Calais; **to ~ out from port** zarpar, hacerse* a la mar

C 1 (to be situated, located): **she was ~ing at the window** estaba junto a la ventana; **against the wall stood a writing desk** había un escritorio contra la pared; **the chapel ~s on the site of a pagan temple** la capilla ocupa el lugar *or* (liter) se yergue en el lugar de un antiguo templo pagano; **a church stood here long ago** hace mucho tiempo aquí había una iglesia; **beneath the crest ~s a motto** bajo el escudo puede leerse un lema; **his name stood at the top of the list** su nombre ocupaba el primer lugar en la lista *or* encabezaba la lista; **I won't ~ between them** no me interpondré entre ellos; **I won't ~ in your way** no seré yo quien te lo impida 2 (to hold a position): **where do you ~ on this issue?** ¿cuál es tu posición en cuanto a este problema?; **she ~s to the left of the socialists** está a la izquierda de los socialistas; **she ~s second in line to the throne** ocupa el segundo lugar en la línea de sucesión al trono; **where do the Dolphins ~ in the league?** ¿qué lugar ocupan los Dolphins en la liga?; **ecological issues ~ high on the agenda** los temas ecológicos ocupan un lugar preferente en el orden del día; **he ~s high in their esteem** lo tienen en mucha estima; **you never know where you ~ with him** con él uno nunca sabe a qué atenerse; **at least now I know where I ~** por lo menos ahora sé a qué atenerme 3 (to be mounted, fixed): **a hut ~ing on wooden piles** una choza construida *or* que descansa sobre pilotes de madera

D 1 (to stop, to remain still) ⟨⟨*person*⟩⟩ **they stood and stared open-mouthed** se quedaron mirando boquiabiertos; **she just stood there** estaba allí parada; **don't just ~ there; do something!** ¡no te quedes ahí parado! ¡haz algo!; **I was left ~ing there looking like a fool** me dejaron allí plantado como un tonto; **I haven't time to ~ around gabbing** no tengo tiempo para estar *or* quedarme de charla; **can't you ~ still for two minutes?** ¿no puedes estarte quieto un minuto?; **time stood still** el tiempo se detuvo; **the train ~ing at platform five** el tren que está en el andén número cinco; Ⓢ **no standing** (AmE) estacionamiento prohibido, prohibido estacionarse; **tears stood in her eyes** tenía los ojos llenos de lágrimas; **beads of sweat stood on her brow** tenía la frente perlada de sudor (liter); **~ and deliver!** (arch) ¡la bolsa o la vida!; **to ~ firm** *o* **fast** mantenerse* firme; ***to leave sb ~ing*** dejar muy atrás a algn; **she left the rest of the field ~ing** dejó muy atrás al resto de los corredores; **in electronics, the Japanese leave the rest of the world ~ing** en electrónica, los japoneses dejan muy atrás *or* le dan cien vueltas al resto del mundo 2 (to stay undisturbed) ⟨⟨*batter/water*⟩⟩ **remove from heat and leave to ~** retirar del fuego y dejar reposar; **water stood in puddles on the floor** había charcos de agua en el suelo; **his books stood untouched on the shelf** los libros estaban en el estante tal como los había dejado 3 (to survive, to last) ⟨⟨*building*⟩⟩ **these walls have stood for centuries** estas paredes tienen cientos de años; **the tower is still ~ing** la torre sigue en pie

E (to stay in force) ⟨⟨*law/agreement*⟩⟩ seguir* vigente *or* en vigor; **the invitation/offer still ~s** la invitación/oferta sigue en pie; **what I said still ~s** lo que dije sigue siendo válido; **let the first paragraph ~** que el primer párrafo quede tal (y) como está; **his argument ~s or falls on this point** todo su argumento depende de este punto

F 1 (to be): **the house ~s empty** la casa está vacía; **he ~s accused of treason** se lo acusa de traición; **to ~ mute** (Law) permanecer* en silencio; **I ~ corrected** tienes razón 2 (to be currently): **as things ~** tal (y) como están las cosas; **as it ~s, the phrase is meaningless** tal (y) como está, la frase no tiene sentido; **to ~ AT sth**: **unemployment ~s at 17%** el desempleo alcanza el 17%; **receipts ~ at $150,000** el total recaudado asciende a 150.000 dólares; **the score ~s at two all** van empatados dos a dos 3 (to be likely to) **to ~ to + INF**: **he ~s to lose a fortune** puede llegar a perder una fortuna; **what does she ~ to gain out of this?** ¿qué es lo que puede ganar con esto?

G 1 (to take on the role of): **he agreed to ~ godfather to the child** aceptó ser padrino del niño; **he stood proxy at the wedding** actuó en representación del novio en la boda 2 (in elections for office) (BrE) presentarse (como candidato); **he is unlikely to ~ a second time** no es probable que se presente otra vez; **to ~ FOR sth**: **she is ~ing for the presidency** se va a presentar como candidata a la presidencia; **to ~ for treasurer** presentarse como candidato para el cargo de tesorero; *see also* **stand for**

■ **stand** *vt*

A (to place) poner*; (carefully, precisely) colocar*; **she stood the bottles in a row** puso *or* colocó las botellas en hilera; **he stood the ladder against the wall** puso *or* colocó *or* apoyó la escalera contra la pared; **she stood us in a row** nos puso en fila; **he stood himself near the door** se puso cerca de la puerta

B 1 (to tolerate, to bear) (*with can, can't, won't*) ⟨*pain/noise*⟩ aguantar, soportar; **I can't ~ him** no lo aguanto *or* soporto, no lo trago (fam); **I can't ~ the sight of him** no lo puedo ni ver; **I can't ~ it any longer!** ¡no puedo más!, ¡no aguanto más!; **to ~ -ING**: **she can't ~ being interrupted** no soporta *or* no tolera que la interrumpan 2 (to withstand) ⟨*heat/strain*⟩ soportar, resistir; **she won't be able to ~ another disappointment** no va a poder soportar otro desengaño; **the chair won't ~ your weight** la silla no te va a aguantar *or* no va a aguantar tu peso; **to ~ the test** pasar la prueba; **to ~ the test of time** resistir el paso del tiempo

C (to pay for) ⟨*drink/dinner*⟩ invitar a; **she stood us a lavish meal** nos invitó a una opípara comida

(Phrasal verbs)

- **stand apart** [v + adv] **to ~ apart (FROM sth)** 1 (be distinguished) distinguirse* (DE algo) 2 (hold aloof) distanciarse (DE algo)
- **stand back** [v + adv] 1 (move away) **to ~ back (FROM sth)** apartarse *or* alejarse (DE algo); **you should ~ back from the painting** deberías mirar el cuadro desde cierta distancia 2 (become detached) **to ~ back (FROM sth)** distanciarse (DE algo)
- **stand by**

A [v + adv] 1 (remain uninvolved) mantenerse* al margen; **people just stood by and did nothing** la gente estaba allí mirando sin hacer nada 2 (be at readiness) ⟨⟨*army/troops*⟩⟩ estar* en estado de alerta; **we'll be ~ing by in case you need us** allí estaremos por si nos necesitan; **~ by for take-off!** ¡listos para despegar!; **please ~ by for an important announcement** por favor presten atención: se va a hacer un anuncio importante

B [v + prep + o] 1 (uphold) ⟨*promise*⟩ mantener*; ⟨*decision*⟩ atenerse* a; **I ~ by what I said earlier** me atengo a lo que dije antes; **I ~ by my offer** mi oferta sigue en pie 2 (support, help) ⟨*friend*⟩ apoyar, no abandonar

- **stand down**

A [v + adv] 1 (relinquish position) retirarse; (resign) renunciar, dimitir 2 (Law) ⟨⟨*witness*⟩⟩ abandonar el estrado

B [v + o + adv] (relieve of duty) (esp BrE) ⟨*troops*⟩ desacuartelar, poner* fin al estado de alerta de

- **stand for** [v + prep + o] 1 (represent) ⟨⟨*initials/symbol*⟩⟩ significar*; **what does PS ~ for?** ¿qué significa PS?; **CTI ~s for ...** CTI son las siglas de ...; **our name ~s for quality** nuestro nombre es sinónimo de calidad; **he has betrayed everything he once stood for** ha traicionado todo aquello con lo que se lo solía identificar 2 (put up with) (*usu with neg*) consentir*, tolerar; **I won't ~ for it any longer!** ¡no lo pienso consentir *or* tolerar ni un minuto más!
- **stand in** [v + adv] **to ~ in FOR sb** sustituir* a algn
- **stand off** [v + adv] (Naut) mantenerse* a distancia
- **stand out** [v + adv]

A 1 (project) **to ~ out (FROM sth)** sobresalir* (DE algo) 2 (be conspicuous, contrast) sobresalir*, destacar(se)*; **the phrase is underlined to make it ~ out** la frase está subrayada para que resalte

B (be firm, hold out) **to ~ out AGAINST sth/sb** oponerse* firmemente A algo/algn; **to ~ out FOR sth** luchar POR algo

- **stand over** [v + prep + o] (supervise, watch closely) vigilar; **I can't work with somebody ~ing over me** no puedo trabajar con alguien mirándome
- **stand to** (Mil)

A [v + adv] estar* en estado de alerta

B [v + o + adv] poner* en estado de alerta

- **stand up**

A [v + adv] 1 (get up) ponerse* de pie, levantarse, pararse (AmL); **she stood up on a chair** se subió a una silla *or* (AmL tb) se paró en una silla; **he stood up and left** se levantó y se fue; ***to ~ up and be counted*** dar* la cara por sus (*or* mis *etc*) principios (*or* creencias *etc*) 2 (be, remain standing): **~ up straight** ponte derecho; **I had to ~ up all the way** tuve que ir de pie *or* (AmL tb) parado todo el trayecto; **I arrived with nothing but the clothes I stood up in** llegué con lo puesto; **the tripod won't ~ up properly** el trípode no se sostiene bien 3 (endure, withstand wear) resistir; **this evidence wouldn't ~ up in court** cualquier tribunal desestimaría estas pruebas; **to ~ up TO sth** ⟨*to cold/pressure*⟩

S

resistir *or* soportar algo; **the argument doesn't ~ up to close examination** el argumento no resiste un análisis minucioso; *see also* **stand up to**

B [v + o + adv] **1** (set upright) poner* de pie, levantar **2** (not keep appointment with) (colloq) dejar plantado a (fam), darle* (el) plantón a (fam), darle* *or* tirarle la plancha a (Méx fam); **we were stood up** nos dejaron plantados (fam), nos dieron (el) plantón (fam), nos dieron *or* nos tiraron la plancha (Méx fam)

- **stand up for** [v + adv + prep + o] defender*; **I can ~ up for myself** me puedo defender solo; **you've got to ~ up for your rights** tienes que defender *or* hacer valer tus derechos
- **stand up to** [v + adv + prep + o] ‹*person/threats*› hacerle* frente a; *see also* **stand up A3**

standalone¹ /'stændələʊn/ *adj (before n)* autónomo, independiente

standalone² *n* computadora *f* autónoma *or* independiente

standard¹ /'stændərd || 'stændəd/ *n*

A **1** (level) nivel *m*; (quality) calidad *f*; **your typing is not of the required ~** tu mecanografía no está al nivel de lo que se exige; **the ~ of acting was disappointing** el nivel interpretativo fue decepcionante; **the ~ of education leaves much to be desired** la calidad de la educación deja mucho que desear; **her work is of a consistently high ~** su trabajo es siempre de muy buen nivel, la calidad de su trabajo es siempre muy alta; **I was appalled at their ~(s) of behavior** su comportamiento me horrorizó; **~ of living** nivel *m or* estándar *m* de vida **2** (norm): **the association sets ~s for the conduct of its members** la asociación impone ciertas normas de conducta a sus miembros; **the ~(s) set by her parents** lo que sus padres le exigen *or* esperan de ella; **she sets impossibly high ~s** exige un estándar *or* nivel imposible de alcanzar; **her work is not up to the ~ set by ...** su trabajo no está a la altura *or* al nivel de lo exigido por ...; **the product was below ~** el producto no era de la calidad requerida; **the work is up to ~** el trabajo es del nivel requerido *or* de la calidad requerida **3** (official measure) estándar *m*

B **1** (yardstick): **they are applying 20th-century ~s to the 16th century** están aplicando criterios *or* parámetros del siglo XX al siglo XVI; **the attacks have been brutal even by Mafia ~s** incluso para la mafia, los ataques han sido brutales; **her performance was excellent by any** o **anybody's ~s** se mire por donde se mire *or* desde cualquier punto de vista su interpretación fue excelente **2** **standards** *pl* (moral principles) principios *mpl*; **she talks of declining ~s in society at large** habla de decadencia moral en la sociedad en general

C (flag, emblem) estandarte *m*

D **1** (Hort) *planta podada de manera tal que el tallo central crece erecto y desprovisto de ramas* **2** (upright support) poste *m*; **lamp ~** pie *m* de lámpara

E (Mus) clásico *m*; **a jazz ~** un clásico del jazz

standard² *adj*

A (normal) ‹*size*› estándar *adj inv*, normal; ‹*model*› (Auto) estándar *adj inv*, de serie; ‹*procedure*› habitual; ‹*reaction*› típico, normal; **the food is pretty ~** la comida es lo de siempre *or* no es nada del otro mundo; **this is ~ on all models** esto viene de serie en todos los modelos; **it's ~ (practice) to ask for security** pedir garantías es la norma, se acostumbra *or* se suele pedir garantías

B (officially established) ‹*weight/measure*› estándar *adj inv*, oficial; **~ time** hora *f* oficial

C **1** ‹*work/reference*› clásico **2** ‹*English/French/pronunciation*› estándar *adj inv*

D (Hort) *con tallo central largo y sin ramas*

standard assessment task, standard assessment test *n* (in UK) *prueba de evaluación en las principales asignaturas del programa de estudios que deben hacer los alumnos en el segundo y sexto año de primaria*

standard-bearer /'stændərd,berər || 'stændəd,beərə(r)/ *n* abanderado, -da *m,f*, portaestandarte *mf*; (leader) adalid *mf*, abanderado, -da *m,f*

standard cost *n* costo *m or* (Esp) coste *m* estándar

standard deviation *n* desviación *f* estándar

standard-issue /,stændərd'ɪʃuː: || ,stændəd 'ɪsjuː/ *adj* **1** (in armed forces) ‹*rations/uniform*› reglamentario **2** (unexceptional) normal y corriente, común y corriente (AmL)

standardization /,stændərdə'zeɪʃən || ,stændədaɪ'zeɪʃən/ *n* [u] estandarización *f*

standardize /'stændərdaɪz || 'stændədaɪz/ *vt* estandarizar*

standard lamp *n* (BrE) lámpara *f* de pie

standard model *n* modelo *m* estándar

standby¹ /'stændbaɪ/ *n (pl* **-bys***)* **1** (thing, person one can turn to): **that old ~ 'working late at the office'** el viejo recurso de 'tengo que trabajar hasta tarde en la oficina'; **frozen meals are a useful ~ in case unexpected guests arrive** las comidas congeladas son muy socorridas si llegan visitas inesperadas; **you should always carry a spare fan belt as a ~** siempre se debe llevar una correa de ventilador de repuesto por lo que pudiera pasar; **I'm here as a ~ in case John can't play** estoy de reserva *or* de suplente por si John no puede jugar **2** (state of readiness): **to be on ~** «*police/squadron*» estar* en estado de alerta; «*appliance*» estar* en posición de espera *or* en standby; «*engineer*» estar* de guardia; *(before n)*: **~ time** tiempo *m* de autonomía **3** **~ (ticket)** (Aviat) pasaje *m or* (Esp) billete *m* stand-by

standby² *adj (before n)* **1** (ready for emergency) ‹*generator/equipment*› de emergencia, de reserva; **to be on ~ duty** estar* de guardia; **~ facility** (Fin) línea *f* de crédito stand-by *or* de disposición inmediata **2** (Aviat) ‹*passenger/ticket/fare*› stand-by *adj inv*

standby³ *adv* ‹*fly/go*› stand-by

standee /stæn'diː/ *n* (AmE) *espectador o pasajero de pie*

stand-in /'stændɪn/ *n* suplente *mf*, sustituto, -ta *m,f*; (Cin) doble *mf*

standing¹ /'stændɪŋ/ *n* [u] **1** (position) posición *f*; (prestige) prestigio *m*; **financial ~** posición *f* económica; **his ~ in the community** la posición que tiene *or* el lugar que ocupa en la comunidad; **a person of high/low social ~** una persona de posición social alta/baja; **an establishment of high ~** un establecimiento de gran categoría *or* de alto standing; **a magazine of some ~** una revista de cierto prestigio; **she's in very good ~ with the party chiefs** los jefes del partido la tienen en gran estima **2** (duration): **an agreement of long ~** un acuerdo vigente desde hace tiempo; **friends of more than 20 years' ~** amigos desde hace más de 20 años; **a practice of many years' ~** una práctica muy antigua *or* que lleva establecida muchos años

standing² *adj (before n, no comp)* **1** (permanent) permanente; **~ army** ejército *m* permanente, pie *m* de fuerza (Col); **~ charge** cuota *f* fija; (for utilities) cuota *f* abono; **~ committee** comisión *f* permanente; **we have a ~ invitation to stay with them** estamos invitados a ir a quedarnos en su casa cuando queramos; **it's a ~ offer** la oferta está siempre en pie; **it's a ~ joke that he never pays for a single drink** tiene fama de no invitar nunca a una copa **2** (upright, not seated) ‹*passenger*› de pie, parado (AmL); **~ room only!** ¡no quedan asientos!; **she got a ~ ovation** se pusieron de pie para aplaudirla; **a ~ jump** un salto sin carrera; **60 mph from a ~ start in five seconds** de 0 a 60 mph en cinco segundos; **from a ~ start, she has achieved ...** partiendo desde cero, ha logrado ... **3** (stagnant) ‹*water*› estancado

standing order *n*

A (rule of procedure) norma *f*; **~ ~s** reglamento *m*

B **1** (with bank) (BrE) orden *f* permanente de pago **2** (with supplier) pedido *m* fijo

standing wave *n* onda *f* estacionaria

standoff /'stændɔːf || 'stændɒf/ *n*

A (AmE) **1** (tie, draw) empate *m* **2** (deadlock) callejón *m* sin salida **3** (trial of nerves) enfrentamiento *m*, pulso *m or* (RPl) pulseada *f*

B **~ (half)** (in rugby) medio *mf* apertura

standoffish /,stænd'ɔːfɪʃ || ,stænd'ɒfɪʃ/ *adj* distante, estirado (fam)

standoffishness /,stænd'ɔːfɪʃnəs || ,stænd 'ɒfɪʃnɪs/ *n* [u] actitud *f* distante

standout /'stændaʊt/ *n* (AmE): **there are few ~s among this year's students** este año hay pocos alumnos que sobresalgan *or* (se) destaquen; *(before n)* ‹*performer/athlete*› destacado

standpipe /'stændpaɪp/ *n* columna *f* de alimentación; (in the street) (BrE) *grifo que se instala provisionalmente en la calle*

standpoint /'stændpɔɪnt/ *n* punto *m* de vista; **viewed from a different ~** si se mira desde un punto de vista *or* un ángulo diferente

standstill /'stændstɪl/ *n (no pl)*: **to bring sth to a ~** paralizar* algo; ‹*vehicle/machine*› parar algo; **the whole town came to a ~** la ciudad quedó totalmente paralizada; **negotiations are at a ~** las negociaciones están en un punto muerto *or* en un impasse; **the traffic was at a ~** el tráfico estaba paralizado *or* (Esp) colapsado

standup /'stændʌp/ *adj (before n)*: **I don't like ~ meals** no me gusta comer de pie *or* (AmL tb) parado; **a ~ comic** un cómico de micrófono; **a ~ argument** una discusión violenta; **it turned into a ~ fight** se fueron a las manos

stank /stæŋk/ *past of* **stink²**

Stanley knife® /'stænli/ *n* (BrE) cuchilla *f*, cúter® *m* (Esp), trincheta *f* (RPl)

stanza /'stænzə/ *n (pl* **-zas***)* estrofa *f*

staple¹ /'steɪpəl/ *n*

A **1** (for fastening paper, cloth etc) grapa *f*, ganchito *m*, corchete *m* (Chi); *(before n)*: **~ gun** grapadora *f*, engrapadora *f* (AmL), corchetera *f* (Chi); **~ remover** quitagrapas *m*, sacagrapas *m* (esp AmL), sacacorchetes *m* (Chi) **2** (Const) abrazadera *f*

B **1** (main ingredient) ingrediente *m* básico **2** (basic food) alimento *m* básico **3** (principal product) producto *m* principal **4** (raw material) materia *f* prima

C (Tex) fibra *f*

staple² *adj* ‹*food/ingredient*› básico; ‹*industry*› principal; **rice is their ~ diet** se alimentan principalmente a base de arroz; **~ commodity** artículo *m* de primera necesidad

staple³ *vt* grapar, engrapar (AmL), corchetear (Chi); **to ~ sth together** grapar *or* (AmL tb) engrapar *or* (Chi) corchetear algo

stapler /'steɪplər || 'steɪplə(r)/ *n* grapadora *f*, engrapadora *f* (AmL), corchetera *f* (Chi)

star¹ /stɑːr || stɑː(r)/ *n*

A (Astrol, Astron) (astral body) astro *m*; (visible in the sky at night) estrella *f*; **the morning ~** el lucero del alba *or* de la mañana; **it's (written) in the ~s** está escrito; **what do the ~s foretell today?** ¿qué dicen los astros para hoy?, ¿qué dice el horóscopo para hoy?; **to be born under a lucky/an unlucky ~** nacer* con buena/mala estrella; **to see ~s** ver* las estrellas; **to thank one's lucky ~s** (colloq) dar* gracias al cielo; *(before n)*: **~ sign** signo *m* del zodíaco

B (symbol) estrella *f*; (asterisk) asterisco *m*; **the S~ of David** la estrella de David; **a four-~ hotel** un hotel de cuatro estrellas; **two-/four-~ petrol** (BrE) gasolina *f or* (RPl) nafta *f* normal/súper, bencina *f* corriente/especial (Andes)

C (celebrity) estrella *f*; **she became a ~ overnight** se convirtió en una estrella *or* alcanzó el estrellato de la noche a la mañana; **a movie ~** una estrella de cine; *(before n)*: **~ attraction** atracción *f* estelar *or* especial; **~ performance** actuación *f* estelar; **his ~ pupil** su alumno estrella, su alumno más brillante *or* destacado; **she's got ~ quality** tiene madera de estrella; **~ role** papel *m* estelar; **~ turn** (act) momento *m* estelar; (person) gran figura *f*; **~ witness** testigo *mf* principal

star² *vt* **-rr-**

A (Cin, Theat, TV): **the famous film which ~red Bogart and Bergman** la famosa película que tuvo como protagonistas a Bogart y Bergman; **'2005', ~ring Mike Kirnon** '2005', con (la actuación estelar de) Mike Kirnon

S

B (mark) ‹*passage/items*› marcar* con un asterisco
■ **star** *vi*: **she has ~red in several films** ha protagonizado varias películas
starboard[1] /ˈstɑːrbərd || ˈstɑːbəd/ *n* [u] estribor *m*; **to ~** a estribor
starboard[2] *adj* (*before n*) de estribor
starch[1] /stɑːrtʃ || stɑːtʃ/ *n* **1** [u] (Chem) almidón *m* **2** (starchy food) fécula *f*, almidón *m* **3** [u] (for clothes) almidón *m*
starch[2] *vt* almidonar
starched /stɑːrtʃt || stɑːtʃt/ *adj* almidonado
starchily /ˈstɑːrtʃəli || ˈstɑːtʃɪli/ *adv* ceremoniosamente
starch-reduced /ˈstɑːrtʃrɪˌduːst || ˈstɑːtʃrɪˌdjuːst/ *adj* con menor contenido de féculas
starchy /ˈstɑːrtʃi || ˈstɑːtʃi/ *adj* **-chier, -chiest** **1** ‹*diet*› a base de féculas *or* de almidones **2** ‹*person/attitude*› almidonado, ceremonioso, acartonado
star-crossed /ˈstɑːrkrɔːst || ˈstɑːkrɒst/ *adj* malhadado, desventurado
stardom /ˈstɑːrdəm || ˈstɑːdəm/ *n* [u] estrellato *m*; **to rise to ~** alcanzar* el estrellato; **the role that brought her ~** el papel que la lanzó al estrellato
stardust /ˈstɑːrdʌst || ˈstɑːdʌst/ *n* [u] polvo *m* de estrellas; ***to have ~ in one's eyes*** estar* lleno de ilusiones
stare[1] /ster || steə(r)/ *vi* mirar (*fijamente*); **it's rude to ~** es de mala educación quedarse mirando a la gente *or* clavarle los ojos a la gente; **to ~ AT sb/sth**: **we ~d at each other in surprise** nos quedamos mirando sorprendidos; **I'm not going to sit at home staring at the walls** no pienso quedarme en casa mirando las paredes; **what are you staring at?** ¿qué miras?; **he was staring at the portrait** tenía los ojos clavados en el retrato; **he ~d at her** le clavó los ojos, se la quedó mirando de hito en hito (liter); **I ~d back at her** le sostuve la mirada; **her pale face ~d back at her from the mirror** el espejo le devolvió su rostro pálido; **she sat staring into space** estaba sentada mirando al vacío *or* con la mirada perdida; **he ~d after her** la siguió con la mirada
■ **stare** *vt*: **to ~ sb into silence/submission** hacer* callar/obedecer a algn con la mirada
Phrasal verbs
• **stare down** [v + o + adv] (AmE): **she managed to ~ him down** lo miró fijamente hasta lograr que apartara la vista
• **stare out** [v + o + adv] (BrE) ▸**stare down**
stare[2] *n* mirada *f* (*fija*); **a vacant ~** una mirada perdida *or* extraviada; **to give sb a long ~** quedarse mirando fijamente *or* (liter) de hito en hito a algn; **the boy gave him a defiant ~** el chico lo miró desafiante *or* le lanzó una mirada desafiante
starfish /ˈstɑːrfɪʃ || ˈstɑːfɪʃ/ *n* (*pl* ~) estrella *f* de mar
stargazer /ˈstɑːrˌgeɪzər || ˈstɑːˌgeɪzə(r)/ *n* (colloq & hum) astrólogo, -ga *m,f*
stargazing /ˈstɑːrˌgeɪzɪŋ || ˈstɑːˌgeɪzɪŋ/ *n* [u] observación *f* de los astros
stark[1] /stɑːrk || stɑːk/ *adj* **-er, -est** **1** ‹*climate*› duro, severo, crudo; ‹*landscape*› agreste, inhóspito; ‹*truth*› escueto, desnudo; ‹*realism*› descarnado, crudo; **the ~ simplicity of his cell** la austera sencillez de su celda; **one is immediately aware of their ~ poverty** la miseria en que viven se le hace a uno patente inmediatamente; **in ~ contrast** en marcado contraste **2** (complete) ‹*madness/lunacy*› absoluto
stark[2] *adv*: **~ naked** completamente desnudo, en cueros (vivos) (fam), en pelotas (vulg), encuerado (Méx fam), calato (Per fam); **to be ~ raving mad** (colloq) estar* loco de atar *or* de remate (fam), estar* como una cabra (fam)
starkers /ˈstɑːrkərz || ˈstɑːkəz/ *adj* (BrE colloq & hum) (*pred*) completamente desnudo, en cueros (vivos) (fam), en pelotas (vulg), encuerado (Méx fam), calato (Per fam)
starkly /ˈstɑːrkli || ˈstɑːkli/ *adv* ‹*portrayed/revealed*› de forma descarnada, crudamente; ‹*clear/obvious*› absolutamente
starkness /ˈstɑːrknəs || ˈstɑːknɪs/ *n* [u] (of description, style) crudeza *f*, lo descarnado; (of landscape) lo agreste *or* inhóspito; (of conditions) austeridad *f*
starless /ˈstɑːrləs || ˈstɑːlɪs/ *adj* sin estrellas
starlet /ˈstɑːrlət || ˈstɑːlət/ *n* starlet(te) *f* (*joven actriz que aspira al estrellato*)
starlight /ˈstɑːrlaɪt || ˈstɑːlaɪt/ *n* [u] luz *f* de las estrellas; **by ~** a la luz de las estrellas
starling /ˈstɑːrlɪŋ || ˈstɑːlɪŋ/ *n* estornino *m*
starlit /ˈstɑːrlɪt || ˈstɑːlɪt/ *adj* iluminado por la luz de las estrellas
starry /ˈstɑːri/ *adj* **-rier, -riest** estrellado
starry-eyed /ˈstɑːriaɪd/ *adj* **1** (full of illusions) ‹*person*› iluso, soñador; **he's no ~ idealist** no es ningún idealista ingenuo **2** (dreamy): **she gazed at him all ~** lo miraba arrobada; **to go ~** quedar arrobado
Stars and Stripes *n*: **the ~ ~ ~** la bandera de los EEUU, la bandera de las barras y las estrellas

Stars and Stripes

La bandera de EEUU. Sus cincuenta estrellas (*stars*) representan los cincuenta estados y las trece franjas horizontales representan las primeras colonias que constituyeron Estados Unidos en la época de la independencia. También recibe el nombre de *Old Glory* o **The Star-Spangled Banner.**

star-spangled /ˈstɑːrˌspæŋgəld || ˈstɑːˌspæŋgəld/ *adj* (liter) ‹*sky/heavens*› tachonado de estrellas (liter)
Star-Spangled Banner /ˈstɑːrˌspæŋgəld || ˈstɑːˌspæŋgəld/ *n* **the ~-~ ~** **1** (Mus) el himno de las barras y las estrellas (*himno nacional de EEUU*) **2** ▸**Stars and Stripes**

Star-Spangled Banner - The Star-Spangled Banner

Uno de los nombres que recibe la bandera de EEUU, y así también se llama el himno nacional. Escrito en 1814, fue adoptado como tal sólo en 1931.

star-studded /ˈstɑːrˌstʌdəd || ˈstɑːˌstʌdɪd/ *adj* ‹*sky*› (liter) tachonado de estrellas (liter); **a ~ cast** un reparto estelar
start[1] /stɑːrt || stɑːt/ *n*
A **1** (beginning) principio *m*, comienzo *m*; **at the ~** al principio, al comienzo; **from the ~** desde el principio *or* comienzo; **from ~ to finish** del principio al fin, desde el principio hasta el fin; **the ~ of the academic year** el comienzo *or* (frml) el inicio del año escolar; **to make a ~ (ON sth)** empezar* algo; **at least we've made a ~** por lo menos hemos empezado; **let's make a ~ on that painting job** empecemos a pintar de una vez; **to make an early ~** empezar* temprano; (on a journey) salir* temprano, ponerse* en camino a primera hora; **to make a fresh** *o* **new ~** empezar* *or* comenzar* de nuevo; **to get (sth) off to a good/bad ~** empezar* (algo) bien *or* con el pie derecho/mal *or* con el pie izquierdo; **to give sb a good ~ in life** darle* a algn la base para un buen porvenir; **he didn't have a very good ~ in life** tuvo una infancia difícil **2** **for a ~** (*as linker*) para empezar
B (Sport) **1** (of race) salida *f*; **false ~** salida nula *or* en falso **2** (lead, advantage) ventaja *f*; **this gave him a ~ over his competitor** esto le dio (una) ventaja con respecto a su contrincante **3** (starting line, gate) salida *f*, línea *f* de partida
C (jump): **to give a ~** «*person/horse*» dar* un respingo; **to give sb a ~** darle* *or* pegarle* un susto a algn, asustar a algn; **I woke up with a ~** me desperté sobresaltado
start[2] *vt*
A (begin) ‹*conversation/journey/negotiations*› empezar*, comenzar*, iniciar; ‹*job/course*› empezar*, comenzar*; **the newspaper ~ed life as a weekly magazine** el periódico comenzó *or* empezó siendo una revista semanal; **I ~ work at eight** empiezo *or* entro a trabajar a las ocho; **don't ~ that again!** ¡no vuelvas con eso!; **to ~ -ING, to ~ to + INF** empezar* A + INF; **they ~ed arguing** empezaron a discutir; **she ~ed to laugh** se empezó a reír, se echó a reír
B (cause to begin) ‹*race*› dar* comienzo a, largar* (CS, Méx); ‹*fashion*› empezar*, iniciar; ‹*fire/epidemic*› provocar*; ‹*argument/fight*› empezar*; ‹*war*› «*country*» empezar*; «*incident*» desencadenar; **we want to ~ a family** queremos empezar a tener hijos; **stop hitting her! — she ~ed it** ¡deja de pegarle! — fue ella la que empezó; **don't (you) ~ anything with me!** (colloq) ¡no te metas conmigo!; **to ~ sb ON sth/-ING**: **I'll ~ you on some filing** primero te voy a poner a archivar; **I ~ my students on Dickens** primero les doy a leer Dickens a mis alumnos; **to ~ sb -ING**: **her words ~ed me wondering** sus palabras me dieron que pensar; **this will ~ them talking!** ¡esto les dará que hablar!; **the noise ~ed the baby crying** el ruido hizo que el niño se pusiera a llorar; ***to get sb ~ed*** (colloq) darle* cuerda a algn (fam)
C (establish) ‹*business*› abrir*, montar, poner*; ‹*organization/charity*› fundar; ‹*plan*› poner* en marcha; **his father ~ed him in his own business** el padre le montó *or* le puso un negocio; **I need $20,000 to get me ~ed** necesito 20.000 dólares para empezar
D (cause to operate) ‹*engine/dishwasher*› encender*, prender (AmL); ‹*car*› arrancar*, poner* en marcha, hacer* partir (Chi)
■ **start** *vi*
Sense I
A **1** (begin) «*school/term/meeting*» empezar*, comenzar*, iniciarse (frml); «*noise/pain/journey/race*» empezar*, comenzar*; **when can you ~?** ¿cuándo puede empezar *or* comenzar?; **the day ~ed badly** el día empezó mal; **the party ~s at eight** la fiesta empieza *or* comienza a las ocho; **prices ~ at $30** cuestan a partir de 30 dólares; **to get ~ed** empezar*, comenzar*; **right then, let's get ~ed** bueno, empecemos *or* comencemos; **don't you ~ as well!** (colloq) ¡no empieces ahora tú también!; **to ~ again** *o* (AmE also) **over** volver* a empezar, empezar* *or* comenzar* de nuevo; **to ~ BY -ING** empezar* POR + INF; **you can ~ by reading this** puedes empezar por leer esto; **to ~ FROM sth**: **the tour ~s from the station at two o'clock** la excursión sale de la estación a las dos; **~ing (from) next January** a partir del próximo mes de enero **2** **to ~ with** (*as linker*): **we'll have soup to ~ with** para empezar tomaremos sopa; **to ~ with, we'll have to draw up a plan** primero *or* para empezar vamos a tener que trazar un plan; **I was optimistic to ~ with, but ...** al principio estaba llena de optimismo, pero ...
B **1** (originate) «*fashion/custom*» empezar*, originarse; **it all ~ed from an idea I had as a student** todo surgió de una idea que tuve cuando era estudiante; **the fire ~ed in an upstairs room** el incendio empezó *or* (frml) se inició en una habitación del piso alto **2** (be founded) ser* fundado; **the business/society ~ed some years ago** la empresa/la sociedad fue fundada *or* se fundó hace algunos años
C (set out) (+ *adv compl*): **to ~ back** emprender el regreso; **to ~ up/down the stairs** empezar* a subir/bajar la escalera; **it's time we ~ed (for) home** es hora de volver a casa, es hora de que nos pongamos en camino a casa; **we ~ from the hotel at six** salimos del hotel a las seis
D (begin to operate) «*car*» arrancar*, partir (Chi); «*dishwasher*» empezar* a funcionar, ponerse* en marcha; **the car won't ~** el coche no arranca *or* (Chi) no parte
Sense II
A (move suddenly) dar* un respingo; (be frightened) asustarse, sobresaltarse; **I ~ed (up) from my chair** me levanté de la silla de un salto; **she ~ed at the noise** el ruido la sobresaltó *or* la asustó, se asustó *or* se sobresaltó con el ruido; **she ~ed out of her dream** se despertó de su sueño sobresaltada; **tears ~ed to her eyes** los ojos se le llenaron de lágrimas
B (protrude) «*eyes*» salirse* de las órbitas
Phrasal verbs
• **start in** [v + adv] (colloq) poner* manos a la obra; **to ~ in -ING** *o* **to + INF** ponerse* A + INF; **they ~ed in making** *o* **to make a terrific racket** se

pusieron a hacer un barullo terrible; **to ~ in** ON sth/-ING empezar* CON algo/A + INF; **we'd better ~ in on the meal/writing the report** más vale que empecemos con la comida/a escribir el informe; ***to ~ in on sb*** meterse con algn, agarrársela(s) con algn (AmL fam)

- **start off**

A [v + adv] **1** ▸**start out 1** **2** (begin moving) arrancar* **3** (begin) empezar*; **to ~ off** BY -ING empezar* + GER *or* POR + INF; **he ~ed off by thanking his hosts** empezó agradeciendo *or* por agradecer a sus anfitriones; **to ~ off** ON sth: **she ~ed off on a lengthy explanation** se embarcó en una larga explicación, empezó a dar una larga explicación

B [v + o + adv, v + adv + o] (begin) ‹*discussion/concert*› empezar*

C [v + o + adv] (get sb started): **I'll do the first one, just to ~ you off** yo haré el primero, para ayudarte a empezar; **to ~ sb off** ON sth: **I ~ed them off on some scales** para empezar, los puse a hacer unas escalas; **don't ~ him off on politics!** (colloq) ¡no le des cuerda para que empiece a hablar de política! (fam); **the postman ~ed the dog off (barking)** (colloq) el cartero hizo que el perro empezara a ladrar

- **start on** [v + prep + o]

A (begin) ‹*cleaning/book*› empezar* (con); **I'd better ~ on all this ironing** más vale que empiece a planchar *or* que me ponga a planchar esta ropa; **can we ~ on the dessert?** ¿podemos empezar a comer el postre?

B (criticize) (colloq) meterse con (fam); **don't ~ on him, he's doing his best** no te metas con él, lo hace lo mejor que puede

- **start out** [v + adv] **1** (set out) salir*, partir (frml) **2** (in life, career) empezar*; **he ~ed out as a farmhand** empezó como peón **3** (begin) **to ~ out** (BY) -ING: **we'll ~ out by finding a place to make camp** empezaremos por encontrar un sitio para acampar; **I ~ed out liking him** al principio me gustaba; **we ~ed out (by) thinking it would be easy** empezamos pensando que sería fácil; **to ~ out to** + INF: **we didn't ~ out to buy up all their shares** no empezamos con la idea de comprar todas sus acciones
- **start over** (AmE) **1** [v + adv] volver* a empezar, empezar* *or* comenzar* de nuevo **2** [v + o + adv] volver* a empezar, empezar* *or* comenzar* de nuevo
- **start up**

A [v + adv] **1** ▸**start² Sense ID** **2** (begin business) empezar* **3** (begin activity) «*music/siren*» empezar* a sonar; «*band*» empezar* a tocar; **if I mention my lumbago, she ~s up about her arthritis** cada vez que menciono mi lumbago, ella empieza con su artritis; **they've ~ed up again, those two upstairs** ya están otra vez esos dos de arriba

B [v + o + adv, v + adv + o] **1** ‹*engine/car/machinery*› arrancar*, poner* en marcha, hacer* partir (Chi) **2** ‹*business*› montar, poner* en marcha **3** ‹*conversation*› entablar; ‹*discussion*› empezar*

START /stɑːrt || stɑːt/ *n* [u] (Hist) **(= Strategic Arms Reduction Talks)** START *fpl*

starter /ˈstɑːrtər || ˈstɑːtə(r)/ *n*

A (Culin) entrada *f*, primer plato *m*, entrante *m* (Esp); ***for ~s*** (colloq) para empezar

B (Sport) **1** (official) juez *mf* de salida **2** (competitor) participante *mf*, competidor, -dora *m,f*

C (person): **he was a slow/late ~ at school** fue de desarrollo lento/tardío en el colegio

D (Auto) motor *m* de arranque

E **~ (culture)** (Biol, Culin) *cultivo de bacterias necesario para iniciar ciertos procesos de fermentación*

F (*before n*): **~ fertilizer** fertilizante *m* de arranque; **~ kit** *o* **pack** equipo *m* básico (para principiantes) ; **~ plant** planta *f* para el jardinero novato

starter home *n* (BrE); *propiedad especialmente diseñada y construida para la pareja joven que compra su primera vivienda*

starting block /ˈstɑːrtɪŋ || ˈstɑːtɪŋ/ *n* (*usu pl*) bloque *m* de salida

starting gate *n* cajones *mpl* de salida, arrancadero *m* automático (Méx), partidor *m* automático (Col)

starting grid *n* parrilla *f* de salida, parrilla *f* de largada (CS)

starting pistol *n* pistola *f* de salida

starting point *n* **~ ~ (**FOR **sth)** punto *m* de partida (DE/PARA algo)

starting post *n* poste *m* de salida

starting price *n* (Sport) cotización *f* inicial; (Fin) precio *m* inicial

starting salary *n* sueldo *m* inicial

starting signal *n* **1** (Sport) señal *f* de salida, pistoletazo *m* de salida **2** (Rail) señal *f* de salida

starting stalls *pl n* (BrE) ▸**starting gate**

startle /ˈstɑːrtl || ˈstɑːtl/ *vt* sobresaltar, asustar

startled /ˈstɑːrtld || ˈstɑːtld/ *adj* asustado

startling /ˈstɑːrtlɪŋ || ˈstɑːtlɪŋ/ *adj* **1** (surprising) ‹*revelation/development/discovery*› asombroso, sorprendente; ‹*similarity/coincidence*› extraordinario, que llama la atención **2** (alarming) ‹*report/increase*› alarmante

startlingly /ˈstɑːrtlɪŋli || ˈstɑːtlɪŋli/ *adv* asombrosamente, sorprendentemente

start-up¹ /ˈstɑːrtʌp || ˈstɑːtʌp/ *adj* ‹*capital/costs*› inicial, de puesta en marcha

start-up² *n* **1** [u] (process) puesta *f* en marcha; (*before n*): **~ costs** costos *mpl or* (Esp) costes *mpl* de puesta en marcha **2** [c] (new business) nueva empresa *f*

starvation /stɑːrˈveɪʃən || stɑːˈveɪʃən/ *n* [u] hambre *f‡*, inanición *f*; **to die of ~** morirse* de hambre *or* de inanición; **I'm dying of ~** (colloq) estoy famélico, me estoy muriendo de hambre, tengo un hambre canina (fam); **oxygen ~** falta *f* de oxigenación; (*before n*): **~ diet** dieta *f* de hambre; **~ wages** salario *m* de hambre

starve /stɑːrv || stɑːv/ *vt* **1** (deny food) privar de comida a, hacer* pasar hambre a; **I'm ~d** (AmE colloq) me muero de hambre, tengo un hambre canina (fam); **to ~ oneself** pasar hambre; **to ~ sb into surrender** obligar* a algn a rendirse a causa del hambre; **they ~d the rebels out** esperaron a que el hambre obligara a los rebeldes a salir de su escondite **2** (deprive) **to ~ sth/sb** OF **sth** privar algo/A algn DE algo; **a child ~d of love** un niño privado de cariño; **to be ~d for news/encouragement** estar* sediento de noticias/apoyo

■ **starve** *vi* (die) morirse* de hambre; (feel hungry) pasar hambre; **they all ~d (to death)** todos se murieron de hambre *or* de inanición; **I'm starving** (BrE colloq) me muero de hambre, tengo un hambre canina (fam); **he's starving for affection** tiene sed de cariño

starving /ˈstɑːrvɪŋ || ˈstɑːvɪŋ/ *adj* ‹*child/animal/refugee*› hambriento, famélico

Star Wars *n* (+ *sing vb*) guerra *f* de las galaxias

stash¹ /stæʃ/ *vt* **~ (away)** (colloq) (hide) esconder; (save) ir* ahorrando *or* acumulando; **she's got millions ~ed away in a Swiss bank account** tiene millones guardaditos en una cuenta en Suiza (fam)

stash² *n* (colloq) alijo *m*

stasis /ˈsteɪsəs || ˈsteɪsɪs/ *n* **1** (Physiol) estasis *f* **2** (static situation) (frml) estancamiento *m*

state¹ /steɪt/ *n*

(Sense I)

A **1** [c] (nation) estado *m*; **independent ~** estado independiente; (*before n*): **~ apartments** *aposentos donde se recibe a monarcas o altos funcionarios*; **~ banquet** banquete *m* de gala; **~ visit** visita *f* oficial, visita *f* de estado **2** [c] (division of country) estado *m*; **the S~ of Texas** el estado de Tejas; **the S~s** los Estados Unidos; (*before n*): **~ highway** (AmE) autopista *f* del estado ‹*law/taxes/police*› (in US) del estado, estatal; **~ line** (in US) límite *m* del estado; **~ prison** (AmE) prisión *f* estatal; **S~ Representative** (AmE) (Pol) Representante *mf* del Estado; **~ university** universidad *f* estatal

B [u c] (Govt) estado *m*; **affairs of ~** asuntos *mpl* de estado; **Church and S~** la Iglesia y el Estado; (*before n*) (esp BrE) estatal; **~ aid** subvención *f* estatal *or* del gobierno; **~ education** enseñanza *f* pública; **~ pension** pensión *f* del estado; **~ school** escuela *f* pública *or* estatal *or* del estado; **the ~ sector** el sector estatal *or* público; **~ security** seguridad *f* nacional

C [u] (pomp): **to lie in ~** yacer* en capilla ardiente; **to dine in ~** cenar con mucha ceremonia; (*before n*): **~ occasion** ocasión *f* solemne

(Sense II) [c]

A (condition) estado *m*; **liquid/solid ~** estado líquido/sólido; **~ of siege/war** estado de sitio/guerra; **~ of emergency** estado de emergencia; **~ of readiness** estado de alerta; **S~ of the Union message** (AmE) mensaje *m or* informe *m* presidencial sobre el estado de la Nación; **it's in a poor ~ of repair** está en bastante mal estado; **~ of health** (estado *m* de) salud *f*; **~ of mind** estado de ánimo; **I was in no (fit) ~ to make a decision** no estaba en condiciones de tomar una decisión; **what a (dreadful) ~ of affairs!** ¡qué situación tan lamentable!; **the ~ of play** (BrE) la situación, el estado de cosas

B (poor condition) (colloq): **just look at the ~ of your fingernails!** ¡mira cómo tienes esas uñas!; **my bedroom's in a ~** tengo el dormitorio hecho un caos, tengo el dormitorio patas (para) arriba (fam); **she always leaves the kitchen in a ~** siempre deja la cocina hecha un asco (fam)

C (anxious condition) (colloq): **to be in/get (oneself) into a ~ about sth** estar*/ponerse* nervioso por algo; **don't get yourself into such a ~!** ¡no te pongas así!

state² *vt* «*person*» exponer*; ‹*problem*› plantear, exponer*; ‹*name/address*› (in writing) escribir*, consignar (frml); (orally) decir*; «*law/document*» establecer*, estipular; **I'm merely stating the facts** simplemente estoy exponiendo los hechos; **you have half an hour to ~ your case** tiene media hora para exponer su caso; **he ~d that he had seen her there earlier** afirmó haberla visto antes allí; **to ~ one's views** dar* su (*or* mi *etc*) opinión, exponer* su (*or* mi *etc*) punto de vista; **he clearly ~d that he would not stand for election** dijo *or* manifestó claramente que no se presentaría a las elecciones; **the contract ~s that ...** el contrato establece *or* estipula que ...; **as ~d in the minutes** como figura *or* consta en las actas; **as ~d above** como se indica más arriba

> **state school**
>
> En Gran Bretaña, un colegio que está financiado directa o indirectamente por el gobierno, y que ofrece educación gratuita. La gran mayoría de los niños británicos va a este tipo de colegios.

state capitalism *n* [u] capitalismo *m* estatal

statecraft /ˈsteɪtkræft || ˈsteɪtkrɑːft/ *n* [u] (frml) arte *m* de gobernar

stated /ˈsteɪtəd || ˈsteɪtɪd/ *adj* **1** (specified, fixed) ‹*amount/sum*› indicado, establecido; ‹*date/time*› señalado, indicado **2** (declared): **their ~ intention/goal** la intención/el objetivo que han expresado

State Department *n* (in US): **the ~ ~** el Departamento de Estado de los EEUU, ≈ el Ministerio de Asuntos Exteriores *or* de Relaciones Exteriores

State Enrolled Nurse *n* (in UK) *enfermero que ha cursado estudios de dos años*

statehood /ˈsteɪthʊd/ *n* [u] categoría *f* de estado

State House *n* (in US): **the ~ ~** *el edificio de la legislatura estatal*

stateless /ˈsteɪtləs || ˈsteɪtlɪs/ *adj* apátrida, sin patria

stately /ˈsteɪtli/ *adj* **-lier, -liest** ‹*air/deportment*› majestuoso; **a ~ Victorian building** un señorial edificio victoriano

stately home *n* (in UK) casa *f* solariega

statement /ˈsteɪtmənt/ *n*

A **1** [c] (declaration) declaración *f*, afirmación *f*; **official ~** comunicado *m* oficial; **the poem was seen as a feminist/political ~** se interpretó el poema como una proclama feminista/política; **I think he's trying to make some sort of ~ with that hairstyle** creo que quiere

S

expresar algo con ese peinado **2** [c] (to police, in court) declaración *f*; (to press) declaración *f*; **to make a ~** (Law) prestar declaración; **a ~ under oath** (Law) una declaración bajo juramento **3** [c u] (exposition) exposición *f* **4** (Comput) instrucción *f*, sentencia *f*

B [c] (of accounts) informe *m* anual; (*bank* ~) estado *m* or extracto *m* de cuenta

state-of-the-art /ˌsteɪtəvðiˈɑːrt ‖ ˌsteɪtəvðiˈɑːt/ *adj* ‹*computer/turntable*› último modelo *adj inv*; **~ technology** tecnología *f* (de) punta *or* de vanguardia

state of the art *n*: **the ~ ~ ~ ~ in sth** lo último *or* lo más novedoso en cuanto a algo

State of the Union Address *n* discurso *m* sobre el estado de la Unión

> **State of the Union Address**
>
> Un discurso pronunciado por el Presidente de EEUU ▸**President** y dirigido al Congreso ▸**Congress**. Emana de la obligación, establecida en la Constitución ▸**Constitution**, de proporcionar "información acerca del estado de la Unión". En el discurso también se mencionan los logros del gobierno y se habla acerca de sus planes y políticas a seguir. Se transmite, en directo, por televisión.

State Opening of Parliament ▸**Queen's Speech**

> **State Opening of Parliament**
>
> ▸**Queen's Speech**.

state-owned /ˈsteɪtˈəʊnd/ *adj* ‹*company/industry*› (de propiedad) estatal *or* del estado

State Registered Nurse *n* (in UK) *enfermero que ha cursado estudios de tres años*

state rights *pl n* ▸**states' rights**

stateroom /ˈsteɪtrʊm -ruːm/ *n* **1** (on ship, train) camarote *m* **2** (in palace) salón *m* (*para grandes recepciones*)

stateside¹, Stateside /ˈsteɪtsaɪd/ *adj* (AmE) (*before n*) de los Estados Unidos

stateside², Stateside *adv* (AmE colloq) en/a/hacia los Estados Unidos

statesman /ˈsteɪtsmən/ *n* (*pl* **-men** /-mən/) estadista *m*, hombre *m* de estado

statesmanlike /ˈsteɪtsmənlaɪk/ *adj* ‹*conduct/approach*› propio de un estadista

statesmanship /ˈsteɪtsmənʃɪp/ *n* [u] arte *m* de gobernar; (of particular person) habilidad *f* política

states' rights *pl n* (in US) *derechos y atribuciones propias de cada estado de los EEUU*

state-subsidized /ˌsteɪtˈsʌbsədaɪzd ‖ ˌsteɪtˈsʌbsɪdaɪzd/ *adj* subvencionado por el Estado

stateswoman /ˈsteɪtsˌwʊmən/ *n* (*pl* **-women** /-ˌwɪmɪn/) estadista *f*, mujer *f* de estado

state trooper *n* (AmE) policía *m,f* estatal

statewide /ˈsteɪtwaɪd/ *adj* de un extremo al otro del estado

static¹ /ˈstætɪk/ *adj*

A **1** (not changing) ‹*figures/situation*› estacionario **2** (not dynamic) ‹*play/film*› poco dinámico

B **1** ‹*electricity*› estático; **~ cling** atracción *f* electroestática **2** (Phys) ‹*force/pressure/weight*› estático

static² *n* [u] **1** (electricity) electricidad *f* estática **2** (interference) estática *f*, interferencia *f*, parásitos *mpl* **3** (negative response) (AmE colloq) reacción *f* negativa

statin /ˈstætɪn/ *n* (Pharm) estatina *f*

station¹ /ˈsteɪʃən/ *n*

A **1** (Rail) estación *f*; **railroad** o (BrE) **railway ~** estación de ferrocarril; **subway** o (BrE) **underground ~** estación de metro *or* (RPl) de subterráneo **2** (*bus ~*) estación *f or* terminal *f* de autobuses

B (place of operations): **police ~** comisaría *f*; **research ~** centro *m* de investigación; **weather ~** estación *f* meteorológica; **coastguard ~** puesto *m* de guardacostas; *see also* **fire station, gas station**

C (TV) canal *m*; (Rad) emisora *f or* (AmL tb) estación *f* (de radio); (*before n*): **~ break**; *pausa entre programas para identificar a la emisora que los transmite*

D **1** (Mil) puesto *m*; **action ~s!** ¡zafarrancho de combate!, ¡a sus puestos de combate!; **it was panic ~s when the inspector arrived** (colloq) hubo tremendo revuelo cuando llegó el inspector (fam) **2** (Relig): **the S~s of the Cross** el Vía Crucis, las Estaciones de la Cruz

E (social rank) condición *f*, clase *f* social; **her ~ in life forbade such action** una mujer de su condición no podía hacer tal cosa; **to have ideas above one's ~** tener* delirios de grandeza; **he married beneath his ~** se casó con una mujer de posición social inferior a la suya

F (AmE) (subsidiary post office) sucursal *f* de correos

G (Austral) (Agr): **cattle/sheep ~** finca *f* ganadera/ovina, hacienda *f* ganadera/ovina (esp AmL), rancho *m* ganadero/ovino (Méx), estancia *f* ganadera/ovina (RPl)

station² *vt* **1** (position) ‹*equipment*› emplazar*, instalar; ‹*sentries*› apostar*, emplazar*; **she ~ed herself behind the wall** se colocó detrás de la pared **2** (post) (*usu pass*) ‹*personnel*› destinar, destacar*; ‹*fleet/troops*› emplazar*, estacionar

stationary /ˈsteɪʃəneri ‖ ˈsteɪʃənri/ *adj* **1** (not moving) ‹*object/vehicle*› estacionario, detenido, que no está en movimiento; **he remained ~** no se movió, permaneció inmóvil (frml) **2** (fixed in place) ‹*engine/gun*› fijo

stationer /ˈsteɪʃənər ‖ ˈsteɪʃənə(r)/ *n* dueño, -ña *m,f* de una papelería; **~'s (shop)** papelería *f*

stationery /ˈsteɪʃəneri ‖ ˈsteɪʃənri/ *n* [u] **1** (writing materials) artículos *mpl* de papelería *or* de escritorio **2** (writing paper) papel *m* y sobres *mpl* de carta

station house *n* (AmE) **1** (police station) comisaría *f* **2** ▸**fire station**

stationmaster /ˈsteɪʃənˌmæstər ‖ ˈsteɪʃənˌmɑːstə(r)/ *n* jefe, -fa *m,f* de estación

station wagon *n* (AmE) ranchera *f*, (coche *m*) familiar *m*, camioneta *f* (AmL), rural *f* (RPl), station (wagon) *m* (Chi)

statistic /stəˈtɪstɪk/ *n* estadística *f*; **the ~s show that ...** las estadísticas demuestran que ...; **I'm a person, not just a ~** yo soy una persona, no un número *or* una estadística

statistical /stəˈtɪstɪkəl/ *adj* estadístico

statistically /stəˈtɪstɪkli/ *adv* ‹*prove/show*› por medio de estadísticas; ‹*valid/significant*› estadísticamente

statistician /ˌstætəˈstɪʃən ‖ ˌstætɪˈstɪʃən/ *n* estadístico, -ca *m,f*

statistics /stəˈtɪstɪks/ *n* (+ *sing vb*) estadística *f*

stats /stæts/ *pl n* (colloq) ▸**statistics**

statuary /ˈstætʃueri ‖ ˈstætjʊəri/ *n* [u] **1** (art) estatuaria *f* **2** (statues) estatuas *fpl*

statue /ˈstætʃuː ‖ ˈstætjuː, ˈstætʃuː/ *n* estatua *f*

> **Statue of Liberty - the Statue of Liberty**
>
> La famosa estatua situada en la Liberty Island en la bahía de Nueva York, representa a una mujer que lleva la antorcha de la libertad. Fue un obsequio de Francia al pueblo de EEUU.

statuesque /ˌstætʃuˈesk ‖ ˌstætjʊˈesk, ˌstætʃʊˈesk/ *adj* (frml) escultural

statuette /ˌstætʃuˈet ‖ ˌstætjʊˈet, ˌstætʃʊˈet/ *n* estatuilla *f*

stature /ˈstætʃər ‖ ˈstætʃə(r)/ *n* **1** (status) talla *f*; **moral ~** talla moral; **a writer of international ~** un escritor de talla internacional; **a person of ~** una persona importante *or* destacada **2** (height) (frml) estatura *f*, talla *f*

status /ˈstætəs ‖ ˈsteɪtəs/ *n* (*pl* **-tuses**)

A **1** [u c] (category, situation): **member ~** categoría *f* de socio; **the ~ of women** la condición jurídica y social de las mujeres; **what's his legal ~?** ¿cuál es su situación legal?; **this will has no legal ~** este testamento no tiene validez; **marital ~** estado *m* civil; **the group has no official ~** el grupo no está oficialmente reconocido como tal; **financial ~** situación *f or* posición *f* económica; (*before n*): **~ inquiry** (BrE) (Busn) investigación *f* de calificación crediticia, consulta *f* de situación financiera **2** [u] (*social ~*) posición *f* social, estatus *m* **3** [u] (kudos) estatus *m*, prestigio *m*, standing *m*; (*before n*): **~ symbol** símbolo *m* de estatus *or* de prestigio

B [u] (state, condition) situación *f*; (*before n*): **~ meeting** reunión *f* de seguimiento; **~ report** informe *m* de progreso

status bar *n* barra *f* de estatus

status quo /kwəʊ/ *n* statu quo *m*

statute /ˈstætʃuːt ‖ ˈstætjuːt/ *n* ley *f*; **by ~** por ley; **~ of limitations** ley de prescripción; **the university ~s** el estatuto *or* los estatutos de la universidad; (*before n*): **~ book** código *m*; **~ law** derecho *m* escrito; **~ mile** *milla terrestre inglesa, equivalente a 1.609m*

statutory /ˈstætʃuːtɔːri ‖ ˈstætjʊtəri, ˈstætʃuːtəri/ *adj* ‹*right/obligation*› legal, establecido por la ley; ‹*penalty*› establecido por la ley; ‹*authority/body*› creado por la ley; **~ declaration** (in UK) ≈ declaración *f* jurada (*ante funcionario autorizado*); **~ holiday** vacaciones *fpl* reglamentarias, por convenio; **~ offense** delito *m* tipificado; **~ rape** (AmE) *relaciones sexuales con un menor*; **these safety checks should be made ~** estos controles de seguridad deberían hacerse reglamentarios *or* obligatorios

staunch¹ /stɔːntʃ/ *adj* **-er, -est** ‹*supporter*› incondicional, acérrimo; ‹*ally*› incondicional; ‹*Protestant*› acérrimo, devoto

staunch² *vt* ▸**stanch¹**

staunchly /ˈstɔːntʃli/ *adv* incondicionalmente

stave /steɪv/ *n*

A **1** (of barrel, hull) duela *f* **2** (of ladder) peldaño *m*; (of chair) travesaño *m*

B (Mus) pentagrama *m*

C (stanza) estrofa *f*

(Phrasal verbs)

- **stave in** (*past & past p* **staved** *or* **stove**)
  A [v + o + adv, v + adv + o] ‹*door/hull*› romper*
  B [v + adv] romperse*
- **stave off** (*past & past p* **staved** [v + o + adv, v + adv + o]) ‹*defeat/disaster*› evitar; ‹*danger/threat*› conjurar; **she ate a carrot to ~ off the hunger pangs** comió una zanahoria para engañar el estómago

staves **1** *pl of* **staff¹ B1** **2** *pl of* **stave**

stay¹ /steɪ/ *vi*

A **1** (in specified place, position) quedarse, permanecer* (frml); **he ~ed in the country for two weeks** se quedó dos semanas en el país, permaneció dos semanas en el país (frml); **~ there** quédate ahí, no te muevas de ahí; **~ close to us** no te alejes de nosotros; **~!** (to dog) ¡quieto!; **he managed to ~ ahead** logró mantenerse a la cabeza; **unemployment is here to ~** el desempleo se ha convertido en un problema permanente; ***to ~ put*** quedarse **2** (in specified state): **~ still/single** quédate quieto/soltero; **please try and ~ sober** por favor trata de no emborracharte; **we ~ed friends despite everything** seguimos siendo amigos a pesar de todo; **I couldn't ~ awake** no podía mantenerme despierto; **long may it ~ that way** ojalá siga así muchos años; **it's forecast to ~ wet** pronostican que va a seguir lloviendo

B **1** (remain, not leave) quedarse; **she didn't ~ to the end** no se quedó hasta el final; **I mustn't ~ late** no debo quedarme hasta tarde; **can you ~ to** o **for dinner?** ¿te puedes quedar a cenar? **2** (reside temporarily) quedarse; (in a hotel etc) hospedarse, alojarse, quedarse; **I'm ~ing with friends** me estoy quedando en casa de unos amigos, estoy en casa de unos amigos; **we ~ed at the Hilton** nos hospedamos *or* nos alojamos *or* nos quedamos en el Hilton; **he's ~ing with us over Easter** va a pasar la Semana Santa con nosotros; **my aunt came to ~** mi tía vino a quedarse unos días; **can Matthew ~ the night?** ¿Matthew se puede quedar a dormir *or* a pasar la noche? **3** (live) (Scot) vivir

C (wait) (arch) (*as interj*) ¡espera!, ¡un segundo *or* un momento!

■ **stay** *vt*
A (survive) ‹*distance/pace*› aguantar, resistir
B (suspend) ‹*execution/sentence*› suspender; **something ~ed her** (liter) algo la detuvo; ▸**hand**[1] **B**
C (satisfy) (frml) ‹*hunger*› aplacar*

Phrasal verbs

- **stay away** [v + adv] **to ~ away (FROM sth/sb)**: **~ well away from the flames** no te acerques a las llamas, manténte bien lejos de las llamas; **~ away from my daughter!** ¡no te acerques a mi hija!; **he can't ~ away from her** no puede estar sin ella; **football clubs are worried because crowds have been ~ing away** hay preocupación en los clubes de fútbol porque el público no acude a los encuentros
- **stay behind** [v + adv] (after meeting, party etc) quedarse; **to ~ behind after school** (esp BrE) quedarse después de clases
- **stay down** [v + adv] 1 (in lowered position) no levantarse; **I glued it but it won't ~ down** lo pegué pero se sigue levantando 2 ‹‹*food*››: **it ~ed down** no lo devolvió *or* vomitó 3 (at school) (BrE) repetir* el curso
- **stay in** [v + adv] 1 (remain in position) quedarse en su sitio; **this nail won't ~ in** este clavo se sale; **I want that joke/paragraph to ~ in** quiero que se mantenga ese chiste/párrafo 2 (remain indoors) quedarse en casa 3 (after school) quedarse después de clases
- **stay off** [v + prep + o]: **I ~ed off work today** hoy no fui a trabajar; **he ~ed off drink** no volvió a beber; **I ~ed off butter for a month** no probé la mantequilla durante un mes
- **stay on** [v + adv] 1 (remain in position) quedarse en su sitio; **my hat won't ~ on** se me cae el sombrero 2 (at school, in job) quedarse; **he's ~ing on as a consultant** se queda como asesor
- **stay out** [v + adv] 1 (not come home): **to ~ out all night** pasar toda la noche fuera; **he usually ~s out late** normalmente no vuelve hasta tarde 2 (in the open) quedarse fuera 3 (on strike) seguir* en huelga
- **stay out of** [v + adv + prep + o] 1 (avoid, keep away from): **try to ~ out of trouble/harm's way/his way** procura no meterte en líos/mantenerte a salvo/no cruzarte en su camino; **~ out of my sight!** ¡no te quiero ni ver!; **~ out of the sun** quédate a la sombra 2 (not get involved in) no meterse en; **just ~ out of this argument!** ¡no te metas en esta discusión!
- **stay over** [v + adv] quedarse (a dormir)
- **stay up** [v + adv] 1 (not fall or sink) ‹‹*tent/pole*›› sostenerse*; **his trousers won't ~ up** se le caen los pantalones 2 (not go to bed) quedarse levantado; **I ~ed up all night** me quedé levantado toda la noche; **we ~ed up late** nos quedamos levantados *or* no nos acostamos hasta tarde; **don't ~ up for me** no me esperes levantado
- **stay with** [v + prep + o] 1 (remain close to) quedarse con 2 (remain faithful to) seguir* con 3 (persevere, endure) seguir* con; **~ with it: don't give up!** ¡adelante, no abandones! 4 (keep pace with) seguir* el ritmo de

stay[2] *n*
A (time) estadía *f* (AmL), estancia *f* (Esp, Méx); **during our ~ in Madrid** durante nuestra estadía en Madrid (AmL), durante nuestra estancia en Madrid (Esp, Méx); **I'd like to go for a longer ~** me gustaría ir a quedarme más tiempo; **after an overnight ~ in Paris** después de hacer noche *or* después de pernoctar en París; **during her ~ in hospital** mientras estuvo en el hospital, durante su permanencia en el hospital (frml)
B (Law): **~ of execution** suspensión *f* del cumplimiento de la sentencia
C 1 (rope, wire) estay *m* 2 (Archit, Const) soporte *m*, puntal *m* 3 (Clothing, Hist): **~s** *pl* corsé *m*

stay-at-home /ˈsteɪəthəʊm/ *n* persona *f* casera *or* hogareña; (*before n*) ‹*person*› casero, hogareño

stayer /ˈsteɪər || ˈsteɪə(r)/ *n* (colloq) (horse) *caballo de carrera de mucha resistencia*; (person) persona *f* tesonera *or* perseverante

staying power /ˈsteɪɪŋ/ *n* [u] resistencia *f*, aguante *m*; **he's not very bright, but he's got ~ ~** no es muy inteligente, pero es tesonero

St Bernard /ˌseɪntbərˈnɑːrd || ˌsəntˈbɜːnəd/ *n* San Bernardo *mf*

STD *n* 1 [c] (Med) (= **sexually transmitted disease**) ETS *f* 2 [u] (BrE) (Telec) = **Subscriber Trunk Dialling**

stead /sted/ *n*: **in sb's ~** (liter) en lugar de algn; **I went in his ~** fui en su lugar; **she sent her assistant in her ~** mandó a su asistente en su lugar; ***to stand sb in good ~*** resultarle *or* serle* muy útil a algn; **it will stand you in good ~** te resultará *or* te será muy útil

steadfast /ˈstedfæst || ˈstedfɑːst/ *adj* (liter) ‹*refusal*› firme, categórico, rotundo; ‹*resolve*› inquebrantable, férreo; ‹*gaze*› fijo; ‹*loyalty*› a toda prueba; **they remained ~ in their commitment to the cause** su dedicación a la causa se mantuvo incólume

steadfastly /ˈstedfæstli || ˈstedfɑːstli/ *adv* (liter) ‹*refuse*› categóricamente, rotundamente; ‹*uphold*› tenazmente; ‹*gaze*› fijamente; **she remained ~ loyal to him** le siguió siendo incondicionalmente fiel

steadfastness /ˈstedfæstnəs || ˈstedfɑːstnɪs/ *n* [u] (liter) firmeza *f*, tenacidad *f*, perseverancia *f*

steadily /ˈstedli/ *adv* 1 (constantly, gradually) ‹*breathe/beat/work*› regularmente, a un ritmo constante; **her condition is ~ deteriorating** continúa *or* sigue empeorando; **prices were ~ rising/falling** los precios estaban subiendo/bajando a un ritmo constante; **a ~ increasing number of these cases** un número cada vez mayor de estos casos 2 (incessantly) ‹*rain/work*› sin cesar, sin parar, continuamente, ininterrumpidamente 3 (not shaking) ‹*gaze*› fijamente, sin apartar la vista; ‹*walk*› con paso seguro

steadiness /ˈstedinəs || ˈstedinɪs/ *n* [u] 1 (of gaze) lo fijo; (of chair, ladder) lo firme; (of demand, progress) lo constante *or* regular; **with ~ of hand** con pulso firme 2 (of character) seriedad *f*, formalidad *f*

steady[1] /ˈstedi/ *adj* **-dier, -diest**
A (not shaky) ‹*gaze*› fijo; ‹*chair/table/ladder*› firme, seguro; **you need ~ nerves for that job** hay que saber mantener la calma para hacer ese trabajo; **with a ~ hand** con pulso firme; **you need a very ~ hand** hay que tener mucho pulso; **hold the camera ~** no muevas la cámara; **she isn't very ~ on her feet** le flaquean las piernas, no camina con paso seguro; **this vehicle is ~ on curves** este vehículo es muy estable en las curvas
B 1 (constant) ‹*breeze/rain/speed*› constante; ‹*rhythm/pace*› constante, regular; ‹*flow/stream*› continuo; ‹*improvement/decline/increase*› constante; ‹*prices*› estable; **she's had a ~ stream of visitors this morning** esta mañana ha recibido visitas continuamente *or* sin parar; **the pound remained ~ against the dollar** la libra permaneció estable *or* sin cambio frente al dólar; **the patient is making ~ progress** el paciente sigue mejorando 2 (regular) (*before n*) ‹*job*› fijo, estable; ‹*income*› regular, fijo; **~ boyfriend** novio *m*; **~ girlfriend** novia *f* 3 (dependable) ‹*person/worker*› serio, formal
C (*as interj*) ¡cuidado!, ¡ojo! (fam); **~, it's slippery!** ¡cuidado! *or* (fam) ¡ojo! ¡está muy resbaladizo!; **~ on; watch your language!** (BrE) ¡ojo con tu vocabulario! (fam)

steady[2] **-dies, -dying, -died** *vt* 1 (make stable) ‹*table/ladder*› (by holding) sujetar (para que no se mueva); **I put a wedge under it to ~ it** le puse un calce debajo para que no se moviera *or* para que quedara firme; **to ~ oneself** recobrar el equilibrio 2 (make calm) calmar, tranquilizar*; **she had a drink to ~ her nerves** se tomó una copa para calmarse; **they have a ~ing influence on him** tienen un efecto tranquilizante sobre él

■ **steady** *vi* estabilizarse*

steady[3] *adv* 1 **to go ~ (with sb)** (colloq & dated) ser* novio/novia (de algn), noviar (con algn) (AmL); **they've been going ~ for nearly a year** ya hace casi un año que son novios 2 **to go ~ with sth** (be careful) (*usu in imperative*) tener* cuidado con algo

steady state *n* creación *f* continua; (*before n*): **steady-state theory** teoría *f* de la creación continua

steak /steɪk/ *n*
A (for grilling, frying) 1 [c] bistec *m*, filete *m*, churrasco *m* (CS), bife *m* (RPl, Bol) 2 [u] (cut) carne *f* para filete (*or* bistec *etc*); (*before n*): **~ knife** cuchillo *m* para bistec; **~ sauce** (AmE) *salsa agridulce con especias*
B [u] (cut for braising, stewing) (BrE) carne *f* para guisar *or* estofar; (*before n*): **~ and kidney pie** pastel *m* de carne y riñones
C [c] (of ham) rodaja *f*; (of fish) filete *m*

steak house *n*: *restaurante especializado en bistecs*, ≈ churrasquería *f* (AmS)

steak tartar(e) *n* filete *m* tártaro, bistec *m* tártaro, bistec *m* alemán (Chi)

steal[1] /stiːl/ (*past* **stole**; *past p* **stolen**) *vt*
A 1 ‹*object/idea*› robar, hurtar (frml); **to ~ sth FROM sb** robarle algo A algn; **she stole it from Peter** se lo robó a Peter; **he stole some money from the till** robó dinero de la caja; **she let Maria ~ her man away** dejó que Maria le robara el novio (*or* el marido *etc*); **his little brother stole all the attention** su hermanito acaparó la atención de todo el mundo 2 (sneak) (liter): **to ~ a kiss from sb** robarle un beso a algn; **to ~ a glance at sth/sb** echar una mirada furtiva a algo/algn, mirar algo/a algn de soslayo
B **stolen** *past p* 1 ‹*money/property*› robado 2 (liter) ‹*moments/pleasures*› robado, escamoteado

■ **steal** *vi*
A robar, hurtar (frml); **he was convicted of ~ing** lo condenaron por robo
B (go stealthily) (+ *adv compl*): **to ~ away** o **off** escabullirse*; **they stole into the room** entraron en la habitación a hurtadillas, entraron sigilosamente en la habitación; **a feeling of melancholy stole over her** la invadió una sensación de melancolía; **to ~ up on sb** acercarse* sigilosamente a algn; **night had stolen up on the hikers** la noche había sorprendido a los excursionistas

steal[2] *n* (colloq) (*no pl*) ganga *f* (fam), regalo *m* (fam), pichincha *f* (RPl fam)

stealth /stelθ/ *n* [u] sigilo *m*; **by ~** furtivamente; (*before n*) furtivo, invisible, indetectable

stealthily /ˈstelθəli || ˈstelθɪli/ *adv* a hurtadillas, furtivamente

stealthy /ˈstelθi/ *adj* **-thier, -thiest** ‹*movement/departure*› furtivo; ‹*footsteps*› sigiloso

steam[1] /stiːm/ *n* [u] vapor *m*; **the engine is driven by ~** el motor funciona a vapor; **full ~ ahead!** ¡a todo vapor!; **his work is going full ~ ahead** su trabajo va viento en popa; ***to get up ~*** ‹‹*person/worker*›› ponerse* en movimiento (lit) ‹‹*engine/driver*›› dar* presión; ***to let off*** o ***blow off ~*** desahogarse*, dar* rienda suelta a su (*or* mi *etc*) indignación (*or* energía *etc*); ***to run out of ~*** ‹‹*person/project*›› perder* ímpetu; ***under one's own ~*** por sus (*or* mis *etc*) propios medios; (*before n*) ‹*boiler/locomotive/turbine*› de *or* a vapor; **~ bath** baño *m* turco, baño *m* de vapor; **~ heat** calor *m* (producido) por vapor; **~ iron** plancha *f* de vapor

steam[2] *vt* 1 (Culin) ‹*vegetables/rice*› cocinar *or* cocer* al vapor; ‹*pudding*› cocinar *or* cocer* al baño (de) María 2 (apply steam to) (+ *adj or adv compl*): **to ~ a letter open** abrir* una carta con vapor; **he ~ed the stamps/the label off** despegó los sellos/la etiqueta con vapor

■ **steam** *vi*
A (give off steam) echar vapor; ‹‹*hot food*›› humear
B (+ *adv compl*) 1 (move under steam power): **the train ~ed into the station** el tren entró en la estación echando vapor 2 (move quickly) (colloq): **I was ~ing along on my bike** iba volando *or* a toda velocidad en la bici; **our class is ~ing ahead** nuestra clase avanza a todo vapor *or* a toda máquina

Phrasal verbs

- **steam over** ▸**steam up A**
- **steam up**
A [v + adv] ‹‹*window/glass*›› empañarse
B [v + o + adv, v + adv + o] ‹*window/glass*› empañar; ***to be/get ~ed up about sth***: **people are getting ~ed up about the issue** se están caldeando los ánimos al respecto; **she was all ~ed up**

S

about his critical remarks estaba indignada por sus críticas

steamboat /'sti:mbəʊt/ *n* vapor *m*, barco *m* de *or* a vapor

steam-clean /'sti:mkli:n/ *vt* limpiar al *or* con vapor

steam-driven /'sti:m,drɪvən/ *adj* a *or* de vapor

steam engine *n* 1 (Mech Eng) motor *m* de *or* a vapor 2 (esp BrE) (Rail) locomotora *f or* máquina *f* de *or* a vapor

steamer /'sti:mər || 'sti:mə(r)/ *n*

A (Naut) vapor *m*, buque *m or* barco *m* de *or* a vapor

B (cooking vessel) vaporera *f*

steaming[1] /'sti:mɪŋ/ *adj* ‹*heat*› húmedo; **in the ~ jungle** en la selva tórrida; **a ~ bowl of soup** un plato de sopa humeante; **~ hot** (*as adv*) muy caliente

steaming[2] *n* (BrE colloq) atraco *m* (*perpetrado por pandillas armadas en el transporte público*)

steamroller[1] /'sti:m,rəʊlər || 'stɪ:m,rəʊlə(r)/ *n* apisonadora *f*, aplanadora *f* (AmL); (*before n*): **~ tactics** tácticas *fpl* dictatoriales *or* avasalladoras

steamroller[2] *vt* 1 (flatten) ‹*road/tarmac*› apisonar, aplanar 2 (crush) ‹*opposition*› aplastar 3 (force): **they ~ed the plan through the committee** aplastando a la oposición, hicieron que la comisión aprobara el plan; **to ~ sb INTO sth/-ING**: **he tried to ~ us into (making) a quick decision** quiso obligarnos *or* forzarnos a tomar una decisión rápida

steamship /'sti:mʃɪp/ *n* vapor *m*, barco *m or* buque *m* de *or* a vapor

steamy /'sti:mi/ *adj* **-mier, -miest** 1 ‹*room/atmosphere*› lleno de vapor; ‹*heat*› húmedo; ‹*window/glass*› empañado 2 (erotic) ‹*novel*› erótico; ‹*affair*› tórrido, apasionado

steed /sti:d/ *n* (liter) corcel *m* (liter)

steel[1] /sti:l/ *n* 1 [u] (Metall) acero *m*; **nerves of ~** nervios de acero; **he showed his ~** demostró su temple; (*before n*) ‹*girder/helmet*› de acero; **the ~ industry** la industria siderúrgica; **~ maker** *o* **manufacturer** fabricante *mf* de acero 2 [c] (sharpener) afilador *m*, chaira *f*

steel[2] *v refl* **to ~ oneself FOR sth/to + INF** armarse de valor PARA algo/PARA + INF; **he ~ed himself for the injection/to phone her** se armó de valor para la inyección/para llamarla; **she had ~ed herself against his entreaties** se había hecho fuerte para no ceder a sus súplicas

steel band *n*: *banda de percusión típica del Caribe*

steel-blue /'sti:l'blu:/ ▸❶ **p.1036** *adj* (*pred* **steel blue**) azul acero *adj inv*

steel blue ▸❶ **p.1036** *n* [u] azul *m* acero

steel-gray, (BrE) **steel-grey** ▸❶ **p.1036** /'sti:l'greɪ/ *adj* (*pred* **steel gray**) gris acero *adj inv*

steel gray, (BrE) **steel grey** ▸❶ **p.1036** *n* [u] gris *m* acero

steel mill *n* planta *f* de laminación del acero

steel wool *n* [u] lana *f* de acero, virulana® *f* (Arg), fibra *f* metálica (Méx)

steelworker /'sti:l,wɜ:rkər || 'sti:l,wɜ:kə(r)/ *n* obrero siderúrgico, obrera siderúrgica *m,f*

steelworks /'sti:lwɜ:rks || 'sti:lwɜ:ks/ *n* (*pl*, ~ (+ *sing or pl vb*)) planta *f* siderúrgica, acería *f*, acerería *f*

steely /'sti:li/ *adj* **-lier, -liest** 1 (tough, determined) ‹*gaze/expression*› duro; ‹*determination*› férreo; **~-eyed** de mirada dura 2 (like steel) ‹*material/appearance*› acerado; **~ blue/gray** azul *m* /gris *m* acero *or* acerado

steelyard /'sti:ljɑ:rd || 'sti:ljɑ:d/ *n* romana *f*

steep[1] /sti:p/ *adj* **-er, -est**

A 1 ‹*slope/hill/stairs*› empinado; ‹*drop*› brusco, abrupto; ‹*descent*› en picada *or* (Esp) en picado 2 (large) ‹*increase/decline*› considerable, pronunciado, marcado

B (excessive) (colloq) 1 (of prices) alto, excesivo; **he charged me $200 — that's a bit ~!** me cobró 200 dólares — ¡qué caro! *or* ¡se le fue un poco la mano! 2 (unreasonable) poco razonable; **it's a bit ~ to expect them to work without a break** no es muy razonable que digamos, esperar que trabajen sin un descanso

steep[2] *vt* (to soften, clean) remojar, dejar en *or* a remojo; (to flavor) macerar; **~ed in ignorance** sumido en una ignorancia supina; **a city ~ed in history** una ciudad de gran riqueza histórica; **a playwright ~ed in classical Greek theater** un dramaturgo empapado del teatro griego clásico

■ **steep** *vi* 1 «*fruit*» macerarse 2 «*tea*» estar* en infusión; **let the tea ~ for 5 minutes** deje el té en infusión 5 minutos; **the tea is ~ing** el té se está haciendo

steeple /'sti:pəl/ *n* torre *f*, campanario *m*, aguja *f*

steeplechase /'sti:pəltʃeɪs/ *n* carrera *f* de obstáculos

steeplechasing /'sti:pəl,tʃeɪsɪŋ/ *n* [u] carreras *fpl* de obstáculos

steeplejack /'sti:pəldʒæk/ *n*: *persona que repara chimeneas, torres etc*

steeply /'sti:pli/ *adv* 1 ‹*slope/rise*› abruptamente; ‹*fall/drop*› abruptamente, vertiginosamente 2 ‹*increase/decline*› considerablemente, marcadamente; **prices rose ~** los precios se dispararon

steepness /'sti:pnəs || 'sti:pnɪs/ *n* [u] 1 (of slope, stairs) lo empinado 2 (of increase, decline) lo marcado

steer[1] /stɪr || stɪə(r)/ *n*

A 1 (young bull) novillo *m* 2 (castrated bull) buey *m*

B (tip, advice) (AmE sl) dato *m*; **a bum ~** un pésimo dato

steer[2] *vt* 1 ‹*vehicle/plane*› dirigir*, conducir*; ‹*ship*› gobernar*; **the truck was ~ing a straight course** el camión avanzaba en línea recta; **the captain ~ed (a course) for home** el capitán puso rumbo a casa; **we must ~ a moderate course** tenemos que adoptar una línea moderada; ***to ~ one's way*** abrirse* paso; **to ~ one's way through the crowd** abrirse* paso entre la multitud; **she ~ed her way through the difficulties** fue sorteando las dificultades; **he ~ed his way into port** entró a puerto 2 (guide) llevar, conducir*; **she ~ed the conversation around to the subject of money** llevó *or* desvió la conversación hacia el tema del dinero; **they're ~ing investment away from traditional industries** están desviando *or* alejando la inversión de las industrias tradicionales

■ **steer** *vi* 1 (Naut) estar* *or* ir* al timón; (Auto) ir* al volante; **to ~ by a compass/the stars** guiarse* por la brújula/las estrellas; **he ~ed south/for the harbor** navegó hacia el Sur/con rumbo al puerto; **I ~ed toward the left** (Auto) giré el volante hacia la izquierda; ***to ~ clear of sth/sb*** evitar algo/a algn; **~ well clear of them** no tengas nada que ver con ellos, evítalos a toda costa; **I'd ~ clear of that part of town** yo no me metería en esa parte de la ciudad 2 (handle) «*vehicle*»: **the new model ~s effortlessly** el nuevo modelo tiene muy buena dirección, el nuevo modelo es muy fácil de conducir *or* (esp AmL) de manejar

steerage /'stɪrɪdʒ || 'stɪərɪdʒ/ *n* [u]: **to travel ~** viajar en tercera clase *or* en la bodega (del barco); (*before n*): **~ class** tercera *f* (clase *f*); **~ passengers** pasajeros de tercera (clase)

steering /'stɪrɪŋ || 'stɪərɪŋ/ *n* [u] dirección *f*; **power(-assisted) ~** dirección asistida

steering column *n* árbol *m or* columna *f* de dirección

steering committee *n* comité *m* directivo

steering gear *n* [u] (of ship) aparato *m* de gobierno; (of car) (mecanismo *m* de) dirección *f*

steering lock *n* 1 (device) seguro *m* de la dirección, seguro *m* antirobo 2 (extent of turning) (BrE) radio *m or* ángulo *m* de giro

steering wheel *n* 1 (Auto) volante *m*, timón *m* (Col, Per) 2 (Naut) timón *m*

steersman /'stɪrzmən || 'stɪəzmən/ *n* (*pl* **-men** /-mən/) timonel *mf*

stegosaurus /,stegə'sɔ:rəs/ *n* (*pl* **-ruses** *or* **-ri** /-raɪ/) estegosaurio *m*

stein /staɪn/ *n* (AmE) jarra *f or* (Méx) tarro *m* de cerveza, chop *m* (CS)

stellar /'stelər || 'stelə(r)/ *adj* estelar

stem[1] /stem/ *n*

A (of flower, plant) tallo *m*; (of leaf) peciolo *m*, pecíolo *m*; (of fruit) pedúnculo *m*

B 1 (of glass) pie *m* 2 (of thermometer) tubo *m* 3 (Mech Eng) vástago *m* 4 (of pipe) boquilla *f*, caña *f*

C (Ling) raíz *f*; (with a thematic element) tema *m*

D (Naut): **from ~ to stern** de proa a popa

stem[2] **-mm-** *vt* ‹*flow/bleeding*› contener*, parar; ‹*outbreak/decline*› detener*, poner* freno a

■ **stem** *vi* **to ~ FROM sth** provenir* *or* ser* producto DE algo

stem cell *n* célula *f* madre, célula *f* primordial, célula *f* troncal; (*before n*): **~ ~ research** investigación *f* de las células madres *or* primordiales *or* troncales

stem glass *n* (for wine) copa *f*; (for champagne) copa *f* flauta

-stemmed /stemd/ *suff*: **short~** de tallo corto; ‹*glasses*› de pie corto

stemware /'stemwer || 'stemweə(r)/ *n* [u] (AmE) cristalería *f*

stench /stentʃ/ *n* fetidez *f*, hedor *m* (liter); **there's a terrible ~ in here** aquí huele muy mal, aquí apesta (fam)

stencil[1] /'stensəl || 'stensɪl/ *n* 1 (for lettering, decoration) plantilla *f*, troquel *m* 2 (for duplicating) stencil *m*, matriz *f*, cliché *m* (Esp), ciclostil *m* (Esp); **to cut a ~** hacer* *or* picar* un stencil (*or una matriz etc*)

stencil[2] *vt* BrE **-ll-** 1 ‹*design/pattern*› *escribir, dibujar o pintar utilizando una plantilla* 2 (duplicate) ‹*notes/letter*› mimeografiar*, multicopiar, multigrafiar* (Ven)

Sten gun /sten/ *n* metralleta *f* (*tipo Sten*)

steno /'stenəʊ/ *n* (AmE colloq) 1 ▸**stenographer** 2 ▸**stenography**

stenographer /stə'nɑ:grəfər || ste'nɒgrəfə(r)/ *n* (esp AmE) taquígrafo, -fa *m,f*, estenógrafo, -fa *m,f*

stenography /stə'nɑ:grəfi || ste'nɒgrəfi/ *n* [u] (AmE) taquigrafía *f*, estenografía *f*

stent /stent/ *n* (Med) stent *m*

stentorian /sten'tɔ:riən/ *adj* (liter) estentóreo

step[1] /step/ *n*

A (footstep, pace) paso *m*; **to take a ~ forward/to the right** dar* un paso adelante/a la derecha; **a great ~ forward** un gran paso adelante; **it was her first ~ on the road to success** fue su primer paso hacia el éxito; **one ~ forward, two ~s back** (hum) un paso hacia adelante y dos hacia atrás(, como el cangrejo); **I heard her ~s in the corridor** oí sus pasos *or* sus pisadas en el pasillo; **to follow in sb's ~s** seguir* los pasos de algn; **I'll be with you every ~ of the way** estaré contigo en todo momento; ***to be/keep one ~ ahead***: **constant research keeps us one ~ ahead of our rivals** la constante investigación nos mantiene en una situación de ventaja con respecto a la competencia; **they're one ~ ahead of us** nos llevan cierta ventaja; **he tries to keep one ~ ahead of his students** trata de que sus alumnos no lo aventajen; ***to watch one's ~*** (be cautious, behave well) andarse* con cuidado *or* con pie de plomo; **watch your ~** (when walking) mira por dónde caminas; *see also* **step-by-step**

B 1 [c] (of dance) paso *m* 2 [u] (in marching, walking) paso *m*; **to be in ~** llevar el paso; (in dancing) llevar el compás *or* el ritmo; **to be out of ~** no llevar el paso; (in dancing) ir* desacompasado, no llevar el compás *or* el ritmo; **to break ~** romper* el paso; **she fell into ~ beside me** acomodó su paso al mío; ***in/out of ~ with sb/sth***: **the leaders are out of ~ with the wishes of the majority** los líderes no sintonizan con los deseos de la mayoría; **she's always managed to keep in ~ with public opinion** siempre ha logrado mantenerse en sintonía con la opinión pública

C (distance): **the beach is only a ~ away** la playa está a un paso; **it's a fair ~ from here to the**

S

station hay un buen trecho hasta la estación; **this brings war one ~ nearer** esto significa un paso más hacia un conflicto bélico; **from here it's a short ~ to total ruin** de aquí a la ruina absoluta sólo hay un paso

D (move) paso *m*; (measure) medida *f*; **a ~ in the right direction** un paso hacia adelante; **the next ~ is to inform the police** el próximo paso es informar a la policía; **to take legal ~s** recurrir a la justicia; **to take ~s (to + INF)** tomar medidas (PARA + INF); **they are taking ~s to remedy the situation** están tomando medidas para remediar la situación, están tomando medidas encaminadas a remediar la situación

E **1** (on stair) escalón *m*, peldaño *m*; (on ladder) travesaño *m*, escalón *m*; **S mind the step** cuidado con el escalón; **the church/museum ~s** la escalinata *or* las escaleras de la iglesia/del museo; **the altar ~s** las gradas del altar; **a flight of ~s** un tramo *m* de escalera; **he left the parcel on the ~** dejó el paquete en la puerta **2** **steps** *pl* (BrE) (stepladder) escalera *f* (de mano *or* de tijera)

F **1** (degree in scale) peldaño *m*, escalón *m*; **she's moved up a ~ in the salary scale** ha ascendido un peldaño en la escala salarial; **his new post is a ~ up the ladder from supervisor** su nuevo puesto está inmediatamente por encima del de supervisor; **that would be a ~ up in her career** eso significaría un ascenso para ella **2** (AmE) (Mus): **whole ~** tono *m*; **half ~** semitono *m*

step² *vi* **-pp-** **1** (move) (+ *adv compl*): **would you ~ inside/outside for a moment?** ¿quiere pasar *or* entrar/salir un momento?; **to ~ off a plane** bajarse de un avión; **from the moment he ~ped onto the stage** desde el momento que puso pie en *or* pisó el escenario; **he could have ~ped straight out of a story book** parecía sacado *or* salido de un libro de cuentos; **she ~ped over the threshold** atravesó el umbral **2** (tread) pisar; **to ~ IN/ON sth** pisar algo; **I ~ped in a puddle** pisé un charco; **he ~ed on a mine** pisó una mina; **sorry, I ~ped on your toe** perdón, te pisé; ***to ~ on it*** o ***on the gas*** (colloq) darse* prisa, apurarse (AmL), meterle (AmL fam)

Phrasal verbs

- **step aside** [v + adv] (move aside) hacerse* a un lado, apartarse; (resign, go) renunciar, dimitir
- **step back** [v + adv] (move back) dar* un paso atrás, retroceder; (become detached) **to ~ back (FROM sth)** distanciarse (DE algo); **try to ~ back from the situation** trata de distanciarte un poco de la situación, trata de ver la situación con cierta perspectiva
- **step down** [v + adv] **1** (get down) bajar **2** (resign) renunciar, dimitir, dejar su (*or* mi *etc*) puesto
- **step forward** [v + adv] (move forward) dar* un paso adelante; (present oneself) ofrecerse*; **when they asked for volunteers, I ~ped forward** cuando pidieron voluntarios, yo me ofrecí
- **step in** [v + adv] (intervene) intervenir*, tomar cartas en el asunto
- **step off** [v + adv] (Mil) empezar* a marchar; *see also* **step² 1**
- **step out** [v + adv] **1** (walk quickly) apretar* el paso **2** (be courting) (dated) **to ~ out WITH sb** hacer(le)* la corte a algn (ant) **3** (be unfaithful to) (AmE) **to ~ out ON sb** engañar a algn; *see also* **step² 1**
- **step up** [v + o + adv, v + adv + o] (increase) ‹*exports/power/volume*› aumentar; ‹*attacks*› redoblar, aumentar la frecuencia de; ‹*production/campaign*› intensificar*

step aerobics *n* (+ *sing or pl vb*) step *m*

stepbrother /'step,brʌðər || 'step,brʌðə(r)/ *n* hermanastro *m*

step-by-step /,stepbaɪ'step/ *adj* ‹*instructions*› detallado, paso a paso; ‹*approach*› paso a paso; **a ~ guide to learning Spanish** una guía para aprender español paso a paso

step by step *adv* (one stage at a time) paso a paso; (gradually) poco a poco

step change *n* (BrE) cambio *m* radical

stepchild /'steptʃaɪld/ *n* (*pl* **-children**) hijastro *m*, hijastra *f*

stepdaughter /'step,dɔːtər || 'step,dɔːtə(r)/ *n* hijastra *f*

step-down /'stepdaʊn/ *n* reducción *f*; (*before n*): **~ transformer** transformador *m* reductor

stepfamily /'step,fæmli, -,fæməli || 'step ,fæmɪli, -,fæmli/ *n* (*pl* **-lies**) familia *f* del padrastro/de la madrastra

stepfather /'step,fɑːðər || 'step,fɑːðə(r)/ *n* padrastro *m*

stepladder /'step,lædər || 'step,lædə(r)/ *n* escalera *f* de mano *or* de tijera

stepmother /'step,mʌðər || 'step,mʌðə(r)/ *n* madrastra *f*

step-parent /'step,perənt || 'step,peərənt/ *n m*, padrastro *f*, madrastra

steppe /step/ *n* [u] (*often pl*) estepa *f*; **the nomads of the ~(s)** los nómadas de la(s) estepa(s)

stepped /stept/ *adj* (*before n*) escalonado

stepping-stone /'stepɪŋ,stəʊn/ *n*: *cada una de las piedras que se colocan para cruzar un arroyo, un pantano etc*; **a ~ to success** un peldaño en el camino del éxito

stepsister /'step,sɪstər || 'step,sɪstə(r)/ *n* hermanastra *f*

stepson /'stepsʌn/ *n* hijastro *m*

step-up /'stepʌp/ *n* [u] (in expenditure, investment) aumento *m*; (in terrorist activity) escalada *f*; (in campaign) intensificación *f*; (*before n*): **~ transformer** transformador *m* elevador

stereo¹ /'steriəʊ/ *n* (*pl* **-os**) **1** [c] (player) estéreo *m*, equipo *m* (estereofónico *or* estéreo); (*before n*): **~ system** équipo *m* de música **2** [u] (sound) estéreo *m*; **in ~** en estéreo, en sonido estereofónico

stereo² *adj* estéreo *adj inv*, estereofónico

stereocamera /'steriəʊ,kæmərə/ *n* estereocámara *f*

stereomicroscope /,steriəʊ'maɪkrəskəʊp/ *n* estereomicroscopio *m*

stereophonic /,steriə'fɑːnɪk || ,steriə'fɒnɪk/ *adj* (frml) estereofónico

stereoscope /'steriəskəʊp/ *n* estereoscopio *m*

stereoscopic /,steriə'skɑːpɪk || ,steriə'skɒpɪk/ *adj* estereoscópico

stereotype¹ /'steriətaɪp/ *n*

A [c] (fixed idea, image) estereotipo *m*

B (Print) **1** [u] (process) estereotipia *f* **2** [c] (plate) estereotipo *m*, matriz *f*, cliché *m* (Esp), clisé *m* (Esp)

stereotype² *vt*

A (brand) ‹*person*› catalogar*, estereotipar; **he created a style and was ~d by it** creó un estilo que lo encasilló

B (Print) estereotipar

stereotyped /'steriətaɪpt/ *adj* estereotipado

stereotypical /,steriə(ʊ)'tɪpɪkəl/ *adj* estereotípico

sterile /'sterəl || 'steraɪl/ *adj*

A **1** ‹*person/animal/land*› estéril, yermo (liter) **2** ‹*argument/discussion/task*› estéril

B (germ-free) ‹*solution/dressing*› estéril

sterility /stə'rɪləti/ *n* [u]

A **1** (infertility) esterilidad *f* **2** (futility) esterilidad *f*

B (freedom from germs) esterilidad *f*

sterilization /,sterələ'zeɪʃən || ,sterəlaɪ'zeɪʃən/ *n*

A [c u] (of man, woman) esterilización *f*

B [u] (making germ-free) esterilización *f*

sterilize /'sterəlaɪz/ *vt*

A ‹*man/woman*› esterilizar*

B ‹*instruments/equipment*› esterilizar*

sterilizer /'sterəlaɪzər || 'sterəlaɪzə(r)/ *n* esterilizador *m*

sterling¹ /'stɜːrlɪŋ || 'stɜːlɪŋ/ *n* [u] (Fin) libra *f* (esterlina); **payment will be made in ~** el pago se efectuará en libras (esterlinas)

sterling² *adj*

A (*no comp*) **1** (Fin): **the pound ~** la libra esterlina; **they paid us by ~ cheque** nos pagaron con un cheque en libras (esterlinas) **2** (silver) ‹*bracelet/cutlery*› de plata de ley; **~ silver** plata *f* de ley

B (excellent) invaluable, invalorable (CS); **he did some ~ work for us** efectuó un excelente trabajo para nosotros; **after 20 years of ~ service** después de 20 años de invaluables *or* (CS tb) invalorables servicios; **many thanks for your ~ work** muchas gracias por tu invaluable *or* (CS tb) invalorable colaboración

stern¹ /stɜːrn || stɜːn/ *n* popa *f*

stern² *adj* **-er, -est** **1** (harsh) ‹*rebuke/warning/measures*› severo, duro; ‹*person*› severo; **the ~ reality of post-war life** la dura realidad de la vida de posguerra; **I thought you were made of ~er stuff** te creía más fuerte **2** (disapproving, serious) ‹*look/features/voice*› severo, adusto

sternly /'stɜːrnli || 'stɜːnli/ *adv* ‹*rebuke/look/speak*› severamente, duramente

sternum /'stɜːrnəm || 'stɜːnəm/ *n* (*pl* **-nums** *or* **-na** /-nə/) esternón *m*

steroid /'stɪrɔɪd, 'ste- || 'stɪərɔɪd, 'ste-/ *n* esteroide *m*

stertorous /'stɜːrtərəs || 'stɜːtərəs/ *adj* (liter) ‹*breathing*› estertóreo (liter); ‹*sleeper*› que ronca *or* hace ruidos

stet¹ /stet/ *interj*: *indicación de que se cancele una corrección hecha anteriormente*

stet² *vt* **-tt-** ‹*correction/change*› dejar sin efecto

stethoscope /'steθəskəʊp/ *n* estetoscopio *m*

stevedore /'stiːvədɔːr || 'stiːvədɔː(r)/ *n* estibador, -dora *m,f*

stew¹ /stuː || stjuː/ *n* estofado *m*, guiso *m*; ***to be/get in a ~*** (colloq) estar*/ponerse* nervioso

stew² *vt* ‹*meat*› estofar, guisar; ‹*fruit*› hacer* compota de

■ **stew** *vi* «*meat/fruit*» cocer*; **don't let the tea ~** (BrE) no dejes el té mucho tiempo en infusión; ***to let sb ~ in her/his own juice*** dejar sufrir a algn; **let him ~ (in his own juice) for a while** déjalo que sufra *or* déjalo sufrir un rato

steward /'stuːərd || 'stjuːəd/ *n*

A (on ship) camarero *m*; (on plane) auxiliar *m* de vuelo, aeromozo *m* (AmL)

B **1** (manager — of estate) administrador, -dora *m,f*; (— of club) director administrativo, directora administrativa *m,f* **2** (BrE) (in horse-racing) comisario, -ria *m,f* (de carreras); (in athletics) juez *mf* **3** (at public gatherings) (BrE) *persona encargada de supervisar al público en manifestaciones, eventos deportivos etc*

C (*shop ~*) representante *mf or* (Esp) enlace *mf* sindical

stewardess /'stuːərdəs || 'stjuːədes/ *n* **1** (on ship) camarera *f* **2** (on plane) auxiliar *f* de vuelo, azafata *f*, aeromoza *f* (AmL), cabinera *f* (Col), hostess *f* (Chi)

stewardship /'stuːərdʃɪp || 'stjuːədʃɪp/ *n* [u] **1** (responsibility) administración *f* **2** (period in office) administración *f*

stewed /stuːd || stjuːd/ *adj* **1** (Culin) (*usu before n*) ‹*beef/lamb*› (BrE) estofado, guisado; ‹*fruit*› en compota; **~ apple/pears** compota *f* de manzana/peras **2** (BrE) *demasiado cargado por haberlo dejado reposar demasiado tiempo* **3** (drunk) (colloq) (*pred*) borracho, mamado (fam)

stewing steak /'stuːɪŋ || 'stjuːɪŋ/ *n* [u]: *carne para estofar*

stick¹ /stɪk/ *n*

A [c] (of wood) palo *m*, vara *f*; (twig) ramita *f*; (for fire) astilla *f*; ***more than you can/not enough to shake a ~ at*** (esp AmE colloq): **they get more tourists than you can shake a ~ at** reciben turistas a montones (fam); **there weren't enough people there to shake a ~ at** había poquísima gente, eran cuatro gatos locos (fam); **a few drops, not enough rain to shake a ~ at** cuatro gotas de lluvia, nada del otro mundo; ***the big ~***: **he believes firmly in a policy of the big ~** cree firmemente en una política de mano dura; ***the ~ with which to beat sb*** el arma con la cual atacar a algn; ***to be in a cleft ~*** estar* metido en un aprieto *or* un apuro; ***to get (hold of) the wrong end of the ~*** (colloq) entenderlo* todo al revés, tomar el rábano por las hojas; ***to get the short/dirty end of the ~*** (colloq) llevarse la peor parte; ***~s and stones may break my bones (but names will never***

S

hurt me) a palabras necias, oídos sordos; (*before n*) ‹*figure/drawing*› de palotes; ~ **man** monigote *m*

B [c] (*walking* ~) **1** bastón *m* **2** (*drum*~) palillo *m*, baqueta *f* (Méx) **3** (*hockey* ~) palo *m* **4** (*joy*~) (Aviat, Comput) joystick *m* (*palanca de comandos manuales*)

C [c] (of celery, rhubarb) rama *f*, penca *f*; (of dynamite) cartucho *m*; (of rock, candy) palo *m*; (of sealing wax) barra *f*; **a ~ of cinnamon** un pedazo de canela en rama; **a ~ of chalk** una tiza; **a ~ of chewing gum** un chicle; **cut the carrots into ~s** cortar las zanahorias en bastoncitos; **a shaving/deodorant ~** una barra de jabón de afeitar/de desodorante; **there wasn't a ~ of furniture in the room** no había ni un mueble en el cuarto; *see also* **up**[4]

D [u] (BrE) (criticism, punishment) (colloq): **to get/take ~ from sb** recibir/aguantar (los) palos de algn (fam); **to give sb/sth ~** darle* palos *or* un palo a algn/algo (fam)

E [c] (person) (colloq) tipo, -pa *m,f* (fam), tío, tía *m,f* (Esp fam), cuate, -ta *m,f* (Méx fam), gallo, -lla *m,f* (Chi fam); **a dull old ~** un tipo aburrido (fam), un muermo (fam)

F **sticks** *pl* **1** (remote area, provinces): **the ~s** (colloq): **to live out in the ~s** vivir en la Cochinchina *or* (Esp tb) en las Batuecas **2** (in horseracing): **the ~s** (colloq) los obstáculos

stick[2] (*past & past p* **stuck**) *vt*

A (attach, glue) pegar*; **will it ~ leather?** ¿sirve para pegar cuero?; **I stuck a patch over the hole** puse un parche encima del agujero; **I stuck the handle (back) on with glue** pegué el asa con cola; **I'll ~ the pieces together again** voy a pegar los pedazos

B **1** (thrust) ‹*needle/knife/sword*› clavar; **I stuck the needle in my finger** me clavé la aguja en el dedo **2** (impale) **to ~ sth ON sth** clavar algo EN algo **3** (stab, spear) ‹*pig/boar*› clavar, atravesar*

C (put, place) (colloq) poner*; **they stuck us in the worst seats** nos pusieron en los peores asientos; **~ my name (down) on the list** ponme *or* apúntame en la lista; **remember to ~ the lid back on** no te olvides de volver a ponerle la tapa; **~ it in the oven** ponlo *or* mételo en el horno; **what shall I do with my cup? — just ~ it in the kitchen** ¿qué hago con la taza? — déjala *or* ponla en la cocina; **shall I ~ another record on?** ¿pongo otro disco?; **~ your head out of the window** asoma *or* saca la cabeza por la ventana; **I stuck it back in my pocket** me lo metí de nuevo en el bolsillo; **she stuck her nose against the window** pegó la nariz a la ventana; **~ it there!** (AmE) ¡choca esa mano *or* esos cinco!, ¡chócala! (fam); **if he doesn't like the idea, he can ~ it** (colloq) si no le gusta la idea, que se fastidie *or* que se aguante (fam) *or* (vulg) que se joda; **she knows where she can ~ her offer!** (colloq) ¡ella sabe muy bien dónde se puede meter esa oferta! (fam); ***to ~ it to sb*** (AmE colloq) (castigate) darle* duro *or* con todo a algn; (swindle) aprovecharse de algn; ▸**arse 1**

D (tolerate) (esp BrE colloq) aguantar, soportar; **I don't know how you ~ him** no sé cómo lo aguantas *or* soportas; **she couldn't ~ the noise any longer** no pudo aguantar *or* soportar *or* resistir más el ruido

■ **stick** *vi*

A (adhere) ‹‹*glue*›› pegar*; ‹‹*food*›› pegarse*; **you have to stir it to stop it ~ing** hay que removerlo para que no se pegue; **these labels won't ~ (on)** estas etiquetas no (se) pegan; **to ~ TO sth** pegarse* *or* (frml) adherirse* A algo; **my shirt was ~ing to my back** tenía la camisa pegada a la espalda; **the two pages have stuck together** las dos páginas se han pegado; **they'll never make the charge ~** nunca van a poder probar que es culpable; **his friends called him Lofty and the name stuck** los amigos lo llamaban Lofty y se quedó con ese nombre; **the song stuck in my mind** la canción se me quedó grabada

B (become jammed) atascarse*; **this door ~s** esta puerta se atasca *or* (Méx) se atora; **the car stuck in the mud** el coche se atascó en el barro; **the words stuck in my throat** no me salían las palabras, no pude articular palabra; ***to ~ at nothing*** (colloq) hacer* cualquier cosa, hacer* lo que sea; ***to ~ in sb's gullet*** o ***throat***: **what ~s in my gullet is that ...** lo que me indigna *or* (fam) lo que tengo atravesado es que ...

C (in card games) plantarse

D (project) asomar; **there's a hole where the pole ~s through** hay un agujero por donde se asoma *or* sale el poste; *see also* **stick out**, ▸**stuck**[2]

Phrasal verbs

- **stick around** [v + adv] (colloq) quedarse; **~ around** quédate (por aquí), no te vayas
- **stick at** [v + prep + o] (colloq) ‹*exercises/work*› seguir* con; **~ at it** sigue así
- **stick by** [v + prep + o] ‹*opinion*› mantener*; ‹*friend*› no abandonar; ‹*promise*› mantener* en pie
- **stick out**

A [v + adv] **1** (protrude) ‹‹*shelf/end/rock*›› sobresalir*; **his ears ~ out** tiene las orejas salidas; **the belt makes your stomach ~ out** el cinturón te hace salir la barriga *or* te saca panza (fam); **I saw a gun ~ing out of his pocket** vi que le asomaba un revólver del bolsillo **2** (be obvious) resaltar; **he really ~s out in a crowd** uno enseguida lo nota en un grupo de gente; ▸**mile, thumb**[1]

B [v + o + adv, v + adv + o] (stretch out) (colloq) ‹*hand*› extender*, alargar*, sacar*; **to ~ one's chest/tongue out** sacar* (el) pecho/la lengua

C **1** [v + o + adv] (endure) (colloq) ‹*job*› aguantar en; **you'll have to ~ it out** vas a tener que aguantarte *or* (Esp tb) aguantar mecha (fam) **2** [v + adv] (hold out): **they are ~ing out for 8%** no van a ceder *or* (AmL tb) a transar por menos del 8%

- **stick to** [v + prep + o] **1** (hold to) ‹*road/path*› seguir* por; ‹*principles*› mantener*, no apartarse de; ‹*rules*› ceñirse* a, atenerse* a; **they didn't ~ to the agreement** no cumplieron con *or* no respetaron el acuerdo; **I'll ~ to beer** yo voy a seguir tomando cerveza; **I'll ~ to my original plan** seguiré con mi plan original **2** (not digress from) ‹*subject/facts*› ceñirse* a; **~ to the point** no te vayas por las ramas (fam), no te apartes del tema **3** (restrict oneself to) limitarse a **4** (continue at, persevere in) seguir* con, perseverar con **5** (follow closely): **~ close to me** no te separes de mí, pégate a mí (fam)
- **stick together** [v + adv] no separarse, quedarse juntos; (support each other) mantenerse* unidos
- **stick up**

A [v + o + adv, v + adv + o] **1** (on wall) ‹*notice*› colocar*, poner* **2** (raise) ‹*hand*› levantar; **he stuck his head up over the wall** asomó la cabeza por encima del muro; **~ 'em up!** ¡manos arriba!, ¡arriba las manos! **3** (rob) asaltar, atracar*

B [v + adv] (project): **something was ~ing up out of the ground** algo sobresalía del suelo; **the tower ~s up above the housetops** la torre se alza por encima de los tejados; **its ears were ~ing up** tenía las orejas levantadas *or* (AmL tb) paradas; **her hair was ~ing up** tenía el pelo de punta, tenía el pelo parado (AmL)

- **stick up for** [v + adv + prep + o] ‹*person*› sacar* la cara por, defender*; ‹*principle/idea*› defender*; **to ~ up for oneself** hacerse* valer; **to ~ up for one's rights** hacer* valer sus (*or* mis *etc*) derechos
- **stick with** [v + prep + o] **1** (stay close to) no separarse de **2** (remain faithful to) ‹*husband/friend*› no abandonar, mantenerse* fiel a; **I don't like this coffee: I'll ~ with my old brand** no me gusta este café; me quedo con mi marca de antes **3** (continue, persevere with) perseverar con, seguir* adelante con

stickball /ˈstɪkbɔːl/ *n* (AmE) *especie de béisbol improvisado*

sticker /ˈstɪkər || ˈstɪkə(r)/ *n* **1** (label) etiqueta *f*; (with slogan etc) pegatina *f*, adhesivo *m* **2** (person) (BrE colloq) persona *f* tenaz *or* perseverante

sticker price *n* (AmE) precio *m* de etiqueta

stick figure *n* muñeco *m* de palotes

stickiness /ˈstɪkinəs || ˈstɪkinɪs/ *n* [u] **1** (adhesiveness) pegajosidad *f* **2** (of weather) lo bochornoso *or* pegajoso **3** (difficulty) (colloq) lo delicado **4** (of website) (Comput) (colloq) pegajosidad *f* (fam)

sticking plaster /ˈstɪkɪŋ/ *n* (BrE) **1** [c] (individual strip) curita® *f* (AmL), tirita® *f* (Esp) **2** [u] (tape) esparadrapo *m*, cinta *f* adhesiva, tela *f* emplástica (CS)

sticking point *n* escollo *m*

stick insect *n* insecto *m* palo

stick-in-the-mud /ˈstɪkɪnðəˌmʌd/ *n* (colloq) *persona rutinaria e inflexible*; **don't be such an old ~** no seas tan rutinario e inflexible *or* y rígido

stickleback /ˈstɪkəlbæk/ *n* espinoso *m*

stickler /ˈstɪklər || ˈstɪklə(r)/ *n*: **he's a ~ for discipline/good manners** insiste mucho en la disciplina/los buenos modales; **he's a ~ for detail** repara mucho en los detalles, es muy detallista; **to be a ~ for grammar** ser un purista en materia de gramática

stick-on /ˈstɪkɑːn || ˈstɪkɒn/ *adj* adhesivo

stickpin /ˈstɪkpɪn/ *n* (tie pin) alfiler *m* de corbata, fistol *m* (Méx); (worn by women) prendedor *m*

stick shift *n* (AmE) **1** (lever) palanca *f* de cambio(s) *or* (Méx) de velocidades **2** (car) coche *m* (de transmisión) estándar *or* manual

stickum /ˈstɪkəm/ *n* (AmE) goma *f*, adhesivo *m*

stickup /ˈstɪkʌp/ *n* (colloq) atraco *m*, asalto *m*

sticky[1] /ˈstɪki/ *adj* **stickier, stickiest**

A **1** ‹*label*› engomado, autoadhesivo; ‹*texture/surface*› pegajoso; ‹*hands*› pegajoso, pringoso **2** ‹*climate*› húmedo y caluroso; ‹*day/weather*› bochornoso

B (difficult) (colloq) ‹*problem/issue*› peliagudo; ‹*situation*› violento, difícil; **he was very ~ about lending the money** puso muchos peros *or* muchas dificultades para prestarnos el dinero

C (esp AmE colloq) empalagoso (fam)

D (Comput) (colloq) pegajoso (fam)

sticky[2] *n* (*pl* **-kies**) (colloq) post *m*, sticky *m*

sticky tape *n* [u] cinta *f* dúrex® *or* scotch® (AmL), cinta *f* ce(l)lo (Esp), cinta *f* pegante

stiff[1] /stɪf/ *adj* **-er, -est**

A **1** (rigid) ‹*collar/bristles*› duro; ‹*fabric/leather*› tieso, duro; ‹*corpse*› rígido; ‹*muscles*› entumecido, agarrotado; **to have a ~ neck** tener* tortícolis **2** (thick, firm) ‹*paste/dough*› consistente; **beat the egg whites until they are ~** bata las claras hasta que estén firmes; **the place was ~ with detectives/tourists** (BrE colloq) el sitio estaba plagado de detectives/turistas

B (hard, severe) ‹*test/climb*› difícil, duro; ‹*resistance*› férreo, tenaz; ‹*penalty*› fuerte, severo; ‹*terms/conditions*› duro; ‹*breeze*› fuerte; **I need a ~ drink** (colloq) necesito un trago fuerte (fam); **he poured himself a ~ vodka** se sirvió un vaso grande de vodka

C (formal, stilted) ‹*person/manner*› almidonado, acartonado, estirado; ‹*bow/compliment/smile*› forzado, poco espontáneo

stiff[2] *adv* (colloq): **I'm frozen ~** estoy helado hasta los huesos (fam); **we were bored ~** nos aburrimos como ostras (fam); **I was scared ~** estaba muerto de miedo; **we were worried ~** estábamos preocupadísimos

stiff[3] *n* (sl) fiambre *m* (fam), cuerpo *m*

stiff[4] *vt* (AmE sl): **he ~ed me!** ¡se fue *or* (fam) se largó sin pagar!

stiffen /ˈstɪfən/ *vt* **1** ‹*collar/cuff*› (with starch) almidonar; (with fabric underneath) armar, entretelar **2** **~ (up)** (make stronger) ‹*resolve/morale*› fortalecer*; ‹*terms*› hacer* más duro

■ **stiffen** *vi*

A **1** **~ (up)** (become rigid) ‹‹*person/muscles/joint*›› agarrotarse, anquilosarse; ‹‹*corpse*›› ponerse* rígido **2** (become firm) endurecerse* **3** (in manner, reaction) ponerse* tenso; **she ~ed at the mention of his name** se puso tensa al oír mencionar su nombre

B (become stronger) ‹‹*competition*›› hacerse* más duro; ‹‹*breeze*›› aumentar

stiffener /ˈstɪfənər, ˈstɪfnər || ˈstɪfənə(r), ˈstɪfnə(r)/ *n* **1** [c] (in collar) varilla *f*, ballenita *f*, barba *f* (Chi) **2** [u] (substance) apresto *m*

stiffening /ˈstɪfənɪŋ/ *n* [u]

A (Tex) entretela *f*

B (of muscles, joints) entumecimiento *m*

stiffly /ˈstɪfli/ *adv* **1** ‹*bend/walk/move*› rígidamente, con rigidez **2** (formally) ‹*greet/smile*› fríamente; ⟨*bow*⟩ con fría formalidad

stiff-necked /ˈstɪfˈnekt/ *adj* ⟨*conservatism*⟩ a ultranza, contumaz (frml); **his ~ resistance to change** su obstinada *or* (frml) contumaz resistencia a todo cambio

stiffness /ˈstɪfnəs || ˈstɪfnɪʃ/ *n* [u] **1** (of collar, leather) rigidez *f*, dureza *f*; (of muscles) rigidez *f*, agarrotamiento *m*; (of joints) anquilosamiento *m*, dureza *f* **2** (of penalty, fine, terms) dureza *f*, severidad *f*; (of competition) dureza *f* **3** (formality) frialdad *f*

stifle /ˈstaɪfəl/ *vt*
A (suffocate) (*often pass*) ⟨*person*⟩ sofocar*
B (suppress) ⟨*flames*⟩ sofocar*; ⟨*yawn*⟩ contener*, reprimir; ⟨*noise*⟩ ahogar*; ⟨*anger/indignation*⟩ contener*, dominar; ⟨*freedom of expression*⟩ reprimir, ahogar*
■ **stifle** *vi* «*person*» ahogarse*

stifling /ˈstaɪflɪŋ/ *adj* **1** (suffocating) ⟨*heat*⟩ sofocante, agobiante; (*as adv*): **a ~ hot day** un día (de calor) sofocante **2** (oppressive) ⟨*atmosphere*⟩ sofocante, agobiante; ⟨*ideology*⟩ opresivo

stigma /ˈstɪgmə/ *n* (*pl* **-mas**)
A (disgrace) estigma *m*, lacra *f*
B (*pl* **-mas** *or* **-mata** /-ətə/) (Bot) estigma *m*
C **stigmata** /stɪgˈmɑːtə/; *pl* (Relig) estigmas *mpl*

stigmatize /ˈstɪgmətaɪz/ *vt* marcar*, estigmatizar*; **he felt ~d by his stammer** se sentía marcado por su tartamudez; **he was ~d as a coward** lo tildaban de cobarde, estaba catalogado como un cobarde

stile /staɪl/ *n: escalones que permiten pasar por encima de una cerca*

stiletto /stɪˈletəʊ/ *n* (*pl* **-tos** *or* **-toes**)
A (knife) estilete *m*
B **~ (heel)** tacón *m* de aguja, taco *m* aguja *or* alfiler (CS); **she was wearing ~s** llevaba zapatos (de tacón) de aguja *or* (CS) de taco aguja *or* alfiler

still¹ /stɪl/ *adv*

> ⚠ Spanish has two words for *still*: *todavía* and *aún*. Both can go at the beginning or end of the sentence: **I still haven't seen him** todavía *or* aún no lo he visto, *or* no lo he visto todavía *or* aún.
>
> The distinction in English between *he hasn't arrived yet* and *he still hasn't arrived* is not expressed verbally in Spanish. Both can be translated by *todavía* or *aún no ha llegado*, or *no ha llegado todavía* or *aún*. The degree of intensity, surprise, or annoyance is often expressed by intonation.
>
> Note that the verb seguir can be used to express continuation: **I still don't understand why** sigo sin entender por qué; **he's still looking for a job** sigue buscando trabajo.

A (even now, even then) todavía, aún; **there's ~ plenty left** todavía *or* aún queda mucho; **they were ~ dancing** todavía *or* aún estaban bailando, seguían bailando; **the play asks some ~ pertinent questions** la obra formula preguntas que siguen siendo pertinentes hoy en día; **I've written four times and I ~ haven't had a reply** he escrito cuatro veces y sigo sin obtener respuesta *or* y todavía no me han contestado; **I explained again, but ~ she didn't understand** lo volví a explicar, pero seguía sin entender; **I ~ can't/couldn't understand it** sigo/seguía sin entender; **are we ~ friends?** ¿seguimos siendo amigos?
B (*as intensifier*) **1** (even) (*with comp*) aún, todavía; **the risk is greater ~** *o* **~ greater** el riesgo es aún *or* todavía mayor; **more serious ~, they haven't replied** y lo que es más grave aún *or* y lo que es todavía más grave, no han contestado; **more disturbing ~ is their refusal to negotiate** más preocupante aún es su negativa a negociar **2** (besides, in addition) aún, todavía; **~ further complications have developed** ha habido más complicaciones aún *or* todavía
C (*as linker*) **1** (even so, despite that) aun así; **they say it's safe, but I'm ~ scared** dicen que no hay peligro pero igual *or* aun así tengo miedo; **even if they behaved badly, they're ~ our friends** aunque se hayan portado mal, son nuestros amigos; **will you ~ be attending the meeting?** ¿asistirá a la reunión de todos modos?, ¿igual asistirá a la reunión? **2** (however) de todos modos; **~, it could have been worse** de todos modos, podría haber sido peor; **I don't think it will work; ~, we can always try** no creo que funcione; pero bueno, igual podemos intentarlo; **it's not perfect yet — ~, it's an improvement** aún no está perfecto — no, pero está mejor

still² *adj* **1** (motionless) ⟨*lake/air*⟩ en calma, quieto, tranquilo; **sit/stand ~** quédate quieto; **he lay ~** estaba tendido sin moverse; **hold the camera ~** no muevas la cámara; **her heart stood ~ for a moment** el corazón se le paró un momento **2** (of drink) sin gas, no efervescente

still³ *n*
A [c] (Cin, Phot) fotograma *m*
B [c] **1** (distillery) destilería *f* **2** (distilling apparatus) alambique *m*
C [u] (quiet) (poet): **in the ~ of the night** en la quietud de la noche (liter)

still⁴ *vt* ⟨*wind/waves/tempest*⟩ apaciguar*; ⟨*music/mirth/cries*⟩ acallar; ⟨*fears/rumors*⟩ acallar

stillbirth /ˈstɪlbɜːrθ || ˈstɪlbɜːθ/ *n: parto en el que el niño nace muerto*

stillborn /stɪlˈbɔːrn || stɪlˈbɔːn/ *adj* nacido muerto, mortinato (frml); **the child was ~** el niño nació muerto; **the plan was ~** el plan no llegó a ver la luz

still life *n* (*pl* **~ ~s**) naturaleza *f* muerta, bodegón *m*

stillness /ˈstɪlnəs || ˈstɪlnɪs/ *n* [u] **1** (lack of motion) quietud *f*, calma *f* **2** (calm) calma *f*

stilt /stɪlt/ *n* **1** (for walking) zanco *m* **2** (Archit) pilote *m*; **a house built on ~s** una casa construida sobre pilotes

stilted /ˈstɪltəd || ˈstɪltɪd/ *adj* **1** ⟨*conversation/manner*⟩ forzado, poco natural **2** ⟨*language/writing*⟩ rebuscado; ⟨*acting*⟩ acartonado

stiltedly /ˈstɪltədli || ˈstɪltɪdli/ *adv* con poca naturalidad, afectadamente

Stilton (cheese)® /ˈstɪltn/ *n* [u]: *queso azul de origen inglés*

stimulant /ˈstɪmjələnt || ˈstɪmjʊlənt/ *n* **1** (Pharm) estimulante *m* **2** (stimulus) estímulo *m*, acicate *m*

stimulate /ˈstɪmjəleɪt || ˈstɪmjʊleɪt/ *vt* **1** ⟨*organism/nerves/circulation*⟩ estimular **2** ⟨*person*⟩ estimular; ⟨*interest/curiosity*⟩ despertar*, estimular; ⟨*debate*⟩ fomentar, estimular; **to ~ sb to + INF** estimular *or* alentar* a algn PARA QUE + SUBJ **3** ⟨*investment/sales/demand*⟩ estimular, potenciar, promover*

stimulating /ˈstɪmjəleɪtɪŋ || ˈstɪmjʊleɪtɪŋ/ *adj* **1** ⟨*drink*⟩ estimulante **2** ⟨*discussion/environment*⟩ estimulante

stimulation /ˌstɪmjəˈleɪʃən || ˌstɪmjʊˈleɪʃən/ *n* [u] **1** (of organism, nerves, growth) estímulo *m* **2** (mental, emotional, sexual) estímulo *m*; **the ~ of a challenge** el estímulo que proporciona un reto **3** (of economy) estimulación *f*

stimulus /ˈstɪmjələs || ˈstɪmjʊləs/ *n* (*pl* **-li** /-laɪ/) **1** [c] (Biol) estímulo *m* **2** [c u] (spur, encouragement) estímulo *m*, incentivo *m*

sting¹ /stɪŋ/ *n*
A [c] **1** (organ — of bee) aguijón *m*, lanceta *f* (Andes, Méx); (— of scorpion) aguijón *m*, uña *f*; (— of nettle) pelo *m* urticante *or* urente; **a ~ *in the tail*** (BrE): **their offer had a ~ in the tail** su oferta tenía un gran pero; **all her stories have a ~ in the tail** todos sus cuentos tienen un desenlace inesperado **2** (action) picadura *f* **3** (mark, wound) picadura *f*
B [u] **1** (pain) escozor *m*, ardor *m* (CS); **the ~ of remorse/conscience** el gusanillo de la conciencia **2** (hurtfulness): **there was a ~ in her words** sus palabras fueron hirientes
C [c] (confidence game) (AmE sl) timo *m* (fam), golpe *m* (fam)

sting² (*past & past p* **stung**) *vt*
A «*bee/scorpion/jellyfish/nettle*» picar*
B **1** (cause pain) hacer* escocer, hacer* arder (CS) **2** (mentally, emotionally) «*reproach/criticism*» herir* profundamente **3** (goad, incite) **to ~ sb INTO sth** incitar a algn A + INF; **this stung him into retaliation** esto lo incitó a vengarse; **she was stung into defending herself** la provocaron y se defendió
C (cheat, overcharge) (sl): **I was stung for $65** me clavaron 65 dólares (fam)
■ **sting** *vi*
A «*insect/jellyfish/nettle*» picar*
B **1** (hurt physically) «*iodine/ointment*» hacer* escocer, hacer* arder (CS); «*cut*» escocer*, arder (CS); «*air*» cortar; «*rain*» azotar; **her eyes were ~ing** le escocían *or* le ardían los ojos **2** (mentally, emotionally) «*reproach/criticism*» herir* (profundamente) **3** **stinging** *pres p* ⟨*sarcasm/rebuke/criticism*⟩ punzante, hiriente; **~ing pain** escozor *m*, ardor *m* (CS)

stingily /ˈstɪndʒəli || ˈstɪndʒɪli/ *adv* con tacañería

stinginess /ˈstɪndʒinəs || ˈstɪndʒɪnɪs/ *n* [u] tacañería *f*

stinging nettle /ˈstɪŋɪŋ/ *n* ortiga *f*

stingray /ˈstɪŋreɪ/ *n* raya *f* venenosa

stingy /ˈstɪndʒi/ *adj* **-gier, -giest** ⟨*person*⟩ tacaño, roñoso (fam), agarrado (fam); ⟨*portion/contribution*⟩ mísero, mezquino

stink¹ /stɪŋk/ *n* [u] **1** (bad smell) hediondez *f*, hedor *m* (liter), mal olor *m*, peste *f* (fam); **to run/work like ~** (BrE colloq) correr/trabajar como un desaforado (fam) **2** (fuss) (colloq) escándalo *m*, lío *m* (fam), follón *m* (Esp fam); **to cause** *o* **make** *o* **raise** *o* **kick up a ~** armar un lío (*or* un escándalo *etc*)

stink² *vi* (*past* **stank** *or* **stunk**; *past p* **stunk**) **1** (smell badly) «*person/place/breath*» apestar; **to ~ OF sth** apestar A algo; **his breath stank of alcohol** el aliento le apestaba a alcohol; **they ~ of money** (colloq) están forrados (de dinero) (fam), están podridos en plata *or* (Esp) podridos de dinero (fam) **2** (be very bad) (colloq): **the whole business ~s** todo el asunto da asco; **the acting and dialogue ~** la actuación y el diálogo son un bodrio (fam); **the idea ~s** es una pésima idea

Phrasal verbs
- **stink out** [v + o + adv, v + adv + o] **1** ⟨*drive out*⟩ hacer* salir (*usando bombas fétidas etc*) **2** (BrE) ▸**stink up**
- **stink up** (AmE) [v + o + adv, v + adv + o] ⟨*house/room*⟩ (hacer*) apestar, dejar hediondo

stink bomb *n* bomba *f* fétida

stinker /ˈstɪŋkər || ˈstɪŋkə(r)/ *n* (colloq) (person) canalla *mf*; **the exam/interview was a (real) ~** el examen/la entrevista fue endiabladamente difícil; **I wrote them a real ~** les escribí una carta durísima

stinking¹ /ˈstɪŋkɪŋ/ *adj* (*before n*) **1** (smelly) hediondo, fétido, apestoso **2** (very bad) (colloq): **I've got a ~ cold** tengo un resfriado espantoso; **keep your ~ job!** ¡quédate con tu maldito *or* asqueroso trabajo! (fam)

stinking² *adv* (colloq) (*as intensifier*): **they're ~ rich** están forrados (de dinero) (fam), están podridos en plata *or* (Esp) podridos de dinero (fam); **he was ~ drunk** estaba como una cuba (fam)

stint¹ /stɪnt/ *n*
A [c] **1** (fixed amount, share): **I've done my ~ for today** hoy ya he hecho mi parte *or* lo que me tocaba *or* lo que me correspondía **2** (period) período *m*; **he did a five-year ~ in the army** pasó (un período de) cinco años en el ejército; **her brief ~ of modeling/as a guide** la breve temporada en que trabajó de modelo/guía
B [u] **without ~** generosamente, sin restricciones

stint² *vt* ⟨*food*⟩ escatimar; **to ~ sb OF sth** escatimarle algo A algn; **she ~ed herself of food for our sake** se privó de comer por nosotros
■ **stint** *vi* **to ~ ON sth** escatimar algo

stipend /ˈstaɪpend/ *n* estipendio *m*

stipendiary /staɪˈpendieri || staɪˈpendiəri/ *adj* remunerado, asalariado; **he receives a ~ allowance** recibe un estipendio

stipple /ˈstɪpəl/ *vt* ⟨*surface/pattern*⟩ puntear; **~d WITH sth** salpicado DE algo

stipulate /ˈstɪpjəleɪt || ˈstɪpjʊleɪt/ *vt* ⟨*amount/condition/time*⟩ estipular; **she ~d payment in dollars** estipuló *or* especificó que el pago debería hacerse en dólares; **the rules ~ that ...** las

S

normas estipulan *or* establecen que …

■ **stipulate** *vi* (AmE) **to ~ FOR sth** estipular algo; **the agreement ~s for weekly payments** el acuerdo estipula *or* establece pagos semanales

stipulation /ˌstɪpjəˈleɪʃən || ˌstɪpjʊˈleɪʃən/ *n* condición *f*, estipulación *f*; **with the ~ that …** con la condición de que …

stir¹ /stɜːr || stɜː(r)/ *n*

A **1** [c] (action): **to give sth a ~** revolver* *or* (Esp) remover* *or* (Col tb) rebullir* *or* (Méx tb) menear algo **2** [u] (movement) movimiento *m*, agitación *f* **3** [u] (excitement) revuelo *m*, conmoción *f*; **to cause** *o* **create** *o* **make a ~** causar revuelo; **her arrival caused a great ~** su llegada causó *or* produjo un gran revuelo

B [u] (prison) (sl) cárcel *f*, cana *f* (AmS fam), chirona *f* (Esp fam), guandoca *f* (Col fam), gayola *f* (RPl arg), tanque *m* (Méx arg), porotera *f* (Chi arg)

stir² **-rr-** *vt*

A (mix) ‹*liquid/mixture*› revolver*, remover* (Esp), rebullir* (Col), menear (Méx); **cook, ~ring constantly, for five minutes** cuézalo sin dejar de revolver (*or* remover *etc*) durante cinco minutos; **to ~ sth INTO sth: ~ the cream into the soup** añada la crema a la sopa y revuelva (*or* remueva)

B **1** (move slightly) agitar, mover* **2** (get moving) (colloq) mover* (fam); **come on, ~ yourself!** ¡vamos, muévete! (fam); **I can't ~ him from his armchair** no puedo sacarlo del sillón **3** (waken) despertar*

C **1** (arouse) ‹*sympathies*› despertar*; ‹*imagination*› estimular **2** (move, affect) conmover*; **her story ~red me deeply** su historia me conmovió profundamente **3** (provoke, incite): **to ~ sb into action** empujar *or* incitar a algn a la acción; **his words ~red the mob to fury** sus palabras provocaron la furia de la multitud

■ **stir** *vi*

A **1** (change position) «*person/animal*» moverse*, agitarse; «*branches/leaves/curtain*» agitarse **2** (venture out) moverse*, salir*; **he won't ~ from his bed** no hay quien lo saque *or* quien lo haga salir de la cama **3** (be awake) estar* despierto; (be up) estar* levantado; **it was midday before anyone ~red** nadie se levantó hasta el mediodía

B (awaken) «*anger/interest/memory*» despertarse*

C (cause trouble) (BrE colloq) armar lío (fam), meter cizaña

Phrasal verb

• **stir up** [v + o + adv, v + adv + o] ‹*mud/waters*› revolver*, remover* (Esp); ‹*memories*› despertar*, traer* a la memoria; ‹*hatred/unrest/revolt*› provocar*; ‹*opposition/discontent*› promover*, suscitar; **don't ~ up the past** no revuelvas *or* (Esp) remuevas el pasado; **they're rather apathetic: they need ~ring up** son algo apáticos: hay que aguijonearlos *or* pincharlos un poco; **they ~red up the mob to violence** incitaron a la muchedumbre a la violencia; **to ~ up trouble** armar lío (fam); **she's ~ring things up again** ya está otra vez revolviendo las cosas *or* (fam) tratando de armar lío

stir-crazy /ˈstɜːrˌkreɪzi || ˈstɜːˌkreɪzi/ *adj* (AmE sl) loco de atar (fam); **to go ~** enloquecerse*, perder* la chaveta (fam)

stir-fry /ˈstɜːrfraɪ || ˈstɜːfraɪ/ *vt* **-fries, -frying, -fried** *freír en poco aceite y revolviendo constantemente*

stirrer /ˈstɜːrər || ˈstɜːrə(r)/ *n* (BrE colloq) liante *mf*

stirring¹ /ˈstɜːrɪŋ/ *adj* ‹*words/music/speech*› conmovedor; **we live in ~ times** vivimos en tiempos de grandes cambios

stirring² *n* movimiento *m*; **the first ~s of spring/unrest** los primeros indicios de la primavera/de descontento

stirrup /ˈstɜrəp || ˈstɪrəp/ *n* **1** (Equ) estribo *m* **2** (Anat) estribo *m*

stirrup cup *n* copa *f* del estribo

stirrup pump *n* bomba *f* de mano

stitch¹ /stɪtʃ/ *n*

A **1** (in sewing) puntada *f*; **I put a couple of ~es in it** le di unas puntadas; **a ~ in time (saves nine)** una puntada a tiempo ahorra ciento **2** (in knitting) punto *m*; **to pick up a ~** levantar un punto; **I dropped a ~** se me escapó *or* se me fue un punto **3** (type of stitch) punto *m* **4** (Med) punto *m*

B (piece of clothing): **he didn't have a ~ on** estaba en cueros (fam), estaba calato (Per fam); **I haven't a ~ to wear** no tengo qué ponerme

C (pain) (*no pl*) punzada *f or* (CS) puntada *f* (en el costado), flato *m* (Esp); **I got a ~** me dio una punzada *or* (CS) puntada (en el costado), me dio flato (Esp); ***to be in ~es*** (colloq) morirse* *or* troncharse *or* desternillarse de risa; **the clown had us all in ~es** estábamos muertos *or* tronchados de risa con el payaso

stitch² *vt* **1** (sew) coser **2** (embroider) bordar **3** (Med) suturar **4** ‹*book/pages*› coser

■ **stitch** *vi* **1** (sew) coser **2** (embroider) bordar

Phrasal verb

• **stitch up** [v + o + adv, v + adv + o] (BrE) (sl) (double-cross) traicionar; (frame): **I've been ~ed up** me han tendido una trampa para incriminarme

stitching /ˈstɪtʃɪŋ/ *n* [u] **1** (stitches) puntadas *fpl*; (as ornament) pespuntes *mpl*, pespunteado *m* **2** (embroidery) bordado *m* **3** (of book, pages) cosido *m*

stoat /stəʊt/ *n* armiño *m*

stochastic /stəˈkæstɪk/ *adj* estocástico

stock¹ /stɑːk || stɒk/ *n*

A **1** (supply) (*often pl*) reserva *f*; **~s of coal** reservas *fpl* de carbón; **get in a good ~ of food/drink for the party** compra bastante comida/bebida para la fiesta; **we need to get some ~s in** necesitamos abastecernos *or* aprovisionarnos; **her vast ~ of knowledge on the subject** sus amplísimos conocimientos sobre el tema; (*before n*): **~ clearance** liquidación *f* de existencias **2** [u] (of shop, business) existencias *fpl*, estoc *m*, stock *m*; **to have sth in ~** tener* algo en estoc *or* en existencias; **we're out of ~ of green ones** no nos quedan verdes, las verdes se han agotado *or* están agotadas; ***to take ~*** (review situation) hacer* un balance, evaluar* la situación; (lit: make inventory) hacer* el inventario; **to take ~ of sb** formarse un juicio sobre algn; **to take ~ of sth** hacer* un balance de algo, evaluar* algo

B (Fin) **1** [u] (shares) acciones *fpl*, valores *mpl*; (government securities) bonos *mpl or* papel *m* del Estado; **I have some ~ in that company** tengo algunas acciones en esa compañía; **common ~** (AmE) acciones ordinarias; **Treasury ~** (AmE) (corporate) autocartera *f*; (of UK government) títulos *mpl* de la deuda pública; ***to put*** *o* ***take ~ in sth*** (AmE) dar* crédito a algo; (*before n*): **~ certificate** título *m or* certificado *m* de acciones; **~ dividend** dividendo *m* en acciones; **~ index** índice *m* bursátil; **~ option** opción *f* de compra de acciones; **~ rating** calificación *f* de valores **2** **~s and bonds** *o* (BrE) **~s and shares** acciones *fpl*; (including government securities) acciones *fpl* y bonos *mpl* del Estado **3** (reputation): **his ~ with the other teachers is high** los demás profesores tienen muy buen concepto de él; **his ~ is rising in the eyes of the electorate** está ganando cada vez más prestigio entre el electorado

C [u] (livestock) ganado *m*; (*before n*): **~ farmer** ganadero, -ra *m,f*; **~ farming** ganadería *f*, cría *f* de ganado

D [u] (descent) linaje *m*, estirpe *f*; **I'm of Spanish/pioneer ~** soy descendiente de españoles/pioneros; **to come of good ~** ser* de buena familia

E [c] (Hort) **1** (stem — of tree) tronco *m*; (— of vine) cepa *f*; (— for grafting onto) patrón *m*, portainjerto *m* **2** (for cuttings) planta *f* madre

F [c] **1** (of gun) culata *f* **2** (of fishing rod, whip) mango *m*

G [u] (Culin) caldo *m*; **chicken ~** caldo de pollo

H [c] (plant, flower) alhelí *m*

I **stocks** *pl* **1** (in shipbuilding) grada *f*, astillero *m*; ***to be on the ~s*** (in preparation) estar* en preparación; (lit: of ship) estar* en construcción **2** (Hist): **the ~s** el cepo

J [u] (AmE) (Theat) (*no art*) repertorio *m*; (*before n*) ‹*play/company*› de repertorio

stock² *vt*

A (Busn) vender; **we don't ~ that brand** no vendemos esa marca, no trabajamos esa marca

B (fill) ‹*store*› surtir, abastecer*; ‹*larder*› llenar; **the store is well ~ed with the latest fashions** la tienda tiene un gran surtido de prendas de última moda; **to ~ (up) the freezer** llenar el congelador; **the poultry farm was ~ed with good layers** el criadero tenía buenas ponedoras; **to ~ a lake with fish** poblar* un lago de peces

Phrasal verb

• **stock up** [v + adv] abastecerse*, aprovisionarse; (Busn) hacer* un estoc, proveerse* de existencias; **to ~ up ON/WITH sth: we'd better ~ up on coffee before it goes up** más vale que compremos bastante café *or* hagamos una buena provisión de café antes de que suba; **they are ~ing up with fancy goods for Christmas** están haciendo un estoc de artículos para regalo para Navidad

stock³ *adj* (*before n*) **1** ‹*size*› estándar *adj inv*; ‹*model*› de serie, estándar *adj inv* **2** ‹*response/criticism*› típico; ‹*character/figure*› típico; **a ~ phrase** un cliché, una frase hecha; **she got the ~ rejection letter** le mandaron la típica *or* consabida carta de rechazo; **a ~ subject of conversation** un manido tema de conversación

stockade /stɑːˈkeɪd || stɒˈkeɪd/ *n* **1** (fence) empalizada *f*, estacada *f* **2** (area) cercado *m*, recinto *m* cercado **3** (AmE) (Mil) prisión *f* militar

stock book *n* libro *m* inventario

stockbreeder /ˈstɑːkˌbriːdər || ˈstɒkˌbriːdə(r)/ *n* ganadero, -ra *m,f*

stockbreeding /ˈstɑːkˌbriːdɪŋ || ˈstɒkˌbriːdɪŋ/ *n* [u] ganadería *f*

stockbroker /ˈstɑːkˌbrəʊkər || ˈstɒkˌbrəʊkə(r)/ *n* corredor, -dora *m,f* de valores *or* de Bolsa, agente *mf* de Bolsa; (*before n*): **the ~ belt** (BrE) *zona residencial de propiedades lujosas en las afueras de una ciudad*

stockbroking /ˈstɑːkˌbrəʊkɪŋ || ˈstɒkˌbrəʊkɪŋ/ *n* [u] correduría *f or* corretaje *m* de valores *or* de Bolsa

stock car *n* **1** (Auto, Sport) stock car *m* (*automóvil reforzado que se emplea en carreras con colisiones*) **2** (for livestock) vagón *m* de ganado

stock-car racing /ˈstɑːkˌkɑːr || ˈstɒkˌkɑː(r)/ *n* [u] carreras *fpl* de stock-car

stock company *n* (AmE)

A (Fin) sociedad *f* anónima

B (Theat) compañía *f* de repertorio

stock control *n* [u] control *m* de existencias

stock cube *n* cubito *m* de caldo

stock exchange *n* bolsa *f* (de valores), Bolsa *f*; **she speculates on the S~ E~** juega a la bolsa; **on the floor of the ~ ~** en el parqué

stockfish /ˈstɑːkfɪʃ || ˈstɒkfɪʃ/ *n* [u c] (*pl* ~) pescado *m* seco

stockholder /ˈstɑːkˌhəʊldər || ˈstɒkˌhəʊldə(r)/ *n* accionista *mf*

stockholding /ˈstɑːkˌhəʊldɪŋ || ˈstɒkˌhəʊldɪŋ/ *n* (paquete *m* de) acciones *fpl*, participación *f*

Stockholm /ˈstɑːkhəʊlm || ˈstɒkhəʊm/ *n* Estocolmo *m*

stockily /ˈstɑːkəli || ˈstɒkɪli/ *adv*: **~ built** de complexión robusta

stockinette stitch /ˌstɑːkəˈnet || ˌstɒkɪˈnet/ *n* (AmE) punto *m* jersey *or* de media

stocking /ˈstɑːkɪŋ || ˈstɒkɪŋ/ *n* media *f*; **a pair of ~s** un par de medias, unas medias; (*before n*): **~ cap** (AmE) *gorro tejido largo con pompón en la punta*; **the robbers were wearing ~ masks** los ladrones llevaban el rostro cubierto con medias

stockinged /ˈstɑːkɪŋd || ˈstɒkɪŋd/ *adj*: **in ~ feet** sin zapatos, con sólo calcetines

stocking filler *n* (BrE) ▸ **stocking stuffer**

stocking stitch *n* [u] punto *m* jersey *or* de media

stocking stuffer /ˈstʌfər || ˈstʌfə(r)/ (BrE) **stocking filler** *n* regalito *m* de Navidad (*que tradicionalmente se deja en un calcetín colgado en la chimenea*)

stock-in-trade /ˌstɑːkɪnˈtreɪd || ˌstɒkɪnˈtreɪd/ *n* **1** (speciality) especialidad *f*; **slushy romantic novels are her ~** se especializa en novelas

S

sensibleras, lo suyo *or* su especialidad son las novelas sensibleras **2** (Busn) existencias *fpl*, mercancías *fpl* en almacén

stockist /ˈstɑːkəst || ˈstɒkɪst/ *n* (BrE) proveedor, -dora *m,f*, distribuidor, -dora *m,f*

stockjobber /ˈstɑːk,dʒɑːbər || ˈstɒk,dʒɒbə(r)/ *n* (AmE) ▸ **stockbroker**

stocklist /ˈstɑːklɪst || ˈstɒklɪst/ *n* (BrE) lista *f* de existencias

stockman /ˈstɑːkmən || ˈstɒkmən/ *n* (*pl* **-men** /-mən/) (owner) ganadero *m*; (worker) peón *m* (agrícola)

stock market *n* mercado *m* de valores, mercado *m* (bursátil); (*before n*): **~ ~ crash** crac *m* *or* descalabro *m* bursátil

stockpile[1] /ˈstɑːkpaɪl || ˈstɒkpaɪl/ *n* (of oil, coal) reservas *fpl*; **the world's nuclear ~** el arsenal nuclear del mundo

stockpile[2] *vt* almacenar, hacer* acopio de

stockroom /ˈstɑːkruːm, -rʊm || ˈstɒkruːm, -rʊm/ *n* almacén *m*, depósito *m*, bodega *f* (Méx)

stock-still /,stɑːkˈstɪl || ,stɒkˈstɪl/ *adj* inmóvil

stocktaking /ˈstɑːk,teɪkɪŋ || ˈstɒk,teɪkɪŋ/ *n* [u] (esp BrE) **1** (Busn): **~ took three weeks** hacer el inventario nos llevó tres semanas; **S closed for stocktaking** cerrado por inventario; (*before n*): **~ sale** o **clearance** liquidación *f* de existencias, venta *f* postbalance **2** (review) balance *m*

stocky /ˈstɑːki || ˈstɒki/ *adj* **stockier, stockiest** bajo y fornido

stockyard /ˈstɑːkjɑːrd || ˈstɒkjɑːd/ *n* (AmE) corral *m*

stodge /stɑːdʒ || stɒdʒ/ *n* [u] (colloq) comida *f* pesada (*a base de féculas*)

stodgy /ˈstɑːdʒi || ˈstɒdʒi/ *adj* **-dgier, -dgiest** **1** ‹*person/performance*› aburrido, pesado; ‹*book*› denso, aburrido **2** (BrE) feculento, pesado; ‹*cake/bread*› pesado

stoic[1] /ˈstəʊɪk/ *n* **1** (person) estoico, -ca *m,f* **2** **Stoic** (Phil) estoico *m*

stoic[2] *adj* **1** ‹*person/attitude*› estoico **2** **Stoic** (Phil) estoico

stoical /ˈstəʊɪkəl/ *adj* estoico

stoically /ˈstəʊɪkli/ *adv* con estoicismo, estoicamente

stoicism /ˈstəʊəsɪzəm || ˈstəʊɪsɪzəm/ *n* [u] **1** (impassiveness) estoicismo *m* **2** **Stoicism** (Phil) estoicismo *m*

stoke /stəʊk/ *vt* **~ (up)** **1** ‹*fire/furnace*› echarle carbón (*or* leña *etc*) a **2** ‹*hatred*› avivar, alimentar; ‹*tensions*› agudizar*

Phrasal verb

• **stoke up**

A [v + o + adv, v + adv + o **stoke**]

B [v + adv] (colloq): **~ up! you won't be eating again for a while!** llénate bien, que va a pasar un buen rato antes de que vuelvas a comer; **she's stoking up for the long walk** está haciendo acopio de energías para la larga caminata (hum)

stoker /ˈstəʊkər || ˈstəʊkə(r)/ *n* fogonero, -ra *m,f*

STOL = short take-off and landing

stole[1] /stəʊl/ *past of* **steal**[1]

stole[2] *n* (Clothing) **1** (woman's) estola *f* **2** (priest's) estola *f*

stolen /ˈstəʊlən/ *past p of* **steal**[1]

stolid /ˈstɑːləd || ˈstɒlɪd/ *adj* impasible, imperturbable

stolidly /ˈstɑːlədli || ˈstɒlɪdli/ *adv* impasiblemente, imperturbablemente

stolidness /ˈstɑːlədnəs || ˈstɒlɪdnɪs/ *n* [u] impasibilidad *f*, flema *f*

stoma /ˈstəʊmə/ *n* (*pl* **-mata** /-mətə -mɑːtə/) estoma *m*

stomach[1] /ˈstʌmək/ ▸ⓘ **p.965** *n* **1** (organ) estómago *m*; **I have an upset ~** ando mal del estómago; **on an empty ~** con el estómago vacío, en ayunas; **I've got a weak ~** sufro del estómago; **it turns my ~** me revuelve el estómago; **you need to have a very strong ~ to sit through one of his films** se necesita tener estómago para ver sus películas; ***to be sick to one's ~*** (nauseated) tener* náuseas; (disgusted) estar* asqueado; ***to have no ~ for sth***: **I've got no ~ for fried food so early in the day** no me apetece comer frituras tan temprano; **they had no ~ for an all-out strike** no se atrevieron a hacer una huelga general; (*before n*): **~ lining** revestimiento *m* del estómago; **~ muscle** músculo *m* del estómago; **~ pains** dolor *m* del estómago; **~ ulcer** úlcera *f* estomacal *or* del estómago; **~ upset** problema *m* estomacal, trastorno *m* gástrico *or* estomacal (frml); **~ wall** pared *f* del estómago **2** (belly) barriga *f*, panza *f* (fam), guata *f* (Chi fam); **~s in! chests out!** ¡adentro esa barriga! ¡saquen pecho!; **she lay on her ~** estaba tendida boca abajo

stomach[2] *vt* (*usu neg*) **1** ‹*food/drink*› tolerar **2** ‹*insults/insolence/person*› soportar, aguantar

stomachache /ˈstʌməkeɪk/ *n* [c u] dolor *m* de estómago; (in lower abdomen) dolor *m* de barriga *or* (frml) de vientre

stomach pump *n* bomba *f* estomacal

stomata /ˈstəʊmətə/ *pl of* **stoma**

stomp /stɑːmp || stɒmp/ *vi* (+ *adv compl*): **to ~ in/out** entrar/salir* pisando fuerte

stomping ground /ˈstɑːmpɪŋ || ˈstɒmpɪŋ/ *n* (AmE) ▸ **stamping ground**

stone[1] /stəʊn/ *n*

A **1** [u] (material) piedra *f*; **he has a heart of ~** tiene el corazón de piedra **2** [c] (small piece) piedra *f*; **to throw ~s at sb** tirarle piedras a algn; **(*only* o *no more than*) *a ~'s throw away*** a un paso, a tiro de piedra (fam); ***to leave no ~ unturned*** no dejar piedra sin mover; ***to sink like a ~*** hundirse como una piedra *or* como el plomo; ***a rolling ~ gathers no moss*** piedra movediza no coge musgo *or* piedra movediza, nunca moho la cobija; ***she's a rolling ~*** es un culo de mal asiento (fam) **3** [c] (block) (Const) piedra *f* **4** [c] (of grave) lápida *f*

B [c] **1** (gem) piedra *f* **2** (in kidney) cálculo *m*, piedra *f* **3** (of fruit) hueso *m*, cuesco *m*, carozo *m* (CS), pepa *f* (Col)

C ▸ⓘ **p.630** [c] (*pl* **~** *or* **~s**) (in UK) *unidad de peso equivalente a 14 libras o 6,35kg*

stone[2] *vt*

A (throw stones at) ‹*person*› apedrear, lapidar; **she was ~d to death** murió lapidada *or* apedreada; **~ *me* o *the crows!*** (BrE colloq) ¡caray! (fam)

B (BrE) ‹*fruit*› quitarle el hueso *or* el cuesco *or* (CS) el carozo *or* (Col) la pepa a, deshuesar, descarozar* (CS)

Stone Age *n* Edad *f* de Piedra

stone-blind /ˈstəʊnˈblaɪnd/ *adj* (colloq) totalmente ciego, ciego como un topo (fam); **she's ~** está totalmente ciega, está ciega como un topo (fam), no ve nada

stone-broke /ˈstəʊnˈbrəʊk/ *adj* (AmE colloq) pelado (fam); **to be ~** estar* pelado (fam), estar* sin un duro (Esp fam), estar* en la olla (Col fam)

stone-clad /ˈstəʊnˈklæd/ *adj* (BrE) con revestimiento de piedra

stone-cold[1] /ˈstəʊnˈkəʊld/ *adj* (colloq) helado

stone-cold[2] *adv* (colloq): **he was ~ sober** no había bebido ni una gota

stonecutter /ˈstəʊn,kʌtər || ˈstəʊn,kʌtə(r)/ *n* **1** (person) picapedrero *m*, cantero *m* **2** (machine) máquina *f* de cortar piedra

stoned /stəʊnd/ *adj* (colloq) (*usu pred*) **1** (from drugs) volado (arg), pacheco (Méx arg), colocado (Esp fam); **to get ~** volarse* (arg), ponerse* pacheco (Méx arg), colocarse* (Esp fam) **2** (from alcohol) como una cuba (fam), mamado (fam)

stone-dead /ˈstəʊnˈded/ *adj* (colloq): **the blow killed him ~** el golpe lo mató en el acto; **that killed the business ~** eso acabó con el negocio, eso dio al traste con el negocio (fam)

stone-deaf /ˈstəʊnˈdef/ *adj* (colloq) sordo como una tapia (fam); **to be ~** ser*/estar* sordo como una tapia (fam)

stoneground /ˈstəʊngraʊnd/ *adj* molido tradicionalmente

stonemason /ˈstəʊn,meɪsən/ *n* picapedrero *m*, cantero *m*

stonewall /ˈstəʊnwɔːl/ *vi* **1** (be evasive) andarse* con evasivas; (be obstructive) utilizar* tácticas obstruccionistas **2** (BrE) (Sport) jugar* a la defensiva, jugar* al cerrojo

■ **stonewall** *vt* ‹*proposals/measures/project*› bloquear; ***to ~ it*** contestar con evasivas

stonewalling /ˈstəʊn,wɔːlɪŋ/ *n* [u] **1** (in answering) evasivas *fpl* **2** (in procedures) obstrucción *f*, bloqueo *m* **3** (BrE) (Sport) (táctica *f* del) cerrojo *m*

stoneware /ˈstəʊnwer || ˈstəʊnweə(r)/ *n* [u] cerámica *f* de gres

stonewashed /ˈstəʊnwɔːʃt || ˈstəʊnwɒʃt/ *adj* lavado a la piedra

stonework /ˈstəʊnwɜːrk || ˈstəʊnwɜːk/ *n* [u] cantería *f*, mampostería *f*

stonily /ˈstəʊnəli || ˈstəʊnɪli/ *adv* fríamente, impávidamente

stony[1] /ˈstəʊni/ *adj* **-nier, -niest**

A ‹*soil/ground/path*› pedregoso

B (grim, unresponsive) ‹*look/stare/person*› frío, glacial; ‹*silence*› sepulcral; **a ~ heart** un corazón de piedra

stony[2] *adv* (BrE colloq): **to be ~ broke** estar* en la ruina, estar* pelado (fam), estar* sin un duro (Esp fam), estar* en la olla (Col fam)

stony-faced /ˈstəʊniˈfeɪst/ *adj* con expresión inmutable *or* imperturbable

stony-hearted /ˈstəʊni,hɑːrtəd || ,stəʊniˈhɑːtɪd/ *adj* de corazón de piedra, insensible

stood /stʊd/ *past & past p of* **stand**[2]

stooge /stuːdʒ/ *n* **1** (in comedy) *personaje del cual se burlan otros en una comedia* **2** (lackey, puppet) títere *m*

stook /stuːk/ *n* garbera *f*

stool /stuːl/ *n*

A [c] (seat) taburete *m*, banco *m*; ***to fall between two ~s*** nadar entre dos aguas; **this series falls between two ~s** esta serie no es chicha ni limonada *or* limoná (fam)

B [c u] (feces) (Med) deposición *f* (frml)

stool pigeon *n* (colloq) **1** (informer) soplón, -plona *m,f* (fam) **2** (decoy) señuelo *m*

stoop[1] /stuːp/ *vi*

A **1** (have a stoop): **she's beginning to ~** se está encorvando; **he ~s a little** es un poco cargado de espaldas *or* encorvado **2** **stooping** *pres p* ‹*posture*› encorvado; ‹*shoulders*› caído

B (bend over) agacharse

C (demean oneself): **how could she ~ so low?** ¿cómo pudo llegar tan bajo?; **to ~ TO sth/-ING** rebajarse A algo/+ INF; **I'm not going to ~ to his level** no voy a rebajarme a su nivel; **to ~ to + INF** rebajarse A + INF

■ **stoop** *vt*: **don't ~ your shoulders!** ponte derecho; **he ~s his shoulders** se encorva

stoop[2] *n*

A (of shoulders) (*no pl*): **he has a slight ~** es un poco cargado de espaldas *or* encorvado; **she walks with a ~** camina encorvada

B (of house) (AmE) entrada *f* (*a la que se accede por una escalinata*)

stooped /stuːpt/ *adj* encorvado

stop[1] /stɑːp || stɒp/ *n*

A (halt): **to work without a ~** trabajar sin parar, trabajar sin hacer una pausa *or* un alto; **work progressed in ~s and starts** el trabajo avanzaba a trompicones *or* a tropezones; **work was at a ~ for months** el trabajo estuvo interrumpido *or* paralizado durante meses; **to bring sth to a ~** detener* *or* parar algo; ‹*conversation/proceedings*› poner* fin a *or* interrumpir algo; **the accident brought the traffic to a complete ~** el accidente paralizó el tráfico; **to come to a ~** «*vehicle/aircraft*» detenerse*; «*production/conversation*» interrumpirse; **to put a ~ to sth** poner* fin a algo, acabar con algo; **to put a ~ on a check** dar* orden de no pagar un cheque

B **1** (break on journey) parada *f*; **we made a ~ at a service station to have coffee** paramos en una estación de servicio para tomar un café; **after an overnight ~ in Madrid** después de hacer noche *or* de pasar la noche en Madrid **2** (of bus) parada *f*, paradero *m* (AmL exc RPl); (of train, underground) estación *f*; **you have to get out/off at the next ~** se tiene que bajar en la próxima (parada)

C (punctuation mark) (esp BrE) punto *m*; (in telegrams) stop *m*; *see also* **full stop**

D (Mus) (on organ) registro *m*; ***to pull out all the ~s***

S

tocar* todos los registros, hacer* uso de todos los recursos posibles
E **1** (stopping device) tope *m*; (on typewriter) marginador *m*; (*before n*): ~ **valve** llave *f* de paso **2** (Phot) diafragma *m*
F ~ **(consonant)** (Ling) (consonante *f*) oclusiva *f*

stop² -pp- *vt*
A **1** (halt) ‹*taxi/bus*› parar; ‹*person*› parar, detener*; **I ~ped a passing car to ask for help** paré (a) un coche que pasaba para pedir auxilio; **we were ~ped by the police** nos paró la policía; **he ~ped the ball with his foot** paró la pelota con el pie; **demonstrators ~ped the traffic** los manifestantes pararon *or* detuvieron el tráfico **2** (from escaping) detener*, parar **3** (brake) ‹*vehicle*› parar, detener*; **I ~ped the car and got out** paré *or* detuve el coche y me bajé **4** (switch off) ‹*machine/engine*› parar
B **1** (bring to an end, interrupt) ‹*decline/inflation*› detener*, parar; ‹*discussion/abuse*› poner* fin a, acabar con; ~ **that noise!** ¡deja de hacer ruido!; **his statement ~ped speculation** sus declaraciones pusieron fin a la especulación; **the trial was ~ped** se suspendió el juicio; **the company has ~ped production of this model** la compañía ha dejado de producir este modelo; **the aim is to ~ the cancer in its early stages** el objetivo es detener el avance del cáncer en su fase inicial; **rain ~ped play** la lluvia interrumpió el partido **2** (cease): ~ **what you're doing and listen to me** deja lo que estás haciendo y escúchame; ~ **it!** ¡basta ya!; ~ **that nonsense!** ¡déjate de tonterías!; **to ~ -ING** dejar DE + INF; **do ~ arguing!** ¡dejen de discutir!; **I'm trying to ~ smoking** estoy tratando de dejar de fumar; **I couldn't ~ laughing** no podía parar de reírme; **it hasn't ~ped raining all day** no ha parado de llover en todo el día; **he never ~s talking** habla sin parar; ~ **saying that!** ¡no sigas diciendo eso!; ~ **beating about the bush** déjate de rodeos
C (prevent): **I'm going, and you can't ~ me** me voy y no puedes detenerme *or* impedírmelo; **who's/what's ~ping you?** ¿quién/qué te lo impide?; **there's no ~ping us now** nadie nos puede parar ahora; **I had to tell him, I couldn't ~ myself** tuve que decírselo, no pude contenerme; **to ~ sb (FROM) -ING** (esp BrE) impedirle* a algn + INF, impedir* QUE algn + SUBJ; **the bad weather ~ped us (from) going out** el mal tiempo nos impidió salir; **try to ~ her (from) coming** trata de impedir *or* de evitar que venga; **we had to lock him up to ~ him (from) escaping** lo tuvimos que encerrar para impedir que se escapara; **to ~ sth -ING** impedir* QUE algo + SUBJ; **to ~ sth happening** impedir* que ocurra algo; **we're trying to ~ the airport being built here** estamos tratando de impedir que construyan el aeropuerto aquí
D **1** (cancel, withhold) ‹*subscription*› cancelar; ‹*payment*› suspender; **to ~ (payment of) a check** dar* orden de no pagar un cheque **2** (deduct) (BrE) descontar*, retener*; **the boss ~ped £30 out of my wages** el jefe me descontó *or* me retuvo 30 libras del sueldo
E **1** (block) ‹*hole*› tapar, taponar; ‹*gap*› rellenar; ‹*tooth*› empastar; **I ~ped my ears with my fingers** me tapé los oídos con los dedos **2** (Mus) ‹*string*› apretar*; ‹*pipe*› ponerle* un registro *or* una sordina a; ‹*French horn*› hacerle* sordina a (*con la mano*)
F **1** (bring down) derribar **2** (parry) ‹*blow/punch*› parar, detener*; **he ~ped a bullet** recibió un balazo, lo balearon

■ **stop** *vi*
A **1** (halt) «*vehicle/driver*» parar, detenerse*; **I ~ped to ask a policeman the way** paré para pedirle indicaciones a un policía; **~, thief!** ¡al ladrón!; ~ **or I'll shoot!** ¡alto o disparo!; **~, police!** ¡alto, policía!; ~ **right there** ¡alto ahí!; ***to ~ at nothing*** estar* dispuesto a hacer cualquier cosa, no pararse en barras **2** (interrupt journey) «*train/bus*» parar; **does this train ~ at Reading?** ¿este tren para en Reading?; **let's ~ here and have a rest** hagamos un alto *or* paremos aquí para descansar; **they ~ped in a small village for the night** hicieron noche *or* pasaron la noche en un pueblecito **3** (cease operating) «*watch/clock/machine*» pararse; **has your watch ~ped?** ¿se te ha parado el reloj?; **her breathing has ~ped** ha dejado de respirar; **his heart has ~ped** se le ha parado el corazón, su corazón ha dejado de latir
B **1** (cease, be discontinued): **the rain has ~ped** ha dejado *or* parado de llover, ya no llueve; **the pain/bleeding has ~ped** ya no le (*or* me *etc*) duele/sale sangre; **the noise ~ped** dejó de oírse el ruido; **this squandering must ~** este derroche tiene que terminar; **production has ~ped at the factory** la fábrica ha suspendido la producción; **production of this model has ~ped** este modelo ya no se fabrica más **2** (interrupt activity) parar; **I think I'll ~ for a while** creo que voy a parar un rato; **she never ~s** no para un minuto; **you've done enough work for today: it's time you ~ped** basta por hoy, ya has trabajado bastante; **I didn't ~ to think** no me detuve a pensar
C (colloq) (stay) quedarse; **I can't ~** no me puedo quedar; **won't you ~ for supper?** (BrE) ¿no te quieres quedar a cenar?

(Phrasal verbs)
- **stop by** [v + adv], [v + prep + o]: **why don't you ~ by tonight?** ¿por qué no (te) pasas por aquí (*or* por casa *etc*) esta noche?; **I ~ped by (at) the store for some milk** pasé por la tienda para comprar leche
- **stop down** [v + adv] (Phot) reducir* la apertura del diafragma
- **stop in** [v + adv] (colloq) **1** (call in): **Bill ~ped in for a chat** Bill pasó por aquí para charlar **2** (stay inside) (BrE) quedarse adentro, no salir*; (stay at home) quedarse en casa, no salir*
- **stop off** [v + adv]: **I ~ped off at home to change** pasé por casa para cambiarme; **we ~ped off in San Juan for a few hours** paramos unas horas en San Juan
- **stop on** [v + adv] (stay in a place) (BrE colloq) quedarse
- **stop out** [v + adv] (BrE) **1** (not come home) (colloq) no volver* a casa, quedarse por ahí (fam) **2** (on strike) (colloq) hacer* huelga, parar (AmL)
- **stop over** [v + adv] **1** (break journey) parar; (overnight) hacer* noche, pasar la noche; **we plan to ~ over in New York for a day or two** pensamos parar *or* quedarnos en Nueva York un par de días **2** (Aviat) «*plane*» hacer* escala
- **stop up**

A [v + o + adv, v + adv + o] **1** (block) (*usu pass*) atascar* **2** (fill) ‹*hole/crack*› tapar, rellenar
B [v + adv] (Phot) aumentar la apertura del diafragma
C [v + adv] (BrE) ▸ **stay up 2**

stop-and-go /ˌstɑːpənˈɡəʊ || ˌstɒpənˈɡəʊ/ (BrE) **stop-go** /ˈstɑːpˈɡəʊ || ˌstɒpˈɡəʊ/ *adj*: ~ **policy** (Econ) política *f* de stop and go *or* de frena y avanza

stopcock /ˈstɑːpkɑːk || ˈstɒpkɒk/ *n* llave *f* de paso

stopgap /ˈstɑːpɡæp || ˈstɒpɡæp/ *n* recurso *m* provisional *or* (AmS tb) provisorio, medida *f* provisional *or* (AmS tb) provisoria; (*before n*) ‹*measure/arrangement*› provisional, provisorio (AmS)

stop-go /ˌstɑːpˈɡəʊ || ˌstɒpˈɡəʊ/ *adj* (BrE) ▸ **stop-and-go**

stoplight /ˈstɑːplaɪt || ˈstɒplaɪt/ *n* **1** (traffic light) semáforo *m* **2** (brake light) luz *f* de freno *or* de frenado

stop-loss /ˈstɑːpˈlɔːs || ˈstɒpˈlɒs/ *adj* (*before n*) de stop loss, de stop de pérdidas

stop-off /ˈstɑːpɔːf || ˈstɒpɒf/ *n* (colloq) parada *f*

stopover /ˈstɑːpˌəʊvər || ˈstɒpˌəʊvə(r)/ *n* (break in journey) parada *f*; (stay) estadía *f* (AmL), estancia *f* (Esp, Méx); (Aviat) escala *f*; **during our ~ in Dallas we made a trip out to Southfork** durante nuestra estadía *or* (Esp, Méx) estancia en Dallas hicimos una excursión a Southfork; **we made a ~ in Rome on the way here** de camino aquí hicimos escala en Roma *or* pasamos por Roma

stoppage /ˈstɑːpɪdʒ || ˈstɒpɪdʒ/ *n*
A **1** (in play, production) interrupción *f*; **the time added on for ~s** (in soccer) el tiempo de descuento, los descuentos (CS) **2** (strike) huelga *f*, paro *m* (AmL) **3** (cancellation) suspensión *f* **4** (deduction) (BrE) retención *f*
B (blockage) obstrucción *f*

stoppage time *n* [u] (Sport) tiempo *m* de descuento

stopper /ˈstɑːpər || ˈstɒpə(r)/ *n* tapón *m*

stopping place *n* lugar *m* donde detenerse, lugar *m* donde pararse

stopping train /ˈstɑːpɪŋ || ˈstɒpɪŋ/ *n* (BrE) *tren con parada en todas las estaciones*

stop press *n* noticias *fpl* de última hora; (*before n*): **stop-press item** noticia *f* de última hora

stop sign *n* stop *m*, señal *f* de pare, (señal *f* de) alto *m* (Méx), disco *m* pare (Chi)

stop valve *n* válvula *f* de cierre

stopwatch /ˈstɑːpwɑːtʃ || ˈstɒpwɒtʃ/ *n* cronómetro *m*

storage /ˈstɔːrɪdʒ/ *n* [u] **1** (of goods) depósito *m*, almacenamiento *m*, almacenaje *m*; (of water) almacenamiento *m*; (of electricity) acumulación *f*; **to put one's furniture into ~** mandar los muebles a un depósito *or* a un guardamuebles; (*before n*): ~ **room** trastero *m*; **we have plenty of ~ space** tenemos mucho lugar *or* espacio para guardar cosas; ~ **tank** tanque *m* de almacenamiento **2** (Comput) almacenamiento *m*; (*before n*): ~ **device** dispositivo *m* de almacenamiento **3** (cost) (gastos *mpl* de) almacenaje *m*

storage battery *n* acumulador *m*

storage heater *n* (BrE) acumulador *m*, radiador *m* de acumulación

store¹ /stɔːr || stɔː(r)/ *n*
A **1** [c u] (stock, supply) reserva *f*, provisión *f*; **to keep a ~ of sth** tener* una reserva *or* provisión de algo; **she has a vast ~ of witty anecdotes** tiene una enorme colección de anécdotas graciosas; **he has a ~ of experience to draw on** tiene el recurso de su amplia experiencia; ***in ~***: **we always keep some drink in ~** siempre tenemos bebida de reserva; **there's a surprise in ~ for her** la espera una sorpresa, se va a llevar una sorpresa; **knowing what was in ~, she left home** sabiendo lo que la esperaba, se fue de la casa; **we have a surprise in ~ for you** te tenemos (preparada) una sorpresa; **who knows what the future has in ~?** ¿quién sabe lo que nos deparará el futuro?; ***to set great/little ~ by sth*** dar* mucho/poco valor a algo **2** **stores** *pl* (Mil, Naut) pertrechos *mpl*
B (warehouse, storage place) (*often pl*) almacén *m*, depósito *m*, bodega *f* (Méx); **he works in the ~(s)** trabaja en el almacén *or* en el depósito *or* (Méx) en la bodega; **all our furniture is in ~** (BrE) tenemos todos los muebles en depósito *or* en un guardamuebles
C [c] **1** (shop) (esp AmE) tienda *f*; **a shoe/hardware ~** una zapatería/ferretería **2** (*department ~*) grandes almacenes *mpl*, tienda *f*; (*before n*): ~ **card** tarjeta *f* de crédito (*expedida por una tienda*); ~ **clerk** (AmE) vendedor, -dora *m,f*, dependiente, -ta *m,f*; ~ **detective** guardia *mf* de paisano (*que vigila una tienda*)

store² *vt*
A **1** (keep) ‹*food/drink/supplies*› guardar; (Busn) almacenar; ‹*information*› almacenar; ‹*electricity*› acumular; ~ **in a cool, dry place** consérvese en un lugar fresco y seco; **we have nowhere to ~ those files** no tenemos donde guardar esos archivos; **the children's old toys are ~d (away) in the attic** los juguetes viejos de los niños están guardados en el desván; **energy is ~d in the body in the form of fat** el cuerpo almacena *or* acumula energía en forma de grasa **2** (Comput) ‹*data/program*› almacenar
B **1** (put in store) ‹*furniture*› mandar a un depósito *or* a un guardamuebles **2** (stock, supply) **to ~ sth WITH sth** abastecer* algo DE algo; **to ~ a ship with provisions** abastecer* un barco de provisiones

■ **store** *vi* «*fruit/vegetables*» conservarse

(Phrasal verb)
- **store up** [v + o + adv, v + adv + o] **1** (accumulate) ‹*supplies*› almacenar, hacer* acopio de **2** (build up) ‹*resentment/bitterness*› ir* acumulando

store³, store-bought /ˈstɔːrbɔːt || ˈstɔːbɔːt/ *adj* (AmE) de confección; ‹*cake*› comprado

S

store cupboard *n* armario-despensa *m*

storefront /'stɔːrfrʌnt || 'stɔːfrʌnt/ *n* (AmE) frente *m*, fachada *f* (*de una tienda*); (*before n*): **~ church** *iglesia que se reúne en establecimientos comerciales*; **~ office** *oficina donde los diputados atienden las consultas de los ciudadanos de su circunscripción*

storehouse /'stɔːrhaʊs || 'stɔːhaʊs/ *n* **1** (warehouse) almacén *m*, depósito *m*, bodega *f* (Méx) **2** (source) mina *f*; **a veritable ~ of information** una verdadera mina de información

storekeeper /'stɔːr,kiːpər || 'stɔː,kiːpə(r)/ *n* tendero, -ra *m,f*, comerciante *mf*

storeman /'stɔːrmən || 'stɔːmən/ *n* (*pl* **-men** /-mən/) *persona que trabaja en un almacén o depósito*

storeroom /'stɔːrruːm, -rʊm || 'stɔːruːm, -rʊm/ *n* almacén *m*, depósito *m*, bodega *f* (Méx); (for food) despensa *f*

storey /'stɔːri/ *n* (BrE) ▸**story Sense II**

-storied, (BrE) **-storeyed** /'stɔːrid/ *suff*: **three~/five~** de tres/cinco pisos

stork /stɔːrk || stɔːk/ *n* cigüeña *f*

storm¹ ▸ⓘ **p.1878** /stɔːrm || stɔːm/ *n*

A (Meteo) tormenta *f*; **a ~ at sea** una tempestad, un temporal; **let's try to get home before the ~ breaks** intentemos llegar a casa antes de que se desate *or* se desencadene la tormenta; ***a ~ in a teacup*** (BrE) una tormenta en un vaso de agua; ***to take sth by ~*** tomar algo por asalto, asaltar algo; **she took New York's audiences by ~** cautivó al público neoyorquino, tuvo un éxito clamoroso en Nueva York; ***to weather*** *o* ***ride (out) the ~*** capear el temporal; (*before n*): **~ damage** daños *mpl* por tormenta

B (of abuse) torrente *m*; (of protest) ola *f*, tempestad *f*; (uproar) escándalo *m*, revuelo *m*; **a new ~ broke** estalló un nuevo escándalo, se volvió a armar un revuelo; **his fifth novel was launched in a ~ of publicity** su quinta novela fue lanzada con mucha alharaca *or* con gran despliegue publicitario

storm² *vi*

A **1** (move violently) (+ *adv compl*): **troops ~ed into the country** las tropas marcharon sobre el país; **she ~ed into the office** irrumpió en la oficina, entró en la oficina como un vendaval; **furious, he ~ed out of the meeting** abandonó la reunión furioso; **the crowd ~ed through the gates** la multitud se precipitó por la verja **2** (blow violently) ⟨⟨*wind*⟩⟩ soplar con fuerza

B (express anger) despotricar*, vociferar; **he ~ed at the manager** le dijo de todo al gerente; **she ~ed at** *o* **over the delay** se puso furiosa por el retraso

■ **storm** *vt*

A (attack, capture) ⟨*city/fortress*⟩ tomar por asalto, asaltar; ⟨*house*⟩ irrumpir en

B (say angrily) bramar; **this is outrageous, she ~ed** —esto es un escándalo —bramó

stormbound /'stɔːrmbaʊnd || 'stɔːmbaʊnd/ *adj* ⟨*airport*⟩ cerrado por el mal tiempo; ⟨*outpost*⟩ aislado *or* bloqueado por el mal tiempo; ⟨*city*⟩ paralizado por el mal tiempo

storm cloud ▸ⓘ **p.1878** *n* nube *f or* nubarrón *m* de tormenta; **there are ~ ~s on the horizon** se avecina una tormenta

storm door *n* contrapuerta *f*, antepuerta *f*

storm flap *n* tapeta *f* protectora

stormily /'stɔːrməli || 'stɔːmɪli/ *adv* con furia, violentamente

storminess /'stɔːrminəs || 'stɔːminɪs/ *n* [u] **1** (of weather) lo tormentoso **2** (of quarrel, reaction) lo tempestuoso *or* violento

storming /'stɔːrmɪŋ || 'stɔːmɪŋ/ *n* **~ OF sth** asalto *m* A algo

storm lantern *n* farol *m*

storm-lashed /'stɔːrm'læʃt || 'stɔːm'læʃt/ *adj* castigado por la tormenta, azotado por la tormenta

storm petrel *n* petrel *m or* ave *f*‡ de las tempestades

stormproof /'stɔːrmpruːf || 'stɔːmpruːf/ *adj* a prueba de lluvia

storm sewer, (BrE) **storm drain** *n* desagüe *m* de tormentas

storm trooper *n* soldado *m* de las tropas de asalto

storm troops *pl n* tropas *fpl* de asalto

storm window *n* contraventana *f*

stormy /'stɔːrmi || 'stɔːmi/ *adj* **-mier, -miest** **1** ▸ⓘ **p.1878** (Meteo) ⟨*weather/day/sky*⟩ tormentoso; ⟨*sea*⟩ tempestuoso **2** (turbulent) ⟨*quarrel/reaction*⟩ tormentoso, violento; ⟨*relationship*⟩ tempestuoso

stormy petrel *n* ▸**storm petrel**

story /'stɔːri/ *n* (*pl* **-ries**)

(Sense I)

A **1** (account) historia *f*, relato *m*; (tale) cuento *m*; (genre) (Lit) cuento *m*; **he told us the ~ of his life** nos contó la historia de su vida; **tell me a ~** cuéntame un cuento; **the book tells the ~ of the expedition** el libro relata la expedición; **that's a long ~** eso es largo de contar; **to cut a long ~ short** en pocas palabras; **but that's not the end of the ~** pero ahí no termina; **it's the ~ of my life!** (set phrase) siempre me pasa lo mismo; **according to his/your ~** según él/tú; **what's the ~?** (AmE) bueno ¿qué pasa?; **he gave me the ~ on the new models** (AmE) me dio información sobre los nuevos modelos; ***that's (quite) another*** *o* ***a different ~*** eso es otro cantar, eso es harina de otro costal; **it's a different ~ if you're poor** si eres pobre es muy diferente *or* es otro cantar; **later on she hit the bottle, but that's another ~** más tarde empezó a beber, pero eso es otro cuento; ***the same old ~*** la (misma) historia de siempre **2** (anecdote) anécdota *f*; (joke) chiste *m*; **there's an interesting ~ attached to this diamond** hay una historia interesante ligada a ese brillante; **his 'uncle' was really his father, or so the ~ goes** su 'tío' era en realidad su padre, o eso dicen; **the ~ goes that he drew a line in the sand** cuenta la leyenda que trazó una línea en la arena

B (plot) argumento *m*, trama *f*

C (Journ) **1** (article) artículo *m* **2** (newsworthy event): **a reporter with a nose for a good ~** un periodista con buen olfato para lo que es noticia

D (colloq) (lie) cuento *m* (fam), mentira *f*; **don't tell stories** no me vengas con cuentos (fam), no digas mentiras

(Sense II) (BrE) **storey** (of building) piso *m*, planta *f*; **on the first ~** (in US) en la planta baja; (in UK) en el primer piso; **a four-~ building** un edificio de cuatro pisos

storyboard /'stɔːribɔːrd || 'stɔːribɔːd/ *n* story board *m* (*esquema audiovisual del argumento*)

storybook /'stɔːribʊk/ *n* libro *m* de cuentos; (*before n*): **a ~ romance** un romance de cuento de hadas

story editor *n* guionista *mf* jefe

story line *n* (plot) argumento *m*; (script) guión *m*

storyteller /'stɔːri,telər || 'stɔːri,telə(r)/ *n* **1** (narrator) narrador, -dora *m,f* **2** (writer) escritor, -tora *m,f* **3** (liar) (colloq) mentiroso, -sa *m,f*, cuentista *mf* (fam), cuentero, -ra *m,f* (RPl fam)

storytelling /'stɔːri,telɪŋ/ *n* [u] narración *f* de historias *or* cuentos

stoup /stuːp/ *n* pila *f* de agua bendita

stout¹ /staʊt/ *adj* **-er, -est** **1** ⟨*person/figure*⟩ robusto, corpulento **2** ⟨*rope*⟩ resistente, fuerte; ⟨*door*⟩ sólido; **a pair of ~ shoes** un par de zapatos fuertes **3** (staunch) ⟨*resistance*⟩ firme, tenaz; ⟨*protest*⟩ enérgico; ⟨*denial*⟩ rotundo, categórico; ⟨*support*⟩ incondicional; **he's a ~ fellow** (dated) es muy buena persona

stout² *n* [u] cerveza *f* negra

stout-hearted /'staʊt,hɑːrtəd || ,staʊt'hɑːtɪd/ *adj* ⟨*support*⟩ incondicional; ⟨*defender*⟩ acérrimo; ⟨*resistance*⟩ firme, tenaz

stoutly /'staʊtli/ *adv* **1** ⟨*made/built*⟩ sólidamente **2** (staunchly) ⟨*resist*⟩ con firmeza; ⟨*believe*⟩ firmemente; ⟨*deny/refuse*⟩ rotundamente, categóricamente

stoutness /'staʊtnəs || 'staʊtnɪs/ *n* [u] **1** (of person, figure) corpulencia *f* **2** (robustness) lo fuerte **3** (staunchness) firmeza *f*

stove /stəʊv/ *n* **1** (for cooking) cocina *f*, estufa *f* (Col, Méx); (ring) calentador *m*, hornillo *m*; **electric/gas ~** cocina *or* (Col, Méx) estufa eléctrica/de *or* a gas; **I left the soup on the ~** dejé la sopa en el fuego *or* en la lumbre **2** (for warmth) estufa *f*, calentador *m*

stove in *past & past p of* **stave in**

stovepipe /'stəʊvpaɪp/ *n* **1** (pipe) conducto *m* de estufa **2** **~ (hat)** (AmE colloq) chistera *f*, galera *f* (CS)

stow /stəʊ/ *vt* **1** (put away) guardar, poner*; (hide) esconder; (Naut) estibar; **he ~ed the money (away) in his mattress** escondió el dinero en el colchón **2** (load) **to ~ sth WITH sth** cargar* algo DE algo

(Phrasal verb)

• **stow away** [v + adv] viajar de polizón

stowage /'stəʊɪdʒ/ *n* [u] (Naut) **1** (storage capacity) bodega *f* **2** (stowing) estiba *f* **3** (charge) (gastos *mpl* de) estiba *f*

stowaway /'stəʊəweɪ/ *n* polizón *mf*

straddle¹ /'strædl/ *vt* **1** (sit, stand astride) ⟨*horse*⟩ sentarse* a horcajadas sobre; **he ~d the chair** se sentó a caballo *or* a horcajadas en la silla; **a bridge ~s the border** un puente une los dos lados de la frontera; **the town ~s the river** la ciudad se extiende a ambas orillas del río; **a man who ~s the worlds of politics and show business** un hombre con un pie en el mundo de la política y otro en el del espectáculo **2** (spread): **to ~ one's legs** abrir* *or* separar las piernas **3** (be noncommittal about) (AmE) ⟨*issue/question*⟩ eludir

straddle² *n* (Sport) tijereta *f*, tijera *f*

strafe /streɪf strɑːf/ *vt* **1** (Mil) ⟨*troops/airfield*⟩ bombardear **2** (criticize) hacer* trizas; **the play was ~d by the critics** los críticos hicieron trizas la obra

straggle /'strægəl/ *vi*

A (spread untidily) ⟨⟨*plant*⟩⟩ crecer* desordenadamente; **the village ~d along the valley** el pueblo se extendía por el valle sin orden ni concierto

B **1** (wander): **they ~d into the classroom** poco a poco fueron entrando en la clase; **the procession ~d along the road** la procesión avanzaba desordenadamente por la carretera **2** (lag behind, fall away) rezagarse*, quedarse rezagado, quedarse atrás

straggler /'stræglər || 'stræglə(r)/ *n* rezagado, -da *m,f*

straggly /'strægli/ *adj* **-glier, -gliest** ⟨*hair*⟩ desordenado, desgreñado; ⟨*beard*⟩ descuidado; ⟨*plant*⟩ que crece desordenadamente; ⟨*village*⟩ de casas diseminadas sin orden ni concierto

straight¹ /streɪt/ *adj* **-er, -est**

A **1** (not curved or wavy) ⟨*line/stick/nose/edge*⟩ recto; ⟨*hair*⟩ lacio, liso; ⟨*road*⟩ recto, sin curvas; ⟨*skirt/coat*⟩ recto; **to walk in a ~ line** caminar en línea recta; **keep your knees ~** no dobles las rodillas; **he walks with a ~ back** camina muy erguido; **a ~ left/right** (Sport) un directo con la izquierda/derecha; **~ cylinders** (Auto) cilindros *mpl* en línea; *see also* **straight angle** **2** (level, upright, vertical) (*pred*): **to be ~** estar* derecho; **is this picture (hanging) ~?** ¿está derecho el cuadro?; **is my tie ~?** ¿tengo la corbata derecha *or* bien puesta?; **your tie isn't ~** llevas *or* tienes la corbata torcida

B (in order) (*pred*): **is my hair ~?** ¿tengo bien el pelo?; **I have to get** *o* **put my room ~** tengo que ordenar *or* arreglar mi cuarto; **I need a few days to put** *o* **set** *o* **get my affairs ~** necesito unos días para poner mis asuntos en orden; **if I pay for the coffees, we'll be ~** si pago los cafés quedamos *or* estamos en paz *or* (CS) a mano; **to get sth ~**: **let's get this ~** a ver si nos entendemos; **you have to make sure you've got your facts ~** tienes que asegurarte de que la información que tienes es correcta; **I went to see the boss to set the record ~** fui a ver al jefe para aclarar las cosas; **just to set the record ~, I never actually said that** que conste que yo nunca dije eso; ***to put*** *o* ***set sb ~ about sth*** aclararle algo a algn; **I soon put him ~** enseguida le aclaré las cosas

S

C 1 (direct, clear) ⟨*denial/refusal*⟩ rotundo, categórico; **the proposal met with a ~ rejection** la propuesta fue rechazada de plano; **it's a ~ choice between buying a car or going on holiday** la alternativa es clara: o compramos un coche o nos vamos de vacaciones; **this is a ~ borrowing from an earlier work** esto está sacado directamente de una obra anterior; **I made $20,000 ~ profit** saqué 20.000 dólares limpios de beneficio; **she's on ~ commission** trabaja sólo a comisión; **to vote ~ Democrat** votar a los demócratas para todos los cargos; **it's a ~ fight** es un mano a mano; **she got ~ A's** ≈ sacó sobresaliente en todo 2 (unmixed) ⟨*gin/vodka*⟩ solo; **I always have my Scotch ~** siempre tomo el whisky solo

D (honest, frank) ⟨*question*⟩ directo; **all I want is a ~ yes or no** lo único que quiero es que me digas que sí o que no, sin más; **you won't get a ~ answer out of him** no conseguirás que te dé una respuesta clara; **I've been absolutely ~ with you about the whole business** no te he ocultado nada del asunto

E (successive): **he won in ~ sets** (Sport) ganó sin conceder *or* sin perder ningún set; **she's had five ~ wins** ha ganado cinco veces seguidas, ha obtenido cinco victorias consecutivas *or* al hilo; **this is the fifth ~ day it's happened** (AmE) éste es el quinto día seguido que pasa; **a ~ flush** (Games) una escalera de color, una escalera real

F 1 (serious) ⟨*play/actor*⟩ dramático, serio; ⟨*composer*⟩ de música seria 2 (conventional) (colloq) convencional; **~ sex** relaciones *fpl* sexuales convencionales 3 (heterosexual) (colloq) heterosexual

straight[2] *adv*

A 1 (in a straight line) ⟨*walk*⟩ en línea recta; **they live ~ across from us** viven justo enfrente de nosotros; **she looked ~ ahead/up** miró al frente/hacia arriba; **the truck was coming ~ at me** el camión venía derecho *or* justo hacia mí, el camión se me venía encima; **I aimed ~ for his heart** le apunté justo al corazón; **he made ~ for the bar** se fue derecho al bar; **can you look me ~ in the eye and tell me that?** ¿podrías decírmelo mirándome a la cara?; **keep/drive ~ on until you come to the lights** sigue derecho hasta llegar al semáforo; **the bullet went ~ through his arm** la bala le atravesó el brazo 2 (erect) ⟨*sit/stand*⟩ derecho; **sit up ~** ponte derecho

B 1 (directly) directamente; **I came ~ home from work** vine directamente *or* derecho a casa después del trabajo; **she drank it ~ from the bottle** se lo bebió directamente de la botella; **he looked like something ~ out of a horror movie** parecía salido de una película de terror; **I joined the army ~ from school** me alisté en el ejército en cuanto terminé el colegio; **they walked ~ in** entraron sin llamar 2 (immediately): **I went out ~ after dinner** salí inmediatamente después de cenar, salí en cuanto terminé de cenar; **I regretted it ~ afterwards** me arrepentí inmediatamente, me arrepentí en cuanto lo dije (*or* lo hice *etc*); **that music takes me ~ back to my childhood** esa música me transporta a mi infancia; **I'll bring it ~ back** enseguida lo devuelvo; **she said ~ off she wasn't paying** (colloq) dijo de entrada que ella no pagaba; **I'll come ~ to the point** iré derecho *or* directamente al grano; **if you do that again, you go ~ to bed** si vuelves a hacer eso, te vas derechito a la cama (fam); **~ away** ▸**straightaway**[1]

C (colloq) 1 (frankly) con franqueza; **give it to me ~, Meg, am I going to get better?** dímelo con franqueza, Meg ¿me voy a mejorar?; **she told him ~ out** se lo dijo sin rodeos; ***~ up*** (BrE sl) en serio, fuera de broma 2 (honestly): **are you playing ~ with me?** ¿estás jugando limpio conmigo?; ***to go ~***: **he swore he'd go ~** prometió que se reformaría *or* se enmendaría; **I'm going ~** me estoy portando bien, estoy llevando una vida honrada

D (clearly) ⟨*see/think*⟩ con claridad; **I can't think ~** no puedo pensar claro *or* con claridad

E (Theat) ⟨*play*⟩ de manera clásica

F (at fixed price) (colloq): **they sell at 50 cents ~** se venden todos a 50 centavos

straight[3] *n*

A 1 (on race track) (Sport): **the ~** la recta; **to reach/enter the (final) ~** llegar* a/entrar en la recta final 2 (straight line): **cut the material on the ~** corta la tela al hilo; *see also* **straight and narrow**

B 1 (heterosexual) (colloq) heterosexual *mf* 2 (conventional person) (colloq) tipo, -pa *m,f* convencional (fam)

C (Games) escalera *f*, corrida *f* (Méx)

straight-ahead /ˌstreɪtə'hed/ *adj* sin etiquetas

straight and narrow *n* [u]: **the ~ ~ ~** el buen camino, el camino recto; **to deviate** *o* **wander from the ~ ~ ~** desviarse* *or* apartarse del buen camino *or* del camino recto

straight angle *n* ángulo *m* llano *or* de 180°

straightaway[1] /ˌstreɪtə'weɪ/, **straight away** *adv* enseguida; **I'll do it ~** ahora mismo *or* enseguida lo hago; **she did it ~** lo hizo enseguida *or* inmediatamente

straightaway[2] /'streɪtəweɪ/ *n* (AmE) recta *f*

straightedge /'streɪtedʒ/ *n*

A (ruler) regla *f*

B ▸**straight razor**

straighten /'streɪtn/ *vt* 1 (make straight) ⟨*nail/wire*⟩ enderezar*; ⟨*hair*⟩ alisar, estirar; ⟨*bedclothes/tablecloth*⟩ estirar; ⟨*picture*⟩ enderezar*, poner* derecho; **he ~ed his tie** se enderezó la corbata; **that hem needs ~ing** hay que igualar *or* redondear ese dobladillo; **I've had my teeth ~ed** me he hecho enderezar los dientes; **~ your back** ponte derecho 2 (tidy) ⟨*room/papers*⟩ arreglar, ordenar; ⟨*bed*⟩ estirar, arreglar

■ **straighten** *vi* 1 ▸**straighten out B** 2 ▸**straighten up B1**

Phrasal verbs

• **straighten out**

A [v + o + adv, v + adv + o] 1 (make straight) ⟨*nail/wire*⟩ enderezar*, poner* derecho; ⟨*bedclothes/tablecloth*⟩ estirar 2 (sort out, settle) ⟨*confusion/misunderstanding*⟩ aclarar; ⟨*problem*⟩ resolver*, arreglar; **this affair could well ~ itself out** es muy probable que este asunto se arregle solo 3 (colloq) ⟨*person*⟩ **my colleagues ~ed me out** mis compañeros me lo aclararon *or* explicaron todo; **he's going to a therapist to try and ~ himself out** se está haciendo una terapia para ver si resuelve sus problemas; **I'll soon ~ out those bullies!** ¡ya los voy a arreglar a esos bravucones!

B [v + adv] ⟨⟨*road/river*⟩⟩ hacerse* recto; ⟨⟨*hair*⟩⟩ alisarse, ponerse* lacio

• **straighten up**

A [v + o + adv, v + adv + o] 1 (make straight) ⟨*picture*⟩ enderezar*, poner* derecho; **he ~ed up his tie** se enderezó la corbata; **~ up your shoulders!** ¡ponte derecho! 2 (tidy) ⟨*room/papers*⟩ ordenar, arreglar; ⟨*bed*⟩ arreglar, estirar; **I'd better ~ myself up a bit** más vale que me arregle un poco; ***to ~ up and fly right*** (AmE) enmendarse* y seguir* por el buen camino

B [v + adv] 1 (stand up straight) ⟨⟨*person*⟩⟩ ponerse* derecho, enderezarse*; ⟨⟨*plant*⟩⟩ enderezarse* 2 (tidy up) ordenar

straightfaced /ˌstreɪt'feɪst/ *adj*: **he told it completely ~** lo contó muy serio *or* sin reírse; **they sat ~ through the act** vieron todo el número sin reírse

straightforward /ˌstreɪt'fɔːrwərd || ˌstreɪt'fɔːwəd/ *adj* 1 (honest, frank) ⟨*person*⟩ franco, sin dobleces; ⟨*answer*⟩ franco 2 (uncomplicated) ⟨*problem/question/answer*⟩ sencillo; **it seems fairly ~** parece bastante sencillo; **there must be a ~ explanation** debe haber una explicación sencilla *or* simple

straightforwardly /ˌstreɪt'fɔːrwərdli || ˌstreɪt'fɔːwədli/ *adv* 1 (honestly) con franqueza, abiertamente 2 (simply) con sencillez; **things didn't happen as ~ as she claims** las cosas no fueron tan sencillas como ella dice

straightforwardness /ˌstreɪt'fɔːrwərdnəs || ˌstreɪt'fɔːwədnɪs/ *n* [u] 1 (honesty, frankness) franqueza *f* 2 (simplicity) sencillez *f*

straight-haired /'streɪt'herd || 'streɪt'heəd/ *adj* de pelo liso

straightjacket /'streɪtˌdʒækət || 'streɪtˌdʒækɪt/ *n* ▸**straitjacket**

straight man *n*: *personaje serio de una pareja de cómicos*

straight-out /'streɪtˌaʊt/ *adj* (colloq) 1 (outright): **he's a ~ hustler/liar** es un estafador/mentiroso redomado *or* consumado; **a ~ Republican** un republicano acérrimo 2 (blunt) ⟨*answer/refusal*⟩ tajante, directo

straight razor *n* (AmE) navaja *f*

straight shooter *n* (AmE colloq) persona *f* de fiar

straight ticket *n* (in US) (*no pl*): **to vote the/a ~ ~** votar a *or* por candidatos de un mismo partido para todos los cargos

straight time *n* [u] (AmE) horario *m* habitual de trabajo

straight-up /'streɪt'ʌp/ *adj* (AmE colloq) llano, campechano

straightway /ˌstreɪt'weɪ/ *adv* (arch) inmediatamente

strain[1] /streɪn/ *n*

A [u c] (tension) tensión *f*; (pressure) presión *f*; **the rope snapped under the ~** la cuerda se rompió debido a la tensión a la que estaba sometida; **it puts a ~ on your spine** ejerce presión sobre la columna vertebral; **the bridge was not designed to take the ~ of such a heavy volume of traffic** el puente no fue diseñado para soportar semejante volumen de tráfico; **the ~ of lifting the crate was too much for him** el esfuerzo que tuvo que hacer para levantar el cajón fue demasiado para él; **sterling took the ~ well yesterday** la esterlina aguantó bien las presiones del día de ayer; **the incident put a ~ on Franco-German relations** las relaciones franco-alemanas se volvieron tirantes a raíz del incidente; **there are growing ~s between church and state** aumenta la tirantez en las relaciones entre la iglesia y el estado; **she's been under great** *o* **a lot of ~** ha estado pasando una época de mucha tensión *or* de mucho estrés; **divorce places** *o* **puts (an) enormous ~ on the children** el divorcio somete a los niños a grandes tensiones

B [c u] (Med) (resulting from wrench, twist) torcedura *f*; (on a muscle) esguince *m*; *see also* **eyestrain**

C **strains** *pl* (tune): **the ~s of a flute could be heard in the distance** se oía una flauta a lo lejos; **we danced to the ~s of 'The Blue Danube'** bailamos al son *or* al compás de 'El Danubio Azul'; **a melancholy ~** (*in sing*) (poet) un son melancólico (liter)

D 1 [c] (type — of plant) variedad *f*; (— of virus) cepa *f*; (— of animal) raza *f* 2 (streak) (*no pl*) veta *f*; **it must be the romantic ~ in him** debe ser esa veta romántica suya; **there's a ~ of nervous disorder in the family** hay una propensión *or* predisposición a los trastornos nerviosos en la familia 3 (tone, style) (liter) (*no pl*) tono *m*; **it's written in a cheerful/dismal ~** está escrito en un tono optimista/sombrío

strain[2] *vt*

A (exert): **to ~ one's eyes/voice** forzar* la vista/voz; **to ~ one's ears** aguzar* el oído; **he ~ed every muscle to lift the weight** usó todas sus fuerzas para levantar el peso

B 1 (overburden) ⟨*beam/support*⟩ ejercer* demasiada presión sobre 2 (injure): **to ~ one's back** hacerse* daño en la espalda; **to ~ a muscle** hacerse* un esguince 3 (overtax, stretch) ⟨*relations*⟩ someter a demasiada tensión, volver* tenso *or* tirante; ⟨*credulity/patience*⟩ poner* a prueba; ⟨*resources*⟩ estirar al máximo

C (filter) filtrar; (Culin) colar*; ⟨*vegetables/rice*⟩ escurrir; **to ~ the water off the rice** escurrir el (agua del) arroz; **~ the lumps from the sauce with a sieve** pase la salsa por un tamiz para eliminar los grumos

■ *v refl*: **to ~ oneself** hacerse* daño; **don't ~ yourself** (iro) no te vayas a herniar (iró)

■ **strain** *vi*: **the porters ~ed under the load** los mozos iban agobiados por la carga; **to ~ after** *o* **for effect(s)** utilizar* recursos efectistas; **there's no ~ing after** *o* **for effect in this novel** esta novela no utiliza recursos efectistas; **to ~ AT sth** tirar DE algo; **the dog ~ed at**

S

the leash el perro tiraba de la correa; **to ~ to + INF** hacer* un gran esfuerzo PARA + INF; **I was ~ing to understand their accent** estaba haciendo un gran esfuerzo para entender su acento; **to ~ against the shackles of convention** luchar contra las trabas de las convenciones

strained /streɪnd/ *adj*
A **1** (tense) ‹*relations/atmosphere*› tenso, tirante; ‹*face/expression*› tenso, crispado; ‹*voice*› forzado **2** (unnatural, forced) ‹*manner/humor*› forzado; ‹*performance*› afectado
B (Med) ‹*eyes*› cansado; **a ~ muscle** un esguince
C (Culin): **~ yogurt** yogur *m* espeso *or* sin suero

strainer /'streɪnər || 'streɪnə(r)/ *n* **1** (Culin) colador *m* **2** (Tech) filtro *m*

strait /streɪt/ *n*
A (Geog) (*often pl*) estrecho *m*; **the S~ of Magellan, the Magellan S~(s)** el estrecho de Magallanes
B **straits** *pl* (difficulties, difficult position): **to be in dire/desperate ~s** estar* en grandes apuros/en una situación desesperada; **to be in financial ~s** pasar estrecheces, pasar apuros económicos

straitened /'streɪtnd/ *adj* (frml): **to be in ~ circumstances** pasar estrecheces, pasar apuros económicos

straitjacket /'streɪt,dʒækət || 'streɪt,dʒækɪt/ *n* camisa *f* de fuerza, chaleco *m* de fuerza (CS); **the ideological ~ of the party line** las limitaciones ideológicas que impone la línea del partido

straitlaced /'streɪt'leɪst/ *adj* puritano, mojigato

strand¹ /strænd/ *n*
A (of rope, string) ramal *m*; (of thread, wool) hebra *f*; (of wire) filamento *m*; **a ~ of hair** un pelo, un cabello; **a three-~ pearl necklace** un collar de perlas de tres vueltas
B (of opinion) corriente *f*; (in group, movement) tendencia *f*, línea *f*; **there are several ~s in the narrative** la narración sigue varios hilos *or* varias líneas argumentales
C (beach) (liter) playa *f*

strand² *vt*
A (*usu pass*) **1** (Naut): **the ship was ~ed on a sandbank** el barco quedó encallado *or* varado en un banco de arena; **a whale was ~ed by the tide** la marea dejó una ballena varada en la playa **2** (leave helpless): **I was (left) ~ed in the desert** me quedé varado en el desierto; **they left me ~ed in Calcutta** me abandonaron a mi suerte en Calcuta, me dejaron tirado *or* (AmL exc RPl) botado en Calcuta (fam); **~ed tourists** turistas en apuros *or* en dificultades, turistas con problemas para volver a casa
B (twist into strand) enroscar*

strange¹ /streɪndʒ/ *adj* **stranger, strangest**
A (odd) raro, extraño; **the ~st thing happened to me yesterday** ayer me pasó algo de lo más raro *or* extraño, ayer me pasó algo rarísimo; **what a ~ thing to say!** ¡qué cosa más rara de decir!; **the ~ circumstances surrounding her death** las extrañas circunstancias en torno a su muerte; **truth is ~r than fiction** la realidad supera a la ficción; **you're/she's a ~ one** (colloq) mira que eres raro/es rara (fam); **I feel ~ wearing a suit** me encuentro raro *or* incómodo con traje; **it feels ~ to be back on dry land** uno se siente algo raro *or* extraño al volver a tierra firme; **it is ~ (THAT)** es raro QUE (+ *subj*); **I find it ~ (that) they haven't replied** me extraña que no hayan contestado, me parece raro que no hayan contestado; **how ~ (that) she didn't mention it!** ¡qué raro *or* extraño que no lo mencionara!; **~ as it may seem** por extraño que parezca; **I know all her friends but I've never met her, ~ to say** conozco a todos sus amigos pero a ella, aunque parezca mentira *or* por extraño que parezca, no la conozco
B **1** (unfamiliar, unaccustomed) ‹*faces/handwriting*› desconocido; **I hate sleeping in ~ beds** no me gusta nada dormir en cama ajena; **she was ~ to city life** (liter) no estaba familiarizada con la vida de la ciudad, no estaba acostumbrada a la vida de ciudad; **to taste/smell ~** saber*/oler* raro **2** (alien) (liter): **in a ~ land** en tierras extrañas; **a ~ language** una lengua foránea

strange² *adv* (colloq): **he's been acting ~ lately** últimamente está de lo más raro

strangely /'streɪndʒli/ *adv* ‹*behave/act*› de una manera rara *or* extraña; **he was ~ quiet** era raro *or* extraño lo callado que estaba; **~ (enough), it has not been available until now** (*indep*) aunque parezca mentira *or* aunque parezca raro *or* extraño, hasta ahora no se conseguía

strangeness /'streɪndʒnəs || 'streɪndʒnɪs/ *n* [u] **1** (oddness) rareza *f*, lo extraño **2** (unfamiliarity) novedad *f*

stranger /'streɪndʒər || 'streɪndʒə(r)/ *n* desconocido, -da *m,f*; (from another place) forastero, -ra *m,f*; **a perfect** *o* **total ~** un perfecto desconocido; **don't speak to ~s** no hables con extraños *or* desconocidos; **hello, ~!** (colloq) ¡dichosos los ojos que te ven!; **you're not welcome here, ~** largo de aquí, forastero; **I'm a ~ here myself** yo tampoco soy de aquí; **to be no/a ~ to sth: she's no ~ to New York** conoce Nueva York bastante bien; **he's no ~ to violence** la violencia no le es desconocida; **she's a relative ~ to the publishing world** tiene poca experiencia del mundo editorial

strangle /'stræŋgəl/ *vt* **1** ‹*person*› estrangular **2** ‹*originality*› coartar; ‹*protests*› sofocar*, ahogar*; **to ~ the economy** estrangular la economía **3** **strangled** *past p* ahogado; **a ~d cry** un grito ahogado; **in a ~d voice** con voz ahogada *or* estrangulada
■ **strangle** *vi* ahogarse*; **I almost ~d on a fishbone** (AmE) casi me ahogo con una espina de pescado

stranglehold /'stræŋgəlhəʊld/ *n* **1** (Sport) llave *f* al cuello **2** (absolute control) poder *m*, dominio *m*; **she had a ~ on him** lo tenía dominado, lo tenía bajo su poder; **they have a ~ over the supply of copper** tienen el monopolio del suministro de cobre; **sanctions had put a ~ on exports** las sanciones tenían bloqueadas las exportaciones

strangler /'stræŋglər || 'stræŋglə(r)/ *n* estrangulador, -dora *m,f*

strangling /'stræŋglɪŋ/ *n* [c u] estrangulación *f*, estrangulamiento *m*

strangulate /'stræŋgjəleɪt || 'stræŋgjʊleɪt/ *vt* ‹*vein/intestine*› estrangular; **~d hernia** hernia *f* estrangulada

strangulation /,stræŋgjə'leɪʃən || ,stræŋgjʊ'leɪʃən/ *n* [u] **1** (strangling) estrangulación *f*, estrangulamiento *m*; **the ~ of the press** el amordazamiento de la prensa **2** (of vein, intestine) estrangulación *f*, estrangulamiento *m*

strap¹ /stræp/ *n* **1** (band — of leather, canvas) correa *f*; (— for razor) suavizador *m*, correa *f*; (— on bus, train) correa *f*, agarradera *f*; **watch ~** (BrE) correa *f* de reloj; **shoe ~** tira *f or* tirita *f* del zapato **2** (*shoulder ~*) tirante *m*, bretel *m* (CS) **3** (punishment) (BrE): **to give sb the ~** darle* a algn con la correa

strap² *vt* **-pp-** **1** (tie) atar *or* sujetar con una correa, amarrar con una correa (AmL exc RPl); **to ~ oneself in** ponerse* *or* abrocharse el cinturón de seguridad; **I ~ped up my trunk** le puse la correa al baúl **2** **~ (up)** (BrE) (Med) vendar; **she ~ped (up) my ankle** me vendó el tobillo

straphanger /'stræp,hæŋər || 'stræp,hæŋə(r)/ *n* (colloq) *persona que viaja en transporte público, muchas veces de pie*

straphanging /'stræp,hæŋɪŋ/ *n* [u] (colloq): **I'm fed up with ~** estoy harto de viajar siempre de pie

strapless /'stræpləs || 'stræplɪs/ *adj* sin tirantes, sin breteles (CS), strapless *adj inv* (Méx, Ven)

strapline /'stræplaɪn/ *n* (Marketing, Print) (heading) titular *m*

strapped /stræpt/ *adj* (colloq) (*pred*): **to be ~ for cash** andar* corto de dinero

strapping /'stræpɪŋ/ *adj* robusto, fornido

Strasbourg /'strɑːsbʊrg || 'stræzbɜːg/ *n* Estrasburgo *m*

strata /'streɪtə, 'strætə || 'strɑːtə, 'streɪtə/ *pl of* **stratum**

stratagem /'strætədʒəm/ *n* [c u] estratagema *f*

strategic /strə'tiːdʒɪk/ *adj* **1** (Mil) estratégico **2** (important) estratégico

strategically /strə'tiːdʒɪkli/ *adv* estratégicamente; **a ~ brilliant move** una maniobra de gran brillantez estratégica; **~, they had a big advantage** (*indep*) desde el punto de vista estratégico, tenían una gran ventaja

Strategic Defense Initiative *n* Iniciativa *f* de Defensa Estratégica

strategist /'strætədʒəst || 'strætədʒɪst/ *n* estratega *mf*

strategy /'strætədʒi/ *n* (*pl* **-gies**) **1** [u] (art, practice) estrategia *f* **2** [c] (plan) estrategia *f*; **to adopt a ~** adoptar una estrategia; **the government's economic ~** la estrategia económica del gobierno

strati /'streɪtaɪ 'strɑːti/ *pl of* **stratus**

stratification /,strætəfə'keɪʃən || ,strætɪfɪ'keɪʃən/ *n* [u] estratificación *f*

stratify /'strætəfaɪ || 'strætɪfaɪ/ **-fies, -fying, -fied** *vt* (*usu pass*) estratificar*
■ **stratify** *vi* estratificarse*

stratosphere /'strætəsfɪr || 'strætəsfɪə(r)/ *n* estratosfera *f*, estratósfera *f*

stratospheric /,strætə'sferɪk/ *adj* estratosférico

stratum /'streɪtəm, 'stræ- || 'strɑːtəm, 'streɪ-/ *n* (*pl* **-ta**) **1** (Archeol, Geol) estrato *m*; (Sociol) estrato *m*, nivel *m* **2** (Biol) estrato *m* **3** (Ling) estrato *m*

stratus /'streɪtəs 'strɑː-/ *n* (*pl* **-ti**) estrato *m*

straw /strɔː/ *n* **1** [u] paja *f*; (*before n*): **~ hat/mattress** sombrero *m* /colchón *m* de paja; **~ mat** estera *f* **2** [c] (single stalk) paja *f*, pajita *f*; **we'll draw ~s for it** el que saque la paja *or* pajita más corta lo hace; **I always draw the short ~** siempre me toca a mí bailar con la más fea (fam & hum); ***a ~ in the wind*** un indicio de cómo andan las cosas; ***not to care/give a ~*** *o* ***two ~s for sth*** (colloq): **I don't care a ~ for her opinion** me importa un comino *or* un pepino *or* un rábano lo que piense (fam); ***to be the last*** *o* ***final ~*** ser* el colmo, ser* lo último; **this is the last ~!** ¡esto ya es el colmo *or* lo último!; ***to clutch*** *o* ***catch*** *o* ***grasp at ~s*** aferrarse desesperadamente a una esperanza; ***the ~ which broke the camel's back*** la gota que colmó el vaso *or* (Méx) que derramó el vino **3** [c] (for drinking) pajita *f*, paja *f*, caña *f* (Esp), pitillo *m* (Col), popote *m* (Méx); **to drink sth through a ~** beber algo con una pajita (*or* paja *etc*)

strawberry /'strɔː,beri || 'strɔːbəri/ *n* (*pl* **-ries**) (fruit) fresa *f*, frutilla *f* (Bol, CS); (large) fresón *m*; (*before n*): **~ field** fresal *m*, campo *m* de fresas *or* (Bol, CS) de frutillas, frutillar *m* (Chi)

strawberry-blonde /,strɔːberi'blɑːnd || ,strɔːbəri'blɒnd/ ▸ℹ p.1036 *adj* (*pred* **strawberry blonde**) rubio rojizo *adj inv*

strawberry blonde ▸ℹ p.1036 *n* rubio *m* rojizo

strawberry mark *n* antojo *m*

straw-blond(e)¹ /'strɔː'blɑːnd || ,strɔː'blɒnd/ *adj* rubio pajizo

straw-blond(e)² *n* rubio pajizo, rubia pajiza *m,f*

straw boss *n* (AmE colloq) ayudante *m* de capataz

straw-colored, (BrE) **straw-coloured** /'strɔː,kʌlərd || 'strɔː,kʌləd/ *adj* (de color) pajizo

straw man *n* hombre *m* de paja, testaferro *m*

straw poll, straw vote *n* sondeo *m* informal de opinión; **to take a ~ ~** hacer* un sondeo informal de opinión

stray¹ /streɪ/ *vi* **1** (wander away) apartarse, alejarse; (get lost) extraviarse*, perderse*; **to ~ FROM sb/sth: we ~ed from the rest of the group** nos apartamos *or* nos alejamos del resto del grupo; **several sheep ~ed from the flock**

S

varias ovejas se separaron del resto del rebaño *or* se descarriaron; **to ~ from one's course/route** desviarse* del camino/de la ruta; **to ~ from the path of virtue/the party line** apartarse *or* desviarse* del buen camino/de la línea del partido; **we ~ed off the path** nos apartamos del camino; **I ~ed into a military zone** me metí sin querer en una zona militar **2** (wander): **her eyes were ~ing around the room** paseaba distraída la mirada por la habitación; **my hand automatically ~ed toward my wallet** la mano se me fue instintivamente hacia la cartera **3** (digress): **he kept ~ing from the issue** se apartaba *or* se desviaba una y otra vez del tema, divagaba continuamente; **the conversation ~ed to less serious topics** la conversación derivó hacia temas menos serios; **he let his thoughts ~** se puso a pensar en otra cosa **4** (err) (liter) apartarse del buen camino

stray[2] *adj* **1** ‹*dog*› (ownerless) callejero, vago; (lost) perdido; ‹*sheep*› descarriado **2** (random, scattered): **a ~ bullet** una bala perdida; **a few ~ hairs** algunos pelos sueltos; **been busy today? — a ~ customer or two** ¿han tenido mucho trabajo hoy? — alguno que otro cliente

stray[3] *n* (ownerless animal) perro *m* /gato *m* callejero *or* vago; (lost animal) perro *m* /gato *m* perdido

streak[1] /striːk/ *n*
A **1** (line, band) lista *f*, raya *f*; (in hair) reflejo *m*, mechón *m*; (in meat, marble) veta *f*; (of ore) veta *f*, filón *m*; **a ~ of light** un haz *or* un rayo de luz; **a ~ of lightning** un relámpago **2** (in personality) veta *f*; **she has a mean ~** tiene una veta mezquina, tiene algo de mezquina; ***to have a yellow ~*** tener* algo de cobarde
B (spell) racha *f*; **a ~ of luck/bad luck** una racha de suerte/de mala suerte; **to have** *o* **be on a winning/losing ~** tener* una buena/mala racha; **I'm on a lucky ~** estoy de (buena) suerte

streak[2] *vi*
A (move rapidly) (+ *adv compl*): **she ~ed into the lead** rápida como un rayo, se colocó a la cabeza; **it ~ed past the window** pasó como una centella por delante de la ventana; **lightning ~ed across the sky** un rayo cruzó *or* (liter) hendió el cielo
B (run naked) (colloq) hacer* streaking (*correr desnudo en un lugar público*)
■ **streak** *vt*: **tears ~ed her face** tenía el rostro surcado de lágrimas; **she's had her hair ~ed** se ha hecho mechas *or* claritos *or* reflejos (en el pelo); **to be ~ed WITH sth**: **his clothes were ~ed with paint** llevaba la ropa manchada *or* (AmL tb) chorreada de pintura; **her hair is already ~ed with gray** ya tiene el cabello entrecano; **the rocks were ~ed with ore** las rocas tenían vetas de mineral

streaker /ˈstriːkər || ˈstriːkə(r)/ *n* (colloq) streaker *mf* (*persona que corre desnuda en un lugar público*)

streaking /ˈstriːkɪŋ/ *n* [u]
A (in hairdressing) veteado *m*
B (stunt) (colloq) streaking *m práctica de correr desnudo en un lugar público*

streaky /ˈstriːki/ *adj* **-kier, -kiest** **1** (uneven): **the paint's dried ~** el color no ha quedado uniforme al secarse la pintura, el color ha quedado disparejo al secarse la pintura (AmL) **2** (BrE) (Culin): **~ bacon** tocino *m or* (Esp) bacon *m or* (RPl) panceta *f*; **~ pork** tocino *m* entreverado (*fresco*) **3** (unpredictable) (AmE colloq) errático

stream[1] /striːm/ *n*
A **1** (small river) arroyo *m*, riachuelo *m* **2** (current) corriente *f*; **to go against the ~** ir* contra la corriente, ir* a contracorriente; **I was weak and just went along with the ~** fui débil y me dejé llevar por la corriente
B (flow): **a thin ~ of water issued from the fountain** un chorrito de agua salía de la fuente; **a ~ of lava** un río de lava; **a ~ of sunlight entered the room** el sol entró a raudales en la habitación; **she poured out a ~ of abuse at him** le soltó una sarta de insultos; **the affair generated a ~ of books and articles** el caso generó un torrente de libros y artículos; **there is a continuous ~ of traffic** pasan vehículos continuamente, el tráfico es ininterrumpido; **~s of people were coming out of the theater** un torrente de personas salía del teatro; **to be/come on ~** (BrE) (Busn, Min) estar*/entrar en funcionamiento
C (BrE) (Educ) *conjunto de alumnos agrupados según su nivel de aptitud para una asignatura*

stream[2] *vi*
A **1** (flow) (+ *adv compl*): **blood ~ed from the wound** salía *or* manaba mucha sangre de la herida; **water ~ed from the burst pipe** el agua salía a chorros *or* a torrentes de la tubería rota; **tears were ~ing down her cheeks** lloraba a lágrima viva, le corrían lágrimas por las mejillas; **the sunlight was ~ing in through the window** el sol entraba a raudales por la ventana; **the children ~ed in from the yard** los niños entraron en tropel del patio; **traffic was ~ing out of the city** salían caravanas de vehículos de la ciudad **2** (run with liquid): **peeling onions makes my eyes ~** cuando pelo cebollas me lloran los ojos; **the walls ~ed with water** corría agua por las paredes; **I've got a ~ing cold** tengo un resfriado muy fuerte, me gotea constantemente la nariz
B (wave) «*flag/hair*» ondear
■ **stream** *vt*
A (emit): **my nose ~ed blood** me salía sangre de la nariz; **his eyes ~ed tears** se le saltaban las lágrimas
B (BrE) (Educ) *dividir (a los alumnos) en grupos según su aptitud para una asignatura*

streamer /ˈstriːmər || ˈstriːmə(r)/ *n*
A **1** (banner) banderín *m* **2** (of paper) serpentina *f* **3** (ribbon) cinta *f* **4** (Comput) (back-up system) sistema *m* de respaldo
B (AmE) (Journ) titular *m* a toda página

streaming /ˈstriːmɪŋ/ *n* [u] **1** (Educ) (BrE); *división del alumnado en grupos según sus aptitudes* **2** (Comput) streaming *m* (*acceso a archivos de audio y video sin descarga*)

streamline /ˈstriːmlaɪn/ *vt* **1** ‹*car/plane*› hacer* más aerodinámico el diseño de, aerodinamizar*; **exercises to ~ thighs and hips** ejercicios para estilizar los muslos y las caderas **2** ‹*organization/production*› racionalizar*, hacer* más eficiente

streamlined /ˈstriːmlaɪnd/ *adj* **1** ‹*car/plane*› aerodinámico **2** ‹*methods/production*› racionalizado; **a ~ kitchen** una cocina de diseño funcional

stream of consciousness *n* (*no pl*) monólogo *m* interior, corriente *f* del pensamiento

street /striːt/ *n* calle *f*; **to cross the ~** cruzar* la calle; **I met him on** *o* (esp BrE) **in the ~** me lo encontré en *or* por la calle; **it's on** *o* (BrE) **in Elm S~** queda en la calle Elm; **the landlord put them out on the ~** el dueño los echó a la calle; **they were left on the ~s** se quedaron sin techo *or* en la calle; **the demonstration brought 20,000 people onto the ~s** 20.000 personas se volcaron a la calle para manifestarse; **we took to the ~s to protest against tax increases** salimos a la calle a protestar contra los aumentos en los impuestos; **to walk the ~s** andar* *or* deambular por las calles; «*prostitute*» hacer* la calle, hacer* la carrera (Esp); **anyone could just walk in off the ~ and take it** cualquiera podría entrar y llevárselo; **the whole ~ turned out to welcome them** todos los vecinos salieron a recibirlos; **the S~** (AmE colloq) Wall Street; ***to be on easy ~*** (colloq) estar* forrado (fam); **if we get it, we'll be on easy ~** si lo logramos, nos forramos (fam), si lo logramos, nos llenamos de oro (fam); ***to be on the ~s*** hacer* la calle *or* (Esp tb) la carrera; **to go on the ~s** prostituirse*; ***to be right up one's ~*** (colloq): **the job would be right up her ~** sería un trabajo ideal para ella; **the movie is right up your ~** es justo el tipo de película que a ti te encanta; ***to be ~s ahead of sb/sth***: **the company is ~s ahead of its competitors** la compañía está muy por encima de la competencia; **she's ~s ahead of her classmates** está mucho más adelantada que sus compañeros de clase, les da mil vueltas a sus compañeros de clase (fam); ***to be ~s apart***: **the two sides are still ~s apart** todavía hay un abismo entre las dos partes; **he's just not in the same ~ as Picasso** no está a la altura de Picasso, no le llega ni a los talones *or* ni a la suela de los zapatos a Picasso (fam); (*before n*) ‹*musician/theater*› callejero; **~ corner** esquina *f*; **~ crime** delincuencia *f* callejera; **~ directory** guía *f* de calles, callejero *m*; **~ entertainer** artista *m,f* callejero, -ra; **~ furniture** mobiliario *m* urbano; **~ map** *o* **plan** plano *m* de la ciudad; **~ market** mercado *m* al aire libre, feria *f* (CS); **~ people** (AmE) gente *f* de la calle; **~ theater** teatro *m* callejero, teatro *m* de calle; **~ trader** *or* (AmE also): **~ vendor** vendedor callejero, vendedora callejera *m,f*

street arab *n* golfillo, -lla *m,f*, chico, -ca *m,f* de la calle, palomilla *mf* (Andes), gamín, -mina *m,f* (Col)

streetcar /ˈstriːtkɑːr || ˈstriːtkɑː(r)/ *n* (AmE) tranvía *m*, carro *m* (Chi)

street cleaner *n* (AmE) barrendero, -ra *m,f*

street credibility, street cred /kred/ *n* [u] (esp BrE) *imagen de persona moderna, familiarizada con la cultura urbana*

street door *n* puerta *f* de (la) calle; (of apartment block) puerta *f* de (la) calle, portal *m*

street fighting *n* [u] riñas *fpl or* refriegas *fpl* callejeras

street lamp *n* farol *m*, farola *f* (Esp)

street-legal /ˈstriːtˈliːgəl/ *adj* (colloq) con permiso de circulación; **is your jalopy ~?** ¿tiene permiso de circulación tu cacharro? (fam)

street level *n*: **at ~ ~** a nivel de la calle

street light *n* ▸**street lamp**

street lighting *n* [u] alumbrado *m* (público)

street price *n* precio *m* en el mercado negro

streetsmart /ˈstriːtsmɑːrt || ˈstriːtsmɑːt/ ▸**streetwise**

street sweeper *n* **1** (person) barrendero, -ra *m,f* **2** (machine) (máquina *f*) barredora *f*, barredera *f*

street urchin *n* ▸**street arab**

street value *n* valor *m* de reventa

streetwalker /ˈstriːtˌwɔːkər || ˈstriːtˌwɔːkə(r)/ *n* prostituta *f* callejera

streetwise /ˈstriːtwaɪz/ *adj* (colloq) ‹*kid*› espabilado, pillo, avispado (fam); ‹*politician*› astuto, taimado

strength /streŋθ/ *n*
A [u] (of persons) **1** (physical energy) fuerza(s) *f(pl)*; (health) fortaleza *f* física; **with all my ~** con todas mis fuerzas, con toda mi fuerza; **he doesn't know his own ~!** ¡no sabe la fuerza que tiene!, ¡no tiene conciencia de su propia fuerza!; **his ~ failed him** le fallaron las fuerzas; **you must rest now to get your ~ back** ahora tienes que descansar para recuperarte *or* para recobrar las fuerzas; **to save one's ~** ahorrar (las) energías **2** (emotional, mental) fortaleza *f*; (in adversity) fortaleza *f*, entereza *f*; **he prayed for ~ to withstand temptation** rezó pidiendo fortaleza para resistir la tentación; **~ of will** fuerza *f* de voluntad; **~ of character** firmeza *f or* fortaleza *f* de carácter; **~ of purpose** resolución *f*, determinación *f*; **give me ~!** (colloq) ¡Dios me dé paciencia!
B [u] (of economy, currency) solidez *f*; **political/military ~** poderío *m* político/militar; **the independence movement is growing** *o* **gaining in ~** el movimiento independentista es cada día más fuerte; **a show of ~** una demostración *or* exhibición de fuerza *or* de poderío; **to negotiate from (a position of) ~** negociar desde una posición fuerte
C [u] **1** (of materials) resistencia *f*; (of wind, current) fuerza *f*; (of drug, solution) concentración *f*; (of tea, coffee) lo fuerte; (of alcoholic drink) graduación *f*; **full-~** sin diluir; **half-~** diluido al 50% **2** (of sound, light) potencia *f*; (of emotions) intensidad *f*; (of spices) lo fuerte **3** (of magnet, lens) potencia *f* **4** (of argument, evidence) lo convincente; (of protests) lo enérgico; **we employed her on the ~ of his recommendation** la contratamos basándonos en su recomendación; **on the ~ of that performance she was offered a part in**

the movie en virtud de esa actuación le ofrecieron un papel en la película, esa actuación le valió la oferta de un papel en la película
D [c] (strong point) virtud *f*, punto *m* fuerte; **the ~s and weaknesses of the play** las virtudes y defectos de la obra, los puntos fuertes y débiles de la obra; ***from ~ to ~*: the firm has gone from ~ to ~ since she took over** la empresa ha tenido un éxito tras otro desde que ella está al frente; **his career seems to be going from ~ to ~** su carrera marcha viento en popa
E [u c] (number) número *m*; (Mil) efectivos *mpl*; **the ~ of the workforce has fallen by 50%** el número de trabajadores ha descendido en un 50%; **they have a peacetime ~ of 100,000 men** en tiempo de paz tienen 100.000 efectivos militares; **we're below** *o* **under ~ at the moment** en este momento estamos cortos de personal, en este momento mucha gente está ausente; **their fans were there in ~** sus hinchas estaban allí en bloque *or* en masa; **is he on the ~?** ¿forma parte del personal?

strengthen /'streŋθən/ *vt* **1** ‹*muscle/limb/teeth*› fortalecer*; ‹*wall/furniture/glass*› reforzar* **2** ‹*movement/faith/love*› fortalecer*; ‹*support*› aumentar, acrecentar*; ‹*position*› fortalecer*, afianzar*, consolidar; **defeat only ~ed his determination** la derrota no hizo más que redoblar *or* intensificar su determinación; **this has ~ed my conviction that ...** esto me ha convencido aún más de que ...; **this could ~ the chances** *o* **prospects of an early summit meeting** esto podría aumentar las probabilidades de una cumbre anticipada
■ **strengthen** *vi* **1** «*limb/muscle*» fortalecerse*; «*opposition/support*» aumentar, acrecentarse* **2** «*prices*» afianzarse*; «*currency/economy*» fortalecerse*

strenuous /'strenjuəs/ *adj* **1** (requiring effort) ‹*activity/exercise/game*› agotador, extenuante **2** (active, ardent) ‹*denial*› vigoroso, enérgico; ‹*opposition*› tenaz; ‹*supporter*› acérrimo; **despite our ~ efforts to locate them** a pesar de nuestros denodados esfuerzos por localizarlos

strenuously /'strenjuəsli/ *adv* vigorosamente, enérgicamente

strep throat /strep/ *n* [u] (AmE colloq): **to have ~** ≈ tener* una inflamación de garganta

streptococcus /,streptə'kɑːkəs || ,streptə'kɒkəs/ *n* (*pl* **-cocci** /-kɑːkaɪ, -'kɑːksaɪ || -'kɒksaɪ, -'kɒkaɪ/) estreptococo *m*

streptomycin /,streptə'maɪsən || ,streptə'maɪsɪn/ *n* estreptomicina *f*

stress¹ /stres/ *n*
A **1** [u c] (tension) tensión *f*; (Med) estrés *m*, tensión, f; **learn how to cope with ~** aprenda a sobrellevar el estrés *or* las tensiones; **a ~-related illness** una enfermedad provocada por *or* relacionada con el estrés; **she's under great ~** está muy estresada; **to perform well under ~** trabajar bien bajo presión; **the ~es and strains of modern living** las tensiones y presiones de la vida moderna; (*before n*): **~ management** manejo *m or* control *m* del estrés **2** [u] (Phys, Tech) tensión *f*
B **1** [u] (emphasis) énfasis *m*, hincapié *m*; **to lay ~ on sth** poner* énfasis *or* hacer* hincapié en algo, enfatizar* algo, recalcar* *or* subrayar la importancia de algo **2** [c u] (Ling, Lit) acento *m* (tónico); **the ~ is** *o* **falls on the second syllable** se acentúa (en) la segunda sílaba, el acento recae sobre la segunda sílaba; **sentence ~** acentuación *f* de la frase

stress² *vt* **1** (emphasize) poner* enfásis *or* hacer* hincapié en, enfatizar*, recalcar*; **they ~ed the need for preventive action** pusieron énfasis *or* hicieron hincapié en la necesidad de tomar medidas preventivas, enfatizaron *or* recalcaron la necesidad de tomar medidas preventivas; **I must ~ once again that ...** vuelvo a insistir en que ..., vuelvo a recalcar que ... **2** (Ling) ‹*word/syllable/vowel*› acentuar*

Phrasal verb
• **stress out**
A [v + adv] (colloq) estresarse, ponerse* tenso
B [v + o + adv] (colloq) estresar, poner* tenso

stressed-out /'strest'aʊt/ *adj* (colloq) estresado, tenso

stress fracture *n* fractura *f* de fatiga

stress-free /'stres'friː/ *adj* sin estrés, libre de estrés

stressful /'stresfəl/ *adj* ‹*life/job*› estresante, de mucho estrés, de mucha tensión

stress mark *n* acento *m*

stretch¹ /stretʃ/ *vt*
A **1** (extend to full length) ‹*arm/leg*› estirar, extender*; ‹*wing*› extender*, desplegar*; **we went for a walk to ~ our legs** dimos un paseo para estirar las piernas; *see also* **stretch out A** **2** ‹*elastic/rubber band*› estirar; ‹*sweater/shirt*› estirar; (widen) ensanchar **3** (draw out) ‹*rope/wire*› estirar; ‹*sheet/canvas*› extender*; **we ~ed paper chains from one wall to another** tendimos cadenetas de papel de pared a pared
B (eke out, make go further) ‹*money/credit/resources*› estirar
C **1** (make demands on) exigirle* a; **my job doesn't ~ me** mi trabajo no me exige lo suficiente; **she's not being ~ed at school** en el colegio no le exigen de acuerdo a su capacidad; **I wasn't fully ~ed as a secretary** como secretaria no estaba exigida al máximo **2** (strain) ‹*patience/nerves*› poner* a prueba; **our resources are ~ed to the limit** nuestros recursos están empleados al máximo, nuestros recursos no dan más de sí; **my nerves are ~ed to breaking point** tengo los nervios a punto de estallar
D (distort) ‹*truth/meaning*› forzar*, distorsionar; ‹*principles/rules*› apartarse un poco de; **she's ~ing it too far** se está pasando un poco (fam)
■ **stretch** *vi*
A «*person*» estirarse; (when tired, sleepy) desperezarse*; **he ~ed up to touch the ceiling** se estiró hasta tocar el techo; **to ~ to reach sth** estirarse para alcanzar algo
B **1** (reach, extend) «*forest/estate/sea*» extenderse*; «*influence/authority/power*» extenderse*; **it ~es several miles south** se extiende varias millas hacia el sur; **his land ~es from the river to the mountain** sus tierras abarcan *or* se extienden desde el río hasta la montaña; **his grin ~ed from ear to ear** sonreía de oreja a oreja; **his coat ~ed right down to the ground** el abrigo le llegaba hasta el suelo **2** (in time): **to ~ back** remontarse; **to ~ over a period** alargarse* *or* prolongarse* durante un período; **our partnership ~es back more than ten years** nuestra colaboración se remonta a hace más de 10 años; **this treatment can ~ over months** este tratamiento puede alargarse *or* prolongarse durante meses; **a miserable future ~ed before her** tenía un sombrío futuro por delante
C **1** (be elastic) «*elastic/wire/rope*» estirarse **2** (become loose, longer) «*garment/rope*» estirarse, dar* de sí; **my sweater ~ed in the wash** se me estiró el suéter al lavarlo, mi suéter dio de sí al lavarlo
D (be enough) «*money/resources/supply*» alcanzar*, llegar*; **to make sth ~** estirar algo, hacer* llegar *or* hacer* alcanzar algo; **funds won't ~ to a new library** los fondos no alcanzan *or* no dan para una nueva biblioteca; **I can't ~ to a car** no me da *or* no me alcanza para un coche
■ *v refl* **to ~ oneself** **1** (physically) estirarse; (when tired, sleepy) desperezarse*; **she yawned and ~ed herself** bostezó y se desperezó **2** (increase efforts) exigirse* al máximo, intentar superarse

Phrasal verb
• **stretch out**
A [v + o + adv, v + adv + o] **1** (extend) ‹*legs/arms*› estirar; **beggars ~ing their hands out for alms** mendigos pidiendo limosna con la mano extendida; **he ~ed his hand out to touch her** alargó *or* extendió la mano para tocarla; **he ~ed himself out on the sand** se tendió sobre la arena; **he ~ed him out with one blow** (colloq) lo tumbó de un golpe **2** (make last longer) ‹*money/speech*› estirar
B [v + adv] **1** (reach out): **he ~ed out to turn off the alarm clock** alargó *or* extendió la mano para apagar el despertador **2** (lie full length) tenderse*, tumbarse **3** (extend — in space) «*plain/city*» extenderse*; (— in time) «*negotiations/afternoon/meeting*» alargarse*; **the days ~ed out ahead of her** le parecía tener una eternidad por delante

stretch² *n*
A (act of stretching) (*no pl*): **to have a ~** estirarse; (when tired, sleepy) desperezarse*; **to give sth a ~** estirar algo; **at full ~** (fully extended) estirado al máximo; **the factory is working at full ~** la fábrica está trabajando a tope *or* al máximo; ***~ of the imagination*: by no ~ of the imagination could he be described as an expert** de ningún modo se lo podría calificar de experto; **that can't be true, not by any ~ of the imagination** eso ni por asomo puede ser verdad
B [c] **1** (expanse — of road, river) tramo *m*, trecho *m*; **the final** *o* **home ~** la recta final; **the last ~ was the most exhausting** el último tramo del trayecto fue el más agotador; ***not by a long ~*** (ni) con mucho, ni mucho menos; **it isn't as good as the other one, not by a long ~** no es, (ni) con mucho, tan bueno como el otro, no es tan bueno como el otro ni mucho menos **2** (period) período *m*; **he did a ten-year ~ in the army** estuvo *or* pasó (un período de) diez años en el ejército; **he did a three-year ~** (colloq) estuvo tres años a la sombra (fam); ***at a ~*** (without a break) sin parar; (in an extremity) como máximo; **we used to work for twelve hours at a ~** trabajábamos doce horas seguidas *or* sin parar; **at a ~, we can get ten people round the table** como máximo, podemos acomodar a diez personas en la mesa; **at a ~ I could get it to you by Monday** te lo podría hacer llegar para el lunes, como muy pronto
C [u] (elasticity) elasticidad *f*; **a sock with lots of ~** un calcetín muy elástico *or* que da mucho de sí

stretch³ *adj* (*before n, no comp*) ‹*fabric/pants*› elástico; **~ limo** (colloq) limusina *f* (*grande*)

stretcher /'stretʃər || 'stretʃə(r)/ *n*
A (Med) camilla *f*
B **1** (for canvas) bastidor *m* **2** (for gloves) ensanchador *m*; (for shoes) horma *f*
C (Const) (brick) *ladrillo colocado a soga*; (in woodwork) travesaño *m*

Phrasal verbs
• **stretcher away** [v + o + adv, v + adv + o] ‹*player/casualty*› llevarse en camilla
• **stretcher off** [v + o + adv, v + adv + o] ▸**stretcher away**

stretcher-bearer /'stretʃər,berər || 'stretʃə,beərə(r)/ *n* camillero, -ra *m,f*

stretcher case *n*: *enfermo o herido que tiene que ser transportado en camilla*

stretcher party *n* (equipo *m* de) camilleros, -ras *mpl, fpl*

stretch marks *pl n* estrías *fpl*

stretchy /'stretʃi/ *adj* **-chier, -chiest** elástico

strew /struː/ *vt* (*past* **strewn** /struːn/; *past p* **strewn** *or* **strewed** /-d/) ‹*gravel/seeds*› esparcir*; ‹*objects*› (untidily) desparramar; **parcels were ~n everywhere** había paquetes desparramados por todos lados; **to ~ sth WITH sth: they ~ed the street with petals** esparcieron pétalos por toda la calle; **the floor was ~n with toys** había juguetes desparramados por toda la habitación

strewth /struːθ/ *interj* (BrE colloq) ¡por Dios!

striated /'straɪeɪtəd || straɪ'eɪtɪd/ *adj* ‹*rock/surface/leaf*› estriado

striation /straɪ'eɪʃən/ *n* (frml) **1** [u] estriación *f* **2** [c] (stripe) estría *f*

stricken /'strɪkən/ *adj* **1** (afflicted) **~ WITH sth: a man ~ with disease** un hombre enfermo; **~ with terrible arthritis** aquejado de terrible artritis; **a country ~ with famine** un país asolado por el hambre; **I was suddenly ~ with remorse** de pronto me empezó a remorder la conciencia **2** (damaged) ‹*vessel*› siniestrado (frml), dañado; (devastated) ‹*area/valley*› damnificado, afectado; **an area ~ by frequent floods** una zona azotada por frecuentes inundaciones; **the industry has been ~ by the recession** la industria se ha visto afectada por la recesión **3** (sorrowful) ‹*community/families*› afligido, acongojado **4** (wounded) (liter *or* arch) ‹*soldier/deer*› herido

-stricken /ˌstrɪkən/ *suff*: **doubt~** acosado por la duda; **drought~** asolado por la sequía; *see also* **grief-stricken**

strict /strɪkt/ *adj* **-er, -est**
A **1** (severe) ‹*education/discipline*› estricto, severo, riguroso; ‹*teacher*› estricto, severo; **to be ~ WITH sb** ser* estricto *or* severo CON algn **2** (rigorous) ‹*vegetarian*› estricto, riguroso; **she's a ~ adherent to the rules** se adhiere estrictamente a las normas
B **1** (exact, precise) (*before n*) estricto, riguroso; **in ~ order of arrival** por riguroso *or* estricto orden de llegada; **in the ~ sense of the word** en el sentido estricto *or* riguroso de la palabra **2** (complete) (*before n*) absoluto; **in ~est secrecy** en el más absoluto secreto; Ⓢ **reply in the strictest confidence** se garantiza absoluta reserva

strictly /ˈstrɪktli/ *adv* **1** (severely) con severidad *or* rigurosidad, severamente, rigurosamente **2** (rigorously) estrictamente; **smoking is ~ prohibited** fumar está terminantemente prohibido; **~ (speaking)** (*indep*) en rigor, en sentido estricto, hablando con propiedad **3** (exactly) totalmente; **that's not ~ true** eso no es totalmente *or* del todo cierto **4** (exclusively) exclusivamente; **this is ~ between ourselves** que quede entre nosotros, que no salga de aquí

strictness /ˈstrɪktnəs || ˈstrɪktnɪs/ *n* [u] **1** (severity) severidad *f*, rigurosidad *f*; **the ~ of her upbringing** lo estricto *or* riguroso de su educación **2** (rigorousness) lo estricto *or* riguroso

stricture /ˈstrɪktʃər || ˈstrɪktʃə(r)/ *n* (frml)
A (censure) crítica *f*; **the reviewer's ~s are quite valid** las críticas del autor de la reseña son fundadas
B (restriction) restricción *f*
C (Med) estenosis *f*

stride[1] /straɪd/ *vi* (*past* **strode**; *past p* **stridden** /ˈstrɪdn/; (+ *adv compl*)): **he strode up and down the platform** iba y venía por el andén dando grandes zancadas; **he came striding down the stairs** bajó las escaleras a zancadas; **he strode away/off angrily** se fue furioso, dando grandes zancadas; **she strode purposefully into the room** entró con aire resuelto en la habitación

stride[2] *n* **1** (long step) zancada *f*, tranco *m*; **in one** *o* **a single ~** de una zancada; ***to make (great) ~s*** hacer* (grandes) progresos; **she's been making great ~s toward recovery** se recupera a pasos agigantados **2** (gait) paso *m*; **she walks with a vigorous ~** camina con paso enérgico; ***to get into*** *o* ***hit one's ~*** agarrar *or* (esp Esp) coger* el ritmo; **the campaign is now well in its ~** la campaña está ya en marcha; ***to put*** *o* ***throw sb off her/his ~*** hacerle* perder el ritmo a algn; ***to take sth in one's ~*** tomarse algo con calma; **he takes everything in his ~** se lo toma todo con calma

stridency /ˈstraɪdnsi/ *n* [u] estridencia *f*

strident /ˈstraɪdnt/ *adj* **1** ‹*tone/voice*› estridente **2** ‹*revolutionaries/criticism*› estridente

stridently /ˈstraɪdntli/ *adv* **1** ‹*sound/shout*› de modo estridente **2** ‹*demand/protest/criticize*› con estridencia

strife /straɪf/ *n* [u] (journ *or* frml) conflictos *mpl*; (armed) luchas *fpl*; **family/political/industrial ~** conflictos familiares/políticos/laborales; **a country torn by civil ~** un país destrozado por las luchas intestinas

strike[1] /straɪk/ (*past & past p* **struck**) *vt*
A **1** (hit) ‹*person*› pegarle* a, golpear; ‹*blow*› dar*, pegar*; ‹*key*› pulsar; **he struck the child on the face** le pegó al niño en la cara; **who struck the first blow?** ¿quién dio *or* pegó el primer golpe?; **to ~ sb a blow** darle* un golpe a algn, golpear a algn; **he struck me a blow on the head** me dio un golpe *or* me golpeó en la cabeza; **~ the keys evenly** pulse las teclas uniformemente; **he struck his fist on the table** *o* **he struck the table with his fist** golpeó la mesa con el puño, pegó *or* dio un puñetazo en la mesa **2** (collide with, fall on) ‹*wall/tree*› «*vehicle*» chocar* *or* dar* contra; «*stone/ball*» pegar* *or* dar* contra; «*lightning/bullet*» alcanzar*; **the ship struck a rock** el barco chocó *or* dio contra una roca; **I struck my head on the beam** me di (un golpe) en la cabeza contra la viga; **the tree was struck by lightning** el árbol fue alcanzado por un rayo, cayó un rayo en el árbol; **he was struck by a bullet** fue alcanzado por una bala; **a dull moan struck her ear** (liter) un gemido apagado llegó hasta sus oídos
B **1** (attack) «*troops/bombers*» atacar*; «*eagle/tiger*» atacar*, caer* sobre **2** (afflict): **her death struck me hard** su muerte fue un gran golpe para mí; **they were struck with remorse** se llenaron de remordimiento; **I was struck with astonishment** me quedé paralizado de asombro
C **1** (cause to become): **to ~ sb blind/dumb** dejar ciego/mudo a algn; **I was struck dumb when I saw what she'd done** me quedé muda *or* sin habla cuando vi lo que había hecho; **to ~ sb dead** matar a algn **2** (introduce): **to ~ fear/terror into sb** infundirle miedo/terror a algn; **it struck doubt into their minds** los hizo dudar, hizo que los asaltaran las dudas
D **1** (occur to) ocurrirse (+ *me/te/le etc*); **an awful thought struck me** se me ocurrió algo terrible, algo terrible me vino a la mente; **it ~s me (that) ...** me da la impresión de que ..., se me ocurre que ...; **inspiration struck me in the shower** me vino la inspiración en la ducha; **the funny side of the situation struck me afterwards** más tarde le pude ver el lado cómico a la situación **2** (impress) parecerle* a; **how did she ~ you?** ¿qué impresión te causó?, ¿qué te pareció (a ti)?; **it ~s me as odd** me parece raro; **she struck Paul as lazy** a Paul le dio la impresión de ser perezosa, a Paul le pareció perezosa
E **1** ‹*oil/gold/uranium*› encontrar*, dar* con; **later we struck the right path** luego dimos con el buen camino; ***to ~ it lucky*** tener* un golpe de suerte; ***to ~ it rich*** hacer* fortuna **2** ‹*trouble/obstacle*› tropezar* con, encontrar*; **you have struck a bad week for weather** te ha tocado una semana de mal tiempo
F **1** ‹*match/light*› encender*, prender; **to ~ sparks** echar chispas **2** ‹*coin/medal*› acuñar
G **1** (Mus) ‹*note*› dar*; ‹*chord*› tocar* **2** «*clock*» dar*; **the clock has just struck the hour/five (o'clock)** el reloj acaba de dar la hora/las cinco
H (enter into, arrive at): **to ~ a deal** llegar* a un acuerdo, cerrar* un trato; **to ~ a balance between ...** encontrar* el justo equilibrio entre ...
I (adopt) ‹*pose/attitude*› adoptar
J (take down) ‹*sail/flag*› arriar*; ‹*tent*› desmontar; **to ~ camp** levantar el campamento; **to ~ the set** desmontar los decorados
K (delete) suprimir; **the remark was struck from** *o* **out of the transcript** el comentario se suprimió de la transcripción; **his name was struck off the register** se borró su nombre del registro; *see also* **strike off**
L (Hort) ‹*cutting*› plantar; ‹*roots*› echar

■ **strike** *vi*
A (hit) «*person*» golpear, asestar un golpe; «*lightning*» caer*; **he collapsed as the bullet struck** se desplomó al ser alcanzado por la bala; **he always ~s with deadly accuracy** sus golpes son siempre tremendamente certeros; **lightning never ~s in the same place twice** los rayos nunca caen dos veces en el mismo sitio; ***(to be) within striking distance (of sth)*** (estar*) a un paso (de algo); ***to ~ lucky*** (BrE) tener* un golpe de suerte
B **1** (attack) «*bombers/commandos*» atacar*; «*snake/tiger*» atacar*, caer* sobre su presa; «*police*» intervenir*, actuar*; **he stood, sword in hand, poised to ~** esperaba, espada en mano, listo para atacar; **Banks struck in the seventh minute** (Sport) Banks marcó en el séptimo minuto; **to ~ AT sth/sb** atacar* algo/a algn; **she struck at him with a knife** lo atacó con un cuchillo **2** (happen suddenly) «*illness/misfortune*» sobrevenir*; «*disaster*» ocurrir; **then inspiration struck** entonces me inspiré (*or* nos inspiramos *etc*)
C (withdraw labor) hacer* huelga, declararse en huelga *or* (esp AmL) en paro; **they're threatening to ~** amenazan con ir a la huelga, amenazan con hacer huelga *or* (esp AmL) hacer un paro; **to ~ for higher pay** hacer* huelga *or* (esp AmL) hacer* un paro por reivindicaciones salariales; **they were striking in sympathy with the miners** estaban en *or* de huelga en solidaridad con los mineros, estaban en *or* de paro en solidaridad con los mineros (esp AmL)
D **1** (move) dirigirse*, enfilar; **we struck across country** enfilamos *or* nos dirigimos campo a través; **to ~ (off) left/right** dirigirse* *or* enfilar a la izquierda/derecha **2** (penetrate) «*sun/light*» penetrar
E «*clock*» dar* la hora; **two o'clock struck** dieron las dos
F «*plant/seed*» echar raíces, arraigar*
G «*match*» encenderse*, prender
H «*fish*» picar*

Phrasal verbs

- **strike back** [v + adv] **to ~ back (AT sb)** (Mil) contraatacar* (a algn); **he struck back at his critics** devolvió el golpe a sus detractores
- **strike down** [v + o + adv, v + adv + o] **1** (liter): **she was struck down with cholera** fue abatida por el cólera (liter); **she was struck down in her prime** su vida fue segada en flor (liter) **2** (AmE) (Law) revocar*
- **strike home** [v + adv] **1** «*blow/bullet/shell*» dar* en el blanco **2** «*criticism/remark*» dar* en el blanco; **then the full significance of the incident struck home** entonces nos dimos (*or* se dio *etc*) cuenta de la trascendencia del incidente
- **strike off** [v + o + adv, v + adv + o] **1** (delete) tachar **2** (disqualify) (BrE) ‹*doctor/lawyer*› prohibirle* el ejercicio de la profesión a **3** (Print) ‹*copy*› tirar, sacar*
- **strike on** [v + prep + o] ‹*solution*› dar* con; **I/he struck on a plan** se me/le ocurrió un plan
- **strike out**

Sense I [v + adv]
A (physically, verbally) **to ~ out (AT sb/sth)** arremeter (CONTRA algn/algo)
B (set out, proceed) emprender el camino *or* la marcha; **to ~ out FOR sth: they struck out for the summit/for home** emprendieron el camino hacia la cumbre/de regreso; **to ~ out on one's own** ponerse* a trabajar por cuenta propia
C **1** (in baseball) poncharse **2** (fail) (AmE) fracasar, darse* de narices (fam)

Sense II [v + o + adv, v + adv + o]
A (remove from list) tachar
B (in baseball) ponchar

- **strike through** [v + adv + o] ‹*name*› tachar
- **strike up**

A [v + adv + o] **1** (begin) entablar; **to ~ up a friendship with sb** entablar *or* trabar amistad con algn; **I struck up a conversation with him** entablé conversación con él **2** (start to play) ‹*tune*› empezar* a tocar
B [v + adv] «*band*» empezar* a tocar

- **strike upon** ▸**strike on**

strike[2] *n*
A (stoppage) huelga *f*, paro *m* (esp AmL); **to be on ~** estar* en *or* de huelga, estar* en *or* de paro (esp AmL); **to call a ~** convocar* una huelga; **to come out** *o* **go (out) on ~** ir* a la huelga, declararse en huelga, ir* al paro (esp AmL), declararse en paro (esp AmL); **to break a ~** boicotear una huelga, esquirolear (pey), carnerear (RPl fam & pey); **official/unofficial ~** huelga *or* (esp AmL) paro oficial/no oficial; **general/selective ~** huelga *or* (esp AmL) paro general/parcial; **hunger ~** huelga de hambre; (*before n*): **to take ~ action** ir* a la huelga; **~ ballot** *or* **vote** votación *f* de huelga; **~ fund** fondo *m* de resistencia; **~ pay** subsidio *m* de huelga *or* (esp AmL) de paro
B (find) descubrimiento *m*; **a lucky ~** (colloq) un golpe de suerte
C (attack) ataque *m*
D (Sport) **1** (in bowling) pleno *m*, chuza *f* (Méx) **2** (in baseball) strike *m*; **~ three!** ¡strike tres!; ***to have two ~s against one*** (AmE) estar* en desventaja, no tenerlas* todas consigo (*or* conmigo *etc*)

S

strikebound /ˈstraɪkbaʊnd/ *adj* ‹*factory/port*› paralizado por la huelga

strikebreaker /ˈstraɪk,breɪkər || ˈstraɪk ,breɪkə(r)/ *n* rompehuelgas *mf*, esquirol *mf* (pey), carnero, -ra *m,f* (RPl fam & pey)

strike force *n*
A (Mil) fuerzas *fpl* de ataque
B (Sport) delantera *f*

striker /ˈstraɪkər || ˈstraɪkə(r)/ *n*
A (Lab Rel) huelguista *mf*
B (in soccer) delantero, -ra *m,f*, artillero, -ra *m,f*, ariete *mf*

striking /ˈstraɪkɪŋ/ *adj*
A (eye-catching) ‹*resemblance/similarity*› sorprendente, asombroso; ‹*color*› llamativo; **a ~ woman** una mujer muy atractiva; **he was most ~ as a young man** de joven era un hombre que llamaba la atención; **a ~ beauty** una belleza que llama la atención; **a ~ example of Renaissance art** un magnífico ejemplo del arte renacentista; **the most ~ feature of the report is ...** el aspecto más destacado del informe es ...
B (Lab Rel) (*before n*) ‹*worker/nurse/miner*› en huelga

strikingly /ˈstraɪkɪŋli/ *adv* ‹*similar*› sorprendentemente; **she is ~ beautiful** es de una belleza despampanante *or* que llama la atención

strimmer® /ˈstrɪmər || ˈstrɪmə(r)/ *n* motoguadaña *f*

Strine /straɪn/ *n* [u] (BrE colloq & hum) *inglés que se habla en Australia*

string[1] /strɪŋ/ *n*
A 1 [u c] (cord, length of cord) cordel *m*, bramante *m* (Esp), mecate *m* (AmC, Méx, Ven), pita *f* (Andes), cáñamo *m* (Andes), piolín *m* (RPl); **a piece of ~** un (trozo de) cordel (*or* bramante *etc*); **give me some ~** dame un cordel (*or* un bramante *etc*) 2 [c] (on parka) cordón *m*; (on apron) cinta *f*; (on puppet) hilo *m*; ***no ~s attached*** sin compromisos, sin condiciones; ***to be tied to sb's apron ~s*** estar* pegado a las faldas de algn; **he's tied to his mother's/wife's apron ~s** está pegado a las faldas de su madre/mujer; ***to have sb on a ~*** tener* a algn en un puño; ▸**pull**[1] **B1**
B [c] 1 (on instrument) cuerda *f*; (*before n*) ‹*symphony/sonata*› para cuerdas, para instrumentos de cuerda; **~ instrument** instrumento *m* de cuerda; **~ orchestra** orquesta *f* de cuerdas; **~ player** instrumentista *mf* de cuerda; **~ quartet** cuarteto *m* de cuerdas; **~ section** sección *f* de cuerdas 2 (on racket) cuerda *f* 3 (in archery) cuerda *f*; ***to have several ~s*** *o* ***more than one ~ to one's bow*** tener* varios recursos; **he's also an electrician, so he has a second ~ to his bow** también es electricista, así que tiene otra manera de ganarse la vida 4 **strings** *pl* (Mus) cuerdas *fpl*
C [c] 1 (set — of pearls, beads) sarta *f*, hilo *m*; (— of onions, garlic) ristra *f* 2 (series — of people) sucesión *f*; (— of vehicles) fila *f*, hilera *f*; (— of events) serie *f*, cadena *f*; (— of wins, losses, successes) serie *f*; (— of curses, complaints, lies) sarta *f*, retahíla *f* 3 (group — of racehorses) cuadra *f*; (— of newspapers) grupo *m*; (— of shops) cadena *f*
D [c] (of beans, plant) hebra *f*, hilo *m*

string[2] (*past & past p* **strung**) *vt*
A (suspend) colgar*, tender*
B 1 ‹*guitar/racket/bow*› encordar*, ponerle* (las) cuerdas a 2 ‹*beads/pearls*› ensartar, enhebrar; ‹*onions*› enristrar
C ‹*bean*› quitarle las hebras a

Phrasal verbs
- **string along** (colloq)
A [v + adv] (accompany): **do you mind if I ~ along with you?** ¿te importa si voy yo también *or* (fam) si me pego?
B [v + o + adv] (mislead) tomarle el pelo a (fam) (*dando esperanzas falsas*)
- **string out**
A [v + adv] ‹‹*troops*›› desplegarse*
B [v + o + adv, v + adv + o] 1 ‹*essay/act*› alargar*, estirar 2 (*usu pass*): **sentries were strung out along the road** había vigías apostados a intervalos a lo largo de la carretera
- **string together** [v + o + adv, v + adv + o] ‹*thoughts*› coordinar, hilar; **she could barely ~ two sentences together in German** apenas podía hilar un par de frases en alemán; **it consists of several episodes, loosely strung together** se compone de varios episodios unidos por un tenue hilo conductor
- **string up** [v + o + adv, v + adv + o] 1 ‹*banner/lights*› colgar* 2 (hang) (colloq) colgar* (fam), linchar

string bag *n* bolsa *f* de red

string bean *n* 1 ▸**runner bean** 2 (tall, thin person) (colloq) palillo *m* (fam), larguirucho, -cha *m,f*

stringed /strɪŋd/ *adj* (Mus) ‹*instrument*› de cuerda; **a twelve-~ guitar** una guitarra de doce cuerdas

stringency /ˈstrɪndʒənsi/ *n* [u] 1 (rigorousness, strictness) rigor *m* 2 (austerity) estrechez *f*

stringent /ˈstrɪndʒənt/ *adj* ‹*measures/control/testing*› riguroso, estricto; ‹*budget*› reducido; **~ economies must be made** habrá que economizar al máximo

stringently /ˈstrɪndʒəntli/ *adv* ‹*control/enforce/test*› rigurosamente, estrictamente

stringer /ˈstrɪŋər || ˈstrɪŋə(r)/ *n*
A (Journ) corresponsal *mf* a tiempo parcial
B (Const) tirante *m*

string-pulling /ˈstrɪŋ,pʊlɪŋ/ *n* [u] amiguismo *m*, palanca *f* (AmL fam), enchufismo *m* (Esp fam); **I had to do some ~ to get you the job** tuve que mover algunos hilos *or* tocar algunas teclas para conseguirte el trabajo

string vest *n* (BrE) camiseta *f* de malla

stringy /ˈstrɪŋi/ *adj* **-gier, -giest** 1 ‹*plant/root*› fibroso, con hebras; ‹*meat*› fibroso; **he has greasy, ~ hair** tiene el pelo grenudo y grasiento 2 ‹*person/muscles/arms*› nervudo

strip[1] /strɪp/ **-pp-** *vt*
A 1 (remove covering from) ‹*bed*› deshacer*, quitar la ropa de; ‹*wood/furniture*› quitarle la pintura (*or* el barniz *etc*) a, decapar; **we ~ped the walls** quitamos el papel de la pared; **to ~ sth away** quitar *or* sacar* algo; **to ~ sb (naked)** desnudar a algn; **we ~ped the moldings from** *o* **off the walls** le quitamos las molduras a la pared; **~ped of its rhetoric, the speech has no substance** despojado de su retórica, el discurso es insustancial 2 (remove contents from) ‹*room/house*› vaciar*; **the deserted car had been ~ped** habían desmantelado el coche abandonado; **the thieves ~ped the shop bare** los ladrones desvalijaron la tienda 3 **stripped** *past p* (without extras) (AmE) (*after n*) sin accesorios, sin extras; **it sells for $11,500 ~ped** se vende a $11.500 sin accesorios *or* sin extras 4 (deprive) **to ~ sb OF sth** despojar a algn DE algo; **to ~ a company of its assets** vaciar* una compañía, vender el activo de una compañía
B (Auto, Tech) 1 (damage) ‹*gears*› estropear 2 **~ (down)** (dismantle) ‹*engine/gun/car*› desmontar

■ **strip** *vi* 1 (undress) desnudarse, desvestirse*; **to ~ naked** desnudarse; **to ~ (down) to one's underclothes** quedarse en ropa interior; **to ~ to the waist** desnudarse de la cintura para arriba 2 (do striptease) hacer* striptease

Phrasal verb
- **strip off**
A [v + o + adv, v + adv + o] ‹*wallpaper/paint*› quitar; ‹*leaves*› arrancar*; **to ~ off one's clothes** quitarse la ropa, desvestirse*
B [v + adv] (undress) (BrE) desnudarse, empelotarse (Col, CS, Ven fam), calatearse (Per fam)

strip[2] *n*
A 1 (narrow piece — of leather, cloth, paper) tira *f*; (— of metal) tira *f*, cinta *f*; **cut the pepper into ~s** corte el pimiento en tiras; ***to tear sb off a ~*** *o* ***to tear a ~ off sb*** (BrE colloq) poner* a algn de vuelta y media (fam) 2 (of land, sea, forest, light) franja *f* 3 (*air~*) pista *f* (de aterrizaje)
B (BrE) (Sport) (*no pl*) (colores *mpl* del) equipo *m*; **they've changed their ~ again** han vuelto a cambiar los colores del equipo
C (striptease) striptease *m*; **to do a ~** hacer* un striptease
D (cartoon) (BrE) tira *f*; **comic ~** tira cómica
E (exit road) (AmE) arteria *f* de salida (*con establecimientos comerciales, restaurantes etc*)

strip cartoon *n* (BrE) historieta *f*, tira *f* cómica

strip club *n* club *m* de striptease

stripe /straɪp/ *n*
A 1 (narrow band) raya *f*, lista *f*; **a white shirt with blue ~s** una camisa blanca con rayas *or* listas azules 2 (Mil) galón *m*; **to get/lose one's ~s** ser* ascendido/degradado
B (type): **people of all political ~s** gente de todas las tendencias (políticas); **two women of similar ~** dos mujeres del mismo corte *or* tipo
C (lash) (arch) azote *m*

striped /straɪpt/ *adj* ‹*carpet/cloth*› a *or* de rayas, rayado, listado; **a blue dress ~ with red** un vestido azul con rayas *or* listas rojas

strip joint *n* club *m* de striptease

striplight /ˈstrɪplaɪt/ *n* (BrE) tubo *m* fluorescente, tubolux® *m* (RPl)

striplighting /ˈstrɪp,laɪtɪŋ/ *n* [u] (BrE) luz *f* fluorescente

stripling /ˈstrɪplɪŋ/ *n* mozuelo *m*, mozalbete *m*

strip mall *n* (AmE) centro *m* comercial *or* (AmL tb) mall *m* (*en calle de mucho movimiento*)

strip-mine /ˈstrɪp,maɪn/ *vt* (AmE) explotar a cielo abierto *or* a tajo abierto

strip mining *n* [u] (AmE) explotación *f* a cielo abierto *or* a tajo abierto

stripped pine /strɪpt/ *n* [u] madera *f* de pino lavada

stripper /ˈstrɪpər || ˈstrɪpə(r)/ *n*
A (performer — male) striptisero *m*; (— female) striptisera *f*, encueratriz *f* (Méx fam)
B (Const) 1 (machine) *máquina para quitar el papel de las paredes* 2 (fluid) líquido *m* quitapinturas (*or* quitaesmaltes *etc*)

strippergram /ˈstrɪpərgræm || ˈstrɪpəgræm/ *n*: *mensaje acompañado de una actuación de striptease*

strip poker *n* [u]: *tipo de póquer en que se pagan las deudas quitándose prendas de vestir*

strip-search /ˈstrɪpsɜːrtʃ || ˈstrɪpsɜːtʃ/ *vt* hacer* desnudar y registrar; **I was ~ed for drugs** me hicieron desnudar y me registraron para ver si llevaba drogas

strip search *n*: *registro al que se somete a una persona y en el que se le exige desnudarse*

strip show *n* espectáculo *m* de striptease

striptease /ˈstrɪptiːz/ *n* striptease *m*

stripy /ˈstraɪpi/ *adj* **-pier, -piest** a rayas *or* listas, rayado, listado

strive /straɪv/ *vi* (*past* **strove** *or* **strived**; *past p* **striven** /ˈstrɪvən/) 1 (try hard) **to ~ FOR** *o* **AFTER sth** luchar *or* esforzarse* por alcanzar algo; **he ~s after perfection** lucha *or* se esfuerza por alcanzar la perfección; **to ~ to + INF** esforzarse* POR + INF; **they ~ to please their customers** se esfuerzan por complacer a sus clientes; **he strove to save his marriage** trató por todos los medios de salvar su matrimonio 2 (struggle) (liter) **to ~ AGAINST sth** luchar CONTRA algo

strobe (light) /strəʊb/ *n* luz *f* estroboscópica

strobe lighting *n* [u] iluminación *f* estroboscópica

stroboscope /ˈstrəʊbəskəʊp/ *n* estroboscopio *m*

strode /strəʊd/ *past of* **stride**[1]

stroke[1] /strəʊk/ *n*
A (Sport) 1 (in ball games) golpe *m*; **he won by three ~s** ganó por tres golpes 2 (in swimming — movement) brazada *f*; (— style) estilo *m* 3 (in rowing — movement) palada *f*, remada *f*; (— leader of crew) cabo *mf*; ***to put sb off her/his ~*** hacerle* perder el ritmo (a algn)
B 1 (blow) golpe *m*; **he was given six ~s of the whip** le dieron seis latigazos 2 (of piston — motion) tiempo *m*; (— distance) carrera *f* 3 (of clock) campanada *f*; **on the ~ of eleven** al dar las once
C 1 (of thin brush) pincelada *f*; (of thick brush) brochazo *m*; (of pen, pencil) trazo *m*; **with a bold ~ of the pen** de un plumazo, con un trazo fuerte; **apply using light, quick ~s** aplicar

S

dando ligeros toques [2] (oblique, slash) barra *f*, diagonal *f*

D [1] (action, feat) golpe *m*; **a ~ of genius** una genialidad; ***at a ~*** de (un) golpe; ***not to do a ~ of work*** no hacer• absolutamente nada, no dar• *or* pegar• golpe (fam); ***different ~s for different folks*** sobre gustos no hay nada escrito [2] (instance): **a ~ of luck** un golpe de suerte, una suerte; **it was a ~ of sheer misfortune** fue una verdadera mala suerte

E (Med) ataque *m* de apoplejía, derrame *m* cerebral; **to have a ~** tener• *or* sufrir un ataque de apoplejía *or* un derrame cerebral

F [1] (caress) caricia *f* [2] (Psych) halago *m*

stroke² *vt* [1] (caress) acariciar; **he ~d her cheek** le acarició la mejilla; **he ~d his beard pensively** se mesó la barba pensativamente [2] (Psych) halagar• [3] ‹*ball*› darle• un golpe suave a

stroke play *n* [u] (in golf) stroke play *m*

stroll¹ /strəʊl/ *vi* pasear(se), dar• un paseo; **they ~ed through the park** se paseaban por el parque; **to ~ along** pasear(se); **I ~ed down to the river to watch the boats** me di un paseo hasta el río a mirar los botes; **they ~ed in three hours late** entraron tan tranquilos con tres horas de retraso; **she ~ed up to me** se me acercó con aire despreocupado; **they ~ed through the first round** la primera vuelta fue para ellos un paseo

stroll² *n* paseo *m*; **we had** *o* **took a little ~ around town** (nos) dimos un paseo *or* (nos) fuimos de paseo por la ciudad; **let's go for a ~** vamos a pasear *or* a dar un paseo

stroller /ˈstrəʊlər || ˈstrəʊlə(r)/ *n*

A (person) paseante *mf*

B (pushchair) (AmE) sillita *f* (de paseo), cochecito *m*, carreola *f* (Méx)

strolling /ˈstrəʊlɪŋ/ *adj* (*before n*) ‹*player/minstrel/musician*› ambulante

strong¹ /strɔːŋ || strɒŋ/ *adj* **stronger** /ˈstrɔːŋgər || ˈstrɒŋgə(r)/ **strongest** /ˈstrɔːŋgəst || ˈstrɒŋgɪst/

A [1] (physically powerful) ‹*person/arm*› fuerte; ‹*eyesight*› bueno; **to have ~ nerves** tener• (los) nervios de acero; **to be ~** ‹‹*person*›› ser• fuerte *or* fornido; (for lifting things etc) tener• fuerza; **I can't lift it, I'm not ~ enough** no puedo levantarlo, no tengo bastante fuerza; ***to have a ~ stomach*** tener• mucho estómago; (lit) poder• comer de todo [2] (healthy, sound) ‹*heart/lungs*› fuerte, sano; ‹*constitution*› robusto; **you mustn't get up till you're ~er** no te levantes hasta que no estés más fuerte; **she's never been very ~** nunca ha sido muy fuerte [3] (firm) ‹*character/leader*› fuerte; ‹*leadership*› firme; **you must be ~ and resist temptation** tienes que ser fuerte y resistir la tentación

B [1] (solid) ‹*material/construction/frame*› fuerte, resistente; **the chair's not ~ enough to take your weight** la silla no va a aguantar tu peso; **the ~ ties that bind our two countries** los fuertes lazos que unen nuestros dos países [2] (powerful) ‹*country/army*› fuerte, poderoso; ‹*currency*› fuerte; ‹*economy*› fuerte, pujante; **she had ~ reasons not to do it** tenía poderosas razones para no hacerlo [3] (violent) ‹*current/wind*› fuerte; **a ~ breeze was blowing** soplaba una brisa fuerte

C [1] (deeply held, committed) ‹*views/beliefs/principles*› firme; ‹*faith*› firme, sólido; ‹*support*› firme; **we have ~ reservations about this candidate** tenemos grandes dudas acerca de este candidato; **I'm a ~ believer in discipline** creo firmemente en la disciplina, soy un gran partidario de la disciplina [2] (forceful) ‹*protest*› enérgico; ‹*argument/evidence*› de peso, contundente, convincente; **he protested in the ~est possible terms** protestó de la manera más enérgica; **I sent him a ~ letter** le mandé una carta bastante dura; **she condemned the action in ~ language** condenó la acción enérgicamente *or* con palabras muy duras; **she made out a ~ case for reform** presentó la necesidad de una reforma de manera muy convincente

D (definite) [1] ‹*tendency/resemblance*› marcado; ‹*candidate*› firme, con muchas *or* buenas posibilidades; **she has a ~ foreign accent** tiene un fuerte *or* marcado acento extranjero; **he has a ~ chance of being promoted** tiene muchas *or* buenas posibilidades de que lo asciendan [2] ‹*features*› marcado, pronunciado; ‹*chin*› pronunciado

E (good) ‹*team*› fuerte; ‹*cast*› sólido; **she gave a ~ performance as Ophelia** su interpretación de Ofelia fue muy convincente; **tact is not one of her ~ points** el tacto no es su punto fuerte; **geography is my ~est subject** geografía es la asignatura en la que estoy más fuerte, geografía es mi mejor asignatura; **she's a ~ swimmer** es una buena nadadora; ***to be ~ on sth***: **this writer is particularly ~ on characterization** el fuerte de este escritor es la caracterización; **she's ~ on French history** su fuerte es la historia francesa; **the report is ~ on speculation and weak on fact** el informe tiene mucho de conjetura y pocos datos concretos

F [1] (concentrated) ‹*color*› fuerte, intenso; ‹*light*› fuerte, intenso, brillante; ‹*shadow*› intenso, bien definido *or* perfilado; ‹*tea/coffee*› fuerte, cargado; ‹*beer/painkiller*› fuerte; ‹*solution*› concentrado; **don't touch ~ drink** no pruebe las bebidas fuertes [2] (of high intensity) ‹*lens*› poderoso; **you need ~er glasses** necesita unas gafas *or* (esp AmL) unos lentes con más aumento [3] (pungent) ‹*smell/flavor*› fuerte [4] (unacceptable) ‹*language*› fuerte, subido de tono; **that's a bit ~, isn't it?** (colloq & dated) eso es un poco fuerte, ¿no?; **this film is ~ meat** esta película es bastante subida de tono

G (in number) (*no comp*): **an army ten thousand ~** un ejército de diez mil hombres; (*before n*): **a ten-~ team** un equipo de diez personas (*or* jugadores *etc*)

H (Ling) (*no comp*) ‹*verb/ending/declension*› irregular

strong² *adv*: **to be going ~** ‹‹*car/machine*›› marchar bien; ‹‹*organization*›› ir• *or* marchar viento en popa; **he's 85 and still going ~** tiene 85 años y sigue (estando) en plena forma; *see also* **come on E**

strong-arm /ˈstrɔːŋɑːrm || ˈstrɒŋɑːm/ *adj* (*before n*): **~ tactics** mano *f* dura

strongbox /ˈstrɔːŋbɑːks || ˈstrɒŋbɒks/ *n* caja *f* fuerte *or* de caudales

stronghold /ˈstrɔːŋhəʊld || ˈstrɒŋhəʊld/ *n* [1] (Mil) (fortress) fortaleza *f*, bastión *m*; (town) plaza *f* fuerte [2] (center of support) bastión *m*, baluarte *m*

strongly /ˈstrɔːŋli || ˈstrɒŋli/ *adv*

A [1] (powerfully) ‹*beat/push/pull/thrust*› fuerte, con fuerza [2] (sturdily) ‹*made/welded*› sólidamente; **~ tied** atado fuerte; **he's very ~ built** es muy fornido, es de complexión fuerte *or* robusta [3] (Mil) ‹*fortified*› sólidamente; ‹*defended*› fuertemente [4] (fast) ‹*flow/blow*› con fuerza

B [1] (deeply, ardently) totalmente; **I ~ disagree** estoy totalmente en desacuerdo; **I am ~ in favor of him joining the company** estoy totalmente a favor de que entre en la compañía; **he feels ~ that he is not appreciated** está totalmente *or* profundamente convencido de que no se lo valora; **I ~ believe that ...** tengo la certeza *or* la plena convicción de que ...; **it's something I feel very ~ about** es algo que me parece sumamente importante [2] (forcefully) ‹*protest/criticize*› enérgicamente; **we ~ urge you to do something** le encarecemos que haga algo; **a ~-worded letter** una carta bastante dura; **I ~ advise you not to sell** te recomiendo con insistencia que no vendas [3] (cogently) ‹*argue/plead/reason*› convincentemente

C [1] (intensely, greatly) ‹*identify*› totalmente, plenamente; **I am ~ tempted to say yes** me siento sumamente tentado a decir que sí; **she felt ~ drawn to him** sentía una fuerte atracción hacia él, se sentía profundamente atraída por él; **it smelled ~ of garlic** despedía un fuerte olor a ajo, olía mucho a ajo [2] (to a large extent) ‹*decrease/contrast*› considerablemente; **statistics figure ~ in the report** las estadísticas ocupan un lugar prominente en el informe; **he reminds me very ~ of his uncle** me recuerda enormemente *or* muchísimo a su tío; **she's ~ tipped to succeed him** se perfila como firme candidata a sucederlo; **a political theory ~ tinged with Marxism** una teoría política de fuertes tintes marxistas

strongman /ˈstrɔːŋmæn || ˈstrɒŋmæn/ (*pl* **-men** /-men/) *n* [1] (in circus) forzudo *m*, hombre *m* fuerte (AmL) [2] (Pol) hombre *m* fuerte

strong-minded /ˌstrɔːŋˈmaɪndəd || ˌstrɒŋˈmaɪndɪd/ *adj* resuelto, decidido; **she's only three but she's very ~** sólo tiene tres años pero sabe muy bien lo que quiere

strong room *n* cámara *f* acorazada

strong-willed /ˌstrɔːŋˈwɪld || ˌstrɒŋˈwɪld/ *adj* [1] (determined, self-assured) tenaz [2] (obstinate) terco, tozudo

strontium /ˈstrɑːntʃəm || ˈstrɒntiəm/ *n* [u] estroncio *m*

strop¹ /strɑːp || strɒp/ *n*

A (leather band) suavizador *m*, cuero *m*

B (bad-tempered state) (BrE colloq): **to be in/get into a ~** estar•/ponerse• hecho un basilisco (fam)

strop² *vt* **-pp-** afilar (*con el suavizador*)

stroppy /ˈstrɑːpi || ˈstrɒpi/ *adj* **-pier, -piest** (BrE colloq) insolente, borde (Esp fam); **don't get ~ with me** no te insolentes conmigo, no te pongas borde conmigo (Esp fam)

strove /strəʊv/ *past of* **strive**

struck¹ /strʌk/ *past & past p of* **strike¹**

struck² *adj*

A (impressed) (*pred*) **to be ~ WITH/BY sb/sth**: **you certainly seem very ~ with her** parece que te ha caído muy bien *or* que te ha causado muy buena impresión; **I was quite ~ by their professionalism** me llamó la atención *or* me admiró su profesionalismo; **to be ~ ON sb/sth**: **I'm not very ~ on the idea** la idea no me entusiasma *or* (fam) no me vuelve loco; **she's really ~ on him** está loca por él (fam)

B (on strike) (AmE) en huelga

structural /ˈstrʌktʃərəl/ *adj* [1] (Const) ‹*improvements/damage/defects*› estructural; ‹*wall/column*› de carga; **the house has many interesting ~ features** la casa tiene muchos detalles arquitectónicos interesantes [2] (Lit, Ling) estructural; **~ linguistics** lingüística *f* estructural [3] (Biol, Econ, Pol) estructural

Structural Funds *pl n* (EU) Fondos *mpl* Estructurales

structuralism /ˈstrʌktʃərəlɪzəm/ *n* [u] estructuralismo *m*

structuralist /ˈstrʌktʃərələst || ˈstrʌktʃərəlɪst/ *n* estructuralista *mf*

structurally /ˈstrʌktʃərəli/ *adv* [1] (Const): **the house is ~ sound** la casa tiene una estructura muy sólida [2] (Lit, Ling) estructuralmente; (*indep*) desde el punto de vista estructural

structure¹ /ˈstrʌktʃər || ˈstrʌktʃə(r)/ *n*

A [u c] (composition, organization) estructura *f*; **he has good bone ~** tiene buenas facciones (*pómulos salientes etc*); **the company's career ~** la estructura del escalafón de la compañía; **tax ~** (Fin) sistema *m* impositivo

B [c] (thing constructed) construcción *f*

structure² *vt* ‹*argument/novel/speech*› estructurar; **you have to learn to ~ your time** tienes que aprender a organizarte el tiempo

structured /ˈstrʌktʃərd || ˈstrʌktʃəd/ *adj* [1] ‹*learning/hierarchy*› estructurado [2] ‹*jacket*› armado (*con entretela etc*)

struggle¹ /ˈstrʌgəl/ *n* [1] (against opponent) lucha *f*; (physical) refriega *f*; **to put up a ~** luchar, oponer• resistencia; **a ~ broke out at the stadium** se produjo una refriega en el estadio; **the ~ between the two nations** el conflicto entre las dos naciones; **I'm not giving up without a ~** no me voy a rendir sin luchar *or* sin oponer resistencia [2] (against difficulties) lucha *f*; **to give up the ~** abandonar la lucha; **his ~ against the elements/for survival** su lucha contra los elementos/por la supervivencia; **their ~ for better working conditions** su lucha por conseguir mejores condiciones laborales; **everything seems such a ~ to her** todo se le hace tan cuesta arriba; **it's a ~ to make ends meet** cuesta mucho llegar a fin de mes; **we had quite a ~ to convince him** nos costó bastante convencerlo

S

struggle² *vi*
A **1** (thrash around) forcejear; **he ~d with his attacker** forcejeó con su asaltante; **I tried to ~ free** forcejeé tratando de liberarme **2** (contend, strive) luchar; **she had to ~ to support her family** tuvo que luchar para mantener a su familia; **to ~ (AGAINST/WITH sth)** luchar (CONTRA algo); **to ~ FOR sth** luchar POR algo; **to ~ for freedom/power** luchar por la libertad/el poder; **to ~ for breath** respirar con dificultad; **she was struggling for words** no encontraba palabras **3** (be in difficulties) pasar apuros
B (move with difficulty) (+ *adv compl*): **he ~d up the hill** subió penosamente la cuesta; **she ~d into her dress** se puso como pudo el vestido; **he ~d to his feet** se levantó con gran dificultad; **we ~d through** no sin dificultad salimos adelante; **they ~d on through the storm** siguieron adelante con gran esfuerzo en medio de la tormenta

strum /strʌm/ *vt* **-mm-** ‹*guitar/banjo/tune*› rasguear
■ **strum** *vi* **to ~ ON sth** rasguear algo; **he sat ~ming on his guitar** estaba sentado rasgueando la guitarra

strumpet /'strʌmpət || 'strʌmpɪt/ *n* (arch) meretriz *f* (arc)

strung /strʌŋ/ *past & past p of* **string²**

strung-out /ˌstrʌŋ'aʊt/ *adj* (*pred* **strung out**) (AmE sl) **1** (disturbed) nervioso, tenso; **to be ~ ~** estar* con los nervios de punta (fam), estar* nervioso *or* tenso **2** (addicted) (*pred*) **to be ~ ~ ON sth/sb** estar* enganchado A algo/algn (arg)

strut¹ /strʌt/ *vi* **-tt-** (+ *adv compl*): **to ~ around** *o* **about** pavonearse; **he ~ted into/out of the room** entró en/salió de la habitación pavoneándose *or* dándose aires; **she ~ted past** pasó de largo toda ufana; **the cock ~ted up and down the yard** el gallo se paseaba ufano por el patio

strut² *n* (Const) tornapunta *f*, puntal *m*; (Aviat) riostra *f*

struth /stru:θ/ *interj* ▸ **strewth**

strychnine /'strɪknaɪn, -ni:n || 'strɪkni:n/ *n* [u] estricnina *f*

Stuart /'stu:ərt || 'stju:ət/ *n* Estuardo; **the ~s** los Estuardo; (*before n*): **the ~ Kings** los reyes Estuardo; **under ~ rule** bajo los Estuardo

stub¹ /stʌb/ *n* **1** (of candle, pencil) cabo *m*; (of cigarette) colilla *f*, pucho *m* (AmL fam) **2** (of ticket) contraseña *f*, resguardo *m* (Esp); (of receipt) resguardo *m*, talón *m*; (of check) talón *m* (AmL), matriz *f* (Esp)

stub² *vt* **-bb-**: **to ~ one's toe** darse* en el dedo (*del pie*); **he ~bed his toe on the chair** se dio con el dedo contra la silla
Phrasal verb
• **stub out** [v + o + adv, v + adv + o] ‹*cigarette*› apagar*

stubbie /'stʌbi/ *n* (Austral, NZ colloq) lata *f* de cerveza, bote *m* de cerveza (Esp)

stubble /'stʌbəl/ *n* [u] **1** (Agr) rastrojo *m* **2** (of beard): **he had three days' ~ on his chin** tenía una barba de tres días, hacía tres días que no se afeitaba

stubbly /'stʌbli/ *adj* ‹*beard/growth*› de varios días; ‹*chin/cheeks*› sin afeitar

stubborn /'stʌbərn || 'stʌbən/ *adj* **1** ‹*person/nature*› (obstinate) terco, testarudo, tozudo; (unyielding, resolute) tenaz, tesonero, perseverante; ‹*refusal/resistance/insistence*› pertinaz **2** (difficult to manage) ‹*cold/weeds*› pertinaz, persistente; ‹*stain*› rebelde

stubbornly /'stʌbərnli || 'stʌbənli/ *adv* ‹*try/continue*› (obstinately) tercamente; (resolutely) tenazmente, con tesón; ‹*independent/conservative*› porfiadamente

stubbornness /'stʌbərnnəs || 'stʌbənnɪs/ *n* [u] **1** (obstinacy) terquedad *f*, obstinación *f*, tozudez *f* **2** (of fever, cold) pertinacia *f*

stubby /'stʌbi/ *adj* **-bier, -biest** ‹*pencil*› pequeño y grueso; **a dog with a ~ tail** un perro rabón; **she had ~ little legs** era retacona; **~ little fingers** deditos *mpl* regordetes

stucco¹ /'stʌkəʊ/ *n* [c u] (*pl* **-cos** *or* **-coes**) estuco *m*

stucco² *vt* **-coes, -coing, -coed** estucar*

stuck¹ /stʌk/ *past & past p of* **stick²**

stuck² *adj* (*pred*) **1** (unable to move): **the drawer is ~** el cajón se ha atascado; **the door is ~** la puerta se ha atrancado; **he's ~ at home with the kids all day** está todo el día metido en la casa con los niños; **he got ~ at branch manager level** se estancó en el puesto de director de sucursal; ***to get ~ in*** (BrE colloq): **come on, get ~ in before it gets cold** vamos, ataquen *or* (Esp) atacar, que se enfría (fam); **he sat down and got ~ into the task** se sentó y se metió de lleno en la tarea **2** (at a loss) atascado; **to be ~** estar* atascado; **I got ~ on the second question** me quedé atascado en la segunda pregunta; **to be ~ FOR sth** (colloq): **he's never ~ for something to do/say** siempre tiene algo que hacer/decir; **I'm rather ~ for cash** ando corto de dinero **3** (burdened) (colloq) **to be/get ~ WITH sth/sb**: **I was ~ with the bill** me tocó pagar la cuenta, me cargaron el muerto (fam); **I got ~ with Bob all evening** tuve que aguantar a Bob toda la noche **4** (infatuated) (colloq) **to be ~ ON sb/sth**: **she's really ~ on him** está loca *or* (Esp tb) colada por él (fam); **he's ~ on the idea of emigrating** está emperrado en emigrar (fam)

stuck-up /'stʌk'ʌp/ *adj* (colloq) estirado (fam), creído (fam)

stud¹ /stʌd/ *n*
A **1** (nail, knob) tachuela *f*; (on shield) tachón *m* **2** (on sports boot) (BrE) taco *m*, toperol *m* (Chi) **3** (on road) tachón *m*; (reflective) catafaros *m*, estoperol *m* (Andes), ojo *m* de gato (CS) **4** (earring) arete *m or* (Esp) pendiente *m* (*en forma de bolita*), tornillo *m* (Ur) **5** (for collar, shirtfront) gemelo *m* (*para cuello o pechera de camisa*)
B **1** (group of animals) cuadra *f*; **to stand at ~** servir* de semental; **to put/send a horse to ~** poner* a un caballo de semental **2** (male animal) semental *m* **3** **~ (farm)** criadero *m* de caballos, haras *m* (CS, Per) **4** (man) (colloq) semental *m* (fam)

stud² *vt* **-dd-** (*usu pass*) (with studs) tachonar; **the sky was ~ded with stars** el cielo estaba tachonado de estrellas (liter); **a speech ~ded with classical references** un discurso salpicado de referencias a los clásicos; **a cast ~ded with famous names** un reparto estelar; **a diamond-~ded tiara** una tiara con incrustaciones de brillantes

studbook /'stʌdbʊk/ *n* studbook *m* (*registro de los antecedentes y el pedigrí de un caballo de carrera*)

student /'stu:dnt || 'stju:dnt/ *n* (at university) estudiante *mf*; (at school) (esp AmE) alumno, -na *m,f*; **our university ~s** nuestros (estudiantes) universitarios; **a medical ~** un estudiante de medicina; **~s of Sartre** los estudiosos de Sartre; **an English ~, a ~ of English** un estudiante de inglés; **an English/Italian ~** (by nationality) un estudiante inglés/italiano; (*before n*) ‹*newspaper/protest*› estudiantil; **the ~ body** (at university) el estudiantado; (at school) el alumnado; **~ card** tarjeta *f or* (Méx) credencial *f* de estudiante; **in my ~ days** cuando yo estudiaba; **~ driver** (AmE) aprendiz *mf* de conductor; **~ grant** beca *f* de estudios; **~ loan** préstamo *m* de estudiante; **~ nurse** estudiante *mf* de enfermería; **~ teacher** estudiante *mf* de profesorado/magisterio

studentship /'stu:dntʃɪp || 'stju:dntʃɪp/ *n* (in UK) beca *f* (*esp para estudios de posgrado*)

student union *n* **1** (association) asociación *f or* federación *f* de estudiantes **2** (building) *centro estudiantil en el campus*

studhorse /'stʌdhɔ:rs || 'stʌdhɔ:s/ *n* semental *m*, caballo *m* garañón

studied /'stʌdid/ *adj* ‹*pose/manner/nonchalance*› estudiado, afectado, fingido; ‹*insult/snub*› intencionado, deliberado, premeditado

studio /'stu:diəʊ || 'stju:diəʊ/ *n* **1** (Art, Mus, Phot) estudio *m*; **exercise ~** gimnasio *m* **2** (Cin, Rad, TV) estudio *m*; **film/TV ~s** estudios de cine/TV; **recording ~** estudio de grabación; (*before n*): **the ~ audience** el público presente en el estudio **3** (company) estudios *mpl* **4** **~ (apartment** *o* (BrE also) **flat)** estudio *m*

studio couch *n* sofá-cama *m*

studious /'stu:diəs || 'stju:diəs/ *adj* **1** (hard-working, academic) ‹*person*› estudioso, aplicado; ‹*environment/habits*› de estudio **2** (careful, deliberate) deliberado; **her ~ avoidance of the subject** su deliberada *or* calculada manera de evitar el tema; **a ~ concern for the rules** una escrupulosa atención a las normas

studiously /'stu:diəsli || 'stju:diəsli/ *adv* **1** (industriously) con aplicación **2** (carefully, deliberately): **he's always ~ polite to her** siempre se esfuerza en ser cortés con ella; **he ~ avoided giving any reply** se guardó muy bien de dar una respuesta; **she adopted a ~ indifferent air** se hizo la indiferente, adoptó una actitud de estudiada indiferencia

study¹ /'stʌdi/ *n* (*pl* **-dies**)
A [u] (act, process of learning) estudio *m*; **our days are spent in ~ and meditation** dedicamos nuestro tiempo al estudio y la meditación; **animal behavior is a fascinating ~** el estudio del comportamiento animal es fascinante; ***to be in a brown ~*** (dated) estar* absorto en sus (*or* mis *etc*) pensamientos; (*before n*): **~ group** grupo *m* de trabajo; **~ guide** manual *m* de estudio; **~ hall** (AmE) sala *f* de estudio; **~ tour** viaje *m* de estudio
B **studies** *pl* **1** (work of student) estudios *mpl* **2** (academic discipline): **Spanish studies** lengua *f* y civilización *f* españolas; **business studies** empresariado *m or* (Esp) empresariales *fpl*; **they do media/environmental studies at school** estudian los medios de comunicación/los problemas del medio ambiente en el colegio
C [c] (room) estudio *m*
D [c] **1** (investigation, examination) estudio *m*, investigación *f*; **to carry out** *o* **conduct a ~** llevar a cabo *or* realizar* un estudio *or* una investigación; **to make a ~ of sth** estudiar *or* investigar* algo; **to be under ~** estar* en estudio *or* (RPl tb) a estudio **2** (published report, thesis) trabajo *m*
E [c] **1** (Art, Liter) estudio *m*; **her face was a ~** su cara era un poema; **she walked in, a ~ in green** entró hecha una sinfonía en verde; **the speech was a ~ in sycophancy** el discurso fue un modelo de adulación **2** (Mus) estudio *m*

study² *vt* **-dies, -dying, -died** **1** (at school, university) estudiar **2** (investigate, research into) estudiar, investigar* **3** (examine, scrutinize) ‹*evidence/proposal/map*› estudiar; **she studied his face as they talked** le estudiaba el rostro mientras hablaban; **he studied himself in the mirror** se observaba en el espejo
■ **study** *vi* estudiar; **don't ~ too hard!** ¡no estudies demasiado!; **she's ~ing to be a doctor/lawyer/psychologist** estudia medicina/derecho/psicología; **to ~ UNDER** *o* **WITH sb** «*painter/musician*» ser* discípulo de algn, estudiar con algn; «*postgraduate student*» realizar* su (*or* mi *etc*) investigación bajo la dirección de algn

study bedroom *n* sala *f* de estudio y dormitorio

study hall *n* (AmE) **1** [u] (preparation time) horas *fpl* de estudio **2** [c] (schoolroom) sala *f* de estudio

stuff¹ /stʌf/ *n* [u]
A (colloq) **1** (substance, matter): **what's this ~ called?** ¿cómo se llama esto *or* (fam) esta cosa?; **I can't eat this ~** esto yo no lo trago (fam); **he rubbed some greasy ~ in his hair** se puso una cosa grasienta en el pelo; **this wine/caviar is good ~** este vino/caviar es del bueno *or* está muy bien; **what sort of ~ does he write?** ¿qué tipo de cosa(s) escribe?; **my secretary deals with the routine ~** mi secretaria se encarga de todas las tareas de rutina; **she's into Buddhism and all that ~** le ha dado por el budismo y todo eso *or* (fam) y todo ese rollo; **show them what kind of ~ you're made of** demuéstrales lo que vales, enséñales lo que es bueno (fam); **she's made of the right ~ to be an astronaut** tiene pasta para ser astronauta; ***that's the ~!*** ¡así se hace!, ¡así me gusta!; ***to do one's ~***: **she went out on stage and did her ~** salió al escenario e hizo lo suyo; **someone isn't doing his ~** alguien está

fallando, alguien no está haciendo lo que le corresponde; ***to know one's*** ~ ser* un experto en la materia; **she really knows her** ~ sabe de lo que habla, es una experta en la materia; ***to strut one's*** ~ (colloq) mover* el esqueleto (fam) **2** (miscellaneous items) cosas *fpl*; **and** ~ **like that** y cosas de ésas, y cosas por el estilo; **I left all my** ~ **at her house** dejé todas mis cosas en su casa **3** (sl) (drugs) mercancía *f* (arg)
B (colloq) (nonsense, excuse) cuento *m* (fam); **surely you don't believe all that** ~ **he tells you?** tú no te creerás todo lo que te cuenta ¿no?; **don't give me that** ~ **about losing your way** no me vengas con el cuento de que te perdiste (fam); ~ **and nonsense!** (dated) ¡puro cuento! (fam)
C (basic element): **their expedition has become the** ~ **of history/legend** su expedición ha pasado a la historia/se ha convertido en una leyenda; **that's the** ~ **of politics** en eso consiste la política; **his novel is the** ~ **of which publishers' dreams are made** todo editor sueña con una novela así
D (arch) (cloth) paño *m*

stuff[2] *vt*
A **1** (fill) ‹*quilt/mattress/toy*› rellenar; ‹*hole/leak*› tapar; **to** ~ **sth WITH sth**: **she** ~**ed it with feathers** lo rellenó de plumas; **we** ~**ed our pockets with apples** nos llenamos los bolsillos de manzanas; **she** ~**ed us with food** nos atiborró de comida; **he's** ~**ed her head full of nonsense** le ha llenado la cabeza de tonterías; ***to*** ~ ***oneself/one's face*** (colloq) darse* un atracón (fam), ponerse* morado *or* ciego (Esp fam) **2** (Culin) ‹*pepper/chicken*› rellenar; **to** ~ **sth WITH sth**: **he** ~**ed it with rice** lo rellenó de arroz; ~ **the chicken with the chestnuts** rellenar el pollo con las castañas **3** (in taxidermy) ‹*animal/fish/bird*› disecar* **4** (AmE) (Pol) adulterar
B **1** (thrust) **to** ~ **sth INTO sth** meter algo EN algo; **she** ~**ed the books into the bag** metió los libros en la bolsa; **I** ~**ed my fingers in(to) my ears** me puse los dedos en los oídos **2** (put) (colloq) poner*; **just** ~ **your things anywhere** pon tus cosas donde quieras; **(*you can*)** ~ ***it!*** (esp BrE sl) ¡métetelo donde te quepa! (fam); **I told him where he could** ~ **his advice** le dije qué podía hacer con sus consejos; ~ **her!** ¡que se joda! (vulg)

stuffed /stʌft/ *adj* **1** ‹*elephant/rabbit*› (in taxidermy) disecado; (toy) de peluche **2** ‹*pepper/tomatoes*› relleno; **tomatoes** ~ **with tuna fish** tomates *mpl* rellenos de atún **3** (full) (colloq) lleno; **I'm** ~ estoy lleno, estoy que no puedo más; ***get*** ~***!*** (esp BrE vulg) ¡vete *or* (RPl) andá a cagar! (vulg), ¡vete a tomar por culo! (Esp vulg)

stuffed shirt /stʌft/ *n* (colloq) estirado, -da *m,f* (fam)

stuffed-up /'stʌft'ʌp/ *adj* (colloq) ‹*nose*› tapado; ‹*person*› con la nariz tapada; **to be** ~**ed up** tener* la nariz tapada

stuffed up *adj* (*pred*) (colloq): **to be** ~ ~ estar* congestionado; **my nose is all** ~ ~ tengo la nariz tapada

stuffiness /'stʌfinəs || 'stʌfinɪs/ *n* [u]
A **1** (of room) aire *m* viciado, ambiente *m* cargado **2** (of nose) congestión *f*
B (of person, opinions, organization) rigidez *f*

stuffing /'stʌfɪŋ/ *n* [u] **1** (in pillow, mattress, toy) relleno *m*; ***to knock the*** ~ ***out of sb*** (colloq) dejar a algn para el arrastre (fam) **2** (Culin) relleno *m*

stuff sack *n* saco *m* para todo

stuffy /'stʌfi/ *adj* **-fier, -fiest**
A **1** ‹*air*› viciado; **it's** ~ **in here** aquí falta el aire, está muy cargado el ambiente **2** ‹*nose*› tapado
B (staid) (colloq) ‹*person*› acartonado, estirado (fam); ‹*opinions*› retrógrado; **their parties are very** ~ en sus fiestas hay que andar con mucha ceremonia

stultify /'stʌltəfaɪ || 'stʌltɪfaɪ/ *vt* **-fies, -fying, -fied** (frml) anquilosar, atrofiar; **to become stultified** anquilosarse

stultifying /'stʌltəfaɪɪŋ || 'stʌltɪfaɪɪŋ/ *adj* (frml) ‹*inactivity/routine*› sofocante, embrutecedor; ‹*boredom*› que embota *or* atrofia la sensibilidad

stumble[1] /'stʌmbəl/ *vi* **1** (trip) tropezar*, dar* un traspié; **to** ~ **OVER/AGAINST sth** tropezar* CON algo; **he** ~**d over a stone and fell** tropezó con una piedra y se cayó; **he** ~**d against a chair in the dark** tropezó con una silla en la oscuridad **2** (move unsteadily) (+ *adv compl*): **to** ~ **along/in/out** ir*/entrar/salir* a tropezones *or* a trompicones; **I just** ~**d into movies by accident** fue por casualidad que empecé a hacer cine **3** (in speech) atrancarse*; **he** ~**d over the long words** se atrancaba *or* se le trababa la lengua con las palabras largas; **she** ~**d through the list** leyó la lista tartamudeando y equivocándose

Phrasal verbs
- **stumble across** ▸ **stumble on**
- **stumble on, stumble upon** [v + prep + o] dar* con, encontrar*

stumble[2] *n* tropezón *m*, traspié *m*

stumbling block /'stʌmblɪŋ/ *n* escollo *m*; ~ ~ **TO sth** traba *f or* impedimento *m* PARA algo

stump[1] /stʌmp/ *n*
A **1** (of tree) tocón *m*, cepa *f*; (of limb) muñón *m*; (of pencil, candle) cabo *m*; (of cigar) colilla *f*, pucho *m* (AmL fam); **it was left with a** ~ **of a tail** quedó rabón; **the blackened** ~**s of his teeth** los renegridos trozos de dientes que le quedaban **2** (in cricket) palo *m*
B (AmE) (Pol) tribuna *f*; **he's spent the year on the** ~ ha estado todo el año haciendo campaña

stump[2] *vt*
A (baffle) (colloq) (*often pass*): **his question** ~**ed me** no supe qué contestarle; **the problem has me** ~**ed** el problema me tiene perplejo; **I'm completely** ~**ed for an answer** no sé qué contestar, no tengo respuesta
B (canvass) (AmE): **to** ~ **the country/streets** hacer* campaña por el país/por las calles
C (in cricket) eliminar del juego
■ **stump** *vi*
A (walk heavily) caminar *or* andar* pisando fuerte; **she was** ~**ing around** *o* **about in a rage** iba furiosa de un lado para otro; **he** ~**ed up the stairs** subió ruidosamente las escaleras
B (campaign) (AmE) hacer* campaña

Phrasal verb
- **stump up** (BrE colloq)
A [v + adv] aflojar (fam), apoquinar (Esp fam)
B [v + adv + o] soltar* (fam), aflojar (fam); **he wouldn't** ~ **up any more money** no quiso soltar *or* aflojar más guita (arg)

stumpy /'stʌmpi/ *adj* **-pier, -piest** ‹*tail/tree*› mocho; ‹*person*› achaparrado, retacón; ‹*legs*› corto; **a** ~ **pencil** un cabito de lápiz

stun /stʌn/ *vt* **-nn-**
A (make unconscious) dejar sin sentido; (daze) aturdir
B **1** (amaze) dejar atónito *or* (fam) helado *or* pasmado **2** (shock) dejar anonadado; **the tragic news** ~**ned us all** la trágica noticia nos dejó anonadados

stung /stʌŋ/ *past & past p of* **sting**[2]

stun grenade *n* granada *f* de aturdimiento *or* estruendo, granada *f* aturdidora

stun gun *n* arma *f*‡ de aturdimiento, arma *f*‡ aturdidora

stunk /stʌŋk/ *past p of* **stink**[2]

stunned /stʌnd/ *adj*
A (unconscious) sin sentido; (dazed) aturdido
B (shocked, amazed) ‹*expression*› de asombro; **he was** ~ **when they told him** se quedó atónito *or* (fam) helado *or* pasmado cuando se lo dijeron; **they stared at her in** ~ **silence** la miraban en silencio, anonadados

stunner /'stʌnər || 'stʌnə(r)/ *n* (colloq): **his wife is a real** ~ su mujer es despampanante (fam); **the car was a** ~ el coche era una maravilla

stunning /'stʌnɪŋ/ *adj* **1** ‹*success*› sensacional, clamoroso; ‹*performance*› sensacional, estupendo; ‹*defeat*› aplastante, apabullante; ‹*beauty/dress*› despampanante, deslumbrante; ‹*person*› despampanante; **the fabric is** ~ la tela es una preciosidad **2** ‹*punch*› contundente; **the news came as a** ~ **blow to his hopes** la noticia echó por tierra sus esperanzas

stunningly /'stʌnɪŋli/ *adv*: **she dresses quite** ~ se viste de maravilla; **he has** ~ **beautiful eyes** tiene unos ojos increíblemente bonitos; **she is** ~ **beautiful** es de una belleza despampanante

stunt[1] /stʌnt/ *n*
A (feat of daring) proeza *f*; **she does all her own** ~**s** (Cin, TV) hace todas las escenas peligrosas ella misma; (*before n*): ~ **flying** acrobacia *f* aérea; ~ **man/woman** especialista *mf*, doble *mf*; ~ **pilot** piloto *mf* acrobático, -ca, acróbata *mf* aéreo, -rea
B (hoax, trick) truco *m*, maniobra *f*; (*publicity* ~) ardid *m* publicitario; **to pull a** ~ **on sb** (colloq) hacerle* *or* gastarle una broma a algn

stunt[2] *vt* detener*, atrofiar

stunted /'stʌntəd || 'stʌntɪd/ *adj* ‹*growth/development*› atrofiado; ‹*tree/body*› raquítico

stupefaction /,stu:pə'fækʃən || ,stju:pɪ'fækʃən/ *n* [u] estupefacción *f*; **he looked at me in** ~ me miró estupefacto

stupefy /'stu:pəfaɪ || 'stju:pɪfaɪ/ *vt* **-fies, -fying, -fied** (*usu pass*) **1** (make senseless): **stupefied with drink/by lack of sleep** aturdido por el alcohol/la falta de sueño; **she was stupefied with grief** el dolor la había dejado anonadada **2** (astonish) dejar estupefacto, causar estupor a

stupefying /'stu:pəfaɪɪŋ || 'stju:pɪfaɪɪŋ/ *adj* pasmoso, increíble

stupendous /stu:'pendəs || stju:'pendəs/ *adj* (colloq) ‹*effort/strength*› tremendo; ‹*success*› formidable; ‹*failure*› mayúsculo; **we had a** ~ **time on vacation** pasamos unas vacaciones formidables *or* estupendas

stupendously /stu:'pendəsli || stju:'pendəsli/ *adv* (colloq) (*as intensifier*): **he's tried** ~ **hard** ha hecho un esfuerzo tremendo; **our team did** ~ **well** nuestro equipo jugó estupendamente bien

stupid[1] /'stu:pəd || 'stju:pɪd/ *adj*
A **1** (foolish) tonto (fam); (unintelligent) estúpido; **don't be** ~ ¡no seas tonto!; **what a** ~ **thing to do/say!** ¡qué tontería *or* estupidez!; **it was** ~ **of me to accept** fue una estupidez aceptar; **I did something** ~ hice una tontería *or* una estupidez; **to act** ~ hacerse* el tonto, hacer* el papel de idiota; **he made me look really** ~ me dejó en ridículo; **the whole affair's left me looking pretty** ~ he quedado en ridículo *or* como un tonto con toda esta historia; **you** ~ **idiot!** ¡imbécil! **2** (expressing irritation) (colloq) maldito (fam), pinche (Méx fam); **the** ~ **machine kept my card** el maldito *or* (Méx) pinche cajero me tragó la tarjeta (fam)
B (unconscious): **to knock sb** ~ dejar a algn atontado; **to drink oneself** ~ beber hasta perder el sentido

stupid[2] *adv* (colloq): **to talk** ~ decir* tonterías

stupid[3] *n* (colloq) (*as form of address*) tonto, -ta, bobo, -ba (fam)

stupidity /stu:'pɪdəti || stju:'pɪdəti/ *n* [u] estupidez *f*, tontería *f*

stupidly /'stu:pədli || 'stju:pɪdli/ *adv*: **to grin** ~ sonreír* tontamente *or* como un tonto; **the job that you** ~ **turned down** el trabajo que tú tontamente rechazaste; ~, **I let him in on the secret** como un tonto, le conté el secreto

stupor /'stu:pər || 'stju:pə(r)/ *n* [u] (Med) estupor *m*; (lethargy) aletargamiento *m*; **he lay there in a drunken** ~ estaba allí tendido, completamente borracho *or* (hum) sumido en un sopor etílico; **the heat had induced a kind of** ~ **in us** el calor nos había dejado como aletargados

sturdily /'stɜ:rdli || 'stɜ:dɪli/ *adv* **1** ‹*built/made*› sólidamente **2** ‹*oppose/resist*› enérgicamente, vigorosamente, con tenacidad

sturdiness /'stɜ:rdinəs || 'stɜ:dinɪs/ *n* [u] **1** (robustness) solidez *f*; ~ **of character** firmeza *f* de carácter **2** (determination) tenacidad *f*

sturdy /'stɜ:rdi || 'stɜ:di/ *adj* **-dier, -diest** **1** (robust) ‹*build/legs/figure*› robusto, macizo; ‹*furniture/bicycle*› sólido y resistente; ‹*fabric*› fuerte, resistente; **she comes from** ~ **peasant stock** es de una familia de campesinos fuertes y robustos **2** (determined) ‹*resistance/opposition*› férreo, tenaz, inquebrantable

S

sturgeon /ˈstɜːrdʒən || ˈstɜːdʒən/ *n* [c u] (*pl* ~) esturión *m*

stutter¹ /ˈstʌtər || ˈstʌtə(r)/ *n* tartamudeo *m*; **to have a slight ~** tartamudear un poco; **to speak with a ~** tartamudear; **the ~ of machine gun fire** el tableteo de la metralla

stutter² *vi* tartamudear; **the car ~ed to a halt** el coche fue dando trompicones hasta pararse

■ **stutter** *vt* balbucear, decir* tartamudeando; **he ~ed (out) an excuse** balbuceó una excusa

stutterer /ˈstʌtərər || ˈstʌtərə(r)/ *n* tartamudo, -da *m,f*

stuttering /ˈstʌtərɪŋ/ *n* [u] tartamudeo *m*

St Valentine's Day ▸ **Valentine's Day**

sty /staɪ/ *n* (*pl* **sties**) 1 (*pig~*) pocilga *f*, chiquero *m* (AmL) 2 ▸ **stye**

stye /staɪ/ *n* (*pl* **sties** *or* **styes**) orzuelo *m*

stygian /ˈstɪdʒiən/ *adj* (liter) ‹*gloom/darkness*› estigio (liter)

style¹ /staɪl/ *n*

A [c u] 1 (manner of acting) estilo *m*; **his ~ of living** su estilo de vida; **telling lies is not my ~** decir mentiras no va conmigo; **that's the ~!** ¡así se hace!, ¡así me gusta!; ***to cramp sb's ~*** inhibir *or* cohibir a algn, limitar a algn en su libertad de acción 2 (Art, Lit, Mus) estilo *m*; **interiors in the Baroque ~** interiores de estilo barroco; **in the ~ of William Morris** al estilo *or* a la manera de William Morris; **a publisher with a closely defined house ~** una editorial con normas de estilo muy definidas

B [u] (fashionable elegance) estilo *m*; **he/she has ~** tiene estilo; **you handled the situation with ~** te desenvolviste elegantemente en la situación; **to live/travel in ~** vivir/viajar a lo grande; **they were married in ~** se casaron a lo grande *or* por todo lo alto; **can you keep her in the ~ to which she is accustomed?** ¿va a poder darle el estilo de vida al que está acostumbrada?

C [c] 1 (type, model) diseño *m*, modelo *m* 2 (fashion) moda *f*; **the ~ is currently for a baggier outline** actualmente se lleva la ropa más holgada; **in the ~ of the 1950s** al estilo de los años 50; **long skirts are back in ~** las faldas largas vuelven a estar de moda; **to go out of ~** pasar de moda; ***to spend money as if o like it's going out of ~*** (colloq) gastar dinero como si fuera agua (fam) 3 (*hair ~*) peinado *m*

D [c] (form of address, title) (frml) título *m*

E [c] (Bot) estilo *m*

style² *vt*

A (name, designate) (frml) llamar; **he ~s himself Count/Maestro** se hace llamar conde/maestro; **the Action Plan, as the new initiative is ~d** el Plan de Acción, como se ha dado en llamar a la nueva iniciativa

B (design, shape) ‹*car/furniture/clothes*› diseñar; **to ~ hair** peinar

-style /staɪl/ *suff*: **American~** al estilo americano, a la americana; **Simeone~** al estilo de Simeone

style book *n* manual *m or* libro *m* de estilo

style-conscious /ˈstaɪl,kɑːnʃəs || ˈstaɪl ,kɒnʃəs/ *adj* pendiente de la moda, preocupado por la moda

style sheet *n* hoja *f* de estilo

styli /ˈstaɪlaɪ/ *pl of* **stylus**

styling /ˈstaɪlɪŋ/ *n* [u] (of car, suit) diseño *m*

stylish /ˈstaɪlɪʃ/ *adj* ‹*furniture/clothes/decor*› con mucho estilo, elegante; ‹*person*› con clase *or* estilo, estiloso (AmL fam); ‹*resort/restaurant*› elegante

stylishly /ˈstaɪlɪʃli/ *adv* ‹*furnished/dressed/decorated*› con estilo; ‹*live/entertain*› a lo grande, por todo lo alto; **a ~ cut suit** un traje con muy buen corte *or* de corte muy elegante

stylishness /ˈstaɪlɪʃnəs || ˈstaɪlɪʃnɪs/ *n* [u] estilo *m*, elegancia *f*

stylist /ˈstaɪləst || ˈstaɪlɪst/ *n* (*hair ~*) 1 estilista *mf*, peluquero, -ra *m,f*, peinador, -dora *m,f* (Méx) 2 (designer) estilista *mf* 3 (Lit) estilista *mf* 4 (Sport): **he is not only a great tennis player but a genuine ~** no sólo es un gran tenista sino que además tiene estilo

stylistic /staɪˈlɪstɪk/ *adj* estilístico; **~ device** recurso *m* estilístico

stylistically /staɪˈlɪstɪkli/ *adv* estilísticamente

stylistics /staɪˈlɪstɪks/ *n* (+ *sing vb*) estilística *f*

stylized /ˈstaɪlaɪzd/ *adj* estilizado

stylus /ˈstaɪləs/ *n* (*pl* **-li** *or* **-luses**) 1 (on record player) aguja *f*, púa *f* (RPl) 2 (for writing) estilo *m*

stymie /ˈstaɪmi/ *vt* **-mies, -mying, -mied** 1 (thwart) ‹*attempt*› obstaculizar*, frustrar; **that problem's really ~d them** están estancados con ese problema; **we're well and truly ~d now** (colloq) ahora sí que estamos arreglados *or* (AmL tb) embromados *or* (CS tb) fritos (fam) 2 (in golf) obstaculizar*

styptic /ˈstɪptɪk/ *adj* astringente, estíptico; **~ pencil** barrita *f* astringente

Styrofoam® /ˈstaɪrəfəʊm/ *n* [u] (AmE) espuma *f* de poliestireno

Styx /stɪks/ *n*: **the ~** la laguna Estigia

suave /swɑːv/ *adj* **suaver, suavest** ‹*voice*› engolado, meloso, untuoso; **he's too ~ for my liking** lo encuentro demasiado fino y sofisticado; **he was wearing a ~ grey suit** llevaba un impecable traje gris de mucho estilo; **he's a ~ dresser** va siempre hecho un galán

suavely /ˈswɑːvli/ *adv* ‹*dress*› elegantemente, con sofisticación; ‹*talk*› untuosamente

suavity /ˈswɑːvəti/ *n* [u] sofisticación *f*

sub¹ /sʌb/ *n* (colloq) 1 (substitute) suplente *mf*, sustituto, -ta *m,f* 2 (subeditor) redactor, -tora *m,f* 3 (submarine) submarino *m* 4 (advance payment) (BrE) anticipo *m* 5 **subs** *pl* (subscription) cuota *f*

sub² *vi* (colloq) 1 ▸ **subedit** 2 (substitute) **to ~ FOR sb** sustituir* a algn

sub- /sʌb/ *pref* sub-

subaltern /səˈbɔːltərn || ˈsʌbəltn/ *n* (BrE) *oficial de rango inferior al de capitán*

subaqua /sʌbˈækwə/ *adj* ‹*equipment/club*› de submarinismo; **~ diving** submarinismo *m*, natación *f* subacuática

subarctic /sʌbˈɑːrktɪk || sʌbˈɑːktɪk/ *adj* subártico

subatomic /,sʌbəˈtɑːmɪk || ,sʌbəˈtɒmɪk/ *adj* subatómico

subbasement /ˈsʌb,beɪsmənt/ *n* subsótano *m*

sub-branch /ˈsʌb,bræntʃ || ˈsʌb,brɑːntʃ/ *n* 1 (of discipline) subrama *f* 2 (of company) subrama *f*, subdelegación *f* (Esp)

subcategory /ˈsʌb,kætəgɔːri || ˈsʌb,kætəgəri/ *n* (*pl* **-ries**) subcategoría *f*

subclass /ˈsʌbklæs || ˈsʌbklɑːs/ *n* subclase *f*

subclause /ˈsʌbklɔːz/ *n* 1 (of contract) cláusula *f* subsidiaria 2 (of sentence) (Ling) cláusula *f* subordinada

subclavian /sʌbˈkleɪviən/ *adj* subclavio

subcommittee /ˈsʌbkə,mɪti/ *n* subcomité *m*, subcomisión *f*; **to set up a ~** crear un subcomité

subconscious¹ /sʌbˈkɑːntʃəs || sʌbˈkɒnʃəs/ *adj* ‹*thoughts/motive/desire*› subconsciente; **the ~ mind** el subconsciente

subconscious² *n*: **the ~** el subconsciente

subconsciously /sʌbˈkɑːntʃəsli || sʌb ˈkɒnʃəsli/ *adv* subconscientemente

subcontinent /sʌbˈkɑːntnənt || sʌb ˈkɒntɪnənt/ *n* subcontinente *m*; **the S~** el subcontinente indio

subcontract¹ /,sʌbkənˈtrækt/ *vt* subcontratar; **to ~ work (out) to other firms** subcontratar trabajo a otras empresas

subcontract² /sʌbˈkɑːntrækt || sʌb ˈkɒntrækt/ *n* subcontrato *m*, subcontrata *f*

subcontractor /sʌbˈkɑːntræktər || ,sʌbkən ˈtræktə(r)/ *n* subcontratista *mf*

subculture /ˈsʌb,kʌltʃər || ˈsʌb,kʌltʃə(r)/ *n* subcultura *f*

subcutaneous /,sʌbkjʊˈteɪniəs/ *adj* subcutáneo

subdirectory /ˈsʌbdə,rektəri, ˈsʌbdaɪ- || ˈsʌbdaɪ,rektəri, ˈsʌbdɪ-/ *n* (*pl* **-ries**) subdirectorio *m*

subdivide /,sʌbdəˈvaɪd || ,sʌbdɪˈvaɪd/ *vt* 1 (divide again) subdividir 2 (AmE) (divide into lots) ‹*land*› parcelar

■ **subdivide** *vi* dividirse

subdivision /,sʌbdəˈvɪʒən || ,sʌbdɪˈvɪʒən/ *n*

A [u] 1 (act) subdivisión *f* 2 (of land) (AmE) parcelación *f*

B [c] 1 (part) subdivisión *f* 2 (plot of land) (AmE) parcela *f*

subdomain /ˈsʌbdəmeɪn/ *n* (Comput) subdominio *m*

subdominant¹ /sʌbˈdɑːmənənt || sʌb ˈdɒmɪnənt/ *adj* subdominante

subdominant² *n* subdominante *f*

subdue /səbˈduː || səbˈdjuː/ *vt* 1 (bring under control) ‹*person*› someter, dominar; ‹*passion/anger*› contener*, domeñar (liter) 2 (vanquish) (liter) sojuzgar* (liter); **he could not ~ her proud spirit** no logró domeñar su orgulloso espíritu (liter) 3 (reduce) ‹*spirits*› apagar*; ‹*lighting*› atenuar*

subdued /səbˈduːd || səbˈdjuːd/ *adj* 1 (restrained) ‹*lighting/color*› tenue, apagado 2 (unusually quiet) ‹*person/atmosphere*› apagado; ‹*reaction*› contenido; **he was very ~ last night** anoche estaba muy apagado, anoche no tenía la vitalidad *or* el brío de siempre

subedit /sʌbˈedət || sʌbˈedɪt/ *vt* (BrE) ‹*book/proofs*› corregir*, revisar; ‹*newspaper*› revisar y compaginar

■ **subedit** *vi* revisar y compaginar una publicación

subeditor /sʌbˈedətər || sʌbˈedɪtə(r)/ *n* (BrE) redactor, -tora *m,f*

subfamily /ˈsʌb,fæməli || ˈsʌb,fæmɪli/ *n* (*pl* **-lies**) subfamilia *f*

subgroup /ˈsʌbgruːp/ *n* (Math) subconjunto *m*; (Ling) subgrupo *m*

subhead /ˈsʌbhed/, **subheading** /ˈsʌb ,hedɪŋ/ *n* subtítulo *m*

subhuman¹ /sʌbˈhjuːmən/ *adj* 1 (less than human) ‹*treatment/conditions*› infrahumano 2 (Biol) infrahumano

subhuman² *n* bestia *mf*, ser *m* infrahumano

subject¹ /ˈsʌbdʒɪkt/ *n*

A (topic) tema *m*; **to change the ~** cambiar de tema; **to drop the ~** dejar el tema; **to get off the ~** salirse* *or* desviarse* del tema, irse* por las ramas; **to get back to the ~** volver* al tema; **to keep off a ~** evitar un tema; **that's a rather delicate ~** ese es un tema *or* asunto bastante delicado; **on the ~ of work** hablando de trabajo; **while we're on the ~, who ...?** a propósito del tema *or* ya que estamos hablando de esto ¿quién ...?; **to be the ~ of controversy/criticism** ser* objeto de polémica/críticas; **I'd like to raise the ~ of finance** quisiera plantear el problema de la financiación; (*before n*): **~ heading** título *m* de apartado

B (discipline) asignatura *f*, materia *f* (esp AmL), ramo *m* (Chi); **specialist ~** especialidad *f*

C (Pol) súbdito, -ta *m,f*; **British ~** súbdito británico

D (Med, Psych) sujeto *m*; **rats are often the ~s of scientific experiments** con frecuencia se utilizan ratas como sujetos de experimentos científicos

E 1 (Ling, Phil) sujeto *m* 2 (Mus) tema *m*

subject² /ˈsʌbdʒɪkt/ *adj*

A (owing obedience) ‹*people/nation/province*› sometido; **~ TO sb/sth**: **~ to French laws/to foreign rule** bajo jurisdicción francesa/dominación extranjera; **~ to natural laws** sujeto a las leyes naturales

B 1 (liable, prone) **to be ~ TO sth** ‹*to change/delay*› estar* sujeto A algo, ser* susceptible DE algo; ‹*to flooding/subsidence/temptation*› estar* expuesto A algo; ‹*to ill health/depression*› ser* propenso A algo 2 (conditional upon) **to be ~ TO sth** estar* sujeto A algo; **~ to agreement by all parties** sujeto a la aprobación de todas las partes; **~ to contract** sujeto a confirmación por contrato

subject³ /səbˈdʒekt/ *vt*

A (force to undergo) **to ~ sth/sb TO sth** someter algo/a algn A algo

B (make submissive) ‹*nation/people*› someter, sojuzgar*; ‹*minds*› dominar, controlar

subject catalog, (BrE) **subject catalogue** *n* catálogo *m* de materias

subject index *n* índice *m* de materias

subjection /səb'dʒekʃən/ *n* [u] **1** (subjugation) ~ **(TO sb/sth)** sometimiento *m or* sujeción *f* (A algn/algo); **we lived in ~ to our father's whim** (liter) vivíamos sometidos al capricho de nuestro padre; **the people were kept in ~ by the military** los militares tenían sometido *or* sojuzgado al pueblo **2** (making subject) sometimiento *m* **3** (exposure) (frml) ~ **TO sth** exposición *f* A algo; ~ **to high temperatures** exposición a altas temperaturas

subjective /səb'dʒektɪv/ *adj* **1** (personal) ‹*view/opinion/judgment*› subjetivo **2** (Ling) ‹*genitive*› subjetivo; **a ~ pronoun** un pronombre en el nominativo

subjectively /səb'dʒektɪvli/ *adv* subjetivamente, de manera subjetiva

subjectivism /səb'dʒektɪvɪzəm/ *n* [u] subjetivismo *m*

subjectivity /ˌsəbdʒek'tɪvəti || ˌsʌbdʒek'tɪvəti/ *n* [u] subjetividad *f*

subject matter *n* [u] (theme) tema *m*; (content) contenido *m*

subject-specific /ˌsʌbdʒɪktspə'sɪfɪk/ *adj* específico de una asignatura *or* (esp AmL) materia *or* (Chi) ramo

sub judice /ˌsʊb'juːdɪkeɪ ˌsʌb'juːdəsi/ *adj*: **to be ~ ~** estar* sub júdice

subjugate /'sʌbdʒəgeɪt || 'sʌbdʒʊgeɪt/ *vt* **1** (conquer) ‹*people/country*› subyugar*, sojuzgar*, someter; ‹*emotions*› dominar **2** (subordinate) **to ~ sth TO sth** supeditar algo A algo

subjugation /ˌsʌbdʒə'geɪʃən || ˌsʌbdʒʊ'geɪʃən/ *n* [u] subyugación *f* (frml); (of desires) represión *f*; (of needs) supeditación *f*

subjunctive[1] /səb'dʒʌŋktɪv/ *n* subjuntivo *m*; **the ~** el subjuntivo; **in the ~** en subjuntivo

subjunctive[2] *adj* subjuntivo; **the ~ mood** el modo subjuntivo

sublet[1] /sʌb'let/ (*pres p* **-letting** *past & past p* **-let**) *vt* ‹*house/flat*› subarrendar*

■ **sublet** *vi* subarrendar*

sublet[2] *n* (AmE) subarriendo *m*; **the apartment is a ~** el apartamento es subarrendado

sub-lieutenant /ˌsʌbluː'tenənt || ˌsʌblef'tenənt/ *n* (BrE) alférez *mf* de navío, subteniente *mf*

sublimate[1] /'sʌbləmeɪt || 'sʌblɪmeɪt/ *vt* **1** (Psych) sublimar **2** (Chem) sublimar

sublimate[2] *n* sublimado *m*

sublimation /ˌsʌblə'meɪʃən || ˌsʌblɪ'meɪʃən/ *n* [u] **1** (Psych) sublimación *f* **2** (Chem) sublimación *f*

sublime /sə'blaɪm/ *adj*

A **1** (noble, pure) ‹*beauty/music/thought*› sublime; **from the ~ to the ridiculous** (set phrase) de lo sublime a lo ridículo, de un extremo al otro **2** (excellent, wonderful) ‹*performance/acting*› sensacional, magnífico

B (utter) (*as intensifier*) ‹*contempt/indifference*› supremo, absoluto; **~ ignorance** ignorancia *f* supina

sublimely /sə'blaɪmli/ *adv* **1** (wonderfully) maravillosamente; **~ beautiful** de una belleza sublime **2** (utterly) (*as intensifier*) ‹*ignorant/indifferent*› absolutamente

subliminal /səb'lɪmɪnl/ *adj* ‹*response/image/perception*› subliminal; **~ advertising** publicidad *f* subliminal

submachine gun /ˌsʌbmə'ʃiːn/ *n* metralleta *f*

submarine[1] /'sʌbməriːn ˌsʌbmə'riːn/ *n*

A (vessel) submarino *m*

B (sandwich) *sándwich hecho con una barra entera de pan*

submarine[2] *adj* submarino

submariner /sʌb'mærɪnər || sʌb'mærɪnə(r)/ *n* submarinista *mf*

submenu /'sʌbmenjuː/ *n* submenú *m*

submerge /səb'mɜːrdʒ || səb'mɜːdʒ/ *vt* **1** (cover, flood) sumergir* **2** (plunge) **to ~ sth IN sth** sumergir* algo EN algo; **I ~d myself in work** me sumergí en el trabajo **3** **submerged** *past p* ‹*rock/wreck/village*› sumergido

■ **submerge** *vi* «*submarine/diver*» sumergirse*

submersible[1] /səb'mɜːrsəbəl/ *adj* sumergible

submersible[2] *n* sumergible *m*

submersion /səb'mɜːrʒən || səb'mɜːʃən/ *n* [u] inmersión *f*, sumersión *f*

submicroscopic /ˌsʌbmaɪkrə'skɑːpɪk || ˌsʌbmaɪkrə'skɒpɪk/ *adj* submicroscópico

submission /səb'mɪʃən/ *n*

A **1** [u] (surrender) sumisión *f*; **to beat sb into ~** someter a algn a base de golpes **2** [u] (submissiveness) ~ **(TO sth/sb)** sumisión *f* (A algo/algn) **3** [c] (in wrestling) rendición *f*

B [c] **1** (plan, proposal) propuesta *f*; **to make a ~ to sb** presentarle una propuesta a algn **2** (report) informe *m* **3** (Law) alegato *m*

C [u] (presentation) presentación *f*

D [u] (contention): **it is our ~ that ...** sostenemos que ...

submissive /səb'mɪsɪv/ *adj* ‹*person/character/smile*› sumiso, dócil; **he's ~ to his superiors** acata la voluntad de sus superiores, es sumiso con sus superiores

submissively /səb'mɪsɪvli/ *adv* sumisamente

submissiveness /səb'mɪsɪvnəs || səb'mɪsɪvnɪs/ *n* [u] sumisión *f*

submit /səb'mɪt/ **-tt-** *vt*

A (refer for consideration) ‹*claim/report/application*› presentar; **all films had to be ~ted to the censor** todas las películas tenían que pasar por el censor; **to ~ a dispute to arbitration** someter un litigio a arbitraje

B (subject) **to ~ sth/sb TO sth** someter algo/a algn A algo; **to ~ oneself to sth/sb** someterse a algo/algn

C (contend) sostener*

■ **submit** *vi* rendirse*; **do you ~?** ¿te rindes?; **to ~ TO sth/sb: he finally ~ted to their demands/threats** finalmente accedió a lo que pedían/cedió ante sus amenazas; **they were forced to ~ to military discipline** los obligaron a someterse a la disciplina militar; **I have my doubts but I ~ to your better judgment** yo tengo mis dudas, pero como a usted le parezca

subnetwork /'sʌbˌnetwɜːrk || 'sʌbˌnetwɜːk/ *n* red *f* secundaria, subred *f*

subnormal /sʌb'nɔːrməl || sʌb'nɔːməl/ *adj*

A ‹*intelligence*› por debajo de lo normal; ‹*person*› retrasado, subnormal

B ‹*temperatures/rainfall*› por debajo de lo normal

subordinate[1] /sə'bɔːrdnət || sə'bɔːdɪnət/ *adj* **1** (inferior, secondary) ‹*rank/position/officer*› subordinado; **~ TO sth/sb** subordinado A algo/algn **2** (Ling) subordinado; **~ clause** oración *f* subordinada

subordinate[2] *n* subordinado, -da *m,f*, subalterno, -na *m,f*

subordinate[3] /sə'bɔːrdneɪt || sə'bɔːdɪneɪt/ *vt* **to ~ sth TO sth/sb** subordinar algo A algo/algn

subordinated debt /sə'bɔːrdnˌeɪtəd || sə'bɔːdɪˌneɪtɪd/ *n* [u] deuda *f* subordinada

subordination /səˌbɔːrdn'eɪʃən || səˌbɔːdɪ'neɪʃən/ *n* [u] ~ **(TO sth/sb)** subordinación *f* (A algo/algn)

suborn /sə'bɔːrn || sə'bɔːn/ *vt* (frml) sobornar; **to ~ a witness** sobornar a un testigo

subparagraph /'sʌbˌpærəgræf || 'sʌbˌpærəgrɑːf/ *n* subpárrafo *m*

subplot /'sʌbplɑːt || 'sʌbplɒt/ *n* argumento *m* secundario

subpoena[1] /sə'piːnə/ *n* (Law) citación *f*, citatorio *m*; **to serve a ~ on sb** notificar* a algn (una orden de comparecencia)

subpoena[2] *vt* ‹*witness*› citar

sub-prime /sʌb'praɪm/ *adj* (Fin) ‹*loans/market*› sub prime (*dirigido a clientes de bajos recursos o con un historial de crédito deficiente y que se caracteriza por incorporar tipos de interés elevados*)

subrogate /'sʌbrəgeɪt/ *vt* subrogar*

subrogation /ˌsʌbrə'geɪʃən/ *n* subrogación *f*

subroutine /'sʌbruːtiːn/ *n* (Comput) subrutina *f*

subscribe /səb'skraɪb/ *vi*

A **1** (buy) **to ~ (TO sth)** ‹*to magazine/newspaper*› suscribirse* (A algo) **2** (Fin) suscribir*; **to ~ for shares in a company** suscribir* acciones en una empresa

B (support, agree with) **to ~ TO sth** suscribir* algo (frml); **to ~ to a principle** suscribir* un principio (frml); **I ~ to the view that ...** yo soy de la opinión de que ..., yo estoy de acuerdo con los que dicen que ...

■ **subscribe** *vt*

A (contribute) donar, contribuir* con

B (sign) (frml) suscribir* (frml); **to ~ one's name to sth** firmar *or* (frml) suscribir* algo; **I ~d my signature to the document/petition** firmé *or* (frml) suscribí el documento/la petición

C (reserve, apply for): **the share offer was heavily ~d** (Fin) hubo muchas solicitudes de compra de acciones; **most courses are already fully ~d** la mayoría de los cursos están ya completos

subscriber /səb'skraɪbər || səb'skraɪbə(r)/ *n*

A **1** (to paper, magazine) suscriptor, -tora *m,f*; (to cable TV, concert season) abonado, -da *m,f*; (to telephone service) (BrE) abonado, -da *m,f* **2** (to charity, fund) (BrE): **she's been a generous ~ to many charities** ha contribuido regular y generosamente a muchas organizaciones benéficas **3** (for securities) suscriptor, -tora *m,f*

B (to theory, idea) ~ **(TO sth)** partidario, -ria *m,f* (DE algo)

subscript /'sʌbskrɪpt/ *n* subíndice *m*

subscription /səb'skrɪpʃən/ *n* **1** (to magazine) suscripción *f*; (for theatrical events) abono *m*; **to take out a ~ (to sth)** suscribirse*/abonarse a algo; **the money was raised by public ~** (BrE) el dinero se reunió a base de donativos del público; (*before n*) ‹*concert/television*› de abonados; **~ rate** tarifa *f* de suscriptores **2** (membership fees) (BrE) cuota *f*; **to pay one's ~** pagar* la cuota; (*before n*): **~ fee** cuota *f* de suscripción

subsection /'sʌbˌsekʃən/ *n* **1** (of document) artículo *m* **2** (of organization) (Busn) subdivisión *f*

subsequent /'sʌbsɪkwənt/ *adj* (*before n*) ‹*events/developments*› posterior, subsiguiente, ulterior (frml); **on a ~ visit** en una visita posterior (frml); **~ TO sth** (frml): **~ to our discussions I contacted him again** tras nuestras conversaciones, me volví a poner en contacto con él; **incidents ~ to her departure** incidentes posteriores a su partida

subsequently /'sʌbsɪkwəntli/ *adv* posteriormente, ulteriormente (frml)

subserve /səb'sɜːrv || səb'sɜːv/ *vt* (frml) estar* al servicio de

subservience /səb'sɜːrviəns || səb'sɜːviəns/ *n* [u] ~ **(TO sth/sb)** sumisión *f* ciega (A algo/algn)

subservient /səb'sɜːrviənt || səb'sɜːviənt/ *adj* **1** (obsequious) ‹*person/manner*› servil **2** (subordinate) (frml) **~ TO sth** supeditado A algo **3** (serving an end) (frml) **to be ~ TO sth** estar* al servicio DE algo

subserviently /səb'sɜːrviəntli || səb'sɜːviəntli/ *adv* ‹*act/smile*› servilmente

subset /'sʌbset/ *n* subconjunto *m*

subside /səb'saɪd/ *vi*

A «*land/road/foundations*» hundirse; **to ~ into an armchair** dejarse caer en un sillón

B (abate) «*storm/wind*» amainar; «*floods/swelling*» decrecer*, bajar; «*fever*» disminuir*; «*excitement*» decaer*; «*anger*» calmarse, pasarse; «*laughter*» apagarse*

subsidence /səb'saɪdns, 'sʌbsədns || səb'saɪdns, 'sʌbsɪdns/ *n* [u] hundimiento *m*

subsidiarity /ˌsəbsɪdi'ærəti/ *n* (EU) subsidiariedad *f*

subsidiary[1] /səb'sɪdieri || səb'sɪdiəri/ *adj* **1** (secondary) ‹*role/interest*› secundario; **~ company** empresa *f* filial; **~ subject** materia *f* complementaria **2** (supplementary)

S

‹*income*› adicional, extra; ‹*payment/loan*› subsidiario

subsidiary² *n* (*pl* **-ries**) 1 (Busn) filial *f* 2 (BrE) (Educ) *asignatura complementaria que forma parte de un programa universitario*

subsidize /'sʌbsədaɪz || 'sʌbsɪdaɪz/ *vt* 1 (support with money) ‹*company/project*› subvencionar, subsidiar (AmL); **all her money goes to subsidizing his drinking** todo el dinero se le va en costearle la bebida 2 **subsidized** *past p* ‹*housing/medicine/schooling*› subvencionado, subsidiado (AmL)

subsidy /'sʌbsədi || 'sʌbsɪdi/ *n* (*pl* **-dies**) subvención *f*, subsidio *m*; **state/government ~** subvención *or* subsidio estatal/del gobierno

subsist /səb'sɪst/ *vi* subsistir; **to ~ ON sth**: **we ~ed on bread and rice** subsistimos a base de pan y arroz

subsistence /səb'sɪstəns/ *n* [u] subsistencia *f*; **they paid us barely enough for ~** nos pagaban lo justo para poder subsistir; (*before n*) ‹*agriculture/crop/farming*› de subsistencia; ‹*economy*› economía *f* de subsistencia; **~ wage** sueldo *m* de hambre; **to live at ~ level** vivir con lo justo para subsistir

subsistence allowance *n* (BrE) dietas *fpl*, viáticos *mpl* (AmL)

subsoil /'sʌbsɔɪl/ *n* [u] subsuelo *m*

subsonic /sʌb'sɑːnɪk || sʌb'sɒnɪk/ *adj* subsónico

subspecies /'sʌb,spiːʃiːz/ *n* (*pl* ~) subespecie *f*

substance /'sʌbstəns/ *n*

A [c] (matter) sustancia *f*

B [u] 1 (solid quality, content) sustancia *f*; (of book) enjundia *f*, sustancia *f*; **the meal had little ~ to it** la comida no tenía mucha sustancia *or* no era muy sustanciosa; **the two main issues of ~** los dos puntos fundamentales *or* esenciales 2 (foundation) fundamento *m* 3 (main points): **the ~** la sustancia, lo esencial; **in ~** en lo esencial; **I agree in ~** en lo esencial estoy de acuerdo 4 (wealth) (frml *or* liter): **a man of ~** un hombre acaudalado *or* de fortuna

substandard /sʌb'stændərd || sʌb'stændəd/ *adj* 1 (inferior) ‹*goods/clothes*› de calidad inferior; **~ housing** viviendas *fpl* que no cumplen con los requisitos de habitabilidad; **he gave a rather ~ performance tonight** su actuación de esta noche no estuvo al nivel de siempre 2 (nonstandard) ‹*usage*› no estándar

substantial /səb'stæntʃəl || səb'stænʃəl/ *adj*

A 1 (considerable) ‹*amount/income/loan*› considerable, importante 2 (important, weighty) ‹*changes/difference*› sustancial; ‹*contribution*› importante; **~ evidence** pruebas *fpl* de peso; **we have reached ~ agreement on the terms of the deal** hemos llegado a un acuerdo sobre los puntos esenciales del trato

B 1 (sturdy, solid) ‹*furniture/building*› sólido; ‹*book*› sustancioso, enjundioso; **of ~ build** de complexión robusta 2 (nourishing, filling) sustancioso; **have something a little more ~ than salad** cómete algo un poco más sustancioso que una ensalada 3 (wealthy) (frml *or* liter) acaudalado

C (real, material) (frml) sustancial

substantially /səb'stæntʃəli || səb'stænʃəli/ *adv* 1 (considerably) ‹*change/progress/decrease*› de manera sustancial *or* considerable; **a ~ bigger majority** una mayoría bastante más amplia *or* considerablemente mayor 2 (essentially) básicamente, sustancialmente; **the agreement has not been ~ changed** no ha habido cambios sustanciales *or* fundamentales en el acuerdo; **what he says is ~ true** lo que dice es fundamentalmente cierto 3 (solidly) sólidamente; **a ~ built man** un hombre de complexión robusta

substantiate /səb'stæntʃieɪt || səb'stænʃieɪt/ *vt* ‹*rumors/story/statement*› confirmar, corroborar; **can you ~ these accusations?** ¿puede probar estas acusaciones?

substantiation /səb,stæntʃi'eɪʃən || səb,stænʃi'eɪʃen/ *n* [u] prueba *f*, confirmación *f*; **there has been no ~ of his theory** su teoría no ha sido probada *or* verificada

substantive¹ /'sʌbstəntɪv/ *adj* 1 (real, meaningful) (frml) ‹*evidence/proof/research*› sustantivo (frml), de peso; ‹*change*› sustancial; ‹*issue*› fundamental 2 ‹*motion*› (BrE) con enmiendas

substantive² *n* (Ling) sustantivo *m*

substation /'sʌb,steɪʃən/ *n* 1 (post office) (AmE) estafeta *f* de correos 2 (Elec) subestación *f*

substitute¹ /'sʌbstətuːt || 'sʌbstɪtjuːt/ *n* 1 (thing) **~** (**FOR sth**) sucedáneo *m* (DE algo); **coffee/sugar ~** sucedáneo del café/del azúcar; **there's no ~ for experience** nada puede sustituir a la experiencia; **there is no ~ for doing it by hand** no hay nada como hacerlo a mano; **accept no ~s!** ¡no acepte imitaciones! 2 (person) sustituto, -ta *m,f*, reemplazo *m*, suplente *mf*; **to be a ~ FOR sb** sustituir* a algn; **she's just a ~ for his mother** ella no es más que un sustituto de la figura materna; (*before n*) ‹*goalkeeper/player*› suplente

substitute² *vt* sustituir*, reemplazar*; **to ~ sth FOR sth**: **~ X for Y** sustituir* la Y por X; **~ honey for sugar** sustituya *or* reemplace el azúcar por miel

■ **substitute** *vi* **to ~ FOR sth/sb**: **can you ~ for me (on) Friday night?** ¿me puedes sustituir *or* reemplazar el viernes por la noche?; **in this recipe parsley can ~ for coriander** en esta receta el cilantro se puede sustituir por perejil

substitute teacher *n* (AmE) (profesor, -sora *m,f*) suplente *mf*

substitution /,sʌbstə'tuːʃən || ,sʌbstɪ'tjuːʃən/ *n* [u c] sustitución *f*; **~ OF sth/sb FOR sth/sb**: **the ~ of wholewheat bread for white** la sustitución del pan blanco por pan integral; **a simple ~ of one word for another** una simple sustitución de una palabra por otra

substratum /'sʌb,streɪtəm, -,stræ- || 'sʌb,strɑːtəm, -,streɪ-/ *n* (*pl* **-ta** /-tə/) sustrato *m*

substructure /'sʌb,strʌktʃər || 'sʌb,strʌktʃə(r)/ *n* infraestructura *f*

subsume /səb'suːm || səb'sjuːm/ *vt* (frml) **to ~ sth IN(TO)/UNDER sth** subsumir algo EN/BAJO algo (frml)

subsystem /'sʌb,sɪstəm/ *n* subsistema *m*

subteen /sʌb'tiːn/ *n* (AmE colloq) preadolescente *mf*

subtenancy /sʌb'tenənsi/ *n* [u c] (*pl* **-cies**) subarriendo *m*; **he gave ~ of the house to his sister** le subarrendó la casa a su hermana; (*before n*): **~ agreement** contrato *m* de subarriendo

subtenant /sʌb'tenənt/ *n* subarrendador, -dora *m,f*

subtend /səb'tend/ *vt* subtender*

subterfuge /'sʌbtərfjuːdʒ || 'sʌbtəfjuːdʒ/ *n* [c u] subterfugio *m*; **she resorted to ~** recurrió a subterfugios

subterranean /,sʌbtə'reɪniən/ *adj* subterráneo

subtext /'sʌbtekst/ *n* trasfondo *m*, subtexto *m*

subtitle¹ /'sʌb,taɪtl/ *n*

A (of book, article) subtítulo *m*

B (Cin, TV) subtítulo *m*

subtitle² *vt* (*usu pass*)

A ‹*book/article*› subtitular

B (Cin, TV) subtitular

subtle /'sʌtl/ *adj* **subtler** /-tlər || -tlə(r)/ **subtlest** /-tləst || -tlɪst/

A 1 (delicate, elusive) ‹*fragrance*› sutil; ‹*smile*› leve, ligero; **it was painted the ~st of pinks** estaba pintado de un rosa muy tenue; **there's a ~ hint of basil in the sauce** la salsa tiene un ligerísimo gusto a albahaca 2 (not obvious) ‹*difference/distinction/hint*› sutil; ‹*change*› imperceptible; **he dropped a few ~ hints** lanzó algunas sutiles indirectas 3 (tactful) (colloq) delicado, discreto; **you could have been a bit more ~ about telling her** se lo podías haber dicho con un poco más de delicadeza

B 1 (perceptive, discriminating) ‹*mind/intellect/remark*› perspicaz, agudo 2 (ingenious, clever) ‹*argument/device*› ingenioso, sutil; ‹*irony*› fino

C (cunning) (arch) astuto

subtlety /'sʌtlti/ *n* (*pl* **-ties**)

A 1 [u c] (delicacy, elusiveness) sutileza *f*; **I've rarely heard the sonata played with such ~** pocas veces he oído tocar la sonata con tal riqueza de matices 2 [u] (tact, finesse) delicadeza *f*; **to lack ~** ser* poco delicado; **he has all the ~ of a sledgehammer** (iro) es más bruto que un arado (fam & hum)

B 1 [u] (perceptiveness) sutileza *f*, perspicacia *f* 2 [u c] (ingenuity) sutileza *f*

subtly /'sʌtli/ *adv*

A 1 (delicately, elusively) sutilmente 2 ‹*distinguish*› sutilmente; ‹*hint*› veladamente, sutilmente 3 (tactfully) con delicadeza *or* discreción

B 1 (perceptively) ‹*remark/observe*› perspicazmente, con agudeza; **the characters are ~ drawn** los personajes están trazados con sutileza 2 (ingeniously, cleverly) ‹*argue/design*› ingeniosamente, hábilmente

subtotal¹ /'sʌb,təʊtl/ *n* subtotal *m*, total *m* parcial

subtotal² *vt* subtotalizar*

subtract /səb'trækt/ *vt* **to ~ sth** (**FROM sth**) restar algo (DE algo); **~ X from Y** resta X de Y, réstale X a Y

■ **subtract** *vi* restar

subtraction /səb'trækʃən/ *n* [u c] resta *f*, sustracción *f* (frml)

subtropical /sʌb'trɑːpɪkəl || sʌb'trɒpɪkəl/ *adj* subtropical

subtype /'sʌbtaɪp/ *n* subtipo *m*

suburb /'sʌbɜːrb || 'sʌbɜːb/ *n* barrio *m* residencial de las afueras, colonia *f* (Méx); **the ~s** los barrios periféricos *or* de las afueras (de la ciudad)

suburban /sə'bɜːrbən || sə'bɜːbən/ *adj* ‹*area*› suburbano; ‹*shopping mall*› de las afueras; ‹*housewife/life/attitude*› aburguesado; **~ line** (BrE) tren *m* suburbano *or* (Esp) de cercanías

suburbanite /sə'bɜːrbənaɪt || sə'bɜːbənaɪt/ *n*: *habitante de un barrio residencial de las afueras de una ciudad*

suburbia /sə'bɜːrbiə || sə'bɜːbiə/ *n* [u]: *zonas residenciales de las afueras de una ciudad*; **in the heart of ~** en plena zona residencial en las afueras de la ciudad

subvention /səb'ventʃən || səb'venʃən/ *n* (frml) subvención *f*

subversion /səb'vɜːrʒən || səb'vɜːʃən/ *n* [u]

A (anti-government activity) subversión *f*

B (undermining) subversión *f*; **the ~ of basic rights** la subversión de los derechos fundamentales

subversive¹ /səb'vɜːrsɪv || səb'vɜːsɪv/ *adj* ‹*activity/literature/element*› subversivo

subversive² *n* elemento *m* subversivo

subvert /səb'vɜːrt || səb'vɜːt/ *vt* (frml)

A (undermine) ‹*government/system*› socavar las bases de; ‹*authority*› minar; ‹*role*› trastocar*

B (corrupt) ‹*belief/morality/diplomat*› subvertir*

subway /'sʌbweɪ/ *n*

A [c u] (AmE) (Rail) metro *m*, subterráneo *m* (RPl); **to take the ~** tomar *or* (Esp) coger* el metro, tomar el subte (RPl); (*before n*): **~ station** estación *f* de metro *or* (RPl) de subterráneo

B [c] (BrE) (for pedestrians) paso *or* pasaje *m* subterráneo

subzero /sʌb'ziːrəʊ, -'zɪrəʊ || sʌb'zɪərəʊ/ *adj* ‹*temperatures*› bajo cero

succeed /sək'siːd/ *vi*

A (have success) ‹‹*plan*›› dar* resultado, surtir efecto; ‹‹*person*››: **after several attempts they finally ~ed** después de varios intentos, al final lo consiguieron *or* lo lograron; **she tried to persuade him, but did not ~** intentó convencerlo pero no lo consiguió *or* no lo logró; **to ~ IN sth/-ING**: **he's ~ed in all that he's done** ha tenido éxito en todo lo que ha hecho; **to ~ in life** triunfar en la vida; **he finally ~ed in passing the exam** al final logró aprobar el examen; **you'll only ~ in making matters worse** sólo conseguirás empeorar las cosas; **nothing ~s like success** (set phrase) el éxito llama al éxito; ***if at first you don't ~, try, try again*** el que la sigue la consigue

B 1 **to ~ (TO sth)**: **he ~ed to the throne** subió al trono; **to ~ to a title** heredar un título 2 (follow) (liter) seguir*; **there ~ed a painful**

S

silence entonces se produjo un incómodo silencio

■ **succeed** *vt* 1 (take the place of) suceder; **she ~ed her father as chairperson** sucedió a su padre en la presidencia; **who ~ed him?** ¿quién lo sucedió?, ¿quién fue su sucesor? 2 (come after) (liter) suceder a (liter)

succeeding /sək'si:dɪŋ/ *adj (before n)* subsiguiente; **in the ~ weeks** en las semanas subsiguientes; **~ generations will prove us to be right** las generaciones futuras *or* venideras demostrarán que teníamos razón; **each ~ year was worse** cada año que pasaba las cosas iban peor; **in the ~ confusion** en la confusión que siguió

success /sək'ses/ *n* 1 [u] (good outcome) éxito *m*; **~ in one's career** el éxito en la vida profesional; **~ has gone to her head** el éxito se le ha subido a la cabeza; **did you have any ~ (in) finding a job?** ¿pudiste conseguir trabajo?; **they had a great deal of ~ with their advertising campaign** su campaña publicitaria fue todo un éxito; **we didn't have much ~ with the banks we approached** no tuvimos mucha suerte con los bancos a los que nos dirigimos; **to meet with ~** tener* éxito; **without ~** sin (ningún) éxito *or* resultado; *(before n)*: **the police's ~ rate in solving crimes** el porcentaje de casos que la policía logra resolver; **we're proud of our high ~ rate in these exams** estamos orgullosos de nuestro alto porcentaje de aprobados en estos exámenes 2 [c] (successful thing, person) éxito *m*; **to be a ~** ser* un éxito; **the outing was** *not* **a ~** la excursión no fue precisamente un éxito; **she was a great ~ with my family** le cayó muy bien a mi familia; **he's a ~ with the girls** tiene éxito con las chicas; **he always makes a ~ of any venture he is involved in** siempre saca adelante sus proyectos con éxito

successful /sək'sesfəl/ *adj* ‹*person*› de éxito, exitoso (AmL); **he's a ~ businessman** es un próspero hombre de negocios; **the ~ applicant will be expected to take up his or her post in July** el candidato que obtenga el puesto deberá tomar posesión en julio; **he was ~ at last** finalmente lo logró *or* lo consiguió; **to be ~ in life** triunfar en la vida; **we had a most ~ meeting** la reunión fue muy satisfactoria *or* positiva; **to be ~ IN/AT -ING**: **they were ~ in persuading their colleagues** lograron convencer a sus colegas; **she is quite ~ at getting people to do things** sabe conseguir lo que quiere de los demás

successfully /sək'sesfəli/ *adv* satisfactoriamente

succession /sək'seʃən/ *n*

A 1 [u] (act of following) sucesión *f*; **for 6 years in ~** durante seis años consecutivos *or* seguidos; **it's happened ten times in ~** ha pasado diez veces seguidas; **in rapid ~** uno tras otro 2 [c] (series) sucesión *f*, serie *f*; **a ~ of visitors/images** una sucesión de visitantes/imágenes; **a ~ of defeats** una serie de derrotas

B [u] (to office, rank) sucesión *f*; **to be first in ~ to the throne** ser* el primero en la línea de sucesión al trono; **the law of ~** la ley de sucesión; **in ~ to sb** como sucesor de algn

successive /sək'sesɪv/ *adj (before n)* consecutivo; **three ~ days** tres días consecutivos *or* seguidos; **the show is in its eighth ~ week** el espectáculo está en su octava semana consecutiva; **it happened on four ~ occasions** sucedió cuatro veces seguidas; **~ governments have tackled the problem** sucesivos gobiernos han intentado resolver el problema

successively /sək'sesɪvli/ *adv* sucesivamente

successor /sək'sesər || sək'sesə(r)/ *n* sucesor, -sora *m,f*

success story *n* éxito *m*; **their talent has made them a major ~ ~** su talento los ha convertido en protagonistas de un éxito ejemplar

succinct /sək'sɪŋkt/ *adj* ‹*style/note/writer*› sucinto, conciso

succinctly /sək'sɪŋktli/ *adv* ‹*write/speak/describe*› de manera sucinta, sucintamente

succinctness /sək'sɪŋktnəs || sək'sɪŋktnɪs/ *n* [u] concisión *f*

succor[1], (BrE) **succour** /'sʌkər || 'sʌkə(r)/ *n* [u] (liter) socorro *m*; **to give ~ to the weak and helpless** socorrer al débil y al indefenso

succor[2], (BrE) **succour** *vt* (liter) socorrer

succubus /'sʌkjəbəs || 'sʌkjʊbəs/ *n (pl* **-bi** /-baɪ/) súcubo *m*

succulence /'sʌkjələns || 'sʌkjʊləns/ *n* [u] suculencia *f*

succulent[1] /'sʌkjələnt || 'sʌkjʊlənt/ *adj*

A (juicy) ‹*fruit/meat*› suculento

B (Bot) ‹*leaves/stems*› carnoso; **~ plant** suculenta *f*

succulent[2] *n* (Bot) suculenta *f*

succumb /sə'kʌm/ *vi* (yield) **to ~ (TO sth)** sucumbir (A algo)

such[1] /sʌtʃ/ *adj*

A 1 (emphasizing degree, extent) tal ((+ *noun*)); tan ((+ *adj*)); **I woke up with ~ a headache** me levanté con tal dolor de cabeza ...; **it's ~ a bore!** ¡es tan aburrido!; **~ a charming girl!** ¡qué chica más *or* tan encantadora!; **she gave me ~ a look!** ¡me miró de una manera ... !; **I've got ~ a lot of work to do** tengo tanto (trabajo) que hacer; **I've never heard ~ nonsense** nunca he oído semejante *or* tamaña estupidez; **~ impertinence!** ¡qué impertinencia! 2 *(with clauses of result or purpose)*: **such ... (that)** tal/tan ... que; **it was done in ~ a way that nobody noticed** se hizo de tal manera que nadie lo notó; **do it in ~ a way that nobody notices** hazlo de (tal) manera que nadie lo note; **I was in ~ pain (that) I couldn't sleep** tenía tanto *or* tal dolor que no pude dormir 3 *(in comparisons)*: **such ... as** tan ... como; **~ a patient teacher as you** un maestro tan paciente como tú; **he had never experienced ~ pain as he was feeling** nunca había sentido un dolor tan fuerte como el que sentía

B 1 (of this, that kind) tal; **~ children are known as ...** a dichos *or* a tales niños se los conoce como ...; **~ a journey would take weeks** un viaje así *or* como ése llevaría semanas; **no doubt some ~ solution will be found** sin duda se encontrará una solución semejante *or* de ese tipo; **there's no ~ person here** no hay nadie con ese nombre aquí; **there's no ~ thing as the perfect crime** el crimen perfecto no existe; **I said no ~ thing!** ¡yo no dije tal cosa!; **you'll do no ~ thing!** ¡de ninguna manera!; **would you have ~ a thing as a calculator on you?** ¿no tendrías por casualidad una calculadora?; **there's ~ a thing as a comb, you know** ¿sabes que existe una cosa que se llama peine?; **~ jobs as mine** trabajos como el mío 2 (unspecified) tal; **the letter tells you to go to ~ a house on ~ a date** la carta te dice que vayas a tal casa a tal hora; **until ~ time as we are notified** (frml) hasta (el momento en) que se nos notifique

C (the few, the little) (frml): **such ... as**: **~ women as he knew were all older** las pocas mujeres que conocía eran todas mayores; **~ money as I earn I give to my parents** el poco dinero que gano se lo doy a mis padres

such[2] *pron*

A 1 (of the indicated kind) tal; **~ were her last words** tales fueron sus últimas palabras; **~ is life** (set phrase) así es la vida (fr hecha); **snakes, lizards and ~** serpientes, lagartijas y cosas por el estilo 2 **such as** como; **incidents ~ as these** incidentes como éstos; **many modern inventions, ~ as radar ...** muchos inventos modernos, (tales) como el radar ...; **I've read many of his books — ~ as?** he leído muchos de sus libros — ¿(como) por ejemplo? 3 **as such** como tal/tales; **he was a great leader and will be remembered as ~** fue un gran líder y será recordado como tal; **dolphins don't possess a language as ~** los delfines no tienen un lenguaje propiamente dicho *or* en el sentido estricto

B 1 **such as, such ... as** (frml): **~ (people) as were dissatisfied** quienes estaban descontentos 2 (indicating lack of quantity, quality): **the evidence, ~ as it is, seems to point to his guilt** las pocas pruebas que hay parecen indicar que es culpable; **dinner's ready, ~ as it is** la cena está lista, si se le puede llamar cena; **my wages, ~ as they are, go mainly on food** lo poco que gano se me va casi todo en comida

C (of such a kind, extent, degree): **such that** tal ... que; **the pain was ~ that I screamed** fue tal el dolor *or* fue tan grande el dolor, que grité

such-and-such[1] /'sʌtʃən,sʌtʃ/ *adj* tal (o cual); **we were told to get ~ a book** nos dijeron que compráramos tal (o cual) libro

such-and-such[2] *pron* tal (o cual) cosa

suchlike[1] /'sʌtʃlaɪk/ *adj* (colloq) *(before n)*: **George, Mabel and ~ bores** George, Mabel y otros pelmas por el estilo (fam)

suchlike[2] *pron* (colloq) (of things) cosas por el estilo, cosas de ésas, esas cosas; (of people) gente por el estilo

suck[1] /sʌk/ *vt* 1 «*person*» chupar; ‹*liquid*› (through a straw) sorber; «*vacuum cleaner*» aspirar; «*pump*» succionar, aspirar; «*insect*» chupar, succionar; **to ~ one's thumb** chuparse el dedo; **to ~ sth up** aspirar algo ‹*liquid*› (through a straw) sorber algo; **the insect ~s up the nectar** el insecto chupa *or* succiona el néctar; **the roots ~ (up) moisture out of** *o* **from the soil** las raíces absorben la humedad de la tierra; **the fan ~s smells out of the kitchen** el ventilador extrae los olores de la cocina; ***to ~ sb dry*** exprimir a algn (fam) 2 (pull, draw) (+ *adv compl*) arrastrar; **we don't want to be ~ed into a senseless war** no queremos ser arrastrados a una guerra sin sentido; **she was ~ed down** *o* **under by the current** la corriente se la tragó

■ **suck** *vi*

A «*person*» chupar; «*vacuum cleaner*» aspirar; «*pump*» succionar, aspirar; **to ~ AT sth** ‹*at lollipop/pipe*› chupar algo; **the baby was ~ing at his mother's breast** el bebé estaba mamando; **to ~ ON sth** ‹*on pipe/pen*› chupar algo; **a ~ing noise** un ruido de ventosa

B (be objectionable) (AmE sl): **the movie really ~s** la película es una mierda (vulg)

Phrasal verbs

- **suck in** [v + o + adv, v + adv + o] 1 (draw in) ‹*air/breath*› tomar; ‹*cheeks/stomach*› meter; **we must avoid getting ~ed in** debemos evitar vernos arrastrados *or* involucrados 2 (dupe) (AmE sl): **to get ~ed in** dejarse engañar
- **suck off** (vulg) [v + o + adv] chupar (vulg), mamar (vulg)
- **suck up to** [v + adv + prep + o] (colloq) lamerle el culo a (vulg), hacerle* la pelota a (Esp fam), chuparle las medias a (RPl fam), hacerle* la barba (Méx) *or* (Chi) la pata a (fam), lambonear (Col fam)

suck[2] *n (no pl)* chupada *f*; **to give ~** (arch) dar* el pecho, amamantar; *see also* **sucks**

sucker[1] /'sʌkər || 'sʌkə(r)/ *n*

A (colloq) (fool) (pej) imbécil *mf*; **the poor ~ believed her** el pobre imbécil le créyo; **to play sb for a ~** (AmE) engañar a algn como a un chino (fam); ***to be a ~ for sth***: **I'm a ~ for musicals** las comedias musicales son mi debilidad; **he's a ~ for punishment** es un masoquista; *(before n)*: **~ bet** (AmE) apuesta *f* de bobos; **~ punch** (AmE) golpe *m* a traición

B (suction device — on animal, plant) ventosa *f*; (— made of rubber) (BrE) ventosa *f*

C (Bot) (shoot) chupón *m*, mamón *m*

D (AmE colloq) ▸**lollipop 1**

sucker[2] *vt* (AmE colloq) **to ~ sb INTO -ING** embaucar* a algn PARA QUE + SUBJ

sucking pig /'sʌkɪŋ/ *n* [c u] cochinillo *m*, lechón *m*

suckle /'sʌkəl/ *vt* amamantar, darle* de mamar a

■ **suckle** *vi* mamar

suckling /'sʌklɪŋ/ *n* (liter) lactante *mf*

sucks /sʌks/ *interj* (BrE colloq): **yah, boo ~!** ¡te fastidias! (fam), ¡embrómate! (AmS fam)

sucrose /'su:krəʊs -krəʊz/ *n* [u] sacarosa *f*

suction /'sʌkʃən/ *n* [u] succión *f*; (of water, air etc) aspiración *f*; *(before n)* ‹*valve/pump*› de succión; **~ cup** ventosa *f*

suction pad *n* 1 (device) almohadilla *f* de succión 2 (of animal) almohadilla *f* adherente

Sudan /su:'dɑ:n/ *n*: **(the) ~** (el) Sudán

S

Sudanese[1] /ˌsu:dn'i:z/ *adj* sudanés

Sudanese[2] *n* (*pl* ~) sudanés, -nesa *m,f*

sudden /'sʌdn/ *adj* 1 (rushed) ‹*decision/change*› repentino, súbito; (unexpected) imprevisto, inesperado; **he felt a ~ urge to laugh** de repente *or* de pronto le entraron ganas de reírse; **he made a ~ dash for the door** de repente *or* de pronto se precipitó hacia la puerta; **isn't this all rather ~?** ¿esto no es un poco apresurado *or* precipitado?; ***all of a ~*** de repente, de pronto, repentinamente 2 (abrupt) ‹*movement*› brusco

sudden death *n* (in tennis) muerte *f* súbita; (*before n*) ‹*play-off/round*› de desempate

sudden infant death syndrome *n* [u] síndrome *m* de muerte infantil súbita

suddenly /'sʌdnli/ *adv* 1 (unexpectedly) de repente, de pronto 2 (abruptly) bruscamente

suddenness /'sʌdnnəs || 'sʌdnnɪs/ *n* [u] 1 (unexpectedness) lo imprevisto, lo inesperado; (of decision, change) lo repentino 2 (abruptness) brusquedad *f*, lo brusco

sudoku /sə'dəʊku:/ *n* [u] (Games) sudoku *m*

suds /sʌdz/ *pl n* 1 (froth) espuma *f* de jabón 2 (soapy water) agua *f* jabonosa 3 (beer) (AmE sl) cerveza *f*

sue /su: || su:, sju:/ *vt* **to ~ sb (FOR sth)** demandar a algn POR algo; **she ~d them for damages/breach of contract** los demandó por daños y perjuicios/por incumplimiento de contrato; **he ~d her for divorce** le entabló una demanda de divorcio; **they ~d her for libel** le entablaron juicio por difamación, interpusieron querella por difamación en contra de ella (frml)

■ **sue** *vi* 1 (Law) entablar una demanda, poner* pleito (Esp); **to ~ FOR sth** demandar POR algo; **to ~ for damages** demandar por daños y perjuicios 2 (plead) (liter): **to ~ for peace** hacer* un llamamiento *or* (AmL tb) un llamado a la paz

suede /sweɪd/ *n* [u] ante *m*, gamuza *f*; (*before n*) ‹*shoes/jacket*› de ante, de gamuza

suet /'su:ət || 'su:ɪt/ *n* [u] sebo *m*, grasa *f* de pella

Suez Canal /'su:ez || 'su:ɪz/ *n* Canal *m* de Suez

suffer /'sʌfər || 'sʌfə(r)/ *vt* 1 (undergo) ‹*injury/damage/loss/defeat*› sufrir; ‹*pain*› padecer*, sufrir; ‹*hunger*› padecer*, pasar; **to ~ hardship** pasar necesidades 2 (endure) aguantar, tolerar 3 (permit) (liter) **to ~ sb to + INF** dejar QUE algn + SUBJ; **she would not ~ him to come near her** no dejaba que se le acercase

■ **suffer** *vi* 1 (experience pain, difficulty) sufrir; **to ~ in silence** sufrir en silencio; **to make sb ~** hacer* sufrir a algn; **to ~ FOR sth** sufrir las consecuencias DE algo; **she ~ed later for this rash decision** más tarde sufrió las consecuencias de esta precipitada decisión; **to ~ for one's sins** (Relig) expiar* sus (*or* mis *etc*) culpas; **I drank too much last night and now I'm ~ing for my sins** (hum) anoche bebí demasiado y ahora estoy sufriendo las consecuencias 2 (be affected, deteriorate) «*health/eyesight*» resentirse*; «*business/performance/relationship*» verse* afectado, resentirse* 3 (be afflicted) **to ~ FROM sth** sufrir *or* (frml) padecer* DE algo; **he ~s from asthma** sufre *or* (frml) padece de asma; **he still ~s from the wound** todavía le duele (*or* le molesta *etc*) la herida, todavía se resiente de la herida; **I ~ dreadfully from shyness** soy terriblemente tímido

sufferance /'sʌfərəns/ *n* [u]: **on ~** de mala gana, a regañadientes

sufferer /'sʌfərər || 'sʌfərə(r)/ *n* **~ (FROM sth)**: **~s from arthritis** quienes sufren de artritis, los artríticos; **asthma ~s** los asmáticos

suffering /'sʌfərɪŋ/ *n* [u] sufrimiento *m*, dolor *m*; **to put an end to sb's ~** poner* fin al sufrimiento de algn

suffice /sə'faɪs/ *vi* (frml) bastar, ser* suficiente; **a few words will ~** con unas palabras basta *or* es suficiente; **will this ~ for 20 people?** ¿esto alcanzará *or* será suficiente para 20 personas?; **~ it to say that ...** basta con decir que ...

■ **suffice** *vt* ser* suficiente para

sufficiency /sə'fɪʃənsi/ *n* [u] (frml) cantidad *f* suficiente

sufficient /sə'fɪʃənt/ *adj* suficiente, bastante; **two are ~ for my purposes** con dos me basta, con dos tengo suficiente; **the evidence is not ~ to convict her** las pruebas no son suficientes *or* no hay suficientes pruebas para condenarla; **my income is hardly ~ to live on** mis ingresos apenas (si) me alcanzan para vivir

sufficiently /sə'fɪʃəntli/ *adv* lo suficientemente; **it's not ~ clear** no queda (lo) suficientemente claro; **I did ~ well to pass the exam** me fue lo suficientemente bien como para aprobar el examen; **be sure to cook the meat ~** no deje de cocinar la carne lo suficiente

suffix /'sʌfɪks/ *n* sufijo *m*

suffocate /'sʌfəkeɪt/ *vt* asfixiar, ahogar*

■ **suffocate** *vi* asfixiarse, ahogarse*

suffocating /'sʌfəkeɪtɪŋ/ *adj* ‹*smoke/fumes*› asfixiante; ‹*heat*› sofocante, agobiante; ‹*atmosphere/environment/routine*› asfixiante

suffocation /ˌsʌfə'keɪʃən/ *n* [u] asfixia *f*

suffragan (bishop) /'sʌfrəgən/ *n* obispo *m* sufragáneo

suffrage /'sʌfrɪdʒ/ *n* sufragio *m*; **universal ~** sufragio universal

suffragette /ˌsʌfrə'dʒet/ *n* sufragista *f*; (*before n*) ‹*movement*› sufragista

suffuse /sə'fju:z/ *vt* (liter) «*color*» teñir*; «*emotion*» invadir, envolver*; «*light*» bañar; **color ~d her cheeks** el rubor tiñó sus mejillas; **to ~ sth (WITH sth)**: **the sky was ~d with red** el cielo estaba teñido de arrebol (liter); **her eyes were ~d with tears** tenía los ojos anegados en lágrimas (liter)

sugar[1] /'ʃʊgər || 'ʃʊgə(r)/ *n*

A [u c] azúcar *m or f*; **how many ~s do you take?** ¿cuánto azúcar quieres?, ¿cuántos terrones (*or* cuántas cucharaditas) de azúcar quieres?; **to put ~ in/on sth** echarle *or* ponerle* azúcar a algo; (*before n*) ‹*content/level*› de azúcar; **~ bowl** *o* (BrE also) **basin** azucarero *m*, azucarera *f* (esp AmL); **~ cube** *o* **lump** terrón *m* de azúcar; **~ tongs** pinzas *fpl* para el azúcar; **~ industry** industria *f* azucarera; **~ mill** *o* **refinery** refinería *f* de azúcar, azucarera *f*, ingenio *m* azucarero, central *f* azucarera (Per)

B (AmE colloq) (*as form of address*) cariño (fam), cielo (fam)

C (colloq & euph) (*as interj*) ¡miércoles! (fam & euf), ¡mecachis! (fam & euf)

sugar[2] *vt* ‹*coffee/cereal/fruit*› echarle *or* ponerle* azúcar a, azucarar; **~ed almonds** peladillas *fpl*; ▸**pill A1**

sugar beet *n* [c u] remolacha *f* azucarera *or* (Méx) betabel *m* blanco

sugar cane *n* [c u] caña *f* de azúcar

sugar-coated /'ʃʊgər,kəʊtəd || ˌʃʊgə'kəʊtɪd/ *adj* cubierto de azúcar

sugar daddy *n* (colloq) *viejo rico amante de una mujer joven*

sugared /'ʃʊgərd || 'ʃʊgəd/ *adj* ‹*tea/coffee*› con azúcar; ‹*almonds*› confitado

sugar-free /ˌʃʊgər'fri: || ˌʃʊgə'fri:/ *adj* sin azúcar

sugar loaf *n* [u c] pan *m* de azúcar

Sugar Loaf Mountain *n* Pan *m* de Azúcar

sugar maple *n* arce *m* del Canadá *or* de azúcar

sugarplum /'ʃʊgərplʌm || 'ʃʊgəplʌm/ *n* confite *m* de ciruela

sugar soap *n* [u] (BrE) solución *f* de soda caústica

sugary /'ʃʊgəri/ *adj* 1 ‹*syrup/drink/taste*› dulce, azucarado 2 ‹*tones/smile*› meloso, almibarado; ‹*romance/movie*› sensiblero, empalagoso

suggest /sə'dʒest/ *vt*

A 1 (propose) sugerir*, proponer*; **he ~ed dinner the next evening** sugirió *or* propuso que cenáramos juntos al día siguiente; **to ~ sth TO sb** sugerirle* algo A algn; **I ~ed three alternatives to them** les sugerí *or* les propuse tres alternativas; **the only thing I can ~ to you is to tell them the truth** lo único que te puedo sugerir es que les digas la verdad; **to ~ -ING** sugerir* + INF, sugerir* QUE + SUBJ; **she ~ed leaving them a note** sugirió dejarles *or* que les dejáramos una nota; **to ~ TO sb THAT** sugerirle* a algn QUE (+ *subj*); **he ~ed to me that I (should) look for another job** me sugirió que buscara otro trabajo; **it was you who ~ed (that) I tell my parents** fuiste tú quien me sugirió que se lo dijera a mis padres; **I ~ (that) we eat before the show** sugiero *or* propongo que comamos antes de la función; **can you ~ where we might meet?** ¿se te ocurre algún lugar donde podríamos encontrarnos?; **he ~ed to us how we might do it** nos sugirió cómo podríamos hacerlo; **he ~ed Smith (to us) as a suitable candidate** (nos) propuso a Smith como un candidato idóneo 2 (offer for consideration): **can you ~ a possible source for this rumor?** ¿se le ocurre quién puede haber empezado este rumor?; **I ~ (that) he's lying** yo diría que está mintiendo; **no one is ~ing you stole the money** nadie está diciendo que se robó el dinero; **I ~ (to you) that you are not telling the whole truth** me atrevería a afirmar que no nos está diciendo toda la verdad 3 (imply, insinuate) insinuar*; **what are you trying to ~ by that?** ¿qué quieres insinuar con eso?; **are you ~ing (that) my son is a thief?** ¿insinúa usted que mi hijo es un ladrón? 4 **to ~ itself**: **an idea/a plan ~ed itself to him** se le ocurrió una idea/un plan; **nothing ~s itself** no se me ocurre nada

B (indicate, point to) indicar*; **his reaction ~ed a guilty conscience** su reacción indicaba *or* daba a entender que se sentía culpable; **all the evidence ~s that he was involved** todas las pruebas indican que él estaba involucrado

C (evoke, bring to mind) sugerir*; **what does this melody ~ to you?** ¿qué le sugiere esta melodía?

suggestible /sə'dʒestəbəl/ *adj* sugestionable, influenciable

suggestion /sə'dʒestʃən/ *n*

A 1 [c u] (proposal) sugerencia *f*; **to make a ~** hacer* una sugerencia; **if I may offer a ~** si se me permite hacer una sugerencia, si se me permite proponer *or* sugerir algo; **to make improper ~s** hacer* proposiciones deshonestas; **I'm open to ~s** acepto sugerencias; **have you any ~s for speeding up the process?** ¿se le ocurre algo para acelerar el proceso?; **it was your ~ to have a picnic** fuiste tú quien propuso *or* sugirió ir de picnic; **I bought it at my wife's ~** lo compré porque mi mujer me lo sugirió, lo compré a instancias de mi mujer (frml) 2 [c] (explanation, theory) teoría *f*; **his ~ is the most plausible** su teoría es la más probable 3 [c] (insinuation) insinuación *f*

B [c u] 1 (indication, hint) indicio *m*; **there is no ~ of any change in policy** no hay ningún indicio de un cambio de política; **there was no ~ of foul play** no había indicios de que se hubiese cometido un crimen 2 (slight trace) (*no pl*): **there was a ~ of a smile on her face** apenas esbozó una sonrisa; **a dish with a (slight) ~ of saffron** un plato con un ligerísimo sabor a azafrán

C [u] (Psych) sugestión *f*

suggestive /sə'dʒestɪv/ *adj*

A ‹*gesture/laugh*› insinuante, provocativo

B (*pred*) **to be ~ OF sth** 1 (indicative) parecer* indicar algo; **the figures are ~ of an upturn in the economy** las cifras parecen indicar un repunte en la economía 2 (reminiscent) hacer* pensar en algo, evocar* algo; **the design is ~ of a Roman villa** el diseño hace pensar en *or* evoca una villa romana

C (which stimulates thought) (frml) ‹*theory/commentary*› que llama a la reflexión

suggestively /sə'dʒestɪvli/ *adv* de modo insinuante *or* provocativo

suicidal /ˌsu:ə'saɪdl || ˌsu:ɪ'saɪdl, ˌsju:-/ *adj* ‹*tendencies/action/risk*› suicida; ‹*policy/strategem*› suicida; **I came out of the interview feeling absolutely ~** salí de la entrevista con el ánimo por los suelos; **it would be ~** sería una verdadera locura *or* un verdadero disparate

suicide /'su:əsaɪd || 'su:ɪsaɪd, 'sju:-/ *n* 1 [u c] (act) suicidio *m*; **to commit ~** suicidarse; **an**

S

attempted ~ un intento de suicidio; **political** ~ suicidio político; (*before n*) ‹*attempt/pact*› de suicidio; ‹*mission/bombing*› suicida; ~ **bomber** terrorista *mf* suicida, kamikaze *m*; ~ **note** *carta de despedida de un suicida*; ~ **pilot** (in Pacific War) kamikaze (*m*); ~ **rate** índice *m* de suicidios **2** [c] (liter) (person) suicida *mf*

sui generis /ˌsuːaɪˈdʒenərəs ‖ ˌsjuːaɪ ˈdʒenerɪs/ *adj* (frml) (*usu pred*) sui géneris

suit[1] /suːt ‖ suːt, sjuːt/ *n*
A (Clothing) (male) traje *m*, terno *m* (Chi), vestido *m* (Col); (three-piece) traje *m*, terno (AmS); (female) traje *m* (de chaqueta), traje *m* sastre
B (Law) juicio *m*, pleito *m*; **to file ~** o **bring a ~ against sb** demandar a algn, llevar a algn a juicio, entablar una demanda contra algn
C (in courtship) (dated) petición *f* de mano; **to plead** o **press one's ~** pedir* la mano de algn
D (in cards) palo *m*; ***to be sb's strong*** o (AmE also) ***long ~*** ser* el fuerte de algn; ***to follow ~*** (do likewise) seguir* su (*or* nuestro *etc*) ejemplo, hacer* lo mismo; (lit: in cards) jugar* una carta del mismo palo, seguir* el palo

suit[2] *vt*
A (be convenient to, please) «*arrangements/time*» venirle* bien a, convenirle* a; **Tuesday/four o'clock would ~ me better** me vendría mejor el martes/a las cuatro, me convendría más el martes/a las cuatro; **it would ~ me better to start next week** me vendría mejor *or* me convendría más empezar la semana que viene; **whenever it ~s you** cuando te venga bien, cuando te convenga; **she knows what ~s her best** sabe lo que le conviene; **it's impossible to ~ everybody** es imposible contentar a todo el mundo; **a chateau in France would ~ me fine** (hum) no le haría ascos a un castillo en Francia (hum); ***to ~ oneself*** hacer* lo que uno quiere; **~ yourself!** ¡haz lo que quieras!, ¡haz lo que te dé la gana! (fam)
B **1** (be appropriate, good for): **the job doesn't ~ him** el trabajo no es para él *or* no le va; **such language does not ~ a man of God** ese vocabulario no es el que corresponde a *or* el que se espera de un religioso; **they ~ each other very well** son de caracteres muy compatibles; **this cold weather doesn't ~ me** este tiempo frío no me sienta bien; **the furniture doesn't ~ the house** los muebles no van con la casa **2** (look good with) «*hairstyle/dress*» quedarle *or* (esp Esp) irle* bien a; **that color really ~s you** ese color te queda muy bien *or* te favorece; **short hair ~s the shape of her face** el pelo corto le queda *or* (esp Esp) le va bien a su forma de cara; *see also* **suited**
C (adapt) **to ~ sth TO sth/sb** adaptar algo A algo/algn; **industry has to ~ design to current fashion** la industria tiene que adaptar el diseño a la moda del momento

suitability /ˌsuːtəˈbɪləti ‖ ˌsuːtəˈbɪləti, ˌsjuː-/ *n* [u] **1** (practical) lo apropiado *or* adecuado; **there is no doubt about her ~ for the job** no hay duda sobre su idoneidad para el puesto **2** (social, moral) lo apropiado; **she was worried about the ~ of her clothes** le preocupaba si su vestimenta era o no apropiada

suitable /ˈsuːtəbəl ‖ ˈsuːtəbəl, ˈsjuː-/ *adj* **1** (appropriate) apropiado, adecuado; **(to be) ~ FOR sb/sth/-ING** ser* apropiado *or* adecuado PARA algn/algo/+ INF; **it is ~ for painting all kinds of surfaces** es apropiado *or* adecuado para pintar todo tipo de superficies; **a mild shampoo ~ for frequent use** un champú suave adecuado *or* apropiado para uso frecuente **2** (acceptable, proper) apropiado; **the program is not ~ for children** el programa no es apropiado *or* apto para niños **3** (convenient) conveniente; **is nine o'clock ~ for you?** ¿le viene bien a las nueve?, ¿le resulta conveniente a las nueve?

suitably /ˈsuːtəbli ‖ ˈsuːtəbli, ˈsjuː-/ *adv* ‹*qualified*› adecuadamente; ‹*dressed/equipped*› apropiadamente, como es debido; **he was ~ apologetic** pidió disculpas como correspondía; **the program was shown at a ~ late time** el programa se transmitió tarde, como correspondía

suitcase /ˈsuːtkeɪs ‖ ˈsuːtkeɪs, ˈsjuː-/ *n* maleta *f*, valija *f* (RPl), petaca *f* (Méx)

suite /swiːt/ *n*
A **1** (of rooms) suite *f*; **the bridal** o **honeymoon ~** la suite nupcial **2** (of furniture) juego *m*; **three-piece ~** juego de sofá y dos sillones, juego de sala de tres piezas, tresillo *m* (Esp); **bedroom/dining-room ~** (juego de) dormitorio *m* /comedor *m*; **bathroom ~** juego de artefactos de baño **3** (Mus) suite *f* **4** (Comput) juego *m*
B (retinue) séquito *m*, comitiva *f*

suited /ˈsuːtəd ‖ ˈsuːtɪd, ˈsjuː-/ *adj* (*pred*) **to be ~ TO sth** «*thing*» ser* apropiado *or* adecuado PARA algo; **the building is ~ to use as offices** el edificio es apropiado *or* es adecuado *or* se presta para oficinas; **I'm not ~ to this type of work** no sirvo para este tipo de trabajo; **he's not ~ to medicine** no tiene madera de médico; **they are very well ~ (to each other)** están hechos el uno para el otro

suiting /ˈsuːtɪŋ ‖ ˈsuːtɪŋ, ˈsjuː-/ *n* [u] tela *f* *or* paño *m* para trajes de hombre, casimir *m* (CS)

suitor /ˈsuːtər ‖ ˈsuːtə(r), ˈsjuː-/ *n* **1** (in marriage) (dated *or* liter) pretendiente *m* **2** (in acquisition) (Busn) posible adquisidor, -dora *m,f*

sulfa drug, (BrE) **sulpha** /ˈsʌlfə/ *n* sulfamida *f*, sulfa *f* (fam)

sulfate, (BrE) **sulphate** /ˈsʌlfeɪt/ *n* [c u] sulfato *m*

sulfide, (BrE) **sulphide** /ˈsʌlfaɪd/ *n* [c u] sulfuro *m*

sulfite, (BrE) **sulphite** /ˈsʌlfaɪt/ *n* [c u] sulfito *m*

sulfonamide, (BrE) **sulphonamide** /sʌlˈfɑːnəmaɪd ‖ sʌlˈfɒnəmaɪd/ *n* [c u] sulfamida *f*

sulfur, (BrE) **sulphur** /ˈsʌlfər ‖ ˈsʌlfə(r)/ *n* [u] azufre *m*; (*before n*) ‹*solution/powder*› de azufre; **~ dioxide** dióxido *m* *or* bióxido *m* de azufre, anhídrido *m* sulfuroso; **~ springs** fuentes *fpl* de aguas sulfurosas; **~ yellow** amarillo *m* verdoso

sulfuric acid, (BrE) **sulphuric** /sʌlˈfjʊrɪk ‖ sʌlˈfjʊərɪk/ *n* [u] ácido *m* sulfúrico

sulfurous, (BrE) **sulphurous** /ˈsʌlfərəs/ *adj* ‹*smell*› a azufre; ‹*solution/ore*› de azufre

sulk[1] /sʌlk/ *vi* enfurruñarse, alunarse (RPl fam), amurrarse (Chi fam); **he's ~ing** está enfurruñado, está alunado (RPl) *or* (Chi) amurrado (fam); **if she doesn't get her own way, she ~s** si no se sale con la suya, se enfurruña (*or* se aluna *etc*)

sulk[2] *n*: **she's in a ~** o (fam) **she's got the ~s** está enfurruñada, está alunada (RPl) *or* (Chi) amurrada (fam)

sulkily /ˈsʌlkəli ‖ ˈsʌlkɪli/ *adv*: **I suppose so, she said ~** —supongo que sí —contestó enfurruñada *or* malhumorada

sulkiness /ˈsʌlkinəs ‖ ˈsʌlkinɪs/ *n* [u] malhumor *m*

sulky[1] /ˈsʌlki/ *adj* **-kier, -kiest** ‹*child*› con tendencia a enfurruñarse; ‹*look/reply*› malhumorado

sulky[2] *n* (*pl* **-kies**) sulky *m* (*carruaje ligero de dos ruedas tirado por un caballo*); (*before n*): **~ racing** carreras *fpl* de trotones

sullen /ˈsʌlən/ *adj* **1** ‹*person/nature/mood*› hosco, huraño; ‹*atmosphere*› de resentimiento **2** (liter) ‹*sky/day/clouds*› sombrío, triste

sullenly /ˈsʌlənli/ *adv* hoscamente, con resentimiento

sullenness /ˈsʌlənnəs ‖ ˈsʌlənnɪs/ *n* [u] **1** (of person) malhumor *m*, carácter *m* hosco **2** (of weather) (liter) tristeza *f*

sully /ˈsʌli/ *vt* **-lies, -lying, -lied** (liter) ‹*name/record/reputation*› mancillar (liter), manchar

sulpha drug, sulphate *etc* (BrE) ▸ **sulfa drug, sulfate** *etc*

sultan /ˈsʌltn/ *n* sultán *m*

sultana /sʌlˈtænə ‖ sʌlˈtɑːnə/ *n*
A (Culin) pasa *f* sultana *or* de Esmirna
B (person) sultana *f*

sultanate /ˈsʌltneɪt/ *n* sultanato *m*

sultrily /ˈsʌltrəli ‖ ˈsʌltrɪli/ *adv* de modo sensual *or* seductor

sultriness /ˈsʌltrinəs ‖ ˈsʌltrinɪs/ *n* [u]
A (of weather) bochorno *m*
B (of person, voice, smile) sensualidad *f*

sultry /ˈsʌltri/ *adj* **-trier, -triest**
A ‹*climate/weather/day*› sofocante, bochornoso
B (sensual) ‹*voice/smile/person*› sensual, seductor

sum /sʌm/ *n*
A (calculation — in general) cuenta *f*; (— addition) suma *f*, adición *f* (frml); **I'll have to do my ~s** tengo que hacer cuentas *or* cálculos; **she's very good at ~s** es muy buena en aritmética
B **1** (total, aggregate) suma *f*, total *m*; **it's more than the ~ of its parts** es algo más que la suma de las partes; **that's the ~ (total) of my knowledge** eso es todo lo que sé **2** **in sum** (frml) (*as linker*) en suma, en resumen
C (of money) suma *f* *or* cantidad *f* (de dinero); **she spends vast ~s on clothes** gasta muchísimo (dinero) en ropa

(Phrasal verb)

• **sum up**
A [v + o + adv, v + adv + o] **1** (summarize) ‹*discussion/report*› resumir, sintetizar*; **the situation can be ~med up in one word: chaos** la situación se puede sintetizar en una palabra: caos **2** (assess) ‹*person*› catalogar*; **she quickly ~med up the situation** enseguida se hizo una composición de lugar, enseguida evaluó la situación
B [v + adv] **1** (summarize) recapitular; **to ~ up, our analysis shows that ...** resumiendo *or* en resumen *or* para recapitular, nuestro análisis demuestra que ... **2** (Law) recapitular

sumac, sumach /ˈʃuːmæk ˈsuː-/ *n* zumaque *m*

summa cum laude /ˌsʊməkʊmˈlaʊdə ‖ ˌsʊməkʊmˈlaʊdeɪ/ *adv* (Educ) ‹*graduate*› summa cum laude, ≈ con sobresaliente

summarily /sʌˈmerəli ‖ ˈsʌmərəli/ *adv* sumariamente

summarize /ˈsʌməraɪz/ *vt* ‹*speech/book/plot*› resumir, hacer* un resumen de
■ **summarize** *vi* resumir; **to ~** (as linker) resumiendo, en resumen

summary[1] /ˈsʌməri/ *n* (*pl* **-ries**) resumen *m*; **news ~** resumen *m* *or* reseña *f* de las noticias

summary[2] *adj* **1** (immediate) ‹*dismissal*› inmediato **2** (Law) ‹*trial/judgment*› sumario; **~ offence** (BrE) falta *f* **3** (brief) ‹*account/description*› breve, corto

summation /sʌˈmeɪʃən/ *n* (frml)
A **1** [u] (adding) suma *f*; (*before n*): **~ sign** signo *m* de sumatoria **2** [c] (sum, total) suma *f*, total *m*
B [c] **1** (summary) resumen *m*, recapitulación *f* **2** (AmE) (Law) recapitulación *f*

summer[1] /ˈsʌmər ‖ ˈsʌmə(r)/ *n* verano *m*, estío *m* (liter); **we always go away in (the) ~** siempre nos vamos de vacaciones en (el) verano; **we spent the ~ in France** pasamos el verano *or* veraneamos en Francia; **it was high ~** era pleno verano; **a hot ~'s day** un caluroso día de verano; **a woman of some seventy ~s** (liter) una mujer de unos setenta abriles (liter); (*before n*) ‹*weather/clothes/vacation*› de verano; **~ camp** (AmE) colonia *f* de vacaciones; **~ pudding** (BrE) *postre de frambuesas, grosellas etc en un molde de pan*; **the ~ season** la estación veraniega *or* estival; **~ squash** (AmE) *tipo de calabaza*; **~ vacation** o (BrE) **holidays** vacaciones *fpl* de verano *or* estivales

summer[2] *vi* «*people*» pasar el verano, veranear; «*cattle/birds*» pasar el verano

> **summer camp**
>
> En EEUU, una de las miles de colonias de vacaciones en el campo, adonde los padres envían a sus hijos durante las vacaciones de verano a participar en actividades recreativas y deportivas tales como la natación, el senderismo o técnicas de supervivencia a la intemperie.

summerhouse /ˈsʌmərhaʊs ‖ ˈsʌməhaʊs/ *n* cenador *m*

summer school *n* (in US) clases *fpl* de verano (*gen de repaso*); (in UK) curso *m* de verano

summertime /ˈsʌmərtaɪm ‖ ˈsʌmətaɪm/ *n* verano *m*, estío *m* (liter); **in (the) ~** en (el) verano

summer time *n* [u] (BrE) horario *m* de verano

summerweight /'sʌmərweɪt || 'sʌməweɪt/ *adj* ligero, liviano (esp AmS), fino

summery /'sʌməri/ *adj* veraniego, de verano

summing-up /,sʌmɪŋ'ʌp/ *n* (*pl* **summings-up**) recapitulación *f*

summit /'sʌmət || 'sʌmɪt/ *n*
A (of mountain) cumbre *f*, cima *f*; **they climbed right to the ~** subieron hasta la cumbre *or* cima; **at the ~ of his career** en la cumbre *or* cima de su carrera; **the ~ of her ambition** el súmmum de su ambición, su máxima ambición
B **~ (conference)** (conferencia *f*) cumbre *f*

summon /'sʌmən/ *vt* 1 (send for) ‹*servant/waiter*› llamar, mandar llamar (AmL); ‹*police/doctor*› llamar; ‹*help/reinforcements*› pedir*; ‹*meeting/parliament*› convocar*; **the Prime Minister ~ed his cabinet** el Primer Ministro convocó al gabinete; **she ~ed me to her side** me llamó a su lado 2 (Law) ‹*witness/defendant*› citar, emplazar* 3 ►**summon up**

Phrasal verb

• **summon up** [v + adv + o] 1 (gather) ‹*support*› lograr, obtener*; ‹*resources*› reunir*; **he ~ed up the courage to ask her** se armó de valor para preguntárselo; **I couldn't even ~ up the strength to get up the stairs** ni siquiera pude reunir *or* cobrar fuerzas para subir la escalera 2 (call up) ‹*thoughts*› evocar*; **to ~ up memories** traer* recuerdos a la memoria, evocar* recuerdos

summons[1] /'sʌmənz/ *n* (*pl* **-monses**) 1 (Law) citación *f*, citatorio *m* (Méx); **to issue a ~** despachar una citación *or* (Méx) un citatorio; **to serve a ~ on sb** entregarle* una citación *or* (Méx) un citatorio a algn 2 (call): **I got a ~ from my boss** me llamó el jefe 3 (for help etc) llamamiento *m*, llamado *m* (AmL)

summons[2] *vt* (Law) citar, emplazar*

Sumo /'su:məʊ/ *n* [u] (sport) sumo *m*; (*before n*): **~ wrestler** (luchador *m* de) sumo *m*

sump /sʌmp/ *n* 1 (for oil) (esp BrE) cárter *m* 2 (Min) sumidero *m* 3 (cesspit) pozo *m* negro *or* séptico

sumptuary /'sʌmptʃueri || 'sʌmptjʊəri/ *adj* (*before n*) suntuario

sumptuous /'sʌmptʃuəs || 'sʌmptjʊəs/ *adj* ‹*fabric/color*› suntuoso; ‹*mansion/decor*› lujoso, suntuoso

sumptuously /'sʌmptʃuəsli || 'sʌmptjʊəsli/ *adv* ‹*dine/entertain*› a cuerpo de rey; ‹*decorated/furnished*› suntuosamente, lujosamente

sun[1] ►❶ **p.1878** /sʌn/ *n* [c u] sol *m*; **the ~ is shining** hace sol, brilla el sol; **to rise with the ~** levantarse al amanecer; **the ~'s in my eyes** me da el sol en los ojos; **don't stay out in the ~ too long** no te quedes mucho tiempo al sol; **let's sit out of/in the ~** sentémonos a la sombra/al sol; **Denver had eight hours of ~ yesterday** ayer hubo ocho horas de sol en Denver; ***to think the ~ shines out of sb's eyes*** o (sl) ***backside*** o (vulg) ***arse*** (BrE) creer* que algn es maravilloso; ***under the ~***: **I've tried everything under the ~** he probado de todo; **I've looked everywhere under the ~** he buscado por todas partes; **she called him every name under the ~** le dijo de todo; **there's nothing new under the ~** no hay nada nuevo bajo el sol; (*before n*) ‹*hat/bonnet*› para el sol; **~ blind** (BrE) toldo *m*; **~ block** (BrE) filtro *m* solar; **~ cream** (for tanning) crema *f* bronceadora; (for protection) protector *m* solar; **~ god** dios *m* del Sol; **~ hat** gorro *m* para el sol; **the S~ King** el Rey Sol; **~ oil** aceite *m* solar *or* para el sol; **~ parlor** o (BrE) **lounge** jardín *m* de invierno; **~ porch** galería *f*, veranda *f*; **~ visor** visera *f*; **~ umbrella** sombrilla *f*, quitasol *m*

sun[2] **-nn-** *v refl*: **to ~ oneself** tomar el sol *or* (CS tb) tomar sol, asolearse (AmL)

Sun ►❶ **p.1085** (= **Sunday**) dom.

> **The Sun**
>
> ►**Newspapers.**

sun-baked /'sʌnbeɪkt/ *adj* ‹*bricks*› secado al sol; ‹*road/desert*› calcinado

sunbathe /'sʌnbeɪð/ *vi* tomar el sol *or* (CS tb) tomar sol, asolearse (AmL)

sunbather /'sʌn,beɪðər || 'sʌn,beɪðə(r)/ *n*: *persona que toma el sol*

sunbathing /'sʌn,beɪðɪŋ/ *n* [u] baños *mpl* de sol; **I love ~** me encanta tomar el sol *or* (CS tb) tomar sol, me encanta asolearme (AmL)

sunbeam /'sʌnbi:m/ *n* rayo *m* de sol; (*as form of address*) (BrE used to children) (mi) cielo, tesoro (fam)

sunbed /'sʌnbed/ *n* cama *f* solar

sunbelt /'sʌnbelt/ *n* (in US): **the ~** *los estados del Sur y Suroeste de los EEUU*

> **Sunbelt**
>
> El nombre coloquial de los estados del sur de EEUU, desde Virginia hasta California. Desde la década de los 60 su poder político y económico ha ido en aumento en la medida que más gente se traslada del ►**Rust Belt** y el ►**Snow Belt** hacia el clima más cálido y las nuevas oportunidades de trabajo del *Sun Belt*.

sun-bleached /'sʌn,bli:tʃt/ *adj* que se ha de(s)colorado con el sol

sun block *n* bloqueador *m* solar

sunburn /'sʌnbɜ:rn || 'sʌnbɜ:n/ *n* [u] quemadura *f* de sol

sunburned /'sʌnbɜ:rnd || 'sʌnbɜ:nd/ (BrE also) **sunburnt** /-bɜ:rnt || -bɜ:nt/ *adj* 1 (painfully) quemado por el sol 2 (brown) bronceado, tostado, quemado (AmL), moreno (Esp), asoleado (Méx)

sundae /'sʌndeɪ/ *n* sundae *m* (*helado con fruta, crema, jarabe etc*)

Sunday /'sʌndeɪ -di/ *n* 1 ►❶ **p.1085** (day) domingo *m*; (*before n*) ‹*mass*› dominical; **in one's ~ best** vestido de domingo, endomingado; **~ driver** (pej) dominguero, -ra *m,f* (pey) (*conductor lento y extremadamente precavido*); **~ opening** apertura *f* de las tiendas los domingos; **~ paper** periódico *m* del domingo, dominical *m* (esp Esp); **~ school** *sesiones dominicales de catequesis para niños*; **~ supplement** suplemento *m* dominical *or* del domingo; **~ trading** comercio *m* en domingo; **~ trading laws** leyes *fpl* reguladoras del comercio en domingo; *see also* **Monday** 2 (newspaper) (BrE colloq) dominical *m*, diario *m or* periódico *m* dominical *or* de los domingos

> **Sunday papers**
>
> Tanto en EEUU como en Gran Bretaña, los periódicos dominicales son más gruesos que los que se publican diariamente y aparecen divididos en varias secciones, entre las que se incluyen deportes, noticias, cultura y artes. En Gran Bretaña los periódicos dominicales de más seriedad son el Sunday Times, The Observer y The Independent on Sunday. Entre los más populares figuran el News of the World, Sunday Express, Mail on Sunday y Sunday Mirror. *Ver tb* ►**Newspapers.**

> **The Sunday Times**
>
> ►**Sunday papers.**

sun deck *n* 1 (Naut) cubierta *f* superior 2 (AmE) (Archit) solario *m*

sunder /'sʌndər || 'sʌndə(r)/ *vt* (liter) romper*, hender* (liter)

sundew /'sʌndu: || 'sʌndju:/ *n* rosolí *m*, rocío *m* de sol

sundial /'sʌndaɪl || 'sʌndaɪəl/ *n* reloj *m* de sol

sundown /'sʌndaʊn/ *n* (*no art*) puesta *f* de(l) sol; **at ~** al atardecer, a la caída de la tarde

sundowner /'sʌndaʊnər || 'sʌndaʊnə(r)/ *n* (colloq) bebida *f* (*que se toma al atardecer*)

sun-drenched /'sʌndrentʃt/ *adj* (*before n*) bañado por el sol

sundress /'sʌndres/ *n* vestido *m* de tirantes, solera *f* (CS)

sun-dried /'sʌndraɪd/ *adj* secado al sol

sundries /'sʌndriz/ *pl n* 1 (goods) artículos *mpl* diversos 2 (expenses) gastos *mpl* varios

sundry[1] /'sʌndri/ *adj* varios, diversos

sundry[2] *pron*: **all and ~** todos sin excepción, todo el mundo

sun-filled /'sʌn'fɪld/ *adj* (*before n*) soleado, lleno de sol

sun filter *n* filtro *m* solar

sunflower /'sʌnflaʊr || 'sʌn,flaʊə(r)/ *n* girasol *m*, maravilla *f* (Chi); (*before n*): **~ oil** aceite *m* de girasol; **~ seed** semilla *f* de girasol *or* (Chi) de maravilla, pipa *f* (Esp)

sung /sʌŋ/ *past p of* **sing**

sunglasses /'sʌn,glæsəz || 'sʌn,glɑ:sɪz/ *pl n* gafas *fpl or* (esp AmL) lentes *mpl or* anteojos *mpl* de sol

sunk[1] /sʌŋk/ *past p of* **sink**[1]

sunk[2] *adj* (*pred*) 1 (in trouble) (colloq): **to be ~** estar* perdido 2 (immersed) **to be ~ IN sth** estar* sumido EN algo (liter); **~ in depression** sumido en la depresión

sunken /'sʌŋkən/ *adj* 1 (*before n*) ‹*ship/treasure*› hundido, sumergido 2 (*before n*) ‹*garden/patio*› a nivel más bajo 3 (hollow) ‹*eyes/cheeks*› hundido

sun-kissed /'sʌnkɪst/ *adj* (liter) (*before n*) bañado por el sol

sun lamp *n* lámpara *f* de rayos ultravioletas

sunless /'sʌnləs || 'sʌnlɪs/ *adj* ‹*day*› sin sol; ‹*room*› sin sol, donde no da el sol

sunlight /'sʌnlaɪt/ *n* [u] sol *m*, luz *f* del sol; **place out of direct ~** evitar la luz del sol directa

sunlit /'sʌnlɪt/ *adj* soleado

sunlounger /'sʌn,laʊndʒər || 'sʌn,laʊndʒə(r)/ *n* sillón *m* de jardín, tumbona *f* (Esp)

Sunni[1] /'sʊni || 'sʊni, 'sʌni/ *n* 1 (individual) suní *mf*, sunita *mf* 2 (sect) (+ *pl vb*): **the ~** los suní, los sunitas

Sunni[2] *adj* suní, sunita

sunnily /'sʌnəli || 'sʌnɪli/ *adv* con alegría

sunny /'sʌni/ *adj* **-nier, -niest** 1 ►❶ **p.1878**; ‹*day*› de sol; ‹*room/garden*› soleado; **in ~ weather** cuando hace sol; **the sunniest corner of the garden** el rincón más soleado del jardín; **it's ~ today** hoy hace sol; **I like my eggs ~ side up** (Culin) me gustan los huevos fritos sólo por un lado 2 (good-humored) ‹*disposition*› alegre, risueño; ‹*smile*› alegre, resplandeciente

sunray /'sʌnreɪ/ *n* rayo *m* de sol; (*before n*): **~ lamp** lámpara *f* ultravioleta *or* solar

sunray treatment *n* [u] tratamiento *m* con lámpara ultravioleta *or* solar

sunrise /'sʌnraɪz/ *n* salida *f* del sol; **at ~** al amanecer, al alba (liter)

sunrise industry *n* industria *f* del porvenir

sunroof /'sʌnru:f/ *n* techo *m* corredizo

sunroom /'sʌnru:m -rʊm/ *n* (AmE) jardín *m* de invierno

sunscreen /'sʌnskri:n/ *n* filtro *m* solar

sunseeker /'sʌn,si:kər || 'sʌn,si:kə(r)/ *n* buscador, -dora *m,f* del sol

sunset /'sʌnset/ *n* puesta *f* de(l) sol, crepúsculo *m* (liter); **at ~** al atardecer, a la caída de la tarde

sunset industry *n* industria *f* en decadencia, industria *f* en declinación

sunshade /'sʌnʃeɪd/ *n* (BrE) 1 (awning) toldo *m* 2 (parasol) sombrilla *f*

sunshine /'sʌnʃaɪn/ *n* 1 [u] sol *m*; **let's sit in the ~** sentémonos al sol; **Portland had eight hours' ~ yesterday** ayer hubo ocho horas de sol en Portland 2 (colloq) (*as form of address*) nene, -na (fam), mijito, -ta (AmL fam), majo, -ja (Esp fam)

sunshine roof *n* (BrE dated) ►**sunroof**

sunspace /'sʌnspeɪs/ *n* solarium *m*

sunspot /'sʌnspɑ:t || 'sʌnspɒt/ *n* 1 (Astron) mancha *f* solar 2 (resort) (colloq) *lugar de veraneo con mucho sol*; **the Mediterranean ~s** los soleados centros turísticos del Mediterráneo

sunstroke /'sʌnstrəʊk/ *n* [u] insolación *f*; **to get ~** insolarse, agarrar *or* (esp Esp) coger* una insolación

sunsuit /ˈsʌnsuːt || ˈsʌnsuːt, -sjuːt/ *n* traje *m* de playa (*para niño*)

suntan /ˈsʌntæn/ *n* [u c] bronceado *m*, moreno *m* (Esp); **to get a ~** broncearse, tostarse*, quemarse (AmL); (*before n*) ‹*oil/lotion*› bronceador

suntanned /ˈsʌntænd/ *adj* bronceado, tostado, quemado (AmL), moreno (Esp), asoleado (Méx)

suntrap /ˈsʌntræp/ *n: lugar muy soleado y resguardado*

sun-up /ˈsʌnʌp/ *n* (*no art*) amanecer *m*, alba *f*‡ (liter), salida *f* del sol; **at ~** al amanecer, al alba (liter)

sunworshipper /ˈsʌnˌwɜːrʃəpər || ˈsʌnˌwɜːʃɪpə(r)/ *n* **1** (Relig) adorador, -dora *m,f* del sol **2** (sunbather) (hum) fanático, -ca *m,f* del sol

sup /sʌp/ **-pp-** *vt* (drink) (BrE dial) beber

■ **sup** *vi* (dine) (arch) **to ~ ON/OFF sth** cenar algo

Phrasal verb

• **sup up** [v + adv] (BrE) (colloq) apurar la copa

super¹ /ˈsuːpər || ˈsuːpə(r)/ *adj* (colloq) ‹*party/film/meal*› genial (fam), súper *adj inv* (fam); **that dress looks ~ on you** ese vestido te queda genial (fam); **what a ~ idea!** ¡qué idea más genial! (fam); (*as interj*): **oh, ~!** ¡genial! (fam), ¡bárbaro! (fam), ¡fantástico! (fam)

super² *n* (Theat) (colloq) comparsa *mf*, figurante *mf*

super- /ˈsuːpər || ˈsuːpə(r)/ *pref* super-; **~trendy** (colloq) supermoderno (fam), requetemoderno (fam); *see also* **supercharge, superheat** *etc*

superabundance /ˌsuːpərəˈbʌndəns/ *n* (*no pl*) superabundancia *f*, sobreabundancia *f*, exceso *m*

superabundant /ˌsuːpərəˈbʌndənt/ *adj* **1** ‹*skill/enthusiasm*› extraordinario **2** ‹*crops*› superabundante, sobreabundante

superannuate /ˌsuːpərˈænjueɪt/ *vt* (frml) (*usu pass*) jubilar

superannuated /ˌsuːpərˈænjueɪtəd || ˌsuːpərˈænjʊeɪtɪd/ *adj* (pej) ‹*person/ideas*› caduco, anticuado

superannuation /ˌsuːpərˌænjuˈeɪʃən/ *n* (BrE frml) **1** [c] (pension) (pensión *f* de) jubilación *f*; (*before n*): **~ contributions** cotizaciones *fpl* al fondo de pensión, aportes *mpl* jubilatorios (RPl), imposiciones *fpl* (Chi); **~ fund** fondo *m* de pensiones; **~ scheme** plan *m* de jubilación **2** [u] (retirement) jubilación *f*

superb /sʊˈpɜːrb || suːˈpɜːb/ *adj* magnífico, espléndido

superbly /sʊˈpɜːrbli || suːˈpɜːbli/ *adv* ‹*work/function*› a la perfección; ‹*illustrated/written/furnished*› magníficamente, soberbiamente; **she is ~ confident** tiene una extraordinaria confianza en sí misma

Super Bowl

> **Super Bowl**
>
> El campeonato de la *National Football League*, la liga más importante del fútbol norteamericano ▸**American Football.**

superbug /ˈsuːpərbʌg || ˈsuːpəbʌg/ *n*
A (bacterium — genetically engineered) bacteria *f* transgénica; (— drug-resistant) superbacteria *f*
B (insect) superinsecto *m*

supercargo /ˈsuːpərˌkɑːrgəʊ || ˈsuːpəˌkɑːgəʊ/ *n* (*pl* **-goes**) sobrecargo *m*

supercharge /ˈsuːpərtʃɑːrdʒ || ˈsuːpətʃɑːdʒ/ *vt* sobrealimentar

supercharged /ˈsuːpərtʃɑːrdʒd || ˈsuːpətʃɑːdʒd/ *adj*
A **1** ‹*vehicle/engine*› sobrealimentado **2** ‹*computer*› sobrecargado
B ‹*role/performance/terms*› con una fuerte carga emocional

supercharger /ˈsuːpərˌtʃɑːrdʒər || ˈsuːpəˌtʃɑːdʒə(r)/ *n* sobrealimentador *m*

supercilious /ˌsuːpərˈsɪliəs || ˌsuːpəˈsɪliəs/ *adj* desdeñoso, altanero

superciliously /ˌsuːpərˈsɪliəsli || ˌsuːpəˈsɪliəsli/ *adv* con desdén *or* altanería, desdeñosamente

supercomputer /ˈsuːpərkəmˌpjuːtər || ˈsuːpəkəmˌpjuːtə(r)/ *n* supercomputadora *f or* (Esp) superordenador *m*

supercomputing /ˈsuːpərkəmˌpjuːtɪŋ || ˈsuːpəkəmˌpjuːtɪŋ/ *n* supercomputación *f*, superinformática *f*

superconducting /ˈsuːpərkənˌdʌktɪŋ || ˈsuːpəkənˌdʌktɪŋ/ *adj* superconductor

superconductivity /ˌsuːpərˌkɑːndʌkˈtɪvəti || ˌsuːpəˌkɒndʌkˈtɪvəti/ *n* [u] superconductividad *f*

superconductor /ˈsuːpərkənˌdʌktər || ˈsuːpəkənˌdʌktə(r)/ *n* superconductor *m*

supercooling /ˈsuːpərˌkuːlɪŋ || ˈsuːpəˌkuːlɪŋ/ *n* sobreenfriamiento *m*, sobrefusión *f*

super-duper /ˌsuːpərˈduːpər || ˌsuːpəˈduːpə(r)/ *adj* (colloq & dated) ‹*occasion/car*› fabuloso (fam); ‹*meal*› espléndido, magnífico

superego /ˈsuːpərˌiːgəʊ ˈsuːpərˌegəʊ/ *n* (*pl* **-gos**) superego *m*, superyó *m*

superficial /ˌsuːpərˈfɪʃəl || ˌsuːpəˈfɪʃəl/ *adj*
A **1** ‹*wound/burn*› superficial; ‹*resemblance/differences*› superficial **2** ‹*inspection*› superficial, por encima; ‹*person*› superficial; **he's so ~** es tan superficial
B ‹*area/measurements*› de superficie

superficiality /ˌsuːpərˌfɪʃiˈæləti || ˌsuːpəˌfɪʃiˈæləti/ *n* [u c] (*pl* **-ties**) superficialidad *f*

superficially /ˌsuːpərˈfɪʃəli || ˌsuːpəˈfɪʃəli/ *adv* **1** ‹*damage/affect*› superficialmente **2** ‹*resemble/differ*› superficialmente, en apariencia; ‹*study/examine*› superficialmente, por encima **3** (*indep*) en apariencia, a primera vista

superfine /ˌsuːpərˈfaɪn || ˌsuːpəˈfaɪn/ *adj* **1** ‹*quality/material*› extrafino **2** ‹*distinction/discrimination*› sutilísimo

superfluity /ˌsuːpərˈfluːəti || ˌsuːpəˈfluːəti/ *n* (*no pl*) sobreabundancia *f*, superabundancia *f*, exceso *m*, superfluidad *f* (frml)

superfluous /suːˈpɜːrfluəs || suːˈpɜːflʊəs/ *adj* ‹*details/explanation*› superfluo; **to say more would be ~** sería superfluo añadir nada más; **it is ~ to say …** está de más decir …; **his presence was ~** su presencia era innecesaria *or* estaba de más

superfluously /suːˈpɜːrfluəsli || suːˈpɜːflʊəsli/ *adv* ‹*add/comment*› innecesariamente, sin necesidad

superglue¹ /ˈsuːpərgluː || ˈsuːpəgluː/ *n* [u] cola *f* de contacto, supercola *f*

superglue² *vt* pegar* con cola de contacto, pegar* con supercola

supergrass /ˈsuːpərgræs || ˈsuːpəgrɑːs/ *n* (BrE colloq) supersoplón, -plona *m,f* (fam)

superheat /ˈsuːpərhiːt || ˈsuːpəhiːt/ *vt* sobrecalentar*

superhero /ˈsuːpərˌhɪrəʊ || ˈsuːpəˌhɪərəʊ/ *n* (*pl* **-roes**) superhéroe *m*

superhighway /ˈsuːpərˌhaɪweɪ || ˈsuːpəˌhaɪweɪ/ *n* **1** (AmE) (Auto) autopista *f* **2** (Comput): **the information ~** la autopista de la comunicación

superhuman /ˌsuːpərˈhjuːmən || ˌsuːpəˈhjuːmən/ *adj* **1** ‹*efforts/courage*› sobrehumano **2** ‹*being*› sobrenatural

superimpose /ˌsuːpərɪmˈpəʊz/ *vt* superponer*

superintelligent /ˌsuːpərɪnˈtelɪdʒənt/ *adj* superinteligente

superintend /ˌsuːpərɪnˈtend/ *vt* supervisar

superintendent /ˌsuːpərɪnˈtendənt/ *n* **1** (person in charge — of maintenance, hostel, swimming pool) encargado, -da *m,f*; (— of building) (AmE) portero, -ra *m,f*; (— of institution) director, -tora *m,f* **2** (police officer) (in US) superintendente *mf* (*jefe de un departamento de policía*); (in UK) comisario, -ria *m,f* de policía

superior¹ /sʊˈpɪriər || suːˈpɪəriə(r)/ *adj*
A **1** (better) **to be ~ (TO sth/sb)** ser* superior (A algo/algn), ser* mejor (QUE algo/algn); **the sound is definitely ~** el sonido es decididamente superior *or* mejor; **our cars are ~ in design to theirs** nuestros coches superan a los suyos en el diseño **2** (above average) ‹*workmanship/writer*› de gran calidad; **they sell only ~ quality goods** sólo venden productos de primera calidad
B (arrogant) ‹*tone/smile*› de superioridad *or* suficiencia; **she said it in a ~ way** lo dijo con tono de superioridad *or* de suficiencia; **he's so ~** se da unos aires de superioridad
C (higher in rank, status): **his ~ officer** su superior; **leave it to someone ~ to you** déjaselo a alguno de tus superiores; **~ court** tribunal *m* superior
D (in amount, number): **given their ~ numbers, we cannot win** dada su superioridad numérica, no podemos ganar
E (above) (frml) **to be ~ TO sth** estar* por encima de algo
F (higher, upper) superior
G (Astron) ‹*planet*› superior

superior² *n* **1** (in rank, position) superior *m*; **she's my ~** (ella) es mi superior **2** (in ability): **she has few ~s** pocos la superan; **she is his ~ as a poet** es mejor poeta que él **3** (Relig) superior, -riora *m,f*; **Father S~** Padre *m* Superior; **Mother S~** Madre *f* Superiora

superiority /sʊˌpɪriˈɔːrəti || suːˌpɪəriˈɒrəti/ *n* [u]
A **1** (in quality) superioridad *f* **2** (excellence) superioridad *f* **3** (self-importance) superioridad *f*; **with an air of ~** con aire de superioridad; (*before n*): **~ complex** complejo *m* de superioridad
B (in rank, amount, number) superioridad *f*; **they achieved air ~** alcanzaron la supremacía aérea

super-jumbo /ˈsuːpərˌdʒʌmbəʊ || ˈsuːpəˌdʒʌmbəʊ/ *n* (Aviat) super-jumbo *m*

superlative¹ /sʊˈpɜːrlətɪv || suːˈpɜːlətɪv/ *adj*
A (excellent) ‹*performance/design/meal*› inigualable, excepcional; **silk of ~ quality** seda de primerísima calidad
B (Ling) superlativo; **the ~ form** el superlativo

superlative² *n* superlativo *m*; **in the ~** en superlativo; **he spoke in ~s about our project** se deshizo en elogios al referirse a nuestro proyecto

superlatively /sʊˈpɜːrlətɪvli || suːˈpɜːlətɪvli/ *adv* excepcionalmente

superman /ˈsuːpərmæn || ˈsuːpəmæn/ *n* (*pl* **-men** /-men/) superhombre *m*; **S~** Supermán

supermarket /ˈsuːpərˌmɑːrkət || ˈsuːpəˌmɑːkɪt/ *n* supermercado *m*, autoservicio *m*

supermodel /ˈsuːpərˌmɑːdl || ˈsuːpəˌmɒdl/ *n* supermodelo *mf*

supernatural¹ /ˌsuːpərˈnætʃərəl || ˌsuːpəˈnætʃərəl/ *adj* sobrenatural

supernatural² *n*: **the ~** lo sobrenatural

supernova /ˌsuːpərˈnəʊvə || ˌsuːpəˈnəʊvə/ *n* (*pl* **-vas**) supernova *f*

supernumerary¹ /ˌsuːpərˈnuːməreri || ˌsuːpəˈnjuːmərəri/ *adj* supernumerario

supernumerary² *n* (*pl* **-ries**) (Theat) figurante *mf*

superpower /ˈsuːpərˌpaʊər || ˈsuːpəˌpaʊə(r)/ *n* superpotencia *f*

superrich /ˌsuːpərˈrɪtʃ || ˌsuːpə(r)ˈrɪtʃ/ *n* [u] superrico, -ca *m,f*

superscript¹ /ˈsuːpərskrɪpt || ˈsuːpəskrɪpt/ *adj* (*before n*) volado, superíndice

superscript² *n* superíndice *m*

supersede /ˌsuːpərˈsiːd || ˌsuːpəˈsiːd/ *vt* (*often pass*) ‹*idea/method*› reemplazar*, sustituir*; **the old, ~d technology** la antigua y ya desbancada *or* superada tecnología

supersensitive /ˌsuːpərˈsensətɪv || ˌsuːpəˈsensɪtɪv/ *adj* supersensible

supersonic /ˌsuːpərˈsɑːnɪk || ˌsuːpəˈsɒnɪk/ *adj* supersónico

superspy /ˈsuːpərspaɪ || ˈsuːpəspaɪ/ *n* (*pl* **-spies**) superespía *mf*

superstar /ˈsuːpərstɑːr || ˈsuːpəstɑː(r)/ *n* superestrella *f*, gran estrella *f*, galáctico, -ca *m,f*; **a tennis ~** una superestrella *or* una gran estrella *or* un galáctico del tenis

superstate /ˈsuːpərsteɪt || ˈsuːpəsteɪt/ *n* superestado *m*

superstation /ˈsuːpərˌsteɪʃən || ˈsuːpəˌsteɪʃən/ *n* (AmE) supercanal *m* (de televisión), supercadena *f* (de televisión)

S

superstition /ˌsuːpərˈstɪʃən || ˌsuːpəˈstɪʃən/ *n* [u c] superstición *f*

superstitious /ˌsuːpərˈstɪʃəs || ˌsuːpəˈstɪʃəs/ *adj* supersticioso; **it's just ~ nonsense** no son más que supersticiones *or* paparruchas

superstitiously /ˌsuːpərˈstɪʃəsli || ˌsuːpəˈstɪʃəsli/ *adv* supersticiosamente

superstore /ˈsuːpərstɔːr || ˈsuːpəstɔː(r)/ *n* (BrE) hipermercado *m*

superstratum /ˈsuːpərˌstreɪtəm, -ˌstræ- || ˈsuːpəˌstrɑːtəm, -ˌstreɪ-/ *n* (*pl* **-ta** /-tə/) **1** (Ling) superestrato *m* **2** (Geol) estrato *m* superior

superstrength /ˈsuːpərstreŋθ || ˈsuːpəstreŋθ/ *adj* **1** ‹*material/covering*› superresistente, extrarresistente **2** ‹*beer/cider*› extrafuerte

superstructure /ˈsuːpərˌstrʌktʃər || ˈsuːpəˌstrʌktʃə(r)/ *n* superestructura *f*

supertanker /ˈsuːpərˌtæŋkər || ˈsuːpəˌtæŋkə(r)/ *n* superpetrolero *m*

supertax /ˈsuːpərtæks || ˈsuːpətæks/ *n* [u] impuesto *m* suplementario sobre la renta

supervene /ˌsuːpərˈviːn || ˌsuːpəˈviːn/ *vi* (frml) sobrevenir*

supervise /ˈsuːpərvaɪz ˈsuːpəvaɪz/ *vt* **1** ‹*project/staff*› supervisar; ‹*thesis*› dirigir* **2** (watch over) vigilar

supervision /ˌsuːpərˈvɪʒən || ˌsuːpəˈvɪʒən/ *n* [u] supervisión *f*; **a committee exercises close ~ of their activities** un comité supervisa de cerca sus actividades; **under the ~ of experts** bajo la supervisión *or* la dirección de expertos; **to work without ~** trabajar sin supervisión

supervisor /ˈsuːpərˌvaɪzər || ˈsuːpəˌvaɪzə(r)/ *n* **1** (overseer) supervisor, -sora *m,f* **2** (official) (in US) alcalde, -desa *m,f* (*elegido anualmente o cada dos años*) **3** (in UK university) director, -tora *m,f* de tesis

supervisory /ˌsuːpərˈvaɪzəri || ˌsuːpəˈvaɪzəri/ *adj* ‹*duties/post*› de supervisor; **in my ~ capacity** en mi calidad de supervisor

superwoman /ˈsuːpərˌwʊmən || ˈsuːpəˌwʊmən/ *n* (*pl* **-women** /-ˌwɪmɪn/) supermujer *f*

supine /sʊˈpaɪn || ˈsuːpaɪn/ *adj* **1** (lying on back) (frml): **to be/lie ~** estar*/estar* tendido en decúbito supino *or* dorsal (frml) **2** (passive) (pej) lánguido, abúlico

supper /ˈsʌpər || ˈsʌpə(r)/ *n* [u c] (evening meal) cena *f*, comida (esp AmL); **to have ~** cenar, comer (esp AmL); **what's for ~?** ¿qué hay de cena?; **would you like to stay to ~?** ¿le gustaría quedarse a cenar?

suppertime /ˈsʌpərtaɪm || ˈsʌpətaɪm/ *n* [u c] hora *f* de cenar *or* (esp AmL) de comer

supplant /səˈplænt || səˈplɑːnt/ *vt* ‹*idea/method*› sustituir*, reemplazar*; **she had been ~ed in his affections by another woman** otra mujer la había suplantado en su corazón

supple /ˈsʌpəl/ *adj* **-pler** /-plər || -plə(r)/ **-plest** /-pləst/ ‹*body/fingers*› ágil; ‹*leather*› fino y flexible, suave; **his mind was quick and ~** tenía una inteligencia viva y ágil

supplement¹ /ˈsʌpləmənt || ˈsʌplɪmənt/ *n*

A (addition) complemento *m*; **as a ~ to your diet** como complemento de su dieta; **it provides a ~ to my income** complementa mis ingresos

B **1** (additional part — at end of book) apéndice *m*; (— published separately) suplemento *m* **2** (section of newspaper — separate) suplemento *m*; (— inserted) separata *f*

supplement² /ˈsʌpləment || ˈsʌplɪmənt/ *vt* ‹*diet/income*› complementar; ‹*report*› completar

supplementary /ˌsʌpləˈmentəri || ˌsʌplɪˈmentəri/, **supplemental** /ˈsʌpləˈmentl || ˌsʌplɪˈmentl/ *adj*

A (additional) ‹*report/supply/delivery*› suplementario, adicional

B (Math) suplementario

supplementary benefit *n* (formerly in UK) *subsidio otorgado a personas de bajos ingresos*

suppleness /ˈsʌpəlnəs || ˈsʌpəlnɪs/ *n* [u] (of body, mind) agilidad *f*; (of leather) flexibilidad *f*, suavidad *f*

suppliant /ˈsʌpliənt/ *adj* (liter) suplicante

supplicant /ˈsʌplɪkənt || ˈsʌplɪkənt/ *n* suplicante *mf*

supplicate /ˈsʌpləkeɪt || ˈsʌplɪkeɪt/ (liter) *vt* ‹*forgiveness/protection*› suplicar*; **they ~d him to intervene** le suplicaron que interviniera

■ **supplicate** *vi* **to ~ FOR sth** suplicar* algo

supplication /ˌsʌpləˈkeɪʃən || ˌsʌplɪˈkeɪʃən/ *n* [u c] súplica *f*

supplier /səˈplaɪər || səˈplaɪə(r)/ *n* (Busn) proveedor, -dora *m,f*, abastecedor, -dora *m,f*; **check with your ~** consulte a su (establecimiento) proveedor; **who are your ~s?** ¿quién es su proveedor?, ¿quién se lo vende?

supply¹ /səˈplaɪ/ *n* (*pl* **-plies**)

A [u] (provision) suministro *m*; **the ~ of goods and services** el suministro *or* la provisión de productos y servicios; **the law of ~ and demand** la ley de la oferta y la demanda; **to cut off the water/electricity ~** cortar el suministro de agua/electricidad; **the ~ of blood to the brain** el riego sanguíneo del cerebro; (*before n*) ‹*route/ship*› de abastecimiento

B (stock, store): **food supplies are running low** se están agotando las provisiones *or* los víveres *or* (Mil) los pertrechos; **we need fresh supplies of paper** tenemos que pedir una nueva remesa de papel, tenemos que renovar las existencias de papel; **you'll need a good ~ of books** te hará falta una buena cantidad de libros; **we only have a month's ~ of coal left** sólo nos queda carbón para un mes; (Busn) las existencias de carbón sólo van a durar un mes, el estoc de carbón sólo va a durar un mes; **office supplies** material *m or* artículos *mpl* de oficina; **she has an endless ~ of patience/jokes** tiene una paciencia inagotable/un repertorio interminable de chistes; **to be in short ~** escasear; **sugar was in short ~** escaseaba el azúcar, había escasez de azúcar

supply² *vt* **-plies, -plying, -plied**

A **1** (provide, furnish) ‹*electricity/gas*› suministrar; ‹*goods*› suministrar, abastecer* *or* proveer* de; ‹*evidence/information*› proporcionar, facilitar; **they ~ machinery to the industry** proveen de *or* suministran maquinaria a la industria; **you cook and I'll ~ the wine** tú haces la comida y yo pongo el vino; **Rupert supplied the comic relief** Rupert dio *or* aportó el toque humorístico que relajó la tensión **2** ‹*retailer/manufacturer*› abastecer*; **to ~ sb WITH sth** ‹*with equipment*› proveer* a algn DE algo; (Busn) abastecer* a algn DE algo, suministrarle algo A algn; ‹*with information*› facilitarle *or* proporcionarle algo A algn; **they supplied us with everything we needed** nos proveyeron de todo lo necesario; **they ~ us with the raw materials** nos abastecen *or* proveen de materia prima, nos suministran la materia prima; **we can ~ you with glasses for your party** podemos facilitarle *or* proporcionarle las copas para su fiesta; **to ~ the army with provisions** suministrar provisiones al ejército, aprovisionar al ejército; **they are not supplied with running water** no tienen suministro de agua corriente

B (meet) (frml) ‹*demand/need*› satisfacer*; ‹*deficiency*› suplir; **to ~ the shortfall** reparar el déficit

supply chain *n* canal *m* de producción y distribución, cadena *f* de producción y distribución

supply-driven /səˈplaɪˌdrɪvən/ *adj* orientado por la oferta

supply line *n*

A (Elec) cable *m* de suministro

B (channel) línea *f* de abastecimiento

supply-side /səˈplaɪsaɪd/ *adj* (Econ) ‹*measures/solutions/competition/policy*› del lado de la oferta

supply-side economics /səˈplaɪsaɪd/ *n* economía *f* de la oferta

supply teacher *n* (BrE) (profesor, -sora *m,f*) suplente *mf*

supply teaching *n* [u] (BrE) suplencias *fpl*

support¹ /səˈpɔːrt || səˈpɔːt/ *vt*

A **1** (hold up) ‹*bridge/structure*› sostener*; **the roof is ~ed by six columns** el tejado descansa sobre *or* se apoya en seis columnas; **the chair couldn't ~ his weight** la silla no pudo aguantar *or* resistir su peso; **she had to ~ herself on a chair** tuvo que apoyarse en una silla **2** (Econ, Fin) ‹*price/growth*› mantener*, sostener*; **a move to ~ the dollar** una medida para mantener la cotización del dólar *or* para proteger el dólar

B **1** (maintain, sustain) ‹*family/children*› mantener*, sostener*, sustentar; **to ~ oneself** ganarse la vida *or* (liter) el sustento; **the hospital is ~ed entirely by private donations** el hospital está enteramente financiado por donaciones de particulares **2** (Comput) admitir

C **1** (encourage) apoyar, ayudar; **they went along to ~ their team** fueron a animar a su equipo **2** (back) ‹*cause/motion*› apoyar; **which team do you ~?** ¿de qué equipo eres (hincha)?; **I ~ the Greens** estoy con los verdes; **delegates voted to ~ the resolution** los delegados votaron a favor de la resolución **3** (back up) apoyar; **we ~ him wholeheartedly** lo apoyamos sin reservas

D (Cin, Mus, Theat) secundar; **he's ~ed by a splendid cast** lo secunda *or* respalda un magnífico elenco de actores; **the band was ~ed by ...** el grupo telonero fue ...

E (corroborate) ‹*explanation/theory*› respaldar, confirmar, sustentar

F (endure) (liter) ‹*conduct/impudence/heat*› soportar, tolerar

support² *n*

A **1** [c] (of structure) soporte *m* **2** [c] (Med, Sport) protector *m*; **athletic ~** (BrE) suspensorio *m*, suspensor *m* (Per, RPl) **3** [u] (physical): **the pillars provide the ~ for the arches** los pilares sirven de apoyo a los arcos; **to lean on sb for ~** apoyarse en algn (para sostenerse); **these shoes give a lot of ~** estos zapatos sujetan *or* sostienen bien el pie; (*before n*): **~ stockings** medias *fpl* elásticas; **~ pantyhose** (AmE) *o* **tights** (BrE) panti(e)s *mpl* elásticos, panti(e)s *fpl* elásticas, pantimedias *fpl* elásticas (Méx), medias *fpl* bombacha (RPl) *or* (Col), pantalón *or* (Ven) panty elásticas

B **1** [u] (financial) ayuda *f* (económica), apoyo *m* (económico); **government ~ for sports is inadequate** la ayuda *or* el apoyo gubernamental al deporte es insuficiente; **he has no means of ~** no tiene ninguna fuente de ingresos, no tiene con qué mantenerse; **she has (financial) ~ from her ex-husband** su ex-marido contribuye económicamente a su manutención **2** [c] (person) sostén *m*

C [c] (backing, encouragement) apoyo *m*, respaldo *m*; **you can count on my ~** puede contar con mi apoyo *or* respaldo; **I've had absolutely no ~ from you** no me has apoyado en absoluto; **the class folded because of lack of ~** la clase tuvo que cerrar por falta de interés; **the crowd gave their team vociferous ~** el público animó a su equipo con gran vehemencia; **I went with her to give her (moral) ~** la acompañé para que se sintiera apoyada *or* respaldada; (*before n*): **a ~ system for single-parent families** una infraestructura de apoyo a las familias monoparentales

D [u] **1** (Mil) apoyo *m*, refuerzo *m*; **to bring up troops/ships in ~** llevar tropas/barcos de apoyo; (*before n*) ‹*vessels/trenches/troops*› de apoyo **2** (backup) servicio *m* al cliente; **technical/dealer ~** servicio técnico/de ventas; (*before n*) ‹*package/material*› adicional, suplementario; ‹*program*› (Comput) de apoyo

E **in support of** (*as prep*): **he spoke in ~ of the motion** habló a favor de *or* en apoyo de la moción; **a demonstration in ~ of the President** una manifestación de apoyo al presidente; **she could produce no evidence in ~ of her claim** no pudo presentar pruebas en apoyo de su demanda; **he produced figures in ~ of his theory** presentó cifras que respaldaban *or* confirmaban su teoría

supportable /səˈpɔːrtəbəl || səˈpɔːtəbəl/ *adj* (liter) soportable, tolerable; **barely ~** casi insoportable *or* intolerable

support band *n* grupo *m* telonero

supporter /səˈpɔːrtər || səˈpɔːtə(r)/ *n*

A **1** (adherent) partidario, -ria *m,f* **2** (Sport) hincha *mf*, seguidor, -dora *m,f*; **to thank one's ~s** agradecer* a la afición

S

B (*athletic* ~) (AmE) suspensorio *m*, suspensor *m* (Per, RPl)

support group *n* **1** (support band) (Mus) grupo *m* telonero **2** (giving counselling) grupo *m* de apoyo

supporting /sə'pɔːrtɪŋ || sə'pɔːtɪŋ/ *adj* **1** (*before n*) ‹*role*› secundario; ‹*actor*› secundario, de reparto; ~ **act** número *m* telonero; ~ **movie** *o* **film** cortometraje *m* (*en programa doble*) **2** (*before n*) ‹*document*› acreditativo

supporting wall *n* pared *f* maestra, muro *m* maestro

supportive /sə'pɔːrtɪv || sə'pɔːtɪv/ *adj*: **she has very ~ parents** sus padres la apoyan mucho; **she's been very ~** me (*or* lo *etc*) ha apoyado mucho, me (*or* le *etc*) ha dado todo su apoyo; **his family/team was very ~** su familia/equipo lo apoyó mucho *or* le dio todo su apoyo

support price *n* **1** (for commodities) precio *m* de apoyo *or* (de) sostén **2** (of stock prices) nivel *m* de existencia

support services *pl n* servicios *mpl* de apoyo

suppose /sə'pəʊz/ *vt*

A **1** (assume, imagine) suponer*, imaginarse; **I ~ the water is drinkable** supongo *or* (me) imagino que el agua será potable; **I ~ you want more money** supongo *or* (me) imagino que querrás más dinero; ~ **it doesn't turn up** suponte que no aparece, pongamos por caso que no aparece; **I don't ~ you could take me there?** tú no podrías llevarme hasta allí ¿no?; **I don't ~ you know who wrote the letter, do you?** tú no sabrás por casualidad quién escribió la carta ¿no?; ~ **he phones and you're not in** ¿y si llama y tú no estás?, suponte que llama y tú no estás; **has Jan left already? — I ~ so** ¿Jan ya se ha ido? — supongo *or* me imagino que sí; **can Peter come too? — oh, I ~ so** ¿Peter puede ir con nosotros? — bueno, si no hay más remedio ...; **that wasn't a kind thing to do, was it? — I ~ not** no estuviste muy amable que digamos — no, supongo que no; **they won't call at this late hour — no, I ~ not** *o* **I don't ~ so** ahora tan tarde ya no llamarán — no, supongo que no *or* no, no creo **2** (making suggestions): ~ **we take this with us** ¿y si nos lleváramos esto?, ¿qué tal si nos llevamos esto? **3** (believe, think) creer*; **what do you ~ he'll do?** ¿tú qué crees que hará?; **when do you ~ we can go?** ¿cuándo te parece *or* cuándo crees que nos podemos ir? **4** (postulate) suponer*; **let us ~ that x = a + b** supongamos que x = a + b

B **to be supposed to + INF** **1** (indicating obligation, expectation): **I'm ~d to start work at nine** se supone que tengo que empezar a trabajar a las nueve; **aren't you ~d to be at home?** ¿tú no tendrías que estar en casa?; **you're not ~d to tell anyone** no se lo tienes que decir a nadie; **it's ~d to be kept in a cool place** hay que guardarlo en un lugar fresco **2** (indicating intention): **what's that ~d to be?** ¿y eso qué se supone que es?; **what's that ~d to mean?** ¿y qué quieres (*or* quieren *etc*) decir con eso, (si se puede saber)?; **where are we ~d to be meeting them?** ¿dónde se supone que nos vamos a encontrar con ellos? **3** (indicating general opinion): **it's ~d to be a very interesting book** dicen que es un libro muy interesante; **you're ~d to be the expert, not me** el experto se supone que eres tú, no yo

C (presuppose) (frml) suponer*

supposed /sə'pəʊzd/ *adj* (*before n*) ‹*date/time/author*› supuesto

supposedly /sə'pəʊzədli || sə'pəʊzɪdli/ *adv* supuestamente; **he is ~ responsible for ...** él es, supuestamente, el responsable de ..., se supone que él es el responsable de ...

supposing /sə'pəʊzɪŋ/ *conj* **1** (expressing hypothesis) suponiendo que; ~ **she agrees, will they let us go?** suponiendo que ella esté de acuerdo ¿nos dejarán ir?; **even ~ he knew** aun suponiendo que *or* aun cuando él lo supiera; ~ **you win? — I won't — but just ~** ¿y si ganas? — no voy a ganar —bueno, pero suponte que sí ganas; **always ~ we have the money to buy it** siempre y cuando tengamos el dinero para comprarlo **2** (with suggestions) ¿y si ... ?; ~ **we start again** ¿y si volvemos a empezar?, ¿qué tal si volvemos a empezar?; ~ **you apologized to her first** ¿y si tú le pidieras perdón primero?

supposition /ˌsʌpə'zɪʃən/ *n* [u c] suposición *f*; **it's pure ~** no son más que suposiciones; **my ~ is that ...** lo que yo supongo es que ...; **the analysis is based on the ~ that ...** el análisis se basa en el supuesto de que ...; **the police acted on the ~ that he was still there** la policía actuó suponiendo que todavía estaba allí

suppository /sə'pɑːzətɔːri || sə'pɒzɪtri/ *n* (*pl* **-ries**) supositorio *m*

suppress /sə'pres/ *vt*

A **1** (restrain, check) ‹*anger/laughter*› contener*, reprimir; ‹*feelings*› reprimir; (Psych) inhibir, reprimir **2** (prevent publication of) ‹*text*› suprimir; ‹*facts/evidence/truth*› ocultar; ‹*newspaper*› retirar de la circulación **3** (put a stop to) ‹*revolt/rebellion*› sofocar*, reprimir; ‹*political party/organization*› suprimir

B (Rad, TV) eliminar, suprimir

suppressant /sə'presənt/ *n* inhibidor *m*

suppression /sə'preʃən/ *n* [u]

A **1** (of feelings) represión *f*, inhibición *f* **2** (of text) supresión *f*; (of evidence) ocultación *f*; (of book) prohibición *f* **3** (of revolt) represión *f*

B (Elec, Rad, TV) eliminación *f*, supresión *f*

suppressor /sə'presər || sə'presə(r)/ *n* (Auto, Elec, Rad, TV) resistencia *f* supresora, supresor *m*

suppurate /'sʌpjəreɪt || 'sʌpjʊreɪt/ *vi* supurar

supra- /'suːprə/ *pref* supra-

supranational /ˌsuːprə'næʃnəl || ˌsuːprə'næʃənl/ *adj* supranacional

supremacist[1] /suː'preməsəst || suː'preməsɪst/ *adj* supremacista (*que defiende la supremacía de una raza, un grupo etc*)

supremacist[2] *n* supremacista *mf defensor de la supremacía de una raza, un grupo etc*

supremacy /suː'preməsi/ *n* [u] supremacía *f*; **air/naval ~** supremacía aérea/naval; **black/white ~** supremacía *f* de la raza negra/blanca

supreme /suː'priːm || suː'priːm, sjuː-/ *adj*

A (of highest authority) ‹*power*› supremo; ‹*authority*› supremo, sumo; **S~ Commander** Comandante *m* Supremo *or* en jefe; **God, the ~ architect** Dios, el Sumo Hacedor; **Homer remains ~ among poets** Homero sigue siendo el poeta supremo; ▸**reign**[2] **2**

B (extreme) ‹*effort*› supremo; **one of man's ~ achievements** uno de los mayores logros del hombre; **with ~ indifference/courage** con la mayor *or* con suprema indiferencia/valentía; **the ~ irony would be if ...** el colmo de la ironía sería que ...

Supreme Court *n*: **the ~ ~** el Tribunal Supremo *or* (esp AmL) la Corte Suprema *or* (Ur) la Suprema Corte (de Justicia)

> **Supreme Court**
>
> El más alto tribunal de EEUU, compuesto de nueve jueces, los *justices*, que son nombrados por el Presidente ▸**President** con la aprobación del Congreso ▸**Congress**. Este Tribunal Supremo decide sobre la constitucionalidad de las leyes y cuenta así con el poder para impedir la aprobación de leyes tanto gubernamentales como estatales y locales. Además, funciona como tribunal de alzada para casos vistos por los tribunales inferiores. Los fallos del Tribunal Supremo sientan jurisprudencia, es decir pueden usarse como precedente por los demás tribunales.

supremely /suː'priːmli || suː'priːmli, sjuː-/ *adv* (*as intensifier*) sumamente

Supreme Soviet *n* (Hist): **the ~ ~** el Soviet Supremo

supremo /suː'priːməʊ || suː'priːməʊ, sjuː-/ *n* (*pl* **-mos**) (BrE journ) gran jefe, -fa *m,f*

Supt (title) = **Superintendent**

surcharge[1] /'sɜːrtʃɑːrdʒ || 'sɜːtʃɑːdʒ/ *n* recargo *m*; **to impose a ~ on sth** aplicar* un recargo a algo; **import ~** sobretasa *f* de importación

surcharge[2] *vt* (*usu pass*) ‹*person*› aplicar* un recargo a; **you may be ~d** tal vez le apliquen un recargo; **the parcel was ~d** hubo que pagar un recargo por el paquete

sure[1] /ʃʊr || ʃʊə(r), ʃɔː(r)/ *adj* **surer** /'ʃʊrər || 'ʃʊərə(r), 'ʃɔːrə(r)/ **surest** /'ʃʊrəst || 'ʃʊərɪst, 'ʃɔːrɪst/

A (convinced) (*pred*) seguro; **to be ~ ABOUT sth** estar* seguro DE algo; **are you ~ about that?** ¿estás seguro de eso?; **are you quite ~ about it?** ¿estás absolutamente seguro?; **I like it but I'm not too ~ about the color** me gusta, pero el color no me convence del todo; **I'm ~ (that) you're right** estoy seguro de que tienes razón; **I'm not ~ I agree with you** no sé si estoy de acuerdo contigo; **I'm not ~ who/why/what ...** no sé muy bien quién/por qué/qué ...; **he's not ~ what he wants** no sabe muy bien lo que quiere; **he's not ~ if he can come** no sabe si va a poder venir; **fascinating, I'm ~** (iro) ¡interesantísimo, no cabe duda! (iró); **to be ~ OF sth/sb** estar* seguro DE algo/algn; **are you ~ of your facts?** ¿estás seguro de lo que dices?; **I'm ~ of one thing: he's a liar** de una cosa estoy seguro *or* convencido: es un mentiroso; **he seems very ~ of victory** parece muy seguro de que va a ganar; **we can be ~ of a good meal** seguro que nos dan bien de comer, tenemos asegurada una buena comida; **I want to be ~ of getting there on time** quiero asegurarme de que voy a llegar a tiempo; **can we be ~ of him?** ¿podemos confiar en él?; **to be ~ of oneself** (convinced one is right) estar* seguro; (self-confident) ser* seguro de sí mismo

B (certain): **one thing is ~: he's lying** lo que está claro *or* lo que es seguro es que está mintiendo, de lo que no cabe duda es de que está mintiendo; **victory is ~** la victoria está asegurada; **it's ~ to rain** seguro que llueve; **she's ~ to be there** seguro que va a estar allí; **be ~ to let me know** no dejes de avisarme; **be ~ not to touch it** no lo vayas a tocar; **to make ~ of sth** asegurarse de algo; **I think I've got everything, but I'll just make ~** creo que lo tengo todo pero voy a asegurarme *or* a cerciorarme; **have you made ~ of a hotel when you arrive?** ¿has hecho una reserva en un hotel para cuando llegues?; **make ~ (that) you're not late** no vayas a llegar tarde; ~ ***thing***: **it's a ~ thing they'll find out** seguro que lo descubren, no cabe duda que lo descubrirán; **his latest movie is a ~ thing** su última película tiene el éxito asegurado; ~ **thing!** (*as interj*) (colloq) ¡claro (que sí)!, ¡por supuesto!

C (accurate, reliable) ‹*remedy/method*› seguro; ‹*judgment/aim*› certero; ‹*indication*› claro; ‹*ground*› seguro; **she has a ~ grasp of the issues** conoce estos temas a la perfección; **with a ~ touch** con pulso firme, con mano segura

D (*in phrases*): **for sure**: **we don't know anything for ~** no sabemos nada seguro *or* con seguridad; **we'll win for ~** seguro que ganamos; **I'm not lending him money again and that's for ~!** ten por seguro que no le vuelvo a prestar dinero, no le vuelvo a prestar dinero, de eso no te quepa la menor duda; **to be sure** (admittedly) (*indep*) por cierto; **it could be improved on, to be ~, but ...** se podría mejorar, por cierto, pero ...; **why, it's Patrick, to be ~!** (*as interj*) ¡anda, mira quien está aquí, si es Patrick!

sure[2] *adv*

A (colloq) (*as intensifier*): **she ~ is clever, she's ~ clever** ¡qué lista es!, ¡si será lista!; **he ~ likes to talk** ¡cómo le gusta hablar!, ¡si le gustará hablar!; **he ~ could use a bath!** no le vendría mal darse un baño; **do you like it? — I ~ do!** ¿te gusta? — ¡ya lo creo!; **as ~ as I'm standing here, he stole it** él lo robó, como que me llamo Ana (*or* Juan *etc*)

B **1** (of course) por supuesto, claro; ~ **she loves you** por supuesto *or* claro que te quiere; **he'll help you — oh, ~ he will!** (iro) él te ayudará — sí, ¡seguro! (iró); **may I join you? — ~, sit down!** ¿me permites? — ¡claro que sí *or* no faltaría más *or* por supuesto, siéntate! **2** (it's true that): ~, **he's a great guy, but ...** es cierto que es un gran tipo, pero ...

C **sure enough** efectivamente, en efecto; **and ~ enough, he was late** y efectivamente *or* en

S

ℹ Surface area/Superficie

Metric system *Sistema métrico*		**US/UK system** *Sistema estadounidense y británico*
1 square centimeter	= 1 centímetro cuadrado	= 0.155 in²
10,000 square centimeters 10.000 centímetros cuadrados	= 1 square meter = 1 metro cuadrado	= 10.764 ft²
100 square meters 100 metros cuadrados	= 1 area = 1 área	= 0.025 acre

Metric system *Sistema métrico*		**US/UK system** *Sistema estadounidense y británico*
100 ares 100 áreas	= 1 hectare = 1 hectárea	= 2.471 acres
100 hectares 100 hectáreas	= 1 square kilometer = 1 kilómetro cuadrado	= 0.386 square mile

US/UK system *Sistema estadounidense y británico*		**Metric system** *Sistema métrico*
1 square inch	= 1 pulgada cuadrada	= 6,452 cm²
144 square inches	= 1 square foot = 1 pie cuadrado	= 929,03 cm²
9 square feet	= 1 square yard = 1 yarda cuadrada	= 0,836 m²
4,840 square yards	= 1 acre = 1 acre	= 0,405 Ha
640 acres	= 1 square mile = 1 milla cuadrada	= 2,59 km²/259 Ha

efecto, llegó tarde; **it's their car ~ enough** efectivamente *or* en efecto, es su coche

surefire /'ʃʊrfaɪr || 'ʃʊəˌfaɪə(r), 'ʃɔːˌfaɪə(r)/ *adj* (*before n*) ‹*method*› segurísimo, infalible; **he's a ~ success/winner** tiene el éxito asegurado/la victoria asegurada; **in the ~ expectation that ...** con la plena seguridad de que ...

surefooted /ˌʃʊr'fʊtəd || 'ʃʊəˌfʊtɪd, ˌʃɔː'fʊtɪd/ *adj* ‹*goat/cat*› de pie firme; **he's a very ~ politician** es un político que conoce muy bien el terreno que pisa

surely /'ʃʊrli || 'ʃʊəli, 'ʃɔːli/ *adv*
A **1** (expressing conviction): **~ the real problem is ...** el verdadero problema, digo yo *or* me parece a mí, es ...; **~ she doesn't mean that!** ¡no puede ser que lo diga en serio!; **~ I've met you somewhere before?** nos conocemos de algún sitio ¿no?; **this situation ~ can't go on** está claro que las cosas no pueden seguir así **2** (expressing uncertainty): **he must be mistaken, ~?** tiene que estar equivocado ¿no?; **~ there must be somewhere we can go** tiene que haber algún sitio donde podamos ir **3** (expressing disbelief): **~ you don't believe that!** ¡no te creerás eso!; **you're not going to tell her, ~?** no me digas que se lo vas a decir, no se lo irás a decir ¿verdad?; **she says she's leaving — ~ not!** dice que se va — ¡no es posible! *or* ¡no puede ser!; **it was 3,000 — 1,000, ~?** fueron 3.000 — ¿no eran 1.000?
B (undoubtedly, certainly) seguramente, sin duda; **this must ~ be one of the worst movies ever made** ésta es seguramente *or* sin duda una de las peores películas de la historia; **they will ~ win the election** no cabe duda de que ganarán las elecciones, sin duda *or* seguramente ganarán las elecciones
C (gladly, willingly) por supuesto, desde luego; **~, I'd be glad to** por supuesto *or* desde luego, me encantaría

sureness /'ʃʊrnəs || 'ʃʊənɪs, 'ʃɔːnɪs/ *n* [u] (of aim, judgment) lo certero; **with ~ of touch** con pulso firme, con mano segura

surety /'ʃʊrəti || 'ʃʊərɪti, 'ʃɔːrɪti/ *n* [c u] (*pl* **-ties**) **1** (security) fianza *f*, garantía *f*; **he was bailed on a ~ of $5,000** lo pusieron en libertad bajo una fianza de 5.000 dólares **2** (person) fiador, -dora *m,f*, garante *mf*; **to stand ~ for sb** servirle* de fiador a algn, ser* fiador de algn

surf¹ /sɜːrf || sɜːf/ *n* [u] **1** (waves) olas *fpl* (*rompientes*); (swell) oleaje *m* **2** (foam) espuma *f*

surf² *vi* (Sport) hacer* surf *or* surfing
■ **surf** *vt* (Comput) explorar, navegar* en; **to ~ the Internet/Web** navegar* *or* surfear en *or* por Internet/la web

surface¹ /'sɜːrfəs || 'sɜːfɪs/ *n*
A [c] **1** (of solid, land) superficie *f*; **(road) ~** (Auto) pavimento *m*, firme *m* (Esp); **the earth's ~** la superficie terrestre *or* de la tierra; **the interview never got below the ~** la entrevista fue muy superficial; **he just scratched the ~ of the problem** trató el problema muy superficialmente *or* muy por encima; (*before n*) ‹*wound/mark*› superficial; ‹*resemblance/charm*› superficial **2** (of liquid, sea) superficie *f*; **to come/rise to the ~** «*diver/submarine*» salir*/subir a la superficie; «*feelings*» aflorar, salir* a la superficie; **all his bitterness came to the ~** toda su amargura salió a la superficie *or* afloró; (*before n*) ‹*ship/vessel*› (Mil) de superficie **3** **on the surface** (superficially) en apariencia, a primera vista
B [c] (Math) **1** (of a solid): **a cube has six ~s** un cubo tiene seis caras; **a plane/curved ~** una superficie plana/curva **2** ▸ℹ p.1757; **~ (area)** superficie *f*, área *f*‡

surface² *vi* «*submarine*» emerger*, salir* a la superficie; «*diver/fish*» salir* a la superficie; «*problems/difficulties*» aflorar, aparecer*, surgir*; **public concern first ~d ten years ago** las primeras manifestaciones de inquietud por parte del público aparecieron hace diez años; **he ~d ten years later in Brazil** reapareció en el Brasil diez años después; **he hasn't ~d yet** (hum) todavía no ha dado señales de vida (hum)
■ **surface** *vt* ‹*road*› revestir*, recubrir*; (with asphalt) asfaltar; ‹*wall*› revestir*

surface mail *n* [u] correo *m* de superficie; **by ~ ~** por vía terrestre/marítima

surface noise *n* [u] chirrido *m*

surface structure *n* (Ling) estructura *f* superficial

surface temperature *n* [u c] temperatura *f* en la superficie

surface tension *n* [u] tensión *f* superficial

surface-to-air missile /ˌsɜːrfəstə'er || ˌsɜːfɪstə'eə(r)/ *n* misil *m* tierra-aire

surfboard /'sɜːrfbɔːrd || 'sɜːfbɔːd/ *n* tabla *f* de surf *or* de surfing

surfboarder /'sɜːrfˌbɔːrdər || 'sɜːfˌbɔːdə(r)/ *n* surfista *mf*, surfeador, -dora *m,f* (AmL), surfer *mf*

surfboarding /'sɜːrfˌbɔːrdɪŋ || 'sɜːfˌbɔːdɪŋ/ *n* [u] surf *m*, surfing *m*

surfeit¹ /'sɜːrfət || 'sɜːfɪt/ *n* (liter) **a ~ OF sth** un exceso *or* (liter) una plétora DE algo; **there is a ~ of exhibitions this autumn** este otoño hay una plétora de exposiciones (liter)

surfeit² *vt* (liter) **to ~ oneself WITH/ON sth** hartarse DE *or* (Esp tb) A algo; **they were ~ed with food** se hartaron de comida, estaban ahítos (de comida) (liter)

surfer /'sɜːrfər || 'sɜːfə(r)/ *n*
A (Sport) surfista *mf*
B (Comput) internauta *mf*, surfeador, -dora *m,f* (AmL)

surfing /'sɜːrfɪŋ || 'sɜːfɪŋ/ *n* [u] surf *m*, surfing *m*; (*before n*) ‹*gear/club*› de surf, de surfing

surf 'n' turf /'sɜːrfən'tɜːrf || 'sɜːfən'tɜːf/ *n* [u] (AmE) plato *m* de mariscos y carne, plato *m* de mar y montaña (Esp)

surf rage *n* [u] (Sport) agresión *f* (*provocada por el estrés que supone hacer surfing sin que se respete la prioridad sobre el uso de las olas*)

surge¹ /sɜːrdʒ || sɜːdʒ/ *n* **1** (movement): **the ~ of the sea** la fuerza del oleaje; **a ~ of people** una oleada de gente; **I was carried along by the ~ of the crowd** me vi arrastrada por una marea de gente; **he felt a ~ of anger** sintió que lo invadía un sentimiento de ira; **we felt a new ~ of hope** sentimos renacer nuestras esperanzas; **a ~ in demand/sales** un repentino aumento de la demanda/las ventas; **a power ~** (Elec) una subida de tensión *or* de voltaje **2** (wave) (liter) ola *f*

surge² *vi* **1** (rush) «*wave*» levantarse; «*sea*» hincharse; **the crowd ~d out through the gates** la gente salió en tropel por las puertas; **anger/hatred ~d up inside her** la ira/el odio la invadió *or* se apoderó de ella; **to ~ ahead** tomar la delantera; **to ~ ahead of sb** adelantársele a algn **2** (increase sharply) «*demand/sales/popularity*» aumentar vertiginosamente

surgeon /'sɜːrdʒən || 'sɜːdʒən/ *n* cirujano, -na *m,f*

surgeon general *n* (*pl* **~s ~**) (in US): **the ~ ~** ≈ La Dirección General de Salud Pública

surgery /'sɜːrdʒəri || 'sɜːdʒəri/ *n* (*pl* **-ries**)
A [u] (science) cirugía *f*; **he underwent ~** fue intervenido quirúrgicamente (frml), fue operado; **he had** *o* **underwent major/minor ~** fue sometido a *or* le practicaron una intervención quirúrgica seria/de menor importancia (frml); **the patient is in ~** el paciente está en el quirófano *or* en la sala de operaciones
B **1** [c] (room) (BrE) consultorio *m*, consulta *f* **2** [c u] (BrE) (consultation period — of doctor) consulta *f*; (— of MP) *sesión durante la cual un parlamentario atiende las consultas de sus electores*; **to have** *o* **hold a ~** «*doctor*» tener* *or* atender* consulta; (*before n*) ‹*times/hours*› de consulta

surgical /'sɜːrdʒɪkəl || 'sɜːdʒɪkəl/ *adj* **1** ‹*instruments/treatment*› quirúrgico; **~ dressing** vendaje *m* quirúrgico; **~ gauze** gasa *f* esterilizada; **~ knife** bisturí *m*; **~ mask** mascarilla *f* **2** ‹*boot/stocking*› ortopédico; **~ appliance** aparato *m* ortopédico

surgically /'sɜːrdʒɪkli || 'sɜːdʒɪkli/ *adv* quirúrgicamente; **they have to be ~ removed** hay que eliminarlos quirúrgicamente

surgical spirit *n* [u] (BrE) alcohol *m* (*de 90°*)

surgical tape *n* [uc] (Med) esparadrapo *m*

surgical ward *n* sala *f* de cirugía

Surinam /ˌsʊrə'nɑːm || ˌsʊərɪ'næm/ *n* Surinam *m*

surliness /'sɜːrlinəs || 'sɜːlinɪs/ *n* [u] hosquedad *f*

surly /'sɜːrli || 'sɜːli/ *adj* **-lier, -liest** hosco

surmise¹ /sər'maɪz || sə'maɪz/ *n* (frml) conjetura *f*, suposición *f*

surmise² *vt* (frml) conjeturar (frml), suponer*; **we ~d as much** nos lo suponíamos, nos lo figurábamos

surmount /sər'maʊnt || sə'maʊnt/ *vt*
A (overcome) ‹*difficulty/obstacle*› superar, vencer*
B (Archit) (*usu pass*) rematar, coronar; **the structure was ~ed by a cross** una cruz remataba *or* coronaba la estructura

surmountable /sər'maʊntəbəl || sə'maʊntəbəl/ *adj* superable

S

ⓘ Spanish surnames

In Spanish-speaking countries people generally use two surnames. The first is the father's surname, the second is the mother's. Thus if Alberto García Rubio and Carmen Haro Santillana have a son called Alejandro, he will be called Alejandro García Haro.

A married woman may choose to keep her maiden name or to use her husband's, preceded by '*de*', after her own. Thus Carmen Haro Santillana could be known as:

- Carmen Haro Santillana
- Carmen Haro de García
- Carmen Haro Santillana de García
- Señora de García
- Señora de García Rubio

surname /ˈsɜːrneɪm || ˈsɜːneɪm/ ▸ⓘ **p.1758** *n* apellido *m*

surpass /sərˈpæs || səˈpɑːs/ *vt* **1** (better) superar; **he ~es all others in his skill** los supera a todos en habilidad; **she's really ~ed herself this time** (iro) esta vez sí que se ha lucido (iró) **2** (exceed, go beyond) ‹*expectations*› superar, sobrepasar, rebasar; **it ~es all understanding/belief** es incomprensible/increíble

surpassing /sərˈpæsɪŋ || səˈpɑːsɪŋ/ *adj* (liter) (*before n*) ‹*beauty/grace/glory*› sin par (liter), incomparable; ‹*ugliness/wickedness*› indescriptible

surplice /ˈsɜːrplɪs || ˈsɜːplɪs/ *n* sobrepelliz *f*

surplus¹ /ˈsɜːrpləs || ˈsɜːpləs/ *n* (*pl* **~es**) (of produce, stock) excedente *m*; (of funds) superávit *m*; **food ~es** excedentes de alimentos; **operating ~** beneficios *mpl* or (AmL tb) utilidades *fpl* de explotación; **a balance-of-trade ~** un superávit en la balanza de pagos

surplus² *adj* ‹*goods/stocks*› excedente; **they need to use up their ~ energy** necesitan gastar la energía que les sobra; **shed ~ pounds with this new diet plan** pierda esos kilos de más con este nuevo régimen; **~ value** plusvalía *f*; **to be ~ to requirements** sobrar, estar* de más, no ser* necesario

surprise¹ /sərˈpraɪz/ *n* **1** [u] (astonishment) sorpresa *f*; **imagine my ~ when I opened the parcel** imagínate la sorpresa que me llevé cuando abrí el paquete; **a look of ~** una mirada sorprendida *or* de sorpresa; **oh!, he said, in some ~** ¡oh! —dijo, algo sorprendido; **to my ~** para mi sorpresa **2** [c] (thing, event) sorpresa *f*; **what a ~ to see you here!** ¡qué sorpresa verte por aquí!; **the result was** *o* **came as something of a ~** el resultado fue en cierto modo una sorpresa; **it's no ~ to me that she won** no me sorprende que haya ganado; **to give sb a ~** darle* una sorpresa a algn; **there's a ~ in store for you** ya verás la que te espera; **he rang to say he'd be late — ~, ~!** (iro) llamó para decir que iba a llegar tarde — ¡qué sorpresa! (iró); (*before n*) ‹*gift/packet*› sorpresa *adj inv*; **after their ~ defeat in Wednesday's game ...** después de la inesperada derrota del miércoles pasado ...; **a ~ party** una fiesta sorpresa **3** [u] (catching sb unprepared): **to take sb by ~** sorprender a algn, pillar *or* agarrar *or* (esp Esp) coger* a algn desprevenido; (*before n*) ‹*visit/attack*› sorpresa *adj inv*

surprise² *vt* **1** (astonish) ‹*person*› sorprender; **it would not ~ me to learn that he was a divorcé** no me sorprendería que fuera divorciado; **I was ~d by his vehemence** su vehemencia me sorprendió **2** (catch unawares) ‹*enemy/guard*› sorprender, pillar *or* agarrar *or* (esp Esp) coger* desprevenido

surprised /səˈpraɪzd/ *adj* ‹*look*› sorprendido, de sorpresa; **a ~ Mr Smith said he had no idea why he had been chosen** el señor Smith dijo sorprendido que no tenía idea de por qué lo habían elegido a él; **to be ~: I've never been so ~ in my life!** nunca en la vida me había llevado una sorpresa así; **don't be ~ if he doesn't like it** no te sorprenda si no le gusta; **I wouldn't be at all ~ if she were behind all this** no me extrañaría *or* no me sorprendería nada que ella estuviera detrás de esto; **to be ~ AT sth/sb: I'm ~ at John missing a meeting** me extraña *or* me sorprende que John haya faltado a la reunión; **well, I'm ~ at you, Laura** bueno, Laura, me sorprendes; **she was ~d at how easy it was** le sorprendió lo fácil que era; **I'm ~ (THAT) ...** me sorprende *or* me extraña QUE ... (+ *subj*); **I'm ~ (that) she accepted** me sorprende *or* me extraña que haya aceptado; **they were ~ that the parcel had arrived so quickly** se sorprendieron de que el paquete hubiera llegado tan rápido; **to be ~ to + INF: I was very ~ to hear of your engagement** me sorprendió mucho enterarme de tu compromiso

surprising /səˈpraɪzɪŋ/ *adj* ‹*achievement/success*› sorprendente, asombroso; ‹*disclosure/omission*› sorprendente; **it's hardly ~ he's upset** no es de extrañarse que esté disgustado

surprisingly /səˈpraɪzɪŋli/ *adv* **1** ‹*quiet/near/good*› sorprendentemente; **~ little research has been done on the subject** es sorprendente lo poco que se ha investigado en el tema **2** (*indep*): **rather ~, she feels no resentment** no está resentida, lo cual es bastante sorprendente; **they were, not ~, very worried** como es lógico, estaban muy preocupados

surreal /səˈriːəl/ *adj* surrealista

surrealism, Surrealism /səˈriːəlɪzəm/ *n* [u] surrealismo *m*

surrealist, Surrealist /səˈriːələst || səˈriːəlɪst/ *n* surrealista *mf*; (*before n*) ‹*painter/poem*› surrealista

surrealistic /səˌriːəˈlɪstɪk || ˌsəriːəlˈɪstɪk/ *adj* surrealista

surrender¹ /səˈrendər || səˈrendə(r)/ *vt* **1** (Mil) ‹*arms/town*› rendir*, entregar* **2** (hand over) (frml) ‹*document/ticket*› entregar* **3** (relinquish) ‹*right/claim*› renunciar a

■ **surrender** *vi* «*soldier/army*» rendirse*; **to ~ TO sb** entregarse* A algn; **he ~ed to the police** se entregó a la policía; **he had not ~ed to idleness** no se había dejado vencer por la pereza

■ *v refl* **to ~ oneself TO sth** ‹*to indulgence/idleness*› dejarse vencer POR algo; **just ~ yourself to the music** déjate llevar por la música, abandónate a la música

surrender² *n* [u] **1** (capitulation) rendición *f*, capitulación *f* **2** (submission): **I call that a ~ to pressure from the right** para mí eso es claudicar ante las presiones de la derecha; **in passionate ~** en una entrega apasionada **3** (frml) (handing over — of passport, document) entrega *f*; (— of rights) renuncia *f*; **~ of property** cesión *f* de bienes

surrender value *n* [u] valor *m* de rescate

surreptitious /ˌsʌrəpˈtɪʃəs/ *adj* ‹*glance/wink*› furtivo, subrepticio; **he was just having a ~ glass of whisky** se estaba tomando un vaso de whisky a escondidas

surreptitiously /ˌsʌrəpˈtɪʃəsli/ *adv* a escondidas, subrepticiamente; **he glanced ~ at his watch** le echó una mirada furtiva a su reloj, miró subrepticiamente su reloj

surrogacy /ˈsʌrəgəsi/ *n* [u] (in childbearing) alquiler *m* de úteros

surrogate¹ /ˈsʌrəgət/ *n* **1** (substitute) (frml) sustituto *m* **2** (in UK) (Relig) vicario *m* (*de un obispo*) **3** (in US) juez *mf*, juez, jueza *m,f* (*que actúa en materia de sucesiones etc*)

surrogate² *adj* ‹*material*› sucedáneo; **~ mother** (in childbearing) madre *f* suplente *or* de alquiler; **he's become a ~ father to me** ha llegado a ser como un padre para mí; **~ bishop** (Relig) (in UK) vicario *m* del obispo; **~ motherhood** ▸**surrogacy**

surround¹ /səˈraʊnd/ *vt* **1** (encircle) ‹*place/person*› rodear; **the house is ~ed by trees** la casa está rodeada de árboles; **the garden was ~ed by a fence** el jardín estaba cercado por una valla; **he was immediately ~ed by his bodyguards** inmediatamente lo rodearon sus guardaespaldas; **we are ~ed by so much beauty** estamos rodeados de tanta belleza; **~ed by her family** rodeada de su familia; **mystery ~s the events leading up to his death** los acontecimientos que llevaron a su muerte están rodeados de *or* envueltos en misterio **2** (Mil) ‹*enemy/position*› rodear, cercar*; **we've got you ~ed** te tenemos rodeado *or* cercado

surround² *n* marco *m* **the fire ~** el faldón de la chimenea

surrounding /səˈraʊndɪŋ/ *adj* (*before n*) ‹*countryside/area*› de alrededor; **the ~ villages** los pueblos de alrededor, los pueblos vecinos; **in the ~ confusion** en la confusión del momento

surroundings /səˈraʊndɪŋz/ *pl n* **1** (of town, village) alrededores *mpl*, aledaños *mpl* **2** (environment) ambiente *m*, entorno *m*; **a house in beautiful ~** una casa en el marco de un hermoso paisaje; **it changes color to blend with its ~** cambia de color para mimetizarse con su entorno

surround sound *n* [u] sonido *m* cuadrofónico

surtax /ˈsɜːrtæks || ˈsɜːtæks/ *n* [c u] recargo *m*, sobretasa *f*

surtitles /ˈsɜːrˌtaɪtlz || ˈsɜːˌtaɪtlz/ *pl n* sobretítulos *mpl*

surveil /sərˈveɪl || səˈveɪl/ *vt* (AmE) ‹*suspects/terrorists*› vigilar

surveillance /sərˈveɪləns || səˈveɪləns/ *n* [u] vigilancia *f*; **under strict ~** bajo una estrecha vigilancia

survey¹ /ˈsɜːrveɪ || ˈsɜːveɪ/ *n*

A **1** (of land) inspección *f*, reconocimiento *m*; (for mapping) medición *f* **2** (*structural ~*) inspección *f*, peritaje *m*, peritación *f*; (written report) informe *m* del perito, peritaje *m*, peritación *f*

B (overall view) visión *f* general *or* de conjunto

C (investigation) estudio *m*; (poll) encuesta *f*, sondeo *m*; **to conduct** *o* **carry out** *o* **do a ~** llevar a cabo *or* hacer* un estudio/una encuesta *or* un sondeo

survey² /sərˈveɪ || səˈveɪ/ *vt*

A **1** ‹*land/region*› (measure) medir*; (inspect) inspeccionar, reconocer* **2** ‹*building*› inspeccionar, llevar a cabo un peritaje de

B **1** (look at) contemplar, mirar **2** (view, consider) ‹*situation/plan/prospects*› examinar, analizar*; **in his article he ~s the events following ...** en su artículo pasa revista a *or* hace una reseña de los sucesos que siguieron a ...

C (question) ‹*group*› encuestar, hacer* un sondeo de

surveying /sərˈveɪɪŋ || səˈveɪɪŋ/ *n* [u] agrimensura *f*, topografía *f*

surveyor /sərˈveɪər || səˈveɪə(r)/ *n* **1** (of land) agrimensor, -sora *m,f*, topógrafo, -fa *m,f* **2** (of building) perito, -ta *m,f*

survivable /sərˈvaɪvəbəl || səˈvaɪvəbəl/ *adj*: **is nuclear war ~?** ¿se puede sobrevivir a una guerra nuclear? **they didn't believe the crash was ~** no pensaron que se pudiera salir con vida del accidente

survival /sərˈvaɪvəl || səˈvaɪvəl/ *n* **1** [u] (continued existence) sobrevivencia *f*, supervivencia *f*; **the ~ of the fittest** la ley del más fuerte; (*before n*) ‹*equipment/kit/pack*› de sobrevivencia *or* supervivencia; **~ bag** bolsa *f* de sobrevivencia *or* supervivencia; **~ course** curso *m* de sobrevivencia *or* supervivencia; **~ rate** índice *m* de sobrevivencia *or* supervivencia **2** [c] (custom, belief) **~ (FROM sth)** vestigio *m or* reliquia *f* (DE algo); **a ~ from the Middle Ages** un vestigio *or* una reliquia de la época medieval

Survival International *n* Survival International

survive /sərˈvaɪv || səˈvaɪv/ *vi* **1** (continue in existence) «*person/animal/plant*» sobrevivir; «*custom/tradition/belief*» sobrevivir, perdurar; «*book/relic*» conservarse; **of the original expedition few ~d** de los integrantes de la expedición inicial quedaban pocos vivos; **her last surviving descendant** su último descendiente vivo; **they look unlikely to ~ to the next round** (Sport) no parece probable que superen la próxima ronda; **the manuscript has ~d intact** el manuscrito se conserva intacto; **one of the few surviving examples** uno de los pocos ejemplos que quedan **2** (cope, get by) (colloq): **how are you doing? — oh, surviving!** ¿qué tal andas? — ya lo ves, tirando (fam); **is it serious? — you'll ~** ¿es grave? — mira, de ésta no te mueres; **to ~ ON sth: he ~s on black coffee and fruit** vive *or* se alimenta a base de café y fruta; **I can just ~ on $100 a week** con 100 dólares semanales apenas me alcanza para sobrevivir

■ **survive** *vt*

A ‹*accident/crash*› salir* con vida de; ‹*war/earthquake*› sobrevivir a; ‹*experience*› superar

B (outlive) ‹*person*› sobrevivir; **he is ~d by his wife and two children** lo sobreviven su esposa y dos hijos, deja esposa y dos hijos; **he ~d all his brothers and sisters** sobrevivió a todos sus hermanos, enterró a todos sus hermanos (hum)

surviving /sərˈvaɪvɪŋ || səˈvaɪvɪŋ/ *adj*: **his ~ relatives** (of living person) los parientes que aún le quedan (*or* quedaban *etc*) vivos; (of dead person) los parientes que lo sobrevivieron (*or* sobrevivan *etc*)

survivor /sərˈvaɪvər || səˈvaɪvə(r)/ *n* superviviente *mf*, sobreviviente *mf*; **don't worry about him: he's a ~** (colloq) no te preocupes por él, es de los que siempre salen a flote; (*before n*): **~ benefits** (in US) *prestaciones pagaderas a los familiares de una persona fallecida*

susceptibility /səˌseptəˈbɪləti/ *n*

A [u] (openness, vulnerability) **~ (TO sth)** ‹*to attack*› vulnerabilidad *f* (FRENTE A algo); ‹*to colds/infection*› propensión *f* (A algo)

B susceptibilities *pl* (feelings) (liter) susceptibilidades *fpl*

susceptible /səˈseptəbəl/ *adj*

A **1** (open, vulnerable) **~ TO sth** ‹*to colds/infection*› propenso A algo; **he's quite ~ to a bit of flattery** se lo puede persuadir halagándolo un poco; **the style is very ~ to parody** el estilo se presta a la parodia **2** (touchy) susceptible, sensible

B (capable) (frml) **~ OF sth** (of change, improvement) susceptible DE algo

suspect¹ /səˈspekt/ *vt*

A **1** (believe guilty) ‹*person*› sospechar de; **whom do they ~?** ¿de quién sospechan?; **to ~ sb OF sth/-ING: I ~ him of the murder/robbery** sospecho que es el asesino/ladrón; **we ~ him of lying** sospechamos que miente **2** (doubt, mistrust) ‹*sincerity/probity*› dudar de, tener* dudas acerca de; **I rather ~ his motives** tengo mis dudas acerca de sus motivos

B **1** (believe to exist): **they ~ nothing** no sospechan nada; **she ~s a plot** sospecha que ha habido un complot; **arson is not ~ed** no existen sospechas de que el incendio haya sido provocado **2** **suspected** *past p* **a ~ed fracture** una posible fractura; **the ~ed murderer** el presunto asesino; **he's suffering from ~ed appendicitis** se sospecha que lo que tiene es apendicitis

C (think probable) imaginarse; **I ~ed as much** ya me lo imaginaba *or* figuraba; **to ~ (THAT)** imaginarse QUE; **I ~ed I'd find you here** me imaginaba que te iba a encontrar aquí; **I ~ (that) it may be more serious than that** me temo que pueda ser más grave

■ **suspect** *vi*: **just as I ~ed** tal como lo imaginaba

suspect² /ˈsʌspekt/ *n* (person) sospechoso, -sa *m,f*; **smoking/stress is a prime ~** se sospecha que lo más probable es que el tabaco/estrés sea el causante

suspect³ /ˈsʌspekt/ *adj* ‹*package/behavior*› sospechoso; ‹*document/evidence*› de dudosa autenticidad; **her motives are highly ~** sus motivos resultan sumamente sospechosos; **his knee is still a bit ~** todavía no está del todo bien de la rodilla; **they replaced the ~ pump** cambiaron la bomba que se suponía causante del problema

suspend /səˈspend/ *vt*

A **1** (stop, set aside) ‹*payment/work*› suspender **2** (defer, hold over) ‹*judgment/decision*› posponer*, postergar* (esp AmL); *see also* **suspended sentence**

B (debar, ban) ‹*member*› suspender; ‹*student*› expulsar temporariamente, suspender (AmL); **he was ~ed from office** fue separado de su cargo

C (hang) (*often pass*) suspender; **it seemed to hang ~ed in mid air** parecía estar suspendido en el aire

suspended animation /səˈspendəd || səˈspendɪd/ *n* [u] muerte *f* aparente; **in a state of ~ ~** con las constantes vitales reducidas al mínimo; **I feel as if I'm in ~ ~** me siento como en el limbo; **the scheme was left in ~ ~ when funds ran out** el proyecto quedó en suspenso cuando se agotaron los fondos

suspended sentence *n*: *pena de prisión que no se cumple a menos que el delincuente reincida*

suspender belt /səˈspendər || səˈspendə(r)/ *n* (BrE) portaligas *m*, liguero *m*

suspenders /səˈspendərz || səˈspendəz/ *pl n* (*sometimes sing*)

A (braces) (AmE) tirantes *mpl or* (RPl) tiradores *mpl or* (Chi) suspensores *mpl or* (Col) cargaderas *fpl*

B (for stockings, socks) (BrE) ligas *fpl*

suspense /səˈspens/ *n* [u] (in literary work, movie) suspenso *m or* (Esp) suspense *m*; **the ~ is killing me!** ¡la intriga *or* la incertidumbre me está matando!; **to keep sb in ~** mantener* a algn sobre ascuas *or* en vilo

suspense account *n* cuenta *f* suspensiva

suspenseful /səˈspensfəl/ *adj* de suspenso *or* (Esp) de suspense

suspension /səˈspenʃən/ *n*

A [u c] **1** (cessation) suspensión *f* **2** (deferment) aplazamiento *m*, postergación *f* (esp AmL)

B [c u] (banning, withdrawal) suspensión *f*; (of student) expulsión *f* temporaria, suspensión *f* (AmL); **~ from duty** separación *f* del cargo

C [u] (hanging, being hung) suspensión *f*; **to hang in ~ in mid-air** estar* suspendido en el aire

D [u] (Auto) suspensión *f*

E [u c] (Chem) suspensión *f*

suspension bridge *n* puente *m* colgante

suspension file *n* (archivo *m* de) hamaca *f*

suspension points *pl n* (AmE) puntos *mpl* suspensivos

suspicion /səˈspɪʃən/ *n*

A [c u] (belief) sospecha *f*; (mistrust) desconfianza *f*, recelo *m*; **I have my ~s** tengo mis sospechas; **we had no ~ that she was involved** no sospechábamos que estaba involucrada; **she looked at them with ~** los miraba con desconfianza *or* recelo; **their behavior aroused the ~(s) of the police** su conducta despertó las sospechas de la policía; **he's under/above ~** está bajo sospecha/por encima de toda sospecha; **they're being held on ~** los han detenido como sospechosos

B (trace, hint) (*no pl*) atisbo *m*; **a ~ of a smile** un atisbo de sonrisa

suspicious /səˈspɪʃəs/ *adj* **1** (mistrustful) ‹*mind/person*› desconfiado, suspicaz; **to be ~ OF/ABOUT sb/sth** desconfiar* DE algn/algo; **she was always ~ of his intentions** siempre desconfió de sus intenciones; **I can't help feeling ~ about them** no puedo menos que desconfiar de ellos **2** (arousing suspicion) ‹*actions/movements*› sospechoso; **their behavior is highly ~** su comportamiento es sumamente sospechoso

suspiciously /səˈspɪʃəsli/ *adv* **1** (mistrustfully) ‹*regard/watch*› con desconfianza, con recelo **2** (arousing suspicion) sospechosamente, de modo sospechoso; **it looked ~ like a trap** tenía todo el aspecto *or* (fam) toda la pinta de ser una trampa

suss /sʌs/ *vt* **~ (out)** (BrE sl) **1** (realize) darse* cuenta de; **I soon ~ed what he was up to** pronto me di cuenta de lo que andaba tramando; **we finally ~ed (out) what was happening** finalmente nos dimos cuenta de qué era lo que pasaba **2** (work out) calar (fam); **I've got her ~ed** la tengo calada (fam); **I've got it ~ed** le he agarrado *or* (Esp) cogido la onda (fam)

sustain /səˈsteɪn/ *vt*

A **1** (maintain, support) ‹*life*› preservar, sustentar; ‹*hope/interest*› mantener*; **they were ~ed by their faith** su fe los sostenía **2** (hold up) ‹*load/weight*› sostener*

B (keep up, prolong) ‹*pretense/conversation*› mantener*; ‹*effort*› sostener*; **she found it impossible to ~ the role of submissive housewife** le resultó imposible continuar en el papel de esposa sumisa; **a work which ~s the reader's interest** una obra que mantiene el interés del lector

C (suffer) ‹*damage/loss/defeat*› sufrir; **they ~ed minor injuries** sufrieron heridas leves

D (confirm, uphold) ‹*objection*› admitir; ‹*claim*› apoyar, respaldar

sustainability /səˌsteɪnəˈbɪləti/ *n* [u] (Agr, Econ) sostenibilidad *f*

sustainable /səˈsteɪnəbəl/ *adj* sostenible

sustainable development *n* [u] desarrollo *m* sostenible

sustained /səˈsteɪnd/ *adj* ‹*efforts*› sostenido, continuo; **her appearance was greeted by ~ applause** su aparición fue largamente ovacionada, fue recibida con un prolongado aplauso

sustained-release /səˌsteɪndrɪˈliːs/ *adj* de liberación sostenida

sustaining /səˈsteɪnɪŋ/ *adj* ‹*food/diet*› nutritivo; **the ~ power of prayer** el vigorizante poder de la oración

sustaining pedal *n* pedal *m* derecho *or* de intensidad

sustaining program *n* (AmE) programa *m* sin patrocinador

sustenance /ˈsʌstənəns/ *n* [u] alimento *m*, sustento *m*; **these plants take their ~ from ...** estas plantas se nutren *or* se alimentan de ...

suture¹ /ˈsuːtʃər || ˈsuːtʃə(r)/ *n* (Med) **1** (thread) hilo *m* de sutura, sedal *m* **2** (stitch) sutura *f*

suture² *vt* suturar

SUV *n* (Auto) (**= Sports Utility Vehicle**) SUV *m*

suzerain /ˈsuːzərən -reɪn/ *n*

A (state) estado *m* protector

B (person) (Hist) señor *m* feudal

suzerainty /ˈsuːzərənti, -reɪnti || ˈsuːzərənti/ *n* [u] (liter) protectorado *m*

svelte /sfelt sv-/ *adj* **1** (slim) esbelto **2** (sophisticated) sofisticado

Svengali /sfenˈgɑːli sv-/ *n*: *mentor que ejerce un control total sobre su protegido*

SW **1** (**= southwest**) SO **2** **= shortwave**

swab¹ /swɑːb || swɒb/ *n*

A **1** (of cotton, gauze) hisopo *m* húmedo **2** (specimen) muestra *f*, frotis *m*

B (mop) lampazo *m*

swab² *vt* **-bb-** **1** ‹*wound*› limpiar (*con algodón, gasa etc*) **2** ‹*deck*› **to ~ (down)** lavar, limpiar

swaddle /ˈswɑːdl || ˈswɒdl/ *vt* envolver*

swaddling clothes /ˈswɑːdlɪŋ || ˈswɒdlɪŋ/ *pl n* (liter) pañales *mpl*

swag /swæg/ *n*

A [u] (loot) (sl & dated) botín *m*

B [c] (fold, drape) guirnalda *f*

swagger¹ /ˈswægər || ˈswægə(r)/ *n* **1** (gait): **they walked with a ~** caminaban erguidos, con aire arrogante **2** (conduct) fanfarronería *f*, fantochada *f*

swagger² *vi* caminar *or* andar* con aire arrogante; **he ~ed up to the bar** se acercó al bar con aire arrogante; **the sailors ~ed all over town** los marineros anduvieron pavoneándose por toda la ciudad

swagger stick *n* (esp BrE) bastón *m*

Swahili /swɑːˈhiːli || swəˈhiːli/ *n* [u] swahili *m*, suajili *m*

swain /sweɪn/ *n* (arch *or* hum) mozo *m* (ant), festejante *m* (ant)

swallow¹ /ˈswɑːləʊ || ˈswɒləʊ/ *n*

A (Zool) golondrina *f*; ***one ~ does not make a summer*** una golondrina no hace verano

B (gulp) trago *m*; **it went down in one ~** pasó de un trago

swallow² *vt*

A (take in) ‹*mouthful/food/drink*› tragar*; **she ~ed it in one gulp** lo pasó de un trago; **I'll make her ~ her words** se va a tener que tragar lo que dijo

S

B [1] (believe) ‹*lies*› tragarse* (fam); **that's a bit hard to ~** eso no hay quien se lo trague (fam) [2] (accept) ‹*insult/taunts*› tragarse* [3] (repress) ‹*anger*› tragarse*; ‹*complaints*› guardarse; **to ~ one's pride** tragarse* el orgullo; **to ~ one's scruples** meterse los escrúpulos en el bolsillo (fam)

C ▸**swallow up**

■ **swallow** *vi* tragar*; **I'm finding it painful to ~** me duele al tragar; **to ~ hard** tragar saliva

(Phrasal verb)

• **swallow up** [v + o + adv, v + adv + o] [1] (use up) ‹*money/time*› consumir, tragarse* (fam), comerse (fam) [2] (cause to disappear) tragarse*; **they were ~ed up by the darkness** se los tragó *or* los envolvió la oscuridad

swallow dive *n* (BrE) ▸**swan dive**

swallowtail /'swɑːləʊteɪl || 'swɒləʊteɪl/ *n* (mariposa *f*) macaón *f*

swallowtailed /'swɑːləʊteɪld || 'swɒləʊteɪld/ *adj* (*before n*) ‹*bird/insect*› de cola ahorquillada; ‹*coat*› con faldones

swam /swæm/ *past of* **swim¹**

swamp¹ /swɑːmp || swɒmp/ *n* pantano *m*, ciénaga *f*; (of sea water) marisma *f*, ciénaga *f*

swamp² *vt* [1] (with water) ‹*land*› anegar*, inundar; **a huge wave ~ed the frail craft** una enorme ola se tragó la frágil embarcación [2] (overwhelm) (*often pass*): **they were ~ed by offers of help** los abrumaron con ofertas de ayuda, recibieron una avalancha de ofertas de ayuda; **I'm absolutely ~ed with work** estoy inundada *or* agobiada de trabajo; **~ed by debts, they were forced to sell up** agobiados por las deudas, se vieron obligados a vender

swamp fever *n* [u]

A (AmE) (Med) (dated) paludismo *m*, fiebre *f* palúdica *or* de los pantanos

B (Vet Sci) fiebre *f* equina

swampland /'swɑːmplænd || 'swɒmplænd/ *n* [u c] (*often pl*) pantano *m*, ciénaga *f*; (of sea water) marisma *f*, ciénaga *f*

swampy /'swɑːmpi || 'swɒmpi/ *adj* **-pier, -piest** pantanoso, cenagoso

swan¹ /swɑːn || swɒn/ *n* cisne *m*

swan² *vi* **-nn-** (esp BrE colloq): **to ~ about** *o* **around** andar* pavoneándose por ahí; **we have so much work to do and she goes ~ning off to the theatre!** ¡con todo el trabajo que tenemos ella se va al teatro olímpicamente!; **he ~s in around 11 o'clock** se aparece a eso de las once como si tal (fam)

swan dive *n* (AmE) salto *m* del ángel, clavado *m* de palomita (Méx)

swank¹ /swæŋk/ *n* (BrE colloq) [1] [u] (boasting) fanfarronada *f* (fam) [2] [u] (show): **just for ~** sólo para lucirse *or* para darse tono [3] [c] (person) fanfarrón, -rrona (fam)

swank² *vi* (BrE colloq) fanfarronear (fam), chulear (Esp fam)

swanky /'swæŋki/ *adj* **-kier, -kiest** (colloq) [1] (boastful) (pej) ‹*person*› fanfarrón (fam) [2] (classy) chic *adj inv*, pijo (Esp fam), pituco (CS fam), posudo (Col fam), popoff *adj inv* (Méx fam)

swannery /'swɑːnəri || 'swɒnəri/ *n* (*pl* **-ries**) (BrE); *lugar reservado para que aniden los cisnes*

swansdown /'swɑːnzdaʊn || 'swɒnzdaʊn/ *n* [u] [1] (feathers) plumón *m* de cisne [2] (fabric) muletón *m*

swan song *n* canto *m* de cisne

swap¹ /swɑːp || swɒp/ *n*

A (colloq) (exchange) cambio *m*, trueque *m*; **we can do a ~** podemos cambiárnoslos; **these are my ~s** éstos los tengo para cambiar, éstos los tengo repe (leng infantil)

B (Fin) swap *m*, permuta *f* financiera

swap² *vt* **-pp-** ‹*possessions/ideas*› intercambiar; **to ~ sth FOR sth** cambiar algo POR algo; **I'll ~ (you) my stamp album for your bike** te cambio el álbum de sellos por la bici; **to ~ sth WITH sb** cambiarle algo A algn; **I ~ped places with Helen** le cambié el sitio a Helen; **would you mind ~ping places with me?** ¿le importaría cambiarme el sitio?

■ **swap** *vi*: **try to ~ with a friend** trata de cambiárselo (*or* cambiárselos *etc*) a un amigo

(Phrasal verb)

• **swap around**, (BrE also) **swap round** [v + o + adv] cambiar de sitio; **I ~ped the glasses around** cambié las copas de sitio

swap file *n* archivo *m* de intercambio

SWAPO /'swɑːpəʊ || 'swɒpəʊ/ *n* (*no art*) (Hist) (= **South-West Africa People's Organization**) el SWAPO

sward /swɔːrd || swɔːd/ *n* [u] (liter) césped *m*

swarm¹ /swɔːrm || swɔːm/ *n* enjambre *m*; **a ~ of mosquitoes** un enjambre *or* una nube de mosquitos; **~s of reporters** una multitud de periodistas; **they came in ~s to see her** llegaban a verla en manadas

swarm² *vi*

A «*bees*» enjambrar; **people ~ed around the stalls** la gente se aglomeraba *or* se apiñaba *or* pululaba alrededor de los puestos; **the flies ~ed around the meat** las moscas revoloteaban *or* pululaban alrededor de la carne; **the crowd ~ed into the square** la multitud irrumpió en la plaza; **to ~ WITH sb/sth: the beaches were ~ing with tourists** las playas eran un hormiguero de turistas, las playas estaban plagadas de turistas; **the place was ~ing with flies** el lugar estaba lleno de moscas

B (climb): **to ~ up sth** trepar a algo; **to ~ down sth** descolgarse* por algo

swarthy /'swɔːrði || 'swɔːði/ *adj* **-thier, -thiest** ‹*complexion*› moreno; ‹*person*› moreno, de tez morena

swashbuckler /'swɑːʃ,bʌklər || 'swɒʃ,bʌklə(r)/ *n* aventurero *m*

swashbuckling /'swɑːʃ,bʌklɪŋ || 'swɒʃ,bʌklɪŋ/ *adj* ‹*tale/film/hero*› de capa y espada; ‹*role*› de aventurero

swastika /'swɑːstɪkə || 'swɒstɪkə/ *n* svástica *f*, esvástica *f*, suástica *f*, cruz *f* gamada

swat¹ /swɑːt || swɒt/ **-tt-** *vt* ‹*insect*› matar (*con matamoscas, periódico etc*); ‹*person*› pegarle* un manotazo a

■ **swat** *vi* **to ~ AT sth** intentar darle A algo; **he was ~ting at the wasps** estaba tratando de matar las avispas

swat² *n* (*no pl*) golpe *m*; **he took a ~ at it** le dio un manotazo (*or* un golpe con el periódico *etc*)

swatch /swɑːtʃ || swɒtʃ/ *n* (sample) muestra *f*; (number of samples) muestrario *m*

swatchbook /'swɑːtʃbʊk || 'swɒtʃbʊk/ *n* (libro *m*) muestrario *m* de telas

swath /swɑːθ, swɔːθ || swɔːθ/, **swathe** /sweɪð/ *n*

A (of grass, land) franja *f*; ***to cut a ~*** (AmE dated) causar sensación; ***to cut a ~ through sth*** abrirse* camino a través de algo

B (of cloth) banda *f*

swathe /sweɪð/ *vt* (*often pass*) envolver*; **his foot was ~d in bandages** tenía el pie vendado; **to be ~d in mist/secrecy** estar* envuelto en tinieblas/misterio

swatter /'swɑːtər || 'swɒtə(r)/ *n* ▸**flyswatter**

sway¹ /sweɪ/ *n* [u]

A (movement) balanceo *m*, oscilación *f*

B (influence) influjo *m*; (domination) dominio *m*; **under the ~ of the Church** bajo el influjo/el dominio de la Iglesia; **to hold ~** «*ideas*» prevalecer*, preponderar; «*leader*» ejercer* dominio, dominar; **to hold ~ OVER sb** ejercer* dominio SOBRE algn, dominar a algn

sway² *vi*

A (swing) «*branch/tree*» balancearse; «*building/tower*» bambolearse, balancearse, oscilar; **the wheat was ~ing in the breeze** el trigo se mecía con la brisa; **he ~ed across the room** cruzó la habitación tambaleándose

B (veer) «*public opinion*» cambiar, dar* un viraje

■ **sway** *vt*

A (influence) ‹*person/crowd*› influir* en, influenciar; **it seems unlikely to ~ voters** no parece probable que influya en el electorado, no parece probable que haga cambiar de opinión al electorado; **don't allow yourself to be ~ed** no te dejes convencer, manténte en tus trece

B (move) ‹*hips*› menear, bambolear

sway bar *n* (AmE) ▸**antiroll bar**

Swazi¹ /'swɑːzi/ *n* [1] [c] (person) suazi *mf*, suazilandés, -desa *m,f* [2] [u] (language) suazilandés *m*

Swazi² *adj* suazi, suazilandés

Swaziland /'swɑːzilænd/ *n* Swazilandia *f*, Suazilandia *f*

swear /swer || sweə(r)/ (*past* **swore**; *past p* **sworn**) *vt* [1] ‹*allegiance/fidelity/revenge*› jurar; **they swore an oath of obedience to their queen** juraron obediencia a la reina; **it's the truth, I ~ it** es verdad, te lo juro; **she ~s blind she didn't know** (colloq) jura y perjura que no lo sabía (fam); **I could've sworn I left it there** hubiera jurado que lo dejé ahí; **do you ~ to tell the truth?** ¿jura usted decir la verdad?; **to ~ an affidavit** hacer* una declaración jurada [2] (bind) ‹*witness/official*› (*usu pass*) tomarle juramento a, juramentar; **we've all been sworn to secrecy** nos han hecho prometer que no diremos nada *or* que guardaremos el secreto

■ **swear** *vi* [1] (vow) jurar [2] (curse) decir* palabrotas, soltar* tacos (Esp fam), mentar* madres (Méx fam); **to ~ AT sb** insultar a algn (*usando palabrotas*)

(Phrasal verbs)

• **swear by** [v + prep + o] (value highly) ‹*gadget*› ser* un entusiasta de; ‹*remedy*› tenerle* una fe ciega a

• **swear in** [v + o + adv, v + adv + o] ‹*jury/witness/president*› tomarle juramento a, juramentar; **she will be sworn in on Monday** prestará juramento el lunes

• **swear off** [v + prep + o]: **he told me he'd sworn off drink** me dijo que (se) había jurado dejar la bebida

• **swear to** [v + prep + o]: **I ~ to God I never touched it** te juro por Dios que no lo toqué; **I thought I heard a sound, but I couldn't ~ to it** me pareció oír un ruido, pero no podría jurarlo

swearing /'swerɪŋ || 'sweərɪŋ/ *n* [u]: **there's a lot of ~ in the film** dicen muchas palabrotas en la película; **she hates all that ~** odia ese vocabulario soez

swearing-in /,swerɪŋ'ɪn || ,sweərɪŋ'ɪn/ *n* [u] toma *f* de juramento; (*before n*): **~ ceremony** ceremonia *f* de la toma de juramento

swearword /'swerwɜːrd || 'sweəwɜːd/ *n* palabrota *f*, mala palabra *f*, taco *m* (Esp), garabato *m* (Chi)

sweat¹ /swet/ *n*

A [1] [u c] (perspiration) sudor *m*, transpiración *f*; **the ~ was just pouring off me** estaba bañado en sudor, estaba sudando a chorros; **he earned his living by the ~ of his brow** se ganaba el pan con el sudor de su frente; **I woke up in a ~** me desperté empapado en sudor; **I broke out in a cold ~** me vino un sudor frío; **you work up a real ~ with this exercise** este ejercicio te hace sudar mucho; ***to get into a ~ about sth*** preocuparse por algo [2] [u] (surface moisture) condensación *f*

B [u] (hard work) (esp BrE colloq) paliza *f* (fam), esfuerzo *m*; **lifting those boxes was a real ~** levantar esas cajas fue una tremenda paliza (fam); ***no ~*** (colloq) ningún problema

C [c] (man): **an old ~** (BrE colloq) un veterano

D **sweats** (*pl*) (AmE colloq) ▸**sweatpants**

sweat² (*past & past p* **sweated** *or* AmE also **sweat**) *vi*

A [1] (perspire) sudar, transpirar; **they were ~ing profusely in the heat** sudaban a chorros con el calor; **to ~ with fear** sudar de miedo [2] (ooze) «*cheese/tree/wall*» exudar humedad

B [1] (work hard) sudar la gota gorda (fam), deslomarse trabajando [2] (worry) estar* preocupado; **she does it to make me ~** lo hace para preocuparme

■ **sweat** *vt* [1] ‹*animal/athlete*› hacer* sudar [2] ‹*vegetables*› rehogar*

(Phrasal verbs)

• **sweat off** [v + adv + o] ‹*pounds/kilos*› adelgazar* sudando

• **sweat out** [v + o + adv, v + adv + o] ‹*toxins*› eliminar con la transpiración; **to ~ out a cold** quitarse un resfriado sudando; ***to ~ it out*** (colloq): **they'll have to ~ it out until they're relieved** van a tener que aguantar hasta que los relevan; **we were ~ing it out waiting for the results** nos mordíamos las uñas esperando el resultado; **they were ~ing it out in the midday sun** sudaban la gota gorda al sol del mediodía (fam)

sweatband /'swetbænd/ *n* **1** (Sport) (around wrist) muñequera *f*; (around head) cinta *f*, vincha *f* (AmS), huincha *f* (Bol, Chi, Per) **2** (in hat) faja *f* interior

sweated labor, (BrE) **sweated labour** /'swetəd || 'swetɪd/ *n* [u] mano *f* de obra explotada

sweater /'swetər || 'swetə(r)/ *n* suéter *m*, pulóver *m*, jersey *m* (Esp), buzo *m* (Ur), chompa *f* (Per), chomba *f* (Chi)

sweat gland *n* glándula *f* sudorípara

sweatpants /'swetpænts/ *pl n* pantalón *m* del equipo *m* (de deportes), pantalón *m* del chándal (Esp) *or* (Méx) de los pants *or* (RPl) del jogging *or* (Chi) del buzo *or* (Col) de la sudadera

sweatshirt /'swetʃɜ:rt || 'swetʃɜ:t/ *n* sudadera *f*, camiseta *f* gruesa, buzo *m* (Arg), polerón *m* (Chi)

sweatshop /'swetʃɑ:p || 'swetʃɒp/ *n*: *fábrica donde se explota a los trabajadores*

sweatsuit /'swetsu:t/ *n* (AmE) equipo *m* (de deportes), chándal *m* (Esp), pants *mpl* (Méx), buzo *m* (Chi, Per), sudadera *f* (Col), jogging *m* (RPl)

sweaty /'sweti/ *adj* **-tier, -tiest** **1** ‹*hands/person*› sudado, transpirado, sudoroso (liter); ‹*socks/feet*› sudado, transpirado **2** ‹*weather*› bochornoso; ‹*work*› que hace sudar

swede /swi:d/ *n* (esp BrE) nabo *m* sueco

Swede /swi:d/ *n* sueco, -ca *m,f*

Sweden /'swi:dn/ *n* Suecia *f*

Swedish¹ /'swi:dɪʃ/ *adj* sueco

Swedish² *n* [u] **1** (language) sueco *m* **2** (people) (+ *pl vb*): **the ~** los suecos

sweep¹ /swi:p/ *n*

A (act) (*no pl*) barrido *m*, barrida *f*; **give it a ~** dale un barrido *or* una barrida, bárrelo; ***a clean ~*** *o* (AmE also) ***a ~***: **nothing but a clean ~ of all the major prizes would satisfy him** sólo si barría *or* arrasaba con todos los premios se iba a quedar contento; **we can now make a clean ~ of all our debts** ahora podemos quitarnos todas las deudas de encima; **the polls pointed to a coast-to-coast ~ by the President** los sondeos pronosticaban un triunfo aplastante del presidente

B **1** [c] (movement): **with a ~ of his arm** con un amplio movimiento del brazo; **with a ~ of his scythe** con un golpe de la guadaña; **the broad ~s of his brush strokes** el ancho trazo de sus pinceladas **2** [c] (curve — of road, river) curva *f*; **notice the superb ~ of the train** (of dress) fíjese en la estupenda caída de la cola **3** (range) (*no pl*) alcance *m*, extensión *f*

C (forceful movement) (*no pl*) empuje *m*

D [c] (search) peinado *m*, rastreo *m*

E [c] (in electronic surveillance) barrido *m*

F [c] (of windmill) aspa *f*‡

G [c] (*chimney ~*) deshollinador, -dora *m,f*

H [c] ▸**sweepstakes**

sweep² (*past & pp* **swept**) *vt*

A **1** (clean) ‹*floor/path*› barrer; ‹*chimney*› deshollinar; **he swept the room clean** *o* **out** barrió bien la habitación **2** (remove) ‹*leaves/dirt*› barrer; ‹*mines*› barrer; **he swept the crumbs off the table** limpió la mesa de migas, quitó las migas de la mesa; **he swept his hair back** se echó el pelo hacia atrás; **she swept the leaves into a pile in the corner** barrió la terraza (*or* el patio *etc*) y amontonó las hojas en el rincón; **he swept the coins into a box** con la mano reunió las monedas y las deslizó en una caja; ***to ~ sth under the rug*** *o* (BrE) ***carpet*** correr un velo sobre algo

B (touch lightly, brush) ‹*surface*› rozar*; **her coat swept the ground as she walked** al andar su abrigo rozaba el suelo; **her hand swept the strings** pasó la mano por las cuerdas

C **1** (pass over, across): **severe storms swept the coast** grandes tormentas azotaron *or* barrieron la costa; **the waves of protest that were ~ing the state** las olas de protesta que recorrían el estado; **dismay swept the meeting when the news broke** la noticia causó consternación entre los reunidos; **the epidemic is ~ing the country** la epidemia se extiende como un reguero de pólvora por el país **2** (remove by force) arrastrar; **the avalanche swept them to their deaths** el alud los arrastró consigo y perdieron la vida; **we were being swept out to sea by the tide** la marea nos arrastraba mar adentro; **she succeeded in ~ing us along with her enthusiasm** consiguió arrastrarnos con su entusiasmo; **he advanced across Italy ~ing all before him** cruzaba Italia arrasando (con) todo a su paso

D **1** (scan) recorrer; **he swept the horizon with his telescope** recorría *or* escudriñaba el horizonte con su telescopio **2** (search) ‹*area*› peinar, rastrear

E (win overwhelmingly): **our team swept the series** nuestro equipo arrolló *or* arrasó en la serie; **nobody was surprised when she swept the country** a nadie le sorprendió que se impusiera aplastantemente en todo el país

■ **sweep** *vi*

A (+ *adv compl*) **1** (move rapidly): **the car swept by** *o* **past without stopping** el coche pasó rápidamente sin detenerse; **he swept to power on a wave of popularity** una ola de popularidad lo llevó al poder **2** (move proudly): **she swept into the room** entró majestuosamente en la habitación; **he swept past as if I wasn't there** pasó por mi lado con la cabeza en alto, como si yo no existiera

B (+ *adv compl*) **1** (spread) extenderse*; **fire swept through the hotel** el fuego se propagó *or* se extendió por todo el hotel; **panic swept through the ranks** cundió el pánico en las filas **2** (extend): **the path ~s down to the road** el sendero baja describiendo una curva hasta la carretera; **the river ~s over the plain to the sea** el río recorre la llanura hasta llegar al mar **3** (survey): **his gaze swept over their faces** recorrió sus rostros con la mirada

Phrasal verbs

- **sweep aside** [v + o + adv, v + adv + o] **1** ‹*object*› apartar, hacer* a un lado **2** ‹*opposition/objection/doubts*› desechar
- **sweep away** [v + o + adv, v + adv + o] **1** (carry away) «*flood/storm*» arrastrar, arrasar con **2** (abolish) ‹*custom/injustices*› erradicar*
- **sweep up**

A [v + adv] (clear up) barrer, limpiar

B [v + o + adv, v + adv + o] **1** (clear up) ‹*dust/leaves*› barrer y recoger* **2** (gather up) ‹*belongings/bags*› recoger*; **he swept her up in his arms** la levantó en brazos; **she wears her hair swept up in a bun** lleva el pelo recogido en un moño

sweeper /'swi:pər || 'swi:pə(r)/ *n*

A (*road~*) **1** barrendero, -ra *m,f*, barredor, -dora *m,f* (Per) **2** (*carpet ~*) cepillo *m* mecánico (*para barrer alfombras*)

B (in soccer) líbero *mf*, barredor, -dora *m,f* (Chi)

sweep hand *n* segundero *m*

sweeping /'swi:pɪŋ/ *adj* **1** ‹*movement*› amplio; ‹*gesture*› dramático, histriónico **2** (indiscriminate) (pej): **that's rather a ~ statement, isn't it?** ¿no estás generalizando demasiado?; **he often made ~ generalizations** a menudo caía en burdas generalizaciones **3** (overwhelming) ‹*victory*› arrollador, aplastante **4** (far-reaching) ‹*reforms/changes*› radical; ‹*powers*› amplio

sweepings /'swi:pɪŋz/ *pl n* (dirt) basura *f*; **the ~ of society** la escoria de la sociedad

sweepstakes /'swi:psteɪks/ (BrE) **sweepstake** /'swi:psteɪk/ *n* **1** (race) *carrera en la que el ganador se lleva todas las apuestas* **2** (lottery) lotería *f*

sweet¹ /swi:t/ *adj* **-er, -est**

A (of taste) dulce; (with sugar) dulce, azucarado; **this soup tastes ~** esta sopa sabe *or* está dulce; **the liquid was ~ to the taste** el líquido tenía un gusto *or* sabor dulce; **I don't like my coffee too ~** no me gusta el café demasiado dulce *or* azucarado; **avoid ~ things** evite los dulces

B **1** (fresh, wholesome) ‹*smell*› agradable; **the air smelled ~ after the rain** después de la lluvia el aire olía a limpio **2** ‹*water*› dulce; **~ butter** mantequilla *f or* (RPl) manteca *f* sin sal

C **1** (pleasant, gratifying) ‹*sounds/voice/music*› dulce, melodioso; **for him victory/success was ~** la victoria/el éxito le supo a gloria; **their applause came as ~ music to my ears** sus aplausos me sonaron a música celestial; **good night, ~ dreams** buenas noches y que sueñes con los angelitos; **she always goes her own ~ way** siempre hace lo que (se) le da la real gana **2** (kind, lovable) ‹*nature/temper/smile*› dulce; **she's a very ~ person** es un encanto (de persona), es una persona encantadora; **it was very ~ of her to offer to do it** fue muy amable de su parte ofrecerse a hacerlo; **it was very ~ of you to buy me flowers** fue todo un detalle de tu parte comprarme flores; **he says he loves me just to keep me ~** dice que me quiere sólo para tenerme contenta; ***to be ~ on sb*** (colloq): **she's ~ on a boy at school** le gusta mucho un chico del colegio, está enamoriscada de un chico del colegio (fam) **3** (attractive) ‹*baby/puppy*› rico (fam), mono (fam), amoroso (AmL fam)

sweet² *n*

A (confectionery) (BrE) caramelo *m or* (AmL exc RPl) dulce *m*; **she eats too many ~s** come demasiados caramelos *or* demasiadas golosinas

B (dessert) (BrE) postre *m*

C **sweets** *pl* **1** (sugary food) (AmE) dulces *mpl*; **avoid all ~s** procure no comer dulces **2** (pleasures) (liter) placeres *mpl*; **the ~s of youth** los placeres de la juventud; **the ~s of victory** el dulce sabor de la victoria

D (*as form of address*): **my ~** mi vida, mi cielo

sweet-and-sour /ˌswi:tn'saʊr || ˌswi:tn'saʊə(r)/ *adj* (*before n*) ‹*pork/sauce*› agridulce

sweet basil *n* albahaca *f*

sweetbreads /'swi:tbredz/ *pl n* mollejas *fpl*, lechecillas *fpl* (Esp)

sweetbriar, sweetbrier /'swi:tˌbraɪər || 'swi:tˌbraɪə(r)/ *n* eglantina *f*

sweet chestnut *n* **1** (fruit) castaña *f* (dulce) **2** (tree) castaño *m* (dulce)

sweetcorn /'swi:tkɔ:rn || 'swi:tkɔ:n/ *n* [u] maíz *m* tierno, elote *m* (Méx), choclo *m* (AmS), jojoto *m* (Ven)

sweeten /'swi:tn/ *vt*

A **1** (add sugar to) ‹*drink/dish/taste*› endulzar*, azucarar **2** (freshen) ‹*air/breath*› refrescar*

B **1** (with extra money, benefits) ‹*offer/deal/sale*› hacer* más atractivo *or* apetecible **2** (make nicer): **marriage seems to have ~ed him** parece que el matrimonio le ha endulzado el carácter *or* le ha limado las aristas; **the offer seemed to ~ his temper** la oferta pareció ponerlo de mejor humor **3** (make more pleasant) endulzar*; **their defeat was ~ed by the news that ...** se les endulzó la derrota con la noticia de que ... **4** (colloq) (soften the attitude of) ablandar; **I cooked him a meal to ~ him (up) a bit** le preparé una cena para ablandarlo un poco

■ **sweeten** *vi* «*temper/nature*» endulzarse*, dulcificarse*

sweetener /'swi:tnər || 'swi:tnə(r)/ *n* **1** (Culin) endulzante *m*; (artificial) edulcorante *m*; **honey can be used as a ~** la miel se puede usar para endulzar **2** (colloq) (bribe) soborno *m*, coima *f* (CS, Per fam), mordida *f* (Méx fam); (bonus) aliciente *m*

sweetheart /'swi:thɑ:rt || 'swi:thɑ:t/ *n* **1** (lover, darling) novio, -via *m,f*, enamorado, -da *m,f*; **she married her childhood ~** se casó con el amor de su niñez **2** (colloq) (*as form of address*) (mi) amor, mi vida, cariño

sweetie /'swi:ti/ *n* (colloq)

A **~ (pie)** **1** (person) encanto *m*, cielo *m*; **she's a real ~ (pie)** es un encanto *or* un cielo *or* un amor **2** (*as form of address*) mi vida, tesoro; **come on, ~ (pie), time for bed** vamos, tesoro *or* mi vida, a la cama

B (sweet, candy) (BrE) caramelo *m or* (AmL exc RPl) dulce *m*

sweetly /'swi:tli/ *adv* ‹*smile/sing*› dulcemente, con dulzura; **~ scented** de agradable fragancia; **she very ~ offered to do it** muy amablemente se ofreció a hacerlo

sweetmeat /'swi:tmi:t/ *n* (liter) dulce *m*

S

sweet-natured /ˈswiːtˌneɪtʃərd || ˌswiːtˈneɪtʃəd/ *adj* dulce

sweetness /ˈswiːtnəs || ˈswiːtnɪs/ *n* [u] 1 (sugary taste) dulzor *m* 2 (of smell) lo agradable 3 (of person, character) dulzura *f*; ***to be (all) ~ and light*** estar* hecho un encanto; **the next day she was all ~ and light** al día siguiente estaba hecha un encanto

sweet pea *n* alverjilla *f* or (RPl) arvejilla *f* or (Esp) guisante *m* de olor or (Méx) chícharo *m* de olor or (Chi) clarín *m*

sweet pepper *n* ▸**capsicum**

sweet potato *n* boniato *m*, batata *f*, camote *m* (Andes, Méx)

sweetshop /ˈswiːtʃɑːp || ˈswiːtʃɒp/ *n* (BrE) tienda *f* de golosinas; **to be like a child in a ~** estar* como un niño con zapatos nuevos or con un juguete nuevo

sweet-smelling /ˈswiːtˌsmelɪŋ/ *adj* fragante, de dulce fragancia (liter)

sweet-talk /ˈswiːttɔːk/ *vt* (colloq) engatusar (fam), camelar (Esp fam); **to ~ sb INTO -ING** engatusar or (Esp) camelar a algn PARA QUE + SUBJ (fam); **he tried to ~ me into signing the contract** intentó engatusarme or (Esp tb) camelarme para que firmara el contrato (fam)

sweet talk, sweet talking *n* [u] (colloq) zalamerías *fpl*

sweet-talking /ˈswiːtˌtɔːkɪŋ/ *adj* (colloq) zalamero

sweet-tempered /ˈswiːtˌtempərd || ˈswiːtˌtempəd/ *adj* de buen carácter, de carácter dulce

sweet-toothed /ˌswiːtˈtuːθt/ *adj* goloso

sweet william /ˈwɪljəm/ *n* minutisa *f*

swell[1] /swel/ (*past p* **swollen** or AmE esp **swelled**) *vi*

A 1 (grow in size) ⟪*wood/face/ankles*⟫ hincharse; ⟪*river/stream*⟫ crecer*, subir; **her face began to ~** se le empezó a hinchar la cara; **his knee had swollen (up) to twice its size** la rodilla se le había hinchado al doble de su tamaño normal; **their bellies were swollen with hunger** tenían los vientres hinchados por el hambre; **the sails ~ed (out) in the wind** las velas se hinchaban al viento 2 (with emotion): **swollen with pride** henchido de orgullo; **she was ~ing with rage** estaba que estallaba de rabia

B (increase) ⟪*population/crowd*⟫ crecer*, aumentar; **order books are beginning to ~ again** los pedidos están aumentando otra vez; **the applause ~ed to a crescendo** los aplausos se fueron haciendo cada vez más fuertes

■ **swell** *vt*

A (increase in size) ⟨*body/joint/features*⟩ hinchar; ⟨*sails*⟩ hinchar; ⟨*river*⟩ hacer* crecer or subir

B (increase in number, volume) ⟨*population/total/funds*⟩ aumentar; **to ~ the ranks of the unemployed** engrosar las filas del desempleo

(Phrasal verb)

• **swell up** [v + adv] hincharse; **my/her finger ~ed up** se me/le hinchó el dedo

swell[2] *n*

A 1 (of sea) oleaje *m*; **a heavy ~** un fuerte oleaje, una marejada 2 (surge, movement) oleada *f*; **a ~ of indignation/interest** una oleada de indignación/interés 3 (protuberance, curve) (*no pl*): **the low ~ of the Welsh hills** la suave ondulación de las colinas galesas; **the firm ~ of her breasts/belly** la turgencia de sus senos/su vientre (liter)

B (Mus) (symbol) regulador *m*; (device on organ) regulador *m* del registro de sonido

C (well-dressed person) (colloq & dated) dandy *m*

swell[3] *adj* 1 (fine, excellent) (AmE colloq) fenomenal (fam), bárbaro (fam), sensacional (fam); **so you can come? ~!** (*as interj*) ¿así que puedes venir? ¡bárbaro or fantástico! (fam) 2 (stylish) (colloq & dated) elegantón (fam)

swellheaded /ˈswelˌhedəd || ˌswelˈhedɪd/ *adj* (AmE dated) engreído, creído (fam)

swelling /ˈswelɪŋ/ *n* [c u] hinchazón *f*

swelter /ˈsweltər || ˈsweltə(r)/ *vi* sofocarse* de calor

sweltering /ˈsweltərɪŋ/ *adj* sofocante, bochornoso; **it was ~** hacía un calor sofocante; **it was a ~ hot day** (*as adv*) era un día de calor sofocante

swept /swept/ *past & past p of* **sweep**[2]

swept-back /ˌsweptˈbæk/ *adj* 1 (brushed back) ⟨*hair*⟩ echado or peinado hacia atrás 2 (Aviat) ⟨*wings*⟩ en flecha

swept-wing /ˈsweptˈwɪŋ/ *adj* (*before n*) con alas en flecha

swerve[1] /swɜːrv || swɜːv/ *vi* 1 (change direction) ⟪*vehicle/driver/horse*⟫ virar bruscamente, dar* un viraje brusco, dar* un volantazo (Méx); ⟪*ball*⟫ ir* con efecto; ⟪*footballer*⟫ fintar, quebrar*; **she ~d to avoid the dog** viró bruscamente para no atropellar al perro; **he ~d in and out of the traffic** zigzagueó por entre el tráfico 2 (deviate) (liter) desviarse*; **I shall not ~ from my purpose** (liter) no me desviaré de mi propósito, no cejaré en mi propósito (liter)

■ **swerve** *vt* ⟨*vehicle*⟩ hacer* virar bruscamente

swerve[2] *n* 1 [c] (movement — of vehicle) viraje *m* brusco, volantazo *m* (Méx); (— of boxer, footballer) finta *f*, regate *m* (Esp) 2 [u] (of ball) efecto *m*

swift[1] /swɪft/ *adj* **-er, -est** 1 ⟨*runner/movement/animal*⟩ veloz, rápido; **a ~-flowing river** un río de corriente rápida; **~-footed** veloz, de pies ligeros (liter) 2 ⟨*reply/reaction/denial*⟩ rápido; **he was ~ to reply** *o* **in replying** no tardó en contestar; **he was ~ to anger** (liter) era propenso a arrebatos de ira 3 (short, quick) ⟨*visit/look/phone call*⟩ rápido

swift[2] *n* vencejo *m*

swiftly /ˈswɪftli/ *adv* (rapidly) rápidamente, con rapidez, velozmente; (promptly) con prontitud or rapidez

swiftness /ˈswɪftnəs || ˈswɪftnɪs/ *n* [u] (speed) rapidez *f*, velocidad *f*; (of reply, reaction) rapidez *f*, prontitud *f*

swig[1] /swɪg/ *n* (colloq) trago *m*; **to take** *o* **have a ~ of sth** tomarse un trago de algo; **in one ~** de un trago

swig[2] *vt* **-gg-** (colloq) tomar, beber; **she was ~ging brandy from the bottle** tomaba or bebía brandy de la botella

■ **swig** *vi* tomar, beber

swill[1] /swɪl/ *n*

A [u] 1 (for pigs) comida *f* para cerdos 2 (colloq) (disgusting food, drink) bazofia *f* (fam), porquería *f* (fam)

B (with water) (*no pl*): **a ~ (out/down)** (wash) una lavada; (rinse) un enjuague

swill[2] *vt*

A (wash, rinse): **to ~ sth (out)** lavar/enjuagar* algo; **to ~ sth (down)** baldear algo

B (drink) (colloq & pej) ⟨*beer*⟩ tomar or beber (*a grandes tragos*)

■ **swill** *vi*: **to ~ around** *o* **about** moverse*

swim[1] /swɪm/ (*pres p* **swimming**; *past* **swam** *past p* **swum**) *vi*

A ⟪*person/animal/fish*⟫ nadar; **can you ~?** ¿sabes nadar?; **are you going ~ming tonight?** ¿vas a ir a nadar esta noche?; **to ~ under water** nadar debajo del agua, bucear; **he swam across the river** cruzó el río nadando or a nado; **she swam to the island** nadó or (se) fue nadando hasta la isla; **we had to ~ for it** tuvimos que nadar para salvarnos

B 1 (float) flotar 2 (be immersed, overflowing) (*usu in -ing form*) **to ~ IN sth** nadar or flotar EN algo; **the tomatoes were ~ming in oil** los tomates nadaban or flotaban en aceite; **to ~ WITH sth**: **the bathroom floor was ~ming with water** el suelo del baño estaba cubierto de agua, el baño estaba inundado; **her eyes were ~ming with tears** tenía los ojos anegados en lágrimas; **the streets swam with blood** corría sangre por las calles, las calles eran ríos de sangre

C (of blurred, confused perceptions) dar* vueltas; **my head was ~ming** la cabeza me daba vueltas, todo parecía girar a mi alrededor; **the image began to ~ before her eyes** la imagen empezó a darle vueltas

■ **swim** *vt* ⟨*length*⟩ nadar, hacer*; ⟨*river*⟩ cruzar* a nado; **to ~ the Channel** cruzar* el canal de la Mancha a nado; **to ~ breaststroke** nadar pecho or (Esp) a braza

swim[2] *n*: **to go for a ~** ir* a nadar; **to have a ~** nadar, bañarse, darse* un baño; **it's a long ~ to the island** hay que nadar un buen trecho para llegar a la isla; **that was an excellent ~ by the young Frenchman** el joven francés nadó en forma excelente; ***to be in the ~*** estar* al tanto de lo que pasa, estar* en la onda (fam)

swimmer /ˈswɪmər || ˈswɪmə(r)/ *n* nadador, -dora *m,f*; **to be a good ~** nadar bien, ser* buen nadador

swimming /ˈswɪmɪŋ/ *n* [u] natación *f*; **~ is my favorite sport** la natación es mi deporte favorito; **~ is fun** nadar es divertido; (*before n*): **~ cap** gorro *m* or gorra *f* (de baño); **~ gala** (BrE) festival *m* de natación; **~ instructor** profesor, -sora *m,f* or monitor, -tora *m,f* or instructor, -tora *m,f* de natación

swimming bath *n*, **swimming baths** *pl n* (BrE) piscina *f* cubierta, alberca *f* techada (Méx), pileta *f* cubierta (RPl)

swimming costume *n* (BrE) traje *m* de baño, bañador *m* (Esp), vestido *m* de baño (Col), malla *f* (de baño) (RPl)

swimmingly /ˈswɪmɪŋli/ *adv* a las mil maravillas

swimming pool *n* piscina *f*, alberca *f* (Méx), pileta *f* (RPl)

swimming trunks *pl n* traje *m* de baño, bañador *m* (Esp), vestido *m* de baño (Col) (*de caballero*)

swimsuit /ˈswɪmsuːt/ *n* ▸**swimming costume**

swimwear /ˈswɪmwer || ˈswɪmweə(r)/ *n* [u] trajes *mpl* de baño, bañadores *mpl* (Esp), mallas *fpl* (de baño) (RPl), vestidos *mpl* de baño (Col)

swindle[1] /ˈswɪndl/ *n* estafa *f*, timo *m* (fam)

swindle[2] *vt* estafar, timar; **I've been ~d** me han estafado or timado; **to ~ sb OUT OF sth**: **they ~d her out of her savings** la estafaron y le quitaron sus ahorros; **to ~ sth OUT OF sb** quitarle algo a algn

swindler /ˈswɪndlər || ˈswɪndlə(r)/ *n* estafador, -dora *m,f*, timador, -dora *m,f*

swine /swaɪn/ *n* (*pl* ~) 1 (pig, hog) cerdo *m* 2 (*pl* ~s) (contemptible person) (colloq) cerdo, -da *m,f* (fam), canalla *mf*, cabrón, -brona *m,f* (Esp fam) 3 (*pl* ~s) (sth difficult, unpleasant) (BrE colloq): **that question was a ~** esa pregunta fue dificilísima; **these screws are ~s to get in** cuesta un triunfo meter estos malditos or condenados tornillos (fam)

swine fever *n* [u] (BrE) fiebre *f* porcina

swineherd /ˈswaɪnhɜːrd || ˈswaɪnhɜːd/ *n* (arch) porquerizo *m* (arc), porquero *m*

swing[1] /swɪŋ/ (*past & past p* **swung**) *vi*

A 1 (hang, dangle) balancearse; (on a swing) columpiarse or (RPl) hamacarse*; ⟪*pendulum*⟫ oscilar; **he swung by his hands from the parallel bars** se balanceaba colgado de las paralelas; **the sign was ~ing in the wind** el letrero se balanceaba con el viento; **he swung around and around on the rope** daba vueltas y más vueltas colgado de la cuerda 2 (convey oneself): **the monkeys swung from tree to tree** los monos saltaban de árbol en árbol colgados or (Col, Méx, Ven) guindados de las ramas (or de las lianas *etc*); **he swung across the river on a rope** cruzó el río colgado or (Col, Méx, Ven) guindado de una cuerda; **she swung up into the saddle** se montó en la silla de un salto

B 1 (move on pivot): **the door swung open/shut** *o* **to** la puerta se abrió/se cerró; **the door was ~ing in the wind** la puerta se mecía con el viento 2 (turn) girar or doblar (*describiendo una curva*); **the ball swung away** la pelota salió desviada

C 1 (shift, change) ⟪*opinion/mood*⟫ cambiar, oscilar; **his views ~ from one extreme to another** sus ideas pasan de un extremo a otro; **the country is ~ing to the left** el país está virando or dando un viraje hacia la izquierda 2 (of sexual behavior) (sl): **to ~ both ways** *o* **either way** (sl) ser* bisexual, patear para los dos lados (RPl fam), hacerle* para los dos lados (Chi fam)

D 1 **to ~ INTO sth** (start): **the emergency plans swung into operation** se pusieron en marcha los planes de emergencia; **a week of jazz ~s into action on Sunday** el domingo se da

S

comienzo a una semana de jazz **2** (attempt to hit) **to ~ AT sb/sth** intentar pegarle *or* darle A algn/algo; **he swung at the ball, but missed it** intentó pegarle *or* darle a la pelota pero no lo logró
E (be lively, up to date) (colloq) ‹‹*club/atmosphere*›› tener* swing (fam); ‹‹*party*›› estar* muy animado
F (be hanged) (colloq): **he deserves to ~** se merece que lo cuelguen *or* lo linchen
■ **swing** *vt*
A (move to and fro) ‹*arms/legs*› balancear; ‹*object on rope*› hacer* oscilar; **~ your arms back and forth** balanceen los brazos hacia atrás y hacia adelante; **she sat on the wall, ~ing her legs** estaba sentada en el muro balanceando las piernas; **to ~ one's hips** contonearse, contonear *or* menear las caderas
B **1** (move on pivot): **he swung the door to with his foot** cerró la puerta empujándola con el pie **2** (convey): **he swung himself into the saddle** se montó en la silla de un salto; **he swung his suitcase up onto the rack** subío la maleta al portaequipaje de un envión **3** (wave, brandish) ‹*club/hammer*› blandir; ‹*lasso*› rebolear; **he swung the hammer at us** nos amenazó con el martillo
C **1** (manage) (colloq) arreglar; **if you want that job, I think I can ~ it** si quieres ese puesto, creo que puedo arreglarlo; **he managed to ~ it so that we didn't have to pay** se las arregló para que no tuviéramos que pagar **2** (shift): **this could ~ the vote/election our way** esto podría inclinar la votación/el resultado de la elección a nuestro favor; **he managed to ~ public opinion behind him** logró poner a la opinión pública de su lado

Phrasal verb
• **swing around,** (BrE also) **swing round**
A [v + adv] **1** (change direction, turn) ‹‹*vehicle*›› dar* un viraje, girar *or* virar (en redondo); **she swung around to face me** giró sobre sus talones para darme la cara; **the wind has swung around to the east** el viento ha cambiado hacia el este **2** (change views) **to ~ around TO sth** dar* un giro *or* un viraje HACIA algo
B [v + o + adv] **1** ‹*car/boat*› hacer* girar en redondo **2** (change): **to ~ sb's opinions around** hacer* cambiar de opinión a algn; **we hope to ~ them around to our point of view** esperamos poder convencerlos de que tenemos razón

swing² *n*
A **1** [c u] (movement) oscilación *f*, vaivén *m*; **the ~ of the pendulum** la oscilación *or* el vaivén del péndulo **2** [c] (distance) *arco que describe un objeto que oscila* **3** [c] (blow, stroke) golpe *m*; (in golf, boxing) swing *m*; **to take a ~ at sb/sth** intentar darle a algn/algo (*con un palo, una raqueta etc*)
B [c] **1** (shift) cambio *m*; **a ~ in public opinion** un cambio *or* un viraje en la opinión pública; **another ~ in fashions** otro vaivén de la moda; **a ~ back to traditional values** una vuelta a los valores tradicionales; **the ~s of the market** (Fin) las fluctuaciones del mercado **2** (Pol) viraje *m*; **a ~ to the Democrats of 4%** un viraje del 4% en favor de los demócratas
C **1** [u c] (rhythm, vitality): **there's no ~ in their music** su música no tiene swing; **there was a ~ in her step** andaba *or* caminaba con brío; **put the ~ back into your life** devuélvele la chispa *or* la marcha a tu vida; ***to be in full ~*** estar* en pleno desarrollo; **the party was in full ~ by the time we got there** cuando llegamos la fiesta estaba ya muy animada; **exams are in full ~** estamos (*or* están *etc*) en plena época de exámenes; ***to get into the ~ of sth*** agarrarle el ritmo *or* (Esp) cogerle* el tranquillo a algo; ***to go with a ~*** ‹‹*business/conference*›› marchar sobre ruedas; ‹‹*party*›› estar* muy animado **2** [u] (Mus) swing *m*
D [c] (Leisure) columpio *m or* (RPl) hamaca *f*; **to have a ~** columpiarse *or* (RPl) hamacarse*; ***it's a question of ~s and roundabouts, what you lose on the swings you gain on the roundabouts*** (BrE) lo que se pierde en una cosa se gana en la otra
E [u] (scope, free play): **to give sth full ~** dar* rienda suelta a algo; **she gave her imagination full ~** dio rienda suelta a su imaginación
F [c] (tour) (colloq & journ) gira *f* corta

swing bin *n* cubo *m or* (CS, Per) tacho *m or* (Méx) bote *m or* (Col) caneca *f or* (Ven) tobo *m* de la basura (*con tapa de vaivén*)

swingboat /ˈswɪŋbəʊt/ *n* (BrE) *columpio en forma de barca*

swing bridge *n* puente *m* giratorio

swing door *n* puerta *f* (de) vaivén

swingeing /ˈswɪndʒɪŋ/ *adj* (BrE) durísimo, feroz; ‹*increases/cuts*› salvaje; **she made a ~ attack on government policy** lanzó un durísimo *or* feroz ataque a la política del gobierno; **~ cuts in public expenditure** salvajes recortes en el gasto público

swinger /ˈswɪŋər ‖ ˈswɪŋə(r)/ *n* (colloq) **1** (fashionable person) (dated *or* hum) moderno, -na *m,f* **2** (sexually liberal person) desinhibido, -da *m,f*

swinging /ˈswɪŋɪŋ/ *adj* **1** (lively, fashionable) (colloq) con mucha marcha (fam), con mucho swing (fam); **the ~ sixties** los acelerados años 60 **2** (sexually liberal) (colloq) desinhibido **3** (bouncing, rhythmic) (*before n*) ‹*step/gait*› cadencioso

swinging door *n* (AmE) ▸ **swing door**

swing shift *n* (AmE) turno *m* de tarde

swing-wing /ˈswɪŋˈwɪŋ/ *adj* (BrE) con alas de geometría variable

swinish /ˈswaɪnɪʃ/ *adj* canallesco

swipe¹ /swaɪp/ *n* (colloq) **1** (blow) golpe *m*; **to take a ~ at sb/sth** intentar darle *or* pegarle a algn/algo **2** (verbal attack) ataque *m*

swipe² *vt* (colloq)
A (hit) darle* (un golpe) a
B (steal) afanarse (arg), volarse* (Méx fam)
C (Comput) ‹*card*› pasar (por un lector electrónico)
■ **swipe** *vi* **to ~ AT sth/sb** intentar darle *or* pegarle a algo/algn; **it ~d at him with its claws** le dio un zarpazo

swipe card *n* tarjeta *f* de banda magnética; (*before n*): **~ ~ reader** lector *m* de tarjetas de banda magnética

swirl¹ /swɜːrl ‖ swɜːl/ *n* (of water, dust, people) remolino *m*; (of smoke) voluta *f*, espiral *f*; **the ~ of the dancers' skirts** el movimiento de las faldas de las bailarinas; **a ~ of whipped cream** un copo de crema *or* (Esp) de nata batida

swirl² *vi* ‹‹*water/dust/paper*›› arremolinarse; ‹‹*dancers/skirts*›› girar
■ **swirl** *vt* arremolinar

swish¹ /swɪʃ/ *n*
A **1** (of cane, lasso) silbido *m* **2** (of water) rumor *m*, susurro *m* **3** (of skirt) frufrú *m*; **the ~ of the curtains** el ruido de las cortinas al correrlas
B (homosexual) (AmE sl & pej) loca *f* (fam)

swish² *vt* ‹*cane/whip*› agitar en el aire (*produciendo un silbido*); **the horse was ~ing its tail** el caballo sacudía la cola; **he ~ed the curtains back** corrió las cortinas; **she ~ed the water around the bowl** agitó el agua en el bol
■ **swish** *vi* ‹‹*cane*›› producir* un silbido; ‹‹*water*›› borbotear; ‹‹*skirts*›› hacer* frufrú

swish³ *adj* **-er, -est**
A ▸ **swishy**
B (stylish, elegant) (BrE colloq) elegante, pijo (Esp fam), pituco (CS fam), popoff *adj inv* (Méx fam)

swishy /ˈswɪʃi/ *adj* **-shier, -shiest** (AmE sl) amariconado (fam & pey)

Swiss¹ /swɪs/ *adj* suizo; **~ German/French/Italian** el alemán/francés/italiano que se habla en Suiza

Swiss² *n* (*pl* **~**) suizo, -za *m,f*; **French/German/Italian ~** suizo francés/alemán/italiano, suiza francesa/alemana/italiana *m,f*

Swiss Guard *n* **1** [c] (soldier) guardia *m* suizo **2** (body) Guardia *f* Suiza

swiss roll, Swiss roll *n* [u c] (BrE) brazo *m* de gitano *or* (Andes) de reina, arrollado *m* (*dulce*) (RPl)

switch¹ /swɪtʃ/ *vt*
A **1** (change) cambiar de; **we ~ed (our) position to get a better view** (nos) cambiamos de sitio para ver mejor; **I ~ jobs** *o* **my job every six months** cada seis meses cambio de trabajo; **he abruptly ~ed the direction of his gaze** de repente desvió la mirada; **she ~ed the topic of conversation** desvió la conversación hacia otro tema, cambió de tema de conversación; **to ~ sth (FROM sth) TO sth**: **production has been ~ed to Cambridge** han trasladado la producción a la planta de Cambridge; **my appointment has been ~ed to Tuesday** me cambiaron la cita al martes; **we will ~ the emphasis from punishment to rehabilitation** vamos a hacer menos hincapié en el castigo y más en la rehabilitación **2** (exchange) ‹*suitcases/roles*› intercambiar; **can we ~ seats, please?** ¿no me cambiaría el asiento, por favor?
B (Elec, Rad, TV): **to ~ channels** cambiar de canal; **~ the heater to the lowest setting** ponga la estufa 'en mínimo'
C (shunt) (AmE) (Rail) desviar*, cambiar de vía
■ **switch** *vi* cambiar; **there's no direct train, you'll have to ~** (AmE) no hay un tren directo, vas a tener que cambiar *or* hacer trasbordo; **he ~ed to a high-fiber diet** cambió a una dieta rica en fibra; **I ~ed to Channel Four** cambié al Canal Cuatro; **the scene ~es from New York to the French Riviera** la escena pasa *or* se traslada de Nueva York a la Riviera francesa; **some teachers are ~ing (back) to the old methods** algunos profesores están volviendo a los antiguos métodos; **we've ~ed from electricity to gas** hemos empezado a usar gas en lugar de electricidad; **I ~ed back to my old brand** volví a mi marca de antes

Phrasal verbs
• **switch around,** BrE also **switch round**
A [v + adv] (exchange positions, roles) cambiar
B [v + o + adv, v + adv + o] **1** ‹*wires/cables*› intercambiar **2** (rearrange) ‹*furniture*› cambiar de sitio
• **switch in** [v + adv] ‹‹*circuit/dynamo/engine*›› ponerse* en marcha, ponerse* *or* entrar en funcionamiento
• **switch off**
A [v + o + adv, v + adv + o] ‹*light/TV/heating*› apagar*; ‹*gas/electricity/water*› cortar, desconectar; **the machine ~es itself off automatically** la máquina se apaga automáticamente
B [v + adv] **1** ‹‹*light/machine/heating*›› apagarse* **2** (lose interest, relax) (colloq) dejar de prestar atención, desconectar (fam); **when they start talking about cricket, I just ~ off** cuando se ponen a hablar de cricket, yo dejo de prestar atención *or* (fam) yo desconecto
• **switch on**
A [v + o + adv, v + adv + o] (esp BrE) ‹*light/heating/machine*› encender*, prender (AmL); **leave it ~ed on** déjalo encendido *or* puesto *or* (AmL tb) prendido; **the power was ~ed on again two hours later** la electricidad volvió dos horas más tarde; **he can ~ on the charm when he wants to** es un encanto *or* se pone encantador cuando quiere
B [v + adv] ‹‹*light/heating/machine*›› encenderse*, prenderse (AmL); **I'll just ~ on for the news** voy a poner las noticias
• **switch over**
A [v + adv] **1** (change) **to ~ over TO sth** cambiar A algo **2** (change channels) cambiar de canal **3** (exchange positions, roles) cambiar
B [v + o + adv, v + adv + o] ‹*wires/cables*› intercambiar
• **switch round** (esp BrE) ▸ **switch around,**

switch² *n*
A **1** (Elec) interruptor *m*, llave *f* (de encendido/de la luz); **turn on/off the ~** enciende/apaga la luz (*or* el aparato *etc*) **2** (points) (AmE) (Rail) agujas *fpl*
B **1** (shift, change): **a ~ of emphasis/policy** un cambio de énfasis/política; **his ~ from drama to fiction** su paso del teatro a la novela; **a ~ in favor of the Democrats** un viraje en favor de los demócratas; **the ~ into Swiss francs** el cambio al franco suizo **2** (exchange) intercambio *m*, trueque *m*; **to make a ~** hacer* un intercambio
C (stick, cane) vara *f*
D (hairpiece) postizo *m*

switchback /ˈswɪtʃbæk/ *n* **1** (road) *carretera con cambios de rasante y/o curvas muy pronunciadas* **2** (bend) *curva muy pronunciada* **3** (roller coaster) (BrE) montaña *f* rusa

switchblade (knife) /'swɪtʃbleɪd/ *n* (AmE) navaja *f* automática *or* (Méx) de resorte

switchboard /'swɪtʃbɔ:rd || 'swɪtʃbɔ:d/ *n* centralita *f*, conmutador *m* (AmL); (*before n*): **~ operator** telefonista *mf*

switched-on /,swɪtʃt'ɑ:n || ,swɪtʃt'ɒn/ *adj* (colloq & dated) en la onda (fam)

switch hitter *n* (AmE) bateador ambidiestro, bateadora ambidiestra *m,f*

switchman /'swɪtʃmən/ *n* (*pl* **-men** /-mən/) (AmE) guardagujas *m*

switchover /'swɪtʃ,əʊvər || 'swɪtʃ,əʊvə(r)/ *n* **~ (FROM sth TO sth)** cambio *m* (de algo a algo)

switchtower /'swɪtʃ,taʊər || 'swɪtʃ,taʊə(r)/ *n* (AmE) garita *f* de señales

switchyard /'swɪtʃjɑ:rd || 'swɪtʃjɑ:d/ *n* (AmE) patio *m* de maniobras

Switzerland /'swɪtsərlənd || 'swɪtsələnd/ *n* Suiza *f*; **German-/French-/Italian-speaking ~** la Suiza alemana/francesa/italiana

swivel[1] /'swɪvəl/ BrE **-ll-** *vi* girar; **she ~ed around to look at me** se volvió para mirarme, giró sobre sus talones para mirarme
■ **swivel** *vt* hacer* girar; **he ~ed his chair around** hizo girar la silla

swivel[2] *n* plataforma *f* giratoria; (*before n*): **~ chair** silla *f* giratoria

swizz /swɪz/ *n* (BrE colloq) (*no pl*) engañabobos *m* (fam), tranza *f* (Méx fam), engañapichanga *m or f* (RPl fam)

swizzle stick /'swɪzəl/ *n* agitador *m*, bastoncito *m* para cóctel

swollen[1] /'swəʊlən/ *past p of* **swell**[1]

swollen[2] *adj* ‹*ankle/knee/joints*› hinchado; **~ glands** ganglios *mpl* inflamados; **~ with pride** henchido de orgullo; **the river was ~ after the rain** el río estaba crecido tras la lluvia

swollen-headed /,swəʊlən'hedəd || ,swəʊlən 'hedɪd/ *adj* (BrE) engreído, creído (fam), sobrado (Andes)

swoon[1] /swu:n/ *vi* **1** (show rapture) **to ~ (OVER sb)** derretirse* (POR algn) **2** (faint) (arch *or* liter) desvanecerse*

swoon[2] *n* (arch *or* liter) desvanecimiento *m*; **to fall into** *o* **in a ~** desvanecerse*, sufrir un desvanecimiento

swoop[1] /swu:p/ *vi* «*aircraft*» descender* *or* bajar en picada *or* (Esp) en picado; «*bird of prey*» abatirse; «*police*» llevar a cabo una redada; **the eagle was waiting to ~** el águila acechaba para abatirse sobre su presa; **the police ~ed on the illegal laboratory** la policía llevó a cabo una redada en el laboratorio ilegal; **the hills ~ down dramatically to the sea** las colinas caen abruptamente al mar

swoop[2] *n* (of bird, aircraft) descenso *m* en picada *or* (Esp) en picado; (by police) redada *f*; ***in*** *o* ***at one fell ~*** de una sola vez, de un tirón (fam)

swoosh[1] /swʊʃ/ *n* (colloq) silbido *m*

swoosh[2] *vi*: **to ~ past** pasar silbando *or* zumbando

swop /swɑ:p || swɒp/ *vt/n* ▸**swap**[1], **swap**[2]

sword /sɔ:rd || sɔ:d/ *n* espada *f*; **by fire and the ~** a sangre y fuego; **to turn ~s into ploughshares** (Bib) forjar de las espadas azadones; ***a double-edged ~*** un arma de doble filo *or* dos filos; ***~ of Damocles*** espada de Damocles; ***to cross ~s with sb*** pelearse *or* reñir* con algn, habérselas* con algn; ***to put sb to the ~*** (frml) pasar a algn a cuchillo; **the whole village was put to the ~** pasaron a cuchillo a todo el pueblo; ***they that live by the ~ shall die by the ~*** quien a hierro mata, a hierro muere; (*before n*): **~ dance** danza *f* de (las) espadas; **~ maker** espadero *m*; **~ swallower** tragasables *mf*

swordfish /'sɔ:rdfɪʃ || 'sɔ:dfɪʃ/ *n* (*pl* **~** *or* **~es**) pez *m* espada

swordplay /'sɔ:rdpleɪ || 'sɔ:dpleɪ/ *n* [u] manejo *m* de la espada

swordsman /'sɔ:rdzmən || 'sɔ:dzmən/ *n* (*pl* **-men** /-mən/) espadachín *m*, espada *f*

swordsmanship /'sɔ:rdzmənʃɪp || 'sɔ:dzmənʃɪp/ *n* [u] destreza *f* en el manejo de la espada

swore /swɔ:r || swɔ:(r)/ *past of* **swear**

sworn[1] /swɔ:rn || swɔ:n/ *past p of* **swear**

sworn[2] *adj* (*before n*)
A (confirmed) ‹*enemy/atheist/teetotaller*› declarado, acérrimo
B (made on oath) ‹*statement*› jurado; **he gave ~ evidence** declaró *or* depuso bajo juramento

swot[1] /swɑ:t || swɒt/ *n* (BrE colloq & pej) matado, -da *m,f or* (Col) pilo, -la *m,f or* (Chi) mateo, -tea *m,f or* (Per) chancón, -cona *m,f or* (RPl) traga *mf or* (Esp) empollón, -llona *m,f* (fam & pey)

swot[2] **-tt-** *vi* (BrE colloq) estudiar como loco (fam), empollar (Esp fam), matearse (Chi fam), chancar* (Per arg), tragar* (RPl fam)

Phrasal verb

• **swot up** (BrE colloq)
A [v + o + adv, v + adv + o] estudiar como loco (fam), empollar (Esp fam), chancar* (Per arg), tragar* (RPl fam)
B [v + adv **swot**[2]] **to ~ up ON sth** ▸**swot up A**

SWOT /swɑ:t || swɒt/ *n* (**= strengths, weaknesses, opportunities, threats**) DAFO *f*; **~ analysis** análisis *m* DAFO

swum /swʌm/ *past p of* **swim**[1]

swung /swʌŋ/ *past & past p of* **swing**[1]

swung dash *n* tilde *f*

sybarite /'sɪbəraɪt/ *n* (liter) sibarita *mf*

sybaritic /,sɪbə'rɪtɪk/ *adj* (liter) sibarita, sibarítico

sycamore /'sɪkəmɔ:r || 'sɪkəmɔ:(r)/ *n* **1** **~ (fig)** sicómoro *m*, sicomoro *m* **2** (plane tree) (AmE) plátano *m* (de sombra) **3** **~ (maple)** (BrE) plátano *m* (falso), sicómoro *m*, sicomoro *m*

sycophancy /'sɪkəfənsi/ *n* [u] adulación *f* (*servil*), lisonjas *fpl*

sycophant /'sɪkəfənt/ *n* adulador, -dora *m,f*

sycophantic /,sɪkə'fæntɪk/ *adj* adulador, lisonjero

syllabic /sə'læbɪk || sɪ'læbɪk/ *adj* silábico

syllable /'sɪləbəl/ *n* sílaba *f*; **I explained it to him in words of one ~** se lo expliqué en forma más que clara

syllabub /'sɪləbʌb/ *n: dulce hecho con leche o crema con azúcar, licor y jugo de limón*

syllabus /'sɪləbəs/ *n* (*pl* **-buses**) plan *m* de estudios; (of a particular subject) programa *m*

syllogism /'sɪlədʒɪzəm/ *n* silogismo *m*

syllogistic /,sɪlə'dʒɪstɪk/ *adj* silogístico

sylph /sɪlf/ *n* sílfide *f*

sylphlike /'sɪlflaɪk/ *adj* ‹*figure*› de sílfide; **she isn't exactly ~** no es precisamente una sílfide

sylvan /'sɪlvən/ *adj* (poet) nemoroso (liter)

symbiosis /,sɪmbaɪ'əʊsəs, -bi- || ,sɪmbaɪ'əʊsɪs, -bi-/ *n* [u c] (*pl* **-oses** /-'əʊsi:z/) simbiosis *f*

symbiotic /,sɪmbaɪ'ɑ:tɪk, -bi- || ,sɪmbaɪ'ɒtɪk, -bi-/ *adj* simbiótico, de simbiosis

symbol /'sɪmbəl/ *n* símbolo *m*; **as a ~ of peace** como símbolo de paz; **Na is the ~ for sodium** Na es el símbolo del sodio; **+ is the ~ for addition** + es el signo de la adición

symbolic /sɪm'bɑ:lɪk || sɪm'bɒlɪk/, **-ical** /-ɪkəl/ *adj* simbólico; **to be ~ OF sth** simbolizar* algo; **it's ~ of evil** simboliza el mal

symbolically /sɪm'bɑ:lɪkli || sɪm'bɒlɪkli/ *adv* simbólicamente, de manera simbólica

symbolic logic *n* [u] lógica *f* simbólica

symbolism /'sɪmbəlɪzəm/ *n* [u] **1** (use of symbols) simbolismo *m* **2** **Symbolism** (movement) simbolismo *m*

Symbolist[1] /'sɪmbələst || 'sɪmbəlɪst/ *n* simbolista *mf*

Symbolist[2] *adj* simbolista

symbolize /'sɪmbəlaɪz/ *vt* **1** (be a symbol of) simbolizar* **2** (represent) representar simbólicamente

symmetrical /sə'metrɪkəl || sɪ'metrɪkəl/ *adj* simétrico

symmetrically /sə'metrɪkli || sɪ'metrɪkli/ *adv* simétricamente

symmetry /'sɪmətri/ *n* [u] simetría *f*; **axis/plane of ~** (Math) eje *m* /plano *m* de simetría

sympathetic /,sɪmpə'θetɪk/ *adj*
A (understanding) comprensivo; **she looked a ~ person** me pareció una persona comprensiva; **they offered a ~ ear when I most needed it** me escucharon con comprensión cuando más lo necesitaba; **they weren't in the least ~** no demostraron ninguna comprensión; **to be ~ TO/TOWARD sb/sth**: **he was most ~ to me when my wife died** me dio todo su apoyo y comprensión *or* fue de lo más comprensivo cuando murió mi mujer
B **1** (approving) ‹*response/view*› favorable; ‹*audience*› bien dispuesto, receptivo; **to be ~ TO sth** ‹*to a cause/regime*› simpatizar* CON algo; ‹*to a request/demand*› mostrarse* favorable A algo **2** (congenial) ‹*environment/atmosphere*› cordial **3** (showing empathy) ‹*interpretation/rendering*› fiel

sympathetically /,sɪmpə'θetɪkli/ *adv* **1** (with understanding) ‹*listen/consider/respond*› con comprensión; **it has been ~ restored** ha sido restaurado con gran sensibilidad **2** (showing pity) con compasión

sympathize /'sɪmpəθaɪz/ *vi* **1** (commiserate): **I ~ with him** lo compadezco; **are you going to the dentist? I do ~** ¿vas al dentista? te compadezco **2** (understand) **to ~ (WITH sth/sb)** comprender *or* entender* (algo/a algn); **I really ~ with you in your dilemma** comprendo la difícil situación por la que estás pasando; **I fully ~, but this cannot go on** lo comprendo *or* lo entiendo perfectamente pero esto no puede continuar **3** (support, approve) **to ~ WITH sth** ‹*with cause/aims*› simpatizar* CON algo; ‹*with request/demand*› mostrarse* favorable A algo

sympathizer /'sɪmpəθaɪzər || 'sɪmpəθaɪzə(r)/ *n* simpatizante *mf*, partidario, -ria *m,f*

sympathy /'sɪmpəθi/ *n* (*pl* **-thies**)
A **1** [u] (pity) compasión *f*, lástima *f*; **~ (FOR sb/sth)**: **the unemployed need more than ~** los desocupados necesitan algo más que compasión *or* lástima; **I have some ~ for the way she's been treated** en cierto modo la compadezco por la manera como la han tratado **2** (condolences) (*often pl*): **please accept this expression of our deepest ~** *o* **sympathies** le rogamos acepte nuestro más sentido pésame *or* nuestras más sinceras condolencias (frml); **you have my deepest ~** lo acompaño en el sentimiento (fr hecha), mi más sentido pésame (fr hecha); **a letter of ~** una carta de pésame; **we called to offer our sympathies to his widow** fuimos a darle el pésame *or* (frml) a expresarle nuestras condolencias a la viuda
B **1** [u] (support, approval): **I was in/out of ~ with the majority** estaba/no estaba de acuerdo con la mayoría; **to come out in ~ with sb** (Lab Rel) declararse en huelga en solidaridad con algn; (*before n*) ‹*strike/action*› solidario, de solidaridad **2** **sympathies** *pl* (loyalty, leanings) simpatías *fpl*; **his sympathies lay with the strikers** sus simpatías estaban con los huelguistas; **Republican/left-wing sympathies** tendencias *fpl* republicanas/izquierdistas
C [u] **1** (affinity, understanding) afinidad *f*; **there was some ~ between them** había una cierta afinidad entre ellos **2** (empathy, harmony): **a profound ~ with nature** una profunda empatía *or* armonía con la naturaleza; **he yawned in ~** se le contagió el bostezo; **coal prices fell in ~ with oil** el precio del carbón cayó siguiendo la tendencia establecida por el precio del petróleo

sympathy vote *n* voto *m* de simpatía

symphonic /sɪm'fɑ:nɪk || sɪm'fɒnɪk/ *adj* sinfónico; **~ poem** poema *m* sinfónico

symphony /'sɪmfəni/ *n* (*pl* **-nies**) sinfonía *f*; (*before n*): **~ orchestra** orquesta *f* sinfónica

symposium /sɪm'pəʊziəm/ *n* (*pl* **-siums** *or* **-sia** /-ziə/) **~ (ON sth)** simposio *m* (SOBRE algo)

symptom /'sɪmptəm/ *n* síntoma *m*

symptomatic /,sɪmptə'mætɪk/ *adj* **~ (OF sth)** sintomático (DE algo)

synagogue /'sɪnəgɑ:g || 'sɪnəgɒg/ *n* sinagoga *f*

synapse /'saɪnæps 'sɪnæps/ *n* sinapsis *f*

sync, synch /sɪŋk/ *n* [u] (colloq) sincronización *f*; **to be in/out of ~ (with sth)** (Cin) estar*/no estar* sincronizado (con algo); **a politician out of ~ with the electorate** un político que no sintoniza con el sentir del electorado

synchro /'sɪŋkrəʊ/ *n* ▸**synchromesh**

synchromesh /'sɪŋkrəʊmeʃ/ *n* [u] sincronizador *m* (*del cambio de marchas*)

synchronic /sɪn'krɑːnɪk ‖ sɪŋ'krɒnɪk/ *adj* sincrónico

synchronization /,sɪŋkrənə'zeɪʃən ‖ ,sɪŋkrənaɪ'zeɪʃən/ *n* [u] sincronización *f*

synchronize /'sɪŋkrənaɪz/ *vt* 1 (make coincide) **to ~ sth (WITH sth)** ‹*movements/mechanism*› sincronizar* algo (CON algo); **the film and the soundtrack are perfectly ~d** la película y la banda sonora están perfectamente sincronizadas; **~d swimming** natación *f* sincronizada, nado *m* sincronizado (Méx) 2 (set to same time) ‹*clocks/watches*› sincronizar*
■ **synchronize** *vi* **to ~ (WITH sth)** «*movements/soundtrack*» estar* sincronizado (CON algo)

synchronous /'sɪŋkrənəs/ *adj*
A (frml) 1 ‹*events/history*› sincrónico 2 ‹*movement/vibration*› sincrónico
B (Comput) ‹*clock/computer/modem*› síncrono

synchrotron /'sɪŋkrə(ʊ)trɑːn ‖ 'sɪŋkrə(ʊ)trɒn/ *n* sincrotrón *m*

synclinal /sɪŋ'klaɪnl/ *adj* sinclinal

syncline /'sɪŋklaɪn/ *n* sinclinal *m*

syncopate /'sɪŋkəpeɪt/ *vt* (*often pass*) sincopar

syncopated /'sɪŋkəpeɪtəd ‖ 'sɪŋkəpeɪtɪd/ *adj* sincopado

syncopation /,sɪŋkə'peɪʃən/ *n* [u] síncopa *f*

syncope /'sɪŋkəpi/ *n*
A [u] (Ling) síncopa *f*
B [c] (Med) síncope *m*

syndicalism /'sɪndɪkəlɪzəm/ *n* [u] sindicalismo *m*

syndicate[1] /'sɪndəkət ‖ 'sɪndɪkət/ *n* 1 (group, cartel) agrupación *f*; **a ~ of leading businessmen** una importante agrupación de hombres de negocios; **a crime ~** una organización mafiosa; **this week's jackpot has been won by a 13-man ~** esta semana se ganó el premio un grupo de 13 personas 2 (in US) (Journ, TV) agencia *f* de distribución periodística

syndicate[2] /'sɪndəkeɪt ‖ 'sɪndɪkeɪt/ *vt* (in US) ‹*column/article/interview*› distribuir* (*a diferentes medios de comunicación*); **his column is ~d all over the country** su columna se publica en periódicos de todo el país

syndication /,sɪndə'keɪʃən ‖ ,sɪndɪ'keɪʃən/ *n* [u] (in US) distribución *f* (*a diferentes medios de comunicación*)

syndrome /'sɪndrəʊm/ *n* síndrome *m*

synecdoche /sə'nekdəki ‖ sɪ'nekdəki/ *n* [u c] sinécdoque *f*

synergize /'sɪnərdʒaɪz ‖ 'sɪnədʒaɪz/ *vi*
A (Chem) actuar* en sinergia, sinergizar*
B (work together) «*performers/departments*» trabajar *or* actuar* en sinergía, sinergizar*
■ **synergize** *vt* ‹*talents/brands*› extraer* beneficios de ... actuando en sinergía

synergy /'sɪnərdʒi ‖ 'sɪnədʒi/ *n* [u] (*pl* **-gies**) sinergia *f*

synod /'sɪnəd/ *n* sínodo *m*

synonym /'sɪnənɪm/ *n* **~ (FOR sth)** sinónimo *m* (DE algo); **give me a ~ for 'strength'** dame un sinónimo de 'fuerza'; **the brand is a ~ for quality** la marca es sinónimo de calidad

synonymous /sə'nɑːnəməs ‖ sɪ'nɒnɪməs/ *adj* ‹*terms/phrases*› sinónimo; ‹*ideas*› análogo; **to be ~ WITH sth** ser* sinónimo DE algo; **the company's name is ~ with quality** el nombre de la compañía es sinónimo de calidad

synonymously /sə'nɑːnəməsli ‖ sɪ'nɒnɪməsli/ *adv* sinónimamente, como sinónimos

synopsis /sə'nɑːpsəs ‖ sɪ'nɒpsɪs/ *n* (*pl* **-opses** /-siːz/) sinopsis *f*

synoptic /sə'nɑːptɪk ‖ sɪ'nɒptɪk/ *adj* sinóptico; **the S~ Gospels** los evangelios sinópticos

synovial /saɪ'nəʊviəl/ *adj* sinovial

syntactic /sɪn'tæktɪk/, **-tical** /-tɪkəl/ *adj* sintáctico

syntax /'sɪntæks/ *n* [u] sintaxis *f*; (*before n*): **~ error** error *m* sintáctico

synthesis /'sɪnθəsəs ‖ 'sɪnθəsɪs/ *n* (*pl* **-theses** /-θəsiːz/)
A [c u] (bringing together) síntesis *f*
B [c] (Phil) síntesis *f*
C [u c] (Chem) síntesis *f*

synthesize /'sɪnθəsaɪz/ *vt*
A (Chem, Physiol) sintetizar*
B ‹*ideas/strands*› sintetizar*

synthesizer /'sɪnθəsaɪzər ‖ 'sɪnθəsaɪzə(r)/ *n* sintetizador *m*

synthetic[1] /sɪn'θetɪk/ *adj*
A (Chem, Tex) sintético
B (Phil, Ling) sintético

synthetic[2] *n* fibra *f* sintética, tejido *m* sintético

syphilis /'sɪfələs ‖ 'sɪfɪlɪs/ *n* [u] sífilis *f*

syphilitic[1] /,sɪfə'lɪtɪk ‖ ,sɪfɪ'lɪtɪk/ *n* sifilítico, -ca *m,f*

syphilitic[2] *adj* sifilítico

syphon /'saɪfən/ *n/vt* ▸**siphon**[1], **siphon**[2]

Syria /'sɪriə/ *n* Siria *f*

Syrian[1] /'sɪriən/ *adj* sirio

Syrian[2] *n* sirio, -ria *m,f*

syringe[1] /sə'rɪndʒ ‖ sɪ'rɪndʒ/ *n* 1 (Med) jeringa *f*, jeringuilla *f* 2 (BrE) (Culin) manga *f* 3 (BrE) (Hort) pulverizador *m*

syringe[2] *vt* 1 **~ (out)** (Med) ‹*ear/sinuses*› hacer* un lavado de 2 (BrE) (Hort) pulverizar*

syrup /'sɜːrəp, 'sɪ- ‖ 'sɪrəp/ *n* [u] 1 (Culin) (sugar solution) almíbar *m*; (with other ingredients) jarabe *m*, sirope *m*; (for making soft drinks) jarabe *m*, concentrado *m*; **canned fruit in ~** fruta enlatada en almíbar 2 (medicine) jarabe *m*; **cough ~** jarabe para la tos

syrupy /'sɜːrəpi, 'sɪ- ‖ 'sɪrəpi/ *adj* 1 ‹*mixture/consistency*› espeso como jarabe 2 (cloying) ‹*voice/smile/music*› almibarado

system /'sɪstəm/ *n*
A 1 (ordered structure) sistema *m*, método *m* 2 (procedure) sistema *m*; **filing/classification ~** sistema de archivo/clasificación; **to get to know the ~** familiarizarse* con el sistema; **there's no ~ in your approach** tu enfoque no es nada sistemático *or* metódico 3 (organizational whole) sistema *m*; **the prison ~** el sistema penitenciario
B 1 (technical, mechanical) sistema *m*; **a missile ~** un sistema de misiles; **all ~s go!** ¡todo bien! 2 (Comput) sistema *m* 3 (Audio) equipo *m* (de sonido *or* audio)
C 1 (Anat, Physiol): **the digestive/respiratory ~** el aparato digestivo/respiratorio; **the nervous ~** el sistema nervioso 2 (body) cuerpo *m*, organismo *m*; **my ~ can't cope with so much food** mi cuerpo *or* mi organismo no puede con tanta comida; ***to get sb/sth out of one's ~***: **it took me years to get her out of my ~** me llevó años olvidarla *or* sacármela de la cabeza; **I had to say it; I needed to get it out of my ~** se lo tuve que decir; me tenía que desahogar; **it will help get the toxins out of your ~** te va a ayudar a eliminar las toxinas
D 1 (form of government) sistema *m*; **capitalist/democratic ~** sistema capitalista/democrático 2 (establishment, status quo): **the ~** el sistema; **it is the ~ which is at fault** lo que falla es el sistema; **he tried to beat the ~** intentó burlar el sistema
E (for gambling) fórmula *f*, martingala *f* (CS)

systematic /,sɪstə'mætɪk/ *adj* sistemático

systematically /,sɪstə'mætɪkli/ *adv* sistemáticamente

systematization /,sɪstəmətə'zeɪʃən ‖ ,sɪstəmətaɪ'zeɪʃən/ *n* [u c] sistematización *f*

systematize /'sɪstəmətaɪz/ *vt* sistematizar*

system-built /'sɪstəmbɪlt/ *adj* (BrE) prefabricado

systemic /sɪ'stemɪk/ *adj* sistémico

systems /'sɪstəmz/ *adj* (*before n*) ‹*development/design/programming*› de sistemas; **~ engineer** ingeniero, -ra *m,f* de sistemas; **~ engineering** ingeniería *f* de sistemas; **~ software** software *m* de sistema

systems analysis *n* [u] análisis *m* de sistemas

systems analyst *n* analista *mf* de sistemas

systole /'sɪstəli/ *n* sístole *f*

systolic /sɪs'tɑːlɪk ‖ sɪs'tɒlɪk/ *adj* sistólico; **~ pressure** presión *f* (arterial) sistólica *or* máxima

t, T /tiː/ *n* 1 (letter) t, T *f*; ***to a T*** (colloq): **to suit sb to a T** venirle* a algn de maravilla *or* como anillo al dedo; ***to fit sb to a T*** *o* (AmE also) ***down to a T*** sentarle* a algn como un guante; **we hit it off to a T straight away** nos caímos bien desde el principio 2 (in countdown): **T minus six (seconds)** seis segundos para el despegue

ta /tɑː/ *interj* (BrE colloq) ¡gracias!

TA /ˈtiːˈeɪ/ *n* (in UK) = **Territorial Army**

tab /tæb/ *n*

A 1 (flap) lengüeta *f* 2 (label — for indexing) ceja *f*; (— on clothing) etiqueta *f*, grifa *f* 3 (on uniform) (BrE) (Mil) insignia *f*

B (account, bill) (colloq) cuenta *f*; **I always run a ~ of my own** siempre llevo mi propia cuenta; **he had run up a ~ at the club** se le había ido acumulando una cuenta en el club; ***to keep ~(s)*** *o* (BrE also) ***a ~ on sth/sb***: **are you keeping ~s on what we spend?** ¿vas llevando la cuenta de lo que gastamos?; **we'll have to keep ~s on them** tendremos que vigilarlos; ***to pick up the ~*** (colloq) correr con los gastos, levantar el muerto (fam)

C (on typewriter, word processor) tabulador *m*; (*before n*) ‹*character/key/stop*› de tabulación; (setting): **to set ~s** definir tabuladores

D (ring pull) (AmE) anilla *f*

tabard /ˈtæbərd || ˈtæbəd/ *n* tabardo *m*

Tabasco® (sauce) /təˈbæskəʊ/ *n* [u] tabasco® *m*, salsa *f* picante

tabby¹ /ˈtæbi/ *n* (*pl* **-bies**) gato atigrado, gata atigrada *m,f*

tabby² *adj* atigrado

tabernacle /ˈtæbərnækəl || ˈtæbənækəl/ *n* 1 (Bib) tabernáculo *m* 2 (place of worship) templo *m* 3 (on altar) tabernáculo *m*

tablature /ˈtæblətʃʊr || ˈtæblətʃə(r)/ *n* [u] tablatura *f*

table¹ /ˈteɪbəl/ *n*

A 1 (piece of furniture) mesa *f*; **dinner's on the ~!** ¡la cena está servida!; **he painted the royal family at ~** pintó a la familia real sentada a la mesa; **don't do that at the ~** no hagas eso en la mesa; **come and sit at** *o* (BrE also) **on our ~** siéntate con nosotros; **to lay** *o* **set the ~** poner* la mesa; **to clear the ~** levantar *or* (Esp) quitar la mesa; **to book a ~ for four** reservar una mesa para cuatro; **bridge/billiard ~** mesa de bridge/billar; **the terrorists have agreed to come to the negotiating ~** los terroristas han aceptado sentarse a la mesa de negociaciones; ***on the ~***: **some new proposals are now on the ~** hay nuevas propuestas sobre el tapete; **the offer on the ~ at the moment is unacceptable** la oferta que han hecho es inaceptable; **to lay sth on the ~** proponer* algo; ***to drink sb under the ~***: **she can drink you under the ~** te da cien mil vueltas bebiendo; **one glass of sherry and I'm under the ~!** una copa de jerez y ya no me tengo en pie; ***to turn the ~s***: **the ~s are turned** se ha vuelto *or* (CS) se ha dado vuelta la tortilla (fam), se han vuelto las tornas; **they managed to turn the ~s on their adversaries** lograron volverles las tornas a sus adversarios; **she then turned the ~s on the interviewer** entonces empezó ella a hacerle preguntas al entrevistador; (*before n*) ‹*knife/lamp/salt/wine*› de mesa; **~ dancing**; *striptease o baile erótico realizado sobre o junto a una mesa*; **~ football** (BrE) futbolín *m*, taca-taca *m* (Chi), metegol *m* (Arg), futbolito *m* (Ur); **~ leg** pata *f* de la mesa; **~ linen** mantelería *f*, ropa *f* de mesa; **~ mat** mantelito *m* individual; **his ~ manners leave a lot to be desired** sus modales en la mesa dejan mucho que desear; **~ napkin** servilleta *f* de mesa 2 **under the table** bajo cuerda, bajo mano; **he was paid $10,000 under the ~** le pagaron 10.000 dólares bajo cuerda *or* bajo mano; (*before n*): **under-the-table** bajo cuerda, bajo mano 3 (people seated at table) mesa *f*

B 1 (list) tabla *f*; **multiplication** *o* (used by children) **times ~s** tablas de multiplicar; **the four-/ten-times ~** la tabla del cuatro/diez; **~ of contents** índice *m* de materias 2 (*league ~*) (BrE) liga *f*, clasificación *f*

C (tablet) (Bib): **the ~s of the law** las tablas de la ley

table² *vt*

A 1 (AmE) (postpone) ‹*debate/bill*› posponer*, diferir*, postergar* (esp AmL) 2 (BrE) (submit) ‹*proposal/motion/amendment*› presentar

B (list) ‹*data*› presentar en forma de tabla, tabular

tableau /ˈtæbləʊ/ *n* (*pl* **-leaux** *or* **-leaus** /-ləʊz/) (Art) retablo *m*; (Theat) cuadro *m* vivo

tablecloth /ˈteɪbəlklɔːθ || ˈteɪbəlklɒθ/ *n* mantel *m*

table d'hôte /ˌtɑːbəlˈdəʊt/ *adj*: **~ ~ menu** menú *m* del día (*a precio fijo*)

table-hop /ˈteɪbəlhɑːp || ˈteɪbəlhɒp/ *vi* **-pp-** (AmE colloq) ir* de mesa en mesa

tableland /ˈteɪbəllænd/ *n* meseta *f*, altiplanicie *f*

Table Mountain *n* Montaña *f* de la Tabla

tablespoon /ˈteɪbəlspuːn/ *n* 1 (utensil) cuchara *f* grande *or* de servir 2 (measure) cucharada *f* (grande)

tablespoonful /ˈteɪbəlˌspuːnfʊl/ *n* (*pl* **-spoonfuls** *or* **-spoonsful**) cucharada *f* (grande)

tablet /ˈtæblət || ˈtæblɪt/ *n* 1 (pill) pastilla *f*, comprimido *m* 2 (of soap) (BrE) pastilla *f* 3 (plaque) placa *f*; (commemorative, of stone) lápida *f* 4 (for writing) (Hist) tablilla *f* 5 (pad of paper) bloc *m*

table talk *n* [u] conversación *f* en *or* a la mesa

table tennis *n* [u] ping-pong *m*, tenis *m* de mesa; (*before n*): **table-tennis bat** *o* (AmE also) **paddle** raqueta *f or* pala *f* de ping-pong

tabletop /ˈteɪbəltɑːp || ˈteɪbəltɒp/ *n*: *tablero de una mesa*; (*before n*) ‹*computer/photocopier*› de mesa, de sobremesa

tablet PC *n* (Comput) tablet PC *f*, computadora *f* pizarra (esp AmL), ordenador *m* pizarra (Esp)

tableware /ˈteɪbəlwer || ˈteɪbəlweə(r)/ *n* [u]: *vajilla, cubertería, cristalería etc*

tabloid /ˈtæblɔɪd/ *n* tabloide *m* (*formato de periódicos utilizado por la prensa popular*); (*before n*) ‹*journalism*› popular, dirigido a las masas; (sensationalist) sensacionalista

> **tabloid**
> ▸ Newspapers

taboo¹ /təˈbuː/ *adj* tabú *adj inv*

taboo² *n* (*pl* **taboos**) tabú *m*

tabor /ˈteɪbər || ˈteɪbə(r)/ *n* tamboril *m*, tamborín *m*

tabular /ˈtæbjələr || ˈtæbjʊlə(r)/ *adj*: **in ~ form** en forma de tabla

tabulate /ˈtæbjəleɪt || ˈtæbjʊleɪt/ *vt* 1 ‹*results/data*› tabular, presentar en forma de tabla 2 (in typing) tabular

tabulation /ˌtæbjəˈleɪʃən || ˌtæbjʊˈleɪʃən/ *n* 1 [u] (process) tabulación *f* 2 [c] (product) tabla *f*

tabulator /ˈtæbjəleɪtər || ˈtæbjʊleɪtə(r)/ *n* tabulador *m*

tach /tæk/ *n* (AmE colloq) ▸**tachometer**

tachograph /ˈtækəgræf || ˈtækəgrɑːf/ *n* tacógrafo *m*

tachometer /tæˈkɑːmətər || təˈkɒmɪtə(r)/ *n* tacómetro *m*

tachymeter /tæˈkɪmətər || təˈkɪmɪtə(r)/ *n* taquímetro *m*

tacit /ˈtæsət || ˈtæsɪt/ *adj* tácito

tacitly /ˈtæsətli || ˈtæsɪtli/ *adv* tácitamente

taciturn /ˈtæsətɜːrn || ˈtæsɪtɜːn/ *adj* taciturno

tack¹ /tæk/ *n*

A [c] 1 (nail) tachuela *f*; ***to get down to brass ~s*** (colloq) ir* al grano 2 (*thumb~*) (AmE) tachuela *f*, chincheta *f* (Esp), chinche *f* (AmC, Méx, RPl), chinche *m* (Andes)

B [c] 1 (Naut) bordada *f*; **to be on the port/starboard ~** ceñir* por babor/estribor 2 (direction): **to change ~** cambiar de enfoque *or* táctica *or* política; **to try a different ~** probar* a enfocar las cosas de otra manera; **she was off on the wrong ~** iba mal encaminada

C [c] (stitch) (BrE) puntada *f*; (seam) hilván *m*

D [u] (Equ) arreos *mpl*, aperos *mpl* (AmL); (*before n*): **~ room** *cuarto o cobertizo donde se guardan los arreos*

tack² *vt*

A 1 (nail) ‹*carpet*› clavar con tachuelas 2 (pin, fasten) clavar con tachuelas (*or* chinchetas *etc*)

B (stitch) (BrE) hilvanar

■ **tack** *vi* (Naut) dar* bordadas; (change course once) virar

Phrasal verb

• **tack on** [v + o + adv, v + adv + o] agregar*, añadir

tackiness /ˈtækinəs || ˈtækinɪs/ *n* [u]

A (bad taste) (colloq) (of decor) chabacanería *f*, lo hortera (Esp fam), lo naco (Méx fam), lobería *f* (Col fam), lo rasca (Chi fam), lo mersa (RPl fam); (of joke, show) chabacanería *f*

B (stickiness) lo pegajoso; **there's still a little ~** todavía está un poco pegajoso

tacking /ˈtækɪŋ/ *n* [u] 1 (Naut) virada *f* 2 (stitching) (BrE) hilván *m*, hilvanes *mpl*

tackle¹ /ˈtækəl/ *n*

A [u] (equipment): **sports ~** equipo *m* de deporte; **fishing ~** aparejo *m or* avíos *mpl* de pesca

B [c] (Sport) (in rugby, US football) placaje *m*, tacle *m* (AmL); (in soccer) entrada *f* fuerte

C [u] (Naut) aparejo *m*, polea *f*

tackle² *vt*

A 1 (come to grips with) ‹*problem*› enfrentar, abordar, tratar de resolver; ‹*subject*› tratar; ‹*task*› abordar, emprender; **candidates should ~ all questions** los candidatos deben intentar contestar todas las preguntas; **are you ready to**

t

~ **the garden now?** ¿estás listo para emprenderla con *or* atacar el jardín? **2** (confront) ‹*intruder/colleague*› enfrentar, enfrentarse con; **no one had the guts to ~ him** nadie se atrevió a enfrentársele *or* a enfrentarse con él; **it's high time you ~d him about the rent** ya es hora de que le plantees cara a cara lo del alquiler

B (Sport) (in rugby, US football) placar*, taclear (AmL); (in soccer) entrarle a

■ **tackle** *vi* (Sport) placar*, taclear (AmL)

tacky /'tæki/ *adj* **tackier, tackiest**

A (cheap, tawdry) ‹*jewelry/decorations*› de mal gusto, chabacano, hortera (Esp fam), naco (Méx fam), lobo (Col fam), rasca (Chi fam), mersa (RPl fam); ‹*joke/show*› chabacano, de mal gusto

B (sticky) pegajoso

taco /'tækəʊ/ *n* (*pl* **-cos**) (Culin) taco *m*

taco chip *n* chip *m* de tortilla, totopo *m* (Méx)

tact /tækt/ *n* [u] tacto *m*

tactful /'tæktfəl/ *adj* ‹*person*› de mucho tacto, diplomático; ‹*question/reply*› diplomático; **that wasn't very ~ of him** en eso demostró tener muy poco tacto

tactfully /'tæktfəli/ *adv* ‹*inquire/mention*› discretamente, con mucho tacto, con mucha diplomacia

tactic /'tæktɪk/ *n* táctica *f*

tactical /'tæktɪkəl/ *adj* ‹*weapon/bombing*› táctico; ‹*victory/retreat/error*› táctico; **~ voting** votación *f* táctica

tactically /'tæktɪkli/ *adv* tácticamente, desde el punto de vista táctico

tactician /tæk'tɪʃən/ *n* estratega *mf*

tactics /'tæktɪks/ *n* [u] (Mil) (+ *sing or pl vb*) táctica *f*

tactile /'tæktl || 'tæktaɪl/ *adj* táctil

tactless /'tæktləs || 'tæktlɪs/ *adj* ‹*person*› poco diplomático, falto de tacto; ‹*remark/question*› poco diplomático, indiscreto; **that was a ~ thing to say** demostró (*or* demostraste *etc*) gran falta de tacto al decir eso

tactlessly /'tæktləsli || 'tæktlɪsli/ *adv* con poco tacto

tactlessness /'tæktləsnəs || 'tæktlɪsnɪs/ *n* [u] falta *f* de tacto

tad /tæd/ *n* **1** (small boy) (AmE dated) pequeño *m* **2** **a tad** (colloq) un poco

Tadjikistan /tɑː,dʒiːkɪ'stɑːn/ ▸**Tadzhikistan**

tadpole /'tædpəʊl/ *n* renacuajo *m*

Tadzhikistan /tə,dʒiːkɪ'stæn || tə,dʒiːkɪ'stɑːn, -stæn/ *n* Tayiquistán *m*, Tadzhikistán *m*

taffeta /'tæfətə || 'tæfɪtə/ *n* [u c] tafetán *m*, tafeta *f* (Méx, RPl)

taffrail /'tæfreɪl/ *n* **1** (rail) pasamanos *m* **2** (area of deck) coronamiento *m*

taffy /'tæfi/ *n*

A [c u] (AmE) (Culin) caramelo *m* masticable

B **Taffy** (Welshman) (BrE colloq & often pej) galés *m*

tag[1] /tæg/ *n*

A [c] (label) etiqueta *f* (*atada*); **name ~** etiqueta de identificación

B [u] (Games): **to play ~** jugar* al corre que te pillo *or* (Méx) a la roña *or* (Col) a la lleva *or* (RPl) a la mancha *or* (Chi) a la pinta

C [c] (on shoelace) herrete *m*

D [c] (Comput) etiqueta *f*

E [c] (expression) (Ling) *also* **~ phrase** muletilla *f*, latiguillo *m*; (*before n*): **~ question** coletilla *f* interrogativa

F [c] (AmE) (Auto) matrícula *f* (AmL), placa *f*, patente *f* (CS), chapa *f* (RPl)

tag[2] *vt* **-gg-**

A (label) ‹*article/item*› etiquetar, ponerle* una etiqueta a; (Comput) codificar*; ‹*criminal*› controlar por medios electrónicos; **she was ~ged the Iron Lady** se le puso el apodo de Dama de Hierro

B (in baseball) agarrar fuera de base

(Phrasal verbs)

• **tag along** [v + adv]: **do you mind if I ~ along?** ¿les importa si los acompaño *or* (fam) si me les pego?; **whatever he does, his classmates ~ along behind** haga lo que haga, sus compañeros siempre lo siguen; **her little sister always ~s along after us** su hermanita nos sigue a todas partes

• **tag on**

A [v + adv] **to ~ on (TO sth)** sumarse *or* (fam) pegarse* (A algo)

B [v + o + adv, v + adv + o] agregar*, añadir

• **tag out** [v + o + adv, v + adv + o] (in baseball) agarrar fuera de base

tag end *n* (AmE colloq) (of program, debate) final *m*, última parte *f*; (of era) final *m*, últimos años *mpl*; **the ~ ~ of the dictatorship** los últimos coletazos de la dictadura; **nothing was left but some ~ ~s** no quedaban más que restos

tag line *n* (AmE) (punch line) remate *m* de un chiste; (repeated phrase) eslogan *m*

tag team *n* **1** (in wrestling) tag team *m* (*participantes en una lucha en parejas*) **2** (co-workers) (AmE colloq) colegas *mfpl*

Tagus /'teɪgəs/ *n*: **the ~** el Tajo

tag wrestler *n* luchador, -dora *mf* de un tag team

tag wrestling *n* [u] lucha *f* en parejas

tahini /tə'hiːni/ *n* [u]: *pasta de semillas de sésamo*

Tahiti /tə'hiːti/ *n* Tahití *m*

taiga /'taɪgə/ *n* [u] taiga *f*

tail[1] /teɪl/ *n*

A **1** [c] (of horse, fish, bird) cola *f*; (of dog, pig) rabo *m*, cola *f*; ***to be on sb's ~*** pisarle los talones a algn, seguir* a algn de cerca; **they've been on our ~ since we left** nos vienen pisando los talones desde que salimos; ***to turn ~*** poner* pies en polvorosa; ***with one's ~ between one's legs*** con el rabo entre las piernas, con la cola entre las patas (Méx); ***to chase one's (own) ~*** (colloq) ir* y venir de un lado para otro sin conseguir nada **2** [c] (colloq) (buttocks) trasero *m* (fam), cola *f* (AmL fam), pompis *m* (Esp fam) **3** [u] (AmE vulg) (woman): **he's after some ~** anda buscando un polvo (arg)

B [c] (of plane, comet, kite) cola *f*; (of shirt, coat) faldón *m*; (*before n*): **~ section** (of animal) parte *f* de la cola; (of aircraft) sección *f* de la cola, alerón *m* de cola; *see also* **tails A**

C [c] (pursuer) (colloq) perseguidor, -dora *m,f*; **to put a ~ on sb** hacer* seguir a algn

tail[2] *vt* **1** (follow) ‹*suspect*› seguir*; **he was ~ing me** me venía siguiendo (los pasos); **are you sure you haven't been ~ed?** ¿seguro que no te han seguido? **2** (Culin) ▸**top and tail**

(Phrasal verbs)

• **tail away** [v + adv] **1** (diminish) «*income*» ir* disminuyendo *or* mermando; «*interest*» ir* decayendo **2** (fade) «*sound/voice*» irse* apagando

• **tail back** [v + adv] (BrE): **traffic is ~ing back from the centre** hay una cola de tráfico *or* una caravana de coches que se extiende desde el centro

• **tail off** [v + adv] **1** (diminish) «*demand*» disminuir*, mermar; «*interest*» decaer* **2** (fade) «*sound/words*» apagarse*

tail assembly *n* empenaje *m* de cola, conjunto *m* de cola

tailback /'teɪlbæk/ *n* **1** (BrE) caravana *f*, cola *f* (*debida a un embotellamiento*) **2** (in US football) defensa ofensivo, defensa ofensiva *m,f*

tailboard /'teɪlbɔːrd || 'teɪlbɔːd/ *n* ▸**tailgate**[1] **1**

tailbone /'teɪlbəʊn/ *n* (colloq) rabadilla *f* (fam)

tailcoat /'teɪlkəʊt/ *n* frac *m*

-tailed /teɪld/ *suff*: **long~/thin~** de cola larga/delgada

tail end *n*: **the ~ ~** (of film, concert) el final, los últimos minutos, la última parte; (of procession) la cola

tail fin *n*

A (Zool) aleta *f* caudal

B (Aviat) aleta *f* de cola

tailgate[1] /'teɪlgeɪt/ *n* **1** (Auto) puerta *f* trasera *or* de atrás (*de un coche de cinco o tres puertas*) **2** **~ (party)** (AmE colloq) *picnic al lado del coche*

tailgate[2] *vt* (esp AmE) manejar *or* (Esp) conducir pegado a

■ **tailgate** *vi* manejar *or* (Esp) conducir* pegado al vehículo de delante, chupar rueda (Col fam)

tailings /'teɪlɪŋz/ *pl n* **1** (Ind, Min) escoria *f* **2** (Agr) desechos *mpl*

taillight /'teɪllaɪt/ *n* luz *f* trasera, calavera *f* (Méx)

tailor[1] /'teɪlər || 'teɪlə(r)/ *n* sastre *m*; **he went to the ~'s** fue al sastre *or* a la sastrería; **~'s chalk** jaboncillo *m*, jabón *m or* tiza *f* de sastre; **~'s dummy** maniquí *m*

tailor[2] *vt*

A (Clothing) **1** (make) confeccionar **2** **tailored** *past p*, (*before n*) ‹*jacket/skirt*› (fitted) entallado; (lined, structured etc) armado, tipo sastre

B (adapt) adaptar; **we offer individually ~ed courses** ofrecemos cursos a la medida de sus necesidades; **we can ~ the policy to suit your personal circumstances** podemos adaptar la póliza a sus circunstancias personales

tailor-made /,teɪlər'meɪd || ,teɪlə'meɪd/ *adj* **1** ‹*suit/dress*› hecho a (la) medida **2** (perfectly suited) ‹*product/plan*› a la medida de sus (*or* nuestras *etc*) necesidades; **the job is ~ for her** es un trabajo a su medida, es un trabajo que ni mandado a hacer para ella (AmL)

tailpiece /'teɪlpiːs/ *n* **1** (on violin, guitar) cordal *m*, puente *m* **2** (appendage — written) apéndice *m*, apostilla *f*, coletilla *f*; (— spoken) coletilla *f*

tailpipe /'teɪlpaɪp/ *n* (AmE) (Auto) tubo *m or* (RPl) caño *m* de escape, exhosto *m* (Col)

tailplane /'teɪlpleɪn/ *n* estabilizador *m* horizontal

tail rotor *n* rotor *m* de cola

tails /teɪlz/ *n*

A (tailcoat) (+ *pl vb*) frac *m*; **he was wearing ~** iba de frac

B (on coin) (+ *sing vb*) cruz *f*, sello *m* (Andes, Ven), sol *m* (Méx), ceca *f* (Arg); **heads or ~?** ¿cara o cruz?, ¿cara o sello? (Andes, Ven), ¿águila o sol? (Méx), ¿cara o ceca? (Arg)

tail skid *n* patín *m* de cola

tailspin /'teɪlspɪn/ *n* (Aviat) barrena *f*; ***to go into a ~*** «*economy/business*» caer* en picada *or* (Esp) en picado; «*lit: aircraft*» entrar en barrena

tailwheel /'teɪlhwiːl || 'teɪlwiːl/ *n* rueda *f* de cola

tailwind /'teɪlwɪnd/ *n* viento *m* de cola

taint[1] /teɪnt/ *vt* (contaminate) ‹*meat/water*› contaminar; (dishonor) ‹*name/reputation*› mancillar (liter), deshonrar; **the generosity of their donation was ~ed by selfish motives** la generosidad del donativo se veía empañada por el egoísmo de sus motivos; **to be ~ed WITH sth: his writings are ~ed with racism** su obra está contaminada de racismo

taint[2] *n* **1** [c] (trace) dejo *m* **2** [u] (stain) mancha *f*, mácula *f* (liter), mancilla *f* (liter); **to be without ~ of prejudice** (frml *or* liter) estar* libre de prejuicios; **to be free of ~** estar* limpio de toda mancha *or* mácula

tainted /'teɪntəd || 'teɪntɪd/ *adj*

A (corrupted) ‹*reputation/name*› manchado, mancillado (liter); ‹*evidence*› manipulado; ‹*money*› sucio

B (contaminated) ‹*food/blood transfusion*› contaminado

C (spoiled) ‹*life/enjoyment*› estropeado

Taiwan /taɪ'wɑːn/ *n* Taiwan *m*

Taiwanese[1] /,taɪwə'niːz/ *adj* taiwanés

Taiwanese[2] *n* (*pl* **~**) taiwanés, -nesa *m,f*

Tajikistan /tə,dʒiːkɪ'stæn || tə,dʒiːkɪ'stɑːn, -stæn/ ▸**Tadzhikistan**

Taj Mahal /,tɑːdʒmə'hɑːl/ *n*: **the ~ ~** el Taj Mahal

take[1] /teɪk/ (*past* **took**; *past p* **taken**)

INDEX

■ **take** *verb transitive*

(Sense I)

A 1▸ to carry
2▸ to drive, to transport
B 1▸ to escort
2▸ to lead
3▸ to bring along

(Sense II)

A 1▸ to take: train, plane, bus
2▸ to take: road, turning
3▸ to negotiate: bend
B 1▸ to grasp, to seize
2▸ to take charge of
3▸ to occupy: seat etc
C to remove, to steal
D to catch unawares
E 1▸ to capture: town, fortress etc
2▸ to win: prize etc
3▸ to earn
F medicine, drugs
G 1▸ to buy, to order
2▸ to subscribe to
3▸ to rent: apartment etc
H to collect: sample
I 1▸ to acquire: apprentice
2▸ in the sexual sense

(Sense III)

A giving time spent
B to need
C 1▸ with shoes, clothes
2▸ to run on
3▸ Linguistics: dative, preposition

(Sense IV)

A to accept: money, bribes
B 1▸ to hold, to accommodate
2▸ to admit: patients, pupils
C 1▸ to withstand: strain, weight etc
2▸ to tolerate, to endure
3▸ to bear
D 1▸ to understand, to interpret
2▸ to consider

(Sense V)

A 1▸ to take: measures, steps etc
2▸ to deal with
B 1▸ to teach
2▸ to learn
3▸ to take an exam
C 1▸ to record
2▸ to write down
3▸ Photography
D 1▸ to adopt an attitude of
2▸ to experience
E to take it from ...

■ **take** *verb intransitive*

A 1▸ Horticulture
2▸ to catch fire
3▸ to adhere
4▸ to be effective
B to start
C to bite: fish
D to receive
E Games

(Phrasal verbs)

- **take aback**
- **take after**
- **take along**
- **take apart**
- **take around**
- **take aside**
- **take away**
- **take away from**
- **take back**
- **take down**
- **take for**
- **take from**
- **take home**
- **take in**
- **take off**
- **take on**
- **take out**
- **take out of**
- **take out on**
- **take over**
- **take round**
- **take through**
- **take to**
- **take up**
- **take upon**
- **take up on**
- **take up with**

vt

(Sense I)

A 1▸ (to carry) llevar; **~ this file to Personnel** lleve este expediente a Personal; **she took him the book** le llevó el libro; **shall I ~ the chairs inside/upstairs?** ¿llevo las sillas adentro/arriba?, ¿entro/subo las sillas?; **shall we ~ our chairs into the garden?** ¿sacamos las sillas al jardín?; **who's going to ~ the garbage out?** ¿quién va a sacar la basura?; **he took the case to the Court of Appeal** llevó el caso al Tribunal de Apelación; **if you decide to ~ the matter further** si decide proseguir con el asunto; **I don't mind teasing, but she ~s it too far** no me importa que me tomen el pelo, pero ella se pasa; **which ~s us to 2005** con lo cual estaremos ya en 2005; **his ambition will ~ him far** su ambición lo hará llegar lejos 2▸ (to drive, to transport) llevar; **I'll ~ you in the car** te llevo en el coche; **we took him home/to the station** lo llevamos a (su) casa/la estación; **this bus ~s you into the center/past the hospital** este autobús te lleva al centro/pasa por el hospital; **I must ~ the car in (to the garage)** tengo que llevar el coche al taller

B 1▸ (to escort) llevar; **he took them upstairs** los llevó arriba; **she took us into her office** nos hizo pasar a su oficina; **I took him out of the room** lo saqué de la habitación; **I'm taking them to the movies** los voy a llevar al cine; **I'll ~ you up/down to the third floor** subo/bajo contigo al tercer piso, te llevo al tercer piso; **to ~ the dog (out) for a walk** sacar* el perro a pasear; **he took us for a drive/for a meal** nos llevó a dar una vuelta en coche/a comer 2▸ (to lead) llevar; **this path ~s you to the main road** este camino lleva *or* por este camino se llega a la carretera; **her job often ~s her to Paris** va con frecuencia a París por motivos de trabajo 3▸ (to bring along) llevar; **~ an umbrella** lleva un paraguas; **I'll ~ them some flowers** les voy a llevar unas flores; **are you taking a friend?** ¿vas con algún amigo?, ¿vas a llevar a algún amigo?; **~ me with you!** ¡llévame!; **she often ~s work home (with her)** se suele llevar trabajo a casa; **you can't ~ it with you** (set phrase) no te lo puedes llevar a la tumba

(Sense II)

A 1▸ ‹*train/plane/bus*› tomar, coger* (esp Esp); **we had to ~ a taxi** tuvimos que tomar *or* (esp Esp) coger un taxi; **are you taking the car?** ¿vas a ir en coche?; **I had to ~ the bus back** tuve que volver en autobús; **we had to ~ the escalator** tuvimos que subir/bajar por la escalera mecánica 2▸ ‹*road/turning*› tomar, agarrar (esp AmL), coger* (esp Esp); **~ the second right** *o* (BrE) **the second turning on the right** toma *or* (esp AmL) agarra por *or* (esp Esp) coge la segunda a la derecha; **we'll have to ~ another route** vamos a tener que ir por otro camino; **I took the wrong road** me equivoqué de camino 3▸ (to negotiate) ‹*bend*› tomar, coger* (esp Esp); ‹*fence*› saltar; **he took the stairs two at a time** subió las escaleras de dos en dos; **the car doesn't ~ hills very well** cuesta arriba el coche no va muy bien

B 1▸ (to grasp, to seize) tomar, agarrar (esp AmL), coger* (esp Esp); **he took her by the hand** la tomó *or* (esp AmL) la agarró *or* (esp Esp) la cogió de la mano; **he took her in his arms** (embraced her) la abrazó; (lifted her) la tomó en brazos; **he took the opportunity** aprovechó la oportunidad; **he took control of the situation** se hizo dueño de la situación; **he took the knife from her** le quitó el cuchillo 2▸ (to take charge of): **may I ~ your coat?** ¿me permite el abrigo?; **would you mind taking the baby for a moment?** ¿me tienes al niño un momento?; **I'm taking the children for two weeks** me voy a quedar dos semanas con los niños 3▸ (to occupy): **~ a seat** siéntese, tome asiento (frml); **this chair/table is ~n** esta silla/mesa está ocupada

C (to remove, to steal) llevarse; **somebody's ~n my purse!** ¡alguien se me ha llevado el monedero!; **has anything been ~n?** ¿se han llevado algo?; **it's like taking bread from their mouths** es como quitarles la comida de la boca; **he was ~n from us when he was still a child** (euph) se lo llevó el Señor cuando era todavía un niño (euf)

D (to catch unawares): **it took us by surprise** nos sorprendió; **he was ~n completely unawares** lo agarró *or* (esp Esp) lo cogió completamente desprevenido; **to be ~n ill** caer* enfermo

E 1▸ (to capture) ‹*town/fortress/position*› tomar; ‹*pawn/piece*› comer; **to ~ sb prisoner** tomar prisionero a algn 2▸ (to win) ‹*prize/title*› llevarse, hacerse* con; ‹*game/set*› ganar 3▸ (to earn) hacer*, sacar*; **we took over $10,000** hicimos *or* sacamos más de 10.000 dólares

F ‹*medicine/drugs*› tomar; **he mustn't ~ solids** no debe tomar *or* (frml) ingerir sólidos; **to ~ tea** tomar el té; **I don't ~ sugar in my coffee** no le pongo azúcar al café; **have you ~n your tablets?** ¿te has tomado las pastillas?; ⓢ **not to be taken internally** para uso externo

G 1▸ (to buy, to order) llevar(se); **I'll ~ this pair** (me) llevo este par; **I'll ~ 12 ounces** déme *or* (Esp tb) póngame 12 onzas 2▸ (to subscribe to) comprar; **we ~ The Globe** nosotros compramos *or* recibimos *or* leemos The Globe 3▸ (to rent) ‹*apartment/cottage*› alquilar, coger* (Esp); **we took an apartment there for the winter** alquilamos *or* (Esp tb) cogimos un apartamento allí para el invierno

H (to collect) ‹*sample*› tomar; ‹*survey*› hacer*; **we took regular readings** tomamos nota de la temperatura (*or* presión *etc*) a intervalos regulares

I 1▸ (to acquire) ‹*apprentice*› tomar; **to ~ a wife/husband** casarse; **she took a lover** se buscó un amante 2▸ (in the sexual sense) (liter) ‹*woman*› poseer*

(Sense III)

A (of time) ‹‹*job/task*›› llevar; ‹‹*process*›› tardar; ‹‹*person*›› tardar, demorar(se) (AmL); **it took longer than expected** llevó *or* tomó más tiempo de lo que se creía; **painting the ceiling won't ~ all morning** pintar el techo no va a llevar *or* tomar toda la mañana; **how long does it ~ to make?** ¿cuánto tiempo lleva hacerlo?, ¿cuánto tiempo se tarda *or* (AmL tb) se demora en hacerlo?; **it ~s 48 hours to dry** tarda 48 horas en secarse; **the flight ~s two hours** el vuelo dura dos horas; **the project took five years to complete** (se) tardaron cinco años en terminar el proyecto; **it took weeks for him to recover** tardó semanas en recuperarse; **they took six months to reply** tardaron *or* (AmL tb) se demoraron seis meses en responder; **the letter took a week to arrive** la carta tardó *or* (AmL tb) se demoró una semana en llegar; **if you ~ long to get ready** *o* **(in) getting ready ...** si tardas *or* (AmL tb) (te) demoras mucho en arreglarte ...; **don't ~ too long about it!** ¡no tardes *or* no te entretengas *or* no te demores demasiado!

B (to need): **accepting defeat ~s courage** hay que tener *or* hace falta *or* se necesita valor para aceptar la derrota; **it took four men to lift it** tuvieron que levantarlo entre cuatro hombres, se necesitaron cuatro hombres para levantarlo; **it only ~s one mistake to spoil everything** basta un solo error para estropearlo todo; **it ~s more than that to shock me** yo por eso sólo no me horrorizo; **it ~s nothing at all to upset him** se molesta por nada; **it took the death of another child to ...** tuvo que morir otro niño para ...; **his performance will ~ some beating** su actuación va a ser difícil de superar; **that'll ~ some doing** no va a ser fácil; ***to have (got) what it ~s*** (colloq) tener* lo

t

que hay que tener *or* lo que hace falta; **he's got what it ~s to succeed** tiene lo que hay que tener *or* lo que hace falta para triunfar

C 1 (with shoes, clothes): **what size shoes do you ~?** ¿qué número calzas?; **she ~s a 14** usa la talla *or* (RPl) el talle 14 2 (to run on): **this car ~s diesel/super** este coche consume diesel/super 3 (Linguistics) ‹*dative/preposition*› construirse* con, regir*

(Sense IV)

A (to accept) ‹*money/bribes*› aceptar; **he wouldn't ~ the money** no quiso aceptar *or* (AmL tb) agarrar *or* (Esp tb) coger el dinero; **do they ~ checks?** ¿aceptan cheques?; **~ it or leave it** (set phrase) lo tomas o lo dejas; **~ his advice** sigue sus consejos, haz lo que te dice; **you'll have to ~ my word for it** vas a tener que fiarte de mi palabra; **~ it from me** hazme caso; **you tell her: she'll ~ it (coming) from you** si se lo dices tú no se lo tomará mal; ‹*advice*› díselo tú que a ti te hará caso; **I ~ your point, but ...** te entiendo, pero ...; **I won't ~ no for an answer** no me voy a dar por vencido así como así; **are you going to ~ the job?** ¿vas a aceptar el trabajo?; **~ that, you scoundrel!** (dated) ¡toma, canalla!; **you'll have to ~ me the way I am** tendrás que aceptarme tal como soy; **you have to ~ things as they come** hay que tomarse las cosas como vienen

B 1 (to hold, to accommodate): **the tank ~s 20 gallons** el depósito tiene cabida para 20 galones; **we can ~ up to 50 passengers** tenemos cabida para un máximo de 50 pasajeros; **I can ~ two more in the back** detrás (me) caben otros dos más 2 (to admit) ‹*patients/pupils*› admitir, tomar, coger* (Esp); **they ~ lodgers** alquilan habitaciones; **we don't ~ telephone reservations** *o* (BrE) **bookings** no aceptamos reservas por teléfono; **does the machine ~ 100 peso pieces?** ¿la máquina funciona con *or* acepta monedas de cien pesos?

C 1 (to withstand, to suffer) ‹*strain/weight/load*› aguantar; ‹*beating/blow*› recibir; **his reputation has ~n a few knocks** su reputación ha sufrido unos cuantos reveses 2 (to tolerate, to endure) aguantar; **I won't ~ any more nonsense from you** no pienso aguantarte más tonterías; **he can't ~ a joke** no sabe aceptar *or* no se le puede hacer una broma; **it was more than I could ~** ya no pude aguantar más; **I don't have to ~ that from her** no tengo por qué aguantarle *or* permitirle eso; **I can't ~ it any longer!** ¡no puedo más!, ¡ya no aguanto más! 3 (to bear): **how is he taking it?** ¿qué tal lo lleva?; **she's ~n it very badly/well** lo lleva muy mal/bien; *see also* **heart B2 , 3**

D 1 (to understand, to interpret) tomarse; **I don't know how to ~ that remark** ese comentario no sé cómo tomármelo; **she took it the wrong way** se lo tomó a mal, lo interpretó mal; **don't ~ it personally** no te lo tomes como algo personal; **to ~ sth as read/understood** dar* algo por hecho/entendido; **I ~ it that you didn't like him much** por lo que veo no te cayó muy bien; **I ~ it we're all agreed on that** sobre eso estamos todos de acuerdo ¿no?; **everyone ~s him to be a troublemaker** todo el mundo cree que es un alborotador; **I ~ the passage to mean that ...** yo entiendo que el texto quiere decir que ...; **I ~ this to be a misprint** me imagino que esto será un error tipográfico; *see also* **take for** 2 (to consider) (*in imperative*) mirar; **~ Japan, for example** mira el caso del Japón, por ejemplo; **~ Doris, she doesn't worry about these things** mira a Doris, ella no se preocupa por estas cosas

(Sense V)

A 1 ‹*measures/steps*› tomar; ‹*exercise*› hacer*; **she didn't ~ any notice** no hizo ningún caso; **to ~ a walk** dar* un paseo; **he took a step forward** dio un paso adelante; **~ a look at this!** ¡mira esto!; **she took a deep breath** respiró hondo; **to ~ an interest in sth** interesarse por algo 2 (to deal with): **would you ~ that call, please?** ¿puede atender esa llamada por favor?; **he is taking my patients while I'm away** él se va a hacer cargo de mis pacientes mientras estoy fuera; **can you ~ my class tomorrow?** ¿me puedes dar la clase de mañana?

B (Education) 1 (to teach) (BrE) darle* clase a; **she ~s us for Chemistry** nos da clase de química 2 (to learn) ‹*subject*› estudiar, hacer*; **I'm taking classes/a course in Russian** voy a clase/estoy haciendo un curso de ruso 3 (to undergo): **to ~ an exam** hacer* *or* dar* *or* (CS) rendir* *or* (Méx) tomar un examen, examinarse (Esp)

C 1 (to record) tomar; **he took my measurements/temperature** me tomó las medidas/la temperatura 2 (to write down) ‹*notes*› tomar; **can I ~ a message?** ¿quiere dejar un recado?; **he took my name and address** me tomó el nombre y la dirección 3 (Photography): **to ~ a photograph** sacar* *or* tomar una foto; **he's always ~n a good picture** (AmE) siempre ha salido bien en las fotos, siempre ha sido muy fotogénico

D 1 (to adopt an attitude of): **he ~s the view that ...** opina que ..., es de la opinión de que ...; **she took an instant dislike to him** le tomó antipatía inmediatamente; **if you're going to ~ that attitude, ...** si te vas a poner así, ..., si vas a adoptar esa actitud, ...; *see also* **liking 1 , offense B2 , shape**[1] **A1** *etc* 2 (to experience): **he took great pleasure in humiliating her** disfrutó enormemente humillándola; **I ~ no satisfaction from proving her wrong** no siento ningún placer *or* no disfruto al demostrar que está equivocada

E (to begin)empezar*; (continue) continuar*; **we'll ~ it from scene six** vamos a empezar desde la escena seis; **you ~ the story from there, Jane** Jane, continúa la historia a partir de ahí

■ **take** *vi*

A 1 (Horticulture) «*seeds*» germinar; «*cutting*» prender, brotar (Chi) 2 (to catch fire) «*fuels*» prender 3 (to adhere) «*dyes*» agarrar (esp AmL), coger* (esp Esp) 4 (to be effective) «*vaccines*» prender, brotar (Chi)

B (to start) «*engines*» arrancar*

C (BrE) (to bite) «*fish*» picar*

D (to receive) recibir; **learn to give as well as ~** aprende a dar además de recibir; **all you do is ~, ~, ~** no piensas más que en ti

E (Games) «*piece/player*» comer

(Phrasal verbs)

• **take aback** [v + o + adv], (*usu pass*) sorprender, desconcertar*; **I was ~n aback by his attitude** su actitud me sorprendió *or* me desconcertó

• **take after** [v + prep + o] salir* a, parecerse* a; **he ~s after his father** sale a su padre, se parece a su padre

• **take along** [v + o + adv, v + adv + o] llevar; **I took him along (with me)** lo llevé (conmigo)

• **take apart** [v + o + adv] 1 (dismantle) desmontar 2 (search thoroughly) (colloq): **the police took the place apart** la policía lo dejó todo patas arriba (fam) 3 (show weakness of) ‹*argument*› desbaratar, echar por tierra 4 (defeat heavily) (sl) ‹*team/boxer*› hacer* pedazos

• **take around**, (BrE) **take round**

A 1 [v + o + prep + o] (show) ‹*house/estate*› mostrar*, enseñar (esp Esp) 2 [v + o + adv] (guide, accompany) llevar; **I took them around and introduced them to everyone** los llevé por la oficina (*or* el colegio *etc*) y se los presenté a todo el mundo; **~ them around to Ellen's** llévalos a casa de Ellen

B [v + o + adv, v + adv + o] (circulate with) ‹*drinks/snacks*› pasar

• **take aside** [v + o + adv] llevar aparte *or* a un lado

• **take away**

(Sense I) [v + o + adv, v + adv + o]

A 1 (carry away) llevarse; **he took the empty dishes away** retiró *or* se llevó los platos vacíos; **⊗ not to be taken away** (on book) para consulta en sala 2 (lead off) ‹*person*› llevarse 3 (remove, confiscate) ‹*possession*› quitar, sacar* (CS); **to ~ away sb's hopes** quitarle las esperanzas a algn; **to ~ sth away FROM sb** quitarle *or* (CS tb) sacarle* algo A algn; **he took the ball away from the children** les quitó la pelota a los niños; **her children were ~n away from her** le quitaron a los niños; **they took their children away from the school** sacaron a los niños del colegio 4 (erase, obliterate): **this will ~ the pain/taste away** con esto se te pasará *or* se te quitará el dolor/gusto; **nothing can ~ away my memories of that trip** nada me puede quitar el recuerdo de aquel viaje

B (Math): **34 ~ away 13 equals 21** 34 menos 13 es igual a 21; **if you ~ away 13 from 34 ...** si a 34 le restas 13 ...

(Sense II) [v + o + adv]: **~ *it away!*** (colloq) ¡adelante!

(Sense III) [v + adv + o] (BrE) ‹*food*› llevar; **to eat here or ~ away?** ¿para comer aquí o para llevar?

• **take away from** [v + adv + prep + o]: **it ~s away from one's enjoyment of the music** hace que uno disfrute menos de la música; **these criticisms do not ~ away from her achievement** estas críticas no le restan valor *or* méritos a su logro

• **take back**

A [v + o + adv, v + adv + o] 1 (return) devolver*; **it was too big, so I had to ~ it back** era demasiado grande, así que lo tuve que devolver; **I took him back the book he'd lent me** le devolví el libro que me había prestado 2 (repossess) llevarse 3 (accept back): **they took back the shoes** aceptaron la devolución de los zapatos; **she wouldn't ~ back the money she'd lent me** no quiso que le devolviera el dinero que me había prestado; **I can't understand why she ever took him back** no entiendo cómo aceptó que volviera 4 (withdraw, retract) ‹*statement*› retirar; **you'll ~ back what you just said!** ¡retira lo que acabas de decir!; **I ~ it all back** retiro lo dicho

B [v + o + adv] (in time): **this song ~s me back!** ¡qué recuerdos me trae esta canción!; **it ~s me back to my childhood** me transporta a mi niñez; **let me ~ you back to the night of the fifth of ...** permítame remontarme otra vez a la noche del cinco de ...

• **take down**

A [v + o + adv, v + adv + o] 1 (unhang, unfasten) ‹*curtains/decorations/notice*› quitar; ‹*flag*› bajar 2 (dismantle) ‹*tent/market stall*› desmontar 3 (lower): **to ~ down one's pants** bajarse los pantalones 4 (write down) ‹*address*› apuntar, anotar; **have you ~n all that down?** ¿has tomado nota de todo?, ¿lo has apuntado *or* anotado todo?

B [v + o + adv] (cause to descend) ‹*aircraft*› hacer* bajar

• **take for** [v + o + prep + o] tomar por; **I took him for a patient** pensé que era uno de los pacientes, lo tomé por uno de los pacientes; **what do you ~ me for?** ¿pero tú qué te crees (que soy)?, ¿pero tú por quién me has tomado?; **sorry, I took you for somebody else** perdone, lo confundí con otra persona

• **take from**

A [v + o + prep + o] 1 (derive): **the town ~s its name from ...** la ciudad debe su nombre a ...; **the title of the book is ~n from the Bible** el título del libro está tomado de la Biblia; **I took the idea from a newspaper story** saqué la idea de una noticia del periódico 2 (subtract) restar de

B [v + prep + o **take away from**]

• **take home** [v + adv + o]: **she ~s home less than £600** su sueldo neto *or* líquido es de menos de 600 libras

• **take in**

(Sense I) [v + o + adv, v + adv + o]

A 1 (give home to) ‹*orphan*› recoger*; ‹*lodger*› alojar 2 (do): **she ~s in washing** es lavandera, lava para afuera (CS)

B (grasp, register) ‹*impressions/information*› asimilar; **she explained it so fast I couldn't ~ it all in** lo explicó tan rápido que no lo pude asimilar todo; **he looked around taking in every detail** miró a su alrededor captando todos los detalles *or* sin perderse ni un detalle; **he didn't ~ in what was happening** no se dio cuenta de lo que estaba pasando

C (make narrower) ‹*dress/waist*› meterle *or* tomarle a
D (insert) ‹*corrections/amendments*› incluir*
Sense II [v + o + adv] (deceive) engañar; **I'm not ~n in by it** a mí no me engaña; **many people were ~n in by his apparent sincerity** su aparente sinceridad engañó a muchos
Sense III [v + adv + o]
A (include) ‹*areas/topics*› incluir*, abarcar*
B (visit) visitar, incluir* (*en el recorrido*); **on the way back we took in Alsace** (en el camino) de regreso visitamos Alsacia

• **take off**
Sense I [v + o + adv, v + adv + o], [v + o + prep + o]
A [1] (detach, unfasten) ‹*handle/lid/cover*› quitar, sacar*; **I've got to ~ the wheel off** tengo que sacar la rueda; **the hurricane took the roof off the house** el huracán le arrancó el tejado a la casa [2] (clean, strip away) ‹*paint*› quitar, sacar* (esp AmL); **she took her make-up off** se quitó *or* (esp AmL) se sacó el maquillaje; **this will ~ the stain off the tablecloth** esto le quitará la mancha al mantel
B [1] (cut off) ‹*branch/shoot*› cortar; ‹*limb*› amputar; **I asked the hairdresser not to ~ too much off the back** le pedí al peluquero que no me cortara mucho atrás [2] (deduct) descontar*; **they ~ $15 off if you pay cash** te descuentan 15 dólares si pagas en efectivo; **that haircut ~s years off him** ese corte de pelo le quita años de encima
C (have free): **she's ~n the morning off (from) work** se ha tomado la mañana libre; **I took a week off work to attend the conference** falté una semana al trabajo para asistir al congreso; **I took time off from my schedule to visit the Prado** hice un hueco en el programa para visitar el Prado
D (rescue, transport) rescatar
Sense II [v + o + adv, v + adv + o]
A (remove) ‹*dress/watch/shoes/mask*› quitar, sacar* (esp AmL); **to ~ one's dress/watch/shoes/mask off** quitarse *or* (esp AmL) sacarse* el vestido/el reloj/los zapatos/la máscara
B (discontinue) ‹*film/play*› quitar, sacar* (esp AmL); ‹*service*› suprimir, cancelar
C (imitate) (colloq) imitar, remedar
Sense III [v + adv]
A «*aircraft/pilot*» despegar*, decolar (AmL); «*flight*» salir*
B (succeed) «*career*» tomar vuelo; **the economy took off in the fifties** el despegue económico se produjo en los años cincuenta, la economía empezó a florecer en los años cincuenta; **sales of the book took off immediately** el libro se empezó a vender muy bien enseguida
C (depart) largarse* (fam), irse*; **~ off, buddy!** (AmE colloq) ¡mira, vete por ahí! (fam), ¡andá a pasear, che! (RPl fam)
Sense IV [v + o + adv] (convey) llevar(se); **they took her off to prison** (se) la llevaron a la cárcel; **to ~ oneself off** irse*; **I'll ~ myself off now** bueno, me voy
Sense V [v + o + adv], [v + o + prep + o]
A [1] (remove) quitar, sacar* (esp AmL); **~ your feet off the sofa** quita *or* (esp AmL) saca los pies del sofá; **~ your foot off the clutch** levanta el pie del embrague; **~ your hands off me!** ¡quítame las manos de encima!, ¡no me toques! [2] (erase, exclude): **your name has been ~n off the list** te han eliminado *or* tachado (*or* borrado *etc*) de la lista; **the soup has been ~n off the menu** han quitado la sopa del menú
B (transfer from): **I'm taking you off this case** quiero que dejes el caso
C (take away from) (colloq) quitar, sacar* (CS); **I took the gun off him** le quité *or* (CS tb) le saqué la pistola

• **take on**
A [v + o + adv, v + adv + o] [1] (take aboard) ‹*passengers*› recoger*; ‹*merchandise*› cargar*; **to ~ on fuel** repostar [2] (employ) ‹*staff*› contratar, tomar (esp AmL) [3] (undertake) ‹*work*› encargarse* de, hacerse* cargo de; ‹*responsibility/role*› asumir; ‹*client/patient*› aceptar, tomar; **she ~s on too much** se echa demasiado encima, se carga de responsabilidades; **nobody wants to ~ the job on** nadie quiere encargarse *or* hacerse cargo del trabajo [4] (tackle) ‹*opponent*› enfrentarse a, aceptar el reto de; ‹*problem/issue*› abordar; **their company can't ~ on the European giants** su compañía no está en condiciones de enfrentarse a los gigantes europeos; **I bet $20 he wins: who'll ~ me on?** apuesto 20 dólares a que gana ¿quién me acepta la apuesta?
B [v + adv + o] (assume) ‹*expression*› adoptar; ‹*appearance*› adquirir*, asumir; **the leaves ~ on a reddish hue** las hojas adquieren una tonalidad rojiza; **the town took on an air of festivity** el pueblo asumió un aire festivo
C [v + adv] (distress oneself) (dated): **don't ~ on so** no te pongas así

• **take out**
Sense I [v + o + adv, v + adv + o]
A [1] (remove physically) sacar*; **~ your things out of my drawer** saca tus cosas de mi cajón; **we had to ~ everything out again** tuvimos que sacarlo todo otra vez [2] (exclude) eliminar, excluir*, sacar* [3] (transport) sacar*; **we'll get them ~n out by helicopter** los sacaremos en helicóptero [4] (AmE) ‹*food*› llevar; **food to ~ out** comida para llevar
B [1] (withdraw) ‹*money*› sacar*, retirar [2] (deduct) deducir*
C (produce) sacar*; **he took out a gun** sacó una pistola; **he took a pipe out of his pocket** sacó una pipa del bolsillo
Sense II
A [v + o + adv, v + adv + o] [1] (extract) ‹*tooth*› sacar*, extraer* (frml); ‹*appendix*› sacar*, extirpar (frml) [2] (obtain) ‹*insurance/permit*› sacar*
B (eliminate) ‹*enemy/aircraft/opposition*› eliminar
Sense III [v + o + adv] (accompany, conduct): **he'd like to ~ her out** le gustaría invitarla a salir; **to ~ the dog out for a walk** sacar* el perro a pasear; **you never ~ me out** nunca me llevas *or* me sacas a ningún lado; **he's taking me out to dinner/to the opera** me va a llevar *or* me ha invitado a cenar/a la ópera
Sense IV [v + adv + o] (Law): **to ~ out an injunction** obtener* un mandamiento judicial

• **take out of** [v + o + adv + prep + o] [1] (remove from) sacar* de; **I took the toy out of the box** saqué el juguete de la caja; **we're taking her out of that school** la vamos a sacar de ese colegio; ***to ~ sb out of herself/himself*** hacer* que algn se olvide de sus problemas [2] (extract, drain): **it ~s all the fun out of it** le quita toda la gracia; **the antibiotics have ~n all the energy out of her** los antibióticos la han dejado sin fuerzas; ***to ~ it out of sb***: **this weather certainly ~s it out of you** este tiempo lo deja a uno sin ganas de nada; **the fight really took it out of him** la pelea lo dejó hecho polvo (fam)

• **take out on** [v + o + adv + prep + o]: **she ~s her frustration out on her children** descarga su frustración en los niños; **there's no need to ~ it out on me/the furniture** no tienes por qué desquitarte *or* (AmL tb) agarrártela conmigo/con los muebles

• **take over**
A [v + adv] [1] (assume control): **when the Democrats took over** cuando asumió el gobierno demócrata; **he hopes his son will ~ over when he retires** espera que su hijo se haga cargo *or* lo releve cuando se jubile; **you've been driving for hours, shall I ~ over?** llevas horas manejando *or* (Esp) conduciendo ¿tomo yo el volante?; **the night shift ~s over at eleven** los del turno de la noche toman el relevo a las once; **to ~ over FROM sb** sustituir* a algn; (in shift work) relevar a algn [2] (seize control, overrun) «*army*» hacerse* con el poder; **a world in which computers have ~n over** un mundo en el que las computadoras han llegado a dominarlo *or* controlarlo todo
B [v + o + adv, v + adv + o] (take charge of) ‹*responsibility/role*› asumir; ‹*job*› hacerse* cargo de; ‹*territory*› tomar; ‹*company*› absorber; **his co-pilot took over the controls** el copiloto tomó los mandos; **tourists ~ over the town every summer** los turistas invaden la ciudad todos los veranos
C [v + o + prep + o] [1] (show) ‹*house/estate*› mostrar*, enseñar (esp Esp) [2] ‹*arguments/points*› **I'll ~ you over the main points again** repasemos otra vez *or* volvamos sobre los puntos principales

• **take round** (BrE) ▸ **take around**

• **take through** [v + o + prep + o]: **he took me through everything I had to do** me explicó paso por paso todo lo que tenía que hacer; **I'll ~ you through the different steps again** repasemos otra vez *or* volvamos sobre los distintos pasos

• **take to**
A [v + prep + o] [1] (respond well to, develop liking for): **he didn't ~ to life in the country** no se adaptó a la vida en el campo; **she doesn't ~ readily to change** no se adapta bien a los cambios; **I don't ~ kindly to being talked about behind my back** no me hace ninguna gracia que hablen de mí a mis espaldas; **she took to teaching immediately** enseguida le tomó gusto a la enseñanza, la enseñanza se le dio bien desde el principio; **they took to each other at once** se gustaron inmediatamente; **I never took to him** nunca llegó a gustarme [2] (form habit of): **to ~ to drink** darse* a la bebida; **to ~ to -ING**: **she's ~n to painting** le ha dado por pintar; **we've ~n to using the car more** hemos empezado a usar más el coche; **she's ~n to calling us at all hours** le ha dado por llamarnos a todas horas [3] (go to): **to ~ to the hills** «*rebels*» huir* al monte; «*walkers*» ir* por el monte; **everyone took to the fire escape** todo el mundo se precipitó hacia la salida de incendios; **to ~ to the streets** echarse a la calle; **to ~ to one's bed** meterse en cama
B [v + o + prep + o] (use on) (colloq): **I had to ~ a hammer to it** le tuve que dar con un martillo; **she took a belt to him** le dio con una correa

• **take up**
Sense I [v + o + adv, v + adv + o]
A [1] (pick up) ‹*bag/book*› tomar, agarrar (esp AmL), coger* (esp Esp) [2] (accept) ‹*offer/challenge*› aceptar [3] (adopt) ‹*cause*› hacer* suyo (*or* mío *etc*) [4] (begin): **he's ~n up pottery/badminton** ha empezado a hacer cerámica/a jugar al badminton; **when she took up her new role as director** cuando empezó a desempeñar *or* cuando asumió sus funciones de directora; **he took up a job in a factory** se puso a trabajar en una fábrica [5] (Fin) ‹*option*› suscribir*
B (remove, lift) ‹*carpet/floorboards/road*› levantar
C [1] (continue) ‹*story*› seguir*, continuar*; ‹*thread*› retomar; ‹*conversation*› reanudar [2] (pursue) ‹*issue/point*› volver* a; **I'd like to ~ up what my colleague just said** quisiera volver a lo que acaba de decir mi compañero [3] (join in): **the refrain was ~n up by the audience** el público se unió al estribillo
D (shorten) ‹*skirt/trousers*› acortar; (raise) ‹*hem*› subir
Sense II [v + adv + o]
A (use up, absorb) [1] ‹*time*› llevar; **getting the rooms ready took up most of the afternoon** preparar las habitaciones llevó la mayor parte de la tarde; **the afternoon was ~n up with the visit to the factory** la tarde estuvo dedicada a la visita a la fábrica; **most of my time is ~n up with ...** se me va casi todo el tiempo en ...; **running the business ~s up all her energies** toda la energía se le va en llevar el negocio; **he's completely ~n up with his family** la familia absorbe todo su tiempo [2] ‹*space*› ocupar
B (take on board) ‹*passengers*› recoger*
C (move into) ‹*position*› tomar
Sense III [v + o + adv] (cause to ascend) ‹*aircraft/submarine*› (hacer*) subir; **to ~ sb up in a plane** llevar a algn en avión
Sense IV [v + adv] (follow on): **the second episode takes up at the point where ...** el segundo episodio retoma el hilo en el momento en que ...

• **take upon** [v + o + prep + o]: **to ~ sth upon oneself**: **he took the responsibility upon himself** asumió la responsabilidad; **she has ~n all the work upon herself** se ha encargado de todo el trabajo, se ha echado encima todo el trabajo; ***to ~ it upon oneself to* + INF**: **she took it upon herself to see them home** se le ocurrió que tenía que acompañarlos a casa; **he took it upon himself to invite her to my party** se creyó con derecho a invitarla a mi fiesta, tuvo el tupé de invitarla a mi fiesta (fam)

- **take up on** [v + o + adv + prep + o] **1** (take person at word): **I may well ~ you up on that** a lo mejor te tomo la palabra *or* te acepto el ofrecimiento; **can I still ~ you up on that drink?** ¿aquella invitación a tomar algo sigue en pie? **2** (challenge): **he must ~ her up on these accusations** tiene que pedirle explicaciones sobre estas acusaciones; **I must ~ you up on that** sobre eso discrepo con usted, sobre eso quisiera hacer algunas puntualizaciones
- **take up with**

A [v + adv + prep + o] (form relationship with) (pej) empezar* a juntarse

B [v + o + adv + prep + o] (raise with): **I shall be taking the matter up with the manager** le voy a plantear el asunto al director; **there are a couple of points that I'd like to ~ up with you** hay un par de cosas que quisiera discutir con usted

take² *n*

A (Cin) toma *f*

B **1** (earnings) ingresos *mpl*, recaudación *f*; ***to be on the ~*** dejarse sobornar, ser* un coimero (CS, Per fam), aceptar mordidas (Méx fam) **2** (share) parte *f*; (commission) comisión *f*

takeaway¹ /'teɪkəweɪ/ *adj* (BrE) para llevar; ‹*restaurant*› de comida para llevar

takeaway² *n* (BrE) **1** (restaurant) restaurante *m* de comida para llevar **2** (meal) comida *f* preparada; **we had a ~** compramos comida para llevar

take-home pay /'teɪkhəʊm/ *n* [u] sueldo *m* neto

taken¹ /'teɪkən/ *past p of* **take¹**

taken² *adj* (*pred*) **to be ~ WITH sth/sb**: **I was quite ~ with him** me cayó muy bien, me gustó mucho; **they were much ~ with the house** les encantó la casa, quedaron prendados de la casa; **he was quite ~ with the idea** le gustó mucho la idea, quedó muy entusiasmado con la idea; **he's not very ~ with being on his own for two weeks** no le hace mucha gracia tener que quedarse solo dos semanas

takeoff /'teɪkɔːf || 'teɪkɒf/ *n*

A **1** (Aviat) despegue *m*, decolaje *m* (AmL); **the plane is ready for ~** el avión está listo para despegar *or* (AmL tb) decolar; **the economy is ready for ~** la economía está a punto de levantar vuelo, el país está listo para el despegue económico **2** (Sport) despegue *m*

B (caricature, imitation) (colloq) parodia *f*; **to do a ~ of sb** hacer* una parodia de algn, imitar a algn

take-out¹ /'teɪkaʊt/ *adj* (AmE) ‹*meal/pizza*› para llevar; ‹*restaurant*› de comida para llevar

take-out² *n* [u] (AmE) comida *f* preparada; **what do you say we have ~ tonight?** ¿qué te parece si compramos algo hecho para cenar?

takeover /'teɪkˌəʊvər || 'teɪkˌəʊvə(r)/ *n* **1** (Govt) toma *f* del poder; **military ~** golpe *m* militar, toma *f* del poder por parte de los militares **2** (Busn) absorción *f*, adquisición *f* (*de una empresa por otra*); (*before n*): **~ bid** oferta *f* pública de adquisición *or* de compra, OPA *f*; **to launch** *o* **make a ~ bid for a company** lanzar* una oferta pública de adquisición *or* una opa sobre una empresa

taker /'teɪkər || 'teɪkə(r)/ *n* interesado, -da *m,f*; **I offered to take them to the beach but there were no ~s** me ofrecí a llevarlos a la playa pero nadie quiso ir *or* no hubo interesados; **there's plenty of soup left: any ~s?** queda mucha sopa ¿alguien quiere más *or* tiene interés?

take-up /'teɪkʌp/ *n* **1** [u] (of offer, benefit) (BrE): **grants are available, but ~ has been low** es posible obtener una subvención, pero se han solicitado pocas; (*before n*): **the ~ rate for this benefit is around 70%** un 70% de las personas con derecho a esta prestación la reclaman **2** [c] (Tech) bobina *f* receptora; (*before n*) ‹*reel/spool*› receptor

taking¹ /'teɪkɪŋ/ *n* **1** **it's a great job and it's yours for the ~** es un trabajo fantástico y es tuyo si lo quieres; **if anyone wants any of those books, they're there for the ~** si alguien quiere alguno de esos libros, allí están *or* (AmL tb) que los agarre nomás **2** **takings** *pl* (BrE) (Busn) recaudación *f*; (at box office) taquilla *f*, entrada *f*; **to count the day's ~s** hacer* (la) caja

taking² *adj* atractivo, gracioso

takkies /'tækɪz/ *pl n* (SAfr colloq) (Clothing) zapatillas *fpl* de deporte, tenis *mpl*, deportivas *fpl* (Esp)

talc /tælk/ *n* [u] **1** (talcum powder) polvos *mpl* de talco, talco *m* (AmL) **2** (Min) talco *m*

talcum powder /'tælkəm/ *n* [u] polvos *mpl* de talco, talco *m* (AmL)

tale /teɪl/ *n* cuento *m*, relato *m*; **I could tell you a ~ or two about him!** ¡si yo te contara lo que sé de él!; **her black eye told its own ~** ese ojo morado hablaba por sí solo *or* ya lo decía todo; **we nearly didn't live to tell the ~** casi no contamos el cuento (fam), casi no lo contamos (Esp fam); **he was mauled by a lion and lived to tell the ~** fue atacado por un león y salió con vida *or* (fam) pudo contar el cuento; **ah, now, thereby hangs a ~** (set phrase) ah, eso es toda una historia; ***to tell ~s*** (*used by or to children*) contar* chismes *or* cuentos; **I don't want to hear if you've just come to tell ~s** no me vengas con chismes *or* cuentos que no quiero saber nada; **that's not true: you're telling ~s!** ¡mentira! ¡eso es un cuento chino! (fam); ***to tell ~s out of school*** andar* con chismes *or* cuentos

talent /'tælənt/ *n*

A **1** [u c] (aptitude, skill) talento *m*; **to have musical/artistic ~** tener* talento musical/artístico; **she has a ~ for languages** tiene mucha facilidad para los idiomas; **with his usual ~ for saying the wrong thing** con su habilidad característica para meter la pata (fam) **2** [u] (talented people) gente *f* con talento **3** [u] (attractive women or men) (BrE colloq): **they were eying up the ~** estaban pasando revista al personal presente (hum); **not much ~ here tonight!** ¡esta noche no hay nadie que valga la pena!

B [c] (Hist) talento *m*

talent contest *n* concurso *m* de talentos

talented /'tæləntəd || 'tæləntɪd/ *adj* talentoso, de talento

talent scout, (BrE also) **talent spotter** *n* cazatalentos *mf*

Taliban /'tæləbæn 'tælɪbæn/ *n* [u] (Pol, Relig) Talibán *m*; (*before n*) ‹*militia/movement*› talibán

talisman /'tæləsmən || 'tælɪzmən/ *n* (*pl* **~s**) talismán *m*

talk¹ /tɔːk/ *vi*

A **1** (utter words) hablar **2** **talking** *pres p* ‹*doll*› que habla; ‹*book/newspaper*› grabado; **~ing picture** (Cin) película *f* sonora

B (speak) hablar; (converse) hablar, platicar* (esp AmC, Méx); **to ~ in English/in a whisper** hablar en inglés/en susurros; **she ~s very fast/with a French accent** habla muy rápido/con acento francés; **we ~ed on the phone** hablamos *or* (AmC, Méx tb) platicamos por teléfono; **everyone stopped ~ing** todo el mundo se calló; **stop ~ing!** ¡silencio!; **don't ~ with your mouth full!** ¡no hables con la boca llena!; **he never stops ~ing** no para de hablar, habla hasta por los codos (fam); **they ~ed and ~ed** hablaron largo y tendido; **you'd think she was a monster the way they ~** oyéndolos a ellos, cualquiera diría que es un monstruo; **I wish he were dead! — you shouldn't ~ like that!** ¡ojalá se muriera! — ¡no digas eso!; **to ~ ABOUT sb/sth** hablar DE algn/algo; **we ~ed about you/the weather** hablamos de ti/del tiempo; **he doesn't know what he's ~ing about** no sabe lo que dice; **the year's most ~ed-about event** el acontecimiento más comentado del año; **you ate it all? ~ about greedy!** (colloq) ¿te lo comiste todo? ¡hay que ser glotón!; **for a basic kit you're ~ing about $900** (colloq) para un equipo básico hay que pensar en unos 900 dólares; **to ~ OF sth** hablar DE algo; **she's ~ing of retiring next year** está hablando de jubilarse el año que viene; **~ing of food, when's dinner?** hablando de comida *or* a propósito de comida ¿a qué hora se cena?; **the much ~ed-of project has come to nothing** el proyecto del que tanto se ha hablado ha quedado en agua de borrajas; **to ~ TO sb: are you ~ing to me ?** ¿me hablas a mí?; **I wasn't ~ing to you** yo no estaba hablando contigo *or* no te estaba hablando a ti; **who was that you were ~ing to?** ¿con quién hablabas?; **don't ~ to *me* about buses!** ¡me vas a decir a mí lo que son los autobuses!; **aren't you two ~ing to each other?** ¿ustedes no se hablan?; **he wanted someone to ~ to** necesitaba a alguien con quien hablar; **to ~ to oneself** hablar solo; **I was only ~ing to myself** estaba hablando solo; **he was ~ing at rather than to us** se estaba escuchando a sí mismo, más que hablando con nosotros; **they ~ed right past each other** hablaron sin entenderse; **to ~ WITH sb** hablar *or* (AmC, Méx tb) platicar* CON algn; **to get ~ing** entablar conversación, ponerse* a hablar *or* (AmC, Méx tb) a platicar; **how did you get ~ing to** *o* **with him?** ¿cómo fue que entablaste conversación *or* que te pusiste a hablar con él?; **she kept him ~ing while I escaped** ella lo entretuvo hablando mientras yo me escapé; **they ~ed away for hours** estuvieron horas charlando *or* (AmC, Méx tb) platicando; **they ~ in millions of dollars** hablan de millones de dólares; **don't ~ daft!** (BrE colloq) ¡no digas bobadas! (fam); **to ~ dirty** *o* **filthy** (sl) decir* vulgaridades; **it's easy for you to ~!** ¡es fácil decirlo *or* hablar!; **you're just lazy! — you can ~!** *o* **you can't ~!** *o* **look who's ~ing!** (colloq) ¡es que eres un vago! — ¡mira quién habla!; **now you're ~ing!** (colloq) ¡así se habla!; **money ~s** poderoso caballero es don dinero

C **1** (have discussion) hablar; **is there somewhere we can ~?** ¿podemos hablar en privado?; **we've got to ~** tenemos que hablar; **I'm always here if you want to ~** si necesitas hablar con alguien, aquí estoy; **the two sides are ready to ~** las dos partes están dispuestas a negociar; **to ~ ABOUT sth: we have to ~ about dates** tenemos que discutir posibles fechas; **they refuse to ~ about sovereignty** se niegan a entrar en negociaciones sobre soberanía **2** (give talk) **to ~ (ABOUT/ON sth)** hablar (DE/SOBRE algo), dar* una charla (SOBRE algo) **3** (gossip) hablar; **people will ~** va a dar mucho que hablar; **you know how she ~s** ya sabes cómo le gusta hablar; **you can't stop people ~ing** no se puede evitar que la gente haga comentarios **4** (reveal secret) hablar; **to make sb ~** hacer* hablar a algn

■ **talk** *vt*

A (speak) (colloq): **they were ~ing Italian** hablaban (en) italiano; **to ~ golf/economics** hablar de golf/economía; **we're ~ing big money here** estamos hablando de mucho dinero; **don't ~ nonsense!** ¡no digas tonterías!

B (argue, persuade) **to ~ sb INTO/OUT OF sth/-ING** convencer* a algn DE QUE/DE QUE NO + SUBJ; **he ~ed me into doing it** me convenció de que lo hiciera; **see if you can ~ her out of it!** a ver si puedes convencerla de que no lo haga; ***to ~ one's way*** *o* ***oneself into/out of sth***: **she had to ~ her way out of trouble** tuvo que usar mucha labia para salir del aprieto; **he ~ed himself into a corner** se metió en aprietos *or* en un lío por hablar; **she ~ed herself into the job** habló tan bien que le dieron el trabajo

(Phrasal verbs)

- **talk around,** (BrE also) **talk round**

A [v + o + adv] (persuade) convencer*; **to ~ sb around TO sth** convencer* a algn DE QUE ...; **we finally ~ed them around to our point of view** finalmente los convencimos de que teníamos razón; **he ~ed them around to accepting the offer** los convenció de que aceptaran la oferta

B [v + prep + o]: **to ~ around a problem** dar* vueltas alrededor de un problema

- **talk back** [v + adv] (be disrespectful) contestar *or* responder (mal); **children who ~ back** los niños respondones *or* (CS) contestadores
- **talk down** [v + o + adv, v + adv + o] **1** ‹*pilot*› dirigir* por radio (*en un aterrizaje*) **2** (silence) ‹*heckler*› hacer* callar; **she has a habit of ~ing you down** tiene la costumbre de no dejarte hablar **3** ‹*shares*› hacer* bajar; **we managed to ~ him down to $800** logramos que nos rebajara el precio a 800 dólares
- **talk down to** [v + adv + prep + o] hablarle en tono condescendiente a
- **talk out** [v + o + adv, v + adv + o] **1** (discuss) ‹*worries/problem*› hablar abiertamente de **2** (Govt) *prolongar los debates de manera que no quede tiempo para votar un proyecto de ley*
- **talk over** [v + o + adv, v + adv + o] ‹*problem/issue*› discutir, hablar de
- **talk round** (BrE) ▸**talk around**
- **talk through** [v + o + adv, v + adv + o]: **to ~ sb through sth** (discuss) hablar con algn de algo; (explain) explicarle* algo a algn
- **talk up** [v + o + adv, v + adv + o] ‹*shares*› inflar el valor de; **they ~ed her up to $500** le hicieron subir la oferta a 500 dólares

talk² *n*

A [c] **1** (conversation) conversación *f*; **I gathered very little from my ~ with her** saqué muy poco en limpio de mi conversación con ella; **it's time we had a little ~** ya es hora de que hablemos seriamente; **I had a long ~ with him** estuve hablando *or* (AmC, Méx tb) platicando un rato largo con él **2** (lecture) charla *f*; **to give a ~ about** *o* **on sth** dar* una charla sobre algo **3** **talks** *pl* (negotiations) conversaciones *fpl*, negociaciones *fpl*; **to have** *o* **hold ~s** mantener* *or* sostener* conversaciones; **the two leaders met for ~s** los dos líderes se reunieron para dialogar

B [u] **1** (suggestion, rumor): **there is ~ of his retiring** se habla de que *or* corre la voz de que se va a jubilar; **there was even ~ of ...** llegó incluso a hablarse de ...; **it was the ~ of the town** (set phrase) era la comidilla del lugar, no se hablaba más que de eso **2** (words) (colloq & pej) palabrería *f* (fam & pey), palabras *fpl*; **it's just ~!** es pura palabrería (fam & pey), no son más que palabras; **you get nothing but ~ from him!** habla mucho pero luego nada; **all that ~ about making me a star!** ¡tanto hablar de que me iban a convertir en una estrella!; ***to be all ~ (and no action)*** hablar mucho y no hacer* nada

talkathon /'tɔːkəθɑːn || 'tɔːkəθɒn/ *n* (colloq) discurseo *m* maratónico (fam)

talkative /'tɔːkətɪv/ *adj* ‹*person*› conversador, hablador, parlanchín (fam), hablantín (fam); **you're not very ~ tonight** hoy estás muy callado

talkativeness /'tɔːkətɪvnəs || 'tɔːkətɪvnɪs/ *n* [u] locuacidad *f*

talker /'tɔːkər || 'tɔːkə(r)/ *n* hablador, -dora *m,f*, conversador, -dora *m,f*; **she's a terrible ~** habla hasta por los codos (fam); **he's a smooth ~** tiene mucha labia (fam)

talkfest /'tɔːkfest/ *n* (AmE colloq) discurseo *m* (fam)

talkie /'tɔːki/ *n* (colloq & dated) película *f* sonora; **the ~s** el cine sonoro

talking /'tɔːkɪŋ/ *n* [u]: **no ~, please!** ¡silencio, por favor!; **I could hear ~ in the next room** oí que alguien hablaba en la habitación de al lado; **I did most of the ~** hablé mayormente yo, lo dije casi todo yo; **let me do the ~** déjame hablar a mí

talking book *n* audiolibro *m*

talking head *n* (TV) (colloq) busto *mf* parlante (*presentador, entrevistado, comentarista etc*)

talking point *n* tema *m* de conversación

talking shop *n* (BrE colloq) tertulia *f*, mentidero *m* (fam)

talking-to /'tɔːkɪŋtuː/ *n* (*pl* **-tos**) (colloq): **to give sb a good ~** leerle* la cartilla a algn (fam), echarle un sermón a algn, hablar seriamente con algn

talk radio *n* [u] (AmE); *programa de radio en el que el público participa por teléfono*

talk show *n* programa *m* de entrevistas

tall /tɔːl/ *adj* **-er, -est** ‹*person/building/tree*› alto; **he's ~ for his age** es alto para su edad; **he's grown very ~** está muy alto, ha crecido mucho; **how ~ are you?** ¿cuánto mides?; **he's nearly 2 meters ~** mide casi dos metros; **that tree is almost 50 feet ~** ese árbol tiene casi 50 pies de altura; **~, dark and handsome** (set phrase) alto, moreno y atractivo, ≈ alto, rubio y de ojos azules

tallboy /'tɔːlbɔɪ/ *n* (BrE) cómoda *f* (*alta*)

tallow /'tæləʊ/ *n* [u] sebo *m*

tall ship *n* velero *m* de mástil(es) alto(s)

tall story, tall tale *n* cuento *m* chino (fam)

tally¹ /'tæli/ *n* (*pl* **-lies**) cuenta *f*; **keep (a) ~ of how much I owe you** ve anotando lo que te debo, lleva la cuenta de lo que te debo

tally² *vi* **-lies, -lying, -lied** «*amounts/totals/versions*» coincidir, concordar*, cuadrar

tallyho /,tæli'həʊ/ *interj*: *grito con el que se azuza a la jauría al avistar la presa en las partidas de caza*

tallyman /'tælimən/ *n* (*pl* **-men** /-mən/) (BrE colloq & dated) *vendedor ambulante que trabaja para compañías que venden a plazos*

Talmud /'tælmʊd/ *n*: **the ~** el Talmud

Talmudic /tæl'mʊdɪk/ *adj* talmudista

talon /'tælən/ *n* garra *f*

tamarack /'tæmərӕk/ *n* alerce *m* del Canadá

tamarind /'tæmərɪnd/ *n* tamarindo *m*

tamarisk /'tæmərɪsk/ *n* tamarisco *m*, tamariz *m*

tambourine /,tæmbə'riːn/ *n* pandereta *f*

tame¹ /teɪm/ *adj* **tamer, tamest** **1** ‹*animal*› (by nature) manso, dócil; (tamed) domado, domesticado; ‹*committee/judiciary*› (pej) sumiso, acomodaticio; **we have a ~ mechanic who'll fix that for you** (hum) tenemos un mecánico muy servicial que te lo puede arreglar **2** (unexciting) ‹*show/story/joke*› insulso, insípido, soso (fam)

tame² *vt* ‹*wild animal*› domar; ‹*stray*› domesticar*; ‹*wilderness/river*› domar, domeñar (liter); ‹*passion*› dominar, domar, domeñar (liter); **nobody could ~ her** era indomable

tamely /'teɪmli/ *adv* **1** (meekly) dócilmente, obedientemente **2** (unexcitingly) de manera insulsa **3** (of animals) dócilmente, mansamente

tameness /'teɪmnəs || 'teɪmnɪs/ *n* [u] **1** (of animal) mansedumbre *f*, docilidad *f* **2** (dullness) insulsez *f*; **the ~ of books considered daring in their day** el recato *or* la moderación de libros que en su época se consideraron atrevidos

tamer /'teɪmər || 'teɪmə(r)/ *n* domador, -dora *m,f*

Tamil¹ /'tæməl || 'tæmɪl/ *adj* tamil, tamul

Tamil² *n* **1** [c] (person) tamil *mf*, tamul *mf* **2** [u] (language) tamul *m*

Tammany Hall /'tæməni/ *n* (in US) *sede central del partido demócrata estadounidense*

tam o'shanter /,tæmə'ʃæntər || ,tæmə'ʃæntə(r)/ *n* boina *f* escocesa

tamp /tæmp/ *vt* **~ (down)** ‹*earth*› apisonar; ‹*tobacco*› apretar*, tacar* (Col)

Tampax® /'tæmpæks/ *n* (*pl* **~**) tampax® *m*, tampón *m*

tamper /'tæmpər || 'tæmpə(r)/ *n* (for tamping down earth, paving stones) pisón *m*; (for compacting tobacco) *instrumento para apretar el tabaco en la pipa*

Phrasal verb

- **tamper with** [v + prep + o] **1** (meddle with) ‹*engine/controls*› tocar*, andar* con (fam); ‹*lock*› tratar de forzar; ‹*document/figures*› alterar **2** (influence) ‹*jury/witness*› sobornar

tampering /'tæmpərɪŋ/ *n* [u] manipulación *f*

tampon /'tæmpɑːn || 'tæmpɒn/ *n* tampón *m*

tan¹ /tæn/ **-nn-** *vt* **1** ‹*leather/hide*› curtir **2** «*sun*» poner* moreno, broncear, tostar*, quemar (AmL) **3** **tanned** *past p* ‹*body/face*› bronceado, moreno

■ **tan** *vi* (become suntanned) broncearse, ponerse* moreno, quemarse (AmL); **to ~ easily** broncearse *or* ponerse* moreno con facilidad; **I don't ~** yo no me pongo moreno

tan² *n* **1** (on skin) bronceado *m*, moreno *m* (esp Esp); **I've lost my ~** se me ha ido el bronceado *or* (esp Esp) el moreno; **to have a deep ~** estar* muy bronceado *or* moreno **2** ▸ℹ **p.1036** (color) habano *m*

tan³ ▸ℹ **p.1036** *adj* ‹*shoes/sweater*› habano

tanager /'tænɪdʒər || 'tænɪdʒə(r)/ *n* tanagra *f*

tandem /'tændəm/ *n* tándem *m*; ***in ~***: **we will operate in ~** trabajaremos conjuntamente; **the cockpit has two seats in ~** la cabina tiene dos asientos, uno detrás del otro; **we make decisions in ~ with their department** tomamos las decisiones conjuntamente *or* en tándem con su departamento

tandem bus *n* (*pl* **buses** *or* AmE also **busses**) (Transp) autobús *m* articulado

tandoori /tæn'dʊri || tæn'dʊəri/ *n* tandori *m*

tang /tæŋ/ *n*

A [c u] (strong taste) sabor *m* fuerte; (sharp taste) acidez *f*; (smell) olor *m* penetrante

B [c] (of blade) espiga *f*

tanga /'tæŋgə/ *n* (BrE) tanga *f or* (esp Esp) *m*

tangent /'tændʒənt/ *n* tangente *f*; ***to go*** *o* ***fly off at*** *o* ***on a ~*** irse* por las ramas; (trying to change the subject) salirse* *or* escaparse por la tangente

tangential /tæn'dʒentʃəl || tæn'dʒenʃəl/ *adj* **1** (Math) tangencial **2** (peripheral) tangencial; **~ comments** comentarios *mpl* tangenciales *or* al margen; **this is ~ to the issue** esto es tangencial al problema

tangerine /,tændʒə'riːn/ *n* **1** (Bot, Culin) (fruit) mandarina *f*, tangerina *f*; (tree) mandarino *m*, tangerino *m* **2** ▸ℹ **p.1036** (color) naranja *m*; (*before n*) naranja *adj inv*

tangible /'tændʒəbəl || 'tændʒɪbəl/ *adj* **1** (concrete) ‹*object*› tangible; **~ assets** (Fin) inmovilizado *m* material **2** (real) ‹*proof/benefits*› tangible, concreto, palpable

tangibly /'tændʒəbli || 'tændʒɪbli/ *adv* perceptiblemente

Tangiers /tæn'dʒɪrz || tæn'dʒɪəz/ *n* (+ *sing vb*) Tánger *m*

tangle¹ /'tæŋgəl/ *vt* **1** **~ (up)** ‹*threads/wool*› enredar, enmarañar; **the bird had ~d itself (up) in the net** el pájaro se había enredado en la red; **to get ~d (up)** enredarse; **my hair got ~d (up)** se me enredó el pelo **2** (muddle, confuse) (*usu pass*) enredar; **the situation has become even more ~d** las cosas están todavía más enredadas; **a ~d affair** un asunto enredado *or* complicado

■ **tangle** *vi* «*threads/rope*» enredarse

Phrasal verbs

- **tangle up** [v + o + adv, v + adv + o] **1** (confuse): **he got terribly ~d up trying to explain himself** se hizo un enredo *or* (fam) lío tratando de explicarse **2** (involve, embroil) (*usu pass*): **to get ~d up in sth** verse* implicado en algo **3** ▸**tangle¹** *vt* **a**
- **tangle with** [v + prep + o] (colloq): **he's dangerous: I wouldn't ~ with him!** es peligroso, yo que tú no me metería con él; **having ~d with him before, I trod warily** como ya había lidiado con él, me anduve con pie de plomo

tangle² *n* **1** (of threads, hair) enredo *m*, maraña *f*, embrollo *m*; (of weeds, undergrowth) maraña *f*; (of streets) laberinto *m*, embrollo *m*; **I tried to comb the ~s out of my hair** traté de desenredarme el pelo; **the ropes lay in a ~ on the floor** las cuerdas estaban hechas una maraña *or* un enredo en el suelo; **how did your hair get into such a ~?** ¿cómo se te ha enredado tanto el pelo? **2** (muddle, confusion) lío *m*, enredo *m*; **to get into a ~** armarse un lío; **I'm in such a ~ with these forms** tengo un enredo *or* (fam) lío con estos formularios; **the ~ of bureaucracy** la maraña burocrática **3** (dispute) (colloq) lío *m*, follón *m* (Esp fam)

tango¹ /'tæŋgəʊ/ *n* (*pl* **-gos**) tango *m*

tango² *vi* **-goes, -going, -goed** bailar el tango, tanguear; ***it takes two to ~*** (colloq) esas cosas no se hacen sin cooperación

tangy /'tæŋi/ *adj* **-gier, -giest** ‹*aroma*› penetrante; ‹*taste*› ácido

tank¹ /tæŋk/ *n*
A (for liquid, gas) depósito *m*, tanque *m*; (on trucks, rail wagons etc) cisterna *f*; **fermentation ~s** cubas *fpl* de fermentación; **developing ~** (Phot) cubeta *f* de revelado; **fish ~** pecera *f*; **fuel ~** depósito *m* del combustible; (Auto) tanque *m*, depósito *m*
B (Mil) tanque *m*, carro *m* de combate
C (jail) (AmE sl) cárcel *f*, cana *f* (AmS arg), chirona *f* (Esp fam), tanque *m* or tambo *m* (Méx fam), guandoca *f* (Col fam)

tank² *vi* (AmE colloq) «*stock market*» venirse* abajo; «*movie/show*» fracasar estrepitosamente

Phrasal verb
• **tank up** [v + adv] **1** (with fuel) llenar el tanque, repostar **2** (with alcohol) (colloq) tomarse unas cuantas (fam)

tankard /'tæŋkərd || 'tæŋkəd/ *n* jarra *f*, pichel *m* (ant); **a ~ of beer** una jarra de cerveza

tank car *n* (AmE) vagón *m* cisterna, carro *m* tanque (Méx)

tanked up /tæŋkt/ *adj* (colloq) borracho, como una cuba (fam)

tank engine *n* locomotora *f* ténder

tanker /'tæŋkər || 'tæŋkə(r)/ *n* **1** (ship) buque *m* cisterna *or* tanque; **(oil) ~** petrolero *m* **2** (truck) camión *m* cisterna, pipa *f* (Méx) **3** (aircraft) avión *m* cisterna

tankful /'tæŋkfʊl/ *n* tanque *m*; **a ~ of water** un tanque de agua

tank killer *n* cazatanques *m*

tank top *n* **1** (sleeveless T-shirt) (AmE) camiseta *f* sin mangas **2** (sleeveless sweater) (BrE) chaleco *m* de punto

tank trap *n* trampa *f* antitanques

tank wagon *n* (BrE) ▸**tank car**

tanned /tænd/ *adj* **1** ‹*person*› bronceado, moreno **2** ‹*leather*› curtido

tanner /'tænər || 'tænə(r)/ *n*
A (person) curtidor, -dora *m,f*
B (BrE) (Hist) (colloq) *moneda de seis peniques*; ▸**sixpence**

tannery /'tænəri/ *n* (*pl* **-ries**) curtiduría *f*, tenería *f*, curtiembre *f* (AmL)

tannic acid /'tænɪk/ *n* [u] ácido *m* tánico

tannin /'tænən/ *n* [u] tanino *m*

tanning /'tænɪŋ/ *n*
A **1** [u] (of hides) curtido *m* **2** [c] (beating) (colloq & dated) (*no pl*) zurra *f* (fam), paliza *f* (fam); **to give sb/get a ~** darle* a algn/llevarse una zurra *or* paliza
B [u] (of skin) bronceado *m*; (*before n*): **~ cream** crema *f* autobronceadora; **~ lotion** bronceador *m*; **~ salon** solarium *m*

Tannoy® /'tænɔɪ/ *n* (BrE) sistema *m* de megafonía; **to announce sth over** *o* **on the ~** anunciar algo por los altavoces *or* (AmL tb) parlantes

tansy /'tænzi/ *n* (*pl* **-sies**) tanaceto *m*, hierba *f* lombriguera

tantalize /'tæntlaɪz || 'tæntəlaɪz/ *vt* **1** (arouse curiosity, desire in) tentar*, atraer* **2** (torment) atormentar, martirizar*

tantalizing /'tæntlaɪzɪŋ || 'tæntəlaɪzɪŋ/ *adj* ‹*smell/sight*› tentador, seductor; ‹*offer*› tentador

tantalizingly /'tæntlaɪzɪŋli || 'tæntəlaɪzɪŋli/ *adv*: **the water looked ~ cool** el agua tentaba con su frescor; **they held the food ~ out of reach** lo (*or* me *etc*) atormentaban poniendo la comida fuera de su (*or* mi *etc*) alcance

tantalum /'tæntləm || 'tæntələm/ *n* [u] tantalio *m*

Tantalus /'tæntləs || 'tæntələs/ *n* Tántalo

tantamount /'tæntəmaʊnt/ *adj* **to be ~ TO sth** equivaler* A algo; **it's ~ to saying that I'm incompetent** equivale a decir que soy un incompetente

tantrum /'tæntrəm/ *n* berrinche *m*, rabieta *f*, pataleta *f* (fam); **Jack had** *o* **threw a (temper) ~** a Jack le dio un berrinche *or* (fam) una pataleta, Jack hizo un berrinche (Méx)

Tanzania /ˌtænzə'niːə/ *n* Tanzania *f*, Tanzanía *f*

Tanzanian¹ /ˌtænzə'niːən/ *adj* tanzano

Tanzanian² *n* tanzano, -na *m,f*

Taoist¹ /'taɪəst || 'taʊɪst/ *adj* taoísta

Taoist² *n* taoísta *mf*

tap¹ /tæp/ *n*
A [c] **1** (for water) (BrE) llave *f or* (Esp) grifo *m or* (RPl) canilla *f or* (Per) caño *m or* (AmC) paja *f or* (AmC, Ven) chorro *m*; **to turn the ~ on/off** abrir*/cerrar* la llave (*or* el grifo *etc*); **to leave the ~s running** dejar las llaves abiertas (*or* los grifos abiertos *etc*) **2** (*gas* ~) llave *f* del gas **3** (on barrel) espita *f*; **on ~** (lit: of beer) de barril; (ready for use): **we have all that information on ~** tenemos toda esa información al alcance de la mano; **we have plenty of experience on ~** disponemos de mucho personal experimentado (on schedule) (AmE colloq), al día
B [c] (listening device) micrófono *m* de escucha; **they put a ~ on his phone** le intervinieron *or* (fam) pincharon el teléfono
C [c] (light blow) toque *m*, golpecito *m*; **she gave me a ~ on the shoulder** me dio un toque *or* golpecito en el hombro; **there was a gentle ~ at the door** tocaron suavemente a la puerta
D [u] ▸**tap dancing**

tap² **-pp-** *vt*
A (strike lightly) dar* un toque *or* golpecito en; **he ~ped her on the shoulder** le dio un toque *or* golpecito en el hombro; **he was ~ping his fingers on the table** tamborileaba con los dedos sobre la mesa; **to ~ in a command/code** (Comput) teclear una orden/un código
B **1** ‹*cask/barrel*› ponerle* una espita a; ‹*tree*› sangrar **2** **~ (off)** ‹*liquid*› sacar* **3** ‹*pipe/power line*› hacer* un empalme con **4** ‹*resources/reserves*› explotar, aprovechar **5** (colloq) **to ~ sb FOR sth** (for money/information) intentar sacarle algo a algn; **she ~ped me for information** intentó (son)sacarme información, me tiró de la lengua (fam)
C ‹*telephone*› intervenir*, pinchar (fam); ‹*conversation*› interceptar, escuchar; **he thinks his phone's been ~ped** cree que le han intervenido el teléfono, cree que está siendo objeto de escuchas
D (designate) (AmE) **to ~ sb FOR sth** nombrar a algn PARA algo
■ **tap** *vi* **1** (strike lightly) **to ~ AT/ON sth** dar* toques *or* golpecitos EN algo; **she's upstairs, ~ping away at the keys** está arriba, dándole a la máquina **2** (make tapping sound) dar* golpecitos, tamborilear, repiquetear

Phrasal verbs
• **tap into**
A **1** (draw upon) ‹*experience/creativity/energy*› sacar* provecho de, aprovechar, explotar **2** (exploit) ‹*market/resource*› aprovecharse de, explotar
B (access) ‹*database/system*› acceder a, entrar en *or* a; ‹*telephone conversation*› intervenir*
• **tap out** [v + o + adv, v + adv + o] **1** ‹*rhythm/message*› pulsar **2** ‹*pipe*› vaciar*

tap dance¹ *n* [c u] claque *m*, tap *m* (Méx)

tap dance² *vi* bailar claqué *or* (Méx) tap, hacer* zapateo americano (CS)

tap dancer *n* bailarín, -rina *m,f* de claqué *or* (Méx) de tap *or* (CS) de zapateo americano

tap dancing *n* [u] claqué *m*, tap *m* (Méx), zapateo *m* americano (CS)

tape¹ /teɪp/ *n*
A [u c] **1** (of paper, cloth) cinta *f*; **to cut the ~** cortar la cinta **2** (adhesive) cinta *f* adhesiva; (Med) esparadrapo *m*; *see also* **masking tape**, ▸**Scotch tape** *etc* **3** (Sport) cinta *f* de llegada **4** ▸**tape measure**
B **1** [u] (*magnetic* ~) (Audio, Comput, Video) cinta *f* (magnética); **I have it on ~** lo tengo grabado *or* en cinta **2** [c] (Audio, Video) cinta *f*; **a blank ~** una cinta virgen **3** [c] (recording) (Audio) cinta *f*; **I made a ~ of the performance** grabé la actuación (en una cinta)

tape² *vt*
A (record) (Audio, Video) ‹*music/film/interview*› grabar; **I ~d it off the radio** lo grabé de la radio; ***to have sb ~d*** (colloq) tener* calado a algn (fam); **I've got the procedure ~d** le he agarrado la onda *or* (Esp) cogido el tranquillo al sistema (fam)
B (stick) pegar* con cinta adhesiva (*or* cinta Scotch® *etc*); (fasten) sujetar con cinta adhesiva (*or* cinta Scotch® *etc*)
C **~ (up)** **1** ‹*parcel*› sujetar con cinta adhesiva (*or* cinta Scotch® *etc*) **2** (AmE) (Med) vendar
■ **tape** *vi* (Audio, Video) grabar

tape cassette *n* ▸**audiocassette**

tape deck *n* platina *f*, pletina *f*

tape drive *n* accionador *m* de cinta

tape hiss *n* [u] zumbido *m* de fondo (*de una cinta*)

tape machine *n* **1** (Audio) grabador *m*, grabadora *f*; (Video) video *m or* (Esp) vídeo *m* **2** (BrE) (Telec) teleimpresor *m*

tape measure *n* cinta *f* métrica, metro *m*

taper¹ /'teɪpər || 'teɪpə(r)/ *n* **1** (spill — of wood) astilla *f*; (— of paper) papel *m* enrollado **2** (candle) vela *f* (*larga y delgada*), candela *f*

taper² *vi* afilarse, estrecharse; **the stick ~s to a point** el palo termina *or* remata en punta
■ **taper** *vt* afilar, estrechar

Phrasal verb
• **taper off**
A [v + adv] **1** (diminish) «*enthusiasm/efforts*» decaer*, disminuir*; «*demand/sales*» disminuir*, bajar; **I haven't stopped smoking, but I'm trying to ~ off** (AmE) no he dejado el cigarrillo, pero estoy tratando de fumar menos **2** ▸**taper²**
B [v + o + adv, v + adv + o] **1** (slow down) ‹*expenditure*› reducir* **2** ▸**taper²**

tape reader *n* lectora *f or* lector *m* de cinta

tape-record /'teɪprɪkɔːrd || 'teɪprɪkɔːd/ *vt* grabar

tape recorder *n* grabador *m*, grabadora *f*, magnetofón *m*; (for cassette format) grabador *m*, grabadora *f*, casete *m* (Esp)

tape recording *n* [c u] grabación *f* (magnetofónica)

tapered /'teɪpərd || 'teɪpəd/ *adj* ‹*stick*› afilado; ‹*trousers*› estrecho

tapering /'teɪpərɪŋ/ *adj* afilado

tape streamer *n* unidad *f* de cinta

tapestry /'tæpəstri/ *n* (*pl* **-tries**)
A **1** [c u] (wall hanging) tapiz *m*; (fabric) tela *f* de tapicería; **it's all part of life's rich ~** (set phrase) ¡son cosas de la vida! (fr hecha) **2** [u] (art form) tapicería *f*; (*before n*): **~ hangings** tapices *mpl*
B [u] (needlepoint) bordado *m* en cañamazo; (*before n*) ‹*wool*› de bordar; **~ frame** bastidor *m*

tapeworm /'teɪpwɜːrm || 'teɪpwɜːm/ *n* (lombriz *f*) solitaria *f*, tenia *f*

tapioca /ˌtæpi'əʊkə/ *n* [u] tapioca *f*

tapir /'teɪpər, -pɪr || 'teɪpə(r), -pɪə(r)/ *n* tapir *m*, danta *f* (AmL), danto *m* (AmC)

tappet /'tæpət || 'tæpɪt/ *n* empujador *m*

tapping up *n* [u] (Sport) *práctica ilícita de tratar de contratar a un jugador que aún está bajo contrato con otro equipo*

taproom /'tæpruːm -rʊm/ *n* bar *m*

taproot /'tæpruːt/ *n* raíz *f* principal

taps /tæps/ *n* (AmE) toque *m* de silencio; **to sound ~** tocar* a silencio

tap shoe *n* zapato *m* de claqué, zapato *m* de tap (Méx), zapato *m* de zapateo americano (CS)

tapwater /'tæpˌwɔːtər || 'tæpˌwɔːtə(r)/ *n* [u] agua *f*‡ de la llave *or* (Esp) del grifo *or* (RPl) de la canilla *or* (Per) del caño *or* (AmC) de la paja *or* (AmC, Ven) del chorro

tar¹ /tɑːr || tɑː(r)/ *n*
A [u] **1** (for roads) alquitrán *m*, chapopote *m* (Méx); (in cosmetics) brea *f*; **a ~ based soap/shampoo** un jabón/champú a la brea; ***to beat the ~ out of sb*** (AmE colloq) moler* a algn a palos (fam), sacarle* la mugre a algn (AmL fam) **2** (in cigarettes) alquitrán *m*; **low ~ cigarettes** cigarrillos *mpl* de bajo contenido en alquitrán
B [c] (sailor) (colloq & dated) marinero *m*

tar² *vt* **-rr-** ‹*road/fence*› alquitranar; ‹*roof*› impermeabilizar* (*con alquitrán*); **to ~ and feather sb** emplumar a algn

t

taramasalata /ˌtærəməsəˈlɑːtə/ *n* [u] taramasalata *f* (*paté de huevas de pescado*)

tarantella /ˌtærənˈtelə/, **tarantelle** /-ˈtel/ *n* tarantela *f*

tarantula /təˈræntʃələ/ *n* tarántula *f*

tardily /ˈtɑːrdəli || ˈtɑːdɪli/ *adv* (frml *or* liter) 1 (belatedly) con retraso, tardíamente; **forgive me for replying so ~ to your last letter** perdone la tardanza en contestar a su última carta 2 (sluggishly) con lentitud, lentamente

tardiness /ˈtɑːrdinəs || ˈtɑːdinɪs/ *n* [u] (frml *or* liter) 1 (lateness) tardanza *f*, retraso *m*, demora *f* (esp AmL) 2 (slowness) lentitud *f*; (delay) tardanza *f*

tardy /ˈtɑːrdi || ˈtɑːdi/ *adj* **-dier, -diest** (frml *or* liter) 1 (belated) tardío 2 (slow) lento 3 (late) (AmE): **I am/was ~** voy a llegar/llegué tarde

tare /ter || ˈteə(r)/ *n*
A (weight) tara *f*
B **tares** *pl* (Bib) cizaña *f*

target[1] /ˈtɑːrgət || ˈtɑːgɪt/ *n*
A 1 (thing aimed at) blanco *m*, objetivo *m*; (Mil) objetivo *m*; (board) (Sport) diana *f*; **the shot was right on/way off ~** el tiro dio de lleno en el blanco/se desvió mucho; **the town was** *o* **made** *o* **presented an easy ~** la ciudad resultaba un blanco fácil; **to attack enemy ~s** atacar* objetivos enemigos; **a moving ~** un blanco móvil; **dead on ~!** ¡diana! 2 (of criticism, protest) blanco *m*; **his criticisms were right on/way off ~** sus críticas dieron en el blanco/iban totalmente desencaminadas; **~ FOR/OF sth** blanco DE algo; **the ~ of the attacks of the opposition** el blanco de los ataques de la oposición
B (objective, goal) objetivo *m*; **we achieved** *o* **met our ~** conseguimos nuestro objetivo; **to set oneself a ~** fijarse un objetivo *or* una meta; **she's set herself an impossible ~** se ha propuesto algo imposible; **to reach one's ~** alcanzar* *or* lograr su (*or* mi *etc*) objetivo; **above/below ~** por encima/debajo del objetivo previsto; **export/production ~** objetivos de exportación/producción; **to be on ~** ir* de acuerdo a lo previsto (*or* al plan de trabajo *etc*); **they're on ~ for their best season ever** llevan camino de lograr su mejor temporada; (*before n*) ‹*date/figure*› fijado; ‹*area/zone/marker*› (Mil) objetivo *adj inv*; ‹*audience/market/group*› (Marketing) objetivo *adj inv*; **~ company** (in takeover) empresa *f* objetivo, empresa *f* blanco de una opa; **~ language** lengua *f* de destino; **~ population** (Marketing) universo *m or* público *m* objetivo; **~ price** (EU) precio *m* objetivo

target[2] *vt* 1 (select as target): **we should ~ these areas of research** deberíamos centrarnos en estas áreas de investigación; **the company is ~ing the small investor** la empresa está intentando captar al pequeño inversor; **ten mines have been ~ed for closure** existen planes de cerrar diez minas, diez minas han sido identificadas como candidatas al cierre 2 (direct, aim) dirigir*; **publicity ~ed at the housewife** publicidad dirigida al ama de casa; **to ~ benefits at those most in need** concentrar la ayuda en los más necesitados

targeting /ˈtɑːrgətɪŋ || ˈtɑːgɪtɪn/ *n* [u] selección *f* del objetivo

target practice *n* [u] ejercicios *mpl or* prácticas *fpl* de tiro

tariff /ˈtærəf || ˈtærɪf/ *n*
A (price list) (BrE) tarifa *f*; **postal/railway ~** tarifa postal/ferroviaria; **bar ~** lista *f* de precios (*de un bar*)
B (Tax) arancel *m* (aduanero); (*before n*) ‹*restrictions/preference*› arancelario; **~ barrier** *o* **wall** barrera *f* arancelaria

tarmac[1] /ˈtɑːrmæk || ˈtɑːmæk/ *n* 1 [u] **tarmac®** (AmE) (tar mixture) asfalto *m*, chapopote *m* (Méx); (*before n*) ‹*road/surface*› asfaltado 2 (surface — in airport, racetrack) pista *f*; (— on road) asfalto *m*

tarmac[2] *vt* **-ck-** (BrE) asfaltar

Tarmac® *n* (BrE) ▸**tarmac**[1] **1**

tarmacadam /ˌtɑːrməˈkædəm || ˌtɑːməˈkædəm/ *n* ▸**tarmac**[1] **1**

tarn /tɑːrn || tɑːn/ *n* laguna *f* de montaña

tarnish[1] /ˈtɑːrnɪʃ || ˈtɑːnɪʃ/ *vt* 1 (spoil) ‹*reputation/name*› empañar, manchar 2 (make dull) ‹*silver*› deslustrar, poner* negro; ‹*mirror*› desazogar*
■ **tarnish** *vi* 1 ‹‹*silver*›› deslustrarse, ponerse* negro 2 ‹‹*fame*›› empañarse, mancharse

tarnish[2] *n* [u] falta *f* de lustre *or* brillo

tarnished /ˈtɑːrnɪʃt || ˈtɑːnɪʃt/ *adj* ‹*metal/cutlery*› falto de lustre *or* brillo; ‹*mirror*› desazogado; ‹*reputation*› empañado, manchado

tarot /ˈtærəʊ/ *n* 1 (pack): **the ~** el tarot 2 **~ (card)** carta *f* de tarot

tarp /tɑːrp || tɑːp/ *n* (colloq) ▸**tarpaulin 1**

tar paper *n* [u] (AmE) cartón *m* alquitranado

tarpaulin /tɑːrˈpɔːlən || tɑːˈpɔːlɪn/ *n* 1 [c] (sheet) lona *f* 2 [u] (material) lona *f* impermeabilizada

tarragon /ˈtærəgən/ *n* [u] estragón *m*; (*before n*): **~ vinegar** vinagre *m* al estragón

tarry[1] /ˈtɑːri/ *adj* 1 (like tar) ‹*substance*› alquitranado; ‹*smell*› a alquitrán 2 (smeared with tar) ‹*feet/feathers*› cubierto/manchado de alquitrán

tarry[2] /ˈtæri/ *vi* **-ries, -rying, -ried** (arch *or* liter) 1 (remain) permanecer* 2 (delay) detenerse*, entretenerse*, demorarse (AmL)

tarsus /ˈtɑːrsəs || ˈtɑːsəs/ *n* (*pl* **-si** /-saɪ/) (Anat) tarso *m*

tart[1] /tɑːrt || tɑːt/ *n*
A (Culin) (large) tarta *f*, kuchen *m* (Chi); (individual) tartaleta *f*, tarteleta *f* (RPl); **apple/plum ~** tarta *or* (Chi) kuchen de manzana/ciruela
B (promiscuous woman) (colloq) fulana *f* (fam), puta *f* (vulg), piruja *f* (Col, Méx fam), loca *f* (RPl fam), chusca *f* (Chi fam)

(Phrasal verb)
• **tart up** (BrE colloq) 1 [v + o + adv] (dress up, make-up) acicalar (fam), emperifollar (fam); **she spends hours ~ing herself up** se pasa horas acicalándose *or* emperifollándose (fam) 2 [v + o + adv, v + adv + o] ‹*building/room*› remodelar

tart[2] *adj* 1 (acid) ‹*taste/apple*› ácido, agrio 2 (cutting) ‹*rejoinder/remark*› cortante, áspero

tartan /ˈtɑːrtn || ˈtɑːtn/ *n* 1 [u] (cloth) tela *f* escocesa *or* de cuadros escoceses, tartán *m*; (*before n*) ‹*skirt/scarf*› escocés, de tela escocesa 2 [c] (pattern) tartán *m*; **the Cameron ~** el tartán del clan de los Cameron 3 [c] (garment) falda *f* escocesa

tartar /ˈtɑːrtər || ˈtɑːtə(r)/ *n*
A [u] 1 (Dent) sarro *m* 2 (of wine) tártaro *m*
B [c] *also* **Tartar** (fearsome person) (colloq & dated) fiera *f* (fam)

Tartar /ˈtɑːrtər || ˈtɑːtə(r)/ *n* tártaro, -ra *m,f*

tartar(e) sauce /ˈtɑːrtər || ˈtɑːtə(r)/ *n* [u] salsa *f* tártara

tartar(e) steak *n* ▸**steak tartar(e)**

tartaric acid /tɑːrˈtærɪk || tɑːˈtærɪk/ *n* [u] ácido *m* tartárico

tartlet /ˈtɑːrtlət || ˈtɑːtlɪt/ *n* tartaleta *f*, tarteleta *f* (RPl)

tartly /ˈtɑːrtli || ˈtɑːtli/ *adv* de manera cortante, con aspereza

tartness /ˈtɑːrtnəs || ˈtɑːtnɪs/ *n* [u] 1 (of taste) acidez *f* 2 (of rejoinder, remark) aspereza *f*, acritud *f*

tarty /ˈtɑːrti || ˈtɑːti/ *adj* (colloq) ‹*woman*› con pinta de ordinaria (fam); ‹*clothes*› de putilla (fam), de fulana (fam)

Tarzan /ˈtɑːrzæn, -zən || ˈtɑːzən/ *n* Tarzán *m*

Tas = **Tasmania**

task[1] /tæsk || tɑːsk/ *n* tarea *f*; **I had the unpleasant ~ of breaking the news to him** me tocó la desagradable tarea de darle la noticia; **a body whose ~ it is to ...** un organismo que tiene como cometido *or* cuyo cometido es ...; **I had to persuade her, no easy ~** tuve que convencerla, lo cual no fue nada fácil; **to give** *o* **set sb a ~** asignarle una tarea a algn; ***to take sb to ~*** llamarle la atención *or* leerle* la cartilla a algn

task[2] *vt* **to task sb TO do sth/WITH doing sth** asignarle *or* encomendarle* a algn la tarea DE hacer algo

task bar *n* barra *f* de trabajo

task force *n* equipo *m* operativo, grupo *m* de trabajo; (Mil) destacamento *m* (especial), fuerza *f* de tareas

taskmaster /ˈtæskˌmæstər || ˈtɑːskˌmɑːstə(r)/ *n*: **to be a hard ~** ser* muy estricto y exigente; **ambition is an exacting ~** la ambición ejerce una tiranía implacable

task-orientated /ˈtæskˌɔːriənteɪtəd || ˈtɑːskˌɔːriənteɪtɪd/ *adj* orientado a tareas

TASS /tæs/ *n* (Hist) TASS *f*

tassel /ˈtæsəl/ *n* borla *f*

tasseled, (BrE) **tasselled** /ˈtæsəld/ *adj* adornado con borlas

taste[1] /teɪst/ *n*
A [u] 1 (flavor) sabor *m*, gusto *m*; **a strong garlicky ~** un fuerte sabor *or* gusto a ajo; **it looks good, but it has no ~** tiene buen aspecto, pero no sabe a nada; ***to leave a bad ~ in the mouth*** dejarle a algn (un) mal sabor de boca 2 (sense) gusto *m*; **to be bitter/sweet to the ~** tener* un sabor *or* gusto amargo/dulce al paladar
B (*no pl*) 1 (sample, small amount): **can I have a ~ of your ice cream?** ¿me dejas probar tu helado?; **would you like some dessert? — just a ~** ¿quieres postre? — sólo un poquito para probarlo 2 (experience): **once you've had a ~ of the good life ...** una vez que sabes lo que es bueno *or* que has probado la buena vida ...; **it'll give us a ~ of what we can expect** nos dará una idea *or* será un anticipo de lo que podemos esperar; **it was their first ~ of democracy** era su primera experiencia de la democracia; ***a ~ of one's own medicine*: I'll give her a ~ of her own medicine** la voy a tratar como ella trata a los demás, le voy a dar una sopa de su propio chocolate (Méx); (to get my own back) le voy a pagar con su misma moneda; **he got a ~ of his own medicine** lo trataron como él trata a los demás (*or* le dieron una sopa de su propio chocolate *etc*)
C [c u] (liking) gusto *m*; **we try to cater for every ~** tratamos de satisfacer todos los gustos; **our ~s are entirely different** tenemos gustos totalmente distintos; **it's too salty for my ~** está demasiado salado para mi gusto; **my ~ is really more for sweet things** la verdad es que prefiero las cosas dulces; **a ~ (FOR sth)**: **if you have a ~ for adventure ...** si te gusta la aventura ...; **vermouth is an acquired ~** al vermú hay que aprender a apreciarlo, el vermú es un gusto que se adquiere con el tiempo; **I developed a ~ for vintage wines** les tomé el gusto a los vinos de reserva; **he has expensive ~s** tiene gustos caros; **to be to one's ~** ser* de su (*or* mi *etc*) gusto; **it's very much to my ~** es muy de mi gusto; **it's not to everyone's ~** no le gusta a todo el mundo, no es del gusto de todo el mundo; **it's a matter of ~** es (una) cuestión de gustos; **add salt/sugar to ~** añadir sal/azúcar a voluntad *or* al gusto; ***there's no accounting for ~*** sobre gustos no hay nada escrito
D [u] (judgment) gusto *m*; **a person of ~** una persona de buen gusto *or* con gusto; **she has excellent ~ in clothes** tiene un gusto excelente para vestirse, se viste con muy buen gusto; **a remark in extremely bad/poor ~** un comentario de pésimo/mal gusto; **it was extremely bad ~ to criticize him in front of her** fue de pésimo gusto criticarlo delante de ella

taste[2] *vt* 1 (test flavor of) ‹*food/wine*› probar*; **~ this** prueba esto 2 (test quality of) ‹*food*› degustar; ‹*wine*› catar; ‹*tea*› probar* 3 (perceive flavor): **I can't ~ the sherry in the soup** la sopa no me sabe a jerez, no le encuentro sabor a jerez a la sopa, no le siento gusto a jerez a la sopa (AmL) 4 (eat) comer, probar*; **he hadn't ~d food for six days** llevaba seis días sin probar bocado *or* sin comer nada 5 (experience) ‹*happiness/freedom*› conocer*, disfrutar de
■ **taste** *vi* 1 (have flavor) saber*; **it ~s bitter** tiene (un) sabor *or* gusto amargo, sabe amargo; **this ~s delicious** esto está delicioso *or* riquísimo; **it ~s fine to me** a mí me sabe bien, para mi gusto está bien; **freedom/success ~s good** la libertad/el éxito deja buen sabor de

boca; **to ~ OF sth** saber* A algo; **it ~s of garlic** sabe a ajo, tiene sabor *or* gusto a ajo **2** (distinguish flavors): **I can't ~ because I have a cold** la comida no me sabe a nada porque estoy resfriado

taste bud *n* (Physiol) papila *f* gustativa; **a new sensation for your ~ ~s** una nueva experiencia para su paladar

tasteful /'teɪstfəl/ *adj* ‹*decor/display*› de buen gusto; **the subject was dealt with in a ~ way** el tema se trató con delicadeza

tastefully /'teɪstfəli/ *adv* ‹*decorated/arranged/furnished*› con (buen) gusto; **the subject is ~ treated** el tema está tratado con delicadeza

tasteless /'teɪstləs || 'teɪstlɪs/ *adj* **1** (flavorless) ‹*food*› insípido, soso, desabrido **2** (in bad taste) ‹*decor/remark*› de mal gusto

tastelessness /'teɪstləsnəs || 'teɪstlɪsnɪs/ *n* [u] **1** (of food) lo insípido *or* desabrido **2** (of decor, remark) mal gusto *m*

taster /'teɪstər || 'teɪstə(r)/ *n* **1** (person) degustador, -dora *m,f*; **wine ~** catador, -dora *m,f* (de vinos), catavinos *mf* **2** (sample) muestra *f* (*de degustación*); **we got a ~ of what was to come** fue un anticipo de lo que nos esperaba

tasting /'teɪstɪŋ/ *n* degustación *f*; **wine ~** cata *f* *or* degustación *f* de vinos

tasty /'teɪsti/ *adj* **-tier, -tiest** **1** (full of taste, delicious) ‹*dish/meal*› sabroso, apetitoso, rico **2** (interesting, attractive) (BrE colloq) buenísimo; **a ~ piece of gossip** un chisme buenísimo; **he's really ~** está para comérselo (fam)

tat¹ /tæt/ *n* [u] (BrE colloq) porquerías *fpl* (fam); **you paid £5 for that piece of ~!** ¿pagaste 5 libras por esa porquería? (fam)

tat² *vi* **-tt-** hacer* encaje (*de lanzadera*)

ta-ta /tæ'tɑː/ *interj* (BrE colloq) adiós, chau (fam)

Tatar /'tɑːtər || 'tɑːtə(r)/ *n* tártaro, -ra *m,f*

tattered /'tætərd || 'tætəd/ *adj* ‹*clothes*› hecho jirones; ‹*pride/image*› destrozado; **a ~ old tramp** un viejo vagabundo harapiento *or* andrajoso

tatters /'tætərz || 'tætəz/ *pl n*: **to be in ~** «*clothes*» estar* hecho jirones; **she was dressed in rags and ~** iba harapienta y andrajosa; **her reputation is in ~** su reputación está destrozada; **the economy is in ~** la economía está por los suelos

tattily /'tætli || 'tætɪli/ *adv* (BrE colloq): **they were ~ dressed** iban muy mal vestidos, llevaban ropa vieja y gastada; **the room was ~ furnished** la habitación estaba pobremente amueblada

tattiness /'tætinəs || 'tætinɪs/ *n* [u] (BrE colloq) aspecto *m* de descuido *or* abandono

tatting /'tætɪŋ/ *n* [u] encaje *m* de lanzadera

tattle¹ /'tætl/ *vi* **1** (chatter) cotorrear (fam), darle* a la sinhueso (fam & hum) **2** (tell tales) (AmE) acusar, chivarse (Esp fam), alcahuetear (CS fam); **to ~ ON sb** acusar a algn

tattle² *n* [u] (gossip) chismes *mpl*, chismorreos *mpl* (fam), habladurías *fpl*; (talk) cháchara *f* (fam)

tattler /'tætlər || 'tætlə(r)/, **tattletale** /'tætlteɪl/ *n* **1** (gossip) chismoso, -sa *m,f*, cotilla *mf* (Esp fam) **2** (telltale) (esp AmE) soplón, -plona *m,f* (fam), acusete *mf* (fam), acusica *mf* (Esp fam), rajón, -na *m,f* (Méx fam), alcahuete, -ta *m,f* (CS fam)

tattoo¹ /tæ'tuː/ *n* (*pl* **-toos**)
A (picture) tatuaje *m*; (*before n*): **~ artist** ▸**tattooist**
B **1** (signal) retreta *f*; **her fingers beat a ~ on the desk** tamborileaba sobre la mesa con los dedos **2** (display) *espectáculo militar con música*

tattoo² *vt* **-toos, -tooing, -tooed** tatuar*

tattooist /tæ'tuːəst || tæ'tuːɪst/ *n* tatuador, -dora *m,f*

tatty /'tæti/ *adj* **-tier, -tiest** (BrE colloq) gastado, estropeado; ‹*furniture*› estropeado

taught¹ /tɔːt/ *past & past p of* **teach**

taught² *adj* ‹*course*› en el que se requiere asistencia a clase

taunt¹ /tɔːnt/ *vt* (provoke) hostigar*, provocar*; (mock) burlarse *or* mofarse de, zaherir*; **to ~ sb WITH/FOR sth** burlarse *or* mofarse DE algn POR algo; **she ~ed him with his clumsiness** se burlaba *or* se mofaba de él por su torpeza; **they ~ed her for not being able to do it** se burlaban *or* se mofaban de ella porque no lo podía hacer

taunt² *n* (insult) insulto *m*; (jibe) pulla *f*

taunting /'tɔːntɪŋ/ *adj* (provoking) provocador; (mocking) burlón, zahiriente

tauntingly /'tɔːntɪŋli/ *adv* (provokingly) en forma provocadora, burlonamente

taupe /təʊp/ ▸ℹ **p.1036** *n* [u] marrón *m* topo; (*before n*) (de color) marrón topo *adj inv*

Taurean¹ /'tɔːriən/ *n* (esp BrE) taurino, -na *m,f*

Taurean² *adj* taurino, de los (de) Tauro

Taurus /'tɔːrəs/ *n* **1** (constellation) (*no art*) Tauro **2** [c] (person) Tauro *or* tauro *mf*, taurino, -na *m,f*; *see also* **Aquarius**

taut /tɔːt/ *adj* **1** (tight) ‹*rope/wire/sail*› tenso, tirante; ‹*skin*› tirante; **pull the line ~** tensa la cuerda **2** (tense) ‹*expression/nerves*› tenso, tirante **3** (firm, trim) ‹*body/thighs*› de carnes prietas *or* apretadas **4** (economical) ‹*prose/style*› terso y expresivo

tauten /'tɔːtn/ *vi* «*rope/muscles*» tensarse; «*skin*» ponerse* tirante; «*nerves*» ponerse* tenso
■ **tauten** *vt* ‹*rope/wire*› tensar

tautness /'tɔːtnəs || 'tɔːtnɪs/ *n* [u] **1** (of rope, muscles) tensión *f*; (of skin) tirantez *f* **2** (of nerves) tensión *f*; (of expression) rigidez *f* **3** (of style, prose) tersura *f* y expresividad *f*

tautological /ˌtɔːtə'lɑːdʒɪkəl || ˌtɔːtə'lɒdʒɪkəl/, **tautologous** /tɔː'tɑːləgəs || tɔː'tɒləgəs/ *adj* tautológico

tautology /tɔː'tɑːlədʒi || tɔː'tɒlədʒi/ *n* [c u] (*pl* **-gies**) tautología *f*

tavern /'tævərn || 'tævən/ *n* taberna *f*

tawdriness /'tɔːdrinəs || 'tɔːdrinɪs/ *n* [u] lo charro

tawdry /'tɔːdri/ *adj* **-drier, -driest** ‹*jewelry/decorations*› de oropel, de relumbrón; ‹*outfit/decor*› de mal gusto, charro, hortera (Esp); ‹*affair*› escabroso

tawny /'tɔːni/ ▸ℹ **p.1036** *adj* **-nier, -niest** ‹*hair/mane*› leonado, pardo rojizo *adj inv*; ‹*port*› seco

tawny owl *n* cárabo *m*, autillo *m*

tax¹ /tæks/ ➡ *n*
A [u c] (Fin) (individual charge) impuesto *m*, tributo *m* (frml); (in general) impuestos *mpl*; **how much ~ do you pay** ¿cuánto paga de impuestos?; **free of ~** libre de impuestos; **to pay one's ~es** pagar* los impuestos; **I paid $1,500 in ~(es)** pagué 1.500 dólares de *or* en impuestos; **to put** *o* **place a ~ on sth** gravar algo con un impuesto; **federal/state ~es** (in US) impuestos federales/estatales *or* del estado; **~ on goods/services** impuesto sobre mercancías/servicios; **~ deducted at source** retenciones *fpl* fiscales; **it can be offset against ~(es)** es desgravable; **before/after ~es** *o* (BrE) **~**: **I earn £17,000 before/after ~(es)** gano 17.000 libras sin descontar/descontados los impuestos, gano 17.000 libras brutas/netas; **profits before/after ~(es)** beneficios *mpl or* (AmL tb) utilidades *fpl* antes/después de impuestos; **the first £2,000 is free of ~** (BrE) las primeras 2.000 libras son *or* están libres de impuestos; **$20 including ~** 20 dólares impuestos incluidos; (*before n*): **~ abatement** *o* (BrE) **relief** desgravación *f* (fiscal); **~ band** banda *f* impositiva; **~ base** base *f* imponible *or* impositiva; **~ bracket** ≈ banda *f* impositiva; **~ break** (colloq) amnistía *f* fiscal *or* tributaria; **~ burden** carga *f* tributaria *or* fiscal; **I get ~ credits for my mortgage** (AmE) me desgravan el interés sobre la hipoteca; **~ cut** reducción *f* de impuestos; **~ demand** solicitud *f* de pago de impuestos; **~ form** formulario *m* de declaración de renta; **~ holiday** vacaciones *fpl* fiscales; **~ incentive** incentivo *m* fiscal; **~ law** (act) ley *f* tributaria; (discipline) derecho *m* tributario; **~ loophole** laguna *f* fiscal; **for ~ purposes** a efectos fiscales *or* impositivos; **~ rate** tipo *m* impositivo *or* de gravamen; **~ rebate** *o* **refund** devolución *f* de impuestos; **~ revenue** ingresos *mpl* tributarios *or* fiscales, recaudación *f* fiscal *or* tributaria; **the ~ system** el sistema *or* el régimen tributario *or* fiscal; **~ threshold**; *nivel a partir del cual los ingresos están sujetos a impuestos*; **the ~ year** (in UK) el año *or* ejercicio fiscal
B (strain) (*no pl*) carga *f*; **it was a ~ on my resources** me puso a prueba; **it proved too great a ~ on his health** su salud no lo resistió

tax² ➡ *vt*
A ‹*company/goods/earnings*› gravar; **we're being ~ed too highly** nos están cobrando demasiado en impuestos; **my income is ~ed at source** mis ingresos ya vienen con los impuestos descontados
B **1** (strain) ‹*resources/health/strength*› poner* a prueba **2** (charge) (frml) **to ~ sb WITH sth** acusar a algn DE algo; **she became evasive when ~ed with the matter** contestó con evasivas cuando se le planteó directamente el asunto
C (Law) ‹*costs/bill*› tasar

taxable /'tæksəbəl/ *adj* ‹*goods*› sujeto a impuestos; **~ income** ingresos *mpl* gravables, ≈ base *f* imponible

tax allowance *n* (BrE) ▸**tax exemption**

taxation /tæk'seɪʃən/ *n* [u] (taxes) impuestos *mpl*, cargas *fpl* fiscales; (system) sistema *m or* régimen *m* tributario *or* fiscal; **the level of ~ is too high** los impuestos son demasiado altos; **to reduce/increase ~** reducir*/aumentar los impuestos; **to be subject to/exempt from ~** estar* sujeto al/exento del pago de impuestos; (*before n*): **~ system** sistema *m* tributario

tax avoidance *n* [u]: *pago del mínimo posible de impuestos sin incurrir en evasión fiscal*; **he can advise you on ~ ~** puede asesorarlo sobre cómo pagar el mínimo de impuestos

tax code *n* (in UK) código *m* impositivo *or* fiscal

tax collector *n* recaudador, -dora *m,f* de impuestos

tax-deductible /ˌtæksdɪ'dʌktəbəl/ *adj* ‹*expenses/loss*› desgravable; **to be ~** ser* desgravable, desgravar

tax deduction *n* gasto *m* deducible

tax disc *n* (BrE) (Auto) *adhesivo que indica que se ha pagado el impuesto de circulación*

tax dodge *n* (colloq) evasión *f* de impuestos

tax dodger *n* (colloq) evasor, -sora *m,f* (de impuestos)

tax evasion *n* [u] evasión *f* fiscal *or* de impuestos; (large scale) fraude *m* fiscal

tax-exempt /ˌtæksɪg'zempt/ *adj* ‹*income/investment*› exento de impuestos, no gravable

tax exemption *n* (AmE) desgravación *f* fiscal, deducción *f* impositiva; **the ~ ~ for a married man** la desgravación *or* deducción por matrimonio

tax exile *n* (esp BrE) *exiliado por motivos fiscales*

tax-free /'tæks'friː/ *adj* ‹*income/investment*› libre de impuestos

tax haven *n* paraíso *m* fiscal

taxi¹ /'tæksi/ *n* (*pl* **~s**) taxi *m*; **to go by ~** ir* en taxi; (*before n*): **~ dancer** (AmE) pareja *f* de baile profesional; **~ driver** taxista *mf*; **~ ride** carrera *f*, trayecto *m* en taxi; **~ service** servicio *m* de taxi(s)

taxi² *vi* **taxies, taxiing** *or* **taxying, taxied** (Aviat) rodar* por la pista de despegue/de aterrizaje, carretear (AmL)

taxicab /'tæksikæb/ *n* ▸**taxi¹**

taxidermist /'tæksəˌdɜːrməst || 'tæksɪˌdɜːmɪst/ *n* taxidermista *mf*

taxidermy /'tæksəˌdɜːrmi || 'tæksɪˌdɜːmi/ *n* [u] taxidermia *f*

taximeter /'tæksiˌmiːtər || 'tæksiˌmiːtə(r)/ *n* (BrE frml) taxímetro *m*

taxing /'tæksɪŋ/ *adj* ‹*question/problem*› difícil, complicado; ‹*job*› (physically) agotador; (mentally) difícil, que exige mucho

---

➡ *see* Living in a Spanish-speaking country

t

tax inspector *n* inspector, -tora *m,f* de Hacienda

taxi squad *n* (in US football) reserva *f*

taxi stand, (BrE) **taxi rank** *n* parada *f or* (Chi, Col) paradero *m or* (Méx) sitio *m* de taxis

taxiway /'tæksiweɪ/ *n* (Aviat) pista *f* de rodaje *or* de rodadura *or* (AmL) de carreteo

taxman /'tæksmæn/ (*pl* **-men** /-men/) *n* (colloq): **the ~** Hacienda *f*, el fisco, la impositiva (RPl)

tax office *n* ≈ oficina *f* de Hacienda *or* (RPl) de la Dirección General Impositiva *or* (Chi) de Impuestos Internos

taxonomy /tæk'sɑːnəmi || tæk'sɒnəmi/ *n* [u] taxonomía *f*

taxpayer /'tæks,peɪər || 'tæks,peɪə(r)/ *n* contribuyente *mf*

tax point *n* fecha *f* de transferencia del IVA

tax return *n* declaración *f* de la renta *or* (esp AmL) de impuestos; **to fill in a ~ ~** hacer* la declaración de la renta

tax shelter *n* refugio *m* fiscal

TB *n* [u] **= tuberculosis**

tba = to be announced

T-bar /'tiː,bɑːr || 'tiː,bɑː(r)/ *n* **1** (T-shaped bar, beam) barra *f* en forma de T **2** (ski lift) *also* **T-bar lift** telesquí *m*

T-bone steak /'tiːbəʊn/ *n* chuleta *f*, costilla *f* (RPl) (*de vacuno con el hueso en forma de T*)

tbs, tbsp = tablespoon(s)

T cell *n* célula *f* T, linfocito *m* T

TD *n*
A (in US football) **= touchdown**
B (in US) **= Treasury Department**
C (in Ireland) **= Teachta Dála** *dipudado del parlamento irlandés*

te /tiː/ *n* si *m*

tea /tiː/ *n*
A **1** [u] (drink) té *m*; **a cup of ~** una taza de té; **a pot of ~** una tetera de té; **lemon ~** té con limón; **~ with milk** té con leche **2** [c] (cup of tea) (BrE): **two ~s, please** dos tés, por favor **3** [u] (leaves) té *m*; **China/Indian ~** té chino/indio; ***not for all the ~ in China*** (dated) ni por todo el oro del mundo **4** [u] (plant) té *m*; (*before n*) ‹*plantation/grower*› de té
B [c u] (meal) **1** (in the afternoon) té *m*, merienda *f*, onces *fpl* (Andes); **to have ~** tomar el té, merendar*, tomar onces (Andes) **2** (evening) (BrE) cena *f*, comida *f* (AmL); **to have ~** cenar, comer (AmL)
C [u c] (infusion) (*herb ~*) infusión *f* (de hierbas), tisana *f*, agua *f‡* (AmC, Andes), té *m* de yuyos (Per, RPl); **camomile ~** manzanilla *f*, agua *f‡* de manzanilla (AmS)
D [u] (marijuana) (AmE sl & dated) hierba *f* (arg), maría *f* (arg)

teabag *n* bolsita *f* de té

tea break *n* (in UK) descanso *m*; **to have a ~ ~** hacer* *or* tomarse un descanso (*para tomar un té*)

tea caddy *n* caja *f* (*para guardar el té*)

teacake /'tiːkeɪk/ *n* (BrE) bollo *m* con fruta seca

tea cart *n* (AmE) carrito *m* (del té), mesa *f* rodante

tea ceremony *n* ceremonia *f* del té

teach /tiːtʃ/ (*past & past p* **taught**) *vt* **1** ‹*subject*› dar* clases de, enseñar; **he ~es handicapped children** da clase(s) a *or* es profesor de niños minusválidos; **I ~ a class of 40** tengo una clase de 40 (alumnos); **the course is taught by Dr Green** el curso lo da *or* (frml) lo imparte el profesor Green; **to ~ school** (AmE) dar* clase(s) en un colegio; **to ~ sth TO sb** dar* clase(s) DE algo A algn, enseñar algo A algn; **I ~ French to businessmen** doy clase(s) de francés *or* enseño francés a hombres de negocios; **he taught himself Greek** aprendió griego él solo *or* por su cuenta; **to ~ sb to + INF** enseñarle A algn A + INF; **she taught him to read/swim** le enseñó a leer/nadar; **they taught us to believe in God** nos enseñaron a creer en Dios; **will you ~ me how to do that trick?** ¿me enseñas (a hacer) ese truco?; **~ them who's boss** demuéstrales quién manda **2** (cause to learn) **to ~ sb to + INF** enseñar a algn A + INF; **this will ~ you to appreciate what you've got** esto te enseñará *or* así aprenderás a valorar lo que tienes; **I'll ~ you to tell lies!** ¡ya te voy a enseñar yo a ti a decir mentiras!, ¡para que aprendas a no mentir!; **that'll ~ her** eso le servirá de lección *or* de escarmiento; **history ~es us that power corrupts** la historia (nos) enseña que el poder corrompe
■ **teach** *vi* dar* clase(s); **I ~ at** *o* **in the local school** doy clase(s) en el colegio del barrio; **I'd like to ~** me gustaría ser profesor *or* dedicarme a la enseñanza

teachable /'tiːtʃəbəl/ *adj* **1** ‹*person/class*› educable **2** ‹*subject*› enseñable

teacher /'tiːtʃər || 'tiːtʃə(r)/ *n* profesor, -sora *m,f*, docente *mf* (frml), enseñante *mf* (period); **primary school ~** maestro, -tra *m,f*; **he is an English ~** *o* **a ~ of English** es profesor de inglés; **experience is the best ~** la experiencia es la mejor maestra

teachers college *n* (AmE) (for primary education) escuela *f* normal *or* (Esp) de profesorado de EGB; (for secondary education) instituto *m* de profesorado *or* (Esp) de ciencias de la educación *or* (Chi) pedagógico

teachers' lounge *n* (AmE) sala *f* de profesores

teacher's pet *n* (pej): **to be the ~ ~** ser* el favorito del profesor

teacher training *n* [u] formación *f* pedagógica *or* de profesorado; **where did you do your ~ ~?** (for primary schools) ¿dónde hiciste magisterio?; (for secondary schools) ¿dónde hiciste el profesorado?; (*before n*): **~ ~ college** (BrE) ▸**teachers college**

tea chest *n* caja *f* de embalaje (*utilizada en mudanzas*)

teach-in /'tiːtʃɪn/ *n* (colloq) seminario *m*

teaching /'tiːtʃɪŋ/ *n*
A [u] (profession) enseñanza *f*, docencia *f*; (*before n*) ‹*post/position*› docente, de profesor/profesora; **the ~ profession** la enseñanza, la docencia; **the ~ staff** el profesorado, el personal docente
B (doctrine) (*often pl*) enseñanza *f*; **the ~(s) of Christ/his master** las enseñanzas de Cristo/su maestro; **the Church's ~s** la doctrina de la Iglesia

teaching aids *pl n* material *m* didáctico *or* pedagógico

teaching assistant *n*
A (in US university) ayudante *mf* de cátedra
B (in UK school) maestro, -tra *m,f* auxiliar, pasante *mf*

teaching hospital *n* hospital *m* clínico *or* (RPl) de clínicas

teaching practice *n* (BrE) práctica *f* docente

tea cloth *n* (BrE) ▸**tea towel**

tea cozy, (BrE) **tea cosy** *n* cubretetera *m*

teacup /'tiːkʌp/ *n* taza *f* de té

teacupful /'tiːkʌpfʊl/ *n* taza *f* de té (llena)

tea dance *n* té *m* bailable *or* danzante

tea drinker *n* bebedor, -dora *m,f* de té

tea garden *n* jardín *m* de té

teahouse /'tiːhaʊs/ *n* casa *f* de té, tetería *f*

teak /tiːk/ *n* [u] (madera *f* de) teca *f*

teakettle *n* hervidor *m* (de agua), tetera *f* (Andes, Méx), pava *f* (Arg), caldera *f* (Bol, Ur)

teal /tiːl/ *n* (*pl* **~s** *o* **~**) cerceta *f*

tea lady *n* (BrE colloq) *señora que prepara el té en lugares de trabajo*

tealeaf /'tiːliːf/ *n* (*pl* **-leaves**) hoja *f* de té; **to read the tealeaves** leer* la buenaventura en las hojas *or* los posos del té

team¹ /tiːm/ *n* **1** (Sport, Games) equipo *m*; **the players on** *o* (BrE) **in my team** los jugadores de mi equipo; (*before n*) ‹*captain*› del equipo; ‹*game*› de equipo **2** (in motor racing) escudería *f* **3** (of co-workers) equipo *m*; **they make a good ~** forman un buen equipo; (*before n*) ‹*leader*› del equipo; **it was a ~ effort** fue un trabajo de equipo; **~ player**; *persona con aptitudes para trabajar bien en equipo* **4** (of horses) tiro *m*; (of oxen) yunta *f*; (of dogs) traílla *f*

team² *vi* **to ~ (WITH sth)** combinar (CON algo)

Phrasal verb

• **team up** [v + adv] asociarse, unirse; **to ~ up WITH sb** asociarse CON algn

teamaker /'tiːmeɪkər || 'tiːmeɪkə(r)/ *n* **1** (device) tetera *f* eléctrica **2** (person) encargado, -da *m,f* de hacer el té

team building *n* [u] (Lab Rel) fomento *m* del trabajo en equipo ; (*before n*) ‹*exercise/skills/weekend*› de fomento del trabajo en equipo

teammate /'tiːmmeɪt/ *n* compañero, -ra *m,f* de equipo

team player *n* trabajador, -dora *m,f* en equipo; **must be a good ~ ~** se valora capacidad de trabajo en equipo

team spirit *n* [u] espíritu *m* de equipo, compañerismo *m*

teamster /'tiːmstər || 'tiːmstə(r)/ *n* (AmE) camionero, -ra *m,f*

Teamsters (Union) /'tiːmstərz || 'tiːmstəz/ *n* (AmE) sindicato *m* del transporte

> **Teamsters - the Teamsters**
>
> El Teamsters Union, sindicato más grande de EEUU, cuenta con unos 1,5 millones de afiliados. Aunque en un principio representaba a los conductores de camiones (*teamsters*), en la actualidad pueden formar parte de él muchas otras profesiones.

teamwork /'tiːmwɜːrk || 'tiːmwɜːk/ *n* [u] trabajo *m or* labor *f* de equipo

tea party *n* té *m*; **to give** *o* **hold a ~ ~** dar* un té

tea plate *n* plato *m* de té

teapot /'tiːpɑːt || 'tiːpɒt/ *n* tetera *f*

tear¹ *n*
A /tɪr || tɪə(r)/ lágrima *f*; **to burst into ~s** echarse *or* ponerse* a llorar; **to end in ~s** acabar mal; **to wipe away one's ~s** secarse* *or* (liter) enjugarse* las lágrimas; **to wipe away sb's ~s** secarle* *or* (liter) enjugarle* las lágrimas a algn; **his eyes filled with ~s** se le llenaron los ojos de lágrimas; **to shed** *o* **cry ~s of joy** derramar lágrimas de alegría, llorar de alegría; **to be in ~s** estar* llorando; **I found her in ~s over the exam results** me la encontré llorando por el resultado del examen; **I was moved to ~s** lloré de la emoción; **I was moved to ~s by the film** la película me hizo llorar; **it brought ~s to my eyes** hizo que se me saltaran las lágrimas, me hizo llorar; **I laughed till the ~s ran down my face** lloré de risa; **I was bored to ~s** me aburrí como una ostra (fam)
B /ter || teə(r)/ rotura *f*, roto *m* (Esp); (rip, slash) desgarrón *m*, rasgón *m*; ***to be on a*** *o* ***the ~*** (AmE) estar* hecho una furia; *see also* **wear¹ A2**

tear² /ter || teə(r)/ (*past* **tore**; *past p* **torn**) *vt* **1** (pull apart) ‹*cloth/paper*› romper*, rasgar*; **I tore my shirt climbing the fence** me hice un desgarrón en *or* me rompí la camisa subiendo la valla; **she was wearing a torn T-shirt** llevaba una camiseta toda rota; **he's torn my book** me ha roto el libro; **to ~ a muscle** desgarrarse un músculo; **I tore the cloth in half** rasgué la tela por la mitad; **to ~ a hole in sth** hacer* un agujero en algo; **he had torn a hole in his jacket** se había hecho un agujero *or* (Esp tb) un roto en la chaqueta; **I tore open the letter** abrí la carta, abrí *or* rasgué el sobre; **to ~ sth/sb to pieces** *o* **bits** *o* **shreds** hacer* algo/a algn pedazos *or* trizas *or* (fam) polvo; ‹*argument*› echar algo por tierra; ‹*cloth/paper*› hacer* algo pedazos; **he was torn to pieces by a lion** un león lo descuartizó *or* lo despedazó; ***that's torn it!*** (BrE colloq & dated) ¡se ha ido todo al traste *or* al garete! (fam) **2** (divide) (*usu pass*) dividir; **a nation torn by civil war** una nación dividida *or* desgarrada por la guerra civil; **he was torn between his sense of duty and his love for her** se debatía entre el sentido del deber y su amor por ella; **I'm really torn; I don't know**

t

what to do estoy en un dilema y no sé qué hacer **3▸** (remove forcibly) **to ~ sth FROM sth** arrancar* algo DE algo; **they tore the bag from my hand** me arrancaron la bolsa de las manos

■ **tear** *vi*

A **1▸** (become torn) «*cloth/paper*» romperse*, rasgarse* **2▸** (in childbirth) desgarrarse **3▸** (detach): **~ along the dotted line** arrancar* *or* rasgar* por la línea de puntos

B **1▸** (rush) (+ *adv compl*): **to ~ along** ir* a toda velocidad; **we tore after the thief** nos lanzamos tras el ladrón, salimos corriendo tras el ladrón; **she came ~ing down the stairs** bajó las escaleras corriendo; **she went ~ing (off) down the road** salió como un bólido por la carretera (fam) **2▸** **tearing** *pres p* **he was in a ~ing hurry** iba con muchísima prisa *or* (AmL tb) apuradísimo

Phrasal verbs

- **tear apart** [v + o + adv, v + adv + o]: **they tore the place apart looking for the money** lo destrozaron todo buscando el dinero; **the country is being torn apart by civil war** la guerra civil está desgarrando *or* destrozando el país; **the critics tore apart his last novel** los críticos se ensañaron con su última novela; **it ~s me apart to see you like this** me desgarra verte así
- **tear at** [v + prep + o] **1▸** (scratch) arañar; (tear) rasgar* **2▸** (pull) ‹*wrapping/bandages*› tirar de, jalar de (AmL exc CS)
- **tear away** [v + o + adv, v + adv + o]: **you can't ~ him away from his computer** no hay manera de arrancarlo *or* sacarlo de delante de la computadora; **it was so interesting, I couldn't ~ myself away** era tan interesante que me quedé ahí pegado mirando (*or* escuchando *etc*) (fam); **can you ~ yourself away from the TV for one minute?** ¿puedes hacer un gran esfuerzo y dejar de mirar televisión un momento?
- **tear down** [v + o + adv, v + adv + o] ‹*wall/fence/building*› derribar, tirar abajo
- **tear into** [v + prep + o] **1▸** (attack physically) emprenderla a golpes con, arremeter contra **2▸** «*saw/knife*» hundirse en; **the wolves tore into their prey** los lobos se lanzaron sobre su presa **3▸** (attack verbally) arremeter contra
- **tear off**

A [v + o + adv, v + adv + o] **1▸** ‹*sheet/wrapping*› arrancar* **2▸** ‹*limb/branch*› arrancar*; **he tore his jacket off** se quitó la chaqueta de un tirón

B [v + adv]: **the lower part of the form ~s off** la parte inferior del formulario se puede arrancar

- **tear out** [v + o + adv, v + adv + o] **1▸** ‹*paper*› arrancar* **2▸** ‹*grass/bush*› arrancar* (de cuajo); **he tore his hair out in handfuls** se arrancaba mechones de pelo; **I was practically ~ing my hair out** estaba desesperado, estaba que me subía por las paredes
- **tear up** [v + o + adv, v + adv + o] **1▸** ‹*paper/letter*› romper* **2▸** (pull up) ‹*post/tree-stump*› arrancar* **3▸** (break up) ‹*ground*› abrir*; ‹*road*› levantar

tearaway /'terəweɪ || 'teərəweɪ/ *n* (BrE colloq) granuja *mf*, gamberro, -rra *m,f* (Esp)

teardrop /'tɪrdrɑ:p || 'tɪədrɒp/ *n* lágrima *f*

tear duct *n* conducto *m* lacrimal

tearful /'tɪrfəl || 'tɪəfəl/ *adj* ‹*look/expression*› lloroso; ‹*farewell/story*› triste, emotivo; **she got a bit ~** se le saltaron las lágrimas, lloriqueó un poco; **he was comforting a ~ child** estaba consolando a un niño que lloraba

tearfully /'tɪrfəli || 'tɪəfəli/ *adv* llorando, con lágrimas en los ojos

tear gas /'tɪrgæs || 'tɪəgæs/ *n* [u] gas *m* lacrimógeno; (*before n*): **~ ~ bomb** bomba *f* lacrimógena; **~ ~ canister** bote *m* de gas lacrimógeno; **~ ~ grenade** granada *f* lacrimógena

tearjerker /'tɪr,dʒɜ:rkər || 'tɪə,dʒɜ:kə(r)/ *n* (colloq): **the movie is a real ~** la película es un verdadero dramón (fam), la película es de lo más lacrimógena (hum)

tearoff /'terɔ:f || 'teərɒf/ *adj* ‹*calendar*› de taco; **send the ~ coupon** envíe el cupón (recortable); **a ~ notepad** un bloc de notas

tearoom /'ti:ru:m -rʊm/ *n* salón *m* de té, confitería *f* (RPl)

tea rose *n* rosa *f* (de) té

tearstained /'tɪrsteɪnd || 'tɪəsteɪnd/ *adj* manchado de lágrimas

tease[1] /ti:z/ *vt*

A **1▸** (make fun of) ‹*person*› tomarle el pelo a (fam); (cruelly) burlarse *or* reírse de; **they ~ me about my lisp** se burlan *or* se ríen de mí a causa de mi ceceo, me toman el pelo por mi ceceo (fam); **they're saying it to ~ you** lo dicen por tomarte el pelo (fam) **2▸** (annoy) hacer* rabiar, fastidiar; **he ~d her by echoing everything she said** repetía todo lo que (ella) decía para hacerla rabiar *or* para fastidiarla **3▸** (torment) martirizar* **4▸** (tantalize sexually) provocar*, incitar

B **1▸** ‹*wool/flax/fabric*› cardar **2▸** ‹*hair*› (esp AmE) cardar, batir, hacerse* crepé (Méx), crepar (Esp), escarmenar (Chi)

■ **tease** *vi*: **don't take any notice, he's only teasing** no le hagas caso, te está tomando el pelo (fam)

Phrasal verb

- **tease out** [v + o + adv] **to ~ sth out OF sth** sacar* algo DE algo; **I managed to ~ it out of her** logré sonsacárselo

tease[2] *n* (colloq) **1▸** (person) bromista *mf*; **leave her alone, don't be a ~** déjala en paz y no la fastidies; **she's a real ~** es muy bromista (fam); (sexually) es muy coqueta *or* provocativa **2▸** (sth that teases): **they said/did it for a ~** lo dijeron/hicieron en broma *or* para fastidiar

teasel /'ti:zəl/ *n* **1▸** (Bot) cardencha *f* **2▸** (Tech) carda *f*

teaser /'ti:zər || 'ti:zə(r)/ *n* **1▸** (question) rompecabezas *m*, comedura *f* de coco (Esp fam) **2▸** (person) ▸**tease**[2] **1**

tea service, tea set *n* juego *m* de té

teashop /'ti:ʃɑ:p || 'ti:ʃɒp/ *n* (esp BrE) ▸**tearoom**

teasing[1] /'ti:zɪŋ/ *n* [u] tomaduras *fpl* de pelo (fam); (cruel) burlas *fpl*

teasing[2] *adj* ‹*voice/tone/manner*› burlón, guasón, socarrón

teasingly /'ti:zɪŋli/ *adv* ‹*say*› en broma; ‹*laugh*› socarronamente; **Carmen answers Don José ~** Carmen responde insinuante *or* con coquetería a Don José

teaspoon /'ti:spu:n/ *n* **1▸** (spoon) cucharita *f*, cucharilla *f* **2▸** (quantity) cucharadita *f*

teaspoonful /'ti:,spu:nfʊl/ *n* (*pl* **-spoonfuls** *or* **-spoonsful**) cucharadita *f*

tea strainer *n* colador *m* (*pequeño*)

teat /ti:t/ *n* **1▸** (Zool) tetilla *f* **2▸** (of feeding bottle) (BrE) ▸**nipple 2**

teatime /'ti:taɪm/ *n* (time — of afternoon snack) la hora del té, ≈ la hora de merendar, la hora de onces (Andes); (— of evening meal) (BrE) la hora de cenar *or* (AmL tb) de comer

tea towel *n* (BrE) paño *m* de cocina, repasador *m* (RPl)

tea tray *n* bandeja *f* del té, charola *f* (Bol, Méx, Per), del té, charol *m* (Col, Per), del té

tea trolley *n* (BrE) carrito *m* (del té), mesa *f* rodante

tea wagon *n* carrito *m* (del té), mesa *f* rodante

teazel, teazle /'ti:zəl/ *n* ▸**teasel**

TEC *n* (in UK) = **Training and Enterprise Council**

tech /tek/ *n* (BrE colloq) **1▸** [c] ▸**technical college** **2▸** [u] = **technology**

techie /'teki/ *n pl* **-chies** (colloq)

A (computer enthusiast) techie *mf* (fam), informático, -ca *m,f*

B (student) (AmE) estudiante *mf* de tecnología

technical /'teknɪkəl/ *adj*

A **1▸** (of technology) ‹*education/expertise/equipment*› técnico; **~ difficulty** (in technique) dificultad *f* técnica; (in functioning) problema *m* técnico; **a ~ hitch** un problema (de carácter) técnico **2▸** (specialized) ‹*language/journal/translator*› técnico; ‹*dictionary*› técnico, especializado; **~ term** tecnicismo *m*, término *m* técnico; **don't get too ~, please!** ¡por favor, déjate de tecnicismos! **3▸** (of technique) ‹*perfection/skill*› técnico

B (in strict terms): **it was a ~ victory, but we gained no real benefit** en teoría fue una victoria, pero no obtuvimos ningún beneficio real; **~ foul** falta *f* técnica

technical college *n* (in UK) escuela *f* politécnica, ≈ instituto *m* de formación profesional (*en Esp*), ≈ universidad *f* del trabajo (*en Ur*)

technical drawing *n* [u c] dibujo *m* técnico

technicality /,teknɪ'kæləti/ *n* (*pl* **-ties**) **1▸** [c] (detail) detalle *m* técnico; **there are still technicalities to be solved** todavía quedan por resolver algunos detalles técnicos; **she was acquitted on a ~** (Law) fue absuelta en virtud de un tecnicismo jurídico **2▸** [u] (of language, style) tecnicismo *m*

technical knockout *n* K.O. *m* técnico (*read as: nocaut or* (Esp) *cao técnico*)

technically /'teknɪkli/ *adv* **1▸** (of technology) técnicamente; **~, we've come a long way** (*indep*) desde el punto de vista técnico hemos avanzado mucho **2▸** (of technique) técnicamente; **~, it's a very difficult piece** (*indep*) técnicamente *or* desde el punto de vista técnico, es una pieza muy difícil **3▸** (strictly speaking) estrictamente hablando

technical support *n* [u] asistencia *f* técnica

technician /tek'nɪʃən/ *n* (skilled worker) técnico *mf*, técnico, -ca *m,f*; **dental ~** mecánico, -ca *m,f* dentista *or* dental

Technicolor® /'teknɪkʌlər || 'teknɪkʌlə(r)/ *n* [u] tecnicolor *m*

technique /tek'ni:k/ *n* [c u] técnica *f*

techno- /'teknəʊ/ *pref* tecno-

technobabble /'teknəʊbæbəl/ *n* [u] (colloq) jerga *f* técnica, tecnicismos *mpl*

technocracy /tek'nɑ:krəsi || tek'nɒkrəsi/ *n* (*pl* **-cies**) [u c] tecnocracia *f*

technocrat /'teknəkræt/ *n* tecnócrata *mf*

technocratic /,teknə'krætɪk/ *adj* tecnocrático

technofear /'teknəʊfɪr || 'teknəʊfɪə(r)/ *n* [u] tecnofobia *f*

technological /,teknə'lɑ:dʒɪkəl || ,teknə'lɒdʒɪkəl/ *adj* tecnológico

technologically /,teknə'lɑ:dʒɪkli || ,teknə'lɒdʒɪkli/ *adv* tecnológicamente

technologist /tek'nɑ:lədʒəst || tek'nɒlədʒɪst/ *n* tecnólogo, -ga *m,f*

technology /tek'nɑ:lədʒi || tek'nɒlədʒi/ *n* [u c] (*pl* **-gies**) tecnología *f*; **to make advances in ~** hacer* adelantos tecnológicos, hacer* avances en el campo de la tecnología; **we don't yet have the ~ to isolate the virus** todavía no poseemos la tecnología que nos permitiría aislar el virus

technology park *n* parque *m* tecnológico

technology transfer *n* [u] transferencia *f* de tecnología

technophile /'teknəfaɪl/ *n* tecnófilo, -la *m,f*

technophobe /'teknəfəʊb/ *n* tecnófobo, -ba *m,f*

technophobia /,teknə'fəʊbiə/ *n* [u] tecnofobia *f*

technophobic[1] /,teknə'fəʊbɪk/ *adj* tecnofóbico

technophobic[2] *n* tecnofóbico, -ca *m,f*

Technorati /,teknə'rɑ:ti/ *n* [u] (Comput) Technorati *m*

technospeak /'teknəʊspi:k/ *n* [u] lenguaje *m* técnico, tecnicismos *mpl*

technostructure /'teknəʊ,strʌktʃər || 'teknəʊ,strʌktʃə(r)/ *n* tecnoestructura *f*

techy /'teki/ *n* (*pl* **-chies**) ▸**techie**

tectonic /tek'tɑ:nɪk || tek'tɒnɪk/ *adj* tectónico

tectonics /tek'tɑ:nɪks || tek'tɒnɪks/ *n* (+ *sing vb*) tectónica *f*

teddy /'tedi/ (*pl* **-dies**) **teddy bear** *n* osito *m* de peluche

teddy boy *n* (in UK) teddy boy *m*

t

tedious /'ti:diəs/ *adj* ‹*speaker*› aburrido, pesado; ‹*work/task*› tedioso, aburrido, fastidioso

tediously /'ti:diəsli/ *adv* pesadamente; ~ **long** largo y pesado

tediousness /'ti:diəsnəs || 'ti:diəsnɪs/ *n* [u] pesadez *f*, lo aburrido

tedium /'ti:diəm/ *n* [u] tedio *m*, aburrimiento *m*

tee[1] /ti:/ *n*
A (in golf) **1** (peg) tee *m* (*soporte para la pelota de golf*) **2** (area) punto *m* de salida; **the fifth** ~ el punto de salida del quinto hoyo
B (mark) *blanco de ciertos juegos*
C ▸**t, T**
D (garment) (AmE colloq) ▸**T-shirt**

tee[2] *vt* ▸**tee up 2**

Phrasal verbs
- **tee off**
A [v + adv] (golf) dar* el primer golpe
B [v + o + adv, v + adv + o] (make angry) (AmE sl) cabrear (fam)
- **tee up** (golf) **1** [v + adv] colocar* la pelota (en el tee) **2** [v + o + adv] ‹*ball*› colocar* (en el tee)

teehee /'ti:'hi:/ *interj* je, je *or* ji, ji

teem /ti:m/ *vi* **1** (abound) **to ~ WITH sth**: **the forest is ~ing with birds** el bosque está repleto de pájaros; **the streets were ~ing with people** las calles hervían *or* estaban abarrotadas de gente; **she came ~ing with new ideas** llegó rebosante de nuevas ideas **2** (pour): **it's ~ing (with rain)** está diluviando; **the rain was still ~ing down** seguía lloviendo a cántaros **3** **teeming** *pres p* ‹*crowds/population*› ingente; **Asia's ~ing millions** la ingente población asiática

teen /ti:n/ *n* (colloq) adolescente *mf*, quinceañero, -ra *m,f* (fam); (*before n*) ‹*idol/magazine*› de adolescentes *or* (fam), quinceañeros

teenage /'ti:neɪdʒ/ (BrE also) **teenaged** /-d/ *adj* ‹*girl/boy/son/daughter*› adolescente; ‹*fashions*› juvenil, para adolescentes; **in their ~ years many people ...** durante la adolescencia mucha gente ...; **this is the latest ~ fad** ésta es la última moda entre los adolescentes; **a ~ idol** un ídolo de los adolescentes

teenager /'ti:neɪdʒər || 'ti:neɪdʒə(r)/ *n* adolescente *mf*

teens /ti:nz/ *pl n*
A **1** ▸❶ **p.888** (teenage years) adolescencia *f*; **in one's ~** en la adolescencia; **the boy was in his early/late ~** el chico tendría unos trece o catorce/dieciocho o diecinueve años; **he's still in** *o* **not yet out of his ~** todavía no ha cumplido los veinte **2** (teenagers) (colloq) adolescentes *mpl*, chicos *mpl* /chicas *fpl* jóvenes
B (numbers) *números del 13 al 19*; **interest rates were in the ~ throughout the year** los tipos de interés estuvieron entre el 13 y el 19% durante todo el año

teeny /'ti:ni/ *adj* **-nier, -niest** chiquitito, chiquitín, pequeñito; **a ~ bit** un poquitín, un poquitito

teenybopper /'ti:ni,bɑ:pər || 'ti:ni,bɒpə(r)/ *n* (colloq) quinceañero, -ra *m,f*

teensy-weensy /,ti:nzi'wi:nzi/ *adj* (colloq) ▸**teeny weeny**

teeny weeny /'ti:ni'wi:ni/ *adj* (colloq) chiquitito, chiquitín, pequeñito; **he's a ~ ~ bit shy** es un poquitín tímido (fam)

tee shirt *n* ▸**T-shirt**

tee square *n* ▸**T-square**

teeter /'ti:tər || 'ti:tə(r)/ *vi* tambalearse; **he ~ed toward me** se me acercó tambaleándose; **they are ~ing on the edge of war** están al borde de la guerra

teeter-totter /'ti:tər,tɑ:tər || 'ti:tə,tɒtə(r)/ *n* (AmE) ▸**seesaw**[1]

teeth /ti:θ/ *pl of* **tooth**

teethe /ti:ð/ *vi*: **she's teething** le están saliendo los dientes, está cortando los dientes (RPl)

teething /'ti:ðɪŋ/ *n* [u] dentición *f*; (*before n*): **~ problems** *o* **troubles** (of child) problemas *mpl* de dentición; (in prototype) problemas *mpl* iniciales; **~ ring** anillo *m* de dentición

teetotal /ti:'təʊtl/ *adj* ‹*person*› abstemio; ‹*party*› sin bebidas alcohólicas

teetotaler, (BrE) **teetotaller** /'ti:'təʊtlər || ti:'təʊtlə(r)/ *n* abstemio, -mia *m,f*

TEFL /'tefəl/ *n* [u] (BrE) **= teaching English as a foreign language** *enseñanza del inglés como lengua extranjera*

Teflon® /'teflɑ:n || 'teflɒn/ *n* [u] Teflon® *m*, Teflón® *m*, Tefal® *m*

Tehran, Teheran /teɪ'ræn teə'rɑ:n/ *n* Teherán *m*

tel (= **telephone number**) Tel., fono (CS)

telco /'telkəʊ/ *n* (*pl* **-cos**) (AmE) teleco *f*

tele- /'teli/ *pref* tele-

tele-ad /'teli,æd/ *n* anuncio *m* por teléfono, aviso *m* por teléfono (AmL)

telebanking /'teli,bæŋkɪŋ/ *n* [u] telebanca *f*

telebetting /'teli,betɪŋ/ *n* [u] apuestas *fpl* electrónicas

telecast[1] /'telikæst || 'telikɑ:st/ *n* (AmE) transmisión *f or* emisión *f* (por televisión); **a live ~** una transmisión *or* (Esp) retransmisión en directo

telecast[2] *vt* (*past & past p* **telecast**) (AmE) ‹*program*› transmitir, emitir, televisar; **we plan to ~ the game** pensamos transmitir *or* televisar *or* (Esp) retransmitir el partido

telecaster /'teli,kæstər || 'teli,kɑ:stə(r)/ *n* locutor, -tora *m,f* de televisión

telecom /'teləkɑ:m || 'telɪkɒm/ *n* [u] ▸**telecommunications**

telecommunications /,telikə,mju:nə'keɪʃənz || ,telikə,mju:nɪ'keɪʃənz/ *n* **1** (methods) (+ *pl vb*) telecomunicaciones *fpl* **2** (science) (+ *sing vb*) telecomunicaciones *fpl*; **to study ~** estudiar telecomunicaciones; (*before n*): **~ industry** industria *f* de las telecomunicaciones

telecommute /,telikə'mju:t/ *vi* teletrabajar desde casa, trabajar a distancia

telecommuting /,telikə'mju:tɪŋ/ *n* trabajo *m* a distancia (*utilizando fax, teléfono etc*)

telecomputer /'telikəm,pju:tər || 'telikəm ,pju:tə(r)/ *n* telecomputadora *f*, teleordenador *m* (Esp)

telecomputing /'telikəm,pju:tɪŋ/ *n* [u] telecomputación *f*

telecoms, telecomms /'teləkɑ:mz || 'telɪkɒmz/ *pl n* (+ *sing vb*) **telecommunications**

teleconference /'teli,kɑ:nfərəns || 'teli ,kɒnfərəns/ *n* teleconferencia *f*

teleconferencing /'teli,kɑ:nfərənsɪŋ || 'teli ,kɒnfərənsɪŋ/ *n* teleconferencias *fpl*; (*before n*): **~ facilities** servicio *m* de teleconferencias

telecottage /'teli,kɑ:tɪdʒ || 'teli,kɒtɪdʒ/ *n*: *instalaciones donde se presta asistencia y se proporciona acceso a la tecnología y a la informática a los miembros de una comunidad*

telefilm /'telifɪlm/ *n* telefilm(e) *m*

telegenic /'telifɪlm/ *adj* telegénico

telegram /'teləgræm || 'telɪgræm/ *n* telegrama *m*

telegraph[1] /'teləgræf || 'telɪgrɑ:f/ *n* **1** [u] (method) telégrafo *m*; (*before n*) ‹*wire/cable*› telegráfico **2** [c] (message) telegrama *m*, despacho *m* telegráfico

telegraph[2] *vt* **1** ‹*message/congratulations*› telegrafiar*; **I ~ed her to come at once** le telegrafié para que viniera inmediatamente; **I ~ed him $200** le mandé un giro de *or* le giré 200 dólares **2** (signal) (esp AmE) avisar, anunciar
■ **telegraph** *vi* telegrafiar*, mandar un telegrama

telegraphese /,teləgræf'i:z || ,telɪgrɑ:f'i:z/ *n* [u] (colloq) estilo *m* telegráfico

telegraphic /,telə'græfɪk || ,telɪ'græfɪk/ *adj* ‹*message/style*› telegráfico; **~ address** dirección *f* telegráfica

telegraph pole, telegraph post *n* poste *m* del telégrafo

telegraphy /tə'legrəfi/ *n* [u] telegrafía *f*

telekinesis /,telikə'ni:səs, -kaɪ- || ,telikɪ'ni:sɪs, -kaɪ-/ *n* telequinesis *f*

tele-lens /'teli,lenz/ *n* lente *m or* (en algunas regiones) *f* telefotográfico

telemarket /'teli,mɑ:rkət || 'teli,mɑ:kɪt/ *vt* vender por teléfono

telemarketing /'teli,mɑ:rkətɪŋ || 'teli,mɑ:kɪtɪŋ/ *n* [u] telemárketing *m*

telematic /,telə'mætɪk || ,telɪ'mætɪk/ *adj* telemático

telematics /,telə'mætɪks || ,telɪ'mætɪks/ *n* (+ *sing vb*) telemática *f*

telemessage /'teli,mesɪdʒ/ *n* telemensaje *m*

telemeter /'telə,mi:tər || 'telɪ,mi:tə(r)/ *n* telémetro *m*

telemetry /tə'lemətri/ *n* [u] telemetría *f*

teleological /,ti:liə'lɑ:dʒɪkəl || ,ti:liə'lɒdʒɪkəl/ *adj* teleológico

teleology /,ti:li'ɑ:lədʒi || ,ti:li'ɒlədʒi/ *n* [u] teleología *f*

teleoperator /,teli'ɑ:pəreɪdər || ,teli 'ɒpəreɪtə(r)/ *n* telemanipulador *m*

teleordering /'teli,ɔ:rdərɪŋ || 'teli,ɔ:dərɪŋ/ *n* [u] telepedido *m*

telepathic /,telə'pæθɪk || ,telɪ'pæθɪk/ *adj* ‹*message*› telepático; ‹*person*› con telepatía, telépata; **I must be ~** debo tener telepatía

telepathically /,telə'pæθɪkli || ,telɪ'pæθɪkli/ *adv* telepáticamente

telepathy /tə'lepəθi/ *n* [u] telepatía *f*

telephone[1] /'teləfəʊn || 'telɪfəʊn/ ➡📖 *n* teléfono *m*; **over the ~** por teléfono; (*before n*) ‹*conversation/message/line*› telefónico; **~ answering machine** contestador *m* automático; **~ call** llamada *f* telefónica *or* (AmL tb), llamado *m* telefónico; ‹*company*› de teléfonos, telefónico; **~ number** número *m* de teléfono; **~ operator** operador, -dora *m,f*, telefonista *mf*; **~ receiver** auricular *m*, tubo *m* (RPl), fono *m* (Chi); **~ sex** sexo *m* telefónico **~ subscriber** abonado, -da *m,f*; *see also* **phone**[1]

telephone[2] *vt* ‹*person/place*› telefonear, llamar por teléfono a; **you can ~ your order** puede hacer su pedido por teléfono
■ **telephone** *vi* telefonear; **I'll ~ for a taxi/an ambulance** telefonearé *or* llamaré para pedir un taxi/para que venga una ambulancia, llamaré a un taxi/a una ambulancia; *see also* **phone**[2]

telephone banking *n* [u] ▸**telebanking**

telephone book *n* ▸**telephone directory**

telephone booth, (BrE) **telephone box** *n* cabina *f* telefónica *or* de teléfonos

telephone directory *n* guía *f* telefónica *or* de teléfonos, directorio *m* telefónico (AmL exc CS)

telephone exchange *n* central *f* telefónica *or* de teléfonos

telephone kiosk *n* (BrE) ▸**telephone booth**

telephone tap *n* [c] **to put a ~ ~ on sb's line** intervenirle* la línea telefónica a algn

telephone tapping *n* [u] escuchas *fpl* telefónicas

telephonic /,telə'fɑ:nɪk || ,telɪ'fɒnɪk/ *adj* telefónico

telephonist /tə'lefənəst || tə'lefənɪst/ *n* (BrE) telefonista *mf*

telephony /tə'lefəni/ *n* [u] telefonía *f*

telephoto lens /,telə'fəʊtəʊ || ,telɪ'fəʊtəʊ/ *n* teleobjetivo *m*

teleport[1] /'telipɔ:rt || 'telipɔ:t/ *n* centro *m* de telecomunicaciones con satélites

---

➡📖 *see* Using the telephone

t

teleport[2] *vi* teletransportarse
■ **teleport** *vt* teletransportar

teleportation /ˌteləpɔːrˈteɪʃən || ˌtelɪpɔːˈteɪʃən/ *n* [u c] teletransportación *f*

teleprinter /ˈteliˌprɪntər || ˈteliˌprɪntə(r)/ *n* (BrE) teletipo *m*

teleprocessing /ˌteləˈprɑːsesɪŋ, ˈprəʊ- || ˌtelɪˈprəʊsesɪŋ/ *n* [u] teleproceso *m*, teletratamiento *m*

TelePrompter®, teleprompter /ˈteləˌprɑːmptər || ˈtelɪˌprɒmptə(r)/ *n* (AmE) autocue *m*, teleprompter *m*

telesales /ˈteliseɪlz/ *pl n* televentas *fpl*; (*before n*): ~ **person** televendedor, -dora *m,f*

telescope[1] /ˈteləskəʊp || ˈtelɪskəʊp/ *n* telescopio *m*

telescope[2] *vt* ‹*book/report/events*› resumir, abreviar; **the cars were ~d (together) in the accident** en el accidente los coches quedaron incrustados unos en los otros
■ **telescope** *vi* «*umbrella/tripod*» plegarse* (*como un telescopio*)

telescopic /ˌteləˈskɑːpɪk || ˌtelɪˈskɒpɪk/ *adj* **1** (Opt) ‹*view/observations*› telescópico; ~ **lens** lente *m* ((en algunas regiones) *f*) telescópico; ~ **rifle** rifle *m* telescópico; ~ **sight** mira *f* telescópica **2** ‹*tripod*› telescópico; ~ **umbrella** paraguas *m* plegable automático

teleshopper /ˈteliˌʃɑːpər || ˈteliˌʃɒpə(r)/ *n* telecomprador, -dora *m,f*

teleshopping /ˈteliˌʃɑːpɪŋ || ˈteliˌʃɒpɪŋ/ *n* [u] telecompra(s) *f(pl)*

telesoftware /ˈteliˌsɔːftwer || ˈteliˌsɒftweə(r)/ *n* [u] telesoftware *m*

telesurgery /ˌteliˈsɜːrdʒəri || ˌteliˈsɜːdʒəri/ *n* [u] (Med) telecirugía *f*

Teletex® /ˈtelətekst || ˈtelɪtekst/, **teletex** /ˈteləteks || ˈtelɪteks/ *n* [u] teletex(to) *m*, videotex(to) *m*

teletext /ˈtelətekst || ˈtelɪtekst/ *n* teletex(to) *m*, videotex(to) *m*

telethon /ˈteləθɑːn || ˈtelɪθɒn/ *n* (TV) *programa de larga duración para recaudar fondos con fines benéficos*

Teletype®, teletype /ˈtelətaɪp || ˈtelɪtaɪp/, **teletypewriter** /ˌteləˈtaɪpraɪtər || ˌtelɪˈtaɪpraɪtə(r)/ *n* (AmE) teletipo *m*

televangelist /ˌteləˈvændʒələst || ˌtelɪˈvændʒəlɪst/ *n* telepredicador, -dora *m,f*

> **televangelists**
>
> En EEUU, predicadores que presentan regularmente programas religiosos por televisión. Muchos de ellos se han hecho ricos con el dinero enviado por sus seguidores.

televise /ˈteləvaɪz || ˈtelɪvaɪz/ *vt* ‹*event/interview/game*› televisar, transmitir, retransmitir (Esp)

television /ˈteləvɪʒən || ˈtelɪvɪʒən/ *n* **1** [u] (medium) televisión *f*; **to see sth on ~** ver* algo en *or* por (la) televisión; **what's on ~ tonight?** ¿qué dan esta noche en *or* por televisión?; **I've never been** *o* **appeared on ~** no he salido nunca en *or* por (la) televisión; **the Queen spoke on ~** la reina habló por televisión; **to watch ~** ver* *or* mirar (la) televisión; (*before n*) ‹*transmitter/studio/screen*› de televisión; ‹*program/broadcast*› de televisión, televisivo; ~ **announcer** locutor, -tora *m,f* de continuidad de televisión; ~ **dinner** *comida pre-preparada para consumir viendo la televisión*; ~ **license** *licencia que debe obtenerse para poseer un receptor de televisión*; ~ **listings** programación *f* televisiva *or* de televisión; ~ **lounge** *o* **room** sala *f* de televisión; ~ **network** red *f* de televisión; ~ **viewer** telespectador, -dora *m,f*, televidente *mf* **2** [c] ~ **(set)** televisor *m*, (aparato *m* de) televisión *f*; **to turn** *o* **switch the ~ on/off** poner* *or* encender* *or* (AmL tb) prender/apagar* el televisor *or* la televisión **3** [u] (industry) televisión *f*; **she works in ~** trabaja en (la) televisión

> **television**
>
> Hoy en día, los estadounidenses pasan el 40% de su tiempo libre viendo la televisión. Los canales menos importantes, por lo general, están afiliados a las grandes redes ABC, CBS y NBC y la televisión por cable y de pago se están haciendo cada vez más comunes. En su mayor parte, la televisión norteamericana se financia con la publicidad, que ocupa el 20% del tiempo de emisión. En el Reino Unido hay dos canales públicos, la BBC1 y la BBC2, y los canales comerciales de ITV, Channel Four, y Channel Five. La televisión por satélite y por cable también están ganado popularidad, especialmente debido a que ha adquirido los derechos para transmitir los acontecimientos deportivos más importantes.

televisual /ˌteləˈvɪʒuəl/ *adj* televisivo

telework /ˈteləwɜːrk || ˈtelɪwɜːk/ *vi* teletrabajar, trabajar a distancia

teleworker /ˈteləwɜːrkər || ˈtelɪwɜːkə(r)/ *n* trabajador, -dora *m,f* a distancia

teleworking /ˈteləwɜːrk || ˈtelɪwɜːk/ *n* [u] teletrabajo *m*, trabajo *m* a distancia

telex[1] /ˈteleks/ *n* [c u] télex *m*; **to send a ~** enviar* *or* mandar *or* poner* un télex

telex[2] *vt* ‹*message/news*› enviar* por télex; ~ **Rome** pon un télex a Roma; **he ~ed her immediately** le puso un télex inmediatamente

tell /tel/ (*past & past p* **told**) *vt*
A (inform, reveal) decir*; **to ~ sb the truth/a lie** decirle* la verdad/una mentira a algn; **as I was ~ing you** como te estaba *or* iba diciendo; **I don't know how to ~ you this but …** no sé cómo decírtelo, pero …; **don't ~ me, let me guess** no me lo digas, a ver si adivino; **I've been told that …** me han dicho que …; **he was told that …** le dijeron que …; **could you ~ me the way to the station?** ¿me podría decir *or* indicar cómo se llega a la estación?; **I'll ~ him you are here** le diré que ha llegado; **I'll ~ him what happened** le diré *or* contaré qué pasó; **~ me when you've finished** dime *or* avísame cuando hayas terminado; **I am pleased to be able to ~ you that …** (Corresp) me complace comunicarle *or* informarle que …; **it's not easy, let me ~ you** no es fácil, te lo aseguro *or* garantizo; **I ~ you what: why don't we write to her?** (colloq) se me ocurre una idea: ¿por qué no le escribimos?; **you're ~ing me!** (colloq) ¡me lo vas a decir a mí!; **she won't be told** no le hace caso a nadie, no hay quien la haga entrar en razón; **I told you so!** ¿no te lo dije?; **I can't ~ you how relieved I am!** ¡no te imaginas el alivio que siento!
B (recount, relate) ‹*joke/tale*› contar*; **~ me a story** cuéntame un cuento; **he ~s it like it is** (colloq) cuenta *or* dice las cosas como son; **the poem ~s how …** el poema cuenta *or* (frml) narra *or* relata cómo …; **to ~ sb ABOUT sb/sth**: **she's told me all about you** me ha hablado mucho de ti; **~ us about Lima** cuéntanos cómo es Lima (*or* qué tal te fue en Lima *etc*); **have you told him about us?** ¿le has contado lo nuestro?
C (instruct, warn) decir*; **do as** *o* **what you're told** haz lo que se te dice; **I won't ~ you again** no te lo voy a volver a repetir; **no-one told me what to do** nadie me dijo qué *or* lo que tenía que hacer; **to ~ sb to + INF** decirle* a algn QUE + SUBJ; **~ them to come in** diles que pasen; **she told me to be quiet** me dijo que me callara; **I told you not to do that!** ¡te dije que no hicieras eso!
D **1** (ascertain, know): **it's difficult to ~ her age** es difícil calcularle la edad; **I can't ~ the exact width** no sabría decir qué ancho tiene exactamente; **I could ~ from her voice that she was upset** por la voz me di cuenta de que estaba disgustada; **I can't ~ the difference** yo no veo *or* no noto ninguna diferencia; **you can ~ by their clothes that they're French** por la ropa se nota que son franceses; **there's no ~ing what might happen** no se sabe lo que podría ocurrir; **to be able to ~ the time** saber* decir la hora **2** (distinguish) **to ~ sth/sb (FROM sth/sb)** distinguir* algo/a algn (DE algo/algn); **it's hard to ~ one twin from the other** es difícil distinguir a un mellizo del otro; **you can always ~ a Rubens** un Rubens es fácil de reconocer; **to ~ right from wrong** discriminar entre lo que está bien y lo que está mal
E (count): **to ~ one's beads** rezar* el rosario; **all told** en total
■ **tell** *vi*
A **1** (reveal): **only he knows the answer and he's not ~ing** sólo él sabe la respuesta, pero no se la va a decir a nadie; **ah, that would be ~ing** ah, eso es un secreto; **promise you won't ~?** ¿prometes que no se lo vas a contar *or* decir a nadie?; **to ~ ON sb (TO sb)** (colloq): **he told on us to the teacher** le fue con el chisme *or* cuento al profesor (fam), se chivó al profesor (Esp fam), le fue a alcahuetear al profesor (CS fam); **don't ~ on us!** ¡no nos descubras! **2** (relate) (liter): **more than words can ~** más de lo que pueden expresar las palabras; **to ~ OF sth** hablar DE algo; **it ~s of great suffering** habla de grandes sufrimientos
B (know, work out) saber*; **who can ~!** ¡quién sabe!; **you never can ~** nunca se sabe
C (count, have an effect): **breeding ~s** la buena educación siempre se nota; **he made every punch ~** hizo contar cada golpe; **his influence told** su influencia fue decisiva; **her age is beginning to ~** se le está empezando a notar la edad; **to ~ AGAINST sb/sth** obrar EN CONTRA DE algn/algo; **to ~ ON sb/sth**: **the strain is beginning to ~ on him** la tensión lo está empezando a afectar

Phrasal verbs
- **tell apart** [v + o + adv] distinguir*; **can you ~ them apart?** ¿los puedes distinguir (el uno del otro)?, ¿sabes decir cuál es cuál?
- **tell off** [v + o + adv, v + adv + o] **1** (scold) regañar, reñir* (esp Esp), retar (CS), resondrar (Per), rezongar* (AmC, Ur) **2** (Mil) **to ~ sb off FOR sth/to + INF** destacar* a algn PARA algo/+ INF

teller /ˈtelər || ˈtelə(r)/ *n* **1** (in bank) cajero, -ra *m,f* **2** (of votes) escrutador, -dora *m,f* **3** (of tale) narrador, -dora *m,f*

telling[1] /ˈtelɪŋ/ *adj* **1** (effective) ‹*criticism/argument*› contundente; ‹*blow*› certero, bien asestado **2** (revealing) ‹*sign/remark*› revelador, elocuente

telling[2] *n* [u] narración *f*, relato *m*

tellingly /ˈtelɪŋli/ *adv* **1** (effectively) eficazmente **2** (revealingly) de forma reveladora

telling-off /ˌtelɪŋˈɔːf || ˌtelɪŋˈɒf/ *n* (colloq) (*no pl*) reprimenda *f*, regaño *m* (esp AmL), regañina *f* (esp Esp), reto *m* (CS); **to give sb a ~** regañar a algn, retar a algn (CS), rezongar* a algn (AmC, Ur)

telltale[1] /ˈtelteɪl/ *adj* (*before n*) ‹*sign/sound/smell*› revelador

telltale[2] *n* **1** (person) (colloq) soplón, -plona *m,f* (fam), acusete *mf* (fam), acusica *mf* (Esp fam), rajón, -jona *m,f* (Méx fam), alcahuete, -ta *m,f* (CS fam) **2** (on sail) catavientos *m*

telly /ˈteli/ *n* [u c] (*pl* **-lies**) (BrE colloq) tele *f* (fam); **to watch ~** mirar *or* ver* tele (fam)

telnet[1] /ˈtelnet/ *n* telnet *m*

telnet[2] *vi* conectarse mediante telnet

temerity /təˈmerəti || tɪˈmerəti, tə-/ *n* [u] (boldness) temeridad *f*, audacia *f*; (effrontery) audacia *f*, osadía *f*; **to have the ~ to + INF** tener* la audacia *or* osadía DE + INF, atreverse A + INF

temp[1] /temp/ *n* empleado, -da *m,f* eventual *or* temporal; (*before n*): ~ **agency** agencia *f* de colocaciones para trabajos temporales

temp[2] **= temperature**

temp[3] *vi* hacer* trabajo eventual *or* temporal

temper[1] /ˈtempər || ˈtempə(r)/ *n*
A **1** (*no pl*) (mood) humor *m*; (temperament, disposition) carácter *m*, genio *m*; **to be in a good/bad ~** estar* de buen/mal humor *or* genio; **to be in a filthy** *o* **foul ~** estar* de un humor de perros; **to have an even ~** tener* muy buen carácter *or* genio; **to have a quick ~** tener* el genio vivo *or* pronto, ser* una polvorilla (fam); **to have a vicious** *o* **terrible ~** tener* muy mal

t

carácter *or* genio; **you'll have to learn to watch** *o* **control your ~** vas a tener que aprender a controlar tu mal genio; **my ~ got the better of me** perdí los estribos; **~, ~!** ¡qué geniecito! (fam) **2** [c u] (rage): **to be in a ~** estar* furioso *or* hecho una furia, estar* con el genio atravesado (fam); **to fly into a ~** ponerse* furioso *or* como una fiera, montar en cólera (frml); **a fit of ~** un ataque de furia; *(before n):* **~ tantrum** pataleta *f* (fam) **3** [c u] (composure): **to lose one's ~** perder* los estribos; **to keep one's ~** no perder* la calma *or* los estribos; **~s frayed as the meeting wore on** los ánimos se fueron caldeando a medida que la reunión se prolongaba

B [u] (Metall) temple *m*

temper² *vt*

A (moderate) ‹*criticism*› atenuar*, suavizar*; ‹*enjoyment*› empañar; **the long wait had not ~ed their enthusiasm** la larga espera no había disminuido su entusiasmo

B (Metall) templar

tempera /'tempərə/ *n* [u] témpera *f*, pintura *f* al temple

temperament /'temprəmənt/ *n* **1** [c] (character) temperamento *m*; **an artistic ~** un temperamento artístico **2** [u] (moodiness) mal genio *m*

temperamental /ˌtemprə'mentl/ *adj* **1** (volatile, difficult) temperamental; **the car's being a bit ~ lately** el coche está un poco caprichoso últimamente **2** (innate) ‹*aversion/inability*› innato

temperamentally /ˌtemprə'mentli/ *adv* **1** (moodily, capriciously) de manera temperamental **2** (by nature): **she is ~ unsuited to teaching** no tiene madera de docente

temperance /'tempərəns/ *n* [u] **1** (moderation) (frml) templanza *f* (frml), moderación *f*, temperancia *f* (frml) **2** (abstinence from alcohol) abstinencia *f* de bebidas alcohólicas; *(before n)* ‹*movement/league*› antialcohólico

temperate /'tempərət/ *adj* **1** (Geog, Meteo) ‹*climate/zone*› templado **2** (moderate) (frml) ‹*person/language/conduct*› moderado, comedido

temperature /'temprətʃər || 'temprətʃə(r)/ *n* [c u] ▸ⓘ **p.796** **1** (Phys) temperatura *f*; **air/body/water ~** la temperatura del aire/cuerpo/agua; **what ~ is the water?** ¿a qué temperatura está el agua?, ¿cuál es la temperatura del agua?; **a sharp increase in ~** un pronunciado aumento de temperatura; **his speech raised the ~ of the discussion** su intervención animó la discusión **2** (Med) temperatura *f*, fiebre *f*; **to have** *o* **run a ~** tener* fiebre *or* calentura *or* (CS) temperatura; **he has a ~ of 102°** ≈ tiene casi 39° de fiebre; **to take sb's ~** tomarle la temperatura a algn; **he has a very high ~** tiene mucha fiebre *or* (CS) mucha temperatura, tiene la temperatura muy alta; *(before n):* **~ chart** gráfico *m or* gráfica *f* de temperaturas

temperature-controlled /'temprətʃərkənˌtrəʊld || 'temprətʃəkənˌtrəʊld/ *adj* con controlador de temperatura

temperature-humidity index *n* (*pl* **indexes**) (Meteo) temperatura *f* de bochorno

tempered /'tempərd || 'tempəd/ *adj* templado

tempest /'tempəst || 'tempɪst/ *n* (liter) tempestad *f* (liter); **a ~ *in a teapot*** (AmE) una tormenta en un vaso de agua

tempestuous /tem'pestʃuəs || tem'pestjʊəs/ *adj* **1** (emotionally) ‹*relationship/argument*› tempestuoso; ‹*person*› apasionado **2** (of weather) (liter) ‹*winds/sea*› tempestuoso (liter)

temping /'tempɪŋ/ *n* [u] (colloq) trabajo *m* eventual *or* temporal *or* (AmL tb) temporario

template /'templeɪt -plət/ *n* plantilla *f*

temple /'tempəl/ *n*

A (Relig) templo *m*; **a ~ of learning** un templo del saber

B (Anat) sien *f*

templet /'templət/ *n* ▸**template**

tempo /'tempəʊ/ *n* (*pl* **-pos** *or* **-pi** /-pi:/) ritmo *m*; (Mus) tempo *m*

temporal /'tempərəl/ *adj* **1** (not eternal) ‹*pleasure*› temporal **2** (secular) (Relig) temporal, secular **3** (Ling) ‹*clause/adverb*› de tiempo **4** (Anat) ‹*artery/lobe*› temporal; **~ bone** temporal *m*

temporarily /ˌtempə'rerəli || 'tempərərɪli/ *adj* temporalmente, temporariamente (AmL)

temporary¹ /'tempəreri || 'tempərəri/ *adj* ‹*accommodation/arrangement*› temporal, provisional, temporario (AmL), provisorio (AmS); ‹*improvement*› pasajero; ‹*job/work/worker*› eventual, temporal, temporario (AmL); **as a ~ measure** como medida provisional *or* (AmS tb) provisoria

temporary² *n* (frml) ▸**temp¹**

temporize /'tempəraɪz/ *vi* (frml) tratar de ganar tiempo

tempt /tempt/ *vt* **1** (*often pass*) tentar*; **did you buy it? — no, but I was ~ed** ¿lo compraste? — no, pero estuve tentado; **don't ~ me** no me tientes; **to ~ fate** *o* **providence** tentar* a la suerte; **I am not ~ed by the idea** la idea no me seduce; **to be ~ed to + INF** estar* tentado DE + INF; **I was ~ed to tell her what I really thought of her** estuve tentado de *or* me dieron ganas de decirle lo que realmente pensaba de ella; **to ~ sb INTO sth/-ING**: **to ~ sb into crime** inducir* a algn a cometer un delito; **they ~ed me into staying another week** me convencieron de que me quedara otra semana; **what can I ~ you with?** ¿qué puedo ofrecerte?; **may I ~ you to a little more?** ¿le sirvo un poco más?; **can I ~ you away from your work?** ¿te puedo convencer de que dejes el trabajo para más tarde? **2** (Relig) tentar*

temptation /temp'teɪʃən/ *n* [u c] **1** tentación *f*; **to yield to ~** ceder a la tentación, caer* en la tentación; **to resist ~** resistir la tentación; **to put ~ in sb's way** tentar* a algn; **I couldn't resist the ~ to take revenge** no pude resistir la tentación de vengarme **2** (Relig) tentación *f*; **lead us not into ~** no nos dejes caer en la tentación

tempter /'temptər || 'temptə(r)/ *n* tentador *m*; **the T~** (Relig) el Tentador, el demonio

tempting /'temptɪŋ/ *adj* ‹*offer*› tentador, atractivo; ‹*dish/cake*› tentador, apetecible; **it is ~ to speculate on what might have happened** la idea de especular sobre lo que podría haber pasado es tentadora

temptress /'temptrəs || 'temptrɪs/ *n* tentadora *f*

ten¹ /ten/ ▸ⓘ **p.888**, ▸ⓘ **p.1465**, ▸ⓘ **p.1798** *n* diez *m*; **hundreds, ~s and units** centenas *fpl*, decenas *fpl* y unidades *fpl*; **~s of thousands** decenas de miles; **~ to one he's late** (colloq) (te) apuesto a que llega tarde; **it's ~ to** *o* (AmE also) **of three** son las tres menos diez, son diez para las tres (AmL exc RPl); **it's ~ past** *o* (AmE also) **after three** son las tres y diez; *see also* **four¹**

ten² ▸ⓘ **p.888**, ▸ⓘ **p.1465**, ▸ⓘ **p.1798** *adj* diez *adj inv*; *see also* **four²**

tenable /'tenəbəl/ *adj* **1** ‹*theory/argument*› defendible, sostenible **2** ‹*position*› defendible **3** (of fellowship, office) (BrE) (*pred*): **the post is ~ for seven years** se puede ocupar el cargo durante siete años

tenacious /tə'neɪʃəs || tɪ'neɪʃəs/ *adj* ‹*fighter/hold/defense*› tenaz; ‹*belief*› firme

tenaciously /tə'neɪʃəsli || tɪ'neɪʃəsli/ *adv* tenazmente, con tenacidad; **he clung ~ to the hope that she would come back** se aferraba obstinadamente a la esperanza de que ella volviera

tenacity /tə'næsəti || tɪ'næsəti/ *n* [u] tenacidad *f*

tenancy /'tenənsi/ *n* [c u] (*pl* **-cies**) (holding, possession) tenencia *f*; (period): **during their ~** mientras ellos fueron (*or* sean *etc*) los inquilinos *or* arrendatarios; *(before n):* **~ agreement** contrato *m* de alquiler *or* arriendo

tenant /'tenənt/ ➡📖 *n* **1** inquilino, -na *m,f*, arrendatario, -ria *m,f*; **sitting ~** *inquilino a quien no se puede desalojar* **2** **~ (farmer)** arrendatario, -ria *m,f*

ten-cent store /'ten'sent/ *n* (AmE) baratillo *m*

tench /tentʃ/ *n* [u c] tenca *f*

tend /tend/ *vi*

A (have tendency, be inclined) tender*; **prices are ~ing downward** los precios tienden a la baja; **his views ~ toward the extreme** sus opiniones tienden a ser extremistas, tiene tendencias extremistas; **to ~ to + INF** tender* A + INF; **it ~s to shrink** tiende a encoger, tiene tendencia a encoger; **women ~ to live longer than men** las mujeres tienden a *or* suelen vivir más que los hombres; **she ~s to be irritable in the morning** tiende a *or* suele estar de mal humor por la mañana; **it ~s to rain less in July** en julio suele llover menos; **I ~ to prefer white wine to red** en general prefiero el vino blanco al tinto; **I ~ to agree with you** me inclino a pensar como usted; **he ~s to catch colds easily** tiene tendencia *or* propensión a resfriarse, tiende a *or* suele resfriarse con facilidad

B (attend) **to ~ TO sth/sb** ocuparse DE algo/algn; **please ~ to these customers** por favor ocúpese de *or* atienda a estos clientes

■ **tend** *vt* ‹*sheep/flock*› cuidar (de), ocuparse de; ‹*invalids/victims*› cuidar (de), atender*; ‹*garden/grave*› ocuparse de; **to ~ bar** (AmE) *o* (BrE) **the bar** atender* el bar

tendency /'tendənsi/ *n* (*pl* **-cies**) **1** tendencia *f*; (Med) propensión *f*, tendencia *f*; **~ to + INF** tendencia A + INF; **he has a ~ to put on weight** tiene tendencia *or* propensión a engordar; **the ~ for sons to imitate their fathers** la tendencia a que los hijos sigan los pasos de sus padres; **~ TOWARD sth** tendencia HACIA algo **2** **tendencies** *pl* (proclivities): **artistic tendencies** inclinaciones *fpl* artísticas; **criminal tendencies** tendencias *fpl* delictivas

tendentious /ten'dentʃəs || ten'denʃəs/ *adj* tendencioso

tendentiously /ten'dentʃəsli || ten'denʃəsli/ *adv* de modo tendencioso

tendentiousness /ten'dentʃəsnəs || ten'denʃəsnɪs/ *n* [u] tendenciosidad *f*

tender¹ /'tendər || 'tendə(r)/ *adj* **1** (sensitive, vulnerable) ‹*spot*› sensible; ‹*issue*› delicado, espinoso; **it still feels a bit ~** todavía me duele/me molesta un poco; **despite her ~ years** a pesar de su corta *or* tierna edad; **at the ~ age of 12** a la tierna edad de 12 años **2** (soft) ‹*meat*› tierno; **cook the leeks until ~** hervir los puerros hasta que estén tiernos **3** (affectionate, loving) ‹*gesture/smile/thought*› tierno; **he has a ~ heart** tiene buen corazón

tender² *n*

A **1** [c u] (Busn) (offer) propuesta *f*, oferta *f*, plica *f* (Esp); **to put sth out to ~** sacar* algo a concurso *or* a licitación, licitar algo (esp AmS); **to make** *o* **put up** *o* **submit a ~ for sth** presentarse a concurso *or* a una licitación para algo **2** [u] (*legal ~*) moneda *f* de curso legal

B [c] **1** (Rail) ténder *m* **2** (Naut) embarcación *f* pequeña, gabarra *f*

tender³ *vi* ‹‹*company*›› presentarse a concurso *or* a una licitación; **to ~ for a contract** presentarse a concurso *or* a una licitación para obtener un contrato

■ **tender** *vt* (frml) ‹*resignation/apologies*› presentar, ofrecer*; **he ~ed his services as an adviser** ofreció sus servicios *or* se ofreció como asesor; Ⓢ **please tender exact fare** (BrE) se ruega entregar el importe exacto

tenderfoot /'tendərfʊt || 'tendəfʊt/ *n* (*pl* **-feet** *or* **-foots**) (AmE) novato, -ta *m,f*, principiante *mf*

tenderhearted /'tendərˌhɑ:rtəd || ˌtendə'hɑ:tɪd/ *adj* bondadoso, de buen corazón

tenderheartedness /'tendərˌhɑ:rtədnəs || ˌtendə'hɑ:tɪdnɪs/ *n* [u] bondad *f*, buen corazón *m*

tenderize /'tendəraɪz/ *vt* ‹*meat*› ablandar

tenderizer /'tendəraɪzər || 'tendəraɪzə(r)/ *n* **1** [u] (substance) ablandador *m* de carne **2** [c] (instrument) maza *f* (*para ablandar la carne*)

➡📖 *see* Living in a Spanish-speaking country

t

tenderloin /'tendərlɔɪn || 'tendəlɔɪn/ *n*
A [u] (of pork) lomo *m*; (of beef) lomo *m*, filete *m*, solomillo *m* (Esp)
B [c] (disreputable district) (AmE colloq) bajos fondos *mpl*

tenderly /'tendərli || 'tendəli/ *adv* tiernamente, con ternura

tenderness /'tendərnəs || 'tendənɪs/ *n* [u] [1] (soreness, sensitivity): **there's still some ~** todavía me (*or* le *etc*) duele/molesta un poco [2] (of meat) lo tierno [3] (affection) ternura *f*, cariño *m*

tendon /'tendən/ *n* tendón *m*

tendonitis /,tendə'naɪtəs || ,tendə'naɪtɪs/ *n* [u] tendinitis *f*

tendril /'tendrəl || 'tendrɪl/ *n* zarcillo *m*

tenement /'tenəmənt/ *n* casa *f* de vecinos *or* de vecindad, vecindad *f* (Méx), conventillo *m* (CS pej), solar *m* (Cu); (*before n*): **~ block** bloque *m* de departamentos de alquiler (AmL), bloque *m* de pisos de alquiler (Esp); **~ house** edificio *m* de apartamentos *or* departamentos de alquiler (AmL), casa *f* de pisos de alquiler (Esp), casa *f* de inquilinato (RPl)

Tenerife /,tenə'ri:f/ *n* Tenerife *m*

tenet /'tenət || 'tenɪt/ *n* principio *m*

tenfold /'tenfəʊld/ *adj/adv see* **-fold**

ten-gallon hat /'ten,gælən/ *n* sombrero *m* de cowboy *or* vaquero

Tenn = Tennessee

tenner /'tenər || 'tenə(r)/ *n* [1] ($10) (AmE sl) (billete *m* de) diez dólares *mpl*, diez verdes *mpl* (AmS fam) [2] (£10) (BrE colloq) (billete *m* de) diez libras *fpl*

tennis /'tenəs || 'tenɪs/ *n* [u] tenis *m*; **to play ~** jugar* al tenis, jugar* tenis (AmL exc RPl); (*before n*): **~ court** cancha *f or* (Esp) pista *f* de tenis; **~ elbow** sinovitis *f* del codo, codo *m* de tenista; **~ match** partido *m* de tenis; **~ player** tenista *mf*; **~ raquet** raqueta *f* de tenis; **~ shoes** zapatillas *fpl* (de tenis), tenis *mpl*, championes *mpl* (Ur)

tenon /'tenən/ *n* espaldón *m*

tenon saw *n* serrucho *m* de castilla

tenor[1] /'tenər || 'tenə(r)/ *n*
A [c u] (Mus) tenor *m*; **he sings ~** tiene voz de tenor
B (frml) [1] (sense) tenor *m* [2] (general direction) desarrollo *m*

tenor[2] *adj* (*before n*) ‹*voice/part/range*› de tenor; ‹*recorder/saxophone*› tenor; **~ clef** clave *f* de do en cuarta línea

tenpin bowling /'tenpɪn/ *n* [u] (BrE) **▸tenpins**

tenpins /tenpɪnz/ *n* (+ *sing vb*) (AmE) bolos *mpl*, bowling *m*

tense[1] /tens/ *adj* [1] (strained) ‹*atmosphere/situation*› tenso [2] (nervous) nervioso, tenso [3] (taut) ‹*wire*› tenso, tirante; ‹*body*› tenso, en tensión

tense[2] *vt* poner* tenso, tensar
■ **tense** *vi* ponerse* tenso, tensarse

(Phrasal verb)
• **tense up** [v + adv] (colloq) ponerse* tenso

tense[3] ▸❶ **p.1550** *n* tiempo *m*; **the past/present/future ~** el pasado/presente/futuro

tensely /'tensli/ *adv* con tensión, tensamente

tenseness /'tensnəs || 'tensnɪs/ *n* [u] [1] (of atmosphere, situation) tensión *f*, tirantez *f* [2] (of person) nerviosismo *m* [3] (of muscle, body) tensión *f*

tensile /'tensəl || 'tensaɪl/ *adj* ‹*test*› de tensión; ‹*material*› extensible, elástico; **~ strength** resistencia *f* a la tensión; **~ stress** tensión *f*

tension /'tentʃən || 'tenʃən/ *n*
A [1] [c u] (of situation) tensión *f*, tirantez *f*; **the joke helped to relieve the ~** el chiste ayudó a aflojar la tensión [2] [u] (felt by person) tensión *f*; **nervous ~** tensión nerviosa; (*before n*): **~ headache** *dolor de cabeza producido por la tensión* [3] [c] (opposition) conflicto *m*
B [u] (tautness) tensión *f*; (in sewing, knitting) tensión *f*
C [u] (Elec) tensión *f*; **high/low ~** alta/baja tensión

tensor /'tensər || 'tensə(r)/ *n* [1] **~ (muscle)** (Anat) tensor *m*, músculo *m* extensor [2] (Math) tensor *m*

tent /tent/ *n* tienda *f* (de campaña), carpa *f* (AmL), tolda *f* (Col); (*before n*): **~ peg** estaca *f*; **~ pole** palo *m*

tentacle /'tentɪkəl || 'tentəkəl/ *n* tentáculo *m*

tentative /'tentətɪv/ *adj* ‹*plan/arrangement*› provisional, provisorio (AmS), de prueba; ‹*offer*› tentativo; ‹*gesture*› vacilante, de indecisión; **may I make a ~ suggestion?** ¿podría, si me permiten, hacer una sugerencia?

tentatively /'tentətɪvli/ *adv* ‹*conclude/propose*› provisionalmente, provisoriamente (AmS); ‹*say/smile*› con vacilación, tímidamente; **we ~ raised the subject** sacamos a colación el tema tentativamente *or* para tantear el terreno; **they have begun, very ~, to diversify their operations** han empezado muy cautelosamente a diversificar sus operaciones

tent dress *n: vestido suelto, de hombros estrechos, que se va ampliando hacia abajo*

tenterhooks /'tentərhʊks || 'tentəhʊks/ *pl n*: ***to be on ~*** estar* en *or* sobre ascuas; ***to keep sb on ~*** tener* a algn en *or* sobre ascuas

tenth[1] /tenθ/ ▸❶ **p.1085**, ▸❶ **p.1465** *adj* décimo; *see also* **fifth[1]**

tenth[2] *adv* (in position, time, order) en décimo lugar; *see also* **fifth[2]**

tenth[3] ▸❶ **p.1085**, ▸❶ **p.1091**, ▸❶ **p.1465** *n* [1] (Math) décimo *m* [2] (part) décima parte *f*; **nine ~s of the population is** *o* **are against it** el 90% de la población está en contra

tenth-rate /'tenθ'reɪt/ *adj* (colloq) de pésima calidad

tenuous /'tenjuəs/ *adj* ‹*claim/argument/evidence*› poco fundado, endeble; ‹*link/connection*› indirecto

tenuously /'tenjuəsli/ *adv* débilmente

tenuousness /'tenjuəsnəs || 'tenjuəsnɪs/ *n* [u] (of argument, evidence) lo poco fundado; (of connection) lo indirecto

tenure /'tenjər || 'tenjə(r)/ *n* [1] [u] (of property, land) tenencia *f*, ocupación *f* [2] [u c] (of office, post) ejercicio *m*, ocupación *f* [3] [u] (Educ) puesto *m* permanente, titularidad *f* (*en una universidad o colegio*), definitividad *f* (Méx)

tenured /'tenjərd || 'tenjəd/ *adj* ‹*position/appointment*› permanente, con titularidad *or* (Méx) definitividad

tenure track *n* [u] (AmE) interinidad *f* (*con posibilidad de permanencia*); (*before n*): **tenure-track appointment/position** nombramiento *m* /puesto *m* interino

tepee /'ti:pi:/ *n* tipi *m*

tepid /'tepəd || 'tepɪd/ *adj* ‹*drink/water*› tibio; ‹*welcome*› poco cálido; **the response from the audience was ~** la reacción del público no fue muy entusiasta

tequila /te'ki:lə/ *n* tequila *m*

tequila sunrise *n* tequila *m* sunrise (*cóctel de tequila, jugo de naranja y granadina*)

Ter. *n* = **Terrace**

terabyte /'terəbaɪt/ *n* terabit *m* (*un billón de bits*)

tercentenary /,tɜ:rsen'tenəri || ,tɜ:sen'ti:nəri/ *n* tricentenario *m*

tercentennial[1] /,tɜ:rsen'teniəl || ,tɜ:sen'teniəl/ *adj* trescientos, tricentésimo

tercentennial[2] *n* tricentenario *m*

tercet /'tɜ:rsət || 'tɜ:sɪt/ *n* (Lit, Mus) terceto *m*

Te Reo /,te'reɪəʊ/ *n* [u] (NZ) (Ling) rarotongano *m*, maorí *m* de las Islas Cook

term[1] /tɜ:rm tɜ:m/ *n*
(Sense I)
A (word) término *m*; **technical/legal/financial ~s** términos técnicos/legales/financieros; **a ~ of abuse** un insulto; **a ~ of endearment** un apelativo cariñoso; **we only discussed it in general ~s** sólo lo discutimos en términos generales; **he described it in graphic ~s** lo describió en forma muy gráfica; **he speaks about her in glowing ~s** habla de ella con gran admiración, la pone por las nubes; **in simple ~s** en lenguaje sencillo; **it's a contradiction in ~s** son términos contradictorios, encierra una contradicción; **they protested in the strongest possible ~s** protestaron en forma sumamente enérgica
B [1] (period) período *m*, periodo *m*; **a five-year ~** un período *or* periodo de cinco años; **the President's first ~ in office** el primer mandato del presidente; **he was condemned to a long ~ of imprisonment** lo condenaron a muchos años de prisión, le dieron *or* (frml) le impusieron una pena muy larga; **in the short ~** a corto plazo; **in the long ~** a largo plazo, a la larga (fam); *see also* **long-term[1]**, ▸**long-term[2]** *etc* [2] (in school, university) trimestre *m*; **the fall** *o* (BrE) **autumn/spring/summer ~** el primer/segundo/tercer trimestre; **during ~** (BrE) en la época de clases; **out of ~** (BrE) durante las vacaciones [3] (to due date) plazo *m*; **the ~ of the loan/contract expired** venció el plazo del préstamo/contrato; **the baby was born at (full) ~** fue un embarazo a término; (*before n*): **~ insurance** seguro *m* temporal; **~ loan** préstamo *m* a plazos
C (Math, Phil) término *m*
(Sense II) **terms** *pl*
A (conditions) condiciones *fpl*; **the ~s of the contract/agreement** las condiciones *or* los términos del contrato/acuerdo; **~s of sale** condiciones de venta; **we will only return to work on our ~s** volveremos al trabajo sólo si aceptan nuestras condiciones; **on equal ~s** en igualdad de condiciones, en pie de igualdad; **we offer easy ~s** ofrecemos facilidades de pago; **name your ~s** ¿cuáles son sus condiciones?; **~s of reference** (of committee — aim) cometido *m*; (— area of responsibility) competencia *f*, atribuciones *fpl* y responsabilidades *fpl*; (— instructions) mandato *m*, instrucciones *fpl*; (of study) ámbito *m*; ***to come to ~s with sth*** aceptar algo; ***to make ~s/come to ~s with sb*** ponerse* de acuerdo/llegar* a un acuerdo con algn
B (relations) relaciones *fpl*; **to be on good/bad ~s with sb** estar* en buenas/malas relaciones con algn, llevarse bien/mal con algn; **we are not on speaking ~s** no nos hablamos; **he's on familiar ~s with them** tiene confianza con ellos; **we're not on the best of ~s at the moment** nuestras relaciones no son muy cordiales en este momento; **they were on first name ~s** se llamaban por el nombre de pila, ≈ se tuteaban
C [1] (sense): **in financial/social/political ~s** desde el punto de vista financiero/social/político; **in real ~s** en términos reales [2] **in terms of**: **in ~s of efficiency, our system is far superior** en cuanto a eficiencia, nuestro sistema es muy superior; **if you look at it in ~s of the level of investment required ...** si lo considera desde el punto de vista del nivel de inversión que se requiere ...; **he sees everything in ~s of profit** todo lo ve en función *or* en términos de las ganancias que se puedan obtener; **I was thinking more in ~s of a second-hand car** yo estaba pensando más bien en un coche de segunda mano

term[2] *vt* calificar* de; **she ~ed it a total failure** lo calificó de fracaso total; **it's what's often ~ed a multi-disciplinary approach** es lo que se da en llamar un enfoque multidisciplinario

terminal[1] /'tɜ:rmənəl || 'tɜ:mɪnəl/ *adj* [1] (of, relating to death) ‹*cancer/illness*› terminal; ‹*patient*› (en fase) terminal, desahuciado; **~ boredom** (colloq) aburrimiento *m* mortal (fam); **in a state of ~ decline** en un estado de irreversible decadencia [2] (at end) (*before n*) terminal; **~ station** estación *f* terminal; **~ bonus** (Fin) bono *m* de vencimiento

terminal[2] *n* [1] (Transp) (at airport) terminal *f*, terminal *m* (Chi); **train ~** estación *f* terminal; **bus ~** terminal *f or* (Chi) *m* de autobuses [2] (Comput) terminal *m* [3] (Elec) terminal *m*, polo *m*

terminally /'tɜ:rmənəli || 'tɜ:mɪnəli/ *adv*: **he's ~ ill** está en fase terminal, está desahuciado

terminal velocity *n* [u c] velocidad *f* terminal

terminate /ˈtɜːrmənert || ˈtɜːmɪneɪt/ *vt* (frml) ‹*discussion/relationship*› poner* fin a; ‹*contract*› poner* término a; ‹*employee*› (AmE) despedir*, cesar (crit); **his employment will be ~d next month** causará baja *or* quedará cesante el mes que viene; **to ~ a pregnancy** interrumpir el embarazo

■ **terminate** *vi* «*lease/relationship*» terminarse; **your employment will ~ on January 31st** causará baja *or* quedará cesante el 31 de enero; **this train ~s here** (Transp) éste es el final del recorrido de este tren, hemos llegado a destino

termination /ˌtɜːrməˈneɪʃən || ˌtɜːmɪˈneɪʃən/ *n* [u] (frml): **~ of employment** baja *f*, cese *m*; **~ of pregnancy** interrupción *f* del embarazo; **she had to have a ~** tuvieron que hacerle un aborto

terminological /ˌtɜːrmənəˈlɑːdʒɪkəl || ˌtɜːmɪnəˈlɒdʒɪkəl/ *adj* terminológico

terminology /ˌtɜːrməˈnɑːlədʒi || ˌtɜːmɪˈnɒlədʒi/ *n* [u c] (*pl* **-gies**) terminología *f*

terminus /ˈtɜːrmənəs || ˈtɜːmɪnəs/ *n* (*pl* **-nuses** *or* **-ni** /-niː, -naɪ || -naɪ/) (of buses) terminal *f or* (Chi) *m*; (of trains) estación *f* terminal; **this is the ~** éste es el final del recorrido

termite /ˈtɜːrmaɪt || ˈtɜːmaɪt/ *n* termita *f*

term paper *n* (in US) *trabajo escrito exigido al finalizar el trimestre*

termtime /ˈtɜːrmtaɪm || ˈtɜːmtaɪm/ *n* (BrE) época *f* de clases

tern /tɜːrn || tɜːn/ *n* golondrina *f* de mar

terrace¹ /ˈterəs || ˈterəs, ˈterɪs/ *n* **1** (patio) terraza *f* **2** (balcony) (AmE) terraza *f* **3** (on hillside) terraza *f*, bancal *m* **4** (row of houses) (BrE) *hilera de casas adosadas* **5** **terraces** *pl* (BrE) (Sport) gradas *fpl*, tribunas *fpl* (CS)

terrace² *vt* ‹*hillside*› construir* terrazas *or* bancales en

terraced /ˈterəst || ˈterəst, ˈterɪst/ *adj* **1** (Agr, Geog) ‹*hillside/slope/field*› en terrazas *or* bancales **2** (BrE) adosado (*en una hilera de casas uniformes*)

terracotta /ˌterəˈkɑːtə || ˌterəˈkɒtə/ *n* [u] **1** (clay) terracota *f* **2** ▸❶ **p.1036** (color) terracota *f*; (*before n*) terracota *adj inv*

terra firma /ˌterəˈfɜːrmə || ˌterəˈfɜːmə/ *n* [u] (liter or hum) tierra *f* firme

terrain /teˈreɪn/ *n* [u c] (ground) terreno *m*; (region) territorio *m*

terrapin /ˈterəpən || ˈterəpɪn/ *n* galápago *m*, tortuga *f* de agua dulce *or* de río

terrarium /təˈreriəm || təˈreəriəm/ *n* (*pl* **-riums** *or* **-ria**) terrario *m*

terrestrial¹ /təˈrestriəl/ *adj*

A **1** ‹*life/telescope*› terrestre; **~ globe** globo *m* terráqueo *or* terrestre; **~ television** televisión *f* terrestre *or* terrenal **2** (worldly, mundane) (frml) ‹*problems/aims*› terrenal, terreno

B (Biol) terrestre

terrestrial² *n* terrestre *mf*, terrícola *mf*

terrible /ˈterəbəl/ *adj* **1** (very bad) ‹*movie/singer/weather*› espantoso, atroz, malísimo, fatal (Esp fam); **it will look ~ if we don't go** quedará muy mal que no vayamos; **to feel ~** (ill) sentirse* *or* encontrarse* pésimo *or* muy mal; (guilty, ashamed) sentirse* muy mal; **she had (a) ~ toothache** tenía un terrible dolor de muelas; **that's ~!** ¡qué terrible!, ¡qué horror!; **you're making a ~ mistake** estás cometiendo un tremendo *or* terrible error; **the ~ thing is …** lo peor del caso es que …; **she's a ~ one for exaggerating** es muy exagerada; **you're ~!** ¡qué malo eres! **2** (*as intensifier*): **he's a ~ bore** es terriblemente aburrido, es un pelmazo (fam); **what a ~ shame!** ¡qué lástima más grande!; **it's a ~ waste of time** es una pérdida lamentable de tiempo **3** (terrifying) (liter) sobrecogedor (liter), imponente; **Ivan the T~** Iván el Terrible

terribly /ˈterəbli/ *adv* **1** (severely) terriblemente; **the accident left him ~ disfigured** quedó terriblemente desfigurado en el accidente; **it hurt us ~** nos dolió muchísimo; **I miss you ~** te echo muchísimo de menos **2** (very incompetently) ‹*sing/act*› terriblemente mal, fatal (Esp fam) **3** (colloq) (*as intensifier*): **I was ~ worried/nervous** estaba preocupadísima/nerviosísima; **I'm ~ tired** estoy terriblemente cansado; **~ good** buenísimo; **~ bad** malísimo; **she's ~ nice** es simpatiquísima *or* (Esp tb) majísima; **it was all ~ elegant** estuvo todo de lo más elegante, estuvo todo superelegante (fam); **I'm not feeling ~ well** no me siento muy bien que digamos **4** (terrifyingly) (liter) aterradoramente

terrier /ˈteriər || ˈteriə(r)/ *n* terrier *mf*

terrific /təˈrɪfɪk/ *adj* **1** (great) (colloq) ‹*crash/size/speed*› tremendo, increíble; ‹*bore/argument*› espantoso **2** (very good) (colloq) ‹*party/cook/actor*› estupendo, genial (fam), de miedo (fam); ‹*idea/news/car*› estupendo, bárbaro (fam), fantástico (fam); **the kids had a ~ time at the zoo** los niños lo pasaron fenomenal *or* (Esp tb) pipa en el zoo (fam); **he's really ~** es un tipo genial *or* (Esp tb) super majo (fam); **(that's) ~!** ¡genial! (fam), ¡fenomenal! (fam), ¡chévere! (AmL exc CS fam); **(oh) ~!** (iro) ¡(pues) qué bien! (iró) **3** (frightening) (liter) aterrador

terrifically /təˈrɪfɪkli/ *adv* (colloq) **1** (*as intensifier*) ‹*good/expensive*› terriblemente (fam); **the book's been ~ successful** el libro ha tenido un éxito tremendo *or* ha sido un exitazo (fam); **she's a ~ funny/knowledgeable woman** es una mujer divertidísima/que sabe muchísimo **2** (very well) ‹*sing/play*› de maravilla, requetebién (fam)

terrified /ˈterəfaɪd || ˈterɪfaɪd/ *adj* ‹*crowd*› aterrorizado, aterrado; ‹*shout*› de terror; **I was ~** estaba aterrorizada, estaba muerta de miedo; **to be ~ OF sth/sb** tenerle* terror *or* pánico A algo/algn; **I'm ~ of heights/policemen** les tengo terror *or* pánico a las alturas/a los policías; **to be ~ OF -ING: he's ~ of failing** le aterra *or* le da terror la idea de fracasar; **I'm ~ of being alone in the house** me aterra *or* me da terror quedarme sola en casa; **to be ~ THAT** tener* terror DE QUE + SUBJ; **she's ~ that someone will find out** tiene terror de que alguien se entere, la aterra la idea de que alguien se pueda enterar; **they were ~ they might be too late** estaban aterrados pensando que no iban a llegar a tiempo

terrify /ˈterəfaɪ || ˈterɪfaɪ/ *vt* **-fies, -fying, -fied** aterrar; (actively) aterrorizar*; **spiders ~ me** les tengo pánico *or* terror *or* horror a las arañas; **the explosion terrified us** la explosión nos dio un susto de muerte; **the dog was terrified by the noise** el perro se aterrorizó al oír el ruido; **it terrifies me when I think (that) …** me aterra pensar que …

terrifying /ˈterəfaɪɪŋ || ˈterɪfaɪɪŋ/ *adj* ‹*experience/story/sound*› aterrador, espantoso, espeluznante; **I found him absolutely ~ when I was a child** de pequeño le tenía un miedo horroroso *or* le tenía verdadero terror; **what a ~ thought!** ¡qué horror!, ¡qué espanto!; **it was ~** ¡fue aterrador *or* espantoso!

terrifyingly /ˈterəfaɪɪŋli || ˈterɪfaɪɪŋli/ *adv* espantosamente, horriblemente

terrine /təˈriːn/ *n* terrina *f*

territorial /ˌterəˈtɔːriəl || ˌterɪˈtɔːriəl/ *adj* **1** (Pol) ‹*rights/sovereignty/dispute*› territorial; **~ waters** (to 12 mile limit) aguas *fpl* territoriales *or* jurisdiccionales, mar *m* territorial *or* jurisdiccional; (to 200 mile limit) mar *m* patrimonial **2** (Zool) ‹*animal/bird*› que tiene un sentido muy desarrollado de su territorio

Territorial Army *n* (in UK): **the ~ ~** el Ejército Territorial (*ejército voluntario de reservistas británico*)

territory /ˈterətɔːri || ˈterɪtəri, -tri/ *n* (*pl* **-ries**)

A **1** [u] (land) territorio *m* **2** [c] (colony, area) territorio *m*

B [u c] (of salesman, agent) área *f*‡; (of animal) territorio *m*; **to encroach on sb's ~** invadir el terreno *or* el territorio de algn

terror /ˈterər || ˈterə(r)/ *n*

A **1** [u] (fear) terror *m*; **they fled in ~** huyeron aterrorizados *or* despavoridos; **to rule by ~** gobernar* sembrando el terror; **~ of the unknown** terror a lo desconocido; **her ~ of her father** el terror que le tenía a su padre; **he lives in ~ of being found out** vive aterrorizado ante la posibilidad de que lo descubran; **to go in ~ of one's life** temer por su (*or* mi *etc*) vida; **to strike ~ in(to) sb/sb's heart** infundirle el terror a algn, infundir el terror en algn; **the (Reign of) T~** el (Régimen del) Terror; (*before n*): **~ attack** (journ) atentado *m* terrorista **2** [u c] (frightening person, thing): **the ~s of war** los horrores de la guerra; **she was the ~ of her subordinates** tenía aterrorizados a sus subalternos

B [c] (difficult person) (colloq): **that kid is a little ~** ese niño es un diablillo (fam); **he must be a ~ to work for** tiene que ser terrible tenerlo como jefe (fam); **she's a ~ for cleanliness** es una maniática de la limpieza

terrorism /ˈterərɪzəm/ *n* [u] terrorismo *m*; **an act of ~** una acción terrorista

terrorist /ˈterərəst || ˈterərɪst/ *n* terrorista *mf*; (*before n*) ‹*group/bomb*› terrorista

terrorize /ˈterəraɪz/ *vt* **1** (terrify) ‹*person/neighborhood*› aterrorizar*, tener* atemorizado **2** (intimidate) atemorizar*; **he ~d her into lying to the police** la atemorizó para que mintiera a la policía

terror-stricken /ˈterərˌstrɪkən || ˈterəˌstrɪkən/, **terror-struck** /-strʌk/ *adj* aterrorizado

terry /ˈteri/ *n* (*pl* **-ries**) **1** [u] **~ (cloth** o (BrE also) **towelling)** (fabric) (tela *f* de) toalla *f*, felpa *f*; (*before n*) ‹*robe*› de toalla *or* felpa **2** [c] **~ (nappy)** pañal *m* (*de toalla*)

terse /tɜːrs || tɜːs/ *adj* ‹*answer/person*› seco, lacónico; **he issued a ~ statement** emitió un escueto comunicado; **to be ~ with sb** ser* seco con algn

tersely /ˈtɜːrsli || ˈtɜːsli/ *adv* ‹*remark/answer*› lacónicamente; **a ~ worded letter** una carta lacónica

terseness /ˈtɜːrsnəs || ˈtɜːsnɪs/ *n* [u] laconismo *m*

tertiary /ˈtɜːrʃieri || ˈtɜːʃəri/ *adj* **1** (Econ) terciario **2** (Educ): **~ education** (BrE) educación *f* superior *or* de nivel terciario **3** **Tertiary** (Geol) terciario

Tertiary *n*: **the ~** el Terciario

Terylene® /ˈterəliːn || ˈterɪliːn/ *n* [u] (BrE) Terylene® *m*

TESL /ˈtesəl/ *n* (**= teaching English as a second language**) *enseñanza del inglés como segunda lengua*

TESOL /ˈtesɑːl || ˈtesɒl/ *n* (**= teaching English to speakers of other languages**) *enseñanza del inglés a extranjeros*

tessellated /ˈtesəleɪtəd || ˈtesəleɪtɪd/ *adj* ‹*floor/pavement*› (recubierto) de mosaico, teselado (téc)

test¹ /test/ *n*

A **1** (Educ) prueba *f*; (multiple-choice type) test *m*; **aptitude/intelligence ~** test *m* de aptitud/inteligencia; **to do** o **take a ~** hacer* una prueba/un test; **to give** o **set sb a ~** hacerle* *or* ponerle* a algn una prueba/un test **2** (of machine, vehicle, weapon) prueba *f*; (of drug, treatment) prueba *f*; **nuclear ~** prueba nuclear; (*before n*) ‹*run/flight*› experimental, de prueba **3** (trial) prueba *f*; **it was a ~ of strength/endurance** fue una prueba de fuerza/resistencia; **the crisis was a ~ of her leadership qualities/his loyalty** la crisis puso a prueba su aptitud como líder/su lealtad; **to put sth to the ~** poner* algo a prueba; **screen ~** (Cin) prueba *f* cinematográfica; ***to stand the ~ of time*** resistir el paso del tiempo **4** (analysis, investigation): **blood/urine ~** análisis *m* de sangre/orina; **eye/hearing ~** examen *m* de la vista/del oído; **they've sent a sample of blood away for ~s** han mandado a analizar una muestra de sangre; **the ~ was positive** el análisis dio positivo; **he/she failed the B-~** el contraanálisis dio positivo

B ▸**test match**

test² *vt* **1** ‹*student/class*› examinar, hacerle* una prueba a; ‹*knowledge/skill*› evaluar*; **the students are ~ed monthly** a los estudiantes se les hacen pruebas mensuales; **to ~ sb ON sth: what are they going to be ~ed on?**

¿sobre qué va a ser la prueba?, ¿sobre qué los van a examinar?; **do you want me to ~ you on your verbs?** ¿quieres que te pregunte *or* te tome los verbos?; **to ~ sb FOR sth**: **she was ~ed for AIDS** se le hizo un análisis para determinar si tenía el sida, se le hizo la prueba del sida; **the candidates were ~ed for their initiative** se sometió a los candidatos a una prueba de iniciativa **2** ~ **(out)** ‹*product/vehicle/weapon*› probar*, poner* a prueba; **to ~ sth (out) ON sb/sth**: **he ~ed (out) the recipe on me** probó la receta conmigo; **these cosmetics have not been ~ed on animals** no se han utilizado animales en las pruebas de laboratorio de estos cosméticos **3** ‹*friendship/commitment/endurance*› poner* a prueba; **the next few days will ~ the engine to the limit** los próximos días serán la prueba de fuego del motor **4** ‹*blood/urine*› analizar*; ‹*sight/hearing/reflexes*› examinar; ‹*hypothesis*› comprobar*; **you need your eyes ~ed** tienes que hacerte examinar la vista; **~ the temperature of the water** prueba la temperatura del agua; **to ~ sth FOR sth**: **the eggs were ~ed for salmonella** los huevos fueron analizados para determinar si estaban infectados de salmonela

■ **test** *vi* **1** (carry out a test) hacer* pruebas; (Med) hacer* análisis; **to ~ FOR sth**: **they will be ~ing for fluency and pronunciation** harán pruebas de fluidez y pronunciación; **doctors are ~ing for cancer** los médicos están haciendo análisis para determinar si hay cáncer; **just ~ing!** (hum) era sólo para ver qué decías; **she ~ed positive** su análisis dio positivo **2** (Cin) hacer* pruebas; **she ~ed for the witch's part** hizo pruebas para el papel de la bruja

testament /'testəmənt/ *n*
A (will) testamento *m*; **the last will and ~ of …** el testamento y última voluntad de …
B **1** **Testament** (Bib): **the Old/New T~** el Antiguo/Nuevo Testamento **2** (covenant) (liter) legado *m*
C (proof) (frml) testimonio *m*; **to be a ~ TO sth** ser* testimonio DE algo

testamentary /ˌtestə'mentəri/ *adj* (frml) testamentario; **~ capacity** capacidad *f* para testar

testator /'testeɪtər || tes'teɪtə(r)/ *n* (frml) testador, -dora *m,f*

test ban *n* (Mil, Pol) suspensión *f* *or* prohibición *f* de pruebas nucleares

test bed *n* banco *m* de pruebas

test card *n* (BrE) ▸**test pattern**

test case *n*: *caso que sienta jurisprudencia*

test cricket *n* [u] cricket *m* entre naciones

test data *n* (+ *pl vb*) datos *mpl* de prueba

test-drive /'testdraɪv/ *vt* (*past* **-drove** *past p* **-driven**) (Auto) probar* (*en carretera*)

test drive *n* (Auto) prueba *f* de circulación en carretera; **come for a ~ ~ in the new 426GT** venga a probar el nuevo 426GT

tester /'testər || 'testə(r)/ *n*
A **1** (person) *persona que prueba un producto*; (in factory) controlador, -dora *m,f* (de calidad) **2** (device) (Tech) *aparato o instrumento de ensayo*; **circuit/voltage ~** (Elec) verificador *m* de circuitos/voltaje
B (sample) frasco *m* (*or* aerosol *m etc*) de muestra

testes /'testi:z/ *pl n* testes *mpl*

testicle /'testɪkəl/ *n* testículo *m*

testicular /tes'tɪkjələr || tes'tɪkjʊlə(r)/ *adj* testicular; **~ cancer** cáncer *m* testicular *or* de testículo

testify /'testəfaɪ || 'testɪfaɪ/ *vi* **-fies, -fying, -fied** **1** (Law) (frml) prestar declaración, declarar, testificar*; **to ~ TO sth** declarar *or* testificar* algo **2** (demonstrate) (frml) **to ~ TO sth** atestiguar* algo, ser* testimonio DE algo, ser* prueba fehaciente DE algo

■ **testify** *vt* (Law) declarar, testificar*; **to ~ that …** declarar *or* testificar* que …

testily /'testəli || 'testɪli/ *adv* con irritación

testimonial /ˌtestə'məʊniəl || ˌtestɪ'məʊniəl/ *n* **1** (reference, recommendation) recomendación *f* **2** (tribute, gift) tributo *m*, homenaje *m*

testimony /'testəməʊni || 'testɪməni/ *n* (*pl* **-nies**) **1** [u c] (Law) declaración *f*, testimonio *m*; **to give ~** prestar declaración **2** (demonstration) (frml) (*no pl*) **to be (a) ~ *o* to bear ~ TO sth** ser* *or* dar* testimonio DE algo, atestiguar* algo

testiness /'testinəs || 'testinɪs/ *n* [u] irritación *f*

testing[1] /'testɪŋ/ *n* [u] pruebas *fpl*

testing[2] *adj* duro, arduo; **we've had a ~ time of it lately** lo hemos pasado mal últimamente; **this has been a ~ time for all of us** éstos han sido tiempos difíciles para todos nosotros

testing ground *n* (journ) terreno *m* de pruebas; **a ~ ~ for new ideas** un terreno de pruebas para ideas nuevas

test-market /'testˌmɑ:rkət || 'testˌmɑ:kɪt/ *vt* ‹*product*› hacer* una prueba de mercado de

test match *n* (in cricket, rugby) partido *m* internacional

testosterone /te'stɑ:stərəʊn || te'stɒstərəʊn/ *n* [u] testosterona *f*

test paper *n* **1** (Educ) examen *m*, prueba *f* **2** (Chem) papel *m* reactivo

test pattern *n* (AmE) carta *f* de ajuste

test piece *n*
A (Mus) *pieza seleccionada para un certamen musical*
B (sample of testing) muestra *f* para pruebas

test pilot *n* piloto *mf* de pruebas

test tube *n* probeta *f*, tubo *m* de ensayo; (*before n*): **test-tube baby** niño, -ña *m,f* probeta

testy /'testi/ *adj* **-tier, -tiest** irritable, de mal genio; **a ~ old man** un viejo cascarrabias

tetanus /'tetnəs/ *n* [u] tétano(s) *m*; (*before n*) ‹*vaccine*› antitetánico, del *or* contra el tétano(s)

tetched /tetʃt/ *adj* (AmE colloq) tocado (fam), rayado (AmS fam); **he's a little ~ in the head** está algo tocado (de la cabeza) (fam), está un poco rayado (AmS fam)

tetchily /'tetʃəli || 'tetʃɪli/ *adv* irasciblemente

tetchiness /'tetʃinəs || 'tetʃinɪs/ *n* [u] irritabilidad *f*

tetchy /'tetʃi/ *adj* **tetchier, tetchiest** irritable; **don't be so ~** no seas tan cascarrabias

tête-à-tête /ˌtetə'tet || ˌteta:'tet/ *n* tête-à-tête *m*; **we had a little ~** tuvimos una pequeña conversación *or* un tête-à-tête

tether[1] /'teðər || 'teðə(r)/ *n* (rope) soga *f*; (chain) cadena *f*; ▸**end**[1] **A1**

tether[2] *vt* ‹*animal*› atar, amarrar

tetrahedron /ˌtetrə'hi:drən/ *n* tetraedro *m*

tetraplegia /ˌtetrə'pli:dʒə/ *n* [u] tetraplejía *f*

tetraplegic /ˌtetrə'pli:dʒɪk/ *n* tetrapléjico, -ca *m,f*

Teutonic /tu:'tɑ:nɪk || tju:'tɒnɪk/ *adj* teutónico

Tex = Texas

Texan[1] /'teksən/ *adj* tejano, texano

Texan[2] *n* tejano, -na *m,f*, texano, -na *m,f*

Texas /'teksəs/ *n* Tejas *f*, Texas *f*

Tex-Mex /'teks'meks/ *adj* Tex-Mex, de Texas y México

text[1] /tekst/ ➡▯ *n*
A **1** [u] (written material) texto *m*; (*before n*): **~ processing** procesamiento *m* *or* tratamiento *m* de textos; **~ processor** procesador *m* de texto **2** [c] (piece of writing) texto *m* **3** [u] (content, wording) texto *m*
B [c] (AmE) (textbook) libro *m* de texto
C [c] (topic) tema *m*
D [c] (Telec) (message) mensaje *m* de texto, sms *m*, SMS *m*

text[2] *vi* mandar un mensaje de texto, textear (AmL)

■ **text** *vt*: **to ~ sb** mandarle un mensaje de texto a algn, textear a algn (AmL); **~ me when you're on your way** mándame un mensaje de texto *or* (AmL) textéame cuando estés en camino

textbook /'tekstbʊk/ *n* libro *m* de texto; (*before n*) ‹*case/approach*› clásico; **she plays ~ tennis** juega un tenis de manual; **he fought a ~ campaign** hizo una campaña modélica *or* que seguía todos los cánones

text-editor *n* editor *m* de texto

textile /'tekstaɪl/ *n* [c u] textil *m*; (*before n*) ‹*factory/industry/machinery*› textil; ‹*worker*› (del sector) textil

text message ➡▯ *n* mensaje *m* de texto, sms *m*, SMS *m*

text messaging /'mesədʒɪŋ || 'mesɪdʒɪŋ/ ➡▯ *n* [u] mensajería *f* de texto

textphone /'tekstfəʊn/ *n* (Telec) teléfono *m* de texto

textual /'tekstʃuəl || 'tekstjʊəl/ *adj* ‹*error/differences*› textual; ‹*criticism/analysis*› (Bib) de los textos bíblicos; (Lit) de textos

texture /'tekstʃər || 'tekstʃə(r)/ *n* [u] **1** (feel, surface) textura *f*; **the smooth ~ of a baby's skin** la tersura *or* suavidad de la piel de un bebé **2** (of woven fabric) textura *f* **3** (consistency) consistencia *f* **4** (of writing, music) textura *f*

textured /'tekstʃərd || 'tekstʃəd/ *adj* ‹*wallpaper*› con textura, con relieve; ‹*weave*› texturado (téc), texturizado (téc), con textura

text wrap *n* [u] distribución *f* *or* ajuste *m* de texto (*alrededor de la imagen*)

TGWU *n* (in UK) **= Transport and General Workers' Union**

Thai[1] /taɪ/ *adj* tailandés

Thai[2] *n* **1** [c] (person) tailandés, -desa *m,f* **2** [u] (language) tailandés *m*

Thailand /'taɪlænd/ *n* Tailandia *f*

thalamus /'θæləməs/ *n* tálamo *m*

thalidomide /θə'lɪdəmaɪd/ *n* [u] talidomida *f*

Thames /temz/ *n*: **the ~** el Támesis

than[1] /ðæn *weak form* /ðən/ *conj* **1** (in comparisons) que; (with quantity) de; **I'm feeling better ~ I was** me siento mejor que antes; **the situation is even worse ~ we thought** la situación es aún peor de lo que pensábamos; **more/less ~ we had asked for** más/menos de lo que habíamos pedido **2** (with alternatives): **I'd prefer to walk ~ (to) go by bus** prefiero ir a pie a tomar el autobús; **I'd sooner die ~ marry you** prefiero morirme antes que casarme contigo **3** (except, besides) que; **there was nothing for it other ~ going back** *o* **to go back** no había más remedio que volver; **I had no alternative ~ to resign** no tenía otra alternativa que dimitir **4** (when) cuando; **no sooner had I sat down ~ the bell rang** apenas me había sentado cuando sonó el timbre, en cuanto me senté sonó el timbre

than[2] *prep* (in comparisons) que; (with quantity) de; **his house is bigger ~ mine** su casa es más grande que la mía; **she can sew better ~ me** sabe coser mejor que yo; **more ~ £200/20 days** más de 200 libras/20 días; **more ~ once** más de una vez

thank /θæŋk/ *vt* **1** (demonstrate gratitude to) **to ~ sb (FOR sth)** darle* las gracias a algn (POR algo), agradecerle* (algo) a algn; **he didn't even ~ me** ni (siquiera) me dio las gracias *or* me (lo) agradeció; **how can I ever ~ you?** ¿cómo podré agradecértelo?; **I must ~ him!** tengo que darle las gracias *or* agradecérselo; **please ~ your parents for me** dales las gracias a tus padres de mi parte; **I can't ~ you enough for what you did** nunca podré agradecerte bastante lo que hiciste; **we ~ed her for helping us** le dimos las gracias por habernos ayudado, le agradecimos que nos hubiera ayudado; **he won't ~ you for the advice** no te va a agradecer el consejo; **I'll ~ you not to meddle in my affairs!** te agradecería que no te metieras en mis asuntos **2** (hold responsible): **you can ~ the government/weather for it** la culpa la tiene el gobierno/tiempo; **she's got her father to ~ for her hang-ups** los complejos que tiene se los debe a su padre; **you've only yourself to ~** la culpa sólo la tienes tú **3** (*in interj phrases*): **~ God I've finished** menos mal *or* gracias a Dios que ya he terminado; **~ heavens you're all right** menos mal *or* gracias a Dios que no te ha pasado nada; **~ goodness you came**

➡▯ *see* SMS (electronic text messaging)

t

ⓘ That

As an adjective

The translations *ese* and *aquel* agree in number and gender with the nouns they modify; *that* is translated by *ese, esa, aquel, aquella*, and *those* by *esos, esas, aquellos, aquellas*, depending on the meaning being translated, and what follows:

that book/magazine
= ese libro/esa revista *or* aquel libro/aquella revista

those books/magazines
= esos libros/esas revistas *or* aquellos libros/aquellas revistas

As a pronoun

Again, the translations *ése* and *aquél* agree in number and gender with the nouns they are standing for; *that* is translated by *ése, ésa, aquél, aquélla*, and *those* by *ésos, ésas, aquéllos, aquéllas*, depending on the meaning being translated, and what is being referred to:

that (one) is yours
= ése or aquél es el tuyo

those were the best years of my life
= ésos or aquéllos fueron los mejores años de mi vida

■ When *that* as a pronoun is used to refer to something which is not specified for gender, it is translated by the neuter *eso* or *aquello*, according to context:

what's that?
= ¿qué es eso?

why did he do that?
= ¿por qué hizo eso?

what's that over there?
= ¿qué es aquello que se ve allá?

Sometimes it is not translated at all:

that's incredible!
= ¡es increíble!

For more examples and particular usages see the entries for **that**

menos mal que viniste; ~ **God for that** gracias a Dios; *see also* **thank you**

thankful /'θæŋkfəl/ *adj* ‹*look/smile*› de agradecimiento, agradecido; **you should be ~ you're fit and well** deberías dar gracias a Dios por tu salud; **let's be ~ we got there in time** menos mal *or* gracias a Dios que llegamos a tiempo; **to be ~ TO sb (FOR sth)** estarle* agradecido A algn POR algo; **I shall always be ~ to her for her advice** le estaré siempre agradecida *or* le quedaré eternamente agradecida por los consejos que me dio

thankfully /'θæŋkfəli/ *adv* 1 (gratefully): **she smiled ~ up at me** me sonrió agradecida 2 (*indep*) menos mal, gracias a Dios

thankfulness /'θæŋkfəlnəs ‖ 'θæŋkfəlnɪs/ *n* [u] gratitud *f*

thankless /'θæŋkləs ‖ 'θæŋklɪs/ *adj* 1 (unrewarding) ‹*task/job*› ingrato 2 (ungrateful) (liter) ingrato, desagradecido

thanks /θæŋks/ *pl n* 1 (expression of gratitude) agradecimiento *m*; **allow me to express my heartfelt ~** (frml) permítame expresarle mi más sincero agradecimiento (frml); **a letter/speech of ~** una carta/unas palabras de agradecimiento; Ⓢ **received with thanks** pagado; **is that all the ~ I get?** ¿es así cómo se me lo agradece?; **I did all I could to help him and small** *o* (iro) **much ~ I got for it** hice todo lo que pude por ayudarlo y fíjate cómo me lo agradeció; **you won't get any ~** no te lo van a agradecer; **to give ~ to God/for sth** dar* gracias a Dios/por algo 2 (*as interj*): **~!** ¡gracias!; **~ very much** *o* **a lot!** ¡muchas gracias!; **~ a million!** ¡mil gracias!, ¡un millón de gracias!; **you can cook supper tonight — oh, ~ a lot** *o* **a bundle!** (iro) tú haces la cena esta noche — ¡hombre, muchas gracias! *or* ¡mira qué bien! (iró); **~ for nothing!** ¡muchas gracias! (iró); **many ~ (for sth/-ING)** muchas gracias (por algo/+ INF) 3 **thanks to** gracias a; **~ to you we got there on time** gracias a ti llegamos puntuales; **it's ~ to you that we're in this mess** (iro) estamos metidos en este lío gracias a ti (iró); **no ~ to you!** ¡no será gracias a ti *or* por ti precisamente!; **it's no ~** *o* **it's small ~ to you that we got the contract** no fue gracias a ti que conseguimos el contrato

thanksgiving /θæŋks'gɪvɪŋ/ *n* 1 acción *f* de gracias 2 **Thanksgiving (Day)** (in US) el día de Acción de Gracias (*que conmemora la primera cosecha de los*, ▸**Pilgrim Fathers - the Pilgrim Fathers**

> **Thanksgiving**
>
> El día de Acción de Gracias es un día festivo en EEUU, que se celebra el cuarto jueves de noviembre. Se lo asocia con la época de la llegada de los ▸**Pilgrim Fathers - the Pilgrim Fathers** a Norteamérica en 1621. Se originó en el otoño del mismo año cuando el gobernador de Plymouth, William Bedford, invitó a los indios a unirse a ellos en una celebración de tres días en gratitud por aquella primera y abundante cosecha. En la actualidad es una ocasión en que las familias se reúnen para una comida tradicional que consiste en un pavo asado, relleno, salsa de arándanos, batatas y de postre, pastel de calabaza.

thank-you /'θæŋkju:/ *n*: **without so much as a ~** sin siquiera dar las gracias; **have you said all your ~s?** ¿les has dado las gracias a todos?; **the flowers were meant as a ~** las flores eran para dar las gracias *or* en señal de agradecimiento; **a special ~ to Mrs Brown** doy/damos las gracias muy especialmente a la señora Brown; (*before n*) ‹*letter/gift*› de agradecimiento

thank you /'θæŋkju:/ *interj* ¡gracias!; **~ ~ very much** muchas gracias; **to say ~ ~** dar* las gracias; **say ~ ~ to the lady** dale las gracias a la señora; **no, ~ ~** no, gracias; **I think I can manage, ~ ~** gracias, pero creo que me las puedo arreglar yo solo; **I don't need your advice, ~ ~ very much!** muchas gracias, pero puedes guardarte tus consejos; **~ ~ for coming/your help** gracias por venir/tu ayuda; **~ ~ — not at all, thank** *you* gracias — de nada, gracias a ti

that¹ /ðæt/ *pron*

A ▸ⓘ **p.1784** (*pl* **those**) (demonstrative) ése, ésa; (*neuter*) eso; **those** ésos, ésas; (*to refer to sth more distant, to the remote past*) aquél, aquélla; (*neuter*) aquello; **those** aquéllos, aquéllas [*The Academy states the accent can be omitted when there is no ambiguity*] **what's ~?** ¿qué es eso?; **who's ~?** quién es ése/ésa?; **~'s Mary's husband/daughter** ése es el marido/ésa es la hija de Mary; **those are $20 and those over there $21.50** ésos cuestan 20 dólares y aquéllos de allá 21,50; **~'s why she never went back** por eso nunca volvió; **who's ~, please?** (on telephone) ¿con quién hablo, por favor?; **~'s impossible/wonderful!** ¡es imposible/maravilloso!; **~ was last week** eso fue la semana pasada; **those who have been less fortunate** los que no han tenido tanta suerte; **those at the back cannot hear** los que están en el fondo no oyen; **is ~ so?** ¡no me digas!, ¿ah, sí?; **eat it up now, ~'s a good girl!** vamos, cómetelo todo ¡así me gusta!; **~'s the spirit!** ¡así se hace!; **don't talk like ~!** ¡no hables así!, ¡no digas eso!; **and all ~** (colloq) y todo eso; **come on, it's not as bad as all ~** vamos, que no es para tanto; **she told me that John had won the race — ~ he did** me dijo que John había ganado la carrera — así es(, la ganó John)

B (*in phrases*): **at that** (moreover) además; (thereupon): **at ~ they all burst out laughing** al oír (*or* ver *etc*) eso, todos se echaron a reír; **for all that** por eso; **the village has changed, but has not lost its charm for all ~** el pueblo ha cambiado, pero no por eso ha perdido su encanto; **that is: we all go, all the adults, ~ is** vamos todos, es decir: todos los adultos; **you're welcome to come along, ~ is, if you'd like to** encantados de que vengas; siempre que quieras venir, claro; **that's it!: ~'s it for today** eso es todo por hoy; **is ~ it? — no, there's another bag to come** ¿ya está? — no, todavía falta otra bolsa; **now lift your left arm: ~'s it!** ahora levanta el brazo izquierdo ¡eso es! *or* ¡ahí está!; **~'s it: I've had enough!** ¡se acabó! ¡ya no aguanto más!; **that's that: you're not going and ~'s ~!** no vas y no hay más que hablar *or* y se acabó; **she refused and ~ was ~** se negó y punto

C /ðæt *weak form* /ðət/ (relative) que; **a voice ~ reminded him of somebody** una voz que le recordaba a alguien; **it's not money ~'s the problem** el problema aquí no es el dinero; **it was in Australia ~ I met Bob** fue en Australia donde conocí a Bob, fue en Australia que conocí a Bob (AmL); **fool ~ I was, I believed him** tonto que fui, le creí; **everywhere ~() I go** dondequiera que voy; **it wasn't Helen ~() you saw** no fue a Helen a quien viste, no fue a Helen que viste (AmL); **is it today ~() they're arriving?** ¿es hoy cuando llegan?, ¿es hoy que llegan? (AmL); **the reason ~() she resigned** el motivo por el que dimitió; **the way ~() he spoke** la forma en que habló

that² /ðæt/ ▸ⓘ **p.1784** *adj* (*pl* **those**) ese, esa; **those** esos, esas; (*to refer to sth more distant, to the remote past*) aquel, aquella; **those** aquellos, aquellas; **do you know ~ boy/girl?** ¿conoces a ese chico/esa chica?; **those two records/keys are Pete's** esos dos discos/esas dos llaves son de Pete; **do you remember those two Americans we met?** ¿te acuerdas de aquellos dos americanos que conocimos?; **I prefer ~ one** prefiero ése/ésa; **I like those yellow ones** me gustan ésos amarillos; **in those days** en aquellos tiempos; **we interviewed only those candidates who ...** sólo entrevistamos a los *or* aquellos candidatos que ...; **it's been one of those days** ha sido uno de esos días en que todo sale mal

that³ /ðæt *weak form* /ðət/ *conj*

A que; **they decided (~) it was too expensive** decidieron que era demasiado caro; **she said (~) she understood** dijo que entendía; **~ he should say so surprises me** me sorprende que lo diga; **the idea ~ the end justifies the means** la idea de que el fin justifica los medios; **the news ~ our team had won** la noticia de que nuestro equipo había ganado; **I'm glad (~) you're here** me alegro de que estés aquí; **doesn't it worry you ~ you haven't heard from him?** ¿no te preocupa (el) no haber tenido noticias suyas?; **let me know immediately (~) they arrive** avísame en cuanto lleguen

B 1 (in order that): **they died ~ others might live** (liter) murieron para que otros pudieran vivir; **be careful (~) you don't lose anything** ten cuidado de no perder nada 2 (with the result that) que; **she talks so fast ~ I can't understand** habla tan rápido que no le entiendo

C (*in interj phrases*) 1 (expressing surprise): **~ he should do such a thing!** ¡mira que hacer una

t

The

The definite article *the* is translated by *el* before a masculine singular noun, *la* before a feminine singular noun, *los* before a masculine plural noun, *las* before a feminine plural noun:

the book/books
= el libro/los libros

the table/tables
= la mesa/las mesas

Singular feminine nouns beginning with a stressed or accented *a* or *ha* take the article *el* rather than *la*:

the eagle
= el águila

the water
= el agua

These nouns are marked in this dictionary by the symbol ‡

Exceptions to this rule are:

- the letters of the alphabet *la a* and *la hache*
- words such as *la árabe*, where the feminine article is needed in order to differentiate gender

The masculine singular article *el* combines with the prepositions *de* and *a* to form *del* and *al*:

la página del libro
= the page of the book

fui al mercado
= I went to the market

When/when not to use *the*

In the following cases, translations into Spanish must include the definite article, although it does not appear in English

- with generic nouns, which denote a whole category:

love is powerful
= el amor es poderoso

I despise hypocrisy
= detesto la hipocresía

children are a blessing
= los niños son una bendición

roses are beautiful
= las rosas son hermosas

- with the names of certain countries and places:

India
= la India

Cairo
= El Cairo

Havana
= la Habana

Note that some geographical names may be used with or without the article (this is not a comprehensive list):

Argentina
= (la) Argentina

Brazil
= (el) Brasil

Ecuador
= (el) Ecuador

Japan
= (el) Japón

Paraguay
= (el) Paraguay

Peru
= (el) Perú

Uruguay
= (el) Uruguay

Vietnam
= (el) Vietnam

- where a second plural noun is mentioned, with a change of gender in the Spanish:

the horses and cows
= los caballos y las vacas

The definite article is not translated in the names of monarchs or popes which contain an ordinal number in English:

Henry the Third
= Enrique tercero

Elizabeth the Second
= Isabel segunda

For more examples and particular usages see the entries for **the**

cosa así! **2** (expressing a wish) (liter) ¡ojalá! (+ *subj*); **oh, ~ you were here!** ¡ojalá estuvieras aquí!

that⁴ /ðæt/ *adv* tan; **ten thirty? ~ late already?** ¿las diez y media? ¿ya es tan tarde?; **I'm not ~ interested, really** la verdad es que no me interesa tanto; **she can't be all ~ stupid** no es posible que sea tan tonta; **how much do you want? ~ much?** ¿cuánto quieres? ¿un tanto así?; **I was ~ tired I could hardly stay awake** (BrE dial) estaba tan cansado que apenas podía mantenerme despierto

thatch¹ /θætʃ/ *n* **1** [u] (roofing) *paja, juncos etc utilizados como techumbre,* quincha *f* (AmS) **2** [c] (roof) tejado *m* de paja (*or* de juncos *etc*), techo *m* de quincha (AmS) **3** [c] **a ~ of hair** una mata de pelo

thatch² *vt* (Const) ‹*roof*› cubrir* *or* techar con paja (*or* juncos *etc*), empajar, quinchar (AmS)

thatched /θætʃt/ *adj* ‹*roof*› de paja (*or* de juncos *etc*) *or* (AmS) de quincha; ‹*cottage*› con el tejado de paja (*or* de juncos *etc*), quinchado (AmS)

thatcher /ˈθætʃər || ˈθætʃə(r)/ *n* (Const) empajador, -dora *m,f* (*de tejados*), quinchador, -dora *m,f* (RPl)

thatching /ˈθætʃɪŋ/ *n* [u] **1** (skill) *empajado de tejados y techos* **2** (roofing) ▸**thatch¹ 1**

thaw¹ /θɔː/ *vi* «*snow/ice*» derretirse*, fundirse, deshacerse*; «*frozen food*» descongelarse; **the atmosphere soon ~ed (out) once we got talking** en cuanto nos pusimos a hablar el ambiente empezó a relajarse; **relations between the two countries are ~ing** las relaciones entre los dos países se están haciendo más cordiales *or* se están distendiendo; **his shyness slowly ~ed** poco a poco fue perdiendo la timidez

■ **thaw** *vt* ‹*snow/ice*› derretir*, fundir, deshacer*; ‹*frozen food*› descongelar

■ *v impers* ▸ⓘ **p.1878** (Meteo) deshelar*

(Phrasal verb)

• **thaw out**

A [v + o + adv, v + adv + o] descongelar
B [v + adv] descongelarse

thaw² ▸ⓘ **p.1878** *n* (Meteo, Pol) deshielo *m*, derretimiento *m*; **a ~ has set in** ha empezado el deshielo; **the diplomatic ~** el deshielo de las relaciones diplomáticas

the¹ *before vowel* /ði ðɪ *before consonant* /ðə *strong form* /ðiː/ ▸ⓘ **p.1785** *def art*

A (*sing*) el, la; (*pl*) los, las; **pass me ~ bread/~ salt/~ tomatoes/~ grapes** pásame el pan/la sal/los tomates/las uvas; **the color of ~ sky/of ~ grass** el color del cielo/de la hierba

B (*emphatic use*): **do you mean** *the* **Dr Black?** ¿te refieres al famoso Dr Black?; **she's** *the* **woman for the job** es la mujer ideal para el puesto; **it's** *the* **novel to read just now** en este momento, es la novela que hay que leer

C **1** (with names): **Henry ~ First/Second/Third** Enrique primero/segundo/tercero; **~ Smiths** los Smith **2** (in generic use) el, la; **the invention of ~ printing press** la invención de la imprenta; **~ polar bear** el oso polar **3** (in abstractions, generalizations) (+ *sing vb*): **~ possible/sublime** lo posible/sublime; **~ young/old** los jóvenes/viejos

D (per) por; **they sell it by ~ square foot** lo venden por pie cuadrado; **I get paid by ~ hour** me pagan por hora; **three dollars ~ yard** tres dólares la yarda

E (used instead of possessive pron) (colloq) (*sing*) el, la; (*pl*) los, las; **how's ~ family?** ¿qué tal la familia? (fam); **~ old elbow's giving him trouble again** está teniendo problemas con el codo otra vez

the² *before vowel* /ði *before consonant* /ðə/ *adv* (+ *comp*) **1** (*as conj*) cuanto; **~ more you have, ~ more you want** cuanto más tienes, más quieres; **~ more she knows them, ~ less she likes them** cuanto más los conoce, menos le gustan; **~ sooner, ~ better** cuanto antes, mejor **2** (*in comparisons*): **I'm ~ richer for this experience** me he enriquecido con esta experiencia; **all ~ better to see you with** para verte mejor; **that's all ~ more reason not to give in** mayor razón para no ceder; **they'll be none ~ worse for some discipline** no les vendrá mal un poco de disciplina

theater, (BrE) **theatre** /ˈθiːətər || ˈθɪətə(r)/ *n*

A **1** [c] (building) teatro *m*, sala *f* teatral (period); **to go to the ~** ir* al teatro; (*before n*): **I've got two ~ tickets** tengo dos entradas para el teatro **2** [u] (theatrical world): **the ~** el teatro, la escena; **she wants to go into (the) ~** quiere dedicarse al teatro *or* a la escena **3** [u] (drama) teatro *m*; **an important figure in French ~** una figura importante del teatro francés; **the T~ of the Absurd** el teatro del absurdo; **it's a good piece of ~** es buen teatro; **the debate made good ~** el debate fue de lo más teatral *or* todo un espectáculo; (*before n*) ‹*company/critic*› teatral, de teatro; **~ guide** cartelera *f* teatral; **the ~ world** el mundo del teatro *or* de las tablas

B [c] (*movie ~*) (AmE) cine *m*, sala *f* de cine (period), teatro *m* (Chi, Col)

C [c] (*operating ~*) (BrE) quirófano *m*, sala *f* de operaciones

D [c] (area) **~ OF sth** escenario *m* DE algo; **the ~ of war/operations** el escenario de la guerra/de operaciones

theatergoer, (BrE) **theatregoer** /ˈθiːətər ˌgəʊər || ˈθɪətəˌgəʊə(r)/ *n* **1** (Theat): **the street was full of ~s** la calle estaba llena de gente que iba a/venía del teatro; **he's a keen ~** es muy aficionado al teatro, va mucho al teatro; **the number of ~s has declined** el número de asistentes al teatro ha disminuido **2** (AmE) ▸**moviegoer**

theatergoing, (BrE) **theatregoing** /ˈθiːətərˌgəʊɪŋ || ˈθɪətəˌgəʊɪŋ/ *adj* (*before n*): **the ~ public** el público asiduo al *or* del teatro, los habitués del teatro (CS); **in my ~ days** cuando iba al teatro

theater-in-the-round, (BrE) **theatre-in-the-round** /ˌθiːətərənðəˈraʊnd || ˌθɪətərɪnðəˈraʊnd/ *n* [u] teatro *m* circular *or* con escenario central

theatrical /θiˈætrɪkəl/ *adj* **1** ‹*debut/event/circles*› teatral; **have you any ~ experience?** ¿ha hecho teatro antes?, ¿tiene experiencia teatral? **2** (exaggerated) ‹*manner/gesture/person*› teatral, histriónico; **don't be so ~ about it** no hagas tanto teatro

t

theatricality /θi,ætrɪ'kæləti/ *n* [u] teatralidad *f*

theatrically /θi'ætrɪkəli/ *adv* **1** (Theat) teatralmente **2** (affectedly) ‹*talk/gesture*› de manera teatral *or* histriónica, haciendo (mucho) teatro

theatricals /θi'ætrɪkəlz/ *pl n* (*amateur* ~) **1** teatro *m* amateur *or* de aficionados **2** (exaggerated behavior): **he indulged in** ~ se puso a hacer teatro

theatrics /θi'ætrɪks/ *pl n* (AmE) teatro *m*; **the** ~ **accompanying his state visit** el teatro que rodeó su visita oficial

Theban /'θi:bən/ *adj* tebano

Thebes /θi:bz/ *n* Tebas *m*

thee /ði:/ *pron* (arch *or* dial *or* poet) te; (after prepositions) ti

theft /θeft/ *n* [u c] robo *m*; **he was charged with** ~ lo acusaron de robo; **there have been several cases of** ~ **lately** últimamente ha habido varios robos; ~ **is on the increase** el número de robos está aumentando; **petty** ~ hurto *m*

their /ðer || ðeə(r)/ *adj*

> ⚠ The translation *su* agrees in number with the noun which it modifies; *their* is translated by *su, sus,* depending on what follows: **their father/mother** su padre/madre; **their books/magazines** sus libros/revistas. For *their* used with parts of the body, ▸❶ **p.965**

1 (*sing*) su; (*pl*) sus; **they washed** ~ **hands** se lavaron las manos **2** (belonging to indefinite person) (*sing*) su; (*pl*) sus; **if anyone phones, ask them to leave** ~ **number** si llama alguien, dile que te dé su número de teléfono

theirs /ðerz || ðeəz/ *pron*

> ⚠ The translation *suyo* reflects the gender and number of the noun it is standing for; *theirs* is translated by *el suyo, la suya, los suyos, las suyas,* depending on what is being referred to.

(*sing*) suyo, -ya; (*pl*) suyos, -yas; **is this all** ~**?** ¿todo esto es suyo *or* de ellos?; ~ **is blue** el suyo/la suya *or* el/la de ellos es azul; **a friend of** ~ un amigo suyo *or* de ellos

theism /'θi:ɪzəm/ *n* [u] teísmo ‹*belief/world view/explanation*› *m*

theist /'θi:əst || 'θi:ɪst/ *n* teísta *mf*

theistic /θi:'ɪstɪk/ *adj* ‹*belief/world view/explanation*› teísta

them[1] /ðem *weak form* /ðəm/ ▸❶ **p.1287** *pron*

A **1** (as direct object) los, las; (referring to people) los *or* (Esp tb) les, las; **where did you buy** ~ ¿dónde los/las compraste?; **he has two sons, do you know** ~**?** tiene dos hijos ¿los *or* (Esp tb) les conoces? **2** (as indirect object) les; (with direct object pronoun present) se; **I lent** ~ **some money** les presté dinero; **I lent it to** ~ se lo presté; **give** ~ **the book** dales el libro; **give it to** ~ dáselo **3** (after preposition) ellos, ellas; **for/with** ~ para/con ellos/ellas; **there were four of** ~ eran cuatro; **she's older than** ~ es mayor que ellos

B (emphatic use) ellos, ellas; **that'll be** ~ deben de ser ellos; **it was** ~ **that suggested it** fueron ellos quienes lo sugirieron

C (indefinite person or persons): **there's someone at the door, shall I show** ~ **in?** hay alguien en la puerta ¿lo hago pasar?; **if anyone calls, tell** ~ **that ...** si llama alguien, dile que ...

D (for themselves) (AmE colloq *or* dial) se; **they ought to get** ~ **a car** deberían comprarse un coche

them[2] /ðem/ *adj* (dial *or* crit) esos, esas; **one of** ~ **new-fangled machines** una de esas máquinas modernas

thematic /θɪ'mætɪk/ *adj* ‹*arrangement/treatment*› temático

thematically /θɪ'mætɪkli/ *adv* ‹*arranged/grouped/linked/related/united*› temáticamente, por temas

theme[1] /θi:m/ *n*

A (subject, principal idea) tema *m*; **a** ~ **which recurs in his later works** un tema que vuelve a aparecer en su obra posterior; **her songs have social** ~**s** sus canciones tratan de temas sociales *or* tienen una temática social; (*before n*): ~ **park** parque *m* temático; ~ **pub** ≈ bar *m* temático

B **1** (Cin, Rad, TV) tema *m*; (*before n*): ~ **song** (repeated melody) tema *m* musical (of TV program) (AmE), música *f* de un programa (*or* una serie *etc*); ~ **tune** (BrE) música *f* del programa (*or* de la serie *etc*), cortina *f* musical (CS) **2** (principal melody) tema *m*

C (essay) (AmE) (Educ) trabajo *m*

theme[2] *vt*: **they** ~**d the program to Christmas** el programa giraba en torno al tema de la Navidad, el programa tenía un tema navideño

themselves /ðəm'selvz/ *pron* **1** (reflexive): **they behaved** ~ se portaron bien; **they bought** ~ **a new car** se compraron otro coche; **they only think of** ~ sólo piensan en sí mismos; **they were by** ~ estaban solos/solas **2** (emphatic) ellos mismos, ellas mismas; **they're not affected by the problem** ~ a ellos (mismos) no les afecta el problema **3** (normal selves): **the children aren't** ~ los niños no son los de siempre; **I wish they'd just be** ~ quisiera que se comportaran con naturalidad **4** (indefinite person or persons): **if anyone's interested, they can find out for** ~ si a alguien le interesa, puede averiguarlo por sí mismo

then[1] /ðen/ *adv*

A **1** (at that time) entonces; **it was** ~ **that I remembered** fue entonces *or* en ese momento cuando *or* (AmL tb) que me acordé; **that was** ~ **and this is now** eso fue entonces y esto es ahora; **they repaired the shoes for me** ~ **and there** me arreglaron los zapatos en el acto *or* en el mismo momento **2** (in those days) en aquel entonces, en aquella época, a la sazón (liter)

B **1** (by that time): **we had** ~ **been living there for 20 years** para esa época, hacía 20 años que vivíamos allí; **I'll** ~ **have been working for two years** para entonces, tendré dos años de trabajo **2** (*after prep*): **I wish I'd known before** ~ ojalá lo hubiera sabido antes; **between** ~ **and now** desde entonces hasta ahora; **by** ~ para entonces; **from** ~ **on(ward)** a partir de ese momento, desde entonces; **(up) until** *o* **till** ~, **up to** ~ hasta entonces, hasta aquel momento

C **1** (next, afterward) después, luego; **turn right,** ~ **left** dobla a la derecha, después *or* luego a la izquierda **2** (in those circumstances) entonces; **you might lose your job: what would you do** ~**?** podrías perder el trabajo ¿y entonces qué harías?; **what** ~**?** ¿entonces qué? **3** (besides, in addition) además; **(and)** ~ **there's a third argument** además *or* en segundo lugar hay un tercer argumento

D **1** (as a consequence): **hold on tight and** ~ **you won't fall** agárrate fuerte que así no te caes *or* y entonces no te caerás; **if you don't work,** ~ **you won't pass** si no trabajas, no aprobarás **2** (in that case) entonces; *you* **try doing it** ~**, if you're so clever!** ¡inténtalo tú, entonces, ya que eres tan listo! **3** (as may be inferred) entonces; **you're going** ~**, I see** entonces vas a ir *or* así que vas a ir, por lo que veo **4** (to sum up) entonces

E **then again** (*as linker*) también; **he might get the job and** ~ **again he might not** puede que consiga el trabajo y (también) puede que no; ~ **again we could stay home** pero también podríamos quedarnos en casa *or* otra opción sería quedarnos en casa

then[2] *adj* (*before n*) entonces; **the** ~ **leader/president/secretary** el entonces líder/presidente/secretario

thence /ðens/ *adv* **1** (from that circumstance) (frml) (*as linker*) de ahí **2** (from there, that place) (liter) desde allí

thenceforth /'ðensfɔ:rθ || ðens'fɔ:θ/, **thenceforward** /ðens'fɔ:rwərd || ðens'fɔ:wəd/ *adv* (liter) desde entonces, a partir de entonces

theocracy /θi'ɑ:krəsi || θi'ɒkrəsi/ *n* [c u] (*pl* **-cies**) teocracia *f*

theocratic /,θiə'krætɪk/ *adj* teocrático

theodolite /θi'ɑ:dlaɪt || θi'ɒdəlaɪt/ *n* teodolito *m*

theologian /,θiə'ləʊdʒən/ *n* teólogo, -ga *m,f*

theological /,θiə'lɑ:dʒɪkəl || ,θiə'lɒdʒɪkəl/ *adj* ‹*controversy/point/orthodoxy*› teológico; ‹*student/journal*› de teología; ~ **college** facultad *f* de teología

theologist /θi'ɑ:lədʒəst || θi'ɒlədʒɪst/ *n* teólogo, -ga *m,f*

theologize /θi'ɑ:lədʒaɪz || θi'ɒlədʒaɪz/ *vi* teologizar*

theology /θi'ɑ:lədʒi || θi'ɒlədʒi/ *n* [u c] (*pl* **-gies**) teología *f*

theorem /'θiərəm/ *n* teorema *m*

theoretic /,θiə'retɪk/ *adj* ▸**theoretical**

theoretical /,θiə'retɪkəl/ *adj* **1** ‹*mechanics/knowledge/course*› teórico **2** (hypothetical) teórico

theoretically /,θiə'retɪkli/ *adv* teóricamente, en teoría

theoretician /,θiərə'tɪʃən/, **theorist** /'θiərəst || 'θiərɪst/ *n* teórico, -ca *m,f*

theorize /'θiəraɪz/ *vi* especular, teorizar*

theory /'θiəri/ *n* [c u] (*pl* **-ries**) teoría *f*; (*music* ~) teoría *f* (musical), ≈ solfeo *m*; **the** ~ **of music** la teoría de la música; **in** ~ en teoría, teóricamente; **the** ~ **is that ...** en teoría ..., teóricamente ...; **I work on the** ~ **that ...** (yo) soy de la teoría de que ...; **the** ~ **of relativity** la teoría de la relatividad

theosophical /,θiə'sɑ:fəkəl || ,θiə'sɒfɪkəl/ *adj* teósofo

theosophist /θi'ɑ:səfəst || θi'ɒsəfɪst/ *n* teósofo, -fa *m,f*

theosophy /θi'ɑ:səfi || θi'ɒsəfi/ *n* [u] teosofía *f*

therapeutic /,θerə'pju:tɪk/ *adj* terapéutico

therapist /'θerəpəst || 'θerəpɪst/ *n* (Med, Psych) terapeuta *mf*

therapy /'θerəpi/ *n* [c u] (*pl* **-pies**) terapia *f*

there[1] /ðer || ðeə(r)/ *adv*

> ⚠ *there,* meaning *present,* is not always translated: **they were all there** estaban todos. But: **she's not there** no está ahí.

A **1** (close to person being addressed) ahí; (further away) allí, ahí (esp AmL); (less precise, further) allá; **what have you got** ~**?** ¿qué tienes ahí?; **where is my umbrella? —** ~**, by the door** ¿dónde está mi paraguas? — allí *or* (esp AmL) ahí, al lado de la puerta; **over** ~**, across the river** allá, al otro lado del río; **do you mean here? — no, further over** ~ ¿dices aquí? — no, más allá; **$80 or somewhere around** ~ 80 dólares o por ahí; **what are you doing down/up** ~**?** ¿qué haces ahí abajo/arriba?; **they've been in** ~ **for hours** hace horas que están metidos ahí *or* allí (dentro); **you** ~**!** (colloq) ¡oye, tú! (fam), ¡che(, vos)! (RPl fam); ***to have been*** ~ ***(before)*** (colloq): **I know what it's like, I've been** ~ **before** ya sé lo que es, a mí también me ha tocado pasar por eso **2** (*in phrases*): **there and then: they solved it for me** ~ **and then** me lo resolvieron en el acto *or* en el momento; **I made up my mind** ~ **and then to ask her** en ese mismo momento me decidí a pedírselo; **so there!** (colloq) ¡para que sepas! (fam)

B (calling attention to sth, pointing sth out etc): ~**'s the bell, it must be her!** ¡el timbre! debe de ser ella; **now** ~**'s a coincidence!** ¡eso sí que es casualidad!, ¡fíjate! ¡qué casualidad!; ~**'s £20** ahí tienes £20; ~ **you are** *o* (colloq) ~ **you go, it's as good as new** aquí tiene, ha quedado como nuevo; ~ **we are: that's that done!** ¡ya está! ¡listo!; ~ **you are: what did I tell you?** ¿ves? *or* ¡ahí tienes! ¿qué te dije?; **it's a pity, but**

t

~ you are: what can you do? es una lástima pero así son las cosas ¿qué se le va a hacer?; **~ he goes: politics again!** ¡ya está otra vez con la política!; **~ goes the bus** ahí va el autobús; **~ go my chances of promotion!** ¡adiós ascenso!; **fetch my newspaper, ~'s a dear!** anda, sé bueno y tráeme el periódico; **~'s a good boy** ¡qué niño más bueno!

C **1** (present): **lots of his friends were ~** estaban muchos de sus amigos; **who's ~?** (at the door) ¿quién es?; (in the dark) ¿quién anda ahí?; **is Tony ~?** ¿está Tony?; ***not to be all ~*** (colloq): **he's not all ~** le falta un tornillo (fam), no está bien de la cabeza (fam) **2** (at destination): **when we finally got ~** cuando por fin llegamos; **we're ~** ya hemos llegado; **she'll be ~ by now** ya debe de haber llegado **3** (available): **I'm always ~ if you need help** si necesitas ayuda, cuenta conmigo; **the resources are ~: they're just not being used** hay recursos, lo que pasa es que no se utilizan; **the evidence is ~ for everyone to see** la prueba está a la vista

D **1** (at that point): **~ he paused and heaved a heavy sigh** entonces hizo una pausa y suspiró profundamente; **he went on from ~ to become a director** de ahí pasó a ser director; **from ~ the situation deteriorated rapidly** a partir de ese momento la situación empeoró rápidamente **2** (on that point): **you're right ~** ahí *or* en eso tienes razón; **you've nothing to worry about ~** en ese sentido no tienes por qué preocuparte; **the funny thing ~ was ...** lo gracioso del caso fue que ...

E (*as interj*) **1** (when action is complete): **~! that's the last of the boxes** ¡listo! ésa es la última caja; **~! now look what you've done!** ¿no te digo? ¡mira lo que has hecho! **2** (coaxing, soothing): **~, ~, don't cry!** vamos *or* (Esp tb) venga *or* (Méx tb) ándale, no llores; **~ now! see how easy it is?** ahí está ¿ves qué fácil es?

there² /ðer *weak form* /ðər || ðeə(r) *weak form* /ðə(r)/ *pron*: **~'s an egg/~ are two eggs in the nest** hay un huevo/dos huevos en el nido; **~ was nobody there** no había nadie; **once upon a time ~ was a princess/~ were two brothers who ...** había una vez una princesa/dos hermanos que ...; **~ was a demonstration/~ were two demonstrations last week** hubo una manifestación/dos manifestaciones la semana pasada; **what is ~ to stop you?** ¿qué te lo impide?; **had ~ been an accident, we would have heard by now** si hubiera habido un accidente, ya nos habríamos enterado; **~ can't be many people with that name** no puede haber mucha gente que se llame así; **I want ~ to be no mistakes** no quiero que haya ningún error; **~'s no sugar left** no queda azúcar, se ha acabado el azúcar; **I think ~'s a paragraph/~ are two paragraphs missing** creo que falta un párrafo/que faltan dos párrafos; **then ~ are the children to think about** luego están los niños, hay que pensar en ellos; **~'s no denying it: he's a genius** hay que reconocerlo, es un genio; **~ was no mistaking that face!** la cara era inconfundible; **all ~ is is a piece of stale bread** todo lo que hay es un pedazo de pan duro; **what food ~ was was inedible** la poca comida que había era incomible; **~ comes a time when ...** llega un momento en el que ...

thereabout /'ðerəbaʊt || 'ðeərəbaʊt/ *adv* (AmE) ▸ **thereabouts**

thereabouts /'ðerəbaʊts || 'ðeərəbaʊts/ *adv* **1** (near that figure, time): **she was 25 or ~** tenía unos 25 años, tenía alrededor de 25 años; **she'll get here on Sunday/at 12 o'clock or ~** llegará el domingo o por ahí/alrededor de las 12 **2** (in that vicinity) por allí, en los alrededores

thereafter /ðer'æftər || ðeər'ɑ:ftə(r)/ *adv* (frml) a partir de entonces

thereby /ðer'baɪ || ðeə'baɪ/ *adv* (frml) de ese modo, así

therefore /'ðerfɔ:r || 'ðeəfɔ:(r)/ *adv* por lo tanto, por consiguiente, luego (liter); **he had spent three years in Peru and ~ spoke Spanish quite well** había estado tres años en Perú y por lo tanto *or* por consiguiente hablaba español bastante bien; **I think, ~ I am** pienso, luego existo (liter)

therein /ðe'rɪn || ˌðeər'ɪn/ *adv* allí; **and ~ lies the problem/its great attraction** y allí está el problema/en eso reside su gran atractivo; **the world and all that dwell ~** (liter) el mundo y todos los que en él moran (liter)

thereof /ðe'rɑ:v || ðeə'rɒv/ *adv* (frml) del mismo; **the content of the site, and the design ~** el contenido del sitio y el diseño del mismo, el contenido del sitio y su diseño

there's /ðerz *weak form* /ðərz || ðeəz *weak form* /ðəz/ **1** = **there is** **2** = **there has**

thereupon /'ðerəpɑ:n || ˌðeərə'pɒn/ *adv*: **I put it on the shelf, which ~ collapsed** lo puse sobre el estante, que acto seguido *or* inmediatamente se vino abajo; **the words written ~** (frml) las palabras allí escritas

therewith /ðer'wɪð || ðeə'wɪð/ *adv* (arch & frml) **1** ‹*connected/included*› con el mismo; **all the documentation included ~** toda la documentación incluida con el mismo **2** (immediately) a continuación (frml), acto seguido; **~ he declared the meeting closed** a continuación *or* acto seguido, dio por terminada la reunión

therm /θɜ:rm || θɜ:m/ *n* (in US) termia *f*; (in UK) *unidad térmica británica: 1,055 x* 10^8 *julios*

thermal¹ /'θɜ:rməl || 'θɜ:məl/ *adj* **1** (Comput, Phys) térmico **2** ‹*stream/bath*› termal; **~ springs** fuentes *fpl* termales, termas *fpl* **3** ‹*underwear/glove*› térmico

thermal² *n* **1** (Meteo) *corriente ascendiente de aire caliente* **2** **thermals** *pl* (BrE) (Clothing) (colloq) ropa *f* interior térmica

thermal imager *n* sensor *m* de imágenes térmicas

thermal imaging /'ɪmɪdʒɪŋ/ *n* [u] captación *f* de imágenes térmicas

thermal printer *n* impresora *f* térmica, termoimpresora *f*

thermal shock *n* [u] choque *m* térmico

thermionic /ˌθɜ:rmar'ɑ:nɪk, -mi- || ˌθɜ:mi'ɒnɪk/ *adj* (Electron, Rad) termoiónico; **~ tube** *o* (BrE also) **valve** lámpara *f* termoiónica

thermobaric /ˌθɜ:rmə(ʊ)'bærɪk || ˌθɜ:mə(ʊ)'bærɪk/ *adj* termobárico

thermochemical /ˌθɜ:rməʊ'kemɪkəl/ *adj* termoquímico

thermochemistry /θɜ:rməʊ'kemɪstri/ *n* (Chem) termoquímica *f*

thermocouple /'θɜ:rməʊˌkʌpəl || 'θɜ:məʊkʌpəl/ *n* termopar *m*

thermodynamic /ˌθɜ:rməʊdaɪ'næmɪk || ˌθɜ:məʊdaɪ'næmɪk/ *adj* termodinámico

thermodynamics /ˌθɜ:rməʊdaɪ'næmɪks || ˌθɜ:məʊdaɪ'næmɪks/ *n* [u] (+ *sing vb*) termodinámica *f*

thermoelectric /ˌθɜ:rməʊɪ'lektrɪk || ˌθɜ:məʊɪ'lektrɪk/ *adj* termoeléctrico

thermoelectricity /ˌθɜ:rməʊɪlek'trɪsəti || ˌθɜ:məʊɪlek'trɪsəti/ *n* [u] termoelectricidad *f*

thermograph /ˌθɜ:rməʊ'græf || ˌθɜ:rməʊ'grɑ:f/ *n* (Phys) termógrafo *m*

thermoluminescence /ˌθɜ:rməʊˌlu:mə'nesns || ˌθɜ:məʊˌlu:mɪ'nesns/ *n* [u] termoluminiscencia *f*

thermometer /θər'mɑ:mətər || θə'mɒmɪtə(r)/ *n* termómetro *m*

thermonuclear /ˌθɜ:rməʊ'nu:kliər || ˌθɜ:məʊ'nju:kliə(r)/ *adj* termonuclear

thermopile /'θɜ:rməpaɪl || 'θɜ:məpaɪl/ *n* termopila *f*

thermoplastic¹ /ˌθɜ:rməʊ'plæstɪk || ˌθɜ:məʊ'plæstɪk/ *adj* termoplástico

thermoplastic² *n* (*usu pl*) termoplástico *m*

Thermos® (flask) /'θɜ:rməs || 'θɜ:məs/ (AmE also) **thermos (bottle)** *n* termo *m*

thermosetting /'tɜ:rməʊˌsetɪŋ || 'tɜ:məʊˌsetɪŋ/ *adj* termoestable; **~ plastics** plásticos *mpl* termoestables

thermosphere /'tɜ:rməʊsfɪr || 'tɜ:məʊsfɪə(r)/ *n* termosfera *f*

thermostat /'θɜ:rməstæt || 'θɜ:məstæt/ *n* termostato *m*

thermostatic /ˌθɜ:rmə'stætɪk || ˌθɜ:mə'stætɪk/ *adj* termostático

thermostatically /ˌθɜ:rmə'stætɪkli || ˌθɜ:mə'stætɪkli/ *adv* termostáticamente

thesaurus /θɪ'sɔ:rəs/ *n* (*pl* **-ruses** *or* **-ri** /-raɪ/) diccionario *m* ideológico *or* de ideas afines, tesauro *m*

these /ði:z/ *pl of* **this¹**, **this²**

Theseus /'θi:siəs/ *n* Teseo

thesis /'θi:sɪs/ *n* (*pl* **-ses** /-si:z/) **1** (argument) tesis *f* **2** (dissertation) tesis *f*; (shorter) tesina *f*

thespian¹ /'θespiən/ *adj* (liter *or* hum) del arte de Talía (liter), dramático

thespian² *n* (liter *or* hum) actor, actriz *m,f*

they /ðeɪ/ *pron*

> ⚠ Although *ellos* and *ellas* are given as translations of *they*, they are in practice used only for emphasis, or to avoid ambiguity: **they went to the theater** fueron al teatro; **they did it** ellos *or* ellas lo hicieron.

1 (pl of he, she, it) ellos, ellas; **who are ~?** ¿quiénes son?; **~ didn't come** no vinieron; **~'re the ones who should apologize** son ellos los que *or* quienes deberían disculparse **2** (indefinite person or persons): **someone called, but ~ didn't leave a message** llamó una persona, pero no dejó recado; **~'ve dug up the road** han levantado la calle **3** (people): **~ say he's a millionaire** dicen *or* se dice que es millonario; **..., as ~ say ...,** como dicen

they'd /ðeɪd/ **1** = **they would** **2** = **they had**

they'd've /ðeɪdəv/ = **they would have**

they'll /ðeɪl/ = **they will**

they're /ðer || ðeə(r) *weak form* /ðər, ðeə(r)/ = **they are**

they've /ðeɪv/ = **they have**

thiamine /'θaɪəmi:n || 'θaɪəmɪn/, **thiamin** /-mən -mɪn/ *n* [u] tiamina *f*

thick¹ /θɪk/ *adj* **-er, -est**

A **1** ‹*layer/book/fabric*› grueso, gordo (fam); **it's 5cm ~** tiene 5cm de espesor *or* de grosor; **an inch-~ layer** una capa de una pulgada de espesor *or* de grosor **2** (in consistency) ‹*soup/cream/sauce*› espeso **3** (dense) ‹*vegetation*› espeso, denso; ‹*fur/hedge*› tupido; ‹*fog/smoke*› espeso, denso; ‹*beard/eyebrows*› poblado; **she has ~ hair** tiene mucho pelo, tiene el pelo grueso y abundante

B (covered, filled) (*pred*) **to be ~ WITH sth** estar* lleno DE algo; **~ with dust** lleno de polvo; **~ with smoke** cargado *or* lleno de humo; **~ with tourists** atestado *or* (pey) plagado de turistas

C (heavy) ‹*accent*› fuerte, marcado; **with a ~ voice** (from drink) con voz pastosa; (from fear) con voz sorda; **I woke up with a ~ head** me levanté con la cabeza embotada

D (colloq) **1** (stupid) burro (fam), corto (fam) **2** (unfair): **it's a bit ~** ya es demasiado, ya es pasarse (fam) **3** (close) (*pred*) **to be ~ (WITH sb)** estar* a partir un piñón *or* (CS) un confite (con algn); **he's very ~ with the boss** el jefe y él están a partir un piñón *or* (CS) un confite, el jefe y él son uña y carne *or* (hum) uña y mugre *or* (RPl) carne y uña

thick² *adv*: **he slices the bread too ~** corta el pan demasiado grueso *or* (fam) gordo; **the bread was spread ~ with jam** el pan tenía una capa gruesa de mermelada; **the snow was falling ~ and fast** estaba nevando copiosamente; **ideas came ~ and fast** llovían las ideas

thick³ *n*: **she likes to be in the ~ of things** le gusta estar donde está la acción; **in the ~ of the brawl** en lo más reñido de la pelea; **in the ~ of night** (AmE) en plena noche; ***through ~ and thin*** tanto en las duras como en las maduras; **you can rely on him, through ~ and thin** puedes contar con él tanto en las duras como en las maduras

thicken /'θɪkən/ *vt* ‹*sauce/paint*› espesar

■ **thicken** *vi* «*sauce/paint*» espesar(se); «*fog*» hacerse* más espeso *or* denso; «*crowd/darkness*» crecer*; «*waist*» engordar; **the plot ~s** (set phrase) esto se pone cada vez más interesante

thickener /ˈθɪknər || ˈθɪknə(r)/ *n* espesante *m*

thicket /ˈθɪkət || ˈθɪkɪt/ *n* matorral *m*

thickhead /ˈθɪkhed/ *n* (colloq) burro, -rra *m,f* (fam)

thickheaded /ˈθɪkˌhedəd || ˈθɪkˌhedɪd/ *adj*
A (colloq) **1** (stupid) ‹*person/idea/suggestion*› estúpido **2** (obstinate) ‹*person*› cabezón (fam), cabeza dura (fam); ‹*refusal*› empecinado
B (groggy) groggy (fam), grogui (fam)

thickie /ˈθɪki/ *n* (BrE colloq) ▸**thickhead**

thick-lipped /ˈθɪkˈlɪpt/ *adj* de labios gruesos, bembón (AmL)

thickly /ˈθɪkli/ *adv* **1** (in a thick layer): **spread the jam ~** pon una capa gruesa de mermelada; **cut it ~** córtalo grueso *or* (fam) gordo **2** (densely) ‹*populated*› densamente; **a ~ wooded area** una zona de espesos bosques; **the snow was falling ~** nevaba mucho *or* copiosamente

thickness /ˈθɪknəs || ˈθɪknɪs/ *n*
A **1** [u c] (of fabric, wire, lips) grosor *m*; (of paper, wood, wall) espesor *m*, grosor *m*; **it comes in two ~es** viene en dos grosores **2** [c] (layer) capa *f*; **wrapped in several ~es of newspaper** envuelto en varias capas de periódico
B [u] **1** (of sauce) lo espeso **2** (of hair) lo abundante; (of beard) lo poblado; (of fur) lo tupido; (of a wood) lo denso
C (of accent) lo marcado

thicko /ˈθɪkəʊ/ *n* (BrE colloq) ▸**thickhead**

thickset /θɪkˈset/ *adj* **1** ‹*forest/hedge*› espeso, tupido **2** ‹*man*› fornido, macizo

thick-skinned /θɪkˈskɪnd/ *adj* insensible; **he's very ~** tiene una buena coraza; (pej) nada le hace mella

thief /θiːf/ *n* (*pl* **thieves** /θiːvz/) ladrón, -drona *m,f*; **car ~** ladrón, -drona *m,f* de coches, jalador, -dora *m,f* de carros (Col); **horse ~** ladrón *m* de caballos, cuatrero *m*; ***to be as thick as thieves*** ser* uña y carne *or* (hum) uña y mugre *or* (RPl) carne y uña; ***to set a ~ to catch a ~*** nada mejor que un ladrón para atrapar a otro ladrón

thieve /θiːv/ *vi/vt* robar

thieving /ˈθiːvɪŋ/ *adj* (colloq) (*before n*) ladrón; **I wouldn't trust that ~ lot/those ~ kids!** ¡yo no me fiaría de esa pandilla de ladrones/de esos ladronzuelos! (fam)

thievish /ˈθiːvɪʃ/ *adj* (liter): **a ~ rogue** un maleante, un ladrón

thigh /θaɪ/ ▸ⓘ p.965 *n* muslo *m*; **chicken/turkey ~s** muslos *or* (Chi tb) tutos *mpl* de pollo/pavo; (*before n*): **~ bone** fémur *m*

thighboot /ˈθaɪbuːt/ *n* bota *f* hasta el muslo

thigh-length /ˈθaɪˌleŋθ/ *adj*: **~ boots** botas *fpl* hasta el muslo

thimble /ˈθɪmbəl/ *n* dedal *m*

thimbleful /ˈθɪmbəlfʊl/ *n*: **would you like a sherry? — just a ~** ¿quieres un jerez? — sí, pero sólo un poquito *or* una gotita

thin[1] /θɪn/ *adj* **-nn-**
A **1** ‹*layer/slice/wall/ice*› delgado, fino; **the sweater had worn very ~ at the elbows** el suéter tenía los codos muy (des)gastados; **my patience was wearing ~** se me estaba acabando la paciencia **2** (not fat) ‹*person/body/arm*› delgado, flaco; ‹*waist*› delgado, fino; **to get/grow ~** adelgazar*
B **1** (in consistency) ‹*soup/sauce*› claro, poco espeso, chirle (RPl); ‹*wine*› de poco cuerpo **2** (not dense) ‹*mist/rain*› fino; ‹*hair*› ralo, fino y poco abundante; ‹*hedge*› poco tupido; **at the top the air is ~** en la cima el aire está enrarecido; **you're getting a bit ~ on top** (colloq) te estás quedando calvo *or* (CS fam) pelado **3** (small) ‹*crowd/audience*› poco numeroso; ‹*response/attendance*› escaso
C **1** (weak, poor) ‹*voice*› débil; ‹*excuse/argument/disguise*› pobre, poco convincente; ‹*profits*› magro, escaso; **the team has had a ~ season** no ha sido una temporada muy buena para el equipo **2** (harsh): ***to have a ~ time of it*** (colloq) vérselas negras (fam), pasarlas canutas *or* moradas (Esp fam)

thin[2] *adv*: **to cut sth ~** cortar algo en rebanadas (*or* capas *etc*) delgadas; **spread the jam ~** extienda *or* ponga una capa fina de mermelada, ponga poca mermelada

thin[3] **-nn-** *vt* ‹*paint*› diluir*, rebajar; ‹*sauce*› aclarar, hacer* menos espeso; ‹*hair/plants*› entresacar*; **their ranks were ~ned** perdieron hombres (*or* partidarios *etc*), sus filas se vieron mermadas
■ **thin** *vi* «*paint*» diluirse*; «*audience/traffic*» disminuir*; **the fog was beginning to ~ (out)** la niebla empezaba a irse *or* a disiparse; **his hair is ~ning** está perdiendo pelo

Phrasal verbs

• **thin down**
A [v + adv] (become slimmer) adelgazar*
B [v + o + adv, v + adv + o] ‹*sauce/soup*› hacer* menos espeso, aclarar; ‹*paint*› diluir*

• **thin out**
A [v + adv] «*traffic*» disminuir*; «*forest*» hacerse* ralo *or* menos denso; «*audience*» mermar; **his hair was beginning to ~ out** estaba empezando a perder el pelo, su pelo estaba empezando a ralear
B [v + o + adv, v + adv + o] ‹*hair/plants*› entresacar*

thine[1] /ðaɪn/ *pron* (arch *or* dial *or* poet) (*sing*) tuyo, -ya; (*pl*) tuyos, -yas

thine[2] *adj* (arch) (*sing*) tu; (*pl*) tus

thing /θɪŋ/

INDEX

- **A** physical object
- **B** situation, act
- **C** affair, matter
- **D** **1** the thing: that which, what
  - **2** the thing: what's needed
  - **3** the thing: crucial point
  - **4** the thing: in fashion
- **E** things
  - **1** things: belongings
  - **2** things: the situation
  - **3** things: matters
- **F** person, creature
- **G** preference, ideal
- **H** in expressions of time

n
A (physical object) cosa *f*; **what's that ~?** ¿qué es eso?; **a ~ of great beauty** un objeto de gran belleza; **I can't open the window, the ~'s jammed!** no puedo abrir la ventana, está atrancada; **the damn ~ refuses to start** (colloq) el maldito no quiere arrancar (fam); **I love your dress — what, this old ~?** me encanta tu vestido — ¿este trapo viejo?; **she's got one of those bottle-warmer ~s** (colloq) tiene uno de esos cacharros *or* (Esp, Méx) chismes para calentar biberones (fam); **there was salad and paté and ~s** había ensalada, paté y ese tipo de cosa
B (situation, act) cosa *f*; **a very funny ~ happened** pasó algo muy cómico *or* una cosa muy cómica; **one ~ that bothers me is ...** algo que me molesta es ...; **it's not a ~ to be proud of** no es como para estar orgulloso; **there is one ~ you could do** hay algo *or* una cosa que podrías hacer; **how could you say/do such a ~?** ¿cómo pudiste decir/hacer una cosa así?; **the ~s you say!** ¡qué cosas dices!; **the obvious ~ to do would be to ...** lo lógico sería ...; **the only ~ to do is ...** lo único que se puede hacer es ...; **we do ~s differently here** aquí hacemos las cosas de otra manera; **some ~s are best forgotten** hay cosas que es mejor olvidar; **there's no such ~** no hay tal cosa; **or some such ~** o algo parecido; **you know the sort of ~** tú sabes a qué me refiero; **I'm too old for this kind of ~** yo soy muy viejo para estos trotes; **these ~s happen** son cosas que pasan; **the same ~ happened to me** a mí me pasó lo mismo; **its a good ~ (that) ...** menos mal que ...; **all good ~s (must) come to an end** (set phrase) lo bueno se acaba pronto *or* dura poco; **first ~s first** hay que empezar por el principio; **he said the first ~ that came into his head** dijo lo primero que se le ocurrió; **the very last ~ I expected** lo que menos me imaginaba; **the last ~ we want is for him to interfere** lo último que nos faltaría sería que se metiera él; **one ~ at a time** una cosa a la vez; **one ~ leads to another** una cosa lleva a la otra; **it is one ~ to identify the problem, quite another to solve it** una cosa es identificar el problema y otra muy distinta resolverlo; **if it's not one ~, it's the other** si no es una cosa, es otra; **neither one ~ nor the other** ni lo uno ni lo otro, ni una cosa ni la otra, ni chicha ni limonada (fam); **what with one ~ and another** *o* **the other** entre una cosa y otra; **that's the last ~ we want** eso sería lo peor que podría pasar; **for one ~** en primer lugar, para empezar; **there's only one ~ for it: we'll have to walk** no hay más remedio que ir a pie; **she knows a ~ or two about the subject** entiende mucho del tema; **they could teach us a ~ or two** podrían enseñarnos unas cuantas cosas; **every single ~ I do** absolutamente todo lo que hago; **he runs to the doctor with every little ~** corre al médico por cualquier cosa; **he hadn't done a ~** no había hecho absolutamente nada; **I understood nothing, not a ~** no entendí nada, absolutamente nada; **why did you have to name the poor boy Nero of all ~s?!** ¡mira que ponerle Nero al pobre chico!; **he painted the walls bright green, of all ~s!** pintó las paredes de un verde chillón ¡a quién se le ocurre!; **other ~s being equal, better soil means better crops** en igualdad de condiciones, con mejor tierra se obtienen mejores cosechas; **all ~s being equal, we should reach Munich by 10** si no ocurre ningún imprevisto, deberíamos llegar a Munich antes de las 10; **to do the decent/honorable ~** hacer* lo decente/honroso; **I want to do the right ~** quiero obrar bien, quiero hacer lo correcto; **you did the right ~ by saying no** hiciste bien en decir que no; **to expect great ~s of sb/sth** esperar mucho de algn/algo; **we had champagne, the real ~!** tomamos champán ¡del auténtico!; **you must be seeing ~s** tú estás viendo visiones; ***it's just one of those ~s*** son cosas que pasan, son cosas de la vida; ***to be a close/near ~***: **they won, but it was a close ~** ganaron, pero raspando *or* por un pelo *or* por los pelos; ***to be all ~s to all men*** contentar a todo el mundo
C (affair, matter) asunto *m*; **we must sort this ~ out** tenemos que arreglar esto *or* este asunto; **I'm fed up with the whole ~** estoy harto del asunto; **getting married is a big ~** casarse es cosa seria *or* un asunto serio; **it's a stress-related ~** es un problema relacionado con el estrés; **it was a purely physical ~** fue pura atracción física; ***to be on to*** *o* ***onto a good ~*** (colloq) tenérselo* bien montado (fam), tener* un chollo (Esp fam); **you put me on to a good ~** me diste un dato muy bueno; ***to have a good ~ going*** (colloq): **and you sell them for 200? you've got a good ~ going there!** ¿y los vendes a 200? ¡qué bien te lo montas! (fam); **those two seem to have a good ~ going** (relationship) parece que lo de ellos dos marcha viento en popa (fam); ***to make a big ~ of sth*** (colloq) (of problem, mistake) armar un escándalo por algo; **why does she have to make such a big ~ of it?** ¿por qué tiene que armar tanto escándalo?; **we didn't want a great ~ made of our anniversary** no queríamos que se hiciera gran cosa para nuestro aniversario
D **the thing** **1** (that which, what) lo que; **the ~ that worries/bothers me is ...** lo que me preocupa/fastidia es ...; **the ~ I liked best** lo que más me gustó **2** (what is needed): **this necklace is just the ~ for Helen** este collar es ideal para Helen; **will this screwdriver do? — the very ~!** ¿servirá este destornillador? — ¡justo lo que hace falta!; **I've got just the ~ for you** tengo exactamente lo que necesitas *or* lo que te hace falta; **it wasn't quite the ~ for the occasion** (BrE) no era lo apropiado para la ocasión **3** (crucial point, factor): **enjoying yourself is the ~** lo importante es divertirse, de lo que se trata es de divertirse; **the ~ is to be there early** lo importante es llegar temprano; **the**

~ about our system is that it's economical la ventaja de nuestro sistema es que es económico; **the ~ about Greg is (that) he can't take a joke** lo que pasa con Greg es que no sabe aceptar una broma; **the ~ is, I've forgotten where I put it** resulta que *or* el caso es que *or* lo que pasa es que me he olvidado de dónde lo puse **4▸** (the fashion): **big hats are the ~ nowadays** los sombreros grandes son el último grito

E things *pl* **1▸** (belongings, equipment) cosas *fpl*; **he washed the breakfast ~s** lavó las cosas del desayuno; **we packed our ~s and left** hicimos las maletas *or* (RPl) las valijas *or* (Méx) las petacas y nos fuimos; **you'd better take those wet ~s off** es mejor que te quites esa ropa mojada; **bring your swimming ~s** traigan traje de baño y toalla, etcétera **2▸** (the situation, matters) cosas *fpl*; **if ~s don't improve** si las cosas no mejoran, si la cosa no mejora (fam); **I need time to think ~s over** necesito tiempo para pensarlo; **as ~s stand** tal (y) como están las cosas; **the way ~s are going** tal (y) como van las cosas; **by the look of ~s** según parece; **how are ~s at home?** ¿qué tal andan las cosas en casa?; **how's ~s?** (colloq) ¿qué tal? (fam); **how are ~s with you?** ¿y tú qué tal andas? (fam) **3▸** (matters): **a taste for all ~s Greek** un gusto por todo lo griego

F (person, creature): **he didn't know what to do, poor ~!** el pobre no sabía qué hacer; **you poor ~!** ¡pobrecito!; **not like that, you silly ~!** ¡así no, tonto!; **you lucky ~!** ¡qué suerte tienes!; **what a lovely little ~ she is!** ¡qué cosita más preciosa!; **why, you cheeky ~!** ¡mira que eres descarado!; **bright young ~s** chicos *mpl* y chicas *fpl* de sociedad

G (preference, ideal) (colloq): **opera isn't really my ~** en realidad la ópera no es lo mío; **I want to be able to do my own ~ without anybody interfering** yo quiero hacer lo que a mí me parezca, yo quiero estar a mi aire sin que nadie se meta; **she left the company to do her own ~** se fue de la empresa para trabajar por su cuenta; **the latest ~ in hats** el último grito en sombreros, lo último en sombreros; ***to have a ~ about sb/sth*** (colloq): **I can't eat cheese, I've got a** *o* **this ~ about it** no puedo comer queso, le tengo como asco; **he has a ~ about cleanliness** es un maniático de la limpieza, tiene manía con la limpieza; **he had a ~ about power** tenía la obsesión del poder; **you seem to have quite a ~ about that girl** parece que te ha dado fuerte con esa chica (fam)

H (in expressions of time): **first ~ (in the morning)** a primera hora (de la mañana); **that's what I always do last ~ (at night)** eso es lo último que hago todas las noches antes de acostarme; **next ~, you'll be telling me that ...** luego me dirás que ...; **the next ~ I knew, it was midnight** cuando me di cuenta, era medianoche, cuando quise acordar, era medianoche (RPl)

thingamabob /ˈθɪŋəməbɑːb || ˈθɪŋəməbɒb/, **thingamajig** /-dʒɪɡ/ *n* (colloq) **1▸** (thing) cosa *f*, chisme *m* (Esp, Méx fam), vaina *f* (Col, Per, Ven fam), chunche *m* (AmC, Méx fam), coso *m* (AmS fam), huarifaifa *f* (Chi fam) **2▸** (person): **~, what's her name?** (BrE) fulana *or* aquélla ¿cómo se llama?

thingamy /ˈθɪŋəmi/ *n* (*pl* **-mies**) (BrE) ▸**thingamabob**

thingie /ˈθɪŋi/ *n* ▸**thingamabob**

thingummy /ˈθɪŋəmi/ *n* (*pl* **-mies**) ▸**thingamabob**

thingy /ˈθɪŋi/ *n* (*pl* **-ies**) ▸**thingamabob**

think¹ /θɪŋk/ (*past & past p* **thought**) *vi*

A pensar*; **why don't you ~ before you speak?** ¿por qué no piensas antes de hablar?; **~ hard/carefully** piénsalo mucho/bien; **I did it without ~ing** lo hice sin pensar; **just ~!** ¡imagínate!; **it makes you ~, doesn't it?** da que pensar *or* te hace pensar ¿no?; **to ~ aloud** pensar* en voz alta; **to ~ for oneself** pensar* por sí mismo; **to ~ again** pensarlo* mejor; **you have to ~ big** tienes que proyectar las cosas a gran escala; **to ~ ABOUT sth** pensar* EN algo; (consider) pensar* algo; **I can't stop ~ing about what happened/about him** no puedo dejar de pensar en lo que pasó/en él; **all you ever ~ about is money!** ¡sólo piensas en el dinero!; **I'll have to ~ about it** tendré que pensarlo, (me) lo tendré que pensar; **it doesn't bear ~ing about** mejor ni pensarlo; **I knew she was ~ing about selling it** sabía que estaba pensando en venderlo; **to ~ OF sth/sb** pensar* EN algo/algn; **~ of a number** piensa (en) un número; **whatever were you ~ing of when you bought it?** ¿(en) qué estabas pensando cuando lo compraste?; **~ of the expense/me** piensa en el gasto/en mí; **you never ~ of the others** nunca piensas en los demás; **I hadn't thought of that** no se me había ocurrido eso; **come to ~ of it, I have one at home** ahora que lo pienso, yo tengo uno en casa; **just ~ of it: your name in lights!** ¡imagínate! ¡tu nombre en las marquesinas!; **~ of what we could do with the money!** ¡imagínate lo que podríamos hacer con el dinero!; **you can't ~ of everything** no se puede estar en todo *or* en todos los detalles; ***to ~ better of sth***: **I was going to ask her but thought better of it** se lo iba a preguntar pero recapacité y cambié de idea; ***to ~ twice*** pensarlo* dos veces; **she'll ~ twice before she's rude to me again** lo va a pensar dos veces *or* va a tener mucho cuidado antes de volver a faltarme al respeto; **to ~ ON sth** (liter *or* dial): **~ (well) on it** piénsalo *or* piénsatelo bien

B (intend, plan) **to ~ OF -ING** pensar* + INF; **I was ~ing of resigning, anyway** de todas formas, yo pensaba renunciar *or* tenía pensado renunciar; **what are you ~ing of doing tonight?** ¿qué piensas hacer esta noche?, ¿qué tienes planeado hacer esta noche?

C 1▸ (find, come up with) **to ~ OF sth**: **can you ~ of anything better?** ¿se te ocurre algo mejor?; **I couldn't ~ of anything to say** no se me ocurrió qué decir; **he tried to ~ of an alternative** trató de encontrar una alternativa; **what will they ~ of next!** ¡ya no saben qué inventar!; **I thought of it first** se me ocurrió a mí primero, la idea fue mía **2▸** (remember) **to ~ OF sth** acordarse* DE algo; **I can't ~ of his name** no me puedo acordar de su nombre

D (have opinion): **to ~ highly of sb** tener* muy buena opinión de algn, tener* a algn en muy buen concepto; **don't ~ badly of me** no pienses mal de mí; **he's very well thought of** lo tienen en muy buen concepto; **he ~s a lot of you** te aprecia mucho; **I don't ~ much of her boyfriend** no tengo muy buena impresión de su novio; **she ~s nothing of spending $500 in a restaurant** a ella no le parece nada extraordinario gastar 500 dólares en un restaurante, ella gasta 500 dólares en un restaurante como si tal cosa; **~ nothing of it** no tiene ninguna importancia

■ **think** *vt*

A 1▸ (reflect, ponder) pensar*; **what are you ~ing?** ¿qué estás pensando?; **and to ~ that only yesterday he was saying ...** y pensar que ayer sin ir más lejos estuvo diciendo que ...; **(just) ~ what that would cost/how lucky we were** piensa (en) lo que costaría/la suerte que tuvimos; **~ business!** ¡piensa como un hombre de negocios! **2▸** (remember): **I didn't ~ to look there/to ask him** no se me ocurrió mirar allí/preguntárselo; **I can't ~ where it was** no me puedo acordar de dónde estaba; **try to ~ who you gave it to** intenta acordarte de a quién se lo diste

B 1▸ (suppose, imagine) pensar*; **I thought you knew** pensé que lo sabías; **that's what *you* ~** eso es lo que tú crees *or* piensas; **what do you ~ you're doing?** ¿pero tú qué te crees?; **I thought I told you not to do that!** ¿no te dije que no hicieras eso?, me parece que te dije que no hicieras eso ¿no?; **you'd have thought he'd have known better!** ¡uno hubiera pensado que no iba a ser tan tonto!, ¿quién se iba a imaginar que iba a ser tan tonto?; **who would have thought it?** ¿quién lo hubiera dicho *or* imaginado?, ¿quién lo iba a decir?; **anyone would ~ I was torturing her!** ¡cualquiera diría que la estoy torturando!; **who do you ~ you are?** ¿quién te crees que eres?, ¿qué te crees?; **do you ~ you could help me?** ¿le importaría ayudarme?; **I can't ~ why he refused** no me explico *or* no entiendo por qué se negó **2▸** (expect) pensar*; **I thought you'd be there** pensé *or* creí que estarías allí; **we didn't ~ it would take so long** no pensamos que se iba a tardar tanto; **I'll help as well — I should ~ so (too)!** yo también ayudo — ¡me imagino que sí! *or* ¡pues faltaría más!; **she wouldn't accept the money — I should ~ not!** no quiso aceptar el dinero — ¡pues bueno fuera! *or* ¡no faltaba más! **3▸** (indicating intention): **we thought we'd eat out tonight** esta noche tenemos pensado salir a cenar; **I ~ I'll go to bed** bueno, me voy a acostar

C (believe) creer*; **I ~/I don't ~ it can be done** creo que se puede/no creo que se pueda hacer; **who do you ~ did it?** ¿quién crees que lo hizo?, ¿quién te parece que lo hizo?; **he's thought to be 95** se cree que tiene 95 años; **I ~ it unlikely** a mí me parece *or* yo lo veo poco probable; **I don't ~ a strike would achieve anything** yo no creo *or* a mí no me parece que con una huelga se vaya a lograr nada; **I ~ you'll find it's the only way** ya verá usted que es la única manera; **she's been cheating you — I thought as much** te ha estado engañando — ya me parecía *or* ya me lo imaginaba; **I thought him rude/pleasant** me pareció *or* lo encontré grosero/agradable; **will you be able to do it? — I ~ so/I don't ~ so** ¿vas a poder hacerlo? — creo que sí *or* me parece que sí/creo que no *or* me parece que no; **will they give me the loan? — I rather ~ not** ¿me darán el préstamo? — me parece que no

(Phrasal verbs)

- **think ahead** [v + adv]: **you have to ~ ahead** tienes que ser previsor; **I never ~ more than a few days ahead** nunca hago planes para más de unos pocos días; **they are already ~ing ahead to the next elections** ya están pensando en *or* planeando de cara a las próximas elecciones
- **think back** [v + adv] recordar*; **~ back** haz memoria; **you were young once yourself — that's ~ing a long way back!** tú también fuiste joven — ¡te estás remontando al pasado remoto! (hum); **to ~ back TO sth** recordar* algo, acordarse* DE algo; **she thought back to the time when she had been happy** se acordó de *or* recordó aquella época en que había sido feliz
- **think out** [v + o + adv, v + adv + o]: **she had thought out very carefully what she was going to say** había pensado muy bien *or* planeado cuidadosamente lo que iba a decir; **the policy has not been properly thought out** la política no ha sido estudiada *or* elaborada con el debido cuidado; **a well thought-out proposal** una propuesta bien elaborada
- **think over** [v + o + adv] pensar*; **I'll have to ~ it over** tendré que pensarlo, (me) lo tendré que pensar; **~ things over carefully first** primero piénsatelo bien, reflexiona antes de decidir
- **think through** [v + o + adv, v + adv + o] ‹*project*› planear detenidamente; ‹*idea*› considerar *or* estudiar detenidamente
- **think up** [v + o + adv, v + adv + o] ‹*excuse*› inventar; ‹*slogan*› crear, idear; **they had thought up some very difficult questions** habían ideado *or* se les habían ocurrido unas preguntas bien difíciles

think² *n* (*no pl*): **I'll have to have a ~ about it** tendré que pensarlo *or* pensármelo; **if you think that, you've got another ~ coming** si te crees eso estás muy equivocado *or* te vas a llevar un chasco *or* (Esp fam) lo llevas claro

thinkable /ˈθɪŋkəbəl/ *adj* concebible, imaginable; **it is scarcely ~ that ...** es casi inconcebible que ...

think balloon *n* bocadillo *m or* globo *m* (*en una historieta*)

thinker /ˈθɪŋkər || ˈθɪŋkə(r)/ *n* pensador, -dora *m,f*

thinking¹ /ˈθɪŋkɪŋ/ *n* [u] ideas *fpl*, pensamiento *m*; **current ~ on disarmament** las ideas actuales *or* el pensamiento actual sobre el desarme;

t

government ~ on this issue la línea del gobierno sobre este problema; **what's your ~ on this?** ¿usted qué opina al respecto?; **to my (way of) ~** a mi modo de ver, en mi opinión; **to do some hard/serious ~** reflexionar profundamente/seriamente; **good ~!** ¡buena idea!; **that was quick ~ on her part** con eso demostró gran rapidez mental

thinking[2] *adj (before n, no comp)* pensante, inteligente; **~ patterns** modelos *mpl* de pensamiento; **~ process** proceso *m* mental; **~ time** (for reflection) tiempo *m* para pensar; (for reaction) tiempo *m* para reaccionar

thinko /'θɪŋkəʊ/ *n* (*pl* **-kos** *or* **-koes**) (colloq) lapso *m* mental

think piece *n* artículo *m* de opinión

think tank *n* (journ) gabinete *m* estratégico, comité *m* asesor

thin-lipped /'θɪn'lɪpt/ *adj* de labios finos

thinly /'θɪnli/ *adv* **1** ‹*slice*› en rebanadas finas; **apply the glue ~** aplique una capa delgada de pegamento; **resources are spread too ~ to have the required effect** los recursos se diluyen demasiado como para surtir el efecto deseado **2** (sparsely): **a ~ populated region** una región con poca densidad de población, una región poco *or* escasamente poblada; **a ~ wooded area** una zona de bosque ralo *or* poco espeso; **sow the seed ~** siembre esparciendo bien la semilla **3** (scarcely) apenas; **a ~ veiled threat** una amenaza apenas velada; **~ disguised propaganda** propaganda *f* política apenas disimulada **4** (insubstantially) ‹*clad*› pobremente; ‹*smile*› fríamente

thinner /'θɪnər || 'θɪnə(r)/ *n* [u c] disolvente *m*, diluyente *m*, tíner *m* (AmL)

thinness /'θɪnnəs || 'θɪnnɪs/ *n* [u] **1** (fineness — of slice, layer) lo delgado *or* fino; (— of fabric) ligereza *f*, lo delgado *or* fino **2** (of person) delgadez *f*, flacura *f* **3** (of air) falta *f* de oxígeno, lo enrarecido; (of liquid) fluidez *f* **4** (of plot) pobreza *f*

thin-skinned /'θɪn'skɪnd/ *adj* susceptible

third[1] /θɜːrd || θɜːd/ ▸ⓘ **p.1085**, ▸ⓘ **p.1465** *adj*

> ⚠ The usual translation of *third*, *tercero*, becomes *tercer* when it precedes a masculine singular noun.

tercero; **the ~ duke of Camberwick** el tercer duque de Camberwick; **was there a ~ person present?** ¿había un tercero presente?; **Harvey Brown III** (AmE) (*léase: Harvey Brown the Third*) Harvey Brown III (*read as: Harvey Brown tercero*); **the Third Age** la tercera edad; **~ *time lucky*** a la tercera va la vencida, la tercera es la vencida; *see also* **fifth**[1]

third[2] *adv* **1** (in position, time, order) en tercer lugar **2** (thirdly) en tercer lugar **3** (with superl): **the ~ highest mountain** la montaña que ocupa el tercer lugar en altura, la tercera montaña en altura; *see also* **fifth**[2]

third[3] ▸ⓘ **p.1085**, ▸ⓘ **p.1091**, ▸ⓘ **p.1465** *n*
A **1** (Math) tercio *m* **2** (part) tercera parte *f*, tercio *m*; **two ~s of the senate** dos tercios del Senado **3** (Mus) tercera *f*
B **~ (gear)** (Auto) (*no art*) tercera *f*
C (BrE) (Educ) *cuarta nota de la escala de calificaciones de un título universitario*

third-class /'θɜːrd'klæs || 'θɜːd'klɑːs/ *adj* (*pred* **third class**) **1** ‹*mail*› (in US) (Post) de franqueo económico; ‹*travel*› en tercera (clase); ‹*ticket*› de tercera (clase); **~ degree** (in UK) ▸**third**[3] **C** **2** (inferior) de tercera, de baja categoría

third class *adv* ‹*mail*› (in US) (Post) con tarifa económica; ‹*travel*› en tercera (clase)

third degree *n*: **to give sb the ~ ~** (colloq) hacerle* un interrogatorio a algn; **they put me through the ~ ~** me hicieron un interrogatorio, fue como enfrentarse a la Inquisición

third dimension *n* tercera dimensión *f*

third-hand[1] /'θɜːrd'hænd || ˌθɜːd'hænd/ *adj* de tercera mano

third-hand[2] *adv* ‹*buy*› de tercera mano; ‹*hear/learn*› por terceros, a través de terceros

thirdly /'θɜːrdli || 'θɜːdli/ *adv* (*indep*) en tercer lugar

third party *n* tercero *m*, tercera persona *f*; (*before n*): **third-party insurance** seguro *m* contra terceros *or* (Esp) de responsabilidad civil; (Auto) seguro *m* contra terceros

third person **1** (a third party) ▸**third party** **2** (Ling) tercera persona *f*

third rail *n* tercer riel *m*, tercer rail *m* (Esp)

third-rate /'θɜːrd'reɪt || ˌθɜːd'reɪt/ *adj* de tercera, bastante malo

third sector *n* [u] tercer sector *m*; (*before n*) ‹*organizations/groups*› del tercer sector

Third Way *n* (Pol): **the ~ ~** la Tercera Vía *f*

Third World *n*: **the ~ ~** el Tercer Mundo; (*before n*) ‹*nation/politics/leaders*› tercermundista

thirst[1] /θɜːrst || θɜːst/ *n* [u] sed *f*; **I'm dying of ~!** ¡me muero de sed!; **~ for vengeance/excitement** sed *or* ansia(s) *f(pl)* de venganza/emociones; **an unquenchable ~ for adventure** una insaciable sed de aventuras

thirst[2] *vi* **to ~ FOR sth** tener* sed *or* ansias DE algo, estar* sediento DE algo (liter); **those who ~ for** *o* (liter) **after knowledge/vengeance** los que tienen sed *or* ansias de saber/venganza, quienes están sedientos de saber/venganza (liter)

thirstily /'θɜːrstəli || 'θɜːstɪli/ *adv* con avidez *or* ansia

thirst-quenching /'θɜːrstˌkwentʃɪŋ || 'tɜːst ˌkwentʃɪŋ/ *adj* que quita la sed

thirsty /'θɜːrsti || 'θɜːsti/ *adj* **-tier, -tiest** **1** ‹*person/animal*› que tiene sed, sediento (liter); **the ~ fields** los campos sedientos (liter); **to be ~** tener* sed; **these plants are really ~** estas plantas están pidiendo agua a gritos; **the heat makes you ~** el calor te da sed; **to be ~ for revenge** tener* sed *or* ansias de venganza, estar* sediento de venganza (liter) **2** (causing thirst) ‹*work*› que da sed

thirteen /θɜːr'tiːn || θɜː'tiːn/ ▸ⓘ **p.888**, ▸ⓘ **p.1465**, ▸ⓘ **p.1798**, *adj/n* trece *adj inv/m*

> **thirteen Colonies**
>
> Son las trece colonias británicas establecidas en la costa este de Norteamérica, que se unieron para iniciar la guerra de independencia, para posteriormente, el 4 de julio de 1776, pasar a ser los primeros trece estados de EEUU. Ellos son: New Hampshire, Massachusetts, Rhode Island, Connecticut, Nueva York, Nueva Jersey, Pensilvania, Delaware, Maryland, Virginia, Carolina del Norte, Carolina del Sur y Georgia.

thirteenth[1] /θɜːr'tiːnθ || θɜː'tiːnθ/ ▸ⓘ **p.1085**, ▸ⓘ **p.1465** *adj* decimotercero; (before masculine singular nouns) decimotercer; *see also* **fifth**[1]

thirteenth[2] *adv* en decimotercer lugar; *see also* **fifth**[2]

thirteenth[3] ▸ⓘ **p.1085**, ▸ⓘ **p.1091**, ▸ⓘ **p.1465** *n* **1** (Math) treceavo *m* **2** (part) treceava parte *f*

thirtieth[1] /'θɜːrtiəθ || 'θɜːtiəθ/ ▸ⓘ **p.1085**, ▸ⓘ **p.1465** *adj* trigésimo; *see also* **fifth**[1]

thirtieth[2] *adv* en trigésimo lugar; *see also* **fifth**[2]

thirtieth[3] ▸ⓘ **p.1085**, ▸ⓘ **p.1091**, ▸ⓘ **p.1465** *n* **1** (Math) treintavo *m* **2** (part) treintava *or* trigésima parte *f*

thirty /'θɜːrti || 'θɜːti/ ▸ⓘ **p.888**, ▸ⓘ **p.1465**, ▸ⓘ **p.1798** *adj/n* treinta *adj inv/m*; *see also* **seventy**

thirtyish /'tɜːrtiɪʃ || 'tɜːtiɪʃ/ *adj* (colloq) de unos treinta (años); **she's ~** anda por los treinta (años) (fam), tiene unos treinta (años)

thirty-second note /ˌθɜːrti'sekənd || ˌθɜːti 'sekənd/ *n* (AmE) fusa *f*

this[1] /ðɪs/ ▸ⓘ **p.1790** *pron* (*pl* **these**)
A éste, -ta; (*neuter*) esto; **these** éstos, -tas; [*According to the Real Academia Española, the accent can be omitted when there is no ambiguity*] **~ is the dining room and ~ is the kitchen** éste es el dormitorio y ésta es la cocina; **what is ~?** ¿qué es esto?; **is ~ what you want?** ¿esto es lo que quieres?; **~ is mine and that is yours** esto es mío y eso es tuyo; **~ is John's father** (on photo) éste es el padre de John; (introducing) te presento al padre de John; **is ~ where you work?** ¿aquí es donde trabajas?; **~ is Jack Smith (speaking)** (on telephone) habla Jack Smith, soy Jack Smith; **how much sugar? is ~ enough?** ¿cuánto azúcar? ¿así está bien?; **can't it go any faster than ~?** ¿no puede ir más rápido?; **what's all ~ I hear about you getting married?** ¿qué es eso de que te casas?; **but ~ is Tuesday** pero es que hoy es *or* estamos a martes; **before ~ she had never known poverty** hasta entonces no había sabido lo que era ser pobre
B (*in phrases*): **at this: at ~, he flew into a rage** al oír (*or* ver *etc*) esto, se puso furioso; **with this: with ~, she left** habiendo dicho (*or* hecho *etc*) esto, se fue; **this is it: ~ is it: the big moment has arrived!** bueno, llegó la hora; **~ is it, they just don't understand** ahí está *or* eso es lo que pasa, que simplemente no entienden; **~ *and that***: **what have you been up to lately? — oh, ~ and that** ¿qué has hecho últimamente? — nada en particular; **we talked about ~, that and the other** hablamos de todo un poco

this[2] ▸ⓘ **p.1790** *adj* (*pl* **these**)
A este, -ta; (*pl*) estos, -tas; **look at ~ tree/house** mira este árbol/esta casa; **whose are these books/coins?** ¿de quién son estos libros/estas monedas?; **I like ~ one best** ésta es la que/éste es el que me gusta más; **I like these yellow ones** me gustan éstos amarillos/éstas amarillas; **I'll do it ~ lunchtime** lo haré al mediodía; **~ time last week** a esta hora la semana pasada; **~ time next year** el año que viene por estas fechas
B (in narration) (colloq): **suddenly these three guys came up to me and ...** de repente se me acercan tres tipos y ... (fam); **in one corner there**

> ## ⓘ This
>
> ### As an adjective
>
> The translation *este* agrees in number and gender with the nouns it modifies; *this* is translated by *este*, *esta*, and *these* by *estos*, *estas*, depending on what follows:
>
> ***this book/magazine***
> = este libro/esta revista
>
> ***these books/magazines***
> = estos libros/estas revistas
>
> ### As a pronoun
>
> Again, the translation *éste* agrees in number and gender with the nouns it is standing for; *this* is translated by *éste*, *ésta*, and *those* by *éstos*, *éstas*, depending on what is being referred to:
>
> ***this (one) is mine***
> = éste es el mío
>
> ***these are my best roses***
> = éstas son mis mejores rosas
>
> ■ When *this* as a pronoun is used to refer to something which is not specified for gender, it is translated by the neuter *esto*:
>
> ***what's this?***
> = ¿qué es esto?
>
> ***this is very difficult***
> = esto es muy difícil
>
> Sometimes it is not translated at all:
>
> ***this is Mike (speaking)***
> = habla Mike
>
> For more examples and particular usages see the entries for **this**

t

was ~ huge sofa en un rincón había un sofá enorme

this³ *adv*: **my desk is ~ big** mi escritorio es así de grande; **she's ~ much taller than him** le lleva un tanto así; **I never thought it would be ~ expensive** nunca pensé que fuera a ser tan caro; **~ much is certain** esto es seguro; **having come ~ far, we may as well go on** ya que hemos venido hasta aquí, mejor seguimos

thistle /ˈθɪsəl/ *n* cardo *m*

thistledown /ˈθɪsəldaʊn/ *n* [u] vilano *m* de cardo

thither /ˈθɪðər, ˈðɪðər || ˈðɪðə(r)/ *adv* (arch) allí

tho' /ðəʊ/ ▸**though**¹

thole pin /ˈθəʊl/ *n* escálamo *m*

thong /θɔːŋ || θɒŋ/ *n* **1** (leather strip) correa *f* **2** (of whip) tralla *f* **3** (sandal) (AmE) chancla *f*, chancleta *f*, ojota *f* (CS)

Thor /θɔːr || θɔː(r)/ *n* Tor, Thor

thoracic /θəˈræsɪk || θɔːˈræsɪk/ *adj* torácico

thorax /ˈθɔːræks/ *n* (*pl* **-raxes** *or* **-races** /-rəsiːs/) tórax *m*

thorn /θɔːrn || θɔːn/ *n* **1** (spine) espina *f*; ***to be a ~ in sb's flesh** o **side*** ser* una espina que algn tiene clavada **2** (shrub) espino *m*

thorn apple *n* estramonio *m*

thornbush /ˈθɔːrnbʊʃ || ˈθɔːnbʊʃ/ *n* espino *m*

thorny /ˈθɔːrni || ˈθɔːni/ *adj* **-nier, -niest** ‹*plant*› espinoso, espinudo (Chi); ‹*problem/issue*› espinoso, peliagudo, espinudo (Chi)

thorough /ˈθɜːrəʊ || ˈθʌrə/ *adj* **1** (conscientious) ‹*person*› concienzudo, cuidadoso, esmerado; ‹*search/investigation*› meticuloso, minucioso, riguroso; ‹*wash/clean*› a fondo; ‹*knowledge*› sólido; **give the glasses a ~ rinse** enjuaga los vasos cuidadosamente, enjuaga bien los vasos **2** (complete) (*before n*) ‹*idiot*› perfecto; **a ~ waste of time** una total *or* absoluta pérdida de tiempo; **a ~ nuisance** una verdadera lata (fam)

thoroughbred¹ /ˈθɜːrəbred || ˈθʌrəbred/ *n* **1** **Thoroughbred** (horse) pura sangre *mf* **2** (pure-bred animal) animal *m* de raza; **he/she's a real ~** tiene clase de verdad, es de alcurnia

thoroughbred² *adj* ‹*horse*› de pura sangre, de raza; ‹*greyhound*› de raza

thoroughfare /ˈθɜːrəfer || ˈθʌrəfeə(r)/ *n* **1** (street) (liter) calle *f*, vía *f* **2** (public road) vía *f* pública, carretera *f*; Ⓢ **no thoroughfare** (in cul-de-sac) calle cortada; (in private road) prohibido el paso

thoroughgoing /ˈθɜːrəʊˌgəʊɪŋ || ˈθʌrəˌgəʊɪŋ/ *adj* ‹*reform/revision*› concienzudo, profundo; ‹*analysis*› minucioso, riguroso; ‹*materialist*› convencido; **a ~ pessimist** un verdadero pesimista; **a ~ liar** un mentiroso redomado

thoroughly /ˈθɜːrəʊli || ˈθʌrəli/ *adv* **1** ‹*wash/clean*› a fondo, a conciencia; ‹*research*› rigurosamente, meticulosamente; ‹*examine*› minuciosamente, meticulosamente; ‹*work*› concienzudamente; **mix the ingredients ~** mezclar bien los ingredientes **2** (completely) ‹*understand*› perfectamente; **I ~ agree** estoy completamente *or* absolutamente de acuerdo; **we ~ enjoyed ourselves** nos divertimos muchísimo *or* (fam) de lo lindo; **they seem ~ fed up** parecen estar verdaderamente *or* absolutamente hartos; **she's ~ unpleasant** es de lo más desagradable; **he's ~ honest** es honrado a carta cabal

thoroughness /ˈθɜːrəʊnəs || ˈθʌrənɪs/ *n* [u] (of worker) meticulosidad *f*, esmero *m*; (of research) meticulosidad *f*, rigurosidad *f*; (of knowledge) lo sólido

those /ðəʊz/ *pl of* **that**², **that**¹ **A**

thou¹ /ðaʊ/ *pron* (arch *or* poet) tú; (Relig) vos (arc)

thou² ▸**thousand**

though¹ /ðəʊ/ *conj*

A **1** (despite the fact that) aunque; **~ the house is small, it is very comfortable** aunque *or* a pesar de que la casa es pequeña, es muy cómoda; **the house, ~ small, is very comfortable** la casa, aunque *or* si bien (es) pequeña, es muy cómoda; **~ you may find this hard to believe** aunque te cueste creerlo; **good ~ the book is, it could have been better** aunque el libro es bueno podría haber sido mejor **2** (but) aunque; **I wouldn't have thought it likely, ~ you may be right** no lo hubiera creído posible, aunque puede (ser) que tengas razón

B (even if) (liter) aunque (+ *subj*); **~ we die in the attempt** aunque muramos en el intento

though² *adv* **1** (nevertheless, however): **it is easy, ~, to understand their feelings** sin embargo, es fácil comprender sus sentimientos; **the course is difficult; it's interesting, ~** el curso es difícil, pero es interesante **2** (just, indeed) (colloq): **he's very talented — isn't he ~!** tiene mucho talento — ¡si tendrá …!

thought¹ /θɔːt/ *past & past p of* **think**¹

thought² *n*

A **1** [u] (intellectual activity) pensamiento *m*; **modern/Christian ~** el pensamiento moderno/cristiano; (*before n*): **~ pattern** modelo *m* de pensamiento; **~ process** proceso *m* mental **2** [u] (deliberation): **after much ~, I've decided that …** tras mucho pensarlo *or* tras reflexionar mucho sobre el asunto, he decidido que …; **a lot of ~ went into this decision** se pensó *or* se reflexionó mucho antes de tomar esta decisión; **she put a lot of ~ into the design** pensó mucho el diseño; **he never gives any ~ to his appearance** no se preocupa para nada de su aspecto; **I'll give it some ~** lo pensaré; **I've never given it much ~** no me he detenido a pensarlo; **more ~ needs to be given to …** hay que considerar más detenidamente …; **to be deep in ~** estar* absorto en sus (*or* mis *etc*) pensamientos; **to be lost in ~** estar* ido

B [c] **1** (reflection) pensamiento *m*; **impure ~s** malos pensamientos *mpl*; **to read sb's ~s** adivinarle el pensamiento a algn; **what are your ~s on the matter?** ¿tú qué opinas al respecto?; **his ~s were elsewhere** estaba pensando en otra cosa; ***not to give sth a second** o **another ~***: **at the time I didn't give it another ~** en ese momento no le di mayor importancia; **I mailed it and never gave it a second ~** la eché al correo y no volví a pensar en ello; ***to have second ~s (about sth)***: **I'm having second ~s about accepting their offer** me están entrando dudas sobre si aceptar o no su oferta; **I've had second ~s: I don't want to sell the shop** he cambiado de idea: no quiero vender la tienda; **on second ~(s)** pensándolo bien **2** (idea) idea *f*; **I've just had a ~** se me acaba de ocurrir una idea; **now, there's a ~** pues no es mala idea; **maybe Hilary knows — that's a ~!** quizás Hilary sepa — tienes razón, puede ser; **she hasn't got a ~ in her head** es incapaz de pensar; **it was a kind ~ to send her flowers** fue todo un detalle mandarle flores; **it's only a ~, but …** no sé, pero se me ocurre que …; **the ~ crossed my mind that …** pensé que …, se me ocurrió que …; **the ~ never even entered my head** ni se me pasó por la cabeza; **that ~ had occurred to me as well** eso mismo se me había ocurrido a mí; **~ OF sth: the mere ~ of food made her feel sick** le daban náuseas de sólo pensar en comida; **he couldn't bear the ~ of leaving them** la idea de abandonarlos se le hacía intolerable; **you must give up any ~ of seeing him again** tienes que renunciar a la idea de volver a verlo; **the ~ THAT** la idea DE QUE; **the ~ that it might have been me** la idea de que podría haber sido yo **3** (concern, consideration) (*no pl*) **~ (FOR sb/sth): my first ~ was for the baby** en lo primero que pensé fue en el bebé; **with no ~** o **without a ~ for her own safety** sin pensar para nada en su propia seguridad; **without a ~ for anyone else** sin consideración para con los demás, sin pensar en *or* tener en cuenta a los demás; **spare a ~ for those worse off than yourself** acuérdate de *or* piensa en los que están en peores circunstancias que tú; **it's the ~ that counts** (set phrase) lo que importa es la atención *or* el detalle

C **a thought** un poquito, una pizca

thought balloon *n* ▸**think balloon**

thought control *n* [u] control *m* del pensamiento

thoughtful /ˈθɔːtfəl/ *adj* **1** ‹*person/conduct*› (kind) atento, amable; (considerate) considerado; **it was ~ of you to ask** fue un detalle por tu parte el preguntar; **a present? how ~ of you!** ¿un regalo? ¡qué detalle! *or* ¡qué amabilidad!; **to be ~ OF sth/sb** (frml) tener* en cuenta algo/a algn **2** (pensive) pensativo, meditabundo **3** (reflective, considered) ‹*book/movie/person*› serio, reflexivo

thoughtfully /ˈθɔːtfəli/ *adv* **1** (considerately): **she ~ closed the door** tuvo la consideración de cerrar la puerta; **he had ~ left some food for us** había tenido la amabilidad de dejarnos algo de comer **2** (pensively) pensativamente **3** (with careful thought) cuidadosamente, con esmero

thoughtfulness /ˈθɔːtfəlnəs || ˈθɔːtfəlnɪs/ *n* [u] **1** (kindness) amabilidad *f*, solicitud *f*; (consideration) consideración *f* **2** (pensiveness) aire *m* pensativo **3** (careful thought) seriedad *f*

thoughtless /ˈθɔːtləs || ˈθɔːtlɪs/ *adj* **1** (inconsiderate) ‹*person/conduct/remark*› desconsiderado; **it was ~ of me to say that** fue una falta de consideración por mi parte decir eso; **how could you be so ~ as to forget?** ¿te olvidaste? ¿cómo pudiste ser tan desatento? **2** (unthinking) irreflexivo, descuidado

thoughtlessly /ˈθɔːtləsli || ˈθɔːtlɪsli/ *adv* **1** (without consideration) ‹*act*› desconsideradamente; **~, I didn't ask them if they'd like to stay** ¡qué desatento! ¡no les pregunté si querían quedarse! **2** (without thinking) sin pensar

thoughtlessness /ˈθɔːtləsnəs || ˈθɔːtlɪsnɪs/ *n* [u] **1** (lack of consideration) desconsideración *f*, falta *f* de consideración **2** (lack of reflection) irreflexión *f*, descuido *m*

thought police *n* (+ *pl vb*) controladores *mpl* del pensamiento

thought-provoking /ˈθɔːtprəˌvəʊkɪŋ/ *adj* que hace pensar *or* reflexionar

thought-reader /ˈθɔːtˌriːdər || ˈθɔːtˌriːdə(r)/ *n* adivino, -na *m,f* del pensamiento

thought-reading /ˈθɔːtˌriːdɪŋ/ *n* [u] adivinación *f* del pensamiento

thought transference *n* [u] transmisión *f* del pensamiento

thousand /ˈθaʊznd/ ▸ℹ **p.888**, ▸ℹ **p.1465** *n* mil *m*; **a ~ and one** mil uno; **a ~ thanks** mil gracias, un millón de gracias; *see also* **hundred**

thousandfold /ˈθaʊzndfəʊld/ *adj/adv see* **-fold**

thousandth¹ ▸ℹ **p.1465** /ˈθaʊzəndθ/ *adj* milésimo; *see also* **fifth**¹

thousandth² *adv* en milésimo lugar; *see also* **fifth**²

thousandth³ ▸ℹ **p.1091**, ▸ℹ **p.1465** *n* **1** (Math) milésimo *m* **2** (part) milésima parte *f*

thraldom *n* [u] (BrE) ▸**thralldom**

thrall /θrɔːl/ *n* (liter) **1** [u] (slavery) **to be in ~ TO sb** ser* esclavo DE algn, estar* sometido A algn; **they are in ~ to certain pressure groups** están al servicio de ciertos grupos de presión; **to have** o **hold sb in ~** tener* a algn subyugado **2** [c] (slave) esclavo, -va *m,f*; **to be a ~ TO sb/sth** ser* esclavo DE algn/algo

thralldom, (BrE) **thraldom** /ˈθrɔːldəm/ *n* [u] (liter) esclavitud *f*

thrash¹ /θræʃ/ *vt* **1** (beat) golpear; (as punishment) azotar, darle* una paliza a; **they were soundly ~ed** les dieron una buena paliza **2** (defeat) (colloq) ‹*opponent*› darle* una paliza a (fam), hacer* polvo (fam) **3** ‹*leg/arm/tail*› sacudir **4** ▸**thresh**

■ **thrash** *vi* **~ (around** o **about)** revolverse*, retorcerse*; (in mud, water) revolcarse*

Phrasal verb

• **thrash out** [v + o + adv, v + adv + o] **1** (try to resolve) ‹*problem*› discutir, tratar de resolver **2** (agree on) ‹*policy*› llegar* a un acuerdo sobre

thrash² *n* (BrE colloq) **1** [c] (party) jolgorio *m* (fam), reventón *m* (Méx fam), fiestichola *f* (fam) **2** [u] (loud music) música *f* estruendosa

thrashing /'θræʃɪŋ/ *n* 1 (beating) paliza *f*, zurra *f*; **to give sb a ~** darle* una paliza a algn 2 (heavy defeat) (colloq) paliza *f* (fam); **to get a ~** llevarse una paliza (fam)

thread¹ /θred/ *n* 1 [c u] (filament) hilo *m*; (length) hebra *f*, hilo *m*; **a spool of ~** (AmE) un carrete *or* (RPl) carretel de hilo; **I need a longer ~** necesito una hebra más larga *or* un hilo más largo; **with double ~** con hilo doble, con doble hebra; **you have a ~ hanging** te cuelga un hilo *or* una hilacha; ***to hang by a ~*** pender de un hilo 2 [c] (strand, sequence) hilo *m*; **to follow the ~ of a plot/conversation** seguir* el hilo de una trama/conversación; **to lose the ~** perder* el hilo; **to pick** *o* **take up the ~(s) of sth** (of story, plot) retomar el hilo de algo; **he tried to pick up the ~s of his former life** trató de rehacer su vida; **to gather up the ~s** (of story, life) atar cabos sueltos 3 [c] (Comput) (linked messages) hilo *m* 4 [c] (of screw) rosca *f*, filete *m* 5 **threads** *pl* (AmE colloq) (clothes) trapos *mpl* (fam), pilchas *fpl* (CS fam)

thread² *vt*
A ‹*needle/sewing machine*› enhebrar; ‹*bead*› ensartar; **to ~ sth ONTO sth** ensartar algo EN algo; **to ~ sth THROUGH sth** pasar algo POR algo; **he ~ed his shoelaces wrong** (se) acordonó mal los zapatos; ***to ~ one's way*** abrirse* paso; **she ~ed her way through the crowd/between the tables** se abrió paso entre la multitud/por entre las mesas
B (Tech) ‹*screw/pipe*› roscar*

threadbare /'θredber || 'θredbeə(r)/ *adj* ‹*jacket/collar/carpet*› gastado, raído; ‹*argument/excuse*› trillado, manido

threadworm /'θredwɜːrm || 'θredwɜːm/ *n* (Med, Zool) oxiuro *m*, lombriz *f* intestinal

threat /θret/ *n* 1 [c] (menace, warning) amenaza *f*; **to make a ~ against sb** amenazar* a algn; **obtaining money with ~s** (AmE) (Law) obtener* dinero mediante intimidación *or* amenazas; **death ~** amenaza de muerte 2 [c u] (danger) amenaza *f*; **the nuclear ~** la amenaza nuclear; **this constitutes a ~ to public health** esto constituye una amenaza para la salud de la población; **to be under ~: their traditional way of life is under ~** su estilo de vida tradicional se ve amenazado; **the factory is under ~ of closure** la amenaza de cierre se cierne sobre la fábrica, la fábrica corre peligro de que la cierren

threaten /'θretn/ *vt* 1 (menace) ‹*person/life*› amenazar*; **are you ~ing me?** ¿me estás amenazando?; **to ~ sb WITH sth** amenazar* a algn CON algo; **they were ~ed with dismissal** los amenazaron con despedirlos *or* con el despido; **she was ~ed with death** la amenazaron de muerte 2 (endanger) ‹*stability/peace*› amenazar*; **to be ~ed WITH sth: the hospital is ~ed with closure** la amenaza de cierre se cierne sobre el hospital, el hospital corre peligro de que lo cierren; **species ~ed with extinction** especies *fpl* amenazadas de extinción 3 (give warning of) ‹*action/violence*› amenazar* con; **to ~ to + INF** «*person*» amenazar* CON + INF; «*problem/unrest*» amenazar* + INF; **they ~ed to close the newspaper** amenazaron con cerrar el periódico; **the situation is ~ing to develop into a crisis** la situación amenaza convertirse en una crisis; **it's ~ing to rain** amenaza lluvia, amenaza llover
■ **threaten** *vi* «*danger/storm*» amenazar*

threatening /'θretnɪŋ/ *adj* ‹*gesture/look/clouds*› amenazador; **~ behavior** (in UK) (Law) conducta *f* amenazadora *or* amenazante *or* intimidatoria

threateningly /'θretnɪŋli/ *adv* ‹*loiter/gesture*› de modo amenazador, amenazadoramente; ‹*speak*› en tono amenazador

three¹ /θriː/ ▸ⓘ p.888, ▸ⓘ p.1465, ▸ⓘ p.1798 *n* tres *m*; *see also* **four¹**

three² ▸ⓘ p.888, ▸ⓘ p.1465, ▸ⓘ p.1798 *adj* tres *adj inv*; *see also* **four²**

three-card monte /ˌθriːˌkɑrd'mɑːnti || ˌθriːˌkɑːd'mɒnti/, (BrE) **three-card trick** *n*: *juego de naipes que consiste en adivinar cuál de tres cartas puestas boca abajo es la reina*

three-color /ˌθriː'kʌlər || ˌθriː'kʌlə(r)/ (BrE) **three-colour** *adj* (*before n*) a tres colores

three-cornered /'θriː'kɔːrnərd || ˌθriː'kɔːnəd/ *adj* ‹*contest/fight*› de tres; **~ hat** sombrero *m* de tres picos, tricornio *m*

three-D /'θriː'diː/ *adj* ▸**three-dimensional**

three-day eventing /'θriː'deɪ/ *n* [u] certámenes *mpl or* pruebas *fpl* de tres días (*en hípica*)

three-decker /'θriː'dekər || ˌθriː'dekə(r)/ *n*: *buque de guerra con cañones en tres cubiertas*

three-dimensional /ˌθriːdə'mentʃnəl, -daɪ- || ˌθriːdaɪ'menʃənl, -dɪ-/ *adj* 1 (Math) tridimensional 2 (Cin, Video) tridimensional, en tres dimensiones

threefold /'θriːfəʊld/ *adj/adv see* **-fold**

three-legged /ˌθriː'legəd || ˌθriː'legɪd/ *adj* (*before n*) de tres patas

three-legged race *n*: *carrera en que una persona lleva atada una pierna a la del compañero*, carrera *f* de tres pies (Chi)

three-line whip /'θriː'laɪn/ *n* (in UK) *convocatoria de asistencia obligatoria a una sesión parlamentaria*

three-master /ˌθriː'mæstər || ˌθriː'mɑːstə(r)/ *n* barco *m* de tres mástiles

threepence /'θrepəns 'θrə-/ *n* tres peniques *mpl*

threepenny /'θrepəni 'θrə-/ *adj* (*before n*) ‹*stamp*› de tres peniques; **~ bit** *o* **piece** moneda *f* de tres peniques

three-phase /'θriː'feɪz/ *adj* trifásico

three-piece /'θriː'piːs/ *adj* (*before n*): **~ band** trío *m*; **~ suit** traje *m* con chaleco, terno *m*; **~ suite** juego *m* de living (*de sofá y dos sillones*) (AmL), tresillo *m* (Esp)

three-ply¹ /'θriː'plaɪ/ *adj* (*before n*) ‹*wood/tissue*› de tres capas; ‹*yarn*› de tres hebras

three-ply² *n* lana *f* /hilo *m* de tres hebras

three-point landing /'θriː'pɔɪnt/ *n* aterrizaje *m* sobre tres puntos

three-point turn /'θriːpɔɪnt/ *n* (BrE) *maniobra de cambio de sentido de un vehículo en tres movimientos*

three-quarter¹ /ˌθriː'kwɔːrtər || ˌθriː'kwɔːtə(r)/ *adj* (*before n*) tres cuartos; **~(-length) sleeve** manga *f* tres cuartos

three-quarter² *n* (in rugby) tres cuartos *mf*

three-quarters¹ /ˌθriː'kwɔːrtərz || ˌθriː'kwɔːtəz/ ▸ⓘ p.1091 *pron* las tres cuartas partes; **~ of the population** el 75 por ciento *or* las tres cuartas partes de la población

three-quarters² *adj* (*before n*): **it was running on** *o* **at ~ power** funcionaba al 75% de su potencia

three-quarters³ *adv*: **it's ~ full** contiene el 75% *or* las tres cuartas partes de su capacidad

three-ring circus /'θriː'rɪŋ/ *n* 1 (circus) (AmE) circo *m* de tres pistas 2 (chaotic situation) (colloq) jaleo *m* (fam), caos *m*

threescore /'θriːskɔːr || 'θriːskɔː(r)/ *adj/n* (arch) sesenta *adj inv/m*

threesome /'θriːsəm/ *n* 1 (group) *grupo de tres personas* 2 (in golf) threesome *m*

three-way /'θriː'weɪ/ *adj* (*before n*) ‹*junction/valve*› triple; **a ~ discussion** una discusión entre tres personas (*or* grupos *etc*)

three-wheeler /ˌθriː'hwiːlər || ˌθriː'wiːlə(r)/ *n* 1 (car) coche *m* de tres ruedas 2 (tricycle) triciclo *m*

thresh /θreʃ/ *vt* (Agr) trillar
■ **thresh** *vi* 1 (Agr) trillar 2 ▸**thrash¹**

thresher /'θreʃər || 'θreʃə(r)/ *n* 1 (machine) trilladora *f* 2 (person) trillador, -dora *m,f*

threshing /'θreʃɪŋ/ *n* [u] trilla *f*; (*before n*): **~ machine** trilladora *f*; **~ floor** era *f*

threshold /'θreʃhəʊld/ *n* 1 (doorway) umbral *m*; ***to be on the ~ of sth*** estar* en el umbral *or* a las puertas de algo 2 (limit) umbral *m*, límite *m*; **the ~ of consciousness** el umbral de la conciencia; **pain ~** umbral de dolor; **I have a low pain ~** tengo bajo el umbral de dolor, tolero muy mal el dolor; **he has a low boredom ~** aguanta poco sin aburrirse; (*before n*): **~ price** (EU) precio *m* de umbral

threw /θruː/ *past of* **throw¹**

thrice /θraɪs/ *adv* (arch & liter) tres veces

thrift /θrɪft/ *n*
A [u] (frugality) economía *f*, ahorro *m*; (*before n*): **~ account** (AmE) cuenta *f* de ahorro(s); **~ shop** *o* **store** (AmE) *tienda que vende artículos de segunda mano con fines benéficos*
B [c] (savings bank) (AmE) caja *f* de ahorro(s)

thriftiness /'θrɪftinəs || 'θrɪftinɪs/ *n* [u] ▸**thrift A**

thrifty /'θrɪfti/ *adj* **-tier, -tiest** económico, ahorrativo

thrill¹ /θrɪl/ *n* 1 (tremor, wave): **he felt a ~ of fear** se estremeció de miedo; **just thinking about it sent a ~ down his spine** se estremecía de sólo pensarlo 2 (excitement): **all the ~s and spills of Formula One racing** todas las emociones de las carreras de Fórmula Uno; **meeting her was a real ~** fue verdaderamente emocionante conocerla, me hizo mucha ilusión conocerla (Esp); **what a ~!** ¡qué emoción!; **he gets a ~ out of the kids' enjoyment** él goza con que los niños disfruten; **he got a cheap ~ out of spying on them** se excitaba *or* se regodeaba espiándolos

thrill² *vt* emocionar; **it ~ed me to think that ...** me emocionaba *or* (Esp tb) me hacía mucha ilusión pensar que ...; **the prospect doesn't exactly ~ me** la verdad es que la perspectiva no me entusiasma
■ **thrill** *vi* **to ~ TO sth** estremecerse* CON algo

thrilled /θrɪld/ *adj* (*pred*) **to be ~ (ABOUT/WITH sth)** estar* encantado *or* contentísimo *or* (fam) chocho (CON algo); **she was ~ (to bits) with the present** quedó encantada *or* contentísima *or* (fam) chocha con el regalo; **to be ~ to + INF**: **she was really ~ to meet him** le encantó *or* (Esp tb) le hizo muchísima ilusión conocerlo

thriller /'θrɪlər || 'θrɪlə(r)/ *n* 1 (Cin, Lit) novela *f* (*or* película *f etc*) de misterio *or* de suspenso *or* (Esp) de suspense 2 (exciting event): **the game was a real ~** el partido estuvo muy emocionante, fue un partido electrizante

thrilling /'θrɪlɪŋ/ *adj* emocionante; **how ~!** ¡qué emocionante!, ¡qué emoción!

thrive /θraɪv/ *vi* (*past* **thrived** *or* liter **throve**; *past p* **thrived** *or* (arch) **thriven** /'θrɪvən/) «*business/town*» prosperar; «*plant*» crecer* con fuerza; «*child*» desarrollarse; **how is she? — she's thriving!** ¿cómo está? — estupendamente *or* cada día mejor; **to ~ ON sth**: **dogs ~ on this diet** esta dieta les sienta de maravilla a los perros; **he ~s on hard work** cuando está mejor es cuando tiene mucho trabajo

thriving /'θraɪvɪŋ/ *adj* (*before n*) ‹*business/town*› próspero, floreciente; ‹*businessman*› próspero; **a ~ black market** un floreciente mercado negro

thro' /θruː/ (poet) ▸**through¹**, **through²**

throat /θrəʊt/ *n* garganta *f*; (neck) cuello *m*; **I have a sore ~** me duele la garganta, tengo dolor de garganta; **to clear one's ~** aclararse la voz, carraspear; **to cut sb's ~** cortarle el cuello *or* (fam) el cogote a algn; ***to be at one another's ~s*** estar* como (el) perro y (el) gato; ***to cut one's own ~*** hacerse* el harakiri; **you'll be cutting your own ~ if you leave now** irte ahora sería suicida; ***to jump down sb's ~*** echársele encima a algn, arremeter contra algn; ***to ram sth down sb's ~*** refregarle* *or* restregarle* algo por las narices a algn; **there's no need to keep ramming it down my ~!** no tienes por qué refregármelo *or* restregármelo por las narices; **she's always trying to ram** *o* **force her ideas down other people's ~s** siempre está tratando de imponerles sus ideas a los demás; ▸**stick² B**

throatily /'θrəʊtəli/ *adv* con voz ronca

throaty /'θrəʊti/ *adj* **-tier, -tiest** ‹*voice*› ronco; ‹*cough*› de garganta; ‹*laugh/chuckle*› gutural; **you sound ~** estás ronco

throb¹ /θrɑːb || θrɒb/ *vi* **-bb-** 1 (pulsate, vibrate) «*heart/pulse*» latir con fuerza; «*engine*» vibrar; **the city ~s with life** la ciudad vibra de actividad 2 (with pain): **his leg was ~bing** tenía un dolor punzante en la pierna; **my**

head is ~bing me va a estallar la cabeza

throb[2] *n* 1 (of engine) vibración *f*; (of heart) latido *m* 2 (of wound, headache) dolor *m* punzante

throbbing[1] /'θrɑːbɪŋ || 'θrɒbɪŋ/ *adj* (*before n*) ⟨*sound/rhythm*⟩ vibrante, palpitante; ⟨*pain/ache*⟩ punzante

throbbing[2] *n* ▸**throb**[2]

throes /θrəʊz/ *pl n* (*death* ~) 1 agonía *f*; **to be in one's (death) ~** *o* **in the ~ of death** agonizar*, estar agonizando; **the empire was in its final (death) ~** el imperio agonizaba 2 **in the ~ of**: **a woman in the ~ of childbirth** una mujer en trance de dar a luz; **the country was in the ~ of civil war** el país estaba sumido en una guerra civil; **they were in the ~ of an argument** estaban en medio de una discusión; **we were in the ~ of moving house** estábamos en plena mudanza, estábamos en tren de mudarnos de casa (RPl)

thrombosis /θrɑːm'bəʊsəs || θrɒm'bəʊsɪs/ *n* [u c] (*pl* **-ses** /-siːz/) trombosis *f*

thrombus /'θrɑːmbəs || 'θrɒmbəs/ *n* (*pl* **-bi** /-baɪ/) (Med) trombo *m*

throne /θrəʊn/ *n* trono *m*; **to be on/come to** *o* **ascend the ~** ocupar el/subir *or* ascender* al trono; **the Swedish ~** la corona sueca; **he remains the power behind the ~** sigue siendo quien detenta realmente el poder; (*before n*): **~ room** salón *m* del trono

throng[1] /θrɔːŋ || θrɒŋ/ *n* muchedumbre *f*, multitud *f*

throng[2] *vi*: **fans ~ed into the stadium** los hinchas entraron en tropel al estadio; **people ~ed to see her pass** la gente acudió en masa a verla pasar; **to ~ round sth** apiñarse alrededor de algo

■ **throng** *vt* atestar, abarrotar; **crowds ~ed the streets** las calles estaban atestadas *or* abarrotadas de gente

throttle[1] /'θrɑːtl || 'θrɒtl/ *vt* 1 (strangle) ahogar*, estrangular 2 (gag, silence) ⟨*press*⟩ acallar, silenciar

Phrasal verbs

• **throttle back**

A [v + adv] ⟨⟨*pilot/driver*⟩⟩ disminuir* la velocidad, desacelerar

B [v + o + adv, v + adv + o] ⟨*engine/vehicle*⟩ desacelerar

• **throttle down** [v + adv] disminuir* la velocidad

throttle[2] *n* 1 ~ (**valve**) (Mech) regulador *m*, estrangulador *m*; (Auto) acelerador *m* (*que se acciona con la mano*); **to open the ~** acelerar; **at full ~** a toda marcha, a toda máquina 2 (pedal) acelerador *m*

through[1] /θruː/ *prep*

A 1 (from one side to the other) por; **she came in ~ the door** entró por la puerta; **look ~ the window** mira por la ventana; **it fell ~ that hole** se cayó por ese agujero; **it went right ~ the wall** atravesó la pared de lado a lado; **the current flows ~ the circuit** la corriente fluye a través del circuito; **to hear/feel sth ~ sth** oír*/sentir* algo a través de algo; **she peered ~ the keyhole** miró por el agujero de la cerradura; **he was shot ~ the head** le pegaron un balazo en la cabeza; **he was unable to breathe ~ his nose** no podía respirar por la nariz; **the truck crashed ~ the barrier** el camión se llevó la barrera por delante; **they struggled on ~ the crowd** siguieron abriéndose paso entre la multitud; **he spoke ~ clenched teeth** habló entre dientes; **the chair flew ~ the air** la silla voló por los aires; **he strolled ~ the town center** paseó por el centro de la ciudad; **we drove ~ Munich** atravesamos Munich (*en coche*); **we sailed ~ the Suez Canal** pasamos por el Canal de Suez (*en barco*); **we searched ~ her belongings** registramos sus pertenencias; **she glanced ~ the magazine** hojeó la revista; **I worked my way ~ the textbook** me leí el texto de punta a punta 2 (past, beyond): **to be ~ sth** haber* pasado algo; **we're ~ the preliminary stages already** ya hemos pasado las fases iniciales

B 1 (in time): **we worked ~ the night** trabajamos durante toda la noche; **she won't live ~ the night** de esta noche no pasa; **she slept ~ the entire lecture** durmió durante toda la conferencia; **half-way ~ his speech** en medio de su discurso, cuando iba (*or* vaya *etc*) por la mitad del discurso; **she helped him ~ a difficult period** le ayudó a superar un período difícil; **after everything we've been ~ together** después de todo lo que hemos pasado juntos; **~ the centuries** a través de los siglos; **I can't sit ~ another two-hour sermon** no puedo aguantar otro sermón de dos horas 2 (until and including) (AmE): **Tuesday ~ Thursday I stay in New York** de martes a jueves me quedo en Nueva York; **offer good ~ May 31** oferta válida hasta el 31 de mayo; **October ~ December** desde octubre hasta diciembre inclusive

C (by): **she spoke ~ an interpreter** habló a través de un intérprete; **I heard about it ~ a friend** me enteré a través de *or* por un amigo; **~ his help I eventually found an apartment** gracias a su ayuda *or* mediante su ayuda finalmente encontré un apartamento; **~ no fault of her own** sin tener culpa alguna; **it happened ~ carelessness** ocurrió por falta de cuidado

through[2] *adv*

A (from one side to the other): **come ~, please!** ¡pasen, por favor!; **the train sped ~ without stopping** el tren pasó a toda velocidad sin parar; **he barged ~** pasó dando empujones; **we're just traveling ~** estamos de paso; **the sun came ~** salió el sol; **the red paint shows ~** se nota la pintura roja que hay debajo; *see also* **get through**, ▸**pull through**, **put through**

B (in time, process): **we worked ~ without a break** trabajamos sin parar para descansar; **she's never played the piece ~** nunca ha tocado toda la pieza (desde el principio hasta el final); **all night ~** durante toda la noche

C 1 (completely): **wet/soaked ~** mojado/calado hasta los huesos 2 **through and through**: **he's a soldier ~ and ~** es militar hasta la médula; **it's a subject which he knows ~ and ~** es un tema que se conoce al dedillo

through[3] *adj*

A (Transp) (*before n*) ⟨*train/route*⟩ directo; **~ traffic** tráfico *m* de paso; Ⓢ **no through road** calle sin salida

B (finished) (colloq) (*pred*): **aren't you ~ yet?** ¿no has terminado aún?; **as a journalist, you're ~** como periodista, estás acabado; **to be ~ WITH sb/sth** haber* terminado CON algn/algo; **I'm ~ with her/him** he terminado con ella/él; **when I'm ~ with you** cuando haya terminado contigo; **are you ~ with the atlas?** ¿has terminado con el atlas?; **to be ~ (WITH) -ING: I'm ~ trying to be nice to you** no pienso seguir tratando de ser amable contigo

C (BrE) (Telec): **you're ~!** ¡hable!; **we're ~ to Madrid** nos han conectado con Madrid

through-draft /'θruː'dræft || 'θruː'drɑːft/ *n*: **open the window and the door so that we get a ~** abre la ventana y la puerta para que se produzca una corriente que atraviese la sala

throughout[1] /θruː'aʊt/ *prep*

A (all over): **she was famous ~ Europe/the world** era famosa en toda Europa/en todo el mundo *or* en el mundo entero; **there were notices ~ the building** había avisos por todo el edificio

B (in time): **it rained continuously ~ the afternoon/the weekend** llovió sin parar (durante) toda la tarde/todo el fin de semana; **~ her/his career** a lo largo de toda su carrera

throughout[2] *adv* 1 (all over) totalmente; **the house is carpeted ~** la casa está totalmente alfombrada 2 (in time) desde el principio hasta el fin; **she listened in silence ~** escuchó en silencio desde el principio hasta el fin; **his behavior ~ was irreproachable** su conducta nunca dejó de ser intachable

throughput /'θruːpʊt/ *n* (production) producción *f*; (efficiency, performance) rendimiento *m*; **the ~ of orders is too slow** el procesamiento de los pedidos es demasiado lento

through-ticketing /'θruːˌtɪkətɪŋ || 'θruːˌtɪkɪtɪŋ/ *n* [u] sistema *m* de tarifa única, sistema *m* tarifario integrado (Esp), sistema *m* de boleto único (RPl)

throughway /'θruːweɪ/ *n* (AmE) autopista *f*

throve /θrəʊv/ *past of* **thrive**

throw[1] /θrəʊ/ (*past* **threw**; *past p* **thrown**) *vt*

A 1 ⟨*ball/stone*⟩ tirar, aventar* (Col, Méx, Per); ⟨*grenade/javelin*⟩ lanzar*; ⟨*bomb*⟩ arrojar, tirar; **she threw her beer in his face** le tiró la cerveza a la cara; **she threw the ball back** devolvió la pelota; **to ~ sth AT sth/sb** tirarle algo A algo/algn; **they threw stones at the police** le tiraron piedras a la policía; **to ~ sth TO sb, to ~ sb sth** tirarle *or* (Col, Méx, Per tb) aventarle* algo A algn; **~ me the keys!** ¡tírame *or* (Col, Méx, Per tb) aviéntame las llaves!; **he threw her a rope** le echó una cuerda 2 ⟨*dice*⟩ echar, tirar; **to ~ a six** sacar* un seis

B (send, propel) (+ *adv compl*): **the blast threw him across the room** la explosión lo hizo salir despedido al otro lado de la habitación; **he threw himself forward** se tiró *or* echó hacia adelante; **she threw herself out of the window** se tiró *or* (Col, Méx, Per tb) se aventó por la ventana; **the storm threw the yacht onto the rocks** la tormenta lanzó el yate contra las rocas; **she threw herself at her opponent** se le echó encima a su adversario, se abalanzó sobre su adversario; **to ~ sb into jail** meter a algn preso *or* en la cárcel; **to ~ sb out of work** echar a algn del trabajo; **his resignation threw them into confusion** su dimisión los dejó desorientados; **the slightest thing ~s him into a panic** por la menor cosa se pone nerviosísimo; **I was ~n into a difficult situation** me metieron en un aprieto; **this threw the country into civil war** esto sumió al país en una guerra civil; **to ~ oneself into a task** meterse de lleno en una tarea; **to ~ oneself on** *o* **upon sb** echársele encima a algn, abalanzarse* sobre algn; **to ~ oneself on** *o* **upon sb's mercy** ponerse* a merced de algn; **we were ~n entirely onto our own resources** quedamos totalmente abandonados a nuestros recursos; **the experience had ~n her onto the defensive** la experiencia la había hecho ponerse a la defensiva; ***to ~ sb to the lions*** *o* ***wolves*** arrojar a algn a las fieras

C 1 (direct, aim): **she threw him a warning look** le lanzó una mirada de advertencia; **you can't solve the problem by ~ing money at it** el problema no lo vas a resolver gastando sin ton ni son; **a remark ~n into the conversation** un comentario que se deja caer en la conversación; **I'll ~ the question over to the other team** le pasaré la pregunta al otro equipo 2 (project) ⟨*shadow/image*⟩ proyectar; **to ~ one's voice** proyectar la voz; **this ~s suspicion on(to) the brother** esto hace recaer las sospechas sobre el hermano

D 1 (put, cast): **she threw a blanket over him** le puso *or* le echó una manta encima; **to ~ emphasis on(to) sth** poner* énfasis en algo; **to ~ blame on(to) sth/sb** echarle la culpa a algo/algn; **the responsibility was ~n onto me** me hicieron responsable 2 (set up, erect): **to ~ a cordon around sth** acordonar algo; **to ~ a bridge across** *o* **over a river** tender* un puente sobre un río

E 1 (unseat) ⟨⟨*horse*⟩⟩ desmontar, tirar 2 (in wrestling) ⟨*opponent*⟩ derribar

F (disconcert) desconcertar*; **I was ~n by her question** no supe qué contestar a su pregunta, su pregunta me desconcertó

G ⟨*party*⟩ hacer*, dar*; **he threw a fit/tantrum** le dio un ataque/una pataleta

H (operate) ⟨*switch/lever*⟩ darle* a

I ⟨*pot*⟩ tornear, modelar en un torno

J (give birth to) ⟨*calf/foal*⟩ parir

K (deliberately lose) (colloq) ⟨*fight/race*⟩ perder* (*deliberadamente*)

■ **throw** *vi* 1 (with ball, stone) tirar 2 (with dice) tirar

Phrasal verbs

- **throw around**, BrE also **throw about** [v + o + adv, v + adv + o]: **they were in the garden ~ing a ball around** estaban en el jardín jugando con *or* pasándose una pelota; **we threw around a few ideas** intercambiamos algunas ideas; **we were ~n around in the back of the van** nos íbamos sacudiendo en la parte de atrás de la camioneta; **to ~ one's money around** despilfarrar *or* derrochar el dinero
- **throw aside** [v + o + adv, v + adv + o] 1 (to one side) ‹*logs/stones/person*› echar a un lado 2 (push back) ‹*sheets/blankets*› echar hacia atrás
- **throw away** [v + o + adv, v + adv + o] 1 (discard) ‹*can/paper*› tirar (a la basura), botar (a la basura) (AmL exc RPl); ‹*card*› (Games) tirar 2 (waste) ‹*opportunity*› desaprovechar, desperdiciar; ‹*money*› malgastar, despilfarrar, tirar, botar (AmL exc RPl); ‹*advantage/life*› desperdiciar; **to ~ money away ON sth** malgastar (*or* despilfarrar *etc*) dinero EN algo 3 (utter casually) ‹*remark*› lanzar* al aire
- **throw back** [v + o + adv, v + adv + o] 1 ‹*ball*› devolver*; **he threw the question back at them** les devolvió la pregunta; **she threw my advice straight back at me** desdeñó *or* despreció mis consejos; **she threw back at me everything I'd said** me echó en cara todo lo que había dicho 2 (pull back) ‹*curtains*› (des)correr; ‹*bedclothes*› echar atrás 3 (repulse) ‹*enemy/invader*› rechazar*, hacer* retroceder; **our troops threw back the assault** nuestras tropas repelieron el ataque
- **throw back on** [v + adv + prep + o], (*usu pass*): **we were ~n back on our wits/our own resources** tuvimos que valernos de nuestro ingenio/nuestros recursos
- **throw down** [v + adv + o] ‹*object*› tirar, lanzar* (*hacia abajo*); ‹*challenge*› lanzar*
- **throw in** [v + o + adv, v + adv + o] 1 (contribute) ‹*remark*› hacer*; **that's even better, threw in Bob** —mejor aún —terció *or* agregó *or* añadió Bob 2 (include): **take them all and I'll ~ this radio in free!** si los lleva todos, le doy esta radio de regalo *or* de ñapa *or* (CS, Per tb) de yapa 3 (Sport) ‹*ball*› sacar*; ***to ~ in the sponge*** *o* ***towel*** tirar la esponja *o* la toalla
- **throw off** [v + o + adv, v + adv + o] 1 ‹*jacket/hat*› quitarse (*rápidamente*) 2 (rid oneself of) ‹*habit*› quitarse; ‹*illness*› quitarse; ‹*pursuer*› despistar, zafarse de; ‹*doubts/anxiety/burden*› librarse de, deshacerse* de 3 (confuse) confundir 4 (perform): **we threw off a few songs** les cantamos unas canciones; **something I threw off in a quarter of an hour** algo que compuse (*or* escribí *or* pinté *etc*) en un cuarto de hora
- **throw on** [v + o + adv, v + adv + o] 1 ‹*coat/shirt*› echarse encima, ponerse* (*rápidamente*) 2 ‹*wood/coal*› echar
- **throw out**

A [v + o + adv, v + adv + o] 1 (discard) tirar (a la basura), botar (a la basura) (AmL exc RPl) 2 (reject) ‹*bill/proposal*› rechazar* 3 (in baseball) ‹*runner*› sacar*, poner* en out

B [v + o + adv, v + adv + o] (expel, eject) echar; (out of college, country) expulsar, echar; (Sport) expulsar; **his father threw him out of the house** el padre lo echó de la casa

C [v + adv + o] 1 (thrust forward): **to ~ out one's chest** sacar* pecho 2 (emit) ‹*heat*› dar*, despedir* 3 (utter, put forward) ‹*remark*› dejar caer; ‹*suggestion*› hacer*; ‹*idea*› proponer*

D [v + o + adv] (confuse) (BrE) ‹*person*› confundir, hacer* equivocar; ‹*calculations/arrangements*› desbaratar

- **throw over** [v + o + adv] (colloq & dated) ‹*lover*› dejar (plantado), plantar (fam)
- **throw together** [v + o + adv, v + adv + o] 1 (assemble): **they threw together a plan** improvisaron un plan; **he can ~ a meal together in minutes** en unos minutos te prepara *or* te improvisa una comida; **I just threw a few things together and we left** metí un par de cosas en una bolsa y nos fuimos 2 (bring into contact): **we were ~n together on the journey** nos tocó ir juntos en el viaje; **fate had ~n us together** había querido el destino que nuestros caminos se cruzaran
- **throw up**

Sense I [v + adv + o]

A 1 (raise) ‹*hands*› levantar, alzar* 2 (create, build) ‹*building/fortifications*› levantar (*rápidamente*); ‹*cloud of dust*› levantar

B 1 (produce) ‹*results*› arrojar, dar*; ‹*demand*› producir*; ‹*difficulty*› presentar; ‹*writers/scientists*› producir* 2 (bring to light) ‹*facts/discrepancies*› revelar (la existencia de), poner* en evidencia

C (abandon) (colloq) ‹*job/studies*› dejar

D (vomit) (colloq) devolver*, arrojar, vomitar

Sense II [v + adv] (vomit) (colloq) devolver*, arrojar, vomitar

throw[2] *n*

A 1 (of ball) tiro *m*; (of javelin, discus) lanzamiento *m* 2 (of dice) tirada *f*, lance *m*; **it's your ~** te toca tirar; **I had a ~ of 7** saqué 7 3 (in wrestling) derribo *m*

B (AmE) 1 (bedspread) cubrecama *m* 2 (shawl) chal *m*, echarpe *m*

C (sl): **a ~** cada uno; **they cost** *o* **are $17 a ~** cuestan 17 dólares cada uno

throwaway /'θrəʊəweɪ/ *adj* (*before n*) 1 (disposable) ‹*cup/container*› desechable, de usar y tirar 2 (casual) ‹*remark*› hecho como de pasada

throwback /'θrəʊbæk/ *n* 1 (return, revival) **~ (TO sth)**: **their outlook is a ~ to their experience as exiles** su actitud tiene sus raíces en su experiencia como exiliados; **this year's styles are a ~ to the twenties** los estilos de este año son una vuelta a la moda de los años veinte 2 (Biol) atavismo *m*

throw-in /'θrəʊ,ɪn/ *n* 1 (in soccer, basketball) saque *m* de banda 2 (in baseball) lanzamiento *m*

thrown /θrəʊn/ *past p of* **throw**[1]

throw-out /'θrəʊ,aʊt/ *n* 1 (action): **I'm going to have a ~ this weekend** este fin de semana me voy a deshacer de todo lo que no necesito, este fin de semana voy a tirar *or* (AmL tb) botar todo lo que no necesito 2 (item) objeto *m* desechado; **the ~s from the A-team found a place in the C-team** lo que tiró *or* (AmL tb) botó el equipo A fue a parar a manos del equipo C

throw rug *n* alfombra *f* pequeña, tapete *m* pequeño (Col, Méx)

thru /θruː/ *adv/prep* (AmE) ▸**through**[1], **through**[2]

thrum /θrʌm/ *vt* **-mm-** ‹*guitar*› rasguear

■ **thrum** *vi* (beat, patter) repiquetear

thruppence /'θrʌpəns 'θrʊ-/ *n* (BrE) ▸**threepence**

thruppenny /'θrʌpəni 'θrʊ-/ *adj* (BrE) ▸**threepenny**

thrush /θrʌʃ/ *n*

A [c] (bird) tordo *m*, zorzal *m*

B [u] (Med) aftas *fpl*

thrust[1] /θrʌst/ (*past & past p* **thrust**) *vt* (push) empujar; (push out) sacar*; (insert) clavar; **he ~ her against the wall** la empujó contra la pared; **she ~ her head out of the window** sacó la cabeza por la ventana; **he ~ out his chest** sacó pecho; **to ~ sth AT sb**: **she ~ the book at me** me tendió el libro bruscamente *or* con agresividad; **to ~ sth INTO sth**: **he ~ his knife into the bundle** clavó su cuchillo en el fardo; **he ~ his sword into the ground** clavó *or* hincó su espada en la tierra; **he ~ his hands into his pockets** se metió las manos en los bolsillos; **they ~ him into the room** lo metieron a la fuerza en la habitación; **he was ~ into the role of ...** le endilgaron *or* (fam) le enjaretaron *or* le encajaron el papel de ...; **she ~ the thought to the back of her mind** apartó la idea de la cabeza; **he ~ his way into the crowded hall** entró abriéndose paso a empujones entre la gente que abarrotaba la sala

■ **thrust** *vi* 1 (with sword) dar* estocadas; **to ~ AT sb** tirarle una estocada a algn 2 (push) (+ *adv compl*): **he ~ past me** pasó por mi lado apartándome bruscamente; **the army ~ south** el ejército se abrió camino hacia el sur

Phrasal verbs

- **thrust aside** [v + o + adv, v + adv + o] ‹*object/person*› hacer* a un lado, apartar (*bruscamente*); ‹*suggestion*› desechar, rechazar*; ‹*warning*› hacer* caso omiso de, ignorar
- **thrust on, thrust upon** [v + o + prep + o]: **the role of mediator was ~ on her by circumstances** las circunstancias le impusieron el papel de mediadora; **I don't want to ~ the children on you** no te quiero endilgar a los niños; **he ~ himself on us** nos impuso su presencia, se nos pegó (fam)

thrust[2] *n*

A [c] 1 (with sword) estocada *f* 2 (push) empujón *m* 3 (advance, attack) ofensiva *f*

B [c] (general direction): **this is consistent with the ~ of their reforms** esto es coherente con el carácter *or* la tendencia general de sus reformas; **the (main) ~ of the report is that ...** la idea central del informe es que ...

C [u] 1 (impetus) empuje *m*, fuerza *f* 2 (Aerosp, Aviat, Naut) propulsión *f* 3 (Archit) empuje *m*

thruster /'θrʌstər || 'θrʌstə(r)/ *n*

A (on spacecraft) cohete *m* propulsor *or* de propulsión; (*before n*) ‹*engine/rocket/motor*› de propulsión

B (ambitious person) (colloq) arribista *mf*

thrusting /'θrʌstɪŋ/ *adj* (BrE) (*before n*) ambicioso

thruway /'θruːweɪ/ *n* (AmE) autopista *f*

Thucydides /θuː'sɪdədiːz || θjuː'sɪdɪdiːz/ *n* Tucídides

thud[1] /θʌd/ *n* ruido *m* sordo; **it landed on the floor with a ~** cayó al suelo con un ruido sordo

thud[2] *vi* **-dd-** caer* (*or* chocar* *etc*) con un golpe *or* ruido sordo; **we heard shells ~ding into the hillside** oíamos estallar granadas en la ladera del monte; **I heard him ~ding up the stairs** lo oí subir pesadamente las escaleras

thug /θʌg/ *n* matón *m*

thuggery /'θʌgəri/ *n* [u] matonería *f*, matonismo *m*

thuggish /'θʌgɪʃ/ *adj* amatonado, de matón

thumb[1] /θʌm/ *n* pulgar *m*, dedo *m* gordo (fam); **to suck one's ~** chuparse el dedo; ***to be all ~s*** *o* (BrE also) ***all fingers and ~s***: **I'm all ~s today** hoy estoy muy torpe con las manos; ***to be under sb's ~*** estar* dominado por algn; ***to get the ~s down from sb*** ser* rechazado por algn; ***to get the ~s up from sb*** recibir la aprobación de algn; ***to give the ~s up/down to sth*** aprobar*/rechazar* algo; ***to have sb under one's ~*** tener* a algn metido en un puño; ***to stick out like a sore ~*** ‹‹*building/person/object*›› desentonar terriblemente, no pegar* ni con cola (fam); **the error sticks out like a sore ~** el error salta a la vista; ***to twiddle one's ~s*** estar* sin hacer nada, estar* perdiendo el tiempo; ▸**green**[1] **A**

thumb[2] *vt* 1 **I ~ed a lift** *o* (AmE also) **a ride home** me fui a casa a dedo (fam), me fui a casa de aventón (Méx); **to ~ it** (colloq) hacer* dedo (fam), hacer* autostop, echar dedo (Col fam), pedir* aventón (Méx), pedir* cola (Ven), pedir* raid (AmC) 2 ‹*book*› hojear; **a well ~ed book** un libro muy usado

Phrasal verb

- **thumb through** [v + prep + o] hojear; **to ~ through the pages of a magazine** hojear una revista

thumb index *n* índice *m* recortado

thumbnail /'θʌmneɪl/ *n*

A (on hand) uña *f* del pulgar; (*before n*): **~ sketch** pequeña reseña *f*

B (Comput) thumbnail *m* (*reproducción de una imagen en pequeño*)

thumbprint /'θʌmprɪnt/ *n* huella *f* *or* impresión *f* digital (*del pulgar*), huella *f* dactilar (*del pulgar*)

thumbscrew /'θʌmskruː/ *n* empulgueras *fpl*

thumbstall /'θʌmstɔːl/ *n* dedal *m* (*para el pulgar*)

thumbtack /'θʌmtæk/ *n* (AmE) tachuela *f*, chinche *m* (Andes), chinche *f* (AmC, Méx, RPl), chincheta *f* (Esp)

thump[1] /θʌmp/ *n* 1▸ (sound) golpazo *m*; **my heart went ~** me dio un vuelco el corazón 2▸ (blow) golpazo *m*, mamporro *m* (fam); **he gave his head such a ~!** ¡qué golpazo *or* (fam) mamporro se pegó en la cabeza!

thump[2] *vt* golpear; **he ~ed the table with his fist** pegó un puñetazo en la mesa; **I ~ed him one** (colloq) le pegué un puñetazo

■ **thump** *vi* 1▸ (pound): **who's that ~ing at the door?** ¿quién está aporreando la puerta?; **I ~ed on the wall to shut them up** golpeé la pared para que se callaran; **her heart was ~ing** el corazón le latía con fuerza 2▸ (walk heavily): **she ~ed down the stairs** bajó ruidosamente las escaleras

thumping /'θʌmpɪŋ/ *adj* (colloq) (*before n*) ‹*victory/majority*› aplastante; **I've got a ~ headache** me va a estallar la cabeza; **a ~ great suitcase/pay rise** (*as adv*) (BrE) una maleta/un aumento descomunal

thunder[1] /'θʌndər || 'θʌndə(r)/ *n* 1▸ ▸ℹ p.1878 [u] (Meteo) truenos *mpl*; **a clap of ~** un trueno; ***to look like ~*** *o* ***as black as ~*** tener* cara de pocos amigos, estar* echando chispas; ***to steal sb's ~*** quitarle la primicia a algn 2▸ [c] (sound): **a ~ of applause** estruendosos aplausos, una salva de aplausos; **the ~ of the waterfall/the traffic** el estruendo de la cascada/del tráfico

thunder[2] *v impers* ▸ℹ p.1878; tronar*

■ *vi* 1▸ ‹*artillery*› tronar*; ‹*waves*› bramar 2▸ (move loudly): **they ~ed up the stairs** subieron las escaleras ruidosamente; **the train ~ed through the station** el tren pasó por la estación con gran estruendo 3▸ (shout, rant) bramar, rugir*

■ **thunder** *vt* (shout): **get out! he ~ed** —¡fuera de aquí! —bramó *or* rugió; **he ~ed out the order** dio la orden a voz en cuello *or* a voz en grito

thunderbolt /'θʌndərbəʊlt || 'θʌndəbəʊlt/ *n* rayo *m*; **her appointment came as a ~** su nombramiento cayó como una bomba

thunderclap /'θʌndərklæp || 'θʌndəklæp/ *n* trueno *m*

thundercloud /'θʌndərklaʊd || 'θʌndəklaʊd/ *n* nubarrón *m*

thundering /'θʌndərɪŋ/ *adj* (colloq & dated) (*before n, as intensifier*): **you ~ idiot!** ¡pedazo de idiota! (fam)

thunderous /'θʌndərəs/ *adj* atronador, estruendoso

thunderstorm /'θʌndərstɔːrm || 'θʌndəstɔːm/ ▸ℹ p.1878 *n* tormenta *f* eléctrica

thunderstruck /'θʌndərstrʌk || 'θʌndəstrʌk/ *adj* (*pred*) atónito, estupefacto; **I was ~ when I heard the news** me quedé atónito *or* estupefacto cuando me enteré

thundery /'θʌndəri/ ▸ℹ p.1878 *adj* tormentoso

thurible /'θʊrəbəl || 'θjʊərɪbəl/ *n* turíbulo *m*

Thurs, Thur ▸ℹ p.1085 (= **Thursday**) juev.

Thursday /'θɜːrzdeɪ, -di || 'θɜːzdeɪ, -di/ ▸ℹ p.1085 *n* jueves *m*; *see also* **Monday**

thus /ðʌs/ *adv*

A 1▸ (in this way) (frml) así, de este modo; **it should be applied ~** debe aplicarse así *or* de este modo 2▸ (by this means) (*as linker*): **she refused, ~ provoking a storm of protest** se negó, provocando con ello una lluvia de protestas

B (consequently) (*as linker*) por lo tanto, por consiguiente (frml); **I was only 17 and ~ unable to vote** sólo tenía 17 años y por lo tanto *or* (frml) por consiguiente no podía votar

C 1▸ (to this extent) (liter) tan; **~ fondly** tan cariñosamente, con tanto cariño 2▸ **thus far** (frml) (to this point): **~ far we have/had been able to proceed without difficulty** hasta aquí hemos/hasta allí habíamos podido avanzar sin problemas; **there has/had been no improvement ~ far** hasta ahora/hasta entonces las cosas no han/no habían mejorado

thwack[1] /θwæk/ *n* 1▸ (blow) golpe *m*, porrazo *m* (fam) 2▸ (sound) zurriagazo *m*

thwack[2] *vt* golpear; **she ~ed him on the backside with a ruler** le dio *or* le pegó en el trasero con una regla; **he ~ed his magazine down on the table** golpeó la mesa con la revista

thwart /θwɔːrt || θwɔːt/ *vt* ‹*plan/attempt/desire*› frustrar; **we were ~ed by the weather** nos falló el tiempo, el tiempo frustró *or* desbarató nuestros planes; **the police managed to ~ the robbers** la policía logró burlar a los ladrones; **I feel ~ed at every move** me siento coartado en todo lo que intento

thy /ðaɪ/ *adj* (arch *or* dial *or* liter) tu; **T~ will be done** hágase tu voluntad

thyme /taɪm/ *n* [u] tomillo *m*

thymus /'θaɪməs/ *n* (*pl* **-muses** *or* **-mi** /-maɪ/) timo *m*

thyroid (gland) /'θaɪrɔɪd/ *n* tiroides *f*, glándula *f* tiroidea

thyself /ðaɪ'self/ *pron* (arch *or* dial *or* liter): **know ~** conócete a ti mismo

ti /tiː/ *n* si *m*

tiara /ti'ɑːrə/ *n* 1▸ (diadem) diadema *f* 2▸ (papal crown) tiara *f*

Tiber /'taɪbər || 'taɪbə(r)/ *n*: **the ~** el Tíber

Tiberius /taɪ'bɪriəs || taɪ'bɪəriəs/ *n* Tiberio

Tibet /tɪ'bet/ *n* el Tíbet

Tibetan[1] /tɪ'betn/ *adj* tibetano

Tibetan[2] *n* 1▸ [c] (person) tibetano, -na *m,f* 2▸ [u] (language) tibetano *m*

tibia /'tɪbiə/ *n* (*pl* **-ias** *or* **-iae** /-iiː/) tibia *f*

tic /tɪk/ *n* tic *m*; **nervous ~** tic nervioso

tick[1] /tɪk/ *n*

A [c] 1▸ (sound) tic *m*; **~, tock** tic, tac 2▸ (moment) (BrE colloq) segundito *m*; **wait a ~** espera un segundito; **I'll be back in half a ~** *o* **in a ~** *o* **in two ~s** enseguida vuelvo

B [c] (Zool) garrapata *f*

C [c] (mark) (BrE) tic *m*, marca *f*, visto *m* (Esp), palomita *f* (Méx)

D [u] (credit) (BrE colloq): **to buy sth on ~** comprar algo (de) fiado (fam)

E (Tex) 1▸ [c] (cover) funda *f* 2▸ [u] ▸**ticking 2**

tick[2] *vi* «*clock/watch*» hacer* tictac; ***what makes sb ~***: **I'd like to know what makes him ~** me gustaría saber qué es lo que lo mueve *or* por qué es como es

■ **tick** *vt* (BrE) ‹*name/answer*› marcar* (*con un tic o una marca etc*); **~ the correct box** ponga un visto en la casilla correspondiente, marque la casilla correspondiente

Phrasal verbs

- **tick away** [v + adv] ▸**tick by**
- **tick by** [v + adv] (pass) «*hours/minutes*» pasar; **the seconds ~ed by** pasaban los segundos
- **tick off** [v + o + adv, v + adv + o] 1▸ (AmE colloq) (annoy) fastidiar; **what really ~s me off is that he lied to me** a mí lo que me fastidia *or* lo que me da rabia es que me mintió; **to be ~ed off WITH sb** estar* enojado *or* (esp Esp) enfadado CON algn; **to be ~ed off WITH sth** estar* harto DE algo 2▸ (esp BrE) (mark with tick) marcar*, ponerle* visto a (Esp) 3▸ (BrE colloq) (scold) regañar, reñir* (esp Esp), retar (CS), rezongar* (AmC, Ur), resondrar (Per); **he was severely ~ed off** recibió una severa reprimenda, le echaron una buena bronca (fam)
- **tick over** [v + adv] «*engine*» estar* en marcha, marchar al ralentí; **the business is just ~ing over** (esp BrE) el negocio va tirando (fam); **I keep things ~ing over while they're away** mantengo las cosas en marcha mientras ellos no están

ticker /'tɪkər || 'tɪkə(r)/ *n*

A (tape machine) (AmE) teleimpresora *f*

B (heart) (colloq) corazón *m*

ticker tape *n* [u] cinta *f* de teleimpresora; (*before n*): **a ticker-tape parade** (in US) un desfile triunfal

ticket /'tɪkət || 'tɪkɪt/ *n*

A (for bus, train) boleto *m or* (Esp) billete *m*; (for plane) pasaje *m or* (Esp) billete *m*; (for theater, museum etc) entrada *f*; (for baggage, coat etc) ticket *m*; (from cleaner's, repair shop etc) ticket *m*, resguardo *m*; (for lottery) billete *m*, número *m*; (for parking) ticket *m*; (*pawn ~*) papeleta *f* de empeños; **that role was his ~ to fame** ese papel fue su pasaporte a la fama; ***to be (just) the ~*** (colloq): **this screwdriver is just the ~** este destornillador es justo lo que se necesita; **a glass of sherry: that's just the ~!** una copa de jerez: esto viene como anillo al dedo; (*before n*): **~ agency** (Theat) agencia *f* de venta de localidades; **~ barrier** barrera *f* de control de boletos *or* (Esp) billetes; **~ collector** revisor, -sora *m,f*; **~ inspector** inspector, -tora, revisor, -sora *m,f* (Esp); **~ machine** máquina *f* expendedora de boletos *or* (Esp) billetes; **~ office** (Transp) mostrador *m* (*or* ventanilla *f etc*) de venta de pasajes (*or* billetes *etc*); (Theat) taquilla *f*, boletería *f* (AmL); **~ taker** (AmE) (Sport, Theat) portero, -ra *m,f*; (AmE) (Transp) revisor, -sora *m,f*; **~ tout** (BrE) revendedor, -dora *m,f* de entradas

B 1▸ (label) etiqueta *f* 2▸ (for traffic violation) multa *f*; **speeding ~** multa por exceso de velocidad 3▸ (permit) (colloq) licencia *f*

C (Pol) 1▸ (list of candidates) lista *f*; **he ran on the Republican ~** se presentó como candidato republicano; **to vote the straight Democratic ~** *votar a candidatos demócratas para todos los cargos*; **to split the ~** *votar a candidatos de diferentes partidos para distintos cargos* 2▸ (policy) programa *m* (político *or* electoral)

ticketholder /'tɪkət,həʊldər || 'tɪkɪt,həʊldə(r)/ *n*: *persona en posesión de una entrada, boleto, billete etc*

ticking /'tɪkɪŋ/ *n* [u] 1▸ (of clock) tictac *m* 2▸ (Tex) cutí *m* (*tela de colchones*)

ticking-off /,tɪkɪŋ'ɔːf || ,tɪkɪŋ'ɒf/ *n* (*pl* **tickings-off** /-ɪŋz-/) (BrE colloq) regaño *m or* (Esp fam) rapapolvo *m or* (CS fam) café *m*; **I got a ~ from the boss** *o* **the boss gave me a ~** el jefe me pegó un regaño *or* (Esp fam) me echó un rapapolvo *or* (CS fam) me dio un café

tickle[1] /'tɪkəl/ *vt* 1▸ ‹*person*› hacerle* cosquillas a; **he ~d the soles of her feet** le hizo cosquillas en la planta del pie 2▸ (amuse, please) hacerle* gracia a; ***to be ~d pink*** (colloq) estar* chocho (fam), estar* contentísimo; **he was ~d pink that she had remembered** estaba chocho de que se hubiera acordado (fam), le hizo mucha ilusión que se hubiera acordado (Esp)

■ **tickle** *vi* «*wool/beard*» picar*; **stop it: that ~s!** ¡basta, que me hace cosquillas!; **a tickling sensation** un cosquilleo

tickle[2] *n* 1▸ (sensation) cosquilleo *m*; **I have a ~ in my throat** tengo un picor en la garganta, me pica la garganta 2▸ (act): **to give sb a ~** hacerle* cosquillas a algn

tickler /'tɪklər || 'tɪklə(r)/ *n* (AmE) recordatorio *m*, ayuda memoria *m*

ticklish /'tɪklɪʃ/ *adj* 1▸ ‹*person*› **to be ~** tener* cosquillas, ser* cosquilloso *or* (Méx) cosquilludo 2▸ ‹*problem/situation*› peliagudo, delicado

ticktack /'tɪktæk/ *n* [u] (BrE) *lenguaje de signos usado por los corredores de apuestas hípicas*

ticktacktoe /,tɪk,tæk'təʊ/ *n* [u] ▸**tic-tac-toe**

ticktock /'tɪktɑːk || 'tɪktɒk/ *n* tictac *m*

ticky-tacky /,tɪki'tæki/ *adj* (AmE colloq) hecho de cartón

tic-tac-toe /,tɪk,tæk'təʊ/ *n* [u] (AmE) tres en raya *m*, tres en línea *m* (Col), ta-te-ti *m* (RPl), gato *m* (Méx, Chi)

tidal /'taɪdl/ *adj* ‹*river/estuary*› con régimen de marea; **~ power** energía *f* mareomotriz

tidal basin *n* dársena *f* de marea

tidal wave *n* maremoto *m*; **a ~ ~ of patriotic fervor** una oleada de fervor patriótico

tidbit /'tɪdbɪt/ *n* (AmE) ▸**titbit**

tiddler /'tɪdlər || 'tɪdlə(r)/ *n* (BrE colloq) pececito *m*; **she's only a ~** es muy chiquita *or* pequeñita

tiddly /'tɪdli/ *adj* **-lier, -liest** (colloq) 1▸ (tipsy) alegre, achispado 2▸ (tiny) (BrE used esp by children) diminuto, chiquitito, pequeñito

tiddlywinks /'tɪdliwɪŋks/ *n* [u] juego *m* de las pulgas

tide /taɪd/ *n*

A (Geog) marea *f*; **we caught the first ~** zarpamos con la primera marea alta; **the ~ is**

in/out la marea está alta/baja; **the ∼ is coming in/going out** la marea está subiendo/bajando; **high/low ∼** marea alta/baja; **at high/low ∼** en pleamar/bajamar, cuando la marea está alta/baja
B (current, movement) corriente *f*; **the rising ∼ of violence** la creciente oleada de violencia; ***the ∼ is turning/has turned*** (lit: at high or low water) está cambiando/ha cambiado la marea; **the ∼ has turned in favor of an alliance** ha habido un cambio de opinión, que ahora se inclina a favor de una alianza; ***to swim against the ∼*** ir* *or* navegar* contra la corriente; ***to swim with the ∼*** dejarse llevar por la corriente, seguir* la corriente; ▸**time¹ Sense IA**

(Phrasal verb)

- **tide over** [v + o + adv], [v + o + prep + o]: **I've lent her £100 to ∼ her over till she gets paid** le he prestado 100 libras para que se arregle hasta que le paguen; **this should ∼ us over the next month** con esto debería alcanzarnos para el mes que viene; **to ∼ sb over a crisis** ayudar a algn a solventar una crisis

tideland /ˈtaɪdlənd/ *n* (AmE) (*usu pl*) *tierra que queda cubierta cuando la marea está alta*

tideline /ˈtaɪdlaɪn/ *n* ▸**tidemark 1**

tidemark /ˈtaɪdmɑːrk || ˈtaɪdmɑːk/ *n* **1** (Geog) *marca que deja la marea*; **the current figure is well below the ∼ of 1979** las cifras actuales están muy por debajo de las cotas alcanzadas en 1979 **2** (around bath, on neck) (BrE colloq) marca *f or* cerco *m* de mugre

tide table *n* tabla *f* de mareas

tidewater /ˈtaɪdˌwɔːtər || ˈtaɪdˌwɔːtə(r)/ *n* [u] **1** (water that covers tideland) marea *f* **2** (low, coastal land) (AmE) marisma *f*

tideway /ˈtaɪdweɪ/ *n*: *parte de un río sujeta a régimen de marea*

tidily /ˈtaɪdli || ˈtaɪdɪli/ *adv* ordenadamente, prolijamente (RPl)

tidiness /ˈtaɪdinəs || ˈtaɪdɪnɪs/ *n* [u] orden *m*, prolijidad *f* (RPl)

tidings /ˈtaɪdɪŋz/ *n* (arch) nuevas *fpl* (arc), noticias *fpl*

tidy¹ /ˈtaɪdi/ *adj* **tidier, tidiest**
A ‹*room/cupboard*› ordenado, prolijo (RPl); ‹*garden/lawn*› bien cuidado; ‹*hair*› arreglado, cuidado; ‹*person*› ordenado, prolijo (RPl); (in appearance) arreglado, pulcro; **she has a ∼ mind** es muy metódica
B (considerable) (colloq) (*before n*) ‹*sum/profit*› bonito (fam), considerable

tidy² *vt* **tidies, tidying, tidied** arreglar, ordenar

(Phrasal verbs)

- **tidy away** [v + o + adv, v + adv + o] ‹*toys/papers*› recoger*, ordenar, poner* en su sitio; **he tidied the photos away in a drawer** guardó las fotos en un cajón
- **tidy out** [v + o + adv, v + adv + o] ‹*room/cupboard*› (vaciar* y) ordenar
- **tidy up**

A [v + o + adv, v + adv + o] (make neat) ‹*room/desk*› ordenar, arreglar; ‹*toys*› ordenar, recoger*; **I asked the hairdresser to ∼ my hair up** le pedí al peluquero que me recortara las puntas; **to ∼ oneself up** arreglarse
B [v + adv] ordenar

tidy³ *n*
A **1** (on chair) (AmE) antimacasar *m* **2** (container) (BrE): **desk/kitchen ∼** organizador *m* para el escritorio/la cocina
B (act) (*no pl*): **the room needs a ∼** hay que arreglar *or* ordenar la habitación

tie¹ /taɪ/ *n*
A (Clothing) (*neck*∼) **1** corbata *f*; **he can't tie his ∼ yet** todavía no se sabe hacer el nudo de la corbata; (*before n*): **∼ rack** corbatero *m* **2** (on clothing) lazo *m*; (*before n*): **∼ clasp** *o* **clip** ▸**tiepin**
B **1** (bond) lazo *m*, vínculo *m*; **emotional ∼s** lazos *or* vínculos afectivos; **blood ∼s** lazos *mpl* de parentesco; **economic/diplomatic ∼s** relaciones *fpl* económicas/diplomáticas; **I have no ∼s here** no hay nada que me retenga aquí **2** (obligation, constraint) atadura *f*; **the children are a ∼** los niños atan mucho; **family ∼s** obligaciones *fpl* familiares
C **1** (draw) empate *m*; (*before n*): **∼ game/match** (AmE) empate *m* **2** (*cup* ∼) (BrE) partido *m* de copa
D **1** (fastener) *cierre de alambre o plástico para bolsas etc* **2** (Civil Eng, Const) tirante *m* **3** (AmE) (Rail) traviesa *f* **4** (Mus) ligadura *f*

tie² **ties, tying, tied** *vt*
A **1** ‹*knot/bow*› hacer*; **to ∼ a knot in sth** hacer* un nudo en algo **2** (fasten) ‹*shoelaces/parcel*› atar, amarrar (AmL exc RPl); **he ∼d the ribbon into a bow** hizo un lazo con la cinta; **she ∼d a scarf around her neck** se ató un pañuelo al cuello; **she ∼d the dog to the tree** ató *or* (AmL exc RPl) amarró el perro al árbol; **she ∼d her hair back** se recogió el pelo; **his ankles were ∼d together** tenía los tobillos atados; ***to be fit to be ∼d*** (AmE colloq) estar* hecho una furia; ***with one arm*** *o* ***hand ∼d behind one's back*** (colloq) (easily) con los ojos cerrados; (handicapped) con las manos atadas
B **1** (link) **to ∼ sth TO/WITH sth** relacionar *or* ligar* algo CON algo **2** (restrict) ‹*person*› atar; **she doesn't want to be ∼d** no quiere atarse; **she's ∼d by her job** el trabajo la tiene atada; **to ∼ sb TO sth/-ING: the contract ∼s us to a strict timetable** el contrato nos obliga a cumplir un horario estricto; **I'm ∼d to the house by the children** los niños me tienen atada a la casa **3** (make conditional) **to ∼ sth TO sth** condicionar algo A algo
C (Games, Sport) ‹*game*› empatar; ‹*team*› empatar con

■ **tie** *vi*
A (fasten) atarse; **the dress ∼s at the back** el vestido se ata atrás
B (draw) ‹‹*teams/contestants*›› empatar

(Phrasal verbs)

- **tie down**

A [v + o + adv, v + adv + o] ‹*load/prisoner*› atar, amarrar (AmL exc RPl)
B [v + o + adv] **1** (restrict, limit) atar; **a family ∼s you down** tener* familia te ata; **she doesn't want to be ∼d down to a routine** no quiere estar atada *or* ceñida a una rutina **2** (oblige, commit): **the minister refused to be ∼d down** el ministro no quiso comprometerse; **I intend to ∼ him down to that clause** pienso obligarlo a cumplir esa cláusula; **you have to ∼ them down to a definite date** tienes que hacer que se comprometan a una fecha concreta

- **tie in**

A [v + adv] (agree, coincide) **to ∼ in (WITH sth)** concordar* *or* cuadrar (CON algo); **it ∼s in with what we were told** concuerda *or* cuadra con lo que nos dijeron; **the album will be released to ∼ in with the TV show** el álbum será lanzado para coincidir con el programa de televisión
B [v + o + adv, v + adv + o] (connect) **to ∼ sth in (WITH sth)** relacionar *or* ligar* algo CON algo

- **tie up**

(Sense I) [v + o + adv, v + adv + o]
A ‹*shoelaces/parcel/animal*› atar, amarrar (AmL exc RPl); ‹*boat*› amarrar; **to ∼ sth/sb up TO sth** atar *or* (AmL exc RPl) amarrar algo/a algn A algo; ***to ∼ up loose ends*** atar cabos sueltos
B **1** (keep busy): **to be ∼d up**: **she's ∼d up with a customer just now** en este momento está ocupada atendiendo a un cliente; **I'll be even more ∼d up tomorrow** mañana voy a estar aún más ocupado *or* atareado **2** (make unavailable) ‹*capital/assets*› inmovilizar*; **all our money is ∼d up in property** todo nuestro dinero está invertido *or* metido en bienes raíces **3** (impede) (AmE) ‹*traffic/production/project*› paralizar*, parar
C (finalize) (BrE) ‹*deal*› cerrar*; ‹*arrangements*› finalizar*; **I had to get everything ∼d up before I left** tuve que dejarlo todo arreglado antes de irme
D (connect) **to be ∼d up WITH sth** estar* ligado A *or* relacionado CON algo

(Sense II) [v + adv]
A (moor) (Naut) atracar*
B (be linked) **to ∼ up WITH sth** estar* relacionado (CON algo), estar* ligado (A algo)

tieback /ˈtaɪbæk/ *n* alzapaño *m*

tiebreak /ˈtaɪbreɪk/ *n* ▸**tiebreaker 1**

tiebreaker /ˈtaɪˌbreɪkər || ˈtaɪˌbreɪkə(r)/ *n* **1** (in tennis) muerte *f* súbita **2** (in quiz game) pregunta *f* de desempate **3** (casting vote) (AmE colloq) voto *m* de calidad

tied /taɪd/ *adj* **1** (drawn) empatado; **the competition was ∼** el concurso terminó en empate; **they're still ∼ with only five minutes to go** (AmE) siguen empatados y quedan sólo cinco minutos de juego **2** (in UK): **∼ house** (Agr) *vivienda destinada al trabajador agrícola que ocupa un determinado puesto* (pub) *bar que pertenece a una cervecería y vende sólo su marca de cerveza*

tie-dye /ˈtaɪdaɪ/ *vt* **-dyes, -dyeing, -dyed** *método de teñido por el cual se obtiene un diseño atando la prenda antes de teñirla*

tie-in /ˈtaɪɪn/ *n* **1** (connection) conexión *f*, relación *f* **2** (Busn) acuerdo *m*

tiepin /ˈtaɪpɪn/ *n* alfiler *m* de corbata, fistol *m* (Méx)

tier /tɪr || tɪə(r)/ *n* **1** (row, layer) hilera *f* superpuesta; **the seats are arranged in ∼s** los asientos son en gradas **2** (of cake) piso *m* **3** (in hierarchy) escalón *m*, nivel *m*; **a three-∼ education system** un sistema de enseñanza de tres niveles

tiered /tɪrd || tɪəd/ *adj* ‹*seats*› en gradas; ‹*hillside*› en terrazas, escalonado; ‹*skirt*› de volantes *or* (RPl) de volados *or* (Chi) de vuelos; **a three-∼ cake** un pastel de tres pisos

tie tack *n* (AmE) alfiler *m* de corbata, fistol *m* (Méx)

tie-up /ˈtaɪʌp/ *n*
A **1** (connection) conexión *f* **2** (Busn) acuerdo *m* (*para un proyecto conjunto*) **3** (Rad, TV) ▸**hook-up**
B (stoppage, jam) (AmE) embotellamiento *m*

tiff /tɪf/ *n* pelea *f*, riña *f*; **a lovers' ∼** una pelea *or* riña de novios; **we had a little ∼ over ...** tuvimos un pequeño altercado sobre ...

tig /tɪg/ *n* (BrE) ▸**tag¹ B**

tiger /ˈtaɪgər || ˈtaɪgə(r)/ *n* (*pl* **∼s** *or* **∼**) tigre *m*; ***to fight like a ∼*** pelear como un tigre *or* como una fiera; (*before n*): **∼ cub** cachorro *m* de tigre

tiger economy *n* economía *f* emergente, economía *f* tigre

tiger-eye /ˈtaɪgəraɪ/ *n* [u c] ▸**tiger's-eye**

tiger lily *n* lirio *m* tigrado

tiger moth *n* mariposa *f* tigre

tiger's-eye /ˈtaɪgərzaɪ || ˈtaɪgəzaɪ/ *n* [u] ojo *m* de tigre

tiger shark *n* tiburón *m* tigre

tight¹ /taɪt/ *adj* **-er, -est**
A **1** (fitting closely) ‹*dress/skirt*› ajustado, ceñido; (if uncomfortable, unsightly) apretado; **a short, ∼ skirt** una falda corta y ajustada *or* ceñida; **this skirt's too ∼ round the waist** esta falda me queda muy apretada de cintura; **these shoes are a bit ∼** estos zapatos me aprietan un poco *or* me quedan un poco apretados **2** (stiff, hard to move) ‹*screw/bolt*› apretado, duro **3** (with nothing to spare) ‹*margin*› estrecho; ‹*schedule*› apretado; **there's room for four, but it's a ∼ squeeze** caben cuatro, pero bastante apretados; **we're on a ∼ budget** tenemos un presupuesto muy limitado; **his schedule is very ∼** tiene una agenda muy apretada; **we're operating to a very ∼ timetable** trabajamos con márgenes de tiempo muy estrechos *or* ajustados; **money's ∼** están (*or* estamos *etc*) apretados *or* escasos de dinero **4** (close) ‹*game/finish*› reñido
B **1** (firm) ‹*embrace*› estrecho, apretado, fuerte **2** (strict) ‹*security*› estricto; ‹*control*› estricto, riguroso; **he keeps a ∼ hold on expenditure** mantiene estricto control sobre los gastos; **∼ credit controls** política *f* de crédito restringido
C **1** (sharp) ‹*bend*› cerrado **2** (closely formed) ‹*knot/knitting*› apretado; **small, ∼ handwriting** letra *f* pequeña y apretada
D **1** (taut) ‹*cord/thread*› tirante, tenso; **a ∼ feel-**

ing in the chest una opresión en el pecho **2** (not leaky) ‹*seal*› hermético

E (hard to obtain) ‹*supplies*› escaso; **jobs are/credit is very ~ at the moment** está muy difícil conseguir trabajo/préstamos

F (difficult, problematic) ‹*situation*› difícil

G (colloq) **1** (mean) ▸**tightfisted** **2** (drunk) (*pred*) borracho, como una cuba (fam); **to get ~** emborracharse

tight² *adv*: **hold (on) ~!** ¡agárrate bien *or* fuerte!; **hold me ~** abrázame fuerte; **screw the lid on ~** aprieta bien el tapón; **sleep ~!** ¡que duermas bien!; **we'll have to sit ~ and see what happens** vamos a tener que esperar a ver qué pasa

tight-ass /ˈtaɪtˌæs/ *n* (AmE colloq) **1** (inhibited person) reprimido, -da *m,f* **2** (mean person) apretado, -da (fam), agarrado, -da *m,f* (fam), amarrete, -ta (AmS fam), pichirre *mf* (Ven fam), machete, -ta *m,f* (Ur fam)

tightassed /ˈtaɪtæst ‖ ˈtaɪtɑːst/ *adj* (AmE sl) **1** (unwilling to relax) reprimido **2** (mean) ▸**tightfisted**

tighten /ˈtaɪtn/ *vt* **1** ‹*bolt/knot*› apretar*; ‹*steering/wheel*› ajustar; ‹*rope*› tensar; **to ~ one's belt** apretarse* el cinturón; **he ~ed his hold on my arm** me apretó más el brazo, me agarró el brazo más fuerte **2** (make stricter) ‹*regulations*› hacer* más estricto *or* rígido; ‹*credit*› restringir*; **security has been ~ed** se han tomado medidas de seguridad más estrictas

■ **tighten** *vi* «*muscles*» tensarse; «*knot*» apretarse*; **the rope ~ed around his neck** la cuerda se le apretó alrededor del cuello

(Phrasal verb)

• **tighten up**

A [v + o + adv, v + adv + o] ‹*laws/rules*› hacer* más estricto; **to ~ up security** reforzar* las medidas de seguridad

B [v + adv] **1** (become stricter) ponerse* más severo *or* estricto; **to ~ up ON sth**: **they've ~ed up on expenses** están controlando más los gastos **2** «*muscles*» ponerse* tenso, tensarse

tight end *n* (in US football) ala *m* cerrado

tightfisted /ˌtaɪtˈfɪstəd ‖ ˌtaɪtˈfɪstɪd/ *adj* (colloq) apretado (fam), agarrado (fam), amarrete (AmS fam), pinche (AmC fam), pichirre (Ven fam), machete (Ur fam)

tightfitting /ˌtaɪtˈfɪtɪŋ/ *adj* ‹*jeans*› ajustado, ceñido; ‹*boots*› ajustado, apretado; **a pan with a ~ lid** una cacerola con una tapa que ajuste bien

tight-knit /ˈtaɪtnɪt/ *adj* muy unido

tight-laced /ˈtaɪtˈleɪst/ *adj*

A (laced tightly) ceñido

B (strict) ▸**straitlaced**

tight-lipped /ˌtaɪtˈlɪpt/ *adj* ‹*silence*› hermético; ‹*anger/disapproval*› mudo; **she's being very ~ about the rumors** mantiene un hermético silencio sobre los rumores; **they sat ~ throughout the skit** vieron todo el número sin abrir la boca *or* sin decir palabra

tightly /ˈtaɪtli/ *adv*: **it must be ~ tied/fastened** hay que atarlo fuerte/asegurarlo bien; **~ fitting** ajustado, ceñido; **a ~ knit organization** una organización con mucha cohesión; **he was holding her hand ~** la tenía agarrada fuerte de la mano; **a ~ controlled process** un proceso estrictamente *or* rigurosamente controlado

tightness /ˈtaɪtnəs ‖ ˈtaɪtnɪs/ *n* [u]

A **1** (of clothes, shoes) lo ajustado *or* ceñido; (if uncomfortable) lo apretado **2** (of lid, cork) lo apretado; (of knot, curls) lo apretado; (of bend) lo cerrado

B **1** (of hold, grip) lo fuerte **2** (of control, security) rigurosidad *f*, lo estricto

C (of cord, muscles) tensión *f*, lo tenso

D (scarcity) escasez *f*; (of resources) lo limitado

tightrope /ˈtaɪtrəʊp/ *n* cuerda *f* floja; **to walk a ~** caminar por la cuerda floja, maromear (Col, Méx, Ven); (*before n*): **~ walker** funámbulo, -la *m,f*, equilibrista *mf*

tights /taɪts/ *pl n* (Clothing) **1** (for ballet etc) malla(s) *f(pl)*, leotardo(s) *m(pl)* **2** (BrE) pantyhose

tightwad /ˈtaɪtwɑːd ‖ ˈtaɪtwɒd/ *n* (AmE colloq) apretado, -da *m,f* (fam), agarrado, -da *m,f* (fam), amarrete, -ta *m,f* (AmS fam)

tigress /ˈtaɪgrəs ‖ ˈtaɪgrɪs/ *n* tigresa *f*

Tigris /ˈtaɪgrəs ‖ ˈtaɪgrɪs/ *n*: **the ~** el Tigris

tilde /ˈtɪldə/ *n* tilde *f or m*

tile¹ /taɪl/ *n* **1** (for floor) baldosa *f*, losa *f*; (for wall) azulejo *m* **2** (for roof) (BrE) teja *f*; ***on the ~s*** (BrE) de juerga *or* parranda (fam); **a night on the ~s** una noche de juerga *or* parranda (fam)

tile² *vt*

A ‹*roof*› tejar; ‹*floor*› embaldosar; ‹*wall*› revestir* de azulejos, azulejar, alicatar (Esp); **a ~d wall** una pared revestida de azulejos *or* (Esp tb) alicatada

B (Comput) colocar* en mosaico

tiling /ˈtaɪlɪŋ/ *n* [u] (on roof) tejado *m*; (on floor) embaldosado *m*; (on wall) azulejos *mpl*, alicatado *m* (Esp)

till¹ /tɪl/ *conj/prep* ▸**until¹**, **until²**

till² *n* (cash register) caja *f* (registradora); (drawer) caja *f*; **please pay at the ~** sírvase pasar por caja (frml); ***to have one's fingers/hand in the ~*** (colloq) meter la mano en la caja; **she was caught with her fingers/hand in the ~** la agarraron *or* (esp Esp) cogieron con las manos en la masa; (*before n*): **~ receipt** recibo *m or* ticket *m* de caja; **~ roll** rollo *m* de caja

till³ *vt* cultivar, labrar

tiller /ˈtɪlər ‖ ˈtɪlə(r)/ *n* (Naut) caña *f or* barra *f* del timón; **at the ~** al timón

tilt¹ /tɪlt/ *vt* inclinar; **he ~ed his head to one side** ladeó la cabeza; **to ~ sth back/forward** inclinar algo hacia atrás/adelante

■ **tilt** *vi* **1** (slope) inclinarse; **the chair nearly ~ed over** la silla casi se cae para atrás; **her eyebrows ~ed in surprise** arqueó las cejas sorprendida **2** (in jousting) **to ~ AT sb/sth** acometer *or* arremeter (lanza en ristre) CONTRA algn/algo

tilt² *n*

A [u c] **1** (slope) inclinación *f*; **sideways ~** ladeo *m* **2** (action): **to give sth a ~** inclinar algo

B (jousting contest) justa *f*, torneo *m*; (thrust) acometida *f* (*con la lanza*); ***(at) full ~*** a toda velocidad, a toda máquina, a todo trapo; **he went full ~ into the debate** entró de lleno en el debate; ***to take a ~ at sb/sth*** arremeter *or* emprenderla contra algn/algo

C (cover) toldo *m*

tilth /tɪlθ/ *n* [u] tierra *f* cultivable

timber /ˈtɪmbər ‖ ˈtɪmbə(r)/ *n* **1** [u] (material) madera *f* (*para construcción*); ***to be managerial/presidential ~*** (esp AmE) tener* madera de directivo/presidente; (*before n*) ‹*house*› de madera; **~ merchant** (comerciante *mf*) maderero, -ra *m,f*, comerciante de madera *mf*; **~ mill** aserradero *m*, aserrío *m* (Col); **the ~ trade** la industria maderera; **~ yard** (BrE) almacén *m* de maderas **2** [u] (trees) árboles *mpl* (madereros); **~!** (*as interj*) ¡cuidado(, que cae)! **3** [c] (beam) viga *f*, madero *m* **4** [c] (Naut) cuaderna *f*; ***shiver me ~s!*** (arch) ¡voto a bríos! (arc)

timbered /ˈtɪmbərd ‖ ˈtɪmbəd/ *adj* ‹*house*› de madera; ‹*gallery*› (Min) entibado

timber-framed /ˈtɪmbərfreɪmd ‖ ˈtɪmbəfreɪmd/ *adj* con entramado de madera

timberland /ˈtɪmbərlænd ‖ ˈtɪmbəlænd/ *n* [u] (AmE) terreno *m* maderero, bosque *m* maderable

timberline /ˈtɪmbərlaɪn ‖ ˈtɪmbəlaɪn/ *n*: **the ~** el límite de la vegetación arbórea

timber wolf *n* lobo *m* gris

timberwork /ˈtɪmbərwɜːrk ‖ ˈtɪmbəwɜːk/ *n* [u] maderamen *m*

timbre /ˈtæmbər ‖ ˈtæmbə(r)/ *n* [u c] timbre *m*; **the ~ of his voice** el timbre de su voz

Timbuktu /ˌtɪmbʌkˈtuː/ *n* Tombuctú *m*, Timbuctú *m*; **they live in ~** (hum) viven en la Cochinchina (hum)

time¹ /taɪm/ *n*

INDEX

(Sense I)

A past, present, future
B time available, necessary
C period of days, months etc
D time phrases: A
E airtime on Radio, TV
F for a journey, race, task
G regarding work
H **1** epoch, age
2 in a person's life

(Sense II)

A **1** as measured by clocks
2 timing of an event
B point in time
C instance, occasion
D time phrases: B
E experience
F in music
G in mathematics

(Sense I)

A [u] (past, present, future) tiempo *m*; **~ and space** el tiempo y el espacio; **the ravages of ~** los estragos del tiempo; **as ~ goes by** *o* **passes** a medida que pasa el tiempo, con el paso del tiempo, con el correr del tiempo; **at this point** *o* **moment in ~** en este momento, en el momento presente; **to go back/forward in ~** retroceder/avanzar* en el tiempo; **a place where ~ stands still** un lugar donde el tiempo se ha detenido; **~ is on our side** el tiempo está de nuestro lado; **(only) ~ will tell** el tiempo (lo) dirá; **~ just flew by** el tiempo pasó volando; **how ~ flies!** ¡qué rápido pasa el tiempo!; **~ marches on** el tiempo pasa; **it's just a matter of ~** no es más que cuestión de tiempo; **(from)** ***~ out of mind*** desde tiempos inmemoriales; ***~ heals all wounds*** *o* ***is a great healer*** el tiempo todo lo cura, el tiempo restaña las heridas (liter); ***~ and tide wait for no man*** el tiempo pasa inexorablemente; (*before n*) ‹*travel*› en el tiempo; **~ machine** máquina *f* del tiempo; **~ traveler** viajero, -ra *m,f* en el tiempo

B [u] (time available, necessary for sth) tiempo *m*; **to be pressed for ~** andar* escaso de tiempo; **we are running out of ~** se nos está acabando el tiempo, nos estamos quedando sin tiempo; **we have no ~ for that** no tenemos tiempo para eso; **I can never find the ~ to read the paper** nunca encuentro tiempo para leer el periódico; **we have all the ~ in the world** tenemos tiempo de sobra; **we've so little ~** tenemos tan poco tiempo; **could I have five minutes of your ~?** ¿podría concederme cinco minutos?; **now her ~'s her own** ahora es dueña de hacer lo que quiere con su tiempo, ahora dispone libremente de su tiempo; **is there ~ to visit the museum?** ¿hay tiempo de visitar el museo?; **there's no ~ to lose** no hay tiempo que perder; **I haven't had (the) ~ to read it** no he tenido tiempo de leerlo; **give me ~ to think it over** dame tiempo para pensarlo; **she lost no ~ in replying** su respuesta no se hizo esperar; **to make ~ for sth** hacer(se)* *or* encontrar* tiempo para algo; **can you make ~ to have a look at this?** ¿puedes hacer(te) *or* encontrar tiempo para echarle un vistazo a esto?; **to make ~** (hurry) (AmE colloq) darse* prisa, apurarse (AmL); **to make up for lost ~** recuperar el tiempo perdido; **I need some ~ to myself** necesito tener tiempo para mí; **he does it to pass the ~** lo hace para pasar el tiempo; **he spends most of his ~ in Los Angeles** pasa la mayor parte del tiempo en Los Ángeles; **I spend all my ~ trying to keep discipline** me paso todo el tiempo tratando de mantener la disciplina; **these things take ~** estas cosas llevan *or* toman tiempo; **it takes ~ to get used to the climate** lleva *or* toma tiempo acostumbrarse al clima; **it took me all**

t

The Time

Basic time units

a second
= un segundo

a minute
= un minuto

an hour
= una hora

a quarter of an hour
= un cuarto de hora

half an hour
= media hora

three quarters of an hour
= tres cuartos de hora

Asking the time

what time is it? o ***what's the time?***
= ¿qué hora es?

what time do you have? (*AmE*) o ***what time do you make it?*** (*BrE*)
= ¿qué hora tienes?

can you tell me the time?
= ¿me dice(s) *or* me da(s) la hora?

do you have the time?
= ¿tiene(s) hora?

Telling the time

Times on the hour are expressed as follows:

it's one o'clock
= es la una

it's two o'clock
= son las dos

it's three o'clock
= son las tres

it's twelve o'clock
= son las doce

The conjunction *y* is used for times after the hour:

it's 7:05	=	son las siete y cinco
7:10	=	las siete y diez
7:15	=	las siete y cuarto
7:20	=	las siete y veinte
7:25	=	las siete y veinticinco
7:30	=	las siete y media

For times before the hour *para* is used in Latin America (with the exception of the River Plate area), and *menos* is used in Spain and the River Plate. Note the different constructions:

	Most of Latin America	Spain and the River Plate
it's 7:35	= son veinticinco para las ocho	= son las ocho menos veinticinco
7:40	= son veinte para las ocho	= son las ocho menos veinte
7:45	= son un cuarto para las ocho	= son las ocho menos cuarto
7:50	= son diez para las ocho	= son las ocho menos diez
7:55	= son cinco para las ocho	= son las ocho menos cinco

Note that for times between these five-minute divisions of the clock, the word minutos must be added:

it's 8:23 = son las ocho y veintitrés minutos
it's 4.43 = faltan diecisiete minutos para las cinco (*most of Latin America*) *or* son las cinco menos diecisiete minutos (*Spain and the River Plate*)

Less precise expressions

it's gone 7 (o'clock) o ***it's past 7***
= son las siete pasadas

it must be about 2 (o'clock)
= serán las dos

it's just after 5 (o'clock)
= son las cinco y pico

it's nearly 8
= son casi las ocho

it must be coming up to 9 (o'clock)
= deben ser cerca de las nueve

a.m./p.m.

To specify a.m. or p.m., Spanish adds one of the following:

de la madrugada
= (early) in the morning

de la mañana
= in the morning

de la tarde
= in the afternoon/evening

de la noche
= in the evening/at night

de la madrugada refers to the time between about 2 a.m. and 5 a.m., and *de la tarde* refers to the time from midday until about 8 p.m.:

4 a.m.
= las cuatro de la madrugada

6 a.m.
= las seis de la mañana

7 p.m.
= las siete de la tarde

9 p.m.
= las nueve de la noche

At what time?

(at) what time did you arrive?
= ¿a qué hora llegaste?

at ten o'clock
= a las diez

at exactly five o'clock
= a las cinco en punto

at about 6 o'clock o ***around 6 o'clock***
= a eso de las seis *or* sobre las seis (*Esp*)

The 24-hour clock

This is used considerably more in Spanish than it is in English:

21:30
= las veintiuna treinta

17:15
= las diecisiete quince

The word *horas* is added when talking about time on the hour:

17:00
= las diecisiete horas

t

my ~ to understand what he was saying me costó mucho entender lo que decía; **it's worth taking a little extra ~ and trouble over the job** vale la pena dedicarle un poco más de tiempo y esfuerzo al trabajo; **thank you for taking ~ out to see me** le agradezco que (se) haya hecho tiempo para atenderme; **to take one's ~**: **just take your ~** tómate todo el tiempo que necesites *or* quieras; **I like to take my ~ over breakfast** me gusta desayunar con tiempo *or* calma; **so he's finally replied? he certainly took his ~!** ¿así que ha contestado por fin? ¡pues sí que se tomó tiempo para hacerlo!; **you took your ~! I've been waiting for half an hour** ¡cómo has tardado! ¡hace media hora que estoy esperando!; **to waste ~** perder* (el) tiempo; **what a waste of ~!** ¡qué manera de perder el tiempo!; ***to buy*** **~** ganar tiempo; ***to have a lot of/no ~ for sb/sth***: **he's got no ~ for traditional medicine** no le tiene ninguna fe a la medicina tradicional; **I've got a lot of ~ for him** me cae muy bien; **I have no ~ for people like her** no soporto a la gente como ella; ***to have ~ on one's hands***: **I had ~ on my hands, so I decided to walk there** me sobraba tiempo *or* tenía que matar tiempo, así que decidí ir a pie; **~ hung heavy on his hands** el tiempo se le hacía eterno; ***to play for ~*** tratar de ganar tiempo; **~ *is money*** el tiempo es oro

C (*no pl*) (period — of days, months, years) tiempo *m*; (— of hours) rato *m*; **we waited a long ~** esperamos mucho tiempo/un rato largo; **I've been watching him for some ~** hace (un) tiempo/rato que lo vengo observando; **he won't be here for some ~ yet** va a tardar en llegar; **that was a long ~ ago** eso fue hace mucho (tiempo); **they lived in Paris for a ~/for a long ~** vivieron un tiempo/mucho tiempo *or* muchos años en París; **I haven't seen her for a long ~** hace mucho (tiempo) que no la veo, no la veo desde hace mucho (tiempo); **long ~ no see!** (colloq) ¡tanto tiempo (sin verte)!; **he took a long ~ to do it** tardó mucho (tiempo) en hacerlo; **it will be a long ~ before I invite her again** va a pasar mucho tiempo antes de que la invite otra vez; **in the short ~ I've known him** en el poco tiempo que hace que lo conozco; **some ~ later I saw them leave** al rato los vi salir; **some ~ later they moved to Brussels** (un) tiempo después se mudaron a Bruselas, tras cierto tiempo se mudaron a Bruselas; **for some considerable ~** *o* **for quite some ~ now there have been rumors that ...** hace ya bastante tiempo que se rumorea que ...; **you slept for most of the ~** dormiste casi todo el rato, pasaste la mayor parte del tiempo dormido; **it rained the whole ~ we were there** llovió todo el tiempo que estuvimos allí; **in an hour's/three months'/ten years' ~** dentro de una hora/tres meses/diez años; **cooking ~** tiempo *m* de cocción; **~'s up!** ¡es la hora!; **your ~'s up** se te (*or* les *etc*) ha acabado el tiempo; ***for the*** **~** ***being*** por el momento, de momento; ***to serve*** *o* (colloq) ***do*** **~** cumplir una condena, estar* a la sombra (fam)

D (*in phrases*): **against time** contra reloj; **a race against ~** una carrera contra reloj; **to work against ~** trabajar contra reloj; **all the time** (constantly) constantemente; (the whole period) todo el tiempo; **she keeps on at me all the ~** me está encima constantemente; **all the ~ I was in France, I never once ate snails** en todo el tiempo que estuve en Francia no comí caracoles ni una vez; **my keys were in my pocket all the ~** tenía las llaves en el bolsillo todo el tiempo; **I knew it all the ~** lo supe desde el principio *or* desde el primer momento; **in time** (early enough) a tiempo; (eventually) con el tiempo; **you arrived just in ~** llegaste justo a tiempo; **we got back in ~ to watch the film**

volvimos a tiempo para ver la película; **you'll get used to it in ~** con el tiempo te acostumbrarás; **she grew more tolerant in (the course of) ~** con el (paso del) tiempo se volvió más tolerante; **in good time** con tiempo; **we must send out the invitations in good ~** tenemos que mandar las invitaciones con tiempo *or* con suficiente anticipación; **all in good ~** cada cosa a su tiempo, todo a su debido tiempo; **she'll make up her mind in her own good ~** ella decidirá cuando esté lista *or* cuando le parezca; **in no time (at all)** rapidísimo, en un abrir y cerrar de ojos, en un santiamén; **they arrived in next to no ~** llegaron prácticamente enseguida *or* al instante, llegaron en menos de lo que canta un gallo

E (*air~*) (Rad, TV) espacio *m*; **to buy/sell ~** comprar/vender espacio

F [c] (for a journey, race, task) tiempo *m*; **what's your fastest ~ over 400m?** ¿cuál es tu mejor tiempo *or* marca en los 400 metros?; **in record ~** en un tiempo récord; **to make good ~** ir* a buen ritmo, hacer* un buen promedio de velocidad

G [u] (regarding work): **you shouldn't be doing that in work/on company ~** no deberías hacer eso en horas de trabajo; **in your own ~** fuera de horas de trabajo, en tu tiempo libre; **to work full/part ~** trabajar a tiempo completo/parcial; **they are on short ~** están trabajando una jornada reducida; **to take** *o* (BrE also) **have ~ off** tomarse tiempo libre; **we get ~ and a half** nos pagan hora y media de sueldo por cada hora trabajada; **on Sundays they pay double ~** los domingos pagan doble (sueldo)

H **1** [c] (epoch, age) (*often pl*) época *f*, tiempo *m*; **at one ~** en una época *or* un tiempo, en otros tiempos; **in ~s of crisis** en épocas *or* tiempos de crisis; **in former ~s** antiguamente; **in Tudor ~s** en la época de los Tudor, en tiempos de los Tudor; **there was a ~ when** *o* **~ was when ...** hubo un tiempo cuando ...; **~s are hard** estos son malos tiempos *or* tiempos difíciles; **then they fell on hard ~s** entonces empezaron una mala racha *or* les tocó la época de las vacas flacas; **the ~s are changing** los tiempos cambian; **it's a sign of the ~s** es un indicio de los tiempos en que vivimos; **in ~s to come** en el futuro, en tiempos venideros; **the biggest box-office hit of all ~** el mayor éxito de taquilla de todos los tiempos; ***to be ahead of*** *o* ***born before one's ~***: **he was ahead of his ~** se adelantó a su época; **an Expressionist born before his ~** un expresionista que se adelantó a su época; ***to be behind the ~s*** «*ideas*» ser* anticuado, estar* desfasado; «*person*» estar* atrasado de noticias (fam); ***to keep up with*** *o* ***abreast of the ~s*** mantenerse* al día **2** [u] (in a person's life): **that was before your ~** eso fue antes de que tú nacieras (*or* empezaras a trabajar aquí *etc*); **it won't happen in our ~** no viviremos para verlo; **I've seen some funny things in my ~ but ...** he visto cosas raras en mi vida pero ...; **she was a great athlete in her ~** fue una gran atleta en su época; **if I could have my ~ over ...** si pudiera volver atrás ..., si pudiera volver a nacer ...; **during my ~ in college** durante mi época universitaria, durante el tiempo que pasé en la universidad; **the life and ~s of Jane Austen** vida y época de Jane Austen

(Sense II)

A **1** ► **i** **p.1798** [u] (as measured by clocks) hora *f*; **what's the ~?, what ~ is it?** ¿qué hora es?; **do you have the ~?** ¿tienes hora?; **do you have the right ~?** ¿tienes la hora exacta?; **what ~ do you make it?** (BrE) ¿qué hora tienes?; **the ~ is ten minutes to ten** son las diez menos diez minutos, son diez para las diez (AmL exc RPl); **to be able to tell the ~** *o* (AmE also) **tell ~** saber* (decir) la hora; **at ten o'clock local/Moscow ~** a las diez hora local/de Moscú; **British Summer T~** horario *m* de verano (*adelantado con respecto a la hora de Greenwich para ahorrar energía*); **Eastern Standard T~** (in US) hora *f* de la costa atlántica; **this clock keeps good ~** este reloj está siempre en hora; **(at) what ~ did she arrive?** ¿a qué hora llegó?; **are you watching the ~?** ¿estás controlando la hora?; **look at the ~!** ¡mira la hora que es!; **is that the ~?!** ¿está bien ese reloj?, ¿ésa es la hora que es?; ***not to give sb the ~ of day*** no darle* a algn ni la hora; ***to pass the ~ of day (with sb)***: **now she never even passes the ~ of day with me** ahora ni siquiera me saluda; **we just pass the ~ of day when we meet** cuando nos vemos, nos saludamos ¿qué tal? y nada más; (*before n*): **~ lock** cerradura *f* horaria de bloqueo; **~ switch** temporizador *m*; **~ zone** huso *m* horario **2** [c u] (timing of an event) hora *f*; **departure ~** hora de salida; **estimated ~ of arrival** hora aproximada de llegada; **do you know the ~s of the trains?** ¿sabes el horario de los trenes?; **~ FOR sth/to + INF: we have to arrange a ~ for the next meeting** tenemos que fijar una fecha y hora para la próxima reunión; **it's ~ for tea** es la hora del té; **is it ~ to go yet?** ¿ya es hora de irse?; **it's ~ you left** *o* **you were leaving** es hora de que te vayas; **it's ~ for bed!** ¡es hora de acostarse!; **it's getting-up ~!** ¡es hora de levantarse!; **~, gentlemen, please!** (in UK) *frase con la que se anuncia que un pub va a cerrar*; **she usually calls around breakfast ~** suele llamar a la hora del desayuno

B [c] (point in time): **at this ~ of (the) year** en esta época del año; **at this ~ of night** a estas horas de la noche; **I never have much money left at that ~ of the month** a esa altura del mes no me suele quedar mucho dinero; **it's that ~ of the month** (euph) estoy (*or* está *etc*) con la regla; **at the present/this particular ~** en este momento/este preciso momento; **at no ~ was that my intention** en ningún momento fue ésa mi intención; **it should be kept closed at all ~s** debe mantenerse siempre cerrado; **at all ~s of the day and night** las veinticuatro horas del día, a toda hora del día y de la noche; **at all ~s of the year** todo el año; **sometimes he's very talkative, but (at) other ~s he doesn't say a word** a veces es muy conversador, pero otras (veces) no dice una palabra; **who was Prime Minister at the ~?** ¿quién era Primer Ministro en aquel momento *or* (en aquel) entonces *or* (liter) a la sazón?; **he said nothing about it at the ~** en aquel momento no dijo nada al respecto; **they've tried at various ~s to change the rules** han tratado de cambiar las reglas en varias oportunidades; **at the best of ~s** en el mejor de los casos; **this ~ yesterday** ayer a esta hora; **this ~ next year** el año que viene para estas fechas; **it'll be dark by the ~ we get there** (para) cuando lleguemos ya estará oscuro; **by that** *o* **this ~ we were really worried** para entonces ya estábamos preocupadísimos; **they should have been back by this ~** ya deberían estar de vuelta; **from that ~ on** a partir de entonces, desde entonces; **this is a good/bad ~ for us** éste es un buen/mal momento para nosotros; **have I called at an awkward ~?** ¿llamo en mal momento?; **it'll soon be Wimbledon/strawberry ~** pronto será la temporada de Wimbledon/de las fresas; **it's (about) ~ you learned some manners** ya es hora *or* ya va siendo hora de que aprendas modales; **it's high ~ somebody did something** ya es hora *or* ya va siendo hora de que alguien haga algo; **she's resigned, and not before ~** ha renunciado, y ya era hora; **the ~ has come for us to make a decision** ha llegado el momento de que tomemos una decisión; **there comes a ~ when ...** llega el momento en que ...; **it came ~** (AmE) llegó el momento; **there's a ~ and a place for everything** hay un momento y un lugar para todo; **this is no** *o* **not the ~ to complain** éste no es momento para quejarse; **no decision can be taken until such ~ as we've seen the report** no se puede tomar una decisión hasta que (no) hayamos visto el informe; **now's the ~ to buy a house** éste es el momento (indicado) para comprar una casa; **this is not the best ~ to approach him** éste no es el momento más indicado para hablarle; ***my/her ~ has come*** me/le ha llegado el momento; ***to bide one's ~*** esperar el momento oportuno; ***to die before one's ~*** morir* tempranamente *or* prematuramente

C [c] (instance, occasion) vez *f*; **three/four ~s a day/week** tres/cuatro veces por día/semana; **I've been there many a ~** *o* **many ~s** he estado allí en numerosas ocasiones *or* muchas veces; **many's the ~ I've regretted it** han sido muchas las veces que lo he lamentado; **how many ~s do I have to tell you?** ¿cuántas veces te lo tengo que decir?; **if I've said this once I've said it a hundred ~s** ya lo debo de haber dicho mil veces; **for the umpteenth ~: be quiet!** ¡por enésima vez: cállate!; **nine ~s out of ten** en el noventa por ciento de los casos, la gran mayoría de las veces; **do you remember the ~ (when) she said ... ?** ¿te acuerdas de aquella vez que dijo ... ?, ¿te acuerdas de cuando dijo ... ?; **the first/third ~ he did it** la primera/tercera vez que lo hizo; **it'll be easier the second ~ around** la segunda vez será más fácil; **third ~ lucky!** ¡la tercera es la vencida!; **let's leave it for another** *o* **some other ~** dejémoslo para otro momento; **sorry, not this evening — another ~, perhaps?** lo siento, pero esta noche no — ¿quizás en otro momento *or* en otra oportunidad?; **this ~** esta vez; **you paid (the) last ~** la última vez *or* la otra vez pagaste tú; **that's the last ~ I lend you money** es la última vez que te presto dinero; **for the last ~: no!** por última vez ¡no!; **(the) next ~ you see him** la próxima vez que lo veas; **better luck next ~** a ver si la próxima (vez) tienes más suerte; **we lost last ~ — and the ~ before and the ~ before that!** la última vez perdimos nosotros — ¡y la anterior, y la anterior a ésa!; **four ~s running** cuatro veces seguidas *or* consecutivas; **this is the fourth ~ running** esta es la cuarta vez consecutiva; **let's try one more ~** probemos otra vez *or* una vez más

D (*in phrases*): **about time**: **it's about ~ someone told him/you wrote to your mother** ya es hora *or* ya va siendo hora de que alguien se lo diga/de que le escribas a tu madre; **I've finished — and about ~ too!** he terminado — ¡ya era hora!; **ahead of/behind time**: **we're behind ~/ahead of ~ on the project** vamos atrasados/adelantados con el proyecto; **the first stage was completed ahead of ~** la primera fase se terminó antes de tiempo; **any time**: **come any ~** ven cuando quieras *or* en cualquier momento; **any ~ of the year** cualquier época del año; **call me any ~ between nine and eleven** llámame a cualquier hora entre las nueve y las once; **I'd rather work for Mary any ~** yo prefiero trabajar para Mary, toda la vida (y cien años más); **they should be here any ~ (now)** en cualquier momento llegan, deben de estar por llegar de un momento al otro; **thanks for your help — any ~!** gracias por su ayuda — ¡a sus órdenes! *or* ¡encantado! *or* (AmL) ¡a la orden!; **at a time**: **we'll interview them four at a ~** los entrevistaremos de cuatro en cuatro *or* (AmL tb) de a cuatro; **one at a ~!** ¡de a uno!, ¡uno por uno! *or* ¡uno por vez!; **take it one step at a ~** hazlo paso a paso; **I can only concentrate on one thing at a ~** sólo me puedo concentrar en una cosa a la *or* por vez; **he'd sit and stare into space for hours at a ~** se quedaba horas enteras *or* horas y horas sentado mirando al vacío; **she disappears for months at a ~** desaparece y no se la ve durante meses enteros; **at the same time** (simultaneously) al mismo tiempo; (however) (*as linker*) al mismo tiempo, de todas formas; **you can't breathe and swallow at the same ~** no se puede respirar y tragar al mismo tiempo *or* a la vez; **she started at the same ~ as he did** empezó al mismo tiempo que él; **but at the same ~ you have to admit that ...** pero al mismo tiempo *or* de todas formas tienes que reconocer que ...; **at times** a veces; **she gets very depressed at ~s** a veces se deprime mucho, hay momentos en que se deprime mucho; **between times** entre una cosa y otra; **at this time** (AmE) ahora, en este momento; **every time**: **I make the same mistake every ~** ¡siempre cometo el mismo error!; **gin or whisky? — give me whisky every ~!** ¿ginebra *or* whisky? — para mí whisky, toda la vida; **every** *o* **each time** (*as*

t

conj) (whenever) cada vez; **every ~ we plan a picnic it rains** cada vez que organizamos un picnic, llueve; **from time to time** de vez en cuando; **on time** (on schedule): **the buses hardly ever run on ~** los autobuses casi nunca pasan a su hora *or* puntualmente; **she's never on ~** nunca llega temprano, siempre llega tarde; **to buy on ~** (AmE) comprar a plazos; **time after time** *o* **time and (time) again** una y otra vez

E [c] (experience): **to have a good/bad ~** pasarlo bien/mal; **have a good ~!** ¡que te diviertas (*or* que se diviertan *etc*)!, ¡que lo pases (*or* pasen *etc*) bien!; **thank you for a lovely ~** gracias por todo, lo hemos pasado estupendamente; **a good ~ was had by all** (set phrase) todo el mundo se divirtió de lo lindo (fam); **he's having a difficult ~ at work/with his son** tiene problemas en el trabajo/con su hijo; **I had an awful ~ trying to persuade her** me costó muchísimo *or* horriblemente convencerla; **he had a hard ~** lo pasó muy mal; **he had too comfortable a ~ (of it)** todo le resultó demasiado fácil; **don't give me a hard ~** (esp AmE) no me mortifiques; **looking for a good ~?** (said by prostitute) ¿quieres pasarlo bien?

F [u] (Mus) compás *m*; **two-four ~** compás de dos por cuatro; **to clap in ~ to the music** batir palmas al compás de la música; **out of ~** descompasado, fuera de compás; **to beat/keep ~** marcar*/seguir* el compás; **they marched past in slow/quick/double ~** pasaron marchando a paso lento/rápido/redoblado; **in double-quick ~** en un periquete, en un santiamén; ***to mark ~*** (march on the spot) marcar* el paso; (make no progress) hacer* tiempo; (*before n*): **~ signature** llave *f* de tiempo

G times *pl* (Math): **3 ~s 4 is** *o* **are 12** 3 (multiplicado) por 4 son 12; **three ~s as much as I wanted to spend** tres veces más de lo que quería gastar; **it's four ~s bigger** es cuatro veces más grande; (*before n*): **~s table** tabla *f* de multiplicar; **the 3 ~s table** la tabla del 3

time² *vt* **1** ‹*runner/worker*› tomarle el tiempo a; (Sport) cronometrar; **I've ~d how long it takes me to get to work** he calculado cuánto tiempo me lleva llegar al trabajo **2** (choose time of): **kick-off is ~d for 3.30** el comienzo del partido está fijado *or* previsto para las 3.30; **the demonstration was ~ed to coincide with his arrival** la hora de la manifestación estaba calculada para coincidir con su llegada; **we ~d it beautifully: they left five minutes before we arrived** llegamos perfecto: ellos se habían ido cinco minutos antes; **you ~d your entrance/that comment perfectly** no podrías haber elegido un mejor momento para entrar/hacer esa observación; **her arrival/the rainstorm couldn't have been better/worse ~d** su llegada/la tormenta no podría haber sido más oportuna/ inoportuna

time-and-motion /ˌtaɪmənˈməʊʃən/ *adj* (*before n*): **~ study** estudio *m* de racionalización del trabajo *or* de tiempo(s) y movimiento(s) *or* de productividad

time bomb *n* bomba *f* de tiempo *or* de relojería; **it's an ecological/economic ~ ~** desde el punto de vista ecológico/económico es una bomba de tiempo

time capsule *n* cápsula *f* del tiempo

time charter *n* fletamiento *m* por tiempo determinado

time check *n* comprobación *f* horaria

time clock *n* reloj *m* registrador, reloj *m* checador (Méx)

time-consuming /ˈtaɪmkənˌsuːmɪŋ || ˈtaɪmkənˌsjuːmɪŋ/ *adj* que lleva mucho tiempo; **that would be too ~** eso llevaría demasiado tiempo

time deposit *n* (AmE) depósito *m* a plazo fijo

time exposure *n* (Phot) **1** [u c] (process) exposición *f* dilatada **2** [c] (photograph) *fotografía tomada con exposición dilatada*

time frame *n* marco *m* de tiempo, marco *m* temporal

time fuse *n* espoleta *f* de tiempo

time-honored, (BrE) **time-honoured** /ˈtaɪmˌɑːnərd || ˈtaɪmˌɒnəd/ *adj* ‹*method*› consagrado (por la tradición); ‹*ritual*› de larga tradición

timekeeper /ˈtaɪmˌkiːpər || ˈtaɪmˌkiːpə(r)/ *n* **1** (Sport) cronometrador, -dora *m,f* **2** (worker) (BrE): **to be a good/bad ~** ser* puntual/impuntual

timekeeping /ˈtaɪmˌkiːpɪŋ/ *n* [u] (BrE) puntualidad *f*; **bad ~** impuntualidad *f*, falta *f* de puntualidad; **his ~ is good** es puntual

time-lapse photography /ˈtaɪmlæps/ *adj*: *fotografía con tomas a intervalos prefijados*

timeless /ˈtaɪmləs || ˈtaɪmlɪs/ *adj* (liter) eterno

timelessness /ˈtaɪmləsnəs || ˈtaɪmlɪsnɪs/ *n* [u] (liter) intemporalidad *f*

time limit *n* plazo *m*; **when does the ~ ~ expire?** ¿cuándo expira el plazo?; **to impose a ~ ~ on sth** fijar un plazo *or* una fecha tope para algo

time line *n* línea *f* de tiempo, cronología *m*

timeliness /ˈtaɪmlinəs || ˈtaɪmlinɪs/ *n* [u] lo oportuno

timely /ˈtaɪmli/ *adj* **-lier, -liest** oportuno

time management *n* gerencia *f* del tiempo, gestión *f* del tiempo

time-out /ˈtaɪmˈaʊt/ *n* (AmE) **1** [c] (rest) (tiempo *m* de) descanso *m* **2** [c] (Sport) tiempo *m* muerto **3** [c] (Comput) tiempo *m* de espera

time out *n* [c u] **1** (Sport) tiempo *m* (muerto); **to call (a) ~ ~** pedir* tiempo (muerto); **to take (a) ~ ~ (from sth)** (AmE) tomarse un descanso (de algo) **2** (*as interj*) (AmE) ¡un momento!; **~ ~! we're getting off the subject here** ¡un momento! nos estamos yendo por las ramas

timepiece /ˈtaɪmpiːs/ *n* (frml) reloj *m*; (Sport) cronómetro *m*

timer /ˈtaɪmər || ˈtaɪmə(r)/ *n* temporizador *m*; (of oven, video etc) reloj *m* (automático)

> **The Times**
> ▸ Newspapers.

time-saver /ˈtaɪmˌseɪvər || ˈtaɪmˌseɪvə(r)/ *n* ahorrador *m* de tiempo

timesaving /ˈtaɪmˌseɪvɪŋ/ *adj* que ahorra tiempo

timescale /ˈtaɪmskeɪl/ *n* escala *f* de tiempo

timeserver /ˈtaɪmˌsɜːrvər || ˈtaɪmˌsɜːvə(r)/ *n* oportunista *mf*

timeserving /ˈtaɪmˌsɜːrvɪŋ || ˈtaɪmˌsɜːvɪŋ/ *adj* oportunista

timeshare /ˈtaɪmʃer || ˈtaɪmʃeə(r)/ *n* **1** [u] (system) multipropiedad *f*, tiempo *m* compartido; (*before n*) ‹*apartment/property*› en multipropiedad, en tiempo compartido **2** [c] (property) multipropiedad *f*; (stake) *parte en una multipropiedad*

timesharing /ˈtaɪmˌʃerɪŋ || ˈtaɪmˌʃeərɪŋ/ *n* [u] **1** (Comput) trabajo *m* en tiempo compartido; (*before n*) ‹*system*› de tiempo compartido **2** (Leisure) multipropiedad *f*, tiempo *m* compartido

timesheet /ˈtaɪmʃiːt/ *n* hoja *f* de asistencia, planilla *f* de control de horas

time signal *n* señal *f* horaria

time slice *n* fracción *f* de tiempo

time span *n* espacio *m* de tiempo, periodo *m* de tiempo

time-stamp¹ /ˈtaɪmˌstæmp/ *n* sello *m* de tiempo

time-stamp² *vt* timbrar con el sello de tiempo

timetable¹ /ˈtaɪmˌteɪbəl/ *n* **1** (Transp) horario *m*; **bus/train ~** horario de autobuses/trenes; **a (copy of the) ~** un horario **2** (esp BrE) (Educ) horario *m* **3** (schedule, programme) agenda *f*; **a very busy ~** una agenda muy apretada

timetable² *vt* (esp BrE) programar

time trial *n* prueba *f* cronometrada

time warp *n* salto *m* en el tiempo; **the region is stuck in a ~ ~** la región se ha detenido en el tiempo

time-waster /ˈtaɪmˌweɪstər || ˈtaɪmˌweɪstə(r)/ *n*: **you're not a serious student, you're just a ~** no eres un estudiante serio, sólo haces perder el tiempo a los demás

time-wasting /ˈtaɪmˌweɪstɪŋ/ *n* [u] pérdida *f* de tiempo; (*before n*) ‹*device/activity*› que hace perder el tiempo; **the Bulls' ~ back-fired when the Bears equalised in the last minute** la táctica de los Bulls de hacer tiempo no les resultó porque los Bears igualaron en el último minuto

timeworn /ˈtaɪmwɔːrn || ˈtaɪmwɔːn/ *adj* ‹*buildings/furniture*› desgastado; ‹*procedures/traditions*› añejo; ‹*joke/saying*› gastado, trillado

timid /ˈtɪməd || ˈtɪmɪd/ *adj* ‹*person/approach*› tímido; ‹*animal*› huraño

timidity /təˈmɪdəti || tɪˈmɪdəti/ *n* [u] timidez *f*

timidly /ˈtɪmədli || ˈtɪmɪdli/ *adv* tímidamente, con timidez

timing /ˈtaɪmɪŋ/ *n* [u] **1** (choice of time): **the ~ of the election** la fecha escogida para las elecciones; **the ~ of the action was disastrous** la acción fue de lo más inoportuna; **that was good ~: we've just arrived** calculaste muy bien el tiempo: acabamos de llegar; **his ~ is excellent: he always arrives when we're about to eat** (iro) es de lo más oportuno: siempre llega cuando estamos a punto de comer (iró) **2** (synchronization) sincronización *f* **3** (Mus, Sport) ritmo *m*; **a comedian with brilliant ~** un cómico con un genial sentido de la oportunidad **4** (Auto): **check/adjust the ~** revise/ajuste la chispa *or* el encendido; (*before n*): **~ gear** engranaje *m* de distribución **5** (measurement of time) cronometraje *m*; (*before n*): **~ mechanism** *o* **device** (of bomb) temporizador *m*, mecanismo *m* de relojería

timorous /ˈtɪmərəs/ *adj* (liter) medroso (liter), timorato

timpani /ˈtɪmpəni/ *pl n* timbales *mpl*

timpanist /ˈtɪmpənəst || ˈtɪmpənɪst/ *n* timbalero, -ra *m,f*

tin¹ /tɪn/ *n*

A [u] **1** (metal) estaño *m*; (*before n*): **~ mine** mina *f* de estaño **2** (tinplate) (hoja)lata *f*; (*before n*) ‹*roof*› de (hoja)lata, de cinc *or* de zinc; ‹*soldier*› de plomo; **~ can** lata *f or* (Esp tb) bote *m or* (Chi tb) tarro *m* (*de conservas, bebidas etc*); **~ hat** (BrE colloq) casco *m* de acero; **~ whistle** silbato *m* celta

B [c] **1** (can) (esp BrE) lata *f or* (Esp tb) bote *m or* (Chi tb) tarro *m* (*de conservas, bebidas etc*); **collecting ~** alcancía *f*; (BrE): ***to do what it says on the ~***: ***it/he does what it says on the ~*** cumple lo que promete **2** (for storage) lata *f*, bote *m* (Esp) **3** (for baking) molde *m*; (*before n*): **~ loaf** pan *m* de molde

tin² *vt* **-nn- 1** (coat with tin) estañar **2** (BrE) (put in tins) ‹*food*› enlatar

tincture /ˈtɪŋktʃər || ˈtɪŋktjə(r), -tʃə(r)/ *n* **1** [u c] (Pharm) tintura *f*; **~ of iodine** tintura de yodo **2** [c] (tinge) (liter) tinte *m*, dejo *m*

tinder /ˈtɪndər || ˈtɪndə(r)/ *n* [u] yesca *f*

tinderbox /ˈtɪndərbɑːks || ˈtɪndəbɒks/ *n* **1** (for tinder) caja *f* de la yesca; **the building is a ~** el edificio podría arder como la yesca en cualquier momento **2** (volatile situation) polvorín *m*, barril *m* de pólvora

tinder-dry /ˈtɪndərˈdraɪ || ˈtɪndəˈdraɪ/ *adj* extremadamente seco

tine /taɪn/ *n* **1** (of fork) diente *m* **2** (of antler) tronco *m*

tinfoil /ˈtɪnfɔɪl/ *n* [u] (made of tin) papel *m* de estaño; (made of aluminium) papel *m* de aluminio, papel *m* albal® (Esp)

ting /tɪŋ/ *vi* «*bell/glass*» tintinear

■ **ting** *vt* hacer* tintinear

ting-a-ling /ˈtɪŋəlɪŋ/ *n* tintín *m*, tilín *m*

tinge¹ /tɪndʒ/ *n* **1** (of color) tinte *m*, matiz *m*; **white with a bluish ~** blanco con un tinte *or* matiz azulado **2** (hint) dejo *m*, matiz *m*; **there was a ~ of irony/bitterness in what she said** había un dejo *or* matiz de ironía/amargura en lo que dijo

tinge² *vt* (*usu pass*) **1** (color) **to be ~d WITH sth** estar* matizado DE algo **2** (temper) **to be ~d**

WITH sth: **words ~d with bitterness** palabras con un dejo *or* matiz de amargura, palabras teñidas de amargura

tingle[1] /'tɪŋgəl/ *vi*: **it makes your skin ~** te hace sentir un cosquilleo *or* hormigueo en la piel; **my fingers are tingling** tengo *or* siento un cosquilleo *or* hormigueo en los dedos; **to ~ WITH sth: her face ~d with cold** la cara le ardía del frío; **I was tingling with excitement** me estremecía de la emoción

tingle[2] *n* cosquilleo *m*, hormigueo *m*

tingling[1] /'tɪŋglɪŋ/ *adj* ‹*feeling*› de cosquilleo *or* hormigueo

tingling[2] *n* [u] cosquilleo *m*, hormigueo *m*

tingly /'tɪŋgli/ *adj* (colloq) ‹*sensation*› de cosquilleo *or* hormigueo; **my hands feel ~** siento un cosquilleo *or* hormigueo en las manos; **with a ~ mint taste** con un refrescante sabor a menta

tinhorn[1] /'tɪnhɔːrn || 'tɪnhɔːn/ *n* (AmE colloq) fanfarrón, -rrona *m,f*

tinhorn[2] *adj* fanfarrón

tinker[1] /'tɪŋkər || 'tɪŋkə(r)/ *n* **1** (gipsy) gitano, -na *m,f*; (pot mender) hojalatero, -ra *m,f*, calderero, -ra *m,f*; ***not to be worth a ~'s damn*** o (BrE also) ***cuss*** (colloq) no valer* nada; ***not to give a ~'s damn*** o (BrE also) ***cuss*** (colloq): **I don't give a ~'s cuss** me importa un bledo *or* pito (fam) **2** (mischievous child) (esp BrE colloq) pilluelo, -la *m,f* (fam), diablillo, -lla *m,f* (fam) **3** (fiddle): **I'll have a ~ with the engine** le voy a hacer unos pequeños ajustes al motor

tinker[2] *vi* **to ~ WITH sth** ‹*with car/television*› hacerle* pequeños ajustes A algo; (pej) juguetear CON algo; **their proposals merely ~ with the problem** sus propuestas sólo tocan la superficie del problema; **they had ~ed with the wording of the contract** habían retocado la redacción del contrato

tinkle[1] /'tɪŋkəl/ *n* **1** (sound) tintineo *m*, tilín *m*; **to give sb a ~** (call on telephone) (BrE colloq) pegarle* un telefonazo *or* darle* un toque a algn (fam) **2** (urination) (BrE colloq): **to go for a ~** ir* a hacer pipí *or* pis (fam)

tinkle[2] *vi* «*bell/glass*» tintinear; **to ~ on the piano** tocar* unas notas en el piano; **a tinkling laugh** una risa cristalina; **a tinkling stream** un arroyo cantarín *or* (CS) cantarino

tinkly /'tɪŋkli/ *adj* (colloq) ‹*music*› ligero; **a ~ noise** un tintineo

tinned /tɪnd/ *adj* (BrE) enlatado, en *or* de lata, en *or* de tarro (Chi); **~ food** alimentos *mpl* enlatados *or* en conserva, conservas *fpl*

tinnie /'tɪni/ *n* (Austral) (NZ colloq) lata *f* de cerveza, bote *m* de cerveza (Esp)

tinnitus /'tɪnətəs, -'naɪtəs || 'tɪnɪtəs, -'naɪtɪs/ *n* [u] tinnitus *m* (*zumbido o silbido en uno o ambos oídos causado por una infección del oído medio*)

tinny /'tɪni/ *adj* **-nier, -niest** **1** ‹*sound*› metálico **2** (of cheap metal) ‹*car/stove*› de lata **3** ‹*taste*› a lata, metálico; **it tastes ~** sabe a lata, tiene gusto a lata

tin opener *n* (BrE) abrelatas *m*

Tin Pan Alley *n* [u] el mundo de la música popular

tinplate[1] /'tɪnpleɪt/ *n* [u] hojalata *f*

tinplate[2] *vt* estañar

tinpot /'tɪnpɑːt || 'tɪnpɒt/ *adj* (pej) ‹*town/dictator*› de pacotilla

tinsel /'tɪnsəl/ *n* [u] **1** (decoration) espumillón *m* (*guirnalda dorada o plateada para decoraciones navideñas*) **2** (tawdry glitter) oropel *m*, relumbrón *m*

tinsmith /'tɪnsmɪθ/ *n* hojalatero, -ra *m,f*

tint[1] /tɪnt/ *n* **1** [c] (of color) tinte *m*, matiz *m*; (color) tono *m*; **pastel ~s** tonos pastel **2** [u] (for hair) tintura *f*, tinte *m*

tint[2] *vt* teñir*

tinted /'tɪntəd || 'tɪntɪd/ *adj* ‹*glass/face cream*› coloreado; ‹*lenses*› con un tinte; ‹*hair*› teñido

tiny /'taɪni/ *adj* **tinier, tiniest** minúsculo, diminuto; **are you out of your ~ mind?** ¿te has vuelto loco?

tip[1] /tɪp/ *n*

A (end, extremity) punta *f*; (of stick, umbrella) contera *f*, regatón *m*; (*filter ~*) filtro *m*; **asparagus ~s** puntas *fpl* de espárragos; **shoes with steel ~s** zapatos *mpl* con punteras de acero; **the westernmost ~ of Britain** el extremo occidental de Gran Bretaña; **he was standing on the ~s of his toes** estaba de puntillas *or* (CS) en puntas de pie; ***the ~ of the iceberg*** la punta del iceberg; ***to have sth on the ~ of one's tongue*** tener* algo en la punta de la lengua; **her name is on the ~ of my tongue** tengo su nombre en la punta de la lengua

B **1** (helpful hint) consejo *m* (práctico); **take a ~ from me** hazme caso, sigue mi consejo **2** (in betting) pronóstico *m*, fija *f* (CS)

C (gratuity) propina *f*; **to leave a ~** dejar propina; **to give sb a ~** darle* (una) propina a algn; **how much should I leave as a ~?** ¿cuánto se deja de propina?

D (BrE) **1** (rubbish dump) vertedero *m* (de basuras), basurero *m*, basural *m* (AmL) **2** (mess) (colloq): **your room is a ~** tienes el cuarto hecho una pocilga **3** (*coal ~*) vertedero *m* de carbón

tip[2] *vt* **-pp-**

A (give gratuity to) darle* (una) propina a; **we ~ped the taxi driver a few dollars** le dimos unos dólares de propina al taxista

B **1** (tilt) inclinar; **she ~ped her chair back** echó *or* inclinó la silla hacia atrás; **the child ~ped the glass upside down** el niño le dio la vuelta al vaso *or* (CS) dio vuelta el vaso; **he ~ped his hat to the ladies** saludó a las señoras levantándose el sombrero; ***to ~ the balance*** o ***the scales*** inclinar la balanza a su (*or* mi *etc*) favor; ***to ~ one's hand*** (AmE colloq) dejar escapar las intenciones; ***to ~ the scales at sth*** (colloq): **he ~ped the scales at 72kg** pesó 72 kilos **2** (pour, throw) tirar, botar (AmL exc RPl); **I ~ped the rubbish out of the window** tiré *or* (AmL exc RPl) boté la basura por la ventana; **it's ~ping it down outside** (BrE colloq) está lloviendo a cántaros

C **1** (predict, forecast) (BrE): **to ~ the winner** pronosticar* quién va a ser el ganador; **he is widely ~ped as the next party leader** todos los pronósticos coinciden en que será el próximo líder del partido; **Paradise Boy has been ~ped for the next race** Paradise Boy es el pronóstico *or* (CS) la fija para la próxima carrera **2** (warn, inform) (AmE) avisar(le a), pasarle el dato a (CS), darle* un chivatazo a (Esp fam)

D (cover end, point) ‹*cane/umbrella*› ponerle* contera *or* regatón a; **they ~ped their arrows with poison** envenenaban la punta de las flechas; **the wings are ~ped with white** las alas tienen las puntas blancas

E (strike lightly) darle* un toque *or* golpe ligero a; **she ~ped the ball over the net** mandó la pelota al otro lado de la red con un toque ligero

■ **tip** *vi*

A (give gratuity) dar* propina

B (tilt) inclinarse, ladearse

C (dump rubbish) (BrE) tirar *or* (AmL exc RPl) botar basura/escombros; Ⓢ **no tipping** prohibido arrojar basura/escombros

Phrasal verbs

• **tip off** [v + o + adv, v + adv + o] ‹*police/criminal*› avisar(le a), pasarle el dato a (CS), darle* un chivatazo a (Esp fam); **somebody had ~ped him off** alguien le había avisado (*or* le había pasado el dato *etc*)

• **tip over**

A [v + o + adv, v + adv + o] (knock over, upend) volcar*

B [v + adv] (fall over, topple) caerse*

• **tip up**

A [v + o + adv, v + adv + o] (overturn) ‹*container*› voltear *or* (Esp) darle* la vuelta a *or* (CS) dar* vuelta

B [v + adv] (tilt upward) levantarse

tip-off /'tɪpɔːf || 'tɪpɒf/ *n* **1** (inside information) dato *m*, soplo *m* (fam), chivatazo *m* (Esp fam) **2** (telltale sign) (AmE) claro indicio *m*

tipped /tɪpt/ *adj* (*filter-~*) con filtro

-tipped /tɪpt/ *suff*: **poison~/steel~** con punta envenenada/de acero

tipper /'tɪpər || 'tɪpə(r)/ *n* **1** (person): **he's a generous ~** siempre da/deja muy buenas propinas **2** **~ (truck)** (BrE) volquete *m*, volqueta *f*

Tipp-Ex® /'tɪp,eks/ *n* [u] Tipp-Ex® *m*, (líquido *m*) corrector *m*

tipple[1] /'tɪpəl/ *n* (colloq): **I enjoy the odd ~ now and then** me gusta tomar una copa de vez en cuando; **what's your (favorite) ~?** ¿cuál es tu bebida preferida?

tipple[2] *vi* (colloq) tomar unas copas

tippler /'tɪplər || 'tɪplə(r)/ *n* (colloq) borrachín, -china *m,f* (fam)

tippy-toe /'tɪpi,təʊ/ *vi* (colloq) ▸**tiptoe**[1]

tipstaff /'tɪpstæf || 'tɪpstɑːf/ *n* (*pl* **~s**) (in UK) *funcionario de un tribunal encargado del orden*

tipster /'tɪpstər || 'tɪpstə(r)/ *n* pronosticador, -dora *m,f*

tipsy /'tɪpsi/ *adj* **-sier, -siest** achispado (fam), alegre; **to get ~** achisparse (fam), ponerse* alegre

tiptoe[1] /'tɪptəʊ/ *vi* **-toes, -toeing, -toed** caminar *or* (esp Esp) andar* de puntillas, caminar en puntas de pie (CS); **I ~d upstairs** subí de puntillas *or* (CS) en puntas de pie

tiptoe[2] *n*: **on ~** de puntillas, en puntas de pie (CS); **they had to stand on ~** tuvieron que ponerse de puntillas *or* (CS) en puntas de pie

tiptop /'tɪptɑːp/ *adj* de primera, excelente; **in ~ condition** en excelente estado, como nuevo

tip-truck /'tɪp,trʌk/ *n* (AmE) volquete *m*, volqueta *f*

tip-up /'tɪpʌp/ *adj* (*before n*) ‹*seat*› abatible, rebatible (RPl)

TIR (Transp) TIR *m*

tirade /taɪ'reɪd/ *n* **~ (AGAINST sth)** diatriba *f or* invectiva *f* (CONTRA algo)

tire[1] /taɪr || 'taɪə(r)/ *vt* cansar

■ **tire** *vi* **1** (become weary) cansarse; **she ~s very quickly** enseguida se cansa **2** (become bored) **to ~ OF sth/sb/-ING** cansarse *or* aburrirse DE algo/algn/+ INF; **I shall never ~ of hearing that tune** nunca me cansaré de oír esa melodía

Phrasal verb

• **tire out** [v + o + adv, v + adv + o] agotar, dejar exhausto

tire[2], (BrE) **tyre** /taɪr || 'taɪə(r)/ *n* neumático *m*, llanta *f* (AmL), goma *f* (RPl, Cu); (outer cover) cubierta *f*; (*before n*): **~ lever** desmontador *m* de neumáticos *or* (AmL tb) llantas *or* (RPl) gomas; **~ pressure/valve** presión *f* /válvula *f* del neumático *or* (AmL) de la llanta *or* (RPl) de la goma

tired /taɪrd || taɪəd/ *adj* **1** (fatigued, weary) ‹*person*› cansado; **to be** *o* **feel ~** estar* cansado; **to get ~** cansarse; **you look ~** tienes cara de cansado; **my eyes are ~** tengo la vista cansada; **my legs are ~ after all that walking** tengo las piernas cansadas de tanto caminar; **the same ~ old clichés/excuses/jokes** los mismos clichés/pretextos/chistes trasnochados *or* trillados *or* manidos; **a ~(-looking) lettuce/salad** una lechuga/ensalada un poco mustia; **a ~ old sofa** un viejo y gastado sofá **2** (fed up) **to be ~ OF sth/sb/-ING** estar* cansado *or* harto DE algo/algn /+ INF; **I'm ~ of you and your constant chatter** estoy cansado *or* harto de ti y de tu eterna cháchara; **to get/grow ~ of sth/sb/-ING** cansarse *or* hartarse DE algo/algn /+ INF; **she makes me ~ with her constant complaints** me harta con sus constantes quejas

tiredness /'taɪrdnəs || 'taɪədnɪs/ *n* [u] cansancio *m*

tired out *adj* (*pred*) agotado, rendido; **to be ~ ~** estar* agotado *or* rendido

tireless /'taɪrləs || 'taɪəlɪs/ *adj* ‹*person*› infatigable, incansable; ‹*patience/efforts*› inagotable

tirelessly /'taɪrləsli || 'taɪəlɪsli/ *adv* incansablemente, infatigablemente

tiresome /'taɪrsəm || 'taɪəsəm/ *adj* ‹*person*› pesado; ‹*task*› tedioso; **how ~ for you to have to rush off!** ¡qué pena que te tengas que ir tan pronto!

tiresomely /'taɪrsəmli || 'taɪəsəmli/ *adv*: **she was ~ fastidious** era quisquillosa hasta el aburrimiento; **he ~ refused to let me board the train** se puso pesado y se negó a dejarme subir al tren; **housework is ~ repetitive** el trabajo de la casa es aburrido y monótono

tiring /ˈtaɪrɪŋ || ˈtaɪərɪŋ/ *adj* cansador (AmS), cansado (AmC, Esp, Méx)

tiro /ˈtaɪrəʊ/ *n* ▸**tyro**

Tirol /tɪˈrəʊl/ *n*: **the ~** el Tirol

'tis /tɪz/ (poet or dial) = **it is**

tissue /ˈtɪʃuː || ˈtɪʃuː, ˈtɪsjuː/ *n*

A [u] (Anat, Bot) tejido *m*; **connective ~** tejido conectivo; **scar ~** tejido de cicatrización; (*before n*): **~ sample** muestra *f* de tejido; **~ culture** [u] (process) cultivo *m* de tejidos [c] (sample) cultivo *m* de tejido; **~ type** tipo *m* de tejido

B [c] (web) (liter) trama *f*; **a ~ of lies** una trama de mentiras

C **1** [c] (paper handkerchief) pañuelo *m* de papel, Kleenex® *m* **2** [u] **~ (paper)** papel *m* de seda **3** [u] (cloth) tisú *m*

tissue-typing /ˈtɪʃuːˌtaɪpɪŋ || ˈtɪʃuːˌtaɪpɪŋ, ˈtɪsjuː-/ *n* [u] determinación *f* del tipo de tejido

tit /tɪt/ *n*

A (Zool) paro *m*, herrerillo *m*

B (sl) **1** (breast) teta *f* (fam); ***to get on sb's ~s*** (BrE vulg) hincharle las pelotas a algn (vulg) **2** (fool) (BrE) pendejo, -ja *m,f* (AmL exc CS vulg), huevón, -vona *m,f* (Andes, Ven arg), gilipollas *mf* (Esp arg), boludo, -da *m,f* (Col, RPl arg)

Titan /ˈtaɪtn/ *n* Titán

titanic /taɪˈtænɪk/ *adj* **1** (liter) ‹*struggle/strength*› titánico **2** (Chem) ‹*acid/oxide*› de titanio

titanium /taɪˈteɪniəm, ˈtɪ- || tɪˈteɪniəm/ *n* [u] titanio *m*

titbit /ˈtɪtbɪt/ *n* **1** (of food) exquisitez *f* **2** (of gossip) chisme *m*

titch /tɪtʃ/ *n* (BrE colloq) enano, -na *m,f* (fam), petiso, -sa *m,f* (AmS fam)

titchy /ˈtɪtʃi/ *adj* **titchier, titchiest** (BrE colloq) enano (fam), petiso (AmS fam); ‹*object*› diminuto, chiquito, pequeñito

tit-for-tat /ˌtɪtfərˈtæt || ˌtɪtfəˈtæt/ *adj* (*before n*): **a ~ killing** un asesinato en represalias

tit for tat[1] *n*: **it was ~ ~ ~** fue ojo por ojo, diente por diente

tit for tat[2] *adv*: **I've paid him back ~ ~ ~** le he pagado con la misma moneda

tithe /taɪð/ *n* diezmo *m*

Titian /ˈtɪʃən/ *n* Ticiano, Tiziano

titillate /ˈtɪtleɪt || ˈtɪtɪleɪt/ *vt* **1** (excite sexually) excitar **2** (stimulate) (liter) despertar*; **the book ~d my interest/curiosity** el libro despertó mi interés/curiosidad; **to ~ the appetite** estimular *or* despertar* el apetito

titillating /ˈtɪtleɪtɪŋ || ˈtɪtɪleɪtɪŋ/ *adj* **1** (sexually exciting) excitante **2** (stimulating) (liter) estimulante

titillation /ˌtɪtlˈeɪʃən || ˌtɪtɪˈleɪʃən/ *n* [u] **1** (sexual provocation) excitación *f* **2** (stimulation) (liter) estímulo *m*

titivate /ˈtɪtəveɪt || ˈtɪtɪveɪt/ *vt* adornar, arreglar; **to ~ oneself** acicalarse, emperifollarse (fam & hum)

title[1] /ˈtaɪtl/ *n*

A [c] **1** (of creative work) título *m*; (*before n*): **~ music** música *f* de créditos; **~ role** papel *m* protagónico (*de la obra del mismo nombre*); **~ song** canción *f* del título **2** (literary work) libro *m*, título *m*

B [c] **1** (designation, label) título *m* **2** (status) tratamiento *m* (*como Sr, Sra, Dr etc*) **3** (noble rank) título *m* (nobiliario *or* de nobleza) **4** (Sport) título *m*; **he won the junior ~ last year** ganó el campeonato juvenil *or* fue campeón juvenil el año pasado; (*before n*): **~ fight** combate *m* por el título

C (Law) **1** [u] (right of ownership) **~ (TO sth)** derecho *m* (A algo), titularidad *f* (DE algo) **2** [c] (document) título *m* de propiedad

D **titles** *pl* (Cin, TV) créditos *mpl*, títulos *mpl* (de crédito)

title[2] *vt* ‹*book/painting/song*› titular, intitular (frml); **he is officially ~d deputy editor** su título oficial es redactor adjunto

title bar *n* barra *f* de título

titled /ˈtaɪtld/ *adj* con título (nobiliario *or* de nobleza)

title deed *n* (*usu pl*) título *m* de propiedad

titleholder /ˈtaɪtlˌhəʊldər || ˈtaɪtlˌhəʊldə(r)/ *n* campeón, -peona *m,f*

title page *n* portada *f*, carátula *f*

titmouse /ˈtɪtmaʊs/ *n* (*pl* **-mice**) paro *m*

titrate /ˈtaɪtreɪt/ *vt* valorar

titter[1] /ˈtɪtər || ˈtɪtə(r)/ *vi* reírse* disimuladamente

■ **titter** *vt* decir* con una risita ahogada

titter[2] *n* risita *f* ahogada

tittle /ˈtɪtl/ *n* see **jot**

tittle-tattle[1] /ˈtɪtlˌtætl/ *n* (colloq) chismes *mpl*

tittle-tattle[2] *vi* (colloq) chismorrear (fam), cotorrear (fam)

titty /ˈtɪti/ *n* (*pl* **-ties**) (colloq) teta *f* (fam)

titular /ˈtɪtʃələr || ˈtɪtjʊlə(r)/ *adj* **1** (nominal) ‹*head/leader*› nominal **2** (Law) ‹*estate/possessions*› correspondiente a un título (nobiliario *or* de nobleza)

tizz /tɪz/, **tizzy** /ˈtɪzi/ *n* (colloq): **to be in/get in(to) a ~** estar*/ponerse* nervioso

T-junction /ˈtiːˌdʒʌŋkʃən/ *n* (BrE) cruce *m* (*en forma de T*)

TKO *n* (= **technical knockout**) K.O. *m* técnico

TLC (colloq hum) = **tender loving care**

TM **1** = **trademark** **2** = **transcendental meditation**

TN = **Tennessee**

TNT *n* [u] TNT *m*

to[1] /tuː *weak form* /tə/ *prep*

A **1** (indicating destination) a; **we're going ~ Paris/France/a disco** vamos a París/Francia/una discoteca; **I'll drive you ~ the station** te llevo a la estación; **she's coming ~ us over Christmas** vendrá a pasar Navidad con nosotros; **which doctor do you go ~?** ¿a qué médico vas?; **do you go ~ church?** ¿vas a la iglesia?; **we went ~ John's** fuimos a casa de John, fuimos a lo de John (RPl), fuimos donde John (esp AmL fam); **it's time to go ~ bed** es hora de ir a la cama; **I came ~ a clearing in the wood** llegué a un claro en el bosque; **how far is it ~ the next village?** ¿qué distancia hay de aquí al próximo pueblo?; **you can wear it ~ a party/the wedding** puedes ponértelo para una fiesta/la boda **2** (indicating direction) hacia; **move a little ~ the right** córrete un poco hacia la derecha; **he turned ~ me** se volvió hacia mí; **I was knocked ~ the ground** me tiraron al suelo; **it's pointing ~ the east** señala al Este **3** (indicating position) a; **~ the left/right of sth** a la izquierda/derecha de algo; **a mile ~ the south of Milton** una milla al sur de Milton

B (against, onto): **she clasped him ~ her** lo estrechó contra ella; **he stood with his nose ~ the window** estaba parado con la nariz contra la ventana; **they stuck the poster ~ the wall** pegaron el cartel en la pared

C **1** (as far as) hasta; **she can count (up) ~ 100 now** ya sabe contar hasta 100; **~ a certain extent** hasta cierto punto; **the snow was up ~ our waists** la nieve nos llegaba hasta *or* a la cintura; **she works herself ~ exhaustion** se mata trabajando *or* (Esp) a trabajar; **the results are accurate ~ (within) half an inch** los resultados tienen un margen de error de menos de media pulgada; **a year ago ~ the day** hace exactamente un año **2** (until) hasta; **we have ~ next Friday to finish the work** tenemos hasta el próximo viernes para terminar el trabajo; **I can't stay ~ the end** no puedo quedarme hasta el final **3** (indicating range): **there will be 30 ~ 35 guests** habrá entre 30 y 35 invitados; **a small-~-medium hotel** un hotel entre pequeño y mediano; *see also* **from D**

D **1** (showing indirect object): **who did you lend/send/give it ~?** ¿a quién se lo prestaste/mandaste/diste?; **he dedicated his poems ~ his wife** le dedicó los poemas a su mujer; **give it ~ me** dámelo; **give it ~ her/him/them** dáselo; **what did you say ~ him/them?** ¿qué le/les dijiste?; **I'll hand you over ~ Jane** te paso *or* (Esp tb) te pongo con Jane; **we give help ~ the needy** ayudamos a los necesitados; **best wishes ~ you both** los mejores deseos para ambos; **I was singing/talking ~ myself** estaba cantando/hablando solo; **~ me, he will always be a hero** para mí, siempre será un héroe; **it looked ~ me as though he was lying** me pareció que estaba mintiendo; **what is it ~ you?** ¿y a ti qué te importa?; **he was very kind/rude ~ me** fue muy amable/grosero conmigo **2** (in toasts, dedications): **here's ~ Toby** brindemos por Toby; **here's ~ a Happy New Year** ¡Feliz Año Nuevo!; **let's drink ~ her health** bebamos a su salud; **Ode ~ a Stag** Oda a un ciervo; **~ Paul with love from Jane** para Paul, con cariño de Jane

E **1** (indicating proportion, relation): **how many ounces are there ~ the pound?** ¿cuántas onzas hay en una libra?; **a rate of 95 pesetas ~ the US dollar** una tasa de cambio de 95 pesetas por dólar; **three parts oil ~ one part vinegar** tres partes de aceite por cada parte de vinagre; **30 miles ~ the gallon** 30 millas por galón; **this map is one inch ~ one mile** la escala de este mapa es de una pulgada por milla; **Barcelona won by two goals ~ one** Barcelona ganó por dos (goles) a uno; **there's a 10 ~ 1 chance of ...** hay una probabilidad de uno en 10 de ...; **10 ~ the 5th** *o* **~ the power (of) 5** 10 a la quinta potencia; **A is ~ B as X is ~ Y** A es a B como X es a Y **2** (in comparison): **inferior/superior/equal ~** inferior/superior/igual a; **that's nothing ~ what followed** eso no es nada comparado *or* en comparación con lo que vino después; **prices are very high ~ what they were ten years ago** (colloq) los precios son muy altos comparados *or* en comparación con lo que eran hace diez años

F **1** (concerning): **what do you say ~ that?** ¿qué dices a eso?, ¿qué te parece (eso)?; ***that's all there is ~ it*** eso es todo; ***there's nothing ~ it*** es muy simple *or* sencillo **2** (in bills) (BrE) por; **~ supplying and fitting radiator, £50** por suministrar e instalar un radiador, £50

G **1** (in accordance with): **~ all appearances** según parece; **~ the best of my knowledge** a mi entender, que yo sepa; **these decorations are not ~ my taste** estos adornos no son de mi gusto; **~ my way of thinking** a mi parecer **2** (producing): **~ my horror/delight ...** para mi horror/alegría ...; **~ everyone's amazement, he did recover** para asombro de todos, se recuperó **3** (indicating purpose): **~ this end** con este fin

H (indicating belonging) de; **the key ~ the front door** la llave de la puerta principal; **secretary ~ the president** secretario del presidente; **husband ~ Doreen and father ~ Charles and Nicola** esposo de Doreen y padre de Charles y Nicola; **the solution ~ the problem** la solución al *or* del problema; **it has a nice ring/sound ~ it** suena bien

I ▸**i** **p.1798**; (telling time) (BrE): **ten ~ three** las tres menos diez, diez para las tres (AmL exc RPl); **the trains run at twenty ~ the hour** los trenes salen a las menos veinte cada hora

J (accompanied by): **we danced ~ the music** bailamos al compás de la música; **they sang it ~ the tune of 'Clementine'** lo cantaron con la melodía de 'Clementine'; **~ the sound of tumultuous applause** en medio de una gran ovación

to[2] /tə/; (*in infinitives*)

A **1** **~ sing/fear/leave** cantar/temer/partir; **I want ~ dance** quiero bailar; **I want them ~ dance** quiero que bailen; **he wants ~ be pampered** quiere que lo mimen; **there's nothing ~ be gained by lying** nada se gana mintiendo; **~ have won is the main thing** haber ganado es lo principal; **Pope ~ visit Africa** (journ) el Papa visitará África **2** (in order to) para; **I have to work ~ eat** tengo que trabajar para comer; **I do it ~ save money** lo hago para ahorrar dinero **3** (indicating result): **he awoke ~ find her gone** cuando despertó, ella ya se había ido; **I opened the door ~ find him standing outside** abrí la puerta y me lo encontré ahí afuera; **I walked 5 miles only ~ be told they weren't home** caminé 5 millas para que me dijeran que no estaban en casa **4** (without vb): **would you like to see it? — I'd**

love ~! ¿te gustaría verlo? — ¡me encantaría!; **I'm not going ~** no voy a hacerlo; **he doesn't want ~** no quiere; **if you don't want to go, you don't have ~** si no quieres ir, no tienes por qué hacerlo

B (*after adj or n*): **it's easy/difficult ~ do** es fácil/difícil de hacer; **you're too young ~ drink wine** eres demasiado joven para beber vino; **it would be silly not ~ take the opportunity** sería una tontería no aprovechar la oportunidad; **she was the first ~ arrive/leave** fue la primera en llegar/irse; **I'm not the sort ~ be offended easily** no soy de los que se ofenden fácilmente; **it's nothing ~ worry about** no hay por qué preocuparse; **she has a lot ~ do** tiene mucho que hacer; **I've a family ~ support** tengo una familia que mantener

to[3] /tu:/ *adv* (shut): **I pulled the door ~** cerré la puerta; **the shutters weren't properly ~** los postigos no estaban bien cerrados

toad /təʊd/ *n* **1** (Zool) sapo *m* **2** (obnoxious person) (colloq): **the man's a complete ~** es un tipo odioso *or* detestable (fam); **you lying ~!** ¡mentiroso de porquería! (fam)

toad-in-the-hole /ˌtəʊdɪnðəˈhəʊl/ *n* [u] (BrE) (Culin) *salchichas horneadas en una masa de leche, huevo y harina*

toadstool /ˈtəʊdstu:l/ *n* hongo *m* (*no comestible*)

toady[1] /ˈtəʊdi/ *n* (*pl* **-dies**) adulador, -dora *m,f*, pelota *mf* (Esp fam), chupamedias *mf* (CS, Ven fam), lambiscón, -cona *m,f* (Méx fam), lambón, -bona *m,f* (Col fam)

toady[2] *vi* **-dies, -dying, -died to ~ TO sb** adular a algn, darle* coba a algn

toadying /ˈtəʊdiɪŋ/, **toadyism** /ˈtəʊdiɪzəm/ *n* [u] (colloq) adulación *f*, peloteo *m* (Esp fam), lamboneo *m* (Col, Méx fam), lambisconeo *m* (Mex fam), chupada *f* de medias (CS fam)

to-and-fro[1] /ˌtu:ənˈfrəʊ/ *n* (BrE) (*no pl*) ir y venir *m*

to-and-fro[2] *adj* de un lado a otro; **the ~ swing of the pendulum** el vaivén del péndulo

to and fro[1] /frəʊ/ *adv* de un lado a otro

to and fro[2] *vi* (*pres p* **to-ing and fro-ing**) (BrE) (*only in -ing form*): **we spent all day to-ing and fro-ing between home and the hospital** nos pasamos todo el día yendo y viniendo *or* en idas y venidas de casa al hospital

toast[1] /təʊst/ *n*

A [u] tostadas *fpl*, pan *m* tostado; **to make ~** hacer* tostadas *or* (Méx) panes tostados; **a piece** *o* **slice of ~** una tostada *or* (Méx) un pan tostado; ***as warm as ~*** muy calentito; (*before n*): **~ rack** portatostadas *m*; ***to be ~*** (AmE colloq) estar* acabado, estar* sonado (AmL fam)

B [c] **1** (tribute) **~ (TO sb)** brindis *m* (POR algn); **I'd like to propose a ~ to absent friends** brindemos por nuestros amigos ausentes; **we drank a ~ to him on his birthday** brindamos por él el día de su cumpleaños **2** (person): **she is the ~ of Broadway tonight** todo el mundo la aclama esta noche en Broadway

toast[2] *vt*

A (Culin) ‹*bread/muffin*› tostar*; **I'm just ~ing myself in front of the fire** me estoy calentando junto al fuego; **~ed sandwich** sándwich *m* tostado, sándwich *m* caliente (Chi, Ur), tostado *m* (Arg)

B (drink tribute to) brindar por; **we ~ed the happy couple with** *o* **in champagne** brindamos por la feliz pareja con champán; **they ~ed the success of the new venture** brindaron por el éxito de la nueva empresa

■ **toast** *vi* «*bread/muffin*» tostarse*

toaster /ˈtəʊstər || ˈtəʊstə(r)/ *n* tostadora *f* (eléctrica)

toasting fork /ˈtəʊstɪŋ/ *n*: *tenedor largo para tostar pan junto al fuego*

toastmaster /ˈtəʊstˌmæstər || ˈtəʊstˌmɑ:stə(r)/ *n* maestro *m* de ceremonias

toasty[1] /ˈtəʊsti/ *adj* (colloq) calentito

toasty[2] *adv* (AmE colloq): **~ warm** calentito

toasty[3] *n* (colloq) sándwich *m* tostado, sándwich *m* caliente (Chi, Ur), tostado *m* (Arg)

tobacco /təˈbækəʊ/ *n* [u c] (*pl* **-cos** *or* **-coes**) **1** tabaco *m*; **rolling/pipe ~** tabaco *or* picadura *f* para liar cigarrillos/de pipa; (*before n*): **the ~ industry** la industria tabacalera; **~ jar** tabaquera *f*; **~ pouch** petaca *f*, estuche *m* para el tabaco **2** (plant) tabaco *m*; (*before n*): **~ leaf** hoja *f* de tabaco; **~ plantation** tabacal *m*, vega *f* de tabaco (Cu)

tobacconist /təˈbækənəst || təˈbækənɪst/ *n*: *expendedor de tabaco, cigarrillos y artículos para el fumador*, ≈ estanquero, -ra *m,f* (*en Esp*); **~'s (shop)** tabaquería *f*, tienda *f* de artículos para fumador, ≈ estanco *m* (*en Esp*)

Tobago /təˈbeɪgəʊ/ *n* Tobago *m*

-to-be /təˈbi:/ *suff*: **father~/husband~** futuro padre/esposo

toboggan[1] /təˈbɑ:gən || təˈbɒgən/ *n* trineo *m*, tobogán *m*

toboggan[2] *vi* deslizarse* en trineo *or* tobogán

toboggan run *n* pista *f* de trineo

toby (jug) /ˈtəʊbi/ *n*: *jarra de cerveza en forma de hombre sentado*

toccata /təˈkɑ:tə/ *n* tocata *f*

tocsin /ˈtɑ:ksən || ˈtɒksɪn/ *n* (liter *or* arch) toque *m* a rebato; **to ring the ~** tocar* a rebato

tod /tɑ:d || tɒd/ *n*: ***on one's ~*** (BrE colloq) solo; **all on one's ~** solo como la una (fam)

today[1] /təˈdeɪ/ ▸ⓘ p.1085 *adv* **1** (this day) hoy; **a week from ~** *o* (BrE also) **~ week** dentro de una semana, de aquí a una semana; **I last saw her a year ago ~** hoy hace un año que la vi por última vez; **what's the date ~?** ¿a qué *or* a cómo estamos hoy?, ¿qué fecha es hoy?; **why did it have to happen ~ of all days?** ¿por qué tenía que pasar justo *or* precisamente hoy?; **here ~, gone tomorrow** (set phrase) hoy aquí, mañana quién sabe dónde **2** (nowadays) hoy (en) día, actualmente, en la actualidad

today[2] ▸ⓘ p.1085 *n* (*no art*) **1** (this day) hoy *adv*; **what's ~'s date?** ¿a cómo *or* a qué estamos hoy?, ¿qué fecha es hoy?; **~'s papers** los periódicos de hoy; **(as) from ~** a partir de hoy *or* del día de hoy **2** (present age) hoy *adv*, hoy (en) día

toddle /ˈtɑ:dl || ˈtɒdl/ *vi* **1** «*child*»: **he's beginning to ~** está empezando a caminar *or* (esp Esp) a andar, está dando sus primeros pasos; **she ~d into the room** entró en la habitación (con paso inseguro) **2** (go) (colloq & hum) (+ *adv compl*): **it's time I was toddling off** *o* **along** ya es hora de que me vaya; **why don't you ~ over for a chat?** ¿por qué no te vienes a charlar un rato?

toddler /ˈtɑ:dlər || ˈtɒdlə(r)/ *n* niño pequeño, niña pequeña *m,f* (*entre un año y dos años y medio de edad*)

toddy /ˈtɑ:di || ˈtɒdi/ *n* (*pl* **-dies**) *bebida hecha con whisky, coñac o ron, agua hirviendo, azúcar y limón*

to-do /təˈdu:/ *n* (colloq) (*no pl*) lío *m*, jaleo *m*, follón *m* (Esp fam); **to make a ~ about sth** armar un lío *or* jaleo por algo

toe[1] /təʊ/ *n* **1** ▸ⓘ p.965 (of foot) dedo *m* (*del pie*); **big ~** dedo *m* gordo (del pie); **I dipped a ~ in the water** metí la punta del pie en el agua; **from head** *o* **tip** *o* **top to ~** de pies a cabeza, de arriba a abajo; ***to be on one's ~s*** estar* *or* mantenerse* alerta; **to keep sb on her/his ~s** hacer* que algn se mantenga alerta; **you'll find a baby will keep you on your ~s** ya verás cómo un bebé te tiene al trote; ***to stand/go ~ to ~ with sb*** (AmE) estar* a la altura de algn; ***to step*** *o* ***tread on sb's ~s*** (colloq) (offend) ofender a algn; (lit) pisar a algn **2** (of sock) punta *f*; (of shoe) puntera *f*, punta *f*

toe[2] *vt* **toes, toeing, toed** ‹*ball*› tocar* con la punta del pie; ***to ~ the line*** *o* (AmE also) ***mark*** acatar la disciplina

toecap /ˈtəʊkæp/ *n* puntera *f*

toeclip /ˈtəʊklɪp/ *n* calapié *m*

toe-curling /ˈtəʊˌkɜ:rlɪŋ || ˈtəʊˌkɜ:lɪŋ/ *adj* (colloq) bochornoso

-toed /təʊd/ *suff*: **long~** de dedos largos

TOEFL *n* = **Test of English as a Foreign Language**

> **TOEFL - Test of English as a Foreign Language**
>
> Un examen que, a la hora de solicitar el ingreso a una universidad americana, evalúa el dominio del inglés de aquellos estudiantes cuya lengua materna no es este idioma.

toehold /ˈtəʊhəʊld/ *n* punto *m* de apoyo (*para el pie*); **it took her years to get a ~ in advertising** le llevó años entrar en el mundo de la publicidad

toenail /ˈtəʊneɪl/ *n* uña *f* (*del pie*); **to cut one's ~s** cortarse las uñas de los pies

toepiece /ˈtəʊpi:s/ *n* puntera *f*

toerag /ˈtəʊræg/ *n* (BrE sl) sinvergüenza *mf*

toe-tapping /ˈtəʊˌtæpɪŋ/ *adj* (colloq) que invita a llevar el ritmo con los pies

toff /tɑ:f || tɒf/ *n* (BrE colloq) encopetado, -da *m,f*, pituco, -ca *m,f* (CS fam)

toffee /ˈtɑ:fi || ˈtɒfi/ *n* [u c] toffee *m* (*golosina hecha con azúcar y mantequilla*), caluga *f* (Chi); ***he can't act/sing for ~*** (BrE colloq) es un pésimo actor/cantante

toffee apple *n* (BrE) manzana *f* acaramelada

toffee-nosed /ˈtɑ:fɪnəʊzd || ˈtɒfɪnəʊzd/ *adj* (BrE colloq) estirado (fam)

tofu /ˈtəʊfu:/ *n* [u] tofu *m*, queso *m* de soya (AmL) *or* (Esp) soja

tog /tɑ:g || tɒg/ *n* (BrE) *unidad de resistencia térmica, indica el grado de abrigo proporcionado por un producto textil*

(Phrasal verb)

• **tog out, tog up** [v + o + adv, v + o + adv] (BrE) (colloq) vestir*; **to get ~ged out** *o* **up** vestirse*, emperifollarse (fam & hum); **they were smartly ~ged out** *o* **up** estaban de punta en blanco *or* (fam & hum) todos emperifollados

toga /ˈtəʊgə/ *n* toga *f*

together[1] /təˈgeðər || təˈgeðə(r)/ *adv*

> ⚠ *together* often appears as the second element of certain verb structures in English (*band together*, *go together*, *piece together*, etc). For translations, see the relevant verb entry (*band*, *go*, *piece*, etc).

A (in each other's company): **they walked ~ for part of the way** caminaron juntos/juntas un trecho; **we sat ~ in silence** estuvimos (todos/los dos) sentados en silencio; **we left them alone ~** los dejamos solos a los dos; **we get on quite well ~** nos llevamos bastante bien; **now that we're all ~ again** ahora que estamos todos juntos *or* reunidos otra vez; **they were separated for a while, but they're ~ again now** estuvieron separados un tiempo, pero ahora han vuelto a juntarse; **these knives and forks don't all belong ~** estos cuchillos y tenedores no son del mismo juego; **they belong ~** son el uno para el otro; *see also* **come together**, ▸**get together**, **keep together** *etc*

B **1** (in combination, collaboration): **let's write the letter ~** escribamos juntos/juntas la carta; **~, these two issues dominate the headlines** estos dos temas dominan conjuntamente los titulares; **we must face this crisis ~** debemos hacer frente a esta crisis unidos; **pink and orange don't go ~ very well** el rosa no va *or* no pega muy bien con el naranja **2** (at the same time) juntos; **let's all sing ~** cantemos todos juntos; **all ~ now!** ¡todos (juntos *or* a la vez)!; **we were at school ~** fuimos compañeros de colegio; **you have to push both buttons ~** hay que pulsar los dos botones simultáneamente *or* a la vez; **the two things happened ~** las dos cosas ocurrieron al mismo tiempo

C (in, into contact): **we stuck the broken cup ~ again** pegamos la taza que se había roto; **the planks are held ~ by nails** las tablas están clavadas entre sí; **the pieces slot ~** las piezas encajan unas en otras; **I pulled the curtains ~** cerré *or* corrí las cortinas; **they were brought ~ by chance** el destino los unió; *see also* **put together**

D **1** (one with the other): **add the two figures ~** suma las dos cantidades **2** (without interruption)

t

seguidos; **he can't concentrate for more than two minutes ~** no puede concentrarse más de dos minutos seguidos
E together with junto con

together² *adj* (colloq) centrado, equilibrado

togetherness /təˈgeðərnəs || təˈgeðənɪs/ *n* [u] unión *f*

toggle /ˈtɑːgəl || ˈtɒgəl/ *n* **1** (button) muletilla *f*, botón *m* de trenca *or* (CS) de montgomery **2** (Naut) cazonete *m* **3** (Comput) flip-flop *m*

toggle switch, toggle key *n* flip-flop *m* de conmutación

togs /tɑːgz || tɒgz/ *pl n* (colloq) ropa *f*; **exercise/swimming ~** ropa de gimnasia/de baño

toil¹ /tɔɪl/ *n* (liter)
A [u] (labor) trabajo *m* duro, gran esfuerzo *m*
B toils *pl* (snares) redes *fpl*

toil² *vi* (liter) **1** (work) trabajar duro; **rescue workers ~ed all night** los equipos de rescate trabajaron sin descanso toda la noche **2** (move slowly): **to ~ along** avanzar* penosamente *or* con dificultad; **to ~ up a hill** subir penosamente una cuesta

toilet /ˈtɔɪlət || ˈtɔɪlɪt/ *n*
A [c] (room) baño *m* (esp AmL), servicio *m* (esp Esp), váter *m* (Esp fam); (bowl) water *m or* (Esp) váter *m*, taza *f*, inodoro *m*, excusado *m* (ant); **to go to the ~** ir* al baño (esp AmL), ir* al váter *or* al servicio (esp Esp); **to throw** *o* **flush sth down the ~** tirar algo por el water *or* (Esp) váter; **public ~s** baños *mpl* públicos (esp AmL), servicios *mpl* (esp Esp); (*before n*): **~ brush** escobilla *f* del water (*or* (Esp) váter *etc*); **~ paper** papel *m* higiénico, papel *m* confort (Chi); **~ roll** rollo *m* de papel higiénico; **~ seat** asiento *m* water (*or* (Esp) váter *etc*)
B [u] (washing and dressing) (liter & dated) arreglo *m* personal, toilette *f* (hum); **to be at one's ~** estar* arreglándose, estar* haciéndose la toilette (hum); (*before n*): **~ articles** artículos *m* de tocador; **~ bag** neceser *m*, bolsa *f* de aseo; **~ soap** jabón *m* de tocador; **~ water** agua *f*‡ de colonia

toiletries /ˈtɔɪlətriz || ˈtɔɪlɪtriz/ *pl n* artículos *mpl* de tocador *or* de perfumería

toilette /twɑːˈlet/ *n* (dated) toilette *f* (ant); **to do one's ~** hacerse* la toilette

toilet-train /ˈtɔɪlətˌtreɪn || ˈtɔɪlɪtˌtreɪn/ *vt* ‹*child*› enseñar a pedir para ir al baño *or* (Esp fam) al váter; **he's been ~ed** ya no usa pañales

toilet training *n* [u]: **to start ~ ~** empezar* a enseñarle a un niño a pedir para ir al baño *or* (Esp fam) al váter

to-ing and fro-ing /ˌtuːɪŋənˈfrəʊɪŋ/ *n* [u c] (*pl* **~s ~ ~s**) (BrE colloq) idas *fpl* y venidas *fpl*, ir y venir *m*

toke /təʊk/ *n* [c] (sl) pitada *f* (AmL), calada *f* (Esp)

token¹ /ˈtəʊkən/ *n*
A 1 (expression, indication): **please accept this small ~ of our gratitude** le pedimos que acepte este pequeño obsequio como muestra *or* prueba de nuestro agradecimiento; **they removed their hats as a ~ of respect** se quitaron el sombrero en señal de respeto; **it's not a big present, it's just a ~** no es un gran regalo, es sólo un detalle; **as a ~ of my love** como prueba *or* (liter) prenda de mi amor; ***by the same ~*** de igual modo, del mismo modo, de la misma manera **2** (memento) recuerdo *m*; **may I keep it as a ~** ¿puedo guardarlo de recuerdo?
B 1 (coin) ficha *f*, cospel *m* (Arg) **2** (voucher) (BrE) vale *m*; (given as present) vale *m*, cheque-regalo *m*; **a book /record ~** un vale *or* un cheque-regalo para comprar un libro/disco

token² *adj* (*before n, no comp*) ‹*payment/fine/gesture*› simbólico; ‹*strike/stoppage*› de advertencia; **we put in a ~ appearance at the party** hicimos acto de presencia en la fiesta; **the panel is made up of four men plus the ~ woman** el panel está integrado por cuatro hombres y la mujer que hay que incluir para salvar las apariencias *or* por pura fórmula

tokenism /ˈtəʊkənɪzəm/ *n* [u] formulismo *m*

Tokyo /ˈtəʊkiəʊ/ *n* Tokio *m*

told /təʊld/ *past & past p of* **tell**

tolerable /ˈtɑːlərəbəl || ˈtɒlərəbəl/ *adj* **1** (endurable) ‹*pain/temperature/noise*› tolerable, soportable **2** (passable) pasable

tolerably /ˈtɑːlərəbli || ˈtɒlərəbli/ *adv*: **she sings ~ well** canta razonablemente bien, canta pasablemente; **they were ~ well-dressed** estaban vestidos pasablemente *or* de manera aceptable

tolerance /ˈtɑːlərəns || ˈtɒlərəns/ *n* **1** [u] (forbearance) tolerancia *f*; **to show/display ~ toward sb** mostrarse* tolerante con algn **2** [u] (endurance) tolerancia *f* **3** [u] (Med) tolerancia *f* **4** [u c] (deviation) tolerancia *f*

tolerance level *n* nivel *m* de tolerancia

tolerance zone *n* (Sociol) zona *f* de tolerancia

tolerant /ˈtɑːlərənt || ˈtɒlərənt/ *adj* ‹*person/attitude/society*› tolerante; **to be ~ OF sb/sth** ser* tolerante CON algn/algo; **she has never been very ~ of children** nunca ha sido muy tolerante *or* paciente con los niños; **to be ~ TO sth** (Med): **he is not at all ~ to alcohol** no tolera el alcohol

tolerantly /ˈtɑːlərəntli || ˈtɒlərəntli/ *adv* con tolerancia

tolerate /ˈtɑːləreɪt || ˈtɒləreɪt/ *vt* **1** (be tolerant of) ‹*view/attitude/behavior*› tolerar; **I won't ~ such impertinence!** ¡no voy a tolerar semejante impertinencia! **2** (stand, endure) ‹*person/pain/noise*› soportar, aguantar, tolerar **3** (Med) tolerar

toleration /ˌtɑːləˈreɪʃən || ˌtɒləˈreɪʃən/ *n* [u] tolerancia *f*; **religious ~** tolerancia religiosa

toll¹ /təʊl/ *n*
A [c] **1** (Transp) peaje *m*, cuota *f* (Méx); (*before n*): **~ bar** barrera *f* de peaje *or* (Méx) cuota; **~ call** (AmE) llamada *f* interurbana, conferencia *f* (Esp); **~ motorway** (BrE) autopista *f* de peaje *or* (Méx) cuota; **~ plaza** (AmE) zona *f* de cabinas de peaje *or* (Méx) cuota; **~ road/tunnel** carretera *f* /túnel *m* de peaje *or* (Méx) de cuota **2** (cost, damage): **the death ~** el número de muertos *or* de víctimas mortales; **the traffic ~** (AmE) el número de accidentes de tráfico, el índice de siniestralidad en carretera; **the climate took a ~ on his health** el clima le afectó la salud; **the train crash took a heavy ~** el accidente ferroviario se cobró numerosas víctimas; **all those sleepless nights will take their ~** los efectos de tantas noches sin dormir se van a hacer sentir luego
B [u] (liter) (of bell) tañido *m*

toll² *vt* (liter) **1** (ring) ‹*bell*› tañer*, tocar* **2** (announce, mark) anunciar
■ **toll** *vi* «*bell*» tocar*, doblar; **For whom the bell ~s** Por quien doblan las campanas

tollbooth /ˈtəʊlbuːθ || ˈtəʊlbuːð, -buːθ/ *n* cabina *f* de peaje

tollbridge /ˈtəʊlbrɪdʒ/ *n* puente *m* de peaje *or* (Méx) de cuota

toll-free¹ /ˈtəʊlˈfriː/ *adj* (AmE) gratuito

toll-free² *adv* (AmE) gratuitamente

tollgate /ˈtəʊlgeɪt/ *n* (Hist) barrera *f* de peaje

tollway /ˈtəʊlweɪ/ *n* (AmE) carretera *f* de peaje *or* (Méx) cuota

toluene /ˈtɑːljuiːn || ˈtɒljuiːn/ *n* [u] tolueno *m*

tom /tɑːm || tɒm/ *n* **1** (cat) gato *m* (macho) **2** (turkey) pavo *m* (macho)

Tom /tɑːm/ *n*: ***every ~, Dick and Harry*** cualquier hijo de vecino

tomahawk /ˈtɑːməhɔːk || ˈtɒməhɔːk/ *n*: *hacha de guerra de los indígenas norteamericanos*

tomato /təˈmeɪtəʊ || təˈmɑːtəʊ/ *n* (*pl* **-toes**) **1** (Culin, Agr) tomate *m or* (Méx) jitomate *m*; **plum ~** tomate *m* (de) pera; (*before n*): **~ juice** jugo *m or* (esp Esp) zumo *m* de tomate; **~ ketchup** ketchup *m*; **~ paste** *o* **puree** extracto *m or* concentrado *m* de tomate, pomarola® *f* (Chi), pomidoro *m* (Ur); **~ sauce/soup** salsa *f* /sopa *f* de tomate *or* (Méx) de jitomate **2 ~ (plant)** tomatera *f*, tomate *m*, jitomate *m* (Méx)

tomb /tuːm/ *n* tumba *f*, sepulcro *m*; **the family ~** el panteón familiar

tombola /tɑːmˈbəʊlə || tɒmˈbəʊlə/ *n* tómbola *f*

tomboy /ˈtɑːmbɔɪ || ˈtɒmbɔɪ/ *n* niña *f* poco femenina, machona *f* (RPl), machetona *f* (Méx), varonera *f* (Arg)

tomboyish /ˈtɑːmbɔɪɪʃ || ˈtɒmbɔɪɪʃ/ *adj* (colloq) ‹*behavior/character*› poco femenino, de marimacho (fam), de machona (RPl fam), de machetona (Méx fam), de varonera (Arg fam); ‹*girl*› poco femenina, machetona (Méx fam), varonera (Arg fam)

tombstone /ˈtuːmstəʊn/ *n* lápida *f*

tomcat /ˈtɑːmkæt || ˈtɒmkæt/ *n* gato *m* (macho)

tome /təʊm/ *n* (hum) libro *m*, librote *m*, mamotreto *m*

tomfool /tɑːmˈfuːl || tɒmˈfuːl/ *adj* (colloq) (*before n*) tonto

tomfoolery /tɑːmˈfuːləri || tɒmˈfuːləri/ *n* [u] payasadas *fpl*

tommy, Tommy /ˈtɑːmi || ˈtɒmi/ *n* (*pl* **-mies**) (colloq & dated) soldado *m* raso británico

Tommy gun *n* (colloq) metralleta *f*

tommyrot /ˈtɑːmirɑːt || ˈtɒmirɒt/ *n* [u] (colloq & dated) tonterías *fpl*, paparruchas *fpl* (fam)

tomogram /ˈtəʊməgræm || ˈtəʊməgræm, ˈtɒmə-/ *n* tomograma *m*

tomography /təˈmɑːgrəfi || təˈmɒgrəfi/ *n* [u] tomografía *f*

tomorrow¹ /təˈmɔːrəʊ, təˈmɑːrəʊ || təˈmɒrəʊ/ ▸ⓘ **p.1085** *adv* **1** (on the day after today) mañana; **~ morning/afternoon** mañana por la mañana/tarde, mañana en la mañana/tarde (AmL), mañana a la *or* de mañana/tarde (RPl); **~ lunchtime** mañana al mediodía *or* a la hora del almuerzo; **we'll see you a week from ~** *o* (BrE also) **~ week** *o* **a week ~** te vemos de mañana en ocho días; **we got married a year ago ~** mañana hará un año que nos casamos; **it'll be a month ~ since the accident** mañana hará un mes del accidente; **see you ~** hasta mañana **2** (in the future) mañana, el día de mañana

tomorrow² ▸ⓘ **p.1085** *n* (*no art*) **1** (day after today) mañana *adv*; **~ is Monday/my birthday** mañana es lunes/mi cumpleaños; **~'s papers** los periódicos de mañana; **I wonder what ~ will bring** me pregunto qué nos depara el futuro; **~ is another day** mañana será otro día; **~ may never come** ≈ Dios proveerá; **they were spending money like there was no ~** (colloq) estaban gastando dinero a troche y moche *or* a diestra y siniestra *or* (Esp) a diestro y siniestro; **they were drinking/eating like there was no ~** (colloq) estaban bebiendo/comiendo como si fuera la Última Cena; ***never put off till ~ what you can do today*** no dejes para mañana lo que puedas hacer hoy **2** (future) mañana *m*; **they are the doctors of ~** son los médicos del mañana *or* del futuro

Tom Thumb *n* Pulgarcito

tomtit /ˈtɑːmtɪt || ˈtɒmtɪt/ *n* herrerillo *m*, alionín *m*

tom-tom /ˈtɑːmtɑːm || ˈtɒmtɒm/ *n* tam-tam *m*

ton /tʌn/ *n*
A 1 ▸ⓘ **p.630** (unit of weight) tonelada *f* (*EEUU: 907kg., RU: 1.016kg.*); **a 35-~ truck** un camión de 35 toneladas; **this suitcase weighs a ~** (colloq) esta maleta pesa una tonelada (fam); ***to come down on sb like a ~ of bricks*** darle* duro a algn; *see also* **metric ton 2** (unit of capacity) (Naut) tonelada *f* (cúbica); **a 120,000-~ tanker** un petrolero de 120.000 toneladas
B (large amount) (colloq) (*usually pl*): **~s of people/money/work** montones *mpl* de gente/dinero/trabajo (fam)
C (BrE sl) (100 mph): **to do a** *o* **the ~** ir* a 100 millas por hora

tonal /ˈtəʊnl/ *adj* **1** ‹*variation/quality*› tonal **2** (Mus) tonal

tonality /təʊˈnæləti/ *n* [u c] (*pl* **-ties**) (Art, Mus) tonalidad *f*

tone¹ /təʊn/ *n*
A 1 [u c] (quality of sound, voice) tono *m*; **from the ~ of her voice I could tell that ...** por el tono de voz me di cuenta de que ...; **don't speak to**

your mother in that ~ of voice! ¡no le hables a tu madre en ese tono! 2 **tones** *pl* (sound) sonido *m*; (voice) voz *f* 3 [c] (Ling) tono *m* ascendente/descendente; (*before n*): **~ language** lengua *f* tonal 4 [c] (Telec) señal *f* (sonora); **engaged ~** (BrE) señal *f or* tono *m* de ocupado *or* (Esp) de comunicando

B [c] (shade) tono *m*, tonalidad *f*

C 1 [u] (mood, style) tono *m*; **the ~ of the speech/article** el tono del discurso/artículo; **to set the ~** marcar* la pauta; **the ~ of the market** (Fin) la tónica *or* tendencia del mercado 2 [u] (standard, level) nivel *m*; **to raise/lower the ~ of sth** levantar/bajar el nivel de algo

D [u] (of muscle) tono *m* (muscular); **exercise helps keep your body in ~** el ejercicio te ayuda a mantener el tono muscular

E [c] (Mus) 1 (interval) tono *m* 2 (note) (AmE) nota *f*

tone² *vi* **to ~ (in) (WITH sth)** combinar *or* armonizar* (CON algo)

■ **tone** *vt* 1 (revitalize) tonificar* 2 (Phot) virar

Phrasal verbs

• **tone down** [v + o + adv, v + adv + o] ‹*language*› moderar; ‹*criticism*› moderar, atenuar*; ‹*color*› atenuar*

• **tone up** [v + o + adv, v + adv + o] ‹*muscles/body*› tonificar*, dar* tono a

tone arm *n* brazo *m* (*de un tocadiscos*)

tone color, (BrE) **tone colour** *n* [u c] timbre *m*

tone-deaf /'təʊndef/ *adj*: **to be ~** no tener* oído (musical)

tone dialing, (BrE) **tone dialling** *n* [u] marcado *m or* (AmL) discado *m* por tono

toneless /'təʊnləs || 'təʊnlɪs/ *adj* apagado, monótono

tonelessly /'təʊnləsli || 'təʊnlɪsli/ *adv* monótonamente, en tono apagado

tone poem *n* poema *m* sinfónico

toner /'təʊnər || 'təʊnə(r)/ *n* [u c] 1 (for skin) tónico *m*, loción *f* tonificante 2 (Phot) virador *m* 3 (for photocopier) toner *m*

toney /'təʊni/ *adj* ▸**tony**

tongs /tɑːŋz, tɔːŋz || tɒŋz/ *pl n* tenacillas *fpl*, pinza(s) *f(pl)*; **a pair of ~** unas tenacillas, una(s) pinza(s); **sugar ~** tenacillas *or* pinzas para el azúcar

tongue /tʌŋ/ *n*

A [c] 1 ▸❶ p.965 (Anat) lengua *f*; **to poke** *o* **put** *o* **stick one's ~ out at sb** sacarle* la lengua a algn; **with one's ~ hanging out** con la lengua fuera; **her behavior has set ~s wagging in the village** su comportamiento ha dado que hablar en el pueblo; ***to bite one's ~*** (colloq) morderse* la lengua; ***to get one's ~ around sth*** (colloq) pronunciar algo; **I can't get my ~ around his name** su nombre me resulta muy difícil de pronunciar; ***to have a cruel*** *o* ***sharp*** *o* ***wicked ~*** tener* lengua viperina *or* de víbora; ***to have a loose ~*** hablar más de la cuenta; **loose ~s cost lives** las indiscreciones cuestan vidas; ***to hold one's ~*** callarse, contenerse*; ***to keep a civil ~ in one's head*** expresarse en lenguaje respetuoso; ***to loosen sb's ~*** hacer* hablar a algn; **the wine loosened their ~s** el vino les soltó la lengua; ***to lose one's ~***: **have you lost your ~?** ¿te ha comido la lengua el gato?, ¿te han comido la lengua los ratones?; ***to say sth (with) ~ in cheek*** decir* algo medio burlándose *or* medio en broma; **the film was supposed to be ~ in cheek** se suponía que la película no iba del todo en serio; **~-in-cheek comments** comentarios *mpl* irónicos 2 [u c] (Culin) lengua *f*

B [c] (of flame) lengua *f*; (of land) lengua *f*; (on shoe) lengüeta *f*; (on buckle) hebijón *m*; (in bell) badajo *m*

C (language) lengua *f*, idioma *m*; **mother/native ~** lengua materna/nativa; **the gift of ~s** el don de lenguas; **to speak in ~s** hablar en lenguas desconocidas

tongue-and-groove joint /,tʌŋən'gruːv/ *n* machihembrado *m*

tongue-lashing /'tʌŋ,læʃɪŋ/ *n* (colloq) bronca *f* (fam); **to give sb a ~** echarle una bronca a algn (fam)

tongue stud *n* piercing *m* para la lengua; **she put in a ~ ~** se puso un piercing en la lengua

tongue-tied /'tʌŋtaɪd/ *adj* ‹*youth/suitor*› tímido, cohibido; **he gets ~ when she's around** se cohíbe *or* se corta cuando está ella; **I get ~ when I try to speak German** se me traba la lengua cuando trato de hablar alemán

tongue twister *n* trabalenguas *m*

tonic¹ /'tɑːnɪk || 'tɒnɪk/ *n*

A 1 [c] (pick-me-up) tónico *m* 2 [u] **~ (water)** (agua *f*‡) tónica *f*, aguaquina *f*‡ (Ven)

B [c] (Mus) tónica *f*

tonic² *adj*

A (invigorating) tonificante, tónico

B (Mus) ‹*scale/chord*› tónico; **~ accent** acento *m* tónico

tonight¹ /tə'naɪt/ *adv* 1 (this evening) esta noche; **at eight o'clock ~** esta noche a las ocho 2 (during the night) esta noche

tonight² *n* (*no art*) esta noche *f*; **~'s celebrations** los festejos de esta noche

tonnage /'tʌnɪdʒ/ *n* [u c] (Naut) tonelaje *m*

tonne /tʌn/ ▸❶ **p.630** *n* tonelada *f* (*métrica*)

tonsil /'tɑːnsəl || 'tɒnsəl/ *n* (Anat) amígdala *f*; **he had his ~s out** lo operaron de las amígdalas

tonsillectomy /,tɑːnsə'lektəmi || ,tɒnsɪ'lektəmi/ *n* [u c] (*pl* **-mies**) operación *f* de amígdalas, amigdalotomía *f* (téc)

tonsillitis /,tɑːnsə'laɪtəs || ,tɒnsɪ'laɪtɪs/ *n* [u] amigdalitis *f*

tonsure /'tɑːnʃər || 'tɒnʃə(r)/ *n* tonsura *f*

tony /təʊni/ *adj* **-nier, -niest** (AmE colloq) fino, elegante, pijo (Esp fam), pituco (CS fam), popoff (Méx fam), posudo (Col fam)

too /tuː/ *adv*

A 1 (excessively) demasiado; **it's ~ big/expensive** es demasiado grande/caro; **there were ~ many people/cars** había demasiada gente/demasiados coches; **these shoes are ~ big/small for me** estos zapatos me quedan grandes/pequeños; **that's ~ difficult for her to understand** es demasiado difícil para que lo entienda; **you're ~ kind** ¡qué amable eres!; **four mistakes? that's four ~ many** ¿cuatro faltas? son cuatro faltas de más 2 (*in phrases*): **sadly, it is all** *o* **only ~ true** desgraciadamente, no es sino la verdad; **I know that all** *o* **only ~ well** eso bien que lo sé; **all** *o* **only ~ often** muy a menudo, con mucha frecuencia

B 1 (as well) también 2 (emphatic): **he came to apologize — I should think so ~!** vino a disculparse — ¡era lo menos que podía hacer!; **quite right ~!** ¡bien hecho!; **you didn't tell him — I did ~!** (colloq) no se lo dijiste — ¡sí señor! ¡se lo dije!

toodle-oo /'tuːdl'uː/ (BrE also) **toodle-pip** /-'pɪp/ *interj* (colloq & dated *or* hum) ¡chau! (fam), ¡hasta más ver! (ant)

took /tʊk/ *past of* **take¹**

tool¹ /tuːl/ *n* 1 (instrument) instrumento *m*; (workman's etc) herramienta *f*; **garden ~s** herramientas *fpl or* utensilios *mpl* de jardinería; **they are the ~s of his trade** son sus herramientas de trabajo; **the use of unemployment as a political ~** el uso del desempleo como instrumento político; ***to down ~s*** (BrE) declararse en huelga 2 (penis) (sl) verga *f* (vulg), polla *f* (Esp vulg), pija *f* (RPl vulg), pico *m* (Chi vulg)

tool² *vt* 1 (shape) ‹*mold/pattern*› hacer*, fabricar* 2 (decorate) ‹*leather*› trabajar, labrar, estampar

Phrasal verb

• **tool up** [v + adv] *instalar la maquinaria necesaria para una operación determinada*

toolbag /'tuːlbæg/ *n* bolsa *f* de herramientas

toolbar /'tuːlbɑːr || 'tuːlbɑː(r)/ *n* (Comput) barra *f* de herramientas

toolbox /'tuːlbɑːks || 'tuːlbɒks/ *n* caja *f* de herramientas

tooling /'tuːlɪŋ/ *n* [u] estampación *f*

toolkit /'tuːlkɪt/ *n*

A juego *m* de herramientas

B (Comput) toolkit *m*, kit *m* de herramientas de software

toolmaker /'tuːl,meɪkər || 'tuːl,meɪkə(r)/ *n*: *obrero especializado en la fabricación de herramientas*

toolmaking /'tuːl,meɪkɪŋ/ *n* [u] fabricación *f* de herramientas

toolroom /'tuːlruːm -rʊm/ *n* taller *m* de herramientas

toolshed /'tuːlʃed/ *n* cobertizo *m* (*para herramientas*)

tool tip *n* (Comput) globo *m* de ayuda

toonie /'tuːni/ *n* (Can colloq) moneda *f* de dos dólares

toot¹ /tuːt/ *n*

A (sound — of car horn) bocinazo *m*; (— of whistle) pitido *m*, pito *m*; **she gave me a ~ as she drove past** me tocó la bocina *or* el claxon al pasar, me pitó al pasar

B (drunken binge) (AmE colloq): **to go on a ~** irse* de farra *or* juerga

C (drug dose) (AmE colloq) ▸**snort² 3**

toot² *vi* «*driver*» tocar* la bocina *or* el claxon, pitar; «*car horn*» sonar*; «*whistle*» silbar, pitar

■ **toot** *vt* ‹*car horn*› tocar*; **I ~ed him** (BrE) le toqué la bocina *or* el claxon, le pité

tooth /tuːθ/ *n* (*pl* **teeth**) 1 ▸❶ **p.965**; (of person, animal) diente *m*; (molar) muela *f*; **front teeth** dientes *mpl* de adelante, palas *or* paletas *fpl* (fam), incisivos *mpl* (téc); **back teeth** muelas *fpl*; **to clean** *o* **brush one's teeth** lavarse *or* cepillarse los dientes; **I had a ~ pulled** *o* (BrE) **out** me sacaron una muela/un diente; ***in the teeth of sth***: **the reforms were made in the teeth of fierce opposition** las reformas se llevaron a cabo a pesar de la fuerte oposición; **we climbed the hill in the teeth of the wind** escalamos la montaña con el viento en contra; ***to be armed to the teeth*** estar* armado hasta los dientes; ***to be fed up to the back teeth with sth*** (colloq) estar* hasta la coronilla *or* hasta las narices de algo (fam); ***to be long in the ~*** ser* entrado en años; ***to be sick to the teeth (of sth)*** (colloq) estar* hasta la coronilla (de algo) (fam); ***to cut one's teeth***: **the baby is cutting his teeth** al niño le están saliendo los dientes, el niño está echando *or* (RPl) cortando los dientes; **the translators cut their teeth on simple documents** los traductores adquieren experiencia empezando con documentos sencillos; ***to fight ~ and nail*** luchar a brazo partido; **they will resist any form of change ~ and nail** se van a resistir enérgicamente a cualquier tipo de cambio; ***to get one's teeth into sth*** (colloq) hincarle* el diente a algo; ***to grit one's teeth*** aguantarse; (lit) apretar* los dientes; ***to have a sweet ~*** ser* goloso; ***to have teeth***: **for this law to have teeth** para que esta ley sea de verdad efectiva; **the regulatory bodies have no teeth** los organismos reguladores no tienen verdadero poder; ***to kick sb in the teeth, to give sb a kick in the teeth*** humillar a algn; **losing the election was a real kick in the teeth for him** perder la elección fue una gran humillación para él; ***to lie through one's teeth*** mentir* descaradamente, mentir* con toda la barba *or* (Méx) con todos los dientes; ***to put*** *o* ***set sb's teeth on edge*** darle* dentera a algn, destemplarle los dientes a algn (AmL), erizar* a algn (AmS); **the noise put** *o* **set my teeth on edge** el ruido me dio dentera, el ruido me destempló los dientes (AmL) *or* (AmS) me erizó; (*before n*): **~ decay** caries *f* dental; **~ powder** polvo *m* dental 2 (of zip, saw, gear) diente *m*; (of comb) púa *f*, diente *m*

toothache /'tuːθeɪk/ *n* [u c] dolor *m* de muelas

toothbrush /'tuːθbrʌʃ/ *n* cepillo *m* de dientes; (*before n*): **~ mustache** bigote *m* de cepillo

-toothed /tuːθt/ *suff*: **gap~/large~** de dientes separados/grandes

tooth fairy *n* ≈ ratoncito *m or* ratón *m* Pérez, ≈ los ratones (RPl)

toothglass /'tuːθglæs || 'tuːθglɑːs/ *n* vaso *m* del baño

toothless /'tuːθləs || 'tuːθlɪs/ *adj* desdentado

t

toothpaste /ˈtuːθpeɪst/ *n* [u c] dentífrico *m*, pasta *f* dentífrica *or* de dientes

toothpick /ˈtuːθpɪk/ *n* palillo *m* (de dientes), escarbadientes *m*, mondadientes *m*

toothy /ˈtuːθi/ *adj* **-thier, -thiest** dentudo, dientudo; **she gave me a ~ smile** me sonrió mostrando los dientes

toothypeg /ˈtuːθipeg/ *n* (BrE colloq) dientecito *m* (fam)

tootle /ˈtuːtl/ *vi* (colloq)
A (go): **she ~d off** se fue *or* se largó tan pancha *or* campante (fam); **we'll ~ around to see him later** más tarde nos daremos una vuelta por su casa; **well, I'll ~ along now** bueno, me voy
B (make sound, tune) **to ~ ON sth**: **he was tootling (away) on his flute** estaba tocando la flauta
■ **tootle** *vt* ‹*flute/trumpet*› tocar*

toots /tʊts/ *n* (esp AmE sl & dated) (*as form of address*) tesoro, cariño

tootsy, tootsie /ˈtʊtsi/ *n* (*pl* **-sies**) **1** (colloq) (foot) piececito *m*, patita *f* (fam); (toe) dedito *m* **2** ▸**toots**

top¹ /tɑːp || tɒp/ *n*
A **1** (highest part) parte *f* superior *or* de arriba; (of mountain) cima *f*, cumbre *f*, cúspide *f*; (of tree) copa *f*; (of page) parte *f* superior; (of head) coronilla *f*; (of wave) cresta *f*; **from ~ to bottom** de arriba abajo; **from ~ to toe** de pies a cabeza; **he was standing at the ~ of the ladder/stairs** estaba en lo alto de la escalera; **a room at the ~ of the house** una habitación en el último piso; **his name is at the ~ of the list** su nombre es el primero de la lista *or* encabeza la lista; **he jumped from the ~ of the building** se tiró desde el último piso (*or* la azotea *etc*) del edificio; ***at the ~ of one's voice*** a voz en cuello *or* en grito, a grito pelado (fam); ***off the ~ of one's head***: **I can't think of any of them off the ~ of my head** no se me ocurre ninguno en este momento; **talking off the ~ of my head I'd say between 5,000 and 6,000** a ojo de buen cubero te diría que entre 5.000 y 6.000; ***to be at the ~ of the tree*** estar* en la cúspide **2** (BrE) (of bed, table) cabecera *f*; (of road) final *m* **3** (highest rank, position): **he's/she's ~ of the class** es el primero/la primera de la clase; **she came ~ of the class in English** sacó la mejor nota de la clase en inglés; **our team reached the ~ of the league** nuestro equipo se colocó a la cabeza de la liga; **their record is (at the) ~ of the charts** su disco es el número uno de la lista de éxitos; **he worked his way to the ~** se abrió camino hasta la cima de su profesión; **there are going to be changes at the ~** va a haber cambios en los estratos más altos
B **1** (upper part): **the table has a marble ~** el tablero de la mesa es de mármol; **the ~ of the milk** (BrE) *crema que se acumula en el cuello de la botella de leche*; **I get 25% off the ~** (AmE colloq) me llevo el 25% de los beneficios brutos; **to float/rise to the ~** salir* a la superficie; **he's very pleasant, but he hasn't got much up ~** (colloq) es muy agradable, pero un poco corto de luces (fam) **2** (rim, edge) borde *m*; **fill the glass to the very ~** llena el vaso hasta el borde; **she peered at me over the ~ of her glasses** me miró por encima de los anteojos **3** (Clothing): **a blue ~ to match the skirt** una blusa (*or* un suéter *or* un top *etc*) que haga juego con la falda; **the bikini ~** la parte de arriba del bikini; **the dress has a patterned ~** el cuerpo del vestido es estampado **4** (of carrots etc) hojas *fpl*; (of green beans etc) rabillo *m*
C **on top** (*as adv*) encima, arriba; **take the one on ~** toma el/la de encima *or* arriba; **with a cherry on ~** con una cereza encima *or* arriba; **there's VAT on ~** además *or* encima hay que agregarle el IVA; **he can't stay on ~ for ever** no puede ser siempre el primero; **he's getting a bit thin on ~** (colloq) se está quedando calvo *or* (AmC, Méx fam) pelón *or* (CS fam) pelado; ***to come out on ~*** salir* ganando
D **on top of** (*as prep*) encima de; **on ~ of the piano** encima del piano; **the chalet is built on ~ of a hill** el chalet está en la cima *or* en lo alto de una colina; **the tent collapsed on ~ of us** la tienda se nos cayó encima; **you don't see it until it's right on ~ of you** uno no lo ve hasta que no lo tiene encima; **we'd be living right on ~ of each other** acabaríamos los unos encima de los otros, viviríamos todos amontonados; **on ~ of this you have to pay ...** además *or* encima tienes que pagar ...; **it's just been one thing on ~ of another** ha sido una cosa detrás de otra *or* una cosa tras otra; **he's always on ~ of his work** siempre tiene el trabajo al día; **I feel more on ~ of things now** ahora me siento más seguro; **they finally managed to get on ~ of the situation** al final consiguieron controlar la situación; **don't let things get on ~ of you** no dejes que las preocupaciones te abrumen; ***to feel on ~ of the world*** estar* contentísimo; **and on ~ of it all** *o* **on ~ of all that, she lost her job** y encima *or* para colmo *or* como si esto fuera poco, se quedó sin trabajo
E **over the top** **1** (exaggerated) (colloq): **the costumes were way over the ~** los trajes eran una exageración; **I feel she went rather over the ~ in her recommendations** creo que se pasó un poco con sus consejos (fam) **2** (*before n*): **over-the-top** exagerado, desmesurado; ‹*outfit*› extravagante
F **1** (cover, cap — of jar, box) tapa *f*, tapón *m* (Esp); (— of bottle) tapa *f*; (— of pen) capuchón *m*, capucha *f*; ***to blow one's ~*** (colloq) explotar (fam), ponerse* como una fiera (fam) **2** (car roof) capota *f*
G **~ (gear)** (BrE): **to go into/be in ~ (gear)** meter la/estar* en directa
H (*spinning ~*) trompo *m*, peonza *f*; ▸**sleep²**
I **tops** *pl* (colloq): **to be (the) ~s** ser* fantástico

top² *adj* (*before n*)
A **1** (uppermost) ‹*layer*› de arriba, superior; ‹*blanket/card*› de arriba; ‹*step*› último; **the ~ shelf/drawer** el estante/cajón de arriba; **she lives on the ~ floor** vive en el último piso; **the ~ left-hand corner of the page** la esquina superior izquierda de la página; **I'll do the ~ coat tomorrow** mañana le doy la última mano; **she couldn't reach ~ C** no pudo dar el do de pecho **2** (maximum) ‹*speed/temperature*› máximo, tope; **~ gear** (BrE) (Auto) directa *f*
B **1** (best): **to be ~ quality** ser* de primera calidad; **the service is ~ class** el servicio es de primera; **the ~ end of the market** los sectores de mayor poder adquisitivo; **~ score** máxima puntuación *f*, máximo *m* de puntos, máximo *m* puntaje (AmL); **~ scorer** (in basketball, American football) máximo anotador, máxima anotadora *m,f*; (in soccer, hockey) máximo anotador, máxima anotadora *m,f*, máximo goleador, máxima goleadora *m,f* **2** (in ranked order): **our ~ priority is ...** nuestra prioridad absoluta es ...; **the T~ 40** (Mus) *los 40 discos más vendidos*, ≈ los 40 principales (*en Esp*) **3** (leading): **among the ~ scientists** entre los científicos más destacados; **the ~ jobs** los mejores puestos; **the ~ salaries** los sueldos más altos **4** (senior): **he's in ~ management** es un alto ejecutivo; **a ~ official** un alto funcionario; **she has a ~ post at the embassy** tiene un cargo importante en la embajada; **the ~ table** (BrE) la mesa principal

top³ *vt* **-pp-**
A **1** (exceed) superar, rebasar, sobrepasar; **unemployment ~ped the 3 million mark** el índice de desempleo superó *or* rebasó los 3 millones **2** (surpass) ‹*offer/achievement*› superar; ***to ~ it all*** para coronarlo, para colmo, (más) encima; **and to ~ it all, he forgot the tickets** y para coronarlo *or* para colmo *or* (más) encima se olvidó de las entradas; **the Tigers ~ped the Mariners 6-2** (AmE) los Tigers se impusieron a los Mariners por 6 a 2
B **1** (head) ‹*list/league*› encabezar*; **she's ~ping the bill** encabeza el reparto **2** (reach summit of) ‹*hill/mountain*› llegar* a la cima de
C (cover) ‹*column/building*› rematar, coronar; **~ped with chocolate/cheese** con chocolate/queso por encima
D ‹*pineapple*› cortarle la parte superior a; ‹*tree*› mochar
■ *v refl* **to ~ oneself**
A (surpass oneself) (AmE colloq) superarse
B (commit suicide) (BrE sl) matarse, suicidarse

Phrasal verbs

• **top off** [v + o + adv, v + adv + o] ‹*meal/session*› terminar; **a disappointing game, ~ped off by spectator violence** un partido decepcionante, coronado *or* rematado por violencia en las gradas; **to ~ it (all) off** para coronarlo, para colmo, (más) encima

• **top out**
A [v + o + adv, v + adv + o] techar, colocarle* la planchada a (Ur)
B [v + adv] (AmE) ‹‹*demand/consumption*›› tocar* techo, alcanzar* el punto más alto *or* las cotas más altas

• **top up** [v + o + adv, v + adv + o] ‹*glass/container*› llenar; ‹*battery*› (Auto) cargar*; ‹*income/capital*› suplementar; **let me ~ you up!** dame que te sirvo un poco más; **I need to ~ up my cell phone/mobile phone** tengo que recargar* la tarjeta (de) prepago de mi celular/móvil; **the flowers need ~ping up with water** hay que ponerles más agua a las flores

top and tail *vt* (BrE) ‹*gooseberries/green beans*› limpiar (*cortándoles las puntas, los rabillos etc*)

topaz /ˈtəʊpæz/ *n* **1** [u c] (Min) topacio *m* **2** ▸❶ **p.1036** [u] (color) color *m* topacio, ámbar *m*

top banana *n* (AmE sl) **1** (Theat) cómico, -ca *m,f* principal **2** (boss) mandamás *mf* (fam), mero mero *m* (Méx fam), capo *m* (CS fam)

top box *n* maletero *m* (*de una moto*)

top brass *n* (colloq) ▸**brass¹ C**

top-class /ˈtɑːpˈklæs || ˈtɒpˈklɑːs/ *adj* de primera clase

topcoat /ˈtɑːpkəʊt || ˈtɒpkəʊt/ *n* **1** (Clothing) abrigo *m* **2** (of paint) última mano *f*

top copy *n* (ejemplar *m*) original *m*

top deck *n* cubierta *f* superior

top dog *n* (colloq): **to be ~ ~** ir* a la cabeza; **to remain ~ ~** mantenerse* en cabeza

top dollar *n* [u] (AmE colloq): **to pay ~ ~ FOR sth** pagar* un precio alto POR algo

top-down /ˈtɑːpˈdaʊn || ˈtɒp,daʊn/ *adj* verticalista

top-drawer /ˈtɑːpˈdrɔːr || ,tɒpˈdrɔː(r)/ *adj* (socially) de la alta sociedad, de clase alta; (in quality) de primera (clase), de primera categoría

top drawer *n*: **the ~ ~** la alta sociedad, la flor y nata (de la sociedad); **they're out of the ~ ~** son de la alta sociedad, son de la flor y nata

topdressing /ˈtɑːp,dresɪŋ || ˈtɒp,dresɪŋ/ *n* [u] **1** (on field, lawn) *capa superficial de abono* **2** (on road, tennis court) *capa de grava*

topee /ˈtəʊpi/ *n* salacot *m*

topflight /ˈtɑːpflaɪt || ˈtɒpflaɪt/ *adj* (*before n*) de primera (clase), de primera categoría

topgallant /ˈtɑːp,gælənt || ˈtɒp,gælənt/ *n* (Naut) juanete *m*

top hat *n* sombrero *m* de copa, chistera *f* (Esp), galera *f* (RPl)

top-heavy /ˈtɑːp,hevi || ,tɒpˈhevi/ *adj* ‹*structure*› inestable (*por ser muy pesado en su parte superior*); **the company is ~** la empresa tiene demasiados altos ejecutivos

topi /ˈtəʊpi/ *n* salacot *m*

topiary /ˈtəʊpieri || ˈtəʊpiəri/ *n* [u]: *arte de podar setos y arbustos en forma de animales, cuerpos geométricos etc*

topic /ˈtɑːpɪk || ˈtɒpɪk/ *n* tema *m*

topical /ˈtɑːpɪkəl || ˈtɒpɪkəl/ *adj* de interés actual, de actualidad; **highly ~** de palpitante actualidad

topicality /,tɑːpəˈkæləti || ,tɒpɪˈkæləti/ *n* [u] actualidad *f*, interés *m* actual

topknot /ˈtɑːpnɑːt || ˈtɒpnɒt/ *n* moño *m*, rodete *m* (RPl), chongo *m* (Méx) (*en lo alto de la cabeza*)

topless /ˈtɑːpləs || ˈtɒplɪs/ *adj* topless; **to go ~** andar* topless; **~ bar** bar *m* de top-less; **~ swimsuit** monoquini *m*

top-level /ˈtɑːp,levəl || ˈtɒp,levəl/ *adj* (*before n*): **~ talks** conversaciones *fpl* de alto nivel; **a ~ official** un alto funcionario; **a team of ~ scientists** un equipo de científicos eminentes

top loader *n* lavadora *f* de carga superior

topmast /'tɑːpmæst || 'tɒpmɑːst/ *n* mastelero *m*

topmost /'tɑːpməʊst || 'tɒpməʊst/ *adj* (before *n*) ‹*branch/shelf*› más alto, de más arriba; ‹*layer*› superior; **talks at the ~ international level** conversaciones al más alto nivel internacional

topnotch /'tɑːp'nɑːtʃ || 'tɒp'nɒtʃ/ *adj* de primera

top-of-the-line /ˌtɑːpəvðə'laɪn || ˌtɒpəvðə 'laɪn/, (BrE also) **top-of-the-range** /ˌtɑːpəvðə'reɪndʒ || ˌtɒpəvðə'reɪndʒ/ *adj* ‹*design*› de primerísima calidad; **the ~ model** el mejor modelo de la gama

topographer /tə'pɑːgrəfər || tə'pɒgrəfə(r)/ *n* topógrafo, -fa *m,f*

topographic /ˌtɑːpə'græfɪk || ˌtɒpə'græfɪk/, **topographical** *adj* topográfico

topography /tə'pɑːgrəfi || tə'pɒgrəfi/ *n* [u c] topografía *f*

topological /ˌtɑːpə'lɑːdʒɪkəl || ˌtɒpə'lɒdʒɪkəl/ *adj* topológico

topology /tə'pɑːlədʒi || tə'pɒlədʒi/ *n* [u] topología *f*

toponym /'tɑːpənɪm || 'tɒpənɪm/ *n* (frml) topónimo *m*

topper /'tɑːpər || 'tɒpə(r)/ *n* **1** (colloq) ▸**top hat** **2** (jacket) (AmE) chaqueta *f* **3** (action, remark) (AmE): **we'll never find a ~ for it** no vamos a encontrar nada que lo supere

topping¹ /'tɑːpɪŋ || 'tɒpɪŋ/ *n* [c u]: **an ice-cream with chocolate ~** un helado con (salsa de) chocolate por encima; **choose your own pizza ~** elija los ingredientes para cubrir su pizza

topping² *adj* (BrE colloq & dated) estupendo, magnífico

topple /'tɑːpəl || 'tɒpəl/ *vi* **1** (fall) caerse*; **she ~d over** perdió el equilibrio y se cayó **2** (lean) inclinarse; **the stack of books ~d to one side** la pila de libros se inclinó hacia un lado

■ **topple** *vt* **1** (overthrow) ‹*government/dictator*› derrocar*, derribar **2** (overturn) volcar*

top-ranking /ˌtɑːp'ræŋkɪŋ || ˌtɒp'ræŋkɪŋ/ *adj* (before *n*) de alto nivel, importante

topsail /'tɑːpseɪl || 'tɒpseɪl/ *n* gavia *f*

top-secret /ˌtɑːp'siːkrət || ˌtɒp'siːkrɪt/ *adj* (*pred* **top secret**) secreto, reservado

top-security /ˌtɑːpsɪ'kjʊrəti || ˌtɒpsɪ'kjʊərəti/ *adj* (BrE) (before *n*) de máxima seguridad

top-selling /'tɑːp'selɪŋ || 'tɒp'selɪŋ/ *adj* (before *n*) superventas *adj inv*

top-shelf /'tɑːp'ʃelf || 'tɒp'ʃelf/ *adj* **1** (pornographic) ‹*magazine*› para adultos **2** (first-rate) ‹*product/decor*› de primera calidad

topside /'tɑːpsaɪd || 'tɒpsaɪd/ *n*
A [c] (Naut) superestructura *f*
B [u] (of beef) (BrE) *corte de carne correspondiente a la nalga del animal*

topsoil /'tɑːpsɔɪl || 'tɒpsɔɪl/ *n* [u c]: *capa superior del suelo*

topspin /'tɑːpspɪn || 'tɒpspɪn/ *n* [u] (efecto *m*) topspin *m*; **to put ~ on a ball** pegarle* a la pelota con (efecto) topspin

topsy-turvy /ˌtɑːpsi'tɜːrvi || ˌtɒpsi'tɜːvi/ *adj* (colloq) desordenado, patas (para) arriba (fam); **everything's ~** todo está desordenado *or* (fam) patas (para) arriba; **what a ~ world we live in!** ¡el mundo está loco!

top-up /'tɑːpʌp || 'tɒpʌp/ *n* (BrE): **can I give you a ~?** ¿te sirvo más?; (before *n*): **~ card** tarjeta *f* (de) prepago; **~ fees** (BrE) *pago adicional de matrícula para cubrir la diferencia existente entre los fondos de la universidad y el costo de educar al estudiante*; **~ loan** préstamo *m* adicional; **~ payment** pago *m* adicional; **~ investment** inversión *f* adicional

toque /təʊk/ *n* (Clothing)
A (cloth hat) toca *f*
B (Can) (knitted hat) *sombrero de tejido tupido y adornado con una borla*

tor /tɔːr || tɔː(r)/ *n* peñasco *m*, risco *m*

Torah /'tɔːrə/ *n*: **the ~** la *or* el Torá

torch /tɔːrtʃ || tɔːtʃ/ *n*
A **1** (flame) antorcha *f*, tea *f*; ***to carry a ~ for sb*** estar* perdidamente enamorado de algn; ***to go up like a ~*** arder como una tea; ***to put sth to the ~, to set a ~ to sth*** prenderle fuego a algo **2** (electric) (BrE) linterna *f*
B (arsonist) (AmE sl) incendiario, -ria *m,f*

torchbearer /'tɔːrtʃˌberər || 'tɔːtʃˌbeərə(r)/ *n*: *persona que porta una antorcha*; (of a movement, ideology) abanderado, -da *m,f*

torchlight /'tɔːrtʃlaɪt || 'tɔːtʃlaɪt/ *n* [u]: **by ~** a la luz de la(s) antorcha(s); (before *n*) ‹*procession/demonstration*› con antorchas

torch song *n* canción *f* de amor

tore /tɔːr || tɔː(r)/ *past of* **tear²**

toreador /'tɔːriədɔːr || 'tɒriədɔː(r)/ *n* torero *m*

torment¹ /'tɔːrment || 'tɔːment/ *n* [u c] tormento *m*; **these shoes are an absolute ~** estos zapatos son un tormento *or* un martirio *or* un suplicio; **to be in ~** sufrir mucho, sufrir lo indecible; **he went through ~(s) when she left him** sufrió lo indecible cuando lo dejó

torment² /tɔːr'ment || tɔː'ment/ *vt* atormentar, torturar; (tease) martirizar*; **~ed by remorse** atormentado por los remordimientos

tormentor /tɔːr'mentər || tɔː'mentə(r)/ *n* torturador, -dora *m,f*

torn /tɔːrn || tɔːn/ *past p of* **tear²**

tornado /tɔːr'neɪdəʊ || tɔː'neɪdəʊ/ *n* (*pl* **-does** *or* **-dos**) tornado *m*

torpedo¹ /tɔːr'piːdəʊ || tɔː'piːdəʊ/ *n* (*pl* **-does**)
A (Mil) torpedo *m*; (before *n*): **~ boat** torpedero *m*; **~ tube** (tubo *m*) lanzatorpedos *m*
B (sandwich) (AmE) *sándwich hecho con una barra entera de pan*

torpedo² *vt* **-does, -doing, -doed** ‹*ship/submarine*› torpedear; ‹*plan*› torpedear, tirar abajo

torpid /'tɔːrpəd || 'tɔːpɪd/ *adj* **1** (frml) ‹*mind*› aletargado **2** (Zool) ‹*squirrel/tortoise*› en estado letárgico

torpor /'tɔːrpər || 'tɔːpə(r)/ *n* [u] (frml) letargo *m*, sopor *m*

torque /tɔːrk || tɔːk/ *n* [u] **1** (Mech Eng) par *m* de torsión, par *m* motor; (before *n*): **~ converter** convertidor *m* de par *or* (AmL) torque; **~ wrench** llave *f* dinamométrica **2** (necklace) torques *f*

torrent /'tɔːrənt || 'tɒrənt/ *n* torrente *m*; **the water poured out in ~s** el agua salía a torrentes; **a ~ of abuse/criticism** un torrente de insultos/críticas

torrential /tɔː'rentʃəl || tə'renʃəl/ *adj* torrencial

torrid /'tɔːrəd || 'tɒrɪd/ *adj* ‹*climate/heat/zone*› tórrido; ‹*session/trading*› lleno de dificultades; ‹*affair/relationship*› apasionado, tempestuoso; ‹*novel/story*› de amor apasionado

torsion /'tɔːrʃən || 'tɔːʃən/ *n* [u] torsión *f*

torsion bar *n* barra *f* de torsión

torso /'tɔːrsəʊ || 'tɔːsəʊ/ *n* (*pl* **-sos**) torso *m*

tort /tɔːrt || tɔːt/ *n* agravio *m*; **liability in ~** responsabilidad *f* extracontractual

tortilla /tɔːr'tiːjə || tɔː'tiːjə/ *n* tortilla *f* (mexicana)

tortoise /'tɔːrtəs || 'tɔːtəs/ *n* tortuga *f*

tortoiseshell¹ /'tɔːrtəʃel, 'tɔːrtəsʃəl || 'tɔːtəsʃel, 'tɔːtəʃəl/ *n*
A [u] **1** (material) carey *m*, concha *f* **2** ▸❶ **p.1036** (color) color *m* carey
B [c] (~ *cat*) gato *m* pardo

tortoiseshell² *adj*
A **1** (made of tortoiseshell) ‹*ornament/earrings*› de carey *or* concha **2** ▸❶ **p.1036** (color) de color carey
B ‹*cat*› pardo

tortuous /'tɔːrtʃuəs || 'tɔːtjʊəs/ *adj* **1** ‹*path*› tortuoso, sinuoso **2** ‹*plot/reasoning/mind*› tortuoso, enrevesado

torture¹ /'tɔːrtʃər || 'tɔːtʃə(r)/ *n* [u c] tortura *f*; **to undergo ~** sufrir torturas, ser* torturado; **these exercises are ~!** ¡estos ejercicios son una tortura *or* un suplicio!; (before *n*): **~ chamber** cámara *f* de tortura

torture² *vt* **1** ‹*person/animal*› torturar; **she was ~d by doubts/jealousy** las dudas/los celos la atormentaban; **he ~d himself with the thought that he was to blame** la idea de que tenía la culpa lo atormentaba, se torturaba pensando que la culpa la tenía él **2** **tortured** *past p* ‹*person/mind/soul*› atormentado; ‹*language/sentences*› retorcido

■ **torture** *vi* torturar, infligir* torturas

torturer /'tɔːrtʃərər || 'tɔːtʃərə(r)/ *n* torturador, -dora *m,f*

torus /'tɔːrəs/ *n* (*pl* **-ruses**) **1** (Math) toro *m* **2** (Archit) toro *m*, bocel *m* **3** (Bot) receptáculo *m*

Tory¹ /'tɔːri/ *n* (*pl* **Tories**) **1** (in UK) tory *mf* **2** (in US history) realista *mf*

Tory² *adj* ‹*party/voter*› (BrE) conservador, tory

> **Tory**
> ▸ Conservative Party.

Toryism /'tɔːriɪzəm/ *n* [u] (in UK) el conservadurismo *m* tory

tosh /tɑːʃ || tɒʃ/ *n* [u] (BrE colloq & dated) paparruchas *fpl* (fam)

toss¹ /tɔːs || tɒs/ *n* **1** (throw) lanzamiento *m*; **give the salad a ~** mezcla la ensalada; **with a ~ of his head** con un movimiento brusco de la cabeza, echando la cabeza hacia atrás **2** (of coin): **to decide sth on** *o* **by the ~ of a coin** decidir *or* sortear algo a cara o cruz *or* (a cara o sello *etc*); *see also* **toss²**; **to win/lose the ~** ganar/perder* en el sorteo; ***not to give a ~*** (BrE sl): **I don't give a ~ what you think** a mí me importa un pito (fam) *or* (vulg) carajo lo que pienses; ***to argue the ~*** (BrE) seguir* discutiendo

toss² *vt* **1** (throw) ‹*ball*› tirar, lanzar*, aventar* (Col, Méx, Per); ‹*pancake*› darle* la vuelta a, dar* vuelta (CS) (*lanzándolo al aire*); **they ~ed their bags into the corner** tiraron *or* (Col,Méx, Per tb) aventaron las maletas en el rincón; **he ~ed the stick into the river** lanzó *or* tiró el palo al río; **she ~ed the letter aside contemptuously** apartó la carta bruscamente y con desprecio; **let's ~ a coin** echémoslo a cara o cruz *or* (Andes, Ven) a cara o sello *or* (Arg) a cara o ceca *or* (Méx) a águila o sol; **the bull ~ed the matador** el toro volteó al matador; **this horse has never ~ed a rider** este caballo no ha volteado *or* derribado a ningún jinete **2** (agitate) ‹*boat/passengers/cargo*› sacudir, zarandear **3** **~ (back)** (move abruptly) ‹*head*› sacudir (hacia atrás) **4** (Culin) ‹*salad*› mezclar; **to ~ sth in flour** (BrE) rebozar* algo en harina **5** (AmE colloq) dar*

■ **toss** *vi* **1** (be flung about) agitarse, sacudirse; ‹‹*boat*›› bambolearse, dar* bandazos; **to ~ and turn** dar* vueltas (*en la cama*) **2** (flip coin) echar una moneda a cara o cruz *or* (Andes, Ven) a cara o sello *or* (Arg) a cara o ceca *or* (Méx) a águila o sol; **to ~ FOR sth**: **we ~ed for the last apple** nos jugamos la última manzana a cara o cruz (*or* a cara o sello *etc*)

Phrasal verbs

- **toss away** [v + o + adv, v + adv + o] (colloq) ‹*wrapping/envelope*› tirar, botar (AmL exc RPl); ‹*chance/opportunity*› desperdiciar, desaprovechar
- **toss back** [v + o + adv, v + adv + o] ‹*drink*› (colloq) tomarse, bajarse (fam)
- **toss off**
  A [v + o + adv, v + adv + o] **1** (drink) tomarse **2** (produce quickly, easily) ‹*essay/letter*› escribir*, mandarse (Col, CS fam); **he can ~ off an article in half an hour** en media hora te escribe *or* (Col, CS fam) se manda un artículo **3** (masturbate) (BrE vulg) hacerle* la *or* una paja a (vulg)
  B [v + adv] (BrE vulg) hacerse* *or* (Chi, Per) correrse la *or* una paja (vulg)
- **toss out** [v + o + adv, v + adv + o] (get rid of) (colloq) botar *or* (Esp, RPl) tirar (a la basura)
- **toss up**
  A [v + adv] **1** (vomit) (AmE colloq) devolver*, arrojar, vomitar **2** (BrE) ▸**toss²** *vi* **b**
  B [v + o + adv, v + adv + o] (vomit) (AmE colloq) devolver*, arrojar, vomitar

tosser /'tɔːsər || 'tɒsə(r)/ *n* (BrE vulg & sl) ▸**wanker**

t

tosspot /ˈtɔːspɑːt || ˈtɒspɒt/ *n* (colloq) ▸**loser 2**

toss-up /ˈtɔːsʌp || ˈtɒsʌp/ *n* (colloq): **who do you think will win? — it's a ~ between Johnson and Smith** ¿quién crees que va a ganar? — está entre Johnson y Smith; **it's a ~ whether they'll go ahead with it or not** no hay ninguna seguridad de que sigan adelante con el proyecto

tot /tɑːt || tɒt/ *n* 1 (young child) pequeño, -ña *m,f*, chiquito, -ta *m,f* (esp AmL) 2 (of alcohol) copita *f*

Phrasal verb

- **tot up -tt-** [v + o + adv, v + adv + o] (colloq) sumar

total¹ /ˈtəʊtl/ *adj* 1 (whole, overall) (*before n*) ‹*amount/number/output*› total; **the ~ expenditure** el total de los gastos 2 (complete) ‹*destruction*› total; ‹*failure*› rotundo, absoluto; **he was a ~ stranger** era una persona totalmente desconocida; **the place was in ~ chaos** reinaba allí el caos más absoluto; **we would like a ~ ban on nuclear weapons** quisiéramos que se prohibiesen totalmente las armas nucleares; **a ~ disregard for the feelings of others** un desprecio total *or* absoluto por lo que puedan sentir los demás; **the bus was a ~ wreck** el autobús quedó totalmente destrozado; **it was a ~ waste of time** fue una verdadera pérdida de tiempo

total² *n* total *m*; **~ due** total a pagar; **there is** *o* **are a ~ of …** hay un total de …; **the latest accident brings the ~ to 80** con este último, el total de accidentes se eleva a 80

total³ *vt* (BrE) **-ll-**

A 1 (amount to) ascender* *or* elevarse a un total de 2 (add up) sumar, totalizar*

B (AmE colloq) 1 (wreck): **she wasn't hurt, but the car was ~ed** a ella no le pasó nada, pero el coche quedó totalmente destrozado 2 (kill) liquidar (fam)

total allergy syndrome *n* [u] síndrome *m* de alergia total

totalitarian /təʊˌtæləˈteriən || ˌtəʊtælɪˈteəriən/ *adj* totalitario

totalitarianism /təʊˌtæləˈteriənɪzəm || ˌtəʊtælɪˈteəriənɪzəm/ *n* [u] totalitarismo *m*

totality /təʊˈtæləti/ *n* (*pl* **-ties**) 1 [c] (whole) (frml) totalidad *f*; **in its ~** en su totalidad 2 [u] (completeness) carácter *m* total y absoluto; **the ~ of the destruction was beyond doubt** la destrucción fue, sin duda, total y absoluta

totally /ˈtəʊtli || ˈtəʊtəli/ *adv*

A (for emphasis) ‹*destroyed/unjustified*› totalmente, completamente; **he is ~ incapable of …** es totalmente *or* absolutamente incapaz de …; **I ~ agree with you** estoy totalmente *or* completamente de acuerdo contigo; **they are ~ without scruples** no tienen el más mínimo escrúpulo

B (colloq) (in agreement) totalmente; **would you agree? — Oh, ~!** ¿estás de acuerdo? — ah, ¡totalmente!

tote¹ /təʊt/ *vt* (esp AmE colloq) llevar; ‹*bag*› cargar* con, acarrear; **gun-toting gangsters** gángsters *mpl* armados

Phrasal verb

- **tote up** (AmE) ▸**tot up**

tote² *n* totalizador *m*

tote bag *n* bolsa *f or* bolso *m* grande, bolsón *m* (RPl)

totem /ˈtəʊtəm/ *n* tótem *m*; (*before n*): **~ pole** tótem *m*

totemic /təʊˈtemɪk/ *adj* totémico

totter¹ /ˈtɑːtər || ˈtɒtə(r)/ *vi* «*person/object/government*» tambalearse; **the old man ~ed over to us** el viejo se nos acercó tambaleándose; **the regime is ~ing on the brink of collapse** el régimen está a punto de caer

totter² *n* (BrE) ropavejero, -ra *m,f*, trapero, -ra *m,f*, botellero, -ra *m,f* (CS)

tottering /ˈtɑːtərɪŋ || ˈtɒtərɪŋ/ *adj* (*before n*) ‹*regime*› tambaleante; ‹*steps*› inseguro, vacilante

tottery /ˈtɑːtəri || ˈtɒtəri/ *adj*: **a ~ old man** un viejo de andar vacilante; **I'm still a bit ~ after my flu** todavía me siento algo débil a consecuencia de la gripe

totty /ˈtɑːti || ˈtɒti/ *n* [u] (BrE colloq) tipas *fpl*, tías *fpl* (Esp fam), minas *fpl* (CS fam)

toucan /ˈtuːkæn || ˈtuːkən, ˈtuːkæn/ *n* tucán *m*

touch¹ /tʌtʃ/ *n*

A 1 [u] (sense) tacto *m*; **they have a highly developed sense of ~** tienen muy desarrollado el tacto *or* el sentido del tacto; **smooth to the ~** suave al tacto 2 [c] (physical contact): **the cold ~ of marble** el tacto frío del mármol; **at the ~ of a button** con sólo tocar un botón; **the merest ~ is enough to set off the alarm** un simple roce puede accionar la alarma; **she longed for his ~** añoraba sus abrazos (*or* caricias *etc*); **he needs to develop a lighter ~ on the piano** tiene que aprender a tocar el piano con más suavidad; ***to be a soft ~*** (colloq): **I'll ask Uncle Harry; he's a soft ~** le pediré el dinero al tío Harry, que es un buenazo; **foreign tourists are a soft ~ for these conmen** los turistas extranjeros son presa fácil para estos estafadores

B [c] (small amount, degree — of humor, irony) dejo *m*, toque *m*; (— of paint) toque *m*; **add a ~ of vinegar/salt** agregue unas gotas de vinagre/una pizca de sal; **there's a ~ of autumn in the air** hay algo otoñal en el ambiente; **a ~ of fever** un poco de fiebre, unos quintos de fiebre (AmL); **a ~** (*as adv*) algo, un poquito; **a ~ closer to the wall** algo *or* un poquito más cerca de la pared; **it should have a ~ less/more sugar** debería tener algo *or* un poquito menos/más de azúcar

C 1 [c] (detail) detalle *m*; **it was a nice ~ to mention …** fue un detalle simpático hacer mención de …; **the script has some surreal ~es** el guión tiene algunos detalles *or* elementos surrealistas; **to add** *o* **put the final** *o* **finishing ~es/~ to sth** darle* los últimos toques/el último toque a algo 2 (effect) (*no pl*) toque *m*; **the personal ~** el toque personal; **there's a ~ of Groucho Marx about him** tiene algo de Groucho Marx

D (skill) (*no pl*) habilidad *f*; **he handles the scene with a sure ~** maneja la escena con gran habilidad; **after 30 years he still hasn't lost his ~ with an audience** aun después de 30 años no ha perdido la habilidad de cautivar al público; **a politician with the common ~** un político que está en sintonía con el pueblo

E [u] (communication): **to get/keep** *o* **stay in ~ with sb** ponerse*/mantenerse* en contacto con algn; **keep in ~** manténte en contacto, escribe/llama de vez en cuando, no te pierdas (fam); **I'll be in ~** ya te escribiré (*or* llamaré *etc*); **I lost ~ with her two years ago** hace dos años que no sé nada de ella *or* que perdí el contacto con ella; **the British runners are losing ~ with the leaders** los corredores británicos se están quedando rezagados; **he's not in ~ with his spiritual needs** no es consciente de sus necesidades espirituales; **how can I get in ~ with you?** ¿cómo me puedo poner en contacto con usted?, ¿cómo lo puedo contactar?; **I'm a bit out of ~ with what's happening** no estoy muy al corriente *or* al tanto de lo que está pasando; **they're completely out of ~** no tienen ni idea; **the Government is out of ~ with the electorate** el gobierno está desconectado del electorado; **I can put them in ~ with a good lawyer** los puedo poner en contacto con un buen abogado

F [u] (in rugby): **to kick for ~** intentar mandar la pelota fuera del campo de juego; **to find ~** mandar la pelota fuera del campo de juego; **the ball went into ~** la pelota salió por la banda; **he put a foot in ~** puso un pie fuera del campo de juego

touch² *vt*

A 1 (with finger, hand) tocar*; **he ~ed her hand** le tocó la mano; Ⓢ **please do not touch the exhibits** se ruega no tocar 2 (brush, graze) rozar*, tocar*; **she felt the grass ~ing her face** sintió como la hierba le rozaba la cara; **the clouds were ~ed with pink** (liter) las nubes estaban teñidas de rosa 3 (be in physical contact with) tocar*; **the bed was ~ing the wall** la cama estaba pegada a *or* tocaba la pared 4 (approach) (colloq) **to ~ sb FOR sth**: **he ~ed me for $50** me pidió 50 dólares; **to ~ sb for a loan** darle* un sablazo *or* (RPl) pechazo a algn (fam), pedirle* dinero prestado a algn

B 1 (reach): **she leaped out as soon as the boat ~ed the shore** saltó del bote en cuanto éste llegó a la orilla; **I can't ~ my toes** no llego *or* no alcanzo a tocarme los pies; **my feet don't ~ the bottom** (of pool) no hago pie, no toco fondo; **the speedometer was ~ing 140mph** el velocímetro marcaba 140mph; **sales ~ed rock bottom in June** las ventas tocaron fondo en junio 2 (equal) (*usu neg*): **nobody can ~ her in this type of role** es inigualable *or* no tiene rival en este tipo de papel; **there's nothing to ~ milk as a cure for heartburn** no hay nada como la leche para la acidez estomacal

C (*usu neg*) 1 (interfere with) tocar*; **don't ~ anything** no toques nada; **she can't ~ the inheritance till she's twenty-one** no puede tocar la herencia hasta los veintiún años 2 (attend to, deal with): **I haven't ~ed my Japanese for weeks** no he tocado un libro de japonés desde hace varias semanas; **the local garage won't ~ foreign cars** en el taller del barrio no quieren saber nada de coches extranjeros; **articles ~ing every current issue** artículos *mpl* concernientes a todo tipo de temas de actualidad 3 (eat, drink) probar*; **he didn't ~ his lunch** no tocó la comida, no probó bocado; **she never ~es alcohol** no prueba el alcohol

D 1 (affect, concern) afectar; **the nuclear threat ~es all of us** la amenaza nuclear nos afecta a todos 2 (move emotionally): **he was ~ed by her kindness** su amabilidad lo enterneció *or* le llegó al alma; **I'm very ~ed** ¡cuánto se lo agradezco!; **I was deeply ~ed** me emocioné

■ **touch** *vi* 1 (with finger, hand) tocar*; **don't ~!** ¡no toques! 2 (come into physical contact) «*hands*» rozarse*; «*wires*» tocarse*

Phrasal verbs

- **touch at** [v + prep + o] ‹*port*› hacer* escala en
- **touch down**

A [v + adv] 1 (Aerosp, Aviat) (on land) aterrizar*, tomar tierra; (on sea) acuatizar*, amarizar*, amerizar*; (on moon) alunizar* 2 (in rugby) marcar* un ensayo *or* (Arg) try (*al poner el balón en el suelo*)

B [v + o + adv] (in rugby) ‹*ball*› poner* en el suelo

- **touch in** [v + adv] (Transp) (in London) poner* la tarjeta en el lector amarillo al entrar
- **touch off** [v + o + adv, v + adv + o] ‹*riot/argument*› provocar*, hacer* estallar, desencadenar; ‹*mine/firework*› hacer* estallar
- **touch on** [v + prep + o] ‹*subject*› tocar*, mencionar
- **touch out** [v + adv] (Transp) (in London) poner* la tarjeta en el lector amarillo al salir
- **touch up** [v + o + adv, v + adv + o] 1 (alter, enhance) ‹*photograph/painting/paintwork*› retocar*; ‹*article/essay*› arreglar 2 (touch sexually) (BrE colloq) manosear, toquetear, magrear (Esp)
- **touch upon** [v + prep + o] ▸**touch on**

touch-and-go /ˌtʌtʃənˈgəʊ/ *adj*: **I passed the exam, but it was ~** aprobé el examen, pero por poco; **for a while it was ~ whether it would be ready on time** durante algún tiempo no estuvo nada seguro que fuera a estar listo a tiempo; **how is the patient? — it's ~ at the moment** ¿cómo está el paciente? — en situación crítica

touchback /ˈtʌtʃbæk/ *n* touchback *m*

touchdown /ˈtʌtʃdaʊn/ *n*

A (Aerosp, Aviat) (on land) aterrizaje *m*; (on sea) amerizaje *m*, amarizaje *m*, amaraje *m*; (on moon) alunizaje *m*

B (in US football) touchdown *m*, anotación *f*, ensayo *m*; (in rugby) ensayo *m*

touché /tuːˈʃeɪ/ *interj* (in fencing) ¡tocado!; (acknowledging sb is right) ¡tienes razón!

touched /tʌtʃt/ *adj* (colloq) (*after n*) tocado (fam); **to be a bit ~ (in the head)** estar* un poco tocado (de la cabeza) (fam); *see also* **touch² D2**

touchiness /ˈtʌtʃinəs || ˈtʌtʃinɪs/ *n* [u] 1 (of person) susceptibilidad *f* 2 (of subject, situation) lo delicado

touching¹ /ˈtʌtʃɪŋ/ *adj* ‹*story/response/naivety*› enternecedor, conmovedor

touching[2] *prep* (frml *or* liter) en lo tocante a (frml)

touchingly /ˈtʌtʃɪŋli/ *adv* enternecedoramente, conmovedoramente

touch judge *n* juez *mf* de banda, juez *mf* de línea

touchline /ˈtʌtʃlaɪn/ *n* línea *f* de banda

touch-me-not /ˈtʌtʃmi,nɑːt || ˈtʌtʃmi,nɒt/ *n* balsamina *f*

touch pad *n* touch pad *m*, almohadilla *f* táctil *or* de contacto

touch paper *n* (BrE) mecha *f*

touch rugby *n* [u]: *rugby en que los placajes o tackles se reemplazan por toques*

touch-screen /ˈtʌtʃskriːn/ *n* pantalla *f* táctil

touch-sensitive /ˈtʌtʃ,sensətɪv/ *adj* sensible al tacto

touchstone /ˈtʌtʃstəʊn/ *n* 1 (criterion) piedra *f* de toque 2 (stone) piedra *f* de toque

Touch-Tone® /ˈtʌtʃtəʊn/ *n: sistema de telefonía electrónica*

touch-type /ˈtʌtʃtaɪp/ *vi* escribir* a máquina *or* mecanografiar* al tacto

touch-typing /ˈtʌtʃ,taɪpɪŋ/ *n* [u] mecanografía *f* al tacto

touch-typist /ˈtʌtʃ,taɪpəst || ˈtʌtʃ,taɪpɪst/ *n* mecanógrafo, -fa *m,f* al tacto

touch-up /ˈtʌtʃʌp/ *n* retoque *m*

touchwood /ˈtʌtʃwʊd/ *n* (arch) yesca *f*

touchy /ˈtʌtʃi/ *adj* **-chier, -chiest** ‹*person*› susceptible; ‹*subject/situation*› delicado; **she's a bit ~ about her accent** no le gusta que hagan comentarios sobre su acento

touchy-feely /ˈtʌtʃiˈfiːli/ *adj* (colloq) 1 ‹*person*› tocón (fam), toquetón (CS fam); ‹*course/program/approach*› que recalca el aspecto humano 2 (corny) ‹*politician*› (pej) sensiblero; ‹*management style*› que te toca la fibra sensible

tough[1] /tʌf/ *adj* **-er, -est**

A 1 (strong, hard-wearing) ‹*fabric/rubber/clothing*› resistente, fuerte 2 (not tender) ‹*meat*› duro; (leathery) correoso

B ‹*person*› 1 (physically, emotionally resilient) fuerte 2 (aggressive, violent) bravucón; **he's just trying to be a ~ guy** (colloq) se está haciendo el gallito *or* el machito (fam)

C 1 (strict, uncompromising) ‹*boss/teacher*› severo, exigente, estricto; ‹*legislation/terms/line*› duro; ‹*policy/discipline*› duro, de mano dura; ‹*negotiator*› implacable; **to be ~ on sb** (strict) ser* duro *or* severo CON algn; (unfair) ser* injusto PARA CON algn; **I think she's too ~ on her son** creo que es demasiado dura *or* severa con su hijo; **I'm going to have to get ~ with you** voy a tener que ser más dura contigo; **there was some ~ talking by both sides** ambas partes se expresaron sin rodeos 2 (difficult) ‹*exam/decision/question*› difícil, peliagudo; **the job was ~ going to begin with** al principio, el trabajo se me hizo muy cuesta arriba; **it's ~ leaving your family at that age** es duro tener que dejar a la familia a esa edad; **they had a ~ time** las pasaron muy mal, pasaron las de Caín 3 (*as interj*) (colloq): **~ (luck)!** ¡mala suerte!

Phrasal verb

- **tough out** [v + o + adv]: **to ~ *it out*** (colloq) no transigir*, no ceder; **to ~ it out WITH sb** oponer* resistencia A algn, no ceder ANTE algn

tough[2] *adv* (colloq) 1 (aggressively): **stop acting ~** no te hagas el gallito *or* el machito (fam) 2 (uncompromisingly) con firmeza

tough[3] *n* (colloq) matón *m* (fam)

toughen /ˈtʌfən/ **~ (up)** *vt* 1 (strengthen) ‹*muscles*› endurecer*; ‹*material*› hacer* más fuerte *or* resistente 2 ‹*person*› (make physically resilient) hacer* más fuerte; (make emotionally resilient) hacer* más fuerte, fortalecer* 3 (make more uncompromising) ‹*stance/approach*› volver* más firme

■ **toughen** *vi* 1 (strengthen) «*muscles*» endurecerse*; **his skin had ~ed (up)** se le había curtido la piel 2 (become physically, emotionally resilient) hacerse* más fuerte 3 (become more uncompromising) «*stance/approach*» hacerse* más firme, endurecerse*

toughie /ˈtʌfi/ *n* (colloq) 1 (difficult problem, question): **the exam was a real ~** el examen fue dificilísimo; **will he win? — hmm, that's a ~** ¿ganará? — ¡vaya preguntita! 2 (person) matoncito *m* (fam)

tough love *n amor que emplea dureza con la persona amada para su propio beneficio*

tough-minded /ˈtʌf,maɪndəd || ,tʌfˈmaɪndɪd/ *adj* ‹*person*› duro; ‹*attitude/approach*› tenaz e inflexible

toughness /ˈtʌfnəs || ˈtʌfnɪs/ *n* [u]

A 1 (of material) dureza *f*, resistencia *f* 2 (of meat) lo duro

B (aggressiveness) actitud *f* agresiva

toupee /tuːˈpeɪ || ˈtuːpeɪ/ *n* peluquín *m*, tupé *m*

tour[1] /tʊr || tʊə(r)/ *n* 1 (Leisure) (by bus, car) viaje *m*, gira *f*; (of castle, museum) visita *f*; (of town) visita *f* turística, recorrido *m* turístico; **a walking/cycling ~ of** *o* **around Ireland** un viaje por Irlanda a pie/en bicicleta; **they went on a ~ of** *o* **around Europe** se fueron de gira *or* de viaje por Europa, se fueron a recorrer Europa; **to do a world ~** hacer* un viaje *or* una gira alrededor del mundo; **conducted ~** visita *f* guiada *or* con guía; **he gave us a ~ of the house** nos mostró *or* (esp Esp) nos enseñó la casa; **guided ~** (of castle, museum) visita *f* guiada *or* con guía; (of area, country) excursión *f* (organizada), tour *m*, viaje *m* organizado ; (*before n*): **~ director** (AmE) guía *mf* turístico, -ca; **~ guide** guía *mf* de turismo *or* (Méx) de turistas; **~ operator** (travel agency) tour operador *m*, operador *m* turístico 2 (official visit): **the presidential ~ to Latin America** la gira *or* el viaje del presidente por América Latina; **the Queen made a ~ of the hospital** la Reina visitó el hospital; **~ of inspection** visita *f or* recorrido *m* de inspección 3 (Mus, Sport, Theat) gira *f*, tournée *f*; **to be/go on ~** «*play/orchestra/team*» estar*/ir* de gira; **to take a show/an orchestra on ~** hacer* una gira con un espectáculo/una orquesta 4 (Mil): **~ of duty** período *m* de servicio; **he's serving a ~ in Cyprus** está destinado en Chipre 5 (AmE) (in golf, tennis): **the ~** la temporada

tour[2] *vt* 1 (Leisure) ‹*country/area*› recorrer, viajar por; **we're ~ing France this summer** este verano vamos a recorrer Francia *or* a viajar por Francia; **we ~ed the city by bus** recorrimos la ciudad en autobús 2 (visit officially) ‹*factory/hospital*› visitar 3 (Mus, Sport, Theat): **the team will ~ Australia next year** el equipo irá de gira *or* hará una gira por Australia el año que viene; **the play is ~ing the provinces** están de gira *or* están haciendo una gira por las provincias con la obra

■ **tour** *vi*

A (Leisure) (by bus, car) viajar; **last year we went ~ing in Spain** el año pasado hicimos un viaje por España

B (Mus, Sport, Theat) «*company/team*» hacer* una gira; **they have spent the last three months ~ing** se han pasado los últimos tres meses de gira

tour de force /,tʊrdəˈfɔːs || ,tʊədəˈfɔːs/ *n* (*pl* **~s ~ ~**) (frml) hazaña *f*, tour *m* de force

tourer /ˈtʊrər || ˈtʊərə(r)/ *n* 1 (vehicle) turismo *m* 2 (bicycle) bicicleta *f* de paseo *or* turismo 3 (caravan) caravana *f*, tráiler *m* (AmL), rulot *f* (Esp), casa *f* rodante (CS), cámper *m* (Chi, Méx)

touring /ˈtʊrɪŋ || ˈtʊərɪŋ, ˈtɔːr-/ *adj* (*before n*) 1 (Leisure) ‹*map*› turístico; **~ bicycle** bicicleta *f* de paseo *or* de turismo; **~ holiday** vacaciones *fpl* de turismo, vacaciones *fpl* itinerantes; **~ production** producción *f* en gira 2 (Sport, Theat) ‹*exhibition*› ambulante; ‹*team*› que está de gira; **~ company** compañía *f* (teatral) itinerante

tourism /ˈtʊrɪzəm || ˈtʊərɪzəm, ˈtɔːr-/ *n* [u] turismo *m*

tourist /ˈtʊrəst || ˈtʊərɪst, ˈtɔːr-/ *n* 1 (Leisure) turista *mf*; (*before n*): **~ agency** agencia *f* de viajes; **~ bureau** *o* **office** oficina *f* de (información y) turismo; **~ class** clase *f* turista; **~ guide** (book) guía *f* turística; (person) guía *mf* de turismo *or* (Méx) de turistas; **the ~ industry** el turismo, la industria del turismo; Ⓢ **tourist information** información y turismo, oficina de turismo; **the ~ season** la temporada turística; **it's a real ~ trap** atrae a muchos turistas; **~ visa** visa *f* turística *or* (Esp) visado *m* turístico 2 (BrE) (Sport): **the ~s** el equipo visitante que está de gira

touristy /ˈtʊrəsti || ˈtʊərɪsti, ˈtɔːr-/ *adj* (colloq) ‹*town*› demasiado turístico, comercializado; ‹*shop*› de recuerdos turísticos

tournament /ˈtʊrnəmənt || ˈtɔːnəmənt/ *n* 1 (Games, Sport) torneo *m* 2 (Hist) (of knights) justa *f*, torneo *m*

tournedos /,tʊrnəˈdəʊ || ˈtʊənədəʊ/ *n* (*pl* **-dos** /-ˈdəʊz || -dəʊz/) turnedó *m*, tournedos *m*

tourney /ˈtʊrni || ˈtʊəni/ *n* (*pl* **-neys**) ▸**tournament 2**

tourniquet /ˈtʊrnɪkət || ˈtʊənɪkeɪ/ *n* torniquete *m*

tousled /ˈtaʊzəld/ *adj* ‹*hair*› despeinado, alborotado

tousle-haired /ˈtaʊzəl,herd || ˈtaʊzəl,heəd/ *adj* ▸**tousled**

tout[1] /taʊt/ *vi* 1 (solicit): **to ~ for customers** andar* a la caza de clientes 2 (in horseracing) *vender información confidencial, datos, pronósticos etc*

■ **tout** *vt* 1 (offer, sell) ‹*wares*› ofrecer*; ‹*tickets*› (BrE) revender 2 (in horseracing) ‹*information/tips*› vender 3 (promote) ‹*idea/product*› promocionar

tout[2] *n* 1 (person soliciting custom) *persona que busca clientes* 2 (*ticket ~*) (BrE) revendedor, -dora *m,f* (de entradas) 3 (in horseracing) *persona que vende información confidencial, datos, pronósticos etc*

tow[1] /təʊ/ *n* [u]

A (Auto, Naut) remolque *m*; **to give sth/sb a ~** remolcar* algo/a algn; Ⓢ **on tow** (BrE) vehículo remolcado; ***in* ~** (lit) a remolque; (following behind) a la zaga; **to take a car/boat in ~** llevar un coche/bote a remolque, remolcar* un coche/bote; **she arrived with her relatives in ~** llegó con sus parientes a la zaga; (*before n*): **~ hook** (esp BrE) gancho *m* de remolque

B (fibers for rope) estopa *f*

tow[2] *vt* ‹*car/boat/trailer*› remolcar*, llevar a remolque; **they ~ed the car away** se llevaron el coche a remolque; **our car has been ~ed** la grúa nos ha llevado el coche

toward /tɔːrd || təˈwɔːd/, (esp BrE) **towards** /tɔːrdz || təˈwɔːdz/ *prep*

A 1 (in the direction of) hacia; **~ the door/the exit** hacia la puerta/la salida; **further south, ~ the Mexican border** más al sur, más cerca de la frontera con México; **there have been moves ~ a settlement** se han dado algunos pasos hacia una solución; **a tendency ~ exaggeration** una tendencia a la exageración *or* a exagerar 2 (facing): **she sat with her back ~ me/~ the fire** estaba sentada de espaldas a mí/a la chimenea

B (of time) hacia, alrededor de; **~ midday/the end of the year** hacia mediodía/fin de año, alrededor del mediodía/de fin de año

C (as contribution): **she gave us $100 ~ it** nos dio 100 dólares como contribución, contribuyó con 100 dólares; **here's some money ~ the present** aquí tienes mi contribución para el regalo

D (regarding) para con, hacia; **your attitude/responsibility ~ them** tu actitud/responsabilidad para con *or* hacia ellos

towaway /ˈtəʊəweɪ/ *n* (AmE): **~s average 200 cars a week** la grúa se lleva un promedio de 200 coches por semana; (*before n*): **~ zone** *zona donde opera la grúa*

towbar /ˈtəʊbɑːr || ˈtəʊbɑː(r)/ *n* barra *f* de remolque *or* tracción

towel[1] /ˈtaʊəl/ *n* toalla *f*; **hand/bath ~** toalla de manos/baño; (*before n*): **~ bar** *o* (BrE) **rail** toallero *m* (*de barra*); **~ rack** toallero *m*; **~ ring** toallero *m* (*de aro*); ▸**throw in 3**

towel[2] *vt* (BrE) **-ll-** secar* con toalla; **to ~ sb/oneself down** *o* **off** secar* a algn/secarse* con

t

una toalla; **he ~ed himself dry** se secó con una toalla

toweling, (BrE) **towelling** /'taʊəlɪŋ/ *n* [u] (tela *f* de) toalla *f*, felpa *f*; (*before n*) (BrE) de toalla, de felpa

tower /taʊr || 'taʊə(r)/ *n* 1 torre *f*; **church** *o* **bell ~** campanario *m*; **the T~ of Babel** la Torre de Babel; **radio/television ~** torre de radio/televisión; ***to be a ~ of strength*** ser* un gran apoyo 2 (Comput) torre *f*

Phrasal verb

- **tower above, tower over** [v + prep + o] 1 (be taller than) ‹*building*› ser* mucho más alto que, descollar* sobre; **she ~s above her parents** es mucho más alta que sus padres 2 (greatly exceed) estar* muy por encima de, descollar* sobre

tower block *n* (BrE) (of flats) edificio *m* or bloque *m* de apartamentos or (AmL tb) de departamentos or (Esp tb) de pisos, torre *f*; (of offices) edificio *m* or bloque *m* de oficinas, torre *f*

towering /'taʊərɪŋ/ *adj* (*before n*) 1 ‹*building/tree*› altísimo; ‹*mountain*› elevado, imponente 2 ‹*rage/anger*› muy grande or intenso 3 ‹*achievement/genius*› destacado, sobresaliente

towhead /'təʊhed/ *n* (AmE) ▸**blond²**

towheaded /'təʊ,hedəd || 'təʊ,hedɪd/ *adj* (AmE) ▸**blond¹**

towline /'təʊlaɪn/ *n* ▸**towrope**

town /taʊn/ *n* 1 [c u] (in general) ciudad *f*; (smaller) pueblo *m*, población *f*; **to go into ~** (from outside) ir* a la ciudad; (from suburb) ir* al centro; **in ~** (not outside) en la ciudad; (in center) en el centro; **it's the best hotel in ~** es el mejor hotel de la ciudad; **he's the biggest liar in ~** es de lo más mentiroso; **I've lived all my life in ~s** siempre he vivido en ciudad(es); **they live out of ~** viven en las afueras; **she's out of ~ at the moment** está de viaje en este momento; **an out-of-town person** una persona de fuera; **the next day the news was all over ~** al día siguiente lo sabía la ciudad entera; ***to go out on the ~, to have a night on the ~*** ir* or salir* de juerga; ***to go to ~ on sth*** tirar la casa por la ventana, no reparar en gastos; ***to paint the ~ red*** irse* de juerga; (*before n*) ‹*dweller/life*› de la ciudad, urbano; **~ center** centro *m* de la ciudad 2 [u c] (inhabitants) ciudad *f*; **the whole ~ knows about it** lo sabe toda la ciudad or todo el mundo; ***~ and gown*** los habitantes de la ciudad y el ambiente universitario; **the antagonism between ~ and gown** el antagonismo entre los habitantes de la ciudad y el ambiente universitario

town car *n* (AmE) limusina *f*

town clerk *n* 1 (in US) *funcionario encargado de llevar los registros de nacimientos, defunciones etc* 2 (formerly in UK) ≈ secretario, -ria *m,f* del ayuntamiento

town council *n* (in UK) ayuntamiento *m*, municipio *m*, municipalidad *f*, concejo *m* municipal

town councillor *n* (in UK) concejal, -jala *m,f*, edil, edila *m,f*

town crier *n* pregonero *m*

townee /'taʊni/ *n* ▸**townie**

town hall *n* ayuntamiento *m*, municipalidad *f*, municipio *m*, alcaldía *f*, presidencia *f* municipal (Méx), intendencia *f* (RPl)

town house *n* 1 (Archit) *casa unifamiliar moderna construida en una hilera de casas similares* 2 (house in town) casa *f* de la ciudad

townie, townee /'taʊni/ *n* (colloq) persona *f* de (la) ciudad, persona *f* urbana

town meeting *n* (in US) concejo *m* municipal de vecinos

town plan *n* plan *m* de desarrollo urbanístico

town planner *n* urbanista *mf*

town planning *n* [u] urbanismo *m*

townscape /'taʊnskeɪp/ *n* paisaje *m* urbano

townsfolk /'taʊnzfəʊk/ *pl n* ▸**townspeople**

township /'taʊnʃɪp/ *n*
A (in US) 1 (Govt) municipio *m*, municipalidad *f*, ayuntamiento *m* 2 (in surveys) distrito *m* municipal
B (in South Africa) distrito *m* segregado

townsite /'taʊnsaɪt/ *n* (AmE) emplazamiento *m* de la ciudad

townsman /'taʊnzmən/ *n* (*pl* **-men** /-mən/) habitante *m* de la ciudad

townspeople /'taʊnz,pi:pəl/ *pl n* 1 (in particular place): **the ~** los vecinos (del lugar) 2 (urban dwellers) gente *f* de (la) ciudad

townswoman /'taʊnz,wʊmən/ *n* (*pl* **-women**) habitante *f* de la ciudad

towpath /'təʊpæθ || 'təʊpɑ:θ/ *n* camino *m* de sirga

towplane /'təʊpleɪn/ *n* (avión *m*) remolcador *m* de planeadores

towrope /'təʊrəʊp/ *n* (Naut) sirga *f*; (Auto) cuerda *f* or cable *m* de remolque

tow truck *n* grúa *f*

toxemia, (BrE) **toxaemia** /tɑ:k'si:miə/ *n* [u] toxemia *f*

toxemic, (BrE) **toxaemic** /tɑ:k'si:mɪk/ *adj* toxémico

toxic /'tɑ:ksɪk || 'tɒksɪk/ *adj* tóxico; **~ waste** residuos *mpl* tóxicos

toxicity /tɑ:k'sɪsəti || tɒk'sɪsəti/ *n* [u] toxicidad *f*

toxicologist /,tɑ:ksɪ'kɑ:lədʒəst || ,tɒksɪ'kɒlədʒɪst/ *n* toxicólogo, -ga *m,f*

toxicology /,tɑ:ksɪ'kɑ:lədʒi || ,tɒksɪ'kɒlədʒi/ *n* [u] toxicología *f*

toxic shock syndrome *n* [u] síndrome *m* del shock tóxico

toxin /'tɑ:ksən || 'tɒksɪn/ *n* toxina *f*

toy¹ /tɔɪ/ *n* juguete *m*; **people and cars looked like ~s** la gente y los coches parecían de juguete; (*before n*): **~ library** ludoteca *f*; (BrE colloq): ***to throw one's ~s out of the pram*** explotar (fam), tener* un arrebato

Phrasal verb

- **toy with** [v + prep + o] ‹*pen/earring*› juguetear con; ‹*possibility*› contemplar, darle* vueltas a; ‹*person/affections*› jugar* con; **I've been ~ing with the idea of ...** he estado pensando en ..., le he estado dando vueltas a la idea de ...; **she was ~ing with her food** estaba jugueteando con la comida

toy² *adj* 1 ‹*car/gun*› de juguete; **~ soldier** soldadito *m* (de juguete) 2 (miniature) ‹*dog/poodle*› enano

toy boy *n* (BrE colloq) *amante joven de una mujer mayor*

toyshop /'tɔɪʃɑ:p || 'tɔɪʃɒp/ *n* juguetería *f*

toytown /'tɔɪtaʊn/ *adj* (*before n*) 1 (miniature) ‹*village/landscape*› de juguete 2 (worthless) ‹*tune*› barato, sin valor 3 (irrelevant) ‹*politics*› intrascendente, trivial

tpi *n* = **tracks per inch**

trace¹ /treɪs/ *n*
A 1 [c u] (indication) señal *f*, indicio *m*, rastro *m*; **there was no ~** *o* **there were no ~s of a struggle** no había señales or indicios or rastros de que hubiera habido una pelea; **~s of the old way of life** vestigios *mpl* or rastros del antiguo modo de vida; **they can't find any ~ of my letter** no encuentran mi carta por ninguna parte; **to disappear without (a) ~** desaparecer* sin dejar rastro; **I detected a ~ of a smile on his face** advertí el esbozo de una sonrisa en su rostro 2 [c] (small amount): **they found ~s of poison in the food** encontraron rastros de veneno en la comida; **remove all ~s of make-up** límpiese sin dejar residuos de maquillaje; **without a ~ of resentment** sin un asomo de resentimiento; **there was a ~ of sadness in his voice** había un dejo de tristeza en su voz
B [c] 1 (Comput) traza *f* 2 (drawn by instrument) trazo *m*
C [c] (harness strap) tirante *m*; ***to kick over the ~s*** rebelarse
D (path, track) (AmE) sendero *m*, camino *m*

trace² *vt*
A 1 (chart): **the book ~s the events leading up to the crisis** el libro detalla el desarrollo de los acontecimientos que desembocaron en la crisis; **the documentary ~s the history of the organization** el documental examina or analiza paso a paso la historia de la organización 2 (find) ‹*criminal/witness/missing person*› localizar*, ubicar* (AmL); **they can't ~ my application form** no encuentran mi solicitud; **I can't ~ any reference to it** no encuentro ninguna mención de ello 3 (follow) seguirle* la pista or el rastro a, rastrear; **they ~d him to a hotel in Birmingham** le siguieron la pista or el rastro hasta dar con él en un hotel en Birmingham 4 (find origin of): **I can ~ my family back to the 17th century** los orígenes de mi familia se remontan al siglo XVII; **his family ~s its descent from the Huguenots** su familia desciende de los hugonotes; **they ~d the information (back) to the embassy** descubrieron que la información provenía de la embajada or se había originado en la embajada; **to ~ a call** averiguar* de dónde proviene una llamada; **they ~d the call to a public telephone** averiguaron que la llamada provenía de un teléfono público
B 1 (on tracing paper) calcar* 2 (draw) ‹*line/outline*› trazar*; **she ~d (out) a plan of the town in the sand** hizo or dibujó un plano de la ciudad en la arena

traceable /'treɪsəbəl/ *adj* 1 (able to be found): **she might be ~ through her last employer** puede ser que se la pueda localizar or (AmL tb) ubicar a través de su último empleador, puede ser que se pueda averiguar su paradero a través de su último empleador 2 (able to be followed): **the family line is ~ back to Norman times** la genealogía de la familia se puede seguir hasta la época normanda; **to be ~ TO sth** poder* atribuirse A algo

trace element *n* oligoelemento *m*

tracer /'treɪsər || 'treɪsə(r)/ *n*
A [u c] 1 (Mil) trazadora *f*; (*before n*): **~ bullet** bala *f* trazadora 2 (Med) trazador *m*
B [c] 1 (inquiry): **to put a ~** *o* **~s on sth** hacer* diligencias para encontrar algo 2 (person): **a ~ of missing persons** una persona que se dedica a la búsqueda de desaparecidos

tracery /'treɪsəri/ *n* [u c] (*pl* **-ries**) tracería *f*

trachea /'treɪkiːə || trə'kiːə/ *n* (*pl* **-as** or **-ae** /-kiːiː/) tráquea *f*

tracheotomy /,treɪki'ɑ:təmi || ,træki'ɒtəmi/ *n* (*pl* **-mies**) traqueotomía *f*

trachoma /trə'kəʊmə/ *n* [u] tracoma *m*

tracing /'treɪsɪŋ/ *n* calco *m*; **to make a ~ of sth** calcar* algo

tracing paper *n* [u] papel *m* de calco or de calcar

track¹ /træk/ *n*
A [c] (mark) pista *f*, huellas *fpl*; **to be on sb's ~(s)** seguirle* la pista or el rastro a algn; **to put** *o* **throw sb off one's/the ~** despistar a algn; ***to cover one's ~s*** no dejar rastros; ***to keep/lose ~ of sth/sb***: **the police have been keeping ~ of his movements** la policía le ha estado siguiendo la pista; **he keeps ~ of expenditure** lleva la cuenta de los gastos; **make sure you keep ~ of the time** ten cuidado de que no se te pase la hora; **to keep ~ of the conversation/plot** seguir* (el hilo de) la conversación/el argumento; **he lost ~ of the argument** perdió el hilo de la discusión; **I've lost ~ of a lot of old friends** a muchos de mis viejos amigos ya les he perdido la pista, he perdido contacto con muchos de mis viejos amigos; **I've lost ~ of the number of times I've told him that** he perdido la cuenta de las veces que se lo he dicho; **sorry I'm late, I lost all ~ of the time** perdona el retraso pero es que perdí por completo la noción del tiempo or no me di cuenta de la hora; ***to make ~s*** (colloq) irse*, ponerse* en camino; **we must be making ~s** tenemos que ponernos en camino, tenemos que irnos; **they made ~s for Toronto** se pusieron en camino a Toronto; ***to stop (dead) in one's ~s*** pararse en seco; **when I saw the snake, I stopped dead in my ~s** cuando vi la serpiente, me paré en seco
B 1 (road, path) camino *m*, sendero *m*; ***off the***

t

beaten ~ (away from the crowds, tourists) fuera de los caminos trillados; (in an isolated place) en un sitio muy retirado *or* aislado *or* apartado; **to go off the beaten** ~ apartarse de los caminos trillados *or* de los lugares que todo el mundo visita **2** (course of thought, action): **to be on the right/wrong** ~ estar* bien/mal encaminado, ir* por buen/mal camino; **the project's back on** ~ el proyecto ha vuelto a ponerse al día **3** (path — of storm) curso *m*; (— of bullet) trayectoria *f* **4** (projected path) ruta *f*

C (*race* ~) **1** pista *f*; **motor-racing** ~ autódromo *m*, circuito *m*; **dog-racing** ~ canódromo *m*, galgódromo *m*; ***to have the inside*** ~ ***(on sth)*** (AmE) (have the advantage) estar* en una situación de ventaja en algo; (be informed about) estar* al tanto *or* al corriente (de algo); *(before n):* ~ **athlete** atleta *mf* de pista; ~ **events** atletismo *m* en pista; ~ **meet** (AmE) competencia *f or* (Esp) competición *f* de atletismo en *or* de pista **2** (horse-racing) (AmE): **to go to the** ~ ir* al hipódromo *or* a las carreras (de caballos)

D [u] (track events) (AmE) atletismo *m* en pista

E [c] (AmE) (Educ) *grupo de alumnos seleccionados de acuerdo a sus aptitudes*

F (Rail) **1** [c] (way) vía *f* (férrea); **to jump/leave the** ~**(s)** descarrilar(se); **a single/double** ~ una vía única/doble; ***the wrong side of the*** ~***s*** los barrios bajos (fam); **he's from the wrong side of the** ~**s** es de origen humilde **2** [u] (rails etc) vías *fpl*; **this stretch of** ~ **is in poor condition** este tramo de la vía está en malas condiciones

G [c] **1** (song, piece of music) tema *m*, pieza *f* **2** (on recording medium) pista *f* **3** (Comput) pista *f*

H [c] **1** (on tank) oruga *f* **2** (distance between wheels) *distancia entre los puntos de contacto de dos ruedas paralelas con el suelo*

I [c] (for curtains) riel *m*; *(before n):* ~ **lighting** *iluminación con focos que se pueden deslizar por rieles*

track² *vt*

A (follow) ‹*animal*› seguirle* la pista a, rastrear; ‹*person*› seguirle* la pista a; ‹*spacecraft/missile*› seguir* la trayectoria de

B (deposit with feet) (AmE): **they** ~**ed mud all over the floor** dejaron el suelo cubierto de barro

■ **track** *vi*

A **1** (Audio) ‹‹*needle/pickup*›› seguir* los surcos **2** (Auto) estar* bien alineado

B (tread marks) (AmE) dejar huellas de pisadas

(Phrasal verb)

• **track down** [v + o + adv, v + adv + o] (trace) ‹*criminal/gang/lost object*› localizar*, encontrar*; ‹*missing person*› averiguar* el paradero de, dar* con; **they're trying to** ~ **down the source of the information/the cause of the problem** están tratando de averiguar cuál fue la fuente de la información/cuál fue la causa del problema

track and field *n* [u] atletismo *m*; *(before n):* ~ ~ ~ **events** pruebas *fpl* de atletismo

trackball /ˈtrækbɔːl/, **tracker ball** /ˈtrækərbɔːl || ˈtrækəbɔːl/ *n* trackball *m*, ratón *m* de bola

tracked /trækt/ *adj* ‹*vehicle*› de oruga

tracker /ˈtrækər || ˈtrækə(r)/ *n* **1** (in hunting) rastreador, -dora *m,f* **2** (in search) rastreador, -dora *m,f*, baquiano, -na *m,f* (AmL); *(before n):* ~ **dog** perro *m* rastreador

tracker fund *n* fondo *m* referenciado (*a un índice*)

tracking /ˈtrækɪŋ/ *n* [u] **1** (AmE) (Educ) *división del alumnado en grupos de acuerdo al nivel académico* **2** (Audio) *precisión con que la púa sigue el surco*

tracking device *n* dispositivo *m* localizador (*de objetos*)

tracking shot *n* travelling *m*

tracking station *n* estación *f* de seguimiento (*de naves espaciales y satélites artificiales*)

tracklaying vehicle /ˈtræk,leɪɪŋ/ *n* vehículo *m* de oruga

trackless /ˈtrækləs || ˈtræklɪs/ *adj* (liter) ‹*jungle/desert*› inexplorado

track record *n* historial *m*, antecedentes *mpl*; **with his** ~ ~ **no one will employ him** con su historial nadie lo va a emplear; **a novelist with a long** ~ ~ un novelista de larga trayectoria

track rod *n* barra *f* de acoplamiento

track shoe *n* zapatilla *f* de atletismo

tracksuit /ˈtræksuːt/ *n* equipo *m* (de deportes), chándal *m* (Esp), pants *mpl* (Méx), buzo *m* (Chi, Per), sudadera *f* (Col), jogging *m* (RPl)

tract /trækt/ *n*

A (of land, sea) extensión *f*

B (Anat) tracto *m*; **the urinary** ~ el tracto urinario

C (short treatise) tratado *m* breve; (pamphlet) folleto *m*

tractability /,træktəˈbɪləti/ *n* [u] (frml) (of person, animal) docilidad *f*; (of metal) maleabilidad *f*

tractable /ˈtræktəbəl/ *adj* (frml) ‹*person/animal*› dócil, manejable; ‹*metal*› maleable

traction /ˈtrækʃən/ *n* [u] **1** (Mech Eng, Med) tracción *f* **2** (grip) agarre *m*, adherencia *f*

traction engine *n* locomóvil *f*, máquina *f* de vapor locomóvil

tractive /ˈtræktɪv/ *adj (before n)* de tracción, tractivo

tractor /ˈtræktər || ˈtræktə(r)/ *n*

A **1** (Agr) tractor *m* **2** (truck) cabeza *f*

B (Comput) tractor *m*; *(before n):* ~ **feed** alimentación *f* por tracción

tractor-trailer /ˈtræktər,treɪlər || ˈtræktə ,treɪlə(r)/ *n* (AmE) camión *m* con remolque *or* (CS tb) con acoplado, tráiler *m* (Esp, Méx)

trad /træd/ *adj* (BrE colloq) tradicional; ~ **jazz** jazz *m* tradicional

trade¹ /treɪd/ *n*

A **1** [u] (buying, selling) comercio *m*; **domestic/foreign** ~ comercio interior/exterior; **they were doing a roaring** *o* **brisk** ~ **in umbrellas** estaban haciendo un gran negocio con los paraguas, estaban vendiendo paraguas como pan caliente *or* como rosquillas (fam); **to be in** ~ (dated) ser* comerciante; *(before n):* ~ **agreement** acuerdo *m* comercial; ~ **association** asociación *f* comercial; ~ **balance** balanza *f* comercial; ~ **barrier** barrera *f* arancelaria; ~ **cycle** ciclo *m* comercial; ~ **deficit** *o* **gap** déficit *m* en la balanza comercial; ~ **description** (BrE) descripción *f* comercial; ~ **discount** descuento *m* comercial; ~ **dispute** conflicto *m* laboral, conflicto *m* colectivo (Esp); ~ **fair** feria *f* comercial *or* de muestras; ~ **surplus** superávit *m* comercial; ~ **price** precio *m* al por mayor; ~ **sanctions** sanciones *fpl* comerciales; ~ **tariffs** tarifas *fpl* comerciales; **to publish the** ~ **figures** publicar* las estadísticas de la balanza comercial; **the imbalance in the** ~ **figures** el desequilibrio de la balanza comercial; ~ **route** ruta *f* comercial **2** [u] (business, industry) industria *f*; **the textile** ~ la industria textil; **the hotel** ~ la hotelería, la industria hotelera; **the grocery** ~ el ramo de la alimentación; **she's in the antique** ~ se dedica a la compraventa de antigüedades; *(before n):* ~ **directory** guía *f* de fabricantes y comerciantes; ~ **journal** publicación *f* especializada **3** [c] (skilled occupation) oficio *m*; **to learn a** ~ aprender un oficio; **he's a carpenter by** ~ es carpintero de oficio; **she's a dentist/journalist by** ~ es dentista/periodista de profesión **4** (people in particular business, occupation): **the** ~ el gremio; **as they say in the** ~ como dicen los del gremio *or* los entendidos **5** [u] (customers): **it's designed to attract the tourist** ~ está pensado para atraer a los turistas; **the shop relies heavily on passing** ~ (BrE) la tienda depende en gran parte de la clientela de paso

B **1** (exchange): **I'll make** *o* **do a** ~ **with you** te lo/la cambio **2** (AmE) (Sport) (of players) traspaso *m* **3** (AmE) (Sport) (player) jugador traspasado, jugadora traspasada *m,f*

trade² *vi* **1** (buy, sell) comerciar; **we** ~ **with countries all over the world** comerciamos *or* tenemos relaciones comerciales con países de todo el mundo; **the company has ceased trading** la compañía ha dejado de operar, la compañía ha cerrado; **they now** ~ **under the name of Unitex** ahora operan bajo el nombre de Unitex; **to** ~ **IN sth** comerciar EN algo; **they** ~ **in commodities** comercian en productos básicos; **he** ~**s in antiques** se dedica a la compraventa de antigüedades **2** (exchange) hacer* un cambio *or* un canje; **do you want to** ~**?** ¿quieres hacer un cambio?

■ **trade** *vt* **1** ‹*blows/insults/secrets*› intercambiar; **to** ~ **sth FOR sth** cambiar *or* canjear algo POR algo; **to** ~ **sth WITH sb** (AmE) cambiarle algo A algn; ~ **coats with me** te cambio el abrigo; **I wouldn't mind trading places with him** ya quisiera yo estar en su lugar *or* en su pellejo **2** (AmE) (Sport) traspasar

(Phrasal verbs)

• **trade down** [v + adv]: **he'll trade down when he retires** cuando se jubile va a vender su casa y va a comprar una de menos valor

• **trade in** [v + o + adv, v + adv + o] ‹*car/refrigerator*› entregar* como parte del pago

• **trade on** [v + prep + o] ‹*beauty/disability*› explotar, capitalizar*

• **trade up** [v + adv]: **his salary increase means we can trade up when we move** su mayor sueldo significa que podemos vender esto y mudarnos a algo mejor

trade-in /ˈtreɪdɪn/ *n* **1** (article): **they took my old car as a** ~ aceptaron mi coche usado como parte del pago **2** (transaction) *transacción por la cual se da un artículo usado como parte del pago*, venpermuta *f* (Col); *(before n):* **the** ~ **price/value of the car is very low** el precio/valor que le asignaron al coche que se va a dar en parte de pago *or* (Col) al carro en la venpermuta es muy bajo

trademark /ˈtreɪdmɑːrk || ˈtreɪdmɑːk/ *n* **1** (symbol, name) marca *f* (de fábrica); **registered** ~ marca registrada **2** (distinctive characteristic) sello *m* característico

trade name *n* **1** (of article) nombre *m* comercial **2** (of company) razón *f* social

trade-off /ˈtreɪdɔːf || ˈtreɪdɒf/ *n*: **it's a** ~ **between price and quality** hay que sacrificar un poco la calidad para conseguir un buen precio; **the side effects are a reasonable** ~ **for long term recovery** la recuperación definitiva bien compensa las molestias de los efectos secundarios

trader /ˈtreɪdər || ˈtreɪdə(r)/ *n* **1** (merchant) comerciante *mf*; **street** ~ vendedor, -dora *m,f* ambulante; *see also* **market trader** **2** (on stock exchange) operador, -dora *m,f* **3** (ship) buque *m* mercante

trade secret *n* secreto *m* comercial

Trade Secretary *n* (in UK) Ministro, -tra *m,f* de Comercio, Secretario, -ria *m,f* de Comercio (Méx)

trade show *n* **1** (for particular industry) exposición *f* comercial, feria *f* comercial **2** (Cin) proyección *f* privada para el gremio

tradesman /ˈtreɪdzmən/ *n* (*pl* **-men** /-mən/) **1** (shopkeeper) (dated) comerciante *m*, tendero *m* **2** (deliveryman) proveedor *m*; (repairman) (BrE) *electricista, plomero etc que trabaja a domicilio*; Ⓢ **tradesman's entrance** (BrE) entrada de servicio, puerta de servicio

tradesperson /ˈtreɪdz,pɜːrsn || ˈtreɪdz,pɜːsn/ *n* (*pl* **-people**) (supplier) proveedor, -dora *m,f*; (repair person) *electricista, plomero etc que trabaja a domicilio*

trades union *etc* (BrE) ▸**trade union** *etc*

trade union *n* sindicato *m*, gremio *m* (CS, Per); **to form a** ~ ~ sindicarse*, sindicalizarse* (AmL), agremiarse (CS, Per); *(before n)* ‹*leader*› sindical, sindicalista, gremial; **the** ~ ~ **movement** el movimiento sindical

trade unionism *n* [u] sindicalismo *m*, gremialismo *m* (CS, Per)

trade unionist *n* sindicalista *mf*, miembro *mf* de un sindicato, gremialista *mf* (CS, Per)

trade war *n* guerra *f* comercial

trade-weighted /ˈtreɪd,weɪtəd || ˈtreɪd ,weɪtɪd/ *adj* (BrE): ~ **index** índice *m* ponderado según la balanza comercial

trade winds *n* vientos *mpl* alisios

trading /ˈtreɪdɪŋ/ *n* [u] **1** (in goods) comercio *m*, actividad *f or* movimiento *m* comercial; *(before n)* ‹*profit/loss*› de explotación; ~ **account** cuenta *f* de explotación; ~ **links** vínculos *mpl*

t

comerciales; ~ **nation** país *m* or nación *f* comerciante; ~ **partner** socio *m* comercial; **T~ Standards Department** (in UK) Inspección *f* de Comercio; **T~ Standards Officer** (in UK) inspector, -tora *m,f* de comercio **2** (on stock exchange) contratación *f*, operaciones *fpl* (bursátiles); ~ **finishes at 4** la Bolsa cierra a las cuatro; (*before n*): ~ **floor** parqué *m*; ~ **range** banda *f* or franja *f* de cotización

trading bloc *n* bloque *m* comercial

trading card *n* (AmE) cromo *m*, estampa *f* (Méx), lámina *f* (Andes), figurita *f* (RPl)

trading estate *n* (BrE) zona *f* industrial, polígono *m* industrial (Esp)

trading post *n*: *establecimiento comercial en un lugar poco poblado*

trading stamp *n* cupón *m*

tradition /trəˈdɪʃən/ *n* [u c] tradición *f*; **a region rich in ~** una región rica en tradiciones; **in the best Irish ~** a la mejor usanza irlandesa; **by ~** por tradición; **to break with ~** romper* con la tradición; **tradition has it that ...** según la tradición ...

traditional /trəˈdɪʃnəl || trəˈdɪʃənl/ *adj* tradicional

traditionalism /trəˈdɪʃnəlɪzəm || trəˈdɪʃənlɪzəm/ *n* [u] tradicionalismo *m*

traditionalist /trəˈdɪʃnələst || trəˈdɪʃənlɪst/ *n* tradicionalista *mf*

traditionally /trəˈdɪʃnəli || trəˈdɪʃənli/ *adv* **1** (in a traditional manner) a la manera tradicional **2** (customarily) (*indep*) tradicionalmente

traduce /trəˈduːs || trəˈdjuːs/ *vt* (frml) difamar, vilipendiar

traffic /ˈtræfɪk/ *n* [u]

A **1** (vehicles) tráfico *m*, circulación *f*, tránsito *m* (esp AmL); (*before n*): ~ **accident** accidente *m* de tráfico *or* tránsito; ~ **circle** (AmE) rotonda *f*, glorieta *f*, óvalo *m* (Per); ~ **control** control *m* del tráfico *or* tránsito; ~ **controller** controlador *m*, -dora *f* del tráfico *or* tránsito; ~ **density** densidad *f* de tráfico *or* tránsito; ~ **diversion** desvío *m*, desviación *f*; ~ **duty** obligación *f* de vigilar el tráfico; **to be on ~ duty** estar* encargado de la vigilancia del tráfico *or* tránsito; ~ **flow** flujo *m* de tráfico; ~ **hold-up** atasco *m*; ~ **island** isla *f* peatonal, refugio *m*, camellón *m* (Méx); ~ **jam** embotellamiento *m*, atasco *m*; ~ **lane** carril *m* or (RPl) senda *f* or (Chi) pista de tráfico; ~ **light(s)** semáforo *m*; ~ **offence** infracción *f* de tráfico *or* tránsito; ~ **pattern** (AmE) patrón *m* de tráfico; ~ **police** policía *f* de(l) tráfico *or* tránsito; ~ **policeman** agente *m* or policía *m* de tráfico *or* tránsito; ~ **report** (Rad TV) información *f* sobre el (estado del) tráfico; ~ **sign** señal *f* vial *or* de tráfico *or* tránsito; ~ **signal(s)** semáforo *m*; ~ **warden** (in UK) *persona que controla el estacionamiento de vehículos en las ciudades*; ~ **violation** infracción *f* de tráfico *or* tránsito **2** (of ships) tráfico *m*; **sea/river ~** tráfico marítimo/fluvial **3** (of aircraft) tráfico *m* aéreo

B **1** (goods, people transported) tránsito *m*, movimiento *m* **2** (pedestrians) (AmE) tránsito *m* de peatones **3** (paying customers) (AmE) clientela *f*

C (trafficking) tráfico *m*; **drug ~** tráfico de drogas, narcotráfico *m*; **the ~ in pornography** el tráfico de material pornográfico

Phrasal verb

- **traffic in: -ck-** [v + prep + o] ‹*drugs/pornography*› traficar* en

traffic calming *n* [u] (*before n*): ~ ~ **measures** medidas *fpl* para reducir la velocidad del tráfico

traffic-free /ˈtræfɪk,friː/ *adj* (*before n*) sin tráfico, sin tránsito (esp AmL); ~ **zone** zona *f* peatonal

trafficker /ˈtræfɪkər || ˈtræfɪkə(r)/ *n* traficante *mf*; **heroin ~** traficante de heroína

trafficking /ˈtræfɪkɪŋ/ *n* [u] tráfico *m*; **drug ~** tráfico de drogas

tragedian /trəˈdʒiːdiən/ *n* **1** (writer) trágico, -ca *m,f*, autor, -tora *m,f* de tragedias **2** (actor) actor dramático *or* trágico, actriz dramática *or* trágica *m,f*, trágico, -ca *m,f*

tragedienne /trə,dʒiːdiˈen/ *n* (frml) actriz *f* dramática *or* trágica

tragedy /ˈtrædʒədi/ *n* [c u] (*pl* **-dies**) **1** (Theat) tragedia *f* **2** (sad event, situation) tragedia *f*; **it's a ~ that ...** es una tragedia que ... (+ *subj*); **the ~ of it (all) is that ...** lo trágico del caso es que ...; **his life had been full of ~** había tenido una vida muy trágica

tragic /ˈtrædʒɪk/ *adj* **1** (Theat) (*before n*) ‹*role/scene*› trágico; **a ~ actress** una actriz dramática *or* trágica; ~ **irony** ironía *f* trágica **2** (sad) ‹*event/life/consequences*› trágico; ‹*voice/expression*› trágico

tragically /ˈtrædʒɪkli/ *adv* trágicamente

tragicomedy /,trædʒɪˈkɑːmədi || ,trædʒɪˈkɒmədi/ *n* [u c] tragicomedia *f*

tragicomic /,trædʒɪˈkɑːmɪk || ,trædʒɪˈkɒmɪk/ *adj* tragicómico

trail[1] /treɪl/ *n* **1** (left by animal, person) huellas *fpl*, rastro *m*; (of comet) cola *f*; (of dust) estela *f*; (of blood) reguero *m*; **the storms left a ~ of destruction** las tormentas destruyeron *or* arrasaron todo a su paso, las tormentas dejaron una estela de estragos a su paso; **he left a ~ of litter/debts behind him** dejó un reguero de basura/deudas tras de sí; **to be on the ~ of sb/sth** seguir* la pista de algn/algo, seguirle* la pista a algn/algo; **to be hot** o **hard on the ~ of sb/sth** estar* sobre la pista de algn/algo; **to put/throw sb off his/her/the ~** despistar a algn **2** (path) sendero *m*, senda *f*; **scenic ~** sendero *m* panorámico, senda *f* panorámica; **to be on the victory ~** ir* camino de la victoria; **to be on the campaign ~** estar* en la campaña electoral; ***to blaze a ~*** abrir* brecha; (lit) marcar* un sendero

trail[2] *vt*

A **1** (drag) ‹*towel/rope*› arrastrar; **she sat in the boat, ~ing her fingers through the water** iba en el bote, dejando que sus dedos dibujaran surcos en el agua **2** (deposit): **they ~ed mud all over the house** dejaron toda la casa llena de barro a su paso

B **1** (follow) ‹*person/animal/vehicle*› seguir* la pista de, seguirle* la pista a, rastrear; **he was being ~ed by a detective** un detective le seguía la pista **2** (lag behind) ‹*opponent/leader*› ir* a la zaga de; **we ~ed them by six points** nos llevaban seis puntos de ventaja

■ **trail** *vi*

A **1** (drag) arrastrar; **her skirt was ~ing on the floor** la falda le arrastraba por el suelo, iba arrastrando la falda por el suelo; **a long, ~ing dress** un vestido largo, con cola **2** (move in stream): **smoke ~ed from the car** salía humo del coche

B **1** (lag behind) «*team/contender*» ir* a la zaga; **he ~ed behind in the early part of the race** en la primera parte de la carrera iba rezagado *or* a la zaga **2** (walk wearily) *andar con paso cansino, con desánimo etc*; **we ~ed around town all morning** pateamos toda la mañana por el centro (fam); **we ~ed back home again** nos volvimos a casa desanimados

C **1** (extend) «*plant*» trepar **2** (droop) «*branches*» colgar* **3** **trailing** *pres p* ‹*plant*› trepador; ‹*branches*› colgante

Phrasal verb

- **trail away, trail off** [v + adv] «*voice/sound*» irse* apagando; «*speaker*» callar

trail bike *n* moto *f* de motocross *or* de trial

trailblazer /ˈtreɪl,bleɪzər || ˈtreɪl,bleɪzə(r)/ *n* pionero, -ra *m,f*

trailblazing[1] /ˈtreɪl,bleɪzɪŋ/ *adj* pionero, innovador

trailblazing[2] *n* [u] avance *m* pionero *or* innovador

trailbreaker /ˈtreɪl,breɪkər || ˈtreɪl,breɪkə(r)/ *n* (AmE) ▸**trailblazer**

trailer /ˈtreɪlər || ˈtreɪlə(r)/ *n*

A **1** (for boats, equipment) remolque *m* **2** (*house ~*) (AmE) caravana *f*, rulot *f* (Esp), casa *f* rodante (CS, Ven), tráiler *m* (AmL), cámper *f* (Chi, Méx) **3** (on truck) tráiler *m*, remolque *m*, acoplado *m* (CS)

B (Cin, TV) ~ (FOR **sth**) avance(s) *m(pl)* or (Esp tb) tráiler *m* or (CS) sinopsis *f* (DE algo)

trailering *n* (AmE) **1** (travelling in a trailer) turismo *m* en caravana *or* (AmL) tráiler *or* (Chi, Méx) cámper *or* (CS) casa rodante, caravaning *m* (Esp) **2** (living in a trailer) vida *f* en una caravana *or* (AmL) en un tráiler *or* (Esp) en un rulot *or* (Chi, Méx) en un cámper *or* (CS) una casa rodante

trailerist *n* (AmE) **1** (tourist) turista *mf* que viaja en caravana *or* (AmL) en tráiler *or* (Chi, Méx), en cámper *or* (CS), en una casa rodante,, caravanista *mf* ((Esp) **2** (resident) *persona que tiene una caravana como vivienda*)

trailer park *n* (AmE)

A (site) camping *m* para caravanas (*or* tráilers *etc*)

B (*before n*) (colloq) ‹*friend*› chabacano, hortera (Esp fam), naco (Méx fam), rasca (CS fam); ‹*manners*› de chabacano, de hortera (Esp fam), de naco (Méx fam), de rasca (CS fam); ‹*hair style*› de mal gusto, hortera (Esp fam), de naco (Méx fam), rasca (CS fam)

trailer tent *n* tienda *f* or (AmL tb) carpa *f* remolque

trailer trash *n* [u] (pey) gente *f* que vive en una caravana fija

trailer truck *n* (AmE) camión *m* articulado

trailing edge /ˈtreɪlɪŋ/ *n* borde *m* de salida

trail mix *n* [u]: *mezcla de frutos secos*

train[1] /treɪn/ *n*

A (Rail) tren *m*; **diesel/electric ~** tren diesel/eléctrico; **steam ~** tren de *or* a vapor; **fast ~** tren expreso *or* rápido; **local** o (BrE) **slow ~** *tren que para en todas las estaciones*; **to take the ~** tomar *or* (esp Esp) coger* el tren; **to travel/go by ~** viajar/ir* en tren; **to send sth by ~** mandar algo por ferrocarril; **we met on the ~** nos conocimos en el tren; **to change ~s** cambiar de tren, hacer* transbordo; (*before n*): ~ **driver** (BrE) maquinista *mf*; ~ **service** servicio *m* de trenes; ~ **timetable** horario *m* de trenes; **the ~ journey** el viaje en tren; **the ~ fare is ...** el boleto *or* (Esp) billete en tren cuesta ...; ~ **set** ferrocarril *m* de juguete

B **1** (of servants, followers) séquito *m*, cortejo *m*; (of mules) recua *f*, reata *f*; **a ~ of mourners** un cortejo fúnebre; **the king arrived, with jesters in his ~** el rey llegó seguido de su séquito *or* cortejo de bufones; **the depression brought many social problems in its ~** la depresión tuvo como secuela *or* acarreó muchos problemas sociales; **in the ~ of revolution came an upsurge in nationalism** tras la revolución hubo un renacimiento del nacionalismo **2** (of events, disasters) serie *f*; ~ **of thought**: **to lose one's ~ of thought** perder* el hilo (de las ideas); **our minds had followed quite different ~s of thought** habíamos seguido líneas de pensamiento muy distintas; **to be in ~** (esp BrE frml) estar* en marcha; **to put/set sth in ~** poner* algo en marcha

C **1** (of dress, robe) cola *f*; **Tim will carry her ~** Tim le va a llevar la cola **2** (of gears) (Tech) tren *m* **3** (fuse) cebo *m*, mixto *m*; ~ **of gunpowder** cebo *or* mixto de pólvora

train[2] *vt*

A **1** (instruct) ‹*athlete*› entrenar; ‹*soldier*› adiestrar; ‹*child*› enseñar; (accustom) acostumbrar, habituar*; ‹*animal*› enseñar; (to perform tricks etc) amaestrar, adiestrar; ‹*employee/worker*› (in new skill etc) capacitar; ‹*teacher*› formar; **you've ~ed your dog very well** tienes el perro muy bien enseñado; **your husband's very well ~ed** (hum) tienes a tu marido muy bien amaestrado (hum); **he was ~ed at the College of Music** estudió en el College of Music, es ex-alumno *or* (AmL tb) egresado del College of Music; **he was ~ed as a painter** estudió pintura; **he was ~ed for the ministry** lo educaron para el sacerdocio; **they are being ~ed to use the machine** los están capacitando en el uso de la máquina, les están enseñando a usar la máquina; **they were ~ed in the use of firearms** los adiestraron en el uso de armas de fuego **2** ‹*voice/ear*› educar*; ‹*mind*› formar **3** ‹*plant*› guiar*

B (aim) **to ~ sth** ON **sth/sb** ‹*camera/telescope*› enfocar* algo/a algn con algo; ‹*gun*› apuntarle A algo/algn con algo; **she's had her sights ~ed on stardom from the first** ha tenido la(s) mira(s) puesta(s) en el estrellato desde el principio; **he kept the pistol ~ed on me all the time** me estuvo apuntando *or* encañonando con la pistola todo el tiempo; **last week all eyes were ~ed on Geneva** la semana pasada todos los ojos estuvieron puestos en Ginebra

■ **train** *vi* 1 (receive instruction) «*nurse/singer/musician*» estudiar; **they ~ed together in York** estudiaron juntos/juntas en York; **she's ~ing to be a nurse/teacher** estudia enfermería/magisterio, estudia para enfermera/maestra; **he ~ed as a carpenter** aprendió el oficio de carpintero; **she ~ed as a singer/lawyer** estudió canto/abogacía *or* derecho; **to ~ for the ministry** (Relig) estudiar para sacerdote 2 (Sport) entrenar(se)

(Phrasal verb)

• **train up** [v + o + adv, v + adv + o] ‹*apprentice/youngster/new entrant*› formar, proporcionar formación a

trainbearer /'treɪn,berər || 'treɪn,beərə(r)/ *n: persona que lleva en alto la cola de un dignatario en una procesión*

trained /treɪmd/ *adj* 1 ‹*worker/personnel*› calificado (esp AmL), cualificado (Esp); **they're looking for a ~ teacher** buscan un profesor titulado *or* diplomado *or* (AmL tb) recibido; **a highly ~ professional army** un ejército profesional muy bien adiestrado; **government-~ troops** tropas *fpl* adiestradas por el gobierno 2 ‹*seal/elephant*› amaestrado, adiestrado; ‹*dog*› entrenado 3 ‹*ear/voice*› educado

trainee /treɪ'ni:/ *n* 1 (Busn, Ind) *persona que está haciendo prácticas en un puesto junto a un empleado de mayor experiencia*; (in a trade) aprendiz, -diza *m,f*; (*before n*): **a ~ hairdresser** un aprendiz de peluquero; **~ manager** *empleado que está haciendo prácticas de gerencia*; **~ teacher** estudiante *mf* de magisterio *or* pedagogía 2 (recruit) (AmE) (Mil) recluta *mf*

traineeship /treɪ'ni:ʃɪp/ *n: puesto remunerado en el cual se recibe capacitación práctica*

trainer /'treɪnər || 'treɪnə(r)/ *n*

A (of athletes) (Sport) entrenador, -dora *m,f*; (of racehorse) preparador, -dora *m,f*; (of performing animals) amaestrador, -dora *m,f*, adiestrador, -dora *m,f*

B (aircraft) entrenador *m*

C (BrE colloq) (athletic shoe) zapatilla *f* de deporte, tenis *m*, deportivas *fpl*

trainer pants *pl n* pantalones *mpl* de equipo (de deportes), pantalones *mpl* de chándal (Esp) *or* (Chi, Per), buzo *or* (Col) sudadera *or* (RPl) jogging, pants *mpl* (Méx)

training /'treɪnɪŋ/ *n* [u] 1 (instruction) capacitación *f*; **~ will be given to all staff** todo el personal recibirá capacitación; **they've had no ~ in the use of the machinery** no han recibido capacitación en el uso de la maquinaria, no les han enseñado a usar la maquinaria; (*before n*) ‹*aircraft*› de instrucción; **~ college** escuela *f* normal; ‹*course/period*› de capacitación; **~ flight** vuelo *m* de entrenamiento *or* instrucción; **the factory serves as a ~ ground for new management** la fábrica es la escuela donde se forman los nuevos directivos; **~ manual** manual *m* de instrucción **~ scheme** plan *m* de capacitación; **~ school** escuela *f* de capacitación; **~ ship** buque *m* escuela 2 (Sport) entrenamiento *m*; **to be in ~ for sth** estar* entrenando *or* entrenándose para algo; **to go into ~ for sth** empezar* a entrenar(se) para algo; **to be out of ~** estar* desentrenado *or* fuera de forma; (*before n*): **~ shoe** (BrE) zapatilla *f* de deporte, tenis *m*

trainload /'treɪnləʊd/ *n*: **~s of coal** trenes *mpl* cargados de carbón; **tourists arrived by the ~** llegaban trenes llenos de turistas

trainman /'treɪnmən -mæn/ *n* (*pl* **-men** /-mən -men/) (AmE) *empleado del ferrocarril*

train oil *n* [u] aceite *m* de ballena

trainshed /'treɪnʃed/ *n* nave *f* de una estación

trainspotter /'treɪn,spɑ:tər || 'treɪn,spɒtə(r)/ *n* (BrE)

A *persona cuyo hobby es observar trenes y coleccionar números de locomotoras*

B (bore) (colloq) ganso, -sa *m,f* (fam)

trainspotting /'treɪn,spɑ:tɪŋ || 'treɪn,spɒtɪŋ/ *n* (BrE); *actividad de un*, ▸**trainspotter**

train surfing *n* [u] *actividad que consiste en correr por encima de un tren en movimiento*

traipse¹ /treɪps/ *vi* (colloq) (+ *adv compl*): **he had me traipsing all over for this wretched book** me tuvo de acá para allá *or* de un lado para otro buscando este maldito libro (fam); **I ~d all over town trying to find it** me pateé (fam) *or* me recorrí (a pie) toda la ciudad tratando de encontrarlo

■ **traipse** *vt* patearse (fam), recorrerse

traipse² *n* (esp BrE colloq) (*no pl*) caminata *f*; **it's a bit of a ~ to the shops** hay un buen trecho hasta las tiendas

trait /treɪt/ *n* rasgo *m*, característica *f*; **personality ~** rasgo de la personalidad

traitor /'treɪtər || 'treɪtə(r)/ *n* traidor, -dora *m,f*; **~ TO sth** traidor A algo; **a ~ to his country/the cause** un traidor a la patria/causa; **a class ~** un traidor a su clase

traitorous /'treɪtərəs/ *adj* (arch & hum) traidor

Trajan /'treɪdʒən/ *n* Trajano

trajectory /trə'dʒektəri/ *n* (*pl* **-ries**) 1 (of projectile) trayectoria *f*; **to plot** *o* **chart the ~ of sth** trazar* la trayectoria de algo 2 (Math) trayectoria *f*

tram /træm/ *n* 1 (BrE) (Transp) tranvía *m* 2 (in mine) vagoneta *f*

tramcar /'træmkɑ:r || 'træmkɑ:(r)/ *n* (BrE) 1 ▸**tram 1** 2 (wagon, carriage) vagón *m* (de tranvía)

tramline /'træmlaɪn/ *n*

A (esp BrE) (Transp) 1 (track) (*often pl*) vía *f or* carril *m* de tranvía 2 (route) línea *f* de tranvía

B **tramlines** *pl* (in tennis) (BrE) líneas *fpl* laterales

trammel¹ /'træməl/ *n* (*usu pl*) (of work, family life) (frml *or* liter) ataduras *fpl*; **she felt caught in the ~s of routine** se sentía atrapada en las redes de la rutina

trammel² *vt* (BrE) **-ll-** (liter) (*usu pass*): **to feel ~ed by sth** sentirse* atrapado en algo

tramp¹ /træmp/ *vi* (+ *adv compl*) 1 (walk heavily): **the prisoners ~ed along in the rain** los prisioneros marchaban pesadamente bajo la lluvia; **I ~ed all over town looking for you** me recorrí toda la ciudad buscándote 2 (hike): **they ~ed all over Belgium** se recorrieron toda Bélgica a pie; **we ~ed to the nearest village** fuimos a pie *or* caminamos hasta el pueblo más cercano; **they went ~ing in the mountains** fueron de excursión a la montaña

■ **tramp** *vt* 1 (walk around) ‹*town/city*› recorrerse (a pie), patearse (fam) 2 (tread) (+ *adv compl*) ‹*dirt/snow*› **she ~ed mud all over the kitchen floor** ensució *or* llenó de barro todo el suelo de la cocina; **to ~ the earth down** apisonar la tierra

tramp² *n*

A [c] 1 (vagrant) vagabundo, -da *m,f* 2 (loose woman) (AmE colloq) mujerzuela *f*, golfa *f* (Esp fam) 3 **~ (steamer)** vapor *m* volandero

B (*no pl*) 1 (walk) caminata *f* 2 (sound) ruido *m* de pasos

trample /'træmpəl/ *vt* 1 (stamp on, crush) pisotear; **they ~d the daffodils into the ground** pisotearon los narcisos; **they were ~d to death** murieron aplastados 2 (ignore) ‹*ideals*› pisotear; ‹*rights*› pisotear, atropellar

■ **trample** *vi* 1 **to ~ ON sb/sth**: **police horses ~d on demonstrators** los caballos de la policía arrollaron *or* atropellaron a los manifestantes; **the newspaper had been ~d on by passers-by** el periódico había sido pisoteado por los transeúntes 2 (ignore) **to ~ ON sth** ‹*on ideals*› pisotear algo; ‹*on rights*› pisotear *or* atropellar algo; **he ~d on anyone who got in his way** se llevaba por delante a todo aquél que se interpusiera en su camino; **to ~ OVER sb** pisotear a algn

trampoline /,træmpə'li:n, 'træmpəli:n || 'træmpəli:n/ *n* trampolín *m*, cama *f* elástica, trampolín *m*, catre *m* elástico (Méx)

trampolining /,træmpə'li:nɪŋ, 'træmpəli:nɪŋ || 'træmpəli:nɪŋ/ *n* [u]: *deporte consistente en hacer acrobacias sobre una cama elástica*

trampolinist /,træmpə'li:nəst || ,træmpə'li:nɪst/ *n* gimnasta *mf* de cama elástica *or* de trampolín

tramway /'træmweɪ/ *n* 1 (for trams) ▸**tramline A1** 2 (cable railway) (AmE) funicular *m*, teleférico *m*

trance /træns || trɑ:ns/ *n* [c u] trance *m*; **to be in a ~** estar* en trance; **to fall** *o* **go into a ~** entrar en trance; **the music sent her into a ~** la música la hizo entrar en trance *or* caer en el éxtasis

tranche /trɑ:nʃ/ *n* (BrE) (Fin) (of debt) tramo *m*, porción *f*; (of shares) bloque *m*, paquete *m*

tranny, trannie /'træni/ *n* (colloq) 1 (transvestite) travesti *mf*, travestí *mf* 2 (transistor radio) (BrE) transistor *m*, transistor *f* (Chi)

tranquil /'træŋkwəl || 'træŋkwɪl/ *adj* ‹*place*› tranquilo; ‹*person*› tranquilo, sereno, calmo (esp AmL); ‹*smile/voice*› sereno, calmo (esp AmL); ‹*existence*› tranquilo, apacible (liter); ‹*atmosphere*› tranquilo, sereno, apacible (liter); **the ~ waters of the lake** las calmas aguas del lago; **his breathing gradually became more ~** su respiración se fue haciendo más reposada *or* calma

tranquility, (BrE) **tranquillity** /træŋ'kwɪləti/ *n* [u] (of place, atmosphere) paz *f*, tranquilidad *f*; (of person) calma *f*, serenidad *f*

tranquilize, (BrE) **tranquillize** /'træŋkwəlaɪz || 'træŋkwɪlaɪz/ *vt* 1 (with drug) ‹*patient/animal*› sedar, dar* un sedante a 2 (calm) ‹*person*› tranquilizar* 3 **tranquilizing** *pres p* ‹*dart/drug*› sedante

tranquilizer, (BrE) **tranquillizer** /'træŋkwəlaɪzər || 'træŋkwɪlaɪzə(r)/ *n* sedante *m*, tranquilizante *m*; **to be on ~s** estar* tomando sedantes *or* tranquilizantes

transact /trænz'ækt || trænz'ækt, trɑ:n-/ *vt*: **to ~ business (with sb)** negociar (con algn), hacer* negocios (con algn); **to ~ a deal** negociar un acuerdo

■ **transact** *vi* «*company/bank*» negociar, llevar a cabo transacciones comerciales

transaction /trænz'ækʃən || trænz'ækʃən, trɑ:n-/ *n* 1 [c] (deal) transacción *f*, operación *f*; **a business ~** una transacción *or* operación comercial 2 [u] (act of transacting) (frml) negociación *f* 3 **transactions** *pl* (of learned body) anales *mpl*

transatlantic /,trænzət'læntɪk || ,trænzət'læntɪk, trɑ:n-/ *adj* ‹*journey/phone call*› transatlántico; ‹*accent*› (American) americano; (British) británico; **our ~ cousins** (hum) nuestros hermanos del otro lado del Atlántico

transceiver /træn'si:vər || træn'si:və(r), trɑ:n-/ *n* transmisor-receptor *m*

transcend /træn'send || træn'send, trɑ:n-/ *vt* (frml) 1 (go beyond) ‹*boundaries*› ir* más allá de, trascender*; **this musical far ~s simple entertainment** esto es mucho más que un simple musical 2 (overcome) ‹*limitation/differences*› superar; **she learned to ~ her grief** aprendió a sobreponerse a su dolor 3 (Phil, Relig) trascender*; **a spiritual realm, ~ing the physical universe** un reino espiritual, que trasciende el universo material

transcendence /træn'sendəns || træn'sendəns, trɑ:n-/, **transcendency** /-i/ *n* [u] trascendencia *f*

transcendent /træn'sendənt || træn'sendənt, trɑ:n-/ *adj* ‹*joy/hope*› (liter) sin límites; ‹*deity/experience*› trascendente; ‹*concept*› trascendente

transcendental /,trænsen'dentl || ,trænsen'dentl, trɑ:n-/ *adj* 1 (Phil) trascendental; ‹*experience/vision*› sobrenatural; **~ meditation** meditación *f* trascendental 2 (Math) ‹*number/function*› trascendente

transcendentalism /,trænsen'dentlɪzəm || ,trænsen'dentlɪzəm, trɑ:n-/ *n* [u] trascendentalismo *m*

transcontinental /,trænz,kɑ:ntn'entl || ,trænz,kɒntɪ'nentl, ,trɑ:nz-/ *adj* transcontinental

t

transcribe /træn'skraɪb || træn'skraɪb, trɑːn-/ *vt* 1 ‹*music/speech/shorthand*› transcribir*; **to ~ sth phonetically** hacer* una transcripción fonética de algo, transcribir* algo fonéticamente 2 (Audio) grabar

transcript /'trænskrɪpt || 'trænskrɪpt, 'trɑːn-/ *n*
A (written copy) transcripción *f*
B (AmE) (Educ) expediente *m* académico

transcription /træn'skrɪpʃən || træn'skrɪpʃən, trɑːn-/ *n* [u c] 1 (of speech, music etc) transcripción *f*; **phonetic ~** transcripción fonética 2 (Audio) grabación *f*

transcutaneous /ˌtrænzkjuː'teɪnɪəs || ˌtrænzkjuː'teɪnɪəs, ˌtrɑːnz-/ *adj* transcutáneo

transdermal patch /ˌtrænz'dɜːrməl || ˌtrænz'dɜːməl, ˌtrɑːn-/ *n* parche *m* transdérmico

transducer /træns'duːsər || træns'djuːsə(r), trɑːn-/ *n* transductor *m*

transect[1] /ˌtræn'sekt || ˌtræn'sekt, ˌtrɑːn-/ *vt* seccionar transversalmente

transect[2] *n* transecto *m*

transept /'trænsept || 'trænsept, 'trɑːn-/ *n* crucero *m*

transfer[1] /træns'fɜːr || træns'fɜː(r)/ *vt* **-rr-**
A 1 ‹*funds/account*› transferir*; **he ~red the money to his current account** transfirió el dinero a su cuenta corriente 2 ‹*property/right*› transferir*, traspasar, transmitir; **she ~red the ownership of the real estate to her partner** le transfirió el dominio del inmueble a su socio; **he ~red ownership of the firm to his daughter/his shares to his wife** le traspasó la compañía a su hija/sus acciones a su mujer 3 ‹*call*› pasar; **can you ~ me to Sales?** ¿me puede comunicar *or* (Esp tb) poner con Ventas? 4 ‹*employee/prisoner*› trasladar; ‹*player*› (BrE) traspasar; **he's been ~red to Boston** lo han trasladado a Boston; **we were ~red to another train** nos cambiaron de tren 5 ‹*object*› pasar; **~ the meat to a serving dish** pase la carne a una fuente, coloque la carne en una fuente 6 ‹*design/pattern*› imprimir*
B (change): **the troops ~red ships at Bordeaux** las tropas hicieron transbordo *or* transbordaron en Burdeos; **she ~red schools when she was 12** se cambió de colegio a los 12 años
■ **transfer** *vi* (Transp) hacer* transbordo, transbordar; **you have to ~ at Chicago** tiene que hacer transbordo *or* transbordar en Chicago; **to ~ TO sth**: **John ~red to another course/department** John se cambió a otro curso/se trasladó a otro departamento; **the passengers ~red to a bus** los pasajeros se bajaron y tomaron un autobús

transfer[2] /'trænsfɜːr || 'trænsfɜː(r), 'trɑːn-/ *n*
A 1 [u c] (Fin, Law) (of funds, accounts) transferencia *f*; (of property) transferencia *f*, traspaso *m*, transmisión *f*; (of power) transferencia *f* 2 [u c] (of employee) traslado *m*; (of player) (BrE) traspaso *m*; **she applied for a ~** solicitó el traslado; **their best player has asked for a ~** su mejor jugador ha pedido el traspaso; (*before n*): **~ fee** traspaso *m* 3 [u c] (of passengers) transbordo *m* 4 [c] (person): **he's a ~ from another branch** lo han trasladado de otra sucursal; **the club's latest ~** (BrE) el último fichaje del club; (*before n*): **~ list** (BrE) lista *f* de (posibles) traspasos; **~ season** época *f* de traspasos
B [c] (Transp) 1 (on journeys, tours) traslado *m* 2 (permit) (AmE) *billete mediante el cual se puede cambiar de tren o autobús sin pago adicional*
C [c] (design) calcomanía *f*

transferable /træns'fɜːrəbəl || træns'fɜːrəbəl, trɑːn-/ *adj* 1 ‹*skills/learning*› transferible; ‹*vote*› transferible 2 (Fin) ‹*securities/assets*› transferible 3 ‹*disease*› transmisible

transferal, transferral /træns'fɜːrəl || træns'fɜːrəl, trɑːn-/ *n* [u c] (AmE) ▸**transfer**[2] **A1**, **transfer**[2] **A2**

transference /'trænsfərəns, træns'fɜːrəns || 'trænsfərəns, træns'fɜːrəns, trɑːn-/ *n* [u] 1 (of energy, authority) (frml) transferencia *f*; **thought ~** transmisión *f* del pensamiento 2 (Psych) transferencia *f*

transfer orbit *n* órbita *f* de transferencia

transfiguration /trænsˌfɪgjə'reɪʃən || trænsˌfɪgə'reɪʃən, trɑːn-/ *n* [u] 1 (transformation) (liter) transformación *f*, transfiguración *f* 2 (Relig): **the T~** la Transfiguración

transfigure /træns'fɪgjər || træns'fɪgə(r), trɑːn-/ *vt* (liter) transformar, transfigurar

transfix /træns'fɪks || træns'fɪks, trɑːn-/ *vt* 1 (make motionless) (*usu pass*) paralizar*; **she was ~ed with terror** se quedó paralizada de terror *or* petrificada 2 (impale) atravesar*, traspasar

transform[1] /træns'fɔːrm || træns'fɔːm, trɑːn-/ *vt* 1 (change) ‹*place/person*› transformar; **when she dyed her hair she was completely ~ed** cuando se tiñó el pelo parecía otra; **their lives were ~ed by the inheritance** la herencia les cambió totalmente la vida 2 (Elec) ‹*current*› transformar 3 (Math) *sustituir las incógnitas (de una ecuación) por sus valores expresados en forma algebraica*
■ **transform** *vi* **to ~ INTO sth** transformarse *or* convertirse* EN algo

transform[2] /'trænsfɔːrm || 'trænsfɔːm, 'trɑːn-/ *n* (Ling, Math) transformación *f*

transformation /ˌtrænsfər'meɪʃən || ˌtrænsfə'meɪʃən, ˌtrɑːn-/ *n*
A (change) transformación *f*; **to undergo a ~** sufrir una transformación; **what a ~! she used to be so rude!** ¡qué transformación! *or* ¡qué cambio! ¡con lo mal educada que era antes!
B [c] 1 (Math) *sustitución de las incógnitas de una ecuación por sus valores expresados en forma algebraica* 2 (Ling) transformación *f*

transformational /ˌtrænsfər'meɪʃnəl || ˌtrænsfə'meɪʃənl, ˌtrɑːn-/ *adj* (Ling) ‹*grammar/rule*› transformacional, generativo

transformer /træns'fɔːrmər || træns'fɔːmə(r), trɑːn-/ *n* transformador *m*

transfuse /træns'fjuːz || træns'fjuːz, trɑːn-/ *vt* ‹*blood*› hacer* una transfusión de; ‹*funds/aid*› inyectar

transfusion /træns'fjuːʒən || træns'fjuːʒən, trɑːn-/ *n* [u c] transfusión *f*; **blood ~** transfusión de sangre; **she was given a ~** le hicieron una transfusión (de sangre); **she brought a ~ of vitality into his life** (liter) inyectó vitalidad en su vida

transgender /ˌtrænz'dʒendər || ˌtrænz'dʒendə(r)-/, **transgendered** /-'dʒendərd || -'dʒendəd/ *adj*
A ‹*activist/movement*› transgénero; **~ community** comunidad *f* transgénero
B ‹*surgery*› de reasignación de sexo

transgenderism /ˌtrænz'dʒendərɪzəm || ˌtrænz'dʒendərɪzəm, trɑːnz-/ *n* [u] transgénero *m*

transgenic /ˌtrænz'dʒenɪk || ˌtrænz'dʒenɪk, ˌtrɑːnz-/ *adj* transgénico

transglobal /ˌtrænz'gləʊbəl || ˌtrænz'gləʊbəl, ˌtrɑːn-/ *adj* intercontinental

transgress /træns'gres, trænz- || trænz'gres, træns-, trɑːn-/ *vt* (frml) 1 ‹*law/commandment*› transgredir (frml), infringir* 2 (go beyond) exceder, sobrepasar
■ **transgress** *vi* **to ~ (AGAINST sth/sb)** pecar* (CONTRA algo/algn)

transgression /træns'greʃən, trænz- || trænz'greʃən, træns-, trɑːn-/ *n* [u c] (frml) transgresión *f* (frml), infracción *f*; (Relig) pecado *m*, falta *f*

transgressor /træns'gresər, trænz- || trænz'gresə(r), træns-, trɑːn-/ *n* (frml) transgresor, -sora *m,f*, infractor, -tora *m,f*; (Relig) pecador, -dora *m,f*

transhumance /træns'hjuːməns || træns'hjuːməns, trɑːn-/ *n* [u] trashumancia *f*

transience /'trænziəns || 'trænziəns, 'trɑːn-/ *n* [u] fugacidad *f*, lo efímero

transient[1] /'trænziənt || 'trænziənt, 'trɑːn-/ *adj* ‹*joy/pain*› pasajero, fugaz, efímero; ‹*population*› flotante, transeúnte; **~ guest** (AmE) huésped *m* de paso

transient[2] *n* 1 (vagrant) (AmE) vagabundo, -da *m,f* 2 (Elec) oscilación *f* momentánea

transistor /træn'zɪstər, -'sɪstər || træn'zɪstə(r), -'sɪstə(r), trɑːn-/ *n* 1 transistor *m* 2 **~ (radio)** (esp BrE) transistor *m*, radio *f or* (AmL exc CS) radio *m* transistor *or* a transistores

transistorized /træn'zɪstəraɪzd, -'sɪstəraɪzd || træn'zɪstəraɪzd, -'sɪstəraɪzd, trɑːn-/ *adj* transistorizado

transit /'trænsət, -zət || 'trænzɪt, -sɪt, trɑːn-/ *n*
A 1 [u] (passage) tránsito *m*; **passengers in ~** pasajeros *mpl* en *or* de tránsito; **it was damaged/lost in ~** se dañó/se perdió en el viaje; (*before n*): **~ camp** *campamento temporal para soldados, prisioneros, refugiados etc*; **~ lounge** sala *f* de tránsito; **~ visa** visa *f or* (Esp) visado *m* de tránsito 2 [u] (AmE) (Transp) transporte *m*; (*before n*): **~ police** policía *f* de tráfico *or* tránsito; **~ system** sistema *m* de transporte(s) 3 [c] (Astron) tránsito *m*
B [c] (theodolite) (AmE) teodolito *m*

transition /træn'zɪʃən || træn'zɪʃən, trɑːn-/ *n* [u c] 1 (change) transición *f*; **a period/time of ~** un período/una época de transición; **to be in a state of ~** estar* en estado de transición; **~ FROM sth TO sth** transición *f* DE algo A algo; **the ~ from dictatorship to democracy** la transición de la dictadura a la democracia; **he successfully made the ~ from monastic to secular life** pasó de la vida monástica a la secular sin problemas; (*before n*) ‹*period/stage*› de transición; **~ element** (Chem) elemento *m* de transición 2 (Mus) transición *f*

transitional /træn'zɪʃnəl || træn'zɪʃənl, trɑːn-/ *adj* ‹*stage/period*› de transición; ‹*architecture*› de transición entre el románico y el gótico

transitive /'trænzətɪv, -sətɪv || 'trænzɪtɪv, -sətɪv, 'trɑːn-/ *adj* ‹*verb/use*› transitivo

transitively /'trænzətɪvli, -sətɪvli || 'trænzɪtɪvli, -sətɪvli, 'trɑːn-/ *adv* transitivamente

transitory /'trænsətɔːri || 'trænzsɪtri, 'trɑːn-/ *adj* transitorio, pasajero

translatable /trænz'leɪtəbəl, træns- || trænz'leɪtəbəl, træns-, trɑːn-/ *adj* (*pred*) traducible; **to be ~ INTO sth**: **the phrase isn't ~ into English** la frase no se puede traducir al inglés

translate /trænz'leɪt, træns- || trænz'leɪt, træns-, trɑːn-/ *vt*
A 1 ‹*word/sentence/book*› traducir*; **this word could be ~d as …** esta palabra se podría traducir por …; **to ~ sth (FROM sth) INTO sth**: **~ the text from Spanish into French** traduzca el texto del español al francés 2 (convert) **to ~ sth INTO sth**: **~d into centigrade this is 42 degrees** (expresado) en grados centígrados son 42 grados; **to ~ ideas into action** llevar ideas a la práctica; **this will be ~d into economies of several thousand dollars** esto se traducirá en ahorros de varios miles de dólares; **the director ~s medieval France into 1920s Chicago** el director traslada la francia medieval al Chicago de los años veinte
B 1 (Comput) ‹*program/language*› traducir* 2 (Math) ‹*point/coordinate*› trasladar
C (Relig) 1 ‹*bishop/priest*› trasladar 2 ‹*saint/relics*› trasladar
■ **translate** *vi* 1 (Ling) «*person*» traducir*; «*word*» traducirse*; **the word ~s as 'love' in English** esta palabra se traduce por 'love' en inglés; **the poem doesn't ~ well into French** el poema pierde mucho al ser traducido al francés 2 (convert) **to ~ INTO sth** traducirse* EN algo; **this ~d into large fuel savings** esto se tradujo en un gran ahorro de combustible

translation /trænz'leɪʃən, træns- || trænz'leɪʃən, træns-, trɑːn-/ *n*
A 1 [c u] (Ling) traducción *f*; **who did the ~?** ¿quién lo tradujo?, ¿quién hizo la traducción?; **I've only read it in ~** sólo lo he leído traducido *or* en traducción; **an error in ~** un error de traducción; **the joke loses a lot in ~** el chiste pierde mucho al traducirlo 2 [u] (conversion): **we await the ~ of these ideas into action** esperamos que estas ideas se traduzcan en hechos *or* se lleven a la práctica

B [u c] **1** (Comput) traducción *f* **2** (Math) traslación *f*
C [u] (Relig) **1** (of cleric) traslado *m* **2** (of saint, relics) traslado *m*

translation table *n* tabla *f* de traducción

translator /trænz'leɪtər, træns- || trænz 'leɪtə(r), træns-, trɑːn-/ *n* traductor, -tora *m,f*

transliterate /trænz'lɪtəreɪt, træns- || trænz 'lɪtəreɪt, træns-, trɑːn-/ *vt* ‹*characters/names*› transcribir*, transliterar

transliteration /ˌtrænzlɪtə'reɪʃən, ˌtræns- || ˌtrænzlɪtə'reɪʃən, ˌtræns-, trɑːn-/ *n* [u c] transliteración *f*, transcripción *f*

translucence /trænz'luːsns, træns- || trænz 'luːsns, træns-, trɑːn-/, **translucency** /-i/ *n* [u] traslucidez *f*, translucidez *f*

translucent /trænz'luːsnt, træns- || trænz'luːsnt, træns-, trɑːn-/ *adj* ‹*sky/glass/skin*› traslúcido, translúcido

transmigration /ˌtrænzmaɪ'greɪʃən, ˌtræns- || ˌtrænzmaɪ'greɪʃən, ˌtræns-, ˌtrɑːn-/ *n* [u] transmigración *f*; **the ~ of souls** la transmigración de las almas

transmissible /trænz'mɪsəbəl, ˌtræns- || trænz'mɪsəbəl, ˌtræns-, trɑːn-/ *adj* transmisible

transmission /trænz'mɪʃən, ˌtræns- || trænz 'mɪʃən, ˌtræns-, trɑːn-/ *n* **1** [u] (conveyance) transmisión *f*; **the ~ of light/sound/radio waves** la transmisión de luz/sonido/ondas de radio **2** [u c] (broadcasting) transmisión *f*, emisión *f* **3** [u] (of disease) transmisión *f*; (of characteristic) (Biol) transmisión *f* **4** [u c] (Auto) transmisión *f*; **automatic ~** transmisión automática; (*before n*): **~ shaft** árbol *m or* eje *m* de transmisión

transmissivity /ˌtrænzmɪ'sɪvəti, ˌtræns- || ˌtrænzmɪ'sɪvɪti, ˌtræns-, ˌtrɑːnz-/ *n* (*pl* **-ties**) transmisividad *f*

transmit /trænz'mɪt, træns- || trænz'mɪt, træns-, trɑːn-/ **-tt-** *vt* **1** (convey) ‹*light/sound/heat/signal/data*› transmitir; ‹*emotion*› comunicar*, transmitir **2** (broadcast) transmitir, emitir **3** ‹*disease/infection*› transmitir, contagiar; ‹*characteristic*› (Biol) transmitir
■ **transmit** *vi* transmitir, emitir

transmitter /'trænzmɪtər, 'træns- || trænz 'mɪtə(r), træns-, trɑːn-/ *n* **1** (Rad, TV) transmisor *m* **2** (Telec) micrófono *m*

transmogrification /trænzˌmɑːgrəfə 'keɪʃən, træns- || trænzˌmɒgrɪfɪ'keɪʃən, træns-, trɑːn-/ *n* [u c] (hum) transformación *f*, metamorfosis *f*

transmogrify /trænz'mɑːgrəfaɪ, træns- || trænz'mɒgrɪfaɪ, træns-, trɑːn-/ *vt* **-fies, -fying, -fied** (hum) **to ~ sth (INTO sth)** transformar *or* metamorfosear algo (EN algo)

transmutable /trænz'mjuːtəbəl, træns- || trænz'mjuːtəbəl, træns-, trɑːnz-/ *adj* transmutable

transmutation /ˌtrænzmjuː'teɪʃən, ˌtræns- || ˌtrænzmjuː'teɪʃən, ˌtræns-, trɑːn-/ *n* [u c] **~ (INTO sth)** transmutación *f* (EN algo)

transmute /trænz'mjuːt, træns- || trænz'mjuːt, træns-, trɑːn-/ *vt* **to ~ sth (INTO sth)** transmutar *or* convertir* algo (EN algo)

transnational /ˌtræns'næʃənl || ˌtræns 'næʃənl, ˌtrɑːn-/ *adj* transnacional

transom /'trænsəm/ *n*
A (Archit) **1** (across window) travesaño *m*; (above door) dintel *m*, montante *m* **2** **~ (window)** (AmE) montante *m*
B (Naut) espejo *m* de popa

transparency /træns'pærənsi || træns 'pærənsi, trɑːn-/ *n* (*pl* **-cies**)
A [u] **1** (of material) transparencia *f* **2** (of lies, behavior) transparencia *f*
B [c] (Phot) (slide) transparencia *f*, diapositiva *f*; (for overhead projector) transparencia *f*

transparent /træns'pærənt || træns'pærənt, trɑːn-/ *adj* **1** ‹*material/glass/paper*› transparente **2** (obvious) ‹*meaning*› claro, transparente; **it was a ~ lie/excuse** era obvio *or* estaba claro que mentía/que se trataba de una excusa; **it was a ~ attempt to bribe her** fue un claro intento de soborno

transparently /træns'pærəntli || træns 'pærəntli, trɑːn-/ *adv*: **it is ~ clear** *o* **obvious that ...** está clarísimo que ...

transpiration /ˌtrænspə'reɪʃən || ˌtrænspɪ 'reɪʃən, trɑːn-/ *n* [u] transpiración *f*

transpire /træn'spaɪr || træn'spaɪə(r), trɑːn-/ *vi*
A **1** (become apparent): **it ~s that ...** resulta (ser) que ...; **it finally ~d that ...** finalmente resultó que ...; **as it ~d, she had known all along** después nos enteramos (*or* se enteraron *etc*) de que lo había sabido desde el principio **2** (happen) ocurrir, pasar, suceder
B (Biol, Bot) transpirar
■ **transpire** *vt* (Biol, Bot) ‹*moisture*› transpirar

transplant[1] /træns'plænt || træns'plɑːnt, trɑːn-/ *vt* (Hort, Med) trasplantar
■ **transplant** *vi* (Hort) «*plant*»: **a shrub that ~s easily** un arbusto fácil de trasplantar

transplant[2] /'trænsplænt || 'trænsplɑːnt, trɑːn-/ *n* **1** (operation) trasplante *m*; **he's had a heart/kidney ~** le han hecho un trasplante de corazón/riñón; **hair ~** implante *m* capilar *or* de cabello; (*before n*): **~ operation** operación *f* de trasplante; **~ patient** *paciente que ha sido o va a ser sometido a un trasplante* **2** (organ) trasplante *m*

transplantation /ˌtrænsplæn'teɪʃən || ˌtrænsplɑːn'teɪʃən, trɑːn-/ *n* [u] **1** (Med) trasplante *m* **2** (Hort) trasplante *m*

transponder, transpondor /træn'spɑːndər || træn'spɒndə(r), trɑːn-/ *n* transpondedor *m*

transport[1] /'trænspɔːrt || 'trænspɔːt, trɑːn-/ *n*
A **1** [u] (movement) (esp BrE) transporte *m*; **means of ~** medio *m* de transporte; **air/sea ~** transporte aéreo/marítimo; **rail/road ~** transporte por ferrocarril/carretera; (*before n*) ‹*network/costs*› de transporte; **~ policy** política *f* de transporte; **~ system** sistema *m* de transporte(s) **2** [u] (vehicle) (esp BrE): **now she has her own ~** ahora tiene transporte, ahora tiene coche (*or* moto *etc*), ahora está motorizada (fam); **salesperson required: own ~ essential** se necesita vendedor: vehículo propio imprescindible **3** [c] **~ (ship/plane)** (Mil) buque *m* /avión *m* de transporte **4** [c] (shipment) (AmE) remesa *f*
B [c] (of emotion) (liter) (*often pl*): **she was in ~s of delight at the news** estaba extática con la noticia; **the news sent her into a ~ of rage** la noticia la puso fuera de sí (de la rabia)

transport[2] /træns'pɔːrt || træns'pɔːt, trɑːn-/ *vt*
A **1** ‹*goods/animals/people*› transportar; **as you enter the palace you are ~ed to another age** al entrar al palacio uno se transporta a otra época **2** (Hist) ‹*convict*› deportar
B (affect) (liter) (*usu pass*): **to be ~ed with joy/delight** estar* extasiado/embelesado; **she was ~ed with joy when she learned that ...** se quedó extática cuando se enteró de que ...

transportable /træns'pɔːrtəbəl || træns'pɔːtəbəl, trɑːn-/ *adj* ‹*equipment*› transportable

transportation /ˌtrænspər'teɪʃən || ˌtrænspɔː'teɪʃən, trɑːn-/ *n* [u] **1** (of objects, people) transporte *m*; **public ~** (AmE) transporte público **2** (vehicle) ▸**transport**[1] **A2** **3** (of convicts) (Hist) deportación *f*

transport café *n* (BrE) *restaurante en la carretera usado esp por camioneros*

transporter /træns'pɔːrtər || træns'pɔːtə(r), trɑːn-/ *n* transportador *m*

transporter bridge *n* puente *m* transportador

transpose /træns'pəʊz || træns'pəʊz, trɑːn-/ *vt* **1** (change order of) ‹*words/letters*› trasponer*, transponer* **2** (Mus) ‹*piece/chord*› transportar

transposition /ˌtrænspə'zɪʃən || ˌtrænspə 'zɪʃən, trɑːn-/ *n* [u c] **1** (change in order) trasposición *f*, transposición *f* **2** (Mus) transporte *m*

transputer /træns'pjuːtər || træns'pjuːtə(r), trɑːn-/ *n* (Comput) transputor *m*

transsexual /træns'sekʃuəl || træns'sekʃʊəl, trɑːn-/ *n* transexual *mf*

transship /træns'ʃɪp || træns'ʃɪp, trɑːn-/ *vt* transbordar

transshipment /træns'ʃɪpmənt || træns 'ʃɪpmənt, trɑːn-/ *n* [u c] transbordo *m*

transubstantiation /ˌtrænsəbˌstæntʃi 'eɪʃən || ˌtrænsəbˌstænʃɪ'eɪʃən, trɑːn-/ *n* [u] (Relig) transubstanciación *f*

transversal /ˌtrænz'vɜːrsəl || ˌtrænz'vɜːsəl/ *adj* transversal

transverse /trænz'vɜːrs || trænz'vɜːs, trɑːn-/ *adj* (frml) ‹*section/beam/engine*› transversal; **~ colon** colon *m* transverso; **~ flute** flauta *f* traversa *or* (Esp) travesera; **~ wave** onda *f* transversal

transvestism /trænz'vestɪzəm || trænz 'vestɪzəm, trɑːn-/, **transvestitism** /-'vestətɪzəm/ *n* [u] travestismo *m*

transvestite /trænz'vestaɪt || trænz'vestaɪt, trɑːn-/ *n* travestido *m*, travesti *m*, travestí *m*

Transylvania /ˌtrænsəl'veɪniə || ˌtrænsɪl 'veɪniə/ *n* Transilvania *f*

trap[1] /træp/ *n*
A **1** (for animals, people) trampa *f*; **careful, it may be a ~!** ten cuidado, puede ser una trampa; **lion/elephant ~** trampa para leones/elefantes; **these shelves are terrible dust ~s** estos estantes juntan mucho polvo; **to lay** *o* **set a ~ for sb** tenderle* una trampa *or* una celada a algn; **she got caught in the ~ of ...** cayó en la trampa de ...; **to be caught like a rat in a ~** estar* atrapado *or* acorralado; **to fall/walk into a ~** caer* en una trampa **2** (in pipe) sifón *m* **3** ▸**trapdoor**
B (mouth) (sl): **to keep one's ~ shut** no abrir* la boca (fam), no decir* nada; **shut your ~!** ¡cierra el pico! (fam), ¡cállate (la boca)!
C **1** (in greyhound racing) box *m* de salida **2** (in clay-pigeon shooting) lanzaplatos *m* **3** (in golf) (*sand ~*) bunker *m*
D (vehicle) *carruaje ligero de dos ruedas*

trap[2] *vt* **-pp-** **1** (snare) ‹*animal*› cazar* (*con trampa*) **2** (cut off, catch) (*often pass*) atrapar; **30 miners are feared ~ped in the mine** se teme que 30 mineros hayan quedado atrapados en la mina; **the driver was ~ped in the wreckage** el conductor quedó atrapado en el vehículo siniestrado; **the kitten had got ~ped in the cupboard** el gatito había quedado encerrado *or* atrapado en el armario; **she ~ped her finger in the door** se agarró *or* se pilló *or* (Esp tb) se cogió el dedo en la puerta **3** (trick, deceive): **he ~ped me into a confession/into admitting that ...** me tendió una trampa y confesé/reconocí que ... **4** ‹*liquid/gas/light/heat*› retener* **5** (in soccer) (Sport) ‹*ball*› parar con el pie
■ **trap** *vi* (catch animals) cazar* (*con trampa*); **they lived by ~ping and fishing** vivían de la caza y de la pesca

trapdoor, trap door /'træp'dɔːr || 'træp dɔː(r)/ trampilla *f*; (Theat) escotillón *m*

trapeze /træ'piːz, trə- || trə'piːz/ *n* trapecio *m*; (*before n*): **~ artist** trapecista *mf*

trapezium /trə'piːziəm/ (*pl* **-ziums** *or* **-zia** /-ziə/) *n* **1** (without parallel lines) (esp AmE) trapezoide *m* **2** (with parallel sides) (esp BrE) trapecio *m*

trapezoid /'træpəzɔɪd || 'træpɪzɔɪd/ *n* **1** (esp BrE) ▸**trapezium 1** **2** (esp AmE) ▸**trapezium 2**

trapper /'træpər || 'træpə(r)/ *n* trampero, -ra *m,f*, cazador, -dora *m,f*; **fur ~** cazador *m* de pieles

trappings /'træpɪŋz/ *pl n* **1** (paraphernalia): **she was seduced by the ~ of office** se dejó seducir por toda la ceremonia que conlleva el cargo; **all the ~ of success** los símbolos del éxito, todo lo que acompaña el éxito; **bereft of the ~ of royalty** despojado del boato de la realeza **2** (of horse) arreos *mpl*, jaeces *mpl*

Trappist[1] /'træpəst || 'træpɪst/ *n* trapense *m*

Trappist[2] *adj* trapense, de la Trapa

trapshooter /'træpˌʃuːtər || 'træpˌʃuːtə(r)/ *n* (AmE) tirador, -dora *m,f* al plato

trapshooting /'træpˌʃuːtɪŋ/ *n* [u] (AmE) tiro *m* al plato

t

trash[1] /træʃ/ *n* [u] 1 (refuse) (AmE) basura *f*; (*before n*): ~ **bag** bolsa *f* de la basura; ~ **can** cubo *m or* (CS) tacho *m or* (Méx) bote *m or* (Col) caneca *f or* (Ven) tobo *m* de la basura; ~ **compacter** triturador *m* de basura; ~ **heap** montón *m* de basura 2 (worthless stuff) basura *f*; **stop talking** ~! ¡deja de decir estupideces! 3 (people) (AmE colloq) escoria *f*; **white** ~ *blancos pobres del sur de los EEUU*

trash[2] *vt* (AmE) 1 (dispose of) botar (a la basura) (AmL exc RPl), tirar (a la basura) (Esp, RPl) 2 (criticize) (colloq) ‹*movie/book*› poner* por los suelos *or* por el suelo; ‹*person*› despellejar (fam), poner* verde (Esp fam) 3 (vandalize) (sl) destrozar*

trashman /ˈtræʃmæn/ *n* (*pl* **-men** /-men/) (AmE) basurero *m*

trashy /ˈtræʃi/ *adj* **-shier, -shiest** ‹*souvenir*› barato, de porquería (fam), rasca (CS fam); ‹*movie/magazine*› malo; **a** ~ **novel** una novelucha

trauma /ˈtrɔːmə/ *n*

A [c u] (*pl* **-mas**) (shock, painful experience) trauma *m*

B [c] (*pl* **-mas** *or* **-mata**) (Psych) trauma *m*; (Med) traumatismo *m*, trauma *m*

trauma center, (BrE) **trauma centre** *n* unidad *f* de traumatología

traumatic /trɔːˈmætɪk/ *adj* traumático, traumatizante

traumatize /ˈtrɔːmətaɪz/ *vt* traumatizar*

travail[1] /ˈtræveɪl/ *n* [u] (liter *or* journ) (*often pl*) penalidades *fpl*, tribulaciones *fpl*

travail[2] *vi* (liter) penar (liter)

travel[1] /ˈtrævəl/ BrE **-ll-** *vi*

A (make journey) viajar; **when are you** ~**ing?** ¿cuándo viajas?; **they** ~**ed by night** viajaron de noche; **to** ~ **by air** *o* **by plane** viajar en avión, volar*; **to** ~ **by rail** *o* **train** viajar en tren; **to** ~ **overland/by road** viajar por tierra/por carretera; **to** ~ **on horseback/foot** ir* a caballo/a pie; **passengers** ~**ing to Budapest** los pasajeros con destino a Budapest; **we were** ~**ing very light** viajábamos con muy poco equipaje *or* muy ligeros de equipaje; **I have to** ~ **a lot in my job** tengo que viajar mucho por cuestiones de trabajo; **I spent a month** ~**ing around France** estuve un mes viajando por *or* recorriendo Francia

B 1 (move, go) «*vehicle*» desplazarse*, ir*; «*particles/comet*» desplazarse*; «*light/waves*» propagarse*; «*bobbin/piston*» desplazarse*; **we were** ~**ing at more than 80mph** íbamos a más de 80 millas por hora; **skiers** ~ **down the slope at incredible speeds** los esquiadores bajan por la pendiente a velocidades increíbles; **the ball** ~**ed 100m** la pelota recorrió 100m; **news** ~**s fast** las noticias vuelan; **the rumor** ~**ed swiftly around the building** el rumor se propagó *or* extendió rápidamente por todo el edificio; **the crane** ~**s on rails** la grúa se desliza *or* corre sobre rieles; **the liquid** ~**s along this pipe** el líquido corre *or* va por esta tubería 2 (move fast) (colloq): **he was really** ~**ing!** venía/iba a toda velocidad *or* (fam) como una bala

C (react to being transported): **this wine** ~**s very well** la calidad de este vino no se ve afectada por el transporte; **British humor doesn't** ~ **well** el humor británico resulta difícil de entender en el extranjero

D (Busn) ser* viajante *or* representante *or* (RPl tb) corredor; **to** ~ **IN sth**: **he** ~**s in perfumery** es representante *or* (RPl tb) corredor de artículos de perfumería

E (in basketball) dar* *or* hacer* pasos, dar* carrera (Col), caminar (CS)

■ **travel** *vt* ‹*country/world*› viajar por, recorrer; ‹*road/distance*› recorrer; **we** ~ **the length and breadth of the country** viajamos a lo largo y ancho del país

travel[2] *n*

A 1 [u] (activity) viajes *mpl*; **cheap** ~ viajes a precios reducidos; **his job involves a lot of** ~ tiene que viajar mucho por su trabajo; **how much do you spend on** ~ **to work?** ¿cuánto gastas para ir al trabajo?; **the cost includes** ~ **to and from the airport** el precio incluye los traslados al y desde el aeropuerto; **we covered 800km in a day's** ~ hicimos 800km en un día de viaje; **Acme T**~ Viajes *mpl* Acme; (*before n*) ‹*company/brochure*› de viajes; ‹*industry*› turístico; ‹*book*› de *or* sobre viajes; ~ **alarm** despertador *m* de viaje; ~ **bag** bolso *m* de viaje *or* de mano; ~ **card** (Transp) ≈ boleto *m* único (AmL), ≈ bono *m* de transporte público (Esp), ≈ bono *m* metrobús (Chi); ~ **documents** documentos *mpl* de viaje; ~ **expenses** gastos *mpl* de viaje *or* desplazamiento; ~ **insurance** seguro *m* de viaje; ~ **news** boletín *m* informativo para el viajero; ~ **writer** *persona que escribe libros o artículos sobre viajes* 2 **travels** *pl* viajes *mpl*; **if you see Pete in your** ~**s** (colloq) si ves a Pete por ahí

B [u c] (of lever, piston) desplazamiento *m*

travel agency *n* agencia *f* de viajes

travel agent *n* agente *mf* de viajes; ~ ~**'s** agencia *f* de viajes

travelator /ˈtrævəleɪtər || ˈtrævəleɪtə(r)/ *n* pasillo *m* móvil

travel bureau *n* agencia *f* de viajes

traveled, (BrE) **-ll-** /ˈtrævəld/ *adj*: **he is widely** ~ *o* **very well-**~ ha viajado mucho, es muy viajado (AmS); **a little-**~ **line** una línea poco usada

traveler, (BrE) **-ll-** /ˈtrævlər || ˈtrævlə(r)/ *n* 1 viajero, -ra *m,f*; **she's a seasoned** ~ ha viajado mucho, es una persona muy viajada (AmS); **bus** ~**s** usuarios *mpl* del servicio de autobuses; **she's a bad/good** ~ se marea mucho/no se marea cuando viaja 2 (Busn) representante *mf*, viajante *mf*, corredor, -dora *m,f* (RPl); **a** ~ **in menswear** un representante *or* (RPl tb) corredor de ropa de caballero 3 (itinerant person) (BrE) *persona que ha adoptado el estilo de vida errante de los gitanos*

traveler's check, (BrE) **traveller's cheque** *n* cheque *m* de viaje *or* de viajero

traveling[1], (BrE) **-ll-** /ˈtrævlɪŋ/ *n* [u] (for pleasure, business): **do you like** ~**?** ¿te gusta viajar?; **have you done much** ~**?** ¿has viajado mucho?; (*before n*): ~ **expenses** gastos *mpl* de viaje *or* de desplazamiento

traveling[2], (BrE) **-ll-** *adj* 1 (for journeys) ‹*clothes/rug/companion*› de viaje; ~ **chess set** juego *m* de ajedrez portátil; ~ **clock** (BrE) despertador *m* de viaje 2 (itinerant) ‹*circus/exhibition*› ambulante, itinerante; ~ **salesman** viajante *m*, representante *m*, corredor *m* (RPl)

travelog, (BrE) **travelogue** /ˈtrævəlɔːg || ˈtrævəlɒg/ *n* documental *m* sobre viajes

travel-sick /ˈtrævəlsɪk/ *adj* (BrE) mareado; **to be** *o* **feel** ~ estar* mareado; **to get** ~ marearse

travel sickness *n* [u] (BrE) mareo *m*; (*before n*) ‹*pills*› para el mareo

travel-weary /ˈtrævəlˌwɪri || ˈtrævəlˌwɪəri/ *adj* cansado de viajar, harto de viajar, aburrido de viajar

traverse[1] /trəˈvɜːrs || trəˈvɜːs/ *vt* 1 (cross) (frml *or* liter) atravesar*, cruzar*; **a region** ~**d by rivers** una región surcada de ríos 2 (in mountaineering, skiing) ‹*slope*› atravesar*

traverse[2] *n*

A [c u] (frml) (act of crossing) travesía *f*

B [c u] (in mountaineering, skiing) travesía *f*

C [c u] (Naut) navegación *f* en zigzag

D [c] 1 (gallery) galería *f* 2 (on trench) barrera *f* de protección

travesty[1] /ˈtrævəsti/ *n* (*pl* **-ties**) (pej) parodia *f*, farsa *f*; **this trial is a** ~ **of justice** este juicio es una farsa

travesty[2] *vt* **-ties, -tying, -tied** parodiar

trawl[1] /trɔːl/ *vi* hacer* pesca de arrastre, pescar* con red de arrastre; **they were** ~**ing for herring** estaban pescando arenque con red de arrastre

■ **trawl** *vt* 1 (Naut) ‹*waters/seabed*› pescar* en (*con red de arrastre*) 2 (search) **to** ~ **sth FOR sth** buscar* algo en algo; **he was** ~**ing the newspapers for jobs** estaba buscando ofertas de empleo en los periódicos

trawl[2] *n* 1 ~ **(net)** red *f* de (pesca de) arrastre 2 ~ **(line)** palangre *m*, espinel *m*

trawler /ˈtrɔːlər || ˈtrɔːlə(r)/ *n* barca *f* pesquera (*utilizada para hacer pesca de arrastre*), bou *m*

trawlerman *n* (*pl* **-men**) pescador *m* de arrastre

tray /treɪ/ *n* 1 (for carrying) bandeja *f*, azafate *m* (AmL), charola *f* (AmL), charol *m* (AmL) 2 (for documents) bandeja *f*; *see also* **in-tray, out-tray** 3 (container — for film processing) cubeta *f*; (— in tool box) bandeja *f*; (— in refrigerator) bandeja *f*; (for ice cubes) cubetera *f* 4 (*baking* ~) bandeja *f or* placa *f or* (RPl tb) chapa *f or* (Col tb) lata *f* (de horno)

trayful /ˈtreɪfʊl/ *n* bandeja *f* (llena)

treacherous /ˈtretʃərəs/ *adj* 1 (disloyal) ‹*person*› traicionero, traidor; **a** ~ **act** una traición 2 (dangerous, unpredictable) ‹*bend*› peligroso; ‹*sea/current*› traicionero; ~ **weather conditions** condiciones climáticas adversas

treacherously /ˈtretʃərəsli/ *adv* 1 (disloyally) traidoramente, a traición 2 (dangerously) peligrosamente

treachery /ˈtretʃəri/ *n* [u c] (*pl* **-ries**) traición *f*; **an act of** ~ una traición

treacle /ˈtriːkəl/ *n* [u] (esp BrE) melaza *f*; (*before n*): ~ **tart** tarta *f* de melaza

treacly /ˈtriːkli/ *adj* **-lier, -liest** 1 (like treacle) meloso 2 ‹*story*› sensiblero; ‹*manner/voice*› meloso, empalagoso

tread[1] /tred/ (*past* **trod**; *past p* **trodden** *or* **trod**) *vi* 1 (step) (esp BrE) pisar; **be careful where you** ~! ¡cuidado dónde pisas!; **I must have trodden in something** debo (de) haber pisado algo; *see also* **tread on** 2 (handle situation): **to** ~ **carefully** *o* **warily** andarse* con cuidado *or* con cautela *or* con pie(s) de plomo 3 (go): **a journalist who ventures where others fear to** ~ un periodista que se aventura a entrar donde otros no se atreven; **the virgin forest where no human foot has trod** (liter) la selva virgen que no ha sido hollada por pie humano (liter); ~ **softly when you go upstairs** no hagas ruido al subir la escalera

■ **tread** *vt* 1 (crush): **she trod the earth down** apisonó la tierra; **you're** ~**ing mud into the carpet** estás embarrando la alfombra con los zapatos; **the dirt gets trodden in** la suciedad se va incrustando de tanto pisar; **don't** ~ **dirt through the house** no ensucies toda la casa con esos zapatos; **to** ~ **grapes** pisar uvas; **to** ~ **water** flotar (*en posición vertical*) 2 (make): **they have trodden a path across the lawn** de tanto pisar han hecho un camino en el césped; **with all their comings and goings they've trodden a hole in the carpet** de tanto ir y venir han hecho un agujero en la alfombra; **she followed the well-trodden path into marriage** siguió el trillado camino del matrimonio 3 (walk on) ‹*path*› andar* por, hollar* (liter); **the carpet has been trodden bare in places** trozos de la alfombra están muy desgastados de tanto pisarlos

Phrasal verbs

- **tread on** [v + prep + o] (esp BrE) pisar; **someone trod on my foot** alguien me pisó; **to** ~ ***on sb's toes*** *o* ***corns*** molestar a algn
- **tread out** [v + o + adv, v + adv + o] (BrE) ‹*fire/cigarette*› aplastar, apagar* con el pie

tread[2] *n*

A [c u] (step, footfall) paso *m*; (steps) pasos *mpl*; **we could hear the** ~ **of marching feet** oíamos pasos de marcha; **the familiar** ~ **of my father** los pasos familiares *or* el (modo de) andar familiar de mi padre; **to walk with a heavy** ~ andar* con paso cansino

B [c u] (molding — on tire) banda *f* de rodamiento; (— on sole of shoe) dibujo *m*; **there's no** ~ **left on the tires** los neumáticos están lisos *or* gastados

C [c] (of stair) escalón *m*, peldaño *m*

treadle[1] /ˈtredl/ *n* pedal *m*

treadle[2] *vt* ‹*sewing machine/lathe/potter's wheel*› darle* al pedal de

■ **treadle** *vi* pedalear

treadmill /ˈtredmɪl/ *n* 1 (unrewarding situation) rutina *f*; **back to the** ~! ¡de vuelta al yugo! 2 (Hist, Med) rueda *f* de andar 3 (Sport) (in gym) cinta *f* de andar *or* correr, trotadora *f* (Chi)

t

treason /'tri:zn/ *n* [u] traición *f*; **an act of ~** una traición

treasonable /'tri:znəbəl || 'tri:znəbəl/, **treasonous** /'tri:znəs/ *adj* traidor; **a ~ act** una traición; **~ offense** delito *m* de traición; **to accept this offer would be ~** aceptar esta oferta sería desleal

treasure¹ /'treʒər || 'treʒə(r)/ *n* 1 [u] (hoard of wealth) tesoros *mpl*; **they were hunting for buried ~** buscaban tesoros escondidos; **the galleon was laden with ~** el galeón estaba lleno de riquezas 2 [c] (sth valuable, prized) tesoro *m*; **the ~s of Antiquity** los tesoros de la antigüedad; **art ~s** tesoros artísticos; **this letter is one of my ~s** esta carta es uno de mis más preciados tesoros; **a good mechanic is a real ~** un buen mecánico es una verdadera joya; (*before n*): **~ chest** cofre *m* del tesoro; **~ hunt** (Games) búsqueda *f* del tesoro; **a ~ house of information** una mina de información 3 (term of endearment) tesoro *m*; **you're a ~!** ¡eres un tesoro!

treasure² *vt* 1 (value greatly): **thank you for the book, I shall always ~ it** gracias por el libro, siempre significará muchísimo para mí; **you should ~ a friend like him** deberías apreciar *or* valorar muchísimo a un amigo como él; **I ~ the moments we spent together** el recuerdo de los momentos que pasamos juntos es muy preciado para mí, atesoro el recuerdo de los momentos que pasamos juntos (liter) 2 **treasured** *past p* preciado; **my most ~d possession** mi bien más preciado (liter)

(Phrasal verb)

- **treasure up** [v + o + adv, v + adv + o] (liter) ‹*memories/letters*› atesorar, guardar como un tesoro

treasurer /'treʒərər || 'treʒərə(r)/ *n* tesorero, -ra *m,f*

treasure trove *n* [u] tesoro *m* (oculto)

treasury /'treʒəri/ *n* (*pl* **-ries**)
A 1 (public, communal funds) erario *m*, tesoro *m* 2 **the Treasury** *o* **the treasury** el fisco, la hacienda pública, el tesoro (público); **Department of the T~** (in US) Departamento *m* del Tesoro (de los Estados Unidos), ≈ ministerio *m* de Hacienda; (*before n*): **the T~ Bench** (in UK Parliament) los escaños de los miembros del Gobierno; **T~ bill** letra *f* del Tesoro; **~ bond** bono *m* del Tesoro (a largo plazo); **~ note** pagaré *m* del Tesoro; **T~ Secretary** (in US) Secretario *m* del Tesoro (de los Estados Unidos), ≈ ministro *m* de Hacienda; **~ stock** (in US) autocartera *f*; (in UK) bonos *mpl* del estado
B (anthology) antología *f*; **she's a ~ of local anecdotes** se sabe montones de anécdotas del lugar

treat¹ /tri:t/ *vt*
A (+ *adv compl*) 1 (behave toward) ‹*person/animal*› tratar; **to ~ sb well/badly** tratar bien/mal a algn; **the child/dog had clearly been ill ~ed** era evidente que el niño/el perro había sido maltratado *or* había recibido malos tratos; **that's no way to ~ your sister!** ¡ésa no es forma de tratar a tu hermana!; **to ~ sb like a child** tratar a algn como a un niño; **they ~ed us like royalty** nos trataron a cuerpo de rey; **how's life/the world been ~ing you?** (colloq) ¿cómo te trata la vida? (fam) 2 (use, handle) ‹*tool/vehicle*› tratar 3 (regard, consider): **to ~ sth with suspicion** ver* algo con sospecha; **he ~ed my suggestion with contempt** despreció mi sugerencia; **modern composers want to be ~ed seriously** los compositores modernos quieren que se los tome en serio; **you seem to ~ this whole thing as a joke** pareces tomarte a broma todo esto
B (process) ‹*wood/fabric/sewage*› tratar; **it has been ~ed with a caustic solution** ha sido tratado con una solución caústica
C (deal with) (frml) ‹*subject*› tratar
D (Med) ‹*patient/disease*› tratar; **she's being ~ed for an ulcer** está en tratamiento por una úlcera; **who is ~ing her?** ¿quién la trata?, ¿qué médico la atiende?
E (entertain): **I'm ~ing you** te invito yo; **we took the children out and ~ed them** sacamos a los niños de paseo y les dimos un gusto; **we thought we'd ~ ourselves and go to the opera** decidimos darnos un gusto e ir a la ópera; **to ~ sb to sth: may I ~ you to lunch?** ¿te puedo invitar a comer?; **he ~s himself to a drink once a week** una vez a la semana se da el gusto de tomarse una copa; **why don't you ~ yourself to a new dress?** ¿por qué no te das un gusto y te compras un vestido nuevo?; **we were then ~ed to a performance of traditional dancing** luego nos ofrecieron un espectáculo de bailes folklóricos
■ **treat** *vi* (negotiate) (frml) **to ~ WITH sb** negociar CON algn

(Phrasal verb)

- **treat of** [v + prep + o] (frml) «*thesis/article*» tratar de, versar sobre; «*writer*» tratar

treat² *n* gusto *m*; **we thought we'd give the children a ~** quisimos darles un gusto a los niños; **today I'm going to give myself a ~** hoy me voy a dar un gusto *or* me voy a permitir un lujo; **I bought myself an ice cream as** *o* **for a ~** me compré un helado para darme (un) gusto; **as a special ~** como algo muy especial; **that meal was a real ~** esa comida fue un verdadero festín; **her dancing is a ~ to watch** da gusto *or* es un placer verla bailar; **I'll stand (you all) a ~** (BrE) yo (los) invito; **this is my ~** invito *or* pago yo; ***to come on/go down a ~*** (BrE colloq): **the project is coming on a ~** el proyecto marcha sobre ruedas; **this champagne goes down a ~** este champán es una delicia; **everything worked a ~** todo salió a las mil maravillas

treatable /'tri:təbəl/ *adj* tratable

treatise /'tri:təs || 'tri:tɪs, -ɪz/ *n* **~ (ON sth)** tratado *m* (SOBRE algo)

treatment /'tri:tmənt/ *n* [u c]
A (handling) 1 (of person, animal, object) trato *m*; **the ~ they received at the hands of the guards** el trato que recibieron de parte de los guardias; **what have I done to deserve such ~?** ¿qué he hecho yo para merecer este trato *or* para que me traten de esta manera?; **her ~ of her children** la manera como trata a sus hijos, el trato que les da a sus hijos; **he is given preferential ~** se le da un trato preferente *or* preferencial; **the furniture has had some rough ~** se les ha dado un muy mal trato a los muebles 2 (of subject, idea) tratamiento *m*; **I resented her ~ of the issue** no me gustó el tratamiento que le dio al asunto; **his ~ of the human form** la manera como trata la figura humana; **this question deserves fuller ~** este asunto merece ser tratado con mayor profundidad
B (of metal, fabric, waste) tratamiento *m*; ***to get/give sb the (full) ~***: **I got the full ~ from him** se desvivió por atenderme; **she got the full ~ from the boss for her mistake** el jefe le dijo de todo por haberse equivocado (fam); **those thugs certainly gave him the ~** esos matones le dieron una buena paliza; **we were given the full ~: luxury accommodation, champagne ...** nos trataron a cuerpo de rey: alojamiento de lujo, champán ...
C (Med) tratamiento *m*; **I'm having** *o* **undergoing medical ~** estoy en *or* bajo tratamiento médico; (*before n*): **~ room** sala *f* de tratamiento, sala *f* de curas (Esp)

treaty /'tri:ti/ *n* (*pl* **-ties**) 1 (Pol) tratado *m*; **trade/peace ~** tratado comercial/de paz; **to enter into a ~** suscribir* un tratado; **the T~ of Rome** el Tratado de Roma 2 (agreement) (BrE): **to sell sth by private ~** vender algo mediante acuerdo privado

treble¹ /'trebəl/ *n*
A 1 [c] (singer) tiple *mf*, soprano *mf*; (voice) voz *f* de tiple *or* soprano 2 [c] (part) parte *f* de tiple *or* soprano 3 [u] (Audio) agudos *mpl*
B 1 (set of three) (esp BrE) terno *m* (*conjunto de tres cosas*) 2 (in darts) triple *m* 3 (in betting) (BrE) *apuesta combinada a tres caballos*, tripleta *f* (AmL), trifecta *f* (Arg)

treble² *vt* triplicar*
■ **treble** *vi* triplicarse*

treble³ *adj*
A (threefold) triple; **the total reaches ~ figures** el total alcanza números de tres cifras; **for six people use ~ quantities** para seis personas triplique las cantidades; **three nine ~ five** (BrE) tres nueve cinco cinco cinco
B (*before n*) 1 (Mus) ‹*voice/part*› de tiple *or* soprano; **~ recorder** flauta *f* dulce contralto; **~ staff** *o* **stave** pentagrama *m* de sol 2 (Audio) ‹*frequencies/control*› de agudos

treble⁴ *adv* (esp BrE): **she earns ~ that amount/what I do** gana el triple de esa cantidad/que yo

treble clef *n* clave *f* de sol

tree /tri:/ *n* árbol *m*; **apple ~** manzano *m*; **palm ~** palmera *f*; **walnut ~** nogal *m*; **to climb a ~** subirse a un árbol; **the ~ of knowledge (of good and evil)** el árbol de la ciencia (del bien y del mal); **the ~ of life** el árbol de la vida; ***money doesn't grow on ~s*** el dinero no crece en los árboles, el dinero cuesta ganarlo; **qualified nurses don't grow on ~s** enfermeras tituladas no se encuentran así como así; ***to be barking up the wrong ~*** errar* el tiro; ***to be out of one's ~*** (AmE colloq) estar* chalado (fam); ***to be up a ~*** (AmE colloq) estar* en aprietos *or* apuros; ***you/one can't see the forest*** *o* (BrE) ***the wood for the ~s*** los árboles no dejan ver el bosque; (*before n*): **~ house** *cabaña construida en un árbol para juegos infantiles*; **~ line** *límite a partir del cual no crece vegetación boscosa*; **~ ring** anillo *m*; **~ stump** tocón *m or* cepa *f* de árbol; **~ surgeon** arboricultor, -tora *m,f*; **~ trunk** tronco *m*; ▸**top¹ A1**

treecreeper /'tri:ˌkri:pər || 'tri:ˌkri:pə(r)/ *n* agateador *m* (común)

tree diagram *n* (diagrama *m* de) árbol *m*

tree fern *n* helecho *m* arborescente, rabo *m* de mico

tree frog *n* rana *f* de San Antonio

tree-hugger /'tri:ˌhʌgər || 'tri:ˌhʌgə(r)/ *n* (colloq & pey) ecólatra *mf* (fam), ecologista *mf* fanático, -ca

treeless /'tri:ləs || 'tri:lɪs/ *adj* sin árboles

tree-lined /'tri:laɪnd/ *adj* (*before n*) bordeado de árboles, arbolado

treetop /'tri:tɑ:p || 'tri:tɒp/ *n* copa *f* de árbol

trefoil /'trefɔɪl/ *n* (Bot) trébol *m*, trifolio *m*; (Archit) trifolio *m*

trek¹ /trek/ *n* caminata *f*

trek² *vi* **-kk-** caminar; **to go ~king in Spain** ir* a hacer senderismo en España; **I had to ~ all over London looking for the book** (colloq) tuve que patearme todo Londres buscando el libro (fam)

trekker /'trekər || 'trekə(r)/ *n* senderista *mf*

trekking /'trekɪŋ/ *n* senderismo *m*, trekking *m*

trellis¹ /'treləs || 'trelɪs/ *n* enrejado *m*, espaldar *m*, espaldera *f*

trellis² *vt* (*usu pass*) ‹*plant*› emparrar

trelliswork /'treləswɜ:rk || 'trelɪswɜ:k/ *n* [u] enrejado *m*

tremble¹ /'trembəl/ *vi* temblar*; **I was trembling with fear** temblaba de miedo; **my legs/hands were trembling** me temblaban las piernas/las manos; **I ~ at the thought that ...** tiemblo al pensar que ...

tremble² *n* temblor *m*; **to be all of a ~** (BrE colloq) estar* *or* temblar* como un flan (fam), temblequear (fam)

tremendous /trɪ'mendəs/ *adj* 1 (great, huge) ‹*difference/disappointment*› tremendo, enorme; ‹*speed/success*› tremendo; ‹*explosion/blow*› terrible, tremendo; **she has ~ charisma** tiene muchísimo carisma; **she was a ~ help** me (*or* nos *etc*) ayudó muchísimo 2 (very good) formidable; **her performance is ~** su actuación es formidable *or* fantástica; **he's a ~ athlete** es un atleta formidable; **we had a ~ time** lo pasamos estupendo *or* fantástico; **the landscape is ~** el paisaje es increíble *or* hermosísimo

tremendously /trɪ'mendəsli/ *adv* tremendamente, enormemente; **we're ~ disappointed** estamos tremendamente *or* enormemente desilusionados; **he helped me ~** me ayudó

t

muchísimo; **you have to be ~ careful** tienes que tener muchísimo cuidado *or* un cuidado tremendo; **what happened? — nothing ~ interesting** ¿qué pasó? — nada de gran interés

tremolo /'tremələʊ/ *n* [u c] (*pl* **-los**) trémolo *m*

tremor /'tremər || 'tremə(r)/ *n* **1** (quiver) temblor *m*; **she felt a ~ of emotion** se estremeció de emoción; **with a ~ in her voice** con voz temblorosa **2** (Med) temblor *m* **3** (*earth ~*) temblor *m* (de tierra), seísmo *m*, sismo *m* (AmL)

tremulous /'tremjələs || 'tremjʊləs/ *adj* (liter) **1** (trembling) ‹*voice/hand*› trémulo (liter), tembloroso **2** (timid) ‹*glance/smile*› tímido

trench /trentʃ/ *n* **1** (ditch) zanja *f* **2** (Mil) trinchera *f*; (*before n*): **~ foot** (Med) *afección del pie producida por pasar largos períodos en el agua*; **~ warfare** guerra *f* de trincheras

trenchancy /'trentʃənsi/ *n* [u] mordacidad *f*

trenchant /'trentʃənt/ *adj* ‹*observation/criticism*› incisivo, mordaz, cáustico; ‹*style/wit*› mordaz

trenchantly /'trentʃəntli/ *adv* mordazmente

trench coat *n* trinchera *f*, gabardina *f*, impermeable *m*

trencherman /'trentʃərmən || 'trentʃəmən/ *n* (*pl* **-men** /-mən/) (hum *or* liter) persona *f* de buen comer

trend[1] /trend/ *n*

A **1** (pattern, tendency) tendencia *f*; **there is a ~ toward centralization** existe una tendencia a *or* hacia la centralización; **that's the general ~ among young people** ésa es la tónica general entre los jóvenes; **upward/downward ~** tendencia alcista *or* al alza/bajista *or* a la baja; **this will set the ~ in personal computers** esto marcará la pauta *or* la tónica en lo que respecta a computadoras personales **2** (fashion) moda *f*

B (Geog) dirección *f*

trend[2] *vi* tender*; **unemployment is ~ing upward/downward** el desempleo tiende al alza/a la baja; **public opinion ~s toward/away from capital punishment** la opinión pública se inclina hacia/en contra de la pena capital

trendily /'trendəli/ *adv* a la última moda

trendiness /'trendinəs || 'trendinɪs/ *n* [u] lo moderno; **as you can see from the ~ of his clothes** como uno puede notar por lo moderno de su vestimenta; **the décor gives an air of ~** la decoración le da un aire de modernidad

trendsetter /'trend,setər || 'trend,setə(r)/ *n*: *persona que inicia una moda*

trendsetting /'trend,setɪŋ/ *adj* que inicia una moda

trend-watcher /'trend,wɑːtʃər || 'trend,wɒtʃə(r)/ *n* cazatendencias *m*, *persona que predice la tendencia de la moda, en los negocios etc*

trendy[1] /'trendi/ *adj* **-dier, -diest** moderno, modernoso (fam); **his ideas are very ~ at the moment** sus ideas están muy de moda actualmente; **a bunch of ~ lefties** un montón de izquierdistas progres (fam); **she was wearing a very ~ outfit** iba vestida muy moderna *or* a la última moda; **this part of town is getting very ~** este barrio se está poniendo de moda

trendy[2] *n* (*pl* **-dies**) (BrE colloq & pej) persona *f* a la moda; (Pol) progre *mf* (fam)

trepan[1] /trɪ'pæn/ *vt* trepanar

trepan[2] *n* trépano *m*

trephine[1] /'triːfaɪn || trɪ'faɪn/ *vt* trepanar

trephine[2] *n* trépano *m*

trepidation /,trepə'deɪʃən || ,trepɪ'deɪʃən/ *n* [u] (frml) (fear) temor *m* (frml), miedo *m*; (worry, anxiety) inquietud *f*; **I entered his office in** *o* **with ~** entré atemorizado en su oficina; **I must confess to some ~ about the outcome** tengo que reconocer que estoy muy preocupado *or* inquieto por lo que pueda pasar

trespass[1] /'trespəs/ *vi*

A **1** (Law) *entrar sin autorización en propiedad ajena*; **they were ~ing on my land** habían entrado en mi propiedad sin autorización; **Ⓢ no trespassing** prohibido el paso, propiedad privada **2** (encroach) **to ~ (on sth): that's his sphere and I don't want to ~** eso es de su competencia y no quiero entrometerme; **I've ~ed on your patience/generosity quite enough** ya he abusado bastante de su paciencia/generosidad; **they have no right to ~ on her personal life like this** no tienen ningún derecho a meterse así en su vida privada

B (offend) (arch) pecar*; **as we forgive them that ~ against us** así como nosotros perdonamos a nuestros deudores

trespass[2] *n*

A [u c] (Law) *entrada sin autorización en propiedad ajena*

B [c] (offense) (arch) pecado *m*; **forgive us our ~es** perdónanos nuestras deudas

trespasser /'trespəsər || 'trespəsə(r)/ *n* intruso, -sa *m,f*; **Ⓢ trespassers will be prosecuted** prohibido el paso, propiedad privada

tress /tres/ *n* (liter) **1** (lock of hair) mechón *m* **2** **tresses** *pl* (hair) (liter) cabellera *f* (liter), cabellos *mpl*

trestle /'tresəl/ *n* **1** (support) caballete *m* **2** **~ (bridge)** puente *m* de caballete

trestle table *n* mesa *f* de caballetes

trews /truːz/ *pl n* (BrE) *pantalones de tela escocesa*

tri- /traɪ/ *pref* tri-

triad /'traɪæd/ *n* **1** (set of three) (frml) tríada *f* (frml) **2** (Mus) tríada *f* **3** (Chem) tríada *f* (*átomo, radical o elemento trivalente*) **4** **Triad** (secret society) *sociedad secreta china*

triage /'triːɑːʒ || 'traɪɪdʒ/ *n* [u] (Med) triage *m*

trial[1] /'traɪəl/ *n*

A (Law) **1** [c] (court hearing) proceso *m*, juicio *m*; **murder/rape ~** proceso *or* juicio por asesinato/violación **2** [u] (judgment) juicio *m*; **~ by jury** juicio con *or* por jurado; **if the case goes to ~** si el caso va a juicio; **she was brought to ~** fue procesada; **to be on ~ for murder/murdering a policeman** estar* siendo procesado por asesinato/el asesinato de un policía; **to stand ~** ser* procesado *or* juzgado; **she is awaiting ~** está a la espera de ser procesada; **fair ~** juicio *m* imparcial; **to give sb a fair ~** juzgar* a algn con imparcialidad

B [u c] (test — of machine, drug) prueba *f*; (— of person) prueba *f*; **clinical ~** ensayo *m* clínico; **~ of strength** prueba *f* de fuerza, pulso *m*; **the meeting will be a ~ of strength between the two ministers** los dos ministros medirán sus fuerzas en la reunión; **to give sth/sb a ~** poner* algo/a algn a prueba; **on ~** a prueba; **we'll send you the first volume on ~** le enviaremos el primer tomo a prueba; **remember, you're on ~** recuerda que estás a prueba; **~ and error** (Psych) ensayo *m* y error *m*; **you learn by ~ and error** uno aprende equivocándose *or* por ensayo y error; **~ and error is the only method, I'm afraid** me temo que sólo podemos ir tanteando

C [c] (trouble) padecimiento *m*, sufrimiento *m*; **~s and tribulations** tribulaciones *fpl*; **children can be a ~** los niños pueden ser una cruz

D (Sport) (*usu pl*) prueba *f* de selección; **horse ~s** concurso *m* hípico; **sheepdog ~s** *concurso en que se pone a prueba la destreza de los perros pastores*

trial[2] *adj* ‹*period/flight*› de prueba; **we've employed her/taken a subscription on a ~ basis** la hemos contratado/nos hemos suscrito a prueba; **~ offer** oferta *f* especial (*para promover un producto nuevo*); **we agreed on a period of ~ separation** convinimos en un período de separación como prueba; **~ balance** balance *m* de comprobación de saldos

trial run *n*: **I would never buy a car without giving it a ~ ~** nunca compraría un coche sin ponerlo a prueba; **it was the prototype's first ~ ~** era la primera puesta a prueba del prototipo

triangle /'traɪæŋgəl/ *n* **1** (Math) triángulo *m*; **equilateral/right-angled ~** triángulo equilátero/rectángulo **2** (set square) escuadra *f*, cartabón *m* (Esp) **3** (relationship) triángulo *m* amoroso; **the eternal ~** el eterno triángulo **4** (Mus) triángulo *m*

triangular /,traɪ'æŋgjələr || ,traɪ'æŋgjʊlə(r)/ *adj* triangular; **a ~ pyramid** una pirámide de base triangular; **a ~ agreement** un acuerdo tripartito

triangulate /,traɪ'æŋgjəleɪt || ,traɪ'æŋgjʊleɪt/ *vt* triangular

triangulation /traɪ,æŋgjə'leɪʃən || traɪ,æŋgjʊ'leɪʃən/ *n* [u] triangulación *f*

Triassic[1] /,traɪ'æsɪk/ *adj* triásico

Triassic[2] *n*: **the ~** el triásico

triathlete /,traɪ'æθliːt/ *n* triatleta *mf*

triathlon /,traɪ'æθlɑːn, -lən || ,traɪ'æθlɒn, -lən/ *n* triatlón *m*

tribal /'traɪbəl/ *adj* tribal

tribalism /'traɪbəlɪzəm/ *n* [u] **1** (tribal organization) tribalismo *m* **2** (tribal loyalty) (pej) tribalismo *m*

tribally /'traɪbəli/ *adv* en tribus

tribe /traɪb/ *n* **1** (Anthrop) tribu *f* **2** (family) (colloq & hum) tribu *f* (fam & hum), familia *f*, clan *m* **3** (Bot) tribu *f*

tribesman /'traɪbzmən/ *n* (*pl* **-men** /-mən/) miembro *m* de una tribu

tribeswoman /'traɪbz,wʊmən/ *n* (*pl* **-women**) miembro *f* de una tribu

tribology /,traɪ'bɑːlədʒi || ,traɪ'bɒlədʒi/ *n* [u] tribología *f*

tribulation /,trɪbjə'leɪʃən || ,trɪbjʊ'leɪʃən/ *n* [u c] (liter) tribulación *f*

tribunal /,traɪ'bjuːnl/ *n* **1** (court) tribunal *m* **2** (committee of inquiry) (BrE) comisión *f* investigadora

tribune /'trɪbjuːn/ *n* **1** (in ancient Rome): **~ (of the people)** tribuno *m* de la plebe **2** (Archit) tribuna *f*

tributary[1] /'trɪbjəteri || 'trɪbjʊtəri/ *n* (*pl* **-ries**) **1** (river) afluente *m*, río *m* tributario **2** (state) estado *m* tributario

tributary[2] *adj* **1** ‹*river*› tributario **2** ‹*state/ruler*› tributario

tribute /'trɪbjuːt/ *n*

A [c u] (acknowledgment) homenaje *m*, tributo *m* (AmL); **as a ~ to ...** como homenaje *or* (AmL tb) tributo a ...; **a moving ~** un emotivo homenaje; **~ TO sb/sth** homenaje *m or* (AmL tb) tributo *m* A algn/algo; **the movie is a ~ to the courage of these men** la película rinde homenaje *or* (AmL tb) tributo a la valentía de estos hombres; **to pay ~ to sb/sth** rendir* homenaje *or* (AmL tb) tributo a algn/algo; **floral ~** ofrenda *f* floral

B [u] (payment) tributo *m*

trice /traɪs/ *n*: **in a ~** en un periquete (fam), en un santiamén (fam)

tricentenary /,traɪsen'tenəri || ,traɪsen'tiːnəri/ *n* (*pl* **-ries**) tricentenario *m*; (*before n*): **the ~ celebrations** las celebraciones del tricentenario

triceps /'traɪseps/ *n* (*pl* ~) tríceps *m*

triceratops /,traɪ'serətɑːps || ,traɪ'serətɒps/ *n* triceratops *m*

trick[1] /trɪk/ *n*

A **1** (ruse) trampa *f*, ardid *m*; **it was a ~ to get him to confess** fue una trampa *or* un ardid para que confesara; **they played a dirty ~ on him** le jugaron una mala pasada, le hicieron una mala jugada; **it's just a ~ of the light** es la luz que engaña; (*before n*): **~ photograph** fotografía *f* trucada; **~ photography** trucaje *m*; **a ~ question** una pregunta con trampa; *see also* **dirty tricks** **2** (prank, joke) broma *f*, jugarreta *f*; **to play a ~ on sb** hacerle* *or* gastarle una broma a algn; **my eyes must be playing ~s on me** debo de estar viendo visiones; **she's up to her old ~s again** ya está otra vez haciendo de las suyas; **how's ~s?** (sl) ¿qué tal? (fam), ¿qué onda? (AmL arg)

B (feat, skilful act) truco *m*; **to do card ~s** hacer* trucos con las cartas; **magic ~** truco de magia; **I've taught my dog to do ~s** le he enseñado al perro a hacer gracias; **the ~ is to add the oil slowly** el truco *or* el secreto está en añadir el aceite poco a poco; **she knows every ~ in**

t

the book se las sabe todas (fam); **we've tried every ~ in the book** hemos intentado todo lo habido y por haber; **he knows all the ~s of the trade** se sabe todos los trucos del oficio; **give it a good thump, that should do the ~** dale un buen golpe y verás cómo funciona; **thanks for those pills, they did the ~** gracias por las pastillas, me hicieron *or* (Esp) me fueron muy bien; ▸**dog**[1] **A1**

C (habit): **to have a ~ of -ING**: **he has a ~ of turning up when we're about to eat** tiene la costumbre de aparecerse cuando estamos por comer; **the generator has a ~ of cutting out every half hour** al generador le da por apagarse cada media hora (fam)

D (in card games) baza *f*; **to take/win a ~** hacerse*/ganar una baza; ***he/she doesn't miss** o **never misses a ~*** no se le escapa ni una

trick[2] *vt* engañar; **he ~ed us!** ¡nos ha engañado!; **to ~ sb INTO -ING** engañar a algn PARA QUE + SUBJ; **to ~ sb OUT OF sth** birlarle algo a algn; **I was ~ed out of my inheritance** me birlaron la herencia (fam)

(Phrasal verb)

- **trick out** [v + o + adv] adornar

trick[3] *adj* (*before n*) **1** ‹*cigar/spider*› de juguete, de mentira, de pega (Esp fam) **2** (AmE) con problemas

trick cyclist *n* (BrE colloq) loquero, -ra *m,f* (fam), psiquiatra *mf*

trickery /'trɪkəri/ *n* [u] artimañas *fpl*; **to get sth by ~** conseguir* algo con artimañas; **it was a blatant piece of ~** fue un truco descarado

trickiness /'trɪkinəs || 'trɪkinɪs/ *n* [u] **1** (of task, question) dificultad *f*, lo peliagudo **2** (of topic, situation) lo delicado **3** (deviousness) malas artes *fpl*

trickle[1] /'trɪkəl/ *vi* (+ *adv compl*) **1** (flow): **perspiration ~d down his forehead** le corrían gotas de sudor por la frente; **water ~d from the pipe** salía un hilito de agua de la cañería; **the sand ~d through his fingers** la arena se deslizó por entre sus dedos; **the water was trickling away** el agua se iba escurriendo poco a poco **2** (arrive, go): **letters are still trickling in** todavía se está recibiendo alguna que otra carta; **the audience began to ~ back into the hall** poco a poco el público fue volviendo a la sala

■ **trickle** *vt*: **he ~d water over the leaves** dejó caer un hilito de agua sobre las hojas

trickle[2] *n* hilo *m*; **a ~ of blood** un hilo de sangre; **the river is now no more than a ~** el río ya no es más que un hilito; **the initial ~ of refugees became a flood** el goteo inicial de refugiados se convirtió en un verdadero torrente; **applications have slowed to a ~** ya sólo se recibe alguna que otra solicitud; (*before n*): **~ irrigation** riego *m* por goteo

trickle charger *n* cargador *m* de batería (*para carga de entretenimiento*)

trick or treat[1] ▸**Halloween** *n: frase con la cual en la noche de Halloween los niños amenazan con una jugarreta si no reciben un regalo*

trick or treat[2] *vi*: **to go ~ ~ ~ing** *salir a recorrer casas amenazando con una jugarreta si no se recibe un regalo*

> **trick or treat**
>
> ▸**Halloween.**

trickster /'trɪkstər || 'trɪkstə(r)/ *n* embaucador, -dora *m,f*

tricksy /'trɪksi/ *adj* **-sier, -siest** **1** (playful) juguetón **2** (gimmicky) (BrE) artificioso

tricky /'trɪki/ *adj* **trickier, trickiest** **1** (difficult) ‹*task/problem*› difícil, peliagudo, que tiene sus bemoles **2** (sensitive, delicate) delicado **3** (devious) ‹*person/scheme*› taimado, astuto

tricolor, (BrE) **tricolour** /'traɪ,kʌlər || 'trɪkələ(r)/ *n* bandera *f* tricolor

tricorn (hat) /'traɪkɔːrn || 'traɪkɔːn/ *n* tricornio *m*

tricuspid /,traɪ'kʌspəd || ,traɪ'kʌspɪd/ *adj* tricúspide

tricycle /'traɪsɪkəl/ *n* triciclo *m*

trident /'traɪdnt/ *n* tridente *m*

tried /traɪd/ *adj* ‹*method/procedure*› probado; **~ and tested products** productos *mpl* de probada calidad

triennial /,traɪ'eniəl/ *adj* (frml) **1** (lasting three years) ‹*agreement*› trienal **2** (every three years) ‹*convention/election*› trienal

triennially /,traɪ'eniəli/ *adv* cada tres años

trier /'traɪər || 'traɪə(r)/ *n* persona *f* esforzada; **he may not be bright, but he's a ~** no será inteligente pero al menos se esfuerza *or* pone empeño

trifle /'traɪfəl/ *n*

A **1** [c] (trivial thing) nimiedad *f*; **don't waste your time on ~s** no pierdas el tiempo en nimiedades; **your problem is a mere ~ compared to mine** tu problema no es nada *or* es una nimiedad comparado con el mío **2** (small amount) (*no pl*) insignificancia *f*; **it only cost a ~** costó una insignificancia *or* una bagatela; **show a ~ more interest!** ¡a ver si muestras un poquitín *or* una pizca más de interés!; **it's a ~ too salty** (*as adv*) está un poquitín *or* un pelín salado (fam)

B [u c] (Culin) *postre de bizcocho, jerez, crema y frutas,* sopa *f* inglesa (RPl)

(Phrasal verb)

- **trifle with** [v + prep + o] ‹*person/emotions*› jugar* con; **she is not a person to be ~d with** no es una persona con la que se pueda jugar; **to ~ with sb's affections** jugar* con los sentimientos de algn

trifling /'traɪflɪŋ/ *adj* insignificante, sin importancia, nimio

trigger[1] /'trɪgər || 'trɪgə(r)/ *n*

A **1** (of gun) gatillo *m*; **to pull** o **squeeze the ~** apretar* el gatillo; **to have one's finger on the ~** tener* el dedo en el gatillo; (*before n*): **~ finger** índice *m*; **~ guard** guardamonte *m* **2** (of camera, machine) disparador *m*

B (catalyst) **~ (FOR sth)**: **it can be a ~ for an asthmatic reaction** puede provocar reacciones asmáticas

trigger[2] *vt* **~ (off)** ‹*reaction/response*› provocar*; ‹*revolt*› desencadenar, hacer* estallar

trigger-happy /'trɪgər,hæpi || 'trɪgə,hæpi/ *adj* (colloq) que dispara a la menor provocación

trigonometric /,trɪgənə'metrɪk/ *adj* trigonométrico

trigonometry /,trɪgə'nɑːmətri || ,trɪgə'nɒmətri/ *n* [u] trigonometría *f*

trike /traɪk/ *n* (colloq) triciclo *m*

trilateral /,traɪ'lætərəl/ *adj* (frml) **1** ‹*negotiations*› tripartito, trilateral **2** ‹*figure*› trilátero

trilby /'trɪlbi/ *n* (*pl* **-bies**) (BrE) sombrero *m* (*de fieltro*)

trilingual /,traɪ'lɪŋgwəl/ *adj* trilingüe

trill[1] /trɪl/ *n* **1** (Mus) trino *m* **2** (of bird) trino *m*, gorjeo *m* **3** (Ling) vibración *f*

trill[2] *vt* **1** (Mus) ‹*note*› hacer* vibrar; **oh good! she ~ed** (liter) —¡qué bien! —gorjeó (liter) **2** (Ling): **to ~ the 'r'** hacer* vibrar la erre

■ **trill** *vi* «*bird*» trinar, gorjear; «*singer*» cantar haciendo gorgoritos

trillion /'trɪljən/ *n* **1** (esp in US: 10^{12}) billón *m* **2** (esp in UK: 10^{18}) trillón *m*; *see also* **hundred**

trilogy /'trɪlədʒi/ *n* (*pl* **-gies**) trilogía *f*

trim[1] /trɪm/ **-mm-** *adj* **1** (slim) ‹*figure/person*› esbelto, estilizado **2** (neat) ‹*uniform/suit*› elegante, de buen corte; ‹*car*› de líneas estilizadas; ‹*house/garden*› muy cuidado

trim[2] *n*

A [u] (condition) estado *m*, condiciones *fpl*; (good condition) buen estado *m*, buenas condiciones *fpl*; **swimming keeps me in ~** la natación me mantiene en forma *or* en buen estado físico; **try to keep your equipment in good ~** intenta mantener tu equipo en buenas condiciones

B [c] (cut) recorte *m*; **just a ~, please** córteme sólo las puntas, por favor; **to give the hedge a ~** recortar el seto

C [u] **1** (on bodywork of car) banda *f* lateral, embellecedor *m* (Esp), bocel *m* (Col); (upholstery) tapicería *f* **2** (woodwork) molduras *fpl* **3** (on clothes) adornos *mpl*; (along edges) ribete *m*

D [u] (Naut) asiento *m*

trim[3] *vt* **-mm-**

A **1** (cut) ‹*hair/beard/edges*› recortar; ‹*bush/branches*› recortar, podar; **we had to ~ back the rose bushes** tuvimos que podar bastante los rosales **2** (reduce) ‹*staff*› reducir*, recortar; ‹*budget/spending*› recortar; **exercises to ~ (down) your hips** ejercicios para adelgazar las caderas

B **1** (decorate) ‹*dress/hat*› adornar; **~med with velvet** con adornos de terciopelo; (round edge) con ribetes de terciopelo, ribeteado de terciopelo **2** (Auto) (upholster) tapizar*; **the car interior is ~med in leather** el interior del coche está tapizado en cuero

C (Naut) ‹*sail*› orientar; ‹*ship*› equilibrar*, asentar*

D (AmE colloq) (defeat decisively) darle* una paliza a (fam)

■ **trim** *vi* ir* con la corriente

(Phrasal verbs)

- **trim away** [v + adv + o, v + o + adv] ▸**trim off**
- **trim off** [v + adv + o, v + o + adv] (cut off) ‹*ends*› recortar; ‹*gristle*› quitar

trimaran /'traɪməræn/ *n* trimarán *m*

trimester /,traɪ'mestər || ,traɪ'mestə(r)/ *n* (AmE) trimestre *m*

trimming /'trɪmɪŋ/ *n*

A [u c] (on clothes) adorno *m*; (along edges) ribete *m*

B **trimmings** *pl* **1** (accompaniments): **turkey with all the ~s** pavo con la guarnición tradicional; **the usual ceremonial ~s** el boato ceremonial de costumbre **2** (offcuts) recortes *mpl*

Trinidad /'trɪnədæd || 'trɪnɪdæd/ *n* Trinidad *f*; **~ and Tobago** Trinidad y Tobago

Trinidadian[1] /,trɪnə'dædiən || ,trɪnɪ'dædiən/ *adj* de Trinidad

Trinidadian[2] *n: habitante o persona oriunda de Trinidad*

trinitrotoluene /,traɪ,naɪtrəʊ'tɑːljuiːn || ,traɪ,naɪtrə'tɒljuːiːn/ *n* [u] trinitrotolueno *m*

Trinity /'trɪnəti/ *n*: **the (Holy) ~** la (Santísima) Trinidad; (*before n*): **~ Sunday** domingo *m* de la Santísima Trinidad; **~ Term** (in UK) (Educ) trimestre *m* de verano

trinket /'trɪŋkət || 'trɪŋkɪt/ *n* chuchería *f*, baratija *f*; (*before n*): **~ box** alhajero *m*

trinomial[1] /,traɪ'nəʊmiəl/ *adj* de tres partes, trinomial

trinomial[2] *n* **1** (Math) trinomio *m* **2** (Biol) trinomio *m*

trio /'triːəʊ/ *n*

A (Mus) (ensemble, piece) trío *m*

B (threesome) trío *m*

trip[1] /trɪp/ *n*

A (journey) viaje *m*; (excursion) excursión *f*; (outing) salida *f*; **I'd like to go on a long ~** me gustaría hacer un viaje largo; **a weekend ~ to Paris** un viaje de fin de semana a París; **we took a ~ down to the coast** fuimos de excursión a la costa; **she's going on a ~ to Japan** se va de viaje al Japón; **he's away on a ~** está de viaje, ha salido de viaje; **a ~ to the theater** una salida *or* una visita al teatro; **a ~ to the country** una excursión *or* salida al campo; **a ~ to the zoo/dentist** una visita al zoológico/dentista; **enjoy your ~!** ¡buen viaje!; **it took two ~s to bring everything over** tuvimos (*or* tuvieron *etc*) que hacer dos viajes para traerlo todo

B **1** (stumble, fall) tropezón *m*, traspié *m* **2** (attempt to make sb fall) zancadilla *f* **3** ▸**tripwire**

C (sl) **1** (drug-induced) viaje *m* (arg), colocón *m* (arg), pasón *m* (Méx arg); **to be on a ~** estar* en un viaje *or* tener* un colocón *or* (Méx tb) estar* en un pasón (arg); **he's had a bad ~** ha hecho un mal viaje (arg) **2** (obsession): **she's been on a real guilt ~ lately** le ha dado por sentirse culpable últimamente; **they've gone on this health food ~** les ha dado la manía de la comida sana; *see also* **ego trip**

D (Elec) (*before n*): **~ switch** interruptor *m* de desconexión

trip[2] *vi* **-pp-**

A **1** (stumble) tropezar*; **to ~ and fall** tropezar* y caerse*; **to ~ ON/OVER sth** tropezar* CON algo; **they were ~ping over themselves to help**

t

him se deshacían por ayudarlo 2 ▸**trip up A**

B (move lightly and easily) (+ *adv compl*): **she ∼ped along beside him** caminaba a su lado con paso airoso *or* ligero; **her surname doesn't exactly ∼ off the tongue** su apellido no es muy fácil de pronunciar, que digamos; **the answer came ∼ping off his tongue** la respuesta le salió automáticamente

C **∼ (out)** (on drugs) (sl) flipar(se) (arg)

■ **trip** *vt* 1 **∼ (up)** (make stumble — intentionally) hacerle* una zancadilla a, ponerle* *or* echarle una *or* la zancadilla a (Esp); **you ∼ped her!** ¡le hiciste una zancadilla!, ¡le pusiste *or* echaste la *or* una zancadilla! (Esp) 2 ▸**trip up B** 3 (set off) ‹*alarm*› activar, hacer* que se dispare; ▸**fantastic B3**

Phrasal verbs

- **trip over** [v + adv] tropezar* y caerse*
- **trip up**

A [v + adv] (make mistake) equivocarse*, meter la pata (fam); **I ∼ped up over the dates** me equivoqué en las fechas

B [v + o + adv, v + adv + o] 1 (cause to make mistake) hacer* equivocar 2 ▸**trip**² *vt* **a**

tripartite /traɪ'pɑːrtaɪt || traɪ'pɑːtaɪt/ *adj* (frml) ‹*talks/treaty*› tripartito; ‹*division*› en tres partes

trip computer *n* (Comput) computadora *f or* (Esp) ordenador *m* de a bordo

tripe /traɪp/ *n* [u] 1 (Culin) mondongo *m* (AmS) *or* (Esp) callos *mpl or* (Méx) pancita *f or* (Chi) guatitas *fpl* 2 (nonsense) (colloq) paparruchas *fpl* (fam), chorradas *fpl* (Esp fam), mamadas *fpl* (Méx fam), babosadas *fpl* (AmC, Col, Méx fam), leseras *fpl* (Chi fam)

triphthong /'trɪfθɑːŋ || 'trɪfθɒŋ/ *n* triptongo *m*

triplane /'traɪpleɪn/ *n* triplano *m*

triple¹ /'trɪpəl/ *adj* ‹*dose/thickness*› triple; **a ∼ string of pearls** un collar de perlas de tres vueltas

triple² *adv*: **∼ the amount** el triple; **prices are ∼ what they were last year** los precios se han triplicado desde el año pasado, los precios son el triple de lo que eran el año pasado

triple³ *vt* triplicar*

■ **triple** *vi* 1 triplicarse* 2 (in baseball) (AmE) hacer* un triple *or* un triplete

triple⁴ *n* 1 (in baseball) (AmE) triple *m*, triplete *m* 2 (jump, turn) triple *m*

triple jump *n* triple salto *m* (de longitud)

triple jumper *n* saltador, -dora *m,f* de triple salto

triplet /'trɪplət || 'trɪplɪt/ *n* 1 (person) trillizo, -za *m,f* 2 (Mus) tresillo *m* 3 (in poetry) terceto *m*

triplex /'trɪpleks/ *n* (AmE) triplex *m*

triplicate¹ /'trɪpləkət || 'trɪplɪkət/ *n*: **in ∼** por triplicado

triplicate² *adj* triplicado

tripod /'traɪpɑːd || 'traɪpɒd/ *n* 1 (Phot) trípode *m* 2 (stand) trípode *m*

Tripoli /'trɪpəli/ *n* Trípoli *m*

tripper /'trɪpər || 'trɪpə(r)/ *n* (BrE) excursionista *mf*

triptych /'trɪptɪk/ *n* tríptico *m*

tripwire /'trɪpwaɪr || 'trɪpwaɪə(r)/ *n* cable *m* trampa

trisect /traɪ'sekt/ *vt* trisecar*

trisyllabic /,traɪsə'læbɪk || ,traɪsɪ'læbɪk/ *adj* trisilábico

trisyllable /'traɪ,sɪləbəl || traɪ'sɪləbəl/ *n* trisílaba *f*, trisílabo *m*

trite /traɪt/ *adj* **triter, tritest** trillado; **a ∼ remark** un comentario trillado, un lugar común, una perogrullada (fam)

tritely /'traɪtli/ *adv* con poca originalidad

triteness /'traɪtnəs || 'traɪtnɪs/ *n* [u] lo trillado

tritium /'trɪtiəm/ *n* [u] tritio *m*

triumph¹ /'traɪəmf/ *n* 1 [c u] (victory) triunfo *m*; **they returned in ∼** regresaron triunfalmente; **∼ OVER sb/sth** triunfo SOBRE algn/algo; **the ∼ of reason over superstition** el triunfo de la razón sobre la superstición 2 [c] (procession) (Hist) triunfo *m*

triumph² *vi* triunfar; **to ∼ OVER sb/sth** triunfar SOBRE algn/algo

triumphal /,traɪ'ʌmfəl/ *adj* ‹*procession/march*› triunfal; **∼ arch** arco *m* de triunfo

triumphalism /,traɪ'ʌmfəlɪzəm/ *n* [u] triunfalismo *m*

triumphant /,traɪ'ʌmfənt/ *adj* ‹*troops/team*› triunfador; ‹*moment/return/entry*› triunfal; ‹*smile*› de triunfo, triunfal; **the party was ∼ in the elections** el partido salió triunfante en las elecciones; **the play was a ∼ success** la obra tuvo un éxito clamoroso

triumphantly /,traɪ'ʌmfəntli/ *adv* triunfalmente

triumvir /traɪ'ʌmvər || traɪʌmvɪə(r)/ *n* triunviro *m*

triumvirate /,traɪ'ʌmvərət || ,traɪ'ʌmvɪrət/ *n* triunvirato *m*

trivalent /,traɪ'veɪlənt/ *adj* trivalente

trivet /'trɪvət || 'trɪvɪt/ *n* 1 (over fire) trébedes *fpl* 2 (on table) salvamanteles *m or* (CS) posafuentes *m*

trivia /'trɪviə/ *pl n* trivialidades *fpl*, banalidades *fpl*, nimiedades *fpl*

trivial /'trɪviəl/ *adj* 1 (ordinary, unimportant) ‹*events/concerns*› trivial, banal; ‹*sum/details*› insignificante, nimio 2 (shallow) ‹*person/mind*› frívolo, superficial

triviality /,trɪvi'æləti/ *n* (*pl* **-ties**)

A [c] 1 (matter) trivialidad *f*, banalidad *f*, nimiedad *f* 2 (remark, idea): **we exchanged trivialities** hablamos de cosas intrascendentes

B [u] 1 (of event, conversation, book) trivialidad *f*, banalidad *f* 2 (of person, mind) frivolidad *f*, superficialidad *f*

trivialize /'trɪviəlaɪz/ *vt* trivializar*, quitarle importancia a

trochaic /trəʊ'keɪk || trə'keɪk/ *adj* trocaico

trochee /'trəʊkiː/ *n* troqueo *m*

trod /trɑːd || trɒd/ *past and past p of* **tread**¹

trodden /'trɑːdn || 'trɒdn/ *past p of* **tread**¹

trog /trɑːg || trɒg/ *n* (BrE) desgraciado, -da *m,f*

troglodyte /'trɑːglədaɪt || 'trɒglədaɪt/ *n* troglodita *mf*

troika /'trɔɪkə/ *n* 1 (Transp) troica *f* 2 (triumvirate) troica *f*

Trojan¹ /'trəʊdʒən/ *adj* troyano; **the ∼ Horse/War** el caballo/la guerra de Troya

Trojan² *n* 1 (Hist) troyano, -na *m,f* 2 (hardworking person): ***to work like a ∼*** trabajar como un burro (fam); **she's a real ∼** es muy trabajadora 3 (brave person): **he/she's a little ∼** es muy valiente

troll /trəʊl/ *n* gnomo *m* (*de la mitología escandinava*)

trolley /'trɑːli || 'trɒli/ *n*

A 1 **∼ (bus)** trolebús *m* 2 **∼ (car)** (AmE) tranvía *m* 3 (Elec) trole *m*; (*before n*): **∼ pole** trole *m*

B (BrE) (for food, drink) carrito *m*, mesa *f* rodante; (at station, airport, in supermarket) carro *m*, carrito *m*; (in mine) vagoneta *f*; ***to be off one's ∼*** (BrE colloq) estar* chiflado (fam), estar* mal de la cabeza

trollop /'trɑːləp || 'trɒləp/ *n* (pej) 1 (prostitute) (dated) mujerzuela *f*, mujer *f* de la calle 2 (slattern) marrana *f* (fam)

trombone /trɑːm'bəʊn || trɒm'bəʊn/ *n* trombón *m*

trombonist /trɑːm'bəʊnəst || trɒm'bəʊnɪst/ *n* trombón *mf*

tromp /trɑːmp || trɒmp/ *vi* (AmE colloq): **to ∼ on/over sth** pisotear algo

■ **tromp** *vt* pisotear, pisar

trompe l'oeil /,trɑːmp'lɔɪ || ,trɒmp'lɔɪ/ *n* trampantojo *m*, trompe l'oeil *m*

troop¹ /truːp/ *n*

A 1 (unit) compañía *f*; (of cavalry) escuadrón *m* 2 (of Scouts) tropa *f* 3 (of people) (colloq) tropel *m*; **∼s of people were arriving** la gente llegaba en tropel *or* en masa

B **troops** *pl* (soldiers): **our ∼s** nuestras tropas; **500 ∼s** 500 soldados

troop² ▸**Official Birthday** *vi* (+ *adv compl*): **they ∼ed past the coffin** desfilaron ante el féretro (frml); **to ∼ in/out** entrar/salir* en tropel *or* en masa

■ **troop** *vt*: **to ∼ the colour** (BrE) desfilar con la bandera

> **Trooping the Colour**
> ▸Official Birthday.

troop carrier *n* transporte *m* de tropas

troop-carrying /'truːp,kærɪŋ/ *adj* (*before n*) para el transporte de tropas

trooper /'truːpər || 'truːpə(r)/ *n* 1 (cavalryman) soldado *m* de caballería; ***to swear like a ∼*** hablar como un carretero *or* una verdulera 2 (state police officer) (AmE) agente *mf*

troopship /'truːpʃɪp/ *n*: *barco para el transporte de tropas*

troop train *n* tren *m* militar

trope /trəʊp/ *n* tropo *m*

trophy /'trəʊfi/ *n* (*pl* **-phies**) 1 (prize) trofeo *m* 2 (from war, hunting) trofeo *m*

trophy wife *n* (colloq & offensive) esposa *f* trofeo (fam)

tropic /'trɑːpɪk || 'trɒpɪk/ *n* 1 (line) trópico *m*; **the T∼ of Cancer/Capricorn** el trópico de Cáncer/Capricornio 2 **tropics** *pl* (area): **the ∼s** el trópico

tropical /'trɑːpɪkəl || 'trɒpɪkəl/ *adj* 1 (Geog) ‹*climate/fish/country*› tropical; **∼ aquarium** acuario *m* tropical; **∼ cyclone** ciclón *m* tropical; **the ∼ rain forest** la selva tropical; **∼ storm** tormenta *f* tropical 2 (hot) ‹*weather*› tropical

tropism /'trəʊpɪzəm/ *n* tropismo *m*

troposphere /'trɑːpəsfɪr || 'trɒpəsfɪə(r)/ *n*: **the ∼** la troposfera

trot¹ /trɑːt || trɒt/ *n* (*no pl*) trote *m*; **to go at a ∼** ir* al trote, trotar; **to break into a ∼** empezar* a trotar; ***on the ∼*** (BrE colloq): **four times/nights on the ∼** cuatro veces/noches seguidas; **I've been on the ∼ since five this morning** desde las cinco de la mañana que estoy a las carreras (fam); **they keep me on the ∼** no me dan ni un minuto de paz; ***to have the ∼s*** (colloq) tener* diarrea, estar* churriento (Col) *or* (Chi) churrete (fam), tener* cagalera (Esp) *or* (Méx) chorrillo (fam)

trot² *vi* **-tt-** 1 (Equ) ‹‹*horse/rider*›› trotar 2 (go) (+ *adv compl*): **I'm just ∼ting across** *o* **over to the library** voy un momento hasta la biblioteca; **it's about time I was ∼ting along** *o* **off** es hora de que me vaya; **she ∼s down to the stores every Wednesday** va de compras todos los miércoles

■ **trot** *vt* hacer* trotar

Phrasal verb

- **trot out** [v + o + adv, v + adv + o] 1 ‹*excuses/clichés*› salir* con; **he ∼ted out the usual platitudes** salió con las mismas perogrulladas de siempre 2 ‹*facts*› recitar de memoria *or* (fam) como un loro

Trot /trɑːt || trɒt/ *n* (BrE colloq & pej) trotskista *mf*

troth /trɑːθ, trəʊθ || trəʊθ/ *n* (arch): **by my ∼** a fe mía; ▸**plight**²

Trotskyist¹ /'trɑːtskiəst || 'trɒtskiɪst/, **Trotskyite** /-aɪt/ *n* trotskista *mf*

Trotskyist², Trotskyite *adj* trotskista

trotter /'trɑːtər || 'trɒtə(r)/ *n* 1 (foot of animal) pezuña *f*; **pig's ∼s** (Culin) manitas *fpl* de cerdo 2 (horse) trotón *m*

troubadour /'truːbədɔːr || 'truːbədɔː(r)/ *n* trovador *m*

trouble¹ /'trʌbəl/ *n*

A [u c] 1 (problems, difficulties) problemas *mpl*; (problem) problema *m*; **family/financial ∼** problemas familiares/económicos; **she's having man ∼** tiene penas de amores; **your ∼s are over** se te acabaron los problemas; **that's the least of my ∼s** eso es lo de menos; **the government is heading for big ∼** el gobierno se está metiendo en una buena (fam); **here comes ∼!** ¡estamos arreglados *or* (Esp tb) aviados! ¡mira quién viene! (fam); **this could mean ∼** puede que esto traiga cola; **talking to her like that is just asking for ∼** hablarle así es buscarse problemas *or* (fam) es tener ganas de meterse en líos; **the company's in terrible ~** la empresa está pasando unas dificultades tremendas; **if you're ever in ~ ...** si alguna vez estás en apuros ...; **to get into ~** (into difficulties) meterse en problemas *or* en líos; (to become pregnant) (euph) quedar *or* (Esp) quedarse embarazada; **to get sb into ~** meter a algn en problemas *or* líos; **to get a girl into ~** (euph) dejar embarazada a una chica, dejar a una chica con encargo (AmL fam & euf); **to get sb out of ~** sacar* a algn de apuros *or* aprietos; **to cause** *o* **give sb ~** causarle problemas a algn, darle* dolores de cabeza a algn; **to have ~ with sb/sth** tener* problemas con algn/algo; **to have ~ -ING**: **he has ~ walking** le cuesta caminar; **I had ~ putting it together** me costó armarlo; **we had no ~ finding it** lo encontramos sin problemas; **to keep** *o* **stay out of ~** no meterse en problemas *or* líos; **to make ~ for oneself** crearse problemas; **we'd reached Munich when we ran into ~** habíamos llegado a Munich cuando empezaron los problemas; **what's the ~?** ¿qué pasa?; **the ~ is ...** lo que pasa es que ..., el problema es que ...; **the ~ with him is he never stops talking** su problema es que no para de hablar; **that's the ~** ése es el problema, eso es lo que pasa **2** (illness): **stomach/heart ~** problemas *mpl or* trastornos *mpl* estomacales *or* de estómago/cardíacos *or* de corazón; **my liver is giving me ~** ando fastidiado del hígado; **what seems to be the ~?** ¿qué síntomas tiene?

B [u] (effort) molestia *f*; **I thanked her for her ~** le di las gracias por la molestia; **nothing is too much ~ for him** es de lo más servicial, para él nada es mucha molestia; **don't let me put you to any ~** no quiero ocasionarle ninguna molestia; **it's not worth the ~** no vale *or* no merece la pena; **thanks very much — it's no ~!** muchas gracias — ¡no hay de qué!; **if you're sure it's no ~** si no es molestia; **you shouldn't have gone to the ~ of doing it** no deberías haberte molestado en hacerlo; **don't go to any ~** no te compliques demasiado; **she didn't even take the ~ to read it** ni siquiera se molestó en leerlo, ni siquiera se tomó el trabajo de leerlo; **to take ~ over sth** esmerarse *or* poner* cuidado en algo

C [u] (strife, unrest) (*often pl*): **there was ~ in town last night** hubo disturbios en la ciudad anoche; **industrial/racial ~s** conflictos *mpl* laborales/raciales; **the ~s in Northern Ireland** los disturbios de Irlanda del Norte; **to cause ~** causar problemas, armar líos (fam); **to look for ~** buscar* camorra; (*before n*): **~ spot** punto *m* conflictivo

trouble[2] *vt* **1** (worry) preocupar; **what's troubling you?** ¿qué te pasa?, ¿qué es lo que te preocupa?; **she was ~d by the thought that ...** la inquietaba *or* le preocupaba pensar que ...; **don't let it ~ you** no te preocupes (por eso) **2** (bother) molestar; **don't ~ yourself** no se moleste; **I'm sorry to ~ you** perdone *or* disculpe la molestia; **may I ~ you for a light?** ¿sería tan amable de darme fuego?; **to ~ to + INF** molestarse EN + INF, tomarse el trabajo DE + INF; **you'd know if you'd ~d to find out** lo sabrías si te hubieras molestado en averiguarlo **3** (cause discomfort) molestar; **my back is troubling me** tengo problemas de espalda; **he's ~d by migraines** sufre de *or* (frml) padece jaquecas

■ **trouble** *vi* molestarse; **please don't ~!** ¡no te molestes, por favor!; **to ~ ABOUT sb/sth** preocuparse POR algn/algo

troubled /ˈtrʌbəld/ *adj* **1** (disturbed) ‹*person*› preocupado, atribulado; ‹*look*› de preocupación; ‹*sleep*› inquieto, agitado **2** (strife-torn) (journ) ‹*region/industry*› aquejado de problemas; ‹*history/period*› turbulento; **in these ~ times** en estos tiempos difíciles

trouble-free /ˈtrʌbəlfriː/ *adj* sin problemas

troublemaker /ˈtrʌbəlˌmeɪkər || ˈtrʌbəl ˌmeɪkə(r)/ *n* alborotador, -dora *m,f*; **he was thrown out for being a ~** lo echaron por alborotador

troublemaking[1] /ˈtrʌbəlˌmeɪkɪŋ/ *adj* (*before n*) alborotador

troublemaking[2] *n*: **union ~ will not be tolerated** no se tolerará que los sindicatos causen problemas *or* alborotos

troubleshooter /ˈtrʌbəlˌʃuːtər || ˈtrʌbəlˌʃuːtə(r)/ *n* **1** (within company) *persona que se envía a resolver problemas, crisis etc* **2** (mediator) mediador, -dora *m,f*, conciliador, -dora *m,f*

troubleshooting /ˈtrʌbəlˌʃuːtɪŋ/ *n* [u] localización *f* y corrección *f* de fallas *or* (Esp) fallos; (*before n*): **~ guide** guía *f* de localización y corrección de fallas *or* (Esp) fallos

troublesome /ˈtrʌbəlsəm/ *adj* ‹*child*› problemático; ‹*rash*› molesto; ‹*task*› difícil, pesado; ‹*situation*› problemático, conflictivo

trouble-torn /ˈtrʌbəltɔːrn || ˈtrʌbəltɔːn/ *adj* (journ) sacudido por conflictos

troubling /ˈtrʌblɪŋ/ *adj* penoso, perturbador

trough /trɔːf || trɒf/ *n*

A (container — for water) abrevadero *m*, bebedero *m*; (— for feed) comedero *m*; (— for dough) artesa *f*

B **1** (on land, sea bed) hoya *f*, depresión *f*; (of a wave) seno *m* **2** (on graph, in cycle etc) depresión *f* **3** (Meteo): **a ~ of low pressure** una depresión, una zona de bajas presiones

trounce /traʊns/ *vt* derrotar de forma aplastante, darle* una paliza a (fam)

troupe /truːp/ *n* (Theat) compañía *f* teatral; (in circus) troupe *f*

trouper /ˈtruːpər || ˈtruːpə(r)/ *n* miembro *m* de una compañía teatral; **she's a real ~** (colloq) siempre está dispuesta a echar una mano; **an old ~** (colloq) un veterano/una veterana

trouser /ˈtraʊzər || ˈtraʊzə(r)/ *adj* ‹*leg/pocket*› del pantalón; **~ press** prensa *f* plancha-pantalones

trousers /ˈtraʊzərz || ˈtraʊzəz/ *pl n* pantalón *m*, pantalones *mpl*; **a pair of ~** un pantalón, unos pantalones, un par de pantalones; **long/short ~** pantalones largos/cortos; **I remember him when he was still in short ~** lo recuerdo cuando aún era un niño; ***anything in ~*** cualquier cosa que lleve pantalones; ▸**wear**[2] **A2**

trouser suit *n* (BrE) traje *m* pantalón, traje *m* de chaqueta y pantalón

trousseau /ˈtruːsəʊ/ *n* (*pl* **-x** *or* **-s** /-z/) ajuar *m*

trout /traʊt/ *n*

A [u c] *pl* **trout** *or* (Zool) **trouts** (fish) trucha *f*

B [c] (woman) (BrE fam) bruja *f* (fam)

trove /trəʊv/ *n see* **treasure trove**

trowel /ˈtraʊəl/ *n* **1** (Const) paleta *f*, llana *f*; ***to lay it on with a ~*** recargar* las tintas; **he really laid it on with a ~** realmente se le fue la mano *or* (fam) se pasó **2** (for gardening) desplantador *m*, palita *f*

Troy /trɔɪ/ *n* Troya *f*

troy (weight) /trɔɪ/ *n* [u] sistema *f* de pesos troy

truancy /ˈtruːənsi/ *n* [u] ausentismo *m* escolar

truant[1] /ˈtruːənt/ *n*: *alumno que falta a clase sin autorización*; **to play ~** faltar a clase, hacer* novillos *or* (Méx) irse* de pinta *or* (RPl) hacerse* la rata *or* la rabona *or* (Per) la vaca *or* (Chi) hacer* la cimarra *or* (Col) capar clase (fam), jubilarse (Ven arg)

truant[2] *vi* faltar a clase

truce /truːs/ *n* tregua *f*; **to break a ~** romper* una tregua; **to call a ~** suspender las hostilidades

truck[1] /trʌk/ *n*

A [c] **1** (vehicle) camión *m*; (*before n*): **~ driver** camionero, -ra *m,f*; **~ stop** (AmE) bar *m* de carretera **2** (BrE) (Rail) furgón *m*, vagón *m* **3** (in factory) carro *m*

B [u] (vegetables, fruit) (AmE) productos *mpl* de la huerta; (*before n*): **~ farmer** horticultor, -tora *m,f*; **~ farming** horticultura *f*; **~ garden** huerta *f*

C [u] (dealings): **to have no ~ with sb** no tener trato con algn; **he'll have no ~ with it/them** no quiere saber nada del asunto/de ellos

truck[2] *vt* (AmE) ‹*goods*› transportar en camión

■ **truck** *vi* trabajar de camionero/camionera; **keep on ~ing** (sl) sigue dándole (fam)

trucker /ˈtrʌkər || ˈtrʌkə(r)/ *n* (AmE) (driver) camionero, -ra *m,f*, transportista *mf*

truckful /ˈtrʌkfʊl/ *n* camión *m* (lleno), camionada *f* (Andes)

trucking /ˈtrʌkɪŋ/ *n* [u] (AmE) transporte *m* por carretera; (*before n*) ‹*company*› de transportes por carretera

truckle bed /ˈtrʌkəl/ *n* carriola *f*

truckle to /ˈtrʌkəl/ [*v* + *prep* + *o*] ‹*person*› someterse a, doblar la cerviz ante; ‹*threats*› ceder ante

truckload /ˈtrʌkləʊd/ *n* **1** (a truckful) camión *m* (lleno), camionada *f* (Andes) **2** (large quantity) (*often pl*) (colloq) montones *mpl* (fam), mogollón *m* (Esp fam)

truculence /ˈtrʌkjələns || ˈtrʌkjʊləns/ *n* [u] mal humor *m* y agresividad *f*

truculent /ˈtrʌkjələnt || ˈtrʌkjʊlənt/ *adj* malhumorado y agresivo

trudge[1] /trʌdʒ/ *vi* caminar con dificultad; **we ~d for miles through the snow** recorrimos millas caminando con dificultad en la nieve; **she ~d along with her heavy pack** marchaba penosamente con su pesada mochila

■ **trudge** *vt* ‹*streets/hills*› recorrer (*con cansancio, dificultad etc*)

trudge[2] *n* (*no pl*) caminata *f*

true[1] /truː/ *adj* **truer, truest**

A **1** (consistent with fact, reality): **to be ~** ser* cierto, ser* verdad; **it's ~ that ...** es cierto *or* es verdad que ...; **it can't be ~!** ¡no puede ser!; **it's a ~ story** es una historia verídica; **to come ~** hacerse* realidad; **to hold ~** ser* válido; **~, inflation has fallen, but ...** cierto, la inflación ha disminuido, pero ...; **how ~!** *o* **too ~!** ¡si será cierto!; **you never said** *o* **spoke a ~r word!** ¡tú lo has dicho!; **it would be ~r to say that ...** sería más correcto decir que ...; **would it be ~ to say that ... ?** ¿podría afirmarse que ...?; **they're so stupid it's not ~** parece mentira que sean tan tontos, son increíblemente tontos **2** (accurate, exact) (*before n*) ‹*account*› verídico; ‹*copy*› fiel; **the portrait was a ~ likeness of her** el retrato la había captado a la perfección; **in the ~st sense of the word** en el sentido estricto de la palabra

B (real, actual, genuine) (*before n*) ‹*purpose/courage/culprit*› verdadero; ‹*friend*› auténtico, de verdad; **a ~ Mexican/Frenchman** un mexicano/francés auténtico; **give me your ~ opinion** dime de verdad lo que piensas; **in search of our ~ selves** en busca de nuestra verdadera identidad; **the rowan is not a ~ ash** el serbal no es un auténtico *or* verdadero fresno; **~ north** el norte geográfico; **it's ~ love** es amor de verdad; *see also* **truelove**

C (faithful) fiel; **twelve good men and ~** doce hombres justos; **~ TO sth/sb** fiel A algo/algn; **to be ~ to one's word** ser* fiel a *or* mantener* su (*or* mi *etc*) palabra; **he was ~ to his promise** cumplió su promesa, cumplió lo prometido; **I must remain ~ to myself** tengo que ser consecuente conmigo mismo; **the film is not at all ~ to the book** la película no es en absoluto fiel al libro; **~ to his prediction ...** conforme a sus predicciones ...; **~ to form**: **~ to form, he arrived late** como era de esperar, llegó tarde; **the team, ~ to recent form, played brilliantly** el equipo, siguiendo su tónica actual, jugó estupendamente; **she was running ~ to form, telling everyone what to do** como siempre, estaba dándole órdenes a todo el mundo; *see also* **true-to-life**

D (Tech) (*pred*): **to be ~** «*wall/upright*» estar* a plomo; «*beam*» estar* a nivel; «*wheel/axle*» estar* alineado *or* centrado; «*instrument*» estar* bien calibrado; **his aim is ~** tiene buena puntería

true[2] *n*: **to be out of ~** «*wall/upright*» no estar* a plomo; «*beam/horizontal*» no estar* a nivel; «*angles*» ser* demasiado abierto/cerrado; «*wheel/axle*» no estar* alineado *or* centrado; «*instrument*» no estar* bien calibrado

true[3] *adv* **1** (truthfully) (liter) ‹*speak*› con sinceridad; **tell me ~** dime la verdad **2** (accurately) ‹*aim/shoot*› certeramente

Phrasal verb

- **true up** [v + o + adv, v + adv + o] ‹*wall/upright*› aplomar; ‹*beam/horizontal*› nivelar; ‹*join*› hacer* cuadrar; ‹*wheel/axle*› alinear, centrar

true-blue /'tru:'blu:/ *adj* **1** (Pol) ‹*conservative*› hasta la médula **2** (loyal) leal, fiel

trueborn /'tru:'bɔ:rn ‖ 'tru:bɔ:n/ *adj* (*before n*) ‹*New Englander/Welshman*› de pura cepa; **he's a ~ gentleman** es todo un caballero, es un auténtico caballero

true-bred /'tru:'bred/ *adj* ‹*racehorse*› de pura sangre; ‹*cattle*› de pura raza

true-life /'tru:'laɪf/ *adj* (journ) (*before n*) ‹*story*› verídico; ‹*experience*› real, auténtico

truelove /'tru:lʌv/ *n* (liter): **my own ~** mi gran amor

true-to-life /ˌtru:tə'laɪf/ *adj* (*pred* **true to life**) ‹*novel/film*› realista; ‹*situation*› verosímil

truffle /'trʌfəl/ *n* **1** (Bot) trufa *f* **2** (confectionery) trufa *f*

trug /trʌg/ *n* (BrE) *especie de cesto ovalado usado en jardinería*

truism /'tru:ɪzəm/ *n* **1** (obvious truth) hecho *m* que salta a la vista, perogrullada *f* (fam) **2** (cliché) (crit) tópico *m*, lugar *m* común

truly /'tru:li/ *adv* **1** (in reality) verdaderamente, realmente; **we'll never know what ~ happened** nunca sabremos qué sucedió en realidad; **only a ~ international effort will ...** sólo a través de un verdadero esfuerzo internacional se podrá ... **2** (*as intensifier*) ‹*amazing/fantastic*› verdaderamente, realmente **3** (accurately, exactly): **it may ~ be called a masterpiece** puede, con toda justicia, calificarse de obra maestra **4** (sincerely) ‹*grateful*› sinceramente, verdaderamente; ‹*concerned*› francamente, verdaderamente; **I'm ~ sorry** lo siento de verdad *or* de veras; **I love you ~** te quiero de verdad *or* de veras; **yours ~** (Corresp) cordiales saludos; **who ended up doing it? yours ~!** (hum) ¿quién terminó haciéndolo? un servidor *or* (Esp tb) aquí, menda (fam)

trump[1] /trʌmp/ *n* **1** **~ (card)** (Games) triunfo *m* **2** **~ (card)** (resource, weapon) baza *f*; **he always plays his ~ at just the right moment** sabe cuándo jugar su baza **3** **trumps** *pl* (suit) triunfo *m*; **hearts are ~s** triunfan corazones, los corazones son triunfo; **what is** *o* **are ~s?** ¿qué triunfa *or* es triunfo?; **no ~s** sin triunfo; ***to come up*** *o* (BrE also) ***turn up ~s***: **her father always came up ~s** su padre nunca le fallaba; **Andrew turned up ~s, scoring in the last minute** Andrew salvó la situación al meter un gol en el último minuto

trump[2] *vt* ‹*card*› matar (*con un triunfo*)

Phrasal verb

- **trump up** [v + adv + o] ‹*evidence*› falsificar*, fabricar*; **to ~ up charges** hacer* acusaciones falsas

trumped-up /'trʌmpt'ʌp/ *adj* (*before n*) ‹*charge/evidence*› falso, fabricado

trumpery /'trʌmpəri/ *n* [u] oropel *m*, relumbrón *m*

trumpet[1] /'trʌmpət ‖ 'trʌmpɪt/ *n*
A **1** (instrument) trompeta *f*; ▸ **blow**[2] **B** **2** (player) trompeta *mf*, trompetista *mf*
B (of flower) campana *f*
C (of elephant) bramido *m*, barrito *m*

trumpet[2] *vi* «*elephant*» barritar
■ **trumpet** *vt* pregonar a los cuatro vientos, anunciar con bombos y platillos *or* (Esp) a bombo y platillo

trumpeter /'trʌmpətər ‖ 'trʌmpɪtə(r)/ *n* trompetista *mf*, trompeta *mf*

truncate[1] /'trʌŋkeɪt ‖ trʌŋ'keɪt/ *vt* **1** (shorten) (frml) truncar*; **~d cone/prism** cono *m* prisma *m* truncado **2** (Comput) truncar*

truncate[2] *adj* truncado

truncation /trʌŋ'keɪʃən/ *n* [u] **1** (frml) (shortening) truncamiento *m* (frml) **2** (Comput) (of number, process) truncamiento *m*

truncheon /'trʌntʃən/ *n* (esp BrE) cachiporra *f*, macana *f* (AmL), porra *f* (Esp), bolillo *m* (Col)

trundle /'trʌndl/ *vi* (+ *adv compl*): **the cart ~d along the lane** el carro avanzaba lentamente por el camino; **he ~d in/out** entró/salió pesadamente
■ **trundle** *vt* ‹*barrow*› tirar de; ‹*barrel*› hacer* rodar

Phrasal verb

- **trundle out** [v + adv + o] (produce) ‹*excuses/platitudes*› salir* con; ‹*veteran campaigner/elder statesman*› sacar* a relucir

trunk /trʌŋk/ *n*
A **1** (of tree) tronco *m* **2** (torso) tronco *m* **3** (of elephant) trompa *f*
B **1** (box) baúl *m* **2** (of car) (AmE) maletero *m*, cajuela *f* (Méx), baúl *m* (Col, Ven, RPl), maleta *f* (Chi), maletera *f* (Per)
C **trunks** *pl* (Clothing) (for swimming) traje *m* de baño, bañador *m* (*de hombre*) (Esp), vestido *m* de baño (Col) (*de caballero*); (for sports) shorts *mpl*

trunk call *n* (BrE) llamada *f* de larga distancia *or* interurbana, conferencia *f* (Esp)

trunk line *n* **1** (BrE) (Telec) línea *f* interurbana **2** (Rail) línea *f* principal *or* troncal

trunk road *n* (BrE) carretera *f* principal

truss[1] /trʌs/ *n*
A **1** (for roof, bridge) cuchillo *m* (de armadura) **2** (Med) braguero *m*
B **1** (of fruit) racimo *m*; (of flowers) ramo *m* **2** (of hay, straw) (BrE) haz *m*

truss[2] *vt* **1** ‹*chicken/duck*› atar **2** ‹*roof/bridge*› apuntalar

Phrasal verb

- **truss up** [v + o + adv, v + adv + o] ‹*chicken/turkey*› atar; ‹*prisoner*› atar, amarrar (AmL exc RPl)

trust[1] /trʌst/ *n*
A **1** [u] (confidence, faith) confianza *f*; **he's betrayed her ~** ha traicionado la confianza que había puesto en él; **~ IN sb/sth** confianza EN algn/algo; **I have every ~ in his integrity** tengo absoluta confianza en su integridad; **to put** *o* **place one's ~ in sb/sth** depositar su (*or* mi *etc*) confianza en algn/algo; **on ~** (without verification) bajo palabra; (on credit) a crédito; **to take sb on ~** fiarse* de algn; **we'll just have to take her story on ~** habrá que fiarse de la veracidad de sus palabras; **take it on ~ that ...** ten por seguro que ... **2** [u c] (responsibility): **a position of ~** un puesto de confianza *or* responsabilidad; **a sacred ~** una sagrada responsabilidad, un deber sagrado
B (Fin) **1** [c] (money, property) fondo *m* de inversiones **2** [c] (institution) fundación *f* **3** [u] (Law) (custody) fideicomiso *m*; **to hold sth in ~ for sb** mantener* algo en fideicomiso para algn **4** [c] (Fin) (financial instrument) fideicomiso *m*
C (monopoly group) trust *m*, cartel *m*

trust[2] *vt*
A **1** (have confidence in) ‹*person*› confiar* en, tener* confianza en; (in negative sentences) fiarse* de; **~ me** confía en mí, ten confianza en mí; **don't ~ her** no te fíes de ella; **he can't be ~ed** no es de fiar; **I wouldn't ~ him as far as I could throw him** no me fío un pelo de él (fam); **to ~ sb/sth to + INF: they ~ him to solve any problems** confían en que les solucione cualquier problema; **can they be ~ed to be there on time?** ¿podemos confiar en que van a llegar a tiempo?; **I don't ~ them to do as they're told** no me fío de que vayan a obedecer; **I've broken it — ~ you!** (iro) se me ha roto — ¡típico!; **to ~ sb WITH sth** confiarle* algo A algn; **I wouldn't ~ him with my car** yo no le confiaría mi coche; **I'd ~ her with my life** pondría mi vida en sus manos, confío plenamente en ella **2** (entrust) **to ~ sth/sb TO sb/sth** confiarle* algo/algn A algn/algo
B (hope, assume) (frml) esperar; **we ~ you enjoyed yourselves** esperamos que se hayan divertido; **I ~ you're well** espero que estés bien; **I ~ so** eso espero
■ **trust** *vi* **to ~ IN sb/sth** confiar* *or* tener* confianza EN algn/algo; **to ~ TO sth** confiar* EN algo; **to ~ to luck** dejar algo librado al azar

trustbuster /'trʌstˌbʌstər ‖ 'trʌstˌbʌstə(r)/ *n* (AmE colloq); *persona o agencia empleadas para hacer cumplir la legislación antimonopolio*

trust company *n* compañía *f* fiduciaria *or* de fideicomiso

trusted /'trʌstəd ‖ 'trʌstɪd/ *adj* (*before n*) leal, de confianza

trustee /trʌs'ti:/ *n* **1** (of money, property) fideicomisario, -ria *m,f*, fiduciario, -ria *m,f*; (of bankrupt) síndico, -ca *m,f* **2** (of institution) miembro *m* del consejo de administración; **board of ~s** consejo *m* de administración

trusteeship /trʌs'ti:ʃɪp/ *n* [u c] (Fin) **1** (of money, property) fideicomiso *m* **2** (of institution) puesto *m* en el consejo de administración

trustful /'trʌstfəl/ *adj* ▸ **trusting**

trustfully /'trʌstfəli/ *adv* ▸ **trustingly**

trustfulness /'trʌstfəlnəs ‖ 'trʌstfəlnɪs/ *n* [u] confianza *f*

trust fund *n* fondo *m* fiduciario *or* de fideicomiso

trust hospital *n* (in UK) hospital *m* autónomo (*dentro del sector público*)

trusting /'trʌstɪŋ/ *adj* ‹*person*› confiado; ‹*relationship*› de confianza

trustingly /'trʌstɪŋli/ *adv* confiadamente

trustworthiness /'trʌstˌwɜ:rðinəs ‖ 'trʌstˌwɜ:ðinɪs/ *n* [u] (of person) honradez *f*; (of statement) veracidad *f*

trustworthy /'trʌstˌwɜ:rði ‖ 'trʌstˌwɜ:ði/ *adj* ‹*colleague/child*› digno de confianza; ‹*account/witness*› fidedigno

trusty[1] /'trʌsti/ *adj* (*before n*) (liter) fiel, leal

trusty[2] *n* (*pl* **-ties**) ordenanza *m* (*prisionero que se considera merecedor de ciertos privilegios*)

truth /tru:θ/ *n* (*pl* **~s** /tru:ðz/) **1** [u] (quality, condition) verdad *f*; (of account, story) veracidad *f*; **is there any ~ in the story?** ¿hay algo de verdad en esa historia?; **there is some ~ in what he says** hay parte de verdad en lo que dice; **I doubt the ~ of his statement** dudo de la veracidad de su declaración; **his theory may not be so far from the ~** puede que su teoría no ande muy desencaminada; **the ~ is that ...** la verdad es que ...; **tell me the ~** dime la verdad; **to tell (you) the ~, I don't know** si quieres que te diga la verdad, no lo sé; **~ to tell, I've never been there** a decir verdad, nunca he estado allí; **if (the) ~ be known/told, he just isn't interested** la verdad es que no le interesa; **the ~, the whole ~ and nothing but the ~** (BrE) la verdad, toda la verdad y nada más que la verdad; **in ~, it must be said that ...** (frml) hay que reconocer que ...; ***(the) ~ will out*** las mentiras tienen las patas cortas, se pilla antes al mentiroso que al cojo **2** [c] (fact) verdad *f*; **I could tell you a few ~s about ...** te podría decir unas cuantas verdades acerca de ...; *see also* **home truth**

truth condition *n* condición *f* de verdad

truth drug *n* suero *m* de la verdad

truthful /'tru:θfəl/ *adj* ‹*person*› que dice la verdad, veraz, sincero; ‹*testimony*› veraz, verídico; ‹*answer*› veraz; ‹*depiction*› fiel

truthfully /'tru:θfəli/ *adv* sinceramente

truth table *n* tabla *f* de decisión lógica

try[1] /traɪ/ *n* (*pl* **tries**) **1** [c] (attempt) intento *m*, tentativa *f*; **it's worth a ~** vale la pena intentarlo *or* hacer la tentativa *or* hacer la prueba; **that's not the right answer, but it was a good ~** ésa no es la respuesta, pero no estabas tan desencaminado; **there's no answer, I'll give him/it another ~ later** no contestan, insistiré *or* volveré a llamar más tarde; **have another ~** vuelve a intentarlo, haz otro intento *or* otra tentativa; **she's going to have another ~ at the exam** va a volver a presentarse al examen **2** (trial, experiment) (*no pl*): **this wine should be worth a ~** merece la pena probar este vino; **we'll give him a ~** le daremos una oportunidad; **have you had a ~ on his bike yet?** ¿ya has probado su bicicleta? **3** [c] (in rugby) ensayo *m*, try *m* (Arg); **to score a ~** marcar* un ensayo

try[2] *vt* **tries, trying, tried**
A **1** (attempt) intentar; **don't ~ anything** no intentes nada; **to ~ to + INF** tratar DE + INF, intentar + INF; **he drowned ~ing to rescue them** se ahogó al tratar de *or* al intentar rescatarlos; **~ to** *o* (colloq) **~ and concentrate** trata de *or* intenta concentrarte; **I'll ~ to finish it**

t

today trataré de *or* intentaré terminarlo hoy; **she tried hard to persuade them** trató de *or* intentó convencerlos por todos los medios; **just you ~!** ¡atrévete!, ¡haz la prueba!; **to ~ sth ON sb**: **she once tried that on me** a mí también trató de engañarme así una vez; **it's ~ing to rain** (colloq) parece que quiere llover (fam) **2** (attempt to operate): **he tried all the windows** probó a abrir todas las ventanas; **she tried the switch, but nothing happened** le dio al interruptor, pero nada de nada

B **1** (experiment with) ‹*product/technique/food*› probar*; **I've tried everything, but the stain won't come out** he probado con todo, pero la mancha no sale; **I've never tried raw fish** nunca he comido *or* probado pescado crudo; **~ some** pruébalo, prueba un poquito; **we're going to ~ the coast this year** este año vamos a probar qué tal nos va en la playa; **to ~ -ING**: **have you tried frying it?** ¿has probado a freírlo?; **shall we ~ adding a little oil?** ¿le agregamos un poco de aceite, a ver qué pasa?; **~ looking at the problem from another angle** prueba con un enfoque distinto del problema; **to ~ sth ON sb**: **I tried the recipe on the kids and they hated it** les hice el plato a los niños y no les gustó nada; **she tried her lecture on us first** primero ensayó *or* practicó la conferencia con nosotros **2** (have recourse to): **she tried Jack, but he didn't know** se lo preguntó a Jack pero él no lo sabía; **I'll ~ his work number** voy a probar a llamarlo al trabajo; **I tried several bookshops before I found a copy** busqué en *or* recorrí varias librerías antes de encontrar un ejemplar

C **1** (put to the test) ‹*person/courage*› poner* a prueba; **to ~ one's luck at sth** probar* suerte con algo **2** (put strain on) ‹*patience*› poner* a prueba; **these things are sent to ~ us** (set phrase) Dios nos pone a prueba

D (Law) ‹*person/case*› juzgar*; **to ~ sb FOR sth** juzgar* a algn POR algo

■ **try** *vi*: **the team just isn't ~ing** el equipo no está haciendo ningún esfuerzo; **I can't do it: will you ~?** no puedo, prueba *or* inténtalo tú; **~ as we might, we made no progress** por más esfuerzos que hacíamos, no progresábamos nada; **if at first you don't succeed ~, ~ and ~ again** si al principio no lo logras, sigue intentándolo; **you have to ~ harder** tienes que esforzarte más; **to ~ one's best** *o* **hardest** hacer* todo lo posible; **she couldn't be hurtful if she tried** es incapaz de herir a nadie

Phrasal verbs

- **try for** [v + prep + o] ‹*prize/place*› tratar de conseguir; **he's going to ~ for the scholarship** va a tratar de conseguir la beca, se va a presentar para la beca; **this time we're ~ing for a girl** vamos a ver si esta vez tenemos una niña, esta vez vamos a por la niña (Esp fam)
- **try on** [v + o + adv, v + adv + o] ‹*skirt/shoes/hat*› probarse*, medirse* (Col, Méx); **can I ~ it on?** ¿me lo puedo probar *or* (Col, Méx) medir?; ***to ~ it on (with sb)*** (BrE colloq): **they had a new teacher and they were really ~ing it on** tenían una maestra nueva y estaban viendo hasta dónde podían llegar con ella; **don't ~ it on with me!** ¡cuidadito con pasarte de la raya *or* (RPl) al patio conmigo! (fam)
- **try out**

A [v + o + adv, v + adv + o] (test) ‹*product/machine/method*› probar*; ‹*employee/player*› probar*, poner* a prueba; **to ~ sth out ON sb** probar* algo CON algn; **they tried the drug out on 50 patients** probaron el fármaco con 50 pacientes

B [v + adv] (be tested) **to ~ out (FOR sth)** presentarse a una prueba (PARA algo)

trying /'traɪɪŋ/ *adj* ‹*day/experience*› duro; **I find him quite ~** es una persona que pone a prueba mi paciencia; **this job is very ~ on the eyes/nerves** este trabajo cansa mucho la vista/es desquiciante

try-on /'traɪɑ:n || 'traɪɒn/ *n* **1** (of clothes) (AmE) prueba *f*; **don't buy it without a ~** no te lo compres sin probártelo **2** (trick, pretense) (BrE colloq) triquiñuela *f* (fam)

tryout /'traɪaʊt/ *n* prueba *f*

tryst /trɪst/ *n* (liter) (appointment) cita *f*; (place) lugar *m* de encuentro

tsar /zɑ:r || zɑ:(r)/ ▸ℹ **p.1213** *n*

A (of Russia) zar *m*

B (in government) *persona nombrada para coordinar y aplicar la política gubernamental en energía, control antidroga etc., en una zona determinada*

tsarina /zɑ:'ri:nə/ ▸ℹ **p.1213** *n* zarina *f*

tsarist¹ /'zɑ:rəst || 'zɑ:rɪst/ *adj* zarista

tsarist² *n* zarista *mf*

TSE *n* (= **transmissible spongiform encephalopathy**) EET *f*

tsetse fly /'tsetsi 'te-/ *n* mosca *f* tsetsé

T-shirt /'ti:ʃɜ:rt || 'ti:ʃɜ:t/ *n* **1** (outer garment) camiseta *f* **2** (undershirt) (AmE) camiseta *f*

tsp = teaspoon(s)

T-square /'ti:skwer || 'ti:skweə(r)/ *n* regla *f* T

tsunami /tsu:'nɑ:mi/ *n* (Meteo) tsunami *m*

TT *n* (Sport) (= **Tourist Trophy**) TT *f*; (*before n*): **a ~ race** una carrera TT

TU *n* **= Trade(s) Union**

tub /tʌb/ *n* **1** (large vessel — for holding liquids) cuba *f*; (— for washing clothes) tina *f* **2** (*bath~*) bañera *f*, tina *f* (AmL), bañadera *f* (Arg) **3** (for ice cream, margarine) envase *m* (*gen de plástico*), tarrina *f* (Esp) **4** (boat, ship) (colloq & hum) chalana *f*; (small) cascarón *m* de nuez

tuba /'tu:bə || 'tju:bə/ *n* tuba *f*

tubal /'tu:bl || 'tju:bl/ *adj* (Med) tubárico, de las trompas de Falopio; **~ pregnancy** embarazo *m* tubárico *or* ectópico; **~ ligation** ligadura *f or* ligado *m* de trompas

tubby /'tʌbi/ *adj* **-bier, -biest** (colloq) rechoncho (fam), regordete (fam)

tube /tu:b || tju:b/ *n*

A **1** (pipe) tubo *m*; ***to go down the ~(s)*** (colloq) venirse* abajo, irse* al traste (fam) **2** (container) tubo *m* **3** (*inner ~*) cámara *f*

B (Anat): **bronchial ~s** bronquios *mpl*; **she's had her ~s tied** (colloq) le han hecho un ligado *or* una ligadura de trompas

C **1** (AmE) (Electron) tubo *m* **2** **picture** *o* **television ~** tubo *m* de imagen; **fluorescent ~** tubo *m* fluorescente, tubolux® *m* (RPl)

D (television) (esp AmE colloq): **the ~** la tele (fam)

E (London underground railway) (BrE colloq): **the ~** el metro, el subte (Arg); **let's go by ~** vamos en metro *or* (Arg) en subte; (*before n*): **~ station** estación *f* de metro

tubeless /'tu:bləs || 'tju:blɪs/ *adj* sin cámara de aire

tuber /'tu:bər || 'tju:bə(r)/ *n* (Bot) tubérculo *m*

tubercle /'tu:bərkəl || 'tju:bəkəl/ *n* (Anat, Bot, Med) tubérculo *m*; (*before n*): **~ bacillus** (Med) bacilo *m* de Koch *or* de la tuberculosis

tubercular /tʊ'bɜ:rkjələr || tjʊ'bɜ:kjʊlə(r)/ *adj* (Anat, Bot, Med) tubercular

tuberculin /tʊ'bɜ:rkjələn || tjʊ'bɜ:kjʊlɪn/ *n* [u] tuberculina *f*

tuberculosis /tʊˌbɜ:rkjə'ləʊsəs || tjʊˌbɜ:kjʊ'ləʊsɪs/ *n* [u] tuberculosis *f*

tuberculous /tʊ'bɜ:rkjələs || tjʊ'bɜ:kjʊləs/ *adj* ▸**tubercular**

tuberose /'tu:brəʊz || 'tju:bərəʊz/ *n* tuberosa *f*, nardo *m*

tube top *n* (AmE) bustier *m* elástico

tubing /'tu:bɪŋ || 'tju:bɪŋ/ *n* [u] tubería *f*; **a length of rubber ~** un trozo de tubo de goma

tub-thumper /'tʌbˌθʌmpər || 'tʌbˌθʌmpə(r)/ *n* demagogo, -ga *m,f*

tub-thumping¹ /'tʌbˌθʌmpɪŋ/ *n* [u] demagogia *f*

tub-thumping² *adj* (*before n*) demagógico

tubular /'tu:bjələr || 'tju:bjʊlə(r)/ *adj* tubular

tubular bells *pl n* (Mus) campanas *fpl*

TUC *n* (in UK) **= Trades Union Congress**

> **TUC - Trades Union Congress**
>
> La asociación de los sindicatos británicos, que tiene por función proteger los intereses de los afiliados a los sindicatos en general. La TUC fundó el Partido Laborista ▸**Labour Party** en 1906 y pagó los sueldos de los primeros parlamentarios ▸**MP - Member of Parliament** del mismo. Por tradición ha existido un fuerte vínculo entre la TUC y el Partido Laborista. En la época de New Labour, sin embargo, este vínculo se ha debilitado. Existen TUCs también en Escocia y Gales.

tuck¹ /tʌk/ *n*

A [c] (fold, pleat) jareta *f*, alforza *f* (CS), pliegue *m*; **to put a ~ in a skirt** hacerle* una jareta *or* (CS) una alforza a una falda

B [u] (snack food) (BrE colloq) golosinas *fpl*

tuck² *vt*

A **1** (place) meter; **he ~ed the blanket firmly under the mattress** metió bien la manta debajo del colchón; **it looks better ~ed into your skirt** queda mejor por dentro (de la falda); **she ~ed the magazine under her arm** se colocó la revista debajo del brazo; **he ~ed the letter into his pocket** se metió la carta en el bolsillo; **she sat with one leg ~ed under her** estaba sentada sobre una pierna **2** ‹*person*› arropar; **she ~ed him into bed** lo arropó bien en la cama

B (sew) ‹*blouse/curtain*› hacerle* jaretas *or* (CS) alforzas a, alforzar* (CS)

■ **tuck** *vi*: **the blouse ~s into the skirt** la blusa va *or* se lleva por dentro (de la falda)

Phrasal verbs

- **tuck away**

A [v + o + adv, v + adv + o] (eat) (colloq) ‹*pies/cakes*› zamparse (fam), pulirse (fam), mandarse (AmL fam); **those kids can sure ~ it away** ¡cómo tragan *or* papean esos chicos! (fam)

B [v + o + adv] (put away) guardar; **he quickly ~ed the letter away in his pocket** escondió *or* se guardó la carta rápidamente en el bolsillo; **the house is ~ed away at the foot of the hill** la casa está enclavada en un rincón al pie de la colina; **she has a tidy little sum ~ed away for her old age** tiene unos ahorritos guardados para la vejez

- **tuck in**

A [v + adv] (eat) (colloq) ponerse* a comer, atacar* (fam); **~ in everybody!** ¡al ataque! (fam)

B [v + o + adv, v + adv + o] **1** (in trousers, under mattress) meter; **~ your shirt in** métete la camisa por dentro (de los pantalones); **~ the sheets in** mete las puntas de las sábanas debajo del colchón **2** ‹*stomach/chin*› meter **3** ‹*child/invalid*› arropar

- **tuck into** [v + prep + o] (colloq) ponerse* a comer, atacar* (fam)
- **tuck up** [v + o + adv]: **to ~ sb up (in bed)** arropar a algn (en la cama)

tuck box *n* (BrE dated); *caja para guardar alimentos*

tucker /'tʌkər || 'tʌkə(r)/ *n*

A *see* **bib 1**

B [u] (Austral) (food) (colloq) comida *f*, manduca *f* (Esp fam), morfe *m* (CS fam), comistrajo *m* (Chi fam)

Phrasal verb

- **tucker out** [v + o + adv] (AmE) (colloq) dejar agotado, dejar hecho polvo (fam), dejar de cama (AmL fam)

tuckered out /'tʌkərd || 'tʌkəd/ *adj* (AmE colloq) (*pred*) molido (fam), hecho polvo (fam), de cama (AmL fam)

tuck-in /'tʌkɪn/ *n* (BrE colloq & dated) (*no pl*) atracón *m* (fam); **to have a good ~** darse* un atracón (fam)

tuck shop *n* (BrE) tienda *f* de golosinas (*en una escuela*)

Tudor¹ /'tu:dər || 'tju:də(r)/ *n* Tudor *mf*; **the ~s** los Tudor; (*before n*) ‹*king/history*› Tudor *adj inv*

Tudor² *adj* (Archit) tudor *adj inv*

Tues ▸ℹ **p.1085** (= **Tuesday**) mart.

t

Tuesday /'tu:zdeɪ, -di || 'tju:zdeɪ, -di/ ▸ ⓘ p.1085 *n* martes *m*; *see also* **Monday**

tufa /'t(j)u:fə || 'tju:fə/ *n* [u] toba *f*, tufo *m*

tuft /tʌft/ *n* [1] (of hair) mechón *m*; (on top of head) copete *m* [2] (of grass) mata *f*; (of feathers) penacho *m*

tufted /'tʌftəd || 'tʌftɪd/ *adj* [1] (Zool) con penacho [2] (Tex) ‹*carpet*› tufted, almohadillado

tug¹ /tʌg/ *vt* **-gg-** [1] (pull) ‹*sleeve/cord*› tirar de, jalar (de) (AmL exc CS) [2] (drag) arrastrar; **a boy ~ging a heavy suitcase along** un chico con una pesada maleta a rastras [3] (Naut) remolcar*

■ **tug** *vi* **to ~ AT sth** tirar DE algo, jalar (DE) algo (AmL exc CS); **he ~ged at my sleeve** me tiró de la manga, me jaló la manga (AmL exc CS); **to ~ ON sth** darle* *or* pegarle* un tirón A algo, jalar algo (AmL exc CS)

tug² *n*

A (pull) tirón *m*, jalón *m* (AmL exc CS); **to give sth a ~** tirar de algo, jalar (de) algo (AmL exc CS), darle* *or* pegarle* un tirón a algo, darle* *or* pegarle* un jalón a algo (AmL exc CS); **she still felt the ~ of her native land** todavía le tiraba su tierra

B ~ **(boat)** (Naut) remolcador *m*

tug of love *n* (BrE journ) *disputa legal entre los padres por la custodia de un hijo*

tug of war *n: juego de tira y afloja con una cuerda*

tuition /tʊ'ɪʃən || tju:'ɪʃən/ *n* [u] [1] (instruction) (frml) ~ **(IN sth)** clases *fpl* (DE algo); **she's having private ~** está tomando *or* le están dando clases particulares; (*before n*): **~ fees** ≈ matrícula *f* [2] (fees) matrícula *f*

tulip /'tu:ləp || 'tju:lɪp/ *n* tulipán *m*

tulip glass *n* copa *f* tulipán

tulip tree *n* tulipero *m*

tulle /tu:l || tju:l/ *n* [u] tul *m*

tum /tʌm/ *n* (colloq) panza *f* (fam), tripa *f* (esp Esp fam), guata *f* (Chi fam)

tumble¹ /'tʌmbəl/ *n* [1] (of acrobat) voltereta *f* [2] (fall) caída *f*; **to take a ~** caerse*

tumble² *vi*

A (fall) caerse*; **he ~d off his horse** se cayó del caballo; **the basket went tumbling down the slope** la cesta se fue rodando cuesta abajo; **the pile of cans came tumbling down** el montón de latas se vino abajo; **he lost his balance and ~d over** perdió el equilibrio y se cayó; **I ~d into bed** me dejé caer en la cama

B (roll, turn) «*acrobat*» dar* volteretas; «*kitten/children*» revolcarse*, retozar*; **the clothes ~d around in the machine** la ropa daba vueltas en la máquina

■ **tumble** *vt* [1] (make untidy) ‹*hair*› alborotar; **the bedclothes were all ~ed** la cama estaba revuelta [2] (toss, turn) hacer* girar

Phrasal verb

• **tumble to** [v + prep + o] ‹*scheme*› darse* cuenta de; **at last she ~d to what he was doing** finalmente se dio cuenta *or* cayó en la cuenta de lo que estaba haciendo

t

tumbledown /'tʌmbəldaʊn/ *adj* (*before n*) en ruinas

tumble-dry /,tʌmbəl'draɪ/ *vt* secar* (*en secadora*)

tumble dryer /,tʌmbəl'draɪər || ,tʌmbəl 'draɪə(r)/ *n* secadora *f*

tumbler /'tʌmblər || 'tʌmblə(r)/ *n* [1] (glass) vaso *m* (*de lados rectos*); **whiskey ~** vaso *m* de whisky [2] (acrobat) acróbata *mf*, volatinero, -ra *m,f* [3] (for gemstones) tambor *m* (*giratorio*) [4] (in lock) gacheta *f*, clavija *f* [5] (*before n*) (Elec): **~ switch** interruptor *m* de palanca

tumbleweed /'tʌmbəlwi:d/ *n* [u] planta *f* rodadora

tumbrel /'tʌmbrəl/, **tumbril** /-brɪl/ *n* carreta *f*

tumefaction /,tu:mə'fækʃən || ,tju:mɪ 'fækʃən/ *n* tumefacción *f*

tumescence /tu:'mesns || tjʊ'mesns/ *n* tumescencia *f*

tumescent /tu:'mesnt || tjʊ'mesnt/ *adj* tumescente

tumid /'tu:məd || 'tju:mɪd/ *adj* (Med) túmido

tummy /'tʌmi/ *n* (*pl* **-mies**) (colloq) barriga *f* (fam), pancita *f* (fam), tripita *f* (Esp fam), guatita *f* (Chi fam)

tummyache /'tʌmieɪk/ *n* [u c] (used to or by children) dolor *m* de barriga (fam), dolor *m* de tripa *or* (Chi) de guata (fam); **she has a ~** le duele la barriga *or* la pancita (fam), le duele la tripita (Esp fam), le duele la guatita (Chi fam)

tummy button *n* (BrE colloq) ombligo *m*

tummy tuck *n* (colloq) cirugía *f* quita-barriga (fam)

tumor, (BrE) **tumour** /'tu:mər || 'tju:mə(r)/ *n* tumor *m*

tumult /'tu:mʌlt || 'tju:mʌlt/ *n* [u c] tumulto *m*; **there was ~ in the streets** había un tumulto *or* revuelo en las calles; **her thoughts were in a ~** se sentía totalmente confundida

tumultuous /tʊ'mʌltʃuəs || 'tju:mʌltjʊəs/ *adj* ‹*applause/welcome*› apoteósico; ‹*debate/argument*› tumultuoso, acalorado; ‹*crowd*› enardecido; ‹*rebellion/protest*› tumultuoso, clamoroso; ‹*seas/waves*› (liter) embravecido

tumulus /'tu:mjələs || 'tju:mjʊləs/ *n* (*pl* **-li** /-laɪ -li/) túmulo *m*

tun /tʌn/ *n* tonel *m*

tuna /'tu:nə || 'tju:nə/ *n* (*pl* ~ *or* **~s**) [1] [c] (Zool) atún *m* [2] [u] ~ **(fish)** (Culin) atún *m*

tundra /'tʌndrə/ *n* [u] tundra *f*

tune¹ /tu:n || tju:n/ *n* [1] [c] (melody) melodía *f*; (piece) canción *f*, tonada *f*; **I remember the ~, but not the words** me acuerdo de la música pero no de la letra; **there's not much ~ to his songs** [u] sus canciones no tienen mucha melodía *or* no son muy melódicas; **I'm sick of hearing the same old ~** estoy harto de oír siempre la misma cantinela (fam); ***to call the ~*** llevar la batuta *or* la voz cantante; ***to change one's ~*** cambiar de parecer; ***to dance to another ~*** ponerse* como una malva; ***to the ~ of sth***: **expenses to the ~ of $500 a day** 500 dólares al día en concepto de gastos de representación; **to the ~ of the Marseillaise** con la música de la Marsellesa [2] [u] (correct pitch): **to sing out of ~** desafinar, desentonar; **to sing in ~** cantar bien; **this string is in/out of ~** esta cuerda está afinada/desafinada; ***to be in/out of ~ with sth/sb***: **a leader in ~ with the people** un líder en sintonía con el pueblo; **the building is quite out of ~ with its surroundings** el edificio desentona *or* no está en armonía con su entorno

tune² *vt* [1] (Mus) ‹*instrument*› afinar [2] (Auto) ‹*engine*› poner* a punto, afinar [3] (Rad, TV) sintonizar*; **stay ~d for more details** para más información permanezca en nuestra sintonía

■ **tune** *vi* (Rad, TV) **to ~ TO sth** ‹*to station/wavelength*› sintonizar* algo

Phrasal verbs

• **tune in** [v + adv] [1] (Rad, TV) **to ~ in TO sth** sintonizar* (CON) algo; **~ in (to us) again tomorrow** sintonícenos otra vez *or* sintonice otra vez con nosotros mañana [2] (become receptive) (colloq) **to ~ in TO sth** sintonizar* CON algo; **to ~ in to sb's way of thinking** sintonizar* con la manera de pensar de algn

• **tune out**

A [v + prep + o] (stop listening to) (colloq) ‹*speaker*› dejar de prestar atención; ‹*news*› dejar de escuchar

B [v + o + adv] (exclude) ‹*interference/signal*› deshacerse* de

• **tune up** [v + adv] (Mus) afinar

tuneful /'tu:nfəl || 'tju:nfəl/ *adj* melódico

tunefully /'tu:nfəli || 'tju:nfəli/ *adv* melodiosamente

tuneless /'tu:nləs || 'tju:nlɪs/ *adj* poco melodioso

tunelessly /'tu:nləsli || 'tju:nlɪsli/ *adv* de forma poco melodiosa

tuner /'tu:nər || 'tju:nə(r)/ *n* (*piano* ~) [1] (Mus) afinador, -dora *m,f* de pianos [2] (Rad, TV) sintonizador *m*

tune-up /'tu:nʌp || 'tju:nʌp/ *n* puesta *f* a punto, afinado *m*

tungsten /'tʌŋstən/ *n* [u] tungsteno *m*

tunic /'tu:nɪk || 'tju:nɪk/ *n* [1] (of military uniform) guerrera *f* [2] (in ancient Rome) túnica *f* [3] (women's blouse, jacket) casaca *f* [4] (of school uniform) (in UK) jumper *m or f or* (Esp) pichi *m* (*del uniforme*)

tuning /'tu:nɪŋ || 'tju:nɪŋ/ *n* [u] [1] (on string instrument) afinación *f* [2] (for frequency selection) sintonía *f* [3] (Auto) puesta *f* a punto

tuning fork *n* diapasón *m*

tuning knob *n* botón *m* sintonizador

Tunisia /tu:'ni:ʒə || tju:'nɪziə/ *n* Túnez *m*

Tunisian¹ /tu:'ni:ʒən || tju:'nɪziən/ *adj* tunecino

Tunisian² *n* tunecino, -na *m,f*

tunnage /'tʌnɪdʒ/ *n* [u] tonelaje *m*

tunnel¹ /'tʌnl/ *n* (for road, railway, canal) túnel *m*; (in mine) galería *f*, socavón *m*

tunnel² *vi* (BrE) **-ll-** abrir* *or* hacer* un túnel

■ **tunnel** *vt* ‹*passage*› abrir*; **they ~ed their way out of prison** escaparon de la cárcel abriendo *or* haciendo un túnel

tunnel vision *n* [u] [1] (Opt) visión *f* de túnel [2] (narrowmindedness) estrechez *f* de miras

tunny /'tʌni/ *n* [c u] (*pl* **-nies** *or* **-ny**) ▸ **tuna**

tuppence /'tʌpəns/ *n* (BrE) ▸ **twopence**

tuppenny /'tʌpəni/ *adj* (BrE) ▸ **twopenny**

tuppenny-ha'penny /,tʌpəni'heɪpni/ *adj* (BrE colloq & pej) (*before n*) de tres al cuarto (fam)

Tupperware® /'tʌpərwer || 'tʌpəweə(r)/ *n* [u] tupperware® *mpl*, recipientes *mpl* de plástico (*con tapa*)

turban /'tɜ:rbən || 'tɜ:bən/ *n* turbante *m*

turbid /'tɜ:rbəd || 'tɜ:bɪd/ *adj* turbio

turbine /'tɜ:rbən, -baɪn || 'tɜ:baɪn/ *n* turbina *f*

turbo /'tɜ:rbəʊ || 'tɜ:bəʊ/ *n* [1] (compressor) turbocompresor *m*, turbo *m* [2] (car) (colloq) turbo *m*

turbocharge /'tɜ:rbəʊtʃɑ:rdʒ || 'tɜ:bəʊtʃɑ:dʒ/ *vt* equipar con turbocompresor a

turbo-charged /'tɜ:rbəʊtʃɑ:rdʒd || 'tɜ:bəʊtʃɑ:dʒd/ *adj* turbo

turbocharger /'tɜ:rbəʊ,tʃɑ:rdʒər || 'tɜ:bəʊ,tʃɑ:dʒə(r)/ *n* turbocompresor *m*

turbofan /'tɜ:rbəʊfæn || 'tɜ:bəʊfæn/ *n* turboventilador *m*

turbojet /'tɜ:rbəʊdʒet || 'tɜ:bəʊdʒet/ *n* [1] (aircraft) turborreactor *m* [2] ~ **(engine)** turborreactor *m*

turboprop /'tɜ:rbəʊprɑ:p || 'tɜ:bəʊprɒp/ *n* [1] (aircraft) avión *m* con turbopropulsor [2] (engine) turbopropulsor *m*

turbot /'tɜ:rbət || 'tɜ:bət/ *n* (*pl* ~ *or* **~s**) rodaballo *m*

turbulence /'tɜ:rbjələns || 'tɜ:bjʊləns/ *n* [u] [1] (Aviat, Phys) turbulencia *f* [2] (disorder, confusion) turbulencia *f*

turbulent /'tɜ:rbjələnt || 'tɜ:bjʊlənt/ *adj* turbulento

turd /tɜ:rd || tɜ:d/ *n* (vulg) [1] (excrement) zurullo *m* (fam), mojón *m* (fam), sorete *m* (RPl vulg), cerote *m* (AmC, Méx vulg) [2] (person) cerdo, -da *m,f* (fam), sorete *m* (RPl vulg), cerote *m* (AmC, Méx vulg)

tureen /tjʊ'ri:n, tə- || tjʊə'ri:n/ *n* sopera *f*

turf¹ /tɜ:rf || tɜ:f/ *n* (*pl* **~s** *or* **turves**)

A [1] [u] (grass) césped *m* [2] [c] (square of grass) (esp BrE) tepe *m* [3] [u] (artificial grass) hierba *f* artificial

B [u] (peat) turba *f*

C (horseracing): **the ~** el turf, la hípica

D [u] (territory) (AmE sl) territorio *m*

turf² *vt*

A (Hort) ‹*garden*› colocar* tepes en

B (throw) (BrE colloq) tirar, lanzar*

Phrasal verb

• **turf out** [v + o + adv, v + adv + o] (BrE colloq) [1] (eject) ‹*person*› echar, poner* de patitas en la calle (fam), correr (fam), botar (AmL exc RPl) [2] (discard) ‹*rubbish/clothes*› tirar, botar (AmL exc RPl)

turf accountant *n* (BrE frml) corredor, -dora *m,f* de apuestas

turf war *n* (colloq) lucha *f* interna por el control

turgid /'tɜ:rdʒəd || 'tɜ:dʒɪd/ *adj* ‹*waters*› crecido; ‹*style/prose*› ampuloso

Turin /ˈtʊrən || tjʊˈrɪn/ *n* Turín *m*

Turk /tɜːrk || tɜːk/ *n* turco, -ca *m,f*; ***a young ~*** un joven turco (period) (*persona que impone sus criterios innovadores dentro de un partido, organización etc*)

turkey /ˈtɜːrki || ˈtɜːki/ *n* (*pl* **~s**)
A **1** [c] (bird) pavo *m*, guajolote *m* (Méx), chompipe *m* (AmC); ***to talk ~*** (esp AmE colloq) hablar a las claras (fam) **2** [u] (meat) pavo *m*
B [c] **1** (AmE) (Theat) (sl) bodrio *m* (fam) **2** (person) (colloq) papanatas *mf* (fam), pato *m* mareado (Esp fam)

Turkey /ˈtɜːrki || ˈtɜːki/ *n* Turquía *f*

Turkish[1] /ˈtɜːrkɪʃ || ˈtɜːkɪʃ/ *adj* turco

Turkish[2] *n* [u] turco *m*

Turkish bath *n* baño *m* turco

Turkish coffee *n* [u c] café *m* turco

Turkish-Cypriot[1] /ˌtɜːrkɪʃˈsɪpriət || ˌtɜːkɪʃˈsɪpriət/ *adj* turcochipriota

Turkish-Cypriot[2] *n* turcochipriota *mf*

Turkish delight *n* [u] delicia *f* turca (*dulce gelatinoso recubierto de azúcar*)

Turkmenistan /ˌtɜːrkmenɪˈstɑːn || ˌtɜːkmenɪˈstɑːn/ *n* Turkmenistán *m*

turmeric /ˈtɜːrmərɪk || ˈtɜːmərɪk/ *n* [u] cúrcuma *f*, azafrán *m* de las Indias

turmoil /ˈtɜːrmɔɪl || ˈtɜːmɔɪl/ *n* [u] confusión *f*, agitación *f*; **political ~** agitación política; **her mind was in (a) ~** estaba totalmente confundida *or* desconcertada; **his assassination threw the country into (a) ~** su asesinato sumió al país en el caos

turn[1] /tɜːrn || tɜːn/ *n*
A **1** (rotation) vuelta *f*; **give it another ~** dale otra vuelta; **a quarter/half ~** un cuarto de vuelta/media vuelta; **the meat was done to a ~** la carne estaba hecha a la perfección, la carne estaba en su punto justo **2** (change of direction) vuelta *f*, giro *m*; **Ⓢ no left turn** prohibido girar *or* doblar *or* torcer a la izquierda **3** (bend, turning) curva *f*; **take the next left/right ~** tome *or* (esp Esp) coja *or* (esp AmL) agarre la próxima a la izquierda/derecha; ***at every ~*** a cada paso, a cada momento **4** (change, alteration): **a ~ in the weather** un cambio en el tiempo; **they were worried by the ~ of affairs** les preocupaba el cariz que estaban tomando las cosas; **this dramatic ~ of events** este dramático giro de los acontecimientos; **events took an unexpected ~** los acontecimientos dieron un giro inesperado; **to take a ~ for the better** empezar* a mejorar; **to take a ~ for the worse** empeorar, ponerse* peor; **the ~ of the century** el final del siglo (*y el principio del siguiente*); **a ~-of-the-century house** una casa de finales de siglo; ***to be on the ~*** «*events/situation/tide*» estar* cambiando; «*leaves*» estar* cambiando de color; «*milk/food*» (BrE) estar* echándose a perder
B **1** (place in sequence): **whose ~ is it?** ¿a quién le toca?; **I think it's my/your ~** creo que me toca (el turno) a mí/te toca (el turno) a ti; **you've had your ~** a ti ya te ha tocado; **you've been playing with it for ages: I want a ~!** hace un rato largo que estás jugando con él, ahora déjame a mí *or* me toca a mí; **you miss a ~ next** tú la próxima vez no juegas; **you'll have to wait your ~** vas a tener que esperar que te toque (el turno); **~ AT sth: it's your ~ at the wheel** te toca a ti manejar *or* (Esp) conducir; **~ to + INF: whose ~ is it to pay?** ¿a quién le toca pagar?; **she waited her ~ to speak** esperó que le tocara (el turno de) hablar; **your ~ will come** ya te tocará a ti, ya tendrás tu oportunidad; ***to take ~s*** o ***to take it in ~(s)*** turnarse; **we'll take ~s** o **we'll take it in ~(s) to do the cooking** nos vamos a turnar para cocinar, vamos a cocinar por turnos; **they took ~s (at) sleeping on the sofa** se turnaron para dormir en el sofá, durmieron en el sofá por turnos **2** (*in phrases*): **by turns** sucesivamente; **in turn: each in ~ was asked the same question** a cada uno de ellos se le hizo la misma pregunta; **and she, in ~, needs** ***our*** **help** y ella, a su vez *or* por su parte, necesita *nuestra* ayuda; **out of turn: she realized she'd spoken out of ~** se dio cuenta de que su comentario (*or* interrupción *etc*) había estado fuera de lugar; **turn and turn about** por turnos
C **1** (service): **to do sb a good ~** hacerle* un favor a algn; **she has done them a bad ~ in declaring her support** no les ha hecho ningún favor al manifestar su apoyo; ***one good ~ deserves another*** favor con favor se paga **2** (purpose): **this map will serve our ~** este mapa nos servirá; **the alliance has served its ~** la alianza ha cumplido su cometido
D (form, style): **she has a logical/practical ~ of mind** es muy lógica/práctica; **she has a picturesque ~ of phrase** tiene una manera pintoresca de expresarse, usa expresiones pintorescas
E **1** (bout of illness, disability): **he had a funny ~** le dio un ataque (*or* un mareo *etc*) **2** (nervous shock) susto *m*; **you gave me quite a ~** me diste un buen susto
F (act) (esp BrE) número *m*
G (stroll, ride) paseo *m*, vuelta *f*; **to take a ~ in the fresh air** dar* un paseo *or* una vuelta al aire libre
H (Fin): **jobber's ~** comisión *f* del agente *or* corredor

turn[2]

INDEX

■ **turn** *verb transitive*
A **1** to rotate: knob, handle etc
2 to set, to regulate
B **1** to change the position, direction of
2 to direct attention etc
C **1** to reverse: mattress etc
2 to turn somebody's stomach
3 to turn a somersault
D **1** to go around: corner
2 to turn + numbers
E **1** to tip out, to transfer
2 to send away, to expel
F **1** to transform
2 to make sour: milk
3 to confuse: mind
G **1** to shape
2 in knitting
3 to formulate
H to make: profit
I in business

■ **turn** *verb intransitive*
A to rotate: wheels etc
B **1** to face in a different direction
2 to change direction
3 to curve: roads, rivers
C **1** to turn: red, black
2 to be transformed
3 to change: luck, weather
4 to change color: leaves
5 to go sour: milk
D to turn to: page
E in business

Phrasal verbs
- **turn against**
- **turn around**
- **turn aside**
- **turn away**
- **turn back**
- **turn down**
- **turn forward**
- **turn in**
- **turn in on**
- **turn off**
- **turn on**
- **turn out**
- **turn over**
- **turn round**
- **turn to**
- **turn up**
- **turn upon**

vt
A **1** (to rotate) ‹*knob/handle/wheel*› (hacer*) girar; **she ~ed the wheel to the left** hizo girar *or* giró el volante hacia la izquierda, le dio al volante hacia la izquierda; **he ~ed the key in the lock** hizo girar la llave en la cerradura **2** (to set, to regulate) **to ~ sth TO sth: ~ the knob to 'hot'** ponga el indicador en 'caliente'; **he ~ed the oven to a lower temperature** bajó la temperatura del horno
B **1** (to change the position, direction of) ‹*head*› volver*, voltear (AmL exc RPl); **she ~ed her back on them** les volvió *or* les dio la espalda, les volteó la espalda (AmL exc RPl); **he slipped out while my back was ~ed** se escapó en un momento en que me distraje *or* en que estaba de espaldas; **she ~ed her eyes heavenward** volvió los ojos al cielo; **all eyes were ~ed on him** todas las miradas estaban puestas en él; **the nurse ~ed her onto her side** la enfermera la puso de lado; **she ~ed her desk to face the window** corrió *or* puso el escritorio de cara a la ventana; **nothing could ~ the torpedo from its course** nada podría desviar al torpedo de su trayectoria; **a TV set stood with the screen ~ed to the wall** había un televisor con la pantalla vuelta *or* mirando hacia la pared; **can you ~ the screen more this way?** ¿puedes poner la pantalla más para este lado?; **this ~ed her career in a new direction** esto dio un nuevo rumbo a su carrera **2** (to direct, to apply) **to ~ sth TO sth: ~ your attention to your work** concéntrate en tu trabajo; **I ~ed my mind to more pleasant thoughts** me puse a pensar en cosas más agradables; **she ~ed her interest to politics** volcó su interés hacia la política; **the administration has ~ed its efforts to ...** la administración ha dirigido sus esfuerzos a ...; **they ~ed the situation to their own profit** utilizaron la situación para su propio provecho; **the money has been ~ed to good use** el dinero ha sido destinado a un buen fin; ▸**advantage**[1] **2**
C **1** (to reverse) ‹*mattress/omelette*› darle* la vuelta a, voltear (AmL exc CS), dar* vuelta (CS); ‹*page*› pasar, volver*, dar* vuelta (CS); ‹*soil*› remover*, voltear (AmL exc CS), dar* vuelta (CS); **she ~ed the card face down** puso *or* volvió la carta boca abajo; **~ the stocking inside out** vuelve la media del revés, voltea la media (AmL exc CS), da vuelta la media (CS); **she sat ~ing the pages of a magazine** estaba sentada hojeando una revista **2** (to upset): **to ~ sb's stomach** revolverle* el estómago a algn; **it ~s my stomach** me revuelve el estómago **3** (execute): **to ~ a somersault** hacer* una voltereta, darse* una vuelta carnero (RPl)
D **1** (to go around) ‹*corner*› dar* la vuelta a, dar* vuelta (CS) **2** (with numbers, to pass): **she's just ~ed 30** acaba de cumplir (los) 30; **it's just ~ed five o'clock** acaban de dar las cinco
E **1** (to tip out, to transfer) **to ~ sth INTO/ONTO sth: ~ the mixture into an ovenproof dish** vierta la mezcla en una fuente de horno; **~ the cake onto a plate** invierta el pastel sobre un plato **2** (to send away, to expel): **to ~ sb onto the street/out of the house** echar a algn a la calle/de la casa; **I couldn't simply ~ him from my door** no le podía negar ayuda, no le podía volver la espalda; **I ~ed a lot of junk out of the cellar** saqué una cantidad de cachivaches del sótano; ▸**loose**[1] **B**
F **1** (to transform) volver*; **the shock ~ed her hair white** el susto la encaneció; **to ~ sth TO/INTO sth** transformar *or* convertir* algo EN algo; **time has ~ed resentment to bitter hatred** el tiempo ha transformado el resentimiento en un odio amargo; **they've ~ed the place into a pigsty!** ¡han puesto la casa (*or* la habitación *etc*) como una pocilga!; **the leftovers can be ~ed into soup** con las sobras se puede hacer sopa; **she ~ed him into a frog with her magic wand** lo convirtió en un sapo con su varita mágica **2** (to make sour) ‹*milk*› agriar **3** (to confuse) ‹*mind*› trastornar
G **1** (to shape — on lathe) tornear; (— on potter's wheel) hacer* **2** (in knitting) ‹*heel*› formar **3** (to formulate): **a well ~ed phrase** una frase elegante *or* pulida
H (to make) ‹*profit*› sacar*
I (AmE) (Busn) darle* salida a

■ **turn** *vi*
A (to rotate) «*wheels/handles*» girar, dar* vuelta(s); **the key ~ed easily in the lock** la llave giró

fácilmente en la cerradura; **it made my stomach ~** me revolvió el estómago; **the earth ~s on its axis every 24 hours** la Tierra gira sobre su eje cada 24 horas; **my head was ~ing** todo me daba vueltas

B 1 (to face in a different direction) ‹‹*person*›› volverse*, darse* la vuelta, voltearse (AmL exc CS), darse* vuelta (CS); **hearing her name, she ~ed** al oír su nombre se volvió *or* se dio la vuelta *or* (AmL exc CS) se volteó *or* (CS) se dio vuelta; **she ~ed to face the audience** se volvió de cara al público; **he ~ed onto his side** se volvió *or* se puso de lado; **left/right ~!** (BrE) (Mil) ¡media vuelta a la izquierda/derecha! 2 ▸❶ **p.1110**; (to change course, direction): **the army then ~ed north** entonces el ejército cambió de rumbo, dirigiéndose al norte; **we ~ed for home** cambiamos de rumbo *or* nos volvimos, emprendiendo el camino a casa; **the ship began to ~** el barco empezó a virar; **there is no room for cars to ~** no hay lugar para que los coches den la vuelta *or* (CS) den vuelta; **the truck ~ed into a side street** el camión se metió en una calle lateral; **they ~ed left out of Franklin Avenue** giraron *or* doblaron a la izquierda al salir de la avenida Franklin; **to ~ left/right** girar *or* doblar *or* torcer* a la izquierda/derecha; **the tide is ~ing** está cambiando la marea, está empezando a bajar/subir la marea; **the wind has ~ed** el viento ha cambiado de dirección 3 (to curve) ‹‹*roads/rivers*›› torcer*

C 1 (to become): **his face ~ed red** se le puso la cara colorada; **things were ~ing nasty** las cosas se estaban poniendo feas; **her triumph ~ed sour overnight** el éxito se le agrió de un día para el otro; **her hair had ~ed gray** había encanecido; **he ~ed professional** se hizo profesional; **Geoffrey Wright, naturalist ~ed politician** Geoffrey Wright, naturalista convertido en *or* vuelto político 2 (to be transformed) **to ~ INTO sth** convertirse* EN algo; **water ~s into steam** el agua se convierte *or* se transforma en vapor; **she's ~ed into a real beauty** se ha convertido en una verdadera belleza, se ha puesto preciosa; **the weeks ~ed into months and ...** las semanas se hicieron meses y ... 3 (to change) ‹‹*luck/weather*›› cambiar 4 (to change color) ‹‹*leaves*›› cambiar de color 5 (to go sour) ‹‹*milk*›› agriarse

D (pages, when reading): **~ to page 19** abran el libro en la página 19, vayan a la página 19; **~ back a couple of pages** vuelvan atrás un par de páginas

E (AmE) (Busn) ‹‹*merchandise*›› venderse

Phrasal verbs

• **turn against**

A [v + prep + o] ponerse* *or* volverse* en contra de

B [v + o + prep + o]: **she tried to ~ them against me** intentó ponerlos en mi contra; **she ~ed them against each other** puso a uno en contra del otro, los enemistó

• **turn around**, (BrE) also **turn round**

A [v + adv] 1 (to face different direction) darse* la vuelta, volverse*, voltearse (AmL exc CS), darse* vuelta (CS) 2 (react) (colloq): **I can't ~ around and tell her she isn't needed any more** no puedo salir ahora con que no la necesitamos más 3 (reverse) ‹‹*weather/luck/economy*›› cambiar completamente, dar* or pegar* un vuelco

B [v + o + adv]: **could you ~ the TV around this way a little?** ¿podrías poner el televisor un poco más para este lado?; **~ the book around so they can see** dale la vuelta al libro *or* (AmL exc CS) voltea el libro *or* (CS) da vuelta el libro para que puedan ver

C [v + o + adv] 1 (set on new course) ‹*company/economy*› sanear; **it has ~ed my life around** le ha dado un nuevo rumbo a mi vida 2 (get ready): **we aim to ~ orders around within 24 hours** procuramos despachar los pedidos en 24 horas; **the ferry can be ~ed around in under an hour** el transbordador se puede preparar para volver a zarpar en menos de una hora

• **turn aside**

A [v + adv] darse* la vuelta, voltearse (AmL exc CS), darse* vuelta (CS)

B [v + o + adv, v + adv + o] 1 (distract) apartar, desviar* 2 (deflect) ‹*blow*› desviar*

• **turn away**

A [v + adv] apartarse; **he ~ed away in horror** se apartó horrorizado; **she has ~ed away from God** se ha apartado *or* alejado de Dios

B [v + o + adv, v + adv + o] 1 ‹*head/face*› volver*, voltear (AmL exc RPl), dar* vuelta (CS); **he ~ed his eyes away** apartó la mirada 2 (send away): **the doorman ~ed them away because they weren't wearing ties** el portero no los dejó entrar porque no llevaban corbata; **the stadium was already full and many people had to be ~ed away** el estadio ya estaba lleno y mucha gente se tuvo que volver a casa; **we can't afford to ~ away business** no podemos permitirnos el lujo de rechazar trabajo

• **turn back**

A [v + adv] 1 (go back) volver*, regresar, devolverse* (AmL exc RPl) 2 (change plan) echarse *or* volverse* atrás; **there's no ~ing back** no puedes echarte *or* volverte atrás (*or* no podemos echarnos *etc*)

B [v + o + adv, v + adv + o] 1 (send back): **he was ~ed back at the border** en la frontera lo hicieron regresar *or* lo mandaron de vuelta 2 (fold) ‹*bedclothes*› doblar; **he ~ed his cuffs back** se remangó 3 (reset) ‹*clock*› retrasar, atrasar

• **turn down** [v + o + adv, v + adv + o] 1 (fold back) ‹*collar/brim*› doblar 2 (make longer) ‹*trousers*› alargar* 3 (diminish) ‹*heating/volume/temperature*› bajar 4 (reject) ‹*offer/application*› rechazar*; ‹*job/candidate*› rechazar*, no aceptar; **he was ~ed down for the part** lo rechazaron para el papel, no le dieron el papel; **her request for a loan was ~ed down** le negaron el préstamo, no le concedieron el préstamo

• **turn forward** [v + o + adv, v + adv + o] (reset) ‹*clock*› adelantar

• **turn in**

A [v + adv] (go to bed) (colloq) acostarse*

B [v + o + adv, v + adv + o] 1 (hand in) ‹*work/report*› entregar* 2 (hand over) (colloq) ‹*criminal*› entregar* 3 (produce, achieve): **he ~ed in three superb goals** se anotó *or* (CS fam) se mandó tres goles sensacionales 4 (return, give back) devolver*; **to ~ sth in FOR sth** cambiar algo POR algo

• **turn in on** [v + adv + prep + o]: **to ~ in on oneself** encerrarse* en sí mismo

• **turn off**

A [v + o + adv, v + adv + o] ‹*light/radio/heating*› apagar*; ‹*faucet/tap*› cerrar*; ‹*water*› cortar; ‹*electricity*› desconectar

B [v + o + adv, v + adv + o] (repel) (colloq): **his breath ~ed me off** su aliento me daba asco *or* me repugnaba; **it ~s me right off when people start talking about money** pierdo totalmente el interés cuando la gente se pone a hablar de dinero; (stronger) me revienta que la gente se ponga a hablar de dinero (fam)

C [v + adv] 1 (from road) doblar; **she saw the taxi ~ off left** vio que el taxi doblaba a la izquierda; **we ~ed off into a side street** nos metimos en una calle lateral 2 (switch off) apagarse* 3 (stop concentrating) desconectar, ponerse* a pensar en otra cosa

• **turn on**

A [v + o + adv, v + adv + o] 1 ‹*light/television/oven*› encender*, prender (AmL); ‹*faucet/tap*› abrir*; ‹*water*› dejar correr; ‹*electricity*› conectar 2 (stimulate, excite) (colloq) (sexually) excitar; **oh well, whatever ~s you on!** (hum) bueno, sobre gustos ...; **to ~ sb on TO sth: I managed to ~ him on to classical music** conseguí despertarle el interés por la música clásica

B [v + adv] 1 (switch on) encenderse*, prenderse (AmL); **it ~s on automatically** se enciende *or* (AmL tb) se prende automáticamente 2 **to ~ on TO sth: a whole generation ~ed on to the sound of rock** la música de rock prendió en toda una generación

C [v + prep + o] 1 (attack) atacar*; **the dog ~ed on him and bit him** el perro se le echó encima y lo mordió; **they all ~ed on her and accused her of being selfish** todos la atacaron acusándola de egoísta; **he then ~ed on the women** entonces la emprendió contra las mujeres 2 (be determined by): **the outcome of the election ~s on one crucial factor** el resultado de las elecciones depende de un factor decisivo; **her theory ~s on the assumption that ...** su teoría gira en torno a *or* alrededor de la hipótesis de que ...

D [v + o + prep + o] (aim at): **she ~ed the spotlight on them** los enfocó con el reflector; **I'll ~ the hose on you!** ¡mira que te mojo con la manguera!; **she has now ~ed her acid wit on the world of fashion** ahora ha elegido el mundo de la moda como blanco de su mordacidad; **he ~ed the gun on him** le apuntó con el revólver

• **turn out**

A [v + o + adv, v + adv + o] 1 (switch off) ‹*light*› apagar* 2 (empty) ‹*pockets/cupboard*› vaciar* 3 (Mil) ‹*guard*› hacer* entrar en acción 4 (dress) (*usu pass*): **to be well ~ed out** ir* *or* estar* bien vestido; **she was neatly ~ed out** iba *or* estaba muy bien arreglada

B [v + adv + o] (produce) ‹*goods/films*› sacar*, producir*; **the college ~s out fine engineers** la escuela forma *or* saca excelentes ingenieros

C [v + o + adv, v + adv + o] 1 (force to leave) echar; **I'm afraid I'm going to have to ~ you out** lo siento pero te voy a tener que echar *or* pedir que te vayas; **they were ~ed out of their homes** los echaron *or* sacaron de sus casas; **go and ~ her out of bed** ve a sacarla de la cama 2 (tip out) ‹*cake/loaf*› desmoldar

D [v + adv] 1 (attend): **several thousand ~ed out to welcome the Pope** varios miles de personas acudieron *or* fueron/vinieron a recibir al Papa; **they ~ out in all weathers to do their duty** llueva o truene salen a cumplir con su deber 2 (get up) (colloq) levantarse 3 (result, prove): **everything ~ed out well** todo salió *or* resultó bien; **the photos ~ed out quite well** las fotos salieron *or* quedaron bastante bien; **as it o things ~ed out, nobody called** al final no llamó nadie; **our fears ~ed out to be groundless** nuestros temores resultaron (ser) infundados; **he ~ed out to have been there before** resulta que había estado allí antes; **now it ~s out he was a journalist** ahora resulta que era periodista

• **turn over**

A [v + o + adv] 1 (flip, reverse) ‹*mattress/omelet*› darle* la vuelta a, voltear (AmL exc CS), dar* vuelta (CS); ‹*soil*› remover*, voltear (AmL exc CS), dar* vuelta (CS); **she ~ed the idea over in her mind** le dio vueltas a la idea en la cabeza 2 (Auto) ‹*engine*› hacer* funcionar

B [v + o + adv, v + adv + o] (hand over) ‹*prisoner/document*› entregar*; **she ~ed the company over to her son** puso la empresa a nombre de su hijo

C [v + adv + o] 1 (Busn): **we ~ed over $8 million last year** facturamos 8 millones de dólares el año pasado, tuvimos un volumen de ventas (*or* transacciones *etc*) de 8 millones de dólares el año pasado; **stock is ~ed over very rapidly** la rotación del estoc es muy rápida 2 ‹*page*› pasar, volver*, dar* vuelta (CS)

D [v + adv] 1 (onto other side) darse* la vuelta, darse* vuelta (CS); **he ~ed over onto his stomach** se dio la vuelta *or* (CS) se dio vuelta y se puso boca abajo; **the car ~ed over** el coche volcó *or* dio una vuelta de campana 2 (Auto) ‹‹*engine*›› funcionar 3 (Busn): **the stock ~s over very quickly** la rotación del estoc es muy rápida 4 (turn page) pasar *or* volver* la página, dar* vuelta la página (CS)

• **turn round** (esp BrE) ▸**turn around**

• **turn to**

A [v + prep + o] 1 (direct attention to): **she ~ed to me with a smile** me miró sonriéndome, se volvió hacia mí con una sonrisa 2 (focus on): **to ~ to another subject** pasar a otro tema, cambiar de tema; **she ~ed to the subject of punctuality** pasó al tema de la puntualidad; **his mind ~ed to thoughts of escape** se puso a pensar en escaparse 3 (resort, have recourse to): **to ~ to violence/other means/a friend** recurrir a la violencia/otros medios/un amigo; **she had no one to ~ to** no tenía a quien recurrir; **to ~ to drink** darse* a la bebida; **he ~ed to music as an escape** buscó un escape en la música; **to ~ to sb/sth FOR sth: he ~ed to nature for inspiration** buscó inspiración en la naturaleza;

t

she ~ed to her parents for support recurrió *or* acudió a sus padres en busca de apoyo **4** (become) convertirse* en, devenir* (liter); **everything he touched ~ed to gold** todo lo que tocaba se convertía en oro; **gradually spring ~s to summer** poco a poco la primavera da paso al verano
B [v + adv] (get busy) poner* manos a la obra; **if we all ~ to, we'll have this done in no time** si ponemos todos manos a la obra, lo haremos en un santiamén
• **turn up**
A [v + o + adv, v + adv + o] **1** (fold) ‹*collar*› levantarse, subirse; **she ~ed up the brim of her hat** se dobló el ala del sombrero hacia arriba **2** (shorten) ‹*trousers*› acortar; ‹*hem*› subir **3** (increase) ‹*heater/oven/volume*› subir
B [v + adv] (colloq) **1** (be found) aparecer*; **I can't find the key — don't worry: it'll ~ up** no encuentro la llave — no te preocupes, ya aparecerá; **you can't just sit around waiting for the next job to ~ up** no puedes quedarte sentado esperando que te salga *or* te surja otro trabajo; **something'll ~ up** algo saldrá *or* surgirá **2** (arrive) (BrE) llegar*; **he ~ed up late for work** llegó tarde a trabajar; **he didn't ~ up till 10** no llegó *or* no apareció hasta las 10; **we waited half an hour, but she didn't ~ up** esperamos media hora, pero no apareció; **nobody ~ed up for the meeting** no vino nadie a la reunión **3** (happen) ocurrir, suceder, pasar
C [v + adv + o] (reveal, find) ‹*evidence/clues*› revelar, descubrir*; **I ~ed up some old maps in the attic** encontré unos mapas viejos en el ático
• **turn upon** ▸**turn on C**, **turn on D**

turnabout /ˈtɜːrnəbaʊt || ˈtɜːnəbaʊt/ *n* giro *m*, cambio *m*

turnaround /ˈtɜːrnəraʊnd || ˈtɜːnəraʊnd/ *n* **1** ▸**turnabout** **2** (Transp) (of passengers) operación *f* de desembarque y embarque; (of freight) operación *f* de carga y descarga **3** (Busn) (of orders) procesamiento *m* **4** (Comput) (*before n*): **~ time** tiempo *m* de devolución *or* de respuesta **5** (space for turning) (AmE) espacio *m* para dar la vuelta

turnbuckle /ˈtɜːrn͵bʌkəl || ˈtɜːn͵bʌkəl/ *n* tornillo *m* tensor

turncoat /ˈtɜːrnkəʊt || ˈtɜːnkəʊt/ *n* renegado, -da *m,f*, chaquetero, -ra *m,f* (Esp fam)

turndown¹ /ˈtɜːrndaʊn || ˈtɜːndaʊn/ *adj* ‹*collar*› vuelto

turndown² *n* (AmE colloq) rechazo *m*

turned-up /ˈtɜːrndʌp || ͵tɜːndˈʌp/ *adj* ‹*nose*› respingón, respingado (AmL)

turner /ˈtɜːrnər || ˈtɜːnə(r)/ *n* tornero, -ra *m,f*

turn indicator *n* (AmE) ▸**turn signal**

turning /ˈtɜːrnɪŋ || ˈtɜːnɪŋ/ ▸❶ **p.1110** *n* (in town) bocacalle *f*; **take the first ~ on the right** tome la primera (bocacalle) a la derecha; **we've missed the ~** nos hemos pasado la calle (*or* carretera *etc*)

turning circle *n* radio *m* de giro

turning point *n* momento *m* decisivo *or* crucial

turnip /ˈtɜːrnəp || ˈtɜːnɪp/ *n* [c u] nabo *m*

turnkey¹ /ˈtɜːrnkiː || ˈtɜːnkiː/ *adj* **1** ‹*factory*› llave en mano **2** (Comput) ‹*system*› (puesto) a punto

turnkey² *n* (arch) carcelero *m*

turn-off /ˈtɜːrnɔːf || ˈtɜːnɒf/ *n*
A (sth offputting) (colloq): **it's a real ~** te quita las ganas (fam); (it's repellent) te repugna
B (road) salida *f*

turn-on /ˈtɜːrnɑːn || ˈtɜːnɒn/ *n* (colloq): **it's a big ~ for him** lo excita, lo vuelve loco (fam)

turnout /ˈtɜːrnaʊt || ˈtɜːnaʊt/ *n*
A (at election) número *m* de votantes; (at public spectacle) número *m* de asistentes; **there was a high/low ~** votó/asistió mucha/poca gente
B (appearance) aspecto *m* (personal); (dress) atuendo *m*
C (AmE) (Transp) apartadero *m*
D (clearout) (BrE) (*no pl*) limpieza *f* general; **we had a ~** hicimos limpieza general
E (AmE) (junction — road) cruce *m*; (— railroad) cruce *m*, empalme *m*, entronque *m* (AmL)
F (passing place) (AmE) apartadero *m*

turnover /ˈtɜːrn͵əʊvər || ˈtɜːn͵əʊvə(r)/ *n*
A [u] **1** (volume — of business) facturación *f*; (— of sales) facturación *f*, volumen *m* de ventas **2** (of stock) rotación *f* **3** (of staff) movimiento *m*, renovación *f*
B [c] (Culin) empanada *f* (esp AmL), empanadilla *f* (esp Esp)
C [c] (AmE) (Sport) pérdida *f* del balón *or* de la pelota

turnpike /ˈtɜːrnpaɪk || ˈtɜːnpaɪk/ *n* **1** (highway) (AmE) autopista *f* de peaje *or* (Méx) de cuota **2** (Hist) (tollgate) barrera *f* de peaje; (road) camino *m* de peaje

turnround /ˈtɜːrnraʊnd || ˈtɜːnraʊnd/ *n* **1** ▸**turnaround 2** **2** (AmE) ▸**turnaround 5** **3** (BrE) ▸**turnabout**

turn signal *n* (AmE) intermitente *m*, direccional *f* (Col, Méx) señalizador *m* (de viraje) (Chi)

turnstile /ˈtɜːrnstaɪl || ˈtɜːnstaɪl/ *n* torniquete *m*, molinete *m* (RPl)

turntable /ˈtɜːrn͵teɪbəl || ˈtɜːn͵teɪbəl/ *n* **1** (Audio) (platter) plato *m*; (deck) platina *f*, tornamesa *f or m* (AmL) **2** (Rail) plataforma *f* giratoria **3** (in microwave oven) plato *m* giratorio

turntable ladder *n* escalera *f* giratoria

turnup /ˈtɜːrnʌp || ˈtɜːnʌp/ *n*
A (Clothing) **1** (hem) dobladillo *m* **2** (on trousers) (BrE) vuelta *f or* (RPl) botamanga *f or* (Chi) bastilla *f or* (Méx) valenciana *f*
B (surprise) (colloq): ***now there's a ~ for the books!*** ¡qué sorpresa!, ¡no lo puedo creer!

turpentine /ˈtɜːrpəntaɪn || ˈtɜːpəntaɪn/ *n* [u] aguarrás *m*, trementina *f*

turpitude /ˈtɜːrpətuːd || ˈtɜːpɪtjuːd/ *n* [u] (frml) vileza *f*, bajeza *f*

turps /tɜːrps || tɜːps/ *n* [u] (colloq) ▸**turpentine**

turquoise¹ /ˈtɜːrkwɔɪz || ˈtɜːkwɔɪz/ *n* **1** [u c] turquesa *f* **2** ▸❶ **p.1036** [u] **~ (blue)** (color) (azul *m*) turquesa *f*

turquoise² ▸❶ **p.1036** *adj*: **~ (blue)** (azul) turquesa *adj inv*; **~ green** verde turquesa *adj inv*

turret /ˈtɜːrət || ˈtʌrɪt/ *n* **1** (Archit) torrecilla *f* **2** (*gun* **~**) (Mil) torreta *f*

turtle /ˈtɜːrtl || ˈtɜːtl/ *n* **1** (marine reptile) tortuga *f* marina *or* de mar; ***to turn ~*** zozobrar **2** (AmE) (tortoise) tortuga *f*

turtledove /ˈtɜːrtldʌv || ˈtɜːtldʌv/ *n* tórtola *f*; **like two ~s** como dos tortolitos

turtleneck /ˈtɜːrtlnek || ˈtɜːtlnek/ *n* **1** **~ (collar)** cuello *m* alto; (turning over) cuello *m* vuelto, cuello *m* de cisne (Esp), cuello *m* volcado (RPl) **2** **~ (sweater)** suéter *m* de cuello vuelto (*or* de cisne *etc*), polera *f* (RPl)

turves /tɜːrvz || tɜːvz/ *pl of* **turf**¹

Tuscan /ˈtʌskən/ *adj* toscano

Tuscany /ˈtʌskəni/ *n* Toscana *f*

tush¹ /tʌʃ/ *interj* (arch) ¡tate!

tush² /tʊʃ/ *n* (AmE sl) culo *m* (fam: en algunas regiones vulg), trasero *m* (fam), pandero *m* (fam)

tusk /tʌsk/ *n* colmillo *m*

tusked /tʌskt/ *adj* con colmillos

tussle¹ /ˈtʌsəl/ *n* pelea *f*, lucha *f*; **to have a ~** pelearse; (verbally) discutir, pelearse

tussle² *vi* **to ~ (WITH sb) (FOR/OVER sth)** pelearse (CON algn) (POR algo); (verbally) pelearse *or* discutir (CON algn) (POR algo)

tussock /ˈtʌsək/ *n* mata *f* de hierba

tut¹ /tʌt/ *interj* **1** (expressing disapproval, rebuke) ¡vamos! **2** (expressing impatience, annoyance) ¡qué cosa!, ¡pucha! (AmS fam & euf)

tut² *vi* **-tt-** **1** (make noise) chasquear la lengua en señal de desaprobación **2** (make disapproving comments) criticar*

tutelage /ˈtuːtlɪdʒ || ˈtjuːtɪlɪdʒ/ *n* [u] (frml) tutela *f*; **under his ~** bajo su tutela

tutelary /ˈtuːtleri || ˈtjuːtləri/ *adj* (liter) protector

tutor¹ /ˈtuːtər || ˈtjuːtə(r)/ *n* **1** (private teacher) profesor, -sora *m,f* particular **2** (at university) (BrE) tutor, -tora *m,f* (*profesor que supervisa el trabajo de un estudiante*); (*before n*): **group ~** grupo *m* de tutoría **3** (book) método *m*

tutor² *vt* (teach — privately) darle* clases particulares a; (— at university) (BrE) darle* clases a; **to ~ sb in Greek** darle* clases de griego a algn; **I was ~ed in Greek by Dr Jones** el Dr Jones fue mi profesor de griego *or* me dio clases de griego
■ **tutor** *vi* dar* clases, dictar clases (AmL frml)

tutorial /tuːˈtɔːriəl || tjuːˈtɔːriəl/ *n*: *clase individual o con un pequeño número de estudiantes*

tutti-frutti /͵tuːtiˈfruːti/ *n* [u] (ice cream) helado *m* de tutti-frutti; (flavor) tutti-frutti *m*

tut-tut¹ *vi* **-tt-** ▸**tut**²

tut-tut² *n* muestra *f* de desaprobación

tutu /ˈtuːtuː/ *n* (*pl* **~s**) tutú *m*

tux /tʌks/ *n* (AmE colloq) ▸**tuxedo**

tuxedo /tʌkˈsiːdəʊ/ *n* (*pl* **-dos** *or* **-does**) (AmE) esmoquin *m*, smoking *m*

TV *n*
A [c u] (= **television**) televisión *f*, tele *f* (fam), TV *f*; (*before n*): **~ dinner** *comida preparada para consumir viendo la televisión*; **~ screen** pantalla *f* de televisión; **~ set** televisor *m*, televisión *f*; **~ viewing figures** cifras *fpl* de audiencia televisiva, cifras *fpl* de telespectadores
B **1** [u] = **transvestism** **2** [c] = **transvestite**

TVA *n* (in US) = **Tennessee Valley Authority**

TVP® *n* = **textured vegetable protein**

twaddle /ˈtwɑːdl || ˈtwɒdl/ *n* [u] (colloq) estupideces *fpl*, bobadas *fpl* (fam), pijotadas *fpl* (Esp fam)

twain /tweɪn/ *n* (arch) dos *m*; ***(East is East and West is West) and never the ~ shall meet*** (son polos opuestos) y no hay acercamiento posible entre ambos

twang¹ /twæŋ/ *n* **1** (sound) *sonido como el que produce una cuerda tensa al soltarse*; **the ~ of a guitar** el tañido de una guitarra **2** (of voice, accent): **his voice has a nasal ~** tiene la voz gangosa; **she speaks with a Westerner's ~** habla con el acento nasal del Oeste de los Estados Unidos

twang² *vt* ‹*string/wire*› hacer* vibrar (*tensando y soltando*); ‹*guitar*› pulsar las cuerdas de
■ **twang** *vi* «*string/wire*» vibrar

twangy /ˈtwæŋi/ *adj* **-gier, -giest** ‹*voice/accent*› gangoso

'twas /twɑːz *weak form* /twəz || twɒz *weak form* /twəz/ (poet) = **it was**

twat /twɑːt || twɒt, twæt/ *n* (vulg) **1** ▸**cunt** **2** (stupid person) huevón, -vona *m,f or* (Esp) gilipollas *mf or* (RPl) boludo, -da *m,f* (arg)

tweak¹ /twiːk/ *vt* pellizcar* (*retorciendo*)

tweak² *n* pellizco *m*; **to give sth a ~** darle* un pellizco a algo

twee /twiː/ *adj* (BrE) cursi

tweed /twiːd/ *n* **1** [u] (Tex) tweed *m*; (*before n*) ‹*jacket/suit*› de tweed **2** **tweeds** *pl* (Clothing) *prendas de tweed*

tweedy /ˈtwiːdi/ *adj* **-dier, -diest** de apariencia de tweed; **the ~ set** la clase alta rural

'tween /twiːn/ *prep* (poet) = **between**

tweenie /ˈtwiːni/ *n* (colloq) muchachito, -ta *m,f*, chaval, -vala *m,f* (Esp fam), chavalo, -vala *m,f* (AmC fam), escuincle, -cla *m,f* (Mex fam), pibe, -ba *m,f* (RPl fam), cabro, -bra *m,f* (Chi fam), botija *mf* (Ur fam)

tweet¹ /twiːt/ *n* gorjeo *m*, pío *m* (pío)

tweet² *vi* piar*, gorjear

tweeter /ˈtwiːtər || ˈtwiːtə(r)/ *n* tweeter *m*, bafle *m* de agudos

tweezers /ˈtwiːzərz || ˈtwiːzəz/ *pl n* pinza(s) *f(pl)*; **a pair of ~** una(s) pinza(s)

twelfth¹ /twelfθ/ ▸❶ **p.1085**, ▸❶ **p.1465** *adj* duodécimo; *see also* **fifth**¹

twelfth² *adv* en duodécimo lugar; *see also* **fifth**²

twelfth³ ▸❶ **p.1085**, ▸❶ **p.1091**, ▸❶ **p.1465** *n* **1** (Math) doceavo *m* **2** (part) doceava parte *f*

Twelfth Night *n* Noche *f* de Reyes

twelve /twelv/ ▸❶ **p.888**, ▸❶ **p.1465**, ▸❶ **p.1798** *adj/n* doce *adj inv/m*; **~ (o'clock)**

t

midnight/noon las doce de la noche/del mediodía

twelve-bar /'twelv,bɑːr || 'twelv,bɑː(r)/ *adj* (*before n*) de doce compases

twelve bar *n* [c] doce compases *mpl*

twelvemonth /'twelvmʌnθ/ *n* (arch) año *m*

twelve-tone /'twelvtəʊn/ *adj* dodecafónico

twentieth¹ /'twentiəθ/ ▸❶ p.1085, ▸❶ p.1465 *adj* vigésimo; **today is my ~ birthday** hoy cumplo veinte años; *see also* **fifth¹**

twentieth² *adv* en vigésimo lugar; *see also* **fifth²**

twentieth³ ▸❶ p.1085, ▸❶ p.1091, ▸❶ p.1465 *n* 1 (Math) veinteavo *m* 2 (part) veinteava *or* vigésima parte *f*

twenty /'twenti/ ▸❶ p.888, ▸❶ p.1465, ▸❶ p.1798 *adj/n* veinte *adj inv/m*; **the Roaring Twenties** los (locos) años veinte; *see also* **seventy**

twenty-first¹ /,twenti'fɜːrst || ,twenti'fɜːst/ ▸❶ p.1085, ▸❶ p.1465 *adj* vigesimoprimero; **~ (birthday) party** fiesta *f* de los 21 años; *see also* **fifth¹**

twenty-first² *adv* en vigesimoprimer lugar; *see also* **fifth²**

twenty-first³ *n*: **it's his ~ on Saturday** el sábado cumple veintiún años; **I'm going to a ~ tomorrow** mañana tengo una fiesta (de cumpleaños) de veintiuno

twenty-four hour /'twenti,fɔːr || 'twenti,fɔː(r)/ *adj* (*before n*) (colloq) ‹*delivery/service*› durante las veinticuatro horas

twenty-four-seven /'twenti,fɔːr'sevən || 'twenti,fɔː'sevən/ *adv* (esp AmE colloq) durante las veinticuatro horas, siete días a la semana, de día y de noche, toda la semana (fam)

twenty-one /,twenti'wʌn/ *n* [u] (AmE) (Games) veintiuna *f*

'twere /twɜːr || twɜː(r) *weak form* /twər, twə(r)/ (poet) = **it were**

twerp *n* (BrE) ▸**twirp**

twice /twaɪs/ *adv* 1 (two times) dos veces; **~ a week/month/year** dos veces por semana/mes/año; **I'd think ~ before doing it** (me) lo pensaría dos veces *or* muy bien antes de hacerlo; **she didn't have to be told ~** no hubo que repetírselo; **the ~-weekly meetings** las reuniones, que tienen lugar dos veces por semana 2 (double): **~ three is six** dos por tres es (igual a) seis; **I've got ~ as many as you** yo tengo el doble que tú; **she has ~ the amount she needs** tiene el doble de lo que necesita; **he's ~ your age/height** te dobla en edad/altura

twiddle¹ /'twɪdl/ *vt* (hacer*) girar; **she ~d the pencil between her fingers** jugueteaba con el lápiz

■ **twiddle** *vi* **to ~ WITH sth** juguetear CON algo

twiddle² *n* 1 (act) vuelta *f*; **I gave the knob a ~** giré el botón 2 (flourish, ornament) floritura *f*

twig¹ /twɪg/ *n* ramita *f*

twig² **-gg-** *vi* (BrE colloq) caer* (fam), darse* cuenta; **to ~ TO sth** darse* cuenta DE algo; **I don't think he'll ~ to what's going on** no creo que se dé cuenta de lo que está pasando

■ **twig** *vt* (colloq) darse* cuenta de

■ *v impers* (colloq): **then it ~ged** entonces caí (*or* cayó *etc*) (fam); **hasn't it ~ged that she doesn't like you?** ¿no te has dado cuenta de que no le gustas?

twilight /'twaɪlaɪt/ *n* [u] 1 (dusk) crepúsculo *m*; **at ~** al ponerse el sol 2 (half-light) penumbra *f*; **the room was in ~** la habitación estaba en penumbra *or* a media luz; (*before n*) ‹*world*› nebuloso; **~ sleep** sueño *m* crepuscular; **~ zone** *zona en decadencia alrededor del centro de una ciudad* (gray area) mundo *m* nebuloso 3 (period of decline) (liter) crepúsculo *m* (liter), ocaso *m* (liter)

twilit /'twaɪlɪt/ *adj* (liter) en penumbra

twill /twɪl/ *n* [u] sarga *f*

'twill /twɪl/ (poet) = **it will**

twin¹ /twɪn/ *n* 1 mellizo, -za *m,f*, gemelo, -la *m,f* (esp Esp) [*in Latin America gemelo tends to be used to refer to an identical twin*] cuate *mf* (Méx); **identical ~s** gemelos idénticos *or* (téc) univitelinos, gemelos (AmL) 2 (sth identical) (colloq): **I saw the exact ~ of that vase in an antique shop** vi un florero idéntico *or* igualito a ése en un anticuario

twin² *adj* 1 ‹*brother/sister*› mellizo, gemelo (esp Esp); *see* **twin¹** 2 (paired): **the ~ evils of poverty and violence** la pobreza y la violencia, dos males que siempre van de la mano; **~-bedded room** habitación *f* con camas gemelas; **~ beds** camas *fpl* gemelas; **~ city** ciudad *f* hermana; **~ cylinder** bicilindro *m*; **~-cylinder engine** motor *m* de dos cilindros; **~ engines** motores *mpl* gemelos; **~ jet** birreactor *m*; **~ propellers** hélices *fpl* dobles; **~ town** ciudad *f* hermana; **T~ Towers** (in New York) Torres *fpl* Gemelas

twin³ *vt* **-nn-** (BrE) (*usu pass*) **to be ~ned WITH sth** estar* hermanado CON algo; **this city is ~ned with Oxford** esta ciudad está hermanada con Oxford

twin-cam /'twɪn'kæn/ *adj* de doble árbol de leva

twine¹ /twaɪn/ *n* [u] cordel *m*, bramante *m* (Esp), cáñamo *m* (Andes), piolín *m* (RPl), mecate *m* (AmC, Méx, Ven), lienza *f* (Chi)

twine² *vt* entretejer; **he ~d his arms around her waist** le rodeó la cintura con los brazos; **the ivy has ~d itself around the tree** la hiedra se ha enroscado alrededor del árbol

■ **twine** *vi* **to ~ AROUND sth** enroscarse* ALREDEDOR DE algo

twin-engined /,twɪn'endʒənd || ,twɪn 'endʒɪnd/ *adj* bimotor

twinge¹ /twɪndʒ/ *n* (of pain) punzada *f*, puntada *f* (CS); **she felt a ~ of remorse** le remordió la conciencia, sintió una punzada de remordimiento

twinge² *vi*: **my ankle still ~s from time to time** todavía a veces me dan punzadas *or* (CS) puntadas en el tobillo

twinkle¹ /'twɪŋkəl/ *n* 1 (of lights, stars) centelleo *m*, titilar *m* 2 (in eye) brillo *m*; **when you were just a ~ in your father's eye** (hum) cuando no eras más que un proyecto (hum) 3 (instant) (colloq): **in a ~** en un abrir y cerrar de ojos, en un periquete (fam)

twinkle² *vi* 1 «*light/star*» titilar, centellear 2 «*eyes*» brillar

twinkletoes /'twɪŋkəltəʊz/ *n* (colloq) ligero, -ra *m,f* de pies

twinkling /'twɪŋklɪŋ/ *n*: ***in the ~ of an eye*** en un abrir y cerrar de ojos, en un santiamén (fam)

twin-lens /'twɪn'lenz/ *adj* (*before n*) de doble lente

twinning /'twɪnɪŋ/ *n* [u]

A (occurrence of twins) nacimiento *m* de mellizos *or* (esp Esp) gemelos

B (of cities) (BrE) hermanamiento *m*

twinset /'twɪnset/ *n* (BrE) conjunto *m* (*de suéter y chaqueta de punto*)

twintub /'twɪntʌb/ *n* (BrE) *lavadora de dos tambores, uno para lavar y el otro para centrifugar la ropa*

twirl¹ /twɜːrl || twɜːl/ *vt* ‹*cane/baton*› (hacer*) girar, revolear (CS); **he was ~ing his mustache** se estaba retorciendo el bigote; **she was ~ing her hair** jugueteaba con el pelo (enroscándoselo en los dedos)

■ **twirl** *vi* «*baton*» girar, revolear (CS); **the dancers ~ed around and around** los bailarines giraban *or* daban vueltas sin cesar

twirl² *n*: **with a ~ of his cane** haciendo girar *or* (CS) revolear el bastón por el aire; **give us a ~!** (colloq) date una vuelta para que te veamos (fam)

twirp, (BrE) **twerp** /twɜːrp || twɜːp/ *n* (colloq) imbécil *mf*, papanatas *mf* (fam), pendejo, -ja *m,f* (AmL exc CS fam), huevón, -vona *m,f* (Andes, Ven arg), gilipollas *mf* (Esp arg)

twist¹ /twɪst/ *vt*

A 1 (screw, coil) retorcer*; **to ~ sth AROUND sth** enrollar *or* enroscar* algo ALREDEDOR DE algo; **the snake ~ed itself around its prey** la serpiente se enroscó alrededor de su presa; **the wires got ~ed** se enroscaron los cables 2 (turn) ‹*handle/knob*› girar; **to ~ the lid off a bottle** desenroscar* la tapa de una botella; **he ~ed her arm** le retorció el brazo; ▸**little finger**

B 1 (distort) retorcer*; **his face was ~ed with pain** tenía el rostro crispado por el dolor 2 (sprain) torcer*; **I ~ed my ankle/wrist** me torcí el tobillo/la muñeca 3 (alter, pervert) ‹*words*› tergiversar; ‹*meaning*› torcer*; **you ~ed what I said** has tergiversado *or* distorsionado lo que dije

■ **twist** *vi* 1 (wind, coil) «*rope/wire*» enrollarse, enroscarse*; «*road/river*» serpentear 2 (turn, rotate) girar; **the cap ~s off** el tapón se desenrosca 3 (writhe) retorcerse* 4 (dance) bailar el twist

Phrasal verb

• **twist up** [v + o + adv, v + adv + o] enredar; **to be ~ed up** estar* enredado

twist² *n*

A 1 (bend — in wire, rope) vuelta *f*, onda *f*; (— in road, river) recodo *m*, vuelta *f*; ***round the ~*** (BrE colloq) loco, chiflado (fam) 2 (turning movement) giro *m*; **to give sth a ~** hacer* girar algo 3 (sth twisted): **a ~ of paper** un cucurucho de papel; **a ~ of thread** un torzal de hilo; **a ~ of lemon** una rodajita de limón (*retorcida*)

B (in story, events) vuelta *f* de tuerca, giro *m* inesperado; **by a (strange) ~ of fate** por una de esas (extrañas) vueltas que da la vida

C (dance) twist *m*

twisted /'twɪstəd || 'twɪstɪd/ *adj* ‹*grin*› contrahecho, retorcido; ‹*mind/sense of humor*› retorcido; ‹*logic*› retorcido; **a ~ version of events** una versión distorsionada de los hechos

twister /'twɪstər || 'twɪstə(r)/ *n* (colloq) 1 (cheat) tramposo, -sa *m,f*, fulero, -ra *m,f* (Esp fam) 2 (tornado) (AmE) tornado *m* 3 (dancer) bailarín, -rina *m,f* de twist

twist-grip /'twɪst'grɪp/ *n* empuñadura *f* giratoria

twistoff /'twɪstɔːf || 'twɪstɒf/ *adj* (*before n*) ‹*lid/cap*› de media rosca

twit¹ /twɪt/ *n* (BrE colloq) imbécil *mf*; **you silly ~!** (affectionate) ¡tonto!, ¡bobo! (fam)

twit² *vt* **-tt-** **to ~ sb (ABOUT/OVER sth)** tomarle el pelo a algn (POR algo)

twitch¹ /twɪtʃ/ *vi* «*tail/nose*» moverse*; **his eyelid was ~ing** le temblaba el párpado

■ **twitch** *vt* ‹*tail/ears*› mover*; **he ~ed the reins** sacudió las riendas; **she ~ed back the curtain** abrió la cortina de un tirón *or* (AmL exc CS) de un jalón

twitch² *n* 1 (tic) tic *m*; **he has a nervous ~** tiene un tic nervioso; **I've got a ~ in my eyelid** me tiembla el párpado 2 (pull) tirón *m*, jalón *m* (AmL exc CS); **to give sth a ~** darle* un tirón *or* (AmL exc CS) un jalón a algo

twitcher /'twɪtʃər || 'twɪtʃə(r)/ *n* (BrE colloq) observador, -dora *m,f* de aves

twitchy /'twɪtʃi/ *adj* **twitchier, twitchiest** nervioso, agitado

twitter¹ /'twɪtər || 'twɪtə(r)/ *vi* 1 «*birds*» gorjear 2 «*person*» parlotear, cotorrear (fam)

twitter² *n* [u] 1 (of bird) gorjeo *m* 2 (of person) parloteo *m*, cotorreo *m* (fam); ***to be in a ~*** o (BrE also) ***all of a ~*** (colloq) estar* muy excitado

'twixt /twɪkst/ *prep* (poet) = **betwixt**

two¹ /tuː/ ▸❶ p.888, ▸❶ p.1465, ▸❶ p.1798 *n* dos *m*; **~ by ~** (liter) de dos en dos, de a dos (AmL); **to cut sth in ~** cortar algo en dos *or* por la mitad; **they are ~ of a kind** son tal para cual; ***that makes ~ of us*** (colloq) ya somos dos (fam); ***to put ~ and ~ together*** atar cabos; **he put ~ and ~ together and made five** llegó a una conclusión errada; ***~ can play at that game*** donde las dan las toman; ***~'s company, three's a crowd*** el tercero está de más; *see also* **four¹**

two² ▸❶ p.888, ▸❶ p.1465, ▸❶ p.1798 *adj* dos *adj inv*; *see also* **four²**

two-bit /'tuːbɪt/ *adj* (AmE) (*before n*) 1 (insignificant) (colloq) de tres al cuarto (fam), de chicha y nabo (fam), de medio pelo (fam) 2 (worth two bits) de medio dólar

t

two-by-four /ˌtuːbaɪˈfɔːr || ˌtuːbaɪˈfɔː(r)/ *n* (AmE): **their first house was no more than a ~** su primer hogar no era más que un cuarto pequeño e insignificante

two-color /ˈtuːˌkʌlər || ˈtuːˌkʌlə(r)/ (BrE) **two-colour** *adj* bicolor, (a) dos colores

two-cycle /ˈtuːˌsaɪkəl/ *adj* (AmE) de dos tiempos

two-dimensional /ˌtuːdəˈmentʃnəl, -daɪ- || ˌtuːdɪˈmenʃənl, -daɪ-/ *adj* bidimensional

two-edged /ˌtuːˈedʒd/ *adj* 1 ‹*sword/blade*› de doble filo 2 ‹*argument/compliment*› de doble filo

two-engined /ˈtuːˌendʒənd || ˈtuːˌendʒɪnd/ *adj* bimotor

two-faced /ˌtuːˈfeɪst/ *adj* (colloq) falso, doble (Andes, Ven fam)

twofisted /ˌtuːˈfɪstəd || ˌtuːˈfɪstɪd/ *adj* (AmE colloq) vehemente

twofold /ˈtuːfəʊld/ *adj/adv see* **-fold**

two-handed /ˌtuːˈhændəd || ˌtuːˈhændɪd/ *adj*: **~ sword** mandoble *m*; **~ backhand** revés *m* a dos manos; **~ saw** tronzador *m* (*sierra con un mango en cada extremo*)

two-party /ˈtuːˌpɑːrti || ˈtuːˌpɑːti/ *adj* (*before n*) bipartidista

twopence /ˈtʌpəns/ *n* dos peniques *mpl*; **I don't care ~ what she thinks** (colloq) me importa un rábano *or* un comino lo que piense (fam)

twopenny /ˈtʌpəni/ *adj* (*before n*) de dos peniques

twopenny-halfpenny /ˌtʌpəniˈheɪpni/ *adj* (*before n*) (BrE colloq) de poca monta, que no vale un céntimo *or* un centavo *or* (Esp fam) un duro *or* (AmL fam) un peso

twopennyworth /tuːˈpeniwɜːrθ || tuːˈpeniwɜːθ/ *n* cuatro chavos *mpl*, cuatro céntimos *mpl*; **add one's ~** (colloq) meter* baza *or* (fam) (la) cuchara

two-piece /ˈtuːpiːs/ *adj* ‹*swimsuit*› de dos piezas; **~ suit** traje *m or* (Col) vestido *m* de dos piezas, ambo *m* (CS)

two-ply¹ /ˈtuːplaɪ/ *adj* (*before n*) ‹*yarn*› de dos hebras; ‹*wood/tissue*› de dos capas

two-ply² *n* 1 (yarn) lana *f* /hilo *m* de dos hebras 2 (wood) madera *f* de dos capas

two-seater¹ /ˈtuːˌsiːtər || ˌtuːˈsiːtə(r)/ *adj* (*before n*) ‹*car/plane*› biplaza, de dos plazas

two-seater² *n* biplaza *m*

twosome /ˈtuːsəm/ *n* 1 (pair) pareja *f* 2 (game) partida *f or* juego *m* para dos personas

two-stroke /ˈtuːstrəʊk/ *adj* (BrE) ▸**two-cycle**

two-time /ˈtuːtaɪm/ *vt* (colloq) 1 (be unfaithful to) ponerle* *or* meterle los cuernos a (fam), engañar, ponerle* el gorro a (Chi fam) 2 (double-cross) engañar

two-timer /ˈtuːˌtaɪmər || ˌtuːˈtaɪmə(r)/ *n* (colloq) traidor, -dora *m,f*; (in sentimental relationship) infiel *mf*

two-timing /ˈtuːˌtaɪmɪŋ/ *adj* (colloq) traicionero

two-tone /ˈtuːtəʊn/ *adj* 1 (of two shades) ‹*paintwork/jacket*› de dos tonos 2 (of two notes) ‹*siren/horn*› de dos notas 3 (iridescent) ‹*fabric*› tornasolado

'twould /twʊd/ (poet) **= it would**

two-up two-down /ˌtuːʌptuːˈdaʊn/ *n* (BrE) *casa pequeña de dos plantas con dos habitaciones en cada una*

two-way /ˈtuːˈweɪ/ *adj* ‹*traffic/street*› de doble sentido *or* dirección, de doble vía (Col), de doble mano (RPl); ‹*agreement*› bilateral; ‹*race/contest*› (AmE) de dos (participantes); ‹*valve*› bidireccional; **~ adaptor** enchufe *m* múltiple, ladrón *m*; **~ mirror** *cristal que funciona como espejo por un lado y como ventana por el otro*; **~ radio** aparato *m* emisor y receptor; **~ switch** interruptor *m* de conexión recíproca; **they have to make concessions too: it's a ~ process** tiene que haber concesiones mutuas *or* de ambas partes

two-wheeler /ˌtuːˈhwiːlər || ˌtuːˈwiːlə(r)/ *n* bicicleta *f*

Tx *n* **= telex**

TX = Texas

tycoon /taɪˈkuːn/ *n* magnate *mf*

tyke /taɪk/ *n* (colloq) 1 (dog) chucho *m* (fam) 2 (person) pillo, -lla *m,f* (fam)

tympani /ˈtɪmpəni/ *pl n* timbales *mpl*

tympanist /ˈtɪmpənəst || ˈtɪmpənɪst/ *n* timbalero, -ra *m,f*

tympanum /ˈtɪmpənəm/ *n* (*pl* **-na** /-nə/ *or* **-nums**) 1 (eardrum) tímpano *m* 2 (middle ear) oído *m* medio

type¹ /taɪp/ *n*

A [c] 1 (sort, kind) tipo *m*; **suitable for all skin ~s** *o* **all ~s of skin** apropiado para todo tipo de pieles *or* pieles de todo tipo; **it's a ~ of ...** (in descriptions, definitions) es una especie de ...; **a Marilyn Monroe ~ voice** una voz tipo Marilyn Monroe *or* del tipo de la de Marilyn Monroe; **it's not my ~ of book** no es el tipo *or* la clase de libro que me gusta; **he's not that ~ of person** no es (de) ese tipo *or* esa clase de persona; **he's all right, but he's not my ~** no está mal, pero no es mi tipo (de hombre); **I know his ~** conozco a los de su calaña; **he's the jealous ~** es del tipo de hombre celoso 2 (typical example) tipo *m*, ejemplo *m* típico; (stereotype) estereotipo *m*; ***to revert to ~*** (Biol) sufrir una regresión *or* reversión al tipo original; **he was nice to me for a while, but soon reverted to ~** por un rato fue agradable conmigo, pero pronto volvió a ser el de siempre; ***true to ~***: **true to ~, he did nothing to help me** como es típico en él, no hizo nada por ayudarme

B [u] (Print) 1 (characters) tipo *m* (de imprenta); **in large/small ~** en caracteres grandes/pequeños, en letra grande/pequeña; **it depends on the ~** depende del tipo (de imprenta); **it's italic ~** está en bastardilla *or* cursiva 2 (blocks) tipos *mpl* (de imprenta); **to set sth up in ~** componer* algo

type² *vt* escribir* a máquina, tipear (AmS); **could you ~ this for me?** ¿me puedes pasar *or* escribir esto a máquina?; **150 ~d pages** 150 páginas (escritas) a máquina *or* mecanografiadas

■ **type** *vi* escribir* a máquina, tipear (AmS)

Phrasal verbs

- **type out** [v + o + adv, v + adv + o] escribir* a máquina, tipear (AmS)
- **type up** [v + o + adv, v + adv + o] pasar a máquina, tipear (AmS)

typecast /ˈtaɪpkæst || ˈtaɪpkɑːst/ *vt* (*past & past p* **-cast**) ‹*actor*› encasillar (*en cierto tipo de papel*)

typecasting /ˈtaɪpˌkæstɪŋ || ˈtaɪpˌkɑːstɪŋ/ *n* [u] encasillamiento *m* (*en cierto tipo de papel*)

typeface /ˈtaɪpfeɪs/ *n* tipo *m* (de imprenta), (tipo *m* de) caracteres *mpl*, (tipo *m* de) letra *f*

typescript /ˈtaɪpskrɪpt/ *n* [c u] texto *m* mecanografiado, manuscrito *m* (*de una obra, novela etc*)

typeset /ˈtaɪpset/ (*pres p* **-setting** *past & past p* **-set**) *vt* componer*

typesetter /ˈtaɪpˌsetər || ˈtaɪpˌsetə(r)/ *n* 1 (person) cajista *mf*, componedor, -dora *m,f* 2 (machine) monotipo *m*

typesetting /ˈtaɪpˌsetɪŋ/ *n* [u] composición *f*

type size *n* tamaño *m* (del tipo) de letra

typewrite /ˈtaɪpraɪt/ (*past* **-wrote**; *past p* **-written**) *vt* (*usu pass*) escribir* a máquina, mecanografiar*; **a typewritten letter** una carta (escrita) a máquina *or* mecanografiada

typewriter /ˈtaɪpˌraɪtər || ˈtaɪpˌraɪtə(r)/ *n* máquina *f* de escribir

typhoid (fever) /ˈtaɪfɔɪd/ *n* [u] (fiebre *f*) tifoidea *f*

typhoon /taɪˈfuːn/ *n* tifón *m*

typhus /ˈtaɪfəs/ *n* [u] tifus *m*, tifo *m*

typical /ˈtɪpɪkəl/ *adj* típico; **a ~ middle-class family** una típica familia de clase media; **with ~ lack of tact** con su típica *or* característica falta de tacto; **that's just ~ of her** eso es típico de ella; **he arrived late — (how) ~!** llegó tarde — ¡típico! *or* ¡cuándo no!; **isn't that ~: it's starting to rain!** (colloq) ¡no podía fallar: está empezando a llover!

typically /ˈtɪpɪkli/ *adv* típicamente; **~ Spanish** típicamente español; **~, she arrived late** (*indep*) como de costumbre *or* para variar, llegó tarde

typify /ˈtɪpəfaɪ || ˈtɪpɪfaɪ/ *vt* **-fies, -fying, -fied** tipificar*, ser* representativo de

typing /ˈtaɪpɪŋ/ *n* [u] mecanografía *f*; **they teach them ~** les enseñan mecanografía; **my ~ is not very good** no escribo muy bien a máquina; **I offered to do some ~ for him** me ofrecí a pasarle algunas cosas a máquina; **I've got all this ~ to do** tengo que pasar todo esto a máquina; (*before n*) ‹*error*› de máquina; ‹*lesson*› de mecanografía, de dactilografía; ‹*paper*› para escribir a máquina

typing pool *n* (typists) mecanógrafos *mpl*, dactilógrafos *mpl*; (department) servicio *m* de mecanografía *or* dactilografía

typing speed *n* palabras *fpl* por minuto (*al escribir a máquina*)

typist /ˈtaɪpəst || ˈtaɪpɪst/ *n* mecanógrafo, -fa *m,f*, dactilógrafo, -fa *m,f*

typo /ˈtaɪpəʊ/ *n* (*pl* **typos**) (colloq) error *m* de imprenta, errata *f*

typographer /taɪˈpɑːgrəfər || taɪˈpɒgrəfə(r)/ *n* tipógrafo, -fa *m,f*

typographic /ˌtaɪpəˈgræfɪk/, **typographical** /ˌtaɪpəˈgræfɪkəl/ *adj* tipográfico

typography /taɪˈpɑːgrəfi || taɪˈpɒgrəfi/ *n* [u] tipografía *f*

typology /taɪˈpɑːlədʒi || taɪˈpɒlədʒi/ *n* [u c] tipología *f*

tyrannical /təˈrænɪkəl || tɪˈrænɪkəl/ *adj* tiránico

tyrannize /ˈtɪrənaɪz/ *vt* tiranizar*

■ **tyrannize** *vi* **to ~ OVER sb** tiranizar* a algn; **he ~d over the population** tiranizó a la población

tyranny /ˈtɪrəni/ *n* [u] tiranía *f*

tyrant /ˈtaɪrənt/ *n* tirano, -na *m,f*

tyre /taɪr || ˈtaɪə(r)/ *n* (BrE) ▸**tire²**

Tyre /taɪr || ˈtaɪə(r)/ *n* Tiro *m*

tyro /ˈtaɪrəʊ || ˈtaɪərəʊ/ *n* (*pl* **tyros**) neófito, -ta *m,f*, principiante *mf*

Tyrol /ˈtɪrəʊl, təˈrəʊl || tɪˈrəʊl/ *n*: **the ~** el Tirol

Tyrolean /təˈrəʊliːən, ˌtɪrəˈliːən || ˌtɪrəˈliːən/ *adj* tirolés

Tyrrhenian Sea /tɪˈriːniən/ *n*: **the ~ ~** el (mar) Tirreno

tzar /zɑːr || zɑː(r)/ *n* ▸**tsar**

tzatziki /(t)sætˈsiːki/ *n* [u] tzatziki *m* (*mezcla de yoghourt, pepino y menta que se toma como acompañamiento*)

tzetze fly /ˈtsetsi ˈte-/ *n* ▸**tsetse fly**

u, U /juː/ *n* U, u *f*

U¹ (in UK) (Cin) (= **universal**) apta para todo público (AmL), todos los públicos (Esp)

U² *adj* (BrE colloq) de clase alta

UAE *pl n* (= **United Arab Emirates**) EAU *mpl*

UAW *n* = **United Auto(mobile) Workers**

UB40 /ˌjuːbiːˈfɔːrti || ˌjuːbiːˈfɔːti/ *n* (in UK) carnet *m* de desempleo *or* (Esp tb) de paro

U-bend /ˈjuːˌbend/ *n* sifón *m*

ubiquitous /juːˈbɪkwətəs || juːˈbɪkwɪtəs/ *adj* omnipresente (frml), ubicuo (frml); **we were offered the ~ hamburger** nos ofrecieron la consabida hamburguesa

ubiquity /juːˈbɪkwəti/ *n* [u] (frml) ubicuidad *f* (frml), omnipresencia *f* (frml)

U-boat /ˈjuːbəʊt/ *n* submarino *m* (*alemán*)

uc = **upper case**

UCAS /ˈjuːkæs/ *n* (in UK) = **Universities and Colleges Admissions Service**

UCIT *pl n* (EU, Fin) (= **Undertakings for Collective Investment in Transferable Securities**) OICVM *m*

UCLA *n* (*no art*) = **University of California at Los Angeles**

UDA (Hist) *n* = **Ulster Defence Association**

udder /ˈʌdər || ˈʌdə(r)/ *n* ubre *f*

UDI *n* (Hist) = **unilateral declaration of independence**

UDP *n* (Hist) = **Ulster Democratic Party**

UDR *n* (Hist) = **Ulster Defence Regiment**

UEFA /juːˈeɪfə/ *n* (*no art*) (= **Union of European Football Associations**) la UEFA

UFO *n* (= **unidentified flying object**) ovni *m*, OVNI *m*

Uganda /juːˈgændə/ *n* Uganda *f*

Ugandan¹ /juːˈgændən/ *adj* ugandés

Ugandan² *n* ugandés, -desa *m,f*

ugh /ɜːh jʌk/ *interj* ¡puf! (fam), ¡puaj! (fam)

ugli (fruit) /ˈʌgli/ *n* (*pl* **uglis** *or* **uglies**) *fruto cítrico de piel rugosa, cruce de pomelo y mandarina*

uglify /ˈʌgləfaɪ || ˈʌglɪfaɪ/ *vt* **-fies, -fying, -fied** (colloq) afear

ugliness /ˈʌglinəs || ˈʌglinɪs/ *n* [u] [1] (of person, face) fealdad *f*; **the ~ of the building** lo feo *or* lo antiestético que es el edificio [2] (unpleasantness) lo desagradable; (violence) lo violento

ugly /ˈʌgli/ *adj* **uglier, ugliest** [1] (not pretty) ‹*person/face/clothes*› feo; **the ~ sisters** las hermanastras (*de Cenicienta*) [2] (unpleasant, threatening) ‹*news*› inquietante, alarmante; ‹*wound/gash*› feo; ‹*sin/crime*› horrible; **he has an ~ temper** tiene muy mal genio; **the sky looks ~** (el tiempo) se está poniendo feo; **an ~ customer** (colloq) un tipo peligroso *or* de cuidado (fam)

ugly duckling *n* patito *m* feo

uh /ʌh, ɜːr || ʌh, ɜː(r)/ *interj* (expressing hesitation) este …, esto … (Esp)

UHF *n* (= **ultra-high frequency**) UHF *f*

uh-huh /ˈʌhʌ/ *interj* (affirming, agreeing) ajá (fam)

UHT *adj* (BrE) = **ultra high temperature** UHT, UAT (AmL), uperizado (Esp)

uh-uh /ˈʌhʌh/ *interj* (disagreeing, negating) ah, no

UK *n* (= **United Kingdom**) RU *m*

UKAEA *n* = **United Kingdom Atomic Energy Authority**

Ukraine /juːˈkreɪn/ *n* Ucrania *f*

Ukrainian¹ /juːˈkreɪniən/ *adj* ucraniano, ucranio

Ukrainian² *n* [1] [c] (person) ucraniano, -na *m,f*, ucranio, -nia *m,f* [2] [u] (language) ucraniano *m*, ucranio *m*

ukulele /ˌjuːkəˈleɪli/ *n* ukelele *m*

ulcer /ˈʌlsər || ˈʌlsə(r)/ ▶ⓘ **p.965** *n* (internal) úlcera *f*; (external) llaga *f*; **a stomach ~** una úlcera de estómago; **a mouth ~** una llaga en la boca

ulcerate /ˈʌlsəreɪt/ *vt* ulcerar
■ **ulcerate** *vi* ulcerarse

ulcerated /ˈʌlsəreɪtəd || ˈʌlsəreɪtɪd/ *adj* ulcerado

ulceration /ˌʌlsəˈreɪʃən/ *n* [u] ulceración *f*

ulcerous /ˈʌlsərəs/ *adj* ulceroso

ulna /ˈʌlnə/ *n* (*pl* **ulnae** /-niː/ *or* **ulnas**) cúbito *m*

ulnar /ˈʌlnər || ˈʌlnə(r)/ *adj* cubital, de la ulna

U-lock /ˈjuːˌlɑːk || ˈjuːˌlɒk/ *n* candado *m* en forma de U, candado *m* de horquilla (*para bicicletas*), (candado *m*) U-lock *m* (AmL)

Ulster /ˈʌlstər || ˈʌlstə(r)/ *n* el Ulster

Ulster Defence Regiment *n* (Hist) *regimiento del ejército británico a cargo de mantener el orden en el Ulster*

> **Ulster Democratic Unionist Party (DUP)**
>
> Partido político de Irlanda del Norte que sostiene que Irlanda del Norte debe seguir siendo parte del Reino Unido, y rechaza cualquier vínculo o cooperación con la vecina República de Irlanda. Sin embargo ha llegado a un acuerdo con el partido republicano, Sinn Fein, bajo el cual los dos partidos comparten el poder.

Ulsterman /ˈʌlstərmən || ˈʌlstəmən/ *n* (*pl* **-men** /-mən/) *persona del Ulster, gen protestante*

> **Ulster Unionist Party**
>
> Partido político de Irlanda del Norte, que a lo largo de los años ha insistido que los seis condados de la provincia de Irlanda del Norte sigan siendo siempre parte del Reino Unido. Su apoyo tradicional ha disminuido ante el desafío del ▶ **Ulster Democratic Unionist Party (DUP)**.

Ulsterwoman /ˈʌlstərˌwʊmən || ˈʌlstə(r)ˌwʊmən/ *n* (*pl* **-women**) nativa *f* /habitante *f* del Ulster

ulterior /ʌlˈtɪriər || ʌlˈtɪəriə(r)/ *adj* [1] (hidden) oculto; **~ motive** segunda intención *f*, motivo *m* oculto [2] (later) posterior, ulterior (frml)

ultimata /ˌʌltəˈmeɪtə || ˌʌltɪˈmeɪtə/ *pl of* **ultimatum**

ultimate¹ /ˈʌltəmət || ˈʌltɪmət/ *adj*
A [1] (eventual, final) ‹*aim/goal/destination*› final; **what's your ~ ambition in life?** ¿qué es lo que ambicionas en última instancia?; **who has ~ responsibility?** ¿quién es el responsable en última instancia? [2] (fundamental, original) ‹*particle/constituent*› primordial, fundamental; **the ~ cause of the problem** la raíz del problema; **the ~ source of the rumor** el verdadero origen del rumor [3] (furthest) (liter): **the ~ frontier of science** los confines de la ciencia (liter)
B [1] (utmost, supreme) ‹*sacrifice*› máximo, supremo; **he's the ~ authority on the subject** es la máxima autoridad en el tema; **the ~ deterrent** el elemento de mayor fuerza disuasoria; **this is the ~ irony** es el colmo de la ironía [2] (most sophisticated) (journ): **the ~ sound system** lo último en sistemas de sonido, el no va más en sistemas de sonido (fam)

ultimate² *n*: **the ~ (in sth)** lo último en algo, el no va más en algo (fam); **the ~ in bad taste** el colmo del mal gusto

ultimately /ˈʌltəmətli || ˈʌltɪmətli/ *adv* [1] (finally) en última instancia; **who is ~ responsible for the decision?** ¿quién es responsable de la decisión en última instancia?; **where is the cargo ~ bound for?** ¿cuál es el destino final del cargamento? [2] (in the long run) a la larga; **you should ~ earn more** a la larga vas a ganar más

ultimatum /ˌʌltəˈmeɪtəm || ˌʌltɪˈmeɪtəm/ *n* (*pl* **-tums** *or* **-ta**) ultimátum *m*; **to give sb an ~** darle* un ultimátum a algn

ultimo /ˈʌltəməʊ || ˈʌltɪməʊ/ *adv* (Corresp) (dated) del (mes) pasado

ultra- /ˈʌltrə/ *pref* [1] (beyond) ultra- [2] (exceedingly, excessively) ultra-, super- (fam); **~ modern** ultramoderno, supermoderno (fam)

ultracareful /ˌʌltrəˈkerfəl || ˌʌltrəˈkeəfəl/ *adj* extremadamente cuidadoso

ultraconservative /ˌʌltrəkənˈsɜːrvətɪv || ˌʌltrəkənˈsɜːvətɪv/ *adj* ultraconservador

ultrafashionable /ˌʌltrəˈfæʃnəbəl/ *adj* ‹*clothes*› muy a la moda, muy moderno; ‹*drink/resort*› muy de moda

ultrafine /ˈʌltrəfaɪn/ *adj* ultrafino

ultrahigh /ˈʌltrəhaɪ/ *adj*: **~ frequency** frecuencia *f* ultraelevada, UHF *f*

ultralight¹ /ˈʌltrəlaɪt/ *adj* ultraligero

ultralight² *n* (esp AmE) ultraligero *m*

ultramarine¹ /ˌʌltrəməˈriːn/ ▶ⓘ **p.1036** *adj* azul ultramarino *or* (de) ultramar *adj inv*

ultramarine² ▶ⓘ **p.1036** *n* [u] azul *m* ultramarino *or* (de) ultramar

ultrapowerful /ˌʌltrəˈpaʊərfəl || ˌʌltrəˈpaʊəfəl/ *adj* [1] ‹*weapon/telescope/laser*› extremadamente potente, ultrapotente [2] ‹*person/country*› con mucho poder

ultrarich /ˌʌltrəˈrɪtʃ/ *adj* [1] ‹*nation/person*› extremadamente rico, superrico (fam) [2] ‹*dessert*› extremadamente empalagoso

ultrasensitive /ˌʌltrəˈsensətɪv/ *adj* [1] ‹*instrument/machine*› ultrasensible [2] ‹*person*› extremadamente sensible *or* susceptible

ultrashort /ˌʌltrəˈʃɔːrt || ˌʌltrəˈʃɔːt/ *adj* ultracorto

ultrasmart /ˌʌltrəˈsmɑːrt || ˌʌltrəˈsmɑːt/ *adj* [1] (in appearance) muy elegante, superelegante (fam) [2] (intelligent) muy inteligente, superinteligente (fam)

ultrasmooth /ˌʌltrəˈsmuːð/ *adj* [1] ‹*surface/cloth*› ultrasuave [2] (colloq) ‹*manner*› extremadamente suave; ‹*salesperson*› exageradamente amable

ultrasonic /ˌʌltrəˈsɑːnɪk || ˌʌltrəˈsɒnɪk/ *adj* ultrasónico

ultrasonics /ˌʌltrəˈsɑːnɪks || ˌʌltrəˈsɒnɪks/ *n* (+ *sing vb*) ultrasónica *f*

ultrasound /ˈʌltrəsaʊnd/ *n* 1 [u] (Phys) ultrasonido *m* 2 [c u] (Med) ecografía *f*

ultrathin /ˌʌltrəˈθɪn/ *adj* ultradelgado

ultraviolet /ˌʌltrəˈvaɪələt/ *adj* ‹*light/rays/radiation*› ultravioleta *adj inv*

ululate /ˈjuːljəleɪt || ˈjuːljʊleɪt/ *vi* (liter) ulular (liter), aullar*

Ulysses /ˈjuːlɪsiːz/ *n* Ulises

um¹ /ʌm/ *interj* (expressing hesitation, uncertainty) este …, esto … (Esp)

um² *vi*: **to ~ and ha** ▸**hum¹ A**

umber /ˈʌmbər || ˈʌmbə(r)/ ▸**i p.1036** *n* [u] sombra *f*

umbilical cord /əmˈbɪlɪkəl || ʌmˈbɪlɪkəl/ *n* 1 (Anat) cordón *m* umbilical 2 (Aerosp) cordón *m* umbilical

umbilicus /əmˈbɪlɪkəs || ʌmˈbɪlɪkəs/ *n* (*pl* **-ci** /-saɪ/ **-cuses**) (frml) ombligo *m*

umbrage /ˈʌmbrɪdʒ/ *n*: **to take ~ (AT sth)** ofenderse *or* sentirse* agraviado (POR algo)

umbrella /ʌmˈbrelə/ *n* (*pl* **-las**) 1 (against rain) paraguas *m*; (against sun) sombrilla *f*; (*before n*): **~ stand** paragüero *m* 2 (coordinating body): **the organization acts as an ~ for many groups** la organización aglutina a numerosos grupos; (*before n*): **~ organization** *organización que aglutina a varios grupos*

umlaut /ˈʊmlaʊt/ *n* (Ling) 1 [c] (mark) diéresis *f*, crema *f* 2 [u] (vowel change) metafonía *f*, inflexión *f* vocálica

ump /ʌmp/ *n* (AmE colloq) árbitro, -tra *m,f*

umpire¹ /ˈʌmpaɪr || ˈʌmpaɪə(r)/ *n* árbitro, -tra *m,f*; (in baseball) umpire *mf*, ampáyar *mf* (Col)

umpire² *vt* arbitrar
■ **umpire** *vi* hacer* de árbitro

umpteen /ʌmpˈtiːn/ *adj* (colloq) tropecientos (fam), miles *or* un millón de; **~ times** tropecientas veces (fam), miles de veces, un millón de veces

umpteenth /ʌmpˈtiːnθ/ *adj* (colloq) enésimo; **for the ~ time** por enésima vez

UN *n* (= **United Nations**) ONU *f*; (*before n*) ‹*troops/resolution*› de la ONU, de las Naciones Unidas

un- /ʌn/ *pref* in, des, no, sin, poco *see individual words*

'un /ən/ = **one** (colloq): **the old ~s/young ~s** los viejos/jóvenes; **that fish you've caught's a big ~** has pescado un pez de los gordos (fam); **that's a good ~!** ¡esa sí que es buena! (fam); **thanks, love, you're a good ~** gracias corazón, tú sí que eres buena

unabashed /ˌʌnəˈbæʃt/ *adj*: **she continued her speech ~** continuó con su discurso impertérrita *or* sin inmutarse; **she displayed an attitude of ~ greed** mostró su codicia con total desenfado *or* sin ningún reparo; **~ by their indifference, he proceeded to …** sin dejarse intimidar por su indiferencia, procedió a …

unabated /ˌʌnəˈbeɪtəd || ˌʌnəˈbeɪtɪd/ *adj* (liter): **her enthusiasm remains ~** su entusiasmo no ha disminuido en lo más mínimo *or* (liter) sigue incólume, nada ha hecho mella en su entusiasmo; **the gale raged on ~** el temporal continuaba con toda su furia

unabbreviated /ˌʌnəˈbriːvieɪtəd || ˌʌnəˈbriːvieɪtɪd/ *adj* sin abreviar

unable /ʌnˈeɪbəl/ *adj* (*pred*) **to be ~ to + INF** no poder* + INF; **she was ~ to attend** no pudo *or* le fue imposible asistir; **I'm afraid we're ~ to help you** me temo que no podemos *or* que no está en nuestra mano ayudarlo; **he was ~ to beat his opponent** fue incapaz de vencer a su contrincante

unabridged /ˌʌnəˈbrɪdʒd/ *adj* íntegro; **S complete and unabridged** versión íntegra

unaccented /ˌʌnəkˈsentəd, ʌnˈæk- || ˌʌnəkˈsentɪd, ʌnˈæk-/ *adj* 1 ‹*letter*› sin tilde, sin acento 2 ‹*note*› no acentuado; ‹*syllable*› átono, inacentuado 3 ‹*speech/voice*› sin acento regional

unacceptable /ˌʌnəkˈseptəbəl/ *adj* ‹*conduct/standard*› inaceptable, inadmisible; ‹*terms/conditions*› inadmisible; **I find it quite ~ that we should be blamed** encuentro totalmente inadmisible que se nos culpe

unacceptably /ˌʌnəkˈseptəbli/ *adv*: **the results have been ~ poor** los resultados han sido de una pobreza inaceptable; **wages there are still ~ low** los salarios aún no han alcanzado un nivel aceptable allí

unaccommodating /ˌʌnəˈkɑːmədeɪtɪŋ || ˌʌnəˈkɒmədeɪtɪŋ/ *adj* ‹*person*› poco servicial; ‹*response/demeanor*› poco cooperador

unaccompanied /ˌʌnəˈkʌmpənid/ *adj* 1 ‹*luggage*› no acompañado; ‹*person*› solo; **~ children will not be allowed in** no se permitirá la entrada a niños que no vayan acompañados de un adulto 2 (Mus) ‹*singing*› sin acompañamiento; ‹*instrument*› solo

unaccountable /ˌʌnəˈkaʊntəbəl/ *adj* 1 (inexplicable) ‹*interest/fear/delay*› incomprensible, inexplicable 2 (not responsible) (frml) (*pred*) **to be ~ FOR sth: he was held to be ~ for his actions** se consideró que no era responsable de sus actos

unaccountably /ˌʌnəˈkaʊntəbli/ *adv* 1 (inexplicably): **she took an ~ long time** es incomprensible *or* inexplicable que tardara tanto 2 (*indep*) incomprensiblemente, inexplicablemente

unaccounted for /ˌʌnəˈkaʊntəd || ˌʌnəˈkaʊntɪd/ *adj* (*pred*): **the rest of the money is ~ ~** no se han dado explicaciones sobre qué sucedió con el resto del dinero; **three members of the crew are still ~ ~** siguen sin aparecer tres miembros de la tripulación

unaccustomed /ˌʌnəˈkʌstəmd/ *adj* 1 (unusual) desacostumbrado, poco habitual 2 (unused) **to be ~ TO sth/-ING** no estar* acostumbrado A algo/+ INF

unacknowledged /ˌʌnəkˈnɑːlɪdʒd || ˌʌnəkˈnɒlɪdʒd/ *adj* 1 (unanswered): **my letter went ~** no acusaron recibo de mi carta 2 (unrecognized) ‹*authority/champion/heir*› no reconocido

unacquainted /ˌʌnəˈkweɪntəd || ˌʌnəˈkweɪntɪd/ *adj* (frml) **to be ~ WITH sth** desconocer* algo; **I'm not ~ with her writings** su obra no me es desconocida

unadaptable /ˌʌnəˈdæptəbəl/ *adj* inadaptable, no adaptable

unadopted /ˌʌnəˈdɑːptəd || ˌʌnəˈdɒptɪd/ *adj* (BrE): **~ road** *carretera cuyo mantenimiento no corre a cargo del ayuntamiento*

unadorned /ˌʌnəˈdɔːrnd || ˌʌnəˈdɔːnd/ *adj* (liter) ‹*beauty*› puro, sin adornos; **give us the plain, ~ facts** cuéntanos la verdad pura y simple *or* lisa y llana

unadulterated /ˌʌnəˈdʌltəreɪtəd || ˌʌnəˈdʌltəreɪtɪd/ *adj* 1 ‹*wine/substance*› no adulterado 2 (*as intensifier*) ‹*nonsense/filth/bliss*› auténtico, verdadero

unadventurous /ˌʌnədˈventʃərəs/ *adj* ‹*choice/design*› poco atrevido *or* audaz; **you're too ~; you should try somewhere different this year** ¡qué rutinario eres! ¿por qué no pruebas un lugar nuevo este año?; **his taste in art is rather ~** en arte sus preferencias son bastante convencionales *or* ortodoxas

unadvisable /ˌʌnədˈvaɪzəbəl/ *adj* desaconsejable, poco aconsejable *or* recomendable

unaesthetic /ˌʌnesˈθetɪk || ˌʌniːsˈθetɪk/ *adj* (BrE) antiestético

unaffected /ˌʌnəˈfektəd || ˌʌnəˈfektɪd/ *adj* 1 (sincere, natural) ‹*person*› natural, sencillo; ‹*manners*› natural, nada estudiado *or* afectado 2 (not damaged, hurt) no afectado; **few families will be ~ by the closure** habrá pocas familias que no se vean afectadas por el cierre

unaffectionate /ˌʌnəˈfekʃənət/ *adj* poco cariñoso

unaffiliated /ˌʌnəˈfɪlieɪtəd || ˌʌnəˈfɪlieɪtɪd/ *adj* no afiliado, sin afiliar

unaffordable /ˌʌnəˈfɔːrdəbəl || ˌʌnəˈfɔːdəbəl/ *adj* ‹*price*› inasequible, prohibitivo; ‹*area*› demasiado caro

unafraid /ˌʌnəˈfreɪd/ *adj*: **to face sth ~** enfrentarse a algo sin temor; **to be ~ OF sth** no temerle A algo

unaggressive /ˌʌnəˈgresɪv/ *adj* no agresivo

unaided /ʌnˈeɪdəd || ʌnˈeɪdɪd/ *adj* sin ayuda; **to do sth ~** hacer* algo sin ayuda; **by his own ~ efforts** por sus propios medios

unalike /ˌʌnəˈlaɪk/ *adj* (*pred*) poco parecido; **for twins they're very ~** para ser mellizos son muy poco parecidos

unallocated /ʌnˈæləkeɪtəd || ʌnˈæləkeɪtɪd/ *adj* no asignado

unalloyed /ˌʌnəˈlɔɪd/ *adj* 1 ‹*metal*› sin aleación, puro 2 (liter) ‹*happiness*› perfecto; ‹*gloom/tedium*› absoluto, completo

unalterable /ʌnˈɔːltərəbəl/ *adj* ‹*decision/law*› irrevocable, definitivo; ‹*belief/conviction*› inalterable, profundo; **it remains an ~ fact that …** sigue siendo un hecho que …

unaltered /ʌnˈɔːltərd || ʌnˈɔːltəd/ *adj*: **they left the plan ~** no alteraron el plan, no le hicieron cambios al plan; **my opinion is ~** mi opinión sigue siendo la misma, no he cambiado de opinión

unambiguity /ˌʌnæmbəˈgjuːəti || ˌʌnæmbɪˈgjuːəti/ *n* [u] falta *f* de ambigüedad

unambiguous /ˌʌnæmˈbɪgjuəs/ *adj* inequívoco, que no deja lugar a dudas

unambiguously /ˌʌnæmˈbɪgjuəsli/ *adv* inequívocamente, claramente

unambitious /ˌʌnæmˈbɪʃəs/ *adj* ‹*person*› sin ambición, poco ambicioso; ‹*plan*› poco ambicioso

unambivalent /ˌʌnæmˈbɪvələnt/ *adj* no ambivalente

un-American /ˌʌnəˈmerəkən || ʌnəˈmerɪkən/ *adj* 1 (anti-American) antiamericano 2 (untypical) poco americano

unamusing /ˌʌnəˈmjuːzɪŋ/ *adj* poco divertido

unanimity /ˌjuːnəˈnɪməti/ *n* [u] unanimidad *f*

unanimous /juːˈnænəməs || juːˈnænɪməs/ *adj* ‹*vote/decision/verdict*› unánime; **the proposal received ~ support** la propuesta recibió el apoyo de todos; **we were ~ in our rejection of the plan** rechazamos el plan unánimemente

unanimously /juːˈnænəməsli || juːˈnænɪməsli/ *adv* ‹*vote/declare/state*› unánimemente; ‹*elect*› por unanimidad

unannounced /ˌʌnəˈnaʊnst/ *adj* ‹*arrival/guest*› inesperado, imprevisto; **their visit was ~** no anunciaron su llegada, llegaron sin previo aviso

unanswerable /ʌnˈænsərəbəl || ʌnˈɑːnsərəbəl/ *adj* ‹*proof*› irrefutable, incontestable; ‹*argument*› irrebatible, incontrovertible; **an ~ question/remark** una pregunta/observación a la que no se puede responder

unanswered /ʌnˈænsərd || ʌnˈɑːnsəd/ *adj* ‹*question/letter*› sin contestar; **to go ~** no obtener* respuesta

unapologetic /ˌʌnəˌpɑːləˈdʒetɪk || ˌʌnəˌpɒləˈdʒetɪk/ *adj* 1 (unashamed): **he remained ~ about what he'd done** permaneció sin arrepentirse por lo que había hecho; **there was an ~ ring to her retraction** había un dejo de poco arrepentimiento en su retractación 2 (convinced) incorregible; **she's an ~ old-style socialist** es una incorregible socialista a la antigua

unappealable /ˌʌnəˈpiːləbəl/ *adj* (Law) inapelable

unappealing /ˌʌnəˈpiːlɪŋ/ *adj* poco atractivo

unappetizing /ʌnˈæpətaɪzɪŋ/ *adj* ‹*dish/smell*› poco apetitoso; ‹*idea/prospect*› poco apetecible

unappreciative /ˌʌnəˈpriːʃətɪv/ *adj* ‹*person*› ingrato, desagradecido; ‹*audience*› que no sabe apreciar lo que se le ofrece; **to be ~ OF sth** no apreciar *or* valorar algo

unapproachable /ˌʌnəˈprəʊtʃəbəl/ *adj* 1 (aloof) ‹*person*› inabordable, poco accesible *or* asequible 2 (inaccessible) inaccesible

unapt /ʌn'æpt/ *adj* **1** (unsuitable) ‹*remark/comment*› inapropiado, inconveniente, inoportuno; ‹*person*› no apto **2** (unlikely) (AmE) (*pred*) **to be ~ to + INF**: **she's ~ to believe what she's told** es poco probable que se crea lo que le digan; **you're ~ to be hired without more experience** es difícil que te contraten si no tienes más experiencia

unarguable /ʌn'ɑːrgjuəbəl || ʌn'ɑːgjʊəbəl/ *adj* indiscutible, incontestable

unarguably /ʌn'ɑːrgjuəbli || ʌn'ɑːgjʊəbli/ *adv* indiscutiblemente

unarmed /ʌn'ɑːrmd || ʌn'ɑːmd/ *adj* ‹*person*› desarmado; **~ combat** combate *m* sin armas

unashamed /ˌʌnə'ʃeɪmd/ *adj*: **I'm an ~ admirer of his work** no tengo ningún reparo en reconocer que admiro su obra; **he was quite ~ about it** no le dio vergüenza ninguna, no se avergonzó para nada; **he stared at her with ~ curiosity** se la quedó mirando sin intentar ocultar su curiosidad

unashamedly /ˌʌnə'ʃeɪmədli || ˌʌnə'ʃeɪmɪdli/ *adv* (without shame) sin vergüenza; **he is ~ an elitist** no tiene ningún reparo en admitir que es un elitista

unasked /ʌn'æskt || ʌn'ɑːskt/ *adj* (*pred*) **1** ‹*question*› sin formular **2** (uninvited) ‹*advice/suggestion*› no solicitado; **he did it ~** lo hizo sin que nadie se lo pidiera, lo hizo (de) motu proprio

unasked-for /ʌn'æskt,fɔːr || ʌn'ɑːskt,fɔː(r)/ *adj* no solicitado

unassailable /ˌʌnə'seɪləbəl/ *adj* (frml) ‹*fortress*› inexpugnable; ‹*arguments*› irrefutable, irrebatible; ‹*reputation*› incuestionable; ‹*right*› inalienable; **his position is ~** su posición es invulnerable

unassertive /ˌʌnə'sɜːrtɪv || ˌʌnə'sɜːtɪv/ *adj* poco enérgico, poco firme

unassisted /ˌʌnə'sɪstəd || ˌʌnə'sɪstɪd/ *adj* sin ayuda

unassuming /ˌʌnə'suːmɪŋ || ˌʌnə'sjuːmɪŋ/ *adj* sencillo, sin pretensiones; **he's a mild, ~ little man** es un hombrecillo apocado y modesto

unattached /ˌʌnə'tætʃt/ *adj* **1** (not affiliated) independiente; **the ~ vote** (Pol) el voto independiente **2** (not married) sin ataduras, libre; **single, ~ men** hombres solteros y sin compromiso

unattainable /ˌʌnə'teɪnəbəl/ *adj* inalcanzable

unattended /ˌʌnə'tendəd || ˌʌnə'tendɪd/ *adj* (*usu pred*) **1** (unwatched, unsupervised): **to leave sb ~** dejar a algn solo; **don't leave your luggage ~** no deje su equipaje desatendido en ningún momento; **the children were left ~ in the park** dejaron a los niños solos en el parque **2** (not dealt with) desatendido, descuidado; **the casualties were left ~ for hours** los heridos no recibieron atención hasta horas más tarde

unattractive /ˌʌnə'træktɪv/ *adj* poco atractivo

unattractiveness /ˌʌnə'træktɪvnəs || ˌʌnə 'træktɪvnɪs/ *n* [u] falta *f* de atractivo

unattributed /ˌʌnə'trɪbjətɪd || ˌʌnə'trɪbjʊtɪd/ *adj* ‹*statement/story/news item*› no atribuido a ninguna fuente; ‹*source*› de procedencia desconocida; ‹*work of art*› no atribuido a nadie

unauthenticated /ˌʌnə'θentɪkeɪtəd || ˌʌnɔː'θentɪkeɪtɪd/ *adj* sin autenticar

unauthorized /ʌn'ɔːθəraɪzd/ *adj* no autorizado; ⊖ **no entry to unauthorized persons** prohibida la entrada a toda persona ajena a la empresa

unavailable /ˌʌnə'veɪləbəl/ *adj*: **I'm sorry, she's ~ at the moment** lo siento pero en este momento no lo puede atender; **butter was ~** no se podía conseguir mantequilla; **that number is ~** ese número está desconectado (*or* averiado *etc*); **the minister is ~ for comment** el ministro no desea hacer ningún comentario

unavailing /ˌʌnə'veɪlɪŋ/ *adj* (frml) ‹*attempt/plea*› infructuoso, inútil; ‹*efforts*› vano

unavailingly /ˌʌnə'veɪlɪŋli/ *adv* (frml) infructuosamente, inútilmente, en vano

unavoidable /ˌʌnə'vɔɪdəbəl/ *adj* inevitable

unavoidably /ˌʌnə'vɔɪdəbli/ *adv*: **the train was ~ delayed** el tren sufrió un retraso inevitable; **I was ~ late** no pude evitar llegar tarde

unaware /ˌʌnə'wer || ˌʌnə'weə(r)/ *adj* **1** (not conscious) (*pred*) **to be ~ OF sth** ignorar algo, no ser* consciente DE algo; **she seemed ~ of the fact that …** parecía ignorar el hecho de que …, no parecía ser consciente de que …; **they were ~ of my presence** no sabían que yo estaba allí **2** (naive): **politically/socially ~** sin conciencia política/social

unawares /ˌʌnə'werz || ˌʌnə'weəz/ *adv* **1** (by surprise): **to catch** *o* **take sb ~** agarrar *or* (esp Esp) coger* a algn desprevenido *or* por sorpresa **2** (without noticing) (liter) inadvertidamente

unbalance /ʌn'bæləns/ *vt* ‹*person*› trastornar

unbalanced /ʌn'bælənst/ *adj* **1** (not in equilibrium) ‹*scales/diet/composition*› desequilibrado; ‹*view/perspective/report*› tendencioso, partidista **2** (deranged): **mentally ~** desequilibrado, trastornado **3** (Fin) ‹*account*› no conciliado

unbandage /ʌn'bændɪdʒ/ *vt*: **the nurse ~d his arm** la enfermera le quitó las vendas del brazo

unbaptized /ˌʌnbæp'taɪzd/ *adj* sin bautizar

unbar /ʌn'bɑːr || ʌn'bɑː(r)/ *vt* **-rr-** (liter) ‹*gate/door*› desatrancar*, destrancar*

unbearable /ʌn'berəbəl || ʌn'beərəbəl/ *adj* insoportable, inaguantable, insufrible

unbearably /ʌn'berəbli || ʌn'beərəbli/ *adv* insoportablemente; **it's ~ hot** hace un calor insoportable

unbeatable /ʌn'biːtəbəl/ *adj* **1** ‹*army/team*› invencible **2** ‹*quality/value*› insuperable, inmejorable; ‹*price*› imbatible

unbeaten /ʌn'biːtn/ *adj* ‹*champion/army*› invicto, que nunca ha sido vencido; ‹*record*› insuperado

unbecoming /ˌʌnbɪ'kʌmɪŋ/ *adj* (frml) **1** (unseemly) ‹*behavior/language*› indecoroso; **~ TO sb** impropio DE algn **2** (unflattering) ‹*clothes/hairstyle/color*› poco favorecedor

unbeknown /ˌʌnbɪ'nəʊn/, **unbeknownst** /-'nəʊnst/ *adv* (liter) **~ TO sb**: **~ to me** sin yo saberlo; **~ to the family** sin el conocimiento de la familia

unbelief /ˌʌnbə'liːf || ˌʌnbɪ'liːf/ *n* [u] (liter) falta *f* de fe, descreimiento *m*

unbelievable /ˌʌnbə'liːvəbəl || ˌʌnbɪ'liːvəbəl/ *adj* **1** (incredible) increíble **2** (extraordinary) (colloq) increíble; **we had ~ luck** tuvimos una suerte increíble

unbelievably /ˌʌnbə'liːvəbli || ˌʌnbɪ'liːvəbli/ *adv* increíblemente; **he runs ~ fast** corre con una rapidez increíble, corre increíblemente rápido

unbeliever /ˌʌnbə'liːvər || ˌʌnbɪ'liːvə(r)/ *n* (Relig) (liter) no creyente *mf*, infiel *mf*

unbelieving /ˌʌnbə'liːvɪŋ || ˌʌnbɪ'liːvɪŋ/ *adj* **1** (incredulous) ‹*smile/look*› de incredulidad **2** (not religious) (liter) ‹*world/society*› no creyente, incrédulo

unbend /ʌn'bend/ (*past & past p* **unbent**) *vt* ‹*pipe/wire*› enderezar*

■ **unbend** *vi* ‹‹*person*›› relajarse

unbending /ʌn'bendɪŋ/ *adj* ‹*person/attitude*› inflexible; ‹*determination*› firme; ‹*will*› férreo, de hierro, indomable

unbent /ʌn'bent/ *past and past p of* **unbend**

unbiased, unbiassed /ʌn'baɪəst/ *adj* ‹*opinion/report*› imparcial, objetivo; ‹*person*› ecuánime, imparcial

unbidden /ʌn'bɪdn/ *adj* (liter): **to do sth ~** hacer* algo espontáneamente *or* (de) motu proprio

unbind /ʌn'baɪnd/ *vt* (*past & past p* **unbound**) desatar, desamarrar (AmL exc RPl)

unbleached /ʌn'bliːtʃt/ *adj* ‹*cloth*› crudo; ‹*flour*› sin blanquear

unblemished /ʌn'blemɪʃt/ *adj* ‹*skin/body*› perfecto; ‹*reputation/character*› intachable, sin mancha, sin tacha

unblinking /ʌn'blɪŋkɪŋ/ *adj* ‹*look*› impasible; **he stared at him ~** lo miró fijamente, sin pestañear

unblock /ʌn'blɑːk || ʌn'blɒk/ *vt* ‹*drain/sink*› desatascar*, destapar (AmL); ‹*chimney*› desatascar*; ‹*artery/road*› desobstruir*; ‹*pore*› limpiar; ‹*nose*› destapar; ‹*account*› desbloquear

unblushing /ʌn'blʌʃɪŋ/ *adj* (liter *or* journ) descarado; **he's an ~ advocate of capital punishment** no tiene ningún reparo en reconocer que es partidario de la pena de muerte

unblushingly /ʌn'blʌʃɪŋli/ *adv* (liter *or* journ) descaradamente

unbolt /ʌn'bəʊlt/ *vt* ‹*gate/door*› descorrer el pestillo *or* cerrojo de; **she left the door ~ed** no le echó el pestillo *or* el cerrojo a la puerta

unborn /ʌn'bɔːrn || ʌn'bɔːn/ *adj* ‹*child*› que todavía no ha nacido, nonato; **smoking can harm the ~ baby** fumar es perjudicial para el desarrollo del feto; **generations as yet ~** (liter) las generaciones venideras (liter)

unbosom /ʌn'bʊzəm/ *vt* (liter) ‹*feelings/emotions*› desahogar*; **to ~ oneself TO sb** desahogarse* CON algn, abrirle* el pecho *or* el corazón A algn (liter); **to ~ oneself OF sth** liberarse *or* aliviarse DE algo

unbothered /ʌn'bɑːðərd || ʌn'bɒðəd/ *adj*: **she was ~ by the criticism/the heat** hacía caso omiso de las críticas/del calor

unbound[1] /ʌn'baʊnd/ *past & past p of* **unbind**

unbound[2] *adj* **1** (not tied) (liter) ‹*hair*› suelto **2** (without binding) sin encuadernar, en hojas sueltas, en rama

unbounded /ʌn'baʊndəd || ʌn'baʊndɪd/ *adj* (liter) ‹*optimism/courage*› sin límites; ‹*hope*› infinito

unbowed /ʌn'baʊd/ *adj* (liter) ‹*spirit*› incólume; **with head ~** con la cabeza erguida *or* bien alta; **bloody but ~** (set phrase) maltrecho pero con el espíritu incólume

unbranded /ʌn'brændəd || ʌn'brændɪd/ *adj*
A ‹*product*› sin marca
B ‹*livestock*› sin marcar

unbreakable /ʌn'breɪkəbəl/ *adj* irrompible

unbreathable /ʌn'briːðəbəl/ *adj* irrespirable

unbridgeable /ʌn'brɪdʒəbəl/ *adj* insalvable

unbridled /ʌn'braɪdld/ *adj* desenfrenado

un-British /ʌn'brɪtɪʃ/ *adj* poco británico

unbroken /ʌn'brəʊkən/ *adj* **1** (intact) ‹*crockery/glass/seal*› intacto, en perfecto estado; **not a plate was left ~** no quedó ni un plato sano *or* entero **2** (continuous) ‹*silence/descent/run*› ininterrumpido **3** (unbeaten, unsubdued) ‹*spirit/pride*› indómito; ‹*horse*› no domado

unbuckle /ʌn'bʌkəl/ *vt* desabrochar

unbundle /ʌn'bʌndl/ *vt* **1** (sell separately) ‹*product/service*› ofrecer* por separado **2** (split up) ‹*company*› escindir

unburden /ʌn'bɜːrdn || ʌn'bɜːdn/ *vt* (liter) **1** (unload) **to ~ sb OF sth** aliviar a algn DE algo; **we ~ed the horse of the heavy load** aliviamos al caballo de la pesada carga **2** (relieve) ‹*conscience*› descargar*; **to ~ oneself/one's soul** *o* **heart to sb** desahogarse* con algn, abrirle* el pecho *or* el corazón a algn; **to ~ oneself OF sth** librarse *or* aliviarse DE algo

unbusinesslike /ʌn'bɪznəslaɪk || ʌn 'bɪznɪslaɪk/ *adj* poco profesional

unbutton /ʌn'bʌtn/ *vt* desabotonar, desabrochar

unbuttoned /ʌn'bʌtnd/ *adj* **1** (unfastened) ‹*shirt/coat*› desabotonado, desabrochado **2** (relaxed, casual) despreocupado, desenfadado

uncalled-for /ʌn'kɔːldfɔːr || ʌn'kɔːlfɔː(r)/ *adj* ‹*criticism/remark*› fuera de lugar; **his rudeness was quite ~** su grosería fue totalmente gratuita

uncannily /ʌn'kænli/ *adv*: **he looks ~ like his father** es increíble *or* asombroso cómo se parece a su padre; **her answers were ~ accurate** respondió con una precisión asombrosa

uncanny /ʌn'kæni/ *adj* raro, extraño, asombroso; **she has an ~ knack of knowing**

exactly what I'm thinking es increíble cómo siempre sabe exactamente qué estoy pensando

uncapped /ʌnˈkæpt/ *adj* (BrE): **there are three ~ players in the Welsh squad** en el equipo de Gales hay tres jugadores seleccionados que todavía no han jugado

uncared-for /ʌnˈkerdfɔːr || ʌnˈkeədfɔː(r)/ *adj* ‹*garden/person*› descuidado, abandonado; **an ~ look** un aire de abandono

uncaring /ʌnˈkerɪŋ || ʌnˈkeərɪŋ/ *adj* ‹*society/attitude*› indiferente; **he's a very ~ father** se preocupa muy poco por sus hijos

uncarpeted /ʌnˈkɑːrpətəd || ʌnˈkɑːpɪtɪd/ *adj* no alfombrado, no enmoquetado (Esp)

uncashed /ʌnˈkæʃt/ *adj* no cobrado

uncataloged, (BrE) **uncatalogued** /ʌnˈkætlɔːgd || ʌnˈkætəlɒgd/ *adj* ‹*book/record*› no catalogado

unceasing /ʌnˈsiːsɪŋ/ *adj* (liter) incesante

unceasingly /ʌnˈsiːsɪŋli/ *adv* (liter) incesantemente, sin cesar

uncensored /ʌnˈsensərd || ʌnˈsensəd/ *adj* no censurado; **the ~ version** la versión íntegra

unceremonious /ˌʌnserəˈməʊniəs || ˌʌnserɪˈməʊniəs/ *adj* brusco, poco ceremonioso

unceremoniously /ˌʌnserəˈməʊniəsli || ˌʌnserɪˈməʊniəsli/ *adv* bruscamente, sin ceremonias, sin miramientos

uncertain /ʌnˈsɜːrtn || ʌnˈsɜːtn/ *adj*
A **1** (unsure) (*pred*) **to be ~ ABOUT/OF sth** no estar* seguro DE algo; **I trust her but I'm ~ about him** a ella le tengo confianza, pero tengo mis dudas *or* no estoy seguro con respecto a él; **I'm ~ (about) what to do next** no estoy segura de qué hacer ahora; **I'm ~ how to proceed** no sé muy bien cómo proceder; **we're ~ (as to) whether we should go** no estamos seguros de si debemos ir (o no) **2** (hesitant) ‹*voice/movement*› vacilante
B **1** (doubtful) ‹*prospects/future*› incierto; **whether he'll come or not remains ~** sigue estando en duda si vendrá (o no), aún no se sabe con seguridad si vendrá (o no); **it is ~ who will win** no está claro quién va a ganar; **a woman of ~ age** una mujer de edad incierta *or* indefinida **2** (changeable, unreliable) ‹*weather/situation*› inestable; ‹*temper*› variable; **the ~ world of showbiz** el inseguro mundo del espectáculo
C (vague) ‹*outline/opinions*› poco claro; **in no ~ terms** muy claramente, inequívocamente

uncertainly /ʌnˈsɜːrtnli || ʌnˈsɜːtnli/ *adv* con aire vacilante *or* de inseguridad

uncertainty /ʌnˈsɜːrtnti || ʌnˈsɜːtnti/ *n* [u c] (*pl* **-ties**) **1** [u] (doubt) incertidumbre *f*, duda *f*; **~ ABOUT sth/sb**: **there is some ~ about** *o* **as to his whereabouts** no se conoce con seguridad su paradero; **his decision ends weeks of ~** su decisión pone fin a varias semanas de incertidumbre **2** [u] (of outcome, future) incertidumbre *f*, lo incierto **3** [c] (doubtful factor) incertidumbre *f*

uncertainty principle *n* [u] principio *m* de incertidumbre

unchain /ʌnˈtʃeɪn/ *vt* ‹*prisoner*› desencadenar; ‹*dog*› soltar*, desatar; **~ the door** quítale la cadena a la puerta

unchallengeable /ʌnˈtʃæləndʒəbəl || ʌnˈtʃælɪndʒəbəl/ *adj* ‹*proof/evidence*› irrefutable, irrebatible, incontrovertible; ‹*integrity/right*› incuestionable, indiscutible; ‹*lead/position*› insuperable

unchallenged /ʌnˈtʃæləndʒd || ʌnˈtʃælɪndʒd/ *adj* **1** (unopposed) ‹*doctrine/assumption*› incontestado; **his remarks cannot go ~** sus comentarios no pueden quedar sin respuesta; **if we let this proposal pass ~, it could set a precedent** si no ponemos objeciones a la propuesta, podría sentar precedente **2** (undisputed, unrivaled) ‹*leader/master*› indiscutible

unchallenging /ʌnˈtʃæləndʒɪŋ/ *adj* **1** (undemanding) ‹*job/course/assignment*› que exige poco **2** (non-threatening) ‹*person/voice/behavior*› no amenazante

unchangeable /ʌnˈtʃeɪndʒəbəl/ *adj* inalterable

unchanged /ʌnˈtʃeɪndʒd/ *adj* (*usu pred*): **she was quite ~** no había cambiado para nada; **he found the town ~ by the years** encontró el pueblo tal como lo había dejado años antes; **the ceremony has remained ~ for centuries** la ceremonia se ha celebrado de la misma forma durante siglos; **the patient's condition is ~** el estado del paciente es estacionario

unchanging /ʌnˈtʃeɪndʒɪŋ/ *adj* (*before n*) inalterable, inmutable

uncharacteristic /ˌʌnkærəktəˈrɪstɪk/ *adj* desacostumbrado, inusitado; **~ OF sb/sth** desacostumbrado *or* raro EN algn/algo

uncharacteristically /ˌʌnkærəktəˈrɪstɪkli/ *adv*: **an ~ frank answer** una respuesta de una franqueza inusitada; **she was ~ complimentary about my dress** elogió mi vestido, cosa rara en ella

uncharged /ʌnˈtʃɑːrdʒ || ʌnˈtʃɑːdʒ/ *adj*: **~ particle** partícula *f* sin carga

uncharitable /ʌnˈtʃærətəbəl || ʌnˈtʃærɪtəbəl/ *adj* ‹*act/remark*› poco caritativo; **don't be so ~ about him** no seas tan duro con él

uncharitably /ʌnˈtʃærətəbli || ʌnˈtʃærɪtəbli/ *adv* de manera poco caritativa

uncharted /ʌnˈtʃɑːrtəd || ʌnˈtʃɑːtɪd/ *adj* ‹*territory/area/waters*› inexplorado, desconocido, ignoto (liter)

unchecked /ʌnˈtʃekt/ *adj* **1** (uncurbed) ‹*spread/advance*› libre, sin obstáculos; **they allowed corruption to flourish ~** no pusieron barreras a la corrupción **2** (not inspected) sin revisar; **that consignment left the factory ~** esa remesa salió de la fábrica sin pasar el control

unchivalrous /ʌnˈʃɪvəlrəs/ *adj* poco caballeroso

unchlorinated /ʌnˈklɔːrəneɪtəd || ʌnˈklɔːrɪneɪtɪd/ *adj* no clorinado, sin cloro

unchristian /ʌnˈkrɪstʃən/ *adj* poco cristiano, contrario al espíritu cristiano

uncivil /ʌnˈsɪvəl || ʌnˈsɪvɪl/ *adj* descortés, incivil

uncivilized /ʌnˈsɪvəlaɪzd || ʌnˈsɪvɪlaɪzd/ *adj* **1** ‹*country/people*› incivilizado, primitivo **2** (unacceptable) ‹*behavior*› poco civilizado, incivilizado; **their children are totally ~** sus niños son terriblemente mal educados; **at this ~ hour** a estas horas intempestivas

unclaimed /ʌnˈkleɪmd/ *adj* sin reclamar, no reclamado

unclasp /ʌnˈklæsp || ʌnˈklɑːsp/ *vt* ‹*necklace/bracelet*› desabrochar; **he ~ed his hands** separó las manos; **he managed to ~ her hand from the railing** logró soltarle la mano de la reja

unclassifiable /ˌʌnklæsəˈfaɪəbəl || ˌʌnklæsɪˈfaɪəbəl/ *adj* inclasificable

unclassified /ʌnˈklæsəfaɪd || ʌnˈklæsɪfaɪd/ *adj* **1** (not classed) sin clasificar; ‹*road*› (BrE) secundario **2** (not secret) ‹*information/document*› no confidencial

uncle /ˈʌŋkəl/ *n* tío *m*; **U~ Bob/John** tío Bob/John; ***to say*** *o* ***cry*** **~** (AmE colloq) rendirse*, darse* por vencido; **I won't let you go till you say ~** no te suelto hasta que te rindas

unclean /ʌnˈkliːn/ *adj* **1** (ritually prohibited) ‹*food/animal*› impuro **2** (infected, defiled) sucio **3** (impure) ‹*mind/thought*› impuro

uncleanliness /ʌnˈklenlinəs || ʌnˈklenlinɪs/ *n* [u] (liter) suciedad *f*

unclear /ʌnˈklɪr || ʌnˈklɪə(r)/ *adj* **1** (uncertain) (*pred*): **he explained it twice, but I'm still rather ~** lo explicó dos veces, pero todavía no lo tengo muy claro; **to be ~ ABOUT sth**: **I'm ~ about his intentions** no estoy muy seguro de sus intenciones; **he was ~ about his reasons for doing it** no dio una explicación muy clara de sus motivos; **I'm ~ (as to) what I should do** no tengo muy claro qué debo hacer **2** (obscure) poco claro, confuso; **the meaning is ~** el significado no está claro

uncleared /ʌnˈklɪrd || ʌnˈklɪəd/ *adj*
A (Fin) ‹*check*› no compensado
B ‹*land/forest*› cubierto de vegetación

unclench /ʌnˈklentʃ/ *vt/vi* aflojar

Uncle Sam /sæm/ *n* (colloq) (el) Tío Sam (fam)

> **Uncle Sam**
>
> Personaje imaginario que representa a EEUU, a su gobierno y ciudadanos. Tiene barba blanca y su vestimenta es roja, blanca y azul. Lleva un sombrero alto con estrellas. Se utiliza para apelar al patriotismo norteamericano.

Uncle Tom /tɑːm || tɒm/ *n* **1** (Lit) (el) Tío Tom **2** (AmE sl & pej) *negro norteamericano que tiene una actitud servil para con los blancos*

unclimbed /ʌnˈklaɪmd/ *adj* no escalado

unclog /ʌnˈklɑːg || ʌnˈklɒg/ *vt* **-gg-** ‹*drain/pipe*› desatascar*, destapar (AmL)

unclothed /ʌnˈkləʊðd/ *adj* (frml) desnudo

unclouded /ʌnˈklaʊdəd || ʌnˈklaʊdɪd/ *adj* **1** ‹*sky*› despejado, sin nubes **2** (clear) ‹*vision*› nítido, claro **3** (untroubled) ‹*happiness*› completo, perfecto; ‹*future*› sin sombras; **years ~ by the threat of war** años que no se vieron ensombrecidos por la amenaza de la guerra **4** (not cloudy) ‹*liquid*› transparente, no turbio

uncluttered /ʌnˈklʌtərd || ʌnˈklʌtəd/ *adj* ‹*room*› despejado, no recargado; ‹*desk*› despejado

uncoil /ʌnˈkɔɪl/ *vi* desenroscarse*
■ **uncoil** *vt* ‹*rope*› desenroscar*; ‹*hair*› soltar*

uncollected /ˌʌnkəˈlektəd || ˌʌnkəˈlektɪd/ *adj*
A (not collected) ‹*letters/refuse*› no recogido
B (Lit) ‹*poems/letters*› inédito

uncolored, (BrE) **uncoloured** /ʌnˈkʌlərd || ʌnˈkʌləd/ *adj* **1** (plain) sin colorear **2** (objective) objetivo, imparcial

uncombed /ʌnˈkəʊmd/ *adj* despeinado

uncomfortable /ʌnˈkʌmfərtəbəl || ʌnˈkʌmftəbəl/ *adj* **1** (physically) ‹*bed/position*› incómodo; **this chair's very ~** esta silla es muy incómoda; **are you ~ in that chair/jacket?** ¿estás incómodo en ese sillón/con esa chaqueta?; **new shoes always feel ~ at first** los zapatos nuevos siempre son incómodos al principio **2** (uneasy) incómodo, violento; **an ~ silence** un silencio incómodo *or* violento; **I felt ~ there** no me sentía a gusto allí; **to make things ~ for sb** crearle dificultades *or* problemas a algn **3** (disconcerting) ‹*reminder*› molesto, desagradable

uncomfortably /ʌnˈkʌmfərtəbli || ʌnˈkʌmftəbli/ *adv* **1** (without comfort) ‹*sit/stand*› incómodamente; **it was becoming ~ hot** empezaba a hacer un calor desagradable *or* molesto **2** (disturbingly) inquietantemente, alarmantemente

uncommercial /ˌʌnkəˈmɜːrʃəl || ˌʌnkəˈmɜːʃəl/ *adj* poco comercial; **the village is unspoiled and ~** el pueblo no está nada estropeado ni comercializado

uncommitted /ˌʌnkəˈmɪtəd || ˌʌnkəˈmɪtɪd/ *adj* no comprometido

uncommon /ʌnˈkɑːmən || ʌnˈkɒmən/ *adj* **1** (rare) raro, poco corriente *or* común *or* frecuente; **it's ~ to find them here** es raro encontrarlos por aquí; **it's not ~ for him to work well into the night** no es raro que trabaje hasta muy entrada la noche **2** (remarkable) (*before n*) singular, poco común *or* frecuente

uncommonly /ʌnˈkɑːmənli || ʌnˈkɒmənli/ *adv* extraordinariamente, singularmente; **it's ~ warm** hace un calor fuera de lo normal; **not ~** con cierta *or* relativa frecuencia

uncommunicative /ˌʌnkəˈmjuːnəkeɪtɪv || ˌʌnkəˈmjuːnɪkətɪv/ *adj* poco comunicativo, reservado

uncompetitive /ˌʌnkəmˈpetətɪv || ˌʌnkəmˈpetɪtɪv/ *adj* ‹*prices/industry*› poco competitivo

uncomplaining /ˌʌnkəmˈpleɪnɪŋ/ *adj* ‹*submission*› resignado; **throughout her illness she remained ~** durante su enfermedad no se quejó en absoluto

uncomplainingly /ˌʌnkəmˈpleɪnɪŋli/ *adv* con resignación, sin quejarse

U

uncomplicated /ʌn'kɑːmpləkeɪtəd || ʌn 'kɒmplɪkeɪtɪd/ *adj* ‹*lifestyle/relationship*› sin complicaciones; ‹*character/style*› poco complicado, sencillo

uncomplimentary /ˌʌnkɑːmplə'mentəri || ˌʌnkɒmplɪ'mentri/ *adj* ‹*remarks*› poco halagador; ‹*report*› desfavorable; **he was most ~ about my dress** hizo comentarios nada halagadores sobre mi vestido

uncomprehending /ˌʌnkɑːmprɪ'hendɪŋ || ˌʌnkɒmprɪ'hendɪŋ/ *adj* (fml) atónito, perplejo

uncomprehendingly /ˌʌnkɑːmprɪ'hendɪŋli || ˌʌnkɒmprɪ'hendɪŋli/ *adv* con estupor, sin entender

uncompromising /ʌn'kɑːmprəmaɪzɪŋ || ʌn 'kɒmprəmaɪzɪŋ/ *adj* ‹*attitude/opponent*› inflexible, intransigente; **she is an ~ separatist** es una separatista a ultranza

uncompromisingly /ʌn'kɑːmprəmaɪzɪŋli || ʌn'kɒmprəmaɪzɪŋli/ *adv* inflexiblemente

unconcealed /ˌʌnkən'siːld/ *adj* (*usu before n*) ‹*amusement/contempt*› no disimulado

unconcern /ˌʌnkən'sɜːrn || ˌʌnkən'sɜːn/ *n* [u] despreocupación *f*, indiferencia *f*

unconcerned /ˌʌnkən'sɜːrnd || ˌʌnkən'sɜːnd/ *adj* indiferente; **he was ~ by the noise/their threats** estaba indiferente al ruido/a sus amenazas; **~ ABOUT sth/sb: they were ~ about the outcome** no les preocupaba el resultado, el resultado les era indiferente

unconcernedly /ˌʌnkən'sɜːrnədli || ʌnkən 'sɜːnɪdli/ *adv* con indiferencia, sin inmutarse

unconditional /ˌʌnkən'dɪʃnəl || ˌʌnkən 'dɪʃənl/ *adj* incondicional; **~ surrender** rendición *f* incondicional; **~ discharge** libertad *f* sin cargos

unconditionally /ˌʌnkən'dɪʃnəli/ *adv* sin condiciones, incondicionalmente

unconfident /ʌn'kɑːnfədənt || ʌn'kɒnfɪdənt/ *adj* inseguro

unconfined /ˌʌnkən'faɪnd/ *adj* [1] (open, unrestricted) ‹*area/space*› de libre acceso, abierto [2] (free, loose) ‹*animal*› en libertad [3] (unrestrained) ‹*joy/hatred*› sin límites

unconfirmed /ˌʌnkən'fɜːrmd || ˌʌnkən'fɜːmd/ *adj* no confirmado

uncongenial /ˌʌnkən'dʒiːniəl/ *adj* ‹*person*› poco amigable *or* amistoso; ‹*place/atmosphere*› poco acogedor, desagradable

unconnected /ˌʌnkə'nektəd || ˌʌnkə'nektɪd/ *adj* [1] (unrelated) sin conexión; **these incidents are completely ~** estos incidentes no guardan ninguna relación (entre sí); **to be ~ WITH sth** no guardar relación *or* no estar* relacionado CON algo [2] (incoherent) inconexo, sin hilación

unconquered /ʌn'kɑːŋkərd || ʌn'kɒŋkəd/ *adj* no conquistado

unconscionable /ʌn'kɑːntʃənəbəl || ʌn 'kɒnʃənəbəl/ *adj* (liter) [1] (excessive) desmesurado, desorbitado [2] (unprincipled) ‹*liar*› desaprensivo, sin escrúpulos

unconscious[1] /ʌn'kɑːntʃəs || ʌn'kɒnʃəs/ *adj*
A (Med) inconsciente; **to become ~** perder* el conocimiento *or* el sentido; **she lay ~ on the floor** estaba (tendida) en el suelo sin sentido; **to knock sb ~** dejar a algn inconsciente de un golpe
B [1] (involuntary) ‹*habit/mannerism/act*› involuntario, inconsciente; ‹*participant*› involuntario; ‹*victim*› inocente [2] (unaware) (*pred*) **to be ~ OF sth** no ser* consciente DE algo
C (Psych) ‹*thoughts/desire/process*› inconsciente; **the ~ mind** el inconsciente

unconscious[2] *n*: **the ~** el inconsciente

unconsciously /ʌn'kɑːntʃəsli || ʌn'kɒnʃəsli/ *adv* inconscientemente

unconsciousness /ʌn'kɑːntʃəsnəs || ʌn 'kɒnʃəsnɪs/ *n* [u] [1] (Med) inconsciencia *f* [2] (unawareness) **~ OF sth: his ~ of having insulted us was clear** estaba claro que no era consciente de habernos insultado

unconsidered /ˌʌnkən'sɪdərd || ˌʌnkən 'sɪdəd/ *adj* [1] (hasty) ‹*remark/course of action*› precipitado, irreflexivo [2] (ignored) sin reconocimiento

unconstitutional /ˌʌnkɑːnstə'tuːʃnəl || ˌʌnkɒnstɪ'tjuːʃənl/ *adj* inconstitucional

unconstitutionally /ˌʌnkɑːnstə'tuːʃnəli || ˌʌnkɒnstɪ'tjuːʃənəli/ *adv* inconstitucionalmente

unconstrained /ˌʌnkən'streɪnd/ *adj* ‹*joy/rejoicing*› espontáneo; **~ by conventional morality** libre de las ataduras de la moral convencional

unconsummated /ʌn'kɑːnsəmeɪtəd || ʌn 'kɒnsəmeɪtɪd/ *adj* no consumado

uncontaminated /ˌʌnkən'tæməneɪtəd || ˌʌnkən'tæmɪneɪtɪd/ *adj* no contaminado

uncontested /ˌʌnkən'testəd || ˌʌnkən'testɪd/ *adj* ‹*will*› no impugnado; ‹*leader*› indiscutible; **the election was ~** nadie presentó su candidatura al cargo; **his election was ~** fue el único candidato al cargo

uncontrollable /ˌʌnkən'trəʊləbəl/ *adj* ‹*trembling*› incontrolable; ‹*urge*› irresistible, irrefrenable; ‹*laughter*› incontenible; **that child/dog is ~** a ese niño/perro no hay quien lo controle; **he is given to ~ fits of rage** le dan arrebatos de cólera

uncontrollably /ˌʌnkən'trəʊləbli/ *adv* de modo incontrolable

uncontrolled /ˌʌnkən'trəʊld/ *adj* incontrolado; **the dogs run through the house ~** los perros corren por toda la casa sin ningún control

uncontroversial /ˌʌnkɑːntrə'vɜːrʃəl || ˌʌnkɒntrə'vɜːʃəl/ *adj* no polémico

unconventional /ˌʌnkən'ventʃnəl || ˌʌnkən 'venʃənl/ *adj* poco convencional, original

unconventionally /ˌʌnkən'ventʃnəli || ˌʌnkən'venʃnəli/ *adv* de modo poco convencional

unconvinced /ˌʌnkən'vɪnst/ *adj* no convencido, escéptico; **he remained ~ by her arguments** sus argumentos no acababan de convencerlo; **they looked ~** no parecían muy convencidos; **to be ~ OF sth/THAT** no estar* convencido DE algo/DE QUE

unconvincing /ˌʌnkən'vɪnsɪŋ/ *adj* poco convincente

unconvincingly /ˌʌnkən'vɪnsɪŋli/ *adv* de modo poco convincente

uncooked /ʌn'kʊkt/ *adj* crudo, sin cocinar, sin hacer

uncool /ʌn'kuːl/ *adj* (sl): **it's very ~ to smoke** fumar no es nada in (fam); **he's so ~** (conservative) es muy conservador; (unfashionable) no está en la onda (fam)

uncooperative /ˌʌnkəʊ'ɑːpərətɪv || ˌʌnkəʊ 'ɒpərətɪv/ *adj* poco dispuesto a colaborar *or* cooperar

uncooperatively /ˌʌnkəʊ'ɑːpərətɪvli || ˌʌnkəʊ'ɒpərətɪvli/ *adv*: **they behaved ~** no mostraron ningún espíritu de cooperación

uncoordinated /ˌʌnkəʊ'ɔːrdneɪtəd || ˌʌnkəʊ 'ɔːdɪneɪtɪd/ *adj* ‹*person*› falto de coordinación; ‹*movements*› no coordinado

uncork /ʌn'kɔːrk || ʌn'kɔːk/ *vt* descorchar, abrir*

uncorrected /ˌʌnkə'rektəd || ˌʌnkə'rektɪd/ *adj* ‹*manuscript*› sin correcciones; ‹*error/misconception*› sin corregir; ‹*vision*› no corregido

uncorroborated /ˌʌnkə'rɑːbəreɪtəd || ˌʌnkə 'rɒbəreɪtɪd/ *adj* no confirmado, no corroborado

uncountable /ʌn'kaʊntəbəl/ *adj* (Ling) incontable, no contable

uncountable noun *n* sustantivo *m* incontable *or* no contable, nombre *m* incontable *or* no contable

uncounted /ʌn'kaʊntəd || ʌn'kaʊntɪd/ *adj* [1] (not counted) sin contar, no contado [2] (countless, numerous) incontable

uncount noun *n* ▸ **uncountable noun**

uncouple /ʌn'kʌpəl/ *vt* **to ~ sth (FROM sth)** desenganchar algo (DE algo)

uncouth /ʌn'kuːθ/ *adj* ‹*person*› zafio, burdo, ordinario; ‹*manners*› tosco, burdo

uncover /ʌn'kʌvər || ʌn'kʌvə(r)/ *vt* [1] (remove covering of) destapar; **the men ~ed their heads** los hombres se descubrieron [2] (reveal, lay bare) ‹*treasure*› dejar al descubierto; ‹*tomb*› abrir* [3] (expose) ‹*scandal/plot*› revelar, sacar* a la luz

uncovered /ʌn'kʌvərd || ʌn'kʌvəd/ *adj* [1] (open) sin cubrir; **cook in an ~ pan** cocine en una cacerola destapada [2] (Fin) (check) sin (provisión de) fondos; **an ~ trade** una operación al descubierto

uncritical /ʌn'krɪtɪkəl/ *adj* ‹*acceptance/admiration*› ciego, que no cuestiona nada; ‹*eye/ear*› incapaz de discriminar, poco exigente; ‹*palate*› poco refinado; ‹*audience*› falto de sentido crítico

uncross /ʌn'krɔːs || ʌn'krɒs/ *vt*: **to ~ one's legs** descruzar* las piernas

uncrossed /ʌn'krɔːst || ʌn'krɒst/ *adj* (in UK) ‹*check*› al portador (*sin cruzar o barrar*)

uncrowded /ʌn'kraʊdəd || ʌn'kraʊdɪd/ *adj* con muy poca gente

uncrowned /ʌn'kraʊnd/ *adj* no coronado; **he's the ~ king of jazz** se lo reconoce como el rey del jazz

UNCTAD /'ʌŋktæd/ *n* (*no art*) (**= United Nations Conference on Trade and Development**) la UNCTAD

unction /'ʌŋkʃən/ *n* [u] (Relig) unción *f*; **extreme ~** extremaunción *f*

unctuous /'ʌŋktʃuəs || 'ʌŋktjʊəs/ *adj* ‹*person*› empalagoso

unctuousness /'ʌŋktʃuəsnəs || 'ʌŋktjʊəsnɪs/ *n* [u] afectación *f* en el trato; **the ~ of his voice** el tono melifluo *or* meloso de su voz

uncultivated /ʌn'kʌltəveɪtəd || ʌn 'kʌltɪveɪtɪd/ *adj*
A [1] ‹*land*› sin cultivar, inculto (fml) [2] ‹*mind/talent*› sin cultivar, no cultivado
B ▸ **uncultured**

uncultured /ʌn'kʌltʃərd || ʌn'kʌltʃəd/ *adj* inculto, sin cultura

uncurl /ʌn'kɜːrl || ʌn'kɜːl/ *vt* desenrollar, estirar*
■ **uncurl** *vi* «*snake*» desenroscarse*; «*hair*» desrizarse*; «*perm*» irse*

uncut /ʌn'kʌt/ *adj*
A [1] ‹*grass/hedge*› sin cortar [2] ‹*diamond/gem*› sin tallar, en bruto; ‹*stone/marble*› sin labrar [3] ‹*pages*› sin cortar; ‹*book*› intonso
B (unabridged) íntegro, completo

undamaged /ʌn'dæmɪdʒd/ *adj* intacto, que no ha sufrido desperfectos

undated /ʌn'deɪtəd || ʌn'deɪtɪd/ *adj* sin fecha, sin fechar

undaunted /ʌn'dɔːntəd || ʌn'dɔːntɪd/ *adj* impertérrito; **in spite of the difficulties, he continued ~** a pesar de las dificultades, siguió adelante impertérrito *or* sin desanimarse; **~ by their threats** sin dejarse intimidar por sus amenazas

undeceive /ˌʌndɪ'siːv/ *vt* (liter) desengañar, sacar* del error

undecided /ˌʌndɪ'saɪdəd || ˌʌndɪ'saɪdɪd/ *adj* [1] (wavering) (*usu pred*) indeciso; **I'm ~ (as to) which dress to wear** estoy indecisa; no sé qué vestido ponerme; **we are ~ as to what we should do** no estamos seguros de qué deberíamos hacer; **I'm still ~ about inviting them** todavía no sé si invitarlos [2] (not solved) ‹*question/issue*› pendiente, no resuelto; **it is as yet ~ which method will be used** aún no se ha decidido qué método utilizar

undecipherable /ˌʌndɪ'saɪfərəbəl/ *adj* indescifrable

undeclared /ˌʌndɪ'klerd || ˌʌndɪ'kleəd/ *adj* ‹*war*› no declarado; ‹*love/admiration*› secreto; **~ income** ingresos *mpl* no declarados

undefeated /ˌʌndɪ'fiːtəd || ˌʌndɪ'fiːtɪd/ *adj* invicto

undefended /ˌʌndɪ'fendəd || ˌʌndɪ'fendɪd/ *adj* ‹*frontier/city*› desguarnecido; ‹*goal*› (Sport) vacío; **~ suit** (Law) *juicio seguido en rebeldía*

undefined /ˌʌndɪ'faɪnd/ *adj* no definido

undelete /ˌʌndɪ'liːt/ *vt* (Comput) recuperar

undelivered /ˌʌndɪ'lɪvərd || ˌʌndɪ'lɪvəd/ *adj* no entregado (*al destinatario*)

undemanding /ˌʌndɪˈmændɪŋ || ˌʌndɪˈmɑːndɪŋ/ *adj* ⟨*job*⟩ cómodo, que exige poco; ⟨*person*⟩ poco exigente; **he cannot manage even the most ~ of tasks** no sabe realizar ni las tareas más sencillas; **the book makes ~ reading** es un libro de lectura fácil

undemocratic /ˌʌndeməˈkrætɪk/ *adj* no democrático

undemocratically /ˌʌndeməˈkrætɪkli/ *adv* de forma no democrática

undemonstrative /ˌʌndɪˈmɑːnstrətɪv || ˌʌndɪˈmɒnstrətɪv/ *adj* ⟨*manner*⟩ poco expresivo; **she's very ~** no exterioriza para nada sus sentimientos

undeniable /ˌʌndɪˈnaɪəbəl/ *adj* innegable

undeniably /ˌʌndɪˈnaɪəbli/ *adv* sin lugar a dudas; **he is ~ one of the greatest writers living today** sin lugar a dudas es uno de los más grandes escritores contemporáneos; **it is ~ true that ...** es innegable *or* no puede negarse que ...

undependable /ˌʌndɪˈpendəbəl/ *adj* ⟨*equipment/car*⟩ no fiable; ⟨*person*⟩ informal, con el cual no se puede contar

under[1] /ˈʌndər || ˈʌndə(r)/ *prep*
A (beneath) debajo de, abajo de (AmL); **have you looked ~ the cupboard?** ¿has mirado debajo *or* (AmL tb) abajo del armario?; **~ the starry sky** bajo el cielo estrellado (liter); **~ a magnifying glass** a través de una lupa
B (less than) menos de; **if you're ~ 18** si tienes menos de 18 años; **in ~ an hour** en menos de una hora; **a number ~ 20** un número inferior a 20
C ⟨*name/heading*⟩ bajo; **~ another name** bajo otro nombre; **look ~ 'textiles'** mira en *or* bajo 'textiles'; **it was published ~ a different title** se publicó con otro título
D **1** ⟨*government/authority*⟩ bajo; **~ this regime** bajo este régimen; **he served ~ General Baldwin** estuvo a las órdenes del general Baldwin; **he has 20 people ~ him** tiene 20 personas a su mando; **to be ~ the doctor** (BrE) estar* siendo tratado por el médico **2** (subject to): **~ his gaze** bajo su mirada; **to be ~ construction/observation** estar* en construcción/observación; **to be ~ discussion** estarse* discutiendo; **~ police escort** con escolta policial; **to be ~ suspicion/pressure** estar* bajo sospecha/sometido a presiones; **I'm ~ instructions not to reveal anything** tengo instrucciones de no revelar nada; **he was ~ the impression that ...** tenía la impresión de que ... **3** (Agr): **she has one field ~ barley** tiene un campo plantado de cebada
E (according to) según; **~ the rules/the constitution/the terms of the contract** según las reglas/la constitución/los términos del contrato

under[2] *adv*
A **1** (under water): **they pushed him ~** lo empujaron debajo del agua; **she was ~ for three minutes** estuvo sumergida durante tres minutos **2** (anesthetized): **she's still ~** todavía está bajo los efectos de la anestesia; *see also* **keep under**, ▸**knuckle under**, **put under**
B (less) menos

under- /ˈʌndər || ˈʌndə(r)/ *pref* **1** (below, lower): **~part** parte *f* de abajo; **the ~mentioned** los abajo mencionados **2** (less than proper): **he's ~appreciated** no lo valoran como es debido; **they are ~represented on the committee** no tienen la representación que les corresponde en la comisión; *see also* **undercook**, **underprice** *etc* **3** (of lesser rank) sub-; **~manager** subgerente *m*

underachieve /ˌʌndərəˈtʃiːv/ *vi: rendir por debajo de su capacidad o del nivel exigido*

underachievement /ˌʌndərəˈtʃiːvmənt/ *n* [u] *rendimiento por debajo del nivel exigido*

underachiever /ˌʌndərəˈtʃiːvər || ˌʌndərəˈtʃiːvə(r)/ *n: persona que no rinde al nivel de su capacidad o al nivel exigido*

underact /ˌʌndərˈækt/ *vi: actuar de manera contenida o sin el debido énfasis*

underage /ˌʌndərˈeɪdʒ/ *adj (before n)* ⟨*person*⟩ menor de edad; **~ drinking** consumo *m* de bebidas alcohólicas por menores de edad

underarm[1] /ˈʌndərɑːrm || ˈʌndərɑːm/ *adj (before n)* **1** **~ odor** olor *m* a transpiración *or* (fam) a sobaco; **~ deodorant** desodorante *m* (para las axilas) **2** (Sport) ⟨*service/bowling*⟩ sin levantar el brazo por encima del hombro

underarm[2] *adv* sin levantar el brazo por encima del hombro

underbelly /ˈʌndərˌbeli || ˈʌndəˌbeli/ *n (pl* **-lies**) (Zool) vientre *m*; **the (soft) ~ of Europe** (journ) el punto vulnerable *or* débil de Europa

underbid /ˌʌndərˈbɪd || ˌʌndəˈbɪd/ *(pres p* **-bidding**; *past & past p* **-bid**) *vt* **1** (Busn) ⟨*rival*⟩ hacer* una oferta más baja que **2** (in bridge): **to ~ one's hand** declarar por debajo de sus posibilidades
■ **underbid** *vi* (Busn) hacer* una oferta más baja

underblanket /ˈʌndərˌblæŋkət || ˈʌndəˌblæŋkɪt/ *n* bajera *f* de felpa, cubrecolchón *m* (AmL)

underbody /ˈʌndərˌbɑːdi || ˈʌndəˌbɒdi/ *n (pl* **-dies**) bajos *mpl* de la carrocería

underbrush /ˈʌndərbrʌʃ || ˈʌndəbrʌʃ/ *n* [u] (AmE) maleza *f*, monte *m* bajo, sotobosque *m*

undercapitalized /ˌʌndərˈkæpətlaɪzd || ˌʌndəˈkæpɪtəlaɪzd/ *adj* infracapitalizado

undercarriage /ˈʌndərˌkærɪdʒ || ˈʌndəˌkærɪdʒ/ *n* tren *m* de aterrizaje

undercharge /ˌʌndərˈtʃɑːrdʒ || ˌʌndəˈtʃɑːdʒ/ *vt* cobrarle de menos a; **he ~d me (by) a dollar** me cobró un dólar de menos
■ **undercharge** *vi* cobrar de menos

underclass /ˈʌndərklæs || ˈʌndəklɑːs/ *n* clase *f* marginada

underclothes /ˈʌndərkləʊðz || ˈʌndəkləʊðz/ *pl n* ropa *f* interior; **in his/her ~** en ropa interior, en paños menores (hum)

underclothing /ˈʌndərˌkləʊðɪŋ || ˈʌndəˌkləʊðɪŋ/ *n* [u] ropa *f* interior

undercoat /ˈʌndərkəʊt || ˈʌndəkəʊt/ (AmE also) **undercoating** /-ɪŋ/ *n*
A **1** [u] (paint) pintura *f* base **2** [c] (coating) primera mano *f or* capa *f* de pintura
B [u c] (AmE) (Auto) tratamiento *m* anticorrosivo del chasis

undercook /ˌʌndərˈkʊk || ˌʌndəˈkʊk/ *vt* no cocinar del todo; **the meat was ~ed** a la carne le faltaba cocción, la carne estaba poco cocida *or* (esp Esp) poco hecha

undercover /ˌʌndərˈkʌvər || ˌʌndəˈkʌvə(r)/ *adj* ⟨*operation/agent/work*⟩ secreto

undercurrent /ˈʌndərˌkɜːrənt || ˈʌndəˌkʌrənt/ *n* **1** (of discontent, unrest) trasfondo *m*, corriente *f* subyacente; **there was an ~ of resentment in her words** había un trasfondo de resentimiento en lo que dijo **2** (of water) contracorriente *f*

undercut /ˌʌndərˈkʌt || ˌʌndəˈkʌt/ *vt (pres p* **-cutting**; *past & past p* **-cut**) **1** ⟨*competitor*⟩ vender más barato *or* a un precio más bajo que; **they ~ our quotation by 20 thousand dollars** les dieron un presupuesto 20 mil dólares más bajo que el nuestro **2** (undermine) ⟨*argument*⟩ debilitar

underdeveloped /ˌʌndərdɪˈveləpt || ˌʌndədɪˈveləpt/ *adj* **1** ⟨*muscles/child/fetus*⟩ poco desarrollado; ⟨*skill/potential*⟩ poco desarrollado **2** (Econ, Pol) ⟨*nation*⟩ subdesarrollado **3** (Phot) ⟨*film*⟩ revelado demasiado rápido

underdevelopment /ˌʌndərdɪˈveləpmənt || ˌʌndədɪˈveləpmənt/ *n* [u] **1** (Econ, Pol) subdesarrollo *m* **2** (physical) falta *f* de desarrollo

underdog /ˈʌndərdɔːg || ˈʌndədɒg/ *n* **1** (in game, contest): **the ~** el que tiene menos posibilidades **2** (disadvantaged person) desamparado, -da *m,f*, desvalido, -da *m,f*

underdone /ˌʌndərˈdʌn || ˌʌndəˈdʌn/ *adj* ⟨*meat*⟩ poco cocido, poco hecho (Esp)

underdressed /ˌʌndərˈdrest || ˌʌndəˈdrest/ *adj (pred)*: **to be ~** no estar* vestido con la elegancia apropiada para la ocasión

underemployed /ˌʌndərɪmˈplɔɪd/ *adj* ⟨*person*⟩ subempleado; ⟨*resources/plant/space*⟩ infrautilizado

underemployment /ˌʌndərɪmˈplɔɪmənt/ *n* [u] (of workforce) subempleo *m*; (of resources, amenities) infrautilización *f*

underequipped /ˌʌndərɪˈkwɪpt/ *adj* poco equipado

underestimate[1] /ˌʌndərˈestəmeɪt || ˌʌndərˈestɪmeɪt/ *vt* **1** (guess too low): **they ~d the cost by $500** calcularon el costo en 500 dólares menos de lo que correspondía, al calcular el costo se quedaron cortos en 500 dólares **2** (underrate) ⟨*difficulty/importance*⟩ subestimar; ⟨*person*⟩ subestimar, menospreciar

underestimate[2] /ˌʌndərˈestəmət || ˌʌndərˈestɪmət/ *n* cálculo *m* demasiado bajo

underexpose /ˌʌndərɪkˈspəʊz/ *vt* subexponer*

underexposed /ˌʌndərɪkˈspəʊzd/ *adj* subexpuesto

underexposure /ˌʌndərɪkˈspəʊʒər || ˌʌndərɪkˈspəʊʒə(r)/ *n* [u c] **1** (Phot) subexposición *f* **2** (in media) falta *f* de publicidad

underfed /ˌʌndərˈfed || ˌʌndəˈfed/ *adj* subalimentado, desnutrido

underfelt /ˈʌndərfelt || ˈʌndəfelt/ *n* [u] (BrE) *fieltro que se pone debajo de las alfombras*

underfinanced /ˌʌndərfəˈnænst, -faɪ- || ˌʌndəˈfaɪnænst, ˌʌndəfaɪˈnænst/ *adj* infradotado, insuficientemente financiado

underfloor heating /ˈʌndərflɔːr || ˈʌndəflɔː(r)/ *n* [u] (BrE) radiación *f* por suelo, losa *f* radiante

underfoot /ˌʌndərˈfʊt || ˌʌndəˈfʊt/ *adv* debajo de los pies; **it's slippery ~** el suelo está resbaladizo; **to trample sth ~** pisotear algo

underfund /ˌʌnderˈfʌnd || ˌʌndəˈfʌnd/ *vt* infradotar, no dotar *or* no proveer* de suficientes fondos a

underfunded /ˌʌndərˈfʌndəd || ˌʌndəˈfʌndɪd/ *adj* infradotado, insuficientemente financiado

underfunding /ˌʌnderˈfʌndɪŋ || ˌʌndəˈfʌndɪŋ/ *n* infradotación *f*, provisión *f* insuficiente de fondos

undergarment /ˈʌndərˌgɑːrmənt || ˈʌndəˌgɑːmənt/ *n* (frml *or* dated) prenda *f* interior *or* íntima; **ladies' ~s** ropa *f* interior de mujer

undergo /ˌʌndərˈgəʊ || ˌʌndəˈgəʊ/ *vt (3rd pers sing pres* **-goes**; *pres p* **-going**; *past* **-went**; *past p* **-gone**) **1** (be subjected to) ⟨*change/transformation*⟩ sufrir; **the new system is ~ing trials** se está probando el nuevo sistema; **the company has undergone several changes of ownership** la compañía ha cambiado de manos varias veces; **they underwent great hardship** sufrieron *or* padecieron grandes privaciones **2** (Med): **she'll have to ~ surgery** la van a tener que operar, va a tener que ser sometida a una intervención quirúrgica (frml); **he underwent various tests** le hicieron distintos análisis

undergrad /ˈʌndərgræd || ˈʌndəgræd/ *n* (colloq) ▸**undergraduate**

undergraduate /ˌʌndərˈgrædʒuət || ˌʌndəˈgrædʒʊət/ *n* estudiante universitario, -ria *m,f (de licenciatura)*; *(before n)* ⟨*course/student*⟩ universitario; ⟨*humor*⟩ (pej) algo infantil; ⟨*magazine*⟩ de estudiantes, estudiantil

underground[1] /ˈʌndərgraʊnd || ˈʌndəgraʊnd/ *adj (before n)* **1** ⟨*cave/stream/parking*⟩ subterráneo **2** ⟨*newspaper/organization*⟩ clandestino **3** (avant-garde) ⟨*music/film*⟩ underground *adj inv*

underground[2] /ˌʌndərˈgraʊnd || ˌʌndəˈgraʊnd/ *adv* **1** (under the earth) bajo tierra **2** (in, into hiding): **they were forced ~** se vieron obligados a pasar a la clandestinidad; **the party continued to operate ~** el partido siguió funcionando clandestinamente *or* en la clandestinidad; **to go ~** pasar a la clandestinidad

underground[3] /ˈʌndərgraʊnd || ˈʌndəgraʊnd/ *n* [u c]
A (also): **Underground**; (BrE) (Transp) metro *m*, subterráneo *m* (RPl); **to go on the ~** *o* **by ~** viajar *or* ir* en metro *or* (RPl) subterráneo
B **1** (secret organization) movimiento *m* clandesti-

U

no; (Resistance) Resistencia *f* 2 (subculture) underground *m*

underground economy *n* (AmE) economía *f* informal *or* paralela (AmL), economía *f* sumergida (Esp)

Underground Railroad *n* (in US) (Hist) *organización clandestina que ayudaba a escapar a los esclavos*

undergrowth /ˈʌndərɡrəʊθ || ˈʌndəɡrəʊθ/ *n* [u] maleza *f*, monte *m* bajo, sotobosque *m*

underhand¹ /ˈʌndərhænd || ˌʌndəˈhænd/ *adj* 1 ▸**underarm¹ 2** 2 ▸**underhanded**

underhand² *adv* ▸**underarm²**

underhanded /ˌʌndərˈhændəd || ˌʌndəˈhændɪd/ *adj* ‹*person*› solapado; ‹*method/trick*› poco limpio; ‹*dealings*› poco limpio, turbio

underhandedly /ˌʌndərˈhændədli || ˌʌndəˈhændɪdli/ *adv* solapadamente, de manera poco limpia

underinsured /ˌʌndərɪnˈʃʊrd || ˌʌndərɪnˈʃʊəd, -ɪnˈsɔːd/ *adj* asegurado por menos del valor real

underinvest /ˌʌndərɪnˈvest/ *vi* no invertir lo suficiente

underinvestment /ˌʌndərɪnˈvestmənt/ *n* [u] infrainversión *f*, inversión *f* insuficiente

underlain /ˌʌndərˈleɪn || ˌʌndəˈleɪn/ *past p of* **underlie**

underlay¹ /ˌʌndərˈleɪ || ˌʌndeˈleɪ/ *past of* **underlie**

underlay² /ˈʌndərleɪ || ˈʌndəleɪ/ *n* (BrE) ▸**underfelt**

underlie /ˌʌndərˈlaɪ || ˌʌndəˈlaɪ/ *vt* (*3rd pers sing pres* **-lies**; *pres p* **-lying**; *past* **-lay**; *past p* **-lain**) 1 (account for, form basis of) haber* debajo de, subyacer* a 2 (be physically underneath) subyacer* a, haber* debajo de

underline /ˈʌndərˌlaɪn || ˌʌndəˈlaɪn/ *vt* ‹*word/mistake*› subrayar; ‹*difference/importance/necessity*› subrayar, destacar*, hacer* hincapié en

underling /ˈʌndərlɪŋ || ˈʌndəlɪŋ/ *n* subordinado, -da *m,f*, subalterno, -na *m,f*

underlining /ˌʌndərˈlaɪnɪŋ || ˌʌndəˈlaɪnɪŋ/ *n* [u] subrayado *m*

underlying /ˌʌndərˈlaɪɪŋ || ˌʌndəˈlaɪɪŋ/ *adj* (*before n*) 1 ‹*trend/cause*› subyacente 2 ‹*soil/rock*› subyacente

undermanned /ˌʌndərˈmænd || ˌʌndəˈmænd/ *adj* ‹*ship*› con tripulación insuficiente; ‹*factory*› con personal *or* con mano de obra insuficiente

undermanning /ˌʌndərˈmænɪŋ || ˌʌndəˈmænɪŋ/ *n* [u] falta *f* de personal (*or* de mano de obra *etc*)

undermentioned /ˌʌndərˈmentʃənd || ˌʌndəˈmenʃənd/ *adj* (BrE) (más) abajo mencionado

undermine /ˌʌndərˈmaɪn || ˌʌndəˈmaɪn/ *vt* 1 ‹*foundations/cliffs*› socavar 2 ‹*health/strength*› minar, debilitar; **it ~d her self-confidence** le hizo perder confianza en sí misma; **you're undermining my authority** me estás desautorizando *or* quitando autoridad

underneath¹ /ˌʌndərˈniːθ || ˌʌndəˈniːθ/ *prep* debajo de, abajo de (AmL); **~ the trees** debajo *or* (AmL tb) abajo de los árboles, bajo los árboles (liter)

underneath² *adv* debajo, abajo; **they dug a tunnel ~** excavaron un túnel por debajo *or* por abajo; **if you lay a newspaper ~** si pones un periódico debajo *or* abajo; **~, she's very insecure** en el fondo es muy insegura

underneath³ *n* parte *f* inferior *or* de abajo

undernourished /ˌʌndərˈnɜːrɪʃt || ˌʌndəˈnʌrɪʃt/ *adj* desnutrido

undernourishment /ˌʌndərˈnɜːrɪʃmənt || ˌʌndəˈnʌrɪʃmənt/ *n* [u] desnutrición *f*

underoccupancy /ˌʌndəˈrɑːkjəpənsi || ˌʌndəˈrɒkjʊpənsi/ *n* [u] (BrE) bajo nivel *m* de ocupación

underpaid¹ /ˌʌndərˈpeɪd || ˌʌndəˈpeɪd/ *past & past p of* **underpay**

underpaid² *adj* mal pagado, mal pago (RPl)

underpants /ˈʌndərpænts || ˈʌndəpænts/ *pl n* calzoncillos *mpl*, calzones *mpl* (Méx), interiores *mpl* (Col, Ven)

underpass /ˈʌndərpæs || ˈʌndəpɑːs/ *n* (for traffic) paso *m* inferior; **pedestrian ~** pasaje *m* subterráneo

underpay /ˌʌndərˈpeɪ || ˌʌndəˈpeɪ/ *vt* (*past & past p* **-paid**): **they ~ their employees** les pagan muy mal a sus empleados; **they underpaid me (by) $55 last month** me pagaron 55 dólares de menos el mes pasado

underpayment /ˌʌndərˈpeɪmənt || ˌʌndəˈpeɪmənt/ *n* pago *m* insuficiente

underperform /ˌʌndərpərˈfɔːrm/ *vi* rendir* por debajo de lo esperado, tener* un rendimiento pobre

■ **underperform** *vt* hacer* rendir por debajo de lo esperado a, hacer* tener un rendimiento pobre a

underpin /ˌʌndərˈpɪn || ˌʌndəˈpɪn/ *vt* **-nn-** 1 (Const) ‹*wall/structure*› apuntalar 2 (support, strengthen) ‹*system*› sostener*; ‹*argument/claim*› respaldar, sustentar

underpinning /ˌʌndərˈpɪnɪŋ || ˌʌndəˈpɪnɪŋ/ *n* [u c] (Const) apuntalamiento *m*

underplay /ˌʌndərˈpleɪ || ˌʌndəˈpleɪ/ *vt* 1 (play down) ‹*importance*› minimizar*; ‹*danger/issue*› quitarle *or* restarle importancia a 2 (Theat) ‹*part/scene*› *interpretar de manera contenida o sin el debido énfasis*

underpopulated /ˌʌndərˈpɑːpjəleɪtəd || ˌʌndəˈpɒpjʊleɪtɪd/ *adj* poco poblado, subpoblado, de baja densidad de población

underpowered /ˌʌndərˈpaʊərd || ˌʌndəˈpaʊəd/ *adj* con poca potencia

underprepared /ˌʌndərprɪˈperd || ˌʌndəprɪˈpeəd/ *adj* poco preparado

underprice /ˌʌndərˈpraɪs || ˌʌndəˈpraɪs/ *vt* (*usu pass*) ponerle* un precio demasiado bajo a; **it's ~d at $10** a 10 dólares está demasiado barato

underprivileged¹ /ˌʌndərˈprɪvəlɪdʒd || ˌʌndəˈprɪvəlɪdʒd/ *adj* desfavorecido

underprivileged² *n*: **the ~** los desfavorecidos, los menos favorecidos

underproduction /ˌʌndərprəˈdʌkʃən || ˌʌndəprəˈdʌkʃən/ *n* [u] producción *f* insuficiente

underproof /ˌʌndərˈpruːf || ˈʌndəˌpruːf/ *adj* ‹*spirits*› *con un contenido de alcohol por debajo del 50% en el sistema norteamericano y del 57,1% en el británico*

underqualified /ˌʌndərˈkwɑːləfaɪd || ˌʌndəˈkwɒlɪfaɪd/ *adj* poco calificado *or* (Esp) cualificado

underrate /ˌʌndərˈreɪt || ˌʌndəˈreɪt/ *vt* 1 ‹*ability/opponent*› subestimar 2 **underrated** *past p* ‹*writer/play*› no debidamente apreciado *or* valorado

underrehearsed /ˌʌndərˌrɪˈhɜːrst || ˌʌndərɪˈhɜːst/ *adj* poco ensayado

underrepresent /ˌʌndərˌreprɪˈzent || ˌʌndəreprɪˈzent/ *vt*: **the group is ~ed in the statistics** el grupo está poco representado en las estadísticas

underripe /ˌʌndərˈraɪp || ˌʌndəˈraɪp/ *adj* no del todo maduro

underscore¹ /ˈʌndərskɔːr || ˌʌndəˈskɔː(r)/ *vt* ‹*word/line*› subrayar; ‹*fact/need*› subrayar, poner* de relieve, recalcar*

underscore² *n* subrayado (*m*); guión (*m*) bajo

undersea /ˈʌndərsiː || ˈʌndəsiː/ *adj* (*before n*) submarino

underseal /ˈʌndərsiːl || ˈʌndəsiːl/ *n* [u c] (BrE) (Auto) tratamiento *m* anticorrosivo del chasis

undersecretary /ˌʌndərˈsekrəteri || ˌʌndəˈsekrətri/ *n* (*pl* **-ries**) subsecretario, -ria *m,f*

undersell /ˌʌndərˈsel || ˌʌndəˈsel/ *vt* (*past & past p* **-sold**) ‹*competitor*› vender más barato que; **we are never undersold** vendemos más barato que nadie

undersexed /ˌʌndərˈsekst || ˌʌndəˈsekst/ *adj* de baja libido, hiposexuado

undershirt /ˈʌndərʃɜːrt || ˈʌndəsɜːt/ *n* (AmE) camiseta *f* (interior)

undershoot /ˌʌndərˈʃuːt || ˌʌndəˈʃuːt/ (*past & past p* **-shot**) *vt*: **to ~ the runway** aterrizar* antes de llegar a la pista; **to ~ a target** no llegar* al blanco

■ **undershoot** *vi* ‹‹*aircraft*›› aterrizar* antes de llegar a la pista; ‹‹*missile*›› no llegar* al blanco

undershorts /ˈʌndərʃɔːrts || ˈʌndəʃɔːts/ *pl n* (AmE) calzoncillos *mpl*, calzones *mpl* (Méx), interiores *mpl* (Col, Ven) (*en forma de pantalón corto*)

underside /ˈʌndərsaɪd || ˈʌndəsaɪd/ *n* parte *f* inferior *or* de abajo

undersigned /ˌʌndərˈsaɪnd || ˌʌndəˈsaɪnd/ *n* (*pl* **~**) (frml): **the ~** el abajo firmante, la abajo firmante, (*pl*) los abajo firmantes, las abajo firmantes; el suscrito, la suscrita, (*pl*) los suscritos, las suscritas (frml)

undersized /ˌʌndərˈsaɪzd || ˌʌndəˈsaɪzd/ *adj* más pequeño de lo normal

underskirt /ˈʌndərskɜːrt || ˈʌndəskɜːt/ *n* enagua(s) *f(pl)*, viso *m*, fondo *m* (Méx)

undersold /ˌʌndərˈsəʊld || ˌʌndəˈsəʊld/ *past and past p of* **undersell**

underspend /ˌʌndərˈspend || ˌʌndəˈspend/ *vi* (*past & past p* **-spent**) gastar menos de lo calculado (*or* presupuestado *etc*)

understaffed /ˌʌndərˈstæft || ˌʌndəˈstɑːft/ *adj* ‹*school/office/project*› con personal insuficiente, con una dotación insuficiente de empleados (*or* maestros *etc*); **we're very ~** estamos muy escasos *or* faltos de personal

understand /ˌʌndərˈstænd || ˌʌndəˈstænd/ (*past & past p* **-stood**) *vt*

A 1 (grasp meaning of) entender*; **there are several words I can't ~** hay unas cuantas palabras que no entiendo; **I can't speak Italian, but I can ~ it** no hablo italiano pero lo entiendo; **I can make myself understood** me puedo hacer entender; **I can't ~ why he did it** no logro entender *or* comprender por qué lo hizo; **you must ~ that these things take time** tiene que comprender *or* entender que estas cosas llevan tiempo; **I don't want it to happen again; have I made myself understood?** no quiero que vuelva a suceder ¿está claro?; **now that we ~ one another** ahora que nos entendemos 2 (interpret) entender*, interpretar; **her remark can be understood several ways** su comentario se puede entender *or* interpretar de varias maneras; **I understood him to be saying something quite different** por lo que yo entendí él dijo algo muy diferente; **please ~ me correctly!** por favor no me malinterpreten *or* no me interpreten mal; **as I ~ it, ...** según tengo entendido, ..., por lo que entiendo, ..., según creo, ...; **what do you ~ by the term 'deprivation'?** ¿qué entiendes tú por 'privaciones'? 3 (sympathize, empathize with) ‹*fears/doubts/person*› comprender, entender*; **try to ~ my position** trata de comprender *or* entender mi situación; **nobody ~s me!** nadie me entiende *or* comprende, soy un incomprendido

B (believe, infer): **the president is understood to favor the second option** se cree que el presidente prefiere la segunda opción; **she is understood to have said that ...** parece que dijo que ...; **I ~ you play tennis** tengo entendido que juega al tenis; **I understood you'd changed jobs** creí que había cambiado de trabajo; **am I to ~ that you won't help?** ¿entonces quiere decir que no me van a ayudar?; **I was given to ~ I'd get my money back** me dieron a entender que me devolverían el dinero; **she has let it be understood that ...** ha dado a entender que ...; *see also* **understood²**

■ **understand** *vi* 1 (comprehend) entender*, comprender 2 (sympathize) comprender, entender* 3 (believe): **you're an expert, I ~** tengo entendido que eres todo un experto

understandable /ˌʌndərˈstændəbəl || ˌʌndəˈstændəbəl/ *adj* comprensible; **she's annoyed — that's ~** está molesta — es comprensible *or* no es para menos; **it is ~ THAT** es comprensible *or* es normal que (+ *subj*); **it's ~ that he**

U

should feel like that es comprensible *or* es normal que se sienta así

understandably /ˌʌndərˈstændəbli || ˌʌndəˈstændəbli/ *adv*: **he's ~ upset** está disgustado, lo cual es comprensible

understanding[1] /ˌʌndərˈstændɪŋ || ˌʌndəˈstændɪŋ/ *n*

A [u] **1** (grasp) entendimiento *m*; **a child's ~ is limited** el entendimiento de un niño es limitado; **he has little/no ~ of the problem** no comprende muy bien/para nada el problema; **we now have a better** *o* **greater ~ of it** ahora lo entendemos *or* lo comprendemos mejor **2** (interpretation) interpretación *f*; **that's not my ~ of what he meant** no es así como yo interpreto sus palabras; **your ~ of the law is not the same as mine** su interpretación de la ley es distinta de la mía **3** (sympathy) comprensión *f*; **these exchanges promote international ~** estos intercambios fomentan el entendimiento *or* la concordia entre las naciones

B [c] (agreement, arrangement) acuerdo *m*; **to come to** *o* **reach an ~ (with sb)** llegar* a un acuerdo (con algn); **to have an ~ (with sb)**: **the traffickers have an ~ with the police** los traficantes tienen un arreglo con la policía; **we had an ~ that we'd share the work** habíamos convenido que compartiríamos el trabajo

C [u] (belief): **it was my ~ that I would get the job** tenía entendido *or* creía que me darían el trabajo; **our ~ is that the offer has been rejected** según tenemos entendido, han rechazado la oferta; **on the ~ that** bien entendido que, con la condición de que

understanding[2] *adj* comprensivo

understate /ˌʌndərˈsteɪt || ˌʌndəˈsteɪt/ *vt* ‹*needs*› subestimar; **she's understating the gravity of the problem** está quitándole *or* restándole importancia a la gravedad del problema, está minimizando la gravedad del problema

understated /ˌʌndərˈsteɪtəd || ˌʌndəˈsteɪtɪd/ *adj* ‹*decor/style*› sobrio, sencillo; ‹*dress*› discreto, sencillo; **her performance is restrained and ~** su actuación es moderada y comedida

understatement /ˌʌndərˈsteɪtmənt || ˈʌndəˌsteɪtmənt/ *n* [c u]: **to say it wasn't well attended is an ~** decir que no estuvo muy concurrido es quedarse corto; **that's the ~ of the year!** (colloq) ése es el eufemismo del año; **a master of ~** un experto en la descripción mesurada y comedida

understood[1] /ˌʌndərˈstʊd || ˌʌndəˈstʊd/ *past & past p of* **understand**

understood[2] *adj* **1** (implied) (Ling) (*pred*): **to be ~** estar* implícito *or* sobreentendido **2** (assumed): **they didn't say so, but it was ~** no lo dijeron pero quedó sobreentendido; **expenses will be paid, that's ~** se sobreentiende que nos (*or* les *etc*) pagarán los gastos; **it's an ~ thing that he cooks and I clean** nuestro acuerdo tácito es que él cocina y yo limpio

understorey /ˈʌndərˌstɔːri || ˈʌndəˌstɔːri/ *n* (*pl* **~s**) monte *m* bajo

understudy[1] /ˈʌndərˌstʌdi || ˈʌndəˌstʌdi/ *n* (*pl* **-studies**) suplente *mf*, sobresaliente *mf*

understudy[2] *vt* **-studies, -studying, -studied**: **to ~ a role** *aprenderse un papel para poder reemplazar a un actor en caso de necesidad*

undersubscribed /ˌʌndərsəbˈskraɪbd || ˌʌndəsəbˈskraɪbd/ *adj*: **the course was ~** no se llenaron todas las plazas del curso; **the share issue was ~** la emisión no fue colocada *or* cubierta en su totalidad

undertake /ˌʌndərˈteɪk || ˌʌndəˈteɪk/ *vt* (*past* **-took**; *past p* **-taken**) **1** (take upon oneself) ‹*responsibility*› asumir; ‹*obligation*› contraer*; ‹*task*› emprender; (with energy, vigor) acometer; **they undertook the crossing in a raft** emprendieron el cruce en una balsa; **all types of building work ~n** realizamos *or* hacemos todo tipo de trabajo de albañilería **2** (promise, guarantee) **to ~ to + INF** comprometerse A + INF

undertaker /ˈʌndərˌteɪkər || ˈʌndəˌteɪkə(r)/ *n*: *persona que trabaja en una funeraria*; (funeral director) director, -tora *m,f* de una funeraria *or* de pompas fúnebres; **the ~'s** la funeraria, la empresa de pompas fúnebres

undertaking /ˈʌndərˌteɪkɪŋ || ˌʌndəˈteɪkɪŋ/ *n*

A **1** (task) empresa *f*, tarea *f* **2** (promise) promesa *f*; **no such ~ has been given by them** no se han comprometido a tal cosa, no han garantizado tal cosa

B (business of an undertaker) pompas *fpl* fúnebres

under-the-counter /ˌʌndərðəˈkaʊntər || ˌʌndəðəˈkaʊntə(r)/ *adj* (*before n*) ‹*deal*› poco limpio; **~ goods** mercancías *fpl* que se compran/venden ilícitamente

undertone /ˈʌndərtəʊn || ˈʌndətəʊn/ *n* **1** (low voice): **to speak in ~s/in an ~** hablar en voz baja **2** (hint) trasfondo *m*; **there's an ~ of sadness in her work** su obra tiene un trasfondo de tristeza; **there was an ~ of resentment in her words** había un trasfondo de resentimiento en lo que dijo

undertook /ˌʌndərˈtʊk || ˌʌndəˈtʊk/ *past of* **undertake**

undertow /ˈʌndərtəʊ || ˈʌndətəʊ/ *n* resaca *f*

underused /ˌʌndərˈjuːzd || ˌʌndəˈjuːzd/ *adj* infrautilizado, subutilizado

underutilized /ˌʌndərˈjuːtɪlaɪzd || ˌʌndəˈjuːtɪlaɪzd/ *adj* infrautilizado, subutilizado

undervalue /ˌʌndərˈvæljuː || ˌʌndəˈvæljuː/ *vt* **1** ‹*goods/stock*› subvalorar; **an ~d currency** una moneda subvalorada *or* subvaluada **2** ‹*person/skill/talent*› subvalorar, subestimar

underwater[1] /ˌʌndərˌwɔːtər || ˌʌndəˈwɔːtə(r)/ *adj* submarino

underwater[2] *adv* debajo del agua

underwear /ˈʌndərwer || ˈʌndəweə(r)/ *n* [u] ropa *f* interior; **a change of ~** una muda (de ropa interior)

underweight /ˌʌndərˈweɪt || ˌʌndəˈweɪt/ *adj* ‹*person/baby*› de peso más bajo que el normal; **she's 10kg ~** pesa 10kg menos de lo que debería; **an ~ bag of apples** una bolsa de manzanas que pesa menos de lo debido

underwent /ˌʌndərˈwent || ˌʌndəˈwent/ *past of* **undergo**

underworld /ˈʌndərwɜːrld || ˈʌndəwɜːld/ *n* **1** (Myth): **the Underworld** el infierno, el averno (liter) **2** (criminals): **the ~** el hampa, los bajos fondos

underwrite /ˈʌndərˌraɪt || ˌʌndəˈraɪt/ *vt* (*past* **-wrote**; *past p* **-written**) **1** (in insurance) asegurar **2** (on stock exchange): **to ~ a share issue** garantizar* la colocación de una emisión de acciones **3** (guarantee financially) ‹*project/venture*› financiar **4** (endorse) ‹*proposal/measures*› apoyar, avalar

underwriter /ˈʌndərˌraɪtər || ˈʌndəˌraɪtə(r)/ *n* **1** (in insurance) asegurador, -dora *m,f*; (on second insurance) reasegurador, -dora *m,f* **2** (on stock exchange) suscriptor, -tora *m,f*

underwritten /ˈʌndərˌrɪtn || ˌʌndəˈrɪtn/ *past p of* **underwrite**

underwrote /ˈʌndərrəʊt || ˌʌndəˈrəʊt/ *past of* **underwrite**

undeserved /ˌʌndɪˈzɜːrvd || ˌʌndɪˈzɜːvd/ *adj* inmerecido

undeservedly /ˌʌndɪˈzɜːrvədli || ˌʌndɪˈzɜːvɪdli/ *adv* inmerecidamente

undeserving /ˌʌndɪˈzɜːrvɪŋ || ˌʌndɪˈzɜːvɪŋ/ *adj* ‹*person*› de poco mérito; ‹*cause*› poco meritorio; **to be ~ OF sth** (frml) ser* indigno DE algo, no merecer* algo

undesirability /ˌʌndɪˌzaɪrəˈbɪləti || ˌʌndɪˌzaɪərəˈbɪləti/ *n* [u] lo indeseable

undesirable[1] /ˌʌndɪˈzaɪrəbəl || ˌʌndɪˈzaɪərəbəl/ *adj* **1** (unwanted) ‹*consequence/side effect*› no deseado; **it is ~ that she be told** no es aconsejable decírselo; **~ alien** (Pol) persona *f* non grata **2** (objectionable) ‹*person*› indeseable

undesirable[2] *n* indeseable *mf*

undetectable /ˌʌndɪˈtektəbəl/ *adj* ‹*difference*› imperceptible; **an almost ~ scar** una cicatriz que casi no se nota

undetected /ˌʌndɪˈtektəd || ˌʌndɪˈtektɪd/ *adj* ‹*crime*› que no se ha descubierto; ‹*error*› que ha pasado inadvertido *or* desapercibido; **many crimes go ~** hay muchos delitos que no se descubren

undeterred /ˌʌndɪˈtɜːrd || ˌʌndɪˈtɜːd/ *adj* (*pred*): **she carried on ~** siguió impertérrita *or* sin inmutarse; **~ by the weather** sin amilanarse ante el mal tiempo; **~ by his threats** sin dejarse intimidar por sus amenazas

undeveloped /ˌʌndɪˈveləpt/ *adj*

A ‹*resources/region*› sin explotar; ‹*talent*› sin desarrollar; **~ land near the city** terrenos no urbanizados cerca de la ciudad

B (Phot) ‹*film*› sin revelar

undeviating /ʌnˈdiːvieɪtɪŋ/ *adj* ‹*path/line*› recto; ‹*course/resolve*› firme

undiagnosed /ʌnˈdaɪəgnəʊzd ˌʌndaɪəgˈnəʊzd/ *adj* sin diagnosticar

undid /ʌnˈdɪd/ *past of* **undo**

undies /ˈʌndiz/ *pl n* (colloq) ropa *f* interior; **in her ~** en paños menores (hum)

undifferentiated /ˌʌndɪfəˈrentʃieɪtəd || ˌʌndɪfəˈrenʃɪeɪtɪd/ *adj* no diferenciado

undigested /ˌʌndaɪˈdʒestəd, -də- || ˌʌndaɪˈdʒestɪd, -dɪ-/ *adj* ‹*food*› no digerido; ‹*knowledge*› no asimilado

undigestible /ˌʌŋdaɪˈdʒestəbəl, də- || ˌʌŋdaɪˈdʒestəbəl, dɪ-/ *adj* indigerible, no digerible

undignified /ʌnˈdɪgnəfaɪd || ʌnˈdɪgnɪfaɪd/ *adj* **1** ‹*behavior*› indecoroso, poco digno **2** ‹*posture*› poco decoroso, indecoroso

undiluted /ˌʌndaɪˈluːtəd || ˌʌndaɪˈljuːtɪd/ *adj* ‹*juice*› sin diluir; **the ~ truth** la verdad lisa y llana; **it's ~ pleasure/hatred** es puro placer/odio; **~ nonsense** puras tonterías

undiminished /ˌʌndəˈmɪnɪʃt || ˌʌndɪˈmɪnɪʃt/ *adj* no disminuido; **his strength remained ~** no mermaron sus fuerzas

undimmed /ʌnˈdɪmd/ *adj* **1** ‹*intellect*› claro **2** ‹*enthusiasm/spirit*› duradero

undiplomatic /ˌʌndɪpləˈmætɪk/ *adj* poco diplomático, indiscreto

undiscerning /ˌʌndɪˈsɜːrnɪŋ || ˌʌŋdɪˈsɜːnɪŋ/ *adj* ‹*person*› poco exigente, poco conocedor, que no, discierne; ‹*choice*› sin criterio

undischarged /ˌʌndɪsˈtʃɑːrdʒd || ˌʌndɪsˈtʃɑːdʒd/ *adj* ‹*bankrupt*› no rehabilitado; ‹*debt*› no liquidado, sin pagar; ‹*duty*› no cumplido

undisciplined /ʌnˈdɪsəplənd || ˌʌnˈdɪsɪplɪnd/ *adj* indisciplinado

undisclosed /ˌʌndɪsˈkləʊzd/ *adj* no revelado

undiscovered /ˌʌndɪsˈkʌvərd || ˌʌndɪsˈkʌvəd/ *adj* (not found) no descubierto; (unknown) desconocido; **the manuscript remained ~ until 1924** el manuscrito no se descubrió hasta 1924

undiscriminating /ˌʌndɪsˈkrɪməneɪtɪŋ || ˌʌndɪˈskrɪmɪneɪtɪŋ/ *adj* ‹*mind/audience/taste*› que no discrimina, sin sentido crítico, fácil de complacer; ‹*choice*› sin sentido crítico

undisguised /ˌʌndɪsˈgaɪzd/ *adj* manifiesto, abierto, indisimulado

undismayed /ˌʌndɪsˈmeɪd/ *adj* (*pred*) impertérrito, impasible; **~ by their reaction/by successive failures** sin dejarse desanimar por su reacción/por los sucesivos fracasos

undisputed /ˌʌndɪˈspjuːtəd || ˌʌndɪˈspjuːtɪd/ *adj* ‹*champion/leader*› indiscutido, indiscutible, incontestable; **these are the ~ facts** éstos son los hechos innegables *or* que no se pueden negar

undistinguished /ˌʌndɪˈstɪŋgwɪʃt/ *adj* mediocre

undisturbed /ˌʌndɪˈstɜːrbd || ˌʌndɪˈstɜːbd/ *adj* **1** (untouched): **everything was left ~** todo se dejó tal cual estaba, no se tocó nada **2** (uninterrupted) ‹*sleep*› tranquilo; **she made sure he was ~** se aseguró de que no se lo molestara **3** (unworried) tranquilo; **he seemed ~ by the rumors** los rumores parecían no perturbarlo *or* preocuparlo

undivided /ˌʌndɪˈvaɪdəd || ˌʌndɪˈvaɪdɪd/ *adj* íntegro, entero; **he enjoyed the ~ loyalty of the whole cabinet** contaba con el respaldo unánime del gabinete, todo el gabinete lo respaldaba; **you have my ~ attention** tienes toda mi atención

undo /ʌn'du:/ (*3rd pers sing pres* **-does**; *pres p* **-doing**; *past* **-did**; *past p* **-done**) *vt*
A (unfasten) ‹*button/jacket/buckle*› desabrochar; ‹*zipper*› abrir*; ‹*knot/parcel*› desatar, deshacer*; ‹*shoelaces*› desatar, desamarrar (AmL exc RPl); ‹*knitting/seam*› deshacer*
B 1 (put right) ‹*wrong*› reparar, enmendar*; **the damage cannot be undone** el daño es irreparable 2 (cancel out) anular
■ **undo** *vi*: **the knot won't ~** es imposible desatar *or* deshacer el nudo

undocumented /ʌn'dɑ:kjəmentəd || ʌn'dɒkjʊmentɪd/ *adj* 1 (unrecorded) ‹*event/report/species*› no documentado 2 (without legal documents) ‹*alien/immigrant*› indocumentado 3 (Comput) sin documentar

undoing /ʌn'du:ɪŋ/ *n* [u] perdición *f*, ruina *f*

undomesticated /ˌʌndə'mestɪkeɪtəd || ˌʌndə'mestɪkeɪtɪd/ *adj* no domesticado, sin domesticar

undone[1] /ʌn'dʌn/ *past p of* **undo**

undone[2] *adj* (*pred*) 1 (unfastened): **your fly is ~** tienes la bragueta abierta; **your shoelaces are ~** llevas los cordones de los zapatos desatados *or* (AmL exc RPl) desamarrados, llevas las agujetas (Méx) *or* (Per) los pasadores desamarrados; **to come ~** «*knot*» deshacerse*, desatarse; «*button*» desabrocharse; **this knot won't come ~** es imposible desatar este nudo 2 (not started) sin empezar; (not finished) sin terminar; **the job was left ~** el trabajo no se llegó a empezar/no se terminó

undoubted /ʌn'daʊtəd || ʌn'daʊtɪd/ *adj* (*before n*) indudable; **he's an ~ expert on the subject** no cabe duda de que es todo un experto en el tema

undoubtedly /ʌn'daʊtədli || ʌn'daʊtɪdli/ *adv* indudablemente, sin duda

undramatic /ˌʌndrə'mætɪk/ *adj* poco dramático

undreamed-of /ʌn'dremtɑ:v, ʌn'dri:mdɑ:v || ʌn'dri:mdɒv/ (BrE also) **undreamt-of** /ʌn'dremtɑ:v || ʌn'dremtɒv/ *adj* inimaginable, nunca soñado

undress[1] /ʌn'dres/ *vt* desvestir*, desnudar; **to get ~ed** desvestirse*, desnudarse; **he ~ed her with his eyes** la desnudó con la mirada
■ **undress** *vi* desvestirse*, desnudarse

undress[2] *n* [u] (frml): **in a state of ~** desnudo

undressed /ʌn'drest/ *adj* 1 (naked) desnudo, desvestido; **I feel ~ without my make up** me siento desnuda sin maquillaje 2 ‹*leather*› sin curtir 3 ‹*salad*› sin aliñar

undrinkable /ʌn'drɪŋkəbəl/ *adj* (poisonous) no potable; (unpalatable) imbebible

undue /ʌn'du: || ʌn'dju:/ *adj* (*before n*) excesivo, demasiado

undulate /'ʌndʒəleɪt || 'ʌndjʊleɪt/ *vi* ondular

undulating /'ʌndʒəleɪtɪŋ || 'ʌndjʊleɪtɪŋ/ *adj* (*before n*) ondulante

undulation /ˌʌndʒə'leɪʃən || ˌʌndjʊ'leɪʃən/ *n* [c u] ondulación *f*

unduly /ʌn'du:li || ʌn'dju:li/ *adv* excesivamente, demasiado; **we're not ~ worried** no estamos demasiado preocupados

undying /ʌn'daɪɪŋ/ *adj* (liter) (*before n*) imperecedero (liter), eterno

unearned /ʌn'ɜ:rnd || ʌn'ɜ:nd/ *adj* 1 (Fin): **~ income** rendimientos *mpl* del capital 2 ‹*praise/success*› inmerecido

unearth /ʌn'ɜ:rθ || ʌn'ɜ:θ/ *vt* 1 (dig up) ‹*remains/treasures*› desenterrar* 2 (discover) ‹*fact/document*› descubrir*, sacar* a la luz

unearthly /ʌn'ɜ:rθli || ʌn'ɜ:θli/ *adj* **-lier, -liest** ‹*glow/scream/silence/calm*› sobrenatural; ‹*beauty*› de otro mundo, celestial; **at this ~ hour** a estas horas (intempestivas)

unease /ʌn'i:z/ *n* [u] ▸**uneasiness**

uneasily /ʌn'i:zəli || ʌn'i:zɪli/ *adv* inquietamente, con inquietud; **he sat ~ on his chair** estaba sentado inquieto *or* nervioso en la silla; **his radical views sit ~ with his political ambition** sus opiniones radicales no son muy compatibles con su ambición política

uneasiness /ʌn'i:zinəs || ʌn'i:zɪnɪs/ *n* [u] (nervousness) inquietud *f*, desasosiego *m*, desazón *f*; (tension, discontent) malestar *m*, descontento *m*

uneasy /ʌn'i:zi/ *adj* **-sier, -siest** 1 (anxious, troubled) inquieto, preocupado; **I feel ~ about leaving the children alone** me inquieta *or* me preocupa dejar a los niños solos; **she had an ~ conscience** no tenía la conciencia tranquila 2 (restless, disturbed) ‹*night/sleep*› agitado, intranquilo 3 (awkward, constrained) ‹*silence*› incómodo, molesto, violento; **he feels ~ with strangers** se siente incómodo *or* no se siente a gusto cuando está con gente que no conoce 4 (insecure, precarious) ‹*peace/alliance*› precario

uneatable /ʌn'i:təbəl/ *adj* incomible

uneaten /ʌn'i:tn/ *adj*: **to leave sth ~** dejar algo sin comer; **we can finish off any ~ stew tomorrow** mañana podemos terminar el guiso que no se haya comido

uneconomic /ˌʌnekə'nɑ:mɪk, -'i:k- || ˌʌni:kə'nɒmɪk, -ˌek-/ *adj* poco rentable, antieconómico

uneconomical /ˌʌnekə'nɑ:mɪkl, -'i:k- || ˌʌni:kə'nɒmɪkəl, -ˌek-/ *adj* poco económico

unedifying /ʌn'edəfaɪɪŋ || ʌn'edɪfaɪɪŋ/ *adj* poco edificante

unedited /ʌn'edətəd || ʌn'edɪtɪd/ *adj* sin editar

uneducated /ʌn'edʒəkeɪtəd || ʌn'edjʊkeɪtɪd/ *adj* ‹*person*› sin educación, inculto; ‹*accent*› poco pulido *or* refinado; **she has ~ tastes** es poco refinada en sus gustos

unembarrassed /ˌʌnɪm'bærəst/ *adj*: **he was ~ by the remark** permaneció sin dar muestras de vergüenza ante el comentario, no sintió vergüenza por el comentario

unemotional /ˌʌnɪ'məʊʃnəl || ˌʌnɪ'məʊʃənl/ *adj* 1 (feeling no emotion) ‹*person*› indiferente 2 (showing no emotion) ‹*account/report*› objetivo; ‹*farewell/manner*› frío

unemotionally /ˌʌnɪ'məʊʃnəli || ˌʌnɪ'məʊʃənəli/ *adv* fríamente

unemployable /ˌʌnɪm'plɔɪəbəl/ *adj* inempleable

unemployed[1] /ˌʌnɪm'plɔɪd/ *adj* 1 ‹*person*› desempleado, desocupado, parado (Esp), en paro (Esp), cesante (Chi) 2 (unused) ‹*plant/resource*› ocioso, sin utilizar

unemployed[2] *pl n*: **the ~** los desempleados, los desocupados, los parados (Esp), los cesantes (Chi)

unemployment /ˌʌnɪm'plɔɪmənt/ *n* [u] 1 (being out of work) desempleo *m*, desocupación *f*, paro *m* (Esp), cesantía *f* (Chi); (*before n*): **~ insurance** (AmE) seguro *m* de desempleo; **~ benefit** *o* (AmE also) **compensation** subsidio *m* de desempleo, paro *m* (Esp), subsidio *m* de cesantía (Chi) 2 (number of unemployed) desempleo *m*, número *m* de desempleados, paro *m* (Esp), cesantía *f* (Chi); **hidden ~** desempleo *or* (Esp) paro encubierto *or* disfrazado, cesantía disfrazada (Chi); (*before n*): **~ figures** cifras *fpl* de desempleo (*or* desocupación *etc*), número *m* de desempleados *or* desocupados *or* (Esp) parados *or* (Chi) cesantes

unencumbered /ˌʌnɪn'kʌmbərd || ˌʌnɪn'kʌmbəd/ *adj* 1 (unburdened) libre de peso 2 (Law) libre de gravamen *or* gravámanes

unending /ʌn'endɪŋ/ *adj* interminable, sin fin

unendurable /ˌʌnɪn'dʊrəbəl || ˌʌnɪn'djʊərəbəl/ *adj* inaguantable, insoportable

unenforceable /ˌʌnɪn'fɔ:rsəbəl || ˌʌnɪn'fɔ:səbəl/ *adj* ‹*law/regulations*› que no se puede hacer cumplir

un-English /ʌn'ɪŋglɪʃ/ *adj* poco inglés

unenjoyable /ˌʌnɪm'dʒɔɪəbəl/ *adj* nada agradable, no placentero

unenlightened /ˌʌnɪn'laɪtnd/ *adj* 1 (uninformed) ‹*public/viewer/reader*› poco culto *or* preparado; **I was ~ by his explanation** su explicación no me aclaró nada 2 ‹*person/attitude*› (backward) anticuado, atrasado; (prejudiced) prejuiciado; **an ~ move** una decisión poco acertada

unenterprising /ʌn'entərpraɪzɪŋ || ʌn'entəpraɪzɪŋ/ *adj* poco emprendedor, falto de iniciativa

unenthusiastic /ˌʌnɪnθu:zi'æstɪk || ˌʌnɪnθju:zi'æstɪk/ *adj* poco entusiasta

unenthusiastically /ˌʌnɪnˌθu:zi'æstɪkli || ˌʌnɪnˌθju:zi'æstɪkli/ *adv* con poco entusiasmo

unenviable /ʌn'enviəbəl/ *adj* ‹*task/situation*› nada envidiable

unequal /ʌn'i:kwəl/ *adj* 1 ‹*contest*› desigual; **~ amounts/shares** cantidades *fpl* /partes *fpl* desiguales 2 (inadequate) (frml) **to be ~ TO sth/-ING**: **he proved ~ to the demands that were made on him** no estuvo a la altura de lo que se le exigía; **she feels ~ to taking on the responsibility** se siente incapaz de asumir la responsabilidad

unequaled, (BrE) **unequalled** /ʌn'i:kwəld/ *adj* sin igual, sin par, sin parangón

unequally /ʌn'i:kwəli/ *adv* ‹*divided/distributed*› desigualmente, de forma desigual; **the two fighters were very ~ matched** los dos boxeadores eran muy dispares *or* de niveles muy desiguales; **he treats us ~** no nos trata a todos igual

unequipped /ˌʌnɪ'kwɪpt/ *adj* (*pred*) sin el equipo necesario

unequivocal /ˌʌnɪ'kwɪvəkəl/ *adj* (frml) ‹*reply/refusal*› inequívoco, claro; ‹*support/victory*› rotundo; **he was quite ~** fue muy claro, no dejó lugar a dudas; **her answer was an ~ 'No'** su respuesta fue un rotundo 'no'

unequivocally /ˌʌnɪ'kwɪvəkli/ *adv* (frml) sin lugar a dudas, claramente

unerring /ʌn'erɪŋ || ʌn'ɜ:rɪŋ/ *adj* certero, infalible

unerringly /ʌn'erɪŋli || ʌn'ɜ:rɪŋli/ *adv* de modo certero *or* infalible

UNESCO /ju:'neskəʊ/ *n* (*no art*) (= **United Nations Educational, Scientific and Cultural Organization**) la UNESCO

unesthetic, (BrE) **unaesthetic** /ˌʌnes'θetɪk || ˌʌni:s'θetɪk/ *adj* antiestético

unethical /ʌn'eθɪkəl/ *adj* inmoral, poco ético

uneven /ʌn'i:vən/ *adj*
A 1 (not straight) torcido 2 (not level) ‹*surface*› desigual, irregular, disparejo (AmL); ‹*ground*› desnivelado, desigual, disparejo (AmL)
B 1 (irregular) ‹*breathing/pulse*› irregular 2 (not uniform, inconsistent) ‹*color/paint*› poco uniforme, disparejo (AmL); ‹*performance/quality*› desigual, dispar, disparejo (AmL)
C 1 (unequal) ‹*widths/lengths*› desigual; ‹*contest/race*› desigual 2 (Math) ‹*number*› impar

uneven bars *pl n* (AmE) barras *fpl* asimétricas

unevenly /ʌn'i:vənli/ *adv* 1 (crookedly): **the tiles have been laid ~** han colocado las baldosas torcidas; **he cut my hair ~** me dejó el pelo desigual *or* (AmL tb) disparejo 2 (irregularly) de modo irregular 3 (not uniformly) de modo poco uniforme 4 (unequally): **they are ~ matched** son muy dispares *or* de niveles muy desiguales

unevenness /ʌn'i:vənnəs || ʌn'i:vənnɪs/ *n* [u] 1 (of line) lo torcido 2 (of surface) lo desnivelado, lo disparejo (AmL) 3 (of breathing, pulse) irregularidad *f* 4 (of performance, quality) lo desigual, lo disparejo (AmL) 5 (of contest) lo desigual

uneventful /ˌʌnɪ'ventfəl/ *adj* ‹*journey*› sin incidentes; ‹*day*› tranquilo; ‹*life/past*› sin acontecimientos de nota; (dull) poco interesante

uneventfully /ˌʌnɪ'ventfəli/ *adv*: **the day passed ~** no sucedió nada de particular en todo el día; **his life went by ~** su vida transcurrió sin pena ni gloria

unexampled /ˌʌnɪg'zæmpəld || ˌʌnɪg'zɑ:mpəld/ *adj* (liter) sin precedente

unexceptionable /ˌʌnɪk'sepʃnəbəl || ˌʌnɪk'sepʃənəbəl/ *adj* inocuo, anodino

unexceptional /ˌʌnɪk'sepʃnəl || ˌʌnɪk'sepʃənl/ *adj* ‹*appearance/exterior*› normal, corriente, sin nada de extraordinario; **it's been an ~ day** ha sido un día como tantos

unexciting /ˌʌnɪk'saɪtɪŋ/ *adj* ‹*prospect/job*› poco estimulante; ‹*food*› insulso, poco apetitoso; **I lead an ~ life** llevo una vida monótona

u

unexpected /ˌʌnɪk'spektəd || ˌʌnɪk'spektɪd/ *adj* ‹*reaction/invitation/visitor*› inesperado; ‹*result/delay*› imprevisto; **this is an ~ pleasure** ¡qué sorpresa tan agradable!

unexpectedly /ˌʌnɪk'spektədli || ˌʌnɪk'spektɪdli/ *adv* ‹*arrive*› de improviso, sin previo aviso; ‹*happen*› de forma imprevista, cuando nadie lo esperaba; **I was ~ delayed** tuve un retraso imprevisto

unexpired /ˌʌnɪks'paɪrd/ *adj* no vencido, no caducado

unexplainable /ˌʌnɪk'spleɪnəbəl/ *adj* inexplicable

unexplained /ˌʌnɪk'spleɪnd/ *adj*: **his disappearance remains ~** su desaparición sigue siendo un misterio; **her motives are still ~** sus motivos siguen siendo un misterio; **your ~ late arrivals cannot go on** no puede seguir llegando tarde sin dar explicaciones; **he died of an ~ illness** murió de una enfermedad desconocida

unexploded /ˌʌnɪk'spləʊdəd/ *adj* sin detonar

unexploited /ˌʌnɪk'splɔɪtəd || ˌʌnɪk'splɔɪtɪd/ *adj* sin explotar, inexplotado

unexplored /ˌʌnɪk'splɔːrd || ˌʌnɪks'plɔːd/ *adj* ‹*territory*› inexplorado; ‹*possibility/option*› aún no explorado *or* estudiado

unexpressed /ˌʌnɪk'sprest/ *adj* tácito

unexpurgated /ʌn'ekspərgeɪtəd || ʌn'ekspəgeɪtɪd/ *adj* (frml) sin expurgar, íntegro

unfailing /ʌn'feɪlɪŋ/ *adj* ‹*optimism/courtesy*› indefectible, a toda prueba; ‹*interest/support*› constante; ‹*source/supply*› inagotable; ‹*devotion*› inquebrantable

unfailingly /ʌn'feɪlɪŋli/ *adv*: **he was ~ polite** era de una cortesía a toda prueba, era indefectiblemente cortés

unfair /ʌn'fer || ʌn'feə(r)/ *adj* ‹*treatment/criticism/decision*› injusto; ‹*competition*› desleal; **it was ~ of him to blame you** fue injusto que te echara la culpa a ti; **that gives him an ~ advantage** eso lo coloca en una injusta situación de ventaja; **it's so ~!** ¡es una injusticia!, ¡no hay derecho!; **~ dismissal** despido *m* improcedente *or* injustificado; **~ TO/ON sb**: **it's ~ to *o* on the child** es injusto para con el niño; **you're being ~ to yourself** estás siendo injusta contigo misma

unfairly /ʌn'ferli || ʌn'feəli/ *adj* injustamente

unfairness /ʌn'fernəs || ʌn'feənɪs/ *n* [u] injusticia *f*

unfaithful /ʌn'feɪθfəl/ *adj* ‹*wife/husband/lover*› infiel; ‹*follower*› desleal; **to be ~ TO sb** serle* infiel/desleal A algn

unfaithfulness /ʌn'feɪθfəlnəs || ʌn'feɪθfəlnɪs/ *n* [u] (of lover, spouse) infidelidad *f*; (of follower) deslealtad *f*

unfaltering /ʌn'fɔːltərɪŋ/ *adj* **1** ‹*voice*› firme; ‹*steps*› decidido, resuelto **2** ‹*confidence/optimism*› inquebrantable

unfamiliar /ˌʌnfə'mɪljər || ˌʌnfə'mɪliə(r)/ *adj* **1** (unknown) ‹*face/surroundings*› desconocido, nuevo; **the name is ~ to me** el nombre me resulta desconocido *or* no me es familiar **2** (unacquainted): **I'm ~ with his work** no estoy muy familiarizado con su obra; **we're not ~ with this type of situation** tenemos experiencia de este tipo de situación

unfamiliarity /ˌʌnfəmɪli'ærəti/ *n* [u] **1** (strangeness) lo desconocido **2** (lack of knowledge) **~ WITH sth** falta *f* de familiaridad CON algo

unfashionable /ʌn'fæʃnəbəl/ *adj* ‹*clothes/dance/ideas*› fuera de moda, pasado de moda; ‹*district*› poco elegante; **it's ~ to talk about ...** no está de moda *or* no se estila hablar de ...

unfashionably /ʌn'fæʃnəbli/ *adv*: **to dress ~** vestirse* en un estilo pasado de moda; **she was ~ thin** era demasiado delgada para la moda de la época

unfasten /ʌn'fæsn || ʌn'fɑːsn/ *vt* ‹*seat belt/button/jacket*› desabrochar; ‹*latch*› descorrer; ‹*door*› abrir*; ‹*knot*› (loosen) soltar*, aflojar; (undo) deshacer*, desatar

unfathomable /ʌn'fæðəməbəl/ *adj* **1** ‹*depths*› insondable, inconmensurable **2** ‹*behavior/remark*› incomprensible

unfathomed /ʌn'fæðəmd/ *adj* ignoto (liter)

unfavorable, (BrE) **unfavourable** /ʌn'feɪvrəbəl/ *adj* **1** (adverse) ‹*conditions*› desfavorable, poco propicio; ‹*wind*› en contra; **to be ~ TO sth/sb**: **terms ~ to the purchaser** condiciones desfavorables para el comprador *or* que le son desfavorables al comprador **2** (negative) ‹*reply/report/comparison*› desfavorable, negativo

unfavorably, (BrE) **unfavourably** /ʌn'feɪvrəbli/ *adv* ‹*regard/react*› desfavorablemente; **the critics reviewed the show ~** la crítica fue muy negativa con el espectáculo

unfazed /ʌn'feɪzd/ *adj* (*pred*) (colloq): **they were totally ~** ni siquiera se inmutaron, estaban como si nada hubiera pasado (fam); **she was ~ by the heckling** ni se inmutó *or* (fam) hizo como si nada cuando la interrumpieron

unfeasible /ˌʌn'fiːzəbəl/ *adj* inviable, no viable

unfeeling /ʌn'fiːlɪŋ/ *adj* ‹*person*› insensible; ‹*remark/attitude*› poco compasivo, duro

unfeelingly /ʌn'fiːlɪŋli/ *adv* con dureza

unfeigned /ʌn'feɪnd/ *adj* genuino, verdadero

unfeminine /ʌn'femənən || ʌn'femɪnɪn/ *adj* poco femenino

unfermented /ˌʌnfər'mentəd || ˌʌnfə'mentɪd/ *adj* no fermentado, sin fermentar

unfertilized /ʌn'fɜːrtlaɪzd || ʌn'fɜːtɪlaɪzd/ *adj* ‹*fields/crops*› no fertilizado, sin fertilizar; ‹*egg*› no fecundado, sin fecundar

unfettered /ʌn'fetərd || ʌn'fetəd/ *adj* (liter) ‹*creativity/fantasies*› sin límites *or* restricciones; **~ by the constraints of ...** libre de las restricciones *or* trabas de ...

unfiltered /ʌn'fɪltərd || ʌn'fɪltəd/ *adj* ‹*water/wine*› no filtrado, sin filtrar; ‹*cigarette*› sin filtro

unfinished /ʌn'fɪnɪʃt/ *adj* **1** (incomplete) sin terminar, inacabado; **the building is still ~** el edificio todavía está sin terminar; **Schubert's U~ Symphony** la Sinfonía Inconclusa de Schubert; **we have some ~ business to deal with** tenemos unos asuntos pendientes que tratar **2** ‹*fabric*› crudo; ‹*furniture/wood*› *sin pulir ni barnizar, lustrar etc*

unfit /ʌn'fɪt/ *adj* **1** (unsuitable): **she is a totally ~ mother** como madre es totalmente inepta *or* incapaz; **he was ~ for the job** no estaba capacitado para el trabajo; **~ for human habitation** inhabitable; **~ for human consumption** no apto para el consumo; **this is ~ for publication** esto no se puede publicar, esto es impublicable; **he's ~ to be a priest** es indigno de ser sacerdote **2** (physically): **you're ~** no estás en forma, estás fuera de forma; **the doctor declared him ~ for work** el médico dictaminó que estaba incapacitado para trabajar; **he was ~ to drive** no estaba en condiciones de manejar *or* (Esp) conducir

unfitness /ʌn'fɪtnəs/ *n* [u] **1** (for job etc) ineptitud *f*, incapacidad *f* **2** (physical) (esp BrE) falta *f* de forma

unfitted /ʌn'fɪtəd || ʌn'fɪtɪd/ *adj* (*after n*) **to be ~ FOR sth** no servir* *or* no estar* hecho PARA algo

unfitting /ʌn'fɪtɪŋ/ *adj* impropio

unflagging /ʌn'flægɪŋ/ *adj* ‹*energy/enthusiasm*› inagotable; ‹*support*› constante; ‹*interest*› sostenido

unflappable /ʌn'flæpəbəl/ *adj* imperturbable; **he's completely ~** es totalmente imperturbable, no se altera por nada

unflattering /ʌn'flætərɪŋ/ *adj* ‹*remark/description*› poco halagüeño; ‹*dress*› poco favorecedor; **this portrait of his brother is very ~** este retrato no le hace justicia para nada a su hermano

unflatteringly /ʌn'flætərɪŋli/ *adv* ‹*describe*› en términos poco halagüeños; **her dress was ~ tight** el vestido le quedaba muy ceñido, lo cual no la favorecía

unflavored, (BrE) **unflavoured** /ʌn'fleɪvərd || ʌn'fleɪvəd/ *adj* sin saborizantes artificiales

unfledged /ʌn'fledʒd/ *adj* ‹*bird*› implume; ‹*artist*› novel, bisoño; ‹*youth*› imberbe

unflinching /ʌn'flɪntʃɪŋ/ *adj* ‹*courage/stoicism*› a toda prueba; ‹*expression*› inmutable; ‹*resolve*› inquebrantable; **he was ~ in his determination to ...** estaba absolutamente resuelto a ...

unflinchingly /ʌn'flɪntʃɪŋli/ *adv* estoicamente

unfocused, unfocussed /ʌn'fəʊkəst/ *adj* ‹*gaze*› perdido, extraviado; ‹*lens/picture*› desenfocado, fuera de foco (AmL); ‹*energy*› no canalizado

unfold /ʌn'fəʊld/ *vt* **1** ‹*tablecloth/map*› desdoblar, extender*; ‹*newspaper*› abrir*; ‹*wings*› desplegar*; ‹*arms*› descruzar*; **he ~ed a coin from his handkerchief** sacó una moneda que tenía envuelta en el pañuelo **2** (reveal) (liter) ‹*secret*› revelar, desvelar, develar (AmL)

■ **unfold** *vi* **1** «*flower/leaf*» abrirse*; «*wings*» desplegarse* **2** (be revealed) «*plot/drama/events*» desarrollarse; «*scene/panorama*» extenderse*, desplegarse*

unforced /ʌn'fɔːrst || ʌn'fɔːst/ *adj* ‹*gaiety/friendliness*› espontáneo, natural; ‹*error*› (Sport) no forzado

unforeseeable /ˌʌnfɔːr'siːəbəl || ˌʌnfɔː'siːəbəl/ *adj* imprevisible

unforeseen /ˌʌnfɔːr'siːn || ˌʌnfɔː'siːn/ *adj* imprevisto

unforgettable /ˌʌnfər'getəbəl || ˌʌnfə'getəbəl/ *adj* inolvidable

unforgettably /ˌʌnfər'getəbli || ˌʌnfə'getəbli/ *adv*: **the visit was ~ pleasant** la visita fue tan agradable que será inolvidable; **she was ~ beautiful** era de una inolvidable belleza, era inolvidablemente bella (liter)

unforgivable /ˌʌnfər'gɪvəbəl || ˌʌnfə'gɪvəbəl/ *adj* imperdonable

unforgivably /ˌʌnfər'gɪvəbli || ˌʌnfə'gɪvəbli/ *adv* ‹*behave*› de manera imperdonable, imperdonablemente

unforgiving /ˌʌnfər'gɪvɪŋ || ˌʌnfə'gɪvɪŋ/ *adj* implacable

unformatted /ʌn'fɔːrmætəd || ʌn'fɔːmætɪd/ *adj* no formateado, sin formatear

unformed /ʌn'fɔːrmd || ʌn'fɔːmd/ *adj* ‹*mass*› informe, amorfo; ‹*plan/idea*› no madurado; ‹*personality*› no formado

unforthcoming /ˌʌnfɔːrθ'kʌmɪŋ || ˌʌnfɔːθ'kʌmɪŋ/ *adj* **1** (reserved) poco comunicativo, reservado; **when asked about his plans, he was very ~** se mostró muy reticente cuando le preguntaron acerca de sus planes **2** (unhelpful) poco dispuesto a ayudar

unfortified /ʌn'fɔːrtəfaɪð || ʌn'fɔːtɪfaɪd/ *adj* no fortificado, sin fortificar

unfortunate[1] /ʌn'fɔːrtʃnət || ʌn'fɔːtʃənət/ *adj* **1** (unlucky) ‹*coincidence*› desafortunado, desventurado (liter); **he has been very ~** ha tenido muy mala suerte; **the ~ girl had all her money stolen** a la pobre chica le robaron todo el dinero; **I was ~ enough to catch a cold** tuve la desgracia *or* la mala suerte de resfriarme; **it was ~ that the weather was so bad** fue una pena que hiciera tan mal tiempo; **an ~ first marriage** un desdichado *or* desgraciado primer matrimonio; **those ~ wretches huddled under bridges** esos pobres desgraciados acurrucados bajo los puentes **2** (unsuitable) ‹*remark*› desafortunado, inoportuno, poco feliz; ‹*moment*› inoportuno; ‹*choice of words*› desacertado, desafortunado, poco feliz; ‹*tendency/habit*› lamentable

unfortunate[2] *n* desgraciado, -da *m,f*

unfortunately /ʌn'fɔːrtʃnətli || ʌn'fɔːtʃənətli/ *adv* **1** (unluckily, regrettably) (*indep*) lamentablemente, desafortunadamente; (stronger) desgraciadamente, por desgracia **2** (inappropriately): **it was ~ worded** estaba expresado de una manera desacertada *or* desafortunada

unfounded /ʌn'faʊndəd || ʌn'faʊndɪd/ *adj* ‹*suspicion/accusation/belief*› infundado

unframed /ʌn'freɪmd/ *adj* sin marco, sin enmarcar

unfreeze /ʌn'friːz/ (*past* **unfroze**; *past p* **unfrozen**) *vt* 1 ‹*pipe*› descongelar 2 ‹*wages/prices*› descongelar; ‹*account*› desbloquear, descongelar
■ **unfreeze** *vi* «*lake/ground*» descongelarse

unfrequented /ˌʌnfriː'kwentəd || ˌʌnfrɪ'kwentɪd/ *adj* poco frecuentado

unfriendliness /ʌn'frendlinəs || ʌn'frendlinɪs/ *n* [u] (of person) antipatía *f*; (of terrain, climate) hostilidad *f*

unfriendly /ʌn'frendli/ *adj* **-lier, -liest** 1 ‹*person*› poco amistoso; (stronger) antipático; ‹*attitude*› desagradable, poco amistoso; **she gave me an ~ stare** me miró con cara de pocos amigos; **we got an ~ reception from the local people** la gente del lugar no nos recibió muy amigablemente; **~ TO** *o* **TOWARD sb: they are ~ to strangers around here** los de fuera no son muy bien recibidos por aquí; **she was very ~ toward them** estuvo muy antipática *or* desagradable con ellos 2 ‹*terrain/climate*› hostil

unfrock /ʌn'frɑːk || ʌn'frɒk/ *vt* (Relig): **he was ~ed** lo apartaron del sacerdocio

unfroze /ʌn'frəʊz/ *past of* **unfreeze**

unfrozen /ʌn'frəʊzn/ *past p of* **unfreeze**

unfruitful /ʌn'fruːtfəl/ *adj* 1 ‹*attempt/meeting/talks*› infructuoso, poco fructífero 2 ‹*soil/womb*› (liter) estéril, yermo (liter)

unfulfilled /ˌʌnfʊl'fɪld/ *adj* 1 (unsatisfied) ‹*need/desire*› insatisfecho; **to feel ~** no sentirse* realizado 2 (unrealized) ‹*ambition/hope*› frustrado; ‹*prophecy*› no cumplido

unfulfilling /ˌʌnfʊl'fɪlɪŋ/ *adj*: **he finds his job ~** no se siente realizado en su trabajo, siente que su trabajo no lo llena

unfunded /ʌn'fʌndəd || ʌn'fʌndɪd/ *adj* no dotado de fondos

unfunny /ʌn'fʌni/ *adj* ‹*remark/joke*› sin nada de gracia; **an extremely ~ practical joke** una broma sin la más mínima gracia *or* sin una pizca de gracia

unfurl /ʌn'fɜːrl || ʌn'fɜːl/ *vt* ‹*sail/banner/wings*› desplegar*; ‹*umbrella*› abrir*
■ **unfurl** *vi* desplegarse*

unfurnished /ʌn'fɜːrnɪʃt || ʌn'fɜːnɪʃt/ *adj* sin amueblar

unfussy /ʌn'fʌsi/ *adj* sencillo

ungainly /ʌn'geɪnli/ *adj* ‹*person*› desgarbado; ‹*movement*› torpe, desgarbado

ungenerous /ʌn'dʒenərəs/ *adj* ‹*reward/tip*› poco generoso; ‹*remark/attitude*› mezquino

ungentlemanly /ʌn'dʒentlmənli/ *adj* impropio de un caballero

un-get-at-able /ˌʌnget'ætəbəl/ *adj* (AmE) inaccesible

unglamorous /ʌn'glæmərəs/ *adj* ‹*person/image*› sin glamour; **it was an ~ job** era un trabajo que no estaba rodeado de glamour

unglazed /ʌn'gleɪzd/ *adj* 1 ‹*pottery*› sin esmaltar 2 ‹*window/door*› sin vidrios *or* (esp Esp) cristales

ungodly /ʌn'gɑːdli || ʌn'gɒdli/ *adj* ‹*person/act/thought*› impío; **at some ~ hour** (hum) a una hora infame (fam)

ungovernable /ʌn'gʌvərnəbəl || ʌn'gʌvənəbəl/ *adj* 1 ‹*country/people*› ingobernable 2 (liter) ‹*temper*› indómito (liter); ‹*rage/passion*› incontrolable, irreprimible, incontenible

ungraceful /ʌn'greɪsfəl/ *adj* sin gracia

ungracious /ʌn'greɪʃəs/ *adj* ‹*person/attitude*› descortés; ‹*apology*› ofrecido de mala gana

ungraciously /ʌn'greɪʃəsli/ *adv* ‹*agree/accept*› de mala gana; **he most ~ refused to come** se negó a venir, lo cual fue muy descortés

ungrammatical /ˌʌngrə'mætɪkəl/ *adj* gramaticalmente incorrecto

ungrammatically /ˌʌngrə'mætɪkli/ *adv* incorrectamente (desde el punto de vista gramatical)

ungrateful /ʌn'greɪtfəl/ *adj* desagradecido, ingrato, malagradecido

ungratefully /ʌn'greɪtfəli/ *adv* con ingratitud, desagradecidamente

ungrounded /ʌn'graʊndəd || ʌn'graʊndɪd/ *adj*
A ‹*suspicion/fear*› sin fundamento
B (Elec) sin toma de tierra
C **ungrounded in** (*pred*) (not instructed in): **he is ~ in mathematics** no tiene base en matemáticas

ungrudging /ʌn'grʌdʒɪŋ/ *adj* ‹*support/assistance*› generoso, desinteresado; ‹*admiration*› sin resquemores; ‹*praise*› sincero

ungrudgingly /ʌn'grʌdʒɪŋli/ *adv* (generously) generosamente, desinteresadamente; (willingly) de buena gana

unguarded /ʌn'gɑːrdəd || ʌn'gɑːdɪd/ *adj* 1 (incautious): **in an ~ moment** en un momento de descuido 2 (open) ‹*support*› sin reservas 3 ‹*entrance/building*› sin vigilancia; ‹*goal*› desprotegido; **don't leave your luggage ~** no deje de vigilar su equipaje, no deje su equipaje desatendido

ungulate[1] /'ʌŋgjələt/ *n* ungulado *m*

ungulate[2] *adj* ungulado

unhallowed /ʌn'hæləʊd/ *adj* no consagrado

unhampered /ʌn'hæmpərd || ʌn'hæmpəd/ *adj* ‹*movement*› libre, sin trabas; **shopping is easier when one is ~ by children** es más fácil hacer las compras sin el estorbo de los niños; **~ by any ethical considerations** sin las trabas *or* restricciones que imponen las consideraciones de orden ético

unhand /ʌn'hænd/ *vt* (arch *or* hum): **~ me, sir!** ¡soltadme, señor! (arc)

unhappily /ʌn'hæpəli || ʌn'hæpɪli/ *adv* 1 (sadly) ‹*sigh*› tristemente, con tristeza 2 (unfortunately) (*indep*) lamentablemente; (stronger) desgraciadamente, por desgracia

unhappiness /ʌn'hæpinəs || ʌn'hæpinɪs/ *n* [u] 1 (lack of happiness) infelicidad *f*; (stronger) desdicha *f*; (sadness) tristeza *f*; **her ~ affected her work** su infelicidad afectaba su trabajo; **it caused me much ~** me disgustó mucho, me dio *or* me produjo mucha tristeza; **there's so much ~ in the world** hay tanto dolor *or* tanta desdicha en el mundo 2 (dissatisfaction) descontento *m*; **there is some ~ among the staff over ...** hay cierto descontento entre el personal acerca de ...

unhappy /ʌn'hæpi/ *adj* **-pier, -piest**
A 1 (sad) ‹*childhood*› infeliz; (stronger) desgraciado, desdichado; **it has an ~ ending** termina mal, tiene un final triste; **he had an ~ marriage** no fue feliz en su matrimonio 2 (worried) (*pred*) **to be ~ ABOUT sth: I was ~ about the children being left alone** me preocupaba *or* inquietaba que los niños se quedaran solos; **I'm ~ about sneaking away like this** no me gusta esto de escabullirme así 3 (discontented) (*pred*) descontento; **if you're ~ here, why don't you leave?** si no estás contento *or* si estás descontento aquí ¿por qué no te vas?; **to be ~ ABOUT sth** no estar* contento CON algo; **to be ~ WITH sth/sb** no estar* contento CON algo/algn
B 1 (inopportune) ‹*remark*› desafortunado, poco feliz, inoportuno; ‹*moment*› inoportuno; ‹*decision*› desafortunado, poco feliz, desacertado 2 (unfortunate) ‹*coincidence/day*› desafortunado, desventurado (liter)

unharmed /ʌn'hɑːrmd || ʌn'hɑːmd/ *adj*: **the vase was ~** el florero quedó intacto; **he escaped ~** salió *or* resultó ileso; **his reputation was ~ by the report** el informe no afectó *or* dañó *or* perjudicó su reputación

unharness /ʌn'hɑːrnəs || ʌn'hɑːnɪs/ *vt* quitarle los arreos a

unhatched /ʌn'hætʃt/ *adj* ‹*chick*› que no ha salido del cascarón; ‹*egg*› en incubación noeclosionado

UNHCR *n* (= **United Nations High Commission for Refugees**) ACNUR *m*

unhealthy /ʌn'helθi/ *adj* **-thier, -thiest** 1 ‹*person*› de mala salud; ‹*pallor*› enfermizo; ‹*climate/conditions*› poco saludable, insalubre, malsano; ‹*food*› malo para la salud; **the engine sounds rather ~** el motor hace un ruido feo 2 (morbid) ‹*interest/curiosity/obsession*› malsano, morboso 3 (dangerous) (colloq) feo (fam); **things got pretty ~** las cosas se pusieron feas (fam)

unheard /ʌn'hɜːrd || ʌn'hɜːd/ *adj*: **her remark went ~** no oyeron su observación; **his warnings went ~** hicieron caso omiso de sus advertencias, desatendieron *or* desoyeron sus advertencias

unheard of /ʌn'hɜːrdɑːv || ʌn'hɜːdɒv/ *adj* insólito; **it's ~ ~ for anyone to win three years running** es insólito *or* es algo sin precedentes que alguien gane tres años seguidos; **it's ~ ~ for an officer to behave like that** es inaudito *or* insólito que un oficial se comporte así; (*before n*): **an unheard-of result** un resultado insólito *or* sin precedentes

unheated /ʌn'hiːtəd || ʌn'hiːtɪd/ *adj* ‹*swimming pool*› no climatizada, no temperada (Chi); ‹*room*› no calefaccionado

unheeded /ʌn'hiːdəd || ʌn'hiːdɪd/ *adj*: **her advice went ~** hicieron caso omiso de sus consejos, desatendieron *or* desoyeron sus consejos

unhelpful /ʌn'helpfəl/ *adj* ‹*assistant/secretary*› poco servicial; **he was most ~** no se mostró nada dispuesto a ayudar; **her comments were ~** sus comentarios no sirvieron de nada; **your attitude is rather ~** tu actitud no ayuda mucho que digamos

unheralded /ʌn'herəldəd || ʌn'herəldɪd/ *adj* no anunciado

unhesitating /ʌn'hezəteɪtɪŋ || ʌn'hezɪteɪtɪŋ/ *adj* ‹*reply*› resuelto, decidido; **his acceptance was ~** aceptó sin vacilar

unhindered /ʌn'hɪndərd || ʌn'hɪndəd/ *adj* ‹*progress*› sin obstáculos *or* trabas; **if we could only get on with our work ~** ojalá nos dejaran trabajar tranquilos; **~ by heavy suitcases** sin el estorbo de maletas pesadas

unhinge /ʌn'hɪndʒ/ *vt* ‹*person*› trastornar, desquiciar; ‹*mind*› trastornar

unhinged /ʌn'hɪndʒd/ *adj* (colloq) trastornado, deschavetado (Andes, Méx, Ven fam)

unhitch /ʌn'hɪtʃ/ *vt* ‹*horse/trailer*› desenganchar

unholy /ʌn'həʊli/ *adj* **-lier, -liest** 1 (wicked) (liter) ‹*desire/thought*› impuro, pecaminoso; ‹*place*› profano; ‹*alliance/union*› nefasto 2 (dreadful) (colloq) ‹*noise/row*› de mil demonios (fam); **at an ~ hour** a una hora infame

unhook /ʌn'hʊk/ *vt* 1 ‹*curtains/picture*› descolgar* 2 (unfasten) ‹*dress*› desabrochar

unhoped-for /ʌn'həʊptfɔːr || ʌn'həʊptfɔː(r)/ *adj* inesperado, inopinado

unhorse /ʌn'hɔːrs || ʌn'hɔːs/ *vt* derribar

unhurried /ʌn'hɜːrid || ʌn'hʌrid/ *adj* ‹*steps/movement*› pausado, lento; ‹*meal*› reposado, sin prisas; ‹*existence*› apacible, tranquilo

unhurriedly /ʌn'hɜːridli || ʌn'hʌridli/ *adv* ‹*move/speak*› pausadamente; ‹*eat/stroll*› sin prisas, tranquilamente

unhurt /ʌn'hɜːrt || ʌn'hɜːt/ *adj* ileso; **to escape ~** salir* *or* resultar ileso

unhygienic /ˌʌnhaɪ'dʒiːnɪk/ *adj* antihigiénico

unhyphenated /ʌn'haɪfəneɪtəd || ʌn'haɪfəneɪtɪd/ *adj* sin guión

uni- /'juːni/ *pref* uni-; **~cameral** unicameral

UNICE *n* (EU) (= **Union of Industrial and Employers' Confederations of Europe**) UNICE *f*

UNICEF /'juːnɪsef/ *n* (*no art*) (= **United Nations International Children's Emergency Fund**) UNICEF *m or f*

unicellular /ˌjuːnɪ'seljələr || ˌjuːnɪ'seljʊlə(r)/ *adj* unicelular

unicorn /'juːnəkɔːrn || 'juːnɪkɔːn/ *n* unicornio *m*

unicycle /'juːnəˌsaɪkəl || 'juːnɪˌsaɪkəl/ *n* monociclo *m*

unidentifiable /ˌʌnaɪ'dentəfaɪəbəl || ʌnaɪ'dentɪfaɪəbəl/ *adj* 1 ‹*corpse/remains*› imposible de identificar 2 ‹*taste/smell*› indefinible, indeterminado

unidentified /ˌʌnaɪ'dentəfaɪd || ˌʌnaɪ'dentɪfaɪd/ *adj* no identificado; **~ flying object** objeto *m* volador *or* (Esp) volante no identificado, ovni *m*

u

unidirectional /ˌjuːnɪdəˈrekʃənl, ˌjuːnɪdaɪ- || ˌjuːnɪdarˈrekʃənl, ˌjuːnɪdɪ-/ *adj* unidireccional

unification /ˌjuːnəfəˈkeɪʃən || ˌjuːnɪfɪˈkeɪʃən/ *n* [u] unificación *f*

Unification Church *n* Iglesia *f* de la Unificación

uniform¹ /ˈjuːnəfɔːrm || ˈjuːnɪfɔːm/ *n* [1] uniforme *m*; **(full) dress ~** uniforme de gala; **to be in ~** ir* de uniforme, estar* uniformado; (to be in the army) vestir* uniforme [2] (AmE colloq) (policeman) policía *mf* (de uniforme)

uniform² *adj* ‹*shape/color/length*› uniforme; ‹*temperature/speed*› constante; ‹*attitudes/behavior*› homogéneo

uniformed /ˈjuːnəfɔːrmd || ˈjuːnɪfɔːmd/ *adj* uniformado

uniformity /ˌjuːnəˈfɔːrməti || ˌjuːnɪˈfɔːməti/ *n* [u] (of shape, color, standards) uniformidad *f*; (of speed) constancia *f*; (of attitudes, behavior) homogeneidad *f*; **the dull ~ of his life** la monotonía de su vida

uniformly /ˈjuːnəfɔːrmli || ˈjuːnɪfɔːmli/ *adv* ‹*dressed/painted*› de modo uniforme, uniformemente; **the restaurants in the area are ~ bad** los restaurantes de la zona son todos igual de malos *or* igualmente malos

unify /ˈjuːnəfaɪ || ˈjuːnɪfaɪ/ *vt* **-fies, -fying, -fied** [1] (unite) ‹*country/people*› unir [2] (make uniform) ‹*method/procedure*› unificar*

unilateral /ˌjuːnɪˈlætərəl/ *adj* ‹*decision/measure*› unilateral; ‹*disarmament*› unilateral; ‹*obligation/contract*› unilateral

unilaterally /ˌjuːnɪˈlætərəli/ *adv* unilateralmente

unilingual /ˌjuːnɪˈlɪŋgwəl/ *adj* monolingüe

unimaginable /ˌʌnəˈmædʒənəbəl || ˌʌnɪˈmædʒɪnəbəl/ *adj* inimaginable

unimaginably /ˌʌnəˈmædʒənəbli || ˌʌnɪˈmædʒɪnəbli/ *adv* inconcebiblemente

unimaginative /ˌʌnəˈmædʒənətɪv || ˌʌnɪˈmædʒɪnətɪv/ *adj* ‹*person*› poco imaginativo, sin imaginación; ‹*story/design*› falto de imaginación

unimaginatively /ˌʌnəˈmædʒənətɪvli || ˌʌnɪˈmædʒɪnətɪvli/ *adv* con poca imaginación

unimpaired /ˌʌnɪmˈperd || ˌʌnɪmˈpeəd/ *adj*: **his mind is ~** mentalmente está perfecto; **the quality is ~** la calidad no se ve afectada; **he has ~ vision** ve perfectamente bien, su vista no se ha deteriorado en lo más mínimo

unimpeachable /ˌʌnɪmˈpiːtʃəbəl/ *adj* ‹*conduct/character*› intachable, impecable, irreprochable; ‹*evidence*› irrefutable; ‹*source*› fidedigno; ‹*witness*› sin tacha; **~ proof** plena prueba *f*

unimpeded /ˌʌnɪmˈpiːdəd || ˌʌnɪmˈpiːdɪd/ *adj* libre de obstáculos *or* trabas

unimportant /ˌʌnɪmˈpɔːrtnt || ˌʌnɪmˈpɔːtnt/ *adj* ‹*matter/detail*› sin importancia; **it seemed ~** no parecía importante, no parecía tener importancia

unimpressed /ˌʌnɪmˈprest/ *adj*: **what do you think of his performance? — I'm ~** ¿qué te parece su actuación? — nada del otro mundo; **I was ~ by her explanation** su explicación me resultó muy poco convincente; **customers will be ~ by this** esto no les va a causar buena impresión a los clientes

unimpressive /ˌʌnɪmˈpresɪv/ *adj* ‹*person*› insignificante, del montón (fam); ‹*performance*› mediocre; **the results were pretty ~** los resultados no fueron nada espectaculares

unincorporated /ˌʌnɪnˈkɔːrpəreɪtəd || ˌʌnɪnˈkɔːpəreɪtɪd/ *adj* [1] (Busn) ‹*company/association*› no constituido (*en sociedad de capital*) [2] ‹*territory/area*› (AmE) no incorporado

uninflected /ˌʌnɪnˈflektəd || ˌʌnɪnˈflektɪd/ *adj* [1] ‹*word/language*› sin inflexiones, no flexivo [2] ‹*voice/tone*› sin inflexiones

uninformative /ˌʌnɪnˈfɔːrmətɪv || ˌʌnɪnˈfɔːmətɪv/ *adj* ‹*report/statement*› poco informativo; **he was very ~** aportó muy poca información

uninformed /ˌʌnɪnˈfɔːrmd || ˌʌnɪnˈfɔːmd/ *adj* ‹*opinion/guess*› sin fundamento; **an ~ layman** un profano en la materia; **an ~ reader might think that ...** un lector que no tuviera conocimientos del tema podría pensar que ...; **for a diplomat he seems to be very ~** para ser diplomático no parece estar muy al tanto *or* al corriente de las cosas; **~ ABOUT sth: we were kept ~ about the situation** no se nos informó de la situación, no se nos puso al tanto *or* al corriente de la situación; **she was ~ about what was going on in the country** no estaba al tanto *or* al corriente de lo que estaba pasando en el país

uninhabitable /ˌʌnɪnˈhæbətəbəl || ˌʌnɪnˈhæbɪtəbəl/ *adj* inhabitable

uninhabited /ˌʌnɪnˈhæbətəd || ˌʌnɪnˈhæbɪtɪd/ *adj* ‹*house*› deshabitado; ‹*region/island*› despoblado

uninhibited /ˌʌnɪnˈhɪbətəd || ˌʌnɪnˈhɪbɪtɪd/ *adj* ‹*person/behavior*› desinhibido, sin inhibiciones, desenfadado; ‹*enthusiasm*› desbordante

uninitiated¹ /ˌʌnɪˈnɪʃieɪtəd || ˌʌnɪˈnɪʃieɪtɪd/ *adj* ‹*member/novice*› no iniciado

uninitiated² *pl n*: **the ~** los no iniciados

uninjured /ʌnˈɪndʒərd || ʌnˈɪndʒəd/ *adj* ileso

uninspired /ˌʌnɪnˈspaɪrd || ˌʌnɪnˈspaɪəd/ *adj* poco inspirado; **I'm totally ~ today** hoy no estoy nada inspirado *or* no estoy en vena

uninspiring /ˌʌnɪnˈspaɪrɪŋ || ˌʌnɪnˈspaɪərɪŋ/ *adj* ‹*company*› poco estimulante; ‹*menu/subject*› aburrido; ‹*scenery*› monótono

uninstal¹, (BrE) **uninstall** /ˌʌnɪnˈstɔːl/ *n* desinstalación *f*

uninstal², (BrE) **uninstall** *vt* desinstalar

uninsulated /ʌnˈɪnsəleɪtəd || ʌnˈɪnsjʊleɪtɪd/ *adj* sin aislamiento, no aislado

uninsurable /ˌʌnɪnˈʃʊrəbəl || ˌʌnɪnˈʃʊərəbəl, -ˈʃɔːr-/ *adj* no asegurable

uninsured /ˌʌnɪnˈʃʊrd || ˌʌnɪnˈʃʊəd, -ˈʃɔːd-/ *adj* no asegurado

unintelligent /ˌʌnɪnˈtelədʒənt || ˌʌnɪnˈtelɪdʒənt/ *adj* poco inteligente

unintelligible /ˌʌnɪnˈtelədʒəbəl || ˌʌnɪnˈtelɪdʒəbəl/ *adj* ininteligible, incomprensible

unintelligibly /ˌʌnɪnˈtelədʒəbli || ˌʌnɪnˈtelɪdʒəbli/ *adv* de un modo ininteligible *or* incomprensible

unintended /ˌʌnɪnˈtendəd || ˌʌnɪnˈtendɪd/ *adj* ‹*consequences/effects*› no buscado, no planeado; ‹*pun*› no deliberado

unintentional /ˌʌnɪnˈtentʃnəl || ˌʌnɪnˈtenʃənl/ *adj* ‹*oversight/mistake*› involuntario, no deliberado

unintentionally /ˌʌnɪnˈtentʃnəli || ˌʌnɪnˈtenʃnəli/ *adv* ‹*hurt/hear*› involuntariamente, sin querer; **the dialogue is ~ funny** el diálogo resulta cómico sin que ellos se lo propongan

uninterested /ʌnˈɪntrəstəd || ʌnˈɪntrestɪd/ *adj* ‹*audience/person*› indiferente; **~ IN sth: she was totally ~ in my work** no demostró ningún interés en mi trabajo; **he's not ~ in politics** la política no le es indiferente

uninteresting /ʌnˈɪntrəstɪŋ/ *adj* ‹*topic*› sin interés; ‹*person/outcome*› poco interesante

uninterrupted /ˌʌnɪntəˈrʌptəd || ˌʌnɪntəˈrʌptɪd/ *adj* [1] (undisturbed) ininterrumpido, sin interrupción [2] (continuous) constante, incesante

uninvited /ˌʌnɪnˈvaɪtəd || ˌʌnɪnˈvaɪtɪd/ *adj*: **they came ~** vinieron sin que nadie los invitara

uninviting /ˌʌnɪnˈvaɪtɪŋ/ *adj* ‹*appearance*› poco atractivo; ‹*room*› poco acogedor; ‹*prospect*› poco halagüeño; ‹*food*› poco apetitoso

union /ˈjuːnjən/ *n*

A [u c] (act, state) unión *f*

B **the Union** (the United States) los Estados Unidos; (in Civil War) la Unión; **the State of the U~ message** el informe presidencial (sobre el estado de la nación)

C [c] (Lab Rel) sindicato *m*, gremio *m* (CS, Per); (*before n*) ‹*official/movement*› sindical, gremial (CS); **~ card** carné *m* de afiliado; **~ member** sindicalista *mf*; **~ membership** afiliación *f* sindical *or* a un sindicato

D [c] (at college, university — society) asociación *f* or federación *f* de estudiantes; (— building) *centro estudiantil en el campus*

E [c] (marriage, relationship) (frml) unión *f*

F [c] (connecting part) unión *f*

union-bashing /ˈjuːnjənˌbæʃɪŋ/ *n* [u] (colloq) antisindicalismo

union catalog, (BrE) **union catalogue** *n* catálogo *m* colectivo

Union Flag *n* bandera *f* del Reino Unido

unionism /ˈjuːnjənɪzəm/ *n* [u]

A **Unionism** unionismo *m*

B (Lab Rel) sindicalismo *m*

unionist /ˈjuːnjənəst || ˈjuːnjənɪst/ *n*

A **Unionist** (Pol) (in UK, US) unionista *mf*

B (Lab Rel) sindicalista *mf*

unionization /ˌjuːnjənəˈzeɪʃən || ˌjuːnjənaɪˈzeɪʃən/ *n* [u] sindicalización *f* (esp AmL), sindicación *f* (esp Esp)

unionize /ˈjuːnjənaɪz/ *vt* sindicalizar* (esp AmL), sindicar* (esp Esp)

■ **unionize** *vi* sindicalizarse* (esp AmL), sindicarse* (esp Esp)

Union Jack *n* bandera *f* del Reino Unido

> **Union Jack** *o* **Union Flag**
>
> El nombre que recibe la bandera del Reino Unido. Está formada por las cruces de San Jorge (*St George*), patrono de Inglaterra, de San Andrés (*St Andrew*), patrono de Escocia, y de San Patricio (*St Patrick*), patrono de Irlanda. Gales y su patrono San David no están representados en ella.

Union of Industrial and Employers' Confederations of Europe *n* (EU) Unión *f* de Industrias de la Comunidad Europea

Union of Soviet Socialist Republics *n* (Hist): **the ~ ~ ~ ~ ~** la Unión de Repúblicas Socialistas Soviéticas

unique /jʊˈniːk/ *adj* [1] (sole) (*no comp*) ‹*specimen/example/collection*› único; **~ TO sb/sth: plants ~ to this region** plantas que sólo se dan *or* que se dan exclusivamente en esta región; **a characteristic ~ to man** una característica que les es exclusiva a los seres humanos [2] (unparalleled) (*no comp*) único, excepcional [3] (unusual) (crit) especial, extraordinario

uniquely /jʊˈniːkli/ *adv* ‹*gifted/suited*› excepcionalmente

uniqueness /jʊˈniːknəs || juːˈniːknɪs/ *n* [u] singularidad *f*

unique selling point *n* (Busn)

A (feature) punto *m* único de venta

B (offer) proposición *f* única de venta

unisex /ˈjuːnəseks || ˈjuːnɪseks/ *adj* unisex *adj inv*

unison /ˈjuːnəsən || ˈjuːnɪsən/ *n* [u]: **to play/sing in ~** tocar*/cantar al unísono; **to act in ~** obrar de forma conjunta *or* al unísono; **our views are in ~ with theirs** nuestras opiniones concuerdan con las suyas

UNISON *n* (*no art*) (in UK) *sindicato general de empleados*

unit /ˈjuːnət || ˈjuːnɪt/ *n*

A [1] (item) (Busn) unidad *f*; **the plant manufactures 10,000 ~s a month** la planta produce 10.000 unidades al mes; (*before n*) ‹*cost/price*› por unidad, unitario [2] (part, machine) (Elec, Mech Eng) unidad *f*; **generator ~** grupo *m* electrógeno [3] (of furniture) módulo *m*; **kitchen ~s** módulos de cocina; (*before n*): **~ furniture** muebles *mpl* modulares *or* de módulos [4] (building): **office ~s to rent** se alquilan oficinas; **multi-family ~** grupo *m* habitacional

B [1] (group) unidad *f*; **tank/cavalry ~** unidad blindada/de caballería *f*; **the family ~** el núcleo *or* grupo familiar, la familia [2] (department) servicio *m*, centro *m*; **the central coordinating ~** la central coordinadora

C [1] (Math) unidad *f*; **tens and ~s** unidades y decenas [2] (of measurement) unidad *f*; **a ~ of currency/area** una unidad monetaria/de superficie [3] (dose) dosis *f*

D (Educ) [1] (credit) *hora de trabajo académico que*

U

cuenta para la obtención de un título 2 (in course) módulo *m*, unidad *f*

UNITA /juː'niːtə/ *n* (in Angola) (*no art*) UNITA

Unitarian[1] /ˌjuːnə'teriən ‖ ˌjuːnɪ'teəriən/ *adj* (Relig) unitario; **the ~ church** la Iglesia Unitaria

Unitarian[2] *n* unitario, -ria *m,f*, miembro *mf* de la Iglesia Unitaria

Unitarianism /ˌjuːnə'teriənɪzəm ‖ ˌjuːnɪ'teəriənɪzəm/ *n* [u] unitarismo *m*

unitary /'juːnəteri ‖ 'juːnɪtri/ *adj* unitario; **a ~ state/government** un estado/gobierno unitario

unite /jʊ'naɪt ‖ juː'naɪt/ *vt* unir; **that is what ~s us with our European allies** esto es lo que nos une a nuestros aliados europeos

■ **unite** *vi* unirse; **the waters of the two rivers ~** las aguas de los dos ríos confluyen; **workers of the world, ~** trabajadores del mundo entero, uníos; **they ~d in condemning the attack** expresaron conjuntamente su repulsa del ataque

united /jʊ'naɪtəd ‖ juː'naɪtɪd/ *adj* ‹*group/family*› unido; **we are more ~ than ever** estamos más unidos que nunca; **we are ~ on that point** en ese punto estamos de acuerdo; **to present a ~ front** presentar un frente unido; **they are ~ in their grief/joy** los une el dolor/la alegría; **~ we stand, divided we fall** (set phrase) unidos venceremos (fr hecha)

United Arab Emirates *pl n*: **the ~ ~ ~** los Emiratos Árabes Unidos

United Kingdom *n*: **the ~ ~** el Reino Unido (*Gran Bretaña e Irlanda del Norte*)

> **United Kingdom**
>
> El Reino Unido de Gran Bretaña e Irlanda del Norte (*United Kingdom of Great Britain and Northern Ireland*) comprende Inglaterra, Escocia, Gales e Irlanda del Norte. Es miembro de la ▸**Commonwealth** y de la Unión Europea.

United Nations (Organization) *n* (+ *sing or pl vb*) (la Organización de) las Naciones Unidas; (*before n*): **the ~ ~ Security Council** el Consejo de Seguridad de las Naciones Unidas

United States *n* (*usu + sing vb*): **the ~ ~** los Estados Unidos; (*before n*) ‹*citizen/forces*› estadounidense, (norte)americano, de los Estados Unidos

United States of America *n* (frml) (*usu + sing vb*): **the ~ ~ ~ ~** los Estados Unidos de América (frml)

unit trust *n* (BrE) (Fin) fondo *m* de inversión mobiliaria, SICAV *f*

unity /'juːnəti/ *n* (*pl* **-ties**) 1 [u] (agreement) unidad *f*; **it endangered the national/party ~** hizo peligrar la unidad nacional/del partido; **~ is strength** la unión hace la fuerza 2 [u c] (wholeness, oneness) unidad *f*; **the three unities** (Theat) las tres unidades 3 [u] (Math) unidad *f*

univalve[1] /'juːnɪvælv/ *n* univalvo *m*

univalve[2] *adj* univalvo

universal[1] /ˌjuːnə'vɜːrsəl ‖ ˌjuːnɪ'vɜːsəl/ *adj* 1 (general) general; **the measure was greeted with ~ condemnation** la medida fue condenada unánimemente; **this practise is becoming ~ among doctors** esta práctica se está generalizando entre los médicos; **~ proposition** (Phil) proposición *f* universal 2 (worldwide) ‹*peace/law/language*› universal 3 (all-purpose, versatile) ‹*adaptor*› universal; ‹*motor/television receiver*› universal; **a ~ remedy** una panacea (universal); **~ joint** *o* **coupling** junta *f* (universal) cardán

universal[2] *n* universal *m*

universal donor *n* donante *mf* universal

universality /ˌjuːnəvɜːr'sæləti ‖ juːnɪvɜː'sæləti/ *n* [u] universalidad *f*

universalize /ˌjuːnə'vɜːrsəlaɪz ‖ juːnɪ'vɜːsəlaɪz/ *vt* universalizar*, generalizar*

universally /ˌjuːnə'vɜːrsəli ‖ ˌjuːnɪ'vɜːsəli/ *adv* ‹*known/admired*› mundialmente, universalmente; ‹*applicable/suitable*› para todo; **credit cards are ~ acceptable** las tarjetas de crédito se aceptan en todas partes

universe /'juːnəvɜːrs ‖ 'juːnɪvɜːs/ *n* 1 (Astron): **the ~** el universo 2 (world) universo *m*

university /ˌjuːnə'vɜːrsəti ‖ ˌjuːnɪ'vɜːsəti/ *n* [c u] (*pl* **-ties**) (Educ) universidad *f*; **she goes to the ~** (AmE) *o* (BrE) **to ~** va a la universidad; **she is at the ~** (AmE) *o* (BrE) **at ~** está en la universidad; **she left (the) ~ in 1980** terminó la carrera en 1980; **the ~ of life** la escuela de la vida; (*before n*) ‹*library*› de la universidad; ‹*town/life/education/degree*› universitario; **~ entrance** ingreso *m* a la universidad; **~ student** (estudiante *mf*) universitario, -ria *m,f*

unjust /ʌn'dʒʌst/ *adj* ‹*person/criticism/law*› injusto; **to be ~ TO sb** ser* injusto CON algn

unjustifiable /ʌn'dʒʌstəfaɪəbəl ‖ ʌn'dʒʌstɪfaɪəbəl/ *adj* injustificable

unjustifiably /ʌn'dʒʌstəfaɪəbli ‖ ʌn'dʒʌstɪfaɪəbli/ *adv* injustificadamente

unjustified /ʌn'dʒʌstəfaɪd ‖ ʌn'dʒʌstɪfaɪd/ *adj* ‹*suspicion/optimism/criticism*› injustificado; (Print) no justificado, no alineado

unjustly /ʌn'dʒʌstli/ *adv* injustamente; **he was ~ imprisoned/accused** lo encarcelaron/acusaron injustamente

unkempt /ʌn'kempt/ *adj* (frml) ‹*appearance*› descuidado, desarreglado; ‹*hair*› despeinado

unkind /ʌn'kaɪnd/ *adj* **-er, -est** 1 (unpleasant) poco amable; (cruel) cruel, malo; **an ~ thought** un mal pensamiento; **that was very ~ of you** eso fue muy poco amable de tu parte; **~ remarks** comentarios *mpl* hirientes; **I never heard her say an ~ word** nunca la oí hacer un comentario desagradable; **that was a very ~ thing to say to her** fue una crueldad decirle eso, fue muy poco caritativo decirle eso; **it would be ~ to let him suffer** sería cruel dejarlo sufrir; **to be ~ TO sb** tratar mal a algn; **detergent is very ~ to your hands** los detergentes estropean mucho las manos 2 ‹*climate/weather*› inclemente

unkindly /ʌn'kaɪndli/ *adv* ‹*treat*› mal, con poca amabilidad; (cruelly) cruelmente; **don't take it ~, but ...** no te lo tomes a mal, pero ...; **I didn't mean it ~** no lo dije con mala intención

unkindness /ʌn'kaɪndnəs ‖ ʌn'kaɪndnɪs/ *n* 1 [c] (unkind act): **to do sb an ~** portarse mal con algn 2 [u] (lack of kindness) falta *f* de amabilidad; (cruelty) crueldad *f*

unknot /ʌn'nɑːt ‖ ʌn'nɒt/ *vt* **-tt-** ‹*rope/string*› desanudar; ‹*hair*› desenredar

unknowable /ʌn'nəʊəbəl/ *adj* (frml) incognoscible (frml)

unknowing /ʌn'nəʊɪŋ/ *adj*: **he was an ~ accomplice** era cómplice sin saberlo; **meanwhile she, all ~, was awaiting ...** mientras tanto ella, sin saber nada *or* sin tener conciencia de lo que pasaba, esperaba ...

unknowingly /ʌn'nəʊɪŋli/ *adv*: **I ~ let the secret out** sin darme cuenta revelé el secreto; **I ~ insulted/hurt her** sin saberlo la insulté/le hice daño

unknown[1] /ʌn'nəʊn/ *adj* 1 (not known) ‹*surroundings/destination*› desconocido; ‹*country*› desconocido, ignoto (frml); **her whereabouts are ~** se desconoce su paradero; **the true story was ~ until recently** la verdad se desconocía hasta hace poco; **the U~ Soldier** el soldado desconocido; **it is virtually ~ for anyone to refuse** prácticamente nunca se niega nadie; **~ TO sb: that was ~ to me** eso no lo sabía; **facts ~ to most of us** hechos que la mayoría de nosotros desconocíamos 2 (not famous) ‹*writer/play/singer*› desconocido; **she was completely ~ a year ago** hace un año era una total desconocida

unknown[2] *n* 1 [u] (phenomenon, experience): **the ~** lo desconocido; **a journey into the ~** un viaje a lo desconocido 2 [c] (Math) incógnita *f* 3 [c] (person) desconocido, -da *m,f*

unknown[3] *adv*: **~ to her** sin ella saberlo, sin que ella lo supiera

unlace /ʌn'leɪs/ *vt* desatar, desamarrar (AmL exc RPl)

unladen /ʌn'leɪdn/ *adj* vacío, sin carga; **~ weight** (Transp) tara *f*

unladylike /ʌn'leɪdilaɪk/ *adj* impropio de una dama (*or* señorita *etc*)

unlamented /ˌʌnlə'mentəd ‖ ˌʌnlə'mentɪd/ *adj* no llorado, no lamentado; **her death was ~** nadie lloró *or* lamentó su muerte, su muerte no fue llorada *or* lamentada

unlatch /ʌn'lætʃ/ *vt* descorrer el pestillo de

unlawful /ʌn'lɔːfəl/ *adj* ‹*conduct/activity*› ilegal; ‹*possession/association*› ilícito; **~ entry** allanamiento *m* de morada, violación *f* de domicilio (CS, Ven); **~ killing** cuasidelito *m* de homicidio

unlawfully /ʌn'lɔːfəli/ *adv* ‹*behave/act*› ilegalmente; ‹*possess/associate*› ilícitamente

unleaded /ʌn'ledəd ‖ ʌn'ledɪd/ *adj* sin plomo

unlearn /ʌn'lɜːrn ‖ ʌn'lɜːn/ *vt* (*past & past p* **unlearned** *or* BrE also **unlearnt**) olvidar, desaprender

unleash /ʌn'liːʃ/ *vt* ‹*dog*› soltar*, desatar; ‹*anger/fury/imagination*› dar(le)* rienda suelta a; ‹*war*› desencadenar; **the violence ~ed on the demonstrators** la violencia que desataron sobre los manifestantes

unleavened /ʌn'levənd/ *adj* ‹*bread*› ázimo, sin levadura

unless /ʌn'les ən-/ *conj* a no ser que (+ *subj*), a menos que (+ *subj*); **we won't go ~ the weather's good** no iremos a no ser que *or* a menos que haga buen tiempo; **~ I'm very much mistaken** si no estoy muy equivocada, a menos que *or* a no ser que esté muy equivocada

unlettered /ʌn'letərd ‖ ʌn'letəd/ *adj* (frml) iletrado (frml), inculto

unliberated /ʌn'lɪbəreɪtəd ‖ ʌn'lɪbəreɪtɪd/ *adj* no liberado

unlicensed /ʌn'laɪsnst/ *adj* ‹*dog*› sin patente; ‹*casino*› no autorizado, ilegal; **she's ~ to practice medicine** no está habilitada para ejercer la medicina; **~ restaurant** *restaurante sin permiso para expender bebidas alcohólicas*

unlike[1] /ʌn'laɪk/ *prep* 1 (not similar to) diferente *or* distinto de; **totally ~ his earlier works** completamente diferente *or* distinto de sus obras anteriores; **you're ~ me in that respect** en eso no te pareces a mí; **it's ~ any other food I have eaten** no se parece a nada que haya comido antes 2 (untypical of): **how ~ you to forget my birthday!** ¡qué raro que se te haya olvidado mi cumpleaños!; **it's ~ you to be so optimistic** tú no sueles ser tan optimista, es raro en ti ser tan optimista; **she's been rather ~ herself lately** últimamente está muy cambiada 3 (in contrast to) a diferencia de; **~ Paul/the rest of the family** a diferencia de Paul/del resto de la familia; **~ me, my brother is very clever** mi hermano es muy inteligente, en cambio yo no *or* (fam) no como yo

unlike[2] *adj* (dissimilar) diferente, distinto

unlikeable /ʌn'laɪkəbəl/ *adj* poco agradable

unlikelihood /ʌn'laɪklihʊd/, **unlikeliness** /ʌn'laɪklinəs/ *n* [u] improbabilidad *f*

unlikely /ʌn'laɪkli/ *adj* **-lier, liest** 1 (improbable) ‹*outcome/victory*› improbable, poco probable; **that is highly** *o* **most ~** eso es muy poco probable; **it's ~ to cost more than $50** es difícil *or* poco probable que cueste más de 50 dólares; **he's ~ to win** tiene pocas probabilidades de ganar; **they're ~ to agree** es poco probable que acepten; **in the ~ event that I win the race** en el caso improbable de que ganara la carrera 2 (far-fetched) ‹*story/explanation*› inverosímil, increíble; **that sounds highly ~** eso me parece totalmente inverosímil 3 (odd, unexpected) insólito; **he was given the ~ name of Horatio** le pusieron el insólito nombre de Horacio; **they make an ~ couple** forman una extraña pareja, son una pareja dispareja (AmL)

unlimited /ʌn'lɪmətəd ‖ ʌn'lɪmɪtɪd/ *adj* 1 (not restricted) ‹*money/supply/powers*› ilimitado; **12 months ~ mileage warranty** 12 meses de garantía con kilometraje ilimitado 2 (Busn) ‹*partnership/liability*› ilimitado

u

unlined /ʌn'laɪnd/ *adj* 1 ‹*paper*› sin pautar; ‹*skin/forehead*› sin arrugas 2 ‹*dress/jacket*› sin forro

unlisted /ʌn'lɪstəd || ʌn'lɪstɪd/ *adj* 1 ‹*name/items*› no incluido en la lista; ‹*securities/company*› (Fin) no cotizado en bolsa; ‹*number*› (AmE) (Telec) no incluido en la guía, privado (Méx); **he's ~** (colloq) su número de teléfono no figura en la guía *or* (Méx) es privado 2 ‹*building*› (Archit, Govt) (in UK) *no catalogado como de interés histórico o arquitectónico*

unlit /ʌn'lɪt/ *adj* ‹*road*› sin luz, sin alumbrado; ‹*room*› sin luz, sin iluminación; ‹*lamp/candle*› apagado, no encendido; **the room was ~** la habitación estaba a oscuras

unlived-in /ʌn'lɪvd,ɪn/ *adj* ‹*house*› sin habitar; ‹*room*› sin ocupar

unload /ʌn'ləʊd/ *vt* 1 ‹*ship/cargo*› descargar* 2 (get rid of) (colloq) ‹*shares/goods/stolen goods*› deshacerse* de; **to ~ sth ON sb** endosarle *or* encajarle algo A algn (fam) 3 (AmE) descargar*

■ **unload** *vi* «*ship/truck*» descargar*

unlock /ʌn'lɑːk || ʌn'lɒk/ *vt* abrir* (*algo que está cerrado con llave*); **she left the door ~ed** no cerró la puerta con llave; **to ~ sb's heart** (liter) ganarse el corazón de algn (liter); **to ~ the secrets of the universe** (liter) desentrañar los secretos del universo (liter)

■ **unlock** *vi*: **this door won't ~** esta puerta no se puede abrir

unlooked-for /ʌn'lʊktfɔːr || ʌn'lʊktfɔː(r)/ *adj* inesperado, imprevisto

unloose /ʌn'luːs/ *vt* 1 (liter) ‹*prisoner*› liberar 2 ‹*knot*› (loosen) soltar*, aflojar; (undo) desatar, deshacer*; **he ~d his belt** se aflojó el cinturón

unloosen /ʌn'luːsən/ *vt* ‹*knot/laces*› aflojar; **he ~ed his tie** se aflojó la corbata

unlovable /ʌn'lʌvəbəl/ *adj* antipático, que no se hace querer

unloved /ʌn'lʌvd/ *adj*: **he feels ~** siente que nadie lo quiere

unlovely /ʌn'lʌvli/ *adj* **-lier, -liest** feo, nada bonito

unloving /ʌn'lʌvɪŋ/ *adj* ‹*person/child/parent*› poco cariñoso *or* afectuoso; ‹*home*› falto de afecto *or* cariño, sin amor

unluckily /ʌn'lʌkəli || ʌn'lʌkɪli/ *adv* 1 (*indep*) desgraciadamente, lamentablemente 2 (without luck) sin suerte

unlucky /ʌn'lʌki/ *adj* **unluckier, unluckiest** 1 (unfortunate) ‹*person*› sin suerte, desafortunado; ‹*day*› funesto, de mala suerte; **to be ~** tener* mala suerte; **I was ~ enough to bump into her** tuve la mala suerte de encontrármela; **we were very ~ with the weather** tuvimos muy mala suerte con el tiempo 2 (bringing bad luck) ‹*omen*› funesto, nefasto; ‹*object*› que trae mala suerte; **wearing green is ~** vestir de verde trae mala suerte; **I was born under an ~ star** nací con mala estrella; **4 is my ~ number** el 4 me trae mala suerte; **this house is ~** esta casa trae mala suerte

unmade /ʌn'meɪd/ *adj* ‹*bed*› sin hacer, destendido (AmL)

unman /ʌn'mæn/ *vt* **-nn-** (liter) amedrentar (liter), acobardar

unmanageable /ʌn'mænɪdʒəbəl/ *adj* ‹*child/horse/class*› rebelde, difícil de controlar; ‹*hair*› rebelde; **all this data would be ~ without a computer** tantos datos no podrían manejarse sin una computadora; **the stairs are becoming ~ for him** le cuesta cada vez más subir las escaleras

unmanly /ʌn'mænli/ *adj* ‹*conduct/attitude*› impropio de un hombre, poco viril; **he thinks ballet is ~** cree que el ballet no es cosa de hombres

unmanned /ʌn'mænd/ *adj* 1 (needing no crew) ‹*vehicle/rocket*› sin tripulación; ‹*spaceflight/aircraft*› no tripulado 2 (Mil) (not attended) desguarnecido; **this machine can be left ~ for up to an hour** esta máquina puede funcionar hasta una hora sin supervisión

unmannerly /ʌn'mænərli || ʌn'mænəli/ *adj* (frml) descortés

unmarked /ʌn'mɑːrkt || ʌn'mɑːkt/ *adj*
A 1 (without identification) ‹*banknotes*› sin marcar; ‹*grave*› sin nombre; **~ car** coche *m* particular (*utilizado por la policía*), coche *m* K *or* camuflado (Esp) 2 (without stains, marks) sin marcas; **a face ~ by age** una cara por la que no han pasado los años
B (BrE) (Sport) desmarcado
C (uncorrected) ‹*papers/exams*› sin corregir, sin calificar
D (unnoticed) (liter): **to go ~** pasar desapercibido
E (Ling) ‹*form*› no marcado

unmarketable /ʌn'mɑːrkətəbəl || ʌn'mɑːkɪtəbəl/ *adj* invendible

unmarriageable /ʌn'mærɪdʒəbəl/ *adj* incasable

unmarried /ʌn'mærid/ *adj* soltero; **an ~ mother** una madre soltera; **they are ~** no están casados; **she wants to stay ~** no quiere casarse

unmask /ʌn'mæsk || ʌn'mɑːsk/ *vt* ‹*criminal/treachery/plot*› desenmascarar, descubrir*

unmatched /ʌn'mætʃt/ *adj* inigualable, incomparable, sin par (liter); **a production ~ in recent years** una puesta en escena que no se ha igualado en los últimos años

unmeasurable /ʌn'meʒərəbəl/ *adj* inmenso, inmensurable (liter)

unmemorable /ʌn'memərəbəl/ *adj* poco memorable

unmentionable /ʌn'mentʃnəbəl || ʌn'menʃənəbəl/ *adj* inmencionable, innombrable, tabú *adj inv*; **his name is ~ in some circles** su nombre no se puede pronunciar *or* mencionar en ciertos círculos, su nombre es tabú en ciertos círculos

unmentionables /ʌn'mentʃnəbəls || ʌn'menʃənəbəlz/ *n* (hum) prendas *fpl* íntimas

unmercifully /ʌn'mɜːrsɪfəli || ʌn'mɜːsɪfəli/ *adv* despiadadamente, sin piedad

unmerited /ʌn'merətəd || ʌn'merɪtɪd/ *adj* (frml) ‹*award/praise/criticism*› inmerecido

unmet /ʌn'met/ *adj* insatisfecho

unmetalled /ʌn'metld/ *adj* (BrE) sin pavimentar *or* asfaltar

unmindful /ʌn'maɪndfəl/ *adj* (liter) (*pred*) **to be ~ OF sth** hacer* caso omiso DE algo; **~ of the warning, she ...** haciendo caso omiso de la advertencia, ...

unmissable /ʌn'mɪsəbəl/ *adj* 1 (not to be missed) ‹*show/movie*› que no se puede perder, que hay que ver 2 (impossible to mistake) ‹*relevance/significance*› inconfundible, inequívoco; ‹*target*› seguro

unmistakable /,ʌnmə'steɪkəbəl || ,ʌnmɪ'steɪkəbəl/ *adj* ‹*voice/smell/style*› inconfundible; ‹*proof/evidence*› inequívoco

unmistakably /,ʌnmə'steɪkəbli || ,ʌnmɪ'steɪkəbli/ *adv* ‹*show/demonstrate*› inequívocamente, sin dejar lugar a dudas; **the man in the photo was ~ my father** indudablemente *or* sin lugar a dudas el hombre de la foto era mi padre; **his accent was ~ German** tenía un acento alemán inconfundible

unmitigated /ʌn'mɪtəgeɪtəd || ʌn'mɪtɪgeɪtɪd/ *adj* absoluto; **two weeks of ~ tedium** dos semanas del tedio más absoluto; **it was an ~ failure** fue un fracaso rotundo *or* absoluto *or* total; **the book was ~ rubbish** el libro era pura bazofia

unmodernized /ʌn'mɑːdərnaɪzd || ʌn'mɒdənaɪzd/ *adj* sin modernizar

unmodified /ʌn'mɑːdəfaɪd || ʌn'mɒdɪfaɪd/ *adj* sin modificar

unmolested /,ʌnmə'lestəd || ,ʌnmə'lestɪd/ *adj* sin problemas, con tranquilidad

unmotivated /ʌn'məʊtəveɪtəd || ʌn'məʊtɪveɪtɪd/ *adj* 1 ‹*attack/murder*› sin motivo 2 (lacking drive) sin motivación, falto de entusiasmo *or* interés

unmoved /ʌn'muːvd/ *adj*: **she was ~ by their tears/reasons** sus lágrimas/razones no la conmovieron; **his playing left them ~** su interpretación los dejó fríos *or* indiferentes; **how can you be *or* remain ~ by such a tragedy?** ¿cómo puede dejarte indiferente una tragedia así?, ¿cómo puedes quedarte impasible frente a una tragedia así?

unmusical /ʌn'mjuːzɪkəl/ *adj* 1 ‹*person/family*› poco musical; **I'm completely ~** soy negado para la música 2 ‹*sound*› inarmónico, poco melodioso

unnamed /ʌn'neɪmd/ *adj* no identificado

unnatural /ʌn'nætʃrəl/ *adj* 1 (not normal, unusual) poco natural *or* normal; **it is ~ for a child to be so quiet** no es natural *or* normal que un niño sea tan callado; **his reaction is not ~ in the circumstances** su reacción es natural dadas las circunstancias 2 (awkward, affected) ‹*acting/smile*› poco natural, forzado 3 (depraved, against nature) (frml) ‹*lust/perversion/love*› antinatural 4 ‹*mother*› desnaturalizado

unnaturally /ʌn'nætʃrəli/ *adv* ‹*behave/speak*› de manera poco natural; ‹*swollen*› anormalmente; **the house was ~ quiet** el silencio que reinaba en la casa no era natural; **not ~, I refused** (*indep*) naturalmente *or* lógicamente *or* como es natural, me negué

unnecessarily /,ʌnnesə'serəli || ,ʌnnesə'serɪli, ,ʌn'nesəserɪli/ *adv* ‹*rude/cruel/aggressive*› innecesariamente; **they fought/died ~** lucharon/murieron innecesariamente *or* inútilmente *or* en vano; **you spoke ~ harshly to her** no había necesidad de que le hablaras con tanta dureza; **you're getting ~ worried about it** te estás preocupando innecesariamente *or* sin necesidad

unnecessary /ʌn'nesəseri || ʌn'nesəsəri/ *adj* 1 (not required) (*pred*) innecesario; **an apology is quite ~** no tienes por qué disculparte; **it was ~ to buy a ticket** no hacía falta *or* no había necesidad de comprar una entrada 2 (superfluous, avoidable) ‹*expense/complication/suffering*› innecesario; **~ details** detalles superfluos; **don't put yourself to ~ trouble** no te molestes demasiado; **slamming the door was quite ~** no hacía falta *or* no había por qué dar un portazo; **they made me feel ~** hicieron que me sintiera de más

unneighborly, (BrE) **unneighbourly** /ʌn'neɪbərli || ʌn'neɪbəli/ *adj* ‹*behavior/attitude/act*› poco sociable, impropio de un buen vecino; ‹*person*› poco sociable, insociable

unnerve /ʌn'nɜːrv || ʌn'nɜːv/ *vt* poner* nervioso, hacer* sentir incómodo, turbar (liter)

unnerving /ʌn'nɜːrvɪŋ || ʌn'nɜːvɪŋ/ *adj* ‹*situation/stare*› desconcertante, que pone nervioso; **she finds speaking in public ~** no se siente cómoda hablando en público

unnoticeable /ʌn'nəʊtəsəbəl || ʌn'nəʊtɪsəbəl/ *adj*: **an ~ change** un cambio que pasa desapercibido *or* que no se nota; **the first signs of skin cancer are almost ~** los primeros signos de cáncer a la piel casi pasan desapercibidos *or* no se notan

unnoticed /ʌn'nəʊtəst || ʌn'nəʊtɪst/ *adj* (*pred*): **to go ~** pasar desapercibido *or* inadvertido; **your absence didn't go ~** tu ausencia no pasó desapercibida *or* inadvertida; **the film went ~** la película pasó desapercibida; **she came into the room ~ by the others** entró en la habitación sin que los demás se dieran cuenta

unnumbered /ʌn'nʌmbərd || ʌn'nʌmbəd/ *adj* 1 (without a number) ‹*page*› sin numerar 2 (countless) (liter) innumerable

UNO *n* = **United Nations Organization** ONU *f*

unobjectionable /,ʌnəb'dʒekʃnəbəl || ,ʌnəb'dʒekʃənəbəl/ *adj* inobjetable

unobliging /,ʌnə'blaɪdʒɪŋ/ *adj* poco atento, poco servicial, poco acomedido (Chi, Méx, Per)

unobservant /,ʌnəb'zɜːrvənt || ,ʌnəb'zɜːvənt/ *adj* poco observador; **how ~ of you!** ¡qué poco observador eres!

unobserved /,ʌnəb'zɜːrvd || ,ʌnəb'zɜːvd/ *adj*: **to pass ~** pasar desapercibido *or* inadvertido; **she made sure she was ~** se aseguró de que nadie la estuviera observando

unobstructed /,ʌnəb'strʌktəd || ,ʌnəb'strʌktɪd/ *adj* ‹*access/passage*› libre, despejado;

we had an ~ view of the sea teníamos una vista panorámica del mar

unobtainable /ˌʌnəbˈteɪnəbəl/ *adj* imposible de conseguir; **the number is ~** (BrE) (Telec) el número está desconectado

unobtrusive /ˌʌnəbˈtruːsɪv/ *adj* discreto

unobtrusively /ˌʌnəbˈtruːsɪvli/ *adv* discretamente

unoccupied /ʌnˈɑːkjəpaɪd || ʌnˈɒkjʊpaɪd/ *adj* **1** ‹*person/mind*› desocupado **2** ‹*seat/room/toilet*› desocupado, libre; ‹*house*› deshabitado, desocupado **3** (Mil) ‹*territory/zone*› no ocupado

unofficial /ˌʌnəˈfɪʃəl/ *adj* ‹*meeting/member/report*› no oficial, extraoficial; ‹*strike*› no oficial; ‹*result/announcement*› no oficial, oficioso; **speaking in an ~ capacity** hablando extraoficialmente *or* con carácter no oficial; **it's still ~, but you've won the award** aún no es oficial, pero has ganado el premio

unofficially /ˌʌnəˈfɪʃəli/ *adv* extraoficialmente; **I can tell you ~ that …** puedo decirle extraoficialmente que …

unopened /ʌnˈəʊpənd/ *adj* sin abrir

unopposed /ˌʌnəˈpəʊzd/ *adj* sin oposición; **the motion was passed ~** la moción se aprobó sin oposición *or* por unanimidad; **she was elected ~** (Pol) fue elegida sin oposición; **these proposals will not go ~** estas propuestas encontrarán resistencia

unorganized /ʌnˈɔːrgənaɪzd || ʌnˈɔːgənaɪzd/ *adj* **1** (disorganized) ‹*person*› desorganizado; **everything's so ~ in this office** en esta oficina todo está muy desorganizado *or* mal organizado **2** ‹*labor/workers*› no sindicalizado (esp AmL) *or* (esp Esp) no sindicado

unoriginal /ˌʌnəˈrɪdʒənl/ *adj* poco original, sin originalidad

unorthodox /ʌnˈɔːrθədɑːks || ʌnˈɔːθədɒks/ *adj* ‹*approach/suggestion/theory*› poco ortodoxo; **he's rather ~ in his dress** es poco convencional en su forma de vestir

unostentatious /ˌʌnɑːstenˈteɪʃəs || ˌʌnɒstenˈteɪʃəs/ *adj* poco ostentoso; **an ~ life style** un estilo de vida poco ostentoso

unpack /ʌnˈpæk/ *vt* **1** ‹*bags/briefcase*› sacar* las cosas de, desempacar* (AmL); ‹*suitcase*› deshacer*, desempacar* (AmL); ‹*object*› sacar* de la maleta (*or* caja *etc*) **2** (Comput) descomprimir

■ **unpack** *vi* deshacer* las maletas, desempacar* (AmL)

unpaid /ʌnˈpeɪd/ *adj* **1** ‹*work/volunteer*› no retribuido, no remunerado; ‹*leave*› sin sueldo; **I'm sick of doing ~ overtime** estoy harta de hacer horas extras sin que me paguen **2** ‹*debt*› pendiente, no liquidado; **the invoice is still ~** la factura todavía está por cobrar/por pagar

unpalatable /ʌnˈpælətəbəl/ *adj* **1** ‹*food/drink*› de sabor desagradable **2** ‹*fact/idea/truth*› desagradable, difícil de digerir *or* aceptar

unparalleled /ʌnˈpærəleld/ *adj* ‹*success/achievement*› sin paralelo, sin precedentes, sin parangón; ‹*failure/disaster*› sin precedentes; ‹*greatness/beauty*› incomparable, sin igual, sin par (liter); **our hotel boasts ~ views** nuestro hotel disfruta de unas vistas incomparables

unpardonable /ʌnˈpɑːrdnəbəl || ʌnˈpɑːdnəbəl/ *adj* inexcusable, imperdonable

unparliamentary /ˌʌnpɑːrləˈmentəri || ˌʌnˌpɑːləˈmentri/ *adj* ‹*behavior/language*› impropio de un parlamentario

unpasteurized /ʌnˈpæstʃəraɪzd || ʌnˈpɑːstʃəraɪzd/ *adj* no pasteurizado, sin pasteurizar

unpatriotic /ˌʌnpeɪtriˈɑːtɪk || ˌʌnpætriˈɒtɪk, -peɪ-/ *adj* ‹*act*› antipatriótico; ‹*person*› poco patriota

unpaved /ʌnˈpeɪvd/ *adj* ‹*path/area*› sin pavimentar; ‹*road*› sin pavimentar *or* asfaltar

unpeeled /ʌnˈpiːld/ *adj* sin pelar

unperturbed /ˌʌnpərˈtɜːrbd || ˌʌnpəˈtɜːbd/ *adj* impasible, impertérrito; **he was ~ by their hostility** se quedó impasible *or* impertérrito ante su hostilidad, su hostilidad no hizo mella en él; **she carried on ~** siguió sin inmutarse

unpick /ʌnˈpɪk/ *vt* ‹*hem/dress*› descoser; ‹*seam*› deshacer*

unpin /ʌnˈpɪn/ *vt* **-nn-** ‹*dress*› quitarle los alfileres a; ‹*hair*› quitarse las horquillas de

unplaced /ʌnˈpleɪst/ *adj* ‹*runner/rider*› no clasificado; ‹*horse*› no colocado

unplanned /ʌnˈplænd/ *adj* ‹*visit/expenditure*› imprevisto; ‹*pregnancy*› no planeado; **the trip was ~** fue un viaje imprevisto, el viaje no estaba planeado

unplayable /ʌnˈpleɪəbəl/ *adj* **1** ‹*play/part*› irrepresentable; **this Concerto is almost ~** este concierto es prácticamente imposible de tocar *or* ejecutar **2** ‹*ball/shot*› imposible de jugar; ‹*pitch/ground*› en malas condiciones para el juego **3** ‹*record/tape*› estropeado

unpleasant /ʌnˈpleznt/ *adj* ‹*remark/surprise/taste*› desagradable; ‹*person*› desagradable, antipático; (rude) grosero; **he was most ~** estuvo de lo más desagradable *or* antipático; (rude) estuvo de lo más grosero; **he has the ~ habit of …** tiene la mala *or* desagradable costumbre de …

unpleasantly /ʌnˈplezntli/ *adv* ‹*speak/grin/stare*› de manera desagradable; **it was ~ hot** hacía un calor desagradable; **I became ~ aware of somebody watching me** tuve la desagradable sensación de que alguien me vigilaba

unpleasantness /ʌnˈplezntnəs || ʌnˈpleztnɪs/ *n* [u] (of person) carácter *m* desagradable; (on a particular occasion) actitud *f* desagradable; **the ~ of the experience** lo desagradable de la experiencia; **there was no need for all that ~** no había ninguna necesidad de crear una situación tan desagradable *or* violenta

unplug /ʌnˈplʌg/ *vt* **-gg-** **1** ‹*television/lamp*› desenchufar, desconectar **2** ‹*sink/drain*› desatascar*, destapar (AmL)

unplugged[1] /ʌnˈplʌgd/ *adj* **1** ‹*electrical appliance*› sin enchufar **2** ‹*rock music*› sin amplificación (eléctrica), desenchufado (fam)

unplugged[2] *adv* sin amplificación eléctrica, desenchufado (fam)

unplumbed /ʌnˈplʌmd/ *adj* (liter) ‹*mystery/depths*› insondable (liter)

unpoetic /ˌʌnpəʊˈetɪk/ *adj* poco poético

unpolished /ʌnˈpɑːlɪʃt || ʌnˈpɒlɪʃt/ *adj* **1** ‹*floor*› sin encerar; ‹*shoes*› sin abrillantar, sin lustrar (esp AmL); ‹*silver*› sin bruñir; ‹*gem*› sin pulir; ‹*rice*› integral, sin descascarillar **2** (not perfected) ‹*performance*› poco pulido; ‹*person/manners*› poco pulido *or* refinado

unpolluted /ˌʌnpəˈluːtəd || ˌʌnpəˈluːtɪd/ *adj* no contaminado

unpopular /ʌnˈpɑːpjələr || ʌnˈpɒpjʊlə(r)/ *adj* ‹*decision/idea*› impopular; ‹*sport*› poco popular; ‹*area*› que gusta poco (a la gente); **as a child I was always ~** de pequeño nunca tuve muchos amigos; **to make oneself ~** «*politician*» hacerse* impopular; **she's made herself very ~ among her staff** se ha granjeado la antipatía del personal; **I made myself very ~ by turning off the TV** me hice odiar apagándoles la televisión; **to be ~ WITH sb**: **the product was ~ with consumers** el producto no tuvo éxito *or* no fue muy bien recibido entre los consumidores; **he is ~ with everybody** le cae muy mal a todo el mundo

unpopularity /ˌʌnpɑːpjəˈlærəti || ˌʌnpɒpjʊˈlærəti/ *n* [u] impopularidad *f*; **~ WITH sb**: **his ~ with the press/the miners** su impopularidad entre la gente de la prensa/los mineros

unpopulated /ʌnˈpɑːpjəleɪtəd || ʌnˈpɒpjʊleɪtɪd/ *adj* deshabitado, desierto

unpractical /ʌnˈpræktɪkəl/ *adj* poco práctico

unpracticed, (BrE) **unpractised** /ʌnˈpræktəst || ʌnˈpræktɪst/ *adj* inexperto; **I'm an ~ hand at this game** no tengo práctica en este juego

unprecedented /ʌnˈpresədentəd || ʌnˈpresɪdentɪd/ *adj* ‹*success/hostility*› sin precedentes; ‹*decision/verdict*› inaudito

unpredictability /ˌʌnprɪdɪktəˈbɪləti/ *n* (of reaction, of the weather) lo imprevisible; **his ~** lo imprevisible de sus reacciones

unpredictable /ˌʌnprɪˈdɪktəbəl/ *adj* ‹*result/weather*› imprevisible; **she's very ~** nunca se sabe cómo va a reaccionar; **voters have proved ~ in the past** el electorado ha actuado de forma imprevisible en ocasiones anteriores; **the service is ~ in bad weather** cuando hace mal tiempo no puedes fiarte del servicio

unpredictably /ˌʌnprɪˈdɪktəbli/ *adv* ‹*react*› de manera imprevisible; **~, he got up and left** (*indep*) cuando menos me lo esperaba (*or* nos lo esperábamos *etc*), se levantó y se fue

unprejudiced /ʌnˈpredʒədəst || ʌnˈpredʒʊdɪst/ *adj* **1** (impartial) objetivo, imparcial **2** (not bigoted) sin prejuicios

unpremeditated /ˌʌnpriːˈmedəteɪtəd || ˌʌnpriːˈmedɪteɪtɪd/ *adj* no premeditado, sin premeditación

unprepared /ˌʌnprɪˈperd || ˌʌnprɪˈpeəd/ *adj* **1** (not ready) (*pred*) **to be ~ (FOR sth)** no estar* preparado (PARA algo); **I was ~ for the exam** no estaba preparado para el examen **2** (not expecting) (*pred*) **to be ~ FOR sth** no esperar algo; **he was ~ for her reaction** no esperaba que fuera a reaccionar así, su reacción lo agarró *or* (esp Esp) cogió desprevenido **3** ‹*speech/lesson/performance*› improvisado

unprepossessing /ˌʌnpriːpəˈzesɪŋ/ *adj* ‹*appearance*› poco atractivo

unpresentable /ˌʌnprɪˈzentəbəl/ *adj* impresentable

unpressurized /ʌnˈpreʃəraɪzd/ *adj* ‹*cabin/aircraft*› no presurizado; ‹*life style*› sin presiones

unpretentious /ˌʌnprɪˈtentʃəs || ˌʌnprɪˈtenʃəs/ *adj* ‹*person/restaurant/style/novel*› sin pretensiones; **she has a very ~ manner** es una mujer muy sencilla

unpretentiously /ˌʌnprɪˈtentʃəsli || ˌʌnprɪˈtenʃəsli/ *adv* con sencillez, sin pretensiones

unpriced /ʌnˈpraɪst/ *adj* sin marcar

unprincipled /ʌnˈprɪnsəpəld/ *adj* sin escrúpulos *or* principios, carente de escrúpulos *or* principios (frml)

unprintable /ʌnˈprɪntəbəl/ *adj* ‹*reply/letter*› impublicable; ‹*comment*› irrepetible; **my opinion of him is ~!** ¡mejor ni digo lo que pienso de él!

unproblematic /ˌʌnprɑːbləˈmætɪk || ˌʌnprɒbləˈmætɪk/ *adj* ‹*education/childhood*› no problemático; **the proposal seemed ~** la propuesta parecía no acarrear problemas

unprocessed /ʌnˈprɑːsest || ʌnˈprəʊsest/ *adj* no procesado, sin procesar

unproductive /ˌʌnprəˈdʌktɪv/ *adj* ‹*capital/business/mine*› improductivo; ‹*discussion/meeting/effort*› infructuoso, que no conduce a nada

unprofessional /ˌʌnprəˈfeʃnəl || ˌʌnprəˈfeʃənl/ *adj* ‹*conduct/attitude*› poco profesional, contrario a la ética profesional

unprofitable /ʌnˈprɑːfətəbəl || ʌnˈprɒfɪtəbəl/ *adj* ‹*business*› no rentable, que no produce (beneficios); ‹*meeting*› infructuoso, inútil

unpromising /ʌnˈprɑːməsɪŋ || ʌnˈprɒmɪsɪŋ/ *adj* poco prometedor

unprompted /ʌnˈprɑːmptəd || ʌnˈprɒmptɪd/ *adj* **1** (spontaneous) ‹*gesture/offer*› espontáneo; **he did it ~** lo hizo (de) motu proprio **2** (without help) ‹*reply*› sin ayuda (de nadie)

unpronounceable /ˌʌnprəˈnaʊnsəbəl/ *adj* impronunciable

unprotected /ˌʌnprəˈtektəd || ˌʌnprəˈtektɪd/ *adj* sin protección; **their faces were ~** llevaban la cara sin proteger *or* sin protección; **it would leave the country ~ in time of war** dejaría al país indefenso *or* desprotegido *or* sin protección en tiempo de guerra; **~ sex** relaciones *fpl* sexuales sin el uso de profilácticos (frml)

unprovable /ʌnˈpruːvəbəl/ *adj* no demostrable

unproven /ʌnˈpruːvən/ *adj* ‹*theory*› (que está) por demostrar *or* probar; ‹*courage/ability*› aún no demostrado; ‹*system*› que aún no se ha puesto a prueba; **the case against him remains ~** los cargos en su contra aún no han sido probados

u

unprovided-for /ˌʌnprəˈvaɪdədfɔːr || ˌʌnprəˈvaɪdɪdfɔː(r)/ *adj (pred)*: **to leave sb ~** dejar a algn desamparado *or* sin medios de subsistencia

unprovoked /ˌʌnprəˈvəʊkt/ *adj* no provocado

unpublicized /ʌnˈpʌbləsaɪzd || ʌnˈpʌblɪsaɪzd/ *adj* no publicitado

unpublishable /ʌnˈpʌblɪʃəbəl/ *adj* impublicable

unpublished /ʌnˈpʌblɪʃt/ *adj* ‹*diary/manuscript/information*› inédito, no publicado; **an ~ poet** un poeta que aún no ha (sido) publicado

unpunctual /ʌnˈpʌŋktʃuəl || ʌnˈpʌŋktjʊəl, -tʃʊəl/ *adj* impuntual, poco puntual

unpunished /ʌnˈpʌnɪʃt/ *adj*: **to go ~** «*person*» quedar sin castigo; «*crime*» quedar impune *or* sin castigo

unputdownable /ˌʌnpʊtˈdaʊnəbəl/ *adj* (colloq) que no se puede parar de leer

unqualified /ʌnˈkwɑːləfaɪd || ʌnˈkwɒlɪfaɪd/ *adj*

A (complete, total) ‹*approval/agreement*› incondicional, sin restricciones; ‹*fool/liar*› redomado; ‹*disaster*› absoluto; **the campaign was an ~ success/failure** la campaña fue un éxito/fracaso rotundo; **she received ~ praise for her work** no recibió nada más que elogios por su trabajo

B (without qualifications) ‹*teacher/nurse/accountant*› sin titulación *or* título, no titulado; ‹*staff*› no calificado *or* (Esp) cualificado; **I feel ~ to speak on that subject** no me siento con autoridad *or* no soy quién para hablar de ese tema

unquenchable /ʌnˈkwentʃəbəl/ *adj* insaciable

unquestionable /ʌnˈkwestʃənəbəl/ *adj* **1** (beyond doubt) ‹*sincerity/loyalty*› incuestionable, innegable **2** (incontestable) ‹*ruling/judgment*› inapelable; ‹*authority*› indiscutible; ‹*evidence*› irrefutable, incuestionable

unquestionably /ˈʌnˈkwestʃənəbli/ *adv* **1** incuestionablemente, indudablemente, sin lugar a dudas **2** (*indep*) sin lugar a dudas

unquestioned /ʌnˈkwestʃənd/ *adj* **1** (beyond doubt) ‹*loyalty/honesty/respectability*› incuestionable, innegable **2** (unchallenged): **their authority is absolute and ~** su autoridad es absoluta y no se cuestiona; **the decision did not go ~** la decisión fue cuestionada

unquestioning /ʌnˈkwestʃənɪŋ/ *adj* ‹*obedience/faith*› ciego; ‹*loyalty*› incondicional, ciego

unquestioningly /ʌnˈkwestʃənɪŋli/ *adv* ciegamente, incondicionalmente

unquiet /ʌnˈkwaɪət/ *adj* (liter) **1** ‹*times/decade/reign*› turbulento **2** ‹*mind*› intranquilo; ‹*sleep*› agitado, intranquilo

unquote /ˈʌnkwəʊt/ *interj see* **quote**[3]

unquoted /ʌnˈkwəʊtəd || ʌnˈkwəʊtɪd/ *adj* (Fin) que no cotiza en Bolsa

unravel /ʌnˈrævəl/ BrE **-ll-** *vt* **1** ‹*threads/string*› desenredar, desenmarañar; ‹*knitting*› deshacer*; ‹*fabric*› deshilachar **2** ‹*mystery*› desentrañar, aclarar

■ **unravel** *vi* **1** «*wool/sweater*» deshacerse*; «*fabric*» deshilacharse **2** «*mystery*» resolverse*, aclararse

unreachable /ʌnˈriːtʃəbəl/ *adj* **1** (unable to be reached) fuera del alcance **2** (not contactable) no localizable

unread /ʌnˈred/ *adj* no leído; **the letters remain ~** las cartas siguen sin leerse

unreadable /ʌnˈriːdəbəl/ *adj* **1** ‹*handwriting/manuscript*› ilegible **2** ‹*novel/prose/author*› muy difícil de leer

unreadiness /ʌnˈredinəs || ʌnˈredinɪs/ *n* [u] desprevención *f*, falta *f* de preparación

unready /ʌnˈredi/ *adj* (*usu pred*) **to be ~ to + INF** no estar* preparado PARA + INF; **they were ~ for the invasion** la invasión los halló desprevenidos, no estaban preparados para la invasión

unreal /ʌnˈriːl, ʌnˈrɪl || ʌnˈriːl, ʌnˈrɪəl/ *adj* irreal; **the plot is so ~** el argumento es tan inverosímil; **what a party! ~!** (colloq) ¡qué fiesta! ¡fue algo increíble!

unrealistic /ˌʌnriːəˈlɪstɪk || ˌʌnriəˈlɪstɪk/ *adj* ‹*expectations/target/description*› poco realista; **it's ~ to expect that** no es realista esperar eso

unrealistically /ˌʌnriːəˈlɪstɪkli || ˌʌnriəˈlɪstɪkli/ *adv*: **their expectations are ~ high** son muy poco realistas en sus expectativas

unreality /ˌʌnriˈæləti/ *n* [u] irrealidad *f*; **a feeling of ~** una sensación de irrealidad

unrealizable /ˌʌnriːəˈlaɪzəbəl/ *adj* irrealizable

unrealized /ʌnˈriːəlaɪzd || ʌnˈrɪəlaɪzd/ *adj* **1** (unfulfilled) ‹*potential/talent*› sin explotar; ‹*ambition/dream*› que no se ha realizado *or* cumplido; **our hopes were to remain ~** nuestras esperanzas no se harían realidad **2** (Fin) ‹*profit*› no realizado

unreason /ʌnˈriːzən/ *n* [u] (liter) sinrazón *f*

unreasonable /ʌnˈriːznəbəl/ *adj* ‹*person/conduct/attitude*› poco razonable, irrazonable; ‹*demand/price*› excesivo, poco razonable; **you're being totally ~** tu actitud es muy poco razonable; **her terms are not ~** sus condiciones son bastante razonables; **it is ~ to expect so much** es poco razonable esperar tanto

unreasonableness /ʌnˈriːznəbəlnəs || ʌnˈriːznəblnɪs/ *n* [u] lo poco razonable, lo irrazonable

unreasonably /ʌnˈriːznəbli/ *adv* **1** (excessively) ‹*expensive/strict*› excesivamente, injustificadamente **2** (wrongly, irrationally) ‹*behave/react*› de manera poco razonable; **have I treated you ~?** ¿he sido (yo) injusta contigo?; **they claim, quite ~ in my view, that ...** sostienen, y en mi opinión injustificadamente *or* sin razón, que ...

unreasoning /ʌnˈriːznɪŋ/ *adj* irracional

unreceptive /ˌʌnrɪˈseptɪv/ *adj* poco receptivo

unreciprocated /ˌʌnrɪˈsɪprəkeɪtəd || ˌʌnrɪˈsɪprekeɪtɪd/ *adj* no correspondido; **his feelings for her were ~** sus sentimientos por ella no eran correspondidos

unrecognizable /ʌnˈrekəgnaɪzəbəl/ *adj* irreconocible

unrecognized /ʌnˈrekəgnaɪzd/ *adj* **1** (not identified) ‹*signature/danger*› no identificado; **he escaped ~** escapó sin ser reconocido **2** (unacknowledged) ‹*achievement/talent/claim*› no reconocido; **his genius went ~** no se reconoció su talento, su talento no obtuvo reconocimiento

unreconstructed /ˌʌnriːkənˈstrʌktəd || ˌʌnriːkənˈstrʌktɪd/ *adj* (*before n*) recalcitrante

unrecorded /ˌʌnrɪˈkɔːrdəd || ˌʌnrɪˈkɔːdɪd/ *adj* **1** (not registered): **many similar cases went ~** hubo muchos casos parecidos de los cuales no quedó constancia; **Wilde's reply is ~** no ha quedado constancia de la respuesta de Wilde **2** ‹*music*› no grabado

unredeemed /ˌʌnrɪˈdiːmd/ *adj* **1** (unmitigated) ‹*ugliness/squalor*› absoluto; **the dismal landscape was ~ by any pleasing feature** nada atenuaba *or* redimía lo desolado del paisaje **2** (not paid, cashed) ‹*pledge/bond*› no redimido **3** (Relig) irredento

unreel /ʌnˈriːl/ *vt* desenrollar

unrefined /ˌʌnrɪˈfaɪnd/ *adj* ‹*flour/sugar*› sin refinar, no refinado; ‹*gold/ore*› en estado bruto; ‹*person/manners/accent*› poco refinado *or* pulido; **~ oil** crudo *m*

unreflecting /ˌʌnrɪˈflektɪŋ/ *adj* ‹*character/response*› irreflexivo; **one brief, ~ moment** un breve momento de irreflexión

unrefrigerated /ˌʌnrɪˈfrɪdʒəreɪtəd || ˌʌnrɪˈfrɪdʒəreɪtɪd/ *adj* ‹*food*› no refrigerado, sin refrigerar; ‹*shelf*› no refrigerado; ‹*vehicle*› sin refrigeración

unregarded /ˌʌnrɪˈgɑːrdəd || ˌʌnrɪˈgɑːdɪd/ *adj* inadvertido

unregenerate /ˌʌnrɪˈdʒenərət/ *adj* (liter) ‹*sinner/romantic/fan*› impenitente

unregistered /ʌnˈredʒəstərd || ʌnˈredʒɪstəd/ *adj* ‹*company/firearm/land*› no registrado; ‹*birth*› no registrado, no inscrito; ‹*vehicle*› no matriculado; ‹*childminder*› no registrado; ‹*letter*› no certificado

unregulated /ʌnˈregjəleɪtəd || ʌnˈregjʊleɪtɪd/ *adj* **1** (undisciplined) desordenado; **a dissolute, ~ way of life** una vida disoluta y desordenada **2** ‹*competition/growth*› libre

unrehearsed /ˌʌnrɪˈhɜːrst || ˌʌnrɪˈhɜːst/ *adj* **1** (unprepared) no ensayado; **we had to do the last act ~** tuvimos que hacer el último acto sin haberlo ensayado (antes) **2** (spontaneous) improvisado

unrelated /ˌʌnrɪˈleɪtəd || ˌʌnrɪˈleɪtɪd/ *adj* ‹*facts/events*› no relacionados (entre sí); **the police believe the incidents are ~** la policía cree que los incidentes no están relacionados (entre sí); **to be ~ TO sth** no guardar (ninguna) relación CON algo

unrelenting /ˌʌnrɪˈlentɪŋ/ *adj* ‹*pursuit/opposition*› implacable; **the wind/pain was ~** el viento/dolor era constante; **the ~ heat** el implacable calor

unreliability /ˌʌnrɪlaɪəˈbɪləti/ *n* [u] (of person) informalidad *f*; (of information) lo poco fidedigno; (of weather) lo inestable; (of machine) lo poco fiable

unreliable /ˌʌnrɪˈlaɪəbəl/ *adj* ‹*person*› informal; ‹*information*› poco fidedigno; ‹*weather*› variable, inestable; **she's so ~** no se puede contar con ella, es muy informal; **her memory is growing ~** le falla la memoria cada vez más; **my car/watch is ~** de mi coche/reloj no te puedes fiar

unrelieved /ˌʌnrɪˈliːvd/ *adj* ‹*boredom/monotony/gloom*› total, absoluto; ‹*suffering*› continuo, sin tregua; **a blank wall ~ by any decorative features** un muro liso desprovisto de toda decoración

unremarkable /ˌʌnrɪˈmɑːrkəbəl || ˌʌnrɪˈmɑːkəbəl/ *adj* ‹*appearance*› común y corriente, que no llama la atención; ‹*life/book*› poco interesante

unremarked /ˌʌnrɪˈmɑːrkt || ˌʌnrɪˈmɑːkt/ *adj*: **to go ~** pasar desapercibido *or* inadvertido

unremitting /ˌʌnrɪˈmɪtɪŋ/ *adj* (frml) ‹*hostility/struggle*› sin tregua; ‹*effort*› infatigable; ‹*devotion*› absoluto, total

unremittingly /ˌʌnrɪˈmɪtɪŋli/ *adv* incansablemente, sin tregua

unremunerative /ˌʌnrɪˈmjuːnərətɪv/ *adj* poco lucrativo

unrepeatable /ˌʌnrɪˈpiːtəbəl/ *adj*

A (verbally shocking) irrepetible, que no puede repetirse

B (occurring only once) ‹*offer/success*› irrepetible

unrepentant /ˌʌnrɪˈpentnt/ *adj* ‹*sinner/supporter*› impenitente; **to be ~ (ABOUT sth)** no arrepentirse* (DE algo); **he remains ~ about his decision** no se arrepiente de haber tomado esa decisión

unreported /ˌʌnrɪˈpɔːrtəd || ˌʌnrɪˈpɔːtɪd/ *adj* ‹*crime*› no denunciado; **many cases go ~** muchos casos no se ponen en conocimiento de las autoridades *or* no se denuncian; **the incident was** *o* **went ~ in yesterday's paper** no se informó del incidente en el periódico de ayer

unrepresentative /ˌʌnreprəˈzentətɪv/ *adj* ‹*views/sample/minority*› poco representativo; **to be ~ OF sth** no ser* representativo DE algo

unrepresented /ˌʌnreprɪˈzentəd || ˌʌnreprɪˈzentɪd/ *adj* ‹*minority/party/nation*› sin representación; **the party was entirely ~ at the meeting** el partido no estuvo representado *or* no tuvo ninguna representación en la reunión; **she appeared in court ~** compareció ante el tribunal sin representación *or* sin representante legal

unrequited /ˌʌnrɪˈkwaɪtəd || ˌʌnrɪˈkwaɪtɪd/ *adj* ‹*love*› no correspondido

unreserved /ˌʌnrɪˈzɜːrvd || ˌʌnrɪˈzɜːvd/ *adj* **1** (unstinted) ‹*admiration/support*› incondicional, sin reservas; **you have my ~ attention** tienes toda mi atención **2** (frank) ‹*opinion*› abierto, franco; **she was quite ~ about her motives/feelings** habló abiertamente de sus

U

razones/sentimientos **3** (not allocated) sin reservar

unreservedly /ˌʌnrɪˈzɜːrvədli || ˌʌnrɪˈzɜːvɪdli/ *adv* ‹*praise/approve/recommend*› sin reservas; ‹*apologize*› profusamente

unresolved /ˌʌnrɪˈzɑːlvd || ˌʌnrɪˈzɒlvd/ *adj* **1** (not concluded, open) ‹*dispute/mystery/dilemma*› no resuelto; **this matter cannot be left ~** este asunto no puede quedar sin resolver(se) **2** (uncertain) (*pred*) indeciso; **they were still ~ as to what to do** aún no habían resuelto *or* decidido qué hacer, seguían indecisos sobre qué hacer

unresponsive /ˌʌnrɪˈspɑːnsɪv || ˌʌnrɪˈspɒnsɪv/ *adj* **1** (unmoved) ‹*audience/attitude/expression*› indiferente, frío; ‹*pupil*› que no responde; **to be/remain ~ TO sb/sth** ser*/permanecer* indiferente A algn/algo **2** (physically) insensible; **he was ~ to any stimulus** no respondía a ningún estímulo

unrest /ʌnˈrest/ *n* [u] **1** (Pol) descontento *m*, malestar *m*; (active) disturbios *mpl*; **civil ~** descontento *or* malestar social; **industrial ~** agitación *f* laboral, malestar *or* descontento entre los trabajadores **2** (uneasiness) intranquilidad *f*

unrestrained /ˌʌnrɪˈstreɪnd/ *adj* ‹*violence/exploitation*› incontrolado; ‹*greed*› desmedido; ‹*joy/anger*› desenfrenado, sin freno

unrestricted /ˌʌnrɪˈstrɪktəd || ˌʌnrɪˈstrɪktɪd/ *adj* ‹*authority/power/growth*› ilimitado; ‹*area*› de libre acceso

unrewarded /ˌʌnrɪˈwɔːrdəd || ˌʌnrɪˈwɔːdɪd/ *adj* no recompensado; **to go ~** no ser* recompensado, no recibir recompensa

unrewarding /ˌʌnrɪˈwɔːrdɪŋ || ˌʌnrɪˈwɔːdɪŋ/ *adj* ‹*task*› ingrato, poco gratificante; ‹*experience/discussion*› infructuoso, poco fructífero; ‹*book*› de lectura poco gratificante

unripe /ʌnˈraɪp/ *adj* ‹*apple/peach/avocado*› verde, que no está maduro; ‹*cheese*› que no está hecho *or* en su punto

unrivaled, (BrE) **unrivalled** /ʌnˈraɪvəld/ *adj* incomparable, inigualable; **she is ~ for sheer tactlessness** en cuanto a falta de tacto, no tiene rival *or* igual; **a site ~ in its natural beauty** un lugar incomparable por sus bellezas naturales

unroadworthy /ʌnˈrəʊdˌwɜːrði || ʌnˈrəʊdˌwɜːði/ *adj* ‹*vehicle/condition*› no apto para circular

unroll /ʌnˈrəʊl/ *vt* ‹*carpet/banknotes*› desenrollar; **to ~ itself** desenrollarse

■ **unroll** *vi* desenrollarse; **the landscape ~ed before our eyes** el paisaje se ofreció a nuestra vista

unromantic /ˌʌnrəʊˈmæntɪk -rə-/ *adj* poco romántico

unruffled /ʌnˈrʌfəld/ *adj* **1** (undisturbed) ‹*manner*› sereno; **he appears to be ~ by all the criticism** las críticas no parecen afectarlo; **he answered her questions with ~ calm** contestó sus preguntas sin perder la calma *or* sin inmutarse **2** (smooth) liso

unruled /ʌnˈruːld/ *adj* sin rayas

unruliness /ʌnˈruːlinəs || ʌnˈruːlinɪs/ *n* [u] indisciplina *f*

unruly /ʌnˈruːli/ *adj* **-lier, -liest** ‹*class*› indisciplinado, difícil de controlar; ‹*conduct*› rebelde; ‹*child*› revoltoso; ‹*hair*› rebelde

unsaddle /ʌnˈsædl/ *vt* **1** ‹*horse*› desensillar **2** ‹*rider*› derribar

unsafe /ʌnˈseɪf/ *adj* **1** (insecure) ‹*vehicle/street/area*› inseguro, peligroso; **it is ~ to walk on the ice/go out alone** es peligroso *or* arriesgado pisar el hielo/salir solo; **that car is ~ to drive** es un peligro manejar *or* (Esp) conducir ese coche; **we feel ~ at night** por la noche nos sentimos inseguros **2** no sustentado en pruebas fehacientes

unsaid /ʌnˈsed/ *adj*: **to leave sth ~** callar(se) algo, no decir* algo; **she left nothing ~** no (se) calló nada; **some things are better left ~** algunas cosas es mejor callarlas *or* no decirlas; **his feelings for her remained ~** nunca expresó lo que sentía por ella

unsalable, unsaleable /ʌnˈseɪləbəl/ *adj* invendible

unsalaried /ʌnˈsælərid/ *adj* no remunerado

unsalted /ʌnˈsɔːltəd || ʌnˈsɔːltɪd/ *adj* sin sal

unsanctioned /ʌnˈsæŋkʃənd/ *adj* no autorizado

unsanitary /ʌnˈsænəteri || ʌnˈsænɪtri/ *adj* antihigiénico

unsatisfactory /ˌʌnsætəsˈfæktri || ˌʌnsætɪsˈfæktəri/ *adj* ‹*performance/work*› insatisfactorio, poco satisfactorio, deficiente; ‹*outcome/arrangement*› insatisfactorio, poco satisfactorio; ‹*explanation*› poco convincente; **the theory is ~ to most scientists** la teoría no convence *or* satisface a la mayoría de los científicos; **the result is most ~** el resultado deja mucho que desear

unsatisfied /ʌnˈsætəsfaɪd || ʌnˈsætɪsfaɪd/ *adj* ‹*curiosity/demand/desire*› insatisfecho; **she was ~ with their answer** no quedó satisfecha con su respuesta, su respuesta no la satisfizo

unsatisfying /ʌnˈsætəsfaɪɪŋ || ʌnˈsætɪsfaɪɪŋ/ *adj* ‹*meal*› que no llena *or* satisface; ‹*job*› poco gratificante, que no satisface; ‹*ending*› decepcionante

unsaturated /ʌnˈsætʃəreɪtəd || ʌnˈsætʃəreɪtɪd/ *adj* ‹*solution/vapor*› no saturado; ‹*compound/fats/molecule*› insaturado

unsavory, (BrE) **unsavoury** /ʌnˈseɪvəri/ *adj* ‹*topic/character*› desagradable; ‹*deal*› sucio

unscathed /ʌnˈskeɪðd/ *adj* (*pred*) (unhurt) ileso; (of reputation etc) indemne; **she emerged ~ from the wreck/affair** salió ilesa del accidente/indemne del asunto; **the village survived the bombing ~** el pueblo no sufrió daños en el bombardeo

unscented /ʌnˈsentəd || ʌnˈsentɪd/ *adj* sin perfume

unscheduled /ʌnˈskedʒuːld || ʌnˈʃedjuːld/ *adj* no programado, no previsto

unscholarly /ʌnˈskɑːlərli || ʌnˈskɒləli/ *adj* ‹*method*› poco riguroso; **it's an ~ piece of work** al trabajo le falta rigor académico

unschooled /ʌnˈskuːld/ *adj* **1** (untrained, unversed) ‹*person*› no instruido; ‹*ear/taste*› no cultivado; **to be ~ IN sth** ser* lego EN algo **2** (instinctive) innato

unscientific /ˌʌnsaɪənˈtɪfɪk/ *adj* ‹*methods/assertion/experiment*› falto de rigor científico; **she dismissed their findings as ~** rechazó sus conclusiones tachándolas de carecer de rigor científico

unscramble /ʌnˈskræmbəl/ *vt* **1** (decipher) ‹*code/signal*› descifrar; (TV) descodificar* **2** (sort out) ‹*affairs/ideas*› poner* en orden; **~ the letters to give the name of a bird** ordene las letras de modo que formen el nombre de un pájaro

unscreened /ʌnˈskriːnd/ *adj*

A **1** (untested) sin analizar* **2** (unchecked) no revisado

B **1** (TV) no emitido, no transmitido **2** (Cin) no proyectado

unscrew /ʌnˈskruː/ *vt* ‹*screw/panel*› destornillar, desatornillar; ‹*lid*› desenroscar*

■ **unscrew** *vi* «*screw/panel*» destornillarse, desatornillarse; «*lid*» desenroscarse*

unscripted /ʌnˈskrɪptəd || ʌnˈskrɪptɪd/ *adj* ‹*speech/dialog*› improvisado, hecho sobre la marcha

unscrupulous /ʌnˈskruːpjələs || ʌnˈskruːpjʊləs/ *adj* ‹*person*› inescrupuloso, sin escrúpulos; ‹*conduct*› poco honesto, inescrupuloso

unscrupulously /ʌnˈskruːpjələsli || ʌnˈskruːpjʊləsli/ *adv* sin escrúpulos, inescrupulosamente

unsealed /ʌnˈsiːld/ *adj* sin cerrar

unseasonable /ʌnˈsiːznəbəl/ *adj* ‹*weather/frost*› impropio de la estación; **at an ~ moment** (liter) en un momento intempestivo

unseasonably /ʌnˈsiːznəbli/ *adv*: **it's ~ cold/warm** hace un frío/calor anormal para esta época

unseasonal /ʌnˈsiːznəl/ *adj* poco habitual para la estación del año

unseasoned /ʌnˈsiːznd/ *adj* **1** (Culin) ‹*food*› sin sazonar **2** ‹*timber*› no estacionado; ‹*troops*› inexperto

unseat /ʌnˈsiːt/ *vt* **1** ‹*rider*› desmontar, derribar **2** ‹*government*› derribar, derrocar*; **she was ~ed at the last election** perdió su escaño en las últimas elecciones

unseaworthy /ʌnˈsiːwɜːrði || ʌnˈsiːwɜːði/ *adj* no apto para navegar, innavegable (téc)

unsecured /ˌʌnsɪˈkjʊrd || ˌʌnsɪˈkjʊəd/ *adj* **1** (Fin) ‹*stock*› no garantizado, sin garantía; **~ loan** préstamo *m or* crédito *m* sin garantía *or* caución, crédito *m* a sola firma; **~ creditor** *acreedor sin crédito privilegiado ni hipoteca*; **~ debt** deuda *f* quirografaria **2** (not locked) sin echar el cerrojo

unseeded /ʌnˈsiːdəd || ʌnˈsiːdɪd/ *adj* ‹*team/player*› que no es cabeza de serie

unseeing /ʌnˈsiːɪŋ/ *adj* (liter): **she stared with ~ gaze** *o* **eyes at him** lo miraba sin verlo *or* con la mirada perdida; **his poor ~ eyes** sus pobres ojos ciegos

unseemly /ʌnˈsiːmli/ *adj* ‹*conduct/language*› impropio, indecoroso; ‹*dress*› indecoroso

unseen[1] /ʌnˈsiːn/ *adj* **1** (invisible) ‹*presence/danger/obstacle*› oculto **2** (unnoticed) sin ser visto; **they crept out ~** salieron sigilosamente sin que nadie lo advirtiera; **I escaped ~** me escapé sin ser visto **3** (not previously seen): **to buy sth (sight) ~** comprar algo sin haberlo visto antes; **I can't comment on it ~** no puedo hacer ningún comentario sin verlo antes **4** (BrE) a primera vista

unseen[2] *n* (BrE) traducción *f* a primera vista

unsegregated /ʌnˈsegrɪgeɪtəd || ʌnˈsegrɪgeɪtɪd/ *adj* no segregado

unselfconscious /ˌʌnselfˈkɑːntʃəs || ˌʌnselfˈkɒnʃəs/ *adj* natural, no cohibido; **he was quite ~ about his weight** no le preocupaba su peso; **I tried to be ~ but …** traté de ser natural *or* de actuar con naturalidad pero …

unselfconsciously /ˌʌnselfˈkɑːntʃəsli || ˌʌnselfˈkɒnʃəsli/ *adv* ‹*speak/smile/respond*› con naturalidad

unselfish /ʌnˈselfɪʃ/ *adj* ‹*person*› nada egoísta, generoso; ‹*act*› desinteresado, generoso

unselfishly /ʌnˈselfɪʃli/ *adv* desinteresadamente, generosamente

unselfishness /ʌnˈselfɪʃnəs || ʌnˈselfɪʃnɪs/ *n* [u] desinterés *m*, generosidad *f*

unsent /ʌnˈsent/ *adj* no enviado, sin enviar

unsentimental /ˌʌnsentəˈmentl || ˌʌnsentɪˈmentl/ *adj* ‹*person/outlook*› poco sentimental; **he's very ~ about his childhood** habla de su infancia sin sentimentalismos

unserviceable /ʌnˈsɜːrvəsəbəl || ʌnˈsɜːvɪsəbəl/ *adj* ‹*ship/machine/vehicle*› inservible, inutilizable

unsettle /ʌnˈsetl/ *vt* ‹*plans*› alterar; ‹*situation*› desestabilizar*; **melon ~s my stomach** el melón me sienta mal al estómago *or* me cae mal; **the question clearly ~d him** la pregunta lo desconcertó visiblemente; **the defeat ~d them** la derrota los afectó mucho

unsettled /ʌnˈsetld/ *adj*

A **1** (troubled, restless) ‹*period*› agitado; ‹*childhood*› poco estable; **she's ~ and nervous** está inquieta y nerviosa; **I feel ~ in my new job** todavía no me he hecho a mi nuevo trabajo; **to have an ~ stomach** tener* el estómago revuelto **2** (changeable) ‹*weather*› inestable

B **1** (undecided) ‹*issue/question/dispute*› pendiente (de resolución), sin resolver; ‹*future*› incierto **2** (unpaid) ‹*debt/account*› pendiente, sin saldar

C (unpopulated) ‹*land/region*› no colonizado

unsettling /ʌnˈsetlɪŋ/ *adj* ‹*news/prospect/doubt*› inquietante; ‹*effect*› desestabilizador, perturbador; **she found the situation very ~** la situación le producía un gran desasosiego

unsexy /ʌnˈseksi/ *adj* **unsexier, unsexiest** (colloq) **1** ‹*clothes/appearance*› nada sexy **2** (unfashionable) ‹*activity/stock*› de poco interés, poco atractivo

unshackle /ʌn'ʃækəl/ *vt* ‹*prisoner*› desencadenar, quitarle los grilletes a; ‹*talent*› liberar

unshakable, unshakeable /ʌn'ʃeɪkəbəl/ *adj* ‹*belief/conviction/confidence*› inquebrantable

unshapely /ʌn'ʃeɪpli/ *adj* **~pelier, ~peliest** ‹*figure*› sin formas; ‹*legs*› poco torneado

unshaven /ʌn'ʃeɪvən/ *adj* sin afeitar, sin rasurar (esp Méx)

unsheathe /ʌn'ʃi:ð/ *vt* desenvainar, desenfundar

unshockable /ʌn'ʃɑ:kəbəl || ʌn'ʃɒkəbəl/ *adj* que no se escandaliza por nada, que no se asombra por nada, imperturbable

unshod /ʌn'ʃɑ:d || ʌn'ʃɒd/ *adj* 1 (Equ) ‹*horse/hoof*› desherrado, sin herrar 2 (barefoot) (liter) descalzo

unshrinkable /ʌn'ʃrɪŋkəbəl/ *adj* que no encoge, inencogible

unsighted /ʌn'saɪtəd || ʌn'saɪtɪd/ *adj* 1 (blind) invidente, no vidente (AmC, CS) 2 ‹*umpire/referee*› con la línea de visión bloqueada 3 (not seen) no visto

unsightliness /ʌn'saɪtlinəs || ʌn'saɪtlinɪs/ *n* [u] fealdad *f*

unsightly /ʌn'saɪtli/ *adj* **-lier, -liest** feo, antiestético

unsigned /ʌn'saɪnd/ *adj* sin firmar; **the contract is still ~** el contrato todavía no se ha firmado

unsinkable /ʌn'sɪŋkəbəl/ *adj* ‹*ship*› que no se puede hundir; **she's ~** nada puede con ella

unskilled /ʌn'skɪld/ *adj* (Lab Rel) ‹*worker*› no calificado *or* (Esp) cualificado; ‹*work*› no especializado

unskillful, (BrE) **unskilful** /ʌn'skɪlfəl/ *adj* poco hábil, torpe; **his ~ handling of the affair** la torpeza con que llevó el asunto

unskillfully, (BrE) **unskilfully** /ʌn'skɪlfəli/ *adv* torpemente

unskimmed /ʌn'skɪmd/ *adj* entero, sin descremar *or* (Esp) desnatar, no descremada *or* (Esp) desnatada

unsliced /ʌn'slaɪst/ *adj* sin rebanar, no rebanado

unsmiling /ʌn'smaɪlɪŋ/ *adj* adusto

unsmoked /ʌn'sməʊkt/ *adj*
A ‹*meat/fish*› sin ahumar, no ahumado
B ‹*cigarette*› sin fumar

unsociable /ʌn'səʊʃəbəl/ *adj* ‹*person/disposition*› insociable, poco sociable, huraño; **they're an ~ lot** son unos insociables, no son nada sociables; **he called me at an ~ hour** me llamó a una hora intempestiva

unsocial hours /ʌn'səʊʃəl/ *pl n* (BrE): **to work ~ ~** trabajar a horas fuera de lo normal

unsold /ʌn'səʊld/ *adj* no vendido; **the house remained ~ for several months** la casa estuvo sin venderse varios meses

unsoldierly /ʌn'səʊldʒərli || ʌn'səʊldʒəli/ *adj* impropio de un militar *or* de un soldado

unsolicited /,ʌnsə'lɪsətəd || ,ʌnsə'lɪsɪtɪd/ *adj* que no se ha pedido *or* solicitado; **he was tired of all the ~ advice people were giving him** estaba harto de todos los consejos que le daban sin que él los pidiera; **~ mail** *propaganda que se recibe por correo*; **~ manuscript** original *m* no solicitado

unsolvable /ʌn'sɑ:lvəbəl || ʌn'sɒlvəbəl/ *adj* insoluble

unsolved /ʌn'sɑ:lvd || ʌn'sɒlvd/ *adj* no resuelto; **the murder is still ~** el asesinato continúa sin esclarecerse *or* resolverse

unsophisticated /,ʌnsə'fɪstəkeɪtəd || ,ʌnsə'fɪstɪkeɪtɪd/ *adj* ‹*person*› sencillo; (naïve) ingenuo; ‹*tastes/technology*› simple, poco sofisticado; **an ~ attempt to deceive** un burdo intento de engaño

unsought /ʌn'sɔ:t/ *adj* no solicitado

unsound /ʌn'saʊnd/ *adj* ‹*floorboards/foundations*› poco sólido *or* seguro; ‹*argument*› poco sólido; ‹*health*› precario; **to be of ~ mind** (Law) tener* perturbadas las facultades mentales; **the building is structurally ~** los cimientos y paredes del edificio no son sólidos; **he gave us ~ advice** nos dio un mal consejo, nos dio un consejo poco sensato; **their financial position is ~** su situación financiera es poco sólida; **an ~ case** (Law) un caso rebatible *or* impugnable; **he's ideologically ~** su ideología es poco sólida

unsparing /ʌn'sperɪŋ || ʌn'speərɪŋ/ *adj* ‹*criticism/severity/judgment*› implacable, despiadado; **he was ~ in his efforts** no regateó *or* escatimó esfuerzos; **they were ~ with their advice** fueron pródigos en consejos, le (*or* me *etc*) prodigaron consejos; **in ~ detail** con todo lujo de detalles; **she was ~ in her criticism of the project** criticó implacablemente *or* despiadadamente el proyecto

unsparingly /ʌn'sperɪŋli || ʌn'speərɪŋli/ *adv* ‹*work*› incansablemente, infatigablemente; ‹*criticize/judge*› implacablemente, despiadadamente; ‹*give*› generosamente, pródigamente; **he drove himself ~ in his search for the truth** se volcó en cuerpo y alma a la búsqueda de la verdad

unspeakable /ʌn'spi:kəbəl/ *adj* ‹*evil/cruelty*› incalificable, atroz; ‹*joy/ecstasy*› indescriptible, inefable; **she's an ~ bore** es una pesada insoportable

unspeakably /ʌn'spi:kəbli/ *adv* ‹*arrogant/tedious*› insoportablemente

unspecified /ʌn'spesəfaɪd || ʌn'spesɪfaɪd/ *adj* no especificado, indeterminado

unspectacular /,ʌnspek'tækjələr || ,ʌnspek'tækjʊlə(r)/ *adj* ‹*progress/career*› nada espectacular; **his performance has been ~** no se ha lucido

unspent /ʌn'spent/ *adj* 1 (not spent) ‹*money*› no gastado; ‹*ammunition*› sin disparar, no disparado 2 (unexhausted) ‹*emotion*› no consumido

unspoiled /ʌn'spɔɪld/ (BrE also) **unspoilt** /ʌn'spɔɪlt/ *adj* 1 ‹*countryside*› que conserva su belleza natural 2 ‹*child*› nada mimado; **he is totally ~ by his success** el éxito no se le ha subido en absoluto a la cabeza

unspoken /ʌn'spəʊkən/ *adj* ‹*agreement/approval*› tácito; ‹*wish*› no expresado, íntimo; **so many things remained ~** quedaron tantas cosas sin decir

unsporting /ʌn'spɔ:rtɪŋ || ʌn'spɔ:tɪŋ/ *adj* (esp BrE) (in sporting contest) antideportivo, poco deportivo; **it was jolly ~ of him to report us** demostró muy poco compañerismo al denunciarnos

unsportsmanlike /ʌn'spɔ:rtsmənlaɪk || ʌn'spɔ:tsmənlaɪk/ *adj* antideportivo, poco deportivo

unstable /ʌn'steɪbəl/ *adj* 1 (unsteady) ‹*structure/foundation*› inestable, poco firme *or* sólido 2 (not secure) ‹*government*› inestable; ‹*relationship/home*› inestable, poco estable; **economically ~** sin estabilidad económica 3 (changeable) ‹*prices*› variable; ‹*weather*› inestable; ‹*pulse*› irregular; ‹*person/personality*› inestable 4 (Chem, Nucl Phys) ‹*compound/atom*› inestable

unstated /ʌn'steɪtəd || ʌn'steɪtɪd/ *adj* ‹*wish/desire*› no expresado; **the real purpose is ~** no está expresado el verdadero propósito

unstatesmanlike /ʌn'steɪtsmənlaɪk/ *adj* indigno *or* impropio de un estadista

unsteadily /ʌn'stedli || ʌn'stedɪli/ *adv* de modo inseguro *or* vacilante

unsteadiness /ʌn'stedinəs || ʌn'stedinɪs/ *n* [u] (of structure) inestabilidad *f*, inseguridad *f*; (of walk) inseguridad *f*; (of hand) temblor *m*; (of voice) temblor *m*, titubeo *m*

unsteady /ʌn'stedi/ *adj* ‹*chair/ladder*› inestable, poco firme; ‹*walk/step*› vacilante, inseguro; ‹*hand*› tembloroso; ‹*voice*› tembloroso, entrecortado; **he was ~ on his feet** *o* **legs** caminaba con paso vacilante *or* inseguro; **she felt ~ after her first drink** se sintió mareada después de la primera copa

unsterilized /ʌn'sterəlaɪzd/ *adj* no esterilizado

unstick /ʌn'stɪk/ *vt* (*past & past p* **unstuck**) despegar*, quitar

unstinting /ʌn'stɪntɪŋ/ *adj*: **his ~ generosity** su generosidad sin límites; **to be ~ IN sth: they were ~ in their efforts** no escatimaron esfuerzos; **they have been ~ in their financial support** no han escatimado su apoyo económico; **he was ~ in his praise** fue pródigo en sus alabanzas

unstintingly /ʌn'stɪntɪŋli/ *adv* ‹*work*› infatigablemente, incansablemente; ‹*praise/give*› con prodigalidad *or* largueza

unstitch /ʌn'stɪtʃ/ *vt* descoser; **to come ~ed** descoserse

unstop /ʌn'stɑ:p || ʌn'stɒp/ *vt* **-pp-** 1 (unblock) ‹*drain/pipe*› desatascar*, destapar (AmL) 2 (open) ‹*bottle*› abrir*

unstoppable /ʌn'stɑ:pəbəl || ʌn'stɒpəbəl/ *adj* incontenible, imparable

unstrap /ʌn'stræp/ *vt* **-pp-** soltar* las correas de; **she ~ped herself from her seat** se desabrochó el cinturón de seguridad

unstreamed /ʌn'stri:md/ *adj* (BrE) *dícese de alumnos que no están divididos según niveles de capacidad*

unstressed /ʌn'strest/ *adj* átono

unstructured /ʌn'strʌktʃərd || ʌn'strʌktʃəd/ *adj* 1 ‹*argument*› poco estructurado, sin estructuración 2 ‹*jacket*› no armado, suelto

unstuck[1] /ʌn'stʌk/ *past & past p of* **unstick**

unstuck[2] *adj* despegado; ***to come ~*** ‹‹*label/stamp*›› despegarse*; (fail, founder): **that's where your theory comes ~** ahí es donde tu teoría hace agua *or* se viene abajo; **he came ~ when he tried to use the card again** el plan le falló cuando quiso volver a usar la tarjeta

unstudied /ʌn'stʌdid/ *adj* natural, no estudiado *or* afectado

unstuffy /ʌn'stʌfi/ *adj* **-fier, -fiest** 1 ‹*person*› campechano; ‹*manner*› nada acartonado 2 ‹*room*› bien ventilado

unstylish /ʌn'staɪlɪʃ/ *adj* nada elegante

unsubscribe /,ʌnsəb'skraɪb/ *vi* (on a website) darse* de baja, cancelar la suscripción

unsubstantial /,ʌnsəb'stæntʃəl || ,ʌnsəb'stænʃəl/ *adj* (frml) 1 (flimsy) ‹*fabric/garment*› sin cuerpo, ligero, liviano; ‹*structure/material*› endeble, débil 2 (not nourishing) ‹*meal*› poco sustancioso, sin sustancia 3 (not well-founded) ‹*argument/claim*› insustancial, endeble, poco sólido

unsubstantiated /,ʌnsəb'stæntʃieɪtəd || ,ʌnsəb'stænʃieɪtɪd/ *adj* no corroborado, no fundamentado

unsubtle /ʌn'sʌtl/ *adj* poco sutil

unsubtly /ʌn'sʌtli/ *adv* de manera muy poco sutil

unsuccessful /,ʌnsək'sesfəl/ *adj* ‹*attempt*› infructuoso, fallido, vano; **the ~ outcome of the talks** el fracaso de las negociaciones; **after two ~ marriages** después de dos fracasos matrimoniales; **to be ~ with men/women** no tener* éxito con los hombres/las mujeres; **we regret to inform you that your application has been ~** lamentamos informarle que no ha sido seleccionado; **I tried to contact you, but was ~** traté de ponerme en contacto con usted, pero fue imposible; **they were ~ in their efforts to please her** no lograron *or* consiguieron complacerla; **we were ~ in tracing the source of the information** no pudimos dar con las fuentes de la información

unsuccessfully /,ʌnsək'sesfəli/ *adv* en vano, sin éxito, sin resultado alguno

unsuitability /,ʌnsu:tə'bɪləti/ *n* [u] (of clothing) lo poco apropiado *or* adecuado; (of language) lo inapropiado *or* inadecuado; (of candidate) lo poco idóneo; **its ~ as a school textbook** lo inadecuado que resulta como libro de texto; **the film's ~ for children** lo inapropiado de la película para un público infantil

unsuitable /ʌn'su:təbəl/ *adj* ‹*clothing*› poco apropiado *or* adecuado; ‹*candidate*› poco idóneo; **please inform us if this time is ~** le rogamos nos indique si dicha hora le resulta inconveniente; **she made a most ~ marriage** se casó muy mal; **the weather is ~ for sailing** el tiempo no es indicado para salir a navegar; **your dress is ~ for a wedding** tu vestido no es apropiado para ir a una boda; **she's ~ for the post** no es la persona indicada *or* idónea para el cargo; **this medicine is ~ for children** esta medicina está contraindicada para niños; **she is ~ for the rôle** no sirve para el papel; **this program is ~ for those of a nervous disposition** este programa no es apropiado *or* es inconveniente para personas impresionables

unsuitably /ʌn'su:təbli/ *adv* inadecuadamente, inapropiadamente

unsuited /ʌn'su:təd || ʌn'su:tɪd/ *adj* (*pred*) **to be ~ TO/FOR: her clothes are ~ to the climate/occasion** su ropa no es la apropiada *or* la adecuada *or* la indicada para el clima/la ocasión; **she is ~ to this work/teaching children** no sirve para este trabajo/para enseñar a niños; **they are completely ~ (to each other)** son totalmente incompatibles; **the tools were ~ for the purpose** las herramientas no eran las adecuadas para el trabajo

unsullied /ʌn'sʌlid/ *adj* (liter) impoluto (liter), inmaculado, sin mancha; **~ by sth** no ensuciado por algo

unsung /ʌn'sʌŋ/ *adj*: **the ~ heroes of the revolution** los héroes olvidados de la revolución; **one of the ~ successes of our aviation industry** uno de los logros no debidamente reconocidos de nuestra industria aeronáutica

unsupervised /ʌn'su:pərvaɪzd || ʌn'su:pəvaɪzd/ *adj*: **the children were left ~** dejaron a los niños solos; **an ~ visit to the museum** una visita al museo sin profesores

unsupported /ˌʌnsə'pɔ:rtəd || ˌʌnsə'pɔ:tɪd/ *adj* **1** ‹*structure*› sin base *or* apoyo; **he's unable to walk ~** no puede caminar sin ayuda **2** ‹*claim/statement/allegation*› sin pruebas que lo corroboren *or* respalden **3** (Mil) ‹*troops*› sin apoyo **4** (Comput) sin asistencia técnica

unsupportive /ˌʌnsə'pɔ:rtɪv || ˌʌnsə'pɔ:tɪv/ *adj* ‹*wife/husband/boss*› que no apoya, que no da *or* brinda apoyo; **her family had been ~** su familia no la había apoyado *or* no le había dado *or* brindado apoyo

unsure /ʌn'ʃʊr || ʌn'ʃʊə(r), ʌn'ʃɔ:(r)/ *adj* **1** (uncertain) inseguro, indeciso; **to be ~ ABOUT sth/sb: I'm ~ about that** no estoy seguro de eso; **the child was a little ~ about the dog** el niño recelaba un poco del perro; **I'm ~ about asking her** no sé si pedírselo o no; **we are ~ (about) which method to use** no estamos seguros (acerca) de qué método usar; **to be ~ OF sth/sb: I'm ~ of my own feelings** me siento inseguro de mis sentimientos; **he was very ~ of his new surroundings** recelaba de su nuevo entorno; **to be ~ of oneself** estar* *or* sentirse* inseguro de sí mismo; **she was ~ (of) what this might mean** no estaba segura de qué podría significar eso **2** (unreliable) poco seguro, poco fiable

unsurfaced /ʌn'sɜ:rfəst || ʌn'sɜ:fɪst/ *adj* sin pavimentar, sin asfaltar

unsurpassed /ˌʌnsər'pæst || ˌʌnsə'pɑ:st/ *adj* ‹*beauty/mastery*› sin igual, sin par (liter); **he is ~ in his knowledge of the subject** nadie lo supera en conocimiento del tema

unsurprising /ˌʌnsər'praɪzɪŋ || ˌʌnsə'praɪzɪŋ/ *adj* nada sorprendente

unsuspected /ˌʌnsə'spektəd || ˌʌnsə'spektɪd/ *adj* **1** (hidden) ‹*talents/implications/difficulties*› insospechado **2** (not under suspicion) libre de sospecha

unsuspecting /ˌʌnsə'spektɪŋ/ *adj* desprevenido, confiado; **to be ~** no sospechar nada; **her husband was quite ~, assuming Joe was simply a friend** su marido no sospechaba nada, creía que Joe era un simple amigo

unsustainable /ˌʌnsə'steɪnəbəl/ *adj* insostenible

unsweetened /ʌn'swi:tnd/ *adj* (without sugar) sin azúcar; (without sweeteners) sin edulcorantes

unswept /ʌn'swept/ *adj* sin barrer

unswerving /ʌn'swɜ:rvɪŋ || ʌn'swɜ:vɪŋ/ *adj* ‹*loyalty*› inquebrantable, a toda prueba; ‹*determination*› férreo, a toda prueba; **she was ~ in her devotion to the cause** su dedicación a la causa era a toda prueba

unswervingly /ʌn'swɜ:rvɪŋli || ʌn'swɜ:vɪŋli/ *adv*: **she remained ~ loyal to him** siguió totalmente fiel a él; **he continued ~ on his chosen course** continuó sin vacilar por el camino que había elegido

unsymmetrical /ˌʌnsə'metrɪkəl || ˌʌnsɪ'metrɪkəl/ *adj* asimétrico

unsympathetic /ˌʌnsɪmpə'θetɪk/ *adj* **1** (showing no sympathy) ‹*person/attitude*› indiferente, poco comprensivo; **they were totally ~** no se mostraron nada comprensivos **2** (unfavorable) ‹*account/report*› adverso, desfavorable; **she was ~ to our cause** no veía nuestra causa con simpatía **3** (unlikable) ‹*character*› antipático, poco agradable

unsympathetically /ˌʌnsɪmpə'θetɪkli/ *adv* (without sympathy) de manera poco comprensiva, con indiferencia; (unfavorably) de forma desfavorable, con malos ojos

unsystematic /ˌʌnsɪstə'mætɪk/ *adj* poco sistemático, sin método

unsystematically /ˌʌnsɪstə'mætɪkli/ *adv* de modo poco sistemático, sin método

untainted /ʌn'teɪntəd || ʌn'teɪntɪd/ *adj* ‹*food/water*› no contaminado; ‹*reputation*› sin mancha *or* tacha, intachable, intacto; ‹*beauty*› perfecto; **he remained ~ by the atmosphere of greed** no se dejó corromper por la codicia que lo rodeaba

untalented /ʌn'tæləntəd || ʌn'tæləntɪd/ *adj* sin talento

untamable, untameable /ʌn'teɪməbəl/ *adj* indomable

untamed /ʌn'teɪmd/ *adj* ‹*animal*› sin domar; ‹*wilderness/forests*› virgen, agreste; ‹*passion/forces of nature*› indómito

untangle /ʌn'tæŋgəl/ *vt* ‹*hair/threads*› desenredar, desenmarañar; ‹*mystery*› esclarecer*, dilucidar, desentrañar

untapped /ʌn'tæpt/ *adj* sin explotar

untarnished /ʌn'tɑ:rnɪʃt || ʌn'tɑ:nɪʃt/ *adj* sin tacha, sin mancha

untaught /ʌn'tɔ:t/ *adj* (liter) **1** (uneducated) (pej) sin instrucción, ignorante **2** (natural) ‹*courtesy/gentleness/skill*› innato, instintivo

untaxed /ʌn'tækst/ *adj* libre de impuestos

unteachable /ʌn'ti:tʃəbəl/ *adj*: **these children are ~** es imposible enseñarles nada a estos niños; **they complained the syllabus was ~** se quejaron de que era un programa imposible de enseñar

untempered /ʌn'tempərd || ʌn'tempəd/ *adj* **1** ‹*steel*› sin templar **2** (not moderated) (liter) no atemperado (liter)

untenable /ʌn'tenəbəl/ *adj* (frml) insostenible, indefendible

untenanted /ʌn'tenəntəd || ʌn'tenəntɪd/ *adj* desocupado

untended /ʌn'tendəd || ʌn'tendɪd/ *adj* **1** ‹*garden*› descuidado, abandonado **2** ‹*wound*› descuidado; ‹*patient*› desatendido

untested /ʌn'testəd || ʌn'testɪd/ *adj* ‹*theory*› no verificado *or* probado; ‹*product/device*› no probado, no puesto a prueba

unthinkable[1] /ʌn'θɪŋkəbəl/ *adj* inconcebible, inimaginable; **it is ~ that ...** es inconcebible que (+ *subj*); **it would be ~ for them to refuse** sería inconcebible que se negaran

unthinkable[2] *n*: **the ~** lo inconcebible, lo inimaginable

unthinking /ʌn'θɪŋkɪŋ/ *adj* **1** (not thinking) ‹*rage*› irreflexivo; ‹*moment*› de irreflexión **2** (inconsiderate) ‹*remark/act*› desconsiderado **3** (uncritical) ‹*acceptance*› precipitado; ‹*reader*› irreflexivo, maquinal

unthinkingly /ʌn'θɪŋkɪŋli/ *adv* sin pensar, maquinalmente

unthought-of /ʌn'θɔ:tɑ:v || ʌn'θɔ:tɒv/ *adj* inimaginable, inconcebible

unthought-out /ˌʌnθɔ:t'aʊt/ *adj* poco madurado, poco pensado

untidily /ʌn'taɪdli || ʌn'taɪdɪli/ *adv* descuidadamente, sin cuidado, desprolijamente (RPl)

untidiness /ʌn'taɪdinəs || ʌn'taɪdinɪs/ *n* [u] (of person's appearance) desaliño *m*, lo descuidado, desprolijidad *f* (RPl); (of room, drawer, desk) desorden *m*, desprolijidad *f* (RPl); (of handwriting, schoolwork) lo descuidado, lo desprolijo (RPl)

untidy[1] /ʌn'taɪdi/ *adj* **-dier, -diest** ‹*room/drawer/desk*› desordenado; ‹*appearance*› desaliñado, descuidado, desprolijo (RPl); ‹*writing/schoolwork*› descuidado, desprolijo (RPl); ‹*person*› desordenado, desprolijo (RPl)

untidy[2] *vt* **untidies, untidying, untidied** (colloq) desordenar

untie /ʌn'taɪ/ *vt* **unties, untying, untied** ‹*knot*› deshacer*, desatar; ‹*shoelaces*› desatar, desamarrar (AmL exc RPl); ‹*dog/horse*› soltar*, desatar, desamarrar (AmL exc RPl)

until[1] /ʌn'tɪl ən'tɪl/ *conj*

> ⚠ When used as a conjunction in positive sentences expressing the future, *until* is translated by *hasta que + subjunctive* : **we'll stay here until Carol comes back** nos quedaremos aquí hasta que llegue Carol.
>
> In negative sentences *no* is used optionally before the verb: **he won't be satisfied until they give him his money back** no estará satisfecho hasta que (no) le devuelvan su dinero.

hasta que; **he always waits ~ I arrive** siempre espera hasta que yo llego *or* llegue; **please wait ~ I arrive** por favor espera hasta que yo llegue; **she didn't go to bed ~ Tom got back** no se acostó hasta que Tom (no) volvió; **I knew she wouldn't go to bed ~ Tom got back** yo sabía que no se iba a acostar hasta que Tom (no) volviera; **give it to me — not ~ you say you're sorry** dámelo — hasta que (no) pidas perdón, no (te lo doy); **it was not ~ she spoke that I realized who she was** hasta que (no) habló, no me di cuenta de quién era

until[2] *prep* hasta; **he's** *o* **he'll be in London ~ Monday** está/estará en Londres hasta el lunes; **~ now/then** hasta ahora/entonces; **he's not coming ~ tomorrow** no viene hasta mañana

untimeliness /ʌn'taɪmlinəs || ʌn'taɪmlinɪs/ *n* [u] **1** (of death) lo prematuro **2** (of announcement) lo inoportuno; (of arrival) lo inoportuno, lo intempestivo

untimely /ʌn'taɪmli/ *adj* **1** ‹*death/end*› prematuro **2** ‹*announcement*› inoportuno; ‹*arrival*› inoportuno, intempestivo

untipped /ʌn'tɪpt/ *adj* sin filtro

untiring /ʌn'taɪrɪŋ || ʌn'taɪərɪŋ/ *adj* infatigable, incansable

untiringly /ʌn'taɪrɪŋli || ʌn'taɪərɪŋli/ *adv* ‹*work*› infatigablemente, incansablemente

untold /ʌn'təʊld/ *adj* **1** (incalculable) (*before n*) ‹*wealth/sums*› incalculable, fabuloso; ‹*misery/pleasures*› indecible, inenarrable, inefable **2** (not told) ‹*story*› nunca contado; ‹*secret*› sin desvelar, sin revelar, sin develar (AmL)

untouchable /ʌn'tʌtʃəbəl/ *adj* **1** (beyond control, criticism) intocable **2** (out of reach) inalcanzable

Untouchable *n* intocable *mf*

untouched /ʌn'tʌtʃt/ *adj* **1** (not handled) intacto, sin tocar; **it is ~ by human hand(s)** no ha sido tocado por la mano del hombre; **he left his food ~** no probó la comida **2** (safe, unharmed): **~ by the ravages of time** sin haber sufrido los estragos del tiempo; **miraculously the church was ~** milagrosamente la iglesia quedó intacta **3** (unaffected): **a heart-rending tale which left none of the audience ~** una historia desgarradora que conmovió a todos los presentes

untoward /ˌʌn'tɔ:rd, ˌʌntə'wɔ:rd || 'ʌntə'wɔ:d/ *adj* (frml) **1** (adverse) ‹*effect*› perjudicial, adverso; **I hope nothing ~ has happened** espero que no haya pasado nada (que haya que lamentar) **2** (unseemly, improper) ‹*suggestion/behavior*› indecoroso, indigno

U

untraceable /ʌn'treɪsəbəl/ *adj* imposible de localizar

untraced /ʌn'treɪst/ *adj* ‹*file/missing person*› no localizado; **an ~ leak** una filtración cuyo origen se desconoce

untrained /ʌn'treɪnd/ *adj* ‹*staff*› falto de formación *or* capacitación; ‹*teacher*› sin título; ‹*animal*› no amaestrado; **to the ~ eye/ear they look very similar** para un lego en la materia *or* para (el ojo/oído de) quien no es experto se parecen mucho

untrammeled, (BrE) **untrammelled** /ʌn'træməld/ *adj* (liter) **~ BY sth** libre DE algo; **~ by the cares of everyday life** libre de las ataduras del quehacer cotidiano

untranslatable /ˌʌntræns'leɪtəbəl/ *adj* intraducible

untranslated /ˌʌntrænz'leɪtəd, ˌʌntræns- || ˌʌntrænz'leɪtəd, ˌʌntræns-, ˌʌntrɑːn-/ *adj* no traducido; **they remain ~** siguen sin traducirse

untreatable /ʌn'triːtəbəl/ *adj* no tratable

untreated /ʌn'triːtəd || ʌn'triːtɪd/ *adj* ‹*sewage/waste*› sin tratar *or* procesar; **~ wood** madera que no ha sido tratada (*contra la humedad, polilla etc*); **~, the disease can be fatal** si no se trata, la enfermedad puede ser mortal

untrendy /ʌn'trendi/ *adj* **-dier, -diest** (colloq) ‹*clothes/outfit*› nada moderno; ‹*area/resort*› nada de moda

untried /ʌn'traɪd/ *adj* **1** (not tested) ‹*method*› no probado; ‹*person*› no puesto a prueba **2** (Law) ‹*person*› no procesado; ‹*case*› no sometido a juicio

untrodden /ʌn'trɑːdn || ʌn'trɒdn/ *adj* ‹*snow/sand*› que no ha sido pisada

untroubled /ʌn'trʌbəld/ *adj* ‹*expression/conscience*› tranquilo; ‹*period/life*› tranquilo, apacible; **she seemed ~ by the noise/prospect** no parecía que el ruido la afectase/que la perspectiva la inquietase *or* preocupase

untrue /ʌn'truː/ *adj* **1** (false) ‹*statement*› falso; **it is ~ (to say) that ...** es falso *or* no es cierto que ... **2** (unfaithful) (liter) (*pred*) **to be ~ TO sb/sth: to be ~ to one's principles** no ser* fiel a sus (*or* mis *etc*) principios; **my only love was ~ to me** mi único amor me fue infiel

untrusting /ʌn'trʌstɪŋ/ *adj* desconfiado, receloso

untrustworthy /ʌn'trʌst,wɜːrði || ʌn'trʌst ˌwɜːði/ *adj* ‹*person*› de poca confianza; ‹*source*› no fidedigno; **she's totally ~** no es de fiar en absoluto

untruth /ʌn'truːθ/ *n* (*pl* **untruths** /ʌn'truːðz/) (frml) falsedad *f*

untruthful /ʌn'truːθfəl/ *adj* ‹*account/answer*› falso; ‹*person*› falso, mentiroso

untruthfully /ʌn'truːθfəli/ *adv* falsamente

untruthfulness /ʌn'truːθfəlnəs || ʌn'truː θfəlnɪs/ *n* [u] (of account) falsedad *f*; (of person) falsedad *f*, doblez *f*

untuned /ʌn'tuːnd || ʌn'tjuːnd/ *adj* desafinado

untutored /ʌn'tuːtərd || ʌn'tjuːtəd/ *adj* (liter) no instruido

untypical /ʌn'tɪpɪkəl/ *adj* atípico, poco representativo

untypically /ʌn'tɪpɪkli/ *adv* **1** (unexpectedly) atípicamente **2** (*indep*) lo que es poco habitual; **~, he called a meeting at 8.30 am** lo que es poco habitual, convocó a una reunión a las 8.30 a.m.

unusable, unuseable /ʌn'juːzəbəl/ *adj* ‹*tool*› inservible, inutilizable; ‹*room*› inhabitable, inutilizable; ‹*information*› inútil, inservible

unused *adj*

A /ʌn'juːzd/ **1** (new) ‹*furniture/lawnmower*› sin estrenar, nuevo **2** (not made use of) ‹*land*› no utilizado *or* aprovechado, ocioso; ‹*cutlery*› que no se ha usado

B /ʌn'juːst/; (*pred*) **to be ~ TO sth/-ING** no estar* acostumbrado A algo/+ INF; **she was ~ to such praise** no estaba acostumbrada a tales alabanzas

unusual /ʌn'juːʒuəl/ *adj* ‹*illness/opinion/sight*› poco corriente *or* común, fuera de lo corriente *or* común, inusual; **he spoke with ~ frankness** habló con inusitada *or* insólita franqueza; **she left early — that's ~ for her** se fue temprano — eso es raro en ella; **did you notice anything ~ about him?** ¿le notaste algo raro *or* fuera de lo normal?; **what's so ~ about that?** ¿qué tiene de raro eso?; **it's ~ for him to be still in bed** es raro que todavía no se haya levantado; **it's ~ that she should seek our advice** es raro que venga a pedirnos consejo

unusually /ʌn'juːʒuəli/ *adv* ‹*tall/windy/complicated*› excepcionalmente, inusitadamente; **he was in an ~ happy mood** estaba de muy buen humor, lo cual es raro *or* insólito en él; **you're ~ early/talkative today** hoy llegas más temprano/estás más conversador *or* hablador que de costumbre

unutterable /ʌn'ʌtərəbəl/ *adj* inenarrable, indescriptible, inefable

unutterably /ʌn'ʌtərəbli/ *adv* indescriptiblemente

unvaccinated /ʌn'væksəneɪtəd || ʌn'væksɪneɪtɪd/ *adj* no vacunado

unvaried /ʌn'verid || ʌn'veərid/ *adj* ‹*work*› monótono, poco variado; ‹*diet*› poco variado

unvarnished /ʌn'vɑːrnɪʃt || ʌn'vɑːnɪʃt/ *adj* **1** (not varnished) sin barnizar **2** (plain): **the ~ truth** la verdad sin adornos, la pura verdad

unvarying /ʌn'veriŋ || ʌn'veəriŋ/ *adj* invariable, constante

unveil /ʌn'veɪl/ *vt* **1** ‹*plaque/statue*› descubrir*, develar (AmL) **2** ‹*report/figures*› dar* a conocer, revelar

unveiling /ʌn'veɪlɪŋ/ *n* [u c] descubrimiento *m*, develamiento *m* (AmL); (*before n*): **~ ceremony** ceremonia *f* inaugural, inauguración *f*

unventilated /ʌn'ventləɪtəd || ʌn'ventɪleɪtɪd/ *adj* sin ventilación

unverifiable /ʌn'verəfaɪəbəl || ʌn'verɪfaɪəbəl/ *adj* no verificable

unverified /ʌn'verəfaɪd || ʌn'verɪfaɪd/ *adj* sin verificar

unversed /ʌn'vɜːrst || ʌn'vɜːst/ *adj* (*pred*) **to be ~ IN sth** no ser* muy versado *or* (fam) ducho EN algo

unvoiced /ʌn'vɔɪst/ *adj* **1** (not expressed) ‹*fears/resentment/opinions*› no expresado *or* manifestado **2** (Ling) sordo

unwaged /ʌn'weɪdʒd/ *pl n* (BrE) no asalariados *mpl*, personas *fpl* sin trabajo remunerado

unwanted /ʌn'wɔːntəd || ʌn'wɒntɪd/ *adj* ‹*pregnancy/child*› no deseado; ‹*object*› superfluo, que no se necesita; **~ hair** vello *m* superfluo; **porcelain tea set, ~ gift: £25** (BrE) vendo juego de té de porcelana, regalo sin usar, £25; **the elderly often feel ~** a menudo los ancianos sienten que son una carga para los demás; **I feel ~ here** siento que estoy de más aquí

unwarily /ʌn'werəli || ʌn'weərɪli/ *adv* sin darse* cuenta

unwarrantable /ʌn'wɔːrəntəbəl || ʌn'wɒrəntəbəl/ *adj* (frml) injustificable, sin justificación, sin disculpa posible

unwarranted /ʌn'wɔːrəntəd || ʌn'wɒrəntɪd/ *adj* injustificado, sin justificación alguna

unwary[1] /ʌn'weri || ʌn'weəri/ *adj* **-rier, -riest** incauto, desprevenido, confiado

unwary[2] *pl n*: **the ~** los incautos

unwashed[1] /ʌn'wɔːʃt || ʌn'wɒʃt/ *adj* sucio, sin lavar

unwashed[2] *pl n*: **the great ~** (hum & pej) el populacho (pey), la plebe (pey)

unwatchable /ʌn'wɑːtʃəbəl || ʌn'wɒtʃəbəl/ *adj* ‹*program/film*› que no se puede ver *or* mirar (*por lo malo*)

unwavering /ʌn'weɪvərɪŋ/ *adj* ‹*loyalty/belief*› inquebrantable; ‹*determination*› férreo, a toda prueba; ‹*course/path*› determinado, firme; ‹*gaze/stare*› fijo

unwaveringly /ʌn'weɪvərɪŋli/ *adv*: **they were ~ loyal** su lealtad era inquebrantable; **she stuck ~ to her course** no se apartó (ni) un ápice de su rumbo; **to choose a goal and pursue it ~** fijarse una meta y perseguirla con voluntad férrea

unwelcome /ʌn'welkəm/ *adj* ‹*visit*› inoportuno; ‹*guest*› inoportuno, poco grato; ‹*news*› desagradable, poco grato; ‹*suggestion*› inoportuno, fuera de lugar; **we were made to feel ~** nos hicieron sentir que estábamos de más; **this extra cash is not ~** este dinero extra no nos vendrá mal

unwelcoming /ʌn'welkəmɪŋ/ *adj* ‹*landscape*› inhóspito; ‹*person*› frío, antipático; ‹*house*› poco acogedor

unwell /ʌn'wel/ *adj* mal; **to be** *o* **feel ~** sentirse* mal, no sentirse* bien; **he looks ~** tiene mala cara

unwholesome /ʌn'həʊlsəm/ *adj* **1** (unhealthy) ‹*diet/climate*› poco sano *or* saludable, malsano **2** (unpleasant) ‹*smell/appearance/person*› desagradable **3** (immoral, corrupting) ‹*influence/pastime*› pernicioso, malsano

unwieldiness /ʌn'wiːldinəs || ʌn'wiːldinɪs/ *n* [u] **1** (of object): **it never caught on because of its ~** no tuvo éxito por lo inmanejable que resultaba **2** (of system) rigidez *f*

unwieldy /ʌn'wiːldi/ *adj* **-dier, -diest** **1** ‹*tool/weapon/tome*› pesado y difícil de manejar **2** ‹*system/procedure*› rígido, poco flexible

unwilling /ʌn'wɪlɪŋ/ *adj* ‹*assistant/student*› mal dispuesto; **to be ~ to + INF** no querer* + INF, no estar* dispuesto a + INF; **she was ~ to speak about it** no quería hablar *or* no estaba dispuesta a hablar de ello; **I'm ~ to give them any more information** no estoy dispuesto a darles más información

unwillingly /ʌn'wɪlɪŋli/ *adv* ‹*agree/help*› de mala gana, a regañadientes

unwillingness /ʌn'wɪlɪŋnəs || ʌn'wɪlɪŋnɪs/ *n* [u] **~ to + INF: his ~ to listen to us** el hecho de que no nos quiera escuchar, el hecho de que no esté dispuesto a escucharnos

unwind /ʌn'waɪnd/ (*past & past p* **unwound**) *vt* desenrollar; **to come unwound** desenrollarse

■ **unwind** *vi*

A «*rope/tape*» desenrollarse; «*plot*» irse* desarrollando; «*mystery*» irse* revelando, irse* desentrañando

B (relax) (colloq) relajarse

unwise /ʌn'waɪz/ *adj* ‹*action/decision*› poco prudente *or* sensato, desaconsejable; **anyone ~ enough to try will be punished** se castigará al insensato que lo intente; **it would be ~ (of you) to sign the contract** sería imprudente que firmara el contrato

unwisely /ʌn'waɪzli/ *adv* imprudentemente

unwitting /ʌn'wɪtɪŋ/ *adj* ‹*accomplice/victim/error*› involuntario

unwittingly /ʌn'wɪtɪŋli/ *adv* sin ser consciente (de ello), sin darse* cuenta

unwonted /ʌn'wɔːntəd || ʌn'wəʊntɪd/ *adj* (frml) inusitado, insólito, desacostumbrado

unworkable /ʌn'wɜːrkəbəl || ʌn'wɜːkəbəl/ *adj* ‹*solution/plan*› impracticable, no viable; ‹*mine*› inexplotable

unworkmanlike /ʌn'wɜːkmənlaɪk/ *adj* nada profesional

unworldly /ʌn'wɜːrldli || ʌn'wɜːldli/ *adj* **1** (unconcerned with material things and pursuits) poco materialista, idealista **2** (unsophisticated) con poco mundo **3** (impractical) poco práctico *or* realista **4** (not of this world) de otro mundo

unworn /ʌn'wɔːrn || ʌn'wɔːn/ *adj* **1** (little used) ‹*tire/carpet*› casi nuevo **2** (never used) ‹*shoes/dress*› sin uso, no usado

unworried /ʌn'wɜːrid || ʌn'wʌrid/ *adj* indiferente, despreocupado; **~ by sth** indiferente a *or* sin preocuparse por algo

unworthiness /ʌn'wɜːrðinəs || ʌn'wɜːðinɪs/ *n* [u] falta *f* de valía *or* de mérito; **I am very conscious of my own ~** soy muy consciente de mi poca valía

unworthy /ʌn'wɜːrði || ʌn'wɜːði/ *adj* **-thier, -thiest** **1** (undeserving) ‹*person/cause*› indigno; **to be ~ OF sb/sth** no ser* digno DE algn/algo; **he is ~ of her** es indigno *or* no es digno de ella, no se la merece; **a subject ~ of our attention** un tema que no merece nuestra atención *or* que no es digno de nuestra atención; **to be ~ to + INF** no ser* digno DE + INF; **he's ~ to receive such an honor** no es digno de recibir tal honor 2 (not befitting) ‹*conduct/thoughts*› impropio; **to be ~ OF sb/sth** no ser* digno DE algn/algo, ser* impropio DE algn/algo; **that remark was ~ of you** ese comentario no fue digno de ti

unwound /ʌn'waʊnd/ *past & past p of* **unwind**

unwounded /ʌn'wu:ndəd || ʌn'wu:ndɪd/ *adj* ileso

unwrap /ʌn'ræp/ *vt* **-pp-** ‹*present*› desenvolver*, abrir*; ‹*parcel*› deshacer*, abrir*

unwritten /ʌn'rɪtn/ *adj* ‹*rule*› no escrito, sobreentendido; ‹*agreement*› verbal, de palabra; ‹*constitution/law*› basado en el derecho consuetudinario

unyielding /ʌn'ji:ldɪŋ/ *adj* ‹*person*› inflexible; ‹*opposition*› implacable, rígido; ‹*insistence*› persistente

unzip /ʌn'zɪp/ *vt* **-pp-** 1 (Clothing): **could you ~ me/my dress?** ¿me bajas la cremallera *or* (AmL) el cierre *or* (Méx, Ven, Cu) el zíper? 2 (Comput) descomprimir

■ **unzip** *vi*: **your dress has come ~ped** se te ha bajado/abierto la cremallera (*or* el cierre *etc*) del vestido; **with a lining that ~s** con un forro desmontable

up[1] /ʌp/ *adv*

> ⚠ *up* often appears as the second element of certain verb structures in English (*back up*, *pick up*, *sit up*, etc). For translations, see the relevant verb entry (*back*, *pick*, *sit*, etc).

(Sense I)

A 1 (in upward direction): **~ a bit ... left a bit** un poco más arriba ... un poco a la izquierda; **to go ~ and ~** subir más y más; **we went all the way ~ to the top** subimos hasta la cima; **it looks a long way ~** parece una subida larga; **is there an easier way ~?** ¿hay algún modo más fácil de subir?; **we saw them on the way ~** los vimos cuando subíamos; **the climb/distance/path ~ to the hilltop** el ascenso/la distancia/el camino hasta la cima de la colina; **I'll give you a lift ~** te llevo hasta arriba; **from the waist/neck ~** desde la cintura/el cuello para arriba; **face ~** boca arriba; **put it right side ~** ponlo con el derecho para arriba; **~ United!** (BrE) ¡arriba el United! 2 (upstairs): **I dashed back ~ to fetch my jacket** volví a subir corriendo a buscar mi chaqueta; **shall we take the escalator ~?** ¿subimos por la escalera mecánica?

B 1 (of position) arriba; **your book is ~ in my room** tu libro está arriba en mi habitación; **~ here/there** aquí/allí arriba; **1,000ft ~** a una altura de 1.000 pies; **before the sun was ~** antes de que saliera el sol 2 (upstairs, on upper floor): **I'll be ~ in a minute** subiré en un minuto 3 (raised, pointing upward): **with the lid/blinds ~** con la tapa levantada/las persianas levantadas *or* subidas 4 (removed): **I had the carpet ~** había quitado *or* levantado la alfombra; **the road is ~** (BrE) han levantado la calle, la calle está levantada

C 1 (upright): **help me ~!** ¡ayúdame a levantarme!; **she's ~ again and running well** ya está otra vez en pie y corriendo bien 2 (out of bed): **they're not ~ yet** todavía no se han levantado; **don't let me keep you ~** no te quedes levantado por mí; **we were ~ all night** pasamos la noche en vela; **I'm glad to see her ~ and about again** me alegra verla recuperada; **I've been ~ and about since five thirty** estoy en pie desde las cinco y media; **I can't lie in bed, I have to be ~ and doing** (colloq) no me puedo quedar en la cama, tengo que levantarme y ponerme en movimiento

D 1 (of numbers, volume, intensity): **she had the volume ~ high** tenía el volumen muy alto; **with the volume right ~** con el volumen al máximo; **his blood pressure is ~ again** le ha vuelto a subir la tensión; **prices are 5% ~** *o* **~ (by) 5% on last month** los precios han aumentado un 5% con respecto al mes pasado; **from $25/the age of 11 ~** a partir de 25 dólares/de los 11 años 2 (in league, table, hierarchy): **~ ten places from last year** diez puestos más arriba que el año pasado; **it's a step ~ for me** para mí es un paso adelante; **from the rank of lieutenant ~** desde el rango de teniente para arriba

E 1 (in or toward north): **in the cities ~ north** en las ciudades del norte; **the journey ~ from Munich** el viaje desde Munich hacia el norte; **the climate ~ in the north/in Alberta** el clima en el norte/en Alberta 2 (at or to another place): **the path ~ to the house** el sendero hasta la casa; **I'm going ~ to John's for the weekend** voy a casa de John a pasar el fin de semana 3 (in or toward major center) (esp BrE): **to go ~ to town** ir* a la ciudad (*or* a Londres *etc*); **I met her ~ in town yesterday** me la encontré ayer en la ciudad (*or* en Londres *etc*) 4 (at or to university) (esp BrE): **to go ~ to/be ~ at Oxford** ir* a estudiar/estar* estudiando en Oxford

F 1 (in position, erected): **there's a barrier ~** hay una barrera, han puesto una barrera; **is the tent ~?** ¿ya han armado la tienda *or* (AmL) la carpa?; **the pictures/shelves are ~** los cuadros/estantes están colocados *or* puestos 2 (inflated) inflado

G (going on) (colloq): **what's ~ with you?** ¿a ti qué te pasa?; **there's something ~ with the engine** al motor le pasa algo; **what's ~?** (what's the matter?) ¿qué pasa?; (as greeting) (AmE) ¿qué hay? (colloq), ¿qué onda? (AmL arg), ¿qué hubo? (Andes, Méx, Ven fam), ¿quiubo? (Chi, Méx fam)

H (finished): **your time is ~** se te ha acabado el tiempo; ***it's all ~ with him/us***: **if this leaks out, it'll be all ~ with him** como esto trascienda, está arreglado (fam)

I (Sport) 1 (ahead in competition): **they're three goals ~ on the home team** le van ganando por tres goles al equipo local; ***to be one ~ on sb*** tener* una ventaja sobre algn; **this put him one ~ on his rivals** esto le dio una ventaja sobre sus rivales 2 (for each side) (AmE): **the game was tied 15 ~** empataron 15 a 15

J (under consideration): **she will be ~ before the board/judge** comparecerá ante la junta/el juez; **her case will be ~ before the board/judge** su caso se verá en la junta/lo verá el juez

K (in cards): **two pairs, aces ~** doble pareja: de ases y jotas (*or* reyes *etc*)

(Sense II) (*in phrases*)

A **up against** 1 (next to) contra 2 (confronted by): **to come ~ against a powerful enemy** enfrentarse a un enemigo poderoso; **you don't know what you're ~ against** no sabes a lo que te enfrentas; ***to be ~ against it*** estar* contra las cuerdas

B **up and down** 1 (vertically): **to jump ~ and down** dar* saltos; **the piston travels ~ and down 15 times a second** el pistón sube y baja 15 veces por segundo; **to look sb ~ and down** mirar a algn de arriba abajo; ***to swear ~ and down*** (AmE colloq) jurar por lo más sagrado 2 (back and forth) de arriba abajo 3 (of mood): **she's been rather ~ and down** ha tenido bastantes altibajos de humor

C **up for** (subject to): **to be ~ for sth** (to be due for): **the motion ~ for debate today** la moción que sale hoy a debate *or* se debate hoy; **there are five nominees ~ for treasurer** hay cinco candidatos a tesorero; **she is ~ for trial next month** será procesada el mes que viene; (colloq) (to be ready for) apuntarse; **I'm up for just about anything** me apunto a casi todo, soy pierna para casi todo (RPl fam), voy a casi todas las paradas (Chi fam)

D **up on/in** (knowledgeable) (*pred*): **how well ~ are you on what's been happening?** ¿cuánto sabes *or* qué tan enterado estás de lo que ha estado sucediendo?; **she used to be ~ on current affairs** antes estaba al tanto *or* al corriente de los temas de actualidad; **we want to see how well ~ he is in company law** queremos ver cuánto sabe de derecho empresarial

E **up till** *o* **until** hasta; **~ until 12 o'clock/the 20th century** hasta las 12/el siglo xx

(Sense III) **up to**

A 1 (as far as) hasta; **~ to the ceiling/edge** hasta el techo/el borde; **the water was already ~ to his chest** el agua ya le llegaba al pecho; **~ to here/now/a certain point** hasta aquí/ahora/cierto punto; **~ to and including page 37** hasta la página 37 inclusive 2 (as many as, as much as) hasta; **~ to 20 days/twice as big** hasta 20 días/el doble de grande

B 1 (equal to): **it isn't ~ to the standard we have come to expect of you** no es del alto nivel al que nos tienes acostumbrados; ▸**come up to 2** 2 (capable of): **she's not ~ to the job** no tiene las condiciones necesarias para el trabajo, no puede con el trabajo (fam); **I don't feel I'm ~ to taking over the business** no me siento capaz de hacerme cargo del negocio; **do you feel ~ to going out?** ¿te sientes con fuerzas/ánimos (como) para salir?; **I'm not ~ to much nowadays** ya no estoy para muchos trotes (fam); **his performance/my spelling is not ~ to much** (BrE) su actuación/mi ortografía deja bastante que desear *or* (fam) no es gran cosa

C (depending on): **that's entirely ~ to you** eso, como tú quieras; **if it were ~ to me, they'd all be fired** si dependiera de mí *or* si por mí fuera, los echaba a todos; **how you go about it is ~ to you** cómo lo hagas es cosa tuya *or* asunto tuyo; **it's ~ to them to make the next move** les corresponde *or* les toca a ellos dar el próximo paso; **it's not ~ to me to decide** no me corresponde a mí decidir, no soy yo quien tiene que decidir; **the choice of color was left ~ to me** la elección del color quedó a mi criterio *or* a criterio mío, dejaron que yo eligiera el color

D **to be ~ to sth** (colloq): **I wonder what she's ~ to in there** me pregunto qué estará haciendo allí metida; **they're ~ to their usual tricks** están haciendo de las suyas; **I'm sure they're ~ to something** (planning) estoy segura de que algo están tramando *or* algo se traen entre manos; (doing) estoy segura de que algo (*or* alguna travesura *etc*) están haciendo; **she's ~ to no good** no anda en nada bueno; **what have you been ~ to lately?** ¿en qué has andado últimamente?; **the things we used to get ~ to when we were kids** las travesuras que hacíamos cuando éramos chicos *or* (Esp) pequeños

up[2] *prep*

A 1 (in upward direction): **to go ~ the stairs/hill** subir la escalera/colina; **he hid the money ~ the chimney** escondió el dinero en la chimenea; **he kept running ~ and down the stairs** subía y bajaba la escalera corriendo; **~ yours!** (vulg) ¡vete *or* (Chi, Col) ándate *or* (RPl) andá a la mierda! (vulg) 2 (at higher level): **she stopped halfway ~ the stairs** se detuvo en la mitad de la escalera; **50m ~ the cliff** a 50m del pie del acantilado 3 (on scale): **to move ~ the league** subir en la liga; **to move ~ the ranks** ascender*; **further ~ the salary scale** más arriba en el escalafón

B 1 (along): **to go/come ~ the river** ir*/venir* por el río; **the journey ~ the coast** el viaje a lo largo de la costa; **he travels ~ and down the country** viaja por todo el país; **she walked ~ and down the room** iba de un lado a otro de la habitación 2 (further along): **the farm is just ~ the road** la granja queda un poco más allá *or* adelante; **20 miles ~ the road** a 20 millas siguiendo la carretera; **we put in ~ the coast for supplies** hicimos escala más adelante para aprovisionarnos 3 (to, in) (BrE dial): **he's gone ~ the shop** ha ido a la tienda

up[3] *adj*

A (*before n*) 1 (going upward): **the ~ escalator** la escalera mecánica para subir 2 (to London) (BrE): **the ~ train** el tren para Londres

B (elated) (AmE colloq) (*pred*): **I feel really ~ at the moment** me siento como en las nubes

up[4] **-pp-** *vt* (colloq) ‹*price/costs*› aumentar, subir; ‹*bid/offer*› aumentar, superar; ‹*pace/output*› acelerar; ***to ~ stakes*** *o* (BrE) ***sticks*** liar* el petate (fam); **they ~ped stakes and moved to the city** liaron el petate y se mudaron a la ciudad (fam)

u

■ **up** *vi*: **to ~ and go/and run** agarrar *or* (esp Esp) coger* e irse*/y echar(se) a correr

up⁵ *n*: ***on the ~*** (BrE) en aumento; ***gun-related violence is on the ~*** (BrE) la violencia relacionada con armas de fuego está en aumento; ***to be on the ~ and ~*** (AmE colloq) (honest) ‹‹*businessman/salesperson*›› ser* de buena ley, ser* de fiar; (BrE) (succeeding) ‹‹*business/company*›› estar* en alza, marchar *or* ir* cada vez mejor; **~s and downs** vicisitudes *fpl*; **life's little ~s and downs** las vicisitudes de la vida; **their business/marriage has had its ~s and downs** su negocio/matrimonio ha tenido sus altibajos

up-and-coming /ˌʌpən'kʌmɪŋ/ *adj (before n)*: **an ~ artist/actor** un artista/actor que promete *or* que llegará lejos *or* con mucho futuro

up-and-under /ˌʌpən'ʌndər || ˌʌpən'ʌndə(r)/ *n* (in rugby) globo *m*, balón *m* colgado

upbeat¹ /'ʌpbiːt/ *n* compás *m* débil

upbeat² *adj* (colloq) optimista; **the play has an ~ ending** la obra termina en una nota optimista *or* de optimismo

upbraid /ʌp'breɪd/ *vt* (frml) reprender, reconvenir* (frml)

upbringing /'ʌpbrɪŋɪŋ/ *n (no pl)* educación *f*; **it depends on your ~** depende de la educación que se haya recibido *or* de cómo se haya sido educado

upchuck /'ʌptʃʌk/ *vi* (AmE colloq) devolver*, arrojar, vomitar

upcoming /'ʌpˌkʌmɪŋ/ *adj (before n)* ‹*election/meeting*› próximo, que se acerca; ‹*album*› de próxima aparición

upcountry¹ /ʌp'kʌntri/ *adv* tierra adentro, hacia el interior

upcountry² /'ʌpkʌntri/ *adj* ‹*town*› del interior; ‹*people*› del interior, del campo

upcurrent /'ʌpˌkɜːrənt || 'ʌpˌkʌrənt/ *n* corriente *f* ascendente

update¹ /ʌp'deɪt/ *vt* ‹*manual/report/information*› poner* al día, actualizar*; ‹*skills*› poner* al día; ‹*machinery/technology*› poner* al día, modernizar*; ‹*file*› (Comput) poner* al día; **isn't it time you ~d your wardrobe?** ¿no crees que ya va siendo hora de que modernices *or* de que pongas al día tu guardarropa?; **they are continually ~d on the latest developments** se los mantiene al tanto *or* al corriente de los últimos sucesos

update² /'ʌpdeɪt/ *n* [1] (information) **~ (on sth)**: **to give sb an ~ on sth** poner* a algn al corriente *or* al tanto de algo; **now for the latest ~ on the situation** ahora las últimas novedades sobre la situación [2] (sth updated) puesta *f* al día, actualización *f*

updraft, (BrE) **updraught** /'ʌpdræft || 'ʌpdrɑːft/ *n* ▸ **upcurrent**

upend /ʌp'end/ *vt* [1] (stand on end) ‹*bench/chest*› poner* vertical, parar (AmL) [2] (knock down) (colloq) tumbar

upfront¹ /ʌp'frʌnt/ *adj*
A (Busn) *(before n)* ‹*costs/commitment*› inicial
B (open, honest) (colloq) ‹*person/statement*› franco, abierto

upfront² *adv* por adelantado; **it'll cost $1,000, cash ~** va a costar 1.000 dólares, en efectivo y por adelantado; **it means spending a lot ~ before seeing any return** significa gastar un montón de dinero antes de ver ninguna ganancia

upgrade¹ /'ʌpgreɪd, ʌp'greɪd || ʌp'greɪd/ *vt* [1] (raise status of) ‹*employee*› ascender*, elevar de categoría; ‹*job*› elevar la categoría de; ‹*salaries*› aumentar, mejorar; **they ~d her to the status of assistant director** la ascendieron a directora adjunta; **they ~d it to a three-star hotel** lo subieron a la categoría de hotel de tres estrellas; **she was ~d to first class** (Aviat) la cambiaron a primera clase [2] (improve) ‹*facilities*› mejorar; ‹*service/computer*› elevar el nivel de prestaciones de; ‹*software*› actualizar*

■ **upgrade** *vi*: **it provides the flexibility to ~ later** (Comput) cuenta con la ventaja de poder ser actualizado posteriormente; **would you like to ~ to a larger car?** ¿le gustaría pasar a tener un coche más grande?; **I would like to ~ to Club Class** (Aviat) quisiera cambiar mi pasaje *or* (Esp) billete por uno de clase club

upgrade² /'ʌpgreɪd/ *n*
A [1] (rise in status — of employee) ascenso *m*; (— of job) aumento *m* de categoría; (— of salaries) aumento *m*, mejora *f* [2] (improvement) mejora *f* [3] (Comput) actualización *f*
B (incline) (AmE) subida *f*, cuesta *f*

upgrading /ʌp'greɪdɪŋ/ *n* [u c] [1] (in status — of employee) ascenso *m*; (— of job) aumento *m* de categoría; (— of salaries) aumento *m*, mejora *f*; **the ~ of the consulate to an embassy** la transformación del consulado en embajada [2] (of facilities, service) mejora *f*; (of stereo system, computer) mejora *f* de las prestaciones

upheaval /ʌp'hiːvəl/ *n* [u c] [1] (convulsion): **a period of great social/political ~** una época de gran agitación social/política; **changing schools was a great ~ for the children** el cambio de escuela fue muy perturbador para los niños; **all the ~ of moving house** todo el trastorno que implica una mudanza; **it was a terrible emotional ~ for her** fue muy traumático para ella [2] (Geol) levantamiento *m*

upheld /ʌp'held/ *past & past p of* **uphold**

uphill¹ /ʌp'hɪl/ *adv* cuesta arriba, en subida

uphill² *adj* ‹*path*› en cuesta, en subida; ‹*battle/task*› arduo; **it's ~ all the way** todo el camino es cuesta arriba; **it was an ~ struggle** fue muy difícil, nos (*or* les *etc*) costó mucho

uphold /ʌp'həʊld/ *vt* (*past & past p* **upheld**) [1] (preserve) ‹*tradition/custom*› conservar; ‹*faith/principle*› mantener*; **he swore to ~ the Constitution** juró respetar y defender la constitución [2] (Law) ‹*decision/verdict*› confirmar; **the sentence was upheld on appeal** la sentencia fue confirmada en la apelación

upholder /ʌp'həʊldər || ʌp'həʊldə(r)/ *n* defensor, -sora *m,f*

upholster /ʌp'həʊlstər || ʌp'həʊlstə(r)/ *vt* ‹*chair/sofa*› tapizar*; **well-~ed** (hum) rellenito (hum), metidito en carnes (hum)

upholsterer /ʌp'həʊlstərər || ʌp'həʊlstərə(r)/ *n* tapicero, -ra *m,f*

upholstery /ʌp'həʊlstəri/ *n* [u] [1] (stuffing, springs) relleno *m* [2] (covers) tapizado *m* [3] (craft, trade) tapicería *f*

UPI *n* (= **United Press International**) UPI *f*

upkeep /'ʌpkiːp/ *n* [u] [1] (running, maintenance) mantenimiento *m* [2] (costs) gastos *mpl* de mantenimiento

upland /'ʌplənd/ *n* [u c] (*often pl*) tierras *fpl* altas; *(before n)*: **~ regions** tierras *fpl* altas

uplift¹ /ʌp'lɪft/ *vt* ‹*spirit/mind*› elevar; **I felt ~ed** se me elevó el espíritu

uplift² /'ʌplɪft/ *n* [u] [1] (spiritual) exaltación *f*, elevación *f* [2] (physical support) sostén *m*; *(before n)*: **~ bra** sostén *m* armado, sujetador *m* armado (Esp)

uplifting /ʌp'lɪftɪŋ/ *adj* ‹*words/scenery/experience*› (spiritually) que eleva el espíritu; (emotionally) que anima, que levanta el ánimo

upload¹ /'ʌpləʊd/ *n* (Comput) carga *f*, subida *f*

upload² *vt* (Comput) cargar*, subir

upmarket¹ /ʌp'mɑːrkət || ʌp'mɑːkɪt/ *adj* ‹*store/hotel/car*› de categoría, para gente pudiente

upmarket² *adv*: **to go/move ~** subir de categoría, tratar de atraer clientela de mayor poder adquisitivo

upon /ə'pɑːn || ə'pɒn/ *prep* (frml) [1] (on): **she placed the cards ~ the table** puso las cartas sobre la mesa; **~ their arrival, they were shown to their room** a su llegada, se los condujo a su habitación; **there are trains ~ the hour, every hour** hay un tren por hora, a la hora en punto; **acting ~ his advice ...** siguiendo sus consejos ...; **~ my word!** (dated) ¡caramba!; **~ -ING** al + INF; **~ entering the room** al entrar a la habitación [2] (indicating imminent or unexpected arrival): **to be ~ sb**: **the enemy was ~ us** teníamos al enemigo encima; **winter is already ~ us** ya estamos prácticamente en invierno [3] (indicating large numbers): **thousands ~ thousands** miles y miles; **I have sent letter ~ letter** he mandado carta tras carta

upper¹ /'ʌpər || 'ʌpə(r)/ *adj (before n)*
A [1] (spatially, numerically) ‹*jaw*› superior; ‹*lip*› superior, de arriba; **the ~ storeys** las plantas *or* los pisos superiores; **~ age limit** límite *m* (máximo) de edad; **temperatures in the ~ twenties** temperaturas de cerca de 30°C *or* de casi 30°C; **the ~ tax bracket** la banda impositiva más elevada [2] (in rank, importance) ‹*ranks/echelons*› superior, más elevado; **the ~ chamber** *o* **~ house** (Pol) la cámara alta; **~ school** (in UK) los cursos superiores
B (Geog) alto; **the ~ reaches of the Nile** la parte alta del Nilo; **U~ Silesia** la Alta Silesia; **the U~ Danube** el alto Danubio; **~ Manhattan** el norte de Manhattan

upper² *n*
A [1] (of shoe) *parte superior del calzado*; ⓢ **leather uppers, man-made soles** zapatos de cuero con suela sintética; ***to be (down) on one's ~s*** (colloq) estar* más pobre que las ratas [2] **uppers** *pl* (AmE) (Dent) dentadura *f* postiza (*superior*)
B (drug) (sl) anfeta *f* (arg)

upper case *n* [u] caja *f* alta; *(before n)*: **an upper-case letter/M** una letra/M mayúscula

upper-class /ˌʌpər'klæs || ˌʌpə'klɑːs/ *adj* [1] (Sociol) ‹*person/accent/area*› de clase alta [2] (AmE) (Educ) de los cursos superiores

upper class *n* clase *f* alta; **the ~ ~es** las clases altas

upperclassman /ˌʌpər'klæsmən || ˌʌpə'klɑːsmən/ *n* (*pl* **-men** /-mən/) (AmE) (Educ) *estudiante de los últimos años en un colegio universitario o escuela secundaria*

upper-crust /ˌʌpər'krʌst || ˌʌpə'krʌst/ *adj* (colloq & hum) de la flor y nata

upper crust *n* [u]: **the ~ ~** (colloq & hum) la flor y nata, la high (RPl fam), la jai *or* los jaibones (Chi fam)

uppercut /'ʌpərkʌt || 'ʌpəkʌt/ *n* (in boxing) gancho *m*

uppermost¹ /'ʌpərməʊst || 'ʌpəməʊst/ *adj* ‹*branches/floor/part*› más alto; **what was ~ in my mind** lo que más me preocupaba, lo que tenía presente por encima de todo; **financial considerations remain ~ (in our minds)** las consideraciones de tipo económico continúan siendo (para nosotros) prioritarias *or* fundamentales

uppermost² *adv* (on top) encima; (upwards) boca arriba

uppish /'ʌpɪʃ/ ▸ **uppity**

uppity /'ʌpəti/ *adj* (colloq) con ínfulas, con aires de superioridad; **to be ~** darse* aires de superioridad; **she got ~** se le subieron los humos

uprate /'ʌpreɪt || ʌp'reɪt/ *vt* mejorar

upright¹ /'ʌpraɪt/ *adj* [1] (vertical) ‹*post/position*› vertical; ‹*posture*› derecho, erguido; **to place/stand sth ~** colocar*/poner* algo de pie *or* vertical; **sit ~** siéntate derecho; **he held himself ~ throughout the ceremony** se mantuvo erguido durante toda la ceremonia [2] (honest) ‹*character/citizen*› recto

upright² *n*
A (post) (Archit, Const) montante *m*; (of bookcase) soporte *m* vertical; (of goal) poste *m*
B **~ (piano)** piano *m* vertical

uprising /'ʌpraɪzɪŋ/ *n* levantamiento *m*, alzamiento *m*

upriver /ʌp'rɪvər || ʌp'rɪvə(r)/ *adv* río arriba; **a few miles ~ (from London)** a unas millas (de Londres) río arriba

uproar /'ʌprɔːr || 'ʌprɔː(r)/ *n* [u] (noise, chaos) tumulto *m*, alboroto *m*, barahúnda *f*; (outcry) protesta *f* airada; **the meeting ended in ~** la reunión terminó tumultuosamente, hubo un gran revuelo al final de la reunión

uproarious /ʌp'rɔːriəs/ *adj* [1] (noisy) ‹*meeting*› tumultuoso; ‹*applause/welcome*› clamoroso, estrepitoso; ‹*crowd*› enfervorizado; ‹*success*› clamoroso, resonante [2] (hilarious) ‹*comedy*› divertidísimo; **~ laughter** carcajadas *fpl*

uproariously /ʌp'rɔːriəsli/ *adv* ‹*laugh*› a carcajadas, a mandíbula batiente; **~ funny** increíblemente divertido, para desternillarse *or* morirse de la risa

uproot /ʌp'ru:t/ *vt* **1** (Hort) ‹*plant*› arrancar* de raíz, desarraigar* (téc); **the storm ~ed several trees** la tormenta arrancó varios árboles de raíz *or* de cuajo **2** (displace) ‹*person*› desarraigar*; **she was ~ed from her home during the War** la guerra la desarraigó obligándola a dejar su hogar; **I don't want to ~ the children** no quiero sacar a los niños de su ambiente

upsadaisy /'ʌpsə,deɪzi/ *interj* ¡upa! (fam), ¡aúpa! (fam)

upset¹ /ʌp'set/ *adj*
A (unhappy, hurt) disgustado; (distressed) alterado; (offended) ofendido; (disappointed) desilusionado; **he would be most ~ to hear you talk like that** se disgustaría mucho si te oyera hablar así; **she's ~ because he hasn't come home yet** está muy preocupada *or* inquieta porque todavía no ha vuelto a casa; **she's ~ because they left without saying goodbye** está muy ofendida porque se fueron sin despedirse
B (Med): **I have an ~ stomach** estoy *or* ando mal del estómago, estoy descompuesto (del estómago) (esp AmL)

upset² /ʌp'set/ *vt* (*pres p* **upsetting** *past & past p* **upset**)
A (hurt) disgustar; (distress) alterar, afectar; (offend) ofender; **the bad news/his death/the divorce ~ her a lot** la mala noticia/su muerte/el divorcio la afectó muchísimo; **please try not to ~ the patient** procuren que el paciente no se excite *or* se altere; **there's no point in ~ting your parents: don't tell them about the accident** para qué disgustar a tus padres; no les cuentes lo del accidente; **his thoughtlessness/rudeness ~ her** le molestó su desconsideración/grosería; **why ~ yourself? he didn't mean it** ¿por qué te lo tomas a mal? no lo hizo a propósito
B (make ill): **it ~s my stomach** me cae mal, me sienta mal (al estómago)
C **1** (throw into disorder) ‹*plans/calculations*› desbaratar, trastornar; ‹*equanimity*› afectar, perturbar; **to ~ the balance of sth** desequilibrar algo **2** (knock over) ‹*cup/jug*› volcar*; ‹*milk/contents*› derramar; ‹*boat*› volcar*

upset³ /'ʌpset/ *n*
A [c u] **1** (disturbance, upheaval) trastorno *m*; **the ~ involved in moving house** el trastorno que supone una mudanza; **a big ~ to their plans** un gran revés *or* contratiempo para sus planes **2** (emotional trouble) disgusto *m*; **she's had a bit of an ~** ha tenido un disgusto
B [c] (surprise result) (Pol, Sport) sorpresa *f*; (defeat) derrota *f* inesperada
C [c] (Med): **to have a stomach ~** estar* mal del estómago, estar* descompuesto del estómago (esp AmL)

upset price *n* (AmE, Scot) precio *m* mínimo (*fijado para un lote en una subasta*)

upsetting /ʌp'setɪŋ/ *adj* ‹*news*› (distressing) triste; (shocking) terrible; ‹*behavior/language*› ofensivo; **the reports from the disaster area were very ~** los reportajes que llegaban de la zona siniestrada eran sobrecogedores; **the separation was very ~ for the child** la separación afectó *or* perturbó mucho al niño

upshift¹ /'ʌpʃɪft/ *n* **1** (Auto) cambio *m* a una marcha superior **2** (an increase) aumento *m*

upshift² *vi* (Auto) cambiar a una marcha superior
■ **upshift** *vt* (increase) aumentar

upshot /'ʌpʃɑ:t || 'ʌpʃɒt/ *n*: **the ~ (of sth)** el resultado final (de algo); **the ~ of it all is that no one is getting promoted** lo que resulta de todo esto es que no hay ascenso para nadie; **what was the ~ of the discussion?** ¿en qué quedó *or* acabó la discusión?

upside /'ʌpsaɪd/ *n* **1** (positive aspect) lado *m* positivo **2** (of price movements) tendencia *f* alcista

upside down *adj* al revés (*con la parte de arriba abajo*); **the picture is ~ ~** el cuadro está al revés; **he hung ~ ~** estaba colgado cabeza abajo *or* por los pies; **everything is ~ ~ these days** hoy en día todo anda del revés *or* (fam) patas arriba; **to turn sth ~ ~** poner* algo boca abajo, darle* la vuelta a algo, dar* vuelta algo (CS); ‹*theory/world*› revolucionar; **burglars turned the house ~ ~** los ladrones no dejaron cosa sin revolver en la casa, los ladrones dejaron la casa patas arriba (fam)

upsize /'ʌpsaɪz/ *vt* (AmE) (Busn) aumentar el personal *or* la planilla *or* (Esp) plantilla de
■ **upsize** *vi* (Busn) aumentar el personal *or* la planilla *or* (Esp) plantilla

upsizing /'ʌpsaɪzɪŋ/ *n* [u] **1** (Busn) aumento *m* del personal *or* de planilla *or* (Esp) plantilla **2** (Comput) puesta *f* al día

upskill /ʌp'skɪl/ *vi* (Lab Rel) aumentar la capacitación
■ **upskill** *vt* ‹*work force/employee*› aumentar la capacitación de

upstage¹ /ʌp'steɪdʒ/ *vt* eclipsar

upstage² *adv*: **to enter/exit/stand ~** entrar por/salir* por/estar* en el fondo del escenario

upstairs¹ /'ʌpsterz || ʌp'steəz/ *adv* arriba; **to be ~** estar* arriba; **to go ~** subir; **he hasn't got much ~** (colloq & hum) no tiene mucho caletre *or* coco *or* en la azotea (fam & hum)

upstairs² *n* (+ *sing vb*) piso *m* *or* planta *f* de arriba; **it hasn't got an ~** tiene un solo piso *or* una sola planta; (*before n*) ‹*window/rooms*› del piso de arriba, de arriba

upstanding /ʌp'stændɪŋ/ *adj*
A (honest, responsible) cabal, íntegro
B (on one's feet) (frml) (*pred*) de pie, en pie (frml); **the court will be ~** la sala se pondrá en pie (frml)

upstart /'ʌpstɑ:rt || 'ʌpstɑ:t/ *n* arribista *mf*, advenedizo, -za *m,f*; (*before n*) ‹*family/lawyer*› advenedizo

upstate¹ /'ʌpsteɪt/ *adv* (AmE): **he lives ~** vive en el norte del estado (*fuera de la capital*); **to go ~** ir* hacia el norte

upstate² *adj* (AmE) de fuera de la capital; **a house in ~ New York** una casa en el norte del estado de Nueva York

upstream /ʌp'stri:m/ *adv* río *or* corriente arriba; **two miles ~ (from here)** a dos millas río arriba (de aquí); **to swim ~** nadar río arriba *or* contra la corriente

upstroke /'ʌpstrəʊk/ *n* **1** (of brush) pincelada *f* hacia arriba; (of pen) trazo *m* hacia arriba **2** (of piston) carrera *f* ascendente

upsurge /'ʌpsɜ:rdʒ || 'ʌpsɜ:dʒ/ *n* ~ OF/IN **sth** ‹*of/in violence*› recrudecimiento *m* DE algo; ‹*in demand/production*› aumento *m* DE *or* EN algo; **there's a general ~ of interest in his work** hay un renovado interés por su obra

upswing /'ʌpswɪŋ/ *n* ~ **(IN sth)** ‹*in production/demand*› alza *f* (EN algo)

upsydaisy /'ʌpsə,deɪzɪ || 'ʌpsɪ,deɪzi/ *interj* ¡upa! (fam), ¡aúpa! (fam)

uptake /'ʌpteɪk/ *n* [u] **1** (ability to understand): ***to be quick on the ~*** agarrar *or* (esp Esp) coger* las cosas al vuelo; ***to be slow on the ~*** ser* duro de mollera **2** (response) (BrE) respuesta *f*; **the ~ for the course has been disappointing** el interés expresado en el curso ha sido decepcionante

up-tempo /ʌp'tempəʊ/ *adj* con ritmo rápido

upthrust /'ʌpθrʌst/ *n* [u] empuje *m* hacia arriba

uptight /'ʌp'taɪt/ *adj* (colloq) nervioso, tenso; **when you mention money, they get all ~** en cuanto se habla de dinero se ponen nerviosos *or* en tensión; **don't get so ~ (about it)!** no te pongas tan neura (por una cosa así) (fam)

uptime /'ʌptaɪm/ *n* [u] tiempo *m* de funcionamiento

up-to-date /,ʌptə'deɪt/ *adj* (*pred* **up to date**) ‹*figures/information/report*› al día, actualizado; **to be ~ ~ ~ (with sth)** estar* al día *or* al corriente (de algo); **he brought us ~ ~ ~ on the situation** nos puso al día acerca de la situación; **to keep sb/oneself ~ ~ ~ (with/on sth)** mantener* a algn/mantenerse* al corriente *or* al tanto (de algo)

up-to-the-minute /,ʌptəðə'mɪnət || ,ʌptəðə 'mɪnɪt/ *adj* (*pred* **up to the minute**) (journ) ‹*report*› de último momento, de última hora; ‹*news*› de máxima actualidad; ‹*coverage*› completo y actualizado; ‹*style/technology/slang*› del momento

uptown¹ /'ʌptaʊn/ *adj* (AmE) que va hacia el norte/hacia el distrito residencial (de la ciudad)

uptown² *adv* (AmE): **they live/went ~** viven en/fueron hacia el norte/hacia el distrito residencial de la ciudad

uptrend /'ʌptrend/ *n* tendencia *f* al alza

upturn /'ʌptɜ:rn || 'ʌptɜ:n/ *n* (in demand, production) repunte *m*, mejora *f*; **an ~ in the economy** un repunte en la economía; **there's no sign of an ~** no hay indicios de que vaya a haber una mejora *or* de que las cosas vayan a tomar un giro positivo; **there was an ~ in their fortunes** la suerte empezó a sonreírles

upturned /'ʌptɜ:rnd || 'ʌptɜ:nd/ *adj* ‹*end*› vuelto hacia arriba; ‹*nose*› respingón, respingado (AmL); ‹*table*› boca abajo, patas arriba

upward¹ /'ʌpwərd || 'ʌpwəd/ *adj* (*before n*) ‹*pressure/direction*› hacia arriba; ‹*movement/spiral*› ascendente; ‹*tendency*› al alza; **the long ~ climb** el largo ascenso

upward², (esp BrE) **upwards** /-z/ *adv* ‹*climb/look*› hacia arriba; **face ~** boca arriba; **everyone from 60 ~** todas las personas de 60 años para arriba *or* de 60 años o más; **~ of 30 years/$100** más de 30 años/100 dólares; **we had to revise our estimate ~** tuvimos que revisar nuestro presupuesto al alza

upwardly mobile /'ʌpwərdli || 'ʌpwədli/ *adj* de movilidad social ascendente

upward mobility *n* [u] movilidad *f* social ascendente

upwind /ʌp'wɪnd/ *adv* ‹*sail/beat*› contra el viento; **the village is ~ of the factory** al pueblo no le llegan los humos de la fábrica

Urals /'jʊrəlz || 'jʊərəlz/ *pl n*: **the ~** los Urales

uranium /jʊ'reɪniəm/ *n* [u] uranio *m*

Uranus /'jʊərənəs jʊə'reɪnəs/ *n* Urano *m*

urban /'ɜ:rbən || 'ɜ:bən/ *adj* (Geog) ‹*area/community*› urbano; ‹*life*› urbano, en las urbes; **~ guerrilla** guerrillero urbano, guerrillera urbana *m,f*; **~ planner** urbanista *mf*; **~ planning** urbanismo *m*, planificación *f* urbana; **~ studies** estudios *mpl* de urbanismo; **~ warfare** la guerrilla urbana; **a program of ~ renewal** un programa de remodelación urbana; **the ~ poor** los pobres de las ciudades

urban district *n* (in UK) (Govt) *división administrativa de un condado que abarca varios centros urbanos*

urbane /ɜ:r'beɪn || ɜ:'beɪn/ *adj* (frml) ‹*person/manner*› fino y cortés, urbano (frml)

urbanely /ɜ:r'beɪnli || ɜ:'beɪnli/ *adv* (frml) con finura y cortesía

urbanization /,ɜ:rbənə'zeɪʃən || ,ɜ:bənaɪ'zeɪʃən/ *n* [u] urbanización *f*

urbanize /'ɜ:rbənaɪz || 'ɜ:bənaɪz/ *vt* urbanizar*

urchin /'ɜ:rtʃən || 'ɜ:tʃɪn/ *n* golfillo, -lla *m,f*, pilluelo, -la *m,f*, palomilla *mf* (Chi, Per), gamín, -mina *m,f* (Col); (*before n*): **~ cut** corte *m* de pelo a la garçon *or* a la garçonne

Urdu /'ʊrdu: || 'ʊədu:/ *n* [u] urdu *m*

urea /jʊ'ri:ə || 'jʊəri:ə/ *n* [u] urea *f*

ureter /jʊ'rətər || jʊə'ri:tə(r)/ *n* uréter *m*

urethra /jʊ'ri:θrə || jʊə'ri:θrə/ *n* (*pl* **urethras** *or* **urethrae** /-θri:/) uretra *f*

urethritis /,jʊrə'θraɪtəs || ,jʊərɪ'θraɪtɪs/ *n* [u] uretritis *f*, ureteritis *f*

urge¹ /ɜ:rdʒ || ɜ:dʒ/ *n* ganas *fpl*, impulso *m*; **I was going to do it but I've lost the ~** lo iba a hacer pero se me han ido las ganas; **the creative ~** el impulso creativo *or* creador; **sexual ~s** impulsos *mpl* sexuales; **she felt an/the ~ to do something different** sentía la necesidad de hacer algo diferente; **he had a strong ~ to punch him** le entraron unas ganas enormes de darle un puñetazo; **he managed to resist the ~ to tell her** logró contener las ganas que tenía de decírselo; **he got the ~ to travel** le entraron ganas de viajar, le entró el gusanillo de los viajes (fam)

urge² *vt* (exhort) instar (frml), exhortar (frml); (entreat) pedir* con insistencia, rogar*; **to ~ sb to + INF** instar a algn A QUE + SUBJ (frml), pedirle* A algn con insistencia QUE + SUBJ; **they ~d**

u

the government to take immediate action instaron al gobierno a que tomara medidas inmediatas (frml); **he ~d her to accept the post** le pidió con insistencia que aceptara el puesto; **I ~ you to reconsider** le pido encarecidamente que lo reconsidere; **she ~d him to go back** le rogó que volviese; **she needed no urging** no se hizo (de) rogar; **he ~d acceptance/rejection of the offer** insistió en que se aceptara/rechazara la oferta; **they ~d that it (should) be done immediately** insistieron en que se hiciera inmediatamente; **to ~ sth ON** *o* **UPON sb** recalcarle* algo A algn; **he ~d on us the need for caution** nos recalcó la necesidad de actuar con cautela, hizo hincapié en la necesidad de que actuáramos con cautela

(Phrasal verb)

- **urge on** [v + o + adv] ‹*person/team*› animar, alentar*; ‹*horse*› espolear; **to ~ sb/sth on TO sth**: **she ~d the nation on to greater efforts** instó a la nación a realizar aún mayores esfuerzos; **their fans ~d them on to victory** los hinchas los animaron *or* alentaron a conseguir la victoria

urgency /'ɜːrdʒənsi || 'ɜːdʒənsi/ *n* [u] 1 (of situation, problem) urgencia *f*; **to treat sth as a matter of ~** tratar algo con la mayor urgencia; **it's of the utmost ~ that you reply** urge *or* es muy urgente que le dé una respuesta 2 (of tone, plea) apremio *m*, urgencia *f*

urgent /'ɜːrdʒənt || 'ɜːdʒənt/ *adj* 1 (pressing) ‹*matter/case/letter*› urgente; **it's in ~ need of repair** hay que repararlo urgentemente; **he's in ~ need of surgery** requiere una inmediata intervención quirúrgica (frml), hay que operarlo urgentemente 2 (insistent) ‹*tone/plea*› apremiante; ‹*knock*› insistente

urgently /'ɜːrdʒəntli || 'ɜːdʒəntli/ *adv* ‹*need/request/seek*› urgentemente, con urgencia; **staff ~ required** se necesita personal urgentemente

uric acid /'jʊrɪk || 'jʊərɪk/ *n* [u] ácido *m* úrico

urinal /'jʊrənl || jʊə'raɪnl/ *n* 1 (place, fixture) urinario *m* 2 (receptacle) orinal *m*

urinary /'jʊrəneri || 'jʊərɪnəri/ *adj* ‹*disorder*› del aparato urinario; (excluding kidneys) de las vías urinarias; **~ system** sistema *m* urinario; **~ tract** tracto *m* urinario

urinate /'jʊrəneɪt || 'jʊərɪneɪt/ *vi* (frml) orinar

urination /ˌjurə'neɪʃən || ˌjʊərɪ'neɪʃən/ *n* [u] micción *f*

urine /'jʊrən || 'jʊərɪn/ *n* [u] orina *f*; (*before n*) ‹*sample*› de orina

urinogenital /ˌjʊrənəʊ'dʒenətl || ˌjʊərɪnəʊ'dʒenɪtl/ *adj* genitourinario

URL *n* (= **uniform resource locator, universal resource locator**) URL *m*

urn /ɜːrn || ɜːn/ *n* 1 (vase) urna *f* 2 (for ashes) urna *f* funeraria 3 (for tea, coffee) *recipiente grande para hacer o mantener caliente té, café etc*

urogenital /ˌjʊrəʊ'dʒenətl || ˌjʊərəʊ'dʒenɪtl/ *adj* urogenital

urologist /jʊ'rɑːlədʒəst || ˌjʊə'rɒlədʒɪst/ *n* urólogo, -ga *m,f*

urology /jʊ'rɑːlədʒi || ˌjʊə'rɒlədʒi/ *n* [u] urología *f*

Uruguay /'jʊrəgwaɪ || 'jʊərəgwaɪ/ *n* Uruguay *m*

Uruguayan[1] /ˌjʊrə'gwaɪən || ˌjʊərə'gwaɪən/ *adj* uruguayo

Uruguayan[2] *n* uruguayo, -ya *m,f*

us /ʌs *weak form* /əs/ ▸ⓘ p.1287 *pron*

A 1 (as direct object) nos; **they helped ~** nos ayudaron 2 (as indirect object) nos; **he told ~ a story** nos contó un cuento; **he gave ~ the book** nos dio el libro; **he gave it to ~** nos lo dio 3 (after preposition) nosotros, -tras; **for/without/with ~** para/sin/con nosotros/nosotras; **there were four of ~** éramos cuatro; **they're older than ~** son mayores que nosotros; **he's one of ~** es de los nuestros

B (emphatic use) nosotros, -tras; **there were ~ and the Smiths** estábamos nosotros y los Smith; **it's ~, can we come in?** somos nosotros ¿podemos entrar?; **it was ~** fuimos nosotros; **who, ~?** ¿quién, nosotros?

C 1 (for ourselves) (AmE colloq *or* dial) nos; **let's go and get ~ some beer** vamos a comprarnos unas cervezas 2 (me) (esp BrE colloq) me; **do ~ a favor, will you?** ¿me quieres hacer un favor?; **let's have a look** ¿a ver?, déjame ver

US *n* (+ *sing vb*) EEUU, EE UU, EE.UU.; **she studied in the ~** estudió en los Estados Unidos; (*before n*) ‹*institution/industry*› estadounidense

USA *n* 1 (= **United States of America**) EEUU, EE UU, EE.UU. 2 (= **United States Army**) ejército *m* estadounidense *or* de los EEUU

USA Today
▸ **Newspapers.**

usable, useable /'juːzəbəl/ *adj* utilizable

USAF *n* (= **United States Air Force**) la Fuerza Aérea de los EEUU

usage /'juːsɪdʒ/ *n* 1 [u c] (Ling) uso *m*; **current ~** el uso actual; **this is not considered correct ~** este uso no se considera correcto 2 [u c] (custom, practice) costumbre *f*, uso *m*; **common ~** práctica *f* común 3 [u] (use) uso *m*, utilización *f*

USA Today ▸**Newspapers**

USB *n* (Comput) (= **universal serial bus**) USB *m*; (*before n*): **~ key** *o* **flash drive** llave *f or* lápiz *m* de memoria USB; **~ port** puerto *m* USB

USC *n* (*no art*) = **University of Southern California**

USDA *n* = **United States Department of Agriculture**

use[1] /juːs/ *n*

A [u] (of machine, substance, method, word) uso *m*, empleo *m*, utilización *f*; **wash out the syringe before and after ~** lave la jeringa antes y después de su uso; **the new airstrip is ready for ~** la nueva pista de aterrizaje ya está lista *or* ya puede usarse; **Haydn's ~ of the oboe in his symphonies** la manera en que Haydn hace uso del oboe en sus sinfonías; **her suitcase had seen a lot of ~** tenía una maleta muy usada; **the steps were worn down by centuries of ~** siglos de uso habían desgastado los escalones; Ⓢ **instructions for use** instrucciones, modo de empleo; **I keep it for ~ in emergencies** lo tengo para usarlo en caso de emergencia; **drug ~** el consumo de drogas; **the ~ of force** el empleo *or* uso de la fuerza; **to lose the ~ of an arm/eye** perder* el uso de un brazo/la visión de un ojo; **to be in ~** ‹‹*machine*›› estar* funcionando *or* en funcionamiento; ‹‹*word/method*›› emplearse, usarse; **the elevator is in constant ~** el ascensor se usa constantemente; **the auxiliary motors come into ~ when needed** los motores auxiliares entran en funcionamiento cuando es necesario; **the machine was out of ~ all last week** la máquina no funcionó durante toda la semana pasada; **it went out of ~ years ago** se dejó de usar hace muchos años; **to make ~ of sth** usar algo, hacer* uso de algo; **she made good ~ of her money** empleó *or* aprovechó bien su dinero, hizo buen uso de su dinero; **he's made poor ~ of his chances** ha desaprovechado las oportunidades que ha tenido; **I must make better ~ of my time** debo emplear *or* aprovechar mejor el tiempo; **she put her musical ability to good ~** hizo buen uso de sus dotes musicales; **he put the present to very bad ~** le dio muy mal uso al regalo

B [c] (application, function) uso *m*; **the machine has many ~s** la máquina tiene muchos usos; **she has her ~s** para algo sirve, a veces nos (*or* les *etc*) es útil; **I might find a ~ for them** puede que me sirvan para algo; **I have no further ~ for these tools** ya no necesito estas herramientas; **collectors have little ~ for those coins** los coleccionistas no están muy interesados en esas monedas; **I've got no ~ for liars like him** no tolero a los mentirosos como él

C [u] (usefulness): **to be (of) ~ to sb** serle* útil *or* de utilidad a algn, servirle* a algn; **it may be of some ~ to us in the future** nos podría ser útil *or* de utilidad en un futuro, nos podría servir en un futuro; **she could be of enormous ~ to us** nos podría ser utilísima; **it is of little practical ~** no es muy útil, no es de mucha utilidad práctica; **these scissors aren't much ~** estas tijeras no sirven para nada; **I'm not much ~ at cooking** no se me da muy bien la cocina, no sirvo para cocinar; **a (fat) lot of ~ you are!** (iro) ¡vaya manera de ayudar la tuya! (iró); **is this (of) any ~ to you?** ¿te sirve de algo esto?; **it's no ~** es inútil, no hay manera, no hay caso (AmL); **it's no ~ complaining** de nada sirve quejarse, no se consigue nada quejándose *or* con quejarse; **what's the ~ (of -ING)?** ¿de qué sirve (+ INF)?, ¿qué sentido tiene (+ INF)?; **what's the ~ of worrying?** ¿de qué sirve *or* qué sentido tiene preocuparse?; **what's the ~? he'll only say no!** ¿para qué? ¿para que me diga que no?

D (right to use): **to have the ~ of sb's car/office** poder* usar el coche/la oficina de algn; **she offered me the ~ of her house while she was away** me ofreció su casa mientras estaba fuera

E 1 [c] (custom) (liter) uso *m* (liter) 2 [u] (Relig) rito *m*

use[2] /juːz/ *vt*

A 1 (for task, purpose) usar; **are you using the scissors?** ¿estás usando *or* (Chi tb) ocupando las tijeras?; **this camera is easy to ~** esta cámara es muy fácil de usar *or* es de fácil manejo; **the bed/skirt has hardly been ~d** la cama/falda está casi sin usar; **don't ~ bad language** no digas palabrotas; **to ~ drugs** consumir drogas; **a technique ~d in this treatment** una técnica que se emplea *or* se utiliza *or* se usa en este tratamiento; **we ~ first names in the office** en la oficina nos llamamos por el nombre *or* nos tuteamos; **~ your head/imagination** usa la cabeza/la imaginación; **she could ~ her free time to better purpose** podría aprovechar mejor su tiempo libre; **they've taken on more staff than they can ~** han contratado a más gente de la que necesitan; **to ~ sth to + INF** usar *or* utilizar* algo PARA + INF; **~ a knife to open it** usa *or* utiliza un cuchillo para abrirla, ábrela con un cuchillo; **~ your shoe to knock the nail in** clávalo con el zapato; **I ~ the bones to make soup** con los huesos hago una sopa; **what's this ~d for?** ¿y esto para qué sirve *or* para qué se usa?; **I ~ the bike for getting around town** uso la bicicleta para desplazarme por la ciudad; **to ~ sth AS sth** usar algo DE *or* COMO algo; **we ~d an old sheet as a curtain** usamos una sábana vieja de *or* como cortina 2 (avail oneself of) ‹*service*› utilizar*, usar, hacer* uso de; **only members may ~ the facilities** sólo los socios pueden hacer uso de las instalaciones, sólo los socios pueden utilizar *or* usar las instalaciones; **to ~ one's influence** usar su (*or* mi *etc*) influencia, valerse* de su (*or* mi *etc*) influencia; **may I ~ your phone?** ¿puedo hacer una llamada *or* llamar por teléfono?; **may I ~ your toilet?** ¿puedo pasar *or* ir al baño?; **may I ~ your name for a reference?** ¿puedo dar su nombre para referencias?

B (do with) (colloq): **I could ~ a drink/the money** no me vendría mal un trago/el dinero; **we can ~ all the luck we can get** vamos a necesitar toda la suerte del mundo

C (consume) ‹*food/fuel*› consumir, usar; ‹*money*› gastar; **this heater ~s a lot of electricity** este calentador consume mucha electricidad; Ⓢ **use by Feb 3 2009** fecha de caducidad: 3 feb 2009, consumir antes del 3 feb 2009

D (manipulate, exploit) (pej) utilizar*, usar (esp AmL); **I felt I'd been ~d** me sentí utilizado *or* (esp AmL) usado

■ *v mod* /juːs/; (*in neg, interrog sentences*): **I didn't ~ to visit them very often** no solía visitarlos muy a menudo; **where did you ~ to live?** ¿dónde vivías?; *see also* **used**[2]

(Phrasal verb)

- **use up** [v + o + adv, v + adv + o] ‹*supplies/strength*› agotar, consumir; ‹*leftovers*› usar, aprovechar; **they'd ~d up all the hot water** habían usado toda el agua caliente; **she's ~d up her clothes allowance on travel** se ha gastado todo el dinero que recibe para ropa en viajar

useable *adj* ▸**usable**

U

use-by date /ˈjuːzˌbaɪ/ *n* (BrE) fecha *f* de caducidad

used[1] *adj*

A /juːzd/ **1** ‹*needle/stamp*› usado **2** (secondhand) ‹*car/camera/clothing*› usado, de segunda mano; **~-car salesman** vendedor *m* de coches usados *or* de ocasión *or* de segunda mano

B /juːst/ (accustomed) (*pred*); **to be ~ TO sth/-ING** estar* acostumbrado A algo/+ INF; **I'm not ~ to this heat/getting up early** no estoy acostumbrado a tanto calor/a madrugar; **I'm ~ to being treated like that** estoy acostumbrado a que me traten así; **to get ~ TO sth/-ING** acostumbrarse A algo/+ INF; **I got ~ to him** me acostumbré a él; **I got ~ to the idea** me hice a la idea; **we grew ~ to the food** nos acostumbramos a la comida; **you'll soon get ~ to getting up early** pronto te acostumbrarás a madrugar

used[2] /juːst/ *v mod*

⚠ *used to*, expressing habitual activity in the past, is translated by the imperfect tense in Spanish. For examples, see the entry below.

(indicating former state, habit) (*only in past*) **~ to (+ INF)**: **there ~ to be a shop next door** antes había una tienda al lado; **~n't there to be a park here?** (BrE dated) ¿no había aquí un parque?; **things aren't what they ~ to be** (set phrase) las cosas ya no son lo que eran; **I ~ to work in that shop** (antes) trabajaba en esa tienda; **do you play chess? — I ~ to** ¿juegas al ajedrez? — antes solía jugar *or* ya no; **they ~ not** *o* (BrE colloq) **~n't to charge for deliveries** antes no cobraban el reparto a domicilio; **I sometimes ~ to read that paper** de vez en cuando leía *or* solía leer ese periódico; *see also* **use**[2]

usedn't /ˈjuːsənt/ (BrE) **= used not**

useful /ˈjuːsfəl/ *adj* **1** ‹*invention/tool/advice/information*› útil; ‹*experience*› útil, provechoso; **a ~ life of 12 months** una vida útil de 12 meses; **that's a ~ thing to know** viene bien *or* es útil saberlo; **he's a ~ member of the team** es un valioso miembro del equipo; **she's been very ~ to us** nos ha sido muy útil; **he's a ~ man to know** puede resultar útil conocerlo; **to lead a ~ life** llevar una vida provechosa; **socially ~ products** productos *mpl* de utilidad social; **to come in ~** (BrE) ser* útil, venir* bien; **my degree finally came in ~** el título al final me fue útil *or* me sirvió de algo; **to make oneself ~** ayudar, echar una mano; **make yourself ~!** ¡a ver si ayudas un poco!, ¡a ver si echas una mano! **2** (capable) ‹*player/sprinter*› bueno; **he's quite ~ with his fists/a gun** sabe usar los puños/la pistola

usefully /ˈjuːsfəli/ *adv* útilmente; **I spent my time very ~ at the library** aproveché muy bien el tiempo en la biblioteca; **there is nothing I can ~ add** nada puedo añadir que sea de ninguna utilidad

usefulness /ˈjuːsfəlnəs ‖ ˈjuːsfəlnɪs/ *n* [u] utilidad *f*; **this law/machine has outlived its ~** esta ley/máquina ha quedado desfasada *or* ha dejado de prestar utilidad

useless /ˈjuːsləs ‖ ˈjuːslɪs/ *adj* **1** (ineffective) ‹*object/tool/person*› inútil; **these scissors are ~** estas tijeras no sirven para nada **2** (futile) inútil; **it would be ~** sería inútil, no serviría de nada; **it's ~ having one if you don't use it** de nada sirve *or* no sirve de nada tener uno si no lo usas **3** (not capable) (colloq) ‹*person*› inútil, negado (fam); **to be ~ AT sth/-ING** ser* negado PARA algo/ + INF (fam); **he's ~ at sports/dancing** es negado para los deportes/bailar

uselessly /ˈjuːsləsli ‖ ˈjuːslɪsli/ *adv* ‹*struggle/attempt*› inútilmente, en vano

uselessness /ˈjuːsləsnəs ‖ ˈjuːslɪsnɪs/ *n* [u] inutilidad *f*

Usenet /ˈjuːznet/ *n* Usenet *f*

usen't /ˈjuːsənt/ (BrE dated) **= used not**

user /ˈjuːzər ‖ ˈjuːzə(r)/ *n* usuario, -ria *m,f*; **drug ~** consumidor, -dora *m,f* de drogas; (addict) drogadicto, -ta *m,f*, toxicómano, -na *m,f* (frml) ; (*before n*): **~ group** grupo *m* de usuarios; **~ identification** nombre *m* de usuario; **~ interface** interface *f or* interfaz *f* de usuario

user-definable /ˌjuːzərdɪˈfaɪnəbəl ‖ ˌjuːzədɪˈfaɪnəbəl/ *adj* definible por el usuario

user-defined key /ˌjuːzərdɪˈfaɪnd ‖ ˌjuːzədɪˈfaɪnd/ *n* tecla *f* definida por el usuario

user-friendliness /ˌjuːzərˈfrendlɪnəs ‖ ˌjuːzəˈfrendlɪnɪs/ *n* [u] facilidad *f* de uso

user-friendly /ˌjuːzərˈfrendli ‖ ˌjuːzəˈfrendli/ *adj* ‹*computer/program/dictionary*› fácil de usar *or* de utilizar

username /ˈjuːzərneɪm ‖ ˈjuːzəneɪm/ *n* nombre *m* de usuario

usher[1] /ˈʌʃər ‖ ˈʌʃə(r)/ *n* **1** (Cin, Theat) acomodador, -dora *m,f* **2** (at wedding) *persona allegada a los novios que se encarga de recibir y sentar a los invitados en la iglesia* **3** (in UK) (Law) ujier *mf*

usher[2] *vt*: **to ~ sb to her/his seat** conducir* a algn hasta su asiento; **he ~ed her into the room** la hizo pasar a la habitación; **she ~ed us to the door** nos acompañó hasta la puerta

Phrasal verb

- **usher in** [v + o + adv, v + adv + o] ‹*person*› hacer* pasar; ‹*new era*› marcar* el comienzo de, ser* el preludio de; **a huge party to ~ in the new century** una gran fiesta para recibir el nuevo siglo

usherette /ˌʌʃəˈret/ *n* acomodadora *f*

USIA *n* **= United States Information Agency**

USM *n* (formerly in UK) **= unlisted securities market**

USMC *n* **= United States Marine Corps**

USN *n* (**= United States Navy**) **Capt J Thurlow, ~** Capitán de Navío J Thurlow

USO *n* (in US) **= United Services Organization**

USP *n* **= unique selling point**

USS = United States ship

USSR *n* (Hist) (**= Union of Soviet Socialist Republics**) URSS *f*

usu. = usually

usual[1] /ˈjuːʒuəl/ *adj* ‹*method/response/comment*› acostumbrado, habitual, usual; ‹*time/place/route*› de siempre, de costumbre; ‹*clothes/appearance*› de costumbre; **she wasn't her ~ self** no era la de siempre; **we've had more snow than ~ this winter** este invierno ha nevado más que de costumbre *or* más de lo normal; **as ~** como de costumbre, como siempre; **everybody was grumbling about the weather — as ~!** todos se quejaban del mal tiempo — ¡como de costumbre! *or* (iró) ¡para variar!; **Ⓢ business as usual** estamos abiertos; **as is ~ at these events** como suele ocurrir *or* pasar en estas ocasiones; **it is ~ for candidates to apply in writing** lo normal *or* habitual es que los candidatos hagan su solicitud por escrito; **the ~ thing** lo de siempre; **the ~ thing is for everybody to take part** lo normal es que todos participen

usual[2] *n* (colloq) (*no pl*) **1** (customary thing): **to do/say the ~** hacer*/decir* lo de siempre **2** (drink, order): **my** *o* **the ~, please** lo de siempre, por favor

usually /ˈjuːʒuəli/ *adv* normalmente, por lo general, usualmente; **I ~ do it in the morning** normalmente *or* por lo general lo hago por la mañana, lo suelo hacer por la mañana; **what do you ~ have for breakfast/do in the evenings?** ¿qué sueles desayunar/hacer por las noches?; **this ~ quiet young man** este joven, que por lo general es callado

usufruct /ˈjuːzəfrəkt ‖ ˈjuːzjʊfrʌkt/ *n* usufructo *m*

usufructuary /ˌjuːzəˈfrəktʃueri ‖ ˌjuːzjʊˈfrʌktjʊəri/ *n* (*pl* **-ries**) usufructuario, -ria *m,f*

usurer /ˈjuːʒərər ‖ ˈjuːʒərə(r)/ *n* usurero, -ra *m,f*

usurious /jʊˈʒʊriəs, jʊˈzʊriəs ‖ juːˈʒʊəriəs, juˈzʊəriəs/ *adj* ‹*practice/rate of interest*› usurario, de usura; ‹*person*› usurero

usurp /jʊˈsɜːrp ‖ juːˈzɜːp/ *vt* (frml) ‹*throne/role/inheritance*› usurpar

usurper /jʊˈsɜːrpər, -ˈzɜːr- ‖ jʊˈzɜːpə(r), -ˈsɜː-/ *n* (frml) usurpador, -dora *m,f* (frml)

usury /ˈjuːʒəri/ *n* [u] usura *f*

UT = Utah

ute /juːt/ *n* (Austral) (NZ colloq) (Auto) **= utility vehicle**

utensil /juːˈtensəl ‖ juːˈtensɪl/ *n* utensilio *m*; **kitchen ~s** utensilios de cocina; **farming ~s** útiles *mpl or* implementos *mpl* de labranza

uterine /ˈjuːtərɪn ‖ ˈjuːtəraɪn/ *adj* uterino

uterus /ˈjuːtərəs/ *n* (*pl* **-teri** /-təraɪ/ *or* **-teruses**) útero *m*, matriz *f*

utilitarian[1] /juːˌtɪləˈteriən ‖ ˌjuːtɪlɪˈteəriən/ *adj* **1** (practical) utilitario **2** (Phil) utilitarista

utilitarian[2] *n* utilitarista *mf*

utilitarianism /juːˌtɪləˈteriənɪzəm ‖ ˌjuːtɪlɪˈteəriənɪzəm/ *n* [u] utilitarismo *m*

utility /juːˈtɪləti/ *n* (*pl* **-ties**) **1** [u] (usefulness) (frml) utilidad *f*; (*before n*): **~ furniture** mobiliario *m* funcional *or* práctico; **~ player** jugador, -dora *m,f* versátil **2** [c] (*public service ~*) empresa *f* de servicio público

utility room *n* lavadero *m*

utility vehicle *n* camioneta *f*

utilization /ˌjuːtləˈzeɪʃən ‖ ˌjuːtəlaɪˈzeɪʃən/ *n* [u] (frml) utilización *f*

utilize /ˈjuːtlaɪz ‖ ˈjuːtɪlaɪz/ *vt* (frml) utilizar*, hacer* uso de

utmost[1] /ˈʌtməʊst/ *adj* (*before n*) **1** (greatest) mayor, sumo; **with the ~ care** con el mayor cuidado, con sumo cuidado; **of the ~ importance** de suma importancia, sumamente importante, importantísimo; **with the ~ haste/caution** con la mayor celeridad/cautela **2** (farthest) ‹*edge/limit*› extremo; **to the ~ ends of the earth** hasta los confines de la tierra

utmost[2] *n* **to do one's ~ (to + INF)** esforzarse* al máximo *or* hacer* todo lo posible (PARA + INF); **to the ~** al máximo; **the ~ in luxury** el súmmum del lujo, el no va más en lujo (fam)

utopia, Utopia /juːˈtəʊpiə/ *n* (*pl* **-as**) utopía *f*

utopian, Utopian /juːˈtəʊpiən/ *adj* utópico

utter[1] /ˈʌtər ‖ ˈʌtə(r)/ *adj* (*as intensifier*) ‹*confusion/despair/darkness*› completo, total, absoluto; ‹*scoundrel*› de la peor calaña, redomado; **what ~ nonsense!** ¡qué disparate!; **he's an ~ fool** es un perfecto imbécil

utter[2] *vt* **1** (say, emit) ‹*word*› decir*, pronunciar; ‹*remark*› hacer*; ‹*cry*› dar*, proferir* (frml); **don't ~ a word of this to anyone** no le digas nada de esto a nadie; **he didn't ~ a sound** no dijo nada *or* ni una palabra, no dijo ni pío (fam); **to ~ the unutterable** decir* lo indecible **2** (Law) ‹*false currency*› poner* en circulación

utterance /ˈʌtərəns/ *n* (frml) **1** [u] (Ling) unidad *f* de habla, emisión *f* **2** [u] (act): **to give ~ to sth** expresar *or* manifestar* algo **3** [c] (sound) sonido *m*; (sth spoken) palabras *fpl*; **the President's public ~s** las declaraciones públicas del presidente

utterly /ˈʌtərli ‖ ˈʌtəli/ *adv* (*as intensifier*) completamente, totalmente; **I ~ despise him** siento el más absoluto desprecio por él; **our time has been ~ wasted** hemos perdido miserablemente el tiempo

uttermost /ˈʌtərməʊst ‖ ˈʌtəməʊst/ *adj/n* ▸ **utmost**[1], **utmost**[2]

U-turn /ˈjuːtɜːrn ‖ ˈjuːtɜːn/ *n* (Auto) cambio *m* de sentido, giro *m or* vuelta *f* en U (CS); **to make** *o* (BrE) **do a ~** cambiar de sentido, dar* vuelta *or* girar en U (CS); **they did a ~ on taxation** dieron un giro de 180° en materia de impuestos; **there will be no ~s over education policy** no habrá cambios radicales en la política educativa

UV *adj* (**= ultraviolet**) ‹*light/rays*› UV *adj inv*, ultravioleta

UVA *n* rayos *mpl* UVA

UVB *n* rayos *mpl* UVB

uvula /ˈjuːvjələ ‖ ˈjuːvjʊlə/ *n* (*pl* **-las** *or* **-lae** /-liː/) campanilla *f*, úvula *f*

uvular[1] /ˈjuːvjələr ‖ ˈjuːvjʊlə(r)/ *adj* uvular

uvular[2] *n* (consonante *f*) uvular *f*

uxorious /ʌkˈsɔːriəs/ *adj* (liter) excesivamente apegado *or* sometido a su mujer

Uzbekistan /ʊzˌbekɪˈstɑːn/ *n* Uzbekistán *m*

v, V /viː/ *n*
A v, V *f*; **V for victory** la V de la victoria
B (see) (frml) véase
C (*pl* **vv.**) (Bib, Lit) (= **verse**) **Exodus ch. 4, v. 18** Éxodo 4,18
D (colloq) (= **very**) muy
E (Elec) (= **volt(s)**) V (*read as: voltio(s)*)
F ▸**vs**

VA *n* **1**▸ = **Virginia** **2**▸ (in US) = **Veterans' Administration**

vac /væk/ *n* (BrE colloq) vacaciones *fpl*

vacancy /ˈveɪkənsi/ *n* (*pl* **-cies**)
A [c] **1**▸ (job) vacante *f*; **a ~ exists for an electrician** se necesita *or* se busca electricista; **to fill a ~** cubrir* *or* proveer* una vacante; Ⓢ **vacancies** ofertas de trabajo **2**▸ (in hotel) habitación *f* libre; Ⓢ **vacancies** hay habitaciones; Ⓢ **no vacancies** completo, cupo agotado (Méx)
B [u] (blankness) vacuidad *f*

vacant /ˈveɪkənt/ *adj*
A **1**▸ ‹*building/premises*› desocupado, vacío; Ⓢ **vacant possession** libre de inquilinos; **~ lot** terreno *m* sin construir, terreno *m* baldío (AmL) **2**▸ ‹*post*› vacante; Ⓢ **situations vacant** ofertas de trabajo **3**▸ ‹*room*› disponible, libre; ‹*seat/space*› libre; Ⓢ **vacant** libre
B (blank) ‹*look/expression*› ausente, distraído

vacantly /ˈveɪkəntli/ *adv* ‹*gaze/smile*› con expresión ausente

vacate /ˈveɪkeɪt || veɪˈkeɪt, və-/ *vt*
A (move out of) (frml) ‹*building*› desocupar, desalojar; ‹*seat/hotel room*› dejar libre; ‹*job/post*› abandonar, dejar; **to ~ the premises** desocupar *or* desalojar el local
B (annul) (Law) ‹*judgment/ruling*› anular; ‹*contract*› anular, rescindir

vacation[1] /veɪˈkeɪʃən/ *n*
A **1**▸ [u c] (esp AmE) (from work) vacaciones *fpl*, licencia *f* (Col, Méx, RPl); (from studies) vacaciones *fpl*; **to be on ~** estar* de vacaciones; (from work) estar* de vacaciones, estar* de licencia (Col, Méx, RPl); **to take a ~** tomarse unas vacaciones; **he took his ~ in May** se tomó *or* (Esp tb) cogió las vacaciones en mayo, se tomó la licencia en mayo (Col, Méx, RPl); **I spent my ~ in Peru** pasé las vacaciones *or* (Méx tb) vacacioné en el Perú; **where did you spend your summer ~?** ¿dónde veraneaste?; **the long ~** (BrE) las vacaciones de verano; **to go on ~** ir* *or* irse* de vacaciones; (*before n*) ‹*trip/camp/job*› de vacaciones; **~ home** casa *f* de veraneo *or* de campo; **~ resort** centro *m* turístico **2**▸ [c] (of law courts) período *m* de inactividad, receso *m* (judicial) (AmL)
B [u] (of building) (frml) evacuación *f* (frml), desalojo *m*

vacation[2] *vi* (AmE) pasar las vacaciones, vacacionar (Méx)

vacationer /veɪˈkeɪʃnər || vəˈkeɪʃənə(r)/, **vacationist** /-ʃnəst || -ʃənɪst/ *n* (AmE) turista *mf*; (in summer) veraneante *mf*

vaccinate /ˈvæksəneɪt || ˈvæksɪneɪt/ *vt* **to ~ sb (AGAINST sth)** vacunar a algn (CONTRA algo)

vaccination /ˌvæksəˈneɪʃən || ˌvæksɪˈneɪʃən/ *n* [c u] vacunación *f*; **to have a ~** vacunarse, ponerse* una vacuna; **you must have a typhoid ~** *o* **a ~ against typhoid** tiene que vacunarse contra el tifus, tiene que ponerse la vacuna antitifoidea *or* contra el tifus

vaccine /vækˈsiːn, ˈvæksiːn || ˈvæksiːn/ *n* [c u] vacuna *f*; **smallpox ~** vacuna contra la viruela; (*before n*): **~ damage** encefalitis *f* vaccínica

vacillate /ˈvæsəleɪt/ *vi* (hesitate) vacilar; (sway) oscilar; **he ~d between optimism and despair** oscilaba entre el optimismo y la desesperación

vacillation /ˌvæsəˈleɪʃən/ *n* [u c] (frml) vacilación *f*, indecisión *f*

vacuity /væˈkjuːəti/ *n* [u] (frml) vacuidad *f* (frml)

vacuous /ˈvækjuəs/ *adj* ‹*smile*› vacuo; ‹*expression*› de vacuidad; ‹*remark/statement*› insustancial; ‹*pleasures/pastime*› banal, vacío

vacuously /ˈvækjuəsli/ *adv* con necedad *or* vacuidad

vacuum[1] /ˈvækjuəm -juːm/ *n* **1**▸ (Phys) vacío *m*; (*before n*): **~ brake** freno *m* de vacío; **~ packaging** envasado *m* al vacío; **~ pump** bomba *f* neumática **2**▸ (void) vacío *m*; **our community does not exist in a ~** nuestra comunidad no vive aislada (del resto del mundo); **a power ~** un vacío de poder

vacuum[2] *vi* pasar la aspiradora, aspirar (AmL)
■ **vacuum** *vt* pasar la aspiradora por, aspirar (AmL); **to ~ a carpet/room** pasar la aspiradora por una alfombra/una habitación, aspirar una alfombra/una habitación (AmL)

vacuum bottle *n* (AmE) termo *m*

vacuum cleaner *n* aspiradora *f*

vacuum flask *n* termo *m*

vacuum-packed /ˌvækjuəmˈpækt -juːm-/ *adj* envasado al vacío

vacuum tube *n* (AmE) tubo *m* de vacío

vagabond /ˈvægəbɑːnd || ˈvægəbɒnd/ *n* **1**▸ (wanderer) vagabundo, -da *m,f* **2**▸ (criminal) (arch) bandolero, -ra *m,f*

vagaries /ˈveɪgəriz/ *pl n* (*sometimes sing*) (whims) caprichos *mpl* (frml); (eccentricities) rarezas *fpl*, manías *fpl*; **the ~ of the weather** los caprichos del tiempo

vagina /vəˈdʒaɪnə/ *n* vagina *f*

vaginal /ˈvædʒənl, vəˈdʒaɪnl || vəˈdʒaɪnl/ *adj* vaginal

vagrancy /ˈveɪgrənsi/ *n* [u] vagabundeo *m*, vagancia *f*

vagrant /ˈveɪgrənt/ *n* vagabundo, -da *m,f*

vague /veɪg/ *adj* **vaguer, vaguest** **1**▸ (imprecise, unclear) ‹*term/wording/concept*› impreciso, vago; **there was ~ talk of a move** se habló vagamente de una posible mudanza; **there's a ~ likeness between them** existe un ligero parecido entre ellas; **there was a ~ note of suspicion in his voice** había una leve nota de sospecha en su voz; **I have a ~ idea of how it works** tengo una ligera idea de cómo funciona; **I haven't the ~st idea** no tengo la más mínima *or* la más vaga idea; **to be ~ ABOUT/ON sth**: **she was ~ about her involvement** fue poco explícita acerca de su participación; **I'm a bit ~ about what happened next** no me acuerdo muy bien *or* tengo un recuerdo muy vago de lo que pasó después; **the book is very ~ on some points** el libro es muy poco preciso en algunos puntos; **I'm a bit ~ on structuralism** sé muy poco *or* tengo apenas unas nociones de estructuralismo **2**▸ (indistinct) ‹*sound*› poco claro; ‹*outline*› borroso **3**▸ (absentminded) ‹*expression*› distraído; ‹*person*› distraído, despistado

vaguely /ˈveɪgli/ *adv* **1**▸ (in imprecise, unclear way) ‹*explain*› vagamente, con imprecisión, de manera imprecisa; ‹*answer/define*› con vaguedad *or* imprecisión; ‹*recognize/remember*› vagamente; ‹*suspicious/ridiculous*› ligeramente, un tanto; **I was ~ aware of a pain in my leg** era vagamente consciente de un dolor en la pierna; **I know him ~** lo conozco vagamente; **he looks ~ like his father** tiene un ligero parecido con *or* a su padre; **he hates anything ~ foreign** odia todo lo que tenga la más mínima relación con el extranjero **2**▸ (absentmindedly) distraídamente

vagueness /ˈveɪgnəs || ˈveɪgnɪs/ *n* **1**▸ (of wording, concept, reply) imprecisión *f*, vaguedad *f* **2**▸ (absentmindedness) distracción *f*

vain /veɪn/ *adj* **-er, -est**
A (self-admiring) vanidoso, presumido, vano (frml)
B (*before n, no comp*) **1**▸ (futile) ‹*attempt/appeal*› vano, inútil; ‹*hope/belief*› vano **2**▸ (empty, worthless) ‹*promise/words*› vano **3**▸ **in vain** en vano, vanamente, inútilmente; **it was all in ~** todo fue en vano; **thou shalt not take the name of the Lord thy God in ~** no tomarás el nombre de Dios en vano; **who's taking my name in ~?** (hum) ¿quién está hablando de mí?

vainglorious /ˌveɪnˈglɔːriəs/ *adj* (liter) vanaglorioso, jactancioso

vainglory /ˈveɪnˌglɔːri/ *n* [u] (liter) vanagloria *f*

vainly /ˈveɪnli/ *adv*
A (uselessly) en vano, vanamente, inútilmente
B (conceitedly) con vanidad, vanidosamente

valance /ˈvæləns/ *n* **1**▸ (frill) cenefa *f*, volante *m* **2**▸ (on curtain rail) galería *f*, bastidor *m*

vale /veɪl/ *n* (poet) valle *m*; **this ~ of tears** (set phrase) este valle de lágrimas (fr hecha)

valediction /ˌvæləˈdɪkʃən || ˌvælɪˈdɪkʃən/ *n* [c u] (frml) (speech) alocución *f* (frml) *or* discurso *m* de despedida; (farewell) adiós *m*

valedictory[1] /ˌvæləˈdɪktəri || ˌvælɪˈdɪktəri/ *adj* (frml) de adiós, de despedida

valedictory[2] *n* (*pl* **-ries**) (in US) *discurso de despedida pronunciado en ceremonias de graduación*

valence /ˈveɪləns/ ▸**valency**

valency /ˈveɪlənsi/ *n* (*pl* **-cies**) **1**▸ (Chem) valencia *f*; **oxygen has a ~ of two** el oxígeno tiene valencia dos *or* es bivalente **2**▸ (Ling) valencia *f*

valentine /ˈvæləntaɪn/ *n* **1**▸ (card) *tarjeta de tono humorístico y/o amoroso que se envía anónimamente el día de San Valentín* **2**▸ *also* **Valentine** (person) enamorado, -da *m,f*

Valentine's Day /ˈvæləntaɪnz/ *n* el día de San Valentín, el día de los enamorados

valerian /vəˈlɪriən || væˈlɪəriən/ *n* [c u] (Bot, Pharm) valeriana *f*

valet[1] /ˈvælət, ˈvæleɪ || ˈvæleɪ, ˈvælɪt/ *n*
A **1**▸ (servant) ayuda *m* de cámara, valet *m* **2**▸ (in hotel) mozo *m* de hotel; (AmE) (person who parks cars) estacionador, -dora *m,f* de coches (esp AmL), parqueador, -dora *m,f* (AmL), aparcacoches *mf* (Esp); (*before n*): **~ parking** (AmE) (servicio *m* de) valet parking *m* (AmL), aparcamiento *m* a cargo del portero (Esp); **~ service** servicio *m* de planchado **3**▸ (for cleaning cars) *persona que realiza limpiezas generales de coches*
B (stand) galán *m* de noche

valet[2] /ˈvælət || ˈvælɪt/ *vt* ‹*car*› limpiar el interior de

valeting service /'væləṭɪŋ || 'vælɪtɪŋ/ *n* servicio *m* de limpieza *f* del interior del coche

valetudinarian /ˌvælətu:də'neriən || ˌvælɪtju:dɪ'neəriən/ *n* **1** (invalid) inválido, -da *m,f* **2** (hypochondriac) hipocondríaco, -ca *m,f* **3** (old person) anciano valetudinario, anciana valetudinaria *m,f*

Valhalla /væl'hælə/ *n* Valhalla *m*

valiant /'væljənt || 'væliənt/ *adj* ‹*hero/deed*› valiente, valeroso; ‹*attempt/effort*› valeroso; ‹*smile/wave*› animoso

valiantly /'væljəntli || 'væliəntli/ *adv* valientemente, con valor

valid /'væləd || 'vælɪd/ *adj* **1** ‹*contract/passport*› válido **2** ‹*argument/inference*› válido; ‹*excuse/criticism*› legítimo, válido; **his remarks are still ~ today** sus observaciones siguen siendo válidas; **that's a very ~ point** en eso tienes (*or* tienen *etc*) razón

validate /'vælədeɪt || 'vælɪdeɪt/ *vt* **1** (frml) ‹*theory/supposition*› dar* validez a, validar (frml) **2** (Law) ‹*contract/document*› validar **3** ‹*parking ticket*› (AmE) sellar **4** (Comput) validar

validation /ˌvælə'deɪʃən || ˌvælɪ'deɪʃən/ *n* [c u] **1** (of theory, conclusion) (frml) validación *f* (frml) **2** (Law) validación *f* **3** (Comput) validación *f*

validity /və'lɪdəti/ *n* [u] **1** (of passport, ticket) validez *f* **2** (soundness) validez *f*

validly /'vælədli || 'vælɪdli/ *adv* ‹*argue/claim*› con legitimidad

valise /və'li:s || və'li:z/ *n* (AmE) (case) maleta *f* de mano; (bag) bolso *m* de viaje

Valium® /'væliəm/ *n* [u c] Valium® *m*

Valkyrie /væl'kɪri || væl'kɪəri/ *n* valquiria *f*, walkiria *f*

valley /'væli/ *n* (*pl* **-leys**) valle *m*

valor, (BrE) **valour** /'vælər || 'vælə(r)/ *n* [u] (liter) bravura *f* (liter), valor *m*, valentía *f*

valorous /'vælərəs/ *adj* (liter) valeroso, valiente

valour *n* [u] (BrE) ▸**valor**

valuable /'væljuəbəl/ *adj* **1** (financially) valioso **2** (precious, useful) ‹*space/resource*› valioso; ‹*time*› precioso; ‹*ally/advice/information*› valioso

valuables /'væljuəbəlz/ *pl n* objetos *mpl* de valor

valuation /ˌvælju'eɪʃən/ *n* **1** [c] (act) valoración *f*, tasación *f*, avalúo *m* (AmL); **to make a ~** tasar *or* (AmL tb) avaluar* **2** [u] (value given) tasación *f*, valoración *f*

value¹ /'vælju:/ *n*

A [u c] (monetary worth) valor *m*; **to gain** *o* **increase (in) ~** aumentar de valor, revalorizarse*; **to lose (in) ~** depreciarse; **books to the ~ of $500** libros por valor de 500 dólares; **insured against loss to a ~ of $10,000** asegurado contra pérdidas de hasta 10.000 dólares; **have you anything of ~ in your bag?** ¿lleva algo de valor en el bolso?; **a painting of great ~** un cuadro muy valioso *or* de gran valor; **he set** *o* **put a ~ of $700 on the vase** tasó el jarrón en 700 dólares; **you can't put a ~ on human life** la vida humana no tiene precio; **~ for money** una buena relación calidad-precio; **all-inclusive ~-for-money European tours** (BrE) viajes por Europa a buen precio con todo incluido; **that's good ~ (for money)** está muy bien de precio

B [u] (worth) valor *m*; **nutritional/educational ~** valor nutritivo/educativo; **publicity ~** valor publicitario; **I am well aware of his ~ to the company** tengo plena conciencia de lo valioso que es para la compañía; **don't place too much ~ on what he says** no le des mucha importancia a lo que diga; **they place a very high ~ on loyalty** valoran mucho la lealtad; **the information may be of ~ to the police** la información puede resultarle valiosa a la policía

C values *pl* (standards) valores *mpl*; **a set of (moral) ~s** una escala de valores

D [c] (Ling, Math, Mus) valor *m*

value² *vt* **1** (Fin) ‹*assets/property/business*› tasar, valorar, avaluar* (AmL); **to ~ sth AT sth** tasar (*or* valorar *etc*) algo EN algo **2** (regard highly) ‹*friendship/opinions/advice*› valorar, apreciar; ‹*freedom/privacy*› valorar; ‹*memento/gift*› apreciar; **if you ~ your life** si en algo aprecias tu vida **3** **valued** *past p* ‹*friend/colleague*› apreciado, estimado

value-added tax /ˌvælju:'ædəd || ˌvælju:'ædɪd/ *n* impuesto *m* al valor agregado *or* (Esp) sobre el valor añadido

value analysis *n* [u] análisis *m* de valor

value judgment *n* juicio *m* de valor

valueless /'vælju:ləs || 'vælju:lɪs/ *adj* sin valor

value pack *n* paquete *m* oferta

valuer /'væljuər || 'væljʊə(r)/ *n* (BrE) tasador, -dora *m,f*

valve /vælv/ *n*

A **1** (Mech Eng) válvula *f*; **inlet/outlet ~** válvula *f* de entrada/salida **2** (on tire) válvula *f* **3** (on musical instrument) pistón *m* **4** (Anat) válvula *f*

B (esp BrE) (Electron) válvula *f*, lámpara *f*

C (of shellfish) valva *f*

vamoose /væ'mu:s/ *vi* (AmE colloq & hum) largarse* (fam)

vamp¹ /væmp/ *n*

A (woman) (colloq) vampiresa *f*, vampi *f* (fam)

B (on shoe) empeine *m*

C (Mus) acompañamiento *m* improvisado

vamp² *vt* improvisar

■ **vamp** *vi* improvisar

Phrasal verb

• **vamp up** [v + o + adv, v + adv + o] (BrE) ‹*house/room*› decorar, arreglar; ‹*show*› renovar*, darle* interés a

vampire /'væmpaɪr || 'væmpaɪə(r)/ *n*

A (Myth) vampiro *m*

B **~ (bat)** vampiro *m*

van /væn/ *n*

A **1** (Auto) furgoneta *f*, camioneta *f*, vagoneta *f* (Méx) **2** (BrE) (Rail) furgón *m*

B (forefront) vanguardia *f*; **to be in the ~ (of sth)** estar* en *or* a la vanguardia (de algo)

vanadium /və'neɪdiəm/ *n* [u] vanadio *m*

V & A *n* (in UK): **the V & A = the Victoria and Albert Museum**

vandal /'vændl/ *n* **1** (hooligan) vándalo *m*, gamberro, -rra *m,f* (Esp) **2** **Vandal** (Hist) vándalo, -la *m,f*

vandalism /'vændlɪzəm/ *n* [u] vandalismo *m*

vandalize /'vændlaɪz/ *vt* destrozar*, estropear (*adrede*)

vane /veɪn/ *n* (*weather ~*) **1** veleta *f* **2** (shaft, blade — of propeller) paleta *f*; (— of turbine) álabe *m*, aspa *m*; (— of windmill) aspa *f* **3** (of feather) barba *f*

vanguard /'vængɑ:rd || 'vængɑ:d/ *n* **1** (Mil) vanguardia *f* **2** (forefront) vanguardia *f*; **to be in the ~ (of sth)** estar* en *or* a la vanguardia (de algo)

vanilla /və'nɪlə/ *n* [u]

A (Culin) vainilla *f*; (*before n*) ‹*ice cream/milkshake*› de vainilla; **~ pod** vaina *f or* (RPl) chaucha *f* de vainilla

B (*before n*) (bland) ‹*content/performance/speech*› anodino; (standard) ‹*version*› estándar

vanillin /və'nɪlɪn/ *n* [u] vainillina *f*, aromatizante *m* de vainilla

vanish /'vænɪʃ/ *vi* desaparecer*; ‹‹*doubts/fears*›› desaparecer*, disiparse; **her smile ~ed** su sonrisa se desvaneció; **all my savings have ~ed into nothing** mis ahorros han desaparecido sin dejar rastros; **he's just ~ed into thin air** se ha esfumado, ha desaparecido sin dejar rastro; **to ~ FROM sth** desaparecer* DE algo; **the word has ~ed from the language** la palabra ha desaparecido de la lengua

vanishing cream /'vænɪʃɪŋ/ *n* crema *f* evanescente

vanishing point *n* punto *m* de fuga

vanity /'vænəti/ *n* (*pl* **-ties**)

A [u c] **1** (about appearance) vanidad *f*; **lipstick is one of the few vanities I allow myself** pintarme los labios es una de las pocas concesiones que hago a la vanidad **2** (pride) orgullo *m*, vanidad *f* **3** (emptiness, frivolity) (liter) vanidad *f* (liter); **~ of vanities, all is ~** (Bib) vanidad de vanidades y todo es vanidad

B [c] (dressing table) (AmE) tocador *m*

vanity case *n* neceser *m*

vanity mirror *n* espejo *m* de cortesía

vanity plate *n* (AmE) (placa *f* de) matrícula *f* personalizada, patente *f* personalizada (CS), chapa *f* personalizada (RPl)

vanity unit *n* (BrE) lavamanos *m* (*empotrado en un armario*)

vanquish /'væŋkwɪʃ/ *vt* (liter) vencer*, derrotar

vantage point /'væntɪdʒ || 'vɑ:ntɪdʒ/ *n* posición *f* estratégica *or* ventajosa; (for view) mirador *m*

vapid /'væpəd || 'væpɪd/ *adj* ‹*smile/person*› insulso, insípido; ‹*plot/remark*› sin interés, insulso

vapidly /'væpədli || 'væpɪdli/ *adv* insulsamente

vapor, (BrE) **vapour** /'veɪpər || 'veɪpə(r)/ *n* [c u] (on glass) vaho *m*; (steam) vapor *m*; (*before n*): **~ trail** estela *f* (de humo)

vaporization /ˌveɪpərə'zeɪʃən || ˌveɪpəraɪ'zeɪʃən/ *n* [u] vaporización *f*

vaporize /'veɪpəraɪz/ *vi* evaporarse, vaporizarse*

■ **vaporize** *vt* vaporizar*

vapour *n* (BrE) ▸**vapor**

variability /ˌveriə'bɪləti || ˌveəriə'bɪləti/ *n* [u] variabilidad *f*

variable¹ /'veriəbəl || 'veəriəbəl/ *adj* variable; **~ winds** vientos *mpl* variables; **~ star** estrella *f* de brillo variable

variable² *n* **1** (Math) variable *f* **2** (factor) factor *m*, variable *f*

variable-geometry /ˌveriəbəldʒi'ɑ:mətri || ˌveəriəbəldʒi'ɒmətri/ *adj* (*before n*) de geometría variable

variance /'veriəns || 'veəriəns/ *n* [u c] discrepancia *f*, desacuerdo *m*; (in statistics) varianza *f*; **to be at ~ with sth** no estar* de acuerdo con algo, discrepar de algo; **to be at ~ with sb** estar* en desacuerdo con algn, discrepar con *or* de algn

variant¹ /'veriənt || 'veəriənt/ *n* variante *f*

variant² *adj* (*before n, no comp*) ‹*interpretation/opinion*› divergente; ‹*pronunciation/form*› alternativa; **a ~ spelling of the word** otra grafía de la palabra, una variante ortográfica de la palabra

variation /ˌveri'eɪʃən || ˌveəri'eɪʃən/ *n* **1** [u c] (fluctuation, change) variación *f*; **~ IN sth: wide ~s in temperature were recorded** se registraron grandes variaciones de temperatura; **it can record minute ~s in pressure** registra hasta el más mínimo cambio en la presión **2** [u] (difference) diferencias *fpl*; **~ IN sth: regional ~ in vocabulary** diferencias *fpl or* variaciones *fpl* léxicas regionales; **there was little ~ in opinion** hubo pocas diferencias de opinión **3** [c] (permutation) **~ ON sth** variación *f* DE *or* SOBRE algo; **his stories are all ~s on the same theme** todos sus cuentos son variaciones sobre el mismo tema **4** [c] (Mus) variación *f*

varicose veins /'værəkəʊs || 'værɪkəʊs/ *pl n* (*sometimes sing*) varices *fpl*, várices *fpl* (esp AmL)

varied /'verid || 'veərid/ *adj* variado

variegated /'verɪgeɪtəd || 'veərɪgeɪtɪd/ *adj* abigarrado, multicolor

variegation /ˌverɪ'geɪʃən || ˌveərɪ'geɪʃən/ *n* [u] variedad *f* de colores, variegación *f*

variety /və'raɪəti/ *n* (*pl* **-ties**)

A **1** [u] (diversity) variedad *f*, diversidad *f*; **visiting clients gives the work some ~** salir a visitar clientes hace que el trabajo sea más variado; ***~ is the spice of life*** en la variedad está el gusto **2** [c] (assortment) **~ OF sth**: **the fabric comes in a ~ of shades** la tela viene en varios colores; **he helped me in a ~ of ways** me ayudó de muchas maneras; **for a ~ of reasons** por varias *or* distintas *or* diversas razones **3** [c] (sort) clase *f*; **chicks, but not the feathered ~** (hum) muñecas, pero de las de carne y hueso (hum)

V

B [u] (BrE) (Theat) variedades *fpl*

variety artist *n* artista *mf* de variedades *or* (Esp tb) varieté

variety show *n* **1** (Theat) espectáculo *m* de variedades **2** (TV) programa *m* de variedades

variety store *n* (AmE) tienda *f* de saldo

varifocal /ˌverɪˈfəʊkəl || ˌveərɪˈfəʊkəl/ *adj* varifocal

varifocals /ˌverɪˈfəʊkəlz || ˌveərɪˈfəʊkəlz/ *pl n* gafas *fpl* progresivas, lentes *mpl* progresivos (AmL), lentes *fpl* progresivas (Esp)

various /ˈveriəs || ˈveəriəs/ *adj* **1** (several) (*before n, no comp*) varios **2** (different, diverse) diferentes, diversos; **let us consider the ~ options** consideremos las diversas opciones; **people as ~ as lawyers and plumbers** personas tan diversas como abogados y fontaneros

variously /ˈveriəsli || ˈveəriəsli/ *adv*: **she has been ~ considered as a heroine and a traitor** se la ha considerado de forma muy diversa: a veces como heroína y a veces como traidora; **the victims were ~ estimated to number anything from dozens to hundreds of people** el número de víctimas variaba, según los distintos cálculos, entre docenas y cientos de personas

varlet /ˈvɑːrlət || ˈvɑːlɪt/ *n* (arch) **1** (servant) valet *m* **2** (rascal) bellaco *m* (arc)

varmint /ˈvɑːrmənt || ˈvɑːmɪnt/ *n* (AmE dial) (person) canalla *mf*; (animal) alimaña *f*

varnish¹ /ˈvɑːrnɪʃ || ˈvɑːnɪʃ/ *n* barniz *m*; (for nails) (BrE) esmalte *m*

varnish² *vt* barnizar*

varsity /ˈvɑːrsəti || ˈvɑːsəti/ *n* equipo *m* universitario; (*before n*) ‹*team*› universitario; ‹*match*› interuniversitario

vary /ˈveri || ˈveəri/ **varies, varying, varied** *vi* **1** (change, fluctuate) variar*; **the price varies from week to week** el precio varía de una semana a la otra; **the temperature varies between 45° and 47°** la temperatura oscila entre 45° y 47°; **the routine never varies** la rutina nunca cambia; **when do you finish work? — it varies** ¿cuándo sales del trabajo? — depende **2** (differ) «*accounts/standards/prices*» variar*; **showing daily, times ~** espectáculos todos los días, horario variable; **opinions on the subject ~** hay diversas opiniones al respecto; **reactions varied enormously** las reacciones fueron muy variadas *or* diversas **3** (diverge) **to ~ FROM sth** desviarse* *or* apartarse DE algo **4** **varying** *pres p* ‹*amounts/conditions*› variable; **with ~ing degrees of success** con mayor o menor éxito

■ **vary** *vt* ‹*routine*› variar*, cambiar; ‹*diet*› dar* variedad a

vascular /ˈvæskjələr || ˈvæskjʊlə(r)/ *adj* vascular

vase /veɪs, veɪz || vɑːz/ *n* (for flowers) florero *m*; (ornament) jarrón *m*

vasectomy /vəˈsektəmi/ *n* [c u] (*pl* **-mies**) vasectomía *f*

Vaseline®, vaseline /ˈvæsəliːn/ *n* [u] vaselina *f*

vasoconstriction /ˌveɪzəʊkənˈstrɪkʃən/ *n* [u c] vasoconstricción *f*

vasoconstrictor /ˌveɪzəʊkənˈstrɪktər || ˌveɪzəʊkənˈstrɪktə(r)/ *n* vasoconstrictor *m*

vasodilation /ˌveɪzəʊdaɪˈleɪʃən/ *n* [u] vasodilatación *f*

vasodilator /ˌveɪzəʊdaɪˈleɪtər || ˌveɪzəʊdaɪˈleɪtə(r)/ *n* vasodilatador *m*

vasopressor /ˌveɪzəʊˈpresər || ˌveɪzəʊˈpresə(r)/ *n* vasopresor *m*

vassal /ˈvæsəl/ *n* vasallo, -lla *m,f*; (*before n*) ‹*nation/state*› satélite, dependiente

vast /væst || vɑːst/ *adj* ‹*size/wealth*› inmenso, enorme; ‹*area*› vasto, extenso; ‹*range/repertoire*› muy extenso, amplísimo; ‹*experience/knowledge*› vasto; **we consume ~ quantities of meat** comemos muchísima carne, comemos cantidades industriales de carne (hum); **the ~ majority of people** la inmensa mayoría de la gente; **~ sums of money** sumas *fpl* astronómicas de dinero

vastly /ˈvæstli || ˈvɑːstli/ *adv* ‹*superior/improved*› infinitamente; **~ in excess of legal limits** muy por encima de los límites permitidos; **we were ~ outnumbered** eran muchos más que nosotros; **a ~ overrated player** un jugador valorado muy por encima de sus méritos

vastness /ˈvæstnəs || ˈvɑːstnɪs/ *n* [u] inmensidad *f*

vat /væt/ *n* cuba *f*, tanque *m*

VAT *n* [u] (**= value-added tax**) IVA *m*

Vatican /ˈvætɪkən/ *n*: **the ~** el Vaticano; (*before n*): **the ~ Council** el Concilio Vaticano

Vatican City *n* Ciudad *f* del Vaticano

Vatican-watcher/ ˈvætɪkənˈwɑːtʃər || ˈvætɪkənˈwɒtʃə(r)/ *n* vaticanista *mf*

VAT-registered /ˌviːeɪtiːˈredʒəstərd || ˌviːeɪtiːˈredʒɪstəd/ *adj* declarante de IVA

vaudeville /ˈvɔːdəvɪl/ *n* [u] vodevil *m*

vault¹ /vɔːlt/ *n*

A **1** (basement) sótano *m*; **wine ~** bodega *f*, cava *f* **2** (strongroom) cámara *f*; **bank ~** cámara *f* acorazada, bóveda *f* de seguridad (AmL) **3** (crypt) cripta *f*; **the family ~** el panteón familiar

B (Archit) bóveda *f*; **the ~ of heaven** (liter) la bóveda celeste (liter)

C **1** (leap) salto *m* **2** (with pole) salto *m* con garrocha *or* (Esp) con pértiga

vault² *vi* saltar (*apoyándose en algo*); **he ~ed over the fence** saltó (por encima de) la cerca

■ **vault** *vt* saltar

vaulted /ˈvɔːltəd || ˈvɔːltɪd/ *adj* ‹*ceiling/roof*› abovedado

vaulting /ˈvɔːltɪŋ/ *n* [u] bóveda *f*

vaulting horse *n* potro *m*

vaunt /vɔːnt/ *vt* (liter) jactarse de, alardear *or* hacer* alarde de

vaunted /ˈvɔːntəd || ˈvɔːntɪd/ *adj* (journ) cacareado; **the much-~ new model** el tan cacareado nuevo modelo

vblog /ˈviːblɑːg || ˈviːblɒg/ *n* (Comput) (**= video blog**) videoblog *m*, vblog *m*

VC *n* **1** (Educ) **= vice chancellor** **2** (AmE) (Mil) (sl) (+ *pl vb*) **= Vietcong** **3** (in UK) **= Victoria Cross**

V-chip /ˈviːˌtʃɪp/ *n* V-chip m, chip *m* antiviolencia

VCR *n* **= videocassette recorder**

VD *n* [u] **= venereal disease**

VDT *n* (esp AmE) **= visual display terminal**

VDU *n* **= visual display unit**

've /əv/ **= have**

veal /viːl/ *n* [u] ternera *f* (*de animal muy joven y de carne pálida*)

vector /ˈvektər || ˈvektə(r)/ *n*

A (Aviat, Math) vector *m*; (*before n*) ‹*product/sum*› vectorial

B (Biol) vector *m*, portador, -dora *m,f*

VE-Day /ˈviːˈiːˌdeɪ/ *n*: *día de la victoria aliada en Europa en la segunda guerra mundial*

veejay /ˈviːdʒeɪ/ *n* (AmE colloq) presentador, -dora *m,f* de programas de videos *or* (Esp) vídeos musicales, pinchavídeos *mf* (Esp fam)

veep /viːp/ *n* (AmE journ) vicepresidente, -ta *m,f*

veer¹ /vɪr || vɪə(r)/ *vi* «*vehicle/horse*» dar* un viraje, virar; «*wind*» cambiar de dirección; **the road ~s to the left** el camino tuerce *or* se desvía hacia la izquierda; **the ship ~ed around** el barco viró; **the car ~ed off the track** el coche viró *or* dio un viraje y se salió de la pista; **they ~ed from one extreme to the other** se pasaron de un extremo al otro; **the party ~ed even further to the left** el partido dio un nuevo viraje hacia izquierda; **the conversation ~ed (around) to sex** la conversación se desvió hacia el tema del sexo

veer² *n* viraje *m*

veg¹ /vedʒ/ *n* [u c] (*pl* **~**) (BrE colloq) verdura *f*; **fruit and ~** frutas *fpl* y verduras

veg² *vi* **-gg-** (colloq) no hacer* nada

Phrasal verb

• **veg out** [v + adv] no hacer* nada

vegan /ˈviːgən/ *n* vegetariano estricto, vegetariana estricta *m,f*

veganism /ˈviːgənɪzəm/ *n* [u] veganismo *m*, vegetarianismo *m* estricto

vegetable /ˈvedʒtəbəl/ *n*

A **1** (Culin) verdura *f*; **fresh/frozen/canned ~s** verdura fresca/congelada/enlatada; **we grow our own ~s** tenemos nuestro propio huerto, cultivamos nuestras verduras *or* hortalizas; (*before n*) ‹*dish/soup*› de verduras; **~ garden/patch** huerto *m*, huerta *f* **2** (plant) vegetal *m*; (*before n*) ‹*oil/fats*› vegetal; ‹*dyes/colors*› (de origen) vegetal; **~ butter** mantequilla *f* vegetal; **~ matter** materia *f or* sustancia *f* vegetal; **the ~ kingdom** el reino vegetal

B (person) vegetal *m*

vegetable marrow *n* ▸**marrow B**

vegetarian¹ /ˌvedʒəˈteriən || ˌvedʒɪˈteəriən/ *n* vegetariano, -na *m,f*

vegetarian² *adj* ‹*restaurant/dish/diet*› vegetariano; **~ cheese** *queso hecho con cuajo vegetal*

vegetarianism /ˌvedʒəˈteriənɪzəm || ˌvedʒɪˈteəriənɪzəm/ *n* [u] vegetarianismo *m*

vegetate /ˈvedʒəteɪt || ˈvedʒɪteɪt/ *vi* vegetar

vegetation /ˌvedʒəˈteɪʃən || ˌvedʒɪˈteɪʃən/ *n* [u] vegetación *f*

vegetative /ˈvedʒəteɪtɪv || ˈvedʒɪtətɪv/ *adj* vegetativo

veggie /ˈvedʒi/ *n* (colloq) vegetariano, -na *m,f*; (*before n*): **~ burger** hamburguesa *f* vegetariana

vehemence /ˈviːəməns/ *n* [u] (of criticism, denial) vehemencia *f*; (of feelings) intensidad *f*, vehemencia *f*

vehement /ˈviːəmənt/ *adj* ‹*criticism/denial*› vehemente; ‹*feelings*› intenso, vehemente; **he was ~ in his opposition** se opuso con vehemencia

vehemently /ˈviːəməntli/ *adv* con vehemencia, vehementemente

vehicle /ˈviːɪkəl/ *n*

A (for people, things) vehículo *m*; (*before n*): **~ identification number** número *m* de chasis

B (medium, means) vehículo *m*; **the column was a ~ for his prejudices** la columna del periódico servía de vehículo para expresar sus prejuicios; **the movie was a ~ for the young actor** la película sirvió de escaparate al joven actor

C **1** (Pharm) excipiente *m* **2** (Art) medio *m*

vehicle registration *n* [u] matriculación *f or* registro *m* de vehículos; **~ ~ document** (in UK) documentos *mpl* de matriculación, padrón *m* (Chi)

vehicular /viːˈhɪkjələr || vɪˈhɪkjʊlə(r)/ *adj* (frml) ‹*traffic*› vehicular, rodado; ‹*accident*› de circulación; ‹*tunnel*› para vehículos; **~ homicide** (in US) muerte *m* por atropello

veil¹ /veɪl/ *n* **1** (Clothing) velo *m*; **bridal ~** velo de novia; **to take the ~** (Relig) tomar el hábito *or* el velo **2** (cover) velo *m*; **a ~ of mist** (liter) un velo *or* un halo de bruma; **a ~ of secrecy surrounds the affair** el asunto está envuelto en el mayor secreto; **to draw a ~ over sth** correr *or* echar un (tupido) velo sobre algo

veil² *vt* **1** (cover with a veil): **to ~ one's face/head** taparse *or* cubrirse* con un velo, velarse (liter); **the hills were ~ed in mist** (liter) un velo *or* un halo de bruma envolvía las montañas **2** ‹*facts/truth*› velar, ocultar; ‹*feelings*› disimular, ocultar

veiled /veɪld/ *adj* ‹*face/woman*› tapado *or* cubierto con un velo; ‹*threat/reference/insult*› velado; **a thinly ~ accusation** una poco disimulada acusación

vein /veɪn/ *n*

A (Anat, Bot, Zool) vena *f*

B **1** (of ore, mineral) veta *f*, filón *m*, vena *f*; **a ~ of irony/lyricism** una veta irónica/de lirismo **2** (in marble, cheese) veta *f*; **the ~s in the marble** las vetas *or* el veteado del mármol

C (*no pl*) (mood, style) vena *f*; **in a poetic ~** en vena poética; **in a lighter ~, did you know ... ?** pasando a algo menos serio ¿sabías que ... ?

veined /veɪnd/ *adj* **1** ‹*marble/cheese*› veteado, con vetas **2** ‹*leaf/hand*› nervado

velar /ˈviːlər || ˈviːlə(r)/ *adj* (Ling) velar

Velcro® /ˈvelkrəʊ/ *n* [u] velcro® *m*

V

veld, veldt /velt/ *n* [u] veld *m* (*meseta de escasa pluviosidad en la República Surafricana*)

vellum /ˈveləm/ *n* [u] 1 (parchment) vitela *f* 2 (writing paper) papel *m* de vitela

velocipede /vəˈlɑːsəpiːd || vɪˈlɒsɪpiːd/ *n* 1 (Hist) velocípedo *m* 2 (tricycle) (AmE) triciclo *m*

velocity /vəˈlɑːsəti || vəˈlɒsəti/ *n* (*pl* **-ties**) 1 [u c] (Phys) velocidad *f*; **muzzle ~** velocidad inicial de un proyectil 2 [u] (high speed) velocidad *f*; **we were moving with such ~ that ...** íbamos a tal velocidad que ...

velodrome /ˈvelədrəʊm/ *n* velódromo *m*

velour, velours /vəˈlʊr || vəˈlʊə(r)/ *n* [u] velour *m*, velvetón *m*

velvet /ˈvelvət || ˈvelvɪt/ *n* [u] terciopelo *m*; (*before n*) ‹*suit/curtains*› de terciopelo; ‹*skin/voice*› (liter) aterciopelado

velveteen /ˌvelvəˈtiːn || ˌvelvɪˈtiːn/ *n* [u] velvetón *m*

velvety /ˈvelvəti/ *adj* ‹*skin/surface/voice/wine*› aterciopelado

venal /ˈviːnl/ *adj* (frml) ‹*judge/police officer*› venal (frml), sobornable; ‹*activities/practices*› corrupto

venality /vɪˈnæləti/ *n* [u] (frml) (of person) venalidad *f* (frml); (of practice) corrupción *f*

vender /ˈvendər || ˈvendə(r)/ *n* (AmE) ▸ **vendor**

vendetta /venˈdetə/ *n* vendetta *f*; **a gangland/political ~** una vendetta entre gángsters/políticos; **to carry on a ~ against sb** hacer* una campaña en contra de algn

vending machine /ˈvendɪŋ/ *n* máquina *f* expendedora, distribuidor *m* automático

vendor /ˈvendər || ˈvendə(r)/ *n* 1 (Busn, Law) vendedor, -dora *m,f* 2 (*street ~*) vendedor, -dora *m,f* ambulante; **chestnut ~** castañero, -ra *m,f*; **ice cream ~** heladero, -ra *m,f* 3 ▸ **vending machine**

veneer[1] /vəˈnɪr || vɪˈnɪə(r)/ *n* 1 [u c] (of wood, gold) enchapado *m*, chapa *f*; **a marble ~** un revestimiento imitación mármol 2 [u] (outer appearance) **~ OF sth** capa *f* or barniz *m* DE algo; **a ~ of sophistication** un barniz de sofisticación

veneer[2] *vt* chapar, enchapar

venerable /ˈvenərəbəl/ *adj* venerable

venerate /ˈvenəreɪt/ *vt* venerar, reverenciar

veneration /ˌvenəˈreɪʃən/ *n* [u] veneración *f*; **their memory/name was held in ~** se veneraba su recuerdo/su nombre

venereal /vəˈnɪriəl || vəˈnɪəriəl/ *adj* venéreo; **~ disease** enfermedad *f* venérea

Venetian /vəˈniːʃən || vɪˈniːʃən/ *adj* veneciano

Venetian blind *n* persiana *f* veneciana *or* de lamas, persiana *f* americana (Arg), cortina *f* veneciana (Ur)

Venezuela /ˌvenəˈzweɪlə || ˌvenɪˈzweɪlə/ *n* Venezuela *f*

Venezuelan[1] /ˌvenəˈzweɪlən || ˌvenɪˈzweɪlən/ *adj* venezolano

Venezuelan[2] *n* venezolano, -na *m,f*

vengeance /ˈvendʒəns/ *n* [u] venganza *f*; **to take ~ ON sb** vengarse* DE algn; **with a ~** de verdad *or* con ganas; **winter has set in with a ~** el invierno ha llegado de verdad *or* con ganas

vengeful /ˈvendʒfəl/ *adj* vengativo

vengefully /ˈvendʒfəli/ *adv* vengativamente, de modo vengativo

venial /ˈviːniəl/ *adj* ‹*sin*› venial; ‹*fault/failing*› sin importancia; ‹*offense*› venial, leve

Venice /ˈvenəs || ˈvenɪs/ *n* Venecia *f*

venison /ˈvenəsən || ˈvenɪsən/ *n* [u] (carne *f* de) venado *m*

venom /ˈvenəm/ *n* [u] 1 (Zool) veneno *m* 2 (malice) ponzoña *f*, veneno *m*, malevolencia *f*; **he spoke with ~** habló con verdadero veneno

venomous /ˈvenəməs/ *adj* ‹*snake/spider*› venenoso; ‹*look/words*› ponzoñoso, lleno *or* cargado de veneno; **he has a ~ tongue** tiene una lengua viperina

venomously /ˈvenəməsli/ *adv* con malevolencia

venous /ˈviːnəs/ *adj* 1 ‹*blood*› venoso 2 ‹*leaf*› nervado; ‹*rock*› veteado

vent[1] /vent/ *n*

A 1 (in building, tunnel) (conducto *m* de) ventilación *f*; (in chimney, furnace) tiro *m* 2 (*air ~*) (shaft) respiradero *m*; (grille) rejilla *f* de ventilación 3 (Auto) entrada *f* de aire; (in barrel) válvula *f* de entrada de aire 4 (in volcano) chimenea *f*; (in earth's crust) fumarola *f*; ***to give ~ to sth*** dar* rienda suelta a algo; **he gave ~ to his fury by smashing the bottle** dio rienda suelta a su ira *or* se desahogó rompiendo la botella

B (Clothing) abertura *f*, tajo *m*

vent[2] *vt* ‹*feelings/rage/frustration*› dar* rienda suelta a, dar* salida a; **don't ~ your anger on the children** no te desahogues con los niños

ventilate /ˈventleɪt || ˈventɪleɪt/ *vt*

A 1 ‹*room/mine*› ventilar; **well/badly ~d** bien/mal ventilado 2 ‹*blood/lungs*› ventilar; **artificially ~d** con respiración asistida

B ‹*subject/argument*› ventilar, airear

ventilation /ˌventlˈeɪʃən || ˌventɪˈleɪʃən/ *n* [u] 1 (in room, building) ventilación *f* 2 (system) sistema *m* de ventilación; (*before n*) ‹*pipe*› de ventilación; **~ shaft** pozo *m* de ventilación

ventilator /ˈventleɪtər || ˈventɪleɪtə(r)/ *n* 1 (Const) ventilador *m* 2 (Med) respirador *m* (artificial), ventilador *m*

ventral /ˈventrəl/ *adj* ventral

ventricle /ˈventrɪkəl/ *n* ventrículo *m*

ventriloquism /venˈtrɪləkwɪzəm/ *n* [u] ventriloquismo *m*

ventriloquist /venˈtrɪləkwəst || venˈtrɪləkwɪst/ *n* ventrílocuo, -cua *m,f*

ventriloquy /venˈtrɪləkwi/ *n* [u] ventriloquia *f*, ventriloquismo *m*

venture[1] /ˈventʃər || ˈventʃə(r)/ *n* 1 (Busn) operación *f*, empresa *f*; **a risky ~** una empresa arriesgada; **the company has launched ~s in Europe** la compañía ha emprendido operaciones en Europa; **a new business ~** una nueva empresa; **he was involved in a number of dubious ~s** andaba metido en algunos asuntos dudosos; **a joint ~ between the two companies** una empresa conjunta *or* una colaboración entre las dos compañías; *see also* **joint venture** 2 **~ INTO sth** incursión *f* EN algo; **the author's first ~ into children's literature** la primera incursión del autor en la literatura infantil

venture[2] *vi* atreverse, aventurarse; **to ~ into/out of/across sth** atreverse *or* aventurarse a entrar en/salir de/cruzar algo; **having ~d so far, she decided to go on** ya que se había atrevido *or* aventurado a llegar hasta allí, decidió continuar; **the boat had ~d too near the rocks** el barco se había acercado demasiado a las rocas; **they rarely ~ out after dark** rara vez salen después del anochecer; **have you ~d outside today?** ¿has puesto el pie en la calle hoy?

■ **venture** *vt* 1 ‹*opinion/guess*› aventurar; **if I may ~ to suggest** (frml) si se me permite aventurar una sugerencia; **I would ~ that you misled us** me atrevería a decir que nos engañaste; **to ~ to + INF** atreverse A + INF, osar + INF (liter); **no one ~d to contradict her** nadie se atrevió a *or* (liter) osó contradecirla 2 (frml) ‹*life/money*› arriesgar*; ***nothing ~d, nothing gained*** quien nada arriesga, nada gana

Phrasal verbs

- **venture forth** [v + adv] (frml) arriesgarse* *or* aventurarse a salir
- **venture on** (*v + prep + o*) ‹*voyage*› emprender; ‹*project/expedition*› emprender, lanzarse* a

venture capital *n* [u] capital *m* (de) riesgo; (*before n*): **~ ~ fund** fondo *m* de capital (de) riesgo

venture capitalism *n* [u] capitalismo *m* de riesgo, inversiones *fpl* de capital de riesgo

venture capitalist *n* capitalista *mf* de riesgo, inversionista *mf* de capital (de) riesgo

Venture Scout *n* scout *mf* sénior

venturesome /ˈventʃərsəm || ˈventʃəsəm/ *adj* (frml) ‹*person*› audaz, atrevido, osado; ‹*action*› arriesgado, azaroso

venue /ˈvenjuː/ *n* 1 (for event): **the ~ for tonight's recital is Ely cathedral** el recital de esta noche tendrá lugar en la catedral de Ely; **there's been a change of ~** se ha cambiado el lugar donde se celebrará (*or* tendrá lugar *etc*); **~s: Boston, NY City** lugares de actuación (*or* presentación *etc*): Boston, Nueva York; **the match will be played at a neutral ~** el partido se jugará en campo neutral; **the ~ for the Games** la sede de los juegos 2 (Law) territorio *m* jurisdiccional, jurisdicción *f*

Venus /ˈviːnəs/ *n* Venus *m*

Venus flytrap /ˌviːnəsˈflaɪtræp/ *n* atrapamoscas *f*, dionea *f*

veracious /vəˈreɪʃəs/ *adj* (frml) veraz, digno de crédito

veracity /vəˈræsəti/ *n* [u] (frml) veracidad *f*

veranda, verandah /vəˈrændə/ *n* galería *f*, veranda *f*

verb /vɜːrb || vɜːb/ *n* verbo *m*

verbal /ˈvɜːrbəl || ˈvɜːbəl/ *adj* 1 ‹*skills/aptitude*› verbal; ‹*confrontation/attack*› verbal 2 ‹*agreement*› verbal, de palabra 3 (of verbs) verbal

verbalize /ˈvɜːrbəlaɪz || ˈvɜːbəlaɪz/ *vt* expresar verbalmente *or* con palabras, verbalizar*

verbally /ˈvɜːrbəli || ˈvɜːbəli/ *adv* 1 (in words) verbalmente 2 (in speech) ‹*agree/state*› verbalmente, de palabra 3 (as verb) como verbo

verbatim[1] /vərˈbeɪtəm || vɜːˈbeɪtɪm/ *adj* literal, textual

verbatim[2] *adv* al pie de la letra, palabra por palabra

verbena /vərˈbiːnə || vɜːˈbiːnə/ *n* verbena *f*

verbiage /ˈvɜːrbiɪdʒ || ˈvɜːbiɪdʒ/ *n* [u] verborrea *f*, verborragia *f*

verbose /vərˈbəʊs || vɜːˈbəʊs/ *adj* ‹*article/style*› ampuloso, bombástico, verboso; **he's rather ~** usa un lenguaje un tanto ampuloso *or* bombástico

verbosely /vərˈbəʊsli || vɜːˈbəʊsli/ *adv* ampulosamente

verbosity /vərˈbɑːsəti || vɜːˈbɒsəti/ *n* [u] verbosidad *f*

verdant /ˈvɜːrdnt || ˈvɜːdnt/ *adj* (liter) ‹*pastures/lawns*› verdeante (liter), verde; **the ~ freshness of the fields** la verde frescura de los campos

verdict /ˈvɜːrdɪkt || ˈvɜːdɪkt/ *n* 1 (Law) veredicto *m*; **a ~ of guilty/not guilty** veredicto de culpabilidad/inocencia; **to bring in** o **return a ~** «*jury*» dar* *or* emitir un veredicto; **to deliver a ~** «*magistrate*» pronunciar sentencia, fallar; **the coroner recorded an open ~** el juez consignó que no se pudo establecer la causa o causas de la muerte; **they failed to reach a ~** no llegaron a un acuerdo sobre el veredicto 2 (opinion) juicio *m*; **the ~ of the press was uniformly hostile** el juicio de la prensa fue unánimemente desfavorable; **the popular ~ is that ...** el sentir popular es que ..., a juicio de todo el mundo ...; **to give one's ~ on sb/sth** dar* su (*or* mi *etc*) opinión sobre algn/algo; **well then, what's your ~?** bueno ¿qué te parece?

verdigris /ˈvɜːrdəgriːs, -griː || ˈvɜːdɪgriː, -griːs/ *n* [u] verdín *m*, cardenillo *m*

verdure /ˈvɜːrdʒər || ˈvɜːdjə(r)/ *n* [u] (liter) verdor *m*

verge /vɜːrdʒ || vɜːdʒ/ *n*

A 1 (border) (BrE) borde *m* 2 **to be on the ~ of sth**: **to be on the ~ of chaos/ruin** estar* al borde del caos/de la ruina; **a species on the ~ of extinction** una especie en grave peligro de extinción; **we are on the ~ of an agreement** estamos a punto de llegar a un acuerdo, estamos a las puertas *or* en puertas de un acuerdo; **she was on the ~ of tears** estaba al borde de las lágrimas, estaba a punto de ponerse a llorar; **to be on the ~ of -ING** estar* a punto de + INF; **they were on the ~ of giving up hope** estaban ya a punto de perder la esperanza

B (of road) (BrE) arcén *m*

Phrasal verb

- **verge on** [v + prep + o] ‹*madness/melodrama*› rayar en, ser* rayano en; **this is verging on the ridiculous!** ¡esto ya raya en lo ridículo!; **he's**

verging on 60 anda rondando los 60

verger /ˈvɜːrdʒər || ˈvɜːdʒə(r)/ *n* 1 (church attendant) sacristán *m* 2 (in procession) (esp BrE) macero, -ra *m,f*

verifiable /ˈverəfaɪəbəl || ˈverɪfaɪəbəl/ *n* verificable, comprobable

verification /ˌverəfəˈkeɪʃən || ˌverɪfɪˈkeɪʃən/ *n* [u] 1 (confirmation) confirmación *f*, corroboración *f* 2 (checking) verificación *f*, comprobación *f*

verifier /ˈverəfaɪər || ˈverɪfaɪə(r)/ *n* verificador *m*

verify /ˈverəfaɪ || ˈverɪfaɪ/ *vt* **-fies, -fying, -fied** 1 (confirm) ‹*doubts/fears/theory*› confirmar, corroborar; **her suspicions were verified when she found the letter** confirmó sus sospechas al encontrar la carta 2 (check) ‹*fact/statement/details*› verificar*, comprobar*

verily /ˈverəli || ˈverɪli/ *adv* (arch) (*indep*) en verdad

verisimilitude /ˌverəsəˈmɪlətuːd || ˌverɪsɪˈmɪlɪtjuːd/ *n* [u] (frml) verosimilitud *f*

veritable /ˈverətəbəl || ˈverɪtəbəl/ *adj* (frml *or* hum) auténtico, verdadero; **the battle ended in ~ carnage** la batalla acabó en una auténtica *or* verdadera carnicería

veritably /ˈverətəbli || ˈverɪtəbli/ *adv* (frml *or* hum) verdaderamente

verity /ˈverəti/ *n* (*pl* **-ties**) (frml *or* liter) verdad *f*; **the eternal verities** las verdades eternas

Vermeer /vərˈmɪr || vɜːˈmɪə(r)/ *n* Vermeer

vermicelli /ˌvɜːrməˈtʃeli, -ˈseli || ˌvɜːmɪˈtʃeli, -ˈseli/ *n* [u] fideos *mpl* finos, cabello *m* de ángel

vermiculite /vərˈmɪkjəlaɪt || vəˈmɪkjʊlaɪt/ *n* [u] vermiculita *f*

vermifuge /ˈvɜːrməfjuːdʒ || ˈvɜːmɪfjuː(d)ʒ/ *n* vermífugo *m*

vermilion¹ /vərˈmɪljən || vəˈmɪljən/ ▸ⓘ **p.1036** *adj* bermellón *adj inv*

vermilion² ▸ⓘ **p.1036** *n* [u] bermellón *m*

vermin /ˈvɜːrmən || ˈvɜːmɪn/ *n* (*pl* ~) 1 (animals) alimañas *fpl* 2 (insects) bichos *mpl* 3 (people) indeseables *mpl*

verminous /ˈvɜːrmənəs || ˈvɜːmɪnəs/ *adj* ‹*dog*› pulgoso, pulguiento (CS); ‹*person*› piojoso; ‹*mattress*› lleno de chinches (*or* pulgas *etc*); ‹*disease*› verminoso

vermouth /vərˈmuːθ || ˈvɜːməθ/ *n* [u c] vermut *m*, vermú *m*

vernacular¹ /vərˈnækjələr || vəˈnækjʊlə(r)/ *n* 1 (native language) lengua *f* vernácula; (local speech) habla *f*‡ local; **he told me, in the ~, to go away** (hum) me dijo, de manera muy castiza, que me fuera (hum) 2 (jargon) jerga *f*

vernacular² *adj*

A (Ling) (*usu before n*) ‹*language*› vernáculo; ‹*author*› que escribe en la lengua vernácula; **what's the ~ name for this plant?** ¿cuál es el nombre común *or* vulgar de esta planta?; **the oldest ~ epic** el más antiguo poema épico en lengua vernácula

B ‹*building*› de estilo autóctono; ‹*architecture*› típico (de la región)

vernal /ˈvɜːrnl || ˈvɜːnl/ *adj* 1 ‹*equinox*› vernal, de primavera 2 ‹*blossom/freshness*› (liter) primaveral, vernal (liter)

verruca /vəˈruːkə/ *n* verruga *f*

versatile /ˈvɜːrsətl || ˈvɜːsətaɪl/ *adj* 1 ‹*person*› polifacético, versátil; ‹*mind*› flexible; ‹*tool/material*› versátil, de múltiples usos 2 (Biol, Zool) versátil

versatility /ˌvɜːrsəˈtɪləti || ˌvɜːsəˈtɪləti/ *n* [u] versatilidad *f*; **a writer of great ~** un escritor muy polifacético *or* de gran versatilidad

verse /vɜːrs || vɜːs/ *n*

A [u] (poetry) verso *m*, poesía *f*; **blank/free ~** verso *m* blanco/libre; (*before n*): **~ drama** teatro *m* en verso; **in ~ form** en verso

B [c] 1 (short poem) verso *m*, rima *f* 2 (stanza) estrofa *f* 3 **~ (line)** verso *m* 4 [c] (in Bible) versículo *m*

versed /vɜːrst || vɜːst/ *adj* (*pred*): **to be well ~ in sth** ser* muy versado en algo

versification /ˌvɜːrsəfəˈkeɪʃən || ˌvɜːsɪfɪˈkeɪʃən/ *n* [u] versificación *f*

versify /ˈvɜːrsəfaɪ || ˈvɜːsɪfaɪ/ *vt* **-fies, -fying, -fied** ‹*legend/fable*› versificar*, escribir* *or* poner* en verso

■ **versify** *vi* versificar*, escribir* versos

version /ˈvɜːrʒən || ˈvɜːʃən/ *n* 1 (variant form) versión *f*; **an updated ~ of the opera** una versión actualizada de la ópera; **alpha/beta ~** versión *f* alfa/beta 2 (account) versión *f*; **what's your ~ of the events?** ¿cuál es tu versión de los hechos?; **there are several ~s of what happened** hay varias versiones de lo que pasó 3 (model) versión *f*, modelo *m*; **automatic ~** (Auto) versión *or* modelo con cambio de marchas automático

verso /ˈvɜːrsəʊ || ˈvɜːsəʊ/ *n* (*pl* **~s**) (frml) (of page) dorso *m*, verso *m* (téc); (of coin, medal) reverso *m*

versus /ˈvɜːrsəs || ˈvɜːsəs/ *prep* (Law) contra; (Sport) contra, versus; **city life ~ country life** la vida de ciudad frente a *or* en oposición a la vida del campo; **the question of state ~ private education** el problema de las relativas ventajas y desventajas de la educación pública y la privada

vertebra /ˈvɜːrtəbrə || ˈvɜːtɪbrə/ *n* (*pl* **-bras** *or* **-brae** /-breɪ/) vértebra *f*

vertebral /ˈvɜːrtəbrəl || ˈvɜːtɪbrəl/ *adj* ‹*column*› vertebral; **~ disk** *o* (BrE) **disc** disco *m* intervertebral

vertebrate¹ /ˈvɜːrtəbrət || ˈvɜːtɪbrət/ *n* vertebrado *m*

vertebrate² *adj* vertebrado

vertex /ˈvɜːrteks || ˈvɜːteks/ *n* (*pl* **-tices** *or* **-texes**) 1 (Math, Anat) vértice *m* 2 (top) (frml) vértice *m*

vertical¹ /ˈvɜːrtɪkəl || ˈvɜːtɪkəl/ *adj* 1 (upright) ‹*line/descent/wall*› vertical; **there was a ~ drop to the sea below** había una caída a pique hasta el mar; **~ take-off** (Aviat) despegue *m* vertical 2 ‹*monopoly/amalgamation*› vertical; **~ mobility** movilidad *f* social

vertical² *n*: **the ~** la vertical; **off ~** inclinado

vertically /ˈvɜːrtɪkli || ˈvɜːtɪkli/ *adv* verticalmente

vertices /ˈvɜːrtəsiːz || ˈvɜːtɪsiːz/ *pl of* **vertex**

vertiginous /vɜːrˈtɪdʒənəs || vɜːˈtɪdʒɪnəs/ *adj* (liter) vertiginoso, que produce vértigo

vertigo /ˈvɜːrtɪgəʊ || ˈvɜːtɪgəʊ/ *n* [u] vértigo *m*

verve /vɜːrv || vɜːv/ *n* [u] brío *m*; **to sing with ~** cantar con brío; **her music/writing lacks ~** a su música/a lo que escribe le falta brío

very¹ /ˈveri/ *adv* 1 (extremely) muy; **she's ~ tall/clever/fat** es muy alta/inteligente/gorda; (more emphatic) es altísima/inteligentísima/gordísima; **was he upset? — very** ¿estaba disgustado? — mucho; **it was ~ hot/cold** hacía mucho calor/frío; **are you hungry? — no, not ~** ¿tienes hambre? — no, no mucha; **it was ~ wrong of me to interfere** estuve muy mal en entrometerme; **I'm really ~, ~ sorry** de verdad lo siento muchísimo; **you know ~ well what I'm talking about** sabes muy bien a qué me refiero 2 (*in phrases*): **very much**: **thank you ~ much** muchas gracias; **did you enjoy it? — yes, ~ much indeed** ¿te gustó? — sí, mucho; **he's ~ much his mother's favorite** es, con mucho, el favorito de su madre; **very well** muy bien; **I couldn't ~ well refuse** ¡cómo me iba a negar! 3 (emphatic): **did you do it all on your ~ own?** ¿lo hiciste tú solito?; **the ~ next day** precisamente al día siguiente; **the ~ same day** el mismísimo *or* (AmC, Méx, Ven fam) el mero día; **I did the ~ same thing myself** yo hice exactamente lo mismo; **it's the ~ least I can do** es lo mínimo *or* lo menos que puedo hacer; **at the ~ most/least** como máximo/mínimo; **nothing but the ~ best** sólo lo mejor de lo mejor

very² *adj* (*before n*) 1 (exact, precise) mismo; **for that ~ reason** por esa misma razón, por eso mismo; **at that ~ moment** en ese mismo *or* preciso momento; **this is the ~ spot where I found it** fue aquí mismo *or* en este preciso lugar donde lo encontré; **that's the ~ one I wanted** ése es exactamente el que yo quería; **ah! the ~ person I wanted to see!** ¡ah, justo la persona a quien quería ver! 2 (absolute, extreme): **it's at the ~ bottom of the pile** está justo abajo de todo, está justo en el fondo del montón; **right from the ~ start** desde el primer momento; **right in the ~ middle** en el mismísimo *or* (AmC, Méx, Ven fam) el mero centro; **she's at the ~ peak of her career** está en la cima *or* cúspide de su carrera; **in the ~ heart of the jungle** en el corazón mismo de la jungla; **at the ~ most** como máximo, a lo sumo 3 (actual) mismo; **its ~ existence is threatened** su misma existencia se halla amenazada; **not Joe Altman? — yes, the ~ man (himself)** ¿no dirás Joe Altman? — sí, el mismísimo *or* (AmC, Méx, Ven fam) el mero 4 (mere, sheer) solo, mero; **the ~ mention of her name** la sola *or* mera mención de su nombre; **the ~ thought of it makes me furious** me pongo furioso de sólo pensarlo; **walk out without paying? the ~ idea!** ¿irnos sin pagar? ¡cómo se te ocurre! 5 (utter, veritable) (liter): **~ God** Dios de Dios; **the veriest scoundrel** (arch) el sinvergüenza más grande

Very light /ˈvɪri || ˈvɪəri/ *n* bengala *f*

vesicle /ˈvesɪkəl/ *n* vesícula *f*

vesicular /vəˈsɪkjələr || vɪˈsɪkjʊlə(r)/ *adj* vesicular

vespers /ˈvespərz || ˈvespəz/ *pl n* vísperas *fpl*

vessel /ˈvesəl/ *n*

A (Naut) (frml) navío *m* (frml), nave *f* (liter); **passenger ~** buque *m or* barco *m* de pasajeros

B (receptacle) (frml) recipiente *m*; (*drinking* ~) vasija *f*; ***empty ~s make most noise*** *o* ***sound*** mucho ruido y pocas nueces

C (Anat, Bot) vaso *m*; **blood ~** vaso sanguíneo

vest¹ /vest/ *n* 1 (waistcoat) (AmE) chaleco *m*; (*before n*): **~ pocket** bolsillo *m* del chaleco 2 (undergarment) (BrE) camiseta *f*

vest² *vt* (frml) **to ~ sb WITH sth** investir* a algn DE *or* CON algo (frml); **he was ~ed with special powers** fue investido de *or* con poderes especiales (frml); **to ~ sth IN sb** conferirle* algo A algn; **the authority ~ed in a judge** la autoridad conferida a un juez

vestal virgin /ˈvestl/ *n* vestal *f*

vested interest /ˈvestəd || ˈvestɪd/ *n* 1 [c] (Fin, Law) derecho *m* adquirido 2 [u] (personal stake) interés *m* (personal); **they have a ~ ~ in (maintaining) the status quo** tienen gran interés en mantener el statu quo 3 **vested interests** *pl* intereses *mpl* creados

vestibule /ˈvestəbjuːl || ˈvestɪbjuːl/ *n* 1 (of building) vestíbulo *m* 2 (AmE) (Rail) *descansillo de paso entre vagones* 3 (Anat) vestíbulo *m*

vestige /ˈvestɪdʒ/ *n* 1 (trace) vestigio *m*; **the ~s of an ancient civilization** los vestigios de una antigua civilización; **there's not a ~ of truth in his story** no hay ni un ápice de verdad *or* ni rastros de verdad en lo que dice 2 (Biol) rudimento *m*

vestigial /veˈstɪdʒiəl/ *adj* 1 (marginally remaining) (frml): **~ traces** vestigios *mpl*, rastros *mpl*; **he retains some ~ authority** todavía detenta ciertos vestigios de autoridad 2 (Biol) ‹*wing/tail*› rudimentario, vestigial

vestments /ˈvestmənts/ *pl n* (Relig) (*sometimes sing*) vestiduras *fpl*

vestry /ˈvestri/ *n* (*pl* **-tries**) sacristía *f*

Vesuvius /vəˈsuːviəs || vɪˈsuːviəs/ *n* el Vesubio

vet¹ /vet/ *n*

A (Vet Sci) veterinario, -ria *m,f*

B (veteran) (AmE colloq) veterano, -na *m,f*

vet² *vt* **-tt-** ‹*applicant*› someter a investigación; ‹*application/proposal*› examinar, investigar*; ‹*films/videos*› encargarse* de la censura de; **to be positively ~ted** ser* objeto de una investigación de antecedentes

vetch /vetʃ/ *n* [c u] algarroba *f*

veteran /ˈvetərən/ *n* 1 (of war) veterano, -na *m,f* de guerra; **a ~ of the Great War** un veterano de la Primera Guerra Mundial; (*before n*) ‹*soldier*› veterano 2 (of military service) (AmE) licenciado *m* del servicio militar 3 (experienced person) veterano, -na *m,f*; **a ~ of local politics** un veterano de la política local; (*before n*) ‹*actor/reporter*› veterano

V

veteran car *n* (BrE) coche *m* antiguo (*fabricado antes de 1919*)

Veterans Day /ˈvetərənz/ *n* (AmE) día *m* del Armisticio

> **Veterans Day**
>
> Un día festivo en EEUU y Canadá. Se celebra el 11 de noviembre, en honor a los que han servido en las fuerzas armadas. La gente pone banderas en sus casas y muchas ciudades lo celebran con desfiles.

veterinarian /ˌvetərəˈneriən || ˌvetərɪˈneəriən/ *n* (AmE) médico veterinario, médica veterinaria *m,f*

veterinary /ˈvetərəneri || ˈvetrɪnəri/ *adj* veterinario; ~ **science** veterinaria *f*; ~ **surgeon** (BrE frml) (médico *m*) veterinario *m*, (médica *f*) veterinaria *f*; ~ **surgery** veterinaria *f*

vetkoek /ˈvetkɜːk/ *n* [u] (SAfr) (Culin) *especie de empanadilla frita que se come con miel o almíbar o rellena de carne*

veto¹ /ˈviːtəʊ/ *n* (*pl* **vetoes**) 1▸ [u] (power to ban) veto *m*; **the right of** ~ el derecho de *or* al veto; **to have a** ~ tener* derecho de veto; **to use** *o* **exercise one's** ~ ejercer* el veto; **to invoke a** ~ acogerse* al *or* invocar* el derecho de *or* al veto 2▸ [c] (ban) veto *m*, prohibición *f*; **to put a** ~ **on sth** vetar algo 3▸ [c] ~ **(message)** (in US) *exposición de las razones por las que se ha ejercido el derecho de veto*

veto² *vt* **vetoes, vetoing, vetoed** ‹*bill/measure/proposal*› vetar; **his wife has** ~**ed smoking in the kitchen** su mujer ha prohibido que se fume en la cocina

vetting /ˈvetɪŋ/ *n* (of application, proposal) examen *m*, investigación *f*; **positive** ~ investigación *f* de antecedentes

vex /veks/ *vt* 1▸ (annoy) irritar, sacar* de quicio 2▸ (worry, puzzle) desconcertar*

vexation /vekˈseɪʃən/ *n* [u c] 1▸ (annoyance) irritación *f*; **the** ~**s of everyday living** las tribulaciones de la vida diaria 2▸ (puzzlement) desconcierto *m*

vexatious /vekˈseɪʃəs/ *adj* (frml) irritante, enojoso

vexed /vekst/ *adj*
A (contentious) (*before n*) ‹*subject/issue*› polémico, controvertido; **the** ~ **question of ...** el polémico *or* controvertido tema de ...
B 1▸ (annoyed) ‹*expression/tone*› irritado; **to be** ~ estar* enojado (esp AmL), estar* enfadado (esp Esp) 2▸ (worried, puzzled) desconcertado

vexing /ˈveksɪŋ/ *adj* 1▸ (annoying) irritante; **it's very** ~ es muy irritante, da mucha rabia 2▸ (worrying, puzzling) ‹*problem/mystery*› desconcertante, enojoso

VG (= **very good**) MB

VGA *n* (= **videographics array**) VGA *m*

vgc (BrE) = **very good condition**

VHF (= **very high frequency**) VHF

VHS® *n* (= **video home system**) VHS *m*

via /ˈvaɪə, ˈviːə || ˈvaɪə/ *prep* 1▸ (by way of) por; **we flew to México** ~ **Miami** volamos a México vía Miami 2▸ (by means of) a través de, por medio de

viability /ˌvaɪəˈbɪləti/ *n* [u] 1▸ (capacity for success) viabilidad *f*; **commercial** ~ viabilidad comercial 2▸ (Biol) viabilidad *f*

viable /ˈvaɪəbəl/ *adj* 1▸ (capable of succeeding) ‹*plan/option*› viable; **it's not** ~ no es viable 2▸ (Biol) viable

viaduct /ˈvaɪədʌkt/ *n* viaducto *m*

vial /ˈvaɪəl/ *n* vial *m*, ampolla *f*; (of perfume) frasco *m*

viands /ˈvaɪəndz/ *pl n* (arch *or* liter) viandas *fpl* (arc *o* liter)

vibes /vaɪbz/ *pl n* 1▸ (atmosphere) (sl) vibraciones *fpl* (fam); **good/bad** ~ buenas/malas vibraciones *fpl* (fam), buenas/malas vibras *fpl* (Méx fam) 2▸ (vibraphone) (colloq) vibráfono *m*

vibrancy /ˈvaɪbrənsi/ *n* [u] 1▸ (of atmosphere) efervescencia *f*; (of personality) vitalidad *f*, vigor *m*, dinamismo *m* 2▸ (of voice) sonoridad *f*

vibrant /ˈvaɪbrənt/ *adj* 1▸ (lively, exuberant) ‹*color*› vibrante; ‹*emotion*› a flor de piel, vehemente; ‹*atmosphere*› efervescente; **her** ~ **good health** su radiante salud; ~ **reds and blues** rojos y azules vibrantes 2▸ (resonant) ‹*voice*› vibrante, sonoro; ‹*tone*› vibrante

vibraphone /ˈvaɪbrəfəʊn/ *n* vibráfono *m*

vibrate /ˈvaɪbreɪt || vaɪˈbreɪt/ *vi* 1▸ ‹‹*engine/floor/string*›› vibrar; **in a voice vibrating with emotion** con la voz vibrante *or* (liter) trémula de emoción (liter) 2▸ (pulse, thrill) **to** ~ WITH **sth** bullir* DE algo
■ **vibrate** *vt* hacer* vibrar

vibration /vaɪˈbreɪʃən/ *n*
A [u c] 1▸ (of membrane, string) vibración *f* 2▸ (of floor, machine) vibración *f*
B **vibrations** *pl* (feelings) (colloq & dated) vibraciones *fpl* (fam)

vibrato¹ /vɪˈbrɑːtəʊ/ *n* [u] vibrato *m*; **with** ~ en vibrato

vibrato² *adv* en vibrato

vibrator /ˈvaɪbreɪtər || vaɪˈbreɪtə(r)/ *n* vibrador *m*

viburnum /vaɪˈbɜːrnəm || vaɪˈbɜːnəm/ *n* viburno *m*

Vic = **Victoria**

vicar /ˈvɪkər || ˈvɪkə(r)/ ▸❶ **p.1213** *n* 1▸ (Anglican) (esp in UK) párroco *m* 2▸ (Catholic) vicario *m*; **the V**~ **of Christ** el Vicario de Cristo

vicarage /ˈvɪkərɪdʒ/ *n* vicaría *f*, casa *f* del párroco

vicarious /vɪˈkeriəs || vɪˈkeəriəs/ *adj* indirecto; **he gets a** ~ **pleasure from it** indirectamente le proporciona placer

vicariously /vɪˈkeriəsli || vɪˈkeəriəsli/ *adv* indirectamente; **they live** ~ **through their child** viven a través de su hijo; **to experience sth** ~ experimentar algo a través de otra persona

vice /vaɪs/ *n*
A [u c] 1▸ (wickedness) vicio *m*; (*before n*): ~ **ring** red *f* de prostitución; **the** ~ **squad** la brigada *f* anti-vicio 2▸ (of animal) maña *f*; (of horse) resabio *m*
B [c] (BrE) ▸ **vise**

vice- /ˈvaɪs/ *pref* vice-

vice admiral *n* vicealmirante *mf*

vice-chairman /ˌvaɪsˈtʃermən || ˌvaɪsˈtʃeəmən/ *n* vicepresidente *m*

vice-chancellor /ˌvaɪsˈtʃænslər || ˌvaɪsˈtʃɑːnsələ(r)/ *n* (in UK) (Educ) ≈ rector, -tora *m,f*

vice-consul /ˌvaɪsˈkɑːnsəl || ˌvaɪsˈkɒnsəl/ *n* vicecónsul *mf*

vicelike /ˈvaɪslaɪk/ *adj* (BrE) ▸ **viselike**

vice president *n* vicepresidente, -ta *m,f*

vice-principal /ˌvaɪsˈprɪnsəpəl/ *n* (AmE) subdirector, -tora *m,f*

viceroy /ˈvaɪsrɔɪ/ *n* virrey *m*

vice versa /ˌvaɪsiˈvɜːrsə, ˌvaɪsˈvɜːrsə || ˌvaɪsiˈvɜːsə, ˌvaɪsˈvɜːsə/ *adv* viceversa

vicinity /vɪˈsɪnəti/ *n* [u] (frml) 1▸ (area) inmediaciones *fpl*, alrededores *mpl*; **in the (immediate)** ~ **of sth** en las inmediaciones *or* los alrededores de algo; **is there a public telephone in the** ~**?** ¿hay algún teléfono público por aquí/por allí?; **there are few shops in this** ~ hay pocas tiendas en esta zona; **the hotel is situated in the** ~ **of the airport** el hotel está situado en las inmediaciones del aeropuerto; **in the** ~ **of $100** alrededor de los 100 dólares, unos 100 dólares 2▸ (proximity) ~ (TO **sth**) proximidad *f* (A algo)

vicious /ˈvɪʃəs/ *adj* 1▸ (savage, violent) ‹*dog*› fiero, malo; ‹*thug/criminal*› despiadado, sanguinario; ‹*crime*› atroz, sanguinario; ‹*attack/blow*› feroz, salvaje; **he has a** ~ **temper** tiene muy mal genio; **there's a** ~ **streak in him** tiene una veta violenta; **their home-made vodka is pretty** ~ **stuff** hacen un vodka que es un veneno (fam & hum) 2▸ (malicious) ‹*gossip/rumor*› malicioso; **she was very** ~ **about John** se ensañó con John; **a** ~ **smear campaign** una despiadada campaña de difamación; **he has a** ~ **tongue** tiene una lengua viperina 3▸ (depraved) (liter) ‹*habit*› depravado

vicious circle *n* círculo *m* vicioso

viciously /ˈvɪʃəsli/ *adv* ‹*attack/kick*› brutalmente, ferozmente

viciousness /ˈvɪʃəsnəs || ˈvɪʃəsnɪs/ *n* [u] (of person) brutalidad *f*, salvajismo *m*; (of animal) ferocidad *f*, fiereza *f*; (of attack, crime) salvajismo *m*, lo sanguinario; (of remark) malevolencia *f*

vicissitudes /vɪˈsɪsətuːdz || vɪˈsɪsɪtjuːdz/ *pl n* (frml) (*sometimes sing*) vicisitudes *fpl*, avatares *mpl*

victim /ˈvɪktəm || ˈvɪktɪm/ *n* víctima *f*; **cancer** ~**s** víctimas del cáncer; **the flood** ~**s** los damnificados por las inundaciones; **she was the** ~ **of a violent attack** fue víctima de un violento ataque; **to fall** ~ **to sth** ser* víctima de algo; **he fell** ~ **to her charms** sucumbió a sus encantos

victimization /ˌvɪktəməˈzeɪʃən || ˌvɪktɪmaɪˈzeɪʃən/ *n* [u] trato *m* injusto *or* discriminatorio

victimize /ˈvɪktəmaɪz || ˈvɪktɪmaɪz/ *vt* victimizar*, tratar injustamente, discriminar

victimless /ˈvɪktəmləs || ˈvɪktɪmlɪs/ *adj* sin víctimas

victim support *n* [u] ayuda *f or* apoyo *m* a la víctima

victor /ˈvɪktər || ˈvɪktə(r)/ *n* vencedor, -dora *m,f*; **they emerged (as)** ~**s** salieron victoriosos

Victoria Cross /vɪkˈtɔːriə/ *n* (in UK) *la más alta condecoración militar británica*

Victoria Day *n* (in Canada) *el lunes anterior al 24 de mayo, en que se conmemora el nacimiento de la reina Victoria*

Victorian /vɪkˈtɔːriən/ *adj* victoriano

Victoriana /vɪkˌtɔːriˈænə || vɪkˌtɔːrɪˈɑːnə/ *n* [u] (esp BrE) objetos *mpl* de la época victoriana

victorious /vɪkˈtɔːriəs/ *adj* ‹*army*› victorioso; ‹*team*› vencedor, ganador; **the rebels were** ~ **in their struggle** los rebeldes salieron victoriosos de la contienda (liter)

victoriously /vɪkˈtɔːriəsli/ *adv* victoriosamente, de manera victoriosa

victory /ˈvɪktəri/ *n* [u c] (*pl* **-ries**) victoria *f*, triunfo *m*; (Mil) victoria *f*; **to be magnanimous in** ~ ser* clemente con los vencidos (liter); ~ OVER **sb/sth** ‹*over opponent/despair*› victoria *or* triunfo SOBRE algn/algo; **her** ~ **over cancer was due to will power** derrotó al cáncer gracias a su fuerza de voluntad; **to win a** ~ **(over sb/sth)** obtener* una victoria (sobre algn/algo)

victory lap *n* vuelta *f* olímpica

victory sign *n* señal *f* de la victoria

victual /ˈvɪtl/ *vt* **-l-** *or* **-ll-** (frml) avituallar

victualler /ˈvɪtlər || ˈvɪtlə(r)/ *n see* **licensed**

victuals /ˈvɪtlz/ *pl n* (arch) vituallas *fpl*, víveres *mpl*

vide /ˈviːdeɪ, ˈviːdi || ˈvɪdeɪ, ˈviːdeɪ/ (frml) vide (frml), véase (frml)

videlicet /vəˈdeləset || vɪˈdelɪset/ *adv* (frml) a saber (frml), vale decir (frml), es decir

video¹ /ˈvɪdiəʊ/ *n* (*pl* **videos**) 1▸ [u] (medium) video *m or* (Esp) vídeo *m*; **on** ~ en video *or* (Esp) vídeo; (*before n*): ~ **camera** videocámara *f*; ~ **clip** videoclip *m*; ~ **player** videocasete *m*, video *m or* (Esp) vídeo *m*; ~ **recorder** aparato *m* de video *or* (Esp) vídeo; ~ **recording** grabación *f* en video *or* (Esp) vídeo 2▸ [c] (recording) video *m or* (Esp) vídeo *m*; **a home** ~ un video *or* (Esp) vídeo casero; **a pop** ~ un videoclip; (*before n*): ~ **club** videoclub *m*; ~ **film** videofilm *m*; ~ **library** videoteca *f*; ~ **nasty** *videofilm pornográfico y/o de violencia* 3▸ [c] (recorder) video *m or* (Esp) vídeo *m*

video² *adj* (*before n*) ‹*channel/signal*› de video *or* (Esp) vídeo

video³ *vt* **videoes, videoing, videoed** grabar

video arcade *n* sala *f* recreativa (*con videojuegos*)

video art *n* videoarte *m*

video card *n* tarjeta *f* de video *or* (Esp) vídeo

videocassette /ˌvɪdiəʊkəˈset/ *n* videocasete *m*; (*before n*): ~ **recorder** magnetoscopio *m*, video *m* or (Esp) vídeo *m*

videoconference /'vɪdiəʊ'kɑːnfərəns || ˌvɪdiəʊ'kɒnfərəns/ *n* videoconferencia *f*

videoconferencing /'vɪdiəʊˌkɑːnfrənsɪŋ || 'vɪdiəʊˌkɒnfərənsɪŋ/ *n* [u] videoconferencias *fpl*

videodisc, (AmE also) **videodisk** /'vɪdiəʊdɪsk/ *n* videodisco *m*

video display unit *n* pantalla *f* (de visualización), monitor *m*

videofit /'vɪdiəʊfɪt/ *n* retrato *m* hablado *or* (Méx) reconstruido en video, retrato *m* robot en vídeo (Esp)

video frequency *n* videofrecuencia *f*

video game *n* videojuego *m*

videographics /ˌvɪdiəʊ'græfɪks/ *pl n* efectos *mpl* visuales digitales

videography /ˌvɪdi'ɑːgrəfi || ˌvɪdi'ɒgrəfi/ *n* [u] *arte de filmar videos*

video link *n* (Telec) enlace *m* por video *or* (Esp) vídeo; **to give evidence by ~ ~** declarar por videoconferencia

video on demand *n* [u] video *m* or (Esp) vídeo *m* a la carta, video *m* or (Esp) vídeo *m* a pedido

videophone /'vɪdiəʊfəʊn/ *n* videófono *m*, videoteléfono *m*

video pill *n* (Med) (video)cápsula *f* endoscópica

video piracy *n* [u] videopiratería *f*

videoprojector /'vɪdiəʊprəˌdʒektər || 'vɪdiəʊprəˌdʒektə(r)/ *n* videoproyector *m*

video RAM *n* RAM *f* video *or* (Esp) vídeo

video signal *n* señal *f* de video *or* (Esp) vídeo

video surveillance *n* [u] videovigilancia *f*, cámaras *fpl* de vigilancia

videotape[1] /'vɪdiəʊteɪp/ *n* **1** [u c] (magnetic tape) cinta *f* de video *or* (Esp) vídeo **2** [c] (recording) video *m* or (Esp) vídeo *m*

videotape[2] *vt* grabar en video *or* (Esp) vídeo, videograbar

videotex /'vɪdiəʊteks/ *n* [u] videotex *m*

videotext /'vɪdiəʊtekst/ *n* [u] videotexto *m*

vie /vaɪ/ **vies, vying, vied** *vi* **to ~ (WITH sb) (FOR sth): we were vying with two other companies for the contract** competíamos con otras dos compañías por el contrato; **Smith was vying with Jones in popularity** Smith y Jones rivalizaban en popularidad; **various factions are vying for control of the party** varias facciones se disputan el control del partido *or* pugnan por hacerse con el control del partido

Vienna /vi'ena/ *n* Viena *f*

Viennese /ˌviːə'niːz/ *adj* vienés

Viet Cong[1] /ˌviːet 'kɑːŋ, ˌvjet || vjet'kɒŋ/ *adj* (Hist) del Vietcong

Viet Cong[2] *n pl* (Hist) guerrillero, -ra *m,f* del Vietcong; **the ~ ~** el Vietcong

Vietnam /ˌviːet'nɑːm, -næm, vje- || vjet'næm/ *n* Vietnam *m*; (*before n*): **the ~ War** la guerra de(l) Vietnam

Vietnamese[1] /viˌetnə'miːz/ *adj* vietnamita

Vietnamese[2] *n* (*pl* ~) **1** [c] (person) vietnamita *mf* **2** [u] (language) vietnamita *m*

view[1] /vjuː/ *n*

A [u] **1** (sight) vista *f*; **as we turned right, the hotel came into ~** al torcer a la derecha pudimos ver el hotel *or* el hotel apareció ante nuestra vista; **to disappear from ~** perderse* de vista, desaparecer*; **we soon came in ~ of the bay** pronto pudimos ver la bahía; **to be hidden from ~** estar* oculto; **in full ~ of sb/sth** a la vista de algn/algo; **he undressed in full ~ of everyone** se desvistió delante de todos *or* a la vista de todos **2** (range of vision): **we had a good ~ of the stage** veíamos muy bien el escenario; **he stood up to get a better ~** se puso de pie para ver mejor; **you're blocking my ~** me estás tapando, no me dejas ver

B [c] **1** (scene, vista) vista *f*; **an apartment with an ocean ~** un apartamento con vista al mar; **a ~ over the lake** una vista panorámica del lago **2** (picture, photo) vista *f*

C [c] **1** (opinion, attitude) opinión *f*, parecer *m*; **what's your ~?** ¿cuál es tu opinión *or* parecer?, ¿tú qué opinas?; **he likes to air his ~s** le gusta dar a conocer su opinión; **in my ~, it's too expensive** en mi opinión *or* a mi modo de ver es demasiado caro; **you have a peculiar ~ of things** tienes una visión extraña de las cosas; **~ ON/ABOUT sth** opinión DE/SOBRE algo; **to hold ~s on/about sth** tener* ideas *or* opiniones sobre algo; **she takes the ~ that ...** ella opina que ...; ***to take a dim*** *o* ***poor ~ of sth*** (colloq): **she took a dim ~ of his arriving so late** no le pareció nada bien que llegara tan tarde; **they take a dim ~ of their daughter going out with him** ven con malos ojos que su hija salga con él; ***to take the long/short ~*** adoptar una perspectiva amplia/limitada; **she takes a longer ~** adopta una perspectiva más amplia **2** (survey, examination) visión *f*

D (plan, intention): **with a ~ to -ING, with the ~ of -ING** con la idea DE + INF, con vistas A + INF; **with a ~ to buying a house** con la idea de comprar una casa, con vistas a comprar una casa

E (*in phrases*): **in view: what exactly do you have in ~?** concretamente ¿qué es lo que te propones *or* lo que pretendes?; **there's no end in ~** no se vislumbra el final; **let's have a look at what's in ~ for the week ahead** veamos qué tenemos en perspectiva para la semana que viene; **this car is designed with safety in ~** este coche ha sido diseñado pensando en la seguridad; **always keep your ultimate goal in ~** nunca pierdas de vista el objetivo que persigues; **with this in ~** con este fin; **in view of** en vista de; **in ~ of what's happened** en vista de lo que ha sucedido; **in ~ of the fact that ...** en vista de que ..., dado que ... (frml); **on view: the exhibition is on ~ until the end of the month** la exposición puede visitarse hasta fin de mes; **the winning entries will go on ~ to the public on Saturday** las obras premiadas podrán verse *or* se expondrán al público a partir del sábado

view[2] *vt*

A **1** (look at) ‹*sights*› ver*, mirar; **we ~ed the scene with amusement/detachment** mirábamos la escena divertidos/con indiferencia; **~ed from the side, he resembles his brother** (visto) de perfil, se parece a su hermano **2** (TV) ver*

B (inspect) **1** ‹*property*› ver* **2** ‹*accounts*› examinar

C (regard) ver*, considerar; **she ~ed the job as a challenge** veía *or* consideraba el trabajo como un reto; **the proposal/her presence is ~ed with suspicion by the staff** el personal ve la propuesta/su presencia con recelo; **we ~ed the matter with concern** el asunto nos preocupaba

■ **view** *vi* (TV) ver* la televisión; **the ~ing public** los televidentes

viewdata /'vjuːˌdeɪtə/ *n* [u] videotexto *m*

viewer /'vjuːər || 'vjuːə(r)/ *n* **1** (person) telespectador, -dora *m,f*, televidente *mf* **2** (for slides) visionadora *f*

viewfinder /'vjuːˌfaɪndər || 'vjuˌfaɪndə(r)/ *n* visor *m*

viewing /'vjuːɪŋ/ *n* **1** [u] (TV): **the films can be hired on video for home ~** se puede alquilar las películas en video *or* (Esp) vídeo para verlas en casa; **the series is just as funny on a second ~** la serie es igual de divertida al verla por segunda vez; (*before n*) ‹*habits/preferences*› televisivo; **the ~ public** los telespectadores **2** [u c] (of house) visita *f*; (of items to be auctioned) exposición *f*; Ⓢ **viewing by appointment** se ruega concertar cita para visitar (la propiedad); **sale Tuesday, ~ Monday** venta el martes, exposición el lunes

viewpoint /'vjuːpɔɪnt/ *n* punto *m* de vista; **from his ~** desde su punto de vista

viewspaper /'vjuːzˌpeɪpər || 'vjuːzˌpeɪpə(r)/ *n* (Journ) periódico *m* de opinión

vigil /'vɪdʒəl || 'vɪdʒɪl/ *n* **1** (watch) (liter *or* journ) vela *f*; **to keep (a) ~ over sth** velar sobre algo; **we must keep a constant ~** debemos mantenernos siempre alertas **2** (Relig) vigilia *f*

vigilance /'vɪdʒələns || 'vɪdʒɪləns/ *n* [u] vigilancia *f*; **nothing escapes her ~** no se le escapa nada; **we mustn't relax our ~** no debemos bajar la guardia

vigilant /'vɪdʒələnt || 'vɪdʒɪlənt/ *adj* alerta, vigilante, atento; **we must be ~ against complacency** debemos guardarnos de darnos fácilmente por satisfechos

vigilante /ˌvɪdʒə'lænti || ˌvɪdʒɪ'lænti/ *n* vigilante, -ta *m,f* (*miembro de un grupo parapolicial*); (*before n*): **~ group** grupo *m* or escuadra *f* de vigilancia

vigilantism /ˌvɪdʒə'læntɪzəm || ˌvɪdʒɪ'læntɪzəm/ *n* [u] vigilancia *f* parapolicial

vignette /vɪn'jet/ *n* **1** (literary sketch) estampa *f*; **a fascinating ~ of life in imperial Russia** una fascinante estampa de la vida en la Rusia imperial **2** (Art, Phot, Publ) viñeta *f*

vigor, (BrE) **vigour** /'vɪgər || 'vɪgə(r)/ *n* [u] vigor *m*, energía *f*; **the ~ of the economy** la pujanza de la economía

vigorous /'vɪgərəs/ *adj* ‹*exercise*› enérgico; ‹*campaign/defense*› enérgico; ‹*denial*› rotundo; ‹*growth*› vigoroso; ‹*economy*› pujante; ‹*prose*› vigoroso

vigorously /'vɪgərəsli/ *adv* ‹*exercise*› enérgicamente; ‹*protest*› enérgicamente; ‹*deny*› rotundamente; ‹*grow*› vigorosamente

vigour *n* [u] (BrE) ▸ **vigor**

Viking /'vaɪkɪŋ/ *n* vikingo, -ga *m,f*; (*before n*) ‹*helmet/longship/burial*› vikingo

vile /vaɪl/ *adj* **viler, vilest** **1** (evil, despicable) (liter) vil (liter); **a ~ murder** un vil asesinato (liter) **2** (unpleasant) (colloq) ‹*taste*› vomitivo (fam), asqueroso, repugnante; ‹*color/weather*› horrible, inmundo; **to be in a ~ mood/temper** estar* de un humor de perros (fam); **to have a ~ temper** tener* muy mal genio; **to be ~ to sb** portarse como un cerdo con algn (fam); **to be ~ about sb/sth** ensañarse con algn/algo

vilification /ˌvɪləfə'keɪʃən || ˌvɪlɪfɪ'keɪʃən/ *n* [u] (frml) vilipendio *m* (frml)

vilify /'vɪləfaɪ || 'vɪlɪfaɪ/ *vt* **-fies, -fying, -fied** (frml) vilipendiar (frml)

villa /'vɪlə/ *n* **1** (Hist) villa *f*; **a Roman ~** una villa romana **2** (holiday house) chalet *m*; (in the country) chalet *m*, casa *f* de campo; **a holiday/seaside ~** un chalet para las vacaciones/en la playa

village /'vɪlɪdʒ/ *n* (large) pueblo *m*; (small) aldea *f*; **the Olympic ~** la ciudad olímpica; **the global ~** la aldea global, el gran pueblo que es el mundo; (*before n*): **~ green** prado *m* comunal; **~ hall** *sala comunal de un pueblo*; **the ~ idiot** el tonto del pueblo; **~ life** la vida de pueblo

villager /'vɪlədʒər || 'vɪlɪdʒə(r)/ *n* (of large village) vecino, -na *m,f* or habitante *mf* del pueblo; (of small village) aldeano, -na *m,f*

villain /'vɪlən/ *n* **1** (rogue) villano, -na *m,f*; **come here, you young ~!** (hum) ¡ven aquí, granuja *or* pillo! (hum) **2** (in fiction) villano, -na *m,f*; **the ~ of the piece** el malo de la obra (fam) **3** (criminal) (BrE sl) maleante *mf*

villainous /'vɪlənəs/ *adj* infame, espantoso

villainy /'vɪləni/ *n* [u c] (*pl* **-nies**) (liter) vileza *f*, infamia *f* (liter)

villein /'vɪlən || 'vɪleɪn/ *n* (Hist) siervo *m* de la gleba, villano, -na *m,f*

Vilnius /'vɪlniəs/ *n* Vilna *f*

vim /vɪm/ *n* [u] (colloq) empuje *m*, brío *m*; **she set about her work with ~ and vigor** se puso a trabajar con gran brío

VIN *n* = **vehicle identification number**

vinaigrette /ˌvɪnɪ'gret/ *n* [u c] vinagreta *f*; (*before n*): **~ sauce** (salsa *f*) vinagreta *f*

vindicate /'vɪndəkeɪt || 'vɪndɪkeɪt/ *vt* (frml) **1** (justify) ‹*action*› justificar*; ‹*assertion*› confirmar; ‹*right*› reivindicar*; **their methods are ~d by the results** los resultados reivindican sus métodos, los resultados demuestran la eficacia de sus métodos **2** (free from blame) ‹*person*› vindicar* (frml)

vindication /ˌvɪndə'keɪʃən || ˌvɪndɪ'keɪʃən/ *n* [u] **1** (of warnings) confirmación *f*; (of claim, rights) reivindicación *f*; (of methods) reivindicación *f*,

V

justificación *f* 2 (exoneration) vindicación *f* (frml)

vindictive /vɪn'dɪktɪv/ *adj* ⟨*person/nature/action/mood*⟩ vengativo; **to be ~ TOWARD sb** mostrarse* vengativo CON algn

vindictively /vɪn'dɪktɪvli/ *adv* de manera vengativa, con afán de venganza

vindictiveness /vɪn'dɪktɪvnəs || vɪn 'dɪktɪvnɪs/ *n* [u] afán *m* de venganza

vine /vaɪn/ *n* (*grape~*) 1 (on ground) vid *f*; (climbing) parra *f*; ***to allow sth to wither on the ~*** dejar que algo quede desfasado; ***to be a clinging ~*** ser* pegajoso, ser* como una lapa; (*before n*): **~ grower** viticultor, -tora *m,f*; **~ leaf** hoja *f* de parra; **~ shoot** sarmiento *m* 2 (climbing plant) enredadera *f*; **tomato ~** tomatera *f*; **hanging ~s** lianas *fpl*

vinegar /'vɪnɪgər || 'vɪnɪgə(r)/ *n* [u] vinagre *m*

vinegary /'vɪnɪgəri/ *adj* ⟨*wine/taste*⟩ avinagrado; **it tastes ~** sabe a vinagre, tiene un sabor avinagrado

vineyard /'vɪnjərd, -jɑːrd || 'vɪnjəd, -jɑːd/ *n* viñedo *m*, viña *f*

viniculture /'vɪni,kʌltʃər || 'vɪni,kʌltʃə(r)/ *n* [u] (frml) viticultura *f*, vitivinicultura *f*

vinification /,vɪnəfɪ'keɪʃn || ,vɪnɪfɪ'keɪʃən/ *n* vinificación *f*

vintage[1] /'vɪntɪdʒ/ *n*

A 1 (wine, year) cosecha *f*; **the 1999 ~** la cosecha de 1999 2 (harvest, season) vendimia *f*

B (generation, age) (colloq) época *f*; **that suit must be of sixties ~** (hum) ese traje debe ser una reliquia de los años sesenta (hum)

vintage[2] *adj* (*before n, no comp*) 1 ⟨*wine*⟩ añejo 2 (outstanding, classic) excelente; **1984 was a ~ year for burgundy** 1984 fue un año excelente para el borgoña; **~ films from the sixties** clásicos *mpl* del cine de los años sesenta 3 (typical) típico; **the speech was ~ Churchill** fue un típico discurso a lo Churchill 4 (antiquated) (hum) prehistórico (hum)

vintage car *n* (esp BrE) coche *m* antiguo (*fabricado entre 1919 y 1930*)

vintner /'vɪntnər || 'vɪntnə(r)/ *n* vinicultor, -tora *m,f*, vitivinicultor, -tora *m,f*, viñatero, -ra *m,f*

vinyl /'vaɪnl/ *n* [u c] vinilo *m*; (*before n*) ⟨*flooring*⟩ de vinilo

viol /'vaɪəl/ *n* viola *f* (*de la familia de instrumentos a la que pertenece la viola de gamba*)

viola /vi'əʊlə/ *n* 1 (Mus) viola *f*; **~ da gamba** viola de gamba; (*before n*): **~ player** viola *mf* 2 (Bot) viola *f*

violate /'vaɪəleɪt/ *vt*

A (infringe) ⟨*agreement/rights*⟩ violar; ⟨*ban*⟩ desobedecer*; **to ~ sb's privacy** no respetar la privacidad de algn, violar *or* vulnerar la intimidad de algn

B 1 (desecrate) ⟨*shrine/grave*⟩ profanar 2 (disturb) (liter) ⟨*peace/tranquillity*⟩ perturbar 3 (frml *or* liter) (assault sexually) violar

violation /,vaɪə'leɪʃən/ *n* [u c]

A (of agreement, law, right) violación *f*; (of promise) incumplimiento *m*; **human rights ~s** violaciones de los derechos humanos; **a border ~** una infracción fronteriza; **a traffic ~** una infracción de tráfico; **to be in ~ of sth** contravenir* algo (frml)

B 1 (of grave, shrine) profanación *f* 2 (of peace, tranquillity) (liter) perturbación *f*

violence /'vaɪələns/ *n* [u]

A (physical force) violencia *f*; **to use ~** hacer* uso de la fuerza *or* de la violencia; **he threatened me with ~** me amenazó con recurrir a la violencia; **a rise in levels of ~** una escalada de violencia; **robbery with ~** (Law) robo *m* (con fuerza *or* violencia); **to do ~ to sth** distorsionar algo

B (of storm, reaction, emotion) violencia *f*

violent /'vaɪələnt/ *adj* 1 (involving physical force) ⟨*person/behavior*⟩ violento; **he met a ~ death** tuvo una muerte violenta; **to get ~** ponerse* violento 2 (strong, forceful) ⟨*storm/explosion/kick*⟩ violento, fuerte; ⟨*grief*⟩ intenso; ⟨*pain*⟩ violento, intenso; ⟨*contrast*⟩ fuerte; **he has a ~ temper** tiene muy mal genio; **she took a ~ dislike to him** le tomó una manía terrible

violently /'vaɪələntli/ *adv* ⟨*react*⟩ violentamente, con violencia; ⟨*quarrel*⟩ violentamente; **the storm raged ~** la tormenta continuaba en todo su furor; **he is ~ opposed to the proposal** se opone terminantemente a la propuesta; **she was ~ sick** vomitó mucho

violet /'vaɪələt/ *n* 1 [c] (Bot) violeta *f*; ***a shrinking ~*** una persona tímida y modesta 2 ▸ ❶ **p.1036** [u] (color) violeta *m*; (*before n*) violeta *adj inv*

violin /,vaɪə'lɪn/ *n* violín *m*; **first ~** (leader) primer violín *mf*, concertino *m*; **first/second ~s** primeros/segundos violines; (*before n*) ⟨*solo*⟩ de violín; ⟨*concerto*⟩ para violín; **~ case** estuche *m* de violín

violinist /,vaɪə'lɪnəst || ,vaɪə'lɪnɪst/ *n* violinista *mf*

violoncello /,vaɪələn'tʃeləʊ/ *n* (*pl* **-los**) (frml) violoncelo *m*, violonchelo *m*

VIP *n* (colloq) (= **very important person**) VIP *mf*; (*before n*): **~ lounge** sala *f* de VIPS; **they gave him (the) ~ treatment** lo trataron como a un VIP

viper /'vaɪpər || 'vaɪpə(r)/ *n* víbora *f*

viperish /'vaɪpərɪʃ/ *adj* viperino

virago /və'rɑːgəʊ || vɪ'rɑːgəʊ/ *n* (*pl* **-goes** *or* **-gos**) virago *f*

viral /'vaɪrəl/ *adj*

A (Med) ⟨*disease/illness/infection*⟩ viral, vírico

B (Marketing) viral; **~ marketing** márketing *m* viral

Virgil /'vɜːrdʒəl || 'vɜːdʒɪl/ *n* Virgilio

virgin[1] /'vɜːrdʒən || 'vɜːdʒɪn/ *n* virgen *f*; **the (Blessed) V~ Mary** la (Santísima) Virgen María

virgin[2] *adj* 1 (chaste) ⟨*innocence/modesty*⟩ virginal; **the ~ birth** el alumbramiento virginal (*de la Virgen María*) 2 (unspoiled, untouched) ⟨*forest*⟩ virgen; ⟨*snow*⟩ intacto; **this subject is ~ territory to me** desconozco totalmente el tema 3 (unprocessed) virgen; **~ wool** lana *f* virgen; **~ olive oil** aceite *m* oliva virgen

virginal[1] /'vɜːrdʒənl || 'vɜːdʒɪnl/ *adj* virginal

virginal[2] *n* (Hist, Mus) virginal *m*

virginals /'vɜːrdʒənlz || 'vɜːdʒɪnlz/ *n* (*pl*, **~** (+ *sing vb*)) ▸ **virginal**[2]

Virginia creeper /vər'dʒɪnjə || və'dʒɪniə/ *n* parra *f* virgen

Virgin Islands *pl n* Islas *fpl* Vírgenes

virginity /vər'dʒɪnəti || və'dʒɪnɪti/ *n* [u] virginidad *f*; **to lose one's ~** perder* la virginidad

Virgo /'vɜːrgəʊ || 'vɜːgəʊ/ *n* (*pl* **-gos**) 1 (constellation) (*no art*) Virgo 2 [c] (person) Virgo *or* virgo *mf*; *see also* **Aquarius**

Virgoan[1] /vɜːr'gəʊən || vɜː'gəʊən/ *n* (esp BrE) Virgo *or* virgo *mf*

Virgoan[2] *adj*: **a ~ trait** una característica de los (de) Virgo

virile /'vɪrəl || 'vɪraɪl/ *adj* 1 (masculine) viril, varonil 2 (forceful, vigorous) ⟨*prose/dancing*⟩ vigoroso

virility /və'rɪləti/ *n* [u] 1 (masculinity) virilidad *f* 2 (power, strength) fuerza *f*

virologist /vaɪ'rɑːlədʒəst || vaɪə'rɒlədʒɪst/ *n* virólogo, -ga *m,f*

virology /vaɪ'rɑːlədʒi || vaɪə'rɒlədʒi/ *n* [u] virología *f*

virtual /'vɜːrtʃuəl || 'vɜːtjʊəl, 'vɜːtʃʊəl/ *adj* (*before n*)

A (de facto): **traffic is at a ~ standstill** el tráfico está prácticamente paralizado; **he has become a ~ dictator** prácticamente *or* de hecho se ha convertido en un dictador

B ⟨*image/memory/office/banking*⟩ virtual

virtualization /,vɜːrtʃuələ'zeɪʃən || ,vɜːtʃuəlaɪ'zeɪʃən/ *n* [u] (Comput) (of data, storage) virtualización *f*

virtualize /'vɜːrtʃuəlaɪz || 'vɜːtʃuəlaɪz/ *vt* (Comput) ⟨*data/storage*⟩ virtualizar

virtually /'vɜːrtʃuəli || 'vɜːtjʊəli, 'vɜːtʃʊəli/ *adv* prácticamente, casi

virtual reality *n* realidad *f* virtual; (*before n*): **~ ~ modeling** *o* (BrE) **modelling** lenguaje *m* de modelación de realidad virtual

virtue /'vɜːrtʃuː || 'vɜːtjuː, 'vɜːtʃuː/ *n*

A [u c] (moral excellence) virtud *f*; ***to make a ~ of necessity*** hacer* de la necesidad virtud

B [c] (advantage) ventaja *f*; **there's no ~ in speed at the expense of accuracy** no tiene mérito trabajar rápido si se cometen errores

C [u] 1 (effectiveness) efectividad *f* 2 **by** *o* (frml) **in virtue of** (*as prep*) en virtud de

D [u] (chastity, fidelity) virtud *f*; **a woman of easy ~** (dated *or* hum) una mujer ligera *or* ligera de cascos (ant)

virtuosity /,vɜːrtʃu'ɑːsəti || ,vɜːtjʊ'ɒsəti, ,vɜːtʃʊ'ɒsəti/ *n* [u] virtuosismo *m*

virtuoso /,vɜːrtʃu'əʊsəʊ || ,vɜːtjʊ'əʊsəʊ, ,vɜːtʃʊ'əʊsəʊ/ *n* (*pl* **-sos** *or* **-si** /-si/) virtuoso, -sa *m,f*, artista *mf*; (*before n*) ⟨*playing/performance*⟩ propio de un virtuoso; **a ~ display of diplomacy** un despliegue de gran habilidad diplomática

virtuous /'vɜːrtʃuəs || 'vɜːtjuəs, 'vɜːtʃʊəs/ *adj* ⟨*act/circle/thought*⟩ virtuoso; **I feel quite ~ having written all those letters** me siento muy orgullosa de haber escrito todas esas cartas

virtuously /'vɜːrtʃuəsli || 'vɜːtjʊəsli, 'vɜːtʃʊəsli/ *adv* virtuosamente

virulence /'vɪrələns, 'vɪrjə- || 'vɪrʊləns, 'vɪrjʊ-/ *n* [u] virulencia *f*

virulent /'vɪrələnt, 'vɪrjə- || 'vɪrʊlənt, 'vɪrjʊ-/ *adj* ⟨*infection*⟩ virulento; ⟨*attack/opposition*⟩ violento, virulento

virulently /'vɪrələntli, 'vɪrjə- || 'vɪrʊləntli, 'vɪrjʊ-/ *adv* con virulencia

virus /'vaɪrəs/ *n* (*pl* **~es**) virus *m*; **she's come down with a ~** (colloq) ha pescado un virus (fam); (*before n*) ⟨*infection/disease*⟩ viral, vírico

virus checker *n* (Comput) detector *m* de virus

virus protection *n* [u] (Comput) protección *f* antivirus

visa /'viːzə/ *n* (*pl* **-s**) visado *m*, visa *f* (AmL); **entry/exit/transit ~** visado *or* (AmL tb) visa de entrada/de salida/de tránsito

visage /'vɪzɪdʒ/ *n* (liter) semblante *m* (liter)

vis-à-vis /'viːzə'viː || 'viːzɑː'viː/ *prep* con respecto a, respecto de, con relación a, en relación con; **she's in a difficult position ~ her colleagues** está en una situación violenta frente a sus colegas

viscera /'vɪsərə/ *pl n* vísceras *fpl*

visceral /'vɪsərəl/ *adj* 1 (emotional) (liter) ⟨*response/hatred/fear*⟩ visceral 2 (Med) visceral

viscid /'vɪsəd || 'vɪsɪd/ *adj* ▸ **viscous**

viscose /'vɪskəʊs/ *n* [u] 1 (Tex) viscosilla *f* 2 (Chem) viscosa *f*

viscosity /vɪs'kɑːsəti || vɪs'kɒsəti/ *n* viscosidad *f*

viscount /'vaɪkaʊnt/ ▸ ❶ **p.1213** *n* vizconde *m*

viscountcy /'vaɪkaʊntsi/ *n* vizcondado *m*

viscountess /'vaɪkaʊntəs || 'vaɪkaʊntɪs/ ▸ ❶ **p.1213** *n* vizcondesa *f*

viscous /'vɪskəs/ *adj* viscoso

vise, (BrE) **vice** /vaɪs/ *n* torno *m or* tornillo *m* de banco

viselike, (BrE) **vicelike** /'vaɪslaɪk/ *adj*: **he held her arm in a ~ grip** la tenía agarrada fuertemente del brazo, sus dedos le asían el brazo como tenazas

visibility /,vɪzə'bɪləti/ *n* [u] 1 (range of vision) visibilidad *f* 2 (prominence) notoriedad *f*; **sports sponsorship gives the company greater ~** el patrocinar deportes le da mayor notoriedad a la empresa

visible /'vɪzəbəl/ *adj*

A 1 (able to be seen) visible; **it's ~ to the naked eye** se ve a simple vista; **the farm is ~ from the road** la granja se ve desde la carretera; **the ~ spectrum** (Opt) el espectro visible 2 (noticeable) ⟨*sign/improvement*⟩ evidente, palpable; **with no ~ means of support** aparentemente sin recursos; **her distress was ~** su angustia era evidente *or* notoria; **this trend is**

V

already ~ in many European countries esta tendencia ya es manifiesta en muchos países europeos
B (Econ) ‹*earnings/exports*› visible

visibly /'vɪzəbli/ *adv* visiblemente; **she was ~ wasting away** se consumía a ojos vistas; **these remedies are ~ not working** obviamente estos remedios no están surtiendo efecto; **she was ~ moved** su emoción era manifiesta

Visigoth /'vɪzəgɑ:θ || 'vɪzɪgɒθ/ *n* visigodo, -da *m,f*

vision /'vɪʒən/ *n*
A **1** [u] (faculty of sight) visión *f*, vista *f*; **perfect ~** visión perfecta; **good/poor ~** buena/mala vista **2** (visibility) visibilidad *f*; **field of ~** campo *m* visual
B [u] (imagination, foresight) visión *f* (de futuro); **the artist's breadth of ~** la amplitud de miras del artista
C [c] **1** (dreamlike revelation) visión *f*; **to have/see a ~** tener* una visión; **she was a ~ (of loveliness) in her wedding dress** (liter) era un sueño en su traje de novia **2** (mental image, concept) imagen *f*, visión *f*; **I had ~s of you being rushed to hospital** ya me imaginaba que te habrían llevado de urgencia al hospital

visionary¹ /'vɪʒəneri || 'vɪʒənri/ *adj* **1** (farsighted) ‹*leader/plan*› con visión de futuro **2** (unrealistic) utópico

visionary² *n* (*pl* **-ries**) **1** (dreamer) visionario, -ria *m,f* **2** (seer) iluminado, -da *m,f*, visionario, -ria *m,f*

vision mixer *n* mezclador, -dora *m,f* de imágenes

visit¹ /'vɪzət || 'vɪzɪt/ *n* **1** (brief call, stay, trip) visita *f*; **we had a ~ from the health inspector** el inspector de sanidad nos hizo una visita; **to pay a ~ to sb** hacerle* una visita a algn, ir* a ver a algn; **to pay a ~ to sth** visitar algo; **I must just go and pay a ~** (BrE euph) necesito lavarme las manos (euf); **this is my first ~ to Rome** esta es la primera vez que visito Roma, esta es la primera visita que hago a Roma; **a private/an official ~ to Washington/Moscow** una visita privada/oficial a Washington/Moscú **2** (chat) (AmE colloq) charla *f*, conversación *f* (AmL), plática *f* (AmC, Méx), conversa (Andes)

visit² *vt*
A ‹*museum/town*› visitar; ‹*friend*› visitar, ir* a ver; **you should ~ us more often** deberías venir a vernos *or* a visitarnos más a menudo; **we were ~ing Joe** estábamos de visita en casa de Joe; **they're ~ing us for the summer** vendrán a pasar el verano con nosotros
B (liter) (*usu pass*) **1** (afflict) **to be ~ed WITH sth**: **the country was ~ed with a plague of insects** una plaga de insectos azotó el país **2** (inflict) **to ~ sth ON sb** infligirle* algo A algn; **the punishments ~ed on them by the gods** los castigos que los dioses les infligieron
■ **visit** *vi* **1** (pay a call) hacer* una visita; (stay) estar* de visita; **she's always promising to ~** siempre está prometiéndonos que nos hará una visita; **he doesn't live with us, he's just ~ing** no vive con nosotros, está de visita; **is ~ing allowed?** ¿se permiten las visitas?; **to go ~ing** ir* de visita, ir* a hacer visitas; **I've invited her to come and ~ next year** la he invitado a que venga a visitarnos *or* a pasar una temporada con nosotros el año que viene **2** **visiting** *pres p* ‹*team*› visitante; ‹*lecturer*› invitado **3** (chat) (AmE colloq) **to ~ (WITH sb)** charlar (CON algn) (fam); **stay and ~ (with me) for a while** quédate a charlar (conmigo) un rato (fam)

visitation /,vɪzə'teɪʃən || ,vɪzɪ'teɪʃən/ *n*
A **1** (Occult) aparición *f* **2** (act of God) azote *m*
B (Relig) **1** (official call) visita *f* (pastoral) **2** **the Visitation** la visitación
C (unwelcome social visit) (colloq) visita *f* (*pesada*); **we had a ~ from the Browns** cayeron los Brown a visitarnos, los Brown nos hicieron una de sus visitas

visiting /'vɪzətɪŋ || 'vɪzɪtɪŋ/ *n* [u]: **I've got some ~ to do when I'm in Boston** cuando esté en Boston tengo que hacer alguna(s) visita(s); (*before n*): **~ hours** horario *m* de visitas; **~ rights** derecho *m* de visita

visiting card *n* tarjeta *f* de visita; ***to leave a ~ ~*** (colloq & euph) dejar un regalo *or* regalito (fam & euf)

visitor /'vɪzətər || 'vɪzɪtə(r)/ *n* (to museum, town etc) visitante *mf*; (to person's home) visita *f*; **she's got ~s** tiene visitas *or* visita, tiene invitados; **she's not receiving ~s** no recibe; **only two ~s per patient** visitas de dos personas como máximo por paciente; **we're just ~s here** no somos de aquí; **~s' book** libro *m* de visitas; **~s' register** registro *m* (de entrada); **a surprise win for the ~s** una victoria sorpresa del equipo visitante

visitor center, (BrE) **visitor centre** *n* centro *m* de informaciones

visor /'vaɪzər || 'vaɪzə(r)/ *n* (Auto, Clothing, Hist) visera *f*

vista /'vɪstə/ *n* vista *f*; (panoramic) panorama *m*; **it opens up new ~s for cooperation** abre nuevas perspectivas de cooperación

visual /'vɪʒuəl/ *adj* ‹*memory/impact*› visual; **she has a fine ~ sense** tiene mucho sentido estético; **~ aids** soporte *m* (de material) visual; **the ~ arts** las artes plásticas *or* visuales; **~ contact** contacto *m* visual; **~ display unit** pantalla *f* (*de visualización*), monitor *m*; **~ inspection** inspección *f* ocular

visualize /'vɪʒuəlaɪz/ *vt* **1** (picture mentally) ‹*scene/situation*› imaginar, imaginarse, visualizar*; **I remember her name but I can't ~ her** el nombre me suena pero no la recuerdo **2** (expect) prever*

visually /'vɪʒuəli/ *adv* visualmente; **~, the production is breathtaking** (*indep*) visualmente *or* desde el punto de vista visual, la puesta en escena es impresionante

vital /'vaɪtl/ *adj*
A **1** (essential) ‹*equipment/supplies*› esencial, fundamental; **to be ~ TO sb/sth** ser* de vital *or* fundamental importancia PARA algn/algo; **it is ~ that he be found** es esencial que lo encontremos, hay que encontrarlo a toda costa; **it is ~ to send the drugs without delay** es esencial *or* imperativo que las medicinas se despachen inmediatamente; **is it absolutely ~ for you to go today?** ¿es absolutamente imprescindible que vayas hoy? **2** (crucial, decisive) ‹*factor/issue*› decisivo, de vital importancia; **at the ~ moment** en el momento crucial *or* clave; **a matter of ~ importance** un asunto de vital importancia **3** (necessary for life) ‹*organ/function*› vital
B (energetic, vigorous) ‹*person*› vital, lleno de vitalidad *or* de vida; **her paintings are bold and ~** sus cuadros son audaces y llenos de vitalidad *or* de fuerza

vitality /vaɪ'tæləti/ *n* [u] vitalidad *f*

vitally /'vaɪtli || 'vaɪtəli/ *adv*: **it is ~ important** es de vital *or* fundamental importancia; **these supplies are ~ necessary** estos suministros son indispensables

vitals /'vaɪtlz/ *pl n*: **the ~** (stomach, intestines) (colloq) las tripas (fam); (male genitals) (euph & hum) las partes (euf), los bajos (Méx euf)

vital statistics *pl n* **1** (in demography) estadísticas *fpl* demográficas **2** (of a woman) (hum) medidas *fpl*

vitamin /'vaɪtəmən || 'vɪtəmɪn, 'vaɪ-/ *n* vitamina *f*; **this cereal contains added ~s** este cereal está enriquecido con vitaminas; **~ A** vitamina A; (*before n*): **~ content/complex** contenido *m* /complejo *m* vitamínico; **~ deficiency** carencia *f* vitamínica, déficit *m* vitamínico; **~ deficiency disease** avitaminosis *f*; **~ pill** *o* **tablet** vitamina *f*; **~ supplement** suplemento *m* *or* complemento *m* vitamínico

vitaminise, vitaminize /'vaɪtəmənaɪz || 'vɪtəmɪnaɪz, 'vaɪ-/ *vt* vitaminizar*

vitiate /'vɪʃieɪt/ *vt* (frml) **1** (spoil) menoscabar, desmerecer* **2** (Law) ‹*contract/agreement*› viciar

viticulture /'vɪtəkʌltʃər || 'vɪtɪkʌltʃə(r)/ *n* [u] viticultura *f*

vitreous /'vɪtriəs/ *adj* ‹*substance/sheen/rock*› vítreo; ‹*china/enamel*› vidriado; **~ humor** (Anat) humor *m* vítreo

vitrify /'vɪtrəfaɪ || 'vɪtrɪfaɪ/ **-fies, -fying, -fied** *vi* vitrificarse*
■ **vitrify** *vt* vitrificar*

vitriol /'vɪtriəl/ *n* [u]
A (Chem) vitriolo *m*; **blue/green ~** vitriolo azul/verde
B (rancor) virulencia *f*, vitriolo *m*

vitriolic /,vɪtri'ɑ:lɪk || ,vɪtri'ɒlɪk/ *adj* virulento, vitriólico

vitro ▸ **in vitro¹, in vitro²**

vituperate /vaɪ'tu:pəreɪt, vɪ- || vɪ'tju:pəreɪt/ *vi* (frml) **to ~ (AGAINST sth/sb)** vituperar (algo/a algn) (frml)

vituperation /vaɪ,tu:pə'reɪʃən, vɪ- || vɪ,tju:pə'reɪʃən/ *n* [u] (frml) vituperio *m* (frml)

vituperative /vaɪ'tu:pərətɪv, vɪ- || vɪ'tju:pərətɪv/ *adj* (frml) injurioso

viva /'vaɪvə/ *n* (BrE) (Educ) (for MA, PhD) defensa *f* de la tesis; (for BA) *examen oral que decide la nota global de la licenciatura*

vivacious /və'veɪʃəs || vɪ'veɪʃəs/ *adj* vivaz, lleno de vida

vivaciously /və'veɪʃəsli || vɪ'veɪʃəsli/ *adv* ‹*laugh/chatter*› animadamente, con vivacidad

vivaciousness /və'veɪʃəsnəs || vɪ'veɪʃəsnɪs/, **vivacity** /və'væsəti || vɪ'væsəti/ *n* [u] vivacidad *f*, vida *f*

viva voce¹ /'vaɪvə'vəʊtʃi/ *adj* (frml): **~ ~ examination** ▸ **viva**

viva voce² *adv* (frml) oralmente

vivid /'vɪvəd || 'vɪvɪd/ *adj* **1** ‹*color*› vivo, intenso; ‹*plumage*› de colores vivos, de vivo colorido **2** ‹*memory/dream*› vívido; ‹*account/description*› gráfico, vívido **3** ‹*performance/personality*› lleno de vitalidad; ‹*imagination*› rico, fértil

vividly /'vɪvədli || 'vɪvɪdli/ *adv* **1** ‹*colored/painted*› vistosamente **2** ‹*describe*› vívidamente, gráficamente; ‹*evoke*› vívidamente

vividness /'vɪvədnəs || 'vɪvɪdnɪs/ *n* [u] **1** (of colors) intensidad *f*, lo vivo **2** (of memory) lo vívido; (of description) lo gráfico *or* vívido

viviparous /vɪ'vɪpərəs/ *adj* vivíparo

vivisect /'vɪvəsekt || 'vɪvɪsekt/ *vt* viviseccionar

vivisection /,vɪvə'sekʃən || ,vɪvɪ'sekʃən/ *n* [u c] vivisección *f*

vivisectionist /,vɪvə'sekʃənəst || ,vɪvɪ'sekʃənɪst/ *n* vivisector, -tora *m,f*

vixen /'vɪksən/ *n* **1** (Zool) zorra *f*, raposa *f* **2** (woman) arpía *f*, bruja *f*

Viyella® /vaɪ'elə/ *n* [u] viyela *f*

viz /vɪz/ *adv* (namely) a saber

vizier /və'zɪr || vɪ'zɪə(r)/ *n* visir *m*

vizor /'vaɪzər || 'vaɪzə(r)/ *n* ▸ **visor**

VJ-Day /'vi:'dʒeɪ,deɪ/ *n*: *día de la victoria aliada sobre el Japón*

VLF (Telec) **= very low frequency**

VLSI *n* (Electron) **= very large scale integration**

V-neck¹ /'vi:nek/ *n* escote *m* *or* cuello *m* en pico, escote *m* en V

V-neck², (BrE also) **V-necked** /'vi:nekt/ *adj* ‹*sweater/dress*› de escote *or* cuello en pico, de escote en V

vocabulary /vəʊ'kæbjəleri || vəʊ'kæbjʊləri/ *n* (*pl* **-ries**) vocabulario *m*, léxico *m*

vocal /'vəʊkəl/ *adj* **1** ‹*music/piece*› (Mus) vocal; **the ~ organs** los órganos vocales *or* de la voz **2** (vociferous): **a very ~ minority** una minoría que se hace oír

vocal cords *pl n* cuerdas *fpl* vocales

vocalic /vəʊ'kælɪk və-/ *adj* (Ling) vocálico

vocalist /'vəʊkələst || 'vəʊkəlɪst/ *n* cantante *mf*; **backing ~** integrante *mf* del coro

vocalize /'vəʊkəlaɪz/ *vt* vocalizar*

vocally /'vəʊkəli/ *adv* **1** (outspokenly) abiertamente **2** (with voice) con la voz

vocal sac *n* saco *m* vocal, bucal

vocation /vəʊ'keɪʃən/ *n* vocación *f*; **he has a ~ for** *o* **to the priesthood** tiene vocación de

ℹ Volume/Volumen

Metric system *Sistema métrico*		**US/UK system** *Sistema estadounidense y británico*
1 cubic centimeter	= 1 centímetro cúbico	= 0.06 cubic inches
1,000,000 cubic centimeters	= 1 cubic meter	= 35.714 cubic feet
1.000.000 centímetros cúbicos	= 1 metro cúbico	= 1.307 cubic yards

US/UK system *Sistema estadounidense y británico*		**Metric system** *Sistema métrico*
	1 cubic inch 1 pulgada cúbica	= 16,38 cm³
1,728 cubic inches	= 1 cubic foot = 1 pie cúbico	= 0,028 m³
27 cubic feet	= 1 cubic yard = 1 yarda cúbica	= 0,764 m³

sacerdote; **you missed your ~!** ¡erraste la vocación!

vocational /vəʊ'keɪʃnəl || vəʊ'keɪʃənl/ *adj*: **~ guidance** orientación *f* profesional; **~ training** ≈ formación *f* profesional; **the course is directly ~** el curso prepara específicamente para la profesión (*or* el oficio *etc*)

vocative¹ /'vɑːkətɪv || 'vɒkətɪv/ *n* vocativo *m*

vocative² *adj* (Ling) ‹*ending*› de vocativo; **~ case** vocativo *m*

vociferate /vəʊ'sɪfəreɪt || və'sɪfəreɪt/ *vi* (frml) vociferar

■ **vociferate** *vt*: **he ~d his complaint** expresó su queja vociferando *or* a voz en cuello

vociferation /vəʊ,sɪfə'reɪʃən || və,sɪfə'reɪʃən/ *n* [u] (frml) vociferación *f*, vocerío *m*

vociferous /vəʊ'sɪfərəs || və'sɪfərəs/ *adj* ‹*crowd/assembly*› vociferante; ‹*protest*› ruidoso; **they were ~ in their protest** protestaron ruidosamente

vociferously /vəʊ'sɪfərəsli || və'sɪfərəsli/ *adv* ruidosamente, a voces, a gritos

VOD *n* **= video on demand**

vodka /'vɑːdkə || 'vɒdkə/ *n* [u c] vodka *m*

vogue /vəʊg/ *n* [c u] (fashion) moda *f*; **to be in ~** estar* de moda *or* en boga; **the ~ was for gypsy style** estaba de moda *or* en boga el estilo gitano; **to come into/go out of ~** ponerse*/pasar de moda; (*before n*) ‹*word/color*› de moda, en boga

voice¹ /vɔɪs/ *n*

A [c u] **1** (sound, faculty) voz *f*; **the human ~** la voz humana; **I didn't recognize your ~** no te reconocí la voz; **to hear ~s** oír* voces; **in a low/loud ~** en voz baja/alta; **in a small ~** con voz queda; **to lose one's ~** quedarse afónico *or* sin voz; **to raise/lower one's ~** levantar/bajar la voz; **raised ~s could be heard** se oían voces exaltadas; **keep your ~ down!** ¡no levantes la voz!; **they raised their ~s in song/protest** se pusieron a cantar/a protestar a coro; **he likes the sound of his own ~** le gusta escucharse hablar; **the ~ of experience** la voz de la experiencia; **a ~ crying in the wilderness** una voz que clama *or* que predica en el desierto; **you must make your ~ heard** debes hacerte oír; ***to give ~ to sth*** expresar algo; ***with one ~*** a coro, al unísono; **with one ~ they condemned the attack** condenaron unánimemente el atentado **2** (Mus) voz *f*; **he has a tenor ~** tiene voz de tenor; **she's in good/poor ~ tonight** esta noche está/no está cantando muy bien

B **1** (opinion) (*no pl*) voz *f*; **to have no ~ in sth** no tener* voz en algo; **the ~ of the people** la voz del pueblo; ***to be of one ~*** ser* de la misma opinión **2** [u] (instrument, agency) portavoz *m*, voz *f*; **the offical ~ of the party** el portavoz *or* la voz oficial del partido

C (Ling) **1** [c] (verb form) voz *f*; **active/passive ~** voz activa/pasiva **2** [u] (in phonetics) sonoridad *f*

voice² *vt*

A (express) ‹*opinion/concern/anger*› expresar

B (Ling) ‹*consonant/sound*› sonorizar*

C (Mus) ‹*organ pipe/wind instrument*› templar

voice-activated /,vɔɪs'æktəveɪtəd || ,vɔɪs 'æktɪveɪtɪd/ *adj* (*before n*) accionado con la voz

voice box *n* laringe *f*

voice channel *n* (Telec) canal *m* de voz

voiced /vɔɪst/ *adj* (Ling) sonoro

-voiced /vɔɪst/ *suff*: **honey~/hoarse~** de voz melosa/ronca

voiceless /'vɔɪsləs || 'vɔɪslɪs/ *adj* (Ling) sordo

voice mail *n*

A [u] (facility) buzón *f* de voz, correo *m* de voz

B [c] (message) mensaje *m* de voz

Voice of America *n* la Voz de América

voice-over /'vɔɪs,əʊvər || 'vɔɪs,əʊvə(r)/ *n* voz *f* en off, voz *f* superpuesta

voice recognition *n* [u] reconocimiento *m* de voz

voice vote *n* (in US) voto *m* oral *or* a viva voz

void¹ /vɔɪd/ *n* (emptiness) vacío *m*; **his death left a great ~ in my life** su muerte dejó un gran vacío en mi vida

void² *adj*

A (empty) (liter) (*pred*) **to be ~ OF sth** estar* desprovisto *or* falto de algo; **she felt ~ of all emotion** se sentía vacía, no sentía ninguna emoción

B (invalid) (Law) nulo, inválido; **to make sth ~** anular *or* invalidar algo

C (in card games): **he was ~ in hearts** no tenía corazones

void³ *vt*

A (Med) ‹*bladder/bowels*› evacuar*

B (Law) ‹*agreement/check*› anular, invalidar

voile /vɔɪl || vɔɪl, vwɑːl/ *n* [u] voile *m*

Vojvodina /'vɔɪvə,diːnə/ *n* Voivodina *f*

vol (*pl* **vols**) (= **volume**) **1** (book) vol., t. **2** (Phys) vol.

volatile /'vɑːlətl || 'vɒlətaɪl/ *adj* **1** (Chem) volátil; **~ oils** aceites *mpl* volátiles **2** ‹*person/personality/moods*› imprevisible, voluble **3** ‹*situation/market*› inestable, volátil

volatility /,vɑːlə'tɪləti || ,vɒlə'tɪləti/ *n* [u] **1** (Chem) volatilidad *f* **2** (of person, moods) lo imprevisible *or* voluble **3** (of situation, market) inestabilidad *f*, volatilidad *f*

vol-au-vent /,vɔːləʊ'vɑːn || 'vɒləʊ,vɑ̃/ *n* (Culin) volován *m*, vol-au-vent *m*

volcanic /vɑːl'kænɪk || vɒl'kænɪk/ *adj* **1** ‹*rock/ash/activity*› volcánico **2** ‹*rage/outburst*› explosivo

volcano /vɑːl'keɪnəʊ || vɒl'keɪnəʊ/ *n* (*pl* **-noes** *or* **-nos**) volcán *m*

volcanologist /,vɑːlkə'nɑːlədʒəst || ,vɒlkə'nɒlədʒɪst/ *n* vulcanólogo, -ga *m,f*

volcanology /,vɑːlkə'nɑːlədʒi || ,vɒlkə'nɒlədʒi/ *n* vulcanología *f*

vole /vəʊl/ *n* ratón *m* de campo; *see also* **water vole**

volition /vəʊ'lɪʃən, və- || və'lɪʃən/ *n* [u] (frml) volición *f* (frml); **of one's own ~** por voluntad propia, voluntariamente, (de) motu proprio

volley¹ /'vɑːli || 'vɒli/ *n*

A (of shots) descarga *f* (cerrada); (of protests, blows) lluvia *f*; **a ~ of abuse** una sarta *or* retahíla de insultos; **a ~ of applause** una salva de aplausos

B (Sport) volea *f*; **on the ~** (in tennis) de volea; (in soccer) en el aire

volley² *vt* ‹*ball*› volear

■ **volley** *vi* volear

volleyball /'vɑːlibɔːl || 'vɒlibɔːl/ *n* [u] vóleibol *m*, balonvolea *m*

volt /vəʊlt/ *n* voltio *m*

voltage /'vəʊltɪdʒ/ *n* [c u] voltaje *m*

voltage regulator *n* regulador *m* de tensión *or* de voltaje

volte-face /,vɔːlt'fɑːs || ,vɒlt'fɑːs/ *n* (*pl* ~) (frml) cambio *m* radical de opinión (*or* de política *etc*); **to do** *o* **make a ~** cambiar radicalmente de opinión (*or* de política *etc*)

voltmeter /'vəʊlt,miːtər || 'vəʊlt,miːtə(r)/ *n* voltímetro *m*

volubility /,vɑːljə'bɪləti || ,vɒljʊ'bɪləti/ *n* [u] locuacidad *f*

voluble /'vɑːljəbəl || 'vɒljʊbəl/ *adj* ‹*speaker/supporter*› locuaz; ‹*speech/remarks*› prolijo, extenso

volubly /'vɑːljəbli || 'vɒljʊbli/ *adv* ‹*speak*› con locuacidad; ‹*write*› con soltura

volume /'vɑːljuːm || 'vɒljuːm/ *n*

A ▸ ℹ p.1864 [u c] (Phys) (of a body) volumen *m*; (of container) capacidad *f*; **what is the ~ of this bottle?** ¿qué capacidad tiene esta botella?

B [u] (amount) cantidad *f*, volumen *m*; (of business, trade) volumen *m*; **the ~ of mail we get** la cantidad *or* el volumen de correspondencia que recibimos

C [u] (of sound) volumen *m*; **to turn the ~ up/down** subir/bajar el volumen

D [c] **1** (book) tomo *m*, volumen *m*; **a two-~ dictionary** un diccionario en dos tomos *or* volúmenes **2** **volumes** *pl* (a great deal) montones *mpl* (fam); **to write ~s** escribir* páginas y páginas; ***to speak ~s for sb/sth*** decir* mucho de algn/algo; **it speaks ~s for his honesty** dice mucho de su honestidad; **the look on his face spoke ~s** su expresión lo decía todo

voluminous /və'luːmənəs || və'luːmɪnəs/ *adj* **1** ‹*blouse/skirt*› amplísimo **2** ‹*correspondence*› voluminoso; ‹*file*› abultado **3** ‹*author/composer*› prolífico

voluntarily /'vɑːlən,terəli || 'vɒləntrɪli/ *adv* voluntariamente, por voluntad propia

voluntary¹ /'vɑːlənteri || 'vɒləntri/ *adj*

A (unforced) voluntario; **~ contribution** donativo *m*; **~ manslaughter** (Law) homicidio *m* con circunstancias atenuantes; **~ redundancy** (BrE) baja *f* incentivada

B (unpaid) ‹*work*› voluntario; ‹*organization*› de beneficencia; **~ service** servicio *m* de voluntariado; **V~ Service Overseas** (in UK) voluntariado *m* en el extranjero; **~ worker** voluntario, -ria *m,f*; **she helps on a ~ basis** ayuda como voluntaria

voluntary² *n* (*pl* **-ries**) (Mus) solo *m* (*de órgano o trompeta*)

volunteer¹ /,vɑːlən'tɪr || ,vɒlən'tɪə(r)/ *n* voluntario, -ria *m,f*; **to call for ~s** pedir* voluntarios; **any ~s to clear up the garden?** ¿hay algún voluntario para arreglar el jardín? *or* ¿alguien se ofrece a arreglar el jardín?; (*before n*) ‹*organization*› de voluntarios; **~ army** ejército *m* de voluntarios

volunteer² *vt* ofrecer*; **to ~ one's services** ofrecer* sus (*or* mis *etc*) servicios; **he's not going to ~ the information** no nos dará la información (de) motu proprio; **Harry's gone, she ~ed** —Harry se ha ido —dijo sin que nadie se lo hubiera preguntado

■ **volunteer** *vi* ofrecerse*; **to ~ to + INF** ofrecerse* A + INF; **she ~ed to cook dinner** se ofreció a hacer la cena; **he ~ed for the navy** (Mil) se alistó como voluntario en la marina

voluptuary /və'lʌptʃueri || və'lʌptjʊəri/ *n* (*pl* **-ries**) (liter) persona *f* voluptuosa

voluptuous /və'lʌptʃuəs || və'lʌptjʊəs/ *adj* voluptuoso

V

voluptuously /vəˈlʌptʃuəsli || vəˈlʌptjʊəsli/ *adv* voluptuosamente

vomit¹ /ˈvɑːmət || ˈvɒmɪt/ *vi* vomitar
■ **vomit** *vt* ~ **(up)** vomitar

vomit² *n* [u] vómito *m*

voodoo /ˈvuːduː/ *n* vudú *m*; **there's a ~ on this house** (colloq) esta casa está hechizada

voracious /vɔːˈreɪʃəs, və- || vəˈreɪʃəs/ *adj* voraz; **he's a ~ eater** tiene un apetito voraz

voraciously /vɔːˈreɪʃəsli, və- || vəˈreɪʃəsli/ *adv* con voracidad, vorazmente

voraciousness /vɔːˈreɪʃəsnəs, və- || vəˈreɪʃəsnɪs/, **voracity** /vɔːˈræsəti, və- || vəˈræsəti/ *n* [u] voracidad *f*

vortex /ˈvɔːrteks ˈvɔːteks/ *n* (*pl* **-texes** *or* **-tices** /-tɪsiːz/) **1** (of whirlpool, whirlwind) vórtice *m* **2** (of events) (frml) torbellino *m*

votary /ˈvəʊtəri/ *n* (*pl* **-ries**) **1** (Relig) devoto, -ta *m,f* **2** (supporter) (frml *or* hum) incondicional *mf*

vote¹ /vəʊt/ *n*
A **1** [c] (ballot cast) voto *m*, sufragio *m* (frml); **to cast one's ~** (frml) emitir su (*or* mi *etc*) voto (frml); **we won by two ~s** ganamos por dos votos; **I gave my ~ to the Green Party** (le) di mi voto al Partido Verde, voté por el *or* voté al Partido Verde; **there were many spoiled ~s** hubo muchos votos anulados *or* invalidados; **one man, one ~** un hombre, un voto, sufragio *m* universal **2** [u] (right to vote): **the ~** el sufragio, el derecho de *or* al voto; **to give sb/gain the ~** conceder a algn/conseguir* el sufragio *or* el derecho de *or* al voto
B **1** [c] (act) votación *f*; **to call for a ~** pedir* una votación; **to put sth to the ~, to take a ~ on sth** someter algo a votación **2** [u c] (collective decision): **the ~ was 12 to 4 in favor** el resultado de la votación fue de 12 votos a favor y 4 en contra; **to pass a ~ of confidence/no confidence** aprobar* un voto de confianza/de censura; **she proposed a ~ of thanks to the Chairman** pidió que constara el agradecimiento de todos al presidente
C [u] **1** (total votes cast): **the Republican share of the ~** el porcentaje de votos republicanos **2** (votes of a group) voto *m*; **the women's ~** el voto de las mujeres

vote² *vi* votar; **which way will you be voting?** ¿cómo va a votar?, ¿por *or* a quién piensa votar?; **to ~ FOR sb** votar POR *or* A algn; **to ~ ON sth** someter algo a votación; **to ~ FOR/AGAINST sth** votar A FAVOR DE/EN CONTRA DE algo; **we ~d against a strike** votamos en contra de la huelga
■ **vote** *vt*
A **1** (support, choose) votar por, votar; **~ Stevenson!** ¡vote por *or* a Stevenson!; **I've ~d Republican all my life** toda la vida he votado por *or* a los republicanos **2** (elect) elegir* por votación; **we ~d her treasurer** la elegimos tesorera por votación; **she was ~d onto the board** fue elegida por votación para integrar la junta; **to ~ sb into office** votar por *or* a algn para un cargo; **to ~ sb out of office** votar para reemplazar a algn en su cargo **3** (declare, judge) considerar; **the program was ~d a complete failure** el programa fue considerado un fracaso rotundo
B **1** (approve) aprobar*; **they ~d themselves a pay increase** se aprobaron un aumento de sueldo **2** (decide) **to ~ to + INF** votar POR + INF; **members ~d to raise subscriptions** los socios votaron por aumentar la cuota **3** (propose) (colloq) **to ~ (THAT)** votar por QUE + SUBJ (fam); **I ~ (that) we go by taxi** yo voto por que vayamos en taxi

Phrasal verbs
- **vote down** [v + o + adv, v + adv + o] ‹*bill/proposal*› rechazar* (*por votación*)
- **vote in** [v + o + adv, v + adv + o] ‹*government/official*› elegir* (*por votación*)
- **vote out** [v + o + adv, v + adv + o] ‹*government/official*› no reelegir*
- **vote through** [v + o + adv] ‹*bill/proposal*› aprobar* (*por votación*)

vote-catching /ˈvəʊtˌkætʃɪŋ/ *adj* electoralista

voter /ˈvəʊtər || ˈvəʊtə(r)/ *n* votante *mf*; **swing** *o* (BrE) **floating ~** votante indeciso; **he's a lifelong Democrat ~** siempre ha votado por *or* a los demócratas; (*before n*): **~ registration** inscripción *f* en el registro *or* padrón *or* (Esp) censo electoral

voting /ˈvəʊtɪŋ/ *n* [u] votación *f*; (*before n*): **~ age** edad *f* electoral; **~ booth** cabina *f* de votación, cabina *f* electoral; **~ machine** *máquina que registra y cuenta los votos emitidos*; **~ paper** (BrE) papeleta *f* *or* (AmL tb) boleta *f* (de voto) **~ record** registro *m* *or* historial *m* de votaciones; **~ share** acción *f* con derecho a voto

votive /ˈvəʊtɪv/ *adj* ‹*candle/mass*› votivo; **~ offering** exvoto *m*

vouch /vaʊtʃ/ *vi* **to ~ FOR sb** responder POR algn; **to ~ FOR sth** responder DE algo, dar* fe DE algo; **I can ~ for him/his honesty** yo respondo por él/de su honestidad
■ **vouch** *vt* **to ~ THAT** dar* fe DE QUE; **I can ~ that what she says is true** doy fe de que lo que dice es cierto

voucher /ˈvaʊtʃər || ˈvaʊtʃə(r)/ *n* **1** (cash substitute) vale *m*; **collect three ~s for a free gift** reúna tres vales *or* cupones para obtener un obsequio gratis **2** (receipt) justificante *m*, comprobante *m*

vouchsafe /vaʊtʃˈseɪf/ *vt* (liter) **1** (grant) conceder (liter); **he did not deign to ~ an explanation** no se dignó a ofrecer una explicación **2** (promise) prometer; **she ~d her support** prometió su apoyo

vow¹ /vaʊ/ *n* voto *m*, promesa *f*; **~ of poverty/chastity** voto de pobreza/de castidad; **he made a ~ never to see her again** prometió solemnemente no volver a verla, juró que no la volvería a ver; **to take (one's) ~s** (Relig) hacer* los votos, profesar

vow² *vt* ‹*allegiance/obedience/loyalty*› jurar, hacer* voto de (frml); **to ~ to + INF: I ~ed to avenge my brother** juré que vengaría a mi hermano; **I ~ed I'd never drink again** juré que no volvería a beber; **I ~ never to rest until ...** juro no descansar hasta ...

vowel /ˈvaʊəl/ *n* vocal *f*; (*before n*) ‹*sound/system*› vocálico; **~ shift** cambio *m* vocálico

vox pop /ˈvɑːksˈpɑːp || ˌvɒksˈpɒp/ *n* [u c] (BrE colloq) entrevistas *fpl* al público (*realizadas en la calle*)

voyage¹ /ˈvɔɪɪdʒ/ *n* viaje *m*; **(sea) ~** travesía *f*; **to set out on a ~** emprender un viaje

voyage² *vi* (liter) viajar; **to ~ through space** viajar por el espacio

voyager /ˈvɔɪədʒər || ˈvɔɪɪdʒə(r)/ *n* (liter) viajero, -ra *m,f*; (by sea) navegante *mf*; **the great Elizabethan ~s** los grandes navegantes de la época isabelina

voyeur /vwɑːˈjɜːr, ˈvɔɪ- || vwɑːˈjɜː(r), ˈvɔɪ-/ *n* voyeur *mf*, mirón, -rona *m,f*

voyeurism /vwɑːˈjɜːrɪzəm ˈvɔɪ-/ *n* [u] voyeurismo *m*

voyeuristic /ˌvwɑːjɜːˈrɪstɪk ˈvɔɪ-/ *adj* voyeurista

VP = Vice President

VRML *n* (= **virtual reality modeling language**) VRML *m*

vroom /vruːm/ *interj* (colloq) burrum

vs = versus

V-shaped /ˈviːʃeɪpt/ *adj* en forma de V

V-sign /ˈviːsaɪn/ *n* **1** (for victory) signo *m* de la victoria; **to give the ~** hacer* el signo *or* la V de la victoria **2** (vulgar gesture) (in UK) ≈ corte *m* de mangas; **to give sb the ~** ≈ hacerle* un corte de mangas a algn

VSO *n* (in UK) **= Voluntary Service Overseas**

VT, Vt = Vermont

VTOL = vertical take-off and landing

VTR *n* **= videotape recorder**

Vulcan /ˈvʌlkən/ *n* Vulcano

vulcanite /ˈvʌlkənaɪt/ *n* [u] vulcanita *f*

vulcanize /ˈvʌlkənaɪz/ *vt* vulcanizar*; **~d rubber** caucho *m* vulcanizado

vulcanologist /ˌvʌlkəˈnɑːlədʒəst || ˌvʌlkəˈnɒlədʒɪst/ *n* vulcanólogo, -ga *m,f*

vulcanology /ˌvʌlkəˈnɑːlədʒi || ˌvʌlkəˈnɒlədʒi/ *n* vulcanología *f*

vulgar /ˈvʌlgər || ˈvʌlgə(r)/ *adj*
A **1** (ill-mannered, coarse) ‹*person/remark*› grosero, ordinario, vulgar; **it's ~ to talk with your mouth full** es grosero *or* de mala educación hablar con la boca llena; **she made a ~ gesture** hizo un gesto grosero **2** (tasteless) ‹*taste/furniture/suit*› de mal gusto, ordinario, chabacano
B (of the people) (frml) ‹*belief/opinion*› del vulgo; **the ~ tongue** la lengua vulgar *or* vernácula; **V~ Latin** latín *m* vulgar
C (Math): **~ fraction** fracción *f* común *or* ordinaria

vulgarism /ˈvʌlgərɪzəm/ *n* **1** (coarse expression) grosería *f* **2** (non-standard expression) vulgarismo *m*

vulgarity /vʌlˈgærəti/ *n* (*pl* **-ties**) **1** [u] (coarseness) ordinariez *f*, grosería *f*, vulgaridad *f* **2** [u] (tastelessness) mal gusto *m*, chabacanería *f* **3** [c] (action, expression) grosería *f*, vulgaridad *f*

vulgarize /ˈvʌlgəraɪz/ *vt* vulgarizar*

vulgarly /ˈvʌlgərli || ˈvʌlgəli/ *adv*
A **1** (coarsely) ‹*behave/speak/gesture*› groseramente, con ordinariez **2** (tastelessly) ‹*dressed/furnished*› con mal gusto, de manera chabacana
B (commonly, popularly) (frml) vulgarmente; **the flower ~ known as ...** la flor vulgarmente conocida como ...

Vulgate /ˈvʌlgeɪt/ *n*: **the ~** La Vulgata

vulnerability /ˌvʌlnərəˈbɪləti/ *n* [u] vulnerabilidad *f*; **emotional ~** vulnerabilidad emocional; **~ TO sth** vulnerabilidad A algo

vulnerable /ˈvʌlnərəbəl/ *adj* vulnerable; **to be ~ TO sth** ser* vulnerable A algo

vulpine /ˈvʌlpaɪn/ *adj* (frml) ‹*creature/habits/diet*› vulpino (frml); ‹*cunning/appearance/ways*› artero, taimado

vulture /ˈvʌltʃər || ˈvʌltʃə(r)/ *n* **1** (Zool) buitre *m*; (*turkey* **~**) gallinazo *m*, zopilote *m* (AmC, Méx), zamuro *m* (Ven) **2** (greedy opportunist) buitre *m*

vulva /ˈvʌlvə/ *n* (*pl* **-vas** *or* **-vae** /-viː/) vulva *f*

vuvuzela /vuːvəˈziːlə/ *n* (SAfr) (Mus) vuvuzela *f* (*trompeta de plástico de sonido áspero que se suele usar para animar encuentros de fútbol u otros eventos*)

vv = verses

Ww

w, W /ˈdʌbəljuː/ *n* [1] W, w *f* [2] (Elec) (= **watt(s)**) W [3] (Geog) (= **west**) O

W2 /ˈdʌbəljuːˈtuː/ *n* (in US) *certificado de ingresos e impuestos pagados que recibe un empleado al final del año fiscal*

WA [1] = **Washington** [2] = **Western Australia**

WAAF /wæf/ *n* (formerly in UK) = **Women's Auxiliary Air Force**

WAC *n* (in US) = **Women's Army Corps**

wacko¹ /ˈwækəʊ/ *adj* (sl) ‹*person*› chiflado (fam), chalado (fam); **she sure does some ~ things!** ¡tiene cada chifladura! (fam)

wacko² *n* (sl) chiflado, -da *m,f* (fam), majareta *mf* (Esp fam)

wacky /ˈwæki/ *adj* **wackier, wackiest** (colloq) ‹*person*› chiflado (fam), chalado (fam); ‹*clothes/hairstyle*› estrambótico, extravagante; ‹*idea*› descabellado

wad¹ /wɑːd || wɒd/ *n*
A (roll, bundle — of notes) fajo *m*; (— of papers) montón *m*, tambache *m* (Méx); (— tied together) lío *m*
B [1] (of paper, cloth) taco *m*; **a ~ of (absorbent) cotton** *o* (BrE) **cotton wool** un pedazo de algodón [2] (in cartridge, cannon) taco *m*

wad² *vt* **-dd-** [1] (fill, pack) tapar, rellenar [2] (stuff, pad) ‹*garment*› acolchar [3] (form into wad) ‹*cloth/paper*› hacer* un taco con

wadding /ˈwɑːdɪŋ || ˈwɒdɪŋ/ *n* [u] [1] (for packing) relleno *m* [2] (Med) *gasa o algodón formando una compresa o apósito* [3] (padding, lining) relleno *m*, guata *f* (Esp)

waddle¹ /ˈwɑːdl || ˈwɒdl/ *vi* «*duck*» caminar balanceándose; «*person*» caminar *or* andar* como un pato; **a fat man ~d in** entró un gordo caminando *or* andando como un pato

waddle² *n* (*no pl*) andar *m* *or* andares *mpl* de pato; **to walk with a ~** caminar *or* andar* como un pato

wade /weɪd/ *vi* caminar (*por el agua, barro etc*); **he ~d through the water** caminaba por el agua; **they had to ~ across a stream** tuvieron que vadear un arroyo; **I ~d out into the lake** me adentré en el lago caminando; **we had to ~ through waist-deep mud** tuvimos que caminar con el barro hasta la cintura
■ **wade** *vt* ‹*river*› vadear

Phrasal verbs
- **wade in** [v + adv] (colloq) [1] (join fight, argument) meterse; **he ~d in to help his friend** se metió a defender a su amigo [2] (begin task): **she expects us to just ~ in and do it with no training** pretende que nos pongamos a hacerlo sin ninguna preparación
- **wade into** [v + prep + o] (colloq) [1] ‹*fight/argument*› meterse en; ‹*opponent*› emprenderla con (fam), arremeter contra [2] (tackle) ‹*job/task*› acometer
- **wade through** [v + prep + o] (colloq) ‹*book/applications*› leerse* (*algo difícil, largo, aburrido etc*); **it took her all day to ~ through the report** le llevó todo el día leerse el informe

wader /ˈweɪdər || ˈweɪdə(r)/ *n* [1] (Zool) ave *f*‡ zancuda [2] **waders** *pl* (Clothing) botas *fpl* de pescador

wadge /wædʒ/ *n* ▸**wodge**

wadi /ˈwɑːdi || ˈwɒdi/ *n* (*pl* **wadis** *or* **wadies**) uadi *m* (*río que permanece seco excepto en la estación de las lluvias*)

wading bird /ˈweɪdɪŋ/ *n* ave *f*‡ zancuda

wading boot *n* bota *f* de pesca larga, bota *f* de vadeo

wading pool *n* (AmE) *piscina portátil para niños*

wady /ˈwɑːdi || ˈwɒdi/ *n* (*pl* **-dies**) ▸**wadi**

wafer /ˈweɪfər || ˈweɪfə(r)/ *n*
A [1] (single layer) galleta *f* de barquillo, oblea *f* [2] (multilayered) galleta *f* de barquillo, oblea *f* rellena [3] (Relig) hostia *f* [4] (ice cream) (BrE) corte *m* de helado (Esp) (*trozo de helado entre dos galletas de barquillo*)
B [1] (thin piece) lámina *f* [2] (Comput, Electron) lámina *f* *or* oblea *f* (de silicio)
C (seal) oblea *f*

wafer-thin /ˈweɪfərθɪn || ˈweɪfəθɪn/ *adj* ‹*layer/disc/metal*› finísimo, delgadísimo; **a ~ majority** una estrechísima mayoría

waffle¹ /ˈwɑːfəl || ˈwɒfəl/ *n*
A [c] (Culin) wafle *m* (AmL), gofre *m* (Esp); (*before n*): **~ iron** waflera *f* (AmL), plancha *f* para hacer gofres (Esp)
B [u] (nonsense) (BrE pej) palabrería *f*, palabrerío *m*, cantinflada *f* (fam); (in essay, exam) paja *f* (fam)

waffle² *vi* (esp BrE) hablar sin decir nada, cantinflear (fam); (in essay, exam) meter paja (fam), payar (RPl); **she can ~ on about any subject for hours** puede hablar de cualquier tema durante horas y no decir nada

waffler /ˈwɑːflər || ˈwɒflə(r)/ *n* (colloq): **he's nothing but a ~** (in speech) no dice más que palabrería, es puro cantinfleo (AmL fam); (in writing) no escribe más que pura paja (fam)

waffly /ˈwɑːfli || ˈwɒfli/ *adj* (colloq) ‹*speaker*› que habla mucho sin decir nada, que cantinflea (AmL fam); ‹*article/speech*› con mucha paja (fam)

waft¹ /wɑːft || wɒft/ *vi* (+ *adv compl*): **the smell of coffee that ~ed from the kitchen** el olor a café que venía de la cocina; **a feather ~ed in on the breeze** una pluma entró flotando con la brisa; **fields of wheat ~ing in the breeze** campos de trigo que ondulan (*or* ondulaban *etc*) en la brisa
■ **waft** *vt* ‹*smell*› llevar por el aire

waft² *n* (of air) ráfaga *f*, bocanada *f*; (of smoke, vapor) bocanada *f*

wag¹ /wæg/ **-gg-** *vt* ‹*tail*› menear, mover*; **he ~ged his finger at her** le hizo un gesto admonitorio con el dedo
■ **wag** *vi* «*tail*» menearse, moverse*

wag² *n* [1] (of tail): **the dog greeted us with a ~ of its tail** el perro nos recibió meneando *or* moviendo el rabo [2] (wit, joker) bromista *mf*

wage¹ /weɪdʒ/ *n* (rate of pay) sueldo *m*, salario *m* (frml); **wages** (actual money paid or received) sueldo *m*, paga *f*; **minimum ~** salario mínimo; **a decent ~** un sueldo decente; **he's on a low ~** gana poco, tiene un salario bajo (frml); **she earns a good ~** gana bien, gana un buen sueldo; **at the moment she's earning good ~s** actualmente está sacando bastante dinero; **a day's ~s** un jornal; **he gambled his week's ~s** se jugó el sueldo *or* la paga de una semana; **I'll pay you when I get my ~s** te pagaré cuando cobre; ***the ~s of sin is death*** el pecado se paga con la muerte; (*before n*): **~ agreement** acuerdo *m* salarial; **~ bargaining** *o* **negotiations** negociaciones *fpl* salariales; **~ bill** masa *f* salarial; **~ claim** reivindicación *f* salarial; **~ demand** demanda *f* *or* reivindicación *f* salarial; **~ freeze** congelación *f* salarial; **~ increase** aumento *m* *or* incremento *m* *or* mejora *f* salarial *or* de sueldo; **~ labor** *o* (BrE) **labour** mano *f* de obra asalariada; **~ packet** (BrE) sueldo *m* (neto); (lit) sobre *m* de la paga *or* del sueldo; **~ restraint** moderación *f* salarial; **~ rise** (BrE) aumento *m* salarial *or* de sueldo; **~ round** serie *f* de negociaciones salariales; **~ scale** escala *f* salarial; **~s clerk** empleado, -da *m,f* encargado, -da del pago de nóminas; **~ slave** (colloq) esclavo, -va *m,f* (del trabajo), currante *mf* (Esp fam); **~ slip** recibo *m* de sueldo, nómina *f*; **~s snatch** (journ) robo *m* de nómina; **~ talks** negociaciones *fpl* salariales

wage² *vt*: **to ~ war on** *o* **against sb** hacerle* la guerra a algn; **to ~ a campaign against sth** hacer* (una) campaña contra algo; **to ~ war on inflation/crime** luchar contra *or* hacerle* la guerra a la inflación/la delincuencia; **the struggle is being ~d on many fronts** la batalla se está librando en varios frentes

wage earner *n* [1] (wage-paid worker) asalariado, -da *m,f* [2] (in paid employment): **they are all ~ ~s** todos trabajan

wage-paid /ˈweɪdʒpeɪd/ *adj* asalariado

wager¹ /ˈweɪdʒər || ˈweɪdʒə(r)/ *n* apuesta *f*; **to lay** *o* **make a ~** hacer* una apuesta, apostar*

wager² *vt* apostar*; **he ~ed his reputation/life to save her** se jugó la reputación/la vida por salvarla; **to ~ (THAT)** apostar* (A) QUE; **I ~ (that) he'll be back tomorrow** apuesto (a) que mañana está de vuelta; **he'll resign, I ~** ¡a que dimite!

wage worker *n* (AmE) ▸**wage earner**

waggish /ˈwægɪʃ/ *adj* ‹*person*› bromista, burlón; ‹*remark*› jocoso, burlón

waggishly /ˈwægɪʃli/ *adv* burlonamente

waggle¹ /ˈwægəl/ *vt* (colloq) mover*; **I can ~ my tooth** tengo un diente flojo, se me mueve un diente
■ **waggle** *vi* moverse*

waggle² *n* (colloq): **give the lever a ~** mueve un poco la palanca

waggly /ˈwægli/ *adj* **wagglier, waggliest** (colloq) ‹*tooth*› flojo, que se mueve; **a dog with a ~ tail** un perro que mueve *or* menea el rabo

waggon *n* (BrE) ▸**wagon**

wagon /ˈwægən/ *n*
A (drawn by animals) carro *m*; (covered) carromato *m*; ***on/off the ~***: **to go on the ~** dejar de beber; **he's been on the ~ since May** desde mayo que no bebe *or* que no prueba el alcohol; **to come off the ~** volver* a beber; ***to fix sb's ~*** (AmE colloq): **I'll fix his ~!** ¡ya me las pagará!; (*before n*): **~ train** caravana *f* de carromatos
B [1] (delivery truck) (AmE) furgoneta *f* *or* camioneta *f* de reparto [2] ▸**station wagon** [3] (BrE) (Rail) vagón *m* de mercancías [4] (truck) (BrE colloq) camión *m*
C [1] (for delivering, carrying etc) (AmE) carrito *m* [2] (for drinks, food) (BrE colloq) carrito *m*

wagoner /ˈwægənər || ˈwægənə(r)/ *n* carretero, -ra *m,f*

wagonload /ˈwægənləʊd/ *n* carretada *f*; **refugees came by the ~** llegaban vagones cargados de refugiados

WAGS /wægz/ *n* (BrE hum) (Sport) = **Wives and Girlfriends**

wagtail /ˈwægteɪl/ *n* motacila *f*, aguzanieves *f*, lavandera *f*

waif /weɪf/ *n* (liter) *persona o animal sin hogar*; **~s and strays** (children) niños *mpl* abandonados, niños *mpl* de la calle, gamines *mpl* (Col), palomillas *mpl* (Andes fam); (animals) animales *mpl* abandonados

wail¹ /weɪl/ *vi* «*person*» llorar, gemir*; «*siren/bagpipes*» gemir*; ‹*wind*› aullar*, gemir*, ulular

wail² *n* (expressing grief) gemido *m*, lamento *m*; (of siren, wind) gemido *m*; (of new-born baby) vagido *m*; **a ~ of protest** un grito de protesta; **a ~ of complaint went up from art lovers** los amantes del arte pusieron el grito en el cielo

wailing /ˈweɪlɪŋ/ *n* [u] llanto *m*, gemidos *mpl*; **the ~ of the wind/sirens** el gemir del viento/de las sirenas

Wailing Wall /ˈweɪlɪŋ/ *n*: **the ~ ~** el Muro de las Lamentaciones *or* de los Lamentos

wainscot /ˈweɪnskət/, **wainscoting** /ˈweɪnskətɪŋ/ *n* revestimiento *m* de paneles de madera, boiserie *f*

waist /weɪst/ *n* 1 (Anat) (waistline) cintura *f*, talle *m*; (distance from shoulder to waistline) talle *m*; **the skirt is too tight around the ~** la falda le (*or* me *etc*) queda apretada de cintura *or* talle; **he only comes up to my ~** sólo me llega a la cintura; **to be stripped to the ~** estar* desnudo de la cintura para arriba; **she has a short ~** es corta de talle; (*before n*): **~ measurement** (medida *f* de) cintura *f* 2 (of garment) talle *m*; **a dress with a high ~** un vestido de talle alto 3 (of ship, aircraft) sección *f* central 4 (of guitar, violin) parte *f* estrecha

waistband /ˈweɪstbænd/ *n* pretina *f*, cinturilla *f*

waistcoat /ˈweɪskəʊt ˈweɪst-/ *n* (esp BrE) chaleco *m*; (*before n*): **~ pocket** bolsillo *m* del chaleco

waist-deep /ˈweɪstˈdiːp/ *adj* (*pred* **waist deep**): **we were ~ ~ in mud** estábamos hundidos en el barro hasta la cintura; **we waded ~ ~ through the river** vadeamos el río con el agua hasta la cintura

-waisted /ˈweɪstəd ‖ ˈweɪstɪd/ *suff*: **thin~** de talle delgado/cintura delgada; **high~/drop~** (Clothing) de talle alto/bajo

waist-high /ˈweɪstˈhaɪ/ *adj* (*pred* **waist high**) ‹*grass/corn/fence*› que llega a la altura de la cintura

waistline /ˈweɪstlaɪn/ *n* 1 (of body) cintura *f*, talle *m*; **I'm watching my ~** estoy guardando la línea 2 (of garment) talle *m*

wait¹ /weɪt/ *vi*

A 1 esperar; **I ~ed (for) hours** estuve horas esperando, esperé horas; **I'll ~ until tomorrow** esperaré hasta mañana; **~ until he asks you** espera (a) que él te pregunte; **he kept me ~ing all afternoon** me tuvo toda la tarde esperando, me hizo esperar toda la tarde; **sorry to keep you ~ing** perdón por hacerlo esperar; **he loves to keep people ~ing** le encanta hacerse esperar; **just you ~!** ¡ya vas a ver!; **to ~ and see: we'll have to ~ and see** habrá que esperar a ver qué pasa; **I'll win: just you ~ and see** voy a ganar, ya (lo) verás; **I can't ~ to go on vacation** no veo la hora de irme de vacaciones; **I can't ~ to see his face** me muero de ganas de ver la cara que pone; Ⓢ **shoe repairs while you wait** se arregla calzado en el acto; **to ~ to + INF: she's ~ing to see the doctor** está esperando para ver al médico; **I'm ~ing to see his reaction** estoy esperando a ver cómo reacciona; **to ~ FOR sth/sb** esperar algo/a algn; **I'm ~ing for a bus/friend** estoy esperando el autobús/a un amigo; **I'll ~ for you at the station** te espero en la estación; **well, what are you ~ing for?** ¿(a) qué esperas?, ¿(a) qué estás esperando?; **to ~ FOR sb/sth to + INF** esperar (A) QUE algn/algo + SUBJ; **they're just ~ing for him to die** están esperando (a) que se muera; **to ~ ON sth/sb (to + INF): I'm ~ing on a call from New York** estoy esperando una llamada de Nueva York; **I'm just ~ing on my boss to retire** estoy esperando (a) que se jubile mi jefe 2 (be postponed) «*business/repairs*» esperar; **is it urgent, or can it ~?** ¿es urgente o puede esperar?

B (serve) **to ~ ON sb** atender* a algn; **to ~ on a table** atender* una mesa; **to ~ at table** (BrE) servir* a la mesa; ▸ **hand¹ B**

■ **wait** *vt*

A (await): **to ~ one's chance** esperar la oportunidad; **I'm ~ing my chance to get my own back** estoy esperando la oportunidad de desquitarme; **you have to ~ your turn** tienes que esperar (a) que te toque

B (delay) (colloq): **don't ~ dinner for me** no me esperen para cenar

C (serve): **to ~ table** (AmE) servir* a la mesa

Phrasal verbs

- **wait about, wait around** [v + adv]: **to ~ about/around FOR sth/sb** esperar algo/a algn sin hacer nada
- **wait behind** [v + adv] **to ~ behind (FOR sb)** esperar (A algn)
- **wait in** [v + adv] (not go out) (BrE) quedarse en casa; **to ~ in FOR sb** quedarse en casa esperando a algn
- **wait out** [v + o + adv, v + adv + o] 1 (await ending of): **to ~ out a crisis/storm** esperar hasta que pase una crisis/tormenta 2 (exceed in endurance) (AmE): **we'll just ~ them out** simplemente esperaremos hasta que se den por vencidos
- **wait up** [v + adv] 1 (not go to bed) **to ~ up (FOR sb)** esperar (A algn) levantado; **I ~ed up for you until two o'clock** te esperé levantado hasta las dos 2 (pause) (AmE colloq) (*usu in imperative*): **~ up!** ¡(espera) un momento!

wait² *n* (*no pl*) espera *f*; **a two-hour ~** una espera de dos horas; **we're in for a long ~** vamos a tener que esperar un buen rato, tenemos para rato (fam); ***to lie in ~ for sb/sth*** estar* al acecho de algn/algo

wait-and-see /ˌweɪtən(d)ˈsiː/ *adj* de esperar a ver qué pasa

waiter /ˈweɪtər ‖ ˈweɪtə(r)/ *n* camarero *m*, mesero *m* (AmL), mozo *m* (Col, CS), mesonero *m* (Ven)

waiting /ˈweɪtɪŋ/ *n* [u]

A espera *f*; Ⓢ **no waiting** prohibido estacionar; (*before n*) ▸ **game**

B (serving) trabajar de camarero (*or* mesero *etc*)

waiting list *n* lista *f* de espera

waiting period *n* período *m* de espera

waiting room *n* sala *f* de espera

wait list *n* (AmE) ▸ **waiting list**

waitperson /ˈweɪtˌpɜːrsn ‖ ˈweɪtˌpɜːsn/ *n* (*pl* **~s**) (AmE) camarero, -ra *m,f*, mesero, -ra *m,f* (AmL), mozo, -za *m,f* (Col, CS), mesonero, -ra *m,f* (Ven)

waitress¹ /ˈweɪtrəs ‖ ˈweɪtrɪs/ *n* camarera *f*, mesera *f* (AmL), moza *f* (Col, CS), mesonera *f* (Ven)

waitress² *vi* trabajar de camarera (*or* mesera *etc*)

waitressing /ˈweɪtrəsɪŋ ‖ ˈweɪtrɪsɪŋ/ *n* [u] trabajar de camarera (*or* mesera *etc*)

waitstaff /ˈweɪtstæf ‖ ˈweɪtstɑːf/ *n* (AmE) (+ *sing o pl vb*) camareros *mpl*, meseros *mpl* (AmL), mozos *mpl* (Col, CS), mesoneros *mpl* (Ven)

waive /weɪv/ *vt* (frml) 1 (not apply) ‹*rule*› no aplicar*; ‹*condition*› no exigir* 2 (renounce, forgo) ‹*right/privilege*› renunciar a

waiver /ˈweɪvər ‖ ˈweɪvə(r)/ *n* (Law) 1 [u] (of rule) no aplicación *f*, exención *f*; (of payment) exoneración *f* 2 [u] (of claim, right) renuncia *f* 3 [c] (document) documento *m* de renuncia

wake¹ /weɪk/ (*past* **woke**; *past p* **woken**) *vt* despertar*; **this will ~ them from their apathy** esto los sacará de su apatía *or* les sacudirá la apatía; *see also* **wake up A1**

■ **wake** *vi* 1 (become awake) despertar*, despertarse*; **he woke from a deep sleep** despertó de un sueño profundo; *see also* **wake up B1** 2 (be awake) (*only in -ing form*): **waking or sleeping, it's always on my mind** no me lo puedo quitar de la cabeza ni de día ni de noche; **my waking hours** las horas que paso despierta; **it was a waking nightmare** fue (como) una pesadilla

Phrasal verb

- **wake up**

A [v + o + adv, v + adv + o] 1 (rouse) despertar*; **~ me up at six o'clock** despiértame a las seis; **these people need waking up from their apathy** hay que sacar a esta gente de su apatía; **to ~ sb's ideas up** (BrE) espabilar *or* despabilar a algn 2 (make aware) **to ~ sb up (TO sth): they need to be woken up to this threat** hay que hacer que se den cuenta *or* que tomen conciencia de esta amenaza

B [v + adv] 1 (become awake) despertarse*; **to ~ up to the sound of birds singing** despertarse* con el canto de los pájaros; **he woke up to find himself in hospital** al despertar se dio cuenta de que estaba en el hospital; **the next morning she woke up with a terrible headache** a la mañana siguiente amaneció *or* se despertó con un dolor de cabeza terrible; **~ up! that's the third time I've asked for the butter!** ¡espabílate! *or* ¡despabílate! ¡es la tercera vez que te pido la mantequilla! 2 (realize) **to ~ up TO sth** ‹*to danger/fact/threat*› darse* cuenta *or* tomar conciencia DE algo; **to ~ up to the realities of life** despertar* a la realidad de la vida; ***to ~ up and smell the coffee*** espabilarse *or* darse* cuenta y actuar

wake² *n*

A (of ship) estela *f*; **in the ~ of sth: the hurricane left a trail of destruction in its ~** el huracán dejó una estela de destrucción a su paso; **in the ~ of the revolution** tras la revolución; **his resignation comes in the ~ of ...** su dimisión se produce tras *or* sigue a ...; **he accelerated and left the others trailing in his ~** aceleró y dejó atrás a los demás

B (for dead person) velatorio *m*, velorio *m*

wakeful /ˈweɪkfəl/ *adj* 1 (unable to sleep) desvelado 2 (sleepless) (liter): **to have a ~ night** pasar la noche en vela 3 (alert) (liter) alerta

wakefulness /ˈweɪkfəlnəs ‖ ˈweɪkfəlnɪs/ *n* estado *m* de vigilia

waken /ˈweɪkən/ (liter) *vt* despertar*

■ **waken** *vi* despertar*

wake-up call /ˈweɪkʌp/ *n* 1 (telephone call) servicio *m* de despertador 2 (warning) llamada *f* de aviso

wakey-wakey /ˌweɪkiˈweɪki/ *interj* (BrE colloq): **~!** ¡vamos, despierta!

Wales /weɪlz/ *n* (el país de) Gales

walk¹ /wɔːk/ *vi*

A caminar, andar* (esp Esp); (in a leisurely way) pasear; **at a ~ing pace** al paso (del que camina); **~, don't run!** ¡camina, no corras!; Ⓢ **walk/don't walk** (AmE) cruce/no cruce; **I'll ~ with you as far as the library** te acompaño hasta la biblioteca; **we spent the morning ~ing around town** pasamos la mañana caminando *or* paseando por la ciudad; **we'd better start ~ing back** será mejor que nos pongamos en camino de regreso; **I ~ by** *o* **past the school on my way to work** paso por el colegio de camino al trabajo; **you can't just ~ by without helping** no puedes seguir de largo sin pararte a ayudar; **he ~ed down/up the steps** bajó/subió los peldaños; **everyone stopped talking when he ~ed in** todos se callaron cuando él entró; **she ~ed out of the hotel** salió del hotel; **she ~ed up to the guard** se acercó al guardia; ***to ~ tall*** ir* *or* andar* con la cabeza en alto

B (go by foot) ir* a pie, ir* caminando *or* (esp Esp) andando; **it's too far to ~** está demasiado lejos para ir a pie; **there was no elevator so we had to ~ up** no había ascensor, así que tuvimos que subir por la escalera; **he never ~s anywhere** no va a pie a ningún lado

C (Sport) (in baseball) dar* una base por bolas, pasar por bolas

D (go missing) (BrE colloq & hum) desaparecer*

E (back out) (AmE colloq) echarse para atrás (fam)

F (go free) (AmE colloq) librarse de los cargos (fam)

■ **walk** *vt*

A (go along) ‹*hills/path*› recorrer, caminar por; **I can't ~ another yard** estoy que no puedo dar un paso más; **a policeman ~ing his beat** un policía haciendo su ronda

B 1 (take for walk) ‹*dog*› pasear, sacar* a pasear;

she ~ed us off our feet nos dejó agotados de tanto que nos hizo caminar **2** (accompany) acompañar; **I'll ~ you home** te acompaño hasta tu casa **3** (ride at walk) ‹*horse*› llevar al paso
C (in baseball) (Sport) darle* una base por bolas a

(Phrasal verbs)

- **walk away** [v + adv] (from a place) alejarse; **the driver ~ed away with a few scratches** el conductor se escapó con sólo unos rasguños; **she ~ed away unhurt** salió ilesa; **you can't turn your back on him and ~ away** no puedes darle la espalda y desentenderte de todo
- **walk away with** ▸**walk off with 2**
- **walk into** [v + prep + o] **1** (enter) ‹*room/building*› entrar en, entrar a (AmL) **2** (fall into) ‹*trap*› caer* en; **I ~ed right into it** caí como un angelito (fam) **3** (obtain easily): **she'll just ~ into the job** va a conseguir el trabajo sin ningún problema **4** (become involved in): **we ~ed into the middle of a family row** caímos justo en medio de una discusión familiar; **when you ~ed into my life** cuando entraste en mi vida **5** (collide with) darse* contra, llevarse por delante; **she ~ed into a tree** se dio contra un árbol, se llevó un árbol por delante **6** (meet by chance) encontrarse* CON
- **walk off**

A **1** [v + adv] (go away) irse*, marcharse (esp Esp) **2** [v + adv, v + prep + o] (leave) (Sport) retirarse, salir*; (Theat) hacer* mutis; **they ~ed off the pitch in protest** se retiraron del *or* abandonaron el campo de juego en señal de protesta
B [v + o + adv, v + adv + o]: **we went out to ~ off our lunch** salimos a dar un paseo para bajar la comida; **he'd ~ed off two kilos** había adelgazado dos kilos con las caminatas

- **walk off with** [v + adv + prep + o] **1** (take) llevarse; **he ~ed off with my silver cigarette case** se llevó mi cigarrera de plata **2** (win) ‹*prize*› llevarse; **he ~ed off with seven of the ten awards** barrió con *or* se llevó siete de los diez premios
- **walk on** [v + adv]

A (continue walking) seguir* su (*or* mi *etc*) camino
B (come on stage) salir* a escena

- **walk out** [v + adv]

A **1** (Lab Rel) abandonar el trabajo (*como medida reivindicatoria*) **2** (quit): **the Socialists ~ed out** los socialistas abandonaron las conversaciones (*or* negociaciones *etc*); **they have threatened to ~ out of the conference** han amenazado con retirarse de *or* abandonar el congreso (en señal de protesta)
B (court) (BrE dated) **to ~ out (WITH sb)** salir* (CON algn)

- **walk out on** [v + adv + prep + o] ‹*lover/family*› dejar, abandonar, dejar plantado (fam); ‹*responsibility/obligation*› no cumplir con
- **walk over** [v + prep + o] (colloq): **the Bears will ~ all over them** los Bears les van a dar una paliza (fam); **don't let him ~ all over you** no te dejes pisotear *or* atropellar (por él)
- **walk through** [v + prep + o] (colloq) ‹*exam*› aprobar* *or* pasar con los ojos cerrados (fam)

walk² *n*
A **1** (leisurely) paseo *m*; (long) caminata *f*; **to go for** *o* **take a ~** ir* a pasear *or* a dar un paseo, ir* a caminar (esp AmL); **take a ~!** (AmE) ¡lárgate! (fam), ¡andá a pasear! (RPl fam), ¡córrete! (Chi fam); **she took the dog for a ~** sacó a pasear el perro; **he took us for a ~ along the river** nos llevó a pasear *or* a dar un paseo por el río; **it's five minutes'** *o* **a five-minute ~ from here** está *or* queda a cinco minutos de aquí a pie **2** (Sport) marcha *f*
B **1** (route): **there's a beautiful ~ through the woods** se puede hacer un paseo precioso por el bosque **2** (path) (esp AmE) camino *m*
C **1** (gait) andar *m*, manera *f* de caminar *or* andar **2** (speed) (*no pl*): **at a ~** al paso; *see also* **walk of life**

walkabout /ˈwɔːkəbaʊt/ *n* (BrE) *paseo que un político, miembro de la realeza etc da entre el público*

walkathon /ˈwɔːkəθɑːn || ˈwɔːkəθɒn/ *n* (colloq) maratón *f* benéfica

walkaway /ˈwɔːkəweɪ/ *n* (AmE colloq) paseo *m* (fam); **the race was a ~ for the champion** la carrera fue un paseo *or* fue pan comido para el campeón (fam); **to win in a ~** ganar fácilmente *or* sin problema

walker /ˈwɔːkər || ˈwɔːkə(r)/ *n*
A **1** (sb that walks): **to be a fast/slow ~** caminar *or* andar* rápido/despacio; **I'm a great ~** me encanta caminar *or* andar **2** (hiker) excursionista *mf* **3** (Sport) marchador, -dora *m,f*, marchista *mf*
B ▸**baby walker**

walkies /ˈwɔːkiz/ *pl n* (BrE colloq): **to go (for) ~** ir* a dar un paseíto

walkie-talkie /ˌwɔːkiˈtɔːki/ *n* walkie-talkie *m*, transmisor-receptor *m* portátil

walk-in /ˈwɔːkɪn/ *adj* **1** (Archit): **~ pantry** despensa *f*; **~ closet** vestidor *m* **2** (AmE) con acceso directo desde la calle **3** (AmE) *donde no es necesario pedir hora para ser atendido*

walking¹ /ˈwɔːkɪŋ/ *n* [u]: **I do a lot of ~** yo camino *or* ando mucho; (*before n*) ‹*tour*› a pie; **is it within ~ distance?** ¿se puede ir a pie *or* caminando *or* andando?; **at a ~ pace** a paso de peatón; **~ boots** botas *fpl* para caminar, botas *fpl* de trekking; **~ shoes** zapatos *mpl* para caminar; (for hiking) borceguíes *mpl*; **~ vacation** (AmE) *o* (BrE) **holiday** vacaciones *fpl* con excursiones a pie; **we went on a ~ holiday in the Picos de Europa** fuimos de vacaciones a los Picos de Europa para hacer senderismo

walking² *adj*: **she's a ~ encyclopedia** (hum) es una enciclopedia ambulante (hum); **he's a ~ miracle** vive de milagro

walking frame *n* (BrE) andador *m* (*para ancianos*)

walking papers *pl n* (AmE colloq) despido *m*, pasaporte *m* (fam); **to give sb her/his ~ ~** echar a algn, darle* el pasaporte a algn (fam), poner* a algn de patitas en la calle (fam); **she got her ~ ~** la echaron, la pusieron de patitas en la calle (fam)

walking stick *n*
A (for support) bastón *m*
B (AmE) ▸**stick insect**

walking wounded *pl n*: **the ~ ~** los heridos *mpl* que pueden/podían caminar

Walkman® /ˈwɔːkmən/ *n* (*pl* **-mans** /-mənz/) walkman® *m*

walk of life *n*: **people from all ~s ~ ~** gente de todas las profesiones y condiciones sociales

walk-on /ˈwɔːkɑːn || ˈwɔːkɒn/ *n* (actor, player) (Theat) figurante *mf*, comparsa *mf*; (Cin) extra *mf*; (*before n*): **~ part** (Theat) papel *m* de figurante *or* comparsa; (Cin) papel *m* de extra

walkout /ˈwɔːkaʊt/ *n* **1** (from talks, meeting) *retirada en señal de protesta* **2** (strike) *abandono del trabajo como medida reivindicatoria*

walkover /ˈwɔːkˌəʊvər || ˈwɔːkˌəʊvə(r)/ *n* **1** (victory by default) walkover *m* (*victoria por la no comparecencia del contrincante*) **2** (easy victory) (colloq) paseo *m* (fam); **the match was a ~** el partido fue un paseo *or* fue pan comido (fam)

walk-through /ˈwɔːkθruː/ *n* ensayo *m*

walk-up /ˈwɔːkʌp/ *n* (AmE) **1** (building) edificio *m* sin ascensor **2** (apartment, office) *apartamento u oficina en un edificio sin ascensor*

walkway /ˈwɔːkweɪ/ *n* (bridge) puente *m*, pasarela *f*; (passageway) pasillo *m*; (path) sendero *m*; **a covered ~ connects the two buildings** un pasaje cubierto conecta los dos edificios

wall /wɔːl/ *n*
A **1** (freestanding) muro *m*; (of castle, city) muralla *f*; **I'd put them up against a ~ and shoot them** yo los llevaría a todos al paredón; **garden ~** tapia *f*, muro *m*; **sea ~** espigón *m*, malecón *m*, tajamar *m* (CS); **the Berlin W~** (Hist) el muro de Berlín; **Hadrian's W~** la muralla *or* el muro de Adriano; ***it's like talking to a brick ~*** es como hablarle a la pared; ***to go/be driven to the ~*** ‹‹*company/business*›› irse* a pique; ***up the ~***: **I was going** *o* **crawling up the ~ with boredom** estaba que me trepaba *or* subía por las paredes del aburrimiento; **she drives me up the ~** me saca de quicio, me enerva; **she'll go up the ~ when she finds out** se va a poner furiosa cuando se entere **2** (barrier) barrera *f*; **a ~ of fire/flames/silence** una barrera de fuego/llamas/silencio; **an impenetrable ~ of prejudice** una barrera infranqueable de prejuicios; ***to come up against a brick ~*** darse* de narices contra una pared
B (of building, room) pared *f*, muralla *f* (Chi); **is that an outside or a common** *o* (BrE) **party ~?** ¿esa pared es exterior o medianera?; **this must not go** *o* **pass beyond these (four) ~s** esto que no salga de aquí; ***to have one's back to the ~*** estar* en un apuro *or* en un aprieto; ***~s have ears*** las paredes oyen; (*before n*): **~ bars** (Sport) espalderas *fpl*; **~ chart** gráfico *m* mural; **~ hanging** tapiz *m*; **~ light/lamp** aplique *m*; **~ painting** mural *m*
C **1** (of stomach, artery) pared *f* **2** (of tire) flanco *m*

(Phrasal verbs)

- **wall in** [v + o + adv, v + adv + o] **1** (surround with wall) ‹*garden/playground/quadrangle*› tapiar, cercar* con un muro *or* una pared *or* una tapia **2** (entomb) emparedar
- **wall off** [v + o + adv, v + adv + o] (separate) separar con una pared *or* un muro *or* una tapia
- **wall up** [v + o + adv, v + adv + o] **1** ‹*doorway/window/alcove*› tapiar, condenar **2** (imprison) ‹*person/body*› emparedar

wallaby /ˈwɑːləbi || ˈwɒləbi/ *n* (*pl* **-bies**) ualabí *m*

wallah /ˈwɑːlə || ˈwɒlə/ *n* (BrE dated: colloq & hum) señor *m*

wallboard /ˈwɔːlbɔːrd || ˈwɔːlbɔːd/ *n* [u]: *placas para la construcción de tabiques*

wallcovering /ˈwɔːlˌkʌvərɪŋ/ *n* [u c]: *papeles pintados u otros materiales para el revestimiento de paredes*

walled /wɔːld/ *adj* ‹*city*› amurallado; ‹*garden*› tapiado, cercado por una tapia *or* un muro

wallet /ˈwɑːlət || ˈwɒlɪt/ *n* **1** (for money) cartera *f*, billetera *f*, billetero *m* **2** (folder) carpeta *f*

wall-eyed /ˈwɔːlˈaɪd/ *adj* **1** (with opaque cornea) con leucoma **2** (with squint) bizco, estrábico

wallflower /ˈwɔːlflaʊr || ˈwɔːlˌflaʊə(r)/ *n*
A (Bot) alhelí *m*
B (person) (colloq): **she was always a ~** nunca la sacaban a bailar, siempre comía pavo (Col fam), siempre planchaba (Bol, CS fam)

Walloon /wɑːˈluːn || wɒˈluːn/ *n* valón, -lona *m,f*; (*before n*) ‹*community/culture*› valón

wallop¹ /ˈwɑːləp || ˈwɒləp/ *vt* (colloq) **1** (strike) darle* una paliza *or* una tunda a, pegarle* fuerte a **2** (defeat) darle* una paliza a (fam)

wallop² *n* (colloq)
A [c] (blow) golpazo *m* (fam); **to give sb/sth a ~** pegarle* fuerte a algn/algo, darle* un golpazo a algn/algo (fam); **she landed on the floor with a ~** se pegó tremendo porrazo al caerse (fam)
B [u] (beer) (BrE sl) cerveza *f*

walloping¹ /ˈwɑːləpɪŋ || ˈwɒləpɪŋ/ *n* (colloq) **1** (beating) paliza *f*, tunda *f*; **to give sb a ~** darle* una paliza *or* tunda a algn **2** (defeat) paliza *f* (fam); **he got** *o* **took a ~ in the final** le dieron una paliza en la final (fam)

walloping² *adj* (colloq) (*before n*) ‹*deficit/increase*› tremendo (fam), enorme, descomunal

walloping³ *adv* (colloq): **~ great** tremendo (fam), enorme, descomunal; **he had a ~ great bump on his head** (BrE) tenía un tremendo chichón en la cabeza (fam), tenía un cacho chichón en la cabeza (Esp fam), tenía flor de chichón en la cabeza (CS fam)

wallow¹ /ˈwɑːləʊ || ˈwɒləʊ/ *vi*
A **1** (bathe) ‹‹*animal*›› revolcarse*; **hippos ~ing in mud** hipopótamos revolcándose en el lodo; **I love to ~ in a hot bath** me encanta estarme horas disfrutando de un baño caliente **2** (delight): **she ~ed in her new-found fame** se regodeaba con su fama recién adquirida; **to ~ in self-pity** regodearse *or* deleitarse en la autocompasión
B ‹‹*ship/boat*›› bambolearse

wallow² *n* 1 (action) (*no pl*): **I'm off for a ~ in the bath** me voy a dar un baño largo y relajante; **hippos go there for a ~** los hipopótamos van a ese lugar para revolcarse 2 [c] (place) revolcadero *m*

wallpaper¹ /ˈwɔːl,peɪpər || ˈwɔːl,peɪpə(r)/ *n* [u c]
A (on a wall) papel *m* pintado *or* tapiz *or* de empapelar
B (Comput) (for screen) fondo *m* de pantalla *or* de escritorio

wallpaper² *vt* ‹*room/walls*› empapelar
■ **wallpaper** *vi* empapelar paredes

Wall Street /wɔːl/ *n* Wall Street (*centro financiero de los EEUU*)

> **Wall Street**
>
> Una calle en Manhattan, Nueva York, donde se encuentran la Bolsa neoyorquina y las sedes de muchas instituciones financieras. Cuando se habla de *Wall Street*, a menudo se está refiriendo a esas instituciones.

> **Wall Street Journal**
>
> El periódico de negocios más importante de EEUU. Pertenece a Dow Jones & Company, que también publica el *Dow Jones Average* . Aunque trata principalmente las noticias económicas y de negocios, también contiene largos artículos sobre política y otras noticias en general.

wall-to-wall /ˈwɔːltəˈwɔːl/ *adj* (*before n*): **~ carpet/carpeting** alfombra *f* de pared a pared, moqueta *f* (Esp), moquette *f* (RPl)

wally /ˈwɑːli || ˈwɒli/ *n* (*pl* **-lies**) (BrE colloq) imbécil *mf*; **why didn't you ask, you great ~?** (hum) ¿por qué no preguntaste, tonto?

walnut /ˈwɔːlnʌt/ *n* 1 [c] (nut) nuez *f*, nuez *f* de Castilla (Méx) 2 [c] **~ (tree)** nogal *m* 3 [u] (wood) nogal *m*

walrus /ˈwɔːlrəs/ *n* (*pl* **~es** *or* **~**) morsa *f*

Walter Mitty /,wɔːltər ˈmɪti || ,wɔːltə ˈmɪti/ *n*: **a ~ ~ character** un soñador *m*, una soñadora *f*

waltz¹ /wɔːls wɔːlts/ *n* 1 (dance) vals *m* 2 (music) vals *m*

waltz² *vi*
A (dance) valsar, valsear; **can you ~?** ¿sabes bailar el vals?, ¿sabes valsar *or* valsear?; **we ~ed around the room** recorrimos la habitación bailando un vals *or* valsando *or* valseando
B (walk) (colloq): **she ~ed into the office and asked for a raise** entró tan campante *or* con gran desenfado en la oficina y pidió un aumento de sueldo; **don't go ~ing off, I've got a little job for you** no te me escabullas, que tengo un trabajito para ti
■ **waltz** *vt*: **he ~ed her around the room** la llevó por toda la habitación bailando un vals *or* valsando *or* valseando; **they ~ed the night away** se pasaron la noche bailando valses *or* valsando *or* valseando

(Phrasal verbs)
- **waltz away with, waltz off with** [v + adv + prep + o] (colloq) ‹*prize/title*› llevarse (sin ningún problema); **they ~ed off with all the gold medals** barrieron con *or* se llevaron todas las medallas de oro
- **waltz through** [v + prep + o] (colloq) ‹*interview/test*› pasar con los ojos cerrados

wan /wɑːn || wɒn/ *adj* 1 (pallid) ‹*face/complexion*› pálido 2 (dim, feeble) ‹*moon*› pálido; ‹*light*› tenue, pálido; ‹*smile*› lánguido

WAN *n* (Comput) = **wide area network** WAN *f*

wand /wɑːnd || wɒnd/ *n* 1 (of sorcerer, conjuror) varita *f* mágica 2 (of office) bastón *m* de mando 3 (electronic device) lector *m* óptico de mano

wander¹ /ˈwɑːndər || ˈwɒndə(r)/ *vi* 1 (+ *adv compl*) (walk — in a leisurely way) pasear; (— aimlessly) deambular, vagar*, caminar sin rumbo fijo, errar* (liter); **we spent the afternoon ~ing around the village** pasamos la tarde paseando por el pueblo; **they found him ~ing around the streets** lo encontraron deambulando *or* vagando por las calles; **she ~ed around the room in a daze** daba vueltas por la habitación como aturdida; **we're going to ~ back now** vamos a volver sin prisas; **he ~ed in at ten** llegó a las diez tan campante *or* como si tal cosa; **she ~ed all over the world** se recorrió todo el mundo; **his fingers ~ed over the keyboard** sus dedos recorrieron el teclado; **the stream ~s through wooded valleys** el riachuelo serpentea por entre valles poblados de árboles 2 (stray): **don't let the children ~ away from the car** no dejes que los niños se alejen del coche; **without realizing it, we had ~ed from the path** sin darnos cuenta nos habíamos salido *or* alejado del sendero; **the aircraft had ~ed off course** el avión se había desviado de su rumbo; **don't ~ off! we're leaving in five minutes** no te vayas por ahí, que dentro de cinco minutos nos vamos; **he was bored so he let his mind ~** estaba aburrido, así que se puso a pensar en otra cosa *or* dejó vagar su imaginación; **concentrate! don't let your mind ~!** ¡concéntrate! ¡no te distraigas!; **don't ~ off the point** no divagues, no te vayas por las ramas; **she ~s a bit** (because senile, mentally disturbed) divaga *or* desvaría un poco 3 **wandering** *pres p* ‹*actors*› itinerante; ‹*tribe*› nómada; ‹*salesman*› ambulante; ‹*gaze*› errante (liter); ‹*path*› tortuoso; **to have ~ing hands** tener* las manos largas; **the W~ing Jew** el Judío Errante
■ **wander** *vt* ‹*hills/meadows*› (for recreation) pasear por; (lost) dar* vueltas por; **I spent an hour ~ing the corridors** me pasé una hora dando vueltas por los pasillos; **to ~ the streets** deambular *or* vagar* por las calles, caminar sin rumbo fijo

wander² *n* (esp BrE) (*no pl*) vuelta *f*, paseo *m*; **we're going to have a ~ around the shops** vamos a dar una vuelta *or* un paseo por las tiendas; **we'd better take a ~ back now** mejor nos volvemos ya

wanderer /ˈwɑːndərər || ˈwɒndərə(r)/ *n* trotamundos *mf*

wanderings /ˈwɑːndərɪŋz || ˈwɒndərɪŋz/ *pl n* correrías *fpl*, andanzas *fpl*; **his ~ took him as far as China** en sus correrías *or* andanzas llegó hasta la China; **have you seen my dog on your ~?** ¿no has visto a mi perro por ahí (en tus idas y venidas)?; **the ~ of her mind** sus divagaciones *or* desvaríos

wanderlust /ˈwɑːndərlʌst || ˈwɒndəlʌst/ *n* [u] ansias *fpl* de conocer mundo

wane¹ /weɪn/ *vi* 1 «*moon*» menguar* 2 (dwindle) «*interest/popularity*» decaer*, disminuir*, declinar; **support for the strike has ~d in recent weeks** la huelga ha perdido apoyo en las últimas semanas; **her strength was waning fast** estaba perdiendo rápidamente las fuerzas, sus fuerzas menguaban rápidamente 3 **waning** *pres p* ‹*moon*› menguante; ‹*interest/popularity/influence*› decreciente

wane² *n*: **to be on the ~** «*moon*» estar* menguando; «*popularity*» estar* decayendo *or* disminuyendo *or* declinando, estar* en decadencia

wangle¹ /ˈwæŋgəl/ *vt* (colloq) ‹*invitation/job/ticket*› agenciarse (fam), arreglárselas para conseguir; **I managed to ~ some money out of my dad** conseguí sacarle dinero a mi padre; **to ~ *one's way into/out of sth***: **he ~d his way into the club/out of doing the job** se las arregló para que lo dejaran entrar en el club/para no tener que hacer el trabajo

wangle² *n* (BrE colloq) treta *f* (fam), truco *m* (fam); (in business etc) chanchullo *m* (fam)

wank¹ /wæŋk/ *vi* (BrE vulg) hacerse* la *or* una paja (vulg), correrse la *or* una paja (Chi, Per vulg), hacerse* una chaqueta (Méx vulg), hacerse* la manuela (Ven vulg)

wank² *n* (BrE vulg) paja *f* (vulg)

wanker /ˈwæŋkər || ˈwæŋkə(r)/ *n* (BrE vulg) 1 (idiot) pendejo, -ja *m,f or* (Esp) gilipollas *mf or* (AmS) pelotudo, -da *m,f or* (Andes, Ven) huevón, -ona *m,f* (vulg) 2 (masturbator) pajero *m* (vulg)

wanly /ˈwɑːnli || ˈwɒnli/ *adv* ‹*smile*› lánguidamente

wanna /ˈwɑːnə || ˈwɒnə/ (colloq) = **want to**

wannabe /ˈwɑːnəbiː || ˈwɒnəbiː/ *n* (colloq & pej) aspirante *mf*; **all the showbiz ~s will be there** todos los que quieren pertenecer al mundo del espectáculo estarán allí

want¹ /wɔːnt || wɒnt/ *vt*
A 1 (require, desire) querer*; **what do you ~?** ¿qué quieres?; **what do you ~ this for?** ¿para qué quieres esto?; **is there anything you ~?** ¿se le ofrece algo? (frml), ¿deseaba algo? (frml); **(it's) just what I('ve) always ~ed!** (set phrase) ¡(es) justo lo que quería!; **I ~ my daddy!** ¡quiero que venga mi papá!; **the boss ~s you** el jefe te quiere ver *or* quiere hablar contigo; **he's ~ed on the phone** hay una llamada para él, lo llaman por teléfono; **I know when I'm not ~ed!** sé muy bien cuando estoy de más; **I ~ it done today** quiero que se haga hoy; **she ~s it ready today** quiere que esté listo hoy; **does he ~ the book back?** ¿quiere que le devuelvan (*or* le devolvamos *etc*) el libro?; **I wouldn't ~ him for a father-in-law** no quisiera tenerlo de *or* como suegro; **what do you ~ as a birthday present?** ¿qué quieres de regalo de cumpleaños?; **everything you could ~ from a car** todo lo que se le puede pedir a un coche; **what does he ~ with an electric guitar?** ¿qué va a hacer con una guitarra eléctrica?, ¿para qué quiere una guitarra eléctrica?; **to ~ to + INF** querer* + INF; **they only ~ to help** sólo quieren ayudar; **she can be charming when she ~s to (be)** es un encanto cuando quiere *or* cuando se lo propone; **the car doesn't ~ to start** el coche no quiere arrancar; **to ~ sb/sth to + INF** querer* QUE algn/algo + SUBJ; **what do you ~ me to do/say?** ¿qué quieres que haga/diga?; **we ~ the party to be a success** queremos que la fiesta sea un éxito; **to ~ sb/sth -ING** querer* QUE algn/algo + SUBJ; **he doesn't ~ them snooping around** no quiere que anden husmeando por allí 2 «*police*» buscar*; Ⓢ **wanted** se busca; **he is ~ed for murder** lo buscan por asesinato; **she is ~ed for questioning** la buscan para interrogarla 3 (as price for sth) pedir*; **how much does she ~ for the picture?** ¿cuánto pide por el cuadro? 4 ‹*person*› (sexually) desear
B (need) necesitar; **the garage ~s a coat of paint** al garaje le hace falta *or* el garaje necesita una mano de pintura; **that child ~s a good thrashing** a ese niño le hace falta una buena paliza; **you'll ~ your umbrella** vas a necesitar *or* te va a hacer falta el paraguas; Ⓢ **gardener wanted** se necesita *or* se precisa jardinero; **we all like to feel ~ed** a todos nos gusta sentir que nos necesitan; **you ~ a number 65 bus** tiene que tomar el 65; **you ~ the second door on the right** es la segunda puerta a la derecha; **the last thing I ~ is a cold** maldita la falta que me hace resfriarme ahora; **there's Meg — that's all I ~ed!** ahí viene Meg — ¡lo (único *or* último) que me faltaba!; **you ~ to see a doctor/to stop smoking** tienes que ver a un médico/dejar de fumar; **you ~ to be more careful!** ¡a ver si tienes más cuidado!; **you ~ to see the mess he's made!** ¡tendrías que ver el desastre que ha hecho!; **to ~ -ING**: **the house ~s cleaning** hay que limpiar la casa; **tell me what ~s doing** dime qué hay que hacer; **the referee ~s his eyes testing** (BrE colloq) el árbitro va a tener que ir al oculista
C (lack) (frml) carecer* de (frml)
■ **want** *vi* (frml): **they will never ~ again** no volverán a carecer de nada (frml), no volverá a faltarles nada; **the Lord is my shepherd; I shall not ~** el Señor es mi pastor, nada me puede faltar

(Phrasal verbs)
- **want for** [v + prep + o] (lack) (frml) (*usu with neg*): **you/they will ~ for nothing** no te/les faltará nada
- **want in** [v + adv] (colloq) 1 (wish to join) **to ~ in (ON sth)**: **my firm won't ~ in on those terms** con esas condiciones, mi empresa no va a estar interesada; **there's a poker game tonight: do you ~ in?** esta noche hay una partida de póquer ¿te apuntas? (fam) 2 (wish to enter) querer* entrar

- **want out** [v + adv] (colloq) 1 (wish to quit) **to ~ out (OF sth)**: **I'm not surprised the shareholders ~ out** no me sorprende que los accionistas quieran deshacerse de las acciones; **I ~ out of this relationship** quiero terminar con esta relación; **several countries ~ out of the alliance** varios países quieren salir de la alianza 2 (wish to go out) querer* salir

want² *n*

A [c u] (requirement, need) necesidad *f*; **their ~s are few** necesitan poco, sus necesidades son pocas; **to be in ~ of sth** tener* necesidad de algo

B [u] (lack, absence) falta *f*, carencia *f* (frml); **to feel the ~ of sth/sb** sentir* la falta de algo/algn; **for ~ of sth** a falta de algo; **for ~ of anything better to do** a falta de algo mejor que hacer; **for ~ of a better word** a falta de una palabra más apropiada, por así decirlo; **if she doesn't become champion, it won't be for ~ of trying** si no llega a ser campeona, no será porque no lo haya intentado

C [u] (destitution, penury) miseria *f*, indigencia *f*; **to live in ~** vivir en la miseria *or* indigencia

want ad *n* (AmE) anuncio *m* clasificado (*pidiendo algo*)

wanted /ˈwɔːntəd || ˈwɒntɪd/ *adj* ‹*criminal/terrorist*› buscado (por la policía); *see also* **want¹ A2**

wanting /ˈwɔːntɪŋ || ˈwɒntɪŋ/ *adj* (frml) (*pred*) 1 (absent, missing): **compassion was ~ from her speech** la compasión brilló por su ausencia en su discurso, el suyo fue un discurso carente de compasión (frml); **a strong story line is ~ from all his works** todas sus obras carecen de un argumento sólido (frml) 2 (inadequate): **she's ~ as a leader** como líder es deficiente; **he was found ~** se demostró que no estaba capacitado; **the plan is ~ in that ...** el plan tiene carencias *or* deficiencias dado que ...; **~ IN sth**: **she is ~ in experience** le falta experiencia; **his essay was ~ in originality** su ensayo carecía de originalidad (frml), a su ensayo le faltaba originalidad

wanton¹ /ˈwɔːntn || ˈwɒntn/ *adj* 1 (willful, pointless) ‹*attack/destruction*› sin sentido, gratuito; ‹*neglect/waste*› displicente 2 (licentious) ‹*lifestyle*› licencioso, disipado; **a ~ woman** una desvergonzada *or* descocada *or* libertina

wanton² *n* (liter & arch) 1 (wilful person) terco, -ca *m,f* 2 (licentious person) libertino, -na *m,f*

wantonly /ˈwɔːntnli || ˈwɒntnli/ *adv* 1 (unnecessarily) gratuitamente 2 (willfully) sin ningún miramiento 3 (licentiously) licenciosamente

wantonness /ˈwɔːntnnəs || ˈwɒntnnɪs/ *n* [u] 1 (of attack, destruction) lo gratuito 2 (licentiousness) libertinaje *m*, indecencia *f*

WAP /wæp/ *n* = **wireless application protocol** WAP *m*; (*before n*): **~ phone** teléfono *m* WAP

war¹ /wɔːr || wɔː(r)/ *n* [c u] guerra *f*; **during the (19)14-18 ~** durante la guerra del 14; **the W~ of Independence** la Guerra de la Independencia; **First/Second World W~, World War I/II** Primera/Segunda Guerra Mundial; **a holy ~** una guerra santa; **to be at ~ with sb/sth** estar* en guerra con algn/algo; **to wage ~** hacer* la guerra; **to declare ~ on sb/sth** declararle la guerra a algn/algo; **to go to ~ (with sb) (over sth)** entrar en guerra (con algn) (por algo); **an act of ~** un acto bélico *or* de guerra; **the ~ on crime/poverty** la lucha contra la delincuencia/la pobreza; **a ~ of nerves** una guerra de nervios; **a ~ of words has broken out** ha empezado una discusión; **the class ~** la lucha de clases; **a price ~** una guerra de precios; ***to be in the ~s***: **you look as if you've been in the ~s!** ¡parece que vienes de la guerra!; (*before n*): **~ baby** *niño nacido durante la guerra*; **~ correspondent** corresponsal *mf* de guerra; **~ crime** crimen *m* de guerra; **~ criminal** criminal *mf* de guerra; **~ dead** muertos *mpl* de guerra; **~ effort** esfuerzo *m* bélico; **~ grave** tumba *f* de soldado; **~ pension** pensión *f* (de veterano) de guerra; **~ refugee** refugiado, -da *m,f* de guerra; **~ veteran** veterano, -na *m,f* de guerra; **~ hero** héroe *m* de la guerra; **~ memorial** monumento *m* a los caídos; **~ widow** viuda *f* de guerra; **~ zone** zona *f* de guerra

war² *vi* **-rr-** (liter) (*usu in -ing form*) combatir, batallar (liter)

warble¹ /ˈwɔːrbəl || ˈwɔːbəl/ *vt* cantar (*haciendo gorgoritos*)

■ **warble** *vi* «*bird*» trinar, gorjear; «*person*» hacer* gorgoritos

warble² *n* trino *m*, gorgorito *m*

warbler /ˈwɔːrblər || ˈwɔːblə(r)/ *n* curruca *f*, sílvido *m*

war chest *n* fondos *mpl* destinados a un fin especial

war cry *n* grito *m* de guerra

ward /wɔːrd || wɔːd/ *n*

A [c] (in hospital) sala *f*; **the children's ~** la sala de niños *or* de pediatría; (*before n*): **~ round** recorrido *m* de salas

B [c] (Govt) *subdivisión de un municipio a efectos electorales y administrativos*

C [c] (person) pupilo, -la *m,f*; **~ of court** pupilo, -la *m,f* bajo tutela judicial

D [c] 1 (of key) guarda *f* 2 (of lock) clavija *f* de tope, guarda *f*

Phrasal verb

- **ward off** [v + adv + o] ‹*attack*› rechazar*; ‹*blow*› desviar*; ‹*danger*› conjurar; ‹*illness*› protegerse* *or* prevenirse* contra

war dance *n* danza *f* de guerra

warden /ˈwɔːrdn || ˈwɔːdn/ *n* (of castle, museum) guardián, -diana *m,f*; (of hostel, home) encargado, -da *m,f*; (of university, college) rector, -tora *m,f*; (*church~*) coadjutor *m*; (*fire ~*) (AmE) encargado, -da *m,f* de la lucha contra incendios; (*game ~*) guardabosque(s) *mf*; (of prison) (AmE) director, -tora *m,f* (*de una cárcel*)

warder /ˈwɔːrdər || ˈwɔːdə(r)/ *n* (BrE) celador, -dora *m,f* (*de una cárcel*)

ward heeler /ˈhiːlər || ˈhiːlə(r)/ *n* (AmE colloq & pej) esbirro *m* (*de un político local*)

wardrobe /ˈwɔːrdrəʊb || ˈwɔːdrəʊb/ *n* 1 (clothes cupboard) armario *m*, ropero *m* (esp AmL); **fitted** *o* **built-in ~** (BrE) armario *m* empotrado, clóset *m* (AmL exc RPl), placar(d) *m* (RPl) 2 (set of clothes) guardarropa *m*, vestuario *m*; **a large ~** un surtido guardarropa, un amplio vestuario

wardrobe trunk *n* (AmE) baúl-ropero *m*

wardroom /ˈwɔːrdruːm, -rʊm || ˈwɔːdruːm, -rʊm/ *n* sala *f* de oficiales

warehouse¹ /ˈwerhaʊs || ˈweəhaʊs/ *n* depósito *m*, almacén *m*, bodega *f* (Chi, Col, Méx); (*before n*): **at ~ prices** a precios de mayorista

warehouse² *vt* almacenar, guardar en depósito *or* en almacén *or* (Chi, Col, Méx tb) en bodega

warehouse club *n* economato *m*

warehouseman /ˈwerhaʊsmən || ˈweəhaʊsmən/ *n* (*pl* **-men** /-mən/) encargado *m* de un depósito *or* un almacén *or* (Chi, Col, Méx tb) una bodega

warehousing /ˈwerhaʊzɪŋ || ˈweəhaʊzɪŋ/ *n* almacenaje *m*, depósito *m*

wares /werz || weəz/ *pl n* mercancía(s) *f(pl)*, mercadería(s) *f(pl)* (AmS)

warez /werz || weəz/ *pl n* (Comput) warez *mpl*, software *m* pirateado; (*before n*) ‹*groups/sites*› de warez *or* software pirateado

warfare /ˈwɔːrfer || ˈwɔːfeə(r)/ *n* [u] guerra *f*; **chemical/psychological ~** guerra química/psicológica

warfarin /ˈwɔːrfərɪn || ˈwɔːfərɪn/ *n* [u] warfarina *f*

war game *n* 1 (Mil) simulacro *m* de combate 2 (Games) juego *m* de guerra

warhead /ˈwɔːrhed || ˈwɔːhed/ *n* cabeza *f*, ojiva *f*; **nuclear ~** cabeza *or* ojiva nuclear

warhorse /ˈwɔːrhɔːrs || ˈwɔːhɔːs/ *n* 1 (hackneyed solution, idea) caballo *m* *or* caballito *m* de batalla 2 (veteran) veterano, -na *m,f*

warily /ˈwerəli || ˈweərɪli/ *adv* ‹*drive/speak*› con cautela, cautelosamente; **they eyed each other ~** se miraron con recelo; ***to tread ~*** andarse* con pie(s) de plomo

wariness /ˈwerinəs || ˈweərinɪs/ *n* [u] cautela *f*, recelo *m*

Warks = **Warwickshire**

warlike /ˈwɔːrlaɪk || ˈwɔːlaɪk/ *adj* ‹*preparations*› bélico, de guerra; ‹*tribe*› guerrero, belicoso

warlord /ˈwɔːrlɔːrd || ˈwɔːlɔːd/ *n* caudillo *m*

warm¹ /wɔːrm || wɔːm/ *adj* **-er, -est**

A ‹*water/day*› tibio, templado; ‹*climate/wind*› cálido; **eat it while it's still ~** cómetelo antes de que se enfríe; **the ~est room in the house** la habitación más caliente de la casa; **shut the door to keep the room ~** cierra la puerta para que no se vaya el calor *or* para que no se enfríe la habitación; **the body was still ~** el cadáver estaba todavía caliente; **there was a ~ breeze** soplaba una brisa cálida; **it's getting ~er** ya empieza a hacer más calor; **~ clothes** ropa *f* de abrigo *or* (RPl, Ven tb) abrigada *or* (Andes, Méx tb) abrigadora; **these gloves are very ~** estos guantes son muy calentitos *or* (Andes, Méx tb) abrigadores *or* (RPl tb) abrigados; **sit by the fire and get yourself ~** siéntate junto al fuego, así entrarás en calor; **are you sure you'll be ~ enough?** ¿seguro que no tendrás frío?; **chopping wood is ~ work** cortando leña enseguida se entra en calor; ***to make things*** *o* ***it ~ for sb*** amargarle* la vida a algn

B 1 (affectionate, cordial) ‹*person*› cariñoso, afectuoso; ‹*smile/words*› cariñoso; ‹*welcome*› caluroso, cálido; **my ~est congratulations** mi más cordial felicitación 2 ‹*color/atmosphere*› cálido

C 1 (in riddles) (*pred*) caliente; **France? — no! — Poland? — you're getting ~er!** ¿Francia? — ¡no! — ¿Polonia? — ¡caliente, caliente!; **am I getting ~er?** ¿me estoy acercando a la respuesta? 2 (fresh) ‹*scent/trail*› reciente, fresco

warm² *vt* 1 (heat) ‹*house/water*› calentar*; **to ~ oneself** calentarse*; **he ~ed his hands in front of the fire** se calentó las manos junto al fuego 2 (make glad) reconfortar; **such unselfish devotion ~s the heart** una entrega tan desinteresada lo reconforta a uno

■ **warm** *vi* 1 (become hotter) calentarse* 2 (become affectionate) **to ~ TO** *o* **TOWARD sb**: **we soon ~ed to** *o* **toward her** pronto se ganó nuestra simpatía; **I didn't ~ to him** no me resultó muy simpático 3 (become enthusiastic) **to ~ TO sth** entusiasmarse CON algo

Phrasal verbs

- **warm over** [v + o + adv, v + adv + o] 1 (heat up) (AmE) (Culin) calentar* 2 (present again) (pej) «*idea/argument*» hacer* un refrito de
- **warm through** [v + o + adv] ‹*food*› calentar*
- **warm up**

A [v + adv] 1 (become warmer) «*place/food*» calentarse*; «*person*» entrar en calor, calentarse* 2 «*engine/apparatus*» calentarse* 3 (become lively) «*party/match*» animarse, ponerse* animado 4 (for action) «*athlete*» hacer* ejercicios de calentamiento 5 (become enthusiastic) **to ~ up (TO sth/sb)** ▸ **warm² 1**, **warm² 2**

B [v + o + adv, v + adv + o] 1 (heat) ‹*food/place*› calentar*; **have a hot drink to ~ you up** tómate algo caliente para entrar en calor 2 ‹*engine/apparatus*› calentar* 3 (make lively) animar 4 (for action) ‹*muscles/voice*› calentar*

warm³ *n*: **to sit in the ~** sentarse* donde está agradable *or* (fam) donde está calentito; **come into the ~** entra, que aquí está calentito (fam)

war machine *n* maquinaria *f* bélica

warm-blooded /ˌwɔːrmˈblʌdəd || ˌwɔːmˈblʌdɪd/ *adj* (Zool) de sangre caliente

warmed-over /ˌwɔːrmdˈəʊvər || ˌwɔːmdˈəʊvə(r)/ *adj* (AmE) recalentado; ‹*ideas/policies*› (pej) trillado, manido; **it's nothing but ~ Freud** no es más que un refrito de Freud

warm-hearted /ˌwɔːrmˈhɑːrtəd || ˌwɔːmˈhɑːtɪd/ *adj* afectuoso, cariñoso

warming /ˈwɔːrmɪŋ || ˈwɔːmɪŋ/ *adj* que hace entrar en calor

warming pan *n* calentador *m* de cama

warmish /ˈwɔːrmɪʃ || ˈwɔːmɪʃ/ *adj* ‹*oven/liquid*› tibio; ‹*weather/day*› más bien templado

warmly /ˈwɔːrmli || ˈwɔːmli/ *adv* 1 (referring to temperature): **wrap up ~!** ¡abrígate bien!;

~ **dressed** bien abrigado [2] (with affection, enthusiasm) ‹*approve/congratulate/welcome*› calurosamente; ‹*smile*› afectuosamente; **I can ~ recommend her** la recomiendo con toda confianza

warmonger /ˈwɔːr,mɑːŋgər || ˈwɔː,mʌŋgə(r)/ *n* belicista *mf*

warmongering¹ /ˈwɔːr,mɑːŋgərɪŋ || ˈwɔː,mʌŋgərɪŋ/ *n* [u] belicismo *m*

warmongering² *adj* (*before n*) belicista

warmth /wɔːrmθ || wɔːmθ/ *n* [u] [1] (heat) calor *m*; **we huddled together for ~** nos acurrucamos juntos para darnos calor [2] (of smile) lo cariñoso *or* afectuoso; (of welcome) lo caluroso [3] (of color, atmosphere) calidez *f*

warm-up /ˈwɔːrmʌp || ˈwɔːmʌp/ *n* [1] (exercise) ejercicio *m* de calentamiento; (practice) (pre)calentamiento *m*; **today's game is a ~ for the final next week** el de hoy es un partido de entrenamiento *or* preparación para la final de la semana que viene [2] (for audience) *actuación que precede a la principal*

warn /wɔːrn || wɔːn/ *vt* [1] (admonish) advertir*; **I'm ~ing you!** ¡te lo advierto!; **you have been ~ed!** ¡(recuerda que) te lo he advertido!, ¡quedas *or* estás avisado *or* advertido!; **be ~ed!** ¡cuidado!; **he's been ~ed about his bad language before** ya se le ha llamado la atención por su vocabulario; **to ~ sb not to + INF: we had been ~ed not to go** nos habían advertido que no fuéramos; **I ~ you not to try my patience too far** te lo advierto: no me hagas perder la paciencia [2] (inform, advise) avisar, advertir*; **I did ~ you (that) I might be late** te avisé *or* te advertí que quizás llegaría tarde; **we'd been ~ed to expect trouble** ya nos habían avisado *or* advertido que habría problemas; **he ~ed me about the danger** me advirtió del peligro; **they were ~ed about the rats** les advirtieron que había ratas; **to ~ sb AGAINST sth/sb** prevenir* a algn CONTRA algo/algn; **I was ~ed against them** me previnieron contra ellos; **we were ~ed against swimming in the river** nos aconsejaron que no nadáramos en el río, nos advirtieron que era peligroso nadar en el río

Phrasal verb

• **warn off**

[A] [v + o + adv, v + adv + o] (frighten away): **I began making inquiries, but I was ~ed off in no uncertain terms** empecé a hacer averiguaciones, pero me advirtieron claramente que no continuara

[B] [v + o + prep + o]: **he ~ed us off his land** nos advirtió que nos fuéramos de su propiedad; **I tried to ~ him off drugs** traté de prevenirlo sobre las consecuencias del uso de las drogas

warning /ˈwɔːrnɪŋ || ˈwɔːnɪŋ/ *n* [1] [c u] (advice, threat) advertencia *f*; **what happened should be a ~ to them** lo que pasó debería servirles de advertencia; **a word of ~: don't be late!** una advertencia *or* te lo advierto: no llegues tarde; **he added a word of ~ about smoking** también advirtió de *or* hizo una advertencia sobre los peligros del tabaco; **the flags are a ~ that it's unsafe to bathe** las banderas advierten *or* indican que es peligroso bañarse; **the player was given an official ~** el jugador recibió una amonestación; **the sign is intended to give a ~ to travelers** la señal está ahí como advertencia a los viajeros; (*before n*): **~ bell** señal *f* de aviso; **~ device** dispositivo *m* de alarma; **I shot her a ~ glance** le lancé una mirada de advertencia, le advertí con la mirada; **~ light** señal *f* luminosa, luz *f* indicadora; **~ notice** aviso *m*; **~ shot** disparo *m* de advertencia; **~ sign** señal *f* de aviso *or* de alerta [2] [u] (prior notice) aviso *m*; **they arrived without ~** llegaron sin avisar *or* sin previo aviso; **I gave you plenty of ~** te avisé con tiempo de sobra; **we need three days' written ~** tienen que avisarnos por escrito con tres días de antelación

warning triangle *n* triángulo *m* reflectante

warp¹ /wɔːrp || wɔːp/ *n*

[A] (Tex) urdimbre *f*

[B] (twist) (*no pl*) alabeo *m*, pandeo *m*; **one of the panels/records has a slight ~** uno de los paneles/discos está algo alabeado *or* combado *or* pandeado

[C] (cable) espía *f*

warp² *vt* [1] (twist, bend) ‹*wood/metal/plastic*› alabear, combar, pandear [2] (distort, pervert) ‹*character/personality*› deformar

■ **warp** *vi* «*wood/metal/plastic*» alabearse, combarse, pandearse

warpaint /ˈwɔːrpeɪnt || ˈwɔːpeɪnt/ *n* [u] pintura *f* de guerra; **she's just putting on her ~** (colloq & hum) se está poniendo el revoque (fam & hum)

warpath /ˈwɔːrpæθ || ˈwɔːpɑːθ/ *n*: ***to be on the ~*** (colloq & hum) estar* con ganas de pelear, estar* buscando camorra; (lit) (going to war) estar* en pie de guerra

warped /wɔːrpt || wɔːpt/ *adj* [1] (twisted) ‹*timber/metal/plastic*› alabeado, combado, pandeado; ‹*record*› combado [2] (perverted, distorted) ‹*personality/mind*› retorcido; **he has a ~ sense of humor** tiene un sentido del humor bastante retorcido

warplane /ˈwɔːrpleɪn || ˈwɔːpleɪn/ *n* avión *m* de combate

warrant¹ /ˈwɔːrənt || ˈwɒrənt/ *n* [1] [c] (written authorization) (Law) orden *f* judicial; (*search ~*) orden *f* de registro *or* (AmL tb) de allanamiento; **a ~ was issued for his arrest** se expidió una orden de arresto *or* de detención en su contra, se ordenó su arresto *or* detención [2] [c] (voucher) vale *m*; (Fin) warrant *m*, derecho *m* de suscripción de nuevas acciones [3] [u] (justification) (frml) justificación *f*

warrant² *vt*

[A] (justify) justificar*; **the case ~s/does not ~ further investigation** el caso merece/no merece que se continúe con la investigación

[B] [1] (assure) (frml) garantizar*, asegurar; **I'll ~ you (that) they'll accept** te garantizo *or* te aseguro que van a aceptar; **he'll be back, I ~ you** volverá, te lo garantizo *or* te lo aseguro [2] (guarantee) (*often pass*) garantizar*; **these goods are ~ed for one year** estos productos están garantizados por un año *or* tienen un año de garantía

warrantee /,wɔːrənˈtiː || ,wɒrənˈtiː/ *n* titular *mf* de una garantía

warrant officer *n* ≈ suboficial *mf*

warrantor /ˈwɔːrəntər || ˈwɒrəntə(r)/ *n* garante *mf*

warranty /ˈwɔːrənti || ˈwɒrənti/ *n* [c u] (*pl* **-ties**) garantía *f*; **it's sold under ~** se vende con garantía; **to be in** *o* **under ~** estar* bajo *or* en garantía; **the car is out of ~** ha expirado la garantía del coche, el coche ya no está en garantía *or* ya no tiene garantía

warren /ˈwɔːrən || ˈwɒrən/ *n* (Zool) madriguera *f* (*de conejos*), conejera *f*; (house) conejera *f*; **a ~ of winding streets** una maraña *or* un laberinto de calles tortuosas

warring /ˈwɔːrɪŋ/ *adj* (*before n*) ‹*countries/tribes*› en guerra; ‹*factions*› enfrentado

warrior /ˈwɔːrjər || ˈwɒrɪə(r)/ *n* guerrero, -ra *m,f*

Warsaw /ˈwɔːrsɔː || ˈwɔːsɔː/ *n* Varsovia *f*

Warsaw Pact *n* (Hist): **the ~ ~** el Pacto de Varsovia

warship /ˈwɔːrʃɪp || ˈwɔːʃɪp/ *n* buque *m or* barco *m* de guerra

wart /wɔːrt || wɔːt/ *n* verruga *f*; ***~s and all*** con todos sus defectos *or* todas sus imperfecciones

warthog /ˈwɔːrthɔːg || ˈwɔːthɒg/ *n* jabalí *m* verrugoso

wartime /ˈwɔːrtaɪm || ˈwɔːtaɪm/ *n* [u]: **during** *o* **in ~** durante la guerra, en tiempo de guerra; (*before n*) ‹*experiences/memories*› de la guerra

wartorn /ˈwɔːrtɔːrn || ˈwɔːtɔːn/ *adj* devastado *or* arrasado por la guerra

war-weary /ˈwɔːr,wɪri || ˈwɔː,wɪəri/ *adj* cansado de la guerra

war-wounded /ˈwɔːr,wuːndəd || ˈwɔː,wuːndɪd/ *pl n* heridos *mpl* de guerra

wary /ˈweri || ˈweəri/ *adj* **warier, wariest** ‹*manner/attitude*› cauteloso, precavido; **to keep a ~ eye on sth/sb** vigilar algo/a algn de cerca; **to be ~ OF sb/sth** no fiarse* DE algn/algo, recelar DE algn/algo; **I would be ~ of him/his motives** yo no me fiaría de él/de sus motivos; **the government is ~ of military involvement** el gobierno se resiste a dar intervención a las fuerzas armadas; **to be ~ of strangers** recelar *or* no fiarse* de los desconocidos

was /wɑːz *weak form* /wəz || wɒz *weak form* /wəz/ *past of* **be**

wash¹ /wɔːʃ || wɒʃ/ *n*

[A] [c] [1] (act): **I'll give the car/the carpet a ~** voy a lavar el coche/la alfombra, voy a darle una lavada al coche/a la alfombra (AmL); **give your face a good ~** lávate bien la cara; **I'll give my hair a ~** me voy a lavar la cabeza *or* el pelo; **to have a ~** lavarse [2] (in washing machine) lavado *m*; **prewash and ~** prelavado *m* y lavado; (*before n*): **~ cycle/program** ciclo *m* /programa *m* de lavado [3] (laundry): **I do a ~ every Monday** los lunes lavo la ropa *or* (Esp tb) hago la colada; **your shirt is in the ~** (with the dirty laundry) tu camisa está con la ropa sucia; (being washed) tu camisa está lavándose; **the colors ran in the ~** los colores destiñeron al lavarlo; ***it will all come out in the ~*** (colloq) (things will sort themselves out) todo se va a arreglar; (all will be revealed) ya se revelará todo

[B] [u] [1] (sound of waves) chapoteo *m*; **the gentle ~ of the waves on the shore** el suave batir de las olas contra la orilla [2] (left by boat, plane) estela *f*

[C] [u c] [1] (of paint) capa *f*, mano *f* [2] (Art) aguada *f*; (*before n*): **~ drawing** aguada *f*

wash² *vt*

[A] [1] (clean) ‹*shirt/car/fruit*› lavar; ‹*floor*› fregar*, lavar (esp AmL); **to ~ one's face/hair** lavarse la cara/la cabeza *or* el pelo; **to ~ the dishes** fregar* *or* lavar los platos; **don't try to ~ the stain off** no intentes quitar la mancha; **to ~ the shampoo out of one's hair** enjuagarse* *or* (Esp) aclararse el pelo [2] (for gold) ‹*gravel/mud*› lavar

[B] [1] (carry away) arrastrar; **the body had been ~ed ashore by the tide** la corriente había arrastrado el cuerpo hasta la orilla; **the wave nearly ~ed him overboard** la ola casi lo arrojó por la borda; *see also* **wash away, wash up** [2] (lap) (liter) bañar (liter); **the sound of the waves ~ing the shore** el sonido de las olas al bañar la orilla

[C] (paint) (Const) ‹*wall*› pintar, dar* una mano de pintura a; ‹*color*› extender*

■ **wash** *vi*

[A] [1] (clean oneself) «*person/cat*» lavarse; **she prefers to ~ in cold water** prefiere lavarse con agua fría [2] (do dishes) lavar, fregar* [3] (do laundry) «*washing machine/person*» lavar (la ropa), hacer* la colada (Esp)

[B] (come clean): **this shirt ~es well** esta camisa se lava bien; **the mud will ~ off easily** será fácil quitar(le) el barro; ***it won't ~*** (colloq) no va a colar (fam); **her excuses just won't ~ with me any more** no me voy a volver a tragar sus excusas (fam)

[C] «*wave/water*» (+ *adv compl*): **the water ~ed against the rocks** el agua batía contra las rocas; *see also* **wash over**

Phrasal verbs

• **wash away** [v + o + adv, v + adv + o] [1] (carry away) ‹*hut/bridge/pier*› llevarse, arrasar con [2] (cleanse) ‹*dirt/stains*› quitar (*lavando*); ‹*sins*› quitar

• **wash down** [v + o + adv, v + adv + o] [1] (clean) ‹*paintwork/wall*› lavar [2] (accompany) (colloq): **a plate of pasta ~ed down with the local wine** un plato de pasta acompañado del vino de la región *or* rociado con el vino de la región

• **wash out**

[A] [v + o + adv, v + adv + o] [1] ‹*sink/cloth*› (clean) lavar; (rinse) enjuagar*; **go and ~ your mouth out** vete a lavar esa boca con jabón [2] (remove) ‹*color*› desteñir* [3] (prevent, spoil) (colloq): **heavy rain ~ed out most of the games** fuertes lluvias hicieron que se cancelara la mayoría de los partidos

[B] [v + adv] [1] (disappear): **the stain will ~ out** la mancha saldrá *or* se quitará al lavarlo [2] (fail course) (AmE sl) ser* reprobado, suspender (Esp)

W

- **wash over** [v + prep + o] «*waves/water*» bañar; **to let sth ~ over one**: **she lets their criticism ~ over her** sus críticas le resbalan; **I don't pay any attention to their quarreling, I just let it all ~ over me** sus peleas me tienen sin cuidado: los oigo como quien oye llover; **I let the music ~ over me** dejé que la música me envolviera, me dejé llevar por la música
- **wash up**

A [v + adv] **1** (wash oneself) (AmE) lavarse **2** (float ashore) ser* traído por la corriente **3** (wash dishes) (BrE) lavar los platos, fregar* (los platos)
B [v + o + adv, v + adv + o] **1** (deposit) (*usu pass*): **to be ~ed up** «*body/debris/wreckage*» ser* traído por la corriente **2** ‹*dishes*› (BrE) lavar, fregar*

Wash = Washington

washable /ˈwɔːʃəbəl || ˈwɒʃəbəl/ *adj* lavable; **this fabric is machine-~** esta tela se puede lavar a máquina

wash-and-wear /ˌwɔːʃənˈwer || ˌwɒʃən ˈweə(r)/ *adj* ‹*shirt/skirt/fabrics*› que no necesita plancha, que se lava y no se plancha, lavilisto® *adj inv* (RPl)

washbag /ˈwɔːʃbæg || ˈwɒʃbæg/ *n* (BrE) bolsa *f* de aseo

washbasin /ˈwɔːʃˌbeɪsn || ˈwɒʃˌbeɪsn/ *n* (BrE) ▸**washbowl**

washboard /ˈwɔːʃbɔːrd || ˈwɒʃbɔːd/ *n* tabla *f* de lavar; (*before n*): **~ road** (AmE) carretera *f* llena de baches

washbowl /ˈwɔːʃbəʊl || ˈwɒʃbəʊl/ *n* (AmE) **1** (in modern bathroom) lavabo *m*, lavamanos *m*, lavatorio *m* (CS), pileta *f* (RPl) **2** (bowl) palangana *f*, jofaina *f*, lavatorio *m* (Chi, Per)

washcloth /ˈwɔːʃklɔːθ || ˈwɒʃklɒθ/ *n* (AmE) toallita *f* (*para lavarse*), ≈ manopla *f*

washday /ˈwɔːʃdeɪ || ˈwɒʃdeɪ/ *n* día *m* de lavado *or* (Esp tb) de (hacer) la colada

washed-out /ˌwɔːʃtˈaʊt || ˌwɒʃtˈaʊt/ *adj* (*pred* **washed out**) **1** (faded) ‹*fabric*› descolorido; ‹*color*› pálido, lavado (RPl fam) **2** (exhausted) rendido, agotado **3** (damaged by floods) (AmE) dañado (*debido a una inundación*)

washed-up /ˌwɔːʃtˈʌp || ˌwɒʃtˈʌp/ *adj* (*pred* **washed up**) (AmE colloq) acabado

washer /ˈwɔːʃər || ˈwɒʃə(r)/ *n*
A (Tech) (ring) arandela *f*; (— on faucet) arandela *f*, junta *f*, suela *f*, cuerito *m* (CS fam), empaque *m* (Col, Ven, Méx)
B ▸**washing machine**

washer-dryer /ˌwɔːʃərˈdraɪər || ˌwɒʃə ˈdraɪə(r)/ *n* lavadora-secadora *f*, lavasecadora *f*

washer-up /ˌwɔːʃəˈrʌp || ˌwɒʃəˈrʌp/ *n* (*pl* **washers-up**) (BrE) friegaplatos *mf*, lavaplatos *mf*, lavatrastes *mf* (Méx)

washerwoman /ˈwɔːʃərˌwʊmən || ˈwɒʃə ˌwʊmən/ *n* (*pl* **-women**) lavandera *f*

washeteria /ˌwɔːʃəˈtɪriə || ˌwɒʃəˈtɪəriə/ *n* (AmE) ▸**Laundromat**

wash house *n* lavadero *m*

washing /ˈwɔːʃɪŋ || ˈwɒʃɪŋ/ *n* **1** [u] (laundry — dirty) ropa *f* para lavar; (— clean) ropa *f* lavada; **to do the ~** lavar la ropa, hacer* la colada (Esp); **she takes in ~** trabaja de lavandera, lava para afuera (RPl); (*before n*): **~ line** (BrE) cuerda *f* para tender la ropa **2** [u c] (act) lavado *m*; **after repeated ~s, the fabric faded** tras varios lavados, la tela perdió color

washing day *n* ▸**washday**

washing machine *n* máquina *f* de lavar, lavadora *f*, lavarropas *m* (RPl)

washing powder *n* [u c] (esp BrE) jabón *m* en polvo, detergente *m*

washing soda *n* [u] (esp BrE) sosa *f* (*para lavar*)

> **The Washington Post**
> ▸Newspapers.

washing-up /ˌwɔːʃɪŋˈʌp || ˌwɒʃɪŋˈʌp/ *n* [u] (BrE): **to do the ~** lavar los platos, fregar* (los platos); (*before n*): **~ liquid** lavavajillas *m*, detergente *m*

wash leather *n* [u] gamuza *f*

washout /ˈwɔːʃaʊt || ˈwɒʃaʊt/ *n*
A (failure) (colloq) desastre *m* (fam); **he's a ~ as a coach** como entrenador es un desastre; **a ~ from school/college** (AmE) un mal estudiante
B (flood damage) (AmE) tramo *m* inundado (*de carretera, puente etc*)

washrag /ˈwɔːʃræg || ˈwɒʃræg/ *n* (AmE) ▸**washcloth**

washroom /ˈwɔːʃrʊm, -ruːm || ˈwɒʃruːm, -rʊm/ *n* baño(s) *m(pl)*, servicios *mpl* (esp Esp)

washstand /ˈwɔːʃstænd || ˈwɒʃstænd/ *n* lavabo *m*, lavatorio *m* (AmL)

washtub /ˈwɔːʃtʌb || ˈwɒʃtʌb/ *n* tina *f* de lavar

wasn't /ˈwɑːznt || ˈwɒznt/ = **was not**

wasp /wɑːsp || wɒsp/ *n* avispa *f*; **~s' nest** avispero *m*; (*before n*): **~ waist** cintura *f* de avispa

WASP /wɑːsp || wɒsp/ *n* (esp AmE) (= **white Anglo-Saxon Protestant**) *persona de la clase privilegiada de los EEUU, blanca, anglosajona y protestante*

> **WASP, Wasp - White Anglo-Saxon Protestant**
> En EEUU el término se emplea para referirse a una persona blanca cuya familia es originaria del Reino Unido y de religión protestante. Los *Wasps* están considerados como las personas con mejor posición social y con mayor poder político.

waspish /ˈwɑːspɪʃ || ˈwɒspɪʃ/ *adj* ‹*comment*› sardónico, punzante, mordaz; ‹*character*› sardónico, cáustico

waspishly /ˈwɑːspɪʃli || ˈwɒspɪʃli/ *adv* ‹*comment/point out*› de manera punzante *or* mordaz

wassail /ˈwɑːseɪl, ˈwɑːsəl || ˈwɒseɪl, ˈwɒsl/ *vi* (arch & hum)
A (drink alcohol) montar* una juerga (fam)
B (sing carols) cantar villancicos

wastage /ˈweɪstɪdʒ/ *n* [u]: **there is too much ~ of raw material** se desperdicia demasiada materia prima; **we were told to reduce ~** se nos dijo que aprovecháramos mejor el material; **~ is very high among new recruits** la tasa de abandono de los nuevos reclutas es muy alta; **natural ~** (of workforce) bajas *fpl* vegetativas; (*before n*): **what is the ~ rate using this process?** ¿qué proporción del material se desperdicia usando este proceso?

waste[1] /weɪst/ *n*
A [u] (of fuel, materials) desperdicio *m*, derroche *m*; **a ~ of time** una pérdida de tiempo; **it's a ~ of money** es tirar el dinero; **don't you think it's a ~ of space?** ¿no te parece que estás desperdiciando *or* desaprovechando espacio?; **a ~ of effort** un esfuerzo inútil; **it's a ~ of breath trying to make him see reason** tratar de que entre en razón es gastar saliva inútilmente; **the ~ of food here is dreadful** es espantoso cómo tiran aquí la comida; **there is no ~ in this ham** este jamón no tiene desperdicio; **we can save money by avoiding ~** podemos economizar evitando los despilfarros; **she's working as a waitress: it's such a ~!** trabaja de camarera: ¡qué desperdicio!; **to go to ~** «*talent*» desperdiciarse; «*food*» echarse a perder; **he let his talent go to ~** desperdició su talento
B [u] **1** (refuse) residuos *mpl*, desechos *mpl*; **nuclear ~** residuos *or* desechos nucleares *or* radioactivos; **human ~** excrementos *mpl* **2** (surplus matter) material *m* sobrante *or* de desecho
C **wastes** (*pl*) **the deserted ~s of Antarctica** las desiertas inmensidades *or* extensiones de la Antártica

waste[2] *vt*
A (misuse, squander) ‹*talents/efforts*› desperdiciar, malgastar; ‹*money/electricity*› despilfarrar, derrochar; ‹*food*› tirar, desperdiciar; ‹*time*› perder*; ‹*space*› desaprovechar, desperdiciar; ‹*opportunity/chance*› desperdiciar; **he has ~d his life** ha desperdiciado su vida; **we ~d a lot of time arguing** perdimos mucho tiempo discutiendo; **you're wasting my time** me estás haciendo perder el tiempo; **he didn't ~ any time (in) cashing the check** se fue a cobrar el cheque sin perder (ni) un minuto; **you're wasting your breath!** estás gastando saliva inútilmente; **your work won't be ~d** tu trabajo no ha sido en vano; **to ~ sth ON sb/sth/-ING**: **he's ~d a fortune on cars/(on) eating out** ha derrochado una fortuna en coches/comiendo en restaurantes; **don't ~ your time on them** no pierdas el tiempo con ellos; **the irony was wasted on her** no captó la ironía
B (enfeeble) ‹*strength*› debilitar
C **wasted** *past p* **1** (misused, futile) ‹*time/money*› perdido; ‹*opportunity/space*› desperdiciado, desaprovechado; ‹*effort*› inútil; **it was a ~d journey** fue un viaje en balde **2** (shrunken) ‹*body*› debilitado, consumido; ‹*limb*› atrofiado **3** (drunk) (BrE colloq) borracho; **to get ~d** emborracharse
D (lay waste) arrasar
E (kill) (AmE sl) liquidar (fam), cargarse* (fam)
■ **waste** *vi* **1** (squander): **~ *not, want not*** quien no malgasta no pasa necesidades **2** ▸**waste away**

Phrasal verb
- **waste away** [v + adv] «*person/body*» consumirse; «*muscle*» atrofiarse

waste[3] *adj*
A ‹*ground*› (barren) yermo; (not cultivated) baldío, sin cultivar; ***to lay ~*** arrasar; **the town was laid ~ by the rebels** los rebeldes arrasaron la ciudad
B **1** (discarded) ‹*gas*› residual; ‹*material*› de desecho; **~ matter** materia *f* de desecho; **~ products** (industrial) productos *mpl* de desecho; (Physiol) excrementos *mpl*; **~ water** aguas *fpl* residuales, aguas *fpl* negras (AmL exc CS), aguas *fpl* servidas (CS) **2** (leftover, excess) ‹*paper/rubber*› sobrante; **~ heat generated during the chemical reaction** el calor disipado durante la reacción química

wastebasket /ˈwəɪstˌbæskət || ˈweɪstˌbɑːskɪt/ *n* (esp AmE) ▸**waste-paper basket**

waste bin *n* **1** ▸**waste-paper basket** **2** (in kitchen) cubo *m* or (CS) tacho *m* or (Col) caneca *f* or (Méx) bote *m* or (Ven) tobo *m* de la basura

waste disposal *n* [u] eliminación *f* de residuos *or* desechos; (*before n*): **~ ~ unit** triturador *m* or trituradora *f* de desperdicios *or* de basura

wasteful /ˈweɪstfəl/ *adj* ‹*person*› despilfarrador, derrochador; ‹*method*› poco económico; **a ~ use of resources** una manera poco económica de utilizar los recursos; **she's ~ with paper** desperdicia mucho papel

wastefully /ˈweɪstfəli/ *adv*: **to use sth ~** utilizar* algo de manera poco económica; **to spend money ~** derrochar el dinero; **we must exploit our natural resources less ~** debemos aprovechar mejor nuestros recursos naturales

wastefulness /ˈweɪstfəlnəs || ˈweɪstfəlnɪs/ *n* [u] (of money, resources) derroche *m*, despilfarro *m*; (of food, talent) desperdicio *m*

wasteland /ˈweɪstlænd/ *n* [c u] (*often pl*) (barren land) páramo *m*, tierra *f* yerma *or* baldía; (uncultivated land) erial *m*; **inner-city ~s** zonas *fpl* urbanas deprimidas

waste management *n* [u] gestión *f or* dirección *f* de residuos

waste paper *n* [u] papel *m* sobrante

waste-paper basket, waste-paper bin /ˈweɪstˌpeɪpər || ˌweɪstˈpeɪpə(r)/ *n* papelera *f*, cesto *m or* canasto *m* de los papeles, papelero *m* (CS)

waste pipe *n* tubo *m or* tubería *f* de desagüe

waster /ˈweɪstər || ˈweɪstə(r)/ *n* vago, -ga *m,f*

wasting /ˈweɪstɪŋ/ *adj* (*before n*): **~ assets** activo *m* amortizable; **~ disease** enfermedad *f* que consume

wastrel /ˈweɪstrəl/ *n* (liter) gandul, -dula *m,f*

watch[1] /wɑːtʃ || wɒtʃ/ *n*
A [c] (timepiece) reloj *m* (*de pulsera/de bolsillo*); **what's the time by your ~?** ¿qué hora tienes?; (*before n*): **~ band** *o* (BrE) **strap** correa *f* de reloj; **~ chain** leontina *f*
B [u] (observation) vigilancia *f*; **~ ON sth**: **during his ~ on the house** mientras vigilaba la casa; **to be on the ~ FOR sb/sth**: **she was on the ~ for the postman** estaba esperando a ver si veía al

cartero; **police have warned people to be on the ~ for burglars** la policía ha advertido a la gente que tenga cuidado con los ladrones; **the mother is constantly on the ~ for possible danger** la madre está constantemente alerta por si hay algún peligro; **to keep ~** hacer* guardia; **to keep ~ over sth/sb** vigilar algo/a algn; **I left her to keep ~ over the bags** la dejé vigilando las maletas; **to keep a ~ on sth/sb** vigilar algo/a algn; **you should keep a closer ~ on those children** deberías vigilar mejor a esos niños; **I keep a strict ~ on what I eat** vigilo mucho lo que como; **keep a ~ (out) for the postman** estáte atenta a ver cuándo llega el cartero

C [1] [c] (period of time) guardia *f*; **I took the first ~** yo hice la primera guardia; **the ~es of the night** (liter) las vigilias (liter) [2] [c] (individual) guardia *mf*, vigía *mf*; (group) guardia *f*; **the officer of the ~** el oficial de guardia [3] [u] (duty): **to be on ~** estar* de guardia, hacer* guardia

watch² *vt*

A ‹*person/expression*› observar, mirar; ‹*movie/program/game*› mirar, ver*; **to ~ television** ver* *or* mirar televisión; **now, ~ this carefully** ahora, miren *or* observen con atención; **now ~ how an expert does it** ahora mira cómo lo hace un experto; **to ~ sb/sth + INF**: **I ~ed his eyes fill with tears** vi como se le llenaban los ojos de lágrimas; **we ~ed the children open their presents** miramos como los niños abrían sus regalos; **we ~ed the sun go down** miramos la puesta de sol

B [1] (keep under observation) ‹*suspect/house/sb's movements*› vigilar; **we're being ~ed** nos están vigilando; ***a ~ed kettle*** *o* ***pot never boils*** el que espera desespera [2] (look after) ‹*luggage/children*› cuidar, vigilar [3] (pay attention to) mirar (con atención); **~ what you're doing!** ¡mira lo que haces!; **~ the road!** ¡mira la carretera!; **I've got to ~ the time** tengo que estar atenta a la hora; **the staff are always ~ing the clock** los empleados están siempre pendientes del reloj; **investors are ~ing the situation with interest** los inversores están siguiendo la situación muy de cerca

C (be careful of) ‹*diet/weight*› vigilar, tener* cuidado con; **we'll have to ~ what we spend** tendremos que mirar (mucho) lo que gastamos; **~ what you say** ten cuidado con lo que dices; **you've got to ~ her** tienes que andarte con cuidado con ella; **~ yourself on that ladder!** (colloq) ¡cuidado, no te vayas a caer de la escalera!; **~ your head!** ¡cuidado con la cabeza!; **~ how you go!** (colloq) ¡ve con cuidado!; **~ they give you the right change** fíjate que te den bien el cambio; **~ *it!*** (colloq) ¡cuidado!, ¡ojo! (fam), ¡abusado! (Méx fam)

■ **watch** *vi*

A [1] (look on) mirar; **we ~ed carefully as she did it** miramos con atención mientras lo hacía; **the whole country ~ed as the events unfolded** la nación entera siguió el desarrollo de los acontecimientos [2] (pay attention) prestar atención [3] (wait for) **to ~ FOR sth/sb** esperar algo/a algn; **to ~ for sb/sth to + INF** esperar A QUE algn/algo + SUBJ; **he was ~ing for the lights to change** estaba esperando a que cambiara el semáforo

B (keep vigil) (liter) velar

Phrasal verbs

- **watch out** [v + adv] [1] (be careful) tener* cuidado; **~ out!** ¡(ten) cuidado!, ¡ojo! (fam), ¡abusado! (Méx fam); **to ~ out FOR sth/sb** tener* cuidado *or* (fam) ojo CON algo/algn [2] (look carefully) estarse* atento; **to ~ out FOR sth/sb**: **~ out for spelling mistakes** estáte atento por si hay faltas de ortografía; **~ out for Mary: I want a word with her** a ver si ves a Mary: quiero hablar con ella
- **watch over** [v + prep + o] ‹*patient/child*› cuidar (de); ‹*safety/interests/well-being*› velar por

watchable /ˈwɑːtʃəbəl || ˈwɒtʃəbəl/ *adj*: **it's a very ~ series** es una serie que se deja *or* se puede ver muy bien

watchdog /ˈwɑːtʃdɔːg || ˈwɒtʃdɒg/ *n* [1] (dog) perro *m* guardián [2] (person) guardián, -diana *m,f*; (group) organismo *m* de control

watcher /ˈwɑːtʃər || ˈwɒtʃə(r)/ *n* (of TV program) telespectador, -dora *m,f*; (of events etc) observador, -dora *m,f*; **as regular ~s of this series will know** como sabrán los telespectadores asiduos de la serie; **Kremlin/royalty ~s** (Journ) observadores *mpl* del Kremlin/de la familia real

watchful /ˈwɑːtʃfəl || ˈwɒtʃfəl/ *adj* vigilante, atento; **to keep a ~ eye on sth/sb** vigilar algo/a algn muy de cerca; **nothing escaped her ~ eye** no se le escapaba nada; **to be ~ FOR sth** estar* atento A algo

watchfulness /ˈwɑːtʃfəlnəs || ˈwɒtʃfəlnɪs/ *n* [u] vigilancia *f*

watching brief /ˈwɑːtʃɪŋ || ˈwɒtʃɪŋ/ *n* (*no pl*): **to have** *o* **hold a ~ ~** tener* un papel de observador

watchmaker /ˈwɑːtʃˌmeɪkər || ˈwɒtʃˌmeɪkə(r)/ *n* relojero, -ra *m,f*

watchman /ˈwɑːtʃmən || ˈwɒtʃmən/ *n* (*pl* **-men** /mən/) vigilante *m*

watch-night service /ˈwɑːtʃnaɪt || ˈwɒtʃnaɪt/ *n*: *oficio celebrado en las iglesias protestantes en Nochebuena o el 31 de diciembre a medianoche*

watchtower /ˈwɑːtʃˌtaʊər || ˈwɒtʃˌtaʊə(r)/ *n* atalaya *f*, torre *f* de vigilancia

watchword /ˈwɑːtʃwɜːrd || ˈwɒtʃwɜːd/ *n* [1] (motto) lema *m*, consigna *f* [2] (password) contraseña *f*

water¹ /ˈwɔːtər || ˈwɔːtə(r)/ *n* [u]

A agua *f*‡; **drinking/running ~** agua potable/corriente; **turn the ~ on** (at main) abre la llave de paso del agua, da el agua; (from faucet) abre la llave *or* (Esp) el grifo *or* (RPl) la canilla *or* (Per) el caño; **the ~ has risen/gone down** las aguas han subido/bajado; **hard/soft ~** agua dura/blanda; **to be/lie under ~** estar*/quedar inundado; **the kitchen was 2 ft under ~** la cocina tenía 2 pies de agua; **high/low ~** marea *f* alta/baja; **they headed for the open ~** pusieron rumbo al mar abierto; **still/rough ~** aguas tranquilas/agitadas; **he's gone through a patch of rough ~** ha pasado por un período bastante tormentoso; **to go across** *o* **over the ~** cruzar* a la otra orilla, cruzar* el charco (fam); **from across the ~** de la otra orilla, del otro lado del charco (fam); **to make ~** ‹‹*ship*›› hacer* agua; **by ~** por barco; **to spend money like ~** gastar dinero como si fuera agua, gastar a manos llenas; **Rutland W~** el lago Rutland; ***like ~ off a duck's back*** como quien oye llover; **I keep telling her to study but it's ~ off a duck's back** estoy constantemente diciéndole que estudie pero le resbala *or* pero es como quien oye llover; ***of the first ~*** (person) de primer orden; (lit: diamond) de primera calidad; ***to be in deep ~(s)*** estar* con el agua al *or* hasta el cuello; ***to be in/get into hot ~*** estar*/meterse en una buena (fam); ***to get into deep ~(s)*** meterse en camisa de once varas; ***to hold ~*** tenerse* en pie; **that theory just doesn't hold ~** esa teoría hace agua por todos lados; ***to pour*** *o* ***throw cold ~ over sth*** ponerle* trabas a algo; ***to test the ~*** tantear el terreno; **~ *under the bridge*: that's all ~ under the bridge** eso ya es agua pasada; **a lot of ~ has flowed under the bridge since we last met** ha corrido mucha agua bajo el puente *or* ha llovido mucho desde la última vez que nos vimos; (*before n*) ‹*temperature/meter*› del agua; ‹*bird/plant*› acuático; **~ heater** calentador *m* (de agua); **~ meter** contador *m or* (AmL tb) medidor *m* del agua; **~ power** energía *f* hidráulica; **~ pump** bomba *f* hidráulica; **~ sports** deportes *mpl* acuáticos; **~ supply** abastecimiento *m or* suministro *m* de agua; **~ tank** depósito *m or* tanque *m* del agua

B [1] (urine) (frml & euph): **to pass** *o* **make ~** orinar, hacer* aguas (menores) (euf), hacer* de las aguas (Méx euf) [2] (Med): **~ on the brain** hidrocefalia *f*; **~ on the knee** derrame *m* sinovial

C **waters** *pl* [1] (of sea, river) aguas *fpl*; **the ~s of the Mediterranean** las aguas del Mediterráneo; **territorial ~s** aguas jurisdiccionales; ***to fish in muddy*** *o* ***troubled ~s*** pescar* en río revuelto; ***to muddy the ~s*** enmarañar *or* enredar las cosas; ***still ~s run deep*** del agua mansa líbreme Dios, que de la brava me libro yo [2] (at spa): **to take the ~s** tomar las aguas [3] (amniotic fluid) aguas *fpl*; **the/her ~s broke** rompió aguas, rompió la bolsa de aguas

water² *vi*: **her eyes began to ~** empezaron a llorarle los ojos *or* a saltársele las lágrimas; **chopping onions makes my eyes ~** picar cebolla me hace llorar; **his mouth ~ed** se le hizo agua la boca *or* (Esp) la boca agua; **the smell made my mouth ~** se me hizo agua la boca *or* (Esp) se me hizo la boca agua con el olor

■ **water** *vt* [1] (sprinkle) ‹*plant/garden*› regar* [2] (irrigate) ‹‹*river*›› regar* [3] (give to drink) ‹*horse/cattle*› dar* de beber a, abrevar [4] (add water to) ‹*mixture*› ponerle* *or* echarle agua a; ‹*beer/wine*› aguar*, bautizar* (hum)

Phrasal verb

- **water down** [v + o + adv, v + adv + o] [1] (dilute) ‹*liquid/mixture*› diluir*; ‹*wine/beer*› aguar, bautizar* (hum) [2] (weaken) ‹*policy/criticism*› suavizar*, atenuar*

water authority *n* (BrE) (Hist) compañía *f* suministradora de agua

water-based /ˈwɔːtərˌbeɪst || ˈwɔːtəˌbeɪst/ *adj* **A** ‹*paint/ink*› a base de agua **B** ‹*sport*› acuático, de agua

water bed *n* cama *f* de agua

water beetle *n* escarabajo *m* de agua

water biscuit *n* (esp BrE) galleta *f* de agua

water blister *n* ampolla *f*

water board *n* (Hist) ▸ **water authority**

water boatman *n* (*pl* **~ -men**) barquero *m*

water-bomber /ˈwɔːtərˌbɑːmər || ˈwɔːtəˌbɒmə(r)/ *n* avión *m* antiincendios, avión *m* cisterna

waterborne /ˈwɔːtərbɔːrn || ˈwɔːtəbɔːn/ *adj* [1] ‹*trade*› (by sea) marítimo; (by river) fluvial [2] ‹*disease*› *que se transmite a través del agua*

water bottle *n* cantimplora *f*

water buffalo *n* búfalo *m* de agua

water butt *n* barril *m* (*para recoger el agua de la lluvia*)

water cannon *n* (*pl* **cannon** *or* **cannons**) [1] (gun) cañón *m* de agua [2] (vehicle) camión *m* cisterna antidisturbios, carro *m* neptuno (RPl), (carro m) lanzaagua *m or* (fam) guanaco *m* (Chi)

water carrier *n* [1] (person) aguador, -dora *m,f* [2] (vessel) contenedor *m* de agua

Water Carrier *n*: **the ~ ~** el aguador, Acuario *m*

water chestnut *n* castaña *f* de agua

water closet *n* (BrE frml) inodoro *m* (frml), wáter *m*, váter *m* (Esp)

watercolor, (BrE) **watercolour** /ˈwɔːtərˌkʌlər || ˈwɔːtəˌkʌlə(r)/ *n* [u c] acuarela *f*; **in ~s** a la acuarela

watercolorist, (BrE) **watercolourist** /ˈwɔːtərˌkʌlərəst || ˈwɔːtəˌkʌlərɪst/ *n* acuarelista *mf*

water company *n* (*pl* **~ companies**) compañía *f* del agua

water-cooled /ˈwɔːtərkuːld || ˈwɔːtəkuːld/ *adj* (Auto, Mech Eng, Nucl Phys) refrigerado por agua

water cooler *n* fuente *f* (*de agua potable refrigerada*), bebedero *m* (RPl)

water cooling *n* [u] refrigeración *f* por agua; (*before n*) ‹*system*› de refrigeración por agua

watercourse /ˈwɔːtərkɔːrs || ˈwɔːtəkɔːs/ *n* [1] (river, canal) curso *m* de agua [2] (channel, route) curso *m* del agua

watercress /ˈwɔːtərkres || ˈwɔːtəkres/ *n* [u] berro *m*

water diviner /dəˈvaɪnər || dɪˈvaɪnə(r)/ *n* (BrE) zahorí *mf*

water divining *n* [u] detección *f* de agua (*mediante una varita de zahorí*)

watered-down /ˌwɔːtərdˈdaʊn || ˌwɔːtədˈdaʊn/ *adj* [1] (diluted) ‹*drink/mixture*› aguado, aguachento (CS) [2] (weakened) ‹*policy/criticism*› atenuado, suavizado

W

watered silk /'wɔːtərd || 'wɔːtəd/ *n* [u] moaré *m*

waterfall /'wɔːtərfɔːl || 'wɔːtəfɔːl/ *n* cascada *f*, salto *m* de agua; (large) catarata *f*

waterfinder /'wɔːtər,faɪndər || 'wɔːtə,faɪndə(r)/ *n* zahorí *mf*

waterfowl /'wɔːtərfaʊl || 'wɔːtəfaʊl/ *n* (*pl* **-fowls** *or* **-fowl**) ave *f*‡ acuática

waterfront /'wɔːtərfrʌnt || 'wɔːtəfrʌnt/ *n* **1** (beside lake, river) *zona de una ciudad que bordea un lago o río*; (*before n*) ‹*offices/home*› a orillas del lago/del río **2** (docks) (esp AmE) muelles *mpl*

water gap *n* (Geog) cañón *m* (*por el que corre un arroyo*)

water garden *n* jardín *m* acuático

Watergate

El escándalo político que acarreó la dimisión del Presidente Richard Nixon en 1974. En 1972 miembros del Partido Republicano ▸**Republican Party** intentaron robar información de las oficinas del Partido Demócrata ▸**Democratic Party**, situadas en el edifico de *Watergate* en Washington DC. Nixon sostuvo que él lo ignoraba, pero el periódico *The Washington Post* y grabaciones de conversaciones telefónicas contribuyeron para probar que mentía. La terminación *-gate*, desde entonces se ha utilizado para crear nombres que hacen referencia a otros escándalos, p.ej. *Irangate* (la venta ilegal de armas en 1985, por parte de EEUU. El dinero proveniente de ellas era entregado a los Contras de Nicaragua).

water gun *n* (AmE) pistola *f* de agua

water hole *n* ▸**watering hole 1**

water ice *n* [u c] (BrE) sorbete *m*, helado *m* de agua (CS), nieve *f* (Méx)

watering /'wɔːtərɪŋ/ *n* [c u] riego *m*; **I give the lawn several ~s a week** riego el césped varias veces por semana; **too much ~ is as bad as too little** es tan malo regar las plantas demasiado como regarlas poco

watering can *n* regadera *f*

watering hole *n* **1** (for animals) abrevadero *m* **2** (pub, bar) (hum) bar *m*, abrevadero *m* (hum)

watering place *n* (watering hole) abrevadero *m*, bebedero *m*

water jump *n* foso *m* (de agua)

water level *n*
A (height of water) nivel *m* del agua
B (implement) nivel *m*

water lily *n* nenúfar *m*

water line *n* (Naut) línea *f* de flotación *or* de agua

waterlogged /'wɔːtərlɔːgd || 'wɔːtəlɒgd/ *adj* ‹*land/soil*› anegado, inundado; ‹*wood*› impregnado de agua; ‹*shoes*› empapado, lleno de agua

Waterloo /,wɔːtər'luː || ,wɔːtə'luː/ *n*: ***that's where he met his ~*** ahí fue donde le llegó su San Martín

water main *n* cañería *f* principal *o* de distribución

watermark /'wɔːtərmɑːrk || 'wɔːtəmɑːk/ *n*
A (on paper) filigrana *f*
B (on riverbank) marca *f* del nivel del agua

water meadow *n* vega *f*

watermelon /'wɔːtər,melən || 'wɔːtə,melən/ *n* [c u] sandía *f*

water mill *n* molino *m* de agua

water parting *n* (AmE) ▸**watershed A1**

water pistol *n* pistola *f* de agua

water polo *n* [u] waterpolo *m*

waterproof[1] /'wɔːtərpruːf || 'wɔːtəpruːf/ *adj* ‹*fabric*› impermeable; ‹*mascara*› a prueba de agua; ‹*watch*› sumergible

waterproof[2] *n* (esp BrE) prenda *f* impermeable; (jacket, raincoat) impermeable *m*; **take your ~s** llévate ropa impermeable

waterproof[3] *vt* impermeabilizar*

waterproofing /'wɔːtər,pruːfɪŋ || 'wɔːtə,pruːfɪŋ/ *n* [u] (action) impermeabilización *f*; (substance) impermeabilizante *m*

water purification *n* [u] depuración *f* del agua; (*before n*): **~ ~ plant** estación *f or* planta *f* depuradora *or* potabilizadora *or* purificadora de aguas; **~ ~ tablet** pastilla *f* purificadora *or* potabilizadora de agua

water rat *n* rata *f* de agua

water rates *n pl* (in UK) *cuota que se pagaba por el servicio de agua corriente*

water-repellent /'wɔːtərrɪ,pelənt || 'wɔːtərɪ,pelənt/, **water-resistant** /-rɪ,zɪstənt/ *adj* ‹*fabric*› impermeabilizado, hidrófugo; ‹*finish*› impermeable

watershed /'wɔːtərʃed || 'wɔːtəʃed/ *n*
A (Geog) **1** (divide) (línea *f*) divisoria *f* de aguas **2** (drainage basin) (AmE) cuenca *f*
B (turning point): **to mark a ~** marcar* un hito; **this year has been a ~ for the textile industry** este año ha sido decisivo *or* crucial para la industria textil; (*before n*) ‹*event/year*› decisivo

waterside /'wɔːtərsaɪd || 'wɔːtəsaɪd/ *n*: **the ~** la ribera, la orilla; **by the ~** en la ribera, a orillas del río (*or* del mar *etc*); (*before n*) ‹*restaurant/hotel*› ribereño

water-ski /'wɔːtərskiː || 'wɔːtəskiː/ **-skis, -skiing, -skied** *vi* hacer* esquí acuático

water ski *n* esquí *m* acuático

water-skier /'wɔːtər,skiːər || 'wɔːtə,skiːə(r)/ *n* esquiador, -dora *m,f* acuático

water-skiing /'wɔːtər,skiːɪŋ || 'wɔːtə,skiːɪŋ/ *n* [u] esquí *m* acuático

water slide *n* tobogán *m* acuático

water snake *n* culebra *f* de agua, culebra *f* acuática

water softener *n* **1** (substance) ablandador *m* de agua, descalcificador *m* **2** (apparatus) descalcificadora *f*

water-soluble /'wɔːtər,sɑːljəbəl || 'wɔːtə,sɒljʊbəl/ *adj* soluble en agua, hidrosoluble

waterspout /'wɔːtərspaʊt || 'wɔːtəspaʊt/ *n* **1** (whirlwind) tromba *f* **2** (pipe) canalón *m*

water table *n* nivel *m* freático

watertight /'wɔːtərtaɪt || 'wɔːtətaɪt/ *adj*
A ‹*seal/container*› hermético; ‹*boat*› estanco; **~ compartments** compartimentos *mpl* estancos
B **1** (irrefutable) ‹*argument*› irrebatible, sin fisuras; ‹*alibi*› a toda prueba **2** (without loopholes) ‹*contract/law*› sin lagunas *or* vacíos **3** (bound to succeed) ‹*method/plan*› infalible

water torture *n* [u] tortura *f* de la gota

water tower *n* depósito *m* de agua

water vapor, (BrE) **water vapour** *n* [u] vapor *m* de agua

water vole *n* campañol *m*, ratón *m* de agua

waterway /'wɔːtərweɪ || 'wɔːtəweɪ/ *n* (river) vía *f* fluvial; (canal) vía *f or* canal *m* navegable

water wheel *n* **1** (for driving machinery) rueda *f* hidráulica **2** (for raising water) noria *f*

water wings *pl n* flotadores *mpl* (*que se colocan en los brazos*)

waterworks /'wɔːtərwɜːrks || 'wɔːtəwɜːks/ *n* (*pl* ~) **1** (for water supply) (+ *sing or pl vb*) planta *f* de tratamiento y depuración de agua, purificadora *f*; ***to turn on the ~*** echarse a llorar como una magdalena **2** (urinary system) (BrE colloq & euph) (+ *pl vb*) vías *fpl* urinarias

watery /'wɔːtəri/ *adj* **1** (of, like water) acuoso; **he went to a ~ grave** (liter) el mar fue su tumba (liter) **2** ‹*beer/gravy*› aguado, aguachento (CS) **3** ‹*eyes*› lloroso **4** ‹*color*› deslavazado; **the paint was a ~ blue** la pintura era de un azul deslavazado

watt /wɑːt || wɒt/ *n* vatio *m*

wattage /'wɑːtɪdʒ || 'wɒtɪdʒ/ *n* vataje *m*; **use a bulb with a higher/lower ~** usa una bombilla de más/menos vatios

wattle /'wɑːtl || wɒtl/ *n*
A [u] (framework of sticks) zarzo *m*; **~ and daub fence** valla *f* de adobe y cañas
B [u c] (Bot) acacia *f* (*australiana*)
C [c] (on bird, reptile) barba *f*, carúncula *f*

wave[1] /weɪv/ *n*
A **1** (of water) ola *f*; **to ride the ~s** (liter) surcar* los mares (liter); ***to make ~s*** hacer* olas, causar problemas; (*before n*): **~ power** (Ecol) energía *f* mareomotriz **2** (in hair) onda *f*; **she has a natural ~ to her hair** tiene el pelo naturalmente ondulado; **permanent ~** permanente *f* **3** (Phys) onda *f*
B (surge, movement) oleada *f*; **a ~ of revolutionary fervor** una oleada de fervor revolucionario; **a ~ of nausea came over him** le vinieron náuseas; **there has been a ~ of attacks** ha habido una oleada de asaltos
C (gesture): **he silenced them with a ~ of his hand** los hizo callar con un gesto de la mano; **she gave them a ~** les hizo adiós/los saludó con la mano

wave[2] *vt*
A **1** (shake, swing) ‹*handkerchief/flag*› agitar; **she ~d her hand sadly** hizo adiós con la mano, llena de tristeza; **to ~ sth in the air** agitar algo en el aire; **stop waving those papers under my nose!** ¡deja de restregarme esos papeles por las narices!; **to ~ sth around** agitar algo; **she ~d her stick at them** los amenazó agitando su bastón en el aire *or* blandiendo su bastón; **smiling, she ~d the letter at him** sonriente, le enseñaba la carta agitándola en el aire; **to ~ goodbye** hacer* adiós con la mano; **she ~d him goodbye** le hizo adiós con la mano **2** (direct): **I was ~d to one side** me apartó con un gesto; **the policeman ~d us on** el policía nos hizo señas para *or* de que siguiéramos adelante
B (curl) ‹*hair*› marcar*, ondular; **I had my hair ~d** me marqué *or* me ondulé el pelo

■ **wave** *vi*
A (signal) **to ~ AT** *o* **TO sb** (to say goodbye) hacerle* adiós A algn con la mano; (in greeting) saludar a algn con la mano; (to attract attention): **he ~d at** *o* **to me to come over** me hizo señas para que me acercara; **she ~d up/across at me** me hizo señas desde abajo/desde el otro lado
B (sway, flutter) ‹‹*corn/trees*›› agitarse, mecerse* con el viento; ‹‹*flag/pennants*›› ondear, flamear

Phrasal verbs

- **wave aside** [v + o + adv, v + adv + o] ‹*arguments/attempts*› rechazar*, desechar; **he ~d me aside** me hizo señas para que me hiciera a un lado
- **wave away** [v + o + adv, v + adv + o]: **she ~d the flies away** espantó las moscas con la mano; **she ~d him away** le hizo señas para *or* de que se fuera
- **wave down** [v + o + adv, v + adv + o]: **we were ~d down by a policeman** un policía nos hizo señas para que paráramos
- **wave off** [v + o + adv]: **we ~d them off until the ship was out of sight** les dijimos adiós con la mano hasta que el barco se perdió de vista

waveband /'weɪvbænd/ *n* banda *f* de frecuencia; **short/medium ~** onda *f* corta/media

wave frequency *n* frecuencia *f* de onda

wavelength /'weɪvleŋθ/ *n* longitud *f* de onda; ***to be on the same ~*** estar* en la misma onda, sintonizar*; **she wasn't on the same ~ as the others** no estaba en la misma onda que los demás, no sintonizaba con los demás

wavelet /'weɪvlət || 'weɪvlɪt/ *n* ola *f* pequeña, olita *f*

wave machine *n* generador *m* de olas

wave mechanics *n* (+ *sing vb*) mecánica *f* ondulatoria

waver /'weɪvər || 'weɪvə(r)/ *vi*
A (falter) ‹‹*person*›› flaquear; ‹‹*faith*›› tambalearse; **he ~ed in his loyalty** flaqueó en su lealtad; **the party will not ~ from its strategy** el partido no se apartará de su estrategia
B (be indecisive) titubear, vacilar; **without ~ing for a moment** sin titubear *or* vacilar un momento; **he ~ed between his family and his love for her** se debatía entre su familia y su amor por ella
C ‹‹*light/flame*›› temblar*; **in a ~ing voice** con voz temblorosa

waverer /ˈweɪvərər || ˈweɪvərə(r)/ *n* indeciso, -sa *m,f*

wavy /ˈweɪvi/ *adj* **wavier, waviest** ondulado

wavy-haired /ˌweɪviˈherd || ˌweɪviˈheəd/ *adj* de pelo ondulado

wax¹ /wæks/ *n* [u] [1] cera *f*; **candle ~** cera de vela; **furniture ~** cera para muebles; (*before n*) ‹*candle/model/doll*› de cera; **~ polish** cera *f* abrillantadora [2] (*ear~*) cera *f* (de los oídos), cerumen *m* [3] (*sealing ~*) lacre *m*

wax² *vt* [1] (treat with wax) ‹*floor/table/skis*› encerar [2] (to remove hair) depilar con cera; **she has her legs ~ed** se depila las piernas con cera

■ **wax** *vi*

A (increase) «*moon*» crecer*; **his popularity ~ed and waned** su popularidad sufrió muchos altibajos

B (become): **she ~ed lyrical about the painting** se deshizo en elogios hablando del cuadro, habló extasiado del cuadro

waxed /wækst/ *adj* ‹*jacket/leather*› tratado con cera; **~ paper** papel *m* de cera, papel *m* encerado *or* (Esp tb) parafinado *or* (RPl) (de) manteca *or* (Chi) (de) mantequilla

waxen /ˈwæksn/ *adj* (liter) [1] (pale) ‹*face/complexion*› céreo (liter), pálido, blanco como la cera [2] (made of wax) ‹*figure/image*› de cera

waxing /ˈwæksɪŋ/ *n* [u c] depilación *f* con cera

wax paper *n* [u] ▸ **waxed**

wax seal *n* sello *m* de lacre

waxwork /ˈwækswɜːrk || ˈwækswɜːk/ *n* figura *f* de cera

waxworks /ˈwækswɜːrks || ˈwækswɜːks/ *n* (*pl*, ~ (+ *sing or pl vb*)) museo *m* de cera

waxy /ˈwæksi/ *adj* **waxier, waxiest** ‹*substance*› parecido a la cera, ceroso; ‹*complexion*› amarillento, céreo (liter)

way¹ /weɪ/

INDEX

Sense I
- **A** [1] route
  - [2] road, path
- **B** passage, space
- **C** direction
- **D** distance

Sense II
- **A** method, means
- **B** manner
- **C** [1] custom, characteristic
  - [2] to get one's way
- **D** feature, respect

Sense III
- **A** [1] by the way: in passing
  - [2] by the way: incidentally
- **B** [1] by way of: via
  - [2] by way of: serving as
- **C** in the way of
- **D** no way
- **E** [1] to give way: collapse
  - [2] to give way: yield
  - [3] to give way to: Transport
  - [4] to give way to: be replaced by
- **F** under way

n

Sense I

A [c] [1] (route) camino *m*; **we took the shortest/quickest ~** tomamos el camino más corto/rápido; **the ~ back** el camino de vuelta *or* de regreso; **the ~ south was blocked** el camino hacia el sur estaba bloqueado; **it's longer this ~** por aquí *or* por este camino se tarda más; **the ~ to success/salvation** el camino del éxito/de la salvación; **the ~ in/out** la entrada/salida; **I saw her on the ~ out** la vi a la salida; **this style is on the ~ in/out** este estilo se está poniendo/está pasando de moda; **I'll find my own ~ out** no te molestes en acompañarme; **there seems to be no ~ out of this crisis** no parece que haya una salida a esta crisis *or* una manera de salir de esta crisis; **we had to go the long ~ (around)** tuvimos que dar toda la vuelta; **let's go a different ~** vayamos por otro lado *or* camino; **why don't we take a different ~ down the mountain?** ¿por qué no bajamos la montaña por otro lado *or* camino?; **we'll go your ~** iremos por donde tú quieras; **my ~ avoids Leeds altogether** el camino que yo tomo evita tener que pasar por Leeds; **I'll do it, it's on my ~** yo lo haré, me queda de camino *or* me pilla de paso; **I can drop the package off on my ~** de paso puedo dejar el paquete; **we can pick him up without going far out of our ~** podemos recogerlo sin desviarnos mucho; **they live in a very out of the ~ place** viven en un lugar muy apartado; **we can go back the ~ we came** podemos volver por donde vinimos; **this isn't the ~ to the airport** por aquí no se va al aeropuerto, éste no es el camino al *or* del aeropuerto; **are you sure this is the (right) ~?** ¿estás seguro de que vamos bien *or* de que éste es el camino?; **we're going the wrong ~** nos hemos equivocado de camino, vamos mal; **which ~ did you come?** ¿por dónde viniste?; **could you tell me the ~ to the city center?** ¿me podría decir por dónde se va *or* cómo se llega al centro (de la ciudad)?; **a tourist asked me the ~ to the museum** un turista me preguntó cómo se iba al museo; **I'll make my own ~ there** iré por mi cuenta; **we stopped off a few times on the ~** paramos unas cuantas veces por el camino (*or* durante el viaje *etc*); **I bumped into Helen on the ~ over here** me encontré con Helen cuando venía (para aquí); **on my ~ to work** de camino al trabajo; **I'll tell you on the ~** te lo cuento por el camino; **we weren't on our ~ anywhere** no íbamos a ninguna parte; **I'm on my ~!** ahora mismo salgo *or* voy, ¡voy para allí!; **the doctor is on her ~** la doctora ya va para allí/viene para aquí; **the goods are on their ~** la mercancía está en camino *or* ya ha salido; **a letter is on its ~ to you** le hemos mandado una carta; **don't worry, help is on the ~** no te preocupes, la ayuda está en camino; **winter's on the ~** ya falta poco para que empiece el invierno; **they have two children and another one on the ~** tienen dos niños y otro en camino; **did you find the ~ to Trier all right?** ¿llegaste bien a Trier?; **does anyone know the ~?** ¿alguien sabe el camino *or* por dónde se va?; **I don't know the ~ up/down** no sé por dónde se sube/se baja; **I slipped on my ~ down the ladder** resbalé al bajarme de la escalera; **this singer is on her ~ up** esta cantante está subiendo; **she's on the ~ to being quite successful** lleva camino de tener mucho éxito; **she's well on her ~ to recovery** ya está casi recuperada del todo; **to lead the ~** ir* delante; **you lead the ~ and I'll follow** ve delante que yo te sigo; **to lose one's ~** perderse*; **liberalism has lost its ~** el liberalismo ha perdido su rumbo; **she knows her ~ around London** (se) conoce Londres muy bien; **he knows his ~ around in physics** sabe de física; **we found a ~ around the problem/this law** encontramos un modo de resolver el problema/sortear esta ley; **there is no ~ around it** no hay otra solución *or* salida; ***there are no two ~s about it*** no tiene *or* no hay vuelta de hoja; **he's the best, there are no two ~s about it** es el mejor, no tiene *or* no hay vuelta de hoja; ***to go one's own ~*: she'll go her own ~** hará lo que le parezca; ***to go out of one's ~*** (make a detour) desviarse* del camino; (make special effort): **they went out of their ~ to be helpful** se desvivieron *or* hicieron lo indecible por ayudar; **don't go out of your ~** no te tomes muchas molestias; **they're helpful, without going out of their ~** te ayudan, pero sin excederse; **she doesn't go out of her ~ to praise people** no se esfuerza *or* (fam) no se mata por alabar a la gente; ***to go the ~ of sth/sb*** acabar como algo/algn, correr la misma suerte de algo/algn; **he'll go the ~ of his father** acabará como su padre; ***to put sb in the ~ of sth*** (BrE colloq): **his father put me in the ~ of a nice little job** su padre me echó un cable *or* una mano y encontré un trabajito (fam)

[2] (road, path) camino *m*, senda *f*; **the Appian W~** la vía Apia; **the bank is across the ~ from here** el banco está al otro lado de la calle, el banco está (en la acera de) enfrente; **the people over the ~** (BrE) los vecinos de enfrente

B [c u] (passage, space): **we hacked a ~ through the undergrowth** nos abrimos camino entre la maleza; **those boxes are in the ~** esas cajas estorban; **am I in your ~?** ¿estorbo?; **we couldn't see it because there was an enormous tree in the ~** no podíamos verlo porque lo tapaba un árbol enorme; **you're just getting in the ~!** ¡lo único que haces es estorbar!; **she doesn't let her work get in the ~ of her social life** no deja que el trabajo sea un obstáculo para su vida social; **to stand in the ~**: **they stood in our ~** nos impidieron el paso; **they were standing in the ~ of the oncoming vehicles** obstruían *or* interceptaban el paso del tráfico; **I couldn't see it, she was standing in my ~** no podía verlo, ella me tapaba (la vista); **I won't stand in your ~** no seré yo quien te lo impida; **to stand in the ~ of progress** obstaculizar* *or* entorpecer* el progreso; **(get) out of the ~!** ¡hazte a un lado!, ¡quítate de en medio!; **I stepped** *o* **got out of his ~** me aparté, me hice a un lado; **I kicked the ball out of the ~** quité la pelota de en medio de una patada; **shove everything out of the ~** sácalo todo *or* ponlo todo a un lado; **I'd like to get this work out of the ~** quisiera quitar este trabajo de en medio; **to make ~ for sb/sth** abrirle* paso a algn/algo; **make ~!** ¡abran paso!

C [c] (direction): **it's that ~** es en esa dirección, es por ahí; **this ~!** ¡por aquí!; **we didn't know which ~ to go** no sabíamos por dónde ir *or* qué dirección tomar; **we can take a short cut this ~** por aquí acortamos camino; **let's try that ~, it's less steep** probemos por ese lado, es menos empinado; **which ~ did they go?** ¿por dónde (se) fueron?, ¿para qué lado fueron?; **this ~ and that** de un lado a otro, aquí y allá; **which ~ does the house face?** ¿hacia dónde mira *or* está orientada la casa?; **look both ~s before crossing the road** mira a los dos lados *or* en ambas direcciones antes de cruzar; **we're both going the same ~** vamos para el mismo lado *or* en la misma dirección; **look the other ~!** ¡mira para otro lado!; **you were looking my ~ when you said that** lo dijiste mirando en mi dirección *or* mirándome; **she's looking our** *o* **this ~** está mirando hacia *or* para aquí, nos está mirando; **the hurricane is heading this ~** el huracán viene hacia aquí *or* en esta dirección; **if you're ever down our ~, call in** (colloq) si algún día andas por nuestra zona, ven a vernos; **I haven't been out this ~ for years** (colloq) hacía siglos que no pasaba *or* venía por aquí; **whichever ~ you look at it, it's a disaster** es un desastre, lo mires por donde lo mires; **the wrong/other ~ around**: **you've got your T-shirt on the wrong ~ around** llevas la camiseta al *or* del revés; ***they* should be thanking *us*, not the other ~ around!** ellos deberían darnos las gracias a nosotros y no al revés; **keep it the right ~ up** no le des la vuelta, no lo des vuelta (CS), no lo pongas boca abajo; **which ~ up should it be?** ¿cuál es la parte de arriba?; **to brush sth the wrong ~** cepillar algo a contrapelo; **to split sth three/five ~s** dividir algo en tres/cinco partes; **every which ~** (AmE) para todos lados; ***to come sb's ~*** (lit) «*person/animal*» venir* hacia algn; **none of the money ever came our ~** no nos tocó ni un céntimo del dinero; **when the chance came her ~, she grabbed it** cuando se le presentó la ocasión, la agarró al vuelo; **then bad luck began to come my ~** entonces empecé a tener una mala racha; ***to go sb's ~*: are you going my ~?** ¿vas en mi misma dirección?; **everything's/nothing's going my ~ now** ahora todo/nada me sale bien *or* como (yo) quiero; **so far everything's gone very much their ~** hasta ahora todo les ha salido a pedir de boca; **the decision went our ~** se decidió en nuestro favor; ***to go the other ~*: the decision could well go the other ~** la decisión bien pudiera ser la opuesta a la esperada; ***to put work/business sb's ~*** conseguirle* trabajo/clientes a algn; ***~ to go!*** (AmE colloq) ¡así se hace!, ¡bien hecho!

D (distance) (*no pl*): **move it just a little ~ to the left** muévelo un poco hacia la izquierda; **there's only a short ~ to go now** ya falta *or* queda poco para llegar; **he came all this ~ just to see me** (colloq) se dió el viaje hasta aquí sólo para verme; **I went all that ~ for nothing** (colloq) me di el paseo en balde (fam), me fui hasta allá para nada; **there's a bank just a little ~ down the road** hay un banco un poco más abajo; **we're still some ~ from home** todavía nos queda un trecho para llegar a casa; **we're quite a ~ from achieving it** nos falta bastante para conseguirlo; **it's a long ~ from here to Rio** Río queda muy lejos de aquí; **we passed a church some ~ back** hace ya un rato que pasamos una iglesia; **you have to go back a long ~, to the Middle Ages** hay que remontarse a la Edad Media; **I was a long ~ behind the rest of the class** iba muy atrasado con respecto al resto de la clase; **it's a very long ~ down/up** hay una buena bajada/subida; **the island was a long/short ~ off** *o* **away** la isla estaba muy lejos/cerca; **the exam is still some ~ off** todavía falta bastante para el examen; **he's come a long ~** ha venido de muy lejos; **we've come a long ~ since those days** hemos evolucionado *or* avanzado mucho desde entonces; **you have a long ~ to go before you are ready to take the exam** te queda mucho camino por recorrer antes de poder examinarte; **to go a long ~: you'll have to go a long ~ to find something better** vas a tener que buscar mucho *or* dar muchas vueltas para encontrar algo mejor; **my salary has to go a long ~** tengo que estirar mucho el sueldo; **she can make $50 go a very long ~** a ella cincuenta dólares le cunden *or* (AmL tb) le rinden mucho; **a little goes a long ~** un poco cunde *or* (AmL tb) rinde mucho; **this wool goes a long ~** esta lana cunde *or* (AmL tb) rinde mucho; **Springfield? that's quite a ~s from here** (AmE colloq) ¿Springfield? eso está requetelejos de aquí (fam); **I don't intend to walk all the ~** no pienso hacer todo el camino a pie; **we had to walk all the ~ up** tuvimos que subir a pie hasta arriba; **flags were out all the ~ along the street** había banderas a lo largo de (toda) la calle; **she talked all the ~ there** habló durante todo el camino *or* trayecto; ***to go all the ~***: **do you think he might go all the ~ and fire them?** ¿te parece que puede llegar a echarlos?; **they went all the ~** (had sex) tuvieron relaciones, hicieron el amor; ***to go all the ~ with sb/sth*** (give total assent, support) estar* completamente de acuerdo con algn/algo; ***to go some/a long ~ toward sth*** contribuir* en cierta/gran medida a algo; **this law has gone some ~ toward solving the problem** esta ley ha contribuido en cierta medida a solucionar el problema; *see also* **way¹ Sense III**

(*Sense* **II**)

A [c] (method, means) forma *f*, manera *f*, modo *m*; **there's no ~ of knowing** no hay forma *or* manera *or* modo de saber; **the right ~ to do sth** la manera correcta de hacer algo; **there is no right ~ or wrong ~ to do this** no hay una única manera de hacer esto; **we must try every possible ~ to convince them** tenemos que tratar de convencerlos por todos los medios; **she has her own ~ of doing things** hace las cosas a su manera, tiene su propio sistema de hacer las cosas; **they tried every ~ they knew to open it** intentaron abrirlo de mil formas *or* maneras; **there's no ~ of crossing the border without a passport** es imposible cruzar la frontera sin pasaporte; **it doesn't matter to me one ~ or the other** me da igual una cosa u otra, tanto me da una cosa como la otra; **one ~ and another it was quite a success** fue un éxito en todos los sentidos *or* por donde quiera que se lo mire; **it doesn't matter either ~** de cualquier forma *or* manera, no importa; **Monday or Tuesday, either ~ it'll be fine by us** lunes o martes, cualquier día nos viene bien; **there are many ~s in which it will be useful** será útil en muchos sentidos; **it's not the ~ I would have chosen** yo no lo hubiera hecho así *or* de esa forma *or* de ese modo; **all right, we'll do it your ~** muy bien, lo haremos a tu manera *or* como tú quieras; **can you think of a better ~?** ¿se te ocurre algo mejor?; **we'll think of a ~** ya se nos ocurrirá algo; **to learn sth the hard ~** aprender algo a fuerza de palos *or* golpes; **to do sth the hard/easy ~** hacer* algo de manera difícil/fácil; **that's not the ~ to do it!** ¡así no se hace!; **that's the ~!** ¡así se hace!; **that's the ~ to deal with their sort!** ¡así es como hay que tratar a la gente de su calaña!; **that's not the (right) ~ to make friends** ésa no es forma *or* manera de hacer amigos; **as is so often the ~ in these cases** como suele suceder en estos casos; **he must have got in some ~** *o* (AmE colloq) **~s** de alguna forma *or* manera habrá entrado; **we have ~s of making you talk** (set phrase) sabemos cómo hacerte hablar; ***he wants to have it both ~s*** lo quiere todo, quiere la chancha y los cinco reales *or* los veinte (RPl fam); ***you can't have it both ~s*** tienes que elegir entre una cosa u otra

B [c] (manner) manera *f*, modo *m*, forma *f*; **in a subtle ~** de manera *or* modo *or* forma sutil; **the ~ you behaved was disgraceful** te comportaste de (una) manera *or* forma vergonzosa; **is this the ~ you treat all your friends?** ¿así (es como) tratas a todos tus amigos?; **I don't like the ~ she looks at me** no me gusta la manera *or* forma como me mira; **that's one ~ of looking at it** es una manera *or* un modo *or* una forma de verlo; **what a ~ to react!** ¡qué manera de reaccionar!; **that's no ~ to talk to your mother!** ¡así no se le habla a la madre!; **what a ~ to go!** (set phrase) ¡mira que acabar *or* terminar así!; **he's in a bad ~** está muy mal; **that's just his ~** así es él; **that's not her ~** ella no es así; **that's the ~ it goes** así son las cosas, así es la vida; **I suppose he loves me in his own ~** supongo que me quiere, a su manera; **she's very affectionate though she doesn't always act that ~** es muy cariñosa aunque no siempre lo demuestra; **it looks that ~** así *or* eso parece; **I don't like her that ~** (romantically, sexually) no me interesa por ese lado *or* en ese plan (fam); **this ~ it's better for everyone** así es mejor para todos; **he said it in such a ~ that there was no room for confusion** lo dijo de (tal) manera que no había lugar a confusión; **it was done in such a ~ as to minimize inconveniences** se hizo de manera que se causara el mínimo de problema; **things don't always turn out the ~ you hope** las cosas no siempre salen (tal y) como uno espera; **the ~ I see it** tal y como yo lo veo, a mi modo *or* manera de ver; **the ~ things are** *o* **stand at the moment** tal y como están las cosas en este momento; **I envy the ~ she makes friends so easily** envidio la facilidad con la que hace amigos; ***in a big/small ~***: **the dance never caught on in a big ~** ese baile nunca tuvo mucha aceptación *or* nunca hizo furor; **he collects stamps in a big ~** colecciona sellos a lo grande; **she started the business in a small ~** empezó el negocio modestamente; **they let us down in a big ~** nos fallaron de mala manera; **he fell for her in a big ~** quedó prendado de ella; **they contributed in no small ~ to its success** contribuyeron considerablemente *or* en buena medida a su éxito; **we'd like to thank her in some small ~** nos gustaría darle una pequeña muestra de nuestro agradecimiento; ***to have a ~ with ...***: **to have a ~ with people** saber* cómo tratar a la gente, tener* don de gentes; **to have a ~ with animals** tener* mucha mano con los animales; **she has a ~ with computers** es muy hábil con las computadoras; **she's got such a ~ with her** (colloq) tiene un arte para conquistársela ...; ***to want sth in the worst ~*** (AmE colloq) estar* desesperado por algo, querer* algo de mala manera (Esp fam)

C [c] **1** (custom, characteristic): **the ~s of our people** las costumbres de nuestro pueblo; **they keep the old ~s alive** mantienen vivas las antiguas tradiciones *or* costumbres; **don't worry, it's just one of her ~s** no le hagas caso, son cosas de ella; **you've got some strange ~s** tienes cada cosa ...; **you'll get used to our ~s** ya te irás haciendo a nuestra manera de hacer las cosas; **the ~s of the legal profession** los entresijos del mundo jurídico; **he has a ~ of making people feel at ease** sabe hacer que la gente se sienta cómoda; **she has a ~ of popping up unexpectedly** tiene la costumbre de aparecer donde menos te la esperas; **to get into/out of the ~ of sth** (BrE) acostumbrarse a/perder* la costumbre de algo; **I got into the ~ of doing it in the morning** me acostumbré a hacerlo por la mañana; **we've got out of the ~ of looking after small children** hemos perdido la costumbre de cuidar niños pequeños; ***to be set in one's ~s*** ser* poco flexible, estar* muy acostumbrado a hacer las cosas de cierta manera; ***to mend one's ~s*** dejar las malas costumbres, enmendarse* **2** (wish, will): **to get/have one's (own) ~** salirse* con la suya (*or* mía *etc*); **you can't have your own ~ all the time** no puedes salirte siempre con la tuya; **have it your own ~ then!** ¡lo que tú quieras!, ¡como tú digas!; ***to have it all one's own ~*** salirse* con la suya (*or* mía *etc*); **he didn't let his opponent have it all his own ~** no permitió que su oponente se saliera con la suya; ***to have one's (evil*** *o* ***wicked) ~ with sb*** llevarse a algn al huerto (fam), pasar a algn por las armas (fam)

D [c] (feature, respect) sentido *m*, aspecto *m*; **in some/certain ~s** en algunos/ciertos sentidos *or* aspectos; **in many ~s this would be better** en muchos sentidos esto sería mejor; **in every ~** en todos los sentidos; **in a ~, it's like losing an old friend** de alguna manera *or* en cierta forma *or* en cierto sentido es como perder a un viejo amigo; **our product is in no ~ inferior to theirs** nuestro producto no es de ninguna manera *or* en ningún sentido inferior al suyo; **you were in no ~ to blame** tú no tuviste ninguna culpa; *see also* **way¹ Sense III**

(*Sense* **III**) (*in phrases*)

A **by the way** **1** (in passing): **to mention sth by the ~** mencionar algo de pasada; **but that's all by the ~: what I really wanted to say was ...** pero eso no es a lo que iba: lo que quería decir es que ... **2** (incidentally) (*indep*) a propósito, por cierto; **oh, by the ~, there's a letter for you** ah, a propósito *or* por cierto, tienes una carta; **Mr Thompson, who, by the ~, is one of our best customers** el señor Thompson, que, por cierto *or* dicho sea de paso, es uno de nuestros mejores clientes

B **by way of** (*as prep*) **1** (via) vía, pasando por; **by ~ of Rome** vía Roma, pasando por Roma **2** (to serve as) a modo *or* manera de; **by ~ of introduction/an apology** a modo *or* manera de introducción/disculpa; **by ~ of contrast, they have increased their prices** ellos, por el contrario, han aumentado sus precios

C **in the way of** (as regards) (*as prep*): **don't expect too much from them in the ~ of help** en cuanto a ayuda, no esperes mucho de ellos; **have you got anything in the ~ of food?** ¿tienes algo de comer?; **they stock everything in the ~ of fertilizers** venden todo tipo de abonos; **there wasn't much in the ~ of opposition** no hubo gran oposición

D **no way** (colloq): **no ~ will I lend it to you** ni loco te lo presto (fam); **no ~ is he/she going to do it** de ninguna manera lo va a hacer (fam); **no ~ will there be a postponement** de ninguna manera se aplazará, no se va a aplazar ni por casualidad (fam); **there's no ~ you'll get him to help you** no vas a poder conseguir que te ayude; **no ~!** ¡ni hablar! (fam)

E **to give way** **1** (collapse, break) ‹‹*ice/rope/cable*›› romperse*; ‹‹*floor*›› hundirse, ceder; **the table gave ~ under the weight** la mesa no aguantó el peso; **her health gave ~ under the strain** la tensión le afectó la salud **2** (yield, give in) **to give ~ TO sth** ‹*to threats/intimidation/blackmail*› ceder A*or* ANTE algo; **I knew they'd give ~ eventually** sabía que acabarían cediendo; **she gave ~ to tears** no pudo contener las lágrimas y se echó a llorar; **you must not give**

W

~ to pessimism no te dejes vencer por el pesimismo **3** (BrE) (Transp) **to give ~ (TO sb/sth)** ceder el paso (A algn/algo); **⊗ give way** ceda el paso **4** (to be replaced by, superseded by) **to give ~ TO sth** dejar *or* dar* paso A algo; **her joy soon gave ~ to nervousness** su alegría pronto dio paso al nerviosismo

F **under way**: **to get under ~** ponerse* en marcha, comenzar*; **to get a meeting under ~** dar* comienzo a una reunión; **the festival is under ~** ha empezado el festival, el festival ya está en marcha; **an investigation is under ~** se está llevando a cabo *or* se ha abierto una investigación; **the championships get under ~ in two weeks' time** los campeonatos comenzarán dentro de dos semanas; **the negotiations now under ~ in Washington** las negociaciones que se están llevando a cabo en este momento en Washington

way² *adv* (colloq): **~ back in February/the 60s** allá por febrero/los años 60; **~ behind** muy por detrás; **they're ~ behind the times** están muy anticuados *or* atrasados; **~ down south** allá por el sur; **they were ~ out in their calculations** se equivocaron en mucho en los cálculos; **~ past midnight** mucho después de la medianoche; **it's ~ up in the hills** está muy alto en las montañas; **profits are ~ up on last year** los beneficios están muy por encima de los del año pasado; **~ and away** (*as intensifier*) (AmE) con mucho, lejos (AmL fam); **he's ~ and away the best player they have** es con mucho *or* (AmL fam) es lejos el mejor jugador que tienen

waybill /'weɪbɪl/ *n* conocimiento *m* de embarque

wayfarer /'weɪˌferər || 'weɪˌfeərə(r)/ *n* (liter) caminante *mf*

wayfaring /'weɪˌferɪŋ || 'weɪˌfeərɪŋ/ *adj* (liter) (*before n*) ‹*minstrel*› que va de pueblo en pueblo; ‹*instincts*› de viajero; ‹*family*› viajero, de viajeros

waylay /ˌweɪ'leɪ/ *vt* (*past & past p* **waylaid**) ‹*person/vehicle*› abordar, detener*; (attack) atacar*; **I got waylaid by family problems** me detuvieron unos problemas familiares; **she must have been waylaid** algo la habrá detenido

waymark /'weɪmɑːrk || 'weɪmɑːk/ *vt* señalizar*

way-out /ˌweɪ'aʊt/ *adj* (*pred* **way out**) (colloq) ultramoderno, estrambótico (fam)

ways and means *pl n* **~ ~ ~ (OF + -ING)** métodos *mpl* (DE + INF)

Ways and Means Committee *n* (in US) *comité gubernamental que supervisa las decisiones y la legislación en materia de finanzas*

wayside /'weɪsaɪd/ *n*: **the ~** el borde del camino; **they sat down by the ~** se sentaron al borde del camino; ***to fall by the ~*** quedarse por el *or* a mitad de camino

way station *n* (esp AmE) (Rail) apeadero *m*; **the town has become a ~ ~ for drug dealers** la ciudad se ha convertido en parada obligada para los traficantes de droga

wayward /'weɪwərd || 'weɪwəd/ *adj* ‹*youth*› díscolo, caprichoso

waywardness /'weɪwərdnəs || 'weɪwədnɪs/ *n* [u] rebeldía *f*

WC *n* (BrE) WC *m*

we /wiː *weak form* /wi/ *pron*

> ⚠ Although *nosotros* and *nosotras* are given as translations of *we*, in practice they are used only for emphasis: **we went to the theater** fuimos al teatro; **we did it** nosotros *or* nosotras lo hicimos.

nosotros, -tras; **~ English** nosotros los ingleses; **~ three** nosotros tres; **the Royal ~** el plural mayestático, el Nos real; **it's ~ who should be grateful** (frml) somos nosotros quienes deberíamos estar agradecidos; **they're more advanced than ~ are** están más adelantados que nosotros

w/e = week ending

WEA *n* (in UK) **= Workers' Educational Association**

weak /wiːk/ *adj* **-er, -est**

A **1** ‹*person/muscles/wrists*› débil; ‹*structure*› poco sólido, endeble; ‹*economy/currency*› débil; ‹*handshake*› flojo; **in a ~ voice** con voz débil; **I was too ~ to lift it** no me daban las fuerzas para levantarlo; **to have a ~ heart/chest** sufrir del corazón/pecho; **he has a ~ constitution** es de complexión débil; **he was ~ with hunger** se sentía débil del hambre que tenía; **I was ~ from laughing so much** quedé agotado de tanto reírme; **I went ~ at the knees** se me aflojaron las piernas; **to grow ~** debilitarse; **the ~er sex** (dated) el sexo débil (ant); **he has a very ~ chin** tiene el mentón muy poco pronunciado (*lo cual se ve como indicio de debilidad de carácter*) **2** (ineffectual) ‹*character/leader*› débil; **I'm so ~, I can't resist chocolates** tengo muy poca fuerza de voluntad, no sé decir que no a un bombón

B **1** (not competent) ‹*student/team/novel/performance*› flojo, pobre; **he's very ~ in biology** está muy flojo en biología **2** (not convincing) ‹*argument/excuse*› poco convincente, pobre

C (diluted) ‹*coffee/tea*› poco cargado; ‹*beer*› suave, aguado (pey); ‹*solution*› diluido

D ‹*syllable*› átono; ‹*verb/form*› regular

weaken /'wiːkən/ *vt* ‹*body/limb*› debilitar; ‹*structure*› hacer* más endeble, quitarle solidez a; ‹*power/government/currency/economy*› debilitar; ‹*determination*› menoscabar; **he ~ed his grip on her arm** dejó de asirle el brazo con tanta fuerza

■ **weaken** *vi* «*person/animal*» (physically) debilitarse; «*resolve/determination*» flaquear; «*power*» debilitarse; **I finally ~ed and let her go** finalmente cedí *or* aflojé *or* me ablandé y la dejé ir; **don't ~ in your resolve** no cedas en tu propósito; **her hold on the rope gradually ~ed** cada vez se agarraba con menos fuerza de la cuerda; **the pound has ~ed against the dollar** la libra ha caído frente al dólar

weakening /'wiːkənɪŋ/ *n* [u c] debilitamiento *m*

weak-kneed /'wiːk'niːd/ *adj* pusilánime

weakling /'wiːklɪŋ/ *n* **1** (in body — person) alfeñique *m*; **the ~ of the herd** el debilucho de la manada **2** (in character) pelele *m* (fam)

weakly /'wiːkli/ *adv* **1** ‹*say*› con voz débil, débilmente; **the sun shone ~ through the branches** la débil luz del sol se filtraba por entre las ramas; **he struggled ~ and then gave in** se rindió sin apenas oponer resistencia **2** ‹*agree/acquiesce*› (*indep*) mostrando gran debilidad

weak-minded /ˌwiːk'maɪndəd || ˌwiːk'maɪndɪd/ *adj* **1** (lacking resolve) sin carácter **2** (retarded) (dated) retrasado mental

weakness /'wiːknəs || 'wiːknɪs/ *n*

A [u] **1** (of body) debilidad *f*; (of structure, material) falta *f* de solidez, endeblez *f*; (of defenses, army) debilidad *f*; (of argument) pobreza *f* **2** (ineffectualness) falta *f* de carácter, flaqueza *f*

B [c] **1** (weak point — in structure, policy) punto *m* débil; (— in person's character) flaqueza *f*, punto *m* débil *or* (fam) flaco; **we all have our ~es** todos tenemos nuestras debilidades **2** (liking) debilidad *f*, flaqueza *f*; **chocolate is one of my ~es** el chocolate es una de mis flaquezas, tengo debilidad por el chocolate; **to have a ~ for sth** tener* debilidad por algo

weak-willed /'wiːk'wɪld/ *adj* ‹*person*› de poca (fuerza de) voluntad; **to be ~** no tener* fuerza de voluntad

weal /wiːl/ *n*

A [c] verdugón *m* (*de un golpe dado con una cuerda, correa etc*)

B [u] (good): **the common ~** (liter) el bien común; **~ and woe** (arch) la buena y la mala fortuna

wealth /welθ/ *n* [u]

A **1** (money, possessions) riqueza *f*, riquezas *fpl* (liter); **a woman of ~** una mujer rica *or* acaudalada *or* de dinero; (*before n*): **~ tax** impuesto *m* sobre el patrimonio **2** (Econ) riqueza *f*; (*before n*): **~ creation** creación *f* de riqueza

B (large quantity): **~ of sth** abundancia *f* de algo; **a ~ of information/detail** abundancia *or* profusión *f* de información/detalles, información/detalles en abundancia *or* profusión

wealthy¹ /'welθi/ *adj* **-thier, -thiest** ‹*person/family*› adinerado, acaudalado, rico; ‹*nation/area*› rico

wealthy² *n*: **the ~** los ricos, la gente adinerada

wean /wiːn/ *vt* ‹*child/young*› destetar; **delegates ~ed on confrontation politics** delegados formados en una política de confrontación; **children ~ed on large doses of TV** niños que se han criado mirando muchísima televisión; **to ~ sb OFF/AWAY FROM sth**: **we ~ed him off drugs** conseguimos que dejara las drogas, conseguimos desengancharle de las drogas (Esp); **she succeeded in ~ing him away from the roulette table** logró que dejara de jugar a la ruleta

weapon /'wepən/ *n* arma *f*‡; **~s of mass destruction** armas de destrucción masiva; (*before n*): **~s inspector** inspector, -tora *m,f* de armas; **~s testing** ensayos *mpl or* pruebas *fpl* de armas; **~s training** adiestramiento *m* en el uso de armas

weaponry /'wepənri/ *n* [u] armamento *m*, armas *fpl*

wear¹ /wer || weə(r)/ *n* [u]

A **1** (use): **you should get a good ten years' ~ out of that coat** ese abrigo te debería durar por lo menos diez años; **there's not much ~ left in that jacket** a esa chaqueta no le queda mucha vida; **I've had a lot of ~ out of these shoes** les he dado mucho uso *or* (fam) trote a estos zapatos, les he sacado el jugo a estos zapatos; **carpets that stand hard ~** alfombras que resisten el uso constante; **that part of the carpet gets a lot of ~** esa parte de la alfombra se pisa mucho **2** (damage) desgaste *m*; **you can see the ~ on the steps** se ve el desgaste de los peldaños; **the sofa's already showing signs of ~** el sofá ya está un poco gastado; **he was showing signs of ~ after his long journey** tenía cara de cansado *or* (AmL tb) se veía cansado después del largo viaje; **~ and tear** uso *m or* desgaste natural; ***to look the worse for ~***: **she looked very much the worse for ~ after the sleepless night** se le notaban los efectos de la noche en vela, se veía muy desmejorada tras la noche en vela (AmL); **the curtains/chairs are looking the worse for ~** las cortinas/sillas están *or* (AmL tb) se ven viejas

B **1** (wearing of clothes): **clothes for evening/everyday ~** ropa para la noche/para diario *or* para todos los días **2** (clothing) ropa *f*; **children's/evening ~** ropa de niños/para la noche; **the correct ~ for such an occasion** la vestimenta *or* ropa apropiada para tal ocasión

wear² (*past* **wore**; *past p* **worn**) *vt*

A **1** ‹*clothes*› **she was ~ing a black dress** tenía puesto *or* llevaba un vestido negro; **I've got nothing to ~** no tengo qué ponerme; **what shall I ~ to the party?** ¿qué me pongo para ir a la fiesta?; **she ~s green a lot** se viste mucho de verde, tiene mucha ropa verde; **she doesn't ~ skirts** no usa *or* no se pone faldas; **he ~s size 44 shoes** calza (el) 44; **gloves aren't worn much nowadays** actualmente no se usan *or* no se llevan mucho los guantes; ***to ~ the trousers*** o (AmE also) ***pants*** llevar los pantalones **2** ‹*jewelry/glasses/makeup*› **I'm not ~ing my watch** no tengo el reloj puesto; **she was ~ing a pearl necklace** tenía puesto *or* llevaba un collar de perlas; **why don't you ~ your ring?** ¿por qué no te pones el anillo?; **what perfume are you ~ing?** ¿qué perfume llevas *or* tienes puesto?; **she doesn't ~ mascara** no usa rímmel; **he's ~ing make-up** está maquillado; **she ~s her hair long/short** tiene *or* lleva el pelo largo/corto; **he ~s his hair in a pony tail** se peina con cola de caballo; **do you ~ glasses?** ¿usa anteojos *or* (esp Esp) gafas?; **to ~ a sword** llevar una espada; **to ~ the crown** reinar; **he was ~ing a broad smile** sonreía de oreja a oreja; **she ~s her age well** se conserva muy bien, no representa la edad que tiene

B (through use): **constant use had worn the soles very thin** las suelas habían quedado muy delgadas con el uso constante; **he had worn the**

W

ℹ The Weather

what's the weather like?
= ¿qué tiempo hace? *or* ¿cómo está el tiempo?

Where English uses the verb *to be + adjective*, Spanish uses:

■ *hacer + noun*:

it's hot
= hace calor

it's cold
= hace frío

it's cool
= hace fresco/fresquito

it's sunny
= hace sol

it's windy
= hace viento

■ *haber + noun*:

it's foggy
= hay niebla

it's misty
= hay neblina

■ *estar + adjective*:

it's cloudy
= está nublado

it's overcast
= está nublado *or* cubierto

it's a hot/rainy/cloudy day
= el día está caluroso/lluvioso/nublado

in winter, the weather is cold and wet in London
= en Londres, en invierno, el tiempo es frío y lluvioso

■ or combinations of these:

it's snowy
= hay nieve *or* está nevado

it's humid
= está húmedo *or* hay mucha humedad

it's muggy
= está bochornoso *or* hace bochorno

When English uses *weather* or the name of a season with *be + adjective*, Spanish does the same using *ser* or *estar*:

the weather was excellent
= el tiempo estaba excelente

summer is very hot in that region
= el verano es muy caluroso en esa región

Note the following translation, however:

***what's the weather like in Chile?* (i.e. what kind of weather do you get in Chile?)**
= ¿cómo es el clima en Chile?

Spanish uses impersonal verbs in a similar way to English:

it's raining
= está lloviendo (*or, sometimes*, llueve)

it rained all day
= llovió todo el día

it's drizzling
= está lloviznando

it's snowing
= está nevando

it's hailing
= está granizando

***it's spitting* (colloq)**
= está chispeando (*colloq*)

Manifestations of the weather expressed in English with *there is/are* are usually expressed in the same way in Spanish:

there was a storm
= hubo una tormenta

there will be scattered showers
= habrá chubascos aislados

Note the way pronouns *me/te/le* etc are used in Spanish in the following examples, where English uses the verb *have*:

we had wonderful/terrible weather
= nos hizo un tiempo estupendo/asqueroso

we had rain all week
= nos llovió toda la semana

collar threadbare había gastado el cuello hasta dejarlo raído de tanto uso; **the step had been worn smooth** el peldaño se había alisado con el uso; **she's worn holes in the soles** les ha hecho agujeros a las suelas, se le han agujereado las suelas; **they had worn a path through the hills** sus pisadas habían marcado un sendero a través de las colinas
C (tolerate) (BrE colloq) (*usu neg*) consentir*; **the tenants wouldn't ~ it** los inquilinos no lo consintieron, no hubo caso con los inquilinos (fam)

■ **wear** *vi*
A (through use) ‹‹*collar/carpet/tire/brakes*›› gastarse; **to ~ smooth** alisarse; ***to ~ thin*** (lit: through use) ‹‹*cloth/metal*›› gastarse; ‹‹*joke*›› perder* la gracia; **the elbows had worn very thin** los codos estaban muy gastados; **that excuse is ~ing very thin** esa excusa ya está muy trillada *or* ya no convence a nadie; **her patience began to ~ thin** se le empezó a acabar la paciencia, empezó a perder la paciencia
B (last) (+ *adv compl*) durar; **these tiles will ~ for years** estas baldosas durarán años; **to ~ well** ‹‹*cloth/clothes*›› durar mucho, dar* buen resultado; ‹‹*person*›› conservarse bien

(Phrasal verbs)

• **wear away**
A [v + o + adv, v + adv + o] (erode) ‹*rock*› desgastar, erosionar; ‹*pattern/inscription*› borrar
B [v + adv] (become eroded) ‹‹*rock*›› desgastarse, erosionarse; ‹‹*pattern/inscription*›› borrarse

• **wear down**
A [v + o + adv, v + adv + o] **1** (by friction) ‹*heel/tread/pencil*› gastar **2** (weaken) ‹*determination/resistance*› menoscabar; ‹*person*› agotar, acabar con
B [v + adv] ‹‹*heel/tread/pencil*›› gastarse

• **wear off**
A [v + adv] **1** (be removed) ‹‹*paint/gilt*›› quitarse, salirse* **2** (disappear) ‹‹*distress/stiffness/numbness*›› pasarse, quitarse; **the novelty was beginning to ~ off** ya estaba dejando de ser una novedad; **the pain will soon ~ off** pronto se le (*or* te *etc*) pasará *or* quitará *or* irá el dolor
B [v + o + adv, v + adv + o] (remove) ‹*pattern*› borrar; ‹*paint*› quitar

• **wear on** [v + adv] ‹‹*winter/years*›› pasar, transcurrir (*lentamente*); ‹‹*meeting/drought*›› continuar*; **as the months wore on** a medida que iban pasando los meses; **the day wore on** seguían pasando las horas

• **wear out**
A [v + o + adv, v + adv + o] **1** (through use) ‹*clothes/shoes/carpet/batteries*› gastar; ‹*excuse*› hacer* uso y abuso de **2** (exhaust) ‹*person*› agotar, dejar rendido, dejar de cama (AmL fam); **to ~ oneself out** agotarse
B [v + adv] (through use) ‹‹*shoes/towel/batteries*›› gastarse

• **wear through**
A [v + adv] (get hole in) ‹‹*soles/cloth*›› agujerearse; **the jacket had worn through at the elbows** la chaqueta tenía los codos raídos *or* tenía agujeros en los codos
B [v + o + adv, v + adv + o] (wear hole in): **she had worn through the knees of her jeans** se le habían hecho agujeros en las rodillas de los vaqueros

wearable /ˈwerəbəl || ˈweərəbəl/ *adj* ponible; **the jacket's still quite ~** la chaqueta todavía está ponible *or* todavía se puede usar

wearer /ˈwerər || ˈweərə(r)/ *n*: **to suit ~s of all sizes** para personas de todas las tallas *or* (RPl) de todos los talles; **it doesn't flatter the ~** no favorece a quien lo lleva; **all waistcoat ~s** todos los que usan *or* llevan chaleco

wearily /ˈwɪrəli || ˈwɪərɪli/ *adv* ‹*walk/move*› cansinamente; **he sighed ~** suspiró cansado

weariness /ˈwɪrinəs || ˈwɪərinɪs/ *n* [u] cansancio *m*, fatiga *f*; (mental) hastío *m*

wearing /ˈwerɪŋ || ˈweərɪŋ/ *adj* **1** (tiring, tiresome) ‹*journey*› cansado *or* (AmS) cansador *or* (Col, Ven) cansón **2** (damaging) **to be ~ on sth**: **it's less ~ on the engine** desgasta menos el motor, es menos perjudicial para el motor; **it's very ~ on the nerves** te saca de quicio, te pone los nervios de punta

wearisome /ˈwɪrisəm || ˈwɪərisəm/ *adj* ‹*talk/task*› pesado, aburrido, tedioso; ‹*person*› pesado, aburrido

weary[1] /ˈwɪri || ˈwɪəri/ *adj* **-rier, -riest** **1** (tired) ‹*person/legs*› cansado; ‹*sigh*› de cansancio; **she was feeling ~** se sentía *or* se encontraba cansada; **to be ~ of sth/-ING** estar* cansado *or* harto *or* aburrido DE algo/+ INF; **she was ~ of his childishness/of waiting** estaba cansada *or* harta *or* aburrida de sus tonterías/de esperar; **I had grown ~ of her complaints** me había cansado *or* hartado *or* aburrido de sus quejas **2** (tiring, tedious) ‹*journey*› cansado *or* (AmS) cansador *or* (Col, Ven) cansón; ‹*wait*› tedioso, pesado

weary[2] **-ries, -rying, -ried** *vt* **1** (tire) cansar **2** (annoy) hartar, cansar, aburrir
■ **weary** *vi* (frml *or* liter) (tire) cansarse, hartarse, aburrirse; **to ~ OF sth/sb** cansarse *or* hartarse *or* aburrirse DE algo/algn; **he soon wearied of city life** pronto se cansó *or* se hartó *or* se aburrió de la vida de ciudad

weasel /ˈwiːzəl/ *n* **1** (Zool) comadreja *f* **2** (person) (colloq & pej) rata *f* (fam & pey); (*before n*): **~ word** palabra *f* equívoca

(Phrasal verb)

• **weasel out** [v + adv] escabullirse; **somehow he ~ed out of it** se las arregló para escabullirse

weather[1] /ˈweðər || ˈweðə(r)/ ▸ℹ p.1878 *n* [u] tiempo *m*; **good/bad ~** buen/mal tiempo; **in hot ~** cuando hace calor, en tiempo caluroso; **what's the ~ like?** ¿cómo está el tiempo?, ¿qué tiempo hace?; **what's the ~ like in Mexico?** ¿qué clima tiene México?; **you can't go out in this ~** no puedes salir con este tiempo; **~ permitting** si hace buen tiempo, si el tiempo no lo impide; **they work outdoors in all ~s**[c] trabajan a la intemperie haga el tiempo que haga; ***to be under the ~*** no estar* *or* (fam) no andar* muy bien; ***to make heavy ~ of sth/-ING***: **you're making very heavy ~ of sewing that button on!** ¡qué manera de complicarse la vida para coser un simple botón!; (*before n*) ‹*map/chart*› meteorológico; **~ bureau** (in US) servicio *m* meteorológico; **~ conditions** estado *m or* condiciones *fpl* del tiempo; **~ forecast** pronóstico *m* del tiempo; **~ forecaster** meteorólogo, -ga *m,f*; **~ report** boletín *m* meteorológico; ***a ~ eye***: **keep a ~ eye open for a drugstore** estáte atento a ver si ves una farmacia; **she cocked a ~ eye at the kids** les echó un vistazo a los chicos

weather[2] *vt*
A **1** (wear) ‹*rocks*› erosionar; ‹*surface*› desgastar; **the wind and rain have ~ed the castle walls** el viento y la lluvia les han dado una pátina a los muros del castillo; **her face had been ~ed by the sun and wind** tenía el rostro curtido por el sol y el viento; **the rock has been ~ed smooth** la roca se ha alisado por efecto de la intemperie **2** ‹*wood*› secar*, curar

W

B (survive) ‹*crisis/scandal*› sobrellevar, capear; **the ship ~ed the storm** el barco capeó la tormenta; **they managed to ~ the oil shortage** se las arreglaron para hacerle frente a *or* para capear la escasez de petróleo; *see* **storm¹ A**

■ **weather** *vi* «*rock*» erosionarse; «*surface*» desgastarse; **stone ~s well** la piedra resiste bien los efectos de la intemperie

weatherbeaten /ˈweðərˌbiːtn || ˈweðəˌbiːtn/ *adj* ‹*face/sailor*› curtido; ‹*walls/rocks*› azotado por los elementos

weatherboard /ˈweðərbɔːrd || ˈweðəbɔːd/ *n* [c u] (tabla *f* de) chilla *f*; (*before n*): **a ~ house** una casa de madera

weatherboarding /ˈweðərˌbɔːrdɪŋ || ˈweðəˌbɔːdɪŋ/ *n* [u] (BrE) revestimiento *m* con (tabla de) chilla

weather-bound /ˈweðərˌbaʊnd || ˈweðəˌbaʊnd/ *adj* ‹*airport/road*› cerrado por mal tiempo; ‹*traveler/team*› inmovilizado *or* (AmL) varado por el mal tiempo

weathercock /ˈweðərkɑːk || ˈweðəkɒk/ *n* veleta *f*

weathered /ˈweðərd || ˈweðəd/ *adj* ‹*rocks/brick/stone*› erosionado (*por la acción de los elementos*); ‹*wood*› curado

weathering /ˈweðərɪŋ/ *n* [u]: **the effects of ~ on the landscape** la acción de los elementos en el paisaje

weatherman /ˈweðərmæn || ˈweðəmæn/ *n* (*pl* **-men** /-men/) hombre *m* del tiempo

weatherproof /ˈweðərpruːf || ˈweðəpruːf/ *adj* ‹*clothes/canvas*› impermeable; **the barn is not ~** el granero tiene goteras

weather stripping *n* [u] burletes *mpl*

weather vane *n* veleta *f*

weave¹ /wiːv/ *vt* (*past* **wove**; *past p* **woven**)

A [1] ‹*cloth/mat*› tejer (*en telar*); ‹*basket/web*› tejer; ‹*story/plot*› tejer; **they wove a roof out of branches** hicieron un techo entretejiendo ramas; **she wove a novel around these events** tejió la trama de una novela en torno a estos sucesos [2] (thread together) ‹*threads*› entretejer, entrelazar*; ‹*branches/straw*› entretejer; **the film ~s the two stories together** la película entreteje las dos historias; **she wove the twigs into a basket** tejió *or* hizo un cesto con las ramitas; **she ~s these anecdotes into her lectures** entreteje *or* intercala estas anécdotas en sus conferencias

B (*past* **wove** *or* **weaved**; *past p* **woven** *or* **weaved**) **the river ~s a serpentine course along the valley** el río serpentea por el valle; ***to ~ one's way*** abrirse* camino (*en zigzag*)

■ **weave** *vi* (*past* **wove**; *past p* **woven**)

A (make cloth, baskets) tejer; ***to get weaving*** (BrE colloq) poner* manos a la obra; **let's get weaving!** ¡manos a la obra!; **I'd better get weaving on that report** va a ser mejor que me ponga a escribir el informe

B [1] (*past* **wove** *or* **weaved**; *past p* **woven** *or* **weaved**) «*road*» serpentear, zigzaguear; «*person*» zigzaguear; **a cyclist weaving in and out of the traffic** un ciclista zigzagueando por entre el tráfico [2] (*past & past p* **weaved**) (sway) tambalearse, bambolearse; **she ~d off toward the door** se fue hacia la puerta haciendo eses; **to bob** *o* **duck and ~** (in boxing) esquivar y escabullirse*

weave² *n* [u c] trama *f*, tejido *m*; **open ~** trama abierta, tejido abierto

weaver /ˈwiːvər || ˈwiːvə(r)/ *n* tejedor, -dora *m,f*; **a basket ~** un cestero, un tejedor de cestas

weaver bird *n* tejedor *m*

weaving /ˈwiːvɪŋ/ *n* [u] (of cloth) tejido *m*; **basket ~** cestería *f*

web /web/ *n*

A (*spider's ~*) [1] telaraña *f*; **the spider spins its ~** la araña teje su tela [2] (of cloth) tejido *m* [3] (structure): **a ~ of intrigue** una red de intriga; **a ~ of lies** una maraña de mentiras

B (on bird's, frog's foot) membrana *f* interdigital

C (Comput): **the W~** *o* **~** la *or* el web; **World Wide Web** telaraña *f* mundial; (*before n*): **~ design** diseño *m* de páginas web; **~ designer** diseñador, *m,f* de páginas web

web-authoring tool /ˈwebˌɔːθərɪŋ/ *n* herramienta *f* de edición de página(s) web

webbed /webd/ *adj* palmeado

webbing /ˈwebɪŋ/ *n* [u] [1] (in upholstery) cincha *f*; (of chair, sofa) cinchas *fpl*; (for belts etc) cinta *f* de cáñamo (*or* esparto *etc*) [2] (Mil) reata *f*, cincha *f*

web browser *n* navegador *m* de Internet

webcam /ˈwebkæm/ *n* webcam *f*, cámara *f* web

webcast¹ /ˈwebkæst || ˈwebkɑːst/ *n* transmisión *f or* (Esp) retransmisión *f* por Internet

webcast² *vt* transmitir* *o* (Esp) retransmitir* por Internet

■ **webcast** *vi* transmitir* por Internet

web farm *n* granja *f* de servidores

web-footed /ˌwebˈfʊtəd || ˌwebˈfʊtɪd/, **web-toed** /-ˈtəʊd/ *adj* palmípedo

web hosting /ˈhəʊstɪŋ/ *n* [u] alojamiento *m or* hospedaje *m* de página(s) web

webify /ˈwebəfaɪ || ˈwebɪfaɪ/ *vt* **-fies, -fying, -fied** (Comput) poner* en la web, webificar*

weblink /ˈweblɪŋk/ *n* (Comput) enlace *m* web

weblog /ˈweblɑːg || ˈweblɒg/ *n* (Comput) weblog *m*, bitácora *f*

webmaster /ˈwebˌmæstər || ˈwebˌmɑːstə(r)/ *n* administrador, -dora *m,f* de web, webmaster *mf*

web offset *n* [u] rotativa *f* offset; (*before n*): **~ ~ printing** impresión *f* de rotativa offset

Web page *n* (Comput) página *f* web

web presence *n* [u] (Comput) presencia *f* web

web search *n* búsqueda *f* en Internet

web server *n* servidor *m* web

Web site *n* (Comput) sitio *m* web

webzine /ˈwebziːn/ *n* (Comput) revista *f* electrónica, redvista *f*

wed /wed/ (*past & past p* **wedded** *or* **wed**) *vt* [1] (marry) (dated *or* journ) ‹*man/woman*› casarse con; **singer ~s childhood sweetheart** cantante se casa con su amor de la infancia; **with this ring I thee ~** recibe este anillo *or* esta alianza como símbolo de nuestra unión; **she was ~ded to a rich farmer** estaba casada con un rico granjero [2] **wedded** *past p* ‹*bliss*› conyugal; **~ded life** la vida conyugal *or* de casado; **lawful ~ded husband** legítimo esposo; **lawful ~ded wife** legítima esposa [3] (unite) aliar*, ligar* [4] (attach, commit) (frml) **to be ~ded (TO sth): he's very ~ded to the idea** está muy entusiasmado con la idea; **the government is firmly ~ded to a policy of privatization** el gobierno está empeñado en una política de privatización

■ **wed** *vi* casarse

Wed ▸ℹ **p.1085 (= Wednesday)** miérc.

we'd /wiːd/ [1] **= we had** [2] **= we would**

wedding /ˈwedɪŋ/ *n* [1] (ceremony) boda *f*, casamiento *m*, matrimonio *m* (AmS exc RPl); **to have a church/civil** *o* (BrE) **registry-office ~** casarse por la iglesia *or* (RPl) por iglesia/por lo civil *or* (Per, RPl, Ven) por civil *or* (Chi, Méx) por el civil; (*before n*): **~ anniversary** aniversario *m* de boda (*or* casamiento *etc*); **I can hear ~ bells ringing** me huele a boda (*or* a casamiento *etc*) *or* a casorio (fam & hum); **~ breakfast** banquete *m* nupcial; **~ cake** tarta *f or* pastel *m* de boda, torta *f* de matrimonio *or* de novios (AmS exc CS), torta *f* de casamiento (RPl) *or* (Chi) de novia; **on their ~ day** el día de su boda (*or* casamiento *etc*); **~ dress** vestido *m or* traje *m* de novia; **~ invitation** invitación *f* de boda *or* (AmL) matrimonio; **~ list** lista *f* de boda; **~ march** marcha *f* nupcial; **~ night** noche *f* de bodas; **~ party** invitados *mpl* a la boda *or* (AmL) al matrimonio; **~ present** regalo *m* de boda (*or* casamiento *etc*); **~ reception** banquete *m* de bodas, fiesta *f* de matrimonio (Chi); **~ ring** alianza *f*, anillo *m* de boda, argolla *f* (de matrimonio) (Chi) [2] (anniversary): **silver/golden ~** bodas *fpl* de plata/oro

wedge¹ /wedʒ/ *n*

A [1] (for securing) cuña *f*, calce *m*, calzo *m* [2] (for splitting) cuña *f*; ***the thin end of the ~*** el principio de algo peor; ***to drive a ~ between two people/groups*** abrir* una brecha entre dos personas/grupos [3] (shape): **a ~ of troops** tropas formadas en cuña; **a ~ of cheese/cake** un trozo grande de queso/pastel

B [1] **~ (heel)** tacón *m* de cuña *or* (Col) tacón *m* corrido *or* (Ven) cubano, taco *m* terraplén (Chi) *or* (Arg) chino [2] (shoe) zapato *m* con tacón de cuña (*or* corrido *etc*)

C (in golf) wedge *m* (*hierro de cara con mucho ángulo*)

wedge² *vt* [1] (secure): **to ~ a door open** ponerle* una cuña *or* un calce a una puerta para que no se cierre [2] (squeeze) meter (*a presión*); **she was ~d between two fat men** estaba apretujada entre dos gordos (sin poderse mover)

Phrasal verb

• **wedge in** [v + o + adv, v + adv + o] meter; **I was ~d in between two cars and I couldn't pull out** estaba atascado entre dos coches y no podía salir

wedge-shaped /ˈwedʒʃeɪpt/ *adj* ‹*block of wood/piece of cheese*› en forma de cuña; ‹*tank formation*› en cuña

wedlock /ˈwedlɑːk || ˈwedlɒk/ *n* [u] (frml) matrimonio *m*; **born out of ~** nacido fuera del matrimonio

Wednesday /ˈwenzdeɪ -di/ ▸ℹ **p.1085** *n* miércoles *m*; *see also* **Monday**

we'd've /ˈwiːdəv/ **= we would have**

wee¹ /wiː/ *adj* (esp Scot, IrE): **will you have a ~ drink?** ¿te sirvo una copita *or* un traguito?; **he's only a ~ fellow** es pequeñito *or* (AmL tb) chiquito; **we'll be a ~ bit late** vamos a llegar un poquito tarde; **are you nervous? — a ~ bit** ¿estás nerviosa? — un poquito *or* poquitín; **in the ~ small hours** *o* (AmE also) **the ~ hours** a altas horas de la madrugada; **the ~ folk** los duendes

wee² *n* (BrE colloq) [1] (act) (*no pl*): **to have** *o* **do a ~** hacer* pis *or* pipí (fam), hacer* del uno (Méx, Per fam); **do you need a ~?** ¿tienes ganas de hacer pis (*or* pipí *etc*)? (fam) [2] [u] (urine) pis *m* (fam), pipí *m* (fam)

wee³ *vi* (BrE colloq) hacer* pis *or* pipí (fam), hacer* del uno (Méx, Per fam); (accidentally) hacerse* pis *or* pipí (fam); **he ~d in his pants** se hizo pis *or* pipí en los calzoncillos (fam)

weed¹ /wiːd/ *n*

A (Hort) [1] [c] hierbajo *m*, mala hierba *f*, yuyo *m* (RPl), maleza *f* (AmL); **he's shot up like a ~** (AmE) ha pegado un estirón [2] [u] (aquatic growth) algas *fpl*

B [1] [u] (marijuana) (sl) hierba *f* (arg), monte *m* (AmC, Col, Ven fam) [2] (tobacco) (sl & dated): **the ~** el cigarrillo

C [c] (feeble person) (BrE colloq) alfeñique *m*

D **weeds** *pl* (clothes) (arch) ropa *f* de luto (*de viuda*)

weed² *vt* ‹*garden/flowerbed*› deshierbar, desherbar*, desmalezar* (AmL), sacar* los yuyos de (RPl)

■ **weed** *vi* deshierbar, desherbar*, desmalezar* (AmL), sacar* los yuyos (RPl)

Phrasal verb

• **weed out** [v + o + adv, v + adv + o] [1] (Hort) ‹*weak plants/seedlings*› quitar, arrancar* [2] (reject) ‹*errors/items*› eliminar; ‹*applicants*› eliminar, descartar

weeding /ˈwiːdɪŋ/ *n* [u]: **to do the ~** ▸ **weed²**

weedkiller /ˈwiːdˌkɪlər || ˈwiːdˌkɪlə(r)/ *n* herbicida *m*

weedy /ˈwiːdi/ *adj* **-dier, -diest** [1] (overgrown) lleno de hierbajos *or* (AmL) de malezas *or* (RPl) de yuyos [2] (lanky) (AmE) larguirucho (fam) [3] (feeble, puny) (BrE colloq) enclenque

week /wiːk/ *n* [1] (7 days) semana *f*; **in a ~** dentro de una semana; **three ~s' work** tres semanas de trabajo; **once a ~** una vez por semana *or* a la semana; **it's ~s since we heard anything** hace semanas que no tenemos noticias; **$100 a ~** 100 dólares semanales *or* por semana; **you get paid by the ~** te pagan semanalmente; **the ~ beginning June 2** la semana que empieza el 2 de junio; **by the end of the ~** *o* (AmE also) **by the ~'s end** antes del fin de semana; **(on) Tuesday ~** *o* **a ~ from next Tuesday** *o* (BrE also) **a ~ on Tuesday** el martes que viene no, el otro *or* del martes en ocho días; **a ~ last Monday** *o* **last Monday ~** el lunes pasado no, el anterior; **she arrived a ~ (ago) yesterday** ayer hizo una semana que llegó; **three ~s from tomorrow** *o* (BrE also) **three ~s tomorrow** dentro de tres semanas a partir de mañana; **~ in, ~ out** semana tras semana; **Holy W~** Semana Santa [2] (working days): **I never go out in** *o* **during the ~** nunca salgo los días de semana *or* entre semana; **a four-day/35 hour ~** una semana (laboral) de cuatro días/35 horas

weekday /'wi:kdeɪ/ *n* día *m* de semana; **he gets up early (on) ~s** se levanta temprano los días de semana *or* entre semana

weekend¹ /'wi:kend || wi:k'end/ *n* fin *m* de semana; **guess who I saw on** *o* (BrE) **at the ~** ¿a que no sabes a quién vi el fin de semana pasado?; **what are you doing on** *o* (BrE) **at the ~?** ¿qué vas a hacer el fin de semana?; **~s** (AmE) *o* (BrE) **at weekends, I generally go fishing** los fines de semana suelo ir de pesca; **long ~** fin *m* de semana largo, puente *m*

weekend² *vi* (colloq) pasar el fin de semana

weekender /ˌwi:k'endər || ˌwi:k'endə(r)/ *n* (colloq): **the hotel was full of ~s** el hotel estaba lleno de gente pasando el fin de semana

weekly¹ /'wi:kli/ *adj* semanal; **her twice-~ visit** la visita que me hace (*or* nos hacía *etc*) dos veces a la *or* por semana

weekly² *adv* semanalmente; **the articles appear ~** los artículos aparecen semanalmente *or* una vez a la semana *or* por semana; **do you get paid ~ or monthly?** ¿te pagan por semana *or* por mes?

weekly³ *n* (*pl* **weeklies**) semanario *m*

weeknight /'wi:knaɪt/ *n* noche *f* de entre semana

weenie /'wi:ni/ *n* (AmE colloq) pitito *m* (fam), pichulín *m* (AmL fam), pipí *f* (Bol, Col, Méx fam), colita *f* (Esp fam)

weensy /'wi:nzi/ *adj* **-sier, -siest** (colloq) pequeñito, chiquitito (esp AmL)

weeny /'wi:ni/ *adj* **-nier, -niest** (colloq) pequeñito, chiquitito (esp AmL)

weeny-bopper /'wi:niˌbɑ:pər || 'wi:niˌbɒpə(r)/ *n* (colloq) *adolescente fan de la música pop*

weep¹ /wi:p/ (*past & past p* **wept**) *vi*

[A] (cry) llorar; **I could have wept** era como para llorar; **to ~ FOR sb** llorar POR algn; (for dead person) llorar A algn; **to ~ OVER sth** llorar POR algo; **to ~ with joy/relief** llorar de alegría/alivio; **it's enough to make you ~** es como para ponerse *or* echarse a llorar

[B] (exude liquid) ⟨⟨*wound/eye*⟩⟩ supurar

■ **weep** *vt* llorar; **she wept bitter tears** lloró lágrimas amargas

weep² *n* (esp BrE) (*no pl*): **I had a good ~** me desahogué llorando un rato; **a little ~ will do her good** llorar un poco le hará bien

weeper /'wi:pər || 'wi:pə(r)/ *n* (AmE colloq) dramón *m* (fam & pej), melodrama *m*

weepie /'wi:pi/ *n* ▸**weepy²**

weeping¹ /'wi:pɪŋ/ *n* [u] llanto *m*

weeping² *adj* [1] ⟨*person*⟩ **a ~ child** un niño llorando, un niño que llora (*or* lloraba *etc*) [2] ⟨*wound*⟩ supurante; ⟨*eye*⟩ lloroso

weeping willow *n* sauce *m* llorón

weepy¹ /'wi:pi/ *adj* **-pier, -piest** (colloq)

[A] [1] ⟨*person*⟩ **to feel ~** tener* ganas de llorar; **she's very ~ these days** de un tiempo a esta parte llora por nada *or* está muy llorona; **don't go all ~** no te pongas a llorar *or* (pey) lloriquear [2] ⟨*film/play*⟩ que hace llorar, lacrimógeno (hum), cebollento (Chi fam)

[B] ⟨*eye*⟩ lloroso

weepy² *n* (*pl* **-pies**) (BrE colloq & journ) dramón *m* (fam & pey), melodrama *m*

weevil /'wi:vəl/ *n* gorgojo *m*

wee-wee¹ /'wi:wi:/ *n* [u] (used to or by children) pis *m* (fam), pipí *m* (fam); *see also* **wee²**

wee-wee² *vi* (used to or by children) hacer* pis *or* pipí (fam), hacer* del uno (Méx, Per fam); *see also* **wee³**

wef, (BrE) = **with effect from**

weft /weft/ *n* [u] trama *f*

weigh /weɪ/ *vt*

[A] ⟨*person/load/food*⟩ pesar; **to ~ oneself** pesarse

[B] (consider) ⟨*factors/arguments/evidence*⟩ sopesar; **I'd advise you to ~ your words carefully** te aconsejaría que midas tus palabras; **to ~ sth AGAINST sth** comparar algo CON algo, contraponer* algo A algo

[C] (Naut): **to ~ anchor** levar anclas

■ **weigh** *vi*

[A] (measure in weight) ⟨⟨*person/load/food*⟩⟩ pesar; **how much** *o* **what do you ~?** ¿cuánto pesas?; **this bag ~s a ton!** (colloq) ¡esta bolsa pesa un quintal *or* una tonelada!

[B] (count): **your inexperience will ~ against you** tu falta de experiencia será un factor en tu contra; **my views don't ~ much with him** para él mis opiniones no cuentan mucho; **this ~ed heavily in her favor** esto la favoreció enormemente

(Phrasal verbs)

- **weigh down** [v + o + adv, v + adv + o] [1] (impose weight on): **the bag was ~ing me down** la bolsa me pesaba mucho; **trees ~ed down with fruit** árboles cargados de fruta; **I was ~ed down with parcels** iba cargada de paquetes [2] (depress) abrumar; **~ed down by** *o* **with worry** abrumado *or* agobiado por las preocupaciones [3] ▸**weight down**
- **weigh in**

(Sense I) [v + adv]

[A] [1] ⟨⟨*boxer/runner*⟩⟩: **they haven't ~ed in yet** aún no los han pesado; **the champion ~ed in at 103kg** el campeón pesó 103kg [2] (at airport) facturar el equipaje

[B] [1] (in discussion, conversation) intervenir*; **to ~ in WITH sth**: **she ~ed in with harsh criticism of our methods** intervino criticando duramente nuestros métodos [2] (help, support) arrimar el hombro; **to ~ in WITH sth** ⟨*with money/grant*⟩ contribuir* CON algo; **several friends ~ed in with offers of help** varios amigos se ofrecieron a ayudar

(Sense II) [v + o + adv, v + adv + o] ⟨*baggage*⟩ pesar, facturar

- **weigh on** [v + prep + o]: **it still ~ed heavily on her conscience** todavía sentía un gran cargo de conciencia; **it ~s heavily on my mind** me preocupa mucho
- **weigh up** [v + o + adv, v + adv + o] ⟨*situation*⟩ considerar, ponderar; ⟨*pros and cons*⟩ sopesar, considerar, ponderar; ⟨*person*⟩ evaluar*, formarse una opinión de
- **weigh out** [v + o + adv, v + adv + o] ⟨*ingredients/kilo*⟩ pesar

weighbridge /'weɪbrɪdʒ/ *n* báscula *f* de puente

weigh-in /'weɪɪn/ *n* pesaje *m*

weighing machine /'weɪɪŋ/ *n* báscula *f*

weight¹ /weɪt/ *n*

[A] [u c] (mass, heaviness) peso *m*; **atomic ~** peso atómico; **it's sold by ~** se vende al peso *or* por peso; **just feel the ~ of it** tómale el peso; **the bag is 5kg in ~** la bolsa pesa 5kg; **what ~ are you?** ¿cuánto pesas?; **what's its ~ in pounds?** ¿cuánto pesa en libras?; **it's quite a ~** es bastante pesado; **what a ~!** ¡qué pesado!; **cloth of winter/summer ~** tela *f* de invierno/verano; **to gain** *o* **put on ~** engordar, subir de peso; **to lose ~** adelgazar*, perder* peso; **she put all her ~ on the lever** empujó la palanca con todas sus fuerzas; **don't put any ~ on that table** no pongas nada de peso sobre esa mesa; **to take the ~ of sth** soportar *or* aguantar el peso de algo; **the chair won't take your ~** la silla no te va a aguantar *or* no va a aguantar tu peso; **sit down, take the ~ off your feet** siéntate y descansa un poco; **that has taken a ~ off my mind** eso me ha sacado un peso de encima; ***to be worth one's ~ in gold*** valer* su peso en oro; ***to pull one's ~***: **everyone will have to pull their ~** cada uno tendrá que poner de su parte para sacar el trabajo adelante; **John isn't pulling his ~** John no trabaja como debería; ***to throw one's ~ around*** mandonear (fam), prepotear (RPl fam); ***to throw one's ~ behind sth*** apoyar algo con dedicación; (*before n*): **~ gain** aumento *m* de peso; **~ limit** límite *m* de peso; **~ loss** pérdida *f* de peso

[B] [u] (importance, value) peso *m*; **the ~ of evidence** el peso de las pruebas; **to lend/add ~ to sth** darle* más peso a algo; **his views don't carry much ~ with her** ella no respeta mucho sus opiniones, para ella sus opiniones no cuentan mucho; **to give due ~ to sth** darle* la debida importancia a algo

[C] [1] ▸❶ **p.630** [c] (unit) peso *m*; **~s and measures** pesos y medidas [2] [u] (system) peso *m* [3] [c] (for scales, clocks) pesa *f*; **an 8-oz ~** una pesa de 8 onzas [4] [c] (heavy object) (Sport) pesa *f*; **you mustn't lift heavy ~s** no debe levantar cosas pesadas; (*before n*): **~ training** entrenamiento *m* con pesas

weight² *vt* [1] (make heavier) darle* peso a; ⟨*fishing net*⟩ lastrar [2] (in statistics) (*often pass*) ponderar; **~ed average** media *f* ponderada *f*; **~ed index** índice *m* ponderado [3] (bias): **to be ~ed against/in favor of sb** perjudicar*/favorecer* a algn

(Phrasal verb)

- **weight down** [v + o + adv, v + adv + o] [1] ⟨*tarpaulin/papers*⟩ sujetar con algo pesado [2] ⟨*body*⟩ (to make it sink) ponerle* un lastre a

weight belt *n* cinturón *m* de pesas

weightily /'weɪtli/ *adv* con gravedad

weightiness /'weɪtinəs || 'weɪtinɪs/ *n* [u] [1] (of argument, problem) peso *m*, importancia *f* [2] (heaviness) peso *m*

weighting /'weɪtɪŋ/ *n* [1] (Math) coeficiente *m* de ponderación [2] (BrE) (Busn) suplemento *m or* prima *f or* plus *m* (salarial); **London ~** suplemento salarial por trabajar en Londres

weightless /'weɪtləs || 'weɪtlɪs/ *adj* ingrávido

weightlessness /'weɪtləsnəs || 'weɪtlɪsnɪs/ *n* [u] ingravidez *f*

weightlifter /'weɪtˌlɪftər || 'weɪtˌlɪftə(r)/ *n* levantador, -dora *m,f* de pesas, halterófilo, -la *m,f*, pesista *mf* (Andes)

weightlifting /'weɪtˌlɪftɪŋ/ *n* [u] levantamiento *m* de pesas, halterofilia *f*; **to do ~** hacer* pesas

weight training *n* [u] entrenamiento *m* con pesas; **to do ~ ~** hacer* pesas

weight watcher *n* persona *m* que cuida la línea

weight-watching /'weɪtˌwɑ:tʃɪŋ || 'weɪtˌwɒtʃɪŋ/ *n* [u] cuidado *m* del peso *or* de la línea

weighty /'weɪti/ *adj* **-tier, -tiest** [1] (important, substantial) ⟨*argument*⟩ de peso, importante; ⟨*matter*⟩ importante; ⟨*problem*⟩ serio, importante [2] (heavy) (frml or liter) pesado; **the ~ cares of state** las onerosas responsabilidades de gobierno

Weil's disease /vaɪlz/ *n* [u] enfermedad *f* de Weil, leptopirosis *f* ictérica (téc)

weir /wɪr || wɪə(r)/ *n* [1] (dam) presa *f* [2] (trap) encañizada *f*

weird /wɪrd || wɪəd/ *adj* **-er, -est** [1] (strange) (colloq) ⟨*person/clothes/idea*⟩ raro, extraño; **all sorts of ~ and wonderful things** las cosas más increíbles; **she gave us some ~ and wonderful explanation** nos dio una explicación inverosímil [2] (unearthly) ⟨*apparition/happenings/figure*⟩ misterioso

(Phrasal verb)

- **weird out** [v + o + adv] (AmE) (colloq): **~ sb out** dejar patitieso *or* patidifuso a algn (fam)

weirdly /'wɪrdli || 'wɪədli/ *adv* [1] (strangely) (colloq) ⟨*behave/dress*⟩ de manera rara *or* extraña [2] (fantastically) fantásticamente

weirdo /'wɪrdəʊ || 'wɪədəʊ/ *n* (*pl* **-os**) (colloq) bicho *m* raro (fam)

welch /weltʃ/ *vi* ▸**welsh**

welcome¹ /'welkəm/ *interj* bienvenido; **~ home/to Chicago!** ¡bienvenido a casa/a Chicago!; **~ back!** me alegro de que hayas vuelto

welcome² *adj* **1** (gladly received) ‹*guest*› bienvenido; ‹*change/news*› grato; **you're always ~ here** aquí siempre eres bienvenido, ésta es tu casa; **he knows how to make people feel ~** sabe acoger a la gente; **I didn't feel ~** sentí que no era bien recibido, sentí que mi presencia no le (*or* les) era grata (frml); **the extra money will be most ~** el dinero extra vendrá muy bien *or* será muy bien recibido; **an extra pair of hands is always ~** siempre se agradece la ayuda de alguien más; **it was a ~ relief** fue un gran alivio **2** (freely permitted) **to be ~ to + INF: you're ~ to use the phone** el teléfono está a tu disposición; **you're ~ to borrow my racket** yo te presto mi raqueta encantado *or* con mucho gusto; **you're very ~ to stay the night** te puedes quedar a dormir sin ningún problema(, yo encantado); **to be ~ TO sth: you're ~ to these books** puedes llevarte estos libros, si quieres; **you like kids? take mine, you're ~ to them!** ¿te gustan los niños? ¡llévate los míos, te los regalo!; **she's ~ to try** que pruebe, si quiere **3** (responding to thanks): **you're ~!** ¡de nada!, ¡no hay de qué!

welcome³ *vt* ‹*visitor/delegation*› (greet) darle* la bienvenida a; (receive): **he was warmly ~d by her family** su familia le dio una calurosa acogida; **they ~d me with open arms** me recibieron con los brazos abiertos; **she ran to the door and ~d them in** corrió a la puerta y los hizo pasar dándoles la bienvenida; **this news is to be ~d** es para alegrarse de esta noticia; **I'd ~ a change of scene** no me vendría mal un cambio de aires; **we would ~ any advice you can give us** le agradeceríamos cualquier consejo que pudiera darnos

welcome⁴ *n* bienvenida *f*, recibimiento *m*, acogida *f*; **to give sb a warm ~** acoger* a algn calurosamente, darle* a algn una calurosa bienvenida *or* acogida *or* un caluroso recibimiento; **to give sb a cold ~** recibir a algn con frialdad; **the proposal had a frosty ~ from the union** la propuesta tuvo una fría acogida por parte del sindicato; **let's have a big ~ for Frank Detroit!** ¡un gran aplauso para Frank Detroit!; ***to outstay*** *o* ***overstay*** *o* ***wear out one's ~***: **I don't want to outstay my ~** no quiero abusar de su (*or* tu *etc*) hospitalidad; (*before n*): **to roll out the ~ wagon (for sb)** (AmE) recibir a algn como a un príncipe

welcoming /ˈwelkəmɪŋ/ *adj* **1** ‹*ceremony/delegation*› de bienvenida *or* recibimiento **2** ‹*smile/hug*› acogedor, cordial; **the little bar looked very ~** el barcito parecía muy acogedor

weld¹ /weld/ *vt* **1** ‹*metal/joint/crack*› soldar*; **you have to ~ the plates (together)** hay que soldar las placas **2** (unite) unificar*, amalgamar

■ **weld** *vi* soldar*

weld² *n* soldadura *f*

welder /ˈweldər || ˈweldə(r)/ *n* **1** (person) soldador, -dora *m,f* **2** (device) soldadora *f*

welding /ˈweldɪŋ/ *n* [u] soldadura *f*; (*before n*): **~ torch** soplete *m* de soldar

welfare /ˈwelfer || ˈwelfeə(r)/ *n* [u]
A (well-being) bienestar *m*
B (Soc Adm) **1** (assistance) asistencia *f* social; **child ~** protección *f* a la infancia; (*before n*) ‹*program*› de asistencia social; **~ organization** organización *f* de asistencia social **2** (payment) (AmE) prestaciones *fpl* sociales; **to be on ~** recibir prestaciones de la seguridad social

> **Welfare**
>
> En EEUU el término "welfare" y "welfare programs" se usa para referirse a las distintas formas de ayuda gubernamental a disposición de los pobres, los enfermos, los desempleados y otras personas desfavorecidas. Los programas incluyen *Medicare* y *Medicaid* y *Food Stamps*.

welfare services *pl n* servicios *mpl* sociales

welfare state *n* estado *m* de bienestar, estado *m* benefactor

welfarism /ˈwelferɪzəm || ˈwelfeərɪzəm/ *n: políticas y posturas ideológicas asociadas con el estado de bienestar*

well¹ /wel/ *adv* (*comp* **better** *superl* **best**)
A (to high standard, satisfactorily) ‹*sing/write/work*› bien; **I can't swim as ~ as he can** no sé nadar tan bien como él; **he's managing as ~ as can be expected** se las arregla bien dentro de lo que cabe; **I explained it as ~ as I could** lo expliqué lo mejor que pude; **~ said!** ¡bien dicho!; **to do ~: you did very ~** lo hiciste muy bien; **he's doing very ~** le van muy bien las cosas; **she did ~ in history** le fue muy bien en historia; **I think I did quite ~ to get 30%** creo que no estuve nada mal sacándome el 30%; **mother and baby are both doing ~** madre e hijo se encuentran muy bien; **he's done ~ for himself** se ha sabido forjar una posición; **~ done!** ¡así se hace!, ¡muy bien!; **to go ~** «*performance/operation*» salir* bien; **to live ~** vivir bien; ▸**worth¹ 2**
B (thoroughly) ‹*wash/dry/know*› bien; **I can ~ understand your concern** entiendo perfectamente su preocupación; **it was ~ worth the effort** realmente valió la pena; **I'm only too ~ aware of the danger** me doy perfecta cuenta del peligro, tengo plena conciencia del peligro; **he knows only too ~ that ...** bien sabe *or* sabe de sobra que ...; **~ and truly** (colloq): **our team was ~ and truly beaten** nuestro equipo recibió una soberana paliza (fam); **I'm ~ and truly fed up** estoy requeteharto (fam); **he was ~ and truly drunk** estaba pero bien borracho *or* completamente borracho; ***to be ~ away*** (colloq): **the thieves will be ~ away by now** los ladrones ya deben estar lejos; **two beers and he's ~ away** (BrE) con dos cervezas le alcanza para ponerse alegre
C **1** (considerably) (*no comp*) bastante; **I was home ~ before two** llegué a casa bastante antes de las dos; **until ~ into the next century** hasta bien entrado el siglo que viene **2** (with justification): **how did he pay for it? — you may ~ ask!** ¿y cómo lo pagó? — ¡muy buena pregunta!; **she was horrified, as ~ she might be** se horrorizó, y con razón; **she couldn't very ~ deny it** ¿cómo iba a negarlo?
D **1** (advantageously) ‹*marry*› bien; **to do ~ to + INF** hacer* bien en + INF, deber + INF; **you'd do ~ to bear that in mind** harías bien en *or* deberías tenerlo en cuenta; **she'd be ~ advised to see a lawyer** sería aconsejable que consultara a un abogado; **to come off ~** *o* **do ~ out of sth** salir* bien parado de algo; **I'm ~ out of that job** gracias a Dios me libré de aquel trabajo **2** (favorably): **to speak ~ of sb** hablar bien de algn; **to think ~ of sb** tener* buena opinión de algn
E (*in phrases*) **1** **as well** (in addition) también; **are they coming as ~?** ¿ellos también vienen?; **and she lied to me as ~!** ¡y además me mintió! **2** **as well as** (in addition to) además de; **he designs as ~ as makes them** además de hacerlos los diseña; **as ~ as that, there's the question of money** aparte *or* además de eso está la cuestión del dinero; **at night as ~ as during the day** tanto de noche como durante el día; **I can't carry his bags as ~ as my own** no puedo llevar mis maletas y las suyas **3** **may/might as well: I might as ~ not bother, for all the notice they take** para el caso que me hacen, no sé por qué me molesto *or* no vale la pena que me moleste; **why don't we finish it while we're at it? — we may as ~!** ¿ya que estamos por qué no lo terminamos? — pues sí ¿por qué no?; **now you've told him, you may as ~ give it to him!** ahora que se lo has dicho dáselo ¿total?

well² *adj* (*comp* **better** *superl* **best**)
A (healthy) bien; **to be ~** estar* bien; **you look ~** tienes buena cara *or* buen aspecto; **how are you? — I'm very ~, thank you** ¿cómo estás? — muy bien, gracias; **he's not a ~ man** (BrE) no tiene muy buena salud; **get ~ soon!** ¡que te mejores!
B (pleasing, satisfactory) bien; **all is not ~** algo va mal; **is all ~ with your family?** ¿tu familia? ¿todos bien?; **that's all ~ and good, but ...** todo eso está muy bien, pero ...; **it's all very ~ for him to talk, but ...** él podrá decir todo lo que quiera pero ..., es muy fácil hablar, pero ...; ***all's ~ that ends well*** bien está lo que bien acaba; ▸**alone¹**
C **1** (desirable, advisable) (frml) conveniente; **it would be ~ if ...** sería conveniente que ... **2** **as well: it would be as ~ to keep this quiet** mejor no decir nada de esto; **it's just as ~ I've got some money with me** menos mal que llevo dinero encima; **I didn't see her this morning — that's just as ~** esta mañana no la vi — pues menos mal *or* mejor para ti

well³ *interj*
A **1** (introducing topic, sentence) bueno, bien; **~, shall we get started?** bueno *or* bien ¿empezamos?; **~ now** *o* **then, what's the problem?** a ver ¿qué es lo que pasa? **2** (continuing) bien, bueno; **~, as I was saying ...** bien *or* bueno, como iba diciendo ... **3** (expressing hesitation): **~, I'll have to think about it** pues no sé, tendré que pensarlo; **he's a bit, ~, you know, stupid** es un poco ... bueno tú ya sabes, tonto; **do you like it? — well ...** ¿te gusta? — pues *or* (esp AmL) este ...
B **1** (expressing surprise): **~, ~, ~! look who's here!** ¡vaya, vaya! *or* ¡anda! ¡mira quién está aquí!; **~, I never** *o* (BrE also) **never did!** (dated) ¡qué increíble!; **~, I'll be!** (AmE) ¡mira tú! **2** (expressing indignation) bueno; **~! if that's how you feel ... !** bueno, si eso es lo que piensas ...; **~! *he* can talk!** ¡mira quién para hablar! **3** (dismissively) ¡bah! **4** (expressing resignation) bueno; **(oh) ~, that's the way it goes** bueno ... ¡qué se le va a hacer!; **(oh) ~, you can always try again** bueno, hombre, se puede volver a intentar
C **1** (expressing expectation): **~? I'm listening** bien, tú dirás, ¿sí? te escucho; **~? who won?** bueno ¿y quién ganó? **2** (expressing skepticism) bueno; **(yes,) ~, that remains to be seen** (sí,) bueno, eso está por verse

well⁴ *n*
A **1** (for water) pozo *m*, aljibe *m* **2** (for oil, gas) pozo *m*
B **1** (for stairs) caja *f* or hueco *m* de la escalera **2** (for ventilation) (BrE) patio *m* (de luces *or* de luz), pozo *m* de aire **3** (in UK lawcourt) *área donde se sientan los abogados*
C (luck): **to wish sb ~** desearle suerte a algn

well⁵ *vi* «*water*» manar, brotar; **the tears ~ed to her eyes** se le llenaron los ojos de lágrimas

Phrasal verb

- **well up** [v + adv] (rise) «*water*» brotar, manar; **tears ~ed up in his eyes** los ojos se le llenaron de lágrimas; **he could feel the hatred ~ing up inside him** sentía cómo lo iba invadiendo el odio; **pity ~ed up in her heart** su corazón se llenó de piedad

well- /wel/ *pref* bien; **~made** bien hecho; **~paid** bien remunerado

we'll /wiːl/ **= we will, we shall**

well-adjusted /ˌweləˈdʒʌstəd || ˌweləˈdʒʌstɪd/ *adj* (*pred* **well adjusted**) (Psych) equilibrado

well-advised /ˌwelədˈvaɪzd/ *adj* (*pred* **well advised**) ‹*intervention*› acertado; **you would be well advised to seek legal advice** sería aconsejable *or* prudente que buscaras asesoramiento legal

well-aimed /ˈwelˈeɪmd/ *adj* (*pred* **well aimed**) certero

well-appointed /ˌweləˈpɔɪntəd || ˌweləˈpɔɪntɪd/ *adj* (*pred* **well appointed**) ‹*kitchen/house/office*› bien equipado, muy completo

well-argued /ˌwelˈɑːrgjuːd || ˌwelˈɑːgjuːd/ *adj* (*pred* **well argued**) bien argumentado

well-attended /ˌweləˈtendəd || ˌweləˈtendɪd/ *adj* (*pred* **well attended**) ‹*concert/exhibition*› muy concurrido, con mucho público; **the meeting was very ~ ~** asistió mucha gente a la reunión

well-baby clinic /ˌwelˈbeɪbi/ *n* (BrE) clínica *f* pediátrica

well-balanced /ˌwelˈbælənst/ *adj* (*pred* **well balanced**) ‹*person*› equilibrado; ‹*diet*› equilibrado, balanceado

well-behaved /ˌwelbɪˈheɪvd/ *adj* (*pred* **well behaved**) ‹*child*› que se porta bien, bueno; ‹*dog*› obediente

well-being /ˌwelˈbiːɪŋ/ *n* [u] bienestar *m*

wellborn /ˌwelˈbɔːrn ‖ ˌwelˈbɔːn/ *adj* de alta cuna

well-bred /ˌwelˈbred/ *adj* (*pred* **well bred**) distinguido, fino

well-built /ˌwelˈbɪlt/ *adj* (*pred* **well built**) 1 ‹*house/ship*› bien construido 2 ‹*person*› fornido

well-chosen /ˈwelˌtʃəʊzn/ *adj* (*pred* **well chosen**) ‹*gift*› bien elegido *or* escogido; ‹*remarks*› bien elegido *or* escogido, muy apropiado; **I gave him a few ~ words!** ¡le dije cuatro cosas bien dichas!

well-connected /ˌwelkəˈnektəd ‖ ˌwelkəˈnektɪd/ *adj* (*pred* **well connected**) bien relacionado *or* conectado

well-constructed /ˌwelkənˈstrʌktəd ‖ ˌwelkənˈstrʌktɪd/ *adj* (*pred* **well constructed**) bien construido

well-defined /ˌweldɪˈfaɪnd/ *adj* (*pred* **well defined**) ‹*shapes*› bien definido, nítido; ‹*duties/limits*› bien definido

well-deserved /ˌwelˈdɪzɜːrvd ‖ ˌweldɪˈzɜːvd/ *adj* (*pred* **well deserved**) bien merecido

well-developed /ˌweldɪˈveləpt/ *adj* (*pred* **well developed**) (muy) desarrollado

well-disciplined /ˌwelˈdɪsəplənd ‖ ˌwelˈdɪsɪplɪnd/ *adj* (*pred* **well disciplined**) bien disciplinado

well-disposed /ˌweldɪˈspəʊzd/ *adj* (*pred* **well disposed**) dispuesto a colaborar (*or* ayudar *etc*); **she seems ~ ~ toward our request** parece (estar) dispuesta a acceder a nuestra petición

well-documented /ˌwelˈdɑːkjəmentəd ‖ ˌwelˈdɒkjʊmentɪd/ *adj* (*pred* **well documented**) bien documentado

well-done /ˈwelˈdʌn/ *adj* (*pred* **well done**) 1 (Culin) ‹*meat*› bien cocido *or* (Esp) muy hecho 2 ‹*essay/play*› bien hecho

well-dressed /ˈwelˈdrest/ *adj* (*pred* **well dressed**) bien vestido

well-earned /ˈwelˈɜːrnd ‖ ˌwelˈɜːnd/ *adj* (*pred* **well earned**) bien merecido

well-educated /ˌwelˈedʒəkeɪtəd ‖ ˌwelˈedjʊkeɪtɪd/ *adj* (*pred* **well educated**) culto, instruido

well-endowed /ˌwelɪnˈdaʊd/ *adj* (*pred* **well endowed**) 1 ‹*college/museum*› bien provisto (de fondos) 2 (euph) ‹*woman*› bien dotada, con una buena delantera (fam); ‹*man*› bien dotado

well-equipped /ˌwelɪˈkwɪpt/ *adj* (*pred* **well equipped**) bien equipado

well-established /ˌwelɪsˈtæblɪʃt/ *adj* (*pred* **well established**) ‹*principle/theory*› bien arraigado; ‹*tradition*› de mucho arraigo; ‹*practice*› bien establecido

well-favored, (BrE) **well-favoured** /ˌwelˈfeɪvərd ‖ ˌwelˈfeɪvəd/ *adj* (*pred* **well favored**) (dated) bien parecido (ant)

well-fed /ˌwelˈfed/ *adj* (*pred* **well fed**) bien alimentado

well-fixed /ˌwelˈfɪksd/ *adj* (AmE colloq) ▸ **well-heeled**

well-formed /ˌwelˈfɔːrmd ‖ ˌwelˈfɔːmd/ *adj* ‹*sentence*› gramaticalmente correcto

well-founded /ˌwelˈfaʊndəd ‖ ˌwelˈfaʊndɪd/ *adj* (*pred* **well founded**) bien fundado, justificado

well-groomed /ˈwelˈgruːmd/ *adj* (*pred* **well groomed**) 1 ‹*person*› bien arreglado; ‹*hair*› bien peinado 2 ‹*horse/garden*› bien cuidado

wellhead /ˈwelhed/ *n* 1 (of stream) manantial *m* 2 (origin) manantial *m*, fuente *f*

well-heeled /ˌwelˈhiːld/ *adj* (*pred* **well heeled**) (colloq) platudo (AmS fam), de pelas (Esp fam); **they're ~ ~** tienen plata *or* (Esp) pelas *or* (Méx) lana (fam)

well-hung /ˌwelˈhʌŋ/ *adj* (*pred* **well hung**) 1 (BrE) (Culin) bien manido 2 (sl) ‹*man*› bien dotado

wellie /ˈweli/ *n* (BrE colloq) ▸ **welly**

wellies *pl of* **welly**

well-informed /ˌwelɪnˈfɔːrmd ‖ ˌwelɪnˈfɔːmd/ *adj* bien informado; **to be ~ about sth** estar* muy informado sobre algo, estar* muy al corriente *or* (CS tb) muy interiorizado de algo

wellington (boot) /ˈwelɪŋtən/ *n* 1 (military boot) bota *f* (*de uniforme militar*) 2 (short boot) (AmE) botín *m*, bota *f* (*corta*) 3 (gumboot) (BrE) bota *f* de goma *or* de agua *or* de lluvia, catiusca *f* (Esp)

well-intentioned /ˌwelɪnˈtenʃənd ‖ ˌwelɪnˈtenʃənd/ *adj* (*pred* **well intentioned**) bienintencionado; **to be ~ ~** tener* buenas intenciones

well-judged /ˌwelˈdʒʌdʒd/ *adj* (*pred* **well judged**) bien calculado

well-kept /ˌwelˈkept/ *adj* (*pred* **well kept**) 1 ‹*house/lawns*› bien cuidado; ‹*person*› muy arreglado 2 ‹*secret*› bien guardado

well-knit /ˌwelˈnɪt/ *adj* (*pred* **well knit**) ‹*person/body*› fornido

well-known /ˌwelˈnəʊn/ *adj* (*pred* **well known**) ‹*person*› conocido, famoso; **it's a ~ fact** todo el mundo lo sabe; **it is ~ ~ that …** es bien sabido que …

well-liked /ˈwelˈlaɪkt/ *adj* (*pred* **well liked**) muy querido, muy gustado (AmL)

well-made /ˈwelˈmeɪd/ *adj* (*pred* **well made**) bien hecho

well-mannered /ˌwelˈmænərd ‖ ˌwelˈmænəd/ *adj* (*pred* **well mannered**) de buenos modales, educado

well-matched /ˈwelˈmætʃt/ *adj* (*pred* **well matched**) ‹*teams/performances*› del mismo nivel, muy parejo; **Donna and Joe are ~ ~** Donna y Joe hacen buena pareja

well-meaning /ˌwelˈmiːnɪŋ/ *adj* (*pred* **well meaning**) ‹*person*› bienintencionado; **he's ~ ~, but …** lo hace con la mejor intención, pero …

well-meant /ˌwelˈment/ *adj* (*pred* **well meant**) ‹*advice/help*› dado con la mejor intención

wellness /ˈwelnəs ‖ ˈwelnɪs/ *n* [u] (AmE) bienestar *m* integral

wellness center, (BrE) **wellness centre** *n* centro *m* de bienestar integral

well-nigh /ˈwelnaɪ/ *adv* ‹*impossible/destitute*› prácticamente; ‹*impeccable*› casi

well-off /ˌwelˈɔːf ‖ ˌwelˈɒf/ *adj* (*pred* **well off**) ‹*banker/farmers*› adinerado, acomodado; **to be ~ ~ FOR sth** tener* cantidad DE algo

well-oiled /ˌwelˈɔɪld/ *adj* (*pred* **well oiled**) 1 ‹*machine*› bien engrasado 2 (drunk) (sl) como una cuba (fam)

well-organized /ˌwelˈɔːrgənaɪzd ‖ ˌwelˈɔːgənaɪzd/ *adj* (*pred* **well organized**) bien organizado

well-padded /ˌwelˈpædəd ‖ ˌwelˈpædɪd/ *adj* (*pred* **well padded**) 1 ‹*chair/seating*› con bastante relleno 2 ‹*person*› (hum) rellenito

well-placed /ˌwelˈpleɪst/ *adj* (*pred* **well placed**) ‹*shot/throw*› certero; **it's very ~ ~ for the shops** está muy bien situado *or* (AmL tb) ubicado con respecto a las tiendas; **he's ~ ~ for promotion** tiene buenas perspectivas de ascenso; **they're very ~ ~ to influence the decision** en su situación tienen muchas posibilidades de influir en la decisión

well-preserved /ˌwelprɪˈzɜːrvd ‖ ˌwelprɪˈzɜːvd/ *adj* (*pred* **well preserved**) ‹*artefact/find*› en buen estado, bien conservado; **he is ~ ~** se conserva bien

well-qualified /ˌwelˈkwɑːləfaɪd ‖ ˌwelˈkwɒlɪfaɪd/ *adj* (*pred* **well qualified**) bien calificado *or* (Esp) cualificado

well-read /ˌwelˈred/ *adj* (*pred* **well read**) ‹*person*› culto, instruido; **she's extremely ~ ~ in French literature** ha leído muchísima literatura francesa

well-received /ˌwelrɪˈsiːvd/ *adj* (*pred* **well received**) bien recibido, bienvenido

well-respected /ˌwelrɪˈspektəd ‖ ˌwelrɪˈspektɪd/ *adj* (*pred* **well respected**) muy respetado, bien respetado

well-rounded /ˌwelˈraʊndəd ‖ ˌwelˈraʊndɪd/ *adj* (*pred* **well rounded**) 1 ‹*life/education*› completo, equilibrado; ‹*person*› polifacético 2 ‹*figure/woman*› curvilíneo

well-spent /ˈwelˈspent/ *adj* (*pred* **well spent**) ‹*money*› bien gastado; ‹*time*› bien aprovechado

well-spoken /ˌwelˈspəʊkən/ *adj* (*pred* **well spoken**) ‹*person*› de habla educada; **he's very ~ ~** tiene buen acento *or* buena dicción

wellspring /ˈwelsprɪŋ/ *n* (frml) fuente *f*

well-stacked /ˌwelˈstækt/ *adj* (*pred* **well stacked**) (BrE sl) pechugona (fam), con buena delantera (fam)

well-stocked /ˌwelˈstɑːkt ‖ ˌwelˈstɒkt/ *adj* (*pred* **well stocked**) ‹*store/fridge*› bien surtido; ‹*lake/stream*› lleno de peces; ‹*library*› muy completo

well-thought-of /ˌwelˈθɔːtˌɑːv ‖ ˌwelˈθɔːtˌɒv/ *adj* (*pred* **well thought of**) ‹*company*› de prestigio, de buen nombre; **he is ~ ~ ~** está muy bien considerado *or* conceptuado

well-thought-out /ˌwelθɔːtˈaʊt/ *adj* (*pred* **well thought out**) ‹*plan/argument*› bien desarrollado; ‹*policy*› bien planeado *or* planificado

well-thumbed /ˌwelˈθʌmd/ *adj* (*pred* **well thumbed**) muy usado, bien sobado (hum)

well-timed /ˌwelˈtaɪmd/ *adj* (*pred* **well timed**) oportuno

well-to-do /ˌweltəˈduː/ *adj* ‹*businessman/family*› adinerado, acaudalado; ‹*neighborhood*› de gente adinerada

well-traveled, (BrE) **well-travelled** /ˌwelˈtrævəld/ *adj* (*pred* **well traveled** BrE **well travelled**) 1 ‹*person*› muy viajado, que ha viajado mucho, que ha visto mucho mundo 2 ‹*route*› muy frecuentado

well-tried /ˈwelˈtraɪd/ *adj* (*pred* **well tried**) ‹*method/tactic*› muy comprobado; ‹*recipe*› muy probado

well-trodden /ˈwelˌtrɑːdn ‖ ˈwelˌtrɒdn/ *adj* trillado

we'll've /ˈwiːləv/ = **we shall have, we will have**

well-wisher /ˈwelˌwɪʃər ‖ ˈwelˌwɪʃə(r)/ *n*: **she received lots of cards from ~s** recibió muchas tarjetas en que le deseaban una pronta recuperación (*or* mucha felicidad *etc*)

well-woman clinic /ˌwelˈwʊmən/ *n* (BrE) (Med) *clínica de medicina preventiva para la mujer*

well-worn /ˈwelˈwɔːrn ‖ welˈwɔːn/ *adj* (*pred* **well worn**) 1 ‹*coat/carpet*› muy gastado 2 ‹*phrase*› muy trillado *or* manido; ‹*excuse*› poco original

welly /ˈweli/ *n* (*pl* **-lies**) 1 [c] (BrE) (Clothing) (colloq) ▸ **wellington (boot) 3** 2 [u] (effort) (sl): **give it some ~!** ¡mete pa'lante! (fam)

welsh /welʃ/ *vi* (colloq) **to ~ ON sth/sb**: **she ~ed on the debt** se hizo la sueca y no pagó la deuda (fam); **he'll ~ on you** te va a fallar, no va a cumplir lo que te prometió

Welsh[1] /welʃ/ *adj* galés

Welsh[2] *n* 1 [u] (language) galés *m* 2 (people) (+ *pl vb*): **the ~** los galeses

Welsh

El idioma galés (*Cymraeg*) hoy comparte con el inglés cierta oficialidad administrativa en Gales. De origen céltico como el bretón y el córnico, sigue siendo la lengua materna de más del 20% de la población galesa, y ha experimentado un resurgimiento durante los últimos cuarenta años. Se estudia como materia obligatoria en la mayor parte de los colegios de Gales. Los letreros y otras señales de las ciudades aparecen normalmente en inglés y galés, al menos en teoría y según el antojo de cada ayuntamiento.

Welsh Assembly - National Assembly for Wales (NAfW)

La Asamblea Nacional de Gales, que empezó a funcionar en 1999 en la capital galesa, Cardiff, posee poderes legislativos secundarios limitados. A diferencia del Parlamento Escocés no se le ha otorgado el derecho a variar el tipo básico del impuesto sobre la renta. De sus 60 diputados (*Assembly Members* o *AMs*), 40 son elegidos directamente y los otros 20 a través de listas regionales por medio del sistema de representación proporcional.

Welsh dresser *n* (BrE) *aparador con estantes abiertos en la parte superior*

Welsh harp *n* arpa *f*‡ galesa

Welshman /ˈwelʃmən/ *n* (*pl* **-men** /-mən/) galés *m*

Welsh Office *n* Ministerio *m* para Gales

Welsh rabbit, (AmE) **Welsh rarebit,** (BrE) /ˈrerbət || ˈreəbɪt/ *n* [u c]: *tostada con queso derretido*

Welsh Secretary *n* Ministro *m* para Gales

Welsh terrier *n* welsh terrier *m*, terrier *m* galés

Welshwoman /ˈwelʃˌwʊmən/ *n* (*pl* **-women**) galesa *f*

welt /welt/ *n*
A (weal) verdugón *m*
B 1 (on shoe) vira *f* 2 (border, seam) ribete *m*, vivo *m*

welted /ˈweltəd || ˈweltɪd/ *adj* ribeteado

welter /ˈweltər || ˈweltə(r)/ *n* (*no pl*) (of facts, details) fárrago *m*, maremágnum *m*; **a ~ of jargon** un galimatías; **a ~ of blood and gore** un mar de sangre

welterweight /ˈweltərweɪt || ˈweltəweɪt/ *n* peso *m* welter, peso *m* medio-mediano

wench¹ /wentʃ/ *n* (arch *or* hum) moza *f* (ant), muchacha *f*; **a serving ~** una criada *or* una sirvienta

wench² *vi*: **to go ~ing** (arch *or* hum) putañear (fam & ant)

wend /wend/ *vt*: ***to ~ one's way***: **they ~ed their way home** se pusieron en camino a casa

Wendy house /ˈwendi/ *n* (BrE) casita *f* de juguete

went /went/ *past of* **go¹**

wept /wept/ *past & past p of* **weep¹**

were /wɜːr *weak form* /wər || wɜː(r) *weak form* /wə(r)/ 1 *2nd pers sing past ind of* **be** 2 *1st, 2nd & 3rd pers pl past ind of* **be** 3 *subjunctive of* **be**

we're /wɪr || wɪə(r)/ **= we are**

weren't /wɜːrnt || wɜːnt/ **= were not**

werewolf /ˈwɪrwʊlf, ˈwer- || ˈwɪəwʊlf, ˈweə-/ *n* (*pl* **-wolves**) hombre *m* lobo, lobizón *m* (Per, RPI)

wert /wɜːrt || wɜːt/ (arch *or* dial) *2nd pers sing past of* **be**

west¹ /west/ *n* [u]
A 1 (point of the compass, direction) oeste *m*; **the ~,, the W~** el oeste, el Oeste; **it lies to the ~ of the city** está al oeste de la ciudad; **the wind is blowing from** *o* **is in the ~** el viento sopla *or* viene del oeste *or* Oeste; **it faces the ~** da *or* mira al oeste; **~ by north** oeste cuarta al noroeste; **~-north~** oesnoroeste 2 (region): **the ~, the W~** el oeste; **the ~ of Europe** el oeste de Europa; **a town in the ~ of Wales** una ciudad del *or* en el oeste de Gales
B **the West** 1 (the Occident) (el) Occidente *m* 2 (Pol, Hist) el Oeste 3 (in US) el Oeste (americano)
C **West** (in bridge) Oeste *m*

west² *adj* (*before n*) ‹*face/gate*› oeste *adj inv*, occidental; ‹*wind*› del oeste

west³ *adv* al oeste; **the house faces ~** la casa da *or* está orientada al oeste; **we sailed ~** navegamos hacia el *or* en dirección oeste; **~ OF sth** al oeste DE algo; **it is ~ of Atlanta** está al oeste de Atlanta; **out ~** (in US) en el oeste; ***to go ~*** (BrE colloq) ‹‹*thing/chance*›› irse* al garete (fam)

West Africa *n* África *f*‡ Occidental

West Bank *n*: **the ~ ~** Cisjordania *f*

West Berlin *n* (Hist) Berlín *m* Occidental

westbound /ˈwestbaʊnd/ *adj* ‹*traffic/train*› que va (*or* iba *etc*) hacia el *or* en dirección oeste

West Country *n* (in UK): **the ~ ~** el West Country (*el sudoeste de Inglaterra, esp los condados de Cornualles, Devon y Somerset*)

West End *n* (in UK): **the ~ ~ (of London)** el West End (de Londres)

West End

El *West End (of London)* es el sector oeste central de Londres donde se encuentran los principales almacenes, cines, teatros, restaurantes de moda etc.

westerly¹ /ˈwestərli || ˈwestəli/ *adj* ‹*wind*› del oeste

westerly² *n* (*pl* **-lies**) viento *m* del oeste

western¹ /ˈwestərn || ˈwestən/ *adj* 1 (Geog) oeste *adj inv*, del oeste, occidental; **the ~ areas of the country** las zonas oeste *or* occidentales del país 2 (occidental) occidental 3 (Pol) ‹*observer/politician*› occidental 4 (of US West) del oeste, de los estados del oeste

western² *n* western *m*, película *f* (*or* novela *f etc*) del Oeste *or* de vaqueros

Westerner, westerner /ˈwestərnər || ˈwestənə(r)/ *n* 1 (person from west) *nativo o habitante del oeste del país o de la región* 2 (occidental) occidental *mf*

Western European Union *n* (EU) Unión *f* Europea Occidental

westernization /ˌwestərnəˈzeɪʃən || ˌwestənaɪˈzeɪʃən/ *n* [u] occidentalización *f*

westernize /ˈwestərnaɪz || ˈwestənaɪz/ *vt* ‹*person/society*› occidentalizar*

westernized /ˈwestərnaɪzd || ˈwestənaɪzd/ *adj* ‹*person/society*› occidentalizado; **to become ~** occidentalizarse*

westernmost /ˈwestərnməʊst || ˈwestənməʊst/ *adj* (*before n*) ‹*town/island*› más al oeste; **the ~ point of the country** el extremo occidental *or* oeste del país

West German¹ *adj* de la Alemania Occidental

West German² *n* alemán, -mana *m,f* occidental

West Germany *n* (Hist) Alemania *f* Federal *or* Occidental

West Indian¹ *adj* antillano; (in UK) afroantillano

West Indian² *n* antillano, -na *m,f*; (in UK) afroantillano, -na *m,f*

West Indies /ˈɪndiz/ *pl n*: **the ~ ~** las Antillas

Westminster /ˈwestˌmɪnstər || ˈwestˌmɪnstə(r)/ *n* Westminster (*el parlamento británico*)

Westminster

Un barrio central de Londres en el que se encuentran muchos de los principales edificios del gobierno, como son el Parlamento ▸**Houses of Parliament** y la residencia del Primer Ministro en *Downing Street*, al igual que la Abadía de Westminster (*Westminster Abbey*). A menudo la prensa utiliza el término "Westminster" para referirse al Parlamento británico.

West Point *n* (in US) (la academia militar de) West Point

west-southwest¹ /ˌwestsaʊθˈwest/ *adj* al oeste-sudoeste

west-southwest² *n* oeste-sudoeste

west-southwest³ *adv* hacia el oeste-sudoeste

westward¹ /ˈwestwərd || ˈwestwəd/, **westwardly** /-li/ *adj* (*before n*): **in a ~ direction** hacia el oeste, en dirección oeste

westward², (BrE) **westwards** /-z/ *adv* ‹*drive/travel*› hacia el oeste; **~ OF sth** al oeste DE algo

wet¹ /wet/ *adj* **-tt-**
A 1 (moist) ‹*floor/grass/hair/clothes*› mojado; (damp) húmedo; ‹*concrete/plaster*› blando; **your clothes are ~ through** tienes la ropa empapada; **you are ~ through** estás calado hasta los huesos, estás empapado; ⊗ **wet paint** pintura fresca *or* recién pintado *or* (Esp tb) ojo, pinta; **~ WITH sth** mojado DE algo; **her shirt was ~ with sweat** tenía la camisa mojada de sudor; **her eyes were ~ with tears** tenía los ojos llenos de lágrimas; **to get ~** mojarse; **you'll get ~** te vas a mojar; **he got his feet ~** se mojó los pies; **don't let your camera get ~** que no se te moje la cámara; ***to be all ~*** (AmE colloq) estar* totalmente equivocado 2 ▸ⓘ **p.1878** (rainy) ‹*weather/day/spring*› lluvioso; **it's too ~ to go out** llueve demasiado como para salir; **it's been very ~** ha llovido mucho
B (allowing sale of alcohol) (AmE colloq) no prohibicionista
C (ineffectual, foolish) (BrE colloq) apocado, timorato; ‹*story/film*› soso (fam)

wet² *vt* (*pres p* **wetting**; *past & past p* **wet** *or* **wetted**) mojar; (dampen) humedecer*; **to ~ one's lips** mojarse/humedecerse* los labios; **to ~ the bed** mojar la cama, hacerse* pipí *or* pis en la cama; **to ~ oneself** orinarse, hacerse* pipí *or* pis (encima) (fam), mearse (fam *o* vulg); **I nearly ~ myself laughing** (colloq) casi me meo de la risa (fam *o* vulg)

wet³ *n*
A 1 (wetness) (*no pl*): **there was a patch of ~ on the mattress** el colchón estaba mojado 2 (rain) (colloq): **come in out of the ~** entra, no te quedes ahí bajo la lluvia
B [c] (ineffectual person) (BrE colloq) timorato, -ta *m,f*; **a Tory ~** (in UK) un conservador moderado

wetback /ˈwetbæk/ *n* (AmE colloq & pej) espalda *mf* mojada, mojado, -da *m,f*

wet blanket *n* (colloq) aguafiestas *mf* (fam)

wet dream *n* (colloq) sueño *m* húmedo, polución *f* nocturna

wet fish *n* pescado *f* fresco

wet fly *n* (*pl* **~ flies**) mosca *f* húmeda *or* mojada

wether /ˈweðər || ˈweðə(r)/ *n* carnero *m* castrado

wetland /ˈwetlænd, -lənd || ˈwetlənd/ *n* [u] (*often pl*) humedal *m*

wetness /ˈwetnəs || ˈwetnɪs/ *n* [u] 1 (of surface, material) lo mojado 2 (of weather) lo lluvioso

wet-nurse /ˈwetnɜːrs || ˈwetnɜːs/ *vt* ‹*child*› amamantar; ‹*person*› mimar; ‹*industry*› proteger*

wet nurse *n* ama *f*‡ de cría *or* de leche, nodriza *f*

wet rot *n* [u]: *podredumbre de la madera causada por un hongo*

wet shave *n* afeitado *m or* rasurado (esp Méx) húmedo

wet suit *n* traje *m* de neoprene *or* de neopreno

wetting agent *n* agente *m* humectante

wet-weather /ˈwetˌweðər || ˈwetˌweðə(r)/ *adj* (*before n*) ‹*clothing/shoes*› para la lluvia; ‹*program*› en caso de lluvia

WEU *n* (**= Western European Union**) UEO *f*

we've /wiːv/ **= we have**

whack¹ /hwæk || wæk/ *n*
A (blow) golpe *m*, porrazo *m*; (sound) ¡zas!; **she gave him a ~ with the book/umbrella/broom** le dio un golpe *or* un porrazo con el libro/un paraguazo/un escobazo
B (colloq) 1 (share) parte *f*; **they all want their ~** todos quieren su parte *or* (fam) su tajada; ***the full ~*** el total; ***out of ~*** hecho un desastre 2 (attempt) tentativa *f*, intento *m*; **have another ~ at it** haz otra tentativa *or* otro intento, vuelve a probar *or* a intentarlo; **he had a ~ at (breaking) the record** trató de *or* intentó batir el récord

W

whack² *vt* 1 (hit) golpear, aporrear; ‹*person*› pegarle* a; (spank) darle* una paliza a (fam); **I ~ed the ball into the air** mandé la pelota por los aires de un golpe 2 (murder) (AmE colloq) liquidar (fam), quitar de en medio (fam)

whacked-out /ˌhwækt'aʊt || ˌwækt'aʊt/ (BrE also) **whacked** *adj* (colloq) reventado (fam), hecho polvo (fam)

whacking /'hwækɪŋ || 'wækɪŋ/ *adj* (esp BrE colloq) bestial (fam), colosal (fam); **~ great/big** (*as adv*) bestial (fam), colosal (fam); **is that ~ great car yours?** ¿es tuyo ese cochazo? (fam); **a ~ big salary** un sueldazo (fam)

whacko /'hwækəʊ || 'wækəʊ/ *interj* (BrE colloq & dated) ¡yupi! (fam), ¡viva!

whacky /'hwæki || 'wæki/ ▸ **wacky**

whale /hweɪl || weɪl/ *n* (*pl* **~s** *or* **~**)

A (Zool) ballena *f*

B (colloq) (*as intensifier*): **we had a ~ of a time** lo pasamos bomba *or* genial (fam); **it's a ~ of a problem/pay increase** (esp AmE) es un tremendo problema/aumento de sueldo (fam)

whalebone /'hweɪlbəʊn || 'weɪlbəʊn/ *n* 1 [u] (Zool) barba *f* de ballena 2 [c] (in corsets etc) ballena *f*

whaler /'hweɪlər || 'weɪlə(r)/ *n* 1 (person) ballenero, -ra *m,f* 2 (ship) ballenero *m*

whaling /'hweɪlɪŋ || 'weɪlɪŋ/ *n* [u] caza *f or* pesca *f* de ballenas; (*before n*) ‹*vessel/industry*› ballenero

wham¹ /hwæm || wæm/ **-mm-** *vi* (colloq) pegar* con fuerza

■ **wham** *vt* pegarle* con fuerza a

wham² *n* zas *m*

wham³ *interj* ¡zas!

whammy /'hwæmi || 'wæmi/ *n* (*pl* **-mies**) (colloq) palo *m* (fam), revés *m*

whanau /'fɑːnaʊ/ *n* (NZ) (Sociol) familia *f* extendida

wharf /hwɔːrf || wɔːf/ *n* (*pl* **wharves** /hwɔːrvz/) muelle *m*, embarcadero *m*

what¹ /hwɑːt || wɒt/ *pron*

A (in questions) qué; **~'s that?** ¿qué es eso?; **~ caused the accident?** ¿qué causó el accidente?, ¿cuál fue la causa del accidente?; **~'s upstairs/in the cupboard?** ¿qué hay arriba/en el armario?; **~'s the problem/his address?** ¿cuál es el problema/su dirección?; **~ is 28 divided by 12?** ¿cuánto es 28 dividido (por) 12?; **~'s 'I don't understand' in Russian?** ¿cómo se dice 'no entiendo' en ruso?; **~ do you do? — I'm a teacher** ¿usted qué hace *or* en qué trabaja *or* a qué se dedica? —soy maestro; **~ do you mean?** ¿qué quieres decir?; **~ are you referring to?**, (frml) **to ~ are you referring?** ¿a qué se refiere?; **~ did you pay?** ¿cuánto pagaste?; **~'s the jacket made (out) of?** ¿de qué es la chaqueta?; **I threw it away — you did** *what*? lo tiré a la basura — *¿qué?*; **what?** (say that again) ¿cómo?, ¿qué?; (expressing disbelief) ¿qué?, ¿que qué?; **splendid weather, ~?** (BrE dated) un tiempo espléndido ¿no crees?; **~ musician? he plays piano in a bar!** (AmE colloq) ¡qué músico ni que músico! ¡toca el piano en un bar!

B (*in phrases*): **or what?** (colloq) ¿o qué?; **are you stupid, or ~?** ¿eres tonto o qué?; **are we lucky, or ~?** ¡qué suerte tenemos! ¿no?; **so what?** ¿y qué?; **what about**: **but ~ about the children?** y los niños ¿qué?; **~ about my work? — ~ about it ?** ¿y mi trabajo? — ¿y qué?; **you know Julie's boyfriend? — yes, ~ about him?** ¿conoces al novio de Julie? — sí ¿por qué?; **~ about spending the night here?** ¿qué tal si pasamos la noche aquí?; **~ about a cup of coffee?** ¿nos tomamos un café? ¿qué te parece?; **Walter can't come — ~ about Arthur?** Walter no puede venir — ¿y Arthur?; **what ... for**: **~'s this button for?** ¿para qué es este botón?; **~ are you complaining for?** ¿por qué te quejas?; ***to give sb ~ for*** (colloq) darle* una buena a algn (fam); **what have you** (colloq): **she sells postcards and souvenirs and ~ have you** vende postales, recuerdos y esas cosas *or* y demás; **what if**: **~ if she finds out?** ¿y si se entera?; **he said you owe him money — ~ if I do?** dijo que le debes dinero — y si es así ¿qué?; **what ... like**: **~'s she like?** ¿cómo es?; **~ does he look like?** ¿cómo es físicamente?, ¿qué aspecto tiene?; **~'s his new film like?** ¿qué tal es su nueva película?; **~'s the weather like?** ¿cómo está el tiempo? ¿qué tiempo hace?; **~'s the weather like in Peru?** ¿qué clima tiene Perú?; **what of**: **but ~ of the consequences?** ¿pero y las consecuencias?; **so we're not married: ~ of it?** no estamos casados ¿y qué?; **what's-her/-his/-its-name** (colloq): **go and ask ~'s-her-name next door** ve y pregúntale a la de al lado ¿cómo se llama?; **the ~'s-its-name** *o* **~-d'you call it is broken** la cosa ésa está rota (fam), el chisme ése está roto (Esp, Méx fam); **what with** entre; **~ with one thing and another, I haven't had time** entre una cosa y otra, no he tenido tiempo

C 1 (in indirect speech) qué; **tell me ~ happened** dime qué pasó; **she knows ~ to do** ella sabe qué hacer; **this is my assistant, he'll tell you ~'s ~ around here** éste es mi ayudante, él te pondrá al tanto de todo; **he's hopeless, he's got no idea ~'s ~** es un inútil, no tiene idea de nada; **guess ~, I'm going to Paris!** ¿a que no sabes? ¡me voy a París!; **(do) you know ~? I'll ask him for a raise!** ¿sabes qué? *or* ¿sabes qué te digo? ¡le voy a pedir aumento!; **I know ~; let's give Bob a call!** ¡ya sé! *or* ¡tengo una idea! ¡llamemos a Bob!; **(I'll) tell you ~: you pay for the food and I'll get the drinks** mira, tú pagas la comida y yo la bebida; **$50 worth of you know ~** $50 de ya sabes qué 2 (relative use) lo que; **they did ~ they could** hicieron lo que pudieron; **~ I don't understand is why ...** lo que no entiendo es por qué ...; **~ I did was (to) ask her** lo que hice fue preguntárselo; **~ it is to be young!** ¡lo que es la juventud!; **I don't know and, ~'s more, I don't care** no lo sé y lo que es más, no me importa

what² *adj*

A 1 (in questions) qué; **~ book are you reading?** ¿qué libro estás leyendo?; **~ color are the walls?** ¿de qué color son las paredes?; **~ parent would do that to his own child?** ¿qué (clase de) padre le haría eso a su propio hijo?; **~ more does he want?** ¿qué más quiere? 2 (in indirect speech) qué; **she didn't know ~ language they were speaking** no sabía en qué idioma estaban hablando 3 (all of the, any): **~ belongings they had were confiscated** les confiscaron todo lo que tenían; **~ few hotels there were were full** los pocos hoteles que había, estaban llenos; **~ little she owned, she left to her son** lo poco que tenía, se lo dejó a su hijo

B (in exclamations) qué; **~ a surprise!** ¡qué sorpresa!; **~ bad luck!** ¡qué mala suerte!; **~ lovely eyes!** ¡qué ojos más *or* tan bonitos!; **~ a friend you've turned out to be!** (iro) ¡valiente *or* vaya amigo has resultado ser tú!; **~ a lot of people!** ¡cuánta gente!, ¡qué cantidad de gente!

whate'er /hwɑːt'er || wɒt'eə(r)/ (poet) = **whatever**

whatever¹ /hwɑːt'evər || wɒt'evə(r)/ *pron*

A (in questions, exclamations) qué; **~ can have happened?** ¿qué (es lo que) puede haber pasado?, ¿qué diablos puede haber pasado? (fam); **~ is she doing?** ¿qué (es lo que) está haciendo?, ¿qué diablos está haciendo? (fam); **she resigned — ~ for?** renunció — ¿a santo de qué?; **~ next!** ¡ya es el colmo!, ¡lo que nos faltaba!

B 1 (no matter what): **~ you do, don't laugh!** hagas lo que hagas ¡no te vayas a reír!; **stay calm, ~ happens** no pierdas la calma pase lo que pase; **~ I say, he contradicts me** diga lo que diga, me contradice; **~ the consequences, we must act now** tenemos que actuar ahora, cualesquiera puedan ser las consecuencias; **she jogs every morning, ~ the weather** sale a hacer footing todas las mañanas, haga el tiempo que haga; **he talked about percentiles, ~ they are** habló de percentiles, que no tengo ni idea de qué son *or* (fam) de lo que son 2 (all that): **they let him do ~ he likes** lo dejan hacer todo lo que quiere; **here's $5: buy yourself a sandwich or ~** aquí tienes $5: cómprate un bocadillo o algo; **~ you say** lo que tú digas, como quieras

whatever² *adj* 1 (no matter what): **~ route you choose, you won't avoid the traffic** vayas por donde vayas, no te vas a escapar del tráfico; **don't give up, ~ doubts you may have** no renuncies, tengas las dudas que tengas; **if, for ~ reason, you decide not to go** si por cualquier motivo decides no ir; **all people, of ~ race or creed** todos, cualquiera sea su raza o credo 2 (any): **~ changes are necessary** los cambios que sean necesarios, cualquier cambio que sea necesario; **~ hopes she had must be fading now** las esperanzas que pueda haber tenido deben estar desvaneciéndose

whatever³ *adv* (*as intensifier*): **none/nothing ~** ninguno/nada en absoluto; **is there any hope ~ of a reconciliation?** ¿existe una mínima esperanza de reconciliación?; **I don't think there's any chance ~ of persuading them** creo que no hay absolutamente ninguna posibilidad de persuadirlos

whatnot /'hwɑːtnɑːt || 'wɒtnɒt/ *n* 1 (unspecified object) cuestión *f* (fam), chisme *m* (Esp, Méx fam), coso *m* (CS fam), vaina *f* (Col, Per, Ven fam); **they brought coats and blankets and ~** trajeron abrigos y mantas y qué sé yo qué más (fam) 2 (piece of furniture) estantería *f*

whatsit /'hwɑːtsət || 'wɒtsɪt/ *n* (colloq) cosa *f*, coso *m* (AmS fam), chisme *m* (Esp, Méx fam), vaina *f* (Col, Per, Ven fam)

whatsoever¹ /'hwɑːtsəʊ'evər || ˌwɒtsəʊ'evə(r)/ *pron* (liter): **~ your heart desires** todo lo que desees, fuere lo que fuere (liter)

whatsoever² *adj* (liter): **~ duties you may be called upon to perform** sean cuales fueren *or* cualesquiera que fueren las tareas que se le encomienden (liter); **at ~ hour of the day or night** a cualquier hora del día o de la noche

whatsoever³ *adv*: **is there any truth in these rumors? — none ~** ¿hay algo de cierto en estos rumores? — nada en absoluto *or* absolutamente nada

wheat /hwiːt || wiːt/ *n* [u] trigo *m*; **a field of ~** un trigal; ***to separate*** *o* ***winnow the ~ from the chaff*** separar *or* apartar el grano de la paja

wheaten /'hwiːtn || 'wiːtn/ *adj* de trigo

wheatgerm /'hwiːtdʒɜːrm || 'wiːtdʒɜːm/ *n* [u] germen *m* de trigo

wheatsheaf /'hwiːtʃiːf || 'wiːtʃiːf/ *n* gavilla *f or* haz *m* de trigo

wheedle /'hwiːdl || 'wiːdl/ *vt* 1 (coax, flatter) **to ~ sth OUT OF sb** sonsacarle* algo a algn; **she ~d the money out of him** le sonsacó el dinero, lo cameló para que le diera el dinero (Esp fam); **to ~ sb INTO -ING**: **she ~d me into going with her** me engatusó *or* (Esp tb) cameló para que la acompañara (fam); ***to ~ one's way into sb's affection/confidence*** conquistarse a algn/ganarse la confianza de algn a base de halagos 2 **wheedling** *pres p* ‹*tone/voice*› adulador

wheel¹ /hwiːl || wiːl/ *n*

A 1 (of vehicle) rueda *f*; ***to oil the ~s*** allanar el camino; ***to run on oiled ~s*** ir* *or* marchar sobre ruedas; ***to set*** *o* ***put (the) ~s in motion*** poner* las cosas en marcha; ***~s within ~s*** entresijos *mpl*; **there are ~s within ~s here** esto tiene más entresijos de lo que parece; ***to reinvent the ~*** reinventar la rueda 2 (*potter's ~*) torno *m* 3 (*roulette ~*) ruleta *f*; **the ~ of fortune** la rueda de la fortuna 4 (in torture): **the ~** la rueda

B (*steering ~ — of car*) volante *m*; (— of ship) timón *m*; **at the ~** (of car) al volante; (of ship) al timón; **there is now a new director at the ~** ahora hay un nuevo director al timón; **to take the ~** (in car) tomar *or* (esp Esp) coger* el volante; (on ship) tomar *or* (esp Esp) coger* el timón

C **wheels** *pl* (colloq) (car) coche *m*

D (BrE) (Mil) conversión *f*; **to make a left ~** hacer* conversión a la izquierda

wheel² *vt* ‹*bicycle/wheelchair*› empujar; ‹*person*› llevar (*en silla de ruedas etc*); **she ~ed in the dessert trolley** trajo el carrito de los postres

■ **wheel** *vi* 1 (turn suddenly) **~ (around** *o* (BrE) **round)** «*person*» girar sobre sus (*or* mis *etc*)

talones, darse* media vuelta, volverse*; ***to ~ and deal*** (colloq) andar* en tejemanejes (fam) **2** (BrE) (Mil) hacer* conversión, cambiar de frente **3** (circle) dar* vueltas; «*birds*» revolotear

Phrasal verbs

- **wheel in, wheel on** [v + o + adv, v + adv + o] ‹*expert/witness*› traer*, presentar; **Miss Smith is here — OK, ~ her in** (hum) la señorita Smith está aquí — bueno, que pase
- **wheel out** [v + o + adv, v + adv + o] ‹*argument*› sacar* a relucir; ‹*expert*› traer*, presentar

wheel arch *n* (Auto) arco *m* de la rueda

wheelbarrow /ˈhwiːlˌbærəʊ || ˈwɪːlˌbærəʊ/ *n* carretilla *f*; (*before n*): **~ race** carrera *f* de carretillas

wheelbase /ˈhwiːlbeɪs || ˈwiːlbeɪs/ *n* batalla *f* (*distancia entre los ejes*)

wheelchair /ˈhwiːltʃer || ˈwiːltʃeə(r)/ *n* silla *f* de ruedas; (*before n*): **~ access** acceso *m* para silla de ruedas

wheelchair-accessible /ˈhwiːltʃerəkˈsesəbəl || ˈwiːltʃeərəkˈsesəbəl/ *adj* accesible para personas en sillas de ruedas

wheel clamp *n* cepo *m*

wheeled /hwiːld/ *adj* ‹*vehicle*› con ruedas; ‹*transport*› rodado

-wheeled /hwiːld/ *suff*: **four~** de cuatro ruedas

-wheeler /ˈhwiːlər || ˈwiːlə(r)/ *suff* (colloq): **his first two~** su primera bicicleta (de dos ruedas)

wheeler-dealer /ˈhwiːlərˌdiːlər || ˌwiːləˈdiːlə(r)/ *n* (colloq) trapichero, -ra *m,f* (fam)

wheelhouse /ˈhwiːlhaʊs || ˈwiːlhaʊs/ *n* timonera *f*

wheelie /ˈhwiːli || ˈwiːli/ *n* (colloq) caballito *m* (fam); **to do a ~** hacer* un caballito (fam)

wheelie bin, wheely bin *n* (BrE colloq) contenedor *m* de basura con ruedas

wheeling and dealing /ˈhwiːlɪŋənˌdiːlɪŋ || ˌwiːlɪŋənˈdiːlɪŋ/ *n* (colloq) trapicheos *mpl* (fam), tejemanejes *mpl* (fam)

wheel lock *n*

A (for car) seguro *m* de la dirección, seguro *m* antirrobo; (for bicycle) seguro *m* antirrobo

B (Hist) **1** (gun lock) llave *f* de fusil **2** (gun) fusil *m* de llave

wheel reflector *n* reflector *m* (de rueda)

wheelspin /ˈhwiːlspɪn || ˈwiːlspɪn/ *n* [u] giro *m* sobre sí mismo

wheelwright /ˈhwiːlraɪt || ˈwiːlraɪt/ *n* carretero *m*

wheeze¹ /hwiːz || wiːz/ *vi* «*person*» respirar con dificultad, resollar* (*produciendo un sonido sibilante como los asmáticos*); «*machine*» resollar*

■ **wheeze** *vt*: **I can't, he ~d** —no puedo —dijo casi sin aliento

wheeze² *n*

A (sound) resuello *m* (*sonido sibilante producido al respirar*)

B (trick, plan) (BrE colloq & hum) treta *f* (fam), triquiñuela *f* (fam)

wheezing /ˈhwiːzɪŋ || ˈwiːzɪŋ/ *n* [u] silbidos *mpl* al respirar, sibilancia *f* (téc)

wheezy /ˈhwiːzi || ˈwiːzi/ *adj* ‹*breathing*› ruidoso, difícil, jadeante; ‹*cough*› espasmódico

whelk /hwelk || welk/ *n* buccino *m* (*especie de caracol marino*)

whelp¹ /hwelp || welp/ *n* **1** (Zool) cachorro, -rra *m,f* **2** (impudent boy) mocoso *m* (fam)

whelp² *vi* «*animal*» parir

when¹ /hwen || wen/ *adv*

> ⚠ When used as a conjunction in sentences expressing the future, *when* is translated by *cuando + subjunctive* : **we'll speak to Carol when she gets back** hablaremos con Carol cuando vuelva.

A (in questions, indirect questions) cuándo; **~ did you arrive?** ¿cuándo llegaste?; **~ was it that you spoke to her?** ¿cuándo fue que hablaste con ella?; **I asked him ~ the next train was** le pregunté cuándo salía el próximo tren; **she knows ~ to keep quiet** sabe cuándo es mejor quedarse callada; **that was ~ I realized that …** fue entonces cuando *or* (esp AmL tb) que me di cuenta de que …; **say ~!** di cuándo

B (as relative): **the year ~ we got married** el año en que nos casamos; **a date ~ everyone can come** una fecha en que todos puedan venir; **in December, ~ we were on holiday** en diciembre, cuando estábamos de vacaciones

when² *conj*

A **1** (temporal sense) cuando; **I asked him ~ I saw him** se lo pregunté cuando lo vi; **I'll ask him ~ I see him** se lo preguntaré cuando lo vea; **the flesh is pink ~ cooked** la carne es rosada cuando está cocida; **~ finished, it will be used to …** una vez terminado *or* cuando esté terminado se usará para …; **give me a shout ~ you're ready** pégame un grito cuando estés listo; **~ it rains, I take the bus** cuando llueve, tomo el autobús; **reduce speed ~ approaching a junction** reduzca la velocidad al acercarse a un cruce; **I'd scarcely sat down ~ the phone rang** apenas me había sentado cuando sonó el teléfono **2** (if) si, cuando; **these results aren't bad ~ you compare them with …** estos resultados no son malos si *or* cuando se los compara con …

B **1** (since, considering that) si, cuando; **how do you know you don't like it ~ you've never tried it?** ¿cómo sabes que no te gusta si *or* cuando nunca lo has probado?; **why go to a hotel ~ you can stay here?** ¿por qué ir a un hotel si *or* cuando te puedes quedar aquí? **2** (although) cuando; **he said he was 18 ~ in fact he's only 15** dijo que tenía 18 años cuando en realidad sólo tiene 15

when³ *pron* cuándo; **~ do you have to be in London by, by ~ do you have to be in London?** ¿para cuándo tienes que estar en Londres?; **since ~ have they had the farm?** ¿desde cuándo tienen la granja?, ¿cuánto hace que tienen la granja?; **since ~ have you been an expert?** ¿desde cuándo eres un experto?

whence /hwens || wens/ *adv* **1** (in questions) (arch) de dónde **2** (as relative) (liter) de donde; **the place ~ they came** el lugar de donde vinieron **3** (frml) (*as linker*): **the book was written in New England, ~ the title** el libro se escribió en Nueva Inglaterra, de ahí el título; **no complaint was lodged, ~ it may be inferred that …** no se presentó queja, de lo que puede inferirse que …

whene'er /hwenˈer || wenˈeə(r)/ *adv* (poet) = **whenever**

whenever¹ /hwenˈevər || wenˈevə(r)/ *conj* **1** (every time that) siempre que; **~ I hear that song, I think of Spain** siempre que *or* cada vez que escucho esa canción, me acuerdo de España; **~ you need help, just ask** siempre que necesites ayuda, no tienes más que pedir; **~ possible, I go by train** siempre que puedo, voy en tren **2** (at whatever time): **we'll go ~ you're ready** saldremos cuando estés listo; **~ the election is, I won't be voting** sean cuando sean las elecciones, yo no pienso votar; **last week or ~ it was that I wrote** la semana pasada, o cuando fue que escribí

whenever² *adv* **1** (no matter when): **next Monday or ~** el lunes o cuando sea; **last Monday or Tuesday, or ~** el lunes o martes pasado, o cuando haya sido **2** (in questions) cuándo

where¹ /hwer || weə(r)/ *adv*

A dónde; (indicating direction) adónde, dónde; **~'s Lewes?** ¿dónde está *or* queda Lewes?; **~ are you taking me?** ¿(a)dónde me llevan?; **~'s that lamp from?** ¿de dónde es esa lámpara?; **~ are you from?** ¿de dónde eres?; **~'s the sense in waiting?** ¿qué sentido tiene esperar?; **she asked us ~ we lived** nos preguntó dónde vivíamos; **I don't know ~ to go** no sé (a)dónde ir; **a photo of ~ we met** una foto de(l lugar) donde nos conocimos; **from ~ we were sitting we had a magnificent view** desde donde estábamos sentados teníamos una magnífica vista; **put the scissors back ~ they belong** vuelve a poner la tijera en su sitio; **it wasn't ~ I'd expected it to be** no estaba donde yo esperaba; **that's ~ you're mistaken** en eso estás equivocado; **~ *it's at*** (colloq): **Aspen's OK for skiing, but Scunthorpe is really ~ it's at** Aspen no está mal para esquiar, pero adonde hay que ir es a Scunthorpe

B (as relative) donde; **the house ~ she was born** la casa donde nació; **~ we disagree is on the method** donde no estamos de acuerdo es en el método

where² *conj* **1** donde; (indicating direction) adonde, donde; **you won't be needing any money ~ you're going** adonde vas no te hará falta dinero **2** (in cases where) cuando; **drugs are used ~ other methods prove unsuccessful** se usan fármacos en los casos en que *or* cuando otros métodos no dan resultado; **~ her private life is concerned …** cuando se trata de su vida privada …; **~ appropriate/necessary/possible** cuando *or* allí donde sea apropiado/necesario/posible **3** (contrasting) cuando; **~ others would lose heart, she remains optimistic** cuando otros perderían el ánimo, ella permanece optimista

whereabouts¹ /ˈhwerəbaʊts || ˈweərəbaʊts/ *adv*: **~ in Austria do you live?** ¿en qué parte de Austria vives?; **~ did you drop the key?** ¿por dónde se te cayó la llave?

whereabouts² /ˈhwerəbaʊts || ˈweərəbaʊts/ *n* (+ *sing or pl vb*) paradero *m*; **nobody knows his ~** se desconoce su paradero

whereas /hwerˈæz || weərˈæz/ *conj*

A (while, on the other hand) mientras que, en tanto que (frml)

B (since) (used in legal documents) considerando que, por cuanto

whereby /hwerˈbaɪ || weəˈbaɪ/ *pron* (frml): **such was the plan ~ she hoped to achieve her goals** tal era el plan por medio del cual esperaba lograr sus objetivos; **there are other means ~ agreement may be reached** hay otros medios por los cuales se puede llegar a un acuerdo; **a system ~ payments are made automatically** un sistema por *or* según el cual los pagos se efectúan automáticamente

where'er /hwerˈer || weərˈeə(r)/ *adv* (poet) = **wherever**

wherefore¹ /ˈhwerfɔːr || ˈweəfɔː(r)/ *adv* (arch) por qué

wherefore² *n see* **why³**

wherein /ˌhwerˈɪn || ˌweərˈɪn/ *adv* (frml): **an ancient tome, ~ it is recorded that …** un antiguo tomo, en el que *or* cual consta que …

wheresoever /ˈhwersəʊˌevər || ˌweəsəʊˈevə(r)/ *conj* (liter) donde quiera que

whereupon /ˈhwerəpɑːn || ˌweərəˈpɒn/ *conj*

A (*as linker*) con lo cual

B (on which) (frml) sobre el/la cual

wherever¹ /hwerˈevər || weərˈevə(r)/ *adv* **1** (in questions) dónde; **~ can they be?** ¿dónde pueden estar?, ¿dónde diablos pueden estar? (fam) **2** (no matter where) (colloq) en cualquier parte *or* lado; **where does the group meet? — in bars, private houses, ~** ¿dónde se reúne el grupo? — en bares, en casas particulares, en cualquier parte *or* lado

wherever² *conj*: **you can use your card ~ you see this sign** puede usar su tarjeta (en cualquier establecimiento) donde vea este símbolo; **where shall we go? — ~ you like** ¿(a)dónde vamos? — (a)donde tú quieras; **they follow her ~ she goes** la siguen a todas partes, la siguen dondequiera que va; **~ he goes, I'll go too** vaya donde vaya *or* dondequiera que vaya, yo iré también; **she said it was in Pando, ~ that is** dijo que quedaba en Pando, que no tengo ni idea de dónde está; **you can sit ~ you like** puedes sentarte donde quieras(, en cualquier lado); **~ he is, he's always complaining** esté donde esté, siempre se está quejando

wherewithal /ˈhwerwɪðɔːl || ˈweəwɪðɔːl/ *n*: **the ~** los medios; **now that I've got the ~** ahora que tengo los medios, ahora que tengo con qué

whet /hwet || wet/ *vt* **-tt- 1** (stimulate) ‹*interest/curiosity*› estimular, avivar; **the walk ~ted our appetites** la caminata nos abrió el apetito; **the**

W

which[1]

As a pronoun

In questions

The pronoun *which* (*one*) used in questions is translated by *cuál*; this agrees in number with the noun it refers to:

which (one) of all these cars is yours?
= ¿cuál de todos estos coches es el tuyo?

which (ones) are your magazines?
= ¿cuáles son tus revistas?

In relative clauses

When *which* is the subject or direct object of the verb in a relative clause, it is translated by *que*:

the plane which has just arrived
= el avión que acaba de llegar

the book which I read
= el libro que leí

When it appears after a preposition, it is translated by *el que*, *la que*, *los que*, *las que*, depending on the number and gender of the noun referred to, or, less commonly, by *el cual*, *la cual*, *los cuales*, *las cuales*:

the money with which she paid the bill
= el dinero con el que *or* con el cual pagó la cuenta

the city in which I was born
= la ciudad en la que *or* en la cual nací

he earns $30,000 a year, out of which he saves $10,000
= gana 30.000 dólares al año, de los que *or* de los cuales ahorra 10.000 dólares

the boxes in which the presents arrived
= las cajas en las que *or* en las cuales llegaron los regalos

■ When *which* used as a relative pronoun refers to something which is not specified for gender, it is translated by the neuter *lo que* or *lo cual*:

the house was untidy, which was most unusual
= la casa estaba desordenada, lo que *or* lo cual era rarísimo

we had breakfast, after which we went shopping
= desayunamos, después de lo cual fuimos de compras

he says that they did it, which they deny
= dice que ellos lo hicieron, lo que *or* lo cual niegan

For more examples and particular usages see the entry **which[1]**

experience had ~ted her appetite for foreign travel la experiencia había hecho que le tomara el gusto a viajar por el extranjero **2▸** (sharpen) (dated) afilar

whether /ˈhweðər || ˈweðə(r)/ *conj*: **she hasn't decided ~ to apply** no ha decidido si solicitarlo (o no); **tell me ~ you need us or not** o **~ or not you need us** dime si nos necesitas o no; **I doubt ~ he knew** dudo que lo supiera; **~ you like it or not** te guste o no te guste; **~ by chance or by design** ya sea por casualidad o a propósito

whetstone /ˈhwetstəʊn || ˈwetstəʊn/ *n* piedra *f* de afilar

whew /hwjuː/ *interj* ¡uf!

whey /hweɪ || weɪ/ *n* [u] suero *m* (*de la leche*)

whey-faced /ˈhweɪfeɪst || ˈweɪfeɪst/ *adj* pálido, sin color

which[1] /hwɪtʃ || wɪtʃ/ ▸ⓘ **p.1886** *pron*
A **1▸** (*in questions*), (*sing*) cuál; (*pl*) cuáles; **~ of these is yours?** ¿cuál de éstos es el tuyo?; **of the 25 paintings ~ were sold?** de los 25 cuadros ¿cuáles se vendieron?; **~ of you wrote this?** ¿cuál *or* quién de ustedes escribió esto? **2▸** (in indirect use) cuál; **do you know ~ she chose?** ¿sabes cuál eligió?; **I can never remember ~ is ~** nunca recuerdo cuál es cuál
B **1▸** (as relative): **the parcel ~ arrived this morning** el paquete que llegó esta mañana; **the newspaper in ~ the article appeared** el diario en el que *or* en el cual apareció el artículo; **a lot of information, most of ~ is useless** gran cantidad de información, la mayor parte de la cual no sirve para nada; **he said it was an accident, ~ I know is not true** dijo que había sido un accidente, lo cual sé que no es cierto; **from ~ they inferred that ...** de lo cual dedujeron que ... **2▸** (whichever) (frml): **choose ~ you like** elige el que (*or* la que *etc*) te guste

which[2] *adj*
A **1▸** (in questions) (*sing*) qué, cuál; (*pl*) qué, cuáles; **in ~ European city is it?** ¿en qué *or* cuál ciudad europea está? **2▸** (in indirect questions) (*sing*) qué, cuál; (*pl*) qué, cuáles; **ask her ~ chapters we have to read** pregúntale qué *or* cuales capítulos hay que leer; **do you know ~ one/ones to keep separate?** ¿sabes cuál/cuáles hay que dejar aparte?
B **1▸** (as relative): **we arrived at two, by ~ time they had gone** llegamos a las dos y para entonces ya se habían ido; **in ~ case** en cuyo caso; **he refused, ~ decision proved disastrous** (frml) se negó, decisión que resultó desastrosa **2▸** (whichever) (frml): **sit at ~ table you please** siéntense en la mesa que deseen

whichever[1] /hwɪtʃˈevər || wɪtʃˈevə(r)/ *pron* **1▸** (no matter which): **there are several options, but ~ you choose ...** hay varias opciones, pero elijas la que elijas *or* cualquiera que elijas ... **2▸** (the one, ones that): **buy ~ is cheaper** compra el que sea más barato **3▸** (in questions) (*sing*) cuál; (*pl*) cuáles

whichever[2] *adj* **1▸** (no matter which): **~ party is in power** sea cual sea *or* cualquiera que sea el partido que esté en el poder; **~ date you decide on, let me know well in advance** elija la fecha que elija, hágamelo saber con anticipación **2▸** (any that): **you can write about ~ subject you know best** puedes escribir sobre el tema que mejor conozcas, sea cual sea *or* fuere **3▸** (in questions) (*sing*) cuál; (*pl*) cuáles

whiff[1] /hwɪf || wɪf/ *n* **1▸** (smell) olorcillo *m*; (unpleasant) tufillo *m*, olorcillo *m*; **I caught a ~ of gas** percibí *or* (AmL tb) sentí un olorcillo *or* tufillo a gas, me llegó una ráfaga *or* vaharada de gas **2▸** (sniff) (colloq): **have a ~ of this milk** huele esta leche, tómale el olor a esta leche (AmL)

whiff[2] *vi* (BrE colloq) oler* mal, tener* mal olor (AmL); (stronger) apestar

whiffy /ˈhwɪfi || ˈwɪfi/ *adj* (BrE colloq): **your feet are ~** te huelen los pies, tienes olor a pata (AmL fam); **it's a bit ~ in here** aquí huele mal *or* (AmL tb) hay mal olor

while[1] /hwaɪl || waɪl/ *conj*
A (in time) mientras; **they like to sing ~ they work** les gusta cantar mientras trabajan; **S keys cut while you wait** se hacen llaves al momento; **they don't drink ~ on duty** no beben cuando *or* mientras están de guardia; **~ I live, you need not worry about ...** mientras viva *or* mientras yo esté, no tendrás que preocuparte de ...
B (though) aunque; **~ he's not exactly brilliant, he's a good student** aunque no es lo que se dice brillante, es buen estudiante; **the situation, ~ tense, seems unlikely to lead to war** la situación aunque tensa, no es probable que lleve a una guerra; **one must encourage them, ~ not raising their hopes unrealistically** hay que animarlos, pero sin crearles expectativas falsas
C (whereas) mientras que, en tanto que (frml); **I'm Catholic, ~ Debbie is Jewish** soy católico, mientras que *or* (frml) en tanto que Debbie es judía

(Phrasal verb)
• **while away** [v + adv + o, v + o + adv]: **we had a game of chess to ~ away the time** jugamos una partida de ajedrez para pasar el rato *or* matar el tiempo; **she ~d away the hours by reading Anna Karenina** se entretuvo *or* mató el tiempo leyendo Ana Karenina

while[2] *n* **1▸** (period of time): **wait a ~** (a few days, weeks) espera un tiempo; (a few minutes, hours) espera un rato; (a very short period) espera un ratito *or* un momentito; **it's a ~ since we had any news** hace tiempo que no tenemos noticias; **a little ~ later he was back** al ratito *or* al poco rato estaba de vuelta; **it's been a good ~ since we had any rain** hace bastante (tiempo) que no llueve; **he was here a little ~ ago** hace un ratito estaba aquí; **it happened a long ~ ago** pasó hace mucho (tiempo); **it took us quite a ~ to find it** tardamos bastante tiempo *or* un buen rato en encontrarlo; **after a ~ she realized** después de *or* al cabo de un rato se dio cuenta; **she knew all the ~ that he was dead** supo desde el principio que estaba muerto; **I've been waiting all this ~** hace tanto rato que estoy esperando; **they lived in Spain for a ~** vivieron un tiempo en España; **sit down for a ~** siéntate un rato *or* ratito; **I'm just going out for a little ~** voy a salir un ratito *or* momentito; **for a ~ there, you had me really worried** me tuviste realmente preocupada un rato; **I'll be back in a little ~** enseguida vuelvo; **she'll be here in a short ~** llegará dentro de un ratito; **I haven't tasted caviar in a very long ~** hace mucho tiempo que no pruebo caviar; **it's the first time in a long ~ that she's missed a meeting** es la primera vez en mucho tiempo que falta a una reunión **2▸** (*in phrases*): **(every) once in a while** de vez en cuando; **(all) the while** (liter & arch): **he told us endless lies, smiling (all) the ~** nos dijo una mentira tras otra al tiempo que *or* mientras sonreía; *see also* **worth[1] 2**

while-you-wait /ˌhwaɪljuːˈweɪt || ˌwaɪljuːˈweɪt/ *adj* al minuto; **S shoe repairs ~** reparaciones de calzado al minuto

whilst /hwaɪlst || waɪlst/ *conj* (BrE) ▸**while[1]**

whim /hwɪm || wɪm/ *n* [c u] capricho *m*, antojo *m*, maña *f*; **she indulges his every ~** le consiente todos los caprichos; **they left for Rio on a ~** se les antojó irse a Río y se fueron

whimper[1] /ˈhwɪmpər || ˈwɪmpə(r)/ *vi* gimotear, lloriquear
■ **whimper** *vt* decir* gimoteando *or* lloriqueando

whimper[2] *n* quejido *m*; **he took the beating without a ~** aguantó la paliza sin un quejido *or* sin chistar

whimsical /ˈhwɪmzɪkəl || ˈwɪmzɪkəl/ *adj* ‹*person*› caprichoso, antojadizo; ‹*smile*› (enigmatic) enigmático; (playful) juguetón; ‹*mood*› voluble; ‹*book*› fantasioso

whimsically /ˈhwɪmzɪkli || ˈwɪmzɪkli/ *adv* ‹*remark/suggest*› caprichosamente; ‹*smile*› (enigmatically) enigmáticamente; (playfully) juguetonamente

whimsy /ˈhwɪmzi || ˈwɪmzi/ *n* [u] (*pl* **-sies**)
A (fanciful humor) fantasía *f*
B [c] (whim) capricho *m*

whine[1] /hwaɪn || waɪn/ *vi* **1▸** «*dog*» aullar*, gañir; «*person*» gemir*; «*child*» lloriquear; «*siren*» gemir*; **a bullet ~d past me** una bala me pasó silbando por al lado; **in a whining voice** con voz quejumbrosa *or* plañidera **2▸** (complain) (pej) **to ~ (ABOUT sth)** quejarse (DE algo); **don't come whining to me if things go wrong** no te me vengas a quejar *or* no me vengas a llorar si las cosas salen mal

W

■ **whine** *vt* decir* quejumbrosamente; ‹‹*child*›› decir* lloriqueando

whine² *n* 1 (of dog) aullido *m*, gañido *m*; (of person) quejido *m*, gemido *m*; (of siren) gemido *m*; (of bullet) silbido *m* 2 (complaint) (pej) queja *f*

whinge /hwɪndʒ || wɪndʒ/ *vi* **whinges, whingeing, whinged** (BrE colloq & pej) **to ~ (ABOUT sth)** quejarse (DE algo)

whinger /'hwɪndʒər || 'wɪndʒə(r)/ *n* (colloq) quejón, -jona *m,f* (fam), quejica *mf* (Esp fam)

whinny¹ /'hwɪni || 'wɪni/ (*3rd pers sing pres* **whinnies** *pres p* **whinnying** *past & past p* **whinnied**) *vi* ‹‹*horse*›› relinchar

whinny² *n* (*pl* **-nies**) relincho *m*

whip¹ /hwɪp || wɪp/ ▸**Whip** *n*

A (in horse riding) fusta *f*, fuete *m* (AmL exc CS); (of tamer) látigo *m*; (for punishment) azote *m*; ***to crack the ~*** hacer* restallar el látigo; **the new boss is really cracking the ~** el nuevo jefe los (*or* nos *etc*) tiene a todos muy cortos (fam), el nuevo jefe les (*or* nos *etc*) está apretando las clavijas (fam)

B (Pol) 1 (person) *diputado responsable de la disciplina de su grupo parlamentario* 2 (BrE) (summons) *citación a un parlamentario para que acuda a votar*

C (Culin) batido *m*

whip² **-pp-** *vt*

A 1 (lash) ‹*horse*› pegarle* a (*con la fusta*), fustigar*; ‹*person*› azotar; ‹*child*› darle* una paliza *or* un azote a; **rain ~ped the deck** la lluvia azotaba la cubierta; **the wind ~ped the flames higher and higher** el viento vivaba cada vez más las llamas 2 (defeat) (colloq) darle* una paliza a (fam) 3 (beat) ‹*egg whites*› batir; ‹*cream*› batir *or* (Esp) montar; **~ped cream** crema *f* batida *or* (Esp) nata *f* montada 4 (incite) ▸**whip up Sense IA2**

B 1 (take quickly) (+ *adv compl*): **they ~ped him to the airport** lo llevaron a toda prisa al aeropuerto; **she ~ped her coat off** se quitó rápidamente el abrigo; **she ~ped out her notebook** sacó rápidamente la libreta; **he ~ped the photo away before I could look at it** me arrebató la foto antes de que pudiera verla 2 (steal) (BrE colloq) birlar (fam), afanar (arg), volar* (Méx, Ven fam)

C 1 (bind) ‹*rope/fishing rod*› reforzar* 2 ‹*hem/seam*› sobrehilar*, encandelillar, surfilar (RPl)

■ **whip** *vi* 1 (move quickly) (colloq) (+ *adv compl*): **I'll just ~ out and get some cigarettes** voy volando a comprar cigarrillos; **he ~ped through his homework** hizo los deberes volando 2 (beat, strike) golpear; **the branches ~ped back into my face** las ramas se volvieron y me dieron con fuerza en la cara

Phrasal verb

• **whip up**

Sense I [v + o + adv, v + adv + o]

A 1 (arouse) ‹*trouble/unrest*› provocar*, crear; ‹*hatred*› fomentar; ‹*support*› conseguir*; **she couldn't ~ up any enthusiasm for literature in her students** no pudo despertar ningún entusiasmo por la literatura en sus alumnos; **I can't ~ up any enthusiasm for it** no me entusiasma para nada 2 (incite) ‹*crowd*› incitar, agitar 3 ‹‹*wind*›› agitar; ‹*dust*› levantar

B 1 (beat, whisk) ‹*egg whites*› batir; ‹*cream*› batir, montar (Esp) 2 (prepare hurriedly) (colloq) ‹*meal*› improvisar; **she can ~ up a dress in an afternoon** es capaz de hacerse un vestido en una tarde

Sense II [v + adv + o] (set in motion) ‹*horses/team*› azuzar*

Whip

En la Cámara de los Comunes ▸**House of Commons** británica, los *Whips* son parlamentarios ▸**MP - Member of Parliament** que tienen la responsabilidad de mantener la disciplina entre sus colegas de partido, y de asegurarse de que asistan a las sesiones y de que emitan su voto. En el Congreso ▸**Congress** de EEUU los whips tienen las mismas responsabilidades, también existen *Whips* de cada partido.

whipcord /'hwɪpkɔːrd || 'wɪpkɔːd/ *n* [u] 1 (cord) tralla *f* 2 (fabric) pana *f* (*con cordoncillo en diagonal*)

whip hand *n*: ***to have the ~ ~*** llevar la batuta *or* la voz cantante; **they are trying to gain the ~ ~ in the organization** están intentando hacerse con el control de la organización

whiplash /'hwɪplæʃ || 'wɪplæʃ/ *n* 1 (blow) latigazo *m*, trallazo *m* 2 **~ (injury)** (Med) traumatismo *m* cervical

whipper-in /,hwɪpər'ɪn || ,wɪpər'ɪn/ *n* (*pl* **whippers-in**) montero *m* de traílla

whippersnapper /'hwɪpər,snæpər || 'wɪpə,snæpə(r)/ *n* (dated) mocoso, -sa *m,f* (fam)

whippet /'hwɪpət || 'wɪpɪt/ *n* galgo *m* inglés

whipping /'hwɪpɪŋ || 'wɪpɪŋ/ *n* 1 (punishment) paliza *f*, azotaina *f*; **to give sb a ~** darle* una paliza *or* azotaina a algn; **the candidate has taken a public ~** el candidato ha sido duramente criticado 2 (defeat) paliza *f* (fam)

whipping boy *n* (colloq) chivo *m* expiatorio, cabeza *mf* de turco

whipping cream *n* [u] crema *f* para batir *or* (Esp) nata *f* líquida para montar

whippoorwill /'hwɪpərwɪl || 'wɪpəwɪl/ *n* chotacabras *m or f*

whippy /'hwɪpi || 'wɪpi/ *adj* **-pier, -piest** flexible

whip-round /'hwɪpraʊnd || 'wɪpraʊnd/ *n* (BrE colloq) colecta *f*, vaca *f* (AmL fam); **to have a ~** hacer* una colecta, hacer* una vaca (AmL fam)

whir¹, (BrE) **whirr** /hwɜːr || wɜː(r)/ *vi* ‹‹*machine/propellers*›› runrunear, zumbar; ‹‹*wings*›› hacer* ruido (*al batirse*)

whir², (BrE) **whirr** *n* (of machine, propellers) runrún *m*, zumbido *m*; (of bird's wings) aleteo *m*; (of insect's wings) zumbido *m*

whirl¹ /hwɜːrl || wɜːl/ *vi* 1 (spin) ‹‹*person*›› girar, dar* vueltas; ‹‹*leaves/dust*›› arremolinarse; ‹‹*head*›› dar* vueltas; **the sails of the windmill were ~ing around and around** las aspas del molino giraban sin parar; **my head was giddy, the room was ~ing** estaba mareado, todo me daba vueltas 2 (move fast) (+ *adv compl*): **she ~ed past on her bike** pasó en su bicicleta como una exhalación; **he ~ed around** se dio media vuelta rápidamente

■ **whirl** *vt* (+ *adv compl*) 1 (spin) hacer* girar; **the boat was ~ed around by the current** la corriente hacía girar el bote; **the wind ~ed the dust into the air** el viento levantaba remolinos de polvo 2 (convey quickly) llevar (*rápidamente*); **he ~ed us off to a nightclub** nos llevó a un club nocturno

whirl² *n* (turn) giro *m*, vuelta *f*; (of dust) remolino *m*, torbellino *m*; **the social ~** el ajetreo de la vida social; **my head was in a ~** mi cabeza era un torbellino, la cabeza me daba vueltas; **he was in a ~** estaba totalmente confundido; ***to give sth a ~*** (colloq): **let's give it a ~** probemos, hagamos la prueba, intentémoslo

whirligig /'hwɜːrlɪgɪg || 'wɜːlɪgɪg/ *n* molinete *m*, molinillo *m*, remolino *m* (CS), rehilete *m* (Méx, Per), ringlete *m* (Col)

whirlpool /'hwɜːrlpuːl || 'wɜːlpuːl/ *n* 1 (Geog) vorágine *f*, remolino *m* 2 **~ (bath)** piscina *f* de hidromasaje

whirlwind /'hwɜːrlwɪnd || 'wɜːlwɪnd/ *n* torbellino *m*; **she came in like a ~** entró como un torbellino *or* una tromba; **a ~ of meetings, parties and interviews** un torbellino *or* una vorágine de reuniones, fiestas y entrevistas; (*before n*) ‹*tour*› relámpago *adj inv*; **it was a ~ romance** fue un idilio arrollador

whirlybird /'hwɜːrlibɜːrd || 'wɜːlibɜːd/ *n* (AmE colloq) helicóptero *m*

whirr¹ /hwɜːr || wɜː(r)/ *vi* (BrE) ▸**whir¹**

whirr² *n* (BrE) ▸**whir²**

whisk¹ /hwɪsk || wɪsk/ *vt*

A 1 (Culin) ‹*eggs/mixture*› batir; **~ a little cream in** agregue un poco de crema batiendo; **~ the egg whites (up)** bata las claras 2 (swish) ‹*tail*› sacudir, agitar; **they use their tails to ~ insects away** espantan *or* ahuyentan los insectos sacudiendo la cola, se sacuden los insectos con la cola; **he ~ed the breadcrumbs off the table with his napkin** sacudió las migas de la mesa con su servilleta

B 1 (convey quickly) (+ *adv compl*) llevar (*rápidamente*); **she was immediately ~ed off to another meeting** inmediatamente se la llevaron a otra reunión a toda prisa; **we were ~ed back to the capital in a helicopter** nos llevaron de vuelta a la capital en helicóptero 2 (take, remove): **he ~ed away the plates** retiró los platos rápidamente; **she ~ed the cloth off the table** (de un tirón) quitó el mantel de la mesa

■ **whisk** *vi* (+ *adv compl*): **car after car ~ed past** los coches pasaban uno tras otro como una exhalación; **nurses ~ed along the corridor** las enfermeras corrían por el pasillo

whisk² *n*

A 1 (Culin) batidor *m*; **electric ~** batidora *f* eléctrica, batidor *m* eléctrico 2 (small brush) escobilla *f* 3 (*fly ~*) matamoscas *m*

B (movement) sacudida *f*; **with a ~ of its tail** de un coletazo

whisker /'hwɪskər || 'wɪskə(r)/ *n*

A 1 [c] (single hair) pelo *m* (*de la barba*) 2 (narrow margin) (*no pl*) pelo *m*; **he lost the race by a ~** perdió la carrera por un pelo *or* por poquísimo; **they came within a ~ of ...** faltó un pelo *or* faltó muy poco para que ...

B **whiskers** *pl* 1 (of animal) bigotes *mpl* 2 (dated) (mustache) bigote(s) *m(pl)*; (sideburns) patillas *fpl*

whiskery /'hwɪskəri || 'wɪskəri/ *adj* (colloq) con bigotes, bigotudo (fam), bigotón (Méx fam)

whiskey /'hwɪski || 'wɪski/ *n* [u c] (*pl* **-keys**) whisky *m*, güisqui *m* (*esp americano o irlandés*)

whisky /'hwɪski || 'wɪski/ *n* [u c] (*pl* **-kies**) whisky *m*, güisqui *m* (*esp escocés*); **Scotch ~** whisky *or* güisqui escocés

whisky mac *n*: *bebida de whisky y vino con gengibre y especias*

whisper¹ /'hwɪspər || 'wɪspə(r)/ *vi* 1 ‹‹*person*›› cuchichear; **stop ~ing!** ¡basta de cuchicheos!, ¡déjense *or* (Esp) dejaos de cuchichear! 2 (liter) ‹‹*wind/leaves*›› susurrar (liter)

■ **whisper** *vt* 1 (say quietly) ‹*remark/words*› susurrar; **she ~ed the answer in my ear** me susurró la respuesta, me dijo la respuesta al oído; **to ~ sth TO sb** susurrarle algo *or* decirle* algo al oído a algn 2 (rumor) (*usu pass*) rumorear; **it is ~ed that ...** se rumorea que ..., corren rumores *or* corre la voz de que ...

whisper² *n* 1 (soft voice) susurro *m*; **yes, he said in a ~** —sí —susurró *or* dijo en voz baja; **they spoke in ~s** hablaban cuchicheando *or* en susurros 2 (rumor) rumor *m*; **there's a ~/there are ~s going around that ...** se rumorea que ..., corren rumores *or* corre la voz de que ... 3 (of wind, leaves) (liter) murmullo *m* (liter), susurro *m* (liter)

whispering /'hwɪspərɪŋ || 'wɪspərɪŋ/ *n* 1 [u] (act) cuchicheo *m* 2 [c] (rumor) rumor *m*, murmuración *f*; (*before n*): **~ campaign** campaña *f* de murmuraciones

whispering gallery *n* galería *f* con eco

whist /hwɪst || wɪst/ *n* [u] whist *m* (*juego de naipes*)

whist drive *n* (BrE) certamen *m* de whist

whistle¹ /'hwɪsəl || 'wɪsəl/ *vi* 1 (make sound) ‹‹*person*›› silbar; (loudly) chiflar; ‹‹*referee*›› pitar; ‹‹*kettle*›› silbar, pitar; ‹‹*train*›› pitar; ‹‹*wind*›› silbar, aullar*; **to ~ to a dog** silbarle *or* chiflarle a un perro; **he ~d to me to take cover** me silbó *or* (AmL tb) me chifló para que me pusiera a cubierto; **to ~ at the girls** silbarles *or* (AmL tb) chiflarles a las chicas; ***to ~ for sth*** (colloq): **if they want more money, they can ~ for it** si quieren más dinero, van a tener que esperar sentados (fam) 2 (speed, rush) (+ *adv compl*): **to ~ by** ‹‹*bullet/arrow*›› pasar silbando; **shells went whistling overhead** pasaban proyectiles silbando por encima

■ **whistle** *vt* 1 ‹*tune*› silbar 2 (signal): **he ~d the dogs over** llamó a los perros con un silbido; **he ~d the play dead** (AmE) pitó para detener el juego

W

Phrasal verb

- **whistle up** [v + o + adv, v + adv + o] 1 (summon) ‹*dog*› llamar con un silbido *or* con un chiflido, pegarle* un silbido *or* un chiflido a 2 (provide at short notice) ‹*meal*› improvisar; ‹*dress*› hacer*; ‹*help*› conseguir*

whistle² *n* 1 (instrument) silbato *m*, pito *m*; **to blow a ~** tocar* un silbato *or* pito, pitar; **a factory ~** la sirena de una fábrica; ***as clean as a ~***: **your lungs are as clean as a ~** no tiene absolutamente nada en los pulmones; **his record is as clean as a ~** tiene un historial sin mancha; ***to blow the ~ on sb*** (inform on) delatar a algn; (reprimand) llamar a algn al orden; ***to blow the ~ on sth*** (put a stop to) tomar medidas para acabar con algo; ***to wet one's ~*** (hum) echarse un trago, mojarse el garguero (fam) 2 (sound — made with mouth) silbido *m*; (loud) chiflido *m*; (— made by referee's whistle) silbato *m*, pitido *m*; (— of kettle) silbido *m*, pitido *m*; (— of train) pitido *m*; (— of wind, bullet) silbido *m*

whistle-blower /ˈhwɪsəlˌbləʊər || ˈwɪsəl ˌbləʊə(r)/ *n*: *persona que denuncia la existencia de prácticas ilegales, corruptas etc dentro de su organización*

whistle-stop /ˈhwɪsəlstɑːp || ˈwɪsəlstɒp/ *n* 1 (brief appearance) visita *f* relámpago; (*before n*): **~ tour** gira *f* relámpago; **a ~ tour of Ohio** una gira relámpago por Ohio 2 (station, town) (AmE) apeadero *m*

whistling kettle /ˈhwɪslɪŋ || ˈwɪslɪŋ/ *n* pava *f* or (Andes, Méx) tetera *f* or (Bol, Ur) caldera *f* con silbato

whit /hwɪt || wɪt/ *n* (frml): **not a ~** ni un ápice, ni pizca

white¹ /hwaɪt || waɪt/ *adj* **whiter, whitest**
A ▸❶ **p.1036**; ‹*paint/coat/car/cat*› blanco; ‹*bread/sugar/wine/chocolate*› blanco; ‹*grapes*› blanco; ‹*fish/meat*› blanco; ‹*coffee/tea*› con leche; **~ Christmas** navidades *fpl* blancas *or* con nieve; **~ flag** bandera *f* blanca; **she had a ~ wedding** se casó de blanco; **Kleeno washes ~r than ~** Kleeno lava más blanco
B 1 (pale) blanco; **he went ~ (with fear/shock/anger)** se puso blanco *or* pálido (de miedo/susto/rabia) 2 (Caucasian) blanco; **~ man** (dated) blanco *m*

white² *n*
A ▸❶ **p.1036** [u] (color) blanco *m*; **she was married in ~** se casó de blanco
B [c] *also* **White** (person) blanco, -ca *m,f*
C [c] 1 (of egg) clara *f* 2 (of eye) blanco *m*
D **whites** *pl* 1 (laundry) ropa *f* blanca 2 (esp BrE) (Sport): **he was in tennis/cricket ~s** llevaba el equipo blanco de tenis/cricket
E [c u] (wine) blanco *m*
F (in board games) 1 [c] (piece) blanca *f* 2 (player) *also* **White** (*no art*): **~: Karpov** blancas: Karpov; **and ~ resigned** y las blancas abandonaron

whitebait /ˈhwaɪtbeɪt || ˈwaɪtbeɪt/ *n* [u] morralla *f*, chanquetes *mpl* (Esp), cornalitos *mpl* (Arg), majuga *f* (Ur)

whitebeam /ˈhwaɪtbiːm || ˈwaɪtbiːm/ *n* mostajo *m*, serbal *m*

white-blood cell, white-blood corpuscle *n* glóbulo *m* blanco

whiteboard /ˈhwaɪtbɔːrd || ˈwaɪtbɔːd/ *n* 1 (wipeable board) pizarra *f* blanca *or* (Esp) vileda® 2 (Comput) pizarra *f* electrónica

white book *n* libro *m* blanco (*libro empastado en blanco con informe gubernamental sobre procedimientos, normas etc., para varios organismos oficiales*)

white-bread /ˈhwaɪtˈbred || ˈwaɪtˈbred/ *adj* (*before n*) (AmE colloq) representante del americano medio; ‹*music/comedy*› para el americano medio; ‹*name*› de americano medio

white-collar /ˈwaɪtˌkɑːlər || ˈwaɪtˌkɒlə(r)/ *adj* (*before n*) ‹*worker/job*› no manual; (clerical) de oficina, administrativo; **~ crime** delito *m* de cuello blanco, delito *m* económico

whited /ˈhwaɪtəd || ˈwaɪtɪd/ *adj see* **sepulcher**

white dwarf *n* enana *f* blanca

white elephant *n* (building, project) elefante *m* blanco; (object) objeto *m* superfluo; (*before n*): **~ ~ stall** *puesto de venta de artículos de segunda mano con fines benéficos*

white-faced /ˈhwaɪtˈfeɪst || ˌwaɪtˈfeɪst/ *adj* pálido; (with rage, fear) lívido, pálido

whitefish /ˈhwaɪtfɪʃ || ˈwaɪtfɪʃ/ *n* [c u] (*pl* **-fish** *or* **-fishes**) pescado *m* blanco

whitefly /ˈhwaɪtflaɪ || ˈwaɪtflaɪ/ *n* (*pl* **-flies**) pulgón *m* blanco, mosca *f* blanca

white gasoline, white gas *n* (AmE) gasolina *f* or (RPl) nafta *f* or (Andes) bencina *f* sin plomo

white gold *n* oro *m* blanco

white goods *pl n* 1 (linen) ropa *f* blanca (*mantelería, ropa de cama etc*) 2 (appliances) electrodomésticos *mpl* de línea blanca

Whitehall /ˈhwaɪthɔːl || ˈwaɪthɔːl/ *n* 1 (London street) *calle londinense donde están situadas las principales dependencias gubernamentales* 2 (journ) (the British government) el gobierno británico

> **Whitehall**
>
> Una calle del centro de Londres donde están situadas una gran parte de las oficinas del gobierno. Los periodistas utilizan a menudo el término para referirse al gobierno y la administración.

white-headed /ˈhwaɪtˌhedəd || ˈwaɪtˌhedɪd/ *adj* ‹*person*› de pelo blanco; ‹*bird*› de cabeza blanca; **~ boy** (AmE) niño *m* mimado

white heat *n* [u] rojo *m* blanco

white horses *pl n* cabrillas *fpl*, olas *fpl* encrespadas

white-hot /ˌhwaɪtˈhɑːt || ˌwaɪtˈhɒt/ *adj* ‹*metal*› al rojo blanco; ‹*performance/intensity*› candente

White House *n*: **the ~ ~** la Casa Blanca; (*before n*) ‹*spokesman/source*› de la Casa Blanca

> **White House - The White House**
>
> La residencia y el despacho oficial del presidente de Estados Unidos, situada en Washington. Los periodistas utilizan a menudo el término "the White House" para referirse al Presidente y a sus consejeros.

white knight *n* (Busn) caballero *m* blanco

white lie *n* mentira *f* piadosa

white light *n* [u] luz *f* blanca

white list *n* lista *f* blanca

whiten /ˈhwaɪtn || ˈwaɪtn/ *vt* blanquear
■ **whiten** *vi* «*hair*» encanecer*, ponerse* blanco; «*face*» palidecer*, ponerse* pálido

whitener /ˈhwaɪtnər || ˈwaɪtnə(r)/ *n* 1 (whitening agent) (agente *m*) blanqueador *m* 2 (for coffee/tea) sucedáneo *m* de leche

whitening /ˈhwaɪtnɪŋ || ˈwaɪtnɪŋ/ *n* [u] ▸**whiting B**

white noise *n* [u] ruido *m* blanco

whiteout /ˈhwaɪtaʊt || ˈwaɪtaʊt/ *n*
A (snow storm) tormenta *f* de nieve
B (correction fluid) (AmE) líquido *m* corrector

white paper *n* (in UK) libro *m* blanco (*documento oficial en el que se consigna la política gubernamental sobre determinado asunto*)

White Russia /ˈhwaɪt || ˈwaɪt/ *n* (Hist) la Rusia Blanca

White Russian *n* (Hist) 1 [c] (person) ruso blanco, rusa blanca *m,f* 2 [u] (language) ruso *m* blanco, bielorruso *m*

white sale *n* liquidación *f* de ropa blanca

white sauce *n* [u] salsa *f* blanca *or* bechamel, bechamel *f*

white shark *n* ▸**great white shark**

white-shoe /ˈhwaɪtˈʃuː || ˈwaɪtˈʃuː/ *adj* (*before n*) (AmE colloq) *de la clase privilegiada, blanca, anglosajona y protestante*

white slave *n*: *mujer vendida como prostituta*; (*before n*): **~ ~ trade** trata *f* de blancas

white slaver *n* tratante *mf* de blancas

white slavery *n* trata *f* de blancas

white spirit *n* [u] (BrE) espíritu *m* de petróleo (*usado como sustituto del aguarrás*)

whitethorn /ˈhwaɪtθɔːrn || ˈwaɪtθɔːn/ *n* [c u] espino *m* blanco

whitethroat /ˈhwaɪtθrəʊt || ˈwaɪtθrəʊt/ *n* curruca *f* zarcera

white tie *n* 1 [c] (bow tie) corbata *f* de lazo *or* (Esp) pajarita *f* or (Chi) corbata *f* de humita *or* (Ur) moñita *f* blanca, corbatín *m* blanco (Col) 2 [u] (formal dress) traje *m* de etiqueta con corbata de moño (*or* pajarita *etc*) blanca; (*before n*): **white-tie dinner** cena *f* de etiqueta

white trash *n* [u] (AmE pej) basura *f* blanca (pey) (*obreros de raza blanca que habitan la zona industrial del sur del país*)

whitewall tire, (BrE) **whitewall tyre** /ˈhwaɪtwɔːl || ˈwaɪtwɔːl/ *n* neumático *m* de banda blanca

whitewash¹ /ˈhwaɪtwɔːʃ || ˈwaɪtwɒʃ/ *n*
A 1 [u] (Const) cal *f*, lechada *f*, aguacal *f*‡ 2 [c u] (cover-up) (colloq) tapadera *f* (fam), encubrimiento *m*
B [c] (defeat) (colloq) paliza *f* (fam)

whitewash² *vt*
A 1 (whiten) ‹*wall/building*› blanquear, encalar, enjalbegar*; **the graffiti had been ~ed over** habían tapado las pintadas con una mano de cal 2 ‹*person/scandal*› (colloq) tapar (fam), encubrir*
B (defeat) (colloq) darle* una paliza a (fam)

white water *n* aguas *fpl* rápidas; (*before n*): **white-water canoeing** piragüismo *m* en aguas rápidas

Whitey, whitey /ˈhwaɪti || ˈwaɪti/ *n* (sl & offensive) el hombre blanco

whiting /ˈhwaɪtɪŋ || ˈwaɪtɪŋ/ *n*
A [c u] (*pl* **~s** *or* **~**) (fish) pescadilla *f*
B [u] (powder) blanco *m* de España, albayalde *m*

whitish /ˈhwaɪtɪʃ || ˈwaɪtɪʃ/ ▸❶ **p.1036** *adj* blanquecino, blancuzco

whitlow /ˈhwɪtləʊ || ˈwɪtləʊ/ *n* panadizo *m*

Whitsun /ˈhwɪtsən || ˈwɪtsən/ *n* (esp BrE) Pentecostés *f*

Whit Sunday *n* (esp BrE) (el domingo de) Pentecostés *f*

whittle /ˈhwɪtl || ˈwɪtl/ *vt* ‹*wood/stick*› tallar; **I ~d the ends down to a point** les saqué punta a los extremos (*con una navaja, un cuchillo etc*)
■ **whittle** *vi* hacer* tallas

Phrasal verbs

- **whittle away**
A [v + o + adv, v + adv + o] (reduce) ‹*funds/resources*› ir* mermando; ‹*influence*› ir* reduciendo *or* disminuyendo; ‹*rights*› ir* menoscabando; **gambling had ~d away his savings** el juego le había ido mermando *or* (fam) comiendo los ahorros
B [v + adv] **to ~ away AT sth** ir* minando *or* socavando algo; **these failures have been whittling away at her self-confidence** estos fracasos han ido minando *or* socavando su confianza en sí misma; **he sat there whittling away at a stick** estaba allí sentado tallando una vara
- **whittle down** [v + o + adv, v + adv + o] ‹*expenses*› recortar, reducir*; **to ~ sth down TO sth**: **we've ~d the applicants down to five** hemos reducido el número de candidatos a cinco

whiz¹, whizz /hwɪz || wɪz/ *vi* **-zz-** (+ *adv compl*): **to ~ by** «*bullet*» pasar zumbando *or* silbando; «*car*» pasar zumbando *or* como una bala *or* un bólido; «*arrow*» pasar zumbando *or* rehilando; **I ~zed down the hill on my bike** bajé la colina en bicicleta como un bólido *or* como una bala; **time ~zed by** el tiempo pasó volando; **I ~zed through my homework** hice los deberes zumbando *or* volando *or* a toda velocidad

whiz², whizz *n* (*pl* **whizzes**)
A (whistling sound) silbido *m*; (buzzing sound) zumbido *m*
B (person) (colloq) **to be a ~ AT sth** ser* un hacha *or* un as EN algo

whiz-bang /ˈhwɪzˌbæŋ || ˈwɪzˌbæŋ/ *adj* (*before n*) (colloq) sensacional

whiz kid, whizz kid *n* (colloq) lince *m* (fam), prodigio *m*

who /huː/ *pron*
A 1 (in questions) (*sing*) quién; (*pl*) quiénes; **~ is**

W

that? ¿quién es ése?; **~ are they?** ¿quiénes son?; **~ are we to criticize them?** ¿quiénes somos nosotros para criticarlos?; **~ are you writing to?** ¿a quién le estás escribiendo?; **Bridget ~?** ¿Bridget qué *or* cuánto?; **~ do you think you are?** ¿tú qué te crees?, ¿tú quién te crees que eres? **2** (in indirect questions) quién; **I don't know ~ you're talking about** no sé de quién estás hablando; **guess ~ I met today!** ¡adivina con quién me encontré hoy!; **a letter from you know ~** una carta de ya sabes quién *or* (fam) del/de la que te dije

B **1** (as relative): **the boy ~ won the prize** el chico que ganó el premio; **there are blankets for those ~ want them** hay mantas para quienes quieran; **he/she ~ follows the path of righteousness** (frml) quien escoja el camino de la virtud (frml) **2** (the one, ones that): **you can tell ~ you like** se lo puedes decir a quien/quienes quieras; **~ dares wins** quien nada arriesga nada gana

WHO *n* (= **World Health Organization**) OMS *f*

whoa /wəʊ/ *interj* ¡so!; **~, that's plenty!** ¡basta! *or* ¡ya! *or* (Esp fam) ¡vale! eso es mucho

who'd /huːd/ **1** = **who had** **2** = **who would**

whodunit, whodunnit /ˌhuːˈdʌnət || ˌhuːˈdʌnɪt/ *n* (colloq) novela *f* policíaca

whoe'er /huːˈer || huːˈeə(r)/ (poet) = **whoever**

whoever /huːˈevər || huːˈevə(r)/ *pron* **1** (no matter who): **she's not coming in here, ~ she is** aquí no entra, quien quiera que sea *or* sea quien sea; **~ you ask** se lo preguntes a quien se lo preguntes, a quienquiera que se lo preguntes **2** (the one, ones who): **~ did this must be insane** quienquiera que *or* quien haya hecho esto debe (de) estar loco; **I'll invite ~ I like** voy a invitar a quien (se) me dé la gana **3** (in questions) quién; **~ told you that?** ¿quién te dijo eso?, ¿quién te pudo haber dicho eso?

whole¹ /həʊl/ *adj*

A **1** (entire) (*before n, no comp*): **there's a ~ bottle left** queda una botella entera; **he drank the ~ bottle** se tomó toda la botella, se tomó la botella entera *or* íntegra; **they've eaten the ~ lot!** ¡se lo han comido todo!; **three ~ days** tres días enteros; **I've been here the ~ time** he estado aquí todo el tiempo; **the ~ (wide) world** todo el mundo, el mundo entero; **the ~ individual** el individuo en su totalidad; **the ~ truth** toda la verdad; **~ milk** leche *f* entera *or* sin descremar *or* (Esp) sin desnatar; **~ wheat** trigo *m* integral; **~ tone** (Mus) tono *m*; **~ number** (Math) (número *m*) entero *m* **2** (emphatic use): **I was beginning to get fed up with the ~ affair** me estaba empezando a hartar del asunto; **the ~ point of these meetings was to ... !** ¡lo que se pretendía con estas reuniones era precisamente ... !; **there's a ~ body of opinion which opposes it** hay toda una corriente de opinión en contra de ello

B (*pred*) **1** (in one piece) entero; **she swallowed it ~** se lo tragó entero; **the vase was still ~** el jarrón todavía estaba intacto **2** (healthy) (arch) sano

whole² *n* **1** (integral unit) todo *m*; **the parts that make up the ~** las partes que forman el todo; **the ~ of sth**: **the ~ of the morning** toda la mañana; **the ~ of his body was covered in sores** todo su cuerpo estaba cubierto de llagas; **they lost the ~ of their savings** perdieron todos sus ahorros *or* la totalidad de sus ahorros; **a threat to the ~ of mankind** una amenaza para toda la humanidad *or* para la humanidad entera **2** (*in phrases*): **as a whole**: **the situation has to be seen as a ~** hay que enfocar la situación como un todo *or* de manera global; **the business is to be sold as a ~** el negocio se va a vender como una unidad; **this will affect Europe as a ~** esto va a afectar a Europa en su totalidad; **on the whole** (*indep*) en general

wholefood /ˈhəʊlfuːd/ *n* [u c] (BrE) alimentos *mpl* integrales; (*before n*) ‹*cookery*› natural; **~ shop** tienda *f* de alimentos integrales

whole-grain /ˈhəʊlgreɪn/ *adj* ‹*bread/cereal*› integral; ‹*mustard*› de grano entero

wholehearted /ˌhəʊlˈhɑːrtəd || ˌhəʊlˈhɑːtɪd/ *adj* ‹*cooperation*› entusiasta; ‹*approval*› sin reservas; ‹*support*› incondicional

wholeheartedly /ˌhəʊlˈhɑːrtədli || ˌhəʊlˈhɑːtɪdli/ *adv* ‹*cooperate*› con entusiasmo; ‹*approve*› sin reservas; ‹*support*› sin reservas, incondicionalmente; **to agree ~** estar* totalmente de acuerdo

wholeheartedness /ˌhəʊlˈhɑːrtədnəs || ˌhəʊlˈhɑːtɪdnɪs/ *n* [u] entusiasmo *m*

wholemeal /ˈhəʊlmiːl/ *adj* (BrE) integral

whole note *n* (AmE) semibreve *f*, redonda *f*

wholesale¹ /ˈhəʊlseɪl/ *adj* **1** (Busn) (*before n*) al por mayor; **~ price** precio *m* al por mayor; **~ price index** índice *m* de precios al por mayor; **~ trade** comercio *m* al por mayor **2** ‹*destruction*› sistemático, total; ‹*slaughter*› sistemático; ‹*condemnation*› absoluto; ‹*rejection*› en bloque; **~ cuts in the budget** recortes radicales *or* drásticos en el presupuesto

wholesale² *adv* **1** (Busn) ‹*buy/sell*› al por mayor **2** (on a large scale) de modo general; **the same rule cannot be applied ~ to every case** no se puede aplicar la misma regla a rajatabla a todos los casos; **these practices have been going on ~** esto ha estado ocurriendo de manera sistemática; **they rejected the proposals ~** rechazaron las propuestas en bloque

wholesale³ *vt* vender al por mayor

■ **wholesale** *vi* venderse al por mayor

wholesaler /ˈhəʊlseɪlər || ˈhəʊlseɪlə(r)/ *n* mayorista *mf*

wholesaling /ˈhəʊlseɪlɪŋ/ *n* [u] ventas *fpl* al por mayor

wholesome /ˈhəʊlsəm/ *adj* **1** (healthy) ‹*food/climate*› sano, saludable **2** (morally good) ‹*advice/ideas/literature*› sano; ‹*image*› de persona sana

wholesomeness /ˈhəʊlsəmnəs || ˈhəʊlsəmnɪs/ *n* [u] **1** (of food, climate) lo sano *or* saludable **2** (of entertainment) lo sano; **the ~ of their image** su imagen de personas sanas

wholewheat /ˈhəʊlhwiːt || ˈhəʊlwiːt/ *adj* integral

who'll /huːl/ = **who will**

wholly /ˈhəʊlli/ *adv* totalmente, completamente; **I'm not sure I ~ understand** me parece que no entiendo del todo *or* que no acabo de entender; **a ~-owned subsidiary** (Busn) una filial de entera propiedad

whom /huːm/ *pron* (frml) **1** (in questions, indirect questions): **~ did you visit?** ¿a quién visitaste?; **a letter from ~?** ¿una carta de quién?; **she didn't know ~ to trust** no sabía en quién confiar; **I often wonder ~ she will eventually marry** muchas veces me pregunto con quién se casará finalmente **2** (as relative): **the cousin ~ I mentioned earlier** el primo que *or* a quien mencioné antes; **the girls, both of ~ could dance** las chicas, que ambas sabían bailar; **his friends, none of ~ had any money** sus amigos, ninguno de los cuales tenía dinero

whomever /huːmˈevər || huːmˈevə(r)/, **whomsoever** /ˈhuːmsəʊˈevər || ˌhuːmsəʊˈevə(r)/ *pron* (frml) **1** (no matter who): **~ you ask** a quienquiera que se lo preguntes **2** (the one, ones who): **I'll invite ~ I like** voy a invitar a quien (se) me dé la gana

whoop¹ /huːp, hwuːp || huːp, wuːp/ *vi* gritar, chillar

■ **whoop** *vt*: **to ~ it up** (colloq) (make merry) armar jolgorio (fam); (cheer) (AmE): **they went to ~ it up for the home team** fueron a animar al equipo local, fueron a hacerle barra al equipo local (Andes fam)

whoop² *n* **1** (shout) grito *m*, chillido *m* **2** (Med) *silbido producido por un espasmo laríngeo*

whoopee¹ /ˈhwʊpiː || ˈwʊpiː/ *interj* (colloq) ¡yupi! (fam), ¡viva!

whoopee² *n* [u]: **to make ~** (colloq & dated) armar jolgorio (fam)

whooping cough /ˈhuːpɪŋ/ *n* [u] tos *f* ferina *or* convulsa *or* convulsiva

whoops /hwʊps || wʊps/ *interj* ¡ay!, ¡epa! (AmS fam), ¡híjole! (Méx fam)

whoopsadaisy /ˈhwʊpsəˌdeɪzi || ˈwʊpsəˌdeɪzi/ *interj* ¡ay!, ¡pumba! (fam)

whoosh¹ /hwuːʃ || wuːʃ/ *n*: **there was a ~ as the flames consumed the papers** se oyó como un rugido al devorarse las llamas los papeles; **the ~ of the sliding doors closing** el soplido de las puertas corredizas al cerrarse

whoosh² *vi*: **the car ~ed past** el coche pasó haciendo 'zuum'; **the water came ~ing out** el agua salió en un chorro

whop /hwɑːp || wɒp/ *vt* **-pp-** (AmE colloq) pegarle* a; **your dad'll ~ you for this!** ¡tu papá te va a dar una paliza por esto!; **she ~ped him with the magazine** le pegó con la revista

whopper /ˈhwɑːpər || ˈwɒpə(r)/ *n* (colloq) **1** (sth big): **I've got a bite! — hey, it's a ~!** ha picado uno — ¡es enorme! *or* (fam) ¡qué grandote!; **a ~ of a bump** tremendo chichón (fam), flor de chichón (CS fam) **2** (lie): **he told me a ~** me dijo tremenda mentira *or* (Esp tb) tremenda trola *or* (CS tb) flor de mentira (fam)

whopping /ˈhwɑːpɪŋ || ˈwɒpɪŋ/ *adj* (colloq) enorme; **they live in a ~ (great) house** viven en una casa enorme *or* (fam) en tremenda casona; **at a ~ 22% a month** a la friolera del 22% mensual

whore¹ /hɔːr || hɔː(r)/ *n* (pej) puta *f* (vulg & pey)

whore² *vi*: **to go whoring** ir* de putas (vulg), putañear (vulg)

whorehouse /ˈhɔːrhaʊs || ˈhɔːhaʊs/ *n* burdel *m*, casa *f* de putas (vulg), quilombo *m* (Bol, RPl arg)

whoremonger /ˈhɔːrˌmɑːŋgər || ˈhɔːˌmʌŋgə(r)/ *n* (arch) (frequenter of brothels) putañero *m* (vulg); (pimp) proxeneta *m*, rufián *m* (arc)

whorl /hwɔːrl, hwɜːrl || wɜːl/ *n* **1** (coil, spiral) espiral *f*, voluta *f* **2** (in fingerprint) línea *f* **3** (of shell) espira *f* **4** (Bot) verticilo *m*

whortleberry /ˈhwɜːrtlˌberi || ˈwɜːtlˌberi/ *n* (*pl* **-ries**) arándano *m*

who's /huːz/ **1** = **who is** **2** = **who has**

whose¹ /huːz/ *pron* (*sing*) de quién; (*pl*) de quiénes; **~ is this?** ¿de quién es esto?; **~ are these?** ¿de quién/de quiénes son éstos?

whose² *adj* **1** (in questions, indirect questions) (*sing*) de quién; (*pl*) de quiénes; **~ book is this?** ¿de quién es este libro?; **~ keys are these?** ¿de quién son estas llaves?; **~ coats are those?** ¿de quiénes son esos abrigos?; **do you know ~ house that is?** ¿sabes de quién es esa casa? **2** (as relative) (*sing*) cuyo ((*pl*)), cuyos; **the man ~ job I took over** el hombre cuyo puesto ocupé; **a colleague ~ children go to that school** un colega cuyos hijos van a ese colegio

whosoever /ˌhuːsəʊˈevər || ˌhuːsəʊˈevə(r)/ *pron* (liter): **~ believeth in Him** todo aquél que crea en Él, quien crea en Él

who's who *n*: *publicación que consiste en una lista de las personas importantes en determinado campo*

who've /huːv/ = **who have**

why¹ /hwaɪ || waɪ/ *adv* por qué; **~ are you laughing?** ¿por qué te ríes?; **~ not?** ¿por qué no?; **~ is it that ... ?** ¿por qué será que ... ?; **~ the secrecy?** ¿por qué tanto secreto?; **~ do it yourself when you can get somebody else to do it?** ¿por qué lo vas a hacer tú cuando puedes hacer que lo haga otro?; **you look tired: ~ don't you lie down?** tienes cara de cansado ¿por qué no te recuestas?; **~ don't you shut up?** ¿por qué no te callas?; **ask her ~ she refused** pregúntale por qué se negó; **there's no reason ~ you shouldn't apply for it** no hay ningún motivo para que no lo solicites; **this is ~ the attempt failed** fue por esto *or* por esta razón que el intento fracasó; **because he lied to me, that's ~!** ¡porque me mintió! ¡por eso!; **the reason ~ he couldn't attend** la razón por la cual no pudo asistir; **he's in Rome, which is ~ he couldn't attend** está en Roma, razón por la cual no pudo asistir

why² *interj* ¡vaya!, ¡anda!; **~, I do believe you're right!** ¡vaya *or* anda! ¡creo que tienes razón!; **~,**

if it isn't Pauline Wright! ¡vaya, si es Pauline Wright!, ¡pero si es Pauline Wright!; **~, of course!** ¡por supuesto que sí!

why³ *n* porqué *m*; **the ~ and the how** el cómo y el porqué; **she always insists on knowing the ~s and wherefores** siempre tiene que saber todas las razones *or* todos los detalles

WI 1 = **Wisconsin** 2 (in UK) = **Women's Institute**

wick /wɪk/ *n* mecha *f*; ***to get on sb's ~*** (BrE colloq) crisparle los nervios a algn, sacar* de quicio a algn; **it gets on my ~ the way she ...** me crispa los nervios *or* me saca de quicio *or* (fam) me revienta la manera en que ...

wicked¹ /'wɪkəd || 'wɪkɪd/ *adj* **-er, -est**
A 1 (evil) ‹*person*› malvado, perverso, malo, maligno; ‹*thought*› malo; ‹*lie*› infame, vil; **that was a ~ thing to do** eso fue una maldad; **the ~ fairy** el hada mala 2 (vicious) ‹*blow*› malintencionado; **a ~-looking knife** un cuchillo siniestro; **a ~ temper** un carácter terrible *or* (fam) de todos los diablos 3 (mischievous) ‹*grin/laugh*› travieso, pícaro; **come here, you ~ little boy!** ¡ven aquí, pilluelo! (fam) 4 (scandalous) (colloq) ‹*price/waste*› escandaloso; **it's ~ what they charge!** ¡es escandaloso *or* es un escándalo *or* es una vergüenza lo que cobran!
B (very good) (colloq) sensacional (fam), fabuloso, padrísimo (Méx fam)

wicked² *pl n*: **(there's) no peace** *o* **rest for the ~** (set phrase) no hay paz *or* descanso para los malvados

wickedly /'wɪkədli || 'wɪkɪdli/ *adv* 1 (evilly) con maldad, malvadamente 2 (viciously) siniestramente 3 (mischievously) ‹*grin/smile*› con picardía

wickedness /'wɪkədnəs || 'wɪkɪdnɪs/ *n* [u] maldad *f*, perversidad *f*

wicker /'wɪkər || 'wɪkə(r)/ *n* [u] mimbre *m*; (*before n*) ‹*chair/basket*› de mimbre

wickerwork /'wɪkərwɜ:rk || 'wɪkəwɜ:k/ *n* [u] 1 (articles) artículos *mpl* de mimbre 2 (activity) cestería *f* 3 ▸ **wicker**

wicket /'wɪkət || 'wɪkɪt/ *n*
A (in cricket) 1 (area of pitch) *área central del terreno de juego*; ***to be*** *o* ***bat on a sticky ~*** (BrE) estar* en una situación comprometida, estar* en terreno resbaladizo; ***to be on a losing ~*** llevar las de perder 2 (stumps and bails) palos *mpl* 3 (batsman's turn): **to take a ~** eliminar a un bateador
B 1 **~ (door** *o* **gate)** portezuela *f*, portillo *m* 2 (window) (AmE) ventanilla *f* 3 (in croquet) (AmE) aro *m*

wicketkeeper /'wɪkət,ki:pər || 'wɪkɪt,ki:pə(r)/ *n* guardapalos *mf* (*en críquet*)

wicketkeeping /'wɪkət,ki:pɪŋ || 'wɪkɪt,ki:pɪŋ/ *n* [u] defensa *f* de los palos (*en críquet*)

wide¹ /waɪd/ *adj* **wider, widest**
A (in dimension) ‹*river/feet/belt/trousers*› ancho; ‹*gap*› grande; ‹*desert/ocean*› vasto; **it's two meters ~** tiene *or* mide dos metros de ancho; **how ~ is it?** ¿cuánto tiene *or* mide de ancho?; **to get ~r** ensancharse; ⓢ **wide load** vehículo ancho; **she looked at me with ~ eyes** me miró con los ojos muy abiertos
B (in extent, range) ‹*experience/coverage/powers*› amplio; ‹*area*› amplio, extenso; **a ~ variety of things** una gran variedad de cosas; **we stock a ~ selection of imported goods** tenemos un amplio *or* extenso surtido de artículos importados; **~r debate on this subject is essential** es esencial que el tema se discuta más ampliamente; **her interests are ~** tiene intereses muy diversos; **the newspaper with the ~st circulation** el diario de mayor circulación; **there is ~ agreement among academics that ...** el consenso entre los académicos es que ...; **their style of music has ~ appeal** su estilo de música gusta a un público muy amplio y diverso; **in a ~r sense/context** en un sentido/contexto más amplio; **fog will cover ~ areas of Northern England** la niebla cubrirá extensas *or* amplias zonas del norte de Inglaterra; **the ~ world** el ancho mundo
C (off target) ‹*ball/shot*› desviado; **~ OF sth** lejos DE algo; ▸ **mark¹ E**

wide² *adv* **wider, widest**
A (completely, fully): **her mouth gaped ~** se quedó boquiabierta *or* con la boca abierta; **~ apart: with your feet ~ apart** con los pies bien *or* muy separados; **they are ~ apart in age and interests** hay un abismo entre ellos en edad y en intereses; **~ awake: she was ~ awake** estaba completamente espabilada *or* despierta; **you have to be ~ awake in this business** hay que estar con cuatro ojos en este negocio (fam); **he's ~ awake to all the dangers** tiene plena conciencia de todos los peligros; **open ~!** abra bien la boca, abre grande (fam); **~ open: you left the door ~ open** dejaste la puerta abierta de par en par; **I'm going into this with my eyes ~ open** sé muy bien en qué me estoy metiendo; **this would leave the city ~ open to attack** esto dejaría la ciudad completamente *or* totalmente expuesta a un ataque; **he's laid himself ~ open to criticism** él mismo se ha expuesto a que lo critiquen; **the game is ~ open** el partido no está definido; **the argument remains ~ open** el problema aún no está resuelto, aún no está claro quién tiene razón; *see also* **wide-awake, wide-open**
B (off target): **the ball went ~** la pelota se desvió; **~ OF sth** lejos DE algo

-wide /waɪd/ *suff*: **area~** en toda la zona

wide-angle /'waɪd,æŋgəl/ *adj* (*before n*) amplio; **~ lens** granangular *m*

wide-awake /,waɪdə'weɪk/ *adj* (*before n*) ‹*eyes*› muy abierto; ‹*person*› espabilado, despierto; *see also* **wide² A**

wide-bodied /'waɪd,bɑ:did || 'waɪd,bɒdid/, **wide-body** /-'bɑ:di || -'bɒdi/ *adj* (*before n*) de fuselaje ancho

wide boy *n* (BrE colloq) chorizo *m*

wide-eyed /'waɪd'aɪd/ *adj* 1 (innocent, naive): **he looked at her ~** la miró con cara de inocente; **a couple of ~ peasants** un par de campesinos ingenuos 2 (surprised, shocked): **he stared at her in ~ amazement** se quedó mirándola boquiabierto *or* con ojos como platos

widely /'waɪdli/ *adv* 1 (extensively): **she is very ~ traveled** ha viajado mucho; **a ~ read young man** un joven de extensa cultura; **opposition to the regime is ~ based** la oposición al régimen tiene una base muy amplia; **these products are now ~ available** estos productos se consiguen con facilidad ahora; **it was ~ publicized** se le dio gran publicidad, fue muy publicitado 2 (commonly): **it is ~ believed that ...** comúnmente se cree que ...; **it is not ~ understood that ...** no se suele entender que ...; **a ~ held view** una opinión muy extendida; **a ~ used brand of detergent** una marca de detergente muy usada; **a ~ respected figure** una figura muy respetada; **a ~ read newspaper** un diario muy leído; **a 19th century author still ~ read today** un autor del siglo XIX que se lee mucho aún hoy 3 (to a large degree) ‹*vary*› mucho; **the two styles are ~ different** los dos estilos son muy diferentes

widen /'waɪdn/ *vt* ‹*road/entrance*› ensanchar; ‹*range/debate/scope*› ampliar*; ‹*interests*› diversificar*
■ **widen** *vi* «*road/tunnel*» ensancharse; «*influence*» aumentar, ampliarse*; **the constantly ~ing gap between the First and Third Worlds** la cada vez mayor abismo entre el primer mundo y el tercero; **the gap between us has ~ed** las diferencias entre nosotros se han acentuado

Phrasal verb
• **widen out** [v + adv] (become wider) «*road/river/tunnel*» ensancharse; «*activities*» extenderse*, ampliarse*

widening /'waɪdnɪŋ/ *n* [u] 1 (of road, entrance) ensanchamiento *m* 2 (of influence) ampliación *f*, aumento *m*

wide-open /'waɪd,əʊpən/ *adj* (*before n*) ‹*door*› abierto de par en par; **with ~ eyes** con los ojos muy abiertos; **the ~ spaces** los espacios abiertos; *see also* **wide² A**

wide-ranging /'waɪd,reɪndʒɪŋ/ *adj* ‹*powers/curriculum*› amplio; ‹*interests*› variado, diverso; ‹*effects*› de gran alcance

widescreen /'waɪdskri:n/ *n* (Cin, TV) pantalla *f* ancha; (*before n*): **~ format** formato *m* pantalla ancha; **~ frame** fotograma *m* de pantalla ancha; **~ presentation** presentación *f* en pantalla ancha; **~ TV** TV *f* de pantalla ancha

wide-screen /'waɪd'skri:n/ *adj* para pantalla ancha

widespread /'waɪdspred/ *adj* ‹*custom/belief*› extendido, generalizado; ‹*species*› extendido; **to become ~** «*custom/belief*» extenderse*, generalizarse*; **showers will become ~ throughout the south** los chaparrones se extenderán por el sur del país

widgeon /'wɪdʒən/ *n* ▸ **wigeon**

widget /'wɪdʒət || 'wɪdʒɪt/ *n* (colloq) aparato *m*, artilugio *m*, chisme *m* (Esp fam)

widow¹ /'wɪdəʊ/ *n* viuda *f*; **she was left a ~ at 26** enviudó *or* se quedó viuda a los 26 años; **war ~** viuda de guerra; **she's a golf ~** (hum) pasa horas sola mientras el marido juega al golf

widow² *vt*: **to be ~ed** enviudar, quedar viudo; **she/he was twice ~ed** enviudó *or* quedó viuda/viudo dos veces; **his ~ed sister** su hermana viuda; **the war ~ed many thousands of young women** la guerra dejó viudas a muchos miles de mujeres jóvenes

widower /'wɪdəʊər || 'wɪdəʊə(r)/ *n* viudo *m*

widowhood /'wɪdəʊhʊd/ *n* [u] viudez *f*, viudedad *f*

widow's peak *n*: *pico entre las entradas del pelo*

width /wɪdθ/ *n* 1 [u c] (measurement) ancho *m*, anchura *f*; **what ~ is the cloth?** ¿qué ancho tiene la tela?, ¿cuánto mide *or* tiene la tela de ancho? 2 [c] (in swimming pool) ancho *m*

widthwise /'wɪdθwaɪz/, **widthways** /-weɪz/ *adv* a lo ancho; **fold it ~** dóblalo a lo ancho

wield /wi:ld/ *vt* 1 (handle, use) ‹*sword*› blandir, empuñar; **I taught him how to ~ a knife and fork** le enseñé a usar *or* manejar los cubiertos 2 (exert) ‹*power/authority*› ejercer*

wiener /'wi:nər || 'wi:nə(r)/ *n* (AmE) salchicha *f* de Frankfurt

wiener schnitzel /'vi:nər,ʃnɪtsəl || 'vi:nə ,ʃnɪtsəl/ *n* (escalope *m* a la) milanesa *f*, escalopa *f* (Chi)

wienie /'wi:ni/ *n* (AmE colloq) ▸ **wiener**

wife /waɪf/ *n* (*pl* **wives**) esposa *f*, mujer *f*; **the ~** (colloq) la costilla (fam), la parienta (Esp fam & hum), la patrona (CS fam & hum)

wifely /'waɪfli/ *adj* ‹*loyalty/duties*› de esposa, conyugal

wife-swapping /'waɪf,swɑ:pɪŋ || 'waɪf ,swɒpɪŋ/ *n* [u] cambio *m* de parejas

wifey /'waɪfi/ *n pl* **-feys** (colloq) dulce esposa *f* (iró)

Wi-Fi® /'waɪfaɪ/ *n* (Comput) (= **Wireless Fidelity**) Wi-Fi® *m*

wig /wɪg/ *n* peluca *f*; **to wear a ~** usar *or* llevar peluca; ***keep your ~ on!*** (colloq) ¡no te sulfures! (fam)

Phrasal verb
• **wig out** [v + adv] (sl) ponerse* fuera de sí, flipar (Esp arg), friquear(se) (Mex arg)

wigeon /'wɪdʒən/ *n* (*pl* **wigeon** *or* **wigeons**) ánade *m* silbón

wigging /'wɪgɪŋ/ *n* (BrE colloq) regañina *f*, rapapolvo *m* (Esp fam), café *m* (CS fam); **to give sb a ~** regañar a algn, echarle un rapapolvo a algn (Esp fam), darle* *or* pasarle un café a algn (CS fam)

wiggle¹ /'wɪgəl/ *vt* ‹*toes*› mover*; ‹*hips*› contonear, menear
■ **wiggle** *vi* 1 «*hips*» contonearse; **she ~d past in her tight dress** pasó contoneándose con su vestido ceñido 2 «*road*» serpentear

wiggle² *n* 1 (of hips) contoneo *m*, meneo *m*; **give the key a ~** mueve *or* menea un poco la

W

llave 2▸ (in road) curva *f*

wiggly /ˈwɪgli/ *adj* **wigglier, wiggliest** 1▸ ‹*line*› ondulado; ‹*road*› serpenteante 2▸ ‹*tooth*› flojo

wiki /ˈwɪki/ *n* (Comput) wiki *m*

wikitorial /ˌwɪkəˈtɔːriəl ‖ ˌwɪkɪˈtɔːriəl/ *n* (Comput) wikitorial *m*

wild¹ /waɪld/ *adj* **-er, -est**
A 1▸ ‹*animal*› salvaje; (in woodland) salvaje, montaraz; ‹*plant/berries/flower*› silvestre; ‹*vegetation*› agreste; **a ~ beast** una fiera, una bestia salvaje; **part of the garden had been left ~** parte del jardín se había dejado sin cultivar; **a ~ forest** una selva 2▸ (uncivilized) ‹*tribe*› salvaje; **a ~ man** un salvaje; ***~ and wooly*** *o* (BrE) ***woolly*** (colloq): **he was a ~ and wooly** *o* (BrE) **woolly student in those days** en aquella época era el típico estudiante barbudo y revolucionario 3▸ (desolate) ‹*country*› agreste, salvaje
B 1▸ (unruly) ‹*party/lifestyle*› desenfrenado, alocado; **we've had some ~ times together!** ¡hemos hecho cada locura juntos! 2▸ (random, uncontrolled) ‹*attempt*› desesperado; **it's just a ~ guess** es una conjetura hecha totalmente al azar 3▸ (reckless, extreme) ‹*allegation/exaggeration*› absurdo, disparatado; ‹*promise*› insensato; ‹*imagination*› delirante, desbordante; **it never occurred to me in my ~est dreams that ...** ni en mis sueños más descabellados se me ocurrió nunca que ...; **they were rich beyond their ~est expectations** eran aún más ricos de lo que jamás hubieran podido soñar
C 1▸ (violent) (liter) ‹*sea/waters*› embravecido, proceloso (liter); ‹*wind*› fuertísimo, furioso (liter) 2▸ (frantic) ‹*excitement/fury/dancing*› desenfrenado; ‹*shouting*› desaforado; ‹*appearance/stare*› de loco; **there was a ~ rush for the door** todo el mundo se abalanzó desesperadamente hacia la salida; **they went on a ~ shopping spree** salieron a gastar dinero de forma totalmente descontrolada; **they were ~ with excitement/rage** estaban locos de entusiasmo/furia; **her perfume was driving him ~** su perfume lo estaba enloqueciendo *or* volviendo loco 3▸ (enthusiastic) (colloq) (*pred*) **to be ~ ABOUT sb/sth**: **he's ~ about her** está loco por ella (fam); **she's ~ about cars** la enloquecen los coches (fam); **I was never really ~ about the idea** la idea nunca me entusiasmó demasiado que digamos 4▸ (angry) (colloq) (*pred*): **he got really ~** se puso hecho una fiera (fam); **it makes me ~** me saca de quicio, me da mucha rabia, me revienta (fam)
D (fantastic) (colloq & dated) ‹*dancer/idea*› sensacional, fabuloso
E (Games) (*pred*): **jacks are ~** las jotas son comodines

wild² *adv*: **these flowers grow ~** estas flores son silvestres; **to live ~** vivir en estado salvaje; ***to run ~***: **soccer fans running ~ through the streets of the town** hinchas de fútbol arrasando desenfrenados las calles de la ciudad; **these kids have been allowed to run ~** a estos niños los han criado como salvajes; **the garden has run ~** la maleza ha invadido el jardín; **the plants had run ~** las plantas habían vuelto al estado silvestre; **I let my imagination run ~** dejé volar la imaginación, di rienda suelta a mi imaginación

wild³ *n* [u]: **the ~**: **how to survive in the ~** cómo sobrevivir lejos de la civilización; **the call of the ~** el atractivo de la naturaleza; **an opportunity to observe these animals in the ~** una oportunidad de observar estos animales en libertad *or* en su hábitat natural; **they bought a house out in the ~s** (hum) se compraron una casa donde el diablo perdió el poncho *or* (Esp) en el quinto pino (fam)

wild boar *n* jabalí *m*

wild card *n* 1▸ (in card games) comodín *m* 2▸ (Sport) (in golf, tennis) *invitación a participar en un torneo aun cuando el jugador no cumple los requisitos*; (in US football) *puesto en las finales adjudicado a los mejores equipos de entre los perdedores* 3▸ (factor) imponderable *m* 4▸ (Comput) comodín *m*

wildcat¹ /ˈwaɪldkæt/ *n* (*pl* **~s** *or* **~**)
A 1▸ (European) gato *m* montés 2▸ (bobcat) (esp AmE) lince *m*
B (woman) fiera *f*
C (oil well) pozo *m* de exploración

wildcat² *adj* (*before n, no comp*) 1▸ (risky) ‹*project/speculation*› arriesgado, riesgoso (esp AmL) 2▸ ‹*strike*› salvaje 3▸ (speculative) (AmE) exploratorio

wild cherry *n* (*pl* **~ cherries**) cereza *f* silvestre

wildebeest /ˈwɪldəbiːst ‖ ˈwɪldɪbiːst/ *n* (*pl* **-beests** *or* **-beest**) ñu *m*

wilderness /ˈwɪldərnəs ‖ ˈwɪldənɪs/ *n* 1▸ [c u] (wasteland) páramo *m*; (jungle) jungla *f*; **there are still pockets of true ~ in the highlands** en las tierras altas hay todavía zonas totalmente inexploradas; **He went into the ~** (Bib) se fue al desierto; **the garden is a ~** el jardín es una jungla; **she spent many years in the literary ~** pasó muchos años totalmente marginada del mundo literario; **when they come out of the political ~** cuando vuelvan a integrarse a la vida política del país 2▸ [u] (undeveloped land) (AmE) parque *m* natural 3▸ [c] (uninviting place): **a ~ of streets** un laberinto de calles; **a ~ of chimney stacks** un bosque de chimeneas

wild-eyed /ˈwaɪldˈaɪd/ *adj* ‹*fanatic*› con ojos de loco, de ojos desorbitados; **~ with excitement** loco de entusiasmo; **they closed in on their ~ victim** cercaron a su aterrada víctima

wildfire /ˈwaɪldfaɪr ‖ ˈwaɪldfaɪə(r)/ *n* [u] (AmE) fuego *m* arrasador; ***to spread like ~*** (also BrE) extenderse* como un reguero de pólvora

wildfowl /ˈwaɪldfaʊl/ *n* (*pl* **-fowls** *or* **-fowl**) ave *f*‡ de caza

wild-goose chase /ˌwaɪldˈguːs/ *n*: **I'm not going into town again on another ~ ~** no pienso ir otra vez al centro a perder el tiempo para nada; **they sent him off on a ~ ~, so that they could be alone** lo mandaron a no sé qué tontería *or* (hum) a ver si llovía para poder estar solos

wildlife /ˈwaɪldlaɪf/ *n* [u] fauna *f* y flora *f*; (*before n*) ‹*sanctuary/reserve*› natural; **~ conservation** protección *f* y conservación *f* de la flora y fauna; **~ park** reserva *f* natural; **~ trust** asociación *f* de protección y conservación de la flora y fauna

wildly /ˈwaɪldli/ *adv*
A 1▸ (frantically) ‹*kick/struggle/rush*› como (un) loco; ‹*shout*› como (un) loco, como un desaforado; **he looked at them ~** los miró con los ojos desorbitados; **he lashed out ~ at his attacker** arremetió como un loco contra su atacante 2▸ (violently) ‹*rage/blow*› con furia
B 1▸ (in undisciplined fashion) ‹*live*› desordenadamente, desenfrenadamente; **they behaved ~** se portaron como salvajes 2▸ (haphazardly, randomly) ‹*shoot/guess*› a lo loco, a tontas y a locas (fam); **they'd been speculating ~ as to his whereabouts** se habían hecho las conjeturas más absurdas en cuanto a su paradero
C (extremely): **~ funny** comiquísimo, para morirse de risa (fam); **~ inaccurate estimates** cálculos absolutamente errados; **they were ~ happy** eran locamente felices; **her story is ~ inconsistent** su versión es totalmente contradictoria; **I'm not ~ excited by the prospect** la perspectiva no me entusiasma mucho que digamos

wildness /ˈwaɪldnəs ‖ ˈwaɪldnɪs/ *n* [u]
A (of landscape) lo agreste; (of tribe, people) lo salvaje
B (of storm, sea) furia *f*
C 1▸ (of conduct) desenfreno *m* 2▸ (of talk, exaggeration) insensatez *f*, lo absurdo *or* ridículo

Wild West *n*: **the ~ ~** el Lejano Oeste; (*before n*) ‹*adventure/story*› del oeste

wiles /waɪlz/ *pl n* artimañas *fpl*, tretas *fpl*

wilful *etc* (BrE) ▸**willful** *etc*

wiliness /ˈwaɪlinəs ‖ ˈwaɪlinɪs/ *n* [u] astucia *f*

will¹ /wɪl/ *v mod* (*past* **would**) [*'ll es la contracción de will de will not y 'll've* ▸**'ll've** *de will have*]

> When translating *will* into Spanish, the future tense is not always the first option. *Ir + a + infinitive* is common in Latin American countries. For examples, see the entry below.

A 1▸ (talking about the future): **he'll come on Friday** vendrá el viernes, va a venir el viernes; **he said he would come on Friday** dijo que vendría *or* iba a venir el viernes; **he won't ever change his ways** no cambiará nunca, no va a cambiar nunca; **~ you be staying at Jack's?** ¿te vas a quedar en casa de Jack?; **they'll've finished the bridge by then** para entonces ya habrán acabado el puente; **I knew they would have finished it** yo sabía que lo habrían acabado *or* que lo iban a haber acabado; **at the end of this month, he'll have been working here for a year** este fin de mes hará *or* va a hacer un año que trabaja aquí; **you'll live to regret this** te vas a arrepentir de esto; **it was a decision he would live to regret** fue una decisión de la cual se iba a arrepentir *or* se arrepentiría más tarde; **you won't leave without me, ~ you?** no te irás sin mí ¿no? 2▸ (expressing resolution) (*with first person*): **I won't let you down** no te fallaré, no te voy a fallar
B 1▸ (expressing willingness): **~ you do me a favor?** ¿quieres hacerme un favor?, ¿me haces un favor?; **she won't tell us what happened** no nos quiere decir qué pasó; **we asked her, but she wouldn't tell us** se lo preguntamos, pero no nos quiso decir; **I won't stand for this** no pienso tolerar esto; **think what you ~** piensa lo que quieras *or* lo que te parezca; **as you ~!** como quieras; **try as he ~, he can't do it** por mucho que lo intenta, no logra hacerlo; **it can be compared, if you ~, to a detective novel** puede comparársela, si se quiere *or* por así decirlo con una novela policíaca 2▸ (in orders): **~ you stop interrupting!** ¡quieres dejar de interrumpirme!; **be quiet, ~ you!** cállate, ¿quieres?, ¡quieres callarte! 3▸ (in invitations): **~ you have a drink?** ¿quieres tomar algo?; **won't you come in?** ¿no quieres pasar?; **you'll stay for dinner, won't you?** te quedas a cenar ¿no?
C (expressing conjecture): **there's a package for you — that'll be the books I ordered** hay un paquete para ti — deben (de) ser los libros que encargué; **won't they be having lunch now?** ¿no estarán comiendo ahora?; **you ~ have gathered that ...** te habrás dado cuenta de que ...; **that would have been in 1947** eso debe (de) haber sido en 1947; **we had a long chat, but you wouldn't remember** charlamos un rato largo, pero tú no te acordarás *or* no creo que tú te acuerdes
D 1▸ (indicating habit, characteristic): **she'll be quite happy and all of a sudden she'll burst out crying** es capaz de estar de lo más contenta y de repente echarse a llorar; **I'll watch anything on television** yo soy capaz de mirar cualquier cosa en la televisión; **he'd go out and get drunk every Saturday** todos los sábados salía a emborracharse; **they'd sit up all night discussing politics** solían quedarse levantados toda la noche hablando de política; **don't worry, these things ~ happen** no te preocupes, son cosas que pasan; **oil and water won't mix** el aceite y el agua no se mezclan; **he *will* jump to conclusions** él siempre tiene que precipitarse a sacar conclusiones; **what do you expect, if you *will* keep spoiling him?** ¿qué quieres, si lo mimas continuamente?; **you won't be told, ~ you?** ¡qué cosa! ¿por qué no haces caso? 2▸ (indicating capability): **it ~ do 40 miles per gallon** hace 40 millas por galón; **this door won't shut** esta puerta no cierra *or* no quiere cerrar; **the car wouldn't start, so I took a taxi** el coche no arrancó *or* no quiso arrancar, así que me tomé un taxi; **I was getting nervous because the car wouldn't start** me estaba poniendo nervioso porque el coche no arrancaba

■ *vt* (*past & past p* **willed**)
A 1▸ (urge, try to cause): **I was ~ing her to get the**

W

answer right estaba deseando con todas mis fuerzas *or* con toda mi voluntad que diera la respuesta correcta; **we all ∼ed him on to the finish** tanto lo deseábamos, que lo ayudamos a llegar a la meta **2** (desire, ordain) (frml) ‹‹*God*›› disponer*, querer*

B (bequeath) legar*, dejar en testamento

will² *n*

A [u] **1** (faculty) voluntad *f*; **the teaching of the Church on freedom of ∼** la doctrina de la Iglesia sobre el libre albedrío; **she has a ∼ of her own** sabe lo que quiere; **this machine has a ∼ of its own** esta máquina está endiablada **2** (determination, willpower) voluntad *f*; **he showed enormous strength of ∼** demostró tener una gran (fuerza de) voluntad; **they didn't manage to break her ∼** no consiguieron doblegarla; **a ∼ of iron** una voluntad férrea *or* de hierro; **she seems to have lost the ∼ to live** parece que hubiera perdido las ansias *or* las ganas de vivir; **they set about their tasks with a ∼** se pusieron a trabajar con empeño; ***where there's a ∼, there's a way*** querer es poder **3** (desire, intention) voluntad *f*; **it was her ∼ that ...** fue su voluntad que ..., quiso que ...; **the ∼ of the people** la voluntad del pueblo; **it was God's ∼** Dios así lo quiso, fue la voluntad divina; **I don't want to force you against your ∼** no quiero obligarte contra tu voluntad; **he did it against his father's ∼** lo hizo contra la voluntad de su padre; **with the best ∼ in the world** con la mejor voluntad del mundo; **patients may come and go at ∼** los pacientes pueden entrar y salir a voluntad *or* cuando quieren *or* (frml) cuando les place; **she was able to cry at ∼** podía llorar cuando le daba la gana; **fire at ∼!** ¡fuego a discreción!

B [c] (testament) testamento *m*; **to make one's ∼** hacer* su (*or* mi *etc*) testamento; **last ∼ and testament** última voluntad y testamento

willful, (BrE) **wilful** /ˈwɪlfəl/ *adj*

A (deliberate) ‹*misconduct/neglect*› intencionado, deliberado; ‹*damage*› causado con premeditación

B (obstinate) ‹*person*› terco, testarudo, obstinado; ‹*behavior*› obstinado

willfully, (BrE) **wilfully** /ˈwɪlfəli/ *adv*

A (deliberately) intencionadamente, deliberadamente

B (obstinately) ‹*refuse*› con terquedad *or* tozudez; **he was ∼ blind to ...** se había obstinado *or* empeñado en no ver ...

willfulness, (BrE) **wilfulness** /ˈwɪlfəlnəs ‖ ˈwɪlfəlnɪs/ *n* [u]

A (deliberateness) premeditación *f*

B (obstinacy) terquedad *f*, tozudez *f*

willie /ˈwɪli/ *n* (BrE colloq) pitito *m* (fam), pichulín *m* (AmL fam), pipí *f* (Bol, Col, Méx fam), colita *f* (Esp fam)

willies /ˈwɪliz/ *pl n* (colloq): **it gives me/I get the ∼** me pone los pelos de punta (fam)

willing /ˈwɪlɪŋ/ *adj* **1** (eager, compliant) (*before n*) ‹*servant/worker*› servicial; **the ∼ slaves of a corrupt system** los obsecuentes siervos de un sistema corrupto (frml); **to serve the Lord with a ∼ heart** servir al Señor deseosamente *or* de buen grado; **to lend a ∼ hand** dar* una mano espontáneamente; ***to show* ∼** (BrE) dar* muestras de buena voluntad **2** (inclined) (*pred*) **to be ∼ to + INF** estar* dispuesto A + INF; **she seemed very ∼ to help** parecía muy dispuesta a ayudar; **if he were ∼ to try** si quisiera intentarlo, si estuviera dispuesto a intentarlo

willingly /ˈwɪlɪŋli/ *adv* (gladly) con gusto, de buen grado; (readily, freely) por voluntad propia; **can you help out? — yes, ∼** ¿nos podría dar una mano? — claro, encantado

willingness /ˈwɪlɪŋnəs ‖ ˈwɪlɪŋnɪs/ *n* [u] buena voluntad *f*, buena disposición *f*; **she offered to help with her usual ∼** se ofreció a ayudar con la buena voluntad *or* buena disposición de siempre; **∼ to + INF: they have indicated their ∼ to make concessions** han señalado que están dispuestos a hacer concesiones; **his constant ∼ to help others** el hecho de que esté siempre dispuesto a ayudar a los demás

will-o'-the-wisp /ˌwɪləðəˈwɪsp/ *n* **1** (light) fuego *m* fatuo **2** (sth elusive) quimera *f*

willow /ˈwɪləʊ/ *n* sauce *m*

willowherb /ˈwɪləʊɜːrb ‖ ˈwɪləʊhɜːb/ *n* [u] adelfilla *f*

willow pattern *n* (BrE) *diseño con motivos chinos en azul de cierto tipo de vajilla*

willowware /ˈwɪləʊweər ‖ ˈwɪləʊweə(r)/ *n* (AmE) *tipo de vajilla con diseño de motivos chinos en azul*

willowy /ˈwɪləʊi/ *adj* esbelto

willpower /ˈwɪlˌpaʊər ‖ ˈwɪlˌpaʊə(r)/ *n* [u] fuerza *f* de voluntad, voluntad *f*

willy /ˈwɪli/ *n* (BrE colloq) ▸**willie**

willy-nilly /ˌwɪliˈnɪli/ *adv* **1** (haphazardly) de cualquier manera **2** (like it or not): **we're going to get them out ∼** los vamos a sacar de allí sea como sea *or* les guste o no les guste; **∼, we made them all contribute** al final conseguimos que todos contribuyeran

wilt¹ /wɪlt/ (arch) *2nd pers sing pres of* **will**¹

wilt² *vi* ‹‹*plant/flower*›› ponerse* mustio, marchitarse; **everyone was ∼ing in the heat** el calor los estaba haciendo languidecer; **he ∼ed visibly under her glare** su mirada lo hizo encogerse

■ **wilt** *vt* ‹*plant*› poner* mustio

Wilts /wɪlts/ **= Wiltshire**

wily /ˈwaɪli/ *adj* **wilier, wiliest** astuto, artero

wimp /wɪmp/ *n* (colloq) pelele *m* (fam)

Phrasal verb

• **wimp out** [v + adv] (colloq) rajarse (fam)

wimpish /ˈwɪmpɪʃ/ *adj* (colloq) debilucho (fam)

wimple /ˈwɪmpəl/ *n* griñón *m*

wimpy /ˈwɪmpi/ *adj* **-pier, -piest** ▸**wimpish**

win¹ /wɪn/ (*pres p* **winning**; *past & past p* **won**) *vt*

A (gain) ‹*prize/medal/title*› ganar; ‹*support*› conseguir*, ganarse; ‹*fame/recognition*› ganarse; ‹*affection*› ganarse, granjearse; ‹*scholarship/promotion*› conseguir*, obtener* (frml); ‹*victory*› conseguir*; ‹*pay increase*› conseguir*, obtener* (frml); **it took me a while to ∼ their confidence** me llevó un tiempo ganarme su confianza; **her first novel won the acclaim of the critics** su primera novela tuvo una excelente acogida por parte de la crítica; **this won her a place on the national team** esto le valió un puesto en el equipo nacional; **their perseverance won them universal admiration** su perseverancia les granjeó *or* les valió la admiración de todos; **the Conservatives won 287 seats** los conservadores obtuvieron 287 escaños (frml); **vote-∼ning tactics** maniobras para obtener votos; **the contract has been won by a British firm** el contrato le ha sido adjudicado a una empresa británica, una empresa británica ha conseguido el contrato; **to ∼ sb's heart** conquistar el corazón de algn; **to ∼ sth FROM** *o* (colloq) **OFF sb**: **they've won business from their competitors** le han quitado clientes a la competencia; **she won £50 off me at cards** me ganó 50 libras jugando a las cartas; **to ∼ sth back** recuperar algo

B (be victorious in) ‹*war/race/bet/competition/election*› ganar; **you can't ∼ them all** no se puede pretender ganarlas todas

C (extract) **to ∼ sth FROM sth** ‹*minerals*› sacar* *or* extraer* algo DE algo; **100 square miles of green fields won from the desert** 100 millas cuadradas de campos verdes ganadas al desierto

■ **win** *vi* ganar; **they're ∼ning 3-1** van ganando 3 a 1; **to ∼ AT sth** ‹*at cards/billiards/golf*› ganar A algo; **to ∼ BY sth** ganar POR algo; **they won by 15 points** ganaron por 15 puntos; **OK, you ∼!** (colloq) está bien, como tú digas; **you can't ∼!** ¡no hay caso!; **you just can't ∼ with these people** ¡no hay caso con esta gente!; **to ∼ big** (AmE) ganar por mucho, barrer (fam)

Phrasal verbs

• **win out** [v + adv] ganar; **to ∼ out OVER sb** ganarle A algn

• **win over,** (BrE also) **win round** [v + o + adv, v + adv + o] conquistarse *or* ganarse a; **to ∼ sb over** *o* **round TO sth**: **she succeeded in ∼ning them over to the cause/her side/her point of view** logró conquistarlos para la causa/ponerlos de su lado/convencerlos de que tenía razón

• **win through** [v + adv] salir* adelante

win² *n* victoria *f*, triunfo *m*; **the Dolphins have had four/no ∼s so far** los Dolphins han ganado cuatro veces/no han ganado nunca hasta ahora; **what I need is a ∼ in the lottery** lo que necesito es sacarme la lotería

wince¹ /wɪns/ *vi* hacer* un gesto de dolor; (shudder) estremecerse*; **she didn't so much as ∼ when I took off the bandage** no hizo el más mínimo gesto cuando le quité la venda; **some of the things he said made you ∼** algunas de las cosas que dijo daban vergüenza ajena; **to ∼ AT sth**: **she ∼d at the pain** hizo un gesto *or* una mueca de dolor, se le crispó el rostro del dolor; **I ∼d at the thought of seeing him again** me estremecí de sólo pensar en volverlo a ver

wince² *n* gesto *m or* mueca *f* (de dolor); **she gave a ∼** (of pain) hizo un gesto *or* una mueca de dolor, se le crispó el rostro del dolor; (of displeasure) se estremeció

winceyette /ˌwɪnsiˈet/ *n* [u] (BrE) bombasí *m* (*tipo de franela usada para sábanas, camisones de invierno etc*)

winch¹ /wɪntʃ/ *n* cabrestante *m*, torno *m*

winch² *vt*: *levantar con un cabrestante o torno*; **when he tugs on the line, ∼ him up** cuando tire de la cuerda, súbelo

Winchester /ˈwɪntʃestər ‖ ˈwɪntʃɪstə(r)/ *n*

A **∼ (rifle)**® Winchester® *m*

B **∼ (disk)** (Comput) disco *m* Winchester

wind¹ /wɪnd/ *n*

A ▸❶ p.1878 [c u] (Meteo) viento *m*; **a ∼ came up around midday** alrededor del mediodía se levantó viento; **a cold ∼ was blowing** soplaba un viento frío; **there is not much ∼ today** hoy no hace *or* no hay mucho viento; **a gust of ∼** una ráfaga de viento; **∼s light to moderate** vientos suaves a moderados; **against the ∼** contra el viento; **to run before the ∼** (Naut) ir* con el viento en popa *or* a favor; **we were playing into the ∼** (Sport) estábamos jugando contra el viento; **let's get out of the ∼** refugiémonos del viento; **a ∼ of change was blowing** soplaban vientos nuevos; ***in the* ∼**: **nothing's been announced, but I reckon there's something in the ∼** no han anunciado nada, pero a mí me parece que algo están tramando; **a change is in the ∼** se viene un cambio; ***like the* ∼** como un bólido (fam); ***to get the* ∼ *up*** (BrE colloq) asustarse, pegarse* un susto (fam); ***to get* ∼ *of sth*** enterarse de algo, llegar* a saber algo, olerse* algo (fam); ***to know/find out which way*** *o* ***how the* ∼ *is blowing*** saber*/averiguar* por dónde van los tiros (fam); ***to put the* ∼ *up sb*** (BrE colloq) asustar a algn, meterle miedo a algn (fam); ***to raise the* ∼** (BrE dated) juntar suficiente dinero; ***to sail close to the* ∼**: **be careful what you say, you're sailing very close to the ∼** cuidado con lo que dices, te estás por pasar de la raya; **they don't act illegally, but they sail pretty close to the ∼** lo que hacen no es ilegal, pero casi; **in her documentaries she tends to sail rather close to the ∼** sus documentales suelen ser agresivamente polémicos; ***to scatter sth to the four* ∼*s*** desperdigar* algo; **our group was scattered to the four ∼s when the war came** nuestro grupo se desperdigó cuando estalló la guerra; ***to take the* ∼ *out of sb's sails*** desinflar a algn; ***it's an ill* ∼ *that blows nobody any good*** no hay mal que por bien no venga; (*before n*) ‹*direction/speed/strength*› del viento; **∼ cone** manga *f* de viento; **∼ farm** parque *m* eólico; **∼ chimes** (*pl*) campanillas *fpl* de viento; **∼ energy/power** energía *f* eólica; **∼ gauge** anemómetro *m*; **∼ pollination** polinización *f* anemógama; **∼ tunnel** (Auto, Aviat) túnel *m* aerodinámico; **∼ turbine** turbina *f* eólica; aerogenerador*m*

B [u] (in bowels) gases *mpl*, ventosidad *f*; **to have ∼** tener* gases; **lentils give me ∼** las lentejas me dan *or* me producen gases; **to break ∼** eliminar gases (euf), tirarse un pedo (fam)

C [u] (breath) aliento *m*, resuello *m*; **to lose/recover one's ~** perder*/recobrar el aliento; ***to get one's second ~*** «*athlete/runner*» recobrar las energías; **I get my second ~ after the 11 o'clock break** recobro las energías *or* me siento renovado *or* cobro nuevas fuerzas después del descanso de las 11

D [u] (Mus): **the ~** los instrumentos de viento; (*before n*): **~ instrument** instrumento *m* de viento

wind² *vt*

(Sense I) /wɪnd/ **1** «*exertion*» dejar sin aliento *or* resuello; «*blow*» cortarle la respiración a; **he's ~ed** está *or* ha quedado sin aliento *or* resuello **2** ‹*baby*› sacarle* el aire a (fam)

(Sense II) /waɪnd/ (*past & past p* **wound** /waʊnd/)

A **1** (coil) ‹*yarn/wool*› ovillar, devanar; **the bandage had been wound too tightly** tenía la venda muy apretada; **to ~ sth AROUND** *o* (esp BrE) **ROUND sth** enroscar* *or* enrollar algo ALREDEDOR DE algo; **the snake wound itself around the branch** la serpiente se enroscó alrededor de la rama; **to ~ sth ON(TO) sth** enroscar* *or* enrollar algo EN algo; **to ~ sth into a ball** hacer* un ovillo con algo, ovillar algo; **the fisherman wound in the line** el pescador fue cobrando sedal; **to ~ the film on** (hacer*) correr la película; **to ~ the tape back** rebobinar la cinta; **to ~ the tape forward** adelantar la cinta **2** (wrap) **to ~ sth/sb IN sth** envolver* algo/a algn EN algo

B **1** (turn) ‹*handle*› hacer* girar, darle* vueltas a; **to ~ a clock/watch** darle* cuerda a un reloj **2** (hoist, pull) levantar; **the nets had to be wound in by hand** hubo que recoger las redes a mano

■ **wind** *vi* /waɪnd/ (*past & past p* **wound** /waʊnd/) **1** «*river/road*» serpentear **2** **winding** *pres p* ‹*river/road*› sinuoso, serpenteante; **we followed them through the ~ing streets** los seguimos por el laberinto de calles

(Phrasal verbs)

• **wind down**

A [v + o + adv, v + adv + o] ‹*window*› (Auto) bajar; ‹*production/trade*› reducir* paulatinamente

B [v + adv] **1** «*watch/toy*» quedarse sin cuerda; **it's ~ing down** se le está acabando la cuerda **2** (relax) (colloq) relajarse

• **wind up**

A [v + o + adv, v + adv + o] **1** (tighten spring of) ‹*watch/toy*› darle* cuerda a **2** (bring to conclusion) ‹*meeting/campaign/speech*› cerrar*, poner* fin a **3** (close down) ‹*company*› cerrar*, liquidar; ‹*partnership*› liquidar

B [v + o + adv] **1** (make excited) animar **2** (make angry) torear, darle* manija a (RPl fam); (tease) tomarle el pelo a (fam)

C [v + adv] **1** (end up, find oneself) (colloq) terminar, acabar; **he'll ~ up in jail** va a terminar *or* acabar en la cárcel, va a ir a parar a la cárcel; **I got on the wrong train and wound up in Boston** me equivoqué de tren y fui a parar *or* a dar a Boston; **we always seem to ~ up arguing** siempre terminamos *or* acabamos peleando; **she wound up with a broken leg** terminó *or* acabó con una pierna rota; **he wound up with the largest share** al final le tocó la parte más grande **2** (conclude) «*speaker*» concluir*, terminar **3** (come to end) «*project/campaign*» concluir*, terminar **4** «*toy/doll*»: **it ~s up at the back** se le da cuerda por detrás

wind³ /waɪnd/ *n* **1** (turn): **I gave my watch a ~** le di cuerda a mi reloj; **give the handle a ~** dale vuelta a la manivela **2** (bend) curva *f*, recodo *m*

windbag /ˈwɪndbæg/ *n* (colloq) cotorra *f* (fam), charlatán, -tana *m,f*

wind-borne /ˈwɪndbɔːrn || ˈwɪndbɔːn/ *adj* transportado por el viento *or* el aire

windbreak /ˈwɪndbreɪk/ *n* **1** (natural) barrera *f* contra el viento **2** (at seaside) (BrE) cortavientos *m* (*especie de biombo para protegerse del viento en la playa*)

windbreaker® /ˈwɪndˌbreɪkər || ˈwɪndˌbreɪkə(r)/ *n* (AmE) rompevientos *m* (AmL), campera *f* (RPl), cazadora *f* (Esp)

windburn /ˈwɪndbɜːrn || ˈwɪndbɜːn/ *n* [u]: *enrojecimiento de la piel producido por el viento fuerte*

windcheater /ˈwɪndˌtʃiːtər || ˈwɪndˌtʃiːtə(r)/ *n* (BrE) rompevientos *m* (AmL), campera *f* (RPl), cazadora *f* (Esp)

wind-chill factor /ˈwɪndtʃɪl/ *n* temperatura *f* de sensación

winder /ˈwaɪndər || ˈwaɪndə(r)/ *n* cuerda *f*; **window ~** (Auto) manivela *f* (*de la ventanilla*)

windfall /ˈwɪndfɔːl/ *n* **1** (fruit) *fruta caída del árbol* **2** (unexpected benefit): **the £100 prize was a nice little ~** el premio de 100 libras le (*or* me etc) cayó como llovido del cielo; (*before n*): **~ profits** ganancia *f* imprevista; **~ tax** impuesto *m* sobre beneficios extraordinarios

windflower /ˈwɪndflaʊr || ˈwɪndflaʊə(r)/ *n* anémona *f*

winding /ˈwaɪndɪŋ/ *n* [u] **1** (of road) (*often pl*) curva *f*; (of river) curva *f*, meandro *m* **2** (Elec Eng) bobinado *m*, devanado *m*

winding gear *n* [u] cabrestante *m*

winding sheet *n* (arch *or* liter) mortaja *f*

winding-up /ˌwaɪndɪŋˈʌp/ *n* (esp BrE) **1** (conclusion) conclusión *f*; (*before n*) ‹*address/speech*› de clausura **2** (liquidation) liquidación *f*, disolución *f*

windjammer /ˈwɪndˌdʒæmər || ˈwɪndˌdʒæmə(r)/ *n* velero *m* (*grande*)

windlass /ˈwɪndləs/ *n* cabrestante *m*, torno *m*

wind machine *n* **1** (in theater) máquina *f* de viento **2** (generator) turbina *f* de viento

windmill /ˈwɪndmɪl/ *n* **1** (mill) molino *m* de viento; ***to tilt at ~s*** luchar contra molinos de viento **2** (toy) (BrE) molinete *m*, molinillo *m*, remolino *m* (CS), rehilete *m* (Méx, Per), ringlete *m* (Col)

window /ˈwɪndəʊ/ *n*

A **1** (of building) ventana *f*; (of car) ventanilla *f*, luna *f*; (of shop) escaparate *m* (esp Esp), vitrina *f* (AmL), vidriera *f* (AmL); **don't lean out of the ~** no te asomes por la ventana/ventanilla; **to clean the ~s** limpiar los vidrios *or* (Esp) cristales; **a ~ on the world** una ventana abierta al mundo; **a ~ of opportunity** una oportunidad; ***to fly/go out (of) the ~*** «*plans*» venirse* abajo, desbaratarse, irse* al tacho (CS fam); «*hopes*» desvanecerse*; **his promotion went out of the ~ when he said that** lo que dijo dio al traste con sus perspectivas de ascenso (fam); ***to throw sth out (of) the ~*** (colloq) echar algo por la borda; (*before n*): **~ box** jardinera *f*; **~ cleaner** (product) limpiacristales *m*, limpiavidrios *m* (esp AmL); (person) limpiacristales *mf*, limpiavidrios *mf* (esp AmL); **~ display** artículos *mpl* expuestos en el escaparate *or* (AmL) la vitrina *or* vidriera; **the ~ frame** el marco de la ventana; **~ ledge** alféizar *m or* repisa *f* de la ventana **2** (sales counter) ventanilla *f*

B **1** (of envelope) ventanilla *f*; (*before n*): **~ envelope** sobre *m* de ventanilla **2** (Comput) ventana *f*, recuadro *m*

window dresser *n* escaparatista *mf* (esp Esp), vitrinista *mf* (AmL), vidrierista *mf* (AmL)

window dressing *n* [u] **1** (in shop) escaparatismo *m* (esp Esp), vitrinismo *m* (AmL), vidrierismo *m* (AmL) **2** (pretense, mask): **don't be taken in by the ~ ~** no te dejes engañar por las apariencias *or* la imagen que quieren presentar

windowing /ˈwɪndəʊɪŋ/ *n* [u] (Comput) *visualización de información en una ventana o recuadro*

windowless /ˈwɪndəʊləs || ˈwɪndəʊlɪs/ *adj* sin ventanas

windowpane /ˈwɪndəʊpeɪn/ *n* vidrio *m or* (Esp) cristal *m* (*de una ventana*)

window seat *n* **1** (in house) *asiento empotrado bajo una ventana* **2** (in train, plane) asiento *m* junto a la ventanilla

window-shop /ˈwɪndəʊʃɑːp || ˈwɪndəʊʃɒp/ *vi* **-pp-** mirar vitrinas *or* vidrieras *or* (esp Esp) escaparates, vitrinear (AmL fam); **to go ~ping** ir* a mirar vitrinas *or* vidrieras *or* (esp Esp) escaparates, ir* a vitrinear (AmL fam)

window-shopper /ˈwɪndəʊˌʃɑːpər || ˈwɪndəʊˌʃɒpə(r)/ *n*: *persona que sale a mirar escaparates*, vitrinista *m,f* (AmL fam)

window-shopping /ˈwɪndəʊˌʃɑːpɪŋ || ˈwɪndəʊˌʃɒpɪŋ/ *n* [u] **the only thing to do was ~** lo único que había para hacer era ir a mirar escaparates *or* (AmL fam) ir a vitrinear

windowsill /ˈwɪndəʊsɪl/ *n* alféizar *m or* repisa *f* de la ventana

windpipe /ˈwɪndpaɪp/ *n* tráquea *f*

wind-powered /ˈwɪndˌpaʊərd || ˈwɪndˌpaʊəd/ *adj* ‹*energy*› eólico, generado por el viento; ‹*machine/engine*› eólico, accionado por el viento

windproof /ˈwɪndpruːf/ *adj* a prueba de viento

windscreen /ˈwɪndskriːn/ *n* (BrE) ▸ **windshield 1**

windshield /ˈwɪndʃiːld/ *n* **1** (AmE) (in car) parabrisas *m*; (*before n*): **~ wiper** limpiaparabrisas *m*, limpiador *m* (Méx), limpiabrisas *m* (Col) **2** (on motorbike) parabrisas *m*

windsleeve /ˈwɪndsliːv/ *n* ▸ **windsock**

windsock /ˈwɪndsɑːk || ˈwɪndsɒk/ *n* manga *f* de viento

wind speed *n* [u] velocidad *f* del viento, velocidad *f* eólica; (*before n*): **~ ~ indicator** indicador *m* de la velocidad del viento

windsurf /ˈwɪndsɜːrf/ *vi* hacer* windsurf *or* windsurfing, hacer* surf a vela

windsurfer /ˈwɪndsɜːrfər || ˈwɪndsɜːfə(r)/ *n* **1** (person) tablista *mf*, windsurfista *mf* **2** (board) tabla *f* de windsurf

windsurfing /ˈwɪndˌsɜːrfɪŋ || ˈwɪndˌsɜːfɪŋ/ *n* [u] windsurf *m*, windsurfing *m*, surf *m* a vela

windswept /ˈwɪndswept/ *adj* **1** (open to wind) ‹*beach/plain*› azotado por el viento **2** (dishevelled) ‹*person*› despeinado; ‹*hair*› alborotado

wind-up¹ /ˈwaɪndʌp/ *n*

A (act of teasing) (BrE colloq) broma *f*, chiste *m*

B ▸ **winding-up**

C (in baseball) mecánica *f*

wind-up² *adj* a cuerda

windward¹ /ˈwɪndwərd || ˈwɪndwəd/ *n* [u]: **to ~ (of sth)** a barlovento (de algo)

windward² *adj* de barlovento

Windward Islands /ˈwɪndwərd || ˈwɪndwəd/ *pl n*: **the ~ ~** las Islas de Barlovento

windy /ˈwɪndi/ *adj* **-dier, -diest** **1** ▸ⓘ **p.1878**; ‹*day/weather*› ventoso, de viento; **it's ~** hace viento, está ventoso **2** (verbose) (colloq) ‹*speaker/speech*› pesado **3** (afraid) (BrE colloq & dated): **he's a right ~ so and so** es un miedoso, se asusta de nada; **he got ~** le entró miedo, se asustó

wine /waɪn/ *n* [u c] **1** (beverage) vino *m*; **her lips were like ~** (liter) sus labios eran como la miel (liter); **he spent his inheritance on ~, women and song** se gastó la herencia en juerga, vino y mujeres; ***to put new ~ in old bottles*** (Bib) echar vino nuevo en pellejos viejos; (*before n*) ‹*bottle/cask*› de vino; **~ box** caja *f* de vino; **~ cellar** bodega *f*; **~ cooler** *recipiente para mantener frío el vino*; **~ list** carta *f* de vinos; **~ merchant** (BrE) vinatero, -ra *m,f*; **~ rack** botellero *m*; **~ vinegar** vinagre *m* de vino; **~ taster** catador, -dora *m,f* (*de vinos*), catavinos *mf*; **~ waiter** sommelier *m*, sumiller *m* **2** ▸ⓘ **p.1036** (color) rojo *m* granate; (*before n*) rojo granate *adj inv*

wine and dine *vt* agasajar (*con una comida*)

■ **wine and dine** *vi* comer y beber

wine bar *n* bar *m* (*especializado en vinos*)

wineglass /ˈwaɪnglæs || ˈwaɪnglɑːs/ *n* copa *f* de vino

winegrower /ˈwaɪnˌgrəʊər || ˈwaɪnˌgrəʊə(r)/ *n* viticultor, -tora *m,f*, viñatero, -ra *m,f* (CS)

winegrowing /ˈwaɪnˌgrəʊɪŋ/ *n* [u] viticultura *f*; (*before n*) ‹*area/region*› vinícola; ‹*country*› productor de vino; ‹*industry*› vitivinícola, vinícola

wine gum *n* (BrE) gominola *f*

winemaker /ˈwaɪnˌmeɪkər || ˈwaɪnˌmeɪkə(r)/ *n* productor, -tora *m,f* de vino, vinatero, -tora *m,f*

winemaking /ˈwaɪnˌmeɪkɪŋ/ *n* [u] producción *f* de vino

winepress /ˈwaɪnpres/ *n* prensa *f* de uvas

winery /ˈwaɪnəri/ *n* (*pl* **-ries**) (AmE) bodega *f*

wineskin /ˈwaɪnskɪn/ *n* odre *m*, pellejo *m*

winetasting /ˈwaɪnˌteɪstɪŋ/ *n* 1 [u] (act, skill) cata *f* *or* catadura *f* de vinos 2 [c] (event) degustación *f* de vinos

wing¹ /wɪŋ/ *n*

A [c u] (Zool) ala *f*‡; **a bird on the ~** un pájaro volando *or* en vuelo; **to take ~** (liter) levantar *or* alzar* el vuelo; ***to clip sb's ~s*** (restrict, constrain) cortarle las alas a algn; ***to spread*** *o* ***stretch one's ~s*** (liter) ⟨⟨*bird*⟩⟩ desplegar* *or* extender* las alas; **there comes a time when children want to spread their ~s** llega el momento en que los chicos quieren alzar *or* levantar el vuelo; **this job will give her a chance to spread her ~s** este trabajo le va a dar la oportunidad de desarrollar su potencial; ***under sb's/sth's ~***: **she took the new girl under her ~** se hizo cargo de la chica nueva; **he's working under the ~ of an expert** trabaja bajo la tutela de un experto; **this comes under the ~ of the marketing department** esto es responsabilidad del departamento de márketing

B (Aviat) 1 (structure) ala *f*‡; ***on a ~ and a prayer***: **we managed to get home on a ~ and a prayer** llegamos a casa de milagro; **they are going into this election on a ~ and a prayer** se van a presentar a estas elecciones a la buena de Dios 2 (unit) ala *f*‡

C (BrE) (Auto) guardabarros *m* *or* (Méx) salpicadera *f* *or* (Chi, Per) tapabarros *m*; (*before n*): **~ mirror** espejo *m* retrovisor exterior

D (Sport) 1 (part of field) ala *f*‡ 2 (player, position) ala *mf*‡ alero *mf*, extremo *mf*; (*before n*): **~ forward** ala *mf*‡; **~ threequarter** ala *mf* ‡ tres cuartos

E (Pol) ala *f*‡; **the left ~ of the party** el ala izquierda del partido; **the political ~ of the organization** el ala política *or* el brazo político de la organización; *see also* **left wing**, **right wing**

F (of company) (AmE) (Busn) sección *f*, departamento *m*

G (of building) ala *f*‡

H **wings** *pl* 1 (Theat): **the ~s** los bastidores; ***to stand/wait in the ~s***: **she tends to stand in the ~s and not get involved** en general se mantiene al margen y no se mete; **if he doesn't play well, there are others waiting in the ~s** si no juega bien, hay quienes están listos para sustituirlo 2 (insignia) (Aviat, Mil) insignia *f* 3 ▸**water wings**

I (of table) ala *f*‡; (of chair) oreja *f*

wing² *vt*

A ***to ~ one's way***: **we were soon ~ing our way to Italy** poco tiempo después estábamos camino a Italia; **the news had already ~ed its way across the Atlantic** la noticia ya había cruzado el Atlántico; ***to ~ it*** (improvise) (AmE colloq) arreglárselas sobre la marcha

B (wound) ⟨*bird*⟩ herir* en el ala; **the bullet only ~ed him** la bala apenas le rozó el brazo/hombro

■ **wing** *vi* (move quickly) volar*

wing chair *n* sillón *m* de orejas

wing collar *n*: *cuello de camisa de esmoquin o frac*

wing commander *n* (in UK) ≈ teniente *m* coronel (*de la Fuerza Aérea*), ≈ vicecomodoro *m* (*en Arg*)

wingding /ˈwɪŋdɪŋ/ *n* (AmE sl) 1 (party) jolgorio *m*; (*before n*) ⟨*party/occasion*⟩ bullanguero 2 (as intensifier): **a ~ of a fight** tremenda pelea (fam), flor de pelea (CS fam)

winge /wɪndʒ/ *vi* ▸**whinge**

winged /wɪŋd/ *adj* 1 (with wings) alado 2 (lofty, sublime) (liter) sublime

-winged /wɪŋd/ *suff*: **four~** de cuatro alas

winger /ˈwɪŋər || ˈwɪŋə(r)/ *n*

A (Sport) ▸**wing¹**

B ▸**whinger**

wingless /ˈwɪŋləs || ˈwɪŋlɪs/ *adj* sin alas

wingman /ˈwɪŋmæn/ *n* (*pl* **-men** /-men/)

A (pilot) wingman *mf*, piloto *mf* de flanco

B ▸**wing¹ D**

wing nut *n* palomilla *f*, tuerca *f* (de) mariposa

wingspan /ˈwɪŋspæn/ *n* (Aviat, Zool) envergadura *f*

wingtip /ˈwɪŋtɪp/ *n* (Aviat, Zool) extremo *m* del ala

wink¹ /wɪŋk/ *n* guiño *m*, guiñada *f*; **to give sb a ~** guiñarle el ojo a algn, hacerle* un guiño *or* una abrir y cerrar de ojos; ***as quick as a ~*** en un abrir y cerrar de ojos; ***not to get a ~ of sleep*** no pegar* (el *or* un) ojo; **I couldn't sleep a ~** no pegué (el *or* un) ojo; ***to get*** *o* ***grab forty ~s*** dar* una cabezadita, hacerse* *or* echarse una siestecita; ***to tip sb the ~*** (BrE colloq) darle* el soplo a algn (fam); ▸**nod¹**

wink² *vi* 1 ⟨⟨*person*⟩⟩ guiñar el ojo, hacer* un guiño *or* una guiñada; **to ~ AT sb** guiñarle el ojo A algn, hacerle* un guiño *or* una guiñada A algn; ***to ~ at sth*** hacer* la vista gorda frente a algo 2 (flash) ⟨⟨*light*⟩⟩ parpadear, titilar

■ **wink** *vt*: **to ~ one's eye** guiñar el ojo

winker /ˈwɪŋkər || ˈwɪŋkə(r)/ *n* (BrE colloq) ▸**indicator B**

winkle /ˈwɪŋkəl/ *n* 1 (shellfish) bígaro *m* 2 ▸**willie**

Phrasal verb

- **winkle out** [v + o + adv, v + adv + o]: **to ~ sb out of a place** hacer* salir a algn de un lugar; **I've still not ~d the truth out of them** todavía no he logrado sonsacarles *or* arrancarles la verdad

winkle-picker /ˈwɪŋkəlˌpɪkər || ˈwɪŋkəlˌpɪkə(r)/ *n* (BrE) (Clothing) *zapato muy puntiagudo*

win-lose /ˌwɪnˈluːz/ *adj* (*before n*) en que uno gana y otro pierde

winnable /ˈwɪnəbəl/ *adj* que se puede ganar

Winnebago® /ˌwɪnəˈbeɪgəʊ || ˌwɪnɪˈbeɪgəʊ/ *n* AmE (*pl* **~** *or* **-gos**) winnebago *m*

winner /ˈwɪnər || ˈwɪnə(r)/ *n* 1 (of prize, lottery) ganador, -dora *m,f*; (of competition, contest) ganador, -dora *m,f*, vencedor, -dora *m,f*; **~ takes all** el ganador se lo lleva todo 2 (goal) gol *m* (*or* tanto *m* *etc*) decisivo *or* de la victoria 3 (success): **it was clear that he was a ~** se veía que era un triunfador; **this magazine is a real ~** esta revista es todo un éxito; ***to be onto a ~*** (colloq): **they reckon they're onto a ~ with their latest idea** creen que su última idea va a ser un exitazo (fam)

winning /ˈwɪnɪŋ/ *adj* 1 (victorious) (*before n*) ⟨*candidate/team*⟩ ganador; ⟨*goal/shot*⟩ de la victoria, decisivo; **to hold the ~ hand** llevar las de ganar; **she played her ~ card** jugó la baza decisiva 2 (appealing) ⟨*smile/personality*⟩ encantador; **she has such ~ ways** tiene un encanto irresistible

winningly /ˈwɪnɪŋli/ *adv* de manera encantadora

winning post *n* (poste *m* de) llegada *f*, meta *f*

winnings /ˈwɪnɪŋz/ *pl n* ganancias *fpl* (*obtenidas en el juego*); **to pick up one's ~** recoger* lo que se ha ganado *or* recoger* las ganancias

winnow /ˈwɪnəʊ/ *vt* ⟨*wheat/rice*⟩ aventar*; **to ~ truth from lies** discernir* la verdad de la mentira

wino /ˈwaɪnəʊ/ *n* (*pl* **~s**) (colloq) borrachín, -china *m,f* (fam)

winsome /ˈwɪnsəm/ *adj* (liter) encantador

winter¹ /ˈwɪntər || ˈwɪntə(r)/ *n* [u c] invierno *m*; **in (the) ~** en invierno; **last ~** el invierno pasado; **a ~'s day** un día de invierno; (*before n*) ⟨*clothes/fashions/vacation*⟩ de invierno; ⟨*weather/temperatures*⟩ invernal; **~ coat** (of animal) piel *f* de invierno; (of person) abrigo *m* (*de invierno*); **~ Olympics** (*pl*) Juegos *mpl* (Olímpicos) de Invierno; **~ sleep** hibernación *f*; **~ sports** (*pl*) deportes *mpl* de invierno

winter² *vi* ⟨⟨*animal/bird*⟩⟩ invernar, hibernar; ⟨⟨*person/army*⟩⟩ pasar el invierno, invernar

■ **winter** *vt* ⟨*cattle/sheep*⟩ mantener* durante el invierno

wintergreen /ˈwɪntərgriːn || ˈwɪntəgriːn/ *n* [u] (Bot) gaulteria *f*; **oil of ~** esencia *f* de gaulteria

winterize /ˈwɪntəraɪz/ *vt* (AmE) acondicionar para el invierno

winterkill /ˈwɪntərkɪl || ˈwɪntəkɪl/ (AmE) (Agr) *vt* helar*

■ **winterkill** *vi* helarse*

wintertime /ˈwɪntərtaɪm || ˈwɪntətaɪm/ *n* [u] invierno *m*; **in (the) ~** en invierno

winterweight /ˈwɪntərweɪt || ˈwɪntəweɪt/ *adj* de invierno

wintery /ˈwɪntəri ˈwɪntri/ *adj* **-rier, -riest** ▸**wintry**

wintry /ˈwɪntri/ *adj* **-trier, -triest** ⟨*scene/weather*⟩ invernal, de invierno; **she gave him a ~ reception** lo recibió fríamente, le hizo un recibimiento glacial

win-win /ˈwɪnˈwɪn/ *adj* (*before n*) con todas las de ganar; **a ~ situation** una situación en la que todos ganan *or* salen ganando

wipe¹ /waɪp/ *n* 1 (action): **give the table a ~ with a damp cloth** pásale un trapo húmedo a la mesa; **give your nose a ~** límpiate la nariz 2 (cloth) toallita *f*; **baby ~** toallita *f* húmeda (*para bebé*)

wipe² *vt* 1 (clean) ⟨*floor/table/window*⟩ limpiar, pasarle un trapo a; ⟨*dishes*⟩ secar*; **she ~d the mirror clean** limpió el espejo (con un trapo); **~ your nose** límpiate la nariz; **~ your feet on the mat** límpiate los pies en el felpudo 2 (remove) (+ *adv compl*): **she ~d the mud off her hands** se limpió el barro de las manos; **he ~d the tears from his eyes** se secó *or* (liter) se enjugó las lágrimas; **she had completely ~d the incident from her memory** había borrado totalmente el incidente de su memoria; **you can ~ that grin off your face!** ¡más vale que no te rías!; **this species has been ~d from** *o* **off the face of the earth** esta especie ha desaparecido de la faz de la tierra *or* ha sido exterminada 3 (rub) (+ *adv compl*) ⟨*cloth/rag*⟩ pasar; **he ~d a handkerchief over his face** se pasó un pañuelo por la cara

■ **wipe** *vi* (dry dishes) secar*

Phrasal verbs

- **wipe away** [v + o + adv, v + adv + o] (remove) ⟨*tears*⟩ secar*, enjugar* (liter); ⟨*blood*⟩ limpiar; ⟨*memory*⟩ borrar
- **wipe down** [v + o + adv, v + adv + o] (clean) limpiar, pasarle un trapo a
- **wipe off**

A [v + o + adv, v + adv + o] 1 (remove) ⟨*mud/oil*⟩ limpiar; **she ~d off what was on the blackboard** borró la pizarra 2 (erase) ⟨*recording*⟩ borrar

B [v + adv] ⟨⟨*mud/mark*⟩⟩ salir*

- **wipe out** [v + o + adv, v + adv + o] 1 (clean) ⟨*bowl/saucepan*⟩ limpiar, pasarle un trapo a 2 (cancel) ⟨*deficit*⟩ cancelar; ⟨*lead/advantage*⟩ eliminar 3 (destroy, eradicate) ⟨*species/population*⟩ exterminar; ⟨*resistance*⟩ acabar con; ⟨*disease*⟩ erradicar*; ⟨*army*⟩ aniquilar 4 (erase) ⟨*marks/writing*⟩ borrar; ⟨*memory*⟩ borrar; (Comput) borrar 5 (exhaust) (colloq) dejar hecho polvo (fam), dejar de cama (RPl fam), dejar mamado (Col, Ven fam)
- **wipe over** [v + o + adv, v + adv + o] (BrE) pasarle un trapo a
- **wipe up**

A [v + o + adv, v + adv + o] 1 (clean up) limpiar 2 ⟨*dishes*⟩ secar*

B [v + adv] (BrE) secar*

wiper /ˈwaɪpər || ˈwaɪpə(r)/ *n* (*windshield* *o* BrE **windscreen ~**) limpiaparabrisas *m*, limpiador *m* (Méx); (*before n*): **~ blade** rasqueta *f* *or* hoja *f* *or* (Chi) plumilla *f* (del limpiaparabrisas)

WIPO *n* (= **World Intellectual Property Organization**) OMPI *f*

wire¹ /waɪr || ˈwaɪə(r)/ *n*

A 1 [c u] (metal strand) alambre *m*; (*before n*): **~ brush** cepillo *m* de alambre; **~ fence** alambrada *f*, alambrado *m* (AmL); **~ gauze** tela *f* metálica *or* de alambre, malla *f* metálica, tejido *m* metálico (RPl), anjeo *m* (Col); **~ netting** red *f* de alambre; **~ rope** cable *m* metálico 2 [u] (fencing, mesh) alambrada *f*, alambrado *m* (AmL) 3 [c] (finishing line) (AmE): **the ~** la línea de llegada, la meta; ***down to the ~*** hasta el último momento; ***to be caught at the ~***: **he was**

W

caught at the ~ by Robertson Robertson lo rebasó en la línea de llegada; ***under the ~*** por un pelo *or* (Esp) por los pelos (fam)

B [c] 1 (Elec, Telec) cable *m*; **bare ~s** cables pelados; (*before n*): **~ strippers** alicates *mpl* pelacables, pinzas *fpl* de corte (Méx); ▸**cross² B** 2 (telegram) (colloq) telegrama *m* 3 (teletype machine) (AmE colloq) teletipo *m*; **hot off the ~** de última hora; (*before n*): **~ service** servicio *m* de teletipo

wire² *vt*

A 1 (Elec): **to be ~d to sth** estar* conectado a algo; **these homes are ~d for cable TV** estas viviendas tienen instalación de televisión por cable; **the plug has been wrongly ~d** han conectado mal los cables del enchufe 2 (telegraph) (colloq): **~ me when you get there** mándame un telegrama cuando llegues; **they ~d me the news, they ~d the news to me** me comunicaron la noticia por telegrama, me telegrafiaron la noticia; **they ~d me some money** me mandaron un giro telegráfico 3 (bug) (colloq) ‹*room/apartment*› colocar* *or* esconder micrófonos en

B (fasten): **the parts are ~d in place** las piezas van sujetas con alambre; **she had her jaws ~d (together)** le inmovilizaron las mandíbulas

■ **wire** *vi* (telegraph) (colloq) mandar un telegrama

Phrasal verb

• **wire up** [v + o + adv, v + adv + o] ‹*stereo/computer*› conectar; **to ~ sth up to sth** conectar algo A algo

wire cutters *pl n* cortaalambres *m*, pinzas *fpl* de corte (Méx); (large) cizallas *fpl*, cizalla *f*

wireless¹ /'waɪləs || 'waɪəlɪs/ *adj* ‹*device/technology/connection/telephony*› inalámbrico, sin cables *or* hilos; **~ network** red (*f*) inalámbrico *or* sin hilos

wireless² *n* 1 [u] (Telec) radio(telegrafía) *f*; (*before n*): **~ telegraphy** telegrafía *f* inalámbrica *or* sin hilos 2 [u] (esp BrE dated) (system) radio *f* 3 [c] (esp BrE dated) (set) radio *m* (AmL exc CS), radio *f* (CS, Esp); (*before n*): **~ operator** radiotelegrafista *mf*; **~ program** programa *m* radiofónico; **~ set** radio *m* (AmL exc CS), radio *f* (CS, Esp)

wireless-enabled /'waɪləsɪn'eɪbəld || 'waɪəlɪsɪn'eɪbəld/ *adj* (Comput) concebido para su uso inalámbrico

wirelessly /'waɪləsli || 'waɪəlɪsli/ *adv* inalámbricamente

Wirephoto® /'waɪr,fəʊtəʊ || 'waɪə,fəʊtəʊ/ *n* (*pl* **-tos**) (in US) 1 [u] (system) telefotografía *f* 2 [c] (photograph) telefoto(grafía) *f*

wire-pulling /'waɪr,pʊlɪŋ || 'waɪə,pʊlɪŋ/ *n* [u] (AmE colloq) ▸**string-pulling**

wiretap¹ /'waɪrtæp || 'waɪətæp/ *n* (AmE) escucha *f* telefónica; **they ordered a ~ on her phone** ordenaron que se le interviniera el teléfono

wiretap² *vt* **-pp-** (AmE) ‹*phone*› intervenir*

wiretapping /'waɪr,tæpɪŋ || 'waɪə,tæpɪŋ/ *n* [u] (AmE) escuchas *fpl* telefónicas

wirewalker /'waɪr,wɔːkər || 'waɪə,wɔːkə(r)/ *n* (AmE) equilibrista *mf*, funámbulo, -la *m,f*

wire-walking /'waɪr,wɔːkɪŋ || 'waɪə,wɔːkɪŋ/ *n* [u] funambulismo *m*

wire wool *n* ▸**steel wool**

wiring /'waɪrɪŋ || 'waɪərɪŋ/ *n* [u] (Elec) (of house) cableado *m*, instalación *f* eléctrica; **have you checked the ~ in the plug?** ¿has mirado si los cables están bien conectados en el enchufe?

wiry /'waɪri || 'waɪəri/ *adj* **wirier, wiriest** 1 ‹*person*› enjuto y nervudo 2 ‹*hair*› áspero, hirsuto

Wis = Wisconsin

wisdom /'wɪzdəm/ *n* [u] 1 (of person) sabiduría *f*; **a person of great ~** una persona de gran sabiduría; **the boy shows great ~ for his age** el chico es muy maduro para su edad; **in his ~, he refused to sign** muy prudentemente *or* sabiamente se negó a firmar; **the government, in their ~, had ignored these reports** (iro) el gobierno, en su infinita sabiduría, había hecho caso omiso de estos informes (iró); **folk ~** sabiduría *f* popular 2 (of action, decision): **I'd question the ~ of that decision** no me parecería una decisión acertada *or* prudente; **they doubt the ~ of changing the law** dudan que sea acertado reformar la ley

wisdom tooth *n* muela *f* del juicio

wise¹ /waɪz/ *adj* **wiser, wisest** 1 (prudent) ‹*person*› prudente, sensato; ‹*choice/decision*› acertado, prudente; **I'm sure it is the ~st course of action** estoy convencido de que es lo más acertado; **it would be ~ to call first** sería prudente *or* aconsejable llamar antes 2 (learned, experienced) sabio; **the three W~ Men** los Reyes Magos; **to be ~ in the ways of business/the world** tener* experiencia en los negocios/de la vida; **it's easy to be ~ after the event** es muy fácil criticar a posteriori; ***to be none the ~r***: **I'm none the ~r** sigo sin entender *or* sin enterarme; **he explained it again but I was none the ~r** lo volvió a explicar pero yo seguí sin enterarme *or* (fam) seguí en ayunas; **eat one: no-one will be any the ~r** cómete una, nadie se va a dar cuenta; ***to get ~ with sb*** (AmE colloq) insolentarse con algn 3 (aware) (colloq) **to be ~ to sth/sb**: **I thought you'd be ~ to his tricks by now** creía que ya le conocerías las mañas; **don't worry, I'm ~ to him** no te preocupes que lo conozco muy bien *or* (fam) ya lo tengo calado; **to put sb ~ ABOUT sth/sb** (colloq) alertar a algn SOBRE algo/algn

Phrasal verb

• **wise up** (colloq)

A [v + adv] (d)espabilarse, avivarse (AmL fam), apiolarse (RPl fam); **to ~ up TO sth** darse* cuenta DE algo

B [v + o + adv, v + adv + o] (d)espabilar, avivar (AmL fam)

wise² *n* (liter): **in any/no ~** en modo alguno, de ninguna manera

-wise /waɪz/ *suff* 1 (with reference to): **price~/weather~** en lo que respecta al precio/tiempo 2 (in particular way): **length~** a lo largo; **crab~** como un cangrejo

wiseacre /'waɪz,eɪkər || 'waɪz,eɪkə(r)/ *n* sabihondo, -da *m,f* (fam), sabelotodo *mf* (fam)

wisecrack¹ /'waɪzkræk/ *n* broma *f*, chiste *m*

wisecrack² *vi* bromear

■ **wisecrack** *vt* bromear; **he tried to ~ his way out of it** trató de salir del apuro bromeando

wise guy *n* (colloq): **OK, who's the ~ ~?** a ver ¿quién ha sido el gracioso?; **OK, ~ ~, what's the answer?** ¿y, sabelotodo, cuál es la respuesta? (fam)

wisely /'waɪzli/ *adv* sabiamente, prudentemente

wish¹ /wɪʃ/ *n* 1 (desire) deseo *m*; **to make a ~** pedir* un deseo; **her fairy godmother granted her ~** su hada madrina le concedió el deseo; **her ~ came true** su deseo se hizo realidad, se le cumplió el deseo; **he expressed a ~ to be alone** expresó su voluntad *or* deseo de estar solo; **his last *o* dying ~** su última voluntad; **to go along with sb's ~es** hacer* la voluntad de algn; **to go against sb's ~es** ir* en contra de la voluntad de algn; **they got married against my ~es** se casaron en contra de mi voluntad; **your ~ is my command** (set phrase) tus deseos son órdenes (fr hecha); **~ to + INF: I've no ~ to upset you, but ...** no quisiera disgustarte, pero ...; **I've no great ~ to see the play** no tengo muchas ganas de ver la obra; ***if ~es were horses(, then beggars would ride)*** si con desear bastara ... 2 **wishes** *pl* (greetings): **she sends her best ~es** manda muchos recuerdos *or* saludos; **with our best ~es for a speedy recovery** deseándole una pronta mejoría; **give your mother my best ~es** dale a tu madre muchos recuerdos de mi parte, cariños a tu madre (AmL); **with my sincere good ~es for the future** con mis mejores deseos para el futuro; **best ~es, Jack** saludos *or* un abrazo de Jack

wish² *vt* 1 (desire fervently) desear; **to ~ sth ON sb** desearle algo A algn; **I wouldn't ~ that on anybody** no se lo deseo a nadie; **I wouldn't ~ it on *o* upon my worst enemy** no se lo desearía ni a mi peor enemigo; **to ~ (THAT): I ~ I hadn't come** ¡ojalá no hubiera venido!; **I ~ I were rich/a bit taller** ¡ojalá fuera rico/un poco más alto!; **she ~ed she hadn't told him** lamentó habérselo dicho; **I ~ you wouldn't say things like that** me disgusta mucho que digas esas cosas; **I ~ he would go away** ¿por qué no se irá?; **I do ~ you'd told me before!** ¡me lo podrías haber dicho antes!; **I ~ you didn't have to go** es una lástima que tengas que irte, ojalá pudieras quedarte; **John ~es you'd go and visit him** John quisiera que fueras a verlo 2 (want) (frml) desear (frml), querer*; **they ~ to be alone** quieren *or* (frml) desean estar solos; **I ~ to be informed as soon as possible** deseo que se me informe tan pronto como sea posible (frml); **should you ~ to do so ...** si así lo deseara ... (frml); **to ~ sb/sth to + INF** desear que algn/algo + SUBJ (frml); **he ~es us to leave** desea que nos vayamos (frml) 3 (want for sb) desear; **we ~ you every happiness** te deseamos lo mejor; **~ me luck!** ¡deséame suerte!; **he called to ~ me (a) happy birthday/(a) merry Christmas** me llamó para desearme feliz cumpleaños/feliz Navidad; **I ~ you well** espero que te vaya bien; **to ~ sb good night** darle* las buenas noches a algn; **I don't think he ~es you any harm *o* ill** no creo que quiera que te pase nada malo

■ **wish** *vi* 1 (make magic wish) pedir* un deseo 2 (want, desire): **as you ~, sir** como usted mande *or* diga, señor; **if you ~** como quieras; **simply ~ing won't make it go away** con 'ojalá' no se arregla nada

Phrasal verbs

• **wish away** [v + o + adv, v + adv + o]: **you can't just ~ the problem away** no puedes hacer como el avestruz; **to ~ one's life away** desperdiciar la vida

• **wish for** [v + prep + o]: **what more could one ~ for?** ¿qué más se puede pedir?; **you couldn't ~ for a better husband** es el marido ideal; **what did you ~ for?** ¿tú qué pediste?, ¿cuál fue tu deseo?

wishbone /'wɪʃbəʊn/ *n* espoleta *f*, hueso *m* de la suerte, apostador *m* (Col)

wish-fulfilment /'wɪʃfʊl,fɪlmənt/ *n* [u] satisfacción *f* fantasiosa de los deseos

wishful thinking /'wɪʃfəl/ *n* [u]: **do you know for sure that they're leaving or is it just ~ ~?** ¿sabes a ciencia cierta que se van o es simplemente lo que tú querrías?; **more money? that's ~ ~** ¿más dinero? no te hagas ilusiones

wishing well /'wɪʃɪŋ/ *n* pozo *m* de los deseos

wish list *n* lista *f* de deseos

wishy-washy /'wɪʃi,wɔːʃi || 'wɪʃi,wɒʃi/ *adj* (colloq) ‹*color*› sin gracia; ‹*coffee*› aguado, insípido; ‹*argument*› flojo, endeble; ‹*person*› sin personalidad

wisp /wɪsp/ *n* (of hay, straw) brizna *f*; (of smoke) voluta *f*; (of hair) mechón *m*; **a ~ of a girl** una niña menudita

wispy /'wɪspi/ *adj* **-pier, -piest** ‹*cloud*› tenue; ‹*hair*› ralo; ‹*person*› menudo

wisteria /wɪ'stɪriə || wɪ'stɪəriə/ *n* (*pl* **~** *or* **~s**) glicina *f*, glicinia *f*, flor *f* de la pluma (Chi)

wistful /'wɪstfəl/ *adj* ‹*smile/thought*› nostálgico; **he was in ~ mood** estaba nostálgico

wistfully /'wɪstfəli/ *adv* con añoranza *or* nostalgia

wistfulness /'wɪstfəlnəs || 'wɪstfəlnɪs/ *n* [u] añoranza *f*, nostalgia *f*

wit¹ /wɪt/

A (*often pl*) (intelligence) inteligencia *f*; (ingenuity) ingenio *m*; **no one had the ~(s) to call the police** nadie tuvo el tino *or* la inteligencia de llamar a la policía; **come on, use your ~(s)** vamos, usa la cabeza *or* vamos, discurre; ***to be at one's ~s' end*** estar* desesperado, no saber* más qué hacer; ***to drive sb out of her/his ~s*** (colloq) sacar* a algn de quicio; ***to frighten o scare sb out of her/his ~s*** (colloq) darle* a algn un susto de muerte (fam); **the poor child**

W

was scared out of its ~s la pobre criatura estaba asustadísima; ***to gather*** *o* ***collect one's ~s*** (after shock, surprise) recuperarse; (order one's thoughts) poner* las ideas en orden; ***to have/keep one's ~s about one*** estar* alerta *or* atento, andar* con mucho ojo; ***to live by one's ~s*** vivir de su (*or* mi *etc*) ingenio; ***to sharpen one's ~s*** aguzar* el ingenio

B **1** [u] (humor) ingenio *m*, agudeza *f*; **the play was full of ~** la obra era muy ingeniosa; **she has a dry ~** es muy aguda *or* mordaz; **his ready ~ endeared him to all** con sus agudezas *or* sus ocurrencias *or* su chispa se conquistó a todo el mundo **2** [c] (person) persona *f* ingeniosa *or* ocurrente, ingenio *m*

wit² *vi*: **to ~** a saber

witch /wɪtʃ/ *n* **1** bruja *f*; **~'s brew** brebaje *m*; **witches' sabbath** aquelarre *m* **2** (unpleasant woman) bruja *f*, arpía *f*

witchcraft /'wɪtʃkræft || 'wɪtʃkrɑːft/ *n* [u] brujería *f*, hechicería *f*

witch doctor *n* hechicero *m*, brujo *m*

witch hazel *n* **1** [c] (tree) hamamélide *f* de Virginia **2** [u] (liquid) solución *f* de hamamélide de Virginia

witch-hunt /'wɪtʃhʌnt/ *n* caza *f* de brujas

witching hour /'wɪtʃɪŋ/ *adj*: **the ~ ~** la medianoche

with /wɪð wɪθ/ *prep*

> ⚠ When the translation *con* is followed by the pronouns *mí, ti,* and *sí*, it combines with them to form *conmigo*, *contigo*, and *consigo* : **come with me** ven conmigo; **take it with you** llévalo contigo; **he had his dog with him** tenía el perro consigo.
>
> *with* often appears as the second element of certain verb structures in English (*come up with*, *get away with*, *reckon with*, etc). For translations, see the relevant verb entry (*come*, *get*, *reckon*, etc).

A **1** (in the company of) con; **she went ~ him/them/me/you** fue con él/con ellos/conmigo/contigo; **who did you go ~?** ¿con quién fuiste?; **go ~ your sister** ve con tu hermana, acompaña a tu hermana; **I'm staying ~ a friend** estoy en casa de un amigo; **I'll be ~ you in a moment** enseguida estoy contigo (*or* te atiendo *etc*); **bring your tools ~ you** ven con las herramientas, tráete las herramientas; **she had brought it ~ her** lo había traído (consigo); **the bad weather is still ~ us** seguimos con mal tiempo; **the doubt remained ~ her until she died** murió con la duda; **gin ~ or without ice?** ¿ginebra con o sin hielo?; ***are you ~ me?*** (colloq) ¿entiendes (*or* entienden *etc*)?, ¿me sigues (*or* siguen *etc*)? **2** (member, employee, client etc of) en; **are you still ~ Davis Tools?** ¿sigues en Davis Tools?; **I've been banking ~ them for years** hace años que tengo cuenta en ese banco **3** (in agreement, supporting) con; **I'm ~ you on that** en eso estoy contigo; **we're ~ you all the way, captain** cuente con nosotros, capitán

B (in descriptions): **the shirt is black ~ white stripes** la camisa es negra a *or* con rayas blancas; **a little house ~ a red roof** una casita con un tejado rojo; **the man ~ the beard/the walking stick/the red tie** el hombre de barba/bastón/corbata roja; **a tall woman ~ long hair** una mujer alta con el pelo largo *or* de pelo largo; **he is married, ~ three children** está casado y tiene tres hijos; **the one ~ the green hat** la del sombrero verde, la que tiene el sombrero verde

C **1** (indicating manner) con; **~ tears in his eyes** con lágrimas en los ojos; **the proposal was greeted ~ derision/enthusiasm/indifference** la propuesta fue recibida con burlas/entusiasmo/indiferencia; **it was done ~ no fuss** se hizo sin aspavientos **2** (by means of, using) con; **she ate it ~ her fingers** lo comió con la mano; **we can fix it ~ glue** lo podemos arreglar con pegamento **3** (as a result of): **I'm green ~ envy** me muero de envidia; **trembling ~ fright** temblando de miedo; **this wine improves ~ age** este vino mejora con el tiempo; **~ time the pain grows less acute** con el tiempo el dolor se hace menos intenso; **~ luck** con suerte

D **1** (introducing phrases): **~ three miles to go he's still in the lead** a tres millas de la meta, sigue en cabeza; **~ him in charge, things are bound to go wrong** con él al mando, las cosas tienen que salir mal; **you can't go out ~ no coat on** no puedes salir sin abrigo **2** (despite): **~ all her experience, she still can't get a job** aún con *or* a pesar de toda su experiencia, no puede conseguir trabajo

E (where sb, sth is concerned) con; **you can never tell ~ her** con ella nunca se sabe; **the trouble ~ Roy is that ...** lo que pasa con Roy es que ...; **it's an obsession ~ her** es una obsesión que tiene; **it's a custom ~ us to begin the New Year ...** es costumbre entre nosotros *or* nosotros acostumbramos empezar el año ...; **what's up ~ you/him today?** (colloq) ¿qué te/le pasa hoy?

F **1** (in the same direction as): **~ the tide/flow** con la marea/corriente; **to plane the wood ~ the grain** cepillar la madera en el sentido de las fibras **2** (in accordance with) según; **interest rates vary ~ the amount invested** los tipos de interés varían según la cantidad invertida

G (*after adv, adv phrase*): **come on, out ~ it!** ¡vamos, suéltalo!; **away ~ him!** ¡lléveselo!; **down ~ the dictator!** ¡abajo el dictador!; **off ~ her head!** ¡que le corten la cabeza!; **hey, easy ~ the salt!** ¡eh, ojo con la sal!; **as soon as we get home it's into the bath ~ you!** en cuanto lleguemos a casa ¡a la bañera contigo! *or* tú vas derechito a la bañera

withdraw /wɪð'drɔː/ (*past* **-drew**; *past p* **-drawn**) *vt*

A **1** (recall, remove) ‹*troops/ambassador/representative*› retirar; ‹*hand/arm*› retirar, apartar; ‹*coin/note*› retirar de la circulación; ‹*product*› retirar de la venta; **they withdrew their children from the school** sacaron a sus niños del colegio **2** ‹*money/cash*› (from bank) retirar, sacar*; **to ~ money from an account** retirar *or* sacar* dinero de una cuenta

B **1** (cancel, discontinue) ‹*support/funding/service*› retirar; ‹*permission*› cancelar; **they threatened to ~ their labor** amenazaron con ir a la huelga **2** (rescind) ‹*application/motion/charges*› retirar; ‹*demand*› renunciar a **3** (retract) ‹*statement/allegation*› retirar, retractarse de

■ **withdraw** *vi*

A **1** (retreat, move back) «*troops*» retirarse **2** (leave room) (frml) retirarse (frml) **3** (socially) recluirse*; (psychologically) retraerse*; **he has ~n into himself** se ha retraído

B **1** (pull out) «*applicant/competitor/candidate*» retirarse; **to ~ in favor of sb** cederle el puesto a algn **2** (during intercourse) retirarse, dar* marcha atrás (fam)

C (retract) (frml) retractarse; **will you ~?** ¿retira lo dicho?, ¿se retracta?

withdrawal /wɪð'drɔːəl/ *n*

A **1** [u c] (of troops, team, representative) retirada *f*; (of coinage) retirada *f* de la circulación; (of product) retirada *f* de la venta **2** [u] (method of contraception) coitus *m* interruptus, marcha *f* atrás (fam)

B [u] (of support, funding) retirada *f*, retiro *m* (AmL); (of application, nomination, candidate, competitor) retirada *f*; **they demanded the ~ of the accusation** exigieron que se retirara la acusación

C (Psych) retraimiento *m*

D [c u] (of cash) retirada *f*, retiro *m* (AmL); **to make a ~** retirar dinero *or* fondos; (*before n*): **~ slip** recibo *m* de retiro de fondos (AmL), resguardo *m* de reintegro (Esp)

E [u] (from drugs) abandono *m*; (*before n*): **~ symptoms** síndrome *m* de abstinencia, mono *m* (fam)

withdrawn¹ /wɪð'drɔːn/ *past p of* **withdraw**

withdrawn² *adj* retraído, encerrado en sí mismo

withdrew /wɪð'druː/ *past of* **withdraw**

wither /'wɪðər || 'wɪðə(r)/ *vi* «*plant/flower*» marchitarse; «*limb*» atrofiarse; «*hopes*» desvanecerse*; «*enthusiasm*» decaer*

■ **wither** *vt* ‹*plant/leaves*› marchitar; ‹*limb*› atrofiar, debilitar; ‹*strength*› mermar

withered /'wɪðərd || 'wɪðəd/ *adj* ‹*plant/flower*› marchito, mustio; ‹*limb*› atrofiado

withering /'wɪðərɪŋ/ *adj* **1** ‹*heat*› abrasador, agostador **2** ‹*tone/remark*› hiriente, mordaz; ‹*look*› fulminante

withers /'wɪðərz || 'wɪðəz/ *pl n* cruz *f*

withhold /wɪθ'həʊld, wɪð- || wɪð'həʊld/ (*past & past p* **-held**) *vt* ‹*payment/funds*› retener*; ‹*truth*› ocultar; ‹*consent/permission/assistance*› negar*; ‹*information*› no revelar, no dar* a conocer

withholding (tax) /wɪθ'həʊldɪŋ, wɪð- || wɪð 'həʊldɪŋ/ *n* [u] (in US) *parte de los impuestos de un empleado que su empleador paga directamente al gobierno*

within¹ /wɪð'ɪn/ *prep*

A **1** (inside) dentro de; **from ~ the house** desde dentro de *or* desde el interior de la casa; **~ these four walls** entre estas cuatro paredes; **concealed ~ the lid of the box** oculto en el interior de *or* dentro de la tapa de la caja; **changes were taking place ~ the governing party** se estaban produciendo cambios en el seno del partido gobernante **2** (inside limits of): **~ a radius of 20 miles** en un radio de 20 millas; **it is ~ our reach** está a nuestro alcance; **it's ~ the bounds of possibility that ...** entra dentro de lo posible que ..., cabe la posibilidad de que ...; **it should be ~ their capabilities to ...** deberían estar capacitados para ...; **it is not ~ my power to help you** no está en mi poder ayudarte; **you have to learn to live ~ your income** tienes que aprender a vivir de acuerdo a tus ingresos; **~ the law** dentro de la ley

B (indicating nearness) a; **we were now ~ 150m of the summit** estábamos ya a 150m de la cumbre; **we're ~ days of ...** estamos a pocos días de ...; **she came ~ half a second of breaking the record** no batió el récord por medio segundo; **the measurements are correct to ~ 1mm** las medidas tienen un margen de error de 1mm

C (in less than): **~ the time allotted** dentro del tiempo establecido; **they'll be here ~ the hour** *o* **~ an hour** estarán aquí en menos de una hora; **~ a month of his death, she was back in Mexico** no había pasado todavía un mes de su muerte y ella ya estaba de vuelta en México; **the paint dries ~ minutes of being applied** la pintura se seca a los pocos minutos de ser aplicada

within² *adv* (arch *or* liter) dentro; **from ~** desde dentro; ⓢ **apply within** infórmese aquí

with-it /'wɪðət || 'wɪðɪt/ *adj* (*pred* **with it**) (colloq)

A (trendy) ‹*hairdo/clothes*› a la última moda; **he's always been really ~ ~** ha estado siempre muy en la onda (fam), ha sido siempre muy moderno

B (alert) (*pred*) (d)espabilado; **I'm not really ~ ~ today** hoy no estoy muy (d)espabilado, hoy estoy medio atontado; **I wish you'd get ~ ~** a ver si te (d)espabilas

without¹ /wɪð'aʊt/ *prep*

A sin; **a shirt ~ pockets/~ any pockets** una camisa sin bolsillos/sin ningún bolsillo; **a cup ~ a handle** una taza sin asa; **he left ~ them/me/you** se fue sin ellos/mí/ti; **I wouldn't be ~ a car, not for anything** no podría prescindir del coche por nada del mundo; **~ anyone to talk to/anything to do** sin nadie con quien hablar/nada que hacer; **do it ~ cheating/complaining** hazlo sin hacer trampas/sin quejarte; **he noticed it ~ my saying anything** se dio cuenta sin que yo dijera nada; **I've got enough problems ~ you losing your ticket** ya tengo bastantes problemas para que tú encima pierdas la entrada; *see also* **do without**, ▸**go without**

B (outside) (arch *or* liter) fuera de

without² *adv* (arch *or* liter) fuera; **who calls ~?** ¿quién va? (arc)

withstand /wɪð'stænd/ (*past & past p* **-stood**) *vt* ‹*attack*› resistir; ‹*heat/pain*› soportar, aguantar, resistir; ‹*hardship*› soportar; ‹*temptation*› resistir

■ **withstand** *vi* resistir

witless /ˈwɪtləs || ˈwɪtlɪs/ *adj* tonto, estúpido; ***to scare sb ~***: **the thought of it scared him ~** pensar en ello le daba pavor; **I was scared ~** estaba asustadísimo, me moría de miedo

witness¹ /ˈwɪtnəs || ˈwɪtnɪs/ *n*
A [c] **1** (Law) testigo *mf*; **to call sb as a ~** citar a algn como testigo; **~ for the prosecution/defense** testigo de cargo/de la defensa *or* de descargo; (*before n*): **~ stand** *o* (BrE) **box** estrado *m* **2** (to event) **to be ~/a ~ TO sth** ser* testigo DE algo; **I was a ~ to the incident** yo fui testigo del incidente, yo presencié el incidente **3** (to contract, signature) testigo *mf*; **I was a ~ at his wedding** fui testigo en su boda; **you'll need a ~ to your signature** necesitas a alguien que atestigüe tu firma; **to stand ~** atestiguar*, testificar*
B [u] (testimony, evidence) **to be ~ TO sth** ser* testimonio *or* prueba DE algo, atestiguar* algo; **to bear ~** (in a court of law) atestiguar*, testificar*; **his manner bears ~ to his guilt** su actitud es prueba de su culpabilidad; **to bear false ~** (Bib) levantar falsos testimonios; **in ~ whereof** (frml) en fe de lo cual (frml)

witness² *vt* **1** (observe, see) ‹*change/event*› ser* testigo de; ‹*crime/accident*› presenciar, ser* testigo de, ver*; **this region is ~ing an unprecedented economic upturn** esta región está viviendo una reactivación económica sin precedentes **2** (authenticate) (Law) ‹*signature*› atestiguar*; ‹*will*› atestiguar* la firma de **3** (testify) testificar*, atestiguar*
■ **witness** *vi* **1** (testify) **to ~ TO sth** dar* fe DE algo, atestiguar* algo **2** (consider): **~ the winter of 1963** piensen en *or* recuerden el invierno de 1963; **she is a very talented writer, as ~ her 'Olivia'** (frml) es una escritora de gran talento, tal como lo demuestra su 'Olivia'

-witted /ˈwɪtəd || ˈwɪtɪd/ *suff*: **slow~** lento (*mentalmente*); **nimble~** de mente ágil

witter /ˈwɪtər || ˈwɪtə(r)/ *vi* **~ (on)** (BrE colloq) **~ (on) (ABOUT sth)** parlotear (DE algo) (fam)

witticism /ˈwɪtəsɪzəm || ˈwɪtɪsɪzəm/ *n* agudeza *f*; (in conversation) salida *f*, ocurrencia *f*

wittily /ˈwɪtəli || ˈwɪtɪli/ *adv* ingeniosamente; (funnily) con gracia *or* chispa

wittiness /ˈwɪtinəs || ˈwɪtinɪs/ *n* [u] (of person) ingenio *m*, agudeza *f*; (of remarks, script) lo ingenioso

wittingly /ˈwɪtɪŋli/ *adv* (frml) deliberadamente, intencionalmente

witty /ˈwɪti/ *adj* **-tier, -tiest** ‹*person*› ingenioso, ocurrente, agudo; (funny) gracioso, con chispa; ‹*answer/remark*› ingenioso, agudo; (funny) gracioso; **I suppose you think that's terribly ~** te parecerá muy gracioso ¿no?

wives /waɪvz/ *pl of* **wife**

wiz /wɪz/ *n* ▸ **whiz² B**

wizard¹ /ˈwɪzərd || ˈwɪzəd/ *n* **1** (Occult) mago *m*, brujo *m* **2** (genius) (colloq) genio *m* (fam); **she's a ~ at physics/cards** es un genio para la física/jugando a las cartas; **a financial ~** un genio de las finanzas

wizard² *adj* (BrE colloq & dated) fantástico (fam), genial (fam)

wizardry /ˈwɪzərdri || ˈwɪzədri/ *n* [u] **1** (Occult) brujería *f*, hechicería *f* **2** (skill) (colloq): **it's a piece of technical ~** es una maravilla de la técnica; **the ~ of Matthews on the right wing** (Sport) la prodigiosa destreza de Matthews en el ala derecha

wizened /ˈwɪznd/ *adj* (wrinkled) arrugado; (withered) marchito

wk = **week**

WLTM = **would like to meet**

WMD *n* (Mil) (= **Weapon(s) of Mass Destruction**) ADM *f(pl)*

WML *n* (= **wireless mark up language**) WML *m*

WNW (= **west-northwest**) ONO

WO (title) = **Warrant Officer**

woad /wəʊd/ *n* [u] **1** (plant) glasto *m*, hierba *f* pastel **2** (dye) *tintura azul, parecida al añil*

wobble¹ /ˈwɑːbəl || ˈwɒbəl/ *vi* **1** (tremble) «*jelly*» temblar*; **his voice ~s on the high notes** le tiembla la voz en los agudos **2** (sway, waver) «*cyclist*» bambolearse; «*wheel*» bailar; «*chair*» tambalearse; **he ~d down the steps** bajó la escalera tambaleándose
■ **wobble** *vt* mover*, bambolear; **stop wobbling the table** deja de mover *or* bambolear la mesa

wobble² *n*: **this wheel has a bit of a ~** esta rueda baila un poco; **he walks with a ~** se tambalea al caminar; **her voice had an awful ~ on the high notes** la voz le temblaba terriblemente en los agudos

wobbler /ˈwɑːblər || ˈwɒblə(r)/ *n*: **to throw a ~** (BrE sl) armar un escándalo; **he threw a ~** armó un escándalo, le dio una pataleta (fam)

wobbly¹ /ˈwɑːbli || ˈwɒbli/ *adj* **-blier, -bliest** **1** ‹*voice*› tembloroso **2** ‹*wheel/tooth*› flojo; ‹*table/chair*› poco firme, que se tambalea; **he's still a bit ~** aún se siente un poco débil; **my legs are ~** me tiemblan las piernas

wobbly² *n* (*pl* **-blies**) ▸ **wobbler**

Woden /ˈwəʊdn/ *n* Odín, Wotan

wodge /wɑːdʒ || wɒdʒ/ *n* (BrE colloq): **a ~ of cake** un cacho de pastel (fam); **a ~ of notes** un fajo de billetes; **a great ~ of papers** una pila enorme de papeles (fam)

woe /wəʊ/ *n* **1** [u] (sorrow) congoja *f* (liter), aflicción *f*; **he told me a tale of ~** me contó un drama *or* una historia trágica; **~ betide you if you lose it!** ¡pobre de ti *or* ay de ti si lo pierdes!; **~ is me!** (arch & liter) ¡pobre de mí! **2** **woes** *pl* (afflictions, troubles) males *mpl*, tribulaciones *fpl*; **to tell sb one's ~s** contarle* a algn sus (*or* mis *etc*) penas *or* males

woebegone /ˈwəʊbɪgɔːn || ˈwəʊbɪgɒn/ *adj* ‹*person/expression*› angustiado, cariacontecido; ‹*voice*› angustiado, acongojado

woeful /ˈwəʊfəl/ *adj* **1** (deplorable) ‹*neglect/ignorance*› lamentable, deplorable **2** (sorrowful) (liter) ‹*person*› acongojado (liter), afligido; ‹*expression*› desconsolado, de angustia *or* de congoja; ‹*tale*› triste

woefully /ˈwəʊfəli/ *adv* **1** (deplorably) deplorablemente; **he was ~ ill-prepared** estaba deplorablemente mal preparado; **he was ~ ignorant** su ignorancia era lamentable *or* deplorable **2** (sadly) (liter) tristemente, desconsoladamente

wog /wɑːg || wɒg/ *n*
A (BrE sl & offensive) (black or Asian person) extranjero, -ra *m,f*
B (Austral colloq) (lurgy) enfermedad *f*, peste *f* (AmL fam)

wok /wɑːk || wɒk/ *n* wok *m*

woke /wəʊk/ *past of* **wake¹**

woken /ˈwəʊkən/ *past p of* **wake¹**

wold /wəʊld/ *n*: *terreno alto y ondulado*

wolf¹ /wʊlf/ *n* (*pl* **wolves**) **1** (Zool) lobo *m*; ***a ~ in sheep's clothing*** un lobo disfrazado de cordero; ***to cry ~***: **he's cried ~ once too often** ya ha venido demasiadas veces con el mismo cuento, es como el cuento del pastorcito mentiroso; ***to keep the ~ from the door*** mantenerse* a flote, no pasar miseria, parar la olla (CS, Per fam) **2** (womanizer) (colloq) donjuán *m*, tenorio *m*

wolf² *vt* **~ (down)** devorar(se), engullir(se)*; **don't ~ your dinner** no engullas

wolf cub *n* **1** (Zool) lobezno *m*, lobato *m* **2** **Wolf Cub** (BrE dated) lobato *m*

wolfhound /ˈwʊlfhaʊnd/ *n* perro *m* lobo

wolfish /ˈwʊlfɪʃ/ *adj* ‹*grin*› rapaz; ‹*appetite*› voraz

wolfram /ˈwʊlfrəm/ *n* [u] volframio *m*

wolf-whistle /ˈwʊlf,hwɪsəl || ˈwʊlf,wɪsəl/ *vt* silbarle *or* (AmL tb) chiflarle a
■ **wolf-whistle** *vi* silbar, chiflar (AmL)

wolf whistle *n* silbido *m or* chiflido *m* (*de admiración*); **he gave her a ~ ~** le silbó, le chifló (AmL)

wolverine /ˈwʊlvəriːn/ *n* glotón *m*

wolves /wʊlvz/ *pl of* **wolf¹**

woman /ˈwʊmən/ *n* (*pl* **women**) mujer *f*; **there's a ~ outside to see you** hay una señora *or* mujer afuera que te quiere ver; **an old ~** una señora *or* mujer mayor *or* de edad; (less respectful) una vieja; **he's a bit of an old ~** es como una vieja pesada; **a young ~** una chica, una joven (frml); **that's Roger's young ~** ésa es la novia de Roger; **this perfume brings out the ~ in you** este perfume realza tu femineidad; **he ran off with another ~** se fue con otra; **you're a lucky ~** tienes suerte; **she's a sick ~** está muy enferma; **women and children first** las mujeres y los niños primero; **a ~'s work is never done** (set phrase) el trabajo de la casa no se acaba nunca; **the women's movement** el movimiento de liberación de la mujer; **the women's page** la página femenina; **we have a ~ who comes in once a week** tenemos una chica *or* muchacha *or* señora que viene una vez por semana; (*as form of address*) mujer; ***a ~'s touch*** el toque femenino; **the house lacked a ~'s touch** en la casa faltaba el toque femenino *or* la mano de una mujer; ***to be one's own ~*** ser* una mujer independiente; ***to make an honest ~ of sb*** (hum) casarse con algn; (*before n*): **a ~ lawyer/dentist/engineer** una abogada/dentista/ingeniera; **~ priest** mujer sacerdote; **a ~ friend of mine** una amiga mía

womanhood /ˈwʊmənhʊd/ *n* [u] **1** (being a woman) condición *f* de mujer; **she's reached ~** ya se ha hecho mujer, ya es una mujer **2** (women) (liter) mujeres *fpl*

womanish /ˈwʊmənɪʃ/ *adj* mujeril; ‹*man*› afeminado

womanize /ˈwʊmənaɪz/ *vi* andar* detrás de las mujeres *or* (fam) de las faldas

womanizer /ˈwʊmənaɪzər || ˈwʊmənaɪzə(r)/ *n* mujeriego *m*, donjuán *m*

womankind /ˈwʊmənkaɪnd/ *n* [u] las mujeres

womanly /ˈwʊmənli/ *adj* femenino

woman trouble *n* [u] (colloq) **1** (medical problems) (AmE) problemas *mpl* (médicos) de mujer, molestias *fpl* femeninas (fam) **2** (in relationship) problemas *mpl* de faldas (fam)

womb /wuːm/ *n* útero *m*, matriz *f*; **the desire to return to the ~** (Psych) el deseo de regresar al seno *or* vientre materno

wombat /ˈwɑːmbæt || ˈwɒmbæt/ *n* wombat *m*

women /ˈwɪmɪn/ *pl of* **woman** (*before n*): **~'s group** grupo *m* de mujeres; **~'s prison** cárcel *f* de mujeres; **~'s refuge** *o* **shelter** casa *f* de acogida *or* refugio *m or* hogar *m* para mujeres maltratadas; **~'s rights** derechos *mpl* de la mujer; **~'s room** (AmE) baño *m or* (Esp) servicios *mpl* de damas *or* señoras; **~'s studies** estudios *mpl* de la mujer

womenfolk /ˈwɪmɪnfəʊk/ *pl n* mujeres *fpl*

won¹ /wʌn/ *past & past p of* **win¹**

won² *n* [u] (Fin) won *m*

wonder¹ /ˈwʌndər || ˈwʌndə(r)/ *n*
A [u] (awe, curiosity) asombro *m*; **a child's sense of ~** la capacidad de asombro de un niño; **we gazed in ~ at the scene** contemplamos la escena maravillados; **his success is an endless source of ~ to me** su éxito es todo un misterio para mí *or* no deja de maravillarme
B [c] (marvel, miracle) maravilla *f*; **the Seven W~s of the (Ancient) World** las siete maravillas del mundo; **the eighth ~ of the world** la octava maravilla; **it's a ~ (that) he didn't break his neck** es asombroso *or* es un milagro que no se matara; **you're not eating properly; no ~ you feel tired!** no estás comiendo bien; no me extraña que estés cansado *or* ¡con razón estás cansado!; **with so much unemployment it's little** *o* **small ~ that crime is on the increase** con tanto desempleo no es de extrañar que siga aumentando la delincuencia; **is it any ~ he has no friends?** ¿te sorprende que no tenga amigos?; **~s will never cease!** (hum) ¡eso sí que es increíble!; ***to work*** *o* ***do ~s***: **they can work ~s with the little money they have** hacen maravillas con el poco dinero que tienen; **I'll do my best, but don't expect me to work ~s** haré lo que pueda, pero no esperes milagros; **he's worked ~s with this room** verdaderamente, ha transformado esta habitación; **it works ~s for your complexion** es maravilloso para el cutis; **that hairstyle does**

~s **for him** ese corte de pelo lo favorece muchísimo

wonder² *vi* **1** (ponder, speculate): **why do you ask? — oh, I was just ~ing** ¿por qué preguntas? — por nada *or* por saber; **who can that be, I ~?** ¿quién será?, ¿quién podrá ser?; **I ~ if $50 will be enough** me pregunto si con 50 dólares va a alcanzar; **he said it was an accident — I ~** dijo que fue un accidente — tengo mis dudas; **at first it seemed a good idea, but now I'm beginning to ~** al principio me pareció una buena idea pero ya no estoy tan seguro *or* pero ahora tengo mis dudas; **the sight of them sitting together set me ~ing** verlos sentados juntos me hizo pensar; **to ~ ABOUT sb/-ING: we're ~ing about going to Spain this summer** estamos pensando si ir a España este verano; **I was ~ing about Guy as a possible candidate** estaba pensando que quizás Guy pudiera ser un candidato; **I ~ about you sometimes** a veces de veras me preocupas **2** (marvel, be surprised) maravillarse; **to ~ AT sth: I ~ at your patience** me maravilla *or* me asombra la paciencia que tienes; **they don't trust him, but that's hardly to be ~ed at** no le tienen confianza, pero eso no es de extrañar; **gone off with his secretary, I shouldn't ~** no me extrañaría que se hubiera ido con la secretaria

■ **wonder** *vt* **1** (ask oneself) preguntarse; **I ~ whose book this is** ¿(me pregunto) de quién será *or* podrá ser este libro?; **I ~ what he looks like** ¿cómo será?, me pregunto cómo será; **I ~ why he does it** ¿por qué lo hará?, me pregunto por qué lo hará; **I ~ why I bother** no sé por qué me molesto; **I ~ if** *o* **whether he'll be there** me pregunto si estará; **I ~ whether I should take an umbrella** no sé si llevar un paraguas o no; **we were ~ing if you'd like to come around to dinner** estábamos pensando si te gustaría venir a casa a cenar; **she ~ed what to write** no sabía qué escribir **2** (be amazed): **I ~ (that) she didn't fire you on the spot** me sorprende que no te haya echado inmediatamente; **I don't ~ you were upset!** ¡como para no estar disgustado!

wonder³ *adj* (*before n*) ‹*drug/cure*› milagroso

wonderful /ˈwʌndərfəl ‖ ˈwʌndəfəl/ *adj* maravilloso; **we had a ~ time** lo pasamos maravillosamente *or* fenomenal *or* de maravilla; **I feel ~** me siento maravillosamente bien *or* de maravilla; **she's ~ for her age** está fantástica para su edad; **he was ~ as the grandfather** estuvo genial en el papel del abuelo; **you've all been so ~** han sido todos tan increíblemente amables; **you did it? that's ~!** ¿lo lograste? ¡estupendo! *or* ¡qué maravilla!

wonderfully /ˈwʌndərfəli, -fli ‖ ˈwʌndəfəli, -fli/ *adv* maravillosamente, de maravilla; **he writes ~** escribe maravillosamente *or* de maravilla; **they get on ~ together** se llevan a las mil maravillas, se llevan de maravilla; **it was ~ funny** fue graciosísimo

wondering /ˈwʌndərɪŋ/ *adj* (*before n*) de asombro

wonderingly /ˈwʌndərɪŋli/ *adv*: **what's this? he exclaimed ~** —¿qué es esto? —exclamó sorprendido

wonderland /ˈwʌndərlænd ‖ ˈwʌndəlænd/ *n* país *m* de las maravillas; **Alice in W~** Alicia en el país de las maravillas; **the museum is a ~ for vintage car enthusiasts** el museo es un paraíso para los apasionados de los coches antiguos

wonderment /ˈwʌndərmənt ‖ ˈwʌndəmənt/ *n* [u] (liter) asombro *m*; **the children gazed in ~** los niños miraban maravillados

wonderstruck /ˈwʌndərstrʌk ‖ ˈwʌndəstrʌk/ *adj* maravillado

wonder-worker /ˈwʌndərˌwɜːrkər ‖ ˈwʌndəˌwɜːkə(r)/ *n* (colloq) fabricante *mf* de milagros

wondrous¹ /ˈwʌndrəs/ *adj* (liter) maravilloso

wondrous² *adv* (arch & poet) (*as intensifier*) extraordinariamente; **she was ~ fair** era extraordinariamente hermosa

wonky /ˈwɑːŋki ‖ ˈwɒŋki/ *adj* **-kier, -kiest** (BrE colloq) **1** (wobbly, unsteady) ‹*chair/table*› poco firme; **my legs went all ~** las piernas me empezaron a temblequear (fam) **2** (askew) torcido

wont¹ /wɑːnt ‖ wɒnt/ *adj* (liter *or* hum) (*pred, no comp*) **to be ~ to + INF** soler* *or* acostumbrar + INF; **she is ~ to arrive when least expected** suele *or* acostumbra llegar cuando menos se la espera

wont² *n* (liter *or* hum) costumbre *f*; **it was his ~ to ...** tenía por costumbre ..., solía ...; **as is her/his ~** como tiene por costumbre, como suele hacer

won't /wəʊnt/ = **will not**

wonted /ˈwɑːntəd ‖ ˈwəʊntɪd/ *adj* (liter) (*before n*) acostumbrado, habitual

woo /wuː/ *vt* ‹*woman*› cortejar; ‹*customers/investors*› atraer*; ‹*voters*› buscar* el apoyo de; **academics are being ~ed away from our universities** los profesores se están yendo de nuestras universidades atraídos por ofertas mejores; **her task is to ~ back lost voters** su tarea consiste en volver a captar los votos perdidos

wood /wʊd/ *n*

A [u] (material) madera *f*; (firewood) leña *f*; **it's made of ~** es de madera; **throw some more ~ on the fire** echa más leña al fuego; ***to touch ~*** *o* (AmE) ***knock on ~*** tocar* madera; (*before n*): **~ carver** tallista *mf*; **~ stain** colorante *m* para madera; **~ stove** (for heating) estufa *f* de *or* a leña; (for cooking) cocina *f or* (Col, Méx) estufa *f* de *or* a leña

B (wooded area) (*often pl*) bosque *m*; **oak ~** robledal *m*, bosque de robles; **we went for a walk in the ~(s)** fuimos a caminar por el bosque; ***to be out of the ~(s)*** estar* fuera de peligro *or* a salvo

C (Sport) **1** [c] (in golf) palo *m* de madera **2** [c] (in bowls) bola *f*

D (cask, barrel): **matured** *o* **aged in the ~** añejado en barril; **beer (drawn) from the ~** cerveza *f* de barril

wood anemone *n* anémona *f* de los bosques

woodbine /ˈwʊdbaɪn/ *n* [u] **1** (honeysuckle) madreselva *f* **2** (Virginia creeper) (AmE) parra *f* virgen

wood block *n* **1** ▸ **woodcut** **2** (Const) (*before n*): **~ ~ floor** suelo *m or* (esp AmL) piso *m* de parqué

wood carving *n* **1** [u] (technique) tallado *m* en madera **2** [c] (object) talla *f* (de madera)

woodchuck /ˈwʊdtʃʌk/ *n* marmota *f* americana

woodcock /ˈwʊdkɑːk ‖ ˈwʊdkɒk/ *n* (*pl* **-cocks** *or* **-cock**) becada *f*, chocha *f*

woodcraft /ˈwʊdkræft ‖ ˈwʊdkrɑːft/ *n* [u] silvicultura *f*

woodcut /ˈwʊdkʌt/ *n* (print) grabado *m*; (printing block) plancha *f* de madera

woodcutter /ˈwʊdˌkʌtər ‖ ˈwʊdˌkʌtə(r)/ *n* leñador, -dora *m,f*

wooded /ˈwʊdəd ‖ ˈwʊdɪd/ *adj* boscoso

wooden /ˈwʊdn/ *adj* **1** (made of wood) de madera; **the W~ Horse** el caballo de Troya; **~ leg** pata *f* de palo (fam) **2** (stiff) ‹*expression/manner*› rígido; ‹*smile*› inexpresivo; **a ~ performance** una actuación acartonada

wooden-headed /ˌwʊdnˈhedəd ‖ ˌwʊdnˈhedɪd/ *adj* (colloq) estúpido

woodgrain /ˈwʊdgreɪn/ *n* veta *f* de la madera

woodland /ˈwʊdlənd/ *n* [u] (*often pl*) bosque *m*; (*before n*) ‹*birds/plants*› de los bosques

woodlouse /ˈwʊdlaʊs/ *n* (*pl* **-lice** /-laɪs/) cochinilla *f*, chanchito *m* (Andes, CS fam)

woodman /ˈwʊdmən/ *n* (*pl* **-men** /-mən/) **1** (woodcutter) leñador *m* **2** ▸ **woodsman**

woodpecker /ˈwʊdˌpekər ‖ ˈwʊdˌpekə(r)/ *n* pájaro *m* carpintero, pico *m* (barreno *or* carpintero)

wood pigeon *n* paloma *f* torcaz

woodpile /ˈwʊdpaɪl/ *n* (AmE) montón *m* de leña

wood pulp *n* [u] (ground wood) pulpa *f* de madera; (with added chemicals) pasta *f* de papel

woodshed /ˈwʊdʃed/ *n* leñera *f*

woodsman /ˈwʊdzmən/ *n* (*pl* **-men** /-mən/) silvicultor *m*

woodsy /ˈwʊdzi/ *adj* **-sier, -siest** (AmE colloq): **this wonderful ~ smell** este maravilloso olor a bosque

woodwind /ˈwʊdwɪnd/ *n* (*pl* ~ *or* ~**s**): **the ~(s)** los instrumentos de viento de madera

woodwork /ˈwʊdwɜːrk ‖ ˈwʊdwɜːk/ *n* [u] **1** (wooden fittings) carpintería *f*; ***to come*** *o* ***crawl out of the ~*** (colloq) salir* de quién sabe dónde (fam) **2** (BrE) ▸ **woodworking**

woodworking /ˈwʊdwɜːrkɪŋ ‖ ˈwʊdwɜːkɪŋ/ *n* [u] (AmE) (carpentry) carpintería *f*; (cabinet making) ebanistería *f*; (craftwork) artesanía *f* en madera

woodworm /ˈwʊdwɜːrm ‖ ˈwʊdwɜːm/ *n* (*pl* ~) **1** [c] (larva) carcoma *f*, polilla *f* de la madera **2** [u] (infestation): **the table's full of ~** la mesa está toda carcomida *or* está llena de carcoma

woody /ˈwʊdi/ *adj* **-dier, -diest** **1** (Bot) leñoso **2** (like wood) ‹*texture*› leñoso **3** (wooded) ‹*hillside/countryside*› boscoso

woof¹ /wʊf/ *n*

A [c] (of dog) (colloq) ladrido *m*; **~ ~!** ¡guau guau!; **to go ~** hacer* guau guau (leng infantil), ladrar

B [u] /wuːf/ (Tex) trama *f*

woof² /wʊf/ *vi* (colloq) ladrar

woofer /ˈwʊfər ‖ ˈwʊfə(r)/ *n* woofer *m*, bafle *m* de bajos

woofter /ˈwʊftər ‖ ˈwʊftə(r)/ *n* (BrE sl & pej) ▸ **poof**

wool /wʊl/ *n* [u] lana *f*; **a ball of ~** un ovillo de lana; **pure new ~** pura lana virgen; **glass ~** lana *f* de vidrio; ***to pull the ~ over sb's eyes*** engañar a algn, taparle el cielo con un harnero a algn (RPl); (*before n*): **~ trade** comercio *m* de la lana; **an all-~ carpet** una alfombra de pura lana

woolen, (BrE) **woollen** /ˈwʊlən/ *adj* de lana

woolens, (BrE) **woollens** /ˈwʊlənz/ *pl n* **1** (Clothes) prendas *fpl* de lana **2** (cloth) tela *f or* paño *m* de lana

woolgather /ˈwʊlˌgæðər ‖ ˈwʊlˌgæðə(r)/ *vi* (colloq) (*usu in -ing form*): **to be ~ing** estar* pensando en las musarañas (fam), estar* en Babia *or* en la luna (fam); **stop ~ing!** ¡baja de las nubes!

wooliness, (BrE) **woolliness** /ˈwʊlinəs ‖ ˈwʊlinɪs/ *n* [u] **1** (likeness to wool) lanosidad *f* **2** (vagueness) vaguedad *f*, imprecisión *f*

woollen *adj* (BrE) ▸ **woolen**

woollens *pl n* (BrE) ▸ **woolens**

woolliness *n* [u] (BrE) ▸ **wooliness**

wooly¹, (BrE) **woolly** /ˈwʊli/ *adj* **-lier, -liest** **1** (made of wool) ‹*hat/sweater*› de lana; ‹*clouds*› como de algodón **2** (unclear) ‹*thinking/argument/intellectuals*› vago, impreciso

wooly², (BrE) **woolly** *n* (*pl* **-lies**) (colloq) prenda *f* de lana; **winter woolies** (AmE) ropa *f* interior de abrigo; (BrE) ropa *f* (de lana) de invierno

woozy /ˈwuːzi/ *adj* **-zier, -ziest** (colloq) atontado, grogui (fam)

wop /wɑːp ‖ wɒp/ *n* (sl & offensive) italiano, -na *m,f*, bachicha *mf* (CS fam, a veces pey), tano, -na *m,f* (RPl fam & pey)

Worcestershire sauce /ˈwʊstərʃɪr ‖ ˈwʊstəʃɪə(r)/ (BrE also) **Worcester sauce** /ˈwʊstər ‖ ˈwʊstə(r)/ *n* [u] salsa *f* inglesa

Worcs = **Worcestershire**

word¹ /wɜːrd ‖ wɜːd/ *n*

A [c] (term, expression) palabra *f*, vocablo *m* (frml), voz *f* (frml); **I can't find (the) ~s to express how I feel** no tengo *or* encuentro palabras para expresar lo que siento; **'greenhouse' is written as one ~** 'greenhouse' se escribe todo junto; **60 ~s per minute** 60 palabras por minuto; **try to say it in your own ~s** trata de expresarlo con tus propias palabras; **it's a long** *o* **big ~** es una palabra difícil; **bad** *o* **naughty** *o* **rude ~** palabrota *f*, mala palabra *f* (esp AmL), garabato *m* (Chi); **what's the German ~ for 'dog'?** ¿cómo se dice 'perro' en alemán?; **what's another ~ for 'holiday'?** dame un sinónimo de 'holiday'; **what's the ~ for that**

W

style? ¿cómo se llama ese estilo?; **it's a miracle: there's no other ~ for it!** no se lo puede calificar más que de milagroso; **there's a ~ for what you're doing: stealing!** lo que estás haciendo es *or* se llama robar; **he was ... what's the ~? ... excommunicated** lo ... ¿cómo se dice? ... lo excomulgaron; **she was lucky — lucky isn't the ~!** tuvo suerte — ¡suerte es poco decir!; **for want of a better ~** por así decirlo; **in the ~s of one striker ...** como dijo uno de los huelguistas ...; **she actually called him a liar? — not in so many ~s** ¿entonces lo llamó mentiroso? — no directamente; **he didn't say so in so many ~s, but that's what he meant** no lo dijo así *or* con esas palabras, pero eso es lo que quiso decir; **in other ~s** (introducing a reformulation) es decir, o sea; **I have serious doubts about it — in other ~s you don't trust me** tengo mis serias dudas al respecto — lo que me estás diciendo es que no me tienes confianza; **it's rather slow and heavy going: in a ~, dull** es bastante lento y pesado; en una palabra, es aburrido; **she's been promoted again — ~s fail me!** la han vuelto a ascender — ¡no me lo puedo creer!; **~s fail me when it comes to describing ...** no hallo palabras para describir ...; **to have a way with ~s** tener* mucha labia *or* facilidad de palabra; **it was too funny for ~s** fue graciosísimo; ***to be lost for ~s*** no encontrar* palabras, no saber* qué decir

B [c] (thing said) palabra *f*; **~s of comfort** palabras de consuelo; **a ~ of advice** un consejo; **a ~ of warning** una advertencia; **a ~ of advice/warning, if I were you ...** te voy a dar un consejo/a hacer una advertencia, yo que tú ...; **I'd like to say a few ~s** quisiera decir unas palabras; **I didn't say a ~!** ¡yo no dije nada!; **not a ~ of this to anyone!** ¡no se lo digas *or* cuentes a nadie!, ¡de esto ni una palabra a nadie!; **she left without a ~** se fue sin decir nada; **I can't hear a ~ you're saying** no te oigo nada; **I don't believe a ~ of it** no me lo creo; **she doesn't speak a ~ of English** no habla ni una palabra de inglés; **I mean every ~** lo digo muy en serio; **those were his exact ~s** ésas fueron sus palabras textuales; **I couldn't catch her ~s** no pude oír lo que dijo; **fine ~s but it's impossible** suena muy bien pero resulta imposible; **he always has a kind ~ for everybody** es amable con todo el mundo; **he doesn't have a good ~ to say about her** tiene muy mal concepto de ella; **you're twisting my ~s!** ¡estás tergiversando lo que dije!; **he'll end up in trouble, you mark my ~s** va a terminar mal, acuérdate de lo que te digo; **a man of few ~s** un hombre de pocas palabras; **her dying** *o* **last ~s** sus últimas palabras; **famous last ~s!** (set phrase): **nothing can possibly go wrong —famous last ~s!** nada puede salir mal —¡sí, créetelo! (iró); **we've never had any problems with the car, famous last ~s ...** nunca hemos tenido problemas con el coche, mejor no digamos nada ...; **in ~ and deed** (liter) de palabra y obra (liter); **without a ~ of a lie** (BrE) ¡palabra (de honor)!; **they're all ~s and no action** prometen *or* hablan mucho pero no hacen nada; ***by ~ of mouth*: the news spread by ~ of mouth** la noticia se fue transmitiendo *or* propagando de boca en boca; **people got to know about it by ~ of mouth** la gente se enteró porque se corrió la voz; **I'd only heard of the place by ~ of mouth** había oído hablar del lugar; ***from the ~ go*** desde el primer momento *or* desde el principio, desde el vamos (CS); ***the last ~*: to have the last ~** tener* *or* decir* la última palabra; **for many years her work was regarded as the last ~ on the subject** durante muchos años la suya fue considerada la obra de mayor autoridad sobre el tema; **the last ~ in computers** la última palabra en computadoras; ***to eat one's ~s*: she was forced to eat her ~s** se tuvo que tragar lo que había dicho; ***to get a ~ in edgewise*** *o* (BrE) ***edgeways*** meter baza, meter la cuchara (fam); ***to hang on sb's every ~*** sorber las palabras de algn; ***to have a ~ with sb about sth*** hablar con algn de *or* sobre algo; **I want a ~ with you** tengo que hablar contigo; ***to have a ~ in sb's ear about sth*** (BrE) hablar en privado con algn de *or* sobre algo; ***to have ~s with sb*** tener* unas palabras con algn; ***to put in a (good) ~ for sb*** recomendar* a algn; (for sb in trouble) interceder por algn; ***to put ~s into sb's mouth*** atribuirle* a algn algo que no dijo; ***to take the ~s out of sb's mouth*** quitarle la(s) palabra(s) de la boca a algn; ***to waste ~s*** gastar saliva; ***to weigh one's ~s*** medir* sus (*or* mis *etc*) palabras; ***fine ~s butter no parsnips*** (BrE) las cosas no se arreglan con palabras elocuentes; ***there's many a true ~ spoken in jest!*** lo dices en broma, pero ...; ▸**mince**[1]

C (assurance) (*no pl*) palabra *f*; **~ of honor** palabra de honor; **to keep/give one's ~** cumplir/dar* su (*or* mi *etc*) palabra; **to break one's ~,, to go back on one's ~** faltar a su (*or* mi *etc*) palabra; **we only have his ~ for it** no tenemos pruebas de ello, sólo su palabra; **do I have your ~ for it that you will come?** ¿me da su palabra de que vendrá?; **you can take my ~ for it** te lo aseguro; **I'll take your ~ for it that no one else knows about this** confiaré en tu palabra de que nadie más lo sabe; **he didn't mean to be rude — well, I'll take your ~ for it** no quiso ofender — bueno, si tú lo dices ...; **to doubt sb's ~** dudar de la palabra de algn; **a man of his ~** un hombre de palabra; **it's your ~ against hers** es tu palabra contra la suya; **(upon) my ~!** (dated) ¡caramba!; ***to be as good as one's ~*: he was there all right, as good as his ~** allí estaba, tal como lo había prometido; ***to take sb at her/his ~*** tomarle la palabra a algn

D **1** [u] (news, message): **what ~ is there of the negotiations?** ¿qué noticias hay de las negociaciones?; **there is still no ~ of survivors** todavía no se sabe si hay supervivientes; **she sent ~ to us that she would be delayed** nos mandó recado de que iba a llegar con retraso, nos mandó avisar que iba a llegar con retraso (AmL); **I don't know how to get ~ to him** no sé cómo hacerle llegar la noticia; **she left ~ with her secretary that ...** dejó recado con la secretaria de que ..., le dejó dicho a la secretaria que ... (CS); **~ has it that ...** corre la noticia *or* el rumor *or* la voz de que ..., dicen que ..., se dice que ...; **pass** *o* **spread the ~!** haz correr la voz; **to put the ~ out** *o* **about that ...** hacer* correr la voz de que ... **2** (instruction): **if you need a hand just say the ~** si quieres que te ayude no tienes más que pedirlo; **to give the ~ (to + INF)** dar* la orden (de + INF)

E **words** *pl* **1** (text) letra *f* **2** (Theat): **he forgot his ~s** se le olvidó lo que tenía que decir

F [c] (Comput) palabra *f*

G **1** (Bib): **the W~** el Verbo **2** (Relig): **the ~** el evangelio, la palabra de Dios; **the ~ of God** la palabra de Dios

word[2] *vt* ‹*document/letter*› redactar; ‹*question*› formular; ‹*concept/thought*› expresar; **a carefully ~ed question** una pregunta muy bien formulada

wordbook /ˈwɜːrdbʊk || ˈwɜːdbʊk/ *n* vocabulario *m*, libro *m* de palabras, diccionario *m*

word break *n* separación *f* silábica

word-for-word /ˌwɜːrdfərˈwɜːrd || ˌwɜːdfəˈwɜːd/ *adj* (*before n*) ‹*repetition*› palabra por palabra, textual; ‹*translation*› literal

word for word *adv* ‹*repeat/copy*› palabra por palabra, textualmente; ‹*translate*› literalmente, palabra por palabra

word game *n* juego *m* con palabras

wordily /ˈwɜːrdli || ˈwɜːdɪli/ *adv* con excesiva verbosidad, farragosamente

wording /ˈwɜːrdɪŋ || ˈwɜːdɪŋ/ *n* (of paragraph, letter) redacción *f*; (of message, note) términos *mpl*; (of question) formulación *f*

wordless /ˈwɜːrdləs || ˈwɜːdlɪs/ *adj* (liter) mudo

word of mouth *n* **1** [u] (speech): **they rely on ~ ~ ~ for publicity** su publicidad depende de la recomendación verbal *or* de palabra **2** (*before n*): **a ~-~-~ recommendation** una recomendación verbal *or* de palabra

word order *n* [u] orden *m* de (las) palabras

word-perfect /ˌwɜːrdˈpɜːrfɪkt || ˌwɜːdˈpɜːfɪkt/ *adj*: **he studied the part until he was ~** se estudió el papel hasta que se lo supo perfectamente *or* al dedillo

wordplay /ˈwɜːrdpleɪ || ˈwɜːdpleɪ/ *n* [u] juegos *mpl* de palabras

word-process /ˌwɜːrdˈprɑːses || ˌwɜːdˈprəʊses/ *vt* procesar

word processing *n* [u] tratamiento *m* de textos, procesamiento *m* de textos *or* de palabras

word processor *n* procesador *m* de textos *or* de palabras

wordsmith /ˈwɜːrdsmɪθ || ˈwɜːdsmɪθ/ *n* (liter) artífice *mf* de la palabra

word wrap *n* [u] ajuste *m* automático de línea

wordy /ˈwɜːrdi || ˈwɜːdi/ *adj* **-dier, -diest** verboso, farragoso

wore /wɔːr || wɔː(r)/ *past of* **wear**[2]

work[1] /wɜːrk || wɜːk/ *n*

A [u] (labor, tasks) trabajo *m*; **it was a lot of ~** dio mucho trabajo; **I've got ~ to do** tengo trabajo *or* cosas que hacer; **you're making more ~ for yourself** te estás creando más trabajo; **repair ~** reparaciones *fpl*, arreglos *mpl*; **the building ~ is still going on** todavía están en obras; **she was advised not to do any heavy ~** le aconsejaron que no hiciera trabajos pesados; **the ~ of the Red Cross** el trabajo *or* la labor de la Cruz Roja; **~ has already started on the film** ya han empezado a filmar *or* rodar; **they've finished ~ on the building/road** ya han terminado las obras en el edificio/la carretera; **she's got a lot of ~ to do to catch up** va a tener que trabajar mucho para ponerse al día; **~ in process** *o* (BrE) **progress** trabajos en curso; **the house needs a lot of ~ done** *o* (BrE) **doing to it** la casa necesita muchos arreglos; **let your legs do the ~** (deja) que las piernas hagan el esfuerzo; **she put a lot of ~ into it** puso mucho esfuerzo *or* empeño en ello; **a lot of ~ goes into making a rug like this** una alfombra así lleva mucho trabajo; **to set to ~** ponerse* a trabajar, poner* manos a la obra; **we set to ~ painting the kitchen** nos pusimos a pintar la cocina; **keep up the good ~!** ¡sigue (*or* sigan *etc*) así!; **it's hard ~ digging** cavar es muy duro; **hard ~ never harmed** *o* **hurt anybody** trabajar duro no le hace daño a nadie; **I don't want to have to talk to them: it's too much like hard ~** no quiero tener que hablar con ellos: es demasiado esfuerzo; **he's such hard ~** da muchísimo trabajo; **pleasing her is hard ~** es difícil de agradar; **that was quick ~!** ¡qué rapidez!; **I've done a good day's ~** he aprovechado bien el día; ***it's all in a day's ~*** es el pan nuestro de cada día; ***to have one's ~ cut out*: she's going to have her ~ cut out to get the job done in time** le va a costar terminar el trabajo a tiempo; ***to make short ~ of sth/sb*: Pete made short ~ of the ironing** Pete planchó todo rapidísimo; **you made short ~ of that pizza!** ¡te has despachado pronto la pizza!; **he made short ~ of her in the debate** la hizo trizas en el debate; ***all ~ and no play makes Jack a dull boy*** hay que dejar tiempo para el esparcimiento

B [u] (employment) trabajo *m*; **place of ~** lugar *m* de trabajo; **he does factory/PR ~** trabaja en una fábrica/en relaciones públicas; **she does a lot of ~ for the government** trabaja mucho para el gobierno; **to look for/find ~** buscar*/encontrar* trabajo; **to go to ~** ir* a trabajar *or* al trabajo; **they both go out to ~** (BrE) los dos trabajan (afuera); **I start/finish ~ at seven** entro a trabajar *or* al trabajo/salgo del trabajo a las siete; **I walk/drive to ~** voy al trabajo a pie/en coche

C (*in phrases*): **at work**: **he's at ~** está en el trabajo, está en la oficina (*or* la fábrica *etc*); **they were hard at ~ when I walked in** estaban muy ocupados trabajando cuando entré; **other forces were at ~** intervenían otros factores, había otros factores en juego; **S men at work** obras, hombres trabajando; **in work** (BrE): **those in ~** quienes tienen trabajo; **off work**:

W

she was off ~ for a month after the accident después del accidente estuvo un mes sin trabajar; **he took a day off ~ to visit the exhibition** se tomó un día libre para ir a la exposición; **out of work**: **the closures will put 1,200 people out of ~** los cierres dejarán en la calle a 1.200 personas; **she's been out of ~ for six months** hace seis meses que está sin trabajo *or* que está desocupada *or* desempleada *or* (Chi tb) cesante, lleva seis meses parada *or* en el paro (Esp); (*before n*): **out-of-work** desocupado, desempleado, parado (Esp), cesante (Chi)

D **1** [c] (product, single item) obra *f*; **a reference ~** una obra de consulta; **a ~ of art** una obra de arte; **complete ~s** obras completas **2** [u] (output) trabajo *m*; **his ~ is not up to standard** su trabajo no es del nivel requerido; **a piece of ~** un trabajo; **an exhibition of recent ~ by Sam Pym** una exposición de obras recientes de Sam Pym; **to be the ~ of sb** ser* obra de algn; **it was the ~ of a professional** era obra de un profesional

E [u] (Phys) trabajo *m*; *see also* **works**

work²

INDEX

- ■ **work** *verb intransitive*
  - **A** to earn a living, etc
  - **B** **1** to operate, to function
    - **2** to have a required effect
  - **C** to penetrate, to travel down
- ■ **work** *verb transitive*
  - **A** **1** to force to work
    - **2** to exploit: land etc
    - **3** to be employed in
    - **4** to pay for by working
  - **B** to make to function
  - **C** **1** to force gradually
    - **2** to shape: clay etc
    - **3** in needlework, knitting
  - **D** **1** to bring about
    - **2** to work it
  - **E** to solve: problem etc
- (Phrasal verbs)
  - • **work off**
  - • **work out**
  - • **work over**
  - • **work up**
  - • **work up to**

vi

A (to earn a living) ⟨⟨*people*⟩⟩ trabajar; **both his parents ~** tanto la madre como el padre trabajan (afuera); **I ~ in a bank/as a receptionist/in insurance** trabajo en un banco/de recepcionista/en seguros; **he ~s nights** trabaja de noche; **to get ~ing** ponerse* a trabajar, poner* manos a la obra; **to ~ hard** trabajar mucho *or* duro; **he ~s hard at school** es un alumno muy aplicado; **we ~ a 40-hour week** nuestra semana laboral es de 40 horas; **to ~ AT sth**: **she's ~ing hard at her French** está poniendo mucho empeño en mejorar su francés, está dándole duro al francés (fam); **you have to ~ at your service** tiene que practicar el servicio; **a relationship is something you have to ~ at** una relación de pareja requiere cierto esfuerzo; **she was ~ing away at her accounts** estaba ocupada con su contabilidad; **to ~ FOR sb** trabajar PARA algn; **to ~ for oneself** trabajar por cuenta propia; **make your money ~ for you** ponga su dinero a trabajar; **to ~ FOR sth**: **all her life she ~ed for a more equal society** toda su vida luchó por una sociedad más justa; **fame didn't just come to me: I had to ~ for it** la fama no me llegó del cielo, tuve que trabajar para conseguirla; **he's ~ing for his finals** está estudiando *or* está preparándose para los exámenes finales; **to ~ FROM sth**: **~ing from old drawings they restored the window** restauraron la ventana partiendo de antiguos dibujos; **to ~ from nature** ⟨⟨*artist*⟩⟩ copiar de la naturaleza; **to ~ IN sth**: **to ~ in marble** trabajar el mármol *or* con mármol; **to ~ in oils** pintar al óleo, trabajar con óleos; **to ~ ON sth**: **he's ~ing on his car** está arreglando el coche; **the police are ~ing on the case** la policía está investigando el caso; **I'm ~ing on the 18th century** estoy estudiando el siglo XVIII; **I'm ~ing on a biography of Napoleon** estoy preparando *or* escribiendo una biografía de Napoleón; **scientists are ~ing on a cure** los científicos están intentando encontrar una cura; **she hasn't been fired yet, but she's ~ing on it** (hum) todavía no la han echado, pero parece empeñada en que lo hagan; **we're ~ing on the assumption that ...** partimos del supuesto de que ...; **the police had very little to ~ on** la policía tenía muy pocas pistas; **the poison ~s on the nervous system** el veneno actúa sobre *or* ataca el sistema nervioso; **to ~ TOWARD sth**: **we are ~ing toward a peaceful solution** estamos intentando hallar una solución pacífica; **to ~ toward a better future** luchar por un futuro mejor; **to ~ UNDER sb** trabajar bajo la dirección de algn

B **1** (to operate, to function) ⟨⟨*machine/system/relationship*⟩⟩ funcionar; ⟨⟨*drug/person*⟩⟩ actuar*; **it ~s off batteries** funciona con pilas; **democracy won't ~ here** aquí no va a funcionar la democracia; **to ~ against/in favor of sb/sth** obrar en contra/a favor de algn/algo; **to ~ *both ways***: **the changes ~ both ways: you might make money but you could also lose** los cambios son un arma de doble filo: se puede ganar dinero pero también se puede perder; **both sides benefit: it ~s both ways** ambas partes salen ganando: el beneficio es mutuo **2** (to have a required effect) ⟨⟨*drug/plan/measures/method*⟩⟩ surtir efecto; **her idea didn't ~** su idea no resultó; **try it, it might ~** pruébalo, quizás resulte; **the scene ~s beautifully** la escena está muy bien lograda; **the play doesn't ~ on TV** la obra no se presta para televisión; **these colors just don't ~ together** estos colores no pegan *or* no combinan

C (to penetrate, to travel down) (+ *adv compl*): **the oil has to ~ through the engine** el aceite tiene que circular por el motor; **wait until the solution has ~ed through the fabric** espere hasta que la solución haya impregnado bien la tela; **his socks had ~ed down to his ankles** se le habían caído los calcetines; *see also* **free¹ A3**, **loose¹ A2**

■ **work** *vt*

A **1** (to force to work) hacer* trabajar; **to ~ oneself to death** matarse trabajando; **you must ~ every muscle** tienes que ejercitar *or* hacer trabajar todos los músculos **2** (to exploit) ⟨*land/soil*⟩ trabajar, labrar; ⟨*mine*⟩ explotar; **it's a theme that's been ~ed to death already** es un tema del que ya se ha abusado hasta la saciedad **3** (to be employed in) ⟨*nightclubs/casinos*⟩ trabajar en **4** (to pay for by working): **he ~ed his passage to Australia** se costeó el pasaje a Australia trabajando en el barco

B (to make to function): **do you know how to ~ the machine?** ¿sabes manejar la máquina?; **this lever ~s the sprinkler system** esta palanca acciona el sistema de riego; **the pump is ~ed by hand** la bomba funciona manualmente

C **1** (to force gradually, manipulate) (+ *adv compl*): **~ the brush into the corners** mete bien el cepillo en los rincones; **he ~ed the peg out of the crevice** consiguió sacar el clavo de la grieta; **I'll try to ~ that quote into the article** trataré de meter esa cita en el artículo; **we ~ed some concessions out of them** conseguimos sacarles algunas concesiones; **to ~ *one's way***: **his belt had ~ed its way loose** se le había soltado el cinturón; **we ~ed our way toward the exit** nos abrimos camino hacia la salida; **I ~ed my way through volume three** logré terminar el tercer volumen; **damp was ~ing its way up the walls** la humedad estaba subiendo por las paredes; **she ~ed her way to the top of her profession** trabajó hasta llegar a la cima de su profesión; **he ~ed his way across the continent/through college** cruzó el continente/hizo la carrera trabajando **2** (to shape, fashion) ⟨*clay/metal*⟩ trabajar; ⟨*dough*⟩ sobar, amasar; **~ the flour into the mixture** vaya añadiendo la harina a la mezcla **3** (in needlework, knitting): **~ eight rows in rib** hacer* *or* (AmL tb) tejer ocho hileras de punto elástico; **~ three rows of cross-stitch** bordar *or* hacer* tres hileras de punto (de) cruz; **the design is ~ed entirely by hand** el motivo está hecho (*or* bordado *etc*) totalmente a mano

D (*past & past p* **worked** *or* **wrought**) **1** (to bring about) ⟨*miracle*⟩ hacer* *see also* **wrought¹** **2** (to manage, to arrange) (colloq) arreglar; **if you want to meet him, I'll try to ~ it for you** si quieres conocerlo, veré si lo puedo arreglar; **she ~ed it so that I didn't have to pay** se las arregló *or* se las ingenió para que yo no tuviera que pagar

E (to solve) (AmE) ⟨*problem/crossword*⟩ sacar*, resolver*

(Phrasal verbs)

• **work off** [v + o + adv, v + adv + o] **1** (get rid of): **you can ~ off a few kilos in the gym** puede rebajar algunos kilos haciendo ejercicios en el gimnasio; **he ~s his frustrations off on me** se desahoga *or* se desquita de sus frustraciones metiéndose *or* (AmL fam) agarrándosela conmigo **2** ⟨*debt*⟩ amortizar*, pagar* (*trabajando*)

• **work out**

(Sense I) [v + adv]

A **1** (turn out) salir*, resultar; **to ~ out well/badly** salir* *or* resultar bien/mal; **it ~s out more/less expensive by rail** sale *or* resulta más caro/más barato en tren; **to ~ out AT sth**: **it ~s out at $75 a gram/a head** sale (a) 75 dólares el gramo/por cabeza; **the complete package ~s out at $420** el paquete completo sale (por) 420 dólares **2** (be successful) ⟨⟨*plan*⟩⟩ salir* bien; **things haven't ~ed out for her** las cosas no le han salido bien

B (train, exercise) (Sport) hacer* ejercicio

(Sense II) [v + o + adv, v + adv + o]

A **1** (solve) ⟨*sum*⟩ hacer*; ⟨*riddle/puzzle*⟩ resolver*; **things will ~ themselves out** las cosas se arreglarán solas; **they've got to ~ things out for themselves** tienen que resolver las cosas por sí mismos; **we can ~ it out!** ¡ya lo arreglaremos! **2** (find, calculate) ⟨*percentage/probability*⟩ calcular; **have you ~ed out the answer?** ¿lo has resuelto?; **he ~ed out how much we would need** calculó cuánto necesitaríamos **3** (understand) ⟨*meaning/reason*⟩ entender*; ⟨*person/attitude*⟩ (BrE) entender*; **I couldn't ~ out what he meant** no lograba entender qué quería decir; **I can't ~ out why he did such a thing** no logro entender *or* no me explico por qué hizo semejante cosa; **I can't ~ out where we are** no me doy cuenta de dónde estamos

B (devise, determine) ⟨*solution*⟩ idear, encontrar*; ⟨*plan*⟩ elaborar, idear; ⟨*procedure*⟩ idear, desarrollar; **we've ~ed out a deal with the unions** hemos llegado a un acuerdo con los sindicatos; **the details still have to be ~ed out** todavía falta finalizar los detalles; **I've ~ed out a way of ...** he encontrado *or* ideado una manera de ...; **I've got to ~ out what to do with the money** tengo que decidir qué hacer con el dinero; **to have it all ~ed out** (colloq) tenerlo* todo resuelto *or* planeado

C **1** (complete) ⟨*prison sentence*⟩ cumplir; **to ~ out one's notice** trabajar hasta el final del período de preaviso **2** (exhaust) ⟨*mine*⟩ agotar

• **work over** [v + o + adv] (sl) darle* una paliza a, sacarle* la mugre a (AmL fam)

• **work up** [v + o + adv, v + adv + o]

A **1** (stimulate): **they had ~ed up an appetite** se les había abierto el apetito; **I couldn't ~ up much enthusiasm** no me entusiasmaba demasiado; **with all that talking I'd ~ed up quite a thirst** me había dado mucha sed de tanto hablar; **to ~ up a sweat** empezar* a sudar; **to ~ up a lather** hacer* espuma **2** (excite, arouse): **she gets very ~ed up about it** se pone como loca; **you'll only ~ yourself up** sólo vas a conseguir disgustarte *or* hacerte mala sangre; **to ~ sb/oneself up INTO sth**: **she ~s herself up into a state** se pone como loca; **they had been ~ed up into a frenzy** los habían puesto frenéticos, los habían exaltado; **to ~ sb/oneself up TO sth**: **she ~ed them up to a fever pitch of excitement** los sobreexcitó hasta el delirio

B **1** (increase, expand): **she ~ed the factory up into what it is today** desarrolló la fábrica hasta convertirla en lo que es hoy día 2▸ (improve) ‹*manuscript/article*› rehacer*

- **work up to** [v + adv + prep + o]: **the action ~s up to a climax** la trama se desarrolla hasta llegar a un clímax; **she thought he was ~ing up to a proposal** creyó que estaba preparando el terreno para pedirle matrimonio; **she finally sacked him: she'd been ~ing up to it for months** finalmente lo echó: hacía meses que lo venía preparando *or* madurando; **I wonder what he's ~ing up to** me pregunto qué se propone

workable /'wɜːrkəbəl || 'wɜːkəbəl/ *adj* 1▸ ‹*arrangement/solution/plan*› factible, viable 2▸ ‹*mine/deposits*› explotable 3▸ ‹*clay*› moldeable

workaday /'wɜːrkədeɪ || 'wɜːkədeɪ/ *adj* (everyday) ‹*event/clothes*› de todos los días; (prosaic) prosaico, banal

workaholic /ˌwɜːrkə'hɔːlɪk || ˌwɜːkə'hɒlɪk/ *n* (colloq) trabajoadicto, -ta *m,f*, fanático, -ca *m,f* del trabajo

workaround /'wɜːrkəraʊnd || 'wɜːkəraʊnd/ *n* (Comput) workaround *m* asimétrica (*alternativa de solución temporal a un problema en un sistema*)

workbasket /'wɜːrkˌbæskət || 'wɜːkˌbɑːskɪt/ *n* costurero *m*

workbench /'wɜːrkbentʃ || 'wɜːkbentʃ/ *n* banco *m or* mesa *f* de trabajo

workbook /'wɜːrkbʊk || 'wɜːkbʊk/ *n* cuaderno *m* de ejercicios

workbox /'wɜːrkbɑːks || 'wɜːkbɒks/ *n* (for tools) caja *f* de herramientas; (for sewing materials) costurero *m*

work camp *n* campo *m* de trabajo

workday /'wɜːrkdeɪ || 'wɜːkdeɪ/ *n* 1▸ (part of day) jornada *f* laboral; **a seven-hour ~** una jornada laboral de siete horas 2▸ (weekday) día *m* hábil *or* laborable *or* laboral *or* de trabajo

worker /'wɜːrkər || 'wɜːkə(r)/ *n* 1▸ trabajador, -dora *m,f*; **he's a good/slow ~** trabaja bien/lentamente; **factory ~** obrero, -ra *m,f*; **office ~** oficinista *mf*, empleado, -da *m,f* de oficina, administrativo, -va *m,f*; **building ~s** obreros de la construcción; **you're a fast ~!** (colloq) ¡qué rápido eres! 2▸ (ant, bee) obrera *f*

worker priest *n* cura *m* obrero

work ethic *n* ética *f* del trabajo duro

work experience *n* [u] (BrE) pasantía *f*

workflow /'wɜːrkfləʊ || 'wɜːkfləʊ/ *n* volumen *m* de trabajo

work force *n* [u] (of nation) población *f* activa; (of company) personal *m*, planta *f* laboral, plantilla *f* (Esp)

work group *n* 1▸ (workers) grupo *m* de trabajadores (*que trabajan conjuntamente*) 2▸ (Comput) grupo *m* de trabajo 3▸ (trainees) grupo *m* en prácticas

workhorse /'wɜːrkhɔːrs || 'wɜːkhɔːs/ *n* burro *m or* bestia *f* de carga

workhouse /'wɜːrkhaʊs || 'wɜːkhaʊs/ *n* (BrE) (Hist) asilo *m* de pobres (*que debían trabajar a cambio de comida y alojamiento*)

work-in /'wɜːrkɪn || 'wɜːkɪn/ *n* (BrE) encierro *m*, toma *f*, ocupación *f* (*en que los trabajadores toman el control de la empresa*)

working /'wɜːrkɪŋ || 'wɜːkɪŋ/ *adj* (*before n*)

A 1▸ ‹*mother/parent*› que trabaja; ‹*dog/horse*› de labor *or* trabajo; **~ population** población *f* activa; **of ~ age** en edad de trabajar; **it's still a ~ farm** sigue funcionando como granja; **~ man** trabajador *m* manual; **~ party** *o* **group** equipo *m or* grupo *m* de trabajo 2▸ ‹*hours/conditions*› de trabajo; **~ breakfast** desayuno *m* de trabajo; **~ clothes** (*pl*) (BrE) ropa *f* de trabajo; **~ week** (BrE) semana *f* laboral *or* de trabajo; **all my ~ life** toda mi vida activa *or* laboral; **the new technology will affect all areas of ~ life** la nueva tecnología va a afectar todas las áreas laborales; **we have a good ~ relationship** trabajamos muy bien juntos; **~ vacation** *o* (BrE) **holiday** *vacaciones en las que se realiza algún trabajo*

B 1▸ (capable of operating): **it's in perfect ~ order** funciona perfectamente 2▸ (suitable for working with) ‹*hypothesis*› de trabajo; **I have a ~ knowledge of Russian** tengo conocimientos básicos de ruso, sé ruso como para defenderme; **to have a ~ majority** tener* una mayoría suficiente 3▸ (Fin): **~ assets** *o* **capital** capital *m or* activo *m* circulante *or* de trabajo

working-class /ˌwɜːrkɪŋ'klæs || ˌwɜːkɪŋ'klɑːs/ *adj* ‹*person*› de clase obrera *or* trabajadora; ‹*area*› obrero

working class *n* (*sometimes pl*): **the ~ ~(es)** la clase obrera *or* trabajadora

working day *n* 1▸ (weekday) día *m* hábil *or* laborable *or* laboral *or* de trabajo; **allow 3 ~s for the order to arrive** cuente con que el pedido tardará tres días hábiles en llegar 2▸ ▸**workday 1**

working drawing *n* (Archit) dibujo *m o* croquis *m* a escala

working memory *n* [u]

A (Psych) memoria *f* de trabajo, memoria *f* operativa *or* operacional

B (Comput) memoria *f* de uso

working model *n* 1▸ (design) maqueta *f* de trabajo 2▸ (prototype) prototipo *m*

working-over /ˌwɜːrkɪŋ'əʊvər || ˌwɜːkɪŋ 'əʊvə(r)/ *n* [u] (colloq) paliza *f*; **to give sb a (good) ~** pegarle* *or* darle* una (buena) paliza a algn

working paper *n* documento *m* de trabajo

working partner *n* socio, -cia *m,f* de trabajo, socio, -cia *m,f* no capitalista

working parts *npl* partes *fpl* operantes

workings /'wɜːrkɪŋz || 'wɜːkɪŋz/ *pl n* 1▸ (mine) mina *f* 2▸ (of machine) funcionamiento *m*

working storage *n* [u] (Comput) memoria *f* temporal

workload /'wɜːrkləʊd || 'wɜːkləʊd/ *n* (volumen *m* de) trabajo *m*; **to have a heavy/light ~** tener* mucho/poco trabajo

workman /'wɜːrkmən || 'wɜːkmən/ *n* (*pl* **-men** /-mən/) obrero *m*; **we've got (the) workmen in at the moment** en este momento tenemos obreros en casa; **he's a good ~** trabaja bien; ***a bad ~ always blames his tools*** el cojo siempre le echa la culpa al empedrado

workmanlike /'wɜːrkmənlaɪk || 'wɜːkmənlaɪk/ *adj* eficiente, profesional

workmanship /'wɜːrkmənʃɪp || 'wɜːkmənʃɪp/ *n* [u] (of craftsman) trabajo *m*; (of object) factura *f*; **an example of her ~** un ejemplo de (la calidad de) su trabajo; **a fine piece of ~** un trabajo esmerado; **it's just poor ~** no es más que falta de habilidad profesional; **a piece of fine ~** una pieza de excelente factura

workmate /'wɜːrkmeɪt || 'wɜːkmeɪt/ *n* (BrE) compañero, -ra *m,f* de trabajo

workmen's compensation *n* [u] (AmE) *indemnización por accidentes laborales, enfermedades contraídas en el trabajo etc*

work of art *n* obra *f* de arte

workout /'wɜːrkaʊt || 'wɜːkaʊt/ *n* sesión *f* de ejercicios *or* gimnasia; **to have a ~** hacer* (una tanda de) ejercicios

workpack /'wɜːrkpæk || 'wɜːkpæk/ *n* paquete *m* de trabajo

work permit *n* permiso *m* de trabajo

workpiece /'wɜːrkpiːs || 'wɜːkpiːs/ *n* pieza *f*

workplace /'wɜːrkpleɪs || 'wɜːkpleɪs/ *n* lugar *m* de trabajo, trabajo *m*

work rate *n* 1▸ (tempo) ritmo *m* de trabajo 2▸ (energy) desgaste *m* de energía

work-related /'wɜːrkrɪˌleɪtəd || 'wɜːkrɪˌleɪtɪd/ *adj* ‹*illness*› laboral, relacionado con el trabajo; ‹*stress/issue*› relacionado con el trabajo; **is it ~?** ¿está relacionado con el trabajo?

workroom /'wɜːrkruːm, -rʊm || 'wɜːkruːm, -rʊm/ *n* taller *m*

works /wɜːrks || wɜːks/ *n*

A (actions) (liter) (+ *pl vb*) obras *fpl*; **good ~** buenas obras

B (engineering operations) (+ *pl vb*) obras *fpl*; **road ~** (BrE) obras viales; **public ~** obras públicas

C (factory) (+ *sing or pl vb*) fábrica *f*; **cement ~** fábrica de cemento; **printing ~** imprenta *f*; (*before n*): **~ canteen** cantina *f or* comedor *m or* (Chi) casino *m* (*en el lugar de trabajo*); **~ committee** comité *m* de empresa; **~ outing** excursión *f or* salida *f* con la gente del trabajo

D (mechanism) (+ *pl vb*) mecanismo *m*; ***to gum up the ~*** (colloq) echarlo todo a perder, fastidiarla (esp Esp fam), embarrarla (AmS fam); ***to be in the ~*** estar* en trámite; **your application is in the ~** su solicitud está en trámite

E (all) (colloq): **there were candles, soft music, the ~!** había velas, música ambiental y toda la historia (fam); ***to give sb the ~*** (give lavish treatment) tratar a algn a cuerpo de rey; (beat up) pegarle* la paliza del siglo a algn (fam), sacarle* la mugre a algn (AmL fam)

work shadowing *n* [u] *observación directa de una persona en su puesto de trabajo*

work-sharing /'wɜːrkˌʃerɪŋ || 'wɜːkˌʃeərɪŋ/ *n* [u] trabajo *m* compartido

worksheet /'wɜːrkʃiːt || 'wɜːkʃiːt/ *n* 1▸ (exercises) hoja *f* de ejercicios 2▸ (record of work) hoja *f* de trabajo 3▸ (data file) (Comput) hoja *f* de cálculo

workshop /'wɜːrkʃɑːp || 'wɜːkʃɒp/ *n* 1▸ (in factory) taller *m* 2▸ (study group) taller *m*; **poetry ~** taller de poesía

workshy /'wɜːrkʃaɪ || 'wɜːkʃaɪ/ *adj* haragán, vago (fam), flojo (fam)

workspace /'wɜːrkspeɪs || 'wɜːkspeɪs/ *n* [u] 1▸ (space to work in) espacio *m* para trabajar; **there's ~ for 20 people** hay espacio para que trabajen 20 personas 2▸ (Comput) área *f*‡ de trabajo

workstation /'wɜːrkˌsteɪʃən || 'wɜːkˌsteɪʃən/ *n* (Comput) terminal *m* de trabajo

work study *n* [u] análisis *m* del trabajo

worksurface /'wɜːrkˌsɜːrfəs || 'wɜːkˌsɜːfɪs/ *n* 1▸ (area) superficie *f* de trabajo 2▸ ▸**worktop**

worktable /'wɜːrkˌteɪbəl || 'wɜːkˌteɪbəl/ *n* mesa *f* de trabajo

worktop /'wɜːrktɑːp || 'wɜːktɒp/ *n* encimera *f*, mesada *f* (RPl)

work-to-rule /ˌwɜːrktə'ruːl || ˌwɜːktə'ruːl/ *n* huelga *f* pasiva *or* (Esp) de celo, trabajo *m* a reglamento (CS)

workweek /'wɜːrkwiːk || 'wɜːkwiːk/ *n* (AmE) semana *f* laborable *or* de trabajo

world /wɜːrld || wɜːld/ *n*

A (earth) mundo *m*; **the longest bridge in the ~** el puente más largo del mundo; **the best/worst in the ~** el mejor/peor del mundo; **the poorer countries of the ~** los países más pobres del mundo *or* de la tierra *or* del globo; **on the other side of the ~** al otro lado del globo *or* de la tierra; **he proved that the ~ was round** demostró que la tierra era redonda; **to see the ~** ver* mundo; **politicians from all over the ~** políticos de todo el mundo; **they traveled all over the ~** viajaron por todo el mundo; **there were celebrations all over the ~** *o* **the ~ over** hubo festejos en todo el mundo *or* en el mundo entero; **one day you'll have to step out into the big, wide ~** algún día vas a tener que enfrentarte con la vida; **the Einsteins of this ~** los Einsteins de este mundo; **she lives in another ~** vive en otro mundo; **it's a strange ~!** ¡qué mundo éste!; **in a perfect ~ this wouldn't happen** en un mundo ideal estas cosas no pasarían; **the best of all possible ~s** el mejor de los mundos; **~'s** (AmE) *o* (BrE) **~ champion javelin thrower** campeón, -peona *m,f* mundial *or* del mundo de jabalina; **~'s** (AmE) *o* (BrE) **~ record time** récord *m or* marca *f* mundial; ***(it's a) small ~!*** el mundo es un pañuelo, ¡qué pequeño *or* (AmL) chico es el mundo!; ***the ~ is his/her oyster*** tiene el mundo a sus pies; ***to be dead*** *o* ***lost to the ~*** estar* profundamente dormido; ***to be out of this ~*** ‹‹*landscape/food/music*›› ser* increíble *or* fantástico; **the dress is out of this ~** el vestido es un sueño; ***to bring sb into the ~*** traer* a algn al mundo; ***to come into the ~*** venir* al mundo; ***to have the best of both ~s*** tener* todas las ventajas; ***money makes the ~ go around*** poderoso caballero es don dinero; (*before n*) ‹*economy/population/peace*› mundial; ‹*politics/trade*› internacional; ~ **language** idioma *m* universal; ~ **market** mercado *m* mundial; ~ **power** potencia *f* mundial; ~ **premiere** estreno *m* mundial

B **1** (people generally) mundo *m*; **the whole ~ knows** lo sabe todo el mundo *or* medio mundo; **what is the ~ coming to?** ¿adónde vamos a ir a parar?; **he thinks the ~ owes him a living** tiene muchas pretensiones; ***(all) the ~ and his wife*** Dios y todo el mundo (fam); ***to watch the ~ go by*** ver* pasar a la gente **2** (society): **they've gone up in the ~** han prosperado mucho (*or* hecho fortuna *etc*); **they've come down in the ~** se han venido a menos; **a man/woman of the ~** un hombre/una mujer de mundo; **that's the way of the ~** ¡así es la vida!

C (specific period, group) mundo *m*; **the insect ~** el mundo de los insectos; **the plant ~** el mundo de las plantas, el reino vegetal; **the art/fashion ~** el mundo del arte/de la moda; **the academic ~** el mundo *or* ambiente *or* medio académico; **to live in a ~ of one's own** vivir en su (*or* mi *etc*) propio mundo; **her ~ collapsed around her** se derrumbó el mundo a su alrededor

D (*as intensifier*): **there's a ~ of difference between ...** hay una diferencia enorme *or* una gran diferencia entre ..., hay un abismo entre ...; **we are ~s apart** no tenemos nada que ver, somos como el día y la noche; **their views are ~s apart** sus opiniones son diametralmente opuestas; **it did her a ~ of good** le hizo la mar de bien; **his children mean the ~ to him** para él sus hijos lo son todo; **he thinks the ~ of her** la admira mucho, tiene un altísimo concepto de ella; **I'd give the ~ to know** daría lo que fuera por saberlo; **for all the ~ as if nothing had happened** tal como si no hubiera pasado nada; **she looked for all the ~ as if she was enjoying it** cualquiera hubiera dicho que lo estaba gozando; **to have all the time in the ~** tener* todo el tiempo del mundo; **without a care in the ~** sin ninguna preocupación; **I wouldn't miss it for anything in the ~** no me lo perdería por nada del mundo; **nothing in the ~ will make me change my mind** nada en el mundo me hará cambiar de opinión; **who in the ~ is going to believe that?** ¿quién diablos *or* demonios se va a creer eso? (fam); **I'm the ~'s worst cook** soy el peor cocinero del mundo

E (Relig): **this/the other ~** este/el otro mundo; **he's not long for this ~** no va a vivir mucho, tiene los días contados; **the ~ to come** el más allá; **to renounce the ~** renunciar al mundo

World Bank *n*: **the ~ ~** el Banco Mundial

worldbeater /ˈwɜːrld,biːtər || ˈwɜːld,biːtə(r)/ *n* (colloq) (athlete) campeón, -peona *m,f* mundial; (product) producto *m* de primera

world-beating /ˈwɜːrld,biːtɪŋ || ˈwɜːld,biːtɪŋ/ *adj* (*before n*) líder mundial

world champion *n* campeón, -peona *m,f* mundial; (*before n*): **~ ~ boxer** campeón mundial de boxeo

world championship *n* campeonato *m* mundial

world-class /ˈwɜːrldklæs || ˈwɜːldklɑːs/ *adj* de talla mundial

World Council of Churches *n*: **the ~ ~ ~ ~** el Concilio Mundial de las Iglesias

World Court *n*: **the ~ ~** la Corte *or* el Tribunal Internacional de Justicia

World Cup *n*: **the ~ ~** el Mundial, la Copa del Mundo

World Fair (BrE) ▸ **World's Fair**

world-famous /ˈwɜːrld,feɪməs || ˈwɜːld,feɪməs/ *adj* mundialmente famoso, de fama mundial

World Health Organization *n* Organización *f* Mundial de la Salud

World Heritage Site *n* (lugar *m*) patrimonio *m* de la humanidad

World Intellectual Property Organization *n* (EU) Organización *f* Mundial de la Propiedad Intelectual

world leader *n* **1** (Pol) *jefe de estado de una gran potencia* **2** (leading country, company) líder *m* mundial

worldliness /ˈwɜːrldlinəs || ˈwɜːldlinɪs/ *n* [u] mundo *m*, sofisticación *f*

worldly /ˈwɜːrldli || ˈwɜːldli/ *adj* **1** ‹*goods*› material; ‹*desires*› mundano **2** ‹*person*› de mucho mundo; ‹*manner/charm*› sofisticado; **~ wisdom** mundo *m*

worldly-wise /,wɜːrldliˈwaɪz || ,wɜːldliˈwaɪz/ *adj* de mucho mundo

world record *n* récord *m or* marca *f* mundial; (*before n*): **world-record holder** plusmarquista *mf* mundial

World Series *n* (in US baseball): **the ~ ~** la Serie Mundial

> **World Series**
>
> Las series de encuentros de béisbol que tienen lugar cada año para elegir al mejor equipo profesional de béisbol de EEUU.

World's Fair, (BrE) **World Fair** *n* exposición *f* universal

world-shaking /ˈwɜːrld,ʃeɪkɪŋ || ˈwɜːld ,ʃeɪkɪŋ/ *adj* (*before n*) ‹*event/announcement/revelations*› de enormes consecuencias; **the initiative was hardly ~** la iniciativa tuvo escasas repercusiones

world-shattering /ˈwɜːrld,ʃætərɪŋ || ˈwɜːld ,ʃætərɪŋ/ *adj*: **nothing ~** nada del otro mundo

World Trade Organization *n* Organización *f* Mundial del Comercio

world view *n* cosmovisión *f*, visión *f* del mundo

World War *n* guerra *f* mundial; **~ ~ One/Two** la primera/segunda Guerra Mundial

world-weariness /ˈwɜːrld,wɪrinəs || ˈwɜːld ,wɪərinɪs/ *n* [u] hastío *m*

world-weary /ˈwɜːrld,wɪri || ˈwɜːld,wɪəri/ *adj* **-rier, -riest** ‹*person*› cansado de la vida, hastiado; ‹*attitude*› de hastío

worldwide¹ /,wɜːrldˈwaɪd || ,wɜːldˈwaɪd/ *adj* mundial

worldwide² *adv* ‹*travel*› por todo el mundo; **they are famous ~** son mundialmente famosos

World Wide Web *n* telaraña *f* mundial

worm¹ /wɜːrm || wɜːm/ *n* (*earth~*) **1** gusano *m*, lombriz *f* (de tierra); (as term of abuse) gusano *m*; ***the ~ turns*** la paciencia se agota *or* tiene un límite **2** (maggot) gusano *m* **3** **worms** *pl* (Med) lombrices *fpl*; **he never stops eating: he must have ~s** no para de comer, debe tener la (lombriz) solitaria

worm² *vt*

A **1** (wriggle): ***to ~ one's way*** (+ *adv compl*): **he ~ed his way along the tunnel** atravesó el túnel arrastrándose; **she ~ed her way** *o* **herself into their confidence** se ganó su confianza con astucia; **how did he ~ his way in?** ¿cómo consiguió colarse? (fam) **2** **to ~ sth OUT OF sb** ‹*secret/information*› sonsacarle* algo A algn

B (Vet Sci) ‹*dog/cat*› desparasitar; **~ing powder** vermífugo *m*, vermicida *m*

worm-eaten /ˈwɜːrm,iːtn || ˈwɜːm,iːtn/ *adj* ‹*fruit*› agusanado; ‹*wood*› carcomido

worm gear *n* engranaje *m* de tornillo sin fin

wormhole /ˈwɜːrmhəʊl || ˈwɜːmhəʊl/ *n* **1** (of earthworm) agujero *m* (*hecho por una lombriz*) **2** (of woodworm): **it was full of ~s** estaba todo carcomido *or* apolillado

wormwood /ˈwɜːrmwʊd || ˈwɜːmwʊd/ *n* [u] **1** (Bot) ajenjo *m* **2** (bitterness) (liter) amargura *f*

wormy /ˈwɜːrmi || ˈwɜːmi/ *adj* **-mier, -miest** ‹*fruit*› agusanado; ‹*timber*› carcomido

worn¹ /wɔːrn wɔːn/ *past p of* **wear²**

worn² *adj* ‹*tire/clothes*› gastado; ‹*carpet*› raído, desgastado; ‹*flagstones/steps*› desgastado, gastado; **they looked tired and ~** parecían extenuados

worn-out /,wɔːrnˈaʊt || ,wɔːnˈaʊt/ *adj* (*pred* **worn out**) **1** (dilapidated) ‹*shoes/clothes*› muy gastado; ‹*car*› inservible **2** (exhausted) rendido, agotado

worried /ˈwɜːrid || ˈwʌrid/ *adj* ‹*look/voice*› de preocupación; ‹*person*› preocupado; **to be ~** estar* preocupado; **to get ~** preocuparse, inquietarse; **you look ~** pareces preocupado; **to be ~ ABOUT sb/sth** estar* preocupado POR algn/algo; **I'm ~ about Jim** estoy preocupada por Jim, Jim me tiene preocupada; **he's ~ about losing his job** le preocupa perder el trabajo; **she's ~ that she'll lose her job** tiene miedo de perder el trabajo; **I'm ~ that he may be offended** tengo miedo de que se haya ofendido; **to be ~ sick** estar* preocupadísimo *or* muy preocupado

worriedly /ˈwɜːridli || ˈwʌridli/ *adv* con aire de preocupación

worrier /ˈwɜːriər || ˈwʌriə(r)/ *n*: **she's such a ~** se preocupa *or* se angustia tanto por todo

worrisome /ˈwɜːrisəm || ˈwʌrisəm/ *adj* inquietante, preocupante

worry¹ /ˈwɜːri || ˈwʌri/ *n* (*pl* **-ries**) **1** [c] (trouble, problem) preocupación *f*; **his biggest ~ is his child's well-being** su mayor preocupación es el bienestar de su hijo; **that's the least of our worries** eso es lo que menos nos preocupa; **he has serious financial worries** tiene serios problemas económicos; **our eldest son is a great ~ to us** nuestro hijo mayor nos da *or* nos causa muchas preocupaciones; (Austral colloq): ***no worries*** ningún problema **2** [u] (distress, anxiety) preocupación *f*, inquietud *f*; **this has been a great source of ~ to her** esto la ha tenido muy preocupada *or* inquieta; **there's no cause for ~** no hay motivo para preocuparse *or* inquietarse; **she's been giving us a lot of ~** (due to illness) nos ha tenido muy preocupados; (due to behavior) nos ha estado dando *or* causando muchas preocupaciones

worry² **-ries, -rying, -ried** *vt*

A (trouble) preocupar, inquietar; **I don't want to ~ him** no quiero preocuparlo *or* inquietarlo; **what's ~ing you?** ¿qué es lo que te preocupa?; **it worries him to think that ...** le preocupa pensar que ...; **that bill has been ~ing me all morning** esa cuenta me ha tenido preocupado toda la mañana; **that doesn't ~ me** eso no me preocupa; (expressing indifference) eso me tiene *or* me trae sin cuidado; **I don't want to ~ you with my problems** no te quiero molestar con mis problemas

B **1** (harass, attack) acosar; **the dog has been ~ing the sheep** el perro ha estado acosando *or* molestando a las ovejas **2** (work on): **he worries the problem until he finds a solution** le da vueltas al problema hasta que le encuentra una solución; **the dog was ~ing a bone** el perro jugueteaba con un hueso

■ **worry** *vi* preocuparse, inquietarse; **she worries a lot** se preocupa mucho; **~ing never did anyone any good** con preocuparse no se gana *or* no se saca nada; **there's no need to ~** no hay por qué preocuparse; **not to ~** (BrE) no te preocupes; **shall I wash the dishes? — no, don't ~** ¿quieres que lave los platos? — no, no te molestes; **it's going to get much worse, don't you ~!** va a empeorar mucho más, ya vas a ver; *you* **should ~, you have another job to go to** (colloq) ¿y tú qué problema tienes? ¡tú ya tienes otro trabajo!; **to ~ ABOUT sth/sb** preocuparse POR algo/algn; **he never worries about anything** no se preocupa por nada; **don't ~ about us** no te preocupes por nosotros; **I ~ about her living on her own** me preocupa que viva sola; **I still owe you some money — no, don't ~ about it** aún te debo dinero — no, déjalo

■ *v refl* **to ~ oneself ABOUT sth/sb** preocuparse POR algo/algn; **I've been ~ing myself sick** *o* **silly** *o* **to death about you** (colloq) he estado preocupadísimo *or* muy preocupado por ti

worry beads *pl n*: *sarta de cuentas con las que se juega con la intención de calmar los nervios*

worryguts /ˈwɜːrigʌts || ˈwʌrigʌts/ *n* (BrE colloq) (+ *sing vb*) **worrywart**

worrying /ˈwɜːriɪŋ || ˈwʌriɪŋ/ *adj* ‹*news/situation*› inquietante, preocupante

worryingly /ˈwɜːrɪŋli || ˈwʌrɪŋli/ *adv* ⟨*large/high*⟩ preocupantemente; (*indep*): **~, he could not remember the incident** para preocupación de todos, no podía recordar el incidente

worrywart /ˈwɜːriwɔːrt || ˈwʌriwɔːt/ *n* (AmE colloq) don angustias, doña angustias *m,f* (fam); **don't be such a ~!** ¡no te preocupes tanto! (fam)

worse¹ /wɜːrs || wɜːs/ *adj* (*comp of* **bad¹**)
A **1** ⟨*condition/singer/insult*⟩ peor; **cheer up! it could be ~** ¡anímate! podría ser peor; **these scissors are ~ than useless** estas tijeras no sirven para nada; **the play wasn't very good, but I've seen ~** la obra no era muy buena, pero las he visto peores; **he could've been hurt or ~** podría haber resultado herido, o podría haberle pasado algo peor; **to get ~** empeorar; **the music got ~** la música empeoró *or* fue de mal en peor; **his hearing is getting ~ and ~** oye cada vez menos; **his golf is getting ~ and ~** cada vez juega peor al golf; **things are getting ~ and ~** las cosas van de mal en peor, las cosas están cada vez peor; **if you scratch it, it'll only make it ~** si te rascas, es peor; **to make things ~, it started snowing** por si fuera poco, empezó a nevar; **what was ~ was that ...** peor aún fue que ...; **to be the ~ for drink** estar* borracho; **they looked none the ~ for their trying day** no tenían mal aspecto a pesar del día que habían pasado; **there's nothing ~ than ...** no hay nada peor que ... **2** (less suitable, desirable) peor; **he couldn't have phoned at a ~ time** no podía haber llamado en peor momento *or* en un momento menos oportuno
B (in poorer health) (*pred*): **to be ~** estar* peor; **he is ~ than yesterday** está peor que ayer; **to get ~** ponerse* peor, empeorar; **Grandad has got ~ since he's been in hospital** el abuelo se ha puesto peor desde que está en el hospital; **I think I've got ~** creo que estoy *or* me he puesto peor

worse² *adv* (*comp of* **badly**) peor; **they played ~ than we did** *o* **~ than us** jugaron peor que nosotros; **you could do ~ than take that job** harías bien en aceptar ese trabajo

worse³ *n*: **the ~** el (*or* la *etc*) peor; **a change for the ~** un cambio para mal; **he's taken a turn for the ~** se ha puesto peor, ha empeorado

worsen /ˈwɜːrsn || ˈwɜːsn/ *vi* ⟨⟨*conditions/prospects/pain*⟩⟩ empeorar
■ **worsen** *vt* empeorar

worse-off /ˌwɜːrsˈɔːf || ˌwɜːsˈɒf/ *adj* (*pred* **worse off**) **1** (financially) ⟨*citizens/worker*⟩ en peor posición económica; **I ended up $50 ~ ~** *o* **~ ~ by $50** salí perdiendo 50 dólares; **we're ~ ~ than them** *o* **than they are** estamos en peor posición económica que ellos **2** (emotionally, physically) (*pred*): **to be ~ ~** estar* peor; **he'd be ~ ~ here than at home** estaría peor aquí que en casa; **we'd be no ~ ~ for a change of routine** no nos vendría mal un cambio en la rutina

worship¹ /ˈwɜːrʃəp || ˈwɜːʃɪp/ *n*
A [u] **1** culto *m*, adoración *f*; **sun ~** el culto al sol, la adoración del sol; **freedom of ~** libertad *f* de cultos; **act of ~** ceremonia *f* religiosa; **let us join together in ~** unámonos en oración **2** (veneration, admiration): **their ~ of wealth/success** su culto a la riqueza/al éxito; **an object of ~** un objeto de veneración; **he gazed at her with ~ in his eyes** la miraba con adoración
B ▸ⓘ **p.1213** [c] **Worship** (as title): **Your/His W~** (of magistrate) Su Señoría; (of mayor) el señor alcalde

worship² BrE **-pp-** *vt* **1** (Relig) ⟨*God*⟩ adorar, venerar, rendir* culto a **2** (idolize) ⟨*success/wealth*⟩ rendir* culto a; ⟨*hero*⟩ idolatrar; **he ~s his mother's memory** venera la memoria de su madre
■ **worship** *vi* (Relig): **local Muslims need a place to ~** la comunidad musulmana de la zona necesita un lugar para sus oficios religiosos; **the church where we ~** nuestra iglesia; **he absolutely ~s at her feet** siente verdadera adoración por ella

worshiper /ˈwɜːrʃəpər || ˈwɜːʃɪpə(r)/ *n* (AmE) ▸**worshipper**

worshipful /ˈwɜːrʃəpfəl || ˈwɜːʃɪpfəl/ *adj* **1** (honorable) honorable, venerable; **the ~ Company of Goldsmiths** la honorable *or* venerable asociación de joyeros **2** (adoring) (frml) ⟨*gaze/attitude*⟩ de adoración, de veneración

worshipper /ˈwɜːrʃəpər || ˈwɜːʃɪpə(r)/ *n* (Relig) fiel *m*; **~s of Baal** los adoradores de Baal; **the ~s of success** quienes rinden culto al éxito

worst¹ /wɜːrst || wɜːst/ *adj* (*superl of* **bad¹**) peor; **he's the ~ student in the class** es el peor alumno de la clase; **the ~ results** los peores resultados; **he ran his ~ ever race** corrió peor que nunca; **~ of all** lo peor de todo; **the ~ thing about her is her selfishness** lo peor que tiene es lo egoísta que es; **his taste is the ~!** (AmE colloq) ¡tiene un gusto pésimo! (fam); **how was your trip? — the ~!** (AmE) ¿qué tal el viaje? — ¡de lo peor!; **the ~ thing that can come of it is a slight delay** lo peor que puede pasar es que haya un ligero retraso

worst² *adv* (*superl of* **badly**): **she did (the) ~ (of all) in both exams** le fue peor que a nadie en los dos exámenes; **the poor will suffer ~ under this system** los pobres van a ser quienes más sufran bajo este sistema

worst³ *n*
A **the ~** **1** (+ *sing vb*) lo peor; **the ~ was now over** ya había pasado lo peor; **his sister brings out the ~ in him** cuando está con su hermana está peor que nunca; **to fear/imagine the ~** temer/imaginarse lo peor; ***if (the) ~ comes to (the) ~*** en el peor de los casos; ***to get* o *have the ~ of it*** salir* perdiendo, llevarse la peor parte **2** (+ *pl vb*) los peores; **the ~ of them will have to be thrown out** los peores tendrán que ser expulsados
B **1** **at worst** en el peor de los casos; **at ~, they'll fine us** en el peor de los casos nos pondrán una multa **2** **at her/his/its worst**: **I'm at my ~ in the morning** la mañana es mi peor momento del día; **this is racism at its ~** esto es racismo de la peor especie; **the violinist was at his ~** el violinista tocó peor que nunca

worst⁴ *vt* ⟨*opponent*⟩ vencer

worsted /ˈwʊrstəd || ˈwʊstɪd/ *n* [u] **1** (yarn) estambre *m* **2** (cloth) estambre *m*

worth¹ /wɜːrθ || wɜːθ/ *adj* (*pred*) **1** (equal in value to): **to be ~** valer*; **it's ~ a lot more than I paid for it** vale mucho más de lo que pagué por él; **it's a nice coat, but it isn't ~ the money** el abrigo es bonito, pero no como para pagar ese precio; **goods ~ £5,000 were stolen** robaron mercancías por valor de 5.000 libras; **she must be ~ millions** debe ser millonaria; **he was ~ $20 million when he died** cuando murió tenía una fortuna de 20 millones de dólares; **how much is it ~ for me to keep quiet about it?** ¿cuánto me dan por no decir nada?; **it's more than my job's ~ to let you in** estoy arriesgando el puesto si te dejo entrar; **she's ~ ten of you** vale diez veces más que tú; **it's ~ nothing to me** para mí no vale nada; **they ran for all they were ~** corrieron con todas sus fuerzas *or* a más no poder; **for what it's ~** por si sirve de algo; **this is my opinion, for what it's ~** ésta es mi opinión, si es que a alguien le interesa **2** (worthy of): **the museum is ~ a visit** vale *or* merece la pena visitar el museo; **it's ~ a try** vale *or* merece la pena intentarlo; **it's well ~ the risk** bien vale *or* merece la pena correr el riesgo; **I don't think it's ~ waiting for her any longer** creo que no vale la pena esperarla más; **it might be ~ checking whether they've received it** convendría comprobar si lo han recibido; **it's not ~ the trouble** *o* **the effort** no vale *or* no merece la pena molestarse; **that's ~ knowing** es bueno saberlo; **don't argue with them, it isn't ~ it** no discutas con ellos, no vale *or* no merece la pena; **don't let him upset you, he isn't ~ it** no te amargues por él, no vale la pena; **it's not ~ my while going into town for that** no me vale la pena *or* me compensa ir al centro para eso; **it could be ~ your while to make a friend of him** te convendría hacerte amigo suyo; **you keep an eye on him, and I'll make it ~ your while** tú vigílalo, que yo ya te compensaré; **it doesn't make the trip ~ his while** no le vale la pena *or* no le compensa hacer el viaje; **if a job's ~ doing, it's ~ doing well** (set phrase) si se hace un trabajo, hay que hacerlo bien

worth² *n* [u] **1** (equivalent): **$2,000 dollars' ~ of furniture** muebles por valor de 2.000 dólares; **three years' ~ of hard work** tres años de duro trabajo **2** (of thing) valor *m*; (of person) valía *f*; **to prove one's ~** demostrar* su (*or* mi *etc*) valía; **the car proved its ~ on the long journey** en ese largo viaje nos dimos cuenta de lo bueno que era el coche

worthiness /ˈwɜːrðinəs || ˈwɜːðinɪs/ *n* [u] **1** (of character) valía *f* **2** (appropriateness): **his ~ for promotion is in question** se pone en duda que se merezca el ascenso; **no one doubts her ~ for the job** nadie duda de que sea la perdona apropiada para el trabajo

worthless /ˈwɜːrθləs || ˈwɜːθlɪs/ *adj* ⟨*object*⟩ sin ningún valor; ⟨*person*⟩ despreciable; **to be ~** no tener* ningún valor, no valer* nada

worthlessness /ˈwɜːrθləsnəs || ˈwɜːθlɪsnɪs/ *n* [u] (of object) falta *f* de valor; (of person) lo despreciable

worthwhile /ˈwɜːrθhwaɪl || ˈwɜːθwaɪl/ *adj* ⟨*enterprise/project*⟩ que vale la pena; **the look on their faces made it all ~** valió *or* mereció la pena sólo por ver la cara que pusieron; **it's (well) ~ getting there early** (bien) vale *or* merece la pena llegar temprano

worthy¹ /ˈwɜːrði || ˈwɜːði/ *adj* **-thier, -thiest**
A **1** (appropriate, equal) ⟨*opponent/successor*⟩ digno; **is it really a ~ subject for so much attention?** ¿es realmente un tema que merezca tanta atención?; **to be ~ OF sth/sb** ser* digno DE algo/algn; **a meal ~ of the occasion** una comida digna de la ocasión; **this work isn't ~ of you** este trabajo te desmerece *or* no está a tu altura; **~ of the name** digno de tal nombre **2** (deserving) **~ OF sth** digno DE algo; **a point ~ of mention** algo digno de mención, algo que vale *or* merece la pena mencionar; **to be ~ OF sth** ser* digno *or* merecedor DE algo; **he isn't ~ of such honors** no es digno *or* merecedor de tales honores
B (good, estimable) ⟨*person*⟩ respetable, honorable; ⟨*attempt*⟩ encomiable, meritorio; **~ work** buenas obras *fpl*; **a ~ cause** una buena causa; **a ~ effort** un esfuerzo encomiable *or* meritorio

worthy² *n* (*pl* **-thies**) personaje *m* importante *or* ilustre

wot /wɑːt || wɒt/ *pron* (colloq) ▸**what¹**, **what²**

watcher, wotcha /ˈwɑːtʃə || ˈwɒtʃə/ *interj* (BrE sl) ¿qué hay? (fam)

would /wʊd/ *v mod*

> ⚠ When *would* + a verb in English is used to form the conditional tense, it is translated by the conditional tense in Spanish.
> When *would* + a verb in English is used to express habitual activity in the past, it is translated by the imperfect tense in Spanish.
> For examples of both, see the entry below.

[*'d es la contracción de would, wouldn't, de would not y 'd've de would have*]
A *past of* **will¹**
B **1** (in conditional sentences): **I ~ if I could** lo haría si pudiera; **if I had known, I ~n't have come** si lo hubiera sabido no habría *or* no hubiera venido; **who ~ have thought it?** ¿quién lo hubiera *or* habría pensado?; **without your help, I'd've been cooking all day** sin tu ayuda, habría *or* hubiera estado cocinando todo el día **2** (giving advice): **I ~n't worry** no (hace falta que) te preocupes, yo que tú no me preocuparía; **I ~ have a word with her about it** ¿por qué no lo hablas con ella?, yo (que tú) lo hablaba *or* hablaría con ella **3** (tentatively expressing opinions): **I ~ agree with Roy** yo estoy de acuerdo con Roy, yo diría que Roy tiene razón; **one ~ have thought that ...** cualquiera

W

hubiera *or* habría pensado que ...

C (expressing wishes): **I wish you'd stop pestering me!** ¡deja de fastidiarme por Dios!; **I wish you ~n't worry** quisiera que no te preocuparas; **if only she'd take your advice** ¡si siguiera tus consejos ... !, ¡ojalá siguiera tus consejos!; **~ (that) he were with us!** (liter) ¡ojalá estuviera con nosotros!; **~ to God she had known!** ¡ojalá lo hubiera sabido!

D 1 (in requests): **~ you type this for me please?** ¿me haría el favor de pasar esto a máquina?; **~ you be kind enough to open the door for me?** ¿tendría la amabilidad *or* la bondad de abrirme la puerta? (frml); **if you'd sign here, please** ¿me firma aquí, por favor?, ¿tendría la bondad de firmar aquí? (frml); **go and call him, ~ you?** ve a llamarlo ¿sí? *or* ¿me haces el favor?; **~ you let** *me* **say something!** ¿me dejas decir algo a mí? 2 (in invitations): **~ you like a cup of coffee?** ¿quieres una taza de café?; **~ you like to come with us? — I'd love to** ¿quieres *or* te gustaría venir con nosotros? — me encantaría

E 1 (expressing criticism): **she** *would* **(have to) spoil the surprise** tenía que estropear la sorpresa, ¡típico! *or* ¡no podía fallar! 2 (indicating sth is natural): **he said no — well, he ~, ~n't he?** dijo que no — bueno ¿qué otra cosa iba a decir? *or* era de esperar ¿no? *or* es lógico ¿no?

would-be /ˈwʊdbiː/ *adj* (*before n*): **a ~ star/poet** un aspirante a estrella/poeta

wouldn't /ˈwʊdnt/ **= would not**

would've /ˈwʊdəv/ **= would have**

wound¹ /wuːnd/ *n* herida *f*; **bullet/war ~** herida de bala/guerra; **head/chest ~** herida en la cabeza/el pecho; **getting the sack was a terrible ~ to my pride** me hirió profundamente en mi orgullo que me echaran; **to reopen old ~s** abrir* viejas heridas; ***to lick one's ~s*** ⟨⟨*person*⟩⟩ recobrarse del golpe, lamerse las heridas; ⟨⟨*animal*⟩⟩ lamerse las heridas

wound² /wuːnd/ *vt* herir*; **his words ~ed her** sus palabras la hirieron

■ **wound** *vi* herir*

wound³ /waʊnd/ *past & past p of* **wind² Sense II**, *vi*

wounded¹ /ˈwuːndəd || ˈwuːndɪd/ *adj* ⟨*soldier/animal/pride*⟩ herido; ⟨*look/tone*⟩ dolido

wounded² *pl n*: **the ~** los heridos

wounding¹ /ˈwuːndɪŋ/ *n* [u] herida *f*

wounding² *adj* hiriente

wound up /ˌwaʊndˈʌp/ *adj*: **to get ~ ~** ponerse* nervioso

wove /wəʊv/ *past of* **weave¹**

woven /ˈwəʊvən/ *past p of* **weave¹**

wow¹ /waʊ/ *interj* (colloq) ¡ah!, ¡pa! (RPl fam); **~, what a fabulous dress!** ¡ah! *or* (RPl fam) ¡pa! ¡qué vestido más fantástico!

wow² *n*

A [c] (success) (sl) exitazo *m* (fam); **the show was a ~ with the kids** la función volvió locos a los niños *or* fue un exitazo con los niños (fam)

B [u] (Audio) *distorsión del tono*

wow³ *vt* (sl) ⟨*audience*⟩ enloquecer* (fam), volver* loco a (fam)

■ **wow** *vi* (Audio) ⟨⟨*turntable*⟩⟩ distorsionar el tono

WP *n* 1 [c] **= word processor** 2 [u] **= word processing**

WPC *n* (in UK) **= woman police constable**

wpm (**= words per minute**) palabras por minuto

WRAC *n* (formerly in UK) **= Women's Royal Army Corps**

wrack¹ /ræk/ *n* [u] ▸**rack¹ C**

wrack² *vt* (crit) ▸**rack² 1**

WRAF *n* (formerly in UK) **= Women's Royal Air Force**

wraith /reɪθ/ *n* espectro *m*, aparición *f*

wraithlike /ˈreɪθlaɪk/ *adj* espectral, fantasmal

wrangle¹ /ˈræŋgəl/ *vi* 1 (argue) discutir, reñir*; **to ~ (WITH sb) ABOUT/OVER sth** discutir *or* reñir* (CON algn) POR algo 2 (herd cattle) (AmE) arrear *or* (Méx) rejuntar ganado

wrangle² *n* altercado *m*, disputa *f*, riña *f*

wrangler /ˈræŋglər || ˈræŋglə(r)/ *n* (AmE) vaquero *m*, cowboy *m*

wrap¹ /ræp/ **-pp-** *vt* 1 (cover) ⟨*parcel/gift*⟩ envolver*; **shall I ~ it for you?, would you like it ~ped?** ¿quiere que se lo envuelva?, ¿se lo envuelvo?; **to ~ sth/sb IN/WITH sth** envolver* algo/a algn EN/CON algo; *see also* **wrap up A** 2 (wind, entwine): **I ~ped paper around the vase** envolví el jarrón con papel; **she ~ped a shawl about her** se envolvió en un chal; **he ~ped his arms around her** la estrechó entre sus brazos; **he ~ped his car around a tree** (colloq) chocó (el coche) contra un árbol; **go on and ~ yourself around that cheese sandwich** (colloq) ¡vamos, híncale el diente a ese sandwich de queso! (fam) 3 (surround, immerse) (liter) (*usu pass*) envolver*; **the town was ~ped in darkness/mist** la oscuridad/niebla envolvía la ciudad (liter); **the affair lay ~ped in mystery** el asunto estaba envuelto en misterio *or* rodeado de misterio (liter)

(Phrasal verb)

• **wrap up**

A [v + o + adv, v + adv + o] 1 ▸**wrap¹ 1** 2 (complete) (colloq) ⟨*order/sale*⟩ conseguir*; **to ~ up a deal** cerrar* un trato 3 (conclude) (colloq) ⟨*meeting/entertainment*⟩ dar* fin a; **that ~s it up for today** eso es todo por hoy 4 (disguise) (colloq) **to ~ sth up (AS sth)** disfrazar* algo (DE algo), presentar algo (COMO algo) 5 (engross) (colloq) **to be ~ped up IN sth**: **she's totally ~ped up in her work** no piensa más que en su trabajo, vive para su trabajo; **he's completely ~ped up in himself** no piensa sino en sí mismo; **they were completely ~ped up in each other** se miraban absortos, no tenían ojos más que el uno para el otro

B [v + adv] 1 (dress warmly) abrigarse*; **~ up well** *o* **warmly** abrígate bien 2 (shut up) (BrE colloq) cerrar* el pico (fam), callarse la boca (fam)

wrap² *n*

A 1 (shawl) chal *m*, pañoleta *f* 2 (robe) (AmE) bata *f*, salto *m* de cama (CS)

B (wrapper, wrapping) envoltorio *m*; ***to keep sth under ~s*** (colloq) mantener* algo en secreto; ***to take the ~s off sth*** (colloq) sacar* algo a la luz

wraparound /ˈræpəraʊnd/ *adj* ⟨*skirt/dress*⟩ cruzado

wrapper /ˈræpər || ˈræpə(r)/ *n*

A (round food) envoltorio *m*, envoltura *f*; (round cigar) envoltura *f*; (for newspaper, book) faja *f*; (dust jacket) sobrecubierta *f*, camisa *f*

B (Clothing) (dated) bata *f*, salto *m* de cama (CS)

wrapping /ˈræpɪŋ/ *n* [c u] envoltorio *m*, envoltura *f*

wrapping paper *n* [u] (plain) papel *m* de envolver; (decorative) papel *m* de regalo

wrap-up /ˈræpʌp/ *n* (AmE journ) resumen *m*

wrath /ræθ || rɒθ/ *n* [u] (liter) cólera *f*, ira *f*; **the ~ of God** la cólera de Dios, la ira divina

wrathful /ˈræθfəl || ˈrɒθfəl/ *adj* (liter) ⟨*mood*⟩ iracundo; ⟨*words*⟩ lleno de ira; ⟨*sea/waves*⟩ enfurecido (liter), embravecido (liter)

wreak /riːk/ *vt* (liter) ⟨*destruction/chaos*⟩ sembrar* (liter); **they ~ed vengeance on the villagers** descargaron su venganza contra los pobladores; **to ~ havoc** causar estragos

wreath /riːθ/ *n* 1 (of flowers, laurel) corona *f*; **funeral ~** corona; **to lay a ~ on sb's grave** poner* *or* colocar* una corona en la tumba de algn 2 (liter) (of smoke, mist) espiral *f*

wreathe /riːð/ *vt* (liter) 1 (adorn, garland) adornar; **the emperor's brow was ~d with laurels** el emperador llevaba una corona de laurel(es); **the mountains were ~d in mist** las montañas estaban envueltas en bruma; **she/her face was ~d in smiles** era toda sonrisas 2 (intertwine) ⟨*flowers/ribbons*⟩ entretejer; **roses ~d into a garland** una guirnalda de rosas (entretejidas)

■ **wreathe** *vi*: **mist ~d among the ruins** las ruinas estaban envueltas en bruma

wreck¹ /rek/ *n*

A (ship) restos *mpl* del naufragio; (vehicle) restos *mpl* del avión (*or* tren *etc*) siniestrado

B (sth, sb ruined): **the ~ of the industry** las ruinas de la industria; **after the party, the house was a ~** después de la fiesta, la casa era un verdadero caos; **are you still driving that old ~?** (colloq) ¿todavía andas en ese cacharro? (fam); **the attack left him a physical ~** el ataque lo dejó hecho una ruina; **the next morning I felt a complete ~** al día siguiente estaba hecho polvo (fam); **he's a nervous ~** tiene los nervios destrozados

C (destruction): **the ~ of the Titanic** el naufragio del Titanic; **the ~ of all my hopes** (liter) el desmoronamiento de todas mis esperanzas (liter)

D (crash) (AmE) accidente *m*

wreck² *vt* 1 ⟨*ship*⟩ provocar* el naufragio de, hacer* naufragar; ⟨*train*⟩ hacer* descarrilar; ⟨*car*⟩ destrozar*; **the ship was ~ed on the rocks** el barco naufragó al chocar contra las rocas 2 (damage) destrozar* 3 (demolish) (AmE) ⟨*house/building*⟩ demoler*, tirar abajo, derribar 4 (spoil, ruin) ⟨*hopes/plans/chances*⟩ echar por tierra; ⟨*marriage/happiness*⟩ destrozar*; **drinking ~ed her health/career** la bebida le arruinó la salud/la carrera

wreckage /ˈrekɪdʒ/ *n* [u] (of truck, car, ship) restos *mpl*; (of house) ruinas *fpl*, escombros *mpl*; **the ~ of the aircraft** los restos del avión siniestrado

wrecked /rekt/ *adj* (sl) (*pred*): **to be/feel ~** estar*/sentirse* hecho polvo (fam)

wrecker /ˈrekər || ˈrekə(r)/ *n* 1 (Hist, Naut) *provocador de naufragios* 2 (demolition worker) (AmE) obrero *m* de demolición *or* derribo 3 (car dismantler) (AmE) desguazador *m or* (Méx) deshuesador *m* 4 (tow truck) (AmE) grúa *f* 5 (destructive person) (colloq) destrozón, -zona *m,f* (fam)

wrecking /ˈrekɪŋ/ *n* [u] (AmE) 1 (demolition) demolición *f*, derribo *m*; (*before n*): **~ ball** bola *f* de demolición 2 (car recovery) grúa *f*, auxilio *m*

wren /ren/ *n*

A (Zool) carrizo *m*

B **Wren** *mujer miembro de la marina británica*

wrench¹ /rentʃ/ *vt* 1 (pull) arrancar*; **he ~ed the gun from her hand** le arrancó la pistola de la mano; **he ~ed the door off its hinges** desgoznó *or* desquició la puerta; **you nearly ~ed my arm out of its socket!** ¡casi me dislocas el brazo!; **to ~ oneself away** soltarse* *or* zafarse de un tirón *or* (AmL exc CS) de un jalón 2 (sprain) ⟨*muscle*⟩ desgarrarse; ⟨*joint*⟩ dislocarse* 3 **wrenching** *pres p* ⟨*sobs*⟩ desgarrador

wrench² *n*

A 1 (twist, pull) tirón *m*, jalón *m* (AmL exc CS); **to give sth a ~** darle* *or* pegarle* un tirón *or* (AmL exc CS) un jalón a algo 2 (injury) torcedura *f*; **to give one's arm/ankle a ~** torcerse* el brazo/tobillo 3 (emotional pain) dolor *m* (*causado por una separación*); **it was a terrible ~ leaving my family** fue muy doloroso tener que separarme de mi familia

B (tool) llave *f* inglesa; *see also* **monkey wrench**

wrest /rest/ *vt* **to ~ sth FROM sb** arrancarle* algo A algn; **I ~ed the knife from him** *o* **his grasp** le arrebaté *or* le arranqué el cuchillo de las manos; **they tried to ~ the secret out of her** intentaron arrancarle el secreto; **they ~ed a living from** *o* **out of the infertile soil** (liter) extraían su subsistencia de la tierra yerma (liter)

wrestle¹ /ˈresəl/ *vi* 1 (Sport) luchar 2 (grapple) **to ~ WITH sb/sth**: **she ~d with her attacker** forcejeó con *or* luchó contra *or* con su agresor; **she watched him wrestling with the cases** lo miró mientras lidiaba *or* batallaba con las maletas; **he's been wrestling with the problem for some time now** ha estado lidiando *or* batallando con el problema hace un tiempo; **all night he ~d with his conscience** pasó toda la noche batallando con su conciencia

■ **wrestle** *vt* (Sport) luchar contra; **he's wrestling Grant tonight** esta noche lucha *or* tiene un combate de lucha libre contra Grant; **he ~d his attacker to the ground** forcejeó con *or* luchó contra su agresor y lo derribó

wrestle[2] *n* (*no pl*) lucha *f*; **to have a ~ with sb** luchar con algn

wrestler /ˈreslər || ˈreslə(r)/ *n* luchador, -dora *m,f*

wrestling /ˈreslɪŋ/ *n* [u] lucha *f*; (*before n*): **~ match** combate *m* de lucha (libre) *or* (Chi) cachacascán

wretch /retʃ/ *n* (liter) 1 (unfortunate person) desdichado, -da *m,f*, infeliz *mf*; **the (poor) ~** el pobre desdichado *or* infeliz, el pobre diablo (fam) 2 (despicable person) desgraciado, -da *m,f*; **you little ~!** ¡sinvergüenza!, ¡pillo!

wretched /ˈretʃəd || ˈretʃɪd/ *adj* 1 (abject, pitiable) ‹*existence/creature*› desdichado, desgraciado; **they live in ~ poverty** viven en la más absoluta miseria 2 (very bad) (colloq) ‹*weather*› horrible, espantoso; **to feel ~** sentirse* muy mal; **what ~ luck!** ¡qué perra suerte! (fam); **I can't get this ~ knot undone** no puedo desatar este condenado *or* maldito nudo (fam); **be quiet, (you) ~ child!** ¡cállate de una vez, condenado! (fam)

wretchedly /ˈretʃədli || ˈretʃɪdli/ *adv* 1 (abjectly, pitiably) ‹*weep/moan*› desconsoladamente; **he was ~ poor** era terriblemente pobre 2 (very badly) (colloq) ‹*sing/perform*› pésimo; **it was ~ hot** hacía un calor infernal *or* (fam) de los mil demonios; **I feel ~ ill** me siento terriblemente mal; **she's ~ unhappy** es tremendamente infeliz

wretchedness /ˈretʃədnəs || ˈretʃɪdnɪs/ *n* [u] (unhappiness) desdicha *f*; (of situation, conditions) lo lamentable

wrick /rɪk/ *vt* (esp BrE) ‹*neck*› torcerse*, hacer* un mal movimiento con

wriggle[1] /ˈrɪgəl/ *vi* 1 (move) ‹‹*worm/fish*›› retorcerse*; **to ~ along** ‹‹*worm*›› avanzar* serpenteando *or* culebreando; **stop wriggling!** ¡quédate *or* estáte quieto!; **children ~d in their seats** los niños se movían inquietos en sus asientos; **she ~d with discomfort** se retorció incómoda; **he ~d out through the bars** se escurrió por entre las rejas; **I ~d into my trousers** me puse los pantalones (*con dificultad*); **I ~d through the gap in the fence** me metí por el agujero de la cerca 2 (with embarrassment): **to make sb ~** hacerle* pasar vergüenza a algn

■ **wriggle** *vt* ‹*body/toes*› mover*; **I managed to ~ the trousers on** conseguí embutirme los pantalones; **he managed to ~ himself free** logró zafarse retorciéndose

(Phrasal verb)

• **wriggle out of** [v + adv + prep + o] ‹*dress/jeans*› quitarse (*con dificultad*); **to ~ out of a chore** ingeniárselas para librarse de un trabajo; **she ~d out of having to go visiting** se las ingenió para librarse de tener que ir de visita; **don't try to ~ out of it!** ¡no trates de escabullirte!

wriggle[2] *n*: **to give a ~ of pleasure** estremecerse* de placer; **she freed herself with a ~** se zafó con un movimiento

wriggly /ˈrɪgli/ *adj* **-glier, -gliest** (esp BrE) movedizo, escurridizo; ‹*worm*› que serpentea; **I've never known such a ~ audience** nunca he visto un público tan inquieto

wring /rɪŋ/ (*past & past p* **wrung**) *vt*

A 1 (force water from) ‹*cloth/garment*› escurrir, retorcer*, estrujar 2 (extract) **to ~ sth FROM/OUT OF sb** ‹*confession/information*› arrancarle* algo A algn

B (squeeze, twist) ‹*neck*› retorcer*; **to ~ one's hands** retorcerse* las manos; **she was ~ing her hands nervously** se retorcía las manos con nerviosismo; **to ~ sb's heart** partirle el corazón a algn

(Phrasal verb)

• **wring out** [v + o + adv, v + adv + o]

A ‹*cloth/swimsuit*› retorcer*, escurrir, estrujar

B ‹*water*› escurrir; ‹*truth/money*› sacar*

wringer /ˈrɪŋər || ˈrɪŋə(r)/ *n* rodillo *m* (*para escurrir la ropa*); ***to put sb through the ~***: **the police really put him through the ~** la policía le hizo un interrogatorio muy minucioso; **you look as though you've been through the ~** tienes cara de estar extenuado *or* agotado

wringing /ˈrɪŋɪŋ/ *adv*: **to be ~ wet** estar* empapado *or* hecho una sopa

wrinkle[1] /ˈrɪŋkəl/ *n*

A 1 (in skin) arruga *f* 2 (in cloth, paper) arruga *f*; ***to iron out the ~s*** limar las asperezas

B (AmE) 1 (tip, shortcut) (colloq) truco *m*, tip *m* (Méx) 2 (angle, aspect) enfoque *m*

wrinkle[2] *vi* ‹‹*skin/cloth/garment*›› arrugarse*

■ **wrinkle** *vt* ‹*cloth*› arrugar*; **to ~ one's forehead** fruncir* el ceño

wrinkled /ˈrɪŋkəld/ *adj* arrugado; **to get ~** arrugarse*

wrinkly[1] /ˈrɪŋkli/ *adj* **-klier, -kliest** (colloq) arrugado

wrinkly[2] *n* (*pl* **-klies**) (BrE sl) viejo, -ja *m,f*

wrist /rɪst/ *n* 1 ▸ⓘ **p.965** (Anat) muñeca *f*; **to slash one's ~s** cortarse las venas; ***to slap sb on the ~, to slap sb's ~*** darle* un tirón de orejas a algn; (*before n*): **~ bone** hueso *m* de la muñeca; **~ rest** reposamuñecas *m* 2 (Clothing) puño *m*

wristband /ˈrɪstbænd/ *n* 1 (bracelet) pulsera *f*; (strap) correa *f*; (sweatband) muñequera *f* 2 (part of sleeve) puño *m*

wristlet /ˈrɪstlət/ *n* muñequera *f*

wristlock /ˈrɪstlɑːk || ˈrɪstlɒk/ *n* llave *f* de muñeca

wristwatch /ˈrɪstwɑːtʃ || ˈrɪstwɒtʃ/ *n* reloj *m* (de) pulsera

writ[1] /rɪt/ *n* 1 [c] (Law) (issued by a court) orden *f or* mandato *m* judicial; **a royal ~** un mandato real; **to issue a ~ (against sb)** expedir* una orden *or* un mandato (contra algn); **to serve a ~ on sb** notificarle* una orden *or* un mandato a algn; **a ~ of habeas corpus** un recurso de hábeas corpus; **a ~ of execution/possession** un mandamiento de ejecución/embargo 2 [u] (Relig): **Holy W~** la(s) Sagrada(s) Escritura(s)

writ[2] *adj*: **disappointment was ~ large on his face** la decepción era patente *or* ostensible en su rostro; **the problems of an undeveloped country ~ large** una forma acentuada de los problemas de un país subdesarrollado

write /raɪt/ (*past* **wrote**; *past p* **written**) *vt* 1 (put in writing) escribir*; **how do you ~ that?** ¿cómo se escribe?; **mother ~s that they are well** mamá dice en la carta que están bien; **it is written that ...** está escrito que ...; ***(to have sth) written all over one/one's face***: **jealousy was written all over him/his face** se le notaba a la legua/en la cara que estaba celoso; **don't pretend it wasn't you, it's written all over your face** no te hagas el inocente, que se te nota en la cara que fuiste tú 2 (compose) ‹*letter/essay*› escribir*; **I wrote him a letter** le escribí una carta; **to ~ sb a check** *o* (BrE) **cheque** hacerle* *or* (frml) extenderle* un cheque a algn 3 (write letter to) (AmE) escribirle* a; **she wrote her uncle that she was coming home** le escribió a su tío diciéndole que volvía a casa 4 (Comput) escribir*; **to ~ sth to disk** *o* (BrE also) **disc** traspasar algo a un disco

■ **write** *vi* 1 (produce writing) escribir*; **this pencil doesn't ~ very well** este lápiz no escribe muy bien 2 (as author, journalist) escribir*; **I've always wanted to ~** siempre he querido ser escritor; **she ~s for a newspaper/for television** escribe en un periódico/para la televisión; **to ~ ABOUT/ON sth** escribir* ACERCA DE *or* SOBRE algo 3 (in letter) escribir*; **to ~ TO sb** escribirle* A algn; **I wish you'd ~ to me more often** quisiera que me escribieras más seguido; **I am writing in response to the advertisement which ...** me dirijo a ustedes con relación al anuncio que ...; **you never ~ to your mother** nunca le escribes a tu madre; **we ~ to each other every month** nos escribimos todos los meses; **I ~ home once a week** escribo a casa una vez por semana; ***to be nothing to ~ home about*** no ser* nada del otro mundo *or* (fam) nada del otro jueves

(Phrasal verbs)

• **write away** [v + adv] **to ~ away FOR sth**: **she wrote away for a form/sample** escribió pidiendo que le mandaran un formulario/una muestra

• **write back** [v + adv] **to ~ back (TO sb)** contestar(le A algn); **I wrote to her, but she never wrote back** le escribí, pero no me contestó

• **write down** [v + o + adv, v + adv + o]

A ‹*name/details/number*› anotar, apuntar

B (Fin) ‹*assets*› amortizar* (*por depreciación*)

• **write in**

A [v + o + adv, v + adv + o] 1 (insert) ‹*name/word*› escribir*, incluir* 2 (include) ‹*safeguard/condition*› incluir* 3 (in US) ‹*candidate's name*› añadir, agregar* 4 (in play, series) ‹*character/part*› añadir, agregar*

B [v + adv] ‹‹*viewer/reader*›› escribir*; **lots of listeners wrote in for signed photographs** muchos oyentes escribieron pidiendo fotos autografiadas

• **write into** [v + o + prep + o] 1 (include) ‹*safeguard/condition*› incluir* en 2 ‹*character/part*› incluir* en

• **write off**

A [v + adv **write away**]

B [v + o + adv, v + adv + o] 1 (cancel): **to ~ sth off to bad debts** pasar algo a cuentas incobrables 2 (consider beyond repair) ‹‹*insurer*›› declarar siniestro total 3 (damage beyond repair) (BrE) destrozar*, hacer* polvo (fam) 4 (consider a failure, disregard) ‹*marriage/project/career*› dar* por perdido; **the project was written off as a failure** se estimó que el proyecto había sido un fracaso; **after this scandal, he can be written off as a serious challenger** con este escándalo, puede decirse que queda descartado como contendiente 5 ‹*debt*› cancelar

• **write out** [v + o + adv, v + adv + o]

A 1 (write fully) escribir*; **~ his name out in full** escribe su nombre completo 2 (copy) escribir*; **~ out a neat version** pásalo en limpio *or* (Esp) a limpio 3 (complete, fill out) ‹*prescription*› escribir*; ‹*check*› hacer*, extender* (frml)

B ‹*character/part*› eliminar (*del libreto*)

• **write up** [v + o + adv, v + adv + o] 1 (rewrite fully) ‹*report/notes*› pasar en limpio *or* (Esp) a limpio, transcribir 2 (describe) ‹*experiment/visit*› redactar un informe sobre 3 (review) ‹*film/play/book*› escribir* una crítica *or* reseña de

write head *n* cabeza *f* de escritura

write-in /ˈraɪtɪn/ *adj* (AmE) (*before n*): **~ candidate** *candidato cuyo nombre no está impreso en la papeleta y es agregado por el votante*

write-off /ˈraɪtɔːf || ˈraɪtɒf/ *n* 1 (Fin) cancelación *f* de una deuda (*considerada incobrable*) 2 (sth beyond repair): **the car was a ~** el coche fue declarado un siniestro total *or* (fam) quedó hecho chatarra; **their marriage is a ~** su matrimonio es un fracaso

write-once /ˈraɪtˈwʌns/ *adj* escribible una sola vez

write-protect /ˌraɪtprəˈtekt/ *vt* proteger* contra escritura

write-protected /ˌraɪtprəˈtektəd || ˌraɪtprəˈtektɪd/ *adj* protegido contra escritura; **~ disc** disco *m* protegido contra escritura

writer /ˈraɪtər || ˈraɪtə(r)/ *n* 1 (author) escritor, -tora *m,f*; **they are still looking for the ~ of the letter** siguen buscando al autor de la carta; **~'s block** bloqueo *m* mental (*del escritor*); **~'s cramp** calambre *m* (*que da por escribir mucho*) 2 (regarding handwriting) (BrE): **she's a good/poor ~** tiene buena/mala letra

writer-in-residence /ˌraɪtərɪnˈrezədəns || raɪtərɪnˈrezɪdəns/ *n* (*pl* **~s-in-residence**) escritor, -tora *m,f* residente (*en una universidad*)

write-up /ˈraɪtʌp/ *n* (colloq) (review) crítica *f*, reseña *f*; (report) artículo *m*, reportaje *m*

writhe /raɪð/ *vi* ‹‹*snake*›› retorcerse*; ‹‹*dancer*›› contorsionarse; **to ~ in agony** *o* **in pain** retorcerse* de dolor; **to ~ in ecstasy** estremecerse* de placer; **to ~ with embarrassment/shame** no saber* dónde meterse de la vergüenza; **to make sb ~** hacerle* sentir vergüenza ajena a algn

writing /ˈraɪtɪŋ/ *n* 1 [u] (script) escritura *f*; **cuneiform ~** escritura *f* cuneiforme 2 [u] (written material): **the wall was covered in ~** la pared estaba llena de pintadas *or* de graffiti; **the ~'s rather blurred** la letra está algo borrosa; **in ~** por escrito; **can I have it in ~?** ¿me lo puede dar por escrito?; **to put sth in ~** poner* algo por escrito; ***the ~ is on the wall***: **the ~ was on the wall for the company** la compañía tenía los días contados; **investors saw**

W

the ~ on the wall and sold their shares los inversores se la vieron venir y vendieron las acciones (fam); (*before n*): **~ desk** escritorio *m*; **~ materials** artículos *mpl* de escritorio; **~ pad** bloc *m*; **~ paper** papel *m* de carta **3** [u] (BrE) (handwriting) letra *f*; **I can't read your ~** no entiendo tu letra; **in his/your own ~** de su/tu puño y letra **4** [u] (act of composing): **she earns a lot from her ~** gana mucho (dinero) escribiendo; **~ takes up a lot of my time** paso mucho tiempo escribiendo; **at the time of ~** en el momento de escribir estas líneas **5** [u] (written composition) literatura *f*; **an excellent piece of ~** un trabajo excelente **6** **writings** *pl* **the ~s of Swift** la obra de Swift; **her philosophical ~s** sus escritos filosóficos

written[1] /ˈrɪtn/ *past p of* **write**

written[2] *adj* ‹*examination/language*› escrito; **~ permission** permiso *m* por escrito; **the ~ word** la palabra escrita

WRNS /renz/ *n* (formerly in UK) = **Women's Royal Naval Service**

wrong[1] /rɔːŋ || rɒŋ/ *adj*

A **1** (incorrect, inappropriate) ‹*answer*› equivocado; **the answer is ~** la respuesta está mal *or* equivocada, la respuesta es incorrecta *or* (frml) errónea; **the time given in the newspaper was ~** la hora que salió en el periódico estaba mal; **he drew the ~ conclusion** sacó una conclusión equivocada; **you've given me the ~ change** se ha equivocado al darme el cambio; **the book is in the ~ place** el libro no está donde debería *or* debiera, el libro no está en su sitio *or* en su lugar; **we've taken the ~ bus** nos hemos equivocado de autobús; **he went in the ~ direction** tomó *or* (esp Esp) cogió para dónde no debía; **a crumb went down the ~ way** se me atragantó una miga, una miga se me fue por el otro camino (fam); **you're in the ~ job, you should be a painter** te has equivocado de oficio, deberías ser pintor; **this is the ~ time to mention the subject** éste no es (el) momento oportuno para mencionar el tema; **it's the ~ time of year for cherries** no es época de cerezas; **those shoes are the ~ thing to wear** esos zapatos no son los apropiados; **she always says the ~ thing** siempre dice lo que no debe; **the picture is the ~ way up** el cuadro está al revés; **I'm the ~ person to ask** no soy la persona indicada para contestar esa pregunta **2** (mistaken) (*pred*): **to be ~** estar* equivocado; **you're ~: the answer is 62** estás equivocado: la respuesta es 62; **I thought it was silver, but I was ~** creí que era plata, pero estaba en un error *or* me equivoqué; **I hope you're/I'm ~** ¡ojalá te equivoques/me equivoque!; **he was ~ about the date** estaba equivocado respecto de la fecha; **I was ~ about her** la había juzgado mal; **you were ~ in your suspicions** tus sospechas eran infundadas; **you were ~ to assume that he would help you** te equivocaste al pensar que te ayudaría

B (morally): **stealing is ~** robar está mal; **I was ~ to abandon him** hice mal en dejarlo; **you were ~ to shout at her like that** no debiste haberle gritado así, estuviste mal en gritarle así; **is it so ~ to want a little happiness?** ¿qué hay de malo en querer un poco de felicidad?; **I haven't done anything ~** no he hecho nada malo; **there's nothing ~ with a drink now and then** tomarse una copa de vez en cuando no tiene nada de malo; **what's ~ with that?** ¿qué hay de malo en eso?

C (amiss) (*pred*): **what's ~?** ¿qué pasa?; **you're very quiet, is something/anything ~?** ¿estás muy callado, te pasa algo?; **what's ~ with you?** ¿qué te pasa?, ¿qué tienes?; **there's something ~ with her** algo le pasa; **there's something ~ with my elbow** tengo algo en el codo; **something's ~ with the lock** la cerradura no anda bien, algo le pasa a la cerradura; **there's nothing ~ with your heart** su corazón está perfectamente bien; **I can't see anything ~ with the engine** parece no haber ningún problema con el motor

D (reverse): **the ~ side** el revés

wrong[2] *adv* ‹*answer*› mal, incorrectamente; **they spelled my name ~** escribieron mal mi nombre; **I assume you're paying — well, you assume ~** imagino que pagas tú — pues estás en un error *or* te equivocas; **I did it all ~** lo hice todo mal; **to get sth ~: you've got your facts ~** estás mal informado; **you've got it ~: she's Spanish, not French** estás equivocado: es española, no francesa; **you've got it all ~: we're trying to help you** no has entendido nada: estamos tratando de ayudarte; **to get sb ~** (colloq): **I got him all ~** me equivoqué totalmente con él; **don't get me ~** no me malinterpretes; **to go ~** «*machinery*» estropearse, descomponerse* (AmL); «*plans*» salir* mal, fallar; **something's gone badly ~ with our marriage** algo ha fallado por su base en nuestro matrimonio; **it's straight ahead, you can't go ~** siga derecho, no se puede perder *or* (Esp tb) no tiene pérdida; **follow the instructions and you won't go far ~** siga las instrucciones y no se equivocará; **he began to go ~ at college** en la universidad empezó a ir por mal camino; **a nice girl gone ~** una buena chica que se ha echado a perder

wrong[3] *n* **1** [u c] (immoral action) mal *m*; (injustice) injusticia *f*; **to know right from ~** saber* distinguir entre lo que está bien y lo que está mal; **you did ~ to tell her** hiciste mal en decírle; **in her eyes he can do no ~** para ella, es incapaz de hacer nada malo; **to do sb (a) ~** (be unjust) ser* injusto con algn; (treat badly) portarse mal con algn; **to be in the ~** estar* equivocado; **you know you were in the ~** tú sabes que hiciste *or* obraste mal; **to put sb in the ~: the fact that you lied puts you in the ~** el haber mentido te incrimina; **she only said it to put me in the ~** lo dijo sólo para hacerme quedar mal; ***two ~s don't make a right*** con un error no se subsana otro **2** [c] (Law) agravio *m*

wrong[4] *vt* (frml): **she had been ~ed by her family** su familia había sido muy injusta con ella; **you ~ him** lo juzgas mal

wrongdoer /ˈrɔːŋˌduːər || ˈrɒŋˌduːə(r)/ *n* malhechor, -chora *m,f*

wrongdoing /ˈrɔːŋˌduːɪŋ || ˈrɒŋˌduːɪŋ/ *n* [u c]: **his sense of ~ oppressed him** lo agobiaba la conciencia de haber obrado mal; **she was punished for her ~s** la castigaron por sus fechorías

wrongfoot /ˌrɔːŋˈfʊt || ˌrɒŋˈfʊt/ *vt* **1** (Sport) ‹*opponent*› hacer(le)* un amago *or* amague a, desubicar* (AmL) **2** (take by surprise, disconcert) agarrar *or* pillar desprevenido

wrongful /ˈrɔːŋfəl || ˈrɒŋfəl/ *adj* ‹*accusation/punishment*› injusto; **~ arrest** (Law) arresto *m* ilegal; **~ dismissal** (Law) despido *m* improcedente *or* injustificado

wrongfully /ˈrɔːŋfəli || ˈrɒŋfəli/ *adv* ‹*accused/executed*› injustamente

wrongheaded /ˈrɔːŋˈhedəd || ˌrɒŋˈhedɪd/ *adj* ‹*person*› obcecado, obstinado; ‹*attempt*› desatinado

wrongly /ˈrɔːŋli || ˈrɒŋli/ *adv* ‹*spell/pronounce*› mal, incorrectamente; ‹*believe/assume*› equivocadamente; ‹*accuse*› injustamente; **you have been ~ informed** le han informado mal

wrong'un /ˈrɔːŋən || ˈrɒŋən/ *n* (BrE colloq) calavera *mf* (fam)

wrote /rəʊt/ *past of* **write**

wroth /rɔːθ, rəʊθ || rəʊθ, rɒθ/ *adj* (liter) (*pred*) airado

wrought[1] /rɔːt/ (*past & past p of* **work**[2] **D1**) (frml *or* liter): **the innovations ~ by the computer revolution** las innovaciones que trajo aparejadas la revolución informática; **the devastation ~ by the war** los estragos causados por la guerra; **some miraculous change had been ~ in him** un cambio milagroso se había operado en él

wrought[2] *adj*: **~ iron** hierro *m* forjado; **~ silver** plata *f* labrada; **finely ~ features** (liter) rasgos finamente cincelados (liter)

wrought-up /ˌrɔːtˈʌp/ *adj* (*pred* **wrought up**) agitado, nervioso; **to get/be ~ ~ over sth** ponerse* nervioso *or* agitarse/estar* nervioso por algo

wrung /rʌŋ/ *past & past p of* **wring**

WRVS *n* (in UK) = **Women's Royal Voluntary Service**

wry /raɪ/ *adj* **wrier, wriest** ‹*smile/laugh/joke*› irónico, sardónico; **to make a ~ face** torcer* el gesto, poner* mala cara

wryly /ˈraɪli/ *adv* irónicamente

WSW (= **west-southwest**) OSO

wt = **weight**

WTO *n* (= **World Trade Organization**) OMC *f*

wunderkind, Wunderkind /ˈvʊndərkɪnt || ˈvʊndəkɪnt/ *n* (*pl* **-kinder** /-ˌkɪndər || -ˌkɪndə(r)/) niño, -ña *m,f* prodigio

WV, W Va = **West Virginia**

WWF *n*

A = **World Wide Fund for Nature**

B = **World Wrestling Federation**

WWI *n* = **World War One**

WWII *n* = **World War Two**

www *n* (= **World Wide Web**) www *m or f* (*read as: doble be, doble be, doble be* (AmL), *ube doble, ube doble, ube doble* (Esp)

WY, Wyo = **Wyoming**

wych-elm /ˈwɪtʃelm/ *n* (Bot) olmo *m* (*oriundo de Escocia*)

wych hazel /ˈwɪtʃ/ *n* ▸ **witch hazel**

WYSIWYG /ˈwɪziwɪg/ = **what you see is what you get**

x[1], **X** /eks/ *n* 1▸ (letter) x, X *f*; **if you can't write, just make an X** si no sabe escribir, haga *or* ponga una cruz 2▸ (sb, sth unknown) X; **Mr X** el señor X; (*before n*): **the X factor** el factor sorpresa 3▸ (symbolizing kiss): **Love, Helen XXX** besos *or* un beso, Helen 4▸ (Cin) (in US) prohibida para menores de 18 años

X[2] *vt* ~ **(out)** (AmE colloq) tachar

X certificate *n* (in UK) (Hist) clasificación *f* de película para mayores

xenograft /'zenə(ʊ)græft || 'xenə(ʊ)grɑ:ft/ *n* (organ) *órgano para trasplante de donante a recipiente de distinta especie*; (tissue) *tejido para injerto de donante a recipiente de distinta especie*

xenon /'zi:nɑ:n, 'ze- || 'zenɒn/ *n* [u] xenón *m*

xenophobe /'zenəfəʊb/ *n* xenófobo, -ba *m,f*

xenophobia /,zenə'fəʊbiə/ *n* [u] xenofobia *f*

xenophobic /,zenə'fəʊbɪk/ *adj* xenófobo

Xenophon /'zenəfən/ *n* Jenofonte

xenotransplantation /,zenəʊ,trænsplæn'teɪʃən || ,zenəʊ,trænsplɑ:n'teɪʃən, -trɑ:n-/ *n* xenotransplante *m*, xenoinjerto *m*

xerox /'zɪrɑ:ks, 'ze- || 'zɪərɒks, ze-/ *vt* fotocopiar, xerografiar*

Xerox® /'zɪrɑ:ks, 'ze- || 'zɪərɒks, 'ze-/ *n* 1▸ (copy) fotocopia *f*, xerografía *f*, xerocopia *f* 2▸ (machine) fotocopiadora *f*, Xerox® *f*

Xerxes /'zɜ:rksi:z || 'zɜ:ksi:z/ *n* Jerjes

XL = extra large

Xmas /'krɪsməs 'eksməs/ *n* Navidad *f*

X-rated /'eks,reɪtəd || 'eks,reɪtɪd/ *adj* (BrE) sólo para adultos, clasificado X (Esp)

X-ray[1], **x-ray** /'eksreɪ/ *n* 1▸ (ray) rayo *m* X; (*before n*): ~ **examination** examen con rayos X; ~ **machine** aparato *m* de rayos X; ~ **picture** radiografía *f*; **to have ~ eyes** o **vision** (colloq & hum) tener* una vista que traspasa las paredes, tener* vista de rayos X 2▸ (photograph) radiografía *f*; **to take an ~** hacer* *or* sacar* una radiografía; **I had a chest ~** me hicieron *or* me sacaron una radiografía de tórax

X-ray[2], **x-ray** *vt* hacer* *or* sacar* una radiografía de, radiografiar*

xylograph /'zaɪləgræf || 'zaɪləgrɑ:f/ *n* xilografía *f*

xylography /zaɪ'lɑ:grəfi || zaɪ'lɒgrəfi/ *n* xilografía *f*

xylophone /'zaɪləfəʊn/ *n* xilofón *m*, xilófono *m*

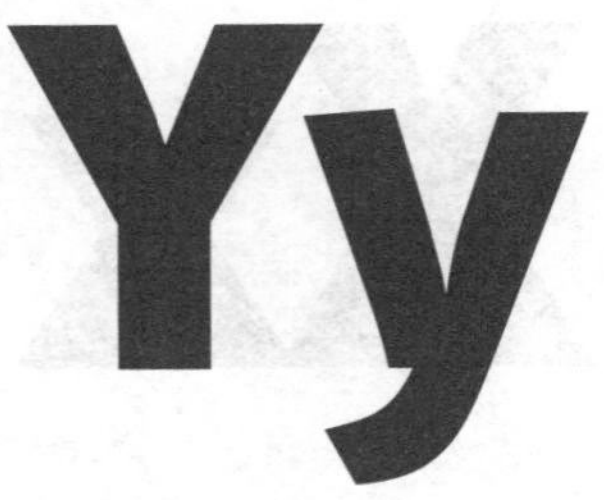

y, Y /waɪ/ *n* **1** (letter) Y, y *f* **2** (youth centre) (AmE colloq) YMCA *f*, Asociación *f* Cristiana de Jóvenes, Guay *f* (Chi fam)

yacht¹ /jɑːt ‖ jɒt/ *n* **1** (sailing boat — large) velero *m*, yate *m*; (— small) balandro *m*; (*before n*): ~ **club** club *m* náutico; ~ **race** regata *f* **2** (pleasure cruiser) yate *m*

yacht² *vi* (*only in -ing form*) navegar* (a vela); **she went ~ing with friends** se fue a navegar con unos amigos

yachting /ˈjɑːtɪŋ ‖ ˈjɒtɪŋ/ *n* [u] navegación *f* a vela; **the Aegean is an ideal place for ~** el Egeo es un lugar ideal para practicar la vela *or* para navegar en velero *or* yate

yachtsman /ˈjɑːtsmən ‖ ˈjɒtsmən/ *n* (*pl* **-men** /-mən/) aficionado *m* a la vela; (in competitions) regatista *m*

yachtsmanship /ˈjɑːtsmənʃɪp ‖ ˈjɒtsmənʃɪp/ *n* arte *m* de la navegación a vela, arte *m* del balandrismo

yachtswoman /ˈjɑːtsˌwʊmən ‖ ˈjɒtsˌwʊmən/ *n* (*pl* **-women**) aficionada *f* a la vela; (in competitions) regatista *f*

yack¹ /jæk/ *vi* (colloq) cotorrear (fam)

yack² *n* (colloq) cháchara *f* (fam), cotorreo *m* (fam); **to have a ~** cotorrear (fam)

yackety-yack¹ /ˌjækətiˈjæk/ *vi* (colloq) cotorrear (fam); **~, ~; don't you ever stop?** ¡siempre charla que te charla! ¿es que no vas a parar nunca?

yackety-yack² *n* [u] (colloq) cháchara *f* (fam), cotorreo *m* (fam)

yah /jɑː/ *interj* (colloq) ¡ja, ja!

yahoo /ˈjɑːhuː/ *n* patán *m*

yak¹ /jæk/ *vi* **-kk-** ▸**yack¹**

yak² *n*
A (Zool) yac *m*, yak *m*
B ▸**yack²**

yakka /ˈjækə/ *n* [u] (Austral) (NZ colloq) trabajo *m*, chamba *f* (Méx) (Per) (Ven fam), pega *f* (Andes fam), camello *m* (Col fam), laburo *m* (RPl argot); **it's been hard ~** ha sido mucho trabajo, ha habido mucha pega (Andes fam), ha habido que curar *or* (Col) camellar un montón (fam), hubo que chambearle duro (Méx fam), fue un laburo bárbaro (RPl argot)

Yale® /jeɪl/ *n* (*before n*): ~ **key** llave *f* Yale; ~ **lock** cerradura *f* Yale *or* cilíndrica

y'all /jɔːl/ *pron* ▸**you-all**

yam /jæm/ *n* **1** (plant, vegetable) ñame *m* **2** (AmE) ▸**sweet potato**

yammer /ˈjæmər ‖ ˈjæmə(r)/ *vi* **1** (complain) quejarse, protestar; **to ~ (on) ABOUT sth** quejarse DE algo, refunfuñar POR algo **2** ‹‹*dog*›› aullar*

Yangtze (Kiang) /ˈjæŋsiː(kiˈɑːŋ) ‖ ˈjæŋtsiː(kiˈæŋ)/ *n*: **the ~ (~)** el Yang-Tsé(-Kiang), el Río Azul

yank¹ /jæŋk/ *vt*
A (tug) ‹*rope*› tirar de, jalar de (AmL exc CS); **he ~ed the drawer right out** sacó el cajón de un tirón
B (withdraw) (AmE colloq) retirar
■ **yank** *vi* **to ~ AT/ON sth** tirar *or* (AmL exc CS) jalar DE algo; **she ~ed at my hair** me tiró *or* (AmL exc CS) me jaló del pelo; **he ~ed on the rope** tiró *or* (AmL exc CS) jaló de la cuerda

yank² *n* tirón *m*, jalón *m* (AmS exc CS); **give it a good ~** dale un buen tirón *or* (AmL exc CS) jalón

Yank /jæŋk/ *n* (BrE colloq & often pej) ▸**Yankee¹ 3**

Yankee¹ /ˈjæŋki/ *n* **1** (Hist) yanqui *mf* **2** (sb from Northern US) (AmE colloq) norteño, -ña *m,f* **3** (US citizen) (colloq: in BrE often pej) yanqui *mf* (fam & pey), gringo, -ga *m,f* (fam & pey)

Yankee² *adj* (*before n*) **1** (Hist) yanqui **2** (AmE colloq) (of Northern US) norteño **3** (colloq: in BrE often pej) (of US) yanqui (fam & pey), gringo (fam & pey)

> **Yankee**
> Término peyorativo usado por los sureños durante la Guerra de Secesión para referirse a la gente de los estados norteños. Se usa hoy en todo el mundo para referirse a los estadounidenses en general. En los estados del sur aún se emplea en su sentido original, mientras que en los estados del norte suele aplicarse a los oriundos de Nueva Inglaterra.

yap¹ /jæp/ *vi* **-pp-** **1** (bark) ladrar (*con ladridos agudos*) **2** (gossip) (colloq & pej) darle* a la sinhueso (fam); **they sit around, ~, ~, ~, all morning** se pasan la mañana sentados, charla que te charla

yap² *n* **1** [c] (bark) ladrido *m* (*agudo*) **2** (gossip) (colloq & pej) (*no pl*) cotorreo *m* (fam), cháchara *f* (fam); **they were having a good old ~** estaban de cháchara (fam), estaban cotorreando (fam)

yard /jɑːrd ‖ jɑːd/ *n*
A **1** (of school, prison) patio *m* **2** (of house) (BrE) patio *m*; (garden) (AmE) jardín *m* **3** (*stock~*) corral *m*
B (workplace) almacén *m*, depósito *m*; (*boat~*) astillero *m*; (*goods ~*, *freight ~*) almacén *m*, depósito *m*; (*ship~*) astillero *m*
C ▸ⓘ **p.1376** (measure) yarda *f* (*0,91m*); **it's 100 ~s down the road** ≈ está a unos 100 metros de aquí; **~ of ale** (in UK) *recipiente esférico de cuello largo que se utiliza en concursos de beber cerveza*
D **the Yard** (in UK) (colloq) Scotland Yard *f*
E (spar) (Naut) verga *f*

yardage /ˈjɑːrdɪdʒ ‖ ˈjɑːdɪdʒ/ *n* [u] **1** (measurement) medida *f* (*en yardas*) **2** (in US football) distancia *f*

yardarm /ˈjɑːrdɑːrm ‖ ˈjɑːdɑːm/ *n* (Naut) penol *m*

yardbird /ˈjɑːrdbɜːrd ‖ ˈjɑːdbɜːd/ *n* (AmE colloq) **1** (new recruit) recluta mf, conscripto, -ta *m,f* (AmL) **2** (convict) preso, -sa *m,f*

Yardie¹ /ˈjɑːrdi ‖ ˈjɑːdi/ *adj* (colloq) jamaicano

Yardie² *n* (colloq) **1** (fellow Jamaican) jamaicano, -na *m,f* **2** (criminal) (BrE) delincuente jamaicano, -na *m,f*

yardman /ˈjɑːrdmæn ‖ ˈjɑːdmæn/ *n* (*pl* **-men** /-men/)
A (worker — in timber) empleado *m* de un almacén de madera; (— on railroad) ferroviario, -ria *m,f*
B (outdoor worker) (AmE) trabajador *m* al aire libre

yard sale *n* (AmE) ▸**garage sale**

yardstick /ˈjɑːrdstɪk ‖ ˈjɑːdstɪk/ *n* **1** (criterion) criterio *m*, patrón *m* **2** (yard measure) *regla que mide una yarda*

yarn¹ /jɑːrn ‖ jɑːn/ *n*
A [u c] (Tex) hilo *m*
B [c] (tale) (colloq) historia *f*; ***to spin a ~*** inventar una historia; **he spun me a ~ about having missed the train** me salió con la excusa de que había perdido el tren

yarn² *vi* (colloq) inventar historias

yarrow /ˈjærəʊ/ *n* [u] milenrama *f*

yashmak /ˈjæʃmæk/ *n* velo *m* (*que llevan algunas musulmanas*)

yaw¹ /jɔː/ *vi* guiñar

yaw² *n* guiñada *f*, bandazo *m*; *see also* **yaws**

yawl /jɔːl/ *n* (Naut) **1** (sailing boat) yola *f* (*de vela*) **2** (rowing boat) yola *f* (*de remos*)

yawn¹ /jɔːn/ *vi* **1** ‹‹*person/animal*›› bostezar* **2** ‹‹*pit/hole/chasm*›› (liter) abrirse*
■ **yawn** *vt* decir* bostezando *or* con un bostezo

yawn² *n* **1** (action) bostezo *m*; **she could not suppress a ~** no pudo reprimir un bostezo **2** (bore) (colloq) plomo *m* (fam), aburrimiento *m*, rollazo *m* (Esp fam)

yawning /ˈjɔːnɪŋ/ *adj* (*before n*) enorme; **there's a ~ gap** *o* **chasm between his words and his actions** entre lo que dice y lo que hace hay un abismo

yaws /jɔːz/ *n* [u] (Med) (+ *sing vb*) frambesia *f*, pián *m*

yd ▸ⓘ **p.1376** (*pl* **yd** *or* **yds**) = **yard**

ye¹ /jiː/ *pron* (arch *or* dial) vosotros, -tras; **O ~ of little faith** hombres de poca fe

ye² *def art* (mock archaic) (*sing*) el, la; (*pl*) los, las; **~ olde Tudor Tavern** la vieja taberna Tudor

yea¹ /jeɪ/ *n* (AmE) voto *m* a favor

yea² *interj* (arch) sí

yea³ *adv* **1** (indeed, truly) (arch) sí, ¡sin duda! **2** (so, to this extent) (AmE colloq): **~ high/wide/long** así de alto/ancho/largo

yeah /jeə/ *interj* (colloq) sí; **oh, ~, what else did she say?** ¿ah, sí? *or* ¿en serio? ¿y qué más te dijo?; **I'll stop you! — oh, ~?** (iro) ¡no te voy a dejar! — ¿ah, sí? ¡no me digas! (iró)

year /jɪr ‖ jɪə(r)/ ▸ⓘ **p.888**, ▸ⓘ **p.1085**
A (period of time) año *m*; **last ~** el año pasado; **next ~** el año que viene, el próximo año; **this time last ~ ...** el año pasado por estas fechas ...; **every ~** todos los años, cada año; **every other** *o* **every second ~** cada dos años, un año sí y otro no; **once or twice a ~** una o dos veces al *or* por año; **how much do you earn (in) a ~?** ¿cuánto ganas al año?; **it costs $500 a ~** cuesta 500 dólares al año; **a good/poor ~** un buen/mal año; **all (the) ~ round** todo el año; **it'll be a ~ next Monday/August** el lunes que viene/en agosto hará un año; **by the ~ 2020** para el año 2020; **in the ~ 1984** (frml) en el año 1984; **in his ~s as professor** en sus tiempos de catedrático; **I'll return in a ~** *o* **in a ~'s time** volveré dentro de un año; **over the ~s I've grown accustomed to it** con el tiempo *or* con los años me he ido acostumbrando; **~ after ~** año tras año; **~ in, ~ out** año tras año; **from ~ to ~** de un año a otro; **from one ~ to the next** de un año para (el) otro; **I'm 12 ~s old** tengo doce años; **she got five ~s** (colloq) le cayeron cinco años (fam); ***the ~ one*** *o* (BrE) ***the ~ dot*** (colloq) el año de Maricastaña *or* de la pera (fam)
B **years** *pl* **1** (a long time): **it's ~s since I saw him, I haven't seen him for ~s** hace años que no lo veo; **that was ~s ago** de eso hace mucho tiempo *or* muchos años; **~s ago, there was a church here** años atrás, aquí había una iglesia; **I haven't been to the theater for** *o* **in**

y

~s hace años *or* hace muchísimo que no voy al teatro; **that's the best news I've had in ~s** es la mejor noticia que me han dado en mucho tiempo; **that dress takes ~s off you** ese vestido te quita años (de encima); **he looks ~s older** parece mucho mayor; **it put ~s on me** me avejentó *or* me envejeció, me echó años encima **2** (age): **from her earliest ~s** desde pequeña *or* (AmL tb) desde chica, desde su más tierna infancia; **he's very mature for his ~s** es muy maduro para su edad; **he must be well on in ~s** debe ser bastante entrado en años; **he's starting to feel his ~s now** le están empezando a pesar los años

C **1** (Educ) curso *m*, año *m*; **he's always top in** *o* **of his ~** siempre es el primero de su curso; **she was in my ~ at school** estaba en el mismo curso que yo en el colegio; **I'm still in (the) first ~** todavía estoy en primer año *or* en primero **2** (of wine) cosecha *f*; (of coin) año *m* de acuñación

-year /jɪr || jɪe(r)/ *suff*: **a third~/fourth~ student** un estudiante de tercer/cuarto año *or* de tercero/cuarto

yearbook /'jɪrbʊk || 'jɪəbʊk/ *n* anuario *m*; **high school ~** (AmE) anuario *m* del colegio

> **yearbook**
> Un anuario publicado por los estudiantes de un ▸**high school** en EEUU, al final de cada curso. Contiene información sobre las actividades académicas y sociales de cada uno, conjuntamente con fotografías y dedicatorias.

year-end /,jɪr'end || ,jɪər'end/ *n* (AmE) (*no pl*): **at ~ 1982** al terminar el año 1982; **by ~** hacia fin de año; (*before n*): **~ report** (also BrE) informe *m* de fin de año; **~ sale** ≈ rebajas *fpl* de fin de temporada

yearling /'jɪrlɪŋ || 'jɪəlɪŋ/ *n* **1** (Equ) yearling *mf* (*potro de carreras de entre uno y dos años*) **2** (Zool) animal *m* de un año, añojo *m* (Esp)

yearlong /'jɪrlɔːŋ || 'jɪəlɒŋ/ *adj* (*before n*) de un año

yearly¹ /'jɪrli || 'jɪəli/ *adj* anual; **on a ~ basis** cada año, anualmente

yearly² *adv* cada año, anualmente; **twice ~** dos veces al *or* por año

yearn /jɜːrn || jɜːn/ *vi* **to ~ to + INF** anhelar *or* ansiar* + INF; **he ~ed to go back** anhelaba *or* ansiaba volver; **to ~ FOR sth** añorar algo; **she ~s for her native country/his embrace** añora su patria/sus abrazos

yearning¹ /'jɜːrnɪŋ || 'jɜːnɪŋ/ *n* [u c] **~ FOR sth/ to + INF** anhelo *m or* ansia *f*‡ DE algo/+ INF; **she had a ~ to travel** tenía ansias de viajar, anhelaba viajar

yearning² *adj* (liter) (*before n*) ‹*look/tone*› anhelante; **a ~ desire** un anhelo, un vehemente deseo

year-old /'jɪr'əʊld || 'jɪər'əʊld/ *adj* (*before n*) de un año de edad

-year-old /,jər'əʊld || ,jɪər'əʊld/ ▸❶ **p.888** *suff*: **a thirty-two~ woman** una mujer de treinta y dos años; **a six~** un niño/una niña de seis años

year-on-year /'jɪrɑːn'jɪr || 'jɪərɒn'jɪə(r)/ *adj* (*before n*) interanual

year out *n*: **to take a ~ ~** tomarse un año libre (*al terminar la educación secundaria*)

year-round¹ /,jɪr'raʊnd || ,jɪə'raʊnd/ *adj* de todo el año

year-round² *adv* (durante) todo el año

yeast /jiːst/ *n* [u c] levadura *f*; (*before n*): **~ dough** masa *f* de levadura

yeast extract *n* extracto *m* de levadura

yeasty /'jiːsti/ *adj* **-stier, -stiest** ‹*smell/taste*› a levadura; ‹*beer*› con sabor a levadura

yell¹ /jel/ *vi* gritar, chillar; **to ~ AT sb** gritarle A algn; **he ~ed at them to stop** les gritó que se detuvieran; **to ~ for help** pedir* ayuda a gritos, gritar pidiendo auxilio; **he ~ed for me to come in** me gritó que entrara

■ **yell** *vt* ‹*order/reply*› gritar; **to ~ abuse** insultar gritando *or* a gritos

yell² *n* **1** (shout) grito *m*, chillido *m*; **a ~ of pain** un grito *or* alarido de dolor; **a ~ of laughter** una carcajada; **to let out/give a ~** soltar/dar* *or* pegar* un grito; **to give sb a ~** (colloq) darle* *or* pegarle* un grito A algn **2** (cheer) (AmE) *grito para animar a un equipo*

yellow¹ /'jeləʊ/ ▸**yellow ribbon** *adj* **1** ▸❶ **p.1036**; ‹*paint/dress/flower/car*› amarillo; ‹*hair*› muy rubio *or* (Méx) güero *or* (Col) mono *or* (Ven) catire; ‹*traffic light*› (AmE) amarillo, ámbar *adj inv*; ‹*skin*› amarillo; **the paper was ~ with age** el papel se había puesto amarillo *or* amarillento con el paso del tiempo **2** (Oriental) amarillo; **the Y~ Peril** el Peligro Amarillo **3** (sensationalist): **the ~ press** la prensa amarilla *or* amarillista *or* sensacionalista **4** (cowardly) (colloq) gallina (fam), cagueta(s) (fam), cobarde

yellow² *n* **1** ▸❶ **p.1036** [u] (color) amarillo *m* **2** [u c] (yolk) yema *f* **3** [c] (signal) (AmE) luz *f* amarilla

yellow³ *vi* ponerse* amarillo *or* amarillento

yellowbelly /'jeləʊ,beli/ *n* (*pl* **-lies**) (colloq) gallina *mf* (fam), cagueta(s) *mf* (fam), cobarde *mf*

yellow card *n* tarjeta *f* amarilla; *see also* **card¹ A1**

yellow fever *n* [u] fiebre *f* amarilla

yellowhammer /'jeləʊ,hæmər || 'jeləʊ ,hæmə(r)/ *n* **1** (European bird) escribano *m* cerillo **2** (North American bird) carpintero *m* dorado

yellowish /'jeləʊɪʃ/, **yellowy** /'jeləʊi/ ▸❶ **p.1036** *adj* amarillento; **a ~ green** un verde amarillento *or* tirando a amarillo

yellow ochre *n* [u] ocre *m* amarillo

yellow pages, (BrE) **Yellow Pages®** *pl n* (Telec) páginas *fpl* amarillas

> **yellow ribbon**
> Una cinta amarilla que se suele atar alrededor de un árbol en EEUU como símbolo de que no se ha olvidado a seres queridos que están lejos, especialmente por pertenecer a las fuerzas armadas.

Yellow River *n*: **the ~ ~** el Río Amarillo

Yellow Sea *n*: **the ~ ~** el Mar Amarillo

yelp¹ /jelp/ *vi* «*dog*» dar* un gañido *or* aullido; «*person*» dar* un grito

yelp² *n* (squeal — of animal) gañido *m*, aullido *m*; (— of human) grito *m*

Yemen /'jemən/ *n* Yemen *m*; **South ~** Yemen *m* del Sur

Yemeni¹ /'jeməni/ *adj* yemenita

Yemeni² *n* yemenita *mf*

yen /jen/ *n*

A (longing) (colloq) (*no pl*) **to have a ~ to + INF** morirse* de ganas DE + INF (fam), tener* unas ganas locas DE + INF (fam); **to have a ~ FOR sth**: **she has a ~ for travel** se muere de ganas *or* tiene unas ganas locas de viajar (fam)

B (*pl* ~) (Fin) yen *m*

yeoman /'jəʊmən/ *n* (*pl* **-men** /-mən/) **1** (Hist) (freeholder) *vasallo propietario de la tierra que cultivaba*; (*before n*): **~ farmer** pequeño propietario *m* rural; **to do/give ~ service** prestar valiosos servicios **2** **Yeoman of the Guard** (in UK) alabardero *m* de la Casa Real

yeomanry /'jəʊmənri/ *n* (in UK) (Hist) (+ *sing o pl vb*) **the ~** **1** (freeholders) *la clase de los pequeños terratenientes* **2** (cavalry) *el regimiento de caballería voluntario de un territorio o condado*

yep /jep/ *interj* (colloq) sí, ajá

yes¹ /jes/ *interj*

A **1** (affirmative reply) sí; **please say ~** por favor di que sí; **are you ready? — ~, I am** ¿estás listo? — sí; **you didn't tell me — ~, I did!** no me lo dijiste — ¡sí que te lo dije!; **surely that's not you in the photo — oh ~, it is!** ésa que está en la foto no puedes ser tú — ¡claro *or* por supuesto que soy yo!; **I won't apologize — oh ~, you will!** no pienso pedir disculpas — vas a tener que hacerlo **2** (obeying order, request) sí; **~, sir/ma'am** sí, señor/señora; **be there by nine o'clock — ~, OK** estáte allí antes de las nueve — bueno *or* (Esp tb) vale **3** (answering call, inquiry) sí; **Fred — yes?** Fred — ¿sí? *or* ¿qué?; **excuse me — ~? what is it?** perdón — ¿sí? ¿qué pasa?; **yes?** (on telephone) ¿sí? **4** (expressing interest, attentiveness) sí; **I went to see that new play last night — oh, ~?** fui a ver esa nueva obra anoche — ¿(ah) sí?

B **1** (expressing pleasure, satisfaction) sí; **~! what a good idea!** ¡sí! ¡qué buena idea! **2** (emphasizing) sí; **you could win $5,000, ~, $5,000!** ¡puede ganar 5.000 dólares, sí, 5.000 dólares!

yes² *n* (*pl* **~es**) **1** (affirmative reply) sí *m* **2** (vote) voto *m* a favor

yes-man /'jesmæn/ *n* (*pl* **-men** /-men/) (pej): **he's a ~** es de los que dicen amén a todo

yes-no question /,jes'nəʊ/ *n* pregunta *f* de sí *o* no, pregunta *f* que requiere un sí *o* un no como respuesta

yessir /'jes,sɜːr || 'jes,sɜː(r)/ *interj* (colloq) **1** (expressing assent) ¡sí señor! **2** (expressing affirmation) (AmE): **it was ~ cheap!** ¡era requete *or* (AmL) recontra barato! (fam)

yesterday¹ /'jestərdeɪ, -di || 'jestədeɪ, -di/ ▸❶ **p.1085** *adv* ayer; **I spoke to him ~** ayer hablé con él; **~ morning** ayer por la mañana, ayer en la mañana (AmL), ayer a la mañana *or* de mañana (RPl); **they left ~ week** ayer hizo una semana que se fueron

yesterday² ▸❶ **p.1085** *n*: **the events of ~** los acontecimientos de ayer *or* (frml) del día de ayer; **~ was a busy day** ayer fue un día de mucha actividad; **the day before ~** anteayer; **all our ~s** nuestro pasado

yesteryear /'jestərjɪr || 'jestəjɪə(r)/ *n* (liter) (*no art*): **the songs of ~** las canciones de antaño (liter)

yet¹ /jet/ *adv*

> ⚠ see box at *still*

A **1** (up to this or that time, till now) (*with neg*) todavía, aún; **I haven't eaten** *o* (AmE also) **I didn't eat ~** todavía *or* aún no he comido, todavía no comí (AmL); **as ~** aún, todavía; **as ~, we've had no reply** aún *or* todavía *or* hasta ahora no hemos recibido respuesta **2** (now, so soon) (*with neg*) todavía; **shall I call him? — not (just) ~** ¿lo llamo? — (no,) todavía no **3** (thus far) (*after superl*): **it's his best book ~** es el mejor libro que ha escrito hasta ahora

B (by now, already) (*with interrog*) ya; **has she decided** *o* (AmE also) **did she decide ~?** ¿ya se ha decidido?, ¿ya se decidió? (AmL)

C (still) todavía, aún; **there's half an hour ~ before they arrive** todavía *or* aún falta media hora para que lleguen

D (eventually, in spite of everything): **I'll get even with you ~** ya me las pagarás (algún día); **we'll convince them ~** ya los convenceremos; **we may win ~** todavía podemos ganar

E (*as intensifier*) **1** (even) (*with comp*) aún, todavía; **the story becomes ~ more complicated** el cuento se complica aún *or* todavía más **2** (in addition, besides): **~ more problems** más problemas aún; **we found ~ another mistake** encontramos otro error más; **we had to go back ~ again** tuvimos que volver otra vez más (aún) **3** **nor ~** (liter) ni tampoco

F (but, nevertheless) (*as linker*) sin embargo

yet² *conj* pero; **it's incredible ~ true** es increíble pero cierto

yeti /'jeti/ *n* (*pl* ~) yeti *m*

yew /juː/ *n* **1** [c] **~ (tree)** tejo *m* **2** [u] (wood) tejo *m*

Y-fronts® /'waɪfrʌnts/ *pl n* (BrE) calzoncillos *mpl*, slip *m*

YHA *n* (**= Youth Hostels Association**) Asociación *f* de Albergues Juveniles *or* de la Juventud

yid /jɪd/ *n* (sl & offensive) judío, -día *m,f*, moishe *mf* (RPl fam & pey)

Yiddish¹ /'jɪdɪʃ/ *n* [u] yídish *m*, yiddish *m*

Yiddish² *adj* yídish *adj inv*, yiddish *adj inv*

yield¹ /jiːld/ *vt*

A (surrender) ‹*position/territory*› ceder; **to ~ one's right of way** (AmE) (Transp) ceder el paso; **to ~ sth TO sb** cederle algo A algn; **to ~ the floor to sb** cederle la palabra a algn

B ‹*crop/fruit/mineral/oil*› producir*; ‹*results*› dar*,

You[1]

Ways of saying *you*

Tú and usted

There are two ways of saying *you* in the singular in Spanish: the formal *usted* and the informal *tú*

The use of *tú* has become increasingly widespread and it is now more widely used than the French equivalent *tu*. However, it is impossible to lay down hard and fast rules about when to use *tú* and when to use *usted* since the way they are used is flexible and depends on the attitude of both the speaker and the listener. The following are very general guidelines:

a The pronoun *tú* and the *tú* form of the verb (second person singular) are used between friends and family, between people on first-name terms, among young people even if they do not know each other, and when addressing children and animals

b The pronoun *usted* and the *usted* form of the verb (third person singular) are used when addressing an older person, someone in authority, or, in general, where there is a certain distance between the speakers

c However, it is important to note that in some Latin American countries, particularly Colombia, the *usted* form is often used as the familiar form, even between children

d Adults sometimes use the *usted* form when addressing children to show anger or disapproval but it can also express sympathy or affection, for example when comforting a child after a fall or when talking to a baby

Ustedes and *vosotros*

In Latin America, the Canary Islands and parts of Andalusia, *ustedes* is the plural of both *usted* and *tú*:

- no se peleen, niños
- paren de discutir

In the rest of Spain, the informal plural is *vosotros*, which takes the second person plural form of the verb:

- no os peleéis, niños
- parad de discutir

The infinitive form is also used:

- lavaros
- parar, chicos

For translations of *you* as direct and indirect object, and when used with prepositions, see the entry **you**

Vos

In some Latin American countries, the form *vos* is used instead of *tú*. This usage is called *voseo*, and is common in the River Plate and parts of Central America, where *vos* is the standard form of the second person singular. (In some countries, however, this usage is considered substandard and characteristic of uneducated speech.)

Vos has its corresponding verb forms in the present tense and the imperative. These vary slightly from area to area. The following are the standard forms in Central America and the River Plate area:

Present indicative

hablar — vos hablás
meter — vos metés
partir — vos partís

Imperative

hablar — hablá — sentarse — sentate
meter — meté — moverse — movete
partir — partí — vestirse — vestite

There are also special forms for the present subjunctive and the negative imperative, although these are less widely used (many speakers use the forms corresponding to *tú* in these cases, given in brackets here):

Present subjunctive

hablar — que vos hablés (que vos hables)
meter — que vos metás (que vos metas)
partir — que vos partás (que vos partas)

Negative imperative

hablar — no hablés (no hables)
meter — no metás (no metas)
partir — no partás (no partas)

Note that in Uruguay the verb forms corresponding to *vos* are often used with the pronoun *tú*:

- tú sabés que ...
- tú no te imaginás cómo ...

The object form of *vos* is *te*, but after a preposition the form *vos* remains:

it's for you
= es para vos

For more examples and particular usages see the entry **you**

---

arrojar; **these bonds ~ 9.2%** estos bonos rinden *or* dan un (interés del) 9,2%; **these measures will ~ a net saving** estas medidas traerán aparejado un ahorro en términos reales; **the inquiry ~ed no new evidence** la investigación no aportó nuevas pruebas

■ **yield** *vi*
A [1] (give way) ceder; **to ~ TO sb/sth**: **to ~ to temptation** dejarse vencer por la tentación, ceder a la tentación; **she ~ed to their threats** cedió a *or* ante sus amenazas; **he ~ed to (an) impulse and bought the lot** cedió *or* sucumbió a un impulso y lo compró todo [2] (give priority) **to ~ TO sth/sb** dar* prioridad A algo/algn; **Ⓢ yield** (AmE) ceda el paso [3] (in debate) **to ~ TO sb** cederle la palabra A algn
B ‹*beam/ground/ice*› ceder; **it ~ed to the touch** cedió a la presión

(Phrasal verb)
- **yield up** [v + o + adv, v + adv + o] (liter) ‹*secret*› revelar; **I ~ed myself up to the pleasures of the moment** me abandoné *or* me entregué a los placeres del momento

yield[2] *n* [u c] rendimiento *m*; **the ~ per hectare has risen by 5% per annum** la producción *or* el rendimiento anual por hectárea ha aumentado en un 5%; **to give a good/poor ~** dar* un buen/mal rendimiento, producir* *or* rendir* mucho/poco; **fixed/variable ~ bonds** valores *mpl* de renta fija/variable

yielding /ˈjiːldɪŋ/ *adj* [1] ‹*material*› blando, flexible [2] ‹*person/temperament*› flexible, complaciente

yippee /ˈjɪpi/ *interj* (colloq) ¡yupi! (fam)

YMCA *n* [1] (= **Young Men's Christian Association**) YMCA *f*, Asociación *f* Cristiana de Jóvenes [2] [c] **~ (hostel)** albergue *m* de la YMCA *or* de la Asociación Cristiana de Jóvenes

YMHA *n* (= **Young Men's Hebrew Association**) Asociación *f* de Jóvenes Hebreos

yo /jəʊ/ *interj* (sl) hola

yob /jɑːb || jɒb/ *n* (BrE) vándalo *m*, gamberro *m* (Esp), patotero *m* (CS fam)

yobbish /ˈjɑːbɪʃ || ˈjɒbɪʃ/ *adj* (BrE) de gamberro, de patotero (CS fam)

yobbo /ˈjɑːbəʊ || ˈjɒbəʊ/ *n* (BrE) ▸**yob**

yodel /ˈjəʊdl/ *vi* BrE **-ll-** cantar al estilo tirolés

yoga /ˈjəʊgə/ *n* [u] yoga *m*

yoghurt, yoghourt /ˈjəʊgərt || ˈjɒgət/ *n* [u c] yogur *m*, yoghourt *m*; (*before n*): **~ maker** yogurtera *f*

yogi /ˈjəʊgi/ *n* yogui *m*

yogurt *n* ▸**yoghurt**

yoke[1] /jəʊk/ *n*
A [1] (for oxen, horses) yugo *m* [2] (burden, bondage) yugo *m*; **the ~ of slavery** el yugo de la esclavitud; **under the ~ of sb/sth** bajo el yugo de algn/algo; **to cast** *o* **throw off the ~** liberarse del yugo
B (*pl* ~) [1] (pair of oxen) yunta *f* [2] (carrying frame) percha *f*, aguaderas *fpl* [3] (of dress, shirt) canesú *m*

yoke[2] *vt* ‹*oxen*› uncir*, enyuntar; **he ~d the oxen (up) to the plough** unció *or* enyuntó los bueyes al arado; **pay increases are ~d to performance** los aumentos de sueldo están ligados al rendimiento

yokel /ˈjəʊkəl/ *n* (pej *or* hum) pueblerino, -na *m,f*, palurdo, -da *m,f* *or* (Méx) indio, -dia *m,f* *or* (Col) montañero, -ra *m,f* *or* (RPl) pajuerano, -na *m,f* *or* (Chi) huaso, -sa *m,f* (pey *o* hum)

yolk /jəʊk/ *n* [c u] yema *f* (de huevo)

Yom Kippur /ˌjɔːmkɪˈpʊr, ˌjɑːm- || ˌjɒmkɪˈpʊə(r)/ *n* el día del Perdón, Yom Kippur

yomp /jɑːmp || jɒmp/ *vi* (BrE sl) *avanzar rápidamente en un terreno accidentado*

yon /jɑːn || jɒn/ *adj* (poet *or* dial) aquel, aquella; (*pl*) aquellos, aquellas

yonder[1] /ˈjɑːndər || ˈjɒndə(r)/ *adj* (poet *or* dial) ▸**yon**

yonder[2] *adv* (poet *or* dial) allá; **over/up/down ~** allá lejos/arriba/abajo

yonks /jɑːŋks || jɒŋks/ *n* [u] (BrE colloq): **I haven't been there for ~** hace siglos *or* (Esp tb) la tira que no voy por allí (fam)

yoo-hoo /ˈjuːhuː/ *interj* ¡yuju!, ¡eh!

YOP /jɑːp || jɒp/ *n* (formerly in UK) = **Youth Opportunities Programme**

yore /jɔːr || jɔː(r)/ *n* [u] (liter): **in days of ~** antaño (liter), en otros tiempos

Yorks = **Yorkshire**

Yorkshire pudding /ˈjɔːrkʃɪr || ˈjɔːkʃə, ˈjɔːkʃɪə(r)/ *n* [c u]: *masa horneada a base de leche, huevos y harina que se sirve tradicionalmente con el rosbif*

you /juː/ ▸ⓘ **p.1287** ▸ⓘ **p.1910** *pron*
A (sing) [1] (as subject — familiar) tú, vos (AmC, RPl); (— formal) usted; **now ~ try** ahora prueba tú/pruebe usted, ahora probá vos (AmC, RPl); **I don't think that hat's ~** ese sombrero no te favorece; **if I were ~** yo que tú/que usted, yo en tu/en su lugar, yo de ti/de usted (Esp), yo que vos (AmC, RPl); **poor ~!** ¡pobrecito!; **~ liar!** ¡mentiroso!; **~ and yours** tú y los tuyos [2] (as direct object — familiar) te; (— formal, masculine) lo, le (Esp); (— formal, feminine) la; **I saw ~, Pete** te vi, Pete; **I saw ~, Mr Russell** lo vi, señor Russell, le vi, señor Russell (Esp) [3] (as indirect object — familiar) te; (— formal) le; (— with direct object pronoun

ℹ You²

When *you* is used to mean *one* in English, it can be translated in Spanish by:

■ the second person singular

The second person singular of the verb is used to translate *you* (as subject) + *verb*:

you can't do that here
= no puedes hacer eso aquí

When *you* is the direct or indirect object of the verb, the object pronoun *te* is used:

they always try to cheat you
= siempre intentan engañarte

they can cause you a lot of trouble
= te pueden crear muchos problemas

This use is much more common in Spain than in Latin America

■ the impersonal *se* with the third person singular

This is used only where *you* is the subject of the verb:

you never know
= nunca se sabe

you can't do that here
= aquí no se puede hacer eso

■ *uno* with the third person singular

This can be used to translate *you* as subject, direct object or indirect object; note the use of the pronoun in translations of *you* as direct or indirect object:

you can't do that here
= aquí uno no puede hacer eso

when a policeman stops you
= cuando a uno lo para un policía

they can cause you a lot of trouble
= le pueden crear a uno muchos problemas

This use is less common and more formal in tone in Spain than in Latin America, sounding to a Spaniard more like the English *one*.

For more examples and particular usages, see the entry **you**

present) se; **I told ~** te dije/le dije; **I gave it to ~** te lo di/se lo di **4** (after prep — familiar) ti, vos (AmC, RPl); (— formal) usted; **for ~** para ti/usted, para vos (AmC, RPl); **with ~** contigo/con usted; **she's taller than ~** es más alta que tú

B (pl) **1** (as subject, after preposition — familiar) ustedes (AmL), vosotros, -tras (Esp); (— formal) ustedes; **be quiet, ~ two** ustedes dos: ¡cállense!, vosotros dos: ¡callaos! (Esp); **come on, ~ guys!** vamos, chicos!; **hey! ~ lot over there!** (BrE) ¡eh, ustedes *or* (Esp) vosotros allí!; **~ liars!** ¡mentirosos!; **with ~** con ustedes *or* (Esp tb) con vosotros/vosotras; **they're taller than ~** son más altos que ustedes, son más altos que vosotros (Esp) **2** (as direct object — familiar) los, las (AmL), os (Esp); (— formal, masculine) los, les (Esp); (— formal, feminine) las; **I heard ~, gentlemen** los *or* (Esp tb) les oí, caballeros; **I heard ~, boys/girls** los/las oí, chicos/chicas (AmL), os oí, chicos/chicas (Esp) **3** (as indirect object — familiar) les (AmL), os (Esp); (— formal) les; (— with direct object pronoun present) se; **I gave ~ the book** les *or* (Esp tb) os di el libro; **I gave it to ~** se *or* (Esp tb) os lo di

C ▸ℹ p.1910 (one) **1** (as subject) uno, una; **when she starts crying, ~ don't know what to do** cuando se pone a llorar, no sabes qué hacer *or* uno no sabe qué hacer; **~ can't do that here** aquí uno no puede *or* no se puede *or* no puedes hacer eso **2** (as direct object) te; **people stop ~ in the street and ask for money** la gente te para en la calle y te pide dinero, la gente lo para a uno en la calle y le pide dinero **3** (as indirect object) te; **they never tell ~ the truth** nunca te dicen la verdad, nunca le dicen la verdad a uno

D (for yourself) (AmE colloq *or* dial) (*sing*) te; (*pl*) se (AmL), os (Esp); **~'d better get ~ some food** más vale que te compres/se compren *or* (Esp) os compréis algo de comer

you-all /jʊ'ɔːl 'juːɔːl/ *pron* (AmE dial) **1** (as subject) ustedes *or* (Esp) vosotros, -tras **2** (as direct object) los, las (AmL), os (Esp); (as indirect object) les (AmL), os (Esp)

you'd /juːd/ **1** = **you had** **2** = **you would**

you'd've /'juːdəv/ = **you would have**

you-know-what /ˌjuːnəʊ'hwɑːt || ˌjuːnəʊ'wɒt/ *n* (colloq) ya sabes qué (fam)

you-know-who /ˌjuːnəʊ'huː/ *n* (colloq) ya sabes quién (fam)

you'll /juːl/ = **you will**

young¹ /jʌŋ/ *adj* **younger** /'jʌŋgər || 'jʌŋgə(r)/ **youngest** /'jʌŋgəst/ **1** ‹*animal/person*› joven; **I have a ~er brother** tengo un hermano menor; **she is four years ~er than me** tiene cuatro años menos que yo, es cuatro años menor que yo; **this is Patricia, our ~est** ésta es Patricia, la (más) pequeña *or* la menor; **a very good-looking ~ man** un joven muy bien parecido; **her ~ man** su novio; **a ~ lady** una señorita, una (chica) joven; **his ~ lady** su novia; **and what can I do for you, ~ man/lady?** ¿qué se le ofrece, joven/señorita?; **now listen to me, ~ man/lady** escúcheme jovencito/jovencita; **~ people** la gente joven, los jóvenes, la juventud; **to have a ~ family** tener* hijos pequeños *or* (AmL tb) chicos; **she became a minister at the ~ age of 35** llegó a ministra a la temprana edad de 35 años; **do you mean ~ Mr Smith or old Mr Smith?** ¿se refiere a Mr Smith padre o hijo?; **Pliny/Brueghel the Y~er** Plinio/Brueghel el Joven; **the ~er generation** la nueva generación, la gente joven; **to die/marry ~** morir*/casarse joven; **in my ~ days** cuando era joven, cuando era mozo/moza (ant *o* hum); **to be ~ at heart** ser* joven de espíritu; **you're only ~ once** (set phrase) sólo se es joven una vez (en la vida); **the night is ~** (set phrase) la noche es joven (fr hecha) **2** ‹*appearance/manner/complexion*› juvenil; **he's a ~ 40** tiene 40 años muy bien llevados; **she's very ~ for her age** *o* **years** parece más joven de lo que es; **you're as ~ as you feel** (set phrase) la juventud se lleva dentro (fr hecha) **3** ‹*rhubarb/spinach*› tierno; ‹*wine*› joven; ‹*rock/mountain*› (Geol) nuevo; ‹*country/movement*› joven; **jazz music was still very ~ then** por aquel entonces el jazz daba todavía sus primeros pasos

young² *pl n* **1** (humans): **the ~** los jóvenes, la juventud **2** (animals) crías *fpl*; **with ~** preñada

young fog(e)y *n* ▸**fogy**

youngish /'jʌŋɪʃ/ *adj* más bien joven

youngster /'jʌŋstər || 'jʌŋstə(r)/ *n* chico, -ca *m,f*; **the ~s of today** los jóvenes *or* los chicos de hoy

Young Turk *n* **1** (radical) radical *mf* **2** (Hist) *miembro de un movimiento turco que ejerció su influencia entre 1908 y 1918*

your /jʊr *weak form* /jər || jɔː(r), jʊə(r) *weak form* /jə(r)/ *adj*

> ⚠ The translations *tu* and *su* agree in number with the noun which they modify; they appear as *tu, tus, su, sus,* depending on what follows: **your father/mother** tu padre/madre *or* su padre/madre; **your books/magazines** tus libros/revistas *or* sus libros/revistas.
>
> The translation *vuestro* agrees in number and gender with the noun which it modifies; it appears as *vuestro, vuestra, vuestros, vuestras,* according to what follows: **your father/mother** vuestro padre/madre; **your books/magazines** vuestros libros/vuestras revistas.
>
> For *your* used with parts of the body, ▸ℹ p.965

1 (belonging to one person) (*sing, familiar*) tu; (*pl, familiar*) tus; (*sing, formal*) su; (*pl formal*) sus; **~ son/daughter** tu hijo/hija, su hijo/hija; **~ sons/daughters** tus hijos/hijas, sus hijos/hijas; **I mean** *your* **son** me refiero a tu hijo/su hijo de usted; **wash ~ hands** lávate/lávese las manos **2** (belonging to more than one person) (*sing, familiar*) su (AmL), vuestro, -tra (Esp); (*pl, familiar*) sus (AmL), vuestros, -tras (Esp); (*sing, formal*) su; (*pl, formal*) sus; **pick up ~ things, children** recojan sus cosas, niños (AmL), recoged vuestras cosas, niños (Esp); **I mean** *your* **company, gentlemen** me refiero a su compañía de ustedes, caballeros; **put ~ shoes on** pónganse *or* (Esp) pone(r)os los zapatos **3** (one's): **if ~ name begins with A ...** si tu/su nombre empieza con A ...; **you have to take ~ shoes off in a mosque** hay que quitarse los zapatos en una mezquita **4** (typical) (colloq) (*sing*) el, la; (*pl*) los, las; **take ~ average politician, for example** mira al típico político, por ejemplo

you're /jʊər || jɔː(r), jʊə(r)/ = **you are**

yours /jʊrz || jɔːz/ *pron*

> ⚠ The three translations of *yours* reflect the gender and number of the noun they are standing for; *yours* is translated by *tuyo, tuya, tuyos, tuyas, suyo, suya, suyos, suyas, vuestro, vuestra, vuestros, vuestras,* depending on the meaning being translated, and what is being referred to.

1 (belonging to one person) (*sing, familiar*) tuyo, -ya; (*pl, familiar*) tuyos, -yas; (*sing, formal*) suyo, -ya; (*pl formal*) suyos, -yas; **is this ~?** ¿esto es tuyo/suyo?; **~ is here** el tuyo/la tuya/el suyo/la suya está aquí; **that habit of ~** esa costumbre tuya, esa costumbre que tienes; **a friend of ~** un amigo tuyo/suyo **2** (belonging to more than one person) (*sing, formal*) suyo, -ya; (*pl, formal*) suyos, -yas; (*sing, familiar*) suyo, -ya (AmL), vuestro, -tra (Esp); (*pl, familiar*) suyos, -yas (AmL), vuestros, -tras (Esp); **~ are here, children** los suyos *or* los de ustedes están aquí, niños (AmL), los vuestros están aquí, niños (Esp); **is he a friend of ~?** ¿es amigo de ustedes *or* suyo *or* (Esp) vuestro? **3** (Corresp): **~ of the 20th August** su carta *or* la suya del 20 de agosto; **~, Daniel** un abrazo, Daniel; **~ sincerely** le saluda atentamente

yourself /jər'self || jɔː'self/ *pron* **1** (reflexive): **describe ~** (formal) descríbase; (familiar) descríbete; **stop thinking about ~** (formal) deje de pensar en sí mismo; (familiar) deja de pensar en ti mismo; **were you by ~?** (formal) ¿estaba solo/sola?; (familiar) ¿estabas solo/sola? **2** (emphatic use) (formal) usted mismo, usted misma; (familiar) tú mismo, tú misma; **did you make it ~?** (formal) ¿lo hizo usted mismo/misma?; (familiar) ¿lo hiciste tú mismo/misma?; **suit ~** (formal) haga lo que quiera; (familiar) haz lo que quieras; **you're a musician ~, I hear** usted también es *or* (*familiar*) tú también eres músico, tengo entendido **3** (normal self): **just relax and be ~** relájate y compórtate con naturalidad; **you're not being ~ today** hoy no eres el/la de siempre **4** (oneself) uno mismo, una misma

yourselves /jər'selvz || jɔː'selvz/ *pron* **1** (reflexive): **behave ~!** ¡pórtense bien! (AmL), ¡porta(r)os bien! (Esp); **were you by ~?** ¿estaban solos/solas?, ¿estabais solos/solas? (Esp) **2** (emphatic use) (formal) ustedes mismos/mismas; (familiar) ustedes mismos/mismas *or* (Esp) vosotros mismos/vosotras mismas; **you've probably noticed it ~** probablemente lo habrán observado ustedes mismos **3** (normal selves): **just be ~** compórtense *or* (Esp) comporta(r)os con naturalidad

youth /juːθ/ *n* (*pl* **youths** /juːðz/)

A [u] **1** (early life) juventud *f*; **a misspent ~** una juventud disipada; **in my ~** cuando era joven, en mi juventud; **her early ~** su primera juventud; **he was no longer in his first ~** (hum) ya no tenía quince años (hum); **a friend of her ~** un amigo de (su) juventud **2** (youthfulness) juventud *f*

B [u] (young people) (+ *sing or pl vb*) juventud *f*; **today's ~** la juventud *or* los jóvenes de hoy; (*before n*) ‹*movement/orchestra*› juvenil; **~ club** club *m* de jóvenes

Y

C [c] (young man) (frml) joven *m*
youthful /'ju:θfəl/ *adj* ‹*vigor/enthusiasm/manner*› juvenil; ‹*folly/ignorance*› de juventud; **a group of ~ idealists** un grupo de jóvenes idealistas
youthfulness /'ju:θfəlnəs || 'ju:θfəlnɪs/ *n* [u] juventud *f*
youth-hostel /'ju:θ,hɑ:stl || 'ju:θ,hɒstl/ BrE **-ll-** *vi* hacer* alberguismo (juvenil)
youth hostel *n* albergue *m* juvenil *or* de la juventud
youth hosteler, (BrE) **youth hosteller** *n* alberguista *mf*
youth hosteling, (BrE) **youth hostelling** *n* alberguismo *m* (juvenil); (*before n*): **a ~ ~ holiday** unas vacaciones haciendo alberguismo juvenil
youth work *n* trabajo *m* sociocultural con jóvenes
youth worker *n* animador, -dora *m,f* (sociocultural) juvenil
you've /ju:v/ **= you have**
yowl¹ /jaʊl/ *vi* «*person*» dar* alaridos; «*dog*» aullar*; «*cat*» maullar*
yowl² *n* (of person) alarido *m*, grito *m* (*de dolor*); (of dog) aullido *m*; (of cat) maullido *m*
yo-yo¹ /'jəʊjəʊ/ *n*
A (toy) yo-yo *m*; ***to be/go up and down like a ~*** (colloq): **I was up and down like a ~ all afternoon** me pasé toda la tarde de arriba para abajo; **the dollar has been going up and down like a ~ recently** el dólar ha subido y bajado a lo loco últimamente (fam)
B (idiot) (AmE colloq) memo, -ma *m,f*, idiota *mf* (fam)
yo-yo² *vi* **-yoes, -yoing, -yoed** oscilar, fluctuar*
yr (*pl* **yrs**) **= year**
yuan /ju'ɑ:n/ *n* (*pl* ~) yuan *m*
yucca (plant) /'jʌkə/ *n* yuca *f*
yuck /jʌk, jək || jʌk/ *interj* (colloq) ¡puaj! (fam)
yucky /'jʌki, 'jəki || 'jʌki/ *adj* **yuckier, yuckiest** (colloq) asqueroso
Yugoslav /'ju:gəʊslɑ:v -gə-/ *adj/n* ▸ **Yugoslavian¹, Yugoslavian²**
Yugoslavia /,ju:gəʊ'slɑ:viə -gə-/ *n* (Hist) Yugoslavia *f*
Yugoslavian¹ /,ju:gəʊ'slɑ:viən || ju:gə'slɑ:viən/ *adj* (Hist) yugoslavo
Yugoslavian² *n* (Hist) yugoslavo, -va *m,f*
yuk /jʌk, jək || jʌk/ *interj* (colloq) ¡puaj! (fam)
yukky /'jʌki, 'jəki || 'jʌki/ *adj* **-kier, -kiest** (colloq) asqueroso
yule log, Yule log /ju:l/ *n* **1** (Culin) tronco *m* de Navidad **2** (firewood) *tronco grande con el que se empieza el fuego de la chimenea en Navidad*
yuletide, Yuletide /'ju:ltaɪd/ *n* (liter) la(s) Navidad(es)
yummies /'jʌmiz/ *pl n* (AmE colloq) cosas *fpl* ricas
yummy /'jʌmi/ *adj* **-mier, -miest** (colloq) riquísimo; (*as interj*): **~!** ¡hmm!, ¡qué rico!
yum yum /'jʌm'jʌm/ *interj* (colloq) ñam ñam (fam)
yup /jʌp/ *interj* (colloq) sí, ajá
yuppie, yuppy /'jʌpi/ *n* (*pl* **-pies**) (colloq) yuppy *mf* (fam); (*before n*) ‹*clientele*› yuppy (fam); ‹*lifestyle*› de los yuppies (fam)
yuppie flu *n* (colloq) enfermedad *f* de los yuppies, encefalomielitis *f* miálgica
yuppification /,jʌpəfə'keɪʃən || ,jʌpɪfɪ'keɪʃən/ *n* (colloq) yuppificación *f*
yuppified /'jʌpəfaɪd || 'jʌpɪfaɪd/ *adj* (colloq) de yuppies; **the pub has become very ~** el pub se ha convertido en un lugar de yuppies
yuppify /'jʌpəfaɪ || 'jʌpɪfaɪ/ *vt* **-fies, -fying, -fied** (colloq) hacer* yuppie
yurt /jɜ:rt || jɜ:t/ *n* yurta *f*
YWCA *n* (**= Young Women's Christian Association**) YWCA *f*, Asociación *f* de Jóvenes Cristianas
YWHA *n* (**= Young Women's Hebrew Association**) Asociación *f* de Jóvenes Hebreas

Zz

z, Z /ziː || zed/ *n* z, Z *f*; **to catch some Zs** (AmE sl) echarse unas cabezadas (fam), apolillar un poco (RPl fam)

zaftig /ˈzɑːftɪɡ/ *adj* (AmE) rellenita y curvilínea

Zaire /zɑːˈɪr || zɑːˈɪə(r)/ *n* (Hist) Zaire *m*

Zairean[1] /zɑːˈɪriːən || zɑːˈɪriːən/ *adj* (Hist) zaireño

Zairean[2] *n* zaireño, -ña *m,f*

Zambezi /zæmˈbiːzi/ *n*: **the ~** el Zambeze

Zambia /ˈzæmbiːə/ *n* Zambia *f*

Zambian[1] /ˈzæmbiːən/ *adj* zambiano

Zambian[2] *n* zambiano, -na *m,f*

zany[1] /ˈzeɪni/ *adj* **zanier, zaniest** (colloq) ‹*person*› chiflado (fam), alocado; ‹*adventure*› loco; ‹*clothes*› estrafalario, estrambótico

zany[2] *n* (*pl* **zanies**) (Hist, Theat) bufón *m*

Zanzibar /ˈzænzəbɑːr || ˈzænzɪbɑː(r)/ *n* Zanzíbar *m*

zap[1] /zæp/ **-pp-** *vt* [1] (defeat, blast) (colloq) liquidar (fam) [2] (Comput) eliminar, borrar

Phrasal verb

- **zap through** [v + prep + o]

[A] (finish) (colloq): **he ~ped through the work in a morning** despachó el trabajo en una mañana

[B] [v + adv] (TV) hacer* zapping

zap[2] *interj* (colloq) ¡zas! (fam)

zapper /ˈzæpər || ˈzæpə(r)/ *n* (colloq) (TV) mando *m*

zappy /ˈzæpi/ *adj* **-pier, -piest** (colloq) brioso, vigoroso

Zarathustra /ˌzærəˈθuːstrə/ *n* Zaratustra

Z-bed, zedbed /ˈzedbed/ *n* cama *f* plegable

zeal /ziːl/ *n* [u] (Pol, Relig) fervor *m*, celo *m*; **she showed excessive ~** mostró un celo *or* afán excesivo; **in her ~ for reform ...** en su afán reformista ...

zealot /ˈzelət/ *n* [1] (fanatic) fanático, -ca *m,f* [2] **Zealot** (member of Jewish sect) zelota *mf*, zelote *mf*

zealotry /ˈzelətri/ *n* [u] fanatismo *m*, fervor *m* ciego

zealous /ˈzeləs/ *adj* ‹*follower*› ferviente, entusiasta; ‹*worker*› que pone gran celo en su trabajo, entusiasta

zealously /ˈzeləsli/ *adv* ‹*study*› con gran aplicación; ‹*work*› afanosamente, con celo

zebra /ˈziːbrə || ˈzebrə, ˈziː-/ *n* (*pl* **-bras** *or* **-bra**) cebra *f*

zebra crossing *n* (BrE) paso *m* (de) cebra, cruce *m* de peatones

zebu /ˈziːbuː/ *n* (*pl* ~) cebú *m*

zee /ziː/ (BrE) **zed** /zed/ *n* zeta *f*

Zen /zen/ *n* [u] (Relig) zen *m*; (*before n*) ‹*philosophy/monk/Buddhism*› zen *adj inv*

zenith /ˈziːnəθ || ˈzenɪθ/ *n* (Astron) cenit *m*, zenit *m*; **at the ~ of her popularity** en el cenit *or* el apogeo de su popularidad

zephyr /ˈzefər || ˈzefə(r)/ *n* (poet) céfiro *m* (liter)

zeppelin /ˈzepələn || ˈzepəlɪn/ *n* zepelín *m*

zero[1] /ˈzɪrəʊ, ˈziː- || ˈzɪərəʊ/ *n* (*pl* **zeros** *or* **zeroes**) [1] ▸ⓘ **p.1465** (number) cero *m*; **the temperature fell below ~** la temperatura bajó de los cero grados; **it's 3 degrees below ~** hace tres grados bajo cero; **visibility is down to ~** la visibilidad es nula; **your chances of winning are ~** no tienes ninguna posibilidad de ganar, tus posibilidades de ganar son nulas; (*before n*): **~ hour** hora *f* cero; **~ option** opción *f* cero [2] (person) (AmE colloq): **as a leader he's a total ~** como dirigente *or* líder es un inútil

zero[2] *adj* ▸ⓘ **p.1465** [1] cero *adj inv*; **~ degrees centigrade** cero grados centígrados; **~ gravity/visibility** gravedad *f* /visibilidad *f* nula; **~ growth** crecimiento *m* cero [2] (colloq): **you'll get ~ help from him** no te va a ayudar para nada; **her understanding of the subject is ~** no tiene ni la más remota idea del tema

zero[3] *vt* **zeroes, zeroing, zeroed** [1] ‹*weapon/rifle*› ajustar la mira de [2] (set at zero) ‹*instrument/meter*› poner* en *or* a cero

Phrasal verb

- **zero in on** [v + adv + prep + o] ‹*target*› apuntarle directamente a; ‹*issue/problem*› centrarse en, concentrar la atención en *or* sobre

zero-based /ˈzɪrəʊˌbeɪst || ˈzɪərəʊˌbeɪst/ *adj* con base cero

zero-emission /ˌzɪrəʊiːˈmɪʃən || ˌzɪərəʊɪˈmɪʃən/ *adj* (*before n*) de emisión cero, de cero emisión; **~ vehicle** vehículo *m* de emisión cero *or* de cero emisión

zero-rated /ˈzɪrəʊˌreɪtəd, ziː- || ˌzɪərəʊˈreɪtɪd/ *adj* (Tax) ‹*goods/item*› no sujeto a IVA

zero rating *n* aplicación *f* del tipo cero (*para los efectos del IVA*)

zero-sum /ˈzɪrəʊˌsʌm || ˌzɪərəʊˈsʌm/ *adj* (*before n*) de suma cero; **~ game** juego *m* de suma cero

zero tolerance *n* tolerancia *f* cero, cero tolerancia *f*; (*before n*): **~-~ policy** una política de tolerancia cero *or* de cero tolerancia

zest /zest/ *n* [u] [1] (gusto, relish) entusiasmo *m*, brío *m*; **his performance lacked ~** le faltó garra a su actuación (fam); **~ for adventure** gusto *m or* pasión *f* por la aventura; **he lost his ~ for life** perdió las ganas de vivir [2] (piquancy, flavor) sabor *m*, sazón *f*; **there's no ~ in the game if you cut out the risk** el juego no tiene gracia si se elimina el riesgo [3] (Culin) cáscara *f*, peladura *f*; **add the grated ~ of one lemon** agregue la ralladura de un limón

zester /ˈzestər || ˈzestə(r)/ *n*: *utensilio concebido para obtener tiras finas de las cáscaras de los cítricos*

zestful /ˈzestfəl/ *adj* ‹*style*› vigoroso, brioso

zestfully /ˈzestfəli/ *adv* con entusiasmo

zesty /ˈzesti/ *adj* **-tier, -tiest** (colloq) vigoroso, brioso

zeugma /ˈzuːɡmə || ˈzjuːɡmə/ *n* [u] ceugma *f*, zeugma *f*

Zeus /zuːs || zjuːs/ *n* Zeus

ziggurat /ˈzɪɡəræt || ˈzɪɡʊræt/ *n* zigurat *m*

zigzag[1] /ˈzɪɡzæɡ/ *n* zigzag *m*; **the road climbs in ~s to the summit** la carretera sube haciendo zigzag *or* en zigzag hasta la cima

zigzag[2] *adj* (*before n*) en zigzag, zigzagueante

zigzag[3] *vi* **-gg-** zigzaguear

zigzag[4] *adv* en zigzag, haciendo zigzag

zilch /zɪltʃ/ *n* [u] (sl) nada de nada; **how much did you get? — zilch** ¿cuánto te dieron? — ni cinco (fam)

zillion /ˈzɪljən/ *n* (colloq): **I have ~s of things to do** tengo tropecientas *or* (AmL tb) sepetecientas *or* (Col) enemil cosas que hacer (fam)

Zimbabwe /zɪmˈbɑːbwi -weɪ/ *n* (Geog) Zimbabwe *m*, Zimbabue *m*

Zimbabwean[1] /zɪmˈbɑːbwiən/ *adj* zimbabuense, de Zimbabwe

Zimbabwean[2] *n* zimbabuense *m,f*

Zimmer frame® /ˈzɪmər || ˈzɪmə(r)/ *n* andador *m*, tacataca *m* (Esp) (*para ancianos o inválidos*)

zinc /zɪŋk/ *n* [u] cinc *m*, zinc *m*; (*before n*): **~ ointment** pomada *f* de cinc; **~ oxide** óxido *m* de zinc

zing[1] /zɪŋ/ *vi* (colloq) «*bullet*» silbar; **to ~ past** pasar silbando

zing[2] *n* (colloq) [1] (hiss) (*no pl*) silbido *m* [2] [u] (pep) chispa *f* (fam)

zinger /ˈzɪŋər || ˈzɪŋə(r)/ *n* (AmE colloq) [1] (person) as *m* (fam); **yesterday's tennis ~s are today's commentators** los ases del tenis de ayer son los comentaristas de hoy [2] (thing): **it's a ~!** ¡es requete *or* (AmL) recontra bueno! (fam); **the recipe's a ~** la receta es fantástica (fam) [3] (witticism) salida, ocurrencia

zinnia /ˈzɪniə/ *n* (*pl* **-as**) (Bot) zinnia *f*

Zion /ˈzaɪən/ *n* [u] Sión

Zionism /ˈzaɪənɪzəm/ *n* [u] sionismo *m*

Zionist[1] /ˈzaɪənəst || ˈzaɪənɪst/ *n* sionista *mf*

Zionist[2] *adj* sionista

zip[1] /zɪp/ *n*

[A] [u] (vigor) (colloq) garra *f* (fam), brío *m*

[B] (hiss) (*no pl*) silbido *m*

[C] [c] (fastener) (BrE) ▸**zipper[1]**

zip[2] **-pp-** *vt*

[A] ‹*pocket/bag*› cerrar* la cremallera *or* (AmL tb) el cierre *or* (AmC, Cu, Méx, Ven tb) el zíper de; **she ~ped herself into her dress** se puso el vestido y se subió la cremallera (*or* el cierre *etc*)

[B] (Comput) ‹*file*› comprimir

■ **zip** *vi*

[A] (with zipper): **the suitcase ~s open/shut** la maleta se abre/cierra con cremallera (*or* cierre *etc*); **the hood ~s on** la capucha se pone con cremallera (*or* cierre *etc*)

[B] (move fast) (colloq): **the morning ~ped by** la mañana (se) pasó volando (fam); **we ~ped through the work** (nos) despachamos el trabajo en un santiamén (fam); **to ~ past** pasar volando *or* como una flecha (fam); «*bullet*» pasar silbando; **we ~ped along** íbamos a toda mecha *or* a todo trapo (fam); **I'll just ~ out and post this letter** salgo volando a echar esta carta (fam)

Phrasal verb

- **zip up**

[A] [v + o + adv, v + adv + o] ‹*bag*› cerrar*; **will you ~ me up, please?** ¿me subes la cremallera *or* (AmL tb) el cierre *or* (AmC, Cu, Méx, Ven tb) el zíper?

[B] [v + adj] cerrarse*; **the dress ~s up at the back** el vestido se cierra con una cremallera *or* (AmL tb) con un cierre *or* (AmC, Cu, Méx, Ven tb) con un zíper en la espalda

zip[3] *pron* (AmE colloq) nada de nada (fam)

zip code *n* (AmE) código *m* postal

zip disk *n* disco *m* zip

zip drive *n* unidad *f* (de disco) zip

zip fastener *n* (BrE) ▸**zipper[1]**

zip file *n* archivo *m* comprimido

zip gun *n* (AmE sl) *pistola de fabricación casera*

zip-in /'zɪp'ɪn/ *adj* ‹*liner/lining*› que se pone con cremallera *or* (AmL) cierre *or* (AmC, Cu, Méx, Ven) zíper

zip-on /'zɪpɑːn || 'zɪpɒn/ *adj* (*before n*) ‹*hood/lining*› que se puede quitar, desmontable

zipper[1] /'zɪpər || 'zɪpə(r)/ *n* (AmE) cremallera *f*, cierre *m* (AmL), zíper *m* (AmC, Méx, Ven), cierre *m* relámpago (RPl) *or* (Chi) eclair; **to do up/undo the ~** cerrar*/abrir* la cremallera (*or* el cierre *etc*)

zipper[2] *vt* (AmE) ▸**zip**[2]

zippo /'zɪpəʊ/ *pron* ▸**zip**[3]

zippy /'zɪpi/ *adj* **-pier, -piest** (colloq) ‹*car*› brioso, veloz; ‹*style*› brioso, vigoroso

zip-up /'zɪp'ʌp/ *adj* que se cierra con, cremallera *or* (AmL) cierre *or* (AmC, Cu, Méx, Ven) zíper

zircon /'zɜːrkɑːn || 'zɜːkɒn/ *n* [u] circón *m*, zircón *m*

zirconium /zɜːr'kəʊniəm || zɜː'kəʊniəm/ *n* [u] circonio *m*, zirconio *m*

zit /zɪt/ *n* (colloq) grano *m*, espinilla *f* (AmL), pepa *f* (Ven fam)

zither /'zɪðər || 'zɪðə(r)/ *n* cítara *f*

zloty /'zlɔːti || 'zlɒti/ *n* (*pl* **~s** *or* **~**) zloty *m*

zodiac /'zəʊdiæk/ *n*: **the ~** el zodíaco *or* zodiaco; **a chart of the ~** una carta astral; **the signs of the ~** los signos del zodíaco *or* zodiaco

zombie, zombi /'zɑːmbi || 'zɒmbi/ *n* (Occult) zombie *mf*, zombi *mf*; **like a ~** como un/una zombie *or* zombi

zone[1] /zəʊn/ *n* **1** (area) zona *f*; **torrid/temperate ~** zona tórrida/templada; **exclusion ~** zona de exclusión; **nuclear-free ~** zona desnuclearizada; **time ~** huso *m* horario **2** (AmE) distrito *m*

zone[2] *vt* (AmE) **1** (divide up) ‹*area/town*› dividir en zonas *or* sectores, zonificar* **2** (designate) declarar; **it is ~d as a green area** ha sido declarada zona verde

zoning /'zəʊnɪŋ/ *n* [u] **1** (dividing into zones) zonificación *f* **2** (Ecol) zonación *f*

zonked (out) /zɑːŋkt || zɒŋkt/ *adj* (sl) **1** (high — on drugs) colgado (arg), colocado (arg); (— on drink) curda (arg), borracho **2** (exhausted): **to be ~** estar* hecho polvo *or* reventado (fam); **I was completely ~ when I got there** llegué hecho polvo *or* reventado (fam)

zonk out /zɑːŋk || zɒŋk/

A [v + adv] (go to sleep) (colloq) caer* como una piedra (fam), quedarse dormido como un tronco (fam)

B [v + o + adv, v + adv + o] (make sleepy) amodorrar

zoo /zuː/ *n* (*pl* **zoos**) zoológico *m*, zoo *m* (esp Esp)

zookeeper /'zuː,kiːpər || 'zuː,kiːpə(r)/ *n* guardián, -diana *m,f* (*de un zoológico*)

zoological /,zəʊə'lɑːdʒɪkəl || ,zuːə'lɒdʒɪkəl, ,zəʊ-/ *adj* (*before n*) zoológico

zoological garden *n* (*usu pl*) jardín *m* *or* parque *m* zoológico

zoologist /zəʊ'ɑːlədʒəst || zuː'ɒlədʒɪst, zəʊ-/ *n* zoólogo, -ga *m,f*

zoology /zəʊ'ɑːlədʒi || zuː'ɒlədʒi, zəʊ-/ *n* [u] zoología *f*

zoom[1] /zuːm/ *n*

A **1** (sound) (*no pl*) zumbido *m* **2** (upward flight) subida *f* abrupta

B **~ (lens)** (Cin, Phot, TV) teleobjetivo *m*, zoom *m*

zoom[2] *vi* **1** (move fast) (colloq) (+ *adv compl*): **to ~ along/past/off** ir*/pasar/salir* zumbando *or* como un bólido (fam); **she ~ed through her work** hizo el trabajo volando (fam) **2** (climb) ‹‹*aeroplane*›› elevarse (*abruptamente*); ‹‹*inflation*›› dispararse

Phrasal verbs

- **zoom in** [v + adv] **to ~ in** (**ON sth/sb**) hacer* un zoom in (SOBRE algo/algn) (*acercar rápidamente una imagen usando un teleobjetivo*)
- **zoom out** [v + adv] hacer* un zoom out (*cambiar rápidamente a un plano general usando un teleobjetivo*)

zoomorphic /,zəʊə'mɔːrfɪk || ,zuːə'mɔːfɪk, zəʊ-/ *adj* (frml) zoomórfico (frml)

zoonosis /,zəʊə'nəʊsəs || ,zuːə'nəʊsɪs, ,zuː-/ *n* (*pl* **-noses** /-'nəʊsiːz/) zoonosis *f*

zoophile /'zəʊəfɪl/ *n* zoófilo, -la *m,f*

zooplankton /'zəʊə,plæŋktən || 'zuːə ,plæŋktən, zəʊ-/ *n* zooplancton *m*

Zoroaster /,zɔːrəʊ'æstər || ,zɒrəʊ'æstə(r)/ *n* (Relig) Zoroastro

Zoroastrian /,zɔːrəʊ'æstriən || ,zɒrəʊ 'æstriən/ *adj* zoroástrico

Zoroastrianism /,zɔːrəʊ'æstriənɪzəm || ,zɒrəʊ'æstriənɪzəm/ *n* [u] zoroastrismo *m*

zucchini /zuː'kiːni/ *n* (*pl* **~** *or* **~s**) (AmE) calabacín *m*, calabacita *f* (Méx), zapallito *m* (largo *or* italiano) (CS)

Zulu[1] /'zuːluː/ *adj* zulú

Zulu[2] *n* **1** [c] (person) zulú *mf* **2** [u] (language) zulú *m*

Zululand /'zuːluːlænd/ *n* Zululandia *f*

zwieback /'swiːbæk, 'zwiː- || 'zwiːbæk, 'tsviːbæk/ *n* (AmE) biscote *m*, bizcocho *m* Canale® (RPl)

zygomatic /,zaɪgəʊ'mætɪk/ *adj* cigomático

zygote /'zaɪgəʊt/ *n* cigoto *m*, zigoto *m*

zzz /zz/ *interj* (hum) zzz (hum)

Spanish verb tables

1 Guide to Verb Tables

Every Spanish verb entry in the dictionary is cross-referred to one of the conjugation models shown in the following tables. The reference is given in square brackets immediately after the headword.

All the simple tenses are shown for **hablar** [A1], **meter** [E1], and **partir** [I1], the conjugation models for regular **-ar**, **-er**, and **-ir** verbs. For other verbs only the irregular tenses are given.

Compound tenses are not listed in the tables. The perfect tenses are formed with the relevant tense of the auxiliary **haber** and the past participle:

Le *he hablado* de ti
Lamento que se *haya ofendido*
El profesor nos *había visto*
Cuando *hubo terminado* de hablar, ...
Para entonces ya *habremos terminado*
Si lo *hubiera sabido*, *habría llamado*

The continuous tenses are formed with the relevant tense of the auxiliary **estar** and the present participle:

Estoy estudiando el problema
Cuando llegó, *estábamos cerrando*
Estuvieron esperando mucho tiempo
¿*Han estado hablando* de mí?

Other verbs such as **andar**, **ir**, and **venir** can also be used as auxiliaries to express different nuances of meaning:

Andaba diciendo que ...
A medida que lo *fui conociendo*...
¿Por qué no te *vas vistiendo*?
Hace mucho tiempo que te lo *vengo diciendo*

2 Voseo

In parts of Latin America the pronoun 'vos' replaces 'tú' in the spoken language. This has different degrees of acceptability depending on the region. Whereas in some countries it is considered substandard and characteristic of uneducated speech, in others—notably in the River Plate area and in some Central American countries—it is the standard form of the second person singular.

'Vos' has its corresponding verb forms in the present tense and the imperative. These vary slightly from area to area. The following are the standard forms in Central America and the River Plate area:

Present indicative

hablar	vos hablás
meter	vos metés
partir	vos partís

Imperative

hablar	hablá
meter	meté
partir	partí
sentarse	sentate
moverse	movete
vestirse	vestite

There are also special forms for the present subjunctive and the negative imperative, although these are less widely used (many speakers use the forms corresponding to 'tú' in these cases, given in brackets here):

Present subjunctive

hablar	que vos hablés (que vos hables)
meter	que vos metás (que vos metas)
partir	que vos partás (que vos partas)

Negative imperative

hablar	no hablés (no hables)
meter	no metás (no metas)
partir	no partás (no partas)

Note that in Uruguay the verb forms corresponding to 'vos' are often used with the pronoun 'tú':

tú sabés que ...
tú no te imaginás cómo ...

3 Verbs ending in -ar

A1 hablar

gerundio (gerund)	participio pasado (past participle)	indicativo (indicative) presente (present)	imperfecto (imperfect)	pretérito indefinido (past simple)	futuro (future)
habl**ando**	habl**ado**	habl**o**	habl**aba**	habl**é**	habl**aré**
		habl**as**	habl**abas**	habl**aste**	habl**arás**
		habl**a**	habl**aba**	habl**ó**	habl**ará**
		habl**amos**	habl**ábamos**	habl**amos**	habl**aremos**
		habl**áis**	habl**abais**	habl**asteis**	habl**aréis**
		habl**an**	habl**aban**	habl**aron**	habl**arán**

condicional (conditional)	subjuntivo (subjunctive) presente (present)	imperfecto (imperfect)	futuro (future)	imperativo (imperative)
habl**aría**	habl**e**	habl**ara***	habl**are**	
habl**arías**	habl**es**	habl**aras**	habl**ares**	habl**a**
habl**aría**	habl**e**	habl**ara**	habl**are**	habl**e**
habl**aríamos**	habl**emos**	habl**áramos**	habl**áremos**	habl**emos**
habl**aríais**	habl**éis**	habl**arais**	habl**areis**	habl**ad**
habl**arían**	habl**en**	habl**aran**	habl**aren**	habl**en**

* all **-ar** verbs have an alternative form in which **-ara** is replaced by **-ase**, e.g. habl**ase**, habl**ases**, habl**ase**, habl**ásemos**, habl**aseis**, habl**asen**

A2 sacar

indicativo pretérito indefinido	subjuntivo presente	imperativo
saqué	saque	
sacaste	saques	saca
sacó	saque	saque
sacamos	saquemos	saquemos
sacasteis	saquéis	sacad
sacaron	saquen	saquen

A3 pagar

indicativo pretérito-indefinido	subjuntivo presente	imperativo
pagué	pague	
pagaste	pagues	paga
pagó	pague	pague
pagamos	paguemos	paguemos
pagasteis	paguéis	pagad
pagaron	paguen	paguen

A4 cazar

indicativo pretérito indefinido	subjuntivo presente	imperativo
cacé	cace	
cazaste	caces	caza
cazó	cace	cace
cazamos	cacemos	cacemos
cazasteis	cacéis	cazad
cazaron	cacen	cacen

A5 pensar

indicativo presente	pretérito indefinido	subjuntivo presente	imperativo
pienso	pensé, etc	piense	
piensas		pienses	piensa
piensa		piense	piense
pensamos		pensemos	pensemos
pensáis		penséis	pensad
piensan		piensen	piensen

A6 empezar

indicativo presente	pretérito indefinido	subjuntivo presente	imperativo
empiezo	empecé	empiece	
empiezas	empezaste	empieces	empieza
empieza	empezó	empiece	empiece
empezamos	empezamos	empecemos	empecemos
empezáis	empezasteis	empecéis	empezad
empiezan	empezaron	empiecen	empiecen

A7 regar

indicativo presente	pretérito indefinido	subjuntivo presente	imperativo
riego	regué	riegue	
riegas	regaste	riegues	riega
riega	regó	riegue	riegue
regamos	regamos	reguemos	reguemos
regáis	regasteis	reguéis	regad
riegan	regaron	rieguen	rieguen

A8 rogar

indicativo presente	pretérito indefinido	subjuntivo presente	imperativo
ruego	rogué	ruegue	
ruegas	rogaste	ruegues	ruega
ruega	rogó	ruegue	ruegue
rogamos	rogamos	roguemos	roguemos
rogáis	rogasteis	roguéis	rogad
ruegan	rogaron	rueguen	rueguen

A9 trocar

indicativo presente	pretérito indefinido	subjuntivo presente	imperativo
trueco	troqué	trueque	
truecas	trocaste	trueques	trueca
trueca	trocó	trueque	trueque
trocamos	trocamos	troquemos	troquemos
trocáis	trocasteis	troquéis	trocad
truecan	trocaron	truequen	truequen

A10 contar

indicativo presente	pretérito indefinido	subjuntivo presente	imperativo
cuento	conté, etc	cuente	
cuentas		cuentes	cuenta
cuenta		cuente	cuente
contamos		contemos	contemos
contáis		contéis	contad
cuentan		cuenten	cuenten

A11 forzar

indicativo presente	pretérito indefinido	subjuntivo presente	imperativo
fuerzo	forcé	fuerce	
fuerzas	forzaste	fuerces	fuerza
fuerza	forzó	fuerce	fuerce
forzamos	forzamos	forcemos	forcemos
forzáis	forzasteis	forcéis	forzad
fuerzan	forzaron	fuercen	fuercen

A12 agorar

indicativo presente	pretérito indefinido	subjuntivo presente	imperativo
agüero	agoré, etc	agüere	
agüeras		agüeres	agüera
agüera		agüere	agüere
agoramos		agoremos	agoremos
agoráis		agoréis	agorad
agüeran		agüeren	agüeren

A13 avergonzar

indicativo presente	pretérito indefinido	subjuntivo presente	imperativo
avergüenzo	avergoncé	avergüence	
avergüenzas	avergonzaste	avergüences	avergüenza
avergüenza	avergonzó	avergüence	avergüence
avergonzamos	avergonzamos	avergoncemos	avergoncemos
avergonzáis	avergonzasteis	avergoncéis	avergonzad
avergüenzan	avergonzaron	avergüencen	avergüencen

A14 desosar

indicativo presente	pretérito indefinido	subjuntivo presente	imperativo
deshueso	desosé, etc	deshuese	
deshuesas		deshueses	deshuesa
deshuesa		deshuese	deshuese
desosamos		desosemos	desosemos
desosáis		desoséis	desosad
deshuesan		deshuesen	deshuesen

A15 jugar

indicativo presente	pretérito indefinido	subjuntivo presente	imperativo
juego	jugué	juegue	
juegas	jugaste	juegues	juega
juega	jugó	juegue	juegue
jugamos	jugamos	juguemos	juguemos
jugáis	jugasteis	juguéis	jugad
juegan	jugaron	jueguen	jueguen

A16 desaguar

indicativo pretérito indefinido	subjuntivo presente	imperativo
desagüé	desagüe	
desaguaste	desagües	desagua
desaguó	desagüe	desagüe
desaguamos	desagüemos	desagüemos
desaguasteis	desagüéis	desaguad
desaguaron	desagüen	desagüen

A17 vaciar

indicativo presente	pretérito indefinido	subjuntivo presente	imperativo
vacío	vacié, etc	vacíe	
vacías		vacíes	vacía
vacía		vacíe	vacíe
vaciamos		vaciemos	vaciemos
vaciáis		vaciéis	vaciad
vacían		vacíen	vacíen

A18 actuar

indicativo presente	pretérito indefinido	subjuntivo presente	imperativo
actúo	actué, etc	actúe	
actúas		actúes	actúa
actúa		actúe	actúe
actuamos		actuemos	actuemos
actuáis		actuéis	actuad
actúan		actúen	actúen

A19 aislar

indicativo presente	pretérito indefinido	subjuntivo presente	imperativo
aíslo	aislé, etc	aísle	
aíslas		aísles	aísla
aísla		aísle	aísle
aislamos		aislemos	aislemos
aisláis		aisléis	aislad
aíslan		aíslen	aíslen

A20 ahincar

indicativo presente	pretérito indefinido	subjuntivo presente	imperativo
ahínco	ahinqué	ahínque	
ahíncas	ahincaste	ahínques	ahínca
ahínca	ahincó	ahínque	ahínque
ahincamos	ahincamos	ahinquemos	ahinquemos
ahincáis	ahincasteis	ahinquéis	ahincad
ahíncan	ahincaron	ahínquen	ahínquen

A21 arcaizar

indicativo presente	pretérito indefinido	subjuntivo presente	imperativo
arcaízo	arcaicé	arcaíce	
arcaízas	arcaizaste	arcaíces	arcaíza
arcaíza	arcaizó	arcaíce	arcaíce
arcaizamos	arcaizamos	arcaicemos	arcaicemos
arcaizáis	arcaizasteis	arcaicéis	arcaizad
arcaízan	arcaizaron	arcaícen	arcaícen

A22 cabrahigar

indicativo presente	pretérito indefinido	subjuntivo presente	imperativo
cabrahígo	cabrahigué	cabrahígue	
cabrahígas	cabrahigaste	cabrahígues	cabrahíga
cabrahíga	cabrahigó	cabrahígue	cabrahígue
cabrahigamos	cabrahigamos	cabrahiguemos	cabrahiguemos
cabrahigáis	cabrahigasteis	cabrahiguéis	cabrahigad
cabrahígan	cabrahigaron	cabrahíguen	cabrahíguen

A23 aunar

indicativo presente	pretérito indefinido	subjuntivo presente	imperativo
aúno	auné, etc	aúne	
aúnas		aúnes	aúna
aúna		aúne	aúne
aunamos		aunemos	aunemos
aunáis		aunéis	aunad
aúnan		aúnen	aúnen

A24 andar

indicativo pretérito indefinido	subjuntivo imperfecto
anduve	anduviera
anduviste	anduvieras
anduvo	anduviera
anduvimos	anduviéramos
anduvisteis	anduvierais
anduvieron	anduvieran

A25 dar

indicativo presente	pretérito indefinido	subjuntivo presente	imperfecto
doy	di	dé	diera
das	diste	des	dieras
da	dio	dé	diera
damos	dimos	demos	diéramos
dais	disteis	deis	dierais
dan	dieron	den	dieran

A26 errar

indicativo presente	subjuntivo presente	imperativo
yerro	yerre	
yerras	yerres	yerra
yerra	yerre	yerre
erramos	erremos	erremos
erráis	erréis	errad
yerran	yerren	yerren

A27 estar

gerundio	participio pasado	indicativo presente	imperfecto	pretérito indefinido	futuro
estando	estado	estoy	estaba	estuve	estaré
		estás	estabas	estuviste	estarás
		está	estaba	estuvo	estará
		estamos	estábamos	estuvimos	estaremos
		estáis	estabais	estuvisteis	estaréis
		están	estaban	estuvieron	estarán

condicional	subjuntivo presente	imperfecto	imperativo
estaría	esté	estuviera	
estarías	estés	estuvieras	está
estaría	esté	estuviera	esté
estaríamos	estemos	estuviéramos	estemos
estaríais	estéis	estuvierais	estad
estarían	estén	estuvieran	estén

4 Verbs ending in -er

E1 meter

gerundio (gerund)	participio pasado (past participle)	indicativo (indicative) presente (present)	imperfecto (imperfect)	pretérito indefinido (past simple)	futuro (future)
met**iendo**	met**ido**	met**o**	met**ía**	met**í**	met**eré**
		met**es**	met**ías**	met**iste**	met**erás**
		met**e**	met**ía**	met**ió**	met**erá**
		met**emos**	met**íamos**	met**imos**	met**eremos**
		met**éis**	met**íais**	met**isteis**	met**eréis**
		met**en**	met**ían**	met**ieron**	met**erán**

condicional (conditional)	subjuntivo (subjunctive) presente (present)	imperfecto (imperfect)	futuro (future)	imperativo (imperative)
met**ería**	met**a**	met**iera***	met**iere**	
met**erías**	met**as**	met**ieras**	met**ieres**	met**e**
met**ería**	met**a**	met**iera**	met**iere**	met**a**
met**eríamos**	met**amos**	met**iéramos**	met**iéremos**	met**amos**
met**eríais**	met**áis**	met**ierais**	met**iereis**	met**ed**
met**erían**	met**an**	met**ieran**	met**ieren**	met**an**

* all **–er** verbs have an alternative form in which **–era** is replaced by **–ese**, e.g. met**iese**, met**ieses**, met**iese**, met**iésemos**, met**ieseis**, met**iesen**

E2 vencer

indicativo presente	pretérito indefinido	subjuntivo presente	imperativo
venzo	vencí, etc	venza	
vences		venzas	vence
vence		venza	venza
vencemos		venzamos	venzamos
vencéis		venzáis	venced
vencen		venzan	venzan

E3 conocer

indicativo presente	pretérito indefinido	subjuntivo presente	imperativo
conozco	conocí, etc	conozca	
conoces		conozcas	conoce
conoce		conozca	conozca
conocemos		conozcamos	conozcamos
conocéis		conozcáis	conoced
conocen		conozcan	conozcan

E4 placer

indicativo presente	pretérito indefinido	subjuntivo presente	imperfecto	futuro	imperativo
plazco	plací	plazca	placiera	placiere	
places	placiste	plazcas	placieras	placieres	place
place	plació[1]	plazca[3]	placiera[4]	placiere[5]	plazca
placemos	placimos	plazcamos	placiéramos	placiéremos	plazcamos
placéis	placisteis	plazcáis	placierais	placiereis	placed
placen	placieron[2]	plazcan	placieran	placieren	plazcan

alternative forms, applicable only to the verb 'placer':
[1]plugo; [2]pluguieron; [3]plega or plegue; [4]pluguiera or pluguiese; [5]pluguiere.

E5 yacer

indicativo presente	pretérito indefinido	subjuntivo presente	imperativo
yazco[1]	yací, etc	yazca[2]	
yaces		yazcas	yace[3]
yace		yazca	yazca
yacemos		yazcamos	yazcamos
yacéis		yazcáis	yaced
yacen		yazcan	yazcan

[1]alternative forms: yazgo or yago; [2]alternative conjugations: yazga, yazgas, etc or yaga, yagas, etc.
[3]alternative conjugations: yaz, yazga or yaga, yazgamos or yagamos, yaced, yazgan or yagan.

E6 coger

indicativo presente	pretérito indefinido	subjuntivo presente	imperativo
cojo	cogí, etc	coja	
coges		cojas	coge
coge		coja	coja
cogemos		cojamos	cojamos
cogéis		cojáis	coged
cogen		cojan	cojan

E7 tañer

gerundio	indicativo pretérito indefinido	subjuntivo imperfecto
tañendo	tañí	tañera
	tañiste	tañeras
	tañó	tañera
	tañimos	tañéramos
	tañisteis	tañerais
	tañeron	tañeran

E8 entender

indicativo presente	pretérito indefinido	subjuntivo presente	imperativo
entiendo	entendí	entienda	
entiendes	entendiste	entiendas	entiende
entiende	entendió	entienda	entienda
entendemos	entendimos	entendamos	entendamos
entendéis	entendisteis	entendáis	entended
entienden	entendieron	entiendan	entiendan

E9 mover

indicativo presente	pretérito indefinido	subjuntivo presente	imperativo
muevo	moví, etc	mueva	
mueves		muevas	mueve
mueve		mueva	mueva
movemos		movamos	movamos
movéis		mováis	moved
mueven		muevan	muevan

E10 torcer

indicativo		subjuntivo	imperativo
presente	pretérito indefinido	presente	
tuerzo	torcí, etc	tuerza	
tuerces		tuerzas	tuerce
tuerce		tuerza	tuerza
torcemos		torzamos	torzamos
torcéis		torzáis	torced
tuercen		tuerzan	tuerzan

E11 volver

participio pasado	indicativo		subjuntivo	imperativo
	presente	pretérito indefinido	presente	
vuelto	vuelvo	volví, etc	vuelva	
	vuelves		vuelvas	vuelve
	vuelve		vuelva	vuelva
	volvemos		volvamos	volvamos
	volvéis		volváis	volved
	vuelven		vuelvan	vuelvan

E12 oler

indicativo		subjuntivo	imperativo
presente	pretérito indefinido	presente	
huelo	olí, etc	huela	
hueles		huelas	huele
huele		huela	huela
olemos		olamos	olamos
oléis		oláis	oled
huelen		huelan	huelan

E13 leer

gerundio	indicativo	subjuntivo
	pretérito indefinido	imperfecto
leyendo	leí	leyera
	leíste	leyeras
	leyó	leyera
	leímos	leyéramos
	leísteis	leyerais
	leyeron	leyeran

E14 proveer

participio pasado	indicativo	subjuntivo
	pretérito indefinido	imperfecto
provisto	proveí	proveyera
	proveíste	proveyeras
	proveyó	proveyera
	proveímos	proveyéramos
	proveísteis	proveyerais
	proveyeron	proveyeran

E15 caber

indicativo presente	imperfecto	pretérito indefinido	futuro	condicional	subjuntivo presente	imperfecto	imperativo
quepo	cabía	cupe	cabré	cabría	quepa	cupiera	
cabes	cabías	cupiste	cabrás	cabrías	quepas	cupieras	cabe
cabe	cabía	cupo	cabrá	cabría	quepa	cupiera	quepa
cabemos	cabíamos	cupimos	cabremos	cabríamos	quepamos	cupiéramos	quepamos
cabéis	cabíais	cupisteis	cabréis	cabríais	quepáis	cupierais	cabed
caben	cabían	cupieron	cabrán	cabrían	quepan	cupieran	quepan

E16 caer

gerundio	participio pasado	indicativo presente	imperfecto	pretérito indefinido	subjuntivo presente	imperfecto	imperativo
cayendo	caído	caigo	caía	caí	caiga	cayera	
		caes	caías	caíste	caigas	cayeras	cae
		cae	caía	cayó	caiga	cayera	caiga
		caemos	caíamos	caímos	caigamos	cayéramos	caigamos
		caéis	caíais	caísteis	caigáis	cayerais	caed
		caen	caían	cayeron	caigan	cayeran	caigan

E17 haber

indicativo presente	imperfecto	pretérito indefinido	futuro	condicional	subjuntivo presente	imperfecto	imperativo
he	había	hube	habré	habría	haya	hubiera	
has	habías	hubiste	habrás	habrías	hayas	hubieras	he
ha	había	hubo	habrá	habría	haya	hubiera	haya
hemos	habíamos	hubimos	habremos	habríamos	hayamos	hubiéramos	hayamos
habéis	habíais	hubisteis	habréis	habríais	hayáis	hubierais	habed
han	habían	hubieron	habrán	habrían	hayan	hubieran	hayan

E18 hacer

participio pasado	indicativo presente	pretérito indefinido	futuro	condicional	subjuntivo presente	imperfecto	imperativo
hecho	hago	hice	haré	haría	haga	hiciera	
	haces	hiciste	harás	harías	hagas	hicieras	haz
	hace	hizo	hará	haría	haga	hiciera	haga
	hacemos	hicimos	haremos	haríamos	hagamos	hiciéramos	hagamos
	hacéis	hicisteis	haréis	haríais	hagáis	hicierais	haced
	hacen	hicieron	harán	harían	hagan	hicieran	hagan

E19 rehacer

participio pasado	indicativo presente	pretérito indefinido	futuro	condicional	subjuntivo presente	imperfecto	imperativo
rehecho	rehago	rehíce	reharé	reharía	rehaga	rehiciera	
	rehaces	rehiciste	reharás	reharías	rehagas	rehicieras	rehaz
	rehace	rehízo	rehará	reharía	rehaga	rehiciera	rehaga
	rehacemos	rehicimos	reharemos	reharíamos	rehagamos	rehiciéramos	rehagamos
	rehacéis	rehicisteis	reharéis	reharíais	rehagáis	rehicierais	rehaced
	rehacen	rehicieron	reharán	reharían	rehagan	rehicieran	rehagan

E20 satisfacer

indicativo presente	pretérito indefinido	futuro	condicional	subjuntivo presente	imperfecto	imperativo
satisfago	satisfice	satisfaré	satisfaría	satisfaga	satisficiera	
satisfaces	satisficiste	satisfarás	satisfarías	satisfagas	satisficieras	satisfaz[1]
satisface	satisfizo	satisfará	satisfaría	satisfaga	satisficiera	satisfaga
satisfacemos	satisficimos	satisfaremos	satisfaríamos	satisfagamos	satisficiéramos	satisfagamos
satisfacéis	satisficisteis	satisfaréis	satisfaríais	satisfagáis	satisficierais	satisfaced
satisfacen	satisficieron	satisfarán	satisfarían	satisfagan	satisficieran	satisfagan

[1]alternative form: satisface

E21 poder

gerundio	participio pasado
pudiendo	podido

indicativo presente	pretérito indefinido	futuro	condicional	subjuntivo presente	imperfecto	imperativo
puedo	pude	podré	podría	pueda	pudiera	
puedes	pudiste	podrás	podrías	puedas	pudieras	puede
puede	pudo	podrá	podría	pueda	pudiera	pueda
podemos	pudimos	podremos	podríamos	podamos	pudiéramos	podamos
podéis	pudisteis	podréis	podríais	podáis	pudierais	poded
pueden	pudieron	podrán	podrían	puedan	pudieran	puedan

E22 poner

participio pasado	indicativo presente	pretérito indefinido	futuro	condicional	subjuntivo presente	imperfecto	imperativo
puesto	pongo	puse	pondré	pondría	ponga	pusiera	
	pones	pusiste	pondrás	pondrías	pongas	pusieras	pon
	pone	puso	pondrá	pondría	ponga	pusiera	ponga
	ponemos	pusimos	pondremos	pondríamos	pongamos	pusiéramos	pongamos
	ponéis	pusisteis	pondréis	pondríais	pongáis	pusierais	poned
	ponen	pusieron	pondrán	pondrían	pongan	pusieran	pongan

E23 traer

gerundio	participio pasado	indicativo presente	indicativo pretérito indefinido	subjuntivo presente	subjuntivo imperfecto	imperativo
trayendo	traído	traigo	traje	traiga	trajera	
		traes	trajiste	traigas	trajeras	trae
		trae	trajo	traiga	trajera	traiga
		traemos	trajimos	traigamos	trajéramos	traigamos
		traéis	trajisteis	traigáis	trajerais	traed
		traen	trajeron	traigan	trajeran	traigan

E24 querer

indicativo presente	indicativo imperfecto	indicativo pretérito indefinido	indicativo futuro	condicional	subjuntivo presente	subjuntivo imperfecto	imperativo
quiero	quería	quise	querré	querría	quiera	quisiera	
quieres	querías	quisiste	querrás	querrías	quieras	quisieras	quiere
quiere	quería	quiso	querrá	querría	quiera	quisiera	quiera
queremos	queríamos	quisimos	querremos	querríamos	queramos	quisiéramos	queramos
queréis	queríais	quisisteis	querréis	querríais	queráis	quisierais	quered
quieren	querían	quisieron	querrán	querrían	quieran	quisieran	quieran

E25 saber

indicativo presente	indicativo pretérito indefinido	indicativo futuro	condicional	subjuntivo presente	subjuntivo imperfecto	imperativo
sé	supe	sabré	sabría	sepa	supiera	
sabes	supiste	sabrás	sabrías	sepas	supieras	sabe
sabe	supo	sabrá	sabría	sepa	supiera	sepa
sabemos	supimos	sabremos	sabríamos	sepamos	supiéramos	sepamos
sabéis	supisteis	sabréis	sabríais	sepáis	supierais	sabed
saben	supieron	sabrán	sabrían	sepan	supieran	sepan

E26 ser

gerundio	participio pasado	indicativo presente	indicativo imperfecto	indicativo pretérito indefinido	indicativo futuro
siendo	sido	soy	era	fui	seré
		eres	eras	fuiste	serás
		es	era	fue	será
		somos	éramos	fuimos	seremos
		sois	erais	fuisteis	seréis
		son	eran	fueron	serán

condicional	subjuntivo presente	subjuntivo imperfecto	subjuntivo futuro	imperativo
sería	sea	fuera	fuere	
serías	seas	fueras	fueres	sé
sería	sea	fuera	fuere	sea
seríamos	seamos	fuéramos	fuéremos	seamos
seríais	seáis	fuerais	fuereis	sed
serían	sean	fueran	fueren	sean

E27 tener

indicativo			**condicional**	**subjuntivo**		**imperativo**
presente	pretérito indefinido	futuro		presente	imperfecto	
tengo	tuve	tendré	tendría	tenga	tuviera	
tienes	tuviste	tendrás	tendrías	tengas	tuvieras	ten
tiene	tuvo	tendrá	tendría	tenga	tuviera	tenga
tenemos	tuvimos	tendremos	tendríamos	tengamos	tuviéramos	tengamos
tenéis	tuvisteis	tendréis	tendríais	tengáis	tuvierais	tened
tienen	tuvieron	tendrán	tendrían	tengan	tuvieran	tengan

E28 valer

indicativo			**condicional**	**subjuntivo**		**imperativo**
presente	pretérito indefinido	futuro		presente	imperfecto	
valgo	valí	valdré	valdría	valga	valiera	
vales	valiste	valdrás	valdrías	valgas	valieras	vale
vale	valió	valdrá	valdría	valga	valiera	valga
valemos	valimos	valdremos	valdríamos	valgamos	valiéramos	valgamos
valéis	valisteis	valdréis	valdríais	valgáis	valierais	valed
valen	valieron	valdrán	valdrían	valgan	valieran	valgan

E29 ver

participio pasado	**indicativo**			**subjuntivo**	**imperativo**
	presente	imperfecto	pretérito indefinido	presente	
visto	veo	veía	vi	vea	
	ves	veías	viste	veas	ve
	ve	veía	vio	vea	vea
	vemos	veíamos	vimos	veamos	veamos
	veis	veíais	visteis	veáis	ved
	ven	veían	vieron	vean	vean

E30 romper

participio pasado
roto

E31 verter

gerundio	**indicativo**		**subjuntivo**	**imperativo**
	presente	**pretérito indefinido**	**imperfecto**	
vertiendo[1]	vierto	vertí	vertiera[4]	
	viertes	vertiste	vertieras	vierte
	vierte	vertió[2]	vertiera	vierta
	vertemos	vertimos	vertiéramos	vertamos
	vertéis	vertisteis	vertierais	verted
	vierten	vertieron[3]	vertieran	viertan

alternative forms: [1]virtiendo; [2]virtió; [3]virtieron; [4]virtiera, virtieras, etc.

5 Verbs ending in -ir

I1 partir

gerundio (gerund)	participio pasado (past participle)	indicativo (indicative) presente (present)	imperfecto (imperfect)	pretérito indefinido (past simple)	futuro (future)
part**iendo**	part**ido**	part**o**	part**ía**	part**í**	part**iré**
		part**es**	part**ías**	part**iste**	part**irás**
		part**e**	part**ía**	part**ió**	part**irá**
		part**imos**	part**íamos**	part**imos**	part**iremos**
		part**ís**	part**íais**	part**isteis**	part**iréis**
		part**en**	part**ían**	part**ieron**	part**irán**

condicional (conditional)	subjuntivo (subjunctive) presente (present)	imperfecto (imperfect)	futuro (future)	imperativo (imperative)
part**iría**	part**a**	part**iera***	part**iere**	
part**irías**	part**as**	part**ieras**	part**ieres**	part**e**
part**iría**	part**a**	part**iera**	part**iere**	part**a**
part**iríamos**	part**amos**	part**iéramos**	part**iéremos**	part**amos**
part**iríais**	part**áis**	part**ierais**	part**iereis**	part**id**
part**irían**	part**an**	part**ieran**	part**ieren**	part**an**

* all **-ir** verbs have an alternative form in which **-era** is replaced by **-ese**, e.g. part**iese**, part**ieses**, part**iese**, part**iésemos**, part**ieseis**, part**iesen**

I2 distinguir

indicativo presente	pretérito indefinido	subjuntivo presente	imperativo
distingo	distinguí, etc	distinga	
distingues		distingas	distingue
distingue		distinga	distinga
distinguimos		distingamos	distingamos
distinguís		distingáis	distinguid
distinguen		distingan	distingan

I3 delinquir

indicativo presente	pretérito indefinido	subjuntivo presente	imperativo
delinco	delinquí, etc	delinca	
delinques		delincas	delinque
delinque		delinca	delinca
delinquimos		delincamos	delincamos
delinquís		delincáis	delinquid
delinquen		delincan	delincan

I4 zurcir

indicativo presente	pretérito indefinido	subjuntivo presente	imperativo
zurzo	zurcí, etc	zurza	
zurces		zurzas	zurce
zurce		zurza	zurza
zurcimos		zurzamos	zurzamos
zurcís		zurzáis	zurcid
zurcen		zurzan	zurzan

I5 lucir

indicativo presente	pretérito indefinido	subjuntivo presente	imperativo
luzco	lucí, etc	luzca	
luces		luzcas	luce
luce		luzca	luzca
lucimos		luzcamos	luzcamos
lucís		luzcáis	lucid
lucen		luzcan	luzcan

I6 reducir

indicativo presente	indicativo pretérito indefinido	subjuntivo presente	subjuntivo imperfecto	imperativo
reduzco	reduje	reduzca	redujera	
reduces	redujiste	reduzcas	redujeras	reduce
reduce	redujo	reduzca	redujera	reduzca
reducimos	redujimos	reduzcamos	redujéramos	reduzcamos
reducís	redujisteis	reduzcáis	redujerais	reducid
reducen	redujeron	reduzcan	redujeran	reduzcan

I7 dirigir

indicativo presente	indicativo pretérito indefinido	subjuntivo presente	imperativo
dirijo	dirigí, etc	dirija	
diriges		dirijas	dirige
dirige		dirija	dirija
dirigimos		dirijamos	dirijamos
dirigís		dirijáis	dirigid
dirigen		dirijan	dirijan

I8 regir

indicativo presente	indicativo pretérito indefinido	subjuntivo presente	imperativo
rijo	regí, etc	rija	
riges		rijas	rige
rige		rija	rija
regimos		rijamos	rijamos
regís		rijáis	regid
rigen		rijan	rijan

I9 gruñir

gerundio	indicativo pretérito indefinido	subjuntivo imperfecto
gruñendo	gruñí	gruñera
	gruñiste	gruñeras
	gruñó	gruñera
	gruñimos	gruñéramos
	gruñisteis	gruñerais
	gruñeron	gruñeran

I10 asir

indicativo presente	indicativo pretérito indefinido	subjuntivo presente	imperativo
asgo	así, etc	asga	
ases		asgas	ase
ase		asga	asga
asimos		asgamos	asgamos
asís		asgáis	asid
asen		asgan	asgan

I11 sentir

gerundio	participio pasado	indicativo presente	indicativo pretérito indefinido	subjuntivo presente	subjuntivo imperfecto	imperativo
sintiendo	sentido	siento	sentí	sienta	sintiera	
		sientes	sentiste	sientas	sintieras	siente
		siente	sintió	sienta	sintiera	sienta
		sentimos	sentimos	sintamos	sintiéramos	sintamos
		sentís	sentisteis	sintáis	sintierais	sentid
		sienten	sintieron	sientan	sintieran	sientan

I12 discernir

indicativo presente	indicativo pretérito indefinido	subjuntivo presente	imperativo
discierno	discerní, etc	discierna	
disciernes		disciernas	discierne
discierne		discierna	discierna
discernimos		discernamos	discernamos
discernís		discernáis	discernid
disciernen		disciernan	disciernan

I13 adquirir

indicativo presente	indicativo pretérito indefinido	subjuntivo presente	imperativo
adquiero	adquirí, etc	adquiera	
adquieres		adquieras	adquiere
adquiere		adquiera	adquiera
adquirimos		adquiramos	adquiramos
adquirís		adquiráis	adquirid
adquieren		adquieran	adquieran

I14 pedir

gerundio	participio pasado	indicativo		subjuntivo		imperativo
		presente	pretérito indefinido	presente	imperfecto	
pidiendo	pedido	pido	pedí	pida	pidiera	
		pides	pediste	pidas	pidieras	pide
		pide	pidió	pida	pidiera	pida
		pedimos	pedimos	pidamos	pidiéramos	pidamos
		pedís	pedisteis	pidáis	pidierais	pedid
		piden	pidieron	pidan	pidieran	pidan

I15 ceñir

gerundio	participio pasado	indicativo			subjuntivo		imperativo
		presente	imperfecto	pretérito indefinido	presente	imperfecto	
ciñendo	ceñido	ciño	ceñía	ceñí	ciña	ciñera	
		ciñes	ceñías	ceñiste	ciñas	ciñeras	ciñe
		ciñe	ceñía	ciñó	ciña	ciñera	ciña
		ceñimos	ceñíamos	ceñimos	ciñamos	ciñéramos	ciñamos
		ceñís	ceñíais	ceñisteis	ciñáis	ciñerais	ceñid
		ciñen	ceñían	ciñeron	ciñan	ciñeran	ciñan

I16 dormir

gerundio	participio pasado	indicativo		subjuntivo		imperativo
		presente	pretérito indefinido	presente	imperfecto	futuro
durmiendo	dormido	duermo	dormí	duerma	durmiera	
		duermes	dormiste	duermas	durmieras	duerme
		duerme	durmió	duerma	durmiera	duerma
		dormimos	dormimos	durmamos	durmiéramos	durmamos
		dormís	dormisteis	durmáis	durmierais	dormid
		duermen	durmieron	duerman	durmieran	duerman

I17 embaír

gerundio	indicativo pretérito indefinido	subjuntivo imperfecto
embayendo	embaí	embayera
	embaíste	embayeras
	embayó	embayera
	embaímos	embayéramos
	embaísteis	embayerais
	embayeron	embayeran

I18 reír

gerundio	participio pasado
riendo	reído

indicativo presente	imperfecto	pretérito indefinido	futuro	condicional	subjuntivo presente	imperfecto	imperativo
río	reía	reí	reiré	reiría	ría	riera	
ríes	reías	reíste	reirás	reirías	rías	rieras	ríe
ríe	reía	rió	reirá	reiría	ría	riera	ría
reímos	reíamos	reímos	reiremos	reiríamos	riamos	riéramos	riamos
reís	reíais	reísteis	reiréis	reiríais	riáis	rierais	reíd
ríen	reían	rieron	reirán	reirían	rían	rieran	rían

I19 argüir

gerundio	participio pasado	indicativo presente	imperfecto	pretérito indefinido	subjuntivo presente	imperfecto	imperativo
arguyendo	argüido	arguyo	argüía, etc	argüí	arguya	arguyera	
		arguyes		argüiste	arguyas	arguyeras	arguye
		arguye		arguyó	arguya	arguyera	arguya
		argüimos		argüimos	arguyamos	arguyéramos	arguyamos
		argüís		argüisteis	arguyáis	arguyerais	argüid
		arguyen		arguyeron	arguyan	arguyeran	arguyan

I20 huir

gerundio	participio pasado	indicativo presente	imperfecto	pretérito indefinido	subjuntivo presente	imperfecto	imperativo
huyendo	huido	huyo	huía, etc	huí	huya	huyera	
		huyes		huiste	huyas	huyeras	huye
		huye		huyó	huya	huyera	huya
		huimos		huimos	huyamos	huyéramos	huyamos
		huís		huisteis	huyáis	huyerais	huid
		huyen		huyeron	huyan	huyeran	huyan

I21 rehuir

indicativo presente	pretérito indefinido	subjuntivo presente	imperativo
rehúyo	rehuí, etc	rehúya	
rehúyes		rehúyas	rehúye
rehúye		rehúya	rehúya
rehuimos		rehuyamos	rehuyamos
rehuís		rehuyáis	rehuid
rehúyen		rehúyan	rehúyan

I22 prohibir

indicativo presente	pretérito indefinido	subjuntivo presente	imperativo
prohíbo	prohibí, etc	prohíba	
prohíbes		prohíbas	prohíbe
prohíbe		prohíba	prohíba
prohibimos		prohibamos	prohibamos
prohibís		prohibáis	prohibid
prohíben		prohíban	prohíban

I23 reunir

indicativo		subjuntivo	imperativo
presente	pretérito indefinido	presente	
reúno	reuní, etc	reúna	
reúnes		reúnas	reúne
reúne		reúna	reúna
reunimos		reunamos	reunamos
reunís		reunáis	reunid
reúnen		reúnan	reúnan

I24 decir

gerundio	participio pasado
diciendo	dicho

indicativo				condicional	subjuntivo		imperativo
presente	imperfecto	pretérito indefinido	futuro		presente	imperfecto	
digo	decía	dije	diré	diría	diga	dijera	
dices	decías	dijiste	dirás	dirías	digas	dijeras	di
dice	decía	dijo	dirá	diría	diga	dijera	diga
decimos	decíamos	dijimos	diremos	diríamos	digamos	dijéramos	digamos
decís	decíais	dijisteis	diréis	diríais	digáis	dijerais	decid
dicen	decían	dijeron	dirán	dirían	digan	dijeran	digan

I25 bendecir

participio pasado	indicativo			condicional	imperativo
	presente	pretérito indefinido	futuro		
bendecido	bendigo	bendije	bendeciré	bendeciría	
	bendices	bendijiste	bendecirás	bendecirías	bendice
	bendice	bendijo	bendecirá	bendeciría	bendiga
	bendecimos	bendijimos	bendeciremos	bendeciríamos	bendigamos
	bendecís	bendijisteis	bendeciréis	bendeciríais	bendecid
	bendicen	bendijeron	bendecirán	bendecirían	bendigan

I26 erguir

gerundio	indicativo		subjuntivo		imperativo
	presente	pretérito indefinido	presente	imperfecto	
irguiendo	yergo[1]	erguí	yerga[2]	irguiera	
	yergues	erguiste	yergas	irguieras	yergue[3]
	yergue	irguió	yerga	irguiera	yerga
	erguimos	erguimos	yergamos	irguiéramos	yergamos
	erguís	erguisteis	yergáis	irguierais	erguid
	yerguen	irguieron	yergan	irguieran	yergan

[1]alternative conjugation: irgo, irgues, irgue, erguimos, erguís, irguen; [2]alternative conjugation: irga, irgas, irga, irgamos, irgáis, irgan; [3]alternative conjugation: irgue, irga, irgamos, erguid, irgan.

I27 ir

gerundio	participio pasado	indicativo presente	imperfecto	pretérito indefinido	futuro
yendo	ido	voy	iba	fui	iré
		vas	ibas	fuiste	irás
		va	iba	fue	irá
		vamos	íbamos	fuimos	iremos
		vais	ibais	fuisteis	iréis
		van	iban	fueron	irán

condicional	subjuntivo presente	imperfecto	futuro	imperativo
iría	vaya	fuera	fuere	
irías	vayas	fueras	fueres	ve
iría	vaya	fuera	fuere	vaya
iríamos	vayamos	fuéramos	fuéremos	vayamos
iríais	vayáis	fuerais	fuereis	id
irían	vayan	fueran	fueren	vayan

I28 oír

gerundio	participio pasado
oyendo	oído

indicativo presente	imperfecto	pretérito indefinido	futuro	condicional	subjuntivo presente	imperfecto	imperativo
oigo	oía	oí	oiré	oiría	oiga	oyera	
oyes	oías	oíste	oirás	oirías	oigas	oyeras	oye
oye	oía	oyó	oirá	oiría	oiga	oyera	oiga
oímos	oíamos	oímos	oiremos	oiríamos	oigamos	oyéramos	oigamos
oís	oíais	oísteis	oiréis	oiríais	oigáis	oyerais	oíd
oyen	oían	oyeron	oirán	oirían	oigan	oyeran	oigan

I29 salir

indicativo presente	pretérito indefinido	futuro	condicional	subjuntivo presente	imperfecto	imperativo
salgo	salí, etc	saldré	saldría	salga	saliera	
sales		saldrás	saldrías	salgas	salieras	sal
sale		saldrá	saldría	salga	saliera	salga
salimos		saldremos	saldríamos	salgamos	saliéramos	salgamos
salís		saldréis	saldríais	salgáis	salierais	salid
salen		saldrán	saldrían	salgan	salieran	salgan

I30 seguir

indicativo presente	pretérito indefinido	subjuntivo presente	imperfecto	imperativo
sigo	seguí	siga	siguiera	
sigues	seguiste	sigas	siguieras	sigue
sigue	siguió	siga	siguiera	siga
seguimos	seguimos	sigamos	siguiéramos	sigamos
seguís	seguisteis	sigáis	siguierais	seguid
siguen	siguieron	sigan	siguieran	sigan

I31 venir

gerundio	indicativo presente	pretérito indefinido	futuro	condicional	subjuntivo presente	imperfecto	imperativo
viniendo	vengo	vine	vendré	vendría	venga	viniera	
	vienes	viniste	vendrás	vendrías	vengas	vinieras	ven
	viene	vino	vendrá	vendría	venga	viniera	venga
	venimos	vinimos	vendremos	vendríamos	vengamos	viniéramos	vengamos
	venís	vinisteis	vendréis	vendríais	vengáis	vinierais	venid
	vienen	vinieron	vendrán	vendrían	vengan	vinieran	vengan

I32 abolir

This is a regular verb but in the present indicative it is only used in the first and second person plural.

I33 abrir

participio pasado
abierto

I34 escribir

participio pasado
escrito

I35 freír

gerundio	participio pasado	indicativo presente	pretérito indefinido	subjuntivo presente	imperfecto	imperativo
friendo	frito	frío	freí	fría	friera	
		fríes	freíste	frías	frieras	fríe
		fríe	frió	fría	friera	fría
		freímos	freímos	friamos	friéramos	friamos
		freís	freísteis	friáis	frierais	freíd
		fríen	frieron	frían	frieran	frían

I36 imprimir

participio pasado
impreso

I37 morir

gerundio	participio pasado	indicativo presente	pretérito indefinido	subjuntivo presente	imperfecto
muriendo	muerto	muero	morí	muera	muriera
		mueres	moriste	mueras	murieras
		muere	murió	muera	muriera
		morimos	morimos	muramos	muriéramos
		morís	moristeis	muráis	murierais
		mueren	murieron	mueran	murieran

I38 pudrir

infinitivo	participio pasado
pudrir, podrir	podrido

All other forms are regular and are derived from the infinitive pudrir e.g. pudro, pudres, etc.

Los verbos irregulares ingleses

La siguiente tabla comprende todos los verbos irregulares que se incluyen en el diccionario excepto los verbos modales (e.g. *can, must*) y aquéllos formados por un verbo base precedido por un prefijo con guión (e.g. *re-lay*). Éstos conservan la irregularidad del verbo del cual derivan.

Las formas irregulares que sólo se usan en algunas acepciones se indican con un asterisco (e.g. **abode*).
La información completa acerca del uso, la pronunciación, etc de cada verbo se encontrará en el artículo correspondiente.

infinitive/ infinitivo	past tense/ pretérito	past participle/ participio pasado
abide	abided, *abode	abided, *abode
arise	arose	arisen
awake	awoke	awoken
be	was/were	been
bear	bore	borne
beat	beat	beaten
become	became	become
befall	befell	befallen
beget	begot, (arch) begat	begotten
begin	began	begun
behold	beheld	beheld
bend	bent	bent
beseech	beseeched, besought	beseeched, besought
beset	beset	beset
bespeak	bespoke	bespoken, bespoke
bestride	bestrode	bestridden
bet	bet	bet
bid	*bade, bid	*bidden, bid
bind	bound	bound
bite	bit	bitten
bleed	bled	bled
bless	blessed	blessed, (arch) blest
blow	blew	blown, *blowed
break	broke	broken
breed	bred	bred
bring	brought	brought
broadcast	broadcast	broadcast
browbeat	browbeat	browbeaten
build	built	built
burn	burned, burnt	burned, burnt
bust	busted, (BrE also) bust	busted, (BrE also) bust
buy	bought	bought
cast	cast	cast
catch	caught	caught
chide	chided, chid	chided, chid, chidden
choose	chose	chosen
cleave	cleaved, *cleft, (arch) *clove	cleaved, *cleft, (arch) *cloven
cling	clung	clung
come	came	come
cost	*cost, *costed	*cost, *costed
countersink	countersank	countersunk
creep	crept	crept
crow	crowed, (arch) crew	crowed
cut	cut	cut
deal	dealt	dealt
dig	dug	dug
dive	dived, (AmE also) dove	dived
do	did	done
draw	drew	drawn
dream	dreamed, (BrE also) dreamt	dreamed, (BrE also) dreamt
drink	drank	drunk
drive	drove	driven
dwell	dwelt, dwelled	dwelt, dwelled
eat	ate	eaten
fall	fell	fallen
feed	fed	fed
feel	felt	felt
fight	fought	fought
find	found	found
flee	fled	fled
fling	flung	flung
floodlight	floodlit	floodlit
fly	flew	flown
forbear	forbore	forborne
forbid	forbade, forbad	forbidden
forecast	forecast, forecasted	forecast, forecasted
foresee	foresaw	foreseen
foretell	foretold	foretold
forget	forgot	forgotten
forgive	forgave	forgiven
forsake	forsook	forsaken
forswear	forswore	forsworn
freeze	froze	frozen
gainsay	gainsaid	gainsaid
get	got	got, (AmE also) gotten
gird	girded, girt	girded, girt
give	gave	given
go	went	gone
grind	ground	ground
grow	grew	grown
hamstring	hamstrung	hamstrung
hang	*hung, *hanged	*hung, *hanged
have	had	had
hear	heard	heard
heave	*heaved, *hove	*heaved, *hove
hew	hewed	hewn, hewed
hide	hid	hidden, (arch) hid
hit	hit	hit
hold	held	held
hurt	hurt	hurt

infinitive/ infinitivo	past tense/ pretérito	past participle/ participio pasado
inlay	inlaid	inlaid
input	input, inputted	input, inputted
inset	inset, (AmE also) insetted	inset, (AmE also) insetted
interweave	interwove, interweaved	interwoven, interweaved
keep	kept	kept
kneel	kneeled, knelt	kneeled, knelt
knit	knitted, *knit	knitted, *knit
know	knew	known
lay	laid	laid
lead	led	led
lean	leaned, (BrE also) leant	leaned, (BrE also) leant
leap	leaped, (BrE also) leapt	leaped, (BrE also) leapt
learn	learned, (BrE also) learnt	learned, (BrE also) learnt
leave	left	left
lend	lent	lent
let	let	let
lie (*yacer etc*)	lay	lain
light	lighted, lit	lighted, lit
lose	lost	lost
make	made	made
mean	meant	meant
meet	met	met
miscast	miscast	miscast
misdeal	misdealt	misdealt
mishear	misheard	misheard
mishit	mishit	mishit
mislay	mislaid	mislaid
mislead	misled	misled
misread /'mɪs'ri:d/	misread /'mɪs'red/	misread /'mɪs'red/
misspell	misspelled, (BrE also) misspelt	misspelled, (BrE also) misspelt
misspend	misspent	misspent
mistake	mistook	mistaken
misunderstand	misunderstood	misunderstood
mow	mowed	mown, mowed
outbid	outbid	outbid, (AmE also) outbidden
outdo	outdid	outdone
outfight	outfought	outfought
outgrow	outgrew	outgrown
outlay	outlaid	outlaid
output	output, outputted	output, outputted
outrun	outran	outrun
outsell	outsold	outsold
outshine	outshone	outshone
overbid	overbid	overbid
overcome	overcame	overcome
overdo	overdid	overdone
overdraw	overdrew	overdrawn
overeat	overate	overeaten
overfly	overflew	overflown
overhang	overhung	overhung
overhear	overheard	overheard
overlay	overlaid	overlaid
overlie	overlay	overlain

infinitive/ infinitivo	past tense/ pretérito	past participle/ participio pasado
overpay	overpaid	overpaid
override	overrode	overridden
overrun	overran	overrun
oversee	oversaw	overseen
overshoot	overshot	overshot
oversleep	overslept	overslept
overtake	overtook	overtaken
overthrow	overthrew	overthrown
partake	partook	partaken
pay	paid	paid
plead	pleaded, (AmE also) pled	pleaded, (AmE also) pled
prove	proved	proved, proven
put	put	put
quit	quit, quitted	quit, quitted
read /ri:d/	read /red/	read /red/
rebuild	rebuilt	rebuilt
recast	recast	recast
redo	redid	redone
remake	remade	remade
rend	rent	rent
repay	repaid	repaid
reread /'ri:'ri:d/	reread /'ri:'red/	reread /'ri:'red/
rerun	reran	rerun
resell	resold	resold
reset	reset	reset
resit	resat	resat
retake	retook	retaken
retell	retold	retold
rethink	rethought	rethought
rewrite	rewrote	rewritten
rid	rid	rid
ride	rode	ridden
ring	rang	rung
rise	rose	risen
run	ran	run
saw	sawed	sawed, (esp BrE) sawn
say	said	said
see	saw	seen
seek	sought	sought
sell	sold	sold
send	sent	sent
set	set	set
sew	sewed	sewn, sewed
shake	shook	shaken
shear	sheared	*shorn, *sheared
shed	shed	shed
shine	*shone, *shined	*shone, *shined
shit	shit, shat	shit, shat
shoe	shod	shod
shoot	shot	shot
show	showed	shown, showed
shrink	shrank, shrunk	shrunk, shrunken
shrive	shrove, shrived	shriven, shrived
shut	shut	shut
sing	sang	sung
sink	sank	sunk
sit	sat	sat
slay	slew	slain
sleep	slept	slept

infinitive/ infinitivo	past tense/ pretérito	past participle/ participio pasado
slide	slid	slid
sling	slung	slung
slink	slunk	slunk
slit	slit	slit
smell	smelled, (BrE also) smelt	smelled, (BrE also) smelt
smite	smote	smitten
sow	sowed	sowed, sown
speak	spoke	spoken
speed	*sped, *speeded	*sped, *speeded
spell	spelled, (BrE also) spelt	spelled, (BrE also) spelt
spend	spent	spent
spill	spilled, spilt	spilled, spilt
spin	spun, (arch) span	spun
spit	spat, (esp AmE) spit	spat, (esp AmE) spit
split	split	split
spoil	spoiled, (BrE also) spoilt	spoiled, (BrE also) spoilt
spotlight	*spotlit, *spotlighted	*spotlit, *spotlighted
spread	spread	spread
spring	sprang, (AmE also) sprung	sprung
stand	stood	stood
stave	staved, *stove	staved, *stove
steal	stole	stolen
stick	stuck	stuck
sting	stung	stung
stink	stank, stunk	stunk
strew	strewed	strewn, strewed
stride	strode	stridden
strike	struck	struck
string	strung	strung
strive	strove	striven
sublet	sublet	sublet
swear	swore	sworn
sweat	sweated, (AmE also) sweat	sweated, (AmE also) sweat
sweep	swept	swept
swell	swelled	swollen, (AmE esp) swelled
swim	swam	swum
swing	swung	swung
take	took	taken
teach	taught	taught
tear	tore	torn
tell	told	told
think	thought	thought
thrive	thrived, (liter) throve	thrived, (arch) thriven
throw	threw	thrown
thrust	thrust	thrust
tread	trod	trodden, trod
typecast	typecast	typecast
typeset	typeset	typeset
typewrite	typewrote	typewritten
unbend	unbent	unbent
underbid	underbid	underbid
undercut	undercut	undercut
undergo	underwent	undergone
underlie	underlay	underlain
underpay	underpaid	underpaid
undersell	undersold	undersold

infinitive/ infinitivo	past tense/ pretérito	past participle/ participio pasado
understand	understood	understood
undertake	undertook	undertaken
underwrite	underwrote	underwritten
undo	undid	undone
unfreeze	unfroze	unfrozen
unlearn	unlearned, (BrE also) unlearnt	unlearned, (BrE also) unlearnt
unstick	unstuck	unstuck
unwind	unwound	unwound
uphold	upheld	upheld
upset	upset	upset
wake	woke	woken
waylay	waylaid	waylaid
wear	wore	worn
weave	wove, *weaved	woven, *weaved
wed	wedded, wed	wedded, wed
weep	wept	wept
wet	wet, wetted	wet, wetted
win	won	won
wind (*dar cuerda etc*)	wound	wound
withdraw	withdrew	withdrawn
withhold	withheld	withheld
withstand	withstood	withstood
work	worked, *wrought	worked, *wrought
wring	wrung	wrung
write	wrote	written

Glossary of grammatical terms
Glosario de términos gramaticales

Accent In Spanish the written accent (always acute) is used when the *stress* falls unpredictably in a word. Regular *stress* falls on the last *syllable* when the word ends in a *consonant*, but not *n* or *s* (**comer**, **re*loj***, **delan*tal***, **com*plot***), or on the penultimate *syllable* if the word ends in a *vowel*, *n* or *s* (***ga*to**, ***vir*gen**, ***a*tlas**). Words not following these rules take a written accent: **difícil**, **parchís**, **espléndido**, **prepáremelo**. See also **Stress**.

Active In the active form the *subject* of the *verb* performs the action: ***la policía* halló el vehículo en San Roque** (***the police** found the vehicle in San Roque*).

Adjective A word describing a *noun* or *pronoun*: **un lápiz *rojo*** (*a red* pencil), **los míos están *sucios*** (*mine are dirty*).

Adverb A word that modifies a *verb*, *adjective*, or another adverb: **lo leyó *rápidamente*** (*quickly*); ***muy* respetado** (*very*); **habla español *bastante* bien** (*quite well*).

Agreement The correspondence between an *adjective* and the *noun* it modifies, a *verb* and the *subject* of the *sentence*, etc.: **un abrigo negro** (*a black coat*), **unas faldas negras** (*some black skirts*); **tú ten*ías* frío** (*you were cold*), **los niños ten*ían* frío** (*the children were cold*).

Article Word preceding a *noun* indicating whether the referent is known (definite article: **el**, **la**, **los**, **las** = *the*) or not (indefinite article: **un**, **una** = *a/an*).

Attributive An attributive *adjective* describes a *noun*: **a black coat** (*un abrigo negro*). In English an 'attributive' *adjective* or *noun* precedes the *noun* it modifies. See **Predicative**.

Augmentative suffixes The commonest augmentatives in Spanish are **-ón**, **-azo**, **-ote** and **-udo**. They indicate large size, as in **perrazo** (*huge dog*), but can convey other meanings: **ricachón** (*stinking rich person*), **simplón** (*a real dope*). They can mean "a blow with something": **paraguazo** (*blow with an umbrella*). See **Diminutive suffixes**.

Auxiliary verb A *verb* used with another *verb* to form *compound tenses*: **(haber) *he* terminado** (*I have finished*); **(ser) el vehículo *fue* hallado** (*the vehicle was found*); **(estar) *estaba* trabajando** (*I was working*).

Cardinal number A *number* representing a quantity: **uno**, **veinte**, **ciento cuarenta** (*one*, *twenty*, *a hundred and forty*). See **Ordinal number**.

Clause A self-contained section of a *sentence* that contains at least a *subject* and a *verb*: ***sería una pena*|que *(tú) no pudieses venir*** (*it would be a pity|if you couldn't come*).

Collective noun A *noun* that is *singular* in form but refers to a group of individual persons or things: **realeza** (*royalty*), **gente** (*people*).

Collocate A word that regularly occurs with another. In English **success** is a collocate of **resounding**. In Spanish **clamoroso** collocates with **éxito** (*success*). In this dictionary, *subject* collocates are given in ‹‹...››, and *object* collocates in ‹...›.

Comparative The form of an *adjective* or *adverb* that expresses more or less in amount, degree or quality. **Mejor** (*better*) is the comparative of **bueno -a** (*good*), **más/menos claramente** (*more/less clearly*) are comparative forms of **claramente** (*clearly*). See **Superlative**.

Compound A unit of words with a specific meaning: **zona cero** (*ground zero*).

Compound tense In Spanish, a *tense* formed by the *auxiliary verb* **haber** and the *past participle* of the main *verb*: **no *han*|*habían* llegado** (*they haven't|hadn't arrived*).

Conditional tense A *tense* telling us what would happen if a condition was fulfilled: **lo *compraría* si tuviera dinero** (*I'd buy it if I had the money*).

Conjugation Group of *verbs* that conjugate in the same way.

Adjetivo Palabra que califica o determina a un *sustantivo* o un *pronombre*. En inglés los adjetivos son invariables: **a *red* pencil** (*un lápiz rojo*), ***red* lights** (*luces rojas*).

Adjetivo demostrativo Adjetivo que identifica a la persona o cosa a la cual nos referimos: ***this* boy** (***este** chico*), ***these* people** (***esta** gente*), **in *those* days** (*en **aquellos** tiempos*). **Adjetivo posesivo** Ver **Posesivo**.

Adverbio Palabra que modifica a un *verbo*, un *adjetivo*, u otro *adverbio*: **she read it *quickly*** (*rápidamente*), **she gets *terribly* nervous** (*nerviosísima*), **we get on *quite* well** (*bastante bien*).

Artículo El artículo definido en inglés es **the** = *el*, *la*, *los*, *las*; y el indefinido: **a/an** = *un*, *una*).

Attributive En la gramática inglesa el uso de "attributive" implica que el *adjetivo* precede al *sustantivo* en lugar de estar en el predicado de la *oración*. En **a *black* dress** (*un vestido* negro) el *adjetivo* es "attributive", mientras que en **her dress was black** (*su vestido era* negro) el *adjetivo* es "*predicative*" (aparece tras un *verbo copulativo*). Ver ***Predicative*** y también páginas xxix–xxx

Aumentativo Ver **Sufijos aumentativos**.

Cardinal Un número cardinal expresa una cantidad precisa de elementos: **nine** (nueve), **forty** (cuarenta).

Categoría gramatical Cada una de las clases en que se agrupan las palabras según su función sintáctica, tales como *sustantivo*, *verbo*, *adjetivo*, etc.

Colocado, colocación Palabra que suele usarse junto con otras en combinaciones que son frecuentes en una lengua. En español **un éxito clamoroso** (*a resounding success*) es una colocación típica, el *sustantivo* **éxito** es un colocado frecuente del *adjetivo* **clamoroso**. En inglés el *adjetivo* **resounding** suele acompañar a *sustantivos* como **success**. Ver también página xli.

Comparativo Forma de un *adjetivo* o *adverbio* que expresa más o menos en cantidad, grado o cualidad. **Better** (*mejor*) es el comparativo de **good** (*bueno -a*), **more/less clearly** (*más/menos claramente, con mayor/menor claridad*) son formas comparativas de **clearly** (*claramente*). En inglés los *adjetivos* y *adverbios* de una sílaba y algunos de dos sílabas forman el comparativo agregando el *sufijo* **-er**: **cheap** (*barato -a*), **cheaper** (*más barato -a*), **clever** (*inteligente*), **cleverer** (*más inteligente*). Los *adjetivos* y *adverbios* más largos forman el comparativo usando **more**: **more interesting** (*más interesante*). Ver **Superlativo**.

Complemento directo/indirecto Ver **Objeto directo/indirecto**.

Concordancia Correspondencia morfológica entre un *adjetivo* y el *sustantivo* al cual modifica, entre la forma de un verbo y el sujeto de la oración, etc: *el lápiz roj**o**, los lápices roj**os**; tú habl**as**, nosotros habl**amos***, etc.

Condicional *Tiempo verbal* que expresa qué ocurriría si se cumpliera cierta condición. En inglés se forma con el *verbo modal* **would: I *would help* you if I could** (*te ayudaría si pudiera*).

Conjugación Cada uno de los tres grupos de *verbos* en que se dividen en español.

Conjunción Palabra usada para unir otras palabras, *frases* u *oraciones*: **blue *and* white** (*azul **y** blanco*), **by car *or* by train** (*en coche **o** en tren*), **I would like to go *but* I don't think I can** (*me gustaría ir **pero** creo que no voy a poder*).

Contracción Unión de dos palabras en una sola. En inglés son muy frecuentes las contracciones de *sujeto* y forma verbal: **I'm = I am**, **we've = we have**, etc.

Cópula Ver **Verbo copulativo**.

Demostrativo Ver **Adjetivo demostrativo** y **Pronombre demostrativo**.

Diminutivo Ver **Sufijos diminutivos**.

In Spanish there are three conjugations, verbs ending in: **-ar**, **-er** and **-ir**.

Conjunction A linking word for words, *phrases* or *sentences*: **azul *y* blanco** (*blue **and** white*), **me gustaría ir *pero* creo que no voy a poder** (*I'd like to go **but** I don't think I'll be able to*).

Consonant a letter that is not **a**, **e**, **i**, **o**, **u**.

Contraction A short form of a word or words: **al** is the contraction of **a + el**; **del** is the contraction of **de + el**; ***we've*** *we have*, ***I'm***/*I am* are contractions in English.

Copula or **Linking verb** A *verb* such as **ser**, **estar** (*to be*) or **parecer** (*to seem, to look*, etc.) that connects the *subject* with the *adjective* or *noun* that describes it: ***estoy* cansado** (*I'm tired*), ***parece* mayor de lo que es** (*she looks older than she is*).

Countable (count) noun A *noun* that can take the *indefinite article* or be preceded by a number and has a *plural*: **un barco** (*a ship*), **tres manzanas** (*three apples*). See **Uncountable (uncount) noun**.

Definite article See **Article**.

Demonstrative adjective An adjective identifying the person or thing that is being referred to: ***este* chico** (***this** boy*), ***esta* gente** (***these** people*), **en *aquellos* tiempos** (*in **those** days*).

Demonstrative pronoun A pronoun identifying the person or thing that is being referred to: **esta** o **ésta es mi hermana** (*this is my sister*), **ese** o **ése es el tuyo** (*that one is yours*).

***Diéresis* (diaeresis mark)** Dots over the letter *u* in *güe* and *güi* showing that *u* is pronounced: **nicaragüense** or **pingüino** (in **guerra** or **águila**, the *u* is not pronounced).

Diminutive suffixes The commonest diminutives in Spanish are **-ito** and **-illo**. They indicate smallness, as in **vasito** (*little glass*) and **cajita** (*small box*), but can convey other meanings: **pobrecito, tiene hambre** (*poor thing, he's hungry*), **dame un beso, Raquelita** (*Raquel, darling; give me a kiss*). See **Augmentative suffixes**.

Direct object The *noun*, noun phrase or *pronoun* affected by the action of the *verb*: **dejó a *los niños* en el colegio** (*she dropped **the children** off at school*), **estudiaba *inglés*** (*I used to study **English***). In Spanish a person direct object takes a. See **Indirect object**.

Direct speech A speaker's actual words: **–estoy de acuerdo –terció Andrés** (*I agree, Andrés interjected*). (**"Estoy de acuerdo"** was what Andrés said.) See **Indirect Speech**.

Ending Letters added to the *stem* of a word to show a change: **a** is the **feminine** ending in **profesora**.

Feminine One of the **genders** in Spanish grammar. See **Gender**.

Future tense The future tense is used to refer to things that will happen in the future: **seremos diez comensales** (*there will be ten of us for dinner*). In Spanish it is also used to express supposition: **tendrá unos 35 años** (*he must be 35 or so*).

Gender The classes into which *nouns*, *pronouns*, *adjectives* and *articles* are divided. Spanish *nouns* are *feminine* (**casa, moto, frente**), or *masculine* (**periódico, actor, puente**). Spanish also has *neuter pronouns* **esto**, **eso**, **aquello** and the **neuter** article **lo**.

Gerund In English grammar a gerund is a *noun* in ending in **-ing**: ***drinking* wrecked her health** (*la bebida le arruinó la salud*). In Spanish grammar "el gerundio" is the *present participle* of the *verb* ending in: **-ando**, **-iendo** or **-yendo**.

Imperative See **Mood**.

Imperfect tense The imperfect tense in Spanish is used to refer to uncompleted actions in the past, often in descriptions: **brillaba el sol** (*the sun was shining*). It also refers to habitual actions in the past: **si hacía sol salíamos a pasear** (*if it was sunny we went for a walk*).

Impersonal verb In Spanish grammar, a *verb* used without a *subject*: **está nevando** (*it's snowing*); **llaman a la puerta** (*there's someone at the door*).

Indefinite article See **Article**.

Indefinite pronoun A pronoun that does not identify a specific person or object: **uno, alguien** = *one, someone*

Indicative See **Mood**.

Indirect object The *noun*, noun phrase or *pronoun* indirectly

Estilo directo El que consiste en narrar lo que se ha dicho citando textualmente las palabras del hablante: **"Go away", she said** (*–vete –le dijo*).

Estilo indirecto El que consiste en narrar lo que se ha dicho sin citar textualmente las palabras del hablante: **she told him to go away** (*le dijo que se fuera*).

Femenino Ver **Género**.

Frase Grupo de palabras centradas en torno a un núcleo que tiene un comportamiento sintáctico unitario.

Future continuous *Tiempo verbal* formado con el *verbo modal* **will**, el *infinitivo* **be** y el *gerundio* del *verbo* principal (forma terminada en **-ing**) usado para referirse a acciones que estarán ocurriendo en determinado momento en el *futuro*: **I'll be waiting for you** (*te estaré esperando*).

Future perfect *Tiempo verbal* formado con el *verbo modal* **will**, el *infinitivo* **have** y el *participio* del *verbo* principal. Se usa para referirse a acciones que habrán ocurrido antes de determinado momento en el *futuro*: **they will have finished the bridge by then** (*para entonces ya habrán acabado el puente*).

Futuro *Tiempo verbal* que sitúa la acción en un momento futuro. En inglés se forma con el *verbo modal* **will**: **he will arrive late** (*llegará tarde*).

Género En la gramática española los *sustantivos* son femeninos o masculinos. En inglés no se atribuye un género a los *objetos* inanimados, aunque a veces se usa el *pronombre femenino* **she** para referirse a un coche, una máquina o un país.

Gerundio En la gramática española el gerundio es la forma impersonal del *verbo* terminada en **-ando**, **-iendo** o **-yendo**, que denota acciones o estados durativos: **se pasa horas enteras leyendo** (*she reads for hours on end*). En la gramática inglesa "gerund" es la forma verbal terminada en **-ing** cuando se utiliza con función nominal (de *sustantivo*): ***drinking* wrecked her health** (*la bebida le arruinó la salud*).

Imperativo Ver **Modo**.

Imperfecto En la gramática española, *tiempo verbal* utilizado para referirse a acciones pasadas no acabadas, a menudo en descripciones. Puede equivaler al *past continuous* o al *past simple* en inglés: ***brillaba* el sol** (*the sun was shining*), ***tenía* cinco años** (*she was five years old*). También se usa para hablar de acciones pasadas habituales cuando equivale al inglés *used to*: **si hacía sol *salíamos* a pasear** (*if it was sunny we used to go for a walk*).

Indicativo Ver **Modo**.

Infinitivo Forma no personal del *verbo* cuya terminación en español es **-ar**, **-er** o **-ir**. En inglés el *infinitivo* va precedido de **to**.

Interjección Palabra invariable que expresa lo que siente el hablante, se usa para atraer la atención de alguien, etc.: **ow!** (*¡ay!*), **hey!** (*¡eh!*).

Interrogativo Que formula una pregunta: **where do you come from?** (*¿de dónde eres?*). La mayoría de los *verbos* ingleses requiere el uso del auxiliar **to do** para formar *oraciones* interrogativas.

Locución Ver **Frase**.

Masculino Ver **Género**.

Modo Accidente gramatical que expresa la actitud del hablante frente a lo expresado por el *verbo*. El *imperativo* expresa órdenes: ***quédate* aquí** (*stay here*), el *indicativo* expresa hechos: ***quedó* viuda muy joven** (*she was widowed when she was very young*). En español el *subjuntivo* expresa, entre otras cosas, deseos: **prefiero que te *quedes* aquí** (*I'd rather you stayed here*), condiciones: **si *fuera* más barato vendría más gente** (*if it was* o *were cheaper, more people would come*), la reacción del hablante frente a un hecho: **siento que no *sea* de su agrado** (*I'm sorry that it's not to your liking*), esperanza: **espero que *hayan* disfrutado de la travesía** (*I hope you have enjoyed the crossing*), etc. En inglés solo quedan vestigios de un modo *subjuntivo* en usos como **If I *were* you...** (*yo que usted..., yo en su lugar...*) y en algunas estructuras de registro formal como: **she insisted that a doctor *be* called** (*insistió en que se llamara a un médico*).

Negativo Que expresa una negación: **I don't want to argue with you** (*no quiero discutir con usted*). La mayoría de los *verbos*

affected by the action of the *verb*: **le escribió una carta a *su padre*** (*he wrote a letter to* ***his father***), **les compré caramelos a *los niños*** (*I bought some candy for* ***the children***). See **Direct object**.

Indirect Speech A report of what someone said: **Andrés dijo que estaba de acuerdo** (*Andrés said that he agreed*). (He actually said: **"Estoy de acuerdo."**) See **Direct Speech**.

Infinitive The base form of a *verb*: **cantar** (*to sing*), **saber** (*to know*), **vivir** (*to live*).

Inflection Changed form of a word according to its grammatical function: **canto, cantábamos, cantarán**, are inflections of **cantar**. Examples of inflections of *nouns* and *adjectives* are: **maestro, maestros** (*teacher/teachers*); **rojo, roja**, (*red*).

Interjection A sound, word or *phrase* spoken suddenly to express an emotion, attract attention, etc.: **¡ay!** (*ow!*, *ouch!*, etc.), **¡eh!** (*hey!*, etc.).

Interrogative That asks a question: **¿adónde vamos?** (*where are we going?* interrogative *sentence*); **¿quién?** (*who?* interrogative *pronoun*).

Intransitive verb A *verb* used without a *direct object*: **buscar** is intransitive in **busca en el cajón** (*look in the drawer*). See **Transitive verb**.

Invariable adjective An *adjective* that always has the same form. **pastel** (*pastel*) and **tabú** (*taboo*) are invariable adjectives: **colores pastel** (*pastel colors*), **temas tabú** (*taboo subjects*).

Invariable noun A *noun* that never changes. **Crisis** (*crisis*) is a Spanish invariable noun: **una de las peores crisis** (*one of the worst crises*). **Sheep** (*oveja*) is an English invariable noun: **to count sheep** (*contar ovejas*).

Irregular verb A *verb* that does not follow the set pattern in some of its forms: **ser, saber, salir, to be, to know, to go** are all irregular verbs. See **Regular verb**.

Linking verb See **Copula**.

Masculine One of the *genders* in Spanish grammar. See **Gender**.

Modal verb In English grammar, **can, may, will, must, ought, shall, should, will**.

Mood One of the *verb* forms expressing the attitude of the speaker to what is stated by the *verb* in a *sentence*. The *imperative* mood is for orders: ***quédate* aquí** (*stay here*); the *indicative* mood expresses facts: ***quedó* viuda muy joven** (*she was widowed when she was very young*). In Spanish the *subjunctive* mood expresses wish: **prefiero que te *quedes* aquí** (*I'd rather you stayed here*); hope: **espero que *hayan* disfrutado de la travesía** (*I hope you have enjoyed the crossing*); conditionality: **si *fuera* más barato vendría más gente** (*if it were cheaper, more people would come*); emotion: **siento que no *sea* de su agrado** (*I'm sorry that it's not to your liking*).

Negative That expresses the concept of denial or refusal.

Neuter One of the *genders* in Spanish grammar, limited to the pronouns **esto, eso** and **aquello** and the article **lo**. See **Gender**.

Noun A word that refers to a person, a place, a thing, an animal, a quality or an activity: **dentista** (*dentist*), **parque** (*park*), **vaso** (*glass*), **pato** (*duck*). See also **Proper noun**.

Number The state of being singular or plural: **mujer** (*woman*) is *singular* in number, **mujeres** (*women*) is plural.

Object The word or words naming the person or thing acted on by a *verb*: **John estudia *geografía*** (*John studies* ***geography***).

Ordinal number A number that refers to position in a series: **el quinto aniversario** (*the fifth anniversary*), **su tercera película** (*his third movie*). See **Cardinal number**.

Part of speech One of the classes into which words are divided according to their grammatical function such as *noun, verb, adjective*, etc.

Passive In the passive form the *subject* of the *verb* is affected by the action: ***el vehículo* fue hallado en San Roque** (***the vehicle*** *was found in San Roque*). (See **Active**). The passive formed with the *verb* 'ser', as above, is used mostly in formal language in Spanish. Otherwise the passive is translated using either the *impersonal* construction with 'se' (*la pasiva refleja*): **it was published under a different title** (*se publicó con otro título*) or an *active sentence* ingleses requiere el uso del auxiliar **to do** para formar *oraciones* negativas.

Neutro Uno de los tres *géneros* de la gramática española. Ver **Género**.

Nombre Ver **Sustantivo**.

Nombre propio Nombre de una persona, cosa, organización, etc. escrito con mayúscula: **Gómez, Paris** (*París*), **United Nations** (*Naciones Unidas*).

Numerable Ver **Sustantivo contable**.

Número Accidente gramatical de algunas palabras que expresa si éstas se refieren a una sola persona o cosa (*singular*) o a varias (*plural*).

Objeto Palabra o conjunto de palabras que designa a la persona, el animal o la cosa sobre la que recae la acción del *verbo*.

Objeto directo El *sustantivo, frase* nominal o *pronombre* que designa a la(s) persona(s) o cosa(s) afectadas directamente por la acción del *verbo*: **I saw *them* leave** (***los*** *vi salir*), **she plays *the guitar*** (*toca* ***la guitarra***).

Objeto indirecto El *sustantivo, frase* nominal o *pronombre* que designa a la(s) persona(s) o cosa(s) afectadas indirectamente por la acción del *verbo*: **I wrote *him* a letter** (***le*** *escribí una carta*), **she bought *the children* some books** (***les*** *compró libros* ***a los niños***).

Oración Conjunto de palabras que asevera, pregunta u ordena algo y contiene un *sujeto* y un *verbo*.

Oración subordinada Parte de una oración que contiene un *sujeto* y un *verbo* y depende del *verbo* principal: **tell me *what needs doing*** (*dime* ***qué hay que hacer***).

Ordinal Un número ordinal expresa el puesto de un elemento en una serie: **third** (*tercero -a*), **twentieth** (*vigésimo -a*).

Parte de la oración Ver **Categoría gramatical**.

Participio pasado Forma impersonal del *verbo* que se usa en la formación de los *tiempos compuestos* y de la *pasiva*: **no lo he *visto*** (*I haven't* ***seen it***).

Pasiva Ver **Voz pasiva**. **Pasiva refleja** Ver **Voz pasiva**.

Past continuous *Tiempo verbal* formado por el pasado del *verbo* **to be** y el *gerundio* del *verbo* principal (forma terminada en **-ing**): **she *was waiting* at the door** (*estaba esperando en la puerta*).

Past perfect *Tiempo verbal* formado por el pasado del *verbo* **to have** y el *participio* del *verbo* principal, que tiene un uso similar al del pluscuamperfecto español: **I realized what I *had done*** (*me di cuenta de lo que había hecho*). Se usa en *oraciones* condicionales: **if I *had known*, I wouldn't have come** (*si lo hubiera sabido, no habría venido*).

Past simple *Tiempo verbal* usado para referirse a acciones pasadas: **we *took* him home** (*lo llevamos a su casa*), **we *played* cards** (*jugamos a las cartas*). Al no haber un tiempo equivalente al *imperfecto* en inglés, a veces el *past simple* corresponde al imperfecto: **he *knew* she'd be furious** (*sabía que se iba a poner furiosa*). Se usa en *oraciones* condicionales, cuando en español usamos el *imperfecto* de *subjuntivo*: **even if I knew, I wouldn't tell you** (*aunque lo supiera, no te lo diría*).

Persona La primera persona del *singular* (**I**, *yo*) denota la persona que habla, la primera persona del *plural* (**we**, *nosotros -as*) a un grupo que incluye a la persona que habla. La segunda persona del *singular* (**you**, *tú, usted*) se usa para dirigirse a quien se habla. El inglés no establece diferencia entre la forma familiar y la formal. Tampoco hay diferencia entre la segunda persona del *singular* y del *plural* y por lo tanto **you** equivale también a *ustedes* y a *vosotros*. La tercera persona del *singular* se refiere a la persona o cosa de la cual se habla (**he/she/it**, *él/ella/ello*), y la tercera persona del *plural* a las personas o cosas de las cuales se habla (**they**, *ellos/ellas*).

Phrasal verb *Frase* verbal con significado propio constituida por un *verbo* seguido de un *adverbio*, una *preposición* o ambos: **to put *up*** significa *alojar* en **we put up all three of them** (*alojamos a los tres*); **to put *up with*** significa *aguantar* en **it amazes me how you put up with her** (*no entiendo cómo la aguantas*).

Plural Ver **Número**.

with the *verb* in the third person plural: **the baby was found abandoned** (*encontraron al bebé abandonado*).

Pasiva refleja See **Passive**.

Past participle The *impersonal* form of the *verb* used in *compound tenses* and in the *passive*: **no lo he *visto* en todo el día** (*I haven't **seen** him all day*), **los heridos fueron *trasladados* al hospital** (*the injured were **taken** to hospital*).

Perfect tense In Spanish the perfect tense or *pretérito perfecto* is used, like the English *present* perfect, to refer to events that have happened in a period of time which extends into the present: **este año *ha faltado* a clase diez veces** (*this year he's missed ten classes*), **hoy no me *ha favorecido* la suerte** (*luck hasn't been on my side today*).

Person Any of the three groups of *personal pronouns* and forms taken by *verbs*. In Spanish each person has a *singular* and a *plural* form. The first person *singular* (**yo**, *I*) refers to the person speaking, the first person *plural* to a group which includes the person speaking (**nosotros -as**, *we*). The second person *singular* refers to the person spoken to (the formal **usted** and the colloquial **tú**, *you* [sing] in English), the second person plural to a group which includes the person(s) spoken to (**ustedes** and, in Spain, also the colloquial **vosotros**, all *you* [pl] in English). The third person *singular* refers to the person or thing spoken about (**él, ella, ello**, *he, she, it*), the third person *plural* to the people or things spoken about (**ellos, ellas**, *they*).

Personal pronoun A word that refers to a person or thing. In Spanish the *subject* pronouns are those listed under **Person**. The *object* pronouns are **me, te, lo, la, le, nos, os** (only Spain), **los, las, les** and **se**. The third person *object* pronouns (**lo, la, le, los, las, les** and **se**) are used for **usted** and **ustedes**. The pronouns **mí, ti** and **sí** are used after prepositions.

Phrasal verb In English grammar, a *verb* combined with an *adverb* or a *preposition*, or both, to give a new meaning: **to give *up*, to go *in for*, to put *up with*.**

Phrase A group of words with a particular function: **de rigor** (*usual*); **los saludos de rigor** (*the usual greetings*); **cada vez menos: lo hace cada vez menos** (*he does it less and less*).

Pluperfect tense The *tense* that refers to something that happened before a particular point in the past: **cuando entró ya *había comido*** (*he had eaten by the time he came in*).

Plural See **Number**.

Possessive adjective An adjective showing belonging to someone or something. In Spanish possessive adjectives agree with the *noun* possessed: **mi casa** (*my house*), **mis padres** (*my parents*), **nuestro coche** (*our car*), **nuestras cosas** (*our things*).

Possessive pronoun A pronoun showing belonging to someone or something. In Spanish possessive pronouns agree with the *noun* possessed: **el mío** refers to a *masculine singular noun*, **las nuestras** refers to a *feminine plural noun*.

Predicative In English grammar an *adjective* is predicative when it comes after a *verb* like **be, seem**, etc.: **they are not *comparable*** (*no se los puede comparar*), **she seems *friendly*** (*parece simpática*). See **Attributive**.

Prefix A letter or letters added at the beginning of a word to change its meaning: ***im*posible** (*impossible*), ***sobre*cargo** (*surcharge*).

Preposition Invariable word used before a *noun* or *pronoun* to show place, position, time: **con** (*with*), **en** (*in*) and **of** (*de*) are prepositions.

Present participle In English grammar, the form of the *verb* ending in **-ing**: **reading** (*leyendo*). In Spanish grammar the equivalent form is called the **gerundio**. See **Gerund**.

Present tense In Spanish the present tense is used for habits: **los domingos nos levantamos tarde** (*we get up late on Sundays*); timeless events: **no lleva acento** (*it doesn't have an accent on it*); present events which are not necessarily in progress: **opino igual que tú** (*I agree with you*); events which will happen in the future: **dentro de un ratito te llamo** (*I'll call you in a moment*); **¿qué hago ahora?** (*what shall I do now?*); events which are happening currently: **¿llueve?** (*is it raining?*); and familiar *imperatives*: **tú te vienes conmigo** (*you're coming with me*).

Preterite tense The preterite tense is generally for completed

Posesivo *Adjetivo* o *pronombre* que denota posesión o pertenencia. Los posesivos ingleses son invariables: **my friends** (*mis amigos/amigas*), **hers is blue** (*el suyo/la suya es azul*).

Posesivo sajón Ver Dificultades del inglés.

Predicative En la gramática inglesa un *adjetivo* es "predicative" cuando aparece en el *predicado* de la *oración*, tras un *verbo copulativo* como **be, seem**, etc.: **they are not *comparable*** (*no se los puede comparar*), **she seems *friendly*** (*parece simpática*). Ver ***Attributive***.

Prefijo Letra o grupo de letras que antepuesta(s) a la raíz de una palabra cambian su significado: ***im*possible** (*imposible*), ***sur*charge** (*sobrecargo*).

Preposición Palabra invariable que sirve para introducir un *nombre* o *frase* nominal indicando lugar, posición, tiempo o *modo*: **with** (*con*), **in** (*en*) y **de** (*of*).

Present continuous *Tiempo verbal* formado por el *presente* del *verbo* **to be** y el *gerundio* del *verbo* principal usado para referirse a acciones que tienen lugar en el momento de hablar: **she's listening to music** (*está escuchando música*).

Presente *Tiempo verbal* usado para hablar de acciones habituales: **we usually eat at 7 o'clock** (*solemos cenar a las siete*), verdades intemporales: **it lies to the east of the city** (*está al este de la ciudad*), etc. Nótese el uso del *present continuous* en casos como: **¿llueve?** (*is it raining?*).

Present perfect *Tiempo verbal* formado por el *presente* del *verbo* **to have** y el *participio* del *verbo* principal, usado para referirse a acciones pasadas acabadas pero vinculadas al momento en que se habla: **I've already *seen* the play** (*ya he visto la obra*), **I *haven't seen* him all afternoon** (*no lo he visto en toda la tarde*). En construcciones con el *adverbio* **just** equivale a 'acabar de': **his letters *have* just *been* published** (*su epistolario acaba de publicarse*).

Pretérito imperfecto Ver **Imperfecto**.

Pretérito indefinido *Tiempo verbal* que presenta una acción pasada como acabada: **el otro día la *vi*** (*I saw her the other day*).

Pretérito perfecto *Tiempo verbal* que presenta una acción pasada como acabada pero vinculada al momento en que se habla: **este año *ha faltado* a clase diez veces** (*this year he's missed ten classes*). Suele corresponder al uso del *present perfect* en inglés.

Pretérito pluscuamperfecto *Tiempo verbal* usado para referirse a una acción pasada anterior a otra acción también pasada: *hizo como que no me **había visto*** (*he pretended he **hadn't seen** me*). Suele corresponder al uso del *past perfect* en inglés.

Pronombre Palabra que reemplaza a un *sustantivo* o una *frase* nominal.

Pronombre demostrativo Pronombre usado para identificar a la persona o cosa a la cual nos referimos: **this is my sister** (*esta es mi hermana*), **that one is yours** (*ese es el suyo*), **those were difficult times** (*aquellos fueron momentos difíciles*).

Pronombre personal Palabra que denota una persona o una cosa determinada. Los pronombres de *sujeto* son los citados bajo **Persona**. Los pronombres de *objeto* que les corresponden son **me, you, him, her, it, us, you** y **them**.

Pronombre posesivo Ver **Posesivo.**

Pronombre reflexivo Es el que representa al *sujeto* y es parte de un *verbo* pronominal: **me/te/se/nos/os/se**.

Pronombre relativo Pronombre que introduce una *oración subordinada* que añade información sobre alguien o algo mencionado en la *oración* principal. El pronombre relativo se omite en inglés en muchos contextos: **the way *(that)* he spoke** (*la forma en que habló*); **the cousin (whom) I mentioned** (*el primo a quien mencioné*), **the house *where* she was born** (*la ciudad donde nació*).

Raíz Forma base de una palabra, a la cual se agregan *desinencias*, *prefijos* o *sufijos*: **writ-** es la raíz de las formas **writes, writing** y **written**.

Sílaba Sonido o conjunto de sonidos que incluye una *vocal* y se pronuncia con una sola emisión de voz.

Singular Ver **Número**.

actions in the past: **me rompí el tobillo** (*I broke my ankle*), **no pudo asistir a la reunión** (*he was unable to attend the meeting*).

Pronominal verb A *verb* which is accompanied by an *object pronoun* (**me**, **te**, **se**, **nos** and, in European Spanish, **os**) which is of the same *person* as the *subject*. Some pronominal verbs express reciprocal action, like **escribirse** in **nos escribimos desde hace años** (*we've been writing to each other for years*) or **mirarse** in **se miraron extrañados** (*they looked at each other in surprise*). Note the verbs which just happen to be pronominal in Spanish, like **arrepentirse**, as in **no me arrepiento de nada** (*I don't regret a thing*), and **caerse** as in **se cayó de la cama** (*she fell out of bed*). In other cases, the use of a pronominal verb emphasizes the surprising quality of an action, etc.: **beberse** in **nos bebimos la botella entre los dos** (*we drank the whole bottle between the two of us*); **comerse** in **cómetelo todo** (*eat it all up*). In others the action is performed by someone not the *subject*, as in **peinarse** in **siempre me peino en la misma peluquería** (*I always have my hair done at the same salon*). See also **Reflexive verb**.

Pronoun A word used instead of a *noun* or a noun phrase. See also **Demonstrative pronoun**, **Personal pronoun**, **Possessive pronoun**, **Relative pronoun**.

Proper noun The name of a person, place, organization, written with a capital letter: **San Mateo** (*St Matthew*), **Londres** (*London*), **Naciones Unidas** (*United Nations*).

Reflexive pronoun A pronoun that refers back to the *subject* of the *clause* in which it is used: **myself** = *me*; **themselves** = *se*

Reflexive verb A *verb* whose *object* is the same as its *subject*. The *subject* performs the action to or for himself or herself: **se lavó** (*he washed, he had a wash*), ***me hice*** **un tajo en el dedo** (*I cut my finger*). Reflexive verbs are **Pronominal verb**.

Regular verb A *verb* following a set pattern in all forms: **cantar**, **comer**, and **vivir** are Spanish regular verbs. **To act** and **to live** are English regular verbs. See **Irregular verb**.

Relative pronoun A pronoun that introduces a *subordinate clause* relating to something or someone mentioned in the main clause: **el disco *que* le regalé** (*the record that I gave her*); **no conozco a nadie *que* tenga piscina** (*I don't know anyone* ***who*** *has a swimming pool*).

Reported Speech Another name for **Indirect Speech**.

Sentence A set of words expressing a statement, a question or an order, usually containing a *subject* and a *verb*.

Singular See **Number**.

Stem The base form of a word to which *endings*, *prefixes* or *suffixes* are added: **habl-** is the stem in **hablar**, **am-** in **amante**, **alt-** in **altísimo**.

Stress Words stressed on the last *syllable* are *palabras* ***agudas*** in Spanish. Unless there is a written *accent*, all words ending in a *consonant* other than *n* or *s* or are ***agudas***: **comer**, **reloj**, **delantal**. Words stressed on the penultimate *syllable* are *palabras* ***llanas*** or ***graves***. Words ending in a *vowel*, *n* or *s* are ***llanas*** or ***graves***: **gato**, **virgen**, **atlas**. Words stressed on the antepenultimate *syllable* are *palabras* ***esdrújulas***. They have a written *accent*: **tíralo**, **sarcófago**. Words stressed on the *syllable* before the antepenultimate one are ***sobresdrújulas***. They are accented: **tíramelo**, **esporádicamente**. See also **Accent**.

Subject The *noun*, or *pronoun* standing for the person or thing that performs the action of the *verb*: ***la lluvia*** **interrumpió el juego** (***rain*** *stopped play*), ***él*** **no lo va a hacer** (***he's*** *not going to do it*). It is often omitted in Spanish: **anoche soñé contigo** (*I dreamed about you last night*). Here, the subject, as made clear by the form of the *verb*, is **yo**.

Subjunctive See **Mood**.

Subordinate clause A clause dependent on a main clause of a *sentence*: **no quiero que *me compadezcan*** (*I don't want anyone* ***to feel sorry for me***).

Suffix A group of letters added to the *stem* of a word to make another word: **-mente** added to **claro** (*clear*) forms **claramente** (*clearly*). See **Augmentative**, **Diminutive**.

Superlative The form of an *adjective* or *adverb* that expresses the most or the least in amount, degree or quality. **El peor** (*the worst*) is the superlative of **malo -a** (*bad*), **la más/menos interesante** (*the*

Subjuntivo Ver **Modo**.

Sufijo Grupo de letras pospuesto a la *raíz* de una palabra para formar otra palabra: **-ly** se añade al *adjetivo* **quick** (*rápido*) para formar el *adverbio* **quickly** (*rápidamente*), **-ness** se añade al *sustantivo* **sad** (*triste*) para formar **sadness** (*tristeza*), etc.

Sufijos aumentativos Sufijos como **-ón**, **-azo**, **-ote** y **-udo**, que a veces indican gran tamaño pero pueden también expresar una actitud peyorativa o admirativa (**simplón** o **cochazo**) o formar parte de palabras con el significado de "golpe asestado con algo" (**paraguazo**, **codazo**, etc).

Sufijos diminutivos Sufijos como **-ito** e **-illo**, que a veces indican tamaño reducido pero pueden también expresar afecto (como **-ito** en **pobrecito** o **Danielito**), suavizar una palabra (como **-ita** en **gordita**), etc.

Sujeto El *sustantivo*, *frase* nominal o *pronombre* que denota a la(s) persona(s) o cosa(s) que realizan la acción del *verbo*. El sujeto nunca se omite en inglés.

Superlativo La forma de un *adjetivo* o *adverbio* que expresa el grado máximo de una cualidad o circunstancia. **The worst** (*el peor, la peor*, etc.) es el superlativo de **bad** (*malo -a*), **the most/least interesting** (*el menos/más interesante, la menos/más interesante*, etc.) son formas superlativas de **interesting** (*interesante*). En inglés los *adjetivos* y *adverbios* de una sílaba y algunos de dos sílabas forman el superlativo agregando el *sufijo* **-est: cheap** (*barato-a*), **the cheapest** (*el más barato, la más barata*, etc.), **clever** (*inteligente*), **the cleverest** (*el más inteligente, la más inteligente*, etc.). Los *adjetivos* y *adverbios* más largos forman el superlativo usando **most: interesting** (*interesante*), **the most interesting** (*el más interesante, la más interesante*, etc.). Ver **Comparativo**.

Sustantivo *Nombre* que designa a una persona, un lugar, un objeto, un animal, una cualidad o una actividad y puede funcionar como *sujeto*.

Sustantivo colectivo Sustantivo de forma *singular* que expresa un conjunto de seres o cosas individuales: **royalty** (*realeza*), **team** (*equipo*).

Sustantivo compuesto Sustantivo formado por dos o más palabras: **cirugía estética**.

Sustantivo contable o numerable Sustantivo que designa algo que puede ir precedido del *artículo indefinido* o de un numeral y tiene una forma *plural*: **a ship** (*un barco*), **three apples** (*tres manzanas*). Algunos sustantivos son contables en español e incontables en inglés: **un mueble** (*a piece of furniture*), **un consejo** (*a piece of advice*).

Sustantivo incontable o de masa Sustantivo que no puede ir precedido del *artículo indefinido* o de un numeral y no tiene forma *plural*: **money** (*dinero*), **air** (*aire*).

Sustantivo invariable Sustantivo que tiene la misma forma en el *singular* y en el *plural*.

Tiempo compuesto En la gramática española, *tiempo verbal* formado por el *verbo auxiliar* **haber** y el *participio* del *verbo* principal: **no *han/habían* llegado**.

Tiempo verbal Cada una de las formas verbales que se pueden usar para expresar el momento en que sucede la acción (en el *presente*, el pasado o el *futuro*) respecto al momento en que se habla o a otra acción.

Verbo Palabra o grupo de palabras que expresa una acción: **to talk** (*hablar*), un suceso: **to happen** (*ocurrir, suceder*) o un estado: **to exist** (*existir*).

Verbo auxiliar En la gramática inglesa, el *verbo* **to do**, que se usa en la formación del *negativo* y el *interrogativo*, **to be**, usado para formar los tiempos continuos y **to have**, usado para formar los tiempos perfectos.

Verbo con partícula(s) Ver **Phrasal Verb**.

Verbo copulativo Verbo (como **be** = *ser*, estar, **seem** = *parecer*, etc.) que une el *sujeto* con la palabra o palabras que lo describen: **he was very abrupt** (*fue muy brusco*), **she seemed willing to help** (*parecía dispuesta a ayudar*).

Verbo impersonal En la gramática inglesa, verbo que lleva **it** o **there** como *sujeto*: **it's raining** (*está lloviendo*), **there was a mistake** (*hubo un error*).

most/least interesting) are superlative forms of **interesante**. The *suffix* **-ísimo -a** expresses an absolute superlative: **pobrísimo -a** (*extremely poor*), **temperaturas altísimas** (*extremely high temperatures*). See **Comparative**.

Syllable Speech sounds pronounced as a single unit, usually with a vowel as their nucleus. The Spanish word **espléndido** is made up of four syllables: **es-plén-di-do**.

Tense The *verb* form that can be used to express when an action takes place (in the *present*, the past or the *future*) in relation to the moment of speaking or to another action.

Transitive verb A *verb* with a *direct object*: **buscar** is transitive in **la policía *lo* busca** (*the police are looking for him*). (**lo** is the *direct object*). See **Intransitive verb**.

Uncountable (uncount) noun A *noun* that cannot be used with an *indefinite article* or a *number* and has no *plural*: **dinero** (*money*), **aire** (*air*). See **Countable (count) noun**.

Verb A word that expresses an action: **hablar** (*to talk*); an event: **suceder** (*to happen*), or a state: **existir** (*to exist*).

Vowel One of the following letters: **a**, **e**, **i**, **o** and **u** in many languages. See **Consonant**.

A fuller version of this section can be found on the web site of Oxford Language Dictionaries Online:
www.oxfordlanguagedictionaries.com/

Verbo intransitivo Verbo que no lleva *objeto directo*: **to agree** es intransitivo en **I quite agree** (*lo mismo digo yo*). Ver **Verbo transitivo**.

Verbo irregular Verbo que presenta variaciones con respecto a la *conjugación* regular.

Verbo modal En la gramática inglesa, verbo usado con otro verbo para expresar posibilidad, permiso, voluntad, suposición, etc. Ver **can**, **may**, **will**, **must**, **ought**, **shall**, **should**, **will**.

Verbo pronominal En la gramática española, verbo que se construye con un *pronombre* átono que concuerda con el *sujeto* y que no desempeña ninguna función sintáctica: **caerse** (*to fall*), **ducharse** (*to have a shower*), **insolentarse** (*to become insolent*), etc. Se traducen al inglés de diferentes maneras.

Verbo reflexivo Tipo de verbo pronominal en el cual el *sujeto* y el *objeto* designan a la misma persona o cosa: **peinarse** (*to comb one's hair*), **calzarse** (*to put one's shoes on*), **lavarse** (*to have a wash*). En algunos casos equivalen a la construcción reflexiva inglesa con los *pronombres* **myself**, **yourself**, etc.: **se cubrió con una toalla** (*he covered himself with a towel*), **¡cuídate!** (*look after yourself!*).

Verbo regular Verbo que se ajusta a reglas establecidas en su *conjugación* y no presenta irregularidades.

Verbo transitivo Verbo que lleva un *objeto directo*: **to agree** es transitivo en **they agreed (that) it was too late** (*estuvieron de acuerdo en que era demasiado tarde*). **'(that) it was too late'** es el *objeto directo*. Ver **Verbo intransitivo**.

Voz activa En la voz activa el *sujeto* del *verbo* designa al agente de la acción verbal: ***the war* interrupted their education** (***la guerra** interrumpió sus estudios*). Ver **Voz pasiva**.

Voz pasiva En la voz pasiva el *sujeto* del *verbo* designa al *objeto* de la acción verbal: ***their education* was interrupted by the war** (***sus estudios** fueron interrumpidos por la guerra*). La voz pasiva es más frecuente en inglés que en español. El español utiliza a menudo un *verbo* en la tercera *persona* del *plural* o la pasiva refleja para traducir una *oración* inglesa en voz pasiva: ***the baby* was found abandoned** (*encontraron…*), ***it* was published under a different title** (*se publicó …*).

Una versión más completa de esta sección se puede encontrar en el sitio web de Oxford Language Dictionaries Online:
www.oxfordlanguagedictionaries.com/

Index to English-Spanish boxes
Índice de los recuadros español-inglés

adjetivo	**adj**	adjective
adjetivo invariable	**adj inv**	invariable adjective
Administración	**Adm**	Administration
adverbio	**adv**	adverb
Espacio	**Aerosp**	Aerospace
Agricultura	**Agr**	Agriculture
alguien	**algn**	somebody
América Central	**AmC**	Central America
inglés norteamericano	**AmE**	American English
América Latina	**AmL**	Latin America
América del Sur	**AmS**	South America
Anatomía	**Anat**	Anatomy
Andes	**Andes**	Andes
anticuado	**ant**	dated
Antropología	**Anthrop**	Anthropology
arcaico	**arc, arch**	archaic
Arqueología	**Archeol**	Archeology
Arquitectura	**Archit**	Architecture
argot	**arg**	slang
Argentina	**Arg**	Argentina
Armas	**Arm**	Arms
Arqueología	**Arqueol**	Archeology
Arquitectura	**Arquit**	Architecture
artículo	**art**	article
Arte	**Arte, Art**	Art
Astrología	**Astrol**	Astrology
Astronomía	**Astron**	Astronomy
Audio	**Audio**	Audio
inglés australiano	**Austral**	Australian English
Automovilismo	**Auto**	Cars
Aviación	**Aviac, Aviat**	Aviation

Biblia	**Bib**	Bible
Biología	**Biol**	Biology
Bolivia	**Bol**	Bolivia
Botánica	**Bot**	Botany
inglés británico	**BrE**	British English
Comercio	**Busn**	Business

numerable	**c**	countable
Canada	**Can**	Canadá
causativo	**caus**	causative
Química	**Chem**	Chemistry
Ingeniería química	**Chem Eng**	Chemical Engineering
Chile	**Chi**	Chile
Cine	**Cin**	Cinema
Ingeniería civil	**Civil Eng**	Civil Engineering
Indumentaria	**Clothing**	Clothing
Cocina	**Coc**	Cookery
Colombia	**Col**	Colombia
familiar	**colloq**	colloquial
Comercio	**Com**	Business
Informática	**Comput**	Computing
conjunción	**conj**	conjunction
Construcción	**Const**	Building
Correspondencia	**Corresp**	Correspondence
numerable	**count**	countable
Costa Rica	**CR**	Costa Rica
uso criticado	**crit**	criticized usage
Cono Sur	**CS**	Southern Cone
Cuba	**Cu**	Cuba
Cocina	**Culin**	Cookery

anticuado	**dated**	dated
artículo definido	**def art**	definite article
Odontología	**Dent**	Dentistry
Deporte	**Dep**	Sport
Derecho	**Der**	Law
dialecto	**dial**	dialect

Ecuador	**Ec**	Ecuador
Ecología	**Ecol**	Ecology
Economía	**Econ**	Economics
Educación	**Educ**	Education
Electricidad	**Elec**	Electricity
Ingeniería eléctrica	**Elec Eng**	Electrical Engineering
Electrónica	**Electrón, Electron**	Electronics
enfático	**enf**	emphatic
Ingeniería	**Eng**	Engineering
Equitación	**Equ**	Equestrianism
especialmente	**esp**	especially
España	**Esp**	Spain
Espacio	**Espac**	Aerospace
Espectáculos	**Espec**	Entertainment
Unión Europea	**EU**	European Union
eufemismo	**euf, euph**	euphemism
excepto	**exc**	excluding

femenino	**f**	feminine
véase página xxvi	**f‡**	*see page xxvi*
familiar	**fam**	colloquial
Farmacología	**Farm**	Pharmacology
Ferrocarriles	**Ferr**	Railways
Filosofía	**Fil**	Philosophy
Finanzas	**Fin**	Finance
Física	**Fís**	Physics
Fisco	**Fisco**	Tax
Fisiología	**Fisiol**	Physiology
Fotografía	**Fot**	Photography
femenino plural	**fpl**	feminine plural
frase hecha	**fr hecha**	set phrase
formal	**frml**	formal

Juegos	**Games**	Games
generalmente	**gen**	generally
Geografía	**Geog**	Geography
Geología	**Geol**	Geology
gerundio	**ger**	gerund
Gobierno	**Gob, Govt**	Government
Guatemala	**Gua**	Guatemala

Historia	**Hist**	History
Honduras	**Hon**	Honduras
Horticultura	**Hort**	Horticulture
humorístico	**hum**	humorous

Imprenta e Industria editorial	**Impr**	Printing and Publishing
inglés de la India	**Ind**	Indian English
artículo indefinido	**indef art**	indefinite article
Indumentaria	**Indum**	Clothing
Informática	**Inf**	Computing
Ingeniería	**Ing**	Engineering
interjección	**interj**	exclamation
inglés de Irlanda	**IrE**	Irish English
irónico	**iró, iro**	ironical

lenguaje periodístico	**journ**	journalese
Periodismo	**Journ**	Journalism
Juegos	**Jueg**	Games

Relaciones Laborales	**Lab Rel**	Labor Relations
Derecho	**Law**	Law
Ocio	**Leisure**	Leisure
lenguaje infantil	**leng infantil**	used to or by children
Lingüística	**Ling**	Linguistics
Literatura	**Lit**	Literature
literario	**liter**	literary
locución	**loc**	phrase
locución adjetiva	**loc adj**	adjectival phrase
locución adverbial	**loc adv**	adverbial phrase
locución conjuntiva	**loc conj**	conjunctive phrase
locución preposicional	**loc prep**	prepositional phrase

masculino	**m**	masculine
Márketing	**Marketing**	Marketing